KÜRSCHNERS
DEUTSCHER LITERATUR-KALENDER
1984

Kürschners
Deutscher
Literatur-Kalender
1984

Herausgegeben von
Werner Schuder

Neunundfünfzigster Jahrgang

1984

Walter de Gruyter · Berlin · New York

© Copyright 1984 by Walter de Gruyter & Co., vormals G. J. Göschen'sche Verlagsbuchhandlung · J. Guttentag Verlagsbuchhandlung · Georg Reimer · Karl J. Trübner · Veit & Comp., Berlin - New York. – Alle Rechte, einschließlich des Rechtes der Reproduktion durch Photokopie, Mikrofilm oder andere Verfahren sowie unter Verwendung elektronischer Systeme, vorbehalten. – Datenerfassung und Lichtsatz: Mohndruck Graphische Betriebe GmbH, Gütersloh. – Druck: Gerike GmbH, Berlin. – Bindearbeiten: Lüderitz & Bauer, Berlin. – Printed in Germany. – Redaktionelle Bearbeitung: Dieter Braun, Monika Eisenhuth, Ruth Förster. – Anschrift der Redaktion: Verlag de Gruyter, Kürschner-Redaktion, Genthiner Straße 13, D-1000 Berlin 30, Tel. (030) 260 05 -184.

ISSN 0343-0936   ISBN 3-11-009677-3

Inhalt

Inhalt

Vorwort

Wollte man der Versuchung erliegen, aus den in Zahlen ausdrückbaren Quantitäten der Literaturproduktion (= Publikation) deren qualitative Bedeutung abzuleiten, so müßte es gut um die deutsche Dichtung bestellt sein. Immerhin kann der Literatur-Kürschner seit der Abspaltung des Gelehrten-Kalenders (1925) jetzt erstmalig mehr als 9.000 deutschsprachige Schriftsteller im belletristischen Bereich registrieren, nachdem schon die letzte Ausgabe mit 8.428 Autoren eine gewisse Steigerung erfahren hatte. Und wenn die Menge der hier genannten rund 100.000 veröffentlichten Werke allein als Bewertungsmaßstab diente, so wäre literarischer Kulturoptimismus gerechtfertigt.

Daß solche Schlußfolgerungen sinnlos und gefährlich zugleich sind, sei – obwohl selbstverständlich – immer wieder betont. Der um Vollständigkeit bemühte Literatur-Kalender will und kann nicht Qualitätsurteile über literarische Inhalte bieten. Das Handbuch sucht vielmehr, frei von jeder Wertung und ohne Einschränkung Bericht zu geben über die in der Gegenwart sich durch faktische Publikation als schöngeistige Literatur darbietenden Ergebnisse schriftstellerischer Arbeit. Und gerade dadurch ist das Handbuch – bei richtiger Benutzung – unbestechlicher Spiegel eines Gesamtaspektes der deutschsprachigen Gegenwarts-Literatur. Qualitative Urteile sind Ergebnis rationaler Literaturanalyse und subjektiver Erlebnisbereitschaft. Wir haben sie dringend nötig. Beide bedürfen aber notwendig der Kenntnis des Gegebenen, der Übersicht über das Literaturwerk, das sich in der Gesamtheit der Publikationen dokumentiert und dessen Teile von Fall zu Fall über Jahrzehnte und Jahrhunderte sich in ihrem Wert als wandelbar und im Reflex einer jeweiligen geistigen Situation als immer wieder neu und anders erweisen können und erweisen. Solche Kenntnis vermitteln zu helfen, soll auch jetzt wieder wichtiges Ziel des Literatur-Kürschner sein.

Die informativen Anhänge bieten dem Benutzer wiederum interessante Übersichten und wertvolle Daten. Mit detaillierten Hinweisen sind verzeichnet: 517 seit Erscheinen der letzten Ausgabe verstorbene Schriftsteller (Nekrolog), 1.736 literarische Übersetzer, 1.006 schöngeistige Verlage, 86 Bühnenverlage, 45 literarische Agenturen, 26 Rundfunkanstalten, 322 deutschsprachige literarische Zeitschriften, 150 Autorenverbände, 269 literarische Gesellschaften, Akademien und Stiftungen, 410 literarische Preise und Auszeichnungen. Als nützlich werden sich erweisen der Festkalender mit den Geburtsjubiläen 1984–1988 und die nach Wohnorten gegliederte geographische Übersicht.

Verwiesen sei nachdrücklich auf die beiden Nekrolog-Bände, welche die Bio-Bibliographien aller in den Jahren 1901–1970 verstorbenen Schriftsteller verzeichnen und damit in konzentrierter Form einzigartige Materialien zur deutschen Literatur seit der Mitte des vorigen Jahrhunderts enthalten. Die 1973 erschienenen Bände dürften für die Literatur- und Literaturgeschichtsforschung unentbehrlich sein.

Der Dank an alle helfenden und beratenden Schriftsteller und Institutionen und an die aktiv an der Gestaltung der neuen Ausgabe Wirkenden sei auch jetzt wieder verknüpft mit der Bitte, die Bemühungen der Redaktion um eine stetige Verbesserung des Handbuches durch Anregungen, verständnisvolle Kritik und notwendige Informationen zu unterstützen.

Berlin, im Mai 1984   Werner Schuder

Redaktionelle Hinweise

Grundsätze für die inhaltliche Gestaltung

1. Der Literatur-Kalender verzeichnet in periodischer Folge möglichst vollständig die lebenden Verfasser schöngeistiger Literatur in deutscher Sprache mit ihren biographischen und bibliographischen Daten.

2. Der Literatur-Kalender berücksichtigt ausschließlich deutschsprachige Schriftsteller unabhängig von ihrer Staatsangehörigkeit und ihrem geographischen Lebens- und Wirkungsbereich. „Deutsche" Literatur meint hier den Gebrauch der deutschen Sprache zur Formung des literarischen Kunstwerkes. In diesem Sinne werden auch Übersetzungen ins Deutsche berücksichtigt.

3. Der Literatur-Kalender beschränkt sich nach Möglichkeit auf die schöngeistige Literatur im Sinne der Belletristik. Er sucht sich abzugrenzen gegenüber der wissenschaftlichen Literatur, deren Verzeichnung dem Gelehrten-Kalender vorbehalten ist, und der Sachbuch-Literatur. Wissenschaftliche und Sachbuch-Autoren werden in Ausnahme dann genannt, wenn ihre Werke belletristische Bedeutung haben. Außerdem sind auch diejenigen Autoren verzeichnet, die sich in ihren Werken mit der deutschen Literatur der Gegenwart befassen.

4. Der Literatur-Kalender erfaßt ausschließlich lebende Schriftsteller. Durch diese traditionelle Beschränkung wird mit jeder Ausgabe ein Gesamtüberblick über die jeweilige deutsche Gegenwartsliteratur gegeben. Jeder Band enthält als Orientierungshilfe eine Liste der zwischenzeitlich Verstorbenen.
Neben den laufenden Einzelbänden erscheinen zusammenfassende Nekrolog-Bände, die die Daten über alle im Zeitraum von 30 bzw. 35 Jahren verstorbenen Schriftsteller enthalten und damit bio-bibliographische Gesamtübersichten über eine jeweilige Epoche bieten (drei Bände im Jahrhundert).

5. Der Literatur-Kalender enthält sich bei der genannten Abgrenzung und Auswahl jeder kritischen Qualitäts-Bewertung. Der Grund ist nicht eine Scheu vor dem literarischen Urteil, sondern die Forderung nach einer von tagespolitischen, kulturpolitischen, literaturtendenziösen, ideologischen oder wirtschaftlichen Erwägungen freien Berichterstattung. Ausschlaggebend ist die Veröffentlichung, das heißt die Vervielfältigung und Verbreitung, eines literarischen Werkes.

6. Der Literatur-Kalender nennt die Schriftsteller mit ihren wesentlichen biographischen Daten, ihren veröffentlichten Werken sowie in Auswahl die Literatur über den jeweils Genannten.

Grundsätze für die formale Gestaltung

Die Angaben im Verzeichnis deutschsprachiger Schriftsteller und Schriftstellerinnen beruhen fast ausschließlich auf Mitteilungen der Verzeichneten selbst. Wo solche Mitteilungen nicht vorgelegen haben, wurde der betreffende Artikel in der Redaktion aufgrund zusätzlicher Recherchen zusammengestellt und am Schluß durch eine Doppelklammer ( ) gekennzeichnet. Die Namen derjenigen Persönlichkeiten, über die weder während der Arbeiten an der letzten Ausgabe noch jetzt nähere Angaben zu erhalten waren, sind mit einem Stern * versehen. Ein Kreuz † vor dem Namen weist darauf hin, daß der Betreffende während der Bearbeitung des Handbuches, in der Regel nach Einsendung eigener Angaben, gestorben ist; das Datum steht im Nekrolog.

Die einzelnen Artikel setzen sich aus folgenden Angaben zusammen:

Biographische Daten

1. Familienname; 2. Vorname; 3. Schriftsteller-Deckname (Pseudonym) in Klammern; 4. Titel, bürgerlicher Beruf; 5. Mitgliedschaften in schriftstellerischen Fachverbänden; 6. Literarische Preise und Auszeichnungen; 7. Mitgliedschaften in Literatur-Akademien oder Gesellschaften; 8. Postanschrift; 9. Geburtsort, -tag, -monat, -jahr, in Klammern; 10. Literarische Arbeitsgebiete; 11. Übersetzertätigkeit.

Bibliographische Daten

12. (**V:**, **MV:**) Selbstverfaßte oder mitverfaßte selbständige Bücher in zeitlicher Reihenfolge mit Angabe der Literaturgattung und der Erscheinungsjahre der ersten und der letzten Auflage (Übersetzungen in fremde Sprachen in Klammern); 13. (**MA:**, **B:**) Mitarbeit in Anthologien, Bearbeitete Bücher; 14. (**H:**, **MH:**) Herausgegebene oder mitherausgegebene Bücher; 15. (**F:**) Filmwerke; 16. (**R:**) Rundfunk-Arbeiten (Hörspiele, Fernsehspiele u. ä.); 17. (**S:**) Schallplatten und Tonkassetten mit eigenen literarischen Werken mit Angabe des Erscheinungsjahres; 18. (**Ue:**, **MUe:**) Übersetzungen von schöngeistigen Werken ins Deutsche; 19. (*Lit:*) Veröffentlichungen über den Schriftsteller. Bei den Jahreszahlen ist die Bezeichnung des Jahrhunderts (also 18. . . . bzw. 19. . . .) stets wegzulassen. Die römische Ziffer hinter dem Erscheinungsjahr gibt die Zahl der Bände an, die das betreffende Werk umfaßt. Die Umlaute ä, ö, ü sind wie ae, oe, ue behandelt.

Abkürzungen

a.	aus	ARGE	Arbeitsgemeinschaft Literatur
Abg.	Abgeordneter	Literatur	im NdÖsterr. Bildungs- und
Abh.	Abhandlung		Heimatwerk
Abt.	Abteilung	Art.	Artikel
a. D.	außer Dienst	Assoc.	Association
ADA	Arbeitsgemeinschaft deutsch-	ASTI-	Schweizerischer Übersetzer-
	sprachiger Autoren, Fulda	SÜDV	und Dolmetscherverband,
AdK	Akademie der Künste, Berlin		Reinach/BL
AEK	Arbeitskreis Egerländer Kultur-	AT.	Altes Testament
	schaffender, Stuttgart	Aufl.	Auflage
Af	Altfranzösisch	Aufs.	Aufsatz
Afr	Afrikaans	Aufzeichn.	Aufzeichnung
Afrik	Afrikanische Sprachen	AUP	Autorenkreis Plesse, Bovenden
AGAV	Arbeitsgemeinschaft alterna-	Ausg.	Ausgabe
	tiver Verlage und Autoren	Austr	Austrische Sprachen
Agr	Altgriechisch	Ausw.	Auswahl
AGR.	Amtsgerichtsrat	Ausz.	Auszug
Ags	Angelsächsisch	Ave(.)	Avenue
Ahd	Althochdeutsch	AWA	Anstalt zur Wahrung der Auf-
Akad.	Akademie		führungsrechte auf dem Ge-
Akad. d.	Akademie der Wissenschaften		biete der Musik, DDR
Wiss. u.	und der Literatur, Mainz	AWMM	Arbeitsgemeinschaft für Wer-
d. Lit.			bung, Markt und Meinungs-
AKL	Der Autorenkreis Linz		forschung
AKM	Staatlich genehmigte Gesell-	**B:**	Bearbeiter von
	schaft der Autoren, Kompo-	-b.	-buch
	nisten und Musikverleger,	B.A.	Bundesverband Deutscher
	Wien		Autoren
AKV	Schweizer Gesellschaft volks-	Ball(n).	Ballade(n)
	tümlicher Autoren, Kompo-	Balt	Baltische Sprachen
	nisten und Verleger	Ba.S.V.	Basler Schriftsteller-Verein
Alban	Albanisch	Bayer.	Bayerischer Journalisten-
allg.	allgemein	J.V.	verband
Alm.	Almanach	BBA	Berliner Bibliophilen-Abend
Altiran	Altiranisch	Bd(e)	Band (Bände)
Altper	Altpersisch	B.D.I.	Bundesverband der Deutschen
Altslaw	Altslawisch		Industrie
Am	Amerikanisch	BDSÄ	Bundesverband Deutscher
An	Altnordisch		Schriftstellerärzte
Anekd(n).	Anekdote(n)	BDÜ	Bundesverband der Dolmet-
Angest.	Angestellte(r)		scher und Übersetzer e.V.,
Anst.	Anstalt		Bonn
Anth.	Anthologie	Bearb.	Bearbeiter
ao.	außerordentlicher	Beibl(l).	Beiblatt-(blätter)
Aphor.	Aphorismen	Beil.	Beilage
apl.	außerplanmäßiger	Beitr.	Beitrag
Arab	Arabisch	Ber.	Bericht

Beschr.	Beschreibung	DJV	Deutscher Journalistenverband
Be.S.V.	Berner Schriftsteller-Verein		e.V., Bonn
Betracht(n).	Betrachtung(en)	DJW	Deutsches Jugendschriftwerk,
Bez.	Bezirk		Mainz
BGK	Bibliophilen-Gesellschaft, Köln	DKBD	Demokratischer Kulturbund
Bibl.	Bibliographie		der Bundesrep. Deutschland
Biogr.	Biographie	Dok.	Dokumentation
BJV	Bayerischer Journalisten-	Doz.	Dozent
	verband	Dr.	Drama
Bl(l).	Blatt (Blätter)	DRK	Deutsches Rotes Kreuz
Blvd.	Boulevard	DSSV	Deutschschweizerischer
(Br)	Bronze		Sprachverein, Luzern
Breton	Bretonisch	DSV	Deutscher Schriftstellerver-
Bsp.	Beispiel		band (jetzt: SV-DDR)
Bst.	Bühnenstück	dt.	deutsch
B.St.H.	Bund Steirischer Heimat-	Dt.Akad.	Deutsche Akademie für
	dichter, Graz	f. Spr. u.	Sprache und Dichtung,
Bü.	Bühnenspiel, Bühnenwerk	Dicht.	Darmstadt
Bulg.	Bulgarisch	Dtld	Deutschland
Bull.	Bulletin	D.U.	Dramatiker-Union e.V., Berlin
BvD	Bund vertriebener Deutscher		
		E	Englisch
CdB	Club der Begegnung, Linz	(E)	Ehrengabe
Ch	Chinesisch	ebda	ebenda
CISAC	Confédération Internationale	E.h.	Ehrenhalber
	des Sociétés d'Auteurs et	ehem.	ehemals
	Compositeurs, Paris	Einf.	Einführung
Coll.	College	ELK	Ernster Lyrik Kreis
COMES	Communità Europea degli	Elka Club	Club für Literatur und Kunst,
	Scrittori		Zürich
Concordia	Presseclub Concordia, Wien	em.	emeritiert
CSG	Carl-Schirren-Gesellschaft e.V.	EM	Ehrenmitglied
CVJM	Christlicher Verein Junger	EPräs.	Ehrenpräsident
	Männer	Erg.	Ergänzung
		Erlebn.	Erlebnis
D	Dänisch	erw.	erweitern
D.	Dr. theol.	Erz(n).	Erzählung(en)
DAG	Deutsche Angestellten	Esp	Esperanto
	Gewerkschaft	Ess.	Essay
DAR	Deutscher Autorenrat	Estn	Estnisch
Darst.	Darstellung	ev.	evangelisch
DAV	Deutscher Autorenverband	exper.	experimentell
	e.V., Hannover		
ders.	derselbe	F	Französisch
DFAG	Deutschfreiburgische Arbeits-	F.	Folge
	gemeinschaft, Schweiz	F:	Filmwerk
dg	Dramaturgische Gesellschaft	f.	für
	e.V., Berlin	Fb(n).	Fabel(n)
DGB	Deutscher Gewerkschaftsbund	FDA	Freier deutscher Autorenver-
DGFG	Deutsche Gustav-Freytag-Ge-		band, München
	sellschaft, Wiesbaden	F.D.B.	Freundeskreis Düsseldorfer
Dichtgn.	Dichtungen		Buch '75 e.V.
Dipl.	Diplom	FDGB	Freier Deutscher Gewerk-
Dir.	Direktor, Director		schaftsbund
dju	Deutsche Journalisten-Union,	Fdok.	Filmdokumentation
	Stuttgart		

Festg.	Festgabe		GFP	Gesellschaft für Freie Publizis-
Fin	Finnisch			tik, Wahlsburg
FIT	Fédération Internationale des		GGG	Gesellschaft für Geistes-
	Traducteurs			geschichte, Erlangen
Fläm	Flämisch		GK	Gelehrtenkalender
Fortschr.	Fortschritte		GLehrer	Gymnasiallehrer
Fr. Akad.	Freie Akademie der Künste,		GProf.	Gymnasialprofessor
d. Künste	Hamburg		GR.	Geheimrat
Frhr	Freiherr		Grot(n).	Groteske(n)
Friaul	Friaulisch		GRUR	Deutsche Vereinigung für ge-
F.R.S.L.	Fellow of Royal Society of			werblichen Rechtsschutz und
	Literature			Urheberrecht e.V., Köln
Fsf.	Fernsehfilm		GSanR.	Geheimer Sanitätsrat
Fsp.	Fernsehspiel		G.S.D.	Gesellschaft Schweizerischer
Fs.-R.	Fernsehreihe			Dramatiker
Fs.-Send.	Fernsehsendung		GvlF-Ges.	Gertrud von le Fort-Gesellschaft
F.St.Graz	Forum Stadtpark Graz			
			H	Holländisch
G	Griechisch		H.	Heft
G.	Gedichte		**H:**	Herausgeber von
(G)	Gold		Halk.	Halkyonische Akademie,
Gal	Galizisch		Akad.	Regensburg
GAV	Grazer Autorenversammlung		Hb.	Hörbild
GDBA	Genossenschaft Deutscher		h.c.	honoris causa
	Bühnenangehöriger, Hamburg		Hdb.	Handbuch
GDG	Gewerkschaft Deutscher		HdK	Hochschule der Künste
	Geistesarbeiter, Berlin		Hdlex.	Handlexikon
GDir.	Gymnasialdirektor		Hdwb.	Handwörterbuch
G.dr.S.	Genossenschaft dramatischer		Hebr	Hebräisch
	Schriftsteller und Kompo-		Hf.	Hörfolge
	nisten, Wien		HHG	Heinrich Heine-Gesellschaft,
Geb.	Geburtstag			Düsseldorf
GEDOK	Verband der Gemeinschaften		Hindust	Hindustani
	der Künstlerinnen und Kunst-		hist.	historisch
	freunde, Hamburg		Hon	Honorar
GedSchr.	Gedenkschrift		Hrsg., hrsg.	Herausgeber, herausgegeben
gek.	gekürzt		Hsp.	Hörspiel
GEMA	Gesellschaft für musikalische		Hsp.-F	Hörspiel-Folge
	Aufführungs- und mecha-		Hs(s).	Handschrift(en)
	nische Vervielfältigungs-		Hum(n).	Humoreske(n)
	rechte, Berlin			
GenSekr.	Generalsekretär		I	Italienisch
Georg	Georgisch		IADM	Internationale Association
Ger.	Gericht			Deutschsprachiger Medien
ges.	gesammelt			e.V., Köln
Ges.	Gesellschaft		IAP	Internationales Autoren-Pro-
Gesch(n).	Geschichte(n)			gressiv, Viken/Schweden
Geschf.	Geschäftsführer		IBBY	Internationales Kuratorium für
Ges.Kath.	Gesellschaft Katholischer			das Jugendbuch/International
Publ.	Publizisten, Köln			Board on Books for Young
GfdS	Gesellschaft für deutsche			People, Basel
	Sprache e.V., Wiesbaden		I.B.M.V.	Institutum Beatae Mariae Vir-
GfdSL	Gesellschaft für deutsche			ginis (Orden d. Englischen
	Sprache u. Literatur, St. Gallen			Fräulein)

ICW	International Council of Women, Paris	Kelt	Keltisch
IDI	Internationales Dialekt-Institut, Fulda	Kg.	Die Künstlergilde e.V., Eßlingen/N.
IFJ	International Federation of Journalists, Brüssel	Kl.	Klasse
		KLG	Kritisches Lexikon zur deutschsprachigen Gegenwartsliteratur
IG Autoren	Interessengemeinschaft österreichischer Autoren, Wien		
IGdA	Interessengemeinschaft Deutschsprachiger Autoren Weinstadt	KLK	Kronenburger Literatur-Kreis, Düsseldorf
		KMG	Karl-May-Gesellschaft e.V., Hamburg
I.I.A.L.	International Institute of Arts and Letters	Köla	Klub österreichischer Literaturfreunde und Autoren
IKG	Innviertler Künstlergilde, Braunau a. Inn	Kogge	Europäische Autorenvereinigung „Die Kogge" e.V., Minden
ILG	Internationale Lenaugesellschaft, Wien	Kom.	Komödie
		Komm.	Kommission
Ind	Indische Sprachen	korr.	korrespondierendes
Indon	Indonesisch	Kr.	Kreis
Ing.	Ingenieur	Krim.	Kriminal-
Insp.	Inspektor	Kroat	Kroatisch
Inst.	Institut(e)	Kt.	Kanton
intern.	international	Kurzgesch(n).	Kurzgeschichte(n)
i. P.	in Pension		
Ir	Irisch	KWS	Kulturwerk Schlesiens
i. R.	im Ruhestand		
ISDS	Internationaler Schutzverband deutschsprachiger Schriftsteller, Zürich	L	Latein
		Laisp.	Laienspiel
		Lak	Lakkisch
Isl	Isländisch	Lateinam	Lateinamerikanisches Spanisch
ISV	Innerschweizer Schriftsteller-Verein, Luzern	LAuftr.	Lehrauftrag
		LBeauftr.	Lehrbeauftragter
		Ld, Ldes	Land, Landes
J	Japanisch	Lect.	Lecturer
J.	Journal	Leg(n).	Legende(n)
JAR	Journalistischer Arbeitsring, Lehrte	Lehrb.	Lehrbuch
		Lett	Lettisch
Jb.	Jahrbuch	Lex.	Lexikon
Jber.	Jahresbericht	lfd	laufend
Jg.	Jahrgang	Lfg	Lieferung
Jgd.	Jugend	LGDir.	Landgerichtsdirektor
Jgdb.	Jugendbuch	lgo	Literarische Gruppe Osnabrück e.V.
Jh.	Jahrhundert		
Jidd	Jiddisch	LGPräs.	Landgerichtspräsident
jr.	junior	LGR.	Landgerichtsrat
		Libr.	Libretto
Kärntner S.V.	Kärntner Schriftstellerverband	Lic.	Lizentiat
		lit.	Literaturzentrum e.V., Hamburg
Kal.	Kalender	Lit.	Literatur
Kant.	Kantate	**Lit:**	Veröffentlichungen über den Schriftsteller
Kass.	Kassette		
Kat	Katalanisch	Litau	Litauisch
Kat.	Katalog	Lit.Pr.	Literaturpreis
Kauk	Kaukasische Sprachen	Lsp.	Lustspiel
Kdb.	Kinderbuch	LU	Literarische Union

L.V.G.	Staatlich genehmigte Literarische Verwertungsgesellschaft, Wien
LVW	Literarische Vereinigung Winterthur
LWG	Literarische Werkstatt Gelsenkirchen
Lyr.	Lyrik
M.	Märchen
m.	mit
MA.	Mittelalter
MA:	Mitarbeit(er)
M.A.	Master of Arts
Mag.	Magazin
Mak	Makedonisch
Mal	Malaisch
Mbl(l).	Monatsblatt(-blätter)
M.D.	Doctor of Medicine
Mda.	Mundart
MdL	Mitglied des Landtages
Me	Mittelenglisch
MedR.	Medizinalrat
Mem.	Memoiren
Mf	Mittelfranzösisch
Mf.Ö.	Mundartfreunde, Österreichs, Wien
Mfr.	Mittelfranken
MH:	Mitherausgeber
Mh.	Monatsheft
Mhd	Mittelhochdeutsch
Min.	Minister, Ministerium
MinDir.	Ministerialdirektor
MinDirig.	Ministerialdirigent
Miniat(n).	Miniatur(en)
MinR.	Ministerialrat
MinRef.	Ministerialreferent
Mitgl.	Mitglied
Mitt.	Mitteilung(en)
MK	Musik-Kalender
ML	Mittellatein
MÖB	Musischer Ring Österreich-Baiern
Monogr.	Monographie
Mschr.	Monatsschrift
Msgr.	Monsignore
Msp.	Märchenspiel
Ms(s).	Manuskript(e)
MUe:	Mitübersetzer
mus.	musikalisch
Mus.	Museum
MV:	Mitverfasser
Mzs.	Monatszeitschrift
N	Norwegisch
N(n).	Novelle(n)

NA	Niedersächsische Autorenhilfe, Waake
Nachl.	Nachlaß
Nachr.	Nachrichten
Nachtr.	Nachtrag
Ndb.	Niederbayern
NdFr.	Niederfranken
Ndl	Niederländisch
NdÖst.	Niederösterreich
NDR	Norddeutscher Rundfunk, Hamburg
Nds.	Niedersachsen
ndt.	niederdeutsch
N.F.	Neue Folge
NGL	Neue Gesellschaft für Literatur, Berlin, Erlangen
Ngr	Neugriechisch
NL.	Niederlausitz
Not.	Notizen
Nr(n).	Nummer(n)
NRW	Nordrhein-Westfalen
NS.	Niederschlesien
N.S.	Neue Serie
NT.	Neues Testament
o.	ordentlicher
Ob	Ober
Obb.	Oberbayern
ObÖst.	Oberösterreich
ObSchulR.	Oberschulrat
ObStudDir.	Oberstudiendirektor
ObStudR.	Oberstudienrat
ÖKU	Österreichische Künstler-Union, Wien
O.E.S.A.	Ordo Fratrum Eremitarum Sancti Augustini (Augustiner-Eremitenorden)
Öst.(err.)	Österreich
Ö.S.V.	Österreichischer Schriftstellerverband, Wien
O.F.M.	Ordo Fratrum Minorum (Franziskanerorden)
o. gen.	oben genannt
OL.	Oberlausitz
O.M.C.	Ordo Minorum Capucinorum (Kapuzinerorden)
O.M.I.	Oblati Mariae Immaculatae (Oblatenorden)
oö.	ordentlich-öffentlicher
O.P.	Ordo Predicatorum (Dominikanerorden)
Optte.	Operette
OR.	Oberrat
Orat.	Oratorium
OS.	Oberschlesien

O.S.B.	Ordo Sancti Benedicti (Benediktinerorden)
O.S.C.	Ordo Sancti Camilli (Kamillianerorden)
P	Polnisch
P.	Pater
PDoz.	Privatdozent
P.E.N.	Poets, Playwrights, Essayists, Editors and Novelists (Club)
Per	Persisch
Pf.	Pfalz
PH.	Pädagogische Hochschule
Ph.D.	Doctor of Philosophy
Pl(n).	Plauderei(en)
pl.dt.	plattdeutsch
Port	Portugiesisch
Pr.	Preis
Präs.	Präsident(in)
Pres.	President
Prés.	Président
Prof.	Professor
Profess.	Professional
Prot.	Protokoll
Prov	Provenzalisch
Ps.	Pseudonym
Pt.	Preisträger
PV.	Postvermerk
R	Russisch
R.	Roman
R:	Rundfunk
RA.	Rechtsanwalt
Rät	Rätoromanisch
rd	rund
Rd.	Road
Rdfk	Rundfunk
Rdsch.	Rundschau
Red.	Redaktion
Ref.	Referendar
Reg.	Regierung
RegR.	Regierungsrat
Rep.	Reportage
Rev.	Revue
Rez.	Rezension
RFFU	Rundfunk-Fernseh-Film-Union, München
Rhld	Rheinland
RIAS	Rundfunk im amerikanischen Sektor, Berlin
RSGI	Regensburger Schriftstellergruppe International
Rum	Rumänisch

S:	Schallplatte (bzw. Tonband)
S	Spanisch
(S)	Silber
Samml.	Sammlung
Sanskr	Sanskrit
Sat.	Satire
Sch.	Schauspiel
Schild.	Schilderung
Schr(r).	Schrift(en)
Schr.-R.	Schriften-Reihe
Schw	Schwedisch
Schw.	Schwank
Sdg	Sendung
SDS	Societas Divini Salvatoris (Salvatorianerorden)
Secr.	Secretary
Sekr.	Sekretär(in)
Sem.	Seminar
Serb	Serbisch
Serbokroat	Serbokroatisch
SF	Science Fiction
SFB	Sender Freies Berlin
SH.	Sonderheft
SHHB	Schleswig-Holsteinischer Heimatbund
Siam	Siamesisch
S.J.	Societas Jesu (Jesuitenorden)
SJU	Schweizerische Journalisten-Union, Zürich
SKV	Salzburger Kulturvereinigung
SKWS	Stiftung Kulturwerk Schlesien
Slow	Slowakisch
Slowen	Slowenisch
Soc.	Society, Societé
Son.	Sonette
Sorb	Sorbisch
SOSV	Solothurner Schriftstellerverein
Sp.	Spiel
Spr.	Sprache(n)
SSB	Steirischer Schriftstellerbund
SSV	Schweizerischer Schriftsteller-verband
St.	Studie
St:	Stifter
-st.	-stück
stellv.	stellvertretend(er)
Stift.	Stiftung
Stip.	Stipendium
StudAss.	Studienassessor
StudDir.	Studiendirektor
StudR.	Studienrat
S.V.	Schriftstellerverband
SV-DDR	Schriftstellerverband der DDR
SZ	Deutsches Senryu-Zentrum

T	Türkisch
T.	Teil
Tb.	Taschenbuch
TELI	Technisch-Literarische Gesellschaft
TH	Theater-Handbuch
TH.	Technische Hochschule
ther.	therapeutisch
Tibet	Tibetisch
tit.	tituliert(er)
TLex.	Taschenlexikon
Tr.	Trauerspiel
Trad.	Tradition
Transl.	Translation
Tsch	Tschechisch
TU.	Technische Universität
Twb.	Taschenwörterbuch
U	Ungarisch
U.	Universität
u. a.	und andere, unter anderem
UDoz.	Universitätsdozent
u. d. T.:	unter dem Titel
Ue:	Übersetzer von
üb.	über
Übers.	Übersetzung
Ukr	Ukrainisch
UMEM	Union Mondiale des Ecrivains Médicins
UNESCO	United Nations Educational, Scientific and Cultural Organization
UNIVERSITAS	Österreichischer Dolmetscherverband UNIVERSITAS, Wien
Unters.	Untersuchung
UProf.	Universitätsprofessor
V	Vietnamesisch
V:	Verfasser von
VdAiA	Verband deutschsprachiger Autoren, Cincinnati
VdEJ	Vereinigung europäischer Journalisten, Bonn
VDHLK	Verband der Hermann-Löns-Kreise e.V., Hannover
VDJ	Verband der Journalisten der DDR, Berlin
VDKSÖ	Verband der katholischen Schriftsteller Österreichs, Wien
VDSK	Vereinigung demokratischer und sozialistischer Künstler e.V., Berlin

V.dt.K.	Verband der deutschen Kritiker, Berlin
VdÜ	Verband Deutscher Schriftsteller, Bundessparte Übersetzer
Ver.	Verein
Verb.	Verband
verb.	verbessert
Verh.	Verhandlung
verm.	vermehrt
Veröff.	Veröffentlichung
Vers.	Versuch
Verz.	Verzeichnis
VFF	Verband der Film- und Fernsehschaffenden der DDR, Berlin
VFS	Verband Fränkischer Schriftsteller, Würzburg
VG Bild-Kunst	Verwertungsgesellschaft Bild-Kunst
V.G.S.	Verband der Geistig Schaffenden Österreichs, Wien
VG Wort	Verwertungsgesellschaft Wort vereinigt mit der Verwertungsgesellschaft Wissenschaft, München
VH.	Volkshochschule
Vj.	Vierteljahr
VJPD	Verband Junger Publizisten Deutschlands, Karlsruhe
VJUSL	Vereinigung junger unbekannter Schweizer Literaten
Vjzs.	Vierteljahreszeitschrift
VKA	Verband der Kasseler Autoren
VÖT	Verband österreichischer Textautoren, Wien
Vors.	Vorsitzende(r)
Vortr.	Vortrag
VS	Verband Deutscher Schriftsteller
V.S.J.u.S.	Vereinigung Sozialistischer Journalisten und Schriftsteller Österreichs, Wien
VSL	Verein Schweizerischer Literaturfreunde, Basel
V.S.u.K.	Verein der Schriftstellerinnen und Künstlerinnen, Wien
V.S.V.A.	Verein Schweizerischer Volksbühne-Autoren
Vt:	Verteiler
WAV	Westdeutscher Autoren-Verband, Düsseldorf
Wb.	Wörterbuch
Wbl(l).	Wochenblatt(-blätter)
WCC	World Cultural Council

WDR	Westdeutscher Rundfunk, Köln	Zbl(l).	Zentralblatt(-blätter)
WKKG	Wilhelm-Kotzde-Kottenrodt-	Zs.(s).	Zeitschrift(en)
	Gemeinde, Rheine	ZSV	Zürcher Schriftsteller-Verein
Wschr.	Wochenschrift	Ztg(n)	Zeitung(en)
Wztg(n)	Wochenzeitung(en)	z.Wv.	zur Wiederverwendung

Verzeichnis
deutschsprachiger Schriftsteller und Schriftstellerinnen

A

Aab, Eva, s. Hassencamp, Eva Maria.

Aalson, Gunnar, c/o Franz Schneider Verlag, München.
V: Die lustigen Gowiggels kommen zu Besuch 77; Die lustigen Gowiggels landen im Urwald 78; Die lustigen Gowiggels spielen verrückt 79; Sturmwind — ahoi! Die Gowiggels auf hoher See 81.

Abe, Irmgard, c/o Eulenspiegel-Verlag, Berlin (Ost).
V: Der Sonntagsmörder, Geschn. v. Herrn u. Frau Weise 77, 4. Aufl. 81; Ponys fallen nicht vom Himmel, Geschn. 81. ( )

Abel, Friedrich Wilhelm, Rundfunk-journalist; Frankreichstr. 9, D-7570 Baden-Baden, Tel. (07221) 7421 (Frankfurt/Main 9.3.10). Roman, Lyrik, Drama.
V: Lilien für Christa, R. 72; Irene, R. 77; Dunja, R. 82.

Abel, Günther, Dr.med., OMR. i.R., Arzt; Lit.-Pr. "Arzt + Schriftsteller" 78, Lyrik-Sonderpr. "Die Rose" 80; Schosterweg 14, D-2391 Steinbergkirche/Ostsee, Tel. (04632) 7886 (Reutlingen/Württ. 21.4.20). Kurzgeschichten, Roman, Lyrik.
V: Das unheimliche Karussell, Erzn. 80.
MA: Almanach dt. Schriftstellerärzte 78, 79, 80, 81; 33 phantast. Geschn. E. Flaschenpost dtspr. Autoren d. Gegenw. 81, 2. Aufl. 82; Gauke's Jb. 81, 82, 83.

Abel, Manfred G., c/o Verl. Neues Leben, Berlin (Ost).
V: Bankraub 12.55 Uhr 83. ( )

Abel, Marianne, s. Hassebrauk, Marianne.

Abele, Roland, c/o Bastei Verlag Lübbe, Bergisch Gladbach.
V: Und er fiel unter die Mörder, Krim.-R. 81. ( )

Aberle, Andreas, Ingenieur; Crailsheimstr. 3, D-8000 München 40, Tel. (089) 327419 (Stolp/Pommern 24.1.31).
V: B: Bayerische Königsanekdoten. Samml. selbstverf. u. bearb. Biogr. u. Geschn. 78.

MA: H: Es war ein Schütz in seinen schönsten Jahren, Samml. eigener u. fremder Erzn., G. u. Ber. 72, 73; Nahui, in Gotts Nam! Schiffahrt auf Donau und Inn, Salzach und Traun, Samml. eigener u. fremder Erzn., G. u. Ber. 74; Der Adam hat die Lieb erfunden. Eigene u. fremde Ber., Geschn. u. Interpretationen um das Liebesbrauchtum 77.
H: Wie's früher war in Oberbayern, Samml. alter Ber. u. Geschn. 73, 75; Wie's früher war in Tirol, Samml. alter Ber. u. Geschn. 75; Aberles Wildereralbum, Samml. alter Ber. u. Geschn. 81. — **MH:** Ludwig Ganghofers Jagdbuch. Selbstverf. Biogr. u. Samml. von Tagebucheintrag. u. Geschn Ganghofers 78.
S: Das graue Gesicht, Erz. auf Kassette 80; Das Geschenk der alten Lok, Erz. auf Kassette 80.

Aberle, Gerhard, Journalist; VS 53; Schleissheimer Str. 274, D-8000 München 13 (Brünn 16.1.29). Hörspiel, Hörbild, Dokumentation, Jugendbuch.
V: Aktion Pythagoras, Jgdb. 70; Menschen u. Mächte, Jgdb. 70; Stehkneipen-Gespräche an d. Theke, Dok. 71.
R: Die letzte Fahrt; Der Wohltäter; Der alte Zohar; Ich heiße Podrazek, Hsp. 76.
S: Gespräche an der Theke, Schallpl. ( )

Abraham, Peter, Verlagsbuchhändler, Dipl.-Film-Dramaturg; SV-DDR 71; Pr. im Pr.ausschr. d. Min. f. Kultur d. DDR z. Förder. d. soz. Kinder- u. Jgdlit. 71; Heideweg 34, DDR-1502 Babelsberg, Tel. 74175 (Berlin 19.1.36). Roman, Kinderbücher, Film, Fernsehspiel.
V: Faulpelzchen, Kinderb. 63, 65; Die Schüsse d. Arche Noah oder die Irrtümer u. Irrfahrten meines Freundes Wensloff, R. 70, 75; Meine Hochzeit mit der Prinzessin, R. 72, 79; Frederic, Kinderb. 73, 78; a b c, lesen tut nicht weh, Kinderb. 74, 78; Die windigen Brauseflaschen, Kinderb. 74, 78; Ein Kolumbus auf der Havel, Kinderb. 75, 78; Kaspar oder das Hemd des Gerechten, R. 76, 77; Das Schulgespenst, Kinderb. 78, 79; Komm mit nach

Chikago, R. 79. — **MV:** Wie Nickel zweimal Däne war 70; Die erste Stunde 70, 71; Eine Rose f. Katharina 71.
H: Fernfahrten erlebt und erdacht von achtzehn Autoren 76.
F: Rotfuchs, F. 73.
R: Standesamt-Eintritt frei 71.

Abt, Terenz, s. Bengsch, Gerhard.

Abthausen, Josef, s. Senz, Josef Volkmar.

Aburi, Hans, Schriftsteller; Finkenweg 14, D-8998 Lindenberg i. Allg., Tel. (08381) 1024 (Akropong/Ghana 19.3.91). Drama, Lyrik, Roman, Essay.
V: Labyrinthspiel, R. 70.

Abusch, Alexander, Dr. h. c., Staatssekr. u. Min. f. Kultur 54 — 61, Stellvertr. d. Vorsitzd. d. Ministerrates d. DDR 61 — 71; SDA 26, SV-DDR 51, P.E.N.-Club d. DDR 51, Europ. Schriftst.verein. 62; Nationalpreis III. Kl. f. Kunst u. Lit. d. DDR 55, I. Kl. 71, Joh. R.-Becher-Med. i. Gold 62, Karl Marx-Orden 62, Stern d. Völkerfreundschaft i. Gold 77; o. Mitgl. Dt. Akad. Künste Bln: Sekt. Lit. u. Sprachpflege 52; Hermann-Maternstr. 62, DDR-1040 Berlin, Tel. 2824365 (Kraków 14.2.02). Historische, kulturpolitische u. literaturtheoretische Essays u. Bücher.
V: Kampf vor den Fabriken, Erz. 26; Der Irrweg einer Nation 45, 60; Stalin und die Schicksalsfragen der deutschen Nation 49, 52; Mit wem seid ihr, Meister der Kultur? 50; Johannes R. Becher. Dichter d. Nation u. d. Friedens 52; Literatur u. Wirklichkeit 53, 55; Schiller 55, 7. Aufl. 80; Unsere Epoche erfordert Humanisten der Tat. Rede zur 300-Jahr-Feier d. Dt. Staatsbibl. 61; Kulturelle Probleme des sozialistischen Humanismus. Beitr. zur dt. Kultur-politik 46 — 61, 62, 67. Literatur im Zeit-alter d. Sozialismus 67; Jena, eine meiner Universitäten. Jenaer Reden u. Schrr. d. Friedr.-Schiller-U. 67; Humanismus u. Realismus in d. Literatur 66, 71; Tradition u. Gegenwart d. sozialist. Humanismus 71; Begegnungen u. Gestalten. Beitr. z. Gesch. d. Arbeiterbeweg. u. d. Lit. von 1933-71 71; Entscheidung unseres Jahr-hunderts 77; Die Welt Johannes R. Bechers: Arb. a. d. Jahren 1926-1980 81; Der Deckname, Mem. 81; Ansichten über einige Klassiker 82. — **MV:** Braun-buch über den Reichstagsbrand u. Hitlerterror 33.
MA: Einer neuen Zeit Beginn 80 (Red.).

H: Sieg der Zukunft, Anth. 52; Schiller: Gesammelte Werke 54, 59 VIII; Licht des Großen Oktober 67; Wir Enkel fechten's besser aus 75. ( )

Ach, Friedrich; Turnerheimstr. 20a, D-8500 Nürnberg 70.
V: Hochachtungsvoll, G. 82. ( )

Ach, Manfred, StudR.; Quagliostr. 4a, D-8000 München, Tel. (089) 662478 (Grünwald 21.11.46). Lyrik, Roman, Novelle, Essay.
V: Undine, Lyrik 67; Sven, Novelle 68; Moratorium, R. 73; Percussion, Lyrik 74; Beste Empfehlungen, Lyrik 74; Elefantwort, Kurzprosa 77; Anarchismus, Ess. 79; Untertagwerk, Lyrik 79. — **MV:** An der Nase des Mannes erkennt man den Johannes, Kurzprosa m. Michael Heininger 75; Hitlers 'Religion'. Pseudoreligiöse Elemente im nationalsozialist. Sprach-gebrauch, Ess. m. Clemens Pentrop 77; Die Bibliothek von Babylon, m. Ugo Dossi 77; Joris-Karl Huysmans und die okkulte Dekadenz, m. Joh. Jörgensen, Ess. 79.
B: Dr. Johann Faust, Grosser und gewaltiger Meergeist 76; Dr. Johann Faust, Dreifache Höllenzwänge 76; Dr. Johann Faust, Vierfacher Höllenzwang 76; Dr. Johann Faust, Ägyptische Schwarzkunst 76, alles magische Rituale.
MH: Gegendarstellungen. Lyrische Parodien m. Manfred Bosch 74.
S: Die Geschichte der Bibel, Platten-serie 76. ( )

Achenrainer, Alois *

Achleitner, Friedrich *

Achleitner, Josef; Silb. Ehrennadel d. Stelzhamerbundes 82; Ob.Öst. Stelzhamerbund seit 70; Reiterndorf 30, A-4820 Bad Ischl, Tel. (06132) 3068 (Bad Ischl/Ob.Öst. 18.6.32). Lyrik.
V: Inventia, mod. Lyr. 78.

Achternbusch, Herbert; VS; Ludwig-Thoma-Med. d. St. München 75, Spezialpr. Filmfestival Locarno 82, Pr. d. Arb.gem. d. Filmjournalisten 82, Bdesfilmpr. 82; Schrimpfstr. 7, D-8035 Gauting (München 23.11.38). Prosaische Dramenlyrik.
V: Südtyroler, G. u. Siebdrucke 66; Hülle 69; Das Kamel 70; Die Macht des Löwengebrülls 70; Die Alexander-schlacht 71, Tb. 72; L'Etat c'est moi 72; Der Tag wird kommen, R. 73, Tb. u. d. T.: Happy oder Der Tag wird kommen 75; Die Stunden des Todes, R. 75, Tb. 77; Land in Sicht, R. 77; Servus Bayern 77;

1969, Samml. 78 III; Der Komantsche 79; Es ist ein leichtes beim Gehen den Boden zu berühren 80; Der Neger Erwin, Filmb. 81; Das Haus am Nil 81; Die Olympiasiegerin 82; Das letzte Loch, Filmb. 82; Revolte 82; Der Depp, Filmb. 83; Hülle. Das Kamel 83; Wellen 83.
MA: Anthologie 1 65; aussichten 66; Ella, Bü. in: Theater heute 2 78 u. in: Spectaculum Bd 31 79; Susn, Bü. in: Theater heute 9 79 u. in: Spectaculum Bd 35 82; Der Frosch, Bü. in: Theater heute 5 82.

F: Das Andechser Gefühl 75; Die Atlatikschwimmer 76; Herz aus Glas 76; Bierkampf 77; Servus Bayern 78; Der junge Mönch 78; Der Komantsche 80; Der Neger Erwin 81; Das Letzte Loch 81; Der Depp 82; Das Gespenst 82.

R: Hörspiel in München und am Starnberger See 70; Absalom 71; Das Andechser Gefühl 75, alles Hsp. ( )

Ackermann, Friedrich, StudDir. a. D.; Am Menkebach 10, D-4800 Bielefeld 11, Tel. (05205) 70204 (Hildesheim 26.3.14). Lyrik, Roman, Novelle, Drama, Essay.
V: Geschichten zwischen Welt und Gott, Nn 47; Michael Burger, R. 49.

Ackermann, Werner (Ps. Robert Landmann, Rico Gala, W. A. Fieldman); ISDS, P.E.N., Dramatiker-Union (Antwerpen 28.12.92). Drama, Hörspiel, Roman. **Ue:** E, F, H (Fläm).
V: Größe, Dr. 13; Der große Junge, Kom. 14; Die Brücke, Dr. 24; Lotterie, Kom. 26; Flucht nach Schanghai, Dr. 27; Kümmerling, Kom. 28; Monte Verità, R. 29, 34; Der Apostel, Kom. 30; Staat ohne Volk, Dr. 31; Wehe dem Sieger, R. 32; Dr. Eisenbart, Kom. 34; Langusten für das Volk, Dr. 35; Der Minnesänger, R. 36; Kinder aus Spanien, Sch. 38; Das Mädchen aus Prag, Dr. 39; Matteotti besiegt Mussolini, R. 47, 50; Venus aus den Wassern, St. 48; Das Loch in der Mauer, Sch. 49; Stern auf den Hügeln, St. 50; Welt auf der Kippe, Kom. 51; Das Gold der Bolleboers, Lsp. 52; Der Dicke aus Lille, Kom. 53; Flammen, Eis und bunter Sand, G. 53; Mord ohne Spuren, Krim.-Stück 54; Urwald in der großen Stadt, R. 55; Schwarzweiß gestreift, Erzn. 58; Das Zebra, Erzn. 61.
MA: Anthologie deutscher Dichtung 29; Wege zum Frieden 32.
R: Kleists Tod, Hsp. 29; Langusten, Hsp. 36; Das Loch i. d. Mauer, Hsp. 50.
Ue: Stijn Streuvels: Die Männer am feurigen Ofen, Erz. 34; Knecht Jan, R. 37, Die zwölf Monate, R. 43; E. Zernicke: Brautleute, R. 41; Anton Coolen: Peerke,

Erz. 42; J. Ratau: Khirimpana, Epos 56. ( )

Acklin, Jürg; Oltener Gruppe 71; Carl Spittelerstr. 51, CH-8053 Zürich (Zürich 20.2.45). Roman, Lyrik.
V: Der einsame Träumer, G. 67; Michael Häuptli, R. 69; alias, R. 71; Das Überhandnehmen, R. 73; Der Aufstieg des Fesselballons, R. 80.
MA: Geschichten von der Menschenwürde 68. ( )

d'Acy, Claude *

Adam, Grete, s. Jäckel, Margarethe.

Adam, Maria Antonie, Hausfrau; Pagenstr. 8, D-3538 Marsberg 11, Tel. (02992) 8362 (Marsberg 16.11.15). Jugendbuch.
V: Assam, der braune Hengst, Jgdb. 81; Pferdefreunde unter sich, Jgdb. 81; Die Fuchsjagd, Jgdb. 83.

Adam, Ursula, Dr.phil., Psychol.; Öst. P.E.N.-Club 81; Anerkennungspr. d. öst. Min. f. Lit. u. Kunst 80, Staatsstip. d. Min. f. Lit. u. Kunst 81, Talentförderungsprämie d. Ldes Oberöst. 82; Bergstr. 4, c/o Dr. Kabas, A-5020 Salzburg, Tel. (0662) 758422 (Linz 27.6.50). Roman, Essay.
V: Die Zweitgeburt 80.
MA: Kinderwunsch, Anth. 82.

Adam-Jäckel, Grete, s. Jäckel, Margarethe.

Adamson, Walter, Schriftsteller; Fellowship of Austral. Writers; Melbourne Branch Intern. P.E.N.; Poet's Union of Australia; Grantulla Road, Kallista, Vic. 3791/Austral. (Königsberg, Ostpr. 4.5.11). Roman, Novelle, Kurzgeschichte, Lyrik. **Ue:** E.
V: Das australische Einmaleins, Erz. 73; Ausgerechnet Australien, N. 74; Die Anstalt, R. 74.
MA: Ostpreuss. Schriftsteller heute 81; Ethnic Australia 81, alles Anth.

Aderhold, Egon, Sprechererzieher; Lindenallee 32, DDR-1403 Birkenwerder, Tel. 3232 (Neustadt am Rennsteig 17.12.29). Roman, Fernsehspiel.
V: Traumtänze, R. 78, 83; Strichvogel, R. 81; Eros und Psyche, Kom. 83.
R: Schwarz auf weiß 78; Der Teufel hat ein Loch im Schuh 79; Bau'n Se billig, Schinkel 81; Ein Tag aus Goethes Kindheit 82, alles Fsp.

Adler, Ernst; Karl-Marx-Allee 43, DDR-1020 Berlin, Tel. 4374602 (Wien 12.7.03). **Ue:** E.

V: Die Legende vom Bumerang.
Märchen, Mythen u. Legenden d.
austral. Ureinwohner 66; Die Legende
vom Bumerang 66; Mit Muscheln fängt
man Tintenfische 69; Ko und Ala (auch
span., finn.) 72; Der Elefant im
Waschtrog 68; Keri der Kiwi 74.
Ue: Marshall: Windgeflüster; Reed:
Aufruhr in Mexiko; Herbert: Der
vertauschte Traumstein; Hewett: Die
Mädchen von Sydney; Mayfield: Harlem
Story; Suhl: Guten Tag. Greenhorn;
Bonosky: Der Einzelgänger; Marshall:
Erzähl uns doch vom Truthahn, Jo!;
Heynowski: Piloten im Pyjama;
Nkrumah: Afrika muß eins werden;
Reed: Stationen meines Lebens. ( )

Adler, H. G., Dr. phil., Dr. phil. h.c.,
Prof.; P.E.N. 53, Vorstandsmitglied 57,
Präs. 73, VS 71; Leo-Baeck-Preis 58,
Charles-Veillon-Preis 69, Bayer. Akad.
der Schönen Künste 79; 47, Wetherby
Mans., London SW5 9BH/Engl., Tel. (01)
3731932 (Prag 2.7.10). Roman, Lyrik,
Essay.
V: Theresienstadt 1941-45. Das Antlitz
einer Zwangsgemeinschaft 55, 60; Die
verheimlichte Wahrheit. Theresien-
städter Dokumente 58; Der Kampf
gegen die "Endlösung der Judenfrage".
58; Die Juden in Deutschland. Von der
Aufklärung bis zum National-
sozialismus 60, 61; Unser Georg und
andere Erzählungen 61; Eine Reise, Erz.
62; Der Fürst des Segens 64; Die
Erfahrung der Ohnmacht 64; Sodoms
Untergang, Bagatellen 65; Panorama, R.
68; Kontraste und Variationen, Ess. 69;
Ereignisse, kleine Erzn. u. Nn. 69; Der
verwaltete Mensch, Studien zur
Deportation der Juden aus Dtld 74;
Fenster, G. 74; Viele Jahreszeiten, G. 75;
Die Freiheit des Menschen, Ess. 76;
Spuren und Pfeiler, G. 78; Zeiten auf der
Spur, G. 78; Blicke, G. 79; Stimme und
Zuruf, G. 80.
MA: Das Rasthaus, N. 54; Mitten im
Strom, G. 56; Worte des Gedenkens f.
Leo Baeck 59; Der Führer ins Nichts,
Ess. 60; An den Wind geschrieben, G. 60;
Juden, Christen, Deutsche, Ess. 61; Das
Jahrhundert der Barbarei, Ess. 66;
Tendenzen der Theologie im 20. Jahr-
hundert, Ess. 66; Porträts, Erz. 67;
Vorletzte Worte 70; Tür an Tür, G. 70;
Lex. zur Gesch. u. Pol. im 20. Jh. 71;
Essays Simon Wiesenthal gewidmet 73;
50 Seltsame Geschichten 73; Deutsche
Erzählungen aus drei Jahrzehnten 75;
Buch der Freunde 75; Im Brennpunkt:
Ein Österreich 76; Fruchtblätter —

Freundesgabe f. A. Kelletat 77; Irische
Landschaften 78; Heinrich Böll: Mein
Lesebuch 78; Von der Legitimation der
Gewalt 78; Jb. d. Ges. f. niedersächs.
Kirchengesch. 78; Thomas Morus-Akad.
Bensburg 79; Die Sprache der Gewalt
und ihre Wörter, Ess. 80; Gerade vorbei,
G. 80; Dichtung in der Gefangenschaft
als inneres Exil, Ess. 81; Zu Hause im
Exil, Ess. 81; Rechenschaft in dunkler
Zeit — Leo Baeck u. sein Werk, Ess. 81;
Erinnerungen, G. 82.
H: Franz Baermann Steiner: Unruhe
ohne Uhr, G. 54; Auschwitz. Zeugnisse u.
Berichte 61, 79; Franz Baermann
Steiner: Eroberungen, ein lyr. Zyklus 64.
Lit: Heinrich Böll: Frankfurter Vor-
lesungen 66; W. P. Eckert u. W. Unger:
H. G. Adler, Buch der Freunde 75.

Adler, Hermann (Ps. Zwi Nesher, -dl-),
Lehrer; ISDS, P.E.N.; Ehrengabe d. Lit.
Komm. d. Stadt Zürich 47; Breisacher
Str. 95, CH-4007 Basel, Tel. (061) 326640
(Diosek b. Preßburg 2.10.11). Lyrik,
Drama, Roman, Novelle, Hörspiel,
Essay, Hörfolge. **Ue:** Hebr., Jidd.
V: Gesänge aus der Stadt des Todes
45; Ostra Brama, Leg. 45; Balladen der
Gekreuzigten, der Auferstandenen, Ver-
achteten 46; Fieberworte von
Verdammnis und Erlösung 48; Bilder
nach dem Buche der Verheißung 50;
Vater vergib!, G. aus dem Ghetto 50; Das
Lied vom letzten Juden, Nachdicht.
nach Jizchak Katzenelson 51.
R: Zahlr. Hf. u. Essays seit 53, u.a.:
Projiziertes Seelenbild und Sternen-
himmel; Der Aufstieg in den Götter-
himmel; Seelenärzte über Götter und
Propheten; Vom Schattengebilde zum
lebenden Menschen; Bewußtseins-
erhellung durch lyrisches Schaffen; Die
Schattenseite der Seele; Sprachliches
Kunstwerk? Konstruktion?; Alchemie
und Selbstverwandlung; 2000 Jahre
Traumsymbolik und Kunstsymbolik;
Kann Sittlichkeit dem Bösen dienen?;
Orakel, Omina und Tests; Das Christus-
bild im Lichte jüdischer Autoren; 6000
Jahre Tests; Vom Sinn der Utopie, Fsp.
64; Das wissen die Götter V 64; Feld-
webel Anton Schmid und seine neun
Geretteten; - Einfluß der Kabbala auf d.
dt. Lyrik 70; Wann ist ein Dichter ein
jüdischer Dichter? 70; Das Problem der
Verleumdung in Märchen, Mythos u.
Religion 71; Todestrieb u. Jenseits-
glaube in Vorstellung, Dichtung u.
Wirklichkeit 74; Konfrontation C. G.
Jungs mit Sigmund Freud 75; Der Hang
zum Elend 76.

Ue: Jizchak Katzenelsons: Das Lied vom letzten Juden, Nachdicht. von Ghettogedichten.
Lit: Paul E. H. Lüth: Lit. als Geschichte: Dt. Dicht. von 1885-1947 II; Jichzak Grünbaum: Schirim 60; K. Thieme: Nachwort zu:"Vater, vergib!"; Encyklop. Judaica Jerusalem, Year Book 73; D. Stern: Werke jüd. Autoren dt. Spr.

Adler, Peter, Dr. phil.; VS; Leo-Baeck-Preis 57, Feature-Preis Radio Bremen 62, Fernseh-Preis d. Deutschen Angestellten-Gewerkschaft in Silber 68, in Gold 79, D-8999 Grünenbach/Allgäu, Tel. (08383) 277 (Dresden 4.5.23). Feature, Hörspiel, Fernsehspiel.
V: Die Vergessenen, Features 59; Die Leute von Beersheba, Ber. 61. –
MV: Die Provinz 64.
R: Der Frieden unserer Stadt, Hsp., Fsp.; Party mit Moderlau, Hsp.; Der Tod des Engelbert Dollfuß, Fsp.; Heydrich in Prag, Fsp.; Das Haus Lunjowo, Fsp.; Al Capone im deutschen Wald, Fsp.; Erziehung eines Esels, Hsp; Die Rote Kapelle, Fsp.; Der Frieden von Locarno, Fsp.

Adolf, Günther, Schriftsteller; Römerstr. 60a, D-6900 Heidelberg, Tel. (06221) 27862 (Blankenburg/Harz 4.10.08). Novelle, Theater.
V: Tapfere Lausbuben, Jgb. 58; Orchideen, Lsp.

Adolph, Rudolf *

Adrian, Günter (Bielefeld 13.12.25). Jugendbuch, Kinderbuch, Kabarett, Dokumentarfilm.
V: Quappe ist nicht von Pappe, Jgdb. 55; Jetzt schlägt's aber 13!, Jgdb. 55, 56; Wer zuletzt lacht, lacht mit Quappe, Jgdb. 62; Bierbilderbuch, G. 64. –
MV: Kanone zu verkaufen. Ein Heldenmärchen f. d. reiferen Leser aus d. dt. Sprach- u. Spielraum, m. J. Günther 66; - Anna Garnknäul kann das auch, m. H. Brun 68; Die Gänse vom Kapitol 69; So fuhr die erste Eisenbahn 69; Der erste Flug im Freiballon 70; Der glückliche Mann in der Tonne 70; Kolumbus entdeckt Amerika 70, alles Bildergesch. m. Text, alle m. C. Verleyen u. H. Branton; Hier kommt der Zi - Za-Zaubermann, m. M. Vormstein 71; Wir bauen uns ein Haus, m. R. Rettich 71.
B: Die schönsten Märchen aus 1001 Nacht 72.
F: Make love not war 67. ( )

Adron, Lutz, s. Gööck, Roland.

Aebli, Kurt, c/o Rauhreif-Verl., Zürich, Schweiz.
V: Die Flucht aus den Wörtern, Prosa 83. ( )

Aeschbach, Gustav, Journalist, Schriftsteller; Vordere Vorstadt 18, CH-5000 Aarau, Tel. (064) 224126 (Aarau 11.9.20). Historische Reportagen, Roman, Feuilleton.
V: Operation Juraviper, hist. Krim.-R. 80.
MA: Aarauer Mappe, div. Jg. bis 83.

Affholderbach, Gunter, Buchhändler; Stip. d. Berliner Senats Herbst 81; Koomansstr. 4a, D-5900 Siegen (Siegen-Geisweid 2.10.60). Lyrik, Roman, Novelle, Essay.
V: Schlimme Zeiten, G. 80; Zur Schwelle Zum Traum, N. 82.
B: Dietmar Stephan: Sterben ohne Tod 80.

Agricola, Erhard, Dr. phil. habil., wiss. Mitarbeiter; Fritz-Reuter-Str. 3, DDR-7113 Markkleeberg (Leipzig 14.9.21). Roman
V: Tagungsbericht oder Kommissar Dabberkows beschwerliche Ermittlungen im Fall Dr. Heinrich Oldenbeck, R. 76, 2. Aufl. 78.
Lit: Klaus Walther: Der Mann kann erzählen in: Neue Dt. Literatur 9, 77.

Ahemm, Hilde, s. Meschke, Hildegard.

Ahlborn-Wilke, Dirk (Ps. Dirk Wilke), Reg.-ObInsp.; 2. Preis Texter-Wettbew. Parker Musik-Show 72; Büttnerstr. 6, D-3392 Clausthal-Zellerfeld, Tel. (05323) 3187 (Osterode 27.1.49). Lyrik, Roman, Kurzgeschichten, Reiseberichte, Chanson-Texte.
V: Wie einst ... Lale Andersen, Biographie 1945-72, 78/79; Manchmal neblig-trüb..., Reise-Tageb. d. Erinn. 82.
MA: Üb. 90 Kurzgeschn. in versch. überregionalen Tages-, Fach- bzw. Zss. 74 bis 83, u.a.: Harz-Berg-Kal. 77-83, Gauke's Jb. 80-83, Langeoog Geschn. 1830-1980, Siegburger Pegasus 82-83.

Ahlbrecht-Meditz, Erika *

Ahlers geb. von der Mehden, Heilwig (Ps. Heilwig von der Mehden), Journalistin; Ippendorfer Allee 8, D-5300 Bonn (Essen/Ruhr 24.3.23).
V: Fragen Sie Frau Semiramis 55, 2. Aufl. 56; Nehmt die Männer, wie sie sind 72, 14. Aufl. 79; Keiner liebt wie Robinson 73, 9. Aufl. 81; Vielgeliebte Nervensägen 75, 11. Aufl. 82; Ehret die Frauen, aber übernehmt euch nicht 75, 11. Aufl. 83; Mir ist doch so, als wär mir was 76, 9. Aufl. 82; Vier Wände u. e.

Gartenzaun 77, 5. Aufl. 81; Und was tun, wenn nichts zu tun ist? 78, 5. Aufl. 82; Schön ist es auch anderswo 79, 3. Aufl. 81; Strichweise heiter 80; Die Fliege an der Wand 80, 3. Aufl. 82; Manchmal langt's aber 2. Aufl. 82. — MV: Glück gehabt! 76.

H: Vor allem eins, mein Kind 72, 73; Backfischchens Leiden u. Freuden 79; Ich hab mich ergeben ... 80.

Ahlers-Kölbl, Dina (Ps. Daniela Bär), Heilpraktikerin, Therapeutin; Postf. 650154, D-5000 Köln 60 (Lingen/Ems 26.2.41). Lyrik.
V: Meine Tode — Meine Leben. Selbsterfahrungen 81.
S: Friede innen — Friede außen u. Friedenmeditat. 82; Schritte zur Heilung f. Kranke u. Gesunde u. Heilungs-meditat. 82.

Ahling, Renate, Sekretärin; Innsbrucker Str. 10, D-2800 Bremen, Tel. (0421) 372577 (Landsberg/Warthe 11.9.44). Lyrik, Erzählung.
V: Nachts und an anderen Orten, G. 81.
MA: Allerlei Frau, Erz., G. 80; Mörikes Lüfte sind vergiftet, Lyrik, 2.Aufl. 82; Liebesgeschichten, Erz. 82.

Ahlsen, Leopold (Ps. f. Helmut Alzmann), Schriftsteller; P.E.N. 71; Gerhart-Hauptmann-Preis 55, Hsp.-Preis d. Kriegsblinden 55, Schiller-Förderungspreis 57, Goldener Bildschirm 1968 der Fernsehkritik f. Fsp. "Berliner Antigone" 69, Ehrende Anerkennung b. Adolf-Grimme-Preis 1968 69; Waldschulstr. 58, D-8000 München 82 (München 12.1.27). Drama, Hörspiel, Fernsehen, Film.
V: Pflicht zur Sünde, Sch. 52; Zwischen den Ufern, Sch. 52; Wolfszeit, Sch. 54; Philemon und Baukis, Sch. 56; Raskolnikoff, Sch. 60; Sie werden sterben, Sire, Sch. 64; Der arme Mann Luther, Sch. 69; 4 Hörspiele. Teilsamml. 70; Ludus de nuptiis Principis, Festspiel der Landshuter Hochzeit, Sch. 81; Der Gockel vom goldenen Sporn, R. 81.
F: ... nichts als die Wahrheit; Philemon und Baukis.
R: Michaelitag; Die Zeit und Herr Adolar Lehmann; Niki und das Paradies in Gelb; Philemon und Baukis 56, 69; Die Ballade vom halben Jahrhundert; Alle Macht der Erde; Raskolnikoff 62; Tod eines Königs 62; Der arme Mann Luther 65; Fettaugen 69; Denkzettel 70; Der eingebildete Kranke 72; Der zer-brochene Krug 77; Da guadmiadige Bosniggl (Goldonis "Le Bourru

bienfoisant") 79, die letzten drei ins Bairische übertr., alles Hsp.; - Philemon und Baukis 56; Raskolnikoff 59; Sansibar 61; Alle Macht der Erde 62; Kleider machen Leute 63; Sie werden sterben, Sire 64; Der arme Mann Luther 65; Der Ruepp; Berliner Antigone 68; Langeweile 69; Menschen 70; Sterben 71; Fettaugen 72; Ein Wochenende des Alfred Berger 72; Eine egoistische Liebe 73; Die merkwürdige Lebensgeschichte des Friedrich Freiherrn von der Trenck 73; Tod in Astapowo 74; Strychnin und saure Drops 74; Der Wittiber 75; Simplizius Simplizissimus 75; Möwen-geschrei 77; Die Dämonen 77; Wallenstein 78; Der arme Mann von Paris (François Villon) 80; Der gutmütige Grantler 82; Defekte 82; Das Fräulein 83, alles Fsp.

Ahner, Hans, Journalist; SV-DDR; Böttgerstr. 35, DDR-8023 Dresden (Dresden 27.5.21).
V: Start frei zum Testflug 60; Söhne des Ikarus 63; Das kleine Luftreisebuch 64; Das Ende der Lucky Lady, Erz. 65; SOS in Himmelshöhen. Die großen Katastrophen der Luftfahrt 68, 69; Die Stunde des Chefpiloten, R. 70; Katastrophe vor Gibraltar, R. 74, 75; Kennwort: Flug in die Dämmerung, Erz. 77; Deckname Helios, R. 80, 2. Aufl. 82; Der Mann mit den Flügeln, Lilienthal-Biogr. 80; Tödlicher Wind, Erz. 81; Der große, weite Flug, Erz. 83; Sturz in die Tiefe, biogr. R. 83.

Ahrens, Annemarie (Ps. Cornelia Boysen); Brahmsstr. 19, D-2400 Lübeck 1, Tel. (0451) 473904 (Fehmarnsund/OH 15.10.17).
V: Und sie werden die Schwerter ... 82.

Ahrens, Hanna, Pastorin; Süntelstr. 85 I, D-2000 Hamburg 61, Tel. (040) 5508811 (Heiligenhafen/Ostsee 6.9.38). Erzählungen, Kurzgeschichten.
V: Jesus — mein Bruder, Interviews mit Frauen aus Papua Neu Guinea 78; Schwerer Stein oder Süßkartoffel, Erz. v. Leben in Papua Neu Guinea 80; Schenk mir einen Regenbogen, Gesch. aus d. Alltag e. Familie, 1. u. 2. Aufl. 82; Feste, die vom Himmel fallen, Kurzgeschn. 83.

Ahrens, Helmut, Journalist; DJV; Angelgasse 12, D-6509 Flonheim, Tel. (06734) 1212 (Mainz 26.9.50). Biographie, Sachbuch, Erzählung, Dokumentation.
V: Auf dein Wohl, Hieronymus 79; Die Tiere zuhause 79; Der Papst in Mainz, Sachb. 80; Bis zum Lorbeer versteig ich

mich nicht, Biogr. 82; Reagans Amerika
— Vorwärts nach Gestern, Sachb. 82;
Ludwig Thoma, Biogr. 83.
H: ZZA-Jb. 72.
R: Dok.filmproduktionen.

Ahrndt, Waltraud; Str. der Einheit 21,
DDR-2801 Beckentin. Prosa, Übers.
V: Atempause, R. 78, 81.
H: Das Reckenschiff, Volks-M. 80.
Ue: G. Baklanow: Der Geringste unter
den Brüdern 83. — **MUe:** A. Ebanoidse:
Hochzeit auf Imeretisch 79; A. Remisow:
Schwestern im Kreuz 82; A. Grin: Der
Rattenfänger 83.

Aichbichler geb. Wieser, Wilhelmine
Maria (Ps. Dolores Vieser); SÖS;
Adalbert-Stifter-Preis 30, Handel-
Mazzetti-Preis 55, A-9314 Launsdorf/
Kärnten (Hüttenberg/Kärnten 18.9.04).
Roman.
V: Das Singerlein, R. 28; Der
Gurnitzer, R. 31; Der Märtyrer und
Lilotte, R. 34, 78; Hemma von Gurk, R.
38; An der Eisenwurzen, R. 47; Aelia,
eine Frau aus Rom, R. 52; Licht im
Fenster, R. 54; Der Bänderhut, R. 56; Die
Trauermesse, R. 61; Kleiner Bruder, R.
64; Nachtquartier, R. 71; Katzen in
Venedig, N. 76.
R: Gestalten im Strom, 5 Hb. 60.
Lit: D. H. Nußbaumer: Geistiges
Kärnten.

von Aichelburg, Wolf, freier Schrift-
steller; Schriftst.verband d. Rumän.
Volksrep. 68, Künstlergilde 82; Preis d.
rumän. Schriftst.bdes f. d. beste schön-
geistige Übertrag. a. d. Rum 71;
Auwaldstr. 3/VI, D-7800 Freiburg i.Br.,
Tel. (0761) 132737 (Pola/Jugoslavien
3.1.12). Lyrik, Drama, Novelle, Essay.
Ue: F, E, Rum.
V: Herbergen im Wind, G. 69; Die
Ratten von Hameln, Erzn. 69; Dramen,
Prosa, Gedichte, Sammelbd. 71;
Vergessener Gast, G. 73; Fingerzeige,
Ess. 74; Umbrisches Licht, Erzn. 75;
Gedichte (rum.) 75; Pontus Euxinus, G.
76; Pontus Euxinus, G. 77; Flimmern
über tiefem Grund, G. 81. — **MV:** Dies
und Das, M. 69.
MA: Begegnungen u. Erkundungen
82; Der Mensch spricht mit Gott 82.
Ue: Basil Munteanu: Geschichte der
Neueren rumänischen Literatur 43;
Vasile Voivulescu: Magische Liebe 70;
George Bacovia: Gedichte 72; Lucian
Blaga: Gedichte 74; Stefan Doinaş:
Gedichte 74; Jon Pillat: Gedichte 76; St.
A. Doinas: Die Geschichte von den zehn
Brüdern, Verserz. 79. — **MUe:** Ion
Barbu: Das dogmatische Ei, G. 81.

Aichinger, Helga, Malerin,
Graphikerin, A-4230 Pregarten Reichen-
stein, Tel. (07236) 826612 (Traun b. Linz/
Donau 29.11.37). Kinderbuch.
V: Der Elefant, die Maus und der Floh
66; Der Hirte 66; Der Regenmann und
die Regenfrau 68; Die Regenmaus 68
(alles auch amer., jap.); Tonio und die
Berggeister 82 (auch engl.).
B: Der Rattenfänger (nach Grimm).
Lit: Doderer: üb. Kinderbücher,
Studie d. U. Frankfurt; Alte u. moderne
Kunst, Wien, The Internat. Portrait
Gallery, New York, The Kerlan
Collection U. Minnesota, Children's
Book Showcase, New York; Kulturzs.
Oberösterreich. Kulturnachrichten,
"Zwischen Tag und Traum", K. Klein-
schmidt üb. Helga Aichinger; Joseph H.
Schwarcz in: Ways of the Illustrator.

Aichinger, Ilse; P.E.N. 57, S.Ö.S.; u.a.:
Pr. d. Gruppe 47 52, Pr. d. Stadt Bremen
55, Nelly-Sachs-Preis, Dortmund 71, Pr.
d. Stadt Wien 74, Georg-Trakl-Preis 79,
A-5084 Grossgmain b. Salzburg (Wien
1.11.21). Roman, Erzählung.
V: Die größere Hoffnung, R. 48, 82;
Der Gefesselte 53; Zu keiner Stunde 57,
80; Eliza, Elza, Erz. 65; Auckland, Hsp.
69; Hörspiele, Hsp. 69, m. a. 71;
Nachricht vom Tag, Erz. 70, 73; Dialoge,
Erzählungen, Gedichte 71; Schlechte
Wörter 76; Verschenkter Rat, G. 78, Tb.
81; Meine Sprache und ich, Erz. 79, 81.
R: Knöpfe, Hsp. ( )

Aichner, Fridolin, s. Benesch,
Irmfried.

Aid, Heinz Max, c/o Bleicher-Verl.,
Gerlingen.
V: Landschaft des Herzens, G. 83. ( )

Aigengruber, Gunter, Theologe; IGdA;
IGdA-Preis 70 u. 79, Preis d. arjupust 71;
Rennweg 9, D-8050 Freising, Tel. (08161)
84624 (23.11.37). Kurzgeschichte,
Erzählung, Lyrik, Mundartdichtung,
Hörspiel.
MA: Literarisches Spektrum 71, 72;
Unser Boot heißt Europa 80; Weil mir aa
wer sen 80.
R: Unser Sohn Günther, Erzn. 71; Es
Plätzla u.a., mittelfr. Mundartg. 74, 78, 79,
81.

Aigner, Alexander, UProf., Dr. phil.;
St. S. B., B. st. H.; Humboldtstr. 17, A-
8010 Graz, Tel. (0316) 63315 (Graz
18.5.09). Lyrik.
V: Einsamer Weg, G. 58; Zwischen-
durch zugeschaut, G. 66; Tangenten an
den Frohsinn, math. G. 78.
s. a. Kürschners GK.

Aikele, Otto; Mozartstr. 43, D-7410
Reutlingen.
V: Geschichten von Guschtav
Hohloch 71; Guschtav Hohloch, der
Wanderer 81.

Aileron, George C., s. Streit, Kurt W..

van Aken, Wyn, s. Schiffers, Winfrid.

Aladin, Rex Albert, s. Hellwig, Ernst.

Alberer, Rudolf; Mundartfreunde 70,
Missonbund 79, Reichlbund 80;
Rechtlehen 134, A-3331 Biberbach, Tel.
(07448) 2923 (Kematen a. d. Ibbs 8.3.19).
Lyrik, Hörspiel, Novelle.
V: Heventern Sunntaberg, G. 73; A
Kerzl zünd an, G. u. Hsp. 69; D'
verdrahte Welt, G. 81.
R: Mostviertler Weinhnachtsspiel 73;
Mundartmesse 74; Die Zeit ist nah 75.

Albers, Herbert (Ps. Müller-Platow),
Dr.med.habil., UProf. u. Chefarzt i.R.; VG
WORT 82; Beethovenstr. 12, D-6200
Wiesbaden, Tel. (06121) 303485
(Wilhelmshaven 2.6.08). Essay.
V: Die gesunde Frau, Sachb. 61, 3.
Aufl. 80; In der Zwangsjacke leben —
Ein Schicksal 82; versch. Fachb. z.
Gynäkol.
s. a. Kürschners GK.

Albert, Ernst, s. Heyda, Ernst.

Albert, Hermann, Dr.med.vet.,
VeterinärR. e.h., prakt. Tierarzt i.R.;
Schulstr. 12, D-6796 Schönenberg-
Kübelberg 1, Tel. (06373) 9335 (Eßweiler/
Rh.-Pf. 3.4.09). Gedichte, Erzählungen in
Pfälzer Mundart u. Hochdeutsch.
V: Bei uns dehäm dohinne, G. 80, 82;
De Oppschuhmacher, G. u. Erzn. 82.

Albert, Ruth, s. Ehrmann de Albert,
Ruth.

Alberti, Gerhard (Ps. Kortum);
Plattenäcker 3, D-8630 Coburg u. Dr.
Wigger-Str. 6/7, D-8100 Garmisch-
Partenkirchen, Tel. (09561) 37393
(Coburg 9.3.22). Erzählung.
V: Mein Großvater war zwei Meter
und zwölf, humorist. Erz. 72; Singen war
in der Aula, humorist. Erz. 82.

Alberts, Jürgen, c/o Fischer Taschen-
buchverlag, Frankfurt a.M..
V: Die zwei Leben der Maria Behrens,
R. 81. ( )

Albertsen, Elisabeth, s. Corino,
Elisabeth.

Albrecht, Andreas, Dipl.-Phys.;
Ringstr. 105, DDR-7060 Leipzig (Cottbus
27.11.51). Prosa, Lyrik.
V: Unter Umständen die Liebe, Erzn.
81; Entfernung zu einem Ort, G. 82.

Albrecht, Fritz (Ps. Robert Ritter), Dr.
phil., UProf.; Ö.S.V. 53; Boschstr. 20/7, A-
1190 Wien, Tel. (0222) 3730422 (Wien
10.11.11). Drama, Roman, Novelle, Film,
Hörspiel.
V: Peter Manharts Nordlandfahrt,
Jgd.-R. 48, 56; Hallo - Europa! Ein
Kontinent lebt, lacht und leidet, Skizzen
u. Bilder 50; Mit Vollgas hinter Jaro,
Jgd.-R. 52; Kühne Entdeckungsfahrten,
Nn 56. — **MV: MA:** Wer - wie - was?
Handbuch des Wissens 50; Frohes
Schaffen 54-58; Unser Österreich,
Gedenkb. 55; Überall dabei 58, 59; Für
Dich 58, 59; Der gute Kamerad 58, 59;
Durch die weite Welt 60, 61; Wir
Mädchen 62; Helfer der Menschheit 58;
Das Abenteuer lockt, Österr. Forscher u.
Weltreisende erzählen von ihren
Erlebnissen 59; Ein Meer - drei Erdteile,
m. Franz Haun 59; Forscher u. Erfinder
58; Im Dienste des Menschen 59.
B: Friedrich Gerstäcker: Die Fluß-
piraten des Mississippi 56.
MH: Die Welt ist da, damit wir alle
leben 64.
F: (MV): Erlebnis Wien.
R: 38 Hsp. üb. europ. Länder, Land-
schaften u. Städte.

Albrecht, Fritz Kurt (Ps. Falk Rimek,
Hans-Karl Born), Lektor, lit. Agent.;
ZSV 67, FDA 73; Brahmsallee 29/1, D-
2000 Hamburg 13, Tel. (040) 456073
(Danzig 18.8.21). Kurzgeschichte, Lyrik,
Roman, Hörfolge. **Ue:** E.
MA: Lyrische Texte, Anth. 82.
Ue: J. T. Gorman: Der Weg nach
Mandalay 57; J. Marsh: Manoah, das
Schmugglerschiff 57; W. M. Rush: Roter
Fuchs von Kinapoo 57; J. Corbett: Mein
Indien 58; Thang Za Dal: Gott, Teufel
und Mensch und eine Wiederfleisch-
werdung 82.

Albrecht, Gertrud, Journalistin;
Arb.kreis f. alemann. Spr. u. Dichtung,
Muettersproch Gsellschaft; Fürsten-
berger Str. 3, D-7800 Freiburg i.Br., Tel.
(0761) 73326 (Freiburg 16.3.09). Lyrik,
Essay.
V: Der Klang im Stein, G. um d.
Freiburger Münster 74; Anneli,
alemann. G. u. Geschn. in Markgräfler
Mda. 78; Das weiße Segel, G., Erzn.,
Kurzgeschn. 80.
MA: Regelm. Mitarb. an Zss. u. Alm.
Lit: Freude am alemannischen
Gedicht 68; Freiburger Alm. 74; S lebig
Wort 78.

Albrecht, Günter, Dr. phil., Literaturwissenschaftler, Herausgeber,
Bibliograph, Redakteur; SV-DDR 77;

Orden Banner der Arbeit I. Stufe 73 u. 77 u.a. Ausz.; Dolomitenstr. 9, DDR-1100 Berlin, Tel. 2043619 (Zehdenick 11.5.30).
V: Erich Weinert 52; Arnold Zweig 53. — **MV:** Klassik 56, Erläuterungen zur dt. Literatur: Zwischen Klassik und Romantik 56, bearb. 65, beide m. J. Mittenzwei; Dt. Schriftstellerlexikon, m. K. Böttcher, H. Greiner-Mai, P.G. Krohn 60; Lex. dt.spr. Schriftsteller 67/68, 72/74 II, m. dens.; Dt. Lit.gesch. in Bildern, m. dens. u. J. Mittenzwei 69/71 II; Intern. Bibliogr. zur Geschichte der dt. Lit. 69/77 IV, Zehnjahres-Ergänzungsbd 65/74 83/84 II; Lex.: Schriftsteller der DDR 74, 75.
MA: Aufklärung. Erläut. z. dt. Lit. 58, 83; Sturm und Drang 58, 83; Geschichte der dt. Literatur 4 60, 83, 5 62, 8 74; Proletarisch-revolutionäre Literatur 1918 bis 1933 62; Lex. sozialist. dt. Literatur 63; Literatur der DDR — Einzeldarstellungen 74-79 II.
H: Literatur d. Befreiungskriege 54; Matthias Claudius: Werke des Wandsbecker Boten 58 II, u.d.T.: Ein Tropfen aus dem Ozean 74 I; Deutsche Schwänke 59, 83; Welthumor 60 I, bearb. 69/70 II; Unterm Mond ist viele Freude. Lyrik u. Prosa v. M. Claudius 66; Lorenzo da Ponte: Memoiren 69; Heinrich Zschokke: Die Walpurgisnacht u.a. Erzn. 74; Besprechungen z. Gegenwartsliteratur 79-84 III. — **MH:** Denn ihr gebt das Leben. Buch d. Frauen, m. K. Böttcher 58; Geschichte d. dt. Literatur. Von den Anfängen bis zur Gegenwart, m. K. Gysi, H.-G. Thalheim u.a. seit 62 IX; Erlebte Geschichte. Von Zeitgenossen gesehen und geschildert I 67, m. W. Hartwig, B. Albrecht, II m. B. Albrecht 73; Der Eid des Hippokrates. Ärzte Erinn. aus 4 Jh., m. B. Albrecht 67; Hermann Klencke: Aus dem Leben eines Arztes, m. B. Albrecht 68; Ärzte. Erinn., Erlebn., Bekenntnisse, m. W. Hartwig 72; Romanführer A - Z, m. K. Böttcher seit 72 IV; Diagnosen. Ärzte Erinn. aus d. 20. Jh., m. B. Albrecht 74; Äskulapstab. Intern. Ärzteerinn. aus 5 Jh., m. B. Albrecht 78; Die Sterne dürfet ihr verschwenden. Schauspielerinnen, d. 18. u. 19. Jh., m. B. Albrecht 80; Helmut Wolle: Götter, Mumien und Hetären, Kulturgeschichtl. Miniaturen 83; Giacomo Casanova: Geschichte meines Lebens, ungekürzte Ausg. in 12 Bdn., m. B. Albrecht 83/84 IV; Erlebte Dt. Geschichte — Von den Türkenkriegen bis zur Franz. Revolution 84.
R: Liberté, egalité, fraternité, Hsp. 47; Der Bauer stund auf im Land, Hsp. 48.

Albrecht, Johannes, Dipl.-Chem., Dipl.-Wirtsch., Dr.sc.nat., c/o Mitteldeutscher Verlag, Halle (Breslau 12.8.29). Roman.
V: Die todbringende Madonna, Krim.-R. 79; Gift im Glas, Krim.-R. 82.

Albrecht, Marlene; Sandl. Kirchweg 12, D-3101 Wienhausen, Kr. Celle (11.10.19).
V: Sabine hat Glück. Die Geschichte e. tapferen Mädchens 75. ( )

von Albrechtsreuth, Carl, s. Glock, Karl Borromäus.

Alcôt, Alain, s. Allekotte, Detlef.

Alder, Beat, c/o Lenos-Verl., Basel, Schweiz.
V: Die Begutachtung der Familie F. 81. ( )

Alder, Philipp, Pfarrer; Staatl. Lit.kommiss. Kanton Baselland 68-76; Im Sevogel 30, CH-4417 Ziefen, Tel. (061) 951030 (Saint Imier 30.9.06). Novelle, Essay.
V: Das verborgene Priestertum 57; Im Schatten u. Licht 65 u. 67; Briefe an Ihn 71 u. 80; Geschichten aus dem Fünflibertal 79 u. 80. — **MV:** Behaust u. befangen 81.

de Alencar, Gertrude (Ps. Gertrude von Schwarzenfeld); Kolpingstr. 4, D-6110 Dieburg, Tel. (06071) 5867 (Prag 21.6.06). Essay.
V: Fernes Land, Bilder aus Columbien 38; Karl V. Ahnherr Europas 54 (auch engl., span. u. holl.); Das neue Paris 58; Rudolf II., der saturnische Kaiser 61; Prag als Esoterikerzentrum, Aufs. 62; Südfranzösische Reise 63; Cornwall - König Arthurs Land 77.

Alex, s. Deppe, Alexander.

Alexander, s. Herbeck, Ernst.

Alexander, Albrecht *

Alexander, Alex, s. Kretzschmar, Alex.

Alexander, Andreas, s. Watzke, Helmut.

Alexander, Anne, s. Friedrich, Anita.

Alexander, Elisabeth, freie Schriftstellerin; VS Rhld-Pf. 71, P.E.N. 74, Verb. dt. Kritiker, Berlin 76; Erwin Rohdestr. 22, D-6900 Heidelberg, Tel. (06221) 480561. Lyrik, Prosa, Essay, Kinderliteratur.
V: BUMS, G. 71; 12 Spruchband Monate Kalender 72; Nach einer gewissen Lebenszeit, Erz. 75; Die Frau, die lachte - Bürgerliche Texte 75; Ausgewählte Gedichte 75; Ich bin kein Pferd, G. 76; Fritte Pomm, Kinderr. 76;

Brotkrumen, G. 77, erw. Aufl. 80; Die
törichte Jungfrau 78, 80; Ich will als
Kind Kind sein, Kind.-Lit. 78; Ich hänge
mich ans schwarze Brett, G. 79, 81; Und
niemand sah mich, G. 79; So kreuz und
so quer, G. 79; Wo bist du Trost, G. 81, 83;
Sie hätte ihre Kinder töten sollen, R. 82;
Damengeschichten, Erz. 83; Vom
Schenken, Erz. f. Kinder 83.
MA: Aller Lüste Anfang; Schaden
spenden; Kursbuch für Mädchen; Viele
von uns denken sie kämen durch wenn
sie ganz ruhig bleiben; Im
Beunruhigenden; Aber besoffen bin ich
von dir; Seit du weg bist; Frieden: Mehr
als ein Wort; Friedensfibel; Komm
süßer Tod; Tee und Butterkekse;
Kinder, Kinder! Lust und Last der
linken Eltern; Mörikes Lüfte sind
vergiftet; Glück ist, keine Angst zu
haben; Liebesgeschichten, u.a.
R: Der gerechte Koch; Der Angel-
nachmittag; Die Frühaufsteher; u.a.
Kinderhsp.

Alexander, Günter, s. Peis, Günter.

Alexander, Herbert, s. Stützer,
Herbert Alexander.

Alexander, Maximilian, s. Holler,
Ulrich.

Alexander, Silja., s. Polzin, Silja

Alexander Z, s. Zimmeck, Alexander.

Alexander-Burgh, Eberhard,
Schriftsteller; D.U.; 1 Platin- u. 6 Gold.
Schallpl.; NGL Berlin; Burgunder Str. 2,
D-1000 Berlin 33, Tel. (030) 8211142
(Berlin). Vorwiegend Kinder- u. Jugend-
literatur.
V: Der Faxenmax 60; Die Lügen-
prinzessin 68; Kapitän Buddelrum
spinnt Seemannsgarn 71; Der große
Eiertrick 76; Die Hexe Schrumpeldei 76-
78 III; Der Räuberhauptmann Kasimir
77; Hui-Buh, das Schloßgespenst 78-81
VII; Der schüchterne Löwe 79; Peter ist
Klasse 80; Das Matschmonster 81, u.a.
MA: Tobias Kinderkalender 56 – 62
VII; Das neue bunte Buch 58; Die Katze
mit der Brille 59.
R: Fs. Send.: Der Faxenmax; Meister-
detektiv Neunmalklug (Krimi-Quiz-
Serie); Sandmännchen-Geschichten;
Über 1500 Kinder-, Jugend-, Schul-
funksend. u. Serien im In- u. Ausl.
S: Hui-Buh, das Schloßgespenst 69-82
XIX; Die Hexe Schrumpeldei 73-79 XI;
Der Faxenmax 73; Kapitän Buddelrum
spinnt Seemannsgarn 73 – 74 III;
Meisterdetektiv Neunmalklug 74; Das
kleine Monster 74; Peter und die drei
großen Fs 75; Der Zauberer Zackzarack

75; Flußpiraten des Mississippi 78;
Meuterei auf der Bounty 78; Der
schüchterne Löwe 79; Schlüsseleddy u.
Gorillababy 80; Lügenprinzessin 80; Der
listige Löwe 81; Der brüllende Löwe 82;
Der seltsame Löwe 82; Balduin der
Gepäckträger 82; Rumpelmuck der
Poltergeist 82 u.a.

Alexandrowicz geb. Feichtinger, Eva
(Ps. H. Salinger), Dr. phil.; Schulgasse 1,
A-1180 Wien, Tel. (0222) 427362 (Linz/D.
14.4.25). **Ue:** F.
Ue: Pierre Blanchard: Heiligkeit -
heute? 56; Marcelle Auclair: Bernadette
58; Pierre Teilhard de Chardin:
Geheimnis und Verheissung der Erde.
Reisebriefe 1923 – 1939 58; Pierre Teil-
hard de Chardin: Pilger der Zukunft.
Neue Reisebriefe 1939 – 1955 59; Marc
Oraison: Zwischen Angst und Illusion
60; Claude Tresmontant: Einführung in
das Denken Teilhard de Chardins 61;
Olivier A. Rabut: Gespräch mit Teilhard
de Chardin 61; Pierre Teilhard de
Chardin: Entwurf und Entfaltung.
Briefe 1914 – 1919 63; André-Jean
Festugière: Ursprünge christlicher
Frömmigkeit 63; Régine Pernoud:
Jeanne d'Arc 65; Pierre Teilhard de
Chardin: Briefe aus Aegypten 1905 –
1908 65; Roger Garaudy: Für e.
Realismus ohne Scheuklappen. Picasso,
Saint-John Perse, Kafka 81; Claudie u.
Jacques Broyelle: Mao ohne Maske.
China nach d. Tod d. großen Vor-
sitzenden 82.

Alexieff, Bogislaw, Schriftsteller u.
Übersetzer; Mitgl. d. Verb. d. Übersetzer
Bulgariens, BG-2084 Tschawdar
(Dresden 9.3.16). Gedichte, Erzählungen,
Märchen. **Ue:** Bulg.
V: Schatten und Wirklichkeit, G. 37;
Suchen..., G. 38; Schlauer Peter, Kinder-
poem 61; Die Abenteuer des
Lügengesche, Kinderpoem 61; Die
Zauberhacke, Kinderpoem 62; Die drei
Brüder und der Drache, M. 63; Packt mit
dem Teufel, Erz. 64; Ein weißer Stein,
ein schwarzer Stein, Meditationen über
60 musikal. Werke 67; Die Abenteuer
des Schlauen Peters, Erz. 69; Das
Geschenk der Sonne, M. 72.
MA: MERIAN-H.: Bulgarien und
seine Schwarzmeerküste 64.
Ue: Librettos bulgarische Opern: M.
Geleminov: Iwaile 61; P. Hadshiev: Der
Fiedler 62, Es war einmal 63; P.
Wladigerov: Kalojan 64, 78; P. Hadshiev:
Albena 65; D. Sagaov: Unterm Joch 67;
P. Hadshiev: In einer Julinacht 68, Der
Millionär 72, Die Meister 73; K.

Kürktschijski: Julia 74; P. Hadshiev:
Der Ritter 74; Al. Raitschov: Alarm 74;
P. Hadshiev: Der goldene Apfel 76, Anne
893 78; M. Geleminov: Zacharija der
Maler 78; P. Hadshiev: Zar Trajan mit
den Eselsohren 79, Desislava 80;
Librettos bulg. Operetten: P. Hadshiev:
Madame Sans Geno 60, Ressiza 60; D.
Waltschov: Zeit für Liebe 60; Librettos
bulg. Musicals: J. Levy: Das Mädchen
das ich liebte 71, Die Welt ist klein 75;
Al. Wladigorov: Die lustigen Stadt-
musikanten 77, Der Wolf u. d. 7 Geißlein
78, Rotkäppchen 80.-Ca. 600 Solo-,
Volks- u. Chorlieder; Dramen: G.
Karaslawow: Stein im Sumpf 61; G.
Dsagarov: Die Türen schließen sich 61;
E. Manov: Gewissen 61; Romane: G.
Karaslawow: Der Stechapfel 64; B.
Aprilov: Die Seeabenteuer des Füchs-
leins Liske 69; D. Futschedshiev: Der
Himmel über Weloka 70; Erzn. u.
Essays: A. Karalijtschov: Erzählungen
69; Elin-Pelin: Drei kluge Köpfe 72; S.
Sowernjak: Zwischen Rose u. Löwe 73;
Gedichtbde: E. Burnasski: Sechste Allee
68; N. Zidarov: Wem die Sterne
zulächeln 73. ( )

Alexy, Eduard (Ps. Edo Cyprian),
Rektor; FDA 82; AWMM Lyrikpr. 82;
Burghaiger Str. 3F, D-8650 Kulmbach,
Tel. (09221) 2409 (Unterschwaben/Zips
14.12.16). Kinder- u. Laienspiel, Lyrik,
Erzählung, hist. Novelle. **Ue:** Slow.
V: Der Bauer als Wettermacher,
Kindersp. 52; Schön Hühnchen, schön
Hähnchen und die schöne bunte Kuh,
Kindersp. 56; Karpatendeutsches
Hirtenspiel, Laisp. 58; Das Bethlehem-
tragen, Laisp. 59; In unserer Stadt,
Kindersp. 68; Bei uns im Stall, Kindersp.
70.
MA: Karpatenjahrbuch 54-83.
Lit: Dr. A. Emeritzy: Karpatenjb. 77.

Alfes, Johannes; Promenadeplatz 3,
Postfach 285, Herder-Haus, D-8000
München 1 (Lippstadt 28.12.06). Drama,
Roman.
V: Lock're Vögel, R. 59; Amor, Roß
und Reiter, R. 51, 61; Die Pferde-
Komödie, Kom. 57; Der Speen, Kom. 61;
Lock're Vögel in Wasserhofen, R., Lsp.
71; Der Theaterprofessor, Kom. u. R. 82;
Westfälische Schwänke 83.

Alff, Wilhelm, Dr. phil., Prof.; P.E.N. 72;
Mathildenstr. 29, D-2800 Bremen, Tel.
(0421) 76063 (Essen 15.5.18). Essay,
Kritik. **Ue:** F, I.
V: Überlegungen, Essays 64; Michelets
Ideen 66; Der Begriff Faschismus und
andere Aufsätze zur Zeitgeschichte 71;

Materialien zum Kontinuitätsproblem
der deutschen Geschichte 76;
Deutschlands Sonderung von Europa
1862-1945 83.

Allekotte, Detlef (Ps. Alain Alcôt),
Buchhändler, Radio-Moderator;
Hölderlin-Ges. 77; 99, Rue Monge, F-
75005 Paris, Tel. (01) 3362031 (Erlangen
13.9.44). Lyrik, Roman, journalist.
Artikel (Pop-Musik).
V: et j'étais tombé, Lyr. 72; de l'âme à
l'orgasme, Lyr. 75; F.W. Waiblinger,
Biogr. 78; Elvis-Presley-Chronik (Zs.-
Serie) 78; Pop-Dylan, Lex. 81.
MA: Liederschmitt: Bob Dylan halb &
halb II, Neuaufl. 79; Breuer: Imagine
John Lennon I 82.

Allemann, Beda, Dr. phil., o. UProf. f.
Neuere dt. Literaturgesch. u. Allg.
Lit.wiss.; Gudenauer Weg 79, D-5300
Bonn 1, Tel. (0228) 737321 (Olten/
Schweiz 3.4.26). Essay.
V: Hölderlin und Heidegger 54, erw.
56 (auch franz., span., japan.); Ironie und
Dichtung, Friedrich Schlegel, Novalis,
Solger, Kierkegaard, Nietzsche, Thomas
Mann, Musil 56, erw. 69 (auch ital.,
japan.); Über das Dichterische 57; Zeit
und Figur beim späten Rilke. Ein Beitr.
z. Poetik d. mod. Gedichts 61 (auch
japan.); Gottfried Benn. Das Problem d.
Geschichte 63; Literatura y reflexión
(Ges. Essays, span.) 76 II.
MA: Zahlr. Beitr. in wiss. Publ. seit 58.
H: Ars poetica, Poetolog. Ess. v.
Dichtern d. 20. Jh. 66, erw. 71; Rilke:
Werke 66 III; Paul Celan: Ausgew.
Gedichte 68, Gedichte 75 II. —
MH: Teilnahme u. Spiegelung, Festschr.
für Horst Rüdiger, zus. m. Erwin
Koppen u. Dieter Gutzen 75.
s. a. Kürschners GK.

Allemann, Fritz René, Journalist;
Kulturpreis d. Kantons Solothurn 72;
Sudetenstr. 11, D-8702 Kleinrinderfeld,
Tel. (09366) 244 (Basel 12.3.10). Politik,
Essay, Reisebuch.
V: Nationen im Werden. Eindrücke u.
Ergebnisse einer Balkan- u. Vorder-
asien-Reise 54; Bonn ist nicht Weimar
56; Fidel Castro. Die Revolution der
Bärte 61; Zwischen Stabilität und Krise.
Etappen d. dt. Politik, München 63; 25
mal die Schweiz 65; Eine Sammlung von
Porträts der schweizerischen Kantone;
8 mal Portugal 71; Macht und Ohnmacht
der Guerilla 74; Kunst-Reiseführer
Katalonien u. Andorra 80. —
MV: Sozialistische u. kommunistische
Parteien in Westeuropa 78;
Regierbarkeit II 79.

H: Die arabische Revolution. Nasser üb. seine Politik 58; Große Schweizer sehen sich selbst. Selbstdarst. gr. Schweizer a. 4 Jhen 67.

Allert-Wybranietz, Kristiane, Schriftstellerin; DAV seit 75; Höheweg 55, D-3063 Obernkirchen (Rehren A/O 6.11.55). Lyrik, Kurztexte.
V: Trotz alledem, Kurztexte, Lyr. 80; Liebe Grüße, Kurztexte, Lyr. 82. — **MV:** Heroin — die süchtige Gesellschaft, Gedichtbeiträge 80.

Allfrey, Katherine, Schriftstellerin; Dt. Jugendbuch-Preis 64; Little Naish, Clapton-in-Gordano nr. Bristol/Engl. (Verl/Kr. Wiedenbrück, Westf. 14.8.10). Kinder- u. Jugendbuch.
V: Grisi u. die kleinen Leute 56; Zuflucht im heimlichen Haus 57; Delphinen Sommer 63; Penny Brown 64; Dimitri 66; Das Kind, das mit den Vögeln sprach 68; Spuk im goldenen Kürbis 70; Drei aus der weißen Schachtel 72; Auch für Lambis scheint die Sonne 73; Rauhbeins im Busch 70; Taube unter Falken 71; Der Weg nach Tir-Nan-Og 72; Sie kamen nach Delos, R. f. Mädchen 80; Der flammende Baum 82. — **MV:** Geschichten unserer Zeit, Reihe 71, 72, 74.

Allinger, Jeannie, s. Ebner, Jeannie.

Alman, Karl, s. Kurowski, Franz.

Aloni, Jenny, Fürsorgerin; Kulturpreis d. Stadt Paderborn 67; Sayitstr. 9, Ganei Yehuda 56905/Israel, Tel. (03) 754693 (Paderborn 7.9.17). Lyrik, Drama, Novelle, Essay, Roman, Hörspiel.
Ue: Hebr.
V: Gedichte 56; Zypressen zerbrechen nicht, R. I 61, II 62; Jenseits der Wüste, Erz. 63; Der blühende Busch, R. 64; Die silbernen Vögel, Erz. 67; Der Wartesaal, R. 69; In den schmalen Stunden der Nacht, G. 80; Die braunen Pakete, Erz. 83.

Alpers, Hans Joachim (Ps. Daniel Herbst), Ing. (grad.), Redakteur; Weißenburger Str. 6, D-2850 Bremerhaven 1, Tel. (040) 825762 (Bremerhaven). Science-fiction, Jugendbücher, Sachbücher **Ue:** E.
V: Wattwanderungen und Kutterfahrten, Sachb. 80. — **MV:** Das Raumschiff der Kinder, Jgdb. 77; Planet der Raufbolde, Jgdb. 77; Das Wrack aus der Unendlichkeit, Jgdb. 77; Nomaden des Weltalls, Jgdb. 77; Die rätselhafte Schwimminsel, Jgdb. 78; Ring der dreißig Welten, Jgdb. 79, alle m. Ronald M. Hahn; Kit Klein auf der Flucht, Jgdb.

78; Die Schundklaubande, Jgdb. 78; Falsche Fuffziger, Jgdb. 79; Die Burg im Hochmoor, Jgdb. 79; Geld im Hut, Jgdb. 80; Das Geheimnis der alten Villa, Jgdb. 80; Weiße Lady gesichtet, Jgdb. 81; Der Schatz im Mäuseturm, Jgdb. 81; Die Spur führt zur Grenze, Jgdb. 82; Das seltsame Testament, Jgdb. 83, alle als Daniel Herbst, gemeins. m. Ronald M. Hahn; Lex. d. Science-Fiction-Lit., m. R. M. Hahn, W. Fuchs u. W. Jeschke, Sachb. 82; Reclams Science-Fiction-Führer, m. R. M. Hahn u. W. Fuchs, Sachb. 80.
H: Countdown, Anth. 79; Bestien für Norn, Anth. 80; Das Kristallschiff, Anth. 80; Planet ohne Hoffnung, Anth. 80; Kopernikus, Anth. 1-9 80-83; Science Fiction Alm. 80-82; Der große Ölkrieg, Anth. 81; Metropolis brennt, Anth. 82; Science Fiction Jb. 1983 82; Analog, Anth. 1-6 81-83; Tb.-Reihe Knaur Science-Fiction 78-80; Tb.-Reihe Moewig Science-Fiction seit 80. — **MH:** Science-Fiction aus Deutschland, Anth. 74; Science Fiction Anth. I-IV 81-83; Neue Science Fiction Geschn., Anth 82.
Ue: Science-fiction-Stories u. -Romane.

Alt-Sonneck, s. Jagoutz, Olga Elisabeth.

Altekamp, Gerhard; Hollenbeckerstr. 29, D-4400 Münster/Westf..
V: Münster, d. Bild d. alten Stadt 80; Der Alte Kotten 82. ( )

Alten, Ingrid (Ps. Nanata Mawatani), Bibliotheks-Angestellte; VS seit 79; "Buch des Monats" April 79; Nellingheimer Str. 11, D-7401 Neustetten 1, Tel. (07472) 21451 (Berlin 15.8.37). Roman, Übers.
V: Weißer Vogel u. Schwarzes Pferd, R. 78; Kleiner Bär u. Weißer Vogel, R. 78; Wo der Adler fliegt, R. 80 (port. 81); Nur ein Indianer, R. 82.

von Alten, Jürgen, Regisseur; Hartmannstr. 17, D-1000 Berlin 45, Tel. (030) 7718463 (Hannover 12.1.03). Film, Drehbuch.
V: Einer von vielen, Bü.; Die Veilchenstraße, Bü.
F: Stärker als Paragraphen 36; Der Biberpelz 37; Die große Schuld 38; In geheimer Mission 39; Parkstraße 13 39; Roman eines Arztes 39; Angelika 40; Die lustigen Vagabunden 40; Die Sterne lügen nicht 50; Herzen im Sturm 50; In geheimer Mission; Herrin von Sölderhof 52; Das verlorene Lächeln.

von Altenau, Edith, s. Herder,
Edeltraut.

vonAltenburg, s. Jagoutz, Olga
Elisabeth.

von Altenburg, Hermann, s. Pössiger,
Günter.

Altendorf, Wolfgang, Autor, Maler,
Grafiker, Bildhauer; Hsp.-Preis
Bayer.Rdfk, München 50, Erzählerpreis
S.D.A., Hannover 51, Förderungspreis
Kultusmin. Rhl.-Pf. 52, Sonderpreis d.
Vereinig. junger Autoren, Göttingen 54,
Gerhart-Hauptmann-Preis d. Freien
Volksbühne, Berlin 57, Bundes-
verdienstkreuz am Bande 72, 1. Kl. 81,
Preis Turmschreiber von Deidesheim,
Lit. Hambach-Pr. 82; Wittlensweiler, D-
7290 Freudenstadt, Tel. (07441) 7864
(Mainz 23.3.21). Drama, Lyrik, Hörspiel,
Erzählung, Novelle, Essay, Fernsehspiel.
  V: Der arme Mensch, Bü. 52, Die
Mücke und der Elefant, Bü. 53; Der
Puppenspieler, Bü. 53, Die Feuer
verlöschen, Bü. 54; Fahrerflucht, Erz. 54;
Jean Merlin und sein Mädchen, Erz. 54;
Die Wettermaschine, Bü. 54; Der Drache
des Herrn Spiering, Erz. 55; Landhaus-
berichte, G. 55; Vorspiel auf dem
Theater, Bü. 55; Thomas Adamsohn, Bü.
56; Das Dunkel, Bü. 56; Landhausnovelle
57; Odyssee zu zweit, R. 57; Leichtbau,
G. 57; Schleuse, Bü. 57; Der Transport,
R. 59; Weg durch den Sumpf, Bü. 59; Das
dunkle Wasser, Erz. 59; Circulus
Vitiosus, Bü. 61; Schallgrenze, G. 61; Die
geheime Jagdgesellschaft, R. 61; Hiob
im Weinberg, Erz. 62; Katzenholz, Erz.
63; Gedichte zum Vorlesen 64; Haupt-
quartier, R. 64; Deutsche Vision,
Feature, R. 65; Haus am Hang, R. 65;
Ballade von Liebe, Elend u. Tod des
armen Ritters Herwig, Bü. 65; Mein
Geheimauftrag, R. 69; Morgenrot der
Partisanen, R. 69; Das entmündigte
Publikum, Ess. 69; Ein Topf ohne Boden,
R. 71; Gesamtwerk 1: Prosa, Lyrik, Hör-
spiel, Drama, Grafik 71; Traum auf
tausend Schwingen, Sch. 72; Vom Koch
der sich selbst zubereitete, 12 Psychos
(Erz.) 73; Engel an meiner Seite, R. 73;
Absurda Comica (Neufass.) Bü. 75;
Metamorphosen, Bü. 75; Europäische
Komödie, 4 Bü. 76, Kleio — oder neue
Ansicht aus der Geschichte, Bü. 76; Wie
flirtet man mit einer Staatsanwältin?,
Sat. 76; Hermann Honnef - sein Leben,
Biogr. 76; Vom Leben — Sterbeen —
Weiterleben; Das Honnef-
Windkraftprojekt; Das Eckert-
Kraftwerk; Wir verbrauchen zuviel
Sauerstoff; Die nulleare Illusion; In der

Hitlerzeit, wie hat man da gelebt?, alle
76; Wie ein Vogel im Paradiesgarten,
Dicht. 78; Weinstraße, G. 79; Poesie, G.
80; Don Alvarez läßt Hütten brennen,
Bü. 81; Ich schwimme auf einer Insel,
Bü. 81; Kriminalprozeß Oppenheimer
Rose, Bü. 83; Pfalz, G. 82; Liebe in
Freudenstadt, Erz. 82; Schwabsburg,
Sachb. 82; Stahlmolekül, SF-R. 83. —
  MV: Der Speicher 54; Der Fallschirm-
springer, Erz. 55.
  F: Der Transport 61.
  R: Der arme Mensch; Die gezauberte
Jungfrau; Der Trick mit der Hose; Das
Schienenopfer; Der Pavillon; Die Motor-
radgeschichte; Das Dunkel; Merlin und
sein Mädchen; Die Dienstpistole;
Thomas Adamsohn; Die Mücke u. der
Elefant; Der Kraptakenzipfel; Das
Bologneser Hündchen; Hochzeitsnacht;
Pfingsten; Stunde d. Mutter; Der satte
Herr Géraudin; Herrn Spiering Drache;
Das gute Jahr; Sperlinge und Palmen;
Der Weg zum anderen Ende; Das
dunkle Wasser; Fahrerflucht; Die
Wettermaschine; Wachtmeister
Guderjahn; Wenn die liebe Sonne lacht;
Inspektor Ellerbeck; Schleuse 57; Vogel-
insel 61; Der Teufel a. d. Wand 61; Die
potemkinische Stadt 61; Reden ist Gold;
Geheimauftrag; Das aufgeklappte
Messer; Das Gesicht am Fenster;
Auftrag f. Smith; Der Aufdringliche;
Doppelgänger; Ein reichliche kompli-
zierter Fall; Der Fall Breitbach; Die
andere Welt; Ballade vom glückhaften
Fotografen; Der beschwingte Herr
Gérandin; Circulus Vitiosus;
Vernehmungen; Eine Geschichte, die
das Leben schrieb; Gratwanderung; Die
Handtasche; Landhausnovelle;
Lavandu; Mythos; Die Neger von Watts;
Der Prophet des Unheils; Die Schuld-
frage; Schwimmstaffel; Das Wäldchen;
Wäscheschiff; Weg durch den Sumpf;
Mein Wintermärchen; Wir müssen es
ruhen lassen, Frontalzusammenstoß 75;
Wölfe; Visitors; Methusalem; Poesie;
Vakuum; Ein gourmandisisches
Vergnügen, alles Hsp.; Schleuse; Der
Plüschbär; Die Krise; Ein komplizierter
Fall; Das Handtaschenwunder;
Botschaft aus le Havre; Der Zeitungs-
verkäufer; Geheimauftrag; Das aben-
teuerl. Leben d. Friedrich Ludwig Jahn
75; Per pedes absolutorum 76, alles Fsp.

Altenhoff, Wolfgang (Ps. Sebastian
Wolff), Verlagslektor; Stresemannstr. 31,
D-4000 Düsseldorf, Tel. (0211) 360301

(Hemeringen/Kr. Hameln 24.1.45).
Roman, Essay.
V: Der Abstand, R. 70; Das Beben, R.
83.

Alter, Peter, s. Beer, Fritz.

Althaus, Richard, Schriftsteller;
Quickborn 50, Autorenkreis Ruhr-Mark
61; Eppenhauser Str. 77, D-5800 Hagen,
Tel. (02331) 57301 (Iserlohn 23.8.05).
Lyrik, Essay, Erzählung, Sachbuch.
V: Wie Malepartus unterging 56, 60;
Abenteuer im Schluchtwald 56; Ewige
Wanderung 66; Eppenhausen 77;
Lüdenscheid in Anekdoten 77; HAGEN
in alten Bildern I 77, II 78; Altena in
Anekdoten 79; Iserlohn in alten Bildern
79; Lüdenscheid wie es war 80; Kreuze,
Heilige, Kapellen 82. — **MV:** Alte
Gassen u. Winkel in Iserlohn 56;
Heiteres Iserlohn 59; Da ist Deine
Heimat 60; Weggefährten a. d. Ruhr-
Wupper-Raum 62; Musenalm. 62; Ruhr-
tangente 72; Spiegelbild 78.
H: Boa Isen liett un Eicken wasset 70;
Sagenbuch 82.

Altherr, Heinrich, Lehrer; Ges. f. dt.
Sprache, St. Gallen/Schweiz, Bund f.
Schwyzertütsch; Zeughausweg 6, CH-
9100 Herisau (Gais/Schweiz 2.9.09).
Jugendroman, Mundart-Novelle, Hör-
spiel.
V: Ferdi, Jgdb. 44; Öser Gattig Lüüt,
Erzn. 54; Ösere Broggebauer
Gruebemaa, Mda.-Sp. 54; Das Jugend-
buch als Beitrag zur Erziehung in der
heutigen Zeit 62; Appenzell das Land,
Spiel 62; De grüe Fingerring 64; Die
Sprache des Appenzellervolkes, erw.
Vortr. 65; Sonnesiits ond schattehalb,
Erzn. u. Sagen in Appenzeller Mda. 79.
B: Alles Leben strömt aus dir. —
MA: Lesebücher u. versch. Schr.
R: De Götti Gruebemaa, Hsp.

Altmann, Ernst Richard, Kantor;
Hauptstr. 39, DDR-8712 Eibau (Nieder-
cunnersdorf/Oberlaus. 21.4.24). Roman,
Erzählung.
V: Don Pietro, der Nachtwächter, R.
63; Ich brauche keinen Anwalt, R. 65;
Die Probe geht weiter, R. 68; Die Falltür,
R. 73, 75; Kleine Fische können groß
sein, Erz. 75; Hinter Bileks Fassaden, R.
77; Die Schlange war grau, R. 81.
MA: Es geht um Silentia, Anth. 81.

Altschüler, Marielú, Schriftstellerin,
Lyrikerin, Verlegerin, Yoga- u.
Lebenslehrer; Bernhardstr. 8, Postfach
1103, D-7570 Baden-Baden, Tel. (07221)
24634. Lyrik, Märchen, Gebiet der
Lebensschulung u. Seelenführung,
Kurzgeschichten, Ballett-Libretti.
V: Freude schöner Götterfunken ...
Vortragsreihe/Lebensschul. 64, 3. Aufl.
81, Lehrcassette 78; Meine Seele ist
erwacht, G. 70, 73; Rhytmus des Lebens,
G. 70, 75; Schneeflöckchen,
Märchencassette m. Musik, 77; Bejahe
das Dasein, Lehrcassette, Musikal.
Bejahungen u. Kurz-Meditationen, 78;
Zwerg Perechil, Märchenbd. 79;
Kurzgeschichten, Gedichte, Prosa/
Lebensschulung. — **MV:** Partner-
Brevier I 81.
S: COSMIC MEDITATION, Ein-
führungsvortr. 77.

Altschwager, Gerda, Galeristin,
Malerin; Hamburger Autorenvereinig.
82; Bauernvogtkoppel 67, D-2000
Hamburg 65, Tel. (040) 6018288
(Hamburg 25.8.22). Lyrik.
V: Suchmeldung, G. u. Bilder 81.

Altstadt, Ilse, Hausfrau; Hohenstein
120, D-5600 Wuppertal 2 (Barmen), Tel.
(0202) 554436 (Wuppertal-Elberfeld
12.4.24). Lyrik.
V: Auf der Straße des Lebens, G. 83.

Alves, Eva-Maria, Journalistin;
Hilgendorfweg 4, D-2000 Hamburg 55,
Tel. (040) 8702606 (Osnabrück 27.9.40).
Lyrik, Roman, Novelle.
V: Hamburg — Wien ohne Rückfahr-
karte, Jgd-R. 79; Neigung z. Fluß 81;
Versuch einer Vermeidung 81; Maanja
82.
MA: Anfangen, glücklich zu sein,
Anth.; H.-U. Müller-Schwefe (Hrsg.):
Von nun an 80.
H: Ansprüche. Verständig.text 83.
R: Transition, Hsp.; div. Rdfk-
Features.

Alys, Karl Friedrich, s. Liess, Andreas.

Alzmann, Helmut, s. Ahlsen, Leopold.

Amann, Jürg, Dr. phil., freier Schrift-
steller; Gruppe Olten 79; Werkjahr des
Kantons Zürich 77, Ingeborg-
Bachmann-Pr. 82, Conrad-Ferdinand-
Meyer-Pr. 83; Unter der Kirche 17, CH-
8707 Uetikon am See, Tel. (01) 9205139
(Winterthur 2.7.47). Drama, Lyrik,
Roman, Novelle, Essay, Hörspiel.
V: Das Symbol Kafka. Eine Studie
über den Künster, Ess. 74; Hardenberg.
Romant. Erzählung nach d. Nachlass d.
Novalis, N. 78; Verirren oder Das
plötzliche Schweigen des Robert Walser,
R. 78; Die Kunst des wirkungsvollen
Abgangs, Nn. 79; Die Baumschule, Nn.
82; Franz Kafka, Ess. 83; Nachgerufen,
Nn. 83. — **MV:** Fortschreiben, N., Anth.

77; Lyrik 78, Lyr., Anth. 78; 1984 — made in switzerland, N.Anth. 81; Klagenfurter Texte 1982, N.Anth. 82; Deutsche Erzählungen aus vier Jahrzehnten, N.Anth. 82; Fünf nach Zwölf, N.Anth. 83.

R: Der Traum des Seiltänzers vom freien Fall; Verirren; Die Korrektur; Die deutsche Nacht; Der Sprung ins Wasser; Play Penthesilea; Nachgerufen; Büchners Lenz, alls Hsp.

Amanshauser, Gerhard, Schriftsteller; Rauriser Literaturpr. 73; Brunnhausgasse 10, A-5020 Salzburg, Tel. (0662) 419182 (Salzburg 2.1.28). Lyrik, Roman, Novelle, Essay.

V: Aus dem Leben der Quaden, Sat. 68; Der Deserteur, Erzn. 70; Satz und Gegensatz, Ess. 72; Ärgernisse eines Zauberers, Sat. 73; Schloß mit späten Gästen, R. 76; Grenzen, Aufzeichn. 77; Aufzeichnungen einer Sonde, Parodien 79.

R: Schloß mit späten Gästen, Fsp. 82.

Amay, Edmond, s. Endler, Adolf Edmond.

Amber, Ute, s. Amler, Irene.

Amberg, Lorenz, s. Jung, Robert.

Amborn, Erich, s. Kretzschmar, Alex.

Amery, Carl (Ps. f. Christian Mayer); P.E.N. 67, VS 65, VS-Vors. 76; Förderpreis d. Stadt München 58, Ernst-Hoferichter-Pr. 75; Drächslstr. 7, D-8000 München 90, Tel. (089) 486134 (München 9.4.22). Roman, Hörspiel, Essay. **Ue:** E.

V: Der Wettbewerb, R. 54; Die große deutsche Tour, R. 58; Die Kapitulation oder Deutscher Katholizismus heute, Pamphlet 63; Fragen an Welt u. Kirche, Ess. 65; Ich stehe z. Verfügung, Bü. 67; Ende der Vorsehung — die gnadenlosen Folgen des Christentums, Ess. 72; Loki, oder: Unserm Held die Goldene Fünfzig, Bü. 72; Das Königsprojekt, R. 74; Der Untergang der Stadt Passau, R. 75; Natur als Politik - Die ökologische Chance des Menschen, Ess. 76; An den Feuern der Leyermark, R. 79; Leb wohl geliebtes Volk der Bayern, Ess. 80; G.K. Chesterton oder Der Kampf gegen die Kälte, Ess. 81. — **MV:** Unbekanntes Bayern 55-65; Im Brennpunkt — Der neue Mensch 61; Die Alternative, polit. Anth. 61; Bestandsaufnahme, eine deutsche Bilanz 62; Plädoyer f.e. neue Regierung oder Keine Alternative 65. Katholizismus u. Faschismus, Interv. m. Heinrich Lutz 70; Zucker und Zimt, ff. Gereimtheiten, G. 72; andere Bayern, polit. Anth. 76; Kampf um Wörter? polit. Anth. 80; Kämpfen für die sanfte

Republik, polit. Anth. 80; Zuviel Pazifismus? polit. Anth. 81; Zukunft in Bescheidenheit, Anth. 81; Grün in der Stadt, Anth. 82; Klassenlektüre, Anth. 82.

H: Die Provinz 64; Dortmals — ein Leben in Bayern vor hundert Jahren 75; Bayern — ein Rechtsstaat?, polit. Anth. 76; G.K. Chesterton: Der Held von Nottinghill 81.

R: Axel wußte, was vornehm war, Fsp. 64; Der Tag eines Löwen, Hsp. 65; Ich stehe zur Verfügung, Hsp. 66; Scheidung auf Englisch, Fsp.; Finale Rettung Michigan, Hsp. 82.

Ue: J. F. Powers: Gottes Schrift ist schwer zu lesen 65.

Amler, Irene (Ps. Ute Amber, Kathrin Thomas); VS 52; Lessingstr. 34, D-8036 Herrsching, Tel. (08152) 6531 (Hohenelbe 17.2.20). Kurzgeschichte, Roman.

V: 150 R., u.a.: Seltsame Heimkehr, R. 53; Der Erbe von Lindeck, R. 54; Die Herrin vom Rosenhof, R. 54; Opfergang der Liebe, R. 55; Für Dich, Peterle, R. 55; Schwester Marett, R. 55; Geliebte Kameradin, R. 56; Der Herr von Kolbermoor, R. 56; Liebe kleine Nanni, R. 56; Gefährtin meines Lebens, R. 57; Das Mädchen von der Insel, R. 57; Bleib bei mir Silvie, R. 58; Irrweg der Herzen, R. 58; Ulla kämpft für Martin; Fürchtemanns Mutprobe; Großer Rat im Hofoldinger Forst; Seine Assistentin; Wiedersehen in Irland; Die Kronzeugin; Peter, bist du mein Kind?; Neben dir ein Fremder; Hotelärztin Dr. Britta Cornelius; Unerwünscht und ungeliebt 72; Ein Herz und eine Seele 73; Geliebter kleiner Conny 73; Glück im Nixengrund 73; In Samt und Seide 73; Das schönste dieser Welt; Kleine schwarze Peggy 73; Die Lady und das Findelkind 73; Das Mädchen ohne Vater 74; Ewig währt keine Nacht 73; Das Glück und sein Preis 72; Bleib stark Katja; Auch Vergeben ist Liebe; Die beiden Söhne der Ursula Carsten; Eine Brücke der Liebe; Ich liebe dich, Kristina; Die Kronzeugin; Das Mädchen auf dem Medaillon; Reich ist, wer liebt; Schicksal, halt ein; Wer ohne Schuld ist; Zwei Kinder suchen ein Zuhause; Schwarze Perlen, Serie; Simon-Familie; Die Macht des weißen Kreuzes; Der Hexenbaum.

Amm, Gabriele (Ps. Gaby Amm), Hausfrau, Mda.-Autorin, Texterin; Umweltschutzpr. d. Stadt Köln f. lit. Arbeiten, 2. Pr. i. Wettbew. f. "Et Wunderkind"; Nikolausplatz 5, D-5000

Köln 41, Tel. (0221) 425572 (Köln 26.4.29).
Mundart als Lyrik, Prosa, Satiren,
Glossen, Kabarett- u. Liedertexte,
Puppenspiel.
V: Minschespill. Prosa, Reimreden,
Verzällcher, G. u. Kurztexte üb. d. ganze
Jahr hin, Mda.buch 80/81.
MA: zahlr. Veröff. in Kulturzss. u.
Büchern d. Stadt im Wettbewerb "Leben
in Köln".
R: Gedichte in: Luustert ens. (Hört
mal zu), Kölner Mundartdichter stellen
sich vor, Rdfksdg 80.
S: Unse Stammweet weed sich freue
81/82; Ohne wasser, Wärme, Licht, Stadt
Köln. (Das GEW-Lied) 82/83; Parodien u.
Liedertexte f. d. Karneval 80 u.a., alles
Schallpl.

Amm, Gaby, s. Amm, Gabriele.

Ammann, Esther E., s. Beuret-
Ammann, Esther.

Amme, Achim, c/o Schlender-Verl.,
Göttingen.
V: Wer ist schon gut zu sich selbst,...
unter and. G. 82. ( )

Amort, Elisabeth, Sekretärin; L.-
Ganghofer-Str. 25 1/2, D-8240
Berchtesgaden (18.2.24). Märchen,
Erzählungen.
V: Der Neue Märchenschatz 68, 70;
Das Zauberspiegelchen, M. 71.
MA: Versch. Ztgn; Siegburger
Pegasus 82; Weihnacht in den Bergen,
Anth. 83.
R: Berberitzenstrauch, Hsp.; Der
Flötenbaum, Hsp.; Der Neue Märchen-
schatz; Das Zauberspiegelchen, Rdfk-
Send. aller M. der o. g. Bücher, u.a.

Amthauer, Ottilie, Hausfrau,
Schwesternhelferin; Schützenstr. 82, D-
3510 Hann. Münden, Tel. (05541) 6958
(Oberrieden 25.6.24). Lyrik, Roman.
V: Die zweite Haut, R. 79..

Amzar, Dinu, Dipl.-Mathematiker,
freier Schriftsteller; Ehrengabe f. Lyrik
im intern. Lyrik- u.
Kurzprosawettbewerb d. Lit. Union 77;
Lenaustr. 2, D-7480 Sigmaringen 1, Tel.
(07571) 13645 (Berlin-Charlottenburg
11.3.43). Lyrik, Roman, Kurzprosa,
Essay.
V: Sehübungen an Rebengerippen, G.
75; Gebiete den Grillen zu schweigen, G.
79.
MA: Diagonalen, Kurzprosa-Anth. 76;
Mauern, Lyr.-Anth. 78; Gauke's Jb. 81 u.
82, Lyr. u. Kurzprosa-Anth. 82; Einkreisung, Lyr.-Anth. 82; Strandgut, Lyr.-
u. Kurzprosa-Anth. 82; Siegburger
Pegasus, Lyr.- u. Kurzprosa-Anth. 82.

Anatol, Andreas, s. Fröba, Klaus.

Anden, Richard, s. von Cziffra, Géza.

Anderegg, Erwin, Pfarrer;
Thiersteiner Rain 67, CH-4059 Basel,
Tel. (061) 507355 (Trimbach, Schweiz
25.12.33). Kurzgeschichten.
V: Die tausend Masken der
Resignation — das Antlitz der
Hoffnung, Kurzgeschn. 76; Besuchszeit,
Kurzgeschn. 81.

Anderer, Achim, s. Soeder, Michael.

Andergassen, Eugen, Berufsschul-
direktor, Prof.; Ö.S.V. 65, A.K.M., P.E.N.
Club Öst.; Preis d. Öst. Rundfunks f.
Hsp. Der Verrat, Kulturpreis d. Landes
Vorarlberg 60, Max-Mell-Medaille in
Gold, Silbernes Ehrenzeichen d. Ldes
Vorarlberg, Ehrenring d. Stadt
Feldkirch; Drevesstr. 6, A-6800
Feldkirch/Vorarlberg, Tel. (05522) 255053
(Feldkirch 20.6.07). Lyrik, Drama,
Novelle, Erzählung, Hörspiel, Essay.
V: Die Heimkehr, Sp. 32; Der Riese
David und der kleine Goliath, M. 36;
Weihnacht an der Front, Sp. 37; Die
Herberge, G. 38; Stille und Klang, G. 41;
Kleines Harfenspiel, G. 45; Es spricht
das Gedicht zu Dir, G. 48; Wir sind hier
nicht zu Haus, Sch. 48, 60; Das Oster-
lamm, Sch. 48; Das befreite Leben 49, 53;
Die arme Magd 49; Der Froschkönig, Sp.
50; Die da aufstehen im Dunkel, Sp. 50;
Das Krampusspiel 51, 57; Das
Weihnachtsbuch, Erzn. 61, erw. 74;
Muscheln im Sand, G. 63; Die Schule
des Humors, Sp. 63; Die Erleuchtung,
Erzn. 65; Botschaften, Lyrik - Prosa -
Dramatik; Die Zweigroschenoper, Mus.
Moritat; Strahlungen, G. 72; Dramen-
band 76; Ich will ein Wort einpflanzen
in dein Herz, Lyrik 77; Kommt! Da
geisterts und spukts!, Vorarlberger
Sagen 79; Fenster nach innen,
Begegnungen, Hörspiele, Essays,
Erzählungen, Wanderungen 79; Wort
aus der Stille, G.
R: Die Heimkehr 32; Die da aufstehen
im Dunkel 47; Die Umkehr 48; Und es
kommt die Stunde 48; Die Rückkehr des
verlorenen Sohnes 49; Die arme Magd
50; Der Froschkönig 51; Herrn Arnes
Schatz 52; Die vier Evangelisten auf
dem Kirchturm zu Bludenz; Schneewittchen 52; Die Schule des Humors 54,
63; Der Verrat 57, 58; Das Spiel vom
Krampus 59, 63; Der Spiegel des
Venedigers 62; Die Windsbraut 63;
Bütze in Vorarlberg 64; Die goldenen
Birnen 66; Das Licht in der Finsternis
66, alles Hsp.

Anderka, Johanna,
Verwaltungsangestellte; Künstlergilde
81, ADA 82, IGdA 78; 2. Prosa-Pr. im
Wettbew. d. Lit. Union Saarbrücken zum
Thema Mauern 77, 3 Pr. Prosa IGdA 80,
Anerkennung Lyrikwettbew. Die Rose
81; Tannenäcker 52, D-7900 Ulm/D.-
Wiblingen, Tel. (0731) 42112 (Mährisch-
Ostrau 12.1.33). Roman, Novelle, Essay,
Kurzprosa, Lyrik.
V: Ergebnis eines Tages, R. 77; Herr,
halte meine Hände, Erzn. u. Lyr. 79;
Heilige Zeit, Erzn. u. Lyr. 81; Zweierlei
Dinge, Erzn. 83; Über die Freude, Erzn.
u. Lyr. 83.
MA: Wer kennt sein Herz? Anth. 74;
Rosen für Eva-Maria, Anth. 75;
Anthologie v. Poesie u. Prosa, Anth. 75,
76; Diagonalen, Kurzprosa-Anth. 76;
Solange ihr das Licht habt, Lyr.-Anth.;
Mauern, Kurzprosa-Anth. 77; Moderne
Literatur I u. II, Anth. 78; Wie's einstens
war zur Weihnachtszeit, Erinnerungsb.;
Heimat, Lyr.-Anth. 80; Unser Boot heißt
Europa, Anth. 80; Meines Herzens
Freude und Trost, Andachtsb. 81;
Gaukes Jb., Anth. 81, 82, 83; 33 phantast.
Geschn., Anth. 81; Schreiben vom
Schreiben, Lyr.-Anth. 81; Das
Rassepferd, Lyr.-Anth. 82; Doch die
Rose ist mehr, Lyr.-Anth. 82; World
Poetry, ind. Lyr.-Anth. 82; Das Boot;
Cimarron; Unio; Prosa u. Poesie mit
Bücherspiegel; Horizonte; Blätter für
Lyrik und Kurzprosa; IGdA aktuell;
apropos; Wellenküsser; Silhouette;
Schreiben u. Lesen; adagio; Carmen;
Formation.

Anders, Frank, s. Frieling, Heinrich.

Anders, Günther, Dr. phil., Schrift-
steller; P.E.N. 55; Preis d. Querido-Ver-
lages 36, Premio Omegna 61, Preis d. dt.
Kritiker 68; Akad. Künste Berlin 71;
Lackierergasse 1/5, A-1090 Wien
(Breslau 12.7.02). Lyrik, Novelle, Essay,
Philosophie. **Ue:** E.
V: Über das Haben 27; Der Hunger-
marsch 36; Pathologie de La Liberté 36;
Kafka - pro und contra, Ess. 51, 67; Die
Antiquiertheit des Menschen I 56, II 81;
Der Mann auf der Brücke 59; Off Limits
für das Gewissen 61; George Grosz 61;
Gespräche mit Brecht 62; Wir
Eichmannsöhne 64; Philosophische
Stenogramme 65; Die Toten 65; Die
Schrift an der Wand 67; Visit Beautiful
Vietnam 68; Der Blick vom Turm 68;
Der Blick vom Mond 70; Endzeit und
Zeitenende 72; Besuch im Hades 78;
Ketzereien 82; Hiroshima ist überall 82.

MUe: Sean O'Casey: Der Preispokal,
m. Elisabeth Freundlich.
Lit: Mario Giannici: Dissertation
Palermo Il pensiero filosofico die
Günther Anders.

Anders, Harriet, s. von Bohlen und
Halbach-Grigat, Herthy.

Anders, Harry, s. von Bohlen und
Halbach, Berndt.

Anders, Helmut, s. Degner, Helmut.

Anders, Knut; Flurstr. 77, D-4937
Lage/Lippe.
V: Auf zu neuen Ufern, eine
Arbeitslosgehgesch. 82. ( )

Anders, Richard; VS Berlin 80;
Koblenzer Str. 1, D-1000 Berlin 31, Tel.
(030) 8531927 (Ortelsburg 25.4.28). Lyrik,
Erzählung, Roman, Buchkritik. **Ue:** E, F.
V: Die Entkleidung des Meeres, G. 69;
Preußische Zimmer, G. 75; Zeck, Erzn.
79; Ödipus und die Heilige Kuh, Erz. 79;
Über der Stadtautobahn, G. 80; Ein
Lieblingssohn, R. 81.
MA: Speichen 70, 71; bundes-deutsch
74; Die Stadt 75; Contemporary German
Poetry 76; D. große dt. Gedichtb. 77;
ensemble 8, 77; Die Ungeduld auf dem
Papier 78; Tintenfisch 15, 78; Jb. für
Lyrik 1 79, 2 80; Am Rand der Zeit 79;
Das zahnlos geschlagene Wort 80;
Zwischen zwei Nächten 81; Die Hälfte
der Stadt 82; Die Paradiese in unseren
Köpfen 83.
MUe: Andre Breton: Anthologie des
Schwarzen Humors 71; Alberto Savinio:
Menschengemüse 80; Ted Joans: Der
Erdferkelforscher, G. 80.

Anders, Vera, s. Münchow, Vera.

Anderson, Edith (Ps. f. Edith
Schroeder), c/o Kinderbuchverlag,
Berlin (Ost) (New York 30.11.15).
V: Gelbes Licht, Prosa 56 (amer.);
Hunde, Kinder und Raketen, Kinderb.
57; Der verlorene Schuh, Kinderb. 62;
Großer Felix und Kleiner Felix,
Kinderb. 61; Julchen und die Schweine-
kinder, Kinderb. 62; Leckerbissen für
Dr. Faustus, Erzn. 66, 80; Der
Beobachter sieht nichts 72, 76; Der
Klappwald 78.
R: Nicht weit von Birmingham, Hsp.
65.
Ue: L. Hansberry: Eine Rosine in der
Sonne, m. B. Fuchs 63; L. Hellmann: Der
Herbstgarten, m. U. Püschel 68. ( )

Anderson, Sascha, c/o Rotbuch
Verlag, Berlin (West).
V: Jeder Satellit hat einen Killer-
satelliten, G. 82. ( )

Andert, Herbert, Lehrer; Johannes-R.-
Becher-Medaille; Lutherstr. 28, DDR-
8705 Ebersbach/Sa., Kr. Löbau
(Ebersbach/Sa. 16.10.10). Lyrik, Hörfolge,
Mundartspiel.
V: Feierobd, Hsp. 34; Derheem' is
derheeme, Mda.-Lieder 37, 38; Ba uns
derheeme, Mda.-Lieder 53 I, 54 II; Mir
senn aus dr Äberlausitz, Mda.-Lieder 58;
Anne Fuhre Freede aus dr Äberlausitz,
Mda.-Buch 69, 70. ( )

Andertann, Hedwig, Übersetzerin,
Sprachlehrerin; Sulzbacher Str. 17, D-
8500 Nürnberg (Wien 12.1.11). **Ue:** F.
Ue: Jules Supervielle: Der Kinderdieb
- Der Überlebende 49; Wladimir Porché:
Liebe im Vallespir 52; Misia Sert: Misia,
Pariser Erinnerungen 53, 55; Maria
Vega: Der ruhelose Engel; Gabriel
Marcel: Die zerbrochene Welt, Der
schmale Grat, Das Zeichen des Kreuzes,
alles Theaterst. 63, 64. — **MUe:** Claude
Longhy: Le fruit des vos entrailles u. d.
T.: Regenschwere Liebesfrucht, m. Hans
von Savigny 50.

Andrae, Oswald, staatl. gepr. Augen-
optiker; VS 64; Klaus-Groth-Preis 71;
Intern. Autoren Progressiv (IAP) 71; Am
Kirchplatz 15, Postfach 207, D-2942
Jever, Tel. (04461) 3152 (Jever, Ldkr.
Friesland 25.6.26). Lyrik, Kurzprosa,
Hörspiel, Bericht, Bühnenstück.
V: De Sünn schient jeden Dag 67;
Heiseres Rufen, G. u. Impressionen 65;
Begegnungen und Gespräche, Bericht e.
Reise: Israel 1968 71; Hoppenröök geiht
üm, G. 75; De bruun Ranzel, Prosa 77;
Raubkatzen schnurren Friedenslieder,
G. 77; Werkstattgerüchte. Zeitkrit.
Optikertexte 71; Wat maakt wi? Nddt.
Mundarttexte m. hochdt. Übers. 71;
Laway — Aufstand der Deicher 1765, Bü
83. — **MV:** Neue Mundarttexte aus
Niedersachsen u. Tirol: Hier un
annerswor, m. Haid, G. 76.
MA: Rudolf Syring: Niederdeutsche
Lyrik 1945 — 1968 68; Wolfgang Lindow:
dar is keen antwort ... Texte junger
Autoren 70; Junge Dichtung in Nieder-
sachsen, Prosa (ndt./hdt.) 72; Friesische
Gedichte 73; Dichter, Schriftsteller,
Verteller, G. 73; Van Land un Lü -
Plattdt. Lesestoff für Nordoldenburger
Schulen, Prosa 76; Vostell-Antwort-
Happening-Salat, G. 73; Fischerhuder
Karten, G. 76; Berufsverbot - Ein
bundesdeutsches Lesebuch, G. 76;
Niederdeutsch heute - Kenntnisse -
Erfahrungen - Meinungen 76; Feder-
krieg, G. 76; Platt mit spitzer Feder 78;
niedersachsen literarisch — 65

Autorenporträts 78; Volksliederbuch,
hrsg. von Andreas Kettel 79; Kleine
Bettlektüre för Lüd, de geern'n beten
Plattdüütsch snacken 79.
R: Inselbesöök, Hsp. 65; Haifa 70;
Lavay (Feature über Deicharbeiter-
aufstände an der Nordsee im 18. Jh.) 73;
Ich schreib die verrücktesten Themen,
G. 74; Jeverland, G. 74; Low German/
English - Poetry 75; Dat Leed van de
Diekers — 1765 77, 80; Över Reuter sien
Wark, Der Buchtip der Woche 79;
Heimat-Gedanken über ein schwieriges
Thema 80; Gah mit mi dör't Land,
Exposé für einen Fsf. 80; Come to meet
us — Kumm uns tomööt, 81; De rieke
Mann kann blieven 81; Dar weer mal en
Schipper up Wangerogh 81.
S: Hoppenröök geiht üm 75; Wo ik her
kam, Lieder 76; Wat ik meen, Lieder 77;
För all dat, Lieder 78; Kaamt tohoop,
Lieder 79; To Huus, Lieder 79; Straight
to the Point, Songs 79; In dit platte
Land, Lieder 80; Junge Leute machen
Volksmusik 81; All tohoop in Strackholt,
Lieder 81; As en Stroom, Lieder 81;
Waterland, Lieder 82; Dat Leed van de
Diekers, Texte u. Lieder 83.

Lit: Remy Petri: Engagierte niederdt.
Lyrik Oswald Andreas in: "Quickborn"
72; Heinz Werner Pohl: Laudatio anläßl.
Verleih. d. Klaus Groth-Preises 71; H. H.
Holm: Ndt. Triptychon 1852 — 1912 —
1972; Johann P. Tammen: Jagdszenen
aus Friesland, in HOREN Nr. 90; H.
Schwenger: O. A. - Porträt eines
Mundartautors (England - Red. d.
Dtldfunks in This is Germany) 74; E.
Ernst: Politische Aspekte u. Impli-
kationen im lyr. Werk d. ndt. Autors O.
A. 76; H.J. Theil: Lebendige Sprachwirk-
lichkeit 77; L. Harig: Die Sprache wird
zum Körperteil, in: DIE ZEIT, Nr. 26/77
u. AKAD. D. KÜNSTE 70-79; F.
Hoffmann, J. Berlinger: Die Neue Dt.
Mundartdicht. Tendenzen u. Autoren —
dargestellt am Bsp. d. Lyrik 78; V.
Roggenkamp: Hebbt Se'n Jagdschien,
Herr Poet? in: DIE ZEIT, Nr. 34 79; B.
Gleim: Vorbildl. Heimatfunk: Dat Leed
van de Diekers. in: Ev. Pressedienst/
Kirche u. Rdfk, Nr. 89/90 77; R. Schnell:
Riet Dien Muul up! Ndt. Mundartdicht.
heute. in: Quickborn, Hbg. Nr. 4, 79; Ralf
Schnell: D. Lit. in d. Bdesrep. Dtld in: Dt.
Literaturgesch. von den Anfängen bis
zur Gegenwart 79; Bernhard Gleim:
Ambivalenz im Scubild in: epd/Kirche
u. Rdfk Nr. 36 80; Hans-Joachim
Gernentz: Niederdeutsch — gestern und
heute 80; Ralf Schnell: Riet dien Muul

up — Niederdt. Dichtung heute in: Basis-Jb. f. dt. Gegenwartslit. Bd 10 80.

Andreae, Barbara; Fraunsteinweg 56, D-8958 Füssen.
V: Die Geschichte von Pünktchen und anderen Tieren 81. ( )

Andreae geb. Gr. Lackmann, Elisabeth Aloysia (Ps. Illa Andreae); FDA 76; Annette von Droste-Ges. 48; Liebigstr. 36, D-6300 Gießen, Tel. (0641) 791516 (Wolbeck/Westf. 8.2.02). Novelle, Roman, Hörspiel, Sachbuch.
V: Der sterbende Kurfürst, hist. Erzn. 42, u. d. T.: Das versunkene Reich 53; Hellerinkloh, R. 43; Das Geheimnis der Unruhe, Gesch. ein. westfäl. Geschlechts, R. 47; Die Hamerincks, R. 50; Das goldene Haus, N. 53; Nelly, Kind.b. 61, 69; Glück u. Verhängnis der Hamerincks, R. 59; Die Kunst der guten Lebensart, Sachb. 66; Alle Schnäpse dieser Welt, Sachb. 75; Tüsken Angel un Deergaoren, Plattdt. R. 79, 2. Aufl. 80.
R: Frauengestalten Mozarts; Das einsame Fräulein von der Meersburg; Madame Luzifer; Bettina Brentano; Mamsell Vulpius; Lou Andreas Salomé; Das Vatergesicht über meinem Leben; Sigmund Freud - Lou Andreas Salomé; Musiker und ihre Musen; Dat du mien Leivsten büs; Dat heimlicke Gericht, alles Hsp.; Tüsken Angel un Deergaoren, Hf. 83.

Andreae, Illa, s. Andreae, Elisabeth Aloysia.

Andreas, Stephan, s. Krüger, Harry.

Andresen, Thomas, Dr. med., Facharzt für Innere Medizin; Heinrich-Voß-Str. 31, D-2390 Flensburg, Tel. (0461) 53681 (Flensburg 19.9.34). Kriminalroman.
V: Hörst du den Uhu 69; Der Anonyme 69; Der Nebel wird dichter 70; Bis ich nicht mehr kann 71; Der Schrei 72; Die Spur des bösen Bruders 72; Wachs in den Händen 72; Schmutziger Herbst 72; Geisterstunde 72; Großartig wie der Teufel 73; Wer badet nachts in meinem Swimmingpool? 75; Nur über Meiners Leiche 76; Eine Tote früh um fünf 77; Fünf Herren, einander belauernd 78; Die zweite Chance 82, alles Krim.-R.
MA: Bommi ist tot und Tim hat Geburtstag 76.
R: Interview mit einem Schatten 73; Schuß auf ein Zahnrad 73; Max schläft heute aber fest 74; Ein schwarzer und ein weißer Mord 74; Fünf Männer mit Maske 75; Viola liebt die Herbstzeitlose 75; Der Bauchredner 76; Sterben und

sterben lassen 76; Mit den Augen einer Eule 77; Absturz von der Marmortreppe 77; Mord im Sonderangebot 78; Katertöter 78; Tödliche Proben 79; ; Verfall eines Römers 81; Pech mit Porzellan 82; Ein typischer Mörder 82, alles Hsp.; Endstation Habermoor, Fsp. 82.

Angelus, Oskar *

Anger, Martin (Ps. Joachim Förster), Stadtamtsrat i. R.; D.A.V. 47; Kantplatz 5, D-3000 Hannover-Kleefeld, Tel. (0511) 555425 (18.1.14). Erzählung, Kurzprosa, Hörspiel, Jugendbuch, Feuilleton, Lyrik.
V: Das große Buch der Abenteuer, Jgdb. 60; Die Meuterer der Bounty, Jgdb. 62; Auf den Spuren Winnetous, Jgdb. 64; Hermann Löns aus heutiger Sicht, Biogr. 77; Am Hohen Ufer, e. Hannover-Kal., jährl. seit 71; Der Backenzahn des Tigers, Kurzgesch. 78; Über den Umgang mit Kurschatten 82; Die Chronik der Ortschaft Kleefeld bei Hannover 81, 2. Aufl. 82.
H: Das große Wilhelm-Buch 59; Hermann Löns - Auswahl für junge Leser 65.
R: Die Glocken von Spoleto 51; Der fremde Gast 52.

Anger, Robert, Bundesbahn-Amtmann; Seelenbachweg 13, D-7070 Schwäbisch Gmünd, Tel. (07171) 65765 (Gablonz/Neiße 24.1.36). Lyrik.
V: Hab ich nicht recht ..., Lyr. 81.

Angerer, Alfred, Ing., Förster, A-3665 Gutenbrunn 134, Tel. (02874) 259 (Hafning/Steiermark 4.10.34). Lyrik.
V: Försterpoesie, Lyr. 78; Das Wolkenschloß, Lyr. 80.

Angermann, Gerd, Schriftsteller u. Journalist; RFFU 51, VS 52; Bundesfilmpreis 65, Adolf-Grimme-Preis 66; Plettenbergstr. 47, D-7000 Stuttgart 1, Tel. (0711) 466535 (Brüx/ČSSR 11.9.23). Drama, Hörspiel, Fernsehspiel, Film, kurze Prosa.
V: Der goldene Apfel, Kom. 49; Und befreie uns von der Furcht, Sch. 58; Das Fenster ohne Scheiben, Krim.-St. 59; Ein Brief von drüben, Sch. 64. —
MV: Stücke, Sketsche, Kabaretts 50 — 68, 64 — 68. Ministory, Kurzgesch. 64; Wunderl. Alltag, Feuill. 65; E. Provisorium lacht, Anekdn. 65.
F: Das Haus in der Karpfengasse.
R: Ein Vampir; Die Mauer; Der Kriminalrat und der Weihnachtsmann; Hier spricht Hanna Sohr; Ein weinrotes Motorrad; Sechs Milchflaschen; Das Geheimnis von Schloß Greifenklau; Ein

Fenster ohne Scheiben; Befreie uns von der Furcht; Der Baron; Die Freizeit AG; Bertha Suttner; Die Attentate des 14. April 1865; Die Odyssee des Haydnschädels u.a., alles Hsp; Attentat auf einen Mächtigen; Der Vetter Basilio; Ich war Schlemihl; Die Unzufriedene; Sein zweites Rendezvous; Das Recht auf Gewissen; Der Abituriententag; Prozeß Medusa; Hoftheater; Die Geschichte der Susanna Margaretha Brandt; Der Gehilfe; Wunnigel; Aufrechnung einer Schuld; Aus dem Erinnerungen eines Chirurgen; Cella; Der Fall Woyzeck, alles Fsf.; Happy; Süß-Oppenheimer, Die Geschichte des Jud Süß.

Angstmann, Augustin (Ps. Gustl Angstmann), Dr., Pädagoge, Psychotherapeut; Zweibrückenstr. 10, D-8000 München 2, Tel. (089) 294002 (München 12.1.47). Lyrik, Roman, Novelle, Geschichten, Mundart (bayr.).
V: Ein ganz normaler Mann, Geschn. 82; Der Stotterer, KurzR. 83.
MA: Wo Dornenlippen Dich küssen — Anthol.-Lesebuch 82.

Angstmann, Gustl, s. Angstmann, Augustin.

Anhäuser, Uwe, Schriftsteller, Journalist; Kreis d. Freunde Dülmen, Begr. u. Leiter d. Künstlergr. Herr-steiner Kreis, Begr. u. Leiter Autorengr. "Fachwerk"; Pfarrgasse 7, D-6581 Herrstein, Tel. (06785) 7594 (Rengsdorf 1.11.43). Lyrik, Sachprosa, Essay, Reise- u. Kultur-Feuilleton.
V: Unterwegs, G. 74; Irgendwo schwebende Stunden, G. 74; Sie nahmen das Land, archäol. Sachb. 74; In der Provence, G. 77; Sterben um gelebt zu werden, G. 77; Peyrepertusa, Ess. 78; Hunsrück, Sachb. 81; Idarwald, Sachb. 82; Was war in Hottenbach?, Sachb. 82.
MA: Zahlr. Anth. u.a.: Zwischenrufe; neue texte aus rhld.-pfalz.
H: Edition Fachwerk, G. u. Ess. —
MH: Luxemburger Quartal, Lit.-Zs.; Formation, Lit.-Zs.
R: Zahlr. Hsp. u. Features im Rdfk.

von Anhalt, Eduard Prinz *.

Ani, Friedrich, Journalist; Haidhauser Werkstatt München 81; Herzogstr. 116, D-8000 München 40, Tel. (089) 3085454 (Benediktbeuern/Obb. 7.1.59). Lyrik, Erzählung, Hörspiel.
V: Lachens unwichtige Worte, Erzn. 81; Wer die Dunkelheit entfacht, G. 82; Die Idylle der Hyänen, Rep., Erz. 83.
MA: Rez. in: Annemarie Buntrock: Stadien zur Stillwerdung 80; Kennwort

Schwalbe, Lyrikanth. 81; König Tau und die kleine Marie, Lyrikanth. 81.

Anners, Wilmke, s. Siefkes, Wilhelmine.

Anrich, Elsmarie, c/o Anrich-Verl., Modautal-Neunkirchen.
V: Meine Brücke ist die Elster, Geschn. 83. ( )

Anrich, Gerold, Verleger; Friedrich Bödecker Pr. 74; Neunkirchen 5, D-6101 Modautal 3, Tel. (06254) 7229 (Straßburg/ Elsaß 24.11.42). Historisch-erzählendes Sachbuch.
V: Räuber, Bürger, Edelmann, jeder raubt so gut er kann, Histor. Sachb. 75; Das Flaggenbuch, Hist. Sachb. 78.

Anrod, Werner, s. Grigorowitsch, Lucian.

Anthony, Albert, s. von Cziffra, Géza.

Antibes, Arlette, s. Muhrmann, Wilhelm.

Anton, Ferdinand (Ps. f. Ferdinand Anton Köck), Archäologe (Amerikanist); Wilhelmstr. 23, D-8000 München 40, Tel. (089) 344303 (München 26.7.29). Sachbuch, Roman, Fernsehspiel.
V: Peru, Indianerkunst aus präkolumb. Zeit, Sachb. 58, 59; Alt-Peru und seine Kunst, Sachb. 61, 72 (auch engl.); Mexico, Indianerkunst aus präkolumb. Zeit, Sachb. 61; Alt-Mexico und seine Kunst, Sachb. 65 (auch in versch. Spr.); Maya, Indianerkunst aus präkolumb. Zeit, Sachb. 65; Altindische Weisheit und Poesie, Lyrik 68; Kunst der Maya, Sachb. 69 (auch in versch. Spr.); Im Regenwald der Götter, R.-Erz. 70, 72; Die Frauen der Azteken-Maya-Inka-Kultur 73; Die Kunst der Gold-länder, Sachb. 74; Amerika. Nord-Meso- und Südamerika in: Die Illustrierte Weltgeschichte d. Archäologie; Primitive Art, New York, Sachb. 79. —
MV: Das Alte Amerika, Sachb. m. F. J. Dockstader 67, Tb. 80 (auch in versch. Spr.); Erklär mir die Indianer 75, 4. Aufl. 78; Erklär mir die Entdecker 76, Tb. 83, beides Kinder-Sachb. m. H. P. Thiel.
B: J. A. Mason: Das Alte Peru, Sachb. 65, 75. — MA: Die illustrierte Weltgeschichte d. Archäologie, Sachb. 79, 2. Aufl. 83.
R: Die schönen Damen von Tlatilco 64; Geh'n Sie nicht in die Mixteca Alta 65; Hemingway 67; Im Busch von Mexiko 68; Die Baumwollpflücker (n. B. Traven) 69, alles Fsf.
S: Erklär mir die Indianer 76.

Anton, Hans-Rolf, s. Rolfson, Rolf.

Antpöhler, Hajo, Lehrer; Ritterkamp 16, D-2820 Bremen70 (Bremen 10.11.30).
Lyrik, Prosa, Fotoprosa.
V: Einen Namen schreiben, G. 77; Über die Tauglichkeit von Fotos als Bilder, Prosa u. Fotoprosa 80; Berlin War Cemetery, Fotoprosa 81.
MA: Claasen Jb. d. Lyr. 79, 2 80, 3 81; Jb. f. Lyr. 2 80; Einkreisung, G. 82; Views beside..., Fotoprosa 82.

Antrak, Gunter; Eisenacher Str. 6, DDR-8019 Dresden.
V: Die Jagd nach der Fiktion, Krim.-Erz. 77; Im Griff der Angst, Krim.-R. 83. ( )

Apatride, Jean, s. Mohar, Ákos.

Apel, Hans, Lehrer; Thorwaldsenstr. 4, D-1000 Berlin41, Tel. (030) 7963305 (Oranienburg 5.8.39). Kurzgeschichten, Reportagen.
V: Geschichten am Rande, Kurzgeschn. 79. — **MV:** Kinder im KZ 79. ( )

Apitz, Renate, c/o Hinstorff, Verlag, Rostock, DDR.
V: Evastöchter, ein Dutzend Dutzendgeschn. 81, 2. Aufl. 82. ( )

Apostol, Margot, Autorin; Berliner Autorenvereinig. e.V.; Handjerystr. 21, D-1000 Berlin 41, Tel. (030) 8519919 (Plauen/Vogtld 5.12.20).
V: Zeitlose Gedanken und Gedanken über lose Zeiten 81; Den Berlinern in's Herz geschaut 81; Geschichten und Märchen für Groß und Klein 82.

App, Volkhard, Schriftsteller, Journalist; VS seit 79; Arbeitsstip. d. Ldes Nds. 81; Kapellenstr. 20A, D-3000 Hannover 61, Tel. (0511) 559120 (Hannover 2.2.51). Lyrik, Kurzprosa, Roman, Essay.
V: Aufbruch, Lyr. u. Prosa 79, 2.Aufl. 81; Der schöne Tod im Warenhaus, Prosa 83.
H: Stationen, Lyr. u. Prosa 80.
S: Lyrik Hannover 79.

Appel, Christiane *

Appel, Liselotte (Ps. L. A. Fortide, Elisabeth Charlotte Delion); Edgar-Wallace-Preis 63; Sophienstr. 122, D-6000 Frankfurt a.M., Tel. (0611) 779158 (Frankfurt 10.10.21). Roman, Novelle.
V: Palace Hotel 62; Männer sind romantisch 62; Intermezzo in Paris 63; Die Wohnung gegenüber 63; Todesangst 64; Mord im Sanatorium 65; Während der Operation 67; Der Ozelot 65; Nichts für junge Mädchen 66; Der Mann auf dem Vulkan 66; Kennzeichen Rosa 67;

Unter Mordanklage 69; Der große Fischzug 69; Der Westendmörder 73; Der Mann mit dem Löwenhaupt 73; Zahle jeden Preis für Mord 77; Der Chrysanthemenmörder 77.
R: S: Der Sprung in die Tiefe 59.

Appel, Magda, s. Dichler-Appel, Magda.

Appel-Dichler, Magda, s. Dichler-Appel, Magda.

van Appeldorn, Werner, Erster Kameramann; Ebereschenweg 10, D-5064 Rösrath-Stümpen (Venlo, Niederlande 28.9.25). Fachbuch, Fachartikel, Kinderbuch, Spielfilm-Drehbuch.
V: Als Kameramann bei Film und Fernsehen, Jgdb. 69; Der dokumentarische Film, Fachb. 70; Die unsichtbare Hirnsonde 70; Die optische Revolution 72; Tiere, Tests und Günters Tick, Jgdb. 74; Handbuch für Film- und Fernsehproduktion 83.
R: Das höfliche Alptraumkrokodil, Fs.-Spielf. 75.

Arcol, Marguerite, s. Collignon, Ilse.

Arendt, Erich; SV-DDR 53, P.E.N. 60; Nationalpreis d. DDR f. Kunst u. Literatur 52, Übersetzerpreis d. DDR 56, Joh. R. Becherpr. 66; Akademie der Künste der DDR 69; Hubertusweg 43/45, DDR-1513 Wilhelmshorst (Neuruppin 15.4.03). Lyrik, Essay. **Ue:** F, S, E.
V: Trug doch die Nacht den Albatros, G. 52; Bergwindballade, G. 52; Tolú, G. 56; Über Asche und Zeit, G. 57; Gesang der sieben Inseln, G. 57; Flug-Oden, G. 59; Unter den Hufen des Winds, G. 66; Säule, Kubus, Gesicht. Bauen u. Gestalten auf Mittelmeerinseln 66 (auch engl.); Ägäis, G. 67; Griechische Tempel 70; Aus fünf Jahrzehnten, Gedichte 68; Feuerhalm, G. 73; Memento und Bild, G. 76, 77; Gedichte, Ausw. 76; Zeitsaum, Lyrik 77; Entgrenzen, G. 81; Das zweifingrige Lachen, ausgew. G. 81. — **MV:** L'ire des Vents 78.
Ue: Die Indios steigen von Mixco nieder, Anth. mod. südamer. Lyrik 51; Nicolás Guillén: El son entero u. d. T.: Bitter schmeckt das Zuckerrohr, G. 52; Pablo Neruda: Der große Gesang, G. 53, 74, Holzfäller wach auf! 55, Die Trauben und der Wind, G. 55, Amerika, ich rufe deinen Namen nicht vergeblich an 57, Elementare Oden 57-61 III, 20 Liebesgedichte 58; Jorge Zalamea: Der große Burundun-Burundu ist tot 57; Pablo Neruda: Gedichte 63, Dichtungen I u. II 67, Viele sind wir, späte G. 72; Der

Bewohner und seine Hoffnung 78; Aufenthalt auf Erden und Jugendgedichte 79. — **MUe:** Pablo Neruda: Spanien im Herzen, G. 56, Aufenthalt auf Erden, G. 60, 73, beide m. Stephan Hermlin; Rafael Alberti: Poesia de 1924 — 1958 u.d.T.: Stimme aus Nesselerde und Gittare, G. m. Katja Arendt 59; Vicente Aleixandre: Nackt wie der glühende Stein, G. m. Käthe Hayek-Arendt 63; Miguel Hernández: G. m. Käthe Hayek-Arendt 65; Pablo Neruda: Extravaganzenbrevier, G. m. Katja Hayek-Arendt 67; Erklärung einiger Dinge 71; Residencia en Catierra, G. 73, beides m. Stephan Hermlin; César Vallejo: Funken wie Weizenkörner, G. m. Enzensberger u. F. R. Fries 71; Luis de Góngora: Soledades, G. 74.

Lit: Der zerstückte Traum 78; Über die Schwierigkeiten des DDR-Lyriker Erich Arendt in: NDH 80.

Arens, Birgitta, Schriftstellerin; VS seit 82; Preis d. Klagenfurter Jury 82, Märk. Stip. f. Lit. 83; Georgenstr. 4, c/o Piper Verlag, D-8000 München 40 (Oeventrop/Arnsberg 16.11.48).
V: Katzengold, R. 82.

Areopagita, s. Edel, Gottfried.

Argirov, Valentin; Tsingtauer Str. 20, D-8000 München.
V: Die Ehrbaren und die Anderen, R. 76, 78; Der Ordinarius, R. 77, Tb. 80. ( )

Argo, Jack, s. Werres, Johannes.

Arizona-Tiger, s. Breucker, Oscar Herbert.

Arlati, Renato P., Fachlehrer; manuskripte-Pr. 82; Reinhold-Frei-Str. 21, CH-8049 Zürich, Tel. (01) 569845 (Zürich 29.3.36).
V: Und spür' ich im Aufstehn im Gras eine Wendung 77; Auf der Reise nach Rom 80; Fremd und abweisend ist das Gewölbe der Nacht 83.

d'Arle, Marcella, s. Bochskandl, Marcella.

Arlig, Frank, s. Pigge, Karl Rudolf.

Armanski, Gerhard, Dr. rer. pol., Sozialwiss.; Eyershausen 29, D-3221 Landwehr (Windsbach/Bay. 11.5.42).
Reportage. **Ue:** F, E.
V: Rotdorn im Gewehr. Unter Soldaten 79; Die kostbarsten Tage des Jahres 80; Das gewöhnliche Auge der Macht, Gesch. d. Beamten 83.
MH: Deutschland, deine Beamten 76; Reisebuch USA 81; Züge aus d. Vergangenheit. D. Berliner S-Bahn 81.

Armbruster, Annemarie, Bankkaufmann; Prälat-Friesstr. 11, D-7740 Triberg, Tel. (07722) 4005 (Zell a.H. 14.8.1929). Lyrik, Roman.
V: Träume, die der Wind verweht, R. 81; Für Dich — statt Blumen, Lyr. 83; Für Dich — denn Freude ist nicht nur ein Wort, Lyr. 83; Für Dich — und Zuversicht soll deines Lebens Sonne sein, Lyr. 83.

Armin, Och, s. Ochs, Armin.

Arnd-Baumann, Lilo, c/o Thienemanns Verlag, Stuttgart.
V: Das Haus in der Glockenbachstraße 77, 79. ( )

Arnd-Lilge, Renate, s. Lilge-Stodieck, Renate.

Arndt, Friedrich, Puppenspieler; Parkweg 19, D-2000 Oststeinbek (Hamburg 74), Tel. (040) 7122949 (Hamburg 9.11.05). Puppenspiel, Hörspiel, Fernsehspiel, Puppensp.-Handbücher.
V: Kasper verreist 54; Die verlorene Musik 54; Der Löwe hat Zahnweh 54; Pechvogel und Glückskind 57; Die Hexe mit dem Licht 57; Verkehrte Welt 59; Die neugierige Prinzessin 62; Das Teufelskarussell 62; Der Schatz des Wassermannes 62, alles Puppensp.; Das Handpuppenspiel 50, 79; Puppensp. — ganz einfach 60, 80; Till Eulenspiegel auf der dt. Puppenbühne 76. — **MV:** Musik f. Holzköpfe. Musik, Bilder u. Wort zum Puppensp. 53; Puppenspiel für kleine Gäste, m. G. Lohmann 75, 77; Musik-Kunst — Puppenspiel 75.
H: 50 Jahre Hohnsteiner 71; Goethe und das Puppentheater 73.
R: Zahlreiche Hör- u. Fsp. f. Kinder.
S: 16 Puppensp., u.a.: Der Hohnsteiner Kasper, F. 3, Sprechpl. 67; 10 Langspielpl. m. Kasperspielen 67-75.

Arndt, Hans *

Arndt, Karin, Journalistin; BJV 71, VS 79; Heideckstr. 13, D-8000 München 19 (Hartmannsdorf/Chemn. 26.6.39). Roman, Sachbuch, Jugendbuch.
V: Jane. Ein Mädchen aus England 75; Roberto. Ein Junge aus Spanien 75; Winterzeit 78, Tb. 80, 2. Aufl. 82; Die Jagd 80.
H: Das wirklich wahre Weisheitsbüchlein. ( )

Arnold, s. Arnold, Antonia.

Arnold, Antonia (Ps. Arnold); VS Bayern 70; Gondershauserstr. 34, D-8000 München 45 (Steyr/Öst. 5.5.22). Jugendroman, Erzählung, Kurzgeschichte.

V: Junges Herz mit großen Wünschen
61; Annelis heimlicher Traum 62;
Verzauberter April 63, Tb. 78; Franziska
ist großartig 63; Stupsi und Monika 65;
Sommer in der Steiermark 65; Meiki
will nicht feige sein 66; Schuld an allem
war die sechs 68; Wilde Rosen am Elk
River 67; Tapfere Mädchen am Elk
River 67; Morgen kommt Ricki 69;
Fremder Stern in unserer Stadt 70;
Ganki im Zauberwald 71; Gankis neue
Abenteuer 71; Mikosch, der Zauberesel
72; Karolin Knöpfchen 74; Träumereien
mit vierzehn 79.

Arnold, Eva Maria; VS 58; Beselerstr.
40, D-2000 Hamburg-Othmarschen, Tel.
(040) 896796 (Greifswald). Roman, Lyrik,
Novelle.
V: Komfortzimmer zu vermieten, sat.
Zeit-R. 67, auch a. Tb. 73; Sizilianische
Heirat, 78; Ischia, Insel des Glücks. ( )

Arnold, Gottfried *

Arnold, Heinz Ludwig, freier Schriftsteller, Herausgeber d. Zs. Text u. Kritik
seit 63; Postfach 1127, Tuckermannweg
10, D-3400 Göttingen, Tel. (0551) 56153
(Essen/Ruhr 29.3.40). Essay, Kritik.
Ue: E, F.
V: Ernst Jünger, Monogr. 66; Brauchen wir noch die Literatur? Z. lit.
Situat. d. Bundesrep. 72; Das Lesebuch
der 70er Jahre 72; Kritik und Neu-
entwurf 73; Tagebuch einer Chinareise
78. — **MV:** Im Gespräch mit Heinrich
Böll 71; Gespräche mit Schriftstellern
75; Friedrich Dürrenmatt im Gespräch
mit H.L.A. 76; Als Schriftsteller leben,
Gespräche mit Peter Handke, Franz
Xaver Kroetz, Gerhard Zwerenz, Peter
Rühmkorf, Günter Grass 79.
H: Andreas Gryphius: Nacht, mehr
denn lichte Nacht. D. geistl. Lyrik 65;
Wandlung und Wiederkehr. Festschr. z.
70. Geb. Ernst Jüngers 65; Dein Leib ist
mein Gedicht. Dt. erot. Lyrik a. 5 Jahren
70; Gruppe 61. Arb.lit. - Lit. d. Arb.welt
71; Literaturbetrieb in Deutschland 71;
Deutsche über die Deutschen. Auch e.
dt. Leseb. 72; Franz Josef Degenhardt
72; Quirinus Kuhlmann: Der Kühlpsalter 73; Deutsche Literatur im Exil
1933 — 1945 74; Andreas Gryphius: Die
Lustspiele 75; Deutsche Bestseller -
Deutsche Ideologie 75; Rilke? Kleine
Hommage zum 100. Geburtstag 75; Wolf
Biermann 75; Handbuch zur deutschen
Arbeiterliteratur 77; Kritisches Lexikon
zur dtspr. Gegenwartslit. Losebl.samml.,
3 Lief. jährl. seit 78; Die Gruppe 47. Ein
kritischer Grundriß 80; Literaturbetrieb
in d. Bundesrep. Deutschland 81;

Kritisches Lexikon zur
fremdsprachigen Gegenwartsliteratur,
Losebl.samml. seit 83. — **MH:** Günter
Grass. Dok. z. polit. Wirk., m. F. J. Görtz
71; Dokumentarliteratur 73; Grundzüge
der Literatur- u. Sprachwissenschaft 73/
74; Literarisches Leben in der Bundesrepublik 74; Positionen im deutschen
Roman der sechziger Jahre 74;
Arbeiterliteratur in der Bundesrepublik
75; Autorenbücher seit 76; Positionen
des Erzählens. Analysen u. Theorien zur
dt. Gegenwartsliteratur I 76; Positionen
des Dramas. Analysen und Theorien II
77.
Ue: Nicolas Boileau: Die Dichtkunst
67.

Arnold geb. Linden, Hildegard-
Gertrud (Ps. Hiltrud Lind); Sonderpr. d.
Dt. Demokrat. Rdfks f. Kinderhsp. 65,
Pr. z. Förder. d. sozialist. Kinder- u.
Jgdlit. d. Min. f. Kultur 68 (Bonn
14.10.24). Kinderbuch, Lyrik, Reportage,
Kinderhörspiel.
V: Marianne hat einen Vogel,
Mädchenb. 55; Jussuf Silberlocke 61;
Bitte einen Regenbogen, Bilderb. 61;
Das blaublumige Büffelkind, Bilderb. 68;
Servus Aladin, Kinder-Erz. 68; Ein
Riese namens Emil, Bilderb. 69; Tüpfel
im Brunnen, Bilderb. 69; Das Lied der
Erbsenblüte, Bilderb. 69; Die Windvogel-
schule, ABC-B. 69; Polys bunte Sieben-
sachen, Bilderb. 69, 76; Kinder im
Schnee 69; Kinder in Afrika 69; Mutti,
wo bist du 69; Das Apfelsinenmännchen
72; Finchen, sei nicht bange 72; Pitt und
Paulchen 72; Ich seh etwas, was du
nicht siehst 73, alles Bilderb.; Randi 73;
Die Wundertütensuppe, Bilderb. 74;
Familie Maus 76; Die Trompetentante
u.a. Limericks v. A bis Z 77; Das Welt-
bühnchen, umweltfreundl. Limericks
von A bis Z 82.
R: Eine Regenbogengeschichte, Hsp.
65. ( )

Arnold, Johannes; Kulturpr. d. Bez.
Karl-Marx-Stadt (kollektiv) 69, 72, c/o
Militärverlag der Deutschen
Demokratischen Republik, Berlin (Ost)
(Chemnitz 17.7.28).
V: Die frommen Henker von St.
Marien, Erz. 56; Das letzte Urteil, Erz.
58; Tausend Hände, Erz. 59; Karl-Marx-
Stadt, Bildbd. 60; In erster Stunde 61
u.d.T.: Michaels Irrweg 66; Die Spiel-
männer, R. 62; Aufstand der Tot-
gesagten 69, 77; Abenteuer mit FLIP-
FLOP, Repn. 71; Das merkwürdige
Paradies, Notizen aus Sibirien 76, 2.

Aufl. 81; Hieronymus Lotter, hist. R., 5.
Aufl. 82; Solange du lebst, R. 83.
MA: Tatsachen.
MH: Geschichten ohne Ende, m. G.
Bieker, K. Steinhaußen, H. H. Wille 71.
R: Die Frau an der Acht, Hsp. 63; Ein
Mann namens Barluschke, Hsp. 66;
Wenn du einen Stern blinken siehst,
Hsp. 69; Tausend Hände, Fsp. ( )

Arnold, Karlheinz (Ps. Manfred
Lindenhayn), Dr. med., Arzt; Vereinig. d.
dt. med. Fach- u. Standespresse;
Lenbachstr. 4, D-2000 Hamburg 52, Tel.
(040) 893882 (Bonn 30.3.19). Lyrik,
Aufsätze (populärmed. u. soz.polit.
Inhalts).
V: Reigen des Jahres, G. 60; Im Kreise
des Lebens, G. 71. ( )

Arnold, Schwester Marie Gebhard,
Lehrerin; ISV 73; EBürger d. polit.
Gemeinde Gurtnellen, Kt. Uri 80;
Schulhaus, CH-6482 Gurtnellen Dorf,
Tel. (044) 65589 (Erstfeld, Kt. Uri 25.8.21).
Lyrik, Essay, Erzählung, Anekdote,
Schultheater, Weiherspiel, Aphorismen,
Skizzen, in Mundart (Urner Mundart) u.
Schriftdeutsch.
V: Äs frehlichs Jahr, Verse u. Schul-
theater in Urner Mda. 72; Und Er ward
Mensch, Gurtneller Krippenfiguren, lyr.
Meditationstexte 73; Drei Weihnachts-
stücke, Schultheater 79.
MA: Uri — blaugrüner Kristall 71;
Innerschweizer Texte — Schriftsteller
Lex.; Ursern; Schmankerl.
R: Versch. Send. im Radio in Urner
Mda. in Lyrik u. Prosa.
Lit: Bruno St. Scherer: in: Borromäer
Stimmen 73; Mariastein 23 77. ( )

Arnold, Markus, lic. theol.; Ennetweg
4, CH-6015 Beussbühl, Tel. (041) 555404
(Zürich 15.4.1953). Jugendbuch.
V: Der Rittertraum, Franz von
Assisisi — ein Leben für den Frieden,
Jgdb. 81. — **MV:** Komm sei mein
Freund, Kdb. 80, 81.

Arnold, Martha (Ps. Martha Arnold-
Zinsler), Hausfrau, frei- u. nebenberufl.
Übersetzerin f. Industriekunden;
Förderpr. im Autorenwettbew. f. Mund-
artstücke im Heimatbez. Schwaben 74;
Sauerbruchstr. 10, D-7080 Aalen/Württ.-
Unterkochen, Tel. (07361) 89807
(Augsburg 22.11.20). Erzählung, Lyrik,
Hörspiel.
V: Wenn ich's bedenk ... Lebens-
erinner. e. schwäb. Wirtin 81, 82.

R: Wenn dr Doig goht 59; Der Haus-
heilige 62; Finkestroß 82, alles schwäb.
Mda.-Hsp., Rdfk-Sdgn.
Lit: Wilh. König: in "schwädds" Nr. 2
81.

Arnold, Wolf, Ingenieur; SV-DDR 81;
Förderungsprämie d. Mitteldt. Verl.
Halle u. d. Inst. f. Lit. "Johannes R.
Becher" Leipzig 76; Oeserstr. 26, DDR-
7031 Leipzig (Leipzig 20.9.39). Erzählung,
Skizze, Roman.
V: Die mehreren Leben des Anton
Joseph, Erzn. 75, 77; Familienmesse, R.
80, 82.

Arnold, Wolfgang, Kulturredakteur;
St.S.B.; Förderungspreis d. Rosegger-
Preises 62, Stipendium d. öst. Bundes-
regier. 56; Bischofplatz 1, A-8010 Graz
(22.9.21). Lyrik, Novelle, Drama, Essay.
V: Herr, wohin sollten wir gehen ..., G.
53; Hymnen 62; Demaskierung, Erz. 64;
Um Metternichs Erbe, R. 72; Sprache,
Bindung oder Barriere 75; Wann u. wie
lügen d. Massenmedien? 77; Erzherzog
Johann 80. ( )

Arnold-Elze, Wolf, s. Grosser,
Johannes Franz Gottlieb.

Arnold-Zinsler, Martha, s. Arnold,
Martha.

Arntzen, Helmut, Dipl.-Bibliothekar,
Dr. phil., o. Prof.; P.E.N.-Zentrum d. BRD
71; Am Schloßpark 21, D-4403 Senden/
Westf., Tel. (02597) 1220 (Duisburg
10.1.31). Aphorismus, Fabel, Essay.
V: Der moderne dt. Roman 62; Kurzer
Prozeß, Aphor. u. Fabeln 66; Die ernste
Komödie. Das dt. Lustspiel von Lessing
bis Kleist 68; Satirischer Stil. Zur Satire
Robert Musils im Mann ohne Eigen-
schaften 60, 83; Literatur im Zeitalter
der Information 71; Karl Kraus und die
Presse 75; Musil-Kommentar 80, II 82;
Zur Sprache kommen, Aufs. 83. —
MV: "Der Spiegel" 28 (1972), m. W. Nol-
ting 77.
B: Fabeln, Parabeln u. Gleichnisse,
hrsg. v. R. Dithmar 70; Das große
Handbuch geflügelter Definitionen,
hrsg. v. L. Schmidt 71; Fabeln, hrsg. v.
Th. Poser 75; Deutsche Aphorismen
hrsg. v. G. Fieguth 78; Fabeln der
Neuzeit, hrsg. v. H. Lindner 78; Texte
zur Theorie der Fabeln, Parabeln und
Gleichnisse, hrsg. v. R. Dithmar 82.
H: Gegenztg. Dt. Satire d. 20. Jh. 64.
Lit: R. Dithmar: Die Fabel 71.
s. a. Kürschners GK.

Arp, Philip; Feilitzschstr. 35, D-8000 München 40.
V: Keine Auskunft von Philip Arp, Szenen, Geschn., G. u. Collagen 80. ( )

Artmann, H(ans) C(arl); Gr. Öst. Staatspr. 74, Pr. d. Stadt Wien 77, Ring d. Stadt Salzburg 81, Rauriser Bürgerpr. 81; Öst. Kunstsenat Wien, Akad. d. Künste Berlin; Schwarzgrabenweg 3, A-5010 Salzburg, Tel. (0662) 44397 (12.6.21). Lyrik, Prosa, Theater.
V: med ana schwoazzn dintn, G. 58, 68; Von denen Husaren & c., Geschichten 59, 71; Schnee auf einem heißen Brotwecken & c. 64, 71; Verbarium, G. 66; Dracula Dracula, ein transsylvan. Text 66; allerleirausch. Neue schöne Kinderreime, G. 67, 68; Fleiß und Industrie 67; tök ph'rong süleng 67; Der Landgraf zu Camprodon. Festschr. für d. Husar am Münster Hieronymus Caspar Laertes Artmann 66; ein lilienweißer brief aus lincolnshire. Gedichte aus 21 Jahren, G. 69; Frankenstein in Sussex. - Fleiß und Industrie 69, 74; persische qvatrainen 67; shâl-i-mâr. Der pers. Qvatrainen anderer Teil 67; Der knusprigen Gretel auf den Leib geschrieben 68; die fahrt zur insel nantucket. Theater 69; Mein Erbteil von Vater und Mutter. Überlieferungen u. Mythen aus Lappland 69; Die Anfangsbuchstaben der Flagge, Gesch. 70; der handkolorierte menschenfresser 68; Überall wo Hamlet hinkam 69; The best of H. C. Artmann, Ausz. 70, 75; How much, schatzi 70, erw. 73; Grünverschlossene Botschaft 72; Das im Walde verlorene Totem 72; Ompül 74; kleinere taschenkunststücke: fast eine chinoiserie 73; Der aeronautische Sindtbart oder seltsame Luftreise von Niedercalifornien nach Crain 75; Gedichte über die Liebe und über die Lasterhaftigkeit 75; Unter der Bedeckung eines Hutes 74; Die Jagd nach Dr. U. 77; Nachrichten aus Nord und Süd 78; Grammatik der Rosen (Ges. Prosa) 79; Die Sonne war ein grünes Ei, Gesch. 82; Im Schatten der Burenwurst, Gesch. 83; das prahlen des urwaldes im dschungel, G. 83. — **MV:** hosn rosn baa, G. 59, m. F. Achleitner u. G. Rühm; Christopher und Peregrin und was weiter geschah — Ein Bärenroman, m. Barbara Wehr 75.
S: med ana schwoazzn dintn 58, 59; A Blumandschdandal fia dii; auf ana schwoazzn blotn; Kinderverzahrer und andere Wiener; François Villon: baladn 64; Allerleirausch 66. - **MS:** Das

schwarze Karussel, auf: Die Mordsplatte.
Ue: D. Schlüssel d. Hl. Patrick, G. a. d. kelt. Spr. 59; Quevedo: Der abenteuerliche Buscón 63; Linné: Lappländisches Tagebuch 64; Edward Lear: Limericks 64; Jiddische Sprichwörter 65; D. Ashford: Die jungen Gäste 65; Tage Aurell: Martina, R. 65; Der Lieb zu Gefallen (C.M. Bellmans Lieder) aus dem schwed. 77.

Artur, Georg, s. Oedemann, Georg.

Aruba, Ferdinand, s. Opfermann, Hans-Carl.

von Arx, Bernhard, Dr. phil. I., Gymnasialprof., ULBeauftr.; Letzistr. 24, CH-8000 Zürich 6, Tel. (01) 3626510 (Zürich 15.3.24). Roman, Film, Hörspiel.
. **V:** Der Fall Karl Stauffer. Chronik eines Skandals, R. 69; Fremdling im eigenen Haus 80.
MA: Jahrbuch 1967; Die Schweiz heute 64, 69; Rumantscheia, romanischdeutsche Anth. 77.
F: Allerfeyerlichste Glorificatio eines hochwohllöblichen Standes Zürich.
R: Beresina 62; Noch ist Polen nicht verloren 64; Waterloo 65, a. Rdfksend. - Der Wiener Kongreß, Serie 65; 1000 J. Polen 66; Der Fall Karl Stauffer 68, a. Fsf.; Stirbt d. Rätoromanische? 71; Die Segnungen des Mäzenatentums 73; Der arme Conrad 76, a. Rdfksend.
Ue: Die Sarazenen kommen, R. 76; Flurin auf der Spur, E. 77, alles aus d. Romanischen.

von Arx, Edith Katharina (Ps. f. Katharina Drilhon-von Arx), Schriftstellerin; Schweizer Autoren Gruppe Olten; Lit.Pr. des Kantons Solothurn; Maison du Prieur, CH-1348 Romainmôtier 1349, Tel. (024) 531350 (5.4.28). Essay, Reise- u. Jugendbuch, Novelle.
V: Nehmt mich bitte mit! Eine Weltreise per Anhalter 56, 67; Nichts hat mich die Welt gekostet 58, 61, als Tb. 62, 70; Mein Luftschloß auf Erden, R. 75, erweit. Ausg. 81; Meine Inselabenteuer. Reiseerinnerungen aus der Südsee 60, 61; Ich bin gern schuld an meinem Glück, heit. Erz. 77; Engel aus der Schreibmaschine, biogr. R. 79; Tagebuch zum Luftschloß auf Erden 82; Als er noch da war, R. 83.

Asbeck, Hans Theo, Dr. jur., Übersetzer; VS Bdessparte Übersetzer 66; Painbreitenstr. 7, D-8022 Grünwald, Tel. (089) 6411957 (Düsseldorf 24.4.08). **Ue:** F, E, I, S, Port, H, D, Schw, N.

V: Das Ultimatum im modernen Völkerrecht 33.
B: In Ungarn ißt man nicht nur Gulasch 59.
Ue: J. J. Klant: Das recht seltsame und durchaus abenteuerliche Menschenleben des einstigen Kasper Jan Klaassen 58; Beatrice J. Chute: Das zaghafte Glück 59; John Buell: Mister K. verliert die Partie 60; Michael Young: Es lebe die Ungleichheit! Auf dem Wege zur Meritokratie 61; Jacques Barzun: Pathologie des Intellekts. Die mißachtete Bildung in der westl. Welt 61; Owen Lattimore: Nomaden und Kommissare, die Mongolei gestern und heute 64; Arnold J. Toynbee: Ströme und Grenzen 63; Leon W. Wells: Ein Sohn Hiobs 63; Martin Blindheim: Mittelalterliche Malereien in norwegischen Stabkirchen (Einführ. Text zu UNESCO-Tb. d. Kunst) 65; François Billetdoux: Und die Welt, Mossjöh ...?, 5 Songs 66; Luigi Candoni: Ödipus in Hiroshima 66; Mario Amendola: Die Heiratskandidaten 66; Aldo de Benedetti: Das chinesische Schränkchen 66; Guglielmo Biraghi: Gespräch einer Nacht 66; Salvatore Cappelli: Zweihunderttausendundeiner 66; Ian Fleming: 007 James Bond und sein gefährlichster Auftrag 67; H. de Meulenaere: Die dritte Zwischenzeit und das äthiopische Reich 67; Ph. H. J. Houwink ten Cate: Kleinasien zwischen Hethitern und Persern 67; Raoul Adony: Party-Spiele für Erwachsene 68; Adrian Coulter: Die Hippies. Analyse einer weltweiten Protestbewegung 69; John Neal: Die Wahrheit über Bonnie und Clyde 69; Margaret Forster: Georgy Girl. R. um eine Ehe zu dritt 70; Hans Selye: Stress, Bewältigung und Lebensgewinn 74; Luis Gustavo Acuña Luco: Copihual Poemas chilenos. Chilenische Gedichte, zweispr. 76; Dennis Milner, Edward Smart: Experiment Schöpfung. Erste empir. Erforsch. von Sinn u. Wirken paranormaler Kräfte im Spektrum des Daseins 77.

Aschenbrenner, Viktor, Dr. phil., ObRegR. a. D.; Sudetendt. Kulturpr. 76, Ehrengabe d. G. Dehio-Preises 77; Rückertstr. 6, D-6200 Wiesbaden, Tel. (06121) 85268 (Außig/Elbe 1.9.04). Essay, Erzählung, Hörspiel.
V: Du mein Sudetenland 50; Sudetenland 58, 78; Fruchtbares Erbe 74; R. M. Rilke - ein deutscher Dichter aus Böhmen, Ess. 76; Sudetendeutsche Kulturleistungen 78; Deutschböhmen in alten Ansichtskarten 81; Goethe in Böhmen, Ess. 82.
H: Sudetenland, Zs. seit 58; Sudetenland wie es lachte 79. —
MH: Heimatkalender der vertriebenen Deutschen 54 - 71.
R: Karl IV. in Prag, Hsp. 56.
Lit: Beitr. v. Leo Hans Mally in: Sudetdt. Kulturalm. VII; H. Cysarz in: Sudetenland 79/III.

Ascher, Theodor, Dr. rer. pol., Dipl.-Kfm., Wirtschaftsprüfer, Steuerberater; Wohlers Allee 12, D-2000 Hamburg 50, Tel. (040) 4300509 (Hamburg 29.7.05). Drama.
V: Der kluge Mann baut vor 60; Die Laufmasche, Sch. 63.

Ascher-Nash, Franzi, Schriftstellerin; 1. Pr. in e. Nn-Pr.ausschreiben d. lit. Mag. "The Villager" (USA) 48, 2. Pr. in e. Radio- u. Fs.-Preisausschr. f. e. G. (USA) 54, Citation of Merit "In Recognition of the Outstand. Contribution to German-Amer. Culture" 73; 40-42 Hampton Str., Elmhurst, New York 11373/USA, Tel. (212) 4261328 (Wien 28.11.10). Novellen, Kurzgeschn., Essays, Lyrik.
V: Bilderbuch aus der Fremde, Autobiogr. 48; Gedichte eines Lebens (dt. u. engl.) 76; Essays aus jüngster Zeit (1974-75) 76; Die wahre Perspektive meines Lebens, Ess. 78.
MA: zahlr. Essays zu lit. sowie musikal. Themen in Zss u. Ztgn, u.a. in: Austro-Amer. Tribune, German Quarterly, The Villager, Neue Volkszeitung (New York), Neues Österreich, Inspiré 37-78; 2 Novellen; Musikkritiken; Gedichte in: Lyrik u. Prosa (Buffalo); Lyrica Germanica (Lexington); Aufbau u.a.; Solange Ihr das Licht habt 78; Reisegepäck Sprache 79; The Album of Intern. Poets 81; Geschichte im Gedicht 82; Auslandsdt. Lit. d. Gegenw., Anth. 83.
R: 4 Hspe (New York) 39-40; Eine Wienerin sieht New York, m.a., 13 Rdfk-Sdgn 41; Madam President 13 Rdfk-Sdgn 47; The Story of the Art Song, 57 Rdfk-Sdgn 61-63.
Lit: Klaus Weissenberger üb. F. A.-N. in: Exillit. d. US-Oststaaten 83; Honor Book of the Amer. Biogr. Institute 79; Desider Stern.; Autoren jüd. Herkunft, ihre Werke in dt. Spr.; Lisa Kahn: Please Remember the Ladies 79; dieselbe: Amer. Woman Writers who write in German 79.

Aschl, Albert, städt. Archivrat i. R.; Ehrenplakette Pro Arte d. Bayer. Akad. schönen Künste 61, Goldener Ehrenring

d. Stadt Rosenheim 64, Bundes-
verdienstkreuz I. Kl. 68, Johann
Turmair-Aventinus-Medaille 68, J.A.
Schmeller-Med. 71; Klöckelstr. 12, D-
8200 Rosenheim, Obb., Tel. (08031) 88921
(Rosenheim 1.2.00). Essay, Erzählung.
  V: Das Weinhaus zum Santa, Erz. 32;
Aus der 200jährigen Geschichte des
Hauses Hoegner 55; Bayer. Land
zwischen Bergen u. Seen 56; Die Moralt,
Lebensbild einer Musikerfamilie 60;
Rund um Rosenheim 64.
  H: Quellen u. Darstellungen z. Gesch.
v. Stadt u. Landkr. Rosenheim, Schr.-R.
( )

  Asgaad, Siegfried; Goebenstr. 32, D-
3000 Hannover.
  V: Mystisch ist das Zauberlicht, G. 82.
( )

  Ashtari, Ali; Flehmannshof 9, D-4800
Bielefeld 1.
  V: Port de Soleil, R. 81. ( )

  Aŝkenazy, Ludvik, Schriftsteller,
Journalist; VS Stuttgart; Prix d'Italia,
Preis v. Cannes, Deutscher Jugendbuch-
preis (Kinderbuchpr.) 77; Piazza Erbe
45, I-39100 Bozen, Tel. (0471) 24430
(Teschen/CSSR 24.2.21). Drama, Novelle,
Film, Hörspiel, Theaterstück, Kinder-
literatur, Übers.
  V: Mehrere Werke in tschech. Spr. bis
68; Hohe Politik, Erzn. 53; Lüttepitt,
Kinderb. 61; Die Liebenden aus der
Kiste, Nn. 63; Der gestohlene Mond, M. f.
Erwachsene 64; Kinderetüden 64; Die
schwarze Schatulle 64; Dackel auf
Reisen, Kinderb. 66; Rappelkopf 66; Das
Ei, Erzn. 66; Werke in dt. Spr. ab 68;
Paul, Pauline und der gelbe Tiger,
Kinderb. 75; Dulidu, Kinder-R. I 76, II
77; Wo die Füchse Blockflöte spielen,
Kinderb. 76; Wo die goldene Schildkröte
tanzt, M. 77; Molly, die Schiffskatze 78;
Weihnachtspost für Jakob 79; Du bist
einmalig 81; Yok-Yok 81; Der Gast; Der
Staatsbräutigau; Wie ein Kater König
werden sollte, alles Bü.
  F: Drehbücher, u.a.: Der Schrei ; Dort
an der Endstation; Mein Freund Fabian;
Im Rückspiegel.
  R: Des Pudels Kern; Bisquit; Kiosk;
Galgentoni u.a. Fsp.; Kiosk; 4 x 2; Der
Schlüsselsatz; Die Häute; Die wahre
Geschichte der gutherzigen Dirne
Antonie Prussik; Passion für Angelika;
Anleitung zum Verkauf eines blauen
Wellensittiches; Anleitung zum Verkauf
eines französischen Sprachkurses; Auf
eigene Rechnung; Was es noch nicht
gab, u.a. Hsp.; zahlr. Märchen im
Kinderfk.

  Lit: Regula Schmid: Ludwig
Aŝkenazy, Studien zu seinem Prosawerk.

  Asmodi, Herbert, Schriftsteller; VS 70,
P.E.N. 71; Gerhart Hauptmann-Preis 54,
Tukan-Pr. 71; Occamstr. 3, D-8000
München 40 (Heilbronn 30.3.23). Drama,
Lyrik, Fernsehspiel.
  V: Jenseits vom Paradies, Sch. 54;
Pardon wird nicht gegeben, Kom. 56;
Tigerjagd, Kom. 58; Nachsaison, Kom.
59; Die Menschenfresser, Kom. 62;
Mohrenwäsche, Kom. 63; Stirb und
werde, Kom. 66; Räuber und Gendarm,
Kinderb. 68; Dichtung und Wahrheit
oder der Pestalozzi-Preis, Kom. 69;
Nasrin oder Die Kunst zu träumen,
Kom. 70; Die wahre Geschichte vom
wilden Leben und Sterben der Marie
von Brinvilliers, Liebende, Gift-
mischerin und Marquise, Kom. 71; Geld,
Kom. 73; Jokers Gala, G. 75; Jokers
Farewell, G. 77, beide in 1 Bd 81.
  B: Alexandre Bisson: Der Schlaf-
wagenkontrolleur, Kom. 68, ders.: Der
Abgeordnete von Bombignac, Kom. 69.
  F: (MV): Der junge Törless.
  R: Nachsaison; Mohrenwäsche; Der
Monat der fallenden Blätter; Reise-
gesellschaft; Lord Arthur Savilles
Verbrechen; Die Geschichte der 1002.
Nacht; Palace-Hotel; Die Marquise von
B.; Eine unwürdige Existenz; Wer ist
der Nächste?; Die Frau in Weiß, Der
rote Schal; Der Monddiamant; Der
Strick um den Hals; Die Affäre Lerouge;
Du Land der Liebe; Onkel Silas; Lady
Audleys Geheimnis; Der Eiserne
Gustav; Lucilla; Beate und Mareile;
Treu und Redlichkeit; Vor dem Sturm,
alles Fsp.
  Lit: Marianne Kesting: Panorama des
zeitgenössischen Theaters 70. ( )

  Asshauer, Sigrun; Andreas-Schlüter-
Weg 12, D-2085 Quickborn, Kr.
Pinneberg-Heide, Tel. (04106) 71146
(Bromberg/Westpr. 14.5.41). Kinder-
literatur.
  V: Aschenpummel 81; Die alte Eisen-
bahn 82.

  ASSIAC, s. Fraenkel, Heinrich.

  Aßmann, Harry, Pastor; Ziegelmasch
53, D-3220 Alfeld, Tel. (05181) 23544
(Moskau 12.6.13). Lyrik.
  V: Gott ist überall dabei, G. 81,
erweitert 82.

  Assum, Gertrud, Lektorin, Werbe-
leiterin; Gustav-Siegle-Str. 3, D-7000
Stuttgart-W, Tel. (0711) 631286 (Stuttgart
16.11.18). Ue: E.

Ue: Oscar Wilde: Zwei Nn. 60; Charles Dickens: The Chimes u. d. T.: Silversterglocken 60; Tausendundeine Nacht. Geschichten über die List und Tücke der Weiber 60. ( )

Astel, Arnfrid (Ps. Hans Ramus), Rundfunkredakteur, Lektor; RFFU 68, VS 70, P.E.N. 70; Kunstpr. St. Saarbrücken 80; St. Ingberter Str. 52, D-6600 Saarbrücken, Tel. (0681) 602412 (München 9.7.33). Lyrik, Kritik, Gespräch. Ue: E.
V: Notstand - 100 Epigramme, Lyrik 68, 69; Kläranlage - 100 neue Epigramme, Lyrik 70; Zwischen den Stühlen sitzt der Liberale auf seinem Sessel. Epigramme u. Arbeitsgerichtsurteile, Lyr. 74; Neues (u. altes) vom Rechtsstaat u. von mir. Alle Epigramme, Lyr. 78, 79, 80; Die Faust meines Großvaters u. andere Freiübungen, Lyr. 79; Die Amsel fliegt auf. Der Zweig winkt ihr nach, Lyr. 82.
MA: u.a.: Aussichten. Junge Lyriker d. dt. Sprachraums 66; Doppelinterpretationen 66; Das große dt. Gedichtbuch 77; Klassenlektüre 82.
H: Lyrische Hefte seit 59; Quirin Kuhlmann: Himmlische Liebes-Küsse ..., nach d. einzigen Druck v. 1671 als Sdh. d. Lyrischen H. hrsg. 60, 66; Jewgenij Jewtuschenko: 27 Gedichte (aus d. R übertr.), Sdh. d. Lyr. H. 65; Jossif Brodskij: Gedichte (aus d. R), Sdh. d. lyr. H. 66; Ho Tschi Minh: Gefängnistagebuch, 102 chines. G. (dt. Übers. nach d. engl. Version v. Aileen Palmer), Lyr. H. 31/32 68, Taschenb. 70. — MH: Briefe aus Litzmannstadt. Bericht aus d. Getto Lodz 67 (auch mitübers.) ; Über das Spiel hinaus. Freizeitträume der Zukunft (Olympiade) 73; Einzelheiten. Saarbrücker Alternativpresse seit 73.
R: Zahlr. Rundfunkgespräche m. Schriftstellern seit 67.
S: Kopf-Stein-Pflaster. Lesung auf Tonkass., Lyr. 82.
Lit: M. Buselmeier in: Krit. Lex. z. dt.spr. Gegenwartslit. 79.

von Asten, Verena (Ps. Verena von Asten-Eckart), Hausfrau; Langesthal 2, B-4700 Eupen, Tel. (087) 552116 (Ulm/D. 10.8.32). Kurzgeschichten, Reportagen, Berichte, kleine Alltagsgeschichten (Glossen).
V: Junge Reiter auf dem Wiesenhof 80, 82; Glücklicher Reitersommer 81; Geheimnis auf dem Wiesenhof 1. u. 2. Aufl. 82; Die Weserbande 81, alles Kinderbb.; Aus unserer kleinen Stadt.

Kl. Geschn. aus d. Alltag f. Erwachsene 80.

von Asten-Eckart, Verena, s. von Asten, Verena.

Astl, Jaro (Ps. Burkhard Astl Trossau), Lehrer i.R.; Graflingerstr. 15, D-8360 Deggendorf, Tel. (0991) 8415 (Prag 2.2.94). Antiroman.
V: Die Hochzeitsreise, R. 74; Germanische Tragödie? Betracht. 79. ( )

Astl Trossau, Burkhard, s. Astl, Jaro.

Astor, C., s. Löhlein, Herbert.

Astroth, Dagmar, StudR. a.D.; Liebigstr. 35, D-3000 Hannover 1, Tel. (0511) 665090 (Gadderbaum, Kr. Bielefeld 3.7.44). Lyrik.
V: Vergessensblume, G. 82.

Atabay, Cyrus; Hugo-Jacobi-Preis f. Lyr. 57, Berliner Förderungspreis f. Lit. 60, c/o Eremiten-Presse, Düsseldorf (Teheran 6.9.29). Lyrik, Prosa.
V: Einige Schatten, G. 56; An- und Abflüge, G. 58; Meditation am Webstuhl, G. 60; Gegenüber der Sonne, G. u. kleine Pr. 64; An diesem Tage lasen wir keine Zeile mehr, G. 74; Das Auftauchen an einem anderen Ort, G. 77; Die Leidenschaft der Neugierde, G. 81.
H: Ue: Gesänge vom morgen. Neue iran. Lyrik, G. 68; Doppelte Wahrheit. G. u. Pr. 69; Die Worte der Ameisen, G. u. Pr. 71. ( )

Atkinson, Robert F. *

Attendorff, Christian, c/o Schneekluth-Verl., München.
V: Ein Tag und eine Nacht, Erz. 83. ( )

Attenhofer, Elsie; Schatzackerstr. 70, CH-8303 Bassersdorf.
V: Der Flug um die goldene Mücke, erlebte Geschn. 81. ( )

Attwenger, Trude *

in der Au, Annemarie; Kg. 55, VS 62, Marburger Kreis 57, Die Kogge 74; Hörspielpreis d. Ldes NRW u. d. ostdt. Kulturrates 70, Ehrengabe zum Andreas-Gryphius-Preis 74, Ehrenzeichen des D.R.K. 74; Elisabethstr. 64, D-4150 Krefeld, Tel. (02151) 25545 (Tilsit/Ostpr. 22.10.24). Drama, Lyrik, Roman, Hörspiel.
V: Die Machtprobe, Erz. 62; Weh dem, der aus dem Rahmen fällt, Kom. 64; Die Schatten weilen länger, G. 65; Alles dreht sich um Es, R. 65; Das Glaskugelopfer, R. 68; Fallen, Hsp. 70; Für uns und andere, Hsp. 71; Windmühlenflügel, Hsp. 71; Kein Mondsilber mehr als Währung, G. 71; Bei uns in Krefeld, Kindersachb.

72; Ferien auf Juist, Kindersachb. 72;
Die Türen stehen offen, G. 75;
Ohnmächtige Macht, Kom. 76; Einmal
Traum und zurück, Erz. 79; Unruhig in
den Tag entlassen, G. 80; Die Nacht auf
dem Ölberg, N. 82; Ich heirate Großpapa,
R. 83.
    MA: Keiner kennt die Grenze 56;
Heitere Stremel von Weichsel und
Memel 59; Der leuchtende Bogen 61;
Brücken u. Zeichen 62; Spann deine
Flügel weit 63; Verlobung mit Baldrian
70, 78; Große Deutsche aus Ostpreußen
70, alles Anth.; Gedanken-Striche 77;
Alle Mütter dieser Welt 78; Niederrhein
Autoren 80; Typisch ostpreußisch 81;
Das Rassepferd 82; Und das Leuchten
blieb 82; Begegnungen u. Erkundungen
82 u.a.
    R: Tilsit, Hb. 63; Sturm über der Elch-
niederung, Hb. 63; Die Advents-
mütterchen, Erz. 65.

    in der Au, Dietlind, Diplombibliothe-
karin; Krefelder Autorinnen-Club 75,
Kg. 76, Marburger Kreis 79;
Elisabethstr. 64, D-4150 Krefeld u.
Schleifweg 5, D-3400 Göttingen, Tel.
(0551) 95068 (Aldekerk/Kr. Geldern
31.10.55). Lyrik, Kurzprosa, Aphorismus.
    V: Spatzenlachen, Lyrik 77;
Vorurteile, Erzn. 80. – **MV:** Unter dem
Himmel der Treue, im Garten der
Hoffnung 79.
    MA: Gedanken-Striche 77;
Schuldschein bis morgen 78; Begeg-
nungen u. Erkundungen 82 u.a.

    Aub, Walter, Dr.med., Augenarzt;
Schönfeldstr. 28, D-800 München 22, Tel.
(089) 285776 (Pfeffenhausen 18.8.22).
Philosophie, Novelle.
    V: Die dialektische Entwicklung des
Bewußtseins 82; Die eingefrorene
Gesellschaft, Erzn. u. Collagen 82.

    Auberger, Georg, s. Bergauer, Conrad.

    Audretsch, Elmar, Berufsschullehrer;
VS seit 81; Hirschauer Str. 43, D-7400
Tübingen, Tel. (07071) 49791 (Einbeck
15.5.50). Drama, Lyrik, Roman, Novelle,
Essay.
    V: Abenteuer im sozialist. Gremium,
Lyr. u. Prosa 80.

    Aue, Walter, freier Schriftsteller,
Mitarbeiter versch. Rdfk-Anst.;
Förderpreis f. Dicht. vom Ld. NRW 64,
Preis f. Dicht. vom Mykonos 65, Price of
Spezial Press USA 67, Villa Massimo-Pr.
68/69, Berlin-Stip. 70/71, Arbeitsstip. v.
NRW 72; Rheinstr. 47, D-1000 Berlin41
(Schönbach/ČSSR 8.7.30). Roman,
Hörspiel, Anthologie, Prosa.

    V: Worte die Worte die Bilder, G. 63;
Einbrüche, G. 64; Cocon, G. 64; Der Tod
des Gregori Rasputin, G. 65; Chronik
des Balilei, G. 65; Michelangelo oder die
Art des Fleisches, Textmontage 65;
Galaxis, G. 65, 67; Berliner Romanze, Pr.
66; Memorandum. Gedichte von Berlin
66; Image, Pr. 67; New York new York;
Marilyn oder der Astronaut, Pr. 69;
Blaiberg oh Blaiberg, Pr. 70; Rom z. B.,
Pr. 72; Lecki oder der Krieg ist härter
geworden 73; Monte Isola, Pr. 76;
Metaphysik der Orte, Pr. 78.
    H: Jahrbuch, Anth. 66, 67; Berlin
Report 69; Science and Fiction 71;
Projecte, Concepte & Actionen 71; Typos
I, II 72.
    R: Die Frau und anderes 70; Tate &
Tate 71; Das Schweigen des Ezra Pound
73; Olof. Das Hakenkreuz 74; Alltag im
Paradies 75; Transsibirienexpress 75;
Grün in Kyoto I. u. II. T. 75; Die
Testpuppenfamilie 75; Andorra – ein
Klassenspiel 75; Die Berührung des
roten Planeten 76; Kleist. Ein
Radiopanorama 76; Die Vernichtung der
Dörfer 76; Dachauer Moos 76;
Italienische Reise 76; Rund um den
Kilimandscharo 76; Der Attentäter 76/
77; Im Land der Massai 77; Der Tod von
Rousseau 77; Artaud: Die Tarahumaras
77; Kleistbriefe 77; Die gefiederte
Schlange 77; In Erwartung der Bilder
77; Befragung der Väter 77/78; Das
gezeichnete Ich 78; Im Licht des
Augenblicks 78; Televisionsfrieden 78;
Zu den tibetischen Klöstern von Ladakh
78; Nepal: Ein Königreich der
Sehnsucht 78; Die verdrossenen Blicke
der Indianer 78; Mythen & Legenden 78;
Thaipusam: Das Fest des Leidens 79;
Bali: Museum des Lächelns 79; Montauk
79; Durchquerung eines Kontinents 79;
Cannery Row: Die Strasse der
Ölsardinen 79; Big Sur: Begegnung mit
Henry Miller 79; Übungen im Denken
79/80, alles Hsp. ( )

    Auer, Annemarie (Ps. f. Annemarie
Zak); P.E.N.-Zentrum DDR 72; F.-C.-
Weiskopf-Pr. 68, Heinrich Mann-Pr. 76;
Kiefholzstr. 258, DDR-1195
Berlin-Baumschulenweg (Neumünster/
Holst. 10.6.13).
    V: Die Landschaft der Dichter 58;
Ludwig Renn - ein ungewöhnliches
Leben, Kinderb. 64; Standorte - Erkun-
dungen 68; Erleben, erfahren, schreiben
77. – **MV:** Nachw. zu E. Canetti: Die
Blendung 69.
    Lit: Liebes- u. andere Erklärungen –
Schriftsteller über Schriftsteller 72.

Auer, Margaret, StudAss.; Keplerstr. 9,
D-8000 München 80, Tel. (089) 4704838
(Wien 14.3.11). **Ue:** E.

MV: Erklär mir das Meer 73; Erklär
mir die Erde 73; Erklär mir die Tiere 74,
alles Kinderlexika.

Ue: Rachel Carson: The edge of the
sea u.d.T: Am Saum der Gezeiten 57;
Lois Chrisler: Arctic Wild u. d. T.: Wir
heulten mit den Wölfen 60; Rachel
Carson: Silent Spring u. d. T.: Der
stumme Frühling 63; J. Huxley:
Evolutionary Humanism 64; Kai Curry
Lindahl: Europe a Natural History u. d.
T.: Europa 65; Stafford Clark: Psychiatry
To-day u.d.T.: Psyche 67; Peoples of the
world u.d.T.: Bild der Völker III u. V 74;
Anthony Huxley: Plant and Planet
u.d.T.: Das phantastische Leben der
Pflanzen 77; Dougal Dixon: After Man
u.d.T.: Die Welt nach uns 82.

Auerbach, Walter, s. Coryllis, Peter.

Auffarth, Susanne; Gedok, FDA 82; 1.
Preis für die Gedok-Weihnachtsgesch.
75, 3. Pr. Herta-Bläschke-Gedächtnis-
Stift. f. Lyr. 83, D-3111 Groß Malchau,
Post Stoetze, Tel. (05872) 421 (Gr.
Malchau, Kr. Uelzen 8.9.20). Drama,
Lyrik, Erzählung, Märchen.

V: Gedichte 60; Acht Märchen 61;
Haus aus Jade, G. 62; Parallelen, G. 70;
Erinnerung und Traum, Prosa 77;
Olympias, Drama 79; Spiegelungen, G.
mit Aquarellen 80; Chronik von Gr.
Malchau 82; Ich spreche zu Dir in
meiner Sprache, G. 83.

MA: Jb. dt. Dichter 79, G.; Lyrik und
Prosa vom Hohen Ufer 79; Einkreisung
83; Gauke Jb. 83.

von Aufsess, Hans Max, Gen.Dir. d.
Herzogl. Sachsen Coburg u. Gothaschen
Hauptverwaltg., D-8551 Schloß
Oberaufsess, Post Aufsess üb.
Forchheim Obfr. (Berchtesgaden 4.8.06).
Essay.

V: Bilderbogen der Britischen Kanal-
inseln, Ess. 42; ... hier röhrt sich was, G.
62; Drei kleine Begegnungen, Nn. 62; In
Franken fangen sich die Winde, Ess. 63;
Die Fränkische Schweiz, Ess. 63; Don
Quijote in Franken, Ess. 63; Nürnberg
schaut nicht mehr durch Butzen-
scheiben, Ess. 63; Ulrich von Hutten,
Ess. 65; Fränkische Impressionen 66;
Eine Fränkin gewinnt Weimar. Eine
kurzweilige Geschichte, Gesch. 67;
Nürnberg 67; Die Wendeltreppe, Ess. 68;
Willibald Pirkheimer. Feldobrist u.
Humanist, ein Leben an d. Wende z.
Neuzeit 69; Die Vielfalt Frankens, Ess.
71; Mainfranken in Farben und

Konturen 70; Liebesbeichte der vielbe-
schlagenen Witwe Hirsch 72; Briefe aus
der Pilgerstube 74; Frankens offene
Türen, Ess. 77. — **MV:** Erlangen, m. U.
Kerth 66; Franken in Farben, m. R. Löbl
72.

H: Burgen 76.

Augstein, Rudolf (Ps. Moritz Pfeil,
Jens Daniel), Journalist; P.E.N.-Zentr.
Bdesrep. Dtld 65; Brandstwiete 19, D-
2000 Hamburg 11, Tel. (040) 30071
(Hannover 5.11.23).

V: Deutschland ein Rheinbund 53;
Opposition heute; Spiegelungen,
Konrad Adenauer 64; So stell ich mir
die Christen vor 65; Meinungen zu
Deutschland 67; Preußens Friedrich und
die Deutschen 68, 71, erweit. Neuaufl. 81;
Jesus — Menschensohn 72, 74; Über-
lebensgroß Herr Strauß 80.

H: Der Spiegel seit 47.

Augustin, Anny, Autorin; Gärtnerweg
25, D-8939 Bad Wörishofen, Tel. (08247)
4135 (Frankfurt a.M. 31.5.12). Zeit-,
Lebensromane.

V: Jahre, die dazwischen liegen, Zeitr.
80; Chefallüren 81; Herz am Spieß 81;
Hörigkeit der Liebe 81.

Augustin, Elisabeth, Schriftstellerin;
Vereenig. van Letterkundigen, P.E.N.,
Die Kogge 60, RSG, Plesse-
Autorenkreis; Georg Mackensen-Preis
77, Adolf Georg Bartels-Ehrung 81;
Oosterpark 82A, NL-1092 AV
Amsterdam/Niederl. (Berlin 13.6.03).
Romane, Erzählungen, Hörspiele,
Gedichte, Rezens. dt. Lit. **Ue:** Ndl.

V: De uitgestootene, R. 35; Volk
zonder jeugd, R. 35; Moord en doodslag
in Wolhynië, R. 36, 78; Mirjam, R. 38;
Labyrint, R. 55, 82; Das unvollendete
Leben des Malcolm X, Ballade 70 (holl.
69, 73); Verloren tijd inhalen, G. 79; Hed
had erger kunnen zijn, Erz. 79;
Verheissung des Aufschubs, G. 81; Der
Garten, Erz. 82.

MA: u.a. Quer, Prosa heute 75, RSG-
Anth. Nr. 3, 79; Ja, mein Engel 81; Jakob
und der Andere 82.

R: Het ultimatum, Hsp. 71; De
improvisator, Hsp. 80; Der
Improvisationsredner, Hsp. 83; Kaddish
voor Schwartz, Hsp. 84.

Lit: Amsterdamer Beitr. zur neueren
Germanistik Bd. 6 77; The Elisabeth
Augustin Reader 78.

Augustin, Ernst, Dr. med., FA. f.
Neurologie u. Psychiatrie; Hermann
Hesse-Preis 62; Herzog-Heinrich-Str. 10,

D-8000 München (Hirschberg,
Riesengeb. 31.10.27). Roman.
  V: Der Kopf 62; Das Badehaus 63;
Mamma 70; Raumlicht 76, Tb. 81;
Eastend, R. 82. ( )
  Augustin, Michael, c/o Atelier im
Bauernhaus, Fischerhude.
  V: Das Quieken im Schuh, Epigr., G.,
Kurzprosa 82. ( )
  von Aukamp, Peter, s. Kuhlemann,
Peter.

  Aulich, Bruno, Musikwissenschaftler;
Schwabinger Kunstpr. 74; Ernst-Krebs-
Str. 18, D-8035 Gauting, Tel. (089)
8501187 (Duisburg am Rhein 19.5.02).
Musik.
  V: Alte Musik für Hausmusikanten 57,
68, 3. verb. Aufl. u. d. T.: Alte Musik für
Liebhaber 81; Mondscheinsonate,
Katzenfuge und andere merkwürdige
Titel und Geschichten über berühmte
Musikwerke 66; Orpheus und
Euryanthe, Musikeranekdn. 66; Sie alle
liebten die Musik, 9 Porträts von Musik-
liebhabern aus 4 Jahrhunderten 74. —
  MV: Ernst Heimeran: Das stillvergnügte
Streichquartett 36, 82 (auch holl., engl.,
jap.). ( )
  Aulmann, Elke; Alicenstr. 8, D-6100
Darmstadt.
  V: Körner eines gipsblinden Huhnes
81. ( )
  Aumüller, Peter, Verwalt.ob.amtmann
a. D.; Verb. fränk. Schriftst. Würzburg
64; 3. Lyrik-Preis d. Karlsruher Boten
64; Karlsruher Bote 63/64, Coll.
Nürnberger Mundartdichter 65;
Happurger Str. 42, D-8500 Nürnberg 30,
Tel. (0911) 501388 (Nürnberg 4.5.09).
Lyrik, Erzählung, Kurzgeschichte.
  V: Was macht die Stadt mit ihrem
Geld 55; Jahreskreis, G. 60; Mit Pengerz-
wasser taaft, G. 68; Nürnberger
Anekdoten 71; Neue Nürnberger
Anekdoten 72; Das heitere Jahr 78.
  MA: Auf gut Nürnbergisch 51, 71;
Lachende Noris; Trudlmadam; Ich
brenne im Feuer der Liebe; Unser Herz
kennt tausend Lieder; Nürnberger
Luginsland; Ohne Denkmalschutz; Dt.
Bildwerke im dt. Gedicht 75; Monolog
für morgen 78; Der große Hunger heißt
Liebe 81; Weil mar a wer sen 82; Komm,
heilige Melancholie 83.

  Ausländer geb. Scherzer, Rosalie
(Rose), Schriftstellerin; P.E.N. 68, VS
Stuttg. 69, VS Rheinld-Pf. 72, Gedok Gr.
Köln 70, Soc. f. Germ.-Amer. Stud.
Cleveld/Ohio 69; Ehrenpr. Wagner Coll.
Staten Island/N.Y. 57, Ehrenpr. v. d.

Stadt Meersburg 65, Silberner Heine-
Taler 66, Droste-Pr. f. Dichterinnen 67,
Ida-Dehmel-Pr., Freiburg 77, Andreas-
Gryphius-Pr. Esslingen 77, Ehrengabe v.
Kulturkreis d. Bdesverb. d. Dt. Ind. BDJ
78; EM Bodensee-Club 72, EM VS
Rheinld-Westf. 72, Mitgl. Dt. Akad. f.
Spr. u. Dicht. 78; Nelly-Sachs-Str. 5, D-
4000 Düsseldorf 30, Tel. (0211) 432435
(Czernowitz/Bukowina, Öst. 11.5.07).
Lyrik, Essay, Prosa. **Ue:** E, Jidd.
  V: Der Regenbogen, G. 39; Blinder
Sommer, G. 65; 36 Gerechte, G. 67;
Inventar, G. 72; Ohne Visum, G. u. Pr. 74;
Andere Zeichen, G. 75; 36 Gerechte, G. 2.
Aufl. 75; Gesammelte Gedichte u.
Sprechplatte, G. u. Pr. 76, 3. Aufl; Noch
ist Raum, G. 76; Es ist alles anders, G.
77; Selected Poems, G. 77; Doppelspiel,
G. 3. Auf. 77; Mutterland, G. 78; Es bleibt
noch viel zu sagen, G. 2 Sprechplatten
78; Ein Stück weiter, G. 79; Einen
Drachen reiten, G. 80; Einverständnis,
G. 80; Im Atemhaus wohnen, G. 81; Mein
Atem heißt jetzt, G. 81; Nacht, G. 81;
Mein Venedig versinkt nicht, G 82;
Südlich wartet ein wärmeres Land, G.
82.
  MA: Keine Zeit für Liebe, Lyrik 58;
Lyrik aus dieser Zeit, G. 68/69; Blick auf
Rom, G. 69; Deutsche-Amerikanische
Lyrik 70; Tür an Tür, G. 70/71; PEN-
Anthologie, G. 71; Motive, Ess. 71/72;
Satzbau, Pr. u. Lyrik 72; Geständnisse.
Heine im Bewußtsein heutiger Autoren,
Ess. 72; Dt. Gedichte seit 1960, G. 72;
Jahresring 72/73, Pr. 72; Düsseldorf
schreibt - 44 Autorenporträts, G. 73;
Engel der Geschichte 19/20, G. 73;
Sassafras 11, G. 74; Jahresring 74/75, G.
74; Sie schreiben zwischen Goch u.
Bonn, G. 75; Neue Expeditionen - Dt.
Lyrik - von 1960 — 1975, G. 75;
Internation. Jahrbuch f. literatur-
ensemble 7, G. 76; Jahrbuch 1, G. 76;
New Poetry London, G. (engl.) 76;
Jahresring 76/77, G. 76.
  S: Konfrontation, Lyrik u. Jazz 72.
  Lit: Einführung in das lyrische Werk
von Rose Ausländer Ess. (German-
American Studies); Barbara Bondy:
Erfahrungen 67; P. Jokostra: Raum aus
Rauch 67; F. N. Mennemeier: Neues
Rhld 73, 76; Lore Schaumann:
Düsseldorf schreibt - 44 Autoren-
portraits 73; M. L. Kaschnitz: Die
Dichterin R. A. 74; Karl Krolow: Paul
Celans Grab 75; Günter Lanser:
"Düsseldorf" 75; Jery Glenn: Books
Abroad 76; Jacob Erhardt: Dt.-Amer. Lit.
76; Heinz Politzer: Gesänge d. Fremd-
lingin 76; Viele weitere Essays. u. Art.

üb. R. A. 57 - 80 u. a. von J. P. Wallmann,
L. Schaumann, B. Bondy, H. Bender in:
Lit. u. Kritik, Jahresring u.s.w. ( )

Aust, B. A., s. Aust, Benno Alfred.

Aust, Benno Alfred (Ps. B. A. Aust);
VS, DU, GDBA; Lyrikpreis d. Süd-
Verlages 47, Verd.kr. a.Bde 77; Alam. dos
Aicás 265, Casa 1 (Indianopolis), São
Paulo/Brasilien (Crummöls/Schles.
7.7.97). Lyrik, Drama, Essay, Hörspiel.

V: Maschine, G. 23; "15" Gedichte 26;
Ein Wunder ..., Oper 29; Das verlorene
Paradies, Oper 35; Die Ausgewiesenen,
G. 50; Wert und Kunst des Übersetzens,
Ess. 55; Brasilianisches Tagebuch, G. 61;
Deutschsprachige Autoren im brasi-
lianischen Spielplan, Staden-Jb. IX —
XVIII; Die fliehenden Tage der Zeiten,
G. 80.

MA: Gedichte u. Kulturpolit. Artikel
in: Die Gegenwart, Humboldt, Inter-
cambio, Dt. Nachrichten (S. Paulo),
Brasil-Almanach, Mitt. "studio-59".

H: Deutsche Dichtung in Brasilien F 1
— 7.

R: Musikalisches Bilderbuch einer
Großstadt; Musikalisches Quodlibet.

Avenarius, Elisabeth, Lehrerin;
Hauptstr. 51, D-4520 Melle/
Wiehengeb. 8, Tel. (05428) 368 (Melle
1930). Roman. **Ue:** E.

V: T'olbilha. Eine blinde Indianerin
rettet ihr Dorf, R. 81, 2.Aufl. 82.

Axmann-Rezzori, Hanna, Malerin,
Schriftstellerin; Sigi Sommer Literatur-
preis 82; Place de l'Eglise, F-45360 St.
Firmin sur Loire, Tel. (038) 314449
(Bochum 14.7.27). Roman.

V: Keine Zeit für Engel, R. 82.

Axt, Maria, s. Nottke-Axt, Maria.

Axt, Renate, Schriftstellerin; DJV 55,
J.V. Hessen 59, VS Hessen 72; Kiesstr.
94, D-6100 Darmstadt, Tel. (06151) 47897
(Darmstadt 9.8.34). Drama, Lyrik, Hörspiel.

V: 365 Tage, G. 72; Panderma 69; Ohne
Angst 81.

MA: Lob der Provinz, Anth. 67.

R: Wir sind noch einmal davon ge-
kommen, Hsp.; Domenica, Hsp.;
Manitou, Dr. 74; Kaspar, paß auf, Dr. 78;
Jeder in seiner Nacht, Dr. 80.

Lit: Karl Krolow: Nachwort im Lyrik-
Band "365 Tage".

Ayck, Thomas, Redakteur b. Rdfk; VS
seit 72, Kogge 79; Baurs Weg 8, D-2000
Hamburg 55, Tel. (040) 868177 (Hamburg
17.9.39). Lyrik, Roman, Essay. **Ue:** Am.

V: Mark Twain, Ess. 74, 2.Aufl. 78;
Jack London, Ess. 76, 3.Aufl. 81; Carl
Zuckmayer, Ess. 77, 3.Aufl. 82; ... gegen
die US-Gesellschaft. Gespräche mit
Henry Miller u. James Baldwin 77; Luft-
sprünge, Kurzroman 80; Karp Nach-
kriegskind, Kurzroman 80; Suche nach
Brecht, Erzn. 81. — **MV:** Kinderlos aus
Verantwortung, m. I. Stolten 78.

R: Fs.-Features, Porträts üb.: Peter
Weiss, Ingmar Bergmann, Halldor
Laxness, James Baldwin, Alberto
Moravia, Siegfried Lenz, Peter
Rühmkorf, Horst Janssen u.a.; Fs.-Filme
üb. die Kunst d. Brückenbaus; desgl.
über Clowns.

Ue: Mark Twain. "1601" 76.

Ayren, Armin (Ps. Hermann Schiefer),
Dr., StudDir.; VS 70; Georg Mackensen-
Preis f. d. beste dt. Kurzgeschichte 67;
Oberweschnegg 28, D-7821
Höchenschwand, Tel. (07755) 8897
(Friedrichshafen 7.3.34). Lyrik, Roman,
Erzählung, Essay, Literaturkritik. **Ue:** F.

V: Wer abschreibt, kriegt ne 5!,
humorist. sat. Sachb. 67; Der
Brandstifter und andere Abweichungen,
Erz. 68; Die Kunst, Lehrer zu ärgern,
humor. sat. Sachb. 69; Der Mann im
Kamin, R. 80; Buhl oder der Konjunktiv,
R. 82.

MA: Festschr. für Alexander Lernet-
Holenia 67; Hommage à Maurice
Marache, Gedenkschr. 72; Festschr. für
Friedrich Beißner 74; Kunst am See I:
Julius Herburger 80; Frankfurter
Anthologie 4-7 80-83; Versuch, Walter
Münch hochleben zu lassen 81; Otto
Valentien, Festschr. 82; Literatur am
See 82; Auf Live und Tod 83.

B

Baacon, Douglas, s. Wallisfurth, Rainer Maria.

Baade geb. Bohlmann, Hanni (Ps. Hanni Bohlmann); Königstr. 98, D-2400 Lübeck 1 (Altona/Elbe 1.9.93). Lyrik, Roman, Novelle.
V: American Cocktail-Party u. a. Gesch. 68. ( )

Baak, Siegfried *

Baake, Franz, Schriftsteller u. Regisseur; VS; Bundesfilmprämien 62, 63, 66, 67, 69, Heinrich-von-Kleist-Preis 65, Silberner Bär der XII. Intern. Filmfestspiele Berlin; Bamberger Str. 18/I, D-1000 Berlin30, Tel. (030) 2115988 (Chemnitz/Erzgeb. 31.12.31). Lyrik, Essay, Film.
V: Lyrik/Essays 66; Engagierte Lyrik 75; Christusgedichte 77; zahlr. Drehbücher..
F: Schlacht um Berlin; Kaiser — Bürger und Genossen; zahlr. Kurzfilme..
R: Ca. 60 Fsf., u.a.: Europäische Tragödie; Schwarz-Weiss-Rot; Auftrag Europa; Grenzstein der Zeit. ( )

Baas, Balduin, Schauspieler, Maler; Brahmsallee 37, D-2000 Hamburg 13 (Danzig 9.6.22).
V: "40", Autobiogr. 64.
R: Seid frech zueinander, Rdfk-Sdg. seit 69; Das blaue Auge; Die weiße Taube od. wie man Fotomodell wird, beides Musicals; Valeska auf Kampen, Ber.

Babiy, Peter, Dr. phil., Entomologe; Podium 70, Josef August Lux-Literaturkreis; Aignerstr. 9, A-5020 Salzburg, Tel. (0662) 207467 (Mödling 25.7.94). Drama, Lyrik, Roman.
V: Der Traum, Dr. 78.
MA: Lyr. in Anth.

Babler, Otto F., Bibliothekar i. R.; Verb. tschechosl. Schriftsteller, Übersetzerring; Bedřich-Václavek-Preis 49, Lit.pr. d. tschechosl. S.V. Prag 67, Kulturpr. d. Stadt Olmütz 69; u Olomouce, CS-783 51 Kopeček (Zenica/ Bosnien 26.1.01). **Ue:** Tsch, Slow, R, P, Serbokroat, Slowen, F, I, E.
S: Weihnachten 65.
Ue: A. Achmatowa: Am Seegestade 26; E. A. Poe: Der Rabe 31; Kreis der Tiere,

Anth. 45; Josef Capek: Geschichten vom Hündchen und vom Kätzchen 58, 82; Oldřich Menhart: Abendgespräche 58, František Hrubin: Die schönsten Märchen 59, 72; Jan Parandowski: Drei Tierkreiszeichen 61; Jaroslav Seifert: Mozart in Prag 70; Antonín Bartušek: Abwesende Meere 71; František Langer: Rhapsodie in Bronze 77.

Babnigg-Jenkner, Helmtraut, Dipl.-Ing., Arch.; Pr. d. Hans Staden-Inst. f. Deutsch-Brasil. Zusammenarb. São Paulo 66; Rua Ruy Barbosa 386, 95 150 Nova Petrópolis, RGS/Bras., Tel. 6 (Alt-Bielitz, Schlesien 26.2.11). Berichte.
V: Das Mädchen vor Rio Negro, Jgdb. 72, 73; Kaffeeblüten und Klapper-schlangen, Ber. a. d. Westbrasil. Urwald 75, 76; Orchideen und Kolibris, Neues aus dem Urwaldhospital 78; Zum Karneval ins Teufelsdreieck, Eine Kreuzfahrt in die Karibik 79.
MA: Mehrere Ztgs-Ser. üb. Brasilien.

Bach, Barbi, s. Pusch, Edith.

Bach, Engelbert, Polstermeister; Kulturpreis d. Stadt Kitzingen 79; Würzburger Str. 26, D-8710 Kitzingen a.M., Tel. (09321) 4485 (Kitzingen 7.4.29). Lyrik, Erzählung.
V: Plaudereien aus Franken 59; Fränkische Weihnacht 63; Es bleibt kee Bee unterm Tisch 70; Schieß-buednbluma 71; Lieber gsund u. reich 76; Zwölf Kilometer auf Bethlehem (m. Tonbdcass.) 78; Gemischt- u. Kurzwaren 80; Schtarn, Schtroh und Schtall 82 (beide m. Tonbdcass.), alles G. u. Erz. in Mda. — **MV:** Fränkische Dichterhss.; Texte aus Franken; Ohne Denkmalschutz; Die Fränkische Kette.
R: Kitzingen, wo liegt denn das?, Hb. 69; Kein Ruß üb. Schweinfurt, Hb. 70; Wappentier m. verzuckerten Hörnern, Hb. 74; Trink Dich gesund in Bad Königshofen, Hb. 77.
S: Fränkische Mundart 69.

Bach, Erle, s. Strehblow, Barbara.

Bach, Frank O., s. Heyda, Ernst.

Bach, Hans, c/o Verl. Das Neue Berlin, Berlin (Ost).
V: Silvesterglocken für den Tod 82; Sternenjäger, phantast. Erzn. 82. ( )

Bach, Michaela, s. Lentz, Mischa (Michaela).

Bach, Ulrich, D.theol.h.c., Pastor; Im Hensberg 4, D-5802 Wetter-Volmarstein, Tel. (02335) 639214 (Solingen 26.5.31). Lyrik, Kurzprosa.
V: Gott u. seine Theologen 71; Volmarsteiner Rasiertexte. Notizen e. Rollstuhlfahrers, Lyr. u. Kurzprosa 79, 2.Aufl. 81; Boden unter den Füßen hat keiner 80; Millimeter-Geschichten, Lyr. u. Kurzprosa 81; Kraft in leeren Händen. Die Bibel als Kurs-Buch 83.
MA: K.-J. Kluge u. L. Sparty: Sollen, können, dürfen Behinderte heiraten? 77; Th. Schober: Gesellschaft als Wirkungsfeld d. Diakonie 81.

Bachem, Bele; Jakob-Klar-Str. 12, D-8000 München 40.
V: Eine übliche kleine Bosheit 80; Adele lebt unstet, Erz. m. Zeichn. 82. ( )

Bachér verh. Erben, Ingrid; VS 71, P.E.N. 82; Rom-Stipendium Villa Massimo 60, Förderpreis d. Stadt Düsseldorf 61, Berlin-Stipendium d. Kulturkreises d. Dt. Industrie 64, Märk. Stip. 82; Niederrheinstr. 235, D-4000 Düsseldorf 30, Tel. (0211) 453587 (Rostock 24.9.30). Roman, Novelle, Hörspiel, Fernsehspiel.
V: Lasse Lar oder die Kinderinsel, Erz. 58; Schöner Vogel Quetzal, R. 59; Karibische Fahrt 61; Ich und Ich, R. 64; Das Kinderhaus, Kinderb. 65; Ein Weihnachtsabend; Der Besuch, beides Bühnenst.; Erzähl mir nichts, Jgdb. 74; Gespenster sieht man nicht, Kinderb. 75; Das war doch immer so, Jgdb. 76; Morgen werde ich fliegen, Kinderb. 79; Unterwegs zum Beginn, Erz. 79; Das Paar, R. 80; Woldsen oder Es wird keine Ruhe geben, R. 82.
R: Das Karussell des Einhorns; Marie Celeste; Um fünf, die Stunde des Klavierspielers; Die Ausgrabung; Ein Tag Rückkehr 68; Ein Schiff aus Papier 77, alles Hsp.; Das Fest der Niederlage, Fkerz. 67; Die Straße 62; Tiger - Tiger 63; Mein Kapitän ist tot 68; Siesta 70; Rekonstruktion 72; Verletzung oder Unterweisung für eine Tochter 71, alles Fsp.

Bacher, Manfred, Lehrer; Rübezahlweg 5, D-8201 Haidholzen, Tel. (08036) 523 (Wasserburg am Inn 24.1.23). Belletristik.
V: Immer bin ichs gewesen, Lausbubengesch. 68, 70; Die wilden Westler von Santa Muh, Westernpar. 69; Lehrer sein dagegen sehr, Kurzgesch. 70; Der Luk u.

ich, Kurzgeschn.; Nasen in den Wind; Aufwind; LH/Flug 600; Jugendstrafe von unbestimmter Dauer; Das schiefe Glas von Pisa, alles Jugend-Sachb.; Die Reise ins große Abenteuer 78; Herr Salabim ist in der Stadt 80, beides Kinderb.; Die Flurbereinigung; Das Karussell, beides Volkstheater-St.

Bachér, Peter, Chefredakteur; Kaiser-Wilhelm-Str. 6, D-2000 Hamburg36, Tel. (040) 3472600 (Rostock 4.5.27).
V: Laß' uns wieder von der Liebe reden 78; Trotz allem glücklich sein. Wofür zu leben lohnt 82.

Bacher, Wolfram, Dr. phil., ObStudR. i.P.; Marienhölzungsweg 20, D-2390 Flensburg (Graz 27.10.13). Hörspiel.
Ue: E, I, R.
R: Die fremde Stadt, Hsp. 52.
Ue: Giovannino Guareschi: Lo Zibaldino u. La scoperta di Milano u. d. T.: Enthüllungen eines Familienvaters 52; Tolstoj: Kreutzersonate 54; Turgenjew: Ein König Lear der Steppe 55; E. G. Bulwer: Die letzten Tage von Pompeji 55; Sowjetunion (a. d. Russ., unt. Heranzieh. d. ital. Ausg.) 70 II. ( )

Bachler, Karl, Dr.; VS; Wachmannstr. 33, D-2800 Bremen (Chemnitz 28.5.05). Drama, Novelle, Essay.
V: Der Pritschmeister Ferber, Ess. 29; August Strindberg, St. 31; Stadt aus dem Sumpf, Sch. 43; Das englische Drama 47, 48; Von Teufels Gnaden, Kom. 50; Die Fliegen des Herrn Barry, Kom. 51; Gemalte Theatervorhänge 71; Die Serigraphie 77; Und immer ist der Himmel offen: Barockfahrten 81. —
MV: Ehe, Familie, Heimat 54; Bruckmann's Hdb. d. modernen Druckgraphik 73.

Bachler-Rix, Margit, Konsulentin d. ObÖst. Ldesreg. f. Kunstpflege, Journalistin, Schriftstellerin; Österr. Autorenverb. V.G.S. 71; Gold. Verd.Zeichen d. Rep. Österreich 78; Podium 70, Klub Österr. Lit. Freunde u. Autoren 78; Josef-Stern-Allee 101, A-5360 St. Wolfgang i. Salzkammergut, Tel. (06138) 2323 (Hamburg 1.8.19). Lyrik, Essay, Hörspiel, Unterhaltung, Kinderbuch.
V: Die klingende Stadt, Unterhaltung 77; Bethalie u. d. lustigen Kinder von St. Wolfgang, Kinderb. 76; Am Wolfgangsee, Lyrikmappe 75.
MA: Erdachtes — Geschautes 75; Das immergrüne Ordensband 79; Der

Mensch spricht mit Gott 82; Lyrische Texte 82, alles Anth.
R: Kinder- u. Jugendhsp.; Beiträge f. d. Frauenfunk (Salzburg u. Linz).

Bachmann, Guido, Musiker; Gruppe Olten 71; Lit. Pr. Kt. Bern 71, Werkjahr Pro Helvetia 76, Buchpr. Stadt Bern 79, Lit. Kredit Basel 83; Gotthelfstr. 28, CH-4054 Basel, Tel. (061) 386780 (Luzern 28.1.40). Drama, Roman.
V: David und Jonathan, Kom 72; Die Klarinette, 10 Sz. 73; Das Messopfer, Kom 74; Medea oder die Terroristen, Sch. 75; Zeit und Ewigkeit, R. I (Gilgamesch) 77, II (Die Parabel) 78, III (Echnaton) 82; Windeisen, R. 84.
R: Papagei Jossy, Hsp. 74; Die Klippe, Fsp., 77; Appassionata, Hsp. 80.

Bachmann-Martig, Sina (Ps. Sina Martig); Pfarrhaus, CH-8475 Ossingen.
V: Onkel Joachim u. and. Geschn. 77; Alles wegen Sandra 79. ( )

Bachor, Kurt, Forstingenieur, DDR-6821 Paulinzella üb. Rudolstadt (Kurken, Kr. Osterode/Ostpr. 20.5.16). Reportage, Tiergeschichte, Kinderbuch.
V: Ein Grünrock erlebt Paulinzella, Rep. 62, 64; Der Gezeichnete. Gesch. e. Hirsches 64; Pirschgänge in Wald u. Flur, Kurzgesch. 66, 67; Urian, d. Keiler vom Kesselloch. Gesch. e. Wildschweins 67, 69; Jagdtage. Erlebn. e. Försters, Kurzgesch. 71, 78; Weißkehlchen. Gesch. e. Marders, Kinderb. 72, 80; Tiergesch. aus unseren Wäldern 73, 77; Waldgeschichten. Aus dem Jahr des Försters 75, 2. Aufl. 81; Füchse im Revier, Erz. 82. ( )

Backe, Knut, Pfarrer, ObStudR.; Am Schwarzenberg 28, D-8700 Würzburg, Tel. (0931) 24163 (Baden-Baden 15.9.31). Gebet, Meditation, Betrachtung.
Ue: Schw.
V: Die Adresse der Gedanken, Bilder zum Beten 71, 72; Der Anfang ist nicht von gestern, Meditationen in Wort u. Bild 73; All meine Gedanken, mit Bildern beten 78; Morgens um acht, Gebet f. Schüler 80; Vom Umgang mit Gott. Gedanken zur christl. Lebensgestaltung 76; Am Stadtrand von Ninive, Mit Bildern beten 77.
Ue: Versch. Theol. Lit. ( )

Backhaus, Hans-Joachim, Transportarbeiter; Schillerstr. 8, DDR-7124 Leipzig-Holzhausen (Brilon-Wald/Westf. 21.1.24). Roman.
V: Neun Tage, Dr. 54; Vom anderen Ufer, R. 55; Heimkehr in die Fremde, R. 60; Der Fleck auf der Weste, R. 62; Die

Insel Einsamkeit, R. 64. –
MV: Friedrich Baumann, Sch. m. Manfred Magnus 53.

Backhaus, Helmuth Manuel; Pr. d. Bdeskanzlers f. d. Bonner Volksst. 78, Goldmed. d. Gastron. Akad. Dtlds 79; Leopoldstr. 135, D-8000 München 40, Tel. (089) 363679 (Bonn 6.6.20). Drama, Lyrik, Hörspiel, Film, Prosa.
V: Kleines Gedeck, G. 47; Die Schule des Casanova, Kom.; Drei in einem Raum, Kom.; Der letzte König, Kom.; Entführung in Venedig, Lsp.; Fahren zu zweit 60; Gotzkowsky, Sch. 65; Das Stundenglas, Erzn. 68, 71; Firpo, das Faß, Erzn. 69; Die Mitternachtsprobe, Erzn. 71; Eine Insel für zwei Personen 72; Jim Colts Abenteuer 72; Liebling, schlaf nicht dauernd ein, R. 75; Liebe ja - Ehe nein, R. 76; Götter GmbH u. Co. KG, Sachb. 75; Das Geheimnis des Roten Leuchtturms, R. 77; Das Abendland im Kochtopf – eine Kulturgesch. d. Essens 78; Die Bönnsche Witwe, Volksst. 78; Ich will in meinen Stiefeln sterben, G. 81; Der Himmel der Tiere, Erz. 82. –
MV: Glück unterwegs, Optte. m. Kurt Bortfeldt; Verzaubertes Kabarett.
F: (MV): Modebummel; Liebe auf Eis; Servus Peter; Musik bei Nacht; Liebe im Finanzamt; Der Mustergatte 56; Familie Schimek; Nachts im grünen Kakadu; Bühne frei für Marika; Die Nacht vor der Premiere; Gauner in Uniform; Der Czardaskönig; Ich zähle täglich meine Sorgen; im weißen Rössl; Die Abenteuer des Grafen Bobby; Bei Pichler stimmt die Kasse nicht; Und der Amazonas schweigt 63.
R: Das Gamma-X-Projekt; Barny, der Clown; Die Maske des Grauens; Der Mann mit dem Bogen; Dreißig Minuten Frist; Der letzte König; Sonderabteilung K 7; Der Fall Mona Lisa 78; Der Fall Mata Hari 79; Der Fall Doktor Crippen 79; Der Fall Cartouche 80, alles Hsp.

Backmund, Norbert (Ps. Nikolaus Krenauer), Prämonstratenser-Chorherr, Dr. phil., P.; Bdesverd.kr. I. Kl., Silbermed. Bayer. Akad. d. Wiss.; Beirat d. Görres-Ges. 60, D-8441 Windberg, Kloster, P. Hunderdorf, Tel. (09422) 1337 (Würzburg 23.9.07). Geschichte, Essay, Parapsychologie. **Ue:** L, F, H, E, S, Port, I.
V: MONASTICON PRAEMONSTRATENSE, Gesch. aller Zirkarien u. Klöster d. Prämonstratenserordens 49-60 III; Hellseher schauen die Zukunft. Parapsychol. Phänomene in krit. Sicht 61, 77; Die

Chorherrnorden in Bayern und ihre Stifte 66; Allerhand Pfarrergeschichten, vorwiegend heiter, Ess. 64, 76; Die Kollegiat- und Kanonissenstifte Bayerns 72; Die mittelalterlichen Geschichtsschreiber des Prämonstratenserordens 70; Die Kleineren Orden in Bayern und ihre Klöster 74; Kloster Windberg, Stud. zu s. Gesch. 77; Aus d. Tagebuch eines Mönches, Autobiogr. 78.
MA: Dictionnaire d'Histoire et de Geographie Ecclesiastique seit XII. Bd 49; New Catholic Encyclopedia Washington 64/73; Lexikon für Theologie und Kirche 38, 58; Deutsche Literatur des Mittelalters, Verfasserlex. 75/77; Vox Latina 65/66 (neulat.); Tiro 76/77.

Backstein, Barbara *

Bacmeister, Arnold, Dr. jur.; VS 60; Kernenblickstr. 5, D-7000 Stuttgart 75, Tel. (0711) 473288 (Heilbronn a. N. 13.11.07). Jugenderzählung, Kurzgeschichte, Tier- u. Naturschilderung. **Ue:** E.
V: Großfischjagd vor Panama, Erz. 60; Fische unserer Gewässer 60, 71; Die stille Leidenschaft, Erz. 66; Angeln auf Karpfen u. Schleien 66, 79; Angeln auf Bachforellen u. Regenbogenforellen 67, 79; Das große Lexikon d. Fischwaid 69; Angeln auf Döbel u. Barben 74; Fischbilderlex. 75, 78; Leitfaden f. d. Sportfischer-Prüfung 76.
H: Silberne Beute, Anthol. 63, 69; Der Fisch meines Lebens, Anthol. 73.
Ue: Bernard Venables: The Gentle Art of Angling u.d.T.: Angeln als edle Kunst, Erz. 64; Leo Walmsley: Angler's Moon u.d.T.: Im Anglerparadies, Erz. 67; Fred J. Taylor: Angling in Earnest u.d.T.: Angeln m. Pfiff 68; Bernard Venables: Freshwater Fishing u.d.T.: Der Angelsport im Süßwasser 69. ( )

Baden, Hans Jürgen, Pastor, UProf., Dr. h. c.; Osterloher Landstr. 14, D-3100 Celle, Tel. (05141) 84586 (Rotenburg/Wümme 10.12.11). Essay, Grenzgebiete Literatur-Theologie.
V: Das religiöse Problem der Gegenwart bei Jakob Böhme 39; Das Tragische 41; Mensch und Schicksal 43; Das Abenteuer der Wahrheit 46, 49; Der Sinn der Geschichte 49; Der Standort des Menschen 50; Das Schweigen 52; Die Grenzen der Müdigkeit 52, 63; Ende und Anfang der Humanität 55; Der Mensch und sein Glück 57; Neugier und Glaube 59; Gott ist im Detail 62; Der verschwiegene Gott 63; Literatur und Selbstmord 65; Literatur und Bekehrung 68; Kritik und Vertrauen 69; Es wird Zeit an Gott zu denken 71; Poesie und Theologie 71; Der Aufstand des Einzelnen 73; Der Glaube d. Dichters 75; Die Kraft d. Schweigens 76, 77; Rechtfertigung d. Bürgers 77; Die Aussichten d. Glaubens 78; Die religiöse Dimension d. Gegw. 79; Das Erlebnis Gottes 81; Das einfache Leben aus dem Geist des Christentums 81; Schritte aus der Einsamkeit 83.
s. a. Kürschners GK.

Bader, Katarina (Ps. Katarina Elisabeth Bader-Molnár), Dipl. phil., Gymnasiallehrerin a. D., dipl. Bibliothekarin a. D.; SSV 76, ZSV 77; Soc. Dante Alighieri Zürich 77, Lit. Club Zürich 78, Dt. Mozart-Ges. 79, Schiller-Ges. 80, Dauthendey-Ges. 80, Anthropos. Ges. in d. Schweiz 80; Tobelhofstr. 6, CH-8044 Zürich, Tel. (01) 472649 (Berlin). Lyrik, Roman, Novelle, Jugendbuch.
Ue: E, F, P.
V: Flöten im Röhricht. G. e. Siebzehnjährigen 33, 79; Prosa 36, 38; L'Idée d'Humanité dans l'œuvre de Voltaire jusqu'en 1750 50; Dia Poelang: er kehrt zurück, Biogr. 64; Lyriden, G. 76; Romantisches Gefüge. G. u. Erzn. 78; Teufelskreis u. Lethequelle, R. 79; Neun Puppen und andere phantast. Geschn. 80; Karola kontra Isegrim u. Reineke, Erz. 80; Mira im Walfisch, G. 81.
MA: Lyrik 1 79; Spektrum d. Geistes, Lit.Kal. 81; Lyr. Texte 82; World Poetry 2: Europe 82.

Bader-Molnár, Katarina Elisabeth, s. Bader, Katarina.

Bächer, Max, o. Prof., Freier Architekt; Kritikerpr. des BDA 64; Löwensternweg 11, D-6100 Darmstadt, Tel. (06151) 79406 (Stuttgart 7.4.25). Architekturkritik, wissenschaftl. Prosa, Essay. **Ue:** E.
V: Architektur-Skulptur 75; Die Frau des Architekten 76; Als Gastarbeiter in China, Ess. 82. − **MV:** Die Kunst zu Hause zu sein 63; Unsere unmenschlichen Städte 71; Neue Aufgaben für die Stadt 76.
F: Die Weissenhofsiedlung in Stuttgart 70; Bearb. von Theaterstücken, u.a.: Grabbes Scherz, Satire, Ironie und tiefere Bedeutung 50.
R: Zweigroschenoper 1948, Hsp..
Lit: Künstler in Stuttgart.

Bächinger, Konrad (1.12.21).
V: Hitlers Weg in den Krieg 66; Du und die Drogen 71; Schweizer

Geografie: Innerschweiz, Tessin, Wallis, Bern, Zürichsee, Mittelland 4. A. 80; Didaktik: Unterr. in Schweizer Geografie 77; Arbeitshefte: Geometrie, Schweizer Geografie, Schweizer Gesch. 1 u. 2 79. — **MV:** Laßt hören aus alter Zeit. D. Weg d. Schweiz v. d. Urzeit bis z. Gegenwart in 385 Geschichten, m. J. Fisch u. E. Kaiser, Geschn. 68. ( )

Bächler, Wolfgang, Schriftsteller; VS Bayern 68, P.E.N. 73; Tukan-Lit.pr. d. Stadt München 75, Lit.pr. d. Stift. z. Förderung d. Schrifttums 82; Gr. 47 47; Steinheilstr. 19, D-8000 München 2, Tel. (089) 521745 (Augsburg 22.3.25). Lyrik, Roman, Erzählung, Essay, Novelle, Kritik. **Ue:** F.
V: Die Zisterne, G. 50; Der nächtliche Gast, R. 50, 63; Lichtwechsel, G. 55, 60; Türklingel, G. 62; Türen aus Rauch, G. 63; Traumprotokolle, Prosa 72; Ausbrechen, G. aus 30 J. 76; Stadtbesetzung, Prosa 79; Nachtleben, G. 83.
MA: Der Anfang, Anth. junger Autoren 47; Deutsche Lyrik der Gegenwart 50; Neue deutsche Lyrik 53; Das Gedicht, Jb. zeitgenöss. Lyrik 55 56; Chantier du Temps-Nouveaux Poetes Allemands 55; Anthologie 56, G. aus Ost u. West 56; Transit. Lyrik d. Jh.-Mitte 56, 57; Lyrik unserer Zeit 58; Spektrum des Geistes, L. K. 61; Lyrik aus dieser Zeit, 1 – 3 63/64, 65/66; Deutsche Lyrik G. seit 1945 61, 65; Almanach der Gruppe 47 62; Twentieth-Century German Verse 63; Insel-Almanach 63; Das Atelier 63; Zeitgedichte seit 45; Keine Zeit für die Liebe? 64; Die Meisengeige 64; Europa heute seit 45; Besondere Kennzeichen 64; Neue dt. Erzähl-Gedichte 64; Özön-Viz Után 64; Atlas 65; Jahresring seit 62; Ein erwachsener Zweig. Grundfragen d. Menschen i. d. mod. Lit. 64/65, Almanach der Dame 65, 66; München im Gedicht 66; Panorama moderner Lyrik deutschsprechender Länder 66; Eine Sprache - viele Zungen 66; Deutsche Teilung. Lyrikleseb. aus Ost u. West 66; Unter Tage über Tage, G. aus der Arbeitswelt uns. Tage 66; Neue Texte 6, Alm f. d. dt. Lit. 66; Augenblicke unterwegs, Dt. Reiseprosa uns. Zeit 68; Eremitage, Pr. 69; Das Leben meditieren, Pr. 70; Jahresring 70/71, Lyrik 70; Nachkrieg u. Unfrieden. G. als Index 1945 — 70 70; Dt. Gedichte seit 1960 72; Dt. Großstadtlyrik vom Naturalismus bis zur Gegw. 73; Tintenfisch 6 73, 8 75; Jahresring 75 — 76 75; Neue Expeditionen/Dt. Lyrik von 60 — 75 75; Almanach Das 90. Jahr 1886

— 1976, G. 76; Der mißhandelte Rechtsstaat 77; Deutsche Prosagedichte d. 20. Jahrhunderts 77; Das gr. dt. Gedichtb. 77; Das große Rabenbuch 77; Und ich bewege mich doch ..., G. vor u. nach 68 77; Wer ist mein Nächster? 77; Tintenfisch 11 77; W Cieniu Lorelei, Poznan 78; Das gr. dt. Balladenb. 78; Mit gemischten Gefühlen 78; Psalmen vom Expressionismus bis z. Gegw. 78; In einem kühlen Grunde ..., Mühleng. 78; Jahresring 77-78/79-80; Jb. f. Lyrik 79; Jb. d. Lyrik 79; Aber besoffen bin ich von dir, Liebesg. 79; Dt. Gedichte v. 1900-Gegenwart, G. 71/80; Aus Liebe zu Deutschland, Prosa 80; Uj kalandozasok, G. 80; Straßen Gedichte, G. 82; Klassenlektüre, G. 82; BRD heute, Ein Leseb., Prosa 82; Das große Hausbuch dt. Dichtung, G. 82; Stadtbesichtigung, Prosa 82; Mein Gedicht ist die Welt, G. 82; In die weite Welt hinein, G. 83; Stadtleben, Ein Leseb., Prosa 83; Dt. Gedichte 1930-1960, G. 83.
MUe: Adriaan Moriën: Ein unordentlicher Mensch, Erz. m. Heinrich Böll u. Georg Goyert 55.

Bäck, Walter, freier Schriftsteller, Bibliothekar u. Lektor; Ö.S.V. 68, Kulturgemeinsch. d. Kr. 72, Literar-Mechana 77, Öst. Autorenverb. 79, LVG, AKM; Wiener Kunstfonds-Pr. 65, Theodor Körner-Pr. f. Wiss. u. Kunst 75; Jedleseerstr. 77/5/7, A-1210 Wien, Tel. (0222) 387489 (Wien 23.2.31). Drama, Lyrik, Roman, Essay, Hörspiel.
V: Plan von Wien, lyrisch, Lyr. 65; Ich leb' am Rand der großen Stadt..., Lyr. 77; Corvina, die Zigeunerin, Kunstm. 79; Der siebente Teller, Lyr. 79; Des Leb'n is a Hochschaubahn 80; Die hundert Marterlsprüche des Walter Bäck 80. — **MV:** Wien im Gedicht 67; Das Jagdhorn schallt 78; Gedanken über Blumen 79; Das immergrüne Ordensband 79, alles Anthol.; Gedanken über das Ewige 81; Wort im Weinviertel 82.
R: Stammersdorfer Rendezvous; Der liebe Augustin des 19. Jahrhunderts; Corvina, die Zigeunerin; u. weit. 76 ORF-Sendungen (Erz., Lyr.).
Lit: Weinviertel-Porträt einer Kulturlandschaft, Anthol. 79; Edith Kuba: Walter Bäck — Der siebente Teller in: Literaricum 82.

Baedeker, Peer, s. Hacke, Ernst-Max.

Bädekerl, Klaus; VS seit 77; Arcisstr. 39, D-8000 München 40, Tel. (089) 2723719 (Göggingen b. Augsburg 30.8.47). Roman, Erzählung, Film, Fernsehen, Hörspiel.

V: Alles über Geld u. Liebe, Erzn. 79,
Tb. 82; Ein Kilo Schnee von gestern, R.
83.
F: Die gläserne Zelle, m. Hans W.
Geißendörfer (nach Patricia Highsmith)
78.
R: Bericht von e. Forschungsreise 76;
Liebe auf den ersten Blick 80; Das
Motto 83, alles Hsp.

Baege, Otto-Richard, Dr.phil., Dr.med.,
Arzt; BDSÄ, Union mondiale des
écrivans-médicins; Am Eckschachen 21,
D-8970 Immenstadt-Stein, Tel. (08323)
8989 (Greifswald 16.5.20). Lyrik.
MV: ...trägt's Frucht, es ewig bleibt, m.
Werner Baege, Lyr. 82.

Baehr, Albrecht; 1. Vors.
Künstlergilde; Forststraße 130, D-7000
Stuttgart 1, Tel. (0711) 633702 (Breslau
16.9.17).
H: Auf dem Wege 60; Schlesisches
Lachen 63; Schlesien, Land und Leute
66; Schlesien - gestern u. heute 70;
Schlesien, wie es lachte 75.
R: Versch. Hf. u. Reportagen üb. ost-
u. mitteldeutsche Landschaften.

Bähr, Peter, freier Schriftsteller,
freier Musiker, Multi-Media-Künstler;
Ringstr. 7, D-8601 Unterhaid/Oberfr.,
Tel. (09503) 1379 (Stuttgart-Bad
Cannstatt 7.2.49). Drama, Lyrik,
Hörspiel.
V: Peripherie, Lyrik u. Kurzprosa 78;
Stückezyklus Verluste u.a. 78.
S: Peripherie-Melodie & Lyrik 80.

Bährens, Friedrich Wilhelm, Dr. med.,
Facharzt f. Orthopädie; Mozartstr. 23, D-
1000 Berlin 46 (Göttingen 8.2.27).
Medizinische Satire.
V: Endoprothetische Propädeutik -
Einführung in eine ganz besondere
Kunst, Sat. 75; 1. Fuß-Weltmeisterschaft
— Saltonada argentina 78, e. heit.
Betracht. 78.

Bäker, Bernhard A. (Ps. L. Tres, YZ),
Dr.med., Chirurg; Promenade 56, D-3422
Bad Lauterberg, Tel. (05524) 3000
(Steinfeld 16.9.20). Roman, Sachbuch.
V: Chirurgen, R. 68; Migräne u. Kopf-
schmerzen sind heilbar, Sachb. 78; Die
verrückte Bandscheibe, Sachb. 80; Ärzte
gegen Ärzte, R. 80; Leben mit Krebs,
Sachb. 80; Kosmet. Operationen, Sachb.
80; Gelenkerkrankungen, Sachb. 83.

Bänninger, Konrad; SSV. 17, P.E.N. 35;
Vögeliacher 5, CH-8180 Bülach (Zürich
15.9.90). Lyrik, Vers-Erzählung, Essay.
Ue: E, F, I.
V: Stille Soldaten, G. 17; Weltgarten,
G. 18; Das rechte Leben, G. 21; Worte

der Seele, G. 23; Wanderrune, G. 32;
Geist des Werdens, Ess. 32; Nimmer
vergeht der Mensch, G. 38; Kleine
Philosophie des Schrifttums, Ess. 40;
Zwischen Denken und Handeln, Ess. 41;
Die vier Brüder, Vers-Erzn. 43; Zwie-
sprache (In memoriam Eduard Bick) 47;
Das Korn, G. 50; Schweizer Ballade, G.
56. — MV: MA: Lyrisches Bekenntnis,
G. aus d. Kriegszeit 18; Dichter und
Zeiten, G. 22; Lesebuch schweizerischer
Dichtung, m. S. Lang 38; Lebende
Dichter um den Oberrhein 42;
Schweizer Lyrik, m. G. Züricher 44; Der
Zürichsee, m. M. Zollinger; Züricher
Lyriker, G. 55. u. a. ( )

Bär, Daniela, s. Ahlers-Kölbl, Dina.

Baer, Frank, s. Widmayer, Frank.

Bär, Hans-Heinz, s. Werres, Johannes.

Bärenbold, Kuno, Freier Schriftsteller; VS Bad.-Württ. seit 80; Arbeits-
beihilfe d. Förderkreises dt. Schriftst. in
Bad.-Württ. 80, Arbeitsstip. d. Kunststift.
Bad.-Württ. 81; Alte Weingartener Str.
13, D-7500 Karlsruhe 41, Tel. (0721)
403873 (Pfullendorf/Baden 7.7.46). Kurzgeschichte, Roman, Reportagen, Buch-
Kritiken.
V: Drinnen & draußen 79; Keller-
kinder 80; Der Einzelgänger 81, alles
Kurzgesch.
MA: in versch. Anth.

Baerlecken-Hechtle, Marta *

Bärthel, Hermann, Studienrat;
Meiendorfer Str. 114i, D-2000
Hamburg73, Tel. (040) 6789109 (Hamburg
8.8.32). Hörspiel, Kurzgeschichte, Glosse,
Satire, Liedertext, Bühnenstück.
V: Strohwitwers, Kurzgeschn. 77, 2.
Aufl. 79; Locker öbern Hocker, Glossen,
Sat., Grotesken 78, 2. Aufl. 79; Ick, dat
Lustobjekt, Glossen, Sat., Grotesken 80;
Mann in de Tünn! Glossen, Sat.,
Grotesken 80; Platt för Plietsche,
Glossen, Sat. 81; Fardig — loos —
Wiehnachten, Glossen, Sat. 81; Hermann
in Äkschn, Glossen, Sat. 83. —
MV: Schanne Wert — Schanne Wert,
Kurzgeschn., Kommentare 76; Wo de
Seewind üm den Michel weiht,
Kurzgeschn. 80.
R: Stress vör Klock acht 75;
Tolerantes Ehepaar gesucht 75; Camper
Korl sien tweten Droom 78, alles Hsp.
S: Denn makt wi eerst mol Foffteihn,
Prosatexte u. Lieder 81.

Bäuerlein, Heinz, Dr. phil., Redakteur;
Compbachweg 54a, D-5307 Wachtberg,
Tel. (0228) 326124 (München 24.3.29).
Reportage.

V: Die Bayern in Bonn, pol.-lit. Rep.
70.
R: Bonn-Porträt einer ungeliebten
Hauptstadt, Fsf. 69; Garibaldi — Ein
Rebell macht Geschichte, Fsf. 74; Die
unfertige Hauptstadt, Fsf. 82. ( )

Baginski, Bodo, s. Baginski, Harry.

Baginski, Harry (Ps. Bodo Baginski);
Künstlerhort, Wiesbaden 58; Muchstr.
17, D-6232 Bad Soden am Taunus, Tel.
(06196) 27218 (Hamburg 15.2.14). Lyrik.
V: Die Himmelsbraut, G. 39, 56; Die
goldene Laute, G. 53, 58; Diamanten,
Sinnsprüche 57; Bunte Klänge, G. 58;
Schöpfung, G. 58.

Baginski, Olga (Ps. Olli Baginski),
Hausfrau; Muchstr. 17, D-6232 Bad
Soden am Taunus, Tel. (06196) 27218
(Wittenberge/Mark Brandenburg
22.5.22). Lyrische Prosa.
V: Traumbuch einer Mutter 61, 63;
Sonnenregen meiner Kindheit 71.

Baginski, Olli, s. Baginski, Olga.

Bahl, Franz *

Bahr, Ehrhard, Dr., Prof.; ISDS; Dept.
of Germ. Lang., Univ. of Calif., Los
Angeles, CA 90024/USA, Tel. (213)
8253955 (Kiel 21.8.32). Biographie.
V: Georg Lukács, Biogr. 70 (auch engl.,
franz.); Ernst Bloch, Biogr. 74; Nelly
Sachs, Biogr. 80.
s. a. Kürschners GK.

Bahr, Rüdiger; Franz-Joseph-Str. 11,
D-8000 München 40.
V: Der schwarze Bumerang, R. 82. ( )

Bahre, Jens, Dipl.-Journalist; SV DDR
78; Am Friedrichshain 9, DDR-1055
Berlin, Tel. 4390369 (Unterloquitz/Thür.
24.10.45). Roman, Erzählung, Kinderbuch, Filmszenarium.
V: Der Dicke u. ich, Kinderb. 76, 80
(dän. 80, poln. 82); Regen im Gesicht,
Erzn. 76; Benjamin, Jgd-R. 77, 3. Aufl. 80;
Nicky od. Die Liebe e. Königin, Kinderb.
78, 79; Der stumme Richter, Krim-R. 79.
F: Nicki, Kinderf. 80; Der Dicke und
ich, Kinderf. 81.
R: Der Unfall (nach Motiven "Der
stumme Richter"), Fsf. 82; Auskünfte in
Blindenschrift, Fsf. 83.

Bahro, Rudolf, Dipl. phil.;
Schwedischer PEN-Club 78, Dänischer
PEN-Club 78; Isaac-Deutscher-
Memorial-Pr.; Unter den Linden 2-4, D-
2820 Bremen 70 (Bad Flinsberg/Isergeb.
18.11.35). Lyrik, Essay.
V: Die Alternative 77, Tb. 80; Die nicht
mit den Wölfen heulen. ( )

†Bahrs, Hans (Ps. Hanke Bruns,
Harm Lindhorst), Lehrer a. D., Schrift-
steller, Kritiker; VS Hamburg 47, FDA
77; Lyrikpreis "Junge Dichtung",
Magdeburg 35, Christophorus-Preis 60,
61, Preis f. Deutsche Kurzgeschichte 60,
Friedlandpr. der Heimkehrer 80, Öst.
Heimkehrer-Lit.pr. 81; Literar. U.,
Arbeitskreis f. dt. Dicht. Göttingen,
Innviertler Künstlergilde ObÖst., Dt.
Akad. f. Bild. u. Kultur München, Kreis
d. Dichter im Dt. Kulturwerk europ.
Geistes, Kreis d. Freunde Dülmen,
Dichterstein Offenhausen;
Pogwischrund 18a, D-2000 Hamburg 73
(Hamburg 25.5.17). Lyrik, Roman,
Novelle, Erzählung, Drama, Hörspiel.
V: Begegnung an der Grenze, N. 39,
44; Wir sind die Gläubigen, G. 42, 44; Die
Botschaft, N. 44; Rufe im Nebel, R. 54;
Alles wird sein, G. 58; Im Schein meiner
Lampe, G. 63; Und dennoch Licht, G. 63;
Friede in Zadorcula, N. 65; Sieg über
den Haß, Bst. 68; Maß unserer Freiheit,
G. 73; Meisterung d. Lebens, Erz. 74; In
uns selbst liegen die Gesetze, Erz. 76;
Antlitz d. Zeit, Erz. u. Betracht. 77;
Solange wir lieben, G. 77; Kinder sind
ein Geschenk auf Zeit, Erzn., Betracht.,
Streiflichter 78; Am Horizont endet das
Sichtbare, G. 78; Sturm üb. Deutschland
— Aufzeichn. d. Zeitgenossen Paul Butt,
R. 79; Visitenkarte 80; Gruß zur
Weihnacht 81; Ruf der Weihnacht 81;
Der Auftrag bleibt 82; Kostbar sei jeder
Tag 82, alles Lyrik u. Prosa; Ein Leben
in Liebe ist Glück und Freude, Ess. 83.
MA: MV: Deine Jugend - Mein Volk,
G. 43; Es sind wie Spreu verweht, G. 49;
Evangelisches Hausbuch 52; Die Kogge
52; Lebensbilder 52; Der deusche Born I
— V 53 — 55; Harfen im Stacheldraht,
Anth. d. Kriegsgefangenenlyrik 54; Gold
und Sand Erzn 55; Gelebte Mensch-
lichkeit 55; Vom Leben geschrieben,
Erzn. I bis IV 54 — 63; Das gesegnete
Fest, G. 57; Musenalmanach 58 — 62;
Liebende 58; Bunter Schneeballen 59;
Rund um den Adolphsplatz 59; Lese-
buch f. Mittelschulen 59; Du bist nicht
Robinson 59; Sonniges Jugendland 60;
Heimweh nach dem Nächsten 61; Wir
lesen 61; Freiheit ohne Furcht 62;
Zeugnisse einer Gefangenschaft 62; Die
vier Jahreszeiten 62; Weihnacht 62;
Licht vor dem Dunkel der Anst 63;
Wandern 63; Für freie Stunden, Erzn.
64; Spur 15, Erzn. 64; Liebe - mensch-
gewordenes Licht 64; Weite Welt 65,
alles Anth.; Erzählungen deutscher
Lehrer der Gegenwart 67; Für freie
Stunden 68; Der rechte Weg 69; Wie wir

69; Blumen im Schnee 71; Das ist ein
Mensch 74; Miteinander unterwegs 72;
Solange noch Tag ist 72; Nur keinen
Streit vermeiden 74; Nur alleweil wohl-
gemut 74; Weihnacht im Herzen 74;
Worte um den Stein 74; Tante Bella und
der Luftschiffonkel 76; Stimmen aus
ihrer Welt 77; Die Weihnachtsstadt,
Anth. 78.
Lit: Niederdt. Autorenbuch.

Baierl, Helmut, Dramaturg; SV-DDR
55; Preis d. Minist. f. Kultur d. DDR 58,
Nationalpreis II. Kl. 61, 66, 67, 70, Erich-
Weinert-Med. 70 (Rumburg 23.12.26).
Drama, Lyrik, Essay, Film. **Ue:** E, R.
  V: Ein Wegweiser 52; Die drei
Irrtümer des Sebastian Fünfling 53;
Gladiatoren, ein Tintenfaß und eine
bunte Kuh 54; Der Streit um J. S. Bach
56; Der rote Veit 57, alles Laiensp.; Die
Feststellung 58; Frau Flinz, Kom. 62;
Johanna von Döbeln; Stücke,
Teilsamml., alles Dr.; Schlag 13, Sch. 71;
... stolz auf 18 Stunden, szen. Poem 73;
Die Lachtaube, Kom. 74; Gereimte
Reden 76; Der Sommerbürger, Kom. 76.
  B: Majakowski: Mysterium Buffo;
Tieck: Der gestiefelte Kater.
  MH: Studio auf Papier, in Heinz
Kufferath 57.
  F: Frau Flinz 67; Der große und der
kleine Willi, Episodenf. 67; Unterwegs
zu Lenin, Fszen. m. J. Gabrilowitsch 70;
Das zweite Leben des F. G. W. Platow,
F.kom. 73.
  R: Ach du meine Güte.
  Ue: O'Casey: Purpurstaub; Ostrowski:
Abgrund; Wischnewski: Kampf im
Westen. — **MUe:** O'Casey: Kikeriki,
Kom. m. H. G. Simmgen 71. ( )

Bailly geb. Fandrey, Theodora,
Hausfrau; Der Karlsruher Bote 69; 16,
rue Michel Hounau, F-64000 Pau,
Pyrénées (Berlin 15.4.02). Lyrik. **Ue:** F.
  V: Im Wandel des Lebens, G. 65. —
MV: Der Götterfunken. G. z. Lobe d.
Musik 70.

Baisch, Rudolf Christian, Bildhauer,
Maler; Dorper Weg 20, D-4020
Mettmann 2, Tel. (02104) 71943
(Böblingen 20.10.03). Lyrik.
  V: Wir haben die Leier den Vögeln
geschenkt, G. 75; Zwischen Stern und
Meer, G. 81.
  S: R. Ch. B. liest aus seinem lyr. Werk
82, Schallpl.
  Lit: Yvonne Friedrichs: Ch. B. I: Der
Bildhauer 80, II: Der Maler 82.

Baisch-Gabriel, Margot (Ps. Margot
Gabriel), Hausfrau; Leserpr. d. Ges. d.

Freunde dtspr. Lyr. 82; ao. Mitgl. d. Ges.
d. Freunde dt.spr. Lyr. 83; Dorper Weg
20, D-4020 Mettmann 2, Tel. (02104)
71943 (Berlin 16.10.23). Lyrik.
  V: Unter dem stilleren Himmel, G. 75;
Mit einer Wachskerze, G. 83.

Bajog, Günther (Ps. H. G. Roberts);
Römerstr. 120, D-4620 Castrop-Rauxel,
Tel. (02305) 73947.
  V: Land am White River: Matt
Kennans Ringen um die Logan-Ranch
77; Aufstand am Rio Blanco; Unsere
Liebe — die Pferde 81.

Baker, Mary, s. Becker, Marietta.

Bakos, Eva, Journalistin; Ungargasse
20, A-1030 Wien, Tel. (0222) 731432 (Wien
26.8.29). Roman, Novelle, Film.
  V: Wo ißt man gut in Wien 68; Streng-
indiskret 69; Wiener Spezialitäten 71;
Witwe à la carte 73; Savoir vivre in Wien
73; La Prestigieuse 75; Heirate nur
keine Wienerin, Nn. 75; Mehlspeisen aus
Österreich 75; Ein wunderbarer
Wüstling, Nn. 77; Das gläserne Wappen,
R. 80; Die silberne Brücke, R. 82;
Reiseführer Venedig 83. —
MV: Kulinarischer Städteführer 75.
  R: Heirate nur keine Wienerin, Fsf.
77; Das gläserne Wappen, Fsf. 83.

Balçar, Alexander J., Verlagsleiter;
Soldauer Str. 23, D-8000 München 81,
Tel. (089) 343200 (Prag 7.5.20). Drama,
Essay, Hörspiel.
  V: Manon u. ihr Ritter, Dr. 41, 45; Die
Legende vom Ochrida-See, Dr. 41; Die
Mühle, Kom. 45; Das Ballett - eine
kleine Kulturgeschichte, Ess. 47; Knaurs
Ballettlexikon 58.
  MA: Europa heute. Essay über das
Reisen der Westeuropäer 61.
  H: Who's Who in München 61, 64;
Who's Who an Rhein und Ruhr 63;
Who's Who in Hamburg 66; Waldhoff:
Spurensicherung 79.

Baldiga, Jürgen, c/o Rosa Winkel
Verl., Berlin (West).
  V: Breitseite 80. ( )

Balhorn, Jakob, s. Könnecke, Erich.

Balling, Bert, s. Balling, Ludwig.

Balling, Ludwig (Ps. Bert Balling,
Luigi Bertini, Ludwig Treblada),
Journalist, Chefredakteur, Theologe,
Pater; DJV 71; Brandenburgerstr. 8, D-
5000 Köln 1, Tel. (0221) 111246
(Gaurettersheim/Würzburg 2.3.33).
Reiseberichte, Essay, Aphorismen,
Biographien. **Ue:** E.
  V: Brasilianisches Potpourri 71; Am
Rande der Kalahari 72, 3 Aufl. 79;

Abenteuer in der Südsee 73, 2. Aufl. 77;
Wo Menschen uns mögen 75; Das Leben
lieben lernen 76, 5. Aufl. 82 (auch engl.);
Mit dem Herzen sehen 76, 4. Aufl. 81
(auch engl.); Gute Medizin gegen
schlechte Laune 76, 5. Aufl. 82 (auch
engl., chin.); Liebe-volle Plaudereien 77,
5. Aufl. 82; Nicht jeder, der hüh sagt 77;
Es gibt Sottene und Sottene 77; Schöne
Welt im Weitwinkel 77; Heiter bis
hintergründig 77; Ich bin mein bestes
Stück 79; Er war für Nägel mit Köpfen
79 (auch engl.); Gute Worte heitern auf
80; Tierisch-heiter/ affenklug, Aphor. 79;
Sende Sonnenschein und Regen 80, 3.
Aufl. 82; Das Glück wurde als Zwilling
geboren 80, 3. Aufl. 82; Wo man dem
Herzen folgt 80, 3. Aufl. 82; Freut euch
mit den Fröhlichen 80, 2. Aufl. 82; Bade
deine Seele in Schweigen 80, 3. Aufl. 83;
Ein Herz für die Schwarzen 81; Der
Trommler Gottes 81; Binde deinen
Karren an einen Stern 81; Hoffentlich
geht alles gut 82; Wer lobt, vergisst zu
klagen 82; Wissen, was dem andern
wehtut 82; Lustige Leute leben länger
83; Wenn die Freude an dein Fenster
klopft 83; Eine Spur der Liebe
hinterlassen 84; Liebe macht kein Lärm
84. — **MV:** Mariannhill 82, 76; Alle guten
Wünsche 78, 8. Aufl. 83; Liebe ist (k)eine
Hexerei 79, 5. Aufl. 82; Dankeschön für
Selbstverständliches 79, 5. Aufl. 83;
Freude — eine Liebeserklärung an das
Leben 79, 5. Aufl. 83; Glücklich ist... 79, 5.
Aufl. 83.
   H: Zwischen den vier Meeren 78, 3.
Aufl. 83; Lachen reinigt die Zähne 78;
Weisheitchen mit Humor 77, 3. Aufl. 83;
Sie standen am Ufer der Zeit 81;
Weisheit der Völker 81, 2. Aufl. 83; Unser
Pater ist ein grosses Schlitzohr 83.
   R: Trappisten waren unsere
Großväter, Hsp.

Ballot, Helmut, kaufm. Angestellter;
VS; Jahresbestliste z. Dt. Jgdb.-Preis 59;
Stralsunder Str. 73, D-4000
Düsseldorf 13, Tel. (0211) 704173 (Berlin
1.8.17). Roman.
   V: Unsere Insel, Jgdb. 52; Irrlicht am
Nadelkap, Jgdb. 58, 63; Seeschwalbe,
Jgdb. 61; Palle, Jgdb. 65; Das Haus d.
Krokodile, Jgd.-Krim.-R. 71, Tb. 75, 5.
Aufl. 81 (span. 77, holl. 78).
   MA: Kinderland-Zauberland 67; Die
Stadt d. Kinder 69; Geh und spiel mit
dem Riesen 71; Am Montag fängt die
Woche an 73; Menschengeschichten 75;
Nahaufnahmen 81.
   R: Das Haus der Krokodile, 6.-teil. Fs.-
Send. 75.

von Balluseck, Lothar, Verleger,
Leiter e. Werbeges.; Gründ.mitgl.
"Aktion Gemeinsinn", Gründer "Godes-
berger Gespräche" (Lyck/Ostpr. 6.7.06).
Essay.
   V: Dichter im Dienst - Der sozialist.
Realismus in d. dt. Lit. 56, 63; Literatur
u. Ideologie - Zu den literatur-polit.
Auseinandersetzungen seit dem VI.
Parteitag d. SED 63; Selbstmord -
Tatsachen, Probleme, Tabus, Praktiken
65; Frei sein wie die Väter - Eine Gesch.
d. Freih. in Dtld 67; Gold u. Blech 69;
Bilder - Idole - Ideale - Spekulationen
üb. d. Welt d. Bilder u. d. polit. Welt 71;
Die guten u. d. bösen Deutschen - Das
Freund-Feind-Bild im Schrifttum d.
DDR 72; Die CDU - Kurskorrektur od.
mehr? 73; Die Unternehmer - sind sie
noch zu retten? 73; Auto heute im
menschl. Getriebe - Tatsachen -
Vorschläge - Einwände 74; Er-
Läuterungen f. Deutsche 75; Auf Tod u.
Leben - Letzte Dämmerungen f. Dtld 77.
   H: Deutsche üb. Dtld - Zeugnisse dt.
Selbstkritik, Anth. 46; Politische Text- u.
Bildsamml. f. Schule u. Unterr. 72. —
   MH: Gedichte von drüben - Lyrik und
Propagandaverse aus Mitteldtld 63, m.
Karl Heinz Brokerhoff; Geschichten
von drüben - Erzählungen u. Kurzgesch.
aus Mitteldtld 64; Der Glaube an d.
Gewalt - Radikalismus in d. Bdesrep. 76.
( )

Balmer, Dres; Gruppe Olten 70; 22,
rue de la Sarine, CH-1700 Fribourg
(Grindelwald 28.3.49).
   V: Eisdorf, R. 81.
   MA: Kupferstunde, Erz. 82.

Balmer, Hans Rudolf; Be. S.V.;
Kirchbühlweg 21, CH-3007 Bern, Tel.
(031) 458041.
   V: Vom guete Chärne. Bärndütschi
Gschichte us üser Zyt 50; Der
Strassewüscher Gregor; Vo jungem
Volch, beides bärndütschi Gschichte; Uli
findet den Rank, Erz. ( )

Balsamer, Aloys, s. Ernstberger, Josef.

von Balthasar, Hans-Urs, Dr. phil., Dr.
theol. h. c. Münster/Westf. 56, Edinburg
65, Fribourg 65; Gr. Literaturpreis d.
Innerschweiz 56, Romano Guardini Pr.
71, Gottfried-Keller-Preis d. Martin-
Bodmer-Stift. Zürich 75, Prix traduction
Fondation Hautvillers, Paris 75; Arnold
Böcklinstr. 42, CH-4051 Basel, Tel. (061)
543186 (Luzern 12.8.05). Ue: F, G, L.
   V: Apokalypse der deutschen Seele 37
— 39 III; Kosmische Liturgie 41; Das
Weizenkorn, Aphor. 44; Das Herz der

Welt, Christusb. 45; Wahrheit (Wahrheit der Welt) 46; Therese von Lisieux 50; Karl Barth 51; Elisabeth von Dijon und ihre geistliche Sendung 52; Schleifung der Bastionen 52; Reinhold Schneider. Sein Leben u. sein Werk 53; Bernanos 54; Einsame Zwiesprache. Martin Buber u. das Christentum 58; Verbum Caro. Skizzen zur Theologie I 60; Sponsa Verbi. Skizzen zur Theologie II 61; Das Ganze im Fragment Aspekte der Geschichtstheologie 63; Glaubhaft ist nur Liebe 63; Herrlichkeit, eine theol. Ästhetik 61 − 71 VI; Rechenschaft und Bibliographie 65; Wer ist ein Christ? 65; Cordula oder der Ernstfall 66; Spiritus Creator. Skizzen z. Theol. III 67; Erster Blick auf Adrienne von Speyr 68; Einfaltungen. Auf Wegen christl. Einigung 69; Romano Guardini: Reform aus dem Ursprung 70; Schwestern im Geist. Therese von Lisieux und Elisabeth von Dijon 70; Klarstellungen. Zur Prüfung d. Geister 71; In Gottes Einsatz leben 71; Die Wahrheit ist symphonisch 72; Theodramatik I, Prolegomena 73; Der antiröm. Affekt 74; Pneuma u. Institution, Skizzen z. Theologie IV 74; Katholisch 75; Henri de Lubac. Sein organisches Lebenswerk 76; Theodramatik II/1 Die Personen d. Spiels: Der Mensch in Gott 76; Der dreifache Kranz 77; Christlicher Stand 77; Theodramatik II/2 Die Personen des Spiels: Die Personen in Christus 78; Neue Klarstellungen 79; Kleine Fibel f. verunsicherte Laien 80; Theodramatik III, Die Handlung 80; Kennt uns Jesus − Kennen wir ihn? 80; Du krönst das Jahr mit deiner Huld, Radiopredigten 82; Theodramatik IV, Endspiel 83. − **MV:** Das Christliche Jahr, m. R. Seewald 44; Der Sinn der Geschichte, 7 Ess. 61; Der Christ auf der Bühne, m. Manfred Züfle 67; Der Kreuzweg der St.-Hedwigs-Kathedrale in Berlin, m. Josef Hegenbarth 65; Mysterium Salutis I 65, II 67, III/2 70, m. W. Beierwaltes u. A. Haas; Grundfragen der Mystik 74; Prinzipien christl. Moral, m. J. Ratzinger u. H. Schürmann 75; Glaubt ihr nicht, so bleibt ihr nicht, m. Walter Kasper 82. **MA:** Diskussion üb. Hans Küngs "Christ sein" 76; Wer ist Jesus Christus? 77; Theologie d. Befreiung 77; Sich selbst erkennen 82; Christusglaube und Christusverehrung; Theologische Besinnung auf das Mysterium des Höllenabstiegs 82. **H:** Menschen der Kirche 42 − 50 X, N. F. 56 − 66 VIII; Christ Heute 47 bis 66 60 Bdchen; Sigillum 54-65 26 Bdchen;

Horizonte 58-65 X, NF 22 seit 68; Kriterien 63 Bdchen seit 66; Theol. Romanica XIII seit 73; Beten heute 10 seit 72; Christl. Meister 19 seit 79, alles Samml.; Sammlung Klosterberg 42 bis 52; Adrienne von Speyr, Werke, bisher 48 Bde. **Ue:** Claudel, Péguy, Bernanos, Raymonde Vincent, Irenäus, Origenes, Gregor Nyssa, Augustinus, Thomas von Aquin, Ignatius von Loyola, Henri de Lubac, Maurice Blondel, Louis Bouyer, Richard v. St.-Victor, Pascal Cazelles usf. *Lit:* Rechenschaft, Balthasar-Bibl. 65, Bibl. 1925-1975; Bibl. 1925-1980; M. Kehl, W. Löser: In der Fülle d. Glaubens, Balthasar-Leseb. 80. s. a. Kürschners GK.

Baltheiser, Karl; Malerwinkelweg 23, D-8201 Litzldorf. **V:** Die Milchstraßenkinder, sat.-utop. M. 79. ( )

Balzer, Karl; Tölzer Str. 1, D-8173 Bad Heilbrunn. **V:** Sabotage gegen Deutschland 74; Verschwörung gegen Dtld, so verloren wir d. Krieg 78, 2. Aufl. 81. ( )

Balzli, Alice, Hausfrau; Be.S.V. 60; Sternenweg 1, CH-3065 Bolligen (Basel 13.12.11). Kinderbücher, Legenden. **V:** Ich weiß ein schönes Wunderland, Kinderb. 27; Brigitt u. Resli, Kinderb. 57; Sieben Weihnachtslegenden 59; Glück u. Glas, Kinderb. 60; Die Liebe höret nimmer auf, Legn. 65; Seltsame Gäste, Erzn. 78. ( )

Bamberger, Richard, GProf., Generalsekr. Österr. Buchklub d. Jgd. a.D., Dir. d. Intern. Instituts f. Jugendlit. a.D.; Ö.S.V. 57; Rudolf Bärenhartgasse 20, A-1170 Wien (Meidling im Tal/NdÖst. 22.2.11). Jugendliteratur, Lese-Erziehung. **Ue:** E, R. **V:** Der junge Goethe. Lyrik u. Leben 49; Jugendlektüre 55, 65; Dein Kind und seine Bücher 57; Zum Lesen verlocken 67; Jugendschriftenkunde 68, 76; Lese-Erziehung 71, 73; Jugendliteratur u. Buchpädagogik 72; Wie entwickeln wir lebenslange Leseinteressen u. Lesegewohnheiten 74 (engl. 75). − **MV:** Das Ginzkeybuch, Ausw. 48; Zehnjährige als Buchleser 77; Leichter lesen, leichter lernen 83. **H:** Das große Balladenbuch; Mein erstes großes Märchenbuch 60; Mein zweites gr. Märchenbuch 62; Mein drittes gr. Märchenbuch 64; Abenteuer u. Schicksal, Erzn. 78; Kindergedichte

80. — **MH:** Schrr. d. Öst. Buchklubs d.
Jgd. 25 Bde. seit 55; Die Barke 25 Bde.
seit 55; Die Welt von A — Z 52, 73, m. M.
Bamberger 74 II, 78; Die Kinderwelt von
A — Z 55; Die schönsten Gedichte 59;
Öst.-Lexikon 2 Bde. seit 66; Jugend u.
Buch, Zs. seit 55; Bookbird, Zs. seit 63;
Schrr. zur Jugendlektüre XII seit 65; 25
Jahre Öst. Buchklub d. Jugend.
Ue: Gogol: Der Revisor 47; Poe: Der
Brunnen und der Pendel 47; Oscar
Wilde: Der glückliche Prinz 47, 55;
Tolstoi: Lebensstufen 47, u. a.

Bandol, Charlotte, s. Höltschi-Grässle,
Charlotte.

Bangert, Dietrich., s. Derrick, Kay
Ken.

Bankhofer, Hademar, Schriftsteller;
Goldene Möwe (Stockholm) für d.
besten Tiererz. d. Jahres 75, Kulturpr. d.
Stadt Klosterneuburg für Lit. 77,
Goldene Feder, Zürich 79, Künzle-Pr. f.
lit. Bemüh. f. gesundes u. natürl. Leben
83; Neidhardgasse 32, A-3400
Klosterneuburg (Klosterneuburg
13.5.41). Roman, Sachbuch, Essay,
Erzählungen.
V: Treffpunkt Humor, Sat. Erzn. 61;
Tiere, die Schlagzeilen machten,
Tiergesch. 67; Tiere, Stars und
Anekdoten, Tiergesch. 70; Gespenster,
Geister, Aberglaube, Erz. 74; Ungewöhn-
liche Tierfreundschaften, Tiergesch. 75;
Wiener Wochenendführer 76; Tiere als
Lebensretter, Tiergesch. 77; Tierarzt Dr.
Daxmayer, Jgdb. 78; Die großen Natur-
heiler, Erzn. 79; Der Wunderdoktor von
Wien, R. 79; Mensche brauchen Tiere,
Tiergesch. 80; Tiere, unsere besten
Freunde, Tiergesch. 80; Zoowärter
Camillo, Jgdb. 80; Hagen, Wildfohlen
Blizzard, Jgdb. 80; Österreichischer
Kuriositätenführer 80; Geheimnis um
Blizzard, Jgdb. 81; Fritz Eckhardt — Mit
einem Lächeln durchs Leben, Biogr. 81;
Fauni, Flori und die Tiere, Kdb. 81;
Hexenschuß und Heiserkeit 81; Großer
Tag für Blizzard, Jgdb. 81; Der Schatz
von Burg Gruselstein, Jgdb. 82; Öster-
reichischer Gesundheitsführer 82;
Glück aus den Sternen 82; Das große
Buch vom einfachen Leben 82; Das
praktische Handbuch der Naturheil-
kunde 82. — **MV:** Marek u. d.
Frauenmord, R.
R: Fauni, Flori und die Tiere, Fs.-
Serie f. Kinder 80, 81, 82; Wendelin
Grübel, Hsp.-Reihe f. d. Jgd 80, 81, 82;
Coco, der verrückte Papagei, Hsp. f.
Kinder 82.

Bannert, Karl Josef Theodor (Ps. Karl
Jos. Th. Bannert-Sambal, Theo
Signifer), Journalist, Sprachlehrer,
Übersetzer, Doz. a.D.; S.Ö.S. 62; Dt.
Dante-Ges. 50; Post, DDR-8801 Hartau,
Kr. Zittau (21.7.00). Lyrik, Skizze,
Drama, Biographie, Erlebnisbericht.
Ue: Afr, Am, Bulg, D, E, Esp, Estn, F,
Fin, G (Ngr), H (Fläm), Hebr, I, Austr
(Indon), Jidd, L, N, P, Port, R, Rum, S,
Schw, Serbokroat, Slow, Slowen, Sorb, T,
Tsch, U, Ukr, Interlingue u.a.
MV: Jahrbuch deutscher Lyrik 25;
Sendboten-Kalender 26 — 33; Sonntag
der Seele 31; Deutsche Teilung 66;
Besinnung und Einsicht 81 u.a.
Ue: Seit 17 üb. 1000 Arb. in Sammel-
werken u. Zss. d. In- u. Ausldes.

Bannert-Sambal, Karl Jos. Th.,
s. Bannert, Karl Josef Theodor.

Banny, Leopold, Dentist; Schloßgasse
3, A-7322 Lackenbach, Tel. (02619) 8248
(Ungereigen a.d. March 23.11.28).
Kurzgeschichte, Jagderzählung,
Zeitgeschichte.
V: Gänseruf und Keilerfährte 72;
Wind im Gesicht, Jagderlebn. 80; Warten
auf den Feuersturm, Krieg im
Burgenland 83.
F: Die Akzeleration: das Längen-
wachstum der heutigen Jugend 76.

Bantlhans, s. König, Wilhelm.

Baraniecki, Robert Leo (Ps. Ludwig J.
Horn, Roleba); Ö.S.V. 46, L.V.G., Literar-
Mechana; G. dr. S. u. K. 47, A.K.M. 47;
Johann Straussg. 8/2, A-1040 Wien, Tel.
(0222) 654388 (Wien 27.9.14). Schauspiel,
Roman, Hörspiel, Kurzgeschichte,
Erzählung.
V: Musik aus Wien, Nn 47;
Geschichten aus dem Wienerwald 48;
Eva mit dem Pfirsich, R. 50; Um einen
Gast zuviel, R. 53; Achtung, Geheim-
sender ..., Jgdb. 54; o. k. Jonny, Jgdb. 56;
Geisterstunde entfällt, Jgdb. 57;
Bezaubernde Feen, Lsp. 82. —
MV: Himmlisches Bezirksgericht, Sch.
m. A. Zemann-Domansky 50; Liebes-
manöver, Schw. 60; Der Wundertrank,
Lsp. 65; Zum goldenen Fassl, m. A.
Zemann u. R. Karger, Volksst. 75.
F: Lachendes Wien 59.
R: Der Tänzer unserer lieben Frau 49;
Der Blick in das Paradies 49; Märchen
der Völker, Hsp.-Zyklus; Mon cher papa
59; Goldene Trauben 60; Herz im Hirn
76, alles Hsp; Ein verrücktes Paar, Fsp.
78, 80; Es ist angerichtet, m.a., Fsp. 83.

Baranski, Adalbert, Kammermusiker,
D-6700 Ludwigshafen am Rhein, Tel.

(0621) 567940 (Stralsund 11.12.03).
Kinderbuch.
V: Das Kasperlebuch 55; 5 Märchen
aus Hain und Flur 63. ( )

Barbara, s. Resch, Roswitha.

Barbara, Anna, s. Koschelu, Anna.

Barbe, Till, s. Barth, Oskar.

Barcava, Stefan, Dramaturg, Schrift-
steller; VS, Bad.-Württ. 50, ISDS 76,
RFFU; Gerhart-Hauptmann-Pr. d.
Freien Volksbühne Berlin 53, Förderg.
d. Schiller-Gedächtnispr. d. Ldes Bad.-
Württ. 55; Dram. Ges. 53, Dram.-Un. 53;
Hergenhahnstr. 26, D-6200 Wiesbaden,
Tel. (06121) 529420 (Rochsburg 26.8.11).
Drama, Lyrik, Novelle, Essay, Film.
V: Die Gefangenen, Sch. 53; Internat,
Sch. 55; Zinnober 55.
MA: Harfen im Stacheldraht, Anth.
54; Und bringen ihre Garben — Aus
russ. Kriegsgefangenschaft 56; Brot u.
Wein, Dichtergabe aus Südwestdtld 7. F.
59; Überm Stall ein Stern, Weihnachts-
geschn. aus aller Welt 65; Werden 70, Jb.
f. d. dt. Gewerksch. 70; Fernsehkritik —
Mainzer Tage d. Fs.kritik Bd. 4 72;
Phänomen Fernsehen, Aufgaben,
Probleme, Ziele, dargest. am ZDF 78.
R: Der häßliche Harras 54; Heinrich
IV. und Gregor VII 57; Das kluge Fünf-
markstück 57; Der hilfreiche Maulwurf
57; Amundsen u. Scott erobern d. Südpol
57; Lydia — od. das Wort f. Gerechtig-
keit 60, alles Hsp. f. d. Schulfk.; Fräulein,
pardon, Fs.-Revue I u. II 57; Nächtliches
Abenteuer 59; Spuk auf dem Dachboden
60; Abenteuer m. Telemekel, 6tlg. 60/61;
Kampf m. d. Unterwelt 61; Camping m.
Hindernissen 62, alles Puppenf.; Fsf. f. d.
Rätselsend.: Da stimmt was nicht 60/61;
Ein Königreich f. e. Bett, Fs.-Musical 63;
Die Nothelfer, Jgdf.-Serie I, II, III.

Barck geb. Herzog, Lisa (Karlsruhe
15.8.94). Lyrik, Essay, Jugendbuch.
V: Die Stille Stunde, G. 46, 47; Die
Wichtelhochzeit 49. ( )

Barckhausen, Christiane,
Dolmetscherin, Schriftstellerin; SV-
DDR 78; Wildensteiner Str. 20, DDR-
1157 Berlin, Tel. 5081486 (Berlin 9.5.42).
Roman, literarische Reportage,
Hörspiel, Übers. **Ue:** S, F.
V: Mañana, mañana, Erlebnisse in
Mexiko 80; Doroteos gefährlicher Weg,
Kdb. 81; Wie ein Vulkan, Begegnungen
in Nikaragua 82.
F: Ein April hat 30 Tage (Mitarb.).
R: Der kleine Lehrer, Hsp.-R.

Ue: José Vicente Abreu: Die Hölle von
Caracas 69; Luis Corvalàn: Aus meinem
Leben 78; Nguyen Ngoc: Die Feuer der
Ba-na 82.

Bardili, Johanna, Dramaturgin,
Journalistin; Nördl. Seestr. 19, D-8193
Ammerland/Starnberger See (Augsburg
2.9.37). Roman, Film. **Ue:** I, E.
V: Das Tonband in der Schultasche
73, 75; Für Erwachsene verboten 74, 75;
Wer rettet Rex? 75, 77; Die Gefahr aus
der Kiste 77; Wipp und Murkel 78, alles
Jgd.-R.
F: (MV): Snuff, Dok.-F.; Martin Buber
78.
Ue: Vorsicht, Erbschleicher 79; Das
unheimliche Geisterpferd 79; Der Schrei
aus dem Turm 80, alles Jgd.-R. ( )

Baring, Richard Maurice *

Barisch, Hilde; Dorfweg 27a, D-5804
Herdecke, Ruhr, Tel. (02330) 72497.
V: Das Mädchen mit den Marionetten,
Gesch. 65; Friedericke 71; Sportgesch.
aus erster Hand 71, 77; Wildwasser,
Boote u. Monika 72; Den Tieren auf d.
Spur 75, 78; Mit wilden Tieren leben 79;
Leben in Gefahr 80; Tiere bei uns zu
Haus 82; Ferien auf dem Schultenhof 83,
alles Jgdb.

Bark, Horst, Werbeökonom; Waldstr.
2, DDR-5322 Bad Sulza (Marl, Kr.
Recklinghausen 4.11.28). Erzählung.
V: Peter bleibt ehrlich, Erz. 77. ( )

Barner, G. F., s. Basner, Gerhard.

Barnewold, Ernst, s. Nolting-Hauff,
Wilhelm.

Baroth, Hans Dieter, s. Schmidt,
Dieter.

Barr, Christopher, s. Gamber, Hans.

Barr, Mira, s. Zadek, Walter.

Barring, Ludwig, s. Schreiber,
Hermann.

Barry, Roland, s. Bull, Bruno Horst.

Bars, Edda, Dr. phil.,
Kunsthistorikerin; Wurzerstr. 16, D-8000
München 22, Tel. (089) 220855 (Berlin-
Charlottenburg). Drama, Roman,
Rundfunksendung, Kinder- u. Jugend-
buch. **Ue:** E.
V: Schicksal Warenhaus, R. 60;
Sommer im Dünenhaus 68; Eine
Freundin fürs Leben 68; Tante Bettys
Kinderladen 69; Bärbl der Lausbub 70;
Freundschaft am Mittelmeer 71; Das
Geheimnis der verfallenen Berghütte
71; Drei Wochen voller Abenteuer 72;
Wie das Faultier fleißig wurde 73;
Sabine findet d. Schatzhöhle 74; Das

Mädchen Christiane 74; Jubel um Tania 75; Alle warten auf Tania 76; Das vertauschte Julchen 76; Julchen hilft Julchen 77; Der verzauberte Regenschirm 78; Meine beste Freundin 79; Das Mädchen von irgendwo 79; Sabinchen Nimmersatt 79; Eine Überraschung für Suse 80; Viel Wirbel im Wiesenhof 81; Ein lustiges Haus 82, alles Jgdb.
F: Der Richter 60/61.
R: Der Siebente Schleier, Hsp. 53; Land aus dem Meer, Rdfksend. 62; Das Neue Bewußtsein, Rdfksend. 65.
Ue: Muriel v. Sydney Bo: Der Siebente Schleier 53.

Bars, Richard; EM: GEMA, V.D.B.S. (D.U.), Dt. Textdichterverb.; R. Strauß-Med., GEMA-Ehrenring 70, GEMA-Ehrenmed. 82; Hallerstr. 50, D-2000 Hamburg 13, Tel. (040) 445789 (Berlin 15.8.90). Bühnenwerk, Hörspiel.
V: u. MV: Ihre Hoheit die Tänzerin; Die tanzende Helena ; Die Spitzenkönigin; Die schwarze Rose; Lady Hamilton; Messalinette; Die Herren von und zu...; Der Graf von Cagliostro; Die Tugendprinzessin; Der Liebling der Welt, alles Optte; Weidmannsheil, Lsp.; Fräulein Hansen aus Kopenhagen, Lsp.; Die vier Schlaumeier, Volksst., u. v. a.
B: Der Bettelstudent; Der Vogelhändler; Fledermaus; Gasparone.

Bartaschek, Wilma, Gemeinderätin, Hausfrau; Arbeitsgemeinschaft Literatur; Dachsbergergasse 10, A-3500 Krems/D., Tel. (02732) 68954 (Wien 14.3.14). Lyrik.
V: Krems, erlebt und erschaut, Verse u. Prosa 68; Wachau, Landschaft am Strom, Verse u. Prosa 73; Ernstes und Heiteres vom Wein, Weing. 75; Geliebtes Jahr, G. 78.
MA: Erdachtes-Geschautes, Prosaanth. Öst. Frauen 75; Wie weise muß man sein, um immer gut zu sein, Anth. 73; Stillere Weihnacht, Weihnachtserzn. u. G. 74. ( )

Bartels, Gerda, Angestellte i.R.; DAV seit 64; Freudenthal-Ges. seit 68; Im Kleinen Bruche 1, D-3000 Hannover 91, Tel. (0511) 493331 (Bettrum, Krs. Hildesheim 17.1.17). Lyrik u. Kurzprosa in nddt. Sprache.
V: Owern Barg weiht de Wind, Lyr. u. Kurzprosa in nddt. Spr. 80. —
MV: Twischen Bronswiek un Hannower 82.

Bartels, Steffen, Student; Im Hassel 40, D-3400 Göttingen (Göttingen 21.5.60). Poesie, Lyrik, Übers. **Ue:** E.
V: Irgendeine Art von Freiheit, Lyr. 79; Eine Hand voll Regen, Lyr. 80, 2.Aufl. 81; Unsterblich, Lyr. 82, 2.Aufl. 83.

Barth, Helmut, D-7951 Sulmingen (29.3.33).
V: Tiererlebnisse in sechs Kontinenten 74. ( )

Barth, Herbert, Lt. d. Internat. Jgd.-Festsp.treffens u. 1. Vors. d. Intern. Jugend-Kulturzentrums; Grand Prix du Rayonnement Français de l'Acad. française, Gold. Ehrenring d. St. Bayreuth 80; Eichendorffring 112, D-8580 Bayreuth, Tel. (0921) 65108 u. 44034 (Erfurt 18.1.10). **Ue:** Schw.
V: Der Überfall, Knabensp. 31.
H: Das Bunte Leben, Samml. dt. Erzn. 41 — 44; Die Kunst zu lesen und zu schreiben. Rat u. Weisung dt. Dichter und Denker f. alle Jünger u. Freunde d. Dichtkunst 49; Jahrbuch der Musikwelt 49; Internationale Wagner-Bibliographie 1945 - 55 56, 1967 - 78 79; Bayreuth in der Karikatur 57; Hanna Barth. Eine Erinnerungsgabe ihrer Freunde 61; Atmosphäre Bayreuth 66, 75; Richard Wagner und Bayreuth in Karikatur und Anekdote 70; Der Festspielhügel. Richard Wagners Werk in Bayreuth 73, 76; Bayreuther Dramaturgie 80. —
MH: Allgewalt Musik. Bekenntnisse v. Musikern u. Dichtern 50; Du holde Kunst, Ausw. d. schönsten Musiker-Nn 51; Der deutsche Wald, Ausw. d. schönsten Lyrik u. Prosa 53; Wagner. Sein Leben, sein Werk u. seine Welt in zeitgen. Bildern u. Texten 75, 76.

Barth, Klaus, Student; Desire & Gegenrealismus; Hafenstr. 25H, D-6000 Frankfurt a.M. 1, Tel. (0611) 253396 (Gernsheim 19.6.52). Drama, Roman, Prosa, Lyrik.
V: Er, R. 77; Delirium I, Prosa 81; Isolationszyklus, G. 82.

Barth, Oskar (Ps. Till Barbe, Sep Rubin), Ingenieur; F.D.A. 79, ISDS 79, IGdA 79, RSGI 80; AWMM-Buchpr. 83; Turmbund 79, Lit. Freunde Klosterneuburg 79; Zum Wendelstein 18, D-6645 Beckingen 3, Tel. (06835) 7645 (Weiler/Stadt Merzig 3.11.10). Roman.
V: Komödie der Illusionen und Kontraste 78; Das Geheimnis vom Virgental 79; Der blaue Schwan 80; Die Abenteuer des Försters vom Geigelstein, Tatsachenr. 82.

Barth, Peter *

Bartheel, Carla, Schriftstellerin, Malerin; VS Berlin-BBK 31; Albrecht-Achillesstr. 2, D-1000 Berlin 31, Tel. (030) 8912141 (5.7.02). Reisebücher, volkskundliche Erlebnisschilderungen.
V: An der Eismeerstraße 39; Unter Sinai-Beduinen und Mönchen 43, beides Reiseschilderungen.

Barthel, Friedrich, Dr.; Auerbacher Str. 2d, DDR-9704 Falkenstein (Falkenstein 30.8.03).
V: Erdepfelblumme, Gesch. u. G. i. Mda. 66, 69; Bunte Fischle. Geschn. i. d. Mda. d. östl. Vogtldes 72.
H: Alleweil höhauf. E. heiteres Vortragsbuch in vogtländischer Mda. 67, 71; Wie iech miech af Weihnachten fraa. E. vogtländ. Weihnachtsb. 70, 79; Dort wue dorchs Land de Elster fließt, Anth. 80. ( )

Barthel, Manfred (Ps. Michael Haller, Wolfgang Hellberg), Dr. phil., freier Schriftsteller; Jaiserstr. 29 a, D-8023 Pullach/Isartal, Tel. (089) 7932195 (Chemnitz 25.2.24). Sachbuch, Roman, Film. **Ue:** E, F.
V: Heinz Rühmann 50; Die Zeitung — kurz belichtet 51; Der Film — kurz belichtet 52; Bücher — Erlesene Freunde 53; Auf Wiedersehen, Uli, R. 54; Sein größter Fall, R. 55; Schinderhannes, R.; Das chinesische Wunder, R. 77; Das Paradies hat 18 Löcher 78; Was wirklich in der Bibel steht, Sachb. 80; Die Jesuiten, Sachb. 81; Kraft und Sicherheit, Sachb. 81.
B: Peter Voss, der Millionendieb; Macht u. Geheimnis der Templer 79; Das Geheimnis d. Goten 81, beide auch übers.
H: Schauspielerbriefe aus zwei Jahrhunderten 49, bearb. Nauaufl. 83; Mieder und Leier, Anth. aus Schriften Moritz Gottlieb Saphirs 80; Guinness: Buch der Rekorde, dt. Ausg. 80. — **MH:** Die Tarzanfilme 83; Signaturen 83, beides Tb.
F: Erinnerungen an die Zukunft, Dok.-F. nach Dänicken; Der Maulkorb nach Spoerl (Mitautor); Botschaft der Götter, Dok.-F. nach Dänicken; Und die Bibel hat doch recht, Dok.-F. nach Werner Keller; Das chinesische Wunder, Spielfilm (Mitautor); Mitautor bei sämtl. Jerry Cotten-Kriminalf.

Barthelmeß-Weller, Usch, Kindertherapeutin, Regisseur u. Autor von Fernsehfilmen; VG Wort; Homburgerstr. 8, D-1000 Berlin 33, Tel. (030) 8215054 (Konstanz 14.2.40). Drehbücher, Film,

Erzählung, Roman (für Kinder u. Jugendliche).
MV: Boris und Lila, Erzn. 76; Bevor die Eltern kamen, R. 76, beide m. Werner Meyer.
F: Die Kinder aus No: 67 od. Heil Hitler, ich hätt gern 'n paar Pferdeäppel ..., Spielf. m. W. Meyer 80.
R: Bonbons umsonst, Spielf. f. Kinder; Thomas und Sven, Spielf. f. Kinder; F. f. Vorschulprogr. u. ein Kindermagazin.

Bartholemy, Ilse, Hausfrau, Pensionärin; Römerstr. 118/2907, D-5300 Bonn 1, Tel. (0228) 5562907 (Bonn 10.7.04). Roman, Novelle.
V: Sei mir gegrüßt ..., R. e. Dirigentin 80; Selbstmord aus zweiter Hand u. a. Szenen aus d. Tageb. e. Burgschloß-Krankenhauses 82.

Bartl, Rudolf, ObStudR.; Meiersberg 3, D-6370 Oberursel, Ts. 1, Tel. (06171) 24703 (Timisoara/Rumänien 23.10.20). Roman.
V: Drei erobern den Wind, Erz. f. Jungen 54; Das Geheimnis der Rodeck-Alm, Erz. 57.

Bartos-Höppner, Barbara; VS 59, P.E.N.-Zentr., London 70, P.E.N.-Zentr. BRD 79; Auswahlliste Dt. Jgdb.pr. 58, 60, 62, 64, 66, 69, 79, 1. Preis d. N. Y. Herald Tribune Children's Spring Book Festival 63, Dipl. of Merit d. Intern. Hans Christian Andersen-Preises 68, Österr. Staatspr. f. Jgdlit., E.liste 75, 77, Europ. Jgdb.-pr., E.liste 76, 82, Bdesverd.kr. a. Bande 77, Christophorus-Preis 77, Fr.-Gerstäcker-Pr. 78, Gr. Pr. d. Dt. Akad. f. Kinder- u. Jgdlit. 82; Akad. f. Kinder- u. Jgdlit. 76; Haus im Bärenwinkel, D-2152 Nottensdorf, Tel. (04163) 2914 (Eckersdorf, Kr. Bunzlau/Schles. 4.11.23). Jugendbuch, Kinderbuch, Bilderbuch, Reisebuch, Roman.
V: Wir wollen Freundschaft schließen, Nina!, Mädchenb. 56; Die Töchter des Königsbauern, Mädchenb. 56; Der gezähmte Falke 57; Das tönende Holz 58; Entscheide dich, Jo! 59; Kosaken gegen Kutschum-Khan 59; Taigajäger 60; Rettet den großen Khan! 61; Sturm üb. dem Kaukasus 63; Aufregung im Reimerhaus 63; Achtung- Lawine! 64; Die Bucht der schwarzen Boote 65, alles Jgdb; Hein Schlotterbüx aus Buxtehude, Bilderb. 66; Aus einer Handvoll Ton, Jgdb. 67; Aljoscha und die Bärenmütze 68; Schnüpperle. 24 Gesch. z. Weihnachtszeit 69; Marino lebt im Paradies 69; Das Schützenfest 69, alles Kinderb.; Die Laternenkinder, Bilderb. 70; Ein Ticket nach Moskau, Reiseb. 70;

Die Königstochter aus Erinn, Jgdb. 71;
Ferien mit Schnüpperle, Kinderb. 72;
Ponyfest m. Schnüpperle, Kinderb. 73;
Ein schönes Leben f. d. kleine Henne,
Bilderb. 74; Tausend Schiffe trieb d.
Wind, Jgdb. 74; Auf dem Rücken d.
Pferde, Jgdb. 75; Ich heiße Brummi,
Bilderb. 76; Die Mädchen v. d. Insel,
Mädchenb. 77, Barbara Bartos-Höppner
erzählt Tiermärchen 77, Barbara
Bartos-Höppner erzählt Wintermärchen
77; Silvermoon — Weißer Hengst aus d.
Prärie 77; Barbara Bartos-Höppner
erzählt Zaubermärchen 78; Die Ponys
von Gulldal 78; Das gr. Buch d.
schönsten Schwänke 79; Silvermoon —
Zwischen Cowboys u. Comanchen 79;
Meine allerliebsten Bäume, Bilderb. 79;
Barbara Bartos-Höppner erzählt
Gruselmärchen 80; Die Bonnins — Eine
Familie in Preußen, R. 80; Das große
Bartos-Höppner-Buch 80; Meine
allerliebsten Tiere, Bilderb. 81;
Silvermoon — Geschichten am Lager-
feuer 81; Bartos-Höppners-Weihnachts-
ABC 82; Der Freischütz, Opernerz. 82;
Die Erben der Bonnins, R. 82; Riesenge-
birge in alten Ansichtskarten, Bildband
82. — Übers. in 14 Sprachen.
MA: Das bunte Fenster 58; Stern und
Stiefel 65; ... der jungen Leser wegen 66;
Kinderland - Zauberland 67; Schrift-
steller erzählen von ihrer Mutter 68; Mit
den Kindern dieser Erde 69;
Medikament Freude 69; Das nette
Krokodil 70; Schriftsteller erzählen von
der Gewalt 70; Ein Kinderbuch quer
durch die Welt 71; Spukgesch. von
überallher 72; Geschichten aus dem
Räuberhut 72; Die Kinderfähre 72;
Tabak u. Pflaumenkuchen 73; Schrift-
steller erzählen aus aller Welt 73; Am
Montag fängt d. Woche an 73; Bunt wie
ein Pfau 75; Die Großen der Welt 76; Auf
der ganzen Welt gibt's Kinder 76; Das
Bilderb. z. Frühlingszeit 78;
Weihnachtsträume 79; Jedes Jahr ist
Weihnachten 79, alles Anth.
H: Weihnachtsgeschichten unserer
Zeit 71; Tiergesch. unserer Zeit 72;
Abenteuergesch. unserer Zeit 73;
Mädchengesch. unserer Zeit 74;
Schulgesch. unserer Zeit 75; Kriminal-
gesch. unserer Zeit 76; Kalendergesch.
unserer Zeit 77; Die schönsten
Geschichten unserer Zeit 78; Kinder-
lieder unserer Zeit 78; Der polnische
Leutnant 80, alles Anth. — **MH:** Das
große Weihnachtsbuch 79; Das große
Buch zur Guten Nacht 80; Das große
Buch der schönsten Tiererzählungen 82,
alles Anth.

S: Ich heiße Brummi 78; Tiermärchen
78; Zaubermärchen 79.
Lit: Barbara Bartos-Höppner - 20
Jahre Jgdb.autorin 76.

Bartoschek geb. Rechlin, Eva (Ps. Eva
Rechlin), Schriftstellerin; VS 52;
Ehrenliste d. Intern. Jgdbuchpreises
Hans-Christian-Andersen 56 f. Tonki
soll leben; Artenreitring 20, D-8240
Schönau am Königssee, Tel. (08652) 2595
(Prillwitz/Mecklenb. 17.9.28).
Jugendbuch, Lyrik, Hörspiel, Laienspiel,
Fernsehspiel, Chansontexte.
V: Die Schatzsucher aus der Guster-
gasse, 52, 60; Die kleinen Geheimnisse
53, 61; Wir steuern das Schiff zu dritt 54;
Das große Abenteuer des kleinen
Schakal 54; Der Mond kommt von Finn-
land 54; Wie Gott die Welt erschuf,
Verse f. Kinder 54; Der liederliche
Ferdinand 55; Eveline und die anderen
55; Tonki soll leben 55 (auch schwed.);
Christof und Johanna 57; Ahimeh 58
(auch afr.); Wie Noah in die Arche ging,
Verse f. Kinder 58; Die Arche Noah 59;
Vom Mondmichel 59; Die Töchter 60;
Wir wandern in den Zoo 61, alles Jgd.- u.
Kinderb.; versch. Laisp. 56; Till u. Tina
im Gebirge 63; Vaterland - deine Kinder
63; Das Schiff in den Wolken 63;
Hafengasse Nr. 8 64; Rot - Gelb - Grün
65; Barbara 65; Der Kinderkönig 66;
Quartier im Pastorat 66; Drops 67;
Katharina, Karin 67; Dominique, junger
Gast aus Frankreich 69; Das Ungeheuer
von Klippeneiland 70; Kall und der
Zauberer 70; Krishan-Geschichten 71;
Windstoß aus Jarusalah 71; Krishan und
Katinka 72 (auch finn.); Der grüne
Hurrikan 72; Der-lein-ünstler-asimir u.
sein-luger-a-adu 72; Straße-Schiene-
Tante Nina 72; Tankstelle Kaleschke 73;
Ein Huhn mit 2 Was legt 3 Was? 73;
KOMM, ES GEHT LOS: Stimmen
haben Wind u. Tier u. Eine Woche Lira-
laura 73; In der Minute die jetzt ist 74
(auch ung.); Bébé Bernadette 74; Etwas
wie Freundschaft oder mehr 76; Alarm
im Schloßmuseum 78; Was wird aus
Monika 78 (auch holl., norw. 80); Gottes
Sohn ist heut geboren, m. Cassette 79;
Tom Quarky und die Minis von Polstar
80; Spuk im Hochhaus 80; Wollweber-
straße Nr. 2 81; Anita und die Back-
werkdetektive 82; Dora Diana —
Töchter u. Söhne von Ephesus 83.
MA: Wiedersehen in Saint Malo 71;
Schul-Lesebücher u. Anth..
F: Ahimeh; Das Schiff in den Wolken;
Der marmorne Großvater; Hafengasse

Nr. 8; Antonia nach V. Der liederliche
Ferdinand, versch. Kinderfs. - Beitr.
R: Nachtwächter-Spinning-Serie 64 —
70; versch. Kinderfkbeitr.; König
Hänschen trifft Janusz Korczak, 2-teilig;
Alarm im Schloßmuseum, Fs. 83.
S: Der Walddoktor 65; Komm, es geht
los 73, 77; (MA) Betty's Beatboxhaus;
Laßt Gottes Lichter brennen, geistl.
Chansons 76; 21 Wagen; Von deiner
Liebe bin ich reich, Liebeslieder n. d.
Hohelied, u.a.; Der Hund ihres Lebens
79-80 u.a. Hundegeschn, Cassette;
Christiangeschn — Christian u.
Caroline, Cassette.
Lit: R. Bamberger: Jugendlektüre II
65.

Bartsch, Albert, Pfarrer; Thomas-
Müntzer-Str. 2, DDR-9702 Bergen, Kr.
Auerbach/Vogtld., Tel. 317 (St.
Petersburg 18.12.13). Lyrik, Erzählung,
Spiel.
V: (MV) Sonne und Segen, G. 54, 57;
Wir preisen Gottes Namen,
Vortragsdicht. f. d. Kirchenjahr 1955;
Zeit ist Gnade, Erz. u. G. 58, 60; Das
Zeichen des Heils, G. 61; Herr, bin ich's?
G. 65; In Gottes Liebe gebettet. E.
Taufbüchlein f. Mütter, Väter u. Paten
65, 69; Offene Herzen, offene Türen 68;
Ein Leben der Liebe 70; Dir
zugesprochen, G. 71; Getroster Weg,
Bild-Lyrikbd 71, 75; Grüne Hochzeit, G.,
Erz. 72; Alles was ihr tut, G.-Erz. 74; Ein
neues Jahr steigt vor dir auf, G., Erz. 74,
76; Gute Wegfahrt, Bild-Lyrikbd 74, 76;
Zuspruch, Bild-Lyrikbd 77, 78; Um zu
genesen, Lyrik, Meditation 77, 79; Gottes
Geleit, Bild-Lyrikbd 79, 3. Aufl. 81;
Getrost auf guten Weg, Bild-Lyrikbd 80.
H: Wegweisende Hände, Anth. 57. ( )

Bartsch, Friedrich, Dr. phil.,
Kirchenrat (Treumark 24.12.98).
Erzählung.
V: Unbekannte Kirche, Sch.-R. IV;
Das Brüderdorf. Ferienbriefe an einen
Freund 47.
MA: Christ u. Buch, Jbb. I 70, II 71.
H: Gute Gefährten 47; Der Zuspruch,
Schr.R. 47; Friede auf Erden 49; Er ist
wahrhaftig auferstanden 50; Verhaißung
und Erfüllung im Alten und Neuen
Testament 52; Vertrauen tut not, 54; Die
Tür der Worte. Alm. 55 — 60; Gemeinde
Gottes in dieser Welt. Festgabe f.
Friedr.-Wilh. Krummacher z. 60. Geb. 61;
Bildnisse evangelischer Menschen, 6.
Aufl. 81. ( )

Bartsch, Heinrich, Stadtarchivar i. R.
(Waldenburg/Schles. 14.9.04). Roman,

Novelle, Hörspiel, Heimatgesch.,
Ostgesch.
V: H: Pflug und Schwert, R. 39; Die
Reiter des Satans, R. 41; Noch weht
Preußens Fahne, R. 41; Hans Wolf, der
Freirichter von Oberlangenau, Erz. 56;
Graf Goetzen, der Verteidiger von Glatz,
Erz. 56; Erkämpfte Heimat, R. 57; Sturm
aus dem Osten, Erz. 58; Unvergessene
Waldenburger Heimat, Heimatb. 69; Die
Städte Schlesiens 77. ( )

Bartsch, Klaus-Ulrich (Ps. Ulrich
Bartsch-Siling), StudDir. a.D.; Kühnstr.
13, D-4600 Dortmund 50, Tel. (0231)
717461 (Breslau 31.8.15). Lyrik, Novelle.
V: Orte, Menschen, Visionen, G. 79;
Ein Schiff nach Bethlehem, G. u. Gebete
83.

Bartsch, Kurt, Schriftsteller; SV-DDR
74-79, P.E.N.-Zentrum Bdesrep. Dtld;
Detmolder Str. 16, D-1000 Berlin 31
(Berlin 10.7.37). Lyrik, Novelle, Drama.
V: Poesiealbum 13, Lyrik 68; Zugluft,
G., Spr., Par. 68; Die Lachmaschine, G.,
Songs u. e. Pr.fragm. 71; Kalte Küche,
Par. 74, 75; Der Bauch, Songsp. 77;
Kaderakte, G. u. Pr. 79; Wadzeck, R. 80;
Geschichten vom Floh, Kdb. 81.
Ue: Moliere: Der Menschenfeind 74;
Aristophanes: Die Vögel 78, Die
Acharner 82.

Bartsch, Rudolf; SV-DDR 48; 1. Preis
im Volkskulturpreisausschr. 56
(Rosenberg/OS. 15.9.29). Roman, Novelle,
Lyrik.
V: Man kann nicht immer stumm
sein, R. 53, 56; Tür zu — es zieht, R. 56;
Geliebt bis ans bittere Ende, R. 58, 77;
Ein Zug fiel aus, Erz. 60, Fahrerflucht,
Erz. 60; Schüsse am Gefängnis 61;
Diskretion, R. 62; Aufruhr in Bangsville,
R. 68; Zerreißprobe, R. 69; Der Mann,
der über den Hügel steigt, Krim.-R. 72,
81; Die verwandelte Sonne, Kinderb.
72. — **MV:** Offen steht das Tor des
Lebens, Anth. 51; Aufwind, Endspurt,
linker Haken, Erz. 53, u. a. Anth.
R: Der Fund, Fsp. 64; Sprengung, Fsp.
65; Coeur d'alène, Hsp. 71; Blick in die
Tiefe, Hsp. 71. ( )

Bartsch, Rudolf Jürgen, Schauspieler,
Regisseur; VS 75; Moritz-von-Schwind-
Str. 6, D-5000 Köln 50, Tel. (0221) 353929
(Köslin 17.10.21). Roman, Erz., Lyrik,
Drama, Hörspiel, Essay.
V: Krähenfang, R. 64.
MA: Dichter erzählen Kindern, Anth.
66, Tb. 69; Straßen u. Plätze, Anth.;
Erlebte Zeit, Anth. 68; Erzählungen aus
Pommern, Anth. 73; Das neue weißrote

Ungeheuer, Alm. 77; 47 und elf Gedichte
über Köln, Anth. 80.
MH: Das neue weißrote Ungeheuer,
Alm. 77.
R: Über die Grenze 71; Dressur-
prüfung 72; Das Essen 72; Stillstand,
leicht vergrößert 73, alles Hsp.;
Deutschland — aber wo liegt es? Film-
Ess. 81.

Bartsch-Siling, Ulrich, s. Bartsch,
Klaus-Ulrich.

Bartus, Jutta; SV-DDR 63 — 77, VS 78;
Erich-Weinert-Med. 62, Fernsehlorbeer
in Silber d. Dt. Fernsehfk. 62, 71,
Soltauer Autorenpr. 82, Stip. im Künst-
lerhaus Schreyahn 82/83, c/o
Oberbaum-Verlag, Berlin (West)
(Breslau 11.1.26). Drama, Lyrik, Roman,
Novelle, Fernsehfilm, Hörspiel, Feature.
V: Geboren unter schwarzen
Himmeln, R. 63, 75; Ruth-Novellen, N.
79; Scharfe Kanten, Lyrik 80.
MA: Nachtfahrt, Erz., in: Antworten
79; Außer Atem, Erz., in: Reise ans Ende
der Angst 80.
R: Die böse Welt, Fsf. 60; Geboren
unter schwarzen Himmeln, Fsf. m. R.
Böhm 62; Drei Frauen, Fsp. 63; Das
Fundament, Fsp., Sch. 64; Fremdes Blut,
Hsp. 66; Die Umfrage der Frau
Mitschuleit, Hsp. 67; Die Sorgen der
Ruth Jensen, Hsp. 68, Sch. 70; Prüfung
in Breida, Fsp. 70; Bürgschaften, Fsf. 72;
Alleingang, Fsp. 73; Eine von ihnen, Fsp.
74; Geht es euch gut, Marie?, Hsp. 83.

Bartuschek, Helmut, Dipl.-
Bibliothekar, lit. freischaffend; SV-DDR
48; Leipziger Literaturpreis 38, Ehren-
gaben der Deutschen Schillerstiftg. seit
59; Perthes-Str. 6, DDR-7010 Leipzig
(Gleiwitz/OS. 25.12.05). Lyrik, Essay.
Ue: F, S, E, I.
V: Erde, G. 38; Verwandelte Welt, G.
62; Fährten und Horizonte, G. 62; Die
Häutung des Schlangenkönigs, ausgew.
G. u. Nachdicht. 83.
MA: Anthologie jüngster Lyrik, N. F.
29; Mit allen Sinnen 32; Die Ernte der
Gegenwart 40; Das deutsche Gedicht 41;
Guillaume Apollinaire, Lyr. 53; Salut
Silvester. Dt. Neujahrsged. v. Barock bis
in unser Jahrh. 60; Ad den Besten:
Deutsche Lyrik auf der anderen Seite,
G. 60; Religiöse Lyrik des Abendlandes
58; Panorama moderner Lyrik 60;
Französische Lyrik von Baudelaire bis
zur Gegenwart 61, 70, u. a.; Tränen und
Rosen, Krieg u. Frieden in G. aus fünf
Jahrtausenden 65; Die Waage, Anth. z.
800-Jahrfeier d. Stadt Leipzig 65;
Ferdinand Avenarius: Balladenbuch 66;

Schöne Erde Vaterland, bibliophile
Anth. 69; Spiegel unseres Werdens.
Mensch u. Arb. in d. dt. Dicht. v. Goethe
b. Brecht, Lyrik-Anth. 69; Die große
Walz. Das Handwerk im Spiegel d. Lit.
d. 19. u. 20. Jhs 74, 76; Das
Weihnachtsbuch, Anth. 73, 79.
Ue: Maupassant: Fettklößchen 50, 61,
Die lieben Verwandten u. a. heitere
Erzn. 52, Meisternovellen I, II, 54 — 56,
III 57, 65; I - III 60, 73, Contes u.d.T.: Von
der Liebe, Nn. u. Geschn. 54, 70, Das
Brot der Sünde, Nn. 60, 65; Mérimée:
Auserlesene Novellen 51, 79; Paul
Arène: Contes de Provence u. d. T.:
Carmentrans Ende, Geschn. 52; Norbert
Casteret: Im Dunkel der Höhlen,
Erlebn.-Ber. 55; Französische Liebes-
geschichten von Nodier bis Maupassant
57, 78; Der gallische Hahn, G. 57; Victor
Hugo: Bug Jargal u.d.T.: Die schwarze
Fahne, R. 62, 72; Maupassant: Pariser
Abenteuer, Künstlergeschn. 63, 64;
Charles de Coster: Flämische Mären 63;
Sylvain Maréchal: Das jüngste Gericht
der Könige 63; Emile Zola: Um eine
Nacht der Liebe, Nn. 66, 69; Gustave
Flaubert: November, N. 66, 74; Werner
Forman u. Bjamba Rintschen:
Lamaistische Tanzmasken 67; Welt-
humor, Prosa-Anth. 69; Maupassant: In
Paris und auf dem Lande 69;
Maupassant: Das Haus Tellier, Nn. 70;
Charles Nodier: Die Liebe u. d. Zauber-
buch, Erzn. 75; Arthur Rimbaud:
Gedichte, zweispr. 76.
Lit: P. Garnier: Un Solitaire. H.
Bartuschek (Le Journal des poètes) 62;
P. Gosse: Durch Schuldschutt, Bemerk.
üb. H. B. (NDL H. 12) 79; U. Berkes, W.
Trampe: Goethe eines nachmittags,
Porträtg. 80.

Barüske, Heinz, Prof., Skandinavist,
freier Schriftsteller; Kogge; Stud.pr. d.
Stadt Minden 71, Ritterkr. d. isländ.
Falkenordens 75, Prof. e.h. 75, Ritter-
kreuz 1. Grades d. Danebrog-Ordens 77;
Korr. Mitgl. v. Dansk Forfatterforening
72; Wittstocker Str. 8, D-1000 Berlin 21,
Tel. (030) 3913771 (Kolberg/Ostsee
6.3.15). Essay. **Ue:** Skand.
V: Grönland, größte Insel der Erde 68;
Die nord. Literaturen 74; Das Nordmeer
u. d. Freiheit d. See 74; Grönland -
Wunderland der Arktis, Sachb. 77; Die
Wikinger und ihre Erben 81; Im Land
der Meerjungfrau 82; Norwegen, Sachb.
84.
MA: Anth. d. Dän. Lit. 78; Welt-
Literatur heute 82.

H: Ue: Eskimo-Märchen 69;
Skandinav. Volksmärchen 72; Mod.
Erzähler d. Welt: Island 74; Märchen d.
Eskimo 75; Skandinav. Märchen 76;
Mod. Erzähler d. Welt: Dänemark 77;
Aus Andersens Tagebüchern I - II 80;
Land aus dem Meer 80.
R: Ue: Land aus dem Meer. Junge
isländische Lyrik 63.
Ue: Elsa Jacobsen: Junge Helden 65;
Viola Wahlstedt: Keiner glaubt Aslak 69,
Auf der Flucht mit Alexander 72.

Barwasser, Karlheinz, Schriftsteller,
Foto-Designer, Graphiker; Am
Weidenhof 30, D-5000 Köln 1, Tel.
(0221) 248993 (Paderborn 26.6.50). Lyrik,
Roman, Novelle, Essay, Hörspiel.
V: Kaputte Sommertage in S., Lyr. 81;
Schwulenhatz im Knast, Dok. 81; Doch
Zufall ist hier nichts, Lyr. 82; Seelen-
hunger, Lyr. 82; & Lust, Lyr. 83; Das erst
halbe Jahr, Ber. 83.
H: Schrei Deine Worte nicht in den
Wind 82; Mauern halten uns nicht auf
83; Wir sind weitergekommen 83, alles
Knastlyrik.
S: Astrid Gehlhoff-Claes liest Lyrik &
Prosa v. Karlheinz Barwasser 82; Das
bißchen Leben, Schneidewind liest Bar-
wasser 83.

de Bary, Erica; P.E.N. 65, VS;
Cretzschmarstr. 14, D-6000
Frankfurt a.M., Tel. (0611) 772166
(Frankfurt/M. 4.1.17). Lyrik, Novelle,
Reisebeschreibung, Essay. Ue: F.
V: Ein Kind und die Welt, G. in Prosa
47; Chimären der dämmernden Stadt, G.
i. Pr. 47; Perkeo, M. 48; Ghadames
Ghadames 61; Im Oasenkreis 63;
Flammenbäume 66; Wanderungen im
Tassili 71; Im Bauch des Sandes 73. —
MV: Das verschleierte Bild von Paris,
Bilderbogen in Wort u. Bild m. Herbert
de Bary 43, 47.
H: Gebr. Grimm: Märchen, Ausw. 47;
Hauff: Märchen, Ausw. 47; Erwin v.
Bary: Sahara-Tageb. 1876/7 77.
R: Mit den Tuaregs im Hoggar, Hsp.
Ue: MUe: Arthur Adamov: Die
Invasion 51; Eugène Ionesco: Die
Nachhilfestunde 54; Jakob oder der
Gehorsam m. Klaus Bremer 59, Die
Zukunft liegt in den Eiern, m. Klaus
Bremer 60, Der Herrscher 60, Das
heiratsfähige Mädchen 60; Robert
Boudy: J. J. Rabearivelo und der Tod 60;
Jacques Rabemananjara: Insel mit
Flammensilben, G. a. Madagaskar 62;
Ikelle Matiba: Adler und Lilie 66.

Barzel, Rainer, Dr., Bundestagspräs.;
Bundeshaus, D-5300 Bonn, Tel. (0228)

306400 (Braunsberg/Ostpr. 20.6.24).
Roman, Sachbuch.
V: Gesichtspunkte eines Deutschen
68; Es ist noch nicht zu spät 76; Auf dem
Drahtseil 78; Das Formular, R. 79;
Unterwegs — woher und wohin? 82.
Lit: Ludwig von Danwitz: apropos
Barzel.

Basan, Walter, freischaff.
Schriftsteller; SV-DDR 53; Lindenplan
26, DDR-309 Magdeburg-Hopfengarten,
Tel. (091) 647970 (Beyendorf b.
Magdeburg 10.8.20). Roman, Drama,
Jugendbuch, Fernsehspiel, Hörspiel.
V: Rennbahnstaub, Jgdb. 49; ... und
das Leder ist rund, R. 53; Die endlose
Spur, Jgdb. 56; Das Geheimnis der
Magdeburger Halbkugeln, Jgdb. 56;
Falken über der Stadt, R. 56; Die
Entscheidung des Ismael Abu Kef, Jgdb.
57; Melonen für El Canastera, Jgdb. 57;
Geliebte Feindin, R. 57, 63 (auch ung.);
Die Maske der Ayarmaca, Jgdb. 58; D.
Todesspringer 59; Götter, Mais u.
Isotope, Jgdb. 61; Das Leder ist rund, R.
61; Adieu Danielle, R. 61, 63; Die Frauen
meines Sommers, R. 62, 63; Die
Nachtigall von Paris, Jgdb. 64; Unter-
nehmen S., Erzn. 67; Der Mann mit der
Zither, Erz. 67; Brisebraus u. d. grüne
Wunder, Jgdb. 72; Der enträtselte
Himmel, Jgdb. 72; Sumanja u. Mutprobe,
2 Erzn. Jgb. 78. — MV: Offen steht das
Tor des Lebens 51; Reise im Raketen-
tempo 67; 49 Tage Irrfahrt 68; Teduk
und der Panther 68; Die unsere Welt
verändern halfen 71; Die verwandelte
Sonne 72; Die eisernen Pferde 73, u.a.
MA: Saat in die Zukunft, Anth. 48.
F: Juanelo 61; Hänschen in der Grube
68, u. a.
R: Eine ganz verflixte Geschichte;
Stadt am Strom; Ein gewisser Papin;
Marcel, der Sansculotte; Ali und der
Fremde; Das Lied der Prinzessin; Friß
Vogel oder stirb; Das Geheimnis der
Magdeburger Halbkugeln; Die Maske
der Ayarmaca; Melonen für El
Canastera; Wie Peng Millionär wurde;
Adlerauge und das siebente Messer;
Eine Rose für M.; Odysseus im Donbaß;
Der Sprung über den Kaukasus; Ein
Planet wird besichtigt; Der Ast auf dem
du sitzt, u. a. Hsp. u. Features 54 bis 79.

Baser, Friedrich, Schriftsteller;
Journalistenverb. seit 28, Bad.
Journalistenverb. Freiburg i.B. 46,
Südwestdt. JV, Stuttgart seit 80; Kurtur-
heimatpr. d. Stadt Baden-Baden 82;
Schweigrother Matten 12, D-7570
Baden-Baden, Tel. (07221) 64949 (Metz/

Lothr. 24.2.93). Drama, Opernlibretti,
Roman, Novelle, Hörspiel).
V: J.S. Bach im geistigen u. musikal.
Leben Heidelbergs 30; Max Reger 31;
Das musikal. Heidelberg seit den Kur-
fürsten 32; Musikheimat Baden-
Württemberg; Große Musiker in Baden-
Baden 73; Chopins große Liebe, R. 80.
R: Aus Tagen d. Reifrocks u. Zopfes
26; Das Ochsen-Menuett 26, Rdfksdgn.

Basner, Gerhard (Ps. G. F. Waco, G. F.
Barner, Howard Duff, G. F. Wego,
Johnny Ringo, Claus Peters);
Brokhauser Str. 4, D-4930 Detmold, Tel.
(05231) 27111 (Rummelsburg/Pom.
10.1.28). Roman.
V: Oregon-Express; Schnelle Hand;
Mormonengesetz; Es begann in Yuma;
Die Feuerprobe; Wolfsfährten; Roter
Mond; Sieben Sterne; Blutsbrüder;
Yankee Doodle; Gila-Wüste; El Paso; Bis
zum letzten Mann; Schatten der
Vergangenheit; Brennendes Land; Die
letzte Patrone; Die ungleichen Brüder;
Der letzte Ritt; Die Morgan-Sippe; Das
Aufgebot; Der Schuß fiel aus dem
Hinterhalt; Ein rauhes Rudel; Der
Galgenhügel; Tate Sutton treibt nach
Norden; Marshall für einen Tag 64;
Duell im River-Saloon 64; Mannschaft
der Furchtlosen 64; Eine Kugel für
Butch 64; Zum Sterben verdammt 66;
Heisse Leidenschaft 67; Ein Mörder für
Steve Perrett 72; Stern im Staub 72;
Todesmelodie 72; Red-River-Ballade 72;
Tötet Terrigan 72; Schwadron der
Ehrlosen 73; Comancheros 74; 1000 $ auf
Logans Kopf 74; Wölfe unter sich 74;
Clay, der Trickser 74; Er starb wie ein
Hund 75; Kleiner Hirsch und Donner-
pfeil; Puma-Jim u. Feuerkopf; Fluch üb.
Durango 76; Der Teufelscaptain 77;
White Devil 78; Geistercanyon 79;
Trailmen-Song 80; Ein Name in Blei
geritzt 80; Einer kämpfte bis zuletzt 80;
Wie Cochise es befahl 80; Eine Million
in kleinen Scheinen 81; Krieg mit den
Blauröcken 81; Wer anderen eine Grube
gräbt 82; Ein Sarg für Don Carlos 83;
Old Tuffy pokert um sein Leben 83.
MA: Silber-Wildwest; Roland-
Wildwest; Rodeo-Western, Westman;
Kelter-Western; Jericho-Western, u.a.

Bassermann, Lujo, s. Schreiber,
Hermann.

Basset, Klaus; Heimgartenstr. 71, D-
7000 Stuttgart 61 (17.4.26).
V: Der lange Georg 75.

Bastian, Heiner; Fischburg Castle, Val
Gardena/Ital. (Rantau 8.6.42). Lyrik,
Essay. **Ue:** E.
V: Sydyr, f. Rolf Genz, G. 66;
Beobachtungen im Luftmeer, G. 68; Die
Bilder sind vor allem nur wie du das
Rot empfindest, G. 70; Tod im Leben, G.
72.
B: Six Grimms Fairy Tales (ins Engl.)
70.
H: Joseph Beuys: Bleistiftzeichn. 73,
Wasserfarben 75; Cy Twombly:
Zeichnungen 73 u. weitere Kat.
Ue: Eldridge Cleaver: Seele auf Eis 69;
Allen Ginsberg: Planet News 69;
Richard Brautigan: In Wassermelonen
Zucker 70; Michael McClure: Dunkel
Braun 70; Carlos Castenada: Die Lehren
des Don Juan 72; Jim Dine: Gedichte 72.
( )

Bastian, Horst, Maurer; SV-DDR 64;
Förder.pr. f. Kinder- u. Jugendlit. d. Min.
f. Kultur 64, 68, 74, Erich-Weinert-Med.
65, Goldener Lorbeer 73, 75, Kunstpr. d.
FdGB 75, Berlin-Pr. 79, Theodor-
Körner-Pr. 80; Heinrich-Rau-Str. 62,
DDR-1140 Berlin.
V: Die Moral der Banditen, R. 64, 11.
Aufl. 81 (auch russ., ukrain., armen.);
Wegelagerer, R. 67, 9. Aufl 82 (auch
tschech.); Gesichter einer Liebe, Erzn.
71, 3. Aufl. 77; Drei Welten auf einem
Stern, Erzn. 73, 2. Aufl. 83; Gewalt und
Zärtlichkeit I 74, 10. Aufl. 83, II 78, 6.
Aufl. 83, III 81, 3. Aufl. 83; Die Brut der
schönen Seele, R. 77, 4. Aufl. 82, Bdesrep.
Dtld u.a.T.: Das Märchen vom Prinzen
im Rollstuhl; Nicht jeden Tag ist
Beerdigung, R. 79, 3. Aufl. 83.
MA: Berliner Schriftsteller erzählen
76; Moskauer Begegnungen 82; Die
verwandelte Sonne 72; Begegnung und
Erinnerung 81; Wo ich Freunde hab 78;
Manuskripte 79; Eine Rose für
Katharina u.v.m.
F: Der Kinnhaken, m. Manfred Krug
62; Z, Dok-F. 65; Minuten zu spät, Fsf.
72; Der Mann, Fsf. 75, Die Moral der
Banditen, m. Erwin Stranka 76.
R: Zwei heiße Tage, Kinder-Hsp. 63;
Deine Chance zu leben, Hsp. 71.

Batberger, Reinhold, c/o Suhrkamp
Verlag, Frankfurt a.M..
V: Auge, R. 83. ( )

Baubkus, Horst; Nr. 34, DDR-8301
Friedrichswalde.
V: Der Friedensstock und andere
Erzn. 75, 2. Aufl. 80. ( )

Bauer, Alexander, Kulturredakteur;
VS 61, Kogge 62, Dt. P.E.N. 69;

Vörstekoppel 59, D-2000 Hamburg 65
(Bremen 24.5.21). Lyrik, Erzählung,
Essay, Feature, Hörspiel, Literatur-
kritik, Autorengespräche.
V: Eros und Maske, G. 60; Nachts im
Hotel, Kurzpr. 63; Straßen der Unrast, G.
71; Metropolis, Kurzpr. 77.
MA: Tau im Drahtgeflecht, G. 61;
Keine Zeit für Liebe, G. 64; Freundes-
gabe für Max Tau 66; Der unbrauchbar
gewordene Krieg Pr. 67; Das Gespenst
im Aktenschrank, Int. Geistergesch. 69;
Ehebruch und Nächstenliebe, Pr. 69;
signaturen-prosa 70 70; Spektrum des
Geistes, Int.-Lit. Kal. 71; P.E.N.-prosa,
lyrik essay 71; Aller Lüste Anfang, G. u.
Pr. 71; Schaden spenden, G. u. Pr. 71;
Geständnisse 72; Generationen 72;
Prosa heute 75. ( )

Bauer, Andreas, Schriftsteller,
Librettist, Lyriker, ehem. Leiter d.
Hauptkunstamtes Berlin/DDR u. ehem.
Dir. u. stellvertr. Intendant d.
"Komischen Oper Berlin"; VS, GEMA;
An der Hub 10, D-6589 Leisel, Tel.
(06787) 643 (Marienwerder/Westpr.
6.6.06). Theaterstück (insbes. Komödie),
Libretto, Fernsehspiel, Kinderliteratur,
Lyrik, Übers.
V: Sensation in London (in 7 Spr.
übers.); Abenteuer d. Mona Lisa; Vergiß-
meinnichtgause, alles Optten; Unwider-
ruflich, Kom.; Heimkehr nach
Widensahl, Lsp.; Die verzauberten
Brüder, M.; Das Hambacher Fest,
Ballettlibr.; Frühling in Werder, Rev.; Er
und Sie, Rev.; Liebespaare d. Welt-
geschichte, Rev., alles 60-80; Liebesland-
schaft-Jahreszeiten; Die Inseln der
Seligen; Aus der Asche der Liebe;
Hunsrücker Elegien; Macht Frieden; ER
nimmt als Blume einen Urwald mit 77;
Narren, Küsse, Antiquitäten 77; Lethe f.
d. Erdbeermund 77, alles G.bde. –
MV: Clown Ferdinand – Mein freier
Tag, Kdb. 69; Sterne, Geld u.
Vagabunden, Optte.
B: Müllerin v. Granada, Optte; Nicole,
Musical; Die Witwe v. Valencia; Techtel-
mechtel; Fräulein Reisebüro, alles Lsp;
Die Prinzessin mit d. goldenen Stern;
Die kluge Prinzessin, beides M.; alles f.
d. dt. Bühnen bearb., Aufführ. seit 60. –
MA: Alles fließt, Anth.; Illusion u.
Realität, Anth.
R: Die Müllerin v. Granada (Bearb.);
Sensation in London; Fräulein Reise-
büro; Der Ehrendoktor, alle 3 Fsp.
S: Litera; Persische Märchen; Der
goldene Walnußbaum; Ferdinand, paß
auf!; Das Zauberhäuschen; Die

Prinzessin mit d. gold. Stern; Onkel
Toms Hütte; Sensation in London, alles
70-80.
Ue: Zahlr. Theaterstücke aus and. Spr.
Lit: Birkenfelder Heimatkalender 80;
Autorengruppe Nahe (Hrsg.): A.B. z. 75.
Geb. 81.

Bauer, Arnold, Journalist,
Schriftsteller; VS Berlin; Westendallee
95b, D-1000 Berlin 19, Tel. (030) 3042475
(16.11.10). Essay, Novelle.
V: Thomas Mann und die Krise der
bürgerlichen Kultur, Ess. 46; Kindheit
im Zwielicht, Erz. 47; Thomas Mann,
Ess. 60 (auch amer.); Stefan Zweig, Ess.
61; Käthe Kollwitz 67; Rainer Maria
Rilke 70; Carl Zuckmayer 70; Rudolf
Virchow, der politische Arzt, Biogr.
82. – **MV:** Herbert Burgmüller: Zur
Klärung der Begriffe, Beitr. z. Neuord. d.
Werte 47; (Erg. u. Nachw.) Hermann
Stresau: Heinrich Böll 75; Berlins
Stunde Null 1945 79.
MH: Das Elternhaus, Briefe großer
Deutscher, m. Herbert Roch 43.
R: Dresden - Schicksal einer Stadt,
Fsp. 56, 59.

Bauer, Bert, s. Schauer, Herbert.

Bauer, Christoph, Buchhändler;
Gruppe Olten seit 81; Werkpr. d. Stadt
Luzern 81; Route Neuve 37, CH-1700
Fribourg, Tel. (037) 221453 (Luzern
30.3.56). Romane, Erzählungen.
V: Ekstase, R. 81; Missgeburten, R.
82. – **MV:** Unterschwarz, Kurzgeschn.
82.

Bauer, Ernst W., Dr., Prof.; Ad.-
Grimme-Pr. 69, Deutscher Jugend-
buchpr. 73; Friedr. Liststr. 16, D-7302
Ostfildern-2, Tel. (0711) 342544
(Tübingen 28.2.26). Film, Essay,
Sachbuch.
V: Höhlen-Welt ohne Sonne, Sachb.
73, 81; Wunder der Erde, Sachb. 74, 81;
Humanbiologie, Sachb. 74, 83.
H: versch. Biol.- u. Ökologiesachb..
F: Feuer vor Islands Küste; Kupfer u.
Rosenquarz; Warten auf das große
Beben; Flug zum Aso san; Wasser,
Wadis u. Oasen; Die Reiterrassen v.
Banawe; Die Höhlenvögel Humboldts;
Auf der Spur der Weißen Dame; Die
Büffel v. Altamira; Der verschwundene
Fluß; Die Höhle ohne Ende; Inseln im
Passat; Mt. St. Helens; Donau gegen
Rhein; Osterinsel, u.a.
R: Telekolleg Biologie, 13 F.; Höhlen-
Welt ohne Sonne, 17 F. 76/80; Wunder
der Erde, 50 F. 70-84; Gedog. Streifzüge,
8 F.; Schau ins Land, 8 F. u.a.

Bauer, Friedhold; Scharrenstr. 11/308, DDR-1020 Berlin (Schweikershain 13.4.34). Drama.
V: Baran und die Leute im Dorf, Bst. 68; Das Idol von Mordassow, Kom. nach Dostojewski 71; König von Moskau, St. nach Shuchowizki 73.
B: Szen. Neufass.: W. A. Ljubimowa: Schneeball, Schausp. 68; Aufschwung oder Das Paradies nach E. Redlinski, R. 75.
R: Die barfüßige Lu, Hsp. 73; Jozia — Die Tochter der Delegierten, Fsf.-szenarium n. A. Seghers 76; Katharina d. Glückliche, Hsp. 77; Kalaf u. Turandot, Hsp. 78; Der andere Sergej, Hsp. n. A. Alexin 79; Das Gespenst v. Canterville, Hsp. n. O. Wilde 80; Der Hahn, Hsp. 82.

Bauer, Herbert (Ps. Michael Molander); Th.-Heuss-Str. 7/81, D-7410 Reutlingen, Tel. (07121) 230145 (Kiel 3.3.08). Essay, Bühnenwerk, Roman, Jugendbuch.
V: Moral auf Gebrauchspapier, heitere Verse 33; Tanz auf Bali, N. 41; Wette um Mitternacht, Kom. 43; Salz aus Attika, Kom. 43; Kleiner Autor im himmlischen Muff, Erz. 44; Die drei Wünsche (nach Pocci) 46; Die heitere Reise, Erz. 57; Wette um Mitternacht, R. 64; Kasperl am Osterhasen, M. 46; Die weiße Schallplatte, Jgdb. 60; Gitta, das war leichtsinnig!, Jgdb. 60; Mein Herz gehört den Pferden, Jgdb. 61, 70; Beate findet ihren Weg, Jgdb. 63; Hippologische Monologe, Ess. 63; Ein Pferd, ein Hund und ich, Tagebuch einer Reiterin, Erz. 67, 71; Mon cheval, mon chien et moi, Ess. 68; 2 × 4 beim Camping, Jgdb. 66; Weltmusik, populärwiss. Enzykl. 72 — 77; Der sprichwörtliche Pferdefuß, heitere Verse 79.
MA: Das Leben der Tiere, Erz. 74.
H: MA: Der leise Klang, lyrische Anth. 36; Deutschland lacht, Anth. 40.

Bauer, Hermann; Redaktion Ostschweiz, CH-9001 St. Gallen, Tel. (071) 208585.
V: Aadlech bis Zibölele, 30 Merkwürdigkeiten aus d. Sanggaller Wörterb. 72; 's isch all daa, drei Dutzend bemerkenswerte Sanggaller Redensarten 73; So ich die Stadt betracht', Gereimte Stichproben aus d. Sanggaller Jahr 74; Joo-gad-o-noo, Sanggaller Sprach- u. Lokalkolorit in vier Dutzend Redensarten 77; St. Gallen u. seine Brunnen, Ein Stück lebenswerter Stadtgesch. im Zeichen ihrer 500 J. zurückreichenden Wasserversorg. 71. — **MV:** St. Gallen u. s. Landschaften 72; St. Gallen wie es nicht mehr steht, Histor. Photografien; Lob des St. Galler Landes, Bildbd 64; Das St. Galler Weihnachtsspiel, Der mhd. Fass. in d. Stiftbibliothek St. Gallen in heut. St. Galler Mundart nachgestaltet 78; Sankt Gallen, Staat als Lebensraum, 3. Aufl. 81. ( )

Bauer, Isadora, Dr., Redakteurin; Germaniastr. 13a, D-8000 München 40 (Neu-Ulm/D. 12.7.22). Lyrik, Essay, Fernsehfilm.
V: Die Tragik in der Existenz des modernen Menschen bei georg Simmel, Philos. Ess. 62; Rauchsegel, G. 70; Gregor Kruk. Einführung, Ess. 73; Kieff Grediaga, Galerieber. 75.
R: Albert Camus. Dichter der Jugend - Dichter der Revolte 67.

Bauer, Josef, Beamter; Grazer Autorenversammlung 73; Bielefelder Colloquium 80; Darrgutstr. 12/2/12, A-4020 Linz/D. (Wels 12.1.34). Konkrete und taktile Poesie.
V: zeile für zeile. line by line 77.
Lit: Eugen Gomringer: Die konkrete Welt von J. B. 74; Thomas Zaunschirm: bild-sprache 74.

Bauer, Levke (Ps. Sörensen), Klein-Verlegerin; Friedensallee 64, D-6078 Neu-Isenburg, Tel. (06102) 25800 (Husum 22.7.41). Lyrik.
V: Falls wir uns nicht mehr sehn, G. 82.
H: Eckart Kleßmann: Seestücke, G. 75; Gunter E. Bauer-Rabe: Abfannesser, G. 75; Dieter Hoffmann: Norddeutsche Lyra, G. 75; Werner Kraft: Das sterbende Gedicht, G. 76; Walter Neumann: Lehrgedicht 77; Hermann Lenz: Wie die Zeit vergeht, G. 77; Werner Kraft: Über Gedichte u. Prosa, Ess. 78.

Bauer, Michael *

Bauer, Werner, Dr. med., Abteilungsdir. a.D.; Eduard-Spranger-Str. 15, D-7400 Tübingen, Tel. (07071) 65820 (Tübingen 31.3.12). Roman.
V: Bin ich's?, R. 48.

Bauer, Werner, Lehrer; SV-DDR 56; Kunstpreis d. Bezirkes Frankfurt/Oder 62; Leninallee 46, DDR-1220 Eisenhüttenstadt (Reichenbach/Vogtl. 12.4.25). Kindererzählung, -hörspiel.
V: Die fröhlichen Einsiedler, Kinderb. 53, 61; 2:2 für Klasse 8, Kinderb. 54, 60; Eine Freundin wie Gerda, Kinderb. 56, 62; Franzl und Jana, Erz. 60, 70; Ulla,

Erz. 62, 66; DM-1563 sofort landen 64, 65; ... und ausgerechnet Dasseldorf 65, 69; Sind wir das? 5 Einakter; Immer obenauf, 3 Einakter; Die abenteuerliche Umkehr des Peter L, Kinderb. 69; Telegramm von Unbekannt, Kinderb. 71; Marianne kennt den Boß, Kinderb. 72; Eher spring ich vom Fünfmeterbrett, Kinderb. 74; Arne boxt sich durch, Kinderb. 78; Sommergewitter am Trabbensee, Jgdb. 79, 3. Aufl. 82; Auf eigene Faust, Jgdb. 80, 2. Aufl. 81; Der dreizehnte Fasan, Kinderb. 82, 2. Aufl. 83.
MA: Erste Ernte, Anth. 55; Blast das Feuer an, Sp. 60.
R: Die Rechenarbeit 61; Die schwarze Locke 62; Wen der Stein trifft 62, alles Kinderhsp.; Ein schwerer Sieg, Fsp. 68.

Bauer, Winfried, Dr., Managing Director; Melemstr. 9, D-6000 Frankfurt a.M., Tel. (0611) 594304 (München 9.1.28). Roman, Drama, Fernsehspiel.
V: Ruth und der Kinderchor 57, 68; Ursula hat ein Ziel 59, 76; Modehaus Schweiger 61; Werben und umworben werden 63; Cousu de fil blanc 64, alles Jgdb.; Der Mann aus dem Weltraum, S.F.-R. 69; Glück gehört dazu, Jgdb. 69; Planet ohne Himmel 70; Wo der Raum zu Ende ist 72; Der Mann, der seine Zeit verlor 74, alles S.F.-R.
R: Wer einmal in die Mühle kommt, Fsp. 76; Nur ein toter Kollege ist ein guter Kollege, Sch. 75; Der Innovator, Sch. 78; Träume, Sch. 80; Was sie nicht greifen können, Sch. 82.

Bauer, Wolfgang, UProf.; Antwerpener Str. 16, D-8000 München 40 (Halle/S. 23.2.30). **Ue:** Ch.
V: Chinas Vergangenheit als Trauma und Vorbild 68; China und die Hoffnung auf Glück 71.
Ue: Die goldene Truhe, chin. anonym. N. seit 59, 66.
s. a. Kürschners GK.

Bauer, Wolfgang; Forum Stadtpark 61; Hauseggerstr. 87, A-8010 Graz (Graz 18.3.41). Drama, Hörspiel, Roman, Novelle.
V: Mikrodramen 64, 72; Der Fieberkopf, R. 67; Das stille Schilf 69; Magic afternoon, Change, Party for six, Teilsamml. 69, 82; Romeo und Julia, Dr. 69; Gespenster, Silvester oder das Massaker im Hotel Sacher, Film und Frau, alles Th.-St. 74, 77; Die Sumpftänzer, Dr., Prosa, Lyr. aus 2 Jzehnten 78; Das Herz, G. 81; Woher kommen wir?

Wohin gehen wir?, Dr. u. Prosa 82. —
MV: Ministory 64. ( )

Bauernfeind, Walter, s. Urbanek, Walter.

Baum, Editha Maria Petra; Schleidenstr. 24, D-6000 Frankfurt a.M., Tel. (0611) 594672.
V: Hoppla, die Purzel sind da 65; Jockel fliegt zum Blauen Stern 66; Frierefritz 67; Geschenk mit Hindernissen oder Not macht erfinderisch 68; Kritzel-Kratzel will zum Mond 69; 2 × (Zweimal) A u. d. Kinderfunk 70; Chris und die Zwillinge 73; Vorhang auf für Patricia 74; Stoppt Unfälle, Vorsicht Fehler — Achtung Gefahr, 1, 2 m. F. Franke 77, 3 78; Frank u. ich u. 14 Koffer 80. ( )

Baum, Ernst, s. Birnbaum, Ernst.

Baum, Georg, Techniker, Student; Hammerstr. 26, D-4400 Münster/Westf., Tel. (0251) 47781 (Warendorf 28.12.52). Novelle, Lyrik.
V: Münster in Lyrik 79; Die Nacht vor dem Tag, N. 81.
MA: Münster u. d. Münsterland im Gedicht 82.

Baum, Robert, s. Jungk, Robert.

Baumann, Angela, Sozialpädagogin; VFS 80, VS 83; Kodak Buchpr. 81, Kodak Kalenderpr. 83; NGL 81; Treitschkestr. 70, D-8500 Nürnberg 20, Tel. (0911) 549818 (Steinhöring/Obb. 12.11.44). Lyrik, Kurzprosa, Roman.
V: Vision '78, Prosa 80; Steinwürfe aus dem Glashaus, Lyr. 81. — **MV:** Echos of life, Fotos: L. Keresztes, Texte: A. Baumann.

Baumann, Bodo, s. Berns, Ulrich.

Baumann, Christian *

Baumann, Claus, Dipl.-Kunstwiss.; Gohliser Str. 8, DDR-7022 Leipzig, Tel. (041) 583253 (Klingenthal 30.9.45). Essay, Künstler- und Werkmonographie, Kunstkritik, Kunstbuch.
V: Kurt Günther, Künstlermonogr. 77; Bilder — wie das Leben bunt, Kdb. 80. — **MV:** Künstler der DDR, Künstlermonogr. 81.

Baumann, Daniel, Student; Zihlweg 24, CH-8712 Stäfa, Tel. (01) 9264423 (Zürich 30.5.59). Drama, Roman.
V: Nacht, R. 78. ( )

Baumann, Hans, Komponist; VS 70; Gerstäcker-Preis 56, Award of the New York Herald Trib. f. the best juvenile of the year 68, Mildred Batchelder Award f. d. amer. Ausg. "The Land of Ur" 71,

Übersetzerplak. d. Europ. Jgdbuchpr. 78;
Öst. Staatspr. f. Übers. v. Jgdb. 79;
Hechendorfer Str. 10, D-8110 Murnau/
Obb., Tel. (08841) 9396 (Amberg 22.4.14).
Drama, Lyrik, Roman, Erzählung,
Hörspiel. **Ue:** R.

V: Der helle Tag, Lieder 38; Atem
einer Flöte, G. 40; Alexander, Dr. 40; Die
helle Flöte, Lieder 48; Das Kind und die
Tiere, Legn. 49; Der Sohn des Columbus,
R. 51; Die Höhlen der großen Jäger,
Jgdb. 53; Steppensöhne, R. 53; Die Barke
der Brüder, R. 56; Hänschen in der
Grube, Kinderb. 57; Kleine Schwester
Schwalbe, Kinderb. 58; Die Welt der
Pharaonen, Jgdb. 59; Das gekränkte
Krokodil, Kinderb. 59; Das Einhorn und
der Löwe, Kinderb. 59; Ich zog mit
Hannibal, Jgdb. R 60; Im Zeichen der
Fische, Sch. 60; Im Jahre eins, Sp. 61;
Der Bär und seine Brüder, Kinderb. 61;
Tina und Nina, Kinderb. 63; Gold und
Götter von Peru, Jgdb. 63; In meinem
Haus, G. 64; Kasperle hat viele Freunde
65; Der rote Pull, Jgdb. 65; Löwentor
und Labyrinth, Jgdb. 66; Wer Flügel hat
kann fliegen, G. 66; Der große Elefant
und der kleine, Kinderb. 66; A Türl zum
Nachbarn, G. 67; Der große Alexander-
zug, Jgdb. 67; Der Schimmel aus dem
Bild, Kinderb. 67; Im Lande Ur, Jgdb. 68;
Ein Fuchs fährt nach Amerika, Fabeln
68; Der Kindermond, Kinderg. 68;
Fenny, Kinderb. 68; Redleg, Kinderb. 69;
Das Everl und der Aff, Kinderg. 69; Der
wunderbare Ball Kadalupp, Kinderb. 69;
Dimitri und die falschen Zaren, R. 70;
Buchstaben zu verkaufen, Kinderg. 70;
Igel haben Vorfahrt, Kinderb. 70; Denk-
zettel, Aphor. 70; Ein Stern für alle,
Weihn.gesch. 71; Bombo in seiner Stadt,
Kinderb. 72; Kopfkissenbuch f. Kinder
72; Schorschi der Drachentöter,
Kinderb. 72; Das geraubte Feuer, Jgdb.
72; Entscheidung im Labyrinth, Jgdb.
73; Eins zu null f. uns Kinder, G. 73;
Piratenkidd gegen Feuerbart, Kinderst.
73; Anna auf der Dracheninsel,
Kinderst. 74; Schlafmützenbuch f.
Kinder 74; Hasenwettlauf, aber ehrlich,
Kinderb. 75; Kürbis & Co., Kinderst. 75;
Am Schlagbaum wächst kein Apfel,
Kinderst. 76; Die Prinzessin auf der
Erbse, Kinderst. 76; Die drei im blauen
Ballon, Kinderb. 76; Das große
ABCebra-Buch, Kinderb. 77; Das ent-
führte Krokodil, Kinderb. 77; Katzimir
ist der Größte, Kinderb. 77; Die Reise
mit dem Einhorn, Kinderb. 77; Flügel f.
Ikaros, R. 78; Reisepaß, G. 78; Wie Tier-
kinder schlafen, Kinderb. 78; Die Kinder
u. d. große Drache, Kinderb. 79; Vorstoß

zum Pazifik, R. 80; Das Schaukelschaf,
Kinderb. 80; Kinderland hat keine
Grenzen, Kinderb. 81; Leselöwen-
kasperlgeschichten, Kdb. 81; Und wer
fährt vorn? Kdb. 81; Reineke Fuchs,
Kinderst. 81; Uschiwake mit der Flöte,
Kdb. 81; In der Mauer ist ein Tor,
Kinderst. 82; Der Kinderbriefkasten,
Kdb. 82; Kinderlieder 82; Der Zauber-
ball, Kinderlieder 83; Wie kommt der
Astronaut zum Mond? Kdb. 83; Kinder-
lieder-Spielplatz, Lieder 84; Bruder
Frohsinn, Kdb. 84, u.a. (übers. in zahlr.
Spr.).

H: Ein Reigen um die Welt, Anth. 65.

R: Amerigo schwieg 53; Ein Mensch
auf Posten 60; Der Großinquisitor nach
Dostojewski 61.

S: Der Mutter zulieb, Kinder-G. 54;
Dostojewski: Der Großinquisitor 65.

Ue: Dostojewski: Der Großinquisitor
55; Krylow: Kleiner Weltspiegel 56;
Russische G. 57; Tolstoi: Die Osterkerze
62 Russische Lyrik, Anth. 65; Anna
Achmatowa: Gedichte 67, Aus dem alten
Rußland, L. 68; Tolstoi: Der Bär auf dem
Wagen, Kinderb. 68; Paustowski: Der
rote Räuber, Gesch. 69; Tscharuschin:
Petja in der Krähenschule, Kinderb. 69;
Korinetz: Dort, weit hinter dem Fluß,
Jgdb. 71; Netschajew: Pat u. Pilagan,
Jgdb. 72; Korinetz: In der Mitte der
Welt, Kinderb. 73; Kowal: Wasja kauft
den Hund im Sack, Jgdb. 73; Snegirjow:
Die Polarfuchsinsel, Gesch. 73; Kowal:
Der Kartoffelhund, Gesch. 74; Korinetz:
Wolodjas Brüder, R. 74; Dubow: Das Zelt
am Meer, R. 74; Marschak: Wanja im
Glück, Kinderst. 75; Swerew: Der Wolf
aus der Wüste, Gesch. 75; Kowal:
Polarfuchs Napoleon III., Kinderb. 75;
Dubow: Leuchtfeuer auf dem Fluß,
Jgdb. 75; Michalkow: Ein Autogramm
vom Elefanten, Kinderb. 76; Netschajew:
Die Insel am Rande der Welt, Jgdb. 76;
Marschak: Die klugen Dinge, Kinderst.
76; Drei Bären im Bärenhaus, Russ. M.
77; J. Kowal: Fünf Tauben und sechs
Gauner, Jgdb. 78; E. Uspenski:
Tscheburaschka, Kinderb. 78; Tier-
geschichten aus Rußland, Jgdb. 79; J.
Korinetz: Das ganze Leben u. e. Tag, R.
80.

Baumann, Herbert (Ps. Frank
Straass), Schauspieler, Regisseur,
Schriftsteller; VS; Öff. Auszeichn.
anläßlich d. Wettbew. z. Förd. d.
alemann. Mda. durch d. Reg.präs.
Südbaden, Freiburg i. Brsg. 57; Lit.zentr.
Hamburg e.V.; Sandkamp 21a, D-2000
Hamburg 74, Tel. (040) 6518158

(Emmendingen/Baden 16.12.24). Drama,
Roman, Novelle, Film, Hörspiel. **Ue:** N.
V: Im Banne des Skarabäus 51; Mitt-
nachts-Sonnenlied, N. 51; Liebe im
Fjord, N. 53; Vorhang auf für Jutta 56;
Symphonie einer Liebe 57; Hinter den
Kulissen 63; Im Lande der lebenden
Toten 68, 71 (auch holl.); Sie haben mich
ermordet 76; Mit den Waffen einer Frau
76.
R: De Pechvagel 69; Dat
Wunnermittel 70.

Baumann, Kurt, Verlagslektor; SSV;
Arosastr. 6, CH-8008 Zürich, Tel. (01)
550017 (Schaffhausen 19.8.35).
Kinderbücher, Jugendtheaterstücke,
Lyrik.
V: Joachim der Zöllner 71 (auch engl.,
belg., dän., afrikaans, rätoroman., jap.);
Ein Weihnachtsmärchen 71; Joachim
der Straßenkehrer 72 (auch belg., engl.,
jap., afrikaans, span., dän., roman.); Der
Regenbogen 72 (auch finn., dän.); Der
Schlafhund u. d. Wachhund 72 (auch
engl., dän., afrik., jap.); Drei Könige 72
(auch jap., dän., afrikaans); Joachim der
Polizist 75 (auch engl., afrik., jap., holl.,
belg.); Der rote Vogel Felix 76 (auch
engl., holl.); Küchengeschichten 77 (auch
engl., franz., jap.); De Vogel Felix od. Die
Streithähne 78; Nänäi Joachim 79, beide
Jgdtheaterst. in schweiz. Mda.; Der
Prinz und die Laute 79 (auch engl.);
Jonas Dreschflegel 79 (auch engl., jap.);
Waldkonzert 80; Der Inselschatz 81; Der
Turm zu Babel 82. — **MV:** Tiere die ich
liebe, m. I. Guggenmos 81; Der Mondsee,
m. I. Gantschev 81.
B: Der Rattenfänger v. Hameln 77;
Aesopische Fabeln 80; Der gestiefelte
Kater 82.
R: Nicht einschüchtern lassen, Fsp.
76.
Ue: Der glückliche Prinz 80.

Baumann, Max, Publizist, Fotograph;
Neustadt 8, CH-8200 Schaffhausen, Tel.
(051) 45784 (Schaffhausen, Schweiz
16.3.31). Roman, Essay, Sachbuch.
V: Englische, deutsche und
schweizerische Dampflokomotiven,
Foto- u. Sachb. 69; Im Schatten des
Kilimandscharo, Jgd.-R. 70, 74; Auf den
Spuren des Feuerrosses, Foto- u. Sachb.
72; Vom Geist der Natur, Ess. u. Zitaten-
samml. 73; Stadt und Landschaft
Schaffhausen, Bildbd. 75; Land zw.
Randen u. Rhein, Bildbd. 80. ( )

Baumann, Peter, Schriftsteller,
Journalist; VS Berlin; Imchenallee 25/
27, D-1000 Berlin 22, Tel. (030) 3652616
(18.5.39). **Ue:** E.

V: Reise zum Sonnentanz. Indianer
zwischen gestern und morgen 70;
Geheimnisse im Zoo 71; Tiere in
geplanter Wildbahn 72; Die Erben von
Tecumseh u. Sitting Bull 74; Valdivia,
die Entdeckung d. ältesten Kultur
Amerikas 77, Tb. 81. — **MV:** Kunst in
Berlin 1945 — 1970 70; Kein Platz für
"wilde" Menschen 74, Tb. 80; Menschen
im Regenwald 75, 82; Zuviel Herz für
Tiere 76, Tb. u. d. T.: Wie tierlieb sind die
Deutschen? 79; Erinnerungen eines
Kopfjägers 78, Tb. 81; Rettet die Natur-
völker 79; Das Amazonas-Dschungel-
buch 80; Das Abenteuer, Tiere zu retten
80; Terra X. Rätsel alter Weltkulturen
83.
B: Texte unter geteiltem Himmel
(Berliner Leben) 68 - 70.
H: Tb.-R.: Safari. ( )

Baumer, Franz, Dr. phil., leit.
Redakteur Bayer. Rdfk; Award of
Hollywood-Film-Festival 71, A. Grimme-
Preis 72, C.I.D.A.L.C. Festival du film de
montagne et d'exploration, Trento 71, 74;
Tengstraße 37, D-8000 München 40, Tel.
(089) 2711035 (München 7.5.25). Roman,
Essay, Biographie, Feature, Fernseh-
dokumentation.
V: Hermann Hesse, Biogr. 59; Franz
Kafka, Biogr. 60; Die Maulwurfshügel,
R. 61; Hermann Hesse: Prosa u.
Gedichte, Interpretationen 63; Franz
Kafka: Sieben Prosastücke, Inter-
pretationen 65; Die Paradiese der
Zukunft, Mythos, Utopie u. Wirklichkeit
66; Gewußt wo - gewußt wie. E.
Anleitung z. Methodik d. geistigen
Arbeit 67; Ernst Jünger, Biogr. 67; Vom
Zauberkult zur Psychoanalyse. E.
Entdeck.-gesch. d. Seele, Sachb. 70;
Teilhard de Chardin, Biogr. 71; Otto
Hahn, Biogr. 74; Siegfried v. Vegesack,
Biogr. 74; E. M. Remarque, Biogr. 76;
Das sanfte Gesetz, R. 78; A. Stifter, d.
Zeichner u. Maler, Sachb. u. Bildbd 79;
Goldene Toskana, Sachb. u. Bildbd 79;
Propheten auf d. Dampfrollschuh.
Zukunftsträume von anno dazumal.
Ess.-Bildb. m. G. 79; Traumwege durch
Rätien-kulturgesch. Wanderungen im
rätorom. Graubünden, Südtirol u. Friaul,
Sachb. 81.
MA: Große Frauen der
Weltgeschichte 60.
H: Hesses weltweite Wirkung 77. —
MH: Der Königliche Kaufmann 54.
F: Der Kondor 82.
R: Wolken, Wind und Wälder weit, ...,
Siegfried v. Vegesack u. seine Welt, Fsp.
65; Hermann Hesse, Fsp. 65; Giovanni

Segantini 1858 — 99, Fs.-Fdok. 69; Die
Rätoromanen-Inform. a. d. ant. Welt,
Fs.-Fdok. 71; Propheten a. d. Dampf-
rollschuh. A. d. Mottenkiste d.
Futurologie, Filmfeuilleton 71; Singen
will ich von Aphrodite 73; Der Mann aus
Tagaste. Aurelius Augustinus 74;
Theologie in Stein 74; Chronos und
seine Kinder 75; Oswald von Wolken-
stein 75; Nach den Träumen jagen ...
E.T.A. Hoffmann 76; Grüße ich euch, ein
später Gladiator ... E.M. Remarque 77;
Das sanfte Gesetz. A. Stifter. Ein
Dichterleben im Biedermeier 78; Franz
Marc, der blaue Reiter 79; Die Welt als
Uhr 80; Vincent van Gogh 81; Sagt ja,
sagt nein, getanzt muß sein... 81; Walther
von der Vogelweide 82; Das Taschen-
weltchen 83; Abschied von Gutenberg?
83, alles Filmfeuilleton.

Baumert, Walter, Dipl.-Philosoph;
Lit.pr. d. FDGB 59, 61, Erich-Weinert-
Med. d. FDJ 60, Kinder- u. Jugend-
buchpr. d. DDR 76, Hauptpr. d. Inter-
vision, Intern. Festival d. Fernseh-
dramatik Plowdiv 81, Kunstpr. d. FDGB
81, 82; Rotkäppchenstr. 35, DDR-1170
Berlin, Tel. 6575219 (Erfurt 19.2.29).
Drama, Roman, Film, Fernsehdramatik.
   V: Sieg der Musen, Musical, Libretto
68; Und wen der Teufel nicht peinigt ...;
Die Jugend des Dichters Georg Weerth,
R. 75; Schau auf die Erde d.i. Der Flug
des Falken — Die rebellische Jugend
des Friedrich Engels, R. 81.
   MA: Frieden heut bist du so nah,
Anthol. 51; Gedichte und Lieder für den
Frieden, Anth. 52; Anekdoten, Anth. 62;
Das Gesetz der Partisanen, Anthol. 72.
   F: Wenn du zu mir hältst, F. 61.
   R: Die grüne Mappe, Fsp. 59; Liebe
auf dem letzten Blick, Fsf. m. W.
Nonnewitz 60; Die Lawine, Fsp. 60;
Flitterwochen ohne Ehemann, Fsf. 61;
Die unbekannte Größe, Fsp. 61; Die
Nacht an der Autobahn, Fsf. 62; Die
neue Losung, Fsp. m. W. Dvorski 62; Die
Silberhochzeit, Fsf. 63; Episoden vom
Glück, zweiteil. Fsf. 65; Der Anwalt, Fsp.
m. O. Bonhoff 67; Füreinander, zweiteil.
Fsp. 67; Geheimcode B 13, nach dem
Roman von A. Fiker 4teil. Fsp. 68; Der
schwarze Reiter, beide m. A. Müller
3teil. Fsf. 68; Sehnsucht nach Sabine 69;
Staub und Rosen 70; Eine Chance für
Manuela 76; Abenteuer mit Constance
76; Abschied von Gabriela 76, alles Fsp.;
Das Ermittlungsverfahren, Fsf. 81; Die
Herausforderung, Fsp. 83.
   Lit: Konflikt u. Charakter im fernseh-
dramat. Werk d. Gegenwart —

Diskussionsmaterial 74; Für Kinder
geschrieben — Autoren d. DDR 78;
Besprechungen zur Gegenwartslit. f.
Deutschlehrer 78.

Baumgärtner, Alfred Clemens (Ps.
Karl Friedrich Kenz), Dr.phil., Prof.;
Kurt-Lütgen-Sachbuchpr. d. Arena-Verl.
82; Dt. Akad. f. Kinder- u. Jugendlit. 76;
Spitzengarten 29, D-8780
Gemünden a.M., Tel. (09351) 8982
(Wiesbaden 16.7.28). Jugendbuch.
   V: Wenn der Wolf kommt, Jgdb. 82;
Den Fluß hinab und weiter, Jgdb. 83.
   Lit: Alexander Hildebrand: Literatur
von zwei Seiten in: Autoren, Autoren 2.
Aufl. 79.

Baumgart, Dieter (Ps. Dieter J.
Baumgart), Journalist; DJV 61; Im
Falkenhorst 10, D-5000 Köln 90, Tel.
(02203) 33346 (Berlin 22.11.34).
Kurzgeschichten, Fabeln, Lyrik.
   V: Geschichten im Bergwerk,
Kurzgeschn. u. Fbn. 78 u.H..

Baumgart, Dieter J., s. Baumgart,
Dieter.

Baumgart, Gunther, s/o Seitz Verlag,
Berlin (West)..
   V: Stachelgesänge 80. ( )

Baumgart, Reinhard, Dr. phil.; VS 68,
P.E.N. 66; Eichleite 46, D-8022 Grünwald,
Tel. (089) 6412845 (Breslau-Lissa 7.7.29).
Roman, Erzählung, Essay. **Ue:** E.
   V: Der Löwengarten, R. 61;
Hausmusik, Ein dt. Familienalbum, Erz.
62; Das Ironische und die Ironie in den
Werken Thomas Manns 64; Literatur für
Zeitgenossen, Ess. 66; Panzerkreuzer
Potjomkin, Erz. 67; Aussichten des
Romans oder Hat Literatur Zukunft? 68;
Die verdrängte Phantasie, Ess. 72;
Jettchen Geberts Geschichte, Stück 78;
Wahlverwandtschaften, Stück 80.
   H: Über Uwe Johnson 70.
   R: Lorca und Granada 65; Absurdes
Theater: Beckett 66; Sprache deutscher
Schlager 70; Goethes Wahlverwandt-
schaften 77; Kleist 77; Wilhelm Meisters
Lehrjahre 78; Beruf: Kritiker 81, alles
Fs.
   Ue: John Hearne: Stimmen unter dem
Fenster, R. 56.

Baumgart, Siegfried, Lehrer; DSV 64
— 68; Am Volkspark 9, DDR-4373
Gröbzig (Liegnitz 29.8.27). Drama,
Novelle.
   V: Ixe-axe-U, Kinderkabarett 56; Die
letzte Magd, Schwank 59; Der geheimnisvolle Schatten, Krim.-St. f. Kinder 60;
Weiberarbeit, Einakter 60; Der
gestohlene Weihnachtsbaum, Weihn.-St.

f. Kinder u. Erwachs. 64; Die Stunde der
Schwester, N. 75. — **MV:** Der Tolpatsch,
e. Puppensp. 58; Die Goldene Drei,
Einakter in : Hier war einmal ein Rain.
G. u. Sz. f. Agitpropgruppen a. d. Lde 61;
Der Eintagsstumme 67; Die Spur, die
jemand hinterläßt in: Passion in Xique-
Xique, Erzn. 72.
MA: Auf schmalem Grat, Erz. 74;
Marienhausbuch, Erz. 75; Frech wie
Oskar, Kinderrevue 76; Anzeichen drei,
Anth. 77; Als Stern uns aufgegangen,
Anth. 78; Eines Menschen Stimme 79;
Geheimnis des Glücks, Anth. 80; Es geht
um Silentia 81.

Baumgartner, Alfred (Ps. Carl
Lindberg, Werner Siegfried, Jack
Mortimer, Lothar Braun), Dr.jur.,
Dr.rer.pol., Dr.phil., freier Schriftsteller,
Übersetzer; Sechsschimmelgasse 1, A-
1090 Wien, Tel. (0222) 349144 (Alpbach/
Tirol 11.6.04). Roman, Novelle, Sachbuch,
Übers. **Ue:** E, F, I, S, Port, Serbokroat
(Kroat), Tsch, R.
V: Die Faust des Himmels, R. 60, u.d.:
Nacht über Atlantis 78; Marder sind für
Lilien blind, R. 70, 79; Caesar; Karl der
Große; Friedrich der Große; Alexander
der Große, alles biogr. R. 75; Nacht über
Stalingrad, R. 76, u.d.T.: Hölle Stalingrad
81; Rache, R. 81; Die Falle, R. 82; Kampf
der Adler, R. 83.

Baumgartner, Johann, Lehrer;
Klosterweg 4, D-8090 Wasserburg a. Inn,
Tel. (08071) 2959 (Wasserburg a. Inn
16.5.39). Lyrik, Erzählung, Aphorismus.
V: Zu meiner Zeit, Bilderz. 78, 2.Aufl.
80; Ochs am Berg, Erzn. u. Wechsel-
reden 80; Bairische Sagen (aufgez. u.
hersg.) 83.
MA: Lyrik 81, Anth. 82.

Baumrucker, Gerhard, Schriftsteller;
VS Bayern, VDÜ; Edgar-Wallace-Pr. 80/
81; Nederlinger Str. 2, D-8000
München 19, Tel. (089) 1576038 (Prag
19.3.29). Kriminalroman, Lustspiel,
Musical. **Ue:** S, Port, E, Tsch.
V: Rendezvous mit Papa, Lsp. 63;
Broderick, KrimSt. 63; Schwabinger
Nächte, Krim.-R. 64; Tödliches
Rendezvous, Krim.-R. 65; Entweder -
oder, Kom. 65; Mord im April, Krim.-R.
69; Skandal, Krim.-R. 71; Münchner
Roulett, Krim.-R. 73; Weitere Aussichten
unbeständig, Lsp. 74; Die Weise von
Liebe und Mord, Krim.-R. 81; Drei
Namen, Krim.-R. 83.
R: Backenstreiche, Hsp. 54; Die
Grenze, Hsp. 56; Adieu, Mademoiselle
65. Jim Valentine 66; Auf Sieg, auf Platz,
auf Liebe 67; Pistolen-Jenny 69, alles

Fs.-Mus.; Sprechstunde nach
Vereinbarung, Fs.-Mitsp. 75; zahlr. Fs.-
Shows.
Ue: Zahlr. Ue. a. d. Engl., Span. u.
Port. — **MUe:** a. d. Tschech.

Baumsteftenlenz, s. Friedl, Paul.

Baur, Alfred, Dr. phil., Sprach-
therapeut; Bethlehemstr. 1d, A-4020
Linz/D., Tel. (0732) 74274 (Wels 31.8.25).
Kinderliteratur.
V: Bli-Bla-Blu 72, 76; Das Finger-
theater 74, 80; Kinder spielen Theater
75; Die kleine Plaudertasche 77;
Salzburger Sträußchen 79; Fließend
Sprechen 79; Die Finger tanzen 80.

Baur, Margrit; Anerkennungsgabe St.
Zürich 71, Pr. d. Schweiz. Schiller-Stift.
81, Ehrengabe d. St. Zürich 81;
Schwendenhausstr. 19, CH-8702
Zollikon (Adliswil 9.10.37). Kurzprosa,
Erzählung, Roman.
V: Von Straßen, Plätzen und fernerer
Umständen, 3 R. 71; Zum Beispiel
irgendwie 77; Ueberleben, Eine
unsystemat. Ermittlung gegen die Not
aller Tage 81; Ausfallzeit, Erz. 83.

Baur, Willy, Bankdir. i. R.; Uhlandstr.,
D-7450 Hechingen 4 (Stetten), Tel.
(07471) 2675 (Sigmaringen 9.8.97).
Drama, Erzählungen, Novelle, Essay,
Hörspiel.
V: Dr' rot Dreispitz, Schw. 51; D'
Kuchalb-Franzel, Schw. 52; Vier
zollerische Historien 53; Dr' Schatz vom
Hennestein, Sch. 53; Dr' Christbaum aus
Ähnes Wäldle, Dr. 55; Auf Wiedersehen
in Hechingen! 63; G'schichtle aus
m'Ländle, Erzn. 65; Dr' Hannickel goht
um!, Schausp. 72; Dr' Franzosefeiertag,
Kom. 73; Dr' Schatz auf Hohen-Diessen,
Kom. 74; St. Johanni Gloria, Lsp. 74;
Alte Liebe rostet et, Lsp. 75; Gugelfur
auf m'Steighof, Lsp. 76; S'Ochsewirts
Heiretschaft, Kom. 77; Geschichten
rund um die Zolleralb, Erzn. 78.
R: D'Kuchalb-Franzel, Hsp.; Dr'
Schatz vom Hennestein, Hsp. ( )

Baur, Wolfgang, Dr.phil., Doz.,
Verleger; Gartenstr. 1, D-8000
München 40, Tel. (089) 3082348 (Boos/
Schwaben 20.7.42). Roman, Lyrik,
Hörspiel, Aphorismen, Essay.
V: Sprache u. Existenz. Stud. z. Spät-
werk Robert Walsers 74; Privat-Unter-
haltung, Prosa 77; Kurz u. herzlos,
Aphor. 79; Vom Abraham. Notizen-R. I
82. — **MV:** Dokumentation d. Aktion
'Umsonst'. Graphiken u. Texte.
H: Karin Arndt: Gedichte 81.

Bausch geb. von Hornstein-
Biethingen, Erika (Ps. Erika von
Hornstein); VS 53; Ostdeutscher Lit.-
Preis 62; Königin-Luise-Str. 76 a, D-1000
Berlin 33, Tel. (030) 8324080 (Potsdam
13.6.13). Roman, Reportage, Film-
Manuskr., Hörspiel, Erzählung.
    V: Andere müssen bleiben, R. 53; 59;
Der gestohlene Phönix, R. 56, 59; Die
deutsche Not 60; Staatsfeinde — sieben
Prozesse i. d. DDR 64; Adieu Potsdam
69, 77. — **MV:** Schnittpunkte 66.
    R: Wie es soweit kam, Hsp. 65; Der
Fall Grothaus; Das Haus an der Grenze;
Abschied vom Junker, alle drei Fs.-Dok.;
Begegnungen auf dem Parnass, Fsf.;
Mathilde de la Mole und Md. de Renard,
u.a.; Leben m. Kommunisten, Portraits
zw. Rom u. Bologna 74; Siena — rote
Stadt der Madonna 76; Südtirol — Der
schwere Weg zur Autonomie 78; Der Po
— Bilder eines Flusses 81; Andreas
Hofer 83, alles Fs.-Dok. ( )
    Baustian, Lieselott, Dipl.-
Bibliothekarin, Übersetzerin; V.d.Ü.;
Aegidienstr. 29, D-2400 Lübeck, Tel.
(0451) 72335 (Hamburg 29.12.35).
Anthologien, Rezensionen **Ue:** I., F., E.,
Schw.
    B: Melegari: Verborgene Schätze 72.
    H: Loewes Detektivmagazin 79;
Lausbubengeschichten 80;
Schmunzelmagazin 80; Loewes Grusel-
kabinett 81; Loewes Schulgeschichten
82; Loewes Tiergeschichten 83.
    Ue: Betsy Byars: Mitternachtsfuchs
74, Notfall Nr. 18 76; Henri Bosco:
Weißer Fuchs und dunkler Zauber 68;
Gunnel Linde: Kelle geht raus 76, Der
Vollmondwolf 77; Erik Linderholm: Der
weiße Biber 80; Bruno Tacconi: Der Arzt
des Pharao 79, Die Sonnenjungfrau 80;
Runo Lindskog: Der Junge und sein
Hund 82; Ann Mari Falk: Sabrina mit
den Sommersprossen 82; Robert Burch:
Ohne Mary geht es nicht 82; Tim Slater:
Der Junge aus dem All 82; Gunnel
Linde: Ein Fahrrad auf dem Rand der
Wolken 80.

    Bautz, Eva-Maria (Ps. Eva-Maria
Parasie, Eva-Maria Bautz-Parasie); Am
Weilerbach, D-5378 Blankenheim, Tel.
(02697) 297 (Cuxhaven 18.3.58).
Kurzgeschichte, Tagebuchberichte,
Roman.
    V: Jesus? Du kannst ihn erfahren,
Kurzgeschn. 76; Jeder Tag ein Aben-
teuer, Tagebuchber. 77; Daniela, was
nun? R. 82.
    Bautz-Parasie, Eva-Maria, s. Bautz,
Eva-Maria.

Bavarica, s. Zaky, Renate.

    Bayer, Agnes, Lehrerin; An der
Obererft 70A, D-4040 Neuss, Tel. (02101)
43955 (Büren i. Westf. 9.8.31). Lyrik,
Prosa, Kurzspiele.
    V: Mit wachen Augen, Lyr. 81.

    Bayer, Ingeborg, wiss. Dipl.-
Bibliothekarin, Schriftstellerin; VS 70-
75, 82; Bestliste z. Dt. Jgdb.-Preis 64, 69,
75, 76, 80, Österr. Staatspr. 75, Pr. d.
Friedrich-Ebert-Stift. 82; Friedrich-
Bödecker-Kreis 65; Am Ohrensbächle
30, D-7804 Glottertal, Tel. (07684) 370
(Frankfurt/M. 3.7.27). Roman, Jugend-
roman, Funkererzählungen, Theater.
    V: Fliegende Feuer im Jahr, zwei
Rohr', R. 63; Ein heißer Wind ging über
Babylon, R. 65; Der Teufelskreis, R. 68,
71 (auch holl., dän.); Julia und die wilde
Stute, R. 69, 76; Begegnung mit Indira,
R. 70, 72; Trip ins Ungewisse, R. 71;
Nacht des Jaguars 71; Natascha, R. 72,
77; Boris und Natascha, R. 73, 76; Die
vier Freiheiten der Hanna B., R. 74, 77
(auch holl., dän., norw., franz., span.);
Hernando Cortez 75; Yamba, R. 76, 77
(auch norw.); Dünensommer, R. 77 (auch
dän.); Zwiesprache m. Tobias, Erzn. 78;
Träume f. Tadzio, Erzn Cassette 79; Der
Drachenbaum, R. 82; Wo soll ich Euch
eine Stätte bereiten, Vögel der Freiheit?
Sachb. 83. — **MV:** Die Großen des 20.
Jhs 70; David u. Dorothea, m. Hans-
Georg Noack, R. 77 (auch engl., franz.,
norw.) 78, verfilmt.
    MA: Schriftsteller erzählen v. d.
Gewalt 70; Schriftsteller erzählen aus
aller Welt 73; Die Straße, in der ich
spiele 74; Die Familie auf dem Schrank
75; Die beste aller möglichen Welten 75;
Schriftsteller erzählen v. d.
Gerechtigkeit 77; Kein schöner Land?
79; Heilig Abend zusammen 82, alles
Anth.
    H: Johannesgasse 30 75; Ehe alles
Legende wird, das 3. Reich in Erzn.,
Ber., Dok. 79, 82.
    Lit: Leben gegen den Strich, Bull. Jgd
u. Lit. 5 76; Für Jüngere schreiben–
wozu? Bull. Jgd u. Lit. 6 76.

    Bayer, Rupprecht, Lehrer i.R.;
Lotzenweg 22, D-6948 Wald-
Michelbach 1, Tel. (06207) 5996
(Darmstadt 29.8.15). Lyrik, religiös-
schöngeistige Abhandlungen.
    V: Geliebte Heimat 76; Christsein im
Alltag 1. u. 2.Aufl. 80; Gott spricht — wir
antworten 81; Durch Leid zur Herrlich-
keit 83.

Bayr, Rudolf, Dr., ORF-Ldesintendant
Salzburg; Förderungspreis d. Stadt
Wien 52, Grillparzer-Preis 53, Theodor-
Körner-Preis 59, Hörspiel-Staatspreis
59, Preis der Stadt Linz 63; Hellbrunn
20, A-5034 Salzburg, Tel. (0662) 42373
(Linz/D. 22.5.19). Drama, Novelle, Essay,
Hörspiel. **Ue:** G (Agr).
V: Zur Psychologie des dichterischen
Schaffens, Ess. 45; Das ungewisse Haus,
Erz. 46; Essays über Dichtung 47; Karl-
Heinrich Waggerl, Leben und Werk 47;
Königslegende, Dr. 48; Der Dekalog,
Oden 51; Kalendarium, G. 52; Sappho
und Alkaios, Sch. 52; Die Liebe der
Andrea, Kom. 53; Orangenblüten 57; Der
Zehrpfennig, Erz. 61; Der Wolkenfisch,
G. 63; Das Buch vom Weihnachtslied 62;
Salzburg Stadt 63; Teestunde, Dr. 63;
Salzburg Land 65; Ein heiliger Abend,
Dr. 65; Delphischer Apollon, ein
Theaterb. 66; Menschenliebe, vier
Einakter 69; Momente und Reflexe,
Aufzeichn. 71; Anfangsschwierigkeiten
einer Kur, Erz. 73; Die Schattenuhr, Erz.
76; Der Betrachter, R. 78; Ein Loch im
Lehm, Erz. 81.
R: Agamemnon muß sterben; Die
Stimme, die dich stellt 59; Laß wehen
die Zeit 59; Orangenblüten; D.
Hochzeitstag; Windmühlen, alles Hsp.
Ue: Sophokles: Oedipus auf Kolonos
46, 48; König Oedipus, Antigone 61;
Elektra; O Attika, Gesänge der
Hellenen, dt. Nachtdicht. 48.

de Beauclair, Gotthard; Herrenstr. 49,
D-7800 Freiburg i.Br., Tel. (0761) 30859
(Ascona/Schweiz 24.7.07). Lyrik. **Ue:** F.
V: Der Sonnenbogen, G. 37; Bild und
Innbild, neue G. 42; Das verborgene
Heil, Ein Buch d. Besinnung 46; Die
Rast des Pirols, Kurz-G. 48; Das Buch
Sesam, G. 51; Blühendes Moos, Kurz-G.
53; Sinnend auf Stufen der Zeit 57; Zeit,
Überzeit, Versnoten u. Bildg. 76; Licht-
gewinn, Neue Versnoten u. Bildg. 80;
Sang im Gegenwind, G. u. Kurz-G. 83.
Ue: H: Jean Moréas: Ausgew. G. 72.
Lit: Georg Kurt Schauer: Diesseits
und jenseits des Buches in: Jb.
Imprimatur 69; Erhard Göpel: Gotthard
de Beauclair, Dichter und Buchgestalter
in: Philobiblon I, 2 75; Siegfried Hagen:
Der Poet Gotthard de Beauclair in:
Neue Dt. H. 28, 2 81. ( )

Becher, Carl J., s. Seelmann-Eggebert,
Ulrich.

Becher, Martin Roda, Journalist; VS
70 (New York 21.10.44). Novelle, Lyrik,
Roman, Film.

V: Das wahre Leben, G. 53; Chronik
eines feuchten Abends, Erzn. 65;
Flippern, R. 68; Saison für Helden, R. 70,
73; Die rosa Ziege, R. 75; Prosa, Erzn. u.
Ess. 79; Im Windkanal der Geschichte,
Erzn. 81; An den Grenzen des Staunens,
Aufs. zur phantast. Lit. 83.
MA: Fortschreiben, 98 Autoren d. dt.
Schweiz 78; Ich hab im Traum die
Schweiz gesehen, 35 Schriftsteller aus
der Schweiz 80; Errungenschaften, eine
Kasuistik 82.
F: Sommersprossen 68.
R: Der Mann, der nur aus Haaren
besteht, Hsp. 80; Vorher und nachher,
Hsp. 81.

Becher, Ulrich; G.dr.S.u.K., Dram.-Un.,
V. Öst. Bü., VS, P.E.N. Dtld u. Öst.;
Dramatikerpreis d. dt. Bühnenver. 55,
Pr. d. Schweiz. Schillerstift., Öst. Ehren-
kreuz f. Wiss. u. Kunst I. Kl. 80;
Spalenring 95, CH-4000 Basel (Berlin
2.1.10). Drama, Lyrik, Roman, Novelle.
V: Männer machen Fehler, Nn. 31, 58;
Niemand, Myteriensp. 34; Die Eroberer,
Geschn. aus Europa 36; Reise zum
blauen Tag, G. 46; Die Frau und der Tod,
N. 49; Samba, Sch. 50; Nachtigall will
zum Vater fliegen, R. 50, gek. u.d.T.: Die
ganze Nacht 55, ungek. u.d.T.: New
Yorker Nn. 69; Brasilianischer
Romanzero 50, 79; Feuerwasser, Tr. 51;
Mademoiselle Löwenzorn, Kom. 53
(tschech. 58, auch span.); Die Kleinen
und die Großen, Posse 56; Kurz nach 4,
R. 57, bearb. 78 (auch franz., ital., poln.,
slowen., tschech., ukrain., russ.); Spiele
der Zeit, 3 Dr. 57; Der Herr kommt aus
Bahia, Sch. 57; Das Herz des Hais 60, 78;
Der große Grosz u. eine große Zeit, Ess.
63; Makumba, Tragikom. 65; Spiele der
Zeit 2, 3 Dr. 68; Murmeljagd, R. 69, 77
(auch franz., slowen., poln., ungar.,
amer.); Biene, gib mir Honig, Sp. 66; Das
Profil, R. 73; William's Excasino, R. 74,
78 (auch franz., ungar., tschech.); SIFF,
Selektive Identifizierung von Freund u.
Feind 78; Franz Patenkindt 78, u.d.T.:
Die Ballade von Franz Patenkindt 81. —
MV: Der Bockerer, Posse m. Peter
Preses 49 (auch chin.); Der Pfeifer von
Wien, Posse m. Peter Preses 50.
MA: Fünfzig dt.spr. Autoren in der
Neuen Welt 62; Ihre Sache Madame, 19
Erzähler 62, u.d.T.: Die Stillenden Väter
83; Die besten dt. Erzählungen des 20.
Jhs 67; Gesichtete Zeit 69; An der
schönen schwarzen Donau 74; Fort-
schreiben 75; Die Gegenwart, Geschn.
von 1900-1960 81; Dt. Erzähler d. Gegen-
wart.

R: Feuerwasser, Fsp. 61, 78; Mademoiselle Löwenzorn, Fsp. 65; Samba 66; Josua war kein Feldherr, Hsp. 71. - **MV:** Der Bockerer, m. Peter Preses, Fsp. 63.

Lit: Lion Feuchtwanger: Ulrich Becher (Das Wort) 37; Wolfgang Beck: Zeit auf den Brettern (Theater der Zeit u. Geist und Zeit) 57; Nancy Zeller: U. B. in Süd- u. Nordamerika, Diss. ( )

Bechtle, Wolfgang, Schriftsteller; Silberne Bölsche-Med. 66; Beerenhalde 2, D-7411 Sonnenbühl 2 (Stuttgart 14.3.20).
V: Geschichte eines Fuchses 58; Gingang - kleine Gans am großen See 58; Ferien im Garten Eden - Ein Reiseb. f. Tierfreunde 60; Sonntags unter Tieren 62; Ponys hinterm Haus 63; Räuberbande im Aquarium 64; Tiere zu Gast 66; Provence u. Carmargue in Farbe 67, 79; Bunte Welt im Terrarium 71, 76; Fototips für Nahaufnahmen 73; Das Tessin 75; Der Neusiedler See 76, 79; Stuttgart für Naturfreunde 77; Die Hohen Tauern in Farbe 79. –
MV: Lauter Viechereien, m. Horst Stern 57.

Bechtle-Bechtinger, Joachim (Ps. Joachim S. Gumpert, Joachim Schreck), Lektor; SV-DDR 74; Hörstenweg 3, DDR-1115 Berlin (Köthen (Anhalt) 16.9.26). Erzählung.
V: Bettenanbieter und andere Belagerungszustände, Geschn. u. Feuill. 78, 80; Museum der verschwundenen Liebhaber, Geschn. 81, 82.
H: Roda Rodas Cicerone, Werkausw. 65; Karl Valentin: Monologe, Dialoge, Couplets, Szenen 73, 76; Alfred Lichtenstein: Die Dämmerung, G. 77; Wolfgang Hildesheimer: Tynset, Zeiten in Corwall, Dr., Hsp. 78; Franz Hessel: Spazieren in Berlin 79; Café Klößchen, dt.spr. Grotn. 80, 82; Ernst Jandl: Augenspiel, ausgew. G. 81; Klabund: Die Harfenjule, G. 82.

Bechtle-Bechtinger, Sibylle (Ps. Sibylle Durian, Kim Kai); SV-DDR 76; Hörstenweg 3, DDR-1115 Berlin– Buch (Berlin 11.12.46). Kinderbuch, Hörspiel, Fernsehspiel, Film.
V: Meine Goldhamster 66; Tagebuch eines Raubritters 75; Primel schwindula 81. – **MV:** Der Mann im Biberbau 76 (Vollendung d. Ms. v. Wolf Durian).
R: Üb. 200 Funkerzn. u. Hsp. f. Kinder, u.a.: Meuterei auf der Santa Maria 64; Der Hirt und die Geige 65; Das Waldgericht 67; Der Teddybär von Szetschuan 67; Der geheimnissvolle Spreekahn 76; Abschied von den

Tauben 76; Konferenz der Märchen 79; Die Abende der Nachtigall 79, alles Hsp.

Bechtler, Katrin, c/o Verlag Sauerländer, Aarau, Schweiz.
V: Ein paar Tage in Vico Morcote 80.
( )

Beck, Alfred, Städt. Beamter; Be. S.V. 82; Bahnstr., CH-3008 Bern, Tel. (031) 250687 (Bern 16.4.27). Biographie, Mundarterzählung, Novelle.
V: Rudolf Wyss, das Leben eines aussergewöhnlichen Menschen, Biogr. 80; Ds Chlepfschyt, berndt. Gesch. in Mda 81.

Beck, Eleonore, wiss. Angestellte; Habichtweg 14, D-7400 Tübingen, Tel. (07071) 62265 (26.2.26). Bibelwissenschaft.
V: Biblische Unterweisung Band III (Handb. z. Schulbibel Reich Gottes) 70; Lieber Gott, Kindergebete 70; Gottes Traum: Eine menschliche Welt (Kleinkommentar zu Hosea-Amos-Micha) 72; Gottes Sohn kam in die Welt, Sachb. 77, 2. Aufl. 80 (port. 82). – **MV:** Biblische Unterweisung I 64, II 68; Frauen vor Gott. Gedanken u. Gebete 65, 68; Mein neues Meßbuch, Kinder feiern Messe 65, 69; Gottes Sohn auf Erden 65; Gehmännchen und Stehmännchen 66; Peter, Ulrike und andere Kinder 66; Weihnachtszeit kommt nun heran 66; Heilige Messe. E. Buch f. Kinder 67; Christus ist unser Lehrer. Schulgebete 68; zum Thema Wille Gottes (holl. 77); Zukunft das sind wir 73; Frau und Gott 76; Die Psalmen. Der ökumen. Text, Einl. u. Erläuterung 79; Die Heilige Schrift: Einheitsübers. Einleit. u. Kommentierung 80.
B: Meßbuch seit 74; Sipke van der Land, Meine Bilderbibel 76. –
MA: Internationale Zeitschriftenschau für Bibelwissenschaft und Grenzgebiete seit 51.
H: Reden mit dem fernen Gott 69.
Ue: A. Gelin, Die Botschaft des Heils im AT 57; Gottes Wort und Werk 60; J. Hoeberechts: Gott, ich habe eine Überraschung für dich 80. – **MUe:** X. Léon-Dufour: Wörterb. z. Neuen Testament 77.

Beck, Florian *

Beck, Heinz *

v. d. Beck, M., s. Becker, Marietta.

Beck, Norbert, c/o Plakaterie-Verl., Nürnberg.
V: Die Frau am Tresen und weitere Erzn 80. ( )

Beck, Renat, Sekretär; Förderpr. d.
Stadt Bern 78; Rehhagstr. 35, CH-3018
Bern, Tel. (031) 341366 (Bern 22.9.46).
Erzählungen.
V: Frau Potiphar in Sumiswald 76;
Die Aufstände des Roland Franchiger
und der Alice Neuenschwander 77; Die
Lieder der Petula Clark 78, alles Erzn.

von Beck, Wolfgang Frhr. *

Becke, Julius, Grundschullehrer;
Mitgl. d. Autorenbuchhandl. Frankfurt
a.M. seit 79; Am Elisabethenbrunnen 13,
D-6380 Bad Homburg v.d.Höhe, Tel.
(06172) 45645 (Leipzig 15.1.27). Lyrik.
V: Grundschule Innenstadt, G. 81.

Beckelmann, Jürgen, Journalist;
Pfalzburger Str. 80, D-1000 Berlin 15,
Tel. (030) 8834290 (Magdeburg 30.1.33).
Lyrik, Roman.
V: Der Wanderwolf, G. 59; Das Ende
der Moderne, Entwicklg. u. Tendenzen i.
d. dt. Malerei 59; Der goldene Sturm, R.
61; Aufzeichnungen eines jungen
Mannes aus besserer Familie, R. 65; Das
gläserne Reh, Erzn. 65; Lachender
Abschied, R. 69; Herrn Meiers
Entzücken an der Demokratie, R. 71;
Drohbriefe e. Sanftmütigen, G. 76.
MA: Beitr. in: Deutsche Lyrik, Anth.
61; Zeitgedichte, Anth. 63; Japanische
Anthologie deutscher Lyrik 63, u. a.
MH: Umsteigen bitte, G. aus Berlin
80. ( )

Becker, Dorothea (Ps. Laudahn);
Körnerstr. 26, D-4830 Gütersloh
(29.10.24). Kinderbücher, Kinderfunk.
V: Lustige Katzenkinder 73.

Becker, G.B.; D.A.V. 66; Kasernenstr.
36, D-3300 Braunschweig (Bremen
20.6.03). Drama, Lyrik, Roman, Novelle,
Essays.
V: Diesseits Jenseits, Lyr. 78; Die
Heimkehr 78; Die Forscher 78; Das
Vermächtnis 79, alles Erzn.

Becker, Jürgen; P.E.N.; Förderpr. d.
Ndsächs. Kunstpr. 64, Pr. d. Gr. 47 67,
Lit.pr. d. Stadt Köln 68, Stip. Villa
Massimo Rom 65 — 67; Akad. Künste
Berlin 69, Dt. Akad. f. Spr. u. Dicht. 74;
Am Klausenberg 84, D-5000 Köln 91, Tel.
(0221) 841139 (Köln 10.7.32). Prosa, Lyrik,
Hörspiel.
V: Felder, Pr. 64, 69; Ränder, Pr. 68, 70;
Bilder, Häuser, Hausfreunde, Hsp. 69;
Umgebungen, Pr. 70, 74; Schnee, G. 71;
Die Zeit nach Harrimann 71; Das Ende
d. Landschaftsmalerei, G. 74; Erzähl mir
nichts vom Krieg, G. 77; In der
verbleibenden Zeit, G. 79; Erzählen bis
Ostende, Prosa 81; Gedichte 1965-1980

81; Die Abwesenden, 3 Hsp. 83; Die Türe
zum Meer, Prosa 83. — **MV:** Fenster und
Stimmen 82.
MH: Happenings, Dok. 65, 68.
R: Bilder 69; Häuser 69; Hausfreunde
69; Geräusche finden in d. Erzn. statt 71;
(MV) Türen u. Tore 71; D. Wirklichk. d.
Landkartenzeichen 71; Einzelne Bäume.
Im Wind 72, alles Hsp.
S: Häuser, Hsp. 72.
Lit: Walter Hinck: Die offene Schreib-
weise Jürgen Beckers (Basis I) 70; Leo
Kreutzer: Über Jürgen Becker 72.

Becker, Jurek; SV-DDR bis 77, P.E.N.-
Zentr. DDR; Heinr.-Mann-Pr. 71, Ch.
Veillon-Pr. 71, Literaturpr. d. Stadt
Bremen 74, Nationalpr. d. DDR 75,
Stadtschreiber v. Bergen-Enkheim 82/
83; o. Mitgl. Dt. Akad. f. Spr. u. Dichtung
83, c/o Suhrkamp Verlag, Frankfurt a.M.
(Lodz/Polen 30.9.37). Film, Roman.
V: Jakob der Lügner, R. 69, 71;
Irreführ. d. Behörden, R. 73; Der Boxer,
R. 76; Schlaflose Tage, R. 78; Nach der
ersten Zukunft, Erzn. 80; Aller Welt
Freund, R. 82.
F: Ohne Paß in fremden Betten;
Jungfer, Sie gefällt mir; Meine Stunde
Null; Jakob der Lügner; Das Versteck;
David (MV).
R: Wenn ein Marquis schon Pläne
macht; Komm mit nach Montevideo; Zu
viele Kreuze; Gäste im Haus; Immer um
d. März herum, alles Fsp; Der Boxer,
Fsf. n. d. R.; Schlaflose Tage, Fsf. n. d. R

Becker, Kurt E., Publizist; Martin-
Luther-Str. 7/IV, D-7830 Emmendingen,
Tel. (07641) 41767 (Ludwigshafen/Rh.
26.10.50). Lyrik, Roman, Essay.
V: Pais Paizon, Erz. 82; Du darfst
Acker zu mir sagen, R. 82.

Becker, Lore, c/o Verlag Mersch,
Freiburg i. Br.
V: Mit den Flugwellen der Ibisse, G.
81. ( )

Becker, Marietta (Ps. Mary Baker,
Katrin Keith, M. v. d. Beck), Abt.-Leit.,
Einkäuferin; VS; Burgenpreis 56, Palmo
d'oro 57; Charleviller Pl 2, D-5350
Euskirchen, Tel. (02251) 52830 (Köln
10.7.07). Roman, Novelle, Erzählung,
Hörspiel.
V: 4 Eifelromane 50; Kamerad Thea,
R. 52; Karenzzeit der Liebe, R. 53;
Komm' wieder, Johannes, R. 54;
Brauchst du mich, Barbara, R. 55; Nur
eine Magd, R. 55; Du mußt dich
entscheiden, R. 55, 59; Spätes Glück, R.
56; Vaters Heimkehr 57; Ruf der Heimat
60; Was sagt dein Herz, Marina 60; Die

Abtrünnige von Tobadill 60; Einer
Mutter Sohn 60; Ehe am Abgrund; Der
Scharlatan; Fünf lange Jahre; Der
Schmied von Fulpmes; Der Tandler von
Pians 62, u. a. R. — **MV:** Das Tagebuch
der Emma Ulrage 51.
S: 6 Tonkass. 83.

Becker, Markus, c/o Oncken-Verl.,
Wuppertal.
V: Du kommst leise, G. 83. ( )

Becker, Marta; Lothringer Str. 5, D-
4000 Düsseldorf 30 (Steinfeld/Rheinpf.
25.9.12). Jugendbuch. **Ue:** H.
V: Das geheimnisvolle Medaillon,
Jgdb. 58; Mijnheer hat lauter Töchter,
Jgdb. 62, 64.

Becker, Max A.; VS; Dt. Friedr.-
Schiller-Stiftung; Wustermarker Str. 56,
D-1000 Berlin 20 (Leipzig 24.11.05).
Lyrik.
V: Zugleich und später, G. 33.
MA: Junge Menschen, lyrische Anth.
32; Die Zehnte Muse, Anth. 55, 64.
R: Unterhaltung bei Tisch.

Becker, Oskar, Dr. phil., ObStudR.;
Edenstr. 20, D-3000 Hannover, Tel. (0511)
668455 (Berenbostel/Hannover 4.2.27).
Roman.
V: Der Magier, Erz. 62; Russisch
Roulette, R. 75, 76. ( )

Becker, Rolf u. Alexandra (Rolf:
25.11.23, Alexandra: 10.7.25). Roman,
Hörspiel, Fernsehspiel, Film.
V: Dickie Dick Dickens, Krim.-Sat. 59,
62; Gestatten, mein Name ist Cox,
Krim.-R. 60, Tb. 79; Familie Schöler-
mann, R. 60; Dickie gibt kein Fersen-
geld, Krim.-Sat. 61, 66; Mord auf Ge-
päckschein 3311, Krim.-R. 67, Tb. 78; Ein
Spaßvogel im Kampf mit der Unterwelt,
Krim.-R. 67; Frachtgut für die Hölle,
Krim.-R. 68, Tb. 78; Spuren im Moos,
Krim.-Geschn. 69; Pinkus der
Hochhausdetektiv 82.
F: Witwer mit fünf Töchtern; Kein
Auskommen mit dem Einkommen.
R: Gestatten, mein Name ist Cox, Hsp.
u. Fsp.-Serie; Dickie Dick Dickens, Hsp.-
Serie; Unsere Nachbarn heute Abend,
Fsp.-Serie; Die CHâtelaine, Fsp.; Die
Stunde Null war 3 Uhr 15, Hsp.-Serie. ( )

Becker, Uli; Das Hungertuch,
Förderpr. d. Hess. SV 79; Schillerstr. 33,
D-1000 Berlin 12, Tel. (030) 3138876
(Hagen 14.9.53). Lyrik. **Ue:** Am.
V: Meine Fresse! G. 77, 2. erw. Aufl. 80;
Menschen! Tiere! Sensationen! ein
Poem 78; Der letzte Schrei, G. 80; April
April, ein Fragment 80; Daß ich nicht

lache, G. 82; Frollein Butterfly, 69 Haiku
83; Das reale Ding, eine Tirade 83.
S: Bananenrepublik, G. 78.
Ue: Joe Brainard: Erinnerungen 80.

Becker-Kohen, Erna; Furtwänglerstr.
17, D-7800 Freiburg i.Br., Tel. (0761)
67451 (Köln 1.3.06). Essay, Tagebuch.
V: Wer die Wege kennt, Tageb. 80.
S: Aus dem Tagebuch einer Jüdin,
Interview.

Becker-Trier, Heinz; V.D.B.S. 25,
P.E.N. 52, VS 54; Postf. 105, D-8100
Garmisch-Partenkirchen, Tel. (08821)
56129 (Konz/Saar 12.9.01). Drama,
Roman, Film, Hörspiel. **Ue:** I.
V: Turnlehrer Heinrich Ziegenspeck,
Kom. 26; Diplomaten in Genf, Kom. 28;
Requiem, Dr. 30; Bilanz für Gott, R. 30;
Der Tiger und das Lämmchen, N. 31;
Die große Pause, Tr. 33; Golgatha, Tr. 33;
Paradiesvögel, R. 37; Den Seinen gibt's
der Herr im Schlaf, R. 40; Das
Hochzeitswasser, R. 40; Am Tisch der
Ehe, Lsp. 40; Die Frau vom Beermann-
hof 43; Vorfrühling, R. 43; Die unge-
stillten Wünsche, Kom. 46; Keine Angst
vor morgen, Sch. 46; Der Mann, der in
den Himmel sah, R. 46; Ich bringe dir
ein neues Leben, R. 48; Madame
Finesse, Kom. 51; Kabarett des Todes,
Dr. 51; Es begann in Lindau, R. 51;
Junger Mann von vierzig, R. 52; Weiß
man, wer verrückt ist?, R. 54; Madonna
auf dem Ozean, Lsp. 56; Das Leben
eines Weibes, Moritat 56; Die Angst hat
trübe Augen, R. 56; Es war Mord, meine
Herren Richter, Tatsachenber. 58, Dr.
59; Reicher Zirkus - armer Clown, R. 61;
Eros an der Mosel, R. 54; Meine Frau
versteht mich, R. 66; Kitsch, Bst. 75; Des
Knaben Wunderhorn, Mysteriensp. 75;
Monte Juwel, Kom. 76; Die Affaire
Anglicus, Tr. 76; Warum soll er nicht mit
ihr?, R. 77. — **MV:** Die Morgengabe,
Kom. 39; Tobias und die Fliege, Kom. 39;
Rast vor dem Jenseits, Oper 39; Arzt
wider Willen, Oper 39; Teresa Casati,
Sch. 42; Der Postmeister, Sch. 56; Der
Struwwelpeter, Bü. 56.
MA: Literatur aus Rhld-Pf., Alm. 76.
F: Die kluge Schwiegermutter 39; Wie
in Noahs Zeiten 55.
R: So geht es auch!, Hsp.

von Beckerath, Erich *

Beckerle, Monika; Lit. Union
Saarbrücken, Lit. Ver. d. Pfalz, IGdA;
Am Schafgarten 4, D-6724 Dudenhofen,
Tel. (06232) 71302 (Friedberg/Hessen
14.9.43). Erzählung, Roman, Lyrik.

V: Ein Sommer in Antibes, Erz. 78; Menschen u. Masken, Lyr. nach Batikbildern 78; Das Kartenhaus, R. 83. — **MV:** Pfalzbilder, G. zu Fotografien 83.
MA: Lenz in Landau und andere Erzählungen 81.
R: Die geschenkte Zeit.

Beckert, Anke; Franz Josephstr. 34, D-8000 München 40.
V: Die Spur führt zur Insel 77, 3. Aufl. 82; Die Spur führt zum Spukhaus 78, 2. Aufl. 79.
S: Überfall auf die Montana-Ranch, Western-Hörsp. 73. ( )

Beckmann, Dieter, Beleuchtungs- u. Theatermeister; Eschenweg 8, D-4290 Bocholt, Tel. (02871) 32974 (Stettin, Pommern 25.4.36). Lyrik.
V: Er lenkte im Silberlot den magnetischen Fluß, Lyrik 78.

Beckmann geb. Nau, Maria (Ps. Sibylle Schenck), Dolmetscherin, D-2351 Fuhlendorf/Holst., Tel. (04192) 2626 (Berlin 26.2.23). Roman, Glosse.
V: Auf diesem nicht mehr ungewöhnlichen Wege, R. 62, 65.

Becsi, Kurt, Dr., Gen.-Sekr. Österr. UNESCO-Kommiss., Dramaturg., ao. HProf., Vorst. Inst. f. Öst. Dramat. H. f. Musik u. darst. Kunst Wien, Rat d. Auslandskulturdienstes; G.dr.S.u.K. 50, P.E.N.; 1. Dramatikerpreis d. öst. Liga d. Vereinten Nationen 55, Öst. Staatspreis f. Lit. 61; Faustges. 68, Société des Auteurs et Compositeurs Dramatiques Paris 57; Daringergasse 12b/27/4, Ä-1190 Wien, Tel. (0222) 3217985 (Wien 30.5.20). Drama, Essay, Hörspiel.
V: Spanisches Dreieck, Sch. 52; Atom vor Christus, Sch. 52; Deutsche Passion, Sch. 52; Der Mörder Gottes, Dr. 55; Das moderne Drama der Völker, Ess. 55; Der Salzmarsch, Sch. 56; Russische Ostern, Sch. 59; Faust in Moskau, Sch. 63; Party für Propheten, Sch. 64; Die Nacht vorher, Sch. 65; Triangulo Español 67; Integrale Trilogie 68; Dionysische Trilogie 69, 71; Kosmische Trilogie, alles Dr.; Aufmarsch zur Apokalypse 71; Das Indische Zeitalter 73; Die Bühne als kosmischer Raum 76; Der Kosmos auf d. Bühne. Das galakt. Weltbild d. künftigen Theaters 77; Galaktische Philosophie 79; Pfauen-Trilogie, Dr. 80; Die Vögel der Brissacs, Sch. 82; Theater der Weltinnenräume, 30 Stücke 83.
MA: Gemeinschaft des Geistes 57; Österreich in Gesch. u. Lit. 70; Brennpunkte VII 71.

H: Orient-Okzident. Buch- u. Schrr.-R. d. Öst. UNESCO Komm. 57 — 64; Österreichische Dramatiker der Gegenwart; Im Spektrum; Profile seit 69; Kreativ-Lex. Österr. Dramatiker d. Gegenw. 76; Dramatiker, Stücke, Perspektiven, Reihe seit 79.
R: Spanisches Dreieck, Hsp. 53, 61; Der Himmel ist zu erben, Hsp. 55; Der Salzmarsch, Hsp. 58; D. Nacht vor Sarajewo, Hsp. 82; Faust in Moskau, Hsp. 83.
S: D. Nacht vor Sarajewo 82.
Lit: Joseph Gregor: Theaterführer; Meidinger Geise: Katholische Dichtung in Deutschland; Friedrich Schreyvogel: Einleitung zu "Russische Ostern", Hans Vogelsang: Österreichische Dramatik des 20. Jahrhunderts; Adalbert Schmidt: Die Österreichische Literatur des 20. Jhs.; Kurt Adel: Zweimal Faust in Moskau. Kurt Becsi z. 50. Geb. (Öst. in Gesch. u. Lit. 3) 70; Viktor Suchy: Literatur in Österreich von 1945 — 1970 u. Beitr. z. Dramat. Öst. im 20. Jh; W. Bortenschlager: Literatur d. 20. Jhs. 75, Gott in d. Lit. 76, Spirituelle Dramatik in: Brennpunkte XIV 76; Bortenschlager: K.B. — Dramatiker einer neuen Weltsicht 81.

Bednara, Maria, Dr. Dr. med., Med.-Dir.; Weltschriftstellerärzteverb. 77, BDSÄ 77, RSGI 82; Kr. d. Freunde 78, Münchner Alpbach Club, Forum f. Europ. Kultur 81; Arabellahaus 19/24, D-8000 München45, Tel. (089) 92323524 (Breslau 19.6.16). Lyrik.
V: Irgendwo, Lyr. 78; Melodie, Lyr. 81.
MA: Heilende Worte, Anth. 77; Älm. dt. Schriftstellerärzte 77-83; Liebe Last 79; Lichtbandreihe 78-83; Heile Gedanken, Anth. 79; Das Boot 78-83; Autorenbildlex. 80, 82; Das Rassepferd, Anth. 82; versch. Zss.

Bednarik, Karl *

Bedners, Ursula; Piata Lenin 39, Sighişoara/Rumänien.
V: Schilfinseln, G. 73; Märzlandfahrt, G. 81. ( )

Beeck, Hans, Bauer i. R., D-2221 Spersdick, Post Frestedt, Tel. (04859) 394 (Spersdick bei Windbergen 24.11.96). Geschichte.
V: Die Chronik von Windbergen 56; Chronik der Familie Köhler 59; Mein Begegnen mit Gustav Freussen 69; Otto, der Knecht von Dasendorf 72. ( )

Beer, Fritz (Ps. Peter Alter), Journalist u. Schriftsteller; P.E.N. 45, Verband der Auslandspresse;

Internationaler Friedenspreis, Moskau 34, O.B.E. 76; Hill House, 31 B, Arterberry Road, London SW 20, Tel. (01) 9460178 (Brünn/ČSR 25.8.11). Erzählung, Novelle, Roman, Hörspiel, Essay.
V: Schwarze Koffer, Erzn. 34; Das Haus an der Brücke, Erzn. 49; Die Zukunft funktioniert noch nicht. Gesch. der ČSSR 1948 - 68. —
MV: Strafexpedition gegen die Tschechoslowakei 68.
R: Das Ende der Teufelsinsel; Die Geschichte des Parfüms; Ungelöste Rätsel der Geschichte; Warum haben Frauen immer Geld?, u. a. Hsp.

Beer, Gustave *

Beer, Natalie (Ps. Ursula Berngath), freier Schriftsteller, Prof. h.c.; Bodenseeklub 65, SÖS, ÖSV; Literaturpreis d. Vorarlberger Landesreg. 55, Ehrenr. Dem Dt. Gedicht, Dt. Kulturwerk Europ. Geistes 67, Silb. Ehrenzeichen d. Ldes Vorarlberg 75, Dichterstein-Ehrenschild Offenhausen 75, Prof. h. c. 77, Gold. Ehrenr. d. Marktgemeinde Rankweil; Hartmanngasse 25, Haus Vogelweide, A-6830 Rankweil/Vorarlberg, Tel. (05522) 444022 (Au/Bregenzer Wald 17.6.03). Drama, Lyrik, Roman, Novelle, Essay.
Ue: P.
V: Frühlicht, G. 33; Bergfahrt, Erz. 33; Heiligjahrmesse 34; Kleine Kindheit, Erz. 39; Schicksal auf Vögin, R. 42; Der Urahn, R. 43; Traum des Weibes, G. 47; Die eherne Waage, G. 51; Die Hirtin von Tilisuna, Erzn. 52; Wanderer durch das eigene Herz, R. 54, u. d. T.: Und führte ihn ein anderen Weg; Immer die weiße Wolke, Leg. 54; Prophet und Sibylle, R. 56, u.d.T.: Wenn die Sterne dunkeln; Weil ich dich liebe, G. 58; Ich suche den Menschen, R. 60; Im Vorübergehn, G. 62; Und senden ihr Lied aus, G. 63; Dichtung aus Vorarlberg, G. u. Pr. 64; Jubel der Steine, R. 64, 78; Und vermag noch die Freude, L. 67; Und fanden das Kind in der Krippe, Weihnachtsgesch. 68, 79; Mathis der Maler, R. 70; Kleine Reise ohne Nepomuk, R. 71; Ins Antlitz der Zeit 71; Das Lächeln der Madonna Hodigitria und Der Mann mit der Nelke, Erzn. 75; In den Wind gestreut, G. 75; Die singenden Hügel, G. 76; Erntetag, G. aus 3 Jahrzehnten 77; Der kleine Esel Trabbelbei, Erz. 77; S'Lisabethle goht of d'Reis, Erz. 77, 79; Im Leben zu Gast sein, G. 78; Dorf im Herbst, G. 79; Als noch die Sonne schien, R. 78; Gefilde des Lichts, G. 80; In den Tag

gesprochen, G. 80; Im Garten blüht der Lavendel, Friaul-R. 80; Gefilde des Lichts, G. 80/81 II; Andante Sostenuto, G.; Gesang der Landschaft, G. 82; Der brennende Rosenbusch, R. 83.
B: Jan Dobraczinsky: Moses, R. 51; Die Wüste, R. 57, Die Kirche von Chocholow, R. 61, Unendlich wie das Meer, R. 63.

Beer, Otto F., Prof., Dr., Redakteur; J.u.S.V. Concordia, G.dr.S.u.K., P.E.N.; Ledererg. 27, A-1080 Wien, Tel. (0222) 420484 (Wien 8.9.10). Drama, Roman, Novelle, Film, Hörspiel. **Ue:** E, F, I.
V: Stadttheater, Erz. 46; Hotel Zugvogel, R. 48; Zehnte Symphonie, R. 52; Wiedersehen in Meran, R. 53; Ich — Rodolfo — Magier, R. 65; Christin-Theres, R. u. Dr. 67; Ein Bummel durch Wien 71; Der Fenstergucker 74; Einladung nach Wien 77. — **MV:** Man ist nur zweimal jung, Kom. m. Peter Preses 56; Die Eintagsfliege, Kom. m. Peter Preses 61.
F: Man ist nur zweimal jung.
R: Das Mädchen aus dem anno dazumal, Hsp. 60; Die Stadt ohne Angst, Hsp. 61.
Ue: O'Neill: Ah Wilderness!; Lilian Hellman: Vor der Entscheidung; Bourdet: Große Hochzeit; Deval: Paris-Marseille.

Beer, Ulrich, Dipl.-Psychol., Dr. phil.; VG Wort; Osterbruchweg 2, D-3100 Celle-Osterloh, Tel. (05141) 83376 (Langlingen, Kr. Celle 11.2.32). Drehbuch, Sachbuch, Lyrik, Prosa.
V: Geheime Miterzieher der Jugend 60, 75; Umgang mit Massenmedien 63, 73; Methoden der geistigen Arbeit 65, 75; Zurede zur Zivilcourage 66; Fruchtbarkeitsregelung als Konsequenz verantwortlicher Elternschaft 66; Ich und Du - Der Mensch in Ausdruck, Kontakt und Konflikt 67; Konsumerziehung gegen Konsumzwang 67, 74; Recht auf Liebe - Zehn Plädoyers für das Glück 68; Jugend zwischen Sexualität und Sozialität 68; Liebe oder Sozialismus? 69; Staat machen - aber womit? Psychologie und Praxis der Demokratie 70; Ehekriegspiele — Ein Eheberater berichtet 71; Mit Lust und Liebe — Praktikum der sexuellen Partnerschaft 74; Kult mit jungen Götzen 75; Erziehen mit Autorität 75; So wird die Ehe gut 76, 77; Das Alter erlernen 77; Beers Elternbuch 77; Mut zum Glück — richtig entscheiden lernen 78, 82; Beers Ehebuch 78; Bildungsurlaub 78; Von Prinzen u. Nest-

häkchen 78; Typisch Vater! 78, 79;
Kleiner Mann — kleine Frau 80; Liebe
Großeltern... 81; ...gottlos und
beneidenswert. W. Busch u. seine
Psychol. 82; Besser leben — mit weniger
82; Gebt Eure Kinder frei! 82; Tag in
Bernstein, Lyr. u. Prosa 82; Selbst-
therapie 83; Praktisches Selbst-
management 83. — **MV:** Eltern, Kinder
& Co. Ein Ratgeber f. Ehe u. Familie, m.
Elisabeth Beer 71, 72; Entfaltung der
Kreativität, m. Willi Erl 72, 74; Ferien
mit Gruppen, m. Gerhard Haag 73, 80;
Überwindung von Vorurteilen, m.
Werner Klose 74.
H: Jugend Bildung Erziehung; ehe-
praxis; Jugend Staat Gesellschaft, alles
Reihen.
R: Religiöse Früherziehung, Fs.-Serie;
Ehekonflikte, Treatments; Hsp. üb.
zeitgesch. Themen; Kommentare z.
Fs.Serie: Ehen vor Gericht.
S: Das tägliche Gift 62; Die tägliche
Chance 63; Die Explosion der Sexbombe
und der junge Mensch 64; Die tägliche
Verlockung 65; Lust und Liebe 75;
Intime Begegnung 76.

Beer, Walther J., Schmuckwaren-
fabrikant, Exportkaufmann; Sudetendt.
Ldsch.-pr. Polzen-Neiße-Niederland 79;
Leutelt-Ges. 57; Desse-Str. 44, D-8950
Kaufbeuren-Neugablonz u. Kniepaß-Str.
24-28, A-6600 Reutte, Tel. (08341) 62717
(Gablonz/Böhmen 25.11.08). Heimatkde.,
Isergebirgs-Mundart.
V: Lerne deine Heimat kennen 34;
Horcht ock, Nopprn! Gablonzer Mund-
art 60; Geheimnisvolle Steine im
Isergebirge 80; Altgablonzer Bilderb. 80;
Beer-Walther drzehlt vu Drhejme 83. —
MV: De Gablonzer vu heute, Gablonzer
Mundart 60; Bis ock nemieh biese,
Gablonzer Mda. 65.
B: Father Reichenberger: Theresia
von Konnersreuth. — **MA:** Jeschken-
Iser-Jb. 72-84.
S: Perlen aus Gablonz. Stimmen der
Heimat 65.

Beerenbusch Esfaudeh, Fritz,
s. Bierbüsse, Fritz.

Beese, Klaus, c/o Brinkhaus-Verl.,
Rossdorf.
V: Reiseunterbrechung, R. 83. ( )

Beetz, Dieter (Ps. Dietmar Beetz), Dr.
med., Facharzt für Hautkrankheiten,
Medizinalrat; SV-DDR 72; Louis-
Fürnberg-Pr. d. Rates d. Bezirkes Erfurt
77, Förderungspr. d. Mitteldt. Verlages
Halle u.d. Inst. f. Lit. Johannes R.
Becher Leipzig 78; Juri-Gagarin-Ring

138, Wohnung 143, DDR-502 Erfurt, Tel.
(061) 61664 (Neustadt am Rennsteig
6.12.39). Roman, Erzählung, Lyrik,
Hörspiel
V: Arzt im Atlantik, Erz. 71, 2. Aufl. 74;
Blinder Passagier für Bombay, Jugendr.
74, 4. Aufl. 79; Visite in Guiné-Bissau,
Ber. 75; Der Schakal im Feigenbaum
und andere Märchen aus Guiné-Bissau,
Kinderb. 77, 3. Aufl. 79; Skalpell und
Sextant, G. 77; Späher der Witbooi-
Krieger, R. 78, 2. Aufl. 80; Weißer Tod
am Chabanec, R. 79, 2. Aufl. 81; Malam
von der Insel, Kdb. 81; Mord am Hirsch-
lachufer, R. 82.
R: Wie Dagbatschi säte und erntete,
Hsp. 79.

Beetz, Dietmar, s. Beetz, Dieter.

Beham, Alois, c/o Oberöst. Landesverlag, Linz, Donau, Öst.
V: Von Angesicht zu Angesicht, G. 80.
( )

Beheim-Schwarzbach, Martin; VS;
Dt. Akad. f. Spr. u. Dicht., Freie Akad. d.
Künste; Marienthaler Str. 64 c, D-2000
Hamburg 26, Tel. (040) 2505128 (London
17.4.00). Roman, Erzählung, Essay,
Gedicht. **Ue:** E, Am.
V: Die Michaelskinder, R. 30; Die
Herren der Erde, R. 31; Der Gläubiger,
R. 34; Die Todestrommel, Erz. 34; Die
Krypta, G. 35, 74; Die Verstoßene, R. 38;
Novalis, Biogr. 39; Paulus, Biogr. 39;
Vom leibhaftigen Schmerz, Abh. 46;
Chronik 1939/45 47; Der deutsche Krieg,
G. 47; Die diebischen Freuden, Erz. 52;
Die Geschichten der Bibel 52; Knaurs
Schachbuch 54; Der magische Kreis,
Erz. 55; Die Insel Matupi, R. 55; Die
Sagen der Griechen 56; Knut Hamsun,
Biogr. 58; Die großen Hirten der
Menschheit, Biogr. 58; Das kleine
Fabulatorium, Erz. 59; Schirasades
Nächte, Erz. 60; Das Gnadengesuch, Erz.
60; Der Mitwisser, R. 61; Der Stern von
Burgund, R. 61; Grübchen und
Grimassen 63; Christian Morgenstern,
Biogr. 64; Lächeln überm Schachbrett,
Erz. 67; Schatzinseln, Zauberberge, Erz.
70; Deutsche Heldensagen, Erz. 73;
Rittersagen, Erzn. 73; Der Liebestrank,
G. 75; Jumen Tatsch, Skizzen 76; Das
Mirakel, Erz. 80; Und doch hast du
gelacht, Erz. 81; Soso, spricht der liebe
Gott, Erz.
H: Schiffe und Häfen, Bild-Bd. 61;
Narzissus und die Tulipan, Anth. 63;
Gift und Galle, Sat. 63.
R: Der arme Heinrich, Hsp.
Ue: Mitchell: Vom Winde verweht, R.
38; Forester: Das verlorene Pardies, R.

42; Chronin: Die Dame mit den Nelken, R.43; Dickens: Oliver Twist, R. 54; Ferguson: Glorreiche Verwandtschaft, R. 59;; Lawrence: Die blauen Mokassins, Erz. 60; Mark Twain: Tom Sawyer, Huckleberry Finn 66; Das Schönste von Mark Twain 67; Skinner: Futurum Zwei 70; Renault: Feuer vom Olymp 70.

Behl, Ilse, Lehrerin; Im Dorfe 5a, D-2300 Kiel 14, Tel. (0431) 782568 (Salzhausen 28.7.37). Lyrik, Roman.
V: Es ist ein Weg oder Der Mittelpunkt der Welt, R. 81.

Behnisch, Franz Joachim, Dr. phil., Lehrer; VS Bayern 70; Wiesenstr. 22, D-8480 Weiden/Opf., Tel. (0961) 32597 (Berlin 19.2.20). Lyrik, Roman, Novelle, Essay.
V: Die Tracht Nürnbergs, Ess. 63; Rummelmusik, Berliner R. 66; Nicht mehr in Friedenau, R. 82. — **MV:** Das Gedicht 58/59; Lyrik aus dieser Zeit 61, 63, 64; Bayerische Literaturgeschichte II 67; Die Liebschaften des Zeus 69.
MA: Akzente 62, 74, 76; Jahresring 79/80, 82/83; Merkur 82.
R: Schlackerschnee, Funkerzn.

Behnisch, Richard F., Schriftsteller; VS Nordrh.-Westf. 47; Gabelsbergerstr. 59, D-4630 Bochum, Tel. (0234) 301657 (Ballenstedt 22.8.01). Roman, Novelle, Lyrik.
V: Der Golem des Dr. Thimotheus Zoll, R. 72.

Behnssen, Oliver; VS Bay. seit 71; Werkkreis Lit. d. Arbeitswelt seit 74; Sedlmayrstr. 26, D-8000 München 19, Tel. (089) 131288 (Breslau 24.9.25). Lyrik.
MA: Lyrik aus dieser Zeit I u. II, Anth.; I Poeti Del Picenum I u. II, Poeti A Gradara I u. II, beides Anth.; Peter-Hammer-Anth.: 2,7,11; Außerdem, Gegenanth. z. Gr. 47; Poesiekiste; Jahresring 80/81 u. 82/83; Veröff. in lit. Zss., u.a.: Literar. Hefte, Chapman, Texte u. Zeichen, Kürbiskern, Merkur, D. Horen, Orte, Spektrum 80, 81, 82, Deutschhefte, Univers, Akzente, Dimension.
MH: Das Ziel sieht anders aus, Lyrik-Anth. i. Werkkreis Lit. d. Arb.welt (Tb.).

Behr, Friedemann, Pfarrer; Nicolaistr. 2, DDR-6500 Gera (Arnstadt 30.6.31). Erzählungen.
V: Frau B. wartet auf Post, Erzn. 82, 2. Aufl. 83.

Behr, Hildegard, Dr. phil., Genealogin; Göhrdestr. 19, D-3139 Zernien/Kr. Lüchow-Dannenberg (Kolberg/Pomm. 20.9.05). Lyrik, Erzählung.

V: Aus deutscher Seele, G. 28; Zeitlyrik Rückerts 1848 — 66 37; Chronik der Familie Behr 57; Solang noch Wälder rauschen, G. 65; Heimat in Pommern, Erzn. 69; Schicksale in Northeim, Erzn. 70; Auch Kakteen blühen, Erz. 72; Im alten Northeim, Kirchenb.ber. 75.
MH: u. **MV:** Das war unser Kolberg 74.

Behrendt, Fritz Alfred, Journalist, Pressezeichner; Auszeichn. f. Pressearbeit 73, 74, 75, 76; Parmentierlaan 57, Amstelveen/Niederl., Tel. (020) 416746 (Berlin 17.2.25).
V: Spaß beiseite 56; F. Behrendt's Omnibus 63; Schön wär's 67; Einmal Mond und zurück 69; Der Nächste bitte 71; Helden und andere Leute 75; Menschen 75; Haben Sie Marx gesehen? 77; Zw. Jihad u. Schalom 78; Menschen u. Menschenrechte 80, alles Samml. polit. Karikat. m. Text; Vorwärts in's Jahr 2000 81.

Behrens, Alfred; VS 71, P.E.N. 74; Hsp.-Pr. d. Kriegsblinden 73, Ad.-Grimme-Pr. 79, Bundesfilmpr. 82; Württembergallee 26, D-1000 Berlin 19, Tel. (030) 3046766 (Hamburg 306.44). Prosa, Film, Hörspiel, Fernsehen. **Ue:** E.
V: Gesellschaftsausweis, Prosa 71; Künstl. Sonnen 73; Die Fernsehliga 74; Berliner Stadtbahnbilder, Fotob. 81.
F: Berliner Stadtbahnbilder 81; Teufelsmoor 82, beides Dok.-F.
R: 18 Hsp., 9 Kurz- u. Fsf.

Behrens, Erna (Ps. Behrens-Giegl), Sprachhauptlehrer; ÖSV, V.G.S. 74; Lyr.Pr. Die Umwelt 82; Der Kreis, Kulturgemeinschaft 65, EM Europ.-Amerikan. Forschungs- u. Kulturwerk 73; Kerngasse 19, A-1238 Wien-Rodaun, Tel. (0222) 8846365 (Odrau 26.10.17). Drama, Lyrik, Roman, Novelle, Essay, Hörspiel, Märchen, Erzählung. **Ue:** E, I.
V: Der Reisegefährte, Drei Visionen gefaßt in einen Ring 46; Die Brücke in den Tag, R. 47; Zur Erinnerung, R. 48, 56; 99% ist wahr I: 1929 — 1945, Wiener Chronik, R. nach Tatsachen 69, II: 1945 — 1973, Nach dem Sturm, R. nach Tatsachen 73.
MA: Dichtung aus Niederösterreich 3: Prosa 72, 4: Dramatik 74; Wie weise muß man sein, um immer gut zu sein, Eine Anth. österr. Frauenlyrik d. Gegenwart 72; Erdachtes — Geschautes, Prosa-Anth. Österr. Frauen 75; Bauernbundkalender 77-82; Das immergrüne Ordensband, Lyr.-Anth. 79.

Ue: Almerico Ribera: Mariarosa, R. 44.
Lit: Wer im Werk den Lohn gefunden
76.

Behrens, Katja; VS 71, V.d.Ü.;
Förderpr. z. Ingeborg Bachmann Pr. 78,
Förderpr. d. Märkischen Kulturkr. 78,
Thaddäus Troll Pr. 82; Hof
Gräbenbruch, D-6084 Allmendfeld, Tel.
(06157) 7116 (Berlin 18.12.42). Erzählung,
Roman, Lyrik. **Ue:** Am.
V: Die weiße Frau, Erzn. 78, 4. Aufl. 79;
Jonas, Erzn. 81.
MA: Das dritte Jahr, G. 79; Der
Hunger nach Erfahrung, Erzn. 81.
H: Chilenische Erzählungen 77;
Frauenbriefe der Romantik 81; Das
Insel-Buch vom Lob der Frau 82.
Ue: William S. Burroughs: Naked
Lunch 62, Junkie 63, Auf der Suche
nach Yage 64; Kenneth Patchen:
Erinnerungen eines schüchternen
Pornographen 64; Henry Miller: Mein
Leben und meine Welt 72, Insomnia
oder die schönen Torheiten des Alters
75.

Behrens-Giegl, s. Behrens, Erna.

Behrens-Thyselius, Thora,
s. Thyselius, Thora.

Behring, Sylvia, s. Lentz, Mischa
(Michaela).

Behrsing, Siegfried, Dr. phil., UProf. i.
R.; SV-DDR 53; Puschkinallee 4a, DDR-
1193 Berlin (Bremerfeld/Estland 9.11.03).
Ue: Ch, R, Estn.
Ue: Rachmanow: Der Einsiedler von
Down, dram. Erz. 46; Raskin u.
Slobodskoi: Swesda ekrana u.d.T.:
Blondinen gesucht, Lsp. 46;
Majakowski: Wie macht man Verse? 49,
60; Traat: Inger oder das Jahr auf der
Insel, R. 76; Kuusberg: Regentropfen, R.
80. — **MUe:** Simonow: Tage und Nächte,
m. Lydia Behrsing 49, 70; Der letzte
Strandräuber, Estn. Erzn. aus sieben
Jahrzehnten 75; Die Novitätenkassette:
Sieben sowjet. Schriftsteller 75;
Vetemaa: Kleine Romane 80.
s. a. Kürschners GK.

Beier, Dieter, c/o Verlag Neues Leben,
Berlin (Ost).
V: Blauer Montag 79, 3. Aufl. 82. ( )

Beig, Maria, Hauswirtschaftslehrerin
i.R.; Pl. 5 a. d. Bestenliste d. Südwestfunks 82; Olgastr. 61/2, D-7990
Friedrichshafen, Tel. (07541) 25176
(Senglingen-Bodenseekreis 8.10.20).
Roman.
V: Rabenkrächzen, R. 82 (Auszüge
daraus als Rdfk-Lesungen); Hochzeits-
lose, R. 83.

Beil, Ulrich, Lyriker, Essayist,
Student, VHS-LBeauftr.; Haidhauser
Werkstatt München 81; Blombergstr. 20,
D-80029 Sauerlach, Tel. (08104) 616
(München 24.6.57). Lyrik, Novelle, Essay.
V: Blickwechsel, G. 76; Guetaria, G. 83.
MA: Radius-Almanaach 1982/83 82;
Wenn das Eis geht 83; Warum noch
lesen? 83; Literarischer März 83.
R: Textbeitr. f. d. Fs.-Serie: Durch
Land und Zeit.

Beinhorn, Elly; Sportfliegerin;
Fröhlichstr. 8, D-8000 München 71
(Hannover 30.5.07). Reisebericht,
Erzählung.
V: Ich fliege um die Welt; Mein Mann
der Rennfahrer; 5 Zimmer höchstens;
Ein Mädchen und 5 Kontinente; Allein-
flug. Mein Leben 77, Tb. 81; So waren
diese Flieger. — **MV:** mehr. Jgdb. ( )

Beissel, Rudolf (Ps. Frank Cornel, F.
B. Cortan), Dr. jur., Schriftsteller; Im
Stolzenwingert 33, D-5511 Nittel, Tel.
(06584) 880 (Köln 6.4.94). Roman, Novelle,
Film. **Ue:** E, F.
V: Die Nebenluftausgaben im
deutschen Verlagswesen 17; Eine
Seefahrt, die ist lustig, R. 36, 53; Der
Etappenhase, R. 37, 52; Die Korallen-
prinzessin, R. 37, 52; Kopfjäger 38, 69;
Hochzeitsreise ohne Mann, R. 39, 51;
Wehe, wenn sie losgelassen!, R. 39, 51;
Der junge Mann vom Rummelplatz, R.
39, 50; Dagobert, der Herzensbrecher, R.
40, 50; Skandal um Franz, R. 41, 50;
Liebeszauber unter Palmen, R. 42, 52;
Wo die Drina rauscht, R. 49, 60;
Heimkehr in die Heide, R. 49, 52; Das
Abenteuer mit Ly, R. 49; Das Schloß des
gelben Grafen, Tageb. d. Todes, R. 49, 57;
Solche Leute hat man gern, R. 52;
Stinchen möchte filmen, R. 54; Lerne
nur das Glück ergreifen, R. 55; Die
Sterneninsel, R. 56; Schnurz, die
Lachbombe, R. 57; Von Atala bis
Winnetou 78; Die wandernde Grenze 78.
B: Charles Sealsfield: Das blutige
Blockhaus 65; Armand: An der
Indianergrenze 38; Friedrich
Gerstäcker: Riffe in der Torresstraße 81.
H: Karl-May-Jahrbuch 18 — 20.
F: Eine Seefahrt, die ist lustig 35; Der
Klapperstorchverband 36; Der Etappen-
hase 37; Die Korallenprinzessin 37;
Hochzeitsreise zu Dritt 39; Am Abend
auf der Heide 40; Der Frontgockel 55.
Ue: James F. Cooper: Ravensnest 63,
Der Spion 64; Gabriel Ferry: Der Letzte
der Kaziken 65, Wildes Mexico 65; Mari
Sandoz: Cheyenne 65; Eugène Sue: Die

Geheimnisse von Paris 69; Frederick Remington: Der weiße Indianer 69.

Beissel von Gymnich, Magna Gräfin; La Pontica Cabueñes, Gijón-Asturias/ Spanien, Tel. (085) 367140.
V: Man nannte mich Puppe. Kinderjahre in d. Kaiserzeit 76; Über uns die Weitenburg. Eine Chronik ländl. Jugendstreiche 77.
H: G. v. Abercron; Petersburger Briefe 78. ( )

Beissert, Gerd, Regisseur, Kameramann; Goldmedaille Acad. Ital. delle Arti e del Lavoro; Akazienweg 1, D-2087 Ellerbek, Tel. (04101) 31600 (Karalene 28.5.12). Lyrik.
V: DU-Begegnung mit mir, G. 81.
F: Zahlr. Dokumentar-, Kultur-, Industriefilme, länderkundl. Filme (auch Fsf.).

Bekh, Wolfgang Johannes, Rundfunkschriftleiter; Rdf.- u. Fernsehunion 61, VG Wort 63; Goldmed. Bayer. Rdfk 68, tz-Rose 73, Bayer. Poetentaler 75, Bdesverd.kr. a. Bd. 75, Dipl. di Merito (Salsomaggiore) 82, Poetenteller Deggendf. 82; Münchner Turmschreiber 65, Tukanier 65, Innviertler Kg. 67, D-8059 Rappoltskirchen, Post Fraunberg, Tel. (08084) 430 (München 14.4.25). Drama, Lyrik, Roman, Novelle, Essay, Hörspiel.
V: Maler in München, Ess. 64; Apollonius Guglweid oder Unterhaltungen mit dem Tod, R. 65, 83; Baierische Kalendergeschichten f. Stadt- u.Landleut, Erzn. 66, 80; München in Bayern, Bayern in Europa. Unzeitgemäße Meinungen aus d. 60er Jahren, Ess. 69; E. Wittelsbacher in Italien. D. unbekannte Tageb. Kaiser Karls VII., Erz. 71; Richtiges Bayerisch. E. Streitschr. gegen Sprachverderber 73, 83; Die Münchner Maler, Ess. 74, 79; Die Herzogspitalgasse oder Nur die Vergangenheit hat Zukunft, R. 75, 78; Bayer. Hellseher. Vom Mühlhiasl bis zum Irlmaier, Volkstexte 76, 82; Gott mit dir du Land der Bayern. Ess. 76, Tb. 78, 79; Reserl mitn Beserl. Altbayer. Volksreime, G. 77; Sehnsucht läßt alle Dinge blühen od. Mauern, Hüllen, Grüfte, R. 78; Das dritte Weltgeschehen, wie bayerische Seher darüber berichten, Volkstexte 81; Alexander von Maffei, der bayer. Prinz Eugen, Biogr. 82; Tassilonisches Land, Ess. 83.
MA: Weißblau und heiter 67, 74; Liebe in Bayern 68, 75; Alpenländische Weihnacht 70; Bairisch Herz 73;

Romantik 73; Jahrb. d. Innviertler Kg. 67-83; Beitr. z. Heimatkde v. Ndb. 76; Bayer. Geschn., Erzn. 77, Tb. 79; Morgen kommt d. Weihnachtsmann, Erzn. 71, 78; In dene Dag had da Jesus gsagt, NT. bairisch 78; Grenzsteine..., Lyrik v. Andreas Schuhmann 78; Das Münchner Turmschreiberb. 79; Weiteres Weißblau-Heiteres 79; Das gr. bayer. Geschichtenbuch 79; D. Turmschreiberkal. 82, 83.
H: Joseph Maria Lutz: Die schönsten Geschn. (Einl., Ausw., Quellennachw.) 74-80.
R: Moritz v. Schwind, e. Wiener in München 62; J. G. Edlinger, e. Maler a. d. Herzogspitalg. 63; Niklas Prugger, d. Hofmaler aus Trudering 64; Georg v. Dillis, Bayer u. Europäer 67; J. N. v. Ringseis, e. bayer. Patriot 71; L. E. Grimm, Kunststudent im romant. München 71; D. Servitinnen in München 72; D. Grafen v. Seinsheim auf Schloß Grünbach 73; Lauriacum, die Mutterkirche der Baiern 73; Bischof Michael Wittmann 73; Jos. M. Lutz, einem bayer. Dichter z. Gedenken 73; Bayer. Allerseelendicht. 73; D. Himmelblaue Skapulier 74; Lorenz Westenrieder, Aufbruch u. Umkehr 74; Abendröte (August v. Seinsheim) 74; Dank an den Baumsteftenlenz, ein Portr. aus d. Bayer. Wald 74; Drenten hart am Inn. Die Osternberger Künstlerkolonie 74; Die Innviertler Nachtigall (Franz Stelzhamer) 74; Pfarrer Kißlingers Gartenhaus 75; Zwischen Traum u. Tag (Carossa) 75; Sichel am Himmel (Billinger) 75; Heimat, von der ich rede (Dieß) 76; Geigenbauer u. Poet (Schatzdorfer) 76; Ein Mensch wie ich... (Waggerl) 77; Wilh. v. Kobell, ein Kapitel d. Münchner Landschaftsmalerei 78; Hans Mielich, d. Münchner Stadtmaler 79; Innviertler Impressionen 79; Du bist gebenedeit unter d. Weibern, Erzn. 79; Was mir zum Josefitag einfällt 80 u.a.
Lit: W. J. B., Festschr. z. 50. Geb. 75; Franz R. Miller: Interview mit einem Separatisten in: Zs. Ebbes I 81; Das Münchner Turmschreiberb. 79; Die Turmschreiber 82.

Bekier, Erwin; Varnhagenstr. 23, DDR-1071 Berlin.
V: Moskau von 0 bis 24 Uhr, Rep. 57; Leningrad, Text-Bild-Bd. 57; Wolgafahrt, Text-Bild-Bd. 59; Juri, der erste Kosmonaut 61; Kurs: Nördlicher Seeweg 62; Die Insel der sieben Schiffe 62; Von Murmansk zum Elbrus. Eine Reise in d. Sowjetunion 63; Die

stählerne Insel 64; Kosmonauten-
chronik, Jgdb. 66; Als erster über der
Arktis 65; Operation Wunderland 66;
Die Legende des Dolganen 67; Auf den
Spuren Lenins, Reportagen v. gestern u.
morgen 67; Bis zum stillen Ozean 67;
Delphinjäger, Jgdb. 68; Die Tele-
graphenschlacht 69; Geboren am 8. Mai,
Jgdb. 70; Geschichten um Lenin 71; Bis
zur letzten Patrone 71; Die Nacht auf
dem Amur 71; Die Geschichte von Tran
Song 71; Objekt Nr. 1 72; Der Bleistift-
soldat 75; Walja, d. kleine Kosmonautin
76; Als die Wolga brannte 77; In
Schuscha u. anderswo 77; In 90 Minuten
um die Erde 79.
S: Eroberer des Kosmos, Schallpl. 66.
Ue: Aleksin: Ferien am Meer.

Bekker, Gerrit, Maler; Förderpr. d.
Friedr. Hebbel-Stift., Kiel; Berliner Str.
11, D-2370 Rendsburg, Tel. (04331) 23049
(Hamburg 23.10.43). Lyrik, Roman,
Novelle.
V: Wachsflügels Furcht, Lyr. 82;
Petersens Meerfahrt, Erz. 82.
MA: Jahrbuch d. Lyrik 1 79, 2 80, 3 81.

Bela, Claus; Kunigundenstr. 41a, D-
8000 München 23, Tel. (089) 3613634.
V: Champagner mit dem Chef, R. 66;
Sündige Unschuld, R. 66; Gefährlicher
Föhn, R. 69; Glück unter dem Regen-
bogen, R. 68, 70; Ein Kapitän für
Alexandra 70; Ein Toter kehrt heim, R.
74; Die Toleranten, R. 75. ( )

Bell, André; Wilhelmstr. 2, D-7570
Baden-Baden.
V: Report einer Liebe, G. 79. ( )

Bellarmin, Roger, s. Skorpil, Robert.

von Bellingen, Barbara, c/o von
Schröder-Verl., Düsseldorf.
V: Die Tochter des Feuers, R. 83. ( )

Bellmann, Dieter, s. Bellmann,
Johann Diedrich.

Bellmann, Johann Diedrich (Ps.
Dieter Bellmann), StudDir.; Klaus-
Groth-Pr. 66, Quickborn-Pr. 82;
Apensener Str. 9, D-2151 Nindorf b.
Buxtehude, Tel. (04167) 207
(Ruschwedel/Kr. Stade 8.5.30). Drama,
Lyrik, Essay, Hörspiel, Erzählung.
V: Mien irste Buck, Erz. 58; Inseln
ünner den Wind, G. 64; De Himmel is
hoch, Dr. 68; Ulenspeegel op Reisen,
Kom. 71; Louis Harms als
plattdeutscher Gemeindepastor, Ess. 81;
Lüttjepütt, R. 83; De Himmel is hoch,
ges. Hspe 84. — MV: Eiderdamm / Natur
u. Technik 72.

B: Hennynk de Han 76. —
MA: Handbuch d. niederdt. Philologie
83.
H: Kanzelsprache u. Sprachgemeinde,
Dok. zur plattdt. Verkündigung 75. —
MH: Plattdt. Erzähler u. plattdt. Erzn.
68; De Reis na'n Hamborger Dom von
Theodor Piening 72; De Geschicht von
de gollen Weig von Friedrich Georg
Sibeth 76 (Nachw.); Dissen Dag un all de
Daag, Plattdüütsch Andachtsbook 76;
Depe Insichten von Hans Henning
Holm 77 (Nachw.); Sprache, Dialekt u.
Theologie, Beitr. zur plattdt.
Verkündigung heute 79; Niederdeutsch
als Kirchensprache, Festg. f. Gottfried
Holtz 80; Hör mi du fromme Gott,
Plattdüütsch Gebedbook 81; Mien leeve
Tohörer, Plattdt. Morgenandachten 82.
R: De Soot 63; De Himmel is hoch 65;
Vergeten will Kriemhilde nich 68; Mond
un witte Insel 72; Een Engel is kommen
74, alles Hsp.; De Himmel is hoch, Fsp.
71.
MUe: Issa, Nachdichtung dt. Dichter
81.
Lit: Ulf Bichel: Ein Dokument der
Suche in: Quickborn 55. Jg.; Konrad
Hansen u.a.: Klaus-Groth-Preis 1966;
Werner Eggers: Dieter Bellmanns irste
Buck in: Plattdt. Erzähler u. plattdt.
Erzn. 68; Gerhard Cordes: Christl.
Frömmigkeit in niederdt. Dichtung in:
Sprache, Dialekt u. Theologie 79;
Michael Töteberg: De Himmel is hoch
un breet de Erd in: Quickborn 73. Jg;
Eiben — von Hertell/Bichel in: Hdb. z.
ndt. Sprach. u. Lit.wiss.

Bellmann, Klemens, Dr.rer.pol.,
MinDir. a.D.; Böckingstr. 17, D-6638
Dillingen, Saar, Tel. (06831) 71025
(Schmelz-Hüttersdorf/Saar 21.1.19).
Roman, Essay.
V: Die Kehrseite, R. 81.

Below, Waltraud, c/o R.G. Fischer-
Verl., Frankfurt a.M..
V: So ist das Leben, G. 83. ( )

Beltle, Erika, Redakteurin;
Engelhornweg 14, D-7000 Stuttgart 1,
Tel. (0711) 234778 (Stuttgart 19.2.21).
Lyrik, Rätsel, Erzählung, Kinderbuch.
V: Wanderung, G. 56; Pfiffikus, Rätsel
58; Schaue, lausche, G. 62; Pfiffikus
Schelmenuss, Neue Rätsel 65; Stern
überm Dunkel, G. 67; Das Wieland-
fenster in Heidenheim. Die Sage v.
Wieland dem Schmied; Aus d. Edda
nacherz. 67; Welt in Widerklang, G. 70; ...
rückwärts schlüpft er aus dem Ei,
Rätsel 75, 2. Aufl. 82; Pascha u. seine
Freunde, Kinderb. 77; Dichtkunst —

was ist das? E. Beitr. z. Ästhetik Rudolf
Steiners 78; Angus Og, unser
Rotkehlchen. Erlebn. m. e. Zaungast 78;
Meister sprecht, wär ich Euch als Helfer
recht? Kinderb. 79; Sich selber auf der
Spur, G. 81.
H: Gestalt u. Bewegung. Festschr. f. E.
Klink 77. — **MH:** Erinnerungen an R.
Steiner. Gesamm. Beitr. 79.

Beltzig, Iri, Industrie Designerin;
Kirchberg 6, D-8899 Hohenwart-
Deimhausen, Tel. (08443) 494 (Berlin
25.7.39). Kinderbücher.
V: Die Blaue Stunde, Kinderb. 78. ( )

Bemmann, Hans, c/o Edition
Weitbrecht, Thienemanns Verl.,
Stuttgart.
V: Stein und Flöte und das ist noch
nicht alles, M.-R. 83. ( )

Bemme-Wingert, Heinz (Ps. Heiner
Wingert); Am Wöhren 2, D-3001
Anderten.
V: Christine reitet wie noch nie 74;
Christine sattelt Feuertanz 74; Christine
siegt beim Ponyrennen; Christine und
ihr Pony Schnute; Fritzchen Frisch im
Försterhaus; Fritzchen Frisch und seine
Streiche; Mario auf der Suche nach dem
Glück 77; Uwe jagt den Feuerteufel 78;
Tramp, der Ausreißer 80; Klein, aber
pfiffig 83. ( )

Ben-Chorin, Schalom (vormals
Rosenthal, Fritz), Journalist; ISDS 68,
P.E.N.; Leo-Baeck-Preis 60, Bdesverd.kr.
1. Kl. 69, Leopold Lucas-Pr. d. U.
Tübingen 75, Rudolf-Küstermeier-Pr.
Tel-Aviv 79, Buber-Rosenzweig-Med. 82;
Ass. of Israel Journal. 45, Fellow Hebrew
Union Coll.-Jewish Inst. f. Religion
Jerusalem 80; P.O.B. 6644, Jerusalem
91066/Israel, Tel. (02) 525069 (München
20.7.13). Lyrik, Essay, Novelle. **Ue:** Hebr.
V: Die seltsame Gemeinde. Legenden
31; Das Messiassp., Dr. 32; Die Lieder
des ewigen Brunnens, G. 34; Das Mal
der Sendung, G. 35; Jenseits von
Orthodoxie u. Liberalismus, Ess. 39; In
dieser Zeit, G. 42; Niru-Nir, Schriften-
reihe zur religiösen Lage der Gegenwart
41; Die Antwort des Jona, Ess. 56; Juden
u. Christen 60, Biogrn. üb. Max
Bodenheimer u. David Frankfurter in
hebr. Sprache; Der unbekannte Gott,
Ess. 63; Jenseits von Orthodoxie und
Liberalismus, Ess. 64; Das Judentum im
Ringen der Gegenwart, Ess. 65; Aus
Tiefen rufe ich, G. 66; Zwiesprache mit
Martin Buber 66, 78 (auch holl., jap.);
Jüdische Existenz heute 67; Bruder
Jesus 67, 82 (auch holl., franz., jap.); Das

brüderliche Gespräch 67; Wünschet
Jerusalem Friede 67; Paulus 70, 81;
Jesus im Judentum 70; Wachsame
Brüderlichkeit 70; Das Judentum der
Gegenwart 70; Mutter Mirjam 71, 82;
Der dreidimensionale Mensch 71; Ich
lebe in Jerusalem 72, 79; Hear, O Israel
72 (engl.); Jugend an der Isar 74, 80; Jüd.
Glaube 75; Dialog. Theologie 75; Die
Tafeln des Bundes, Ess. 69; Das Weisse
Licht, N. 79; Betendes Judentum 80;
Germania Hebraica 82; Theologia
Judaica 82; Der Kirchenvater Abraham
... 83; Jüdische Ethik 83.
MA: Jüdisches Schicksal in dt.
Gedichten 59; An den Wind geschrieben,
Lyr. d. Freiheit 60; Mutter, ein Buch d.
Dankes 61; Der Vampyr, die besten
unheiml. Geschichten d. zeitgenöss.
Weltlit. 61; Juden, Christen, Deutsche 61;
Judenhaß - Schuld der Christen?, 64;
Tendenzen der Theologie im 20. Jh.,
Monogr. 66; Dass dein Ohr auf Weisheit
achte. Jüd. Beitr. z. Menschenbild 66;
Das Brandscheit, Anth. 67; Gott heute,
Rdfk.vortr. 67; Wohin, Herr? Gebete in
die Zukunft 71; Jona, Sinnbild gegen-
wärt. Existenz 74; Dt. Bildwerke im dt.
Gedicht 75; Bildmeditation der Dichter
76; Mein Judentum 78; Das christl.
Universum 81; Begegnung m. d.
Judentum 81; Große Gestalen des
Glaubens 82; Einladung in das
Lehrhaus 81; Dialog mit Martin Buber
82; SKH Prinz Louis Ferd. v. Preußen z.
75. Geb. 72.
H: Die Ernte, Samml. jüd. Lyrik, 36;
Menora. Auswahl literarischen
Schaffens in Israel 42.
S: Geliebte Mutter 64; Christ u.
Zionismus, Tb. 76.
Lit: Max Brod: Ein Wort über
Schalom Ben-Chorin und sein Werk
(Schalom Ben-Chorin: Die Antwort des
Jona) 2. Aufl. 66; Alexander Baldus: Der
Rufer von Romema (Begegnung) 69;
Gotth. Müller: Israel hat dennoch Gott
zum Trost. Festschr. f. Schalom Ben-
Chorin 78; W. Zadek: Sie flohen vor dem
Hakenkreuz 81; P. Stuhlmacher u. L.
Abramowski: Tübinger Universitäts-
reden Bd 31 82; H.M. Bleicher:
Begegnungen mit Schalom Ben-Chorin
83; K.H. Fleckenstein: Mein Glaube,
mein Schicksal/Gespräche mit Schalom
Ben-Chorin 84.

Benasseni, Gitta, s. Ströbele, Gitta.

Bencker, Wilhelm Heinz; Kulmer Str.
5a, D-8000 München 81.
V: Aus'm Rinnstoa 80. ( )

Benckiser, Nikolas, Dr. rer. pol.,
Journalist; Klostergut Fremersberg, D-
7570 Baden-Baden, Tel. (07221) 25047
(30.10.03). Essay, Erzählung. **Ue:** E, F, I.
V: Das Dritte Rom, hist. Ess. 38; Tage
wie Schwestern, Ber. 58; Gärtnerei aus
Liebe 60, 63; Liebe zu Bäumen 61;
Sehnsucht nach dem Lande 63; Der
Tanz mit dem Cello 66; Gute Welt du
gehst so stille 71.
H: Im Gespräch mit der Sprache 59;
Kritik aus dem Glashaus 61; Sprache,
Spiegel der Zeit 65; Modenschau der
Sprache 70, alles Sprachglossen d. F.A.Z.
I — IV; Deutsche Landschaften I 72, II
74, III 76.

von Benda geb. Dankworth, Annelies,
Dolmetscherin; Riehlstr. 11/II, D-1000
Berlin 19, Tel. (030) 3213430. **Ue:** S.
R: (Ue) Francisco Candel: El tio
Serralto, de como murió u. d. T.: Wie
Vater Serralto starb 64; Ich möchte
zurück nach Málaga 64, beides Fsp.
Ue: Francisco Candel: Dort, wo die
Stadt ihren Namen verliert 59; Miguel
Delibes: El Camino u. d. T.: und zur
Erinnerung Sommersprossen 60; La
hoja roja u. d. T.: Wie der Herr befehlen
61; Carmen Laforet: Novelas u. d. T.: 25
Peseten 61; Ignacio Aldecoa: Glanz u.
Blut 61; Con el viento solano u. d. T.: Mit
dem Ostwind 63; Marta Portal: A tientas
y a ciegas u. d. T.: Taumelnd und
träumend erwacht 68; Manuel Mujica
Lainez: Bomarzo 71.

Bender, Hans; P.E.N.; Akad. Wiss. u.
Lit., Akad. Künste Berlin; Taubeng. 11,
D-5000 Köln 1, Tel. (0221) 230131
(Mühlhausen/Kraichgau 1.7.19). Lyrik,
Erzählung, Roman, Essay.
V: Fremde soll vorüber sein, G. 51; Die
Hostie, Erzn. 53; Eine Sache wie die
Liebe, R. 54; Lyrische Biographie, G. 57;
Wunschkost, R. 59; Wölfe und Tauben,
Erzn. 57; Mit dem Postschiff, 24 Geschn. 62; Die
halbe Sonne, Gesch. u. Reisebilder 67;
Programm und Prosa der jungen dt.
Schriftsteller, Ess. 67; Worte Bilder
Menschen, Sammelbd. 69; Aufzeich-
nungen einiger Tage 71; Einer von
ihnen, Aufzeichn. 79.
H: Konturen, Bll. f. junge Dicht. 52 —
54; Mein Gedicht ist mein Messer,
Lyriker zu ihrem G. 55; Junge Lyrik,
Anth. 56 — 58, 60; Widerspiel, Anth.
deutscher Lyrik seit 1945 61; Il Dissenso,
19 nouvi scrittori tedeschi, ital. Anth. 62;
Klassiker des Feuilletons, Anth. 65;
Insel Alm. auf das Jahr 1971 f. M. L.
Kaschnitz 70; Sonne, Mond u. Sterne,

Anth. 76; Das Insel Buch vom Alter,
Anth. 76; V. O. Stomps: Fabel vom
Bahndamm u.a. Fabeln u. Texte 77; Das
Inselb. v. Reisen, Anth. 78; Das Inselb. d.
Freundschaft, Anth. 80; Das Herbstbuch,
Anth. 82; Mein Gedicht ist die Welt I,
Anth. 83; Geschichten aus dem 2. Welt-
krieg, Anth. 83; Dt. Gedichte 1930-1960,
Anth. 83. — **MH:** Akzente, Zs. f. Lit., 54-
80; Jahresring, Anth. seit 62; Was alles
hat Platz in einem Gedicht?, Anth. 77;
Das Katzenbuch, Anth. 82; Das
Winterbuch, Anth. 83.

Bender, Helmut, Dr.phil., Cheflektor,
Schriftleiter; In den Weihermatten 1, D-
7800 Freiburg i.Br., Tel. (0761) 53728
(Freiburg i. Br. 25.3.25). Lyrik, Novelle,
Essay.
V: Geschichten u. Erinnerungen aus
d. Badischen 80; 24 Texte für 24 Stunden
83.
B: Hermann Albrecht: Der
Leibmedicus 83.
MH: Das gesegnetste Land der Welt
78, 2.Aufl. 82.

Bendl, Edmund Josef, ObSchulR.,
Hauptschuldir. i.R.; Ehrenliste z. Öst.
Staatspr. f. Jgdlit. 65; Wiener Str. 140a,
A-8680 Mürzzuschlag, Tel. (03852) 2811
(Wien 10.2.14). Roman, Jugendbuch.
V: Der Sonnblick ruft 51, 74 (auch
holl.), verfilmt 52; Die Hallstattbuben 53;
Die vierte Saite 55; Das Spiel v. d. Hl.
Nacht, Laisp. 64; Brücke über den
Abgrund 65; Das Dorf der tausend
Wunder. Ein Kinderdorfroman 65.

Bendl, Rudolf, Journalist; Steinstr. 19,
D-7500 Karlsruhe 1, Tel. (0721) 698347
(Priesen/Sudetenld. 2.4.10).
V: Märtyrer der Liebe, R. 49; Nicht
darüber hinaus, R. 50; Suchtmenschen!,
R. 68; Jenseitsspione!, R. 69.

Benedetti, Eugenio, s. Herhaus, Ernst.

Beneker, Wilhelm, Pastor;
Hammelwarder Str. 3, D-2880 Brake,
Tel. (04401) 71191 (Abbehausen/
Wesermarsch 3.5.25). Laienspiele,
Erzählungen f. Kinder, Übertragung v.
Bibeltexten.
V: Die Emsteker Christgeburt,
Laiensp. 70; Der Wächterbericht,
Laiensp. 71; Die Jesusgeschichte, Das
NT f. Kinder 72 (holl. 73, schwed. 74,
finn. 79); Gott und sein Volk, Das AT f.
Kinder 74 (holl. 75); Bei Gott sind wir
geborgen, Psalmen u. Bibelworte 77; Ich
singe dein Lob durch die Tage, Psalmen
u. a. Bibelworte 78; Im Horizont d.
Hoffnung leben, Textübertr. 80; Lasset

die Kinder zu mir kommen, Einladung z. Taufe 80. ( )

Benesch, Irmfried (Ps. Fridolin Aichner), Dr. phil., StudDir.; Fördererpreis d. Sudetendt. Tags 60, Schönhengster Kulturpr. 66, Ostdt. Kulturpr. 77; Martin-Fonck-Str. 1, D-4180 Goch/Ndrh., Tel. (02823) 4866 (Aichen 5.8.12). Roman, Erzählung, Hörspiel, Lyrik, Laienspiel.
V: Der Kuckuck lacht aus dem Dornenstrauch, G. 53; Die Erlösung des Peter Brachtel, R. 59; Und die Welt war voller Wunder, Erz. 59, u. d. T.: Die Welt war voller Wunder 67; Das Spiel vom toten Tod, Laiensp. 61; Der Doppelselbstmord, Erz. 64; Das kleine St. Martinspiel, Laiensp. 64; Auf verwehter Spur, R. 65; Wir bauen unsere Häuser fest, Erz. 69; Alle meine Meyerlein, R. 71; Das Mädchen, das der Ostwind brachte, Erz. 71; Kornblumen u. roter Mohn, R. 72; Gerüchte, R. 73; Lichtkäferfest im Zauberwald, Kinderb. 77; Die Prinzessin im Zauberwald, Kinderb. 79; Weil das Böse herzlich bleibt, sat. G. 79; Mein Spielteufelchen, Erz. 80; Rund um das Steintor, sat. G. 82.
MA: Der leuchtende Bogen 60; Du suchst und findest uns, Erz. 68; Zeitgedichte 73; Übergänge 75; Widerspiele 76; Magisches Quadrat, Erz. 79.
R: 10 Schulfkhsp.

Benesch, Kurt, Dr.; G.dr.S.u.K. 53, P.E.N. 60; Förderungspreis der Stadt Wien 51, 59, Theodor Körner-Preis 56, 70, Anerkennungspreis zum Österr. Staatspreis u/ Öst. Ges. f. Lit.; Lederergasse 17/21, A-1080 Wien, Tel. (0222) 4319235 (Wien 17.5.26). Roman, Drama, Novelle, Film, Hörspiel. **Ue:** E.
V: Ein Boot will nach Abaduna, Dr. 53; Die Flucht vor dem Engel, R. 55; Der Maßlose, R. 56; Valère - ein Spiel um die Wahrheit, Kom. 60; Akt mit Pause, Dr. 61; Die einsamen Wölfe, R. 64; Die vielen Leben d. Mr. Sealsfield, R. 65; Die Frau mit den hundert Schicksalen, R. 66; Nie zurück!, R. 67; Süß wie die Liebe. Kaffee gestern und heute 69; Der Sonne näher. Notizen eines Outsiders 72; Italien hat mehr als Meer, Kinderb. 72; Till Eulenspiegel 72; Otto und das Kielschwein, Kinderb. 73; Rübezahl 73; Münchhausen 73; Schildbürger 74; Meeressagen 75; Magie. Auf den Spuren d. Unbekannten, Sachb. 75; Gespenstersagen 76; Rätsel d. Vergangenheit. Das Abenteuer Archäologie heute, Sachb. 77; Zigeunersagen 77; Indianersagen 78; Mallorca, Insel der Vielfalt (Bildband), 79;

Begegnung, Erzn., Ess., Hsp. 79; Auf den Spuren alter Kulturen, Sachb. 80; Archäologie, Sachb. 82; Sagen aus Österreich I 83.
MA: Israel 82.
H: H. Schliemann: Die Goldschätze der Antike 78; H. M. Stanley: Im Herzen Afrikas 79.
R: Die Geschichte von der Unsterblichkeit, Hsp.; Der große Gatsby, Hsp.; Mr. Hunekers Daumenopfer, Hsp.; Die Frau von La Rochelle, Hsp.; Die Seuche, Hsp.; Alt aber grau, Hsp.; Herr und Diener, Hsp.; Im Mittelpunkt des Interesses, Hsp.; Diapositive, Fsp.
Ue: Noel Coward: Begegnung, Mittel und Wege, Bestürzung des Herzens, Stilleben, alle 52.

Benesch, Robert, c/o Diogenes Verlag, Zürich, Schweiz.
V: Außer Kontrolle, Krim.-R. 83. ( )

Bengsch, Gerhard (Ps. Terenz Abt), Redakteur; SV-DDR 54; Theodor-Fontane-Preis 60, FDGB-Kunstpr. f. Lit. 67, 68, 69, Nat.pr. I. Kl. 69, Lit.pr. d. DFD 75; Max-Reimann-Str. 13, DDR-1532 Kleinmachnow, Tel. (03353) 22464 (Berlin 24.11.28). Roman, Prosa, Film, Drama, Fernsehspiel.
V: Frauen von denen man spricht, lit. Porträts 50; Der junge Schotte, Erz. 51, 53; DWK 10, Tatsachenber. 52; Das geheimnisvolle Wrack, Erz. 52; Institut Bodelsang unter Mordverdacht, R. 55, 58; Eva u. Adam, Dok. 74 u. Fsp.
F: (MV): Frauenschicksale, m. Slatan Dudow; Die Glocke von Coruptica, m. Heinz Brandt; Das Gold in der Ackerstraße, m. E. R. Greulich; Mondrakete; Das geheimnisvolle Wrack; Musterknaben 61; Der Arzt von Bothenow 61; Die Entdeckung des Julian Böll 62; Revue um Mitternacht, m. Kurt Bortfeld 63; Reserviert für den Tod 63; Schwarzer Samt 64; Brot und Rosen 67; Heroin 68; Brandstellen, Spielf. nach F. J. Degenhardt 78.
R: Versuchsreihe K7 59; Nachtdienst 60; Manko 60; Hoffnung auf Kredit 61; Gastspiel im Dschungel 61; Kurz vor zwölf 61; Gift 62; Haus am Bahndamm 62; Die Quittung 62; Asphaltstory, Fsf. 62; Schatten und Schemen 63; Irrlicht und Feuer (n. Max v. d. Grün) 68; Krupp und Krause, auch Dok. 69; Zwei Briefe an Pospischiel (n. Max v. d. Grün) 70; Steckbrief eines Unerwünschten (G. Wallruff) 75, alles Fsp; Strategie d. Träume, Fsf. 76; Die lange Straße Fsf. 79. ( )

Benjamin, Uri, s. Zadek, Walter.

Benkard, Luis *

Benke, Michael, Lehrer; VS 82;
Gumbinner Str. 8, D-4410 Warendorf 1,
Tel. (02581) 2469 (Breslau 24.5.44). Prosa.
V: Ortsnetz, Kurzprosa 79.

Benker, Gertrud, Dr., Redakteur Zs.
Volkskunst; Goldene Feder d.
Gastronom. Akad. Berlin; Hippelstr. 57
b, D-8000 München 82, Tel. (089) 4308409
(Landshut/Ndb. 20.11.25).
Kulturgeschichte.
V: Heimat Oberpfalz 65, 80; Reise
durch d. konzertante Bayern 68; Wege
durch Regensburg 71, 76; Der Gasthof.
Von d. Karawanserei zum Motel, vom
Gastfreund zum Hotelgast 74;
Christophorus 75; Altes bäuerliches
Holzgerät 77, 79; Alte Bestecke. E. Beitr.
z. Tischkultur 78; Kuchlgschirr u.
Essensbräuch 78; Ludwig der Bayer, ein
Wittelsbacher auf d. Kaiserthron 80.

Benny, Ben; Neuffenstr. 11, D-7000
Stuttgart 1.
V: Geschichten aus der Wüste 80. ( )

Bensch, Agnes *

Bense, Max, Dr. phil. nat., em. o. Prof.;
Alte Weinsteige 98, D-7000 Stuttgart,
Tel. (0711) 764668 (Straßburg 7.2.10).
Lyrik, Texte.
V: Teile, mit Litogr. "20. Juli 1944" v. P.
Wunderlich 59; Grignan-Serie 60;
Bestandteile des Vorüber 61; Reste
eines Gesichtes 61; Entwurf einer
Rheinlandschaft 62; Präzise Vergnügen
64; Der Monolog der Terry Jo im
Mercey Hospital 63; Die Zerstörung des
Durstes durch Wasser 67; Epische
Studie zu einem epikureischen Doppel-
spiel 67; Artistik und Engagement 70;
nur glas ist wie glas 70; existenz-
mitteilung aus san franzisko 70; Die
Realität d. Lit. 71; Zentrales und
Occasionelles 81.
H: "rot" seit 60.
s. a. Kürschners GK.

Benseler, Arthur, Dipl.-Volkswirt,
wiss. Mitarb. in d. Erwachsenenbildung;
Johannes-Rebmann-Weg 1, D-7141
Freiberg a.N., Tel. (07141) 72978
(Freiberg-Geisingen 28.8.25).
Reisebericht, Sachbuch.
V: Das PAE-Seminar, Fachb. 72;
Schwäbisches in Afrika, Sachb. in
Erz.form 77, u.a. — **MV:** Die
Volkshochschule in d. Bild.arb. m. Straf-
gefangenen, Fachb. 71; Anspruch u.
Wirklichkeit in d. Erwachs.bild., Fachb.
74, u.a..
R: Schulfk.- u. Unterhaltungssend. üb.
Afrika u. afrikan. Musik.

Bensen, Bettina, s. Kobbert, Elli.

Bentley, Joy, s. Fürstauer, Johanna.

Bentzien, Eva Maria (Ps. Eva Maria
Kohl), Dr.phil., Lehrerin; SV-DDR;
Masurenstr. 1, DDR-1100 Berlin
(Freiberg/Sachs. 24.11.47). Prosa, Lyrik,
Kinderbuch, Hörspiel, Essay.
V: Es sollte ewig Sonntag sein, Erz. 76,
83; Pablo, Erz. 76; Die Wolke ist ein
Wandersmann, Ess. 78; Blauer Mond
und Kuckucksuhr, Erz. 82, 83.
B: Ludwig Renn z. 85. Geb., Festschr.
74. — **MA:** Jovan und das Land der
schwarzen Berge, Anth. 82.
R: Es sollte ewig Sonntag sein, Fsf. 80;
Der verlorene Schlüssel, Kinderhsp. 82.

Benyoëtz, Elazar, Rabbiner,
Schriftsteller; P.E.N.; Förder.pr. d.
Theodor Körner-Stift.fonds Wien 64;
Hebrew Writers' Assoc. in Israel 57;
P.O.B. 22116, Tel-Aviv 61220/Israel (Wien
24.3.37). Lyrik, Essay.
V: Sahadutha, Aphor. 69; Annette
Kolb und Israel 70, Ess. u. Erinn. 70;
Max Zweig, e. Bibliogr. 72; Einsprüche,
Aphor. 73; Hugo Wolfgang Philipp, e.
Bibliogr. 73; Einsätze, Aphor. 75; Wort-
haltung, Aphor. 77; Eingeholt, neue Ein-
sätze 79; Vielleicht — Vielschwer,
Aphor. 81; Wort in Erwartung, Aphor.
80; Fraglicht, Aphor. 81; Im Vorschein,
Aphor. 82; Nahsucht, Aphor. 82;
Andersgleich, Aphor. 83; Hörsicht,
Aphor. 83; Gehschichten, Autobiogr. 83.
H: Paul Engelmann: Dem Andenken
an Karl Kraus 67.

Benzel, Ulrich, Dr., Oberstudienrat;
Storm-Ges., Ges. zur Pflege des
Märchens; Birkenweg 1, D-6420
Lauterbach/Hess. (Neustettin 21.3.25).
Märchen, Sage, Legende, Schwank,
Ballade, Sitte und Brauch.
V: Volkserzählungen aus dem
nördlichen Böhmerwald, Volkserzn. 57;
Sudetendeutsche Volkserzn. 62;
Kaukasische Märchen 63; Volks-
erzählungen aus dem Oberpfälzisch-
Böhmischen Grenzgebiet 65. —
MV: Märchen der europäischen Völker.
Von Prinzen, Trollen und Herrn Fro 65;
Märchen der Hottentotten 75.
H: Kaukasische Märchen 76;
Märchen, Legn., Sagen aus d. Oberpfalz
I 78, II 79; Märchen, Sagen u. Fabeln d.
Hottentotten u. Kaffern 78; Märchen
und Sagen der Deutschen aus Böhmen
u. Mähren 80 II; Pommersche Märchen
u. Sagen I 80. ( )

Benzien, Rudi, Lehrer, Journalist; SV-
DDR 80; Kunstpr. d. Freien Dt. Jugend

78; Zeppelinstr. 123, DDR-1160 Berlin,
Tel. 6359058 (Berlin 18.1.36). Lyrik,
Roman, Fernsehfilm, Reportage.
V: Gitarre oder Stethoskop 77, 3. Aufl.
82; Berlin, hier bin ich, R. 79, 3. Aufl. 82;
Pierre, Kdb. 80; Schwester Tina, R. 82.
MA: Himmel meiner Stadt, G. 66;
Dreimal Himmel, G., Erzn. 70.
MH: Dreimal Himmel 70.
R: Gitarre oder Stethoskop, Fsf. 82;
Berlin, hier bin ich, Fsf. 82.

Berchtenbreiter, Maria, c/o Kelter
Verlag, Hamburg.
V: Die Frau vom Moor, Heimat-R. 80.
( )

Berchtold, Heidi, Keramikerin;
Trümmlenweg 39, CH-8630 Rüti (Saanen
25.9.33). Lyrik.
V: Urstoff Leben, Lyrik 74.

Berda, Alexander, s. Staudacher,
Walther.

Beredik, Hilde (Ps. Heide),
Fachinspektor i.R.; Ver. d.
Schriftstellerinnen u. Künstlerinnen 69,
Verb. d. Geistig Schaffenden
Österreichs 70, Öst. Autorenverb. 75, Öst.
Schriftstellerverb. 79, VDKSÖ 81; Silb.
Ehrenzeichen d. Rep. Öst. 82; EM d.
Europ.-Amerikan. Forschungs- u.
Kulturwerks Eurafok 73,
Kulturgemeinsch. Der Kreis 73;
Barichgasse 6, 3. Stock, Tür 12, A-1030
Wien, Tel. (0222) 7386265 (Wien 19.10.06).
Lyrik, Erzählungen, Essays.
V: Ein paar Kleinigkeiten, Erzn. u. G.
48, Wiener Domverlag; Aus dem
Bilderbuch der Natur 66; Vom Morgen
zur Nacht 67; So? ... Oder so! 70; Am
Stadtrand 71, alles Lyr.; Fabeln und
Parabeln, Prosa 75; Frohe Fahrt, lyr.
Reisebilder 79.

Berendt, Gerd (Ps. Lanzelot Gobbo,
Eugen Trass, Klaus Bernhardt, Eugen
Fock, Jupp Heydecker, Sebastian, Till),
Journalist; D-8111 Tauting üb. Murnau,
Staffelsee (Lommatzsch/Sa. 28.8.15).
Novelle, Kurzgeschichte, Roman,
Jugendbuch.
V: Ein Pudel aus gutem Hause, N. 48;
Sybille geht zum Film, Jgd.-Erz. 52; Was
ist mit Schwazkopf los?, Jgd.-Erz. 53;
Die Bande der grünen Finger, Jgd.-Erz.
53; Unser Club zu zweien, R. 55; Eins zu
Null für Jazz, Jgd.-Erz. 56; Junge Welt
auf nackter Welle, Erz. 72; FKK ohne
Ausweis, Erz. 72; FKK in Jugoslavien,
Erz. 74; Nackt an Frankreichs schönsten
Küsten, Erz. 74; Korsika, Erz. 76; Alles
Nackte über Agde, Erz. 76; Fuchsrotes
Cap und junge Nackte, Erz. 76; Jugend,

Spiel u. nackte Freuden, Erz. 76; Spiele
der nackten Jugend, Erz. 76; Einladung
zur Nacktparty, Erz. 76.
H: Kinder der Sonne, FKK-Jugend-
Sonderheft-Reihe seit 79 (auch Verf.).

Berendt, Peter; Schwanenmarkt 1 a,
D-4000 Düsseldorf (Holtwick/Kr.
Coesfeld 2.2.58). Lyrik, Essay.
V: Morgen, G. 79; Kirsche u. Stein, G.
79; Ich gehe, G. 79.
MA: Frieden u. Abrüstung 77. ( )

Berensbach, Dorothea, s. Jensen,
Dorette.

Bereska, Henryk, Lektor; SV-DDR 58;
Lit.pr. Poln. Autoren- u. Komp.verb.
ZAIKS 67, Med. f. Verd. um Poln. Kultur
70, Offizierskr. Ordens "Polonia
Restituta" 71, Jablonowski-Med., Soc.
Jablonoviana, U.Leipzig 80;
Scharnhorststr. 8, DDR-1040 Berlin, Tel.
(02) 2297400 (Katowice 17.5.26). **Ue:** P.
V: Lautloser Tag, G. 80.
H: St. I. Witkiewicz, Stücke 82 (auch
Übers.). — **MH:** Polnische Lyrik aus
fünf Jahrzehnten 75.
Ue: Ignacy Kraszewski: Tagebuch
eines jungen Edelmannes 55; Zofia
Nałkowska: Medaillons 56; Leon
Kruczkowski: Pfauenfedern 58; Adolf
Rudnicki: Goldene Fenster 59; Das
lebende und das tote Meer 60; Hanna
Mortkowicz-Olczakowa: Janusz Korczak
61; Jerzy Hordyński: Formel des Glücks,
ausgew. G. 61; Jerzy Andrzejewski:
Asche und Diamant 61; Gustav
Morcinek: Der Brand im wilden
Schacht, ausgew. Nn. 62; Zofia Kossak:
Die Kreuzfahrer, R. III u. IV 62;
Jarosław Iwaszkiewicz: Die Mädchen
von Wilko, Erz. 63; Janina Dziarnowska:
Treffpunkt Wola, R. 65; Tadeusz Breza:
Das Bronzetor 66; Igor Newerly: Das
Waldmeer, R. 69; Der goldene Brunnen,
ausgew. poln. Märchen 69; Wojciech
Żukrowski: Feuer im Dschungel,
vietnam. Märchen 69; Jarosław
Iwaszkiewicz: Das Mädchen und die
Tauben, ausgew. Erz. 70; Die Farnblüte,
ausgew. poln. M. 70; Jerzy Stawiński:
Fehldiagnose, R. 71; Kazimierz Brandys:
Kleines Buch 72; Hanna Malewska: Die
Gestalt dieser Welt vergeht 73 II; Jerzy
Broszkiewicz: Die rot-weiße Sonne 73;
Janus Osęka: Mein Doppelleben 73; J.
Stawiński: Die Scheidung, Stück 73;
Bogdan Wojdowski: Brot für die Toten
74; Adam Bahdaj: Reise für ein Lächeln
74; Stanisław Grochowiak: Die Jungs,
Bohdan Drozdowski, Der Trauerzug 75;
Edward Redliński: Aufschwung, Stücke
75; Michał Choromański: Rosa Kühe

und graue Skandale 76; Stanisław
Wyspiański: Die Hochzeit, Dr. 77;
Tadeusz Różewicz: Weiße Ehe, Stück 78;
Edward Redliński: Aufschwung od. d.
Paradies, R. 78; Tadeusz Różewicz: Auf
allen Vieren, St. 79, Der Hungerkünstler
geht, Stück 78; Edward Redliński: Auf-
schwung od. d. Paradies, R. 78; Tadeusz
Różewicz: Auf allen Vieren, St. 79, Der
Hungerkünstler geht, Stück 78; Jerzy
Andrzejewski: Pforten des Paradieses,
R. 82. — **MUe:** Petrow Iwailo: Nonkas
Liebe, m. N. Randow 60; Moderne
polnische Prosa 64; Erkundungen, poln.
Erz. 72; Im Westen fließt die Oder, Erz.
72; Denkspiele, poln. Aphorismen; Iwan
Melesh: Menschen im Sumpf, m. W. u.
G. Tschepego 74; Tadeusz Różewicz:
Stücke 74; Bolesław Prus: Der Geizhals,
Erz. 74; Jan Kochanowski: Ausgewählte
Dichtungen 80; Wl. St. Reymont:
Novellen 81; Weiße Ehe, Moderne poln.
Dramen 82; Jerzy Andrzejewski; Fiktive
Gattin, ausgew. Erz. 82.

Berg, Aja, s. Muhrmann, Wilhelm.

Berg, Birgit, Journalistin, freie
Schriftstellerin, Liedermacherin,
Verlegerin; VS 76; Dt. Journalistenpr. 72,
Auslandsreisestip. d. Auswärt. Amtes 76,
Journalistenpr. d. Freien
Wohlfahrtsverb. 78, Förderpr. d. Ldes
Rhld-Pf. 79; Durlesbach 7, D-7967 Bad
Waldsee 1, Tel. (07524) 6656 (Bad
Kreuznach 11.3.40). Satire, Literarisches
Chanson, Lyrik, Kolumne, Aphorismus.
V: Ohne Zensur(ren), Sat. 65;
Schwarzbuch für Schürzenjäger, Sat. 75,
83; Lose Worte, Aphor. 75, 81; Schwarz-
buch für Grünschnäbel, Erziehungsb. 76,
83; Schwarzbuch für Scheinheilige, Sat.
77, 83; Schwarzbuch für Schönfärber,
Sat. 79; Wiegenlieder zum Wachhalten,
Lyr. 82; Der Demokrator, Sat. 83.
B: Grundprogramm
Gemeinwesenarbeit 78;
Grundprogramm Gruppenarbeit, Sachb.
80. — **MA:** Humor unterm Brennglas,
Sat. 78; Kinder-Reader, G. 79;
Formation, G. 79; Wie sie an die Bücher
kamen 79; Frieden 82; Frauen machen
Frieden 82; Ein Lied davon singen... 82;
Frauen für Frieden 82.
H: Wohin bewegt sich die Friedens-
bewegung, Sachb. 82; Konstruktiver
Katalog — Ideensammlung gewaltfreier
Aktionen, Sachb. 82; Grundlagen für
Gruppen — Graswurzelprinzip, Sachb.
82; Umrüstung — neuartige Friedens-
strategien, Sachb. 83.

R: Kurze Lieder in kalter Zeit 57;
Kritische Lieder 77; Wiegenlieder zum
Wachhalten 83.

von Berg, Botho, Landwirt;
Brandelweg 22, D-7830
Emmendingen12-Maleck, Tel. (07641)
7845 (Perscheln, Kr. Pr. Eylau 2.9.03).
Lyrik, Novelle.
V: Patria immortalis, G. 73; Mit
Trakehnern fing alles an — E.
Lebensber. 76; Gast im Reich v. Aloha,
N. 79; Mit geschlossenen Augen, lyr.
Bilder aus Ostpreußen 80. —
MV: Zwischen Mitternacht u.
Morgengrauen 76; Das alte Lied 79. ( )

am Berg, Clemens, s. Wirsching,
Klemens M..

von Berg, Dagmar, s. Stecher,
Dagmar.

Berg geb. Wingerath, Eva-Maria,
Germanistin/Romanistin; VS 83;
Landecker-Str. 12a, D-7809 Denzlingen,
Tel. (07666) 2759 (Kaiserswerth 9.12.49).
Lyrik, Kurzprosa. Prosa.
V: ATEM NOT, Erzn. 82; zwölf
gedichte 82.

Berg, Karin; Postfach 1352, c/o
Titania-Verlag, D-7000 Stuttgart-W.
V: Schlüsselkind Michael. Schicksalsroman 65; Von Ehe wurde nie
gesprochen 66, 67; Das nennst du Liebe
67; Das erstbeste Lottchen 68. ( )

Berg, Norbert, s. Tyrann, Kurt.

Berg, Rüdiger, Taxifahrer; VS seit 82;
Andréestr. 4, D-8000 München 19, Tel.
(089) 169881 (Verden 26.3.44). Lyrik.
V: Liebe ist namenlos und Lust
niemals normal, G. 81.
MH: Wo Dornenlippen dich küssen,
Anth. 82.

von Berg, Steffi, s. Schumann,
Anneliese.

Bergauer, Conrad (Ps. Georg
Auberger); Sauerbruchstr. 8/III, D-8000
München 70, Tel. (089) 703257 (Santa
Cruz/Bras. 29.7.28). Erzählungen,
Roman.
V: Bayerische Feierabendgeschichten
81.

Bergel, Hans (Ps. Curd Bregenz),
Schriftleit.; Kg. 69; Dehio-Pr. 71,
Heinrich-Zillich-Stip. d. Mozart-Pr. 71,
Medienpr. d. Vert. 82; Rabensteinstr. 28,
D-8000 München 60, Tel. (089) 265552
(Kronstadt/Rumänien 26.7.25). Roman,
Erzählung, Novelle, Essay. **Ue:** Rum.
V: Fürst und Lautenschläger, N. 56;
Die Straße der Verwegenen, Nn. 56; Die
Abenteuer des Japps, R. 58; Rumänien.

Portrait e. Nation, Monogr. 69; Die
Rennfüchse, R. 69; Fliegen, gestern
heute morgen, Gesch. d. Fliegerei 70;
Würfelspiele des Lebens, 4 Biogr. 72; Im
Feuerkreis, Erzn. 72; Die Sachsen in
Siebenbürgen nach 30 Jahren
Kommunismus 76; Der Tanz in Ketten,
R. 77; Siebenbürgen, Bilder e. europ.
Landschaft, Ess. 80 (auch engl.); Joh.
Schreibers Aquarelle 81; Gestalten und
Gewalten, Aufs. u. Ess. 82; Heinr.
Schunn/Ein Maler, sein Werk, seine Zeit
82; Dunja, die Herrin, Erz. 83; Drei
politische Reden 83; In dulci jubilo,
Erzn. 83.
   MA: Begegnung mit Treff., N. in:
Deutsche Erzähler der RVR 56; Mensch
ohne Gegenwart, N. in: Ihre Züge haben
keinen Fahrplan 71; Am Todestag
meines Vaters, Erz. in: Auf den Spuren
d. schwarzen Walnuß 71; Aus jedem
Dorf ein Hund, Erz. in: Herzhafter
Hauskal. 75; Johann Schreiber, Biogr.
79; Die Zeitschrift Klingsor u. Spiegel-
bild gespaltener Welt – dt.spr. Lit. der
letzten drei Jahrzehnte in und aus
Rumänien, Dok. in: Tausend J.
Nachbarschaft 81; Das gespaltene
Schrifttum d. südostdt. Autoren, Dok.,
Die Rede vor dem Kölner Dom 1982,
beide in: Epochen der Entscheidung 83.
   Ue: Francise Munteanu: Die Lerche
56; Die Stadt am Mieresch, R. 58; Jacob
Popper: Gefangen im Packeis, R. 74.
   Lit: H. Pongs: Symbolik der einfachen
Formen 74; H. Zillich: Südostdt. Viertel-
jahresbll. 75; H. Meschendörfer:
Verlagswesen d. Siebenbürger Sachsen
79.

   Bergel, Josef, s. Reithler, Joseph.

   Bergenthal, Josef, Hauptschriftleiter
i. R.; VS 60; Rathaus-Plak. d. Stadt
Münster; Annette-von-Droste-Ges. 46,
Grabbe-Ges. 64; Coerdestr. 37, D-4400
Münster/Westf., Tel. (0251) 23768
(Medebach-Oberschledorn/Hochsauerl.-
Kr. 1.11.00). Essay, Novelle, Hörspiel,
Bühnenspiel.
   V: Münster steckt voller Merkwürdig-
keiten, Ess. 33, 79 (auch engl., franz.,
holl.); Hohes Sauerland 36, 66; Land der
tausend Berge 40, 68; Westfälische
Dichter der Gegenwart. Deutung und
Auslese 53, 54; Das Sauerland. Gesicht
einer Landschaft 54, 68; Jans
Baunenkamps Himmel- und Höllen-
fahrt. Eine westf. Moritat, Bü. 59; 40
Jahre Niederdeutsche Bühne am
Theater der Stadt Münster 59; West-
falen in der Geschichte 61, 69; Böken-
dorfer Reise. Erzählung aus d. Leben d.

Droste 61; Alte und neue Universitäten
in Westfalen, Geschn. 71; Schinken,
Korn und Pumpernickel. Kulturgesch. u.
kulinar. Notizen 72, 80; Vielgerühmtes
Heidelberg, Stadtmonogr. 72, 75. —
   MV: D. Drama, in: Vom Naturalismus
bis zur Neuen Sachlichkeit. E.
Querschnitt durch d. mod. Lit. v. 1880 b.
z. Geg.w. 32; Die Freilichtspiele auf Burg
Altena. Eine Erinnerung an die Anfänge
des Freilichtspiels in Westf., m. E. Kühl
61.
   H: Westfalen-Bücher, Schr.-R. XV 34,
53; Sonderbares Land. Ein Leseb. v.
westf. Art u. Kunst 55, 79; Westfälische
Hörspiele des Westdeutschen Rundfunks 57; Gedichte des Landes aus
hundert Jahren. Einführ. u. Ausw. 58.
   R: Die Vuegelfrauenversammlung;
Jans Baunenkamps Höllenfahrt; Up un
dahl; Et was in uraollen Tieden, m. O.
Dinkhoff; Franz Essink; Vom Volksstück zum Mysterienspiel, alles Hsp. ( )

   Berger, Alfred (Ps. Joe Berger),
Schriftsteller; Grazer Autorenversamml.
73; Theodor-Körner-Pr. 78,
Förderungspr. d. Wiener Kunstfonds 79;
Kaltenleutgeben, A-2391
Kaltenleutgeben, Tel. (02238) 72965
(Kaltenleutgeben, NdÖst. 22.10.39).
Erzählung, Lyrik, Märchen, Roman,
Film.
   V: Märchen für Konsumkinder 77;
Ironischer Zettel, Lyrik 80.
   R: Bruno, wohin?, Fsp. ( )

   Berger, Eleonora, Lehrerin;
Kinderbuchpr. d. Stadt Wien 67, Öst.
Staatspr. f. Kleinkinderbücher 67; Wörth
49, A-2640 Gloggnitz, Tel. (02662) 2707
(Wien 13.3.19). Kinder- u. Jugend-
literatur.
   V: Zipferl 54, 65; Geschichten vom
Hanselmann 67, 74; Mäuschen vor dem
Häuschen 67, 71; Österr. Märchen 68, 70;
Georg und Gerda; Guten Tag, Georg!
Guten Tag, Gerda! Vom König und
seinen drei Töchtern 68, 69; Warum hast
du so große Augen 70.
   MA: Jahrbücher des öst. Buchklubs
der Jugend. ( )

   Berger, Franziska, s. Kaltenberger,
Friederike.

   Berger, Friedemann, Dipl.-Theol., Dr.
phil., Cheflektor; SV-DDR; Gräfestr. 34,
DDR-7021 Leipzig, Tel. (041) 592598
(Schroda 13.4.40). Belletristik, Literaturwissenschaft.
   V: Krippe bei Torres, R. 71; Orts-
zeichen, G. 73; Die Fahndung, Erz. 75.

H: Eugène Fromentin: Dominique 71;
Friedrich Nicolai: Geschichte eines
dicken Mannes 72; J. W. Wodowosowa:
Im Frührot der Zeit 73; Ferdinand
Kürnberger: Der Amerikamüde 74;
Ludwig Tieck: Straußfedern 74;
Sigmund v. Herberstain: Moskowia 75;
Johann Gottwerth Müller: Siegfried von
Lindenberg 76; Theodor de Bry:
Amerika oder die Neue Welt 77/78 II;
India orientalis 79, 81 II; Joseph Roth:
Perlefter, Fragmente u. Feuill. aus d.
Berliner Nachlaß 78; Justus Möser:
Anwalt d. Vaterlands. Ausgew. Werke
78; Johann Konrad Friederich: Denk-
würdigkeiten od. Vierzig Jahre aus d.
Leben eines Toten, genannt auch d. 'dt.
Casanova' 78 III; Paul Wiegler: Figuren
79; Henry Fielding: Tom Jones 80;
Daniel Defoe: Robinson Crusoe 81 II;
Chesterfield: Briefe an seinen Sohn
Philip Stanhope über die anstrengende
Kunst ein Gentleman zu werden 83. —
MH: George Meister: Der Orientalisch-
Indianische Kunst- u. Lust-Gärtner 73;
Charlotte Lennox: Der weibliche
Quichotte 76; Oliver Goldsmith: Der
Weltbürger 77; Im Zeichen der Ahnen.
Chronik eines angolan. Dorfes 81; In
jenen Tagen... Schriftsteller zw.
Reichstagsbrand u. Bücherverbrennung
83; Die Schaffenden 83.
R: Die größere Hoffnung, Hsp. 65;
Einee lange dunkle Nacht, Hsp. 67;
Onkel Hamilkar, Hsp. 68.

Berger, Hans, Dr. phil., Germanist,
Prof. h.c.; Turmbund 66; Gumppstr. 63,
A-6020 Innsbruck, Tel. (05222) 426872
(Innsbruck 7.11.14). Drama, Essay, Lyrik,
Novelle.
V: Untergang und Aufgang, Ess. 68;
Immer wieder stirbt Alkestis, Sch. 70;
Opfer zwischen den Fronten, Sch. 71;
Europäische Impressionen, G. 73;
Diotima, Montagesch. nach Hölderlin
73; Mensch unter Menschen, Erz. 75;
Herodes, Sch. 78; Die Lösung, Sch. 80;
Der große Fluch, Sch. 81; Europa wird
nicht an Verhandlungstischen, G. 82.
MA: Wort im Gebirge. Schrifttum aus
Tirol, F. X: G. 63, F. XII: Ess. 70; Brenn-
punkte. Schrifttum der Gegenwart, Ess.
F. II 68, F. IV 69, F. VIII u. IX 72, F X 73;
Wirrsal des Lebens. Schöpferisches
Tirol, Sch. X 76; 25 Jahre Turmbund,
Ess. 76; Bildnis einer Generation,
Schöpfer. Tirol, Ess. 79.
H: Schöpferisches Tirol, seit 72, XI 79,
XII 83, XVI 81; 25 Jahre Turmbund 76.
R: Erlebte Dichtung 63; Rdfk-Send.
aus eig. Werken 80, 82.

Lit: Wilhelm Bortenschlager:
Geschichte der spirituellen Poesie, in:
Brennpunkte XIV 76; W. Borten-
schlager: Kreativ-Lex. 76; Paul Wimmer:
Wegweiser durch die Lit. Tirols seit 1945
81; Bortenschlager: Tiroler Drama u.
Dramatiker im 20. Jh. 82.

Berger, Herbert, Bergmann; VS; Pr. d.
Hörspiel- u. Erzählerwettbewerb d.
ostdt. Kulturrates Bonn u. d. nordrh.-
westf. Min. f. Arbeit 73, 74, 75, Lit.pr. d.
Schweiz. Vereins Jugend u. Wirtsch.
Zürich 76, Lyrikpr. Altenkirchen 79,
Lyr.pr. Kulturz. Stockholm 79; Fritz-
Husemannstr. 33, D-5730 Ahlen, Tel.
(02382) 4253 (Freiburg i. Schles. 12.3.19).
Lyrik, Essay, Novelle, Hörspiel.
V: Ich und meine Stadt; Der Pütt hat
mich ausgespuckt 81. — **MV:** Gedichte
des Sozialpartners 70.
MA: In unserer Zeit zwischen den
Grenzen 70; Schrauben haben Rechts-
gewinde 71; Deutsches Lesebuch 3 71;
Für eine andere Deutschstunde 72;
Arbeiterdichtung 73; Drucksachen 74;
Schnappschüsse 74; Schwarze
Solidarität 74; Wort für Wort 75; Daheim
in einer anderen Welt 75; Lachen das
nie verweht 76; Stimmen zur Schweiz
76; Sie schreiben zw. Paderborn u.
Münster 77; Deutschland das harte
Paradies 77; Nachrichten vom Zust. d.
Landes 78; Liebe will Liebe sein 78;
Mauern Lyrik 78; Mauern Prosa 78;
Östlich von Insterburg 79; Geschichten
zum Weiterdenken 79; Jb. Weichsel-
Warthe 80; Stellt Euch zu den Hirten 79;
Unterm Sofa lacht die Faust 79;
Arbeiterlit. 79; Jeder kann nicht alles
wissen 79, alles Anth.
Lit: Akzente 4 70; Die Horen 85. ( )

Berger, Joe, s. Berger, Alfred.

Berger, Karl Heinz (Ps. K. Heinz,
Charles P. Henry), Verlagslektor, c/o
Verlag Das Neue Berlin, Berlin (Ost)
(Köln 28.7.28). Roman, Novelle, Essay.
V: Johann Gottlieb Fichte, biogr. R.
53; Gottlob Ephraim Lessing, biogr. R.
55; Der Bruderbund, biogr. Erz. 61; Der
Aufstand der Giganten, Kinderb. 63; Das
Kutschpferd und der Ackergaul, Fabeln
64; Nettesheim oder Die Schwierigkeit,
ein Held zu werden, R. 66; Robin Hood,
der Rächer vom Sherwood, Jgdb. 68; Die
Mörder werden alt, Krim.-R. 69, 74;
Tödlicher Irrtum, R. 72; Wein für ehren-
werte Männer 72, 78; Rinaldo Rinaldini,
der König von Kampanien, Jgdb. 76; Die
Wohnung oder Auswege ins Labyrinth,
R. 76; Getünchte Gräber, Krim.-R. 77, 80;
Premiere in N., Krim.-R. 80; Geschäfts-

risiko, Krim.-R. 82. —
MV: Westdeutsche Prosa 1945 — 1965; E.
Überblick. - Heinrich Böll. Leben u.
Werk, m. G. Dahne 67; Spur des Falken,
m. G. Karl, R. 68; Weiße Wölfe, m. G.
Karl, R. 70, 76.
B: Die schönsten Geschichten aus
1001 Nacht 71; M. Twain: Tom Sawyers
Abenteuer 65. — **MA:** Schauspielführer
63/64 III; Romanführer A-Z seit 72;
Geflügelte Worte 81.
H: MH: Klassische deutsche Erzähler
54; Deutsche Meistererzählungen des 19.
Jahrh. 55; Deutsche Balladen von
Bürger bis Brecht 56 u.d.T.: Das große
Balladenbuch, m. W. Püschel 57, 65;
Deutsche Erzähler des 20. Jahrh. 57;
Deutsche Erzählungen aus der Schweiz
57; Englische Erzähler des 19. Jahrh. 61;
Die Schaubude, m. Walter Püschel 64;
Die Affenschande. Dt. Sat. v. S. Brant
bis B. Brecht 68, 77; Die Streiche des
Trubert, m. A. Antkowiak 73; Gedichte
von Larkin, Gunn, Hughes 74; In
meinem Anfang ist mein Ende (Eliot-
Ausw.) 77; Ich hatte die Weisheit, die
Liebe umgibt (Yeats-Ausw.) 81.
Ue: u.a. Nachdichtungen von: Frost,
Lowell, Larkin, Gunn, Hughes, Brutus
Nortje, Mtshali, Kunense, Cummings,
Auden, Yeats 73-82.

Berger, Linda, s. Eichler, Bertel.

Berger, Peter; VS NRW 61; Dt.
Jugendbuchpr. 67, Bestliste z. Jugend-
buchpr. 69; Friedr. Bödeckerkreis 68;
Pohler Bruch 10, D-5067
Kürten—Bechen, Tel. (02207) 2356
(Rheinbrohl 25.1.15). Jugendbuch,
Roman, Sachbuch.
V: Abenteuer am Strom, Jgdb. 54, 65;
Ali reist doch nach Australien, Jgdb. 55,
65; Die Tochter der Sonnengöttin, Jgdb.
55, 65; In falschen Händen, Krim.-R. 55,
58; Doris reißt aus!, Jgdb. 56, 65; Hallo
Fußball, Jgdb. 58, 65; König Fußball!,
Sachb. 58, 72; Mit dem Kranich am
Leitwerk, Sachb. 62; Renate, ein
Mädchen aus dem Zirkus, Jgdb. 62, 72;
Dan, der junge Gaucho, Jgdb. 62, 80;
Flugschüler Stahl, Jgdb. 64; Torwart
Thomas Bähr, Jgdb. 65; Drei aus einer
Elf, Jgdb. 66; Im roten Hinterhaus, Jgdb.
66, 80; Benjamin Habenichts, Jgdb. 68,
80; Kleine Fotografen im großen
Mexiko, Jgdb. 68; Wir gründen einen
Fußballclub, Jgdb. 69, 80; Friedrich
Ehrlich macht Karriere, Jgdb. 69, 80;
Spieler, Profis, Tore, Jgdb. 70; Das
kommt nicht alle Tage vor - ein Elefant
im Fußballtor, Jgdb. 71; Hilfe, ich habe
zwei Schwestern, Jgdb. 72, 80; Die Jagd

auf Maverick, Amerikas klügsten Hund,
Jgdb. 76. — **MV:** Schriftsteller erzählen
von der Gewalt; Schriftsteller erzählen
von ihrer Mutter; Wir sprechen noch
darüber; Der Geschichtenbaum; Kiko,
Kaiser Max u. Ko; Tabak u. Pflaumenkuchen.
MA: Zahlr. Leseb.

Berger, Uwe; KB-DDR 49, SV-DDR
53; Heine-Preis 61, Heinrich-
Heine-Preis 68, Nationalpr. 72;
Friedrichstr. 169 — 170, üb. SV-DDR,
DDR-108 Berlin (Eschwege 29.9.28).
Lyrik, Novelle, Roman, Essay. **Ue:** R, E.
V: Die Einwilligung, Erzn. 55; Straße
der Heimat, G. 55; Der Dorn in dir, G. 58;
Der Erde Herz, G. 60; Hütten am Strom,
G. 1946 — 61 61; Rote Sonne, Tageb. 1943
— 63 63; Mittagsland, G. 65, 67;
Gesichter, Gedichte 69; Die Chance der
Lyrik, Ess. 71; Bilder der Verwandlung,
G. 71; Arbeitstage, Tageb. 1964 — 72 73;
Feuerstein, G. 1946 — 72 74; Lächeln im
Flug, G. 75; Backsteintor u. Spreewald-
kahn, Prosa 75, 79; Zeitgericht, G. 1946 -
74 77; Nebelmeer u. Wermutsteppe,
Prosa 77; Leise Worte, G. 78; Der
Schamanenstein, Prosa 80; Lächeln im
Flug, ausgew. G. 1946-78, Moskau 80;
Auszug aus der Stille, G. 82; Das
Verhängnis oder Die Liebe des Paul
Fleming, R. 83.
H: L. H. C. Hölty: Werke und Briefe
66; Logau: Sinngedichte 67; Gertr.
Kolmar: Die Kerze von Arras, G. 68;
Oskar Loerke: Die weite Fahrt, G. 70; G.
Hauptmann: Verdüstertes Land, G. 71;
Uhland: Frühlingsglaube, G., Betracht.,
Reden, Br. 74; Fleming: Sei dennoch
unverzagt, G. 77; Gertr. Kolmar: Das
Wort der Stummen, Nachgel. G. 78. —
MH: Deutsches Gedichtbuch 59, 77;
Lyrik der DDR 70, 79.

Berger, Walter (Ps. Felix Herbst),
Verleger; Kg. 63; Bdesverd.kr. a. Bd 81;
Schillerstr. 13, D-8941 Buxheim/Allgäu,
Tel. (08331) 72518 (Cosel/OS. 2.4.20).
Lyrik, Essay.
V: Ich bin ein Spielmann 57, 65; Das
ist das Buch vom Liesele 61; Roter
Mohn 63, 80; Regentropfen 73, 80;
Jadwiga — das Polenmädchen 73; Mein
sind die Jahre nicht 75; Stationen einer
Pilgerfahrt 80; Das Abenteuer des
Menschen mit Gott 81; Die Bergpredigt;
Zwischen Unkraut u. Wiesen 82; Ich
gratuliere 83; Impressionen 83.
H: Seele und Wort 56, 65; Eichendorff:
Wem Gott will rechte Gunst erweisen
59, 79; Antlitz u. Seele 60. — **MH:** u. **MV:**

Gott sieht dich an in jedem Kind 67;
Das Jahr ist ein Atemzug Gottes 71, 81;
Ich glaube an die Auferstehung der
Toten 74; ... ad personam Ludwig Wolker
75; Die Schönheit eines Dorfes 77.

Berges, Hermann Josef, Chefred. a. D.,
ehem. Inh. d. Westf. Verlagsanst.; Haus
Kentrop, D-4700 Hamm, Westf.
(Hergenrath 8.5.03). Lyrik, Roman,
Novelle. **Ue:** H.
V: Der silberne Leuchter, Rhapsodien
21, 23; Im Morgenlicht, G. 22; Atem der
Erde, G. 23; Die bittersüße Not, R. 25;
Wittekind, Erz. 25, 27; Das Hasenbrot,
Geschichtenbuch einer Jugend 26; Die
grüne Hose, heit. Gesch. 71, 76; In jeder
Kiepe steckt ein Kauz, heit. Gesch. 73;
Unterm silbernen Baum, Erz. 74; Der
Kartoffelkönig, heit. Gesch. 74; Hamm -
so wie es war, Hist. 76; Der Mann mit
dem eisernen Halsband, Erz. 76; Werl -
seinerzeit zu meiner Zeit, Hist. 76; Salz
aus Werl, Hist. 77; Türme u. Tore im
alten Soest, Hist. 76.
H: Leuchtende Tropfen, Peter Hille-G.
24; Die Spieluhr, G. d. 18. u. 19. Jh. 28;
Auf Goldgrund geschrieben, Geb. d.
Dichter 75; Spuk im Schloß. R. v. Friedr.
Koehler 75.
Ue: G. Th. Rotman: Prinzessin
Sternmiere 28, 32. ( )

Bergfeld, Thorsten, s. Müller, Norbert.

Berghamer, Lisa, s. Lindemann, Else.

Berghöfer, Erika, s. Engen, Erika.

Berghofer, Josef, Prof.,
VolksschulDir.; Volksbildungswerk für
das Burgenland 50;
Literaturförderungspreis 54, A-7052
Müllendorf/Burgenl. (Lackenbach/
Burgenl. 8.4.13). Lyrik, Hörspiel,
Schulbuch, Sachbuch.
V: Hoadbliah, G. 55; Van See zan
Roobtol, G. 71; ; Staatsbürgerkunde
Österreichs 73; Müllendorf, Monogr.
80. — **MV:** Das Neue Lesebuch 64, 6.
Aufl.; Mein Heimatort und seine
Umgebung 65, 10. Aufl.; Eisenstadt -
Bezirkskunde 66; Mein Heimatland
Burgenland 66, 5. Aufl.; Neuer Reise-
führer Burgenland 68, 2. Aufl.; Unser
schönes Buch 70, 2. Aufl.; Mein Vater-
land Österreich 70, 2. Aufl.; Wir und die
Natur 73, 2. Aufl.; Komm und lies mit
mir 73, 2. Aufl.; Heimatland Ober-
österreich 76; Sachunterr. Kärnten 77;
Literatur und Leben 76-78 III.
R: 40 Hsp. u. Hörbilder 52-82.

Bergien, Alfred, c/o Brinkhaus-Verl.,
Rossdorf.
V: Beinahe war mein Bett gemacht
oder der Gott der Kaufleute, Erz. 83. ( )

Bergien, Oskar (Ps. Udo Wallhäuser);
Nr. 8, D-8491 Premeischl b.
Hiltersried Post Hiltersried (Essen
10.11.09). Lyrik, Skizze, Erzählung,
Jugend- u. Kindergeschichte.
V: Wir wollen dem Leben vertrauen,
G. 35. ( )

Bergius, C. C., s. Zimmer, Egon-Maria.

Berglar, Peter, Dr. med., Dr. phil.,
UProf. f. Mittlere und Neuere
Geschichte; Werthmannstr. 11, D-5000
Köln-Lindenthal, Tel. (0221) 431513
(Kassel 8.2.19). Roman, Erzählung,
Lyrik, Essay.
V: Terra Nova, G. 48; Proteus 49; Das
Salz der Erde, R. 55; Rückkehr nach
Reims 57; Meine Johanna, R. 58;
Schiller oder der heroische Irrtum, Ess.
59; Welt und Wirkung, Ess. 61;
Verhängnis und Verheißung, Biogr. 63;
Carl Gustav Carus, Ess. 63; Karl
Wolfskehl, Symbolgestalt der deutsch-
jüdischen Tragödie, Ess. 64; Die gesell-
schaftliche Evolution der Menschheit,
Ess. 65; Johann Heinrich Merck, Ess. 65;
Personen und Stationen, Ess. 66;
Annette von Droste-Hülshoff, Biogr. 67;
Der Erfolg oder Das zerstörte Gesicht,
R. 67; Goethe und Napoleon, Ess. 68;
Wilhelm von Humboldt, Biogr. 70;
Walther Rathenau, Biogr. 70; Matthias
Claudius, Biogr. 72; Metternich, Biogr.
73; Konrad Adenauer, Biogr. 75; Die
Stunde d. Thomas Morus, Biogr. 78;
Maria Theresia, Biogr. 80; Opus Dei.
Leben u. Werk des Gründers Josemaria
Escrivá, Biogr. 83.
H: Schiller: Gedichte, Ausw. 48;
Philippe-Paul de Ségur: Napoleon und
die Große Armee in Rußland 65; Staat u.
Gesellschaft im Zeitalter Goethes,
Festschr. f. Hans Tümmler 77.
Lit: Knut Erichson: Pfadsucher in
unserer Zeit 65; Theodor Rutt: Hinweis
auf Peter Berglar 69.
s. a. Kürschners GK.

Bergmann, Alfred, Schriftsteller; VS;
NGL; Windscheidstr. 20, D-1000
Berlin 12, Tel. (030) 3241643 (Essen
26.6.40). Drama, Novelle, Film, Hörspiel.
V: Nicht für die Schule, St. 73; Nina
und Georg: When the music's over, St.
75; Einfach nur Susanne, Erzn. 81;
Weißes Rauschen, Erz. 80.
F: Reise in ein Bekanntes Land 79;
Frühstart 79.

R: Klassenkonferenz; Das war nicht
so, wie's heute ist; Vatermutterkind;
Abgetrieben; Nicht für die Schule;
Störenfried; Aus dem Leben eines
Taugenichts; Dauerlauf; Eine Krähe
hackt der anderen; Bis daß der Tod
euch scheidet; Agitation Free; Klassen-
fahrt; Das Lied von Isaak 79; Unfall 79;
Das Märchen vom Lande der Blinden,
in dem der Einäugige König sein soll 80;
Mädchenjahre 81; Das Glück im
Unglück 83, alles Hsp.
Lit: Theater heute 76.

Bergmann, Georg, kath. Priester;
Lohnerstr., D-8260 Burgkirchen a. d. Alz,
Tel. (08679) 2475 (Strohmaier bei
Altötting). Heimatkunde, Heiligenbio-
graphie.
V: Bruder Konrad, einer der klein
genug war 65; Gesegneter Alltag 69;
Bruder zwischen Gestern u. Morgen 74,
77; Die Erfahrung Indien 78; Franz
Jägenstätter, ein Leben vom Gewissen
entschieden 80; Katholische Wahrheit,
Christenlehre in Katechismusform 82.

Bergmann, Karl Hans,
Geschäftsführer; VS Berlin 65;
Gutachter-Ausschuß f. d. G.
Hauptmann-Preis 53 — 66; Scharfestr.
12, D-1000 Berlin 37, Tel. (030) 8015130
(Berlin 17.3.10). Hist. Sachbuch, Essay.
Ue: F.
V: Im Kampf um das Reich, Ess. 44,
erw. Neudruck 74; Babeuf - Gleich und
Ungleich, hist. Sachb. 65; Die Bewegung
"Freies Deutschland" in der Schweiz
1943 — 1945, hist. Sachb. 74. —
MV: Hans Otto, Gedenkb. 48; Il Film del
dopoguerra 1945 — 49 50.

Bergmann, Rolf; VS 78; Werkkr. Lit. d.
Arbeitswelt e.V. 74, Die Räuber '77, Lit.
Zentr. Rhein-Neckar e.V. 77; Am Bogen
32, D-6800 Mannheim 51, Tel. (0621)
797357 (Dresden 4.9.42). Roman,
Erzählung, Kritik.
V: Cuba libre in Benidorm, R. 77,
83. — **MV:** Weg vom Fenster, Anth. 76;
Kriminalgeschn., Anth. 78, 79;
Sportgeschn., Anth. 80.
MH: Kriminalgeschichten 78, 79.

Bergmann, Rudi, Sozialarbeiter
(grad.), Kaufmann; VS 76; Pablo-
Neruda-Preis d. Intern. Studentenbdes,
Prag 74, c/o Verlag Atelier im Bauernhaus, Fischerhude (Bad Godesberg
13.12.43). Lyrik, Prosa, Essay, dokumentarische Prosa, Literatur- u. Kunstkritik.
V: Denn wir kamen, um zu bleiben, G.
75; Spuren, G. 76; Auf daß du es immer

spürst, (Liebes-)G. 76. — **MV:** Chile lebt,
G. 73; Geht dir da nicht ein Auge auf?,
G. 74; Warum wird so einer
Kommunist?, Lyrik u. Prosa 75;
Hierzulande 75; Die Kinder des roten
Großvaters erzählen, dok. Prosa 75; Für
Portugal, G. 76; Berufsverbote,
Bundesdt. Leseb. 76; Textsammlung, G.
77; Frieden, Erz. 77.
MH: Edition Tabidse - Edition f.
Grafik u. Lyrik.
S: Konzert für Chile 74; Dieser
chilenische Sommer war süß... 75. ( )

Bergner, Edith (Ps. Edith Müller-
Beeck), Schriftstellerin; SV-DDR 50;
Händelpreis 59, Preis f. künstl. Volks-
schaffen I. Kl. 60, FDGB-Lit.-Preis 60,
64, Preise f. Kinderlit. v. Min. f. Kult. 55,
57, 59, 61, 64, 66, 68, Kunstpr. d. Stadt
Halle 70, Alex-Wedding-Pr. d. Akad. d.
Künste d. DDR 74, Kunstpr. d. Stadt
Halle-Neustadt 75; Spechtweg 9, DDR-
4020 Halle (Saale), Tel. 34144 (Pretzsch/
Kr. Hohenmölsen 19.4.17). Roman,
Erzählung, Kinderliteratur.
V: Westfälische Ernte, R. 54, 55;
Grimms Märchen auf der Puppenbühne
55, 61 u. 63, 72 II; Stups u. Stippel 56, 66;
Die Geburtstagspuppen 57, 69; Kasperle
im Kinderhaus 58, 67, alles Kinderb.;
Spiel mit Philine, R. 59, 61; Vom Jochen,
der nicht aufräumen wollte 59, 66; Alois
Hoppe und Sohn, Erz. 60; Vitzendorfer
Schulgeschichten 60, 67; Lothar und
Bäuchel 61, 69, beides Kinderb.; Kapitän
Ede 61, 66; Jan, der Geigenschrammer
63, 77; D. blauen Perlen 66, 77; Adebar
der Klapperstorch 66, 77 (auch engl.);
Tosho u. Tamiki, Erz. 70, 76 (auch
tschech.); Der Star im Apfelbaum,
Kinder. 71, 77 (auch engl., franz.,
tschech., ungar.); Das Mädchen im roten
Pullover, Erz. f. Kinder 75, 77; Der
Dackel Oskar, Bilderb. 76, 77;
Schinschilla, Bilderb.erz. 79; Riki und
Rumie 80. — **MV:** Unterwegs mit Onkel
Shiga 81.
H: Eine Rose für Katharina.
Begegnungen mit Frauen 70.
R: Mehr. Kinderhörspiele. ( )

Bergner, Gert, s. Stoedtner, Gerhard.

Bergner, Karlherrmann *

Bergner, Thomas, s. Martin,
Bernhard.

Bergner, Tilly, Dipl.-Volkswirtin; SV-
DDR 53; Stubnitzstr. 10, DDR-110
Berlin, Tel. 4893804 (Berlin 7.9.08). **Ue:** F.
V: Voltaire. Leben u. Werk eines
streitbaren Denkers, Biogr. 76.

H: H. Heine: Lutezia 59; Lessing: Die
Aber kosten Überlegung, Dicht.,
Kritiken, Essays 81. — **MH:** Tolstoi, Ein
Lesebuch f. unsere Zeit, m. Marina
Renner 52, 56; Hölderlin, Ein Lesebuch
f. unsere Zeit, m. Rudolf Leonhard 54,
56.

Ue: Pierre Daix: Die letzte Feste 52,
Classe 42 u. d. T.: Französische Jugend
53; Lettres des fusillés u. d. T.: Es lebe
Frankreich, Partisanenbriefe 52; Louis
Akin: Bolað 53; Pierre Gamarra: Rosalie
Brousse 55, Die Geheimnisse von
Toulouse, 69, Gold und Blut, 73, 72
Soleils u. d. T.: Das Glück d. 72 Tage, 77;
Pierre Tugal: Jean-Georges Noverre 59;
Maurice Pianzola: Bauern und Künstler
61; André Kédros: Die letzte Fahrt der
Port Polis 62; Camille Pissarro: Briefe
63; Alphonse Daudet: Seine Exzellenz
der Herr Minister 64; Der Schatz des
Menschen, Vietnames. Märchen (m.
Nachdichtungen v. Sarah Kirsch) 76;
Madeleine Riffaud: Au nord Viet-Nam
u. d. T.: Unsichtbare Brücken, 68; Jules
Verne: Der Südstern 69; C. Lemonnier,
Un Mâle u. d. T.: Irrweg e. Liebe, 70;
Bertrand Solet: Die Aufständischen v.
San Domingo 72; J.-P. Debris u. A.
Menras: Nous accusons u. d. T.: In den
Bagnos von Saigon; Gaston Baissette:
Das Goldhaff 69; Honoré de Balzac: Die
Suche nach dem Absoluten 69, Die
Beamten 80, César Birotteau 82 —
Schauspiele: Arthur Adamov: Frühling
71; Paul Quentin/Georges Bellak:
Football; Alexandre Dumas: Die drei
Musketiere; Jacques Duval: Stürmische
Überfahrt bei spiegelglatter See; Pierre
de Marivaux: Das Spiel von Liebe und
Zufall; ders.: Die falschen Vertraulich-
keiten 70; Pierre Caron de
Beaumarchais: Der Barbier von Sevilla
oder Die unnütze Vorsicht 73; ders.: Der
Tolle Tag oder Die Hochzeit des Figaro
73; Eugène Labiche: Ein Florentinerhut
67; André Haguet/Jean Valmy: Caroline
a disparu, u. d. T.: Wo warst du heute
Nacht, Caroline 68; Béatrice Tanaka:
Equipée bizarre au cirque Basile, u. d.
T.: Spiel im Zirkus 71; Jules Renard: Le
plaisir de rompre, u. d. T.: Das
Vergnügen sich zu trennen; Le pain de
ménage, u. d. T.: Hausmannskost,
Gesamttitel beider Stücke: Duette 77;
Georges Courteline: Angst vor Schlägen
und andere Szenen 80; Pierre Chesnot:
Gesundheit, Monsieur 81; Michel
Lengliney: La Pattemouille u. d. T.: Der
Mann mit dem Bügellappen 82.

Bergovan, Nicolae, s. Berwanger,
Nikolaus.

Bergsch, Dieter, Lehrer; Augsburger
Str. 31, D-4000 Düsseldorf 13 (Düsseldorf
23.8.40). Roman.
V: Das lange Sterben d. Katze, R. 81.

Berisch, Karl; V.D.Ü. 64; Kreuznacher
Str. 36, D-1000 Berlin 33, Tel. (030)
8210794 (Mannheim 10.8.08). **Ue:** E, Am.

Ue: Louis Golding: Elsie Silver 57;
Edwin Gilbert: Die reichen Leute 58,
Eine amerikan. Generation 60; K'tut
Tantri: Aufruhr im Paradies 61; Phyllis
Gordon Demarest: Stadt der Engel 62;
Mervyn Cowie: Meine Freunde, die
Löwen 63; Irving Wallace: Die drei
Sirenen 64; Lord Moran: Churchill, der
Kampf ums Überleben 1944 — 65 67;
Denys Sutton: James McNeill Whistler
67; Cook-Smith: Italien, Schönheiten
und Schätze 67; Edward Ellis Smith:
Der junge Stalin 69; George Adamson:
Safari meines Lebens 69; Bevis Hillier:
Plakate 69; D'Ancona und Aeschlimann:
Die Kunst der Buchmalerei 70; Kenneth
Clark: Piero della Francesca 70; Paul
Overy: Kandisky, Die Sprache des
Auges 70; Paul Gallico: Adam der
Zauberer 73; Stuart Legg: Die Reiter
aus dem Herzland 71; Ray C.
Hutchinson: Mein irischer Vetter 72;
Lawrence Williams: Ich, James Whistler
74; Bamber Gascoigne: Tage des Glücks
74; Catherine Cookson: Herz im Sturm
75; Finley/Pleket: Die Olympischen
Spiele der Antike 76; Frederick Poe:
Nordamerika 76; Russell/Wilton: Turner
in der Schweiz 76; Arnold Toynbee:
Menschheit u. Mutter Erde 79; Toynbee-
Ikeda: Dialog Wähle das Leben 82; Fox:
Die Suche nach Alexander 83; Kurzfass.
in Reader's Digest Auswahlbb. 63-77.

Berka, Michael, s. Schulze-Berka,
Kurt.

Berkandt, Jan Peter, s. Schulz, Klaus-
Peter.

Berkeley, Ann, s. Lundholm, Anja.

Berkenkopf, Galina, Dr. rer. pol.;
Haager Weg 61, D-5300 Bonn, Tel. (0228)
281514 (Tambov/Rußld. 27.1.07). Novelle,
Essay. **Ue:** R.
V: Die Rast in Viterbo, Erz. 42; Vom
Humor, Ess. 44; Der Rosenkranz
Unserer Lieben Frau, G. 48; Von der
Macht, Ess. 49; Welterlösung, ein
geschichtlicher Traum Rußlands, Ess.
62.

Ue: W. Ssolouchin: Ein Tropfen Tau
61, Schwarze Ikonen 69; Solschenizyns

Beitr. in: Stimmen aus d. Untergrund 75.
( )

Berkensträter, Bert *

Berkes, Ulrich, Schriftsteller; Kand.
SV-DDR; Albrechtstr. 12, DDR-1040
Berlin (Halle/S. 11.5.36). Lyrik.
V: Ikarus über der Stadt, Prosag. 76.
H: Salomon Geßner: An den Amor,
Idyllen 80. — **MH:** Vor meinen Augen,
hinter sieben Bergen, Reiseg. 77; Goethe
eines Nachmittags, Porträtg. 79.

Berkéwicz, Ulla, c/o Suhrkamp-Verl.,
Frankfurt a.M..
V: Josef stirbt, Erz. 82, 3. Aufl. 83. ( )

Berl-Lee, Maria, M.A., Schrift-
stellerin; Verb. dtspr. Autoren in
Amerika 73, Öst. P.E.N.-Club 77; 2. Preis
National Cath. Coll. Short Story Contest
US 45, Lyrik- u. Kurzgeschn. Pr.
National Writers Club 67 — 71,
Spafaswap 68, Tempo 70, Short Story Pr.
Writer's Digest USA 70, Poetry Parade
71, Lyrik Pr. d. North American Mentor
74, Novellen-Pr. Verb. Dtspr. Autoren in
Amerika 76, Outstanding Alumna
Award, Nazareth Coll. of Rochester 79;
National Writers Club, USA 62, Austrian
Forum, New York 71, Ges. f. Dt.-Amer.
Studien 72, Kappa Gamma Pi, National
Catholic College Honor Soc. USA 75
(Wien 30.7.24). Drama, Lyrik, Novelle,
Roman, Essay, Hörspiel. **Ue:** E.
V: Ein Tag der Überraschungen, Lsp.
67, 69; Bombe im Tor, Lsp. 70;
Schaumwein aus meinem Krug, Lyrik,
Erzn., Drama 74; Don't rock the
waterbed, Lsp. 75; The Case in Question,
Lsp. 77; Lieder einer Doppelzunge, Lyr.,
Ess. 82.
MA: Österreichisches aus Amerika,
Lyrik 73; Amerika im Austro-
Amerikanischen Gedicht 1938 — 1978,
Lyrik 78; Reisegepäck: Sprache 79
(übers. als In Her Mother's Tongue 83);
Geschichte im Gedicht, Das polit.
Gedicht 1938 82; Nachrichten aus den
Staaten 83.
S: Immigrants on Tape 72; Woher
nimmt der Schriftsteller seine Ideen:
Zusammenhang der Phantasie und des
Alltags 77; Amerika: ein lit. Bild 78; Das
Thema der Lüge in der Lit. 78; Der
Holocaust im austroamerikan. Gedicht:
Das Frauengedicht 82; Lit. Lügen haben
lange Beine: ein Spaziergang durch die
dt.spr. Lit. 80; Aus der Neuen Welt 80;
Lug und Trug: Lit. Schwindeleien u.
Unwahrheiten 82; Wer täuscht wen? Die
Lüge in der öst. Lit. von Schnitzler bis
zur Gegenwart 82; Wie verzaubert man

den Alltag? Der Dichter und seine Ideen
83; alles Tonbd. ( )

Berlinger, Josef, Autor u. Journalist;
Kulturpr. d. Kulturvereins Bayer. Wald
e.V. 82; Bayer. Dokumentationsstelle f.
Mundartlit. Starnberg, Mundartfreunde
Bayerns e.V. 76; Buchet 3, D-8496 Lam,
Tel. (0941) 86442 (Lam 28.2.52). Lyrik,
Drama, auch im bairischen Dialekt,
Literaturtheorie.
V: Wohnzimma — Gflimma, G. u.
Szenen in bair. Mda. 76, 79; Emerenz.
Szenen, Briefe, Gedichte. Aus dem
Leben der bayerischen Dichterin,
Wirtin und Emigrantin Emerenz Meier
80; Das zeitgenössische Dialektgedicht.
Zur Theorie u. Praxis der dt.spr.
Dialektlyrik 1950-1980 83. — **MV:** Die
neue dt. Mundartdichtung. Tendenzen
u. Autoren, m. F. Hoffmann 78.
MA: Sagst wasd magst. Mda.dicht.
heute aus Bayern und Österreich 75;
Zammglaabt. Oberpfälzer Mda.dicht. 77;
Oberpfälzisches Lesebuch. Vom Barock
bis zur Gegenwart 76; Regensburger
Lesebuch 79; Für d'Muadda 80; WAA —
Leseb. 82, alles Anth.

Bernard, Frits (Ps. Victor Servatius),
Dr., Klin. Psychologe/Sexuologe;
Gijsinglaan 350, NL-3026 BG Rotterdam,
Tel. (010) 370774 (Rotterdam 28.8.20).
Roman, Novelle, Essay.
V: Costa Brava. Gesch. e. jungen
Liebe, N. 79; Verfolgte Minderheit, e.
pädophiler R. 80, 2.Aufl. 82. —
MV: Männerfreundschaften. Die
schönsten homosex. Liebesgeschn. 79;
Der heimliche Sexus. Homosex.
Belletristik in Dtld v. 1900 bis heute 79.

Bernard, Karl (Ps. Thomas R Winter,
Peter Maria Paolo), Journalist;
Brettnacher Str. 21, D-1000 Berlin 37,
Tel. (030) 8114711 (Frankfurt/M. 1.9.02).
Novelle, Hörspiel, Fernsehspiel.
V: Pg. Müller 46; Beim Stabsarzt 46;
Atom X im Jahre 2000 49; Die Laterne,
Satire 53; Tahiti ohne Palmen, Satire 53;
Greif zu ... 53; Die Unmoralischen 53;
Die Straße 57; Das Modell 57; Das
schmutzige Wort, Sat. 59.
H: Lucina.
R: Havarie.

Bernarding, Klaus, Lehrer; VS; VS-
Reisestipendium 73, Saarbrücker Stadt-
teilautor 81/82; Wirthstr. 11, D-6600
Saarbrücken, Tel. (0681) 72961 (Schmelz,
Kr. Saarlouis 8.5.35). Lyrik **Ue:** F.
V: Härtefälle, Mappe m. G. u. Graf. 71;
Die Regierungs-v-erklärung,
Sprechstück 72; Familientreffen, Prosa

75; Laut- und Stillstände, G. 77;
Glückauf und Nieder, Prosa 78;
Grenzgänge, G. 81; Molschder Momente,
Prosa 83.

Ue: François de Bassompierre:
Memoires 69; Voltaire: Lettres
philosophiques 70; M'Hamsadji: Fleurs
de Novembre 71; Claude Tillier:
Pamphlets 74, alle f. d. Funk bearb.

Bernd, Traute, s. Herder, Edeltraut.

Berndal, Franz, Schauspieler,
Schriftsteller, Doz.; GDBA 49; Lyrik-
Preis d. Verlages Walter Heine 28,
Lyrik-Pr. d. "Dame" 41, Lyrik-Pr. d.
Autorengruppe "Das Boot" 58, Lyrikpr.
Bezirksamt Berlin-Wilmersdorf/
Seniorenwettbewerb 75, 76, Lyrikpr.
Bezirksamt Berlin-Charlottenburg/
Seniorenwettbewerb 77, Silbermed. Bez.
Kreuzberg 79; Dante-Ges. 66, Ges. z.
Pflege d. Märchengutes d. Europ. Völker
66, Literar. Salon Steglitz 69, EM Europ.-
Amer. Forsch.- und Kulturwerk
(Eurafok) 71; EM Club Romantik 69;
Kreuznacherstr. 68, D-1000 Berlin 33,
Tel. (030) 8215732 (Berlin 26.3.99). Lyrik,
Kurzgeschichte, Berliner Theater-
geschichte.
V: Stilles Leuchten 58; Lob der Mutter
59; Klang der Seele 59; Det kann nur
een Berliner sein 64; Im Schimmer der
vier Kerzen 64; Lustige Seifenblasen 65;
Erlösende Stille 66; Im Atem Gottes 67;
Akkorde des Meeres 68; Von Mensch zu
Mensch 69, alles G.; Herz für Berlin.
Verse mit Berliner Mundart 70;
Begegnung mit dem Leben, G. 74; Der
Unsichtbare Gott, G. 75; Berliner
Balladen u.a. G. 77; Kröne dein Leben,
Sammelbd 79; Stille, G. 79; Wiener
Impressionen 82.
MA: Jahrbuch Deutscher Lyrik 27;
Sonntag der Seele 30; Werde 34;
Verborgener Quell 50; Das dunkle Du
53; Harfen im Stacheldraht 54; Brücke
aus Hauch. Nachtlieder u. Gebete 56;
Die Flamme 56; Requiem 57; Mütter und
Blumen II 58; Orpheus 57; Boje im
Sturm, G. 58; De Profundis 59; Bunter
Schneeballen 59; Lob und Denk 59;
Haus der Kindheit II 60; Heimweh nach
dem Nächsten 61; Musenalmanach 60,
61; Das Licht der Welt, Weihn.anth. 61;
Die vier Jahreszeiten, Anth. 62; Spuren
der Zeit I 62; Licht vor dem Dunkel der
Angst. Anth. 63; Liebe, mensch-
gewordenes Licht 64; Spuren der Zeit II
64; Um den Schlaf gebracht, Zeitg. 63;
Du, unsere Zeit, Anth. 65; Spuren der
Zeit III 66; Das ist mein Land 66; Alle
Wunder dieser Welt 68; Aber den Feind

sollen wir lieben 69; Spuren der Zeit IV
69; Das Boot 62 - 71; Und dennoch
müssen wir leben 70; Der Friede nach
dem wir uns sehnen 71; Nur die Freude
läßt uns hoffen 72; Jung ist, wer zu
lieben weiß 74; Die sonderbaren Menschen 76; Moderne Dichtung 76;
Adamas-Edition für Kunst und Kulturschätze 77; Das Boot.
H: Heimat anth., Spuren d. Zeit V.

Berndt, Karl-Heinz (Ps. Berndt
Guben), Redakteur ZDF; RFFU;
Wolfgang-Borchert-Preis 56;
Kastanienweg 2, D-5300 Bonn 2, Tel.
(0228) 321167 (Guben/NL. 2.3.23). Roman.
Ue: E.
V: Der Texasreiter, R. 48; Karibische
Nächte, R. 59; Der Pfeifer, R. 51-53, 66-68
XXIII; Mexikanische Ballade, R. 54 III;
Verbranntes Land; Louisiana
Rhapsodie 57; Nacht über dem
Mississippi 57; Die Lady und der
Spießer, R. 57; Und wenn es wieder vor
Dir stünde, R. 58; Der Unheld oder die
Carmina Michaelis, R. 65; Orjana. Stern
der Nackten, R. 71; Michael Hasenkohl
oder die Carmina Michaelis, R., 2. verb.
Aufl. 79; Hitlerjunge Hasenkohl oder die
vom Jahrgang '23, Romanfragment 80.
MA: Anthol. Übergänge, G. 75; Wider-
spiele in Bild u. Text, G. 76; Almanach d.
Künstlergilde, Prosa 77; Der erste
Schritt fünfzehn Debüts, Prosa 78; das
boot, Bll. f. Lyr. d. Gegenwart, G. seit 75;
Landschaft, Prosa 79; Spuren der Zeit,
G. 80; Almanach 82.
F: Wiedergeburt einer Nation 57;
CERN-Europ. Energieforsch.-Zentrum
58; Herbert Wehner, Versuch eines
Portraits 78, u. v. a.
Ue: Duke S. Milton: Im tiefsten
Innern unseres Seins, Erz. 40; Robert
Frost: Lyrik 62.
Lit: Zeugnisse, Dok. üb. Autoren, bild.
Künstler u. Komponisten 80.

von Berneck, Alrun, s. Muhrmann,
Wilhelm.

Berneck, Ludwig, s. Schreiber,
Hermann.

Bernegger, Josef, Schulrat; ÖSV 72;
Kaigasse 27/V, A-5020 Salzburg (Kuchl-
Salzburg 2.4.07). Lyrik, Jugendbuch,
Kurzgeschichte, Erzählung, Roman,
Rundfunk.
V: Heimliche Klagen, G. 31; Fähre im
Strom, G. 71; Solang der Liebe Wellen
rauschen, G. 75; Jörgele, Jgdb. 55; Kurz-
geschichten 75, 77; Und überall ist
Bethlehem, Erzn. 76; Die unter den

Sternen wohnen, Erzn. 77; Nichts als Stimmen, G. 81.

R: Das Zeugnis; Ein Gemälde; Ein Christbaum für Thomas; Das Weihnachtsopfer; Atonaler Akkord; Unser Flug nach Irkutsk-Baikalsee; Salzburger Geschichten Almanach; Der halbe Himmel auf Erden 82.

Berner, Felix, Verlagsleiter; VS 59; Literaturpreis d. deutschen Hochseefischerei 57; Neuer Berg 27, D-7000 Stuttgart 60, Tel. (0711) 332696 (Stuttgart 8.8.18). Lyrik, Erzählung, Roman, Biographie. **Ue: E.**
V: Flügel der Morgenröte, Erz. 57; Der beflügelte Schritt. Ess. 78; Gustav Adolf − Der Löwe aus Mitternacht, Biogr. 82; Louis und Eduard Hallberger, Biogr. 82. − **MV:** Beispiele, Erz. 62.
MA: Deutsche Lyrik 61; Bis zu des Erdballs letztem Inselriff, Ess. 75; Die Begegnung, Alm. 76/77, 77/78, 79/80; Geruhsam wars im Lande nie 80.
H: Arnold Brecht, Lyr. Vermächtnis 74; Peter Bamm, Die große Weltlaterne 82.
Ue: J. Frank Dobie: Große wilde Freiheit 56; Elsp. Huxley: Die Grashütte 61.
Lit: Ulrich Frank-Planitz, Über Felix Berner in: Berner: Der beflügelte Schritt 78.

Berner, Hans (Ps. Guido Prantmiller); EM d. Dt. Kulturwerkes Europ. Geistes 56; Am Gänsberg 12a, D-6200 Wiesbaden-Rambach (Wien 3.10.01). Lyrik, Essay.
V: Der Weg geht weiter, Ess. 39; Reichsstadt Wien 42, 43; Wort und Weg, G. 43; Legenden, G. 54; Schwarzrotgoldene Schubertiade 59.
MA: Kronos Almanach 55; Jb. Einst und Jetzt XIII 68.
Lit: Giebisch/Gugitz: Bio-Bibliogr. Lit. Lex. Ost.

Berner, Urs; SSV 73; Lenzburgerstr. 56, CH-5503 Schafisheim, Tel. (064) 511273 (Schafisheim 17.4.44). Roman, Novelle, Hörspiel.
V: Purzelbaum rückwärts, Prosa 72, 75; Der Nachmittag auf dem Zimmer, Geschn. 75; Friedrichs einsame Träume in der Stadt am Fluss, R. 77; Fluchtrouten, R. 80.
MA: Pack deine Sachen in einen Container u. komm, Sieben Schweizer Autoren begegnen Israel.

von Bernfeld, Eleonore, s. Brückner, Eleonore.

Berngath, Ursula, s. Beer, Natalie.

Bernhard, Karl, s. Capesius, Bernhard.

Bernhard, Ludwig, s. Rosenbaum, Ludwig.

Bernhard, Thomas; Julius-Campe-Preis 64, Literaturpreis der Freien u. Hansestadt Bremen 65, Franz Theodor Csokor-Preis 72, A-4694 Ohlsdorf, Obernathal (Heerlen/Holland 9.2.31). Theater, Lyrik, Prosa. **Ue:** F, E, P.
V: Auf der Erde und in der Hölle 57; In hora mortis 58; Unter dem Eisen des Mondes 58; Die Rosen der Einöde 59; Psalm 60; Frost, R. 63, Tb. 72; Amras, Prosa 64, 76; Die Jause, Kom. 65; Prosa, Teilsamml. 67; Verstörung, R. 67, 69; Ereignisse, 69; Ungemach, Erz. 68, 69; Watten. E. Nachlaß 69; Ein Fest für Boris 70; Das Kalkwerk, R. 70, 73; Midland in Stilfs, Erzn. 71; Gehen 71; Der Ignorant und der Wahnsinnige, Bü. 72; Die Jagdgesellschaft, Bü. 73; Der Italiener 73, 78; An der Baumgrenze, Erz. 71, 80; Die Macht der Gewohnheit, Kom. 74; Der Kulterer, eine Filmgeschichte 74, 76; Die Salzburger Stücke, Samml. 75; Korrektur, R. 75; Der Wetterfleck, Erz. 76; Die Berühmten 76; Der Keller 76, 82; Minetti, e. Portr. d. Künstlers als alter Mann 77; Die Ursache, e. Andeutung 75, 79; Immanuel Kant, Kom. 78; Der Atem, e. Entscheidung 78; Ja 78; Der Stimmenimitator 78; Der Weltverbesserer 79; Vor dem Ruhestand, Kom. 79; Die Erzählungen 79; Die Billigesser 80; Die Kälte. Eine Isolation 81; Über allen Gipfeln ist Ruh 81; Am Ziel 81; Ave vergil, G. 81; Ein Kind 82; Wittensteins Neffe 82; Beton 82; Die Stücke 1969-1981 83.
Lit: Über Thomas Bernhard, hrsg. v. Anneliese Botond 70, 71. ( )

Bernhard, Wilhelm, Forstdir. i.R.; Im Dankholz 3, D-7893 Jestetten 1, Tel. (07745) 7700 (Bruchsal 6.9.08). Kurzgeschichte.
V: Ei, gute Morge Herr Oberförster, Geschn. 78, 2. Aufl. 79; Förster lüge nicht!, Bad. Jagd- u. Bauerngeschn. 82.

Bernhard-von Luttitz, Marieluise; VS München 65; Intern. Inst. f. Kinder-, Jgd.- u. Volkslit. 66, Friedrich-Bödecker-Kreis 67; Draxlbergstr. 19, D-8214 Bernau/Chiemsee, Tel. (08051) 7223 (Oschatz/Sa. 11.2.13). Kinder-, Jugendbücher, Feuilleton, Lyrik. **Ue:** H.
V: Jelängerjelieber, Verse 52; Katharinchen. Die abenteuerl. Lebensgesch. einer Katze 57; Uns gibts nur

einmal 58, Tb. 72; Billi ist an allem
schuld 59; Kauf uns einen Esel, Mutti 60,
üb.arb. 77; Ferien wie noch nie 61, Jgdb.;
Brigitte und die Heinzelmännchen 58;
Diesbezügliches, heit. Verse 61; Meine
Tochter der Teenager 61; Samuli. Gesch.
eines kleinen Negerjungen 62; Mischki,
eine Katzengesch. 63, Neufass. 78;
Schwarzer Knirps gesucht, Jgdb. 63;
Billi und Cornelia in Großbritannien,
Jgdb. 65; Ottochen im Turm, Kinderb.
65, Tb. 77; Pinne im Bücherschrank 67,
Tb. 76; Nina, das kleingroße Mädchen
68, Tb. 74, u. d. T.: Nina möchte anders
sein 79; Karoline Tulpenzwiebel 70, 72,
u. d. T.: Karoline kann so bleiben,
Neufass. 78; Es war einmal ein Purzelbaum, Bilderb. 72; Bumfidel lacht sich
krank, Tb. 75; Bumfidel ist geplatzt, Tb.
76; Bumfidel bleibt Bumfidel, Tb. 77;
Bumfidel ist nicht auf den Mund
gefallen, Gesamtausg. 76; Was mich
weckte, war kein Vogelruf, R. 76, Tb. 80;
Jetzt schlägts aber Dreizehn, Limericks
79, Bumfidel, Tb. 5. A. 79; Der kleine
Herr Hatschi, Kinderb. 80; Bumfidel ist
Klasse, Ausw. 80; Wiwi und Willi, Jgd-R.
81; Unser Waldhäuschen 82; Hasenbilli
82; Oliver hat eine spitze Nase 83. −
MV: Autocarli, m. Wilfried Blecher,
Bilderb. 83.
· **MA:** Zahlr. Beitr. in Anth.
R: Zahlr. Bumfidel-Geschn. im Fs.;
Gute Nachtgeschn.
S: Bumfidel, Schallpl. u. Kass.;
Ottochen im Turm, Kass.
Ue: Jaapter Haar: Saskia und Jeron,
die Zwillinge 58 II.
Lit: Art. in: Spektrum des Geistes 77;
Lex. d. Kinder- u. Jgdlit. 80, 82.

Bernhardi, Horst (Ps. Bern Hardy),
Kapitän, RegObAmtsrat a. D.; Schriftst.
in Schlesw.-Holst.; Stralsunder Str. 17,
D-2400 Lübeck 1, Tel. (0451) 85607
(Berlin 21.9.06). Lyrik. **Ue:** E, F.
V: Flaschenpost, G. 60; Lyrisches
Logbuch, G. 63; Zwischen Kimm und
Himmelsrand, G. 66; Herz auf großer
Fahrt, G. 70, 78; Lockruf der See, G. 73;
Eine Sixpencemütze voll Wind, G. 77;
Wenn Rasmus in die Tasten greift,
Gedichte aus dem Seesack, G. 81.
MA: Romantische Seefahrt, Samml.
69; Die Waterkant wie sie lacht, Samml.
69.
MUe: Michael Mohrt: Vom Meere
gefangen, m. Elisabeth Schneider, R. 64.
Lit: Jost v. Heyde: Bern Hardy, 20 J.
Seefahrt-Poesie, Koehlers Fl.-Kal. 80;
Kurt Gerdau: Statt einer Buch-
besprechung, Bern Hardy − 75 J. in:

Schiffahrt intern. 81; K. Gerdau: Dichter
u. Illustrator in: Mag. f. d. Dt. See-
schiffahrt Kehrwieder 8 83.

Bernhardt, Klaus, s. Berendt, Gerd.

Bernhardt, Paul, kath. Pfarrer, F-
67370 Pfettisheim (12.1.07).
V: Die Siebensachen eines Pfarrers
67; Elsässisches Narrenpaddelboot 70;
Lit vun hitzedaas 77.
Ue: Die Jungfrau Maria.

Bernhof, Reinhard; SV-DDR 74;
Louis-Fürnberg-Pr. 76; Roßlauer Str. 8,
DDR-7022 Leipzig, Tel. (041) 584898
(Breslau 6.6.40). Lyrik, Prosa, Kinder-
buch.
V: Die Kuckuckspfeife, G. f. Kinder 73,
2.Aufl. 76; Was weiß ich, Spanien ist viel
mehr ..., G. 74; Landwechsel, G. 77; Der
Angriff des Efeus, G. 82; Als die Pappel
zur Sonne wuchs, Bilderb. 75, 3.Aufl. 77;
Pelop und der Delphin, Bilderb. 82; Die
Kürbiskernkopeke, Bilderb. 82; Ben
sucht die Quelle, Erz. f. Kinder 77,
6.Aufl. 83; Der Mann mit dem traurigen
Birnengesicht, Erz. f. Kinder 82.
MA: Zahlr. Anth.
Lit: Volker Ebersbach: Nachw. in:
Landwechsel.

Bernig, Heinrich H., s. Kurowski,
Franz.

Berns, Ulrich (Ps. Bodo Baumann),
Dr. phil., Redakteur; Merrillweg 7, D-
5000 Köln 50-Hahnwald, Tel. (02236)
61398 (Duisburg 7.10.28). Kinderbuch,
Satire.
V: Treffpunkt Holzschuppen, Jgdb. 78;
Bitte recht amtlich, Sat. 80, 2. Aufl. 80.

Bernstein, F.W.; Lotzestr. 20, D-3400
Göttingen.
V: Reimwärts 81; Sag mal Hund, Kdb.
82. − **MV:** Die Wahrheit über Arnold
Hau, m. R. Gernhardt, F.K. Waechter 66;
Besternte Ernte, m. R. Gernhardt 76, 83.
MH: Unser Goethe 82. ( )

Berron, Gottfried, Dr. phil.,
Verlagslektor i. R.; Anerkennungspreis
d. Stud.-Gem. d. Ev. Akad. in Dtld.;
Poststr. 14, D-7252 Weil der Stadt/Württ.,
Tel. (07033) 7684 (Weyer/Els. 26.11.10).
Lyrik, Essay. **Ue:** E, F.
V: Laß zum Lächeln dich verleiten 60;
Tierduette 67; Johannes Brenz. Der
Reformator Württ. 76; Alle Tage etwas,
das mich freut 78, 79; Gott hat immer
Zeit 80; Dankbar älter werden 81, 82;
Johann Friedrich Oberlin 82; Biblische
Rätsel 83.
MA: immer grün, Buchkal.; Alm.
évangél.-luthérien d'Alsace et de
Lorraine.

H: Reihe: Ausgewählte Kostbarkeiten; Das neue Lebensjahr, Bild-Text-Bd 80.
Ue: Marg. Berg: Das Mittwochskind 61; Flor. W. Barton: Donna Olympia 67.

Berthier, Christian, s. Meisner, Michael.

Berthold, Fritz Josef, Dr. jur., RA.; Barerstr. 50a, D-8000 München 13, Tel. (089) 287828 (Augsburg 25.4.09). Drama, Roman, Novelle.
V: Verratene Jugend; Die Hirtin u. ihr Paradies. Lebensbild e. Südtiroler Bergbauernfamilie 76; Die Bazi vom Limes Romanus 78; Das Glück vom einfachen Leben 79; Wie man die Hitlers täuschen konnte. ( )

Berthold, Klaus-Jürgen, StudR.; Am Branddorn 2, D-5870 Hemer, Tel. (02372) 3409 (Halle/S. 11.4.48).
V: Das tolle Auto Ottocar, Kdb. 83.

Berthold, Margot, Dr. phil., Redakteurin; Reitmorstraße 26, D-8000 München 22, Tel. (089) 295394 (Markersdorf/Sa. 8.11.22). **Ue:** F, E, Am.
V: Oberbayern, Land und Leute 54; Weltgeschichte des Theaters 68 (auch engl., span., poln.); Komödiantenfibel 79; Sprecht, wo ist Lear? 83.
H: Cabiria. Ein Film v. G. Pastrone 79; Der Hering auf dem Seil 81; Mehr Licht auf den Mohren 83.
R: Nach den Träumen jagen (E.T.A. Hoffmann), Fsf. 76; Von einem, der auszog, sein Fell zu riskieren. Der Münchner Kasperl u. s. Vorfahren, Fsf. 78; Der Traum vom immerwährenden Tag (E. Grieg), Fsf. 82.
Ue: Doré Ogrizek: Jugoslawien 56; Christian Murciaux: Das große Los 62; Stanley Wolpert: Neun Stunden zur Ewigkeit 62; Victor W. v. Hagen: Sonnenkönigreiche 62; Roloff Beny: Zeit der Götter 63; Erik Zahle: Skandinavisches Kunsthandwerk 63; André Maurois: Von Proust bis Camus 64; V. S. Pritchett: London, Herz u. Antlitz einer Stadt 64; Mario Valmarana: Architektur 65; Ned Seidler: Schmuck und Edelsteine 65; Frederick J. Dockstader: Kunst in Amerika I, Welt der Indianer und Eskimo 65.

Berthold, Will; Angererstr. 36, D-8000 München 40, Tel. (089) 3004312 (Bamberg 12.10.24). Roman, Film, Sachb.
V: Spion für Deutschland, Erlebn.-Ber. 56, 79; Getreu bis in den Tod, Sieg u. Untergang d. "Bismarck" 57, 62; Vom Himmel zur Hölle 58, 79; Malmedy, das Recht des Siegers 58, 79; Kriegsgericht

59, 76; Nachts, wenn der Teufel kam 59, 80; Die Haut am Markt, R. 61, 78; Die wilden Jahre, R. 64, 79; Die Impotenten, R. 69, u.d.T.: Auf dem Rücken des Tigers 79; Lebensborn e.V., R. 68, 75; Der große Treck, Sachb. 77; Division Brandenburg, R. 77; Hölle am Himmel, R. 78; Revolution im weißen Kittel, Sachb. 78; Feldpostnummer unbekannt, R. 78; Brigade Dirlewanger, R. 78; Prinz-Albrecht-Straße, R. 78; Fünf vor zwölf und kein Erbarmen, R. 78; Vom Himmel zur Hölle, R. 79; Parole Heimat, Sachb. 79; Operation Führerhauptquartier, R. 79; Krisenkommando, R. 80; Verbotene Spiele, R. 80; Die 42 Attentate auf Adolf Hitler, Sachb. 80; Heisses Geld, R. 80; Zärtlichkeit in kleinen Raten, R. 81; Der Sieg der vor die Hunde ging, Sachb. 81; Ehesanatorium, R. 81; Die Nacht der Schakale, R. 81; Trilogie Inferno, Sachb. 82-83; Geld wie Heu, R. 82; Doppelt oder aus, R. 83.
F: Kriegsgericht; Die zornigen jungen Männer; Nachts, wenn der Teufel kam ...; Spion für Deutschland; Am Tag als der Regen kam.
R: Das kranke Wunder; Riesenstadt Ruhrgebiet; Düsseldorf und die Deutsche Industrie; Kultische Spiele, alles Fs.-Dok.

Bertini, Luigi, s. Balling, Ludwig.

Bertl, Siegfried, Schriftsteller; Edgar-Wallace-Preis 63; Abensbergstr. 3, D-8000 München 50 (München 16.8.33). Roman, Kurzroman, Kurzgeschichte.
V: Die Bar in London, Krim.-R. 64; Siegestor 0 Uhr 20; Krim.-R. 65; Jagdgeschichten - Vom Spielhahn die Feder, vom Hirsch das Geweih, Erzählband 72; Des Jägers Paradies steht allen offen!, Erzählband 80.

Bertram, Hans, Luftfahrtunterneh,mer; Flughafen Riem, D-8000 München 87, Tel. (089) 907300 (Remscheid 26.2.06). Tatsachenbericht, Film.
V: Flug in die Hölle 33, erg. Neuaufl. 77; Ruf der weiten Welt 36; Fliege-Sturmflug 52; Flug zu den Sternen 54; Götterwind. Pioniere der Luftfahrt 80.
F: D III 88; Feuertaufe; Kampfgeschwader Lützow; Symphonie eines Lebens; Die große Liebe; Türme des Schweigens; Der Fuchs von Glenarvon; Juanito; Frauen für Golden Hill; Drei Menschen; Liebe, Brot der Armen, Hongkong ahoi; Der große Strom.

Bertram, Hansjürgen, c/o Brigg-Verl.,
Augsburg.
V: Ewiges Rom, Lieder e. Liebe. ( )

Bertsch, Hilde (Bertram), Lektorin;
Erich-Schmid-Str. 26, D-7140
Ludwigsburg, Tel. (07141) 24661
(Ludwigsburg/Württ.). Roman,
Jugendbuch. **Ue:** F, E, I, S.
H: Schwäbisches Immergrün, 78.
Ue: u. a.: Giuseppe Bufalari:
Commando per un Dirottamento u.d.T.:
Kursänderung 74; K. M. Peyton:
Pennington's seventeenth summer
u.d.T.: Pat spielt sich nach vorn 74; Vero
Roberti: Il mito del Mary Celeste u. d. T.:
Das Geheimnis d. Mary Celeste 74;
Edwyn Gray: The Devil's Device u. d. T.:
Die teuflische Waffe 75; B. F. Beebe:
Moses'Band of Chimpazees u. d. T.:
Dschungelkind 76; Erik Abranson:
Ships of the High Seas u. d. T.:
Berühmte Schiffe 77; Arturo Bovi: La
Pittura u. d. T.: Pieter Breughel
Gemälde 78; Giorgio Panini: La Caccia
Fotografica u. d. T.: Fotojagd 79; Asher:
Prova anche tu a volare u. d. T.: Und
plötzlich wachsen dir Flügel 79; Egidio
Gavazzi: L'Ambiente dell' Uomo u. d. T.:
Mensch und Umwelt 79; Guido Petter:
Die Erforschung der Antarktis 79;
Pierre-Henri Sträter: A bord des grands
voiliers u. d. T.: So lebten sie an Bord
der großen Segelschiffe 81; Guido
Petter: Das Leben im Meer 81; Dr.
Gilbert Tordjman u.a.: Réalités et
problèmes de la vie sexuelle u. d. T.:
Mann und Frau, Sexualkde Bd 6, 81;
Alberto Manzi: Il filo d'erba u. d. T.:
Stunden im August 81; Geoffrey Beard:
Stucco and Decorative Plasterwork in
Europe u. d. T.: Stuck: Die Entwicklung
plastischer Dekoration 83; Ferruccio
Giromini: I Celti, furori e immortalità u.
d. T.: Die Kelten 83.

Bertsch-Hegemann, Anja *

Berwanger, Nikolaus (Ps. 'm
Berwanger sei Niklos, Sepp Zornich,
Willi Frombach, Nicolae Bergovan),
Diplomjournalist, Diplomgermanist,
Chefredakteur Neue Banater Zeitung;
Rum. S.V. 73, Schriftstellerverein.
Timişoara, stellvertr. Vors. d. rum.
Journalistenrates; 1. Preis f. Lyr. b.
Ldesfestival f. Lit. u. Kunst Cîntarea
României 77, 79, Adam Müller-
Guttenbrunn-E.ring in Gold 77; Intern.
Lenau-Ges. 69, Reichel-Bund Güssing,
Öst.; Str. Heinrich Heine 4, 1900
Timişoara, 15586/Rumänien (Timişoara-
Freidorf 5.7.35). Lyrik, Prosa. **Ue:** Rum.

V: Schwowisches, Kurzprosa 71;
Schreiwes, Kurzprosa 74; Ich häng mei
gsicht net an de nagl, Lyrik in
banatschwäb. Dialekt 76; singur cu
mine, G. in rum. Übers. 78; din patru
inimi, G. in rum. Übers. 78; 44
Buwestickle vum Lekwarseppi un vum
Eisnpeppi, Jgdb. in Mda. 79; spätes
bekenntnis, lyr. Texte 79; Schneewittchen öffne deine Augen, G. 80;
Confesiuni cotidiene, G. in rum. Übers.
80; träiesc printre rînduri, G. in rum.
Übers. 81; hello, mei knecht! Theaterstück in banatschwäb. Mda. 81; letschte
hopsepolka, G. in banatschwäb. Mda. 82;
An meine ungeborenen Enkel, lyr. Texte
83. – **MV:** Schwowisches Volksbuch,
Kurzprosa 70; Pipatsch-Buch, Kurzprosa 72; Schwowische Owed, Mda.prosa
73; Der Sonne nach, Reiseber. 73;
Brücke über die Zeit, Rep. 74; Himnusz
a román Földhöz, Lyrikanth. in ungar.
Spr. 77; Die Zeit in d. Zeitung,
pressegesch. Studien 77; Das Wort ist
eine offene Hand, Lyrikanth. 78;
Fechsung, Anth. banatschwäb. Mda.lyr.
79; Efigiile patriei, Lyrikanth. in rum.
Spr. 79.
H: Zwei Jahrzehnte im Rampenlicht
74; Adam Müller-Guttenbrunn,
Bildmonogr. 76; Adam Müller-
Guttenbrunn: Micul şvab, in rum. Spr.
78; Franz Liebhard. Ein Schriftsteller-
leben – o viaţă de scriitor, zweispr.
Jub.bildbd 79.
R: dok. Fsf. üb.: Nikolaus Lenau,
Adam Müller-Guttenbrunn, Johann
Szimits, Stefan Jäger, Franz Liebhard,
Franz Ferch..
Lit: Dicţ. de lit. rom. contemp. 77; Lit.
română. Dicţ. cronolog. 79; Dicţ. de lit.
rom. 79; Banater dt. Autoren d. Gegw.
In: NBZ-Volkskal. 80.

'm Berwanger sei Niklos,
s. Berwanger, Nikolaus.

Besch, Lutz, Dr. phil., Autor,
Regisseur; Öst. P.E.N.; Förderungspr.
zum Ostdt. Lit.pr. 63, Eichendorff-Pr. 75,
Wilhelmine Lübke Pr. 75, Pro musica
Med. Budapest 75; Großgörschenstr. 22,
D-2800 Bremen u. Hof 110, A-5602
Wagrain, Tel. (06413) 313 (Kattowitz
9.3.18). Roman, Erzählung, Essay, Funk,
Fernsehen.
V: Aller Tage Abend, Sch. 51; Rast vor
Hamchang, Sch. 53; Immer nach Hause,
Erz. 55; Die Leute aus Saggad, Sch. 56;
Wartesaal, Erz. 56; Ausgesät sind sie
alle, Erz. 59; Abendstunde mit Rudolf
Alexander Schröder 60; Die barm-
herzigen Pferde, Erz. 62; Auszug des

Geistes, wiss. Emigration nach 1933; Berichte aus Sammels, R. 65; Gespräche mit Zoltán Kodály 66 (auch ung.); Musik, Musik vor allen Dingen, Erz. 68; Gespräche mit Edzard Schaper 68; W. A. Mozarts Leben, Dok. 68 (auch engl., schw., ndl.); Salzburg. Stadt im Licht 68; Spielstunden, Erz. 70; Beethoven, Ess. 71; Posermann in Wagrain, R. f. Kinder 72; Forêt merveilleuse, G. 73; Abschied vom Paradies, R. 74; Lieber Gott, ich danke dir (aus Fabiennes Gebetsbüchlein), G. 79.
H: Rundfunk und Buch 56 ff.; Menschenbild und Lebensführung 63; Deutsche Dichtung - eine klingende Anthologie, Schallplattenwerk seit 61; K. H. Waggerl - genauer betrachtet 67; Lob der Freundschaft, Anth. 69; Karl Heinrich Waggerl, Briefe 76, Nach-Lese-Buch 77, Alles Wahre ist einfach 79; Vom Glück mit Kindern, Anth. 79.
S: (MV): Petrus vor Gericht; Stephanus; Augustinus, alle m. Anton Meurer.

Beschorner, Herward, Schriftsteller; VS, NGL; Otto-Suhr-Allee 39, D-1000 Berlin 10, Tel. (030) 3413310 (Berlin 24.5.19). Roman, Kurzgeschichte, Lyrik.
V: Fabelhaft, Fabelb. f. Kinder 79; Um Kopf und Kragen, Kurzgeschn. 79; Die Angeführten, R. 83.
S: Hamse schon jehört? 78.

Beseler, Horst; SV-DDR; Fontane-Pr. 57, Erich-Weinert-Med. 66, Fritz-Reuter-Pr. 73, Alex-Wedding-Pr. d. Akad. 75, DDR-2601 Hinzhagen/Kr. Güstrow/ Hinzhagen (29.5.25).
V: Die Moorbande, Erz. 52, Sch. 53; Heißer Atem 53; Im Schatten des großen José, Erz. 55; Im Garten der Königin, R. 57, 81; Käuzchenkuhle 64, 82; Der Baum, Erz. 69; Auf dem Fluge nach Havanna, Erz. 70; Jemand kommt, Erz. 70, 74; Die Linde vor Priebes Haus 70, 74; Tiefer blauer Schnee, Erz. 76; Tule Hinrichs' Sofa 81, 2. Aufl. 82. —
MV: Verliebt in Berlin, Fotob. m. E. Rimkus 58; Bullermax, Kinderb. m. E. Rimkus 64; Matti im Wald, Kinderb. m. E. Rimkus 66.
F: (MV): Wo der Zug nicht lange hält, m. J. Hasler 60; Der Tod hat ein Gesicht 61; Nebel 63.
R: Der unbekannte Gast. Fsp. um Lukas Cranach 55.

Beseler, Ursula, Journalistin; Autorenkr. Ruhr-Mark 82; Unsterbl. Rose 81, AWMM-Lyrikpr. 83; Rostocker Str. 12, D-5600 Wuppertal 1, Tel. (0202)

763836 (Wuppertal-Elberfeld 5.2.15).
Lyrik.
V: Sand zwischen den Zähnen 80.

Besser, Christa (Ps. Christa Burchardt); Pfarrstr. 35c, D-3000 Hannover 91, Tel. (0511) 426531 (Landsberg/Warthe 21.2.20). Roman.
V: Aufbruch, R. 60.

Bessert geb. Spiegel, Lieselotte, Journalistin; Journalisten-Verb. Berlin; Badener Ring 38, D-1000 Berlin 42, Tel. (030) 7862980 (Kolmar/Posen 15.3.14). Kunst, Kirche.
V: Auf dem Wege zur Krippe, Krippensp. 37; Getrennte, die zusammengehören 63.
H: Die Schöpfung, 2 Folgen 46/47, 48; Der bittende Christus, Legn. v. H. Vogel 48; Der Trost v. Isenheim, Kal. 50. —
MH: Die Brücken-Bücher, m. C. Westermann 48.

Best, Otto F., Dr. phil., UProf.; 1115 Jackson Ave., Takoma Park, MD 20912/ USA, Tel. (301) 4342214 (Steinheim/M. 28.7.29). Erzähl., Essay, Feuilleton. **Ue:** F, Jidd.
V: Der Dualismus im Welt- u. Menschenbild Jean Giraudoux' 63; Peter Weiss 71; Hdb. literar. Fachbegriffe 72; Mameloschen. Jiddisch - E. Spr. u. ihre Lit. 73; Das verbotene Glück. Kitsch u. Freiheit in d. dt. Lit. 78; Abenteuer — Wonnetraum aus Flucht u. Ferne 79; Weisheit u. Überleben 80.
H: Das siebzigste Jahr, Jubiläums-Alm. 56; Deutsche Lyrik und Prosa nach 1945, Anth. 57; Elisabeth Langässer: Mithras, Lyrik und Prosa 59; Jean Giraudoux: Zwei Stücke 59, Dramen I u. II 61; Hommage für Peter Huchel 68; Heinrich Lautensack: Die Pfarrhaus-komödie 70; Reinhard Göring: See-schlacht 72; P. Weiss: Der Turm 74; Moses Mendelssohn: Ästhet. Schriften 74; Th. Bernhard: Der Wetterfleck 75; Theorie d. Expressionismus, Anth. 76; Aufklärung u. Rokoko, Anth. 76; Über die Dummheit d. Menschen, Anth. 79; Das Groteske in der Dichtung, Anth. 80. — **MH:** Die Deutsche Literatur. Ein Abriss in Text u. Darst. 16 Bde.
Ue: Jean Giraudoux: Die Schule der Gleichgültigen 56, Die Schule der Männer 57, Suzanne und der Pazifik 58, Sainte Estelle 58, Die Schule des Hochmuts 59, Die Irrfahrten des Elpenor 60 Siegfried 62, Die Auser-wählten 63, Judith 64; Stendhal: Über die Liebe 61; I. B. Singer: Mein Vater, der Rabbi 70. — **MUe:** Jean Giraudoux:

Die Irre von Chaillot 61, Sodom und
Gomorrha 61.

Best, Walter (Ps. Sebastian
Waldthausen), Dr. phil., Journalist; VS;
Biegenstr. 28, D-3550 Marburg, Tel.
(06421) 65732 (Liegnitz 20.5.05). Drama,
Lyrik, Novelle, Essay, Film, Hörspiel.
V: Spiel am Schloß, N. 50; Die Jagd
nach Fred Nolten, R. 52; Die Piraten von
Palos, Jgd.-Erz. 54; Die 100-Jahrfeier der
Geburtstage von Paul Ehrlich und Emil
von Behring 54; Marburg - unsere Stadt,
Ess. 65; Walter Best, Biogr., Bibliogr. 70;
Die Stunde vor Weihnacht, Erz. 81;
Gedichte aus vier Jahrzehnten 82;
Bewegung in der Stille, Nn. 82; Das
kleine bunte Buch, Nov. u. Erz. 83;
Erinnerungen und Begegnungen,
Berichte 83. — **MV:** Nordhessen -
Schachbrett der Geschichte 69; Deine
Garnison Marburg a. d. Lahn 71;
Zwischen Bild u. Sinnbild 79.
MA: Flugkapitän Parker erzählt ... 55.
F: Wohltäter der Menschheit 56;
Millionenwerte, die gerettet werden 58;
Des Menschen größter Feind 58;
Vorbeugen hilft Leid verhüten 59;
Kinderlähmung 62; Unser Hund ist in
Gefahr 63.
R: Annastasia Feuerkopf, Hsp. 52
(auch norw.); Der goldene Knopf, Hsp.
53.
Ue: (B): Oktavia Rye: Saison in
Karlsbad, R. 56.

Beth, Gunther, Schauspieler;
Potsdamer Str. 11 b, D-8000
München 40, Tel. (089) 333909 (Lübeck
18.10.45). Bühnenstück, Roman, Lyrik,
Drehbuch, Erzählung.
V: Meine Mutter tut das nicht! Bü. 77,
R. 79; Das Eis der ewigen Freundschaft
81; Schreib — wenn du kannst!, Bü. 84;
Deine blauen Augen..., Lsp. 82.
F: Gefährlicher Alltag, Drehb. 75; Zur
Sache, Schätzer!, Drehb. 80.
R: Bis zu jenem fernen Tage 69;
Ratten d. Gesellschaft 70; Reizklima 70;
Der Tod ist falsch verbunden 72.

Bethmann, Horst (Ps. H. P. Dietrich),
Fotograf; VS 76; Gutshof 3, D-3402
Jühnde 1, Tel. (05502) 1937 (Siedenburg
8.9.22). Roman, Essay.
V: Von der Rechtfertigung des
Krieges, Ess. 54, 73; Richtig arbeiten,
leicht lernen, lange behalten 57; Die
Schleuse, R. 74; Prosa u. Proteste, Erzn.,
Ess., Theaterst. 77; rot oder tot?, Ess. 81;
KAKFUK, Ess. u. Fotos 82; Neujahrs-
botschaft eines Computers, R., Ess. 82.

MA: H: Die Juden und wir 57;
Museumsbuch 61; Theater im Theater
78.
H: Wissen und Verantwortung, Schrr.-
R. 54 — 58.

Betke, Lotte, Schauspielerin und
Schriftstellerin; Rotdornallee, D-7000
Stuttgart 80, Tel. (0711) 711629
(Hamburg, 1915). Lyrik, Märchen,
Drama, Kinderbuch.
V: Lieschen, Kinderb. 41; Heimweh, G.
42; Wir, die wir im Aschengarten sind.
Sch. 47; Matten und Tinka, Kinderb. 50;
Tiedemanns Tochter, Mädchen-R. 53;
Im Reich der Wichtel 54; Klüt und der
Klabautermann 63; Mantje und die
Wolkenherde 65; Vorhang auf für
Mutter 67; Das Geschenk der Tümmler
73; Im Haus der alten Bilder 74; Das
Lied der Sumpfgänger 75; Lampen am
Kanal 76; Mehr als nur ein Augenblick;
Rotdornallee, R. 79; Zeitblick, G. 81; Der
schwarze Schwan 82; Da, wo deine
Freunde sind 83.
R: Roll und Stop, Hsp. 77; Das
Zwiebelchen.

Bettmann, Helmut (Ps. C. C. Lithom,
Is. Haber), Geschäftsführer; VS 50;
Bdesverd.kr. 72; Pestalozzistr. 6, D-4050
Mönchengladbach 2 - Rheydt, Tel.
(02166) 420925 (Rheydt 14.5.04). Lyrik,
Ornithologie, Jagd- u. Wildforschung.
V: Der Birkenbaum, G. 47; Die Wald-
schnepfe 61, Neubearb. 75; Wildtauben
73; Ewiger Kreislauf 83; versch. Sach- u.
Jb. 59-83.
MA: Rheydter Jb. 59; Niederrhein-
Autoren 80.

Betts, Peter J., Sekretär f. kulturelle
Fragen d. Stadt Bern, Journalist,
Lehrer; Be.S.V. 72, Gruppe Olten 75,
PEN-Club 79; Dramenpr. d.
Städtebundstheaters Biel-Solothurn 72,
Kurzgeschnpr. d. „Beobachter" 74,
Förderpr. d. Stadt Bern 76, 1. Preis im
Dramenwettbew. d. Stadt Bern, m. Sam
Jaun 74, Buchpr. d. Kt. Bern 78;
Greyerzstr. 45, CH-3013 Bern, Tel. (031)
429427 (Livingstone NR 8.4.41). Drama,
Roman, Erzählung, Essay, Hörspiel,
Fernsehspiel, Übers. **Ue:** E.
V: Fata Morgana, Lyr. Prosa 61; Die
Stufe, Dr. 62; Die Pendler, Prosa-Texte
75, 80; Anpassungsversuche, Prosa-
Texte 77, 80; Lorbeer und Salat, Ess. 80;
Der Spiegel des Kadschiiwe, R. 83. —
MV: Ach Auerbach, St. 72; Bier, St. 74;
Das neue Berner Lust-, Schreck- u.
Trauerspiel 74, alle m. Sam Jaun.

R: Sechzehnter August, Fsp. 74; Blau,
Blaugrün u. Weiss, Kurzhsp.;
Schreckmümpfeli 80.

Betz, Felicitas; Ulmenweg 8, D-2081
Ellerbek, Tel. (04101) 32611.
Kinderbücher.
V: Franz; Monika; Gabriel; Gabriele
66, alles Kinderb; Mutter sein, Mutter
werden. Themen f. Mütterkreise 67; Wir
in unserer Welt 72; Märchen als
Schlüssel zur Welt 77, 82. — **MV:** Schau
her, Lieber Gott, Bildergebetb. m. L.
Koch-Auvo 67, 80; Wir in unserer Stadt,
Bildergebetb. m. L. Koch-Auvo 69, 70;
Ehe in der Diskussion, m. N. Greinacher
u. F. Böckle 70; Tastende Gebete, m. O.
Betz 71, 78.
H: Neue Kreise. Anregungen u.
Arbeitsmaterial f. Familiengruppen 66.

Betz, Josef (Ps. Elmar Boy-Linden),
Dr.jur., Notar i.R.; Turmbund Innsbruck;
Anichstr. 20/2, A-6020 Innsbruck, Tel.
(05222) 23157 (Reutte/Tirol 12.8.06).
Roman.
V: Schloß Kimberley, R. 80.

Beuchler, Klaus, Journalist; SDA 53,
SV-DDR 72; Literaturpreis d. FDGB 56,
Alex-Wedding-Pr. 81; Dolgenseestr. 21
19/06, DDR-1136 Berlin, Tel. 5120770
(Kattnitz, Kr. Döbeln 11.2.26). Roman,
Kurzgeschichte.
V: Reporter zwischen Spree und
Panke 53; Schwarzes Land und Rote
Fahnen 53; Das Dorf in der Wildnis, Erz.
55; Entscheidung im Morgengrauen,
Erz. 57; Ein Mann geht durch die Nacht.
Der Weg d. Florian Schenk 61; Es
geschah in Paris, Rep. 62; Schweizer
Bilderbogen 62; Einer zuviel im Luna-
kurier 64; Duell mit dem Teufel, Krim.-
R. 65, 66; Der dritte Mann am Telefon,
Rep. 65; Spuren an der Grenze 66, 75;
Aufenthalt vor Bornholm, R. 67; Zepp
und hundert Abenteuer, Jgdb. 67;
Skorpion 67; Silvanus contra Silvanus,
Erz. 69, 71; Die Sache mit dem Fliegen-
schnepper, Jgdb. 69; Parole Feuerstein
oder die zwölf Monde des Gwendolin
Zeising 72; Die Mission des Doktor
Wallner 71, 74; Abenteuer Futuria 74;
Spuren an der Grenze 75; Pirat mit
Hindernissen 75; Nach Babylon im
Böhmerwald, Jgdb. 79; Jan Oppen, R.
83. — **MV:** Das Volk besann sich s. Kraft
55; Weite Welt - ganz nah, m. H. E.
Schulze 61; Blick auf Irdisches, Repn. m.
H. Jobst, E. Richter 69; Städte und
Stationen, Repn. 69; Der erste Augen-
blick der Freiheit 70; Berlin in Farbe,
Rep. m. G. Kiesling 79.

F: Pirat mit Hindernissen 75; Typ mit
Stacheln 79.
R: Der Fall Stetson, Hsp. 62; Sprung
üb. den Schatten, Hsp. 63; Alltag eines
Arztes, Hsp. 67.

Beuer, Fritz, Ass.jur., Justitiar;
Schumacherring 89, D-8960 Kempten,
Allg., Tel. (0831) 73896 (Reichenberg
23.2.19). Lyrik, Essay, Glosse, Literatur-
kritik. **Ue:** Slow, Tsch.
V: In heimlicher Landschaft, G. 83.
MA: Atem unserer Seelen 50; Welt-
frühling 51; Menschheitszug 51; Die
Lerche d. Welt 53; Lieder der Magd 53;
Rose u. Stern 53; Die Osterharfe 54;
Winterabend 54; Der Phönix 55;
Zwillingsflamme 55; Mit unseren
Kindern 55; Die Landschaft Gottes 56;
Mütter u. Blumen 58; ständ. Mitarb. an
Lit.zss., u.a. in: Schreiben u. Lesen.
MH: Elli Otto: Die silberne Flöte, G.
51; Das vollkommene Gedicht, Anth. 81.

Beumer, Ulrike, s. Schleckat, Ulrike.

Beuret-Ammann, Esther (Ps. Esther
E. Ammann), Schriftstellerin; Erlenweg
3, CH-8702 Zollikon, Tel. (01) 3917288
(Zürich 24.9.46). Roman.
V: Hot Dog, R. 80.
R: Czech Reflections 73; Kanada;
Auslandschweizer, alles Hsp. 73/74.

Beutel, Gerhard; Am Hoppberg 5,
DDR-4101 Ostrau.
V: Die Faust der Stedinger, 2. Aufl. 78;
Der Schmied von Brentwood 78; Der
Stadthauptmann von Quedlinburg, 3.
Aufl. 79. ( )

Beutin, Wolfgang, Dr. phil.; VS Hbg.
68; Kurt-Tucholsky-Pr. (Anteil d. Pr. 56,
57); Hohenfelder Str. 7, D-2071 Köthel/
Stormarn, Tel. (04159) 575 (Bremen
2.4.34). Roman, Essay, Hör- u. Fernseh-
spiel, Aphorismus.
V: Drei Zweipersonenstücke je in
einem Akt 65; Der Fall Jean Calas 65;
Königtum und Adel in den historischen
Romanen von Willibald Alexis 66;
"Deutschstunde" v. Siegfr. Lenz. Eine
Kritik. Mit einem Anhang: Vorschule
der Schriftstellerei 70; Invektiven —
Inventionen 71; Das Weiterleben alter
Wortbedeutungen in der neueren dt. Lit.
bis gegen 1800 72; Komm wieder, Don
Juan! Auch ein Anti-R. 74; Sprachkritik,
Stilkritik 76; Unwahns Papiere, R. 78;
Der radikale Doktor Martin Luther. Ein
Streit- und Leseb. 82.
MA: Lynx, Jb. 67/68, 68; Wer lehrt an
dt. Universitäten? 68; Das Christentum
im Urteil seiner Gegner 69/71; Kirche
und Krieg 70; Warum ich aus der Kirche

ausgetreten bin 70; Fränkische
Klassiker 71; Integration od. Auflös. d.
Bundeswehrhochschulen? 75; Literatur
im Feudalismus 75; Dt. Bestseller — Dt.
Ideologie. Ansätze zu einer
Verbraucherpoetik 75; Dt.
Literaturgeschichte. Von den Anfängen
bis z. Gegenw. 79; Romane u.
Erzählungen des Bürgerlichen
Realismus. Neue Interpret. 80;
Demokratische Alternativen der
Deutschlehrerausbild. 80; Freidenker.
Geschichte und Gegenwart 81.

H: Lynx 60-66; Literatur und Psycho-
analyse. Ansätze z. e. psychoanalyt.
Textinterpretation 72. —
MH: Berufsverbot. Ein bundesdt. Leseb.
76; Norddt. Beitr. Vierteljahreshefte f.
Lit. u. Politik 78-80; Reihe Hamburger
Stadtteilschreiber seit 80; Friedens-
Erklärung. Ein Leseb. 82.

R: Fingerspitzengefühl 60; Muscheln
und Papierblumen 60; Denunzianten 61;
Die Mäuse 62; Was sagen wir in
Elberfeld? 63; Ein guter Engel wird
abgesägt 64; Der Fall Jean Calas 66,
alles Hsp.; Wir Negativen. Zur Gesch. d.
"Weltbühne" 1918 — 33, Funkess. 69;
Jubipenser, Fsp. 71; Der Junker
schwenkt, nicht faul, sich auf des
Fräuleins Maul, od.: Alte
Wortbedeutungen in neuerer Lit. 71;
Geschichtsschreibung als Gegenwarts-
beschimpfung 71; Willibald Alexis. Zu
seinem 100. Geb. 71; Preußenadler —
Bundesadler. Schwarzweiße Tradition u.
d. Bdesrep. 72; Pulver ist schwarz, Blut
ist rot, golden flackert die Flamme. Die
dt. Revolution 1848/49, 73; Jetzt müssen
euch die Schuster lehren, od.: Der
Anbruch d. Neuzeit in d. dt. Lit. des 16.
Jhs. 77; Wissenschaft stillgestanden! Ein
neuer Beitr. z. alten Diskussion um die
Hochschulen d. Bundeswehr 78; Marie
Freifrau von Ebner-Eschenbach oder:
Eine Dichterin aus dem Hochadel
verläßt den vornehmen öst. Salon
hinaus zur falchen Tür 78; Lessings
"Rettungen". Theorie u. Praxis 79;
Stadtrundgang. Ein Stückchen DDR
namens Güstrow 79; Staatsspitzen. Die
Präsidenten d. Bdesrep. Dtld: G.
Heinemann 79; Aber wenn die Lüge
herrscht, wie soll die Wahrheit nicht ein
Aufruhr sein? Ein Versuch üb. C. G.
Jochmann (1789-1830) 79; Rettung
Luthers 80; Ist die Geistesfreiheit
bedroht? 80. — (MV): Friedenserklärung.
Der Friedensgedanke von der
Reformation bis zur französischen
Revolution 81; Orpheus und die
literarische Unterwelt oder: Trivial-

literatur und Medien im Spiegel der
Hochliteratur 81; Luther und die
verweltlichte Welt oder: Welche
Veränderungen der Kirchenmann
außerhalb der Kirche bewirkte 83;
Galerie der Lutherbilder 83, alles
Funkess.

Beutler, Maja, s. Beutler-Maroni,
Maja.

Beutler-Maroni, Maja (Ps. Maja
Beutler), Verhandlungsdolmetscherin,
Übersetzerin; Be. SV seit 76; Buchpr. d.
Stadt Bern 76 u. 81; Mitgl. Bern.
Lit.kommiss. 77-80; Schosshaldenstr.
22A, CH-3006 Bern, Tel. (031) 443538
(Bern 8.12.36). Drama, Erzählungen,
Romane. Ue: E, F, I.
V: Flissingen fehlt auf d. Karte, Erzn.
76, letzte Aufl. 82; Fuss fassen, R. 80 u.
81; Die Wortfalle, R. 83.
MA: Kursbuch für Mädchen 78, Tb. 82.

Beutner, Barbara, Dr., M.A., ObStudR.;
Obere Husemann-Str. 17, D-4750 Unna,
Tel. (02303) 14017 (27.1.45). Wissenschaft
(Germanistik).
V: Die Bildsprache Franz Kafkas 73;
Musik und Einsamkeit bei Grillparzer,
Kafka und del Castillo 75. —
MV: Mittellat. Jb. 73. ( )

Bevern, Max; Hechtseestr. 117, D-8000
München 80 (München 20.5.95). Lyrik,
Novelle, Kurzgeschichte, Märchen,
Schauspiel.
V: Der Ritt ins Ungewisse, Kurz-
geschn. 43.
MA: Wir reiten gen Tag, G.-Anth. 37;
Gedichte des Volkes 38; Heldisches
Jahr, Kriegsber. 41.

Beyersdorff, Horst, StudDir.; Kremser
Weg 5, Tannenhof, D-2361 Bebensee,
Tel. (04552) 303 (Regenwalde/Pom.
19.12.26). Erzählung, Jugendliteratur,
Lyrik, Reiseskizzen.
V: Pawels Geheimnis, Erz. 70; Mein
Bruder Rikki, Erz. 70.

Beyse, Jochen, freier Schriftsteller;
Helene-Lange-Str. 9, D-2000
Hamburg 13, Tel. (040) 4104425 (Bad
Wildungen 15.10.49). Drama, Roman,
Novelle.
V: Der Ozeanriese, R. 81.

Bez, Helmut, Schauspieler; SV-DDR
79; Hsppr. Rdfk d. DDR 76; Hans-Loch-
Str. 231, DDR-1136 Berlin-
Friedrichsfelde, Tel. 5599698
(Sondershausen/Thür. 28.8.30). Drama,
Lyrik, Erzählung, Hörspiel, Fernseh-
spiel.
V: Zwiesprache halten, Sch. 77; Jutta
od. Die Kinder v. Damutz, Sch. 78;

Dobberkau ist da, Sch. 78; Warmer
Regen, Kom. 79; Nachruf, Sch. 80; Die
verkehrte Welt, Sch. 83. — **MV:** Servus
Peter, mus. Lsp. 61; Musik ist mein
Glück, mus. Lsp. 62; Die schwarze Perle,
Musical 62; Mein Freund Bunbury,
Musical 64; Kleinstadtgeschichten, mus.
Lsp. 67; Froufrou, Musical 69; Bretter,
die die Welt bedeuten, Musical 70; Die
Wette des Mr. Fogg, Musical 72; Terzett,
Musical 74; Keep Smiling, Musical 76;
Casanova, Musical 76; Liebhabereien,
mus. Lsp. 78; Prinz v. Preußen, Musical
78.
  B: Die Gondolieri, Optte. 67.
  R: Auf Tuchfühlung, Hsp. 67; Das
zweite Feuer, Hsp. 69; Französisch
fakultativ, Hsp. 70; Die Rückfahrt, Hsp.
73; Heiraten/weiblich, Fsp. 75;
Zwiesprache halten, Hsp. 76; Letzte
Nachrichten, Hsp. 77; Jutta od. D.
Kinder v. Damutz, Hsp. 78;
Frauengeschn, Fsp. 79; Spätvorstellung,
Hsp. 79; Dieser lange Vormittag, Hsp. 81;
Sag doch, was du willst, Fsp. 81;
Verfrühte Ankunft — verspätete Rück-
kehr, Hsp. 82; In ihrem Sinne, Hsp. 82;
Die Befreiung oder Liesgen hör zu, Hsp.
83.

Bezzel, Chris, Dr. phil. habil.,
Hochsch.lehrer; Gabelsbergerstr. 4, D-
3000 Hannover (Wetzhausen/Ufr.
18.1.37). Lyrik, Prosa, Hörspiel.
  V: Grundrisse, G. 68; Karin, Pr. 71;
Kerbtierfresser, Pr. 72; Die Freude
Kafkas beim Bügeln. Die Freude
Mozarts beim Kegeln. Die Freude
Bismarcks beim Stricken. Eine Trilogie,
Pr. 72; Kafka-Chronik 75. ( )

Biberger, Erich Ludwig, Redakteur;
Nordgaupr. f. Dicht. 74, Bdesverd.kr. 74,
H. H.-Büttner-Gedächtnispr. 79, Med.
Studiosis humanitatis 81, Excellence in
Lit. 81, Dipl. di Merito 82 u.a.; Regensb.
Schriftst.-gr. 58 (jetzt RSGI), Vors. seit
60, Initiator u. Leiter Intern. Regensb.
Lit.tage seit 67, d. Intern. Jungautoren-
Wettbew. seit 72, Präs.mitgl. Oberpfälzer
Kulturbund, Mitgl. Turmbund, Podium
70, Tukan-Kreis, Kreis d. Freunde;
Reichsstr. 5, D-8400 Regensburg, Tel.
(0941) 561699 (Grubweg b. Passau
20.7.27). Lyrik, Novelle, Essay, Hörspiel,
Kurzprosa, Atomzeitmärchen, heitere
Verse.
  V: Dreiklang der Stille, G. 55; Rund-
gang üb. d. Nordlicht, Atomzeitm. 56;
Die Traumwelle, Erz. 62; Denn im
Allsein der Welt, G. 66; Duadu oder der
Mann im Mond, Phantas. i. Hsp.form 67;
Frühlingsgeschenk, Lied.zykl.;

Sinnendes Amen, Chorzykl.; Gar
mancher ..., satir. b. heit. Verse, 80;
Andere Wege bis Zitterluft, ein Lyr.
Alphabet 82; Was ist hier Schilf, was
Reiher...?, Haiku 83.
  MA: Wegzeichen, Lyr. 60; Anthologie
1, G. 63; Das unzerreißbare Netz, Lyr. 68;
Anth. 2, Kurzprosa 69; Brennpunkte VII.
- Z. Spirituellen Poesie 71; Mütter u.
Kinder 72; Brennpunkte X. Analysen u.
Analekten z. Spirit. Poesie 73; Stadt in
der wir leben - Regensburg 73; Regens-
burger Almanach 75, Quer, Lyr. 75;
Sprachkultur d. Oberpfalz in Geschichte
u. Gegenwart 74; Regensburger Alm. 75;
Nachles 77; Stille, Erfülltsein von
Unsagbarem 77; Lyrik 78, 79; Der
Spiegel deinerselbst 78; Die Welt, in der
wir leben 78; Liebe will Liebe sein 78;
Oberpfälzer Weihnacht 78; 50 Jahre
Nordgautag 78; Anth. 3 79; Und wie ein
dunkler Schatten 79; Regensburger
Leseb. 79; Schritte der Jahre 79; Über
alle Grenzen hin — Gränslöst (dt.-
schwed.) 79; Lyrik 79, G. 80; Lichtband-
Autoren, G. 80; Haiku 80; Kleine
Anthologie z. 23. Bayer. Nordgautag, G.
80; Entleert ist mein Herz, G. 80; An der
Pforte, G. 80; Lebendige Oberpfalz, G.
81; Lyrik 80, G. 81; Land ohne Wein und
Nachtigallen, Lyr. 81; Wie es sich ergab,
Lyr. u. Aphor. 81; Widmungen —
Einsichten — Meditationen 82; Flowers
of The Great Southland (dt.-engl.) 82;
Frieden 83; Regensburger Almanach 83,
u.a., alles Anth.
  H: Anth.reihe der "Regensb.
Schriftst.gruppe"; Quer, Lyrik-Anth. 75;
RSG-Studio International, Reihe; RSG-
Forum 15/25, Reihe f. Jungautoren;
Anth. 3, Lyrik in 47 Spr. 79. —
MH: Sprachkultur d. Oberpfalz in
Gesch. u. Gegew., Anth.
  R: Duadu, Hsp.; G. f. Liederzyklen.
  S: Meditation; Frühlingsgeschenk;
Dimensionen, Liederzykl., G.
  Lit: W. Bortenschlager: E. L. B. in:
Geschichte d. Spirituellen Poesie; Ernst
R. Hanschka: Die Stille ist der Lebens-
stoff aller Harmonie. Der Lyriker E. L.
B.; Anna-Valeria Vogel-Hüger: "Die
Traumwelle" v. E. L. B. in: Das literar.
Wort.

Bichsel, Peter, Lehrer; Stip. des
Lessingpreises der Stadt Hamburg 65,
Preis der Gruppe 47 65, Stadtschreiber
von Bergen-Enkheim 81/82; Nelkenweg
24, CH-4512 Bellach, Tel. (065) 225980
(Luzern 24.3.35). Prosa, Lyrik.
  V: Eigentlich möchte Frau Blum den
Milchmann kennenlernen, kurze Prosa

64, 69; Die Jahreszeiten 67, 75; Kinder-
geschichten, Geschn. 69, 76; Des
Schweizers Schweiz 69; Stockwerke,
Prosa 74; Geschichten z. falschen Zeit,
Prosa 79; Der Leser. Das Erzählen,
Frankfurter Poetik-Vorles. 82. —
MV: Das Gästehaus, R. 65.
F: (MA): Unser Lehrer 71.
R: Inhaltsangabe der Langeweile,
Hsp. 71.

Bickel, Alice (Ps. Sandra King),
Journalistin; ZSV; Talbächliweg 19, CH-
8048 Zürich, Tel. (01) 620603 (Zürich
12.2.25). Roman.
V: Die Spur führt nach Osten 60;
Schatten über Sakkara 61; Colins große
Stunde 62; Nelken für Mr. Gibbs 63;
Nerz um halb neun 65, 74; Der Mörder
kam mit Rosen, Feuill. 66; Das Haus in
der Elfenstrasse, Feuill. 67; Geheimnisse
um La Luz 69, 74; In Sachen Dornbusch
71, 76; Argusauge sucht Ajax 71, 78;
Argusauge jagt Geister 73, 78; Argus-
auge ruft Raumschiff Charlie 75; Das
Versteck im Fuchsholz 77; Argusauge
und die fliegende Mumie 79; Sniff & Co,
Der Fall mit der Dollarbombe 79;
Drachenschloss 7933. Die Sache mit der
Kleeblatt-Bande 79; Sniff & Co.: Das
Geheimnis der blauen Katze 80;
Drachenschloss 7933: Der Mann mit
dem Pfauenauge 80; Cindy kommt nach
Camelot 80; Jeremy und die Perlen-
räuber 80; Mückensteiner Detektive:
Schatten über dem Eulenwald 81;
Argusauge und der rote Hahn 81;
Drachenschloss 7933: Nordpol an
Edelweiss 82; Schnüffelnase Bella
Tausendfuss: Unternehmen Blumen-
kohl 82; Mückensteiner Detektive: Spuk
im Superhirn 82; Mord bei Halbzeit 82;
Schnüffelnase Bella Tausendfuss:
Gespenst mit Koffer 83; Reitlehrer Lars
Hansen: Prinz ist weg 83; Jeremy und
der schwarze Mandarin 83; Drachen-
schloss 7933: Die Jagd nach dem Gold-
schatz 83.
B: H. O. Meissner: Takt und gutes
Benehmen.

Bickel, Margot; In der Hofstatt 4, D-
7803 Gundelfingen.
V: Pflücke den Tag 81, 83; Wage zu
träumen 82, 83. ( )

Bickele, Rita, Kauffrau; Idarwaldstr.
5, D-7000 Stuttgart 30, Tel. (0711) 854112
(Walsum/Wehofen Ndrh. 6.2.49). Lyrik.
V: meine Gefühle meine Gedanken
meine Gedichte, Lyr. 82.

Bickerle, Karl-Ludwig, c/o R.G.
Fischer-Verl., Frankfurt a.M.
V: Das Frankfurter Herz liebt Froh-
sinn und Scherz, G. 82. ( )

Bicknaese, Hendrik, Schriftsteller,
Lektor; VS 77. Demokrat. Kulturbund
Dtld 76; Novemberpreis 76; Obere
Karspüle 25, D-3400 Göttingen, Tel.
(0551) 42767 (Nienburg 10.3.47). Lyrik,
Essay, Bericht, Kritik, Hörspiel. **Ue:** I.
V: Spinnfäden f. brechende Köpfe —
Texte z. Sicherheits- & Ordnungs-
Syndrom, G. 77 (auch ital.); Leben in
Fallen, G. u. Szenen 79, (auch ital.);
Oberstaatsanwalt Knipfler liest mit ...,
Kurzr. 80.
MA: Almanach 1976, Lyr. u. Prosa 77;
Bll. f. Lit. & Grafik, Textanth. 77;
Frieden u. Abrüstung, 3. bdesdt. Leseb.
77; Normalvollzug, Ber. 78. Schatten im
Kalk, Lyr. u. Prosa 79; Pop Sunday —
Wenn es dunkel wird in Bayern, G. 80;
Mut zur Meinung, Ber. 80; Politische
Justiz seit 1830, Aufs. u. Ber. 80.
MH: Ordnungsrecht in Aktion, Dok.
78.
MUe: Orchideen u. Proletarier, R. 80.
Lit: Für einen einheitl. europ.
Rechtsraum Dt. Nation 79. ( )

Bicknaese-Morandin, Irlana, psych.-
stud., Übersetzerin; Obere Karspüle 25,
D-3400 Göttingen, Tel. (0551) 42767 (Rua
di Feletto/Italien 1945). Lyrik,
Epigramm, Bericht, Kritik **Ue:** I.
MA: Bl. f. Lit. u. Grafik, Textanth. 77;
Frieden u. Abrüstung, 3. bdesdt. Leseb.
77; Normalvollzug, Ber. 78.
MH: Ordnungsrecht in Aktion, Dok.
78.
MUe: Orchideen u. Proletarier, R. 80.
( )

Bidermann, Willi, Pfarrer; Luckenweg
10, D-7030 Böblingen 4, Tel. (07031) 71101
(Aach, Landkr. Freudenstadt 2.7.32).
Novelle, Essay, Lyrik, Theaterstück,
Lesebuch.
V: Mit d. Kirche auf d. Kreuzung 69;
Der kleine Sulzerich, Märchen- u. Malb.
78; Friedrich Abele: Wir Stephanskinder
von d. Webersgasse 79; Cröffelbacher
Orts- u. Vereinschronik 80; Der Einkorn.
Ein sagenhafter Berg u. Wald 80;
Hohenloher "Gänsefüßchen". Dörfliches
Leben in d. "guten alten Zeit" 81; Der
Krieg d. Könige. Ein hohenloh. Märchen
82; Sulzerich in d. Dolinenstadt. Ein
hohenloh. Märchen 82; Konrad der Aus-
steiger. Anhäuser Theaterbüchlein 82;
Alles, Was Sulzdorf heißt. Die 7 Sulzdorf
in d. Bdesrep. Dtld 83. — **MV:** Tausend

Jahre Sulzdorf (976-1976), m. K.
Ulshöfer, G. Wunder u.a. 76.
H: Friedrich Neu: Bilder u.
Geschichten aus meinem Leben 79.
S: Zwischen Berg u. Tal. Sieben
Heimatlieder, Schallpl. 77.

Bieber, Horst; Hirschgraben 57, D-
2000 Hamburg 76.
V: Sackgasse 82. ( )

Biebricher, Rolf, Redakteur; Edgar-
Wallace-Preis des Wilhelm Goldmann
Verlages 63; Riederbergstr. 62, D-6200
Wiesbaden, Tel. (06121) 523732
(Wiesbaden 26.1.31). Roman, Hörspiel.
V: Mord! Schauplatz Zürich, R. 64;
Verzeihen Sie, daß ich schiesse, Bü. 71;
Gefährliche Gäste 71; Die bewusste
Geschichte, R. 82.
R: Besuche am Abend 69; Angst im
Schloß 69; Peter Armstrong lebt
gefährlich - Elfteil. Hsp.-Serie 70; Hier
bedient Sie John MacNally, 5 Folgen 70,
71; Man wird von Ihnen hören 71; Ein
Haus mit Vergangenheit 72; Schöne
Ferien, Mrs. Taylor 73; Der Zeuge 73;
Glashaus 73; Doppelstreife 73, alles
Hsp.; 320 Krim.-Fkerz. 71 – 75; Peter u.
Hütchen – Heitere Szenen e. Kurzhsp.-
Serie, 60-tlg. 78; ca. 140 Satiren etc. u.a.:
Hohe Schule des Schweigens, 10-tlg. 78-
81; Ferienglück, Kurzhsp. 79; Lauter
furchtbar liebe Leute 81; Der abbene
Knopf 81; Eisbären nach Grönland 82;
Anzeige gegen Unbekannt 82.
Lit: Hildebrand: Autoren – Autoren,
74, 79.

Biehn, Wilma, s. Klevinghaus, Wilma.

Bieker, Gerd, Buchdrucker; SV-DDR
69; Kulturpr. d. Rates d. Bezirkes Karl-
Marx-Stadt (kollektiv) 72, Kurt-Barthel-
Pr. 79; Gustav-Freytag-Str. 24, DDR-
9010 Karl-Marx-Stadt (Grünhainichen
23.7.37).
V: Sternschnuppenwünsche, Jgd.-R.
69; Eiserne Hochzeit, R. 78; Mach's gut,
Paul!, Jgd.-R. 80; Rentner-Disko, Jgd.-R.
82. – **MV:** Zirkusreportage, m. G.
Glante, R. Merkel 63; Geschichten ohne
Ende, Rep. m. J. Arnold, K. Steinhaußen,
H. H. Wille, K. Walther 71.
MA: Wie der Kraftfahrer Karli
Birnbaum seinen Chef erkannte, Erz.
aus d. DDR 78.
R: Die schlimmen Ritter vom Wieden-
stein 71; Die Beton-Onkels 71; Der
Spatz ist auch ein Vogel 72; Festraketen
72; Hinter den sieben Hügeln 73, alles
Hsp; Paule-Geschichten, 10-tlg. Hsp.-
Serie 73/77.

Biel-Wedekind, Kadidja, s. Wedekind,
Kadidja.

Biele, Peter, Schauspieler; SV-DDR
73; Förderpr. d. Inst. f. Lit. u. d. Mitteldt.
Verl. 73; Am Steinberg 13 (122 – 11),
DDR-8054 Dresden (Dresden 12.11.31).
Lyrik, Roman, Hörspiel, Feature,
Reportage, Porträt.
V: Der Schindelmacher, G. 74; Tod im
Kostüm, e. Komödiantengesch. 78, 3.
Aufl. 80.
MA: Im Spiegel dein Gesicht, Porträts
71; Sachsen, ein Reiseverführer, Feuill.
74, 76.
F: Die kluge Bauerntochter, F.-Szen.
61.
R: Gespräche mit einem Zeitge-
nossen, Featurefolge m. Elifius Paffrath
70; Archivakte Georg Sacke, Hsp. 73;
Selbstgespräch des Bürgermeisters,
Feature 73; Martha und das Gänseliesel,
Feature 75; Kwaß mit Dostojewski, Hsp.
76; Die Tücke der Tür, Besuch bei
einem alten Studienrat, Hsp. 77. ( )

Bieler, Manfred, Dipl.-Germanist;
DSV 60 – 67, P.E.N. (Ost) 64 – 67,
Tschechoslowak. Schriftstellerverb. 68 ·
– Auflös., P.E.N.-Zentrum Bdesrep. Dtld
81; Intern. Hörspielpreis Warschau 65,
Andras-Gryphius-Preis 69, Bayer.
Förder.preis 71, Jakob-Kaiser-Pr. 77;
Bayer. Akad. d. Schönen Künste 73;
Aldringenstr. 12, D-8000 München 19,
Tel. (089) 163562 (Zerbst 3.7.34). Drama,
Roman, Novelle, Essay, Film, Hörspiel.
Ue: Tsch.
V: Der Schuß auf die Kanzel,
Parodien 58, 60; Bonifaz oder Der
Matrose in der Flasche. R. 63, 65 (auch
engl., franz., ital., tschech., poln., ungar.,
holl.); Meine Tanten, Erzn. 64; Märchen
u. Zeitungen, Erzn. 66; Der junge Roth,
Erzn. 68; Maria Morzeck oder Das
Kaninchen bin ich, R. 69, 71 (auch franz.,
holl., ital.); Vater und Lehrer, Hsp. 69;
Drei Rosen aus Papier, Hsp. 70; Der
Passagier, Erz. 71; Mein kleines
Evangelium, Kinderverse 74; Der
Mädchenkrieg, R. 75 (auch engl., holl.);
Der Kanal, R. 78; Ewig und drei Tage, R.
80; Preußische Nacht, Drehb. 81.
R: Hochzeitsreise: Ich bin nicht mein
Bruder; Karriere eines Klaviers; Die
achte Trübsal; Die linke Wand; Die
kleine Freiheit; Das Hemd und der
Rock; Nachtwache; Drei Rosen aus
Papier; Ich frage; Dieser Herr da; Die
Elefanteninsel; Ojun und Batal; Missa;
Feuerzeug; Vater und Lehrer; Der letzte
Penny; Jeronim; Das Fischweib; Zeit
bringt Rosen; Der Hausaufsatz; Der

Hinterhalt; Der Kommandant; Die
Geschichte des Kanonikus; Neuhauser
Sommernachtstraum; Die Nummer des
Tages, alles Hsp.; Drei Rosen aus
Papier; Tot im Kanapu; Jana; Die
Person; Willy und Lilly; Das
provisorische Leben; Auf Befehl
erschossen; Wenn alle anderen fehlen;
Einladung zur Enthauptung (n.
Nabokov); Der junge Roth; Der
Hausaufsatz; Ortswechsel; Liebes
Fräulein Debus: Oblomows Liebe; Väter
u. Söhne (n. Turgenjew); Die
Unvergleichliche (n. Somerset
Maugham); Seele eines Hundes (n. B.
Traven); Der Heiratsschwindler (n.
Čapek); Am Südhang (n. Keyserling);
Preußische Nacht, alles Fsf.

Bielicke, Gerhard (Ps. Gerhard
Kerfin); Schwalenberg-Stip. 81;
Obentrautstr. 32, D-1000 Berlin 61, Tel.
(030) 2517799 (Nauen, Kr. Osthavelland
1.4.35). Lyrik, kleine Prosa.
V: von hollywood bis hinter tegel, G.
65; moderne stadt, G. 66; vorwurf an den
mond, G. 67; wem die polizeistunde
schlägt, G. 68; Allgemeine Hausordnung,
Kurztexte 69; In den Hosenlatz
gesprochen, G. 70; Die wundersame
Rettung der Stadt F., G. u. kleine Prosa
72; Zwischenrufe, G. 75; doch gering ist
die hoffnung, G. u. kleine Prosa 76;
Wenn Menschensprache verdächtig
klingt, Aphor., G., Sat. u. kl. Prosa 78;
gedichte die namen tragen, G. 79; Wer
Wachteln liebt, fürchtet ihre Zungen-
fresser, G. 82; Schwalenberg, kleine
Chronik in Gedichten, G. 82.
MA: Die Stadt, Alm. 9 75; Wege, Kurz-
Anth. 76; Umsteigen bitte, Gedichte aus
Berlin, Anth. 80.

Bienath, Josephine *

Bienek, Horst, Schriftsteller, Film-
Autor u. -Regisseur; VS 68, P.E.N. 68; Pr.
von Oberhausen 66, Hugo-Jacobi-Pr. 67,
Andreas-Gryphius-Pr. 67, Förderungspr.
d. Ldes Bayern (f. Lit.) 67, Rudolf-
Alexander-Schröder-Pr. (gen. "Bremer
Literaturpreis") 69, Bundesfilmpr. 71,
Filmband in Gold, Hermann-Kesten-Pr.
75, Wilhelm-Raabe-Pr. 78, Nelly-Sachs-
Pr. 81; Bayer. Akad. Schönen Künste 68,
Dt. Akad. f. Spr. u. Dicht. 70; Isarweg 2,
D-8012 München-Ottobrunn (Gleiwitz
7.5.30). Lyrik, Essay, Erzählung, Roman,
Film.
V: Traumbuch eines Gefangenen, G.
u. Prosa 57, 68; Nachtstücke, Erzn. 59, 68;
Werkstattgespräche mit Schriftstellern,
15 Interviews 62, 76; Was war - was ist,
G. 66, 69; Die Zelle, R. 68, 79;

Vorgefundene Gedichte 69; Bakunin,
eine Invention, R. 70, 73; Solschenizyn
und andere, Ess. 72; Die Zeit danach, G.
74; Die erste Polka, R. 75, 79; Gleiwitzer
Kindheit, ges. G. 76; Septemberlicht, R.
77, 80; Zeit ohne Glocken, R. 79; Erde
und Feuer, R. 82; Beschreibung einer
Provinz, Aufz. 83.
H: Blätter und Bilder 58 — 62.
F: Ezra Pound 80 66; Heureka 68;
Beschreibung eines Dorfes 69; Die Zelle,
Spielf. 70/71; Procession dansant 73.
Ue: Der Dibbuk. Dramat. Legende von
An-Ski, m. S. Landmann 76.
Lit: Beitr. in: Dt. Lit. d. Gegenwart 63;
Lennartz: Dt. Dichter u. Schriftst. 78; M.
Krüger: Bienek lesen, Mat. z. Werk v. H.
B. 80.

Bienkowski-Andersson, Hedwig; Kg.;
Lit.Pr. d. VWM Amsterdam u. AWMM
Zürich 75, Coppernicus-Pr. u. Kreismed.
Bad Kreuznach 79; Gem. Allenst.
Kulturschaffenden, D-6571
Hochstetten b. Kirn, Tel. (06752) 8727
(Ljungbyhed/Schweden 8.3.04). Lyrik,
Prosa, Aphorismus.
V: Geliebtes Leben 69; Vertrauen
sieht überall Licht, Aphor. 73; Das
Gesamtwerk, Lyr., Prosa, Aphor. 78;
Bildgedichte 79. ( )

Bier, Käthe, Dr. phil., klin. Psychol. i.
R.; VS Baden-Württ. 76; Lit.Ges.
Karlsruhe 82; Theodor-Heuß-Str. 1, D-
7505 Ettlingen, Tel. (07243) 78168
(Giengen/Brenz 30.7.12). Lyrik, Kurz-
geschichte. **Ue:** E.
V: Lyrische Meditationen einer
Psychologin 76; Ferne Länder im Licht
der Lyrik 79.
R: Für Eltern u. Erzieher, Vortrags-
Reihe. Texte zu 4 Kunstliedern 52.

Bierbüsse, Fritz (Ps. Fritz
Beerenbusch Esfaudeh), Missionar; 7-25
Kotobukicho, Cath. Church, 013
Yokote-shi, Akita-ken/Japan
(Godelheim/Weser 5.12.14). Volks-
erzählungen, Anekdoten, Drama, Lyrik,
Übers. v. Kurzgedichten. **Ue:** J, E.
V: Die Schneehütte, Volkserz. aus
Nordjapan 65; Japan deine Witze,
Anekdn u. Kurzged. 71; Nishi no Maru,
Trauersp. um die Martyrer v. Akita 77;
Der neue Dante, Ein Dante-Volksb.,
Lyrik, Dt. Verse 80.

Bierhoff, Hans Werner, Dipl.-Psychol.,
Dr., PDoz. (Sundern/Sauerld. 3.6.48).
Roman, Lyrik.
V: Bist du schon mausetot, R. 68. ( )

Bieri, Doris, s. Haug, Doris.

Bierling, Ingrid (Ps. Ingrid
Emmelius), Autorin, Fotografin; FDA 78;
Dr.-Rohmer-Weg 11, D-6238 Hofheim/
Ts., Tel. (06192) 8186 (Jena 4.7.24). Lyrik,
Prosa.
V: Heiteres und Besinnliches aus
Deinem und meinem Leben, Lyr. 76;
Spannungsfeld zwischen Himmel und
Erde, Lyr. 77; Ganz einfache Dinge, Lyr.
79; Gedanken für unterwegs, Erz. 79;
Stiller wilder Mohn, Lyr. 81; Erzähltes
Leben, Erz. 82; Unerkannte Boten, Lyr.
83.

Biermann, Wolf, Schriftsteller;
Fontane Preis 69, Äereskunstner 69,
Jacques-Offenbach-Pr. 74, Dt. Schall-
platten-Preis 75; Hohenzollernring, D-
2000 Hamburg (Hamburg 15.11.36).
Ballade, Gedicht, Lied.
V: Die Drahtharfe. Balladen,
Gedichte, Lieder 65, 76; Mit Marx- und
Engelszungen. Gedichte, Balladen,
Lieder 68; Der Dra-Dra. Die große
Drachentöterschau in 8 Akten 70; Für
meine Genossen. Hetzlieder, Balladen,
Gedichte 72, 76; Deutschland. Ein
Wintermärchen 72, 76; Das Märchen
vom kleinen Herrn Moritz 72; Nachlaß 1
77; Preußischer Ikarus, Lieder, Balln.,
G., Prosa 78, Tb. 81; Verdrehte Welt —
das seh ich gerne 82.
S: Wolf Biermann (Ost) zu Gast bei
Wolfgang Neuss (West) 65; 4 neue Lieder
68; Chausseestr. 131 69; Warte nicht auf
beßre Zeiten 73; aah - ja! 74; Liebeslieder 75; Es gibt ein Leben vor dem Tod
76; Das geht sein' sozialistischen Gang
77; Der Friedensclown 77; Trotz alledem
78; Hälfte des Lebens 79.
Lit: Wolf Biermann - Liedermacher
und Sozialist 76; Exil - Die Ausbürgerung Wolf Biermanns aus der
DDR 77; Mensch Biermann, F. v. Heiner
Herde u. Carsten Krüger. ( )

Bierschenck, Burkhard Peter (Ps.
Burkhard Schenck, Peter Erfurt), M.A.,
Chef v. Dienst Süddt. Verlag, Unter-
nehmensber. Zss.; Literaturpr. "Arbeits-
welt" 76; Gerhardstr. 17, D-8000
München 90, Tel. (089) 21838682
(Bocholt/Westf. 30.3.50). Kurzgeschichte,
Lyrik, Roman.
V: Im Kreis der blinden Pilze, Erzn. u.
Lyrik 76; Der Piratenadmiral, R. 78;
Kranke Götter, Lyr. 79; Die Halbzeit,
Lyr. 81; Onkel Tschulup Khan, Erzn. 82.
MA: Gaukes Jb. '81; Lyr. 80; Lyrik
heute, Lyr. 81.

Biesalski, Kurt, Dipl.-Germanist; SV-
DDR 73; Waldweg 1, DDR-2401 Hohen

Viecheln, Tel. 307 (Frankenau 16.2.35).
Roman, Novelle.
V: Duell, R. 72, 81; Runter bis z.
Eselstraße, Bulgar. Mosaik, Reiseerz. 78;
Der kleine Mann, R. 79, 82.
MA: Begegnung, Anth. neuer Erzähler
69; Tage für Jahre, Anth. 74.
F: (MA): Mann gegen Mann 76.

Biesold, Richard Willy, Lyriker; VS
Bayern, CH-7099 Langwies 60, Tel. (081)
331691 (Penig/Sa. 5.8.10). Lyrik, Theol.-
Anthropol. Schriften.
V: Das Balladenbuch 65; Aus Kriegs-
u. Nachkriegstagen 65; Buch der Heiter-
keit 65; Die Stunde des Johanneischen
Zeugnisses I 69; Buch der Lieder 73.
MA: Wort um Wort, G.-Samml. 83.

Biewald, Hartmut, Dreher u. Ing. f.
BMSR-Technik; SV-DDR 79; Tulpenweg
33, DDR-5800 Gotha 8, Tel. (0622) 3475
(Hochkirch 5.6.43). Kinderliteratur,
Erzählung.
V: Tonca, Kinderb. 74, 83; Der frosch-
grüne Roller, Kinderb. 76, 79; Licht-
punkte, Erz. 76, 79; Schwalben über dem
Schilf, Kdb. 80, 82; Bau mir einen
Drachen, Vater!, Kdb. 82; Barfuß über
die Felder, Kdb. 82. —
MV: Voranmeldung 3, Erzn. 73; Maxel,
die Schnee-Eule, Geschn. f. Kinder 75,
81; Bestandsaufnahme. Lit. Steckbriefe
76; Wo ich Freunde hab, Gesch. f.
Kinder 77; Für Kinder geschrieben 79;
Der blaue Schmetterling, Gesch. f.
Kinder 79; Mit Kirschen nach Afrika,
Gesch. f. Kinder 82; Ich lebe so gern,
Gesch. f. Kinder 82.
Lit: Bestandsaufnahme 76; Für
Kinder geschrieben 79; Beitr. z. Kinder-
u. Jugdlit. 79.

Biewend geb. Baumgart, Edith, freie
Schriftstellerin; VS 70; Hofreitstr. 41, D-
8240 Schönau am Königssee, Tel. (08652)
4358 (Moers 30.3.23). Erzählung, Roman,
Biografie.
V: Das Räuchermännchen 67;
Veilchen für Mascha 69; Viel Freunde
viel Ehr 70, alles Erzn.; Die Nacht in
Navojna, R. 70; Heiligabend bei
Jennifer, Erz. 73; Auf Danielas Spuren,
R. 73; Lieben ohne Illusion, Biogr. 74;
Schloß im Zwielicht, Erz. 74; Die blinden
Fenster, R. 75; Kein Engel stritt für
Böhmen, R. 76; Caroline reist nach
Murrhardt, Erz. 77; Die Zeit m. Onkel
Bodo, R. 77; Gefährtin e. Sommerreise,
R. 78; Gleich links vom
Kurfürstendamm, R. 79; Letta. Eine
Kindheit in Dtld, R. 80; Muß selbst den
Weg mir weisen, R. 81; In bester
Absicht, Erz. 82.

MA: Mütter 68; In jener Nacht 72; Schriftsteller erzählen aus aller Welt 73; Einst waren wir Kinder 76; Der polnische Leutnant 80; Weihnachten kommt uns nahe 80.
H: Jan Amos Comenius: Gewalt sei ferne den Dingen 71.
Lit: Carl Heinz Kurz: Autorenprofile.

Bilek, Franziska; Am Kosttor 3, D-8000 München 22.
V: Die Sterne lügen nicht 66; Herr Hirnbeiss 68, 75, Tb. 82; München und ich 69; Mir gefällt's in München 75; Spaß muß sein 81.
H: Zugespitzt u. aufgespießt 76. ( )

Bilger, Fritz, c/o Verlag Kübler, Heidelberg.
V: Potnik, aus d. Tagebuch d. Verfassungsschützers Fritz Bilger, R. 81. ( )

Binde, Heinz, Organist, Pianist; Holzbrunnenstr. 12, CH-8200 Schaffhausen (Schaffhausen 14.11.09). Lyrik.
V: Kunst und Künstler 73; Mensch und Mitmensch 74; Mann und Frau 75; Gott und Mensch 75; Mensch und Natur 76, alles G.

Binder, Maria (Ps. Maria Binder-Trautner), Hausfrau; Bund steir. Heimatdichter; Türkengasse 8, A-8700 Leoben, Tel. (03842) 23303 (Knittelfeld 18.1.27). Lyrik.
V: Leobmarisch gredt, Mda.-G. 81.

Binder, Sidonia, Mag., Dr., Prof., Lehrerin; P.E.N. 82; Zur Spinnerin 53/3/6, A-1100 Wien, Tel. (0222) 6286443 (Kirchfidisch/Burgenl. 23.11.46). Lyrik, Kurzprosa.
V: Bis auf Widerruf 80.
MA: Kreise, Reihen, Protokolle, Anth. 72.

Binder, Theo (Theodor Stephan), Dr. phil., Germanist, Leit. Fachbibliothek f. Erwachsenenbild. b. Bdesmin. f. Unterr. u. Kunst; Postgasse 11/2/10, A-1010 Wien, Tel. (0222) 934284/Kl 26 (Essegg 2.9.24). Lyrik, Prosa, Märchen, Märchen-forschung.
V: Vom Ufer löst sich ein Kahn, G. m. Vorw. v. Heimito v. Doderer 60; Die Wandlung, G. 64; Verborgenes Flöten-spiel, G. 71, u.a.; Dt. Messe (vertont durch H. Kelling) 76; Opfer u. Werk. Briefwechsel e. Dichterfreundsch. Paul Stotzer, T. B., G. u. Prosa 79, II 80; Annaberger Messe (vertont v. J. Bähr) 78/79; Sonette an den Hüter, G. 80.
MA: Zahlr. Sammelwerke, Zss. u. Anth.

Binder, Wilhelm, Pensionist; Verb. demokrat. Schriftsteller u. Journal. Österr. 46, SÖS 63; div. Förderungspräm. Ges. f. Lit. Wien, u. d. Unterr.min. Wien; Kulturgemeinschaft Der Kreis, Heimat-land; Lainzer Str. 109a/9/4, A-1130 Wien, Tel. (0222) 8250205 (Wien 23.4.09). Lyrik, Drama, Roman, Kleinprosa, Essay.
V: Christian und Ann, Wiener R. 44; Nach einer Münze, Lyrik 65; Im Zeit-wind, Lyrik 66; Mit dem Holzwurm, Sat. 67; Wanderung, Lyrik 74; Kursbuch, Lyrik 76; Die Reise zu meiner Schwester, Erz. 77; Sturz in die Sonne, R. 80; Stufen und Schritte, Lyr. 82; Wiederkehr d. Schatten, Erz. 82.
MA: Heiter bis Wolkig, Anth. 72; Die Horen 74, 76.
MH: Weiße Nomadin, R. 82.

Binder-Gasper, Christiane (Ps. Christiane Gasparri), Schriftstellerin; VS Nordrh.-Westf. 72, NGL-Berlin 79; Stip. f. Lit. d. Senators f. Wiss. u. Kulturelle Angelgenh. Berlin 82; Vereinig. demokrat. u. sozialist. Künstler e.V. Berlin 78, ISA 83; Blücherstr. 37a, D-1000 Berlin 61, Tel. (030) 6929992 (Duisburg 12.4.35). Lyrik, Erzählung, Hörspiel.
V: Rot und Tauben, G. 80; Eine Hoffnung ganz ohnen Fahnen, G. 83; Alexander Freund u.a. Erzn. 84.
MH: StattBuch 2, Berlin 80; Stadtansichten, Jb. f. Lit. u. kulturelles Leben in Berlin (West) 80, 81 u. 82.
S: Eine Hoffnung ganz ohne Fahnen, G.; Wo die Nacht den Tag umarmt, beides Kass.

Binder-Trautner, Maria, s. Binder, Maria.

Bindseil, Ilse, s. Enderwitz-Bindseil, Ilse.

Bing, Hermann, Dr., Zeitungsverleger, Chefredakteur; Westwall 5, D-3540 Korbach 1, Tel. (05631) 7051 (Korbach 20.1.05). Erzählungen, Gedichte.
V: Pennälergeschichten, Erzn. 64; Blick in die Sowjetunion; Ameri-kanische Impressionen; Spiegel am Wege, G. 75; Entdeckungsfahrt in die Volksrepublik China; Ein Land der Superlative: Brasilien.

Bingel, Horst; Sdt.S.V. 57, P.E.N. 66, ISDS Zürich 66, VS Hessen 66; Reisestip. Auswärt. Amt 66; Wiesenau 10, D-6000 Frankfurt a.M. 1, Tel. (0611) 728022 (Korbach/Waldeck 6.10.33). Lyrik, Erzählung, Kurzgeschichte, Essay.
V: Kleiner Napoleon, G. 56, 58; Auf der Ankerwinde zu Gast, G. 60; Die Koffer

des Felix Lumpach, Geschn. 62;
Elefantisches, Geschn. 63; Wir suchen
Hitler, G. 65; Herr Sylvester wohnt
unter dem Dach, Erz. 67, 82; Lied für
Zement, G. 75.

H: Junge Schweizer Lyrik, Anth. 58;
Deutsche Lyrik — G. seit 1945, Anth. 61,
78; Zeitgedichte — Deutsche politische
Lyrik seit 1945, Anth. 63; Deutsche
Prosa-Erzn. seit 1945, Anth. 63, 77;
Literarische Messe 1968. Handpressen,
Flugblätter, Zeitschriften der Avant-
garde 68, 69; Streit-Schrift 56 — 69;
Streit-Zeit-Bücher 68 — 69; Streit-Zeit-
Bilder 68 — 69.

Lit: Aloisio Rendi in: Scrittori nuovi
di Lingua Tedesca 62; Walter Helmut
Fritz in: Schriftsteller der Gegenwart —
Deutsche Literatur 63; Karl Krolow in:
Kindlers Lit.gesch. d. Gegw. — Die Lit.
d. Bdesrep. Dtld 73.

Bingen, Ernest, Journalist; Soc. des
Ecrivains d'Alsace et de Lorraine
(Schiffweiler/Saar 7.1.04). Roman,
Novelle, Essay, Film, Fernsehspiel.
Ue: E, F.

V: Jahreszeiten, Nn. 47; Land und Zeit
zwischen Grenzen, Ess. 54; Aus den
Jahren weht es her; Heimkehr des
Louis Larme; Reiseziel Enttäuschung;
Susanne; Verwirrung beim ersten
Schnee; Die junge Frau; Souvenir an
Sevilla; Haus an der Grenze;
Rendezvouz um drei; Junger Mann mit
Auslandserfahrung; An einem
Nachmittag um 5; Saarbrücken, Text zu
Bildband, alles Nn. u. Erz. 59 — 61; Von
Monat zu Monat, Feuilletons 73 — 76.

MA: Kleiner Bummel durch große
Städte 58.

Ue: Jean Feuga: Meere des Südens 48;
François Mauriac: Chemins de la mer u.
d. T.: ... und jeder geht den Weg 49. ( )

Biondi, Granco, Dipl.-Psych., Elektro-
Schweißer; VS 81; Werkkr. Lit. d.
Arbeitswelt 76, Bayer. Akad. d. Schönen
Künste 83; Schloßstr. 12, D-6501
Lörzweiler, Tel. (06138) 6024 (Forlì/Ital.
8.8.47). Drama, Lyrik, Roman, Novelle,
Essay.

V: Isolde e Fernandez, Dr. 77; Nicht
nur gastarbeiterdeutsch, G. 79;
Passavantis Rückkehr, Erzn. 82; Die
Tarantel, Erzn. II 82.

MA: Da bleibst du auf der Strecke 77;
Geschichten aus der Kindheit 78;
Sportgeschichten 80; Zuhause in der
Fremde 81; Das Ziel sieht anders aus 82;
Als Fremder in Deutschland 82.

MH: Der Prolet lacht 78; Im neuen
Land 80; Zwischen Fabrik und Bahnhof

81; Sehnsucht im Koffer 81; Annäherungen 82; Zwischen zwei
Giganten 83.

Biqué, Peter,
Außenhandelskaufmann; VS 76; Im
Oelgarten 6, D-6370 Oberursel, Ts., Tel.
(06171) 56134 (Oberursel 11.4.48). Roman,
Kurzgeschichten, Stories u. Art. f.
Zeitungen.

V: Nacht eines Trinkers, Kurzgeschn.
76; Unterwegs, Kurzgeschn. 78; Und was
machst du im nächsten Jahr?,
Kurzgeschn. 83.

Bird, Fred, s. Reimers, Emil.

Birkel, Alfred, Dozent; Walter Flexstr.
84, D-7000 Stuttgart 75 (Heilbronn
9.12.05). Jugendbuch.

V: Füchslein will fliegen, Tiergeschn.
56, 78; Die schlauen Hasen, Tiergeschn.
57, 60; Die entlaufenen Schweinchen 61.
— Zahlr. Lesebuchgeschichten 64/65.

MA: Wort für Wort 81-82 V; Schwarz
auf weiß 82-83 III.

H: Der sonnige Baum, Kindererz. 60,
61; Hänschen klein u. Gerne groß,
Sprach- u. Lerngut d. Kindergarten-
alters 63.

Birken, Heinz, s. Eichen, Heinrich.

Birkenhauer, Klaus (Ps. Erwin
Brauer), Dr. phil., freier Schriftsteller;
VDÜ 65, Präs. 76, VS 74; Hochstr. 13, D-
4172 Straelen 1, Tel. (02834) 2510 (Essen
1.11.34). Essay. **Ue:** E, Am.

V: Die eigenrhythmische Lyrik
Bertolt Brechts. Theorie eines
kommunikativen Sprachstils 71; Samuel
Beckett in Selbstzeugnissen u. Bilddok.
71, 77; Schreib-Training — klar und
wirksam formulieren 72, Tb. 74; Kleist
77.

MH: Samuel Beckett, Werke 76 IV, Tb.
X.

Ue: Vladimir Nabokov: Verzweiflung
72; Vladimir Nabokov: Maschenka 76.

Birkenstein, Ulla, s. Göritz, Gerda.

Birkler, Hubertus, s. Ettle, Josef.

Birkner, Andreas, Pfarrer; Auwaldstr.
62, D-7800 Freiburg i.Br. (Kleinschenk/
Siebenb. 15.8.11). Drama, Roman,
Novelle.

V: Die Straße neben dem Strom, N. 41;
Wind in der Tenne, R. 44; Der gelbe
Windhund, N. 44; Aurikeln, N. 57; Der
Tatarenpredigt, R. 73; Der lange Segen,
Erz. 75; Das Meerauge, R. 76; Heinrich,
der Wagen bricht, R. 78; Der Teufel in
der Kirche, Erz. 80; Die Spiele m.
Nausikaa, R. 80.

Birkner, Friede (Ps. f. Frieda Stein geb. Courths), Schriftstellerin; VS; Birknerweg 6, D-8183 Rottach-Egern, Tel. (08022) 6258 (Halle/S. 24.4.91). Roman.
V: 262 R. seit 18 (auch holl., schwed., hebr., jugosl.).
B: 24 Titel v. Hedwig Courths-Mahler (auch holl., schwed., hebr., jugosl., türk., griech., ung., franz.).

Birnbaum, Brigitte; Am Ziegelsee 17, DDR-2700 Schwerin Mecklenb. (Elbing 29.5.38).
V: Bert, der Einzelgänger, Kinderb. 62; Reise in den August, Jgdb. 67; Der Hund mit dem Zeugnis, Kinderb. 71, 79; Tintarolo 75, 81; Winter ohne Vater 77; Ab morgen werd ich Künstler 77; Alexander in Zarskoje 80; Löwen an der Ufertreppe 81.
MA: Zwischen 13 und 14 65; Die Kastanien von Zottel 71.
R: Die Leute von Karvenbruch, Fsf. m. B. Voelkner 68; Tigertod, Kinderfsp. 69; Pawlucha 70; Nur ein Spaß 72; Wer ist Fräulein Papendiek 72, alles Fsp. ( )

Birnbaum, Ernst (Ps. Kater Murr, Ernst Baum), Sozialpädagoge; Israel. Gedenkmedaillon 69, Med. ehem. dt. Widerst.K.; Treibstr. 35, D-4600 Dortmund, Tel. (0231) 821517 (Berlin 20.11.05). Kunstmärchen, Reportagen.
V: Achtung! Achtung! Schwarzsender!, R. 37; Es war einmal ..., Kunstm. 52/53; Im Zaubergarten der Märchenwelt; Das zauberhafte Fräulein Wu; Der goldene Ritter; Die Tochter des Häuptlings, alles Kunstm. 64, 66; Rotes Kreuz über Europa, humanitäre Reportagenb. 66; Märchen aus fünf Erdteilen, Kunstm. 66; Roter Davidstern über Israel 69; Jugendreporter Windmacher berichtet, R. 70; Märchenreise um d. Welt 70; Achtung, Geheimsender!, R. 71; Sieben Märchen d. Afrikaner 72; D. Drecksspatz aus dem Mezzo Giorno 73; Mohammed u. d. Geisteraffe 73; Prinzessin Tausendschönchen 73; Die seltsamen Abenteuer des Kalifen, Kunstm. 75; Der Engel des Todes, R. 75; Volksmärchen des Weltkreises, Kunstm. 77. − **MV:** Hier. E. Dortm. Leseb., darin: Marokkanische Tragödie, N. 72, Öl f. Marokko 73; Zwischen Moers und Hamm, darin: Grubenpferd sucht Platz an der Sonne 74.
R: Jgdreporter Windmacher berichtet 69.
Lit: J. Henry Dunant-Archiv; hier, Zs.; Hdb. d. dt. Exilpresse (1933 − 1945).

Bischof, Heinz (Ps. Günther Imm); FDA; Preisträger Heimatpr. d. Ortenau 64; Rechts der Alb 22a, D-7500 Karlsruhe 51, Tel. (0721) 887385 (Külsheim 10.2.23). Roman, Novelle, Lyrik, Hörspiel, Reise- u. Landschaftsschilderungen.
V: Heimatbuch Hundheim. Aus 750-jähriger fränkischer Bauerngeschichte 64; Gestaltenwende, R. 65; Schwarzwaldtälerstr., Reisen. 66; Schwarzwald 67, 78; Nepomuklegende: Brückenheiliger 68; Baden, wie es lacht 69; Das alte Baden, bibliogr. Ausg. 70; Nordschwarzwald, Monogr. e. Ldsch. 72; Das Frankenland 73, 83; Der Kraichgau 74; Horch emol her I 74, II 76; Bergstraße u. Rhein 75; Hohenlohe Kreis 76, 81; Kärnten 74; Eutin 74; Au a. Rh. 74; Odenwald 77; Elchesheim − Illingen 79; Im Schnookeloch, Sagen u. Anekdn. 80; Typisch badisch 81; Dezembergeschichten 82; Kleinstadtgeschichten 83; Weihnachtsgaben der Stadt Rastatt 79, 80, 82; Heimatbuch Steinmauern 82; Heimatbuch Bietigheim 83; Stadtführer Rastatt 83. − **MV:** Unsere Ortsnamen 61; Rastatt, e. Bildbd. 70; Baden, e. Bildbd. 2. Aufl. 69; Anekdoten um Hansjakob 81.
MA: Badische Geschichte 1890-1978 in: Weech, Bad. Gesch.; Württembergische Geschichte 1896-1978 in: Schneider, Württ. Gesch.
H: Der Fränkische Landbote, ein Heimatkalender 66; Heimatbll. d. Bad. Tagbl. seit 68; Konkordiareiseführer 67 − 71; Deutsche Städtebreviere 71 − 72.
R: Im Tal der unteren Murg; Hausinschriften; Bauernkrieg im Frankenland; Kurt Scheid: Portrait eines Lyrikers, u. a.

Bischof, Walter Gort *

Bischoff, Emil (Ps. Emil Gurdan); Hans-Böckler-Platz 1, D-2000 Wedel/ Holst. (Nürnberg 16.5.02). Roman, Erzählung, Hörspiel.
V: Die Heimliche, R. 40; Henkersteg, Erz. 48; Die Nachtigallen singen jetzt wieder, R. 51; Felder vom Wind bestellt, R.; Mara, Erz. 60.
R: Schuß im Nebel 47; Dunja 49; Salut 50; Das Haus mit dem Cherub 52; Ein Auto parkt vor der Tür 53; Soll Persepolis zerstört werden? 54; Sie klopfen noch immer 53; Nur eine Aktenmappe 60; Stretta 64, u. a. Hsp.

Bischoff, Gustaf, Redakteur; Furkastr. 63a, D-1000 Berlin 42, Tel. (030) 7418814 (Kattowitz 24.5.31).

V: Keine Rosen für Susan, R. 70, 83; Das falsche Spiel, R. 72; Tödliche Romanze 73; Niemand ist ohne Schuld, R. 73; Kaiser vom Kiez, R. 74, 83; Whisky z. Frühstück, R. 75, 82; Sündiger Sommer, R. 76; Frau ohne Vergangenheit, R. 77; Opfergang einer Geliebten, R. 79; Vom Partnertausch zum Gruppensex 82; Ein Mädchen aus gutem Haus, R. 82; Mädchen für alles, R. 82; Nackt im Sommerwind, R. 83.

Bischoff, Oskar, Verlagslektor, Redakteur; VS 52, Literarischer Verein der Pfalz 52; Gimmeldinger Str. 62a, D-6730 Neustadt/Weinstr. (Klingenmünster 15.5.12). Novelle, Lyrik, Essay, Hörspiel, Erzählung.
V: Aufbruch und Schreiten, G. 37; Das dutzendtönig Saitenspiel, Erz. 63; Dem Wort verschrieben, Ess. 72. — **MV: MA:** Spuren u. Wege, Anth. 58; Das große Pfalzbuch 59; Pfälzer Hausschadull, Anth. 64; Römer: Südliche Weinstraße, Kunstbd. 75; Literatur in Rheinland-Pfalz, Anth. 76; Hundert Jahre Lit. Ver. d. Pfalz, Jahresg. 78.
H: Becker: Jungfriedel der Spiel-mann, G. 48; Hedwig, R. 56; Schwarz: Die zerbrochene Leier des Ostens, G. 57; Rheinisch-Pfälzische Monatshefte 50 — 56; Der Wein ist des Menschen stiller Geist, Kunstbd 58; Becker: Die Pfalz u. die Pfälzer, Volkskunde 61; Die Nonnensusel, R. 62; Der Jäger aus Kur-pfalz, Kal. 50 — 72; Kleine Pfälzische Hausbücherei, Reihe 63, 64; Das Pfälzische Weihnachtsbuch 70; Becker: Pfälzisch-Elsässische Erzählungen 74; Pfälzische Federlese, Reihe seit 76; Die Lit. Weinstunde, Vortr. u. Interpreta-tionen 77; Der Jäger aus Kurpfalz 82. ( )

Bisinger, Gerald, Schriftsteller; Grazer Autorenversammlung 73; Förd.preis a. d. Theod.-Körner-Stift.fonds z. Förderung von Wissenschaft und Kunst 64, Berlin-Aufenthaltsstipendium vom Kulturkreis im Bundesverband der deutschen Industrie 64; Erdbrustgasse 68, A-1160 Wien (Wien 8.6.36). Poetische Prosa, Lyrik. **Ue:** I.
V: Zikaden und Genever, Prosa-dichtungen 63; 7 Gedichte zum Vorlesen 68; 5 kurze Gedichte für Kenner 68; Ein Drachenteufel und hinterhältig, Pr. 68; 7 neue Gedichte (zweispr.: ital.) 71; Poema ex Ponto. Poet. Nachr. aus d. östl. Latinität 77; Fragmente zum Ich (zweispr.: ital.) 77; Poema ex Ponto II u. a. G. 78, III 82; Gedichte auf Leben und Tod 82.

B: Mitgl. Red.komitee d. Lyrikzs. TAMTAM 74.
H: H. C. Artmann: Ein lilienweißer Brief aus Lincolnshire, G. 69; Über H. C. Artmann, Ess. 72. — **MH:** Der Landgraf zu Camprodòn, m. P. O. Chotjewitz (Festschr. f. H. C. Artmann) 67; Das literarische Profil von Rom, m. W. Höllerer 70.
Ue: Goffredo Parise: Die Amerikaner in Vicenza, Erz. (Erzählen heute) 67; Lyrik v. Alfredo Giuliani, Elio Pagliarani, Aldo Palazzeschi sowie sämtl. Interviews m. ital. Autoren in: Das literar. Profil von Rom 70; Eugenio Carmi/Umberto Eco: Die drei Kosmonauten, Kinderb. 71; Edoardo Sanguineti: Reisebilder, 32 G. 72; Nanni Balestrini: weitschweifige tänze verbal, 5 Balln 78.

Biskupek, Matthias; Baumgarten 14, DDR-6820 Rudolstadt.
V: Meldestelle für Bedenken, Geschn., Sat. u. Grotn. 81. ( )

Bitsch, Heinrich, Kulturreferent a. D.; Leihgesterner Weg 2, D-6300 Gießen, Tel. (0641) 75820 (Fürth/Odenw. 11.7.01). Drama, Lyrik, Novelle, Essay.
V: Das Kreuz im Brunnen, Sch. 34; Der schwarze Apostel, Sch. 36; Anne Romans, Sch. 45; Lola Montez, Sch. 47; Dillenburger Fürstenhochzeit, Festsp. 50; Die Protestanten von Gießen, Ess. 51; Das Wunder u. Mess. Legende, Erzn. 51; Rebellen, Sch. 52; Eine verlorene Liebe, Erz. 54; Donsbacher Spiel, Festsp. 58; Entsiegelte Zeit, G. 60; Gießen Report I 67; Neuer Gießen Report II 75; Die Schwarze Madonna, G. 79. —
MV: Ess. u. Künstlerporträts in: Hessen-Journal u. Hessische Heimat 60 — 71; Textbearbeitung versch. Städtebücher; Gießen-Report 70.
B: Hess. Taschenbuch 74, 76.
R: Dillenburger Fürstenhochzeit, Festsp. 50.

Bitterwolf, Alfons, Dr. h. c., Prof., Verleger; IGdA 65; Neuestr. 32, D-7551 Illingen/Baden (Illingen 3.2.29). Drama, Lyrik, Roman.
V: Der weiße Blitz, Sportb. 57; Das schuldlose Blut, Dr. 62; Adolf Hitler vor dem Jüngsten Gericht, hist. Dr.; Der Mitläufer, R.; Das Schlachthaus, R.; Demokratie, Justiz u. Verbrechen in Dtld 77. — **MV:** Generalstab Gottes 62. ( )

Bittner, Helmut *

Bittner, Paula; Verband d. Geistig Schaffenden Öst. 76; Kulturgemein-

schaft Der Kreis 74, Stelzhamerbund 77;
Ahornstr. 14, A-4820 Bad Ischl, Tel.
(06132) 2575 (Wien 12.9.06). Lyrik,
Roman, Novelle.
V: Leander Anreiter, R. 80; Die
Anreiter Kinder, R. 82.
MA: Erdachtes - Erschautes, Prosa-
Anth. 75; Das immergrüne Ordensbach,
Lyr.-Anth. 79; Der Mensch spricht mit
Gott, G. u. Meditat. 82.

Bittner, Wolfgang, Dr. jur., freier
Schriftsteller u. Publizist; VS 74; Egon-
Erwin-Kisch-Pr. 78, Kulturpr. Schlesien
d. Ldes Nds. (Förderpr.) 79; Hilsweg 128,
D-3400 Göttingen, Tel. (0551) 93503
(Gleiwitz/OS. 29.7.41). Lyrik, Roman,
Kurzgeschichte, Satire, Feature, wiss.
Veröff.
V: Rechts-Sprüche. Texte zum Thema
Justiz 75, 79; Erste Anzeichen einer
Veränderung, G., Kurzgesch., Erzn. 76;
Probealarm, G. 77; Der Aufsteiger od.
Ein Versuch zu leben, R. 78; Alles in
Ordnung, Sat. 79; Kasperle geht in d.
Fabrik, Kinderb. 79; Abhauen, R. f. Jgdl.
80; Nachkriegsgedichte, G. 80; Bis an die
Grenze, R. 80; Weg vom Fenster, R. f.
Jgdl. 82; Der Riese braucht Zahnersatz,
Kdb. 83.
MA: Versch. Anth.; Merkur, L 76, Die
Horen, Kürbiskern, Theater heute,
Pardon, Konkret u.a. Zss.
H: Wem gehört die Stadt? 74; Straf-
justiz. Ein bundesdt. Lesebuch 77. —
MH: Sturmfest und erdverwachsen 80.
R: Zahlr. Rdfk- u. Fs.-Send., u.a. Der
Fall Silvia Gingold 77.

Bitzi, Trudi, AIR-Hostess; SSV 81, ISV
81; Alpenblick 5, CH-6330 Cham, Tel.
(042) 361503 (Zug 22.5.54). Lyrik, Kurzgeschichten, Kindermärchen.
V: Amarene, G. 81; Herbstzeitlos, G.
83.

Blaas, Erika (Ps. Erika B. Rockford),
Dr. phil., Prof.; Öst. Autorenverb.; Amer.
Transl. Assoc., Kulturgem. Der Kreis,
Turmbund; Elsenheimstr. 14/12, A-5020
Salzburg u. 903 N. Alpine Rd., Rockford,
IL 61107, USA, Tel. (0662) 211763
(Kirchdorf/Krems, ObÖst. 10.9.17). Lyrik,
Novelle, Kurzgeschichte, Märchen,
Essay, Hörspiel. **Ue:** E.
V: Der Wolf mit den drei goldenen
Schlüsseln, M. 46. — **MV:** Salzburg von
A — Z 54 (auch engl.).
MA: Forum, Ges. 66; G. in Anth. u.
Leseb.
H: Das Dorfb. v. Natters 79.
R: In den Straßen von New York; Eine
Reise durch Amerika.

Lit: C. H. Watzinger: Lit. u. Kunst im
Raum Kirchdorf in: Stadt Kirchdorf a.
d. Krems, Festg. 76.

Blaas, Erna, Prof. h.c., Schriftst.;
I.K.G., ATL, ÖSV 66; I. Lyrikpr. d. G.-
Trakl-Stift. 57, Verleih. des Titels Prof. f.
lit. Schaffen 65, A.-Stifter-Pr. 69, Ring d.
St. Salzburg, Ehrenbecher d. Ld. Sbg. 70,
Ehrennadel i. Gold, Kirchdorf 75 u.a.;
Julius-Haagn-Str. 16, A-5020 Salzburg,
Tel. (0662) 52651 (Kirchdorf/Krems,
ObÖst. 19.2.95). Lyrik, Erzählung, Essay,
Rezensionen.
V: Das Leben und der Tod, G. 30; Die
Liebenden, G. 42; Rühmung und Klage,
G. 44; Die Balladen der Rauhnacht 44;
Abendliche Flöte, G. 55; Das Lied der
Mutter, G. 56; Der Garten Mirabell, G.
60; Durch Bild u. Zeichen, G. 61;
Schattenlicht, G. 69; Verwandlungen,
Erzn. u. Ber. 78; Traum der Welt. Der
Dichter Hans v. Hammerstein 82. —
MV: Zahlr. Anthologien u. Almanache,
Gedenk- u. Reisebücher.
MA: ObÖst. Dichtung, G. 27; Das Lied
v. d. Mutter, G. 31; Anthol. oböst. Lyrik
31; Herz zum Hafen, G. 32.
R: Send. d. ORF: Erzn. u. G.,
Interviews.
Lit: Jos. Nadler: Stämme u. Landsch.
IV 38/39; R. Ibel: Das deutsche Gedicht
44; Kutzbach, Autorenlex. d. Gegenw. 50;
Kutzbach, Aut.-Lex. d. XX. Jh., Kl. Ausg.
52; P. Kluckhohn, Zs. f. Lit. u. Geistesg.
55; A. Fischer-Colbrie, Zeitgenöss. Schr.
in ObÖst. 57; A. Schmidt, Lit. Gesch. uns.
Zeit I 57/68; Dichtung u. Dichter Öst. II
64, u.a.

Blaas, Josef (Ps. S. Buchbinder),
Erzieher; Turmbund, Club d. Begegnung
Linz; Vomperbach 111, A-6130 Schwaz
(25.6.40). Lyrik, Kurzprosa, Funk-
erzählung, Hörspiel.
V: Kettenschlüssel 73; Lyrik 74;
Tyroloide Lyrik 76; Verlorene Sand-
worte 78, alles Lyrik.
R: Fragment eines Schwazer Heimat-
romanes, Funkerz. 74; Die Erfüllung d.
J. M. Bleicher, Hsp. 75; Das Gegen-
geschenk, Hsp. 75. ( )

Blachstädt, CV., s. Ritter, Vera C..

Blaha, Johann Andreas, Prof. i. R.; Kg.
60; Adalbert Stifter-Med. d. Sudetendt.
Landsmannschaft; Neuöttingerstr. 69,
D-8262 Altötting (Groß-Gropitzreith
29.11.92). Lyrik, Essay.
V: Wir tragen die Heimat im Herzen
50; Alte und neue Heimat 51; Neue
Gedichte 52; Glocken der Heimat 53;
Auf Heimwegen überall 54; Fern

leuchtet ein Land 56; Fallende Blätter
58; Leuchtender Abend 59; Sternen-
grüße 61; Letzte Ernte 62; Nachlese 63;
Wanderer über die Brücke 64; Büchlein
der Einkehr 65; Rosen im Schnee 66;
Heimkehr 67; Liebe muß das Herz verschwenden 68; Was die Schwalbe sang
69.
S: Waldbacherl. Wer ich bin? 64.

Blaich, Ute, Journalistin; Eichenweg
5, D-2091 Garstedt, Tel. (04173) 7168
(Nürnberg 2.1.39).
V: Das Mäuse-ABC, Kinderb. 72, 73;
Milchreis, Colt & Veilchenfänger,
Kinderb. 73; Zwonimirkas Zwiebelkiste,
Kinderb. 73; Das rosa Pferd, Kinderb.
74. — **MV:** Friedrich Meckseper: Homo
Ludens 78.
S: Eine musikalische Erzählung zu
den sieben Bildtafeln des Schweizer
Malers Jörg Müller "Alle Jahre wieder
saust der Preßlufthammer nieder oder
die Veränderung der Landschaft", m.
Gert Haucke. ( )

Blank, Annelore, s. Brinkmeier,
Hannelore.

Blanke, Huldrych, Pfarrer; SSV, CH-
7431 Zillis (Zürich 18.6.31). Erzählung,
Essay, Drama.
V: Das Menschenbild in der
modernen Literatur als Frage an die
Kirche, Ess. 66; An der Grenze, Erzn. 71;
Über die Schwierigkeit, Gott los zu sein.
Die Werke Wolfgang Borcherts,
Wolfgang Hildesheimers u. Peter Weiss'
als Beispiel, Ess. 77; Berichte über J.,
Erzn. 78; Ochino, Dr. 83. —
MV: Atheismus als Anfrage an die
Theologie, Ess. 74.

Blankenstein, Heinrich, c/o Orion-
Heimreiter-Verl., Heusenstamm.
V: Wir vom blauen Planeten, gereimte
Ungereimtheiten 82. ( )

Blaschke-Pál, Helga, Direktions-
Chefsekretärin; Ö.S.V., Öst.
Autorenverb.; Silberrose d. Künstler-
bdes Die Silberrose, Ehrenplak. d.
PODIUM 70, Gedichtpr. Salzburg,
Ehrenurkunde d. karpatendt. Lands-
mannsch. Wien, Intern. Lyrikpr. d.
AWMM Brüssel 82; PODIUM 70,
Vizepräs. 82, RSGI, Bodensee-Klub,
Turmbund, Salzburger Autorengruppe;
Sparkassenstr. 7/15, A-5020 Salzburg
(Käsmark 22.5.26). Lyrik, Kurzprosa,
Roman, Märchen, Hörbild, Essay.
V: Triangel, G. 65; Zerbrochene
Spiegel, G. 69; Der Salzburger
Jedermann, dramat. Langg. 70, 75; Auf
des Herzens heimlichen Altar.., G. u.

Kurzprosa 80; Es singen die steinernen
Quellen, G. 81; Aussaat der Hoffnung, G.
81.
MA: Salzburger Silhouette; Menschen
im Schatten; Wie weise muß man sein,
um immer gut zu sein 72; Quer 74;
Funkenflug 75; Erdachtes — Geschautes
75; Auf meiner Straße 75; Alle Mütter
dieser Welt 79; Anthologie 3 79; Das
immergrüne Ordensband 79; Haiku 80;
Gedichte u. Meditationen/Der Mensch
spricht mit Gott 82.
Lit: Dt. Literaturgesch. v. 1. Weltkrieg
bis zur Gegenwart 78.

Blaschzyk, Joachim, Lektor; VS 73-74;
Alicenstr. 43, D-6300 Gießen (Oschatz
13.5.37). Ballade, Lyrik, Erzählung,
Tiergesch., Fabel, Roman, Schauspiel.
V: Blitz, der graue Habicht und
andere Tiergeschichten 72.
R: Die Stille nach dem Beruf, Rdfk-
Sdg. 70; Der Farmer, Erz. 71, 77.

Blasinski, Marianne, Techn.
Angestellte; General-Barby-Str. 55, D-
1000 Berlin 51, Tel. (030) 4133476 (Berlin
29.6.28). Roman, Erzählung.
V: ... und dennoch liebt mich das
Leben 80; Die große Plumpe, Geschn.
üb. d. Berliner Wasserwerke 81.

Blasius, s. Burckhardt, Felix.

Blasius der Spaziergänger,
s. Sommer, Siegfried.

Blatter, Silvio; Schweizer Autorengr.
Olten, Präs. Dtschweiz. P.E.N. 84;
Conrad Ferdinand Meyer Pr. 74, versch.
Auszeichn. d. Stadt u. d. Kantons Zürich,
Werkbeitr. d. Kantons Aargau, Pr. d.
neuen lit. Ges. Hamburg 79; Heinrichstr.
88, CH-8005 Zürich (Bremgarten 25.1.46).
Roman, Erzählung, Hörspiel.
V: Brände kommen unerwartet, Prosa
68; Eine Wohnung im Ergeschoss, Prosa
70; Schaltfehler, Erzn. 72, Tb. 81; Mary
Long, R. 73; Nur der König trägt Bart,
Erz. 73; Flucht und Tod des Daniel Zoff,
Prosag. 74; Genormte Tage, verschüttete
Zeit, Erz. 76; Zunehmendes Heimweh, R.
78, Tb. 81; Love Me Tender, Erz. 80, Tb.
83; Die Schneefalle, R. 81.
MA: Beitr. in versch. Anth.
R: Alle Fragen dieser Welt 75, u.a. ( )

Blau, Sebastian, s. Eberle, Josef.

Blaukopf, Herta (Ps. Herta Singer),
Dr. phil.; Hornbostelgasse 14, A-1060
Wien, Tel. (0222) 577392 (Wien 3.1.24).
Essay, Hörspiel.
V: Im Wiener Kaffeehaus, Ess. 59;
Humor und Hamur, Ess. 62; Wien, Stadt
der Musik, Ess. 64. — **MV:** Musikführer
Wien, m. Kurt Blaukopf, Feuilletons 57;

Gustav Mahler, Richard Strauss, Brief-
wechsel 1888 — 1911 80.
H: Bibliothek d. Intern. Gustav-
Mahler-Ges., Schr.-R; Gustav Mahler
Briefe, Neuausg. 82.
R: In der Caffeteria, Hsp. m. Musik;
Das süße Leben von Anno dazumal,
kulturhist. Hb; Ein Kratzer im Lack,
Monolog 71.

Blaukopf, Kurt, o. Prof., H. f. Musik
Wien; Hornbostelgasse 14, A-1060 Wien,
Tel. (0222) 725344 (Czernowitz 15.2.14).
Roman, Essay, Biographie. **Ue:** E.
V: Große Dirigenten 53, 57; Große
Virtuosen 54, 57; Große Oper - Große
Sänger 55, 58; Hexenküche der Musik
56; Hohes C zu vermieten, Skizzen 56,
58; Symphonie Fantastique, R. 59;
Gustav Mahler - der Zeitgenosse der
Zukunft 69; Mahler. Sein Leben, s. Werk
u. s. Welt in zeitgenöss. Bildern u.
Texten 76 (auch engl.); Musik im
Wandel der Gesellschaft 82.
H: Musik und Gesellschaft 68 - 80.

Blayn, Robert, s. Morzfeld, Erwin.

Blechmann, Liselotte, Dr.phil.,
ObStudR.; Duisburger Str. 165, D-4330
Mülheim/Ruhr (Bonn 20.5.20). Novelle,
Essay, Lyrik, Übers. **Ue:** F, E.
V: Wege u. Irrwege, Erzn. 80; Die
Reise zu d. Mentawai-Inseln, Erzn. 80;
Kein Tauwetter in Sicht, Erzn. 81.
Ue: Eliot: Silas Marner 48; Montier: In
der Schule Pascals 49; R.L. Stevenson:
Sir de Malétroits Door u.d.T.: Die
geheimnisvolle Tür u. a. unheimliche
Geschn. 49.

Blechschmidt, Manfred, Dir.; SV-DDR
60; Kunstpr. d. Rates d. Bez. Karl-Marx-
Stdt 60, Staatspr. f. künstler. Volks-
schaffen I. Kl. 69, J.-R.-Becher-Med. i.
Gold 73, Kurt-Barthel-Pr. 82; Thomas-
Mann-Str. 9, DDR-9400 Aue
(Bermsgrün/Erzgeb. 17.9.23). Erzählung,
Landschaftsschilderung, Roman, Lyrik.
V: Sieg der Zukunft, Kant. 60; Viel
Troppen machen e Wasser 60; E armes
Luder derf net traame 66, 75; Dr
Äppelbaam, daar blüht zer Lust 68, 70,
alles Mundarterz.; Ein frohes Lied dem
jungen Tag, Kant. 68; Auersberggebiet,
Ldsch.schild. 62; Polezeier Bummer-
mann, Geschn. in erzgeb. Mda 81. —
MV: Bergland-Mosaik, Ldsch.schild. 69,
78; Aue-Schneeberg 73; Sachsen — Ein
Reiseverführer 74; Fichtelberggebiet 75;
Vogtlandbilder 75; Böhmische Spazier-
gänge 78, alles Ldsch.schild.
MA: Zwiebelmarkt und Lichterfest 83.

H: Stimmen der Heimat, Anth. 60, 65;
Vun Balzerkar e Rutkallegeschicht,
Mundarterz. 66, 69; Dr Vugelbeerbaam,
Mundart-Liederb. 71; Wos die fer
schwarze Nosen habn, Mundarterz. 72;
Behüt eich fei dos Licht, Mundart-Anth.
71, 76; Die silberne Rose, Sagensamml.
74, 76.
S: In dr Hammerschenk 73, 76; Erz-
gebirgsweihnacht 74, 76, beides Schallpl.
m. Mda.Liedern.

Bleibtreu, Gisela, s. Bleibtreu-
Ehrenberg, Gisela.

Bleibtreu-Ehrenberg, Gisela (Ps.
Gisela Bleibtreu), Dr. phil., M.A., wiss.
Publizistin; Grevelsberger Weg 17, D-
5307 Wachtberg-Villip, Tel. (0228) 325830
(Bonn 2.8.29). Roman, Sachbuch.
V: Tabu Homosexualität, Sachb. 78,
81; Deutschlands Hoffnung, R. 79, 82;
Mannbarkeitsriten, Sachb. 80.

Bleier, Else, s. Rein, Else.

Bleisch, Ernst Günther, freier Schrift-
steller; VS 53, Kg. 52; Ehrengabe d.
Bayer. Akad. Schönen Künste 61,
Eichendorff-Pr. 56, Carl-von-Holtei-
Medaille 63, Goldene Eichendorffnadel
65, Förd. zum Andreas-Gryphius-Preis
66, Schwabinger Kunstpreis f. Lit. 69,
Tukanpreis der Landeshauptstadt
München 77; Autorenbuchhandlung
München 79; Zentnerstr. 38, D-8000
München 40 (Breslau 14.1.14). Lyrik,
Essay, Erzählung, Hörfolge.
V: Traumjäger, G. 54; Frostfeuer, G.
60; Georg Trakl. Monogr. 64; Spiegel-
schrift, G. 65; Oboenghetto, G. 68;
Carmina Ammeri, G. 73; Salzsuche, G.
75; West-östliches Lamento 77; Zeit
ohne Uhr, ausgew. G. 1952-1982 83.
MA: Deutsche Gedichte der Gegen-
wart; Transit; Deutsche Lyrik der
Gegenwart; Das Gedicht 54, 55; Erbe
und Auftrag; Hier schreibt München;
Lyrik aus dieser Zeit 63, 64; Der
leuchtende Bogen; Brücken und
Zeichen; Keine Zeit für Liebe? Neue
deutsche Erzählgedichte; Eine Sprache
- viele Zungen; Deutsche Gedichte seit
1960; Ensemble III, IX; Jahrbuch f.
Lyrik 2 80; Lieb, Leid und Zeit und
Ewigkeit 81, u.v.a.
H: Heitere Leute von Oder und Neiße
58, 60; Zauber Schlesiens 59, 61.
R: Zahlr. Hörfolgen seit 48.
Lit: Arno Lubos: Geschichte der
Literatur Schlesiens III, 74.

Blessenohl, Hugo, Realschuldir. i.R.;
Witzlebenstr. 2, D-4630 Bochum 1, Tel.

(0234) 352502 (Freienohl, Kr. Arnsberg 8.2.14). Jugendbuch, Schulbuch.
V: Das Wrack in den Klippen 54, 55; Erkenne - entscheide 68, 76. — **MV:** Auf der Suche nach dem Glück 73.
MH: Texte u. Bilder f. d. Religions- unterr., Schüler- u. Lehrerhefte f. d. Sekundarstufe I seit 78.

Bletschacher, Richard, Dr. phil., Regisseur; A.K.M. 68, ÖSV 71, Lit.-Mech. 71, L.V.G. 71, VS 71, P.E.N. 77; Pr. d. Ges. d. Fr. A. Kutschers 56; Tuchlauben 11, A-1010 Wien, Tel. (0222) 664221 (Füssen/ Bay. 23.10.36). Drama, Lyrik, Libretto, Kinderbücher, Roman, Musikwissenschaft. **Ue:** E, F, S, I.
V: Der Zaungast des Lebens 61; Urban Schratt 61, Neufass. 79; Kyrillo Ypsilon 64; Die Freunde 65; Die Elefanten des Pyrrhos 66, Neufass. 80; Der Einzelgänger 80, alles Sch.; Die Seidenraupen, Operntext 68; Milchzahn- lieder, Kindergedichtb. 70; Lebens- zeichen, Lyrikbd. 70; Krokodilslieder, heitere G. 73; Die sieben Probleme der Frau Woprschalek, Erz. 73; Die Seiden- raupen u. a. Theaterstücke f. Musik, 6 Operntexte 73; Tamerlan, sat. R. 73; Der lange Weg zur Großen Mauer, Operntext 75; Gomorra, Operntext 76; Augenblicke, Lyrikbd. 76; Die Lauten- und Geigen- macher des Füssener Landes 78; Der Grasel, Chronik eines Räuberlebens 81; Der Mond liegt auf dem Fensterbrett, Kdb. 82; Flugversuche, Erzn. 82. — **MV:** Die Ameise, m. Peter Ronnefeld, Libr. 61.
MA: 13 Anth.
Ue: Marivaux: Das Spiel um Liebe und Zufall, Sch. 61; Henry Purcell, Nahum Tate: Dido und Aeneas, Oper 61; Luigi Candoni: Siegfried in Stalingrad, Sch. 65; Sergio Magaña: Die Zeichen des Tierkreises, Sch. 66; Kaiser Leopold I u. Francesco Sbarra: Die Trauer des Weltalls, Sacra Rappresentazione 71; Antonio Draghi u.N. Minato: Das Leben im Tode, Sacra Rappres. 78;; Joh. Jak. Fux u. P. Pariati: Der Schwur d. Herodes, Sacra Rappres. 79; A. Banchieri: Festino, Madrigalsp. 80; Kaiser Leopold I. und Pietro Monesio: Der verlorene Sohn, Sacra Rappres. 82; F. Cavalli u. G.F. Busenello: Apollo und Daphne, Oper 82.

Blettenberg, Detlef; Delbrückstr. 16, D-1000 Berlin 33.
V: Weint nicht um mich in Quito, Krim.-R. 81; Agaven sterben einsam, Krim.-R. 82. ( )

Blickensdörfer, Hans; Im Holderbett 8, D-7311 Hochdorf üb. Eßlingen.
V: Die Baskenmütze 75, Tb. 78, 79; Bonjour Marianne 75, Tb. 79; Der Schacht, R. 76, Tb. 78; Die Söhne des Krieges, R. 78, Tb. 79; Salz im Kaffee, R. 80, Tb. 81; Alles wegen meiner Mutter, R. 81, Tb. 82; Wegen Mutter gehn wir in die Luft, R. 82, Tb. 83; Pallmann, R. 82, Tb. 83; Keiner weiß wie's ausgeht 83.

Blickle, Martina Helga, Malerin, Lyrikerin; Warndtstr. 30, D-7900 Ulm/D., Tel. (0731) 32848 (Ulm 16.2.29). Lyrik.
V: Einsam unterm Himmel 74; Zwischen Welle und Ufer 76; Zypressen- pforte 77; Rindenmuster 82, alles Lyr.

Bliedung, Ulrike, s. Schleckat, Ulrike.

Blinckmann, Rita (Ps. Rita Rait), Schriftstellerin, Verlegerin; Hamburger Autorenvereinig. 82; Claudiusstr. 30, D-2000 Hamburg 70, Tel. (040) 685406 (Berlin 30.5.25). Lyrik, Prosa, Hörspiel, Theaterstücke.
V: ... und jeder ist einsam für sich, Lyr. 76/77; Gott Amor lacht, Lyr. 78; Wo steht den Bett, Amigo, Prosa 80; Sehnsucht nach menschlicher Wärme, Lyr. 81/82.
B: Longa Scheel: Darüber spannt sich hell der Himmel 82.

Blitzer, Hanna, Hausfrau; Kehilat — Sofia 14, 69018 Tel-Aviv, Tel. (03) 479406 (Beuthen/Oberschles. 9.4.15). Lyrik.
V: Staub und Sterne, Lyr. 82 .

Blobel, Brigitte, s. Blobel-Waasen, Brigitte.

Blobel-Waasen, Brigitte (Ps. Brigitte Blobel), Journalistin; Waldschmidtstr. 12a, D-8132 Tutzing, Tel. (08158) 6858 (Hamburg 21.11.42). Roman, Kurzgeschichte, Kinderbuch.
V: Das Mädchen aus China 75; Jette und Nette, Jgdb. 76-82 VI; Der Mandelbaum, R. 78, Tb. 81; Alsterblick 79, Tb. 2. Aufl. 82; Das Osterbuch 80, 4. Aufl. 83; Fliegender Wechsel 80, Tb. 2. Aufl. 82; Kollege Gabi 81; Die Hörigen 82; Venusmuschel 82, 2. Aufl. 82.

Bloch, Peter, ev. Pfarrer; Feldackerweg 1, D-7830 Emmendingen 13, Tel. (07641) 2580 (Konstanz 26.8.35). Lyrik, Aphorismen, kurze Prosa.
V: Freude ist ein Geheimnis, Meditationen, kurze Texte 75; Gut ist was verrottet, Lyr., Aphor., kurze Prosa 78; Texte zu Bilderbüchern f. Kinder.

Bloch geb. Ehmcke, Susanne (Ps. Susanne Ehmcke); Chopinstr. 9, D-8000

München-Pasing (Düsseldorf 3.8.06).
Kinder- u. Jugendbuch.

V: Zirkus 33; Bill und Bällchen 34; Die
Uhr 39; Die Zauberkiste 41; Vogelbart
42; Die Lieder aus dem Schneckenhaus
44; Gaukelmärchen 46; Die drei Luftballons, Jgd.-Erz. 49; Anne Mone, Jgd.-
Erz. 50; Vier neue Kasperlstücke 57; Der
Reimallein 64; Eine Kette f. Lauri 70. ( )

Blochwitz, Black E.; Kurfürstendamm
177, D-1000 Berlin 15.
V: Flügel im Wind, G., Hymnen 79. ( )

Block, Detlev, ev. Pfarrer; VS Nds. 68,
Die Kogge 76; Lyrikpreise 67, 71, 80;
Autorenkr. Plesse 76; Friedrichstr. 9, D-
3280 Bad Pyrmont, Tel. (05281) 4693
(Hannover 15.5.34). Lyrik, Geistliches
Lied, Kurzprosa, Meditation, Theologie,
Naturkunde.

V: Gärten am Wege, G. 64; Heimweh
und Gnade, G. 65; Leise Ausfahrt, G. 67;
Mein kleines Süntelbuch, Erz. 68;
Amateur-Astronomie, G. 69, 81;
Argumente für Ostern, G. 69; Geglaubt
in der Welt, Andachten 70; Dem Lob-
preis zugewandt, G. 72; Nichts ist bot-
schaftslos, G. 72; Mein Geburtstagsbuch,
Meditationen 74, 75; Jetzt erkenne ich
stückweise, Lesest. z. Glauben 74; Gut,
daß du da bist, Kindergebete 74, 83; Der
Telegrafenmast, G. 75; Gute Erholung,
Kurgastbüchlein 76; Der Himmel in der
Pfütze, Erz. 76, 77; Passantenherz, G. 77;
Stichprobe, G. 77, 82; Anhaltspunkte,
Gesammelte G. 78, 83; In deinen Schutz
genommen, Geistl. Lieder 78, 83; Öffne
mir die Augen, Medit. 78; Pyrmonter
Predigten 78; Wir wollen heiraten, Kl.
Ratgeber f. Trauung u. Ehe 79; Du
krönst das Jahr, Foto-Lyr.bd 79; Ich
nehme mich immer mit, G. 80; Auser-
wählt im Ofen des Elends, Lebensbild
Jochen Kleppers 82; Freude an der
Schöpfung, Naturbetracht. 82; Die
evangelische Stadtkirche Bad Pyrmont,
Wegweiser u. Meditationshilfe 82;
Lieber Kurgast, Chancen der Besinnung
82; Astronomie als Hobby, Sternbilder
und Planeten erkennen u. benennen 82;
Feuersalamander, Laubfrosch und
Gelbrandkäfer, Naturskizzen f.
Terrarien- u. Aquarienfreunde 82;
Kleine Anfrage an den Pächter, G. 83;
Keine Blätter im Wind, Orientierungen
im Glauben 83; Leselöwen-Kinder-
gebete 84. — **MV:** Ich falte die Hände,
Kindergebete 76, 5. Aufl. 82; Ich rede mit
dir, Kindergebete 83, beide m. K. Block.

MA: Zahlr. Anth., u.a.: Thema Frieden,
G. 67; Alm. f. Lit. u. Theol. 67, 71; Wort
für die Woche seit 69; Junge Dichtung in
Niedersachsen 73; Bundesdeutsch,
Lyrik zur Sache Grammatik 74; Kurze
Geschichten 75; Wer ist mein Nächster?
77; Indizien, Kurze Texte z. längeren
Nachdenken 77; Zugänge u. Herwege,
Mat. f. Predigt u. Verkünd. z. Frage n.
Gott 77; 20 Annäherungsversuche ans
Glück, G. 78; Grundbegriffe d. Bibel in
Didaktik u. Literatur 78; Rufe, Religiöse
Lyr. d. Gegw. I 79, II 81; Manfred
Hausmann — Weg u. Werk, Festrede z.
80. Geb. 79; Wege entdecken, Bibl. Texte,
Gebete u. Betracht. 80; Der helle Tag,
Lieder — Texte — Gebete 80; Jetzt ist
die Zeit zum Freuen, Neue Weihnachts-
lieder 80; Ostern ist immer, Texte vom
Leben 81; Erzählbuch zum Glauben I 81;

Im Gewitter der Geraden, Dt. Ökolyr. 81;

Horizonte, Gebete u. Texte f. heute 81;
Das Wort ins Gebet nehmen, Lyr.-Anth.
81; Seismogramme, Lyr. Kürzel für Be-
Denkzeiten 81; Plädoyer für den
Hymnus 81; Auf und macht die Herzen
weit, Liederheft f. d. Gemeinde 82;

Komm, süßer Tod, Thema Freitod,
Antw. zeitgenöss. Autoren 82; Frieden
und noch viel mehr, G. 82; Einkreisung,
Lyr.-Anth. 82; Umkehr zum Leben, Mat.
u. Modelle f. d. Gemeindearbeit z.
Vorbereit. auf d. 20. Dt. Ev. Kirchentag
1983 in Hannover I 82; Reichtum der
Jahresringe, Hausb. f. Feste u. Gedenk-
tage 82; Wo liegt euer Lächeln begraben,
G. gegen d. Frust 83.

H: Der tönende Tag, G. v. L. Bäte 67;
Das unzerreißbare Netz, Lyrik-Anth. 68;
Hamburger Lyriktexte seit 69; Gott im
Gedicht, Lyrik-Anth. 72, 76; Themen der
Woche, Betracht. 73; Meinem Gott
gehört die Welt, Kindergebete 75; Nichts
und doch alles haben, G. z. Thema
Hoffnung 77, 2. Aufl. 77; Mach täglich
einen neuen Anfang, Viermal sieben
Lebensthemen 79; Ihr werdet finden, G.
u. Lieder d. Gegenwart z. Advent,
Weihnacht u. Jahreswechsel 82.

S: Detlev Block liest eigene Gedichte
70.

Lit: M. Hausmann, K. Krolow, K.
Marti u.a.: Schneisen und Schnapp-
schüsse 74, 79; Paul Konrad Kurz: Die
Neuentdeckung des Poetischen 75;
Spektrum des Geistes, Literatur-
kalender 76, 84; Carl Heinz Kurz:
Autorenprofile 76; Zwischenbilanz 76,
80; Imprint 2 76; Berufe neben d.
Schriftstellerberuf 76; Niedersachsen lit.
77, 81; Paul K. Kurz: Üb. mod. Lit. 7, 2. T.
80; Carl Heinz Kurz: Christl. Dichtung.
Z.B. D. Block 81.

Blöcker, Günter; Fontane-Preis 58, Johann-Heinrich-Merck-Preis f. literarische Kritik 64; Dt. Akad. f. Sprache u. Dichtung 65; Ludwig-Barnay-Platz 11, D-1000 Berlin 33, Tel. (030) 8213511 (Hamburg 13.5.13). Essay, Kritik, Literaturgeschichte. Ue: E, F.
    V: Die neuen Wirklichkeiten. Linien und Profile der modernen Lit. 57, 68; Heinrich von Kleist oder Das absolute Ich, Monogr. 60, 77; Kritisches Lesebuch, Literatur unserer Zeit in Probe und Bericht 62; Literatur als Teilhabe. Krit. Orient. z. liter. Gegenw. 66. — **MV:** Kritik in unserer Zeit 60, 62; Definitionen. Ess. z. Lit. 63; Sprachnot u. Wirklichkeitszerfall, Ess. 72; Gottfried Benn, Ess. 79; Hdb. d. dt. Dramas 80.
    MA: Üb. Uwe Johnson 70; Üb. Thomas Bernhard 70; Üb. Jürgen Becker 72; Gabriele Wohmann, Mat.b. 77; Üb. Adolf Muschg 79; Frankfurter Anth. 1-6, Gedichte u. Interpret. 76-82; N. Hawthorne: Der Marmorfaun, Nachw. 61; Virginia Woolf: Flush, Nachw. 77.
    H: Edgar Allan Poe: Meistererzählungen 60, 62.
    Ue: C. Odets: Awake and Sing u. d. T. Die das Leben ehren 46; Elmer Rice: Die Rechenmaschine 46; S. N. Behrman: Biographie und Liebe 46; Maxwell Anderson: Maria von Schottland 46; John Steinbeck: Von Mäusen u. Menschen 47; Alfred de Musset: Man spielt nicht mit der Liebe 47; J. M. Synge: The Playboy of the Western World u. d. T. Der Gaukler von Mayo 48.
    Lit: F. Sieburg: Verloren ist kein Wort 66; Kindlers Lit.gesch. d. Gegenwart: Die Lit. d. Bdesrep. Dtld 73; F. Lennartz: Dt. Schriftsteller d. Gegw. 78.

Blöcker, Walter *

Bloemertz, Günther; VS Nordrh.-Westf. 69; Accad. Italia 82; Am Röttgen 138, D-4040 Neuss-Grimlinghausen, Tel. (02101) 30410 (Linnich/Rhld. 31.3.23). Roman, Erzählung, Lyrik, Essay.
    V: Dem Himmel am nächsten, R. 52, 73 (auch franz., engl., span., finn.); Freedom in love - Antje von Texel, R. 59, 60 (auch engl.); Symbole Identität, Ess. u. 62 G. 69; Verbirg dich bis der Zorn vorüber, G. 83.

Blohm, Jan Christian; 454 Rue de Longwy, Luxemburg.
    V: Marksteine, Aphor., Lyr. 80. ( )

Blome, Horst Wilhelm, Schauspieler, Kabarettist, Regisseur, Theaterleiter, Rezitator; Werkkr. Lit. d. Arbeitswelt; Röthenbacher Str. 3, D-8503 Stadt Altdorf b. Nbg, Tel. (09187) 6543 (Bremen 24.11.37). Sat. Ged., Kabarett-Texte, Parodien, Kinderst., Glossen.
    V: Durchsage, G. 62; Rotkäppchen 63; Schneeweißchen u. Rosenrot 64, beides Mitspiel-Stücke. — **MV:** Erwartung 61; Deutsche Teilung 66, beides G-Anth.; Wer einmal in d. Fettnapf tritt 61, 63; Hoppla, wir beben 62; Über allen Zipfeln ist Ruh 64; Wer nie sein Brot m. Zähnen aß 64; Die Rübe ist d. Güter höchstes nicht 65; Wer fürchtet sich vor'm schwarzen Mann 65; Ich trinke Kaba, und wen wählst du? 65; Bis z. letzten Wutstropfen 65; Ene mene minkmank 66; Wer m. Hunden schläft... 67; Ist d. Marx bewohnt? 67, alles Sat. Rev.; 95 Thesen, Sat. 67; Die einzinkige Gabel, sat. Anthol. 74.
    B: Komödie d. Irrungen 63; Liebesluhuhust 65; Autobus S 66, alles sat. Sch..
    H: Elefant, Zs. 54; Schritte, Lit. Zs. 55; Progr.-H. d. Neuen Theaters u. d. Kabarett-Theaters Die Hintertreppe 62-67; Affenkäfig 68; Autobus S 73; Wo kommen die Löcher im Käse her? 74; Drüben am Walde hängt ein Guruh 74; Denk ich an Dtld in d. Nacht 75; Argloser Bummel durch Europa 76; Kein schöner Ding ist auf d. Welt, als seine Feine zu beißen 76; Da muß noch roter Pfeffer her 77; Genossen Nachkommen, Achtung! 77; Lit. Nonsens 77; Wieso Warum? 77; Sag mal, verehrtes Publikum ...! 78; ... und die Rippe vom Mann! 79; Der Spott, der Kein Eisen wachsen ließ 79; Sie sind ein Plattkopf! 79; Vom Himmel tief ... 79; Über Kinder ... u. ihre Eltern 80; Wer fürchtet sich vorm schwarzen Mann? 80; Chile im Herzen 75; Die lange, lange Straße 75; Frühling 76; Wenn das Wasser endlich mit befreiter Stärke 77, alles Anthol.; Kinder, ihr müßt euch mehr zutrauen, sat. Kinder-Anthol. 76; Der tägliche Kram, humorist. Senioren-Anth. 76. — **MH:** B & M & W 74; Songs u. Texte von Brecht/Villon 74; Wieso warum, sat. Anthol. 74.
    F: DKP in Aktion 77.
    R: (MV): Ein Platz f. Satire 65.
    Lit: Heinz Greul: Bretter, die die Zeit bedeuten 67, 71. ( )

Blood, John, s. Duensing, Jürgen. *

Blosche, Renate (Ps. Renate Dalaun), Dr.; Königsberger Str. 40, D-8480 Weiden/Opf..
    V: Metamorphosen, G., lyr. Dialog 81. ( )

Blucha, Maria *

Bluco, Axel, s. Breucker, Oscar Herbert.

Blum, Anneliese *

Blum, Helene (Ps. Helene Blum-Gliewe), Schriftstellerin; Quedensweg 31, D-2312 Mönkeberg, Tel. (0431) 23554 (Stolpp/Pomm. 17.12.07). Roman.
V: Die Kaschubenbraut, R. 2.Aufl. 81; Hinter den Türen, R. 83.

Blum geb. Koch, Lisa-Marie, freie Autorin, Malerin; VS Hamburg 53; Erzählerpreis des SDR 57, Ausw.liste z. Dt. Jgdbpr. 60; Poelchaukamp 23, D-2000 Hamburg 60, Tel. (040) 273082 (Bremerhaven 3.10.11). Roman, Lyrik, Erzählung, Jugendbuch, Kinderbuch, Bilderbuch.
V: Ringelblume — Nickkopf, Jgd.-Erz. 49; Der Wanderklaus, Kinder-Tb. seit 51, seit 77 u.d.T.: draußen; Der Geburtstagskuchen, Bilderb. 46; Kleiner Bruder — Große Welt 53; Kommt spielt mit uns 53; Der liebe gute Spielzeugmann 54, 83; Wittkopp, Jgdb. 56, 59; Das geheimnisvolle Karussell, Kinderb. 59, 77 (auch engl., amer., holl., afric.); Finchen, Kinderb. 60, 69; Hamburger Anth., G. 65; Die Seejungfrau im Muschelhaus, Kderb. 68, 69; Ponyapotheke, Jgdb. 69, 83; Gruselchen, Kderb. 71, 74; Das Café an der Madeleine, Jgdb. 72, 73; Ausgerechnet Wasserflöhe, Kderb. 74; Hamburg liegt nicht am Meer, Jgdb. 78; Marionetten, Erz. f. Erwachsene 78; Der geheimnisvolle Computer, Jgdb. 80; Regieanweisung, G. f. Erwachsene 80; Viele Monde, Erz. f. Erw. 82.
MA: Stadt der Kinder 69; Mutter 69; Gewalt 70; Spiel mit dem Riesen 71, 79; Menschengesch. 73; Auf der ganzen Welt 75; Tiergeschn. 75; Kalendergeschn. 80; Gedichte f. Anfänger 80; Keine Angst 80; Frieden m. als ein Wort 82; Seit du weg bist 82; Frauen, die pfeifen 78, 80; Krumme Sachen 81.
R: Sternbild der Zwillinge, Erz. 57; Lyrik 59; Die Schuhe, Erz. 59.
S: 5 Erzn. aus: Marionetten, Kass. 81.
Lit: Dr. Sigrid Weigel: L.-M. B. in: Weltlit. i. 20. Jh. 81; Dr. Ruth E. Geiger: Autorenporträt L.-M. B. in: Bücherkommentare 82; Dr. Hans Gärtner: L.-M. B. in Lex. d. Kinderlit. 82.

Blum-Gliewe, Helene, s. Blum, Helene.

Blumenberg, Bettina, c/o Hanser-Verl., München.
V: Vor Spiegeln, Erz. 83. ( )

Blumenberg, Hans Chr. *

Blumenthal, Ilse (Ps. Ilse Blumenthal-Weiss), Mitarbeiterin am Leo Baeck-Inst. New York; ISDS 53, Dt. P.E.N.-Zentrum; 35 — 15, 75th St., Jackson Heights, NY 11372/USA (Berlin 14.10.99). Lyrik, Hörspiel, Essay.
V: Gesicht und Maske, G. 29; Das Schlüsselwunder, G. 54; Mahnmal, G. 57.
MA: Jahrbuch für jüdische Geschichte und Literatur 36; Ess. in: Tribuene; Jüdisches Schicksal in dt. Gedichten, hrsg. v. S. Kaznelson 59; An den Wind geschrieben, Lyrik-Anth. 63; Festschr. für Margarete Susman, beides hrsg. v. M. Schloesser 64; Welch Wort in die Kälte gerufen, hrsg. v. H. Seydel 68; G. in: L' 82.
R: Vater, Mutter und Kind, Hsp. 31; Das Spiel im All, Hsp. 32; Vorlesungen: Lyrik, Buchbesprechungen, jüd. Themen.
Lit: J. Trotzki: Die Dichterin Ilse Blumenthal-Weiss in: Volk en Welt, Zs. 56; Fs.interview in: Aspekte 78, 80.

Blumenthal-Weiss, Ilse, s. Blumenthal, Ilse.

Blunck, Hildegard; Schriftst. in Schlesw.-Holst. u. Eutiner Kreis 65, Kg. 72; E.gabe d. Stadt Braunschweig 73; Bülowstr. 19, D-2300 Kiel 1, Tel. (0431) 82607 (Mirow/Mecklenb. 25.11.17). Jugendbuch, Lyrik, Kurzgeschichte, Märchen, Roman, Hörspiel.
V: Im Wohnwagen durch Italien, Jgdb. 57; Marco Polo der große Abenteurer, Jgdb. 61, 78 (auch engl.) 66, (auch ital.) 70; Suche den Raben, G. 80.
MA: G. in versch. Anth.
R: G. im Rdfk.

Blunck, Jürgen, Dr.phil., ObBiblR.; Franckestr. 16, D-2300 Kiel, Tel. (0431) 8802707 (Hamburg 28.2.35). Sachbücher, Sagen, Nacherzählungen.
V: Die Kölner Zeitungen u. Zss. vor 1814 66; Bibliographie Hans Friedr. Blunck 81; Mars and Its Satellites 77, 2.Aufl. 82; Dein Name sei Sonne, Erde, Mond 83.
MA: Aufs. in Fachzss.

Boas, Horst, Chemiearbeiter; Jerry-Cotton-Pr. d. Bastei-Verlages 80; Heinrich-Heine-Str. 14, D-6700 Ludwigshafen am Rhein, Tel. (0621) 566621 (Dessau/Anh. 16.12.28). Kriminalroman, Kurzprosa.
V: Die Botschaft, Erz. 61; Spuren im Gras, Krim.-R. 61, 63; Stadtpark 22.15, Krim.-Erz. 64; Die verhängnisvolle Faser, Krim.-Erz. 68; Der Tote am Mühlenwehr, Krim.-R. 68, 69; Scherben-

Augusts letzte Tour, Krim.-Erz. 70;
Verbrechen zu zweit 81; Visa für den
Tod 81; Der Fluchtexperte 82;
Damentausch 83; Steig aus, wenn du
kannst 83, alles Krim.-R.

BOB, s. Burkhardt, Otto Bruno.

Bobsin, Jörg.
V: Das Schiff m. d. purpurnen Segeln;
Wie d. Regenfrau d. Sommer verschlief;
Alles üb. Udo; Ihre Fernsehlieblinge —
ganz privat; Sandmännchen erzählt;
König des Kreuzverhörs.
R: Abstecher in die Romantik;
Attraktionen f. 3 Groschen, beides Fs.
S: (MA): Pippi Langstrumpf 65;
Geheimnis um eine siames. Katze 67;
Geheimnis um einen nächtl. Brand; Die
Burg der Abenteuer 66; Karlsson v.
Dach 66; Pariser Journal 66; Mein
Freund, d. Fabulierer 67; Spaziergang
im Zoo 67; Lausbubenstreiche 67; Die
Insel der Abenteuer 67. ( )

Bochskandl, Marcella (Ps. Marcella
d'Arle); Burggasse 71, A-1070 Wien u.
Via Pogerola, I-84011 Amalfi (Rom).
Drama, Roman, Novelle, Essay, Film,
Hörspiel, Kinderbuch, Reise-
beschreibung. **Ue:** I, F, E, S.
V: Lange Fahrt, R. 39; Eva, Mutter der
Welt, R. 42, 47; Auswanderer, R. 47;
Reise ins Licht, R. 47; Dunkle Kräfte, R.
48; Frau unter fremden Frauen 55, 56;
Ich war in Mekka, R. 58; Kadischa 61,
78; Drei Mädchen in Salerno 62, 70; El
Harem 64, 70; Der Bettlerjunge von
Tanger, R. 65, 77; Zeit in der roten
Wüste 70, 77; Die Herrin der Sahara 77;
Die Herzogin von Amalfi, R. 79.
R: Die Gabe, Hsp. 49; Kadischa 61, 64.
Ue: Goldoni: Der Lügner 40. ( )

Bock, Ernst L., c/o Verlag Neues
Leben, Berlin (Ost).
V: Walküre lächelt nicht 77, 2. Aufl. 81.
( )

Bock, Sigrid *

Bockemühl, Carl-Heinz, kaufm.
Angestellter; FDA; Am Weinberg 1, D-
3593 Edertal 1, Tel. (05623) 1624
(Magdeburg 16.1.17). Lyrik, Novelle,
Erlebnisschilderungen, Erzählungen,
Märchen, religiöse Gedichte.
V: Kleinigkeiten am Wege, G. 61; Was
Freude macht, G. u. Erlebnis-
schilderungen 62; Tannengrün u.
Kerzenschein, e. Weihnachtsb., G. u.
Erzn. 79; Geheimnisvoll im klaren Licht,
G.
MA: Heimweh am Nächsten 61; Weg-
gefährten 62; Jedem Tag sein Licht 63;
Ich brenn im Feuer der Liebe 63;

Spuren der Zeit 62, 69; Musenalm. II 62,
64; Licht vor dem Dunkel der Angst 63;
Liebe menschgewordenes Licht 64; Das
ist mein Land 66; Ein Wort ins Herz der
Welt 67; Alle Wunder dieser Welt 68;
Und dennoch müssen wir leben 70, alles
Lyrik; Der Friede, den wir suchen 71;
Nur die Freude läßt uns hoffen 72;
Wahrheit wollen wir ergründen 73; Jung
ist, wer zu lieben weiß 74; Die sonder-
baren Menschen 76; Das rechte Maß 77;
Jahrbücher 78/82 Karlsruher Bote.
Lit: Musenalm. 61, 63, 64; Weg-
gefährten; Karlsruher Bote, u.a.

Bodden, Ilona, Schriftstellerin;
Premio Intern. di Poesia Gradara 71, 73,
Premio Letterario Picenum 72, 74,
Premio Tolentino Terme 77; Hoheluft-
chaussee 125, D-2000 Hamburg 20, Tel.
(040) 462412 (Hildesheim 8.2.40). **Ue:** I, E,
F.
V: Pappeln, schwarze Federn aus
Nacht, G. 60; Erinnerung an einen
Obelisken, G. 74; Tom und Tina und der
struppige Hund, Kinderb. 74; Maulwurf
Julius und der Nudelbaum 75; Die
Wundertüte 76; Da blies der Hund den
Dudelsack 77; Das Katzentischtuch 76;
Der Kater mit dem roten Schal 80, alles
Kinderb.; Der gläserne Vogel, G. 80;
Schattenzonen, G. 81; Die Gehäuse der
Zeit, G. 83; Hi Ha Hexenschuß, Kdb. 83.
MA: dt., ital. u. ungar. Lyrik-Anth.
R: versch. Rdfksend..

Bode, Helmut; Histor. Kommiss. f.
Nassau; Königssteiner Str. 16, D-6242
Kronberg/Ts., Tel. (06173) 4923
(Kronberg 21.10.10). Essay, Erzählung,
Jugendbuch. **Ue:** E, F.
V: Hermann Hesse, Ess. 48; Orangen-
blüte, 4 Erzn. aus Frankreich 48;
Zwischen Main und grünen Taunus-
bergen, M. u. Gesch. 48, 66; Tom und
Teddy. Die fröhlichen Abenteuer eines
kleinen Jungen u. seines Hundes 50, 60;
Freundschaft mit Büchern 61; Kronberg
im Taunus-Porträt einer Stadt 66;
Königstein und Falkenstein im Taunus,
Städteb. 68; Vom Eschborner Esel, der
die Cronberger Schlacht gewann, Erz.
70; Erasmus Alberus, Lob d. Wetterau
78; Frankfurter Sagenschatz 78;
Frankfurter Märchenschatz 79; Johann
Ludwig Christ. Oberpfarrer in
Kronberg, Bienenforscher, Pomologe,
Ökonom 83.
H: Casanovas schönste Abenteuer 49;
Boccaccio: Das Dekameron 53; Bücher -
Schlüssel zum Leben, Tore zur Welt 54;
Brehms Weltreisen zwischen Nordkap
und Äquator 56; Kronberger Drucke, 6

Bde. — **MH:** Bücherschiff, Zt.; August Wiederspahn: Die Kronberger Maler- kolonie 71, 3. erweit. Aufl. 82; Fritz Wucherer: Lebenslauf u. Jugendbr. 73; Ernst Schneider: Kl. Chronik Schönbergs 74; Kronberg im Taunus. Beitr. z. Gesch., Kultur u. Kunst 80; Oberhöchstadt in 12 Jahrhunderten 82.

Ue: Das Kopfkissenbuch der Dame Sei Shonagon 44, 76; William Saroyan: Der waghalsige junge Mann auf dem fliegenden Trapez u. a. Geschn. 48; Boris G. Petroff: Sohn der Donau 54; Antonia Ridge: Reise durchs Familienalbum 58; Gilbert Renault: Die Karavellen Christi 59.

Bode, Ilse, s. Siebecke-Giese, Evemarie.

Bodeit, Gerhard, Journalist; SV-DDR 53; Preis z. Schaffung einer neuen dt. Kinder- u. Jugendlit. d. Min. f. Kultur 53, Silberner Lorbeer d. Dt. Fernsehfunks 63, 64; Mörikestr. 12, DDR-7021 Leipzig (Rostock 18.1.21). Drama, Jugendlit., Film, Hörspiel, Fernsehspiel.

V: Brüderchen und Schwesterchen, Msp. 47; Hänsel und Gretel, Msp. 53; Tischlein deck dich, Goldesel streck dich und Knüppel aus dem Sack, Msp. 56; Wohin du gehörst, Sch. 63; Zwei Sonnen über dem Feld, Sch. 64.

H: S. Dadiani v. s. Jewlachow: Die Lichter von Rustawi 53; Seit ich dich liebe, Lyrikanth. 77; Brevier fürs Essen, Trinken und Gastmahlen, Intern. Spruchweisheit 81; Die Schönen des William Shakespeare, 17 engl. Stiche a. d. 19. Jh. 82; Schlafen! Vielleicht auch träumen? Gedanken zw. Abend und Morgen 83.

F: In den Sack gesteckt 59; Der Neue I 63; Der Neue II 64.

R: Wohin du gehörst 62; Verloren und gewonnen 63; Die dicke Berta und der dürre Paul 64; Lütten-Lunow 66, alles Hsp.; Der erste Sommer 68; Ob er aber Olaf Obermeier heißt ...? 71; Kaukasische Puteneier 73, alles Fsp.; Der Meister, Hsp. 74.

Boden, Manfred *

Bodenschatz, Hans *

Bodensiek, Karl Heinz, Schriftst., Reisejourn., Stellv. Geschäftsführer u. Pressereferent i. R., Hauptschriftleiter a. D.; Die Kogge; Literaturpr. d. Künstlervereins Malkasten, Düsseldorf 73, Bronzeplak. " Unsterbl. Rose" 81; Kronenburger Lit.kr. (Arb.ausschuss), Europa Forum f. Lit. Ascona/Düsseldorf, Lit. Ges. Köln, Verein. Dt. Reise-

Journalisten; Nachtigallenstr. 18, D-5300 Bonn 2, Tel. (0228) 333775 (Köln-Mühlheim 14.7.06). Reisebericht, Novelle, Lyrik, Essay, Film, Kunst- und Kulturkritik, Rundfunk.

V: Das Bühnenbild 33; Eine Sommer-novelle 41; Über Romain Rolland 48; Wer lacht, ist ein besserer Mensch 53, 56; Der Gang in den Weihnachtswald 57; Der sur- u. realistische Vexierspiegel samt Bericht üb. das sonderbare Leben des Peter Michel Dito 57; Romantischer Rhein, Bildb. 63; In den gläsernen Fluten d. Zeit, Lyr. 63; Das Sieben-gebirge, Bildbd. 64; Bergisch Land, Bildbd. 65; Der Niederrhein, Bildbd. 66; Landschaften, Lyr. 67; Zeit u. Leben, lyr. Tageb. 68; Vergnügliches Kursbuch für heitere Gesichts-Züge 69; Eifel, Bildbd. 70; Nimm sie mit 71; Emmerich 72; Amsterdam 73; Die Welt ist in dir, G. 76; Sauerland, Bildb. 79.

MA: Lebendiges Rheinland 40; Der fröhliche Rhein; Deutsche Lande - Deutsche Städte: Land am Rhein; Mit Goethe zum Rhein 49; Das Zeitbuch 49; Du und Ich 50, 51; Musen-Almanach 59; Ja, ja die Kinder 61; Europa Manifest 79, u.v.a.

MH: Rheinische Landschaft 40 III; Mit fröhlichem Gesicht 41 III; edition signaturen 74 - kontakte europäisch.

F: Der Rhein - Herzstrom Europas, Mitarb. am Drehbuch.

Bodenstedt geb. Kreichelt, Johanna, Lektorin, Redaktionsassist.; VS Hamburg; Tribünenweg 15, D-2000 Hamburg 74, Tel. (040) 6513100 (Clausthal-Zellerfeld 21.8.12). Novelle, Lyrik, Hörspiel. **Ue:** E.

MV: Genie in Unterhosen, m. Marielotte Weber 48.

R: Großmutter Kräuterhexe; Winnie Puh; Schneewittchen in unserer Zeit; Ruprecht mit den schwieligen Händen, alles Hsp.

Böck, Emmi (Ps. Ilja Sandrach), Germanistin, freischaffender Autor; Bdesverd.kreuz 81; Münchener Str. 74, D-8070 Ingolstadt, Tel. (0841) 72433 (Zweibrücken/Pfalz 17.6.32). Sagensammlungen, Volkskunde.

V: H: Ingolstadt, Bildbd. 66; Sagen Ingolstadt, 73, 2. Aufl. 78; Die Hallertau, Bildbd. 73; Sagen Hallertau 75, 2. Aufl. 83; Sagen aus Niederbayern 77, 2. Aufl. 83; Sagen aus Eichstätt 77; Regensburger Stadtsagen 82.

MA: Beitr. in: Pfaffenhofer Heimatbuch. Land und Leute 74; Weiteres Weiss-blau Heiteres 78; Jb. d.

Dt. Alpenver. 75, 77; Begegnung im
Altmühltal 81; Lesespaß 3 82.
Lit: Die Sagen der Emmi Böck, TV-
Film 79.

Böck, Marianne (Ps. Böck-Hartmann);
Tengstr. 62/1, D-8000 München 13
(München 17.3.14). Kinderbücher.
V: H: Kennst Du Nika, Kinder-R. 64;
Mit einem Luftballon fing's an, Kinder-
R. 65; Klick-Klack und die Bilderbuch-
maus, Kinder-R. 68, u. zahlr. Bilderb. ( )

Böck-Hartmann, s. Böck, Marianne.

Böcker, Hans Werner, Verleger; FDA;
Geiselgasteigstr. 128, D-8000
München 90, Tel. (089) 647416 (Buer/
Westf. 5.2.16). Jugendbuch, Roman,
Novelle.
V: Rumpelstilzchen, M.-Sch. 47; Max
und Moritz, Rüpelsp. 47; Am Rio Biobio,
Jgdb. 48, 50; Der Clan von Urubamba,
Jgdb. 49; Tajo, Du und ich, Jgdb. 49;
Knecht Ruprechts Stellvertreter, Msp.
49; Tajora und Herlaug, N. 49; Im Banne
der Inkas, Jgdb. 50; Freund Pie aus
Südamerika, Jgdb. 50; Flammende
Schatten, R. 51; Indianer, Gauchos und
Piraten, Jgd.-R. 51, 55; Wir kennen keine
Langeweile, Jgdb. 54, 56; Wohin mit
Mahinda, Jgd.-R. 58.

Böcker, Juliane, Schriftstellerin;
Gedok seit 31, VS 48, F.D.A. seit Gründ.;
Tukankreis seit Gründ.; Hess-Str. 27/III,
D-8000 München 40, Tel. (089) 522465
(München 12.5.05). Lyrik, Roman,
Novelle, Märchen, Kinderbücher.
V: Der Lieblingssohn des Seraph,
Legn. 31; Aphorismen 48; Durch meine
Träume weht dein Atem, G. 59; Das
Opfer des Akbâr, N. 60; Aphorismen 66;
Der Rosenprinz, Märchen 67; Der letzte
Werber, R. 75; Die Versuchung der
Suleika, Erzn. 75; Überraschungen, Erz.
81; Brief in den Raum, relig. Dichtung
83; Und der Lotos wuchs, G. 83.
H: Das Schaffen des Malers Hermann
Böcker; In memoriam H. Böcker.

Böcking, Werner, Archäologischer
Zeichner; VS 79; Erpratherweg 32, D-
4232 Xanten 1/Rhein, Tel. (02801) 1630
(Homberg/Niederrh. 25.1.29). Lyrik,
Roman, Essay, Hörspiel.
V: Die Römer am Niederrhein und in
Norddeutschland, populär-wiss. Sachb.
74, 78; Schiffe auf dem Rhein in drei
Jahrtausenden, Sachb. 79; Die Gesch. d.
Rheinschiffahrt, Textbd. 80; Nachen und
Netze, Die Rheinfischerei zwischen
Emmerich u. Honnef, Sachb. 82; Das
geheimnisvolle Waldhaus, Jgdb. 82; Die

Geschichte der Saarschiffahrt, Sachb.
83.
MA: Niederrhein-Autoren, Anth. 81;
Niederrh. Weihnachtsbuch, Anth. 81.
R: Sein erster Brief, Hsp. 58; Salm-
fischer am Niederrhein, Hsp. 67; Aus-
grabungen in Xanten 1933, Hsp. 70.
Lit: Neues Rheinland 1 83.

Böckl, Manfred (Ps. Jean de Laforet),
freiber. Autor; RSG 68, VS 69-73;
Aussigerstr. 33, D-8400 Regensburg, Tel.
(0941) 65224 (Landau/Isar, Ndb. 2.9.48).
Roman, Lyrik, Essay, lit. Bearbeitung
V: 20 Zukunfts-, Krim.- u. Horror-R.
73, 79; Geheimbund Blaue Rose:
Verschwörung im Goldenen Turm, hist.
R. 81; Der schwarze Pirat, hist. R. 82;
Die Swandorfer Fragmente, SF-Erz. 82;
Aufruf zur Revolution in bürgerlichen
Tanzsälen, Lyr. 82. –
MV: Schnauzbärtige Texte, m. G.
Schramm u. Horst Weber 69; Reiter der
Blauen Rose I: Der Degen des
Musketiers 80, II: Der Verräter 80, m. H.
Watzke.
B: Alexandre Dumas: Der Graf von
Monte Christo 80; Alexandre Dumas:
Die drei Musketiere 83; Walter Scott:
Robin Hood 83. – **MA:** Traum vom
großen Abenteuer, Anth. 82.
MH: Schnauzbärtige Texte 69.

Bödeker, Johann Dietrich, Dr.phil.,
StudDir.; VS 78; Margaretenhöhe 21, D-
3300 Braunschweig, Tel. (0531) 350114
(Rönneburg, Kr. Harburg 25.2.18). Lyrik,
Roman, Erzählung, Satire.
V: Reichsapfel u. Pflaumenbaum. Dt.-
Wendische Geschn., R. 76, 2.Aufl. u.d.T.:
Mutterland – Vaterland? Dt.-
Wendische Gesch., R. 79; Eros reitet das
Reh, Erzn. 79; Blicke ins Tausendauge,
G. 82.
MA: 1415-1965 Gymnas. Martino-
Katharineum Braunschweig, Festschr.
z. 550-Jahr-Feier 65; Schmähwinkel,
Satyrikon, Vjschr. 79-83.

Böer, Annelies, s. Rüggeberg,
Annelies.

Böer, Friedrich; Ebertallee 19, D-2000
Hamburg 52, Tel. (040) 898281 (Hamburg
17.1.04). Erzählung, Märchen, Jugendbuch, Sachbuch.
V: Klaus, der Herr der Eisenbahnen,
Kinderb. 33; Drei Jungen erforschen
eine Stadt, Kinderb. 34, 54; Krischan,
der Bauernjunge, Kinderb. 35; Das
Schiffbuch, Sachb. 37, 43; Der Hafen,
Sachb. 50, 55; Alles über ein Schiff, Jgdb.
55, 67; Die Reise in die Wirklichkeit
oder Jeder weiß mehr, als er weiß, Jgdb.

73, 77; Tobys geheimes Tagebuch oder
Die Spielregeln des Alltags, Jgdb. 82.

H: Ensslin-Jugendkalender 50 - 68;
Ensslin-Schüler-Taschenbuch und
Jugend-Kalender 1969 - 80; So lebt man
anderswo. Alltag, Sitte u. Brauch bei 14
Völkern d. Erde, Jgdb. 55, 72.

Böger, Helmut, Journalist; VS;
Eichendorffstr. 6, D-5206 Neunkirchen-
Seelscheid, Tel. (02247) 3537 (Wuppertal
18.9.49). Erzählung, Satire.
V: Berühmte & berüchtigte
Wuppertaler. 27 Porträts 75; Kaufen Sie
sich einen Minister u. a. Satiren aus d.
öffentl. Dienst, Erzn. 82.
H: Gedichte aus d. Bundeswehr,
Lyr.samml. 73.

Bögershausen, Karl-Heinz (Ps. Boris
Vandrey, Cornelius Kempe), Beamter;
Dahlienweg 7, D-3180 Wolfsburg
(Hildesheim 23.2.25). Roman.
V: Sabrina 69; Lösch das Feuer 70;
Eheurlaub 72; Gier 72, alles R. ( )

Bögli, Alfred, Dr., UProf., CH-6285
Hitzkirch, Tel. (041) 851116 (Willisau-
Stadt 1.4.12). Jugendliteratur, Sachbuch.
V: Im Banne der Höhle, Erlebnisb. 53;
Lockende Höhlenwelt, Erlebnisb. 58; Im
Banne der großen Höhle 65; Zauber der
Höhlen, Sachb. 76. — **MV:** Leuchtende
Finsternis, m. Herbert W. Franke,
Sachb. 65.
s. a. Kürschners GK.

Böhle, Lis, s. Schmitt-Böhle, Lis.

Böhler-Mueller, Charlotte (Ps.
ChBM), selbständig. Geschäftsfrau;
Hebelbund Lörrach seit 81, Mutter-
sprachges. Freiburg seit 82; Buckmatten
18, D-7889 Grenzach-Wyhlen 1, Tel.
(07624) 6235 (Buxheim/Allg. 5.4.24). Lyrik
in Poesie u. Prosa.
V: Buxheimer G'schichten u. Gedichte
80; Sendepause der Erwartungen,
Aphor. 81; Nimm Dr Zit, Mda. u. Hochdt.
G. 82; Für jeden Augenblick, Glück-
wunsch-, Dank- u. Trostgedichte 82;
Perlen für Dich, Aphor. 82.

Boehlich, Walter; V.D.Ü. 70; Freiherr-
vom-Stein-Str. 21, D-6000
Frankfurt a.M., Tel. (0611) 727047
(Breslau 16.9.21). Essay. **Ue:** F, S, D.
H: Marcel Proust: Briefe zum Werk
64, 77; Der Berliner Antisemitismus-
streit. Dokumente 65; G. G. Gervinus:
Einleitung in die Geschichte des 19. Jh.
und Der Hochverratsprozess gegen
Gervinus 67; Karl Gutzkow:
Deutschland am Vorabend seines Falles
oder seiner Grösse 69; Giambattista
Basile: Das Märchen aller Märchen

82. — **MH:** Freundesgabe für Ernst
Robert Curtius, Festschr. 56.
Ue: Sören Kierkegaard: Briefe 55, 83;
Hermann Bang: Das weiße Haus — Das
graue Haus 58, 78; Ramón J. Sender: El
lugar de un hombre u. d. T.: Der
Verschollene 61; Jean Giraudoux: Simon
le pathétique 61, 64; Marguerite Duras:
Der Nachmittag des Herrn Andesmas
63; Ramón José Sender: Requiem für
einen spanischen Landmann 64;
Marguerite Duras: Zerstören, sagt sie
69; Peter Ronild: Die Körper 71; Régis
Debray/Salvador Allende: Der
chilenische Weg 71; Victor Jara. Sein
Leben — seine Lieder 79; Hjalmar
Söderberg: Gertrud 81.

Böhm, Heinz; Felsenstr. 25, D-7920
Heidenheim a.d.Brenz, Tel. (07321)
44371.
V: Tödliches Schweigen 71; Rosi, das
Kellerkind 73; Der entscheidende Elf-
meter 74; Vaters dunkles Geheimnis 74;
Nur der Heilige Geist. Vom Segen
unserer Ohnmacht 75; Der "schwarze
Jonny" spielt falsch? 75; Die Stunde der
Abrechnung 76; Tino auf fremden
Straßen 77; Volker im Todessumpf 78;
Verführung inbegriffen 79; Jagt den
wilden Michel 79; Die Generation der
Hoffnungslosen 79; Des Glaubens
liebstes Kind 81; Wer schuldig wird auf
Erden 81; Wenn der Vorhang fällt 82;
Jane und Shirley setzen sich durch 82;
Der Verdacht liegt auf Charlie 82; Treff-
punkt alte Burgruine 83.

Böhm, Max, c/o Sensen-Verl., Wien,
Öst..
V: In Wirklichkeit ist alles anders...,
poet. Tageb. 83. ( )

Böhm, Rudolf *

Böhme, Günther, Dr., UProf.;
Idsteiner Str. 26, D-6200 Wiesbaden
(Dresden 4.5.23). Lyrik.
V: Beim Wort genommen, G. 59;
Liebeserklärung an den Wein, G. 66, 77;
Der wohlempfohlene Mord und die
unterkühlte Liebe, G. 70; Urbanität, Ess.
82.
MA: Ich hab nichts anzuziehen,
Einfach köstlich, Hände hoch!, alles G.
62/63.
H: Die zehnte Muse.
s. a. Kürschners GK. ( )

Böhme, Thomas, c/o Aufbau-Verl.,
Berlin (Ost).
V: Mit der Sanduhr am Gürtel, G. u.
Gebilde 83. ( )

Böhmer, Beatrice, s. Ferolli, Beatrice.

Böhmer, Emil, Senatspräsident i. R.,
ReichsgerR. a. D.; Bdesverd.kr. 54;
Rotebühlstr. 154, D-7000 Stuttgart W
(Osnabrück 19.6.89). Lyrik, Essay. **Ue:** E,
I.
V: Verträumte Jahre, G. 31; Aus
heiliger Stille, G. 35; Noch dünkt mir die
Erde schön, G. 37; Augenblick und
Ewigkeit, G. 38; Heimat umleuchtet
mich, G. 39; Gottes Lautenspiel, G. 40;
Unter lichten Sternen, G. 41; Da ward in
mir Gesang, G. 48; Mohn und Rosen, G.
64. ( )

Böhmer, Günter, Dr., Kunsthistoriker;
Ebenböckstr. 11, D-8000 München 60
(Sonnenburg/Neumark 21.10.12).
Erzählung.
V: Pan am Fenster, Erz. 43; Ewiglich
lieb ich dich, Bilderbogen aus dem
Biedermeier 61; Die Welt des Bieder-
meier 68, 77; Sei glücklich und vergiß
mein nicht 73; Puppentheater 76.
H: Frivolitäten. Meister des franz.
Humors 55; Schausteller und Artisten
80.

Böhmer, Irmgard *

Böhmer, Otto A., Dr. phil., Lektor; Am
Gemeindegarten 11, D-6230
Frankfurt a.M. 70, Tel. (0611) 384505
(Rothenburg o.d.T. 10.2.49). Lyrik, Prosa.
Ue: E.
V: Was wißt denn ihr, G. 78; Faktizität
und Erkenntnisbegründung, Monogr. 79;
Ein blasser Sommer, ein kühler Herbst,
ein kalter Winter, G. 81.
MA: Der Wunsch zu bleiben, R. 83; Jb.
f. Lyr. 2 80, 3 81; Blumen haben Zeit zu
blühen 82; Das Paradies in unseren
Köpfen 83; Auf dem Eis gehen 83.
H: Schopenhauer: Kopfverderber 82;
Droste-Hülshoff: Bei uns zulande auf
dem Lande 83.
Ue: Dux Schneider: Bolkar 80.

Böhmer, Paulus, Industriekaufmann;
VS Hessen 71; Premio internationale di
Poesia "Pro Gradara" 71; Schadowstr. 9,
D-6000 Frankfurt a.M. 70 (Berlin 20.9.37).
Lyrik, Prosa, Hörspiel.
V: Liederbuch der Quantität, Lyrik 64;
Aktionen auf der äußeren Rinde, Lyrik
u. Prosa 72; Softgirls, Erot. Prosa 72. –
MV: Aussichten, Anth. dt. spr. Lyr. 68;
Egoist 76.
R: Goldjörgli oder eine ganz schön
Kaputte Familie, m. P. O Chotjewitz,
Hsp.; Stiefmütterchen 73; Wilhelm's
Ruh oder: Mild strahlte der Vater 74;
Gute Herzen: Oder können Sie Theo
und Helga eine Schuld geben? 75;

Haben Sie vielleicht Harry gesehen? 76,
(alle m. Uwe Schmidt). ( )

Böhmke, Heinz, Industriekaufmann;
Autorenkr. Ruhr-Mark e.V. 77; 2. Pr.
Lyrikwettbew. Die Rose 81; Milsper Str.
156, D-5820 Gevelsberg, Tel. (02332)
80643 (Gevelsberg 16.7.25). Lyrik,
Erzählung, Aphorismen, Kritik.
V: Wie Diamanten sind Herz und
Gewissen, Lyr. u. Aphor. 79; ...und
Einsicht ebnet des Lebens Straße, Lyr.
u. Prosa 81.
Lit: Kunst u. Kultur magazin.

Böhner, Reinhard, M.A., Sprachlehrer;
Am Karweg 58, D-5800 Hagen 7, Tel.
(02331) 403625 (Peckelsheim/Warburg
14.6.52). Kurzgeschichte, Roman,
Gedichte.
V: Sequenz, 13 Geschn. 83.

Bökler, Bernd, c/o Zwiebelzwerg-
Company-Verl.ges., Düsseldorf.
V: Tagschatten 81. ( )

Böll, Heinrich; Präs. d. Intern. P.E.N.
71 - 74, Präs. P.E.N. BRD 70 - 72, ständ.
Mitgl. d. Präsidiums. VS, Dram.-Un.,
EMitgl. VdÜ; Preis d. Gruppe 47 51,
René Schickele-Pr. 52, Süddt.
Erzählerpr. 53, Egabe d. Kulturkr. im
BDI 53, Kritikerpr. 53, Pr. d. Tribune de
Paris, Preis d. franz. Verleger f. d. besten
ausl. Roman 54, Egabe d. Bayer. Akad. d.
Schönen Künste 58, von-d.-Heydt-Pr. 59,
Großer Lit.-Pr. 59 vom Land NRW, Prix
Veillon 60, Lit.-Pr. für 59 d. Stadt Köln
61, Premio d'Isola d'Elba 65, Premio
Calabria 66, 1. Pr. d. Intern. Wettbew. f.
humorist. Kurzgeschn. Bulgarien 67,
Georg Büchner-Pr. 67, Nobelpr. f. Lit. 72,
Carl-von-Ossietzky-Med. 74, Edoktorate:
Trinity Coll. Dublin 73, U. of Aston
Birmingham 73, U. Uxbridge 73; EM
Amer Acad of Arts and Letters, Dt.
Akad. f. Spr. u. Dicht., Bayer. Akad. d.
schönen Künste 60, Korr. Mitgl. d. Akad.
Wiss. u. Lit., ständ. Mitgl. d. Präsidiums
Dt. Akad. f. Spr. u. Dicht., Mitgl. seit 54,
EVors. German Soc. U. of St. Andrews
74, Akad. d. Künste Berlin, Bayer. Akad.
f. Spr. u. Dicht., Erich-Kästner-Ges.
München, Germania Judaica Köln, Ges.
f. christl.-jüd. Zus.arbeit, Köln. Kunst-
verein, Lit. Ges. Köln, Authors Guild a.
the Authors League of America; An der
Nüllheck 19, D-5165 Hürtgenwald-
Grosshau (Köln 21.12.17). Roman,
Erzählung, Hörspiel. **Ue:** E.
V: Der Zug war pünktlich, Erz. 49;
Wanderer kommst du nach Spa..., Erz.
50, 56; Wo warst du, Adam?, R. 51, 55;
Nicht nur zur Weihnachtszeit 52, 55;

Und sagte kein einziges Wort, R. 53;
Haus ohne Hüter, R. 54; Das Brot der
frühen Jahre, Erz. 55; So ward Abend
und Morgen, Erz. 55; Unberechenbare
Gäste, Erz. 56; Im Tal der donnernden
Hufe 57, 59; Irisches Tagebuch 57;
Doktor Murkes gesammeltes
Schweigen, Erz. 58; Billard um halb-
zehn, R. 59; Erzählungen, Hörspiele,
Aufsätze 61; Als der Krieg ausbrach. Als
der Krieg zu Ende war, Erzn. 62;
Ansichten eines Clowns, R. 63; Ent-
fernung von der Truppe, Erz. 64;
Frankfurter Vorlesungen 66; Ende einer
Dienstfahrt, Erz. 66; Aufsätze, Kritiken,
Reden 67; Gruppenbild mit Dame, R. 71;
Gedichte 72; Erzählungen 1950 - 1970 72;
Neue politische u. literarische Schriften
73; Die verlorene Ehre der Katharina
Blum oder: Wie Gewalt entstehen und
wohin sie führen kann, Erz. 74; Berichte
zur Gesinnungslage der Nation, Sat. 75;
Drei Tage im März, Gespräch 75; Ein-
mischung erwünscht, Schriften zur Zeit
77; Werke I - V: Romane u. Erzn. 1947 -
1977 77, VI - X: Hsp., Dr., Gedichte, Aufs.,
Kritiken, Reden, Interviews 78; Eine
deutsche Erinnerung 79; Du fährst zu
oft nach Heidelberg 79; Fürsorgliche
Belagerung 79; Was soll aus dem Jungen
bloß werden? Oder: Irgendwas mit
Büchern 81; Vermintes Gelände 82; Das
Vermächtnis 82.

F: Irland und seine Kinder 63.

R: Die Brücke von Berczaba; Ein Tag
wie sonst; Der Heilige und der Räuber;
Wir waren Wimpo; Zum Tee bei Dr.
Borsig; Eine Stunde Aufenthalt; Bilanz;
Die Spurlosen; Klopfzeichen, alles Hsp.

S: Die schwarzen Schafe, Erz.; Klopfzeichen, Hsp.

MUe: Brendan Behan: Die Geisel 59,
73; Der Spaßvogel 58/59; Ein Gutshaus
in Irland 62; Der Spanner 66; Der
Umzug. Eine Gartenparty 68; Kay
Cicellis: Kein Name bei den Leuten 53;
Tod einer Stadt 56; Eilis Dillon: Die
Insel der Pferde 64; Die Insel des
großen John 66; Die schwarzen Füchse
67; Die Irrfahrt der Santa Maria 68; Die
Springflut 69; Seehunde SOS 70; Peter
der Kundschafter; Louise Fatio, Roger
Duvoisin: Das Geheimnis des glück-
lichen Löwen 71; O. Henry: Gesammelte
Stories 72 III; Paul Horgan:
Weihnachtsabend in San Cristobal 56;
Der Teufel in der Wüste 58; Eine Rose
zur Weihnachtszeit 60; William Judson:
In den Wäldern am kalten Fluß 76;
Norman Levin: Aus einem Seebad 74;
Bernard Malamud: Der Gehilfe 60; Das
Zauberfaß 62; Die Schuhe der Hausge-
hilfin 70; Schwarz ist meine Lieblings-
farbe 71; Die Mieter 73; Rembrands Hut
77; Anne Moody: Erwachen in
Mississippi 70; Adriaan Morien: Ein
unordentlicher Mensch 55; Flann
O'Brien: Das harte Leben 66; Tomas
O'Crohan: Die Boote fahren nicht mehr
aus. Bericht eines Fischers 60; James
Plunkett: Manche, sagt man, sind
verdammt 72; J. D. Salinger: Kurz vor
dem Krieg gegen die Eskimos 61; Der
Fänger im Roggen 54, 62; Franny und
Zooey 63; Hebt den Dachbalken hoch,
Zimmerleute. Seymour wird vorgestellt
65; Neun Erzählungen 66; Bernard
Shaw: Caesar und Cleopatra 65; Candida
70; Der Kaiser von Amerika 72; Mensch
und Übermensch 72; Handbuch des
Revolutionärs 72; John M. Synge: Ein
wahrer Held 60; Theodor Weesner: Der
Autodieb 74; Patrick White: Zur Ruhe
kam der Baum des Menschen nie 57.

Lit: Annemarie Nobbe: Heinrich Böll-
Bibliographie 61; Der Schriftsteller H.
Böll. Ein biographisch-biblio-
graphischer Abriß 62, 65; Hugo E.
Käufer/J. Hofmann: Das Werk Heinrich
Bölls 64; Marcel Reich-Ranicki: In
Sachen Böll. Ansichten und Einsichten
68; Leopold Hoffmann: Heinrich Böll.
Einführung in Leben u. Werk, 2. erw.
Aufl. 73; Manfred Jurgensen: Böll.
Unters. zum Werk 75; Renate Matthaei:
Die subversive Madonna. Ein Schlüssel
zum Werk Heinrich Bölls 75; Christine
G. Hoffmann: Heinrich Böll 77; Hanno
Beth: Heinrich Böll. Eine Einführung in
das Gesamtwerk in Einzelinter-
pretationen, 2. überarb. u. erw. Aufl. 80.

Bölling-Moritz, Cordula (Ps. Cordula
Moritz), Journalistin; Holbeinstr. 16, D-
1000 Berlin 45, Tel. (030) 8334205 (Stolp
in Pom. 6.11.19). Erinnerungen,
Erzählungen, Reisefeuilletons, Essay.

V: "Glück aus grünem Glas".
Erinnerungen an ein verlorenes Land
63; Stadtmond in Streifen, Erz. Feuill.
69; Die Kleider der Berlinerin. Kulturgesch. d. Mode in Berlin 71.

Böni, Franz, c/o Suhrkamp-Verlag,
Frankfurt.

V: Ein Wanderer im Alpenregen,
Erzn. 79; Schlatt, R. 79; Der
Knochensammler 80; Hospiz 80; Die
Wanderarbeiter 81; Alvier 82.

Bönisch, Georg, Redakteur; Wächter-
Pr. d. Tagespresse 79; Burgstr. 14 a, D-
5020 Frechen, Tel. (02234) 52926
(Braunschweig 23.10.48).

V: Der unbekannte Dom, Rep. 76;
Tatort Köln, Rep. 77; Der Sonnenfürst

— Karriere und Krise des Clemens
August, Biogr. 79; Köln und Preußen.
Kultur- und sozialgesch. Skizzen d. 19.
Jhs 82.

Börner, Brunhild (Ps. Brunhild
Börner-Kray); Austr. 64, D-8702 Zell b.
Würzburg, Tel. (0931) 462315 (Münster
i.W. 25.6.24). Lyrik, Novelle, Essay.
V: Was ist Yoga, Aufklär.schr. 76;
Esoterischer Sommer, Lyrik 76, 3. Aufl.
80; Das Wassermann-Zeitalter,
Aufklär.schr. 78, 3. Aufl. 82; Licht ist
überall, Lyrik 79; Der Pfad zum Aufstieg
81.

Börner, Jochen, Lehrer i.R.; Otto-
Grotewohl-Str. 33, DDR-5800 Gotha, Tel.
(02) 52467 (Halle/Saale 1.2.22). Lyrik,
Essay.
V: Schneefrucht, G. 79.
MA: Bestandsaufnahme 2 81; Spuren
im Spiegellicht, Lyr.-Anth. 82;
Wegzeichen, Alm. 82.
Lit: Dorothea von Törne: Der Dichter
als Simultanübersetzer. J. B. Schnee-
frucht: Neue dt. Lit. 7 80.

Börner-Kray, Brunhild, s. Börner,
Brunhild.

Boesch, Hans, Planer; versch. Preise;
Eichstr. 10a, CH-8712 Stäfa, Tel. (01)
9264568 (Frümsen/Schweiz 13.3.26).
Lyrik, Roman.
V: Oleander. Der Jüngling, G. 52; Pan,
G. 55; Der junge Os, R. 57, 79; Das
Gerüst, R. 60; Die Fliegenfalle, R. 68; Ein
David, G. 70; Der Mensch im Stadtver-
kehr, Ess 75; Der Kiosk, R. 78.
MA: Sieben mal sieben, G. 55;
Zeichen, G. 62; Texte, Kurzgeschn. 64;
zahlr. Anth.
Lit: Deutsche Literatur d. Gegenwart,
53 Portraits; Schweizer Schriftsteller im
Gespräch 70.

Boesch, Wolfgang, Dr.jur., Schrift-
steller; AKM, Literar Mechana, LVG;
Delugstr. 26, A-1190 Wien, Tel. (0222)
323148 (Wien 26.9.39). Drama, Lyrik,
Roman, Novelle, Film, Hörspiel,
Fernsehspiel, Kabarett, Kurzgeschichte,
Chanson-Text.
V: Brave Kinder, Dr. 78; Kein Mann
im engeren Sinne, Dr. 78; Armer Papa,
Einakter 79; Signale von drüben,
Einakter 79; Zwischen allen Stühlen,
Bü. 81; Nicht einmal Klavier, R. 81; Die
Teuren, Bü. 82.
R: Signale von drüben, Hsp.; Frosch-
perspektiven, Fsp., 6 F.; Rücksichtslos
dankbar, Fsp.; Die Explosion, Fs.-
Ratekrimi.

Boesche, Tilly (Ps. Eva Trojan, Eve
Jean, Tilly Boesche-Zacharow, Ilka
Korff), Dr. litt. h.c.; Verb. dt.spr.
Schriftsteller in Israel 80; Dipl. d'Onore,
Accad. Leonardo da Vinci 82, Dipl. di
Merito, U. delle Arti 82; World Poetry
Soc. Intern. 79; Laurinsteig 14a, D-1000
Berlin 28, Tel. (030) 4013183 (Elbing/
Westpr. 31.1.28). Roman, Lyrik,
Sachbuch, Erzählung, Kinderlit.
V: Zahlr. Romane u. Erzn. 51-83:
Kleiner Junge in einer großen Stadt 64;
Einer unter Vielen 65; Der erste Tag in
Mellenberg 65, alles Kinderb.;
Metamorphische Variation 69;
Frohnauer Facette 70; Reflexe einer
Position 71; Glück der Toten 71, alles
Lyrik; Die Orgien der Nelly A., R. 71;
Aphorismen 71; Gedanken i. d. Nacht 73;
Auf der Suche nach der Liebe, M. 72; In
fremden Betten, R. 74; Zwischen Schule
und Bett, R. 74; Ungewöhnliche Leiden-
schaften, R. 74; Stellas Seitensprung, R.
74; Vergänglich ist das Leid, R. 74;
Quartettspiele, R. 74; Nimm an, damit
du reiner wirst, Lyr. 74; Stückwerk,
Lyrik 76; Seit et und je, Sachb. 76; Bam-
bina-Inspiration, R. 77; Andy a. d.
Schaukel, R. 77; Heimkehr in d.
Steinzeit, Sachb. 78; Ralf beißt sich
durch, Kinderb. 77; Blue is the color of
the sky, Lyr. 83.
MA: Anth. 65, 66, 69 - 77; Glauben,
Liebe, Vertrauen 76; Lyrik 78;
Diagonalen 76; Mauern 78; Solange ihr
d. Licht habt 77; Jb. dt. Dicht. 77, 78, 79;
Der redliche Ostpreuße 79, 80; Dichter-
handschriften unserer Zeit 80; Olympia-
Press 75-78; Besinnung und Einsicht 81;
Gauke's Jb. 82, 83; Groh-Kalender,
Besinnung i. Alltag 83; Poet (engl.) 80,
81, 82; Premier Poets (engl.) 80, 82;
Poetry Europe (engl.) 82; Voices Intern.
(engl.) 82; World Poetry (korean.) 83;
Flowers of the Great Southland (engl.)
82.
H: Lebendiges Fundament, Lyr.anth.
78; SILHOUETTE Lit.-Intern. 80-83.
R: Kindererzn. 68, 75, 76; Krimierz. 76;
Reiseber. 77, 78; Interv. m. Alexander
Czerski 81.

Boesche-Zacharow, Tilly, s. Boesche,
Tilly.

Böseke, Harry, freier Schriftsteller;
VS 78, Werkkr. Lit. d. Arbeitswelt 72;
Gervershagener Str. 4, D-5277
Marienheide-Müllenbach, Tel. (02264)
1567 (Jützenbach/Thür. 7.1.50).
Reiseberichte, Kurzprosa, Satire,
Jugendbuch u. -theater.

V: Der letzte Dreck, Tageb. aus einem
Jugendclub 77. — **MV:** Vaterlandshiebe,
m. Chr. Schaffernicht 78; Ich glaub ich
steh im Wald, m. Heidi Böseke,
Wandergeschn. 79; Schlüsselgewalt, m.
W. Richter 81; Ab in den Orient-
Express, m. Martin Burkert, Jgd-
Theaterstück 83; Jugend ohne Arbeit, m.
Albert Spitzner 83.
   H: u. **MH:** Kölner Lesebuch 73; Dieser
Betrieb wird bestreikt, Streikber. 74;
Mit 15 hat man noch Träume 75, 4. Aufl.
79; Motz alledem 78; Unsere Zukunft 80;
Täglich eine Reise von der Türkei nach
Deutschland 80; Morgen beginnt heute
81; Wer ist denn hier im Abseits 81; Ich
steh vor meinem Plastikbaum... 81; Der
(un)demokratische Alltag 82;
Remscheider Spielekartei 82.

Boeser, Knut *

Bösinger, Annemarie, Hausfrau,
Rentnerin; Literarische Gruppe
Osnabrück e.V. 70; Hörner Weg 22, D-
4500 Osnabrück, Tel. (0541) 433347
(Bückeburg/Schaumburg-Lippe 3.8.15).
Lyrik
   V: Michael und Herr Mäuseberger,
Erz. 79. ( )

Bösl, Hanna, Studienass. a. D.,
Hausfrau; Breitensteinstr. 15, D-8207
Endorf/Obb., Tel. (08053) 1845 (München
26.5.29). Rezensionen, Bildband-Texte,
Kinder-Sagenbuch.
   V: Museen u. Sammlungen zwischen
Inn u. Salzach 71, 77; Museum für
bäuerliche u. sakrale Kunst Ruhpolding
72; Ferienland zwischen Inn u. Salzach
72; Zwiebeltürme zwischen Salzburg u.
München 73, 77; Vom Tatzelwurm zur
Dachelwand 74; Engel in Oberbayern 77,
alles Bildbd.; Ritter Konrad geht
spazieren, Kinder-Sagenb. 76.

Bösze, Ilse, Verlagssekretärin; Öst.
Schriftst.verb. 81; Intern. Jugendbuchpr.
La Spezia 81; Taborstr. 50/23, A-1020
Wien, Tel. (0222) 2618283 (Wien 23.2.42).
Lyrik, Roman, Erzählung.
   V: Traum der Erwartung, Lyr. 73;
Tatort Schule, Kd.-R. 79, 2.Aufl. 82;
Enrico u. d. Dorf im Wald, Kd.-R. 80.
   MA: Bll. f. d. Wort, H. XVI 75, H. XVII
77; Pace 1981, Milano 81.
   Lit: Die Barke, Lehrerhdb. 82.

Boetius, Henning, Dr.phil.; Lichten-
bergstr. 73, D-6100 Darmstadt, Tel.
(06151) 712709 (Langen 11.5.39). Drama,
Lyrik, Roman, Novelle, Essay, Film,
Hörspiel, Übers. **Ue:** N.
   V: Troll Minigoll von Trollba, R. 81.
   Ue: Jens Björneboe: Haie 83.

Böttcher, Karl-Heinz, Lehrer;
Schießgrabenstr. 3, D-2120 Lüneburg
(Labenz, Kr. Hzgt. Lauenburg 16.6.48).
Lyrik.
   V: Lyrik ist Liebe, Lyrik 76.
   S: Wenn Zigaretten wieder siegen. ( )

Böttcher, Kurt; Verdienstmedaille d.
DDR u. a. Ausz.; Straße der Jugend 76,
DDR-1254 Schöneiche b. Berlin.
   V: Beispiele. Weltfriedenspreisträger
65, Lenin-Friedenspreisträger;
Zwiegespräche, dt.spr. Schriftsteller als
Maler u. Zeichner 80. — **MV: H:**
Schauspielführer 63/64 III, m. Karl
Heinz Berger u. a. 63. - **MV** u. **MH:**
Deutsches Schriftstellerlexikon, m. P. G.
Krohn u. a. 60, u. d. T.; Lexikon deutsch-
sprachiger Schriftsteller 67/68, 74 II;
Geschichte d. dt. Lit. v. d. Anfängen bis
z. Gegenwart, m. Klaus Gysi u. a. 65;
Schriftsteller d. DDR 75.
   H: Schriftsteller d. Gegenwart, Reihe
51-71; Erläuterung z. dt. Lit. 53-71 VIII,
u.a.: Aufklärung, Sturm u. Drang,
Klassik, Romantik, Vormärz.; Roman-
führer A-Z; Geflügelte Worte 81, 2. Aufl.
82. **MH:** Die Nacht auf d. Walfisch u.a.
See-Erzähl., m. Paul G. Krohn 61;
Bretter, die die Welt bedeuten, m. Gerda
Böttcher 63. - Red.: Bertolt Brecht,
Leben und Werk, m. K. H. Berger 63. ( )

Boette, Monika; Jugendstr. 1, D-8000
München 80, Tel. (089) 4484455
(München 28.9.39). Roman, Novelle.
   V: Die kleine Straße, R. 81.
   MA: Im Sommer blüht d. Wolga, N. in:
Knaur's Lesefestival 83.

Böttger, Adelheid (Ps. Heidi Böttger),
Lehrerin; VS in Nieders. 74; Sonnenweg
16, D-3002 Wedemark 14, Tel. (05130)
7797 (Blumenau/S. 28.1.29). Kinderbuch,
Laienspiel, Lyrik.
   V: Der glückliche Herr Bumsvallera
70; Der kleine Vagabund 72; Bolli und
seine Freunde 76, alles Kinderb.; Wir
alle sind Menschenkinder, Spiel 79;
Mein Bruder vom anderen Stern 81.
   MA: Lyr. u. Prosa vom Hohen Ufer 79;
Niedersachsen literarisch 81.

Böttger, Fritz, Philologe; SV-DDR 68;
Mühligstr. 5, DDR-7033 Leipzig (Leipzig
31.1.09). Essay.
   V: Theodor Storm in seiner Zeit, Ess.
59; Grabbe - Glanz und Elend eines
Dichters, Biogr. 63; Hermann Hesse.
Leben — Werk — Zeit, Biogr. 74, 82.
   H: Th. Storm: Fünf Novellen 52, 57; L.
Börne: Wenn man nur selbst nicht
zaghaft ist 53; J. G. Fichte: Ruf zur Tat.
Sein Leben in Briefen u. Ber. 56; K.

Gutzkow: Unter dem schwarzen Bären, Autbiogr. 59, 71; K. Gutzkow: Der Sadduzäer von Amsterdam 60; Erbe der Romantik 55, 68; Malwida v. Meysenbug: Aus den Memoiren einer Idealistin 63, 70; Capriccios. Sieben kom. Erz. 60, 64; Wilh. Raabe: Deutsche Scherzos 62; Goethe: Novellen 64, 73; Th. Storm: Novellen der Liebe 58, 65; Eichendorff: Wanderlieder 66; Immermann: Im Schatten des schwarzen Adlers 67; B. v. Suttner: Lebenserinnerungen 68, 79; Hoffmanns Erzählungen 69; Das Wunderbare. N. d. dt. Romantik 72, 76; Der Zauberbrunnen, Histor. N. d. dt. Romantik 74, 75; Kaisermanöver, 20 Erzn. von der Gründerzeit bis zum Vorabend des ersten Weltkrieges 76, 81; Die blaue Blume. Mnn d. dt. Romantik 78, 82; Frauen im Aufbruch. Frauenbriefe a. d. Vormärz u. d. Revolution v. 1848 78, 79; Zu neuen Ufern, Frauenbriefe v. d. Mitte d. 19. Jhs bis zur Novemberrevolution 1918 81; Marie v. Ebner-Eschenbach: Frauenbilder 82; Flügelschlag der Zeiten. Erzn. zw. Romantik u. Realismus 83. — MH: Vormärz 1830 - 1848. Erläut. z. dt. Literatur 52, 77.

Böttger, Heidi, s. Böttger, Adelheid.

Boge-Erli, Nortrud; VS 79; Lessingstr. 1, D-5250 Engelskirchen, Tel. (02263) 6520 (Pècs/Ung. 26.11.43). Jugendbuch, Kinderbuch.
V: Seidelbast sucht Insel Mi, M.-Erz. 70; Bei Pfefferkorn spukt ein Gespenst 72; Ein Zimmer irgendwo 75; Körnchen Kamintier 79; Zeugin Nina Baumgärtner 80; Barfuß gehen und träumen, R. 82; Erinnerung an Barbara, R. 82; Wenn's regnet, weint der liebe Gott, Kdb. 82.
MA: Auf der ganzen Welt gibt's Kinder 76; Die Stunden mit Dir 76; Morgen beginnt mein Leben 77; Liederspielbuch f. Kinder 78; Das große Zittern 79; Anfangen, glücklich zu sein 79; Das neue Sagenbuch 80; Das große Buch vom kleinen Bären 80; Frieden mehr als ein Wort 81; Naturspielzeug 81; Kreidepfeile und Klopfzeichen 81; Das Liedmobil 81; Gesichts-Punkte 82.
S: Das Liedmobil 81, 82; Guten Abend, gut' Nacht 82.

Bogen, Fridolf, ObStudR. i.R.; Sichelnsteiner Weg 4/6, D-3510 Hann. Münden, Tel. (05541) 33731 (Zeitz 11.4.06). Lyrik, Roman, Novelle.
V: Die Menschen, die nennen es Liebe, R. 79; Der Nachlaß, Erzn. 79; Vergangenes — Vergängliches, Verse aus einem lyr. Tageb., G. 81; Alte

Schlager, Erzn. 82; Zeugnis der Unreife, R. 83.
MA: Lyr. Texte, G. 82; Siegburger Pegasus, Jb. 82, G. 82.

Boger, Fred, Lehrer i.A. (WL); IGdA 78; Merianstr. 35, D-7100 Heilbronn/N., Tel. (07131) 572204. Mundart (Schwäbisch): Lyrik, Hörspiel, Sketch, Hochspr.: Kurzgeschichte, Bericht.
V: Don't smile before Christmas. Ein dt. Lehrer berichtet von seinen Schulerfahrungen im schwarzen Getto v. Chicago 81; Aus em Ländle, Schwäb. G. u. Geschn. 82.
R: Die schwarze Perle 83; Reise nach Hannibal 83, beides Hsp.

Bogs, Dieter (Ps. Bogs zum Strahlenfeld); Humboldtstr. 48, D-4800 Bielefeld 1, Tel. (0521) 63740 (Potsdam b. Berlin 26.1.38). Drama, Roman, Lyrik, Novelle, Kurzgeschichte, Essay. **Üe:** G (Agr).
V: Darf der Deutsche, Lyr. 77, 5. Aufl. 82; Judas (Iskarioth), Dr.; Kurzgeschichten 80; Demetrius, Dr. 81; Wie Gottes Schwan auf Rosenschwingen, Lyr. 82; Fragmente d. Gesch. d. Stadt Meckernichtstadt, aufgez. v. deren sel. Ratsherren Meinh. Töffel. 1. Teillfg, R. 82; Poems, Lyr. 82; Aischylos Persai, Ess. 81; zahlr. weitere Essays z. Themen d. Klass. Philol. u. rel.hist. Grundlagenforsch.

Bogs zum Strahlenfeld, s. Bogs, Dieter.

Bohl, Erika, Dr. med., Ärztin; Lit.-Pr. Arzt u. Schriftsteller; Demollstr. 31, D-8121 Wielenbach/Obb., Tel. (0881) 7466 (Gross-Boschpol/Hinterpom. 6.10.36). Roman, Medizinjournalismus.
V: Zwischen Lehrbuch und Windel, R. 70; Weihnachtszeit kommt nun heran, Erzn. 72; Studentenehen in Deutschland, Dok. 75; für die amsel 79. ( )

von Bohlen und Halbach, Berndt (Ps. Werner Hillig, Harry Anders); Archivar; Mühlengasse 7, D-5460 Linz/Rh., Tel. (02644) 2740 (Karlsruhe 17.10.05). Roman, Novelle, Kurzgeschichte, Essay.
MA: seit 36 MA. an dtspr. Zt. u. Zs. auf d. angegebenen Gebieten sowie Hörszenen an dt. Sendern.

von Bohlen und Halbach-Grigat, Herthy (Ps. Margarethe Lüerssen, Harriet Anders); Mühlengasse 7, D-5460 Linz/Rh., Tel. (02644) 2740 (Essen 16.10.11). Roman, Lyrik, Kurzgeschichte, Hörspiel.
MV: Erntekranz 37, u. a.

R: Flüssiges Gold; Der Menschenhasser; Der Bettelgeiger; Wunder am Weihnachtsabend; Das Glücksschwein, u. a. Hsp.

Bohlmann, Hanni, s. Baade, Hanni.

Bohmeier, Bernd, Maler und Schriftsteller; VS 79; Händelstr. 53, D-5000 Köln 1, Tel. (0221) 239503 (Bad Oeynhausen 26.9.43). Lyrik, Roman.
V: Im Schwitzkasten, Erz. 78; Die Faust in der Tasche, R. 79; Spiegelungen, G. 81.

von Bohn, Heinrich, Dr. jur., Chefredakteur; Büchengasse 34, A-1100 Wien (Jägerndorf 30.5.11). Roman, Novelle. **Ue:** Am.
V: Brennende Insel, N. 36, 43; Aufruhr an den Grenzen, R. 37, 40; Kamerad Mensch, Erz. 39, 41; Waldbrand, N. 39, 42; Strom des Lebens, Erz. 43, 44; Seltsamer September, R. 47; Der Engel vor der Liebe, R. 49; Seine Durchlaucht, mein Hund, R. 79.
Ue: Allan R. Evans: Northward Ho! u. d. T.: Wind über weißen Wegen, R. 54; Graham Greene: In Search Of A Character u. d. T.: Afrikanisches Tagebuch 64; Georgette Heyer: Pistols for two u.d.T.: Zärtliches Duell, R. 75. ( )

Bohn, Kurt; Promenade 13, D-7900 Ulm/D.
V: Erlebte Wildnis 81. ( )

Bohne, Josefine *

Bohnhof, Gertrud; VS 33; Elbingerstr. 78/I, D-8500 Nürnberg, Tel. (0911) 565539 (Nürnberg 22.10.99). Jugendbuch.
V: Hannas Tagebuch, Jgdb. 33, 49; Hanna wird fünfzehn, Jgdb. 34, 50; Hanna, ein glücklicher Mensch, Jgdb. 35, 49; Evchen Springenschmitt und ihre Geschwister, Jgdb. 36, 50; Das wahre Glück bei Springenschmitt, Jgdb. 37, 49; Die Sonntagskinder im Walde, Jgdb. 37; Die Sonntagskinder auf dem Dorfe, Jgdb. 38; Die Sonntagskinder in der Kleinstadt, Jgdb. 39; Helmut und die Truhe, Jgdb. 49.

Bohren, Rudolf, Dr. theol., Prof. f. Prakt. Theol.; VS 71, c/o Neukirchener Verlag d. Erziehungsvereins, Neukirchen (Grindelwald 22.3.20). Lyrik, Essay.
V: Bohrungen, Lyr. 67; Predigtlehre, Ess. 71; Wiedergeburt des Wunders 72; Fasten und Feiern 73; Seligpreisung der Bibel, heute 74; Daß Gott schön werde 75; Texte zum Weiterbeten 76; Geist u. Gericht, Arb. z. prakt. Theol. 79; Liebeserklärung an Fernost. Ein kirchl.-

kulinar. Tageb. 80; Vom Heiligen Geist 81; Trost 81; Prophetie und Seelsorge 82.
MA: Almanach 5 für Literatur und Theologie, Ess. u. Lyr. 71.
S: Kluster zwei Osterei 71.

Bohrer, Karl Heinz, Dr. habil., Kritiker, PDoz.; P.E.N.-Club; Josef Drexel Preis f. lit. Kritik 68, Johann-Heinrich-Merck-Pr. f. Lit. Kritik u. Ess. 78; 23 Holroyd Rd, London S.W.15, Tel. (01049) 7883017 (Köln 26.9.32). Essay, Kritik.
V: Die gefährdete Phantasie, oder Surrealismus und Terror, lit Ess. 70; Der Lauf des Freitag, die lädierte Utopie und die Dichter 73; Die Aesthetik d. Schreckens. Die pessimist. Romantik u. Ernst Jüngers Frühwerk 78; Ein bißchen Lust am Untergang. Engl. Ansichten 79, Tb. 82; Plötzlichkeit, zum Augenblick d. ästhet. Scheins 81. — **MV:** Über Enzensberger; Über Thomas Bernhard. ( )

Bokelmann, Siegfried, Realschullehrer; FDA 76, Dram.-Un. 77; Ehrenring "Dem deutschen Gedicht" 63, Freudenthalpreis 75; Deterner Str. 27, D-2912 Uplengen-Hollen, Tel. (04957) 442 (Hollen/Ostfr. 16.10.19). Drama, Lyrik, Essay, Hörspiel.
V: Flieht alle Ausflucht, G. 55; Der Goldene Ring, G. 64; Nordseeballaden 64; Gitter und Harfe, G. 69; Sie kamen von den Enden der Erde, R. 71; ... und zogen durch Länder und Meere, R. 71; Johann Christian Reil, d. dt. Dunant, e. Hörfolge 73; Bladen, Biller, Balladen, Ndt. in Vers u. Prosa 74; Hallo! Wo steckt Hopp?, Kdb. 81.
B: Heinrich von Kleist: Robert Guiskard 59.
R: Störm üm 't Huus, Hsp.

Bolay, Karl-Heinz (Ps. Ugo da Byola, Sven Svensson), Dr. h. c., Schriftsteller, Sozionom; VS Nds., Die Kogge, Intern. Autoren-Progressiv; Mölle-Literaturpr. 75, Medaille "Pro mundi beneficio", Acad. Brasil. de Ciências humana Sao Paulo 75, Dr. h. c. in Lit. World U., Tucson/Arizona, USA; EM World Acad. Hamilton, New Zeald 76, Intern. Register of Profiles, Cambridge 76, Intern. Acad. of Poets, Cambridge 77; Flundrarps Boställe PL 844, S-26040 Viken u. Wiesenstr. 53, D-3101 Lachendorf, Tel. (042) 236706 (Saarbrücken 23.11.14). Lyrik, Roman, Novelle, Essay, Drama, Rapport. **Ue:** D, E, F, Fin, I, N, Schw.
V: Deutsche Weihnachten, St. 37, 38; Kathrin, R. 41, 42; Krone des Lebens, G.

43; Gesänge des Südens, G. 44 (auch
ital.); Dies Ater, G. 49; Aber die Stunde
bleibt, G. 54 (auch finn., schwed.);
Tendenzen in der deutschen Nach-
kriegsliteratur, Ess. 55; Roter Granit, G.
56; Finnen und Finnländer 61; Unter
dem Nordlicht kreuzen die Schiffe, G.
63; Der Fall René Merlin, R. 64 (auch
finn.); Nordlicht, Ber. a. Skand., G. 71;
The Square Moon, Sammelbd ins Engl.
übertr. G. 73; Reise in die vierte
Dimension, G. 74 (auch schwed., holl.,
engl., isl.); Nordlicht, Verse aus Skand.
76; ... auf der flucht vor uns selber, G. 76;
Frei noch im Winde, Begegn. im
mittleren Europa, Ess. 79; Gorleben ist
überall ..., Kampfballn u. Songs v. d.
Umweltverschmutzung 79; auf der
suche nach mir selber, ausgew. g. 1929-
1979 79; Visitenkarte, G. 79; Feuervogel,
Parabeln 82; I Seek An Island, G.; Reise
in die Kaschubei — Późne Lato, G. dt.-
poln. 82; ; Późne Lato, G. poln.-
kaschubisch 82; Die Wünsche sind
Erinnerungen, die aus der Zukunft
kommen. — Der Zeitbegriff in der
modernen Literatur, Ess. 82,
Sonderdruck aus: Grenzüber-
schreitungen 82; Mein toter Freund,
Kurzgeschn. aus unmenschlicher Zeit
83, 2. Aufl. 83.
    MA: Saarländ. Anthologie, G. 58; Hein
Prodöhl: Aus der alten Welt - von
Mensch zu Mensch u. Land zu Land 60;
Der Turm, 10. T., Anth. 62; Kontinente,
Lyrik unseres Jahrhunderts, m. Walter
Lewerenz u. Wolfgang Sellin 62; Signal.
Das Buch f. junge Menschen, 6. F. 70;
Der Turm. 10. T. Liedertexte 62; Tränen
u. Rosen, Krieg u. Frieden in G. aus fünf
Jahrtausenden 65, 67; Kontakte-
europäisch. Leseb. dt./ndl./franz. 74;
Nehmt mir die Freunde nicht, Lyrik-
Anth. aus d. Kreis d. Freunde 76;
Gottfried Pratschke: Die sonderbaren
Menschen, Lyrik-Anth. 76; Der Autor u.
s. Landschaft. Ein Leseb. 77; G.
Pratschke: Das rechte Masz, Lyrikanth.
77; C. H. Kurz: Die Bäume d. Wilhelm
Bobring. E. Anth. d. gemalten Baumes
m. Beitr. namhafter Lyriker 77;
Liederblätter deutscher Jugend. 20. H.
77, 22. H. 79; Die Lilie, Liederb. 79.
    H: Deutsche Weihnachten, Anth. 41,
43; Kersti Bergroth: Essays 51.
    R: Der letzte Denker, Hsp. (finn.).
    Ue: Salvatore Quasimodo: Tag um
Tag, G. 50, 51; Kersti Bergroth: Essays
52; Matti Poutvaara: Finnland 53, Lappland 54, Tammerfors 55; Hans Ohtman:
Borgå 55; Eric Olsoni: Teddy Puh und
seine Freunde, Sch. 55; Vainö Linna:

Kreuze in Karelien, R. 55; V. J.
Sukselainen u. a.: Der Finnische
Reichstag 57; Martti Santavuori: Es
mußte einmal kommen, Erz. 66; Helmer
Lång: Leer leuchtet das Blatt, G.-Zyklus
77; Boleslaw Fac: Wie soll man
regieren?, G.-Zyklus 80; Carl Heinz
Kurz: Am Horizont, Kleinst-Anth. 80;
Inger und Lasse Sandberg: Fröhliche
Gespenster-Weihnacht 80. —
    MUe: Grenzüberschreitungen oder
Literatur und Wirklichkeit 82.
    Lit: Unto Kupiainen: Karl-Heinz
Bolays finnische Gedichte 56; Das
Saarland 58; Lea Martin: Die deutsche
Fassung "Kreuze in Karelien" d. finn. R.
"Tuntematon sotilas". Eine sprachl.-
stilist. Unters. 67; Karl Christian Müller:
Augenblicke d. Erhellung - Karl Heinz
Bolay u. Reiner Kunze 75; Carl Heinz
Kurz: Poetenbilder 77, Wanderungen.
Lit. Biogr. Nr. 4 77; W. Bortenschlager:
Dt. Lit.gesch. v. 1. Weltkrieg b. z. Gegw.,
3. erw. Aufl. 78; Spektrum d. Geistes.
Lit.kal. 78.

    Bolius, Uwe, Dr. phil., Hausmann; Lit.
Verwertges. 76, Grazer Autoren-
versamml. 79; Margaretenstr. 67/2/18, A-
1050 Wien, Tel. (0222) 571342 (Linz/
Donau, ObÖst. 6.8.40). Lyrik, Dramatik,
Epik, Sachbuch.
    V: Die Abschiedsrede, Bü. 69; Der
gewollte Mißerfolg, Sachb. 70;
Standhalten. Ein dokumentierter
Erziehungsr. 79; Der lange Gang, R. 83;
Individuum oder Die Staaten sterben
nicht von selber ab. Ein Versuch 83;
Geschichten vom anderen Leben, Erzn.
83. — **MV:** Gerhard Weiner wäre nicht
tot, oder Die Schule hat mit seinem
Selbstmord nicht das geringste zu tun,
Bü. 81.
    MH: Schulheft, päd. Tb.-R. seit 76.

    Bolliger, Hedwig, Lehrerin; ISV 56; 1.
Preis im Jgdschrr.-Wettbewerb d.
schweiz. kath. Lehrerver. 50, Jgdlit.-Pr.
d. Kt. Zug 68, 1. Pr. im Schulfk-
Wettbewerb (Unterst.) d. Schweizer
Radios 69; Alter-Hubelweg 4, CH-6331
Hünenberg, Tel. (042) 362125 (Cham ZG
18.2.13). Jugendliteratur. **Ue:** F.
    V: Die Drei vom Grabenhaus 51;
Kameraden 51; Monika hat Sorgen 52;
Judith muß verzichten 60; Flöckli 60;
Jürg hat keinen Vater 61; Der Wunder-
vogel Miralu 61; Der Königskuchen 63;
Bettinas großer Wunsch 65; Dem
Heiland zulieb 67; Komm mit, Mustafa
76; Mustafa, wo bleibst du? 77; Der
Wohnwagen und sein Geheimnis;
Patrick und das große Los, alles Jgdb.;

Tausend Jahre sind es her 78;
Hochsigzyt, Glückwunschg. 80; Hüt isch
e Tag zum Fyre, Mda.-G. 80; E Zyt zum
Fröhlichsy, Mda.-G. 81.
R: Wenn de Winter streikt; Wenn's
nur kei Gumel gäb; Die größt Freud,
alles Jgdhsp.; Er hed sich um eus
kümmeret, Mda.-Adventssp. 73;
Wiehnacht im Hochhuus, Mda.-Erz. f.
Kinder.
Ue: Marie Joseph Lory: Die fliegende
Kröte: Marcelle Pellissier: Wohin
Sophia?.
Lit: Ged.schr. d. Jgdschr.komm. d. Kt.
Zug 68; Hedwig Bolliger (Schriftst.-
portr. d. Schweiz. Bdes f. Jgdlit.).

Bolliger, Max, Heilpädagoge; ZSV 70,
SSV 72; 1. Preis Lyrikwettbew. Radio
Basel 57, Ehrengabe a. d. Lit.Kredit d.
Kt. Zürich 62, Ringier-Feuilleton-Preis
65, Dt. Jugendbuchpr. 66, Schweiz.
Jugendbuchpr. 73, C. F. Meyer-Preis 74,
Der silberne Griffel, Holl. 76;
Steinwiestr. 18, CH-8032 Zürich, Tel. (01)
475127 (Glarus/Schweiz 23.4.29). Lyrik,
Kurzgeschichte, Kinderbuch, Drehbuch.
Ue: E.
V: Gedichte 53; Verwundbare Kindheit, Erzn. 57; Ausgeschickte Taube, G.
58; Der Clown, Fragmente zum Thema
59; Der brennende Bruder, Erzn. 60;
Knirps, Bilderb. 62; Das alte Karrussel
63; David, Erz. 65, Joseph 67, Daniel 68,
alles Kinderb.; Alois 68, Leucht-
käferchen 69, Der goldene Apfel 70,
Peter 71, Der Regenbogen 72, Der Mann
aus Holz 74, Die Puppe auf dem Pferd
75, Das Riesenfest 75, Eine Winter-
geschichte 76, alles Bilderb.; Schweigen,
vermehrt um den Schnee, G. 69; Mose,
Kinderb. 72; Was soll nur aus dir
werden, Jgdb. 77; Weisst du, warum wir
lachen und weinen, Jgdb. 77; Ein Funke
Hoffnung, Jgdb. 81; Euer Bruder Franz,
Biogr. 82; Jesus, Kdb. 82; Der
Weihnachtsnarr, Legn. 82; Die
Kinderbrücke; Das Hirtenlied; Das
schönste Lied; Heinrich; Der
Bärenberg; Eine Zwergengeschichte;
alles Bilderb.
F: Claudia oder wo ist Timbuktu 74;
Ein Sommer mit 13 76; Liliput oder zu
klein in einer großen Welt.
R: Der Stern, Hsp. 62, 63.
S: Einmal zum Monde fliegen 68;
Niggi 70.
Ue: Kinderbücher.

Bollin, Eugen, P., Prof.; ISV; Kloster,
CH-6390 Engelberg (Zürich 15.2.39).

V: Schnee im Oktober, G. 75; Winter-
wende, G. 75; Kalenderblätter 76, 77;
Windziegel, G. 81; Hangerde, G. 83.
MA: Innerschweizer Schriftsteller,
Anth. 77.

Bollinger, Armin, Dr. phil., Doz. H. St.
Gallen, UProf. Rio de Janeiro; ZSV 65,
SSV 71, P.E.N. do Brasil, Deutsch-
schweizer. P.E.N.-Zentrum;
Hofwiesenstr. 296, CH-8050 Zürich u.
Rua Ronald de Carvalho 55 ap. 602, Rio
de Janeiro, Tel. (01) 3119349 (Zürich
1.11.13). Essay, Novelle. **Ue:** Port.
V: Die Züricher Landschaft an der
Wende des 18. Jhs.; Die Dorf-Öffnungen
von Oerlikon und Schwamendingen;
Brevier der Schweizer-Geschichte;
Oerlikon, Geschichte einer Züricher
Gemeinde 59; Von der Kolonie zur
Unabhängigkeit; Die Botschaft des
Quipu, Lateinam. Erzn.; Kleine
Geschichte Perus; Der Ruf des Kirima,
Erz. aus Südamerika 66; Die Sklaven-
befreiung in Brasilien 69; Widersprüche
zwischen Unabhängigkeit und
Dekolonisation in Lateinamerika 70;
Spielball der Mächtigen. Geschichte
Lateinamerikas 72, 74; Drei Körner von
gelbem Mais. Neue Erzn. aus Lateinam.
76; Die Inka 77; So bauten die Inka 79;
El Curandero 80; Einführung in die Welt
der Indios 81; Die Indio-Völker Alt-
Mexikos 81; So kleideten sich die Inka
83.
s. a. Kürschners GK.

Bolte, Karin, Sozialarbeiterin;
Flemingstr. 3, D-2000 Hamburg 60, Tel.
(040) 473605 (Wuppertal 7.4.43).
V: Einweisung für 3 Mädchen, Jgdb.
75, 4. Aufl. 80 (auch dän., norw.); Wie
Alfred berühmt wurde, Kinderb. 77;
Ulla, 16, schwanger, Jgdb. 79, 3. Aufl. 82.

Bolte, Otto, Hautarzt; BDSÄ 66; Méd.
d'Or de Saint François d. Haute Acad.
de Lutèce 67, Prix de l'Amitié Franco-
Allemande Friedrich-Siegburg 67, Croix
de Commandeur d. Acad. Europ. des
Arts Paris 67, Méd. de Vermeil d. Haute
Acad. de Lutèce 80; Haute Acad. de
Lutèce, Paris 66; Jungfernstieg 43, D-
2000 Hamburg 36. Lyrik,
Kurzgeschichten, kunsthistorisches und
kulturhistorisches Feuilleton mit
Schwerpunkt Reisebericht.
V: Sternschnuppen 69; Spiegelbilder
71; Ein Zaungast notierte 73; Poetische
Hamburgensien. Zwölf Stunden Jung-
fernstieg 77; Vom Tisch des Kapitäns 80.
MA: u.a. in: Arzt-Dichter-Alm. seit 70;
Hamburger Ärztebl., Silhouette.

Bommersheim, Elly, Musik-, Gymnastiklehrerin i.R.; Echingerstr. 5, D-8000 München 40, Tel. (089) 363418 (Halle/S. 5.11.93). Lyrik, Autobiographie.
V: ... bis es mir zu bunt wurde. Lebensber. 81.
MA: Senior u.a. Zss.

Bonatti, Hugo, Berufsschullehrer; Prosapreis d. Landeshauptstadt Innsbruck 66; Turmbund 67; Lindnerfeld 1, A-6370 Kitzbühel, Tel. (05356) 53504 (Innsbruck 1.4.33). Kurzprosa, Essay, Roman, Dramatik, Lyrik.
V: Irrlichter - Prosa der Zeit, Nn. u. Kurzgeschn. 72; Centuricus oder Die Constellationen - Experimentelle Texte, Prosa u. Lyrik 74; Das Danaergeschenk, Ess. 79; Politik, sagte er, Skizzen u. Ess. 79.
Lit: Wilhelm Bortenschlager: Geschichte der Spirituellen Poesie 76; Paul Wimmer: Wegweiser durch d. Lit. Tirols 78. ( )

Bondy, François; P.E.N.; Pr. d. Mainzer Akad. f. Spr. u. Wiss. 69, Johann-Heinrich-Merck-Pr. 78; Fichtenstr. 2, CH-8032 Zürich, Tel. (01) 472735 (Berlin 1.1.15).
V: Aus nächster Ferne 69; Gespräche 72; Der Rest ist Schreiben 72, 2. Aufl. 74; Jonesco 75; Alle Katzen sind sterblich 76. — **MV:** Witold Gombrowicz, m. Constantin Jelenski 78: Die Übertragbarkeit d. "nouvelle philosophie" in d. dt.spr. Raum 79; Deutschland und Frankreich, m. Manfred Abelein 73.
H: Das Sandkorn, nordafrikan. Erzn. 62; So sehen sie Deutschland 70.
Ue: Benedetto Croce: Geschichte als Gedanke und als Tat; Guglielmo Ferrero: Macht 44, Abenteuer 50, Wiederaufbau 50; E. M. Cioran: Vom Nachteil geboren zu sein 72, Die verfehlte Schöpfung 79, Über das reaktionäre Denken 80.

Boner, Johann, s. Boner, John Engelbert.

Boner, John Engelbert (Ps. Johann Boner), Schriftsteller; St.S.B. 68; Lit. Ver. d. Pfalz 77 (Bremen). Drama, Lyrik, Gespräche platonischer Art über ein neues Thema an der Grenze von Literatur und Philosophie.
V: Stern in der Waage, G. 59; Die Bautafel, G. 65; Kaiser Heinrich IV., Tr. 74; Der Siebenzahlige Edelstein, Gespr. 76; Helladische Morgenlandfahrt 82. ( )

Bongardt, Karl, Dipl.-Bibliothekar, freischaffend; Brassenpfad 59 a 135-08,

DDR-1170 Berlin (Erfurt 9.11.25). Lyrik, Publizistik.
V: Alles u. jedes ein Zeichen, G. 80.
H: Gefährten auf gemeinsamem Weg — Porträts 73; Fahndungen — 22 Autoren üb. sich selbst 75; Spuren im Spiegellicht, Lyr.-Anth. 82; Eva Zeller: Unveränderliche Kennzeichen, Ausgew. Erzn. u. G.

Bongartz, Dieter, Autor; VS 83; Weisser Str. 24, D-5000 Köln 50, Tel. (0221) 392678 (Dülken/Ndrh. 25.3.51). Erzählung, Lyrik.
V: Wie durch Scheiben siehst du dich, Erz. m. Lyr. 82; Ich singe vom Frieden, erzähl. G. in 15 Gesängen 83. — **MV:** Das Drogenbuch; Irrwege. Ein Psychiatriebuch, beide m. A. Goeb, Sachbb. 81.
H: ... zurückgeschossen. Ein Leseb. üb. 33 u. die Zeit danach, Erzn., G., Dok. 79.

Bongartz, Heinz, s. Thorwald, Jürgen.

Bonhoeffer, Emmi *

Bonhoff, Otto; Plonzstr. 2 a, DDR-1130 Berlin (Leipzig 21.2.31).
V: Geheimauftrag Ford-Theater, Erz. 64, 79; Elster zielt auf New York, Erz. 65; Deckname Bordeaux, Erz. 66; Die Untersuchungen des Hauptmann Schneider, Erz. 66; Schüsse in Bordeaux, Erz. 66; Der lautlose Tod im Gepäck, Erz. 67; Schmuggler am Rio Tapajos, Erz. 67; Zwei retten eine Stadt, Erz. 69; Doch in Florida tanzt man unter Palmen, Erz. 69; Die Würfel fallen vor Sanata, Erz. 70; Der Fall ist noch nicht abgeschlossen, Erz. 70; Entdeckung im Arsenal, Erz. 71; Attentat in Colorado, 6 Erzn. 71; Mord in Miike, Erz. 72; Der Fotograf von Paris, Erz. 72; Die Mannequins des Herrn Cordage, Abenteuergesch. 72, 76; Besuch aus dem Nebel, Sch. 73, R. 74; Nachtredaktionen, R. 75; Über ganz Spanien wolkenloser Himmel, Abenteuer-R. 76, 78; Strandfeuer bei Nacht 78; Wie schleichendes Gift 78; Die tötende Welle, Abenteuer-R. 2. A. 79; Mitternachtssonne 80; Patentraub auf der Valentine 82. —
MV: Rächer, Retter und Rapiere, hist. R. 69, 77; Das unsichtbare Visier, R. I: Kennwort "Vergißmeinnicht" 75, 83, II: Das Geheimnis d. Masken 76, 83, III: Das Depot am Skagerrak 77, IV: Sieben Augen hat d. Pfau 80, 83, m. H. Schauer.
R: Telegramme aus Übersee, Fsp. m. H. Schauer 66; Der Anwalt, Fsp. m. W. Baumert, H. Schauer 67; Schatten über Notre-Dame, Fsf. 66; Über ganz Spanien wolkenloser Himmel, Fsf. 71; Der geraubte Rembrandt, Hsp. 70; In matter

of Herr Liebknecht, Hsp. 71; Die
englische Mappe, Hsp. 71; Der
Bumerang, Hsp. 71; ARGO '71, Hsp. 72;
Das unsichtbare Visier, Fsf. 73. ( )

Bonin, Werner, Dr. phil., Völker-
kundler; VS Bad.-Württ.; Schillerstr. 9,
D-7022 Leinfelden-Echterdingen 1, Tel.
(0711) 7543551 (Darmstadt 18.7.41). Essai,
Lyrik, poesia typographica, Sachbuch.
Ue: E.
V: anbindbrieflein nr. 23567, poet.
Text 73; Lexikon der Parapsychologie
76, 81; Der Kunstmaler Kurt Frank, Ess.
77; Die Götter Schwarzafrikas 79;
Traditionelle Literatur Afrikas 80; Die
großen Psychologen 83.
MA: Festschr. Hans Bender 83.
MH: Festschr. Kurt Heynicke 81.
Ue: J. Hopkins, D. Sugerman: Keiner
kommt hier lebend raus 81.

Bonn, Gisela, Dr. phil.; Robert-Leicht-
Str. 173a, D-7000 Stuttgart-Vaihingen.
Lyrik, Novelle, Essay, Reiseber.,
Hörspiel. **Ue:** F.
V: Sommer einer jungen Frau, G. 47;
Geliebte kleine Welt, G. 47; Benita
Benarte, N. 47; Marokko - Blick hinter
den Schleier, Reiseb. 50; Neue Welt am
Nil 53, 62; Neue Welt am Atlas 55; Neues
Licht aus Indien 58, 63; Das doppelte
Gesicht des Sudan 61; Afrika verläßt
den Busch 65; Leopold Sedar Senghor
68; Unter Hippies 68; Indien und der
Subkontinent 73, 74; Ägypten, Land am
Nil 78. — **MV:** Afrika, Faszination eines
Kontinents 76.
H: Le Sénégal éscrit 77. — **MH:** Indo-
Asia.
R: Allah und Magie 62; Die schwarzen
Götter 62; Der fromme Hindu 65; Der
erleuchtete Buddhist 65; Der religiöse
Japaner 65; Tänzer der Liebe - Tänzer
der Götter 65; Angkor-Toleranz im Stein
65, alles Fernsehfilme. - Der Mönch
ohne Gott, Hsp.; Wandlung durch
Buddha, Hsp.; Das magische Weltbild;
Masken und Dämonen; Schwarze
Passion; Der Sultan von Fumban;
Leopold Sedar Senghor, alles Fsp. 68;
Der Himalaya, I: Mönche und Soldaten
auf Vorposten, II: Götter und Könige
auf dem Dach der Welt 70;
Nationalisierung im Sudan 70; Indira
Gandhi - eine Frau und ein Kontinent
71; Der gestürtzte General 71; Indrani,
klass. ind. Tanz 72, alles Fsfilme.
MUe: Colette: Duett, m. G. von
Halmstatt 48. ( )

Bonn, Karl-Heinrich; c/o Verl. d.
Nation, Berlin (Ost).
V: Häng deine Träume in den Wind,
hist. R. 82. ( )

Bopp, Alfons; Hiltensweiler, D-7992
Tettnang 2, Tel. (07543) 8008.
V: Wie ich das Christkind suchen ging
74.

Boppel, Peter Max, ObStudDir.; Dipl.
d. Merito, U. delle Arti, Salsomaggiore
Terme 82; Bergstr. 37, D-7890 Waldshut-
Tiengen/Bad., Tel. (07751) 2127
(Karlsruhe 1.7.03). Aphorismus, Parabel.
V: Der Sinn deines Lebens, Aphor. 31,
39; Der Baum, Aphor. 33, 82; Alles
Lebendige ist nur Gleichnis, Parabeln
39, 82; Das Antlitz der Ewigkeit, Aphor.
39; Himmel und Hölle, Aufbau und
Gesetz 50; Von der Freundschaft, Aphor.
59; Lob der Weisheit, Aphor. 63; Dr.
Richard Dold, ein Bekenntnispfarrer 66.
Lit: K. F. Wernet: Ekkhart (Bad.
Heimat).

Borbach-Knochen, Irmtraud,
Hausfrau, freiberufl. Werbetexterin;
JSV 77; Schweiz. Bund f. Jugendlit.;
Kreuzbühlweg 29, CH-6045 Meggen/LU,
Tel. (041) 371964 (Hamburg 18.1.37).
Kinderbuch, Illustration.
V: Der Kuckuck und die
Kuckucksuhr, Kinderb. 73; Piat, der
Cockerspaniel, Kinderb. 76; Piats langer
Weg zurück, Kinderb. 77.

Borchardt, Ursula, Apotheken-
helferin; Obere-Liebfrauenstr. 43, D-
6360 Friedberg/Hess., Tel. (06031) 4355
(Bad Nauheim 9.3.59). Lyrik, Prosa
(Kurzgeschn.).
V: Der Weg zur Lyrik, Lyr. u. Prosa
(Kurzgeschn.) 80.

Borchers, Elisabeth, Verlagslektorin;
P.E.N.; Funkerzähl.-preis d. Süddt.
Rundfunks 65, Kulturpreis d. Dt. Ind. 67,
Roswitha von Gandersheim-Medaille
76; o. Mitgl. Akad. Wiss. u. Lit.; Arndtstr.
17, D-6000 Frankfurt a.M. (Homberg,
N'rhn. 27.2.26). Lyrik, Prosa, Kinderbuch,
Hörspiel. **Ue:** F.
V: Gedichte 61; Die Igelkinder,
Kinderb. 63; Und oben schwimmt die
Sonne davon, Kinderb. 65; Nacht aus
Eis, Spiele u. Szenen 65; Der Tisch, an
dem wir sitzen, G. 67; Das rote Haus in
einer kleinen Stadt 68, alles Kderb.;
Eine glückliche Familie und andere
Prosa 70; Papperlapapp sagt Herr Franz
der Rennfahrer 71; Schöner Schnee 70;
Nacherzählung russ. Märchen 74; Das
Bilderbuch mit Versen 75, alles Kderb.;
Gedichte 76; Die Zeichenstunde 77;

Briefe an Sarah 77; Paul u. Sarah 79;
Das Adventbuch 79.
MA: Luchterhand Loseblatt, Lyrik.
H: Das große Lalula und andere
Gedichte und Geschichten von morgens
bis abends für Kinder 71; Ein Fisch mit
Namen Fasch u.a. G. u. Gesch. f. Kinder
72; Märchen dt. Dichter 72; Das
Weihnachtsbuch 73; Das Buch der Liebe
74; Das Weihnachtsbuch für Kinder 75;
Das Insel-Buch der Träume 75; Das
sehr nützliche Merk-Buch für Geburts-
tage 75; Liebe Mutter 76; Deutsche
Märchen 79; Das Poesiealbum 79; Das
Insel-Buch f. Kinder 79; Das
Geburtstagsbuch f. Kinder 82.
R: Nacht aus Eis, Hsp. 65; Feierabend,
Hsp. 65; Rue des Pompiers 65.
Ue: Janine Aeply: Das Rendezvous 61;
Pierre Jean Jouve: Paulina 1880 64;
Marcel Proust: Der Gleichgültige 78.

Borchers, Jürgen, Realschullehrer,
Fachsem.leiter f. Gesch.; Lyrikpr. im
Wettbewerb "Junge Dichtung in Nds."
71; von-Ossietzky-Weg 8, D-3200
Hildesheim, Tel. (05121) 41376
(Hannover 18.4.34). Lyrik, Kurzprosa,
Übertrag. aus dem Mittelnieder-
deutschen ins Hochdeutsche.
V: Störanfällige Kreise, G. 81.
Lit: Niedersächsen literarisch 81.

Borchert, Christa, Buchhändlerin;
Arb.gem. d. SV-DDR Bez. Halle seit 65;
2. Pr. d. Litpr.ausschr. Verl. d. Nat.
Berlin 62; Grazer Str. 9, DDR-4500
Dessau-Süd (Berlin 5.9.35).
Kurzgeschichte, Erzählung.
V: Bedrohung der Stadt Bor, Erz. 67;
Landschaft mit Regenbogen, R. 73, 76
(bulg. 76); Ein Schiff mit Namen
Esmeralda, R. 81.
B: Von 20 Uhr bis Mitternacht 67. –
MA: Poetische Werkstatt 68; Zeitzeichen
68; Bitterfelder Ernte 68; Perewod 20
Pfennigow 69; Handbuch für
schreibende Arbeiter 69; K nowoi shisin
70, alles Erz.; Liebenswertes 1972, Anth.;
Zeitsparbuch 74; Vom Handwerk des
Schreibens 76; Basar am Roten Turm
79.

Borchert, Jürgen, ObBibliothekar;
SV-DDR; Fritz-Reuter-Kunstpr. 79; O.-
Moritz-Str. 47, 43 748, DDR-2760
Schwerin Mecklenb. (Perleberg 25.5.41).
Feuilleton, Roman, Publizistik.
V: Klappersteine, Feuill. 77; Elephant
auf d. Briefwaage, Feuill. 79, 81; Je
dunkler der Ort..., Ein Ludwig-
Reinhard-R. 80, 82; Reuter in Eisenach,
R. 83. – **MV:** Schattensprünge, Feuill.
75, 77.

MH: Die Ziege als Säugamme u.
andere Ergötzlichkeiten aus d. Bücherschrank e. alten Arztes 83.

Borde-Klein, Inge; SV DDR, VT der
DDR; Preis f. Kinderlit. Min. f. Kultur
55, Puppensp.pr. f. künstl. Volksschaffen
Min. f. Kultur 61, Alex-Wedding-Med. 72,
FDGB Lit.preis Kollektiv 74, Johannes-
R.-Becher-Med. 74, 79; Stühlingerstr. 9,
DDR-1157 Berlin, Tel. 5098586 (Berlin
18.3.17). Puppenspiele, Sachbücher.
V: Weihnachten im Walde, Msp. 54;
Der Wettlauf 55 (auch bulg., fläm.); Die
vier Jahreszeiten, Puppensp. 55; Fips
auf Bärenfang, Puppensp. 57 (auch
rumän., russ.); Das goldene Korn,
Puppensp. 58; Der ratlose Weihnachts-
mann 59; Reingefallen Klauke 59;
Trombis Erdenreise 59; Vom Mäuschen,
Vögelchen und der Bratwurst 59 (auch
fläm.); Frau Holle 60 (auch russ.); Wie
Klauke die 4 besiegt 60; Wer fängt
Hugo? 62; Familie Morgenwind 64; Der
schlaue Kobold 68; Lütt Matten und die
weiße Muschel 72; Das Lied der
Bambusflöte 73, alles Puppenspiele; Das
große Buch vom Puppenspiel 68; Spiel
mit Solopuppen 74; Treffpunkt Puppentheater, Handschattensp. 75; Bummi-
Kalender, Puppensp. 77; Von dem
Fischer un syner Fru 78; Tuppi Schleife
u. d. drei Grobiane 78; Das Geschenk
der Totems 78 (auch tschech.); Puppenspielereien II 77; Der kluge Schneider,
Puppensp. 81; Der freundliche Drache,
Puppensp. 81; Spielen wir Puppentheater, Freizeitb. 81. – **MV:** Die
Prinzessin und der Clown 67
(tschechisch, polnisch); Sprengstoff f. St.
Inés, Opernlibr. 73; Der Mann von
drüben; Puppensp. 77 (auch Hrsg.);
Puppenspielereien I 75, 3. Aufl. 77; Spaß
u. Spiel 76, 6. Aufl. 81 (auch Hrsg.); Mein
Schiffchen das segelt daher, Bilderb. 81.
B: Die Schneekönigin 58; Die verzauberten Brüder, Puppensp. 60; Rotkäppchen 72; Aschenbrödel, Puppensp.
82. – **MA:** Schulfeierbuch 59; Das
fliegende Schweinchen; Chile, Gesang
und Bericht; Die Katze sitzt im Flieder-
baum 77; Im Rathaus zu Groß-Schilda
79.
H: Handpuppenspiel für die Jüngsten
55; Puppensp. 67; Die bunte Puppenkiste 6 - 12 66 – 70; Spaß und Spiel 76.
F: Severino, Spielf.szenarium 78.
R: Der Feuerberg 57; Das rote
Stirnband 67, beides Kderhsp; Die vier
Kürbisse 78; Frau Holle 79,

Fs.puppensp.; Cocorioco, Puppentrick-film 81.
Lit: Mitt. Puppentheatersamml.
Dresden 10. Jg. H. 1/2 67.

Borell, Claude, c/o Goldmann Verlag,
München.
V: Romeo und Julius, erot. Nn. 78, 79;
Verdammt nochmal — ich liebe dich,
erot. Nn. 79 II; Lockruf 79. ( )

Borgelt, Hans, Dr. phil.; V.dt.Krit. 50,
Club d. Filmjourn. Berlin 56, VS 71,
Dram.-Un. 72, Journ. V. Berlin 75;
Mexik. Fernsehpr. 73; Kornaue 6, D-1000
Berlin 39, Tel. (030) 8052032 (Osnabrück
6.7.14). Drama, Biographie, Roman,
Sachbuch, Film, Fernsehen.
V: Grethe Weiser. Herz mit Schnauze,
Biogr. 71, 83, Tb. 74; Alle reden von
Liebe, Lsp. 71; Die Wahrheit über
Morrison, Spiel f. zwei Persn. 73; Das
süßeste Mädel der Welt. Die Lilian-
Harvey-Story, Biogr. 74, Tb. 76; Stars u.
Stories, Filmgeschichte(n) aus Berlin 75,
Tb. 84; Zuhaus in fremden Betten, Lsp.
76, R. 77, Tb. 79; Ein Toller Einfall, Schw.
77; Alles üb. Männer, Lsp. 78; Rosenemil,
Berliner Volksst. 79; Filmstadt Berlin,
Sachb. 79; 50 Jahre dt. Tonfilm, Sachb.
79; Die goldenen Hungerjahre, R. 80 —
V u. H: Erinnerungen eines Frauen-
arztes. Die Stoeckel-Mem., Biogr. 66, 73,
Ausg. Öst. 78, Ausg. DDR 79, 80.
F: Opa ist der größte, Kurzsp.f. 71;
Cinema Berolina, 13 Kurzf. 71; Giuseppe
Becce, Fportr. 72; Ewald Wenck erzählt,
Kurzf. 79; Berlin — dein Filmgesicht,
F.collage 79; Fabian (Drehb.) 80.
R: Leider lauter Lügen 64;
Champagnerlily 65; Der große
Schwindel 67; Die Erben des tollen
Bomberg 69; Der letzte Walzer 71;
Hochzeitsnacht im Paradies 73, 76;
Zuhaus in fremden Betten 80, alles Fsp;
Fsportr. v. Hans Albers, Heinrich
George, Willy Fritsch, Gert Fröbe, Heinz
Rühmann, Zarah Leander u. Benjamino
Gigli; Theater ohne Sprache 68;
Troubadour aus Sachsen 70; Bühnen-
bildner heute 71; Geliebtes Chanson 72;
Deutsche in Argentinien 73; Abschied v.
d. Inselbahn 73; Ein Leben in Bildern
73; Erinnerungen an B. Gigli 80;
Kintopp-Erinnerungen, Serie I 80, II 81;
Komödianten, m.a. I 82, II 83; Geliebte
Grethe 83, alles Fs.-Dok.; Alle reden von
Liebe, Fs.-Aufz. 72, 76.

Borger, Otto, Fabrikant i.R.; Ehreng.
d. Ldes Vorarlberg 79, A-6780 Schruns,
Tel. (05556) 2873 (Schruns 27.2.04).
Mundartgedichte.

V: Muntafuner Zwörn 53; Maisasarbat
58; Fir-Obad 63; Die Lötschta 68; Die
Allerlötschta 73; Noochzügler 78, alles
Mda.-G.

Borgers, Wilhelm, c/o Verlag
Sauerländer, Aaarau, Schweiz.
V: Inseldasein, G. 80. ( )

Borgmann, Grete *

Bork-Jacobi, Elfriede (Ps. Elja Ost);
Goldener Grund 19, D-4790 Paderborn.
V: Neue Heimat, die ich fand 72; Es
sind Wege da, Gedanken u. G. 75.
MA: Karlsruher Bote u. a. Anth. ( )

Born, Boris, Student; An der
Questenhorst 15 A, D-3000 Hannover 1,
Tel. (0511) 883959 (Stuttgart 12.3.60).
Erzählung.
V: Début, Erzn. 81.

Born, Georg (Ps. George Bertran de
Born), Dr. phil., Pastor; VG Wort 79;
Erzählerwettbewerb "Unsere Kirche" 1.
Preis 56, 3. Preis 58; Sundparken 50,
DK-6100 Haderslev/Dänemark, Tel. (04)
584501 (Hamburg-Harburg 14.3.28).
Erzählung.
V: Born's Tierleben, Kurzgeschn. 55;
Weiße Maus u. kleiner Käfer,
Traumbuch 61.
MA: Er kam denselben Weg 56; Der
Testpilot 60; Die Humorbox 69, alles
Erzn.; Arbeitstexte f. d. Unterr. 75; Seid
klug wie d. Schlangen 78; Erzählen 2 79,
alles Fabeln; Lesen, Darstellen,
Begreifen 82.

Born, Hans-Karl, s. Albrecht, Fritz
Kurt.

von Born-Pilsach, Theodora;
Spenerstr. 21, D-6000 Frankfurt a.M..
V: Triglavs Töchter, R. 81. ( )

Borneman, Ernest, s. Bornemann,
Ernst Wilh. Julius.

Bornemann, Ernst Wilh. Julius (Ps.
Ernest Borneman), Schriftsteller;
Writers' Guild of Great Britain 53, VS
69; Bestes Buch d. Mts. August d. d.
Darmst. Jury 71, A-4612 Scharten, Tel.
(07275) 235 (Berlin 12.4.15). Roman,
Essay, Film. **Ue:** E.
V: Am Apparat das Jenseits, R. 68;
Stumme Zeugen lügen nicht, R. 69;
Sexuallexikon, Ess. 69; Landschaft mit
Figuren, R. 71; Sex im Volksmund, Ess.
71, 74; Psychoanalyse d. Geldes, Ess. 73,
77; Unsere Kinder, Ess. 73, 80; Das
Patriarchat, Ess. 75, 79; Die Umwelt des
Kindes, Ess. 74, 80; Die Welt der
Erwachsenen, Ess. 76, 81; Die Urszene,
Ess. 77, 80; Lexikon der Liebe, Ess. 78
IV; Sexualität, Ess. 79; Wir machen

keinen großen Mist, Samml. 81; Reifungsphasen der Kindheit, Ess. 81; Arbeiterbewegung und Feminismus, Ess. 82; Der Neanderberg, Ess. 84. – In engl. Sprache: The Face on the Cutting Room Floor, R. 37, 74; Love Story, R. 39; Tremolo, R. 47; The Compromisers, R. 59; Tomorrow Is Now, R. 60; The Man Who Loved Women, R. 68, 72.

MA: The Encore Reader, Ess. 65; Canadian Film Reader, Ess. 77; Jb. f. Volksliedforsch. 17 72, 22 77, 23 78; Alm. f. Lit. u. Theol. 11 77, 12 78, 13 79; Bibliotheca Psychiatrica, Ess. 76; Sexualpädagogik in d. Bdesrep., Ess. 76; Konfliktfeld Sexualität, Ess. 77; Konfliktfeld Kindersexualität, Ess. 78; Stichwörter z. Kinderkultur, Ess. 78; Der unterdrückte Sexus, Ess. 78; Die griechischen Sagen, Ess. 78; Sexuelle Futurologie, Ess. 78; Soziale Identität u. Gruppendynamik, Ess. 78; Tutzinger Studien 2, Ess. 78; Schüler im Schulbetrieb, Ess. 79; Eifersucht, Ess. 79; Hdwb. d. Psychol., Ess. 79; Lex. d. Psychol. Ess. 80; Neue Formen d. Psychotherapie, Ess. 80; Die Frau in d. Arbeiterbewegung, Ess. 80; Baskische Hermeneutik, Ess. 80; Lit. d. Exils, Ess. 81; Vom dt. Herbst zum bleichen dt. Winter, Ess. 81; Die Rückkehr des Imaginären, Ess. 81; Kindlers Enzyklopädie Der Mensch IV, Ess. 81; Kritik d. Gruppendynamik, Ess. 81; Psychosoziales Elend, Ess. 81; Hb. psycholog. Grundbegriffe, Ess. 81; Handlex. Soziologie, Ess. 83; Handb. Sexualpäd., Ess. 84.

F: Betty Slow Drag 52; Face the Musik 54; Bang! You're Dead! 54; Double Jeopardy 55; The Long Duel 63, u.a.

R: Ambusch; Betrogene Betrügerin; Das Halsband der Kaiserin; Umweg; Weißer Flieder, Zwei Frauen und ein Mann, alles Fsp.; außerdem 24 weit. Fsp. u. 92 Funksend. in engl. Spr.

s. a. Kürschners GK.

Bornemann, Eva (Ps. Eva Geisel), Übersetzerin, Autorin, Redakteurin; VDÜ 64, VS, BDÜ 67; Soc. of Auth., Transl. Assoc., Übersetzergemeinschaft Wien 80; Vitta 7, A-4612 Scharten, Tel. (07275) 235 (London 16.6.12). Drama, Lyrik, Roman, Novelle, Essay, Hörspiel. **Ue:** E, Am.

V: Liebesrezepte, e. Kochb. f. Liebende u. Verliebte 67.

MA: Fremd im eigenen Land 79; Wir erlebten das Ende d. Weimarer Republik 82.

Ue: Norman Gear: The Divine Demon. – Marquis de Sade u.d.T.: Dämon Marquis de Sade, Biogr.; Paul Stanton: The Gun Garden u.d.T.: Schüsse ins Paradies, Fliegerr.; Ernest Borneman: The Face on the Cutting-Room Floor u.d.T.: Stumme Zeugen lügen nicht, Krim.-R. Tremolo u.d.T.: Anruf aus dem Jenseits, Spannungs-R.; David Walker: Winter of Madness u.d.T.: Scotch on the Rocks, R.; David Halliwell: Klein Malcolm und sein Kampf gegen die Kastraten, Sch.; George St. George: Zum Nachtisch Liebe; Hugh & Marg. Williams: His, Hers and Theirs u.d.T.: Zuerst die Eltern, Kom.; Alec Waugh: Ein Spion in der Familie, R.; Amos Kollek: Ob ich liebe, fragt Ihr nicht, R., Wer die Macht hat, R.; David Bailey: Mein Name ist Ralph Hicks, R.; John Fowles: Der Ebenholzturm, R.; J. B. Priestley: Die Grauen, N.; Ray Bradbury: Die illustrierte Frau, N.; Francis Clifford: Auf Gedeih und Verderb, R.; Thomas Wiseman: Der Tag vor Sonnenaufgang, R.; Beulah Parker: Meine Sprache bin ich; Paul Ableman: Der Mund; Ernest Borneman: Psychoanalyse des Geldes; Charles Humana: Das Liebesleben der Chinesen; Arianna Stassinopoulos: Die weibliche Frau; Mary Jane Sherfey: Die Potenz der Frau; Humphry Osmond: Verständnis für die Welt anderer; Ernest Becker: Dynamik des Todes; Guy L. Playfair: Phantastische PSI-Phänomene; Mervyn Levy: Akt u. Künstler; Balbir Singh: Die echte indische Küche; Erica Jong: Blut & Honig, Gedichtausw.; Flannery O'Connor: Die Weisheit des Blutes, R. – **MUe:** Time-Life-Bücher: Die Küche in Italien; Die amer. Küche; Jesse Lukomski: Ludwig Erhard, Biogr.; James Donovan: Der Fall d. Oberst Abel; Richard Bach: Illusionen, R.; Anais Nin: Das Delta d. Venus, N.; Wayland Young: Der verleugnete Eros; Francis Clifford: Der Pendler, R.; Janice James: Die Erben, R.; John Fowles: Daniel Martin, R.; Peter Redgrove/Penelope Shuttle: Die weise Wunde Menstruation; Oliver Butterworth: Das Riesenei, Jgdb.

Bornemann, Hanns, Journalist; Im Gehölz 9a, D-2000 Hamburg 19, Tel. (040) 402157 (Berlin 4.8.11). Novelle, Essay, Fernsehkritik.

V: Gestalten und Gespenster in der Mark, Wanderungen 37, 40; Spuren im Sand, Wanderungen 38; Geschichten

und Sagen aus der Mark 38; Der auf
Tornhagen, R. 41, 43; Eisenach, Ess. 48,
51; Teegespräche vom Dichten, Pl. 50;
Die Wartburg 55, 56.

Bornemann, Karin, Kfm. Angestellte;
1. Pr. Wettbew. Fa. Lego u. Red. "Unser
Kind" 80; Kurt Schumacherstr. 114, D-
5600 Wuppertal 1, Tel. (0202) 700977
(Wuppertal 13.3.50). Roman, Kinderbuch,
Theater.
V: Bienchen die Nilpferddame, Kdb. I
81, II 82, Kindertheater 84; Der rosa
Traum, oder alle Farben des
Regenbogens, R. 83.

Bornhorn, Nicolaus, Sprachlehrer,
Imker; 27 rue du Puits Neuf, F-13100
Aix en Provence, Tel. (042) 235229
(Dinklage/Nds. 11.7.50). Roman, Essay,
Film. **Ue:** E, F.
V: AMERICA od. der Frühling der
Dinge, R. 80; Der Film d. Wirklichkeit, R.
83.

Borowsky, Kay, Dr., Buchhändler; VS
Bad.-Württ. seit 79; Christian-Laupp-Str.
5, D-7400 Tübingen, Tel. (07071) 78314
(Posen 28.1.43). Kurzprosa, Lyrik, Übers.
Ue: R, F.
V: Alphörner sind in die Stadt
gekommen, Kurzprosa 78; Goethe liebte
das Seilhüpfen, Schriftsteller-Satiren
80; Landschaften fürs Ohr, G. 82; Und
schon geht sie auf die Reise, Kinder-
gedichte 82.
Ue: Zahlr. Übers., vorw. aus d.
Russischen, u.a. Lit. v. Puschkin,
Solschenizyn; Pariser Traum (Serval,
Baudelaire, Mallarmé, Verlaine,
Rimbaud) Gedichte, zweispr. 83.

Borris, Siegfried, Dr. phil., Prof.;
Schorlemerallee 32, D-1000 Berlin 33,
Tel. (030) 8232090 (Berlin 4.11.06). Lyrik,
Libretto, Hörspiel, Musikkunde.
V: Stimmen der Stille, G. 37; Der
klingende Kreis, G. 38, 47; Weg und
Wende, G. 41, 47; Herbstaufbruch, G. 44,
47; Anruf und Wandlung, G. 45; Der
große Acker, G.-Ausw. 46; Die Oper im
20. Jh. 62; Der Schlüssel zur Musik von
heute 67; Musikleben in Japan 67; Die
großen Orchester 69; Einführung in d.
mod. Musik 75; Grundlagen e. musikal.
Umweltkde 75; Popmusik — Kunst aus
Provokation 77; Kulturgut Musik als
Massenware 78; Große Epochen der
Musik: Barock, Klassik, Romantik 81.
R: Hans im Glück, Funkoper 47;
Hirotas und Gerline, Funkoper 49;
Frühlings Gesellen, Liedersp. 50; Die

Rübe, M.-Oper 51; Ruf des Lebens, Hsp.
53.
s. a. Kürschners GK.

Borrmann, Helmi; Mittelweg 32, D-
6000 Frankfurt a.M..
V: Das Meerschweinchen aus Klasse
3a 76; Der Spatz und das Pausenbrot;
Fünfzig Meter über dem Großglockner
77; Geschichten für jeden Tag 78, 82;
Lora rettet Adolar 78; Was Christian
und Tina auf dem Bauernhof erlebten
79; Wir treffen uns am Nachmittag 82;
Foxis Abenteuer 83; Wahre Lügengeschichten 83. ( )

Borst, Otto, Dr. phil.,
Hochschulprofessor; VS 71; Publizistik-
Pr. des Dt. Nationalkomitees f.
Denkmalschutz 76, Schubart Literatur-
pr. 82; Mozartweg 32, D-7300
Eßlingen am Neckar, Tel. (0711) 371843
(Waldenburg/Württ. 30.7.24). Essay, Ge-
schichtsschreibung, Landschaftsbe-
schreibung, Biographie.
V: Karl Pfaff, Biogr. 66; Alte Städte in
Württemberg, Ess. 68, 2. Aufl. 75;
Stuttgart. Die Gesch. der Stadt 3. Aufl.
83; Geschichte der Stadt Esslingen am
Neckar 3. Aufl. 78; Schule des
Schwabenlands. Gesch. der Univ.
Stuttgart 79; Württemberg. Gesch. u.
Gestalt eines Landes 2. Aufl. 80, alles
Gesch.schreib.; Die heimlichen
Rebellen. Schwabenköpfe aus fünf
Jahrhunderten, Biogr., Ess. 80;
Alltagsleben im Mittelalter, Ess.,
Gesch.schreib. 83; Bodensee. Geist u.
Kunst einer Landschaft 83.
H: Die alte Stadt, V/Zs. seit 74.
s. a. Kürschners GK.

Bortenschlager, Wilhelm, Dr., Prof.,
ObStudR.; Goldenes Ehrenzeichen Rep.
Österreich; Ferdinand-Wiesinger-Str. 5,
A-4600 Wels, Tel. (07242) 59525
(Aurolzmünster, ObÖst. 29.12.11).
V: Deutsche Literaturgeschichte 68,
77; Deutschsprachige Literatur des 20.
Jhs. 68, 74; Theaterspiegel. Ein Führer
durch das moderne Schauspiel 71/72 IV;
Funktionsgrammatik. Ein Leitfaden d.
neuen dt. Sprachlehre 72; Öster-
reichische Dramatiker der Gegenwart.
Kreativlex. 76; Geschichte der Spiri-
tuellen Poesie 76; Zwischen Stille u.
Lärm — D. Mensch, Bio-Bibl. Peter
Coryllis 79; Der Dramatiker Fritz
Hochwälder 79; Inseln. Aus Leben und
Werk des Carl Heinz Kurz 80; Gustav
Dichler. Leben und Werk 81; Richard
Billinger. Leben und Werk 81; Kurt
Becsi. Dramatiker einer neuen

Weltsicht 82; Tiroler Drama und
Dramatiker des 20. Jhs 82.
H: Richard Billinger 1. Kleine Prosa,
2. Nachlaßdramen I 79, 3. Hörspiele 80, 4.
Gedichte 80, 5. Erzählungen 82, 6. Nachlaßdramen II 83; Puchberger Anth. 2 79.
s. a. Kürschners GK.

Bosch, Manfred, Autor, Publizist; VS
70; 1. Preis b. Wettbewerb d. Werkkr.
"Lit. d. Arb.welt" 70, 2. Pr. d. Süddt.
Rdfks f. d. beste G. in einer in Bad.-
Württ. gespr. Mda. 74, 1. Pr. Alemann.
Forum Freiburg 76, Bodensee-Lit.-Pr.
78; Neumattenweg 30, D-7888
Rheinfelden, Tel. (07623) 6791 (Bad
Dürrheim 16.10.47). Lyrik, Prosa, Kultur-
kritik, Essay.
V: das ei, Lyr. 69; konkrete poesie 69;
ein fuß in der tür, Epigr./Lyr. 70; lauter
helden, Westerng. 71; mordio & cetera,
Lyr. u. Prosa 71; lautere helden, neue
Westerng. 75; Uf den Dag wart i,
Dialektlyr. 76; Mir hond no gnueg am
Aalte, Dialektlyr. 78; Ihr sind mr no e
schäne Gsellschaft, Dialektlyr. 80. –
MV: Geschichten aus d. Provinz, m. J.
Hoßfeld 78.
H: u. **MH:** Beispielsätze, Anth. 71;
Gegendarstellungen, Anth. 74;
Epigramme - Volksausg. 75;
Mundartliteratur. Texte aus sechs Jh.
79; Nie wieder! 81; Wir trugen die Last,
bis sie zerbrach, ein dt. Briefwechsel
1933-38 83; Allmende, Kultur-Zs.
Lit: Hannes Schwenger: M. B. In: Krit.
Lex. z. dt. spr. Gegw.lit. 80.

Boscheinen, Helga (Ps. Helga
Colbert), Sekretärin; Alexanderstr. 2a,
D-6000 Frankfurt a.M. 90, Tel. (0611)
7894113 (Berlin 19.3.39). Lyrik, Roman,
Novelle, Essay, Philosophische Arbeit.
V: Der Mandelbaum 69; Der Leucht-
turm 75, beides Lyrikbd.
MA: Gott im Gedicht 72; Verse der
Lebenden 74, beides Anth.; Der
Karlsruher Bote Nr. 68 80; Licht vor
dem Dunkel 82; Jb. Dt. Dichtung 82; Lyr.
Texte 82.

Boschke, Friedrich (Ps. G.N. Tomby),
Dipl.-Chem., Dr. rer. nat. h.c. Univers.
Marburg, wiss. Berater d. Springer-
Verl.; Econ-Sachb.pr.: 62; Beethovenstr.
23, D-6901 Bammental, Tel. (06221) 40286
(Barkhausen/Krs. Minden 28.2.20).
Sachbuch.
V: Die Schöpfung ist noch nicht zu
Ende 62/82; Erde von anderen Sternen
65; Die Forschung fängt am Schreib-
tisch an 67; Die Herkunft d. Lebens 70;
Das Unerforschte, die unbekannte Welt,
in der wir leben 75; und 1000 Jahre sind

wie ein Tag; die Welt auf Feuer und
Wasser – Ein Vulkanreisebuch 82,
Übers. aller B. in zahlr. Fremdspr., auch
Taschenb.ausg.

Boschmann, Rüdiger, Publizist u.
Eheberater; Wetzen 36, D-2124
Oldendorf/Luhe.
V: Deine Menschenkenntnis – Dein
Schicksal 68; Sex-Spiel 68; Orgasmus 70;
Laßt Frauen wieder Frauen sein 73; So
potènt wie mit 20 73; Chancen ab 50 74;
Frigidität 77; Mehr erleben in der Liebe
78, u.a. ( )

Bosek, Karl (Ps. Karl Bosek-Kienast),
Lehrer; V.G.S., Mf. Ö; EM: Jos.-Misson-
Bund, Koloman-Kaiser-Bund (Wien
20.8.95). Heimatdicht.
V: Die Festenburg im Kernstockgau,
Heimatb. 31; Heimatkünder 56. ( )

Bosek-Kienast, Karl, s. Bosek, Karl.

Bosetzky, Horst (Ps. -ky), Dr., Prof.;
Pr. d. Arb.gem. Krim.Lit. f. beste dtspr.
Veröff. 80; Benediktinerstr. 54, D-1000
Berlin 28 (Berlin 1.2.38). Roman, Film,
Hörspiel.
V: Zu einem Mord gehören zwei,
Krim.-R. 71; Einer von uns beiden,
Krim.-R. 72, 82; Von Beileidsbesuchen
bitten wir abzusehen, Krim.-R. 72, 82;
Stör die feinen Leute nicht, Krim.-R. 73,
81; Ein Toter führt Regie, Krim.-R. 74,
83; Es reicht doch, wenn nur einer
stirbt, Krim.-R. 75, 82; Mitunter
mörderisch, Krim.-Stories 76, 83; Von
Mördern und anderen Menschen,
Krim.-Stories 78, 82; Kein Reihenhaus
für Robin Hood, Krim.-R. 79, 83; Mit
einem Bein im Knast, Krim.-Stories 81,
83; Feuer für den großen Drachen, R. 82;
Aus der Traum, R. 83; Die Klette, Krim.-
R. 83; Heißt du wirklich Hasan
Schmidt? Krim.-R. 84.

Boskamp, Arthur, Pharmakaufmann,
Kunstmaler; EM im Bundesverb. Dt.
Schriftstellerärzte e.V. 73; Breite Str. 41,
D-2214 Hohenlockstedt, Tel. (04826) 902
(Nickelswalde 6.8.19). Drama, Lyrik.
Ue: E, F.
V: Das Schiff der Hoffnung 59; Zu viel
Schwung 63; Lang schien die Reise 75;
Auf dem Esel reiten 78; Wo endet dieser
Weg 79, alles G.; Don Juans zweite Frau,
Theaterst. 79.
H: Kal. nach eigenen Bildern u. G. seit
60; Aeskulap dichtet, Verse öst. Ärzte 63;
Aeskulap dichtet, G. dt. Ärzte 65; Zs.
Aeskulap dichtet – Aeskulap malt seit
69.

Lit: Ernst Rossmüller: Arthur Boskamp — Sechzig Jahre in: Bayerisches Ärzteblatt 8 79.

Bosper, Albert *

Bossert, Rolf, Verlagslektor; Schriftstellerverb. d. S.R.Rumänien 80; Literaturpr. d. VKJ, Rumän. 79, Kinderbuchpr. Pionierorganis., Rumän. 80; Str. Veteranilor 13, Bloc M 6, Sc. A., Apart. 11, R-77543 Bukarest (Reschitza, Rumän. 16.12.52). Kinderbuch, Lyrik, Kurzprosa, Übers. **Ue:** Rum.

V: siebensachen, G. 79; Mi und Mo und Balthasar, Erz. f. Kinder 80; Der Zirkus, Bilderb. 82.

Ue: Victor Eftimiu: Basme, M. 80; Gellu Naum: Der Pinguin Apollodor 82.

Bossert, Werner; SV Rumänien 54; str. Tipografilor 14, Sibiu/Rumänien (Hermannstadt/Rumänien 28.5.18). Lyrik, Prosa. **Ue:** E, F, I, Rum, S, Port, Schw.

V: Frischer Wind, G. 53; Der alte Baum, Kinderb. in Versen 54, 62; Strom des Lebens, G. 56; Glühende Nacht, G. 59; Sterne bleiben, G. 63; Das Wiesenfest, G. 64; 72 Sonette 64; Poezii, G. Rum. 65; Isotope, G. 66; Das Entlein, G. 66; Küsse trinken sich tot, G. 70. —

MV: Deutsche Dichter der RVR, G. 53; Freiheit, G. 55; Am Quell der deutschen Ballade, G. 58; Tezaur, G. 62; Das Lied der Unterdrückten, G. 63; Poezia română contemporană, G. 64.

Ue: I. M. Stefan: Fahrt ins Weltall, Prosa f. d. Jgd. 54. — **MUe:** Eminescu: Gedichte 57, 64.

Bossi Fedrigotti von Ochsenfeld, Anton Graf (Ps. Toni Herbstenburger), ObRegR. a.D., Rittmeister d. Res. a.D., Schriftsteller; FDA 74; VG Wort 75; A.-Kolping-Str. 1, D-8069 Lohwinden Post Wolnzach, Tel. (08442) 8620 (Innsbruck 6.8.01). Roman, Novelle, landeskundl. Werke, kriegsgeschichtl. Werke, Erzähler usw. **Ue:** I.

V: Standschütze Bruggler, R. 34, 72; Das Vermächtnis der letzten Tage, R. 36, 39; Wir kommen, Kameraden, R. 38, 40; Tirol bleibt Tirol 36, 39; Christian der Grenzgänger, Jgdb. 50; Die Brüder Teraldi, R. 51, 54; Das Bildschnitzerdorf, R. 51, 54; Andreas Hofer, Jgdb. 54, 77; Die weiße Wand, Jgdb., Kaiserjäger am Col di Lana, Jgdb.; Marima und die Tänzerin, Jgdb. 53; Der Triumphzug der Zarin, R. 55, 67; Marima die Solotänzerin, Jgdb. 57; Lotte geht nicht zum Film, Jgdb. 58; Mannequin auf Probe, Jgdb. 58; Margot zwischen Licht und

Schatten, Jgdb. 58; Befehl zum Verrat, R. 60; Marietta fliegt ins Abenteuer, Jgdb. 61; Soldat zwischen Befehl und Gewissen, R. 63; Das Mädchen Sandra 64; Vinschgau. Volk u. Land am Ursprung d. Etsch 66, 68; Pustertal. Volk u. Land um Rienz u. Ahr 67, beide landeskundl. Bücher; Lotti will hoch hinaus 68; Ein Mädel mit Talent 68; Nur Mut, Margot 68, zus. gef. u.d.T.: Drei treue Freundinnen, Jgdb. 68; Bleib im Sattel, Gundi, Jgdb. 71; Kampf ums Matterhorn, Jgdb. 73; Dorit u. Werner, Jgdb. 74; Die goldgestickte Kokarde, R. 72/73; Kaiserjäger, Ruhm und Ende 77; Col di Lana, Kalvarienberg dreier Völker 78, beides kriegsgeschichtl. Werke; Kaiser Franz Joseph und seine Zeit, Hist. Bildb. m. ausführl. Text 78; Gundi macht große Sprünge, Jgdb. 80; Hanni ist ein Naturtalent, Jgdb. 80; Hanni vertraut ihrem Hanko, Jgdb. 80; Heimkehr in den Untergang, R. 81.

MA: Die Ostmark erzählt; Kriegsdichter erzählen; Die Mannschaft 37; Frontsoldaten erzählen 38; Der Kamerad in Feldgrau 55; Deutsches Soldatenjahrbuch 65 — 78; Herzhafter Hauskalender 69; Südtirol-Bildband 72, 77; Dt. Soldatenjb. 65-83.

F: Standschütze Bruggler ; Margarita 51; Beiderseits der Rollbahn 53; Canaris 54; Land an der Etsch u. Eisack 55; So war der deutsche Landser 56; London ruft Nordpol 58; Unter 10 Flaggen 59; Tutti a Casa 61; Der Prozeß von Verona 62; Zillertal 67, Fsf. 68.

R: Der Familientag; Die Blumenkönigin; Der Heimkehrer; Andreas Hofers Tod, alles Hsp.

Bostroem, Annemarie *

Bothe-Pelzer, Heinz (Ps. Henry Morrisson), Schriftsteller; VS 71, GEMA 71; Waldstr. 17, D-8024 Deisenhofen b. München (Düren/Rhld 31.7.19). Film, Fernsehen, Roman, Schallplatte.

V: Der Diamantendetektiv, R. 71; John Ralling. Abenteuer um Diamanten, R. 76; Von der Hand in den Mund oder no future für Rolf G.? 82.

F: Gefährliche Reise, Hubertusjagd; Ich liebe dich ...; Der Teufel von Kapstadt.

R: Das Ferienschiff; Ein Sommer mit Nicole; Luftsprünge; Der Diamantendetektiv; Das Sprungbrett, alles Fsp.; Von Liebe keine Rede u.a. Fs.-Serien.

S: Schulmädchen 71; Ich will 71. ( )

Bott, Robert (Ps. Robo), Schriftsteller, Comic-Sammler, Sportstudent; Jahnstr.

71, D-7030 Böblingen (Sindelfingen
27.3.51). Lyrik, Satire, Spontiliteratur.
V: Blödeln leichtgemacht!, Sat. 75;
Proletarier aller Länder vereinigt euch,
die Avantgarde ist hinter euch her!,
Satire, Lyrik 76; Auferstehung im
Diesseits, Lyrik 76; Handbuch
Stadtguerilla, Sat. 78; ROBO-Mini-Buch,
Sat., Lyrik, Prosa 78; Allgemeines
Kommunalwahlkampfprogramm;
Humor ins Rathaus; Alles etwas, Wahl-
kampfdok. Böblingen/Sindelfingen,
Kusterdingen, Rottenburg 78/79; Wie ich
auf d. Staatsanwalt schoß, Sat. 78; DKP-
Pressearbeit Böblingen, krit. Dok. 79;
Sponti A u. d. Chaos Center, Sat. 79;
Neue Anschläge des Chaos Center, Sat.
79; Die Lehren aus Walpurgisnächten —
Chaos Center Salzburg, Sat. 79. —
MV: Asozial, Lyrik, m. Prosa v. H.-P.
Drewitz 78. ( )

Bottländer, Reinhard,
Kriminalbeamter; VS 78, Autorenkr.
Ruhr-Mark 79, Die Kogge 82;
Arbeitsstip. d. Ldes Nordrhein-
Westfalen 79; Friedrich-Boedecker-
Kreis 83; Hangeneystr. 167, D-4600
Dortmund 72, Tel. (0231) 675617
(Bochum 25.3.48). Roman, Erzählungen,
Kurzgeschichten, Lyrik.
V: Das As der Rasselbande, Kinderb.
78, 2. Aufl. 80; Wissen sie, was sie tun?
Kriminalerzn. 79; Das As der
Rasselbande und die große Chance,
Kinderb. 80; Polli, Pauly und
Polizeihund Karo, Kdb. 81; Mit Blaulicht
und Martinshorn, Erz. Jgdsachb. 81;
Gefährliche Kundschaft, Kriminalerzn.
82; Konrad oder die lange Flucht, R. 82.
MA: Das große Zittern, Kriminalerzn.
79; Nicht mit den Wölfen heulen, Lit.
Bilderb. 79; Sie schreiben in Bochum,
Autoren u. ihre Texte 80; 100 Jahre
Bergarbeiter-Dichtung 82; Lesebuch
"Drucksachen 7" 82.
R: Mein Sonntag in Bochum, Rdfkerz.
81.
Lit: Sie schreiben in Bochum 80.

Bottländer, Rosemarie (Ps. Rosemarie
Harbert), Journalistin, D-5068 Odenthal,
Tel. (02174) 4778 (Braunschweig 17.6.26).
Feuilleton.
V: Bitte so, Anstandsbuch f. Mädchen
52; Wir sind nämlich kinderreich 53;
Schwamm drüber, Schönheitsfibel f.
Mädchen 54; Ehefrauen tragen Hüte,
Fibel f. Frauen 58; Lauter junge Leute,
Erz. 59; Christine, Heiligenbiogr. 64; Pit
u. Eva, Kindergeschn. 78; Solange wir
miteinander reden, Generationenthema
79; Hildesheim, Domführer f. Kinder 80;

Altenberg, Domführer f. Kinder 81;
Mensch Papa, das mußt du locker sehn
83.
MH: Der Morgenstern, Liederb. f.
Mädchen; Weihnachten, Werkb. 74;
Stundenbuch für Kinder 76; gestern,
heute, morgen, Leseb. f. Frauen 78.

Boucke, Ernst, StudDir.; Quimelweg 8,
D-5828 Ennepetal 14 (Wetter/Ruhr
9.1.08). Erzählung, Biographie.
V: Ja! Lieder, neue Lieder will ich
singen. Adalb. v. Chamisso 1781 — 1838.
Aus des Dichters Leben und Werk 70.
MA: Macht der Liebe. Gerh.
Tersteegen, Leben u. Gegenwartsbedeut.
69.

van der Bourg, Bert, s. van der Bourg,
Wolfgang Berthold.

van der Bourg, Werner (Ps. René
Duvart), Schriftsteller, Textautor,
Librettist; GEMA, Gründ.präs. FDA in
Bayern 72; Gründer u. 1. Vors. Schwab.
Künstler-Club (Dresden 18.4.20). Lyrik,
Drama, Roman, Musiktexte, Fernseh-
spiel.
V: Heimat, R. 39, 41; Heidschnucken,
R. 39, 43; Ursula, R. 40, 42; Weltstadt mit
Herz, Libr. 66, R. 71, 72; Sonnentage —
Schattenseiten, Lyrik 72; Vestigium
Leonis, R. 73; Experiment 2000, R. 72;
Immobilien-Deutsch f. Anfänger 78, u.a.
B: Wolf-Bert. v. d. Bourg: Die weißen
Adler, R. 66, 70; Brigitt v. d. Bourg.
Madam Helen, Krim.-R. u. Fsp. 71, 72;
Chiemgaulegende, R. 75; Tegernseer
G'schichten; Berchtesgadener Skizzen;
Tiroler Erinnerungen.
MH: Neues Kulturforum.
S: Freisein ist wunderbar 72; Ob
Regen oder Sonnenschein 72; Bert van
der Bourg in Fashion. ( )

van der Bourg, Wolfgang Berthold
(Ps. Bert van der Bourg); VS Bayern 70-
72, FDA in Bayern 72; Ressortchef
"Junge Autoren", Gründ.-mitgl. Schwab.
Künstler Club (Gelsenkirchen-Buer
26.4.53). Lyrik, Roman. **Ue:** E.
V: Die weißen Adler, R. 69, 70;
Weltstadt mit Herz, Libr. 69, 72; Es
werde Licht ...!, G. 69, 72; Starnberger
Silhouetten 75; Werdenfelser Novellen;
Bodensee Erzählungen; Allgäuer
Notizen, alles R. — **MV:** Weltstadt mit
Herz, R. 69, 72; Between Black and
White, Libr. 69, 71.
MH: Neues Kulturforum.
S: Freisein ist wunderbar; Ob Regen
oder Sonnenschein 72; Bert van der
Bourg in Fashion 80. ( )

Bourquain, Klaus, Brauer; SV-DDR 79; Roggower Weg 3, DDR-2601 Pölitz (Magdeburg 3.12.38). Geschichten, Märchen.
V: Der alte Achmed u. der Regen, Gesch. 73; Mein kleines wildes Tier, M. 80, 2.Aufl. 81; Vom Veilchen, das nicht duftete, M. 80, 2.Aufl. 82.

Bouvier, Arwed, Dr. phil., wiss. Bibliothekar; SV-DDR 76; Karl-Krull-Str. 8, DDR-2200 Greifswald (Waren/Müritz 14.8.36). Roman, Erzählung.
V: Solo für den Sperling, R. 72, 80; Nr. 14 ist ein Einbettzimmer, Erz. 74; Wie ich Kap Arkona verkaufte, Erzn. 75, 77; Mein Generaldirektor kommt vorbei und andere Geschichten 81.

Bowles, Albert C., s. Grasmück, Jürgen.

Boy-Linden, Elmar, s. Betz, Josef.

Boyken, Martin, ObStudDir. a. D.; Hinter der Michaeliskirche 3, D-3200 Hildesheim, Tel. (05121) 36250 (Hamburg 1.2.08). Lyrik, Erzählung, Laienspiel, Essay.
V: Torso des Jahres, G. 36; Wappen der Städte, G. 38; Die Windrose, G. 50; Der Kranz, G. 51; Der Wilhalditurm, N. 54; Fliesen und gekachelte Räume, Ess. 55; Die große Enttäuschung, Laiensp. 55; Wie Peter Menken den Stader Schlüssel stahl, Erz. 57, 66; Die Spruchfliesen von Wrisbergholzen 69; Die geistesgeschichtlichen Quellen der Spruchfliesen von Wrisbergholzen, Ess. 70.
MA: Lübeck 48; Geliebter Strom. Ein Buch v. d. Niederelbe 49; Ost-Friesland 50; Helgoland-Niederelbe 51; Lüneburger Heide 52; Weserbergland 53; Merian: Hildesheim; Holland; Irland; Nordspanien; Fliesen u. Platten; Zu Gast in Hildesheim.

Boysen, Cornelia, s. Ahrens, Annemarie.

Braak, Ivo, Dr. phil., em. Prof.; Anerkenn. im Preisausschr. d. Ndt. Bühnenbdes 47, 69, Fritz-Stavenhagen-Pr. 69, Uwe-Jens-Lornsen-Kette, Goldmed. d. dt. Amateurtheaters, Silberplak. d. Ndt. Bühnenbdes, Scheersberg-Pr.; Osterberg 1a, D-2300 Kiel-Molfsee (Marne 12.9.06).
V: Die Sprache d. Fortsetzer d. Neocorus 80; Sluderie, Spiel 29, hochdt. u.d.T.: Klatsch 33; Trutz, blanke Hans, Sp. 39; D. Schörtenjäger, Kom. 41; To Schipp in't Wunnerland, Sp. 47; Wo sünd wi to Huus?, Dr. 48; Drievsand, Dr. 52; Tein Jahr un dree Daag, Sp. 54; Das Gedicht 54; Niederdeutsch in Schlew.-

Holst. 58; Niederdeutsch in d. Schule 58; Peter Schampanjer, Kom. 62; Poetik in Stichworten 65, 74; Gattungsgeschichte dt.spr. Dicht. in Stichworten 65; Niederdeutsche Dramen 76; De in Düstern plöögt, St. 77; Tieden, R. 81. —
MV: Wunderbare Reise m. d. Zauberboot, m. G. R. Sellner 41.
MA: u.a. in: Hdb. f. d. Deutschunterr. 38; Hebbel-Jb. 54, 56; Hart, warr nich mööd 60; Lex d. Kinder- u. Jgdlit. Bd. II, III; Ndt. Hörspielb. II 71.
H: Klaus Groth: Gedichte 76. —
MH: Flensburger Ganzschriften seit 53; Die Brücke, dt. Lesewerk I — V seit 53; Der Brückenbogen 58; Plattdt. Schulspiele seit 59; Konturen I, Leseb. f. Schulen 63; Klaus Groth: Sämtl. Werke II — VIII 55 — 65.
R: Drievsand 52; Wo sünd wi to Huus? 59; Teihn Jahr un dree Daag 54; Verloren Paradies 56; Sluderi 60; Kuhlengraver sien Hunnen 67; Peter Schampanjer 68; De in'n Düstern plöögt 78, alles Hsp.; versch. Hsp.-Übertrag., -Bearb. u. Features.
Ue: Felix Timmermans: Dat Spill von de billigen dree Könige 33, Kurzfass. 59.
Lit: Gerhard Cordes: I. B. in: Klaus-Grothe-Ges. Jahresgabe 10 66.

Braatz, Ilse, Dr. phil., Journalistin; VS 78; Humboldtstr. 72, D-6000 Frankfurt a.M., Tel. (0611) 592468 (Berlin 24.5.36). Roman, Lyrik, Drama.
V: Betriebsausflug, R. 78; Zu zweit allein — oder mehr? Liebe u. Ges. in der mod. Lit. 80; Vielleicht nach Holland, Erz. 82.
MH: Friedens-Fibel 82.

Brach, Gisela, Dipl.-Bibl.; VS Rhld-Pf. Förderkr. 80; Literar.-mus. Arb.kreis Trier 75, Gruppe Christl. Autorinnen 83; Granastr. 1, D-5500 Trier, Tel. (0651) 85300 (Trier 2.10.26). Lyrik, Essay, Fabel.
V: Mitteilungen, G. 76; Erfahren, G. auf Reisen u. Ereignisse 1976-1977 79, 80; Nach Santiago de Compostela. Gedichtimpressionen 80; Poesie-Kalender 81.

Bracher, Ulrich; VS 67, VDÜ 67; Schweiz. Ges. f. skand. Studien Zürich, Karolinska förbundet Stockholm; Kappisweg 1, D-7000 Stuttgart 1, Tel. (0711) 252951 (Stuttgart 5.11.27). **Ue:** E, Am, Schw, D, N.
V: Geschichte Skandinaviens 68; Gustav Adolf von Schweden. E. histor. Biogr. 71; Schwedisch-finnische Beziehungen von den Anfängen bis heute 79; Translatio — Traditio,

Übersetzen als Philosophie und als
Handwerk 79.
MA: Innen- und Außenpolitik unter
nat.soz. Bedrohung 77.
Ue: zahlr. Übers., u.a.: Georgina
Masson: Christina von Schweden 68;
Samuel Sandmel: Herodes. Bildnis
eines Tyrannen, Biogr. 68; Lyr. v. Edith
Södergran, Elmer Diktonius, Rabbe
Enckell, Gunnar Björling, Henry
Parland; Prosa von Tove Jansson, Tito
Colliander. — **B:** Anders Munk: Biologie
des menschlichen Verhaltens 71; A. u.
M. Johansson: Psychologie und Praxis.
Eine marxist. Kritik 72. - **MH:** Charles
A. Beard: Eine ökonomische Inter-
pretation der amerikanischen
Verfassung, m. J. B. Müller 74. —
MUe: Per Wästberg: Gelöste Liebe 73;
Eyvind Johnson: Notizen aus der
Schweiz 76; M.F. Alvarez: Imperator
Mundi (Karl V.) 77; Hugh Thomas:
Aufriß einer Weltgeschichte 83, alle m.
Dr. U. Bracher.

Brachvogel, Hans-Horst, Redakteur;
Hallerplatz 8, D-2000 Hamburg 13, Tel.
(040) 446101 (Lötzen 26.9.09). Roman,
Erzählung.
V: Bahn frei, junge Menschen!, R. 33.
MA: Wer lächelt mit?, Samml. dt.
Humors 39; Die 50 Größten unseres Jhs,
Biogr. 80.

Brack, Monika, s. Elwenspoek, Lise-
Melanie.

Bradatsch, s. Schmidt, Gertrud.

Bradun, Johanna, s. Brandenberger,
Anne.

Bräm, E. Max, Dr. phil.; Ba.S.V. 48,
P.E.N. 50; Dt. Shakesp. Ges. West 65;
Amselstr. 48, CH-4059 Basel (Baden/
Schweiz 27.2.06). Essay, Lyrik.
V: Geschichte der dt. Literatur 42/43,
49; Rud. v. Tavels Werk 44; Dichter-
porträts 63.
MA: Basler Jb. 59; Basler Stadtb. 64,
68; Bündner Jb. 68; zahlr. Ess. in Ztgn.

Braem, Elisabeth M. (Ps. Elisabeth
Kaiser); V.D.Ü. 55; Schloß Tierberg, D-
7176 Braunsbach-Tierberg, Tel. (07905)
616 (Nürnberg 3.8.25). Roman, Novelle,
Erzählung. **Ue:** E.
V: Zwischen den Sommern, R. 51; Der
Baum im Asphalt, R. 53; Tief im Süden
Dixies, Reiseber. 60. — **MV:** Wechselnde
Pfade, Erz. 54; Die Probe, Erz. 55.
R: Empfindsame Revolution 61.
MUe: Edward Estlin Cummings: Der
endlose Raum 54, 61; Slater Brown: Das
brennende Rad 55; William Faulkner:
Schall und Wahn 56, Wilde Palmen —

Der Strom 57, Das Dorf 57; Henry
James: Die Gesandten 56, Erzählungen
58, Daisy Miller 59; Das Tier im
Dschungel 59; William Carlos Williams:
Die guten alten Sitten 64.

Braem, Harald, Dipl.-Designer, Prof.;
VS 79; Lahnstr. 49e, D-6200 Wiesbaden,
Tel. (06121) 405426 (Berlin 23.7.44). Lyrik,
Roman, Erzählungen (Märchen u. SF),
Sachbuch.
V: Ein blauer Falter üb. der Rasier-
klinge, Prosa 80; Die Nacht der ver-
zauberten Katzen, Prosa 82.
H: Meinungsfreiheit 69-71; Kunst als
Experiment 82; Wasser — Lebensmittel
Nr.1 82; Die letzten 48 Stunden, Anth.
83; Das Große Guten-Morgen-Buch 84.
R: Feature.

Brändle, Alexander (Ps. B. Alec
Brand), Bankkaufm.; ADA 82; Moltkestr.
11, D-7520 Bruchsal, Tel. (07251) 88837
(Weingarten, Baden 30.1.23). Roman,
Jugendbuch, Lyrik, Essay.
V: Geheimnisse um den Flachbunker
65, u.d.T.: Detektive leben gefährlich 76;
Drei Mädchen auf einer Spur 65, u.d.T.:
Michaelas Geheimnis 76; Gedanken und
Worte 65; Zwei Mädchen vom
Kentucky-River 67; Sieglinde als
Detektiv 67; Liesel überwindet die
Angst 67; Ferienabenteuer auf dem
Prinzbachhof 79, alles Jgdb.; Die
teuflischen Brüder 70; Als der Ranger
kam 70; Tötet den Ranger! 70; Gesucht
wird Psychonaut 71; Geheimnis von
Sub-Terra 71; Das Geheimnis der
Orbitgarage 81, alles R.; Du bist ein
Gedanke Gottes, Lyr. 81; Minya kann
hellsehen 81; Wilde Rose 82; Abenteuer
am Baggersee 82, alles Jgdb.
MA: Siegburger Pegasus 82; Gauke's
Jb. 83.
S: Duell mit dem Bösen 81.

Bräuer, Heinrich W. *

Bräutigam, Gerd, Redakteur; IDI 77;
Max-Dauthendey-Ges. 79; Körnerstr. 5,
D-5090 Leverkusen 1, Tel. (0214) 46907
(Aachen 12.12.37). Lyrik, Mundart.
V: Es griecht ajeds sei Huckn voull,
Fränk. Mda.-Lyr. 78. ( )

Braht, Josef (Ps. Braht-Waldsee), Dr.,
Arzt i.P.; V.G.S. 65, VÖT 76; Arbeitsstip.;
Der Kreis 67, NdÖst. Bildungswerk 72,
Köla 75, EM Europ. Amer. Kulturwerk
75; Kreuzgerstr. 3/II/9, A-1010 Wien
(Nieder Waldsee 23.3.10). Drama, Lyrik,
Roman, Novelle.
V: Brillanten und Sterne, Lyrik 65;
Neue Werte, mod. u. klass. Lyrik 66; Die
Eva vom Weinstock, Nn. 69; Willst du

erkennen Liebling, mod. u. klass. Lyrik
70; Der bunte Vogel, M. aus Künstler-
kreisen 71; Olympisches Gebet, mod. u.
klass. Lyrik 72; Faszination, mod. u.
klass. Lyrik 75; Das goldene Tuch, Sch.
80. — **MV:** Verschlüsselt und versiegelt,
Lyrik 68; Wahrheit wollen wir
ergründen, Lyrik 74; Dichtung aus
NdÖst., Dr. 74.
   Lit: Beurteilungen; Alm. d. dt. Buches;
Der geistig Schaffende; Austria
Literaturspiegel; Olympische Sammel-
mappe München; Neuer Bücherdienst
Wien. ( )

   Braht-Waldsee, s. Braht, Josef.

   Brakenhoff, Barbara; Coldewehrstr. 5,
D-2974 Krummhörn 1 (Wilhelmshaven
27.3.57). Lyrik, Roman.
   V: Regenbogenland, Lyrik 78;
Hexenkunst, Lyrik 80. ( )

   Braker, Wolfgang, Personalsach-
bearbeiter; Brückenstr. 6, D-6454
Bruchköbel, Tel. (06181) 77290
(Bruchköbel 10.4.50). Lyrik, Heimat-
geschichte/Satire, Fachlit.
   V: Gedanken — Gefühle, Lyr. 81;
Bruchköbeler Geschichte(n), Heimat-
Gesch. -Satire 82. — **MV:** Sport, Wissen,
Wirtschaft 83.

   Bralitz, Friedrich, s. Müller, Ulrich
Friedrich.

   Brand, B. Alec, s. Brändle, Alexander.

   Brand, Kurt (Ps. H. S. Kingston,
Philipp Mortimer, C.R. Munro); Vialweg
9, I-39052 Kaltern, Tel. (0471) 962297
(Wuppertal 10.5.17). Roman.
   V: Türme in der Sahara, R. 51;
Außenstation VII explodiert, R. 55;
Milchstr. M 1, R. 56; Die Zukunft war
gestern, R. 58; ... denn der Potomac
erzählt, R. 62; Treibsand zwischen den
Sternen, R. 62; Schatzkammer der
Sterne, R. 64, 70; Zahlr. science-fiction-
R.: Perry Rhodan, der Erbe des Uni-
versums; Utopia; Terra; Ren Dhark;
Krim.-R. u. a.

   Brand, Matthias, Dr.phil.; Sanderstr.
26, D-1000 Berlin 44 (Braunschweig
2.10.52). Erzählungen (für Kinder, für
Erwachsene), Essay, Lyrik.
   V: Fritz Kortner in der Weimarer
Republik 81; Das Grundstück 82. —
MV: Skizzen in Berlin, m. P. Huth, Lyr.
u. Prosa 80; Stärker als Superman, m. R.
Kift 81, 2.Aufl. 82.
   H: Fritz Kortner: Theaterstücke 81.

   Brandenberger, Anne (Ps. Johanna
Bradun), Hotelière; Ifang, CH-8416
Flaach u. Villa Rosita, CH-6815 Melide,

Tel. (052) 421158 (Winterthur 19.6.26).
Roman, Biographie, Lebensbericht.
   V: Drogen, Gold und Mädchen, R. 79;
Begegnung International 80.
   B: ABU SIMBEL — Reise in d.
Vergangenheit (überarb. v. L.A. Gasser)
82.

   Brandenburg, Evelyne, s. Krause,
Evelyne.

   Brandenburg, Hans, Pastor Lic.,
Pfarrer a.D.; Obere Waldstr. 59, D-7730
Villingen-Schwenningen, Tel. (07721)
1328 (Riga 17.3.95). Autobiographie,
Lebensbild, Bibelauslegung.
   V: Der Weg zu Christus 39; Rufer
Gottes in der Großstadt 51; Banner-
träger d. Evangeliums (v. Knobelsdorff
u.a.); Adolf Stöcker; Rudolf Kögel;
Christus auch im Zuchthaus 52; Gott
begegnete mir, Bd. I: Von Riga bis
Lübeck 63, 66, Bd. II: Von Lübeck bis
Korntal 64; Ein Leben in Christi Auftrag
(Vater Rupflin); Kinderkrankheiten des
Glaubens; Christen im Schatten der
Macht (auch engl.); Mit Christus
unterwegs; Wie steht's m. d. Taufe? 77;
Baltische Träume 78; Ich hatte Durst
nach Gott — Christa v. Viebahn 78.

   Brandenburger, Günther, Kapitän,
ObSchullehrer i.R.; Zirkel schreibender
Arbeiter 60 — 65, Arbeitsgem. Junger
Autoren 63 — 74; Preis d. Min. f. Volks-
bildung d. DDR 58, Lit.-Preis der Zs.
Elternhaus und Schule 60, Frau von
heute 61, Sonntag 61, 75, 79, Verlag der
Nation 62, Das Volk 63, Zs. Junge
Generation 63, Verlag Das Neue Berlin
75; Teichstr. 11, DDR-5304 Blankenhain
(Erfurt 9.1.21). Erzählung, Novelle,
Reportage.
   V: Die Halbinsel der Robinsone, Erz.
61; Kapitän Jögi antwortet nicht, Erz. 63,
67; Swetlana, N. 64; Die Lotsen von
Kirkkomaansaari, Erz. 66; Der Tod des
Leutnants Hagenow, Erz. 78. —
MV: Entwicklung der Volkshochschule
Weimar-Land, Chronik 69; Zwischenfall
vor Sarbinowo, Erz. 71.
   MA: Der junge Naturforscher, Erz. 55;
Abseits der großen Straßen, Erzn. 61;
Frühlingssonate 61; Ich schreibe 63;
Seht, Großes wird vollbracht 64; Wort
und Gestalt 60, 62, alles Anth.; Der
Mann von Anti, Erz. 75, 80; Jahrb. d.
Schiffahrt 78, 82; Fantastika '81, Erzn.
81; Die andere Zukunft, Phant. Erzn. 82.
   F: Mutti geht jetzt arbeiten 65.
   Lit: A. Clemen: G. B., Die Halbinsel
der Robinsone, Examensarb., Eisenach
79.

Brandenfels, Ina, s. Steinborn, Tonimarie.

Brandes, Irma (Ps. Irma Fiebig, Irma Brandes-Fiebig); Adalbert-Stifter-Str. 37, D-6200 Wiesbaden-Sonnenberg (Berlin). Städtebiographien, Gedichte, biographischer Roman.
V: Köln, Stadt am Strom 40, 48; Köln, Antlitz aus Tag und Traum 56; Mit uns allein, G. 63; Um uns die Flut, G. 65; Caroline. Das Leben der Caroline von Schelling, biogr. R. 70; Caroline, Lebensbild d. Romantik 75, 78; Geliebte Gefährten, G. 80.
Lit: A. Hildebrand: Das Chaos in der eigenen Brust in Harmonie zu bringen, Porträt einer Romantikerin, in: Autoren, Autoren. ( )

Brandes, Sophie, s. Kafka-Huber-Brandes, Sophie-Marlene.

Brandes, Volkhard, Dr. phil.; VS; Flurscheideweg 20, D-6230 Frankfurt a.M. 80, Tel. (0611) 343029 (Lemgo 26.6.39). Essay, Erzählung. **Ue:** E, F.
V: Black Brother 71; Good Bye Onkel Sam, Erz. 71; Den letzten Calypso tanzen die Toten 82. — **MV:** USA: Vom Rassenkampf zum Klassenkampf, Ess. 70, 72.
MH: Now. Der Schwarze Aufstand, Aufs.samml. 68; Merde. Karikaturen der Mairevolte Frankreich 1968, sat. Samml. 68; Unterentwicklung, Aufs.samml. 75; Staat, Ess. 77; Stadtkrise, Ess. 78, Leben in d. BRD, Aufs. samml. 80. ( )

Brandes-Fiebig, Irma, s. Brandes, Irma.

Brandl, Romana *

Brandner, Uwe, Schriftsteller, Filmregisseur; Friedrich-Herschel-Str. 17, D-8000 München 80, Tel. (089) 986737 (Reichenberg 23.5.41).
V: Innerungen, R. 68; Am elften Tag, Prosa-Song 68; Drei Uhr Angst, R. 69; Mutanten Milieu. Ber. a. d. Ld Asphalt u. Alphabet 71. — **MV:** Supergarde 69; Trivialmythen 70; Grenzverschiebung 70; Projekte, Konzepte, Aktionen 71; Typos 70, 71.
F: Blinker 68; Toon erzählt vom Paradies 69; Ich liebe Dich, Ich töte Dich 70; Kopf oder Zahl 72; Im Zeichen der Kälte 73; halbe-halbe 77.
R: Supernova, Hsp. 69.

Brands, H. Wilfrid, Dr. phil., UProf. a.D.; Am Dorfbach 4, D-6400 Fulda, Tel. (0661) 51122 (Bad Oeynhausen 22.5.22). **Ue:** T.

H: Die Pforte des Glücks. Die Türkei in Erzählungen ihrer besten zeitgenöss. Erzähler, Anth. 63, 69.
R: (Ue): In jenem Jahr 1941 65; Behcet Necatigil: Der Pensionär 66.
Ue: Yasar Kemal: Ince Memed 60, 62, u.d.T.: Rot sind Allahs Berge 64, u.d.T.: Memed mein Falke 65, 81; Y. Kemal: Teneke 62, 79; Nazim Hikmet: Şu 1941 Yilinda u.d.T.: In jenem Jahr 1941 63; Fakir Baykurt: Yilanlarin öcü — Irazcanin Dirliği u.d.T.: Die Rache der Schlangen 64, 66, 2bdg u.d.T.: Die Rache der Schlangen 81, Mutter Irazca und ihre Kinder 81.

Brandsch, Ursula, Kindergarten-Leiterin i.R.; Keplerstr. 36, D-8402 Neutraubling (Berlin 31.8.09). Kinderliteratur, Hörspiel. **Ue:** Rum.
V: Das Fest im Walde, Sp. 56; Dies und Das für kleine Leute, Erzn. 57; Lustige Tage im Sommerlager, Erz. 60; Block IV Treppe C, Erzn. 62; Nero und der Quittenkäse, Erzn. 64; Vorhang auf, Sp. 66; Das Holzpferdchen, Erzn. 67; Lachen und Weinen in einem Sack, Erz. 70; 10 Geschichten, Erzn. 73; Deutsch als Fremdsprache f. d. Kindergarten 76. — **MV:** Der Wunschring 75, 80; Vorhang auf, 2 Theaterst. f. Kinder.
F: Drei Männlein im Walde 74; Rumpelstilzchen 75; Zwei und zwei 76; Der Wettbewerb 76; Himpelchen und Pimpelchen 77, alles Diaf.
R: Drei Kinder wünschen sich Schnee, Hsp.; Das unfolgsame Häschen, Hsp.
Ue: Maria Rovan: Printesa mofturosa u.d.T.: Die verhängnisvolle Erbse 54. ( )

Brandstetter, Alois, Dr. phil., UProf.; PEN 74, Kärntner S.V. 75; Förderungspr. d. Landes ObÖst. 73, Förderungspr. d. Landes Kärnten 75, Förderungspr. d. Ver. z. Förder. d. Lit. München 75, Kulturpr. d. Ldes Oberöst. f. Lit. 80; Maximilianstr. 4/2/10, A-9020 Klagenfurt, Tel. (04222) 23412 (Pichl, ObÖst. 5.12.38). Roman, Prosa.
V: Überwindung der Blitzangst, Kurzprosa 71; Ausfälle, Natur- u. Kunstgeschn. 72; Zu Lasten der Briefträger, R. 74; Der Leumund des Löwen, Geschn. 76; Die Abtei, R. 77; Vom Schnee d. vergangenen Jahre, Geschn. 79; Die Mühle, R. 81; Über den grünen Klee der Kindheit, Geschn. 82. — **MV:** Winterspiele, Neue Skigeschn. 75.
H: Daheim ist daheim, Neue Heimatgeschn. 73; Gerhard Fritsch: Katzenmusik 74; Ferdinand Zöhrer: Inkognito oder Da lachte der Kaiser souverän 73.

Lit: Ludwig Harig: Alois Brandstetter, Herrscher auf Harfen, in: Wie die Grazer auszogen, die Literatur zu erobern 75; Josef Laßl: Spiele des Spotts, Mitt. d. Adalbert-Stifter-Inst. d. Landes ObÖst. 74; Johann Strutz: Alois Brandstetter, Krit. Literaturgesch. d. Gegenw.

Brandt, Daniela-Maria, Photographin; Mitgl. im Verb. Bildender Künstler Südbaden; Am Badenberg 1, D-7818 Oberrotweil (Freiburg 19.7.42). Lyrik, lyrische Prosa.
V: Der Schlaf der alten Zeit, Poesie u. Prosa 78, 2. Aufl. 79.

Brandt, Eva, s. Brückner, Marie.

Brandt, Herbert, Kaufm.; VS; Hohelandstr. 54, D-2400 Lübeck, Tel. (0451) 795452 (Fürstenwalde/Spree 24.1.08). Roman, Hörspiel. **Ue:** S.
V: Achtung: Das neue Jahrtausend, R. 30; Zweimal Susanne, R. 41, 46 (auch span.); Nadja, R. 42, 50; Blutgruppe AB, R. 43; Der Schattentanz, R. 44; Der Schritt über die Schwelle, R. 47; Die Frühvollendete, R. 49; Das Horoskop, R. 53.
R: Wer rettet Anna?, Hsp.

Brandt, Kurt, Schriftsteller, Schauspieler; Lortzingstr. 3, D-8070 Ingolstadt, Tel. (0841) 81951 (Marienwerder/W.P.R. 24.1.07). Drama.
V: Urgeist — Die Geistige Atombombe, Dr. 48, 2.Aufl. 83.

Brandt, Magreta, s. Timm-Brandt, Margarethe.

Branstner, Gerhard, UDozent; Friedrichstr. 125, DDR-1040 Berlin, Tel. 2829185 (Blankenhain/Thür. 25.5.27). Aphorismus, Anekdote, Spruch, Erzählung, Drama, Kurzgeschichte, Lyrik.
V: Ist der Aphorismus ein verlorenes Kind?, Aphor. 59; Zu Besuch auf der Erde, G., Aphor., Erz. u.a. 61; Der verhängnisvolle Besuch, Krim.-R. 67, 69; Der Narrenspiegel 73, 76; Die Weisheit des Humors 68; Der astronomische Dieb 73, 4. Aufl. 80; Plebejade, oder die wundersamen Verrichtungen eines Riesen 74; Vom Himmel hoch oder Kosmisches Allzukomisches 74; Der falsche Mann im Mond, R. 74; Die Reise zum Stern der Beschwingten 75; Ich kam, sah und lachte 76; Der Esel als Amtmann oder Das Tier ist auch nur ein Mensch, Fab. 76, Tb. 79; Der Sternenkavalier, utop. R. 76, 81; Der Himmel fällt aus d. Wolken, Theaterstücke 77; Kantine, e. Philosophie d.

Kunst 77; Hdb. d. Heiterkeit, Werkausw. 79, 3. Aufl. 82; Der indiskrete Roboter, utop. Erzn. 80, 4. Aufl. 82; Kunst des Humors — Humor der Kunst 80; Die Ochsenwette 80, 3. Aufl. 82.
MA: An den Tag gebracht, Prosa-Anth. 61.
MH: Anekdoten. Ein Vortr.b. 62. ( )

Brantsch, Ingmar (Ps. Hermann Eris), StudR.; Rum. S.V. 70, VS NRW 71; Lyrikpr. d. Jungen Akad. Stuttgart 68, Anerkenn.diplom d. Jungen Akad. München 68; Eckerstr. 18, D-5000 Köln 41 (Kronstadt, Siebenbürgen 30.10.40). Lyrik, Kurzprosa, Essay, dramatische Texte, Reisebeschreibung, Reportage, Dokumentation, Literatur- u. Kunstkritik. **Ue:** Rum.
V: Deutung des Sommers, Lyrik 67; Einführung in die Grundlagen des Antisophismus, Ess. 78; Ausbildung oder Gehirnwäsche? 80; Individualismus als Politik, Ess., Aufs., G., Polemik 83; Neue Heimat BRD oder Spätheimkehr nach 1000 Jahren, Lyr. 83.
MA: 17 Ich — ein Wir, Lyrik 65; Zeitgenössische Blätter, Lyrik 65 (auch rum.); Sequenzen, Lyr. 66; Deutsche Humoristische Lyrik aus Rumänien, Lyrik 68; Worte und Wege, Prosa 70, Grenzgänge, Lyrik 70; Für unsere Kulturheime, Lyr. 70; 203 Elegie, Lyrik 71; Nachrichten aus Rumänien, Lyrik 76; Nachrichten vom Zustand des Landes, Lyr. 78; Beispielsweise Köln, Lyr. 80; Friedensfibel 82 (auch rum.); Stich ins Auge, Lyr. u. Prosa 83; Gaukes Jb., Lyr., Prosa 82; Siegburger Pegasus, Lyr., Prosa 82.
R: Bericht über ein Schiff, Lyrikmontage 68 (auch tsch.); Die Siegerin 69; Er war daheim 69; Mündlicher Brief eines kleinen Mädchens 72; Ein moderner Doktor Jekyll und Mister Hyde 75.

Brasch, Thomas; Nachwuchsstip. d. Freien Volksb. 77, Stip. d. Lessingpr. Hamburg 77, Ernst-Reuter-Pr. 78, Villa-Massimo-Stip. 79, FAZ-Lit.pr. 80, Förderpr. d. Schiller-Gedächtnis-Pr. 80, Bayer. Filmpr. 82; Droysenstr. 8, D-1000 Berlin 12.
V: Vor den Vätern sterben die Söhne, Prosa 77; Kargo, Prosa, Versch. 77, 79; Lovely Rita 77; Die argentinische Nacht, Bü. 77; Herr Geiler, Farce n. Goethe 77; Eulenspiegel 77; Der Papiertiger 77; Rotter 77; Rotter u. weiter, e. Tageb., e. Stück, e. Aufführung 78; Der schöne 27. September, G. 80; Engel aus Eisen 81;

Der König vor dem Fotoapparat 81;
Domino 82.
MA: Poesiealbum 89 75; Die Rettung
des Saragossameeres 76; Lieber Georg.
Ein Kunst-Eis-Läufer-Drama aus d.
Vorkrieg in: Theater heute 2 80; u.a.
F: Engel aus Eisen 81; Domino 82. ( )

Bratesch, Verona; Schriftst.verb. d.
S.R. Rumän. 72, RSG 76; Lyr.pr. d. Karls-
ruher Boten 78, Lyr.pr. Schriftst. verb. d.
S.R. Zweigverein. Braşov 78; Intern.
Lenau-Ges. 69, LU 77, Kr. d. Freunde 78,
Autorenkreis Plesse 80; str. Piatra Mare
117, S.R., Braşov/Rumänien, Tel. 41468
(Kronstadt 28.3.22). Lyrik. **Ue:** Rum, U, F.
V: Bleibende Spur, G, 66; Klarheit, G.
69; Wiege im All, G. 71; Oktaven, G. 69
(rum.); Ort unter den Sternen, G. 75
(rum.); Außerhalb des Kreises, G. 77;
Stein neben Stein, G. 82; Carmina, G. 82
(rum.).
MA: Lyrik 78; Lyrik 79; Mauern 78;
Jb. Dt. Dicht. 78, 79; Sag ja 78; Schritte d.
Jahre 79; Anth. 3 RSG; Efeuranken 79;
Lichtband-Autoren-Bild-Lex. 80; 3
Haiku-Anth. 80; Heimat 80; Jb. Dt.
Dicht. 80, 81; Lyrik 80, 81; Gauke's Jb. 82,
83; An den Ufern der Hippokrene 82;
Doch die Rose ist mehr 82; World Poetry
82; Ocarina 82; Bild-Lex. 82.
H: Efeuranken 79.
Ue: Eine Minute Wind (dt.-rum.).
Lit: Dt. Stud. 70; Südostdt. Vj.bl. 2 72;
Burgenländ. Leben 79, Prosa u. Poesie
79; Naos 79; Skylark 79.

Bratt, Berte, s. Saxegaard, Annik.

von Brauchitsch, Manfred,
Rennfahrer a.D.; Präs. d. Olymp. Ges. d.
DDR, DDR-6551 Gräfenwarth, Kr.
Schleiz (Hamburg 15.8.05). Biographie,
Hörspiel, Film, Episoden.
V: Kampf mit 500 PS; Kampf um
Meter und Sekunden; Ohne Kampf kein
Sieg 64.
H: Und Lorbeer kränzt den Sieger.
R: Ohne Kampf kein Sieg, 5-tl. Fsf.

Brauer, Erich, Maler; Postfach 145, A-
1013 Wien, Tel. (0222) 347160, 344673
(Wien). Lyrik, Novelle, Film.
V: Brauer Bunte Mauer 75; Aquarell
Religion; Die Zigeunerziege 76.
R: Alles was Flügel hat fliegt, Fsf. 73;
7 auf 1 Streich, Fsf. Öst. 78, Dtld. 79.
S: Arik Brauer 71; Alles was Flügel
hat fliegt 73; 7 auf 1 Streich 78.
Lit: Malerei d. Phantastischen
Realismus 68; Brauer Monographie 72;
Brauer kleine Monographie 73; Das
Graph. Werk 1951-1974 74; Die Wiener
Schule des Phantastischen Realismus

74; Brauer New York 75; Brauer Bunte
Mauer 75; Brauers Paris 76; Öst. zeigt
den Kontinenten Brauer 79. ( )

Brauer, Erwin, s. Birkenhauer, Klaus.

Brauer, Johannes, Maler, Graphiker,
Bildhauer; Ammelshainer Weg 41, D-
7251 Waldsteinberg/Brandis (Meerane/
Sa. 8.9.05). Kurzgeschichte, Novelle,
Roman.
V: Zeichnungen, Nn. 41; Kurz-
geschichten 41, 42; Tiere, Erzn. 42;
Afrikanische Nacht 42; Büffeljagd wider
Willen 43; Raucherkarikaturen 45;
Seltsame Liebesgeschichten und andere
50; Kurzgeschichten 53; Rembrandt
Harmenzs van Rhin. Sein Leben u.
Werk 55 (auch engl.); Artist Speaks,
Rhythm 62; Republica-Populare-
Romina 63; Die Radierung 63; Adrian
Ludwig Richter, a most German Painter
65; Albrecht Dürer 66 (engl.), u.a.
Lit: Clément Morro: M. Johannes
Brauer (franz.) 38; F. Fuhrmann u. F.
Prodinger: Üb. sein Oevre u. seine
Ausstell. 65; K. P. Padmanabhan Tampy:
Thoughts in an Art Gallery: Etchings by
the German Master Johannes Brauer
(engl.) 67; L. I. Kats: Johannes Brauer
(russ.) 68; Robert Taubold: Zeitgenöss.
realist. u. abstrakte Kunst (Johannes
Brauer) 68; K. P. Padmanabhan Tampy:
Johannes Brauer 68 (malay.); W.
Ballschmieder: Arbeiten Johannes
Brauer im Sowjet. Fernsehen 69; R.
Amirow: Johannes Brauer 69 (russ.),
u.v.a. ( )

Brauer, Selma, s. Weißenbacher,
Selma.

Brauerhoch, Juergen (Ps. Job),
Texter; Gerner Str. 5, D-8000
München 19, Tel. (089) 1575055 (Gera/
Thür. 23.1.32). Novelle, Essay, Reise-
beschreibung.
V: Wie eine Jungfrau entsteht. Die
zwölf Zeugungsarten, humor. Belletr. 77;
Dein zweites Gesicht. Eine heitere
Popologie 78; Zakynthische Briefe,
Reisebeschr. Zakynthos/Griechenld 79;
Berufe mit Zukunft 83.

Braumann, Franz, Prof.; Förderungs-
preis d. Landes Tirol 50, Literatur-
Auszeichn. d. Landes Salzburg 53,
Österr. Staatspreis f. Jugendlit. 58, Öst.
Trakl-Preis f. Lyrik 68; Nr. 89, A-5203
Köstendorf, Land Salzburg, Tel. (06216)
6518 (Huttich-Seekirchen, Land
Salzburg 2.12.10). Lyrik, Roman, Jugend-
buch. **Ue:** D, E, F, H, N, I, S, Afrik
(Suaheli), Per, J.

V: Friedl und Vroni, R. 32, 56; Gesang
über den Äckern, G. 33; Das Haus zu
den vier Winden, M. 36, 56; Das schwere
Jahr der Spaunbergerin, R. 38; Der
goldene Schlüssel, M. 39, 41; Der Ruf der
Scholle, Erzn. 39; Fluß ohne Namen, Erz.
40, 50; Berg meiner Träume, Erz. 42;
Peter Rosenstatter, R. 47, 48; Vom
ewigen Bauerntum 49; Angela
Schönthann, R. 50, 54; Das Jahr mit
Christine, R. 52; E. Trauco, der Berg-
geist, Erz. 53; Volksmärchen aus
Österreich 53; Das Bergvolk erzählt,
Sagen 54; Der Schatz im Drachenloch,
Jgd.-Erz. 55; Monikas Ferien am See,
Mädchen-Erz. 56; Der Schicksalsberg, R.
57; Ritt nach Barantola, Jgdb. 58; Die
Blutsbrüder, R. 59; Tal der Verheißung,
Jgdb. 60; Ein Boot kommt über See, R.
61; Blumen des Feuers, G. 62; Das Haus
an der Fähre, R. 62; Vater des
Amazonas, Jgd.-Erz. 62; Die schwarzen
Wasser von Anahim, Jgd.-Erz. 63;
Qumran, Tal der Geheimnisse, Jgd.-Erz.
64; Die tausendjährige Spur, R. 65;
Begegnung mit Johanna, R. 67;
Unternehmen Paraguay, R. 67, 69;
Sagenreise durch Oberösterreich, Jgdb.
68, 80; Feuerzeichen am Biberfluß, Jgdb.
69, 81; Sonnenreich des Inka, Jgd.-
Sachb. 69; Wer vom Calafatestrauch ißt,
Jgdb. 70; Die Abenteuer des Ritter
Ruodlieb, Jgdb. 71; Entscheidung am
Goldfluß, R. 71; Franz Stelzhamer,
Leben u. Dichtung 72, 73; Liebe schenkt
man nie vergebens, Erz. 73; Alpen-
ländische Sagenreise, Jgdb. 73, 80;
Sagenreise durch Niederösterreich,
Jgdb. 75, 79; Die schönsten Volks-
märchen 75; Die Straße der Abenteuer,
Jgdb. 76; Der Pfingst-Ritt, R. 76; Die
fremde Frau, R. 77; Die Zwillingserben,
R. 77; Das Haus über dem See, R. 78;
Sagenreise durch Deutschland, Jgdb. 78,
80; König, Schelm und Rittersmann,
Jgdb. 79; Österreich, das Völkerkreuz
Europas, Sachb. 78, 80; Sagenreise durch
Steiermark, Jgdb. 79, 82; Sagenreise
durch Tirol, Jgdb. 80; Sagenreise durch
Kärnten, Jgdb. 80; So war mein Vater,
Erzn. 81; Sagenreise durch Europa,
Jgdb. 81; Sagenreise durch Vorarlberg,
Jgdb. 82; Aufstieg zum Dach der Welt,
Erz. 82; Die erste Durchquerung
Australiens, Dok. 83; Feuer in der
Wildnis, Erz. 83.
Lit: G. Nemetz: Der Salzburger
Dichter Franz Braumann 60; Ad. Zieser:
Franz Braumann, Leben und dichte-
risches Werk 63; L. Binder: Der Jugend-
schriftsteller F. Braumann 70.

Braun, Anneliese; Schrifttums-
kammer — nach 1933 (aber wegen
politischer Verfolgung keinen Gebrauch
davon gemacht); 61 The Vale, London
NW 11/Engl., Tel. (01) 4551193 (Berlin
16.4.01). Drama, Lyrik, Novelle.
V: Zwischen den Stunden, G. —
Bethlehem, e. Weihnachtssp. 81.

Braun, Dagmar (Ps. Dagmar Nick),
Schriftstellerin; VS 46, P.E.N. 65;
Liliencron-Preis d. Stadt Hamburg 48,
Ehrengabe d. Stift. z. Förder. d. Schrift-
tums 51, Lit.preis d. Ldsmannsch.
Schlesien 63, Eichendorff-Lit.preis 66,
Ehrengabe d. Gryphiuspreis 70,
Roswitha-v.-Gandersheim-Med. 77,
Tukan-Pr. d. St. München 81;
Kuglmüllerstr. 22, D-8000 München 19,
Tel. (089) 173432 (Breslau 30.5.26). Lyrik,
Essay, Hörspiel. **Ue:** E.
V: Märtyrer, G. 47, 48; Das Buch
Holofernes, G. 55; In den Ellipsen des
Mondes, G. 59; Einladung nach Israel, G.
u. Pr. 63, 70; Rhodos, Pr. 67, 75; Israel -
gestern u. heute, Dok. 68; Zeugnis und
Zeichen, G. 69; Sizilien, Pr. 76; Flucht-
linien, G. 78; Götterinseln der Ägäis, Pr.
81.
MA: De profundis, G. 46; Die Pflug-
schar, G. 47; Glück der Mutter, G. 49;
Hände 52; Deutsches Wort in dieser Zeit
55; Transit, G. 56; Unter dem
sapphischen Mond, G. 57; Und die Welt
hebt an zu singen, G. 58; Lyrische
Kardiogramme, G. 60; Botschaften der
Liebe, G. 60; Erbe und Auftrag 60;
Spektrum des Geistes 60; Nie wieder
Hiroshima 60; Irdene Schale 60;
Schlagzeug und Flöte, G. 61; Tau im
Drahtgeflecht, G. 61; Der leuchtende
Bogen 61; Lyrik der Gegenwart 62; Ein
Licht auf Erden 63; Als flöge sie nach
Haus 63; 20. Century German Verse 63;
Zeitgedichte 63; Gegen den Tod 64;
Keine Zeit für Liebe?, G. 64; Kadenz der
Zeit, G. 64; Stimmen vor Tag, G. 65;
Schlesisches Weihnachtsbuch 65;
Spiegelungen unserer Zeit 65; Straßen
und Plätze 65; Deutsche Teilung 66;
Federlese 67; Panorama moderner
Lyrik 67; Thema Frieden 67; Lyrik aus
dieser Zeit 68; Welch Wort in die Kälte
gerufen 68; Ziel und Bleibe 68;
Jahresring 69/70; Thema Weihnachten
70; Politische Gedichte 70; Nachkrieg
und Unfrieden 70; Zur Nacht 70; PEN
71; Windbericht, G. 72; Deutsche
Großstadtlyrik vom Naturalismus bis
zur Gegw., G. 73; Das Schlesische
Balladenb., G. 73; Im Bunker, G. 74;
Liebe, Pr. 74; Deutsche Bildwerke im dt.

Gedicht, G. 75; Die Kehrseite des
Mondes, Pr. 75; Gedichte auf Bilder, G.
75; Neue Expeditionen, G. 75; Schrift-
zeichen, Pr. 75; Auf meiner Straße, G. 75;
Quer, G. 75; Dome im Gedicht, G. 75;
Intern. Poetry Rev., G. 76; Zueinander,
Pr. 76; Als das Gestern Heute war, G. 77;
Das gr. dt. Gedichtb. 77; Viele von uns
denken noch sie kämen durch, G. 78;
Liebe will Liebe sein, G. 78; Dt.
Dichterinnen v. 16. Jh. bis z. Gegw., G.
78; Alle Mütter dieser Welt, G. 78;
Schnittlinien, G. 79; Jb. f. Lyr. 79; Dt.
Sonette 79; Dt. G. v. 1900 bis z. Gegw. 79;
Der Tod ist ein Meister aus Dtld, G. 79;
Ich sah das Dunkel schon von ferne
kommen, G. 79; Ich erzähle euch alles
80; Jb. f. Lyrik 80; Moderne dt. Natur-
lyrik 80; Liebe 80; Die Wunde namens
Deutschland 81; Im Gewitter der
Geraden 81; Das Bildgedicht 81;
Fürchtet euch nicht 81; Auf den Wegen
der Verheißung 82; Zuviel Frieden! 82;
Doch die Rose ist mehr 82;
Begegnungen und Erkundungen 82; Dt.
Liebeslyrik 82; Seit du weg bist 82.
  R: Die Flucht 59, 60; Das Verhör 60;
Requiem für zwei Sprecher und Chor
70, 72.
  MUe: Robert Frost: Gesammelte
Gedichte 52.

Braun, Ernst, Programmierer; 1. Preis
f. heimatl. Schrifttum 65, 2. Pr. 67;
Waldbrunnenweg 35, D-8750
Aschaffenburg, Tel. (06021) 41340
(Schwaderbach/Sudetenld 26.4.21).
Prosa, Roman, Novelle, Lyrik.
  V: Der Salzgraf, Erz. 66; Bunte
Lichter, Erzn. 71; Schwaderbach,
Heimat an d. böhm.-sächs. Grenze,
Heimatb., Dok. 76; Damals im Erzge-
birge, Erzn. u. G. 81.
  H: Dort wu de Grenz ve Sachsen is,
Anth. 83.

Braun, Günter; Uhlandstr. 3, DDR-
3080 Magdeburg (Wismar 12.5.28).
Erzählung, Novelle, Roman, Essay,
Fernsehspiel, Hörspiel.
  MV: Einer sagt nein, Jgd.-Erz. 55; José
Zorillas letzter Stier, Jgd.-Erz. 55; Tsuko
und der Medizinmann, Jgd.-Erz. 56, 60;
Preußen, Lumpen und Rebellen, R. 57,
66; Herren der Pampa, Jgd.-Erz. 57, 62;
Kurier für sechs Taler, Jgd.-Erz. 58;
Gauner im Vogelhaus, Jgd.-Erz. 58;
Gefangene, Erz. 58; Krischan und Luise,
R. 58, 63; Die seltsamen Abenteuer des
Brotstudenten Ernst Brav, R. 59, 60;
Menne Kehraus fährt ab, R. 59, 74;
Mädchen im Dreieck, R. 61, 62; Eva und
der neue Adam, N. 61, 64; Ein

unberechenbares Mädchen, R. 63, 64;
Ein objektiver Engel, R. 67, 68; Die
Campingbäume von M. Vignetten von
Horst Hussel 67; Die Nase des Neander-
talers, Kurzgeschn. 69; Der Irrtum des
Großen Zauberers, R. 73, 82; Bitterfisch,
R. 74, 76; Lieber Kupferstecher Merian,
Rep. 74; Unheimliche Erscheinungs-
formen auf Omega 11, R. 74, 82 (auch
schwed.); Der Fehlfaktor, Erzn. 75, 81;
Fünf Säulen des Eheglücks, Kurz-
geschn. 76; Conviva Ludibundus, R. 78,
82; Der Utofant, Erz. 81, 82; Kleiner
Liebeskochtopf, Feuill. 82; Der
unhandliche Philosoph, R. 83, alles m.
Johanna Braun.
  MA: Städte und Stationen in der DDR
69, 70; Bettina pflückt wilde Narzissen
72, 79; Die Anti-Geisterbahn 73;
Erzähler aus der DDR 73; Ich und Ich
76; Fernfahrten 76; Auskunft 2 78;
Polaris 5 81; Von einem anderen Stern
81; Die andere Zunkunft 82; Bitterfisch
82.
  R: Eva und der neue Adam, Fsp. 62;
Dialoge über die Liebe, Fsp. 65;
Geschichten aus dem letzten Urlaub,
Fsp. 67; Dialoge über den Neandertaler,
Fsp. 68, alles m. Johanna Braun.

Braun, Günther, Realschullehrer; VS;
Gildenstr. 9, D-4650 Gelsenkirchen, Tel.
(0209) 25809 (Wilhelmshaven 14.1.26).
Heitere Lyrik, zeitkritische Lyrik,
Aphorismen, Kurzgeschichten.
  V: Gereimt ist alles möglich,
Limericks u. Clerihews 74. ( )

Braun, Hanns Maria (Ps. Johann
Gottlieb Dietrich), Dr. phil., Film-
regisseur, Fernsehredakteur;
Hollandstr. 15, D-8000 München 40
(Niederlahnstein 16.6.10). Lyrik,
Erzählung, Film.
  V: Kokotte besucht ihre Kleinstadt-
verwandten, Erz. 32; Der jungen Tage
Licht und Lieder, G. 33; Das Fest des
Jahres, Son. 33; Gesang der anderen
Tage, G. 36; Lieder im Krieg, G. 42; Am
Anfang war das Wort, Son. 54; Ihr und
wir, G. 55; Die Brücke, G. 56; Auf einer
Reise gedacht, G. 57; Mein Hobby,
faksimil. Dichtergaben m. einl. Versen
58; Im blauen Kittel flämischer Bauern,
G. um van Gogh 60; Das Haus in einer
kleinen Stadt, G. 61; Das Jahr im
Garten, G. 63; Kleines Porträt, Ess. 64;
In dein Album geschrieben, G. 65;
Henriette Wohlbehagen, Versportr. 1900
— 1969 m. Bilddok. 69; Sieben Gedichte
73. — **MV:** Zwei Wege, G. m. Peter Berg
32.

H: Gedichte, Anth. junger Lyrik 33;
Die Kulturpolitische Rundschau 33. —
MH: Der Ausblick, Jgdb. neuer Dicht. m.
Rudolf Schmitt Sulzthal 34.
R: Bunte Ostereier, Hsp. 34. ( )

Braun, Johanna; Kurzgeschn.pr. der
Stadt Neheim-Hüsten 69; Uhlandstr. 3,
DDR-3080 Magdeburg (Magdeburg
7.5.29). Erzählung, Novelle, Roman,
Essay, Fernsehspiel, Hörspiel.
MV: Einer sagt nein, Jgd.-Erz. 55; José
Zorillas letzter Stier, Jgd.-Erz. 55; Tsuko
und der Medizinmann, Jgd.-Erz. 56, 60;
Preußen, Lumpen und Rebellen, R. 57,
66; Herren der Pampa, Jgd.-Erz. 57, 62;
Kurier für sechs Taler, Jgd.-Erz. 58;
Gauner im Vogelhaus, Jgd.-Erz. 58;
Gefangene, Erz. 58; Krischan und Luise,
R. 58, 63; Die seltsamen Abenteuer des
Brotstudenten Ernst Brav, R. 59, 60;
Menne Kehraus fährt ab, R. 59, 74;
Mädchen im Dreieck, R. 61, 62; Eva und
der neue Adam, N. 61, 64; Ein
unberechenbares Mädchen, R. 63, 64; Ein
objektiver Engel, R. 67, 68; Die
Campingbäume von M. Vignetten von
Horst Hussel 67; Die Nase des Neander-
talers, Kurzgeschn. 69; Der Irrtum des
Großen Zauberers, R. 73, 82; Bitterfisch,
R. 74, 76; Lieber Kupferstecher Merian,
Rep. 74; Unheimliche Erscheinungs-
formen auf Omega 11, R. 74, 82 (auch
schwed.); Der Fehlfaktor, Erzn. 75, 81;
Fünf Säulen des Eheglücks,
Kurzgeschn. 76; Conviva Ludibundus, R.
78, 82; Der Utofant, Erz. 81, 82; Kleiner
Liebeskochtopf, Feuill. 82; Der
unhandliche Philosoph, R. 83, alles m.
Günter Braun.
MA: Städte und Stationen in der DDR
69, 70; Bettina pflückt wilde Narzissen
72, 79; Die Anti-Geisterbahn 73;
Erzähler aus der DDR 73; Ich und Ich
76; Fernfahrten 76; Auskunft 2 78;
Polaris 5 81; Von einem anderen Stern
81; Die andere Zukunft 82; Bitterfisch
82.
R: Eva und der neue Adam, Fsp. 62;
Dialoge über die Liebe, Fsp. 65;
Geschichten aus dem letzten Urlaub,
Fsp. 67; Dialoge über den Neandertaler,
Fsp. 68, alles m. Günter Braun.

Braun, Käthe (Ps. f. Katharina
Harnack-Braun), Schauspielerin; Gr.
Kunstpr. Berlin f. darst. Kunst 54;
Haderslebener Str. 26, D-1000 Berlin 41,
Tel. (030) 8241828 (Reitmehring bei
Wasserburg/Obb. 11.11.18). Roman,
Fernsehspiel-Drehbücher.

V: Die Wiederbegegnung, R. 78.
R: Der Wohltäter, Fsf. 75; Die
Undankbare, Fsf 80.

Braun geb. Hilger, Karoline (Ps. Lia
Braun-Hilger), Lehrerin a.D.; Menzinger
Str. 39, D-8000 München 19, Tel. (089)
173999 (München 17.10.00). Kurzgeschichte.
V: Das Herz auf der Zunge I 56, 65, II
58, 64; Mein Sohn schwitzt hochachtungsvoll 56, 64; Meine Schülerin
Babette 58, 65; Oma hupf 60, 77; Ja,
unser Pfarrer 61, 78; Natürlich, eine
Frau am Steuer 63; Und sie kriegen sich
doch 63; Auch für Dich lebt ein Du 64;
Opa hopp 65, 78; Der Kletzenseppi 66;
Basi u. Boni 66; Wie die Alten sungen,
so zwitschern die Jungen 80.

Braun, Lothar, s. Baumgartner,
Alfred.

Braun, Lothar, Journalist; Johann-
Strauss-Weg 11, D-6050 Offenbach a.M.,
Tel. (0611) 831943 (Hanau am Main
15.3.28). Sachbuch, Anekdote, hist. Dar-
stellung, Bildbände (Text).
V: Ernte. Glossen zur Zeit 63 — 71;
Krieh die Kränk, Offebach!, Anekdn. 68,
70; In Offenbach hockt der Teufel auf
dem Dach, Anekdn. 73; Offenbacher
gab's schon immer, Stadtgesch. 76, 77. —
MV: Luftkreuz Frankfurt, Bildbd. m.
Wegemann 66; Zeit in der Zeitung, Hist.
m. Lorenz 73; Offenbach, Bildbd. m.
Wilhelm 77. - **MV** u. **B:** Reiserezepte für
Lebenskünstler, Reisebeschreib. 67.
H: Offenbach in alten Ansichtskarten,
Bildb. 77.

Braun, Olga, Dr.phil., Lehrerin;
Brauerstr. 115, CH-8004 Zürich, Tel. (01)
2423705 (Brüx 26.12.26). Lyrik.
V: Kompositionen. G. üb. Liebe u.
Musik 80.

Braun, Otto Rudolf (Ps. Rolf Rimau,
Rudolf Otten), Dr. phil.; Georg-
Stammler-Pr. f. Lyr. 65; Kr. d. Freunde,
NÖ. ARGE Literatur; Steiner Landstr. 4,
A-3500 Krems/D. (Wien 6.9.31). Lyrik,
Kurzgeschichte, Essay, Hörspiel,
Roman. **Ue:** An, E, F, Austr (Mal, Indon),
Thai, J, Ch.
V: Erlauschte Runen, heidn. G. 66;
Deutscher Glaube, Betrachtn. und
Gleichnisse 66, 2. Aufl. u.d.T.:
Heidnisches Bekenntnis 81; Es glaubt
ein Mensch, G. 68; Jungdeutsche Edda,
G. 72; Ein Name ist nicht nur Wort, G.
72; Ich war Student zu Wien, G. 72; Kurt
Eggers, Biogr. 72; Samurai, G. Nachdn. 77;
Kreuzweg, G. 79; Kl. Gesch. unserer
Feiertage u. Jahresfeste 79; Germ.

Götter — Christl. Heilige 79; Die
Widukind-Leg. 80; Weihnachten,
Geschn. u. G. 80; Hochanständige Leute,
G. 80; Weihnachtsamnestie, Erz. 82; Die
Wahrheit darfst du nicht sagen, R. 83.
　MA: Das Jagdhorn schallt 78; Sag ja
und du darfst bei mir sein 78; Standort-
bestimmungen 78; Schritte d. Jahre 79.
　H: Irminsul 66 — 69; Bragi seit 82.
　R: Weihnachtsamnestie 79; Boshafte
Völkerkunde 81.
　Lit: Ich stelle mich 81.
s. a. Kürschners GK.

Braun, Reinhold (Ps. Adam Ruf), Dr.
med., Augenarzt, D-6980 Wertheim-
Lindelbach (Halberstadt 11.10.21).
Erzählung, Essay, Novelle.
　V: Narben, Erz. 64; Beton, N. 76.

Braun, Volker, Dipl.-Philosph,
Dramaturg, Tagebaumaschinist;
Vorst.mitgl. SV-DDR; Erich-Weinert-
Medaille 64, Heinrich-Heine-Preis 71,
Heinrich-Mann-Pr. 80, Lessingpr. 81;
Akdad. d. Wiss. u. Lit. Mainz 77;
Wolfshagener Str. 68, DDR-1100 Berlin
(Dresden 7.5.39). Drama, Lyrik, Prosa.
　V: Provokation für mich, G. 65, 75;
Vorläufiges, G. 66; Kriegserklärung,
Fotogramme 67; Wir und nicht sie, G. 70,
79; Die Kipper, Dr. 72; Gedichte 72, 79
(auch franz., poln. tschech.); Das
ungezwungene Leben Kasts, E. 72, erw.
79, 81 (auch poln., russ., franz., kirgis.);
Stücke 1 (Die Kipper, Hinze und Kunze,
Tinka) 75, 81; Es genügt nicht die
einfache Wahrheit, Notate 75, 82; Gegen
die symmetrische Welt, G. 74, 80 (auch
franz.); Poesiealbum 77; Der Stoff zum
Leben 77; Unvollendete Geschichte 77,
82 (auch dän., franz., schwed., norweg.,
holländ.); Im Querschnitt, G., Prosa,
Stücke, Aufs. 78, 80; Gedichte 79;
Training des aufrechten Gangs, G. 79,
83; Stücke 2 (Schmitten, Guevara oder
Der Sonnenstaat, Großer Frieden,
Simplex Deutsch) 81; Berichte von
Hinze und Kunze 83.
　MA: Zahlr. Beitr.
　MUe: Jewtushenko, Lance u.a.
　Lit: s. Text u. Kritik 77.

Braun-Hilger, Lia, s. Braun, Karoline.

Braunburg, Rudolf, Flugkapitän; VS;
Erzählerpreis 'Unsere Kirche';
Felsenweg 15, D-5220 Bröl, Tel. (02291)
5808 (Landsberg/Warthe 19.7.24).
Roman, Kurzgeschichte, Sachbuch.
　V: Dem Himmel näher als der Erde,
R. 57; Kraniche am Kebnekaise, R. 59;
Geh nicht nach Dalaba, R. 60; Bitte an-
schnallen, Erzn.; Schattenflug, R. 62;

Leichter als Luft. Aus d. Geschichte d.
Ballonluftfahrt 63; Schanghai ist viel zu
weit 63; Atlantikflug 64; Alle meine
Flüge 65; Elefanten am Kilimandscharo,
Erzn. 67; Septemberflug, R. 68; Traum-
flug über Afrika, R. 69; Vielleicht über
Monschau, R. 70; Zwischenlandung, R.
71; Kursabweichung 72; Monsun-
gewitter, R. 73; Deutschlandflug, R. 75;
Der Töter, R. 76; Nachtstart, R. 77; Der
verratene Himmel, R. 78; Kranich in der
Sonne 78; Keine Landschaft f.
Menschen, R. 79; Wolken sind
Gedanken 79; Wassermühlen in
Deutschland 80; Kennwort Königsberg
80; Masurengold 81; Drachensturz 82;
Die schwarze Jagd 83; Die letzte Fahrt
der "Hindenburg" 83; Jetliner 83, alles R.

Brauner, Ernst *

Brauns geb. Leutz, Ilse (Ps. I. L.
Harison, Christiane Thyrow); Preis d.
Schillerstift. in Weimar 19 (Berlin 8.5.96).
Lyrik, Roman, Novelle. **Ue:** E.
　V: Das Werk des Titanen 18; Die
bunte Brücke 20; Volk ohne Land 21;
Schloß Ohnesorge 24; Mademoiselle
Biche 25; Geschichten um Sanssouci 25;
Die Masken Gottes 27; Charlottenhof 28;
Geschichte einer Heimkehr 28; Fünf-
zehn Sterne 28; Der tote Mann 30; Glück
ohne Ruh' 32; Kamerad von der Irischen
Brigade 34; Die B-moll Sonate 37; Maria
Stuart 38; Münchhausen, Erz. 38;
Charles Parnell 40; Die gelbe Schärpe
41; Der Sieger von Lepanto 41;
Verlorene Krone 41; Aurora von
Königsmark 41; Avalun 49, alles R. —
　MV: Mädchen mit blauen Augen, m. I.
Schuster; Berrima, m. Erich Brauns.
　B: Die Waise von Lowood 36; Smit:
Verkaufte Seelen 38; Musäus-Märchen
39.
　Ue: Soldiers die in trenches 29; Bring
them back alive 29.
　Lit: Deutsche Literatur der Gegen-
wart 42. ( )

Braunschweig, Max, Dr. jur., RA.;
Bellerivestr. 3, CH-8008 Zürich, Tel. (01)
477330 (Basel 31.7.98). Novelle, Essay.
　V: Schicksale vor den Schranken,
Berühmte Schweizer Krim.-Prozesse, 8
Ess. 43; Agathe oder Die Schwermut des
Herzens, R. 44; Humanitas militans.
Über Grundlagen u. Aufbau einer neuen
Kulturgesellschaft, Ess. 47.

Brautlacht, Claire *

Brdlbrmpft, s. Roth, Christian.

Brechbühl, Beat, Schriftsteller; div.
Preise; Im Waldgut, CH-8636 Wald
(Oppligen/BE 28.7.39). Lyrik, Drama,

Roman, Novelle, Essay, Film, Hörspiel, Dicht-Kunst (Obj. m. G.).
V: Spiele um Pan, G. 62; Lakonische Reden, G. 65; Gesunde Predigt eines Dorfbewohners, G. 66; Die Bilder und ich, G. 68; Die Litanei von den Bremsklötzen, G. 69; Auf der Suche nach den Enden des Regenbogens, G. 70; Kneuss, R. 70, 81; Der geschlagene Hund pisst an die Säulen des Tempels, G. 72; Meine Füße lauf ich ab bis an die Knie, G. 73; Die Elchjagd, Hsp. 73; Branchenbuch, G. 74; Nora und der Kümmerer, R. 74; Die Schrittmacher, G. 74; Draußen ein ähnlicher Mond wie in China, G. 75; Geschichten vom Schnüff 76; Mörmann und die Ängste der Genies, R. 76; Traumhämmer, G. 77; Schnüff, Herr Knopf u. a. Freunde, Kindergeschn. 77; Das Plumpsfieber, Kindergeschn. 78; Lady raucht Gras u. betrachtet ihre Beine, G. 79; Schnüff, Maria, 10 Paar Bratwürste..., Kindergeschn. 82; Ein Verhängtes Aug, G. 82.
MA: Texte, Anth. 64.
H: Der Elefant im Butterfaß, Kindergeschichten 77.
S: Gras ist Gras, Schallpl. 80.

Brecht, Arnolt, s. Müller, Artur.

Brecht, Stefan; 751 Washington Street, New York, NY 10014/USA.
V: Gedichte 81. ( )

Brecht, Zita *

Brede, Horst, Werbeberater; IGdA 71, ADA 81; Postf. 30, D-3501 Zierenberg 1, Tel. (05606) 1869 (Oberelsungen 27.4.35). Drama, Erzählungen, Roman.
V: Thema Null, Ess. 65; Adams Rätsel, Erzn. 66; Zeit für Ursula, Erzn. 69; Acht Steine der Weisen, Ess. 70; Zahlr. Essays 71 — 77; Die dritte Säule des Handels, Ess. 71; Mit Erfahrungen Nutzen bieten, Ess. 71; Dienen und Verdienen, Ess. 80; Pläne & Texte, Ideen & Einfälle, Ess. 80; Vom Kenner zum Könner, Ess. 80; Besser einmal investieren, als Jahr für Jahr viel Geld verlieren, Ess. 82; Miteinander statt Gegeneinander, Ess. 82; Täglich Tanz, R. 83; Sollte es Liebe sein?, R. 83.
MA: Die Blaue Feder, Erzn. u. Ess.

Bredehöft, Hermann, Schriftsteller; Bergisch-Gladbacher Str. 1226, D-5000 Köln 80, Tel. (0221) 686291 (Bremen 30.1.05). Roman, Novelle, Drama, Hörspiel.
V: Das siebente Jahr, R. 36, 45; Schmettaus Fall, N. 37, 41; Derjenige welcher, R. 39, 41; Der Überwinder, N. 40, 42; Preußischer Herbst, N. 43, 44;

Seckendorff, N. 44; Circe, N. 44; Die Gewandelten, Nn. 59; Die lachenden Erben, Optte 74; De Baas, plattdt. Lsp. 82; Die rote Jule, Kom. 83.

Bredendiek, Hein, StudDir. i.R.; VS Nds. 60; Freudenthal-Pr. f. ndt. Lyrik 59, Förderpr. d. Oldenburg-Stift. 71; Huntemannstr. 5a, D-2900 Oldenburg/O. (Jever/Friesld. 18.9.06). Hörspiel, Epik.
V: De ool Klock, Lyrik-Zyklus 61; Kreihensiel, 20 Erzn. 66, 72; Ut Barlach sin Warkstääd, 18 plattdt. Bildbetr. 73; Nöhlmann un anner Lü, Kurzgesch. 76; Thulstedt, Monolog, Kurzgesch. 79; De Büste Flora 80. — **MV:** Friesland 50, 63; Ndsächs. Lebensbilder.
R: Bott för de Doden; De verloorn Söhn, Spöök van güstern; De Pannemann; Palmarum 16; Fenna Onnen; Diamantkaptein; De Wiehnachtsfloot 1717; 4-Minüten-Brenners, Rdfkerzn. 76; De Büste FLORA, Rdfkerz. 80; Die Wege Tausendundein, v. d. Vring-Send.
Lit: Gespräche m. plattdt. Autoren 68; Preisträger d. Freudenthal-Ges. 69; K. V. Riedel: H. B.: Bildender Künstler und ndt. Autor. ( )

Breder, Paul, Grubeninspektor i.R.; Birkenweg 4, D-4670 Lünen, Tel. (02306) 14551 (Höntrop 12.12.99). Roman.
V: Bergmannserleben 77; Geschichten vor Ort. Erinnerungen eines Bergmanns 79.

von Bredow, Ilse Gräfin, Journalistin; Hallerstr. 3b, D-2000 Hamburg 13, Tel. (040) 456084 (Teichenau, Kr. Schweidnitz/Schles. 5.7.22).
V: Kartoffeln mit Stippe 79, Sdausg. 81, Tb. 82; Deine Keile kriegste doch 81, Sdausg. 83, Tb. 84.

Breest, Jürgen, Leiter d. Abt. Fsp./ Unterhaltung b. Radio Bremen; RFFU; Eislebener Str. 37, D-2800 Bremen 41, Tel. (0421) 465759 (Karlsruhe 1.7.36). Roman, Hörspiel, Fernsehspiel, Drama.
V: Dünnhäuter, R. 79; Wechselbalg, Erz. 80; Tollwut, Kdb. 81.
F: Tollwut 82.
R: Lieder am Abend; Eine neue Welt; Sechs Schuß Liebe; Mein Freund Wolt; Das Ende der Träume; Stillstand; Endloser Augenblick.

Bregenz, Curd, s. Bergel, Hans.

Brehm, Doris (Ps. Diez), Verlagslektorin; Pfarrwiesengasse 23/237, A-1190 Wien, Tel. (0222) 3240663 (Dresden 10.5.08). Roman. **Ue:** E, F.

V: Das ebenbürtige Herz, R. 43; Eine Frau zwischen Gestern und Morgen, R. 55; Das Wichtige (Berta Suttner), N. 55.
Ue: Zola: Germinal 49; Erskine Caldwell: Gottes unfehlbare Hand 49; Das Haus im Hügelland 52; Arthur Miller: Focus 50 u.d.T.: Brennpunkt 54; Howard Fast: Straße zur Freiheit 50; James Farrell: A world I never made u.d.T.: Die fremde Erde 52; Blaise Cendrars: Kleine Negermärchen 52; Leopold Infeld: Wen die Götter lieben 54; Colette: Sido 61; Colette: Die Leutnantskappe 62, Gribiche 62.

Brehm, Friedl, Redakteur, Verleger; Pöckinger Weg 10, D-8133 Feldafing/Obb., Tel. (08157) 410 (Duisburg 21.5.17). Novelle, Essay, Lyrik.
V: Sehnsucht nach Unterdrückung 57; Zehn haben neun Meinungen 58.
H: Richard Rothmaier: Mein Freund Ludwig Thoma 49; Johann Joseph Pockh: Die Saubayern und andere 58; Elsa Barbara Rust: Baiern und Pfalz 61; Sagst wasd magst. Mda.dicht. heute aus Baiern u. Österr. 75.

Breidbach-Bernau, Hans, freier Schriftsteller, Sportinitiator, Lichtbildner, Vortragender; Olympiapreis f. epische Lit. v. Öst. 48, Ausz. b. d. Olymp. Kunstwettbewerben London 48; Ried 20 (Breitgut), A-5360 St. Wolfgang i. Salzkammergut (Wien 16.3.21). Roman, Novelle, Lyrik, Essay.
V: Sensenschmid, Erzn. 48; Die neue Straße, R. 50; Der Läufer, R. 55; Sieger, Kämpfer und Begeisterte, Erzn. 66; Sport - Mode oder Lebenshilfe, Ess. 68; Schicksalslied, Lyrik 76; Begegnungen im Schatten des Herakles, Ess.

Breilmann, Heino, Maler, Bildhauer; Butschenberg 2, D-7582 Bühlertal, Tel. (07223) 73332 (Sterkrade 7.2.21). Novelle, Roman, Lyrik, Film.
V: Verdammt zur Seligkeit, autobiogr. R. 82.

Breinersdorfer, Fred, Dr.iur., RA.; Spittlerstr. 23, D-7000 Stuttgart 1, Tel. (0711) 283155 (Mannheim 6.12.46). Roman.
V: Reiche Kunden killt man nicht, Krim.-R. 80, 82; Das kurze Leben d. K. Rusinski, Krim.-R. 80; Frohes Fest Lucie, R. 81, 82; Noch Zweifel, Herr Verteidiger? Krim.-R. 83; Das Netz hat manchmal weite Maschen, Erzn. 83. — **MV:** Der moderne dt. Kriminalroman II, Erzn. 82.
R: Zweierlei Blut, Fsp. 83.

Breinholst, Willy; Carl Möllers Lit.-Preis, Aleko Konstantinov Pr., Silber Med. Intern. Competition for Humorous Writers, Sofia, Icelandic Silver Med., Hitar-Peter-Med. Gabrovo, Lübbe Gold Ring 83; Tyge Krabbesvej 9, DK-2300 Kopenhagen S, Tel. (01) 582349 (Grönholt 27.6.18).
V: 96 humorist. Bücher, übers. in mehrere Sprachen, u. a.: Hallo, hier bin ich; Hallo Mama, Hallo Papa; Hallo Mama, was steht da?; Guck mal, Mami, Guck mal, Papi; Mama ist die beste aus der Welt; Hallo, Herr Lehrer; Hallo, mein Schatz; Der Herr der Schöpfung; Liebe macht Spass; Hilfe, ich bin verliebt; Kopf hoch, Mister Gorilla; Ich liebe Blumen... und dich; Hund müßte man sein; Die Kunst jung zu bleiben; Wikinger wie du und ich; Die Liebe ist das A und O; Es lebe der kleine Unterschied. — **MV:** Sie werden schmunzeln 57; Spielbare Kurzgeschichten 58; Heiterkeit kennt keine Grenzen 60; Die Humor-Box 60; Tannenbaum 62; Zwischen Disteln reift die Ananas 63; Ich hab' nichts anzuziehen 63; Feuerzauber 65; Viel Vergnügen 67, 80; Deutschland aktuell 73, 79.
F: Vergiss nicht, deine Frau zu küssen 67.

Breinlinger, Hans, Schriftsteller; VS 71-76; Bauseweinallee 38, D-8000 München 60, Tel. (089) 8113729 (Sonthofen 27.2.12). Drama, Roman, Essay, Hörspiel, Film.
V: Spielzeit, R. 71; Schwäbische Dickköpfe, Biogr. 75; Das geheime Paradies, Autobiogr. R. 77; Der Held des Tages, Kurzgesch., 78.
F: Madschuba, der Sohn des Zauberers, Spielf.; Das Betreten des Paradieses ist nicht verboten, Kurzf.; Libanesisches Mosaik, Kulturf.; Türme, Tore und Touristen, Kurzf.; Venedig und ich, Kurzf.; Ungestraft unter Palmen, Kulturf..
R: Januar in Sanremo, Fsf.; Das Weihnachtsorakel, Hsp.; Die Spur im Schnee, Hsp.; Stilles Tal gesucht, Funkkomödie.
S: Heiteres Allgäu 74.

Breitenfellner, Franz Xaver, Chefredakteur a.D.; Bayer. Poetentaler 78; Die Turmschreiber 59; Starnberger See 2, D-8137 Berg, Starnb. See, Tel. (08151) 5726 (Irsching, Obb. 27.1.13). Roman, Erzählung, Gedicht.
V: Die Leute von Hadermarkt, R. 54; Wia da Tod auf d'Welt kemma is, Erz. 59;

Ein Mann steht am Ufer, R. 63; Spinn-
stubengeschichten, Erzn. 82; Der
Eisheilige, Erzn. 83.
MA: Leibhaftiges München, Erzn. u.
G. 62; Bayerische Literaturgeschichte
53, Alpenländische Weihnacht, Erzn. u.
G. 70; Sagst wasd magst, Mundartdichtung heute aus Baiern und
Österreich 75; In dene Dag had da Jesus
gsagd — NT. bairisch 78; Das Münchner
Turmschreiberbuch — Bayer. Dichters-
leut v. heut 79; Der Turmschreiber-Kal.
1983, Erzn. u. Ged. 82, 1984 83.
R: D' Praxenthaler-Buam 49, 52; Da
Hüata-Damerl war in Bethlehem dabei
53, 69; Wia da Tod auf d'Welt kemma is
60; Der tödliche Weihnachter 67, 70.

Breitenhofer, Anton, Journalist;
Uniunea Scriitorilor din RSR 55; Piata
Scînteia No. 1, Redactia Ziarului "Neuer
Weg", Bukarest/Rumänien (Reşiţa
10.4.12). Novelle, Essay, Roman.
V: Die Lehrjahre des Franz Jakobi 60;
Das Wunderkind, Erzn. 62; Am Welt-
buckel, R. 66; Der Mädchenmaler, R. 69;
Zu spät für Marilena, R. 73 (rum. 77);
Zeitbilder, Reiseaufzeichn. u. Rep. aus
Europa u. Asien 79.

Breitenstein, Ann-Marie; Engelgasse
22, CH-4052 Basel.
V: Der verzauberte Garten 79. ( )

Breitfelder, Elisabeth (Ps. Liesl Breit-
felder), Hausfrau; Regensb. S. Gr. 65;
Josefine Haas-Str. 23, D-8412
Burglengenfeld, Tel. (09471) 5767
(Böhmisch Leipa 28.12.02). Lyrik,
Erzählung.
V: Des Herzens Saitenspiel, Lyrik 65;
Des Alltags Ernst und Heiterkeit, Lyrik,
Erzn. 70; Des Lebens holprige Straße,
Lyr., Erzn. 78; Heiter bis wolkig, G.,
Erzn. 83.

Breitfelder, Liesl, s. Breitfelder,
Elisabeth.

Breither, Karin (Ps. Joy Erlenbach),
Hausfrau; IGdA; Kreis d. Freunde;
Köppernerstr. 110, D-6393 Wehrheim,
Tel. (06081) 9680 (Berlin 26.12.39). Lyrik.
V: Flüchtende ins Paradies (Gedicht i.
Brief 33) 82; Dietrichsblatt Nr. 49 83;
Schattenbruder 83.
MA: Lichtbandreihe; Die ersten
Schritte; Renga-Reihe Nr. 5; Am
Horizont; Im Frühlicht; Entleert ist
mein Herz; Sag ja und du darfst bei mir
sein; An der Pforte; Wie es sich ergab;
Jb. d. Karlsruher Boten; Jb. d. Gauke-
Verl.; Doch die Rose ist nicht mehr; Der
Mensch spricht mit Gott; Lichtband-
Autoren-Lex. 79/82.

H: Mit deinem Wort hast du mich
wunderbar verwundet 80. —
MH: Seidenfäden spinnt die Zeit 81.

Brem, Jakob, Dipl.-Landw., Musiker,
Glaser; SSV seit 80, CH-5630 Buttwil,
Tel. (057) 442153 (Gotthaus/Thrg.
28.12.36). Roman.
V: Lausbubenstreiche eines guten
Geistes 80; Die Wohlstandsegoisten u. d.
grüne UFO Rabe 82; Lebens-
erinnerungen im Sterben 83.

Brem, Kurt, Dipl.-Psychol., Dr.,
Verlags-Lektor, Doz.; Möhlstr. 19, D-8000
München 80, Tel. (089) 982061
(Karlsruhe 17.8.12). Lyrik, Essay.
V: Konvertit u. Kirche, Ess. o.J.;
Glaube in d. Lebensmitte, Ess. 65;
Jugend, Freiheit, Autorität, Ess. o.J.;
Musische Bildung u. Kunstverständnis,
Ess. 66; Das Gewissen, Ess. 67;
Antennen, G. 81; Signale, G. 82.

Brembs, Dieter, Prof. im Fachbereich
Kunsterz. U. Mainz; Erbacher Str. 2, D-
6238 Hofheim/Ts.-Wallau, Tel. (06122)
2395.
V: Brembs Tierleben 74, u.d.T.: Alles
ist möglich 81; Krokodil zum Beispiel
75.
MA: Jahrbücher d. Kinderlit. ( )

Bremer, Claus, Dramaturg; Gr. Olten,
Dt.-Schweizer. P.E.N.-Zentrum; Im
Brünneli 27, CH-8127 Forch, Tel. (01)
9801559 (Hamburg 11.7.24). Lyrik, Essay,
Theater. **Ue:** E, F, G (Agr).
V: poesie, G. 54; tabellen und varia-
tionen, G. 60; Theater ohne Vorhang,
Ess. 62; ideogramme, G. 64; Engagie-
rende Texte, G. 66; Texte und Kommen-
tare, G. 68; Thema Theater, Ess. 69;
Anlässe, G. 70; Farbe bekennen, Ess. 83;
Die Partei des Menschen ergreifen, G.
83. — **MV:** Dichter unbekannt, Theater
72; Hier wird Geld verdient, Theater 77.
H: Jean Vauthier: Theaterstücke
61. — **MH:** Immer noch Kommunist?
Erinnerungen v. Paul Elflein 78.
F: (MV): 13 Berner Museen 68; 22
Fragen an Max Bill 69; Biennale Bienne
75.
R: Hier wird Geld verdient, Hörfolge
77.
S: konkrete poesie 66; text- und
aktionsabend II 68.
Ue: Tristan Tzara: Das Gasherz 58;
Eugène Ionesco: Jakob oder der
Gehorsam 59, Mörder ohne Bezahlung
60, Die Zukunft liegt in den Eiern 60,
Die Nashörner 60, Der König stirbt 63,
Argumente und Argumente 64; Jacques
Audiberti: Das schwarze Fest 61; Daniel

Spoerri: Ja, Mama, das machen wir 62;
Antoine Vitez: Der Frieden 65; Armand
Gatti: Bericht von einem provisorischen
Planeten 65; Sophokles: Oedipus 63,
Antigone 65; William Shakespeare:
Hamlet 64, König Lear 68, Titus
Andronicus 70, Othello 71, Komödie der
Irrungen 71, Mass für Mass 72, Romeo
und Julia 75; Aristophanes: Lysistrata
66, Frauenvolksversammlung 69, Der
Reichtum 76; Joseph Papp: William
Shakespeares "nackter" Hamlet 71;
Aischylos: Perser 71.

von Brencken, Julia, s. Sachs-
Collignon, Jetta.

Brendel, Katarina, s. Rubinstein,
Hilde.

Brender, Irmela, Schriftstellerin; VS
70, P.E.N. 77; Bestliste z. Dt. Jgdb.pr. 66,
Hans-Christian-Andersen-EListe 80,
Stuttgarter Lit.pr. 80; Görlitzer Weg 2,
D-7032 Sindelfingen, Tel. (07031) 86467
(Mannheim 20.4.35). Jugendbuch,
Hörspiel, Feature. Ue: E.
V: Und schreib mal aus Warschau,
Jgdb. 66, 67; Fünf Inseln unter einem
Dach, Jgdb. 71; Steitbuch für Kinder 73;
Ja-Buch für Kinder 74; Man nennt sie
auch Berry, Jgdb. 73; Die Kinderfamilie,
Jgdb. 76; Stadtgesichter, Erzn. 80;
Schanett und Dirk, Kdb. 82; Fenster
sind wie Spiegel, Erzn. 83; Probeläufe, R.
83.
MH: Bei uns zu Haus und anderswo,
Kinderb. 76/77.
R: Junger Mann sucht ruhigen Posten
66; Und dann war ich unterwegs 71; Ich
nehme eine Abwaschschüssel aus
meiner frühesten Kindheit auseinander
die zum Mond führt 71; Wie prächtig ist
d. Stadt, die ihr zerstört 77; Ein Dunkel,
welches Kindheit heißt 79.
Ue: Timothy Leary: Politik der
Ekstase 70; Thomas A. Harris: Ich bin
o.k. Du bist o.k. 73; James/Jongeward:
Born to Win u.d.T.: Spontan leben 74;
Rosalyn Drexler: Eine unverheiratete
Witwe 76; Ronald Lee: Verdammter
Zigeuner 78; Judith Beth Cohen: Jahreszeiten 79; T.H. White: Das Buch Merlin
80; Joan Aiken: Ein Raunen in der
Nacht 83.

Brendler, Barbara, s. Schroubek,
Barbara.

Brenk, Werner *

Brennecke, Gertraud (Ps. Traudel
Brennecke); Kandidat SV-DDR seit 77;
Gellertstr. 15, DDR-3080 Magdeburg
(Schneidemühl 20.6.29). Kinder-
geschichte, Hörspiel, Fernsehspiel.

R: Bis aufs i-Tüpfelchen 70; Von
Plumps, dem Dackel, Birkenhaarwasser
und bunten Ostereiern 70; Der Dackel
Waldi, Birkenhaarwasser und keine
Ostereier 70; Ein Abend im Mai 1919 72;
Oma Brösicke greift ein 74, alles Hsp.;
Unter sechs Augen 76; Der Versager 78;
Unsere egoistischen Eltern 79, alles Fs.-
Kom.

Brennecke, Jochen (Ps. Jens Jensen,
E. G. Lass), Chefredakteur d. Zs. "Schiff
u. Zeit", Gründer u. im Vorstand d.
Fachhistor. Büros d. Dt. Ges. f.
Schiffahrts- und Marinegesch., Präses
Forsch.inst. f. Schiffahrtstechnik; Kg.,
Fachgruppe Wort; Pr. Acad. d. Sciences
Belles Lettres et Arts de Bordeaux;
Hauptstr. 41, D-2432 Harmsdorf (Dessau
12.4.13). Novelle, Hörspiel, Sachbuch,
Bericht.
V: Gespensterkreuzer "Pinguin", R. 53
(auch engl., franz., norw.) 71; Schlacht-
schiff "Tirpitz", das Drama der
einsamen Königin, R. 53 (auch engl.,
franz.) 78; Nur 15 kehrten zurück, Jgd.-
R. 54; R... R... R... Das glückhafte Schiff.
Die Kreuzerfahrten d. "Admiral Scheer"
55 (auch engl., amer., franz.) 76; Jäger -
Gejagte, Deutsche U-Boote 1939 — 45, R.
57, 76 (auch franz., engl., amer.);
Schwarze Schiffe — weite See. Die
geheimnisv. Fahrten d. dt. Blockade-
brecher 58 (auch ital.) 77; Das große
Abenteuer 58, u.d.T.: Deutsche Hilfskreuzer 1939-1943 75; Der Fall Laconia
59 (auch ital.); Schlachtschiff Bismarck
60, 76 (auch franz.); Haie im Paradies.
Der dt. U-Boot-Krieg in Asiens
Gewässern 1943 — 45, Ber. 61, 78;
Eismeer, Atlantik, Ostsee. Die Einsätze
des Schweren Kreuzers Admiral Hipper
63, 79; Die Flucht, Ostpreußen 1944/45;
Ostdeutsche Gedenktage 65, 65; Bolzen.
Heiteres u. Besinnliches a. Marine u.
Christl. Seefahrt 66; Hilfskreuzer Thor.
Hecht im Atlantik 67; Windjammer 68,
72; Strandungen. Besatzungsschicksale
a. d. Zt. der großen Segelschiffe 69;
Bratjes. Wahres und Unwahres kreuz-
knotig gesponnen 71, 76; Luxusliner
"Bremen" brennt 73; Tanker. Vom
Petroleumklipper zum Supertanker 75;
Panzerschiffe u. Linienschiffe von 1860
bis 1910 76; Pamir, ein Schicksal 77;
Geschichte der Schiffahrt 80. —
MV: Theodor Detmers: Kormoran, der
Hilfskreuzer, der die "Sydney"
versenkte; F. L. Dechow: Geisterschiff
28; F. O. Busch: La Tragédie des
Cuirassés Allemand 50; W. Schwarz: Die
Flucht u. Vertreibung, Oberschlesien

1944/45 65; R. O. Becker: Niederschlesien. Die Flucht - Die Besetzung
65; W. Krüger: SOS "Adonis" 72.
MA: Das große Buch d. Windjammer
66; Widerspiele in Bild und Wort 76;
Widerspiele in Bild und Text 76.
H: Marinelieder und Shanties 54; 22
von 66. Ostdeutsche Nobelpreisträger
64; Männer — Schiffe — Schicksale,
Buch-R. 78, 79. — **MH:** Ich trampte
durch Westindien 53; Unsere Lieder 54;
Das goldene Hufeisen 57.
R: Der Engel von Madugula, Hsp. 56.

Brennecke, Traudel, s. Brennecke,
Gertraud.

Brennecke, Wolf D., Schriftsteller;
SV-DDR 50; Lit.-Preis d. FDJ 50, Ehren-
nadel Min. f. Volksbild. d. DDR 69, 70;
PSF 809, DDR-3080 Magdeburg
(Magdeburg 28.9.22). Roman, Novelle,
Hörspiel.
V: Neulich kam Anton ..., Erzn. u.
Kurzgeschn. 50, 56; Erich und das
Schulfunkstudio, Kinder-R. 52 (auch
chin., russ.), 53; Das ehrliche Glück,
Erzn. 52; Krach in der 7a, Kinderb. 57,
58; Peter zwischen den Stühlen, R. 58;
Die Nacht in der Hütte, Erz. 59, 62; Der
Engel auf dem Marktplatz und andere
lustige Geschichten 62; Der gute Onkel
Arthur, Krim.-Erz. 65, 66; Der Bahnhof
von Branniki, Erz. 66; Der Ritt in die
Berge, Abenteuer-R. 67, 68; Der
Chavantespfeil, Abent.-Erz. 69, 80; Die
Straße durch den Urwald, Utop. Abent.-
R. 72, 73; Ein Fremder kam nach
Aripuana, Abent.-R. 75, 82; Monk oder
Wer dreht schon Tauben den Hals um?,
R. 77, 80. — **MV:** Junge Herzen, Erzn. m.
Rainer Kerndl 54.
H: Otto Bernhard Wendler: Der Junge
mit der großen Klappe 60, 61.
F: Der Treppenwitz 55; Mit Oswald in
der Oper 56; Ausverkauft 57.
R: Jürgens großer Einfall 50; Das
ehrliche Glück 51; Die Magdeburger
Halbkugeln 52; Das Geheimnis des
Asternweges 62; Besuch an der Basis 70;
Die Jubiläumsrede 70; Monk und die
Tauben 73; Abriß eines Hauses 74; Mr.
Spotny und der Giftmischer 78; Mr.
Spotny und der Beschützer des
Strandes 78; Teilung eines Hauses 79;
Ein Teufelspakt 81, Hspe.

Brenneke, Waltraud, Hausfrau;
Rotkreuzstr. 59B, D-8058 Erding/Obb.,
Tel. (08122) 3971 (Selters 20.4.39).
Jugendb., Feuilleton.
V: Klarer Fall für Faya; Faya wagt
alles, beides in: Faya u.d. Inselkinder 65,
u.d.T.: Die junge Inselkönigin 71.

Brenner, Heinz, Psychologe; Schäfer-
gasse 42, D-6000 Frankfurt a.M. 1, Tel.
(0611) 555536 (Nürnberg 10.4.00). Drama,
Lyrik, Novelle.
V: Akkorde des Lebens, G. 21;
Abschiedsarabeske, N. 22; Das Märchen
23; Die Konradinsonate, N. 24; Der
Cäsar, Epos 25; Ecce Homo, G. 26;
Unterm Wendekreis, G. 27; Musik des
Herzens, G. 28; Traum, Dämmerung,
Tag, G. 29; Der Stern im Fenster, G. 30;
Die Furche im Ackerland, G. 31; Die
letzten Menschen, Dram. Orat. 32; Spiel.
Ein zeitgenöss. Puppensp. 32; Gebete 46;
Im Dunkel wach, G. 47; Der Mensch hat
das Wort, G. 48; Lauschend den
Liebenden, G. 49; Rondo, G. 50; Du
Mond, G. 51; Im Spiegel, G. 52; Die Welle
rauscht, die Muschel singt, G. 54;
Arietta, G. 56; Uhrschlag der Zeit, Herz-
schlag der Liebe, G. 58; Auf Mauern und
Zäunen geschrieben, G. 59; 12 Sonette
60; Signaturen, G. 62, II 64, III 66;
Wunder der Kindheit, G. 63; Hellas, G.
67; Minos - Odysseus, G. 68; Doch wo
werde ich sein dann am Ende, G. 70;
Ufer des Lichts, G. 71; Ufer und Über-
gang, G. 72; Göttern zu Gast, G. 73; Späte
Sonate, G. 74; Die blaue Spur, G. 75;
Schwebungen, G. 75; Wolken ziehen/Der
Stern am Fenster, G. 76; Ausklänge/Ein-
klang, G. 77; Aegäische Inseln, G. 78;
Phasen d. Lichts, G. 79; Metamorphosen,
G. 80. ( )

Brenner, Robert *

Brenner, Wilhelm, Dipl.-Ing., Prof.,
Architekt; Morellenfeldgasse 36, A-8010
Graz, Tel. (0316) 374422 (Szombathely/
Ungarn 20.3.27). Landschafts- u. Jagd-
poesie, Kunst- u. Kulturgeschichte.
Ue: U.
V: Stimmung u. Strecke, Erzn. 70;
Wege, Wild u. Wechsel, Erzn. 79; Auf
vertrauten Pfaden. Durch Jagd erlebtes
Öst. 81. — **MV:** Im grünen Herzen
Europas. Vom Jagen in Öst. 69; Auf
Pirsch II. Ausgew. Jagdgeschn. 79.
MA: zahlr. wiss. u. erzählende
Publikat. in Zss.
R: 8 Hspe.

Brenni, Paolo; Sempacher Str. 14, CH-
6024 Hildisrieden (Bern 16.8.26).
V: Das Abenteuer mit dem Nächsten,
Jgdb. 77; Zuerst ausgelacht, dann aber ...,
Jgdb. 78; Dem Gewissen treu, Jgdb. 80;
Der Sonnengesang 81.

Bresgen, Cesar, o. Prof., Komponist;
Musikal. Fachverbände, A-5084
Grossgmain b. Salzburg, Tel. (06247) 270

(Florenz 16.10.13). Lyrik, Libretto, Hörfunktexte. **Ue:** E, Rum, Tsch.

V: Trariro, Kinderliederb. 64; L'Europe curieuse 71; Das Pilzjahr, Lyrik u. Bilder 73; Musik-Erziehung? 75; Passionslied in Salzburg 76; Am Anfang war der Rhythmus 77; Der Künstler, stellvertretend für die Gesellschaft 77; Mittersill, — ein Weg zu Anton von Webern 83; Ferdinand Joly, der ausg'jagte Student von Salzburg 83. — **MV:** Operntexte zu: Igel als Bräutigam 51; Der Mann im Mond 59; Die Improvisation 60; Visiones Amantis 61; Christkindl - Kumedi 65; Salzburger Passion 66; Der Engel von Prag 74 — 77. **H:** Liebeslieder Europas, Anth. 78. **F:** Der Mönch von Salzburg 65. **R:** Anton von Webern, Fs. 83. **S:** Schlaraffenland 62; Europäische Kinderlieder 71. *Lit:* Rudolf Lück: Cesar Bresgen 75.

Bretelle, Leo, s. Kock, Erich.

Brettenthaler, Josef, Prof., Hauptschuldir. i. R.; Gold. Verd.zeichen d. Ldes Salzburg 82; Nonntaler Hauptstr. 37 B, A-5020 Salzburg, Tel. (0662) 26316 (Salzburg 29.8.07). Jugendbuch, Roman, Hörspiel, Landes- u. Österreichkunde.

V: Machs gut, Christl, Mädchen-R. 49, 60; Christl auf der Höhe, Mädchen-R. 50, 60; Und wieder ein Frühling, Christl, Mädchen-R. 52; Gesucht wird Ariane Berger, Jgdb. 53; Ariane auf Hohenlinden, Jgdb. 54; Barbara, ein Hochkönigr. 55, 60; Gespenster im Paß, Jgdb. 55, 61; Der letzte Ritter und sein Jagdgesell (Maximilian I.), Jgdb. 57; Salzburger Altstadtgeschichten 71, 3. Aufl. 83; Oberalm, ein Salzburger Markt einst und jetzt 78; Anif, Porträt einer Gemeinde 82. - Mehrere Fremdenverkehrs-Führer. — **MV:** Lungauer Volkssagen 58; Das Salzburger Sagenbuch 63, 77; Salzburger Lesebuchwerk; Die Altenmarkter Chronik 74; Die Ennsregulierung im Raume Radstadt 75; Neues Tor ins alte Land, Lungau-Monogr. 76; Bezauberndes Österreich 78 (auch engl.). **R:** 50 Schulfunksendungen. ( )

Breu, Wolfgang *

Breucker, Oscar Herbert (Ps. Ralph Garby, Hein Class, Frank Wolter, Arizona-Tiger, Cliff Clure, Burt Yester, Axel Bluco, Dennis Dux, John Taggert, Tex Connor), freier Schriftsteller; Isenbergstr. 13, D-4300 Essen (Essen 16.3.08). Roman.

V: Rd. 225 Krim.- u. Abenteuer-R. seit 29, u.a.: Am Galgen 57; Die entfesselte Bestie 57; Das Brandmal des Tong 58; Der tötende Buddha 58; Ein Sarg für ... 58; Ratten im Haus 59; Vipern sterben langsam 59; Der Obolus des Dalai Lama 59; Schont die Mörder nicht 59; Der lachende Tod 59; Tränen für Basabascha 59; Der grimmige Wolf 59; Sieh mich an und verzweifle 59; Piratengold für Gloria 59; Der Tiger von Tschapei 59; Der Gott vom linken Kolibri 59; Mit den Wölfen heulen 59; Die Gruft des blauen Kaisers 59; Die Madonna mit dem Totenkopf 69; Terror über Hongkong 70; Nacht an der Todesecke 70; Brigade der Todesagenten 70, alles Krim.- u. Abenteuer-Romane. - Übers. v. Krim.-Ser. ins Holl.

MA: Serien: Kommissar X; Inspektor Kennedy; Geister Krimi, alle seit 70. ( )

Breuer, August, c/o Weichert-Verl., Hannover.

V: Die Detektive auf Burg Löwenstein 83. ( )

Breuer, Georg *

Breuer, Rainer; AGAV 75, VS 76; Postfach 1401, D-5500 Trier 1, Tel. (06501) 3183 (Trier 22.5.55). Texte, Essay, Sachbuch. **Ue:** F, E.

V: Analgeometrie, Concept-B. 76; Imagine John Lennon 82. **B:** Das große Bilder-Lex. d. Rock 83. **H:** N. Ney: Tendenzwendgedichte, Lyr. u. Prosa I — IV 76 — 79; Verzeichnis lieferbarer alternativer Bücher, Kat. z. Gegenbuchmesse seit 77; Dieter R. Knoell: Zur Lage der Nation, Aphor. 78; Bernhard Hoffmann: das heim, R. 78; H. Zengeler: Befehlsverweigerung, R. 79. — **MH:** Crimi-Reader 82; Zuviel Frieden! 82; Goethe Live! 82; Svende Merian: Von Frauen und anderen Menschen 82; Satirekalender seit 82; Lusthansa/Nur Fjutscha 83.

MUe: Das große Bilder-Lex. des Rock 83; Frauen unter Apartheid 83; Krieg und eine irische Stadt 83.

Breuer, Robert, Journalist, Musikkritiker d. "Aufbau" New York 62; 85-14, Broadway, Elmhurst, NY/USA (Wien 3.10.09).

V: Gedichte vom Leben, Lieben und Lachen 35. — **MV:** Opera Annual 58, 59; Literary Annual 59.

Breuer-Weber, Berti; Atelierhaus, Goebensiedlung 7, D-5400 Koblenz-Asterstein, Tel. (0261) 75268.

V: Geschichten für das ganze Jahr 71; Spielen 74; Das kleine alte Auto 73;

Kunterbunte Sachen zum Lesen und
Lachen 72; Lustige Geschichten 75; Max
und Minimaus 74, 76; Bär und Hase
gehen in die Schule und andere Geschichten 76; Drinnen u. draußen 76;
Ein Sack voll Rätselgeschichten 77;
Basteltips 78; Reise um die halbe Welt
79; Wer zuletzt lacht — lacht am besten,
Sprichwort-Geschn. 80.

Brevis, Carl August, s. Kurz, Carl
Heinz.

Březan, Jurij; SV-DDR 50, P.E.N. 64;
Nationalpreis d. DDR 51, 64, 76, Preis d.
Min. f. Kultur d. DDR 56, 57, 59,
Cišinski-Preis 60, Nat.Preis 64; Dt. Akad.
Künste 64, DDR-8291 Neudörfel
(Räckelwitz, Kr. Kamenz 9.6.16). Drama,
Lyrik, Roman, Novelle, Film. **Ue:** Sorb.
V: Auf dem Rain wächst Korn, Erzn.
u. G. 51 (auch bulg., chin., poln.) 54; Die
alte Jantschowa 52; Hochzeitsreise in
die Heimat 53; Zweiundfünfzig Wochen
sind ein Jahr, R. 53 (auch bulg., chin.,
poln.); Befreite Freundschaft. Reise-
skizzen aus der ČSR 55; Christa, Erz. 57;
Das Haus an der Grenze, Erz. 57; Der
Gymnasiast, R. 58; Das Mädchen Trixi
und der Ochse Esau, Erz. 59 (auch russ.);
Borbas und die Rute Gottes, Erz. 59;
Semester der verlorenen Zeit, R. 60;
Eine Liebesgeschichte, Erz. 62, 69;
Mannesjahre, R. 64; Der Elefant und die
Pilze, Kinderb. 64, 75; Reise nach
Krakau, Erz. 66, 70; Die Abenteuer des
Kater Mikosch 67; Die schwarze Mühle
68, 74; Der Mäuseturm oder
Beschreibung eines Dichters 70; Die
Milchquelle 71; Felix Hanusch, R.-
Trilogie 70; Lausitzer Impressionen 72;
Ansichten und Einsichten, Samml. 76;
Krabat od. die Verwandlung der Welt 76,
und sorbische Bü.; Der MENSCH u. der
mensch, Aphor. 79; Der Brautschmuck,
Erzn. 79; Stary nan, R. 83; Bild des
Vaters, R. 83; — Übers. insgesamt in:
chin., jap., russ., georg., estn., ukr., poln.,
rum., ung., bulg., serb., kroat., slowen.,
tschech., slov., engl., holl.
F: Zweiundfünfzig Wochen sind ein
Jahr 56.
R: Musen im Mäuseturm, Fsp. 66;
Freunde, Fsp. 70.
Ue: Sorbische Lyrik 54; Meister
Krabat 55.

Brezing, Erwin, Notar a.D.;
Strombergstr. 16, D-7147 Eberdingen-
Nußdorf, Tel. (07042) 6451 (Haiterbach,
Kr. Calw 5.5.17). Lyrik.
V: Ein Christ erblickt das Licht der
Welt, heit. G. 69, 70; Ein Christ lernt
auch nicht leichter laufen, heit. G. 70;

Ein Christ wacht in der Kirche auf, G.
72; Ein Christ bekommt es mit der Welt
zu tun, heiter-besinnliche G. 77; S isch
nemme des, schwäb. Biogr. in Versen 77;
Deine Worte sind mein Lied, Verse zur
Bibel 83; Beichte im Faustturm,
Balladen-Dicht. 83.
S: Ein Christ studiert Theologie 70;
Notstandsglaube 70.

Breznay, Aranka, Lehrerin;
Regensburger Schriftstellergruppe 67;
Ehenfeld 11, D-8452 Hirschau, Tel.
(09622) 1409 (Mähr. Ostrau/CSSR
31.7.38). Lyrik, lyrische Prosa. **Ue:** U.
V: Fluchtskizzen, Lyr. Prosa 77; Ich
lehn mich in den Garten bei der Nacht,
Lyr. 81.
MA: Anthologie 2, Prosa 69;
Anthologie deutschspr. Lyrik d.
Gegenwart 74; Anthologie 3, Lyr. in 47
Spr. 79; Land ohne Wein und
Nachtigallen, G. aus Niederbayern 82.

Brier, Ralf, Dipl.-Sozialpädagoge;
Kaiserstr. 32, D-2300 Kiel 14, Tel. (0431)
735809 (Wilsdruff, Kr. Dresden 11.1.53).
Lyrik, Prosa.
V: Ohnmacht, Prosa 80; Der Philosoph
von Hendisse-Ville, Prosa 83.

Briester, Jeff, s. Marzinek, Wilhelm.

Brigl, Kathrin, Autorin, Journalistin;
VG Wort, GVL, GEMA; Nestorstr. 14, D-
1000 Berlin 31, Tel. (030) 8914363 od.
8914389 (Berlin 23.8.38). Drama, Roman,
Film, Hörspiel.
V: Nur ein bißchen Zärtlichkeit 76.
R: Tips für Hausfrauen oder Was
wollen Sie eigentlich, Herr Meier? Fsf.;
Der Fan; Anna Kasischke; Motiv Liebe.
S: Sie zu ihm 79. ( )

Brikisto, P., s. Ziegler, Siegfried.

Brill, Hans-Helmut, Student;
Saarbrücker Str. 29, D-6697
Türkismühle, Tel. (06852) 6741
(Türkismühle 30.8.60). Lyrik.
V: Friedensblume 82.

Brinckmann, Peter *

Brinker, Käthe, Schriftstellerin,
Journalistin; Sutte 183, D-8603 Ebern,
Unterfr. (Frankfurt/O.). Novelle,
Erzählung, Roman, Theaterkrit.,
Künstlerbiogr.
V: Der Aberglaube des Stefan
Kampen, R. 34; Martha Eggerth,
Künstlerbiogr. 35; Zarah Leander,
Künstlerbiogr. 36; Albert Matterstock,
Künstlerbiogr. 37; Viktor Staal,
Künstlerbiogr. 38; Hannelore Schroth -
Käthe Haack, Künstlerbiogr. 39; Heinz
Rühmann - Herta Feiler, Künstlerbiogr.

39; Wege, die zueinander führen, R. 40;
Maria Cebotari - Gustav Diessl,
Künstlerbiogr. 41; Der Prinzgemahl, R.
49.
MA: Oberfränkischer Heimatkalender
50; Fränkischer Heimatkalender 51 - 80.
H: Filmanekdoten 35, 41 VII.
F: Varieténummer VII 32. ( )

Brinkmann, Günter, Redakteur;
Reekamp 70, D-2000 Hamburg 62, Tel.
(040) 5202627 (Dortmund 17.12.22).
Jugendbuch, Sachbuch, Hörspiel,
Reportage, (Hörfunk u. Fernsehen).
V: Neues Land für Peter Quast, Jgdb.
59; Geographische Streifzüge durch
Deutschland 70; Lebensraum
Landschaft: Das Land zwischen den
Meeren 76; Die Erben Lilienthals —
Sportfliegen heute, Sachb. 78;
Lebensraum Landschaft: Zwischen
Nordsee und Harz 80; An Rhein und
Ruhr 81; Das Land der Mittelgebirge 82.
MA: Start frei - Atlantik 55; Geo-
graphische Streifzüge durch
Deutschland II 70; Geographische
Streifzüge durch Skandinavien 71.
R: Schulfunkhsp. u. -rep. 49-67; Geogr.
Streifzüge: Deutschland, Skandinavien,
Rumänien 67-71; Die Erben Lilienthals
74-77, beides Fs.-R.; Leicht, leichter,
ultraleicht, Fs.-Dokum. 81/82.

Brinkmann, Jürgen (Ps. Paul
Evertier, Arne Sjöberg), Bibliothekar;
SV-DDR 66; Kunstpr. d. Stadt Leipzig
74; Bautzmannstr. 18, DDR-7050 Leipzig,
Tel. 62946 (Berlin 28.1.34). Roman,
Erzählung.
V: Frank Mellenthin, R. 65, 81; Augen,
um zu sehen, R. 73, 80 (auch poln. 77);
Von Tag und Stunde, Erz. 75, 76; Alle
Zeit, die ich habe, R. 76; Die stummen
Götter, R. 78, 80; Die sanfte Falle, R. 79,
80; Der Pe-Wi kommt durch die Welt, R.
82; Andromeda, R. 83. — **MV:** Monsieur
bleibt im Schatten, R. 71, 82 (tsch. 78).
MA: Zeitzeichen, Anth. 68; Liebes- u.
andere Erklärungen — Schriftsteller
über Schriftsteller, Anth. 72, 74;
Parallelen, Anth. 79; Kiew — Leipzig,
Anth. 80 (ukrain.).

Brinkmeier, Hannelore (Ps. Annelore
Blank), kfm. Angestellte; VS seit 82,
Arb.gemeinsch. dt.spr. Autoren (ADA)
seit 82; Lübecker Str. 7, D-6236
Eschborn, Tel. (06196) 43409 (Kolberg/
Pomm. 26.2.27). Romane, Erzählungen,
Kurzgeschichten, Satiren, Theater-
stücke.
V: In jenen heißen Sommertagen, R.
80; Die rote Sonne von Brest-Litowsk, R.
82.

Brion, Eve, s. Schmitt, Mélie.

Brisson, Ferdinand, s. Lansburgh,
Werner.

Britschgi, Ezechiel, P., OFM Cap.,
Pfarrer; ISV 60, CH-6173 Flühli/Luzern,
Tel. (041) 781155 (Luzern 15.4.17).
Erzählung, Roman, Jugendbuch. **Ue:** S.
V: Illgauer Chronik 49; Bei den
Menschenfressern von Maranhao, Erz.
51; Dolores 51; Kurt jagt nach dem
Glück, Jgd.-Erz. 52, 60; Der Rote Drache
52, 61; Feuer im Gran Pajonal, Jgd.-Erz.
52; Der Sohn des Großkaziken, Erz. 53,
54; Der Gottessänger im Urwald, Erz. 54;
Der Bandenführer von Pamplona, Erz.
54; Kameraden auf großer Fahrt 55, 60;
Der Adler von Jalisco, Erz. 56; Mädchen
auf großer Fahrt 57, 61; Der Held von
Peñaflor 57; Armida erobert Italien 58;
Name verpflichtet 59, 74; Ratloser
Vatikan u. and. Erzn. 83.
MA: Alle Lichtlein brennen, Geschn.
um d. Weißen Sonntag 52, 77.
H: Kleine Waldstattbücher 51 — 53;
Vorbilder der Jugend, Jgd.-Erz. XI.

von Britzen, Angela, s. von Engel,
Sabine.

Brix, Bert, s. Timm, Herbert.

Brock, Helmut (Ps. H. G. Brock-
Kainz); Praterstr. 30/1/7/46, A-1020
Wien, Tel. (0222) 2496922 (Biebrich am
Rhein 26.11.02). Dokumentationen,
Roman (autobiogr.), Filmexposé, Lyrik,
Novelle, Liedertexte.
V: Stunden in Angst 44/45, Dok.-R. 81.

Brock, Peter, s. Schaake, Erich.

Brock, Peter, s. Schmidt-Freytag,
Carl-Günther.

Brock-Kainz, H. G., s. Brock, Helmut.

Brocker, Hildegard (Ps. Bernarda
Ried, Sybille Ferré), Sachbearbeiterin;
IGdA 67-80; 1. Preis f. Laiendichtung:
Feierabend-Anthologien 67; Rückertstr.
3, D-1000 Berlin 41 (Köln 10.12.20). Lyrik,
Märchen, Aphorismen, Schlagertexte.
V: Gedichte 68 — 70 III; Es war
einmal, M. 78; Bunte Kristalle, G. u.
Aphor. 79 II; Licht und Schatten, G. u.
Aphor. 80.
MA: Feierabendanthologien I-VII 66-
69; Schlager-Party, vertonte Schlager-
texte 67; Internat. Sammlg zeitgen.
Poesie, ORISSA 75; Unser Boot heißt
Europa, Alm. 80.
Lit: Feierabendanthologien V/VI: Ins
Licht gerückt.

Brockhoff, Victoria, Dr.phil., Dr.med.,
Chirurg; Hohensyburgstr. 83b, D-4600

Dortmund 30, Tel. (0231) 774737
(Norderney 25.5.25).
V: Botschaft aus Träumen 83. —
MV: Als die Götter noch mit den
Menschen sprachen. Gilgamesch u.
Enkidu, m. Hermann Lauboeck 81.

Brockpähler, Wolfgang, c/o
Lutherisches Verlagshaus, Hamburg.
V: Das Lachen des Kleophas,
südwestafr. Erzn. 80. ( )

Broda, Ina (Ps. Ina Jun-Broda, Jana
Joan); ÖSV 47, P.E.N. 47, VS (V.D.Ü.);
Lyrikpreis d. Charlie-Chaplin-Friedens-
fonds, Plak. u. Pr. d. kroat. S.V., Goldene
Feder d. Übers.verb. v. Makedonien; EM
Kroat. S.V.; Reisnerstr. 11/9, A-1030
Wien, Tel. (0222) 7396794 (Zagreb). Lyrik,
Essay. **Ue:** I, F, Serbokroat.
V: Der Dichter in der Barbarei, G. 50.
MA: Literat. u. Widerstand 69; Und
senden ihr Lied aus 63; Mod. makedon.
Lyrik 78; Literatur u. Kritik 69, u.a. Zs..
S: (Ue): Du schwarze Erde, Lieder-
zyklus 70.
Ue: Renata Viganò: Agnese 50;
Francesco Jovine: Le terre del Sacra-
mento u.d.T.: Die Äcker des Herrn;
Silvia Magi Bonfanti: Speranza 57; Du
schwarze Erde 57; Miloš Crnjanski:
Seobe u.d.T.: Panduren 63; Miroslav
Krleža: Na rubu pameti u.d.T.: Ohne
mich 62, Cvrčak pod vodopadom u.d.T.:
Die Grille unter dem Wasserfall 65;
Anton Soljan: Otok u.d.T.: Die Insel 63;
Dragoslav Mihailovic: Schafblattern 68;
Derviš Sušić: Danilo u. d. Welt-
geschichte 66; Branko Copić: Die ungew.
Abenteuer des Nikola Bursac 61; Ivan
Raos: Damit die gr. Fünkchen nicht
verlöschen 63; Bratko Kreft: Die Ballade
von Marjutka und dem Leutnant 68; M.
Krleža:Die Liebe des Marcel Faber
(aus: Die Glembays) 71, Der Gold- und
Silberschatz von Zadar 71; Die ältere
kroatische Dichtung, Anth. 50
Nachdicht. Renaissance u. Barock n.
Ausw. Bogišic 72; Mak Dizdar: Der
steinerne Schläfer 75; Miroslav Krleža:
Einleit. Ess. z. Monogr.: Anton
Augustinčic 76; Beschwingter Stein,
Anth. zeitgenöss. Dichter aus
Jugoslavien 76; Ivo Vojnović: Auf der
Terrasse, Sch.
Lit: Wechselbeziehungen. zw. dt. u.
slav. Literat. 78; Konstantinovic:
Marginalien zu e. Theorie d.
Übersetzungskunst in: Lit u. Kritik 76.
( )

Brodesser, Hans, c/o Kierdorf-Verl.,
Reimscheid.
V: Kölsche Hörspiele I 81. ( )

Brodhäcker, Karl, Verl.Leiter;
Langwasser 3, D-6374 Ulrichstein, Tel.
(06645) 760 (Alsfeld/Hess. 23.12.19).
Lyrik, Erzählung, Jugendbuch, Roman.
V: Der verlorene Haufen. Erlebnisber.
a. d. 2. Weltkrieg 50; Blauer Himmel
über Alsfeld 51; Handiel und Jerlud, G.
50, 74; Zwiwwelstee, G. 56; Peter fliegt
nach Island 63; Das Geheimnis in der
Klosterruine 64; Alarm Viehdiebe, alles
Jgdb. 66; Ernst Eimer. Mensch u. Werk
67; Der General von der Bunnsopp 68;
Politiker im Spiegel der Karikatur 75;
Da lachst de dich kaputt 76, 78; De
fidehle Owwerheß, G. 78. — **MV:** Gießen,
ich lieg dir zu Füßen, G. u. Lieder an d.
Stadt an d. Lahn 75; Handkäs mit
Musik, G. u. Schw. aus Oberhessen 77;
Ds Schlappmaul aus de Owwergaß, G.
78; Kerle, woas Kerle 79; Hessische
Sache zum gizzeln, gazzel un lache, G.
79; Grine Grozze, G. 80.
H: Hessen-Journal 59 — 67;
Ulrichsteiner Bücherei seit 65; Gro-
mutters Liederbuch. Verklungene
Weisen a. Spinnstube u. Küche 70;
Gewirrer hei, G. 72; Da lachst de dich
dabutt, Vogelsberger Stammtischwitze
76; Handkäs mit Musik, obhess.
Heimatb. 77 u.a.

Brodhäcker-Herd, Susanne,
Redakteurin; Rosenstr. 18, D-6305
Großen-Buseck, Tel. (06408) 1363
(Alsfeld 9.5.50).
V: Liebe Tyrannen, Geschn. vom
Leben mit drei Haustieren, Jgdb. 82.

Brodhage, Barbara; Kupferheide 20,
D-4800 Bielefeld 14.
V: Caroline, laß dir an meiner Gnade
genügen 78, 3. Aufl. 81. ( )

Brodmann, Aliana, s. Brodmann-
Menkes, Aliana.

Brodmann-Menkes, Aliana (Ps.
Aliana Brodmann), Lehrerin; Canadian
Author's Assoc. 74; Auswahlliste z. Dt.
Jgdb.-Preis 77, Auswahlliste z. Sonderpr.
79; 1501 Beacon St. 804, Brookline MA
02146/USA, Tel. 7384937 (München
2.1.49). Roman, Kinderliteratur.
V: ... und du bist ab 76, Tb. 80 (norw.
80); ... damit die Welt nicht bleibt 80.

Brodt, Bodo, s. Gaulke, Heinz-Bruno.

Brödl, Günter; Reindorfgasse 12, A-
1150 Wien.
V: Der kühle Kopf, Erzn. 75; Click
Clack, 3 Erzn. 78; Draußen in der Stadt
78; Tempo City 82. ( )

Brödl, Herbert; Arbeitskr.
Lit.produzenten Wien 70; Altonaer
Bahnhofsplatz 1, D-2000 Hamburg 50,

Tel. (040) 3800320 (St. Pölten 23.5.49).
Film, Hörspiel, lit. Dokumentation.
V: Fingerabdrücke 72; Der reiche
Bauernsohn und die arme Magd 72; Die
Straße, Drehb; Silvana 80. — **MV:** Der
kluge Waffenfabrikant und die dummen
Revolutionäre, m. H. Wulz 73.
B: Metro; Schluß mit dem Erzählen;
The last fight; Einer geht in den Wald
und kommt dabei unter die Leute. -
Nachrichten richten nach, m. W. Pevny;
Ein Verantwortlicher entläßt e. Unver-
antwortlichen, m. M. Scharang, alles Fsf.
F: Hauptlehrer Hofer 74; Fehlschuß
75; Die Straße 76; Zivilisierte Tropen 76;
Der Tag des Amerikaners 77; Feuer-
zeichen 78; Signorina Mafalda 79; Zum
lustigen Peter 79; Arnulf Rainer,
Körpersprache — Körperkunst 80;
Gefängnispostsack X4 Südafrika 82;
Fischreise 83.

Bröger, Achim; VS 76, P.E.N. 81;
Schallplattenpr. d. Dt. Phonoakad. 75,
Ehrenliste d. Europ. Kinderbuchpreises
76, Selection des Treize 79, 82, Die
schönsten Bücher 77, 79, Bestliste d. Dt.
Jugendbuchpr. 80, mehrfach Buch des
Monats 80, 81; Friedrich-Bödecker-
Kreis 74, Arb.kreis f. Jugendlit. 80;
Wilhelm-Raabe-Weg 3, D-3300
Braunschweig/Bienrode, Tel. (05307)
6483 (Erlangen 16.5.44). Jugendbuch,
Kinderbuch, Bilderbuch, Schallplatte,
Funkerzählung, Fernsehfilm, Hörspiele,
Theater, Übers.
V: Der Ausreden-Erfinder, Kdb. 73
(am. 75, jap. 82); Doppelte Ferien, Kdb.
74; Steckst du dahinter, Kasimir?, Kdb.
75, Tb. 81 (am. 76, ung. 78); Herr Munzel
geht die Wand hoch, Kdb. 76, Tb. 80;
Kurzschluß, Jgdb. 76 (am. 77); Wie groß
die Riesen sind, Kdb. 78; Mensch, wär'
das schön, Kdb. 77 (norw. 79); Moritz-
geschichten, Kdb. 79 (am. 78, franz. 81);
Meyers-Großes-Kinderlexikon, Kinder-
sachb. 81; Kinder-DUDEN, Kindersachb.
81; Pizza und Oskar, Kdb. 82; In
Wirklichkeit ist alles ganz anders, Kdb.
82. — **MV:** Versch. Bilderbücher, u.a.:
Guten Tag, lieber Wal 74; Bruno verreist
77; Ich war einmal 80; Bruno und das
Telefon 82, alle in mehreren Ländern
ersch.
MA: Zahlr. Beitr. in Anth. u. Leseb.
H: , MH: So ein irrer Nachmittag,
Jgdb. 81; Der Bunte Hund, lit. Mag. f.
Kinder 81, 82.
R: u.a.: Der Ausredenerfinder 81; Ich
war einmal 82; Schrecklich —
schrecklich 82; Das Geräusch 82, alles
Hspe f. Kinder; Uhlenbusch, Fsf. f.

Kinder 81, 82; Löwenzahn, Fsf. f. Kinder
82; Moritzgeschichten, Fsf. f. Kinder 82.
S: Der Ausredenerfinder 74; Doppelte
Ferien 75; Steckst du dahinter Kasimir?
76.
Lit: u.a.: Doderer: Lex. d. Jugendlit. 82.

Bröll, W. W., s. Bröll, Wolfgang.

Broell, Werner, Dipl.-Volkswirt, kfm.
Angestellter; Kirschenstr. 76, D-8028
Taufkirchen, Kr. München, Tel. (089)
6121437 (Kempten/Allg. 20.2.42). Lyrik.
V: Isarkiesel, G. — Notizen 81; So ko
ma si daischn ..., bair. G. 82.

Bröll, Wolfgang (Ps. W. W. Bröll, Peter
Wolick); GEMA 54, VG Wort 73; Jägerstr.
5, D-5270 Gummersbach 31, Tel. (02261)
75995 (Gelsenkirchen 9.7.13). Roman,
Erzählung, Film, Hörspiel, Fernsehspiel,
Chanson, Jugendbuch.
V: Zahlr. utop., Krim- u. Abenteurer-
R. seit 38, u.a.: Drei Jungen und ein
toller Plan, Jgdb. 57, 60, u.d.T.: Die Bucht
der versunkenen Schiffe 68, 69; Barb,
Jgdb. 57, 60; Mein Freund Fadossin,
Jgdb. 57, 60; Phantome des grauen
Hauses, Krim.-R. 57; Das Laboratorium
des Satans, R. 58; Die Stadt der toten
Seelen, R. 58; Im Zeichen des Dreiecks,
R. 58; Melodie des Todes, Krim.-R. 58;
Im Vorhof der Hölle, R. 59; Die Hexe
von Brooklyn, Krim.-R. 59; Das
Geheimnis d. Planetoiden, Jgdb. 59, 64
(auch ital.); Im Raum der roten Monde,
R. 60; Das Monstrum, R. 60; Im Banne
der Stählernen, R. 61; Die Mitternachts-
lady, Krim.-R. 62; Träume, Krim.-R. 62;
Toller Wirbel um Kiki, Jgdb. 62, auch u.
d. T.: Da staunt die Quarta 71; Manuels
große Stunde, Jgdb. 62; Sue, das
Mädchen mit den Mandelaugen, Jgdb.
64 (auch ital.); Ein Dorf steht kopf, Jgdb.
64, 65; Ein Sommer voller Übermut,
Jgdb. 65; Hilfe, ich bin eine Dame, Jgdb.
65; Patsy und die drei, R. 65; Kleine
Freundin aus Paris, Jgdb. 65; Brüder
sind oft keine Engel 67; Der geheimnisvolle Herr Kules 67; Sexta B auf
Kriegspfad 69; Eine trübe Tasse 69;
Little John aus Texas 70; Sexta B dreht
einen Film 70; Spuk im alten Kastell 71;
Fernseh-Fahndung 69; Buffy u. Jody in
Nöten 71; Die Försterkinder vom
Wildbachtal 71/72, 83; Wild in Gefahr 72;
Die Füchsin Blaschka 72; Skippy, das
Buschkänguruh 70; SOS vom Stütz-
punkt 8 70; Lieber Onkel Bill 70; Tage
voller Sonnenschein 71; Übermut mal
zwei 72; Wochenend mit Hindernissen
72; Ein Fall für Slim und seine Jungen
73; Mein Freund, der Tiger Hakim 73;
Alarm für Küstenwache Miami 73;

Detektiv-Klub Schwarze Hand 73, alles Jgdb.; Tierfänger, Abenteurer, Gaukler und Banditen, Erzn. 73; Der Rote vom Hochfirst 74; Sagitta, ein neuer Freund 75; Schwarze Hand klärt auf 74; Schwarze Hand in Fahrt 75; Schwarze Hand hört mit 76; Die Geisterdschunke 76; Linda ist unmöglich 75; Ohne Linda geht es nicht 77; Zwei Mädchen tauschen ihre Rollen 77, alles Jgdb.; Auch Hexen haben schöne Beine, Krim.-R. 84. — **MV:** Fernsehhund Lassie: Die Hütte im Schlangengrund, Jgdb. 64; Alarmierende Nachrichten, Jgdb. 64; Im Höhlenlabyrinth, Jgdb. 65; Fs-Serie: Die zehn Aufrechten: Mit Sprechfunk und schnellen Pferden, Jgdb. 64; Die Gespensterstadt, Jgdb. 64; SOS im Niemandsland, Jgdb. 65; Fs-Serie: Sprung aus den Wolken: Punkt-landung am Abgrund, Jgdb. 64; Raketenkapsel 312, Jgdb. 65; Fs-Serie: Die goldene Maske: Entdeckung in der Felsengrotte, Jgdb. 63; Ruinen von Callian, Jgdb. 63; Fluch des Pharao, Jgdb. 64; Fernsehhund Lassie: Sturm über Calverton 66, Rätselhafte Zeichen 67, Zwischenfall am North Creek 68, Gefährliche Ferien 70, alles Jgdb.; - Bonanza: Einer spielt falsch 69, Eine heiße Spur 70, Gefahr für Little Joe 70, Rauchzeichen vom Big Horn 72, Im Auftrag des Sheriffs 74, Letzte Chance für Hoss 74, alles Jgdb.
R: Ein gewisser Dr. Arden, Hsp.; Vier Tage Nebel, Hsp.; Wer war der Täter?, Hsp.; Mordfall Vera Burns, Hsp.; Die Aufsichtsratsitzung, Fsp.; Prelude nach Mitternacht, Fsp.; Toller Wirbel um Kiki, Hsp.; Manuels große Stunde, Hsp.; Nebel, Hsp.; Sue, das Mädchen mit den Mandelaugen, Hsp. - **MA:** Streife vier meldet …, Fsp.; Der Katzenschrei, Fsp.
S: Schumm Sprechende Bücher; Tierfänger, Abenteurer, Gaukler u. Banditen; 6 Abenteuergesch. 80, alles Tonbd-Cassetten.

Broer, Wolfgang; Donaustr. 87/1, A-2344 Südstadt.
V: Ich muß den Job noch lernen, Anekdn. um Papst Johannes Paul II 80. ( )

Brokerhoff, Karl Heinrich, s. Brokerhoff, Karl Heinz.

Brokerhoff, Karl Heinz (Ps. Karl Heinrich Brokerhoff), ObStudDir.; Im Mühlenbruch 51, D-4300 Essen 1, Tel. (0201) 313018 (Angermund 8.3.22).
V: Cityschule — Gymnasium u. technisierte Welt 64; Stichwort Tages-heimschule — Ziele/Probleme/Modelle

70; Fahrt ins Revier, Ber. aus d. Sieben-uhrzug 75; Alle Ampeln stehen auf grün, Prosaskizzen u. Erz.g. 76; Kreativer Deutsch-Unterr. — die Chance, etwas erfinden zu dürfen 76; Katholische Schule — z. B. Stoppenberg 77.
H: Geschichten von drüben, Erzn. u. Kurzgeschn. aus Mitteldtld 64; Gedichte von drüben II 68; Geschn. v. drüben II 68; Wie sie uns sehen — Schriftsteller d. DDR üb. d. Bdesrep. 69; DDR-Literatur Bd VI 71; Mit Liedern u. Granaten — DDR-Schullesebücher üb. Soldaten in Ost u. West 71. — **MH:** Gedichte von drüben — Lit. u. Propagandaverse aus Mitteldtld 63.

Bromberger, Evelyn, c/o Fischer Taschenbuchverlag, Frankfurt a.M..
V: Auf der Sonnenseite der Straße, Gesch. 81; Ich bin doch nicht Schnee-wittchen! 83. ( )

Brommer, Bernhard, Schriftsteller; FDA 78-80, Die Künstlergilde 78, Regensburger Schriftstellergruppe 78, VS 81; Hörspiel- und Erzählerwettbewerb 77, Oberschlesische Studienhilfe 79, Lyr.-Wettbew. "Die Rose" 81; Wangener Kreis 78, Literarische Union 78-82, Littera 82; Fürstenbergring 9, D-7730 Villingen-Schwenningen, Tel. (07721) 26566 (Hindenburg 14.5.54). Lyrik, Kurzge-schichten, Erzählungen, Drama, Hör-spiel, Essay, Film, Roman, Kinderbuch, Aphorismen.
V: Schattenseiten, Lyr. 79; Szenen aus dem modernen Leben-Alltagsgeschichten, Erzn. 79.
MA: Beitr. in rd 30 Anth. u. Jb.
R: Spuren d. Vergangenheit, Fs. 80; Wege u. Stationen in Dtld, Fs. 81.

Brommund, Marielis; Schiltacher Str. 15, D-7000 Stuttgart 80.
V: Jockla, das Schimpansenkind, 2. Aufl. 78. ( )

Bromund, Dieter; Breitseeweg 12, D-6072 Dreieich-Buchschlag, Tel. (06103) 68289 (Bromberg/Westpreußen 9.4.38). Erzählung.
V: Die erste Reise war angenehm, Krim.-R. 82.

Bronikowski, Rosemarie, s. von Oppeln-Bronikowski, Rosemarie.

Bronisch, Matthias, Lehrer; VS 79; Grigor-Prličev-Pr. d. Übersetzerges. Makedoniens f. d. beste Übers. in eine Fremdspr. 78; Reichenbergerstr. 22 d, D-4800 Bielefeld 1, Tel. (0521) 205399 (Stettin 17.3.37). Lyrik, Kurzprosa.
Ue: Mak.

V: Mit anderen Augen, Erzn. 76; Aus
einer südlichen Landschaft, Lyr. 79;
Kopnež po jug, Lyr. 79 (in Maz.).
H: u. Ue: Moderne makedonische
Lyrik 78.

Bronnen, Barbara (Ps. Barbara
Grunert-Bronnen), Dr. phil.,
Schriftstellerin; VS; Die silberne Feder
d. Dt. Ärztinnenb. 78; Zentnerstr. 19, D-
8000 München 40, Tel. (089) 188167
(Berlin 19.8.38). Roman.
V: Ich bin Bürger der DDR und lebe
in der Bundesrepublik 70; Wie mein
Kind mich bekommen hat, Jgdb. 77;
Mütter ohne Männer, Sachb. 78; Die
Tochter, R. 80; Mein erotisches
Lesebuch 83; Die Überzählige, R. 83. —
MV: Liebe ist deine Liebe nicht.
Psychogramm einer Ehe, m. Manfred
Grunert 70; Die Filmemacher, m.
Corinna Brocher 73.
F: Dichter und Richter — Die Gruppe
47 78; auf der suche nach A.B. — Der
Schriftsteller Arnolt Bronnen 80.
R: Ein Tier ist auch ein Mensch, Hsp.
75.

Bronner, Heide; Julius-Vosseler-Str.
35, D-2000 Hamburg 54. Roman.
V: Armer Bastard, R. 61, Neuaufl.
u.d.T.: Vagabondo und der Millionär 65;
Geld macht nicht unglücklich, R. 62; Oh
diese Tiere, R. 64, u.d.T.: Jenni und ihre
Tiere 68; Unser Vater, der Tierarzt, R.
64, 69; Gauner mit Herz, R. 65, 80;
Sommerwind aus Schweden, R. 66, 68;
Taps, Heli und die Erbschaft, R. 68, 80;
Die vierbeinige Wach- und Schließ-
gesellschaft, R. 80. ( )

Bronni, Lisa *

Bronoff, Gereon, s. Mühl, Hermann.

Broschk, Emil, Dipl. Landwirt; Am
Uhlenkrug 19, D-4300 Essen 1, Tel. (0201)
441317 (Olschau, Ostpr. 22.5.03). Roman,
Lyrik, Erzählung.
V: Frühling auf d. Nehrung, Ess. 79. ( )

Brown, Terence, s. Duensing, Jürgen.

Brox, August, Pater, Missionar in
China; Warendorferstr. 14,
Missionshaus, D-4400 Münster/Westf.
(Lüdinghausen/Westf. 24.4.10).
V: San-Ta-Wan 61; Glück im
Reiskorn, chin. Sinnsprüche 70; Das
Orakel der Bonzen 71.

Broza-Talke, Helga (Ps. Helga Talke),
Dipl.-Philosoph; SV-DDR 75; Platanen-
weg 64, DDR-1195 Berlin, Tel. 6328674
(Berlin 3.6.36). Kinderbuch.
V: Kurierpost für Berlin 70, 71; Ich
werde Seeräuber 74, 82 (auch russ.); Der

Ritter von der Hubertusburg 77, 81; Der
vermurkste Plüschbär 77, 79; Sebastian
u. d. Spielplatz 79, 81; Der Kohlrabi
Kunigunde Meier 80, 82; Matti 82, alles
Kdb. — **MV:** Am Montag kommt Maria,
Kinderb. 76; Eine Badewanne f.
Balthasar, Kinderb. 78.

Bruchmann, Eva; Gerokstr. 73, D-7000
Stuttgart 1, Tel. (0711) 240288.
V: Januar - Dezember 73 — 74; Der
erste Schulweg 73; Vom Frühling 71, 73;
Vom Regen 73; Vom täglichen Brot
73. — **MV:** Kindern erzählt, Phantasie-
u. Zaubergeschn. 78; Steig ein, fahr mit,
Lese- u. Bastelb. f. Kinder 79.

Bruck, Edgar-Pedro, Dr.phil., techn.-
wiss. Übersetzer; Apartado 2585,
Barcelona/Spanien, Tel. (03) 7593103
(Barcelona/Span. 6.2.05). Lyrik, Essay.
Ue: E, F, S.
V: Die Legende von Gottes Auge,
Laienpredigt 24; Die trunkenen Tänze,
G. 27; Die Legende von d. Wiedergeburt,
Laienpredigt 27, alles bibliophile Ausg.;
Einfälle u. Ausfälle, Ess., G., Kurzerzn.,
Anmerk. 80.

Brucker, Philipp, Dr. phil.,
Oberbürgermeister a.D.; Bertholdstr. 31,
D-7630 Lahr/Schwarzw., Tel. (07821)
23679 (Lahr 2.9.24).
V: 's Wundrgigli, Geschn. i. alem.
Mundarten 65, 80; 's Danzknöpfli, Gesch.
i. alem. Mundart 67, 77; Wo gehen wir
hin? Aus d. Handakten e. Oberbürger-
meisters 74, 77; Gestern u. Heute, Ein
Gang durch d. Lahrer Altstadt 78, 82
(engl. 79, franz. 80); Wohin gehen wir
jetzt? Neues aus den Handakten 81, 82;
Striiwili, Gesch. i. alem. Mundart 82. —
MV: Lahr, Bildbd. 64, 65; Lahr — Stadt
zwischen Schwarzwald und Rhein,
Bildb. 69, 82.
S: D'Gälfiässler un dr Brucker 79, 80.

Bruckner, Emil, Buchhändler,
Buchhalter; strada Rahovei Block 32,
Stiege 3, Apt. 53, R-2400
Sibiu (Hipodrom 1) (Bistriţa 23.6.05).
Lyrik, Prosa.
V: Zahl oder Wappen, Gedichte 1925
— 1971 72.
MA: Fahnen im Wind 72; Das Wort ist
ein offene Hand 77; Ausklang, Anth.
Siebenbürg.-Dt. Lyr. d. Zwischenkriegs-
zeit 82.

Bruckner, Winfried; Grabengasse 4a,
A-2333 Leopoldsdorf.
V: Das Wolkenschiff 66; Der steinerne
Elefant, Jgdb. 66; Aschenschmetterlinge
67; Tötet ihn 67, 72; Die Pfoten des
Feuers 68, 70; Der traurige Sheriff, Jgdb.

69; Elf schwarze Schneemänner, Jgdb.
72; Das Haus des Löwen 73; Das grüne
Klassenpferd 73, 78; Superfrosch und
der Fall des schlaflosen Siebenschläfers
73; Bundeshauptstadt Wien 75; Wien in
der Zweiten Republik 75; Wien unsere
Stadt, Österreich unser Land 75; Die
toten Engel 76, 83; Räubergold 79.
MA: Damals war ich vierzehn, Ber. u.
Erinn. 78. ( )

Brücher, Hartmut, Dr. rer. pol.,
Maschinen-Schlosser, Dipl.-Journalist;
SV-DDR (Kandidat) 74; Maxim-Gorki-
Str. 7, DDR-6000 Suhl (Brachstedt b.
Halle 9.8.34). Erzählung, Kurze Prosa,
speziell: Feuilleton-Theorie.
V: Das Hausfest, Kinderb. 72, 74;
Feuer an der Trasse, Kinderb. 75; Das
Tangeltingel, Kinderb. 76, 77; Zwei auf
einem Baum 80. — **MV:** Der erste Tag
im Frühling, Erz. 60; Die Kinder des
Soldaten, Kurzgeschn. 72; Ehrlich fährt
am schnellsten, Erz. 73; Dienst am
Sonntag, Erz. 75; Der Eismann ist kein
Schneemann, Feuilletons 76. ( )

Brück, Rolf; Leonhard-Hausmann-
Str. II, D-8900 Augsburg (Erda/Kr.
Wetzlar 26.12.50). Novelle, Essay, Lyrik.
V: nervengras, Lyrik 70; hohes lied für
meine 21 kleinen schwestern, N. 72; dir,
Ess. 72; Lotus millefolia, Ess. 77.
B: Christoph W. Hufeland: Makro-
biotik 78. — **MA:** Die Ausserirdischen
sind da 79.
H: Bernd Mattheus: Tarantula, Erzn.
71; Hadayat-Ullah Hübsch: ramadan,
Tageb. 71; Hans Imhoff: Pyrrho,
konkrete Poesie 72, 77. ( )

Brücken, Ziska, s. Sivkovich, Gisela.

Brückl, Fritz, Ingenieur; Bergstr. 28,
D-7424 Heroldstatt-Sontheim, Tel.
(07389) 398 (Stuttgart 9.4.35). Märchen,
Novelle.
V: Peterle von der Pfaffenstube, M. f.
Erwachsene 81.

Brückl, Reinhold, Vers.Kfm.;
Praunheimer Weg 47, D-6000
Frankfurt a.M. 50, Tel. (0611) 573506
(Frankfurt am Main 29.4.23). Lyrik.
V: U-Bahn Gebuddel am Maa 76; Nix
Gewisses waas mer net 76; Gelle,
Frankfort is schee 77; Net nur Gebabbel
78, alles G.; E Vertel waam Achtel-
geschnitte am Stick. Frankfurter
Sprüch' u. Redensarten 80.
MA: Lachhannes, Mundart-Anth. 76;
Mauern, Lyr.-Anth. 78; Frankfurter
Leut' — fröhliche Menschen, Anth. 79;
Heimat, Lyr.-Anth. 79; Bürger-Buch-

erzählen von Frankfurt, Anth. 81;
Siegburger Pegasus Jb. '82, Anth. 82.
H: Lino Salinis Frankfurter
Bilderbogen 78. — **MH:** Hessisch
Herzkloppe, Mundartlyr. aus Hessen 79.
R: Versch. Mundartvortr., Lyr. u.
Prosa im Hörfunk 78-81.

Brückner, Christine, Schriftstellerin;
VS Hessen 69, P.E.N. 74, Vize-Präs. 80; 1.
Preis R.-Preisausschr. d. Bertelsmann-
Verlages 54; Hans-Böckler-Str. 5, D-3500
Kassel, Tel. (0561) 24304 (Schmilling-
hausen/Waldeck 10.12.21). Roman,
Erzählung, Feuilleton, Hörspiel, Drama,
Jugendbuch.
V: Ehe die Spuren verwehen ...,R. 54,
79 (auch dän., engl., finn., holl., port.,
schwed., span., jap.); Kleine Spiele für
große Leute 56, 65; Katharina und der
Zaungast, R. 57 (auch engl.); Ein
Frühling im Tessin, R. 60, 79; Die Zeit
danach, R. 61, 80; Bella Vista, Erzn. 63;
Letztes Jahr auf Ischia, R. 64, 80; Der
Kokon 66, 83; Alexander der Kleine, R. f.
Kinder 67; Das glückliche Buch der a. p.,
R. 70, 80; Wie Sommer und Winter, R. 71,
80; Überlebensgeschichten 73, 80 (auch
jap.); Lewan, sieh zu!, Erz. 74; Jauche u.
Levkojen 75/76, 82; Nirgendwo ist
Poenichen, R. 77/81; beide u.d.T.:
Poenichen-Romane, Tb. 82; Momoko u.
d. Vogel, Bilderb. 73/75; Momokos
Geburtstag, Bilderb. 73; Momoko und
Chibi, Bilderb. 74; Ein Bruder für
Momoko, Bilderb. 76; Momoko ist krank,
Bilderb. 79; Das eine sein, das andere
lieben, R. 81; Mein schwarzes Sofa, Aufz.
81; Der Kokon oder d. Verpuppung der
Wiepe Bertram, Bü. 83. — **MV:** Erfahren
und erwandert, m. O. H. Kühner, Ess. 79,
82; Mal mir ein Haus, m. dems., Bilderb.
81.
MH: Botschaften der Liebe, Anth. 60;
Gedichte an mein Kind, Anth. 62.
R: Hier darf nur geflogen werden,
Hsp. 61; Das Telegramm, Hsp. 63; Der
Haifisch und die Uhr, Hsp. 67.
Lit: Nachw. in: Not lehrt schwimmen;
Hans Weigel, Nachwort in: Überlebens-
geschichten.

Brückner, Eleonore (Ps. Eleonore
Roneck, Eleonore von Bernfeld);
Schubertgasse 24/16, A-1090 Wien IX
(Wien 28.6.05). Roman.
V: Ungeweinte Tränen, R. 55; Wer
unter uns ist ohne Schuld?, R. 57; Die
kleine Herrin der Felsenburg, R. 58;
Seines Bruders Frau, R. 58; Die kleine
Unbekannte von Schloß Eichenkron, R.
59. ( )

Brückner, Enne, s. Hofbauer, Elfriede.

Brückner, Erich, Textil-Ingenieur;
Kammerrathsfeldstr. 104, D-4000
Düsseldorf 13, Tel. (0211) 707659
(Oberoderwitz/Sa. 26.2.23). Lyrik.
  V: Hör ich die Leute fragen, Lyr. 81.

Brückner, Marie (Ps. Marie Lacombe,
Eva Brandt), Schriftstellerin; VS 70;
Gold. Schneider-B. 74; Bahnhofstr. 90,
D-8032 Gräfelfing b. München, Tel. (089)
852538 (Ilmsdorf/Ostpr. 25.10.13). Roman,
Jugendbuch, Erzählung.
  V: Adieu - törichtes Herz, R. 58 (auch
schwed., fläm.); Ein Mann wie Marcel, R.
60; Eine Handvoll Liebe, R. 60; Das
Schloß im Gebirge 61 (auch fläm.); Geh
nicht nach Nizza, Josephine, R. 61 (auch
fläm.); Fröhlichkeit steckt an, Jgdb. 63
(auch finn., franz., port.); Zwei
Schwestern reisen ins Glück, Jgdb. 64
(auch finn., fläm.); Du bist reizend,
Christine, Jgdb. 65 (auch finn.); Susanne
gewinnt alle Herzen 66; Julias wunderbarer Sommer 67 (auch franz., finn.);
Ein Mädchen mit Temperament 67;
Regina hat viele Träume 68; Constanze
schwärmt für Himmelblau 68; Sybille
reist ans Mittelmeer 69; Ein Traum wird
für Sabine wahr 70 (auch finn.); Lilli
und Liliana 71; Lillis sonderbare Party
72; Freundschaft auf den zweiten Blick
72; Lilli ist schon fünfzehn 73; Ein Engel
in Bluejeans 73; Wiedersehen mit Maria
74; Herzliche Grüße — Eure Gabi 75;
Heike, 15, Schülerin 76; Die Geschichte
m. Nora 77; Man nennt mich Ginster 78;
Maria u. Nico 79; Heimliche
Freundschaft 80; Freundschaft postlagernd 81; Ferien mit Natalie 82; Der
wunderbare Tag mit Anemone 83, alle
Jgdb.
  MA: Im Garten unserer Jugend 66;
Und Petrulla lacht 71, 74; Ostpreußische
Schriftsteller heut 77; Trotz allem:
Hoffnung 78; Das alte Lied 79.

Brügel, Sigrid (Ps. Sigrid Mence),
Hausfrau; Kantstr. 28, D-8730 Bad
Kissingen (Tübingen 24.4.15). **Ue:** Am, E.
  V: Der verwöhnte Prinz 82.
  Ue: Howard Spring: Sampson's Circus
u.d.T.: Mein Bruder Jack 54; Kitty
Barne: Admiral's walk u.d.T.: Ein Garten
um Marion 54; Joseph Krumgold: ... and
now, Miguel u.d.T.: Miguel 55; Michaela
Denis: Leopard in my lap u.d.T.: Wilde
sind nicht halb so wild 56; Crane
Blossom Harrison: Warte auf morgen,
Patricia 57.

Brüggeboes, Heiner *

Brügmann-Eberhardt, Lotte (Ps.
Lotte Droste, Lotte Eberhardt),

Journalistin; VG Wort, VS, Schriftsteller
in Schleswig-Holst. u. Eutiner Kr.;
Schillerstr. 3, D-2300 Kiel, Tel. (0431)
553191 (Dortmund 1.2.21). Lyrik,
Märchen, Novelle, Erzählung, Roman,
Jugendbuch.
  V: Das Sternenenglein, M.; Grau-
vöglein, G.; Die bunte Wiese, Erzn.; Das
zerstörte Gesicht, R. 54; War es nicht
doch ein Schritt vom Wege?, R. 54; Mit
deinem Bild im Herzen, R. 55; Es wird
ja alles wieder gut, R. 55; Es gibt noch
einen Weg zurück, R. 55; Für deine
Liebe danke ich dir, R. 55; Kann ein
Herz so lügen?, R. 55; Die Würfel sind
gefallen!, R. 56; Die Halligfriesin, R. 56;
Der Weg der Dethleffsenfrauen, R. 56;
Susanne hält nichts von der Liebe!, R.
56; Ihre Schuld war Liebe 57; Ein Grab
in fremder Erde 57; Nur die Nacht sah
ihre Tränen 58; Vertrau, wenn du liebst
58; Das unselige Erbe derer v. Waldern
58; Bei mir bist du geborgen 58; Verzeih
Inka 60; Spiel mit der Liebe 60; Dornen-
voller Weg zum Glück 60; Wenn die
Liebe lügen muß 61; Das Probejahr der
Liebe, R. 61; Du sollst nie wieder Angst
haben, R. 62; Bedenk, was du
versprichst, R. 63; Das Leben spielt oft
sonderbar, R. 64; Dornenvoll ist oft der
Weg zum Glück, R. 64; Liebe ist kein
Unglück, R. 65, u.a.
  MA: Städte in Schleswig-Holstein 72;
Schriftsteller in Schleswig-Holstein 80;
Musik, ein Leseb. 80.
  Lit: 52 Wochen-Autoren, Kieler
Kulturtelefon 79.

Brühlmann, Sepp, Kaufmann; SSV 72;
Dipl. u. Bronzemed. d. Acad. Lausanne
83; Acad. Lausanne 82; Balthasarstr. 15,
CH-3027 Bern, Tel. (031) 555300
(Appenzell 5.7.47).
  V: Mitternacht, R. 67; Angela, Krim.-R.
70; Babuşka, R. 83.

Brümmer, Dieter, Dichter; VS 73,
NGL 76 (Blaubeuren/Landkr. Ulm
7.4.50). Lyrik.
  V: Urwaldmusik, G. 78; Entscheidung
in Panama, G. 80. ( )

Brüning, Elfriede; SV-DDR; Goethepr.
d. St. Berlin 80, DFD-Lit.pr. 80;
Wildensteiner Str. 20, DDR-1157 Berlin,
Tel. 5081486 (Berlin 8.11.10). Roman,
Erzählung, Fernsehspiel.
  V: Und außerdem ist immer Sommer, R. 34,
83; Junges Herz muß wandern, R. 36;
Auf schmalem Land, R. 38; Die Umkehr,
Das ist Agnes, Erzn. 49; Damit du
weiterlebst, R. 49, 81 (auch poln.,
tschech., ungar.); Ein Kind für mich
allein, R. 50, 58; Vor uns das Leben, R.

53; Regine Haberkorn, R. 55, 74;
Gabriele, Tageb. 56, 72; Rom hauptpost-
lagernd, R. 58, 61 (auch ungar.); Sonntag,
der Dreizehnte, R. 60, 61; Wege und
Schicksale, lit. Porträts 62; Die Heirats-
anzeige, Lsp. 65; Septemberreise, Erz.
67, 74; Kinder ohne Eltern, Rep. 68;
Kleine Leute, R. 70, 78; Jasmina und die
Lotosblume, Kinderb. 73, 81; Hochverrat,
Bü. 75; Zu meiner Zeit 77, 81;
Partnerinnen 78, 83, Tb. 82 (bulgar. 84);
Wie andere Leute auch, R. 83.
MA: Hammer und Feder 55; Des
Sieges Gewißheit 59; Tapferkeit des
Herzens 61; They lived to see it 63; Neue
Prosa aus der DDR Auskunft 74; Dyzur
w niedziele 75; Frauen in der DDR, Tb.
76.
R: Rom, via Margutta, Fsp. 63; Nach
vielen Jahren, Fsp. 65.

Brütsch, Jakob, Landwirt; Haus Nr. 1,
CH-8240 Barzheim b. Thayngen, Tel.
(053) 67592 (Ramsen b. Stein a. Rh./
Schweiz 4.5.19). Lyrik, Mundartdicht.
V: Dänn schwätz i mit dem Moo,
Mda.-G. 79.

Brütting, Georg, Rektor a. D.;
Gründ.mitgl. Luftfahrt-Presse-Club;
Pilgramsroth 126, D-8630 Coburg u.
Katzenberg 27, D-8955 Aitrang i. Allgäu,
Tel. (09561) 18875 (Stuttgart 27.4.13).
Ue: E.
V: Segelflug und Segelflieger,
Geschichts- u. Erlebnisb. d. Segelfluges
34; Segelflug erobert die Welt 39, 62; Das
Echo der Rhön, Segelflug u. seine
Erlebnisse in aller Welt 43; Wagnis am
Himmel, Kunstflug 43; Mit dem Segel-
flugzeug in die Stratosphäre 54; Was
jeder Segelflieger wissen müßte 54, 61;
Taschenbuch des Motorfliegers 59, 79;
Die berühmtesten Segelflugzeuge 70, 77;
Die Geschichte des Segelfluges 73, 81;
Das waren die deutschen Kampfflieger-
Asse 1939 - 1945 75, 77; Das waren die
deutschen Stuka-Asse 1939-1945 76, 78;
Deutsche Fluggeschichte 81. –
MV: Jungens lernt fliegen!, Jgd.-Erz. m.
F. Schmitz 38; Olympische Tage im
Engadin, m. G. Bahr 48; Die Welt des
Fliegers, Betracht. m. Robert Knauß 57,
62; H. Schneider: Kleines Kolleg der
Luftfahrt-Medizin 52; Handbuch des
Segelfliegens 1937 – 1962, m. W. Hirth.
Ue: Ph. Wills: Allein mit Wind und
Wolken 60.

Brug, Gudrun, c/o Luchterhand
Verlag, Darmstadt.
V: Die Schande, R. 80, Tb. 82. ( )

Brugger, Johanna, s. Greither, Margit.

Brugger, Karla, s. Dillenburger,
Ingeborg.

Brugger, Stefan, s. Dillenburger,
Helmut.

Bruhin, Anton; Bleicherweg 72, CH-
8002 Zürich, Tel. (01) 2028495 (Lachen/
SZ 6.4.49). Lyrik, Lieder.
V: Alfred Bruck, N. 68; Rosengarten &
Regenbogen, G. 68; Gott lebt!, Anekd. 69;
Plim, G. 69; 11 Heldengesänge & 3
Gedichte, G. 77.
H: St. Wittwer: Komm lieber Mai,
Lyrik 69; Beck: Songs of The Revolu-
tion, Lieder 69.
S: Vom Goldabfischer 70; rotomotor
78.

Bruhn, Hans Dietrich, Dr., c/o
Bläschke Verlag, St. Michael.
V: Bilder-Galerie 71; Bericht d. Augen
üb. d. Lichtgeschwindigkeit, G. 74;
Naturschutzgebiet 80; Um zu leben 83.

Brun, Dominik, lic. phil., Schriftsteller
u. Gymnasiallehrer; ISV 78, Gruppe
Olten 79; Lit.förder.pr. d. Kt. u. d. Stadt
Luzern 79, Anerkenn.pr. d. Stadt Luzern
78; 1. Rang im Einakter-Wettbew.
anlässl. d. 800-Jahr-Feier d. Stadt
Luzern, Stip. z. Ingeborg-Bachmann-Pr.
81; Erlenbächli, CH-6390 Engelberg, Tel.
(041) 941855 (Entlebuch, LU 21.8.48).
Drama, Roman, Hörspiel, Lyrik.
V: Puurechrieg, St. m. Dok.;
Notlandung im Entlebuch, R. 82.
MA: Klagenfurter Texte 81.
R: D Abtriibig, Hsp. 74.

Brun, Marcel (Ps. Jean Villain),
Schriftsteller; SV-DDR 74; Heinrich-
Heine-Pr. d. DDR 75; Leninplatz 1/906,
DDR-1017 Berlin (Zürich 13.6.28).
Roman, Essay, Reportage. **Ue:** F.
V: Meine Freundin Marianne 55;
Nacht über Spanien 56; Fellah ohne
Faruk 57; Brennender Maghreb 59; Und
so schuf Gott die Apartheid 61;
Wiedersehen m. Marianne 67; Paradies
nach dem Sündenfall 68, 77; Die großen
72 Tage 71, 74; Frühling auf Kuba 72;
500 Millionen im Wettlauf gegen die Uhr
72; Hochzeitsnacht in Khemisset 73;
Venedig, Tage und Jahrtausende 75, 76;
Damals in Allenwinden 78, 2. Aufl. 80;
Plädoyer für Aschenbrödel, über
Reportagen u. Reporter, 2. Aufl. 80;
Momentaufnahmen, Rep. 81.
MH: Schweiz heute 76.
Ue: Louis Sébastien Mercier: Mein
Bild von Paris 77, 79. ( )

Bruneck, Hans, s. †Elster, Hanns
Martin.

Brunk, Sigrid; VS 70; Wilhelmine-Lübke-Pr. 77; Holzmindener Str. 22, D-3300 Braunschweig, Tel. (0531) 691283 (Braunschweig 14.9.37). Roman, Erzählung, Fernsehspiel.
V: Ledig, ein Kind, R. 72, 80; Das Nest, R. 75, 80; Der Besiegte, R. 77, 79; Der Magier, R. 79, 81; Flammen, Erz. 81.
MA: Ein Wochenende, Anth. 67; Wo wir Menschen sind, Anth. 74; Kreatives Literaturlex. 74; Die Gegenwart, Anth. 81; Noras Töchter, Anth. 81.
R: Ein Sonntag, ein Besuch 70; Ein Nachmittag wie viele 71.

Brunner, Fritz, Sekundarlehrer; SSV 69; Schweizer Jgdb.-Preis 59, Ehreng. d. Kantons Zürich 74, d. Stadt Zürich 51, 60, 70; Mitbegründer d. Schweiz. Jgdschr.werks 31, Intern. Kurat. f. d. Jgdb. 53, Schweiz. Bd f. Jugendlit.; Rebbergstr. 31, CH-8037 Zürich (Wald/Zürich 12.2.99). Jugenderzählung, Hörspiel, Jugendtheater.
V: Bruuch und Lied im Züripiet 26; Kaspar als Diener 31; Zwischen Seeräuberturm und Rettungsbake 32; Fest im Haus und im Kinderkreis 34, 50; Vigi der Verstoßene 37, 54 (in 8 Sprachen übers.); Große Tage in Goldenberg 40; Spielzeug aus eigener Hand 41, 48 (auch span.); Der Schneiderjunge von Reussburg 43; Wänn zwee wänd güne 44; Spielt alle mit, 20 Sprechchorsp. 45; Wo der Adler kreist 50, 54; Flucht in die Fremde 51; Auf, auf zum Stall, Krippenspiel 52, 60; Das fröhliche Berghaus von Campell 54, 58; Rätsel um Sibyll 57; Erika und der Vagabund 58, 62; Aufruhr in Brusada 60, 61 (auch engl., afr.); Die Kette zum Ferienglück, Erz. 60; Miguel und Miga 63; Kilima, das Mädchen aus Tansania 65; Rebellen um Nurina 66; Felix 70; Watanit und ihr Bruder 73; Wer isch de Dieb?, 20 Mda.geschn. 75; Der sonderbare Gast 76; Wirbel um zwanzig Dollar 77; Mungg ist weg 80; Nur Mut, Tiziana 81; Fünfzig Jahre Schweizer. Jugendschriftenwerk 81.
H: D. Welt v. A bis Z 53, weit. 15 A.; D. Kinderwelt v. A bis Z 56, mehr. A.
Lit: Freundesgabe 64.

Brunner, Hans; Dürntnerstr. 31, CH-8340 Hinwil, Tel. (01) 9374166 (Egg 10.11.51). Roman, Erzählung.
V: Außer der Sonne bewegt sich hier nichts, Erz. 78; Der Himmel ist noch oben oder das Gemeinwohl, Erz. 79; Robert der Fischer, Jgdb. 80; Dreimal im Kreis und dann immer geradeaus, Jgdb. 81; Australien, Terra magica Bd 81; Die drei roten Fässer, Jgdb. 82.

Brunner, Helmut, Verw.Ang. i.R.; Gaußstr. 55C, D-7000 Stuttgart 1, Tel. (0711) 654232 (Pforzheim 30.6.13).
V: Tröstliches Licht, Lyr. 80.

Brunner, Michael, Student d. Rechtswiss.; Boltzmanngasse 14, A-1090 Wien, Tel. (0222) 3441055 (Wien 12.11.60). Lyrik, Drama, Erzählung, Novelle, Roman, Aphorismen.
V: Heimkehr, Lyr. 83.

Brunner, Peter (Ps. P. Erni); Im Schrundler 15, CH-8352 Räterschen, Tel. (052) 361918 (Berlin 31.3.36). Lyrik.
V: Lyrik 83.

Brunotte, Klaus-Dieter, Sparkassenbetriebswirt; DAV 81; Hägewiesen 107, D-3000 Hannover 51, Tel. (0511) 602179 (Hannover 19.10.48). Lyrik.
V: Erinnerungen, G. 80; Aus meinen Tagen, G. 81; Landnahme, G. 82.
MA: Signaturen, G. 81; Ansichtssachen, G. 82; Lyrik und Prosa vom Hohen Ufer II 82.

Bruns, Hanke, s. †Bahrs, Hans.

Bruns, Marianne; SV-DDR 50; Kunstpr. d. Stadt Freital, Martin Andersen-Nexö-Kunstpr. d. Stadt Dresden, FDGB-Kunstpr., Johannes R. Becher-Med., Vaterländ. Verdienstorden, Fritz-Heckert-Med.; Poisentalstr. 103, DDR-8210 Freital (Leipzig 31.8.97). Lyrik, Roman, Novelle.
V: Seliger Kreislauf, G. 25; Und dennoch leben wir ..., Hsp. 25; Zweimal Othello, Hsp. 26; Telemachos, N. 27; Jau u. Trine laden ein, Kinderb. 33; Die Schwedin u. die drei Indianer, Kinderb. 34; Willi und Kamilla, Kinderb. 35; Die Dioskuren in Olympia, N. 36, u.d.T.: Die Auserwählten 37; Das rechtschaffene Herz, R. 39; Über meinen grünen Garten fliegen die Schwalben, R. 40; Die Tochter der Parze, R. 43; Flugsamen, R. 48; Tobbys Buch, Erz. f. Kinder 49; Wiegand der Feuerträger, N. 49; Das verschwundene Messer, Laisp. f. Kinder 50; Uns heben die Flut, R. 50, 79; Fahrrad und Stiefmutter, Laisp. f. Kinder 51; Geht Christel Peters zur Bühne?, R. f. Jugendliche 52; Frau Doktor - privat, R. 52, 57; Glück fällt nicht vom Himmel, R. 54, 61; Darüber wächst kein Gras, R. 56, 58; Die Lichtung, Erzn. 56, 77; Der Junge mit den beiden Namen, Jgdb. 58, 76; Die Silbergrube, Jgdb. 59, 75; Schuldig befunden, Erz. 61; Verständnis für die Neunte, Erz. 62; Zwischen Pflicht und Kür, Jgdb. 62; Das ist Diebstahl, Erz. 60; Ungelogen - so war's, Laisp. 64; Der

neunte Sohn des Veit Stoß, R. 67, 69; Die
Fahrt zum Bahnhof, Kinderb. 69, 71;
Großaufnahme leicht retuschiert, R. 72,
82; Die Spur des namenlosen Malers, R.
75; Zeichen ohne Wunder, R. 77; Der
grüne Zweig, Kurzr. 79; Szenenwechsel,
R. 82. ( )

Bruns, Ursula, Schriftstellerin;
Venusbergweg 10, D-5300 Bonn
(Bocholt/Westf. 1.9.22). Jugendbuch,
Roman, Film. **Ue:** E, H, F.
  V: Hindernisse für Huberta, Jgdb. 50,
76; (auch franz., holl., schwed.); Wohin
mit Fritzi?, Jgdb. 51, 60 (auch franz.);
Dick und Dalli und die Ponies, Jgdb. 52,
76 (auch isländ., engl., ital., holl.,
schwed.); Zuhause 53 (auch engl., franz.,
holl., ital.); Pferd und Reiter 55 (auch
engl.); 13 alte Esel, R. 56, 75 (auch holl.);
Mensch und Tier 58; Echtes Gold und
falsche Steine 60; Junge Mädchen 56;
Heißgeliebte Island-Pferde 62, 63; Der
Zauberer von Amsterdam 64 (auch
afrikaans); Islandponies 63; Voltigieren
- leicht gemacht 64, 72; Reiterträume ...
Mit geliebten Pferden leben 65, 76;
König Vollblut 66, 73; Ungarns
verborgene Herden 67; Andalusiens
tanzende Pferde 68 (alle 3 auch holl.);
Verliebt in Fohlen 68; Connemara-
Pferdeland am Meer 69; Urwüchsige
Ponys 69 (auch engl.); Pferde unter
heißer Sonne 70 (auch holl.); Das Jahr
der Pferde 70; Pferdeporträts 70; Lieber
kleiner Esel 71; Haflinger - Pferd d.
Freude 71 (auch engl.); Edle Pferde auf
schwarzer Erde 72; So sind Ponys 73
(auch holl.); Das richtige Pferd 75 (auch
holl.); Zauber der Pferde 76 (auch holl.,
franz.).
  H: Der Wanderreiter - sein Pferd 74;
Reiten in Wald und Feld 74; Pferde
richtig transportieren 75; Reiterspiele
76; Mein Kind ist pferdenärrisch 76.
  F: Die Mädchen vom Immenhof 55;
Hochzeit auf Immenhof 56; Dreizehn
alte Esel 59.
  Ue: O. Wilde: Das Gespenst von
Canterville 48; W. Thayer: Bären im
Kaviar 51; J. Gaer: The lore of the New
Testament u.d.T.: Jesus und seine
Jünger 53; H. Lewis: Der sanfte Falke
54; John Masefield: Martin Hyde u.d.T.:
Der Spion des Herzogs 55; N.
Kalashnikoff: Toyon u.d.T.: Das Faß zu
Toyon! 56; Sanne v. Havelte: In de
Storm u.d.T.: Stürmische Jahre 58, Das
eine Talent 59, Es begann im Regen 60,
Toen kwam Tjeerd u.d.T.: Augen von
gefährlichem Grau 61; M. Pace: Old
Bones u.d.T.: Lieber alter Knochen 57;

A. Ph. Pearce: Minnow on the Say u.d.T.:
Die Fährte des Herrn Laberdan 58; R.
Sutcliff: Bruder Staubfuß 59; M. Sandoz:
Der Pferdefänger 60; A. Fenton: Alekos
Insel 60; Das Grosse Buch der Pferde-
rassen 71.

Bruse, Paul, Lehrer a.D.; VS;
Mittelstraße, D-2352 Bordesholm/Holst.
(Neumünster 3.12.96). Drama, Roman,
Novelle.
  V: Ilja und ihr Kosak, R. 35; Ewiger
Kamerad, R. 36; Alversum 53. ( )

Brustat, Fritz (Ps. Fritz Brustat-Naval,
Frederik Naval, Jack Tar), Kapitän; VS
55; Bestliste des Dt. Jgdb.preises 64, 65,
70, Auslandsreisestip. d. Kulturabt. d.
Ausw. Amtes 68, Med. Hommage des
Capitaines Cap Horniers Saint Malo 82;
Blocksberg 8, D-2300 Kiel, Tel. (0431)
554244. Roman, Bericht, Film, Hörspiel.
  V: Lichter über dem Meer, Ber. 50, 69;
Fischer vor Island, Ber. 53, 71; Otje u. d.
Schöne Magelone, Jgdr. 63, 67; Greif,
Gesch. ei. Weltumsegl., Ber. 64, 67 (auch
holl.); Zwischen Mast u. Reling, Ber. 66;
Leb wohl, Vineta, R. 67; Unternehmen
Rettung, Ber. 70, 76 (auch span.); Jonny
Brooks unter falscher Flagge, Jgdb. 70;
Jonny Brooks auf gefährlichem Kurs,
Jgdb. 71; Jonny Brooks und die
verschwundenen Millionen, Jgdb. 71;
Fünfmal 100 000 Tonnen, Ber. 73; Wind-
jammer auf grosser Fahrt, Ber. 73, 80;
Die Kap Hoorn Saga 75, 79; China —
Unterwegs im Reich der Mitte 76; Segel,
Silber u. Kanonen (Die Anson-Story) 78,
79; Im Wind der Ozeane, Ber. 80; Ali
Cremer: U 333, Ber. 82; Um Kopf und
Kragen, Ber. 82. — **MV:** Mensch und
Meer, m. Esmarch 54.
  MA: Das große Buch der Windjammer
76.
  H: P. G. Heims: Seespuk 65, 67.
  F: Zahlr. Dokumentarfilme.
  R: In Nacht und Nebel, Hsp. 50; Ein
Seemannsgarn, Hsp. 67.

Brustat-Naval, Fritz, s. Brustat, Fritz.

Brustgi, Franz Georg, Rektor i. R.;
Hochgratstr. 13, D-7981 Waldburg, Tel.
(07529) 1655 (Ötlingen-Kirchheim/Teck
17.3.03). Lyrik, Roman, Jgdb., Erzählung,
Biographie. **Ue:** F.
  V: Eustachius Holderkling, R. 39, 55;
Schwäbisches Sagenbuch, Samml. 40;
Der Kasperle ist da!, Kasperlesp. 40, 60;
Das Wunderschiff, M. 41, 61; Erde, ich
bin dein!, G. 44; Die goldne Kette, Sagen
52, 55; Weltfahrt nach Troja. Das abenteuerl. Leben H. Schliemanns 58, 60
(auch holl.); Heiteres Schwabenbrevier,

Witze, Anekdn. 59, 81; Sagen und Schwänke von der Schwäbischen Alb 66; Schwäbische Albfibel 68; Sagen und Schwänke vom Neckar- und Unterland 69; Das vergnügliche Erdenleben des Franz Napoleon 70; Heinrich Schliemann, Biogr. 71, 77; Aus der weißblauen Sagentruhe 72; Zu sein ein Schwabe ist auch eine Gabe, Geschn. 75; Eningen unter Achalm. Bildnis e. altwürtt. Handelsortes 75; Schwäbisch-Alemannisches Volksmärchen 76; Lichter spiegeln im Fluß, Erinn., Begegn. 78; Uf Schwäbisch gsait, Mda.-G. 80; A rechter Schwob wird nie ganz zahm, Geschn. u. Anekdn. 83. **MA:** Texte in: Die Schwäbische Alb, Bildbd. 59, 78; Reutlingen 73, 78; Reutlinger Geschichtsbl.; Klaus Herzer Farbholzschnitte: Die Schwäbische Alb 82. **H:** Friedrich Theodor Vischer, Brevier 41; Der heitere Mörike, G. u. Zeichn. 72, 82; Friedrich Theodor Vischer: Freiheit des Geistes 76; Sebastian Sailers Schriften im schwäb. Dialekte 76; Karl Borromäus Weitzmann: Dichtungen in schwäbischer Mundart 78; Karl Julius Weber: Reise durch das Königreich Württemberg 78; D' Schwoba kennet lache. Mundartdicht. aus dem 18. u. 19. Jh. 79; Württemberg wie es war und ist 80; Geruhsam wars im Lande nie. Schwäbisch-Alemann. Geschn. aus 100 Jahren 80; Abraham a Santa Clara: In der Arche waren nicht nur Tauben 81. **Ue:** Alexander Dumas (Fils): Die Kameliendame, R. 62; Gustav Flaubert: Salammbo 79.

Brusto, Max, Werbeleiter; ISDS 45, P.E.N.-Zentr. dt.spr. Autoren im Ausland 81, P.E.N. Frankr. 82; 32, Avenue Félix-Faure, F-75015 Paris (Kolno 15.10.06). Roman, Drama, Hörspiel.
V: Drei Franzosen, R. 45; Ich bin ein Flüchtling, R. 45; Atelier Jim, R. 50; Die letzten Vier, Dr. 54; Im Schweizer Rettungsboot, Dok. 67; Ein Kellner namens Aristide, R. 77; Visum oder Tod. Auf der Flucht vor den Nazis, Erzn. 82.
R: Das Leben des François Villon, Hsp. 62.

de Bruyn, Günter, Lehrer, Biblio-thekar; SV-DDR 63, P.E.N.; Heinrich-Mann-Preis 64; Akad. d. Künste d. DDR; Auguststr. 92, DDR-1040 Berlin (Berlin 1.11.26). Roman, Novelle, Hörspiel, Parodie, Essay.
V: Wiedersehen an der Spree, Erz. 60; Hochzeit in Weltzow, Erzn. 60, 68; Ein schwarzer, abgrundtiefer See, Erzn. 63,

66; Der Hohlweg, R. 63, 73; Maskeraden, Parod. 66; Buridans Esel, R. 68, 76; Preisverleihung, R. 72, 77; Tristan und Isolde, Neuerz. nach Gottfried von Straßburg 75; Das Leben des Jean Paul Friedrich Richter, Biogr. 75, 77; Märkische Forschungen, Erz. 78; Babylon, Erz. 80.
MA: Der erste Augenblick der Freiheit 70; Städte und Stationen 69; Blitz aus heiterem Himmel 75; Eröffnungen 74, alles Anth.
H: Das Lästerkabinett. Dt. Lit. in d. Parodie 70, 76; Jean Paul: Quintus Fixlein 76; T. G. v. Hippel: Über die Ehe 79; Schmidt von Werneuchen: Einfalt und Natur 81; F. Nicolai: Vertraute Briefe 82; L. Tieck: Die männliche Mutter 83.
R: Aussage unter Eid, Hsp. 64; In einer dunklen Welt, Hsp. 65.

Brzoska, Hugo (Ps. Hugo G. Friedrich); Techniker, Freier Redner; VS 48, Harzver. f. Altertumskunde u. Gesch. 55, Ver. f. hamb. Gesch. 65; Rendsburger Str. 3, Postfach 1 67, D-2000 Hamburg 4, Tel. (040) 288190 (Duisburg 26.9.05). Film, Drama, Roman, Lyrik, Essay.
V: Die Spirale, G. 34. — **MV:** Harz-Bergkalender seit 53.

Bubeck, Heinrich *

Buber, Margarete (Ps. Margarete Buber-Neumann); Freiheitspreis d. FDA 77; Fahrgasse 88, D-6000 Frankfurt a.M., Tel. (0611) 288190 (Potsdam 21.10.01). Autobiographie, Essay.
V: Als Gefangene bei Stalin und Hitler, Autobiogr. 48, 82 (in zahlr. Sprachen übers.); Von Potsdam nach Moskau, Mem. 57, 81; Kafkas Freundin Milena 64; Kriegsschauplätze der Weltrevolution 68; Der kommunistische Untergrund 70; Die erloschene Flamme 76; Freiheit, du bist wieder mein! 78. ( )

Buber-Neumann, Margarete, s. Buber, Margarete.

Bucar, Liselotte; FDA 75; Hebelstr. 14, D-7820 Titisee-Neustadt, Tel. (07651) 5892 (Plauen, Vogtl. 25.1.13). Roman, Novelle, Erzählung, Kurzgeschichte, Lyrik, Krippenspiel, Märchen.
V: Sein letztes Gericht, geschichtl. R. 65.
MA: Lebendige Heimat, Prosabd. 52; Gott im Gedicht, Anth. 72; Siegburger Pegasus, Anth. 82.

Buch, Hans Christoph, Dr. phil.; VS Berlin, P.E.N.-Club; Lit. Coll. Berlin 63/64, Intern. Writers' Workshop, Univ. of

Iowa 67/68; Thomasiusstr. 13, D-1000 Berlin 21, Tel. (030) 3932745 (Wetzlar 13.4.44). Erzählungen, Essays, Kritik.
V: Unerhörte Begebenheiten. Sechs Gesch. 66; Das große Abenteuer. Ein Abent.-R. 70; Kritische Wälder, Ess., Krit., Gl. 72; Ut Pictura Poesis. Die Beschreib.lit. u. ihre Kritiker 72; Aus der Neuen Welt, Nachr. u. Gesch. 75; Die Scheidung von San Domingo, Histor. Dok. 76; Das Hervortreten des Ichs aus d. Wörtern, Ess. 78; Bericht aus d. Inneren d. Unruhe, Gorlebener Tageb. 79; Tatanka Yotanka, Hist. Dok. 79; Zumwalds Beschwerden, eine schmutzige Gesch. 80; Jammerschoner, Sieben Nacherzn. 82. — **MV:** Das Gästehaus, R. 65.
MA: Beitr. zu zahlr. Anth.
H: Parteilichkeit der Literatur oder Parteiliteratur? Materialien zu e. undogmat. marxist. Ästhetik 72; Lu Hsün: Essays üb. Lit. u. Revolution in China 73; Literaturmagazin 1, 2, 4, seit 73; Tintenfisch 12, 15 seit 77.
F: Nachrichten vom Stamme der Mandan-Indianer, Dok.-F. 78; Die Leidenschaftlichen, Spielf. 82.

Buchberger geb. Wimmer, Anna, Dr. med., Hausfrau; Kirchenstr. 4, D-8000 München 80, Tel. (089) 476388 (Graming, Kr. Altötting/Obb. 14.3.20). Kindergeschichten. **Ue:** E, F.
V: ... und andere Brüder, Bubengesch. 61.
B: Guy de Larigaudie: HAIKI 52.
Ue: K. E. Reynolds: Baden Powell's Lebensgeschichte u.d.T.: BIPI 54.

Buchbinder, S., s. Blaas, Josef.

Buchenländer, Hans, s. Stephani, Claus.

Bucher, Werner, Schriftsteller, Journalist, Verleger; Gruppe Olten 78, Innerschweizer Schriftstellerverein 76; Anerkennungsgabe des Kantons Zürich 75, Ehrengabe der Stadt Zürich 76, Werkpreis des Kantons Luzern 80; Ekkehardstr. 14, CH-8006 Zürich, Tel. (01) 3630234 (Zürich 19.8.38). Lyrik, Roman. **Ue:** F.
V: Nicht solche Ängste, du..., G. 74; Eigentlich wunderbar das Leben..., G. 76; Der Energiesparer 77; Tour de Suisse. Ein Rapport 77; Die Wand, R. 78; Noch allerhand zu erledigen, G. 80; Ein anderes Leben, Versuch sich einem Unbekannten anzunähern, R. 81; Das bessere Ende, G. 83. — **MV:** Schweizer Schriftsteller im Gespräch, m. Georges Ammann, Interviews 70/71 II.

MA: Zeitzünder 1. Drei Gedichtbände in einem 76; Kurzwaren, Schweizer Lyriker 2, G. 76.
H: Lit.zs. orte seit 74; Poesie-Telefon (01) 472626.

Buchheim, Lothar-Günther, Verleger; Biersackstr. 23, D-8133 Feldafing, Tel. (08157) 1221 (Weimar 6.2.18).
V: Tag und Nächte steigen aus dem Strom 41, 79, Tb. 81; Die Künstlergemeinschaft Brücke 56; Picasso, Bildbiogr. 58; Der blaue Reiter 59; Max Beckmann 59; Graphik des deutschen Expressionismus 59; Otto Mueller. Leben und Werk 63; Das Boot 73, 82; U-Boot Krieg 76; Staatsgala 77; Mein Paris — eine Stadt vor 30 Jahren 77; Die Tropen v. Feldafing 78; Staatszrikus — Mit d. Queen durch Dtld 78; Der Luxusliner 80, Tb. 82; Der Film "Das Boot" 81. ( )

Buchheit, Harriet, Studentin; Theaterstr. 9, D-6791 Hütschenhausen 1, Tel. (06372) 1667 (Landau Pfalz 17.4.63). Jugendbuch.
V: Ein Pferd und eine Freundin 78, 80; Schöne Zeit mit Koralle 79; Ein Herz für alle Pferde 80; Alle Liebe für ein Pferd 80; Sehnsucht nach Rosette 81; Am Ziel meiner Träume 81; Das beste Pferd für Regine 82; Wer redet von Glück 82; Ein Pferd zum Verlieben 83, alles Jugendb.

Buchholz, Ehrhard, Realschul-Rektor i. R.; VS, FDA; Holm 22, D-2270 Wyk auf Föhr, Tel. (04681) 8134 (Boizenburg/Elbe 26.12.91). Erzählung, Roman, Biographie.
V: Ihr führt ins Leben ihn hinein, Erz. 30; Kameraden, Buch v. d. Westfront 37; Blaise Pascal, Lebensgesch. eines Wahrheitsuchers 39, 41; Kinder der Steppe, 2 Tierschicksale aus Ostafrika 40, u.d.T.: Steppenkinder 49, 4. Aufl.; Süß und bitter warst du mir, R. 60; Wo kein Weg mehr ist. Ein Safarib. 62; Denn wir haben hier keine bleibende Stadt, e. Lebensber. 69; Ankes Gast, e. Weihnachtserz. 79. ( )

Buchholz, Erich; Ebereschenallee 17a, D-1000 Berlin 19.
V: Des Chaos wunderlicher Sohn, Lyr. 80. ( )

Buchinger, Ingrid *

Buchli, Laura (Ps. Laura Weidacher-Buchli), Künstlerin Multi-Media; 1. Pr. Kurzgesch.-Wettbewerb Schweiz. Schriftsteller-Verb. 73, Förderungsbeitr. f. Lit. d. Kuratoriums Aargau 79; Hinter Matt 46, CH-5028 Ueken, Tel. (064)

612780 (Innsbruck 29.1.40). Drama,
Lyrik, Kurzprosa.
V: Spuren, Fotos u. G. 77, erweit.
Neuaufl. 83; Der Kreis, Bü. 79; Abend,
Fotosequenz m. Text 80.
B: Lisa Laukkarinen: Die andere Frau
83.
MH: Aktionen Blumenhalde, Dok. 76.
R: Der Kreis, als Hsp. bearb. u. ins
Ital. übers. 83.

Buchmann, Jürgen, Dr.phil., AkadR.;
Humboldtstr. 16, D-4800 Bielefeld 1, Tel.
(0521) 179259 (Obernkirchen 29.10.45).
Satir. Kurzgeschichten, Prosagedichte.
Ue: F.
V: Warten auf die Atombombe u. a.
Liebeserklärungen an d. Bdesrep. 81.
Ue: Aloysius Bertrand: Gaspard de la
Nuit 78.

Buchna, Jörg, Pastor; Kirchweg 10, D-
2112 Jesteburg, Tel. (04183) 2288
(Wittenberge/Elbe 13.3.45). Humor-
Satire, Gebete.
V: Kanzelschwalben fliegen nicht nur
sonntags, Heitere Geschn. 80, 2.Aufl. 83;
Glaubenszwiebeln tränen nicht, Heitere
Geschn. 82; Dich rufen wir an, Gebete
82; Kasualgebete 82; Auch
Kirchenmäuse schmausen manchmal,
Heitere Geschn. 83.

Buchner, Kurt Oskar (Ps. f. Kurt
Oskar Schmidt), Dr. phil., ObStudR.; VS
Nds. 70-82, Die Kogge 77; Ges. f. dt. Spr.,
Autorenkr. Plesse 74; Reiherhorst 3, D-
3170 Gifhorn, Tel. (05371) 56602
(Berthelsdorf/OL. 21.5.12). Jugendbuch,
Lyrik, Essay, Novelle, Roman, Hör-
szenen.
V: Der Wandel des Naturgefühls in
der erzählenden Dichtung der Gegenwart 40; Der abenteuerliche Wohnwagen, Jgdb. 50, 79; Die Inselräuber,
Jgdb. 51, 56; Mit 2 PS ins Abenteuer,
Jgdb. 52, 80; Doktors Fünfe werden
sechs, Jgdb. 53; Ein Haus steht kopf,
Jgdb. 54; Burg der Freiheit, N. 55; Auf
großer Fahrt mit dem Wohnwagen,
Jgdb. 55, 80; Die Hundeverschwörung,
Jgdb. 55; Klassenfahrt mit Hindernissen
56, 62; Wir meutern für Vater, Jgd.-R. 57,
65; Der lustige Zirkuswagen, Kinderb.
58; Watscheli, Geschn. f. Kinder 59; Uli
findet vier Freunde, 60; Das Geschenk
der Eisscholle 65; Nur ein kleines Herz
66; Gespenst einer Tat 67, alles Jgdb.
Gefahrenzone, R. 67; Jakob von Jakobis,
Jgdb. 67; Hörszenen f. d. Unterr. 67;
Zehn Tage m. Vater 70 (tschech. 82);
Späher und Spuren, Jgdb. 73; Streng
geheim, Start 17 Uhr, Jgdb. 73; Mahl-
steine, R. 77; Lebenszeichen, G. 78;

Entscheidungsstunden, Balln. u.
Erzählg. 78; Du gehörst zu uns, R. 79;
Einerseits – Andrerseits, Sprüche u.
Lyr. 78/79; Sie schlugen Schneisen ins
Dunkel der Welt. Zinsendorf u. seine
Streiter, biogr. Erz. 81; Lasst das Nichts
nie mächtig werden, Sprüche u. G. 82;
Arbeiter-Alltag, sozial. Zyklus 82;
Luther flieht, N. 82; Spiegel des Lebens,
Anekdn. 82; Jugend: Momentaufnahme,
sozial. Zyklus 82. – **MV:** L. Mackensen:
Dt. Heimat ohne Deutsche; Der
Speicher 49, 51; Mutter. Schriftst.
erzählen v. ihrer Mutter 68; Schrift-
steller erzählen v. d. Gewalt 70; Schrift-
steller erzählen aus aller Welt 73; Sturz
ins Leben 72; Wir sprechen noch
darüber 72; Nichts und doch alles
haben, G.anth. 76.
MA: Wir sprechen noch darüber, Tb
78; Über alle Grenzen hin (Gränslöst) 79;
Rufe, Relig. Lyr. d. Gegw. 79; Plesse-
Lesungen 1978 78; Im schwarzen Mantel
d. Nacht 79; Die lustigsten Lausbuben-
geschn. 80; Lasst uns gemeinsam gehen!
Anth. 80/81; Wege unterm Kreuz, Anth.
82.
H: Michel de Montaigne: Zwischen
Zeugnis und Zweifel 48; Die Schild-
bürger 49. – **MH:** Buch der Balladen 49,
50.
S: Inselnächte (Unwahrschein.
Geschn) Prosazyklus 80; Die
Hochzeitswiese, Erz. 80; Die
Schneenacht, Geschichtenkranz 80; Das
Spiegelbild, 8 Kurzgeschn. 80, alles
Tonkassetten.
Lit: Thyra Jackstein: Ein Besuch bei
Kurt Oskar Buchner 60; Carl Heinz
Kurz: Autorenprofile 76; Carl Heinz
Kurz: Wegzeichen, Aus Leben und Werk
des Kurt Oskar Buchner 76.

Buchrieser, Franz; Franz-Theodor-
Csokor-Pr. 71; Plattlgasse 9a, A-8052
Graz (Graz 26.12.37).
V: Hanserl 71; Promotion 72; Hans 74;
Mungo 75; Das Produkt 75, alles Bü. –
MV: Der schöne große Alexander, m. E.
Göttlicher 75; Olivia kann fliegen, m. E.
Göttlicher 76. ( )

Buchta, Andreas, Dipl.-Päd., Lehrer;
Kreuzbergstr. 6, D-7620 Wolfach, Tel.
(07834) 6207 (Karlsruhe 1.2.42). Lyrik,
Erzählung, Roman.
V: Das feindliche Rauschen im Ohr,
G. 82.

Buchwald, Hannes, s. Christ, Hans.

Buck geb. Winkler, Renate (Ps.
Renate Buck-Winkler), Hausfrau; 2. Pr.
v. Landesseniorenrat Bad.-Württ. anläss.

d. 25jähr. Jub. v. Bad.-Württ. 77;
Rosenweg 5, D-7182 Gerabronn, Tel.
(07952) 217 (Pearadja/Sumatra 28.9.09).
Lyrik, Prosa.
V: Denn das Wort kann nicht Sterben,
G. 82.
MA: Man nehme eine Hand voll
Heiterkeit 2. Aufl. 80; versch. Beitr. in
Anth.

Buck-Winkler, Renate, s. Buck,
Renate.

Bucket, G. F., s. Unger, Gerhard.

Buddenböhmer, Ingeborg, s. Knudsen,
Ingeborg.

Buddenböhmer, Ingeborg, Pädagogin;
Friedrichshulderweg 2, D-2083
Halstenbek (Lingen 22.6.31). Erzählung,
Lyrik, Feuilleton.
V: Kurbrunnen und Kurschatten, Erz.
68, 76; Unter dem Sternbild des Wagens,
Erz. 70; Nachmittags im fünften Stock;
Von jungen Abenteurern, Amazonen
und Rebellen, Päd. Erfahrungsber. 71,
72; Aber ein Abbild 79. ( )

Budek, Herbert, Verleger; 4546 Via
Maria, Santa Barbara, CA/USA, Tel.
(805) 9645226 (Halle/S. 30.5.16).
V: Herz im Schicksal, G. 41, 42; Wind
and Sea and Oleander, N. 66; Puddle
Pandy, Kdererz. 74 (engl., ital. 76);
Hallowed Be Thy Name, R. 74.

Budjuhn, Horst; Casa Miramonte, via
Bustelli 9, CH-6601 Locarno, Tel. (093)
313510 (Bromberg 30.7.10). Drama, Film,
Fernsehspiel, Hörspiel, Monografie.
V: Fontane nannte sie Effi Briest. Das
Leben d. Baronin v. Ardenne, Biogr. —
MV: Die zwölf Geschworenen, m. Regi-
nald Rose, Sch. 58; Noahs Jeep, m.
Robert Neumann, Sch. 70; Ein
Zwischenfall, Sch. 71; Der vielgeliebte
Herr Brotonneau 67; Eleonora 83.
F: Der Florentiner Hut; Die miß-
brauchten Liebesbriefe; Meines Vaters
Pferde; Effi Briest, n. Th. Fontane;
Unruhige Nacht, n. Albrecht Goes; The
miracle of the white stallions, u.a.
R: Die Legende vom heiligen Trinker,
Fsp. n. Joseph Roth. - **B:** Wie eine Träne
im Ozean, Fsp. n. Manès Sperber; Ilja
Iljitsch Oblomow, Fsp. n. Iwan
Gontscharow; Sturz und Aufstieg des
César Birotteau, nach Balzac; Die Ent-
führung des Berthold Jacob; Die
Revolution bleibt auf der Strecke, Hsp.;
Die Protokolle der Weisen von Zion,
Hsp.; Das Urbild der Effi Briest, Fsp.;
Oblomow, Hsp.

Budke, Gudula, freischaffende
Kulturredakteurin; VS Nds. 75, Vorst.-

Mitgl. 78, Die Kogge 80; Pr. f.
Bildgedichte 74, 76, Lyrikpr. d. Stadt
Osnabrück 78, Stadtschreiberin v.
Soltau 79; Gründ. u. Vors. Lit. Gruppe
Osnabrück 71-80; Meller Str. 27, D-4500
Osnabrück, Tel. (0541) 572620
(Osnabrück 16.2.26). Lyrik, Roman,
Kurzprosa, Essay.
V: Rückspiegel, L. 70, 72; Mit meinem
langen Haar, G. 72; Engel die Sekt
trinken, Erzn. 74; Auch Sterben wird
Gewohnheit, Erzn. 75; Hilfe mein Mann
ist Lehrer, Erz. 76, 77; In deinen
Wohnungen, Israel, G. 78; Ballspiele, R.
81; Bilderstürmer, R. 82.
H: Osnabrücker Autoren — Lyrik u.
Prosa 75; Schreibfreiheit, Lyrik- u.
Prosa Anth. 80.

Budniok, Dorothea Renata; SV-DDR
72; Verdienstmed. d. DDR 79; Altdöber-
nerstr. 1, DDR-7530 Neupetershain
(Dresden 5.3.19). Roman.
V: Verschwörung am Vesuv, hist. R.
70, 5. Aufl. 81; Verschollen auf der
Langusteninsel, Jgdabent.-R. 71, 4. Aufl.
82; Das Mädchen aus Perpignan, Jgdb.
73, 2. Aufl. 74; Aufstand in Sizilien, e. R.
um Garibaldi 79, 3. Aufl. 81; Aber die
Steine schweigen nicht..., Krim.-R. 80, 2.
Aufl. 82 (ungar. 82).

Budnowski, Else, Realschullehr. i. R.;
Bartningallee 23, D-1000 Berlin 21, Tel.
(030) 3912186 (Berlin 7.9.00). Lyrik,
Novelle, Hörspiel, Essay, Biografie.
V: Aphorismen I 30, II 34, III 35;
Katharina v. Siena, Biogr. 34; Rosa v.
Lima, Biogr. 35; Das Deutsche Frauen-
spiel, Bühnendicht. 36; Das Goldene
Haus 47; Briefe an Gisela 49; Franziska
Cabrini, eine Heilige unserer Zeit,
Biogr. 49; Emilie Schneider, eine
deutsche Mystikerin 50; Martin v.
Porres, ein heiligmäßiger Mulatte 51;
Maria Theresia Haze, Biogr. 53; Flug ins
Herz, Briefe 53; M. Theresa Tauscher,
Biogr. 54; Cornelia, Erz. 59; Ein Leben
für Krebskranke. Rose Lathrop-
Hawthorne 65; Die fremde Frau
(Dorothea v. Montau), Erz. 74; Ihr
Beispiel - seine Heimkehr (Elis. u. Felix
Leseur), Biogr. 76; Martin v. Porres,
Pionier sozialer Gerechtigkeit in Peru,
Biogr. 79; Sie folgte der inneren
Stimme, M. Teresa Tauscher, Biogr. 79
(auch holl., ital., engl.).
MA: Kontakt 1-10.
R: Amalie Dietrich, eine deutsche
Naturforscherin, Schulfksend. 46.

Budzinski, Klaus, Autor u. Journalist;
VS; Schellingstr. 101, D-8000

München 40, Tel. (089) 5233262 (Berlin 6.12.21). Essay, Drama. **Ue:** E, F.
V: Die Muse mit der scharfen Zunge. Kulturgesch. d. lit. Kabaretts 61; Hurra - wir sterben, sat. Revue 65; Die öffentlichen Spaßmacher - Das Kabarett in der Ära Adenauer 66; Pfeffer ins Getriebe — so ist und wurde das Kabarett 82.
H: Soweit die scharfe Zunge reicht, Anth. 64; Werner Finck. Witz als Schicksal - Schicksal als Witz 66; Was gibt's denn da zu lachen!, Anth. 69.
Ue: Jacques Deval: Heute nacht in Samarkand 52; Tony Palmer: Electric Revolution (dt. Titel) 71; Rosa Leviné: Leviné - Leben u. Tod eines Revolutionärs 72; Trevenian: The Main 77; John Russell Taylor: Die Hitchcock-Biographie 80; Cavanna: Das Lied der Baba 81.

Büchler, Franz, Dr. phil.; V.D.B.S. 54; Erwin von Steinbach-Preis 68; Maximilianstr. 112, D-7570 Baden-Baden, Tel. (07221) 71241 (Straßburg/Els. 10.2.04). Lyrik, Drama, Essay, Roman, Erzählung.
V: Licht von Innen, G. 34; August der Starke, Tr. 38; Herzog Bernhard, Tr. 39; Über das Tragische, Ess. 42; Sunanda, Tr. 42; Theseus, Tr. 52; Ananias, Tr. 53; Balk, Tr. 53; Dramen der Zeit, Tr. 60; Erde und Salz, G. 60; Wasserscheide zweier Zeitalter, Ess. 70; Schizoid, Erz. 72; Strandgut, G. 72; Stückwerk, Dr. 72; Der Niemandsweg, R. 75; Grenzlichter, Ess. 75; Weg nach Delphi, G. 79; Das geistige Jahr, G. 82.

Büchting, Anton, Bibliothekar; Gleißentalstr. 11, D-8021 Großdingharting, Tel. (08170) 7618 (Abbazia 2.8.10). Lyrik, Novelle, Essay, Mundartdichtung.
V: Leben aus der Einheit, 188 Sinng. 67; Das Bildnis v. Sais, Sinng. 80.

Bücking geb. Mittelstaedt, Laura (Ps. Lore Mittelstaedt); Forellenweg 20, D-8210 Prien/Chiemsee, Tel. (08051) 1688 (Leipzig 3.3.98). Novelle.
V: Das Märchen vom Rabenstein. Aus dem Ruhpoldinger Tal 59. ( )

Bühler, Ingrid (Ps. Liv Kortina), Dolmetscherin; ISV u. B.A. 80; Terrassenweg 7, CH-6048 Horw b. Luzern, Tel. (041) 473050 (Tetschen a. d. Elbe/Tschechosl. 19.1.35). Erzählung, Kurzgeschichte, Feuilleton, Satire, Aphorismus.
V: Mit schwarzem Flügelschlag. Aufzeichn. üb. Liebe u. Tod, Erlebnisber.

80; Löwenmaul & Hasenherz. Feuilletons e. Kindheit 80; Aus dir wird nie eine richtige Frau. Frauenportraits 82; Glück, Aphor. 83.

Bühler geb. Kistenberger, Traute (Ps. Traute Bühler-Kistenberger), Lyrikerin, Malerin, Illustratorin; VFS 64-70; Freie Dt. Kulturges. Frankfurt/M. 46-48, Dauthendey-Ges. 59-60, Rosenheimer Künstlerverb. 60-70; Schmid-Schneider-Str. 3, D-8036 Herrsching, Tel. (08152) 8416 (Landau/Pfalz 7.4.26). Lyrik, Novelle.
V: Die Nachricht, Prosa 71; Schattenplätze 83; Mit der tonlosen Stimme, Lyr. 84.
MA: Main-Post 46-50; Vorwort zu: Paul A.C. Steffan: Geschichte des Marian K. 82; Gedichte in d. Zss.: Fränk. Jb. 73, Zwischenbereiche 82, 83, Jb. Siegburger Pegasus 83, Jb. Windrad 83.
R: Lesung v. Gedichten im Rdfk 52.
S: So wie die weiße Mandel, Im Stahl das Öhr, Sternsaat, 3 G.-Zyklen 74; Ins Nachtgesicht.., Dunkle Schläfer, u.a. lyr. G. 74; Stationsgedicht, Geh — schreite fort 1946-1974; Granit kehrt wieder; Mit der tonlosen Stimme 75; Lichtinseln, Liebeslyr. 75; Zur Stunde d. Windes, 136 G.; Fluchtgepäck, Die Windsprache verstehn, 133 G. 76; Schattenplätze, Nichts als der Möwe Schrei, mod. Lyr. 76; Botschaften, G. 77; Hinter der Träne 78; Um die Handvoll Reis..., 65 G.; Traumleicht, traumschwer, Abschiedslieder 80, alles Lyr. auf Tonkass.
Lit: W. Knote-Bernewitz üb. T.B.-K. in: Zwischenbereiche H. 6 83.

Bühler-Kistenberger, Traute, s. Bühler, Traute.

Bühnau, Ludwig, s. Schreiber, Hermann.

Bühnemann, Hermann (Ps. Wilfried Rufer), StudR.; Danziger Str. 1, D-2440 Oldenburg, Holst., Tel. (04361) 7359 (Bertingen 10.11.01). Jugendbuch.
V: Ein schöner Tag, Jgdb. 51, 65; Rudis Tiere, Jgdb. 51, 67; Deutsche Heldensagen 58, 68; Aus der Sagenwelt des Altertums 58, 62; Von drinnen und draußen 59; Kinder im fremden Land 64, 66.
MA: Sagen des Kreises Jüterborg-Luckenwalde, Jgdb. 37; Frohe Fahrt durch Schleswig-Holstein 51, 66; 56 Kurzgeschn. 52; Von morgens bis abends 55, 61; Kinder und Tiere 55, 61;

Das Jahr hindurch 55, 67; Im Märchenland 55, 64.
H: Kind und Welt, Leseb. u. Schriftreihe seit 52.

Bührig, Martin, Student; Bundesstr. 6, D-2000 Hamburg 19, Tel. (040) 453307 (Bochum 28.10.56). Lyrik, Roman, Novelle, Übers. **Ue:** I.
V: Tageszeiten 79.

Büllesbach, Marianne *

von Bülow, Vicco (Ps. Loriot), Cartoonist; Adolf-Grimme-Preis f. Sendereihe "Cartoon" 68, Goldene Kamera f. Sendereihe "Cartoon" 69; Gr. Bundesverdienstkr. 74; Höhenweg 19, D-8193 Ammerland/Starnberger See, Tel. (08177) 788 (Brandenburg/Havel 12.11.23). Satire.
V: Auf den Hund gekommen 54, 70; Unentbehrlicher Ratgeber 55, 69; Der gute Ton 57, 70; Der Weg zum Erfolg 58, 70; Wahre Geschichten 59, 71; Für den Fall 60, 70; Umgang mit Tieren 62, 71; Nimm's leicht 62, 67; Der gute Geschmack 64, 67; Neue Lebenskunst 66, 70; Grosser Ratgeber 68, 70; Loriots Tagebuch 70; Kleiner Ratgeber 71; Kleine Prosa 71; Heile Welt 73.
MA: Reinhold das Nashorn 54; Cherchez la femme 54; Cartoon 56 55; Cartoon 57 56; Cartoon 58 57; Cartoon 59 58; Cartoon 60 59; Cartoon 61 60; Cartoon 62 61; Cartoon 63 62; Lob der Faulheit, Anth. 56; Buch der guten Wünsche 56; Wie wird man reich, schlank und prominent, Ess. 56; Der Deutsche in seiner Karikatur 64; Kinder für Anfänger 68, 70; Die erste Liebe 68, u.a.
R: Cartoon, Fs.-R. 69 — 72; Telecabinet, FS. 74; Sauberer Bildschirm, FS. 76; Teleskizzen, FS. 76; Loriot III - VI, FS. 77 - 78.
S: "Wum" (Goldene Schallplatte); "Karneval der Tiere" (Deutscher Schallplattenpreis). ( )

Büngener, Horst, Ingenieur; Virchowstr. 23, DDR-7022 Leipzig, Tel. (041) 59945 (Döhringen/Ostpr. 5.3.34). Feuilleton, Kurzgeschichte.
V: H: Eine Tankstelle voll Zeit, Feuilletons u. Aphor. 76, 2. Aufl. 80. —
MV: Kreise ziehen, Feuilletons aus unseren Jahren 74; Schattensprünge, Feuilletons 75, 2. Aufl. 76; Ernte u. Saat 1979 u. 1980 79 u. 80.
MA: Vom Geschmack der Wörter, Miniaturen 80; Ernte und Saat 81; Kein Blatt vorm Mund, Aphor. u. Epigr. 82;

Sein ist alle Zeit, Kath. Hausb. 1983 83; Wirklich ist nur der Ozean 83.
Lit: Heinz Knobloch: Lobende Einschränkung in: Eine Tankstelle voll Zeit 76.

Buenger, Helga, Dr. med., Ärztin; UMEM seit 67; Lohbrügger Landstr. 159, D-2050 Hamburg 80, Tel. (040) 7399990 (Kronberg, Taunus 14.8.10). Lyrik.
V: Laurelia, Liebesg. 79. ( )

Bünker, Bernhard C., Schriftsteller; Intern. Dialectinst. 76, Grazer Autorenversamml.; Peter Rosegger Erzählpreis 75, Literaturstip. d. Ldes Kärnten 76, Staatsstip. BMU 79, Theodor-Körner-Pr. 79; Theresiengasse 32/33, A-1180 Wien, Tel. (0222) 4206344 (Leoben/Stmk. 14.8.48). Lyrik, Erzählungen, Kurzprosa, Roman, Drehbuch
V: De ausvakafte Hamat 75; An Heabst fia di, G. 76; Ongst vua da Ongst 78; Vom Schteam u. Traurigsein 79; Wals die Hamat ist, Dok. 79; Des Schtickl gea i allan 80.
MA: Rot ich weiß Rot 79; Kärnten besichtigt 81; Kein schöner Land 82.
MH: Dialekt Anthologie 1970-1980 82.
R: Überm Tal 79; Der gute Eindruck 79, beides Fsp.

Bürger, Helmut *

Buergi, Yves Robert, Schauspieler; ISV 77; Haldenstr. 7, CH-6006 Luzern (Basel 30.10.32). Drama, Lyrik, Roman, Essay, Hörspiel.
V: Quellsprung, Lyrik 76.
MA: Innerschweiz. Schriftsteller, Lyrik 77; Literar. Reihen d. ISV 79.

Bürki, Roland, Lehrer; SSV 51, Be.S.V. 41; Weingartstr. 19, CH-3014 Bern, Tel. (031) 418099 (Detligen/Kt. Bern 10.4.06). Erzählung, Biographie, Roman, Tagebuch, Jugendbuch.
V: Kinder erleben die Welt, Geschn. 36, u.d.T.: Kleine Freunde 51; Kinder im Wirbel der Zeit, Geschn. 41; Aus meiner Bubenzeit u.a. Geschn. 42; Auf sonnigen Wegen. Der Vettergötti (Jakob Bürki), sein Leben u. Wirken, Biogr. 48; Durch die Kraft des Herzens, R. 53; Das große Finden, Tageb. 56; Aus Gottes ewigem Schoß. Der Wunderstaat der Ameisen, Jgdb. 63; Christoph und Elfriede, Jgdb. 68; Inselkameraden, Jgdb. 70; Über dem Alltag. Erz., Betracht., Gedanken 75; Die Wanderung. Erz. Beitr. aus Psychol. und Päd., Parapsychol., Mystik, Natur u. Kunst 83.
MA: Spuren der Zeit 64, 80; Heimweh nach dem Nächsten 61; Aber den Feind sollten wir lieben 69; Lehrer-Autoren

der Gegw. 69; Ein Wort ins Herz der
Welt 67; Alle Wunder dieser Welt 68.
H: Vo Härze, no öppis vom Vet-
tergötti, G., Betrachtn. u. Erzn. 39;
Gedenkschrift für Jakob Bürki 39;
Gedanke vom Vettergötti 41; Vettergötti
Jakob Bürki: Vom Lache u Lächle, Erzn.
Lit: Marielouise Bürki: Erlebnisse um
Roland Bürki 55; Schweizer Schrift-
steller der Gegenwart 62; Lexikon der
Berner Schriftsteller 61; Musen-
almanach 60, 61; Autoren-Bildlex. 61;
Schweizer Jugendschriftsteller der
Gegenwart 63; Lexikon der Jugend-
schriftsteller in deutscher Sprache 68.

Bürkli, Anton *

Bürli-Storz, Claudia, s. Storz, Claudia.

Büscher, Josef, Rentner,
Schriftsteller; VS 70; Arb. Stip. d. Verb.
dt. Freilichtbühnen u. d. Kultusmin.
NRW; Gründ.mitgl. d. Dortmunder
Gruppe 61, Werkkreis Lit. Arbeitswelt
70, Lit. Werkstatt Gelsenkirchen 67,
Marl 75; Jenbacher Str. 12, D-4650
Gelsenkirchen-Horst, Tel. (0209) 56431
(Oberhausen-Sterkrade 10.3.18). Lyrik,
Kurzprosa, Essay, Erzählung, Szenen-
folgen, Schauspiel, Literaturkritik.
V: Auf allen Straßen, Lyr. 64; Neue
Industriedichtung 65; Stechkarten,
Kurzprosa, Lyr. 71/74; Sie erkannten
ihre Macht, Sch. 76; Zwischen Tacken-
berg u. Rothebusch, Erz. 78. —
MV: Schichtenzettel, Lyr. 69; Für eine
and. Deutschstunde 72, 79; Chile lebt 73;
Für Portugal 75; Zs. neue volkskunst 65
- 76.
MA: Wir tragen ein Licht durch d.
Nacht 61; Weggefährten 62; Neue
Industriedicht. 63; Alm. d. Gewerksch.
Textil + Beklg 64 - 70; Aus der Welt d.
Arbeit, Alm. 66; Unter Tage — über
Tage 66; Ein Wort ins Herz d. Welt 67;
Westf. Heimatkal. 67; Seilfahrt 67; Im
Getriebe 68, Anklage u. Botschaft 69;
Klipp & klar 69; Spiegel unseres
Werdens 69; texte texte 69; Straßen-
theater 70; Linkes Leseb. 70; Schrauben
haben Rechtsgewinde 71; Nix zu
machen 71; Mitbestimmung-Macht
gewinnen 71; Gesprochenes Deutsch in
d. Lit. d. Gegw. 72; Agitprop Littérature
en Allemagne 72; Taschenkal. Gew. Holz
72; Deutsche Großstadtlyrik ... 73;
Muschelhaufen 73 Nr. 19/20; Kontakte
73; Ruhrtangente 73; Schwarze
Solidarität 74; Texte aus d. Arbeitswelt
74; Denkzettel 74; Alm. f. Theol. u. Lit.
74, 75, 76; Sie schreiben zw. Moers u.
Hamm 74; Werkbuch Thema: Angst 75;
Hierzulande — heutzutage 75; Lieder

aus d. Schlaraffenland 76; Das Pult 76;
Krit. Lesen 77; Sie schreiben in
Gelsenkirchen 77; Das gr. dt. Gedichtb.
77; Jb. f. Lyrik 1 79; Kaktus-Abfall 79;
Nicht m. d. Wölfen heulen 79;
Arbeiterlit. 79.
H: Ilse Kibgis: Wo Menschen wohnen,
G. 77.
S: Lehrlinge halten zusammen 75;
Baier-Westtrup 76; Mein Vater war
Bergmann; Kohlengräberland 79.
Lit: Kindlers Litgesch. d. Gegwart. Die
Lit. d. Bdesrep. Dtld; P. Kühne:
Arbeiterklasse u. Lit; F. Kürbisch:
Arbeiterdicht. Versuch e. Stand-
ortbestimmung; Letteriek 3 77 Nr. 2; E.
Röhner: Arbeiter i. d. Gegw.lit.; G. Stieg
u. B. Witte: Abriß e. Gesch. d. dt.
Arbeiterlit.; R. H. Thomas u. K.
Bullivant: Westdt. Lit. d. sechziger
Jahre; J. W. Goette: Arbeiterliteratur.

Bütow, Hans (Ps. Osric), Dr. phil.,
RegDir. a.D.; P.E.N.; Freie Akad. d.
Künste; Heegbarg 97, D-2000
Hamburg 65, Tel. (040) 6024718
(Osnabrück 27.11.00). Erzählung, Essay.
Ue: E.
V: Aus dem Tagebuch eines Reser-
visten 40; Herzklopfen, 4 Erzn. 42;
Schlafende Gorgo, 4 Erzn. 47; Spur von
Erdentagen, Porträtgalerie 59; Hans
Bütow erzählt, 6 Erzn. 60; Hände über
die See, ein Leben mit England 61; Alle
Träume dieser Welt, R. 69; Rede, mein
Gedächtnis, rede, Aufzeichn. 76; Dies
alles bleibt zurück, Aufzeichn.; Die
Harfe im grünen Feld, R. 78; Am Fuße
des Leuchtturms ist es dunkel, Erzn.,
Anekdn-Schatulle 79; Anna. Bildnis
einer Freundschaft 80.
H: Der englische Geist, Ess. v. Bacon
bis z. Gegenw.; Wie es die Engländer
sehen 65.
R: Hinter den Spinnweben 67; Der
Fall Athenia, e. Dok. 68, beides
Rdfksend.
Ue: P. Fleming: Brasilianisches
Abenteuer 35; Shelley: Gedichte 37;
Evelyn Waugh: Wiedersehen mit
Brideshead, R. 48; J. Le Carré: Ein Mord
erster Klasse, R. 66; R. Nijinsky:
Nijinsky, d. Gott des Tanzes 74.

Büttelbars, Hein, s. von Rantzau,
Heino.

Bugl, Josef, H.D., Landwirt; NÖ.
ARGE Literatur seit 82; Mannersdorf 10,
A-3384 Groß-Sierning, Tel. (02749) 2483
(Mannersdorf 20.7.54). Lyrik, Roman,
Hörspiel.

V: Mit Humor durch's Leben, Erzn.,
G./Mda.-G. 79.
MA: Mit Pflug u. Feder 75.

Bukofzer, Werner, RegBeamter i.R.;
56, Hayarkon St., Tel-Aviv 63 902/Israel,
Tel. 657890 (Berlin 22.4.03). Lyrik, Kurz-
geschichte, Dokumentarbericht, Novelle,
Essay. **Ue:** E.
V: Dank an Oskar Loerke 34; Der
Wanderer Namenlos, G.-Ausw. 1940 bis
1948 49; Splitter, Prosa d. Begegn. 68.

Buksa, Pavel (Ps. Karel Michal),
Gymnasiallehrer; Verb. d.
tschechoslowak. Schriftsteller 60, ISDS
71, Czechoslovak Soc. of Arts and
Sciences in America 71, SSV 73, Intern.
P.E.N.-Club 79; Preis d. Verl.
Československý spisovatel 61, 1. Preis
"Haškova Lipnice" 62, Preis d. Verl.
Naše Vojsko 66, 1. Preis für das Hörspiel
66, Preis d. Film-Biennales in Venedig f.
d. besten ausl. Film 69; Tellstr. 19, CH-
4053 Basel, Tel. (061) 350313 (Prag
28.12.32). Novelle, Film, Roman, Hör-
spiel.
V: Ein Schritt vom Wege, R. tsch. 59,
69, dt. 64, 67 (auch franz.); Gespenster
für den Alltag, Erzn. tsch. 60, 67, dt. 69;
Ruhm und Ehre, N. tsch. 65, 67, dt. 70;
Die Dame aus Gips, N. tsch. 67; Mein
Land, Erzn. tsch. 77.
MA: Das kalte Paradies 70;
Begegnungen, tsch. 80.
F: Die weiße Frau 65; Ruhm und Ehre
68.

Bulgaroff, Akakij Mokjewitsch,
s. Modlmayr, Hans-Jörg.

Bulhardt, Franz Johannes, Mitarb. d.
Dt. Ausldssend. d. Rum. Rdfks; Schrift-
stellerverb. Rum. 49, VDÜ 64, WAV 80;
Silbernes Ehrenzeichen f. Verd. um d.
Rep. Öst. 80, Ehrenurkunde Intern. R.
Stolz-Ges. Wien 81; Ges. f. dt. Spr. 76;
Str. Popa Soare 51-a sect. 2, Bukarest
73105/Rumänien, Tel. 205338
(Kronstadt/Siebenbürgen 21.5.14). Lyrik,
Novelle. **Ue:** E, F, Rum, U.
V: Auf gleichem Weg, Verse 53; Der
Auftrag, Verse 57; Unsere schöne
Heimat, Verse 57; Der Kampf geht
weiter, Verse 68; Ein Scherbenbeweis,
sat. Erzn. u. Nn. 63; Ein italienisches
Jagdrennen, Erzn. 68; Stätten und
Stunden, Verse 68; Versuri alese, G. 71
(rum.); Wiedersehn, Verse 71; Letzte
Nachrichten, Musical-Libr. 76; Curcanii-
Unsere Krieger, zweispr. Verse 77.
MA: Aufbau und Frieden, Verse 50;
Für unsere Pionierfeste 52; Deutsche
Dichter der RVR 53; Kommt singen,

spielen, tanzen, Verse 54; Freiheit, Verse
55.
Ue: Mihail Eminescu: Gedichte 50;
Eugen Jebeleanu: Bălcescu 55; Veronica
Porumbacu: Die Quellenfee, dram. G. 56;
Vasile Alecsandri: Ausgewählte Werke
57; Alexander Toma: Lied des Lebens,
Verse; Gellu Naum: Das Buch von
Apolodor, Verse 63; Demostene Botez:
Pfiffikus, Verse, Der Bauplatz, Verse.

Bulkowski, Hansjürgen,
Schriftsteller; VS Nordrh.-Westf. 72;
Förderstip. d. Ldes NRW 73, 77, 81,
Auslandsstip. d. Ausw. Amtes 82;
Zus.arb. RE'UN'ANZ 73; Am
Gumpertzhof 34, D-4005 Meerbusch 2,
Tel. (02159) 4813 (Berlin 26.4.38). Drama,
Lyrik, Erzählung, Essay, Hörspiel.
Ue: H, E.
V: Bulkowski live. Ein Vorlesestück,
Dr., Lyrik, Prosa, Ess. 71; Lesen, ein
Vorgang, Lyrik, Prosa, Ess. 72; Media
News of RE'UN'ANZ, Prosa, Ess. 73;
Tempo, Erzn. 77; Die Stimmung d.
Flusses zu beobachten ist immer reiz-
voll, Erzn. 79; Netz der Augenblicke,
Kurzprosa 80.
H: PRO, ein schriftlicher Vorgang, Zs.
66 - 77, Jb. seit 71; Das ist ein Mensch,
Kdertexte 74; Völlig aus dem Nichts,
Literaturbeil. seit 82.
R: Autorenmusik, Feature 76; Das
Spiel, auf das wir alle gewartet haben,
Hsp. 77; Das nichtverstandene Signal,
Feature 78; Die Suche nach d.
verborgenen Ordnung d. Dinge,
Radioess. 80; Der Kybervater, Hsp. 80.
Ue: Evert Rinsema: Der Mensch ist
von Natur aus eckig. Aphor. 80; Theo
van Doesburg: Das Andere Gesicht, R.
83.

Bull, Bruno Horst (Ps. Roland Barry);
VS Bayern 63; Xylos Lyr.pr. z. Jahr d.
Kindes 79; Int. Inst. f. Kder-, Jgd- u.
Volkslit. Wien 68; Bergstr. 7, D-8000
München 90, Tel. (089) 6911408 (Stülow/
Mecklenbg. 17.3.33). Lyrik, Kinderbuch.
Ue: E.
V: Der schöne Schläfer 60; Die
Perspektive der Reitknechte 60; Das
Jahr des Kindes, Kinderverse 61; Die
Freunde des Hauses 61; Die ländlichen
Provinzen, G. 62, Ein Kahn im
Moorland, Neue G. 62; Daß die Kindheit
ewig währe 62; Aphorismen I 62; Glück
u. Segen. 570 Gedichte f. alle Feste d.
Jahres u. d. Lebens 64, 70; Kinder
gratulieren, Glückw.verse 64;
Verskinder, Kderg. 66; Aussagen, Lyr.
68; Aus d. Kinderwunderland, Kderg. 68;
Wenn die Tante Annegret ohne Schirm

spazieren geht, Kderg. 69; Afrika im letzten Jahr, Kderg. 69; Vergnüglicher Silvestertag 67; Neues von Till Eulenspiegel, Erz. 68; Familienwichtel leben gefährlich, Erz. 68; Eine Katze ging ins Wirtshaus, Kinderg. 72; Das Wunderhuhn, Erzn. f. Kinder 72; Geschichten vor dem Einschlafen 73; Herr Teddy geht spazieren, Kderb. 73; Pudel, spielst du mit mir Ball?, Kderg. 73; Der Riese Bluff, Erz. 73; Sandra fliegt nach Syrakus, Mädchenb. 74; Robi u. Robina, Erz. 74; Danni und sein Schwalbensommer, Erz. 75; Schabernack und Lesespaß, Kderb. 76; Mein buntes Geburtstagsbüchlein 78; Abenteuer — Spiele — Freizeit, Kinder-Sachb. 80; Elmars Menagerie, Kinderg. 80; Brittas Traum geht in Erfüllung, Mädchenb. 81; Sandra möchte hoch hinaus, Mädchenb. 82; Mädchen fliegen für ihr Leben gern, Sammelbd d. Britta- u. Sandra-Erzn. 82; Fröhlich durch das Kinderjahr, Anth. f. Kdr 82. — **MV:** Zahlr. Kinderb., u.a.: Wer kennt die Farben? 63 (auch port.); Die funkelnagelneue Stadt 64; Alle Leute sind schon wach 65; Mein Kindchen hat Geburtstag 65; Wer kennt die Zahlen? 66 (auch poln., port.); Katzen 67 (auch jap.); Pferde 67; Christian und seine Welt 67; Wenn die Sonne freundlich lacht 67; Husch-husch, die Eisenbahn 70; Meine bunte Rätselwelt 70; Der Weihnachtsmann klopft wieder an 73; Stummel 74; Meine Tiere habens schön 75; Mit der Eisenbahn 75; Scheine, Sonne, scheine! 77; Sand u. Wasser 79 (auch holl.); Lieder mit Pfiff, Kinderliedtexte 82.
MA: Rd. 300 Anth., Schulleseb., Jb. u. G.-Samml. f. Kder, darunter Ue: H, I, Rät..
H: Abc, die Katze lief im Schnee 64; Geschichten für alle Tage 67; Spaß mit Kindern 68; Die Nutte kichert 70; Rätselkönig, Kinderb. 72 (gekürzt jap.); Rätselkiste 73; Ritzel-Ratzel-Rätselb. 73; Alle meine Entchen 75; Kunterbuntes Glückwunschb. 76; Kunterbunte Albumverse 77; 365 neue Gutenachtgeschichten 77; Das Riesen-Rätsel-Rennmobil 78; Kreativer Kinderalltag 78 (auch ital.); 365 neue Gutenachtgeschichten v. A - Z 78; Komm, lach mit mir! 78, 80; Kunterbuntes Sprachspielbuch 79; Ratespaß — für jeden was 80; Es darf gelacht werden! 80; Ein Haufen Schülerwitze 80; Guten Morgen, liebe Sonne, Kdb. 80; Guten Abend, lieber Mond, Kdb. 80; Geschichten aus aller Welt 80; Pfiffiges aus Kindermund 80; Französisches Märchen 80; Bist du der liebe Gott?, Kinderwitze 82; Verse zum Feiern, Glückwunschg. 83; Der fröhliche Kindergarten, Kinderwitze 83. —
MH: Für Herz und Gemüt 67; Mit Kindern durch das ganze Jahr 76.
R: Das geheimnisvolle Heft 65; Die Prinzessin und die Hexe 65; Die Geschichte von der Prinzessin, die zu ihrem Glück gezwungen werden mußte 65; Der Narr, der alles wörtlich nahm 66; Die unzufriedene Prinzessin 66; Die Prinzessin und der Müllerbursche 67, alles Kderfksend.
S: Kinderzirkus Nicolino, Kinderlieder 79; Neue Lustige Kinderlieder 79; Laternelieder 80.
Ue: Toni, der Ziegenhirt 66; Coco, der neugierige Affe 66; Wer kennt die Elefanten? 66; Das Kätzchen und der Mond; Vom satten kleinen Löwenkind; Ein Leben wie ein Hund; Meckerli fährt zum Markt; Maud wird erwachsen 73, u.a.

Bulla, Hans Georg, Dr.rer.soc., Schriftsteller; VS 78; Pr. f. Kurzgeschichten d. Stadt Osnabrück 78, Marburger Förderpr. f. Lit. 82; Zur Breite 30, D-7753 Allensbach 2 u. Falkenweg 12, D-4400 Münster, Tel. (07533) 2285 (Dülmen/Westf. 20.6.49). Lyrik, Kurzprosa, Erzählung, Essay.
V: Kleinigkeiten, G. 75; Rückwärts einparken — friedliche Geschichten, Kurzprosa 77; Landschaft mit langen Schatten 78; Fallen 79; Weitergehen 80; Wunschzettel 81; Ferner Ort zu zwein 82; Der Schwimmer 82, alles G.
MA: Göttinger Musenalmanach, Anth. 75; Science Fiction Story Reader 9, Anth. 78; Ausgeträumt, Anth. 78; Tintenfisch 14, Anth. 78; Protokolle 3/79, Anth. 79; Das achte Weltwunder, Anth. 79; Claassen Jb. d. Lyr. 1, Anth. 79; Schüler, Anth. 80; Literaturmagazin 13, Anth. 80; Jb. f. Lyr. 2, 3, Anth. 80, 81; Areopag 1981, Anth. 80; Lit. am See 1, Anth. 81; 111 einseitige Geschichten, Anth. 81; Von der Lust, mit der Bahn zu reisen, Anth. 82; Wo liegt Euer Lächeln begraben, Anth. 83, u.a.

Buller, Walter, freier Funkautor. Journalist b. allen ARD-Stationen u. versch. Tagesztgn., Mitarb. Radio ABC-Intern. Mexico-Stadt; Intern. Assoz. Dtspr. Medien e.V.; Apartado Postal 71-206, 06900- México D.F. 03 u. Gelfertstr. 30B, D-1000 Berlin 33 (West) (Hamburg 27.1.37). Lyrik, Erzählung, Hörspiel, Feature, Reportagen, Berichte, Musikkorrespondenz, Sozialpolitik.

V: Kleiner Achat, Lyr. 64; Glimmen, Lyr. 66.

F: Professor Knöchel, Handpuppensp. 64.

R: Ich hörte einen Schmetterling singen, Lyr. 65; Sie sitzen in ihren Schatten, Lyr. 65; In Häuserketten hängt Nacht, Lyr. 65; Unsere lieben Kleinen, Hsp. 67; Traum, Erz. 69; Mexikanische Hochzeit, Hörbild 70; Theorie und Praxis, Ber. 70; Warumwarum - Begriffe begreifen, Kinderfkser. 71/72; Der grüne Punkt, Vorschulprogr. 73; Kleiner, süßer Supermann, Kurzhsp. 73; Verrückte Geschichten, Hsp. 73; Herr Wörtlich, Kurzhsple. 74; So singen die Kinder in Mexiko, Feature 74; Das politische Lied in Mexiko, Feature 74; Los Mariachis, Feature 74; Situationen, Erz. 74; Der Unheimliche, Hsp. 74; Populäre Musik aus Mexiko, Feature 75; Pivi Pollo, Ber. 75; Mexikanische Impressionen, Hb. 75; Lateinamerikanische Hölzer, Feature 76; Ein Brief aus Mexiko, Feature 76; Die prähispanische Musik Mexikos, Feature 77; Die Marimba, Feature 78; Exotisches Deutschland, Rep. 78; Kirche und Staat in Mexiko, Hb. 79; Tanz der Paradiesvögel, Hb. 79; Die Sprachen Mexikos, Hb. 79; Flötentöne aus Perú, Feature 79; Alma Llanera — die Volksmusik in Venezuela, Feature 79; Weihnachten in Mexiko, Hb. 79; Die Mayas in Mexiko, Hb. 80; Kinder-Alltag in Mexiko, Hb. 80; Das mexikanische Konzert, Kinderfk 81; Die Afro-Cubanische Musik 81; Hispaniola, Hb. 82; Jamaica, Hb. 82; Musikalisches Feuerwerk aus México, Feature; Die heutige Musik der verschiedenen Indianervölker in Mexiko 82; Die Karibik, ein musikalischer Rundblick, Feature 83; Der Rondador aus Ecuador, Musikrep. 82; Haiti — Land dreier Kulturen, Hb. 83; Die Steelbands von Trinidad, Musikrep. 83; El Son Cubano, Musikrep. 83; Der mexikanische Corrido, Musikrep. 83; La Rumba Cubana, Musikrep. 83; Vaudou, eine getanzte Religion, Feature 83; Die Rumba 83; Songoro Songo 83.

Bumbach, Felix, s. Diehl, Wolfgang.

Bundschuh, Aurelia, Verlagslektorin; Chemin de la Gradelle 20, CH-1224 Genf/Chene-Bougeries, Tel. (022) 481262 (Bregenz/Öst. 3.5.33). Prosa.
V: Liebesgeschichten - Von der Liebe zum Leben, Erzn. 77; Strömungen — Lieben, lachen, weinen, Erzn. 80.

MA: 33 phantast. Geschn. — eine Flaschenpost 81.
Ue: mehrere Sachb. sowie e. Kunstbildbd üb. Portugal.

Bundschuh, Heinz (Ps. Heinrich B. Algun), Dr. jur., Verleger; Gradelle 20, CH-1224 Genf, Tel. (022) 480199 (Baden, Schweiz 15.3.30). Lyrik, Novelle, Essay.
V: Der Hut, der fliegen wollte, Kinderg. 70; Esperanto des Lichts, G. 80.

Bungert, Alfons, Pfarrer; Neuhäuserstr. 113, D-4790 Paderborn (Weilerbach 29.5.29). Erzählung, Essay, Lyrik, Predigt.
V: Das Gesicht am Fenster, Erzn. 73; Ein kritischer Abend in Assisi, Erzn. 76; Wieder beichten, Predigten 79; Die heilige Hildegard v. Bingen, Erzn. u. Kurzbiogr. 79; Meditationen 79; 50mal angesprochen, Predigten 80; Pauline von Mallinckrodt, Kurzbiogr. 80; Kind du in der Krippe, Weihn.-Erzn. 81. —
MV: Weil du das sagst, Erzn. m. H. Multhaupt 74.
H: MV: Bücher der Vier, Erzn. 74 - 78X.

Bungert, Gerhard, Schriftsteller, Journalist; VS seit 77; 2. Pr. b. Autorenwettbewerb d. Stadt Saarbrücken 76, Kurt-Magnus-Pr. d. ARD 79; Großherzog-Friedrich-Str. 99, D-6600 Saarbrücken 3, Tel. (0681) 67792 (Spiesen/Saar 11.11.48). Regionalliteratur (Hörspiele, Essays, Erzählungen), Unterhaltung, Satire.
V: Fauschd. Goethes Urfaust auf saarld., Parod. 80; Graad selääds, Schimpfwörterb. 81; Alles über das Saarland, Satiren u. Ess. 81; Sellemols, Gesch. aus d. Saarld, Erzähln. u. Mda.-G. 81. — **MV:** Bergmannsgeschichten von der Saar, Anekdn. 79; Kaffekisch unn Kohleklau, Anekdn. 80; Mit Mussik unn Lyoner, Anekdn. 81; Eckstein ist Trupf 79; Der Weg zur Einheit, Stationen d. Bergarbeiterbewegung an der Saar, Sachb. 81.
H: Typisch saarländisch, Anth. 82. —
MH: Karl Marx: Lenchen Demuth u. d. Saar 83.
R: Eckstein ist Trumpf, Schinderhannes in Sötern, Lenchen Demuth, Na, dann tschüß, Herr Schuller, alle m.a. Autoren, Hspe.; zahlr. Kurz- u. Mda.-Hspe.

Bungter, Georg, Redakteur; Mainzer Str. 80, D-5000 Köln 1 (Krefeld 24.7.43). Lyrik, Roman, Übers. **Ue:** L (ML).

MV: Limerick Teutsch, Lyr. 69; Haus
Himmelstür, R. (Parodie) 81.
MUe: Archipoeta: Vagantenbeichte.
Übers./Nachdicht. 81.

Bunje, Carl; Dram. Union 56, VS 58;
Fritz-Stavenhagen-Preis 71; General-
Barby-Str. 59, D-1000 Berlin 51 u.
Schiller-Str. 1, D-2900 Oldenburg, Tel.
(030) 4127959 (Neuenburg/O. 8.11.97).
Drama, Lyrik, Novelle, Film, Hörspiel,
Fernsehspiel.
V: Desertörs, Sch. 34; Der Etappen-
hase, Lsp. 35; Spektakel in Kleihörn,
Kom. 36; Familienanschluß, Kom. 38;
Komödie im Forsthaus, Lsp. 39; Der
Jungfernkrieg, Volksst. 39; Der Horcher
an der Wand, Volksst. 41; Der Fuchs in
der Falle, Kom. 41; Pfeffer und Salz,
Volks-Kom. 44; Das Märchen vom
Prahlhans, Msp. 46; Up Düwels
Schuvkar, Kom. 47; Kleiner Zoo für
große Leute, G. 47; Die reine Wahrheit,
Kom. 48; Die Harmonika, Erz. 49;
Blindekuh, Bauern-Kom. 50; Der
schwarze Hannibal, Kom. 51; Im
Mahlgang, Dr. 52; Eisbrecher, Kom. 54;
Dat Hörrohr, Kom. 55, 63; Jan Spin,
Erzn. 55, 75; Wie der liebe Gott, Kom. 56;
Das Loch in der Gerechtigkeit, Kom. 57;
De Kleupracker, Schw. 58; De
Swiensteert, Kom. 63.
F: Der Etappenhase 37, 57; Musketier
Meyer III 38; Familienanschluß 41.
R: Krach in'n blauen Heven, Hsp. 49;
Familienanschluß, Hsp. 50; Hasenahlers,
Hsp. 55; Die ehrbare Gerechtigkeit, Hsp.
56; Achter anner Lüe, Hsp. 59; Der
Etappenhase, Fsp. 59; Das Hörrohr, Fsp.
60; In'n Mahlgang, Hsp. 64; Dat Lock in
de Gerechtigkeit, Hsp. 66; Up Düwels
Schuvkar, Hsp. 67; Der Etappenhase,
Hsp. 67; Der Schwarze Hannibal, Fsp.
63; Familienanschluß, Fsp. 63; Das
schlechte Gewissen, Fsp. 65; Pfeffer und
Salz, Fsp. 67; Verteufelte Zeiten, Fsp. 68.
( )

Bunk, Karl, Bankdir. a.D.;
Sengstackeplatz 18, D-2800 Bremen 1,
Tel. (0421) 380840 (Bremen 6.7.04). Lyrik.
V: Auf meinen Wegen, G. 81.

Buntrock, Annemarie, Kaufm.
Angestellte, Lyrikerin u. Malerin;
Frohnhauser Str. 142, D-4300 Essen 1,
Tel. (0201) 744698 (Mülheim-Raadt
19.4.23). Lyrik, Kurzprosa.
V: Und läßt das Saumtier trinken, G.
78; Stadien zur Stillwerdung, G.
"Saumtier"-Rez., Aphor. 80; Unnahbar
nah, G. 81; Das Ohr an der Wurzel, G. 83.
MA: Zahlr. Beitr. in Jbb., Anth. u. Zss.

H: Kennwort Schwalbe, Erlös f. d.
Kambodscha-Hilfe, Anth. Lyrik u. Prosa
m. Bildbeil. 81.

Bur, Hermann, s. Reiße, Hermann.

Burchardt, Christa, s. Besser, Christa.

Burckhardt, Felix (Ps. Blasius), Dr.
iur., Dr. h.c. med., Advokat u. Notar; SSV.
P.E.N. Club Schweiz; Neubadstr. 71, CH-
4054 Basel, Tel. (061) 540797
(Langenbruck, Schweiz 18.6.06). Lyrik.
V: Vorwiegend heiter 49; Kleine
Stadtmusik 51; Soll i oder soll i nit? 54,
65; Verzell du das em Fährima 55;
Spritzfährtli 58, 69; I bin e Bebbi 67, 70;
Der Till vo Basel 72; Die Zunft zum
leeren Fass 76. — **MV:** Basler Texte, m.
John F. Vuilleumier 70; Em Bebbi si
Fasnacht, m. Rolf Jeck 75; Em Bebbi sy
Mäss, m. R. Jeck, Maria Arbersold,
Walter Probst u.-minu 78.
S: Soll i oder soll i nit?; Ziri-Gänf
retour.

Bureš, s. Schmid, Georg.

Buresch, Wolfgang (Ps. Wolf Orloff), 1.
Redakteur Fsp. NDR; DAG 68; Isestr. 45,
D-2000 Hamburg 13, Tel. (040) 478400
(Kiel 4.2.41). Erzählungen, Kinder- u.
Jugendbuch, Filme, Fernsehserien.
V: Der Hase Cäsar 67, 78; Der Räuber-
zirkus 70, 77; Neues vom Hasen Cäsar
71, 78; Stoffel und Wolfgang 71; Räuber
und Gendarm 77, 80; Geheim-
nachrichten u. -schriften, -tinten,
-zeichen 78; Der Fernsehhase Cäsar 79;
Hellsehen u. Zaubertricks 79; Das Huhn
am Band 79; Detektiv AHA 80, 81;
Handbuch der Geheimnisse 82; Fabeln,
oder Tiere sind Menschen wie du und
ich 82, alles Kinderb. — **MV:** Das Maxi
und Mini Buch 75; Fantasiefutter 76;
Sommersprossen sind keine Gesichts-
punkte 76, alles Kinderb.
MA: Angst 80, Kinderb.
R: Üb. 300 Fsp. u. Fsf. seit 61.
S: Schlager f. Schlappohren 70; Maxifant und Minifant 76; Maxifant und
Minifant auf Hoher See 74; Maxifant
und Minifant III 74; Hör-Spiel-Spaß 1 —
7 75; Räuber und Gendarm 77; Die
Sniks 78; Hase Cäsar 79.

Burg, Christel, s. Darnstädt, Helge.

Burg, Christel, c/o Titania-Verlag,
Stuttgart.
V: Alexanders Ferienfahrt 75;
Freunde auf vier Beinen 77;
Geschichten von nebenan 78. ( )

Burgeleit, Gernot, Lehrer;
Autorenkreis Ruhr-Mark e.V. Hagen 82;
Vors. 84; Hahnenbergs Garten 8, D-5800

Hagen—Hohenlimburg, Tel. (02334) 51779 (Gießen 20.5.37). Lyrik, Prosa.
V: Berührungspunkte, G. 83.

Burger, Eric, Publizist, Schriftsteller; Overseas Press Club of Amer., ISDS, Präs.; Bundesverdienstkr. 1. Kl., Silbermed. 24. Film- u. Telev. Festival New York 81; Flühgasse 26, CH-8008 Zürich, Tel. (01) 532946 (Berlin). Drama, Essay, Fernsehspiel. **Ue:** E, F.
V: Charlie Chaplin, Biogr. 30; Angenehme Reise, Witwen am Nachmittag, zwei Einakter.
R: Ein Zug nach Manhattan, Fsp. nach Paddy Chayefsky 81.
Ue: Gore Vidal: Besuch auf einem kleinen Planeten, Kom, Betrachtungen von einem sinkenden Schiff. Ess.; Paddy Chayefsky: Der zehnte Mann, Sch.; Gideon, Sch.; Lewis John Carlino: Käfige, zwei Einakter; Herb Gardner: Tausend Clowns, Kom. u.a.

Burger, Hannes, s. Burger, Johann Anton.

Burger, Hermann, Dr. phil., PDoz. ETH. Zürich, Redaktor, Schriftsteller; Förder.beitr. d. Jub.stift. d. Schweiz. Bankges. 70, Ehreng. d. kanton. Lit. komm. Zürich 70, Werkjahr f. Kunstschaff. 71, Werkjahr d. Schweiz. Kulturstift. Pro Helvetia 71, Förd.pr. d. Aargau. Kulturstift. Pro Argovia 76, Werkj. d. Kanton. Lit.kommiss. Zürich 76, Pr. d. Schweiz. Schillerstift. 78, Werkjahr d. Aarg. Kuratoriums z. Förder. d. Kultur 79, Werkj. d. Stadt Zürich 79, Pr. d. Conrad-Ferdinand-Meyer-Stift. 80, Hölderlin-Pr. 83; Schloßgut, CH-5505 Brunegg (Burg/Schweiz 10.7.42). Lyrik, Roman, Novelle, Essay.
V: Rauchsignale, G. 67; Bork, Prosastücke 70; Paul Celan auf der Suche nach der verlorenen Sprache 74; Schilten, Schulber. zuhanden d. Inspektorenkonferenz, R. 76; Diabelli, Erzn. 79; Die künstliche Mutter, R. 82.
MA: Mitten in der Schweiz 71; gut zum druck 72; Lit. als Prozess 73; Aargauer Alm. a. d. Jahr 1975 74; **(u.H:)** Karl Schmid: Das Genaue u. das Mächtige.

Burger, Jo, s. Niedergesäß, Siegfried.

Burger, Johann Anton (Ps. Hannes Burger), Journalist; Ludwig-Thoma-Med. 77; Falkenstr. 11, D-8012 Ottobrunn (München 18.6.37). Roman, Film.
V: Feichtenreut, R. 73, 77. —
MV: Bayern braucht Wolpertinger, sat. Rep. 77, erweit. Neuausg. 83, Tb. 81; Liber Schbäzi 78; Die Weißwurst, wie sie

leibt und lebt, e. Münchner Philosophie 81; Frauen sind einfach besser 82; Ein Stich ins Grüne, Schmunzelb. f. Gartenfreunde 83.
R: Die Leute von Feichtenreut, Fsf. 76. ( )

Burger, Liselotte; Virchowstr. 9, D-6200 Wiesbaden, Tel. (06121) 560788 (14.5.08). Kinderbuch.
V: Gackelchen und Wackelchen 50; Das verlorene Zipfelmützchen 51; Aufgepaßt, Ihr kleinen Leute 54; Das Ei der Henne Kratzedei 55; Teddy Eenebeen und Püppchen Nimmerschön 56; Zwitschi. Eine Vogelgesch.; Waldmännlein; Maxi heißt mein Pudeltier; Piepsi, die kleine Meise 66; Bürschi, unser Dackelhund 75. —
MV: Sommerfest im Märchenwald, m. F. Baumgarten 55; Teddys wunderliche Reise, m. F. Baumgarten; Tapsi, das lustige Entlein; Die Teddy-Schule; Bobby, das lustige Äffchen; Im Lande der Wichtel, u.a.
B: Mäuschen Tippeltapp von Fritz Baumgarten. ( )

Burger, Monika, Sozialhelferin; ARGE Lit. 80, Kulturgemeinschaft Der Kreis 81; Steinweg 11, A-3542 Gföhl, Tel. (02716) 602 (Wurfenthalgraben 14.1.42). Lyrik (Haiku).
V: Jahreszeichen, Haiku u. Tanka 82.

Burger, Thomas, s. Lutz, Berthold.

Burghardt, Christa *

Burgstaller, Ernst, Dr., Univ.Prof., w. Hofrat, Dir. d. Inst. f. Landeskunde i.P.; Öst. Ehrenkreuz f. Kunst u. Wiss. I. Kl.; IKG; Donaublickstr. 32, A-4020 Linz/D., Tel. (0732) 71093 (Ried/OÖ. 29.5.06). Lyrik, Erzählung.
V: Schon sehe ich die Ferne ich nahe, G. aus 4 Jahrzehnten 78.
MA: Roseggers Heimgarten 35; Stillere Weihnacht, G. öst. Autoren 60; Der Fahn, G. öst. Wandervögel aus sieben Jahrzehnten 76; Jb. d. Innviertler Künstlergilde 76; Facetten '82, Lit. Jb. d. Stadt Linz 82.
Lit: C.H. Watzinger, Ernst Burgstaller in: Jb. d. Innviertler Künstlergilde 76; C.H. Watzinger, Worte für Ernst Burgstaller. Ansprache anläßl. seiner Ehrung im Landhaus zu Linz in: Jb. d. Innviertler Künstlergilde 81/82.

Burgstaller, Heimo, Dr. phil.; Knittelfelder Dramatikerpreis f. Das Fest mit dem Feind 58, Preis der Wiener Courage f. "Mit einem Winseln" 59, Pr. d. Bayer. Ldjgd 60, Erster Preis (Dramatiker) d. Österr. Jugendkultur-

woche 65; Tegelmästarevägen 21, S-292
00 Karlshamn, Tel. (0454) 29480 (St. Veit-
Glan i. Kärtn. 21.9.32). Drama, Lyrik,
Kurzgeschichte.
V: Das Fest mit dem Feind 58; Mit
einem Winseln 59; Das Würfelspiel 59;
Treibsand 59; Scheidewege 61; Der Narr
von Chouville 61; Der Weg nach Wiwai
65; Verträumter Totentanz 65; Der letzte
Pazifist 65; Dreikönigsfahrt 68; Armes
Rumpelstilzchen 79; Die Königinnen 80;
Astronaut 80, alles Dr.
MA: Lyrik u. Kurzgeschn. in Zss.,
Anth.
Lit: James Pettegrove: Contemporary
Drama in Austria 61. ( )

Buri, Friedrich W. (Ps. f. Adolf
Friedrich Wongtschowski),
Kunsterzieher; Oosterpark 12,
Amsterdam-O./Niederl. (Mainz 18.1.19).
Lyrik. **Ue:** H.
V: Eisenhaus, die Brücken und
andere frühe Gedichte 67; Anheimfall,
acht G.-Zyklen 67. ( )

Buri, Otto; Weinbergstr. 97, CH-8006
Zürich.
V: Uf em Zigerhübu 78. ( )

Burk, Michael, Schriftsteller;
Habermannstr. 6, D-8022 Grünwald, Tel.
(089) 6492014 (Erlangen 7.9.28). Roman,
Film, Fernsehen.
V: Reise in die Zärtlichkeit 70; Eine
herrlich gefährliche Frau 71; Die nach
den Sternen greifen 72; Das Tribunal 73;
Und morgen die ganze Welt 74; Keine
Stunde ist zuviel 75; Träume haben
ihren Preis 76; Ein Wunsch bleibt
immer 77; Dann gnade dir Gott 78; Das
goldene Karussell 79; Nimm wenigstens
die Liebe 80; Aller Menschen Sehnsucht
81; Bis auf die nackte Haut 82; Silbern
strahlt der Horizont 82; Auf einmal ist
Hoffnung 83, alles R.
F: So nicht meine Herren 60; Wochen-
tags immer 64.

Burkart, Erika (Ps. f. Erika Halter);
ZSV, SSV 58; Dichterpreis d. internat.
Lions-Clubs 56, Mersburger-Droste-
Preis 58, Preis d. Schweizer Schillerstift.
59, Preis d. Conrad-Ferdinand-Meyer-
Stift. 61, Kulturpreis d. Pro Argovia 64,
Ehreng. d. Stadt Zürich 70, Ida Dehmel-
Preis d. Gedok 71, Johann-Peter-Hebel-
Pr. 78, Ehrung der Stadt Zürich 79,
Aargauer Lit.pr. 80, CH-5649 Aristau, Kt.
Aarg., Tel. (064) 441492 (Aarau/Schweiz
8.2.22). Lyrik, Roman.
V: Der dunkle Vogel, G. 53; Stern-
gefährten, G. 55; Bann und Flug, G. 56;
Geist der Fluren, G. 58; Die gerettete

Erde, G. 60; Mit den Augen der Kore 62;
Ich lebe 64; Die weichenden Ufer 67;
Moräne, d. R. v. Lilith u. Laurin 70; Die
Transparenz der Scherben, G. 73;
Rufweite, Prosa 76; Das Licht im
Kahlschlag, G. 77; Augenzeuge, ausgew.
G. 78; Der Weg zu den Schafen, R. 79;
Die Freiheit der Nacht, G. 81.
MA: Sieben mal sieben 55; Treue
Begleiter; Die irdene Schale 60; Junge
Schweizer Lyrik 59; Sonnenringe 59;
Welch Geheimnis ist ein Kind 60;
Bestand und Versuch; Deutsche Lyrik,
Gedichte seit 1945; Begegnung mit der
Zukunft; Schweizer Gedichte, alles
Anth.
Lit: E. Max Bräm: Dichterporträts aus
dem heutigen Schweizertum; Heinrich
Meyer: Was bleibt; Werner Bucher:
Schweizer Schriftsteller im Gespräch;
Frieda Baumann: Von der Landschaft
zur Sprache; Doris Rudin Lange: E. B.,
Leben u. Werk; Benita Cantieni:
Schweizer Schriftst. persönl.

Burkart, Rolf, freiberufl. Maler/
Schriftsteller, Verleger; Friesenstr. 25,
D-1000 Berlin 61, Tel. (030) 6921452
(Worms 5.1.62). Drama, Lyrik, Roman,
Hörspiel, Essay, Rezension.
V: Hoffnung — Oasen mit vereister
Quelle ...?, G. 81; Prismen, G. 81;
Blutende Eisblumen, Erzn. 83.
H: Tabula Rasa, bisher Lit.zs., jetzt
Alm. f. Lyr., Prosa, Ess. u. Graphik.

Burkert, Gisa, Rektorin; Veitsweiler
29, D-8821 Weiltingen, Tel. (09853) 254
(Nürnberg 7.1.14). Erzählung.
V: In der Taverne zum halben Mond,
Erzn. 75; Und Belinda tanzt, Jgd-R. 82.

Burkert, Helmut, Schriftsteller, Chef-
redakteur; VS; Schloß Aglishardt, D-
7419 Römerstein 1 (Stuttgart 9.5.00).
Lyrik, Roman, Novelle, Essay, wiss.
Literatur.
V: Am stillen Hain, Lyrik 20; D. stille
Hain, Lyr. 22; Uracher Heimatbüchlein,
G. 49; Delia, N. 49; Mitte d. Lebens, Lyr.
50; Attempto, Erzn. 51; Mensch und
Kultur, Mbll. 54 — 56; Der Albtrauf,
Archivbl. 58 — 66; in notwehr, Lyrik 58;
Mondgespräch, Ess. 59; die aussicht,
Lyrik 60; Branko, Erz. 60; Geliebte Alb,
Lyrik 61; moll, Lyrik 61; verweilungen,
Lyrik 62; Wasser und Brot, Ess. 63;
witterungen, Lyrik 64; Intermezzo,
Lyrik 65; Habichtsnacht, Lyrik 68;
Dezimierte Hoffnungslieder, Lyrik 70;
Steppenjäger, Erz. 73; Algenzeit, Lyr. 74;
Harlekins Heiterkeit, Lyr. 74;
Ansprache an Wölfe, Füchse und
Schlangen, Lyr. 74; Nimm dich in acht,

Kelte, Erz. 75; Spiel mit der Angel, R. 76;
Die zerbrochenen Hände, R. 77; Die
großen Dunkelheiten, Erz. 77. —
MV: Ernst Jäckh: Weltsaat, "Der
Mensch und das Werk", Biogr. 60;
Branko, Erz. 60.
Lit: Menschensucher, Festschr. z. 75.
Geb. 75; Botschaft, Festschr. z. 80. Geb.
80. ( )

Burkhalter, Gertrud, Bibliothekarin;
Literar. Club Zürich seit 44, Bund
Schwyzerdt. seit 45, Be.S.V. seit 64, SSV
seit 70, ZSV seit 80; Pr. d. Schweiz.
Schillerstift. 81, Lit.pr. d. Kt. Bern 82;
Stapferstr. 25, CH-8006 Zürich, Tel. (01)
3622635 (Biel, Kt. Bern 9.1.11). Lyrik,
Essay, Feuilleton, Kindergedichte,
Laienspiel, Rezension.
V: Das Lehen, Laisp. 42; Stygüferli 43;
Heligeland, 57; Momäute 80, alles
Berner Mda.-Lyr.

Burkhard, Jörg (Ps. Sony Milka),
Sortiments-Buchhändler; Marstallstr.
11A, D-6900 Heidelberg, Tel. (06221)
29153 (Dresden 22.5.43). Lyrik, Novelle,
Film, Hörspiel.
V: In Gauguins alten Basketball-
schuhen, Lyr. 78; Julifieber, Lyr. 80; Als
ich noch der Ultrakurzwellenbub war
83. — **MV:** Ein paar Dinge von denen
ich weiß, G. u. B. 77.
F: Strom Linien Leben; Auto-o-o-
matisch; Motor ohne Raum;
Soundtracks u. Infrarotschnitt.
S: AN ALFA BETEN 82; Max die
Hilfsdiode 83; Sonne im Trafo 83;
Elektroschock nachmittags 83, alles
Ton.Kass.
Lit: Der Autor als junger Goldhamster
— Sony Milka in: Portraits 82.

Burkhardt, Hans, Facharzt f.
Psychiatrie, D-2381 Brekling üb.
Schleswig (23.10.04).
V: Das Abenteuer ein Mensch zu sein
54; Dimensionen menschlicher
Wirklichkeit. D. offene Mensch in d.
offenen Welt 65; Die unverstandene
Sinnlichkeit 73; Der unverstandene
Mensch 77; Verlorene Wirklichkeit 80.

Burkhardt, Herbert,
Industriekaufmann; Sonnhalde 10 a, D-
7830 Emmendingen 13 — Windenreute,
Tel. (07641) 3444 (Emmendingen 19.5.35).
Alemannische Mundartdichtung,
Badische Heimatkunde.
V: D alt Märktscheese vrzellt 78. ( )

Burkhardt, Joachim, Dr. phil.,
Redakteur; Stipendium d. Gerhart-
Hauptmann-Preises 59; Heinrich-
Heine-Str. 22, D-5000 Köln 50, Tel. (0221)

391263 (Borna b. Leipzig 21.1.33). Roman,
Erzählung, Drama, Lyrik, Essay, Film.
V: Wie ein bitterer Kern, R. 60; Wer
sammelt die Stunden, Erzn. 61; Die
Krisis der Dichtung 62; Die neue
Robinsonade, Sch. 64; Zum Beispiel im
Juni, R. 65; Der Kommödiant, Erz. 69;
Lassalle, Sch. 78; Meißen — meine Stadt
83. — **MV:** Kirchensprache - Sprache d.
Kirche 64.
H: Zwei Jahrzehnte im Urteil der
Zeitgenossen 66.
R: Monologe in Monaco, Hsp. 68;
Denn da wird keine Nacht sein. Aus den
Tagebuchblättern Jochen Kleppers 63;
Reinhold Schneider. Stationen eines
Lebensweges 65; Kurt Gerstein oder Die
Geschichte eines extremen Gewissens
68; Theodor Fontane. Fakten und
Vermutungen über eine Persönlichkeit
69; Du sollst die graue Farbe lieben —
Menschen, Dinge u. Verhältnisse im
Blickfeld v. Günther Grass 72;
Ferdinand Lassalle oder der Dritte Weg
in die Zukunft 75, alles Fsf.; Von
Frankfurt nach Weimar, Joh. W. Goethe
I, In ein neues Jahrhundert II, Fs.-Biogr.
82.

Burkhardt, O. B., s. Burkhardt, Otto
Bruno.

Burkhardt, Otto Bruno (Ps. O. B.
Burkhardt, BOB), Schriftsteller und
Journalist; GEMA 66; Innsbrucker Str.
56, D-1000 Berlin 62 (Berlin 30.3.15).
Heit. Lyrik, Satire, Kind.- u. Jgdb.,
Chansons, Werbefilm u. Spots.
V: Susis großes Erlebnis; Inge wird
berühmt; Bravo Gisela!; Puttchen;
Wirbel um Puttchen; Stups & Co.; Wo
steckt Jo Jo?; Ursel das Sportsmädel,
alles Kindb. 53/54; Da schmunzelt selbst
d. Staatsanwalt 60; Beamte, Bienen u.
Trichinen 64; Kreuz u. quer durch d.
Verkehr 68; Makabarettistisches 69;
Bürger, Bonzen, Bürokraten 72; Von der
Menschen Lust am Lieben, und wie es
die Götter trieben, eine antike Welt-
geschichte in Versen 77; Das Lied der
Nibelungen, in neuem Stil gesungen 77;
Um Liebe, Liegestütz und Bett-Merk-
würdigkeiten von A bis Z, ein erotisches
Lexikon 77.
S: Persiflagen a. Fs.- u. Film-"Krimis",
u.a.: Es liegt eine Leiche im Fernseh-
kanal 66; Berliner Zoo-Marsch 67;
Besuch mich mal in Berlin 67; Eine
Frau u. ein Befehl 67; Dem Täter auf d.
Spur 70.

Burmester, Dirks, s. Knickrehm,
Hans.

Burren, Ernst, Lehrer; Reckholderweg 24, CH-4515 Oberdorf, Tel. (065) 221231 (Oberdorf 20.11.44). Mundartlyrik u. -geschichten.

V: derfür und derwider, Mundartg. 70; Scho wider Sunndig, Mundartgesch. 71; So ein Tag so wunderschön wie heute, Theaterst. 73; um jede pris, Mda.G. 73; "I Waud go Fahne schwinge", Mda.Gesch. 74; Dr Schtammgascht, Erz. 76; D Nacht vor dr Prüefig, Mda.Gesch. und Mda.G. 77; S chürzere Bei, Mda.-G. u. -Geschn. 77; Dr Zang im Pfirsich, Mda.-Geschn. 79; Begonie u. Schtifmüetterli, Erz. 80; Am Evelin si Baschter, Geschn. 82.

R: Schueukommission, Hsp. 72; Chauti Suppe, Hsp. 75; Wer darf Lehrer sein?, Fsp. 77; Begonie und Schtifmüetterli, Hsp. 82.

Burri, Peter, Ztg-Redaktor; Schweizer Autoren Gruppe Olten seit 81; 1. Pr. d. Vischer-Mylius-Stift. d. Humanist. Gymnas. Basel 67; Bläsiring 150, CH-4057 Basel, Tel. (061) 329573 (Basel 6.5.50). Roman, Lyrik, Übers. **Ue:** I.

V: Glanzzeiten, Erz. 80, 2.Aufl. 81; Tramonto, R. 81; F., Erz. 83.

H: u. Ue: Lucio Dalla, Texte u. Materialien 82.

Busam, Walter-Wilhelm *

Busch, Axel, s. Vethake, Kurt.

Busch, B., s. Busch, Fritz.

Busch, Barbara, s. Pusch, Edith.

Busch, Fritz (Ps. B. Busch), Automobil-Schriftsteller; Haus Birkenhof, D-7981 Vogt/Allg. (Erfurt 2.5.22). Auto- und Jugendbücher, Erzählungen.

V: Bob u. seine Autos 64; Einer hupt immer 65, Lieben Sie Vollgas? 65 (beide auch a. Tb.); Sturmvogel hat Räder 65; Wer einmal unterm Blechdach saß?, D. große Wohnwagenbuch; Berühmte Automobile; Ein Junge u. 1000 Autos; Der große Test Alaska-Feuerland 76; Blick in den Rückspiegel 80; Einer hupt immer 80. ( )

Busch, Gabriel *

Busch, Gertraude (Ps. Monika Busch), Hausfrau; Kantstr. 1, D-7840 Müllheim/Baden, Tel. (07631) 2133 (12.5.27). Jugendbuch.

V: Wer versteht Anita? 68, 78; 99 Fragezeichen und ein Punkt 71; Wirbel um Annette 72; 1 zu 0 für den karierten Geist 73, alles Jgdb; Bine und die gute Ola 74; Kleiner Häuptling Silberadler 77, beides Kinderb.; Oh, diese Tante Josefine 80; Laßt mich wachsen wie ein Baum 80, beides Jgdb.; Hände hoch,

oder es knallt! 81; Draußen auf dem Feld 81; Ich wünsche mir Flügel, Jgdb. 82; Unterwegs nach Bethlehem, Spieltexte 82.

Busch, Irene (Ps. f. Irene Hähnlein), Choreographin; VS Hamburg 70; Mansteinstr. 13, D-2000 Hamburg 20, Tel. (040) 402780. Kinder- und Jugendbuch.

V: Als Lilli bummeln ging, Kinderb. 64; Bodos freche Bande, Kinderb. 65; Kindergedichte 65, 77; Es spukt auf Krähenfels, Kinderb. 67; Drei gegen einen, Kinderb. 68; Meine Freundin in Spanien, Jgdb. 71; Kathi vom Flohmarkt, Kinderb. 72; Kathi und der Käpt'n, Kinderb. 73; Kathi am Meer, Kinderb. 74; Viel Wirbel um Kathi, Jgdb. 77. ( )

Busch, Monika, s. Busch, Gertraude.

Buschhausen, Gerda Susanne; Parkstr. 50, D-4200 Oberhausen/Rhl. 11, Tel. (0208) 667101 (Oberhausen 20.8.40). Lyrik, Prosa.

V: ... sag mir, wie schwer ist der Regen, Lyr. u. Prosa 82.

Buschmann, Wolfgang, Lehrer; SV-DDR; Schützenstr. 25 H, DDR-9347 Zöblitz, Tel. 301 (Rittersberg 19.12.43). Prosa, Kinderliteratur.

V: Kater Lampe mit Zwischenspiel, Prosastücke 74; Die Geschichte vom Nußknacker Kunka, Kinderb. 74, 77; Die große Erfindung, M. 76, 79; Der Stuhl als Pferd u. umgekehrt, Kinderb. 79, 82; Die große Erfindung, Puppensp. 82; Der Annaberger Bergaltar, Kdb. 83; Die Haselmaus ist nicht zu Haus, Bilderb. 83; Guten Tag, Frau Igel, Bilderb. 83; Träumepeter, Bilderb. 83.

MA: Mit Ehrwürden fing alles an; Mit Ehrwürden geht alles weiter; Bettina pflückt wilde Narzissen; Die heiteren Seiten; Schriftsteller üb. Kleist u.a. Anth.

Buselmeier, Michael, M.A., Freier Publizist; Turnerstr. 153, D-6900 Heidelberg, Tel. (06221) 372158 (Berlin 25.10.38). Lyrik, Roman, Essay, Hörspiel, Literaturkritik, politischer Journalismus.

V: Nichts soll sich ändern, G. 78; Die Rückkehr der Schwäne, G. 80; Der Untergang von Heidelberg, R. 81; Radfahrt gegen Ende des Winters, G. 82. — **MV:** Zahlr. Veröff. in Büchern, Anth. u. Zss.

H: Das glückliche Bewußtsein, Ess. 74. — **MH:** Neue Deutsche Lyrik, Ess. 77.

R: Der unterdrückte Mensch kann nicht singen 72.
S: Bring mir den Kopf, Kurzprosa u. G., Tonbandkass. 81.

Bussalb, Thomas Enrico, Lehrer; Würmersheimerstr. 33, D-7552 Durmersheim, Tel. (07245) 81244 (Karlsruhe 18.4.52). Lyrik, Essay.
V: Befrachtet Nachtigall. Morgenrot Abendrot — Grab der Nachtigall 82.

Busse, Heli, c/o Eulenspiegel-Verl., Berlin (Ost).
V: Es gibt keine Wunder mehr oder warum Onkel Karl abbrannte, Geschn. 82. ( )

Busse, Helmut, Dr.med., Arzt f. Allg.med.; Sturmbäume 17, D-3410 Northeim, Tel. (05551) 2233 (Berlin-Spandau 29.1.11).
V: Altern will gelernt sein, populär-med. Lit. 79; Christoph Wilhelm Hufeland, der berühmte Arzt d. Goethe-zeit. Leibarzt der Königin Luise, med.hist. Biogr. 82.

Bussenius geb. Kraft, Ruth (Ps. Ruth Kraft); SV-DDR; Theodor-Fontane-Preis 67; Goethestr. 35, DDR-1615 Zeuthen, Tel. (032982) 2683 (Schildau, Kreis Torgau 3.2.20). Hörspiel, Film, Jugend- u. Kinderbuch, Roman.
V: Die Wunschlaterne, M. 48; Rüben, Säfte und Kristalle, Jgdb. 49; Dum-dideldei, Kinderlieder 50; Lutz und Frosch wie sie alle heißen, Kinderb. 50, 53; Janni vor dem Mikrofon, Jgdb. 54, 55; Insel ohne Leuchtfeuer, R. 59, 79 (auch poln., tsch., slow., ung.); Usch und Thomas an der See, Kinderb. 60; Usch und Thomas im Ferienlager 62; Usch und Thomas im Spielzeugland 64; Menschen im Gegenwind, R. 65, 74 (auch poln., tsch., slow., ung.); Gestundete Liebe, R. 70, 81 (auch litau.); Träume und Päck, Erz. 72, 74; Solo f. Martina, R. 78, 80; Unruhiger Sommer, R. 80, 81; Die Kunst, Damen zu empfangen, Erz. 83.
MA: Ein bunter Jahresring, Kunst-kalender f. Kinder 53, 54; Mein erstes großes Buch, Anth. f. Kinder 54; Erste Ernte, Anth. 55; Die Wundertüte, Anth. f. Kinder 55, 56 II; Von Fips, Kathrinchen und anderen Kindern 59; Der erste Augenblick der Freiheit, Anth. 70; Stimmen einer Stadt, Anth. 71, 81; Eine Rose für Katharina, Anth. 71; Sehreise nach Indien 75; Berliner Schriftsteller erzählen, Anth. 76; Mir scheint, der Kerl lasiert, Anth. 78, 81; Die Fontäne, Anth. 80; Vom Geschmack der Wörter, Anth.

80; Brennesselsuppe und Haititi, Anth. 83; Mecklenburg — Ein Reiseverführer, Anth. 83.
H: Das Schildbürgerbuch von 1598 53 — 55; Schnick - schnack - Dudelsack, Alte u. neue Kinderreime 54, 61; Aspekte, Grafikmappe 82.
F: Das Gespenst im Dorf 55; Vom Hansl und anderen Spielsachen 55; Der See im Glase 56.
R: Zahlr. Hsp. u. Hsp.-Bearbeitungen f. Kinder-, Schul- u. Jugendfunk; Solo f. Martina, Fsszenarium 80.

Busta, Christine; Leopold-Rister-Gasse 5/23, A-1050 Wien.
V: Die Sternenmühle, G. f. Kinder 74; Salzgärten, G. 75, 78; Der Regenbaum, G. 77; Der Regenengel, G. u. Erzn. 78; Unterwegs zu älteren Feuern, G. 78; Wenn du das Wappen der Liebe malst, G. 81. ( )

Butenwyk, Susanne, s. Butterweck, Anneliese.

Buth, Matthias, Jurist, Schriftsteller; Lit.förderpr. d. Ldes Nordrh.-Westf. 81; Akazienweg 13, D-5000 Köln 90, Tel. (02203) 21814 (Wuppertal 25.5.51). Lyrik.
V: Gezeitet, G. 74.
MA: Zss., Zeitungen u. Anth.

Buthe, Michael *

Butkus, Günther, Verleger; VG Wort seit 82; Windelsbleicher Str. 91, D-4800 Bielefeld 14, Tel. (0521) 410280 (Brackwede b. Bielefeld 18.11.58). Lyrik.
V: Gedichte 81, 3.Aufl. 82.

Butterweck, Anneliese (Ps. Susanne Butenwyk), Landwirtschaftsrätin; Herm. Löns Str. 17, D-2120 Lüneburg, Tel. (04131) 52425 (6.2.18).
V: Eisbein im Mai 64.

Butterwegge, Hubert, Chefredakteur i.R.; Adalbert-Stifter-Ges. 36; Am Bahneinschnitt 14, D-4790 Paderborn, Tel. (05251) 62129 (Paderborn, Westf. 25.6.11). Essay, Kurzerzählung, Reise-bericht.
H: Adalbert Stifter - Das Maß der Dinge - Die Weisheit seines Lebens 48; Wunderbare Nacht, Erzn. 63, 64; Die Weihnachtstruhe, Erzn. 64, 65; Das große Gastmahl, Erzn. 64; Licht der Weihnacht, Erzn. 65. — **MH:** Die frohe Botschaft, Worte u. Weisen v. Christl. Weihnacht 39, 65; Bonifatius - Wanderer Christi, Leseb. 54, 55; Auf Gottes Waage, Erzn. 56, 66; Diaspora heute, Erzn. u. Rep. 62, 64; Erlebte Diaspora, Erzn. u. Rep. 68, 71.

Buwert, Harald *

Bydlinski, Georg, Mag.phil., freier
Schriftsteller; Öst. Schriftstellerverb. 81,
Interessengemeinsch. öst. Autoren 82;
Lit.stip. d. Ldes Niederöst. 79, Buchprämie d. Bdesmin. f. Unterr. u. Kunst
81, Anerkennungspr. d. Ldes Niederöst.
f. Dichtkunst 82, Theodor-Körner-Pr. 82;
Podium 80, Arb.gemeinsch. Lit. im
niederöst. Bildungswerk 81; Dobrastr.
66/2, A-2346 Südstadt, Tel. (02236) 29963
(Graz 30.5.56). Lyrik, Erzählung, Kinderliteratur, Übers. **Ue:** E.
V: Pimpel u. Pompel aus Limonadien,
Erz. 80; Der Mond heißt heute Michel, G.
f. Kd. 81; Die Sprache bewohnen, G. 81;
Distelblüte, G. 81, 2.Aufl. 82. — **MV:** Das
Entchen u. der große Gungatz, m. Käthe
Recheis, Kinderbilderb. 81.
    MH: Weißt du, daß die Bäume reden?
Weisheit d. Indianer 83 (auch Mitübers.).
    Lit: Johannes W. Paul: Der Sprache
beiwohnen in: Niederöst. Kulturber.
Mschr. f. Kultur u. Wiss. 82; Die Barke
82.

Byer, Doris; Stiftgasse 27, D-1070
Wien.
    V: Fräulein Elfi, Trivial-R. 82. ( )

    da Byola, Ugo, s. Bolay, Karl-Heinz.

C

Cabanis, Hertha; Schönbuchstr. 5, D-7401 Tübingen (Itzehoe 6.2.91). Novelle, Essay, Lyrik, Roman, Jugendbuch.
Ue: E.
V: Das Licht in den Händen, R. 51; Die verborgene Kraft, R. 54; Das Wikingerschiff, Jgd.-Erz.; Martin und das Christkind, Jgd.-Erz.; Lebendiges Handwerk, Bildbd. m. Text 64.

Cadenbach, Joachim, Moderator, Journalist, Schauspieler; VS 50, DJV 68; Rheinbabenallee 48, D-1000 Berlin 33, Tel. (030) 8234150 (Berlin 11.3.25). Roman, Story, Funk-Manuskr.journ. Art.
V: Das war das Ende, R. 54; Hans Albers, Biogr. 75, 82; Insel ohne Schatten, Krim.-R. 82.
MA: Ich komme doch nicht an ihn ran, Anth. 56; Freundschaft mit Hamilton, Anth. 62.

Cämmerer geb. George, Monika, Dr.phil., Hausfrau; Förderpr. d. Lessingspr. f. junge Lyriker 56; Liebigstr. 7, D-7500 Karlsruhe 1, Tel. (0721) 854127 (Hamburg 21.4.33). Lyrik, Novelle.
V: Auch das, G. 80; Krabbenpulen, N. 83.
MA: Das Gedicht, Jb. zeitgenöss. Lyr., 2.F. 55/56.

Cäsar, Hieronymus, s. Dönges, Lutz.

Caesar, Klaus, Radio- u. Fernsehtechniker, Leiter d. jungen theaters göppingen; Theaterpr. Heidenheim 79 (Autorenwettbew. zur Ermittlung des besten Kindertheaterstückes); Freiligrathstr. 1, D-7320 Göppingen, Tel. (07161) 21666 (Göppingen 30.10.50). Kindertheaterstück.
V: Alfons' Baum 77; Bax packt's 77; Abgemacht, es wird gelacht! 78; Der graue Wurm 79; Der Riese Phantalutsch 80; Viel Rauch um König Mummel 82, alles Kindertheaterst.

Cajka, Karl (Ps. Walter Edling), pension. Bankangestellter; Goethe-Verein, Wien, Löns-Kr., Neue Ludlamshöhle Wien, Jos. Friedr. Perkonig-Ges., Watzlik-Gemeine, Josef Weinheber-Ges., Anton Wildgans Ges., Wiener Friedrich Hebbel-Ges.;

Bihabergstr. 25, A-3021 Preßbaum b. Wien u. A-3013 Tullnerbach-Lawies, Tel. (02233) 29424 (Prerau 5.2.99). Lyrik, Erzählung, Legende, Märchen, Ballade, Novelle, Essay, Kultur- und Literaturkritik, im besonderen Faustisches (auch zwei Bühnenwerke), Bibliographien, Drama.
V: Steigende Sonne, G. 23; Der gläserne Ritter, M. u. Träume 57; Wandel und Wechsel. Friedr. v. Gagern in seinen jugdl. Werken 62; Hermann Löns in Österreich 66; Hans Watzlik. Werk u. Wirkung 69. — **MV:** Aus meinem Leben. Vom Bauernjungen z. Künstler, m. A. Hartig 64.
H: Franz Herold: Deutsches Gottesringen, Sprüche 29; Stimmen und Gestalten des Waldes, G. 34; Sturm und Stille. Blätter vom Leben und Dichten 1932 — 39; Ernst Kratzmann: Der Garten der Heiligen Mutter, Nn. 59; E. Kratzmann: Faust, R. 75 (Nachw.).

Calgan, Adolf, Pfarrer; Wolfskehlstr. 126, D-6100 Darmstadt, Tel. (06151) 75767 (Jugenheim/Bergstr. 11.3.07). Novelle, Lyrik, Roman.
V: Hände, die nicht fallen lassen, N. 56; Ferien am Gardasee, N. 64; Ergötzliches und Heiteres rund um den Kirchturm, Erzn. 74; Das Deutsche Requiem, N. 75.
MA: Dichter im geistlichen Gewande, Anth. 35.

Calhoun, Alexander, s. Metz, Kurt C..

Callahan, Frank, s. Duensing, Jürgen.

Caltofen, Rudolf, Journalist, Schriftsteller; P.E.N.-Club Français 47, ISDS Zürich 49, DJU; Bundesverdienstkreuz I. Kl., Chevalier de l'Ordre des Palmes Académiques, Ehrenmed. d. VVN (Widerstandskämpfer); Ass. Corr. Presse Amerique Latine, Paris, Ass. Int. Critique Dramatique, Acad. de Letras Uruguayana 60, Instituto Colombiano de cultura, Bogota, Ass. Escritores Mexicanos, Real Academia Cordoba, Spanien; Helmholtzstr. 35, D-4000 Düsseldorf, Tel. (0211) 374969. Roman, Essay, Hörspiel, Reisebericht, Novelle.
Ue: F, Port, S.
V: Weg einer Liebe, R. 51; Juanita, R. 52 (auch port. 73, 75) 76; Einfache

Herzen, Erz. 58; Die Beichte eines
Kommunisten 61; Auf fremder Erde 66;
Frankreich, ein Reisebericht 66; Im
Reich der Anden 62. — **MV:** Literatur
der Gegenwart 53; Die Pariserin 55;
Deutsches Wort in dieser Zeit 56;
Deutsche Mitte 65.

MA: Sassafrasblätter 22; Diagonalen;
Sie schreiben zwischen Goch und Bonn.

R: Unter blühenden Kastanien,
Kinder klagen an; Saudade; Der ewige
Wanderer, F. de Castro; Bedeutung der
Generation 98; Wunder der Schöpfung,
L. de Vega; Apokalyptische Vision,
Bernanos; Der Sänger des Volkes,
Garcia Lorca; Der Mann, der Loyala,
Pascal und Kierkegaard; Deutsche
Siedlung in Andalusien 79; Sandor 79;
Von Spanien ins KZ nach Dtld 80, u.a..

S: Weg einer Liebe 60; Auf fremder
Erde 68.

Ue: G. Becquer: Legenden 46, Im
Banne der Anden 48; François Mauriac:
Die Pharisäerin 49; F. de Castro: A selva
49; Benoit: Alverde 55; A. Reyes: Kleine
Miniaturen.

Lit: El Paisaje y mis recuerdos 65;
Semblanza (La Voz Feminal) 69;
Düsseldorf schreibt Altstadtztg
Düsseldorf 22, 79. ( )

Cambeis, Hansjörg, ehem. Schrift-
setzer; Die goldene Amöbe, verliehen v.
Freundeskr. d. Schönen Künste d.
Münchener Nordens 83; Maier-Leibnitz-
Str. 14, D-8046 Garching, Tel. (089)
3201473 (Speyer 1.5.38). Lyrik, Novelle,
Roman, Essay.

V: Wie ich wieder nach München
gekommen bin, N. 73; Mutmaß, G. 81.

S: Mutmaß, schlagbezeugte Poesie,
Videokass. 82; 90 Minuten Mutmaß,
Cambeis spricht Cambeis, Tonkass. 83.

Cambel, Artj, s. Hindenach, Arthur.

Camenzind, Josef Maria, kath. Geist-
licher; SSV 35, ISV; Preis d. Schweizer.
Schillerstift. 35, Ehrenpr. 54, Inner-
schweizer. Lit.preis 71; Institut
Bethlehem, CH-6405 Immensee
(Gersau/Schweiz 27.2.04). Roman,
Erzählung.

V: Mein Dorf am See, R. 34, 56; Die
Stimme des Berges, R. 36, 54 (auch
fläm.); Jugend am See 40, 44; Ein
Stubenhocker fährt nach Asien, Reiseb.
39, 55; Schiffmeister Balz, R. 41, 42 (auch
fläm.); Die Brüder Sagenmatt, Erz. 43
(auch span.) Neubearb. u.d.T.: Das Jahr
ohne Mutter; Europa im Dorf 51; Der
Sohn des Vagabunden 51; Majestäten
und Vaganten, Erzn. 53; Der Allora, Erz.
56, 63; Da-Kai, mandschurischer R. 59,

61 (auch ital.); Marcel und Michael, Erz.
59; Der Kurgast aus Berlin 64; Ein
Schützenfest, Jgdb.; Der liebe Gott aus
Irland, Jgdb.; Zwischen Amur und
Sungari; Der Marzelli und die Königin
von Holland, Jgdb.; Geschichten aus
meinem Dorf am See, Jgdb. 66; Reiseb.
I: So war es damals, II 76: Zwischen
Stürmen und Sternen 79.

MA: Weihnachtsgeschichten; Als ich
noch ein Bub war, Jugendlebn.
schweiz. Dichter u. Schriftsteller 38;
Lebende Dichter um den Oberrhein 42;
Heißt ein Haus zum Schweizerdegen,
Anth; Leseb. 1 d. Zürcher Realschule;
weit. Beitr. in Schwyzer Lesebücher,
bayer. Volksschulleseb.

R: Der letzte Landammann, Hsp. 45,
48.

Lit: Mein Freund 35, 37, 41, 42, 44, 46,
51, 56; Das neue Buch Nr. 1 43/44 u. Nr. 4
53/54; J. Niedermann: J.M.C. zum 50.
Geb.-Tag; J.M.C. Dok. zur Verleih. d.
Innerschweizer Lit.-Pr. 71, mit Beitr.
von J. Ulrich, K. Fehr, J.M.C., m. Bibl.
71;; E. v. Tunk: Portraitskizze in SZ 71;
P.A. Bloch u. E. Hubacher: Der
Schriftsteller in unserer Zeit 71; E. v.
Tunk: J.M.C. In: III. Staats-Kal. des Kt.
Schwyz 72/73; Welt zwischen Gersau u.
Mandschurei V 74; Schweiz. Beobachter
76; H. Krömler in V 76; Fehr in Schweiz.
polit. Korresp. 77; Bibl.: G. v. Wilpert/Ad.
Gühring 67. ( )

Cammann, Alfred, ObStudR. i.R.;
Ehreng. d. Georg-Dehio-Pr. 71, Europa-
Pr. f. Volkskunst d. Stift. FVS 75,
Verdienstmedaille d. Landsmannsch. d.
Westpr., Gold. Ehrenzeichen d. Lands-
mannsch. d. Deutschen aus Rußld;
Intern. Soc. d. folk-narrat. res.;
Heinrich-Heine-Str. 20, D-2800 Bremen,
Tel. (0421) 235720 (Hann. Münden 7.8.09).
Erzählforschung, Märchen.

H: (V:) Westpr. Märchen 61; Dt. Volksmärchen aus Rußld u. Rumänien,
Monogr. 67; Die Welt d. nddt. Kinderspiele 70; Märchenwelt d. Preußen-
landes 73; (MV:) Donauschwaben
erzählen I 76, II 77, III 79, IV 80;
Turmberg-Geschichten-Westpreußen
80; Volkserzählung d. Karpaten-
deutschen-Slowakei 81 II; Ungarn-
deutsche Volkserzählung 82 II.

Lit: R. W. Brednich: Der Märchen-
sammler u. Erzählforscher A. C. in: Jbf.
o. Vk. Bd. 19 76 (m. Bibl.); ders. in:
Enzyklopädie d. Märchens Bd. 2/5 79.

Camp, Sarah, s. Pflanz, Elisabeth.

Campbell, Francis S., s. von Kuehnelt-
Leddihn, Erik.

Cane, Terry, s. Reiff, H.-Volker.

Canetti, Elias, Dr. phil.; P.E.N. 39; Grand Prix Intern. du Club Français du livre 49, Literaturpreis der Stdt Wien 66, Dt. Kritikerpr. 67, Großer Öst. Staatspr. 68, Literaturpr. d. Bayer. Akad. schönen Künste 69, Literaturpr. d. Kulturkreises d. dt. Industrie 71, Georg-Büchner Pr. 72, Nelly-Sachs-Pr. 75, Gottfried-Keller-Pr. 77, Johann-Peter-Hebel-Pr. 80, Franz-Kafka-Pr. 81, Nobel-Pr. f. Lit. 81, Ord. Mitgl. d. Berliner Akad. d. Künste 70, Korr. Mitgl. d. Bayer. Akad. d. schönen Künste 70, Korr. Mitgl. d. Dt. Akad. f. Spr. u. Dicht. 72, Mitgl. des Pourlemérite 79; 8, Thurlow Rd., London NW3 (Rustchuk/Bulgarien 25.7.05). Roman, Drama, Essay.
V: Die Blendung, R. 35, 75; Komödie der Eitelkeit, Dr. 50, 64; Fritz Wotruba, Ess. 55; Masse und Macht, Ess. 60, 73; Welt im Kopf, Anth. 62; Dramen 64, 76; Die Befristeten 64; Hochzeit 64; Aufzeichnungen 1942 — 1948 65; Die Stimmen von Marrakesch. Aufzeichn. nach e. Reise 48, 74; Der andere Prozess, Ess. 69, 70; Alle vergeudete Verehrung, Aufzeichn. 49 — 60 70; Macht und Überleben, Ess. 72; Die gespaltene Zukunft 72; Die Provinz des Menschen, Aufzeichnungen 1942 — 1972 73, 76; Der Ohrenzeuge 74; Das Gewissen der Worte, Ess. 75; Die gerettete Zunge, Autobiogr. 77; Die Fackel im Ohr, Autobiogr. 80.
R: Die Befristeten, Hsp. 67.
S: Elias Canetti liest 67.
Lit: Manfred Moser: Elias Canetti: "Die Blendung" 68; W. E. Stewart: The Role of the Crowd in Elias Canetti's Novel "Die Blendung" 68; Dieter Dissinger: Elias Canettis Roman "Die Blendung" und seine Stellung im Werke des Dichters 69; Mechthild Curtius: Das Problem der Verdinglichung in Elias Canettis Roman "Die Blendung" 71; H.G. Göpfert: Canetti lesen: Erfahrungen mit seinen Büchern 75; D. Roberts: Kopf und Welt, Elias Canetti Roman "Die Blendung" 75; D. Barnouw: Elias Canetti 79.

Cann, Peter, s. Kann, Albrecht Peter.

Capell, Barbara, c/o Verlagsgruppe Langen Müller, München.
V: Narrenfreiheit, R. 81. ( )

Capesius, Bernhard (Ps. Karl Bernhard), Dr. phil., GDir. i. R.; Schriftstellerverb. d. soz. Rep. Rumänien 70; Sonderpr. d. rumän. S.V. 79; Hochmeisterstr. 2, Sibiu/Rumänien, Tel. (924) 14203 (Hermannstadt 16.11.89). Lyrik, Roman, Drama, Novelle, Essay.
Ue: L, Rum.
V: Der schöne Tod, N. 19, 75; Irrfahrten, Erz. 20; Im alten Land, R. 23, 75; Segel nach der Ewigkeit, G. 29; Das Schneekind, Lsp.; Brandung, Trag. in: im Alten Land, Auswahlbd. 75.
H: D. Roth, G. Seivert u. M. Albert: Der Schneideraufruhr u.a. Erzn. 56; Deutsche Humanisten auf dem Boden Siebenbürgens, Anth. 67, 74; O. Piringer: Der Mĕrenzĭker, Texte in sieb. sächs. Mundart., 69, 75.
Ue: I. Pillat: Ausgewählte Gedichte 43; A. Vlahuta: Parasiten 51; I. L. Caragiale: D. verlorene Brief u.a. Lsp. 52.
Lit: K. K. Klein: Ostlanddichter 26; B. Tontsch, Transsilvanica 71. ( )

Capriola, s. Seegers, Aenne.

Cardauns, Helma, s. Verbeek, Helma.

Carell, Georgia, s. Loeff, Friedel.

Carell, Paul, s. Schmidt, Paul Karl.

Carin, Vladimir, Film- u. Fernsehspielleiter; Nusiceva 21, YU-11000 Belgrad, Tel. (011) 323217 (Nova Gradiska 3.1.13). Roman, Novelle, Hörspiel, Fernsehspiel.
V: Ferien in Lipizza, Erz. 67 — 68 III; Suleiman der Unglaubliche; Geschichten aus Lipizza; Julka und der Pferdedieb, Erz. 78.
R: Ferien in Lipizza, Fsp.; Ada, Fsp. 67. ( )

Carius, Anne, s. Friedrich, Margot.

Carl, Heinz-Ulrich, Fernsehredakteur, Regisseur, Theaterleiter; Kapellenstr. 46, D-6200 Wiesbaden, Tel. (06121) 524412 (Stuttgart 28.8.24). Drama, Hörspiel, Film.
V: Wo ein grüner Besen winkt 60; Wo man Wein trinkt 63; Das heiterschwäbische Dreh-(Scheiben-) Buch 66; Zweimal Götz, Musical 76; Das Rheingauer Königsspiel 75; Die Wunschmaschine, Jgd.-Musical 76; Oh Gran Canaria, Volksst. 78; Zwerg-Nase, M. 79.
R: Pater Pimpis Freunde. ( )

Carl, Viktor, Rektor; Literar. Ver. 72; Am Hofstück 18, D-6741 Hainfeld/Pfalz, Tel. (06323) 5804 (Scheibenhardt 26.3.25). Sagen und Legenden.
V: Pfälzer Sagen I 67, 77, II 69, 77, III 76, 83; Pfälzer Legenden I 81.
R: Sagenhaft I; Sagenhaft — Jungfernsprung in Dahn; 1000 und eine Meile — Komm mit in die Pfalz.

Carlo, Aldo, s. Hülsmann, Harald K..

Carlo, Floscenti, s. Scholz, Herbert Carl.

Carlos, Brian, s. Scherm, Gerd.

Carls, Carl Dietrich, Fernseh-produzent; VS 69; Corbusierhaus 815, D-1000 Berlin 19, Tel. (030) 3046379 (Sande 25.8.05). Drama, Hörspiel, Fernsehspiel, Film. **Ue:** E, F.
V: Ernst Barlach. Das plastische, graphische und dichterische Werk 31, 68 (auch engl.); Das Schiedsgericht, Kom. nach Menander 60; Von Geld und Gaunern, Gesch. vom radikalen Profit 78. — **MV:** Man lernt nie aus, Kom. m. Hans Heise 46; Wir sind nicht mehr dieselben, Sch. m. Konrad Beste 47.
MH: Mit allen Sinnen, Lyrik-Anth. m. Arno Ullmann 32; Magdeburger Bühnenblätter 34 — 35.
F: (MA): Wenn die Sonne wieder scheint, nach Stijn Streuvels: Der Flachsacker, m. Konrad Beste 43; Tier-arzt Dr. Vlimmen, m. Konrad Beste 56.
R: Der Fall Axel Petersen 48; Das goldene Byzanz 50; Viele heißen Kain 53; Das Kind von Paris 57; Fischer im Netz 58; Unwiederbringlich n. Fontane 65; D. Zündholzkönig 65; Vidocq u. s. Bande 66; Unter den Linden Nr. 1 67; Kolonie im Meer 67; Jonathan Wild, nach Fielding 68; Flucht zu den Sternen 68; Eine kleine Bootsfahrt 68; Von Geld und Gaunern 68; Ich, der Robot, nach Asimov 69; Fahrenheit 451, nach Bradbury 70; Robot-Karussel 70; Die Halsbandaffäre 70; Figaro vor Gericht 71; Die große Äther-Kontroverse 71; Der Ehrenpunkt 71; Graf Bocarmé und die Chemie 71; Alexandre Stavisky 72; Revolte auf Luna 72; Ein Fall für Pitaval 73; Der große Regulator 74; Das Haus in der Turk Street, nach Hammett 74; Macht über Leben u. Tod 75; Hokus-pokus, Katz u. Maus, n. Hammett 76; Das schwedische Zündholz 78; Tolstoi und kein Ende 80; Das Mädchen mit den Silberaugen, nach Hammett 82; Bekenntnisse einer Giftmischerin 83, alles Hsp.; Der Entartete, Rdfk.-Ess. 63; Macht der Finsternis, nach Leo Tolstoi; Thérèse Raquin, nach Emile Zola; Die kleine Füchse, nach Lillian Hellman; Die Frau des Bäckers, nach Marcel Pagnol; Stine, nach Theodor Fontane, alles Fsp.
Ue: Knud Andersen: Die Nacht-wachen des Langfahrers 41; Jacques Deval: Mon enfant, ma soeur u.d.T.: Familienpapiere 56; Ivan Noe u. Pierette Caillol: Le crime paie u. d. T.: Das

Verbrechen 58; C. P. Snow u. R. Millar: The Masters u. d. T.: Die Vakanz 64; Georges Michel: Les Jouets u. d. T.: Spielsachen 64; Lesage: Turcaret 68.

Carmin, E. R., c/o Schweizer Verlags-haus, Zürich.
V: Fünf Minuten vor Orwell, R. 79; Blackout, R. 81. ( )

Carrington, Ashley, s. Schröder, Rainer M..

Carroll, Carla-Elisabeth (Ps. C. E. von Schenckendorff), Bibliothekarin; D.A.V. 47; 30 Vick Park B, Rochester 7, NY 14607/USA, Tel. (716) 4737224 (Berlin 7.7.06). Lyrik, Roman, Kurzgeschichte. **Ue:** E.
V: Uta Pedderson, R. 50; Die Schuldigen, R. 79; L. Gedichte 80.

Carsten, Catarina, Journalistin; Öst. P.E.N. Club 77; Rauriser Kurzgeschnpr. 77, Alma-Johanna-Koenig-Pr. 77, Preis Christl. Lit. Kurzgeschn. 82; "Castello" 162, A-5412 Puch b. Salzburg, Tel. (06245) 3265 (Berlin). Drama, Lyrik, Novelle, Essay, Hörspiel.
V: Morgen mache ich das jüngste Gericht, G. aus d. Anstalt 77; Psychisch krank, Ber. e. Journalistin aus e. offen geführten Anstalt 76; Herr Charon, Geschn. 77; Was eine Frau im Frühling träumt, Alltagsbeobacht. m. leichter Feder notiert 80; Der Teufel an der Wand, Kindergeschn. f. Erwachsene 81; Sind Sie etwa auch frustiert? 81.
R: Und laß dir's wohl gefallen, Hsp.; Das Land hinter d. Mond, Fsp. f. Kinder.

Carsten, Christian, s. Fröba, Klaus.

Carsten, Wilm, s. Prager, Hans Georg.

Carstensen, Richard, Dr. phil., ObStudR. i. R.; Hohelandstr. 70, D-2400 Lübeck, Tel. (0451) 795432 (11.11.06). Biographie, Sagen, Jugendbuch, Anekdote, Essay. **Ue:** F, D.
V: Emanuel Geibel, geboren und ge-storben in Lübeck. Ernstes und Heiteres aus seinem Leben und Schaffen 40; Die tödlichen Strahlen, R. 54; Kampf mit unsichtbaren Feinden, R. 55; Römische Sagen, den Quellen nach-erzählt 58, 80; Robin Hood und seine tollkühnen Gesellen 58; Als Hans noch Hänschen war. Heiteres a. d. Kindheit berühmter Leute 58; Dackel, Pudel, Doggen und berühmte Leute 59; Ritter-sagen des Abendlandes 69, 71; Amts-schimmel. Von Bürokraten und Behörden 61; Bei Piep und Grog, Anekdn. aus norddt. Ldsch. 63, 66; Und ewig klingeln die Gelder 66; Bismarck. Anekdotisches 68, 81; Bergen. Entwick-

lungsbild einer norwegischen Hafenstadt 73; Thomas Mann — sehr
menschlich. Schlaglichter und Streiflichter 74, 75; Robin Hood 77; Die
schönsten Sagen aus Bremen 82;
Anekdoten aus Schleswig-Holstein I 81,
82, II 82; Anekdoten aus Niedersachsen
82; Anekdoten aus Baden-Württemberg
83; Anekdoten aus Bayern 83.
B: Griechische Sagen 54, 80. —
MA: Via Triumphalis, Nobelpreisträger
im Kampf um den Tod 54; Via Regia,
Nobelpreisträger auf dem Wege ins
Atomzeitalter 55; Via Gloriosa, Nobelpreisträger aus aller Welt dienen dem
Leben 56; Durch die weite Welt. Das
große Buch für jeden Jungen (Jg. 35 bis
48) 62 - 75; Damals. Zeitschr. f. gesch.
Wissen 70 - 80; Der Wagen, ein
Lübeckisches Jb. 72 - 83; Thomas Mann
geboren in Lübeck. Ein Beitrag der
Thomas-Mann-Gesellschaft Lübeck
zum 100. Geburtstag 75; Der Mensch
und der Baum 79; Aus der Geschichte
der Post in Lübeck 79; 800 Jahre Musik
in Lübeck 82.
Ue: Prosper Mérimée: Colomba. Die
Rache der della Rebbia 77; Kai Holm:
Ein Junge vom Limfjord 77; Peter
Grove: Der Falke des Pharao 77.

Casal, Silvia, Hausfrau, Übersetzerin;
Rankhöhenstr. 9, CH-8645 Jona, Tel.
(055) 283485 (Staad/Schweiz 16.3.30).
Roman **Ue:** E., F.
V: Vier Kinder, zwei Gauner und die
Marmorgöttin, Kinderkrimi 81.

Caspari, Arthus (C), s. Caspari,
Carlheinz.

Caspari, Carlheinz (Ps. Arthus (C)
Caspari), Regisseur, Dramaturg;
Labyrist. Ges. (Initiator); Grüne Twiete
114a, D-2083 Halstenbek, Tel. (04101)
42659 (Köln 13.12.21). Drama, Hörspiel,
Film, Roman, Lyrik, Essay.
V: Friedhof der Maulwürfe, R. 58;
Volkslieder 63; Sex-Lieder 64;
Initiationsrede eines Seiltänzers 65;
Tausend Jahre sind vergangen, Lieder
66; Labyrismen 66; Das Buch aller
Lieder 80; Machtergreifung, Theaterst.
82; Lessing, Theaterst. 82; Juana la Loca,
Theaterst. 82; Oder etwa nicht, Farce 83.
MA: Die Außerirdischen sind da 79.
R: Der Zweikampf; Die Barrikade;
Die Fremde; Keine Angst vor Thomas
B.; Fliegen und stürzen; Ut de
Franzosentid; Jenseits von Schweden,
alles FS-Send.; Der Zweikampf;
Könemanns Vernichtung u. Erneuer. d.
hamburg. Dramaturgie; Die Versuchung
des heiligen Antonius, alles Hsp.;

Wieviel Erde braucht der Mensch, Fs.-
Send. 83.

Caspari, Tina, s. Eitzert, Rosemarie.

Casper, Sigrun, Lehrerin an Sonderschulen; Pfalzburger Str. 50, D-1000
Berlin 31, Tel. (030) 874204 (Kleinmachnow 18.5.39). Lyrik, Kurzprosa.
V: Der unerfindliche Schmandlau,
Erzn. illustriert 83; Das Ungeheuer,
zehn Berliner Liebesgeschn. 83.

Casper, Wilhelm, Dr., Präs. a. D.,
Schriftsteller; Großes Bundesverdienstkreuz 67; Loeschckestr. 24, D-5300 Bonn
(Lauenburg 8.3.02).
V: Der Meeresstrand 27; Drei Segel-
fliegermärchen 31; Britische Stimmen
über die deutsche Besatzungszeit auf
den britischen Kanalinseln 63; Das
goldene Zeitalter, R. 67. ( )

Cassagranda, Rolf *

zu Castell, Luise Gräfin, s. Ullrich,
Luise.

Castell, Wolfgang J.; Michstr. 19, D-
2000 Hamburg 13, Tel. (040) 444401
(Königsberg/Pr. 20.2.41). Lyrik, Roman,
Novelle, Essay, Film.
V: ... sagte da irgend jemand etwas,
Lyr. 81, 82

Cauchie, Renate, Sekretärin
(Mönchengladbach 30.9.38). Lyrik.
V: Abhilfe zu schaffen, Lyr. 77.
MA: Günther Quast: Polizeipferd,
Prosa 78. ( )

Caveau, Fred, s. Keller, Manfred.

Cerha, Michael, c/o Öst. Staats-
druckerei, Wien.
V: Kunstpause, R. 82. ( )

Cerio geb. Wiedermann, Clara (Ps.
Claretta Cerio), Dr.; Podere Rimortini, I-
52020 Ambra/Ar. (Capri 22.4.27). Roman,
Novelle. **Ue:** E, I.
V: Chrysanthemen auf Capri, R. 70;
Einen heissen Sommer lang, R. 73; Rom
und Deine Liebe, R. 77; Blut im Chianti,
Kurzkrimis 79; Mit Bedenken versetzt,
Erinn. 81; Arietta di Capri, Erzn. 81.
Ue: Aldo de Benedetti: Gute Nacht,
Patrizia! Lsp. 62.

Cerio, Claretta, s. Cerio, Clara.

Cern, Martin, s. Dörken, Gerd.

Cerveny, Anne Liese, s. Cerveny,
Anneliese.

Cerveny, Anneliese (Ps. Anne Liese
Cerveny), Lehrerin; Der Kreis 70;
Gebauergasse 16/19, A-1210 Wien, Tel.
(0222) 3850012 (Wien 16.3.33). Lyrik.
V: fremde heiße erde Korsika,
Lyr.bildbd 80; Tage, aus denen Brot

wird, Lyr., Kurzprosa 81; Mensch in der
Zeit, Lyr., Kurzprosa 82; Wenn auch die
Regen fallen, Lyr. 83.

Cesaro, Ingo, s. Hümmer, Ingo.

de Cesco, Federica, s. Kitamura,
Federica.

von Cetto, Brigitta (Ps. f. Gitta
Seuffert), Schriftstellerin, I- Capoliveri,
Isola d'Elba (Landsberg/Lech). Jugend-
u. Kinderbuch, Roman, Essay, Film,
Fernsehspiel.
V: Geliebter Alltag; Er; Stefanie, R.;
Ehe man Ehemann wird; Mann mit
Anhang; Gabriella; Wer liebt, hat Ärger;
Mädchen mit Knacks; Phillips Haus;
Was versteht Mama davon; Eine nahm
Geld; Bäume wachsen nicht in den
Himmel, u.a.; üb. 20 Jgdb.
F: (MA): Stefanie I; Stefanie in Rio II;
Liebe verboten, heiraten erlaubt.
R: Die Bräute meiner Söhne, Fs.-
Serie; Alle Hunde lieben Theobald
(Mitarb.); Ferien in Lipizza. ( )

Chakravorty-Ebbing, Juliana, Dr.h.c.,
bildende Künstlerin; Méd. de Vermeil,
Acad. Intern. de Lutèce, Paris 82; Mitgl.
d. Lit. Union e.V. Saarbrücken 79-82,
World Poetry Soc. 79; 22, Ave. F.
Mansart, F-78600 Maisons-Laffitte
(Düren 17.9.41). Lyrik.
V: Die Jahreszeiten, Lyrik 75.
MA: Zahlr. Veröff. in dt.- u. engl.spr.
Büchern, Zss. u. Anth., z.B. in: Gauke's
Jb. 82, 83; Lyrik 80, 81, 82; Poet (Madras,
Indien); Premier Poets 79, 80; East-West
Winds 82; Transnational Perspectives 3
82; World Poetry 83.

de Chalon, Pierre, s. Scheer, Karl-
Herbert.

Chaloupek, Ferdinand, ObSchulR.,
Hauptschuldir. i.R.; Alauntalstr. Nr. 100,
A-3500 Krems/D.-Stein, Tel. (02732) 2338
(Fichtau/Böhmen 21.4.00). Lyrik.
V: Verheißung u. Zuversicht, Lyr. 79,
2.Aufl. 80.

Chargaff, Erwin, Sc.D.h.c., Dr.phil.,
D.phil.h.c., UProf.; American Acad. of
Arts and Sciences 61, American
Philosophical Society 79; 350 Central
Park West, New York, N.Y. 10025/USA,
Tel. (212) 2227994 (Czernowitz/Österr.-
Ungarn 11.8.05). Essay, Aphorismen,
Autobiographie.
V: Voices in the Labyrinth, Ess. 77;
Das Feuer des Heraklit. Skizzen aus
einem Leben vor der Natur 79, 3. Aufl.
81 (engl. 78, 80); Unbegreifliches
Geheimnis, Ess. 80, 2. Aufl. 81;
Bemerkungen, Aphor. 81;

Warnungstafeln, Ess. 82; Kritik der
Zukunft, Ess. 83.
MA: Brauchen wir eine andere
Wissenschaft?, Ess. 81; Fortschritt ohne
Mass?, Ess. 81; Literaturmag. 14 81;
Schmarotzer breiten sich aus, Ess. 81.

Chasen-Krämer, Ilse (Ps. Ilse
Krämer), Übersetzerin; Literaturpreis d.
Stadt Zürich 57; Titlisstr. 56, CH-8032
Zürich, Tel. (01) 348858 (München
15.6.01). Lyrik, Novelle, Aphorismen.
Ue: E, F, R.
V: Gedichte; Gedichte u. Aphorismen
73; "Das Wartezimmer" und kleine
Studien 79.
Ue: Shakespeare: Sonette 45; Gogol:
Taras Bulba; Rob. P. Warren: All the
King's Men u. d. T.: Der Gouverneur;
Saint-Loup: La Nuit commence au Cap
Horn u. d. T.: Nacht über Feuerland 55;
Bhagavadgītā, aus d. Engl., u.a.

ChBM, s. Böhler-Mueller, Charlotte.

von der Chevallerie, Ruth, Hausfrau;
Pfahlerstr. 4, D-6200 Wiesbaden-
Sonnenberg, Tel. (06121) 540935 (Zappot
b. Danzig, Westpr.). Lyrik, Novelle,
Essay.
V: Was das Leben erzählt, Geschn. 82.
MA: Beitr. in Mheften u. Ztgn.

Chevallier, Sonja (Ps. Sonja Lasserre),
Ärztin; Bismarckstr. 105, D-2000
Hamburg 20, Tel. (040) 4912338
(Hamburg 22.8.46). Roman.
V: Nachtreise -Wartesaal Lesben-
klasse, R. 81; L.-Liebe. Eine
Abrechnung, R. 83.

Chiari, Gerhard, Mag. phil., Prof.;
SÖS; Haydnstr. 13, A-5020 Salzburg, Tel.
(0662) 73814 (Wien 5.10.09). Lyrik,
Roman, Novelle. **Ue:** E, F, I.
V: Welt u. Mensch im Zwiespalt, G. 38.

Chidolue, Dagmar; VS; Hans-im-
Glück-Pr. 79; Am Tiergarten 18, D-6000
Frankfurt a.M., Tel. (0611) 444220
(Sensburg/Ostpr. 29.5.44). Roman,
Erzählung, Kurzprosa.
V: Das Maisfeld, R. 76; Fieber oder der
Abschied der Gabriele Kupinski, R. 79;
Das Fleisch im Bauch der Katze, R. 80;
Juls Haus, Erz. 80, 82; Aber ich werde
alles anders machen, R. 81; Ruth hat
lange auf den Herbst gewartet, R. 82;
Ein Jahr und immer, R. 83.
MA: Menschengeschichten, Anth. 75;
Neues vom Rumpelstilzchen, Anth. 76;
Leseladen: Orte innen und außen, Anth.
77; Männerleben, Anth. 78; Entfernung,
Anth. 79; Das achte Weltwunder, Anth.
79.
Lit: Leseladen Nr. 1 76.

Chinmyg, s. Gymnich, Heinz.

Chiriță, Gertrud, s. Gregor, Gertrud.

Chobot, Manfred, Schriftsteller; Arbeitskreis öst. Lit.produzenten 71, Podium: Lit.Kreis Schloß Neulengbach 72, Kogge 74, Grazer Autorenversamml. 75; Förder.pr. d. Wiener Kunstfonds 72 u. 77, Arbeitsstip. der Gemeinde Wien 74, 78 u. 82, Förderungspr. d. Theodor-Körner-Stift.fonds 76, Nachwuchsstip. d. Bundesmin. f. Unterr. u. Kunst 77, Dramatikerstip. 79 u. 82, Stip. zur Produktion von Fernsehspielen 79, Arb.stip. d. Ldes NdÖst. 79, Preis d. Arbeiterkammer 81; Yppengasse 5/5, A-1160 Wien, Tel. (0222) 426416 (Wien 3.5.47). Prosa, Hörtexte, Lyrik, Essays, Hörspiele, Kabarett. **Ue:** E.
V: Projekte, illustr. Prosa 72; Neue Autoren I, "Edition Literatur-produzenten", Prosa 72; Der Gruftspion, Prosa 78; Waunst in Wean, Dialektg. 78; reform-projekte, satir. Kurzprosa 80; I wüü net alaane sei, Dialektg. 83.
H: Reibflächenmultiple — Hrdlicka und die Öffentlichkeit 77; Die Briefe der Leopoldine Kolecek, gefundene Briefe 78; Mit'm Schmäh, Das Große österr. Liederbuch, Liedtexte 80. —
MH: endlich was neues, Jahrb. f. neue Dicht. 73/74; Dialekt-Anth. 1970-1980 82; Friedensmarsch der 70.000, Wien 15.Mai 1982 82.
R: A Day in the Life, Hsp. 72; Schöner wohnen in Wien, Fsp. 72; Interviews kurz vor d. Hinrichtung, Kurzhspe. 74; Partygesellschaft oder Krieg im Salon, Hsp. 74; Living-Street, Hsp. 75; Sonntag nach der Mess', Hsp. 75; Bettelhörspiel 77; Inventur, Hsp. 77; Duell auf der Brücke, Hsp. 80; Rechts-Sprechung, Hsp. 80; Vom Geben und vom Nehmen, Hsp. 81; Lebenslänglich Wichtelgasse, Feature 82; Blinder Passagier nach Petersburg, Feature 83; Ein Autor sucht seine Siege, Hsp. 83.
S: I wüü net alaane sei, Tonkass. m. Liedern 83.
Ue: Pop-Songtexte, u.a. von Frank Zappa, Pete Brown, Jack Bruce, Jim Morrison, John Lennon, Ian Anderson, Van Morrison, alle Rdfksdg.
Lit: R. Heger: Das öst. Hörspiel 77; W. Kratzer in: Morgen Nr. 11 80.

Chollet, Hans-Joachim (Ps. Hans-Joachim Wolter), Realschullehrer; Erzähler-Pr. d. Stadtbibl. Paderborn 77; Jahnplatz 6a, D-4790 Paderborn, Tel. (05251) 33116 (Schwedt/Oder 1.9.33). Lyrik, Erzählung, Jugendbuch.

V: Die König-Elf u. der tote Briefkasten, Jgd-Tb. 70; Die König-Elf u. der Warenhausdieb, Jgdkrimi 73; In 80 Gedichten um die Welt — Eine Kleine Poetische Geographie 82.
R: Der Fliegenpilz — ein Sennemärchen 63; Der erste Schultag 65, beide Kinderfunk.

Chotjewitz, Peter O., D-6419 Haunetal-Kruspis, Tel. (06673) 482 (Berlin 14.6.34). **Ue:** I.
V: Hommage à Frantek - Nachrichten für seine Freunde, R. 65; Ulmer Brettspiele, G. m. Maschinendruckgraphiken v. Joh. Vennekamp 65; Die Insel-Erzählungen auf dem Bärenauge 68; Roman - Ein Anpassungsmuster, R. m. Photogr. v. G. Rambow 68; Abschied von Michalik, Erzn. 69; Vom Leben und Lernen - Stereotexte 69; Der Film des Conte la Malfa, apokrypher R. 70; Die Weltmeisterschaft im Klassenkampf, Theaterst. 71; Die Trauer im Auge des Ochsen, Erzn. 72; Malavita, Mafia zwischen gestern und morgen 73, 76; Itschi hat ein Floh im Ohr, Datschi eine Meise 73; Kinder, Kinder! ein Märchen aus 7 Märchen 73; Reden ist tödlich, schweigen auch 74; Die Gegenstände der Gedankenstille. Requiem für ein Haus mit Bewohnern 76; Durch Schaden wird man dumm, Erz. 76; Der 30-jährige Friede, R. 77; Die Herren des Morgengrauens, R. 78; Saumlos, R. 79. —
MV: Die Briganten. Aus dem Leben süditalienischer Rebellen, m. Aldo De Jaco 76; Die mit Tränen säen. Aus d. Gesch. e. jüd. Landgemeinde in Hessen, m. R. Chotjewitz-Häfner 81.
MA: Publizist. Beitr. in Zss. u. Anthol..
MH: Der Landgraf zu Camprodon. Festschr. f. H. C. Artmann 66.
R: Zahlr. Hörspiele, Funkfeatures.
Ue: Zahlr. Übersetz. aus d. Italienischen, vor allem der Theaterstücke von Dario Fo.

Chow, Chung-cheng, Dr. phil., Kunstmalerin; Hausdorffstr. 250, D-5300 Bonn, Tel. (0228) 231714 (Anhwei, China 20.7.08). Roman, Novelle, Jugend- u. Kinderbücher. **Ue:** Ch.
V: Kleine Sampan, Jgdb. 57, 60; Zehn Jahre des Glücks, Jgdb. 60; König des Baumes, Jgdb. 68; Die kleinen bunten Fische, Jgdb. 68; Aber ein Vogel gehört zum Himmel, und ein Fisch gehört zum Wasser 73; Sklavin Goldblume 74.

Chri, s. Christlieb, Wolfgang.

Christ, Hans (Ps. Hannes Buchwald), Dr. phil., Doz. i.R.; Förderpreis d. Donau-

schwaben 68; Neuffenstr. 21, D-7056
Weinstadt, Tel. (07151) 61543 (Meknitsch
30.11.14). Lyrik, Essay, Kurzgesch.
V: ... ich suche nach Neuland, Lyrik u.
Prosa d. Kriegs- u. Nachkriegszeit. —
MV: Brücken und Zeichen; Der leuch-
tende Bogen; Suchen u. Bekennen;
Magisches Quadrat, Erz.; Aus
Trümmern wurden Fundamente;
Bausteine oder Dynamit?
MA: Beitr. in: Kulturpolit. Korres-
pondenz, Bonn.
R: Essays im Deutschlandfunk. ( )

Christ, Margret, Grafikerin;
Rheingaustr. 70, D-6238 Hofheim/Ts.-
Marxheim, Tel. (06192) 37429 (4.9.26).
Kinderbuch.
V: Tino vom fahrenden Volk 65; Mehr
wissen von der bunten Welt 65; Deine
ersten 1000 Tage 69.

Christ, Richard, Dipl.-Philologe; SV-
DDR 71; Heinrich-Heine-Pr. d. DDR 74,
Kunstpr. d. FDGB 77, Verdienstmed. d.
DDR 70, Kunstpr. d. Ges. f. DSF 80,
Vaterländ. Verdienstorden Bronze 81,
Goldene Feder d. Journalistenverb. d.
DDR 81, Joh.-R.-Becker-Med. in Gold 82,
Wilh.-Bracke-Med. in Silber 82; Pütt-
bergeweg 33, DDR-1166 Berlin-
Rahnsdorf, Tel. 6489096 (Speyer/Rh.
30.12.31). Erzählung, Reisebelletristik,
Feuilleton, Satire, Essay, Fernsehfilm,
Hörspiel.
V: Immer fehlt was, Feuill. 71, 76; Das
Chamäleon oder Die Kunst, modern zu
sein, Erz. 73, 82; Reisebilder. Ansichts-
karten aus der DDR 74, 79; Monologe
eines Fuußgängers, Feuill. 1971 - 1974
75; Die Zeichen des Himmels, Satn. 75,
79; Um die halbe Erde in hundert
Tagen, Reisegeschn. 76, 81; Nichts als
Ärger, Satn. 78, 80; Der Spinatbaum in
der Wüste, Kinderb. 78, 81; Adieu bis
bald, Reisebriefe 79, 82; Taschkent,
Buchara, Samarkand, Usbekische
Reisebilder, Text-Bild-Band, Fotos
Karol Kallay 79; Die Sache mit dem
Haken, Feuill. 1975 - 1979 80; Mein
Freund Ziberkopf, 25 Geschn. u.
Interview 80; Blick auf Pakistan, Reise-
tageb. 82.
H: F. Werfel: Menschenblick, Ausgew.
G. 67, Dramen, Ausw. 73; Erich Kästner:
Da samma wieda!, Ausgew. Publizistik
69; Simplicissimus. Ausw. aus d. Jgg.
1896 — 1914 72. — **MH:** Fünfzig Erzähler
der DDR, m. M. Wolter 74.
R: Aber - glauben Sie das?, Hsp. 73;
Sechs Episoden um Paul, Hsp. 73;
Kennen Sie Naumburg?, Fsf. 74;
Kalendergeschichten, Hörfk.-Feature

74; Sigis Orden, Hsp. 75; Die Gleichberechtigung des Mannes, Hörfk.-
Feature 76; Um die halbe Erde in
hundert Tagen, Fsf. 77; Von Elefanten,
Rikschas u. Saris, Hörfk-Feature 79.

Christian, Doris, s. Rebner-Christian,
Doris.

Christians, Annedore, Mitarb. in der
"Oldenburgischen Landschaft"
Körpersch. d. öff. Rechts;
Schrieverkring 75; Fröbelstr. 22, D-2900
Oldenburg/O., Tel. (0441) 61719
(Oldenburg 19.4.26). Erzählung, Kurz-
geschichte.
V: Freetiet un Hinnerk un anner
Geschichten, Plattdt. Kurzgeschn. 81.

Christiansen, Johannes,
Schriftsteller; Kulturpreis der
Flensburger Gilde 79; Süderstr. 84, D-
2391 Harrislee b. Flensburg, Tel. (0461)
71673 (Harrislee b. Flensburg 9.9.08).
Plattdeutsche Erzählungen.
V: Kleene Lüd vun de Woterkant 78;
Lüd vun de Flensburger Kant 79; So is
dat Lewen 80; Geschichten de dat
Lewen schreev 81; Ick erinner mi,
plattdt. G. 82.

Christiansen, Karl H. *

Christiansen, Katarina, s. Loos,
Gertrud.

Christl, Heinz, Ind.-Kaufmann;
Gartenstr. 2a, D-8860 Nördlingen
(Elbogen 30.5.40).
V: Ferien auf dem Meeresgrund,
Kindersachb. 73.

Christlieb, Wolfgang (Ps. Chri),
Journalist, Kunstkritiker; Bayer. J. V.
56; Akademiestr. 3, D-8000 München 40,
Tel. (089) 395502 (Regensburg 21.8.12).
Schauspiel, Novelle, Essay.
V: Gewitter am See, bayer. Leg., Sch.
64; Die Sphinx vor Theben od. Die
Hochzeit des Oedipus, Sch. 64; Michael
Kohlhas, Sch. 65; Luitwinda od. Die
Vereinigten von Krächzensee, Nov. m.
Illust. v. K.-H. Bauer 65; Aus Luitwindas
Wunderwelt, N. 66 IV; Der entzauberte
Ödipus, Ursprünge und Wandlungen
eines Mythos, eine mythol.-archäol.
Unters. 79.

Christmann, Helmut, Prof., Dr.;
Sonnenhalde 9, D-7070 Schwäbisch
Gmünd, Tel. (07171) 82501 (Berlin
12.2.24). Autobiographie, Inter-
pretationen, Schul- u.
Lehrerhandbücher (Gesch.).
V: Ferdinand Steinbeis - Gewerbe-
förderer und Volkserzieher, Biogr. 70;
Kolonialgeschichte 75;

Technikgeschichte in der Schule 76. —
MV: Interpretationen zu Wolfgang
Borchert 62, 70; Deutsche Balladen,
Interpret. 63, 69.

H: Schwäb. Lebensläufe in Selbstzeugnissen XI seit 69; Abenteuerl.
Lebensläufe in Selbstzeugnissen XIII
seit 69; Damals und heute. Gesch. Bad.-
Württ. III seit 79.

Christoff, Charlotte, Lektorin; VS
Rhld-Pf. 71, Die Kogge 73;
Förderungspr. d. Theaters i. d. Joseph-
stadt Wien 61, c/o Neske Verlag,
Pfullingen (Bonn 5.6.33). Drama, Lyrik,
Roman, Kurzprosa.

V: Die Spiele der Erwachsenen
(Pelagia), Sch. 60; Aller Staub der Welt,
Sch. 61; Im Schatten Helenas, Kom. 62;
Gegenbeweise, G. 69; Auch Dir wurde
Bescheid gegeben, G. 74; In der Obhut
des Windes, G. 75; Lernen was man
immer gewusst hat, R. 79; Der Feurige
Elias, M. 80; Die Zeit ist eingeholt, G. 83.

R: Die Spiele der Erwachsenen 63. ( )

Christoff, Daniel, Schriftsteller, Filmregisseur; S.-Fischer-Dramatikerpreis
61, Dt. Erz.-Preis 63, Adolf-Grimme-
Preis in Gold 75, Film- u. Fernsehpr. d.
Hartmannbdes 76, IRK Silberplakette
77; Mühlstr. 22, D-6501 Stadecken-
Elsheim 2, Tel. (06130) 1816 (Bonn
31.10.26). Drama, Roman, Fernsehspiel.

V: Noah ist tot. Eine trag. Farce 61;
Exilregierung, Einakter 63; Rückkehr
von Elba, Einakter 63; Schaukelstühle,
R. 64; Passagiere für Garganos, Sch. 65;
Kille kille kill, Sch. 70.

R: Rückkehr von Elba 67;
Umschulung 69; Der Musterschüler 70;
Kennwort gute Reise 71; Altersheim 72,
Gladiatoren 72; Finito l'amour 72; Sechs
Wochen im Leben der Brüder G. 74;
Haus ohne Hüter, nach H. Böll 75;
Stumme Zeugen 75; Der Tod vor dem
Sterben 75; Die Wahl 76; Moosmacher
macht Millionen 77; Rückfälle 77; Georg
u. Martha 77, Adoptionen 78; Fallstudien
79; Protokoll eines Verdachts 79; Direkt-
mandat 79; Jeans 81; Der Zubringer 82;
Wir haben uns doch mal geliebt 82;
Heimat, die ich meine, 2 T. 82/83; Kunst-
fehler 83; Datenpanne — Das kann uns
nie passieren 83, alles Fsf.; Sprungbrett,
3 F.; Hauptsache die Kohlen stimmen, 2
F.; Aus Liebe zum Sport, 6 F.; Auf der
Suche nach dem Glück, 2 F.; Hamburg
Transit, 3 F.; Jean-Christophe, nach R.
Rolland, 3 F.; St. Pauli Landungsbrücken, 2 F.; Wie würden Sie entscheiden, 2 F.; Telefonseelsorge, 2 F.;

Kollege Betriebsrat, 6 F., alles Fs.-
Serien.

Christoffel, Karl, Dr., Dr., Dipl.-Kfm.,
ObStud-Dir. a. D.; Deutscher
Weinkulturpreis 61, D-5564 Ürzig/Mosel,
Tel. (06532) 2110 (Ürzig 29.1.95). Lyrik,
Essay, Erzählung.

V: Wein-Lese-Buch 64, 77; Moselland-
Rebenland 64, 75; Ein Krugvoll Wein-
Spruchweisheiten 73, 74; Der Wein in
Goethes Leben und Dichtung 78, 79; Die
Weinlagen der Mosel und ihre
Namensherkunft 79; Kulturgeschichte
des Weines 81; Amata Vitis — Geliebte
Rebe 82.

H: Lerne denken mit dem Herzen,
Theodor Fontanes Selbstbildnis —
Lebensweisheit — Weltbetrachtung 49,
77; Weisheit im Wein. Poesie u. Prosa
von Homer bis Zuckmayer 78.

Christoph, Alfred;
Hohenzollerndamm 23, D-1000
Berlin 31, Tel. (030) 874309 (Böhmisch-
Kamnitz/ČSR 16.2.30). Lyrik, Essay.

V: Gedichte 78.

B: Große Kriminalfälle. Aus dem
Neuen Pitaval des Willibald Alexis 65, 2.
Aufl. 66.

Christoph, Paul, s. Pollak, David.

Christophe, s. Christophel, Friedrich
Wilhelm.

Christophel, Friedrich Wilhelm (Ps.
Christophe), Schriftsteller,
Buchhändler; VS.55-83; Graubündener
Str. 47, D-8000 München 71, Tel. (089)
751184 (Halle/Saale 10.3.13). Lyrik,
Roman, Novelle, Essay, Hörspiel,
Verhaltensforschung-Tierbuch. Ue: F.

V: Die Landschaften Gottes, Lyrik 50;
Wie das Märchen zu den Menschen
kam, Märchen 65; Die Erde ist von
Wünschen schwer, Lyrik 66; Das
Mädchen, das aus Flandern kam 67; Am
Anfang waren die Träume, Lyrik 75; Die
Brautnacht auf dem Giebichenstein,
Hochzeitsnacht aus d. 13. Jh. in Dt.,
Sächs. u. Mhd. 71; Freude mit Terrarien-
tieren, Tierb. 77; Die Märchen von den 3
Waldmäusen, vom Fingerhut und vom
blinden König 78; Einen Sommer lang,
Tageb. e. Rosenkäfers 82.

MA: Das junge Herz, Zs. f. junge
Menschen 45 — 46; Der Querschnitt, Zs.
46.

H: Deutsche Lyrik der Gegenwart 51;
Die Märchen von einfältigen Herzen 52.

R: Wie das Märchen zu den Menschen
kam, Fs-Send. 58.

Christopher, s. Fichelscher, Walter F..

Christopher, Joan, s. Klingler, Maria.

Christophers, Ewald, Lehrer, Schrift-
steller, Funk- u. Fernsehautor; Mitgl. d.
"ostfriesischen Landschaft"-Wiss. u.
Schrifttum; Beiratsmitgl. Inst. f. Ndt.
Spr. Bremen 75; Schillerstr. 12, D-2960
Aurich/Ostfriesld., Tel. (04941) 2002
(Kirchdorf 19.6.22). Kurzgeschichte, Hör-
spiel.
    V: Middwäk Klock 8, Plattdt. Geschn.
I 71, 72; To'n ersten - to'n tweeden,
Plattdt. Geschn. II 72; Hier bün ick to
Huus, Plattdt. Geschn. III 75; Swartbrot
un Stutendaag 78; Wor de Seewind
weiht 79; Der 6. Erdteil — Auf den
Spuren der Ostfriesen 77; Ostfriesland
— Versuch einer Annäherung, Bild-
bandtext 80; Ostfriesland/Butjadingen,
Bildbandtext 80, 2. Aufl. 81; Kati kocht
für Kalle, Kochb. 83. — **MV:** Land
zwischen Weser und Ems, Bindbandtext
82.
    MA: Platt mit spitzer Feder, Plattdt.
Geschn. 78.
    R: Toslaan Dören; De Schuld;
Sömmerleev, alles ndt. Hsp.; Auricher
Juden in Israel; Klönsnack, Plattdt. Fs.-
Serie.

Chronopoulos, Debby; Theodor-
Körner-Str. 54, A-8010 Graz.
    V: Das Geheimnis der weißen Fleder-
maus 79, 2. Aufl. 81. ( )

Cibis, Bernd, Industriekaufmann i.R.,
Schriftsteller; VS-Ortsgr. Dortmund 79,
Autorenkr. Ruhr-Mark 82; AWMM-
Buchpr. St. Gallen 83, Buch d. Jugend
80, 81; Am Heedufer 10, D-5840
Schwerte 4 (Ergste), Tel. (02304) 73006
(Ober Salzbrunn/Schlesien 1.5.22).
Roman, Lyrik, Tiergeschichten, Jagd-
geschichten, Essay.
    V: Mein Freund Asso, der gelbweiße
Collie 66; Gefiederte Pflegekinder 76;
Findelkinder aus Wald und Flur 80, 2.
Aufl. 81, alles Tierb.; Im Reich der
weißen Wölfe, R. 81, 2. Aufl. 82;
Heimliche Herrscher in Wald und Flur,
Tiergeschn. 82; Treff, der Jagdteckel, R.
82; Heimatlose Tiere finden ein
Zuhause, Tierb. 83.

Cibulka, Hanns, Bibliothekar; SV-
DDR; Fürnberg-Pr., Johannes-R.-
Becher-Pr.; Francesco-De-Sanctis-Pr.,
Kulturpr. der Stadt Gotha; Dante-Ges.,
Mitgl. d. Goethe-Ges., Verwalt.R. d.
Schillerstift.; Karl-Marx-Str. 6, DDR-
5800 Gotha, Tel. (0622) 53581
(Jägerndorf/ČSR 20.9.20). Lyrik.
    Ue: Tsch.
    V: Märzlicht, G. 55; Zwei Silben, G. 59;
Sizilianisches Tagebuch 60; Arioso, G.
62; Umbrische Tage, Reisetageb. 63;

Windrose, G. 68; Sanddornzeit 71;
Dornburger Blätter, Briefe und Auf-
zeichnungen 72; Lichtschwalben, G. 73;
Liebeserklärung in K., Tagebuch-
aufzeichnungen 75; Tagebücher, Samml.
76; Lebensbaum, G. 77; Das Buch Ruth.
Aus den Aufzeichn. d. Archäologen
Michael S. 78; Der Rebstock, G. 80;
Poesiealbum 181, G. 82; Swantow. Die
Aufzeichn. d. Andreas Flemming 82.
    H: Adalbert Stifter: Briefe und
Albumblätter 57.
    R: Swantow, Feature 80.
    Ue: Zabransky/Čarek: Kinderfreuden
58; F. Hrubin: Wieviel Sonnen stehn am
Himmel 70.

Claer, Hans Henning, Hauer im Berg-
werk; Distelfinkstr. 16, D-4619
Bergkamen-Weddinghofen (Berlin
30.12.31). Roman.
    V: Laß jucken Kumpel 71, 83; Das
Bullen-Kloster 72; Bei Oma brennt noch
Licht, R. 77.
    F: (MV): Laß jucken Kumpel 72. ( )

Claes, Astrid, s. Gehlhoff-Claes,
Astrid.

Clasen, Dirck, Schriftsteller; VS 70;
Casa Clasen, Galilea, Mallorca/Spanien
(Nordhausen, Harz 13.6.08). Roman,
Novelle, Hörspiel, Fernsehspiel,
Ethnologica, Etnographica.
    V: Fährmann Johannes, N. 31, 48; Der
Berg Pans, N. 39, 48; Heika, R. 39, 48; Die
gläserne Brücke, R. 40; Wüstensonne, R.
68; Hansmann, Heinrich, geboren am...,
R. 77.

Clasen, Herbert *

Class, Hein, s. Breucker, Oscar
Herbert.

Classen, Mary, s. Janzen, Margarete.

Clausen, Cornelius, s. Hellmer,
Joachim.

Clemen, Eberhard, Dr. phil., ehem.
Sprachlehrer; Schrifts. in Schlesw.-
Holst. u. Eutiner Kreis e.V. 81; Poststr.
42, D-2408 Timmendorfer Strand, Tel.
(04503) 2606 (Bochum 13.10.10). Lyrik.
    V: Im Strom der Stunden und Dinge,
Neue Lyrik 32; Stille Strophen, 10 G. 36;
Fuge in Moll, G. 73; Die silberne Spur, G.
77.
    MA: Versch. Anth., u.a.: Musik. E.
Leseb. schlesw.-holst. Schriftst. 80.

Clemen, Ursula, Dr. phil.;
Hofhamerweg 3, D-8207 Endorf/Obb.,
Tel. (08053) 326 (Eitorf/Sieg 2.11.11).
    Ue: E.
    Ue: T. S. Eliot: Ausgewählte Essays 50;
G. M. Hopkins: Gedichte, Schriften,

Briefe 54. — **MUe:** Von Hopkins bis Dylan Thomas, Engl. G., mit Christian Enzensberger 61; Schottische Volksmärchen in: Die Märchen der Weltlit. 65; Yeats 70; Irische Märchen 71; L. G. M. Hopkins Gedichte, Engl.-Dt., m. Friedhelm Kemp 73.

Clemens, Elisabeth-Charlotte (Ps. Lieselotte Clemens), Oberstudienrätin; Godesbergerstr. 34, D-2427 Malente, Tel. (04523) 4117 (Berlin 2.2.22). Essay, gereimte Geschichten.
V: Pasters Lieselotte vertellt 67; Dat Niegst' von Pasters Lieselotte 69; De leiwen Pommern 72; Die Auswanderung der pommerschen Altlutheraner in die U.S.A. 76; Freistadt-Lüüd, 5 Generatione pommersche Inwannerer in Wisconsin 82.
R: Es wäre zu raten, manches mitzunehmen, Hsp. 77.

Clemens, Lieselotte, s. Clemens, Elisabeth-Charlotte.

Clevé, Evelyn, s. Clevé-Klebert, Eveline.

Clevé-Klebert, Eveline (Ps. Evelyn Clevé); VS 60; Lepsiusstr. 79, D-1000 Berlin 41, Tel. (030) 7911563 (Berlin 23.10.06). Erzählung, Hörspiel, Jugendbuch.
V: Helen Keller, Biogr. 47, 69; Heinrich Schliemann, R. 48, 69; Jerry, die Farmerstochter 55; Königin für England - Elisabeth I. 58; Du mußt nach Frankreich ziehn, Johanna 61.

Close, Erwin P., s. Klose, Erwin.

Closs, August, o. UProf.; P.E.N. 53; Gr. Verdienstkr. d. BRD 64, Ehrenkr. f. Wiss. u. Kunst 1. Kl. 65; F.R.S.L. 69; 40 Stoke Hill, Bristol 9/Engl., Tel. (0272) 682244 (Neumarkt/Öst. 9.8.98). Tristan-Lyrik, Essay. **Ue:** E.
V: Tages Anbruch, G. 32; Die neuere deutsche Lyrik vom Barock bis zur Gegenwart 52, 60; Woge im Westen. Irland, Wales u. England im Wandel d. letzten Jh. 53; The Genius of the German Lyric 65; The Sea in the Shell 77. — **MV:** Die neuere dt. Lyrik vom Barock bis zur Gegenwart in W. Stammler: Deutsche Philologie im Aufriß 52, 57.
H: Introductions to German Literature 67 — 71. IV; R. Priebsch — E. v. Steinmeyer: Briefwechsel 79.
Lit: Germania 64.
s. a. Kürschners GK.

Clure, Cliff, s. Breucker, Oscar Herbert.

Cöll, Conny, s. Kölbl, Konrad.

Coenen, Rainer, Organist; Alexanderstr. 59/61, D-5100 Aachen, Tel. (0241) 22012 (Aachen 26.1.32). Roman.
V: Fromme Weisen - Falsche Töne, R. 68.

Cöster, Oskar, Dr.phil., Bankkaufmann, freier Journalist; Litpr. 'Story '80; Literaturzentrum LIT e.V. Hamburg 80; Elbchaussee 118, D-2000 Hamburg 50, Tel. (040) 395207 (Breitenheim/Kr. Bad Kreuznach 16.7.49). Drama, Lyrik, Erzählung, Essay.
V: Kämpfe mit Engeln, G. 79; Assuan, Erz. 80.
MA: Projekt Deutschunterricht Bd. 12: Kommunikationsanalyse II — Sprachkritik, Ess. 78; Nur ich bin für die Jahreszeit zu kühl, G. 81; Schreiben, wie wir leben wollen, Almanach 81.

Colberg, Klaus, Schriftsteller; V.dt.K. 74; Mühlerweg 3a, D-8000 München-Pasing, Tel. (089) 833181 (Hamburg 11.1.19). Hörspiel.
R: Jonathan Hubers Seelengericht, Hsp.; Schwarze Spinne, Hsp.; Die Nase, Hsp.; Bodhisattwa.

Colbert, Helga, s. Boscheinen, Helga.

Colby, Max (Ps. Max Colpet), freier Schriftsteller; Societé des Auteurs et Compositeurs dramatiques Paris 34, Screen Writers-Guild Hollywood 49, Verb. dt. Textautoren 60; 1. Preis Filmfestsp. Locarno 58, Gold. Löwe von Luxemburg 62; 80 Via Vorame, Casa Kennedy, CH-6612 Ascona (Ti), Tel. (093) 355044 (Königsberg 19.7.05). Film, Hörspiel, Fernseh-Unterhaltung, Lyric, Roman, Novelle, Übers. **Ue:** E, F.
V: Zoo ist das Leben, G. 74; Sag mir wo die Blumen sind, Autobiogr. 76, auch Tb.; Es fing so harmlos an, R. 79, auch Tb.; ... wenn man trotzdem lacht, Kabarett-Texte 81.
F: Scampolo; Madame wünscht keine Kinder; Das Blaue vom Himmel; Ein steinreicher Mann; Abenteuer im Engadin; Es geht um alles; BATUCORI; Le premier rendezvous; La crise est finie; Battement du Cœur; Mauvaise Graines; Derriere la Façade; Allemagne — anno zero; Man soll nie "nie" sagen; Once a thief; Und noch frech dazu.
R: Das waren noch Zeiten; Cherchez la femme; Das gibts nur in Paris; Es geht auch ohne Politik; Nichtgewünschtes bitte streichen; Das gibt's doch zweimal; Andere Zeiten — andere Sitten; Paris ist eine Reise wert; Sag mir wo die Blumen sind; Carrie; Hallo

Mister Moss; Oh, diese Geister!;
Millionen für Penny; Finian's Rainbow;
... wenn man trotzdem lacht; Das erste
Rendezvous, u.a..
 S: Sag mir wo die Blumen sind 62; Die
Welt war jung 62; Schlaflose Nacht/
Allein in der großen Stadt 64; Wann
kommt das Glück auch zu mir; Der Boss
ist nicht hier 62; Marie, Marie, Und
wenn er wieder kommt, Lola und
Johnny 63; Bitte, geh nicht fort, Kleine
treue Nachtigall 66; Der ewige Soldat 70;
Allein — und doch nicht allein, Und
man tanzt, Die Welt ist doch für alle da,
Der Deserteur, Ich verliebe mich nie
mehr, Mich stört kein Regen und kein
Wind, Hallelujah 2000, Und dann fühlen
sie sich nicht mehr so allein.
 Ue: West Side Story; Boyfriend;
Finian's Rainbow; Bells are ringing
(Hallo, Mister Moss); Irma la Douce; 110
in the shade (40 Grad im Schatten); The
appletree (Paradies oder das); Girl
crazy; Lady be good; Oh, Kay; Ciao,
Rudi; High spirits (Oh, diese Geister),
alles Musicals.

Coll, Pieter, s. Gaebert, Hans-Walter.

Collignon, Ilse (Ps. Illa Rémy,
Marguerite Arcol), Schriftstellerin,
Journalistin; Bayr. J.V., VGes. W;
Keferstr. 35A, D-8000 München 40, Tel.
(089) 349004 (Elbing 12.8.13). Roman.
 V: Nach dieser Nacht; Kehr zurück,
Liebe; Nick und Tanja; Endstation Rom;
Damals auf Ronkallen; Gefährlicher
Sommer; Die eine und die andere Lüge;
Vergiß, was gestern war; ... und die
Liebe bleibt; Doch immer bleibt die
Hoffnung. — MV: Angeklagt wegen
Abtreibung.
 F: Unruhige Töchter.

Collin, Christian, s. Homberg, Bodo.

Collins, William H. C., s. Müller, Kurt.

Colombo, s. Farinoli, Colombo.

Colombo, Maria, s. Massler-Colombo,
Maria.

Colpet, Max, s. Colby, Max.

Colvin, Mortimer, s. Gronwald,
Werner.

Comment, Jean Pierrot, s. Doll,
Herbert Gerhard.

Connerth, Astrid, s. Wiesenmayer,
Astrid.

Connor, Tex, s. Breucker, Oscar
Herbert.

Conrad, Anna, s. Stephani-
Nussbächer, Brigitte.

Conrad, Johannes, Schauspieler;
Prenzlauer Allee 188, DDR-1055 Berlin,
Tel. 4499538 (Radeberg/Sa. 24.12.29).
 V: Das Blashorn, Verse u. Vigne Hen
67; ... und Pinkie pennt auf meinem
Kanapee, Erzn. 72; Mac wird gekitzelt,
Erzn. 73; Der Hase schweigt sein
Abendlied, G. 76; Vom Marsflug zurück,
General! Heit. Geschn. 77; Die Nacht, in
der es klopfte, Heit. Geschn. 78;
Kürbisse im Kosmos, Geschn. 80; Seh
ich Butterblumen blühen, G. 81; Der
Dünne im Pannoniaexpreß, Geschn. 82.

Conrad, Klaus, s. Haugk, Klaus
Conrad.

Conrad, Walter; Wartburgallee 39,
DDR-5900 Eisenach. Jugendbuch.
 V: Einführung in die Funktechnik,
Fachb. 52; Grundschaltungen der Funk-
technik, Fachb. 55; Liebe Hörerinnen
und Hörer, Sachb. 65; Notlandung in der
Wüste, Jgdb. 57; Leuchtkugeln am Hassi
Gebla 58; Elektronen verändern die
Welt 59; Auf unsichtbaren Straßen 59;
Radar - kein Geheimnis 60; Der rote
Blitz 61; Salz aus Taudeni. Eine Erz. aus
d. Sahara 61, 64; Rundfunk und Fern-
sehen 62; Auf unsichtbaren Wellen,
Jgd.-Sachb. 62; Elektronik für unsere
Industrie 62; Rundfunk 62; Streifzüge
durch die Halbleitertechnik 63; Alarm
an der Hoggarpiste. Ein Erlebn. aus d.
afrikan. Wüste 64, 66; Wadi Saura. Ein
Abenteuer in d. Bergen d. Sahara 65, 67;
Forscher, Funker, Ingenieure 67, 69; Die
Schwerter des Kambyses. Eine
verhängnisvolle Fahrt in d. Wüste 67, 70;
Erfinder, Erforscher, Entdecker 74, 81;
Physiker im Kreuzverhör 75, 79;
Roboter in unserer Hand 74, u.a. ( )

Conradi, Ellen, s. Schmidt-Bleibtreu,
Ellen.

Conradi, Gustav A., Dr.; Schuppstr. 5,
D-6200 Wiesbaden-Sonnenberg.
 V: Wie im Fluge, Wallfahrt zu
Empedokles 79; Sunna, e. rhein.
Traumerz. in Versen 80. ( )

Conradi, Peter, s. Holm, Werner.

Conradi-Bleibtreu, Ellen, s. Schmidt-
Bleibtreu, Ellen.

Conrads, Dieter, s. Conrads, Dietrich.

Conrads, Dietrich (Ps. Dieter Conrads,
Mark Perlach), Journalist, Schriftsteller;
Perfallstr. 6, D-8162 Schliersee, Tel.
(08026) 6017 (Berlin-Lichterfelde 31.5.24).
Roman, Erzählung, Sachbuch,
Bearbeitung.
 V: Alle meine Hunde, Erzn. 63; Wenn
Hunde reden könnten, Erzn. 72; Der

Schatz der alten Dame 76; Schwarzer
Lack auf fremden Autos 76; Haltet den
Hundedieb; Vor Maiglöckchen wird
gewarnt 78, alles R.; Der moderne
Familienknigge 69; Verblüffende
Rekorde im Reich der Tiere 75; Tarnung
u. Tricks im Reich der Tiere 75; Krieg u.
Frieden im Reich der Tiere 75; Mehr
Spaß beim Schwimmen u. Tauchen 75;
Abenteuerliche Wanderungen im Reich
der Tiere 76; Familienleben im Reich
der Tiere 76; Mehr Spaß mit Pferden 76;
Super-Hai 76; Von Angeber bis Zahn-
stocher 76; Verblüffende Rekorde der
Urmenschen 77; Verblüffende Rekorde
der Dinosaurier 77; Verblüffende
Rekorde der Katzen 77; Hunde a-z 78;
Katzen a-z 78; alles Sachb. –
MV: Tatsachen 76.

B: Enid Blyton: 6 Kinder raufen sich
zusammen 76; 6 Kinder suchen einen
Dieb 77; 6 Kinder kommen auf den
Hund; Lengstrand:; Wer rettet das hilf-
lose Fohlen 76; Das verschwundene
Lieblingspferd 76; Sonne, See und wilde
Pferde 76; Amazonen reiten zur
Gespensterburg 77; Frohe Fahrt ins
Pferdeparadies 77; Ivan Tors:
Expedition ins Ungewisse 78, alles R.;
Rousselet-Blanc: Katzen verstehen und
liebhaben 77; Kleine Tiere – große
Freunde 77, alles.

Conradt, Jürgen, s. Winkler, Hans-
Jürgen.

Conrath, Karl (Ps. Konrad
Hopgartner, Karl Trier), Dr. phil.,
Journalist; Erster Hörspielpr. d.
Saarländ. Rundfunks; Talstr. 13, D-6600
Saarbrücken, Tel. (0681) 57689
(Mettlach-Saar 2.3.10). Hörspiel,
Feuilleton, Kulturkritik.
V: Mettlach. Von Landschaft, Brauch
u. schönen Künsten 52, 61; Die Schlange
des Aeskulap, Verse u. Zeichnung. 49,
71; Komödianten in Krichingen, R. 63;
Unter dem Strich, Feuilletons 66;
Kulturführer Mosel Saar 66; Trost im
Korn, Kurzfeuilletons üb. d. Schnaps 63;
Aus der guten alten Zeit 61; Die Sagen
von Montclair 61; So lacht man sein
Wein an Mosel und Saar 70; Muntere
Muttersprache 73; Die Volkssprache der
unteren Saar u. der Obermosel - ein
moselfränkisches Wörterb. 75; Die Saar
wie sie lacht 77; "Bärwes ge.ihn woar
net sein' Oart", moselfränkische Verse
77; Ohr am Weinfaß 77; Spitznamen wie
Maulschellen 78; Saarland: Natur- u.
Kunstdenkmäler 80; Redensarten 80. –
MV: Das Bergische Land, Monogr. 51;

Die Schwebebahn 51; Wuppertal - ein
Panorama.
MA: 1300 Jahre Mettlach 76; versch.
Jbb.
R: Flammen unter Montclair; Spuk
überm Hunsrück, ein Schinder-
hannessp.; Rheinlandbummler;
Rdfksend. ( )

von Conta, Manfred, Journalist; Dr.
Julio Otoni 188, Rio de JaneiroSta.
Tereza/Bras. (München 30.12.31).
Roman, Novelle, Essay. **Ue:** E.
V: Der Totmacher, R. 69, 82; Schloß-
geschichten, Nn. 70, 83; Reportagen aus
Lateinamerika 82.
Ue: John le Carré: Der Spion, der aus
der Kälte kam, Krieg im Spiegel. ( )

Coradeo, Henry Gottfried, s. Pauly,
Heinrich.

Corda, Eric, s. Kőváry, Georg.

Corde, Elsbeth, s. Huditz, Elsbeth.

Cordes verh. Horbach, Alexandra (Ps.
Ursula Schaake), Schriftstellerin;
Rhein.-Westf. Journ.-Verband, VS;
Maison Les Esquerrons, F-84230
Chateauneuf du Pape, Tel. (090) 397076
(Bonn 16.11.35). Roman, Theaterstück,
Fernsehen, Film.
V: Die entzauberten Kinder 63; Zwölf
Tage im August 69; Die Nacht der
Katzen 70; Draußen blüht der
Jacarandabaum 70; Mata Mata 71; Sag
mir Auf Wiedersehen, Wenn die
Drachen steigen 75; Geh vor dem
letzten Tanz 76; Das Haus im Marula-
baum 77; Frag nie nach dem Ende, R.
78; Ein Lächeln im Herbst, Erz. 79;
Liebe kennt keine Jahre, R. 80; Die
Umarmung, R. 81. – **MV:** Der Gesang
von Liebe u. Haß, m. M. Horbach, R. 80.

Cordes, Margarethe *

Coreth, Peter E., Antiquitätenhändler,
A-4730 Waizenkirchen-Wiesmühle.
V: Arbeitshaft, R. 75. ( )

Corino, Elisabeth (Ps. Elisabeth
Albertsen), Dr. phil.; An der Au 34, D-
6368 Bad Vilbel 3, Tel. (06193) 42372
(Breitenberg 15.9.39). Roman, Erzählung,
Essay.
V: Ratio und Mystik im Werk Robert
Musils, Ess. 68; Das Dritte. Geschichte
einer Entscheidung, Erz. 77, 79.
B: Robert Musil: Der deutsche
Mensch als Symptom, Ess. 67. –
MA: Kinderwunsch, Anth. 82.
MH: Robert Musil. Stud. zu seinem
Werk 70.
R: Ea oder Die Freundin bedeutender
Männer, Hb. 71.

Corino, Karl, Dr.phil., Redakteur;
Leporello-Pr. d. Verl. S. Fischer 71,
Kurt-Magnus-Pr. d. ARD 74; An der Au
34, D-6368 Bad Vilbel 3, Tel. (06193)
42372 (Ehingen am Hesselberg 12.11.42).
Lyrik, Erzählung, Essay, Rezensionen.
  V: Robert Musil — Thomas Mann. Ein
Dialog, Ess. 71; Robert Musils "Vereini-
gungen". Stud. zu einer histor.-krit.
Ausg., Ess. 74; Tür-Stürze, G. 81.
  H: Intellektuelle im Bann des
Nationalsozialismus, Ess. 80; Dieter
Leisegang: Lauter letzte Worte, G. u.
Miniaturen 80; Autoren im Exil, Ess.
81. — **MH:** Robert Musil: Stud. zu
seinem Werk, Ess. 70.

  Cornel, Frank, s. Beissel, Rudolf.

  Cornelis, s. Witt, Cornelius.

  Cornelius, Georg, s. Földy, Reginald.

  Cornelius, Reiner, akademischer
Kunstmaler; Keltenring 60, Postf. 49, D-
7173 Mainhardt, Tel. (07903) 688
(Irschenhausen 14.10.26). Märchenhafte
Erzählung, Hörspiel, Lyrik, Roman,
Drama.
  V: Die Masken, märchenhafte Erz. 76;
Kunstkalender m. Gedichten seit 79.

  Cornelsen, Horst, Journalist; DJV;
Trabener Str. 30 b, D-1000 Berlin 33
(Danzig 20.3.09).
  V: Endstation Moabit, Gerichtsfeuill.
59; Berlin - Als die Sirenen schwiegen,
Histor. Bildbd 68; Gebaut in 25 Jahren
— Berlin (West) 73; Knast & CO,
Gerichtsfeuill. 74, 2.Aufl. 75; Säulen-
Bruno und andere, heit. Betracht. 77.

  Corrodi-Horber, Margrit (Ps. Marga
Markwalder); SSV 49, ZSV 50;
Lerchenbergstr. 119, CH-8703
Erlenbach, Tel. (01) 9101544 (Zürich
22.6.10). Roman.
  V: Ritter Georg, R. 39, 61; Was Dir
bestimmt, R. 43; Lieber Peter, R. 46;
Wolkig bis heiter, Erz. 51; Sinfonie der
Liebe, R. 53, 61; Versunkene Melodie 57.

  Cortan, F. B., s. Beissel, Rudolf.

  Cortesi, Mario; Neuenburgerstr. 140,
CH-2505 Biel, Tel. (032) 220911 (Biel).
  V: Stimmen zur Schweiz 68; Circus 70;
Notizen aus China 72; Wie wild war der
Wilde Westen? 77; Achterbahn 80;
Hollywood, Hollywood 82.
  F: 20 Tage in China 72; Leichen
pflastern seinen Ruhm 72; Er stirbt 1000
Tode 73; Ist das Milizparlament noch zu
retten? 73; Claudia oder wo ist
Timbuktu? 74; Yesterday when I was
young 76; Ein Sommer mit 13 76; Wie
wild war der Wilde Westen? 77; Der Duft

der grossen weiten Welt 79; Achterbahn
80; Ein amerikanischer Traum 81;
Peppino 82/83.

  Coryllis, Peter (Ps. f. Walter
Auerbach); Begr. d. "Kreis der Freunde"
u. d. Verlages "Der Steg im Kreis der
Freunde"; Podium 70 Salzburg,
Turmbund Innsbruck, Künstlerhort
Wiesbaden, Intern. Autoren-Progressiv
Mölle/Schweden; Tannensand 153, D-
4471 Walchum, Tel. (04963) 8612
(Hainichen/Sa. 19.7.09). Lyrik,
Aphorismen, Essay, Drama, Lieder-
zyklen, Biografie, Kurzprosa u. Roman.
  V: Am kalten Kamin, Weltschau 54,
77; Kleine Lese, Kurzprosa, G., Aphor.
55, 58; Hans-Jürgen u. Eleonore, lyr.
Prosa 58; Mit spitzem Griffel, Lyr. Ess.
kl. Prosa 2. Aufl. 60; Heiteres u.
Besinnliches I, G. 69 u. II. kl. Prosa 61;
Gebt Frieden, Menschen!, 2 kl. Erz. 61,
62; Der Kontakt von Mensch zu Mensch,
Ess. 61, 74; Kleine Blütenlese, G. 61;
Mensch, o gedenke! G., Aphor. 60, 61;
Sieben Gesänge auf unser Geschick, G.
Zykl. 61, 62; Die Furcht vergangen, G. 62;
Wölkchen unter blauem Himmel, G. u.
kl. Prosa Bilder 62; Die Schöpfung,
Verszykl. ill. 61, 75 (auch holl. als De
Schepping); Rost auf Gottes Geboten 61,
74; Der Himmel hat keine Gewehre 62,
Und der Abgrund ist nicht das Ende,
alles Streitg. 62; Wenn die Unken
Hochzeit feiern, lyr. Zykl. 63; Tanz der
Geister, Lyr. Zyklus 64; Licht unterm
Brückenbogen, Kurzg. u. Aphor. 65;
Menschen Gesichter Stationen, neue G.
u. Texte 65; In den Segeln der Wind, G.
66; So schön ist die Welt, Kurzg. u.
Aphor. 67, 74; Am Tag wird gesteinigt, G.
68; Neuestzeit Weihnachts Legende, Lyr.
Zykl. 68; Unkenrufe u. ein Quentchen
Wahrheit, G. 69; Unterwegs, G. 69; Salz-
burg, das Wunder einer Stadt, Städte-
gedenkbuch, G. Aphor. u. Zeichn. 70;
Fresken an bröckelnde kalkige Wände
gemalt, G. 71; Zwischen Wolke u. Wind,
G. 71, 75; P. C. in Vertonung von
Stephan Cosacchi, G. u. Noten in
Faksimile 73; Hinter der Herzwand
steht das Erwarten, G. 73; Du im Du, gr.
Textzykl. 73; Im Zeitenlauf, Aphor. u. G.
Zykl. 73; Das Gedicht ist nicht tot, Essay
74; Zwischen Gestern u. Morgen
leuchtet die Mitternacht, lyr. Zwiegespräch m. A. Sadóra 74; Meine Haut
atmet Herbst, G. 74; Hinter der grünen
Stachelwehr, G. 74; Vagabundenbrevier,
Liederzykl. in Partitur 73; Orage
nocturne — Nachtgewitter, G. Ausw.
(auch franz.) 75; De Schepping, Verszykl.

75; Hinter deinen Schattenhänden, G.
75; Das Abenteuer des Lebens, Kurzg.-
u. Aphor. 76; Nimm meine Liebe,
Verszykl. 76; Wo die Uhren anders
gehen, Reisetageb. not. lyr. 76; Kleine
lyr. Eskapaden, lyr. Zyklen 76; Glaube
Weg u. Wagnis (auch tschech.) 77; Licht
im Dunkel zwischen den Zeiten, kurze
Prosa 77; Und auf den Lippen der Gruß:
Weidmannsdank!, Verszykl. 77; Kleine
Worte am Rand notiert, Kurzg. u. Aphor.
77; Es weihnachtet wieder..., Lyr. Zykl.
77; Im Aufwind der Worte, G. Zykl. m.
Br. v. Streit 76, 77; Junges Leben,
Liederfolge in Partitur 77; Signale aus
Texten von Gestern und Morgen, Texte,
G. Aphor., Sammelbd aus 20j. Schaffen
79; A world born of nothing 77, (dt. 79);
By nebylo pomluv — auf das nichts
geredet werde, Textf. z. Orator. 77
(tschech.-dt.); Weglos weit ins Licht, G.
77; Rufe u. Träume im Raum, G. 78;
Mundo en cambio-Welt im Wandel,
Ausw.-bd. 78 (span. dt.); Herodes nicht
tot, dt.-schwed. Ausw.bd 79; o Clipá de
vînt — Eine Hand voll Wind, rum.-dt.
Ausw. bd; Visitenkarte, G. 79; Kleine
Texte im Zeitprofil, Literogramme bis
Haiku u. Tanka 82; Im Prismenglas der
Worte, G. 82; Der Welt Geheimnis, G. 83.

MA: in mehr als 120 Anthologien u.
Sammelbdn des Inl. u. Auslandes 59-82.

H: Der Vier Groschen Bogen, 3 R. im
Kreis der Freunde 61-64; B.-R.:
Lichtbandreihe; Das Gedicht im Brief;
Im Querformat; Kleine Prosa seit 76;
Anthol.: Deine Welt im knappen Wort,
Aphor. 76; Zwischen Neunzehn und
Einundneunzig, Frauenlyr. 76; Nehmt
mir die Freunde nicht, G. 76; Nachlese,
G. Aphor. Kurzprosa 77; Im
Lichtbereich der Ethik Albert
Schweitzers, G. Aphor. Ess. Kurzprosa
77; Und du wirst die Sterne finden, G.
77; Stille — Erfülltsein von
Unsagbarem, Gruß u. Dank an Zenta
Maurina 77; Der Siegel Deinerselbst, G.
u. Aph. 78; Die Welt in der wir leben,
Aphor. 78; Sag Ja und du darfst bei mir
sein, G. 78; Liebe will Liebe sein, G. 78;
Schritte der Jahre, G. Aphor. Kurzprosa
79; Lichtband-Autoren-Bild-Lex. 79-80;
An der Pforte, G. Aphor. u. kl. Prosa 80;
Wie es sich ergab, G., Aphor., kl. Prosa
81; Kreis-der-Freunde-Bild-Lex. (Licht-
band-Autoren-Bild-Lex. II) m. Anhang:
Mein literarisches Konterfei 82; Lyrik-
Bde. von: Uwe Anhäuser, Daniel Cohen-
Sagi, H.-H. Dreiske, Liselotte Fridrik,
Marierose Fuchs, Karl-Heinz Giesen-
beck, Rudolf A. Goldmann, Marianne
Junghans zus. m. Jürgen Schwalm,

Emmerig Lang, Berta R. Liebermann,
Hans Margolius, Herbert Ostendorf,
Richard Radßat, Sophie Reuschle-
Rühlemann, Katharina Schlaupitz,
Hanna Schottel, Valeska Trenkner,
Irina Zaharescu, Victor Delcourt,
Christoph Klausener, Rudolf V. Karl.

Lit: J. Kruse "Panjabet" 63; René
Schwachofer: Zwischen Ressentiment u.
Revolte 63; T. Gayer: P. C. — eine
Haltung zum Gedicht 65; W. A. Bauer:
Mehr als ein Quentchen Wahrheit; V.
Delcourt: P. C. — ein Dichter der Härte
aus Liebe 68;; Öst. Lit.hdb. 74; W.
Bortenschlager: Gesch. d. spirituellen
Poesie 76; C. H. K.: Grenzgänge, R. Lit.
Biografien u. POETENBILDER 77; H. E.
Käufer: Sie schreiben zw. Paderborn u.
Münster; W. Bortenschlager in: DT.
LIT.GESCH. 78; Jb. Kr. Coesfeld 78 u. 79;
W. Bortenschlager: Zw. Stille u. Lärm —
der Mensch, Leben u. Werk d.
streitbaren Humanisten P. C.

Cott, Georg-Oswald, Berufsschullehrer; VS 80; Auszeichn. im Wettbew.
Junge Dichtung in Nds. 72; Birkenkamp
1, D-3300 Braunschweig, Tel. (05307)
1802 (Salzgitter 21.9.31). Lyrik, Kurzprosa.

V: Ding und Gegending, G. 72; Puste-
blumentage, G. 75; Tontaubengewißheit,
G. 76; Unhörbar hörbar, G. 77; Wenn
alles eben wäre, G. 81.

R: Steckbrief der Wale, G. 80;
Gedichte aus dem Alltag, G. 82.

Coubier, Heinz; VS; Lechnerstr. 27, D-
8026 Ebenhausen, Isartal, Tel. (08178)
3728 (Duisburg 25.5.05). Drama, Roman,
Novelle, Hörspiel, Fernsehspiel. **Ue:** F, I,
E, S.

V: Die Schiffe brennen, Sch. 37;
Aimée, Kom. 38; Ivar Kreuger, Tr. 39;
100 000 000 Dollars, Kom. 40; Piraten-
komödie, Kom. 41; Mohammed, Kom. 45;
Francisquita, Kom. 50; Der Komman-
dant, Sch. 53; Der falsche Zar, R.; Die
Lorbeermaske, Sch. 60; Gesang der
Raben, Kom.; Was tun mit diesem
Cäsar, Sch. 71.

MH: Psalter und Harfe, Anth. 55.

R: Leb wohl!, Hsp. 56; Die Passagiere;
Das Floß der Medusa; Verlust einer
Tochter; Gesellschaftsspiel, alles Hsp.;
Der Spielverderber (Kaspar Hauser),
Fsp.; Der Hai, Hsp.

Ue: Jean Giraudoux: Die Gracchen 61;
G.A. Moravia: Cenci; B. Brophy: Der
Einbrecher, Sch.; J. Prévert: Frühling in
Paris, G.

Coy, Egon, pens. Journalist, Buchhändler; Vogesenstr. 31, D-7553

Muggensturm/Rastatt, Tel. (07222) 34955
(Frankfurt a.M. 29.4.14). Satire,
Karikatur.
V: Viechereien aus unseres Herrgotts
großem Zoo, Sat. u. Karikatur 74; Schon
wieder Viechereien, Sat. u. Karikatur 76;
(MV:) Pflugschar, Glossen 78-80.
R: Hilfe, der Papa kocht!, Hsp. 75;
(MA:) wöchentl. G.-Serien in: Allerhand
für Stadt und Land; Die Spielbox 74 —
77; Neue Liedertexte f. d. Bad. Chor
Rastatt-Wintersdorf zum Konzert
"Alding" 79; Liedertexte f. Schulchöre u.
Heimatliedertexte 77-79. ( )

von Crailsheim, Carola Baronin; VS,
V. d. Ü.; Tukanpreis 66; Türkenstr. 83, D-
8000 München 40, Tel. (089) 284161
(21.3.95). Roman, Novelle. **Ue:** F, Schw.
V: Unser wartet die Freude, Jgd.-Erz.
20; Das schlechtverteidigte Herz, R. 21;
Hofnarren, Nn. 23; Ursula Lind, Jgd.-
Erz. 25; Schloß Urphershofen, Jgd.-Erz.
29; Episode auf Schloß Rügland, R. 37;
Hofmarschall, R. 38; Ein Franzose findet
Deutschland, R. 39; Fränkische Städte u.
Schlösser 40; Gute Zeit des Alters 80, Tb.
u.d.T.: Hab ich doch meine Freude dran
82.
Ue: Astrid Sucksdorf: Chendru und
sein Tiger; Selma Lagerlöf: Nils
Holgerssons wunderbare Reise mit den
Wildgänsen; Selma Lagerlöf: Gottes-
friede; Stig Trenter: Was geschah in
Gustafsberg 63. — **MUe:** Alf Henrikson:
Der Weg durchs A, m. Elly Petersen. ( )

Crain, Robert, s. Lüddecke, Werner J.

von Cramer, Heinz Tilden, Regisseur;
Literaturpreis "Junge Generation" d.
Stadt Berlin, Georg-Mackensen-Lit.pr.
64; Via Titta Scarpetta 1, Rom (Stettin
12.7.24). Roman, Novelle, Essay, Drama,
Opern-Libretto, Hörspiel. **Ue:** F, I.
V: Die Flut, Oper (Blacher) 46; Kunst-
werk und Betrachter, Ess. 47; Swing-
Sonette 49; Unter den Luftschaukeln, N.
49; Preußisches Märchen, Oper
(Blacher) 50, 78; Engel-Etüde, Oper 50;
Der Prozeß, Oper (v. Einem) 52; San
Silverio, R. 55; Engel bringt das
Gewünschte, N. 56; König Hirsch, Oper
(H. W. Henze) 56; Die Kunstfigur, R. 59;
Die Konzessionen des Himmels, R. 61,
DDR 80, u.d.T.: Die Wilden vom Kap 68;
Leben wie im Paradies, Erz. 64;
Zwischenfälle bei einer Notlandung,
Oper (Blacher); Der Paralleldenker.
Zombies Roman, R. 68.
B: Cyrano de Bergerac: L'autre
monde 55; Giovanni Guaita: Von den
unglücklichen Lebensbedingungen der
Thunfische 55; Herr Bruschettini

verlebt Silvester gemütlich zu Hause 55;
Vasco Pratolini: Der Sonntag der
braven Leute 57, 58.
R: Die Flut 47, 50; Unter den Luft-
schaukeln 48; Räuber-Märchen 50;
Robinson und Freitag 51; Familie
Sindbads Reisen 51; Affenmond und
Nachtigallensonne 55; Major Skillgud
übernimmt die Untersuchung 56; Die
Reise nach Italien; Die Insel aus Stein
56; Die Ohrfeige 59; Der Familien-
ausflug 60, alles Hsp.
Ue: Cyrano de Bergerac: Die andere
Welt 55; Giovanni Guaita: Incredibile
sogno di un villico in un campo di grano
u.d.T.: König im Korn 56; Carlo Goldoni:
Die Wirtin 56; Vasco Pratolini: Der
Sonntag der braven Leute; Die Trilogie
der schönen Ferienzeit 62. ( )

von Cramer-Klett, Ludwig Benedikt
Frhr., Dipl.rer.pol., Gutsbesitzer; Buchpr.
Dt. Jagdschutz u. Jägerverband 65, Lit.
Pr. d. Conseil Int. de la Chasse 70, D-
8213 Aschau/Chiemgau, Tel. (08052) 2437
(München 21.3.06). Erzählung.
V: Die Heuraffler und andere Berg-
jägergeschichten 50, 3.Aufl. 83; Traum
auf grünem Grund. Vom wundersamen
Rehbock im Schwarzenbachtal 56,
4.Aufl. 77; Spiel der Lichter und
Schatten, Jagderzn. 60, 3.Aufl. 80; Glück-
selige Einsamkeit 64, 5.Aufl. 82; Des
Waldhorns Widerhall 68, 2.Aufl. 68; Des
Jägers Glück kennt kein Verweilen 76,
3.Aufl. 81; Mit der Flinte 78.

Cramer-Nauhaus, Barbara; Carl-
Robert-Str. 18, DDR-4020 Halle (Saale)
(Brandenburg/Havel 22.9.27). **Ue:** E.
Ue: Nathaniel Hawthorne: Der
scharlachrote Buchstabe 52; R. L.
Stevenson: Das rätselvolle Leben,
Ausgew. Erz. 53; Herman Melville:
Weißjacke 55; Daniel Defoe: Robinson
Crusoe 56; Mark Twain: Huckleberry
Finn 57; Stephen Crane: Kleine Romane
und Erzählungen 60; Herman Melville:
Redburn 65; Daisy Miller, Der Schüler
in: Henry James: Daisy Miller, Erzn. I
67; Die Geschichte eines Meisterwerks
in: Henry James: Das Raubtier im
Dschungel, Erzn. II 68; William Prescott:
Die Eroberung Mexikos 71; W. Prescott:
Die Eroberung Perus 75; Joseph
Conrad: Taifun 75.

Crauer, Pil, Schriftsteller, Regisseur;
Gruppe Olten 76; Werkjahr d. Schweiz.
Eidgenossenschaft, sowie dreier Kte. 79,
Buchpr. Luzern 82, Schweizer
Dramatiker-Pr. 83; Zumhof, CH-6048
Horw b. Luzern, Tel. (041) 415025

(Luzern 7.1.43). Drama, Lyrik, Novelle, Film, Hörspiel, Fernsehspiel.

V: Lesestücke für Nichtleser, Sprechst., G., Lieder, Erzn. 76; Rolland Laporte begegnet Minister Colbert, oder d. Vorzeit endet 1704, Bü. 80; Das Leben und Sterben des Paul Irniger 81; Wer braucht da Drogen, Schwester Stahl?, Bü. 82.

F: Achtung Feuer!; The curtain of the Temple.

R: Dissidenten 79; Das Leben und Sterben des Paul Irniger; Dissidents 80, Hsp.; Die Knellbells 78; Bassregister 78, beides Funkerzn.; Der Staat hört mit; Der Untergang des Tempels oder der verlorene Weg zur Friedfertigkeit 83 III; u. ca. 25 TV-Filme.

Cray, John, s. Niedermeier, Hans.

Cremer, Drutmar, P. (O.S.B.); Abtei, D-5471 Maria Laach, Tel. (02652) 59360 (Koblenz 26.1.30). Erzählung, Essay, Lyrik, Hörspiel. **Ue:** E.

V: Frohe Legenden der Hl. Nacht 64, 69; Päpstin Johanna, heit. Erz. 68; Samson, Deut. e. Laacher Meisters 69; Maria Laach, Landschaft, Baukunst, Plastik 71; Mensch, wo bist du? 72; Öffne meine Augen 74; In meine Stummheit leg ein Wort 75; Ich komme zu euch 75; Preisen sollen dich alle Völker, Bildbetrach. z. Holztür v. St. Maria im Kapitol 77; Malaika, der schwarze Engel 77; Zisternen, Bildmeditat. z. Bildern v. E. Alt 79; Gerufen ins Licht, Benedikt von Nursia, Leitbild f. d. heut. Menschen? 80; Aber einmal fällt Stille ein, Wege durch ein Inseljahr, Gedanken u. G. 81; Friede sei mit euch, Der leidende Mensch unserer Zeit u. s. Weg im Glauben 82; Denn Sterne wollen stets geboren sein, G. u. Gebete 82. — **MV:** Du siehst mich an 73; Und überall der Mensch (Bildmeditationen für den Unterricht) 74; Laacher Impressionen 76; Benedikt von Nursia, Medit. dt. u. schweizer u. österr. Benediktinerinnen u. Benediktiner 80.

H: Wohin, Herr, Gebete in die Zukunft 71; Sing mir das Lied meiner Erde, Bitten um den Geist 78; Benedikt von Nursia, Bilder seines Lebens 80 - MV: Laßt euch versöhnen 72.

R: Frohe Legenden der Hl. Nacht, Rdfk-Erz; Malaika, der schwarze Engel 77.

S: Frohe Legenden der Hl. Nacht Die harmonia mundi 75; Malaika, der schwarze Engel 77; interdisc, harmonia mundi.

Ue: Passion, Zodiaque-Bildbd 73.

Creutz, Helmut, Architekt; VS 78; Sonderpr. Rep.wettbew. Lit. d. Arbeitswelt Mannheim 70; Monheimsallee 99, D-5100 Aachen, Tel. (0241) 34280 (Aachen 8.7.23). Sachbezogenes Tagebuch.

V: Gehen oder kaputtgehen, Betriebstageb. 73, 74; Haken krümmt man bei-zeiten, Schultageb. eines Vaters 77, Tb. 83; Das System — Ende eines Zeitalters, Erz. 79.

MA: Lauter Arbeitgeber — Lohnabhängige sehen ihre Chefs 71; Ihr aber tragt das Risiko — Reportagen aus der Arb.welt 71, 72; Schulverdrossenheit — päd. Texte 78; Das Faustpfand — Gesch. u. Ber. 78; Plötzlich brach der Schulrat in Tränen aus — Texte von Schülern und Lehrern 80; Schulgeschn. 77; Meiner Meinung nach, Schulb. 79; Würde am Werktag 80.

Crevoisier, Jacqueline, Filmregie, Fernsehautorin; SSV 79; J. J. van Goyenstraat 23, NL-1394 EN Nederhorst den Berg, Tel. (02945) 1691 (Zürich 17.5.42). Drama, Lyrik, Novelle, Essay, Film, Hörspiel

V: Geliebter Idiot, Lyr. 71; Salto Morale, Lyr. 77.

R: Zahlr. Filmserien am Niederländ. Fs.; Ein Schwan ist auch nur ein Mensch, Hf.; O Weih, O Weih. O Weihnachtszeit, Hsp. 81; Zahlr. Kurzbeitr. u. Erzn. (Radio Zürich).

Cronauge, Armin, Dipl.-Kulturwiss.; Kandidat SV-DDR 77; Bernhard-Kellermann-Str. 8, DDR-7030 Leipzig, Tel. (041) 874379 (Zwenkau 5.5.36). Roman, Erzählung, Kurzgeschichte, Dramatik.

V: Die Straße, drei Einakter 69; Hochwasser im Dorf, Sch. f. Kinder nach J. Nowotny 72; Der Flieger u. d. Eichhörnchen, R. 79, 3.Aufl. 83; Ein bißchen Schwarzmeer, Erz. 80.

R: Jakob läßt mich sitzen, Kinderhsp. nach Joachim Nowotny 70.

Cronstätter, Gerch, s. Stephani, Claus.

†**Croon**, Maria, Lehrerin a.D.; EM FDA 82; Literarisch-musischer Arbeitskreis Trier 77; Saarstr. 43, D-6646 Losheim-Britten (Meurich, Kr. Saarburg 13.5.91). Roman, Erzählung, Lyrik, Stücke für die Laienbühne, Abhandlungen.

V: Und wir daheim, Erzn. 31; Die Himmelsleiter, Erzn. 49; Ein Freiersgang zur Pflaumenzeit, Erzn. 49; Im Lichtkreis der Liebe, Erzn. 49; Den Drehjdejen Pätter, Mda.-Schwank 52,

2.Aufl. 81; Das Werk einer Magd, Erz. 53,
2.Aufl. 56; Die Dorfstraße, Chronik 56;
Die Mission der Traut Hallbach, R. 59;
Die köstliche Mühsal, R. 60, 3.Aufl. 82;
Aus der Zeit, da man noch Zeit hatte,
Erzn. 63; Der fröhliche Feierabend,
Geschn. 66; Der Träumer, N. 80; Die
Taakbank, Geschn. 80; Heielei hett,
Geschn. 81; Alle Vijjelcher sind schon
da, Mda.-Schwank 82.
  MA: Wir bergen die Ente 59; Saarländ.
Almanach 65; Literatur aus Rheinland-
Pfalz, Anth. 76; Mir sein och noch dao,
Anth. 76; Neue Texte aus Rheinland-
Pfalz 77; Ein saarländ. Lesebuch 80; Das
Weinbuch Trierer Autoren 82.
  R: Den Drehjdejen Pätter, Hsp. 53.

  Cropp, Wolf-Ulrich, Dr., Dr.oec.h.c.,
Dipl.-Wirtschafts-Ing., Direktor, Schrift-
steller; Saseler Kamp, Haus Heidehügel,
D-2000 Hamburg 65, Tel. (040) 6016497
(Hamburg 25.7.41). Roman, Novelle,
Reise- u. Tatsachenbericht, Sachbuch,
Erzählung.
  V: Heiße Pfade, Reisen. 77; Ölrausch
in der Arktis, Sachb. 77; Hetzjagd durch
Alaska, Sachb. 81; Fangtage, R. 81; Salz-
teig, Sachb. 82; Alaska-Fieber, Erz. 82;
Galapagos — Insel der Drachen u.
Echsen, Sachb. 83; Auca — im Oriente
Ecuadors 84; Schwarze Trommeln —
Geheimnisvolles Westafrika, Reiseerz.
84.

  Crosz, Milan, s. Haubrich, Heinz.

  Crottet, Robert Alexander; SSV,
D.A.V.; Schweizer Schillerpreis;
Alsterdorfer Str. 165, c/o Enrique
Méndez, D-2000 Hamburg 60 (St.
Petersburg). Roman. **Ue:** Fin.
  V: Maouno, R. 41, 79, Tb. 81; Negri, R.
67, 79; Glücksverkäufer, Verzauberte
Wälder, Leg. 69, 79; Nordlicht, Leg.;
Heute in 14 Tagen, R.; Mondgarten, R.;
Am Rande der Tundra, Tgb. 66, 78;
Warum bist Du so schön 73; Alexander
u. Jörg, R. 79. — **MV:** Lappland, m. E.
Méndez 68, 80. ( )

  Croy, Helga, Grafikerin; Dobrastr. 112,
A-2344 Wien-Maria-Enzersdorf-
Südstadt (12.11.33). Jugendbuch.
  V: Der Mond, der Teppich und der
Duft von Jasmin, Jgdb. 64.
  S: Der Mond, der Teppich und der
Duft von Jasmin, Hsp.fassung 65. ( )

  Csallner, Alfred (Ps. Friedrich Nösner,
Friedrich Nösner-Nußbaumer), Mittelschulprof., Pfarrer, Leiter d. Inst. f.
Statistik u. Bevölker. pol. d. Deutschen
in Rumänien; Lit.Pr. d. Innenminist. u.
d. Stift. Ostdt. KulturR. 78, Siebenbürg.-

sächs. Kulturpr. 82; Ver. Dichterstein
Offenhausen Öst., Die Künstlergilde
Esslingen BRD; Chiemgauweg 2, D-8225
Traunreut, Obbayern, Tel. (08669) 4489
(Bistritz/Siebenbürgen 10.4.95). Drama,
Roman, Erzählung.
  V: Um der Zukunft willen, Volksst. 27;
Konrad im Märchenwald, M. 48 (auch
madjar.); Rottenholz u. die Rottenholzer
Großeltern, Erz. 76; Der Baruch u.
andere Erzählungen aus Siebenbürgen,
Erz. 80; Eine Hochzeitsrede. Erz. aus
Siebenbürgen 80; Der Jäger bei den
Zwergen, Märcheng. 81.
  MA: Vor leeren Bänken, Erz. 49; Wir
Siebenbürger.
  Lit: Elfriede Csallner: A. C. 80 Jahre
alt (Südostdt. Vjbll.) 75; E. Wagner,
Laudatio auf A. C. (Zs. f. Siebenb.
Ldeskde) 83.

  Csallner, Kurt, Gymnasial-Professor
i.R.; Landwehrstr. 7, D-8730 Bad
Kissingen, Tel. (0971) 4705 (Bistritz in
Siebenbürgen 2.3.06). Roman,
Erinnerungen.
  V: Der Bärenpfarrer u. sein Kuschma,
Erinn. 73; Aluneaua. E. Sagengestalt in
d. nordsiebenb. Karpathen 74; Zwei
Kreuze im Karpathenwald. Ein Sang
aus d. nordsiebenb. Berge 76; Benno
und sein Heidesee 76, alles Versdicht.;
Im Vorsommer ihres Lebens, R. 79;
Heimaterinnerungen 80; Aus'ver-
gangenen Zeiten. Erinn. an Bistritz 83.
  B: Mettersdorfer Heimatb. 65;
Heidendorfer Heimatb. 69; Nösner
Heimatb. 73.

  Csongár, Almos, GLehrer, Doz.; SV-
DDR 52, Pro Litteris Hungaricis 68;
Majakowskij-Plakette 73, Moŕicz
Plakette 79, Gedenkmed. d. Hauses d.
Ungar. Kultur Berlin; Berliner Str. 140,
DDR-1125 Berlin, Tel. 3765409 (Ungvár/
Ungarn 6.9.20). Essay. **Ue:** R, Tsch, U.
  V: Ungarn-Reiseführer 64; Werde, der
du bist, Autobiogr. 80.
  MA: Was einem Siege gleichkommt,
ung. Erzn. 51; Sonne über der Donau,
ung. Erzn. 62; Imre Dobozy: Der
Betschemel der Prinzessin, Nachw. 78;
Pál Szabó: Der König der Kreuzfahrer,
Nachw. 79, Europa feiert Weihnachten,
Anthol. 80.
  H: Jenő J. Tersánszky: Marci Kakuk,
R. 75; Zsigmond Móricz: Das Rindvieh
mit dem Adelsbrief, ung. Erzn. 79; Gábor
Thurzó: Die Bereitschaft, ung. Erzn.
82. — **MH:** Ungarn erzählt. Ein Einblick
in d. ung. Lit. 54; Béla Gádor: Schutz-
engel gesucht, Humn. 66.

Ue: István Asztalos: Der Wind weht nicht von ungefähr, R. 51, Was einem Siege gleichkommt, ung. Erzn. 51; Kálmán Sándor: Der weiße August, R. 53; Imre Keszi: Bálint Zsóry muß sterben, R. 55; Jenö Tersanszky: Die Geschichte eines Bleistifts 57, Nichts als Ärger 59; Imre Németh: Am Ufer des Purpurmeeres, R. 64; Zsigmond Móricz: An einem schwülen Sommertag 65; Béla Gádor: Schutzengel gesucht 66; Jenö J. Tersánszky: Marci Kakuk im Glück, R. 68; Martin Kuckuck auf Wahlfang, R. 68; Auf Wiedersehen Liebste, R. 73; Marci Kakuk, R. 75; Antal Hidas: Die Abenteuer des braven Schusters Ficzek, R. 73; Tamás Bárány: Die Wendeltreppe, R. 76; Jenö J. Tersánszky: Legende vom Hasengulasch 80; József Lengyel: Die Kettenbrücke 80; Zsigmond Móricz: Himmelsvoge 79; Gábor Thurzó: Die Bereitschaft, ung. Erzn. 82; Imre Dobozy: Frontwechsel, R. 83; Imre Keszi: Unendliche Melodie, Wagner-R. 83. – **MUe:** Zsigmond Móricz: Zaubergarten, R. 72; Der große Fürst, R. 73; Schatten der Sonne, R. 74.

von Cube, Walter, Programmdirektor u. Stellvertreter des Intendanten d. Bayer. Rdfks i.R.; Max-Joseph-Str. 7a, D-8000 München 2 (Stuttgart 10.7.06). Essay, Kommentar.
V: Ich bitte um Widerspruch 52; Zeitgemäße und zeitwidrige Gedanken 81.
H: Alpenländische Nachbarschaft 62.

Cueni, Claude, Schriftsteller; Gruppe Olten 80, VG Wort 80, G.S.D. 82; Welti-Pr. f. d. Drama 82; Pro Litteris & Teledrama 80; Allschwilerstr. 97, CH-4055 Basel, Tel. (061) 396418 (Basel 13.1.56). Roman, Hörspiel, Drama. Film. **Ue:** E.
V: Ad Acta, R. 80; Weißer Lärm, R. 81, Tb. 83.
R: Ohne Preis kein Fleiß, Hsp. 82; Das andere Land, Hsp. 82; Die Klon-Affäre, Hsp. 83.

Cunis, Reinmar, Dr.rer.pol., Dipl.-Soz., Fernsehredakteur u. Dramaturg; RFFU 64; Stadtbahnstr. 78, D-2000 Hamburg 65, Tel. (040) 6019284 (Bremen 8.8.33). Roman, Kurzgeschichte (vorwiegend Science-fiction), Fernsehspiel, Dok. Film, pol. Journalismus. **Ue:** E.
V: Livesendung, sf 78; Zeitsturm, sf 79; Der Mols-Zwischenfall, sf 81; Ende eines Alltags, sf 82; Positiv-negativ, R. 83.
R: Alpträume u. Wunschbilder, sf, Hör-Dok.sp. 66; Die Erforschung d.

Zukunft, Dok.F. 67; Wenn ich einmal reich wär..., Dok.F. (MV) 69; Der Mann d. ersten Stunde, Dok.F. (MV) 71; Mussolini amore mio, Dok.Fsp. v. Anna Baldazzi (B) 70.

Curth, Bruno; Chemnitzstr. 32, D-2202 Barmstedt, Tel. (04123) 3667 (15.12.10). Drama, Roman, Hörspiel, Film, Reportage.
H: Ich bin Dein, Samml. dt. Liebeslyrik 45, 46; Lauf der Welt, M.-Samml. 46; Daumier 47; Freiheit, Zeugn. aus d. dt. Gesch. 46; Morgen streitet David, Dr. 56; Steueramtmann Blümecke, Dr. 58.

Curtius, Mechthild, Dr.phil.habil., PDoz.; VS 76; Vogtstr. 74, D-6000 Frankfurt a.M. 1, Tel. (0611) 595945 (Kassel 11.2.39). Roman, Essay, Novelle, Kurzgeschichte.
V: Kritik der Verdinglichung in Canettis Roman "Die Blendung". Eine sozialpsycholog. Literaturanalyse 73; Wasserschierling, Geschn. 79; Jeländerjelieber, R. 83; Liebst du mich, so kauf ich dich. Erot. Erzn. 83. – **MV:** Mode u. Gesellschaft. Zur Strategie der Konsumindustrie, m. Wulf D. Hund 71, 75.
MA: Kommunikationstopologie 73; Friedensfibel 82; Psychoanalyt. Literaturwiss. u. Lit.soziol. 82.
H: Theorien der künstlerischen Produktivität 76.

Cwojdrak, Günther; SV-DDR 50, P.E.N.-Zentrum DDR 64; Heinrich-Heine-Preis 67; Balatonstr. 5, DDR-1136 Berlin, Tel. 5599518 (Kiel 4.12.23). Essay.
V: Walt Whitman, Dichter und Demokrat 46; Der Fall Fechter. Literarische Streitschrift 55; Die literarische Aufrüstung. Streitschrift 57; Wegweiser zur deutschen Literatur 62; Eine Prise Polemik, Ess. 65; Lesebuch und Weltbild, Ess. 68; Beim Wort genommen, Aphor. 75; Lesestunde, Lit.gesch. 80; Konturen. Kritik u. Polemik 82; Bei Licht besehen. Berliner Theaterkritiken 82.
H: Die Kitschpostille 65, 70; Die Lügentruhe, Geschn., Schw., M., G. 69; Mit eingelegter Lanze. Literar. Streitschriften von Hutten bis Mehring 68; Der Lustgarten, Sta., Geschn. Schw., G. 75; Vom pludrigen Hosenteufel, Gschn., Schw., G. 76; Poeten tischen auf, Geschn., G. 78; Die Gartenlaube. Blätter u. Blüten 82. – **MH:** Anker auf. Abenteuer auf sieben Meeren 70; Crosssection, Anth. of the P.E.N.-Centre GDR 70; Gefährliche Spuren. Jagdabenteuer auf fünf Kontinenten 71; Kampf in Nacht und Eis 74; Die Rache des

Häuptlings 75; Sturm auf Gipfel und
Gletscher 77.
R: Unter den Linden. Gesch. u.
Geschn., Fs.szen. m. K. H. Wegner 70.

Cyprian, Edo, s. Alexy, Eduard.

Cyran, Eberhard, Schriftsteller, Doz.;
Preis d. Sudermann-Stift., Bestliste z.
Dt. Jugendb.-Pr. 59 u. 60, Eichendorff-
Lit.-Pr. 81; Mombertstr. 13, D-6900
Heidelberg, Tel. (06221) 383803 (Breslau
1.2.14). Roman, Novelle, Sachbuch, Hör-
spiel, Jugendbuch. **Ue:** E.
V: Der Knabe mit der Flöte, R. 48; Du
trägst das Zeichen, R. 50; Kari will zur
Kamera, Jgdb. 50; Die Horde Harro,
Jgdb. 50, 51 (auch franz.); Auch der Dieb
greift nach Gott 54; Jenseits der Nacht,
Nn. 54; Marco und der Herr der Welt,
Jgdb. 57 (auch franz., ital.) 64; Wolken
über Weißen Segeln 57 (auch franz.);
Sanssouci − Traum aus dem Sand, R.
58; Die Insel, Jgdb. 60 (auch franz.); Das
Tor zum Tag, Nn. 61; Das Schloß an der
Spree, R. 61; Theo und die Filmstadt 63;
Trenck 66; Die tödliche Krone, R. 68;
Preussisches Rokoko − Ein König und
seine Zeit 79; Der König − Die schles.
Reise d. H. de Catt 80; Des Frh. Fr. v. d.
Trenck merkwürdige Lebensgeschichte
83.

Cysarz, Herbert, Dr. phil., o. UProf. i.
R.; Scherer-Preis d. Preuß. Akad. Wiss.
22, Eichendorff-Preis d. Goethe-Stift. 38,
Großer Kulturpr. d. Süd.dt. Landsmann-
schaft 61, Dehio-Preis 75, A-2872
Mönichkirchen 104 u. Hildebrandstr. 9,
D-8000 München 19, Tel. (089) 154572
(Oderberg 29.1.96). Essay, Lyrik, Dialog,
Roman.
V: Deutsche Barockdichtung 24; Von
Schiller zu Nietzsche 28; Zur Geistes-
geschichte der Weltkriegs 31, erw. Ausg.
u.d.T.: Zur Geistesgesch. der Weltkriege
73; Schiller 34, 67; Berge über uns. Ein
kleines Alpenbuch 35, 55; Welträtsel im
Wort 48, 70; Jenseits von Links und
Rechts 49; Der Untergang der Neuzeit -
und der Anfang wessen? 53; Neumond,
R. 56; Die dichterische Phantasie
Friedrich Schillers 59; Prag im
deutschen Geistesleben 61; Deutsches
Geistesleben der Gegenwart 65;
Arkadien, R. 67; Evidenzprobleme 71;
Hans Sachs 75; Vielfelderwirtschaft 76,
erg. 80; Das Individuationsprinzip und
seine Widerspiele 79; Individualität. Die
kreative Einmaligkeit des Menschseins
83.
MA: Europa Nova 51; Vergangenheit,
Gegenwart, Zukunft 54; Die Deutsche

Lyrik I 56; Was bleibt 62; Große
Österreicher XIII − XVI.
H: Wir tragen ein Licht, G.-Anth. 34;
Schiller: Der Kampf um die Kunst,
Ausw. 38; Andreas Gryphius - Herr
Peter Squenz 55; Deutsche Barocklyrik
37, 64 III. Ausw. 56, 60.
Lit: Henri Lichtenberger: Herbert
Cysarz - Une méthode nouvelle
d'histoire littéraire 28; I. San-Giorgiu:
Herbert Cysarz - Das Weltbild des
Literarhistorikers 35; E. Frank: Herbert
Cysarz - Werk und Weltbild 38; Herbert
Cysarz - Grenzfall der Wissenschaft,
Sammelschr. 57, Erg. 66; Festschr. z. 85.
Geb. 81; Sebastian Meisse: Germanistik
in Öst. 1918-38 in: Aufbruch u. Unter-
gang.
s. a. Kürschners GK.

Czaschke, Annemarie, s. Kotulla,
Annemarie.

Czechowski, Karl Heinz, Graph.
Zeichner; SV-DDR 63; Kunstpreis der
Stadt Halle 64, Goethepreis d. Stadt
Berlin 70, Heinrich-Heine-Pr. 77; Hohe
Str. 28, DDR-7010 Leipzig (7.2.35). Lyrik,
Nachdichtung.
V: Nachmittag eines Liebespaares,
Lyrik 62, 63; Wasserfahrt, Lyr. 68;
Schafe und Sterne, Lyr. 75, 77; Spruch
und Widerspruch, Ess. 74; Was mich
betrifft, G. 81; Von Paris nach Mont-
martre 81; Ich, beispielsweise, G. 82; An
Freund und Feind, G. 83.
MA: Nachwort zu Erich Arendt:
Gedichte aus fünf Jahrzehnten, Ess. 68;
Dresden - Landschaft der Kindheit, in:
Städte und Stationen, Prosa 69;
Oberlößnitz, Haus Sorgenfrei: d.
Malerin Gussy Hippold in: Menschen in
diesem Land 74, u.a.
H: Sieben Rosen hat der Strauch.
Deutsche Liebesgedichte aus neun
Jahrhunderten, Anth. 64; Zwischen
Wäldern und Flüssen, Natur und Land-
schaft in vier Jahrhunderten deutscher
Dichtung, Anth. 65; Brücken des
Lebens, Anth. 69; Hölderlin: Morgen-
dämmerzeichen, eine Ausw. 70;
Klopstock: An Freund und Feind.
Ausgew. Oden 75.
Ue: Eduardis Miezelaitis: Der Mensch,
Poem 67; Justinas Marcinkevicius: Auf
der Erde geht ein Vogel, G. 69; Semjon
Gudsenko: Portrait einer Generation, G.
70; Eduard Bagritzki: Vom Schwarzbrot
und von der Treue der Frau, G. 70; Janis
Rainis: Nachtgedanken über ein neues
Jahrhundert 74. ( )

Czedik, Maria, s. Czedik-Eysenberg,
Maria.

Czedik-Eysenberg, Maria (Ps. Maria Czedik), Dipl.-Ing.; Schwindgasse 10, A-1040 Wien, Tel. (0222) 653263 (Wien 2.10.21). **Ue:** E, F.

V: Ein Mädchen aus gutem Haus, R. 80, Tb. 82.

Ue: Elleston Trevor: Flammende Küste 62; Alan White: The long day's dying, u.d.T.: Sonderkommando 67. — **MUe:** Robert Payne: Ancient greece u.d.T.: Der Triumph der Griechen, gem. m. J. Winger 66; Ursula Zilinsky: Before the glory ended, u.d.T.: Ehe die Sonne versank, m. Helga Morguet 69; Camille Gilles: 400.000 Dollar pour abattre Kennedy à Paris, u.d.T.: 400.000 $ f. den Mörder, m. H. Czedik-Eysenberg 74. ( )

Czekelius, Maya, s. Stephani-Nussbächer, Brigitte.

Czerni, Margret, s. Sattlberger, Margret.

Czerni-Salberg, Margret, s. Sattlberger, Margret.

Czerni-Sattlberger, Margret, s. Sattlberger, Margret.

Czernik, Theodor (Ps. Heinrich Feld), Grafiker, Texter, Werbeberater BDW; Zollernstr. 4, D-7298 Loßburg, Tel. (07446) 2217 (Hruschau/CSR 22.11.29). Erzählung, Hörspiel, Schauspiel, Roman.

V: Saison für Mörder, Krim.-R. 69; Coyoten jagen einen Jaguar, Jgdb. 73; Der Racheschwur des Feuerschluckers, Jgdb. 77.

MH: Lyrik heute; Einkreisung; Lyrische Texte; Gewichtungen; Ich lebe aus meinem Herzen; Spuren der Stille, alles Anth.

R: Zaungäste 61.

Czernin, Franz Josef, Schriftsteller; GAV 79; Theodor-Körner-Pr. 79, c/o Forstverwaltung Frauenwald, A-8674 Rettenegg, Stmk. (Wien 7.1.52). Drama, Lyrik, Roman, Essay.

V: ossa u. pelion, Lyr. 79; anna u. franz, mundgymnastik u. jägerlatein. fünf sonette, Lyr. 82.

Czerski, Alexander, Schriftsteller, Journalist, Redner, ehem. Bergbauing.; Verb. hebr. Schriftsteller in Israel 64, PEN-Club Intern., israel. Sektion 64, Verb. dt.spr. Schriftsteller in Israel 75; Dishon-Pr. Israel. Journalistenverb. 60, International competition for blind writers 75; Aharon David Street 8/4, IL-63407 Tel-Aviv, Tel. (03) 226469 (Kattowice/Polen 6.12.20). Roman, Novelle, Drama, Film, Essay.

V: Farben im Nebel, R. 61; Flamme, Asche und Rauch, R. 63 (hebr. 71); Niesmiertelni (Die Unsterblichen), R. 64 (poln.); Asche und Rauch, R. 71; Banale Geschichten..., Erzn. 73; Der Umweg, R. 80; Un Éclair de Liberté, R. 82.

MA: Stimmen aus Israel, Anth. dt.spr. Lit. in Israel 79; Nachrichten aus Israel, dt.spr. Lit. in Israel 81; Wagenburg, Standpunkte für Heinz M-Bleicher 83.

F: Sabina und ihre Mieter, Drehb.-Mitarb. 65.

R: Die Neueinwanderer, Hsp. 59; Die Herausforderung, Hsp. 68 (beide in hebr.).

S: Lehavot, ashan we Efer, Banale Geschichten..., Bd- u. Cass. f. Blindenhörbücherei, Nataniya, Isr. 74 u. 78; Farben im Nebel, Flamme- Asche und Rauch, Banale Geschichten...., Der Umweg, Cass. f. Blindenhörbücherei 78 - 81.

Lit: Desider Stern: Werke v. Autoren jüd. Herkunft in dt. Spr. 67, 3.Aufl. 70; Dov Amir: Leben und Werk d. dt.spr. Schriftsteller in Israel 80.

Czerwenka, Rudi (Ps. Rudolf Wenk), Lehrer; DSV 65; Rosengarten 12, DDR-2594 Bad Sülze/Kr. Ribnitz-Damgarten, Tel. (027) 206 (Breslau 4.4.27). Jugendbuch, heitere Fernsehdramatik.

V: Magellans Page 58, 59; Geheimnisvoller Strom 60, 62, beides hist. Jgd-Erz.; Anker auf! Die Gesch. um e. Boot, Jgdb. 62, 65; Tatort Studentenheim, Erz. 70.

R: Fahrerflucht im Motorboot, Fsf. f. Kinder 65; Der Bodden hütet ein Geheimnis, Fsf. f. Kinder 65; Shanghaied in St. John's, Hsp. 70; Antons liebe Gäste, Fs.schwank 79; Stolzer Hahn, Fs.-schwank 79; Kleine Fische, heiteres Fsp. 79; Am Rande der Saison, Fs.schwank 80; Volles Haus, Fs.schwank 82.

von Cziffra, Géza (Ps. Peter Trenck, Richard Anden, Albert Anthony), Filmregisseur u. Autor; Neustädterstr. 3, D-8132 Tutzing, Tel. (8158) 6209 (Arad/Ungarn 19.12.00). Roman, Film, Hörspiel.

V: Es war eine rauschende Ballnacht 39; Tanja und ihre 40 Männer, R. 57; Frauen sind keine Engel, R. 66; Der Tod schießt die Tore 74; Kauf dir einen bunten Luftballon. Erinnerungen an Götter und Halbgötter 75; Immer waren es die Frauen 76; Hanussen, der Hellseher des Teufels 77; Tango 80; Der Kuh im Kaffeehaus 81; Der heilige Trinker, Erinn. an J. Roth 83. —

Theaterst.: Drei blaue Augen; Anita u.

der Teufel; Aurora von Königsmarck;
Frauen sind keine Engel; Tontauben;
Der blaue Engel.
F: Zahlr. Drehb., u.a.: Nachtschwester
Ingeborg; So ein Millionär hats schwer;
Schlag auf Schlag; Bobby Dodd greift
ein; Ich bin kein Casanova; Salem
Aleikum; Als geheilt entlassen;
Kriminaltango; Gauner in Uniform;
Kauf dir einen bunten Luftballon; Ein
Stern fällt vom Himmel; Junge Leute
brauchen Liebe; Es war eine
rauschende Ballnacht, m. Frank Thieß;
Banditen der Autobahn, m. R. Thoeren,
insgesamt 73.
R: Herz zwischen zwei Welten, Hsp.

Czjzek, Roman, Porzellan- und
Chemiewaren-Fabrikant; Stefan-
Edersplatz 5, A-1190 Wien, Tel. (00222)
325892 (Trnavka, ČSR 5.9.08). Lyrik,
Prosa. **Ue:** U, F.
V: Laut ist die Straße, still ist die Welt,
Lyr. 48; Bilder, Spiegelbilder 78; Geld ist
wie Staub. Das Leben d. Franziskus v.
Assisi, Prosa 82.
Ue: János Pilinszky: Großstadt-
Ikonen, Lyr. 71; Domokos Szilágyi:
Enzyklopädie des Fiebers, Lyr. 77.

Czurda, Elfriede, Dr. phil.,
Kunsthistorikerin; GAV 75, NGL 81;
Hörsp.pr. d. ORF 79, Marburger
Förderpr. f. Lit. 80, Sandoz-Lit.pr. 82;
Clausewitzstr. 2, c/o Becker, D-1000
Berlin 12, Tel. (030) 8811194 (Wels,
ObÖst. 25.4.46). Lyrik, Prosa, Hörspiel,
Essay.
V: Ein Griff — Eingriff inbegriffen,
Lyrik, Prosa 78; fast 1 leben, Prosa 81;
Diotima oder Die Differenz des Glücks,
Prosa 82; Der Fußballfan oder Da lacht
Virginia Woolf, Hsp.-Textbd 82.
MA: Dimension 76; Magyar Mühely
76; Zweitschrift 80; 20 Jahre manu-
skripte 80; Die andere Hälfte der Stadt
82; Tintenfisch 82; Rowohlt-Almanach
82; Österreich zum Beispiel 82.
R: Der Fußballfan — oder: Da lacht
Virginia Woolf, Hsp. 79.
S: Der Fußballfan oder Da lacht
Virginia Woolf, Kass. 82.
Ue: Bamboté Makombo: Tagebuch
eines Zentralafrikanischen Bauern 83.
Lit: S.P. Scheichl: Thematisierung von
Parole und Sprachnorm am Beispiel
von E.C., Liesl Ujvary, Bodo Hell, in:
Innsbrucker Beitr. z. Kulturwiss.,
Germanist. Reihe VII 82.

D

Dachs, Robert, c/o Arche Verlag, Zürich, Schweiz.
V: Halbseide, R. 81. ( )

Dachsel, Joachim, Dr. phil., Doz.; August-Bebel-Str. 11, DDR-8105 Moritzburg, Bez. Dresden (Leipzig 6.12.21). Novelle, Kurzgeschichte, Essay, Biographie, Lyrik. **Ue:** Tsch.
V: Der Blick in den Spiegel, Erzn. 53, 56; Jörg und Peter, Geschn. 56; Die Kamera, Kurzgesch. 60; Aurelius Augustinus, Biogr. 61, 63; Franziskus von Assisi, Biogr. 62; Jan Hus, Biogr. 64; Vor diesen Augen, G. 74; Der Mann aus Assisi. Franziskus und seine Welt 77; Ich bin heute, Lyr. 81, 2. Aufl. 83.
MA: Ein Stück vom Ufer, Gesch. 60, 61; Begegnung unter Tage, Gesch. 62, 63; Heute abend: Hörspielprobe! 63; Anzeichen neuer christl. Dichtung, Lyrik 67; Anzeichen zwei 72; Anzeichen drei 77; Nichts und doch alles haben 77; Rufe, Lyrik 79; Spuren im Spiegellicht 82, alles Anth.
Ue: Věroslav Mertl, Die Suche nach dem Feuer, Erz. 79. — **MUe:** Lubomír Nakládal: Das Gras blüht, m. U. Dachsel, Erzn. 81.

Dadois, Regine, s. Mosberger, Elisabeta.

Dähn, Brunhilde, Journalistin; VS 70; Luisenplatz 3-7, D-4150 Krefeld, Tel. (02151) 26393 (Krefeld 7.1.19).
V: Berlin - Hausvogteiplatz 68; Der Krefelder Seidenweber Aufstand am 4./5. November 1828 80.
MA: Kollegs für junge Leute 69; Niederrhein-Autoren 80.
R: Eine kleidsame Ideengeschichte. Die Entsteh. der Fertigkleid. u. i. hist. Entwickl.; Was die Mode bedeutet.

von Däniken, Erich, Schriftsteller; Baselstr. 1, CH-4532 Feldbrunnen, Tel. (065) 231113 (Zofingen/Schweiz 14.4.35). Essay, Film.
V: Erinnerungen an die Zukunft 68, 76 (28 Übers.); Zurück zu den Sternen 69, 76 (17 Übers.); Aussaat und Kosmos 72, 76; Meine Welt in Bildern 73, 76; Das Welt-Phänomen 73; Erscheinungen, Phänomene, die die Welt erregen 74, 76; Besucher aus dem Kosmos, Samml. 75; Beweise — Lokaltermin in 5

Kontinenten 77; Erich von Däniken im Kreuzverhör — Fragen aus Diskussionen rund um die Welt 78; Prophet der Vergangenheit — Riskante Gedanken um die Allgegenwart der Außerirdischen 79; Reise nach Kiribati — Abenteuer zw. Himmel u. Erde 81; Strategie der Götter — Das achte Weltwunder 82.
F: Erinnerungen an die Zukunft, Kulturf.; Botschaft der Götter, Kulturf.
Lit: Rocholl/Roggersdorf: Das seltsame Leben des Erich von Däniken 70.

Däs, Nellÿ, Schneiderin; Verd.kr. am Bande 82; Friedrich Bödecker-Kreis 70; Richard-Wagnerstr. 36, D-7050 Waiblingen, Tel. (07151) 15884 (Friedental/Rußld. 8.1.30). Roman.
V: Wölfe und Sonnenblumen, R. 69, 78; Der Zug in die Freiheit, R. 76; Mit Timofey durch die Taiga, R. 77. —
MV: Alfred Cammann: Deutsche Volksmärchen aus Rußland und Rumänien.

Dahl, Edwin Wolfram; Arbeits-Stip. d. Ldes NRW 73; Kidlerstr. 39, D-8000 München 70, Tel. (089) 766451 (Solingen 17.6.28). Lyrik, Prosa.
V: Zwischen Eins und Zweitausend, G. 70; Gesucht wird Amfortas, G. 74; Außerhalb der Sprechzeit, G. 78.
MA: Lyrik aus dieser Zeit 1967/68, Anth. 67; Nachkrieg und Unfrieden - Gedichte als Index 1945 — 70, Anth. 70; Frieden aufs Brot, Anth. 72; Deutsche Bildwerke im deutschen Gedicht, Anth. 75; Sie schreiben zwischen Goch und Bonn, Anth. 75; Frankfurter Anthologie I 76; Jahrbuch für Lyrik 1 79, 2 80; Am Rand der Zeit, Anth. 79; Spektrum des Geistes, Lit.Kal. 79; Liebe, Anth. 80; Gedichte über Dichter, Anth. 82; Komm, heilige Melancholie, Anth. 83; Gedichte für den Frieden, Anth. 83.

Dahl, Günther; Reeborn 11, D-2000 Hamburg 70.
V: Heute schon gelebt? Geschn. eines schüchternen Reporters 82. ( )

Dahl, Jürgen (Ps. Jan Hatje); Dt. Journalisten-Preis 65; Am Eichenkamp 1, D-4150 Krefeld, Tel. (02151) 56723 (Moers/Rh. 18.10.29). Essay. **Ue:** E.

V: 99 Limericks, Ess. u. Ue 58, 61; Shanties, Ess. u. Ue. 59; Nachtfrauen und Galsterweiber, Ess. 60; 111 Limericks, Ess. u. Ue 61; Maccaronisches Poetikum, lit.-gesch. Ess. 62; Engl. Kinderverse, Ue 67; Mitteilungen eines Überlebenden, Ess. 69; Der Anfang v. Ende d. Autos, Ess. 72; Einreden, Ess. 74; Auf Gedeih u. Verderb, Ess. 77; Aufschlüsse, Ess. 77; Der Tag des Astronomen ist die Nacht, Ess. 79.
H: Es steht hinterm Haus. Rätsel a. d. Volksmund 63; Ich sag dir nicht was ich dir sage. Rätsel deutscher Dichter 64; Clerihews 64; Jugend der Maschinen 65; Reisen nach Nirgendwo 65; Scherzfragen-Vorlesebuch 67.

von Dahlberg, Hela, s. von Trotha, Hela Margarethe.

Dahlmann-Stolzenbach, Gertrud *

Dahmen, Jost, Dr.phil.; Vaalser Str. 476, D-5100 Aachen.
V: Heimkehr nach dem Germerhof, Erz. 79. ( )

Dahn, Daniela, Journalistin; Kand. SV-DDR 82; Förderpr. d. Inst. f. Lit. "Johannes R. Becher" u. d. Mitteldt. Verl. Halle-Leipzig 80; Husstr. 126, DDR-1199 Berlin, Tel. 6762565 (Berlin 9.10.49). Prosa, Erzählung, Feuilleton, Essay, Hörspiel.
V: Spitzenteil, Feuill. u. eine Collage 80, 83.
MA: Kreise ziehen 74; Schattensprünge 75; Vom Geschmack der Wörter 80; Im Kreislauf der Windeln 82, alles Anth.
R: Auf daß wir klug werden, Hsp.

Dahne, Gerhard, Dr. phil.; Cardinalstr. 20, DDR-1170 Berlin (Berlin 28.5.34).
V: Westdeutsche Prosa — Ein Überblick 67; Die ganz merkwürdigen Sichten und Gesichte des Hans Greifer, R. 75; Magdalena oder Die Rache der Muse, Erz. 79; Moses oder Das Sechste Gebot, Erz. 80; Berba. Ein Tag im Leben eines Löwen, Erz. 82.

Daiber, Hans, Redakteur; Hausacker 17, D-5064 Rösrath, Tel. (02205) 3343 (Breslau 9.5.27). Roman, Novelle, Essay, Film, Biographie.
V: Argumente für Lazarus, Erzn. 66; Vor Deutschland wird gewarnt, pol.-lit. Kurzbiogrn. 67; Doppelspiel, R. 69; Gerhart Hauptmann, Biogr. 71; Deutsches Theater seit 1945. BRD, DDR, Öst., Schweiz 76.
H: Wie ich anfing. 24 Autoren berichten von ihren Anfängen 79.

R: Worpswede - Analyse eines Nimbus, Fs.-Send. 61; Gerhart Hauptmann, Fs.-Send. 71.

Dalaun, Renate, s. Blosche, Renate.

Dallmann, Gerhard, Pastor; Mitgl. SV-DDR; Kirchstr. 30, DDR-2200 Greifswald-Wieck, Tel. (0822) 4647 (Stettin 18.6.26). Roman, Hörspiel.
V: Gedankenstriche, Kurzerzn. 75; Logbuch und Agende, autobiogr. R. 75, 3.Aufl. 80; Geh hin, es klingelt, Erzn. 76, 2.Aufl. 79; Das Kahnweib, R. 77, 2.Aufl. 82; Ihr erster Tag, Kurzerzn. 77, 2.Aufl. 80; Die Sommerkinder von Ralswiek 80, 2.Aufl. 82; Weihn.erz. 78.
MA: versch. Anth.; u.a.: Als Stern uns aufgegangen 78, 2.Aufl. 82; Kußkarpfen 80; Silentia 82.
R: Daß ich verstanden werde, Hsp. 73.

van Dam, Gertrud; Frauenstr. 1, D-4407 Emsdetten.
V: Landlaipers, Spöke, Geister un annere Saken, Samml. 78; Auf dem Weg zu Dir, Briefe f. Kranke u. solche, d. es werden können 78; Sunnenschien in't kranke Hiärt 81. ( )

van Dam, Henry, s. König, Hans H..

Dama, Hans, Mag.phil., Universitätslektor; Intern. Lenau-Ges.; Schelleingasse 14-16/II/15, A-1040 Wien (Groß-Sankt-Nikolaus/Rumän. 30.6.44). Lyrik, Übers. **Ue:** Rum.
V: Schritte, G. 80.
MA: Österreichische Lyrik, Anth. XXVIII 81.
Ue: Teresa Reiner: Jocul florii de colt/ Der Tanz des Edelweiß, G. 80.

Damjan, Mischa (Ps. f. Dimitrij Sidjanskij); Usterstr. 737, c/o Nord-Süd-Verlag, CH-8617 Mönchaltorf.
V: Zwei Katzen in Amerika 70; Der Wolf und das Zicklein 74, 81; Federn, nichts als Federn 76; Pfeif, Murmeli, pfeif 77; Filipo und sein Wunderpinsel, 2.Aufl. 80; Die Maus, die an das Gute glaubte 79; Leb wohl kleiner Vogel 83; Pony das Seepferdchen 83. — **MV:** Der kleine Prinz und sein Käfer 67; Das Eichhorn u. das Nashörnchen 77, beide m. R. Steadman Atuk 76. ( )

Damm-Wendler, Ursula, Schauspielerin; SV-DDR 69; Goldener Lorbeer, m. H. U. Wendler 79; Str. im Walde 37, DDR-1170 Berlin, Tel. 6564310 (Dresden 31.3.22). Drama, Fernsehspiel.
V: Der Hausgeist, Puppensp. 55; Der Wundertopf, Puppensp. 58; Herbstgewitter, Musical 83. — **MV:** Wiedersehen am Wochenend, Lsp. 58; Das Zauberkochbuch, Puppensp. 58; Wirbel

unter einem Dach, Lsp. 60; Die Fehde d.
Michael Kohlhaas, Sch. 63; Die drei
Musketiere, Musical 66; Für 5 Groschen
Urlaub, Musical 69; Letzter Ausweg
Heirat, Musical 74, alle m. H.-U.
Wendler.
　R: Das Gänseblümchen und der
Kapitän, Fsp. 73; Eine Schwäche für
Musik, Fsf. 73; Mögen Sie Hecht?, Fsp.
75; Ein Zimmer mit Ausblick, m. H. U.
Wendler, Fsp.-Serie 77; Ein
unerwünschter Gast, Fsp. 77; Rentner
haben niemals Zeit, Fsp.-Serie m. H. U.
Wendler 79; Verliebt, verlobt... 4 Einakt.
Fsp. 79; Eine Perle zuviel, Hsp. 76; Auf
heißer Spur, Hsp. f. Kinder 78; Der
Schwimmwettbewerb, Hsp. f. Kinder 78;
Die Rolle 78; Ein Korb Haselnüsse 78;
Gastfreundschaft 78; Kalte Füße 79; Der
Altmeister 79; Der Schmalfilm 79, alles
Hsp.; Auf ein Neues! 4 Szenen 81; Vom
Regen in die Traufe, Lsp. 82;
Geschichten übern Gartenzaun, Fsp.-
Serie m. H.U. Wendler 82.

Dammann, Peter, s. Mühe, Werner.

Damson, Thomas; Dorfstr. 28, D-2171
Geversdorf.
　V: Mein Gang unter die Leute oder
was sagst Du dazu? 81. ( )

Damwerth, Wilhelm, Schriftsteller; VS
45; Bdesverdienstkr. 74; Wilmergasse 12
— 13, D-4400 Münster/Westf. (Münster
20.11.23). Drama, Roman, Erzählung,
Hörspiel, Lyrik, Film, Reisebuch.
　V: Überwasser, Sp. 40; In der Welt
Karl May's, Ess. 43; Der Edelmensch,
Ess. 46; Der Brautvater, Lsp. 46;
Deutschlands Schicksal, Dr. 47; Der
Fahrende Sänger, Sch. 47; Die Not, Sp.
47; Kaiser Nero, Sch. 49; Der Sänger-
krieg auf der Wartburg, Sch. 51; Das
Möhnetal, Heimatb. 51; Das Volks-
bühnenspiel, Werkb. f. Laienspieler 52;
Der Brauthandel, R. 56; Westfalenbuch
56; Westfalenlob, G. 56; Die Eismeer-
fischer, Erlebnisber. der deutschen
Hochseefischerei 59; Grönlandreise,
Erlebnisber. 61; Die Schwarze Gilde,
Erz. 63; Der Witz der Westfalen 72. —
MV: Westfälische Geldgeschichten 64;
Das kleine Hermann-Löns-Buch 73;
Ganz Deutschland lacht 75; Leben im
Münsterland, Anth. 78; Land zw. Weser
u. Ems 82.
　MA: Deutsche Liebesdichtung, Anth.
55; Sie schreiben zwischen Paderborn
und Münster, Anth. 77; Einsamkeit hat
viele Namen, Anth. 78; Kleine
Bettlektüre f. herzhafte Münsteraner 80;
Westfalen unter sich über sich 78; Ein

Lebenswerk f. Westfalen 80; Carmen,
Anth. 81.
　H: Der Sauerländer, Zs. 50 — 51;
Kleine Bettlektüre f. standhafte
Dortmunder, Anth. 81; Kleine
Bettlektüre f. standfeste Osnabrücker,
Anth. 81; Kleine Bettlektüre för Lüde ut
Westfaolen, de gärn plattdütsk küert,
Anth. 81; Kleine Bettlektüre för leeve
Lück, die jän Kölsch verzälle, Anth. 83.
　F: Kurs Labrador 61; Jungfischer 61;
Grönland 61.
　R: Das Rendezvous 48; Die Brandung
62; Das Rettungsboot 63, alles Hsp.; Der
Brauthandel, Fsp. 61.
　S: Das Hochseefischer-Lied 60.

Danella, Utta. Roman, Erzählung.
Ue: E.
　V: Alle Sterne vom Himmel, R. 56, 75;
Regina am den Stufen, 57, 74; Die
Frauen der Talliens, R. 58, 73; Alles
Töchter aus guter Familie, R. 58, 75; Die
Reise nach Venedig, R. 59, 76; Stella
Termogen oder Die Versuchung der
Jahre, R. 60, 75; Tanz auf dem Regen-
bogen, R. 62; Der Sommer des glück-
lichen Narren, R. 63, 72; Der Maulbeer-
baum, R. 64, 76; Der Mond im See, R. 65,
75; Vergiß, wenn du leben willst 66, 74;
Quartett im September 68, 76; Jovana
69, 74; Niemandsland 70, 76; Gestern
oder Die Stunde nach Mitternacht 71;
Der blaue Vogel 73, 76; Die Hochzeit auf
dem Lande 75, 77; Zwei Tage im April
75; Gespräche mit Janos 75; Der
Schatten des Adlers 75; Der dunkle
Strom 77; Die Tränen vom vergangenen
Jahr, Jgdb. 78; Familiengeschichten 79;
Flutwelle, R. 80; Eine Heimat hat der
Mensch, R. 81.
　MA: versch. Anthologien.
　R: Zwei gute Freunde, Jgd.-Hsp.
　Ue: Margaret Bell Houston: Cotton-
woods Grow Tall u.d.T.: Die silbergrauen
Bäume der Jugend, R. 59; Gwenn
Bristow: Morgen ist die Ewigkeit 64.

Dangers, Robert, Dr., Hptschullehrer
i. R.; Tycho Brahe-Weg 28, D-2000
Hamburg 70 (Allermöhe, Bez. Hamburg
8.12.96). Lyrik, Novelle, Essay.
　V: Wilhelm Busch, Bildergesch. u.
Zeichn. d. Samml. Wrede/Hann 28;
Wilhelm Busch, sein Leben und sein
Werk 30; Wilhelm Busch u. Wiedensahl
32; Wilhelm Busch, der Künstler 37; Aus
Erde gemacht, e. Pr.-B. 47; Pablo
Picasso, Darstell. u. Deut. 58; Henri
Rousseau, Bildb. 60; Caspar David
Friedrich, Bildb. 63; Die Kunststile vom
Altertum bis zur Gegenwart 65;
Albrecht Dürer 66; Die Gezeiten, G. 68;

Wilhelm Busch, der Künstler und der Weise, biblioph. Druck 56. — MV: Lob des Gartens, G. u. Schild. 47. ( )

Daniel, Hans, s. Werres, Johannes.

Daniel, Jens, s. Augstein, Rudolf.

Daniels, Dorothea, s. Walter, Dieter.

Daniger, Margot (Ps. f. Margot Salomon-Daniger), Journalistin u. Schriftstellerin; Flat 77, Neville Court Abbey Rd., London NW 8, Tel. (01) 2862926 (Berlin). Roman, Novelle, Hörspiel. **Ue:** E.
V: Beate fährt nach Monte Carlo, R.; Ein Film für Evelyn, R.; Winterkühle Hochzeitsreise, R. 36; Ostseeblaue Ferientage, R. 52; Alle Tage etwas Sonne, R.; Rückkehr ins Paradies, R. 55; Die geheimnisvolle Flaschenpost, Kinderpost, Kinderb.; Wirbel um Malwi, R. 59; Für Marcella-Orchideen, R. 60; Vorhang auf für Margherita, Kinderb. 60; Vertauschte Herzen, R. 61; ca. 50 weitere Romane u. Taschenbücher nach 61, Übersetz. einiger Romane ins holl. u. franz.
F: Ich hab mich so an dich gewöhnt.
R: Leihaus; Wellen um Reginald, u.a. Hsp.

Dannenbauer, Friedrich Michael, Sprachheillehrer; Gögginger Str. 34, D-8900 Augsburg, Tel. (0821) 576354 (Schwäbisch Hall 8.9.43). Lyrik, Essay.
V: Drehzeit, G. 79. ( )

Dannenberg, Herta-Maria, Hausfrau; Pestalozziweg 24, D-3223 Delligsen 1, Tel. (05187) 2180 (Weidehnen, Ostpr. 7.9.13).
V: Du hast mein Herz bezwungen 62, 76; Er riß mich aus der Tiefe, Erz. 69, Tb. 80; Über den Weg hinaus 72; Komm zu mir nach Afrika, Erz. 74; Es war noch nie so hell 77; Einer lindert deine Not 78; Aus dem Zug gestürzt, Erzn. 80; Frau Grunwald, eine Mutter in Christus 82. ( )

Dannenberg, Peter, Chefdramaturg Hamburgische Staatsoper; Brunsberg 12, D-2000 Hamburg 54, Tel. (040) 565729 (Potsdam 21.5.30).
V: Robert Schumann, Biogr. 79, 82; Gaukler u. Primadonnen. Vom Ballhaus z. Stadttheater im alten Kiel 81.
H: Jb. d. Hamburgischen Staatsoper 1977/78 78-1981/82 82.

Danzer, Georg, c/o Heyne-Verl., München.
V: Die gnädige Frau und das rote Reptil, Erzn., Lieder, Gedanken, Betrachtn. 82, 83. ( )

Danziger, Carl-Jacob, s. Schwarz, Joachim.

Dapunt, s. Morscher, Inge.

Daring, Thomas, s. Zischka, Anton.

Darlton, Clark, s. Ernsting, Walter.

Darnstädt, Helge (Ps. Sabine Hagen, Christel Burg, Kathrin Thomas); Blankenbergstr. 4, D-1000 Berlin 41, Tel. (030) 8525543.
V: Neues aus dem Märchenreich 61; Lustige Tiermärchen 61; Unsere besten Freunde 62; Heut ist ein besonderer Tag 62; Das Hochzeitsfest im Wiesengrund 62; Kinder im Zoo 63; Neue Märchen 63; Rund um die Sparbüchse 63, 75; Wurzelpurzel 63; Aus einem fröhlichen Haus 64; Kinder im Verkehr 64; Was habt ihr gegen Florian? 65; Neues aus dem fröhlichen Haus 65; Teddys große Fahrt 65; So was gibt es 68; Fröhliche Tage im fröhlichen Haus 67; Der Herr aus Honolulu 67; Märchen aus dem Tierreich 70; Neue Tiermärchen 67; Tauschen muß man können! 72; Kennwort Rumpelstilzchen 71; Unglaubliche Geschichten 69; Juli und das Geheimnis von Heißtatabumstei 73; Ab Sonntag sind wir Geschwister 75; Ein Hund für zwei 74; Bei uns zu Haus 73; Geschwister 73; Kinder und ihre Tiere 75; Der geheimnisvolle Mops 76; Ein merkwürdiges Mädchen 75; Neues aus dem Klassenzimmer 76; Um 8 Uhr fängt die Schule an 76; Von Kindern und Autos 76; Kinder im Verkehr 77; Geschichten vom Schulhof 77; Zauberei im Secchotel 77; Geschichten aus dem Kinderland 78; Neues vom Stundenplan 78; Jan und das schwarze Schaf der Familie 78; Kinder im Zoo 79; Geschichten aus dem Klassenzimmer 79.
Ue: u. B: Enid Blyton: Munter u. Kunterbunt 71; Fannys abenteuerliche Ferien 73.

Daschkowski, Otto (Ps. Peter Naundorf), Handwerker; Riepenstr. 42, D-3013 Barsinghausen 1, Tel. (05105) 82084 (Dresden 3.8.22). Roman, Kinderbuch, Hörspiel, Film.
V: Ein rätselhafter Spuk 82; Die Eule vom Schloß Schellenberg 82; Deister-Meister-Detektive, 5 Bde; Dialog mit dem Tod; Der einsame Sieg; Der Regen wusch das Blut vom Gras; Gewitter über dem Keilerbergdorf; Katja hatte Mut; Die Söseweg-Clique, u.a. R. 20 Gute-Nacht-Geschichten für Kleinkinder; 20 Satiren.

Dathe, C. Heinrich, Prof. Dr. sc. nat.,
Dr. med. vet. h. c., Zoologe, Dir. d. Tier-
parks Berlin, Dir. d. Forsch.stelle f.
Wirbeltierforschung (im Tierpark
Berlin) d. Akad. d. Wiss. d. DDR; Am
Tierpark 125, DDR-1136 Berlin, Tel.
5201301 (Reichenbach i.V. 7.11.10).
Interpretationen z.B. japanischer
künstlerischer Tierdarstellungen.
V: Vögel und Blumen. Jap. Meister-
holzschnitte. Betextung von Bildern
Kono Baireis 52; Tiergesichter 57;
Seidenschwanz u. Orchidee. Jap.
Meisterholzschnitte. Betextung von
Bildern Kono Baireis 59; Eisvogel und
Päonie 59; Tierkinder aus Zoologischen
Gärten 62; Im Tierpark belauscht 65;
Berliner Sehenswürdigkeiten: Tierpark
Berlin 70; Erlebnisse mit Zootieren 72;
Tb. der Zoologie, Bd. 4, Wirbeltiere I 75;
Der künstlerische Schmuck des Tier-
parks Berlin 80; Tiermütter und ihre
Kinder 81. — **MV:** Bäreneltern wider
Willen, m. Elisabeth Dathe 66; Oase. Der
Tierpark in Berlin, m. Ursula Zernicke
72.
MH: Atlas der Verbreitung
palaearktischer Vögel 74; Grzimeks
Tierleben XII 72.
R: Allsonntäglich seit 21 Jahren im
Berliner Rundfunk 1/4 Stunde "Im Tier-
park belauscht"; Allmonatlich im Fern-
sehen der DDR eine 1/2-Stunden-
Sendung "Tierpark-Tele-Treff".
Lit: K. Gentz: Prof. Dr. Heinrich
Dathe 50 Jahre. D. Falke, Leipzig/Jena 7,
183 - 184 60;; W. Herre: H. D. 60 Jahre. D.
Zool. Garten (NF), Leipzig, 39, 1 - 6 70;
H.-G. Petzold: Nationalpreisträger Prof.
Dr. Heinrich Dathe 60 Jahre. (Aquar.
Terr. 17) 70; W. Schneider: Heinrich
Dathe zur Vollendung des 65. Lebens-
jahres. Beitr. z. Vogelkd. 22, 1 - 2 76; S.
Seifert: H. D. zur Vollend. seines 65.
Lebensjahres. D. Zoo. Garten (NF) 46, 1 -
2 76; G. Sterba: H. Dathe z. Vollend. d. 65
Lj. 75; W. Zimdahl: H. Dathe z. 65 Geb.
D. Falke 22 75.
s. a. Kürschners GK.

Daublebsky, Gun Margret (Ps. Gun
Margret Forss), Hausfrau; AKL 77,
V.G.S. 80, Interessengem. v. Übersetzern
lit. u. wiss. Werke 81; I.K.G. 75;
Pyrawang 33, A-4092 Esternberg, Tel.
(07114) 513 (Helsinki 20.1.20). Lyrik,
Erzählung, Drama, Übersetzung.
Ue: Schw., Fin.
V: Aufbruch, G. 74; Andreas und das
Bild, Erz. 77; Gesang der Trolle,
Prosastücke 79; Weit sind die Wege ..., G.
81; Die Frostblume, Alles, 2 Sch. 83.

B: traumhaftes venedig, Bildbd. 78.
Ue: u. R: W. Chorell: Dialog an einem
Fenster, Hsp.

Dauenhauer, Erich; Fritz-Claus-Str.
23, D-6785 Münchweiler a.d. Rodalb.
V: Republikanisch-satirische Skizzen
78; Und kamen nach Santo Domingo 80;
Die Abordnung, R. 82. ( )

Daum, Alfred, Rundfunkjournalist;
Eichenbitze 5, D-5330 Königswinter 41
Ittenbach, Tel. (02223) 23342
(Saarbrücken 14.12.12). Lyrik, Novelle,
Hörspiel.
V: Intensivstation — im Wartezimmer
auf Leben und Tod, N.; Ballade vom
schweren Unglück, Leiden und Tod der
Liebsten, Lyr.
R: Meine Heimat ist die Saar; Die
Welt auf der Schaubühne; Toujours
l'Europe; How The peace was lost, alles
Features.

Davi, Hans Leopold, Buchhändler;
Anerkenn.preis d. schweiz. Schillerstift.
59, Anerkenn.preis d. Stadt Luzern 61;
Hünenbergstr. 76, CH-6006 Luzern, Tel.
(041) 366726 (Santa Cruz de Tenerife
10.1.28). Lyrik, Erzählung, Aphorismus.
Ue: S, F.
V: Gedichte einer Jugend 52; Spuren
am Strand, G. 56 (auch span.); Kinder-
lieder, G. 59, 3.Aufl. 81 (auch span.);
Stein und Wolke, G. 61 (auch span.);
Distel- und Mistelworte, Aphor. 71, 76;
Luzern. Stadtbuch, Illustr. v. Eugen
Bachmann 72; Aumenta el nivel de los
ríos/Es steigt der Wasserspiegel der
Flüsse, G. span.-dt. 75; Der Herzmaler u.
and. Erzn. 82.
H: MUe: Juan Ramón Jiménez: Herz,
stirb oder singe, zweispr. G. 58, 3. Aufl.
77; Spanische Erzähler der Gegenwart
68; Ana María Matute: Die Rettung, 3
Erzn., zweispr. 77.
Ue: Spanische Lyrik der Gegenwart
60, zweispr. Ausg; Juan Pérez Jolote:
Tzotzil, m. S. Davi 79.

David, Ernst, s. Eichler, Ernst.

David, Kurt, Kaufm.; SV-DDR 57;
Bergweg 4, DDR-8806 Kurort Oybin, Tel.
Oybin 436 (Reichenau 13.7.24). Roman,
Novelle, Erzählung, Hörspiel.
V: Die Verführten, R. 56; Gegenstoß
ins Nichts, N. 57; Befehl ausgeführt, Erz.
58; Michael und sein schwarzer Engel,
R. 58; Briefe an den lieben Gott, Erz. 59;
Der erste Schuß, Erz. 59, 60; Zwei Uhr
am roten Turm, Erz. 59; Der goldene
Rachen, Krim.-R. 60, 62; Der Granit-
schädel, Erz. 60; Sechs Stare auf der
Mauer, Krim.-Erz. f. Kinder 61, 62; Im

Land der Bogenschützen, Reisebilder
aus d. Mongol. Volksrepublik 62; Der
singende Pfeil 62; Polnische Etüden.
Von Sopot bis Zakopane 63; Beenschä-
fer 64; Freitags wird gebadet. Aus d.
Tageb. eines Minderjährigen 65, 82, Tb.
81; Der Spielmann vom Himmelpfort-
grund 64; Das Haus im Park, Erz. 64;
Der Schwarze Wolf, R. 66, 82; Dschingis-
Chan II 69; Begegnung mit der Unsterblichkeit 70; Bärenjagd im Chentei,
Erz. 70; Sturm aus der Steppe, ich ritt
mit Dschingis-Chan 73; Die Über-
lebende, Nov. 72, 82; Tenggeri, Sohn des
Schwarzen Wolfs, 9.Aufl. 82, u.d.T.:
Flucht in die Wildnis, mit Dschingis-
Chan durch Sturm und Steppe 75;
Antennenaugust 75, 81; Der Bär mit
dem Vogel auf dem Kopf, Erz. nach
mongol. Tageb. 77, 81; Was sich die
schönste aller Wolken wünschte, M. 78;
Der Löwe mit der besonders schönen
langen Mähne, M. 78; Der Khan mit den
Eselsohren 81; Goldwurm und
Amurtiger 82; Rosamunde, aber nicht
von Schubert, Erzn. 82.
R: Aus dem Tagebuch eines
Minderjährigen, 7-teil. Fsf. 65; Die
Überlebende, Fsf. 75; Leise flehen meine
Lieder, Fsf. 78. ( )

David, Linus (Ps. Carlo de Pretis),
Prof., Redaktor, Musiker, Musikkritiker;
Voltastr. 7, CH-6005 Luzern (Uster ZH
18.10.35). Lyrik.
V: Wenn du ein Christ sein willst,
Texte zum Nachdenken 76, 78; Feste
deines Lebens – Stationen Seines
Weges 77; In Deine Hände, Gedanken
über das Sterben 79.
S: Da ist ein Weg, 2 Chansons 75. ( )

David, Wolfgang; Elsterwerdaer Str.
7/10/01, DDR-8036 Dresden-Prohlis.
V: Bendgens Frauen oder Prüfungen
ohne Testat, R. 80, 83. ( )

Davies Fischer, Rosmarie, c/o
Schweizer Autoren-Verlag,
Schaffhausen, Schweiz.
V: Porto Siesta, das aufregende
Wochenende der Mrs. Park 82. ( )

Dawin, Herbert, Diakon i.R.; Von-der-
Heydt-Str. 71, D-4690 Herne 1, Tel.
(02323) 53576 (Herne 26.9.10). Jugenderzählung.
V: Gefahr auf dem Jungklaushof 53,
62. ( )

de la motte, s. Umlandt, Wolf-G..

de Laforet, Jean, s. Böckl, Manfred.

De Thom, Wolf, s. Gugl, Wolfgang.

De Vries, Gernot, Pastor; VS 77; Fritz-
Reuter-Pr. 82; Lerchenweg 14, D-2960
Aurich/Ostfriesld., Tel. (04941) 2213
(Völlenerfehn 26.10.25). Roman.
V: Lamke Pannkook un hör Lu, en
Dörpgeschicht 76.

Dean, Martin R., freier Schriftsteller;
Gruppe Olten 82; Rauriser Literaturpr.
83, Werkjahr d. Kantons Aargau 82,
Werkpr. d. Kantons Luzern 83;
Bechburgerstr. 5, CH-4052 Basel, Tel.
(061) 427126 (Gunzwil/Lu. 17.7.55).
Roman, Essay.
V: Die verborgenen Gärten, R. 82.

Debbert, Helga; Arbeitsstip. d.
Kulturbehörde Hamburg 79; Godeffroy
Str. 7, D-2000 Hamburg 55, Tel. (040)
864355 (Stöckow, Kr. Kolberg 27.12.37).
Lyrik, Novelle, Hörspiel.
V: Menschen im Krankenhaus, Erzn.
76.
MA: Die Stimme in der
Weihnachtsnacht, Lyr. 78; Versuche 79;
Mamas Pfirsiche 79; Wenn das Eis geht
83.

Debon, Günther, Dr. phil., o. UProf.;
Im Rosengarten 6, D-6903
Neckargemünd, Tel. (06223) 2691
(München 13.5.21). Essay. Ue: Ch, J.
MV: Chinesische Geisteswelt 57.
H: Li Tai-bo: Rausch u. Unsterblich-
keit 58; Wilhelm Gundert: Bi-yän-lu.
Meister Yüan-wu's Niederschr. von der
Smaragdenen Felswand III 73.
Ue: Herbstlich helles Leuchten überm
See, chin. G. 53, 59; Im Schnee die
Fähre, jap. G. 55, 60; Ein weißes Kleid,
ein grau Gebände, chin. Lieder 57;
Laotse: Tao-Tê-King, Das heilige Buch
vom Weg u. von der Tugend 61; Li Tai-
bo, G. 62; Chinesische Dichter der Tang-
Zeit 64. – MUe: Lyrik des Ostens 52, 58.
s. a. Kürschners GK.

Decker, Ernst, Prediger; Hauptstr. 74,
D-6340 Dillenburg-Frohnhausen, Tel.
(02771) 31325 (Asterlagen, Kr. Moers
8.10.02). Erzählung.
V: Waldweihnacht, Erz. 29; Über der
Heide, Erz. 30; Heidelicht, Erz. 32; Wo
der Schlehdorn blüht 35; Der Pfarrer
von Heideroth, R. 35; Einsame Gräber,
Epos 35; Aus rauher Heimat, Erz. 39; Die
Nacht vor dem Eid, Erz. 39; Mitternacht
am Altar, Erz. 50; Der Gnade Abendrot,
Erzn. 52, 68; Die verborgene Hand, Erzn.
77; Fritz Binde, ein Evangelist von
Gottes Gnaden, Biogr; Rufe in Unsicht-
bare, Erz. 80; Die Antwort von drüben,
Erz. 81; Die große Begegnung, Erz. 82.

S: Der verlorene Sohn, Die erfüllte
Zeit, Bibelt. u. Ansprache 62; Freude-
Hoffnung-Heimat, Ansprachen 81; Sein
Tun ist lauter Segen, Ansprachen 82.

Decker-Voigt, Hans-Helmut (Ps.
Jürgen Morgen, Jörg Morgen), Prof. a. d.
Musikhochsch. Hamburg, Prof. a. Lesley
Coll. Grad. School Cambridge USA,
ehem. Musikdir., Doz. Soz-päd.
H.Düsseldorf, freischaffender Autor; VS
67, Die Kogge 70; Ritter von Yuste
(Caballeros del Monasterio de Yuste) 74,
Reisestip. d. VS 79; Schloß Holdenstedt,
D-3111 Holdenstedt u. Hösseringen Nr.
69, D-3113 Suderburg II, Tel. (05826) 1481
(Celle 17.3.44). Novelle, Roman,
Feuilleton, Kritik, Hörspiel, Fachbuch.
V: Pfarrherrliches, Anekdn-Samml.
67; Die Kunst Musik zu hören, Aufs. 67;
Feuilletönnchen 68; Der zweite Schritt
vor dem ersten, R. 68; Lapislazuli, G. 68;
Minnesöldner, Nn. 69; Nah ab vom
Schuß oder die Kleinstadtpäpste, Erz. u.
Sat. 72; Das Make up des Make down,
Aphor. 72; Zwischen den Mainzel-
männchen, Gedichte, Lieder für Kinder
74; Projekt: Musikerziehung 74; Musik
als Lebenshilfe 75 II; Geschichten aus
Kl.-Süstedt, R. 77; Komm sing mit,
Liederb. 77; Zwischenbilanz, R. 79; Der
Brief, Erz. 79; Feedback-Hilfen zur
Supervision 79; Wir lernen durch
Spielen, Photobd 79; Das Spiel mit
Musik 80; Spiel u. Aktion 80.
H: ENGRAMME, Zs. 68, 69, 70;
Therapie u. Erziehung durch Musik seit
75 V; Musik und Kommunikation, Zsf.
Medienpädagogik u. Medientherapie,
Die grünen Bücher;; Arbeitshilfen zum
Studium und Praxis, alle seit 78; Hand-
buch Musiktherapie 83. –
MH: Kontakte europäisch 74; Hdb.
Musik u. Sozialpädagokig 79.
R: Der Schauspieler, Fsp. 70; Der Ab-
geordnete, Hsp. 70; MA: Lit.krit. i. Funk;
Der Generalbevollmächtigte u. d. liebe
Gott, Hsp. 75; Das Strickzeug oder die
Entladung der Aggression, Hsp. 76.
S: Texte zur Sozialkritik und Neuen
Musik, Kinderlieder für Erwachsene 73;
Lieder aus dem öffentl. Dienst 76.
s. a. Kürschners GK.

Dede, Klaus, Journalist; VS 76;
Dersagaweweg 37, D-2900 Oldenburg/O.,
Tel. (0441) 54323 (Nordenham 1.6.35).
Roman, Sachbuch.
V: Butjadingen — Porträt e. Land-
schaft 75, 2. erw. Aufl. 76; Stedingen —
ein Land, das nicht sein durfte 76;
Bremerhaven u. Wursten 77; Oldenburg
u. Ammerld. 77; An der Jade 78, alles

Sachb.; Der Deichgraf, R. 79; Fritz
Mackensen, der Entdecker Worpswedes
81; Der kleine Oldenburger 80; Vom
Moppenmann und anderen Leuten 81;
Wesermarsch, ein Heimatbuch 82. –
MV: Hermann Tempel, Biogr. m. W.
Vahlenkamp. ( )

Dedecius, Karl, Dr. phil. h. c., Dir. d.
Dt. Polen-Inst. in Darmstadt; EM V.d.Ü,
P.E.N.; Förderungspr. der Künstlergilde
62, Ehrengabe d. Kulturkr. im Bundes-
verb. d. dt. Industrie 65, Übersetzerpr.
des poln. P.E.N.-Clubs Warschau 65,
Übersetzerpr. d. Dt. Akad. f. Sprache
und Dichtung 67, Übersetzerpr. d. Polish
Institute of Art and Science in New
York 68, der Godlewski-Stiftung in
Rapperswil/Schweiz 76, d. Poln.
Autorenverb. in Warschau 79, Bundes-
verdienstkreuz am Bande, Preis d. poln.
Sektion d. Soc. Europ. de Culture 81;
Bayer. Akad. Schönen Künste, Dt. Akad.
f. Spr. u. Dicht; Reichsforststr. 16, D-
6000 Frankfurt a.M. 71, Tel. (0611) 673189
(Lódz 20.5.21). **Ue:** P, R, Serbokroat.
V: Deutsche und Polen, Botschaft der
Bücher 71, 73; Überall ist Polen 74;
Polnische Profile 75; Zur Literatur und
Kultur Polens 81.
H: Ue: Lektion der Stille, neue poln.
Lyr. 59; St. J. Lec: Unfrisierte Gedanken,
Aphor. 60, 13. Aufl. 77; W. W. Maja-
kowskij: Gedichte 59; Vasko Popa: Ge-
dichte 61; Sergej Jessenin: Gedichte 61,
64; A. N. Nowaczyński: Polnische Eulen-
spiegeleien 62, Polnische Pointen.
Satiren u. kl. Prosa 62, 82; J. Przyboś:
Gedichte 63, 78; Polnische Poesie des 20.
Jahrhunderts, Anth. 64, 82; Z. Herbert:
Gedichte 64; St. J. Lec: Neue unfrisierte
Gedanken 64, 8. Aufl. 77; T. Różewicz:
Formen der Unruhe, G. 65; W. W.
Majakowkij: Liebesbriefe an Lilja 65,
3.Aufl. 77; Neue polnische Lyrik, Anth.
65; Cz. Milosz: Gedichte 66, 80; W.
Brudziński: Aphorismen 66, 67;
Polnische Prosa des 20. Jahrhunderts,
Anth. 66, 80; Z. Herbert: Inschrift G. 67,
79; Polonaise erotique, Thema m.
Variationen, G. 68; St. J. Lec: Letzte
unfrisierte Gedanken, Aphor. 68, 7. Aufl.
77; K. I. Galczynski: Die grüne Gans,
Sat. 69; J. Szaniawski: Professor Tutkas
Geschichten 69, 75; Tadeusz Różewicz:
Offene Gedichte 69; Vasko Popa: Neben-
himmel, G. 69; Z. Herbert: Im Vaterland
der Müthen, Anth. 70, 79; Wieslaw
Brudzinski: Die rote Katz, Aphor. 70; St.
J. Lec: Das große Buch der unfrisierten
Gedanken, Aphor., G., Prosa 71, 76; Ajgi:
Beginn der Lichtung, G. 71; W.

Szymborska: Salz 73, 80; Z. Herbert:
Herr Cogito 74; W. W. Majakowskij: Die
Wirbelsäulenflöte 71; Ich 73; Der Löwe
ist kein Elefant 75; Wolke in Hosen 76;
St. J. Lec: Spätlese 76; Julian Przyboś:
Werkzeug aus Licht, Poesie und Poetik
77; Polnisches Lesebuch 78; T.
Różewscz: Schattenspiele, G. 79; Karol
Wojtyla: Der Gedanke ist eine seltsame
Weite, Betracht. G. 79; Czeslaw Milosz:
Zeichen im Dunkel, Poesie u. Poetik 79,
81; Polnische Liebesgedichte 80; V.
Popa: Gedichte 80; Polnische Biblio-
thek: Die Dichter Polens. Hundert
Autoren vom Mittelalter bis heute 82;
Leon Kruczkowski: Rebell und Bauer
82; Das Junge Polen. Lit. z. Jhwende 82;
Czesław Miłosz: Gedichte 1933-1982 82.
R: Dichtung als Dokument; Instinkt
und Intellekt; Namen der Unruhe; Ich
klopfe an die Tür des Steins; Existenz
im Tagebuch; Polnische Pointen; Die
Gärten verließen ihre Bäume; Die
Anfänge der modernen polnischen
Lyrik; Polnische Lyrik im 20.
Jahrhundert u.a. Radioessays.
Ue: Leuchtende Gräber, Verse ge-
fallener Polen, Beiheft der Mickiewicz-
Blätter, Anth. 59; Zbigniew Bieńkowski:
Einführung in die Poetik, Poeme a. d.
Poln. 61; A. Ważyk: Farbe der Zeit, G. 65.

Deesen, Gerhard, Rechtsanwalt;
Kaiser-Max-Str. 9-11, D-8950
Kaufbeuren, Tel. (08341) 2423
(Halberstadt/Harz 14.5.04). Lyrik,
Erzählung.
V: Liebes Kind, G. 53, 55; Genesung, G.
55; Mein Morgenpfad, G. 54, 55; Ein
linder Baum blüht auf dem Herzen,
Skizzen 55; Der Nachen, G. 57; Fuchsien,
G. 58; Und heuer?, G. 59; Forte dei
Marmi, Erz. 60; Spät, G. 61; Achtzehn, G.
61; Begegnung, G. 63; Sechzig, G. 64;
Stunden, G. 64; Der Fremde, G. 67; Ruf,
G. 68; Gespielen, G. 69; Moll, G. 72; Dur,
G. 73; Dur und Moll, G. 76; Nordharz, G.
82. — **MV:** Wiederbegegnung 65.

Dege, Waldemar, Dipl.-Math.;
Pistoriusstr. 110a, DDR-1120 Berlin
(Suprasl/Polen 26.2.34). Lyrik, Nach-
dichtungen, Übers. **Ue:** P, R.
V: Feuer in Kirschgärten, Lyr. 81.

Degener, Volker W.; VS Nordrh.-
Westf. 71, 1. Vorsitz 78, Die Kogge 73;
Förderpr. d. Ldes NRW 77; Lit.
Werkstatt Gelsenkirchen 69, Friedrich-
Bödecker-Kr. 73; Dorfstr. 7a, D-4690
Herne, Tel. (02323) 30646 (Berlin 12.6.41).
Lyrik, Roman, Essay, Hörspiel,
Kurzgesch., Kinderbuch, Buchkritik.

V: Du Rollmops, R. 72; Kehrseiten und
andere Ansichten, Lyr. u. Prosa 73; Jens
geht nicht verloren, Kinderb. 73; Katja
fragt sich durch, Kinderb. 75; Heim-
suchung, R. 76; Einfach nur so leben,
Erz. 78; Geht's uns was an?, Erz. 81; Die
Reporter aus der vierten Klasse,
Kinder-R. 81. — **MV:** Mit Blaulicht u.
Martinshorn, Jgdb. 81; Gefährliche
Kundschaft u. and. Kriminalerzn., Jgdb.
82, beide m. R. Bottländer.
MH: Ulcus Molles Scenenreader,
Texte u. Dok. d. jungen dt.spr. Szene 71;
Sie schreiben in Bochum 80.
R: Der Job, Hsp. 72; Knautschzone,
Hsp. 74; Okay, geht niemand was an,
Hsp. 78; Kaltblütig?, Hsp. 79.

Degenhardt, Franz Josef, Dr. jur., RA.;
P.E.N. 71; Jahnstr. 39, D-2085 Quickborn,
Kr. Pinneberg, Tel. (04106) 3808
(Schwelm/Westf. 3.12.31). Lied, Hörspiel,
Roman.
V: Spiel nicht mit den Schmuddel-
kindern, Balln., Chans., Grot., Lder 67,
68; Im Jahr d. Schweine, Lder m. Noten
70, 71; Zündschnüre, R. 73; Brandstellen,
R. 75; Petroleum und Robbenöl, Erz. 76;
Kommt an den Tisch unter Pflaumen-
bäumen 79; Die Mißhandlung, R. 79; Der
Liedermacher, R. 82. — **MV:** Da habt ihr
es, St. u. Lder, m. Neuss, Hüsch u.
Süverkrüp 70, 71; Vorw. z.: Tucholsky:
Krit. Justiz 70.
R: Der Nachbar; Ein Suzja-Fan;
Mayak und die Seinen; Ein gefährliches
Tier.
S: Rumpelstilzchen 63; Spiel nicht mit
den Schmuddelkindern 65; Väterchen
Franz 66; Wenn der Senator erzählt 67;
Degenhardt live 68; Im Jahr der
Schweine 69; Portrait Degenhardt 70; D.
Wallfahrt z. Big Zeppelin 71; Mutter
Mathilde 72; Kommt an den Tisch unter
Pflaumenbäumen 73; Mit aufrechtem
Gang 75; Wildledermantelmann 77; Der
Wind hat sich gedreht im Lande 80; Du
bist anders als die andern 82.
Lit: H. L. Arnold: F. J. D. 72.

Degenhardt, Jürgen (Ps. Hans Hardt),
Regisseur; Journalisten u. Publikumspr.
67, Songwettbewerbssieger 1970,
Autorenpr. der Chansontage 77,
Preisträger im 1. Wettbew. f.
Musiktheaterstücke 79, Kulturpr. d.
Stadt Erfurt 80; Am Hopfenberg 27,
DDR-5080 Erfurt, Tel. 35241 (Dresden
21.10.30). Libretti, Song- u.
Chansontexte, Lyrik, Film, Features,
Essay, pop.wiss., Drama. **Ue:** E.
V: Berlin, wie es weint und lacht,
(Volksst. nach Kalisch) 79; Die schöne

Helena, neue dt. Textfassung der
Offenbach-Optte. 80; Ein Fall für
Sherlock Holmes, Musical 82; Zauber
der Melodie, Rev. 82. — **MV:** Servus
Peter, mus. Lsp. 61; Musik ist mein
Glück, mus. Lsp. 62; Die schwarze Perle,
Optte. 62; Die Frau des Jahres, Rev. St.
63; Mein Freund Bunbury, Musical 64;
Der Mann, der Dr. Watson war, Rev. St.
64; Urlaub mit Engel, Optte. 65; Sie sind
zauberhaft, Madame, Rev. 66;
Kleinstadtgeschichten, Singsp. 67; Die
Gondolieri, Optte. 67; Calamity Jane,
Musical 68; Froufrou, Musical 69;
Bretter, die die Welt bedeuten, Musical
70; Die Wette des Mr. Fogg, Musical 71;
Terzett, Musical 74; Keep Smiling,
Musical 76; Casanova, Musical 76;
Liebhabereien, musik. Lsp. 78; Prinz
von Preußen, Musical 78; Musical,
Gesch. u. Werke, pop. wiss. Buch 80; Das
Blaue vom Himmel, Kom., alle mit
Helmut Bez.

F: Revue um Mitternacht 62; Reise ins
Ehebett 66; Heißer Sommer 68; Der
Mann, der nach der Oma kam,
Songtexte 72; Hiev up, Songtexte 78.

R: Servus Peter, Fsp. 64, 74; Um
Mitternacht beginnt hier das Leben,
Fs.rev. 67; Vorsicht, Kurven, Fs.musical
69; Mein Freund Bunbury, Fs. 69, Hsp.
70.

S: Servus Peter 62; Mein Freund
Bunbury 65, 72; Heißer Sommer 68;
Bretter, die die Welt bedeuten 73;
Terzett 75; Casanova 78; Ein Fall für
Sherlock Holmes, Schallpl. 83; Single-
Platten aus: Die Frau des Jahres, Der
Mann, der Dr. Watson war, Lieder u.
Chansons.

Deger, Manfred (Ps. Götz Ignatz),
Buchdrucker, Studium Werbetext; VS
Berlin, 1. Vors. seit 82; NGL Berlin;
Wartburgstr. 51, D-1000 Berlin 62, Tel.
(030) 7823752 (Günzburg/Schwaben
4.2.42). Lyrik, Liedertext, Prosa.

V: Lochstories, Kurzgeschn. 80. —
MV: Lyrik heute, G. 73, 74.

S: Großstadtimpressionen 75; Wie
fühlt sich Leben an 77; Silbermond 78;
Dann ist unsere Zeit 80, Niemand zu
Haus, LP 82; Mitarb. an 4 LP's bis 79;
Texte f. Singles.

Lit: Lieder zum Nichtmitsingen, Fsf.

Degner, Helmut (Ps. Helmut Anders);
GAV 80; Förderungspreis d. Kulturrings
d. Oberösterr. Industrie 54, Förderpr.
Münchner Lit.jahr 80, Staatsstip. f. Lit.
d. Rep. Österr. 80; Schleißheimer Str.
183, D-8000 München 40, Tel. (089)

307426 (Wien 24.3.29). Roman, Erzählung,
Novelle. **Ue:** E, Am.

V: Graugrün und Kastanienbraun, R.
79.

MA: Stimmen der Gegenwart, Anth.
54; Auch in Pajala stechen die Mücken,
Anth. 56; Stimmen der Zeit, Anth. 57;
Vampire, Anth. 67.

S: Graugrün und Kastanienbraun, 3
Tonkass. 80.

Ue: Jade Snow Wong: Fifth Chinese
Daughter u. d. T.: Chinesenmädchen in
Frisko 54; Nicholas Monsarrat: Leave
Cancelled u. d. T.: Kostbare Stunden 56;
H. E. Bates: Dulcima 57; Robert Penn
Warren: Band of Angels u. d. T.:
Amantha 57; Fred Hoyle: Die schwarze
Wolke 58; Betty Smith: Maggie-Now u.
d. T.: Verwehte Träume 59; Conrad
Richter: The Lady u. d. T.: Doña Ellen
59; Robert Penn Warren: At Heaven's
Gate u. d. T.: Alle Wünsche dieser Welt
59; J. L. Nusser: Skorpionfeld 59; John
Toland: Battle - The Story of the Bulge
u. d. T.: Ardennen-Schlacht 1944 60;
Lawrence Lipton: Das Heiligen
Barbaren 60; Howard Shaw: Das Ver-
brechen des Giovanni Venturi 61;
Robert Penn Warren: The Cave u. d. T.:
Die Höhle von Johntown 61; Charles W.
Thayer: Guerrilla u. d. T.: Guerillas und
Partisanen 64; Julius Horwitz: Can I get
there by Candle Light u. d. T.: Kerzen
im Sturm 65; Peter Viertel: Love Lies
Bleeding u. d. T.: Fiesta Brava 65;
Stephen Becker: Mit dem Tod seine
Bund 65; Howard Fast: Mirage u. d. T.:
Die 27. Etage 65; Robert Bloch: The
Dead Beat u. d. T.: Die Saat des Bösen
66; Cornelius Ryan: Der letzte Kampf
66; Welles Hangen: The Muted
Revolution u. d. T.: DDR - Der
unbequeme Nachbar 66; Robert
Chartham: Sex Manners for Men u. d.
T.: Wie man Frauen glücklich macht 67;
Walter Lord: Incredible Victory u. d. T.:
Schickt Sie auf den Grund des Meeres
67; J. Sheridan Le Fanu: The Best Ghost
Stories u. d. T.: Carmilla und andere
unheimliche Geschichten 68; Patrick
Quentin: Family Skeletons u. d. T.:
Familienschande 69; Eberhard und
Phyllis Kronhausen: Pornography and
the Law u. d. T.: Bücher aus dem Gift-
schrank 69; Salka Viertel: The Kindness
of Strangers u. d. T.: Das unbelehrbare
Herz 69; Ross Macdonald: The Instant
Enemy u. d. T.: Durchgebrannt 70;
Stanley Winchester: Men with Knives u.
d. T.: In jenen Kreisen 70; Jeffery
Hudson: A Case of Need u. d. T.: Die
Intrige 70; Henry Rider Haggard: Sie 70;

Sloan Wilson: All the Best People u. d.
T.: Wie ein wilder Traum 71; Winston
Graham: The Grove of Eagles u. d. T.:
Der weite Weg nach Arwenack, m. H.
Schlüter 71; Glendon Swarthout: Bless
the Beasts and Children u.d.T.: Denkt
bloß nicht, daß wir heulen 71; Ralph
Martin: Lady Randolph Churchill 70;
George MacDonald Fraser: Royal Flash
u.d.T.: Flashman-Prinz von Dänemark
70; Franz Körmendi: Atlantis
Remembered u.d.T.: Die Verschwörung
von Sebes 72; Dee Brown: Bury my
Heart at Wounded Knee u.d.T.: Begrabt
mein Herz an der Biegung des Flusses
70; Joan Aiken: The Crystal Crow u.d.T.:
Die Kristallkrähe 74; Shabtai Teveth:
Moshe Dayan m. Philipp F. W. Fleck 73;
Bruce Marshall: The Black Oxen u.d.T.:
Silvester in Edinburgh 73; Vincent
Teresa: Mein Leben in der Mafia 73; Art
Buchwald: Ich tanzte nie im Weißen
Haus 75; Golda Meir: Mein Leben, m.
Hans-Joachim Maass 75; Max Born:
Mein Leben 75; Doris Lund: Eric — Der
wunderbare Funke Leben 76; Guy
Cullingford: Post Mortem 77; Roy E.
Davis: Bhagavad Gita — Eine göttl.
Offenbarung 81; außerd. u. d. Ps. Helmut
Anders zahlr. Krim.-R.

Degner, Hermann, Feuerwächter; 1/2-
Werkjahr d. Stadt Zürich 65; Vigie du
Gros Bessillon, F-83850 Cotignac, Dep.
Var, Tel. (094) 690170 (Zürich 22.12.21).
Erzählung, Reisebericht, Feuilleton,
Essay.
V: Bakhoura, Erz. 54; Der hölzerne
Vogel, Erz. 54; Reveillon, Seltsame
Provence, N. 61; Fest in der Wüste,
Romancierter Reiseber. 77; La Bandita,
Eine abenteuerliche Gesch. aus d. Hoch-
provence 79. — **MV:** Sirocco, N. in:
Texte, Anth. 64 (auch tschech.).

Deichfuß, Horst, Schriftsteller; SV-
DDR 68; Dipl. d. Inst. f. Lit. „J. R.
Becher" Leipzig; Händel-Preis 71;
Wilhelm-Pieck-Ring 81, DDR-4020
Halle (Saale) (Halberstadt 11.4.25).
Roman, Erzählung, Reportage.
V: Serpentinen, R. 62; Anna Mater,
Erz. 71, 81; Die Nagelprobe, R. 74, 75;
Wiederaufnahme, R. 77; Windmacher, R.
83.
MA: Nachricht von den Schreibenden,
Rep. 69; Eine Rose für Katharina, Anth.
71, 72; Bunte Schornsteine, Anth. 72;
Urania-Universum, Anth. Bd 21 75, Bd
22 76; Soutěskou na severzápad, Anth.
76; Basar am Roten Turm, Anth. 79.
Lit: Künstlerisches Schaffen im
Sozialismus 75; Horst Mieskes: Proble-

matik u. Gestaltungsweise in d.
Romanen von H. D., Dipl.arb. 81.

Deichsel, Wolfgang, c/o Wagenbach
Verlag, Berlin (West) (Wiesbaden
20.3.39). Drama, Hörspiel, Fernsehspiel.
Ue: F.
V: Agent Bernd Etzel, Bü. 67;
Frankenstein. Aus dem Leben der An-
gestellten, Bü. 72, 78; Zelle des
Schreckens, St. 74; Loch im Kopp, St. 76;
Zappzarapp, Bü. 83. — **MV:** So schlecht
war mir noch nie! Aus dem Tageb. von
Curt Bois, m. C. Bois 67.
B: Molière: Der Bürger als Edelmann
68; Molière: Die Schule der Frauen 70,
Der Tartüff 72, Der Menschenfeind 72,
alle 3 bearb. u. ins Hessische übertr.
R: Bleiwe losse, 6 Kurzhsp. 65/66; Der
Gänsebraten vom Dienst, Fsp. 66; Ich
auf Bestellung, Fsp. n. e. Kurzgesch. v.
R. Bradbury 67.

Deicke, Günther, Schriftsteller; SV-
DDR 53, P.E.N.-Zentrum DDR 65;
Heinrich-Heine-Preis d. DDR 64, Attila-
József-Plakette d. ungar. P.E.N.-
Zentrums, Nationalpr. 70, Kritikerpr. d.
Berliner Zeitung 68, 77, Kunstpr. d.
FDGB 73, 80, Goethe-Pr. d. Stadt Berlin
(DDR) 79; Mitglied d. Akademie d.
Künste d. DDR 74 (Hildburghausen
21.10.22). Lyrik, Hörspiel, Film, Libretto.
V: Liebe in unseren Tagen, G. 54;
Traum vom glücklichen Jahr, G. 59; Du
und dein Land und die Liebe, G. 60; Was
ihr wollt, Libr. 63 (auch bulg., fläm.,
ung.); Die Wolken, G. 65 (auch russ.);
Esther, Libr. 66; Ortsbestimmung,
ausgew. G. 73, 78; Reiter der Nacht 73;
Meister Röckle 76 (auch russ.); Das
Chagrinleder 81, alles Libr.
MA: Geliebtes Land, G. 54; Ein Tage-
buch für Anne Frank 59, 61; Daß der
Mensch ein Mensch sei 75.
H: Andreas Gryphius: Deutschland, es
werden deine Mauern nicht mehr voll
Jammer stehn, G. 53; Im werdenden
Tag, G. unserer Zeit, Anth. 56, 61; Die
Liebe fängt erst an, G. 61. —
MH: Deutsches Gedichtbuch, Lyr. aus
acht Jahrh. 59, 72; Gesicht einer Stadt,
G. üb. Berlin 59; Immortal Lieder,
Lyrik-Anth. 62; Im Licht des Jahr-
hunderts, Erzähler-Anth. 64; Himmel
meiner Stadt, Lyrik-Anth. 66; Lyrik der
DDR, Anth. 70, 79.
F: (MV): Ein Tagebuch für Anne
Frank; Schönes Land 63; Städtebild
Schwerin 65.
R: Reineke Fuchs 62; Warschauer
Ballade 62; Die Feinde 65; Das ent-

scheidende Jahr 77; Ali Baba u. d.
Räuber 78; Ein Sommertag 79, alles Hsp.
Ue: Gedichte von Mihai Eminescu,
Iwan Wasow, Vörösmarty, Attila József,
Bela Balazs, Lörinc Szabó, Gabór Garaí,
István Vas, Boris Pasternak, Eduardas
Mieželatis, Vojtech Mihálik u.a.
Lit: R. Weisbach, Der Dichter G. D. u.
seine Zeit 72.

Deinert, Wilhelm, Dr. phil., freier
Schriftsteller; Wilhelmstr. 18, D-8000
München 40, Tel. (089) 396225
(Oldenburg/Old. 29.3.33). Lyrik, lyrisch-
dialogische Großformen, Kurzprosa,
Rezensionen u. Aufs. zur Lit. u. Kunst,
Sprachspiele (Wortkartenspiele,
-mobile, -kalender u.ä.). **Ue:** G, L, Ind
(Sanskr), E, F, I, S.
V: Ritter und Kosmos im "Parzival".
Eine Unters. d. Sternkunde Wolframs
von Eschenbach 60; Triadische Wechsel.
Zyklus tonalis. Lyrik 63; Gedrittschein
in Oden, Lyrik 64; Der Tausendzüngler.
Ein Wortkartensp. 70; Missa Mundana.
Epizyklische Gänge 72; Bricklebrit. Ein
Lügenmärchenlegespiel 79; Die
Gnomenstaffel. Ein Steckspielkalender
zum Sprüchestecken und Bild-
verwandeln 79; Mauerschau. Ein Durch-
gang 82.
MA: Beitr. in: Dt. Literatur im MA.
Kontakte u. Perspektiven 79; Lit.wiss.
Jb. 24 83; Lyrische Beitr. in Zss. u.
Anthol.
Ue: W. B. Yeats: Die schattigen
Wasser in: Ausgew. Werke 3 72.
Lit: Paul Konrad Kurz: Gott und Welt
im Gedicht. Verstexte von Nicht-
Christen. > Missa Mundana <. in: Die
Neuentdeckung des Poetischen 75.

Deinert, Wolf, Dipl. Ing. Architekt; VS
66; Rauriser Literaturpr. 81; Falkstr. 23,
D-1000 Berlin 44, Tel. (030) 6861700
(Greifswald 9.1.44). Roman,
Kurzgeschichte, Hörspiel, Film.
V: Meine Heimat, R. 80.
MA: Das Mauerbuch 81.
R: Wallraff kommt, Hsp. 83.

Deinet, Margarethe (Ps. M. Haller),
Buchhändlerin; VS; Ebersmoorweg 6, D-
2000 Hamburg 73 (Hamburg 1.8.93).
Jugendbuch.
V: Erika 31 III; Gisel und Ursel 32 V;
Die Mädel von Oberhofen 33; Gretel und
die Quinta 35; Liselotte 35; Ilse und der
Wettbewerb 36, 82; Lotte und der Bund
der Vier 36; Christas neue Heimat 37;
Doris 37; Helga und ihre Freundinnen
38; Marias große Reise 39; Hilde die
Wilde 51 IV, 76 II; Gretel schießt den
Vogel ab; Die Fünfte hält zusammen 54;

Die kleine Neli 56; Ute, du bist
unmöglich 61; Hier sind wir zu Hause;
Falsch verbunden; Viel Wirbel um den
Kummerkasten 74; Ich wünsch mir eine
Freundin 78. ( )

Deisser, Thomas, Schriftsetzer;
Römerweg 26, D-7123 Sachsenheim 1,
Tel. (07147) 8391 (Ludwigsburg 20.4.61).
Lyrik.
V: Freudenstrahl und Gewitterregen,
Lyr. 80.

Deißinger, Hans, Dr. phil., Prof. i. R.;
S.Ö.S. 60, Ö.S.V. 65; Dramatiker-Preis
der Sudetenbühne Reichenberg/
Böhmen 37, Georg-Trakl-
Anerkennungspreis des Ldes Salzburg
56, Förderpreis d. Sudetendt.
Landsmannschaft 59, Ehrenbecher d.
Lds Salzburg 60, Ring d. Stadt Salzburg
70, Ehrenkreuz f. Wiss. u. Kunst;
Bräuhausstr. 22, A-5020 Salzburg (Mies/
Böhmen 19.7.90). Roman, Erzählung,
Lyrik, Drama, Novelle.
V: Erde, wir lassen dich nicht!, G. 32;
Geschwister, Sch. 36; Das ewige Antlitz,
R. 36, 46; Der Menschenhai, R. 39, 53;
Alpennovelle 39, 50; Salzburger Sagen
44; Das Zaubermal, R. 52; Die sechs
denkwürdigen Nächte des Sixtus
Agostini, N. 61; Zeichen im Abend, G. 61;
Zwiesprach mit der Stille, Aphor. 62. –
MV: Ferdinand Sauter, Biogr. u. ges. G.
m. Otto Pfeiffer 26. ( )

Dekan, Anton, Lehrer; Kärntner
Schriftstellerverb. 81; Förd.pr. d. Landes
Kärnten f. Lit. 81; Hafen Dullach 5, A-
9121 Tainach, Tel. (04239) 29822
(Hermagor 18.12.48). Roman, Kurz-
drama.
V: Ein Fuß vor dem anderen, R. 80.
R: zu sprechen beginnen 83.

Dekker, Ellen, s. Dekker-Gentsch,
Ellen.

Dekker-Gentsch, Ellen (Ps. Ellen
Dekker); ISDS 79; Via delle Cappelle 16,
CH-6612 Ascona, Tel. (093) 352038
(Breslau). Lyrik.
V: Brennender Staub, G. 79; ... und
wenn ihr hofft zu flüchten 80; Das
Schöne atmet angestrengt 81.

del'Antonio, Eberhardt; SV-DDR;
Spezialpr. d. Intern. Schriftstellerkongr.
SF Poznan 73, c/o Verlag Das Neue
Berlin, Berlin (Ost) (Lichtenstein
21.4.26). Roman, Märchenspiel.
V: Gigantum, utop. R. 57, 62; Titanus,
utop. R. 59, 74; Projekt Sahara, utop. R.
62, 63; Heimkehr der Vorfahren utop. R.
66, 78; Reise zur Venus, utop. Erz. 59; ...
daß dieses Bauwerk nicht wie Glas zer-

bricht! Chronik 70; Der Irrtum des
Zauberers, Märchensp. 72; Der
verhängnisvolle Wunsch, Märchensp. 73;
Die Blume des Glücks, Märchensp. 74;;
Schabernack, Märchensp. 75; Wunder-
same Träume, Märchensp. 76. —
MV: Der milde Hugo, 2teil. Hörsp. 69;
Pittiplatsch auf Sternenreise,
Märchensp. 71; Heimkehr der
Vorfahren, utop. Schausp. 72. ( )

Delau, Reinhard; Budapester Str. 39,
DDR-8010 Dresden.
V: Versuchung am Nil, Erz. 80, 3. Aufl.
83. ( )

Delbeke, Yvette *

Delcourt, Victor, Schriftsteller; 31,
Charles Arendt Str., Luxemburg/
Luxemburg (Körich/Luxemburg 28.1.19).
Roman, Novelle, Lyrik, Drama.
V: Wilfragrund, R. 46; Fides, N. 46;
Dunkle Glut, G. 53; Segnung, G. 53, 62;
Die Tat, G. 53, 61; Aus Herzens Innen, G.
53, 61; In heißer Quelle Überfließen, G.
55; Stunde der Seele, G. 57, 61; Gewalten,
G. 58, 63; Schwur und Gebärde, G. 58, 63;
Glaube und Gral, G. 61; Gesetz der
Unbegrenzten, G. 64; Mass der Mächte,
G. 79; Brigitte, Erz. 79; Adel und ewige
Zeit, griechisch-türkische Reise, Reiser.
80; Venus am See, Erz. 82; Gabriele, Erz.
82; Wie Segen u. wie Kern, G. 83;
attributivisch reflektiert, G. 83; nicht
immer das Sosein, G. 83.

Delfs geb. Hansen, Emma (Ps. Emma
Delfs-Hansen), Oberlehrerin; Gilde 77;
Jürgensgaarderstr. 25, D-2390
Flensburg, Tel. (0461) 22096 (Eggebek,
Kr. Flensburg 6.11.12).
V: Dörpsgeschichten 77, 79; Kinner op
Dörpen 78; Knapp to glöven 81.

Delfs-Hansen, Emma, s. Delfs, Emma.

Delion, Elisabeth Charlotte, s. Appel,
Liselotte.

Delius, Friedrich C.; Berliner
Kunstpr. 67, Villa-Massimo-Stip. 71/72,
Jahrespr. d. Lit. Hefte 74; Halberstädter
Str. 7, D-1000 Berlin 31 (geb. 43).
V: Kerbholz, G. 65, 83; Wir Unter-
nehmer, Dokumentarpolemik 66; Wenn
wir, bei Rot, G. 69; Der Held und sein
Wetter 71; Unsere Siemens-Welt,
Dokumentarsat. 72; Ein Bankier auf der
Flucht, G. 75; Ein Held der inneren
Sicherheit, R. 81; Die unsichtbaren
Blitze, G. 81. ( )

Delmari-Delp, Ellen (Ps. Ellen Delp);
VS, SSV 55; Öst. Akad. Wiss. Wien 65;
Obere Rheinstr. 43, D-7752 Insel
Reichenau/Bodensee (Leipzig 9.2.90).

Drama, Lyrik, Roman, Novelle, Essay.
Ue: E, F.
V: Vergeltung durch Engel, Erz. 52; Im
Angesichte des Sommers, Nn. 55; Bio-
graphie der Dichterin Regina Ullmann
60; Der Blumenkorb, Nn. 68; Der
Träumende, Nn. 71.
H: Regina Ullmann: Ges. Werke 60.
Lit: Meidinger-Geise: Welterlebnis in
deutscher Gegenwartsdichtung 56; H. S.
Peters: Lou. Das Leben der Lou
Andreas-Salomé 64; Rudolph Binion:
Frau Lou 68. ( )

Delp, Ellen, s. Delmari-Delp, Ellen.

Dembsen, Ewald *

Dembski, Werner (Ps. Bernd Diksen),
Tischler, Schachtmeister, Fernfahrer;
Sonderpr. Ferns. d. DDR 75; Neustädter
Str. 61, DDR-7581 Mulkwitz (Broda, Kr.
Neubrandenburg 16.3.30).
Kriminalroman, Kriminalfilm.
V: Ein fideles Haus, Erz. 58; Der
Mörder trug Sandalen 69, 73; Der halbe
Tod 70; Der Verlierer zahlt 71, 82; Das
Vorurteil 74, 76; Leere Hände 76, 82,
alles Krim.-R.
R: "Polizeiruf 110" Vorurteil? 74; Nur
eine Viertelstunde 80, alles Fs.

Demel, Hermann (Ps. Freischmied),
Bundesbahn-ObRevident i. R.;
G.dr.S.u.K. 53, Stelzhamer-Bund 50,
Oböst. exklus. Schriftsteller-Vereinig.
54, S.Ö.S., Ö.S.V. 54, Intern. Genossensch.
d. Optte 61; Gold. Ehrenz. (Malteser-
kranz) d. Rep. Österr. 73; Rosenkranz-
gasse 32, A-4820 Bad Ischl, Tel. (06132)
3063 (Bad Ischl 30.4.97). Mundartlyrik,
Drama, Roman, Film, Hörspiel.
V: Wahn und Liebe, Volksst. 24;
Gesegnete Sünd, Volksst. 25; Muster-
dirndl, Posse 31; Die Kulturbremser,
Schw. 30, 50; Sein zweites Weib, Volksst.
32; Alt Ischl, Singsp. 35; Traunsee-
zauber, Singsp. 36; Der Brandstifter,
Volksst. 36; Neuer Hausherr, Schw. 37;
Das Kohlröserl, Volksst. 38; Die
brennende Liab, Volksst. 45; Der Samba
Nazl, Schw. 50; Gotteskelch, Dr. 51; Das
ewige Licht, Heimatsp. 54; Bauer, gib
uns Brot, Volkssp. 54; Der große Brand,
Heimatsp. 55; Der Berg der Gnade,
Heimatsp. 56; Fröhliches Salzkammer-
gut 56; Die Salzgräfin 57; Die schöne
Almerin 59; Der Stern 59; Der feurige
Elias 60; Die gestohlene Braut 61; Die
Fahne von Akkon, Sch. 65; Ein guter
Kamerad, Volksst. 65; Im Hotel Austria,
Optte 66; Söldner des Satans, Kalvarien-
bergsp. 67; Politik im Walzertakt,
Singsp. 68; Der Verlobungsdivan, Schw.

68; Auferstehung, Ostersp. 70; Franz
Lehar in Bad Ischl 72; Franz Josef I. —
"Ich bin ein deutscher Fürst!" 74; Am
Rosenmontag. Der Ebenseer Fetzenzug
76; Die frohe Botschaft, ein Weihn.sp.
78; Kaisergschichterln aus Bad Ischl 79.
( )

Demetz, Hanna, Lehrerin; 1 Hughes
Place, New Haven/Conn./USA, Tel. (203)
7851800 (Aussig/A.E. 19.7.28). Roman.
Ue: Tsch, E.
V: Meine amerikanische Tochter, R.
64, 65; Ein Haus in Böhmen, R. 70, 78;
Europa kann nicht schaden, R. 76.
Ue: Božena Němcová: Die Großmutter
59, 64; Jan Čep: Zeit und Widerkehr 62,
alle m. Peter Demetz; The House on
Prague Street 81, 83.

Demetz, Hans, Prof., Theater-Dir.;
Geschäftsleiter u. Vizepräs. d. Verb. Dt.
Bühnenleiter in d. ČSSR; Přicná 1, 11000
Prag 1/ČSSR, Tel. 203535 (Prag 11.8.95).
Lyrik, Drama, Essay, Film, Hörspiel.
Ue: Tsch.
V: Dämmerung, G. 14; Dir zur Feier,
G. 15; Der Narr von Nürnberg, Dr. 15, 24;
Die goldene Geige, M. 17; Das hohe C 20;
Mondnacht über Amalfi, Sch. 28; Die
Dame auf dem Titelblatt, Lsp. 33;
Odysseus kehrt immer wieder heim,
Kom. 42. — **MV:** Der Mann mit der
Maske, Einakter m. Hans Regina von
Nack 22.
H: Blätter der Prager Kammerspiele
16 — 22; Das Prager Theaterbuch 29;
Prager Musenalmanach 66; Geschichte
des Deutschen Theaters in Prag 76.
F: Die Dame auf dem Titelblatt.
R: Faust, Hsp. bearb.; Franz Kafka
und seine Welt; Der Prager deutsche
Dichterkreis, beides Rdfkvortr.
Ue: M. V. Kratochvill: Der einsame
Marshall; Adolf Branald: Die silberne
Perücke. ( )

Demetz, Peter, Sterling Prof. of
German; P.E.N.-Club; Goldene Goethe
Medaille; Vizepräs. der Modern
Language Association of America; Dept.
of Germanic Languages and Literatures,
Yale Univ., Yale Station, Box 18-A, New
Haven, CT. 06520/USA, Tel. (0203)
7890677 (Prag 21.10.22). Vergleichende
Literaturgeschichte.
V: René Rilkes Prager Jahre 53; Marx,
Engels und die Dichter 59 (engl. 67,
span. 68, japan. 73); Formen des
Realismus: Theodor Fontane 64, 66;
German Post-War Literature: A Critical
Introduction 70; Die süße Anarchie:
Deutsche Literatur seit 1945 70; Post-
War German Literature 72; Die süße

Anarchie: Skizzen zur deutschen
Literatur seit 1945 73.
MA: Walter Benjamin: Reflections,
Essays, Aphorisms, Autobiographical
Writings 78.
H: Twentieth Century Views: Bertold
Brecht 62; Lessing: Nathan der Weise:
Dichtung und Wirklichkeit 66; Alt-
Prager Geschichten 82. — **MH:** An
Anthology of German Literature 800-
1750 68. ( )

Deml, Friedrich, Prof.; VS; Max
Dauthendey-Plakette, Eichendorff-
medaille, Bdesverd.kr.; Fränkischer
Autorenkr.; Claviusstr. 52, D-8600
Bamberg, Tel. (0951) 21606 (Ebrach
15.2.01). Lyrik, Roman, Erzählung,
Hörspiel, Wiss. Abhandl. üb. Kultur,
Kunst, Gesch. u. Geopolitik.
V: Sprache der Dinge, G. 32 (auch
tschech.); Rupertiwinkel, Erzn. 34;
Regensburg, die steinerne Sage 35; Das
irdische Abenteuer, Erzn. 37; Der Maler
und das Meer, Erzn. 41; Das Antlitz der
Sibylle, Erzn. 47; Sonnenmaske, R. 60;
Sol invictus, R. 70; Kleist in Würzburg,
Erz. 7. — **MV:** Oberfranken-West; Im
Kern der Atome, G.
R: Mona Lisa; Der Bergsteiger; Walter
von der Vogelweide u.a.; Sol invictus.
Lit: Walter Kiechler: Von der Sprache
der Dinge. Die Dichtung Friedrich
Demls, in: Die Besinnung 61.

Demmer, Elly; Ehrenl. Öst. Staatspreis f. Kinder- u. Jugendlit. 65, Ehrenl.
z. Kinder- u. Jgdbuchpr. d. Stadt Wien
65, Kleinkinderbuchpr. d. Stadt Wien 71;
Intern. Inst. f. Jgd-Lit. u. Leseforschung
66, Literar-Mechana 71; Wallrißstr. 12a/
18, A-1180 Wien, Tel. (0222) 4724883
(Schloß Rappottenstein/NdÖst. 3.6.01).
Kinder- und Jugendliteratur.
V: Die Maus vom Zirkus Samsalik 61
(auch amer.) 63; Ziribixi der Straßenfloh
62; Lausbub Uli 63; Thomas sucht einen
Freund 63; Typisch Uli 65; Was kribbelt
und krabbelt und leuchtet und blüht 65,
81; Ja, ja, der Michel 65; Schneider-
meister Pimpernell 67; Der Pudel hat
den Ball stibitzt 67; 1, 2, 3, 4, Mägdelein
67; So ein Dieb war noch nicht da 68;
Gespensterjagd auf Rabenstein 69;
Augen zu - Augen auf 69; Ob's stürmt
oder schneit 71; Man nennt mich Vasco
da Gama 71; Pony, mein Pony! 72, 76;
Ob's stürmt oder schneit... 73; Die
Delphine von der grünen Insel 75.
R: Hallo, kommst du mit? 68, 74;
Schneidermeister Pimpernell,
Marionettensp. 69; Die Maus vom
Zirkus Samsalik, Bilderbuchsdg 69;

König Musikus, Schattensp. 70; Florina
mit dem großen Hut, Bilderbuchsdg 71;
Der Zauberturban, Schattensp. 72;
Augen zu - Augen auf!, Bilderbuchsdg
72; Muribu u. d. Zauberflöte, Schattensp.
73; Und wieder ist Sommer 75; Die Maus
vom Zirkus Samsalik 76.
Lit: Die Barke, Lehrer-Jb. 65, 68.

Demski, Eva, Journalistin; Jurypreis
Klagenfurt 81; Fallerslebenstr. 31, D-
6000 Frankfurt a.M., Tel. (0611) 565134
(Regensburg). Roman, Novelle, Film.
Ue: F.
V: Goldkind, R. 79, Tb. 81; Karneval, R.
81.
MA: Friedensfibel.

Demus, Klaus, Dr. phil., Museums-
beamter; Rennweg 1, A-1030 Wien, Tel.
(0222) 934448301 (Wien 30.5.27). Lyrik.
V: Das schwere Land, G. 58; Morgen-
nacht, G. 69; In der neuen Stille, G. 74;
Das Morgenleuchten, G. 79; Schatten
vom Wald, G. 83.

Dencker, Klaus Peter, Dr. phil.; VS 67;
Kunstpreis der Stadt Erlangen 72,
Reisestip. d. Auswärt. Amts 74, Buchpr.
Kulturcentr. Stockholm 79, Förderpr. z.
Berliner Kunstpr. 82; Brucknerstr. 3, D-
6676 Mandelbachtal 1, Tel. (06893) 3566
(Lübeck 22.3.41). Experimentelle Texte,
Visuelle Poesie, Hörspiel, Film.
V: Als Mensch unter Menschen. Rede
in den Hamburger Kammerspielen 65;
Eurydike. Ein Stück 67; Zopotsch und
Witwen, G. 67; Aufs Maul geäugt.
Collagierte Sprüche zu Karikaturen 68;
Medizinische Texte 68; Den Grass in der
Schlinge. Rezens. (1965-1970) 71;
Literarischer Jugendstil im Drama 71;
Der junge Friedell. Dokumente der Aus-
bildung zum genialen Dilettanten 77;
Grünes Erlangen. Eine Collage 79. –
MV: Jugendstil – jugendlicher Stil
heute 71.
H: Textbilder, Anth. 72; Deutsche
Unsinnspoesie, Anth. 78; Zwölf saarl.
Autoren. Neue Texte 80. –
MH: Prosagedichte des 20. Jh. 76.
R: Hörfunk: Stellungsanleitung 68;
Denckers Morgengruß 72; Denckers
Selbstanzeige 73, u.a; TV-Filme:
starfighter; rausch; astronaut. Drei
Experimentfilme 71; Zuschauer,
Kameraf. 74; Die Weltmeisterschaft,
Experimentalf. 78; Der grüne Lofot,
Experimentalf. 80; Pater D's Beob-
achtung ..., Experim.f. 82, u.a.;
Ausstellungen: Visuelle Poesie seit 70
u.a. Nürnberger Kunsthalle 71; Goethe-
Inst. Lille 72; Van Gogh Mus.
Amsterdam 75; Rijkscentr. Brüssel 76;

Kunsthalle Malmö 78; Westfäl.
Kunstver. Münster 79; Inst. f. Auslands-
beziehungen Stuttgart 80; Akad. d.
Künste Berlin 82.
Lit: TV-Poesie. Klaus Peter Denckers
Visuelle Poesie 72; Chr.M. Weiss: Seh-
Texte, Diss. 82.

Denecke, Rolf, Dr. d. Kulturwiss.,
Lehrer; Goethe-Ges. Weimar 57,
Wilhelm-Busch-Ges. 76; Ilsenburgerstr.
81, D-3388 Bad Harzburg, Tel. (05322)
1253 (Braunschweig 1.1.13). Roman,
Lyrik, Novelle.
V: Und keiner sagte ihm seinen Weg,
R. 63; Harz-Erzählungen, Nn. 64;
Gestalten deutscher Dichtung, Lit.-
Gesch. 65, 72; Föhn, Lyrik 65; Gestalten
deutscher Dichtung mit Anhang
Gestalten westeuropäischer Dichtung,
Lit.-Gesch. 67, 79; Mensch ohne Maß, R.
72; Westl. Harz, Topogr. 71; Zwischen
Traum und Wirklichkeit, G. 76, 83;
Goethes Harzreisen, Lit.-Gesch. 80. –
MV: Ruf und Antwort, Lyrik, m. Gertr.
Zelger 56.
MA: Natur, Heimat und Wandern,
Anth. 61; Alle Wunder dieser Welt, Anth.
68; Lehrer-Autoren der Gegenwart,
Anth. 69; Göttinger Musenalmanach 75;
Die Bäume des Wilhelm Bobring, Anth.
77; Im schwarzen Mantel der Nacht,
Rengas 78; Über alle Grenzen hin, Anth.
79; Unter dem Saumpfad, Haikus 80;
Entleert ist mein Herz, Haikus 80.
H: Romantische Harzreisen: Eichen-
dorf, Heine, Andersen 69, 71; Harz-
wanderungen m. H. Heine u. H.Chr.
Andersen 70, 79.
S: Zwischen Traum u. Wirklichkeit,
Tonb. 83.
Lit: C.H. Kurz: Schriftsteller zw. Harz
u. Weser 83.

Denger, Oskar, c/o Pfälzische Verlagsanstalt, Landau i.d. Pfalz.
V: Die Irre von Ozoli, Erzn. 83. ( )

Denkhaus, Lotte *

Denneborg, Heinrich Maria, Biblio-
thekar, Puppenspieler; VS, P.E.N. 71;
Ullstein Storypreis, Niederrhn.
Erzählerpreis, Dt. Jgdb.-Preis 58,
Diploma of Merit im Int. H.-Chr.-
Andersen-Preis 60, Japan. Jgdb.-Preis
66, Christophorus-Preis 69; Künstler-
siedlung Halfmannshof, D-4650
Gelsenkirchen u. Capanna Grisella, CH-
6981 Neggio b. Lugano (Horst-Emscher
7.6.09). Bühnendichtung, Erzählung,
Lyrik, Hörspiel, Kinder- u. Jugendbuch.
V: Genoveva, Puppensp. 32; Rumpel-
stilzchen, Puppensp. 32; Die hölzernen

Männer, Kinder-R. 33, 50 (auch fläm., holl., slowen.); Das Buch vom Kasperle 40; Der große Zirkus, Erz. 51; Kleine Kasperli-Fibel 51, 56; Das Glückskind, Puppensp. 51 (auch fläm.); Daniel, der kleine Uhrmacher, Kinder-R. 52; Wir spielen Kasperletheater 54; Doktor Fausts Leben und Höllenfahrt, Puppensp. 55; Das Eselchen Grisella, Kinder-R. 56, 71 (auch engl., franz., israel., holl., schw., ital., jap., türk., südafrik.); Jan und das Wildpferd, Kinder-R. 57, 71 (auch amer., dän., ital., franz., holl., israel., norw., poln., schw., südafrik., jap., port., isländ., lit., finn.); Das Wildpferd Balthasar, Kinder-R. 59, 71 (auch amer., franz., holl., dän., ital., norw., schw., poln., port., südafrik., jap.); Das Spiel vom armen u. reichen Mann, Puppensp. 59; Der gestiefelte Kater, Puppensp. 60; Der fliegende Schneider, Erz. 60; Das tapfere Schneiderlein, Kindertheat. 61; Und immer wieder Kasperli, Puppenspiele 62; Die Kinder auf Süderland, Kinderb. 62, 66; Kasperle und die Zaubermühle 62; Kasperle und die Wunderblume 63; Kasperle und die drei Wünsche 64, alles Bilderb.; Der rote Haifisch, Jgdb. 64; Kasper und der Räuber Jaromir, Bilderb. 67; Junker Prahlhans, Bilderb. 68 (auch engl., holl.); Denneborgs Kasperleschule, Werkb. 69, 71 (auch holl.); Denneborgs Geschichtenbuch, Alm. 69, 71; Ein Schatz fällt nicht vom Himmel, Kinderb. 69, 70 (auch jap.); Vom Fischer und seiner Frau, Bilderb. 69; Wohin mit der Katze, Erz. 70; 3 mal verhext und verzaubert, Bilderb. 71; Die Reise ins Schlaraffenland, Bilderb. 71; Die singende Säge, Kinder-R. 71; Kasper und der Teufel Ampelschreck, Bilderb. 72; Kasperle ist überall, Erz. 72; Hauptsache ein Kätzchen 76; Kasperle ist wieder da 78. – **MV:** Prinzessin Tausendschön, m. Adolf Uzarski 47; Spuk um Mitternacht, Stck. f. d. Jgdtheater, m. Peter Andreas; Kinder laßt uns Kasperle spielen, Spiel- u. Bastelbuch, m. Silvia Gut; Lotblei, Lyrik-Anth.; Dichtung und Kritik; Der jungen Leser wegen, Ess.; Und viel Spaß, lustige Kindergesch.; Die Reise auf dem Regenbogen, Kindergesch.; Das bunte Fenster, Anth.; Welt im Gespräch, Ess.; Die sieben Ähren; Treffpunkt der Reporter, Ber. 67; Kinderland - Zauberland, Erz. 68; Schriftsteller erzählen von ihrer Mutter, Erzn. 68; Schriftsteller erzählen von der Gewalt, Erzn. 70; Bilder und Gedichte für Kinder 71; Weihnachtsgeschichten unserer Zeit 71; Geh und spiel mit dem Riesen, 1. Jb. d.

Kinderlit. 71; Ein Kinderbuch quer durch die Welt 71; Seifenblasen zu verkaufen, Nonsense-Anth. 72, u.v.a. Lesewerke u. Samml.
MA: Sybil Gräfin Schönfeldt: Geschichten, Geschichten, Geschichten, Anth. 71; Liselott Musil: Bin der Kasperl da und dort 71; Eve Maria Helm: Von Schneemädchen und wilden Piraten 71; Tiergeschichten unserer Zeit 72; Tabak und Pflaumenkuchen 73; Am Montag fängt die Woche an 73; Schulgeschichten unserer Zeit 73; Die Straße in der ich spiele 74; Abenteuergeschichten unserer Zeit 74; Bunt wie ein Pfau 75; Menschengeschichten 75; Auf der ganzen Welt gibt's Kinder 76.
H: Das große Kasperlebuch 75.
F: Junker Prahlhans; Rumpelstilzchen, alles Puppenf.; Spuk um Mitternacht; Jan und das Wildpferd; Das Eselchen Grisella, alles Fs.-Spielf.
R: Die Wunderblume; Das Zauberauto; Der verlorene Schatz; Das Spiel vom armen und reichen Mann; Die faule Liese; Das Eselchen Grisella; Jan und das Wildpferd; Das Wildpferd Balthasar; Kater Kasper, u.a. Hsp. u. Fsp.
S: Das Eselchen Grisella, Langspielpl. 71; Jan und das Wildpferd, Langspielpl. 73.
Lit: Puppenspieler u. Poet in: Bücherschiff 59; Hans Eich: Ein Puppenspieler schreibt Jugendbücher in: Jugendliteratur, G. 59; Anna Krüger: Kinderund Jugendbücher als Klassenlektüre 63; Denneborgs Geschichtenbuch. Alm. z. 60. Geb., hrsg. v. Maria Torris und Christian Stottele; Esther Tarsi: H. M. Denneborg ("Bikoret-Zuta") 69; Theodor Rutt: H. M. Denneborg. (Trends in der mod. Jugendlit.) 70.

Denneborg geb. Gut, Silvia (Ps. Silvia Gut), Seminar-ULehrerin; Hauptstr. 15, CH-2563 Ipsach b. Biel (Reuchenette I.B. 1.6.22). Kinderbuch, Kinderhörspiel, -fernsehspiel.
V: Das kleine Mädchen Kra, Kindererz. 58, 59; Der Kasperli ist da 59; Kasperli und die Prinzessin von Luda 63, 69.
H: Trullala, trullalla, Kasperle ist wieder da 68, 70.
R: Das kleine Mädchen Kra, Hsp., Fsp. 60; Kasperli und die Prinzessin von Luda, Hsp., Fsp. 65.

Depner, Frank A., Schriftsteller, Hotelmanager; Hotel "St. Pierre", Hauptstr. 138-142, D-5462 Bad

Hönningen, Tel. (02635) 2091 (Zeiden/
Siebenb. 9.5.22). Roman, Kurzgeschichte.
V: Barrakudas, R. 83.

Deppe, Alexander (Ps. Alex), Direktor,
Industriekaufmann; Reiftzrägerweg 22,
D-1000 Berlin 38 (Bad Grund/Harz
17.7.21). Lyrik, Glosse, Novelle.
V: Berlin ... ma so jesehen 78;
Viechereien ... ma so jesehen 80.

Deppeler, Rolf, Dr.phil., Generalsekr.
d. Schweiz. Hochschulkonferenz;
Kilchbergerweg 11, CH-3052 Zollikofen,
Tel. (031) 572199 (Bern 11.3.26). Roman.
V: Harolds Methoden, R. 78, 2. Aufl.
80; Beamte leben länger, R. 79, 2. Aufl.
80; Aus dem Leben des Psychiaters,
Dozenten, Politikers und Offiziers Dr.
Josek K., R. 81.

Deppert, Fritz, Dr. phil., Lehrer; VS
Hessen 71; Viktoriastr. 50a, D-6100
Darmstadt, Tel. (06151) 21653
(Darmstadt 24.12.32). Lyrik, Kurz-
geschichte, Roman.
V: Gedichte 68; Holzholen, Prosa 70;
Barlach — Wer ist Barlach, Ess. 70;
Heutige Gedichte, wozu?, Ess. 73;
Atemholen, G. 74; Zwei in der Stadt,
Kinderb. 77; Gegenbeweise, G. 80; Wir-
Ihr-Sie, Lang-gedicht 81; Atempause, G.
81; In Darmstadt bin ich, Prosa u. G.
83. — **MV:** Darmstadts Geschichte,
Sachb. 80.
H: Darmstädter Geschichte(n), Anth.
80. — **MH:** Aufschlüsse, Anth.;
Literarischer März, Anth. 79; Liebes-
erklärung, Anth. 78; Literarischer März
II, Anth. 81.
R: Verweigerung, Hsp. 73; Vierzig
außerplanmäßige Minuten, Hsp. 73.

Derendinger, Hans, Dr.jur.,
Stadtammann; Kulturpr. d. Kantons
Solothurn 71; Bleichmattstr. 67, CH-4600
Olten, Tel. (062) 215465 (Olten 29.11.20).
Lyrik, Aphoristik, Essay.
V: Eine zuckersüße Stadt, Heitere G.
57; Entwurf zu einem Grusswort des
Verkehrsvereins, G. 69; E schiefi Meinig
gheit sälten um, polit. Bauernregeln u.
Sprüche, Oltner Mda. 76, 83; Helvetische
Landschaft, G. 79. — **MV:** Wanderstöcke,
m. Hans Küchler 82.

Dericum, Christa, s. Dericum-Pross,
Christa.

Dericum-Pross, Christa (Ps. Christa
Dericum), Dr. phil., Schriftstellerin; VS
68; Weissen 4, D-8999 Weiler/Allg., Tel.
(08387) 2529 (Rheinberg/Rheinld.
21.5.32). Geschichtsschreibung, Essay,
Reiseliteratur. **Ue:** E, F.

V: Burgund und seine Herzöge,
Gesch.schreib. 66, 77; Belgien -
Luxemburg, Reiselit. 71; Holland,
Reiselit. 72; Fritz und Flori, Tageb. e.
Adoption 76 (auch engl., franz., schwed.,
niederl., span. u. dän.); Maximilian I.,
Kaiser im Heiligen Römischen Reich
Dt. Nation, Biogr. 79; Florian Geyer und
der Bauernkrieg in Dtld, Jgdb. 80. —
MV: Antiquitätenlexikon 61.
MA: Ess. zu Demokratiegeschichte
und Anarchismus, Sozialgesch. d. MA u.
d. beginnenden Neuzeit. — Mut zur
Meinung 80; Damals 81; Geschichte-
Fernsehen 83.
R: Das Pestjahr 1348 81; Soziale
Hintergründe d. Reformation 83; Stadt-
leben u. Flugschriften um 1500 83, alles
Rdfk.-Ess.
Ue: Denis Hay: Geschichte Italiens in
der Renaissance 61; Richard Pipes: Die
russische Intelligentsia 62; Jean
Héritier: Katharina von Medici 64; J. H.
Plumb: Die Zukunft der Geschichte 71;
Carl J. Friedrich: Tradition und
Autorität 73; Stanislav Andreski: Die
Hexenmeister der Sozialwissenschaften
74.

Derndarsky, Duschan, Dr. med.,
MedR., prakt. Arzt; Ö.S.V.; Märztr. 114,
A-1150 Wien, Tel. (0222) 925388 (Wien
25.1.03). Drama, Lyrik, Roman, Novelle,
Essay, Erzähl., Hörspiel. **Ue:** F, R, Rum.
V: Louïze Labé und Rilke, Ess. 47;
Müll und Münzen, G. 61; Rumänische
Wortkunst, Ess. 61; Des Bleibens Süße
ist ein Nachmittag, G. 73; Rumänisches
Volks- und Kunstlied, Ess. 74;
Waldviertler Gschichten, R. 74; Die Welt
und die Seele, R. 75; wie auch wir ..., R.
81.
MA: Dichtung aus Niederösterreich
III Prosa 72, IV Drama 74; Merckles
lyrische Anthologie öst. Ärzte, G. 72.
Ue: Maxim Gorki: Erinnerungen an
Tschechow 47; Tudor Arghezi: Schwarze
Achate 53. — **MUe:** F. Schalk:
Französische Gedichte, zweisprachig 58,
63.

Derrick, Kay Ken, ehem. Dir. d.
Language Acad. Lahore/Pakistan, Spielleiter, Schauspieler, Sprachlehrer; VS
78; Art-Council Lahore/Pakistan 73 —
76, Gründer und Sprecher d. Autorengespräche der Haidhauser Werkstatt
München 78; Herrnstr. 13/II, D-8000
München 22, Tel. (089) 292822 (Berlin
5.8.23). Drama, Kurzgeschichte, Text,
Aufsatz.
V: Der Rattenfänger von Hameln, Sch.
40; Verrat am Brenner, Dr. 42; Es

geschah einmal ..., Schles. Weihnachtssp. 46; Abenteuer in China, Dr. 49; Manuel und Manuela, Sch. 53.

MA: Essener Lesebuch 66.

H: Literazette 80; Heinrich Gordian: Die achte Plage 82; Gisela Pfeiffer: Old Willie oder der Rattenkönig 82; Zafer Senocak: Verkauf der Morgenstimmungen am Markt 83; Ursula Haas: Klabund, Klabund oder Möglichkeiten der Auflösung 83.

Derringer, Peter, s. Dubina, Peter.

Derschau, Christoph, Dramaturg, Bild-Dokumentar; VS 70, lit. Hamburg 74; Förderpr. d. Stadt Hamburg 72; Lagerlöfstr. 36, D-2000 Hamburg 65, Tel. (040) 5360746 (Potsdam 13.2.38). Drama, Lyrik, Essay, Film, Hörspiel. **Ue:** E.

V: Den Kopf voll Suff und Kino, G. 76, 4. Aufl. 79; Derschau's Privatbuch der Träume, G. 76; Marlene 1977, G. 76; Venezia, G. 77; Die Ufer der salzlosen Karibik, G. 77; So ein Theater, Theater u. Hsp. 77; Die guten Wolken, G. 80; Derschau's Grüne Rose, G. 81; Monolog in der Küche, G. 82.

H: Intern. Poesie-Kalender, G. 83.

F: Heute abend leg ich meinen Vater um, Spf. m. Th. Ayck.

R: Theaterhörspiel; Chronik eines Tages, Hsp. m. U. Lauterbach; Verwandtenbesuch, Hsp.-Feature.

S: Derschau Live in Wuppertal, G. u. Musik, Tonkass. 80; Derschau u. CEDDO, Grüne Rose Live, G. u. Musik, Schallpl. 81.

Ue: div. Hsp.

Derwahl, Freddy, Kulturredakteur; Hochstr. 91, B-4700 Eupen, Tel. (087) 554646 (Eupen/Belg. 16.11.46). Lyrik, Erzählung, Roman.

V: Aufbruch, G. 64; Die Freiheit der Kirschbäume, Erzn. 75; Wie eine Kerze in der Nacht 78; Die Füchse greifen Eupen an, R. 79.

MA: G., Erzn., Rep. in zahlr. Ztgn, Zss. u. Anth.

Déry, Ilona, s. Rösener, Inge.

Deschner, Karlheinz, Dr. phil.; P.E.N.; Goethestr. 2, D-8728 Haßfurt, Tel. (09521) 8159 (Bamberg 23.5.24). Essay, Roman, Literatur- u. Kirchenkritik.

V: Die Nacht steht um mein Haus, R. 56, 81; Kitsch, Konvention und Kunst. Eine lit. Streitschrift 57, Tb. 80; Florenz ohne Sonne, R. 58, 81; Abermals krähte der Hahn. Eine kritische Kirchengeschichte von den Anfängen bis zu Pius XII. 62; Talente, Dichter, Dilettanten. Überschätzte und unter-

schätzte Werke in der dt. Lit. d. Gegenwart 64; Mit Gott und den Faschisten. Der Vatikan im Bunde mit Mussolini, Franco, Hitler und Pavelić 65; Kirche des Un-heils. Argumente um Konsequenzen zu ziehen 74, 80; Das Kreuz mit der Kirche. Eine Sexualgeschichte des Christentums 74, Tb. 82.

H: Was halten Sie vom Christentum? 18 Antworten auf eine Umfrage 57; Jesusbilder 66; Das Jahrhundert der Barbarei 66; Wer lehrt an deutschen Universitäten? 68; Das Christentum im Urteil seiner Gegner 69 — 71 II; Warum ich aus der Kirche ausgetreten bin 70; Kirche und Krieg 70; Der manipulierte Glaube. Eine Kritik der christl. Dogmen 71; Warum ich Christ, Atheist, Agnostiker bin 77.

Lit: Hans Bertram Bock: Karlheinz Deschner. Ein literarischer Einzelkämpfer, Rdfkvortr. 69. ( )

Desczyk, Gerhard, Dr. phil., Lektor; Kuckhoffstr. 94, DDR-111 Berlin, Tel. 4828493 (Kreuzburg 3.6.99). Novelle, Kurzgeschichte, Essay.

V: Ungelogene Geschichten 56, 68; Die Plaudertasche 62, 73; Zwischenfälle 74, 79; Der Präsentkorb 82.

H: Droste-Hülshoff: Das geistliche Jahr 52, 59; Gotthelf: Erzählungen 53, 65; Adalbert Stifter: Erzählungen 53, 64; Klopstock: Sing, unsterbliche Seele 54; Angelus Silesius: Eine neue Auswahl 55, 57; Chamisso: Peter Schlehmihl und andere Dichtungen 57; O. Ludwig: Heiteretei 60, 61; Thümmel: Wilhelmine 66; Vieira: Die Predigt d. hl. Antonius an die Fische 68; Dauthendey: Keine Wolke stille hält 70, 79; C. F. Meyer: Der Heilige 73; C. F. Meyer: Feuerwerk 75. —

MH: Kügelgen: Jugenderinnerungen 59; Zwischen Jugend und Reife 59; Vom Dienst an den Menschen. Ein Hausb. 66.

Deskau, Dagmar, s. Scherf, Dagmar.

Dessauer, Maria, Publizistin, Verlagslektorin; VS 72; Schaumainkai 95, D-6000 Frankfurt a.M., Tel. (0611) 637211 (Frankfurt/M.). Roman, Erzählung, Novelle, Kurzgeschichte, Essay, Feature. **Ue:** E, F.

V: Osman. Ein Allegretto capriccioso, R. 56; Herkun, R. 59; Oskis Buch der klugen Kinder 76; König der Clowns. Aus d. Leben d. Joseph Grimaldi 82. —

MV: Tiere und ein Ochse, m. E. Borchers, Kinderb. 77.

MA: Ungewisser Tatbestand. 16 Autoren variieren ein Thema 64; Geliebte Städte, Anth. 67; Straßen und

Plätze, Anth. 67; 25 Erzähler unserer Zeit 71.

H: Die Liebschaften des Zeus. E. moderne Eroto-Mythologie 69, 72; Märchen der Romantik 77; Alte Criminalgeschichten 83.

Ue: Antonia White: Ein Hexenhaus 56; Antonia White: Beyond the glass u.d.T.: die gläserne Wand 58; William Saroyan: Saroyan's Fables u. d. T.: Armenische Fabeln 59; Frank London Brown: Trumball Park 61; Françoise Sagan - Claude Chabrol: Landru. Drehbuch u. Dialoge 63; Mary McCarthy: Eine katholische Kindheit 66; Angus Wilson: Kein Grund zum lachen 69; Albert Déza: Die Ratten waren schuld 69; Daniel Keyes: Charly 70, 72; Mary McCarthy: Ein Blitz aus heiterem Himmel, Ess. m. Hilde Spiel 70, 71; Anaïs Nin: Diary 1939 — 1944. Das Tagebuch der A. N. 70; Jan Myrdal: Angkor 73; Al. Alvarez: Der grausame Gott. Eine Studie über den Selbstmord 73; Englische Kunstmärchen 73; Ruth Dayan: War alles nur ein Traum? Ein Leben mit Mosche Dayan 74; Lewis Carroll: The Pig Tale u.d.T.: Die Geschichte vom Schwein 76; Henry Miller: Reise in ein altes Land. Skizzen für meine Freunde, m. Wilhelm Höck u. Isabella Nadolny 76; Madame Leprince de Beaumont: La Belle et la Bête u.d.T.: Die Schöne und das Tier 77; Jean Joubert: Der Mann im Sand 77; Henri Troyat: Kopf in den Wolken, R. 79; Russel Hoban — Nicola Bailey: La Corona und der Blechfrosch, Kinderb. 79; François Mauriac: Die Tat der Thérèse D., R. 80; Colette: Diese Freuden, Ess. 83.

Dessin, Gustav; Buchenweg 11, D-5220 Waldbröl, Tel. (02291) 4676 (Nowawes, heute Potsdam-Babelsberg 23.12.02). Erzählung.

V: Klaus Unruh, R. 26; Hermann Dessin zum Gedächtnis, biogr. Skizze 28; Helden, ev. Märtyrerb. 29, 38; Deutsche Botschaft von Erde und Ewigkeit 34; Der Stern des Lebrecht Hopmann, Erz. 36; Kleine Prosa 42; Das verlorene Paradies, Ess. 54.

H: Frohes Leben 37 — 43; Bei Nacht und Tag, Geschn. 41.

Detela, Lev, s. Detela, Lev Dimitrij (Leo Demetrius).

Detela, Lev Dimitrij (Leo Demetrius) (Ps. Lev Detela), freier Schriftsteller und Kulturjournalist; Intern. P.E.N. Club 69, Literar-Mechana 73, L.V.G. 73; Abraham Woursell-Grant f. Lit. and Res. 66-70,

Triestiner Osterpr. Auferstehung f. slowen. Lit. 70, Certif. of Merit Sloven. Res. Center of America 71, Arb.stip. f. Lit. Öst. Bdesmin. f. Unterr. u. Kunst 72-75, 78-82, Peter-Rosegger-Pr. f. Erz. 74, Förder.pr. f. Lit. d. Theodor-Körner-Stift.fonds 76, Lit.pr. d. Romanwettbew. d. Zs. Das Pult m. d. ORF u. d. Stadtgemeinde St. Pölten 76, Öst. Staatsstip. f. Lit. 76/77, Buchpr. d. Öst. Bdesmin. f. Unterr. u. Kunst 76, Förderbeitr. d. Wiener Kunstfonds 78, Lit.stip. d. Stadt Wien 81, Förder.pr. d. Ldes NdÖst. f. Lit. 82, Pipp-Lit.pr. Buenos Aires 82, Slowen. Pr. Mladika f. Kurzerz. Triest 83, Pr. f. essayist. Arb. Buenos Aires 83; Lit.kr. Podium 74; Donaustadtstr. 30/16/16, A-1220 Wien, Tel. (0222) 2313433 (Maribor, Jugosl. 2.4.39). Lyrik, Erzählung, Roman, Essay, Kritik, Hörspiel, Übersetzung.

Ue: Slowen, Serbokroat.

V: Erfahrungen m. Gewittern, Kurzgeschn. 73 (slowen. 67); Legenden um den Vater, Prosasamml. 76; Die Königsstatue, e. histor. R. aus d. Gegw. 77; Imponiergebärden d. Herrschens, e. psychohygien. Ber. üb. d. aufschneidenden Schneider, d. Möchtegernkaiser, Prosa 78; Der tausendjährige Krieg. E. Lesest. f. d. Hinterbliebenen 83; 12 slowen. belletr. Bücher.

MA: Sammlung I 71; Saat in fremder Erde, PEN-Anth. 73; Ich bin vielleicht du, Lyr. Selbstporträts 75; Mein Land ist eine feste Burg. Texte z. Lage in d. BRD 76; Verzückter Bereich 76; Sassafras 25 76; Wir und du 80; Ort der Handlung Niederösterreich 81.

H: Log, Zs. f. intern. Lit. seit 78.

R: Erfahrungen mit Gewittern 75; Ängste und Träume 75; Hohe Politik 76; Die Königsstatue 78; Imponiergebärden 78; Kennwort Literatur-Lyrik 80; Verrücktheit der Wetterlage 81.

Lit: Klaus Sandler in: DAS PULT H. 31 74; P. Kersche: Legenden um den Vater in: Lit. u. Kritik 77; U. Mäder: "Alles" oder die Nacht hat das Sagen in: Log 11/12 81; P. Kersche: Neue Heimat Niederösterreich 82; K. Adel: Aufbruch u. Tradition. Öst. Lit. seit 1945 82.

Detering, Heinrich (Ps. Theo Tharding), stud. phil. et theol.; Lippischer Kulturpr. 77, Kurzgeschichtenpr. d. Zs. Hiero Itzo 81, 2. Pr. f. Prosa b. III. Ndrh.-Westf. Autorentreffen 83; Wilhelm Raabe-Ges. 81; Waddenhauser Str. 110, D-4937 Lage/Lippe, Tel. (05232) 4030 (Neumünster 1.11.59). Lyrik, kurze Prosa, Essay.

V: Zeichensprache, G. 78; Die Jahreszeiten, G. 78.
MA: Prosa u. G. in: Lemgoer Hefte 78-
82; Junge Kirche u.a. Zss.;
Dokumentation III NRW-Autoren-
treffen 84.
R: Bodenlos, Erz., Rdfk 78.
Lit: Marianne Bonney: Schreiben
gegen eine Welt voller Phantasielosig-
keit: Heinrich Detering in: Lemgoer
Hefte 1 78.

Deters, Heiko, Dipl.-Psych.; Metzerstr.
24, D-5000 Köln 1, Tel. (0221) 319161
(Holzminden 31.1.44). Roman, Lyrik,
Essay, Übersetzungen.
V: Hier stehe etwas an der Wand, R.
70. — **MV:** Neun Autoren - Wohnsitz
Köln, Gesch(n). 72.

Detlow, Karl-Otto, Kaufmann;
Hauptstr. 32, D-2077 Brunsbek, Tel.
(04107) 7458 (Brunsbek 9.5.34). Lyrik.
V: Einfach glauben, daß es noch
Schönheit gibt, G. 81; Ist immer noch
stark der Frühling, G. 83.

Dette, Ursula, Buchautorin;
Roseggerstr. 6, D-6330 Wetzlar/Lahn,
Tel. (06441) 22868 (Grimma/Sa. 8.12.23).
Lyrik, Erzählungen, Kolumnen.
V: Strandkiesel, Prosa 66; Wetzlar -
Notizen eines Müßiggängers, Prosa 73;
Diese leichtfüssigen Tage, Lyrik 75; Das
war die gute alte Zeit in Wetzlar, Prosa
79.
MA: wort-gewalt, Lyrik-Anth. 80;
Sassafras-Blätter, Prosa-Anth. 81; Seit
du weg bist, Lyrik-Anth. 82.

Dettelbacher, Werner, Studiendir. i.R.;
Kulturpr. d. Stadt Würzburg 80;
Johannes-Kepler-Str. 20, D-8700
Würzburg, Tel. (0931) 74512 (Würzburg
29.9.26). Essay, Hörspiel.
V: Erinnerungen an Alt-Würzburg,
1866-1914 70; Damals in Würzburg 1914-
45 71; Würzburg nach 1945 74, alles
Foto-Text-Bde; Würzburg — ein Gang
durch seine Vergangenheit, hist. Ber. 74;
Franken 74; Zwischen Neckar u. Donau
76; Salzburg, Salzkammergut, Ober-
österreich 78; Opf./Niederb. 80, alles
Kunstreisef.; Typisch Fränkisch, Ess. 82.
R: 19 Hörbilder.

Dettmann, Helmut, ObStudR. i.R.; VS;
Lit. Wettbew. d. Kriegsgefangenenlagers
2228 im Frühjahr 46: 1. Pr. ; Schreyers
Hoek 2, D-2970 Emden, Tel. (04921)
24395 (Kattowitz OS. 14.3.08). Lyrik,
Roman, Drama, Novelle, Essay.
V: Kleine Orphée, Lyr. u. Ess. 67;
Symposion, Lyr. 76.

MA: Kegel Kaisig: Oberschlesien in
der Dichtung, Lyr. 2. Aufl. 27; Bruno
Roemisch: Jungoberschlesische Lyrik
28; Karl Schindler: Jugend in OS: Der
Brünnhof, N. 30. ( )

Deufel-Riegel, Betti, Krankenschwester; Engelmühlenweg 2, D-6109
Mühltal, Tel. (06151) 145395 (Stockach
30.7.52). Lyrik.
V: Alles beginnt irgendwann ..., Lyr.
79; Im Laufe der Zeit, Lyr. 82.

Deutsch, Erni (Ps. Erni Deutsch-
Einöder), VH.-Geschäftsführerin a.D.,
Dolmetscherin u. Übersetzerin; VS 51;
Förd.preis z. Kulturpreis d. Ldes Rhl.-Pf.
63, Anerkenn.preis d. Dt. Friedrich-
Schiller-Stift. 63, Auslds-Stip. d.
V.d.d.S.V. u. d. Auswärt. Amtes Bonn 63,
Pfalzpreis f. Lit. 66; Lit. Ver. d. Pfalz,
Landau; Bitscherstr. 67, D-6660
Zweibrücken, Tel. (06332) 2918 (Einöd/
Saar 17.11.17). Kurzgeschichte,
Erzählung, Novelle, Funkerzählung.
Ue: F.
V: Die Tauben fliegen unseretwegen,
Kurzgeschn. 62; Alles Gute kommt von
den Eseln 75; Beaujolais für den Dichter
75; Der böhmische Musikant 76.
MA: Spuren und Wege 58; Betragen
gut 63; Das pfälzische Weihnachtsbuch
70; dt. u. dt.spr. Kulturzss.
R: Die Erste vor dem Tor; Angst um
Amadeus; Immo und Adelheid; Madame
läßt sich malen; Menschenfischer;
Muscheln am Lido; Hungerberg;
Legende; Erinnerungen; Matinée in
Sestri; Drei eiserne Rosen; Reiter im
Advent; Der Weg nach Fan-Tuin; Als
der Schmetterling starb; Schloß an der
Seille; Der Teufel kam nie nach Oloron,
u.a. Funkerz.
Ue: Daudet: Der Curé; Benoit:
Fabrice; Bourgogne romane. ( )

Deutsch-Einöder, Erni, s. Deutsch,
Erni.

Deutz, Hans, Beamter i.P.; FDA;
Tilsiterstr. 8, D-5100 Aachen, Tel. (0241)
523471 (Aachen 29.4.32). Roman, Kurz-
geschichte, Märchen.
V: Der neugierige Käse 79; Ninas
Ferienabenteuer 79; Die verspäteten
Weihnachtsgeschenke, Bü. 80.

Devin, Marius, s. Landau, Edwin
Maria.

Dexter, Robert, Kaufmann;
Kerngartenstr. 12, CH-4104 Oberwil-
Basel (Basel 2.1.09). Drama, Roman,
Kurzgeschichte.
V: Flug an der Grenze, R. 67; Eine
Stadt hat Angst, Krim.-R. 71; Sturm-

gewehre, Spionage-R. 72; Geld ohne
Wert, Spionage-R. 72; Spiel mit der
Gefahr, Jgd.-Detektivgesch. 75; Die
langen Jahre. 1939-1945 79. ( )

Dhan, Dorothee (Ps. f. Dorothee
Müller geb. Drenckhan), Schriftstellerin,
Dramaturgin; ISDS; Lamontstr. 7, D-
8000 München 80, Tel. (089) 4705495
(Kiel 15.3.35). Hörspiel, Fernsehen, Film,
Roman, Kurzgeschichte, Jugendbuch.
  V: Rinaldo Rinaldini 71/72 II; Julia
ohne Romeo, R. 71; Zwischen Abitur
und Pferdestall, R. 76; Der Baum, Kurz-
geschn.
  F: Frauen in der BRD, 13teil.
Filmdok.; Das Einhorn (nach Martin
Walser in Zus.Arb. m. d. Autor) 77;
Zwischengleis 78; Martin Walser,
Filmdok. 83.
  R: Der Baum; Zurück an den
Absender; Ein Trauerfall; Leiche auf
Urlaub, Fsp. 79; Traumlage, Fsp. 80;
Zurück an den Absender, Fsp. 81; Die
Roppenheimer Sau, Fsp. 82; Die Ent-
scheidung, Fsp. 82; Ein fliehendes Pferd,
(nach Martin Walser) Fsp. 83; Lied der
großen Fische, Fsp. 83.

Dibold, Hans, Dr. med.; Autorenkr.
Linz; Im Weingarten 3, A-4020 Linz/D.,
Tel. (0732) 79345 (Linz 18.12.04). Roman,
Novelle, Essay.
  V: Arzt in Stalingrad. Passion einer
Gefangenschaft 49, 64 (auch franz.,
engl.); Hochzeitsreise und Herberg-
suche, Verserz. 68. — **MV:** Zwischen den
Ufern, Anth. 66. ( )

Dichler, Gustav, Mag.phil.,
Mag.rer.nat., Dr. phil., ObStudR., Prof.;
ÖSV 76, Vorst.mitgl. V.G.S. 77,
Vorst.mitgl. Öst. Autorenverb. 77; Öst.
Ehrenkr. f. Wiss. u. Kunst 82; Der Kreis;
Johann-Strauß-Gasse 28, A-1040
Wien IV (Wien 15.5.07). Lyrik, Erzählung,
Essay. **Ue:** E.
  V: Den Künstlern Dank 75; Das Wald-
viertel 75; Anekdoten aus meinem
Leben 75; Narrenspiegel 75; Der Apfel
Evas 75; Einfälle — Ausfälle 76; Poesie
des Stichels 77; Masken, G. in antiker
Form 77; Harfenklang 78; Was mich
geprägt, Lyr. Lebensbild 79; Geschürft,
geschliffen (Haiku und Tanka) 80; Die
Nichtigkeit des Nichts 81; Im Zeichen
des Stieres 81; Weiße Flügel, dunkle
Schwingen 82, alles G.; Erika Dichler-
Sedlacek, Künstlerbiogr. 79; Dreimal
dreizehn, Kurzgesch. 83. — **MV:** Von
Shakespeare bis Maugham, m. Magda
Dichler-Appel 55; Die Erde küßt' ich,
Haikus, m. Magda Dichler-Appel 76.

MA: Das immergrüne Ordensband,
Lyrik-Anthol.
  H: Jb. d. öst. Exlibris-Ges. Bd. 50 76,
Bd. 51 78, Bd. 52 80, Bd. 53 82; Wilhelm
Freiherr von Appels Gedichte: Der
Musketier 76; Wilhelm Freiherr von
Appels Gedichte: Der Musketier 76.
  Lit: W. Bortenschlager: Dt. Lit.gesch.
vom 1.Weltkrieg bis z. Gegenw., Erg.bd.
81, G. D., Leben u. Werk 82.

Dichler-Appel, Magda (Ps. Magda
Appel, Magda Appel-Dichler), Mag. phil.,
Dr. phil., Hochsch.lehr. i.R.; V.G.S., Öst.
Autorenverb. 77, Verb. Öst. Schulb.-
Autoren, VDKSÖ 82; Johann-Strauss-
Gasse 28, A-1040 Wien IV. Prosa, Lyrik,
Sachbuch. **Ue:** E.
  V: Englische Sprachübungen 62, 78;
Englische Stilübungen 66; Glückspilze
u. Schlaumeier 60; Blütenzweige, Erz.
76; Solange die Kerze brennt, Erz; Der
böse Zauberer Schuhu Mandrill, Neue
Märchen 78; Vögel, Blumen, Hände, G.
78; Und Deswegen, Nn. 81. —
  MV: Englisch für den Kaufmann III, m.
G. Dichler 58-59, 76; English, Gate to the
World II, m. G. Dichler u. K. Schmidt 67-
69 73; Die Erde küßt' ich (Haiku), m. G.
Dichler 76.
  Ue: Die 100 Hüte des Barthel
Löwensproß, M. 51.
  Lit: W. Bortenschlager: Dt. Lit.gesch.
v. 1.Weltkrieg bis z. Gegenw., Erg.bd 81.

Dichtl geb. von Mayenburg, Ruth (Ps.
Ruth von Mayenburg, Modesta, Ruth
Fischer, Ruth Wieden), Schriftstellerin;
Öst. Ges. f. Lit.; Kaserngasse 20, A-1238
Wien-Mauer (Srbice, Böhmen 1.7.07).
Roman, Film, Libretto. **Ue:** F, R.
  V: Blaues Blut und Rote Fahnen. Ein
Leben unter vielen Namen 69, 70; Hotel
Lux 78, Tb. 81 (ital. 79, anglo-amerikan.
80).
  F: Schicksal am Lenkrad; Puntila und
sein Knecht Matti, n. Bert Brecht; Die
Hexen von Salem, n. Miller; Die
Elenden, n. Victor Hugo.
  R: Gluckerich oder Tugend und Tadel
der Nützlichkeit, Opernlibretto für
Erich Urbanner; La finta giardiniera v.
W. A. Mozart, Neufass. d. Librettos.
  Ue: Henri Charrière: Papillon 70;
Roger Garaudy: Die große Wende des
Sozialismus 70; L. Nikulin: In geheimer
Mission 53; José Vicente Ortuño: Les
Racines amères u. d. T.: Mein Gefährte
ist das Messer 71. ( )

Dick, Gerhard, Dr. phil., Lektor; SV-
DDR 63; Naugarder Str. 14, DDR-1055
Berlin, Tel. 3664433 (Berlin 26.12.15).
Ue: R.

H: Der Unhold, Krim.-Gesch. russ.
Meister 67, 3.Aufl. 79; Hüter des Lebens,
Ein Frauenbuch 60; Der Paßgänger,
Pferdegeschn. aus aller Welt 72, 2.Aufl.
75. — **MH:** Anton Tschechow: Ges.
Werke 64 — 69 VIII.
Ue: Der Unhold, Krim.-Gesch. russ.
Meister 67; Anton Tschechow: Ges.
Werke 64 — 69 VIII.

Dick, Sieglinde; Hauptmannstr. 39,
DDR-1272 Neuenhagen b. Berlin.
V: Gerlinde, der Jockei 72, 3.Aufl. 79,
u.d.T.: Ich bin verliebt in alle Pferde 74;
Sattel im Gepäck 75, 4.Aufl. 81; Ausge-
rechnet Michael! 75; Ein Pferd, ein
Freund, ein Baby 81. ( )

Dick, Uwe, Redakteur; VS Bayern;
Förderpr. d. Stadt Rosenheim 72,
Förderungspr. f. junge Künstler und
Schriftsteller d. Ldes Bayern 72, Lit.pr.
d. Stift. z. Förderung d. Schrifttums 78;
Altenburg, D-8204 Brannenburg, Tel.
(08034) 7977 (Schongau a. Lech 21.12.42).
Lyrik, Prosa, Szene.
V: Viechereien, Rezi-Tierg. 67; Das
singende Pferd, Erz.G. 69; König
Tauwim, Märchendicht. 70, 72;
Mangaseja, Märchendicht. m. Gesängen
71; Tag und Tod, eine Reise in Ged., mit
Prosa-Anm. 72; Janusaugen, 6 Tage-
buchged. 74; Das Weib, Das Meer, Der
Dichter. Szen. Großged. 76; Sauwald-
prosa 76, erw. 78, 81; Ansichtskarten aus
Wales, Erfahrungstexte 78; Der Öd. Das
Bio-Drama eines Amok denkenden
Monsters 80; Das Echo des Fundament-
schritts, Dichtungen 68-80; Im Namen
des Baumes und seines eingeborenen
Sohnes, des Bundspechts, Ein Brief-
wechsel 83.
Lit: Hans Ziegler: Gesucht: Etiketten
für Uwe Dick — Ein Rezeptions-
Spektrum mit Hinweisen auf
Davonschleichwege der Literaturkritik
77.

Dickerhof, Urs, Kunstmaler, Autor,
Direktor Kt. Schule f. Gestaltung Biel;
Gruppe Olten 76; Lit.pr. d. Kantons Bern
70, Bdes-Stip. f. angew. Kunst 69;
Unionsgasse 1, CH-2502 Biel u. Mas du
Tilleul, Boisset et Gaujac, F-30140
Anduze, Tel. (032) 228870 (Schweiz)
(Zürich 14.12.41). Essay, Bilderbücher f.
Erwachsene ... m. Texten.
V: Ich, Urs Dickerhof, eine Art Bilder-
buch, Tageb., Ess. 69; D wie Dickerhof,
Dokumentation, Drucksache, Kunstb.
70; Mischa u. d. blaue Feuer, Bilderb. 71;
Ein Journal f. bessere Tage, Bilderb. 73;
Taschenbuch f. W.T., Ess. m. Bildern 73;
Die Bochumer Drucksache, Kunstb. 75;

Fingerübungen, Skizzenb. 78, Hefte 1-4,
Skizzenb. 83-84. — **MV:** Tell 73, Kunstb
73; Tatort Bern, Kunstb. 76, 77.

Dickmann, Ernst Günter (Ps. Norman
Dyck), Journalist; Angermaierstr. 53, D-
8050 Freising (Freienwalde/Oder 7.8.11).
Novelle, Roman, Hörspiel, Film.
V: Susanne, R. 60; Ferntrauung, R. 61;
Ich, Dr. Volanda, R. 63, Tb. 80; Die
Schuld der Kath. Lepsius, R. 65; Sprung
über den Abgrund, R.; Die Einsamen, R.
65; Ein Herz muß schweigen, R. 64;
Versuchung am Nachmittag, R. 66; Im
Augenblick der Wahrheit, R. 67; Spiel
mit zwei Feuern, R. 68; Fegefeuer, R. 69;
Die Tochter des Botschafters, R. 71; Mit
dem Auto wandern: Schwarzwald,
Neckar, Schw. Alb. 71; Geheimauftrag in
Siam, R. 72; Das russische Rulett des Dr.
Plüschow, R. 72; Der grüne Skarabäus,
R. 74. — **MV:** Das Glück läuft hinterher,
biogr. Skizzen, m. Herbert S. Curtius.
F: Sommerliches Österreich, Kultur-
folge 65.
R: Hundert Dollar wöchentlich, Hsp.
64. ( )

Dieckelmann, Heinrich; VS
Hamburg; Klaus Groth-Preis 52,
Freudentahl-Preis 60; EM d. Hamburger
Ohnsorg-Theaters 73 (Altona 23.8.98).
Novelle, Lyrik, Bühnendichtung, Lied.
V: Dat Dodeneiland, Tr. 24; Wander-
lust und Minnefreud, Lieder 26; Im
Rosenhag, Lieder 27; Grootstadt un
anner Dichtungen, Nn. u. Skizzen 29;
Stromland, G. 30; Geld, Kom. 32; Söß-
unsößtig, Einakter 35, 37. — **MV:** Binnen
brennt en Licht, Weihnachtslieder 55.
H: Robert Garbe: En nien Klank,
Lieder 28; Hans Friedrich Blunck: Hart
warr ni mööd!, G. 33.
R: Mit den Feul in'n Bogen schüürt
min Mudder de Trepp; Punsch un
Appelkoken bi Familie Pingel; Voß vör
de Egen!; Pingels sett' up Penthesilea;
Kaiser, Kirche, Fürsten; Ring mit
Jaspis; Aldebaran oder Dat hellere
Licht, alles Hsp. ( )

Dieckmann, Friedrich, c/o Buchverl.
Der Morgen, Berlin (Ost).
V: Orpheus, eingeweiht, Erz. 83. ( )

Dieckmann, Heinz, Fernsehredakteur
und -regisseur; Alwinenstr. 10, D-6200
Wiesbaden, Tel. (06121) 371320
(Magdeburg 18.5.21). Erzählung.
V: Ich höre Schritte ..., Tageb. 47; Von
Villon bis Eluard, Ess. 48; Kleines
Literaturbrevier für eine junge Dame
48; Literaturbrevier 52; Heilmittel gegen
die Liebe 57; Achtung vor dem Hund 58;

Ebeker, Kinderb. 60; Die Kunst,
poetisch zu küssen 62; Hetärenkatalog
63; Hahnrei im Korb 64; Michael
Mathias Prechtl 71.
MA: Saarländische Erzähler 47 – 48
II.
R: Gehet hin in alle Welt; Vincent van
Gogh; Die Kreutzersonate; Cervantes
u.a. Hsp.; üb. 100 Fsf., u.a.: Heinrich
Heine, Miro Picasso, Das Mysterium
von Elche, Das Herz des Flamenco, Die
Medicis in Florenz, Rembrandt in Linz,
Fritz Aigner, Goethes Italienische Reise,
Picasso in Katalonien, Die 36 Ansichten
des Berges Fuji, Hitler und die Kunst,
Nicholas Treadwell-Galery, Die Scilly
Isles, das Ramayana; Fs.-R., u.a.: Gegen
den Strom, Seumes Spaziergang nach
Syrakus, Attentate, Goya, Humboldt in
Südamerika, Die Heiligen Berge von
Piemont, Die Kunst der
Konquistadoren, Indianerfeste, Der
Maler Richard Seewald, Blüten aus dem
Nichts oder woher kam die Kultur
Mexikos, Notizen aus Italien,
Frankreich, Palermo.

Diedrich, Waldemar, Werbefachmann;
Künstlergilde Esslingen 76, Westdt.
Autorenverb. 79; Förderprämie der
Stadt Wuppertal 78, Wangener Kreis 78;
Hesselnberg 23, D-5600 Wuppertal 2, Tel.
(0202) 84823 (Stettin 6.9.19). Lyrik
(Gedicht und Song), Kurzprosa, Essay,
Beitr. f. d. Rundfunk.
V: Handvoll Hoffnung zwischen den
Schläfen, G. u. Denkzettel 78; Opus für
Hauklotz und Klavier, Ergötzliche
Poeme u. unverblümte Songs 79.
MA: Göttinger Musenalmanach 75;
Widerspiele in Bild und Text 76;
Almanach 77; Sassafras-Blätter Nr. 31
77; Der erste Schritt 78; Liebe will Liebe
sein 78; Schuldschein bis morgen 78;
Der schwarze Luftballon 80; Weh' dem,
der keine Heimat hat 81; Almanach 82;
Begegnungen und Erkundungen 82.
MH: Fridolin Aichner: Weil das Böse
herzlich bleibt 78 u. 81.
R: Handvoll Hoffnung zwischen den
Schläfen, eine Alltags-Rhapsodie mit
Musik 74; Der Elefant/Meditation eines
Schlechtbetuchten 74; Anregung für
Erfinder 78.
Lit: Philipp Rehbiersch: Poesie als
Weltbild und als Inventur in: Neues
Rheinland 4 74; Sie schreiben zw. Goch
u. Bonn, Bio-bibl. Daten 75; Profile v.
Schriftstellern aus Ost- u. Mitteldtld in
NRW 79.

Dieffenbach, Anneliese,
Schauspielerin u. Schriftstellerin;

Nordstr. 3a, D-8222 Ruhpolding, Tel.
(08663) 9398 (Leipzig 22.9.06). Roman,
Bühnenmärchen, Lyrik, Hörspiel,
Bühnenstück, Novelle, Kurzgeschichten.
V: Engelchen Bengelchen, Bü.-M. 39;
Ruhpolding, richtig erlebt 51.
R: Peter will Schiffsjunge werden;
Der kleine Mozart, u.a. Kinder-Hsp.

Diehl, Otto Siegfried, Homöopath;
FDA, VG Wort; Dipl. di Merito Univ. d.
Arti. Accad. Ital. 82; Aindorfer Str. 51, D-
8000 München 21, Tel. (089) 581346
(Hagenau/Els. 7.8.91). Drama, Lyrik,
Novelle, Fabel, Essay, Hörspiel,
Aphorismen.
V: Gedichte 09; Weltbefreiung, G. 18;
Der singende Morgen, G. 19; Der
Apokalyptische Drache, Tr. 31; Die Welt
als Selbstschöpfung des Geistes,
Meditations-Spruchwerk 60; Im
Weltentag, G. 62; Im All-Einen, G. 63;
Ewiger Bildung Dom, G. 64; Die Mütter
von Golgatha, G. 70; Planetarische
Gedichte 76; Das biokosmische
Zukunftsbild der Menschheit od. ihre
Selbstvernichtung 82.
MA: Wohin denn ich? Anth. Els.-
Lothr. Dichter; Spiegelungen; Sonnen
gold; Frühherbst; Preisgekrönte
Liebesged.; Herzblut, alles Anth.
R: Duell zwischen Gott u. Satan, Hsp.

Diehl, Rudolf, Verwaltungsangest.; VS
52; Ferd.-Schmitz-Str. 20, D-5060
Bensberg (Gleiwitz 24.9.24). Drama,
Roman, Kurzgeschichte, Hörspiel.
V: Wolf ohne Rudel, R. 59, 60; Die
Akten Wonski, R. 63; Gleiwitzer
Geschichten, Erz. 80.
H: Wolf Sluyterman v. Langeweyde:
Heitere Versdichtung 65.
R: Weh dem, der nichts geleistet hat;
Ich wollte mich rächen; Das unge-
schriebene Gesetz; Alles was gewesen
ist, alles Hsp. ( )

Diehl, Wolfgang (Ps. Felix Bumbach),
StudR.; VS; Förderpr. f. Lit. d. Ldes
Rheinl.-Pf. 79, Pfalzpr. f. Lit. 80,
Hambach-Pr. 82; Lit. Verein d. Pfalz;
Schlettstadter Str. 42, D-6740 Landau i.d.
Pfalz, Tel. (06341) 30128 (Landau/Pfalz
8.8.40). Lyrik, Roman, Novelle, Essay.
V: Linksrheinisches. Landschaften,
Orte, Städte, Ansichten, Einsichten, Vor-
stellungen, Eindrücke, Menschen,
Geschichtsbilder, Lesefrüchte, sowie
allerlei über die Bläue des Himmels
hinausgedacht, Lyr. 75; Saigon gesehen
— gestorben, Erzn. 80; auswärts
einwärts. G. von Entfernung, Ankunft u.
Heimkehr mit einem Essay "Von der
Erfahrung mit dem Reisen u. sich", Lyr.

83. — **MV:** Süßes Hoffen. Bittre Wahrheit. 150 J. Hambacher Fest, Lyr. u. Prosa 82 (auch Hrsg.); Der Mandelwingert.
B: Frank Peter Woerner: unterwegssein, G. u. Erzn. 80; Lenz in Landau und andere Erzählungen 81.
Lit: Pfalz am Rhein 4 80, 4 82; Stimme der Pfalz Jg. 31, H. 1 80.

Diehn, Rosmarie (Ps. Rosmarie Rutte-Diehn), Dipl.-Germanistin; Jugendbuchpr. d. DSV 52; Vict.-Achard-Str. 19, D-6380 Dornholzhausen/Ts., Tel. (06172) 22237 (Pethau 14.6.26). Kinder- u. Reisebuch.
V: Die Expedition, Kinderb. 52, 54; Fahrt ins Land der Seen, Reiseb. 53; Die Maske des Garuda, Jgdb. 63.
F: (MA): Texte zu versch. Kulturf. üb. Bali 66 — 70.

Diehr, Susanna, Hausfrau; Intern. Bodenseeclub 83; Württembergerhof 11, D-7768 Stockach, Tel. (07771) 2647 (Waldenburg/Schweiz 28.3.32). Lyrik.
V: Mohn und Schatten, Lyr. 81.

v. Dieken, Manfred, s. Kleff, Theodor.

Diekholtz, Christian, s. Lippmann, Hans.

Diem, Eugen, Dr. phil., Schriftsteller; VS Bayern 45; Liter. Preis d. Volksbühne München; Widenmayerstr. 49, D-8000 München 22, Tel. (089) 227449 (Würzburg 8.2.96). Drama, Lyrik, Essay. **Ue:** F.
V: Franz von Stuck 28; Julius Seyler 29; August Strindberg 29, 49; Die Empörer, Dr. 31; Leben und Sterben des Meisters François Villon, Dr. 33; Lebende Flamme, Dr. 46; Georg Büchners Leben und Werk 46; Johann Sperl, ein Meister aus dem Leiblkreis 55; Vincent van Gogh, dram. Dicht. 56; An der Schwelle 60; Der Mann, der die Atombombe warf 62; Vor dem großen Schweigen, Einakterzyklus 65; Die apokalyptischen Reiter 71; Wellen im Strom, G. 71; Heinrich v. Zügel, Leben, Schaffen, Werk 75. — **MV:** Die Bildhauerin Maria Weber, m. Hubert Tigges 70.
R: Der Mann, der die Atombombe warf, Fsp. 63. ( )

Diemberger, Kurt, Dipl.-Kfm., Mittelschullehrer, Bergführer, Kameramann; Erster Preis des Deutschen Alpenvereins 76, 1. Preis XI. Bergfilmfestival in Trient; Rudolfskai 48, A-5020 Salzburg, Tel. (0662) 430395 (Villach 16.3.32). Prosa, Film. **Ue:** I.

V: Gipfel und Gefährten 75 (auch in weit. sechs Spr.); Gipfel und Geheimnisse — nur die Geister der Luft wissen, was mir begegnet 80. —
MV: Große Bergfahrten m. Hermann Buhl 74; Achttausend — drüber und drunter, m. H. Buhl.
F: Mont Blanc - der grosse Grat von Peuterey; Vier zum Tirich Mir; Everest 78.
R: Imaka - im Grönlandeis; Im ewigen Eis - auf den Spuren Alfred Wegeners, beides Fsf.

Dienelt, Günther (Ps. Rosalie-Ada Grallinger); Lilienthalstr. 8A, D-8460 Schwandorf 1 (Dachelhofen/Bayern 8.12.54). Lyrik, Roman.
V: Die Unendlichkeit der bitteren Räume, Fantastic-Art-G. u. Grafiken 80; Gebärende Eremiten, Fantastic-Art-G. u. Grafiken 80.
H: Marianne Junghans: Muscheltraum u. Sterngesang, G.; Theresia Brockmann: Träumende Grüße, G., Heitere Grüße, G.; Reiner Gödtel: Augentäuschungen, G. u.a. ( )

Dierkes, Rudolf *

Dierks geb. Nax, Margarete, Dr. phil.; VS 68; Hölderlin-Ges., Rilke-Ges.; Schubertweg 1, D-6100 Darmstadt, Tel. (06151) 75805 (7.3.14). Lyrik, Märchen, Essay, Kurzgeschichte.
V: Heim zu Deutscher Feier 38; Sonnentau, M. 50; Antwort der Herzen, Anth. 51; Verwandelt werden, G. 58; Lerne der Botschaft vergängliche Schrift, G. 61; Noch sind wir begnadigt zu sein, G. 64; Zwischen Zenit und Nadir, G. 70; Darmstadt so wie es war, Bildbd. 72 — 73; Darmstadt 1945 — heute, Bildbd. 73; Hermann Geibel, Monogr. 74; Zeit überwölbt uns, G. 79; Aura de Flora, G. m. Graphik v. A. Meißner-Grund 80. — **MV:** Elli Büttner: Darmstädter Theaterjahre, Erinnerungen 70.
MA: Lexikon d. Kinder- u. Jugendliteratur 75-78 III; Neue Dt. Biographie; Aufschlüsse, Anth. 78; Wir in unserer Welt, G. u. Prosa 81; Komm, süßer Tod, Anth. 82. — **MA u. H:** Antwort der Herzen, Anth. 51.

Dieschen, R. A., s. Muhrmann, Wilhelm.

Diesel, Ellen, Kunstpädagogin; VS Saar 80; Louis-Pasteur-Str. 6, D-6625 Püttlingen, Tel. (06898) 61041 (Ottweiler/Saar 2.8.43). Lyrik.
V: Verweilen am Bach, G. 82.

Diestel, Hedwig, Eurhythmistin; Auf der Zinnen 10, D-7800 Freiburg i.Br. (Schwerin 23.12.01). Lyrik.
V: Von Tieren und Zwergen 43; Wir kommen aus dem Mondenland 57; Kindertag 67, 4.Aufl. 81, alles Kinderg.; Einem fernen Ziel entgegen, Lyrik 71; Verse zur Eurhythmie für Kinder 73; Verse zur Eurhythmie für Erwachsene 73. ( )

Dieterich, Anton, Dr. phil., Auslandskorr.; Pr. f. Tourismus (Ausländer) 64 des span. Min f. Inform. u. Tourismus, Dr.-J.-E.-Drexel-Pr. 74; Dr. Castelo 7, Madrid IX/Spanien, Tel. (01) 4311510 (Schwäbisch Gmünd 7.2.08). Reisebuch, Kunst.
V: Spanien. Von Altamira zum Alcazar 54, 58; Spanien zwischen Cordova, Cadiz und Valencia 57, 65; Könige, Künstler, Toreros, Anekd. 58; Rundgang durch den Prado/Madrid 70; Goya — Visionen einer Nacht 72, 81 (Goya-Dessins 72, Goya-Dibujos 80); Zentral-Spanien 75, 82. — **MV:** Mit Kamera und VW in Spanien 55; Spanien - Zauber und Wirklichkeit 61; Jahrmarkt der Heiterkeit 64; Das große Buch der Anekdote 64; Spanien - Der Norden. Spanien - Der Süden 65; Spanien - Bildatlas der spanischen Kunst 68.
MA: Herder, Lex. d. Weltlit. 20.Jh. 60; Boekhoff: Paläste, Schlösser, Residenzen 71; J. Ortega y Gasset, Gesamm. Werke (Nachwort) 78 VI.

Diethelm, P. Walther, O.S.B.; ISV, CH-6067 Melchtal (Lachen 15.2.08). Rel. Schrifttum.
V: Ein Bauernbub wird Papst. Pius X. 54, 6. Aufl. 60; Ein Hitzkopf wird Apostel. Die Abenteuer des hl. Paulus 56, 2. Aufl. 61; Bruder Klaus 61; Was wird aus Angelo? Das Leben von Papst Johannes XXIII., d. Jugend erz. 64; Briefe an eine Mutter 65. ( )

Dietl, Annelies; Alpenrosenstr. 7, D-8012 Ottobrunn, Tel. (089) 6091240 (Regensburg 28.9.26). Kinderbuch, Erzählung, Humor.
V: Daundy, Kinderb. 64; Keine Angst vor der Schule 64; Heinerles buntes Jahr 65; Ich bin ein gelber Omnibus, heit. B. f. Erwachs. 65; Faule Knochen und Spaghetti, Humor 65; Dein bester Freund 67; Die Wunderkiste 68; Der bunte Kreisel 69; Alt werden in der Gemeinde 76; Gott macht mich froh 80; Lieber Gott, ich freue mich 80; Mein Weg mit Jesus 81. — **MV:** Du verstehst mich, lieber Gott 77; Gott hat mich lieb 77, beide m. R. Dorner-Weise.
H: Dich trägt die größere Kraft, Mädchenb. 61.

Dietl, Eduard (Ps. Otward Thiel); Alpenrosenstr. 7, D-8012 Ottobrunn, Tel. (089) 6091240 (Regensburg 9.10.27). Biographie, Erzählung, Satire, Roman, Landeskunde.
V: Cocteau 64; Ich hab an Dich gedacht 64; Traumstraßen Italiens 74; Traumstraßen Südtirols 80; Bayerische Städtebilder 81; Südtirol, Reiseland zw. Brenner u. Salurn 82; Franken 83. — **MV:** Vorstoß, ein Buch d. Abenteuer, Biogr. 53; Der weltweite Ruf, Biogr. u. Erzn. 55, 57.
H: Du bist nicht Robinson 59; Im Bann der Berge 61; Blick hinter die Kulissen 62; Die Zeit ist aus den Fugen 63; Fieberkurven der Menschheit 64; Wege zum Berufserfolg 65; Stunden der Erinnerung, Geschn. 78.

Dietmaier, Anton Thomas *

Dietmann, Hanne, Hausfrau; Lessingstr. 42, D-8960 Kempten, Allg., Tel. (0831) 24349 (Memmingen/Schwaben 29.1.27). Lyrik.
V: Windschatten, G. 74.

Dietrich, Fred, Schriftsteller, Geschäftsführer u. Verlagsleit.; Mühlbaurstr. 34, D-8000 München 80, Tel. (089) 474928 (Zürich 11.10.21). Roman, Novelle, Jugendbuch, Hörspiel, Sachbuch, Fernsehen. **Ue:** F.
V: Schiffe, Meere, Häfen 54; Ein Rennboot und vier Jungen 55; Polizei 56; Peters Abenteuer in Kolumbien 56; Fritz und Lutz, die übermütigen Zwillinge 58; Fritz und Lutz gehen in die Luft 59; Seefahrer und Piraten 59; Schnelle Fahrt auf weiten Wegen 59; Verbrecher haben keine Chance 60; Vorsicht Falschmünzer 61; Große Leistungen der Technik 61; Piraten vor Cartagena R. 61; Einbruch in der Rue Gambetta 62; Der geheimnisvolle Schnürsenkel 64.
R: Der alte Joe; Norwegische Fischer; Interpol, alles Hsp.; Alarm in den Bergen; Der Umweg; Die Spur verliert sich; Höchste Gefahr - Einsatz Hubschrauber; Schußfahrt im Nebel; Der Mörder ist flüchtig; Heiße Grenze; Ein Toter als Zeuge; Schock; Tödliches Spielzeug; Der Raub des Heiligen Florian; Harte Fäuste, rauhe Sitten; Verrat an der Grenze; Der Tod im

Paket, alles Fsp.; Guten Tag, Fsp.-
Sprachf.serie.
Ue: Raoul Praxy: Das Damespiel, Lsp.
48.

Dietrich, Georg Volker, Dr.phil.,
Verleger; Hospitalstr. 4, D-6370
Oberursel, Ts., Tel. (06171) 53520
(Saarburg 10.6.02). Novelle, Essay, Lyrik.
Ue: F.
V: Das ist Amerika 56; Der Ring im
Urselbach, M. 78; Die Mühle im
Reichenbachtal, M. 79; Der Idsteiner
Gulden, M. 80.
H: Erinnerungen an Alt-Oberursel 74.
Ue: Pierre Pruvost: L'envers du
Sputnik u.d.T.: Barfuß im Sputnik 65.

Dietrich, H. P., s. Bethmann, Horst.

Dietrich, Heinz, s. Hassenstein,
Dieter.

Dietrich, Jean, s. Reimers, Dietrich.

Dietrich, Johann Gottlieb, s. Braun,
Hanns Maria.

Dietrich, Karl; Seelenbinderstr. 154,
DDR-1170 Berlin.
V: Ngomo, e. Abenteuer im Busch 79,
2.Aufl. 81. ( )

Dietrich, Margret, Dr. phil., o. UProf.;
Vorst. d. Inst. f. Theaterwiss. Univ. Wien,
kM. d. Österr. Akad. d. Wiss., Wiener
Ges. f. Theaterforschung, Wiener Biblio-
philen-Ges., Filmwiss. Ges. Wien, Ges. f.
Max Reinhardt-Forschung Salzburg-
Wien, Goethe-Ges. Weimar, Fédération
intern. pour la recherche Théâtrale,
Grillparzer-Ges. Wien, Freud-Ges. Wien;
Bellariastr. 4, A-1010 Wien (Lippstadt/
Westf. 19.2.20). Theaterwissenschaft.
V: Europäische Dramaturgie, Wandel
ihres Menschenbildes von der Antike
bis zur Goethezeit 52, 62; Europäische
Dramaturgie im 19. Jahrh. 62; Das
moderne Drama 61, 74; Bühnenform
und Dramenform 66; Jupiter in Wien 67;
Die Wiener Polizeiakten von 1854 — 67
als Quelle für die Theatergeschichte des
österreichischen Kaisertheaters 67. —
MV: Burgtheaterpublikum und
Öffentlichkeit in der Ersten Republik
76.
MA: Beitr. in zahlr. Zss. seit 69. -
Beitr. in: Untersuchungen zur österr.
Lit. d. 20. Jhdts III 70; Aph. d. Österr.
Akad. d. Wiss. 70, 71; Grillparzer-Forum
Forchtenstein 71, 72; Grillparzerfeier
der Österr. Akad. d. Wiss. 72;
Sowjetsystem u. Demokrat. Ges. 72;
Festschr. f. Benjamin Huningher 73;
Studies on Japanese Culture 73;
Festschr. f. Heinz Politzer 75.

MH: Lexikon der Weltlit., m. H.
Kindermann 49, 52; Tasch.lex. d. dt. Lit.
53; Deutsche Dramaturgie, m. Paul
Stefanek 65; Joseph Gregor, Schauspielführer seit 64; Freude an Büchern 50 —
54; Maske und Kothurn seit 54; 300
Jahre österr. Bühnenbild, m. H. Kindermann 59.
s. a. Kürschners GK. ( )

Dietrich, Marlene, c/o Capitol, 1750
Vine Street, Hollywood, Calif. 90028,
USA.
V: ABC meines Lebens 63; Nehmt nur
mein Leben ..., Reflexionen 79, Tb. 81. ( )

Dietrich, Siegfried; SDA 51, SV 55;
Preis im Wettbew. z. Förd. d. sozial.
Kinder- u. Jugendlit. d. Min. f. Kultur d.
DDR 69, Theodor-Körner-Preis d. DDR
75; Müggelschlößchenweg 36/12.02,
DDR-1170 Berlin-Köpenick (Chemnitz
4.5.20). Roman, Kinderhörspiel, Kurz-
geschichte, Erzählung.
V: Drei Jungen und ein Kosak, Jgd.-
Erz. 55; R. 113 antwortet nicht, Erz. 57;
Signale in der Nacht, Erz. 58; Start-
verbot, R. 58; Fahrerflucht, Erz. 60; Die
Clique, Erz. 61; Mr. Henderbill wartet
vergebens, Erz. 61; Täter unbekannt, R.
61; Gefährliche Freundschaft, Erz. 62;
Nebel über dem Wasser, Erz. 62; In
letzter Sekunde, Erz. 62; Mordanschlag,
Erz. 63; Flammen über dem Land, Erz.
63; Flieger, Erz. 64; Der Weg durchs
Moor, Erz. 65; Das Geheimnis des
Bergsees, Erz. 65; Flug ins Ungewisse,
Erz. 66; In vierundzwanzig Stunden, Erz.
67; Die Kinder vom Teufelsmoor,
Kinderb. 68; Der getarnte Kundschafter,
Erz. 69; Unternehmen Feuerball,
Kinderb. 69; Die unsichtbare Wand,
Kinderb. 72; Die Nacht der Bewährung,
Kinderb. 76; Wenn das Eis bricht,
Kinderb. 79.
MA: Junge Tat 54; 49 Tage Irrfahrt 68;
Die silberne Kugel 69; Die unsere Welt
verändern halfen 71; Die verwandelte
Sonne 72; Die eisernen Pferde 73; Die
sieben Brüder 74; Rot Front, Teddy! 76;
Die Kastanien von Zodel 70; Für Kinder
geschrieben 79.
F: Startverbot; Signale in der Nacht
60.
R: Startverbot, Fsp. 55; Einer hat
dennoch sein Antlitz über den Krieg
erhoben, Hsp. 55; 40 Minuten einer
Freundschaft, Hsp. 63; Zahlr. Jgd.- u.
Kinderhsp.

Dietrich, Walter, Stadtarchivar; Am
Frauenmarkt 12, D-3430 Witzenhausen,
Tel. (05542) 8800 (Mutschau Krs.

Weißenfels/Saale 24.7.10). Lyrik,
Erzählung, Roman.
V: Jugendzeit im Heimatland, Erzn. 63;
Tag- und Jahreszeiten, G. 81;
Witzenhausen in alten Ansichten, Hist.
Betracht. 80. — **MV:** Kultur u.
Geschichte Thüringens I-III, Ldeskdl.
Jb. 80/81.

Dietrich, Wolfgang (Ps. Laurin),
Magister, Dr.phil.; Haidhauser
Werkstatt München 81; Schönstr. 22, D-
8000 München 90, Tel. (089) 650828
(München 19.4.56). Lyrik, Essay, Übers.
Ue: I.
V: Wie sie erröten, die Pflastersteine,
6 x 6 G. 81.
Ue: Antonio Mura: Poesie bilingui 71;
Antonio Mura: Und wir, die klugen
Mondgeister, G. aus Sardinien 81.

Dietsch, Werner *

Dietz, Alfred, Gew.-StudR. i. R.; VFS
64, EM 73, ADA 82; Ehrenbürger
Ermershausen 77, Lyr.Pr. Die unsterbl.
Rose 80, Seniorenwettbew. Lemgo 81,
Dt. Akad. f. Bildung u. Kultur 70;
Hindenburgstr. 19/Wo 5, D-4980
Bünde 1, Tel. (05223) 3302
(Ermershausen, Kr. Haßberge 13.10.05).
Roman, Lyrik, Kurzgeschichten,
Erzählungen.
V: Gottesorgel, R. 55; Und das Leben
schien ohne Gnade, R. 56; Zwischen
Pflug und Schlot 57; Verwehte Grenzen
58; Wenn die Schatten fallen 59; Bitteres
Brot unter blauem Himmel 60; Die
Tochter des Tilman Thomas 61; Jenseits
der großen Straße 62; Wirbel um Ina 63;
Der seltsame Weg des jungen Jean 65,
alles R.; Das Seelengärtlein, G. 64; Der
lichte Bogen, G. 65; Die Löwenwäsche,
Erzn. 70; Die Windharfe, G. 77; Zwischen
Büchelberg und Schwedenschanze, Erz.
78; Entscheidung zur Pflicht und Liebe,
R. 78; Die junge Herrin von Tannwinkel,
R. 79; Zwischen Wegen, Winden und
Schatten 80; Klänge meiner Seele 84.
MA: Musenalmanach 60; Liebe,
menschgewordenes Licht 64; Du unsere
Zeit 65; Fränkische Dichter erzählen,
Kurzprosa-Anth. 65, 76; Dichtungen
deutscher Lehrer der Gegenwart 65;
Das ist mein Land 66; Ein Wort ins Herz
der Welt 67; Alle Wunder dieser Welt 68;
Texte aus Franken 68; Aber den Feind
sollten wir lieben 69; Lehrer, Autoren
der Gegenwart, Lyrik-Anth. 69; Und
dennoch müssen wir leben 70; Ohne
Denkmalsschutz 70; Der Friede, den wir
ersehnen 71; Nur die Freude läßt uns
hoffen 72; Wahrheit wollen wir
ergründen 73; Jung ist, wer zu leben

weiß 74; Die sonderbaren Menschen 76;
So lange ihr Licht habt, Lyr. Anth. 77;
Geliebte Stadt am Main 77; Zwischen
Bergen und Burgen 77; Monolog für
morgen 78; Fränkisches Mosaik 80, alles
Prosa-Anth.; Mauern, Lyr. Anth. 80;
Lyrik Leu 80/81; Der große Hunger
heißt Liebe 81; Lyrik heute 81; Lyrische
Texte 82; Siegburger Pegasus 82;
Gaukes Jahrbuch 82/83, alles Lyrik-
Anth.
R: Die Löwenwäsche und andere
heitere Geschichten, Lit.-Kass. 80.

Dietz, Günter, ObStudDir.; VS 70; Am
Fürstenweiher 30, D-6900 Heidelberg,
Tel. (06221) 802665 (Karlsruhe 13.4.30).
Lyrik. **Ue:** G (Ngr).
V: Rot und Schwarz in der Nacht, G.
58; Scholien, G. 68.
MA: Lyrik aus dieser Zeit 65/66, 67/68;
Miteinander, G. 74.
Ue: Odysseas Elytis: Sieben nächt-
liche Siebenzeiler, G. 66, 81, To Axion
Esti — Gepriesen sei, G. 69, 81; Tatiana
Gritsi-Milliex: Schatten haben keine
Schmerzen, R. 68; Jannis Ritsos:
Zeugenaussagen, G. 68, 82; Giorgos
Seferis: Sechzehn Haikus 68, Stratis
der Seemann, G. 83.

Dietz, Linde *

Dietz, Sigrid Antonie, Malerin; VS 70,
Bodensee-Klub 71; Ital. Lit.preise;
Götzfriedstr. 1, D-8948 Mindelheim
Mindelheim, Tel. (08261) 8682
(Laupheim/Württ. 3.8.32). Lyrik, Essay,
Sachbuch, Bildband, Kunstkalender,
Jugendbuch, Illustrationen u. Einband.
V: Mein Dorf, G. 59; Geknüpfte Welt,
Sachb. 60; Geschichte einer Kuh, Jgdb.
62; Ich lobe meine Wiese, G. 64; Christa
im Waldhaus, Jgdb. 67; Nachricht an die
Farben, G. 78; Grastagebuch, Um-
weltschutz, Bldb. 81.
MA: Antlitz und Seele, Anth. 60; Seele
und Wort, Hss.anth. 64; Revolution und
Liebe, Anth. 73; Poeti del Picenum,
Anth. 74; Göttinger Musenalm., Anth. 75;
Die sonderbaren Menschen, Anth. 78;
Liebe will Liebe sein, Anth. 78; Poeti a
Tolentino, italienischspr. Anth. 78; Die
Schönheit eines Dorfes, Anth. 79;
Blumenlese, Anth. 79.
R: Bildhintergründe. ( )

Diez, s. Brehm, Doris.

Diksen, Bernd, s. Dembski, Werner.

Dilcher, Herbert, Angest.;
Nietzschestr. 4, D-2800 Bremen, Tel.
(0421) 554777 (Bremen 17.2.16). Jugenderzählung, Roman.

V: Heinis abenteuerliche Reise, Jgd.-
Erz. 49; Die Moorbande, Jgd.-Erz. 50, 53;
Gefahr am Strubbelkopf, Jgd.-Erz. 54;
Eines Tages im Rampenlicht, Mädchen-
R. 57; Mudder Berni speelt mit, Krim.-
Kom. 79 (übertr. ins ndt. v. Heinr.
Schmidt-Barrien).

Dillenburger, Elmy, s. Lang, Elmy.

Dillenburger, Helmut (Ps. Stefan
Brugger, R. E. Porter), Redakteur;
Häslenweg 17, D-7140 Ludwigsburg, Tel.
(07141) 55088 (Berlin 16.1.17). Jugend-
buch, Sachbuch, Touristik. **Ue:** E.
V: Das praktische Autobuch 57, 28.
Aufl. 63, neubearb. 71; Mehr Spaß am
Auto 60; Mit dem Auto kenn ich mich
aus 66; Was Autofahrer wissen müssen
68; Mein Auto 69; Autowerk 71; Mehr
Raum für wilde Spiele 75; Pannenhilfe
griffbereit 77. — **MV:** Überall dabei,
Jungenjb. 1. Jg. 55/56, 5. Jg. 60/61;
Kleiner Bummel durch große Städte 58;
Tennis, Turf, Turniere 59; Auf schönen
Straßen 60; Urlaub in Deutschland 61;
Das große Buch der Technik 61-70;
Moderne Bibliothek des Wissens 68.
Ue: Berühmte Autos 62; Lokomotiven
gestern und heute 67; Automobile
gestern und heute 67; Flugzeuge gestern
und heute 67; Schiffe gestern und heute;
Kleine Chronik des Automobils 67.

Dillenburger, Ingeborg Freifrau von
Groll (Ps. Inge von Groll-Dillenburger,
Karla Brugger), Hausfrau, Dozentin;
Häslenweg 17, D-7140 Ludwigsburg-
Neckarweihingen, Tel. (07141) 55888
(Berlin 19.4.25). Jugendbuch. **Ue:** E.
V: Ein Stall für unser Pony 72; Eins
und Eins ist Vier 74, u.d.T.: Pferde
unsere besten Freunde 77; Zum
Kuckuck mit den Ponys 77; Wirbel um
das Spielplatzpony 77; Konrad, Peggy
und der Katzenclub 79; Pony-Trilogie
u.d.T.: Ein Pony müßt man haben 79. —
MV: Für Dich, Mädchenjb. 1. Jg. 56/57
bis 3. Jg. 58/59; Von Texas bis Alaska 61.
Ue: Lowell Bennett: Bastion Berlin 51.

Dillenburger, Katrin, s. Schönberger,
Inge-Katrin.

Dillier, Julian *

Dimpl, Karl, Bürgerschulfachlehrer a.
D.; Kg.; Steinweg 4a, D-8480 Weiden/
Opf., Tel. (0961) 46478 (Eisendorf
13.11.91). Erzählung, Lyrik, Festspiel,
Einakter.
V: Als Deutschböhmen verspielt
wurde, Erz. 66; Unser Wald, Lyrik 69;
Wie unsere Heimat wurde, Festsp. 70;
Rund um die Waldkapelle, Erz. 78.

Dinkel, Robert, Korrektor; SSV;
Säliblick 22, CH-4665 Oftringen, Tel.
(062) 518769 (Genf 12.8.50). Texte, Lyrik,
Roman.
V: Flüstern ist meine Muttersprache,
Prosatexte 77; Atem fremder Leute, R.
81.

Dinkelacker, Otto, Gymn.prof. i. R.;
Heimstr. 43, D-7900 Ulm/D., Tel. (0731)
28244 (Backnang 26.8.05). Lyrik,
Feuilleton.
V: O Mensch, heit. Verse 64; Ernstes
und Heiteres in Vers und Prosa 70;
Ulmereien, gereimte und ungereimte
Randnotizen a. 25 Jahren 72; ... aus 35
Jahren, 2.erw.Aufl. 83; So isch na au
wieder, Schwäbische G. 77; Heiter bis
wolkig, Verse u. Prosa 80; Splitter und
Späne, Epigr. 83.

Diplich, Hans, ObStudR. a. D.; Kultur-
preis d. Verb. d. Donauschwaben 60,
Kulturpreis d. Donauschwaben d.
Patenldes Baden-Württ. 66, Ehrengabe
d. Sozialmin. d. Saarldes 67, Georg-
Dehio-Preis 74, Bdesverdkr. 74,
Ehrenring in Gold d. Intern. Lenau-Ges.
Wien 78, Adam-Müller-Gutenbrunn-
Plakette d. Südostdt. Kulturwerkes,
München 79; Richard-Wagnerstr. 17, D-
6652 Bexbach 3, Tel. (06826) 7909 (Groß-
Komlosch/Banat, Rumänien 23.2.09).
Lyrik, Essay. **Ue:** Rum, U.
V: Gedichte 34; Am Meer 36; Südöstl.
Weisen, G. 41, 60; Rumän.-dt. Kultur-
beziehungen im Banat 60; Am Prinz-
Eugen-Brunnen. Ausw. donauschwäb.
Sagen u. Legenden 64; Die Domkirche
in Temeswar 72; Essay 74; Barocke
Formen d. Bauernhauses in Südost-
europa 74; Das Bauopfer als dicht. Motiv
in Südosteuropa 76; Zur fälligen Stunde,
G. 82. — **MV:** Aus grünen Wäldern weht
der Wind, m. Arnold Roth u. Herman
Roth, rumän. G. 41; Ignaz Philipp
Semmelweis, m. Franz Hamm u.
Walther Koerting 65; Realgymnasium
und Lenauschule in Temeswar, m.
Christof Deffert 82.
MA: Junge Banater Dichtung 40;
Jahrestagung des Gerhardswerkes 57;
Doina, Doina, Anth. rumän. Lit. 69;
Gedenkschr. f. Friedrich Metz 72;
Sandor Petöfi z. hundertsten Geb. 72, 73;
Korneuburger Lesegabe 74; Wechsel-
wirkungen i. d. dt. u. rumän. Geisteswelt
a. Beispiel Mihai Eminescu 77;
Schicksal — Vertreibung. Aufbruch aus
d. Glauben 80; Dreißig Jahre LM d.
Banater Schwaben 80; Banater
Schwaben. Kirchen, kirchl. Ein-
richtungen, kirchl. Leben 81; Franz

Hamm. Festschr. z. s. 80.Geb. 81;
Tausend Jahre Nachbarschaft. Deutsche
in Südosteuropa 81; Festschr. f. Josef V.
Senz zu s. 70.Geb. 82.

H: Josef Gabriel d. Ä.: Gedichte 37;
Josef Gabriel d. J.: Saatgang, G. 39;
Hilde Martini-Striegl: Schwäbischer
Garten, G. 40; Heinrich Erk: Gedichte
40; Szenen 40; Südostdt. u. Donau-
schwäb. Kalender 49-53; Konrad
Mischung: Ein Vermächtnis in Briefen
54; Mathias Siebold: Deutsches Bauern-
leben in Banat 57; Orig. Aufzeichnungen
rumän. Volkslieder 60; Franz Griselini:
Auswahl 69; F. X. Eckert: Meine Reise
nach Ungarn i. J. 1857 71. — **MH:** Wir
Donauschwaben 50; Donauschwäbische
Sagen, Märchen u. Legenden 52; Südost-
deutsche Vjbll. seit 52; Donauschwäb.
Kalender 54; Die Donauschwaben a. d.
Saar 63.

Ue: Rumänische Lieder 40, 73, II 63;
Stimmen aus der Puszta, Ungar. Volkslieder 67; Bei den Nachbarn. Nachdicht.
rumän. Lyr. aus hundert Jahren 78.

Lit: Karl Kurt Klein: Literatur-
geschichte des Deutschtums im Ausland
39; Martha Petri: Das Schrifttum der
Südostschwaben, Diss. 40; Klaus
Günther: H.D. in: Südöstdt. Vjbll. 69 u.
79; Margit Pflagner: H.D. der Banater
Schriftsteller und sein Werk. Eine
Monographie 82.

Dippel, P. Gerhardt, Dr. phil.,
Journalist; Eltzestr. 25, D-3100 Celle
(Zwesten, Kr. Fritzlar 5.7.08). Drama,
Novelle, Essay, Film. **Ue:** F.

V: Nietzsche und Wagner 34; Dich-
tung der jungen Nation 38; Künder und
Kämpfer 39; Der Zauberspiegel, Dr. 48;
Albert Lortzing, Biogr. 51; Klingende
Einkehr. Über Michail Glinka 52; Die
sieben Schönheiten, 14 Geschichten aus
Rom, Nn. 72; mehr. Reiseführer über
Rom, Süditalien, Südfrankreich 71 — 76;
Begegnung mit Rom 77; Rückkehr von
den Schatten, Drama üb. Hadrian;
Kaiser Hadrian, Monogr.; Rom, Besuch
der Stadt 79.

MA: Stimmen der Dichter 39; Aufforderung zum Lächeln 40; Universum
56.

H: Eduard Möricke: Gedichte und
Novellen 55; E.T.A. Hoffmann:
Phantastische Erzählungen.

R: Zweimal Amphitryon, Hsp. nach G.
Kaiser 50.

Ue: Paul Raynal: Seine einzige Liebe
49.

Dircksen, Rolf, em.Prof. f. Biol. u.
Didaktik d. Biol., Dr.phil.; Kulturpr. d.

Stadt Bielefeld 75, Hermann-Allmers-
Pr. 83; Sieler Weg 65, D-4904 Enger/
Westf.-Besenkamp, Tel. (05224) 2340
(Wremen, Kr. Wesermünde 25.11.07).
Tiernovelle, Essay, Landschafts-
schilderung.

V: Amrum 36, 66; Die Insel der Vögel
38, 62; Das Wattenmeer. Landschaft
ewigen Wandels 42, 65; Aus der Fülle
des Jahres 49; Bunte Strecke 50; Vogel-
volk auf weiter Reise. Das Wunder d.
Vogelzuges 51, 61; Das kleine Vogelbuch
52, 63; Föhr 67; Das kleine Waldbuch 54,
60; Am Meer und hinter dem Deich. Das
Land Wursten 81. — **MV:** Ich kenne die
Vögel, m. Jens Dircksen 67, 69.

H: Wolfshatz und Adlerfang,
Sammlung alter u. neuer Tiergesch. 53,
55; Die grüne Insel Spiekeroog 63, 79.

S: Amsel, Drossel, Fink und Star. Eine
vogelkundl. Morgenwanderung, m. R.
Dircksen 78.

s. a. Kürschners GK.

Dirnbeck, Josef, Freier Schriftsteller;
L.V.G. 76, PEN 80; Förderungspr. f. Lit.
d. Bgld. Ldesreg. 76, Premio Unda
Sevilla 77; Haus Nr. 82, A-7501
Rotenturm an der Pinka, Tel. (03352)
7183 (Rotenturm an der Pinka, Burgenl.
5.1.48). Prosa, Essay, Lyrik, Film, Hörsp.

V: Unser Ja. - Leben mit dir,
Hochzeits- u. Ehetexte 75; Die
brennenden Körbe der Schildbürger.
Religion u. Sprache in lit.
Annäherungen 76; Hymnen der Kirche,
Nachdicht. lat. Texte 77; Parallelen,
visuelle Poesie 78; Der Weg des Heiles
80; Hände am Holz 81; Sonntag für
Sonntag I/II 81, III 82; Blutdruckbuch
82. — **MV:** Ich begann zu beten. Texte f.
Meditation u. Gottesdienst, m. Martin
Gutl 73, 80 (auch finn.); Ich wollte schon
immer mit dir reden, Meditationstexte,
m. Martin Gutl 79, 80; Briefe ans Christkind, m. P. Karner u. W. Beyer 81; Du
bist schön, meine Freundin, m. P.P.
Kaspar 83.

F: Hausbrand 80; Du sollst das
Weekend heiligen 81; Siehe ich sah 82;
Ein Schubert soll geboren werden 83.

R: Amnestie für Barabbas 77; Die
Zauberflöte von Richard Wagner, Hsp.
80; Bruder Franz und Schwester Krippe
81; 3000 Jahre Osterhase 82; Die Papst-
mörderin 83.

MUe: Franz Faludi: Gedichte 79.

Dirnberger, Rainer, Student;
Schmiedegasse 17, A-4040 Linz/D., Tel.
(0732) 236090 (Linz 15.2.64). Lyrik, Essay,
Erzählung.

V: Oder ist es schon zu spät 82.

Dirx, Ruth; VS 70; Auf dem Brahm 11,
D-5600 Wuppertal-Barmen, Tel. (0202)
700174 (Siegen 25.10.13). Elternbücher.
  V: Elternbuch der Büchergilde 60, 62;
Kinderreime 63, 70; Bastelbuch der
Büchergilde 64 (auch holl.); Das Spiel-
buch 66, 70 (auch holl.); Das Kind, das
unbekannte Wesen 64, 81 (auch franz.);
Gaukler, Kinder, kluge Köpfe — das
Spiel, einst und jetzt 68; Die Sonntags-
malerschule 69; Kinder brauchen gute
Eltern 70 (auch holl., ital., jugosl., span.,
port.); Kinder brauchen gute Schulen
71; Kinder brauchen Freunde 73;
Ferienspiele 75; Eines Tages, als die
Schule abgeschafft wurde 75 (auch
dän.); Die Wiederentdeckung der Groß-
eltern 76; Senioren werden aktiv 80;
Kinderspiele von Januar bis Dezember
81; Das Buch vom Spiel 81; Sie dachten
Utopia 82.
  H: Was tun Sie, wenn Sie einen
Menschen lieben 67; Das andere Weihnachten 67; Von Friedrich Engels bis
Heinrich Böll, respektlose Stimmen aus
dem Wuppertal 68; Das Kinderzauber-
buch 69; Mein schönes Kovačica 70;
Weihnachten feiern 76; Das Spiel-
gruppenhdb. 77; Indianische
Hoffnungen 79; Gestern, heute, morgen
79.

Distelmaier-Haas, Doris *

Dittberner, Hugo, Dr. phil.; VS
Niedersachsen 74; Villa-Massimo-Stip.,
Förderpr. d. Kulturkreises im B.D.I. 79,
Nds. Künstlerstip. 82; Hauptstr. 54, D-
3355 Kalefeld 7, OT Echte, Tel. (05553)
1550 (Gieboldehausen 16.11.44). Lyrik,
Erzählung, Roman, Drehbuch, Essay.
  V: Passierscheine, G. 73; Heinrich
Mann, Forschungsber. 74; Das Internat,
R. 74; Kurzurlaub, Reiseerz. 76; Der Biß
ins Gras, G. 76; Draussen im Dorf, Erz.
78; Jacobs Sieg, R. 79; Ruhe hinter
Gardinen, G. 80; Die gebratenen
Tauben, Erz. 81.
  R: Ein unruhiges Jahr, Fsf. 78.

Dittmer, Hans Otfried (Ps. Hans O.
Hermann), Dr. h.c.; VS Nds. 78; Secret
Free-Masons of Lit., USA 77 (Kassel
22.8.52). Satire, Gedicht, Collagenlyrik,
Erzählung, Dokumentation, Übers.,
u.v.m. **Ue:** E, Am.
  V: Wir träumen alle, Lyr. 77; Ich bin
im Bild, Collagenlyr. 78; Litortur, Sat. 79.
  H: Goettingen-Pembroke-Magazine 1,
2 dt.-am. Lit.mag. 77; H.J. Goeman: Ver-
s-stimmungen, G. 78; Autorenprofil
Manfred Hausin 78; Macht und Gewalt,

Anth. 80. — **MH:** Katapult-extra, Bd. 1 u.
2, Anth. 78.
  Lit: Volker H.M. Zotz: Reise zu einem
Lebensphilosophen 80. ( )

Dittrich, Ernst, Angestellter;
Scheideweg 23, D-5609 Hückeswagen,
Tel. (02192) 1461 (Aue b. Schmalkalden
13.3.16). Satire, Kurzgeschichte,
Aphorismen, Gedankensplitter.
  V: Viel zu wahr, um schön zu sein,
Aphor. u. Gedankensplitter 76. —
  MV: Das wollen wir wissen, Erzn. 74;
Weg vom Fenster, Erzn. 76.

Dittschlag, Werner, Dr.rer.pol., freiber.
Staatswissenschaftler; D.A.V. 55; Präs.
Dt. Ges. f. Sozialkultur e.V., EM Univ. u.
Akad. d. Künste Italiens 82; Schloßgasse
8, D-3108 Winsen/Aller, Tel. (05143) 341
(Stargard 26.7.10). Roman, Novelle,
Essay, Jugendbuch, Laienspiel.
  V: Das Hadubrandspiel, Laiensp. 34;
Chorisches Weihnachtsspiel 35; Nürn-
berg, Jgdb. 37; Der Fremde im Dorf, R.
43; Humanbiologie, Ess. 67; Wohlstands-
delinquenz der Jugendlichen 67;
Widerstand im Wort, Ess. über
Solschenizyn 74; Zauber der Zither, Ess.
75; Abrechnung mit dem Zeitgeist, Ess.
  B: Segebarth: Die Schmuggler vom
Darß, R. 37.
  H: Helmstedter Studien seit 70; Der
Doppelpunkt, Zs. seit 71. ( )

Dix, Erhard, c/o Militärverl. d. DDR,
Verlin (Ost).
  V: Warte nicht auf einen Tag, R. 83. ( )

-dl-, s. Adler, Hermann.

Dobbelstein, Hermann, Dr. med.;
Waldhausstr. 20, D-5000 Köln-
Thielenbruch.
  V: Ich wünsche gute Besserung 68;
Aus der Sprechstunde eines Psychiaters
70; Porno und Hasch. Aus der
Sprechstunde eines Arztes 71; Am An-
fang war der Geist — und nicht der
Wasserstoff 77; zahlreiche Buch-
veröffentlichungen aus dem Gebiet der
medizinischen Psychologie, in viele
Sprachen übersetzt, ferner Beiträge in
med. Fachzeitschr. ( )

Doberer, Kurt K., Ing.; S.D.S. in der
CSR 36 — 39, P.E.N. London 42, BRD 63;
Förder.preis d. Joseph-E.-Drexel-
Stiftung 61; Regenbogenstr. 189, D-8500
Nürnberg-Gartenstadt, Tel. (0911) 482289
(Nürnberg 11.9.04). Roman, Lyrik,
Novelle, Essay. **Ue:** E.
  V: Die Rakete, R. 34; Lilith und der
Komet, R. 35; Prolet, das bist Du, G. 35;
Elektrokrieg, Maschine gegen Mensch
38; Hebt unsere Fahnen, G. 36; Die Ver-

einigten Staaten von Deutschland 47;
Der grüne Komet, R. 47; Die Schiene, G.
48; Till Eulenspiegels Schelmenstreiche
49; Freiherr von Münchhausens
wunderbare Abenteuer und Kriegszüge
49; Goldsucher - Goldmacher, Ess. 60;
Schwarze Einser, Rote Dreier, Ess. 67;
Weise Narren, Närrische Weise, Erz. 68;
Die Sterne rufen, G. 68; Schiffbruch,
Erz. 69; Wunder im Mond, Erz. 71;
Republik Nordpol, R. 79; versch. Sachb.,
u.a.: Kulturgeschichte d. Briefmarke;
Auf der Suche nach dem Unteilbaren 81.

Ue: Frhr. v. Münchhausen: Wunder-
bare Abenteuer und Kriegszüge 49; Ben
Jonson: Der Alchemist, Kom. 66; Daniel
Defoe: Der Pirat, R. 71.

Döbler, Hannsferdinand, Hauptamtl.
Mitarb. VHS Hannover; VS 66;
Niedersächs. Künstlerstip. 81; Yorckstr.
1, D-3000 Hannover 1, Tel. (0511) 314328
(Berlin 29.6.19). Roman, Kultur-
geschichtliches Sachbuch, Satirisches
Feuilleton.

V: Ein Achtel Salz. Die Geschichte
einer jungen Ehe, R. 55; Gez. Coriolan,
R. 56, Tb. 83; Keine Anhaltspunkte, R.
58; Kuddelmuddel und Quaddelbüdel 61;
Der Preisträger, R. 62; Jäger, Hirten,
Bauern 71; Eros, Sexus, Sitte 71; Magie,
Mythos, Religion 72; Kochkünste und
Tafelfreuden 72; Vom Lendenschurz
zum Minirock 72; Von Babylon bis New
York 73; Von Dionysos zur Götter-
dammerung 73; Von der Keilschrift zum
Computer 74; Vom Muschelgeld zum
Markenartikel 74; Von der Rache zum
Recht 74; Die Germanen. Legende und
Wirklichkeit von A-Z 75; Hexenwahn.
Die Geschichte einer Verfolgung 77;
Kein Alibi. Ein deutscher Roman 1919-
45 80.

MA: Aus Lehm und Gold. — Über
7000 Jahre frühe technische Kultur 67.

R: Ein Achtel Salz, Fsf. 63.

Doege, Thomas, c/o Weiss-Verl.,
München.

V: Unser Gespräch weckte den Schlaf
der Wölfe, G. 82. ( )

Döhl, Reinhard, Dr. phil. habil.,
AkadOR. u. PDoz.; Lindpaintnerstr. 59,
D-7000 Stuttgart 1, Tel. (0711) 692294
(Wattenscheid/Westf. 1.9.34). Gedicht,
Prosa, Essay, Hörspiel.

V: 11 Texte (rot 2) 60; missa profana
zeitgedichte. moritat. liebesgedichte.
variationen (schritte 5) 62; so etwas wie
eine geschichte von etwas 62; fingerübungen (50 texte) 62; Prosa zum
Beispiel 65; 4 texte, G. 65; Das Buch Es
Anna, Pr. 66; bedepequ, vis. Poesie 67;

wegwerfhefte 67 ff: a sieben, G. 67, statt
dessen, G. 68, man, G. 68, im kalender, G.
79; aus den botnanger sudelheften. ein
notizbuch, Aphor. 82. — **MV:** poem
structures through the looking glass 69,
m. K. Burkhardt.

H: Zwischenräume. 8 mal Gedichte 63.

R: Herr Fischer und seine Frau oder
die genaue Uhrzeit 67; Die Mauer oder
Morgen ist auch noch ein Tag 69; Man
69; Das Hörspiel von heute morgen
jederzeit oder Die Bandenschlacht von
Blacktown 70; Hans und Grete oder der
Apfel fällt nicht weit vom Stamm 70; So
etwas wie eine Geschichte von etwas 71,
alles Rdfk. - **MV:** Türen und Tore, Rdfk.
71.

Döhmer, Klaus, Dr. phil.,
Bibliothekar; Alte Post 1, D-4630
Bochum, Tel. (02327) 51755 (Troisdorf
25.5.41). Literarische Parodie.

V: Leda & Variationen, Parodien 78,
4.Aufl. 81; Merkwürdige Leute, motiv-
gesch. Studie 82.

Döhner, Franz *

Döll, Yvonne, Hausfrau; Sägergasse
10, D-8307 Mirskofen, Tel. (08703) 1094
(Esch/Alzette, Lux. 18.12.47). Roman,
Erzählung.

V: Die Brüder vom Wildbachtal 81.

Dömken, Carl-Heinz;
Vollblutarabergestüt Hof Borstel, D-
2817 Dörverden, Tel. (04239) 361.

V: Ein Pferdebuch 73; Ghazal, der
Fürst der Pferde 77; Ich duze alle Pferde
79; Mein Rih 79; Nizar, Ein Schatz im
Stall 80; Stammpferde der Araberzucht
II 80; Halla, Die Olympia-Diva 81.

Dönges, Günter, freier Journalist u.
Schriftsteller; Obere Kirchstr. 17, D-5222
Morsbach/Sieg, Tel. (02294) 318
(Duisburg 14.11.23).

V: Kriminal-, Western-, Familien- u.
Humor-R. in Tb. u. H.: Butler Parker;
Familie Müller; Fun-Western; Pat
Wilding.

R: Hafenpolizei, 39 F.; Polizeifunk
ruft, 39 F.; Die Kramer, 7 F.; Reisedienst
Schwalbe, 4 F.; Toni und Veronika, 4 F.;
Butler Parker, 26 F., alles Fs.-Serien.

Dönges, Lutz (Ps. Hieronymus Cäsar);
Schillerstr. 10, D-6320 Alsfeld.

V: Laßt mal frische Luft herein 75;
Prost Hessegebräurer 78, 83; Das Haar
in der Suppe, G. 81; Gesaad eass gesaad,
Anekdn., Witze, Schnurren, Mda.-G. 81.
( )

Dönhoff, Marion Gräfin, Journalistin,
Herausgeber Die Zeit; P.E.N. 67;
Theodor-Heuss-Preis 66, Friedenspreis

d. Dt. Buchhandels 71; DHL Smith
College, Columbia U.New York; Am
Pumpenkamp 4, D-2000 Hamburg 55,
Tel. (040) 3280-207 (Friedrichstein/
Ostpreußen 2.12.09).

V: Namen, die keiner mehr nennt 62;
Die Bundesrepublik in der Ära
Adenauer 63; Welt in Bewegung 65;
Deutsche Außenpolitik von Adenauer
bis Brandt 70; Menschen, die wissen,
worum es geht 76; Von Gestern nach
Übermorgen 81. – **MV:** Reise in ein
fernes Land 64.

Döppe, Friedrich, Dr. phil., Schriftsteller; SV-DDR 56; Kunstpreis d. Stadt
Halle 56; Ahornweg 6, DDR-4011
Halle (Saale), Tel. (021) 42282 (Halle/S.
8.5.22). Roman, Essay, Erzählung.

V: J. G. Herder, Biogr. 53; Forster in
Mainz, R. 56 u. d. T.: Die Jakobiner von
Mainz 60; Ofengeschichten, Erz. 60; Na
also, Wenk, Erz. 60; Bernburger Skizzen,
Reportage 61; Jahre der Wandlung,
Oratorium 61; Zeit, unser Antlitz,
Oratorium 65; Die Zahl mit dem
Häkchen, Schuloper 72; Holtekamp oder
Der Weg nach Gutenberg, R. 80.

H: Chr. D. Schubert: Leben und
Gesinnung 52; Schiller: Balladen 52,
Gedichte, Ausw. 52; Lessing: Fabeln 53;
Jean Paul: Flegeljahre 53; J. G. Herder:
Humanitätsbriefe 54; Seume: Mein
Leben 54.

R: Diese Nacht und ein Tag, Hsp. 62;
Die Uhr, Hsp. 63.

Dörbandt, Ludwig (Ps. Goede
Gendrich), Forstamtmann; Augustenstr.
6, D-3106 Eschede, Tel. (05141) 2183
(Mirow, Kr. Stargard 22.11.12). Jagdl.
Belletristik, Erzählung, Lyrik.

V: Silbergrauer Satan 61, 72; Früh-
pirsch 64; Ein Leuchten liegt auf allen
Dingen, G. u. Gedanken eines Forst-
manns 76; Diana könnte zürnen, ein
krit. Buch f. Gastjäger u. Gastgeber 80;
Oh, diese Jäger, heit. Geschn. 82; Mit
Büchse, Hund und gutem Wind, jagdl.
Erlebn. 83. – **MV:** Kulturlandschaft und
Jagd, krit. Betracht. e. akut. Probl. 65;
Mit grünen Federn, Bekenntnisse z.
Jagd 79.

H: Das ist die Welt, der keine gleich,
das ist Dianas Wunderreich, Anth. jagdl.
Sinnsprüche 77.

Doerdelmann, Bernhard (Ps.
Cornelius Streiter), Cheflektor; P.E.N.,
VS; Kogge-Studienpr. 75, mehrere
Ehrengaben; Tukan-Kreis, VG-Wort,
Bodensee-Club, Die Kogge, Intern.
Autoren- u. Künstler-Vereinig.
'Trefpunt' Belgien, Ges. f. picardische

Spr. u. Lit. "Eklitra" Frankreich;
Koboldzeller Steig 12, D-8803
Rothenburg o.d.T. (Recklinghausen
18.1.30). Drama, Lyrik, Erzählung, Hörspiel, Satirik, Funkdichtung.

V: Perspektiven, G. 55; ... und aus
allem wird Seife gemacht, Erz. 60, 61
(auch niederld.); Es segelt der Mond
durch die rötlichen Wolken ..., G. in
japan. Lyrikformen 66, 68; Viadukte der
Hoffnung, G. 63; Ladung zum Verhör,
lyr. Bühnenparab. 63; Quergelesen, G.
68; Widerworte, G. 68; ... gültig bis auf
Widerruf, G. 68 (auch niederld., franz.,
hebr., tschech.); Gestern - ein lyrisch-
parodist. Stück in zwei weiblichen
Akten 68; Einladung - Anthologie eines
Gedichts 70 (auch in 24 Fremd-
Sprachen); Druckfehlerberichtigung
und andere Korrekturen, G. 71;
Winkelried, Erz. 73; Kurz vor meinem
ersten Tod, G. 81.

MA: Dona nobis Pacem, Lyrikanth.
57; Tau im Drahtgeflecht, Lyrikanth. 61;
Weggefährten, gemischte Anth. 62;
Lotblei, gem. Anth. 62; Keine Zeit für
die Liebe, Lyrikanth. 64; Deutsche
Teilung, Lyrikanth. 66; Thema Frieden,
Lyrikanth. 67; Texte aus Franken, gem.
Anth. 67, 69; Welch Wort in die Kälte
gerufen, Lyrikanth. 68; Ehebruch und
Nächstenliebe, Prosaanth. 69; Trefpunt-
anth., Lyrikanth. 70; Ohne Denkmals-
schutz, gem. Anth. 70; Einfache
deutsche Gedichte, gem. Anth. 70; PEN -
Neue Texte deutscher Autoren, gem.
Anth. 71.

H: Dona nobis pacem 57; Tau im
Drahtgeflecht 61; Freundesgabe für Max
Tau. Zu dessen 70. Geb. 66/67; Die
Polizei und die Deutschen 68; Minder-
heiten in der Bundesrepublik 69;
Mundartliterarische Reihe.

F: Winkelried (m. P. G. Dotzert);
Bremen Ankunft 23.06 Uhr (m. P. G.
Dotzert).

R: Gesang in der Stille, lyr. Funkd. f.
fünf Sprechstimmen 59, weit. 100 Hörfolgen; Ich bin ein Betrieb, Hsp.; ca. 150
Hörfolgen.

MUe: Willem Enzinck: Von Minute zu
Minute.

Lit: Max Tau: Über Bernhard
Doerdelmann; W. Alexander Bauer: Ein
engagierter Lyriker namens Bernhard
Doerdelmann. ( )

Doerdelmann, Erika *

Dörig, Bruno, dipl. Sekundarlehrer,
dipl. Erwachsenenbildner; Im Schitter
1020, CH-9413 Oberegg, Tel. (071) 914041.
Essay, Novelle.

V: Der Apfelschnüffler. Geschn. u. Notizen aus einem Lernprozeß 82.
S: Alltag, Tonkass. 78.

Döring, Anne-Bianca, Studentin; Schreibwerkstatt d. GH. Kassel; Hansastr. 3, D-3500 Kassel, Tel. (0561) 777754 (Schlitz/Vogelsbergkr. 15.12.57). Lyrik, Drama, Erzählung.
V: Gezeitetes, G. 79.

Dörken, Gerd (Ps. Martin Cern), Industrie-Kaufmann; Autorenkr. Ruhr-Mark 77; Friedhofstr. 34, D-5820 Gevelsberg, Tel. (02332) 61231 (Gevelsberg 3.7.28). Lyrik, Roman, Tagebuch, Erzählung, Kurzgeschichte, Übers. **Ue:** E, F.
V: Wartestand, Lyr. 67; Spätvorstellung, Lyr. u. Kurzgeschn. 80.
MA: Ruhrtangente, Lyr. 72/73; Spiegelbild, Lyr. u. Kurzgesch. 80.

Dörner, Claus (Ps. Claus Silvester), Verleger, Inh. d. Dörnerschen Verlagsges. mbH., Lit. Agt., Autorenberat.; Postfach 11 06, D-2057 Reinbek b. Hamburg, Tel. (040) 7224679 (Hamburg 31.12.13). Roman, Novelle, Biographie, Sachbuch.
V: Der rote Peer, N. 38; Der Mann ohne Gestern, R. 47, 48; Als keine Antwort kam, R. 57; Steine waren ihr Bett, R. 59, 75, Taschenb. 62 (auch ital., franz.); Die feine hanseatische Art Speisen zu bereiten 83.
H: Prominente kochen, Sachb. 70; Feste feiern wie sie fallen, Sachb. 77.

Doerner, Hans (Ps. Hans Lüntenbeck, Karl Heinz Ritter), Dr., Stadtrat a.D., Unternehmensberater; Franz-Reber-Weg 5, D-8000 München 71, Tel. (089) 799706 (Wuppertal-Elberfeld 17.3.08). Lyrik.
V: Sehnsucht Deutschland 60; Das Unverlierbare, Lyr. G. 71; Gütezeichen Demokratie 77; Du und die Geldentwertung 79.

Dörner, Lieselotte, Verlagsbuchhändlerin; Bubenhaldenstr. 68, D-7000 Stuttgart-Feuerbach, Tel. (0711) 850031 (Backnang/Württ. 21.10.14). Buchbesprechung.
V: Büchlein von den Büchern, jährl. seit 50; Lies und schreib - schöne Aphor. Lies und schreib - Eine Zeile Glück für jeden Tag; Lies und schreib — Heiterkeit; Lies und schreib — von Liebe, Aphor.-Anth.

Dörner, Peter, s. Dubina, Peter.

Doerr, Hermann Josef, Privatforscher, Maler u. Anstreicher, Innenarchitekt; Drosselstr. 17, D-4000 Düsseldorf 12

(Vennhausen), Tel. (0211) 278299 (Alsdorf/Aachen 22.8.20). Drama, Lyrik, Roman, Erzählung.
V: Gotha 39; Helgis Sohn Atli 42; Moliére 46; Bernhard von Weimar (Trilogie) 54, alles Dr.; Draussen im Wind, Lyr. 66; Und über die Leier, Lyr. 66; Über diese Brücke nach Ithaka, Erz. 66; Reise nach Samarkand, Erz. 67; Ruf über dem Styx, Lyr. 67; Psalmen — Hymnen — Prosa — Gedichte 67; Weg durch d. Nacht, Lyr. 67; Das Lied meiner Sehnsucht, Lyr. 68; Man nennt mich Daniela, R. 68; Der Liebenden Hohes Lied, Macht, die stärker als wir, Lyr. 68; Im Spiegel d. Rhadamanthys, Erz. 70; Nacht über Troya, Lyr. 73.
S: Mozarts Zauberflöte — ein Kultspiel 73; Wagners Ring des Nibelungen; Parsifal — das Mysterium wunderbarer Speisung 74, alles Schallpl.

Dörre, Margarete, Exportleiter; Ortlerstr. 80, D-8900 Augsburg (Augsburg 16.1.21). Kinderroman
V: Mit viel Faulheit fing es an, R. 68, 70; Grillis Entführung, R. 70.

Doerrschuck, Hubert (Ps. Amadeus Siebenpunkt), Journalist; DJV; Allensteiner Str. 22, D-7500 Karlsruhe, Tel. (0721) 684595 (Karlsruhe 16.5.10). Novelle, Essay, Film.
V: Sind wir so?, Ess. 60; Heitere Haarspaltereien, Ess. 62; 250 Jahre Karlsruhe, Chronik einer Stadt 65; Einfälle mit Variationen, Ess. 69; Karlsruhe, so wie es war 71; Deutschland deine Badener 75; Karlsruhe 78; Karlsruhe zwischen Schwarzwald und Rhein 79; Krimskrams, Ess. 79; Kochen wie die Badener 80; Leichte Küche Baden 82.
H: Geschichte der Haupt- und Residenz-Stadt Karlsruhe 76; Fritz Romeos Juckpulver, Mda.-G. 81.
F: Lebenslauf einer Stadt, Dokumentarf.; Bilanz einer Stadt, Dokumentarf.; Dem Wasser kann geholfen werden, Industrief.; Eine glänzende Geschichte, Industrief; Auf die Verpackung kommt es an, Ind.F.; Ein Fächer wird aufgeschlagen, Dok.f.

Döscher, Lüder *

Dohl, Frank, s. Krunke, Hans-Werner.

Dohmen, Karin, Dipl.-Biol., Dr.rer.nat., StudR.; Falkenweg 72, D-7400 Tübingen, Tel. (07071) 63828 (Bitterfeld 8.8.32).
V: Märkisches Tagebuch 81.
MA: Autorenwerkstatt 2 83.

Dohne, Wolfgang, Tiermedizinstudent; Sandblek 22, D-2300 Kiel 1, Tel.

(0431) 5913304 (Kiel 30.1.63). Kurz-
geschichte, Lyrik.
V: Nachtschattengewächse, Lyr. u.
Kurzgeschn. 82.

Dolder, Willi (Ps. Urs W. D. Tell), Foto-
Journalist, CH-9556 Zezikon, Tel. (073)
451494 (Winterthur 13.8.41). Reise-
beschreibungen, Naturbücher, Bild-
bände.
V: Ruf der Tiere 69; Noch jagt der
Tiger 75; Rocky Mountains 75; Die
schönsten Tierreservate der Welt 75;
Südamerikanische Abenteuer 76;
Tropenwelt 76; Tiere im Zoo 76; Vögel
der Tropen 76; Zoo Indien 76; Komm
mit nach Afrika 77; Schweizer
Nationalpark 77; Unsere Heimtiere 77;
Paradiese 77; Tiere in Feld und Wald I:
Huftiere Europas 77; Eine Reise um die
Welt 77; Natur im Sucher 78;
Wunderland Zoo 78; Tiereltern und ihre
Jungen 78; Kostbarkeiten der Natur I
78, II 79; Kulturen am Mittelmeer 79;
Das Grosse Buch vom Zoo 79; Die
grössten und die kleinsten Tiere 80;
Indien 80 (z. T. auch franz., ital., holl.,
span. u. port.); Jugoslawien 81. −
MV: Zoo Galapagos 73; Im wildesten
Felsengebirge 77.

Dolezal, Erich, Prof., Chefredakteur
i.R.; Böcklinstr. 2, A-1020 Wien, Tel.
(0222) 2458712 (Villach 22.11.02). Roman.
V: Der Ruf der Sterne, R. 30; Grenzen
über uns, R. 40; Jenseits von Raum und
Zeit, R. 46; RS 11 schweigt, R. 53; Mond
in Flammen, R. 54; Unternehmen Mars,
R. 55; Alarm aus Atomville, R. 56;
Sekunde X, R. 57; Neues Land im
Weltall, R. 58; Die Astronauten, R. 59;
Festung Sonnensystem, R. 60;
Raumfahrt-Traumfahrt, R. 61; Die
Astronauten, R. 62; Planet im Nebel, R.
63; Flucht in die Weltraum-City, R. 64;
Vorstoß in den Weltraum, Vorwort:
Wernher v. Braun, Sachb. 64, 71; Von
Göttern entführt, R. 72.

Dolezich, Norbert, StudDir., Kunst-
erzieher i.R., bild. Künstler; Händelstr.
28, D-4350 Recklinghausen/Westf., Tel.
(0231) 22563 (Bielschowitz/OS. 16.2.06).
Lyrik, Erzählung, Roman, Essay,
Aphorismus.
V: Zeichen und Wege, Lyrik 68; Das
Barackenfenster, Lyrik 73; Ich kam aus
Orzegow, R. einer Jugend 76; Wiesufer,
Geschn. von einem sonderbaren Manne
77; Gewährte Zeit, Lyr. aus 4 Jahr-
zehnten 80.
MA: Übergänge 75; Autoren reisen 76;
Widerspiele in Bild und Text 76;
Vermächtnis der Lebenden III 79.

Lit: Norbert Dolezich, Maler und Poet,
Beuthener Abh. zur obschles.
Heimatforsch. 73.

Dolezol, Theodor, freier Schriftsteller,
Journalist; Bayerischer
Journalistenverb.; Dt. Jugendbuchpr. 76;
Schanzenbachstr. 11, D-8000
München 70, Tel. (089) 779278 (Duisburg
18.8.29). Satire, Science-fiction, Feature,
Sachbuch.
V: Aufbruch zu den Sternen 69, 4.
Aufl. 74, Tb. 77; Delphine − Menschen
des Meeres 73; Planet des Menschen 75,
2. Aufl. 76; Adam zeugte Adam 79. −
MV: Die Welt von morgen machen wir
heute 71; Kommt Zeit, kommt Rad 70;
Das andere Gesicht 71, alles Jugendb..
H: Die Welt von morgen machen wir
heute, Jugendb. 71.

Doll, Hannelore (Ps. Leonie Dong),
Redakteurin; Oberförsterkoppel 12, D-
2055 Aumühle b. Hamburg, Tel. (04104)
2612 (Stettin 18.4.25). Hörspiel, Kurz-
geschichte, Roman.
V: Auf daß die Sonne wieder scheine,
R. 75; Das Kochbuch von Sylt, Amrum u.
Föhr 81; Das Kochbuch d. Lüneburger
Heide 82.
R: Die große Rechnung, Hsp. 53; Peter
du lügst!, Hsp. 55; Paßfahrt mit Hinder-
nissen, Jgderz. 64; Plumpaquatsch 75.

Doll, Herbert Gerhard (Ps. Hegedo,
Jean Pierrot Comment, Matthias
Weikersheim Caspar Stichling,
Temerarius, Gerd Sahdas),
Chefredakteur; VS Nordwest 47; 2. Preis
f. d. beste Jgderz. 53; Oberförsterkoppel
12, D-2055 Aumühle b. Hamburg, Tel.
(04104) 2612 (Stettin 12.4.21). Drama,
Roman, Bühnenstück. **Ue:** D, E, F, I, N,
Rum, S, Schw.
V: Schneesturmballade, Bü. 40; Der
Brunnen, Bü. 42; Die letzte Fuhre, N. 44;
Könige, Kurzgeschn. 46; Heimkehr, N.
50; Besuch bei Michael, Satiren 50; Vom
Schicksal verweht, R. 55; Monte Carlo
ist der schönste Ort ..., R. 56; Liebe,
Leidenschaft und Luxus, R. 56; ... bis wir
uns wiedersehen, R. 61; Mein Vater war
Seemann wie ich, Kom. 61; Karl May in
Bad Segeberg, Jgderz. 60; Armin Dahl -
genannt Klettermaxe, Jgdb. 63; Die
sexuellen Wünsche der Deutschen 69;
Treffpunkt Sylt 71; Liebe, Pille und
Gefahren 71. − **MV:** Poltermorgen,
Schw. m. Dieter Rohkohl; Tom Dooley,
Musical; Wir richten ein, m. Wilfried
Köhnemann.
H: Das Fernsehgericht tagt 65; Jahr-
bücher Sylt 76-83; Kleine Bettlektüre
för Lüüd de gern'n beten, Plattdütsch

snackt 79; 750 Jahre Leck 81; Kleine
Schlemmerlektüre für den Kenner
hanseatischer Küche und Lebensart 83.
F: Kaischuppen 76, m. Wolf Hart;
Mikrophon: 3, Fs.-R. 71, u.a.
R: Plumpaquatsch 75.
Ue: M. Twain: Der gestohlene weiße
Elefant; A. Trollope: Malachis Bucht;
Ronald Jeans: Raum ist in der kleinsten
Hütte, Kom.; Charlotte Frances: SOS,
Sch.; Valdemar Kallendorf: Mitter-
nachtssonate, R., Dr. Barthons
Experiment, R.; Jules Berman: Café
Babylon, R.; Folke Mellvig: Schach der
Dame, Urlaub in Raten, Der Wasser-
graben, Der Herr im blauen Paletot,
alles Hsp.; Stig Dagerman: Schwedische
Hochzeitsnacht, R. 65; Frank Harris:
Mein Leben, mein Lieben 65, 66 III;
Robert Thom: Bloody Mama; Allen
Edwardes, R. E. L. Masters: Quelle der
Erotik; Lita Grey-Chaplin: Ich war
Charlie Chaplins Frau 67; Louise
Wolbrook: Die Nackte 69; Victoria
Morhaim: Nymphomanie 68; Smith
Alexander: Liebe auf mexikanisch 69;
Jan Fridegård: Lars Härd 70, u.a.

Dollichon, Uwe, Verlagsangestellter;
Meller Str. 285, D-4500 Osnabrück, Tel.
(0541) 571933 (Osnabrück 20.12.53).
Satire.
V: Anfang und Ende, Lyr. 74; In die
Pfanne gehauen, Sat. 83.

Dollinger, Hermann, Dr. phil., pens.
Leit. d. Hsp.-Abt. d. Bayer. Rdfks; Bayer.
Journalistenverb. 28; Brunhildenstr. 14,
D-8000 München 19, Tel. (089) 170615
(Nürnberg 15.5.06). Essay, Hörspiel.
V: Platens Antlitz 31; Klopstocks "Tod
Adams" und Gerstenbergs "Ugolino" 32.
H: Der Briefwechsel zwischen
Schiller und Goethe 48; Zwanzig Jahre
Hörspiel im Bayerischen Rundfunk 66.
R: Michail u. v. a. seit 29.

Dom, s. von Dombrowski, Ernst.

von Dombrowski, Ernst (Ps. Dom),
Akad.Prof. a. D., Graphiker, Schrift-
steller; Wagnerstr. 5, D-8221 Siegsdorf/
Obb. (Emmersdorf/Donau, Nd.Öst.
12.9.96). Erzählung, Lyrik.
V: Geträumte Welt 53;
Räuberlegenden 56, 67; Der Verlobungs-
ring 57, 71; Susanne 57; Das Roserl 58,
Erweit. 59; Adalbert Stifter 58; Die
Sängerin 58; Engel singen hören 59;
Victoria 60; Das Bildnis 60; Gottes ist
die Stille 61, 67; Das Hochzeitskleid 61,
70; Uschi 62; Das Micherl 63; Der Holz-
kopf 64; Geliebter Holzkopf 65; Nur ein
Hund 66; Das Lamm im verlorenen

Haufen 66; Gabriel - kein Erzengel 66,
alles Erz.; Gefährliche Reise 67; Hutzel
und Wutzel 67; Die Versöhnung mit der
Schlange 67; Das Glück, Erzn. 68; Von
unserer lieben Frau 68; Johann und
Johanna, Erz. 68; Das Marmorbild, Erz.
69; Seht, ein Kind ist uns geboren 69;
Das Tagebuch der Eva Maria 69; Liebes
kleines Pferd 70; Mirabell. Das
Geheimnis der Engelsstiege in Salzburg,
Erzn. 70; Uschi und die Rache am
Camarillis 70; Das Everl 71; Der
Zeichner Dombrowski 72; Aus meiner
Distelzeit 75; Dombrowski, Leben und
Werk 76; Der liebe Gott 77; Hutzlwutzl
u. das Schloßgespenst 77; Hutzlwutzl u.
d. Räuber 77; Ein Faden aus Seide 78;
Die Nacht der Kinder, Erz. 79; Der ver-
lorene Prinz 80; Die Jungfrau und der
Teufel, Leg. 81; Das kleine Skizzenbuch
81. — **MV:** Die Dummheit und das
Glück, m. M. Jasser 71.
MA: Kinder musizieren.
Lit: R. Graf: Der Holzschneider Dom-
browski 44; H. Riel: Ernst Dombrowski
49; Der Holzschneider Dombrowski
(Vorw. H. Sedelmayr) 64, 66. ( )

Domes, Alfred, Dr., Prof.; EM VS
Schlesw.-Holst.; Enggasse 5, D-5300
Bonn-Bad Godesberg, Tel. (02221)
530254 (Troppau 29.4.01). Hörspiel. **Ue:** D,
N, Schw.
V: Schiller auf der dänischen Bühne
36.
H: Neue deutsche Lyrik 36; Die
nordische Welt 37; Die Travemünder
Reihe seit 38; Prag, 21. August 1968, Ask.
68.
R: Schwedische Spuren; Jeppe vom
Berg; Travemünder Sommertage, alles
Hsp.
Ue: Ludwig Holberg: Die betrogenen
Betrüger 26; Jeppe vom Berg 27;
Nordahl Grieg: Die Liebe eines jungen
Mannes 28; Gudmundur Kamban:
Sterne der Wüste 28; Adam Oehlen-
schläger: Aladdin und die Wunderlampe
34; Thorén: Sprung im Glas 53; Brigitt
Sparre: Die Liebe der Diana von
Stjärnö. ( )

Domin, Hilde, Dr.; P.E.N. 64, VS 70;
Ida-Dehmel-Pr. 68, Drostepr. d. Stadt
Meersburg 71, Ehrengabe d. Heinr.-
Heine-Ges. 72, Roswitha-Plak. 74,
Rilkepreis 76, Richard-Benz-Med. 82; Dt.
Akad. f. Spr. u. Dicht., EM Heinrich-
Heine-Ges.; Graimbergweg 5, D-6900
Heidelberg, Tel. (06221) 12545 (Köln
27.7.12). Lyrik, Novelle, Essay, Roman.
Ue: E, I, S, Port, Balt (Lett).

V: Nur eine Rose als Stütze, G. 59, 81; Rückkehr der Schiffe, G. 62, 82; Hier, G. 64, 79; Höhlenbilder, Gedichte 1951-52, 68; Das zweite Paradies, R. 68, Tb. 80; Wozu Lyrik heute, Ess. 68, 69, Tb. 75, 81; Ich will dich, G. 70, 81; Die andalusische Katze, Erz. 71, 72; Von der Natur nicht vorgesehen, Autobiographisches 74, 80; Numai o Floare ca Sprijin, G.-Ausw. (rum.) 78; Abel steh auf. Gedichte, Prosa, Theorie 79; Aber die Hoffnung. Autobiographisches aus u. üb. Deutschland 82.
MA: Four German poets New York 80.
H: Spanien erzählt 63, 77; Doppelinterpretationen, Das zeitgenössische deutsche Gedicht zwischen Autor und Leser 66, 67, Taschenb. 69, 80; Joachim Rochow: Der leise Krieg (Nachlass) 68; Nachkrieg und Unfrieden, Gedichte als Index 45 - 70 70; Nelly Sachs: Gedichte 77, 79.
S: Hilde Domin liest, G. 65.
Ue: Giuseppe Ungaretti: Tagebuch des alten Mannes 64, 65.
Lit: W. Duwe: Dt. Dichtung des 20. Jhs. 62; M. Seidler in: Die pädagogische Provinz 65; P.K. Kurz in: Stimmen der Zeit 69; H. D. in: Moderne dt. Schriftsteller. Kurzdok. Nr. 9 71; H. Meller in: Deutsche Dichter in unserer Zeit 72; K. Krolow in: Kindlers Lit. d. Bundesrepublik 73; G. Mahr: Literaturkrit. Praxis in: Horen 100 75; R. Raulet: La résistance en poésie: L'unité de la théorie et de la pratique poétique chez H. D. in: Allemagnes d'auhourd'hui 76; H.-G. Gadamer: Poetica 77; Butzbacher Autoren-Interviews 76; M. Reich-Ranicki in: Entgegnungen 79; J. Serke in: Frauen schreiben 79; K.H. Van D'Elden: Interview mit H. D. in: West German Poets on Society and Politics 79; L. Schaumann: H. D. in: Neue Literatur der Frauen 80; B. v. Wangenheim: Heimkehr ins Wort. Materialien zu H. D., Tb. 82.

Domke, Helmut, Dr. phil., Schriftsteller; P.E.N. 72; Prinzenweg 25, D-8180 Tegernsee, Tel. (08022) 3044 (Recklinghausen 19.4.14). Lyrik, Erzählung, Essay, Landschaftsbuch.
Ue: F, I, S, H.
V: Schneckenreise durch einen Landkreis 49, 51; Fünfzehn Gedichte 50; Der Maler Heinz Hehmann, Ess. 51; Alter Berg und feuchtes Tal 57; Feuer, Erde, Rote Rose 59, 65; Duisburg, Monogr. 60; Provence 62, 64; Burgund 63, 70; Flandern, das burgundische Erbe 64; Maria, Erz. 65; Der Weg nach Santiago III 67; Dichter in ihrer Landschaft, Ess.

69; Joséphine de Beauharnais, R. 71; Aquitanien — Wege nach Santiago I 78; Frankreichs Süden — Wege nach Santiago II 82. — **MV:** Wir leben 47; Baukunst der Gotik in Europa 58; Kleinodien 58; Romanesque Europe 59; Städte am Fluß 64; Schlösser an der Loire 67; Der Rhein 69; Große Damen 69; Lexikon der Weltarchitektur 71, u.a.
B: Nachwort zu Maupassant 71.
F: Burgund 65.
R: Abenteuer in Banz, N. n. Eugen Roth 68; Wie spät ist es, Mr. Havel?; rd 200 Hörbilder.
S: Kevelaer, Hörbild.
Ue: Frankreichs Museen 71; Paris 79.
Lit: Spektrum des Geistes 65, 78.

Domma, Ottokar, s. Häuser, Otto.

Dong, Leonie, s. Doll, Hannelore.

Donkan, Rupert, s. Zischka, Anton.

Donle, Albert; SV-DDR 53; Leonhard-Frank-Str. 35, DDR-1110 Berlin-Niederschönhausen, Tel. 4827311 (München 6.2.15). Roman, Satire, Hörfolge, Reisereportagen.
V: Der Ruf aus dem Jenseits, Krim.-R. 47; Kollege Quandt, R. 49; Traudl fliegt an die Adria, Reisebeschreib. 59; Totalschaden. Kuriosa aus d. motorisierten Welt 66.
R: Mitternachtsmagazin für Kraftfahrer; Der Nußknacker; Raten Sie mal; Toni Salvermosers Abenteuer; Parkett 3. Reihe, alles Hf.; Elektronische Reisereportagen aus allen Erdteilen, Vortr.; u.a. Rdfk.- u. Fs.-Send.

Donnelly, Elfie, Journalistin; Dt. Jugendbuchpr. 78, Hans-im-Glück-Pr. 78; Adolf-Grimme-Pr. in Silber f. Fernsehdrehbuch 78; Jänickestr. 56, D-1000 Berlin 37, Tel. (030) 8176710 (Edmonton/London 14.1.50). Roman, Film, Hörspiel.
V: Servus Opa, sagte ich leise, Kinder R. 77, 3.Aufl. 79 (auch engl., amer., holl., finn., dän., schwed., hebr., japan., norw.); Der Rote Strumpf, Kinder R. 79 (auch schwed., dän., holl., engl., amer.); Karo Honig macht Frieden 81 (auch engl., amer., holl.); Tine durch zwei geht nicht 82 (auch engl., holl.); Willy, Tierarzt für Kinder 83; Ich hab Dich lieb, Zärtl. Tagu. Traumgesch. 83 (auch holl.).
R: Servus Opa, sagte ich leise, Fsp.; Der 4-A-Express; Das Charlottenburger Schloßgespenst; Die Zeitmaschine; Familie Eierkuchen; Der fliegende Teppich; Die Potzblitzer, alles Kinderhsp.

S: Servus Opa, sagte ich leise 79; Benjamin Blümchen, Kinderkass. 30 F. 82/83; Eene-meene Hexerei, Kinderkass. 10 F. 82/83; Der rote Strumpf, Schallpl. 82.

Donner, Manon; Burgstr. 12, D-3101 Wienhausen/Nordburg. Roman.
V: Signoretta, R. e. Pferdefamilie 61, 77; Meine frohen Pferde, R. 61, 76; Dem großen Ziel entgegen 70; Alles der Pferde wegen, R. 75, 81; Deine Pferde, meine Pferde 77, 80; Die Pferdefamilie, R. 83. ( )

Donrath, Michael, s. Horbach, Michael.

Donus, Bruno; VS 81, Werkkreis Literatur d. Arbeitswelt 79, ADA-Arbeitsgemeinsch. deutschspr. Autoren 82; Meranierring 65, D-8580 Bayreuth, Tel. (0921) 41732 (Stuttgart 18.4.21). Lyrik, Kurzgeschichte, Theaterstück.
V: Rusterwein mit Smyrnafeigen, Lyr. 80; Von Zeiten, Lyr. 81.
MA: Gaukes Jb. 1981 80, 1982 81, 1983 82; Her mit dem Leben 80; Jb. dt. Dichtung 80, 81, 82, 83; Sehnsucht im Koffer 81; Augen rechts 81; Kennwort Schwalbe 81; Das Ziel sieht anders aus 82; Lyrik 1981 82; Zuviel Frieden 82; Einkreisung 82; Siegburger Pegasus 1982 82; Friedens-Fibel 82; Uns trennen Welten; Autoren stellen sich vor 1 83, alles Anth.; Karlsruher Bote, Zwischen-berichte, Bakschisch, Sterz, Philodendron, Silhouette, Vis-à-vis, Das Boot, Tableau, Apropos, Dietrichsblatt, Flugasche, Regenschirm, Bll. f. Alltags-dicht., Adagio, Dullnraamer, alles Lit.zss. 79-83.

Dopp, Werner (Ps. Frank Ruhla), Dr., c/o Rembrandt-Verlag, Berlin (West).
V: Leichtgeschminkte Frauenweisheit 67; Wir sind doch kein Gesangsverein, sagten die Ganoven, und so war es auch 71; Berlin und sein Geld 72; Vielgeliebte alte Penne 72, 77. ( )

Doppler, Daniel, s. Karasek, Hellmuth.

Dor, Milo, s. Doroslovac, Milutin.

Dorfmeister, Gregor (Ps. Manfred Gregor), Journalist, Verantw. Redakteur; Jahnstr. 29, D-8170 Bad Tölz, Tel. (08041) 2364 (Tailfingen/ Württ. 7.3.29). Roman.
V: Die Brücke, R. 58, 82; Das Urteil, R. 60; Die Straße, R. 61.
F: Die Brücke; Stadt ohne Mitleid (nach d. R. Die Straße).

Doris, s. Grube, Meta.

Dorn, Gertrud, s. Fussenegger, Gertrud.

Dorn, Lisa, s. Hüttner, Doralies.

Dorn, Syl, s. Krezdorn, Franz.

Dorn, Wolfgang, Journalist; Wittigeck 11, D-2000 Hamburg 73, Tel. (040) 6723789 (Hamburg 16.12.36).
V: Dackel Pelle, Streiche eines Rauhhaardackels 72; Mein Freund Pelle 77; Pelline, Ein lustiges Hundeleben auf krummen Beinen 80, alles Bildbde.. ( )

Dorn, Wolfram, Parlament. Staats-sekretär a. D., Verlagsleiter; VS 47; Friedrich Boedecker Kreis, Vorsitz. Ges. f. Lit. in NRW; Am Zinnbruch 6, D-5300 Bonn, Tel. (0228) 239155 (Altena/Westf. 18.7.24).
V: Vergessen die Zeit, Lyrik 74; Der Freiheit gehört die Zukunft, Wolfgang Döring Biogr. 74; div. Sachb.
MA: Notstandsrecht und Demokratie 64; Vorbereitung auf den Notstand 67; Der Bundestag von innen gesehen 69; Machtwechsel in Bonn 70; Zivilschutz 72; Altena - Portrait einer Stadt 74; Geschichte des deutschen Liberalismus 76; Demokraten-Profile unserer Rep., biogr. Ess. 83.
H: Geschichte des deutschen Liberalismus, Sachb. 76; Thomas Dehler. Begegnungen — Gedanken — Entscheidungen, Sachb. 77; Mehrheitsmacher oder mehr? Sachb. 79.
Lit: Die 100 von Bonn; Wer uns regiert; Persönlichkeiten Europas, Bd. Deutschland I; Sie schreiben zwischen Goch und Bonn 75; Spektrum des Geistes.

Dornberg, Michaela, s. Pusch, Edith.

Dornberger, Paul *

Dornemann, Luise; Lit.pr. DFD 68, c/o Dietz Verlag, Berlin (Ost) (Aurich/ Ostfriesl. 23.2.01).
V: Jenny Marx, Biogr. 54, u.d.T.: Jenny Marx. Der Lebensweg einer Sozialistin 69, 82; Clara Zetkin. Ein Lebensbild 57, 79; Alle Tage ihres Lebens, proletar. Frauengestalten aus 2 Jhn 81. ( )

Dorner, Daniela, c/o Kremayr u. Scheriau-Verl., Wien, Öst.
V: Eins und eins sind nur wir zwei 82. ( )

Dornier, Marcel, Maler, Graphiker; Dramenpreis d. Stadt Zürich 50, I. Bad. Staatspreis 53, I. u. II. Preis d. Ges. f. d. Schweiz. Volkstheater 57, Ehrengabe der Stadt Zürich 64, Preis d. Ges. f. d. Schweiz. Volkstheater 65; Ges. Schweizer. Dramatiker, CH-8713

Uerikon, Kt. Zürich, Tel. (01) 9265487 (Sulzbrunn/Allg. 17.6.93). Drama, Lyrik, Roman, Novelle.
V: Urax und Rezabell, Epos 21; Geschichte von einem Himmelbett, N. 22; Luna und ihre Kinder, Kinderb. 46; D'Burgle, Dr. 53; Dienst auf Golgatha, Dr. 56; Francesco, Dr. 57; Chirurgie u. Liebe, Kom. 60; Schwarmidol, Schw. 58; Nicht Erde nur, Dr. 61; Der Mann, der nicht im Grabe bleibt, Dr. 64; Der Stall zu Bethlehem, Dr. 64; Rahab, Dr. 66; Winternachtstraum, Dr. 66; Johanna und der Staub, Dr. 67; De verloornig Sohn, Dr. 68; Meine Muse heißt nicht Snobselia, G. 69.
R: D'Burgle 55, Fsp. 56; Dienst auf Golgatha 57 (auch holl.) 61; Der Mann, der nicht im Grabe bleibt 64; De verloornig Sohn 68.

Doroslovac, Milutin (Ps. Milo Dor); Ö.S.V., P.E.N.; Öst.-Lit.-Staatspr. 62, Anton-Wildgans-Pr. 72, Lit.-Pr. d. Stadt Wien 78; Pfeilgasse 32, A-1080 Wien, Tel. (0222) 427357 (Budapest 7.3.23). Roman, Film, Hörspiel. **Ue:** E, F, R, Serbokroat.
V: Unterwegs, Skizzen u. Erzn. 47; Der vergessene Bahnhof, Traumsp. 48; Tote auf Urlaub, R. 52; Nichts als Erinnerung, R. 59; Salto mortale, Erzn. 60; Ballade vom menschlichen Körper, Ausw. 65; Die weiße Stadt, R. 69; Das Pferd auf dem Balkon, Jgdr. 71; Menuett, Farce 71; Meine Reisen nach Wien, Skizzen u. Erz. 74; Alle meine Brüder, R. 78; Die Raikow Saga (Die Trilogie: Nichts als Erinnerung; Tote auf Urlaub; Die weisse Stadt, in einem Bd) 79; Der letzte Sonntag, R. 82. — **MV:** Internationale Zone, R. 53; Und einer folt dem anderen, R. 53; Der unterirdische Strom, Ess. 53; Romeo und Julia in Wien, R. 54; Othello von Salerno, R., alle m. Reinhard Federmann.
H: Es ist nicht leicht, ein Mann zu sein 55; Die Verbannten 62; Genosse Sokrates, serb. Sat. 63; Der Flug des Ikaros, jugosl. Hsp. 64; Ein Orden für Argil 65; Der Sohn des Wesirs, jugosl. M. 65. — **MH:** Das Gesicht unseres Jahrhunderts 60; Gemordete Literatur 63; Tausend Jahre Liebe 64; Der politische Witz 64; Der galante Witz 66; Der groteske Witz 68, alle m. Reinhard Federmann.
F: Nina 56.
Ue: Mirko Božič: Der Gerechte 63; Miroslav Krleža: Die Glembays 63; In Agonie 64; Leda 64; Galizien 71; Die Wolfsschlucht 76, alles Theaterst.; Marijan Matković: Herakles, Theater-

stück 65; Borislav Mihajlović: Der Kommandant, Theaterst. 68; Ivo Brešan: Hamlet in Unterschlammdorf; Der Leibhaftige an der philosophischen Fakultät, beides Theaterst. 79; Vasko Popa: Wolfserde, G. 79; Branislav Nušić u. Mile Stanković: Die Macht, Theaterst. 82; Danilo Kiš: Ein Grabmal für Boris Dawidowitsch, Theaterst. 82. —
MUe: Stephen Crane: The red badge of courage u.d.T.: Die Flagge des Mutes, m. Elisabeth Doroslovac 54;; Ivo Andrić: Der verdammte Hof, Die Geliebte des Veli Pascha, Erzn. 59; Isaak Babel: Zwei Welten, m. Reinhard Federmann 60; Petersburg 1918, Report. 77.
Lit: Hans Weigel: Mitteleuropas heimatlose Linke in: Der Monat 4, 52; György Sebestyén: Laudatio auf Milo Dor in: Flötenspieler und Phantome 65; Gerhard Fritsch: Einleit. zur Ballade vom menschlichen Körper 65.

Dorpat, Christel, s. Purrmann, Christel G.

Dorpus, Karl, s. Lange, Karl-Heinz.

Dorst, Tankred, Schriftsteller; Preis d. Autoren-Wettbew. v. Mannh. Nationaltheater 59, Stipendium d. Gerh.-Hauptmann-Preises 60, Förderpr. d. Stadt München, Gerhart-Hauptmann-Pr., Tukanpr. d. Stadt München, Grimme-Pr., Premio Italia; Bayer. Akad. Schönen Künste, Dt. Akad. f. Sprache u. Dicht. Darmstadt, Akad. d. Wiss. u. d. Lit. Mainz, Dt. Akad. d. Darst. Künste Frankfurt; Schleissheimer Str. 182, D-8000 München 13, Tel. (089) 3006432 (Sonneberg/Thür. 19.12.25). Drama, Essay, Film, Fernsehen, Libretti. **Ue:** E, F.
V: Geheimnis der Marionette, Ess. 57; Gesellschaft im Herbst, Kom. 60; Die Kurve, 60; Freiheit für Clemens 60; Große Schmährede an der Stadtmauer 61, alles Einakter; Gesellschaft im Herbst 61; La Buffonata, Libr. 61; Die Kurve 61; Große Schmährede an der Stadtmauer, Freiheit für Clemens. Die Kurve 62; Die Mohrin 64; Toller, Dr. 68; Sand 71; Eiszeit, Sch. 73; Kleiner Mann - was nun, Revue nach Fallada 72; Auf dem Chimborazo, Sch. 75; Dorothea Merz 76; Die Villa, Sch. 79; Merlin oder das wüste Land, Sch.; Mosch, R; Ameley, der Biber und der König auf dem Dach, Stück für Kinder 82. — **MV:** Die Kurve in: Modernes deutsches Theater I 61.
H: Ludwig Tieck: Der gestiefelte Kater oder Wie man das Spiel spielt 63; Denis Diderot: Rameaus Neffe. Übers. u. f. d. Bühne bearb. 63.

F: Piggies 70; Klaras Mutter; Mosch; Eisenhans.

R: Rotmord, Fsf. 69; Sand, Fsf. 71; Klaras Mutter.

Ue: Molière: Der eingebildete Kranke; Molière: Der Geizige; O'Casey: Der Pott; Molière: George Dandin 77.

Lit: Taeni: Die Rolle des Dichters in der revolutionären Politik (Akzente 6) 68; Laube: Werkbuch über Tankred Dorst 74.

Dosch, J. Peter, Dr. med., Arzt; Haug-Preis 69, A-6345 Schwendt/Tirol, Tel. (05375) 6703 (Zwyndrecht, Holland 5.11.14). Kurzgeschichte.

V: Mensch — Doktor! Vorwiegend heitere Kurzgeschn. aus einem Arztleben 77, 79.

Dosch, Michael (Ps. Midos), Werbeberater; Rudolstädter Str. 11, D-8500 Nürnberg, Tel. (0911) 565155 (Nürnberg 28.3.05). Lyrik, Drama, Hörspiel, Novelle.

V: Pegasus trabt durch den Alltag, G. u. Nn. 38; Rufe Kriegsgefangener, Gedanken eines Kreuznacher Lagerinsassen, G. 61.

H: Jenseits der Oder, Zs.

R: Dienst am Kunden; Eine Seefahrt ist lustig; Im Buchladen; Spuk im Nürnberger Bratwurstglöcklein, alles Hsp.; Zehn Mädchen und kein Mann.

Dossenbach, Monique; zum grünen Elefanten, CH-8251 Oberschlatt.

MV: Tierkinder der Wildnis 75; Biggi und Barry 75; Vom Fohlen zum Pferd 76; Große Pferde, kleine Reiter 76; Pferde 78; Hunde helfen Menschen 77; Ponys der Welt 78; Ungarns Pferde 76, alle m. Hans D. Dossenbach. ( )

Dotzler, Ursula (Ps. Ursula Isbel), Schriftstellerin; VS, VG Wort; Keferstr. 21, D-8000 München 40, Tel. (089) 395105.

Ue: E, Schw.

V: Humstibumsti. Ein Kobold findet einen Freund 74; Wer zaubert wie Amalia 75; Amalia auf dem Hexenball 76; 68 Spiele für sonnige und verregnete Kinderfeste, Neuausg. 76; Nach all diesen Jahren, R. 76; Irischer Frühling 76; Stimmen aus dem Kamin 77; Schloß im Nebel 77; Ein Schatten fällt auf Erlengrund 78; Das Haus der flüsternden Schatten 79 (port. 81); Das schwarze Herrenhaus 80; Nacht über Uhlenau 81; Der siebzehnte Sommer 82; Neue Tiergeschichten 82; Das Glück dieser Erde 83; Die Tage der Rosen 83; Der Frühling des Lebens 83. — **MV:** Stimmen im Nebel, Sammelbd 79.

Doublier, Gerda, Dr. phil., Bibliothekarin; Khevenhüllerstr. 12, A-1190 Wien (Wien 8.6.01). Biographie, Essay.

Ue: D, F, N.

V: Hedwig Bleibtreu, Beitr. z. Gesch. d. Burgtheaters 33, 48; Maria Stuart. Ihr Leben als Königin u. Frau 59; Frankreichs Weg zur Einheit 67.

MA: Nagel-Zeidler-Castle: Deutschösterreichische Literaturgeschichte Bd. III; Hedwig Bleibtreu, Wesen u. Welt einer großen Burgschauspielerin, m. W. Zeleny 48; Frauenbilder aus Österreich 55; Joseph Gregor: Der Schauspielführer. 2 — 6 54 — 57; Festschr. Josef Stummvoll, hrsg. Josef Mayerhöfer, Walter Ritzer 70.

MH: Hermann Thimig. Ein Leben in Dokumenten 72.

Ue: Alphonse Daudet: Pariser Novellen 46; Henrik Ibsen: Die Wildente; Die Stützen der Gesellschaft 50. ( )

Douliez, Pauli *

Doutiné, Heike, Dr. phil.; VS 68; Romanpr. d. Neuen Lit. Ges. Hbg. 70, Rompr. "Villa Massimo" 72/73; Ohnhorststr. 26, D-2000 Hamburg 52, Tel. (040) 823655 (Zeulenroda/Thür. 3.8.45). Lyrik, Novelle, Roman, Film.

V: In tiefer Trauer 65; Das Herz auf der Lanze, G. u. Prosa 67; Wanke nicht, mein Vaterland, R. 70; Deutscher Alltag. Meldungen über Menschen 72; Berta, R. 74; Wir zwei, R. 76; Die Meute, R. 79; Der Hit, R. 82.

MA: Primaner-Anth. 65; Einladung nach Prag, Anth. 66; Ehebruch und Nächstenliebe, Anth. 69; Du bist mir nah, Anth. 71; Schaden spenden, Anth. 71; Wir Kinder von Marx und Coca-Cola, Anth. 71; Zeitgeschichte im Spiegel der Dichtung 73; Was fällt Ihnen zu Weihnachten ein 74; Nicht nur für Mädchen 75.

van Dovski, Lee, s. Lewandowski, Herbert.

Doyon, Josy, CH-3715 Adelboden, Tel. (033) 732962.

V: Berbäurin werden, welch Abenteuer, Erz. 73, 81; Hirten ohne Erbarmen. Zehn Jahre Zeugin Jehovas. Bericht eines Irrweges 66, 79 (holl. 71), u.d.T.: Ich war eine Zeugin Jehovas, gekürzte Tb.ausg. 75, 76 (auch dän., schwed.); Im Schatten des Lohners. Aus d. Leben e. hundertjähr. Adelbodnerin 74, 81; Graues Gold, Erz. 76, 81; Zryd Rösli und ihr Dorf, Erz. 80, 81; Blumen für ein Sonntagskind, Erz. 82, 83.

Dr. Baiolus, s. Stebner, Gerhard.

Dr. Stanley, s. Fürstauer, Johanna.

Drach, Albert, Dr. jur., RA.; V.D.B.S. 29
— 36, P.E.N. 64, VS 70, Präs. d. Ndöst.
P.E.N. 74-78, EM d. öst. P.E.N.-Zentrum
76; Kulturpr. d. Stadt Wien f. Dichtung
72, Kulturpr. d. Ldes NdÖst. f. Dichtung
75, Gold. Ehrenkreuz d. Ldes Ndöst. 78,
Gold. Nadel v. Mödling 78; Ges. f. Sende-
rechte bis 38; Hauptstr. 44, A-2340
Mödling/Wien, Tel. (02236) 2321 (Wien
17.12.02). Lyrik, Drama, Roman, Novelle,
Autobiographie. **Ue:** L.
V: Kinder der Träume, G. 19; Marquis
de Sade, Dr. 29, u. in: Werke II 65, u. d.
T.: Satansspiel vom Göttlichen Marquis
68; Werke I - VIII: Das große Protokoll
gegen Zwetschkenbaum, R. 64, 68,
Taschenb. 65 (auch Tschech., ital.); Das
Spiel vom Meister Siebentot und
weitere Verkleidungen, Dr. 65; Die
kleinen Protokolle und das Goggelbuch,
Erz. 65 (auch Lizenzausg. in d. DDR);
Das Aneinandervorbeispiel und die
inneren Verkleidungen, Dr. 66; Unsenti-
mentale Reise 66; Z. Z. das ist die
Zwischenzeit, Prot. 68; Gottes Tod ein
Unfall und die Entblößungen, Dr. u. G.
72; Untersuchung an Mädeln, Krim.-
Prot. 71; In Sache de Sade 74.

Drack, Hanna Maria, s. Drack, M. E.
Johanna.

Drack, M. E. Johanna (Ps. Hanna
Maria Drack); Ö.S.V., VÖT, SSV, AKM;
"Almau", A-4644 Scharnstein, Tel.
(07615) 214-1 (Penig/S. 10.6.13). Lyrik,
Roman, Kurzgeschichte, Feuilleton,
Kinderliteratur, Libretto, Kurzhörspiel.
Ue: E, F.
V: Durch das Leben - durch das Jahr
G. 66; Dur und Moll, G. 68; Bunte Steine,
G. 70; Stille - Freude - Einsamkeit, G. 74;
Flips, Flapsi und der Großvater,
Kinderb. 74; Blumengeflüster, G. 75; Alle
gegen Peter, Kinderb. 75; Wir armen,
armen Mädchen, G. 76; Auch Männer
sind bedauernswert, G. 77; Unsere Zeit
im Spiegel — und Zerrspiegel 78; Im
letzten Drittel... G. 78; Der Lebenskrug
G. 79; Auf der richtigen Spur, Detektiv-
gesch. f. Kinder 81; Gedanken am Wege,
G. 81.
MA: Wieder ist Weihnacht, Anth. 64;
Vers, Reim, Strophe, Gedicht, Verslehre
68; Wie weise muß man sein, um immer
gut zu sein, Anth. 72; Nur die Freude
läßt uns hoffen, Anth. 72; Menschen im
Schatten, Anth. 72; Wahrheit wollen wir
ergründen, Anth. 73; Jung ist, wer zu
lieben weiß, Anth. 74; Erdachtes-
Geschautes, Prosa-Anth. 75; Die sonderbaren Menschen, Anth. 75; Funkenflug,

Anth. 75; Gedanken über das Glück,
Anth. 76; Das rechte Maß, Anth. 77;
Gedanken über Blumen, Anth. 79.
R: Beitr. f. Frauensendungen; Lyrik;
Liederzyklus: Werden und vergehen;
Lieder u. Schallplattentexte.
S: Gmunden, schöne Traunseestadt
65; Man muß warten können auf das
Glück 66.

Draeger, Heinz-Joachim,
Kunsterzieher; Mozartstr. 43, D-2406
Stockelsdorf, Tel. (0451) 493461
(Schneidemühl/Pomm. 4.10.35). Bericht.
V: Die Torstraße, 3.Aufl. 82.

Draheim, Maria (Ps. Koppehele),
Konrektorin i.R.; D.A.V. 71, VS 74; Am
Buchholz 13, D-3057 Neustadt a.
Rübenberge 2, OT. Esperke, Tel. (05073)
588 (Berlin 13.6.19). Lyrik.
V: Hoper Präludium, lyr. Gedanken u.
Impress. aus d. Heide 65; Pausenbilder,
G. 72; Heideenzian, G. 81.
MA: Das unzerreißbare Netz, hrsg.
Detlef Block, Anth. 68; Gott im Gedicht,
hrsg. D. Block, Anth. 72; Neue Gottes-
dienste für heute, hrsg. W. Rupp, G. 74;
Orientierung Religion, hrsg. M. Diester-
weg, G. 74; Nichts und doch alles haben,
hrsg. D. Block, Anth. 77; Im Schwarzen
Mantel der Nacht, Renga-R. 2, hrsg. C.
H. Kurz, Anth. 79; Über alle Grenzen
hin..Gränslöst..., hrsg. C. H. Kurz, Anth.
dt. Gegw.Lyr. 79; Hoch schwebt im
Laube, Anth. 80; Im Frühlicht, Anth. 80;
niedersachsen literarisch 81; Gauke's
Jb. 81 u. 82; Nur im Schatten des
Mondes, Anth. 82; Wege unter dem
Kreuz, Anth. 82; Lyrische Texte, G.
zeitgen. Autoren 82.

Dramsch, Heinz, Schriftsteller u.
Journalist; VDRJ (Verein Dt. Reise-
journ.); Jägerstr. 8a, D-5064 Rösrath-
Forsbach, Tel. (02205) 2769 (Köln 30.8.06).
Reisebuch, Novelle, Hörspiel.
V: Das Fahrtenbuch vom Rhein 39;
Tagebuch eines Skiführers, N. 41;
Sehnsucht nach Südtirol 47; Die kleine
Reise 53; Liebe kleine Autoreise 54;
Humor um Kohle und Stahl 57; Wohin
fahren wir?, Der Deutsche Bergbahn-
führer; Bad Gastein und Salzburg 68;
Meran und Südtirol 68; Davos und die
Schweiz 68; Autotouren um Köln/Bonn
78.
R: Der Pass ist gesperrt; Barrikaden
in Wien; Die Reise nach Steyr;
Heimweh nach Böhmen, u.a.

Drangmeister, Heinz, PostObAmtsR.;
Osterleystr. 3, D-3000 Hannover 1, Tel.

(0511) 1978058 (Hannover 2.8.25). Lyrik,
Kinderbuch, Kurzgeschichte.
V: Jutta und der Schokoladenonkel,
Kinderb. 62; Die Post im
Hannoverschen 67. ( )

Drastil, Monika (Ps. Monika
Lombard), Dipl.-Dolmetsch.; Ö.S.V. 78;
Akad.pr. d. Akad. f. Theaterwiss. u.
Journalistik Johannesburg; Ges. z.
Förder. v. Kunst u. Kommunikation;
Ignazgasse 23/7, A-1120 Wien, Tel. (0222)
8519964 (Trautenau/Riesengebirge
26.4.39). Lyrik, Essay, Film, Hörspiel,
Übersetzung von Lyrik, Theaterstücken,
meist Komödien. **Ue:** E, H, Afr.
V: Pillen u. and. Naschereien 78; Aus
der Sonne 79; Wiener von heute, Kurz-
geschn.; Verdient, Dr.; Kindermord, Dr.;
Der Regenwurm, Kom.; Einladung auf
Exotisch, Kom.; Hluhluwe, Kinder-
musical; Denn den Armen wird die Erde
sein, R.; Der Rabe mit den grünen
Socken; Rachel; Freundschaft an der
Donau; Geschichten aus Afrika, alles
Kdb. — **MV:** 200 Jahrfeier Amerika,
Lyrik 77.
H: Du u. Wir, Öst. Anth..
R: Die Weihnachtsgans, Hsp. 78; Der
Platz, Theaterst. 78; Die Stelle, Hsp. 80;
Die Schlacht der Mozartkugeln, Hsp.;
Der Zahnräuber; Der erkrankte
Aschenkübel; Frau Schlumpuzzi, alles
Kasperlst.

Drausinger, Josef; Färberstr. 7/7, A-
4400 Steyr.
V: Gabe des Herzens, G. u. Zeichn. 80.
( )

Drawe, Hans, Regisseur; VS in
Hessen 72; Schwarzburgstr. 21, D-6000
Frankfurt a.M. 1, Tel. (0611) 591687
(Königgrätz/CSSR 31.7.42). Lyrik,
Roman, Film.
V: Kopfstand, R. 80.
MA: Auswahl 66, Lyr.; Der
Automatenspieler, Kurzgesch. in:
Aufbruch 79; Literatur im Film der
DDR in: Sozialgeschichte 11 83.
F: Gelegenheitsarbeit einer Sklavin
73 (Mitarb.); Ein Mädchen aus zweiter
Hand 75; Car-napping 80 (Mirarb.).
R: Fluchtgedanken, Fsf. 74.

Drechsel, Sammy, Reporter; Dt.
Journ.-Verb. 49; Am Blütenring 72, D-
8000 München 45, Tel. (089) 325258
(Berlin 25.4.25). Jugendroman.
V: Elf Freunde müßt ihr sein, päd.
Jgdr. 55, 71.

Drechsler, Schorsch *

Dreecken, Inge, Journalistin; VS
Bayern 76; Winkelwiesweg 6, D-8201

Nußdorf a. Inn, Tel. (08034) 2994
(Chemnitz 22.9.20). Roman, Sage, Kurz-
geschichte, Jugendbuch. **Ue:** E.
V: Fluß- und Meeressagen 61, 75; Die
Silverqueen von Nevada, R. 74. —
MV: Signale aus dem Jenseits 74, 79;
Atlas für Kinder, Jgdb. 74, 79; Was
Kinder wissen wollen, Bd. 2 Jgdb. 76;
Was die Isar erzählt 79; Mein erstes
Buch vom Bauernhof, Jgdb. 80; Die
schönsten Tiermärchen 80.
B: Tausendundeine Nacht 61, 74 III;
Zeitmond und Morgenstern, Anth. 65.
MH: u. **MV:** Die schönsten Sagen des
Abendlandes, Anth. 70, 74; Sagen aus
dem Morgenland, Anth. 70, 75; Die
schönsten Sagen des Morgenlandes,
Anth. 71, 75; Die schönsten Sagen aus
der Neuen Welt, Anth. 72; Die schönsten
Volkssagen Europas. Anth. 73, 76; Die
schönsten Tiersagen der Welt, Anth. 78;
Die schönsten Tiermärchen der Welt,
Anth. 80.
Ue: Der Engel des Todes, Krim.-R.
64. — **MUe:** u. **MB:** Mein erstes Tier-
und Pflanzenbuch, Jgdb. 77; Mein erstes
Buch der Tierkinder, Jgdb. 78. ( )

Dreher, Alfons, Küster; Autorenpr. d.
Arb.gemein. f. Werbung, Markt- u.
Meinungsforsch. in Luxembourg 78;
Marktplatz 18, D-7300 Eßlingen am
Neckar, Tel. (0711) 357129 (Erzingen/
Baden 21.1.20). Kurzgeschichte,
Erzählung, Lyrik.
V: Zwischen Krypta und
Glockenturm, Erz. 78, 3. Aufl. 79; In der
Basilika, Lyrik 81, 2.Aufl. 82.
MA: Spuren der Stille, Lyr..

Dreisbach, Elisabeth, Schriftstellerin;
Steigstr. 21, D-7340 Geislingen an der
Steige-Eybach (Hamburg 20.4.04).
Roman.
V: Tick-Tack und sein Freudenlicht
Erz. 34; Die geheimnisvolle Truhe 34;
Wege im Schatten 35; Wie Hannelore
klein wurde, Erz. 35; Einer Liebe Opfer-
weg, Jgd.-Erz. 35; Olivchen und der
Spiegel, Kinderb. 36; Ein heilsamer
Sturz, Erz. 36; Das Silberfädchen, Erz.
36; Es wird ein Schwert durch deine
Seele dringen, Erz. 36, 80; Schnabel,
Gesch. 36; Doch recht geführt, Jgdb. 37;
Brigitte und das Kind, Erz. 37; Das
Kreuz der Patin 37; Hella bekommt
einen großen Bruder, Erz. 37; Stumpi
sucht Stellung, Erz. 37; Wilhelma und
ihre Gäste, Jgdb. 37; Onkel Fridolin,
Kinderb. 37, 75; Ganz wie Mutter, Jgdb.
38, 80; Das Reiseandenken 38; Das
Mädchen aus dem Hinterhaus, Erz. 38;
Veronikas Heimatdienst 38; Wilhelma

und ihre Gäste 38; Annegret kommt in die Fremde 38; Die Lasten der Frau Mechthild, Erz. 39, 80; Das Licht siegt, Erzn. 40; Jockeli 40, 79; Susanne erwacht, Mdchb. 40; Die Zugezogenen, Erz. 41; Des Erbguts Hüterin, Erz. 41, 80; Steffa Matt 47, 81; Susanne stellt sich um 48; Winifred, Erz. 48, 78; Der kleine Peter und die großen Taten, Erz. 49; ... und dennoch erfülltes Leben, Erz. 50, 79; Die Schuldkiste, Erz. 50, 75; Das ausgeliehene Brüderlein, Erz. 50, 79; Sperlingskinder auf Reisen, Jgdb.; Der Kläff, Jgdb.; Die Kinder von Markeden, Jgdb.; Cornelia erlebt Oberammergau, Jgdb.; Ilse Mack und ihre Mädchen, Jgdb.; Herz zwischen Dunkel und Licht, R. 75, 80; Und so was nennt sich Ferien, Jgdb.; Aus dem Alltag für den Alltag, Sprüche; Heilige Schranken, R. 55, 79; ... und alle warten, R. 55, 81; Isa wohin führt dein Weg? 57; Alles geht schief, Erz. 57; ... der dunkle Punkt 58, 82; Die Versuchung der Chiara Frohmut 59, 82; Wenn sie wüßten 60, 81; Große Not im kleinen Kaufhaus 61, 81; Glied in der Kette 62, 82; Als flögen wir davon, Autobiogr. 63, 82; Du hast mein Wort 64, 80; Daß Treue auf der Erde wachse 65, 81; Bückling und die Krummhölzer 66, 78; ... und haschen nach Wind 66, 81; Was dein Herz wünscht 67, 78; ... und keiner sah den Engel 68, 78; Lisettens Tochter 69, 82; Alle Deine Wasserwogen 70, 79; Die zerrissene Handschrift 71, 80; In Gottes Terminkalender, R. 72, 82; Kleiner Himmel in der Pfütze, R. 73, 82; Eine Hand voll Ruhe, R. 74, 80; Das verborgene Brot, R. 75, 80; Was dir vor die Hände kommt 77, 81; Ich aber meine das Leben 79; Liebe ist immer stärker 81, 82. ( )

Dreiseitl, Claus *

Dreiske, Hans-Herbert, Dipl. Sozialarbeiter, Hauptreferent; Weißdornstr. 13, D-4000 Düsseldorf 30, Tel. (0211) 431535 (Bremen 24.3.43). Lyrik, Kurzprosa, Aphorismen.
V: ...daß einer im anderen sich finde..., G. u. Texte 77; Ideenflucht üb. d. Wandlungen d. Torsos, Prosag. 77; Ich bin nicht der Fremde, Prosag. 78; Überschneidungen, 9 G. u. 2 Graph. v. W.E. Herbst 78; Tonartwechsel, G. 79; 77 Randbemerkungen, Aphor. 79; Dodici Poesie, G. in ital. Spr., übers. v. R. Bertozzi 80; Ausgeufert — Desbordados, G. dt.-span., übers. v. J.-M. Minguez 80; Cordobeser Gedichte 80; Yo no soy el extraño, Prosag. 81; Unberauscht im Rausch, 6 G. m. 2 Lithogr. v. M.R.

Rodrigo 82; Café Dante, New York, G. Dt.-engl., übers. v. E. Michelis 82; Gedichte 82.
MA: in versch. Anth.

Drescher, Anna *

Drescher, Peter, Buchhändler; Greifswalder Str. 3, DDR-7845 Senftenberg (Brüx/CSR 14.1.46). Roman.
V: Montag fange ich wieder an, R. 77, 2. Aufl. 80; Auf der Suche, Erz. 80; Birkenhof, Erz. 81, 3.Aufl. 83.

Dressler, Johannes (Ps. Jo Hanns Helion), PDoz., Psychologe, Redakteur; Zietenstr. 18, D-1000 Berlin 30, Tel. (030) 2161938 (Frankfurt/O. 18.8.13). Volkskunde, Biographie, Roman. **Ue:** D, N.
V: Der Siegeszug des Mythos, St. 37; Paracelsus und seine Zeit als Gegenwartssymbol, Biogr. 37; Die Unbekannte. Indiskretionen, R. 44; Astrologie und Partnerwahl, psychol. Stud. 58; Das naturwissenschaftl.-mathematische Geburtsbild, Stud. 60.
H: Karl Brandler-Pracht: Die astrolog. Kollektion, m. Maria Brandler-Pracht.

Dressler, Rudolf, Betriebsleiter; Der Kreis, Der Turmbund, Kr. d. Freunde, Leutelt-Ges; Postf. 73, D-8205 Kiefersfelden (Morchenstern, Kr. Gablonz 25.10.21). Lyrik, Erzählung, Kurzgeschichte, Chronik.
MA: Blätter f. Lyr. u. Kurzprosa: Heimatland; Das Boot; Schuim; Wellenküsser; Das Erlenblatt; Lichtband-Autoren-Lex.; in versch. Anth. u. Zss.

Drewitz, Ingeborg, Dr. phil., Prof. E.h.; VS 52, P.E.N. 64; Pr. d. Wolfg.-Borchert-Bühne Bln. 50, Zuckmayer-Pr. a. d. Goethepr. d. Stadt Frankfurt 52, Jochen-Klepper-Plakette Vagantenbühne Bln. 55, Ernst-Reuter Preis 63, Georg-Mackensen-Preis 70, Ida Dehmel Pr. 80, Carl v. Ossietzky Med. 80, Prof. E.h. 81, Gerrit Engelke Pr. 81, Writer in Residence, Staats-Univ. Austin, Texas 83; Quermatenweg 178, D-1000 Berlin 37, Tel. (030) 8133143 (Berlin 10.1.23). Drama, Roman, Novelle, Essay, Hörspiel, Biographie.
V: Alle Tore waren bewacht, Dr. 51; Moses, Dr. 53; Der Mann, der Gott gehaßt hat, Dr. 55; Die Stadt ohne Brücke, Dr. 55; Die Macht der Hölle, Dr. 55; Und hatte keinen Menschen, Erzn. 55, 60; Flamingos, Dr. 56; Der Anstoß, R. 58; Der Mann mit den abgeschnittenen Handschuhfingern, Dr. 61; Das Karussell, R. 62; Im Zeichen der Wölfe, Erzn. 63; Zur Silberhochzeit, Dr. 64;

Vogel Phöenix, Dr. 64; Berliner Salons, Ess. 65; Die fremde Braut, Erz. 68; Adam Kuckhoff, ein dt. Widerstandskämpfer, Ess. 68; Oktoberlicht, R. 69; Bettine von Armin. Romantik, Revolution, Utopie, e. Biogr. 69; Wuppertal - Portrait einer Stadt, Ess. 73; Wer verteidigt Katrin Lambert?, R. 74; Das Hochhaus, R. 75; Der eine, der andere, Erz. 76; Die Botschaft, Orat. 76; Hörspiele 77; Gestern war heute — Hundert Jahre Gegenwart, R. 78; Mit Sätzen Mauern eindrücken — Briefwechsel mit einem Strafgefangenen Drewitz/Buchacker 79; Zeitverdichtung, Ess. 80; Die zerstörte Kontinuität, Ess. 81; Kurz vor 1984, polit. Ess. 81; Schrittweise Erkundung der Welt, Ess. 82; Eis auf der Elbe, R. 82. — **MV: MA:** Nelly Sachs zu Ehren 66; PEN - Anthologie 71; 25 Erzähler unserer Zeit 71; Geständnisse. Heine im Bewußtsein heutiger Autoren 72; Dreißig deutsche Jahre 72; zahlr. Anth. u. Zss.

H: Städte 1945. Bekenntnisse, Ber. 70; Die Literatur und ihre Medien, Positionsbestimmungen 72; Hoffnungsgeschichten 79; Märkische Sagen 79; Schatten im Kalk 79; Strauß ohne Kreide 80. — **MH:** vernünftiger schreiben. Dokumentation d. Kongr. z. Rechtschreibreform 74; Mut zur Meinung 80.

F: Ayse und Aysan sind Kreuzberger Gören 75; Denkste, Pappa spielt mit meiner Eisenbahn 76; Das Hochhaus, F. 80; Arbeitslos — 2 Kinder 81; Die Kranführerin 81.

R: Judas Ischariot 54; Flamingos 58; Zimmer 534 58; Auf dem Tisch noch die Gläser 59; Die Kette 61; Das Labyrinth 62; Der Tanz 65; Kaiserwalzer 75; Der Mann im Eis 76, alles Hsp.

S: Die Botschaft, Oratorium 76.

Drews, Manfred; Grumbkowstr. 8, DDR-1110 Berlin.

V: Kriminalisten im Verhör, Berichte 79, 81; Die Vernehmung, Krim.-Erz. 80. ( )

Drexler, Dina; Winterg. 15, A-3002 Purkersdorf, Tel. (02231) 3336 (Wien 22.3.22). Lyrik, Erzählung.

V: Keine Zeit, Lyrik 75; Wiener Gedichte 76; Besuch im Zoo.

Drexler, Ludwig, ev. Pfarrer; Lit.-Pr. Wien 38; Literar-Mechana; Wintergasse 15, Ev. Pfarramt, A-3002 Purkersdorf, Tel. (02231) 3336 (Wien 14.8.20). Drama, Film, Hörspiel, Übersetzungen (Nachdichtungen).

V: Ein Leben für den Tanz, Ball. 42; Andulka, Ball. 43; Der Walzerkrieg, Singsp. 43; Hochzeit mit Hindernissen, Kom. 43; Auch Akim folgte dem Stern, 44; Schicksalsballade 47; Die Blinde von Bethune 49; Letzte Entscheidung 52; Die Stunde des Mörders 71, alles Sch.; Große Geschichte einer kleinen Kirche 60; Partisanen Gottes 67; Die Wallnerin, Vst. 73; Circusgeschichten 75; 12 Bühnenmärchen u. Jgdst.; Stadt in der Waldwiege, Erz. 79; Meine schönsten Weihnachtsgeschichten 82.

B: Im Zeichen der Gnade (nach Calderon), Sch. 58; Das neue große Welttheater (nach Calderon), Sch. 62; Schabernack über Schabernack (frei nach Nestroy), Lsp. 63; Liebes-Theater und Räubers'g'schichten (frei nach Nestroy), Posse 70; Mein Leopold (frei nach L'Aronge), Lsp. 71.

F: MV: Viele gehen an diesem Haus vorbei.

R: Tramp in Gottes Sache; Vorstoß ins Reich der Mitte; Der Akt Kagawa; Der Busstreik von Montgommery, Luthertum in Österreich; Der große Regen 74; Kain u. Abel 75; Jakobs Betrug 75; Gott denkt anders 76; Der Reichstag zu Augsburg 77; Die Apokryphen 79; Joseph u. seine Brüder 80; Ich will kein Prophet sein 81.

S: I have a dream 69; Gustav Werner Vater der Armen 70; Samuels Geburt, Samuel in Silo; Sauls Erwählung, Sauls Verwerfung; Davids Salbung 70; Jesu Letztes Abendmahl, Die Verleugnung des Petrus; Eine Armee marschiert 71; Gott und die Götzen 73; Die Witwe von Zarpath 74; Der reiche Kornbauer 75; Wienerwald G'schichten 76; Elia u. Ahab 77; Gott u. die Götzen 78; Das Gottesgericht 79.

Dreyer, Alfred, Pädagoge, Rektor i.R.; ISDS 78; Verdunstr. 11, D-2800 Bremen 1, Tel. (0421) 495808 (Bremen 23.2.12). Lyrik, Kurzgeschichte, Erzählung, Hörspiel, Essay.

V: Gottesdienst in Katakomben, Lesesp. 61, 76; Der Prediger in der Wüste, Lesesp. 62, 74; S-O-S, wir sinken, Lesesp. 62; Simon Petrus begegnet dem Herrn, Lesesp. 63; In den Traumwäldern des Schlafs, Erzn. 82.

R: Der Gast 57; Vogel Goldschweif 64; Der Ring 66, alles Hsp.

Dreyer, Ernst-Jürgen, Dr.phil., Lehrer f. Deutsch als Fremdspr.; Hermann-Hesse-Pr. 80, Pr. d. Autorenstift. f. ein erstes Sch. 82; Utzschneiderstr. 17, D-

8110 Murnau/Obb., Tel. (08841) 3596
(Oschatz 20.8.34). Roman, Drama.
V: Die Spaltung, R. 79, 2.Aufl. 80; Ein
Fall von Liebeserschleichung, Erz. 80;
Die goldene Brücke, Sch. 83. —
MV: Klagenfurter Texte 1979 79.
H: Kleinste Prosa d. dt. Sprache,
Texte aus 8 Jh., Anth. 70.

Dreyer, Margrit, Lehrerin, Malerin,
Lyrikerin; Gänsackerweg 49, D-7915
Elchingen 1, Tel. (0731) 266195
(Kremsier 2.2.22). Lyrik.
V: Unter dem hohen Himmel, G. 52;
Regentolle Jahre, G. 79.

Dries, Léon, s. Kühne, Norbert.

Driest, Burkhard; Trogerstr. 46, D-
8000 München 80 (28.4.39).
V: Die Verrohung d. Franz Blum 74,
79.

Drilhon-von Arx, Katharina, s. von
Arx, Edith Katharina.

Dripke, Karl-Hans (Ps. Werner
Jürgen Korff), Vers.Kaufmann,
Volljurist, Journalist; VS 77; Goethe-
Ges. Wiesbaden 75-77, Verein f. Gesch.
Hessen-Nassau 74-79; August-Bebel-Str.
38, D-6200 Wiesbaden, Tel. (06121) 42747
(Liegnitz/Nieder-Schlesien 31.8.26).
Kurzgeschichte, Erzählung, Volksstück
(Drama). **Ue:** E, R.
V: Auf Zimmersuche, Kurzgeschn. 75;
Ich singe keine Heldenlieder, Erzn. 80.

Drißler, Luise, Hausfrau; Goethestr.
14, D-7016 Gerlingen/Württ., Tel. (07156)
22678 (Gerlingen 25.8.06). Lyrik, spez.
Mundart- u. Heimatgedichte.
V: Heimatgedichte zu Freud und Leid
71; Vom Esse kommt's net. Mda.-u. a. G.
77. ( )

Drittenbass, s. Konfino-Drittenbass,
Maria.

Drobe, Fritz, Innenrevisor a.D.;
Bdesverd.kr. f. bes. Verdienste um die
ndt. Lit. u. Spr.; Veerenholzstr. 45, D-
2850 Bremerhaven-G., Tel. (0471) 29552
(Bremerhaven 16.1.09). Drama, Novelle,
Hörspiel.
V: Moorlüd, Sch. 37; Nielk, Lsp. 52;
Rund um den Leuchtturm, Anekdn. 68;
Heini - Meier - Geschichten, Erzn.;
Aufsätze über die plattdt. Sprache u. d.
ndt. Hsp; Eine vergnügliche Reise,
Anekdoten 79.
R: De Eck bi't Gleis; Dör Daak un
Düster; Up legen Weg; Leeg Fahrwater;
Hand'n weg van'e Wetenschopp; Geiht
alls sienen Padd; De deepe Graben;
Duppelmord, alles Hsp.; Mien Unkel
Hannes; Swoor is dat Leben; De jüngste

Kampen; Sepp Huckelbarg, alles
Funkerz., u.a. 56 Funkanekdn.; Krusen
Kohl; Blot een Kalennerblatt; Twintig
Mann un een Jung; ... un neet Leben
blöht ...; Veel Wind in de Schüin; Jan
Fink; Bunt is dat Leben; De Brügg
över'n Kanal; De Lütte Dübel;
Speeltüüg, alles Hsp; Dat Leben is noch
nich vörbie, Hsp. 78; De Madonna von
Brachendörp, Hsp. 79; De Orgeldreiher,
Funkerz. 78; Mien schönste Wieh-
nachten, Funkerz. 77; Dichterslüüd,
Funkerz. 80.
Lit: Bremerhavener Sonntags-J.
16.4.78.

Dröscher, Vitus B., Schriftsteller;
Theodor-Wolff-Pr. 67, Buch des Monats
67, Tierbuch des Jahres, Holland 74,
Buch des Monats Frankr. 76, Buch des
Jahres, Argentinien 82; Freie Akad. d.
Künste Hamburg 77; Loogeplatz 10, D-
2000 Hamburg 20 u. Via Aldesago 137,
CH-6974 Lugano, Tel. (040) 474445
(Leipzig 15.10.25). Verhaltensforschung,
Tiererzählung.
V: Klug wie die Schlangen 62, 69;
Magie der Sinne im Tierreich 66, 78; Die
freundliche Bestie 68, 70; Die Macht des
Löwengebrülls 70; Die freundliche
Bestie im Zoo 71; Sie töten und sie
lieben sich 74, 77; Die Tierwelt unserer
Heimat 78, 81; Mit den Wölfen heulen
78, 81; Überlebensformeln 79, 82; Ein
Krokodil zum Frühstück 80, 83; Mich
laust der Affe 81; Nestwärme 82.
R: 26-teilige Fs.-Serie: Afrikanische
Tierwelt; 7-teilige Fs.-Serie: Tiere hinter
Zäunen - Unnatur od. Rettung?; 26-
teilige Fs.-Serie: Auf der Suche nach
den letzten Wildtieren Europas.

Dross, Armin, Journalist; Verb. d.
Übers.lit. u. wiss. Werke; Gerhart-
Hauptmann-Str. 20, D-7814 Breisach am
Rhein, Tel. (07667) 7945 (Strasburg/
Westpr. 3.9.12). Novelle. **Ue:** P.
V: Deutschland und Polen in
Geschichte und Gegenwart 64/65.
MA: Die Probe 57; Deutsche Gegen-
wart 58, 69; Deutsche Erzähler 67;
Lexikon zur Geschichte der Parteien in
Europa 81.
F: Deutschland und die Polen. Ein
Dialog über Gemeinsamkeiten in ihrer
Geschichte 64, 71; Ein Sohn unserer
Stadt 83.
R: Der erste Tag des Krieges 79.
Ue: Josef Mackiewicz: Kontra u. d. T.:
Tragödie an der Drau 57, Droga
Donikad u. d. T.: Der Weg ins Nirgend-
wo 59; Tadeusz Nowakowski: Obóz
Wszystkich Swietych u. d. T.: Polonaise

Allerheiligen 59; Piknik Wolności u.d.T.:
Picknick der Freiheit 61; Juliusz
Mieroszewski: Kehrt Deutschland in
den Osten zurück? 61; Tadeusz
Różewicz: Przerwany Egzamin u.d.T.: In
der schönsten Stadt der Welt 62; Leszek
Kolakowski: Karl Marx und die
klassische Definition der Wahrheit;
Adam Schaff: Kritische Bemerkungen,
beide in: Labedz: Der Revisionsimus 65;
J. Korczak: Jak kochać dziecko u.d.T.:
Wie man ein Kind lieben soll 68; Prawo
dziecka do szacunku u.d.T.: Das Recht
des Kindes auf Achtung 70; Die
katholische Kirche im Wartheland 1939-
1945 83. — **MUe:** Jan Kawalec: W nocy
drzewa chodza u.d.T.: In der Nacht
wandern die Bäume 83.

Droste, Lotte, s. Brügmann-
Eberhardt, Lotte.

Drozdowski, Georg, Prof., Redakteur i.
R.; P.E.N. 61, Künstlergilde e.V., Verb. d.
Heimatvertr. Kulturschaffenden 61,
ÖSV 65, Kärntener SV 65; Nikolaus-
Lenau-Preis 60, Theodor-Körner-
Förderungspreis der Theodor-Körner-
Stiftung Wien 65, Würdig.pr. d. Ldes
Kärnten 77, Ehreng. z. Andreas
Gryphius-Pr. 82; Societatea Academica
Romana, Roma, Intern. Nestroy-Ges.
Wien 80, Friedr. Torberg Ges. Wien 82;
August-Jaksch-Str. 1/III, A-9000
Klagenfurt, Tel. (04222) 56860
(Czernowitz/Bukowina 21.4.99). Lyrik,
Hörspiel, Drama, Kurzgeschichte.
Ue: Rum, P.
  V: Gedichte 34; Der Steinmetzgarten,
G. 57; Odyssee XXX. Gesang, dramat.
Dicht. 58; Gottes Tiergarten ist groß, G.
59 Mit versiegelter Order, G. 63; Sand im
Getriebe der Sanduhr, G. 65; Floh im
Ohr - Dorn im Herzen, Erzn. 65; Epheta,
G. 69; Militärmusik, Erzn. 67; Epheta, G.
69; An die Wand gemalt, G. 72; Iro-
Niersteiner Spätlese, G. 75; Spitz-
findigkeiten, G. 78; Bei Durchsicht
meiner Brille, G. 79; Die Spur deiner
Schritte, G. 82; Seltsam, öffne dich?,
Erzn. 83.
  MA: Die Schwinge 54; Tür an Tür 55;
Aber das Herz hängt daran 55; Land in
uns 60; Erbe und Auftrag 60; Tau im
Drahtgeflecht 61; Unter dem Kreuz der
Begabung 63; Das zeitlose Wort 64;
Lyrik der Landschaft Kärnten 64;
Sakrale Kunst in Kärnten 67; Der große
Käfig Welt 70; Kärnten im Wort 71;
Kärnten Melodie einer Landschaft 72;
Dichtung aus Kärnten 72; Fährten 72;
Kärnten 76; Neue Gedichte aus Öster-
reich 82, alles Anth.

MH: Maske und Kostüm 76.
  R: Totentänzchen; Dreikönigspara-
phrase; Odyssee XXX. Gesang; Martins-
legende; Der Brief von irgendwo;
Herschkowitsch oder Die Zigarette,
Hsp.
  Ue: Vintila Horia: Acolo si stelele ard
u.d.T.: Dort brennen sogar die Sterne, R.
54; Lucian Blaga: Ausw. v. Ged. u.d.T.:
Die Gezeiten der Seele 63. — **MUe:** Die
Lyra des Orpheus 52; Unsterbliches
Saitenspiel 56; Liebesgedichte 58;
Religiöse Lyrik des Abendlandes 58;
Panorama moderner Lyrik 61.

Drozza, Peter, s. Orzechowski, Peter.

Drude, Lothar, Schriftsteller,
Schauspieler; VS 79; Zöllnerstr. 30, D-
3100 Celle, Tel. (05141) 6154 (Zierenberg
4.7.46). Drama, Lyrik, Roman.
  V: Die Göttin der Erleuchtung,
Theaterst. 78; Hau ab — du störst,
Theaterst. 78; Lückebömmel, Theaterst.
79; Niederschläge, Lyrik 79; Ohne mich,
R. 79; Die Schatzinsel 79; Des Kaisers
neue Kleider 80, beides Theaterst.. —
MV: Frieden & Abrüstung — ein bdesdt.
Leseb., Lyrik 77; Augen rechts, Lyrik 80.
()

Dubach, Ruth, Sprachgestalterin,
Schauspielerin; Dorneckstr. 19, CH-4143
Dornach, Tel. (061) 726068 (Münsingen
3.4.29). Lyrik.
  V: Sonnenlauf, G. 78.
  H: Maurice Aeberhardt: Ich 79.

Dubbe, Daniel *

Dubbert, Ann-Susan, Lehrerin;
Hindenburgdamm 46, D-1000 Berlin 45
(Berlin 8.7.49). Lyrik.
  V: Innen — Außen, G. 81.

Dubina, Peter (Ps. Peter Derringer,
Peter Dörner), Schriftsteller; Albert-
Schweitzer-Str. 1, D-7918 Illertissen, Tel.
(07303) 5362 (Iglau/ČSR 1.7.40). Jugend-
buch.
  V: Langmesser und Mokassins 69, 71
(auch dän. 70); Im Land der Büffeljäger
68, 71; Der schwarze Mustang 70, 72
(auch schwed. 71); Texas-Rangers 70;
Der letzte Aufstand 71 (auch tschech.
70); Geronimo-Triologie 69 — 71; Indian-
River 71; Die Leute von der Shiloh
Ranch III 71; Das letzte Duell 71; Mars -
Planet der Geister 70, 75 (auch holl. 72);
Entscheidung im Weltraum 73, 76 (auch
engl., am. 76); Lasso, Colt und
Cowboysattel 73; Die große Büffeljagd
73; Jagd auf den schwarzen Mustang 72,
76; Der Skalpjäger 72.

Dubler, Frank, Gymnasiast;
Buchlenweg 6, CH-3043 Uettlingen, Tel.

(031) 820816 (Port b. Nidau 2.9.65).
Kurzgeschichte, Roman, Lyrik.
V: Peter Malkowski, Kurzgesch. 82;
Begegnung mit M. oder am Ende war
das Feuer, Kurzgesch. 82; Fall von drei
Blättern, Kurzgesch. 83.

Dubois, Paul, s. Hahn, Rolf.

Duchow, Christa, Übersetzerin; VS 70-
82; Roentgenstr. 19/82, D-5300 Bonn 2,
Tel. (0228) 330633 (Gülzow/Pommern
7.2.18). Märchen, Kindergesch., Kinder-
funksend. **Ue:** E.
V: Oberpotz und Hoppelhans,
Kinderb. 62. — **MV:** Nun zünden wir die
Lichter an 63, 64; Es war einmal eine
Königin, Mb. 65; Zauberspuk und gute
Geister; Mein liebstes Geschichtenbuch
67.
R: Räuber und Prinzessin; Die Prinzessin Tausendschön; Der faule Heinrich; König Knackerknuck; Der unbe-
scheidene Fritz; Die Prinzessin Naseweis; Der Wassermann und die Blumen-
elfe; Zwerg Hutzelfratz; Zwerg Bimmel-
bommel; Brummelbär; Wie der
Brummelbär auf das Mauskind auf-
paßte; Die Hexe Hinkelhutz; Puhfi, die
kleine Hexe; Der kleine Drache; Die
Elfe in der Puppenstube; Ein alter
Mann feiert Weihnachten, u.a., alles
Hörsend.; Zauberer Bubu, Fsp.

Duchstein, Fritz, Fabrikbesitzer;
Kanalstr. 198, D-3016 Seelze (Magdeburg
8.11.20). Roman, Kurzgeschichten. **Ue:** E.
V: Heiße Herzen, kalte Fische, R. 63;
Geh lieber angeln, unterhalt. Fachb. 64;
Käpt'n Hunters Angelfahrten, Reiseb. in
R. 64.
Ue: Angling Ways u.d.T.: Fische,
Köder, Fangmethoden 65. ( )

Ducommun, Aline, s. Valangin, Aline.

Duden, Anne; Livländische Str. 18, D-
1000 Berlin 31, Tel. (030) 8531539
(Oldenburg i.O. 1.1.42). Prosa. **Ue:** E.
V: Übergang, Prosa 82.

Dühnfort, Erika, Waldorflehrerin, Doz.
f. Waldorfpäd. i.R.; Wettinerstr. 57, D-
5600 Wuppertal 2, Tel. (0202) 595339 (Bad
Salzuflen 17.2.17). Erzählung, Hörbild,
Hörfolge, Kinderstundenmanuskript,
Buchbesprechung, biographische
Skizze, literarische Aufsätze. **Ue:** E, F.
V: Vom größten Bilderbuch der Welt,
Sternbildergeschn. durch d. Jahr 77,
4.Aufl. 81; Der Sprachbau als Kunst-
werk, Grammatik im Rahmen der
Waldorfpädagogik 80. — **MV:** Der
Anfangsunterr. im Schreiben u. Lesen
in seiner Bedeut. f. d. Lernen u. d. Ent-
wickl. d. Kindes 71, 2.Aufl. 78.

R: Lit. Send. 27-42; Schillers Freundschaften als Stufen seines Lebensweges
60; Ein Recht auf die eigene Bahn im
All, Lindberghs Ozeanflug 61; Ein Leben
aus der Kraft des Geistes, Zum 100. Geb.
von Rudolf Steiner 61; Waldorfpädagogik 70, alles Hb. u. Hf.

Düngel, Lieselotte (Ps. Düngel-Gilles),
Programmierer; Karl-Liebknecht-Str.
98, DDR-1405 Glienicke, Tel.
Mühlenbeck b. Berlin 7319 (Lauenburg/
Elbe 14.6.22). Jugendliteratur.
V: Knud Rasmussen 63, 82 (auch
franz., tschech., slowak.); Zum Volk der
Stromwirbel 71; Polli 80, 82; Freila, e.
Tag im Leben eines Kuckucks, Bilderb.
83.
R: 35 Kinderfunk-Hsp.

Düngel-Gilles, s. Düngel, Lieselotte.

Düning, Karl Heinz, c/o Verl. Die
Kommenden, Freiburg i.Br..
V: Bis hin zu den Sternen, G. 82. ( )

Dünky-Schlageter, Johanna (Ps.
Jeanne Schlageter), Hausfrau; Ehren-
medaille d. Hans-Christian-Andersen-
Pr., Ehrenliste des IBBY 72; Amselstr. 7,
CH-4142 Münchenstein (Basel 22.9.17).
Jugendbuch.
V: Die Flucht mit Luzifer, Jgdb. 69;
Goldina muß siegen 78. ( )

Dünnebier, Anna, s. Dünnebier-v.
Paczensky, Anna.

Dünnebier-v. Paczensky, Anna (Ps.
Anna Dünnebier), Journalistin; VS 81;
Hauptstr. 282A, D-5330 Königswinter,
Tel. (02223) 24744 (Stuhm 21.1.44). Film,
Hörspiel, Prosa.
V: Der Berlinfresser, Erz. 69;
Lindhoops Frau, R. 81. — **MV:** Aktuelles
Bremen ABC, Ess. 82.
F: Berlinfresser 70.
R: Besuch 68; Als Zeugen 70; Alles in
Butter 75; rd 30 Fernseh-Dokumentat.

Dünninger, Eberhard, Dr., MinR.;
Rossinistr. 46, D-8011 Baldham, Tel.
(08106) 8168 (Würzburg 26.6.34).
Sachbuch (Literaturgeschichte,
Geschichte), Hörbild.
V: Die christliche Frühzeit Bayerns
66; Begegnung mit Regensburg 72,
2.Aufl. 82; Johannes Aventinus 77;
Bayerische Bibliothek IV 80; Johann
Andreas Schmeller u. d. Oberpfalz 81. —
MV: Erlebtes Bayern 78; Angelus in
Franken 79.
MH: Bayerische Literaturgeschichte
in ausgewählten Beispielen 65 — 67 II.

Duensing, Jürgen (Ps. Frank
Callahan, J.C. Dwynn, John Blood,

Terence Brown); Riemenschneiderstr. 10, D-8750 Aschaffenburg, Tel. (06021) 92981 (Aschaffenburg 28.10.41). Roman, Erzählung, Kurzgeschichte.
V: Üb. 250 Spannungsromane: Western, SF, Grusel-Krimis, weit. R. i. d. Serien: Lassiter, Santana, Skull-Ranch, Apache Cochise, Die harten Vier; (auch belg., holl., jugosl. u. finn. Übers.).

Dürr, Rolf, StudR., Doz. am Studienkolleg d. Freien U. Berlin; VS 79, Vorst. NGL 82; Wangerooger Steig 10, D-1000 Berlin 33, Tel. (030) 8231414 (Berlin 20.12.33). Roman, Lyrik, Drama.
V: Ist Krosigk ein Faschist? Begegnungen mit Leuten von nebenan, R. 78; Von Tobias u. anderen Männern, G. 80.
MA: u. MH: Stadtansichten, Jb. f. Lit. u. kult. Leben in Berlin (W) 80, 81, 82; Weißt du, was der Frieden ist? 81.

Dürrenberger, Erica Maria; P.E.N.-Club, SSV, CH-4418 Reigoldswil, Basler Jura, Tel. (061) 961424 (Basel 28.2.08). Lyrik. **Ue:** F.
V: Der Silberbecher, Lyrik 57; Der geschenkte Tag, Lyrik 66; Der Sizilische Garten, Lyrik 68; Rote Milane, Lyrik 71; Dezembernächte 72; Winterjasmin 73; Geist der Rose I 74; Wortkristalle 75; Bis zur Entfaltung 77; Signale 81, alles G.; Geist der Rose, G.-Ausw. 1970-80 81; Roti Butte, G. in Basler Mda. 82.
MA: Haltla. Basel u. seine Autoren 78; Mir wei luege, Baselbieter Mda. 82.
Lit: Hartfrid Voss: Spektrum des Geistes, Literaturkalender 70.

Dürrenfeld, Eva, Dr.phil., ObStudR.; VS Rheinl.-Pfalz 80; Carl-Zuckmayer-Ges. e.V. 81; Alte Ziegelei 11, D-6554 Meisenheim, Tel. (06753) 2169 (Berlin 15.11.28). Lyrik, Essay, Kurzprosa.
V: Risse in der Luft, G. 79.
MA: Jb. f. Lyrik 3 81; Lyrik heute 81; Einkreisung, Lyr. 82; Echos, Lyr. u. Prosa 82; Illusion und Realität, Lyr. u. Prosa 83.

Dürrenmatt, Friedrich; Pertuis du Sault 34, CH-2000 Neuchâtel, Tel. (038) 256323 (5.1.21). Bühnenwerk, Roman, Hörspiel, Essay.
V: Es steht geschrieben, Dr. 47; Der Blinde, Dr. 48, 60; Pilatus, Erz. 49; Romulus der Große, Kom. 49, 57; Der Nihilist, Erz. 50; Die Ehe des Herrn Mississippi, Kom. 52, 57; Die Stadt 52; Der Richter und sein Henker, R. 52, 71; Nächtliches Gespräch mit einem verachteten Menschen, Hsp. 52; Ein Engel kommt nach Babylon, Kom. 53, 58; Der

Verdacht, R. 51, 70; Herkules und der Stall des Augias, Hsp. 54, Kom. 59, 63; Der Besuch der alten Damen, Kom. 56, 57; Theaterprobleme 55; Die Panne, Hsp. 55; Komödien 57; Grieche sucht Griechin, Prosakom. 55, 58; Das Versprechen, Requiem auf d. Krim.-R. 58, 65; Frank der Fünfte. Oper e. Privatbank 59, m. d. Untertitel: Kom. 64, m. d. Untertitel: Kom. e. Privatbank 60; Der Doppelgänger, Hsp. 60; Die Ehe des Herrn Mississippi, Kom. 61; Die Physiker, Kom. 62, 66; Die Heimat im Plakat. Ein Buch f. Schweizerkinder 63; Komödien und frühe Stücke 63; Der Richter und sein Henker. Die Panne 64, 65; Komödien, Ausw. 65; Der Meteor, Kom. 66, 78; Theater-Schriften und Reden 66, 69; Die Wiedertäufer, Kom. 67; 4 Hörspiele, Hsp. 67; 4 Hörspiele 68; Das Bild des Sisyphos 68; König Johann. Nach Shakespeare 68; Monstervortrag über Gerechtigkeit und Recht 69; Sätze aus Amerika 70; Der Sturz, Erz. 71; Titus Andronicus, Kom. 70; Porträt eines Planeten 71; Der Mitmacher, Kom. 73; Zusammenhänge. Ess. über Israel. Eine Konzeption 76; Der Mitmacher. Ein Komplex, Prosa 76; Die Frist, Kom. 77; Albert Einstein, Vortr. 79; Die Panne, Kom. 79; Achterloo 83.
MA: Erzählungen, m. A. Andersch, H. v. Doderer u. H. Broch 64, 70.
R: Stranitzki und der Nationalheld 52, 59; Das Unternehmen der Wega 58; Die Panne 56, 61; Der Richter und sein Henker 57; Herr Korbes empfängt 57; Der Prozeß um des Esels Schatten 56; Abendstunde im Spätherbst 59, u.a. Hsp.
S: Herkules und der Stall des Augias.
Lit: Der unbequeme D., m. Beitr. v. G. Benn, E. Brock-Sulzer, F. Buri, R. Grimm, H. Mayer, W. Oberle 62; H. Mayer: D. u. Frisch 65; E. Neis: Erläuter. z. D.s "D. Besuch der alten Dame" u. "D. Physiker" 65; O. Keller: F. D.: D. Physiker, Interpret. 70; A. Achim: F. D. 71.

Dürrson, Werner, Dr. phil.; VS 70, P.E.N. 80; Lyr.Pr. d. Südwestpresse 51, Ehreng. d. Erich-Heckel-Stift. 71, Dt. Kurzgesch.pr. 73, 83, Lit.pr. d. Stadt Stuttgart 79, Stip. d. Kunststift. Bad.-Württ. 79/80, Schubart-Pr. 80; Schloß Neufra, D-7940 Riedlingen/Württ., Tel. (07371) 4242 (Schwenningen/N. 12.9.32). Lyrik, Prosa, Drama, Essay, Hörspiel. **Ue:** F, E.
V: Hermann Hesse. Vom Wesen d. Musik i. d. Dicht., Ess. 57; Blätter im Wind, G. 59; Bilder einer Ausstellung, G.

59; Kreuzgänge, G. 60; Dreizehn
Gedichte 65; Schattengeschlecht, G. 65;
Schneeharfe, G. 66; Flugballade, G. 66;
Drei Dicht.n - Flugballade, Schneeharfe,
Glasstücke, G. 70; Höhlensprache, G. 74;
mitgegangen — mitgehangen, Gedichte
1970-75 75, 2. Aufl. 82; Neun Gedichte 76;
Schubart-Feier. E. dt. Moritat 79;
Schubart, Christian Friedrich Daniel,
Dr. 80; Zeitgedichte 81; Stehend bewegt.
Ein Poem 82; Ausleben, G. 83; Der Luft-
künstler. Dreizehn Stolpergeschichten,
Erzn. 83; Das Kattenhorner Schweigen,
G. 83.
H: u. **Ue:** Wilhelm von Aquitanien:
Gesammelte Lieder 69; Arthur
Rimbaud: Eine Zeit in der Hölle 70;
Margarete von Navarra: Liebesgedichte
74.
R: Schließ das Fenster 73.
S: Werner Dürrson liest Lyrik u.
Prosa 78.
Ue: Y. Goll: Der Triumphwagen d.
Antimons, G. 73; René Char: Lob ein
trocken gebautes Haus 82; Henri
Michaux: Eckpfosten, Aphor. 82,
Momente, G. 83.
Lit: U. Keicher: Werner Dürrson, Einf.
u. Bibliogr. 76; Ich bleib dir auf den
Versen, W.D. z. 12.9.1982.

Düser, Georg, c/o Paape-Verlag,
Oldenburg/Oldb..
V: Die schöne Lilofee, Nn. 80;
Gesammelte Werke I (Ich bin) 2.Aufl. 81;
Liebe, Rausch und Tod 82. ( )

Düx, Heinz (Ps. Henry Düx), Dr., RA.,
Eschwegerstr. 10, D-6000 Frankfurt a.M.,
Tel. (0611) 442094. Roman.
V: Fliehen wäre leicht, R. 79.

Düx, Henry, s. Düx, Heinz.

Duff, Howard, s. Basner, Gerhard.

Duffner, Wolfgang, c/o Suhrkamp
Verlag, Frankfurt a.M..
V: Äulemer Kreuz, Kom. 80. ( )

Dufour, Louis (Ps. Ulf Uweson),
Schriftsteller, Zeichner u. Maler,
Holzschnitzer; Casella postale 301,
Tinasso Via Palazzo Golf, I- San Remo
u. Schlachtstr. 7, D-6972 Tauber-
bischofsheim (Bad Kissingen 4.11.95).
Drama, Lyrik, Roman, Novelle,
Erzählung, Bühnenstück, Jugendbuch,
Film. **Ue:** E.
V: Der einsame Hof, R.; Der Mörder,
R.; Der Waldwolf, R.; Das Haus in der
Heide, R.; Der Schatz am Llanquihue,
Jgdb.; In Afrika verschollen, Erz.; Wir
bauten die Bagdadbahn, Erz.; Das tolle
Dutzend, R.; Aufs Herz kommt's an,
Jgdb.; Die Ortsteinburg, Nn.; Der

Marquis und das Mädchen, R.; Ein
Vagabund findet heim, Erz.; Der
Gepäckträger von Alsum 61; Verträumte
Wanderungen durch das französische
Land 61; Die Inseln des Kapitän Flint,
R. 67; Wir fochten in Flandern; Sturm
über Flandern; Dörfer in Flandern;
Fünf Menschen; Der Zacherl;
Entscheidend war das Maskenfest; Pille
und Pinsel, alles Dr.
MA: Die Mannschaft, Anth. ( )

Dugall, Harry, Bundesbahnbeamter a.
D.; VS 64 — 74, FDA 74; Mitgl. d.
Hermann-Löns-Kreis Münster; Am
Bahnhof 2, D-6301 Staufenberg/Hess. 3,
Mainzlar, Tel. (06406) 2193 (Striegau/
Schles. 28.4.13). Lyrik, Novelle, Reise-
beschreibung, Biographie, Kurz-
geschichte, Laienspiel.
V: Wanderungen durch unsere
hessische Heimat, Reisebeschr. 58;
Wenn die Jahre gehn dahin ..., Poesie
und Prosa 59; Alles was das Herz
bewegte, G. u. Lieder, G. 61; Hermann
Löns - Mein Lieblingsdichter, Studie 62;
Hermann Löns, Eine biogr. Studie 66;
Auf Wanderwegen durch die Jahre, G.
70; Die Liebe hat gesiegt, Laiensp. 70;
Ein Maler seiner Heimat (Der Kunstmaler u. Graphiker Hubert Wüst) Biogr.
71; Ich warte auf Dich, Laiensp. 71;
Wellenlinien des Lebens. Autobiogr.
Aufzeichnungen 73; Auf alten
vertrauten Wegen, Reisebeschr. 75; An
den Ufern des Bodensee, Reisebeschr.
76 — 77; Sei mir gegrüsst — geliebter
See (Erlebter Bodensee), Reisebeschr.
78; Dankbares Erinnern (Gedichte aus
meinem Leben), G. 78; Der Erinnerung
Widerhall. Leseproben aus d. Veröff. d.
letzten 5 Jahrzehnte 80; Wellenlinien
des Lebens, Autobiogr. Aufzeichn. II 80.
MA: Spuren der Zeit, Sammelbde f.
Dichtung d. Gegenwart IV 69; Mit einer
neuen Schreibmaschine fing es an,
Anth. 69; Visitenkarte, Anth. II 63, IV 64,
V 65; Visitenkarten Bd II, Anth. 72.
Lit: Bibl. aller Veröff. v. Jahre 1942 bis
z. J. 1980 80.

Duhme, Wilhelm, Oberverwaltungsrat
i.R.; Autorenkreis Ruhr-Mark; Auf dem
Kuhl 64, D-5800 Hagen, Tel. (02331)
65718 (Berge 24.12.14). Lyrik.
V: Aus den Oasen meiner Einsamkeiten, G. 82.

Dum, Hans Heinz, Prokurist i. R.; 2.
Vors.-Stv. d. Ver. Dichterstein Offenhausen, Leiter d. Offenhausener Schriftst.-Arb.-Kreises; Ehrenbecher 76, Lyrik-
preisträger 78, Dichtersteinschild Offenhausen 83; EM d. Dt. Kulturwerks

europ. Geistes, München; Neubaugasse 4, A-3822 Karlstein a. d. Thaya, Tel. (0844) 310 (Etsdorf am Kamp/NdÖst. 24.10.06). Lyrik, Essay, Prosa.

V: Sinnbilder im Waldviertel 43; Das Unversehrte, G. 71; Das Dunkle zu beugen, G. 78; Der Dichter Robert Hamerling 1830-1889 80; Walther von der Vogelweide, zum 750.Todesj. d. Minnesängers 81.

MA: Deutscher Gesang. Neue Lyrik 71; Land vor der Stadt. Gedichte Weinviertler Autoren 73; Zehn weitere Anth.

H: Wort um den Stein. Dt. Gedichte 74; Schildträger. Gedichte u. Prosa um den Dichterstein Offenhausen 76.

Dumschat, Bruno, c/o R.G. Fischer-Verl., Frankfurt a.M..
V: Gedichte über Ostpreußen, den Schwarzwald und die Bundesbahn 83. ( )

Dumser, Ludwig, Realschuldirektor i.R.; Regensburger Schriftstellergr.; Ludwig-Forster-Str. 18, D-8330 Eggenfelden, Tel. (08721) 3786 (Lam/Bayr. Wald 22.6.16). Lyrik, Erzählung.
V: Landschaft des Lebens, Lyrik 62.
MA: Mitten im Strom 56; Mütter und Blumen 58; Liebende 58; Haus der Kindheit 59; Damit uns Erde zur Heimat wird 59; Das tägliche Leben 60; Um den Schlaf gebracht 64, alles Lyrik-Anth.; Lehrer-Autoren der Gegenwart, Anth. 69; Quer, Lyrik-Anth. 74; Anthologie 2 Prosa 69; Land ohne Wein und Nachtigallen, Lyrik-Anth. 82.
H: Stimmen der Dichtung, lyr. Schulanth. 67.

Duncker, Christoph, Dekan; Kaiserstr. 81, D-7410 Reutlingen, Tel. (07121) 42879 (Heilbronn a.N. 10.12.14). Heimat- u. Reformationsgeschichte.
V: Ausblick von der Weibertreu 68; Matthäus Alber — Reformator v. Reutlingen 70. ( )

von Dungen, Norbert V. *

Dunkel, Ulrich, Chefredakteur, Lektor; Strindbergweg 12, D-2000 Hamburg 55, Tel. (040) 860547 (Carlshagen/Pomm. 28.4.10). Tierbuch.
V: Geheimnisvolle Tierwelt 53; Für Hagenbeck in Afrika 53, 56; Forscher, Fallen, Fabeltiere 54; Wölfe wandern westwärts 55; Tiere am Meer 59; Abenteuer mit Seeschlangen 61; Wilderer in der Schlinge 61, 66; Für die Wildnis geboren 67; Neben dem Pirschpfad 68; Jagen heute 73; Wildtiere 76; Wasservögel 77; Greifvögel 78; Pilze, Beeren, Kräuter 78. — **MV:** Lockende Jagd 70; Mit grünen Federn 79.

H: Jugend-Brehmhefte seit 50; Der illustrierte Brehm 65, 70.
R: Lautlose Jagd, Fs.-Sdg.

Dunkelmann, Kurt, c/o Hinstorff-Verlag, Rostock, DDR.
V: De letzte un de ierste Tiet, plattdt. Geschn. 82, 83. ( )

Dunsch, Günther, Fabrikant; FDA 74; Bundhorster Ch. 5, D-2323 Ascheberg, Holst., Tel. (04526) 673 (Köln 18.5.34). Lyrik, Essay.
V: Tag- und Traumsignale, Lyrik 68; Im Rückfluß der Tage, Lyrik 75; Solange noch Atem ist, Lyrik 80.
MA: Visitenkarten, Anth. 65.

Dunsche, Monika *

Dupré, Lutz, Fernseh-Redakteur i.R., Filmmacher; VG Wort; Buchenweg 8, D-5024 Pulheim-Sinthern, Tel. (02238) 6108 (Hagen, Westf. 23.6.21). Kinder- u. Jugendbücher, Märchenb., -filme u. -fsp.
V: Der eiserne Hannibal 63; Blinkzeichen in der Nacht 64; Die zwei Schlunze 72; SOS — Delia 75.
F: zahlr. Kinder- u. Jugendf..
R: zahlr. Fsf. f. Kinder, darunter etliche Puppenfilme (Marionetten, Stockhandpuppen u. Phasenpuppen). ( )

Durben, Maria-Magdalena (Ps. MM Durben), Schriftstellerin; RSG 78; Prosapreis Econ-Jubiläumswettbew. Düsseldorf 74, Intern. Woman of 1975 - with laureate honors 75, International Man and Woman Prize, m. Wolfgang Durben, f. partnersch. Arb. a. d. Gebiet d. Kunst u. Lit. 75, 2. Preis im Lyrikwettbew. Zwei Menschen 76, Ehrendoktor: Ph. D. Univ. Danzig, New York 77, Litt. D. The Free Univ., Karachi/Pakistan 78, Litt. D. World Acad. of Languages and Lit., Sao Paulo 78, Doctor of Humanities, Bodkin Bible Inst., Crafton/USA 79, Litt.D. World Acad of Arts and Culture Taipei 81, Ordem do Mérito "Antero de Quental", Dame Grand Cross, Sao Paulo 78, Excellence in Lit., The Intern. Society of Lit., Yorkshire 79; Chairman, Second World Congress of Poets Taipei/Taiwan 73, Decretum of Award ebda, EM UPLI Philippines 74, EM The Cosmosynthesis League - Guild of Contemporary Bards Melbourne 74, EM The Intern. Soc. of Lit. Yorkshire 79, korresp. Mitgl. Autorenkr. Plesse 82, Lit. Un. e.V. 68-82, Redaktionsleitung 71-82, Schriftführer 74-82, The Melbourne Shakespeare Society 74, Der Turmbund 74; Bodensee-Klub e.V. 76; Schulstr. 8, D-6645 Beckingen 1, Tel. (06835) 7440 (Berlin

8.7.35). Lyrik, lyrische Prosa, Kurzgeschichte, Erzählung, Reisebericht,
Essay, Märchen, Adaption, Rezension.
Ue: E, Schw, Fin, Austr (Pil).
V: Da schrie der Schatten fürchter-
lich, mod. Kunstm. 75; Schaukle am
blauen Stern, Narreng. 75; Unterm Glas-
nadelzelt, G. 76; Lichtrunen, G. 77. —
MV: Wenn der Schnee fällt, Kurzprosa
74, 78; Roter Rausch und weiße Haut,
Liebesg. 76; Wenn das Feuer fällt, Kurz-
prosa 76; Wenn die Asche fällt, Kurz-
prosa 76; Wenn die Maske fällt, Narreng.
77; Ein Berliner schnuppert Saarluft,
Saarlandkalender 78, heitere Verse und
Anekdoten 77; Zwischen Knoblauch und
Chrysanthemen, Südkorea-Abenteuer,
Reiseb. 80; Haiku mit Stäbchen. Japan-
Abenteuer/Auf einer Teewolke, Reiseb.
80, alles m. W. Durben, bzw. Wendolin.
MA: Méridiens Poétiques, fr.-dt. 74;
Symposion Stahl Stein Wort in
Homburg Saar, Dok. 74; 3. Anth. v.
Poesie u. Prosa 75; 4. Anth. v. Poesie u.
Prosa 76; Zwischen neunzehn und
einundneunzig, Frauenlyrik aus d. Kreis
d. Freunde 76; Nehmt mir die Freunde
nicht, Lyrik-Anth. aus d. Kreis d.
Freunde 76; Intern. Bildhauer- u.
Schriftsteller-Symposion, Anth. 76;
Lachen, das nie verweht, Funkerzn., Ess.
76; Nichts und doch alles haben, G. z.
Thema Hoffnung 77; Diagonalen, Kurz-
prosa-Anth. z. zwanzigj. Bestehen d. Lit.
Un. e.V. 77; Bewegte Frauen, Lyrik- und
Prosatexte zeitgen. Autorinnen 77;
Liebe will Liebe sein, Dokumen. eines
lit. Wettbewerbs zum Thema "Zwei
Menschen" 78; Anfällig sein, Prosa- und
Lyriktexte zeitgen. Autorinnen 78;
Mauern, Lyrik-Anth. 78; Viele von uns
denken noch, sie kämen durch ..., G. von
Frauen 78; Lebendiges Fundament, Lyr.
d. Gegw. 78; Die Zeit verweht im Mond-
laub, Renga-R. 4, 79; Über alle Grenzen
hin.../Gränslöst..., Anth. dt. Gegenwarts-
lyrik (in Dt. u. Schwed.) 79; Friends,
Foreign Poetry, südkoreanische Lyr.-
Anth. zum 4. World Congr. of Poets, in
div. Originalspr. mit Übersetz. ins
Englische 79; Ein Stern müßte dasein,
Weihnachten in Legn., Gesch. u. G. 80;
Pancontinental Premier Poets, The
Sixth Biennial Anth., G. (engl.) 80; Kl.
Anth. d. RSG z. Bayer. Nordgautag 1980,
Lyr. u. Prosa 80; Fifth World Congress of
Poets, Poems, G. in Originalspr. u. engl.
Übers. 81; An den Ufern der
Hippokrene, Lyr. 82; Widmungen-Ein-
sichten-Meditationen, Lyrik-Anth. 82;
Flowers of the Great Southland and
Born of the Beauty of Storm and Calm,

G. (engl.) 82; The Album of international
Poets, G. (engl.) 82; Antarrashtriya Kavi
Ek Manch Par, G. (Hindi) 82; rsg studio
intern., G. (dt. u. pers.) 82; Frieden und
noch viel mehr, Weihnachten im G. 82;
Gaukes Jb. 83, u.a.
H: Bunte Blätter, Inf. a. d.
Lit.geschehen 71-79; Franzi Ascher-
Nash: Essays aus jüngster Zeit (1974-
1975) 76. — **MH:** Unio, Zs. f. unver-
öffentl. Lyrik u. Kurzprosa, f. Übers. u.
Rez. 68-78; Diagonalen, Kurzprosa-Anth.
77; Mauern, Lyrik-Anth., Texte aus dem
lit. Wettbewerb zum Thema "Mauern", u.
Mauern, Kurzprosa-Anth., beide 78.
R: Leicht lebt sich's am Gesicht
vorbei, Lyriksend. 76; Cassette, schumm
sprechende bücher, "Liebe oder so", 10
Gesch. aus dem Alltag 80.

Durben, MM, s. Durben, Maria-
Magdalena.

Durben, Wolfgang (Ps. Jean-Marie
Pasdeloup, Wendolin Graf Willibald),
ObStudR.; RSG 78; Saarländ. Erzähler-
preis 64, Cert. of Merit London 69, World
Poetry Pr. New York 73, Intern. Man
and Woman Pr., zus. m. MM Durben 75,
Pr. d. 7. Lit. Wettb. d. Ostdt. Kulturrats
75, Ehrendoktor: Ph. D. Univers. Danzig,
New York 77, Litt. D. The Freè Univers.
Karachi/Pakistan 78, Litt. D. World
Acad. of Languages and Lit., Sao Paulo
78, Doctor of Humanities, Bodkin Bible
Inst., Crafton/USA 79, Honorary Doctor
of Philosophy, The China Acad. 79,
Litt.D.h.c. World Acad. of Arts and
Culture Taipei 81, Ordem do Mérito
"Antero de Quental", Knight Grand
Cross, Sao Paulo 78, Excellence in
Literature, The Intern. Society of
Literature, Yorkshire 79; Gründer Lit.
Union 56, Präs. bis 82, The Melbourne
Shakespeare Soc. 74, Der Turmbund —
Ges. f. Lit. u. Kunst 74, Bodensee-Klub
e.V. 76, Decr. of Award, Sec. World
Congr. of Poets, Taipei/Taiwan 73, Hon.
Off. Unit. Poets Laur. Intern.,
Philippines 73, Hon. Dr., World Univ.
Sao Paulo 74, Ehrenmitgl. World Poetry
Soc. India 74, Ehrenmitgl. Cosmosynth.
League - Guild of Contemp. Bards,
Melbourne 74, World Cult. Council 74,
Ehrenkonsul Dominus Proj. Door, Goa,
India 74, Hon. Dir. "Acad. PAX MUNI",
Jerusalem 75, EM The Intern. Soc. of
Lit., Yorkshire 79; Schulstr. 8, D-6645
Beckingen 1, Tel. (06835) 7440 (Koblenz
12.8.33). Lyrik, Roman, Kurzprosa,
Libretto, Erzählung, Essay, Hörspiel,
Rezension. **Ue:** E, F, I, Schw.

V: Harte Lichter, G. 56; Was ist ein
Gedicht, Krit. Studie 71; Récolte de
Patatas et d'Etoiles, franz. G. 75. —
MV: Wenn die Flöhe niesen, heitere
Verse, m. H.A. Braun 60; Wenn der
Schnee fällt, Kurzprosa 74 u. 78; Roter
Rausch und weiße Haut, Liebes-G. 76;
Wenn das Feuer fällt, Kurzprosa 76;
Wenn die Asche fällt, Kurzprosa 76;
Wenn die Maske fällt, Narren-G. 77;
Zwischen Knoblauch und
Chrysanthemen, Südkorea-Abenteuer,
Reiseb. 80; Haiku mit Stäbchen, Japan-
Abenteuer/Auf einer Teewolke, Reiseb.
80, alles m. MM Durben.
   MA: Saarländische Anthologie, G. 58;
In unserer Zeit zwischen den Grenzen,
Hsp./Funkerz. 70; Méridiens Poétiques,
Franç.-Angl. 74; Méridiens Poétiques,
Franç.-All. 74; Symposion Stahl Stein
Wort in Homburg Saar, Dok. 74;
Göttinger Musenalmanach a. d. Jahr
1975, Anth. m. Erstveröff.; 3. Anthologie
von Poesie u. Prosa 75; 4. Anthologie
von Poesie u. Prosa 76; Nehmt mir die
Freunde nicht, Lyrik-Anth. 76; Intern.
Bildhauer- u. Schriftsteller-Symposion,
Anth. 76; Nichts und doch alles haben,
G. zum Thema Hoffnung 77;
Diagonalen, Kurzprosa-Anth. 77;
Mauern, Lyrik-Anth. 78; Mauern, Prosa-
Anth. 78; Aber es schweigt das Dunkel,
Renga-R. 3, 79; Friends, Foreign Poetry,
südkoreanische Lyrik-Anth. z. 4. World
Congr. of Poets, in div. Originalspr. m.
Übersetzungen ins Engl. 79; Östlich von
Insterburg, Erz. 79; Pancontinental
Premier Poets, The Sixth Biennial
Anth., G. (engl.) 80; Kl. Anth. d. rsg zum
Bayer. Nordgautag 1980, Lyr. u. Prosa
80; Fifth World Congress of Poets,
Poems, G. in Originalspr. u. engl. Übers.
81; 33 phantast. Geschichten, Eine
Flaschenpost dtspr. Autoren d. Gegw. 81;
An den Ufern der Hippokrene, Lyr. 82;
Widmungen-Einsichten-Meditationen,
Lyr.-Anth. 82; Flowers of the Great
Southland and Born of the Beauty of
Storm and Calm, G. (engl.) 82; The
Album of international Poets, G. (engl.)
82; rsg studio intern., G. (dt. u. pers.) 82;
Gaukes Jb. 83, u.a.
   H: Reihe: Schüler schreiben ...
freiwillig, Antimärchen 71; Heutzeit-
fabeln grün 72/73; Heutzeitfabeln blau
72/73; Reihe: Elèves Ecrivains 74;
Brochette Tunisienne I 74. — **MH:** Unio,
Zs. d. Lit. Union 63-78; Bunte Blätter,
Inf. a. d. Lit.geschehen 74-79;
Diagonalen, Kurzprosa-Anth. z. 20j.
Bestehen d. Lit. Union 77; Mauern,
Lyrik-Anth., Texte aus dem lit.

Preisausschreiben zum Thema
"Mauern", und Mauern, Kurzprosa-
Anth., beide 78.
   R: Der einsame Narr, Kammerballett
60; Ballade vom verliebten Narren,
Beitr. z. Dt. Bdessängerfest 64.

Durian, Sibylle, s. Bechtle-Bechtinger,
Sibylle.

Dutli-Rutishauser, Maria; SSV, ZSV;
Preis Concorso "Riviera della Spezia"
62, 65, Ostschweiz. Radiopreis 61, Preis
Schweiz. Feuilletondienst 64, CH-8266
Steckborn, Tel. (054) 82178
(Obersommeri, Kt. Thurgau 26.11.03).
Roman, Novelle, Essay, Hörspiel.
   V: Der schwarze Tod, R. 30; Klänge
aus dem Süden, Erzn. 31; Das Haus der
Ahnen, R. (auch holl.); Das
heimatliche Land, G. 31; Heilige Erde, R.
33; Die Leute von Feldbach, R. 34; (auch
franz.); Das alte Lied, Erzn. 34; Der
Hüter des Vaterlandes, R. 35, 75 (auch
engl., franz., holl., ital.); Das Volk vom
Rütli, R. 39 (auch franz., ital.); Sturm
über der Heimat, R. 39 (auch franz.);
Theodul Biners Treue, R. 41 (auch
franz.); Von Lausbuben, Mädchen,
Sonderlinge, Helden, Jgdb. 42; Feldzug
der Liebe, R. 43, 50; Besiegtes Leid, R. 44
(auch holl., schwed.); Die Fahne der
Geschlagenen, R. 45 (auch fläm.); Gian
Gaudenzi, R. 46 (auch fläm.); Die
goldene Kette, R. 47; Die Nachfahren
des seligen Herrn Johannes, R. 48; Ein
glücklicher Mensch, Nn. 51; Das Wunder
der goldenen Schuhe, Legdn.; Die Magd;
Briefe aus der Zelle; Weiter als die Erde
reicht, R. (auch franz.); Spätes Glück
durch Isabelle, R. 63; Unterwegs zu
Moscheen und Steppen, Erz. 63;
Streifzüge durch Marokko, Jgdschr. 63;
Antlitz der Heimat, Erz. 64; Cäsar und
andere Tiergeschichten 67; Thurgauer
Legenden 68; Wo sind wir daheim, Tage-
buch einer älteren Frau 73, 74; Die
patente Großmutter, Erzn. 75; Alles
Lebendige lebt von der Liebe, Ess. 78.
   MA: wöch. Leitart. in: Meyers Mode-
blatt.
   R: Das Thurgauerlied; Ewiger
Hymnus; Der Glockenspuk am Boden-
see; Die goldene Stadt; Das Thurgauer
Mädchen am Kaiserhof; Mönchsminne
am Rhein; Der braune Bär; Der letzte
Sommer, alles Hsp.; Streifzüge durch
Sardinien; Die heiligen Drei Könige,
beides Hf.; De Konrädli bsuecht d'Frau
Königin, Hsp.

Duvanel, Adelheid; Gruppe Olten;
Lit.pr. d. Neuen Schweiz. Bibliothek,
Bern 70, Kl. Basler Lit.pr. 81; St.

Johanns-Ring 132, CH-4056 Basel, Tel. (061) 433415 (Basel 23.4.36).
V: Wände, dünn wie Haut 79; Windgeschichten 80; Das Brillenmuseum 82.
MA: Geschn. v. d. Menschenwürde 68; Eine Schweizerin ist, wenn man ... 70; Junge Schweizer erzählen 71; Basler Texte Nr. 6 76; Merkwürd. Gesch. aus Basel 78; Behaust u. befangen 81.

Duvart, René, s. van der Bourg, Werner.

Dux, Dennis, s. Breucker, Oscar Herbert.

Dvoretzky, Edward, Prof.; P.E.N.-Zentrum deutschspr. Autoren im Ausland 79; 2035 Ridgeway Dr., Iowa City, Iowa 52240/USA, Tel. (319) 3384745 (Houston, Texas 29.12.30). Lyrik, Kurzgeschichte, Übersetzungen.
V: Der Teufel u. sein Advokat, G. u. Prosa 81.
MA: G. in: Neue Dt. Hefte, Zs. f. dt.-am. Lit., Studies in Contemporary Satire, Lyrica Germanica, Das Boot, The Douglas Lit. Magazine, Lyrik 79, Skylark, Schatzkammer, Jb. Dt. Dichtung, Anth. d. Welt Haiku 1978, Tropfen, Spuren d. Zt., Weltweite Haiku Ernte 79, NAOS-Lit. d. Gegw., Schreiben

+ Lesen, Shisaku no/Fûga 80, Lyrik 80, 81, Jb. dt. Dichtung 80, 81, Silhouette-Lit. Intern., Renku Kenkyū, Nire, Nirro, Das Rassepferd 82, Vor dem Schattenbaum, Verweht im frühen Nebel, The Alphabetical Kasen 81, Gauke's Jb. 83.

Dwynn, J.C., s. Duensing, Jürgen.

Dyck, Norman, s. Dickmann, Ernst Günter.

Dyrlich, Benedikt, Dramaturg; SV-DDR seit 81; Otto-Nagel-Str. 31/1104, DDR-8600 Bautzen (Neudörfel, Kr. Kamenz 21.4.50). Lyrik, Kurzprosa, Essay.
V: Grüne Küsse — Gedichte 80; 3 Gedichtsbde in sorb. Spr. 75, 78, 80.
MA: u.a.: Juan überm Sund, Liebesgedichte 75; Bestandsaufnahme, Lit. Steckbriefe 76; Sorb. Lesebuch 81.

Dzubba-Sager, Alice; Schriftst. in Schlesw.-Holst. m. Eutiner Kreis; Fabrikstr. 2, c/o Firma Sager-Söhne & Co., D-2350 Neumünster (Kiel 4.7.04). Drama, Lyrik, Roman, Novelle, Essay, Märchen.
V: Israel unterwegs, Oase Hazeroth, R. um Mose 73; Es blieb zurück der Stein, G. 78; Eine Chronik 78; Meines Vaters Haus, R. u. Erinn. 83.

E

E., G., s. Eisenkolb, Gerhard.

Ebbinghaus, Heidi, Lehrerin.
V: Klasse 10 in Aufruhr 73; Wer hilft
Roberto? 74; Bettina soll das Mädchen
heißen 74; Übermütige Tage im Sonnen-
hof 74; Herrlich, ich bekomme ein
Brüderchen 74; Kleiner Bruder, große
Schwester 76.

Ebbinghaus, Jörgen, Prokurist i.R.;
Dornensiepen 1, D-5883 Kierspe 1, Tel.
(02359) 3040 (Bausenhagen 21.4.96).
Drama, Lyrik, Roman, Novelle, Essay,
Film, Hörspiel, Übers. **Ue:** G (Agr), L.
V: Das Bausenhagener Christgeburts-
spiel 29; Sirach Dreielf, R. 32; Das
Pfarrhaus im Grunde, Kindheitserinn.
34; Gedichte 34; Frühling, Erzn. 36;
Beiderseits des Hellwegs (Gesehenes
und Geschehenes) 80; Herz in Unter-
größe, Erzn. 81.

Ebeling, Jörn, Verlagslektor; VS 75;
Lüneburger Heerstr. 13, D-3100 Celle
(Celle 18.3.39). Lyrik. **Ue:** F.
V: Zungenschläge, Texte 64; Schatten-
boxen, G. 64; Y von Ebeling 65; Wid-
mung 66; Altenceller Rosengarten 69;
Fragezeichen ("?"), G. 77; Lobesstommel,
G. 77; 2, UE-music, endzüge, reclama-
tionen, G. 81; örter — bescheidene
topolalie, Kurztexte 83; 83,
tronckerbauck/upport, G. 83.
R: an der wand 76; zwischenwand 77;
die ganze wahrheit 77; Pas de Deux 79;
no: comment 80.
Ue: Gérard de Nerval: Gedichte 62;
Pierre Louÿs: Die Lieder der Bilitis 63;
Die Traumgeschichte des Pantagruel 73;
R. Radiguet: Pelikans 78; Aragon: Der
Spiegelschrank ...; Magritte und der
Surrealismus in Belgien, Kat. 82; H.P.
Roché: Victor, R. 83; Béranger: Lieder
83; Anth. belg. Surrealisten 84; Alain
Robbe-Grillet: Die schöne Gefangene, R.
84.

Eben-Ebenau, Reinhold, Farmer;
P.O.Box 172, Slave Lake, Alberta/
Kanada (Ebenau b. Saalfeld/Ostpr.
19.2.05).
V: Goldgelbes Herbstlaub. 20 Jahre
als Jäger in Canada 53, 55. — **MV:** Wild,
Weidwerk der Welt 55; Wild und Hund;
Die Pirsch.

Lit: L. Heck: Auf Urwild in Kanada
37; G. Duesberg: Zur Wildnis ferner
Wälder 38; L. Grf. Hoensbroech:
Jagdtage und Nordlichtnächte 50; R.
Schwarz: Jagen, mein Leben 60; R.
Schwarz: Die Erinnerung lebt 65.

ebenda, s. Veil, Joachim.

Ebener, Dietrich, Prof., Dr. phil. habil.;
Alice-Bloch-Str. 3, DDR-1505 Bergholz-
Rehbrücke, Tel. 216 (Berlin 14.2.20).
Drama, Lyrik, Roman, Novelle. **Ue:** G, L.
V: Landsknecht wider Willen. Die
Jugend d. Martin Hufenau, R. 55; Kreuz-
weg Kalkutta, R. 65; Vala und sein Sohn,
R. 77.
Ue: Euripides: Werke 66, 80 III;
Aischylos: Orestie 69, 71; Aischylos: Die
Perser 69; Homer: Werke 71, 83 II;
Theoprast, Charaktere 72, 78; Theokrit,
Sämtl. Dichtungen 73, 83; Griechische
Lyrik 76, 80; Aischylos, Werke 76;
Lucan: Der Bürgerkrieg 78; Die Griech.
Anthologie 81 III; Vergil: Werke 83.
s. a. Kürschners GK.

Ebener, Wilhelm, Dr. jur., ObRichter;
SSV; Romanpr. d. WSV; av. St. Francais
32, CH-1950 Sion (Wiler/Lötschental
8.11.98). Drama, Roman.
V: Die Tragödie Abels, Dr. 31; Am
Steuer des Abendlandes, R. 33 (auch
franz.); Der Doktor von Lötschen, R. 41;
Kein Sturm löscht das Licht, R. 44;
Macht des Bösen, R. 46; Kein Meer ist
zu weit, R. 65; Der Sklave der Claudia
Procula, N. 67; Von Zwei- und Vier-
beinern, Erz. 69; Die Geschichte der
Yane Wong, Nov. 74; An der Mutter
Hand 74; Lob & Minne, Lyr. 76; Sommer
in Heidelberg.
MA: Walliser Jahrbuch. ( )

Ebensperger, Albrecht, Prof. an e.
Handelssch., I-39026 Prad a. Stilfserjoch
(Mals 23.7.53). Drama
V: Südtirol — Das Niemandsland, Dr.
77. ( )

Eberhard, Käthe; Preis b. Erz.-
Wettbew. d. "Neuen Kirche", Bethel/
Bielefeld f. "Das hölzerne Zicklein" 49;
Omnibus-Kreis 55 (Ösel 7.2.00).
Erzählung, Kinderbuch.
V: Das hölzerne Zicklein 49; Karin
soll Kirschen haben 50, u. d. T.: Mats

hält den richtigen Kurs 56; Der wunderliche Weihnachtsengel 51; Das Opfer,
Erz. 59; Ein entscheidendes Ferien-
erlebnis, Erz. 60; Eine tolle Fahrt, Erz.
61; Die schwedische Tasche, Erz. 61.
MA: Omnibus. ( )

Eberhardt, Emmy *

Eberhardt, Lotte, s. Brügmann-
Eberhardt, Lotte.

Eberl, Dieter G., Bibliothekar; VS 74;
Hans-Böckler-Str. 12, D-4220 Dinslaken,
Tel. (02134) 56951 (Detmold 15.8.29).
Lyrik, Roman, Kurzprosa, Theater- und
Kunstkritik.
V: Dressuren, G. 77; Die Rasierklingen
meines Großvaters, Erz. 78; Roß u.
Reiter, R. 80.
MA: zwischenräume 63; Sie schreiben
zwischen Moers und Hamm 74, u.a.

Eberle, Josef (Ps. Sebastian Blau,
Peter Squentz), Dr., Mitherausgeber
Stuttgarter Zeitung; Dt. Akad. f. Spr. u.
Dicht.; Rosengartenstr. 9, D-7000
Stuttgart-Frauenkopf (Rottenburg-N.
8.9.01). Lyrik, Essay. **Ue:** E, F, L.
V: Ob denn die Schwaben nicht auch
Leut wären ... 36; Die schwäbischen
Gedichte des Sebastian Blau 45; Rotten-
burger Hauspostille 46; Interview mit
Cicero, Ess. 56; Laudes, lat. G. 59;
Stunden mit Ovid, Ess. 60; Amores, lat.
G. 61; Cave Canem! Vorsicht, beißt!, Epi-
gramme lat. u. dt. 63; Sal niger -
Schwarzes Salz, Epigramme 63; Latei-
nische Nächte, Ess. 66; u. d. Ps. Peter
Squentz: Phyllis und Philander, G. 68;
Echo perennis, lat. G.; Hier irrt Goethe.
Sprüche u. Gegensprüche; Aller Tage
Morgen, Jugenderinn; Caesars Glatze,
Ess., Mandarinentänze, u.a, 4 Bde
Schwäb. G; Sebastian Blaus "Schwobe-
spiegel" 81.
H: Viva Camena, lat. Anth. 61;
Psalterium profanum, Anth. mittellat. G.
lat. u. dt. 62.
Ue: Ovid: Heilmittel gegen die Liebe
60; Die Gedichte des Archipoeta 66.

Eberle, Raimund, Reg.Präs. v.
Oberbayern; Am Waldsaum 4, D-8021
Baierbrunn, Tel. (089) 2176553 (Rottau,
Ldkr. Traunstein 3.4.29).
MV: Was früher in Bayern alles Recht
war. Aus d. Anmerk. d. Wiguläus
Aloysius Freiherrn von Kreittmayr üb.
d. Codex Maximilianeus Bavaricus
Civilis 76.

Eberlein, Anne-Kathrein, stud.päd.,
Dipl.-Bibl.; LU; Prosawettbew. d. LU 78;
Beiertheimer Allee 36, D-7500
Karlsruhe, Tel. (0721) 36119 (Strehlen

8.9.37). Lyrik, Kurzgeschichte, Essay,
Lieder.
V: Tröste mich Einsamkeit 78; Leben
soll keine Strafe sein, Lyr. 81; Ich suche
den Anfang vom Regenbogen.
MA: Mauern, Lyr.-Anth. 78; Heimat,
Lyr.-Anth. 80; Gaukes Jb. 1981 80.

Eberling, Anneliese (Ps. Anneliese
Eberling-Ostertag); IGdA; Lyrik-Pr. d.
IGdA 80; GEDOK; Charlottenstr. 74, D-
7410 Reutlingen 1, Tel. (07121) 42214.
Lyrik, Kurzprosa.
V: Die roten Muscheln, Lyr. 75; Man
hätte nicht vorrübergehen sollen,
Kurzprosa 78; Tragt die Lampions, Lyr.
81.
MA: versch. Anth.

Eberling-Ostertag, Anneliese,
s. Eberling, Anneliese.

Ebersbach, Volker, Dr. phil.,
Hochschullehrer (bis 76); SV-DDR 78,
Hans-Fallada-Pr. 83; Gletschersteinstr.
37, DDR-7027 Leipzig (Bernburg/Saale
6.9.42). Novelle bzw. Erzählung, Lyrik,
Essay, Übers. **Ue:** L, S, Port, Rum.
V: Der Sohn des Kaziken, Zwei Erzn.
78; erweit. Ausg. u.d.T.: Selbstverhör 81;
Heinrich Mann, Biogr., 2.Aufl. 82;
Francisco Pizarro, Erzählte Biogr. 80,
2.Aufl. 82; Der Mann, der mit d. Axt
schlief, Erzn. 81; Poesiealbum 168, G. 81;
Peter auf d. Faxenburg, Kdb. 82. -
MV: Voranmeldung 3 73; Auswahl 72 72;
Don Juan überm Sund 75; Veränderte
Landschaft 79; Goethe eines
Nachmittags 79; Kindheitsgeschichten
79; Ovid od. Die Ästhetik d. Liebe, Ess.
in: Ovid, Die Liebeskunst 78; Vom
Geschmack d. Wörter, Miniaturen 80;
Seume in Teplitz, in: Das Huhn d.
Kolumbus 81.
H: Poesiealbum 120 Ovid 77.
Ue: G.V. Catullus: Carmina: Gedichte
74 (m. Ess.), 2.Aufl. 82; Carlos Cerda:
Weihnachtsbrot 78; Janus Pannonius:
Carmina: Gedichte in: Vom Besten d.
alten ungar. Lit. 78; Gedichte aus
Moçambique 79; Vergil: Aeneis,
Nachdicht. in Prosa, m. Ess. -
MUe: Agostinho Neto: Gedichte 77;
Julio Cortázar: Das Manuskript aus d.
Täschchen, Erzn. 80; Jan Kochanowski:
Ausgew. Dichtungen 80; Lyrik aus
Rumänien 80; Sorbisches Lesebuch 81.

Ebert, Günter; Fritz-Reuter-Pr. d. Bez.
Neubrandenburg 68, 82, Edwin-Hoernle-
Pr. d. Kinderbuchverl. Berlin 79, Hans-
Fallada-Pr. 83; Hittenkoferstr. 14, DDR-
2080 Neustrelitz, Tel. (0991) 7278

(Meerane 19.2.25). Literaturkritik, Essay, Kinderliteratur.
V: Ansichten zur Entwickl. d. epischen Kinder- u. Jgdlit. in d. DDR v. 1945 bis 1975 76; Mein Vater Alfons 77, 4.Aufl. 82; Das Atelierfest, Betracht. üb. d. Kunst zu leben 79, 2.Aufl. 82; Meine Freundin Katrin 80, 3.Aufl. 83; Die seltsamen Fälle d. Kommissars, R. 80; Eis für Hanke od. Woher kommt d. Milch 80.
B: Hermann Lorenz: Kumpel und Kumpanei, Autobiogr. 62; Kurt Klamann: Auf wilder Fahrt, Abenteuer-R. 74.
H: Der Mensch dein Freund, Anth. 66; Gedanken im Oktober, Anth. 67; Ihr Weg ins Glück, Anth. 69; Der Schornstein reitet auf dem Dach, Anth. 73; Alex Wedding: Aus vier Jahrzehnten. Erinn., Aufs. u. Fragmente zu ihrem 70. Geb. 75; Georg Chr. Lichtenberg: Fixsterne, Aphor. 79.
F: Mein Vater Alfons 81.

Ebert, Heinz, Lehrer, Kameramann; Walter-Rathenau-Pl. 6, DDR-1800 Brandenburg, Tel. 521645 (1.5.25). Roman.
V: Aufstand in Tyrus, abent. Erz. 67; Der Waldläufer von Bruchsee, Kinderb. 69; Der Knappe des Königes, hist. R. 83.
R: Im Dionysostheater von Athen, Kinderhsp. 73; Aber keiner war so frech, Hsp. 74; Wie Humphry Newmann seinen Acker verlor, Hsp. f. Kinder 75; Auf fremder Erde, Kinderhsp. 76; Ehrenhafte Räuber, Kinderhsp. 79, 81.

Ebert, Klaus, Journalist; VS 83; LIT 82; Volgerstr. 12, D-2120 Lüneburg, Tel. (04131) 402109 (Salzhausen/Kr. Harburg 12.8.53). Roman.
MV: Außen vor, m. Frank Göhre, R. 82.

Ebert, Walter (Sunthausen/Baden 24.5.07). Roman.
V: Die unvollkommene Ehe, R. 48; Die grinsende Maske 49; Mein Mann der Amerikaner, R. 52; Das Mädchen mit dem schlechten Ruf, R. 53; Gefährlicher Urlaub, R. 53; Verbrechen nach Schulschluß 56; Sache Feincis 61; Nach Paris der Sprache wegen, R. 62; Party im Hilton, R. 64; Die Partyprinzessin, R. 65; Die Gefangene von Tetuan 70; Eine Frau v. schlechtem Ruf, R. 78.
F: Dr. Crippen an Bord; Gefährlicher Urlaub; Verbrechen nach Schulschluß. ( )

Ebert, Wolfgang, Journalist; VS München 70; Volpinistr. 72, D-8000

München 19, Tel. (089) 152277 (Düsseldorf 10.2.23). Satire, Theaterstück, Fernsehspiel, Hörspiel. **Ue:** Am.
V: Ich kann wirklich nichts dafür 61; Soraya und ich 64; Wolfgang Eberts Party-Schule 67; Mich fragt ja keiner 68; Das Porzellan war so nervös, R. 75; Wolfgang Eberts beste Geschichten, Anth. 78, 81; Ein ganz normaler Neurotiker, R. 80, Tb. 82; Partytouren 81. – **MV: MA:** Anbetung des Korsetts 61; Stern-Antologie mit Satiren; Hallo Nachbarn 66; Auch in Pajala stechen die Mücken, Anth.; Vor uns die Sintflut, Anth. 74.
R: Der schwere Weg, Hsp.; Die Gangster von Valence, Hsp. u. Fsp. 57; Tanz aus der Reihe, Hsp. 58; Karussel, Fsp. 62; Der Mord zum Sonntag 72.
Ue: Jules Feiffer: Kleine Morde 69. ( )

Eblé, Thea (Ps. Thea Torsten); Bürgermeister Müllerstr. 13, D-2880 Brake/Unterweser, Tel. (04401) 4841 (Brake/Unterweser 8.10.18).
V: Runzis wundersame Reise, M. 64, 71, u.d.T.: Der fliegende Heinzelmann 72; Runzi und der Zauber-Ring, Weihnachts-Msp. 73; Doris u. die Lustig-Kinder, Schreibschrift-Kinderb. 65, 75.

Ebner, Fritz, Dr.med.; Hess. Journalistenverb.; Merck-Ehrung d. Stadt Darmstadt 73; Dt. Public-Relation-Ges., Merckkische Ges. f. Kunst u. Wiss., Vors. Darmstädter Goethe-Ges., stellvertr. Vors. Ges. Hess. Literaturfreunde; Frankfurter Landstr. 18, D-6100 Darmstadt (Friedberg i.d.W. 15.12.22). Kultur- und Literaturgeschichte, Reiseschilderung.
V: Auch Altern will gelernt sein 63; Georg Büchner - ein Genius der Jugend, Ess. 64; Das alte Darmstadt 65; Merck u. Darmstadt im Spiegel d. Generationen 77 (auch engl.); Darmstadt – rundum liebenswert 81 (auch engl., franz., span.); Musen wohl, doch auch Politik ... 82. – **MV:** Ischia 64; Von der Engel-Apotheke zum pharmazeutisch-chemischen Großbetrieb 77 (auch engl., franz., span.); Von Morris zum Bauhaus 77.
H: Erasmus von Rotterdam: Encomium artis medicae 60; Carl Vogel: Die letzte Krankheit Goethes 61; Rudolf Virchow: Goethe als Naturforscher 1861, Neuausg. 62; Peter v. Zahn u. I. Rheinholz: Forschung hat viele Gesichter 78 (auch engl., franz., span.); Krolow, Stangenberg-Merck, Fuchs: Glanz aus dem Glas 82; Goethe: Götz v. Berlichingen (Faksimileausg. v. 1773) 82; F. Schwarzbeck: Torso 82; Bräuning-

Oktavio: Luise Merck. Gesch. einer Ehe 83.

F: Tradition und Leistung; Ein langer Weg; 2 ccm Leben; Der unbekannte Kontinent.

Ebner verh. Allinger, Jeannie, Schriftstellerin, Übersetzerin, Redakteurin; VDÜ 63, SÖS 64-80, Öst. P.E.N. 67, I.A.K.V. 71, VS 71-80; Preis d. Theodor-Körner-Stiftungs-Fonds 55, Preis d. Bertelsmann-Novellen-Preisausschreibens 59, Preis d. Kulturamts d. Stadt Wien 61, Preis d. Kunstfonds d. Zentralsparkasse Gemeinde Wien 62, Musil-Preis d. Unterrichtsministeriums Wien 63, Willibald Pirkheimer Medaille 62, Stifter-Medaille d. Unterrichtsmin. Wien 70, Pr. d. Stadt Wien 71, Kulturpr. d. Ldes NÖst. f. Dicht. 72, Stip. des "Freundeskreis d. Verb. dt. Übersetzer", Gold Ehrenzeichen d. Ldes NdÖst. 78, Öst. Ehrenkreuz f. Wiss. u. Kunst I. Kl. 79; Kuratorium d. Willibald Pirkheimer Ges., Literar-Mechana 67, Vizepräs. der Literar. Verwertungsges. Wien, Mitgl. d. Kultursenats d. Landes NdÖst.; Schloßg. 3/8, A-1050 Wien, Tel. (0222) 5584875 (Sidney/Australien 17.11.18). Roman, Novelle, Kurzgeschichte, Essay, Lyrik. **Ue:** E.

V: Gesang an das Heute 52; Sie warten auf Antwort, R. 54 (auch holl.); Die Wildnis früher Sommer, R. 58; Der Königstiger, N. 59; Die Götter reden nicht, N. 61; Im Schatten der Göttin 63; Figuren in Schwarz und Weiß, R. 64 (auch slowen.); Gedichte 65; Prosadichtungen 72; Protokoll aus einem Zwischenreich, Erz. 75; Gedichte u. Meditationen 78; Sag ich, G. 78; Erfrorene Rosen, Erz. 79; Drei Flötentöne, R. 81; Zum Glück war Aktäon blind, N. 83. —

MV: Niederösterreich, Ess. 79.

H: Literatur u. Kritik, Zs.

R: Zu Gast bei: Christine Lavant 68, Johannes Urzidil 69, Thomas Bernhard 72.

S: Der kleine Clown; Nacht der Rosen; Fischerhütte am Meer 69.

Ue: H. V. Morton: Stranger in Spain u. d. T.: Spanische Reise 57; Nancy Halliman: Rough Winds of May u. d. T.: Kleine Lampe im großen Wind 58; Ludw. Bemelmans: Die Frau meines Lebens 59; Edna O'Brien: Country Girls u. d. T.: Die Fünfzehnjährigen 60; Bernard Frizell: Julie 61; Walter Macken: Gott schuf den Sonntag 62, Sunset on the Windowpanes u. d. T.: Wer Augen hat zu sehen 63; Miss Read: Miss Clare

remembers u. d. T.: Unser kleines Schicksal 64; Peadar O'Donnel: Islanders u. d. T.: Die Inselleute von Inniscara 64; Francis Mac Manus: Zieh hin, lieber Fluß 64, Watergate u. d. T.: Heimkehr nach Watergate 65; Meriol Trevor: A Narrow Place u. d. T.: Morgen werden wir leben 65; Miss Read: Blick über den Zaun 65; Salvador de Madariaga: Über Don Quixote 65; Peadar O'Donell: Die großen Fenster 66; Michael McLaverty: Zu ihren Lebzeiten 66; Yael Dayan: Spuren im Staub 67; Der Tod hat zwei Söhne 68; Derek Lambert: Engel im Schnee 70; Sarah Gainham: Die Nymphe 70; Scott N. Momaday: Haus aus Dämmerung 70; Cynthia Asquith: Schrecksekunden 71; Rosemary Harris: Eine Katze für Noahs Arche 72; Richard Bach: Die Möwe Jonathan Livingstone 72; Martin Esslin: Jenseits des Absurden 72; Virginia Hamilton: Der Planet des Patrick Brown 75; Ann Nall Stallworth: Nächstes Jahr um diese Zeit 75; Larry Woiwode: Beyond the Bedroom Wall u. d. T.: Jenseits der Schlafzimmerwand 80. — **MUe:** János Pilinszzky: Großstadt-Ikonen 71.

Ebner, Peter, Schriftsteller, Lehrer; Linke Wienzeile 40, A-1060 Wien, Tel. (0222) 573424 (Wien 27.6.32). Roman, Erzählung, Lyrik. **Ue:** E.

V: Der Erfolgreiche, R. 82; Das Schaltjahr, R. 83.

Ebner von Eschenhaym, Grete (Ps. Grete Ebner-Eschenhaym), Übersetzerin; Sellerhäuserstr. 10, DDR-7050 Leipzig O 5 (Eger 13.7.08). **Ue:** Tsch.

H: Christian Reuter: Schelmuffsky (Textbearb.) 54; Rainer Maria Rilke: Gedichte, Ausw. 57; Christian Morgenstern: Briefe 57; Jörg Wickram: Das Rollwagenbüchlein 58; Fabeln und Parabeln von Äsop bis Brecht 61; Georg Weerth: Streiflichter auf Old England 63; Louis Fürnberg: Ein Herz, von einem Traum genährt 64.

Ue: František Kubka: Abende am Schwarzen Meer 54; Karel Čapek: Die erste Kolonne 54; Leben und Werk des Komponisten Foltyn 54; Das Jahr des Gärtners 57; Geschichten aus beiden Taschen 57; Jarmila Glazarová: Die arme Spinnerin 59; Ivan Olbracht: Von der Liebe z. Monarchie 64; Jaroslav Hašek: Der Menschenhändler v. Amsterdam 65. ( )

Ebner-Eschenhaym, Grete, s. Ebner von Eschenhaym, Grete.

Ebnöther, Klaus *

Echternach, Helmut, Dr. theol. habil., Dr. phil., Prof., Pastor, StudLeiter; Pfingstberg 12, D-2050 Hamburg 80, Tel. (0411) 7243388 (Waltersdorf/Ostpr. 20.3.07). Roman, Novelle, Lyrik.
V: König und Kardinal, R. 37 u. d. T.: Der Eid des Hohenstaufen 48; Verborgene Schuld, 2 Nn. 47; Ein Mädchen aus der Normandie, Erz. 54; Auf Gottes Wegen, G. 62; Die Falltür, R. 65; Begegnung mit dem Ich 71; Eine Stunde davor ..., R. 75.
MA: G. in Anthol..
s. a. Kürschners GK.

Eck, Herbert, Dipl.-Chem., Dr.rer.nat.; Burg 11, D-8263 Burghausen, Tel. (08677) 61141 (Berlin 14.10.35). Märchen, Sage, Novelle, Religionsphilosophie.
V: Christus — ein Buddhist? 80; Geschichten vom Toba-See 83.

Eckart, Gabriele, Dipl.-Phisoloph; SV-DDR 79; Hans-Otto-Str. 40, DDR-1055 Berlin (Falkenstein/Vogtld 23.3.54). Lyrik, Novelle.
V: Poesiealbum, Lyr. 76; Tagebuch, Lyr. 79, 2.Aufl. 82; Per Anhalter, Prosa 82.

Ecke, Felix (Ps. Ralph Wiener), Dr. jur.; SV-DDR 63; Hallesche Str. 95, DDR-4250 Eisleben, Tel. 2023 (Baden b. Wien 15.5.24). Drama, Sat., Erzählung, Kabarett.
V: Geschichten meiner Frau, Lsp. 62; Fragen Sie Sybille, Lsp. 64; Gehört sich das?, heit Geschn. 72, 83; Ein himmlischer Abend, Lsp. 74; Kein Wort üb. Himbeeren, heit. Erzn. 79, 82. —
MV: So ein Betrieb, Kurzgeschn. 60; Freitag der 13., Brevier 60; Greif zur Frohkost, Kumpel!, Kabarett-Texte 62; Geschichten 62; Reimereien 63; Gefährtinnen der Macht, Var. z. Thema Frau 63; Die Abseitsfalle, Gl. 64; Das Tier lacht nicht, G. u. Geschn. 65; Kreise ziehen, Feuilletons 74.
MA: Eine Prise Fröhlichkeit, Erz. 76; Wo man liebt, da laß dich ruhig nieder!, G. 78.
F: Produktion geht vor, Kurzf.
R: Meine Frau macht Geschichten, Fsp. 74.

Ecker, Hans, c/o Verlag Haslinger, Linz.
V: Aus vergangenen Tagen, Geschn. zur Gesch. Oberöst. 81. ( )

Eckert, Alfred, Aeronautik-Historiker; Drentwettstr. 3, D-8900 Augsburg, Tel. (0821) 417652 (Augsburg 18.5.16).
V: Am Himmel ohne Motor 75; In blauen Wind 78.
H: Lütgendort 69; Ballon- und Luftschiffahrt 76; Leichter als Luft 78; Die letzten Abenteuer dieser Erde 81.
R: Im Ballon über die Alpen, Fsf; A. Stifter: Der Condor, Fsf. 82.

Eckert, Gerhard, Dr.; VDRJ, VDKF, Vors.: Schriftst. in Schlesw.-Holst. u. Eutiner Kr. seit 81; Melusinenhof, D-2440 Kükelühn, Post Wangels 1, Tel. (04382) 265 (Oberlößnitz/Dresden 12.2.12).
V: Richtig reisen 64; Urlaub ohne Hotel. Ein Wegweiser für modernes Reisen 68; Jütland kennen und lieben 70; Großmutters Rezepte - modern gekocht 70; Gran Canaria kennen u. lieben 71; Tunesien kennen u. lieben 71; Ostseeküste und Holstein. Schweiz 72; Parken u. Wandern im Nordschwarzwald 72; Parken u. Wandern im Südschwarzwald 72; Norwegen kennen u. lieben 72; Marokko kennen u. lieben 73; Willkommen auf Ischia 73; Besuch in Polen 74; Nordfries. Inseln 74; Schleswig-Holstein im Griff 75; Rundwanderungen Ostsee 75; Rundwanderungen Nordfriesld 75; 500 Tips für Föhr 75; Rundwanderungen Kiel-Flensburg 76; Radwanderführer Ostsee 76; 500 Tips für Helgoland, Fehmarn, Timmendorfer Strand, Grömitz, Büsum 76; Reisen Sie gut 77; Als die Badekarren rollten 77; Das hat Ihr Hund zum Fressen gern 77; Autotouren in Schlesw.-Holst. 77; Damals an der Nordsee 77; Besuch in d. DDR 77; Freude am Wandern 78; Unterwegs in Schlesw.-Holst. 78; Kunstreiseführer Schweiz 78; Kompaß-Wanderführer Lüneburger Heide 78; Große Liebe z. Holstein. Schweiz 78; Die Badeplätze in Dänemark 78; Rundwanderungen Holstein. Schweiz 79; Gesunder Urlaub in Schlesw.-Holst. 79; Für ein besseres Hundeleben 79; Gastliches Schlesw.-Holst. 80; Kunstreiseführer Obb. 80; Frankreich, Kopenhagen (Baedeker) o.J.; Ostfriesland, Kompaß-Wanderführer 80; Café & Kuchen 81; Schleswig-Holstein Wanderb. 81; Verliebt in Dahme 81; Die Badeplätze in Dtld 81; Wir gehen essen in Skandinavien 81; Land zw. Hamburg u. Cuxhaven 81; D. schönsten Sagen aus Hamburg 82; Schlesw.-Holsteins Kunst entdecken u. erleben 82; Kompaß Rad-Wanderführer Ostsee/Holst. Schweiz

82. — **MV:** Kochbücher; Selber weben 81, alles m. A. Eckert.
R: Zirkus meines Lebens, Fs.-Serie (13 Folgen).

Eckert, Horst (Ps. Janosch), Maler; VS 70; Bestliste Dt. Jugendbücher 65, Kulturförder.pr. München f. Lit., Kulturförder.pr. Oberschlesien f. Lit., Dt. Jgdb.pr. 79; Tukanpr.; Kaiserstr. 37, D-8000 München 23 (Hindenburg/Zabrze 11.3.31). Märchen, Novellen, Kindergeschichte, Hörspiel.
V: Zahlr. Kinder- u. Jgdb. 60 — 77, u.a.: Valek 60; Valek und Jarosch 61; Der Josa mit der Zauberfiedel 61, 73; Das kleine Schiff 61, 62; Der Räuber und der Leichnam 61, 62; Reineke Fuchs 63; Das Auto hier heißt Ferdinand 64; Onkel Poppoff kann auf Bäume fliegen 64, 74; Heute um Neune hinter der Scheune 65; Ferdinand im Löwenland 65; Das Apfelmännchen 65; Leo Zauberfloh oder wer andern eine Grube gräbt 66; Poppoff und Piezke 66; Rate mal, wer suchen muß 66; Hannes Strohkopp 66, 72; Das alte Zauberkarussel 66; Cholonek oder der liebe Gott aus Lehm, R. 70, 76 (auch holl.); Lügenmaus und Bärenkönig 72, 75; Flieg, Vogel, flieg 71; Lukas Krümmel, Zauberkünstler oder Indianerhäuptling 71; Das Regenauto 72, 74; Ich bin ein großer Zottelbär 72; Leo Zauberfloh oder die Löwenjagd in Oberfimmel 72, 74; Die Löwenkinder 72, 75; Der Mäuse-Sheriff 73, 75; Der Räuber und der Leiermann 72, 75; Ach, lieber Schneemann 72; Geburtstagsblumen mit Pfeffer und Salz 74; Gliwi sucht einen Freund 73; Hau den Lukas! 73; Hottentotten, grüne Motten 73; Janosch erzählt Grimm's Märchen 72, 74; Lari Fari Mogelzahn 71, 73; Familie Schmidt, eine Moritat 74; Hosen wachsen nicht im Garten 74; Mein Vater ist König 74; Ein schwarzer Hut geht durch die Stadt 75; Sacharin im Salat, R. 76; Das starke Auto Ferdinand 75; Oh, wie schön ist Panama; Komm, wir finden einen Schatz; Die Maus hat rote Strümpfe an; Sandstrand, R. 79; Die Grille u. d. Maulwurf; Der Wolf u. d. sieben Geiserlein; Ich kann zählen 1 - 2 - 3; Kaiser, König, Bettelmann; Die Gänseoper; Robinson Hase; Kasper Löffel und seine gute Oma; Janosch's verzauberte Märchenwelt, u.a., alles Jgdb., in 18 Spr. übers.
R: Ach lieber Schneemann, Hannes Strohkopp; Leo Zauber floh od. die Löwenfalle von Oberfimmel, u.a.

S: Onkel Poppoff und die Weihnacht der Tiere; Onkel Poppoff und die Regenjule; Josa mit der Zauberfiedel; Onkel Poppoff kann auf Bäume fliegen; Onkel Poppoffs wunderbare Abenteuer, alle 65; Der Mäusesheriff 1. u. 2. T. 71. ( )

Eckert, Wolfgang; Am Schäferberg 15 05-22, DDR-9612 Meerane (Meerane 28.4.35).
V: Pardon — sagen wir du? 73, 76; Familenfoto, R. 82. — **MV:** Mit Ehrwürden fing alles an, Erzn. 70; Die vierte Laterne, Erzn. 71; Mit Ehrwürden geht alles weiter, Erzn. 73.
R: Schienenballade, Fsp. 71. ( )

Eckhardt, Paul, Verleger, Redakteur; Leipziger Platz 2, D-7000 Stuttgart, Tel. (0711) 633266 (Dresden 12.6.19). Essay, Hörspiel.
V: Narziß u. das Paradies, Ess. 60; Orpheus singt noch heute, Ess. 61; Ermittlungen über den Golem, Ess. 77. — **MV:** Carl Maria von Weber 51; Guten Morgen VauO 62; Privatpressen in Deutschland 63; Pressen-Almanach I 67; Das große Rabenbuch 77; Büchermachen aus Passion 79.
H: Grobe Predigten aus 3 Jhn. 65, 77.
R: Bücher sollte man nicht verkaufen 59; Das Himmelreich der Spiele 60; Das goldene Zeitalter in Europa: Rußland 60; Kann man geistige Güter verkaufen? 61; Die beste aller Welten? 61, u. a..

Eckhardt, Rosemarie (Ps. Marianne Hardeck); Wielandstr. 1, D-8901 Kissing, Tel. (08233) 5474. Roman.
V: Die Ehe der Vera S., R. 80.

Eckl, Helmut *

Eckmair, Carl Martin, Prof. h. c., Sonderschuldir.; Präs. Gem.obö.S. 56; Lyrikpr. d. "Dame", Berlin 43; Innviertler Künstlergilde 68; Stifterstr. 23, A-4020 Linz/D. (Eferding/ObÖst. 28.10.07). Lyrik, Novelle, Hörspiel, Erzählung.
V: Geliebte Erde, G. 44; Heimkehr ins Herz, G. 51; Noch ist es Tag, G. 57; Waage der Hoffnung, G. 67; Das kleine Credo, G. 80.
MA: Stillere Heimat, Dichter-Jb. d. Stadt Linz 42 — 45; Stimme der Heimat m. H. Sailer u. G. Schneider 44; Stimmen am Strom, Dicht. d. Gegenw. in ObÖst. 51; Zwischen den Ufern, Anthol. 66.
R: Zahlr. Schulfunksp. ( )

Eckmair-Freudenthaler, Mimi; Gem.obö.S. 56; Stifterstr. 23, A-4020 Linz/D. /D. (Steyregg b. Linz 4.10.10). Novelle, Hörspiel, Roman.

V: Welt hinterm Wald, R. 42; Die Königskerze, R. 48; Die silberne Brücke, R. 52; Das Mädchen von St. Florian, R. 55; Das goldene Gewand, R. 58; Der gestohlene Erzengel, Nn. 69. **MA:** Stimmen am Strom, Dicht. d. Gegenw. in ObÖst. 51; Zwischen den Ufern, Anthol. 66. **R:** 20 Schulfunkspiele. ( )

Edel, Gottfried (Ps. Eugen Kilbel, Hubert Orlowitz, Areopagita), Dr. phil., Fernseh-Red.; DJV 65, Die Kogge 67; 1. UNDA-WACC-Pr. d. Int. Christl. Fernsehwoche Monte Carlo 69, Jakob-Boehme-Ehrung Görlitz 74; Postfach 1867, D-6500 Mainz, Tel. (06131) 231653 (Orlowitz/OS. 14.2.29). Gedicht, Novelle, Essay, Aphor., Theater, Film.
V: Zyklus mit Sternen, G. 62, 63; Amadeus - ein Versuch über Poesie, Ess. 63; Mehr Tierliebe für die Menschen, Aphor. 64, 73; Zyklus und Torso, G. 71; Olympisches Welttheater, Bü. 71; Die Rettung der Dinge — Einblick in die Kosmologie 75.
MA: MABU — Einleit. z. Buch eines Malers 65; Dt. Teilung, Lyr.-Anth. 66; Unter Tage — Über Tage, Anth. 66; Freundesgabe f. Max Tau 66; Der unbrauchbar geword. Krieg 67; Minderheiten in d. BRD 69; Das gr. Handbuch geflügelter Definitionen, Aphor. 71; Das Böse 72; Lit. aus Rhld-Pf. 74; Maler aus Rheinland-Pfalz 81; Martin Luther — Sendungen von ARD und ZDF zum Lutherjahr 83.
H: AREOPAG — Jb. f. Kultur u. Kommunikation. — **MH:** Erziehung zur Freiheit durch Freiheitsentzug 69; Prosa heute 75.
F: Das kostbarste Buch der Welt 63; Johann Calvin - ein Filmporträt 64; Wegmarken - Das Tagebuch Dag Hammarskjölds 64; Johann Hus, ein Filmporträt 65; Genie und Apostel - ein Filmporträt über Nathan Söderblom 65; Engel unterm Sowjetstern 67; Gott in Rußland 67; Das Kreuz 68; Klage des Friedens, ein Filmporträt d. Erasmus v. Rotterdam 69; Gott in Amerika 69; Gottes- und Menschenbild 69; Jiddisch 69; Channukah 70; Gott in Griechenland 71; Babylon und Gartenzwerg 71; Gott in Asien 73; Der Philosoph mit der Lilie, ein Filmporträt Jakob Boehmes 75; Gott in Afrika 76; Gott in Israel 77; Gott in Lateinamerika 79; Reformation in Holland 79; Das Nachtgespräch, e. Serie v. Gs.dialogen (Werner Heisenberg, Walter Jens, Luise Rinser, Manès

Sperber, Gabriele Wohmann, Will Quadflieg, Josef Pieper u.a.).
R: Genesis, Fs.-Orat. 69; Gott in Australien 80; Ökumenische Theologie 80; Dostojewskij 81; Marc Chagall 81; Hans Holbein 82; Mathis Grünewald 82; Lukas Cranach 82; Albrecht Dürer 82; Luther und die Sache mit Gott 83; Luther und der Papst 83; Warten auf Schleiermacher 84.

†**Edel**, Peter; Heinrich-Heine-Pr. 61, Nationalpr. 70, Goethepr. d. Stadt Berlin 80; Leipziger Str. 44, DDR-1080 Berlin (Berlin 12.7.21).
V: Die Bilder des Zeugen Schattmann, R. 69, 75; Schwester der Nacht, R. 74; Wenn es ans Leben geht 79.
R: Die Bilder des Zeugen Schattmann, Fsf. 72.

Edling, Walter, s. Cajka, Karl.

Effert, Gerold, StudDir.; Künstlergilde 60; Anerkennungspr. d. Sudetendt. Kulturpr. 69, Hörsp. u. Erzählpr. d. Stift. Ostdt. Kulturrat 77, 81, Prosapr. d. LU 77; Marburger Kreis 62; Biedenbachstr. 16, D-6400 Fulda, Tel. (0661) 63620 (Bausnitz/CSSR 12.11.32). Lyrik, Kurzgeschichte, Parabel, Funkerzählung.
V: Tagebuch einer Belagerung, Erz. 64; Über die Grenze, Erzn. 65; Das Christkind in der Baude, Erz. 67; Licht und Bitternis, G. 72; Der Rutengänger, Parabeln 78; Atemspur, Haiku 80; Krähenflüge, Parabeln 80; Früher Aufbruch, Erzn. 81; Schattengefecht, G. 81; Das Treffen der Zauberer, Kinderb. 82.
MA: u.a.: Die Kehrseite des Mondes, Sat. 75; Autoren reisen, Reiseprosa 76; Tauche ich in deinen Schatten, Prosa 77; Magisches Quadrat, Erzn. 79; Und das Leuchten blieb, Erzn. 82; Riesengebirge, Lyr. 82.
Lit: Sudetendt. Kulturalmanach VII.

Egel, Karl Georg, Dr. med.; SDA 50, SV-DDR 53; Literaturpreis d. F.D.G.B. II. Kl. 56, Nationalpreis 59; Strausberger Platz 9, DDR-1017 Berlin (Briest, Kr. Angermünde 8.12.19). Film, Hörspiel, Fernsehspiel.
V: Dr. Schlüter, Filmerz.; Sonnensucher, Filmerz. 74. — **MV:** Genesung, m. Paul Wiens 56; Lied der Matrosen, m. Paul Wiens; Sonntagsfahrer, m. Wolfgang Kohlhaase; Döring sagt wie's ist, m. Harry Czepuck; Sonnensucher, m. P. Wiens 74, alles Filmerzn.; Der Tod kam auf die Autobahn, m. Harry Czepuck, Ber. 67.

F: Geheimakten Solvay 51; Gefährliche Fracht, m. Kurt Bortfeldt 53; Genesung, m. Paul Wiens 55; Lied der Matrosen, m. Paul Wiens; Leute mit Flügeln;
Professor Mamlock; Sonntagsfahrer, m.
Wolfgang Kohlhaase; Spur der Steine.
R: Das vergessene Land, Hürtgenwald
46; Robert Blum 46, 47; Der Mitläufer 46,
47; Zivilcourage 46, 47; Dresden. Unter-
gang und Auferstehung einer Stadt 49;
Hiroshima. 5 Jahre danach 50; Das
Hauptbuch der Solvays 50; Einer von
unseren Tagen 51; Und Berge werden
versetzt, m. Maximilian Scheer 51; Dr.
Lienhardt benimmt sich sonderbar 52;
Genesung, m. Paul Wiens 54, 55, alles
Hsp.; Josef und alle seine Brüder;
Döring sagt wie's ist; Der Nachfolger;
Dr. Schlüter, alles Fsp.; Ich, Axel Cäsar
Springer, Fsf. m. H. Czepuck 68/70;
Begegnungen, m. R. Kranhold, Fsf. 67. ( )

Egerer, Margit, s. Pschorn, Margareta.

Egge, Heiner, Schriftsteller u.
Kleinverleger; Förderpr. zum Georg-
Mackensen-Literaturpr. 77; Talstr. 1, D-
7801 Buchenbach b. Freiburg, Tel.
(07661) 3208 (Heide/Holstein 26.3.49).
Kurzgeschichte, Roman, Reiseberichte.
V: Davonfahren, Erzn. 78; Über die
Straßen hinaus, Reiseskizzen 79; Auf
Haussuche, Tageb. 79; Café Treibsand,
Aufzeichn. 82; Im Schatten d. Delphins,
Erzn 82.
H: Das Nachtcafé, Lit.Zs.; Freiburger
Lesebuch 82.

Eggebrecht, Axel; VS, P.E.N.-Club 47,
65; Fr. Akad. Künste 56; Maria-Louisen-
Stieg 15, D-2000 Hamburg 60, Tel. (040)
473743 (Leipzig 10.1.99). Roman, Film,
Novelle, Essay, Hörspiel.
V: Katzen, Erzn. u. Ess. 27, 67; Leben
einer Prinzessin, R. 29, 68; Junge Mädchen, Erzn. u. Ess. 32; Weltliteratur 48;
Goethe-Schiller, Über das Theater,
Ausw. 49; Volk as Gewehr, Chronik
eines Berliner Hauses 1930 bis 33, R. 60,
80; Epochen der Weltliteratur 64; Bange
machen gilt nicht, Ess. 69; Der halbe
Weg, Autobiogr. 75 u. 82. — **MV:** Was
halten Sie vom Christentum? 57; Die
Alternative oder: Brauchen wir eine
neue Regierung? 61; Plädoyer für eine
neue Regierung oder: Keine Alternative
65; Unsere Welt - gestern, heute, morgen
68; Vor den Toren d. Wirklichkeit 80;
Jounalisten üb. Jounalisten 80; Vater
sein 82.
H: u. **MV:** Die zornigen alten Männer
79.
F: Kampf der Tertia 28; Bel ami 38;
Marguerite durch drei 39; Operette 40;

Komödianten 40; Wiener Blut 41; Eine
Liebesgeschichte 53; Rittmeister
Wronski 54; Stresemann 56.
R: Was wäre, wenn ... 47; Die Ameisen
47; Der halbe Weg 50; Einer zahlt seine
Schuld 50; Fest der Götter 54; Ruhm
und Geld 55; Der Falschspieler 56, alles
Hsp.; Wer überlebt, ist schuldig, Fsp. 60;
Ende u. Anfang 73.
Lit: Axel Eggebrecht, eingel. von
Robert Neumann u. Kurt W. Marek
(Hamb. Bibliogr. IV) 69.

von Eggeling, Friedrich Karl; Am
Eichenrangen 9, D-8501 Schwaig b.
Nürnberg, Tel. (0911) 574239
(Giessmannsdorf, Kr. Bunzlau 20.8.24).
Novelle, Essay.
V: Von starken Keilern, treuen
Hunden und pfeilschnellem Federwild,
Biogr. 75, 79; Der Jäger als Land- und
Forstwirt, Lehrb. 77, 82; Wie es Diana
gefällt, 80 Ess. 78. — **MV:** Deutsche
Landschaft Bd. 3: Die Lüneburger
Heide; Äsung u. Deckung im Revier,
Lehrb. 79; Jagdlex. 83.
B: The Game Cookery Book 75; Das
Jagdrevier, Lehrb. 76; Diezels
Niedergang 83.

von Eggelkraut-Gottanka, Hans (Ps.
Hans Gottanka), Dr. med., Arzt;
Waldtrudeninger Str. 17, D-8000
München 82, Tel. (089) 4304035 (Ingol-
stadt 4.4.15).
V: Drei Erzählungen 59; Weihnachts-
geschichte des armen Esels von Beth-
lehem 62; Das blutende Herz, Erzn. u.
Sagen aus Korsika 62; Rose und Stern,
G. 71; Ferdi reist mit seinem Kasperl
durch die Münchner Stadt, Kinderb. 77
(auch franz. u. engl.); Toscana, Text zum
Bildband 76; Sheila, Nn. 77; Susanna in
Salzburg, Kinderb. 77 (auch franz. u.
engl.); Der Komet üb. d. Kaufin-
gerstraße, Münchner Kinderb. 77; Wie
die schöne Julia nach München kam,
Münchner Kinderb. 78; Sehnsucht nach
München, Bildbd 78; Ferien b. Onkel
Nepomuk, Kinderb. 79.

Eggenberg, Christine, Sortiments-
buchhändlerin; Obere Mühlestr., CH-
3507 Biglen, Tel. (031) 901518
(Großhöchstetten 26.9.60). Lyrik, Kurzgeschichten.
V: Impressionen, Lyr. 2.Aufl. 82.

Eggenberg, Paul, Direktor; Be.S.V. 49,
SSV 54; Literaturpreis der Stadt Bern
55; Friedbühlweg, CH-3653 Oberhofen/
BE, Tel. (033) 432074 (Heiligenschwendi
27.11.18). Roman, Novelle, Essay, Hörspiel, Kurzgeschichte.

V: Hans, der Bergbub, Jgdb. 46; Der Schatzsucher, Jgdb. 49; Skibüchlein für junge Leute 50; Der Sohn des Bergführers 51; Die Lawine vom Steinenberg 54; Jeremias Gotthelf, Biogr. 54, 62; Kurlig Lüt, Nn. 55, 65; Fremdenlegionär Anton Weidert 55, 60; Die Strolchenfahrt, Jgdb. 56, 68; Weihnachtsgeschichten 58, 64; Es Hämpfeli Sunnigs 59, 67; Ich suchte die Freiheit, R. 59; Unser Bernerland 59; Kennst du Amerika 61, 65; Ohne Kopf durch die Wand, Jgdb. 62, 64 (auch span.); Hinderem Vorhängli 62; Rheinschiffer, ahoi! 62, 63; Kirala 63, 67; Dür die anderi Brülle 64; Noch geschehen Wunder 65; Wenn's mönschelet 68; Heimlichs 71; Der verwegene Reiter, Jgdb. 71 (franz. 82); Sechsmal heiliger Abend 71, 74, 78; Chinook der Indianer, Jgdb. 82; Bärndütschi Gschichte 78; No meh bärndütschi Gschichte 81; Einst als ... 82. − **MV:** Das Ferienbuch der Schweiz 65, 77, 80.
MH: Berner Lyrik, Anth. 56; Bestand und Versuch, Anth. 64.
R: Zahlr. Hsp.

Eggenreich, Otto, Programmierer; SSB 54, Präs. 83; Lit.förderungspr. d. Landes Steiermark 75, Lit.pr. d. Stadt Graz 79; Kernstockweg 9, A-8072 Fernitz, Tel. (03135) 36344 (Kapfenberg 19.11.32). Lyrik.
V: Von Wort zu Wort, G. 69; Schonzeit, G. 81.
MA: ausblick, Anth. 77.
MH: Lit.zs. Lichtungen.

Egger, Adolf, Geschäftsführer i.R.; Bahnhofstr. 28, D-7746 Hornberg/Schwarzwald (Meersburg-Stetten/Bodensee 16.6.07). Lyrik, Epik, Wander- und Reiseberichte, Epigramme, Ansprachen, usw., Korrespondenzen, Büttenreden, alles in Metrik.
V: Dein Charakter im Tierkreiszeichen, Astrologie − in Poesie 78.

Egger, Bertrand Alfred, Sozialvers.angst. i.R.; Öst. P.E.N.-Club 72; Renner-Pr. 58; Krummgasse 5/12, A-1300 Wien, Tel. (0222) 725862 (Graz 30.8.24). Lyrik, Kurzprosa, Essay.
V: Nicht ganz sieben Jahre, Lyrik und kurze Prosa 51; Raubersgschichten 62; Der einzige Läufer, Gg. 1945-1970 77.
MA: Tür an Tür I, II; Stimmen der Gegenwart 52; Die Verbannten; Der Eisstoß; An der schönen schwarzen Donau 74, alles Anth.
R: Fenstergucker; Triest.

Ue: Braithwaite: Das kürzere Ende; Frederic Brown: Der engelhafte Angelwurm; Mircea Eliade: Im Mittelpunkt, Bruchstücke e. Tageb.; Jean Caran: Der Schnurrbart des Tigers; Julien Green: Dem Unsichtbaren zu, Tageb.auszüge.

Egger, Rosmarie; Gruppe Olten 76; Scheuchzerstr. 1, CH-8006 Zürich, Tel. (01) 3633622 (Wien 30.8.38). Lyrik, Essay.
V: Wanderung, G. 65; die gänsehaut, G. 73; Anna-A-aaa, G. u. Texte 76; geschichten vom hauptmann und seinen 2 frauen 77; es ist etwas geschehn, G. u. Erzn. 78; frühstück m. jesus, Erzn. 79; Von draussen träumen, Interviews m. Strafgefangenen 80.

Eggers, Gerd; Erich-Weinert-Med. 72 (Potsdam 23.1.45). Lyrik.
V: Ich werfe die Angel, G. 67; Poesiealbum 18 69; Mein Winterpalais, G. 72; Vorzimmerlieder 82. − **MV:** Besuch bei Buratino 75; Besuch bei Zawa u. Fafik 76; Besuch bei Julchen 77, alles Bilderb. m. G. Zucker; Zirkus 77, 81.
MA: Neue Texte 64, 65, 67; Ich nenn euch mein Problem 71, u.a.
R: F. Tschujew: Schweigeminute, Nachdicht. 72. ( )

Eggers, Hans Holm, c/o Battert-Verl., Baden-Baden.
V: Und eine tiefe bindet dich, G. 82. ( )

Eggert geb. Grimm von Szepes Etelvár, Vera (Ps. Vera von Grimm), Dr. phil.; Hörsp.pr. d. Zs. Radio-Woche, Bregenz 48, Verdienstmed. d. Ldes Tirol f. Erfolge im Ausld; Turmbund 49; Sonnenburgstr. 2, A-6010 Innsbruck, Tel. (05222) 378562 (Hall/Tirol 10.9.07). Jugendbuch, Hörspiel, Roman, Novelle, Essay. **Ue:** E.
V: Was Heinz und Helga in Tirol erlebten, Jgdb. 40; Was der Bergwind erzählt, M. u. Geschn. 41, 82; Das neue Märchlein, M. u. Geschn. 47; Die beiden Falken und andere Märchen 64; Walroys Erben sind ausgestorben, N. 68; In den Glashäusern, N. 73; Tarnfrau, N. 75; Ich verkaufe meine Zeit, R. 75; Für dich, Ess. 77; Schlaftabletten, N. 76; Die drei Wünsche, Libr. 76. − **MV:** Prinz Eugen, der Edle Ritter, m. Kamerlander u. Lange-Kosak, Libr. 34; Brennpunkte 69, 70; Du hast sie, meine Brille, 5 Hspe.
MA: Schöpferisches Tirol, Anth. 60, 63; Die schönsten Blumenmärchen 65; Das Hausbuch Tiroler Dichtung, Anth. 65; Begegnungen, Anth. 69; Bekenntnisse, Anth. 71; Bildnis einer Generation, Anth. 79.

R: Die Teufelsmühle; Da müßten Sie das Brautkleid fragen; Ein Gericht in der Neujahrsnacht; Das Bahnwärterhaus; Die beiden Falken; Rabenhöh; Der blaue Diamant; Hypnose; Das Tagebuch; Der anonyme Brief; Omar im Bade; Der Tischler und die Wiege; Er kauft einen Esel; Wem gehört das Autogramm; Die Eifersucht des Graphologen; Dschojefer; Der Traum Hierapolis; Das Geheimnis von Bogasköj; Ein Mann kommt heim; Das Netz 74; Das Zebra 75; Die Brille 76; Der Chef läßt sagen 77, alles Hsp., sowie über 550 weitere Sendgen essayist. Art; Die alten Heiligen, Erz. 77; Eine Dame in Blau, Erz. 78; Das Gleichgewicht, die Emanzipation u. was die Sprache dazu sagt, Ess. 79; Unerklärlich?, Hörsp. 79; Mitternacht am Hauptbahnhof, Kurzhsp. 80; Seh' dich im Warschauer Konzert, Hsp. 80; Das Geheimnis der Tankstelle; Schloß Katzenstein; Verbotene Feste, alles Hspe; Ehe im Fegefeuer, Hsp. 82; Der Triumpf d. Skarabäus, Hsp. 83.
Ue: E.M. Delafield: Der Fehler; Lorendana Giachetti: Das Profil d. Apollo I (Die Neue Welt), II (Altes Gemäuer), G. 82.
Lit: Raoul Henrik Strand: Märchen eines Lebens (Begegnungen) 69; Paul Wimmer üb. V.v.G. (Brennpunkte 15); Wilh. Bortenschlager: Die Hörspielautorin V.v.G. (ebda 17).

Eggimann, Agathe *

Eggimann, Ernst, Sekundarlehrer; Be.S.V. 67, Gruppe Olten 70; Literaturpreis d. Stadt Bern 67, Literaturpreis d. Kantons Bern 68, Buchpr. d. Kantons Bern 73, Buchpr. d. Stadt Bern 82; Bramerboden, CH-3550 Langnau, Tel. (035) 22521 (Bern 23.4.36). Lyrik, Erzählung, Drama.
V: Die Kehrseite/Heraklit, Erzn. 63; psalmen, G. 67, 70; henusode, G. 68, 70; Vor dem jüngsten Jahr, Erzn. 69; Die Parzen, Erz. 70; heikermänt, G. 71; Arbeiter-Bibel-Kreis, Einakter 71; Jesus-texte, G. 72; Freiübungen, Einakter 72; Lüdere Chilbi 2000, Hsp. 72; Die Landschaft des Schülers, Prosa 73; Arnold Schär, Schausp. 73; Meditation mit offenen Augen, Ess. 74, 75; Ir Nacht sy si cho, Hsp. 78; Mir hei nume ds Beschte wöne, Hsp. 79; Die Couch, Schausp. 79; E Satz zmitts id Wänt, G. 81.
S: heikermänt henusode 71; Reber singt Eggimann 76.

Egginger, Lieselotte; Lindacher Str. 43, D-8223 Trostberg.
V: Der Schokoladenbaum, Kdb. 80. ( )

Eggli, Ursula, Schriftstellerin; Wangenstr. 27, CH-3018 Bern, Tel. (031) 561952 (Dachsen ZH 17.11.44).
V: Herz im Korsett, Tageb. einer Behinderten 77, 9.Aufl. 82; Geschichten aus Freakland 80, 2.Aufl. 83; Fortschritt in Grimmsland 82.
MA: Das Kind in: Weihnachtliche Geschichten; Beruhigt dich das nicht, Gott? in: Im Beruhigenden; Im Lande Pax in: Frauen erfahren Frauen.
R: D'Anita chunt, Hsp.

Egli, Barbara; ZSV 78, SSV 78; Anerkennungspr. d. Literaturkommiss. d. Stadt Zürich 78; Hochstr. 49, CH-8044 Zürich, Tel. (01) 2523891 (Wila, Kt. Zürich 19.5.18). Lyrik, Kurzgeschichten (überwieg. in Züricher Mda.).
V: Himmel und Höll und Hüpfistäi 76; Byswindharfe 78; Wildi Chriesi 80; Säiltänzler 82, alles Lyr. u. Prosa.
Lit: Prof. Dr. Roland Ris: Nachwort zu: Wildi Chriesi.

Egli, Edith, Dipl.-Psych.; Ob. Graben 46, CH-9000 St. Gallen, Tel. (071) 223775 (Winterthur 5.8.27).
V: Hexen weinen nicht, Erz. 79; Claudine und ihre Schwestern, Bilderb. 82.

Egli, Emil, Prof., Dr. phil.; ZSV 60, SSV 65; Oberrheinischer Kulturpreis der Goethe-Stiftung Basel 75, Lit.pr. d. Stift. f. Abendländ. Besinnung Zürich 78, Ehreng. d. Literaturkomm. d. Zürcher RegRates 79; Mitgl. des Akad. Rates der Humboldt-Ges. 73; Hochstr. 49, CH-8000 Zürich, Tel. (01) 2523891 (Pfäffikon-Zürich 24.7.05). Essay.
V: Erdbild als Schicksal, Ess. 59; Erlebte Landschaft, Anthol. 43, 61; Gespräch mit der Natur, Spracherbe in der Naturforschung 71; Natur in Not 70, 71; Mensch und Landschaft, Kulturgeograph. Aufsätze u. Reden 75; Geborgenheit im Raum 77; Dennoch - die Hoffnung Schweiz 77; Switzerland 78; Zw. Kultur u. Zivilisation 79; Seen d. Schweiz in Landsch. u. Kultur 79. —
MV: Festgaben für Eduard Korrodi 45, Hermann Hiltbrunner 53, Traugott Vogel 54; Carl Troll 70; This land of Europe 76 (Tokyo); Lob d. Kleinstaates 79; Swiss Panorama 82.
MH: Corona Amicorum, Festschr. E. Bächler 48.
Lit: Zürcher Schrifttum der Gegenwart 61; A. A. Häsler: Zu Besuch bei ...

65; Hans-Dietrich Schultz: Die dt.spr.
Geogarphie v. 1800-1970 80.

Egli, Werner J., Retoucheur; Western
Writers of America seit 76; Fr.
Gerstäcker Pr. d. St. Braunschweig 80;
Marktplatz 25, D-7290 Freudenstadt
(Luzern 5.4.43).
V: Im Sommer als der Büffel starb 74;
Als die Feuer erloschen, 77, beides hist.
R.; Heul doch den Mond an 78; Der
Schatz d. Apachen 80; Wenn ich Flügel
hätte 83, beides Jgdbb. —
MV: Spähtrupp durch die Rocky
Mountains, m. H.O. Meissner 79.
Ue: James Houston: Wie Füchse aus
d. Wäldern 77; Monica Hughes:
Geistertanz 78; Anna Lee Waldo:
Sacajawea 81.

Ehemann, Heinz; Lachnerstr. 75, D-
8520 Tennenlohe b. Erlangen.
V: A glanner Schbooz hoggd affm
Fensderblech, Mda. Lyr. 77; Beginnen
wir bei den Fingerspitzen 78; Reimlose
Balladen 82. ( )

Ehestorf, Gerd P., s. Prause, Gerhard.

Ehlers, Heinrich, ehem. Verlagslektor;
SV-DDR 80; Feldstr. 13, DDR-2556
Sanitz (Rostock 5.12.21). Roman,
Erzählung.
V: Hanna Mahler, Aufz. e. jungen
Frau, R. 80, 2.Aufl. 80; Königskinder.
Sechs Liebesgeschn., Erzn. 81, 2.Aufl. 82;
Hamans Haus, R. 82, 2.Aufl. 83.
Lit: Hermann Kähler: Die Tochter u.
d. Tabu (Sinn u. Form 4) 81; Karin
Langer: Debüt als philos. Denkangebot
(NDL 7) 80; Michael Gratz: Zw.
Spielwelt u. Wirklichkeit (ebda 2) 82.

Ehlert, Christel; Schriftsteller in
Schlesw.-Holst. u. Eutiner Kreis; Nöthen
7, D-2211 Oelixdorf, Tel. (04821) 91203
(Elbing/Wpr. 15.7.23). Erzählung,
Feuilleton.
V: Wolle von den Zäunen 63, 18.Aufl.
83; Traubenzucker und Baldrian 67,
12.Aufl. 79; was wir uns wünschen 72,
letzte Aufl. 79, alles Erzn.; Der
Bavysitter, Kurzgeschn. 80, 82.
MA: Deutschland aktuell 73, 74; Alle
Mütter dieser Welt 75, Auf meiner
Straße 78, beides Anthol. ostdt.
Autorinnen.
S: Der Babysitter, Tonbd u. Kass.

Ehlert, Eugen (Ps. Eugen Ehlert-
Cwiklinski), Sonderschullehrer i. R.; Dt.
Buchrpr. (Nn.pr.) 43, Ehrenurkunde d.
Univ. Salsomaggiore Terme/Ital. 81,
Buchpr. d. AWMM (Brüssel) 82; Viale
Matteotti 3, C.P. 61, I-43039
Salsomaggiore Terme PR, Tel. (0524)

77598 (Neusalz/O. 24.10.03). Novelle, Hör-
spiel. **Ue:** P.
V: Blut oder Frieden 32; Russ.
Novellen, Nn. 38; Das Schreiben d.
Groteskschrift, Lehrb. 59; Märchen u.
Sagen aus d. Posener Lande,
Kulturpolit. Werk 77, 2.Aufl. 83;
Schicksalsstürme, R. 78; Daniela, R. 83.
MA: Achtung! Hier spricht die Junge
Generation, Anth. 32.
R: Das Erbe im Blut; Heimat; Schlie-
mann entdeckt die Vergangenheit; Ruf
in der Nacht, alles Hsp.
S: Texte (u. Kompos.) bekannter
Schlager u. Märsche, u.a.: Das Herz v.
Berlin, Anja Britta, Der Legionär, Olé
Mallorca!, Tik-tak-tik, Schlesierlied 55-
80.

Ehlert, Tamara; Kg. 55; Lyrikpreis d.
Brentano-Verl. 55, Nicolaus
Coppernicus-Pr. 70, Förder.-pr. z.
Andreas-Gryphius-Pr. 76; Marburger
Kreis 56, Tukankreis 57; Weichselstr. 5,
D-8080 Fürstenfeldbruck, Tel. (08141)
91237 (Königsberg/Pr. 28.12.21). Kurz-
geschichte, Lyrik.
V: Die Dünenhexe, Erzn. 57, 58; Alles
dies war einmal meine Welt, G. 64;
Kleiner alter Mann geht durch den
Wind, Lyr. 75; Das silberne Fräulein,
Erzn. 78.
MA: üb. 50 Anth., u.a.: Aber das Herz
hängt daran 55; Lyrik in unserer Zeit
57; Deutsche Stimmen 56; Fernes weites
Land 59; Uhlenflucht 59; Heitere
Stremel von Weichsel und Memel 59;
Macht hoch die Tür 60; Erbe und Auf-
trag 61; Brücken und Zeichen 62; Neue
Ostdeutsche Erzähler 63; Spann die
Flügel weit 63; Neue Gedichte 65;
Ostpreußische Liebesgeschn. 67;
Verlobung m. Baldrian 69; und Petrulla
lacht 71.

Ehlert-Cwiklinski, Eugen, s. Ehlert,
Eugen.

Ehm, Dagmar, Religionslehrer,
Student; Wienerstr. 44, A-2230
Ganserndorf, Tel. (02282) 84385
(Trenčin/CSSR 20.10.42). Lyrik.
V: Bei uns daheim, G. 81.

Ehm, Emi *

Ehmcke, Susanne, s. Bloch, Susanne.

von Ehrenfels-Meiringen, Erich,
s. Jung, Hermann.

Ehrenforth, Werner, Ing. oec.; Ringstr.
171, DDR-7060 Leipzig (Adlersdorf,
Kreis Lötzen/Ostpr. 24.1.39).
Aphorismus, Fabel, Lyrik, Kurzprosa.

V: Sitzbeschwerden, Aphor. 79, 2.Aufl. 80; Neue Sitzbeschwerden 83.
MA: Kein Blatt vorm Mund, Aphor. 82.

Ehrensperger, Serge, Dr. phil., Zeitungskorrespondent, UDoz.; VS 70, Gr. Olten 74; Irchelstr. 32, CH-8400 Winterthur, Tel. (052) 229505 (Winterthur 8.3.35). Roman, Lyrik, Erzählung, Literaturwissenschaft.
V: Prinzessin in Formalin, R. 69; Die epische Struktur in Novalis' "Heinrich von Ofterdingen" 65, 71; Schloß-besichtigungen, Erzn. 74; Prozeßtage, R. 82.

Ehrentreich, Alfred, Dr. phil., ObStudDir. i. R.; Lilienstr. 31, D-3540 Korbach 1, Tel. (05631) 2478 (Potsdam 18.6.96). Laienspiel, Märchen, Musik-kritik. **Ue:** E.
V: Die Freierprobe, Laiensp. 47, 58; Pädagogische Odyssee 67; 50 Jahre erlebte Schulreform 84. — **MV:** Polizei-präsidium, bitte! Laiensp. 34.
H: Valentin Weigel: Gespräch vom wahren Christentum 21; Thomas Münzer: Auswahl 25; M. von Ebner-Eschenbach: Die Freiherren von Gemperlein, N. 40, 62; Valentin Weigel: Dialogus de Christianismo 66; W. Schwaner: Das Uplandbuch 69.
Ue: Zakir Husain: Die Botschaft des Mahatma Gandhi 24; Englische Volks-märchen 38; Englische Märchen 66; Volksmärsche aus England 80 II.
Lit: Blick in die Zeit. Festschr. A. Ehrentreich 62; Jantzen: Namen u. Werke V 82.

Ehrhardt, Gertrud *

Ehrhart, Georg; Robert-Koch-Str. 88, D-7302 Ostfildern 2 (25.9.00).
V: Die Sprache und der Dichter in heutiger Zeit 61; Leben - eine köstliche Sache, Erinn. 62.
H: Schiller: Über die ästhetische Erziehung des Menschen 48; Hebbel: Gedichte 48.

Ehrismann, Albert; SSV, P.E.N.; Literaturpreis d. Conrad-Ferdinand-Meyer-Stift. u. d. Schweiz. Schillerstift., Ehr.gaben d. Kantons u. d. Stadt Zürich, d. SSV, d. Schweiz. Schillerstift. sowie and. Stift., Literaturpr. d. Stadt Zürich 78; Moosstr. 56, CH-8038 Zürich, Tel. (01) 4824466 (Zürich 20.9.08). Lyrik, Erzählung.
V: Lächeln auf dem Asphalt, G. 30, 31; Schiffern und Kapitänen, G. 32; Der neue Kolumbus, Erz. 39; Sterne von unten, G. 39; Chant rumantsch,

Nachdichtn. rätoroman. Volkslieder 39; In dieser Nacht, G. 46; Kolumbus kehrt zurück, Leg. 47; Das Stundenglas, G. 48, 49; Der letzte Brief, Erzn. 48; Das Traubenjahr, G. 51; Tag- und Nacht-gleiche, G. 52; Das Wunderbare, M. 52; Mein kleines Spittelbuch, G. 53; Ein ganz gewöhnlicher Tag, G. 54; Das Kirschenläuten, G. 56; Die Himmelspost, G. 56, 63; Nein, die Nacht ist nicht das Ende, G. 57; Der wunderbare Brotbaum 58; Riesenrad der Sterne, G. 60; Wir haben Flügel heut, G. 62; Nachricht von den Wollenwebern, G. 64; Heimkehr der Tiere in der Heiligen Nacht, G. 65; Wetterhahn, altmodisch, G. 68; Die Gedichte d. Pessimisten u. Moralisten Albert Ehrismann, G. 72; Eine Art Bilanz, 65 Gedichte aus 45 Jahren 73; Mich wundert, daß ich fröhlich bin, G. 73; Später, Aeonen später, G. 75; Inseln sind keine Luftgespinste, G. 77; Schmelzwasser, G. 78.
R: Der Narr und die Sängerin, Hsp.; Ungarische Nacht, Hsp.

Ehrlich, Hans, Jurist u. Schriftsteller; Kreis d. Karlsruher Boten; Liegnitzer Gasse 2, D-6834 Ketsch, Tel. (06202) 65158 (Kuchen, Kr. Göppingen/Württ. 20.6.31). Lyrik, Märchen, Novelle, Drama.
V: Die letzte Nacht, G. 61, 2.Aufl. 83; Wandlung, M. 66.
MA: Musenalmanach, G. 61 I; Heim-weh nach dem Nächsten, G. 61; Spuren der Zeit 62, 80; Liebe menschgeworde-nes Licht, G. 64; Das ist mein Land, G. 66; Ein Wort ins Herz d. Welt, G. 67; Alle Wunder dieser Welt, G. 68; Aber den Feind sollen wir lieben, G. 69; Doch d. Rose ist mehr, G. 81; Lyrische Texte, G. 82.

Ehrmann de Albert, Ruth (Ps. Ruth Albert), Ph.D.; 654 I. V. Vergara, Santiago/Chile (Berlin 21.5.09). Novelle.
V: Kindergeschichten für Erwachsene 81.

Eich, Hans, Dr. phil.; VS; Kirschenstr. 7, D-8028 Taufkirchen, Kr. München, Tel. (089) 6121941 (Dahlwitz 14.1.03). Lyrik, Erzählung, Hörspiel, Drama, Roman, Jugendbuch, Kritik. **Ue:** E, F.
V: Einfaches Leben, G. 30; Heimkehr im Herbst, G. 31; Windlos, G. 64; Falsch aus der Feder geflossen 64. —
MV: Jugend der Welt, Erzn. 61.
B: Die großen Sagen der Welt 60; Tausend und eine Nacht 63; Grimms Märchen 63. — **MA:** Lex. d. Kinder- u. Jugendlit. I 75, II 77, III 79, IV 82.
H: Die Scheuer, dichterische Blumen-lese 32; Freunde in aller Welt 63, 2. Folge

65. — **MH:** Jugend in Selbstzeugnissen 60; Signal 2. bis 6. Folge 61 — 70.

R: Paul und Peter reißen aus; Die Fabeltiere; Eppelein von Gailingen; Land der aufgehenden Sonne; Kirschblüte und Schwert, alles Hsp.

Ue: Naomi Mitchison: Judy und Lakschmi 61; Ian Serraillier: Das silberne Messer 64; Seumas Mac Manus: Die Königin der Kesselflicker 65; Jules Verne: Die Reise zum Mittelpunkt der Erde 67; C. S. Lewis: Die Tür auf der Wiese 74. — **MUe:** Daphne Rooke: Die Farmer-Zwillinge 60; Glenn Balch: Der tapfere Reiter 62.

von Eichborn, Wolfgang, Dr. phil., Dipl. Volkswirt, D-8729 Schloß Friesenhausen b. Hofheim/Ufr. (Breslau 16.3.09). Lyrik, Essay.
V: Das schlesische Jahr. Landschaften d. Sehnsucht 49, 69; Kleiner Bruder in der Wiege, Tageb. eines Vaters 50; Freiwillige für den Frieden 70.
B: Als flöge sie davon, G. 62.
H: Schlesiens Vermächtnis. Ein Leseb. aus 700 Jahren 60; Ihr Hirten erwacht. Weihnachtsgeschn. aus Schlesien 61.

Eichel, Günter, Psychologe (KfP), Publizist (BJV), Leiter des Kolloquiums für Philos./Psychol.; Friedenstr. 47a, D-8032 Gräfelfing-Lochham, Tel. (089) 851401 (Wilhelmshaven 15.12.21). Essay.
Ue: Am, E.
V: Leben ohne Kontakte, Ess. 56.
H: H. Fritsche: Die unbekannten Gesundheiten; U. Kultermann: Dynamische Architektur; E. J. Russell: Dämonische Wissenschaft; H. Thielicke: Mensch zwischen Konstruktionen; H. Vecleer: Mechanisierte Ethik; B. Wosien: Im Ansturm der Rhythmen; P. G. Wodehouse: Der Pennymillionär; Patrik Quentin: Porträt eines Mörders; Julian Symons: Ein Pekinese aus Gips.
Ue: Laurence Housman: Die Unsichtbaren, Erzn. 53; Pamela Hawken: Ann fliegt in die Welt 53; Alice Harwood: Michal 55; Neville W. Wright: Aufruhr in Galiläa 56; Edward John Russel: Dämonische Wissenschaft 56; Norman Dale: Ein Zelt, ein Rad und ein Kamerad 56; Erich Fromm: Die Kunst des Liebens 56; Kevin O'Hara: Gefährliche Fenster 57; H. Marshall: Todesfahrt zum Südpol 58; Oliver LaFarge: Die letzte Flasche Whisky 58; Lawrence Edwards: Sterne ohne Zahl 59; Gawin Maxwell: Ein Rohr vom Winde bewegt 69; Nina Bawden: Der mit dem Pferdefuß 59; Saki: Tobermory und andere

Erzählungen 59; Erle Stanley Gardner: Doppelgängerin in Schwarz 59; Die einäugige Zeugin 60; Ian Fleming: Diamantenfieber 60; Casino Royale 60; Leben und sterben lassen 61; W. G. Pollard: Zufall und Vorsehung 60; W. M. Duncan: Die Gesellschaft der Sünder; Erle Stanley Gardner: Vertauschte Waffen - Gleiche Kaliber; E. W. Heaton: Biblischer Alltag - Altes Testament; A. C. Bouquet: Biblischer Alltag - Neues Testament; Joyce Cary: Vielgeliebter Charly; B. D. Burman: Straße des lachenden Kamels; A. Sampson: Wer regiert England; W. V. Harvey: Die Bestie mit den fünf Fingern; H. Slesar: Erlesene Verbrechen und makellose Morde; Saki: Die offene Tür; V. S. Prichett: Wenn mein Mädchen heimkommt; P. G. Wodehouse: Der Pennymillionär; S. T. Tung: Geheimtagebuch aus Rotchina; P. Quentin: Porträt eines Mörders (Bächleins Rauschen tönt so bang); Agatha Christie: Villa Nachtigall; Richard J. Whalen: Der Kennedy-Clan; Der Connaisseur I; Noch mehr Morde; E. Bishop: Die Schlacht in England; Brée/Guiton: Aufstand des Geistes; W. G. Beasley: Japan; Brian Moore: Die Antwort der Hölle; Collin MacInnes: Blutige Anfänger; Julian Symons: Ein Pekinese aus Gips; Henry Slesar: Ein Bündel Geschichten für lüsterne Leser; ders.: Aktion Löwenbrücke; Bertha Stamp: Das Mädchen mit der dunklen Brille; Richard S. Lewis: Das Abenteuer Antarktis; John Toland: Das Finale; Peter Padfield: SOS; Laqueur/Mosse: Internationaler Faschismus 1920 - 1945; Susan Sheehan: die nicht gefragt werden; Eric Ambler: Eine schmutzige Geschichte; Seymour M. Hersh: Chemische und biologische Kriegführung; Alexander Werth: Rußland im Frieden; Ralph E. Lapp: Kultur auf Waffen gebaut; Ross Macdonald: Geld kostet zuviel; John Buchan: Im Westen was Neues; Alan Sillitoe: Ein Start ins Leben; Ross MacDonald: Die Kehrseite des Dollar. — **MUe:** Ambrose Bierce: Die Spottdrossel; Dolly Doolittle's Crime Club; Der Connaisseur IV.

Eichelbaum, Ernst, ObStudDir.; Immenseeweg 17, D-2252 St. Peter-Ording (Berlin 23.6.93).
V: Dargebot, G. 81; Zeugnisse, G. 83.

Eichelberger, Johanna *

Eichen, Heinrich (Ps. Heinz Birken), Buchhändler i. R.; Tile-Wardenberg-Str. 10, D-1000 Berlin 21, Tel. (030) 3927560

(Bonn 15.8.05). Lyrik, Roman, Erzählung,
Laienspiel, Novelle, Essay.
V: Die stille Straße, G. 30; Das Fähn-
lein weht im Wind 31; Neue Ufer, G. 32;
Kleine Reise in den Frühling, Ber. 34;
Der Trappermatrose, Jgdr. 49; Das
Geheimnis des Trappers, Laisp. 50, 58;
Heut spielen wir im richtigen Theater,
Laisp. 50; Überfall im Jungenlager,
Laisp. 51, 62; Die Prinzessin mit der
Glatze, Laisp. 51 (auch holl.); Hier geht
er hin - da geht er hin, Laisp. 52, 60; Der
Kaiser braucht schon wieder neue
Kleider, Laisp. 53; Der Weg deines
Briefes, Bilderb. 52; Wo war Georg?,
Laisp. 58; Die Räuber und die Tiere,
Laisp. 59; Gesang der Plastik. Sonette zu
Bildwerken Georg Kolbes60; Jim
Hühnerkralle, Laisp. 60; Glück des
Lichtes, G. 62; Am dritten Tage ..., Laisp.
63; Lebendige Plastik. Begegnungen mit
Bildhauern 65; Sommer mit Andrea 67;
Wir tragen unsrer Fackeln Licht, G.,
Lieder, Ess. 70; Heimat in Versen, G. 73;
Konradin, Laisp. 75; Jungen an meinen
Wegen, G. 77; Knabenträume, Erzn. 80;
Jede Liebe ist Liebe, R. 81; Lieder, G. u.
Komp.
R: Jörg in der Seifenblase, Hsp.; Hier
geht er hin - da geht er hin, Hsp.

Eichholz, Armin, Redakteur;
Tukanpreis 75, Hoferichter-Pr. 82; Über
der Klause 7a, D-8000 München 90, Tel.
(089) 643124 (Heidelberg 19.12.14). Lyrik,
Novelle, Essay.
V: In Flagranti, Parodien 54, 74; Per
Saldo, Glossen zur Zeit 55; Buch am
Spiess, Bücher-Floskeln 65; Ich traute
meinen Augen, Kulturrev. mit Personen
& Pointen 76; Heute abend stirbt
Hamlet 77; Kennen Sie Plunders-
weilern? 77, beides Münchner Theater-
Kritiken.

Eichholz, Marianne, Schriftstellerin,
Journalistin; VS 70; Theodor-Wolff-
Preis f. lit. Form 65; Mommsenstr. 11, D-
1000 Berlin 12, Tel. (030) 3242288
(Windhuk/Afrika). Lyrik, Hörspiel,
Feature, Reise- und Theaterbericht-
erstattung, Tanzlibretto, Theaterstück.
V: Berlin. Ein lyrischer Stadtplan,
Lyrik 64.
R: Tauben unter Tamarisken; See d.
Täuschungen; Der Fuß in d. Tür; Hoch-
häuser; Balkon d. Freiheit; Leipzig;
Prag; Sattwerden u. hungrig bleiben;
Statt eines Heimattreffens; Großes
Schnarchen e. Wappentieres; Glück-
wünsche f. Marie; Die Geburt d. Musik
aus d. Spreesümpfen.

Eichhorn, Ludwig, Schriftsetzer;
Hochheimerstr. 13, D-6503 Mainz-
Kastel, Tel. (06134) 69759 (Mainz 12.5.28).
Roman, Erzählung.
V: Gefährten des Mars, R. 67;
Seitenwege, Geschn. aus d. Eifel, Erzn.
79. — **MV:** Liebe in unserer Zeit II 61;
Signal, d. Buch für junge Menschen 3. F.
64, 4. F. 66.
S: Der Griff in d. Feuer, R. 80.

Eichhorn-Nelson, Wally; SV-DDR 54,
DDR-6422 Ernstthal a. Rennsteig
(Ernsttal 17.12.96). Roman, Novelle,
Kurzgeschichte.
V: Rauh ist der Kammweg 53, 55; Von
Schnee, Butter und seltsamer Medizin
54; Waldmärchen 55, 56; Die Verräterin
56; Es war einmal ..., Sagen 57, 59; Kleine
Stadt in den Bergen, R. 59; Als Luft-
schnapper im Kustelkreis, Rep. 60;
Bilderbuch vom hohen Thüringer Wald
57; Der Windegott und seine Frau, Erzn.
63; Von Sonneberg zur Rennsteighöhe
68. — **MV:** Es sagt aus alten Tagen,
Sagenb. 67. ( )

Eichler, Bertel (Ps. Linda Berger),
Rentnerin; Am Berg 3, D-6101
Modautal 3, OT Allertshofen, Tel. (06167)
1574 (Mainz 21.2.21). Lyrik, Novelle,
Essay.
V: Es war kein Traum, Erz., Lyr., Ess.
77; Mosaik — Nur ein Jahr, Tageb. m.
Erzn., Lyr., Ess. 77; Angeklagte Liebe,
Erzn. 80.

Eichler, Ernst (Ps. Ernst David), Dr.,
Richter; ÖSV 75, P.E.N.-Club Öst. 76;
Lyrikpr. d. Österr. Jugendkulturwoche
65, Förder.pr. d. Theodor-Körner-
Stiftungsfonds Wien 75, Förder.pr. f.
Dichtkunst d. Bdeslades NdÖst. 80;
Literaturkreis Podium 72;
Rosentalgasse 15/13/7, A-1140 Wien, Tel.
(0222) 9418895 (Wien 3.2.32). Lyrik,
Essay.
V: Erfahrungen, G. 76; Atemholen, G.
77; Tag um Tag, G. 82.

Eichler, Richard W., Prof., Schrift-
steller; FDA; Schillerpreis d. Dt. Volkes
69, verliehen v. Dt. Kulturwerk Euro-
päischen Geistes, Adalbert-Stifter-
Medaille 82; Dt. Kunststift. d. Wirtsch.,
München, Gen.Sekr. Sudetendt. Akad. d.
Wiss. u. Künste, Ad. Stifter-Verein;
Steinkirchner Str. 15, D-8000
München 71, Tel. (089) 182055
(Liebenau/Sud. 8.8.21). Essay, Bio-
graphien, Kritik.
V: Könner — Künstler — Schar-
latane, Kunstgesch. 60, 78; Künstler und
Werke, Biogr. 62, 68; Die tätowierte

Muse, Kunstgesch. in Karikaturen 65;
Der gesteuerte Kunstverfall, Ess. 65, 68;
Viel Gunst für schlechte Kunst, Krit. 68,
69; Verhexte Muttersprache 74; Die
Wiederkehr des Schönen 83. — **MV: H:**
Liebenau, Bildnis einer sudeten-
deutschen Stadt 66; Weißbuch zur
Rettung d. dt. Sprache 76.
H: Schrr. d. Sudetendt. Akad. Wiss. u.
Künste.
Lit: Festschrift: Richard W. Eichler,
zur Schillerpreis-Verleihung 69.

Eichwald, Carol, s. de Vries, Katja.

Eick, Rosemarie; Turnackerstr. 37, D-
7024 Bernhausen, Tel. (0711) 702372.
V: Wer kennt den Radieschen-Baum
70, 74; Senioren-Postille 70; Das große
Klingen in dir selbst 77, 79. ( )

Eicke geb. Meyer, Doris; Preise i.
Roman-Wettbewerb d. Schweizer
Feuilletondienstes für: Wir sind fern
vom Paradies 50 und 54 für: Keiner will
untergehen; Avenue Vallonnette 15, CH-
1012 Lausanne-Chailly, Tel. (021) 323317
(Rheinfelden/Schw. 24.1.01). Roman,
Novelle, Feuilleton.
V: Seit 49 67 Bücher.
F: Und Papa ist in Italien 61. ( )

Eickhoff, Hanna, s. Steinborn,
Tonimarie.

Eickhoff, Klaus, Pfarrer; Pastorenstr.
4a, D-3110 Uelzen (Berlin 24.2.36). Essay,
Praktische Theologie.
V: Ich muß mit dir reden, Ess. 71, 82;
Teenagerprobleme, Ess. 72, 82; Nicht
vom Brot allein, Ess. 72; Jungsein —
Deine Chance, Ess. 75, 76; Angenommen
— ernstgenommen, Ess. 76, 82; Hunger,
Kurzgeschn. u. Besinnungen 78; Gibt es
etwas Schöneres? 80. ( )

Eidam, Klaus, freischaff. Schriftsteller; SV-DDR 54; Lehderstr. 60, DDR-
1112 Berlin, Tel. 3653737 (Chemnitz
23.5.26). Drama. **Ue:** E, F, I, U.
V: Schneewittchen 46; Der Fliegende
Teppich 49; Der Silberne Pfeil 50; Der
letzte Häuptling 51; Zäpfel Kerns Abenteuer 54; Schatzinsel 62, alles Kinderstücke; Münchhausen, Sch. 58; Rund ist
die Welt, Libretto 61; Urlaub ins Glück,
Libretto 63; Tod am Morgen, Krim. Sch.
65; Connie und der Löwe, Libretto 69;
Mit 60 fängt das Leben an, Lustsp. 71; O
lala, Mademoiselle 72; Reise mit Joujou
75; Geld wie Heu 77; Babettes grüner
Schmetterling 82, alles Libretti;
Gehobene Unterhaltung, Schwank 81. —
MV: Frohes Wochenende, m. Klaus
Winter, Lustsp. 77; Königs Datsche, m.
dems., Lustsp. 82.

H: Margit Gaspar, Stiefkind der
Musen 69.
F: Puppentrickfilme.
R: Kasperle reißt aus 55; Schatzinsel
58; Drei Zelte 59; Muzl, der gestiefelte
Kater 60; Gehen Sie mit mir Baden 65;
Ankunft eines Stars 65; Der Bären-
häuter 70; Peter Henleins Uhr 71; Bach
in Arnstadt 72; Die Seefee 75; Der Blitz-
prozeß 76; Haydn in London 77; Soviel
Wind u. keine Segel 80; Ween ich Dich
nicht hätte 82, alles Fsp.
Ue: Goldoni: Der Lügner 57; Das
Kaffeehaus 62; Mirandolina 63;
Sheridan: Die Lästerschule 63; Meilhac
u. Halevy: Die Banditen 64; Garinei u.
Giovannini: Gute Nacht, Bettina 65;
Enrico 61, 66; Rinaldo 70; Alleluja, brave
Leute 77; Cremieux: Orpheus in der
Unterwelt 75; Beaumarchais, die Hoch-
zeit des Figaro 52; Scribe: Damenkrieg
72; Baum/Harburg: Der Zauberer von
Oss 70; Hammerstein II.: Showboat 72;
Waterhouse/Hall: Das As 74;
Shakespeare/Mészöly: Männerschwüre
(Love's Labour's Lost) 73; Illica: André
Chénier 74; Gáspár/Pirandello: Liebe ist
keine ernste Sache 81; Tôth: Ein Mann
zum Heiraten 82.
Ferner: Lieder zu Stücken, Bühnen-
bearbeitungen, Puppensp., Kabarett.

Eifler, Rudolf *

Eigl, Kurt, Dr. phil., Redakteur, Lek-
tor, Verlagsleiter; St.S.B. 54, J. u. S.V.
Concordia 59; Öst. Staatspreis f. Kinder-
lit. 60; Boltzmanngasse 12, A-1090 Wien,
Tel. (0222) 3430755 (Bad Aussee/Öst.
26.12.11). Drama, Lyrik, Essay,
Sachbuch, Film, Jugendbuch.
V: Das Volksschauspiel vom armen
Ferdinand Raimund, Dr. 36; In der
Frühe, G. 47; Der pensionierte Jüngling,
R. 52; Volkssagen aus aller Welt, Jgdb.
53, 54; Deutsche Götter- und Helden-
sagen 53, 56; Die schönsten Sagen des
klassischen Altertums 55, 56; Von
Schalksnarren und Schelmen, Jgdb. 57;
Rittersagen 58, 60; Das geflügelte Haus,
Jgdb. 60 (auch schwed. u. africaans);
Alle brauchen Moro, Jgdb. 60 (auch engl.);
Sommer in Salzburg, Ess. 61; Verliebt in
Kitzbühel, Ess. 61 (auch engl.); Moro im
Zirkus, Jgdb. 61; Moro auf dem
Campingplatz, Jgdb. 62 (auch engl.);
Meine große Schwester und ich 62;
Überraschung Burgenland, Ess. 63;
Bimbo Tolpatsch, Jgdb. 63 (auch poln.);
Moro geht auf Reisen, Jgdb. 64; Ein
Schiff aus Ninive, G. 64; Die lustigen
Heiligen Drei Könige, Jgdb. 65; Die
klassischen Gedichte der Weltliteratur,

Anthol. 66; Wiener Bilder, Sachb. 75; Die
Hofburg in Wien, Sachb. 77 (auch engl.);
Schatzkammer Österreich, Ess. 78;
Schönbrunn/Ein Schloß u. s. Welt,
Sachb. 80; Tagebuch eines Augenzeugen
1683, Sachb. 83.
H: Ausgew. Werke v. A. Wildgans 53;
F. K. Ginzkey 60; Hippodameia von A.
Wildgans, Schausp. 62; Ausgew. Werke v.
Marie Ebner-Eschenbach 63; Peter
Rosegger 64. — **MH:** Lachendes
Österreich, Anthol. 78.
F: Die Magd von Heiligenblut 56.
Ue: Laslo Havas/Louis Pauwels: Die
letzten Tage der Monogamie 70;
Ägypten/Die Blauen Führer 80.
Lit: Die Barke/Jb. 65.

Eikenbusch, Gerhard, c/o Union-Verl.,
Fellbach.
V: Eingemacht und durchgedreht, R.
83. ( )

Eildermann, Robert, Schriftsteller;
Nddt. Bühnenbund-Preisausschr. 69;
Mendelssohnstr. 46, D-2000 Hamburg 50,
Tel. (040) 8991566 (Altona 24.7.12).
V: Marion u. d. Vagabunden, R. 38;
Pummel u. d. Ring, Jgdb. 52; Peter sucht
Cornelia, Jgdb. 53; Das verschenkte
große Los, Jgdb. 54; Steenstraat 59, Sch.
60; Mudder steiht ehrn Mann, Sch. 63;
Butenbüttel, R. 63; De griese Tiet, R. 66;
De Winkelafkaat, Sch. 67; De Schrubber,
Sch. 70; En Handvull Gedichte 70.
R: Jule, Hsp.; Grötens utrichten, Hsp.

Eilert, Bernd, Sömmerringstr. 6, D-
6000 Frankfurt a.M. 1.
V: Ecila aus dem Wunderland 80;
Bettgeschichten 81; Notwehr auf
italienisch 81. — **MV:** Die Kronenklauer,
m. F.K. Waechter 72, 83.
MH: Das Buch Otto 80; Das Kleine
Buch Otto 83. ( )

Eimüller, Hermann-Josef (Ps. Klaus
Mathis-Zilcher); GEMA 82; Schützenstr.
6, D-8900 Augsburg 1 (Augsburg 5.12.59).
Lyrik, Lieder- u. Theatertexte.
V: Süße Bitternis, G. 79; Im Pflaumen-
garten bei Kameido, 15 Haikus 80;
Freies Vaterland, G. 80; Tauwetter-
zeichenspuren, Haikus 81; Menschen-
kreuzweg. 9 Stationsfragmente, G. 81;
Losgelassen, G. 83. — **MV:** In Erwägung
unserer Lage. Ein Buch zu Brecht 81.
H: Peter Hoferer: 8 Gedichte 79;
Gänsekiel. Literatur für Leser 82.
S: Menschenkreuzweg 82; Spielball
Schöpfung 83.

Einbeck, Friedrich, s. Rilz, René.

von Einem, Charlotte (Ps. Lotte
Ingrisch, Tessa Tüvari), Schriftstellerin;

P.E.N.-Club 76; Nikolaigasse 1, A-1010
Wien, Tel. (0222) 523443 (Wien 20.7.30).
Drama, Roman, Essay, Film, Hörspiel.
V: Verliebter September 58; Das
Engelfernrohr 59; Das Fest der
Hungrigen Geister 60, alles R.; Die
Wirklichkeit und was man dagegen tut,
Bü. 68; Damenbekanntschaften, Bü. 71;
Geisterstunde oder Vorleben mit Nach-
teilen, Bü. 74; Die fünfte Jahreszeit, Bü.
77; Lambert Veigerl macht sein
Testament, Bü. 80; Reiseführer ins
Jenseits, Prosa 80; Jesu Hochzeit,
Opernlibr. 80; Kybernet. Hochzeit, Bü.
82.
R: Alle Vöglein, alle ...; Eine leiden-
schaftliche Verwechslung; Der
Bräutigam, alles Hsp. 65 — 67; Solo, Hsp.
75; Vanillikipferln 68; Die Witwe 69;
Wiener Totentanz 70; Der Hutmacher
72; Teerosen 77; Fairy 77; Abendlicht 77,
alles Fsp. u. Fsf; Höchste Zeit, daß die
Delphine kommen, Höchste Zeit ..., Hsp.
80; Clementis wilde Jagd od. ich bin ein
phallisches Mädchen, Hsp. 83.
Lit: Gesch. d. österr. Literatur.

Einriedt, Ewald, s. Wieland, Dieter.

von Einsiedel, Waltraut Gräfin (Ps.
Barbara Rütting), Schauspielerin;
Bundesfilmpreis 52; Sommerholz 30, A-
5202 Neumarkt am Wallersee, Tel.
(06216) 544. Roman, Feuilleton, Fern-
sehspiel, Filmdrehbuch.
V: Diese maßlose Zärtlichkeit 70;
Mein Kochbuch 76; Ach du grüner
Kater, Kinderb. 79; Barbara Rüttings
Koch- und Spielbuch für Kinder 82.

Einsle, Hans (Ps. Hans Koenigswaldt),
Verlagsbuchhändler; Schwabenstr. 1a,
D-8901 Königsbrunn, Tel. (08231) 2779
(Kempten 2.12.14). Roman.
V: Nachts, als die Wölfe kamen, R. 63;
Es steht geschrieben, R. 64; Das Aben-
teuer der bibl. Forschung 66, üb.arb. 79;
Nur eine Handbreit Erde, R. 68;
Zwischen dem Ries und den Allgäuer
Alpen, Ess. 70; Es werde Licht 70; Du
bist bei mir 71; Lebendige Vergangen-
heit 72; Das Bayernlexikon 77; Baden-
Württ. v. A bis Z 79; Die Ungarnschlacht
im Jahre 955 auf d. Lechfeld 79; Sie
glaubten an das ewige Leben 80; Die
Nachtbäume v. Kreta, R. 81; Ich warte
auf Dich in Ischia, R. 83. — **MV:** Rd. 40
Bücher.
B: Über 50 Bücher.
H: Handbb. f. ausld. Arbeitnehmer.

Einwächter, Marion, s. von Poellnitz,
Marion.

Einwanger, Josef, Lehrer; Förder.pr. f.
Lit. d. Stadt München 82; Usselmannstr.
11, D-8346 Simbach/Inn, Tel. (08571)
3824 (Bachham 8.2.35). Roman.
V: Geschriebene Küsse kommen nicht
an, R. 79; Öding, R. 82.

Einzinger, Erwin, Mag.,
Mittelschullehrer; Trakl-Förderungspr.
77, Talentförderungsprämie d. Ldes
Oberöst. 77; Oberer Wienerweg 26, A-
4563 Micheldorf, Tel. (07582) 3683
(Kirchdorf 13.5.53). Lyrik, Roman,
Novelle.
V: Lammzungen in Cellophan
verpackt, G. u. Fotos 77; Das
Erschrecken über die Stille in der die
Wirklichkeit weitermachte 83.

Eis, Egon, s. Eisler, Egon.

Eis, Gerhard, Dr. phil., Dr. med. vet. h.
c., em. o. UProf.; World Acad. of Art and
Science 63; Rottmannstr. 29, D-6900
Heidelberg u. Schönauer Str. 21, D-6905
Schriesheim, Tel. (06203) 761621 (Außig/
Böhmen 9.3.08). Lyrik, Erzählung, Essay.
Ue: Ags, An, E, Ahd., Mhd.
V: Lebendige Vergangenheit, Ball. 38;
Der Herrenschuß, Erzn. 38; Mittelalter-
liche Fachliteratur 62; Vom Werden alt-
deutscher Dichtung. Literarhistor.
Proportionen 62; Altdeutsche Zauber-
sprüche 64; Vor und nach Paracelsus 65;
Vom Zauber der Namen, Vier Ess. 70;
Notizen und Aphorismen 71; Kleine
Schriften 79.
H: K. Stief: Östlich vom Baikalsee, G.
36; Sudetendeutsche Rufe aus einem
Jahrtausend, G. u. Prosa 36; Mittelhoch-
deutsche Lieder und Sprüche 49, 67;
Frühneuhochdeutsche Bibelüber-
setzungen, Texte 1400 — 1600 49.
Ue: Kleine Geschichten alter Weisheit
41, 44.
Lit: Knapp u. V. Lisz: Verzeichnis der
Schriften von Gerhard Eis (Nr. 1 — 270)
58; G. Keil, R. Rudolf, W. Schmidt, H. J.
Vermeer, Fachliteratur des Mittelalters.
Festschrift für Gerhard Eis 68; Persön-
lichkeiten Europas, Dtld I 1936: Men of
Achievement 77.
s. a. Kürschners GK. ( )

Eis-Steffan, Ruth, Dr. phil.; Lyrik-Lit.-
Pr. Mähren 36, Certificate of Merit for
"German lyric poetry and prose" 74;
Rottmannstr. 29, D-6900 Heidelberg u.
Schönauer Str. 21, D-6905 Schriesheim,
Tel. (06203) 61621 (Jaffa/Palästina
19.6.09). Lyrik, Erzählung, Drama. **Ue:** E.
V: Tu mir nun auf, G. 35; Alexius, Ein
Spiel v. d. gottsuchenden u. d. liebenden
Seele, Dr. 49; Der Weg zum Hohen Stein,

Balln. 70; Von der Welt das Geblühe,
vom Menschen das Herz, ausgew. Dichtungen 71.
MA: Sudetendeutsche Anthologie 30;
Wir tragen ein Licht, G. 34; Kameraden
der Zeit, G. 35; Treue um Deutschland,
G. 39; Sudetendeutsches Lyrikbuch 39;
Jahrbuch der Stadt Brünn, G. 43; Bunte
Wiese 44; Lob der Heimat. D. schönsten
dt. G. aus Böhmen, Mähren u. Sudeten-
schlesien 68; Auf meiner Straße, Anth.
ostdt. Autorinnen 75; Alle Mütter dieser
Welt, Anth. ostdt. Autorinnen d. Gegw.
78.
Lit: R. Zimprich: Die Dichterin Ruth
Eis-Steffan in: Von d. Welt d. Geblühe,
vom Menschen d. Herz 71 (Nachw.);
Dictionary of Intern. Biography I 75. ( )

Eisele, Ulf, Dr.phil.,
Literaturwissenschaftler; Luisenstr. 68,
D-8000 München 40 (Hechingen 19.8.47).
Lyrik, Literaturwiss.
V: Wendungen, G. 73; Realismus u.
Ideologie. Zur Kritik d. lit. Theorie nach
1848 a. Bsp. d. "Dt. Museums" 76; Der
Dichter u. s. Detektiv. Raabes
"Stopfkuchen" u. d. Frage d. Realismus
79.

Eisenbach, Elisabeth, s. von Warsberg,
Elisabeth.

Eisenberg, Ursula, StudR.;
Waldseeweg 23, D-1000 Berlin 28, Tel.
(030) 4049947 (Spornitz/Mecklenburg
21.8.45). Lyrik, Erzählung, Novelle,
Essay.
V: Da kommt noch was nach. Ein
Kinderbuch für Erwachsene, Lyr. u.
Prosa 81.
MA: Umsteigen bitte, Lyr.-Anth. 80;
Die Liebe zu den großen Städten, Lyr. u.
Prosa 80; Voraus die Mühen der
Ebenen, Lyr. 80; Bei zunehmender
Kälte, Erz. 81; Unbeschreiblich weiblich
81; Liebesgeschichten 82; Nachwehen
82; u.a.

Eisendle, Helmut, Dr. phil.,
Psychologe, Telefontechniker; Grazer
Autorenversamml. 72, F.St. Graz;
Förderungspr. f. Lit. d. Bundesmin. f.
Unterr. u. Kunst 73, Buchpr. d.
Bundesmin. f. Unterr. u. Kunst 76;
Imbergstr. 9, c/o Residenzverlag, A-5020
Salzburg (Graz 12.1.39). Roman, Drama,
Essay, Hörspiel.
V: Walder oder Die stilisierte Ent-
wicklung einer Neurose, R. 72; Hand-
buch zum ordentlichen Leben, R. 73;
Der Irrgarten von Versailles oder
Einführung in Aesops Labyrinth der
Psyche, G. 75; Fröhliches Wirbeltier-

gehirn oder Beiträge zu einer physiologischen Literatur, Bilderzn. 75; Jenseits der Vernunft oder Gespräche über den menschlichen Verstand, R. 76, 79; Die Umstimmer 76; Das nachtländische Reich d. Doktor Lipsky, Erzn. 79, 81; Exil oder Der braune Salon, ein Unterhaltungsroman 77, Tb. 79; Billiard od. das Opfer am grünen Tisch, Bü. 77; Daimon u. Veranda od. Gespräche e. Mädchens vor d. Tode. Jungfrauenleiden. Der Strahl d. Augen trifft d. Welt 78; Das Verbot ist der Motor der Lust, Ess. 80; Mayerling, das Drama des Hauses Habsburg 80; Der Narr auf dem Hügel 81; Das schweigende Monster, Prosamoritat 81; Ich über mich & keinen andern 81.

B: Lev Ustinov: Micha u.d. Drehorgel, Msp. 78.

R: Ego washing oder Die Freiheit, die ich meine; Salongespräch oder Die Chronik der geistigen Wunder schimmert fahl und zweideutig; BlackBox oder Macht und Ohnmacht der Psychologie; Woody ist eine Ausnahme oder Das Wissen um die Dinge; a violation study; Fünf vor Zwölf - Die Grenzen des Möglichen, m. Pete Ariel.

Lit: Peter Laemmle: Aus dem Suicidkästlein eines Grazer Menschenfreundes in: Peter Laemmle, Jörg Drews: Wie die Grazer auszogen die Literatur zu erobern 75. ( )

Eisenhuth, Christoph, Pfarrer; Hintergasse 16, DDR-5901 Pferdsdorf, Tel. (062398) 354 (Jena 12.2.49). Lyrik.
V: Texte f. Kirchenmusik: Missa brevis 68, Requiem 69, Messe 75; Gespräche mit Christiane, G. 77; Was ist mit Gottes Garten, G. 82.

Eisenkolb, Gerhard (Ps. G. E., Knut Krause), Journalist; Preis d. MoldenWettbewerbs 72; Cecilienallee 26, D-4000 Düsseldorf 30, Tel. (0211) 459966 (Karlsbad 13.1.45). Roman.
V: Die vierzehn Stunden des Peter David, R. 73 u.d.T.: Die Abrechnung od. d. 14 Stunden ... 76, Tb. 81; München Schalom, R. 75, 76, Tb. u.d.T.: Das Kommando od. München Schalom 77; Der Freund vom Central Park, Kinderb. 75; Schmutz auf weißer Weste, Krimi 76; Hurra, die Elche kommen, Kinderb. 76; Der Strandläufer, Krimi 77, Als die Sonne nicht unterging, R. 78, Tb. 81; Auf den Spuren d. Hudson Bay Company 78; Gute Freunde von drüben, Krim.-R. 79; Mord am Bahnübergang, Krim.-R. 79; Die letzte Chance, Kdb. 79; Jagdunfall,

Krim.-R. 80; Der Senator, R. 81; In diesem unserem Land, R. 83.
MA: Zeit Bild, Geschichts-Anth. 76, 77; Heyne Jahresbd 1980.

Eisenreich, Herbert; P.E.N. 59; Erzählerpreis d. Sdt. Rdf. 54, Hsp.-Preis d. Radio Bremen 55, Förderungspreis d. Theodor-Körner-Stift. 56, 58, 60, 63, Prix Italia (internat.) für: Wovon wir leben 57, Förderungspreis d. Kulturkreises im B.D.I. 57, Öst. Staatspreis 58, Großer Kunstpreis des Landes NordrheinWestfalen 65, Anton Wildgans-Preis 70, Georg Mackensen-Preis 71; Autokaderstr. 5/12/3, A-1210 Wien, Tel. (0222) 387121. Essay, Lyrik, Hörspiel, Roman, Novelle.
V: Einladung deutlich zu leben, Erz. 51; Auch in ihrer Sünde, R. 53; Böse schöne Welt, Erzn. 57; Carnuntum. Geist und Fleisch, Ess. 60, 78; Der Urgroßvater, Erz. 64; Reaktionen, Ess. 64; Wovon wir leben und woran wir sterben 64; Sozusagen Liebesgeschichten, Erzn. 65; Ich im Auto, Sachb. 66; Die Ketzer, zwei Dialoge 66; Die Freunde meiner Frau, Kurzgeschn.; Das kleine Stifterbuch, Ess. 67; Ein schöner Sieg u. 21 andere Mißverständnisse, Erzn. 73; Verlorene Funde, G. 76; Die blaue Distel der Romantik, Erzn. 76; Das Leben als Freizeit, Ess. 76. — **MV:** Das große Erbe, Ess. 62.
H: Heimito von Doderer: Wege und Umwege 60; Friedrich Torberg: Mit der Zeit - gegen die Zeit 65; Jack London: Westwärts und andere Erzählungen 65; Liebesgeschichten aus Öst. 78.
R: Sebastian od. Die kleine Chance und das große Risiko des Märtyrers, Hsp. 53; Die Ketzer oder Mehrere Arten, der Wahrheit behilflich zu sein, Hsp. 54; Wovon wir leben und woran wir sterben, Hsp. 55, Fsp. 60.
Lit: Günter Blöcker: Kritisches Lesebuch; Klaus Nonnemann: Schriftsteller der Gegenwart; Johannes Pfeiffer: Was haben wir an einer Erzählung?; Günter Blöcker: Herbert Eisenreich in: Literatur als Teilhabe 66; Reich Ranicki: Herbert Eisenreich in: Literatur der kleinen Schritte 67; W. Schmidt-Dengler: Herbert Eisenreich in: Dt. Literatur seit 45 70.

Eisenthaler, Hans, s. Stephani, Claus.

Eisler, Egon (Ps. Egon Eis); Dram.-Un., VS FA.; Fasoltstr. 7, D-8000 München 19 (Wien 6.10.10). Film, Bühne, Fernsehen.

V: Illusion der Sicherheit 58; Der Gipfel, St. 57; Illusion der Gerechtigkeit 65; Der Kreuzworträtselzoo 67; Duell 71.
F: Zahlr. Kriminal- u. Abenteuerfilme seit 30, u. a. Der Tiger; Der Greifer; Schuß im Tonfilmatelier; Er kann's nicht lassen 62.
R: (B): Hermann Melville: Bartleby; Im Auftrag der Schwarzen Front; Die Kugel war Zeuge; Zwei Finger einer Hand; Der Bounty-Prozess; Kennwort Schmetterlin; Der Fall Silvester Matuska; Ein Mann namens Parvus, alles Fsp.

Eismann, Wolf, c/o Winddruck-Verl., Anzhausen.
V: Von verschiedenen Ufern 82. ( )

Eisner, Stefan, s. Ferrari, Gustav.

Eitner, Kerstin, Dipl.-Soz.; Seilerstr. 33, D-2000 Hamburg 4, Tel. (040) 3145 (Westerland 14.5.56). Lyrik, Novelle, Roman, Essay.
MV: ... und ein verlorenes Land?, m. Erwin Jansen, Lyr. u. Prosa 81.
MA: Staccato — Musik und Leben 82.

Eitzert geb. Schach von Wittenau, Rosemarie genannt von Schach (Ps. Tina Caspari, Claudia Jonas), Schauspielerin; Am Steinberg 63, D-8031 Steinebach a. Wörthsee, Tel. (08153) 7418 (Berlin 25.1.39). Jugendbuch, Film. **Ue:** E, F.
V: Biggi kämpft mit allen Tricks 75; Mit dreizehn hat man täglich Ärger 76; Mit vierzehn glaubt man an die Freundschaft 76; Bille und Zottel - Pferdeliebe auf den ersten Blick 76; Mit fünfzehn wachsen einem Flügel 77; Bille und Zottel, zwei unzertrennliche Freunde 77; Mit einem Pferd durch dick u. dünn 77; Applaus f. Bille u. Zottel 77/78; Die schönsten Ferien hoch zu Roß 77/78; Mit sechzehn tanzt man in das Leben 77/78; Ein Cowboy f. Bille u. Zottel 79; Gefahr auf d. Pferdekoppel 79; Ein Versteck f. Andy 79; Wirbel um Florian 79; Ein Filmstar auf vier Beinen 80; Unternehmen alte Eiche 80; D. rosarote Verschwörung 80; Angelika gehört dazu 81; Sommer, Sonne u. zwei Pferde 81, alles Jgdbb.; Ein Koffer voller Träume, R. 81; Kleine Freundin Piri, Jgd-Tierb. 83.
B: Enid Blyton: Tina und Tini, Bd. 2 - 12, Dolly, Bd. 7 - 12; Hildick: Tim und sein komischer Vogel 76, Schnüffelnase unterwegs 77.

Eitzlmayr, Max *

Ekert-Rotholz, Alice; VS Hamburg 52, Gedok 52, Intern. P.E.N. 59; Richard Dehmel-Ges. 57; 56 A Elsworthy Road, LondonNW3 3BU/Engl. (Hamburg 5.9.00). Roman, Novelle, Drama, Reisebuch, Lyrik, Hörfolge.
V: Siam hinter der Bambuswand, Reiseb. 53; Reis aus Silberschalen, R. 54, 61 (amer. 82); Wo Tränen verboten sind, R. 56, 63; Strafende Sonne — lockender Mond, R. 59, 64; Mohn in den Bergen, R. 61, 63; Die Pilger und die Reisenden, R. 64 (amer. 83); Elfenbein aus Peking, Geschn. 66; Der Juwelenbaum, Karib. Panorama 68; Fünf Uhr Nachmittag, R. 71; Füchse in Kamakura, jap. Erzn. 75; Gastspiel am Rialto, R. 78; Großer Wind — Kleiner Wind, 2 Nn. 80 (auch in "Das Beste", Reader's Digest 83).
MA: Beitr. in versch. Anth. z. Thema Zeitgesch. (Hrsg. Rolf Italiaander) 60-83.
R: Ostasien: Gestern und heute, dram. Hörszenen 52; Die Heilige Theresia von Avilla 53; Kinder im Schatten des Islam 53.

Ekker, Ernst, Lektor b. ORF; Ö.S.V. 71, A.K.M., Literar-Mechana; Ehrenliste Öst. Staatspreis f. Kinderlit. 68, Ehrenliste Preis der Stadt Wien f. Kinderlit. 68, Öst. Staatspreis f. Lit. Abt. Hsp. 69, Anton Tesarek Preis (m. and. öst. Kinderb. Autoren) 71; Maygasse 42/10/11, A-1130 Wien u. Peraustr. 40, A-9500 Villach/Kärnten (Idar-Oberstein 4.3.37). Roman, Hörspiel, Drehbuch, Drama, Kinderbuch. **Ue:** E.
V: Die Kirschenfrau geht in die Luft 66, 77; Der Riese Rocco 67; Das Geheimnis um Herrn Feierlich 68, alles Kinder-R.; Sandro fährt zu seinem Vater. Mehrspr. Kinderb. f. Gastarbeiterkinder in Deutschld. 72; Störmichnicht 72; Toni Rattenfänger 74; Die Flimmerfimmler 76, alles Kinderst.; Tiger und Ricky 74; Hepdepaddel 74; Die Nahsehfamilie 74; Jan, Pan u. Bic Bär 76; Ein Auto namens Fledermaus 76; Fred u. Tom u. der Goldene Berg 77; Kennst du den Wind? 77; Geschichten u. Bilder v. Tieren 77 IV; Fred u. Tom u. d. Indianer 78; Die Nahsehfamilie, Gesch. 78; Mein Freund Flexi 79; Die Ufojäger u. die Flexibande 79. — **MV:** Geh und spiel mit dem Riesen, Anth. 71; Wiener Fibel 71; Lesehaus 1 — 4 71 — 76; Am Montag fängt die Woche an 73; Menschengeschichten 75; Das Sprachbastelbuch 75; Im Fliederbusch ... 76; Der fliegende Robert 77; sowie zahlr. Anth.
F: (MV): Solo für einen Menschenfreund 69; Die ersten Tage 71; Der letzte Werkelmann 71; Außenseiter, darin: Der

Sadist 71; Countdown 73; Top Secret 74;
Der rosarote Prinz 75; Joseph Haydn 77.
R: Weihnachtsspiel ohne Engel 63;
Der Feind; Gebt den Henkern eine
Chance; Vampire; Das Gelächter; Blut-
acker oder Die andere Passion 70, alles
Hsp.; Die Schule im Turm, Kinderhsp.
72 (auch ung.); Die Kirschenfrau geht in
die Luft 67; Zaubermeister Nesselbart
67; Zappelino 68; Abenteuer in
Cucumbien 68, alles Fs.filme f. Kinder;
Beethoven, 3-teil. Fs.-Serie 70; Libussa
(nach Franz Grillparzer), Fsp. 72. ( )

El-Minshawi, Béatrice, Sozialpäd.;
Wernigeroder Str. 14, D-2800 Bremen 1,
Tel. (0421) 448131 (Behringersmühle/
Pegnitz 23.12.47). Lyrik.
V: Türen öffnen ..., Lyr. 82.

Elberger, Bernd, s. Hofé, Günter.

Elbin, Günther; Moylander Str. 8, D-
4194 Louisendorf/Kleve, Tel. (02824) 2060
(Ratibor/OS. 23.7.24). Biographien,
Stadt- und Landschaftsmonographien.
V: Wien - auf Erden unvergleichlich
67; Macht in zarten Händen, Dorothea
Herzogin von Kurland 68; Der
Schimmelmajor, Dokumentation einer
polnischen Legende 69; In Holland,
Beschreibung eines Landes 71; Am
Niederrhein — Die klevischen Lande
zw. Rhein u. Maas 79; Bauernhäuser am
Niederrhein 80; Moers 81; Wittelsbacher
Schlösser am Rhein und in Westfalen
81. — **MV:** Große Damen aus der Welt
von Gestern 69.
H: Literat u. Feldmarschall — Briefe
u. Erinn. d. Fürsten Charles Joseph de
Ligne 79.
R: Dorothea, Herzogin von Kurland,
Hb. 68; Schloß Clemenswerth im
Emsland 73; Bayerisches in Büren 74;
Anno 1571 - Der Erbprinz v. Kleve reist
durch Bayern 74; Kleve - Heimat des
Schwanenritters 75; "Sie ist viel gefeiert
worden" - Madame de Staël in München
75; Die stille Beterin an der Mariensäule
76; Mit Napoleon in Rußland 77; Schloß
Benrath od.: Die Wittelsbacher am
Niederrhein 78, u.a. R.-Sdg. ( )

Elbogen, Paul (Ps. Paulus Schotte),
Schriftsteller; 21021 Avenue, San
Francisco, Cal. 94121/USA, Tel. (415)
2211750 (Wien 11.11.94). Lyrik, Roman,
Novelle, Essay.
V: Leben als Abenteuer, Biogr. f. Jgdl.
38; Kometen des Geldes, Biogr. Ess. 33;
Verlassene Frauen, Biogr. Ess. 33, Tb. 62;
Dram, R. 49, Neuaufl. u.d.T.: Jagd nach
dem Leben 60, 61; Der dunkle Stern, R.

59, 60; Geht eine dunkle Wolk herein, R.
83.
H: Liebste Mutter 29, 56, Tb. 64;
Geliebter Sohn 30; Lieber Vater 32;
Humor seit Homer 64, 75; Genius im
Werden 63/64.

Elem, s. von Weber, Charlotte.

Elgers, Paul, s. Schmidt-Elgers, Paul.

Elk, William Hewett, s. †von
Richthofen, Bolko.

Elling, s. Kreuter, Marie-Luise.

Ellinger, Alfred (Ps. Leopold
Eulenhaupt), Schriftsteller, vorm.
Bundesbeamter; Mf.Ö.; Gold.
Verd.zeichen d. Ldes Wien 74;
Salierigasse 1/7, A-1180 Wien, Tel. (0222)
4727533 (Wien 23.3.17). Drama, Lyrik,
Novelle, Essay, Hörspiel.
V: Veronika und die Schächer, Leg.
(dramat.) 65; Konfetti, Jgdb. (dramat.
Spiele) 66; Klassisch Wienerisch,
Bänkelieder, Epigramme, Lyrik in
Prosa 68, erw. 78; Das Bilderbuch vom
Hernalser Kalvarienberg 76.
R: Zwei Spitzbuben u. e. Dame, Hsp.
68; Rendezvous, Hsp. 79.
S: Hernalser Kalvarienberg, e. Wiener
Bänkellied 77; Die Weihnachts-
geschichte, Novellette 78, beides
Kassetten.

Ellrodt, Ursula, c/o Brinkhaus-Verl.,
Rossdorf.
V: Ja spukt's denn wirklich auf dem
Bürleberg? 83. ( )

Elsässer, Ruth, Erzieherin; Menzelstr.
57/1, D-7000 Stuttgart 1, Tel. (0711)
853923 (Stuttgart 2.7.1918). Bilderbücher.
V: Fingerhütchen, e. irisches Märchen
74; Aschenputtel (nach Br. Grimm); Von
Sonntag zu Sonntag, Bilderb.

Elsen, Anton, Heilpraktiker;
Burgfriedstr. 4, D-5568 Daun/Eifel, Tel.
(06592) 2241 (Daun 21.1.25). Lyrik,
Roman.
V: Dem Leben abgelauscht, G. 80.

Elsner, Gertrud, s. Zimmermann,
Gertrud.

Elsner, Gisela; VS 71, Dt. P.E.N.-Zentr.
d. BRD 71; Prix Formentor 64,
Hoffmann-und-Campe-Stipendium 64;
Elisabethstr. 8, D-8000 München 40, Tel.
(089) 2721155 (Nürnberg 2.5.37). Prosa.
V: Die Riesenzwerge 64; Der Nachwuchs, R. 68; Das Berührungsverbot, R.
70, 75; Herr Leiselheimer und weitere
Versuche, die Wirklichkeit zu
bewältigen 73; Der Punktsieg, R. 77; Die
Zerreißprobe, Erzn. 80; Abseits, R. 82.

†**Elster**, Hanns Martin (Ps. Hans Bruneck), Dr. phil., Verleger; VS, P.E.N. 21 — 33, Vizepräs. d. V.Dt.S.V. 61, VG WORT 61, Präs. d. Kogge 56; Kogge-Ring 56; Heinrich Heine-Ges. 56; Oberkasselerstr. 139, b. Reetz, D-4000 Düsseldorf 11 (Köln 11.6.88). Biographie, Essay. **Ue:** F, L.

V: Adolf Bartels als Dichter 07; Richard Schaukal, St. 10; Gustav Frenssen 11; Ramler als Lyriker 12; Moritz Graf Strachwitz, Biogr. 12; Gedächtniskraft 19; Liebe und Ehe 19; Walter von Molo, Leben u. Werke 20; Minister Freiherr vom Stein 20; Helmuth Graf Moltke 21; Hugo von Hofmannsthal 22; Frank Wedekind 22; Die Erneuerung des deutschen Theaters 22; Moritz von Schwind 23; Annette von Droste-Hülshoff, Biogr. 24; Der deutsche Genius 26; Wildenbruch, Biogr. 33; Brzeziny 34; Admiral Scheer 35; Zur Feierstunde 36; Helden und Heldentaten im Weltkrieg 37; Kriegsminister Graf Roon 38; Mark Twain 38; Natur und Glück der Liebe und Ehe 38; Schüchternheit und Lebensangst 38; Bismarck, Macht und Maß 39; Gesicht und Haltung 39; Heinrich der Löwe 40; Größer werden 40; Moltke 42; Heinrich Heine 56; Heinrich Lersch 59; Deutsche Geschichte 61.

H: Irrfahrten des Daniel Elster 12 II; Strachwitz: Lieder und Balladen 12; Grimmelshausen: Simplizissimus 13; E. v. Wildenbruch: Ausgew. Werke 20 IV; Detmold: Satiren 20; Deutsche Dichterhandschriften seit 20 XIII; Die Flöte, Mschr. 20 — 22; Die neue Dichtung, Vjschr. 22 — 23; Droste Hülshoff: Ges. Werke 23 III; Die Horen, Mschr. 24 — 31; Die deutsche Novelle der Gegenwart 25; Das Pantheon, Hausb. 25; G. Freytag: Gesamtausgabe 26 XII; Th. Fontane: Heiteres Darüberstehn. Neue Briefe 37; Englisches Bilderbuch. Aus d. Nachlaß 38, Bilderbuch aus Frankreich. Aus d. Nachlaß 40, Preußische Generäle 43; Der Bücherbund 49 — 54; Die Lesewelt 49 — 54 LXII; Büchmann: Geflügelte Worte 56, 64; H. Heine: Werke 57 II; G. A. Mathey: Buchkunst, Grafik, Malerei 58; Literarischer Pressedienst 59 — 71; Die Kogge - Anthologie 59; Josef Winckler: Irrgarten Gottes; Der chiliastische Pilgerzug 67; Josef Winckler: Die heiligen Hunde Chinas 68; Alfons Paquet: Gesammelte Werke 70 III; Fritz von Unruh: Sämtliche Werke XX seit 70; Josef Winckler: Schneider Börnebrink 76 II. — **MH:** Wilhelm-Raabe-Kalender 11-13 III; Karl Röttger: Ausgewählte

Werke 58 II; Fritz v. Unruh: Wir wollen Frieden. Reden u. Aufrufe 60-61.

Ue: Andreas Capellanus: De amore 23; Stendhal: Die Äbtissin von Castro 49; Rot und Schwarz 50 II; Balzac: Vetter Pons 51; Daudet: Tartarin aus Tarascon, Briefe aus meiner Mühle 51; Maupassant: Novellen 52. — **MUe:** Stendhal: Ausgewählte Briefe, m. A. Schurig 09.

von Eltz geb. Hoffmann, Lieselotte (Ps. Lieselotte Hoffmann), Dr. phil., Prof., Bibliothekarin; Ö.S.V. 58, S.Ö.S., P.E.N. 82; Literaturpreis d. Verkehrsvereins Bavaria 54, Literaturpreis im Erzählerwettbewerb Unsere Kirche 60, Förderungspr. des Ldes Salzburg f. Erwachsenenbild. 76; Hinterholzerkai 18, A-5020 Salzburg, Tel. (0662) 72678 (Wien 18.11.21). Roman, Novelle, Essay, Hörspiel, Biographie.

V: Adalbert Stifter und Wien, St. 46; Reifen in der Zeit, Ess. 48; Sebastian Stief, ein Salzburger Maler des Biedermeier 50; Frauen auf Gottes Straßen, 8 ev. Lebensbilder 51, 53; Eine Negerin hilft ihrem Volk, Mary Bethune - McLeod-Biogr. 51; Ezechiel, der Prophet, R. 53; Protestanten aus romanischen Ländern, Biogr. 56; Feuchtersleben, der Arzt, Dichter und Philosoph, Biogr. 56; Ihr Herz schlug für das Tier. Große Fürsprecher der Tiere, Biogr. 58; Als die Sterbenden - und siehe wir leben. Geschichte d. Protestanten in Spanien 60; Gaspard de Coligny, Biogr. 60; Das vergessene Jesuskind, Weihnachtserzn. 60; Das Hündlein des Tobias, Erz. 61, 79; Der Bettler von Greenhill, Weihn.-Erz. 61; Kampf und Bekenntnis, biogr. Gesch. evang. Familien 62; Die beiden Schächer, N. 62; Die drei Ratsherren, Weihn.-Erz. 63; Der Ölzweig, Weihn.-Erz. 64; Ich hab den Glauben frei bekennt, Biogr. 64; Die Alpen in alten Ansichten 64; Salzburger Gitter erzählen 65; Heiterer Herbst, Erz. 66, 78; Frauen auf Gottes Straßen N. F. II 68; Der Posaunengeneral, Erz. 68; Ich möchte nicht, daß er heimkommt, Weihnachtserz. 69; Salzburger G'schichten, Kulturgesch. Erz. 71; Der reisende Poet, Biogr. Erz. (Paul Fleming) 71; Weihnachten wie es wirklich war, Erzn. 74; Der Maler Wilhelm Kaufmann, Biogr. 76; Geschichte und Entwicklung d. evang. Erwachsenenbild. in Salzburg 1945 — 75 76; Protestantismus im Hause Habsburg, Hist. Studie 78; Die Weihnachtspredigt, Weihn. Erz. üb. Margarete Blarer 78; Macht hoch die

Tür, 8 Weihnachtslieder u. ihre Dichter,
Biogr. 78; Salzburger Brunnen, Kulturg.
St. 80; Lob Gott getrost mit Singen. Die
schönsten Kirchenlieder u. Ihre Dichter
80; Ehre sei Gott in der Höhe, Weih-
nachtserz. um J.S. Bach 80; Christentum
u. Tier, St. 82; Die Rolle d. Frau f. d.
Ausbreit. d. Reformation, St. 82; Aus d.
Leben d. Wandsbeker Boten, Biogr.Erz.
üb. M. Claudius 82; Martin Luther,
Biogr. 83.
H: Stifter: Hochwald, Hagestolz,
Nachkommenschaften 46; Die Ordnung
der Geschöpfe 64; Wenter: Die Ordnung
d. Geschöpfe.
R: Kaiser Konrad III.; Die Tanne;
Märchenspiel; Reformation; Fischer von
Erlach; Ein Bekenner widersteht dem
Kaiser (Tschernembel); Augustinus;
Coligny; Das Wirtshaus zum Weiden-
busch; Paracelsus; Versailles; Die große
Armada; St. Florian, u. a. Hsp.; Diabol,
Groteske; Naboths Weinberg; Die
Nachbarn; Das glatte Pflaster von Paris;
Wie Österreich entstand; Salomo, König
u. Poet; Jesus u. d. Revolutionäre; Von d.
Freiheit u.a. Werten.

Elwenspoek, Lise-Melanie (Ps.
Monika Brack); VG Wort, D-8381 Hirn-
kofen, Post Mamming, Tel. (09955) 351
(Plattenhardt, Kr. Eßlingen 19.5.14).
Essay, Kindergeschichte, Novelle,
Roman, Feature.
V: Geliebte seltsame Tiere, Jgdb. 55,
Tb. u.d.T.: Astrid, Achim u. die Tiere 77;
Wir zelten am Mittelmeer 63; Flechten
mit Peddigrohr 64; Wir batiken 63; Wir
modellieren mit den Jüngsten 65; Lu-
stiger Tischschmuck 66.
MA: Wir Mädchen 61-71; Das
Spatzennest 71; Merian Hefte.
R: Schweinchen Wilbur.
S: Die Reise nach Anderswo, Kass. 80.

von Elzenbaum, Margit, s. von
Elzenbaum-Florian, Margit.

von Elzenbaum-Florian, Margit (Ps.
Margit von Elzenbaum), Lehrerin;
Südtiroler Künstlerbund 74; Pr. für
Lyrik vom Kulturinst. Bozen 69, Pr. f.
Drama v. Arb.kreis f. Behinderte, Bozen
81; Widumgasse 2, I-39040 Auer, Tel.
(0471) 80560 (Bozen 25.2.50). Lyrik,
Novelle, Märchen, Fabel, Drama.
V: Mein Fest, Lyr. u. Kurzprosa 73;
Verehrter Hofnarr, Deine Königin, Lyr.
u. Kurzprosa 81.

Embacher, Gudrun, Dr. phil., akad.
gepr. Übersetzerin; Arlbergstr. 67/8, A-
6900 Bregenz, Tel. (05574) 244052
(Feldkirch/Vbg. 14.8.31). Roman.

V: Sperling auf meiner Hand,
Gegenwarts-R. 78; Berliner Hochzeit,
Gegenwarts-R. 79; Ich nenne dich
Eurydike, R. 80; Der Narr Wohlgemuth,
R. 82; Der Wolf ist los u. a. Erzn. 82.

Emersleben, Otto, Diplom-Physiker;
Kandidat SV-DDR 75, Mitgl. 81;
Gerdingstr. 9, DDR-2200 Greifswald
(Berlin 19.4.40). Prosa.
V: Strom ohne Brücke, R. 80; Länder
des Goldes. D. Ausklang d. Großen
Entdeckungszeitalters, Erz. Sachb. 80;
Nichts Neues unter d. Sonne, Erz. 81;
Papiersterne, R. 82.
MA: Wie Nickel zweimal ein Däne
war, Neue Prosa — Neue Namen, Anth.
70; Das Huhn d. Kolumbus/Espresso-
Geschn., Anth. 81; Bestandsaufnahme 2
/Debütanten 1976-80, Anth. 81.

Emig, Günther, Bibliothekar; VS;
Postfach 1608, D-7100 Heilbronn/N. u.
Egerer Weg, D-7102 Weinsberg, Tel.
(07132) 2643 (Nieder-Liebersbach 8.2.53).
Lyrik, literaturkritische Arbeiten.
V: F. wie fragmentarische Fiktionen,
Prosa 73; Haarige Sachen, Neue G. 75;
Die Abschaffung der Freiheit als Bedin-
gung für deren Bestand, Prosa-Sat. 76.
H: Über das "Alternative" alternat.
Publikationen 74; Jules Michelet: Die
Hexe 75, 2.Aufl. 77; Erich Mühsam:
Gesamtausg. 76-83 IV;
Neuerscheinungsindex Lit.zss. d.
"grauen Marktes" I 79 ff; Verzeichn.
dt.spr. Lit.zss., Ausg. 1 79/80, Ausg. 2 81/
82. — **MH:** D. Alternativpresse 80.

Emilian, Ion (Ps. Decebal Ion Rosioru,
Traian Rovinaru, Valeriu Toporea,
Joachim Erhard), Dr. jur., RA.; Rumän.
Akad. Ges. Rom 58; Balduin-Helm-Str.
16, D-8080 Fürstenfeldbruck (Craiova,
Rumänien 14.12.06). Novelle, Essay.
Ue: Rum.
V: Die ersten Totenlisten der
rumänischen Streitkräfte 65;
Rumänische Kavallerieverbände und
Aufklärungsabteilungen im zweiten
Weltkrieg 66; Ein ungarischer Militär-
schriftsteller über die rumänische
Armee im Unabhängigkeitskrieg 1877 —
1878 68; Der phantastische Ritt 77;
versch. Veröff. in franz. u. rum. Spr.

Emmelius, Ingrid, s. Bierling, Ingrid.

Emmer, Horst, c/o Verl. Schwarz,
Baden-Baden.
V: Der weise Marabu 83. ( )

Emmerich, s. Thurm, Paul Willi.

Emmerig, Thomas, Angestellter;
Oberfeldweg 8, D-8400 Regensburg
(München 24.11.48). Lyrik, Kurzprosa.

V: Näherungen, G. 77; Gläser, G. 79;
Der Traum von der Wirklichkeit des
Traums, Erz. 77, 2. erweit. Aufl.:
Gesammelte Prosa 72-80 81.
F: Warten, Kurzf. 75.

Emmert, Karl, Laborleiter i.R.; FDA
75; Dichterpr. II. Armee 43, Lyrik-
Ehrenring d. Dt. Kulturwerks 70; EM im
Kr. d. Dichter d. Dt. Kulturwerks 66, EM
Dt. Akad. f. Bildung u. Kultur 70,
Arbeitskr. f. Dt. Dichtung 77,
Offenhausener Dichterkr. 75; Obere
Seestr. 59, D-7994 Langenargen, Tel.
(07543) 3445 (München 10.3.22). Lyrik.
V: Heit. Weltgesch. d. Straßenbaus,
Verserz. 57; Bodensee-Zyklus 76;
Brückenschlag, zeitkrit. G. 71; Brevier
zur Stillen Zeit, G. 82; Im Jahresring, G.
83. – **MV:** 7 g'standne Mannerleut'.
MA: Quellen d. Lebens 67; Geliebtes
Herz 68; Sammlung Stummer Heitere
Reihe 78; Für d'Muadda 79; Dt. Alm. seit
80; Gib meinem Liede deine Stimme 83.

Emrich, Walter, Dr. med., prakt. Arzt,
Majorarzt d. Res.; St.S.B., ÖSV, Präs. öst.
Gr. UMEM; Josef-Weinheber-Med. 67,
Silb. EZeichen f. Verd. um d. Rep. Öst.
73, Gr. Komturkreuz d. Radetzkyordens
75, Gold. Verd.zeichen d. Landes Wien
77; Offiziersges. Wien, Vorst.mitgl. Josef
Weinheber-Ges.; Krottenbachstr. 110/11,
A-1190 Wien, Tel. (0222) 321311 (Wien
22.9.22). Lyrik.
V: Mit den Trommeln der Freude,
Lyrik 77.
MA: Lyrische Anthologie
österreichischer Ärzte 72; Quer, Lyrik-
Anth. 74; Ärzte - Lyrik - Heute 75;
Heilende Worte 77.
S: Aeskulap lyrisch und satirisch,
Tonband 64. ( )

Emrich, Wilhelm, Dr. phil., o. Prof. f.
Neuere dt. Literaturwiss. Freie U.
Berlin; P.E.N. 58; Literaturkl. d. Akad. d.
Wiss. u. d. Lit. Mainz 56, Vorst.mitgl.
Goethe-Ges. Weimar 60; Witzlebenplatz
4, D-1000 Berlin 19, Tel. (030) 3221777
(Nieder-Jeutz b. Diedenhofen 29.11.09).
Literaturwissenschaft, Literaturkritik.
V: Paulus im Drama 34; Die Symbolik
von Faust II 43, 78; Franz Kafka 58, 75
(auch engl.); Protest und Verheißung,
Stn. z. klass. u. mod. Dichtung 60, 63;
Geist und Widergeist. Wahrheit u. Lüge
d. Literatur, Stn. 65; Polemik, Streit-
schriften, Pressefehden u. krit. Ess. um
Prinzipien u. Maßstäbe d. Literatur-
kritik 68; Poetische Wirklichkeit. Stud.
z. Klassik u. Moderne 79; Dt. Literatur d.
Barockzeit 81.

MA: Dt. Literatur im 20. Jh., Hrsg. H.
Friedemann u. O. Mann 54, 67; Schiller
und die Antinomien der menschlichen
Gesellschaft 55; Die Großen Deutschen
I-IV 57; Die Weltkritik Franz Kafkas 58;
Das dt. Drama II 58; Studio Italiani 3 59;
Dt. Lit. in unserer Zeit 59, 61; Zum
Problem d. lit. Wertung 61; Heinrich v.
Kleist, Vier Reden zu seinem Gedächt-
nis 62; Formkräfte d. dt. Dichtung v.
Barock bis zur Gegenwart 63; Der dt.
Expressionismus 65; Aspekte des
Expressionismus 68; In Sachen Böll 68;
Carl Sternheims Erzählungen, Werk-
auswahl 73; Carl Sternheims Essays,
Werkauswahl 73; Drama u. mod.
Theater 74; Was ist poetische Wirklich-
keit? Zum Problem Dichtung u.
Ideologie 74; Hebbels Nibelungen.
Götzen u. Götter d. Moderne 74; Beitr. in
Festschrr.: Wilh. Weischedel 75,
Hermann Mayer 76, Victor Lange 77;
Forschung u. Informat., Schr.-R. d. Rias-
Funkuniv. Bd 30 81; Festschr. W. Huder
81; Revue d'Allemagne 82; Jb. d.
Schiller-Ges. 82; Jb. d. Raabe-Ges. 82;
Festschr. Walter Sokel 83.
H: Carl Sternheim: Gesamtwerk seit
63 X; Ricarda Huch: Gesamtwerk VIII
seit 66.. – **MH:** Arno Holz: Werke 61-64
VII.
Lit: Literaturwissenschaft u.
Geschichtsphilosophie, Festschr. f.
Wilhelm Emrich 75.
s. a. Kürschners GK.

Emundts geb. Draeger, Elisabeth (Ps.
Elisabeth Emundts-Draeger); VS, Gedok
32; Junkersgut 10 – 14, D-5060 Bergisch
Gladbach 3 (Köln 21.6.98). Lyrik, Novelle,
Skizze, Roman.
V: Von Mensch zu Mensch, G. 36; In
uns das Gesetz, R. 39; Die ewigen
Mütter, Skizzen, G. u. Nn. 39, 55; Die
ewigen Gipfel, N. 42; Nach innen geht
der Weg, G. 48; Im Rosenkranz, Son. 55;
Blumen-Gedichte 68; Unendliches Herz,
G. f. E. Barlach 70; Wo Mensch? Wo
Gott?, G. 75; Die Empfangenden, G. 77;
Am Abend eine Harfe, G. 78; Rose u.
Adler, G. 82. – **MV:** Das erhörte Herz,
Nn. 48; Die sieben Ähren, Leseb. 50, 55;
Das dunkle Du 53; Gedichte auf Bilder
75; Bildmeditation der Dichter, G. 76;
Dienst an der Kunst, Brief 76.
S: Im Rosenkranz. Geistl. Sonette 66.
Lit: Deutsche Dichtung am Rhein.
Lit.gesch. d. fränk. Rheinlde. 44; Armin
Biergann in "Unendliches Herz" 70;
Norbert Grabe in "Wo Mensch? Wo
Gott?" 75.

Emundts-Draeger, Elisabeth,
s. Emundts, Elisabeth.

Ena, s. Hahn, Lena.

Ende, G. J., s. Strache, Wolf.

Ende, Michael, freier Schriftsteller;
Kinderbuchpreis 61, Ehrenliste d. Hans-
Christian-Andersenpreises 62,
Buxtehuder Bulle 80, Janusz Korczak
Pr. 81, Lorenzo il Magnifico Pr. 82,
Bronsi di Riace 82 (Garmisch 12.11.29).
Kinderbuch, Lyrik, Drama, Prosa, Hör-
spiel.
V: Jim Knopf und Lukas der Loko-
motivführer, Kinderb. 60, 83; Jim Knopf
und die Wilde 13, Kinderb. 64, 83;
Tranquilla Trampeltren — e. Fabel 62;
Der Spielverderber 67; Das Schnurpsen-
buch 69, 79; Momo, M.-R. 73; Das kleine
Lumpenkasperle 75, 78; Lirum, Larum,
Willi warum 78; Das Traumfresserchen
78; Die unendliche Geschichte 79; Das
Gauklermärchen 82 — mehrere B. in
versch. Spr. übers. ( )

Enders, Alfred Michael, s. Heberer,
Alfred.

Enders, Horst, Textil-Ing., Dramaturg
am Dt. Fernsehfunk Berlin; SV-DDR;
Forststr. 24, DDR-1254 Schöneiche b.
Berlin (Beiersdorf 23.10.21). Schauspiel,
Fernseh- und Hörspiel.
V: Victory nach, Sch. 57; Stützpunkt
Trufanowo, Sch. 58; Das Haus im
Schatten, Sch. 60; Warschauer Konzert,
Sch. 67, Fsp. 68 (auch russ.);
Dissonanzen, Sch. 70.
R: Die Glocke Uville, Fsp. 67; Trufa-
nowo, Fsp. 61; Das Haus im Schatten,
Fsp. 61; In letzter Stunde, Hsp. 62 (auch
bulg.); Denkzettel, Fsp. 63; Noch an
diesem Abend, Fsp. 63; Gold für USA,
Fsp. 63; Liebe macht manchmal auch
glücklich, Fsp. 64; Alle lieben Babs, Fsp.
u. Hsp. 64; Die Forbringern, Fsp. 68;
Verhör im Gymnasium, Fsp. 68; Der
schwarze Hund, Kriminal-Fsp. nach E.
Gaboriau 71; Jenseits des Lichts, Fsp.
72; Unerwarteter Besuch, Fsp. 75; Der
neue Anzug, Hsp. nach L. O'Flaherty 73;
Namensgebung, Hsp. 74; Zwischen
gestern und morgen, Hsp. 75; Gedanken
im Zug, Hsp. 76; Haifische, Hsp. nach J.
London 76; In kalter Nacht, Hsp. 77. ( )

Enderwitz-Bindseil, Ilse (Ps. Ilse
Bindseil), Dr., Lehrerin; Habsburger Str.
6, D-1000 Berlin 30, Tel. (030) 2155606
(Frankenstein 23.9.45). Erzählung.
V: Morde und andere tödliche
Geschichten, Erzn. 82.
MH: Faschismus, Literatur und
bürgerlicher Staat 81.

Endler, Adolf Edmond (Ps. Edmond
Amay, Trudka Rumburg); SV-DDR 64 —
79, P.E.N.-Club seit 76; Dunckerstr. 18,
DDR-1058 Berlin (Düsseldorf 20.9.30).
Lyrik, Essay, Kindertheater, erzählende
und berichtende Prosa, Nachdichtung.
Ue: R, Kauk (Georg), Bulg, E.
V: Weg in die Wische, Rep. u. G. 60;
Erwacht ohne Furcht, G. 60; Die Kinder
der Nibelungen, G. 64; Das Sandkorn, G.
74, 76; Nackt mit Brille, G. 75; Zwei
Versuche über Georgien zu erzählen,
Reiseber. 76; Verwirrte klare
Botschaften, G. 79; Nadelkissen, kl.
Prosa 79; Akte Endler, G. aus 25 Jahren
81. — **MV:** Das bucklige Pferdchen,
Kinderst. m. Elke Erb 73; Ramayana,
Kinderst. m. Elke Erb 76.
H: Walter Werner: Die ver-
führerischen Gedanken der Schmetter-
linge, G. 79, 82. — **MH:** In diesem
besseren Land, G. d. Deutschen
Demokratischen Republik seit 1945, m.
Karl Mickel 66.
MUe: Oktoberland, sowj. Revolutions-
lyrik 67; Leonid Martynow: Der siebente
Sinn, G. m. Paul Wiens 68; Georgische
Poesie aus 8 Jahrhunderten, m. Rainer
Kirsch 71, 74; Howhannes Tumanjan:
Das Taubenkloster, G. u. Prosa m. Elke
Erb u. Friedemann Berger 72; Atanas
Daltschew: Gedichte m. Uwe Grüning
75; Konstantinos Kovafis: Gedichte, m.
H. v. den Steinen u. Karl Pieterich 79;
Ein Ding von Schönheit ist ein Glück
auf immer, G. engl. u. schott. Romantik
80.
Lit: Adolf Endler/Bernd Kolf: Ein
Gespräch in: Neue Literatur I/75; Bernd
Kolf: Über den Gedichtband: Das
Sandkorn, ebda; Rainer Kirsch: Üb. A.E.
in: Das Amt d. Richters 79.

Endler, Annette, Schriftstellerin;
Nelkenpfad 8, D-5760 Arnsberg 1, Tel.
(02932) 24527. Lyrik, Prosa.
V: Ich möchte still in mein Haus
gehen, G. 82; Eine Himmelsrose hat die
Wolke zwischen den Lippen, Lyr. 82; Ich
höre meine Schritte, G. 83.
R: Gedichtzyklus, Rdfk-Sdg.

Endler, Elke (Ps. Elke Erb),
Schriftsteller; SV-DDR 74; Wolliner Str.
11, DDR-1058 Berlin, Tel. 2819048
(Scherbach 18.2.38). Lyrik, Kurzprosa,
Essay, Nachdichtung, Übers. **Ue:** R.
V: Gutachten, Poesie u. Prosa 75;
Einer schreit: Nicht!, Geschn. u. G. 76;
Der Faden der Geduld, Poesie u. Prosa
78; Trost, G. u. Prosa 82.
B: Howandes Tumanjan: Das
Taubenkloster 72; Sarah Kirsch: Musik

auf dem Wasser 77; Peter Altenberg: Die
Lebensmaschinerie 80.

Endres, Elisabeth, Publizistin u.
Literaturkritikerin; P.E.N.-Zentrum d.
Bdesrep. Dtld 72; Gerner Str. 12, D-8000
München 19, Tel. (089) 154969 (München
13.6.34). Literaturkritik, Essay.
  V: Jean Paul. Die Struktur seiner
Einbildungskraft 61; Autorenlex. d. dt.
Gegenwartslit. 1945-1975 75; Die
Literatur d. Adenauerzeit 80.
  MA: Journalisten üb. Journalisten 80;
Frauen 81; Liebhaber d. Friedens 82.
  MH: P.E.N.-Schriftstellerlex. 82.

Endres, Leonhard, Rentner; Keilerstr.
14, D-8560 Lauf/Pegn., Tel. (09123) 5972
(Lauf/Pegn. 13.5.08). Roman, Märchen.
  V: Das Spiel mit dem Schicksal 82.

Endres, Ria, Schriftstellerin;
Lersnerstr. 7, D-6000 Frankfurt a.M. 1,
Tel. (0611) 553458 (Buchloe 12.4.46).
Erzählung, Essay, Hörspiel.
  V: Am Ende angekommen. Dargestellt
am wahnhaften Dunkel der
Männerporträts des Thomas Bernhard,
Ess. 80; Milena antwortet/Ein Brief, Erz.
82.
  R: Das fröhliche Endspiel; Der Oster-
hasenzug; Wo die Liebe hinfällt; Aufer-
stehung des Fleisches, alles Hsp.

Engasser, Quirin; FDA; Rottauer Str.
56, D-8214 Bernau/Chiemsee, Tel.
(08051) 7480 (Neubreisach/Els. 5.11.07).
Drama, Roman, Hörspiel, Novelle.
  V: Die erste Linie, Sch. 36; Stephan
Fadinger, Dr. 37; Das böse ABC, Lsp. 37;
Moosbart und Sternen-Kind, Bü.-M. 38;
Der Ursächer, R. 39; Schabernack, Bü.-
M. 39; Borri, N. 41; Fallende Würfel, Ent-
scheidungsstunden der Weltgeschichte
43; Die Stauferin, Dr. 43; Der faustische
Mythos, Ess. 49; Auf der Brücke, R. 49;
Dennoch läuten die Glocken, Volksst.
52; Die unantastbare Flagge, R. 55; Suez,
R. 56; Das Steinhuber-Marterl, R. 56;
Das erbarmungslose Dorf, R. 60; Das
mütterliche Herz, R. 60; Mein Leben
gehört dir, R. 60; Sommer im Schlech-
tental, R. 60; Spiel mit dem Feuer, R. 60;
Falschspiel um den Groote-Hof, R. 62;
Gewitter über dem Mettlinger-Hof, R.
63; Zu spät, R. 64; Gegen die Stimme des
Herzens, R. 65; Tage und Nächte, G. 68;
Wenn's zum Weinen nicht reicht, 139
hintergründige Limericks 77; Das
Geheimnis der drei Rosen, R. 80;
Vergeltung, R. 80; Übers Moor gehen d.
Jahre, R. 82. — **MV:** Die Großen der
Welt.

MH: Eduard Reinacher: Im vorbe-
stimmten Reigen 69.
  R: Franz von Sickingen; Oliver Crom-
well; Um einen Skudo; Der Ketzer
Borri; Der Postmichl von Eßlingen; Max
Haushofer, u. a. Hsp.

Engel, E. T. H., s. Engel, Hans.

Engel, Erika, s. Wojahn, Erika.

Engel, Gerd; Am Hang 13, D-2211
Oldendorf.
  V: Rarotonga im Nebel, Lotsengeschn.
80. ( )

Engel, Hans (Ps. E. T. H. Engel), Dr.
phil. nat., Chemiker i. R.; FDA; Hans
Thoma-Str. 72, D-6900 Heidelberg 1, Tel.
(06221) 41106 (Frankfurt a.M. 10.1.00).
Lyrik.
  V: Gesichter und Gesicht, Physiognomische Son. 68. ( )

Engel, Paul, s. Viga, Diego.

Engel, Peter; Jungfrauenthal 26, D-
2000 Hamburg 13.
  V: Einige von uns, G. 80. ( )

von Engel, Sabine (Ps. Angela von
Britzen); FDA 74; Mainzerstr. 25a, D-
6200 Wiesbaden, Tel. (06121) 300851
(Breesen b. Neubrandenburg 19.7.05).
Roman, Novelle, Erzählung. **Ue:** E.
  V: Wir haben Dich gemeint, R. 35;
Huberta, R. 36; Jens Mertens, R. 39; Sil-
berner Schuh auf Abwegen, Nn. 40; Der
Richtsteig, R. 42; Unverlierbare Heimat,
Nn. 47; Kerzenfest auf Weidenbrook,
Erz. 62; In jener Sommernacht, Erz. 64;
Der Rutengänger, Erz. 75.
  Ue: Malcolm Forsberg: Land jenseits
des Nils 59.

Engel, Werner, Dr. phil., freier
Schriftsteller; Brandenburgerstr. 40, D-
4800 Bielefeld 1, Tel. (0521) 60494
(Berlin-Charlottenburg 1.9.02). Drama,
Lyrik, Novelle.
  V: Andreas Schlüter, Dr. 40; Abschied
von Cythere, Dr. 41; Louise Labé,
Fragment e. Tragödie 41; Kondola, Tr.
44; Die Gesch. d. Klara Sebald, N. 36;
Caroline od. d. Entdeckung Beethovens,
N. 36; Die Legende v. verlorenen u.
wiederauferstandenen Genius, N. 37;
Die Wunder d. Rosen d. Marchesa
Magalotti, N. 38; Eine Kantate, G. 37,
alles in: Kantate, Tragödien, Novellen
74; Poeta laureatus 77. ( )

Engelbrecht, Werner, s. Horn, Walter.

Engelhardt, Hartmut, Dr.phil., UProf.;
Hofweg 1, D-2000 Hamburg 76, Tel. (040)
2206582 (Hameln 23.5.44). Lyrik, Essay.
  V: Gedichte 1967-1980, Lyr. 82.
s. a. Kürschners GK.

Engelhardt, Hellmuth Otto,
s. Friedsieg der Dichter.

Engelhardt, Ingeborg Maria, Garten-
architektin; VS Nordrh.-Westf. 70; Sonderpreis zum Dt. Jgdb.preis 62;
Eekenhus, D-2411 Altmölln, Tel. (04542)
3894 (Posen 10.10.04). Roman, Novelle,
Jugendbuch.
V: Imme Wittings Hof, R. 44; Wanderer durch die Nacht, R. 44; Die drei
Silberknöpfe, Jgdb. 51, 53; Ein Schiff
nach Grönland, R. 59, 63; Im Schatten
des Staufers, Jgdb. 63, 70; Fünf gegen
Christian Budde, Jgdb. 63, 65; ... weil ich
Gefahr bestand, R. 66, 68; Dunkles Glas
und Fisch in der Lampe, Jgdb. 63, 64;
Hexen in der Stadt, Jgdb. 71; Der Ruf
des Spielmanns, Jgdb. 77; Sturmläuten
üb. d. Abendland, Jgdb. 78; Fackeln vor
Tag, Jgdb. 79.

Engelke, Edith, Dr. med., Fachärztin;
Bdesv. Dt. S.-Ärzte 69, VS; mehr. Kurz-
geschichtenpreise; Reventlouallee 25b,
D-2300 Kiel (Leipzig 26.5.14). Lyrik,
Roman, Kurzgeschichte.
V: Die Schweden vor Pirna, Festsp.
zur 700-Jahrfeier d. Stadt 33; Prinz
Eugen, Kdb. 53; Aus zwei Jahrzehnten,
G. 68; Fragen — rhythmisch, G. 70;
Patienten — und andere Leute, Prosast.
72; Freiheitsberaubung — legal? 72;
Warum wandert der Mond immer mit?
Ein bißchen Selbsterlebtes 78; Aus
Anthologien 82; Die biologische
Substanz erhalten, G. 83; Atomkr...? Eine
Kom- Trag- -ödie 83; Pflichtkonflikte-
Grenzübergänge-Krieg-und Kleineres
83.

Engelke, Kai, Schriftsteller,
Journalist, Lehrer; VS 78; Initiator u.
Organis. d. "surwolder literatur-
gespräche" 81; Im Timpen 18, D-2991
Surwold, Tel. (04965) 1210 (Göttingen
1.4.46). Lyrik, Prosa, Lied, Renzens.,
Roman, Sachbuch. **Ue:** E.
V: Lärmend der Nacht entgegen, G.
77; Berührungsversuche, G. u. Lieder 79;
Mein kleines dunkles Zimmer, Geschn.
80; Und im Herbst da wachsen mir
Flügel, G. 80.
MA: Dreidoppel u.a.: Anabas-Lehrer-
kalender 78/79, 79/80, 80/81, 83/84; Lauf-
maschen 80; Anders als die Blumen-
kinder 80; Gaukes Jb. 81; Aber es
schweigt d. Dunkel 81; Gedichte unter
Freunden 81; Autorencafé Kassel:
Poetisch rebellieren 81; Das Väterbuch
82; Vor dem Schattenbaum 82; Arens:
Autorenbilder 82; Einkreisung 82;
Spuren u. Gespürtes 82; Siegburger

Pegasus 83; Wo liegt euer Lächeln
begraben 83; Wenn das Eis geht 83.
H: Ich denke an morgen, Anth. 80, 2.
erw. Aufl. 81; Straßenmusik, Sachb. 81;
Surwolder Literaturgespräche, Chronik
82; Schreib' weiter, Chronik 83. —
MH: Gaukes Jahrbuch '82, Anth. 81;
Gaukes Jahrbuch '83, Anth. 82.
Lit: niedersachsen literarisch,
Autorenport. 81.

Engelmann, Bernt, Schriftsteller u.
Journalist; VS 70, 1. Vors. (Bdesvorst.)
77-84, P.E.N. 71, Präs.mitgl. (Vizepräs.,
Beirat) 72-84, Mitgl. Verwalt.rat d. VG
WORT; Robert-Holzer-Str. 7, D-8183
Rottach-Egern, Tel. (08022) 5096 (Berlin
20.1.21). Geschichte, Satire, Kritik. **Ue:** E.
V: Meine Freunde - die Millionäre 63,
71; Meine Freunde - die Waffenhändler
63; Das eigene Nest 65; Meine Freunde -
die Manager 66, 71; Eingang nur für
Herrschaften 67; Die Macht am Rhein I
u. II 68, 69, 71 II; Die goldenen Jahre 68,
71; So deutsch wie möglich, möglichst
deutsch 69, 71; Krupp- Legenden und
Wirklichkeit 69, 70; Deutschland ohne
Juden - eine Bilanz 70, 71; Die ver-
goldeten Bräute 71; O wie oben 71; Das
Reich zerfiel, die Reichen blieben 72;
Wir Untertanen. Deutsches Anti-
Geschichtsbuch 74; Einig gegen Recht
und Freiheit 75; Großes Bundes-
verdienstkreuz, Tatsachenr. 74; Trotz
alledem. Deutsche Radikale 1777 — 1977
77; Hotel Bilderberg, Tatsachenr. 77;
Preußen — Land d. unbegrenzten
Möglichkeiten 79; Wie wir wurden, was
wir sind 80; Wir sind wieder wer 81; Auf
gut deutsch 81; Im Gleichschritt marsch
82; Weißbuch: Frieden 82; ... bis alles in
Scherben fällt 83; Du deutsch? 2000
Jahre Ausländer in unserem Land 84. —
MV: Ihr da oben, wir da unten, m. G.
Wallraff 73.
MA: Scherz beiseite, Anth. d. dt.spr.
Satire von 1900 bis zur Gegenwart 66;
Revolution gegen den Staat?, polit. Anth.
68; Alarmierende Botschaften 74; Fremd
im eigenen Land 79; Die zornigen alten
Männer 79; Vaterland, Muttersprache
79.
H: VS-vertraulich I-IV 78-80;
Bestandsaufnahme 80; Literatur d. Exils
81. — **MH:** Klassenlektüre 82; Es geht,
es geht! 82.
R: Kleine Kriege - große Geschäfte;
Cuba libre; Der peinliche Prozeß; Die
Macht und die Herrlichkeit; Die emi-
grierte Bombe; Tegernseer Bilderbuch
(Reihe Reservate).
Ue: Mills: Menschen im Büro 55.

Engelmann, Nikolaus, Prof.; Donau-
schwäb. Kulturpreis d. Patenlandes
Bad.-Württ. 70, A-4812 Pinsdorf 203, Tel.
(07612) 51152 (Warjasch, Banat/Rum.
10.8.08). Mundarterzählung, Essay,
Laienspiel.
V: Schwowische Sache for Schmunzle
und Lache, Mda.-Kurzgeschn. 58; In
jeder Not wächst Brot, Sp. 57; Banat.
Ein Buch der Erinnerung 59; Was wor,
is des vorriwer?, Erz. 60; Der gestohlene
Weihnachtsbaum, Erzn. 63; Die Banater
Schwaben - Auf Vorposten des Abendlandes 66, u.a. Erzn.
MA: Die Donauschwäb. Passion 82.
S: Schwowische Sache zum
Schmunzle un Lache 63; G'rechtigkeit
muß senn, Mundarterzn.; Tuwacks
qualm, Mundarterzn. 64; Die Donau-
schwaben in Lied und Wort.

Engels, Petra, Lehrerin; Blumenstr. 1,
D-4400 Münster/Westf., Tel. (0251) 46884
(Frankfurt a.M. 24.3.55). Lyrik,
Erzählung.
V: Freiheit zum Fragen, G. 81; Doch
du, G. 83.

Engemann, Max *

Engen, Erika (Ps. Erika Berghöfer),
Schriftstellerin, Schauspielerin;
Berggeist 16, D-8110 Murnau/Obb., Tel.
(08841) 9249 (Wien 30.12.28). Drama,
Roman, Novelle, Essay, Hörspiel.
V: Das Paket, Erzn. 78; Komm in den
Nußgarten, komm, R. 80.
R: Sterntaler, Fk-Erz. 79, 82.

Engert, Elmar, Lehrer; Am
Tauschenberg 37, D-8602 Memmelsdorf
(Moggendorf 7.10.51). Lyrik, Kurzprosa,
Roman.
V: Dienstag ohne Datum, Kurzprosa
81; Bild vom Schnee, Lyr. 82; Grenzland,
Lyr. 83.

Engler, Karl-Heinz, Journalist; VG
Wort, Rhein.-Westf. Journalistenverb.;
Sachbuch-Bestliste d. Börsenver. Dt.
Buchhandel 69; Am Hagedorn 10, D-
4047 Dormagen, Tel. (02106) 5651
(Bolkenhain/Schles. 1.2.30). Rundfunk-
Feature, Reportagen.
V: Der Forstmann heute 68; Pflanzen
pflegen ernten 68; Babylon war nichts
dagegen 69; Dormagen-Skizzen aus
einer jungen Stadt 69; Gut Freund mit
dem Wald 70; Was weißt Du von der
Eisenbahn 72; Eene Büggel Wenk 77;
Der Deich 79.

Enlen, Walter, Kaufmann; Kreuzberg-
str. 11, D-6370 Oberursel, Ts. (Frankfurt/
M. 29.4.23). Erzählung.
V: Soldat Georg Heßler, Erz. 49.

Enseleit, Ursula, Bildhauerin; Kg.;
Angerburger Literaturpreis 67, 80;
Adam-Karrillon-Str. 52, D-6500 Mainz
(Wenzken, Kr. Angerburg 25.7.11). Lyrik.
V: Ungerupft. Lyrik 67; Singende
Säge, G. u. Zeichnungen 73; Keitelkahn,
G. u. Z. 77; Das flammende Herz, G. u.
Bilder 80.
MA: Aber das Herz hängt daran,
Anth. 50; So gingen wir fort, Pr. 70;
Windbericht. G., Anth. 71; Auf meiner
Straße, Anth.G. 75; Neue Texte aus
Rheinl.-Pfalz, Anth.G. 75; Ostdeutsche
Schriftsteller heute 77; Schuldschein bis
morgen, G. 78; Alle Mütter dieser Welt
78; Über allen Grenzen hin, Gränslöst
79. ( )

Enzensberger, Christian, Dr.habil.,
Prof. f. engl. Lit.; Tengstr. 24, D-8000
München 40, Tel. (089) 2712124
(Nürnberg 24.12.31). Essay, Lyrik. **Ue:** E.
V: Größerer Versuch über den
Schmutz, lit. Ess. 67, 71 (auch engl.,
franz., ital.) Viktorianische Lyrik,
Tennyson und Swinburne in der
Geschichte der Entfremdung 69;
Literatur u. Interesse. Eine polit.
Ästhetik 77, 81.
Ue: Lewis Carroll: Alice im Wunder-
land 63; Giorgos Seferis: Poesie 62; Ed-
ward Bond: Early Morning u. d. T.:
Trauer zu früh 69; Schmaler Weg im den
tiefen Norden 69; Bingo, Szenen v. Geld
u. Tod 75, Der Irre, Szenen v. Brot u.
Liebe 76, Das Bündel od. Neuer
Schmaler Weg in d. tiefen Norden 78, 79;
Ian Mc Ewan: Der Zementgarten 82.

Enzensberger, Hans Magnus, Dr.
phil.; Hugo-Jacobi-Preis 56, Kritikerpreis f. Lit. 62, Georg-Büchner-Preis 63,
Premio Pasolini 82; Gruppe 47 56;
Postfach 42 29, c/o Suhrkamp Verlag, D-
6000 Frankfurt a.M. (11.11.29). Lyrik,
Feature, Essay, Film, Kritik. **Ue:** E, F, I,
N, S, Schw.
V: Verteidigung der Wölfe, G. 57, 63
(auch dän., franz., tschech., ung.,
slowak.); Zupp, Kinderb. 58; Landessprache, G. 60, 70 (auch dän., franz., ital.);
Brentanos Poetik, Ess. 61; Einzelheiten,
Ess. 62, 64 (auch franz., ital., schwed.,
holl., span., engl., finn.); Einzelheiten I:
Bewußtseins-Industrie 64, 69 (auch jap.),
Einzelheiten II: Poesie und Politik 64, 70
(auch jap.); Gedichte. Die Entstehung
eines Gedichts 62, 65; Blindenschrift, G.
64, 69 (auch franz., slowen., serbokroat.,
rumän., poln., engl., norw., schwed., estn.,
port., jap., span., ital.); Politik und Verbrechen, Ess. 64, u.d.T.: Politische Kolportagen 64 (auch dän., franz., holl., jap.,

schwed., engl., ital., span., ung., port.);
Deutschland, Deutschland unter
anderem 67, 68 (auch franz., holl., jap.,
norw., port.); Staatsgefährdende
Umtriebe 68; Das Verhör von Habana,
Dok. 70 (auch dän., schwed., ital., engl.,
türk., jap., span.); Gedichte 1955-1970 71
(auch poln., maked., bulg., rum.); Der
kurze Sommer der Anarchie — Buenaventura Durrutis Leben und Tod, R. 72
(auch dän., schwed., holl., jap., span.,
franz., ital., türk.); Palaver, Ess. 74(auch
ital., jap., span.); Mausoleum, G. 75 (auch
engl., ital., span., dän., schwed., holl.); La
Cubana oder ein Leben f. d. Kunst,
Libretto zur Musik v. H. W. Henze 75;
Der Untergang der Titanic, G. 78 (auch
engl., holl., ital., dän., franz., serbokroat.,
ung., türk.); Die Furie d. Ver-
schwiendens, G. 80; Polit. Brosamen,
Ess. 82 (auch ital.).

H: Clemens Brentano, G., Erzn., Briefe
58; Neue Prosa mal elf 61; Allerleirauh,
Kinderreime 61, 66; Andreas Gryphius:
Gedichte 62; Vorzeichen, Fünf neue
deutsche Autoren, Chr. Grote, H. G.
Michelsen, G. Elsner, R. Wolf, Jürgen
Becker 62; H. J. Chr. v. Grimmels-
hausen: Die Lebensbeschreibung der
Erzbetrügerin und Landstörzerin
Courasche 62; Gunnar Ekelöf: Poesie
(schwed. u. dt.) 62; Giorgios Seferis:
Poesie (griech. u. dt.) 62; Fernando
Pessoa: Poesie (port. u. dt.) 62; David
Rokeah: Poesie (hebr. u. dt.) 62; Franco
Fortini: Poesie (ital. u. dt.) 63; Oscar
Venceslas de Lubisz-Milosz: Poesie
(franz. u. dt.) 63; Nelly Sachs: Ausge-
wählte Gedichte 63; Georg Büchner und
Ludwig Weidig. Der Hessische Land-
bote 65; František Halas: Poesie
(tschech. u. dt.) 65; Karl Hennberg:
Poesie (schwed. u. dt.) 65; Paavo
Haavikko: Poesie (finn. u. dt.) 65; C.
Drummond de Andrade: Poesie (port. u.
dt.) 65; Kursbuch, Zs. seit 65; Paul van
Ostaijen: Poesie (fläm. u. dt.) 66; Vicente
Huidobro: Poesie (span., franz. u. dt.) 66;
Orhan Veli Kanik: Poesie (türk. u. dt.)
66; B. de Las Casas: Kurzgefaßter
Bericht von der Verwüstung der West-
indischen Länder 66; Friedr. Schiller:
Gedichte, Ausw. in: Schillers Werke III
66; Heinr. Mann: Politische Schriften,
Ausw. 68; Freisprüche, Revolutionäre
vor Gericht 70; Johann Most: Kapital u.
Arbeit 72; Gespräche mit Marx u. Engels
73; Der Weg ins Freie. Fünf Lebensläufe
75; **H Ue:** Museum der modernen Poesie
60,64. — **MH:** Klassenbuch 1. — 3. Ein
Lesebuch zu den Klassenkämpfen in

Deutschland 1756 — 1971, Anth. 72 III.;
TransAtlantik (Zs.) 80-82.
  F: Jonas 57; Durruti 72; Erfinder 75.
  R: Das Verhör von Habana, Szen.
Dok. im Fs. 70; Bildnis eines Landes-
vaters, Fsf. 66; Taube Ohren, Hsp. 71;
Verweht, Hsp. 74; Die Bakunin-Kassette
77; Der tote Mann u. d. Philosoph 79;
Das unheilvolle Portrait 81; Ein wahres
Hörspiel 82; Wohnkampf 82; Madame de
la Cartière 83, alles Hspe.
  S: Staatsangehörigkeit deutsch 63, 64;
Gedichte, aus: Verteidigung der Wölfe;
Landessprache; Hans Magnus Enzens-
berger liest Gedichte 63; Jazz u. Lyrik
63; Der Untergang d. Titanic 81.
  Ue: Jacques Audiberti: Quoat - Quoat
in: Spectaculum III 60, in: Theater-
stücke 1 61; John Gay: Die Bettleroper,
in: Dreigroschenbuch, Theaterst. 60, 66;
W. C. Williams: Gedichte (amer. u. dt.)
62; Franco Fortini: Poesie (ital. u. dt.) 63;
César Vallejo: Gedichte (span. u. dt.) 63;
Lars Gustafsson: Die Maschinen, G. 67;
Pablo Neruda: Poesie impure, G. (span.
u. dt.) 68; Aleksandr Suchovo-Kobylin:
Der Vampir von St. Petersburg 70;
Edward Lears kompletter Nonsens 77;
Molière: Der Menschenfeind 79, Der
Bürger als Edelmann 80.
  Lit: Über Hans Magnus Enzensberger,
hrsg. v. J. Schickel, m. Bibliogr. 70; Text
und Kritik, H 49/76; ausführl. Bibliogr.
siehe dort.

Enzinck, Willem, Freier Schriftsteller,
Verleger; PEN 63, Die Kogge 55, RSGI
80, ADA 83; Edo Bergman-Pr. f. d. beste
lit. Reiseb. 67, Kogge Literaturpr. d.
Stadt Minden 77; Bodenseeclub 82;
Adolfstr. 40, D-5420 Lahnstein, Tel.
(02621) 1025 (Apeldoorn/NL 31.10.20).
Lyrik, Roman, Novelle, Essay. **Ue:** Ndl
(Fläm).
  V: Die Freiheit des Wortes, eine Rede
54; Hier auf Erden, G. 54; Begegnungen,
Lyr. u. Prosa 61; Von Minute zu Minute,
G. 65; Vier Gedichte 66; Aus vielen
Herbsten, G. 65; Der große Berg, R. 66,
Tb. 72; Die Schleiersprache, Neugriech.
Volksm. 68; Zwischen Land und Meer,
Lyr. u. Fotos 70; Die Frau mit dem
gläsernen Kind, Kleine Prosa 76; Paul
Permeke, Maler des festlichen Lebens,
Ess. 76; Suzanne Bomhals, Belgische
Malerin, Ess. 76; Maurice Debaille, Ess.
76; Robert Roag, Ess. 76; St. Martens
Latem oder Die Geburt des flämischen
Expressionismus, Ess. 79; Die Athos-
quelle, Erz. 79; Ein Pfeilschuß Licht,
Kurzg. 79; Wolken, Ess. m. Fotos 78; Weg
und Herberge, Kleine Prosa 82; Kleine

Auswahl, G. 82; Farbe aus Staub, Neue Kurzg. 83; Metamorphose einer Kathedrale, Kleine Prosa 83.
MA: Unvergängl. Abendland 60; Indien — Europa, Zwei Welten in Briefen 61; D. Lyriker u. d. Ges., Anth. 64; Gespräch im Steinbruch 78; Freundesgabe für Max Tau 67; Arts et lettres, Anth. 68; Das Buch der Kogge 65; Signaturen, Prosa 70; Sassafraß Blätter 20 75; Prisma Minden 78.
MH: Multatuli: Max Havelaar, R. 65.
S: Willem Enzinck liest aus eigenen Werken, Tonkass. 83.
Ue: Willem Brandt: Wilde Pfade nah und weit, G. 64; Joannes Marijnen: Canto des bedrohten Menschen, G. 76; Jan F. de Zanger: Die gesunde Seele, G. 77.
Lit: Fernand Hoffmann: Der Lyriker Willem Enzinck — Singend mit geborstenen Lippen 76.

Epp de Hary, Eleonora (Ps. Jovita Epp); Dipl. f. dt. Lit. d. Inst. Cultural Argentino Germana, Buenos Aires, Gold. Ehrenzeichen 1. Kl. d. Rep. Öst.; J. A. Buschiazzo 3055, Buenos Aires/ Argentinien, Tel. (01) 7738218 (Meran). Roman, Novelle, Kurzgeschichte.
V: Amado mio, R. 55, 56; Die Frau des Fremden, N. 59; Die argentinische Heirat 60; Auf den Boulevards der Pampa, R. 70; Die brasilianischen Blätter, R. 73; Santa Maria der guten Lüfte, R. 78. — **MV:** Chelita, N.
MA: Kurzgeschn. u. Reisebespr. in: Argent. Tagebl./Buenos Aires, Frankf. Allg. Zeitung.

Epp, Jovita, s. Epp de Hary, Eleonora.

Epple, Bruno, Gymnasialprofessor, D-7763 Öhningen, Tel. (07735) 2095 (Rielasingen/Hegau 1.7.31). Lyrik.
V: Dinne und Dusse, Alemann. G. v. Hegau-Untersee 67; reit ritterle reit, G. in d. Mda. v. Bodensee 79; Wosches. Sechzig vergnügl. Lektionen z. allemann. Mda. I 80, II 81, III 83; Ein Konstanzer Totentanz, Bü. 82.
MA: S lebig Wort, alemann. Anth. 78; Literatur im alemann. Raum 78; Nachrichten aus d. Alemann. 79; Literatur am See 2 82.
Lit: Hubert Baum: Freude am alemannischen Gedicht, Ausleg. 68; Rüdiger Zuck: Der naive Maler B. E., Monogr. 77; Dino Larese: Besuch b. B. E. 82.

Eppler, John, Journalist, Fabrikant; Société des Gens de Lettres de France 73; 49, Impasse des Marronniers-Résidence Harmonie Ouest, F-78870 Bailly XVIe, Tel. (1) 0455254 (Alexandrien/Ägypten 7.4.14).
V: Rommel ruft Kairo 59; L'agent du Caire 61; Geheimagent im Zweiten Weltkrieg 74; Condor 75 (auch span., engl., franz.); Holiday Camp 77; Rommel's Spy 78; The story of Theologos Diminoghlou 79.
F: Foxhole in Cairo 60; Le mur de l'Atlantique 76; Gross-Paris 76.
Lit: Leonard Mosley: The Cat and the Mice 58; A. W. Sansom: I spied Spies 65; Anwar el-Sadàt: Quissat al-thaúra Kàmila 57; G. Vaucher: Gamal Abdel Nasser et son Equipe 59; Unterwegs zur Gerechtigkeit 77. ( )

Erall, s. Hoffmann-Rall, Elle.

Erb, Elke, s. Endler, Elke.

Erb, Hedwig, s. Kocher-Erb, Hedwig.

Erb, Ute (Ps. Ute Schürrer), Composersetzerin; VS 65; 5. Pr. d. Spartakus-Stud.magazins rote blätter "Lit. d. Studentenbeweg." 76; VDSK 73, NGL Berlin seit Gründ.; Schmiljanstr. 7/ 8, D-1000 Berlin 41, Tel. (030) 8526628 (Scherbach b. Bonn 25.12.40). Roman, Gedichte, Kurzprosa, Berichte, Essays.
Ue: E, F.
V: Die Kette an deinem Halse. Aufzeichn. e. zornigen jungen Mädchens aus Mitteldtld 60 u. 62 (auch holl., dän. 62 u. 69, franz. 65, ital., span. u. schwed.); Ein schöner Land, G. 76; Schulter an Schulter, G. 79; Der Gang. Verrückte Buchstaben 80; Die Reise nach Wien, Schlüsselroman in 3 T. 80. — **MV:** Lyrik u. Prosa 76; Goethe darf kein Einakter bleiben 82.
MA: Alm. f. Lit. u. Theol.; Stadtansichten 77, 80, 81, 82; Mit gemischten Gefühlen, Lyrik-Katalog Bdesrep. 77; Körper Liebe Sprache 80, u.v.a.
R: Das Wochenende e. Gastarbeiterin, Fs.skizze 68; Hütet euren Kopf, G. 72; Nie kommen wir ins Paradies, G. 73; Schindluder treiben, G. 75, u.v.a.
MUe: Die Marquise de Gange 67.
Lit: Vorwärts, blickpunt, Twen, Freibord, SFB u.a.

Erben, Ingrid, s. Bachér, Ingrid.

Erbes, Volker; Gartenstr. 122, D-6000 Frankfurt a.M. 70.
V: Die blauen Hunde, Erz. 82. ( )

Erckenbrecht, Ulrich (Ps. Hans Ritz), Dr. d. Philosophie; Postfach 1765, D-3400 Göttingen (Heidelberg 13.4.47). Essay, Aphorismus, Lyrik.
V: Sprachdenken, Aphor. 74; Ein Körnchen Lüge, Aphor. 74, erw. Ausg.

80, 3.Aufl. 83; Politische Sprache, Ess. 75;
Mensch du Affe, Ess. 75; Anleitung zur
Ketzerei, Ess. 80, 2.Aufl. 81; Ringel-
sternchen, G. 80; Die Geschichte vom
Rotkäppchen, Ess. 81, 6.Aufl. 83; Die
Sehnsucht nach d. Südsee, Ess. 83.

Erd, Ernst, ObStudR.;
Schützenbergerstr. 60, D-3549
Wolfhagen, Tel. (05692) 708 (Gladenbach/
Hessen 23.3.20). Sachbuch.
V: Athleten machen Schlagzeilen 76;
Das Maß aller Dinge 80.
MA: K. Schleucher: Pioniere und
Außenseiter 68; G. Popp: Die Großen
des 20. Jahrhunderts 70, 71, 76, 77, 80,
Die Mächtigen des 20. Jahrhunderts 70-
78, 79, Die Großen der Welt.
R: Ein Forscher namens Scheele 63;
Feuer ohne Stein und Zunder 63; Die
drei Wünsche, Msp. 63; Die Puppen der
Sybille Merian 64; Der Herr Weidig aus
Butzbach und Georg Büchner 63;
Kobaltblau aus dem Kinzigtal 63; Die
Gaslampen des Herrn Lampadius 63;
Die Marburger Pferde 64; Der Gladen-
bacher Thaler 64; Vom Eisen im Lahn-
land 64; Die Hunde v. St Bernhardt 65;
Karl Ochsenius aus Kassel sucht
Kalisalze 66; Die "weiße Glasehütte" von
Veckerhagen 67; Die Zuckerrüben des
Andreas Marggrafe 68; Brot und Stahl:
Sydney Gilchrist Thomas 66; Der
Rübenzucker des Franz Carl Achard 69;
Robert Mayer "Die Erhaltung der
Kraft!" 69; Döbereiner prophezeit das
Brom 69; 100 Jahre Meter - und Kilo-
gramm 69; Echolote nach Alexander
Behm 69; Lavoisier — Die Erhaltung
der Materien 70; Die Lichtbilder des
J.A.C. Charles 70; Ute spielt und Jörg
muß arbeiten 71; Und es ward Licht 81,
alles Hsp.
Lit: O. Acker: E. Erd in: Lebend. hess.
Hinterland I 81.

Erdmann, Herbert, Redakteur; Am
Eichenkamp 46, D-4150 Krefeld-Traar,
Tel. (02151) 56668 (Bochum 6.10.26).
Erzählung, Roman, Jugendbuch.
V: Das Rätsel der Baubude, Jgdb. 60;
Unter und über Tage - Erzn. aus d.
Ruhrbergbau 61; Am Schreibtisch zur
weiten Welt, Jgd-Sachb. 67; Das Aben-
teuer der Sandspringer, Jgdb. 67;
Kontakt mit dem Weltraum, Jgd-Sachb.
67; Der Fall Blaue Tasche, Jgdb. 69;
Dritter im Weltraum, Jgd-Sachb. 69; Mit
Maulwurf 1 zum Kern der Erde, Jgdb.
69; Tiere auf der Schulbank, Jgdb. 70
(auch schwed.); Spitzbart und Schnauz-
bart, Jgdb. 70; Der schwarze Detektiv,
Jgdb. 71; Rundenjagden und Rekorde,

Jgd.-Sachb. 72; Das 100 000-Mark-
Klavier, Jgdb. 72; Auf der Abschußliste,
R. 73; Die Spitzmaus Zipp, Jgdb. 73; Das
geheimnisvolle Papier, Jgdb. 73; Der
falsche Fünfziger, Jgdb. 73; Ein Balg mit
Stacheln, Jgdb. 74; Spuren am Bagger-
loch, Jgdb. 74; Der rote Kobold, Jgdb. 75;
Das Geldgespenst, Jgdb. 76; Der Spuren-
fälscher, Jgdb. 76; Buchstabe der
Steinzeit, Schrift d. Gegw., Jgd-Sachb.
77; Sommer f. Kaninchen, Jgdb. 77;
Jutta u. d. Fall Wälasskess, Jgdb. 79;
Jutta u. d. Fall Marmelade, Jgdb. 80.
MA: Chancen sind überall, Jgd.-
Sachb. 67; Kinderland - Zauberland,
Jgdb. 67; Die Stadt der Kinder, Jgdb. 69;
Die Hundesöhne, Jgdb. 76; Dabeisein
wenn es spannend wird, Jgd.-Sachb. 76;
100 Jahre Bergarbeiter-Dichtung, Anth.
82.

Erfurt, Peter, s. Bierschenck,
Burkhard Peter.

Erge, s. Greulich, Emil Rudolf.

Erhard, Joachim, s. Emilian, Ion.

Erhardt, Volker, Lehrer; VS Nds. 71,
Dram.-Un. 72; Auslandsreisestip. d.
Ausw. Amtes 80; Milanstr. 4-6, D-3101
Hambühren II, Tel. (040) 4200803
(Fernhavekost/Krs. Celle 8.10.46).
Aphorismen, Lyrik, Prosa, Hörspiel,
Fernsehfilm, Drama f. Erwachsene u.
Kinder, Übersetzung.
V: drunter und drüber, getexte 71;
Mein Ball wird unser Ball, Kinderr. 76;
Auch der Kannibale schätzt den
Menschen am höchsten, Aphor. 79, 2.
Aufl. 79.
MA: Wir Kinder von Marx und Coca-
Cola, G. d. Nachgeborenen 71; bundes
deutsch, lyrik z. sache grammatik 74;
Wo wir Menschen sind, Neue
Weihnachtsgeschn 74; ich bin vielleicht
du, lyr. selbstporträts 75; weckbuch 3:
tagtäglich, G. f. Kinder u. Jugendl. 76;
Mein Land ist eine feste Burg, Neue
Texte z. Lage i. d. BRD 76; Frieden u.
Abrüstung, Ein bdesdt. Leseb. 77;
Satire-Jahrbuch 1 78; Der
Mitmenschsatirisch, sat. Geschn 78; Sag
nicht, das muß so bleiben, Texte f.
Jugendl. 79; Macht u. Gewalt, Texte 80;
Gedichte f. Anfänger 80; Poesiekiste,
Sprüche f. Poesiealbum 81; Laßt mich
bloß in Frieden. E. Leseb. 81; Frieden:
Mehr als ein Wort, G. u. Geschn. 81;
Goethe LIVE!, Texte z. Goethe-Jahr 82;
Sag nicht morgen wirst du weinen,
wenn du nach dem Lachen suchst, Anth.
82; Wo liegt euer Lächeln begraben, G.
83.

R: Die geheime Sendung, Fsp. 71; Ein
Tag im Leben des Manfred D., Hsp. 73;
Das ist mein Ball, Hspfolge f. Kinder 77.
Ue: Ben Jonson: Der Bartholomäus-
markt, Kom. 82.

Erichsen, Uwe, Schriftsteller; VS 70; 2.
Pr. Jerry-Cotton-Pr. 77; Schaevenstr. 42,
D-5014 Kerpen, Rheinl., Tel. (02237) 4458
(Rheydt 9.8.36). Roman, Fernsehfilm,
Hörspiel.
V: Todesfalle Nizza 77; Ein Mann
kommt raus 78; Schlafende Hunde 79;
Schnee von gestern 80, alles Krim.-R.
R: Schönes Wochenende 80; So ein
Tag ... 82.

Erio, s. Grégoire, Pierre.

Eris, Hermann, s. Brantsch, Ingmar.

Erl, Willi, Sozialpädagoge u.
Entwicklungshelfer; Münchener Str. 2,
D-5206 Neunkirchen-Seelscheid 1, Tel.
(02247) 4762 (Schweinfurt/Main 30.4.33).
Texte, Tagebücher, Berichte, Fach-
bücher.
V: Gruppenpädagogik in der Praxis,
Einführ. Ber. 67, 10.Aufl. 80; Meth. mod.
Jugendarb. I. Vom Activing z. Zwischen-
spiel, Fachb. 69, 7.Aufl. 77; Albergo Bel
Sito od. Versuche in Urlaub, Tageb. 70;
Jugendarb. im Experiment. Sieben
Erfahrungsber. 71, 72; Hinters Wort
geführt, Versuche m. Redensarten 73;
Meth. mod. Jugendarb. II. Von Abfall-
kunst bis Zettelkasten, Fachb. 78, 79;
Methodik d. Jugendarbeit, Einf. 83. —
MV: Gruppenpäd. u. Kindergottesdienst,
Erfahr.ber. m. P. Hess u. D. Kunz 76;
versch. Fachb.

Erlay, David, s. Erlei, Hans Josef.

Erlei, Hans Josef (Ps. David Erlay);
Zur Semkenfahrt 2A, D-2804 Lilienthal-
Westerwede, Tel. (04792) 2053
(Lippstadt/Westf. 23.11.40). Lyrik,
Roman, Novelle, Biografien.
V: Worpswede-Bremen-Moskau. Der
Weg d. Heinr. Vogeler 72; Verwunschene
Gärten, Roter Stern. Heinr. Vogeler u.
seine Zeit 77; Geschieden, Erz. 78;
Künstler, Kinder, Kommunarden.
Heinr. Vogeler u. s. Barkenhoff 79;
Wucht von Stein u. nicht von Rosen. Am
Grab d. Paula Modersohn-Becker in
Worpswede 80; Worpswede — Bilder e.
Landschaft, Texte z. Bildbd 80;
Muttertag, R. 81; Vogeler — ein Maler u.
s. Zeit 81; Die Liebe geht, G. 82. —
MA: Worpswede, ein Kommen und
Gehen, Erz. in: Begegnung mit e. Baum
83.

Erlenbach, Joy, s. Breither, Karin.

Erlenberger, Maria (Ps.),
Schriftstellerin; Lit. Förd. Pr. d. Rudolf-
Alexander-Schröder-Stift. d. Freien
Hansestadt Bremen 78; Postfach 1349, c/
o ROWOHLT Verlag, D-2057 Reinbek.
Drama, Lyrik, Roman, Novelle, Essay,
Film, Hörspiel, Übers.
V: Der Hunger nach Wahnsinn, ein
Ber. 77, 4. Aufl. 79 (holl. 2. Aufl 79); Das
Erlernen der Totgeburt, R. 79 (holl. 80);
Ich will schuld sein, G. 80; Singende
Erde, utop. R. 81; Hoffnung auf
Erinnern 82. —
MA: Tintenfisch 78; Literaturmagazin
10, 11 79; Manuskripte 80; Katabole 81;
Tee u. Butterkekse 82.
R: Fass das Mass, Fs.-Sdg. 83.

Erler, Rainer, Autor, Regisseur,
Produzent; Prix Italia Verona 62, Genua
64, Goldene Nymphe Monte Carlo 63, 64,
80, 1. Pr. d. ANICA/MIFED Mailand 63,
Otto-Dibelius-Pr. 64, Adolf-Grimme-Pr.
63, 70, 74, Ernst-Lubitsch-Preis 65, Pr. d.
Bischofs v. Berlin anläßl. d. XIV Intern.
Filmfestspiele, Viennale Ehrendiplom
65, 66, Goldene Kamera Hamburg 71,
Gold. Asteroid 78, Silberner Asteroid 79
f. beste SF-Filme; Auf der Tränke, D-
8157 Bairawies, Tel. (08027) 466
(München 26.8.33). Fim, Fernsehen,
Roman, Kurzgeschichten.
V: Die Delegation, R. 73, Tb. 75 u. 79
(auch finn., span., schw., dän.); Sieben
Tage, Bericht einer Krise?, Manusskript
f. einen Film 74; Das Blaue Palais: Das
Genie 78, Der Verräter 79, Das Medium
79, Unsterblichkeit 80, Der Gigant 80,
alle Science Thriller 80; Medium 79,
Unsterblichkeit 80, Der Gigant 80, alles
Science Thriller; Die letzten Ferien 81;
Delay — Verspätung, R. 82; Plutonium. —
MA: Kurzgeschn. in: Tor zu den
Sternen; Beteigeuze; Deneb; Eros; Ein
Mann von fünfzig Jahren u.a.; versch.
Anth.; Lui; Penthouse.
F: Seelenwanderung, nach Karl
Wittlinger 63; Fast ein Held, nach W. P.
Zibaso 67; Professor Columbus, nach
Guido Baumann 68; Operation
Ganymed 77; Die letzten Ferien 77;
Plutonium 78; Die Quelle 79; Fleisch 79;
Ein Guru kommt 80; Der Spot oder fast
eine Karriere 81; Mein Freund der
Scheich 81; Das schöne Ende dieser
Welt.
R: Schlüsselblumen, nach Schübel 61;
Winterquartier, nach O. Henry 62; Der
Hexer, nach E. Wallace 63; Orden für die
Wunderkinder, nach Zibaso 63; Lydia
muß sterben, nach Ransome 64; Das
Bohrloch oder Bayern ist nicht Texas

65; Endkampf 67; Bahnübergang, nach
Crofts 68; Die Delegation 69; Jan
Billbusch, Serie, 18 F. 70; Der Amateur,
nach Bodelsen 72; Sieben Tage 73; Das
blaue Palais, 5 science thriller 74; Die
Halde 75; Die letzten Ferien 76;
Operation Ganymed 77, u.a. Fsf.

Erler, Ursula, Dozentin; VS 75; Altestr.
5, D-5276 Wiehl 1, Tel. (02261) 77789
(Köln 6.6.46). Roman, Essay, Protokoll.
V: Die neue Sophie, R. 72, 73; Mütter
in der BRD (Lebensläufe) 73, 76;
Zerstörung und Selbstzerstörung der
Frau, Ess. 77; Lange Reise Zärtlichkeit,
R. 78; Auch Ehen sind nur Liebes-
geschichten, R. 79; Vertauensspiele, R.
80.

Erman, Hans, Dr. phil.; 1. Vors. d.
Ldesgr. Bln d. FDA 73; Notgemeinsch. f.
d. Dt. Kunst 59, Kurator Agnes-Straub-
Stift. 73; Grumbacher Weg 8, D-1000
Berlin 37 (Straßburg/Els. 10.3.00). Essay,
Hör- u. Fernsehspiel, Geschichte Ber-
lins. **Ue:** F.
V: Dramaturgie des Sturm und Drang
24; Die Hochzeit im Tode, R. 32; Das
Gästebuch, biogr. Profile 38; Elisabeth,
Königin von England, Biogr. 53; Berlin,
Geschichte und Geschichten 53, 5. A.
u.d.T.: Berliner Geschichten, Geschichte
Berlins 75, 80; August Scherl, Dämonie
u. Erfolg in wilhelminischer Zeit 54;
Berlin bei Kempinski; Weltgeschichte
auf berlinisch 60, Tb. 64, 66; Kleiner
Bummel d. Berlin 57; Geflügelte Melo-
dien, ein Zitatenschatz v. d. Oper b. z.
leichten Muse 68. — **MV:** Berlin am
Kreuzweg d. Welt 57, 60; Berlin, Dtlds
Hauptstadt 61; Berlin, Kochstr. 66.
H: Marionetten-Theater 25; Theodor
Fontane: Schach von Wuthenow 47;
Berlin im Spiegel 58/62. —
MH: Illustrierte Filmbücher 37/40.
R: Das Stürmische Jahr 48; Ange-
klagter Sokrates 60; Lola Montez 51;
Begegnung in Berlin 54; In unserer
Stadt 55; Die letzte Wette. Der Fall Max
Klante 62; Berlin und Scherl 63; Großer
Mann - was nun 67/68, alles Hsp. ( )

Ermann, Leo, Ehemaliger Leiter der
O.R.T.-Lugano; Verb. dt.spr.
Schriftsteller in Israel; Ehrengabe d.
Landkr. Birkenfeld; Shimshon-Str. 12,
Jerusalem-Baka/Israel (Holz, Kr.
Saarbrücken 5.2.99). Lyrik, Roman,
Novelle, Essay.
V: Wir finden kein Vergessen, G. 48;
Gottes Mühlen 58; Novellen 65;
Verhallendes Echo 66; Schlussakkord
und kämpferischer Neubeginn 68;
Gottesgnade, Lyr. 70; Der letzte Tanz

um Firlefanz 72; Ein Fenster auf zur
Ewigkeit 73; Ein Aufschub als
Bewährungsfrist 75; Konfusion, R. 75;
Das Logbuch blieb..., R. 76; Und wieder
mal sich selbst getäuscht, Lyr. 76;
Kleinen Manns Gesellschaftsbild, Reim-
N. 77, 78; Als Titel fand sich: Band
Nummer zwanzig 78; Solang das
Brünnlein rauschet..., Lyr. 78; Immer
wieder neue Lieder, Kommentar der
Einsamkeit 78; Späte Frucht vom Baum
der Träume 79; Alten Mannes Fabeleien
— Hörbar unterdrücktes Schreien 79;
Die Fliegerjacke, R. 79; Ein Mensch mit
seinem Widerspruch, N. 79; Öffentliche
Herzenskammern, Lyr.; To dream or not
to dream, N.; Saure Trauben;
Gottesgnade, Lyr.; Kampf mit der
Sprache; Wenn man in Raten Abschied
nimmt, Lyr.; Praktizierte Theorie,
Philosophie-Reim-N.; Ererbt, Erlernt,
Erdacht, Erlebt, Lyr. 77; Arztgeschichte
und Gedichte, Reim-N.; Vertrauensvolle
Spiegelfechterei, Lyr.; Überreife
Lebensernte; Der ungeschriebene
Roman, Prosawerk 82.

Erné, Giovanni Bruno (Ps. Nino Erné),
Dr. phil.; P.E.N. 62, VS 47, DJV 75; 1.
Preis im Novellen-Preisausschr. "Die
Zukunft" 46, Globo d'Oro Capri 70,
Papiro d'Oro Syrakus 75, Kunstpr. Rhld-
Pf. (Lit.) 79; E.-T.-A.-Hoffmann-Ges. 64;
Ebersheimer Weg 37, D-6500 Mainz, Tel.
(06131) 53752 (Berlin 31.10.21). Essay,
Roman, Novelle, Kritik, Lyrik, Film.
Ue: E, F, I.
V: Der sinnende Bettler, G. 47; Kunst
der Novelle, Ess. 56, 61; Junger Mann in
der Stadtbahn, Kurzgesch. 59; Das
Ideal und das Leben, Ess. 60; Monolog
des Froschkönigs, N. 66; Murmelpoeme
67; Italien süß und sauer, Ess. 75; Nach-
ruf auf Othello, R. 76; Kellerkneipe u.
Elfenbeinturm, R. 79; Liebeserklärung
an e. Stadt, G. 79; Fahrgäste, Geschn.
aus vier Jahrzehnten 81; Rom — ein
Tag, eine Nacht, R. 82. — **MV:** Karussell
der Kindheit, Erzn. 63; Im Zeichen des
Bären, Erzn. 64.
MA: Blick aus dem Fenster, Nn. 47;
Richard Friedenthal: Und unversehens
ist es Abend. Beitr. von u. über R. F. 76.
H: Klaus Prager: Die junge Kreis, G.
aus d. Nachl. 47; 7 Bde der story-biblio-
thek seit 57; Sir Arthur Conan Doyle:
Gesammelte Werke 5 Bde seit 60; Sämtl.
Sherlock Holmes Stories; Künstlerische
Erzn. 63; E. T. A. Hoffmann: Gesam-
melte Werke 5 Bde seit 64. - **H MV:**
Fülle der Zeit. Carl Zuckmayer u. sein
Werk, Ess. 58.

R: Der Turm, Hsp.; Die ganz kleinen Vier 59; Römisches Mosaik 60; An der Elbchaussee 61; Heines Harzreise 61; Der graue Gentleman 62; Rendezvous mit der Londoner Jugend 62; Der Milchmann 62; Fleet Street 62; Mir Frankforter Kulturmensche 63; Auf der Reeperbahn morgens um 10 64; Rettet Florenz 66; Deutsche Künstler in Italien 67; Karl Kraus 67; Venedig muß gerettet werden 68; Hafen ohne Hinterland 69; Deutsche Frauen in Italien 70; Emigranten im eigenen Land 71; Vogel als Prophet (100 Jahre Hermann Hesse) 77, alles Fs.-Dok.

Ue: Balzac: Tolldreiste Geschichten 55; Collodi: Pinocchios Abenteuer 55; Lapierre: Hochzeitsreise um die Erde 55; Larbaud: Glückliche Liebende 55; Fermina Marquez 57; Roblès: Federica 56; Buzzati: Die sieben Boten 57; Loria: Il Cieco e la Bellona u. d. T.: Hinter den Kulissen 58; De Angelis: Una Giornata di pazzia u. d. T.: Die Salzdiebe 59; Bemelmans: Mein Leben als Maler 59; Are you hungry u. d. T.: Allons enfants 61; Bazin: Das Heiratsbüro 60; Calvino: Racconti u. d. T.: Die überfallene Konditorei 60; Bemelmans: Die Straße, in der mein Herz wohnt 63; Noahs Arche 65; Georges Brassens: Texte 3 69. –
MUe: Sciascia: Sizilian. Verwandtschaft 80.
Lit: W. Lohmeyer: Ein Enkel Don Quijotes: Nino Erne (Mainz, Vjhe f. Kultur H. 4) 81; B. Haller: Fernsicht u. ein bißchen Elfenbeinturm (D. Giftschonung, Ausg. 11) 82.

Erné, Nino, s. Erné, Giovanni Bruno.

Ernest, Bill, s. Puhl, Wilfried Ernst.

Erni, Franz Xaver, Chefredakteur; P.E.N. 58, ZSV 63, ISDS 65; Förderungspreis d. Kt. Basel-Stadt 57, Hsp.pr. v. Radio Beromünster 67, Dramenpr. d. Kulturstift. pro Argovia 67; Verein der Schweizer Presse 60, Forum Stadtpark Graz, Tel. (056) 224348 (Turgi, Kt. Aargau 22.9.27). Lyrik, Essay, Drama, Hörspiel, Novelle. **Ue:** L, F.
V: Messen und Schweben, G. 58; Elsässische Form, G. 58; Immer auf der Suche, G. 62; Die Eidechsen, Erz. 64; Abriss oder In allem ist Musik 67; Magnesia, Drama 69; Eichle-n-isch Trumpf, Festsp. 80.
MA: Junge Schweizer Lyrik 58; Zürich zum Beispiel, Lyrik-Anth. 59; Tau im Drahtgeflecht, Lyrik-Anth. 61; Zeichen. 7 Aargauer Lyriker 62; Deutsche Lyrik seit 1945, Anth. 62.

R: Haichoo 67; Zwischen Feldbach und Feldeck 69; Mohn und Kamille 70; Der Zauberschlüssel 70; Chaaresalbi 78, alles Hsp. ( )

Erni, Hans, Maler; Eggen, CH-6006 Luzern, Tel. (041) 313388 (Luzern 21.2.09).
V: Wo steht der Maler in der Gegenwart? 47; Erotidien. 7 Orig.radier., 8 Reliefpräg. u. G. 73; Kandaren-Lamento, G. u. 9 Orig.-Kaltnadelradier. 73; Minuskeln, G. u. 16 handkolor. Holzstiche 75; Zwillinge, G. u. 20 Orig.-Radier. 77; Gedanken u. Gedichte, 77; Maler, Zeitgenosse, Eidgenosse 82; Nahen, Sprüche u. 12. Orig.gravuren 83.
Lit: J.Chr. Ammann: H. E. – Ein Weg zum Nächsten 76; Rigby Graham: String and Walnuts, H. E. – an enthousiasm (Leicester) 78; H. E. – un portrait (Genève) 79; Walter Rüegg: H. E. – Das malerische Werk 79; John Matheson: H. E. – Das zeichner. Werk 81.

Erni, P., s. Brunner, Peter.

Erni, Paul, Dr.; Augustinergasse 3, CH-4051 Basel.
V: Pilatus, Aufzeichn. u. Skizzen 80; Augenschein in China und Tibet, Skizzen e. Reise 81. ( )

Ernst, Gustav, Schriftsteller; Grazer Autorenversammlung 73; 1. Preis d. Kurz-Prosa-Wettbew. d. Österr. Hochschülerschaft 72, 1. Preis d. Prosa-Wettbew. "Tendenzen 73" 73, Förder.pr. d. Wiener Kunstfonds 73, Förder.pr. d. Theodor-Körner-Stift. 76, Nachwuchsstip. f. Literatur d. österr. Bdesmin. f. Unterr. u. Kunst 74, Arb.stip. d. Dram. Zentr. Wien 75, Arb.stip. d. Gemeinde Wien 76, Förder.pr. d. Frankfurter Autorenstift. 79, Förder.pr. d. Stadt Wien 82; Josefstädterstr. 56/13, A-1080 Wien, Tel. (0222) 482651 (Wien 23.8.44). Drama, Roman, Erzählungen, Essay, Film, Hörspiel.
V: Plünderung, Prosa u. G. 70; Am Kehlkopf, Erzn. u. ein Stück 74; Einsame Klasse, R. 79; Ein irrer Haß, Stück 79.
MA: Drei Miniaturen, Erz. 70; Auf Anhieb Mord, Erz. 75; Glückliches Österreich, Erz. 78; An zwei Orten leben, Erz. 79.
MH: Wespennest, Prosa, G., Ess. 73; Lit. in Österr., Rot-ich weiß-Rot, Prosa, G., Ess. 79.
F: Exit, Drehb. 80.
R: Nur über meine Leiche 76; Maul und Löffel 77; In Liebe erzogen 79; Er fällt auf mich drauf wie ein Berg 82; Wiener Dialoge, alles Hspe.

Ernst, Hanna, s. Lützenbürger, Johanna.

Ernst, Hans, Schriftsteller; VS 58; Silb. Ehrenteller v. Min. f. Landwirtsch. u. Forsten; Staatstr. 16, D-8201 Kolbermoor/Obb., Tel. (08031) 91473 (München 9.11.04). Roman, Kurzgeschichte.
V: Toni Zaggler, R. 36, 55; Wenn die Heimatglocken läuten, R. 49, 50; Die Tannhoferbuben, R. 37, 54; Wenn die Masken fallen, R. 50; Seltsame Wege der Liebe, R. 50; Glück auf dem Berghammerhof 50, 56; Des Lebens helle Stunden, R. 50, 55; Gotthelf Winkelrot, R. 50, 55; Der Läufer von Flurs, R. 50, 56; Abseits der großen Straße, R. 51; Margrets barmherzige Lüge 53, 55; Mutter Lena, R. 53, 55; Das Tal der sieben Sünden, R. 54, 55; Das Mädchen vom Ulrichsberg 54; Der König vom Lindenstein 55; Wo die Bergwaldtannen rauschen, R. 55; Die Kinder aus dem Schattenhäusl 56; Der Brucknerhof, R. 56; Im Herbst verblühn die Rosen, R. 56; Das Schicksal des Michael Rustaller, R. 56; Das gleiche Blut, R. 56; Die Posthalter-Christel, R. 58; Das Lied der Heimat, R. 58; Der Adler von der Schartenwand, R. 59; Das Testament von Kronwied, R. 59; Die Legende von St. Margreten, R. 59; Der Lehrer von Tschanim, R. 60; Die Leute vom Marienmoor, R. 60; Licht vom andern Ufer, R. 60; Xaver Nonnenbruch; Eine Hand voll Heimaterde; Romanze am See; Eines Sommers Seligkeit; Frau Erika; Steine im Weg; Die Gurk hat mir ein Lied erzählt; Wetterleuchten über Rossgotten; Barbara Reintaler; Der Klosterwirt von Durrach, alles R. 60 − 65; Dort wo der Ginster blüht; Die Stuffners; Schicksal überm Lindenhof; Glück in der Lerchenau; Herzschlag zwischen Alpenrosen; Die Schmuggler von der Reiteralm; Ruf der Abendglocken; Solang der Sommer glüht; Die Erbin von Thalhub; Schnee in der Maienblüte; Der Bauer von St. Markus; Das Leben geht weiter; Die Stumme von Salem, alles R. 65 − 71; Die Hand am Pflug (Vom Bauernknecht zum Volksschriftsteller); Auf der Hausbank, Kurzgeschn. 74; Die Bäuerin vom Schallerhof, R. 78; Die Lena, R. 79; Die Leute v. Sonnleuchten, R. 79; Die silberne Ähre. Erinn. e. Bauernmagd 82; Christine Sterzinger.
F: Wetterleuchten um Maria.

Ernst, Karl; Merowingerstr. 1, D-5650 Solingen.
V: Nen bongkten Plosch, G. u. Erzn. in Solinger Mda. 82. ( )

Ernst, Willie, s. Puhl, Wilfried Ernst.

Ernstberger, Josef (Ps. Aloys Balsamer), Präs. d. Bezirksfinanzdir.; Friedrich-Ebert-Str. 34/XV, D-8400 Regensburg, Tel. (0941) 93874 (Tirschenreuth 8.2.22). Bavarica, Kolumnen, Jahrbücher.
V: Bayerisches Wesen, Stammtischgespr. 71, 77; Ein Grantler sagt ..., Selbstgespr. eines Bayern 75, beides Bavarica.
H: Regensburger Alm. 73-83.

Ernsting, Volker *

Ernsting, Walter (Ps. Clark Darlton), Redakteur, Schriftsteller; VS 59; "Hugo" f. "Zeit ohne Raum" 55 (amerikan. Preis f. d. besten dt. Science-Fiction-Roman d. Jahres), "Hugo" f. "Der Mann, der die Zukunft stahl" 56, Ernst-H.-Richter-Preis der Eurotopia 63; Haus Nr. 71, D-8229 Ainring 1, Tel. (08654) 8139 (Koblenz 13.6.20). Roman, Anthologie. **Ue:** E.
V: Überfall aus dem Nichts 57; Die strahlenden Städte 58; Der Sprung ins Nichts 58; Experiment gelungen 58; Der Tod kam von den Sternen 59; Raumschiff der toten Seelen 59; Wanderer zwischen drei Ewigkeiten 59; Der fremde Zwang 59; Die Zeitlosen 60, alles Zukunfsr.; Planet der Mock 62; Das Marsabenteuer 64; Die rote Maske; Sturz in die Ewigkeit 64; Im Zentrum der Galaxis 64; Das Weltraumabenteuer 65, 66; Die letzte Zeitmaschine 62; Welt ohne Schleier 62; Der Flug der Millionäre 65; Die Zeit ist gegen uns 65; Das verbotene Sonnensystem 68; Männer für Lacertae 69; Der Sprung ins Jenseits 68, 70; Das Meer der Zeit 71; Gucky und seine Urenkel 70, alles Science-Fiction-R.; Wir, die Unsterblichen 74; Zurück aus der Ewigkeit 74; Zwischen Tod und Ewigkeit 74; Das Rätsel der Urwaldhöhlen 74; Das Rätsel der Marsgötter 74; Das Rätsel der Milchstraße 74; Der Tag, an dem die Götter starben 75, 79 (auch engl., franz., holl.); Das Geheimnis im Atlantik 76; Der verzauberte Planet; Begegnung im Weltraum 77; Tempel der Götter 78. −
MV: Das unsterbliche Universum, R. 59, m. Jesco v. Puttkamer; Perry-Rhodan-Serie 62 - 65, 76 - 79; Der Sprung ins Nichts 64, m. Heinz Bingenheimer; Am Ende der Furcht, m. Robert Artner, Anth. 66, 69; Der strahlende Tod, m.

Robert Artner 66; Leben aus der Asche, m. dems. 68, beides Science-Fiction-R.; Atlan, R.-Serie 76-79; Quasar, Anth. 78.
H: 9 Science-Fiction Stories 65.
F: SOS aus dem Weltall, nach 3 R. d. Perry-Rhodan-Ser. v. Karl-Herbert Scheer u. Clark Darlton 67.
Ue: Hugo Gernsback: Ralph 124 C 41 plus 57; John Campbell jr.: The Moon is Hell u. d. T.: Gefangene des Mondes 58; Jack Williamson: Zeitlegion 58; J. McIntosh; The Fittest u. d. T.: Die Überlebenden 59; J. W. Campbell: The mightiest Machine u. d. T.: Das unglaubliche System 60; Pohl und Kornbluth: Search the Sky u. d. T.: Die letzte Antwort 60; Jack Vance: Slaves of the Klau u. d. T.: Magarak 60; Adam Lukens: The Sea People u. d. T.: Die Anderen 61; Poul Anderson: We claim these Stars u. d. T.: Schach dem Unbekannten 61; George Smith: Troubled Star u. d. T.: Die Sonneningenieure 61; A. E. van Vogt: Der Zauberer von Linn 61; Die besten Stories aus dem amerikanischen SF-Magazin "Fantasy and Science-Fiction" 64; A. E. van Vogt: Der Krieg gegen die Rull 63; John Kiddell: Der Riese aus dem Busch; Brian Aldiss: Am Vorabend der Ewigkeit 64.
Lit: Galassia. Ital. Magazin 64, u. a. ( )

Erny, Georg-Martin, M.A.; GEMA, VG Wort, GVL; Eduard-Spangerstr. 55/2, D-7400 Tübingen, Tel. (07071) 61715 (Stuttgart 12.7.44). Kinderbuch. **Ue:** E, F.
V: Knips und Knaps, die freundlichen Drachen, Kinderb. 70, 72.
S: Bei einem Whisky am Kamin 78.

Erny, Hansjörg, Fernsehjournalist; SSV; Preis d. Schweiz. Schillerstift. 66, Anerkennungsg. d. Stadt Zürich 69, CH-6048 Horw b. Luzern (Zürich 9.7.34). Roman, Hörspiel.
V: Manchmal in der Dämmerung, G. 60; Schritte, Prosa 65; Ich werde auf jeden Fall Blumen schicken, R. 68, 70; Morgen ist Neujahr, R. 71, 73; Fluchtweg, R. 80. — **MV:** Strafgefangene 73.
MA: Bestand u. Versuch 64; Züricher Transit (russ.) 70.
R: Besuchszeit, Hsp. 63; Ein langer Abend, Hsp. 66.

Erpenbeck, John, Dr. rer. nat., Physiker; SV-DDR 73; Straße 200, Nr. 10, DDR-1110 Berlin, Tel. 4825146 (Ufa, Baschkirische ASSR 29.4.42). Lyrik, Roman.
V: Formel Phantasie, G.; Alleingang, R.; Analyse einer Schuld, R. 77; Arten d. Liebe, G. 78, 2.Aufl. 81; Was kann Kunst,

Ess. 2.Aufl. 81; Der blaue Turm, R. 80, 2.Aufl. 82.
MA: G. in zahlr. Anth. ( )

Erpenbeck-Zinner, Hedda, s. Zinner, Hedda.

Erpf, Hans, Publizist, Verleger; SSV, Be.S.V., Deutschschweiz. PEN-Zentrum, FDA; Postf. 1383, CH-3001 Bern, Tel. (031) 446677 (Bern 16.4.47). Lyrik, Kurzprosa, Essay, Sachbuch.
V: Elf Gedichte 66; Der graue Hund, Kurzprosa 67; Münzen in deiner Hand, Sachb. 76; dr Zibelemärit, Sachb. 77; Rund um die Wurst, Sachb. 78; 12 Berner Brunnen, Sachb. 78; Inventar I, Lyr. u. Prosa 1965-1980 82. — **MV:** Bern — wie es isst und trinkt, m. Alexander Heimann 72; Zu Gast in Bern, m. dmes. 80.
H: Zahlr. Sachb.

Err, Hans, s. Rauschning, Hans.

Errell, Richard, Schriftsteller; ISDS 76; Via San Jorio 8, CH-6600 Locarno (Krefeld 7.2.99). Essay, Roman, Sachbuch.
V: Lights and Shadows. Ein Israel-B. 50; Bilderbuch für Vergessliche 62; Form und Farbe. Lehrgang für künstlerische Gestaltung 66 II; Der Fotokurs 67 II; Abrechnung in Venedig, R. 76; Das fotogr. Œuvre im "Museum Folkwang" Essen. — **MV:** Die Fleischtöpfe Ägyptens. Die jüdische Gemeinde im Leben Krefelds nach d. Jahrhundertwende in: Krefelder Studien 73.

Erskin, Ronald, s. Schmidt-Freytag, Carl-Günther.

Ertl, Erika, freie Journalistin; Arminstr. 49a, D-6140 Bensheim, Tel. (06251) 38236 (Kiesel/Russld 12.3.36). Kinder- u. Jugendbuch.
V: Der verhexte Rückwärtssocken 72, 75; Mirabellas Besenbaum 74 (auch port.); Ötzmicki im Flatterhemd 75 (auch port.); Die grüne Wassermaus 76; Hatsipeng macht Kinder glücklich 77 (portug.); Die Wuselwatze 80, alles Kinderb.; Schlägst du meinen Vater, hau ich deinen, Jgdb. 78 (auch jap.); Wie die Wuselwatze Bensheim entdeckten 81; Eine unglaubl. Geschichte, von Anna selbst erzählt 82, beides Kdbb. — **MV:** Vorbereitet fürs Leben? Dt. Abiturreden heute 82.
S: Ötzmicki das Burggespenst 77.

Erwin, Thomas, c/o Piper Verlag, München.
V: Der Tag will immer Morgen bleiben, G. 81. ( )

Esch, A., s. Gogolin, Peter.

Eschbach, Josef, c/o Weichert-Verl., Hannover.
V: Diamantenjagd in Amsterdam 83.
( )

Eschenburg, Harald; Eschenkamp 8, D-2300 Kronshagen, Tel. (0431) 588983 (Kiel 12.6.14). Roman, Lustspiel.
V: Renate im Bücherland 57; Schwere See, Triologie: I (Schlagseite, R. aus d. Weimarer Rep.) 79, II (Wind von vorn, R. e. Machtergreif.) 80, III (Im Schlepp, R. d. Besatz.zeit) 83.

Eschenhagen, Gerhard; Schriftsteller in Schlesw.-Holst. e.V.; Im Erlengrund 8, D-5300 Bonn-Bad Godesberg, Tel. (0228) 311123 (Lyck/Ostpr. 21.4.07). Prosa, Novelle, Drama, Film, Hörspiel, Essay, Lyrik.
V: Heraufkunft des Abends. Frühe Worte aus einer späten Generation, G. 28; Die ewigen Bürger, dram. Satire 30; Entscheidung. Bekenntnis eines jungen Deutschen 31; Die Peitsche Gottes. Gleichnis von d. russ. Passion 37; Daß wir noch leben dürfen, N. 52; Vom Ersten u. Letzten, 100 G. aus 50 J. 78; Die versiegelte Order. Rufe zw. d. Zeiten.
F: Licht unter Menschen. Opt. Dicht. 28; Der leuchtende Weg. Opt. Dicht. 36.
R: Der stumme Bruder. Gleichnis v. Untergang Kleists u. Hölderlins; Lenin spielt Schach; Stachanow; Die Mutter des Aljoscha; Der tödliche Sieg (Balzacs Leben); Die Sturmflut; Sibirische Vision; Der Bund an der Newa, alles Hspe.

Eschenkötter, Marlene *

Eschker, Wolfgang, Dr.phil., Stellvert. Leiter Kultur- u. Infomat.zentr. d. Bdesrep. Dtld in Belgrad; Pr. f. Kurzprosa b. Wettbew. "Junge Dichtung in Niedersachsen" 71, Nicolaus-Copernicus-Pr. 73, Pr.: Junge Dicht. in Nds. 71; Am Rodenberg 24A, D-3388 Bad Harzburg, Tel. (05322) 50865 (Stendal/Altmark 26.6.41). Lyrik, Kurzprosa, Aphorismus. **Ue:** Serbokroat, Mak, Bulg, Slow, R.
V: Pelzkalte Nacht, Kurzprosa 76; Gift und Gegengift, Aphor. 77.
MA: Beitr. zu zahlr. Anth.
H: Ue: Mazedonische Volksmärchen, M. 72.
Ue: Kosta Racin: Weiße Dämmerungen 78. — **MUe:** Maja Bošković-Stulli: Kroatische Volksmärchen, m. Vladimir Milak 75.

Eschler, Walter, gew. Generalagent; Be.S.V.; Jurablickstr. 27, CH-3028 Spiegel, Tel. (031) 539010 (Zweisimmen 23.8.09). Mundart-Bühnenstück, -Erzählung, -Hörspiel.
V: Der Talwäg, Bü. 53; Tüflisches Chrut, Lsp. 56, 3.Aufl. 80; Oberamtmann Effinger, Lsp. 60, 3.Aufl. 79; Steinige Bode, Sch 65, 2.Aufl. 83; Der Anke-Söimer, Einakter 67; Louigfahr, Erzn. 74; Alpsummer, Erzn. 83.
MA: Wis isch u wis albe isch gsi, Mda.-Geschn. 77; Bärndütsch, Samml. v. Mundarttexten 79.
R: Doppelspur 65; Der Salpetersieder 66, 67, 79; Der Dienstverweigerer 70, alles Hsp.
S: Schweizer Mundart, Langspielpl.-Reihe 76.

Eschmann, Ernst Wilhelm, Schriftsteller, CH-6654 Cavigliano u. Friedrichstr. 3, D-8000 München, Tel. (089) 396506 (Berlin 16.8.04). Drama, Lyrik, Novelle, Essay, Roman, Hörspiel.
V: Griechisches Tagebuch, Betrachtn. 36, 63; Erdachte Briefe 38, 65; Ariadne, Dr. 39; Gespräch im Garten 41; Aus dem Punktbuch, Aphor. 42, 43; Der andere Sultan, Lsp. 42, 48; Paul Valéry, Gedenkrede 48; Der Besuch in Fischern, Erzn. 48; Tessiner Episteln, G. 49; Alkestis, Dr. 50; Das Doppelzeichen, Erzn. 51; Messe für Leopold Bernhardt, Requiem 51; Vorstadtecho, G. 52; Die Tanne, R. 53; Im Amerika der Griechen, Ess. 61; Notizen im Tal, G. 63; Der Tischler und die Wilden, Erzn. 64; Einträge, Aphor. 67; Ein Gott steigt herab, Erzn. 68; Tessiner Episteln, ges. G. 69; Luther findet J. C., Dr. 75.

Eska, Henryk, s. Skrzypczak, Henryk.

Eßer, Aletta, Hausfrau; VS NRW; Gruppe Rhein. Mundartschriftsteller, Werkkreis Lit. der Arbeitswelt; Auf dem Dudel 33, D-4100 Duisburg-Rheinhausen, Tel. (02135) 62734 (Rheinhausen/Kr. Moers 4.11.34). Lyrik, Reportage, kurze Erzählungen.
V: bennen on buuten, G. in Grafschafter Mda. 82.
MA: Rheinhausen in alten Bildern I 78, II 79; Liebe Kollegin 73; Schichtarbeit 73; Der rote Großvater erzählt 74; Geschichten aus der Kindheit 78; Für Frauen - ein Lesebuch 79; Arbeiterlesebuch 81; Landfriedensbruch 82, u.a.

Esser, August H. *

Esser, Manfred; Kurt-Magnus-Preis d. ARD 63, Rompreis Villa Massimo 69/70, c/o Klett-Cotta-Verl., Stuttgart

(Wormersdorf 9.6.38). Roman, Hörspiel,
Fernsehspiel, Novelle. **Ue:** E.
V: Duell, R. 61; Leben und letzte Er-
kenntnis, R. 69; Ostend-Roman 83.
F: Vorspann (m. Kiwus) 66.
R: Deutscher Lenz 63.
Ue: Dick Higgins: Fabelhafte
Geträume von Taifun Willi 69. ( )

Estermann, Felicitas, s. Rummel,
Felicitas.

Ettl, Alexander, s. Gööck, Roland.

Ettl, Peter (Ps. Peter Jeremy Ettl),
Schriftsteller; RSG 72, VS 78; Rolf-
Ulrici-Preis 72, 2. Pr. d. Wettbew. "Zwei
Menschen", Kulturförderpr. Ostbayern
80; Martinweg 17, D-8400 Regensburg
(Regensburg 19.5.54). Lyrik, Kurzprosa,
Roman, Hörspiel.
V: Jeremy, lyrischer R. 74, 76; Im
Zeichen der Trümmer, G. 76; Flucht-
distanz, G. 77; Tage aus Asche und
Wind, R. 77; Seiltänzer, Erz. 78; Im
Kabinett der Träume, G. 77; Grenz-
bezirke, G. 78; Kein Öl f. Finistère, G. 79;
Schöne Grüße v. Ihren Kindern, Erzn.
80; Unsere Nächte hießen Dunkel-
kammer, G. 82; Kamikaze Ikarus, G. 82;
Clearance Sale, G. 82; Vierzig Watt
Kälte, Erz. 83; Gesänge aus Anthropia,
G. 82, 83.
MA: Quer 74, Brennpunkte X 73,
Federkrieg 76, Eckiger Kreis 78, Liebe
will Liebe sein 78, Anth. III 79, Regens-
burger Leseb. 79, II 83, Siegburger
Pegasus 82, Wo liegt Euer Lächeln
begraben 83, WAA — Ein Lesebuch 82,
Zuviel Frieden 82, Friedensfibel 82, Sag
nicht morgen wirst du weinen ... 82,
Gaukes Jahrb. 82, alles Anth.
H: Eckiger Kreis, Anth. 78.
Ue: J. McKee: Gedichte 83.
Lit: M. Böckl: P.J. Ettl, Portait 83.

Ettl, Peter Jeremy, s. Ettl, Peter.

Ettl, Wolfgang, Lehrer; Karl-Knab-Str.
16, D-8472 Schwarzenfeld, Tel. (09435)
8271 (Schwarzenfeld 21.9.50). Lyrik.
V: Die Stille fragen, was der Lärm
verschweigt, Lyr. 79; Das Hecheln der
Wölfe, Lyr. 81.

Ettle, Josef (Ps. Hubertus Birkler),
Journalist; An der Leiten 26, D-8831
Obereichstätt, Tel. (08421) 4366
(Eichstätt 2.5.41). Roman, Essay.
V: Der Schuß vor die Linde, R. 75;
Geschichte v. Jägerver. Eichstätt 77;
Geschichte d. Feuerwehr Marienstein
79; Geschichte d. Feuerwehr Ober-
eichstätt 83; Der Dreiviertelmond 83.

Eue, Dieter, Ing.; VS; Bredowstr. 25,
D-1000 Berlin 21, Tel. (030) 3962690

(Börnicke b. Berlin 14.3.47). Roman,
Novelle, Hörspiel.
V: Ketzers Jugend, R. 82; Ein Mann
namens Kohlhaas, N. 83.

zu Eulenburg, Karl *

Eulenhaupt, Leopold, s. Ellinger,
Alfred.

von Euw, Aloys, kath. Pfarrer;
Pfarramt, CH-6443 Morschach, Tel. (043)
311149 (Schwyz 11.5.21). Biographie,
Kintertheater, Erzählung.
V: Mit Bergschuhen geht man nicht
in den Vatikan, 1. u. 2. Aufl. 79; Heilige
Abenteurer 83; Ach, das himmlische
Bodenpersonal, 3.Aufl. 83; Sankt Niko-
laus kommt auf Besuch, Werkb. 83.

eve, henry s., s. Niedergesäß,
Siegfried.

Everett, Jack, s. Wasser, Karl.

Evert, Hans-Jürgen, Major a.D.,
Rentner; Brecherspitzstr. 11, D-9165
Fischbachau, Tel. (08028) 2503 (Berlin-
Charlottenburg 23.7.14). Lyrik, Zeit-
geschichte.
V: Gelebtes Leben — Geliebtes Leben
I 81, II 82; Jenseits von Elbe und Oder —
Ein Diskussionsbeitrag zur Geschichte
des deutschen Ostens 81; Aus deutscher
Sicht — Erlebte Zeitgeschichte 82,
2.Aufl. 83.
MA: Dt. Mh.; Dt. Almanach.

Evertier, Paul, s. Brinkmann, Jürgen.

Everwyn, Klas Ewert, freier
Schriftsteller; VS 70; Förderpr. z. Gr.
Kunstpr. d. Ldes Nordrh.-Westf. f. Lit.
66, Arb.stip. d. Kultusmin. NRW 72, 78,
Lit.Pr. d. Stadt Dormagen 80; Kon-
kordiastr. 38a, D-4000 Düsseldorf, Tel.
(0211) 391865 (Köln 10.3.30). Drama,
Roman, Hörspiel.
V: Die Leute vom Kral, R. 61 (auch
franz.); Die Hinterlassenschaft, R. 62;
Griet, Erz. 67; Platzverweis, R. 69; Die
Entscheidung des Lehrlings Werner
Blom, Erz. 72 (auch franz.), Tb. 83; Stadt-
ansichten, Aufs. 78; Fußball ist unser
Leben, R. 78/80, 82; Die Stadtväter, R. 80;
Neue Stadtansichten, Aufs. 82; Achtung
Baustelle, R. 82; Land unter bleiernem
Himmel, R. 83.
H: Nahaufnahmen, Anth. 81.
R: Wanzeck 69; Kein Kündigungs-
grund 70; Lehrgeld 71; Teamwork 71,
alles Hsp.; Krankheitsverlauf 73; Ein
bedauerlicher Fall 74; Der Erlaß 76; Ein
Direktor wird geopfert 80, alles Hsp.

Ewert, Joachim, ObStudR.;
Münchener Str. 19a, D-1000 Berlin 49,

Tel. (030) 7444116 (Neuhaldeneleben
10.5.28). Lyrik, Satirische Zeitgedichte.
V: Lausige Zeiten im Spiegel
gereimter Ungereimtheiten, sat. Zeitgedichte 82.

Exner, Richard, Dr., Prof.; Alma-
Johanna-Koenig-Pr. 82; Korr. Mitgl. d.
Bayer. Akad. d. schönen Künste 79; 2216
Chapala Street, Santa Barbara,
California 93105/USA, Tel. (805) 6874032
(Niedersachswerfen/Südharz 13.5.29).
Lyrik, Essay, Prosa, Übersetzung. **Ue:** E.

V: Gedichte 56; Hugo von
Hofmannsthals Lebenslied, eine Studie
64; A Personal Prayer at Year's End,
Lyr. 72; Fast ein Gespräch, Lyr. 80; Mit
rauchloser Flamme, Lyr. 82.
H: Rudolf Alexander Schröder:
Aphorismen und Reflexionen 77.
Ue: Zahlr. Ue. v. G. in Zss., u. a.
Fegefeuer in William Butler: Yeats, Dr.
72.

s. a. Kürschners GK.

F

Fabel, s. Fischach-Fabel, Renate.

Faber, Anne, Schriftstellerin; RFFU
65, VS Bayern 73; Beltweg 10, D-8000
München 40, Tel. (089) 3613411
(München 20.7.21). Hörspiel, Essay, Bio-
graphie, Lyrik, Chansontexte,
Geschichten für Kinder.
V: Gustav der Letzte, Kinderb. 75;
Louis Armstrong, Biogr. 77; Mein Name
ist Fabelutzi, Kinderb. 79; Jahr & Tag,
Erzähl- u. Sachb. 81.
MA: Unruhige Jahre, Jgd.-Anth. 60;
Der Stern im Brunnen, Weihnachtsb. f.
Kinder 67; Es war so lange Tag ...,
Gedichtsamml. f. Kinder 71; Halb so
schlimm, Kindergeschn. 74; Das große
Buch vom kleinen Bären, Kdb. 80;
Komm', lach doch wieder, Kdb. 81.
R: Herr Lehmann geht zu weit;
Juwelen für eine Braut; Achtung
Originalton, alles Hsp.; Das Glocken-
spiel von Paulonien; Der Trommler von
Ruanda; Abu Kasems Pantoffel; Huasco
und der Herr der Berge; Rakamsa und
der Vogel Imu; Der lautlose Drache malt
Pflaumenblüten; Zu viele Täter
verderben den Fall; Der Meister vom
Blauen Lotos; Ein unangenehmer
Mensch; Das verhexte Stimmband;
Halef der Teppichknüpfer; Der Schatz
des Marco Polo; Rosmarin und Gänse-
prinz, u.a. Hsp. f. Kinder.
S: Die Kulota Story 60.

Faber, Dagmar *

Faber, Gustav, Dr. phil.; VS 70;
Scheffel-Preis 32, Kulturpreis d. Stadt
Karlsruhe 53; Tannenweg 4, D-7847
Badenweiler, Tel. (07632) 5832
(Badenweiler 15.8.12). Erzählung,
Drama, Essay, Reisebuch, Hörfolge,
Fernseh-Feature.
V: Der Mörderhof, R. 35; Carl Bleib-
treu als Literaturkritiker, Ess. 36; Der
Meister H. L., Erz. 37; Welserland, Sch.
37; Deutsches Blut in fremder Erde,
Biogr. 39, 42; Der Malerkönig, Erz. 48;
Die Wundergeige, Sch. 49; Sturm an der
Elbe, Sch. 52; Saudade, brasilian.
Schlenderjahre, Reiseb. 54; Sand auf
heiligen Spuren. Reise durch Nahost 58,
63; Komm zurück, weißer Bruder, Erz.
60; Auf den Wegen des Apostels Paulus
62; Süditalien - Bild u. Schicksal 64;
Brasilien hat andere Götter, Reiseb. 65;
Piraten oder Staatengründer, Nor-
mannen vom Nordmeer bis zum Bospo-
rus 68; Im Land der Bibel. Reise durch
das moderne Israel 69; Brasilien, Welt-
macht von morgen 70; Ein Tag wie
gestern, vom Alltag in alten Tagen 71;
Die manipulierte Mehrheit, Schleich-
wege der Macht 71; Schwelender Orient,
Reiseber. 73; Portugal 74; Denk ich an
Deutschland 75; Badenweiler — ein
Stück Italien auf dt. Grund 75; Die Nor-
mannen 76 (auch holl., jap.); Spaniens
Mitte 77; Das erste Reich d. Deutschen
— Gesch. d. Merowinger u. Karolinger
80 (auch holl., ital.); Auf den Spuren
Hannibals 83; Die Ottonen 83. —
MV: Kolumbus ist noch nicht gestorben
60; Schatzkammer Europa 80; Baden-
Baden 82; Portugal 83, beides Bild-Text-
Bde.
H: Hans Staden: Brasilien 1548-55 82.

Faber, Walter, s. Schmitz, Walter.

Faber-Perathoner, Hans, Dr., Prof.
a.D.; ÖSV 65, RSG 77, IGdA 77, FDA
NRW 73, FDA Bayern 82; Ritter von
Yuste, Spanien 66, Hans-Huldreich-
Büttner-Preis 79; Turmbund 51, Präs. d.
Turmbundes 53 - 64, EPräs. 64, Tukan-
kreis 60, Präsidialmitgl. d. intern. dtspr.
Schriftstellerkongresse 59, Kr. d.
Freunde Dülmen 74, Kronenburger Lit.
Kr. 74;; Wacholderheide 6, D-8079
Walting-Gungolding, Tel. (08465) 673 (St.
Ulrich, Südtir. 17.9.07). Lyrik, Essay,
Erzählung. **Ue:** F, I.
V: Bergheimat, G.-Zyklus 53; Das
Buch vom inneren Leben, Betrach-
tungen 57; Garuda ruft, G. 65; Der Bo-
gen des Orion, G. 67; Metamorphosen, G.
73; Die Wiedergeburt des Menschen -
Betrachtungen zu Theodor Seiden-
fadens lyr. Lebenswerk 76; Im Schoß
der Sprache - dinglos wie der Wind,
Sonettzykl. 77; Das Auge des Einhorns,
G. 80; Im Zeitall, G. 82. — **MV:** Festschr.
f. Theodor Seidenfaden 71; Bildnis einer
Generation 79; Europa-Manifest 79.
MA: Wort im Gebirge, F. 3 51, 6 54, 12
70, 14 74; Schöpferisches Tirol F. 1 53, 8
69, 9 73, 11 79; Brennpunkte F. 1, 2, 5, 7, 9,
10; Lichtbandreihe F. 11, 12, 13, 14; Das
Hausbuch d. Tiroler Dicht. 65;

Verschlüsselt u. versiegelt 68; Der
Friede, nach dem wir uns sehnen 71;
Deutscher Gesang 71; Alle Zeit ist nur
geliehen 73; Quer 74; Wort um d. Stein
74; Stille — Erfülltsein v. Unsagbarem
(Gruß u. Dank an Zenta Maurina) 77;
RSG-Anthologie 3 (Lyrik in 47
Sprachen) 79; Jb. dt. Dichtung 80; Der
Karlsruher Bote Nr. 71, 72 82.
H: MA: Schr.-R. d. Innsbrucker Turm-
bundes.
Ue: Ugo Fasolo, Bruchstücke einer
Ordnung 80.
Lit: W. Tepser: H. F.-P., der Dichter d.
Meditation in: Schöpferisches Tirol 8 69;
H. F.-P.: Mein Leben - Weg u. Wort in:
ebda 9 73; W. Bortenschlager, Gesch. d.
Spirituellen Poesie in: Brennpunkte 14
76; P. Wimmer: Wegweiser durch die
Literatur Tirols seit 1945, ebda 15 78.

Fabian, Anne-Marie, Journalistin,
Dipl.-Politologin; dju seit 61, VS seit 69;
Kurt-Tucholsky-Pr. d. Kurt-Tucholsky-
Ges. Kiel 63; Wiener Platz 2, D-5000
Köln 80, Tel. (0221) 616688 (Stettin
20.11.20). Lyrik, Roman, Novelle, Essay.
V: Ih'n kann ick's ja sagen. Berliner
Geschn. 81; Mit dir in Amsterdam, Erzn.
83. — **MV:** Der alltägl. Faschismus.
Frauen im Dritten Reich, Essays 81 (Tb.
82).
MA: Der Hunger nach Erfahrung.
Frauen nach '45, Essays 81, (Tb. 83);
Nicht mehr allein sein. Zwanzig
Autoren erzählen von d. Freundschaft,
Erzn. 83.
H: Kurt Fabian: Kein Parteisoldat —
Lebensber. e. Sozialdemokraten,
Arbeiter-Autobiogr. 81.

Fabian, Franz, s. Mielke, Franz.

Fabian, Gerhard, Dipl.-Theater-
wissensch., Dramaturg; SV-DDR 61;
Phil.-Müller-Str. 40, DDR-7031 Leipzig,
Tel. (041) 486001 (Hamburg 15.6.30).
Drama, Hörspiel, Lyrik.
V: Geschichten um Marie Hedder 58;
Die Stärkeren 59, beides Sch.; Die
Füchse, Libr. 61; Menschenskind,
Nikolka, Sch. 72; Gardeschütze
Matrossow, Sch. 77; Von mir zu Tier, G.
78; Kleine Tierparade, G. 79; Lausbub
ich, G. 81. — **MV:** Wolfener Geschichten,
dramat. Szenen aus d. Filmfabrik 62.
R: Die Stärkeren, Fsp. 60; Guten Tag,
Herr Wolkenschieber, Hsp. 73;
Menschenskind, Nikolka, Fsp. 75. -
Bearb. Jorge Amado: Herren des
Strandes, Hsp. 65 III; Der Bartheilige,
Hsp. 70.

Fabian, Walter, Dr. phil., HonProf.;
SDS 45, VS NRW 71, P.E.N. London 45,
Dt. P.E.N. 70; Joseph E. Drexel-Pr. 60,
Carl-von-Ossietzky-Med. 71, Orden d.
VR Polen f. Verdienste um d. Verbreit. d.
poln. Kultur u. Kunst 74, Verd.orden d.
VR Polen in Gold 78; Wiener Pl. 2, D-
5000 Köln 80, Tel. (0221) 616688 (Berlin
24.8.02). Essay, Literatur-, Musik-,
Theaterkritik. **Ue:** F.
V: Friedrich Wilhelm Foerster 24;
Klassenkampf um Sachsen 30, 72. —
MV: Schaller-Kühner: Mozart 56; Harry
Pross: Dt. Presse seit 1945 65; Festschr.
für Otto Brenner 67; Dovifat: Handb. der
Publizistik 69; Die zornigen alten
Männer 79; Ein anderer Rundfunk —
eine andere Republik 80; Die Presse d.
Sozialist. Arbeiterpartei Dtlds im Exil
1933 - 1939 80; Journalisten über
Journalisten 80, u.a.
B: Mauriac: Journal, u. d. T.: Von Tag
und Ewigkeit 55, 61, Noch ist es Zeit 57.
MH: Die Friedensbewegung 22; Leit-
artikel bewegen die Welt 64.
Ue: Baudelaire, Victor Hugo, Romain
Rolland, Fr. Mauriac, A. Maurois, u.a.
Lit: Arbeiterbewegung —
Erwachsenenbild. — Presse, Festschr. z.
75. Geb. 77.
s. a. Kürschners GK.

Fabich, Peter Jürgen, Kunstpädagoge
u. Lehrer an Sonderschulen; VS Berlin;
Patalano-Stip. 66, Arbeitsstip. VS 70,
Lit.pr. d. Stadt Bocholt 71, Lit.pr. d.
Invandrarnas Kulturcentrum
Stockholm 78; Lit. Werkstatt Kreuzberg
66; Mitbegründer d. lit. Lerm & Saphir
Assemblée 76, Initiator d. Künstler-
hauses Rollwenzelei 77; Bleibtreustr. 5,
D-1000 Berlin 12 (Berlin 21.2.45). Prosa,
Lyrik, didaktisches Spiel, Hörspiel,
Essay, pädagogische Studien, Stücke für
d. Kinder- u. Jugendtheater.
V: Veränderungen und Anfänge, G. 68;
Herr Brödel kuriert seinen Husten,
Erzn. 69; Ornamentale Tendenzen in der
zeitgenössischen Malerei, Untersuchung
69; Kleiner Beitrag zum großen
Lamento über Märchenaufführungen,
Ess. 70; Blinde Tage, G. 71; Spiel-
aktionen, päd. Studie 72; Die Kunde
vom Muschelbruder K.N., Ess. 73;
Berliner Bandonium, Diorama 74;
Sozialhygiene in der Schule für Lernbe-
hinderte, päd. Studie 75; Ophelia im
Wannsee, G. 80; Starke Stücke.
Dramolette u. Tableaus aus d. dt.
Dichterhain, Dr. 83.
MA: Aussichten, Junge Lyrik des dt.
Sprachraums 66; Siegmundshofer Texte,

Lyrik u. Pr. 67; Anthologie als Alibi 67;
Frieden, Lyrik 67; Agenda 68; Berlin-
Buch 69; Eidechsenspiele 69; Wir Kin-
der von Marx und Coca Cola, G. 71;
Gewalt, G. 72; bundes-deutsch, G. 74;
Angst, G. 75; Die Stadt, G. 75; Jahres-
gabe 1 der NGL Berlin, G. 75; Litfass Nr
1, G. 76; Strategien für Kreuzberg, G. 77;
Die Dichter blasen Trübsal, Ess. 77;
Unsinnspoesie, G. 77; VAUO-Gedenk-
buch, G. 77; Café der Poeten, G. 80;
Schreiben wie wir leben wollen, Pr. 81;
Kein Grund zum Feiern, Revue 81;
Berliner Szene, G. 81; Berlins bessere
Hälfte, G. 82; Das polit. Märchenbuch, G.
u. Pr. 83.

Fabri, Albrecht; P.E.N. 67; Literaturpreis d. Kulturkreises im Bundesverb. d. dt. Industrie 53; Trajanstr. 10/
410, D-5000 Köln, Tel. (0221) 314866
(20.2.11). Essay. **Ue:** E, F.
   V: Der schmutzige Daumen, Ess. 48;
Interview mit Sisyphos, Ess. 52; Der rote
Faden, Ess. 58; Variationen, Ess. 59;
Tangenten, Ess. 64; Stücke, Ess. 71.
   Ue: Edgar Allan Poe: Vom Ursprung
des Dichterischen u. 2 a. Ess. 47; Chapman Mortimer: Mediterraneo 58, Madrigal 61; Alain: Propos sur le Bonheur u.
d. T.: Die Pflicht, glücklich zu sein 60,
Préliminaires à l'Estétique u. d. T.:
Spielregeln der Kunst 61; R. Daumal: D.
Analog 64; Seng Ts'an: Hsin Hsin Ming
u. d. T.: Herz-Glaubensmeißel 80 u. 83.

Fabrizius, Leopold, s. Thelen, Albert
Vigoleis.

Fackelmann, Michael, Filmemacher
(Drehbuchautor, Regisseur); VG Wort
seit 78; Pr. b. Theaterstückwettbewerb d.
Stadt München anl. d. Intern. Jahr d.
Kindes f. "Vogelmenschen" 79;
Thalkirchnerstr. 280, D-8000
München 70, Tel. (089) 7233435 (Berlin
10.2.41). Drama, Film, Hörspiel.
   V: Roboter lachen nicht, Theaterst. f.
Kinder 81.
   R: Klaras Finderlohn, Annas
Mutprobe, Karin u. Sabrina, alles Hspe
f. d. "Grünen Punkt" 82; Drehbücher
einzelner Folgen f. d. Fs.-Ser.:
Rappelkiste, Das Feuerrote Spielmobil,
Anderland.

Fährmann, Willi, Schulamtsdir.; VS,
P.E.N. 83; mehrf. Bestliste z. Dt.
Jungenbuchpreis, Ehrenliste z. europ.
Hans-Christian-Andersen-Preis, Grand
Prix der Dreizehn Paris 77, Großer Pr. d.
Dt. Akad. f. Jgdlit. 78, Öst.
Staatspr. f. Kinderlit. 80, ZDF-Lese-
rattenpr. 81, Kath. Kinderb.pr. 81, Dt.

Jugendlit.pr. 81, Ehrenliste "Silb. Feder"
82; Dt. Akad. f. Kinder- u. Jugendlit.;
Erprather Weg 5 c, D-4232 Xanten, Tel.
(02801) 2234 (Duisburg 18.12.29). Kinder-
u. Jugendlit., Familien- u. Schulpäd.,
Lyrik.
   V: Graue Kraniche - Kurs Süd, Jgdb.
56, 60; Das Geheimnis der Galgeninsel
59; Die Verschwörung der Regenmacher
60; Abenteuer auf dem Schiff der Tiere
62, 77; Das Jahr der Wölfe 62, 78 (auch
schwed., dän., afrikaans, ital., engl.,
span.); Ein Pferd, ein Pferd, wir
brauchen ein Pferd 64, 81 (auch dän.);
Samson kauft eine Straßenbahn 64; Die
Stunde der Puppen 66, 77 (auch dän.); Es
geschah im Nachbarhaus 68, 83 (auch
ital., dän., japan.); Mit Kindern beten 70,
83; Mit Kindern Psalmen beten 70, 82;
Ausbruchversuch 71 u.d.T.: Wind ins
Gesicht 78 (auch franz., dän.); Kinderfeste im Kirchenjahr 73, 80; Gemeinde
mit Herz 74, 80; Kristina, vergiß nicht
74, 82 (auch franz., dän.); Schöne Zeit
mit Kindern 75, 77 (auch span.); Schule
ist mehr als Unterr. 78 (auch span.); ...
und brachten Freude auf d. Erde 78; Die
Botschaft d. Federn 79; Der lange Weg
des Lukas B. 80, 83 (auch span., dän.);
Der überaus starke Willibald 83. —
   MV: Als die Sterne fielen. Zeitgesch.
Texte f. junge Menschen, m. Heiner
Schmidt 65; Kinder lernen Bücher
lieben. m. Ottilie Dinges 77 (auch span.);
Nikolaus u. Jonas m. d. Taube, m. I.
Schmitt-Menzel 78, 83; Daniel u. d.
Hund d. Königs, m. ders. 81; Blätter, m.
Fulvio Testa 82; Martins Wackelzahn, m.
W. Bläbst 82; Martin u. Markus m. d.
Raben, m. I. Schmitt-Menzel 83.
   B: Grin/Fährmann: Das feuerrote
Segel 76. — **MA:** Andres: Alle Abenteuer
dieser Welt 65; Noack/Lattmann: Wir
sprechen noch darüber; Mielitz: Sei uns
willkommen, schöner Stern; Kirsch: Die
Strasse, in der ich spiele; Richter:
Schriftsteller erzählen von ihrer Mutter;
Frevert u.a.: Signal 73; Bartos-Höppner:
Tiergeschichten unserer Zeit;
Naumann: Der rotkarierte Omnibus;
Popp: Die Großen unseres Jahr-
hunderts; Popp: Die Großen der Welt;
Käufer/Schroer: Sie schreiben zwischen
Goch und Bonn; Stumpe: Stunden mit
dir; Schriftsteller erzählen von der
Gerechtigkeit 77.
   S: Erkennt Gottes Zeichen, zus. m.
Schubert 73; Der Herr ist nah bei mir,
zus. m. Fegers; St. Nikolaus, Legn. u.
Geschn. 80.
   Lit: H. Göbels: Da gibt es einige, die
Bücher lesen, in: Das gute Jugendbuch

78; K.-H. Klimmer: Nur die Wahrheit; Es
geschah im Nachbarhaus im Unterr, im
Jgdb.magazin 79; H. Fischer: Realität d.
Zeitgesch. (Becker — Bender — Böll u.
andere) 80; D. Konetzko: Jugendlit. im
Deutschunterr. (Neue Dt. Schule) 81.

Faensen, Barbara, Journalistin; Verb.
d. Journalisten d. DDR 53; Clara-Zetkin-
Str. 27-29, DDR-1532 Kleinmachnow,
Tel. 22130 (Dresden 10.1.29). Feuilleton,
Kurzgeschichte, Satire, Reportage.
   V: Im Zeichen der Zwillinge, Feuill.
75, 79.
   MA: Es kommt ein Stern gezogen 61;
Weltoffenheit als Lebensprinzip 62;
Gefährten auf gemeinsamem Weg 73;
Eins zu Null für mein Gegenüber 75;
Fahndungen 75; Da kam an der
Menschen Licht 79, u.a.
   H: Ernte und Saat, Jahrb. seit 57.
   Lit: Radio DDR, Berliner Rdfk 75;
Elternhaus und Schule 75. ( )

Faerber, Meir (Ps. Meir Reubeni),
Redakteur, Journalist; Verb. dt.spr.
Schriftsteller in Israel seit 75, Hitachdut
Hassofrím beMedinat Jisrael 75, IAP 80,
The P.E.N. Centre in Israel 82; Jakob-
Landau-Pr. d. Bne-Brit-Loge "Theodor
Herzl", Tel Aviv 80, Medaille "Studiosis
Humanitatis" Lit. Union Beckingen 81;
Yitzchak Sadeh Str. 56, 67065 Tel-Aviv/
Israel, Tel. (03) 336245 (Mährisch Ostrau
29.4.08). Roman, Novelle, Lyrik, Drama,
Essay. **Ue:** Hebr.
   V: Gefühl u. Gedanke, Lyr. 28; Lola, N.
28; Auf der Flucht erschossen, Dr. 34;
Tel Aviv sendet Zionismus, Sat. 36; Mein
Tel Aviv, Sat. 40; Residenz Schuschan,
Dr. 44; Dr. Emil Margulies, Biogr. 49;
Das Parlament Israels, Sachb. 58;
Märchen u. Sagen aus Israel 61; Die
Israel führen, Biographien 71; Ringende
Seelen, Erzn. 74; Worte, G. 80; Der
wandernde Bote, Erz. 81; Brennende
Eifersucht, Erzn. 83.
   B: Samuel S.Cahana: Sagen u. Legen-
den aus Israel (auch Übers. aus d. Hebr.)
80. — **MA:** Israel (Serie "Kultur d.
Nationen") 63; Salzburgs wiederaufge-
baute Synagoge 68; Ein Kampf um
Wahrheit, Max Brod z. 65. Geb. 53; Max
Brod, e. Gedenkbuch 69; Nachrichten
aus Israel, Anth. 81; Vision u. Wort 81.
   H: Stimmen aus Israel, Anth. 79.
   Ue: Joseph Nedava: Trebitsch-
Lincoln, Spionage- u. Abenteuer-R. auf
biogr. Basis 57.
   Lit: Desider Stern: Werke jüd.
Autoren dt. Sprache; Dov Amir: Leben
u. Werk d. dt.spr. Schriftsteller in Israel,

Bio-Bibliogr. 80; u. in: Max Brod: Der
Prager Kreis.

Färber, Otto (Ps. Ferling), Dr. phil.,
Generalkonsul BRÖst. h. c., Mitbe-
gründer d. Stuttgarter Nachrichten;
Bairbach 12, A-6410 Telfs/Tir., Tel.
(05262) 2400 (Urach/E. 22.2.92). **Ue:** R.
   V: Das kommende Rußland 21; Glü-
hende Ketten, R. 25; Krieg dem Frieden,
R. 26; Der Papst im Bergwerk 70; Der
Ketzerfürst; Erkenntnis u. Bekenntnis.
   Ue: Puschkin: Des Hauptmanns
Töchterlein 36.

Färber, Sigfrid (Ps. Konrad
Korntheur), Dr. phil., Verkehrsdir. i. R.;
Albertus-Magnus-Medaille d. Stadt
Regensburg, Ostbayern Kulturpr.;
Geislingerstr. 15, D-8408
Barbing-Eltheim, Tel. (09481) 499
(Regensburg 21.7.10). Volksschauspiel,
Laien-, Märchen-, Puppenspiele,
Erzählung, Essay, Kulturgeschichte.
   V: Larifaris unglaubliche Reise 46, 80;
Brücke über dem Zeitenstrom, Erzn. 49;
Theaterspiel im Freien 51; Regensburg,
das ma. Wunder Dtlds 55, 16.Aufl. 83;
Nichts Neues unter der Sonne 65; Eine
Stadt spielt Mittelalter. Geschichte d.
Landshuter Hochzeit 1475 76; Die Pustet
u. ihr Verlagswerk 77; 125 Jahre
Stadttheater Regensburg 77. —
   MV: Frohe Einkehr 49; Das Ei des
Columbus 50; Oberpfalz-Bilderb. 66;
Regensburg Bilderb., 5. Aufl. 75; Regens-
burg, Bildbd 79.
   H: Bedeutende Oberpfälzer 81;
Bücher haben ihre Schicksale — auch
in Regensburg 83.

Faes, Armin, Redaktor; Rheingasse
69, CH-4058 Basel, Tel. (061) 261274
(Basel 27.12.43). Novelle, Essay.
   V: Der Alt under em Duume 72;
Jugendcircus Basilisk 76; Nase voll
Basel 78; Nonemool Nase voll Basel 80;
Basler Lággerli 81.
   MA: Basler Fasnachtsgeschichten 80.

Faes, Urs, c/o Lenos-Verl., Basel,
Schweiz.
   V: Webfehler, R. 83. ( )

Faessler, Peter, Dr.phil., Prof.; St.
Magniberg 10, CH-9000 St. Gallen, Tel.
(071) 254116 (Appenzell 27.5.42). Essay.
   V: Appenzeller Witz und arkadische
Schweiz-Idyllik, Ess. 83.
   MA: Der Bodensee. Landschaft,
Geschichte, Kultur 82.
   H: Molkenkur von Ulrich Hegner. Mit
einem Essay "Ulrich Hegner — Satire
und Idylle im helvetischen
Biedermeier" 83.

Fahr, Peter, s. Farine, Pierre.

Falk, S.C.H., s. Klein, Friedrich.

Falk-Rønne, Arne, Reisejournalist; Dän.-Norwg. Anker Pris 66; Dansk Forfatterforening, Dansk Journalist-forbund, The Adventurers Club, Machetebrødrene/Spanien (Kopenhagen, Dänemark 5.12.20). Fachliteratur. **Ue:** D, E.
V: Robinsons Höhle; Abenteuerliche Fahrt Nach Monte Cristo; Paradies an Backbord, Südsee-Reise im Kielwasser der Bounty 68; Auf Pilgerstraßen ins Heilige Land 69; Die sieben Wellen der Südsee 69; Massenmord im Mato Grosso 70; Auf Stanleys Spuren durch Afrika 70; Auf Abrahams Spuren 71; Wo Salome tanzte 72; Meine Freunde die Kannibalen 74; Goldgräber, Gauchos-und Banditen 75; Auf Petrus' Spuren 77; Adios Teufelsinsel 79.
R: versch. Fsf. ( )

Falkenhain, Jens, s. Plötze, Hasso.

Falkenhayn, Harry; Warschauer Str. 19, DDR-4020 Halle (Saale).
V: Einer vom Rummel 77.

Falkner, Gerhard, Buchhändler; Städteförderpr. New York (1/2j.Stip.) 81; Irrerstr. 11, D-8500 Nürnberg (Schwabach 15.3.51). Lyrik, Roman.
V: So beginnen am Körper die Tage, G. 81.

Fanderl, Wastl, Redakteur; Stelzen-berg, D-8201 Frasdorf/Obb., Tel. (08052) 710 (Bergen/Obb. 24.6.15). Volkskunde, Rundfunk- u. Fernsehsendungen.
V: Lieber Herrgott, singt mit! 42; Hirankl Horankl, Volkslieder, Jodler, Kinderreime u. Rätsel 43; Annamirl Zuckaschnürl, Altbair. Liederb. 61.
H: Almerisch Jagerisch, Oberbair. Lieder, ges. v. Franz v. Kobell 57; Sänger- und Musikantenzeitung seit 58; Schwanthaler Krippen - Juhe! Viktori! Der Engel singt's Glori 74. — **MH: MV:** Das leibhaftige Liederbuch, mit W. Schmidkunz u. K. List 38.
S: Hausmusik bei Wastl Fanderl 64; Freud am Wasser 64; Jäger im Gebirg 64; Südtirol 65; Advent und Weihnacht in Südtirol 65. ( )

Fanger, Horst; Schöne Aussicht 11, D-2000 Hamburg 76, Tel. (040) 2208524 (Kiel 9.6.19). Roman, Novelle, Film.
V: Wir selber sind das Rad, R. 52 (amer. 54); Zweite Nacht in Orly, R. 79 (südafr. 82); Die Nacht der Wölfe, R. 80 (südafr. 81); Denen nichts heilig ist, R. 80; Die Nacht hat noch drei Stunden, R.

80; Im Schatten d. Felsens, R. 82; Der vergessene Mann, R. 83.

Fangk, Dorothea (Ps. Dorothee Siebenbrodt); Mauerweg 153 f, D-6731 Lindenberg/Pfalz, Tel. (06325) 7171 (Stendal 4.4.23). Erzählung.
V: Christin Halbachs wundersamer Weg, Erz. 60, 66; Einmal öffnet sich die Tür, Erz. 62, 71; Das Adoptivkind, Erz. 62; Lore Kersten und ihre Kinder, Erz. 63; Angelika, Erz. 64, 66; D. verlängerte Wochenende, Erz. 64; Das Haus in der Sonne 56, 68; Über dem Kastanienbaum 67, 68; Das ahnungslose Lottchen 66; Wer kauft schon einen Berg? 68; Vater und die vier Johannen 70; Der ungeöff-nete Brief 71, alles Erzn.; Bettina und der Club der Sieben, Jgdb. 71; Der Tag nach dem Sommer, Erz. 72; Zu viele unter einem Dach, Erz. 73; Der neue Morgen, Erz. 77, 2. Aufl. 82, Tb. 80; Wiedersehen in Freudenstadt 77; Die sanfte Gewalt, Erz. 78.

Fangmeyer, Wilhelm, Kranken-kassen-Geschäftsführer a. D.; VS 69; Im Hook 31, D-4540 Lengerich/Westf., Tel. (05481) 7095 (Tecklenburg 13.11.06). Lyrik.
V: Dat Lied van Pastor siene Kouh, ein Epos in 220 Versen 73, 2. Aufl. 81.
MA: Sagen und Geschichten aus dem Tecklenburger Land 64; Westf. Geld-geschichten 65; Beitr. z. Volkskde d. Tecklenburger Ldes 74; Leben im Münsterland 79.

Farine, Pierre (Ps. Peter Fahr), Schriftsteller, Filmemacher; Hopfenweg 32 B, CH-3007 Bern, Tel. (031) 458695 (Spiegel b. Bern 16.5.58). Roman, Collage, Hörspiele, Kabarett, Film.
V: Berner Kälte. Eine Collage. 83.
F: Die letzte Möglichkeit, m. Daniel Farine 83.

Farinoli, Colombo (Ps. Colombo), Textilkfm.; ZSV 80; Via G. G. Nessi 4 a, CH-6600 Locarno/TI, Tel. (093) 317654 (Wohlen/Kt. Aargau 9.3.11). Lyrik, Roman, Essay.
V: Erwachen, G. u. Nn. 31; Jugend am Abgrund R. 37; Zwischen Tag u. Nacht, Lyr. 41; Die Burg d. Tränen, R. 45; Der Teufel hat viele Gesichter, R. 80; Die endlose Straße, Lyr. 81.
MH: Emil Zola: Nana 45; E. Eichenberger: Als Rotkreuzschwester an d. Ostfront 45; L.F. Rouquette: Das grosse weisse Schweigen, R. 46; R.A. Dick: Der Geist d. Captain Gregg, R. 47; O. Zinniker: Das Wunder im Bergholz, R. 47.

F: Captain Gregg u. Missis Muir (USA).
R: Captain Gregg u. Missis Muir, Fs.-Folgen in dt. u. ital. nach d. Orig.-Film.

Farkas Alsó-Takács, Irma, Oberin i.R.; EM d. Europ.-Amer. Forsch.- u. Kulturwerks Eurafok 71; Theodor-Körner-Str. 151/39, A-8010 Graz, Tel. (0316) 627653 (Marburg/Drau 7.1.10). Lyrik.
V: Logos 68; Schweigendes Verlangen 69; Stern der Schöpfung 70; Morgenröte 72; Äolsharfe 71; Kegelschnitte 73; Sonnenbogen 75; Schutzengel 76; Gebet 75; Iris 77; Chrysanthemen Gottes 78; Christdorn 79; Katharsis 81; Laetitia 81; Stella Mariae 82.

Faschon, Susanne, s. Stirn-Faschon, Susanne Margarete.

Faßbind, Franz, Journalist; SSV 43, P.E.N. 46; C. F. Meyer-Preis d. Stadt Zürich 49; Schiller-Stift., Bührle-Stift., Literaturpr. d. Innerschweizer Kulturstift. 81; Kilchbergstr. 42, CH-8134 Adliswil, Tel. (01) 7106445 (Schwyz 7.3.19). Drama, Lyrik, Roman, Hörspiel.
V: Gedichte 37; Zeitloses Leben, R. 41; Der Samariter, Dr. 42; Bouchaschte, Lsp. 42; Dramaturgie des Hörspiels 43; Atombombe, Orat. 45; Kleine Schöpfungsgeschichte, G. 46; Von aller Welt geehrt, R. 48; Die hohe Messe, 4 Gesänge 48; Der Mann, R. 50; Bundeslieder, G. 52; Die hohe Messe, 30 Gesänge 52; Das Buch der Geheimnisse, R. 54; Jonas muss nach Ninive, Dr. 54; Valentin, R. 58; Im Morgengrauen, Monodr. 59; Lieder aus einer Schenke, G. 59, 2. Aufl. 81; Wolfgang Schneiderhan, Biogr. 60; Die Werke der Barmherzigkeit, G. 75; Stereotypien, G. 77; Vorfälle, 13 Gschn. 79; Poverello, Dr. 79; Überall ist Ithaka, G. 80; Zeichen im Sand, G. 82 (auch span., holl.); Balz Camenzind. Der Maler u. sein Werk, Monogr. 82.
MA: Psalmen vom Expressionismus zur Gegenwart 78.
R: Weihnachten 1938; Der Rote Kreuzweg 41; Der einzige Sohn 42; Urs Graf 43; Die Chamberlen 44; Das Weltparlament 45; Europa retour 49; Die Stimme der Unsichtbaren. 4 Monodramen 50; Das Internationale Forum. 24 Radioprogramme mit führenden Wissenschaftlern 52/53; Die heilige Neugier. Wissenschaft u. Technik, ihre Geschichte u. ihre Bedeutung f. d. moderne Welt. 21 Funkdialoge 65/67; Big Bang oder das Universum der Kommunikation 75 u.a. Hsp., Hf.

S: Vorfälle, Tonkass. 80; Valentin, R., Tonkass. 80.
Lit: Der Schriftsteller F. F. in: Dok. zur Verleihung d. Innerschweizer Literaturpr. 81.

Fassdaube, Hans, s. Stave, John.

Fauser, Jörg, Schriftsteller; VS; Hiltensperger Str. 43, D-8000 München 40, Tel. (089) 377206 (Bad Schwalbach 16.7.44). Lyrik, Hörspiel, Prosa, Essay, Drehbuch. **Ue:** E.
V: Aqualunge, Prosa 71; Tophane, R. 72; Die Harry Gelb Story, G. 73; Marlon Brando, der versilberte Rebell, Biogr. 78; Der Strand d. Städte, Ess. 78; Trotzki, Goethe u. d. Glück, G. 79; Alles wird gut, R. 79, Tb. 82; Requiem f. e. Goldfisch, Prosa 79; Der Schneemann 81, Tb. 83.
H: Exkurs üb. d. mögliche Existenz d. Hölle, G. v. H. M. Soik 80.
R: Café Nirwana; Die von der Reservebank; Der Tod der Nilpferde; Für eine Mark und acht; Romanze, alles Hsp.
Ue: Joan Baez: Tagesanbruch. ( )

Faust, Jürgen, Konrektor; Merler Allee 5, D-5300 Bonn 1, Tel. (0228) 251940 (Trier 24.12.35). Lyrik.
V: Eine Atemrunde lang, G. u. Photogr. 80.

Faust, Siegmar, Schriftsteller; FDA seit 82; Kellereistr. 5, D-6731 St. Martin, Tel. (06323) 6288 (Dohna/Sa. 12.12.44). Lyrik, Roman, Essay, Filmdrehbücher, Feature.
V: Die Knast- u. Wunderjahre d. Faustus Simplicissimus, Lyrik u. Briefe aus d. Gefängnis 79; In welchem Lande lebt Mephisto? Autobiogr./Ess. 80; Ich will hier raus, Dok./Briefe/Erzn. 83.
MA: Betrogene Hoffnung. Aus Selbstzeugnissen ehemal. Kommunisten 78; Anti-Politik. Aufs. zu Terrorismus, Gewalt u. Gegengewalt 79; Antworten, Lyrik, Prosa, Texte 79; Rufe. Relig. Lyrik d. Gegenw. 81; Über den Kirchen-Tag hinaus. Alm. z. Thema Furcht, Lyrik/Prosa 81.
R: Freiheit, die ich meine, 6-tlg. Fs.-Ser.; Die unentwegten Marxisten, Rdfk-Feature 82.

Fauteck, Heinrich, Dr. phil., Universitätsprofessor a. D.; VS; Lutterweg 24, D-4830 Gütersloh, Tel. (05241) 35523 (Solkau/Hann. 16.10.10). **Ue:** D, N, Schw.
V: Die Sprachtheorie Fr. v. Hardenbergs (Novalis) 40. — **MV:** Die europäische Romantik 72.

MA: Kindlers Literatur Lexikon; Fichte im Gespräch seit 81.
H: Novalis: Hymnen an die Nacht. Athenäumstext u. Zürcher Hs. 49.
Ue: Martin A. Hansen: Der Lügner, R. 52; Die Osterglocke, Erz. 53; Johan Falkberget: Die Pflugschar, R. 55; Johannes, R. 57; Wege der Liebe, R. 62; Sören Kierkegaard: Entweder - Oder 60, 76; Das Tagebuch des Verführers 62, 73; Die ästhetische Gültigkeit der Ehe 63; Axel Jensen: Epp, Erz. 67. - **B:** Jonathan Swift: Gullivers Reisen 64.
Lit: Studenti Århus 79.
s. a. Kürschners GK.

Fechter, Sabine, Schriftstellerin u. Musiklehrerin; B.A. 77; Franziusweg 48, D-1000 Berlin 49 (Berlin-Friedenau 14.8.14). Lyrik, Essay, Hörspiel, Erzählung. **Ue: E.**
MV: Kleines Wörterbuch für Musikgespräche 53.
Ue: Louisa M. Alcott: Kleines Volk 47; G. P. Conrad: Traumboot 50.

Feddersen, Helga; Deichstr. 29, D-2000 Hamburg 11.
V: Hallo, hier ist Helga! 81. ( )

Federspiel, Jürg, freier Schriftsteller; VS, Schweizer Autoren Gr. Olten; Preis der Schiller-Stift. 62, Preis d. Kulturverb. d. dt. Industrie 62, Georg Mackensen-Pr. 65, Conrad Ferdinand Meyer-Pr. 69, Ehrengabe d. Stadt Zürich 82; Postf. 260, CH-8034 Zürich, Tel. (01) 553483 (Winterthur 28.6.31). Drama, Lyrik, Roman, Novelle, Essay, Hörspiel.
V: Orangen und Tode, Erzn. 61; Massaker im Mond, R. 63; Der Mann, der Glück brachte, Erzn. 66; Museum des Hasses 69; Die Märcheninsel, Erz. 70; Paratuga kehrt zurück, Erzn. 72; Brüderlichkeit, Theater 78; Die beste Stadt f. Blinde u. a. Berichte 80; Die Ballade von der Typhod Mary, R. 82; Wahn u. Müll, Ber. u. G. 83. —
MV: Marco Polos Koffer, m. Rainer Brambach, Lyrik 68..
MA: Jahresring 61, 63..
R: Tod eines Fohlens, Hsp. 61; Herr Hugo oder Die Flüsterer, Hsp. 62; Orangen vor ihrem Fenster, Hsp. 63; Kilroy was here, Hsp. 79.
Lit: Günther Blöcker: Kritisches Lesebuch.

Feeser, Carsten, s. Geyer, Dietmar.

Fehrenbach geb. Fey, Anneliese (Ps. Anneliese Fey); FDA München; Kneippstr. 20, D-8939 Bad Wörishofen, Tel. (08247) 2077 (Offenbach/M. 7.2.26). Roman, Novelle, Gedichte.

V: Nur einen Sommer lang, Briefe 66; Wohin der Weg führt, Tageb. 77; Griechischer Sommer, N. 78; Ich verzeihe allen, G. 81; Mondzitronenbaum, R. 82; Athene blieb nur einen Sommer 82.

Fehrmann, Helma, s. Schultz, Helma.

Feichtinger, Andreas, c/o Verlag Andres, Biel, Schweiz.
V: Alltagsraunen, G. u. Aphor. 81. ( )

Feichtinger, Eva , s. Alexandrowicz, Eva.

Feichtinger, Josef, Dr.phil., Lehrer; Kreis f. Lit. im Südtiroler Künstlerbund; Vetzan 17, I-39028 Schlanders/Südtirol, Tel. (0473) 72104 (Meran 5.1.38). Volksstück, Prosa.
V: Verbauter Frühling, Volksst. 81; Grummetzeit, Volksst. 82.
MA: Bildnis einer Generation, Ess. 79.
R: Verbauter Frühling, Fs. 81; Grummetzeit 83.

Feier, Otto, Lehrer; SSV 38, Be.S.V. 40, Solothurner S.V. 60; Solothurner Kulturpreis 74; Waldeggstr. 40, CH-4532 Feldbrunnen, Tel. (065) 222796 (Rüttenen 16.7.05). Roman, Lyrik, Novelle, Essay.
V: Lionel, R. 37; Magdalena, R. 40, 44; Menschen im Tal, R. 45; Unter gleicher Sonne, R. 51; Mutter Ineichen, Erz. 53; Es weht ein Wind, G. 56; Aus der Poetenstube, Erzn. 58; Morgenlicht, eine Jugendzeit 61; Die Wundernacht, ein Krippensp. 41; Das heilige Kind, Weihnachtssp. 51; Meine kleinen Erzähler, Aufsatzbuch 57; Die Hirten am Feuer, Krippensp. 63; Nit nohloh gwünnt, Lustsp. 63; Jetz sägi nüt meh, Lsp. 63; E herti Nuss, Volksst. 66; Abverheit, Lsp. 66; Der verlornig Sohn, Volksst. 69; Der grosse Kreis, Oratoriumstext 73; Seminardirektor Leo Weber, Biogr. 76; Rych u. doch arm, Volksst. 78; Glück im Unglück 78; Der Erbgang 78; Der neu Bund 79; d'Wändig 79, alles Volksst; Tag für Tag, G. 79.
R: Jetz sägi nüt meh. ( )

Feigel, Hans-Dieter (Ps. Hans Rothen), Bibliotheksassist.; Schloßhofstr. 50, D-4800 Bielefeld 1 (Mutzschen, Kr. Grimma/Sa. 22.3.36). Kurzgeschichte, Bericht, Jugendbuch.
V: Alarm in d. Urwaldstation, Jgdb. 79; Flüsterschreie, Ber., G., Szenen 81, 82.
MA: Die heitere Seite d. Medaille, Sportanekdn. 79; Karl May im dt. Schulbuch, Bibl. 80; Schreiben vom Schreiben, Anth. 81.

Feigenwinter, Gunild (Ps. Gunild
Regine Winter), c/o Mond-Buch Verlag,
Basel, Schweiz.
V: Mich ruft die Sirene, G. 81. ( )

Feigs, Adele, Hausfrau; D.A.V. 78;
Backendiek 2, D-3471 Lauenförde, Tel.
(05273) 7200 (Titel 4.12.26). Lyrik.
V: Die lieben Menschen, ernste u.
heitere Verse 78, Bd II 80.
MA: Lyrik und Prosa vom Hohen
Ufer 79. ( )

†**Felchner**, Kuno, Schriftsteller; VS 59,
FDA 73, Berliner Autorenvereinig. 76;
Preis d. Sudermann-Stift. 71, Kand-
Plakette 77; Kastanienallee 24, D-1000
Berlin 19 (Szameitkehmen, Kr. Tilsit
29.12.02). Roman, Lyrik, Erzählung,
Rezensionen.
V: Der Hof in Masuren, R. 34; Der
Begleiter, G. 44; Vorklang, Erz. 45; Die
leuchtende Brücke, R. 48; Die Düne Zeit,
G. 62; Der Hof in Masuren, R. 76;
Carmina Domestica, hrsg. v. J. D.
Noetzel, G. 77.
MA: Uhlenflucht, ostpreuß. Anth. 60;
Das Hausbuch des ostpreußischen
Humors 65; Ein Blick zurück, Erinnerg.
an Ostpreussen; Der redliche Ost-
preusse 79.
H: Sudermann: Miks Bumbullis.
Lit: J. D. Noetzel: Mahner u. Gestalter
(D. Ostpreußenbl., F. 1) 83; Verpflicht. d.
Gewissens, Festschr. z. 80. Geb. v. K. F..

Feld, Friedrich, s. Rosenfeld,
Friedrich.

Feld, Heinrich, s. Czernik, Theodor.

Felder, Thomas, s. Schleich, Franz
Th..

Feldes, Roderich, Dr., Schriftsteller;
VS-Hessen 73; Georg-Mackensen-
Literaturpr. 76, Märkisches Stip. f. Lit.
80/81; Arthel 22, D-6345 Eschenburg 5,
Tel. (02774) 1336 (Offdilln/Hessen
21.12.46). Lyrik, Roman, Novelle, Essay,
Hörspiel, Fernsehspiel.
V: haubergsnelken, G. 67; Das Wort
als Werkzeug, Unters. 76; Magie — Die
unbewußte Kraft, Sachb. 78; Die Reise
an den Rand des Willens, Erzn. 79; Vom
Unwesen einiger Wesen, Fbn. 79; Lilar,
R. 80; Das Verschwinden d. Harmonie,
R. 81; Pitagorische Wechselküsse, G. 82.
H: Der wahrhaftige feurige Drache,
Zauberbuchparodien 79.
R: Der Fünfundsiebzigste; Der private
Willi; Superfeldesherostrat; Macbeth
war kein Schwein; Kühlmannopolis;
Upupa Epops; Die Schienen treffen sich
am Horizont; Die eine und die andere
Angst; Unfallursache; Der Stirnstern;

Das Weber-Panofski-Syndrom; Die
Reise an den Rand des Willens; Die
Einschläferung des Gehirnraubtiers,
hauptsächl. Hsp; Instant Cargo;
Tangendus; Ballade v. Verschwinden d.
Harmonie, alles Rdfk-Sdgn.; Zett Zwo;
Ansonsten ist alles in Ordnung; D.
Verschwinden d. Harmonie, alles Fspe.
S: Der Untergang des Dillenburger
Schlosses, Hsp. 79.

Feldhoff, Heiner, Realschullehrer; VS;
VS/AA-Auslandsreisestip. 78; Waldstr. 9,
D-5231 Lautzert/Ww., Tel. (02684) 7448
(Steinheim 27.5.45). Lyrik, Prosa.
V: Ich wollt, ich wär die liebe Gott, G.
76; Wiederbelebungsversuche, G. 80.
Ue: Henry D. Thoreau: Vom Wandern,
Ess. 83.

Feldtmann, Harro (Ps. Robert H. F.
Free), Dr. med., Arzt; Am Hampfberg 25,
D-2107 Rosengarten, Kr. Harburg 5
(Ehestorf), Tel. (040) 7905881 (Bargfeld,
Kr. Stormarn 7.9.17). Lyrik, Novelle,
Erzählung, Roman.
V: Aber in den klarsten Tagen, G. 61;
Als sei der Sommer nie gewesen, 6 Erzn.
61; Die blaue Zaunwinde, Geschn. 63;
Die Wolken haben ein Gesicht, 4 Erzn.
63; Die Stunde der Rose, Balln. u. G. 70;
Balladen und Gedichte 73; Blaue Blume
Liebe, R. 73; Die schönen jungen Jahre,
R. 83.
MA: Lyrik-Beitr. in Anthol. u. Jbb.
seit 67.

Felix, Eva-Maria, s. Felix-Atteslander,
Eva-Maria.

Felix, Georg, c/o Mond-Buch-Verl.,
Basel, Schweiz.
V: Der Wirt von Spalenberg, Basler
Krim.-R. 79. ( )

Felix, Paul, s. von Reznicek, Felicitas.

Felix-Atteslander, Eva-Maria (Ps.
Eva-Maria Felix), Journalistin; SSV;
Morgental 24, CH 8126 Zumikon/ZH,
Tel. (01) 9182360 (Zürich 4.9.33). Jugend-
literatur.
V: Silberwülchli, M. u. Erzn. f. Kinder
69; Homunkuli + 20, Gutenachtgeschn.
72; Der rote Faden 76, 77; Eselphant 82;
Plisch. E. Hundegesch. 83/84.
R: Traumpeter; Michael; Das Glatz-
köpfchen, alles Fernsehgeschn. f. Kin-
der; Michael und das Sechseläuten; Die
verzauberte Kathrin; Vom bösen
Christoph u. v. a., alles Funkerzn.; Julia;
Jetzt hat der schon wieder ... 77, beides
Hsp; Die Mutter belogen ...; Seppli als
Detektiv 78, 80; Ich möchte ein anderes
Gesicht, Hsp. 81; Warum bin ich so
klein?, Hsp. 82.

S: Zwerg Nasentupf 68; Vom chlyne
ticke Maa 70; Homunkuli 72; De Chrigi
und s'Mofa 75; Kasperli und der
Hofnarr 78 III. − (**Ue:**) Der Kleine Prinz
78; Paddington I 79; 10 Grimm-Märchen
in Mda.

Felkel, Günter; SV-DDR 50; Dipl. di
Merito/Ital. 82; Schevenstr. 59, DDR-
8054 Dresden, Tel. (02) 377434 (Dresden
5.8.21). Drama, Lyrik, Roman, Hörspiel,
Fernsehspiel.
   V: Unsterbliche Flamme, Sch. 48; Auf-
stand, Sch. 49; Kampf um Erdöl, Sch. 52;
Narkose, Sch. 58; Brennpunkt Orient, R.
56, 65 (auch ung., tsch., rum.); Menschen
im Hurrikan, Trujillo u. d. Dominikan.
Republik 62; Alltägl. Geschichte,
Ensemble-Spiel; weitere Arb.:
Ensemble-Programme, Reportagen,
Texte f. Kabaretts, Lieder.
   MA: Freundschaft siegt 52; Lieder u.
Gedichte f. d. Frieden 52; Menschen u.
Werke 52; Junge Tat 54; Dabeisein -
Mitgestalten 60.
   F: Joliot Curie, Dok.-F.
   R: Belastungsprobe, Terror, Hsp. 65;
Kleines Ehrengericht, Fsp.

Felkl, Gertraud, s. von Hilgendorff,
Gertrud.

Feller, Krista, Sekretärin;
Witthausstr. 39, D-4600 Dortmund 41,
Tel. (0231) 443451 (Erfurt 21.12.24).
Kinderbuch, Hörspiel.
   V: Geburtstagsfest bei Tols und Tulli
62; Schöne Tage mit Nick 64; Unser
kleines Sonntagskind 64; Schulmädchen
Babsi 67; Willkommen Melanie 67; Bei
Fröhlichs geht es fröhlich zu 69; 3
Kinder basteln ein Puppenhaus 74, alles
Kinderb.; 6 Heft-Romane.
   R: Omi zu kaufen gesucht 69; An
einem Tag kann viel passieren 70;
Abenteuer nach dem Fußballspiel 79,
alles Hsp.

Fellinghauer, Brigitte, Verwaltungs-
angestellte; AWMM-Luxemburg 80;
Dichterstein Offenhausen 80;
Mettmanner Str., D-5603 Wülfrath, Tel.
(02058) 71316 (Niedergeorgenthal, Kr.
Brüx, Sudetenld 22.3.29). Roman, Lyrik,
Volksstück, Hörspiel.
   V: Erzählungen 79; Von Brüx nach
Dresden 79; Europäer v. Gottes Gnaden
80; Ost-West-Verschnitt 80; Gewichte, G.
ohne Namen 82; Gebete um d. dt.
Einheit, Epos 83.

Fellmer, Edith; Hallerstr. 5 b, D-2000
Hamburg 13, Tel. (040) 418964 (Leipzig
29.6.13). **Ue:** E, D.

V: Ich war nicht einmal die dritte von
links, Theatergeschn. 78; Der Hund d.
Primadonna; Die Kiste d. Besinnung 82.

Fels, Ludwig; VS, P.E.N.; Förderpr. d.
Stadt Nürnberg 74, Leonce- u. Lena-Pr.
79, Pr. d. Bestenliste d. Südwestfunks 79,
Kulturpr. d. Stadt Nürnberg 81;
Friedrichstr. 59, D-8500 Nürnberg 10,
Tel. (0911) 362691 (Treuchtlingen
27.11.46). Drama, Lyrik, Roman, Essay,
Hörspiel.
   V: Anläufe, G. 73; Platzangst, Erzn. 74;
Ernüchterung, G. 75; Die Sünden der
Armut, R. 76, 80; Alles geht weiter, G. 77,
79; Mein Land, Geschn. 78, 79; Ich war
nicht in Amerika, G. 78; Vom Gesang d.
Bäuche, G. 80; Ein Unding d. Liebe, R.
81; Lämmermann, Bü. 83.
   R: Kaputt od. ein Hörstück aus
Scherben 73; Die bodenlose Freiheit d.
Tobias Vierklee od. Stadtrundgang 74;
Lehm 75; Der Typ 77; Wundschock 79;
Vor Schloß u. Riegel 80; Mary 80, alles
Hspe.

von Felsen, Juana, s. Lemp, Liselotte.

Felsinger, Edwin, Lektor; Josef u.
Irma Lux-Literaturpreis f. "Der Bäcker
von Mosjöen" 57; Engerthstr. 228/II/7, A-
1020 Wien (Wien 21.11.21). Roman,
Novelle, Kurzgeschichte, jagdl. Fachlit.
   V: Die größere Liebe, R. 56, 61; Der
Bäcker von Mosjöen, N. 57; Ein Mann
will schweigen, Krim.-R. 63; Die dunkle
Grenze, R. 65, 66.
   B: Stefan Fekete: Zwischen Men-
schen u. d. T.: Pußtakinder, R. 62; Oskar
Jursa, Walter Ruckenbauer: Wein aus
Österreich 71; Richard Grunberger: Das
zwölfjährige Reich 72; Moshe Dayan:
Die Geschichte meines Lebens 76;
David Mitchell: Piraten 76; Rupert
Witzmann: Die Schlüssel zum Leben 77;
Paula Grogger: Die Räuberlegende 77;
Susan Howatch: Die Reichen sind
anders 77; Musulin/Dobschova: Das
Große Buch d. Jagd in Öst. 77; G.
Eisenkolb: Als die Sonne nicht
unterging 78; E. Thompson:
Zapfenstreich 78; M. Denucière:
Louisiana 78; Costello/Hughes:
Skagerrak 1916 78; Len Deighton: SS-
GB 79; Joseph Rosenbloom: Bananen
wachsen nicht auf Bäumen 80; Maurice
Denucière: New Orleans 80; Richard
Sapir: Der Mann aus d. Eis 81; Irwin
Shaw: Der Wohltäter 82.

Felten, Grete, Dr. phil.; VS (VdÜ);
Pippinplatz 6, D-8035 Gauting, Tel. (089)
8503232 (Lichtentanne/Sa. 21.12.12).
Ue: E.

Ue: u. **MUe:** Doreen Tovey: Cats in the Belfry u.d.T.: Nichts gegen Katzen 58; Liang Yen: Die Tochter des Mandarins 59; C. P. Snow: Zeit der Hoffnung 60; C. P. Snow: Homecomings u. d. T.: Wege nach Haus; Die Affäre 63; Fremde und Brüder 64; Korridore der Macht 67; The New Man u. d. T.: Entscheidung in Barford 70; Die Zwei Kulturen 67; Laurie Lee: Cider with Rosie u. d. T.: Des Sommers ganze Fülle 64; An einem hellen Morgen ging ich fort 70; John O'Hara: Pete küssen? Ausgeschlossen!, Erzn. 68; The Instrument u.d.T.: Danke f. garnichts 69; From the terrace u.d.T.: Träume auf d. Terrasse 70; Jean Rhys: Guten Morgen, Mitternacht 69; Tigers are better looking u. d. T.: D. dicke Fifi, Geschn. aus London u. Paris 71; Kenneth Grahame: The Golden Age and Dream Days u. d. T.: Kinder ...! od. Auf d. Suche n. d. Goldenen Stadt 71; Barbara W. Tuchman: The Guns of August, u. d. T.: August 1914 64; John O'Hara: Stories u.d.T.: Lunch am Samstag 71; John Kenneth Galbraith: Wirtschaft, Friede und Gelächter 72; Lucy Freemann: Die Geschichte der Anna O. 73; Robert Coles: Erik H. Erikson, Leben und Werk 74; Laurie Lee: I Can't Stay Long u.d.T.: Die Hügel der Toskana 76; E. V. Cunningham: Cynthia 77; Laurie Lee: I can't stay long, 2. T. u.d.T.: Verzauberte Tage 77; Michael Grant: Mittelmeerkulturen in d. Antike 74; Leo Deuel: Kulturen vor Kolumbus, Kap. I-IV 75; Michael Grant: Roms Cäsaren 78; M. I. Finley: Das antike Sizilien 79; John R. Hale: Die Medici u. Florenz. Die Kunst d. Macht 79; Christian Norberg-Schulz: Vom Sinn d. Bauens (Meaning in Western Architecture) 79; Peter Murray: Die Architektur d. Renaissance in Italien 80; John Boardman: Kolonien u. Handel d. Griechen 81; R. J. Hopper: Handel u. Industrie im klass. Griechenld 82, alles m. Karl-Eberhard Felten.

Felten, Karl-Eberhardt, Dr. phil., Verlagsbuchhändler, Übersetzer; Pippinplatz 6, D-8035 Gauting, Tel. (089) 8503232 (Golzern/Sa. 28.5.11). Übersetzung. **Ue:** E.

MUe: Barbara Tuchman: The Guns of August u.d.T.: August 1914 64; Kenneth Grahame: The Golden Age and Dream Days u.d.T.: Kinder..! oder Auf der Suche nach der Goldenen Stadt 71; Lucy Freeman: Die Geschichte der Anna O. 73; Laurie Lee: I can't stay long u.d.T.: Verzauberte Tage 77; Michael

Grant: Mittelmeerkulturen in d. Antike 74; Leo Deuel: Kulturen vor Kolumbus, Kap. I-IV 75; Michael Grant: Roms Cäsaren 78; M. I. Finley: Das antike Sizilien 79; John R. Hale: Die Medici u. Florenz 79; Christian Norberg-Schulz: Vom Sinn d. Bauens (Meaning in Western Architecture 79; Peter Murray: Die Architektur d. Renaissance in Ital. 80; John Boardman: Kolonien u. Handel d. Griechen 81; R. J. Hopper: Handel u. Industrie im klass. Griechenld 82.

Felzmann, Fritz *

Fenchl, Emilie; Auenstr. 32a, D-8012 Ottobrunn.

V: Denk nicht zuviel! Staune!, G. 81. ( )

Fendl, Josef, StudR.; Josef-Schlicht-Medaille 83; Reichenberger Str. 8, D-8402 Neutraubling, Tel. (09401) 3424 (Schönbühl, Bayer. Wald 17.1.29). Sachbuch, Erzählung, Dialektdichtung, Heimatgeschichte.

V: Die Welt − das große Abenteuer, Sachb. 64; Nix wie lauter Sprüch, Dialekt-Spruchsamml. I 75, 79, II 77, III 79; Die Geiß auf d. Hobelbank, Bayer. Geschn. 79; 2000 Bauernseufzer, Spruchsamml. 80; Himmelfahrt im Holzkübel, Bayer. Geschn. 83.

H: Wo die Jemsen springen, Anth. 65; Alpensohn u. Alpentochter, Anth. 66; Alles fährt Schi, Anth. 66; 1200 Jahre Pfatter, Chronik 74; 25 Jahre Neutraubling, Chronik 76; Wörth − Stadt zw. Strom u. Berg, Chronik 79; Histor. Erzählungen a. d. Bayerischen Wald 80; Thalmassing. Eine Gemeinde d. alten Landgerichts Haidau, Chronik 81; Obertraubling, Beitr. z. Gesch. e. Stadtrandgemeinde, Chronik 82.

Fensch, Ludwig, s. Rüdiger, Wolf.

Fenton, Jack, s. Müller, Kurt.

Fenzl, Fritz, Gymnasiallehrer; Katakombe 80; Rundfunkpr. 75, Literaturpr. der Stadt München 78; Pr. beim Rundfunkwettbew. in der Sprache barfuß gehen 75; Bolivarstr. 6/II, D-8000 München 19, Tel. (089) 177249 (München 31.1.52). Lyrik, Roman.

V: Da Zoaga ruckt on zwäife, Bair. G. 77, 2.Aufl. 81; Hinta da Fenstaschein, Bair. G. 79; Weiss wia Eis. Bair. G. 82.

MA: Sagst wasd magst 75; In dene Dag had da Jesus gsagd 78; Bairische Raritäten 78; Weiteres Weiss-Blau-Heiteres 78; Hax'n und Pinkel 78; Für d' Muadda 79; Bibliotheksforum Bayern 79. ( )

Feraru, Peter, Schauspieler, Schriftsteller; VS 82, AGAV 79; NGL Berlin 77;

Seidelstr. 39, D-1000 Berlin 27
(Friedberg/Bay. 6.6.47). Lyrik, Roman,
Hörspiel.
V: Nicht das ganze Leben, Lyr. u.
Erzn. 79; Wozu...? G. 79; Die Zeichen am
Himmel, Erz. 82; Das Messer der
Hoffnung, R. 83; Der Einschnitt, Erz. 83;
Schöne heile Welt, Lyrik-Grafik-Mappe
83.

MA: Der Mitmensch — Satirisch;
Unterm Sofa lacht die Faust 79; Innen-
Welt 78; Himmel & Erde 79; Eiszeit-
gedichte; Schatten im Kalk 79; So
wächst die Mauer ... 80; Ohne Stern 81;
Bis die Tür aufbricht 82; Die falsche
Richtung 82; Sag nicht, morgen wirst du
weinen ... 82; Schrei deine Worte ... 82;
Stühle, Kunstkat. 82; Stadtfront 82.
R: Die Gruft, Hsp. 83.
S: Die Kunst den Knast im Kampf zu
kaufen, Tonkass.

Ferber, Christian, s. Seidel, Georg.

Ferber, Luisa, s. Fervers, Louise.

Ferk, Janko, Student d. Rechtswiss.;
Grazer Autorenversamml. seit 81; Gr.
öst. Jugendpr. f. Lit. 79, Lit.stip. d.
Kärntner Ldesreg. 80, Lit.stip. d.
Bdesmin. f. Unterr. u. Kunst 82,
Buchprämie d. Bundesmin. f. Unterr. u.
Kunst 82, Lit.stip. d. Gemeinde Wien 83;
Unterburg 5/ Klopeiner See, A-9122 St.
Kanzian (Unterburg am Klopeiner See/
Kärnten 11.12.58). Romane,
Erzählungen, Lyrik, Essay. **Ue:** Slowen.
V: kühles feuer, Lyr.-Prosa-Samml.
78; das selbstverständliche des
sinnlosen, Lyrik-Prosa-Samml. 79; Der
verurteilte Kläger, R. 81; Tod. Schwarzer
Zyklus (slowen.), Lyrik 82.
MA: Das Volksgruppengesetz, Eine
Lösung? 77, 3. Aufl. 80; Betroffensein,
Anth. (Prosa) 80.

Ferling, s. Färber, Otto.

Fernau, Joachim; Schönbergstr. 20, D-
8000 München 80 (Bromberg 1909).
V: Deutschland, Deutschland über
alles. Die dt. Geschichte 52, 78; Die
Genies der Deutschen 53; Bericht von
der Furchtbarkeit und Größe der
Männer, Erz. 53; Knaurs Lexikon Alter
Malerei 58; Und sie schämeten sich
nicht 58; Die jungen Männer, R. 60, Tb.
77; Suite Nr. 1, G. 60; Rosen für Apoll.
Die Geschichte d. Griechen 62, Tb. 78;
Weinsberg oder die Kunst der stach-
ligen Liebe, Erz. 63; Disteln für Hagen.
Die Bestandsaufnahme der dt. Seele 66,
Tb. 78; Der Gottesbeweis 67; Wie es euch
gefällt. Eine lächelnde Stilkunde 69, Tb.
79; Brötchenarbeit. Kleinere Schriften

70, Tb. 76; Cäsar läßt grüßen. Die
Geschichte d. Römer 71, Tb. 79; Ein
Frühling in Florenz, R. 73, 79; Die treue
Dakerin, Erz. 74; Ein wunderbares
Leben, R. 75, Tb. 80; Ernst und Schaber-
nack, kleinere Schriften 76; Halleluja, D.
Gesch. d. USA 77; Die Gretchenfrage,
Variationen üb. e. Thema v. Goethe 79;
Mein dummes Herz, G. 80; Sprechen wir
über Preussen 81; War es schön in
Marienbad, R. 82.
Lit: Gustav René Hocke: Joachim
Fernau. Sein malerisches Werk 76.

Ferolli verh. Böhmer, Beatrice, Prof.
H. f. Musik Wien; P.E.N.; Dram.pr. d.
Nationaltheaters Mannheim 56,
Körnerpr. f. Lit. 70, Förder.pr. d. Stadt
Wien; Bechardgasse 4, A-1030 Wien, Tel.
(0222) 723797 (Wien 18.9.32). Drama,
Roman, TV, Hörspiel, Film.
V: Zottelbande, JgdR. 76; Sommer-
insel, R. 77; Alphabeth in der Ewigkeit,
Kom.; Wunschträume, Kom.; Das Haus
d. guten Söhne, Psychodr.; Wackel-
kontakt, Lsp.; Fetzenflug, Lsp.; Antoine
unter den Sternen, Kom.; Fährt ein
Schiff nach Apulien, R. 81.
F: Duett zu dritt, nach d. Lsp. Fetzen-
flieger 78.
R: Alle unsere Spiele; Wunschträume;
St. Peters Regenschirm; Briefe von
gestern; Wahre Geschichten frei
erfunden, alles Fs.; Kies für Mama, Hsp.;
Aus Mangel an Beweisen, Hsp. ( )

Ferra-Mikura, Vera, s. Mikura,
Gertrud.

Ferrari, Gustav (Ps. Stefan Eisner),
Hotelier; Hofstr. 282, D-5400 Koblenz 1,
Tel. (0261) 73717 (Koblenz 19.2.22).
Roman, Schauspiel, Drama, Komödie.
V: Die tödliche Liebe, Sch. 79; Warum
so teuer, Kom. 79; Der Catenaccio, Sch.
79; Der falsche Hauptmann, Kom. 80;
Und Hitler lebt immer noch 80; Fesseln
81; Schicksal am Königstein 82; Wenn
die Seele stirbt 83, alles R.

Ferré, Sybille, s. Brocker, Hildegard.

Fersching, Alois, Schreiner, Poet;
Wort Werkstatt (Bläschke Verlag) seit
79; 749 S. Garland Ave., Apt. 202, Los
Angeles, Calif. 90017/USA, Tel. (213)
485163 (Odenheim 9.10.32). Drama,
Lyrik, Prosa, Hörspiel, Übers. **Ue:** E.
V: Poems 60; Pain and Love 70; A
Smile for a Tear 78; Becher der Liebe
80.

Fervers, Louise (Ps. Luisa Ferber);
Burgunderweg, D-7900 Ulm/D.
V: Mord in Ulm 82; Tod auf Sylt 82;
Tod im Hochhaus 83, alles Krim.-R. ( )

Fesefeldt, Wiebke, s. von Thadden, Wiebke.

Feth, Monika, freiberufl. Autorin u. Journalistin; Elsa-Brandström-Str. 15, D-5042 Erftstadt, Tel. (02235) 73063 (Hagen/Westf. 8.6.51). Roman, Erzählung, Kurzgesch., Kurzprosa, Prosa f. Kinder.
V: Examen, Erz. 80, letzte Aufl. 82.

Fetscher, Iring (Ps. Edler von Goldeck), Dr. phil., UProf.; P.E.N.-Club, VS; Ganghoferstr. 20, D-6000 Frankfurt a.M. 1, Tel. (0611) 521542 (Marbach am Neckar 4.3.22). Essay, Satire. Ue: F.
V: Von Marx zur Sowjetideologie 56, 73; Rousseaus Lehre vom Menschen 60, 75; Karl Marx und der Marxismus 67, 73; Modelle der Friedenssicherung 70, 73; Wer hat Dornröschen wachgeküsst?, Das Märchen-Verwirrbuch 72, Tb. 74, erw. 76; Herrschaft und Emanzipation, zur Philosophie des Bürgertums 76; Terrorismus u. Reaktion 77, 78; Der Nulltarif d. Wichtelmänner, Märchen- u. andere Verwirrspiele 82.
H: Der Marxismus, seine Geschichte in Dokumenten 64 III, 73 I, 76/77 III; Marx-Engels, Studienausg. 66 IV; Der Sozialismus, vom Klassenkampf zum Wohlfahrtsstaat 68; Der Kommunismus, von Marx zu Mao Tse-tung 69; Lenin, Studienausg. 70 II; Hegel in der Sicht der neueren Forschung 73.
R: Kongressber.: Der erste intern. Märchendeuter-Kongress in Uzern am Zersee, Sat. 72, der zweite intern. Märchendeuter-Kongress in Starosibiris, Sat. 74, der dritte intern. Märchendeuter-Kongress in Salt-Lake-City, Sat.
s. a. Kürschners GK.

Fetze, Gg. Otto, s. Otto, Georg Josef.

Feuchtmayr, Inge, Dr. phil., Referentin an d. Bayer. Akad. d. Schönen Künste; Manzostr. 107, D-8000 München 50, Tel. (089) 145584 (München 27.10.24).
V: Florian der Farbenkünstler 60; Die Chronik des Prinz-Carl-Palais in München 66; Johann Christian Reinhart (1761-1847), Biogr. u. Werkkat. 74; Unsere lieben Tanten. Ihr Beitr. z. menschl. Kom. 81.
MA: Der Dichter des Taugenichts 57; Wo kauft man was in München 68; Der Süden Deutschlands.

Feurstein geb. Gnadeberg, Käte (Ps. Käthe Roeder-Gnadeberg), Lehrerin u. Psychol.; Lilienmattstr. 8, D-7570 Baden-Baden, Tel. (07221) 23419 (Reval/Estland 5.6.12). Jugendbuch, Märchen, Erzählung.
V: So nebenbei erlauscht, M. 46; Das Niemandskind, Jgd.-R. 47 — 48 (auch argent.); Franzl, Gesch. 50, u. d. T.: Wenn ein Mädchen Franzl heißt 56 71 (auch holl. u. span.); Andschana, Gesch. 51, 78 (auch ital., schwed.); Jeder baut sich seine Welt, Jgd.-R. 55, 60, u.d.T.: Matthias und Ursula 65, 68, u.d.T.: Und Liebe gehört auch dazu 81; Aysche, Jgd.-R. 60, 78; Vito, Püm und Angela 59, 71, u.d.T.: Vito und der klingende Berg 72 (auch span.); Mondlicht, Jgd.-R. 79.

Feustel, Günther; SV-DDR 57; 3 Preise im Preisausschr. f. Kinder- u. Jgd.-Lit. des Min. f. Kultur d. DDR 54, 59, 62, silb. Lorbeer d. Fernsehens d. DDR 68, 72, Gold. Lorbeer d. Fs. d. DDR 77; Kiefernweg 47, DDR-1633 Blankenfelde, Kr. Zossen, Tel. Mahlow 2401 (Teltow 13.7.24). Kinderliteratur.
V: Uli und sein Schweinchen Jo 54; Mäuse, Tränen und ein Stubenzoo 55; Ich suche einen Bruder 56; Die Bande vom oberen Kiefernweg 47; Tiere sind unsere Nachbarn 57; Guten Tag - Natur! 58; Der ungeschickte kleine Elefant 59; Boxer und die Arche Noah 59; Gräser erobern die Erde 59; Martin und die Wiesenpieper 60; Gnugu 61; Wir aus der 2 A 61; Katrinchen 61; José 63; Nino Däumling 65; Die drei Cäcilien 68, 71; Die Geburtstagslaterne 69; Jonathan 69; Tatü und die drei Cäcilien 73; Rico 74, 82; Die fliegende Windmühle 76; Tschurk 80; Ilka 80, 82; Roberts Reise in die Urzeit 80; Und Kokko tanzt 82, alles Kinderb. ( )

Feustel, Ingeborg, Schriftstellerin; SV-DDR 69; Fritz-Reuter-Preis 67, Silberner Lorbeer des DFF 67, silb. Lorbeer d. Fernsehens d. DDR 70; Kiefernweg 47, DDR-1636 Blankenfelde, Kr. Zossen, Tel. Mahlow 2401 (Berlin 1.1.26). Kinderliteratur.
V: Antonio und Großvater Autobus 63, 68; Bibi 67, 71; Krachbumtus 68; Ein Wald und Schweinchen Jo 69, 71; Tina, Knulle und Tamtam 70; Tuppi Schleife und die drei Grobiane 71; Robbi und die Bumsstiefel 74, 82; Tillebille 75; Bastian u. d. Pinguine 77; Leopold 78, 80; Ein Sack voller Märchen a. d. Rappelpappelwald 78; Tessi u. d. Eule Susu 79, 80; Kirk 79, 81; Nachtmärchen 80; Leopold im Weidenhaus 80, alles Erstlesebücher. ( )

Fey, Anneliese, s. Fehrenbach, Anneliese.

Feyl, Renate, Buchhandelskaufmann, Dipl.-Philosoph; SV-DDR 70; Ernst-Zinna-Pr. 73; Lautentaler Str. 64, DDR-1114 Berlin, Tel. 4813890 (Prag 30.7.44). Roman, Essay, Reportage.

V: Rauhbein, R. 68, 79; Das dritte Auge war aus Glas, Erz. 70; Bau mir eine Brücke, R. 72, 78; Bilder ohne Rahmen, Ess. 77, 80; Der lautlose Aufbruch. Frauen in d. Wiss., Ess. 81.

Fichelscher, Walter F. (Ps. Christopher), Chefdramaturg u. Schausp.Dir. i.R.; Vorst. im V.D.B.S. 21, VerwR. VGes.W., EM Dram.-Un.; Gold. Dramatiker-Nadel 78; Eschershauser Weg 29 h, D-1000 Berlin 37, Tel. (030) 8137919 (Berlin 25.12.91). Komödie, Novelle, Film, Roman, Kurzgeschichte.

V: Novellen. Fahrt ins Ungewisse; Der liebe Gott geht durch den Wald; Der Tropfen Wahrheit; Mitternachtskomödie; Vier unterm Dach; Drei Paar Schuhe; Dieses Wasser trink ich nicht, nach L. de Vega; Die Kunst es falsch zu machen; Die Tochter Don Juans, alles Kom.; Der literarische Flohcircus, humor. Sammlg.

F: Alles hört auf mein Kommando! 34; Das Ekel 39; Himmlische Musik; Es geht nicht ohne Gisela 51; Der Fürst v. Pappenheim 52; Vati macht Dummheiten 53; Die tolle Lola 53; Das tanzende Herz 53; Die sieben Kleider d. Katrin 54; Phantom d. großen Zeltes 54; Oberwachtmeister Borck 55; Adler v. Velsatal; Morgen wirst Du um mich weinen; Mieter d. Hauses 101; Schwarze Nylons; Es geht um Cäsar; Lockvogel d. Nacht.

R: Ein Zug kommt nicht an ...; Kleine Michéline, beides Nn.; Wunder üb. Wunder, Liebe, Kom. (Rdfk-Sdg).

Fichte, Hubert; Hamburger Journalistenverb. 63; Julius-Campe-Stipendium 63, Intern. Hermann-Hesse-Preis 65, Villa Massimo 67, Fontanepr. 75; Gruppe 47, c/o S. Fischer-Verlag GmbH., Geleitsstr. 25, D-6000 Frankfurt/M. 70 (Perleberg 21.3.35). Lyrik, Roman, Novelle, Essay.

V: Der Aufbruch nach Turku, Erzn. 63, 65; Das Waisenhaus, R. 65; Der Tiefstall, Erz. 66; Die Palette, R. 68; Detlevs Imitationen Grünspan, R. 71, 75; Interviews aus d. Palais d'Amour 72/73; Versuch über die Pubertät 74; Xango, d. afro-amer. Religionen, m. Fotogr. v. L. Man; Wolli Indienfahrer, R. 78; Hohensteins Agrippina 78; Petersilie, d. afro-amer. Religionen, m. Fotogr. v. L. Man 80; Psyche 80; Pedro Claver 80. –

MV: Hamburger Musenalmanach 63; Die Meisengeige, G. 64; Prosaschreiben 64; Alle diese Straßen 65; Plädoyer für eine neue Regierung 65; Das Gästehaus 65; Atlas 65; Tuchfühlung 65; Drucksachen 65; Hans Eppendorfer, der Ledermann spricht m. Hubert Fichte, Theaterst. 76.

H: Stockholmer Katalog zur Tagung der Gruppe 47 64; Mein Lesebuch 76.

S: Beat und Prosa. Hubert Fichte im Star-Club Hamburg.

Fick, Walter, Dr. med., Facharzt f. Inn. Med.; BDSÄ 79; Eichenstr. 13, D-8901 Kutzenhausen, Tel. (08238) 2866 (Buchau/Federsee 1.7.17). Drama, Lyrik, Roman. **Ue:** Ch.

V: Lesezeichen 77; Dr. Jardon, Arzt-R. aus Fernost 80.

Fiebig, Irma, s. Brandes, Irma.

Fiechtner, Friedrich, ObStudR. i. R.; Widukindstr. 9, D-7000 Stuttgart 60, Tel. (0711) 334895 (Brienne, Bessarabien 17.1.07).

H: Volks- u. Kinderreime der Deutschen aus Bessarabien 49; Heimat in der Steppe. Bessarabiendt. Schrifttum 64; Rudolf Weiß: Bessarabische Geschn. 64; Liederbuch der Bessarabiendeutschen 68; Merkwürdige Reisebeschreibung (Neuaufl. n. d. 1818 ersch. Erstdruck) 70; Albert Mauch: Vorgeschichte der Wernerschule zu Sarata, Bessarabien 70; Erwin Heer: Die Vogelwelt Süd-Bessarabiens 71; Elvira Wolf-Stohler: Akazienblüten, G. vom Schwarzmeerstrand 72; Hellmut E. Fiechtner: Sagen der Bessarabiendeutschen 73; Cornelia Mayer: Licht im Dunkel, Erlebnisse in poln. Gefangenschaft 75; Erwin Heer: Die Saatkrähe im Budschak 76; Erwin Heer: Der Wolf im Budschak 76; Albert Mauch: 50 Jahre deutsche Lehrerkonferenzen in Bessarabien 77; Emanuel Schlechter: Prosa u. Verse 83.

Fiechtner, Urs M., freier Schriftsteller u. Übersetzer; VS seit 79; Friedenspr. d. AGAV 77; Platzgasse 9, D-7900 Ulm/D., Tel. (0731) 69130 (Bonn 2.11.55). Überwieg. Lyrik; Kurzprosa, Essay, Übers. **Ue:** S (lateinam.).

V: Und lebendiger als sie alle, Lyrik 80, letzte Aufl. 83. – **MV:** an – klagen, Lyr./Prosa 77, 4. Aufl. 82; Suche nach M, Lyr./Prosa 78, 3. Aufl. 82; xipe totec, M./Erzn. 79, 2. Aufl. 82; Puchuncavi, Prosa 80; Die offenen Adern, Lyr./Prosa 82; Die verschwundenen Kinder

Argentiniens, Prosa/Lyr. 82; Auch wenn
es Tage wie Nächte gibt, Lyr./Prosa 82.
MH: Länger als 1001 Nacht,
marrokan. Lyr. (zweispr.) 82; Steck' Dir
einen Vers, Lyr./Prosaanthol. 83.
Ue: Sergio Vesely: Jenseits der
Mauern 78, 83; Simon H. Castro: De
Albanil a Preso Politico u. d. T.: Mexico
Anders, Autobiogr. 81.

Fiedelmeier, Leni; Oelsnerring 69, D-
2000 Hamburg 52, Tel. (040) 825413.
V: Geliebte Viecher, Tiergeschn. 72;
Pferde, meine große Liebe 74; Tiergesichter erzählen 68; Wirbel um Beppo
74; Pferde, Freizeit, Sport 76; Katzen
kennen und lieben 80; Kleine Tiere,
große Freude 80; Stadthunde 80, u. weit.
Tiersachb.. ( )

Fiedler, Christamaria; Forststr. 30,
DDR-1254 Schöneiche b. Berlin.
V: Keine Klappe für Kaschulla 80. ( )

Fiedler, Ulf, Lehrer; Sudauenstr. 3, D-
2820 Bremen 71, Tel. (0421) 602786
(Bremen-Blumenthal 2.12.30). Roman,
Novelle.
V: Bremen-Nord. Porträt einer Stadt-
landschaft, Sachb. 77, 2. Aufl. 78; Mein
Bruder und ich, Erzn. 78; Der Mond im
Apfelbaum, R. 78; Familienfotos 1941-45,
R. 80; Blumenthal in alten Bildern,
Sachb. 82.
MA: Bremer Autoren, Anth. 78.

Fiedler-Winter, Rosemarie,
Journalistin; Hamburger Autoren-
vereinig. im B.A. 77; TELI 70;
Jürgensallee 13, D-2000 Hamburg 52,
Tel. (040) 827063.
V: Der Zeitungsjunge von Rio,
Jugendb. 59; Engel brauchen harte
Hände, Biogr. 67, 71; Frei sein für
andere 69; Die Managementschulen,
Dok. 74; Die Moral der Manager, Dok.
77.
R: Zahlr. Funk- u. Fernseh-Features,
u.a.: Die Gerling-Story, Neues Licht auf
alte Werte.

Fieguth, Rolf, Dr. phil., Slavist u.
Lit.wiss.; F.-Ebert-Str. 111, D-2900
Oldenburg/O. (Berlin 2.11.41). **Ue:** P, R.
Ue: Marek Nowakowski: Ausw. a.: Ten
stary złodziej; Benek Kwiaciarz; Silna
gorączka, alles Erzn. u.d.T.: Die
schrägen Fürsten 67; Sławomir Mrożek:
Testarium, Dr. u.d.T.: Die Propheten, in:
Stücke III 70; Marek Nowakowski: Im
Laden, in: Warschau, Merianh. 70;
Janusz Sławiński, Język-dzieło-tradycja,
lit. wiss. Essays u.d.T.: Literatur als
System und Prozess 75; 6 lit.wiss. Aufs.
u.d.T.: Lit. Kommunikation 75; Roman

Ingarden, Ausw. aus: Studia z estetyki,
alles lit.wiss. Essays u.d.T.: Gegenstand
und Aufgaben der Literaturwissenschaft 76; Iosif Brodskij: Auswahl aus:
Ostanovka v pustyne, G. (m. Sylvia List),
u.d.T.: Einem alten Architekten in Rom
78, 81; Cyprian Norwid: Vade:mecum,
G.zyklus 81; Poln. Erzählungen a. d. 19.
u. 20. Jh., Ausw. 81.

Fieldman, W. A., s. Ackermann,
Werner.

Fielitz, Elisabeth; B. P. 21, Bertrange/
Luxemburg (Ammendorf, Saalkr.
27.11.31).
V: Ivede-Avede, Weihnachtsm. 62.

Fielitz, Hans Paul (Ps. Ulrich Mechler,
Werner Noack, Andreas Grosse), Dipl.-
Volksw., Dr. rer. pol., Privatgelehrter;
AWMM-Buchpr. 77; B.P. 21, Bertrange/
Luxemburg (Fangschleuse-Werlsee
27.2.28). Roman, Essay, Drama, Komödie.
V: Wenn man's kann ungefähr,
heiterer R. 62; Der Vamp, Ess. 63;
Romeo und Isolde, Kom. 71; Hotel
Kurfürst Joachim, R. 82.
H: Ein Buch ist wie ein Garten 75.

Fienhold, Wolfgang (Ps. F.
Radebrecht), Journalist u. Schriftsteller;
VS Hessen 72, IGDruck 74; 4. Pr. d.
schwed. Nat. Assoc. of Immigrants
Culture; Ostendstr. 7, D-6000
Frankfurt a.M. 1, Tel. (0611) 491467
(Darmstadt 10.9.50). Lyrik, Roman,
Novelle, Essay, Hörspiel, Science-
Fiction, short stories.
V: Jenseits der Angst, G. 74; Lächeln
wie am Tag zuvor, G. 77; Ruhe sanft,
kurze Prosa 78; Manchmal ist mir kein
Schuh zu groß, G. 79; Draußen auf
Terra, SF-stories 79; Gedichte deutsch
und englisch 80; Gralssuche, G. 81.
MA: üb. 50 Anth.
H: IG Papier und Schreibmaschine.
Junge Autoren zur Lage — die Lage
junger Autoren, Anth. 73; Die letzten 48
Stunden, SF-stories; Das polit.
Märchenbuch.
R: Can't buy me laugh, Hsp.;
Arbeiterliteratur, Feature; Gemeinsam
sind wir unausstehlich, Feature; versch.
Rdfk-Sdgn ("Funkbrücken").

Fierz-Herzberg, Tiny, freie Schrift-
stellerin, Journalistin; Alteburgerstr. 32,
D-5000 Köln 1 (Köln 21.6.02). Roman,
Novelle, Essay, Hörspiel.
V: Komödie der Alltäglichkeit 30;
Dunkler Sommer, R. 46; Schlamperei,
Kurzgeschn. 60. ( )

Fietkau, Wolfgang, Journalist, Verleger; Journalisten-Verb. 64; Potsdamer

Chaussee 16, D-1000 Berlin 37, Tel. (030)
8025493 (Berlin 8.4.35). Erzählung, Lyrik,
Essay, Hörspiel.
  V: Sogenannte Gastarbeiter, Ess. 72;
Laß doch d. Kind d. Flasche, Erzn. 81. —
MV: A. Juhre: Freundschaft mit Hamil-
ton, Erzn. 62; Die Nacht vergeht,
Weihnachtsgeschn. 63, 66; H. Nitschke:
Kurs Leben. Ein Buch für junge Men-
schen 66; A. Juhre: Strömungen unter
dem Eis, polit. Gesch. 68.
  H: Thema Weihnachten, G. 65, 70;
Dschungelkantate, Spiele und Happe-
nings 68; Poeten beten, G. 69. —
MH: Thema Frieden, G. 67; Almanach
für Literatur und Theologie 67 — 70.
  R: Haus Schönow 70.
  S: Wenn jeder sagt 68.

von Filek-Wittinghausen, Werner (Ps.
Arty Wittinghausen), Dr. phil., Journa-
list; S.Ö.S.; Künstlergemeinschaft "Der
Pflug" 63; Vegagasse 12, A-1190 Wien,
Tel. (0222) 314699 (Wien 2.5.34). Novelle,
Erzählung, Satire, Kabarett.
  V: Die komischen Vögel, Humor 57;
Proporziade, Sat. 59; Pater Severin,
Humor 67; Pater Severin - meine
Schwarzweiß-Malereien, Humor 68;
Frösche im Aquarium 67 (engl. 73);
Perspektiven, Betracht. 79.
  MA: Erzn. in: Innviertler Dickschädel
48; Jb. d. Künstlergemeinschaft "Der
Pflug" 65; Erz. ebda 66, 71; Das neue
Heimtierlexikon 71; Gemeinde im
Grenzland 80.
  R: Schulfunksdgn 81, 83.

Filip, Ota, Schriftsteller; VS 74-82,
PEN-Klub Zentr. Bdesrep. Dtld seit 75;
Lit.pr. der Stadt Ostrau 67; korr. Mitgl.
Bayer. Akad. d. Schönen Künste 77;
Kunigundenstr. 10, D-8000 München 40,
Tel. (089) 343551 (Ostrau 9.3.30). Romane,
Essays).
  V: Cesta ke hřbitovu, R. 67; Das Café
an d. Straße zum Friedhof, R. 68, Tb. 72,
2. gekürzte Ausg. 82; Ein Narr für jede
Stadt, R. 69; Die Himmelsfahrt des
Lojzek Laláček aus Schlesisch Ostrau,
R. 72 u. 78; Zweikämpfe, R. 75;
Nanebevstoupení Lojzka Lapaáčka ze
Slezské I-IV, R. (tschech.) 75; Blázen ve
městě, R. (tschech.) 75; Maiandacht, R.
76; Poskvrněné početí, R. (tschech.) 76;
Maiandacht, R. 80; Wallenstein u.
Lukrecia, R. 78 (tschech. 80); Der Groß-
vater u. d. Kanone, R. 81; Tomatendiebe
aus Aserbaidschan u. a. Satiren,
Kurzgeschn. 80.
  MA: an versch. Anthol. u.
Sammelbden.

H: Schwejk heute, polit. Witz in Prag
77.
  R: zahlr. lit.krit. Essays, Rdfk-Sdgn.

Filk-Nagelschmitz, Agnes, med.
techn. Assist., Hausfrau; VG WORT;
Gereonstr. 12, D-4005 Meerbusch 1, Tel.
(02105) 5445 (Brachelen, Kr.
Geilenkirchen 15.1.24). Erzählungen.
  V: Ein Lächeln in schwerer Stunde —
Menschen an der Grenze von Leben
und Tod, Erzn. u. Gedanken 77, 3.Aufl.
80 (holl., belg. 79); Rosen für den Alltag
— Heiteres und Besinnliches, Erzn. u.
Gedanken 78, 3.Aufl. 81; Bunte Herbstblätter, Erzn. u. Gedanken (nicht nur) f.
ältere Leser 80, Blindenschr. 82; Brigitta
u. Markus erzählen d. lieben Gott,
Erz.gebete 80; Sommerball, Jgd-R. 83.

Fillafer-Knechtl, Hildegard *

Filmer, Werner, Redakteur; Am
Waschbach 11, D-5060 Bergisch
Gladbach 2 (Iserlohn 16.5.34). Lyrik,
Film, Essay, Hörspiel.
  V: Orion u. 41, G. 61; Die Brigg 61;
Streifzüge, Prosa 62; Vierzehn
Stationen, Prosa 63; Hännes jagt mit
Tschik durch Köln.
  H: Leben vor sich haben 83.
  R: Gammler auf Zeit; Du heiratest ja
doch; Ist ein Auto ein Auto?, Was wissen
sie von Kennedy?, alles Fsp.; Caspar B.
Melchior, Hsp. ( )

Finck, Adrian, Prof.; Els. u. Lothr. SV
75; Strassburg-Preis (Stiftung F.V.S.
Hamburg 1974); Route de la Meinau 16,
F-67100 Strasbourg, Tel. (088) 390309
(Hagenbach 10.10.30). Lyrik, Essay.
  V: Mülmüsik, Elsäss. G. 80; Hand-
schrift, elsäss. G. 81; Fremdsprache,
esäss. G. 82; René Schickele, Ess. 83.
  H: Nachrichten aus d. Elsass I, II.
Dtspr. Lit. in Frankreich 76, 78; Nachr.
aus d. Alemannischen. Neue Mda.dicht.
aus Baden, d. Elsass, d. Schweiz u.
Vorarlberg 79; In dieser Sprache. Neue
dtspr. Dicht. aus d. Elsass 81.

Finck-Schmitz, Magda, s. Schmitz,
Ida Magdalena.

Finckh, Renate, freie Schriftstellerin;
VS 80, VG Wort 82; Auswahlliste dt.
Jugendbuchpr. 79; Friedrich-Bödecker-
Kreis; Mönchelenweg 28, D-7300
Eßlingen am Neckar, Tel. (0711) 273907
(Ulm 18.11.26). Roman, Essay, Lyrik.
  V: Mit uns zieht die neue Zeit, R. 79, 4.
Aufl. 82; Die Familienscheuer, R. 81; Die
Betroffenen, lyr. Meditat. 81.
  MA: Der alltägliche Faschismus 81.

Fink, Alois (Ps. Matthias Schaching),
Dr.phil., freier Schriftsteller, D-8000

München 2, Tel. (089) 8113484
(Gotteszell, Bayer. Wald 19.2.20).
V: In Portugal, Ess., Reiseb.; Der Witz
der Niederbayern 72; Traumstraßen
Spaniens und Portugals, Reiseb. 75;
Gras unterm Schnee, R. 60, 76. —
MV: Liebe in Baiern 75.
B: P. Ferdinand Rosner: Bitteres
Leiden ... 76/77.
H: Bilder aus der bayerischen
Geschichte 56; Unbekanntes Bayern,
Buchreihe 56 — 70, 76/77 X. — **MH: MV:**
Am Rande unseres Kontinents, Reise-
Ess. 60; Wallfahrten heute.
R: Der in der Mitte, Hsp.; Dom Pedro
und Ines de Castro, Hsp.; Das Tier in
der Menschenwelt; Experimente mit der
Freiheit - Beobachtungen in Schweden;
Al Andalus - Das maurische Spanien;
Vor Ostern in der Wies; Bücher und
Bilder - Notizen aus einer Kloster-
bibliothek; Aus dem Bayerischen Wald:
Granit; Glas, alles Fsf.

Fink, Arthur-Hermann (Ps. Arthur
Hafink, Felix Kulpa), Dr. phil., BiblDir.
a. D.; VS Bayern 73; Oberer Deglberg 9,
D-8492 Furth im Wald, Tel. (09973) 9168
(Solingen 25.8.07). Lyrik, Aphorismus in
Theorie und Praxis.
V: Maxime und Fragment. Grenz-
möglichkeiten einer Kunstform; Zur
Morphologie des Aphorismus 34; Die
Kritik d. Kunst und die Kunst d. Kritik,
in: Ausfahrt u. Landung. Festschr. W.
von der Briele (auch Hrsg.) 59; Herge-
brachtes, Aphor. u. G. 69; Gedanken und
Gedichte. Bibliophile Sonderausg. 69;
Dunkle Tage helle Nächte 78; Du Tod
(Die 3 Bücher vom Tod, 1. B.) 79.

Fink geb. Töbich, Grete (Ps. Grete
Fink-Töbich); Gold. Ehrenzeichen d.
Landes Steiermark; Flußgasse 10, A-
9020 Klagenfurt-Süd, Tel. (04222) 238814
(Leibnitz-Steïerm. 6.7.98). Roman,
Jugendbuch.
V: Das ungeteilte Herz, R. 44; Einer
Einzigen gehören, R. 53; Unvergängliche
Melodie, R. 58; Mir erkoren - mir
verloren, R. 63; Das Schicksal setzt den
Hobel an, R. 69; Christiane (vom
Blumenmädchen zur kleinen Exzellenz),
R. 72; Das Haus am Frauenplan, R. 75;
Charlotte, die große Liebende; Marianne
von Preußen; Jugendbücher.
R: Das Schicksal setzt den Hobel an,
Christiane, Das Haus am Frauenplan:
auch als dramatisierte Sendungen.

Fink, Hans, Gastwirt; Südtiroler
Künstlerbund 63; Walther von der
Vogelweide-Preis 66, Ehrenurkunde d.
Bayer. Akad. d. Schönen Künste 65,

Eintrag. ins Ehrenb. d. U. Innsbruck 75;
Veneto-Str. 5/c, I-39042 Brixen, Tel.
(0472) 23400 (Brixen am Eisack 24.10.12).
Drama, Mundartlyrik, Roman, Hörspiel.
V: Eisacktaler Sagen, Bräuche und
Ausdrücke, Sagenkde. 57; Südtiroler
Volkserzählungen, Sagenkde. 69;
Verzaubertes Land. Kultreste u. Ahnen-
brauch aus Südtirol 69, 72; Lüsen 70;
Südtiroler Volksweisheit 69; Tiroler
Wortschatz an Eisack, Rienz und Etsch
72; Entscheidung für Markus, Jgd.-R. 73;
Kuchlkirchtig 73 — 76 IV; Villnöß 74; Ich
schenke dir die Alpen, Histor. R. 75;
Feldthurns. Festschr. z. Jahrtausend-
feier d. Südtiroler Gemeinde Feldthurns
75; Lachn tat i, Südtiroler Humor 76;
Mühlbach 76; Das Venediger Mandl,
Sagenkde 76; Kuchlkirchtig 77, 79;
Schützenkapelle Meransen 78; Brixens
Kampf gegen die Elemente 79; Südtiroler
Südtiroler Küche, Tisch u. Keller 80;
Südtiroler Landesfeuerwehr-Festschr.
80; Das Gemeindegebiet v. Vahrn/
Südtirol 82; Aus dem Leben, G. in
Südtiroler Mda. 83.
MA: Südtiroler "Knappenlöcher",
Kirnbauer-Festschr. 75; 387 Beitr. in:
Der Schlern (Zs.) 56-82.
R: Rd. 30 Kurzhsp.; Das Eisacktaler
Nikolausspiel, Fsf. 68; 500 Mda.gedichte
im Rdfk ges.; 463 Rdfk-Sdgn in Ital., 182
in Öst.
Lit: Franz Huter: Hans Fink und sein
Lebenswerk in: Tiroler Heimat,
Miszellen XXXVI 72 — 73; Der Schlern
56, H. 12 (m. Bibliogr.) 82.

Fink, Humbert; Öst. Staatspreis f.
Literatur 63, Preis d. Wiener Stiftungs-
fonds 60, Theodor-Körner-Preis 65, A-
9063 Maria Saal/Kärnten, Tel. (04223)
175 (Salerno 13.8.33). Roman, Essay,
Reisebuch, Kulturpolitischer Kommen-
tar.
V: Verse aus Acquafredda, Lyrik 52;
Die engen Mauern, R. 58; Die Absage, R.
60; Stadtgeschichten 71; Zornige
Träume 74; Am Anfang war die Ägäis
76; Anatolische Elegie 77; Süditalien —
Tränen unter der Sonne 79; Adriatische
Ufer 78; Venetien zw. Gardasee u.
Istrien — Der Doge kam nur bis Asiago
80; Iberische Sonne 80, alles Reiseb; Auf
Pilgerstraßen durch Europa 80; Franz v.
Assisi, Biogr. 81; Auf den Spuren großer
Archäologen 81; Reise durch Toskana
82; Martin Luther, Biogr. 82.
R: Ohrfeigen, Hsp. 69, 71.

Fink, Ida; Hugo-v.-Montfort-Preis 57
f. d. Erz. "Über den Wipfeln ist Helle", A-

6870 Bezau/Vorarlb. 81 (30.9.15). Lyrik,
Novelle, Roman.
V: Die Egendertochter, N. 50, 56; Der
Wießkopf, R. 66.

Fink, Josef, Rektor,
Künstlerseelsorger; SSB 77;
Mariahilferplatz 3, A-8020 Graz, Tel.
(0316) 911133 (Ebersdorf 8 bei Gnas
11.12.41). Lyrik, Novelle, Essay, Film,
Hörspiel.
V: Unter Sacre Coeur, Lyrik 64; Sara,
Lyrik 68; Ankou, Lyrik 69; Der große
Psalm, Epik 78; Golgatha-Report, Hsp.
79; Dunkles Gebet, Lyrik 79; Der Segen
Jakobs, Epik 80; Topoi 1, Lyrik.
R: Fsf.-Drehbücher, u.a.: Judas ist
immer dabei; Gibt es Gott?; Lasst uns
nach Bethlehem gehen; Die Zunge d.
Stummen wird jauchzen; Und sah, daß
es gut war; Von Pontius zu Pilatus; Was
ist der Mensch?; Wieviele Sternwürfe
weit?; Magnificat — Marjams rebelli-
sches Lied; Selig die Zärtlichen.
S: Der große Psalm 78.
Lit: Kunst u. Künstler in d.
Steiermark.

Fink, Josef, Dr.phil., UProf. Münster,
Hon.Prof. Salzburg; Eschenbachgasse
15, A-5020 Salzburg, Tel. (0662) 26730
(Bottrop/Westf. 1.3.12). Novelle, Essay,
Roman, Gedichte. **Ue:** L.
V: Das Kreuzzeichen, G. 47; Noch eine
Stunde, Erzn. 48; Die Tauben von
Daphni, Ess. 63; Ballspiel, G. 66;
Schaumkronen, G. 67; Die arkadische
Sendung des Konstantinos Nikolo-
poulus, Ess. 72 (neugriech. 80); Neue
röm. Impromptus, G. 78; Meine Zeit in
Norwegen, Tageb. 1940 - 45 79; Auf Turm
VII Berlin 1939/40 80; Licht u. Echo.
Phänomenbeschreibungen, G. 80;
Amerika Alleluja, Briefe 82.
MA: W. Eisenhut, Ars interpretandi II;
Antike Lyrik 70; C. Orff, Dokumentation
(Schulwerk) III.
S: Dat Liäben üöwerliäft den Daut, G.
u. Prosa in niederdt. Mundart, Beitrag
im Begleittext.
Ue: Stabat mater, G. 48; Hadrians
Animula-Gedicht, G. 48, 70.
s. a. Kürschners GK.

Fink-Töbich, Grete, s. Fink, Grete.

Finke, Kurt, Rektor a.D.; Eisenberger
Weg 1, D-3540 Korbach 1, Tel. (05631)
3536 (Berlin 27.4.15). Laienspiel, Hörspiel, Jugendbuch, Film, Geschichtsschreibung.
V: Tölpelhans, Sp. 50, 61; Im Märchenwald, Freilichtsp. 50, 65; Schneewittchen, Msp. 50; Kreuz-As, Sp. 51; Eulen-

spiegelein, Jgd.-Sp. 51, 62; Das fröhliche
Spiel vom Tischleindeckdich, Esel-
streckdich und Knüppelausdemsack,
Schulsp. 51, 57; Die schwarze Kunst, ein
Spiel um Johann Gutenberg 51; Eins zu
Null für Weiße Katz, Sp. 52; Abdallah
bekommt sein Recht, Jgd.-Sp. 53; Die
heilige Nacht, Jgd.-Sp.; WR 3 rast um
den Globus, Sp. 57; Iwanow weiß sich zu
helfen, Sp. 63, 79; Johann der Wunderbare, Sp. 65; Westwärts nach Indien, Sp.
66; Der Mandarin und die Mütter, Sp.
67; Hassan macht sein Glück, Jgd.-Sp.
68; Hinter den Kulissen, Jgd.-Sp. 69;
Hessen — Vergangenheit und Gegenwart, Gesch. Darst. 70; Eine andere Welt,
Sp. 71; Ich bin dir dreimal begegnet, Sp.
75; Schönes Ferienland Waldeck, Bildbd
80; Wovon d. Menschen leben, Sp. 81;
Weihnachtsgäste, Sp. 81; Wir machen
eine Theater-AG, Arb.buch 82.
B: (MB): Welt im Wort, Leseb. III-V
(5.-9. Schulj.) 56-69; Lesebuch 65,
Landesausgabe Hessen/Rhpf. 2.-9.
Schulj. 70; Menschen, die die Welt
veränderten, Gesch. Darst. 77.
H: Weihnachten, Samml. v. Prosa u.
Vers 50. — **MH:** Leidesweg und Oster-
jubel, Samml. v. Prosa u. Vers m.
Wilhelm Krick 50; Advent, Samml. v.
Prosa u. Vers m. Wilhelm Krick 50; Das
Handbuch der dörflichen Kulturarbeit
II, m. K. G. Fischer 54; Mod. Jugendlex.
in Farbe 74, 79; Das mod. Kinderlex. in
Farbe 79; Tausend Jahre Korbach 80.
F: Kleines Dorf macht mit 53; Tage-
buch einer Schule 62.
R: Hans im Glück 50.

Finow, Hans-Achim, s. Zühlsdorff,
Volkmar.

Finster, Ernst, Dekorationsmaler;
Seehof, DDR-3310 Calbe/Saale
(Plötzkau, Kr. Bernburg 19.11.15).
Roman.
V: Die Wälder leben, histor. R. 55, 57;
Zwischen Nacht und Morgengrauen,
histor. R. 57; Wolfsjahre, kulturgesch. R.
75, 77. — **MV:** Die Geschichte vom
Heiner und der Bohnensuppe, histor.
Erzn. f. Kinder 55, 57.
R: Der Mann im Staubmantel, Hsp. 53.
( )

Firner, Walter, HProf., Regisseur;
G.dr.S.u.K.; J. u. S.V. Concordia; Strehl-
gasse 38, A-1190 Wien, Tel. (0222) 478209
(Wien 5.3.05). Bühnenwerk, Film,
Roman, Hörspiel, Fernsehspiel. **Ue:** E,
H.
V: Wir und das Theater 31; Wir von
der Oper 32; Kleine Brüder 49; Bis wir
uns wiedersehen 52; Die Flamme von

Champel 60; Johnny Belinda, R. 60, 61;
Seht den Regenbogen 63; Aktien und
Lorbeer 65; Fragen Sie Herrn Theodor;
Das Mädchen Jo; Hohes Gericht;
Wiederaufnahme f. Hofrichter; Schule
der Liebe; Pentagan I u. II. — **MV:** Die
Thompson Brothers 36; Das Kuckucksei
42; Heiraten - ein Vergnügen, Kom. 53,
alle m. Irma Firner; Flucht in die Zu-
kunft; Gastspiele, m. R. Horneỹ;
Geliebte Dame 74.
  B: Guareschi: Don Camillo und Pep-
pone 54; Kades: Der Erfolgreiche, m.
Irma Firner 55.
  F: Tonelli 39; Frau auf der Flucht 43;
Das Kuckucksei 49.
  Ue: Anderson: Johanna aus
Lothringen; van Druten: Meine beste
Freundin; Harris: Johnny Belinda;
Osborn: Der Tod im Apfelbaum; Taylor:
Glückliche Zeiten; Jane Ward: Die
Schlangengrube 47; Hellman: Kleine
Füchse; Morris: Die Hölzerne Schüssel;
Hilton: Leben Sie wohl, Mr. Chips;
Bagnold: Der Chinesische Premier-
minister; Rattigan: Lady Hamilton;
Taylor: Unsere Liebste Freundin; Clark/
Bobrick: Bitte nicht stören; Sandberg:
So ist meine Frau; Merchant: EMERAK
u. d. Liebe; Snyder: Tage u. Nächte d.
Bibi Fenstermaker; Howard: Seltsame
Heirat; Ross: Ein fast vollkommene
FRAU; Cristofer: Das Haus im Schatten.

Fischach-Fabel, Renate (Ps. Fabel),
Redakteurin; Kirchbachweg 10, D-8000
München 71, Tel. (089) 23695155 (Berlin
9.10.39). Roman.
  V: Meines Mannes Tochter, R. 76;
Geliebte Feindin, R. 78; Wo die Liebe
hinfällt, R. 79; Söckchenzeit, R. 80; Wir
Wundertöchter, R. 81; Mit Kind u. Kater,
R. 83.

Fischer, Anna Vera; Hermannstr. 23,
D-4050 Mönchengladbach 1, Tel. (02161)
15243 (Insterburg 11.3.30). Roman.
  V: Gesang der Geister, R. 82.

Fischer, Carl, Exportleiter;
Münchenerstr. 7, D-8031 Seefeld/Obb.,
Tel. (08152) 7526 (Riesa/Leipzig 25.5.18).
Ue: G, L, F.
  H: Oscar Wilde: Salome, Dr. 49;
August Graf von Platen: Gedichte 48, 58;
Antike Lyrik 64; Summa Poetica, lat. u.
griech. G. d. Mittelalters 67.
  S: Baudelaire: Die Blumen des Bösen.
  Ue: Baudelaire: Die Blumen des Bö-
sen 49, 79; Mallarmé: Sämtliche
Gedichte 57, 74; Catull: Gedichte 49;
Lukian: Hetärengespräche 59; Verlaine:
Louise Leclercq 61; François Villon:
Dichtungen 61; Hilaire Belloc: Die

Französische Revolution 62; Petronius:
Satyrikon 62; Apuleius: Der goldene
Esel 65; Priapea 69, 78; Carmina Burana
(Codex Buranus) 74, 79.

Fischer, Claus; Rheinstr. 30, D-8000
München 40.
  V: Der Caid, R. 81, Tb. u.d.T.: Mit dem
Auge des Tigers 83. ( )

Fischer, Elisabeth, s. Fischer, Ilse.

Fischer, Erwin, Schriftsteller; VS 70;
Autorenwettbewerb Junge Stimme 70,
Intern. Satirikerpr. ALEKO, Sofia 74;
Club d. Kulturschaffenden Veliko
Tarnovo, Bulgarien (Königsberg
15.10.28). Roman, Novelle, Essay.
  V: Kameradenessen, R. 70 (auch engl.,
span., bulg.); Bleib' hier, kleiner Peter,
N. 80.
  MA: Große Satiriker d. Gegw. 79; ... u.
ruhig fließet d. Rhein 79; Anth. live 80.
  H: Taxifahrerreport 72.
  R: Vertreterbesuch, dramat. Erz. 75.
  Lit: Intern. Erzähler 79. ( )

Fischer, F. Johs, s. Fischer, Friedrich
Johann.

Fischer, Friedrich Johann (Ps.
Friedrich Johs Fischer, F. Johs Fischer),
Mag. et Dr. phil., Prof.; Öst.
Autorenverb.; Podium 70; Am Gois 105,
A-5081 Anif (Wien 26.4.11). Novelle,
Essay, Reisebuch, Aphorismen, Lyrik.
  V: Anschrift Salzburg, Epik 75; Kann
der Mund sprechen, Lyrik 77; Höhle
und Gesicht, Prosa 80. — Zahlr. öst. u.
dt. Lit.gesch. Arb.
  MA: Das immergrüne Ordensband,
Anth. 79.
  R: Lit.gesch. u. volkskdl. Themen.
  Lit: Giebisch-Gugitz: Bio-Bibliogr.
Lit.-Lex. Österreichs 63.
  s. a. Kürschners GK.

Fischer, Friedrich Johs, s. Fischer,
Friedrich Johann.

Fischer, Georg, Dr.phil., em. UProf.;
Bothmerstr. 12, D-8000 München 19, Tel.
(089) 13371 (Neuburg/Donau 15.11.99).
Lyrik, Novelle.
  V: Märchen aus unserer Zeit 80;
Viechereien 81; Geschichten wie Kraut
und Rüben vom Großvater erzählt 82;
Geschichten aus Vergangenheit und
Zukunft 83; Boarische Gschichtn 83.
  MA: G. in: Heile Gedanken, Jb. dt.
Dichtung 81 u. 82; 3 Erzn. in: Karlsruher
Bote 73 83.

Fischer, Gerhard, Dr. rer. pol.;
Leninallee 275, DDR-1125 Berlin, Tel.
3751159.
  V: Otto Nuschke. Ein Lebensbild 83.

H: Albert Schweitzer — Leben, Werk und Wirkung 77; ... und den Menschen ein Wohlgefallen 79.

Fischer, Gottfried Bermann, Dr. med., Dr. phil. h. c. U.Bern, Verleger; P.E.N. 53; Großes Verdienstkreuz des Verdienstordens der Bdesrepublik, Goethe-Plakette, ESenator d. Joh. W. Goethe-U. Frankfurt/M., I-55041 Camaiore (Lucca), Tel. (0584) 689088 (Gleiwitz 31.7.97). Essay. **Ue:** E.
V: Bedroht - Bewahrt. Der Weg eines Verlegers, Autobiographie 67; Lebendige Gegenwart, Reden u. Aufs.
H: Thomas Mann, Briefwechsel mit seinem Verleger Gottfried Bermann Fischer 72.
Ue: James Jones: From here to Eternity u. d. T.: Verdammt in alle Ewigkeit 51.

Fischer, Hanns *

Fischer, Hans, Lehrer, Schriftsteller; Körnerstr. 11, DDR-9610 Glauchau (Glauchau 2.9.12). Lyrik, Schul- u. Laienspiel, Roman, Anekdote.
V: Das Spiel vom Weihnachtsland, Schulsp. 49, 50; Gegrüßt sei uns der Mai, Schulsp. 49; Rattengift, Lsp. 51; Das Hemd der Zufriedenheit, Laisp. 53, 59; Die Untersuchung, Laisp. 61; Es begab sich aber zu der Zeit, Schulsp. 63; Die verhexten Ochsen, Laiensp. 63; Die Hasenprinzessin, Schulsp. 65; Am Tor zu Bethlehem, Schulsp. 66; Georgius Agricola, Bilder aus dem Leben eines großen dt. Humanisten, R. 64, 69. ( )

Fischer, Heinz (Ps. H. G. Fischer-Tschöp), Dr. phil., em. UProf.; VS; Best One-Act Play Award Univ. of New Brunswick 65; Marschnerstr. 87, D-8000 München 60, Tel. (089) 8349666 (Aschaffenburg 27.4.30). Drama, Satire, Lyrik. **Ue:** E, S.
V: Gnu Soup, Lyrik 65; Die Treppe 66; Löwenzahn 69; Die Seelenverpflanzung 71, alles Dr.; Georg Büchner: Untersuchungen und Marginalien, Ess. 72, 75; Bitte, bitte erdolchen!, Dr. 73; Die deutsche Sprache, Ess. 75; Die Steinsuppe, Dr. 76; Königshäuser heute, Ess. 80; Wuffi im Schlaraffenland, Kinderb. 80. — **MV:** Der Autofänger von Knatterburg, Kinderb. 73, Bü. 74; Felix Schrubke, Sat. 76; König Giftzahn wird verjagt, Kinderb. 77; Der dicke u. der dünne Pit, Kinderb. 78, alle m. G. Tschöp; Was Bayern so bayrisch macht 83; Das große Wahnwitz Lexikon 83.
B: Gratien Gélinas: Kronzeuge 67; Ingrid K. J. Hedler: Deutscher Kursus

71; Farbiges Europa 81. — **MA:** claassen Jb. d. Lyr. 1 79.
H: Deutsche Kultur: Eine Einführung 77.
R: Lucile Desmoulins 83; Finden Sie Livingstone! 83; Die Flucht nach Varennes 84, alles Hb. — **MUe:** Michael Frayn: Der Macher 82.

Fischer, Herta, Buchhändlerin; SV-DDR 56; Mittelstr. 6, DDR-7400 Altenburg, Bez. Leipzig, Tel. 3824 (Altenburg 21.4.15). Jugendbuch, Roman, Hörspiel.
V: Juchhe am See, Gesch. 49; Zirkel Hagenbeck, Erz. 53; Das Geheimnis des seidenen Fadens, Geschn. 54; Bärbel und die Sechs B, Erz. 54, 56; Der Schatzgräber auf dem Ziegenbock, Geschn. 54; Der Drache mit dem Feuerschweif, Geschn. 55; Zweimal Erika, Jgdb. 55, 56; Traudels dreizehn Großväter, Erz. 55, 56; Die verhaftete Postkutsche, Erz. 56, 74; Urlaub in Spechtshausen, R. 56; Ulrike, Jgdb. 57, 61; Kasperle und die Wundermaschine, Jgdb. 58; Ursula jagt eine Diebin, Jgdb. 59, 62; Ithama. Das Schicksal eines Sklavenmädchens 63.
MA: Die alte Truhe, Erz. 54.
R: Bärbel und die Sechs B, Hsp. 56.

Fischer geb. Reitböck, Ilse (Ps. Ilse Reitböck, Elisabeth Reiböck, Elisabeth Fischer), freiberufl.; VS; Sintesi Rom 69, Bronze-M. Halaf-Fr. 72, 74, Silber-M. 76, Dipl. Poét. Oise, Fr. 72, Dipl. Poét. Nizza 73, Gold. Lorbeer Accad. Pontzen I. 73, Gold. Feder A.P.I. 76, Lit.pr. Jugend u. Wirtschaft 76, Anerkenn. Lit. Zs. Das Boot 76, Diplom Pontzen 79; RSG, Kr. d. Freunde, Lit. Un., Turmbund, Tukan, Seerose, Accad. Pontzen I, Halaf Fr.; Neufriedenheimerstr. 82a, D-8000 München 70 (Köln 15.4.22). Lyrik, Aphorismus, Erzählung, Glosse, Reportage, Roman, Theaterstück, Film. **Ue:** E, F.
V: Wandlungen, G. 67; Erst an diesem Morgen, G. 76; Der eingemauerte Fremde, Jgdb. 76; Vertreibung aus dem Paradies, Erzn. 77; Glaswürfel, Lyr. 78; Im Spiel der Gedanken, Lyr. 79.
MA: Enzyklop. Accad. Pontzen 72; Anth. HALAF VII; Lichtbd-Reihe 3 Kr. d. Freunde 76; Diagonalen 77; Liebe will Liebe sein, Anth. 78. ( )

Fischer, Karin (Ps. Karin A. Fischer), Hausfrau; DVA Hannover seit 80; Iltener Str. 68, D-3160 Lehrte, Tel. (05132) 3821 (Zobten/Schles. 4.10.43). Lyrik, Liedertexte, Kurzgeschichten.
V: Ich habe nur meine Worte, G. 81.

Fischer, Karin A., s. Fischer, Karin.

Fischer, Karl Georg (Ps. Fischer-Föbus), Verleger; Rheinstr. 19, D-7554 Kuppenheim, Tel. (07222) 41734 (Bochum 22.2.01). Drama, Hörspiel, Essay.
V: Konsul Bendek oder Geld macht glücklich; Beispiele, 3 Stücke u. ein Fragment 66; Unter dem Fallbeil Utopia, Dr.; Robespierre od. d. Zeitalter d. Vernuft, Bü; Die Frau Bürgermeisterin ist auch nicht zu verachten, Lsp.; Die Bürger v. Weisedum, Lsp; Wiedervorlage, Zwei Bü. 79.
R: Auf der Straße nach Mézières, Hsp.
Lit: Karl G. Fischer zum 65. Geburtstag 66.

Fischer, Kaspar, Schauspieler, Zeichner, Schriftsteller; Dt. Kleinkunstpreis 81; Falkenhöheweg 6, CH-3012 Bern (Zürich 19.5.38). Theater, Roman.
V: Dressierte Gesichter 68; Die Schweitz 69; Metamorphosen I 71, 3. Aufl. 77, II 74; Entlassungen aus der Hölle 72; Der Kellner, Bü. 73; Aff Bräzli Chämifäger 75; Zirkusminiaturen 77; Mit Hänsel und Gretel durch das Jahr, R. 80, 2. Aufl. 82; Zeichnungen 83.
MA: 17 Zürcher Sagen u. Heldengeschn. 75; Schultheater 2 78; Spielen, spielen, spielen 78.
R: Zirkus 73; Der Kellner 75; Unt(i)erhaltung 80, alles Fs.

Fischer, Klaus; VS Baden-Württ. 70; Christophstr. 16, D-7570 Baden-Baden, Tel. (07221) 23594 (Worms 30.6.30). Drama, Essay, Hörspiel. **Ue:** F.
V: Ein Bahnhof auf dem Lande, Dr. 56; Cosmo oder die Abreise, Dr. 57; Helena, Sch. 58; Die Ruhr, Sch. 61; Man schreibt uns aus Kalkutta, Hsp. 68; Tony, Kom. 70; Faites votre jeu, Chronik 74; Die schöne Ladendiebin, Ess. 78; Judith Zoller, Kom.
R: In Erwartung eines Festes, Hsp. 59; Gericht in Potenza, Hsp. 60; Cäcilienode, Hsp. 62; Der Gastfreund, Hsp. 63; Amphisa zerstört, Hsp. 65; Großer Preis der Badischen Wirtschaft, Hsp. 77; Der Schindanger, Hsp. 82.
Ue: Alfred de Musset: Fantasio, Kom.; Fernando Arrabal: Der Autofriedhof, Sch; Louis Calaferte: Die Schneidezähne; Eugène Scribe: Ein Glas Wasser, Kom.; Victorien Sardou: Cyprienne, Kom.

Fischer, Lore, Hausfrau; Rote Halde 14, D-7463 Rosenfeld, Tel. (07428) 1293 (Tübingen 12.5.34). Mundart-Gedichte.

Fischer, Karin A., s. Fischer, Karin.

V: Vo Adam ond Eva bis zu de Schwoba, Schwäb. Mda.-G. 80; So semmer halt, Schwäb. Mda.-G. 82.

Fischer verw. Kernmayr, Marie Louise, Schriftstellerin; VS 69; Untereck 20, D-8201 Samerberg/Obb., Tel. (08032) 8247 (Düsseldorf 28.10.22). Roman, Jugendbuch, Sachbuch, Serien.
V: Ich spüre dich in meinem Blut 54; Frucht der Sünde 56; Eine Frau über dreißig 55; Mit einem Fuß im Himmel 57; Das goldene Kalb 59; Schlaflose Nächte 59; Adoptivkind Michaela 60; Mädchen ohne Abitur 60; Ein Herz für mich allein 60; Die Chefsekretärin 61; Schatten der Vergangenheit 60; Kinderarzt Dr. Vogel; Eine Frau in den besten Jahren; Undine, die Hexe; Damals war ich 17; Ein Mädchen wie Angelika; Rechtsanwältin Dr. Thea v. Oslar; Die Unreifen; Hotelsekretärin Julia; Frauenstation; Die Ehe des Dr. Jorg; Die Chefin; Versuchung in Rom; Die Geschworene; Mütterheim; Die unruhigen Mädchen; Flucht aus dem Harem; Wildes Blut; Und sowas nennt ihr Liebe; Liebe meines Lebens; Küsse nach dem Unterricht; Reisesekretärin; Mädchen mit 15; Der junge Herr Justus; Das Mädchen Senta; Die Ehe der Senta R.; Für immer, Senta; Liebe im Grandhotel; Mit den Augen der Liebe; Verbotene Liebe; Das Herz einer Mutter; Kinderärztin Dr. Katja Holm; Diagnose; Mord; Undine, das geheimnisvolle Mädchen; Da wir uns lieben; Bleibt uns die Hoffnung; Alles was uns glücklich macht; Diese heiß ersehnten Jahre; Das Dragonerhaus; Die Rivalin; Die Frauen vom Schloß; Ehebruch; Zu viel Liebe; Das eigene Glück; Mehr als ein Traum; Frei wie der Wind; Die andere Seite der Liebe; Der Mann ihrer Träume; Wichtiger als Liebe, alles R. 61-83; Zerfetzte Segel 54; Die silberne Dose 55; Tödliche Sterne 56; Rache aus dem Jenseits 59; Quiz mit dem Tod 60, alles Krim.-R.; Eugen setzt sich durch 55; Krach im Ferienlager 58; Die Klasse ist für Petra 59; Im Schwindeln eine Eins 60; Gundula 61; Daniela und der Klassenschreck; Ist das wirklich Isabell?; Susebill tut was sie will; Ulrike kommt ins Internat; Ulrikes Jahr im Internat; Schön war's im Internat, Ulrike!; Elga und der Grashüpfer; Jung und liebenswert; Delia, die weiße Indianerin, alles Jgdb. seit 61; Delia und der Sohn des Häuptlings; Delia im Wilden Westen; Katrin mit der großen Klappe; Nur Mut, liebe Ruth; Silvy will

die erste sein; Olga - Star der Park-
schule; Leonore und ihre Freundinnen;
Klaudia, die Flirtkanone; Klaudia und
ihr Schwarm; Klaudia in der Tanz-
stunde; Wirbel im Internat; Im Internat
gibt's keine Ruhe; Michaela kommt ins
Großstadtinternat; Michaela rettet das
Klassenfest; Michaela löst eine
Verschwörung; Ein unmögliches
Mädchen; Ein unmögliches Mädchen
setzt sich durch; Guten Tag, ich bin das
Hausgespenst; Danke, liebes Haus-
gespenst; Bravo, liebes Hausgespenst;
Bleib bei uns, liebes Hausgespenst;
Komm mit mir, liebes Hausgespenst;
Ahoi, liebes Hausgespenst; Leb wohl,
liebes Hausgespenst; Es tut sich was im
Landschulheim; Jung und verliebt im
Landschulheim; Ein Mädchen kommt
ins Landschulheim, alles Jgdb.; Auf der
Höhe des Lebens 71.

Fischer, Martin, Auszubildender im
Außenhandel; Osterweg 13, D-2000
Hamburg 55, Tel. (040) 869921 (Hamburg
13.9.60). Lyrik.
    V: Flutatmend die Wolken, Lyr. 82.

Fischer, Otto Wilhelm (O. W.),
Professor; Castello dei pescatori, CH-
6981 Vernate, Tel. (091) 592541
(Klosterneuburg 1.4.15). Lyrik, Novelle,
Film.
    V: Was mich ankommt als Gesicht,
Traum und Empfindung.
    S: Muschis Tod. ( )

Fischer, Peter, Journalist; Rhein.
Westf. Journalisten Verb.; Laucherweg
2, D-5042 Erftstadt-Niederberg, Tel.
(02235) 5900 (Köln 2.2.03).
Parapsychologie, Gedichte, Aphorismen,
Erzählungen.
    V: Sterne überm Asphalt, G. 32; Spreu
u. Weizen, G., Erzn., Satn., Nörgeleien
79. — **MV:** Familienkino Bd. 2 79.
    R: Freunde streiten sich um ein Kalb,
Hsp.; Familienkino T. VI 79. ( )

Fischer, Peter, Gymn.lehrer; VS 71;
Arb.stip. NRW 73; Werkkr. Lit. d.
Arb.welt 68; Dohne 15 c, D-4330
Mülheim/Ruhr, Tel. (0208) 33750
(Königsberg 9.12.34). Drama, Hörspiel,
Reportage, Prosa, Lyrik, Essay.
    V: Asche in Moll. Th.st. 53; Schön ist
Nofretete auch ohne Nasenstück, G. 57.
    MA: Ein Baukran stürzt um, Rep. 70;
Rhein. Read-in, G. 70; Literatur-
soziologie, Aufs. 71; Gastarb.-Mitbürger,
Rep. 71; Schrauben haben Rechts-
gewinde, G. 71; Revier heute, G. 72;
Ruhrpottbuch, Pr. 72; schwarz auf weiß
7, Rep. 74; In den Sand geschrieben,

Rep. 74; Sie schreiben zwischen Moers
und Hamm, Pr. 74; Im Bunker — 100mal
Literatur unter der Erde, G. 74; Mit 15
hat man noch Träume, Rep. 75; Wir
lassen uns nicht verschaukeln, Re. 78;
Nicht m. d. Wölfen heulen, G. 79.
    MH: Reportagen u. Kampftexte zum
Beispiel (In: Akzente 4, 70); Ihr aber
tragt das Risiko, Rep.-Samml. 71; Ein
Nachtarbeiter, Pr. 73; Hierzulande —
heutzutage 76; Das Faustpfand -
Geschichten a. d. Werkkreis 77.
    R: Kill Sharon T. in Reinschrift, Hsp.
    Lit: Erasmus Schöfer in: Ein Baukran
stürzt um 70; J. Schmidt: neues
rheinland 6 70; H. L. Arnold: Gruppe 61
72; P. Kühne: Gruppe 61 — Werkkreis
72; P. Bichsel: Ein Wettbewerb d. SWF u.
e. neue Form d. Jgdsend. 73; H. Hensel
u.a.: 10 Jahre Werkkr. Lit. d. Arb.welt —
Mat., Untersuch., Stellungn. 79; H.
Bender: Zeitverwandtschaft — 25 Jahre
Akzente 1 - 2, 79. ( )

Fischer, Rudolf, Puppenspieler,
Schriftsteller; Heinrichstr. 181, D-6100
Darmstadt, Tel. (06151) 47337 (Frankfurt
a.M. 27.4.20). Puppenspiele für Kinder
und Erwachsene, Fernsehspiele.
    V: Der Spatz vom Wallrafplatz, Kin-
derb. 71; Ein Narr erzählt; Das Haus der
Zivilisation; Narren unerwünscht; Das
Hemd eines Glücklichen, alles
Puppensp. f. Erw. u. v. a. f. Kinder; Ein
aufregender Geburtstag; Wer ist der
Dritte?; Puppenspiele 82.
    F: Gerechtigkeit 75; Höhlen 75; Die
silberne Flöte 76; Die Eisenbahnhexe
76; Verdacht 77.
    R: Der Spatz vom Wallrafplatz; Groß-
mutter hat Geburtstag; Callidus 1 - 6 76;
Gelb ist häßlich 76; Der Wolf u. die Frau
77; Dreimal täglich hexen 77; Kleines
Pech m. großen Folgen 77; Der
elektrische Bruder 79; Das könnt ihr
doch m. Großvater nicht machen 80,
alles Fsf; Deutsche Puppenbühnen, 20 F.
82/83; Traumberuf Puppenspieler 83;
Der grüne Rauch 83; Das Geständnis 83.
    S: Maxifant u. Minifant 77; Der Wolf
u. die Frau 77.

Fischer, Ruth, s. Dichtl, Ruth.

Fischer, Siegfried, c/o Verlag Neues
Leben, Berlin (Ost).
    V: Der Fall Courbet, R. 80, 82. ( )

Fischer, Thea, Journalistin,
Kulturredakteurin i.R.; DJV; Wasserstr.
495, D-4630 Bochum 1, Tel. (0234) 431518
(Bochum 17.12.07).

V: Meine Strecke mit Puppi, Prosa-Erz. 81; Zeichen am Wege, Kurzerzn., G., Sat. 83.

Fischer, Wolfgang Georg, Dr. phil., Kunsthistoriker und Kunsthändler; Öst. P.E.N.-Club, Intern. P.E.N. London; Charles Veillon Preis 70, Förderungspreis d. Stadt Wien f. Lit. 59, Fs.pr. d. Öst. Volksbild. 80, Öst. Ehrenkreuz f. Wiss. u. Kunst 1. Kl. 81; 49 Carlton Hill, London NW 8, Tel. (01) 6243850 (Wien 24.10.33). Roman, Lyrik, Essay. **Ue:** E.

V: Wohnungen, R. 69, 72 (auch engl., franz., poln.); Möblierte Zimmer, R. 72, 79 (auch poln., engl.); Die Zuckerzwerge, Kinderb. 76 (auch engl.) 75. — **MV:** The World of Kafka, Anth. 80.

MA: Anth. of Modern Austrian Lit. 81; Klagenfurter Texte 1982 82.

MH: Bilderbogengeschichten, Anth. 74, 76.

R: Egon Schiele, Dok.fsp. 80.
Lit: R. Heger: Der Österr. Roman des 20. Jhdts 71; R. Glaser: Sigmund Freuds Zwanzigstes Jahrhundert 76; P. Kruntorad: Prosa in Österreich in Kindlers Lit.gesch. d. Gegenwart 76.

Fischer-Abendroth, Wolfdietrich, Dipl.-Sozialarbeiter, Publizist, Erz.wiss., D-4712 Holthausen 53, Tel. (02599) 1665 (Essen 13.4.41). Lyrik, Märchen u. Sagen, Roman.

V: Der Ring der Piscators, M., Sagen u. Legn. 78; Die Vigilanten v. Duisburg, R. 79; Ragnarök — Variationen üb. d. Angst, G. u. Kurzgeschn. 80; Die Weise v. Liebe u. Kampf, N. 82; Führungsstile, Sachb. 83.

H: cadet, Jahresbde/Jgdzs. 80, 81, 82.

Fischer-Fabian, Siegfried, Dr. phil; Sonnenhof, D-8137 Aufkirchen/Starnberger See, Tel. (08151) 51126 (Bad Elmen 22.9.22).

V: Mit Eva fing die Liebe an, Geschn. 58; Venus mit Herz und Köpfchen 59; Müssen Berliner so sein ... 60; Hurra, wir bauen uns ein Haus 65; Liebe im Schnee, R. 65; Deutschland kann lachen 66; Das Rätsel in Dir 66; Traum ist rings die Welt 67; Schätze, Forscher, Abenteurer 72; Berlin-Evergreen 73; Europa kann lachen 73; Geliebte Tyrannen 73; Aphrodite ist an allem schuld, R. 74; Die ersten Deutschen 75; Die deutschen Cäsaren 77; Das goldene Bett, R. 78; Preußens Gloria 79; Die dt. Cäsaren im Bild 80; Preußens Krieg u. Frieden 81; Herrliche Zeiten 83.

Fischer-Föbus, s. Fischer, Karl Georg.

Fischer-Hollweg geb. Freiin von Diepenbroick-Grüter, Brigitte, Dr. phil., freie Schriftstellerin (Posen 19.5.42). Kunstgeschichte Südamerikas, Jugendbücher, Übers. **Ue:** F, S.

V: Alexander Kanoldt und die Kunstrichtungen seiner Zeit 71; Coquena aus Peru, Jugend-R. 79.

Ue: A.P. Bastien: Von der Schönheit der Pfeife 76.
Lit: Neue Wirklichkeit — Surrealismus und Neue Sachlichkeit in: Tendenzen der Zwanziger Jahre 77. ( )

Fischer-Tschöp, H. G., s. Fischer, Heinz.

Fischle-Carl, Hildegund, Dr. phil., Dipl.-Psychol., Psychotherapeutin; Hohenbühlweg 37, D-7300 Eßlingen am Neckar, Tel. (0711) 371590 (Stuttgart 7.11.20). Essay, psychologisches Material f. Hörspiele.

V: Spuren die bleiben, Reisebilder; Aufstand der Jugend; Erziehen mit Herz und Verstand; Alltag mit unseren Kindern; Freiheit ohne Chaos; Kinder werden Mann und Frau; Wege zum Du; Sexualverhalten und Bewußtseinsreife; Fühlen was Leben ist; Sich selbst begreifen; Das schöne schwere Miteinander; Kleine Partner in der großen Welt; Lust als Steigerung des Daseins 80; Das Ich in seiner Umwelt 82.

van Fisenne, Otto (Ps. Paul Verbeek), Dr., Journalist u. Schrifsteller; Alsterkrugchaussee 184, D-2000 Hamburg 60 u. Krayerhof 2, D-5470 Andernach 14, Tel. (040) 513434 (Köln 18.7.30). Lyrik, Novelle, Essay, Kurzgeschichte.

V: Theodor Storm als Jurist 59; Der Sekundenzeiger. Ausgew. G. 60; Geschichten vom Pichtermännchen, Kdb. 81.

MA: ständ. Mitarb. an Zss. u. Ztgn, auch auf d. Gebiet d. Lit.- u. Kunstkritik.

Fißlake, Lieslotte, Hausfrau; Insel 26, D-7910 Neu-Ulm, Tel. (0731) 73293 (Straßburg i.Els. 19.7.14). Lyrik.

V: Regenbogenlieder 76; An seidenem Faden 80.

Fittkau, Gerhard, Dr.theol., Prof., apostol. Protonotar; Tiergarten 17, D-4300 Essen-Werden, Tel. (0201) 493214 (Tollnigk/Ostpr. 11.5.12). Erlebnisbericht. **Ue:** Am, D, I, Port, Rät, S, Ind (Malayalam).

V: Mein dreiunddreißigstes Jahr 57, 82 (auch am.).

Fitzbauer, Erich; P.E.N.; Präs. d. Int. Stefan-Zweig-Ges. Wien 57 — 65;

Guggenberggasse 17, A-2380
Perchtoldsdorf, Tel. (0222) 868180 (Wien
13.5.27). Novelle, Essay, Lyrik,
Erzählung.

V: Keiner kennt den andern, Erzn. 68;
Windrad, Mond u. magischer Kreis.
Griech. Impressionen u. Phantas-
magorien, Erz. u. G. 73; Der Kübelreiter.
Variationen zu Kafka, Erz. 76; Heiter bis
Regen, G. u. Aphor. 76; Zikadenschrei u.
Eulenruf. Neue griech. Impress., G. 77;
Auf Suche nach Bolko, Erz. 78; Die
reißende Zeit, G. 78; Alle Ratten von
Bord, Erz. 78; Kassiopeia, G. 79;
Namenlose Landschaften, Ess. 79; Mond
im Kleinen Bären, G. u. Kurzprosa 79;
Axl Leskoschek und seine Buchgraphik,
Ess. u. Bibl. 79; Botschaften, G. 80; Das
Phänomen Stefan Eggeler, Ess. 80; Die
einen u. die andern, G. 81; Der Auftrag,
Erz. 81; Durch Städte u. Landschaften,
Ess. u. G. 83; España, Ess. 83; Herz auf d.
Hand, G. 83.

H: Stefan Zweig: Spiegelungen einer
schöpferischen Persönlichkeit 59; Durch
Zeiten und Welten 61; Fragment einer
Novelle 61; Im Schnee 63; Der Turm zu
Babel 64; Frühlingsfahrt durch die Pro-
vence 65; Die Hochzeit v. Lyon 80.

Fitzthum, Germund,
Zeremonienmeister; Ratschkygasse 40/
21, A-1120 Wien (Wien 19.8.38).
Aphoristik.

V: Capriolen aus spitzer Feder, Aphor.
76; Der Literat im Caféhaus, Aphor. 80;
Salonblüten, Aphor. 83.

Flach, Siegfried, Realschullehrer; Am
Hoelzle 12, D-7867 Wehr/Bad., Tel.
(07762) 8318 (Falkenstein/Vogtld. 13.9.47).
Kurzprosa, Lyrik.

V: Collagen, Kurzprosa 78.

Flachsmeier, Horst R., Dr. theol., Dr.
med., Pastor, Arzt; Ludolfstr. 64, D-2000
Hamburg 20, Tel. (040) 478703 (Deutsch-
Eylau 13.7.24).

V: David Livingstone: Missionsarzt u.
Afrikaforscher 60; Geschichte d. ev.
Weltmission 63; Pioniere d. Mission 63;
Nigerian. Tagebuch 64; Ärztlicher Alltag
in Afrika 64; Ein brennend Herz. Das
Leben John Wesleys 65; Missionsarzt im
afrikan. Busch 66; Ärztlicher Alltag in
Übersee 72, erw. Aufl. 73; Taube hören,
Sprachlose reden 77; Ärztlicher Alltag
in d. Dritten Welt 79; Wir gratulieren
Ihnen 81. ( )

Flade, Gerald, Theologe; Haspel 22a,
D-3407 Bremke, Tel. (05592) 1330
(Cottbus/DDR 5.8.57). Lyrik.

V: Durch Jericho läuft ein Gerücht,
Geschn. aus d. NT. in Balladenform, Lyr.
82.

Flade, Lieselotte *

Fladl-Martinez, Peter; Forum
Stadtpark Graz 77; Staatsstip. f. Lit.,
Bdesmin. f. Unterr. u. Kunst, Wien;
Alplstr. 43, A-8670 Krieglach, Tel. (03855)
2007 (Bruck a. d. Mur 19.2.54). Roman.

V: Fünf Variationen über die Nacht
77.

Fladt, Albrecht, Redakteur; Mitträger
d. Preises "Werke f. d. Jugend" 53; Am
Waldsaum 22, D-4930 Detmold, Tel.
(05231) 88525 (Stuttgart 16.4.21). Novelle,
Märchen, Hörspiel, Libretto, Essay.

V: Die Zauberbrücke, M. 49; Marleen
u. Dreiteufelsspuk, 2 Libr. 54; Antlitz des
Geistes, Ess. 61.

Flak, Gisela, Sachbearbeiterin; Kg.;
Lyrikpr. Witten 76; Autorenkr. Ruhr-
Mark e.V.; Mauerstr. 58, D-4000
Düsseldorf 30, Tel. (0211) 492651
(Breslau 22.11.23). Lyrik, Kurzprosa.

V: Hinter dem Gitter meiner Hände,
G. 63; Setze ein Kreuz für Liebe, G. 77;
Heute, sagt eine Stimme ..., Lyr. 81.

MA: Boje im Sturm 58; Liebe,
menschgewordenes Licht, Lyr. 64;
Spuren d. Zeit Bd. 1 - 4, Lyr. 62 - 69;
Ruhrtangente, Lyr. 72; Lichtbandreihe
Nr. 3, 5, 6, Lyr., Aphor. 76; Diagonalen,
Prosa 76; Alm. 77, Lyr., Prosa 77;
Spiegelbild, Lyr., Prosa 78; Bewegte
Frauen, Prosa 77; Anfällig sein, Lyr. 78;
Schritte der Jahre, Lyr. 79, alles Anth;
Lyrik 80 81; Wie es sich ergab, Lyr. 81;
Almanach 82, Lyr. 82; Begegnungen u.
Erkundungen, Lyr. 82; Flowers of the
Great Southland, Lyr. 82.

Flambusch, Peter, s. Grünhagen,
Herbert.

Flatow, Curth; VS; Präs. D.U.; Am
Hirschsprung 60A, D-1000 Berlin 33, Tel.
(030) 8313481 (Berlin 9.1.20). Film, Hörspiel, Theaterstück, Kabarett.

V: Das Fenster zum Flur, Stück; Vater
einer Tochter; Cyprienne oder Scheiden
tut nicht weh; Das Geld liegt auf der
Bank; Boeing - Boeing - Jumbo Jet; Der
Mann, der sich nicht traut; Striptease
im Löwenkäfig und andere "nackte
Tatsachen", G. 75; Durchreise, u.a.

F: Wenn Männer schwindeln 50; Der
Onkel aus Amerika 52; Das Fräulein
vom Amt 54; Liebe, Tanz und 1000
Schlager 55; Das einfache Mädchen 57;
... und abends in die Scala 57; Der
Pauker 58; Der Gauner und der liebe
Gott 60; Meine Tochter und ich 63.

R: Der letzte Weihnachtsbaum; Beinah' friedensmäßig; Ein Spieß wird umgedreht; Die Theaterkrise findet nicht statt; Zu herabgesetzten Preisen; Nackte Tatsachen; So leben wir; Ein Film für sich; Die Rückblende, alles Hsp.; Die eigenen vier Wände, Fsp.; Zwischenmeisterin Gertrud Stranitzki; Ida Rogalski; Preussenkorso; Ein Mann f. alle Fälle; Schuld sind nur die Frauen; Das Bett; Kein Mann zum Heiraten; Ich heirate eine Familie.

Flattner, Herbert, s. Scheriau, Herbert.

Fleck, Herbert, Dr.phil.; Literar-Mechana 75; Literaturstip. d. Salzburger Ldesreg. 76, Öst. Staatsstip. 78/79, Buchprämie d. Bdesmin. f. Unterr. u. Kunst 80, A-8062 Kumberg 194, Tel. (03132) 2937 (Wien 8.3.41). Roman, Erzählung, Drama, Hörspiel.
V: Die Stadt, R. 80; Der Weg an d. Grenze, Erzn. 82.
MA: Die Feder, ein Schwert? 81; Kein schöner Land 82, beides Anth.
R: Carl und das Skelett, Hsp. 78.

Fleck, Rosemarie, Dr.sc.pol., Parlamentarierin a.D.; Forstweg 82, D-2300 Kiel, Tel. (0431) 332474 (Halle/Saale 5.9.21).
V: Die Frau Abgeordnete hat d. Wort... 75.

Fleddermann, Willi (Ps. Manfred Wilden); Beamter; GEMA; 3. Preis f. lit. Arbeit b. Jgd. Wettbewerb anläßlich d. 11. Dt. Ev. Kirchentages; arjupust, Vorsitz. seit 66, RSG 74, Osnabrücker Literaturgruppe 76; Oberfeldweg 7, D-4983 Kirchlengern 1, Tel. (05223) 84783 (Bünde 7.3.45). Lyrik, Kurzgeschichte, Essay, Fernsehfilm, Hörspiel, Roman, Kinderbuch.
V: So isses recht, Prosa 69; Leben und Erwachen, Lyrik 74; Wie der Funkenkobold unsichtbare Prügel bekam, Prosa 79. — **MV:** Texte durch Drei, Prosa, Lyrik 74.
MA: Ruhrtangente 74; Quer 74; Schreibfreiheit 79; Osnabrück 80, u.a.
MH: Literarisches Spektrum 71.
S: Mein Weg zu Dir 78; An den Ufern d. Zeit 82; u.a.

Flegel, Sissi, Lehrerin; Eibenweg 10, D-7318 Lenningen, Tel. (07026) 7286 (Schwäbisch Hall 18.8.44). Kinder- und Jugendbuch.
V: Tatort Familie 82; Treffpunkt Internat 83, beides Kd.- u. Jgdb.

Flegel, Walter; Staatspr. f. künstler. Volksschaffen 61, 66, Theodor-Körner-Pr. 72 (Freiburg 17.11.34).
V: Wenn die Haubitzen schießen, R. 60; In Bergheide und anderswo, Erzn. 66; Der Regimentskommandeur, R. 71, 78; Der Junge mit der Panzerhaube, Kinderb. 72; Soldaten, Sch. 74; Draufgänger, Bü. 75; Ein Katzensprung 76; Pflaumenwege im September 78, 82; Es ist nicht weit nach Hause, Erz. 78; Es gibt kein Niemandsland 80, 83.
R: Bericht beim Kommandeur, Hsp. 71; Der Regimentskommandeur, Fsp. 72; Übung im Gelände, Hsp. 73. ( )

Fleig, Volker *

Fleiner, Horst R. *

Fleischhack, Marianne; Sandmännchenweg 32, DDR-7030 Leipzig, Tel. (041) 871335 (Dessau 21.3.96). Biographie, Essay.
V: Deutsche Mütter, biogr. Ess. 40, 43; Sonnenstrählchen auf dem Weg ins Kinderherz 48; Sternfensterchen 48; Wißt ihr noch, wie es geschehen 63; Helene Schweitzer 65, 73; Sein Bauernmädchen 66, 70; Ich suche eine Tür ins Leben, Biogr. Ess. 68, 74; Erfüllte Leben, Biogr. Ess. 71, 79; Frauen als Partner, Biogr. Ess. 76, 79; Elisabeth Fry. Botschafterin d. Barmherzigkeit 80.
H: Anselm Feuerbach: Ein Vermächtnis 24; Christliche Lyrik, Anth. 54; Ludwig Richter: Lebenserinnerungen 56, 59; Leo Tolstoi: Erzählungen und Legenden 60; Bei fröhlichen Leuten, Anth. 60, 75; Herberge der Fröhlichkeit, Anth. 62, 69; Mit Willen dein eigen, Braut- u. Ehebriefe 70; Mütter, Anth. 73, 76.

Flemmer, Walter, Dr.phil., Journalist, Koordinator u. Stellvertr. d. FsDir. f. d. Programmgruppe Kultur u. Familie im Bayer. Rdfk.; Bussardstr. 1, D-8044 Hollern, Tel. (089) 3105222 (München 26.3.36). Roman, Erzählung, Lyrik.
V: Kinder vor d. Flimmerkiste, Sachb. 74; Verlage in Bayern. Gesch. u. Geschn. Sachb. 74; Das Messer im Leib der Puppe, R. 80. — **MV:** Die Regengeschichte; Die Fischgeschichte; Die Rattergeschichte; Die Diebsgeschichte, alles Kinderb. 71.
H: Joh. Gottfried Herder: Schr. 60; Deutsche Balladen 61, 5. Aufl. 75; August Wilhelm Schlegel: Schr.; Wilhelm von Humboldt: Schr. 64; Achim v. Arnim: Erzn.; Clemens Brentano: Ausgew. Werke; Annette von Droste Hülshoff: Gedichte. Die Judenbuche u. a. Ausgaben v. Werken klass. dt. Dichter.

Flemming, Reinhard *

Flensburg, Ruth, s. Held, Christa.

Flesch, Hans Werner, Lektor; Erfurter Str. 7, D-4030 Ratingen West, Tel. (02102) 41304 (Oberhausen/Rhld. 6.12.26). Roman, Lyrik, Sachbuch.
V: Magaluf, R. 77; Nur ernst gemeinte Zuschriften erbeten. Ehe, Freundschaft u. Sex in Inseraten, Sachb. 82. — **MV:** u. H.: H.D. Nicolaisen: Die Flakhelfer. Luftwaffen- u. Marinehelfer im Zweiten Weltkrieg 81.
H: Guiness Buch d. Rekorde 81; Grimmelshausen; Ewig währender Kalender d. Simplicissimus 82.

Flesch von Brunningen, Hilde, s. Spiel, Hilde.

Flex geb. Wildner, Hilde; Preis f. künstler. Volksschaffen 71, c/o Hinstorff Verlag, Rostock (Reichenau 16.4.21).
V: Vierzehn Rosen. Neun Geschn. in einer 66, 81; Unterm Schrank liegt eine Mark, Kinderb. 70; Zimmer acht, R. 71, 76. ( )

Flieg, Helmut, s. Heym, Stefan.

Flieger, Jan, Ing.-oec., Ingenieurökonom; SV-DDR 81; Max Metzger Str. 1, DDR-7022 Leipzig, Tel. (041) 57769 (Berlin 10.12.41). Kurzgeschichte, Lyrik, Roman, Hörspiel.
V: Polterabend, Kurzgeschn. 81, 83; Flucht über die Anden, Kdb. 81, 83; Die ungewöhnliche Brautfahrt und andere Geschichten, Kurzgeschn. 83. — **MV:** Floßfahrt, m. Peter Tille, G. 77.
MA: Mit Kirschen nach Afrika, Anth. 82.
R: Der Weg über die Anden; Die Schlangenschlucht; Die verschwundene Herde; Der Junge und der Zauberer; Die Nacht in der Höhle; Die Mühle am Moor; Das Geheimnis der Schilfinsel; Das Tandem, alles Kd.-Hsp.

Flierl, Resi *

Fliess, Gerhard, Schriftleiter i. R.; Mertens-Platz 5, D-3250 Hameln 1, Tel. (05151) 28321 (Aschersleben 13.12.04). Lyrik.
V: Kinder macht nicht solche Wellen!. Heitere Zeitkritik in Versen 60; Paradies mit kleinen Fehlern, Heitere Verse 74.

Flim, s. Link, Erich.

Flinker, Robert; c/o Walter-Verl., Freiburg i.Br.
V: Fegefeuer, R. 83. ( )

Flinspach, Peter, s. Marx, Karl T..

Floorman, Bert, s. Grasmück, Jürgen.

Flor, Claude, s. Krabbe-Flor, Liese-Lotte.

Flor, Erwin, s. Rolf, Ewald.

Floß, Rolf, Transformatorenbauer; SV-DDR 70; Hans-Marchwitza-Pr. d. Akad. d. Künste d. DDR 71, Martin-Andersen-Nexö-Pr. 77; Pfeifferhannsstr. 19/1406, DDR-8019 Dresden, Tel. (051) 693631 (Dresden 11.9.36). Roman, Novelle.
V: Irina, Erz. 69, 77; Bedenkzeit, R. 75, 76 (russ. 79); Tanzstunden e. jungen Mannes, R. 79, 80 (russ. 83). — **MV:** Mein anderes Land. Zwei Reisen nach Vietnam, m. Helmut Richter 76.
R: Reisefieber, Fsf. 71.
Lit: Weimarer Beiträge 4/76, 5/82.

Flück, Doris, s. Horisberger, Doris.

Flügel, Heinz, Mitarb. Ev. Akad.; VS, P.E.N.-Club; Essaypreis d. Stiftg. z. Förderung d. Schrifttums 60; Traubinger Str. 18, D-8132 Tutzing, Tel. (08158) 433 (São Paulo 16.3.07). Essay, Hörspiel.
V: Mythen und Mysterien, G. 30; Verzauberte Welt, Nn. 37; Wölund, Dr. 38; Albwin und Rosimund, Dr. 39; Finnische Reise 39, 51; Tragik und Christentum, Ess. 40; Geschichte und Geschicke, Ess. 46; Mensch und Menschensohn, Ess. 47; Zweifel, Schwermut, Genialität, Ess. 52; Schalom, Dr. 53; Zwischen Gott und Gottlosigkeit, Ess. 57; Herausforderung durch das Wort, Ess. 62; Der Hahnenschrei, Hsp. 62; Konturen des Tragischen, Ess. 65; An Gott gescheitert, Hsp. 67; Die Botschaft des Partisanen, Hsp. 69; Grenzüberschreitungen, Ess. 70; Un-Zeit-Genossen, Hsp. 73; Wieder-Holungen, Hsp. 77; Im Schatten d. babylon. Turms, Ess. 80; Bekenntnis z. Exodus, Ess. 83.
MA: Der emanzipierte Teufel, Ess. 74; Der babylonische Turm, Ess. 75; Die Bedeutung Paul Tillichs, Ess. 76; Imago Linguae, Ess. 77; Ich habe einen Traum, Ess. 78; Israel hat Gott zum Trost, Ess. 78; Haus in d. Zeit, Ess. 79; Mein Gott, Ess. 79; Einsamkeit, Ess. 80; Assoziationen, Ess. 80; Frieden, Ess. 81; Große Gestalten d. Glaubens, Ess. 82.
H: Ue: Kullervo, ein finnisches Heldenlied 39.
S: Judas und der Blinde 61; Jeremia 62; Die Heimkehr 65; Am Anfang des Leidensweges; Der Zweifler, 66; Wort zur Antwort; Die Gottesfrage in d. Lit. heute 69.
Lit: Benennen und Bekennen 72.

Flügel, Rudolf, Dr. oec. publ.; Schwabinger Kunstpreis f. Literatur, Tukan-Preis 71, Ernst Hoferichter-Preis 77; Senator d. Halkyonischen Akad.; Terhallestr. 51, D-8000 München 9, Tel. (089) 645330 (München 22.1.97). Novelle, Roman.
V: Der Kreuzottergarten, Nn. 46; Adieu Bohême, R. 61.
H: Lebendiges München, Festb. der Stadt München 58; Peter Paul Althaus, Samm.-Bd. d. Dicht. 72. ( )

Flügler, Ursula, ObStudR.; Friedrichstr. 38, D-7600 Offenburg, Tel. (0781) 30448 (Baden-Baden 22.2.40). Lyrik.
V: Erstes Lateinbuch, G. 77. –
MV: Literatur im alemann. Raum 78.
MA: In diesem Lande leben wir, G. 78; Papagena – vogelfrei, Lyr. II 80.

Flut, Franz, s. Luft, Friedrich.

Fochler-Hauke, Gustav, Dr.phil. habil., UProf.; Adelheidstr. 25 c, D-8000 München 40, Tel. (089) 2618925 (Katharein/Österr.-Schles. 4.8.06). Essay, Reisebuch.
V: ... nach Asien: Vom Abenteuer zur Wissenschaft 51; Am Anfang schuf Gott Himmel und Erde 55; Weltbild in Farben 58; Länder und Völker im XX. Jahrhundert 59; Das politische Erdbild der Gegenwart I 68, II 70; Die Welt unserer Zeit I - III 75 - 77.
H: V: Der Fischer Weltalm. 59 (Begr.) – 82.
Lit: W. Czajka: Gustav Fochler-Hauke zum 65. Geburtstag 71.
s. a. Kürschners GK.

Fock, Eugen, s. Berendt, Gerd.

Fock, Holger, Stud. d. Theaterwiss., Germ.; AGAV 76; Bavariaring 43, D-8000 München 40, Tel. (089) 779395 (Ludwigsburg 15.8.58). Lyrik, Essay, Übers. **Ue:** F.
V: Mauerläufer, Ein Zyklus, G. 78. ( )

Föhren, Klaus, s. Klippel, Hermann.

Földy, Reginald (Ps. Georg Cornelius), Dr. phil., Prof., Journalist, Schriftsteller, Univ.-Lektor, Vorst.Dir.; Filmpreisträger d. Stadt Wien 53; Präs. d. österr. Ges. f. Kommunik.wissensch.; Sarastroweg 7, A-1190 Wien, Tel. (0222) 475160 (Wien 8.6.27). Wiss. Aufs., Essay, Film, Hörspiel, Audovisuelle Medien. **Ue:** E.
V: Wunder der modernen Medizin 48, 54; Ideologische Leitbilder der politischen Massenbeeinflussung; Volkskunst und Kunstgewerbe; Erkenntnisse des Hinduismus; Die Vernunft im Exil;

Soziopathologie, Aufsätze u. Ansätze zur Zeitdiagnostik; Kollektive Depression.
F: Weiße Schatten 53.
R: Sieg der Menschlichkeit; Die Seele zerbrach, Van Goghs Leben; Semmelweis, Retter der Mütter; Amerika - Heißer Atem; Indien, Götter und Not; Virchow; Unser Sohn; Die Höllenmaschine; Verfehlung einer Nacht; Espresso-Melodie; Das Singen der großen Stille, alles Hsp.; Autofahrer unterwegs, IIf.

Foellbach, Lena; UNIMA 59, SV-DDR 62; Joh. R. Becher-Medaille in Bronze 65; Koßfelder Str. 12, DDR-2500 Rostock, Tel. 27188 (Braunsdorf Kr. Dresden 19.5.16). Hörspiel, Theater, Fernsehfunk, Erzählung.
V: Ein halbes Jahr geht schnell vorbei, Jugendsch. 61; So eine reizende Familie, Kom. 62; Großvater wo steckst du?, Kinder-Weihnachtssp. 63; Du liebe Zipfelmütze. Neue Kaspergeschichten 68; Das Märchen v. Salzigen Quell, Kinderst. 69; Winterfreude f. Kleine Leute, Kdsp. 70; Die Schatulle von Opole, Spiele n. poln. Volksmund 73; Spiele im Sommer 74; Jahresringe, Schausp. 74; Der habgierige Richter, Spiele n. M. d. Völker d. Sowjetunion 75; Gulbrand vom Berge, Sp. n. skand. M. 75; Es war einmal kein König, Märchensp. 77, 80; Der Dorfheld (Afrika) 77; Pflaumen für Kehricht (Südeuropa) 78, beides Spiele n. M. d. Völker; Kapitän Pudelmütze, Puppensp. 79; O du lieber Nudelbeck, Puppensp. 79; Bruder Florian, Libr. Kinderoper 80. – **MV:** Die bunte Puppenkiste 56 III; Wir spielen d. d. Jahr, 4. Sp. m. Orffscher Instr.; Tischlein deck dich, Msp. 57; Schneeweißchen u. Rosenrot, Singsp. 58.
H: Spielt alle mit 55. - **H** u. **MV:** Fröhliche Leut zur Winterszeit 57 – 61. - **MH** u. **MV:** Spielen, Lachen, Freude machen 56 – 66; Die bunte Puppenkiste, Puppensp.-Sammelbde 56 – 70. –
MH: D. Schulfeierb. 59 – 66, alles Sammelbde.
F: Jochen Schlendrian, Pupp.trickf. 59; Jochen Fängtnuran, Pupp.trickf. 60.
R: 12 Fsp. 64 – 65; Aufregung im Puppentheater, Hsp. 66; Jahresringe, Hsp. 76. ( )

Foelske, Walter, c/o Verlag Rosa Winkler, Berlin (West).
V: Anatomie eines Gettos, Erzn., Hungerzyklus, Fallbeil-Finale 80. ( )

Foerg geb. v. Thun-Hohenstein, Gertrud (Ps. J. M. C., Gertrud Foerg-Thun, gft), Hausfrau; V.S.u.K.; Meinrad-

Lienert-Medaille, Basel, Plesse-Anker, Bovenden; Vizepräs. d. Turmbdes 82, Tiroler Mundartkreis, Josef-Reichl-Bund, Der Kreis, Kr. d. Freunde, A-6020 Innsbruck (Schwaz 5.4.37). Lyrik, Prosa, Mundartgedichte.
V: Du und du ah, G. in Mda. 75; Begrent, G.; Photonen im Staub eurer Straßen; Lohnt si des gspiel no?, beides Mda.-G.
MA: zahlr. Anth., Zss. d. In- u. Ausldes.
H: Kleine Mundartreihe (d. Turmbundes).
R: versch. Rdfk-Sdgn im In- u. Ausld.

Foerg-Thun, Gertrud, s. Foerg, Gertrud.

Förster de J., Maria, s. Januzys, Maria.

Förster, Joachim, s. Anger, Martin.

Foerster, Rolf Hellmut, Schriftst.; P.E.N. 73; Schubart-Literaturpreis 74, Jahresstip. d. Min. f. Wiss. u. Kunst Bad.-Württ. 80, Stip. d. Kunststift. Bad.-Württ. 80; Zum Hofgut 1, D-7750 Konstanz 19 (Wallhausen), Tel. (07533) 6199 (Karlsruhe 18.6.27). Funk-Essay, Feature, Sachbuch (Gesch., Kulturgesch., Politik). **Ue:** E, F.
V: Europa 67; Die Rolle Berlins im europ. Geistesleben 68; Das Leben i. d. Gotik 69, 77; Die Welt d. Barock 70, 77; Revolution in Dtschld 71; Zwischen Erde und Unsterblichkeit 80; Das Barockschloß 80. — **MV:** Kl. Hdb. d. dt. Gegwlit. 67; Das gute Maß 68; Politik für Nichtpolitiker 69; Zu dumm für die Zukunft? 71.
H: Die Idee Europa 1300 - 1946 63; E. Sieyès: Abhandl. üb. d. Privilegien. Was ist der dritte Stand? 68.
R: Die Königstochter u. d. Stier, Hb., 65; Das Erbe d. Vielfalt, Ess. 67; Um Heller und Pfennig 68; Die wunderlichen und wahrhaftigen Gesichte des Johann Michael von Moscherosch, Hsp. 69; Liberalismus in Deutschld. 72; Humanität ohne Mythos 73; Konservatismus in Dtld 73; Haß als Motor d. Geschichte 75; Biologie od. Ideologie? 75; Mythos, Kultur u. Gewalt 75; D. Suche nach d. Einheit in d. Natur 75; Canossagänge 77; Biologie u. Politik 77; Die Flucht vor der Vernunft 79; Ein Jegliches nach seiner Art 79; Der ungeliebte Prometheus 80; Religion als Waffe 80, alles Ess.; Beaumarchais, Hb. 78; Arizona, Hb. 80; Kalifornien, Hb. 81; Über d. Friedensfähigkeit d. Menschen 81; Ist Fortschritt unmenschlich? 82; Darwin u. d. Folgen 82; Die Grenzen d.

Macht 82; Europa im Rückspiegel 83; Der Zug zur Sonne, Hb. 82.
Ue: Khushwant Singh: Mano Majra u. d. T.: Die Brücke am Satledsch 57; Anais Nin: A Spy in the House of Love u. d. T.: Sabina 60, u. d. T.: Spion im Haus der Liebe 72; William Sansom: Zwischen den Dahlien. 10 Stories 60; Sarvepalli Radhakrishnan: East and West, u. d. T.: Wissenschaft und Weisheit 61; Samuel B. Charters: Die Story vom Blues 62; Irvin Shaw: Zwei Wochen in einer anderen Stadt 62; Guthrie Wilson: Die Unbestechlichen 62; John Steinbeck: Meine Reise mit Charley 63; Arnold J. Toynbee: Die Zukunft des Westens 64; R. F. Delderfield: A Horseman Riding By, u. d. T.: Das Tal der Craddocks 70; ders.: Die Swann-Saga, 3 Bde. 72 — 74; Alan Palmer: Metternich 77.

Foerster, Talitha, Dipl. Bibliothekarin; IGdA; Christliche Autorinnengruppe, Heilbronner Autorengruppe; Waldstr. 20, Hirrweiler, D-7101 Löwenstein, Tel. (07130) 6259 (Jena 21.5.20). Kurzprosa, Essay.
V: Lächelnde Lese, Kurzprosa 83; Signale des Reisens, Kurzprosa.
MA: ...und mit euch gehen in ein neues Jahr, Erz. 80; Gauke's Jb. 83; Jb. d. Christl. Verl.; Schwäb. Heimatkal.; Badische Heimat.

Förster, Wieland, Bildhauer, Grafiker; Kollwitzstr. 10, DDR-1055 Berlin, Tel. 2818086 (Dresden 12.2.30). Lyrik, Novelle, literarisches Tagebuch.
V: Begegnungen. Tageb., Gouachen u. Zeichn. einer Reise in Tunesien 74, 77; Rügenlandschaft - Hommage à Caspar David Friedrich 74, 75; Die versiegelte Tür 82.
MA: Geschichten aus d. Gesch. d. DDR 1949-1979 81.
Lit: Claude Keisch: Wieland Förster, Plastik u. Zeichnung 77; Ausstell.katalog W. F., Staatl. Museen z. Berlin/DDR, Nationalgalerie u. Akad d. Künste d. DDR, Berlin 80.

Förster, Wolfgang, s. Muhrmann, Wilhelm.

Folberth, Otto, Dr. phil., Prof. i. R.; Preis d. Südostdt. Kulturwerkes, München 55, Georg Dehio-Preis d. Kg. (Ehrengabe) 66, Hauptpreis 76, Kulturpr. d. Landsmannschaften d. Siebenbürger Sachsen 71, Mozart-Medaille d. J. W. v. Goethe-Stift. 81; Ignaz-Rieder-Kai 15/7, A-5020 Salzburg, Tel. (0662) 23377 (Mediasch/Siebenb. 10.7.96). Lyrik, Novelle, Essay, Hörspiel. **Ue:** F, Rum, U.

V: Meister Eckehart und Lao-tse, Ess.
25; Sterne im Tag, G. 27; 1 Geschütz, 16
Pferde, 20 Mann!, N. 41; Der Prozeß
Stephan Ludwig Roth. Ein Kapitel
Nationalitätengesch. Südosteuropas im
19. Jh. 59; Gotik in Siebenbürgen. Der
Meister des Mediascher Altars u. seine
Zeit 73.
H: Liebesbriefe St. L. Roths 24; Stür-
men u. Stranden, Ein St. L. Roth-Buch
24; St. L. Roth: Gesamm. Schriften u.
Briefe 27-64 VII; St. L. Roth. Opferleben
f. Siebenbürgen, Ausw. 37, 59; Leitworte
fürs Leben v. St. L. Roth 49, u. a. —
MH: Michael Conrad v. Heydendorff:
Unter fünf Kaisern. Tagebuch 1786 -
1856 z. siebenbürg.-öst. Gesch. Hrsg.,
bearb., m. e. Vorw. u. Anmerk. versehen
m. U. W. Acker 78.
Lit: O. Wittstock: O. F. in Südostdt.
Vjbll. 66, H. Zillich: O. F. ebda 71, bde m.
Bibl.; H. Zimmermann: O. F. ein
Achtziger. In: Licht d. Heimat 76; H.
Mieskes: O. F. u. sein Werk. In:
Südostdt. Vjbll. 76; C. Göllner: O. F. 80 J.
alt. In: Forschgen z. Volks- u. Landes-
kunde 76; A. Schwob: Laudatio z.
Mozart-Medaille 81.
s. a. Kürschners GK.

Fontana, Trude; Oberöst. Künstler-
bund seit 59; Hohe Wandstr. 3, A-2344
Südstadt, Tel. (02236) 30934 (Salzburg
1920). Roman, Novelle.
V: Herrin von Byzanz, hist. R. 53, 79;
Flammen am Bosporus, hist. R. 55, 79;
Gefährtin der Götter, hist. R. 66, 79; Die
heilige Schlange, hist. R. 79; Hochzeit in
Ravenna 82.

von Forell, Fritz, Oberst a. D.,
Schriftsteller, Maler; VS 62; Goldmann-
Preis Das heitere Buch 67; Im langen
Bruch 18, D-5000 Köln-Brück, Tel. (0221)
843397 (Berlin 8.9.93). Roman, Bio-
graphie, Jugendbuch, Film,
Kriegsgesch., Lyrik, Humor.
V: Hetmann Orlow, R. 30; Wir vom
verlorenen Haufen, Biogr. 36; Mölders
und seine Männer, Biogr. 41; Der Jäger
aus Kurpfalz, Biogr. 42; Sie ritten in die
Ewigkeit, R. 50; Der letzte Schuß am
Bärensee, R. 52; Tannenhof, Jgdb. 52 IV;
Mölders, Mensch und Flieger 53; Halali
auf Wald und Heide 54; Die grüne
Jägerfibel 56; Dianas goldener Bogen, R.
60; Die Taiga liebt die Schwachen nicht,
R. 60; Rotes Herz im grünen Rock, R. 61;
Schwarze Berge, blaues Meer, R. 62;
Jagen ohne Wiederkehr, R. 62; Unter
Hollands weitem Himmel, R. 63; Sie
jagen 1000 Jahre schon, Kulturgesch. 64;
Sybill und der Oktober, R. 64; Die Rache

der Götter, R. 65; Der Steinzeitjäger
Timbuk-Tu 67; Werner Mölders, Flug
zur Sonne, Biogr. 76; Herrn Paffkes
armselige Abenteuer, R. 76; Jägerhorn u.
Rittersporn, R. 76; Die Nacht d.
fröhlichen Zecher, R. 77; Die Tränen d.
lieblichen Wildsau, R. 77.
R: Lautlose Jagd 68; Wilde Gesellen
im Emscherbruch 81.

Forestier, George, s. Krämer, Karl
Emerich.

Forestier, Joan, s. Fürstauer, Johanna.

Formann, Wilhelm, Prof.,
Feuilletonredakteur a.D.; Kg. 66;
Österreichischer Filmhistorikerpreis 66,
MAERZ 53; Radetzky-Str. 94, A-2500
Baden b. Wien, Tel. (02252) 417954
(Budweis/Böhmen 16.12.11). Essay,
Reportage, Kurzgeschichte, Theater- u.
Filmkritik.
V: Sudetendeutsche Dichtung heute
61; Welt aus Licht, Leseb. f.
Filmerzieher u. Filmfreunde 62; Öst.
Pioniere d. Kinematographie 66; Der
Vorhang hob sich nicht mehr,
Theaterlandschaften u.
Schauspielerwanderungen im Osten 74;
Revolution in Zärtlichkeit. Lebensweg
u. Kunst Franz Lehárs 80. ( )

Forss, Gun Margret, s. Daublebsky,
Gun Margret.

Forster, Gerd, ObStudR.; VS Rhld-Pf.
74; Pfalzpr. f. Lit. 77; Untere
Pfeifermühle, D-6751 Weilerbach, Tel.
(06374) 6740 (Ludwigshafen/Rhein
8.3.35). Lyrik, Prosa.
V: Zwischenland, Prosa u. Lyrik 73;
Stichtage, G. 75; Unter dem Eulenkopf,
G. 77; Geschichtete Sommer, G. 78; Die
Abwesenheit der beiden andern, Erz. 81.
MH: Formation, rhld-pf. Lit.zs. 77-82.

Forster, Hardy; Hofgasse 8, D-7800
Freiburg i.Br..
V: Alarm für Bonnie & Ben. Das
Kommando Drachenkopf 83; Toni und
die Agenten der Windrose 83. ( )

Forte, Dieter; VS 65, P.E.N. Bdesrep.
Dtld 77, Dt.schweiz. P.E.N. 79; Arb.Stip.
d. Stadt Düsseldorf 67/68, Gerhard-
Grünholz-Pr. f. Lit. 68, Reisestip. d. Aus-
wärt. Amtes, Arb.stip. d. Ldes Nordrh.-
Westf., Bad.-Württ. u. d. Basler Theaters;
Sommerg. 29, CH-4056 Basel, Tel. (061)
436653 (Düsseldorf 14.6.35). Drama,
Fernsehspiel, Film, Hörspiel.
V: Martin Luther & Thomas Münzer
oder Die Einführung der Buchhaltung,
Dr. 71, 76 (auch amer., franz., ital.,
niederländ., ungar., rum., jap., russ.);
Weiße Teufel (n. J. Webster), Dr. 72;

Cenodoxus (n. J. Bidermann), Dr. 72; Die
Wand, Porträt eines Nachmittags, 2 Hsp.
73; Jean Henry Dunant oder Die Einführung der Zivilisation, Dr. 78 (ung.);
Kaspar Hausers Tod, Dr. 79; Fluchtversuche, 4 Fsp. 80; Das Labyrinth der
Träume od. wie man den Kopf v. Körper
trennt, Dr. 83. — **MV:** Rate mit im
Rätselzoo 70.
   MA: Aus der Welt der Arbeit 66;
Geständnisse 72; Satzbau 72; Tintenfisch Nr. 6 73, Nr. 11 77 u. Nr. 21 82;
Spectaculum Nr. 18 73; Woche der
Begegnung 73; Texte aus d. Arbeitswelt
74; Neue Stimme, Nr. 4 75; Sie schreiben
zwischen Goch & Bonn 75; Literatur-
magazin Nr. 5 76; Stücke aus d. BRD 76;
die horen, Nr. 104 76; Jetzt schlägt's 13
77; Haltla 78; Vom dt. Herbst z. bleichen
Winter 81; Neue Rdsch. Nr. 4 81; Luther
gestern u. heute 83.
   R: Die Wand 65; Porträt eines Nach-
mittags 67; Der Wächter des Wales 67;
Bergerstraße 8 67, alles Hsp.; Nachbarn
70; Sonntag 75; Achsensprung 77;
Gesundheit! 79; Der Aufstieg 80, alles
Fsp; Sprachspiel, Hsp. 80; Martin Luther
& Thomas Münzer od. Die Einf. d.
Buchhalt., Hsp. 83.
   Lit: Zu Martin Luther & Thomas
Münzer oder Die Einführung der Buch-
haltung: Duits Seminarium van de
Universiteit van Amsterdam; Gesch. im
Gegw.drama 76.

   Fortide, L. A., s. Appel, Liselotte.

   Fortridge, Allan G., s. Jung, Robert.

   Foss, Olivier, Dr. phil., Schriftsteller,
Maler; Fellow Intern. Inst. of Arts and
Letters; 96, Ave. des Ternes, F-75017
Paris u. c/o Limes Verlag, München, Tel.
(01) 5741090 (Hannover 17.10.20). Lyrik,
Philosophische Essays.
   V: Hinter der Maske, G. 74.

   Fraenkel, Heinrich (Ps. ASSIAC);
Christopher Cottage, Thaxted/Essex/
Engl., Tel. 830293 (Lissa/Posen 28.9.97).
   V: Vergnügliches Schachbuch 53, 71;
Unsterblicher Film I 56, II 58; Lebewohl
Deutschland 60; Noch ein vergnügliches
Schachbuch 72; Hitler Man or Myth, rev.
Tb. 81, 82. — **MV:** Goebbels, m. Manvell
60, Tb. 80; Göring 63; 20. Juli. 64, 65;
Himmler 65, 81; Canaris 69, 82.
   F: Gehetzte Menschen; Olympia (nach
Molnar); Der Tanz geht weiter; Die
heilige Flamme (nach Maugham).
   R: Heimkehr nach Berlin, Fsp. 62;
versch. Progr., u.a.: Frühschoppen,
Fernsehprogr. in Hamburg.

   Ue: P. G. Wodehouse: Psmith macht
alles 54; Leonhard Wibberley: Kleiner
Staat ganz groß 55; Wynyard Browne:
Misteln und Tannen, Bühnenst.

   Fragner, Wolfram, Dr., ObStudR. a. D.;
Herzogbadstr. 11, D-8263 Burghausen
(München 13.3.06). Drama, Lyrik,
Roman, Novelle, Essay, Film, Hörspiel.
   Ue: I, E.
   V: Von Prinzessinnen, Zauber-
schlössern und wundersamen Dingen
60, 71; Da brochane Kruag. Lsp. nach
Kleist 74; Kaiser v. Europa, R. 75;
Balladen und Lieder 76; Die Kome-
tenreiter, Geschn. 80; Zahlr. Sachbücher,
u.a.: Theorie d. Zahlenquadrate 76. —
MV: Novellen-Quartett 49; Bayerland 72.

   Frances, Miriam, s. Franzes, Waltrud.

   Francis, H. G., s. Franciskowsky,
Hans.

   Francisco, H. G., s. Franciskowsky,
Hans.

   Franciskowsky, Hans (Ps. H. G.
Francis, H. G. Francisco), Schriftsteller;
Stellauer Hauptstr. 6 B, D-2000
Barsbüttel-Stellau, Tel. (040) 6770042
(Itzehoe 14.1.36). Science-fiction-
Romane, Hörspiel, Fernsehfilm.
   V: Geheime Befehle aus d. Jenseits 78;
Commander Perkins: Planet der
Seelenlosen 79; Commander Perkins:
Der verbotene Stern 79, alles Science-
fiction Jgdb. ; Detektiv Clipper: Ein
Koffer voller Geld, Jgdb. 79; Commander
Perkins: Der rote Nebel — 80;
Commander Perkins: Im Land d.
grünen Sonne 80; Commander Perkins:
Verloren in d. Unendlichkeit 81;
Commander Perkins: Im Bann d.
glühenden Augen 81; Die Rache des
Kukulkan 81; Detektiv Clipper: Der
zweite Schlüssel 82; Commander
Perkins: Der dritte Mond 83, alles
Jgdbb.
   R: Die Journalistin — Hansa 7 ruft
Nordstrand, Fsp. 71.
   S: Kung Fu: Überfall auf Mountain
City 76 Der Tiger vom Apache Creek 76,
Rache für Doc Sunshine 76; Detektiv
Clipper: Die Entführung 76, Unter
falschem Verdacht 76; Mein Freund der
Shawano 77; Robby — Unser Freund,
der Roboter 77; Das Gespenst vom
Schloßhotel 77; Commander Perkins:
Das Tor zu einer anderen Welt 77, Im
Strom der Unendlichkeit 77, Saturn ruft
Delta-4 77 Das Geheimnis der UFOs 78,
Bordon, der Unsterbliche 78, Expedition
in die Vergangenheit 78; Hurra — wir
haben einen Hund 78; Schatzsuche im

Atlantik 78; Goldrausch in Alaska 78; Frankensteins Sohn 78; Nessie 78; Schatzsuche in der Karibik 79; Dracula trifft Frankenstein 79; Das Spukhaus 79; Krieg im All 79; Commander Perkins: Verschollen in d. Unendlichkeit 80; Commander Perkins: Der galaktische Waffenmeister 80; Commander Perkins: Das mittlere Auge 80; Frankensteins Sohn im Monster-Labor 81; Dracula u. Frankenstein, die Blutfürsten 81; Drucula, König d. Vampire 81; Das Schloß d. Grauens 81; Der Angriff d. Horrorameisen 81; Das Duell mit d. Vampir 81; Die Begegnung mit d. Mörder-Mumie 81; Gräfin Dracula, Tochter des Bösen 81; Im Banne d. Monsterspinne 81; Draculas Insel, Kerker d. Grauens 82; Pakt mit d. Teufel 82; Die Nacht d. Todes-Ratte 82; Dem Monster auf d. Spur 82; Die tödl. Begegnung mit d. Werwolf 82; Die Insel der Zombies 82; Ungeheuer aus d. Tiefe 82; Das Weltraummonster 82, alles Hsp. (vorw. Kass.).

Franck, Reimer, Journalist; Loher Weg 10, D-2240 Heide, Holst., Tel. (0481) 73285 (Heide 17.7.34). Reportage.
V: Zu Besuch in d. Dithmarscher Museums-Werkstätten, Report 78; Zu Besuch in der Werkstatt für Behinderte, Report 80.
B: H. Glüsing: Dor warr ik mi um kümmern, Autobiogr. 76; U. Meislahn: Zu Besuch in d. Tellingstedter Töpferei 78.

Franck, Siegfried, Dipl.-Ing., Dr.-Ing., Wiss. Mitarb. u. Obering.; Schleichstr. 23, D-8500 Nürnberg 60, Tel. (0911) 645124 (Greiz/Thür. 31.1.02). Essay, Biographie.
V: Unsere liebenswerte Airedale-Hündin Annette 79; ...sagt meine Frau 80.

Franck-Neumann, Anne (Ps. C. F. Neumann), Radio-Chronistin bei der Tageszeitung L'Alsace; Sté des Ecrivains d'Alsace et de Lorraine Strasbourg 76; Lauréate 78 de l'Institut des Arts et Traditions Populaires d'Alsace; Hebel-Bund, Hermann-Burte-Gesellschaft, René-Schickele-Kreis; 11, place de la Réunion, F-68100 Mulhouse, Tel. (88) 451037 (Mülhausen/Elsass 21.4.10). Lyrik, Essay, Kalendergeschichten, Rezensionen.
Ue: F, E.
V: Lieder von Liebe und Tod und dem einfachen guten Leben, Lyr. 79; Liewe alte Kinderreime, Kinderverse in alemann. Mda. 79. — **MV:** MA, B: Anth. Elsass-Lothringischer Dichter der

Gegenwart 69, 72, 74, 78; Petite Anthologie de la Poesie Alsacienne, m. Jean-Baptiste Weckerlin 72; Saison d'Alsace, Ess. über den Bauerndichter Charles Zumstein 73; Neuer Elsässer Kalender seit 74; Dem Elsass ins Herz geschaut 75; Nachrichten aus dem Elsass I 77, II 78; Georges Holderith — Poetes et Prosateurs d'Alsace, Anth. 78; Nachrichten aus dem Alemannischen 79; Poesie — Dichtung. Dichtung im Elsass seit 1945 79.
S: In dr Nacht; Zwei Septàmberlieder 73.
Lit: Raymond Matzen in: Saisons d'Alsace 80. ( )

Frank, Armin, s. Frey, Anton.

Frank, Benno, s. Kohlenberg, Karl Friedrich.

Frank, Claus Jürgen, Journalist; Dr. Wernerstr. 5, D-8038 Gröbenzell, Tel. (089) 132001 (Berlin 21.1.30). Roman, Fernsehspiel.
V: Geliebte Dunja, R. 64, 74 (holl. 72, 83); Sizilianische Nächte, R. 67, 69; Der Engel von Kolyma, R. 69 (franz. 70); Macht u. Ohnmacht, R. 72; Nadeshda, R. 79, 81.
H: Weltwunder d. Natur 79 (holl. 80, amer. 81, span. 81).
R: Valentin Katajews chirurgische Eingriffe in das Seelenleben des Dr. Igor Igorowitsch, Fsp.
Ue: Masquerade 80, 81.

Frank, Ekkehard (Ps. Ekkes Frank), RA.; Schillerstr. 7, D-6000 Frankfurt a.M. 1, Tel. (0611) 291256 (Heidelberg 24.7.39). Lyrik, Essay, Film, Hörspiel.
V: Lieder zum Anfassen 77; Neue Lieder zum Anfassen, Lieder u. Texte 82.
R: Der Fremde; Der Afrikaner; Die Diskothek; Kastanienallee 178 Kurzhsp.-Ser.; Trixon, Krim.hsp.-Ser.; Ein Tag mit dem Star meiner Träume; Wer dreimal lügt, Quiz-Ser.; Goldener Sonntag lügt, Jgd-Familien-Ser.; Dem Glück eine Chance, alles Fs-Sdgn.
S: Lieder zum Anfassen 74; Du läßt dich gehn, ach ... 78; Ja, ich war dort 80; Als geheilt entsprungen 81.

Frank, Ekkes, s. Frank, Ekkehard.

Frank, Franz, HauptschulDir. i.R.; V.G.S. 70; Umberg-Siedlung 171, A-3292 Gaming, Tel. (07485) 587 (St. Veit a.d. Gölsen, NdÖst. 17.10.01). Drama, Roman, Kurzgeschichte.
V: Der Weg zum Hügelhof, Dorfgesch. 68; Und Anna schweigt, R. 78.

Frank, Günther G., Kaufmann, Freier Journalist; Kronacher Str. 47, D-8674 Naila, Tel. (09282) 8227 (Naila 18.6.58). Kurzgeschichte, Erzählung, Roman.
V: Begegnungen mit dem Unglaublichen, Samml. mysteriöser Kurzgeschn. 83. .

Frank, Hubert; Landsberger Str. 317, D-8000 München.
V: Auch Zwerge werfen Schatten, R. 82. ( )

Frank, Hubert (Ps. Hubert Konrad Frank), Freier Schriftsteller; VS 82; Literaturzentrum Hamburg; Glücksburger Str. 16, D-2000 Hamburg 50 u. Brotstr. 15, D-7832 Kenzingen, Tel. (040) 8505795 (Kenzingen/Baden 12.9.39). Drama, Lyrik.
V: Bauerntheater oder die Endzeit, Dr. 81; Die Patriarchen, Dr. 82; Zukunftsplanung, Dr. 83.
MA: Lyrik in Anth. u. Zss.

Frank, Hubert Konrad, s. Frank, Hubert.

Frank, Karl A. *

Frank, Karlhans; VS; Ysenburger Str. 9, D-6474 Ortenberg 9, Tel. (06049) 661 (Düsseldorf 25.5.37). Lyrik, Erzählung, Roman, Hörspiel, Film f. Kinder u. Erwachsene. **Ue:** E.
V: Der Himmel ist ein Notenbuch, G. 63; Jopur, G. 65; Haikai und Zen 66; 66 & 1 Gebuechelte Worte, Sat. 67; Hommage A, Erz. 68; Legende vom Heiligen Penislatos, Erz. 68; Materialtexte, visuelle Poesie 68; Narziss, Aphor. 68; Stolperstellen, G. u. Kurzprosa 68; Dorfelder Elegien, G. 78; Was macht der Clown im ganzen Jahr?, G. 79; Willi kalt u. heiss, R. 79; Spott-Lights 73; Schlag aus 1 Tages Anfang 2 Leben 3,4 73; Taschenbücher f. Erzieher z. Sesamstr., Sachb. 73-74 IV; Auf Quazar 17 braucht man keine Ohren, Kd.-R. 81; Himmel u. Erde mit Blutwurst, G. u. Erzn. 81; Hansi u. d. Schildkröte, Erz. 82; Auf der Flucht vor d. Tod leben wir eine Weile, G. 82; Nach Schottland reisen, but don't kill it, Reiseb. 82.
H: Klaus Reinke: Handzeichen eines Biertrinkers, G. 65; Bücher, Blätter, Bedrucktes, Anth. 65, 67; Kindergeschichten aus Deutschland 80; Franks Freunde und die Bären 80; Flax 81; Anarcho-Sprüche 81.
F: Brennbare Welt 69; Deutschland, Deutschland überall 70; Jedermann sein eigener Fußball 71; Neues aus Uhlenbusch 80.

R: Ludwig Börne - Ein großer Journalist 66; Alle meine Knaben 68; So ein Gedränge 68; Monolog eines Halbwaisen 68; Der sexte Tag 71; Mandala 73; Junge komm gut rüber 75; Sandkastengedicht 78; Zirkus 80; Sportschauer 82.
Ue: Pai Chiu: Feuer auf Taiwan, G. 76; R. Burns: Tam vom Shanter 80.

Frank, Leo; Sauerbruchstr. 58/14, A-4600 Wels.
V: Die Sprech-Puppe, R. 76, 79; Zikaden singen nicht, R. 77; Das Archiv, R. 78, Tb. 81; Der programmierte Agent, R. 79, Tb. 82; Die 13 Stunden der Christin Maginot, R. 80; Die Erlebnisse des Inspektors Pernell, Krim.geschn. 81. ( )

Frank, Margarethe *

Frank, Martin; Gruppe Olten seit 80; Weineggstr. 63, CH-8008 Zürich, Tel. (01) 531224 (Bern/Schweiz 26.9.50). Lyrik, Roman, Hörspiel, Übers. **Ue:** E.
V: ter fögi ische souhung, R. 79; Spannteppichjunge 80; LOBO 81; ā schöne buep seit adjö, Spiel 82.
R: ā schöne buep seit adjö, Hsp. 81.
S: ā schöne buep seit adjö, Kass. 81.

Frank, Peter (Ps. Peter Lill, Nikolaus Scheller, Georg Reutin), Journalist; VG Wort seit 81; 3. Preistr. im Jerry Cotton-Wettbew. um d. besten unveröff. Krim.R. in dt. Spr. 78; Lillweg 15, D-8000 München 45, Tel. (089) 327145 (München 17.12.37). Kriminalroman, Anekdotensammlungen.
V: Das Auge des Gesetzes lacht 68; Adel verpflichtet 69; So heiß wie die Liebe vom Bayern zum Preuß 69, alles Anekdn.; Beethoven. Biogr. in Anekdn. 70; Mozart. Biogr. in Anekdn. 70; Kennen Sie den ...? 1000 beste Witze. 73; Dem toten Mann schlägt keine Stunde, Krim.-R. 76; Kommunarden liebt man nicht, Krim.-R. 78; Höchst privat. Kleine Anekdn. um große Männer 80; Der Büchernarr. Heiteres aus d. Welt d. Buches 81; Friedrich der Große, Anekdn. 81; Vor Rot sind alle Autos gleich. Autofahrerwitze 81, 2. Aufl. 82; Asphalthyänen, Krim.-R. 82; Mann u. Frau, Anekdn. 83.
MH: 15 Jahre Bechtle Verlag Alm. 64.

Frank-Brandler, Elfriede; Bodenseestr. 244, D-8000 München 60, Tel. (089) 872679 (Neusattl/Eger 3.8.27). Lyrik.
V: In ewigem Ringe, G. 65; Brücken, G. 68.

Frank-Planitz, Ulrich, Verleger,
Geschf. Dt. Verlags-Anst.; Neckarstr.
121, D-7000 Stuttgart 1, Tel. (0711)
2151240 (Planitz/Sachsen 13.4.36). Essay,
Biographie.
V: Konrad Adenauer, Biogr. 75, 79.
MA: Widerstand, Kirche, Staat. Eugen
Gerstenmaier z. 70. Geb., Festschr. 76.
MH: Republik im Stauferland. Baden-
Württemberg nach 25 Jahren, Ess. 77;
Gustav Stresemann, Biogr. 78.

Franke, Albrecht; c/o Union-Verl.,
Berlin (Ost).
V: Letzte Wanderung, Erzn. 83. ( )

Franke, Charlotte (Ps. Charlotte
Winheller), Übersetzerin; Haus Nr. 40,
D-8195 Puppling, Tel. (08171) 18329
(Mohrungen/Ostpreußen 27.11.35).
Roman, Novelle, Kurzgeschichte,
Hörspiel. **Ue:** E.
V: Die Kinder der fliegenden Stadt,
Kinderb. 77.
R: Deportation 74.
Ue: Mary Barnes: Two Accounts of a
Journey through Madness u.d.T.: Meine
Reise durch den Wahnsinn 73; Anthony
Boucher: The Best from Fantasy and
Science Fiction u.d.T.: Science fiction
stories 2 u. 5 63, 64; Bao Ruo-wang:
Prisoner of Mao 75; Verity Bargate:
Nein Mama nein 79; Joyce Carol Oates:
Marriages and Infidelities u.d.T.: Liebe,
verlieren, lieben 80; Björn Kurtén: Der
Tanz d. Tigers 81; Gerald Durrell: Der
Spottvogel 82; Joan Didion: Das weiße
Album 83.

Franke, Friedrich; Theodor-Heuss-
Str. 18, D-5000 Köln 90.
V: Versöhnung, N. 81. ( )

Franke, Herbert W., Dr.phil., Prof.,
Schriftsteller; VS 70, Intern. P.E.N.-Club
80; E.-H.-Richter-Pr. 61, 62, 64,
Deutscher Hugo 77, 78; Pupplinger Au
40, D-8195 Egling, Tel. (08171) 18329
(Wien 14.5.27). Roman, Kurzgeschichte,
Film, Hörspiel.
V: Kunst und Konstruktion, Betracht.
57; Der grüne Komet, Kurzgesch. 60;
Das Gedankennetz, R. 61; Der
Orchideenkäfig, R. 61; Die Glasfalle, R.
62; Die Stahlwüste, R. 62; Der mani-
pulierte Mensch, Betracht. 64; Der
Elfenbeinturm, R. 65; Phänomen Kunst,
Betracht. 66; Zone Null, R. 70; Einsteins
Erben, Kurzgesch. 72; Ypsilon minus, R.
76; Zarathustra kehrt zurück, Kurz-
gesch. 78; Kunst kontra Technik, Sachb.
78; Sirius Transit, R. 79; Schule f.
Übermenschen, R. 80; Tod eines
Unsterblichen, R. 82; Transpluto, R. 82;

Die geheime Nachricht, Sachb. 82 (alle
in v. Spr. übers.). — **MV:** Apparative
Kunst, Betracht. 73.
R: Die Welt von Übermorgen, 6 Hsp.
64 — 65; Zarathustra kehrt zurück, Hsp.
67; Expedition ins Niemandsland, Hsp.
75; Papa Joe und Co., Hsp. 76; Ich bin d.
Präsident, Funkerz. 79; Signale aus d.
Dunkelfeld, Hsp. 80; Die Stimmen der
Sylphiden, Fsp. 80; Keine Spur v. Leben,
Hsp. 81.
Lit: Mariangela Sala: La Fantascienza
Tedesca di Herbert W. Franke, Diss. 75;
F. Rettensteiner (Hrsg.): Polaris 6,
Alman. H. W. F. gewidmet 82.
s. a. Kürschners GK.

Franke, Holger, Schauspieler,
Schriftsteller; Der Rote Elefant 75,
Brüder Grimm-Pr. d. Ldes Berlin 77;
Nordhauserstr. 15, D-1000 Berlin 10, Tel.
(030) 3415320 (Weimar 5.6.42).
Theaterstücke.
V: Ohne mich fehlt mir was, Collage,
autobiogr. 82, 2.Aufl. 83. — **MV:** Darüber
spricht man nicht 73, 5.Aufl 80; Was
heißt hier Liebe? 77, 8.Aufl. 82; Mensch,
ich lieb dich doch 80, 3.Aufl. 83.
F: Was heißtn hier Liebe? 78.
S: Darüber spricht man nicht 74; Was
heißt hier Liebe? 78.

Franke, Manfred, Dr. phil., Redakteur;
VS 70, P.E.N. 76; Feature-Preis Radio
Bremen 62; Eichenweg 10, D-5204
Lohmar-Donrath, Tel. (02246) 5619
(Haan/Rhld. 23.4.30). Roman, Novelle,
Essay, Hörspiel, Feature.
V: Ein Leben auf Probe, Erz. 67; Bis
der Feind kommt, R. 70; Mordverläufe,
R. 73; A.L. Schlageter, Versuch z.
Entmythologisierung e. Helden 80.
H: Straßen und Plätze, Anth. 67;
Erlebte Zeit, Anth. 68; Kriminal-
geschichte voller Abenteuer u. Wunder:
Schinderhannes 77.
R: Das Wiedersehen, Hsp. 64; Pogrom,
Hsp. 71; Der Kommissar, Hsp. 74.

Franke, Ursula, Industrie-Kaufmann;
Aachener Str. 5, DDR-8023 Dresden
(Großenhain/Sachsen 23.11.33). Roman,
Kurzgeschichte.
V: Sie alle meinen Liebe, Erz. 73; ...der
werfe den ersten Stein, R. 75; Gut, daß
wir zu zweit sind, Erz. 77.

Franke-Gricksch, Ekkehard,
Verleger; Untere Burghalde 51, D-7520
Leonberg, Tel. (07152) 26011 (Berlin
15.10.33).
V: Mit Tieren unterwegs 57; Literaturkritik der deutschen Aufklärung 66; Das
fidele Gefängnis, Bü.; Das Mädchen des

Don Quichote, Bü. 63; Tausendundein
Tag, Bü. 65. — MV: Enzyklopädie 2000;
Lexikon 2000.
H: Diagnosen — das zeitkrit. Magazin
74; So wurde Hitler finanziert 83.

Franken, Klaus, Schriftsteller;
Lehmbacher Weg 18, D-5000 Köln 91,
Tel. (0221) 843010 (Köln 11.2.13).
V: Spruchbrevier für junge Menschen
62; Der Drache mit der Silberkralle 62;
Gespensterbuch für Jungen 62; Kinder-
mund 62; Lachspiegel 63; Was fange ich
in den Ferien an 63; Die Kirche lacht.
Schwarze Cartoons 64; Harry, der
Meisterdetektiv, Krimi-Schule f. Jungen
65; Jugend in Beruf und Freizeit 65;
Christenheitere Cartoons 65; Krimi-
schule für junge Privatdetektive 66;
Steckbrief auf große Heilige 68; Bibel-
rätsel 70; Jungen heute 71; Ferien mit
der ganzen Familie 71; Fragende
Familie in Ges., Staat u. Kirche 76. —
MV: Jungscharfibel, m. J. Wisdorf 63.

Frankenschwerth, Margarete (Ps.
Henriette Hardenberg); 50 Wentworth
Road, London NW 11, Tel. (01) 4552075
(5.2.94). Lyrik. Ue: E.
V: Neigungen, G. 18, Nachdruck in:
Die Neue Reihe 1918 - 1919 73.

Frankenstein, Carl; Shmaryahu
Levinstr., Jerusalem/Israel.
V: Widersprüche, G. 81. ( )

Franz, Erich Arthur, Schriftsteller u.
Journalist; Riesenburgstr. 26, D-8000
München 60, Tel. (089) 872024 (Breslau
10.7.22). Erzählung, Roman, Liedertexte.
V: Bei uns in Breslau 76, 3. Aufl. 83;
Die 7 Galgen von Neisse u. a. schles.
Erzn. 78; Schlesien — meine Heimat,
Geschn. u. Begebenheiten 80.

Franz, Gunter, s. Prager, Hans Georg.

Franz, Michael, Dr. sc. phil.; Winsstr.
57, DDR-1055 Berlin, Tel. 4364050
(23.9.37). Lyrik, Essay, Prosa.
V: Anders kommen wir her, G. 74;
Tausendfuß u. Hunderthand, G. 79. ( )

Franzen, Gerd, s. Hermes, Gerhard.

Franzes, Waltrud (Ps. Miriam
Frances), Textdichter, Autor; o. GEMA
Mitgl.; Heilwigstr. 2, D-2000 Hamburg 20
(Oels/Schlesien 5.6.45). Lyrik.
V: Was mir einfällt, G. 79; Was
machen Sie, wenn es pfeift, Sat. 80.
S: Zahlr. Schlagertexte. ( )

Franzke, Günther, s. Schwenn,
Günther.

Frasche, F., s. Scharff, Erich.

Fraschka, Günter, Journalist;
Weinbergweg 1, D-6951 Neckar-
zimmern/Baden, Tel. (06261) 4074
(Hindenburg O/S. 17.12.22). Roman.
V: ... mit Schwertern und Brillanten,
Biogr. 58, 61 (franz. 77); Gnade für Paris,
R. 59, 60 (auch franz. u. ital.); Das letzte
Aufgebot, R. 60 (auch franz. u. holl.);
Aufstand in Warschau 60; Prag - blutige
Stadt 60; 20. Juli 61; Der Panzergraf.
Hyazinth Graf Strachwitz, Biogr. 61.

Fratzer, Frithjof, Jurist; VS 80; Am
Fort Elisabeth 7, D-6500 Mainz 1, Tel.
(06131) 52584 (Nastätten 28.8.34). Lyrik,
Roman, Erzählung.
V: Unter der alten Eibe, lyr. G. 79;
Parenthesen, sat. G., Epigramme,
Kurzprosa z. Zeitgeschehen, z. Jahr d.
Kindes u. üb. Umweltprobl. 79.

Frauendorf, Otto Julius, s. Görlitz,
Walter.

Fredemann, Wilhelm, Realschulrektor
i. R.; Ehrenmitgl. VS NdS.; Möser-
Medaille d. Stadt Osnabrück 56;
EBürger d. Stadt Melle 77, D-4520 Melle/
Wiehengeb., Tel. (05428) 1387 (Neuen-
kirchen 15.4.97). Roman, Lyrik, Novelle,
Essay.
V: Der einsame Weg, R. 37, 55; Heim-
kehr der Söhne, R. 39, 47; Über Wesen
und Kraft plattdeutscher Sprache 40;
Der schwarze Hesse, N. 41, 55; Der
Geschworene, N. 43, 59; Die Kette der
Königin, R. 46, 54; Mien Land, G. 47, 56;
Der späte Sieg, R. 47, 64; Sein letzter
Gegner, N. 52; Stärker war die Liebe, R.
60; Der Anwalt des Vaterlandes, N. 63;
Montgomerys Feldzug gegen die
Frösche, Erzn. 65; Weiter Himmel über
kleiner Welt, R. 67; Die Rache des
Stefan Lather, R. 69; Kaiserpokal und
Bundespräsident, Erzn. 71; Mathilde
und ihr Nachbar, Erz. 73; Einkehr in
Sondermühlen, Erz. 74; Minsken in
Stadt und Land, Erz. 75; Aulet Land un
junget Lied, G. 77; Der dankbare Varus,
Erz. 79; Seltsame Geschichten aus
einem Adelshaus, Erz. 82; Das Kind d.
Gefangenen, Erz. 82; Die Verwandlung
der Aleida Nottberg, Erz. 83.
MA: Der goldene Wagen, Erzn. 37;
Westfälische Geschichten, Erzn. 38; Das
Buch der Kogge 58; Gesicht und Gleich-
nis, ndt. Alm. 58; Große Niedersachsen,
Alm. 61; Niederdeutsch heute 76;
Gedenkschr. f. Heinrich Wesche 79; Vör
un achter de Niendüer, plattdt. Erz. 81;
Seißenklang, plattdt. Lyr. 83.
Lit: G. Grabenhorst u. a: Zeichen d.
Freundschaft 67, W. F. z. 70. Geb.; C. H.

Kurz: Stationen aus Leben u. Werk d. W.
F. 79.

Free, Robert H. F., s. Feldtmann,
Harro.

Freeden, Herbert, Journalist; P.E.N.
46; Bdesverdienstkr. 1. Kl. 74; Ha'aristr.
15, Jerusalem/Israel (Posen 22.1.09).
Roman, Novelle, Essay.
V: Die Unsichtbare Kette, R. 36; Ein
Schiff unterwegs, N. 38; Wasser auf Got-
tes Mühlen, R. 46, 58 (auch engl.); Vom
geistigen Widerstand der deutschen
Juden, Ess. 63; Jüdisches Theater in
Nazideutschland 65; Thespis weint im
November, R. 68; Ich lebe in Jerusalem,
R. 75.
MA: Deutsche Juden 1919 — 1939 76.
R: Menetekel im November, Radio-
Features 79.

Frei, Bruno, s. Freistadt, Benedikt.

Frei, Frederike, s. Golling, Christine.

Frei, Otto, Redakteur Neue Zürcher
Zeitung; Anerkennungsg. d. Lit. Komm.
d. Stadt Zürich 76, Intern. Bodensee-
Lit.pr., Kulturpr. d. Kantons Thurgau,
Kulturpr. d. Kantons Waadt 80; Vers
l'Eglise, CH-1195 Bursinel (Waadt), Tel.
(021) 741255 (Steckborn 5.3.24). Novelle,
Roman.
V: Jugend am Ufer, Erzn. 73; Dorf am
Rebhang, R. 74; Beim Wirt zum
'Scharfen Eck', R. 76; Zu Vaters Zeit, R.
78; Berliner Herbst, Erzn. 79; Abschied
in Zermatt, R. 80; Bis sich Nacht in die
Augen senkt, R. 82.; Luzerner Bühnen-
krippen, Ess

Frei, Walter, UProf.; Haselweg 1, CH-
8032 Zürich, Tel. (01) 474212 (Luzern
17.3.27). Drama, Lyrik, Roman, Essay,
Hörspiel. **Ue:** G, L, F.
V: Renward Cysat, Ess. 63; Das
Oberhalbstein, Ess. 64; Das Entstehen
mehrstimmiger Musik, Ess. 64; Der
Stubenhocker, R. 76; Freundschaft, Ess.
77; Das Neue in d. Gesch., Ess. 78. —
MV: Mittelalterliche Schweizer Musik,
Ess. 67; Vom Wesen der Sprache, Ess.
67; Vaduzer Predigten 79; Luzerner
Bühnenkrippen, Ess.
R: Die Garden, Rdfk.
s. a. Kürschners GK.

Freiberg, Siegfried, Dr. phil., Prof. h.
c., Hofrat, Dir. Bibl. u. Kupferstich-
kabinett Akad. bild. Künste a. D.; Vorst.
d. P.E.N., G.dr.S.u.K., ÖSV, SÖS, V.G.S.;
Rom.pr. der Zs. Das Werk 34, Volksst.-
Pr. d. St. Wien, 1. Pr. d. UNESCO f.
Dramatik 52, Jubil.pr. d. Wiener Zt. 54,
Ritterkr. d. brasil. Ordens "Cruzeiro do
Sul" 58, Chevalier de l'Ordre des Arts et

des Lettres 63, Cavaliere ufficiale d.
Ordens "Al merito delle Repubblica
Italiana" 66, 1. Pr. d. v. NdÖst. Bild- u.
Heimatwerk ausgeschr. Schausp.-
Wettbew. 70, Dr. Josef Bick Ehrenmed.
70, Kulturpr. d. Ldes NdÖst. 71, EMed. in
Gold, Wien 71, Goldenes Doktordiplom
75, Öst. Ehrenkreuz f. Wissenschaft und
Kunst le Klasse 76; Grillparzer-Ges., Int.
Lenau-Ges., Int. Stefan-Zweig-Ges.,
I.K.G.; Kerkakkers 11, NL-5411
T.N.Zeeland (Wien 18.5.01). Drama,
Roman, Essay, Lyrik, Novelle, Hörsp.
Ue: F.
V: Die vierte Tafel, Son. 28; Elegien
und Oden 35; Salz und Brot, R. 35, 65;
Die harte Freude, R. 38, 70; Die Liebe
die nicht brennt, R. 40; Nebuk, R. 42, 54;
Vom Morgen zum Abend, N. 43; Félice,
N. 48; Wo der Engel stehen sollte ...,
Gleichnis u. Ber., R. 48; Das kleine Welt-
wirtshaus, Dr. 51; Sage des Herzens, G.
51; Abseits der großen Straßen. Reisen
in Frankreich u. Italien 54, auch u. d. T.:
An fremden Küsten; Der Dichter in
unserer Zeit, Dichtung und Kritik, Ess.
55; Adieu, Nicolette, 3 Erzn. 58 (jap. 73);
Die schöne Wienerin, Ess. 60; Geborgen-
heit, R. 60; Zur Liebe geschaffen. Eine
Begegnung in Briefen 60; Der Grasel,
Volksst. 63; Die weiße Rose, Dr. 65, 68;
Elegien aus fremder Landschaft. Frag-
mente eines Tagebuchs 65; Von Winkeln
und Welt 66; Ihr werdet sehen, R. 67;
Gesetz im Feuer, G. 68; Zwischenspiel
am See, Nn. 71 (auch jap.); Tage wie
Ferien, R. 72; Zwischen Freiheit und
Jenseits, Öst. Dramatiker d. Gegenw. XV
73; I Principi Veri, Aphor. St. Pöltener
Lyrikbogen 73; Die Maultasch, Sch. 75;
Egon Schiele Wilder Trieb auf altem
Stamm 76; Wohnstatt auf der Ägäis,
Prosa; Fahrt zu Götter und Mythen 76;
Fisch im Netz, R. 80; Abschied ohne
Wiederkehr, R. 80.
MA: Österreich-Panorama 62;
Wiedergeburt einer Weltstadt. Wien
1945 — 65 65; Dichtung aus Österreich,
Prosa II 69; Die schöne Wienerin 71; Die
stumme Kreatur, Tier-Anth. 80.
H: Jakob Julius David: Endlos währte
die Nacht, Nn. 57; Die stumme Kreatur
80.
R: Die Begegnung, Hsp. 52; Van Gogh,
Hsp. 52; Reise nach Drüben, Funk-N. 57,
66; Félice, Funk-N. 65.
Lit: Albert Mitringer u. Walter Ritzer:
Biblos 2 61, 3 71; Norbert Langer: Dich-
ter aus Österreich 1 56; Wort in der Zeit
59; Jethro Bithell: Modern German
Literature 60; Helmut Bode: Ein Dichter
in Österreich, in: Das Bücherschiff 5 61,

2 71; Hans Vogelsang in: Öst. Dramatik
d. 20. Jhs. 63; G. v. Wilpert Lex. d. Weltlit.
63; Robert Blauhut in: Öst. Novellistik d.
20. Jhs. 66; Franz Lennartz: Deutsche
Dichter und Schriftsteller unserer Zeit
69; Alois Vogel (Spektrum des Geistes)
69; Welt und Wort 5 71; Kurt Apfel in:
Döblinger Mus.bll. 24/25 71; Sparten des
Geistes Ebenhausen 69; Roland Heger d.
Öst. Roman d. 20. Jahrh. 71; Professor
Schreibers Horrorkiste IV 71; Fährten,
Anth. 72; Dichtung aus Nieder Öst.,
Prosa III 72; Der Eisstoss, Erzn. aus d.
sieben verlorenen Jahren Österr. 72;
Unsichtbare Brücken, Wr. Neustädter
Anth. 74; E. Schicht - N. Sprongl: Wer im
Werk den Lohn gefunden ... 76; Wilhelm
Bortenschlager: Kreativ − Lexikon
Österr. Dramatiker d. Gegenw. 76;
Persönlichkeiten Europa's − Österr. 76;
E. Alker: Profile u. Gestalten d. Dt. Lit.
nach 1914 77; F. Lennartz: Dt. Dichter u.
Schriftst. unserer Zeit, 11 Aufl.
s. a. Kürschners GK. ( )

Freischmied, s. Demel, Hermann.

Freisel, Johannes, Journalist, Schrift-
steller, Fernsehredakteur; Rh.-Westf.
Journ.-Verb.; Erpeler Str. 22, D-5000
Köln 41, Tel. (0221) 442610 (Königsberg
24.10.17). Fernsehfeature (Medizin).
V: Drei haben einen Plan 70; O. S.
räumt auf 71, beides Kinderb.. −
MV: Technik zwischen Utopie und
Wirklichkeit 60.
R: aua! Vielleicht ein Krankenhaus
von übermorgen? 81; Mensch Doktor!
Aus der Praxis eines niedergelassenen
Arztes 82; irre! 83, alles Fs.-Sat.; Macht
− die große Versuchung, Zur Psycho-
logie der Herrschaft 83; Pubs in London
83, beides Fs.-Dok.

Freisleder, Franz, Redakteur; Tukan-
Pr. d. Ldeshauptstadt München 81;
Mitgl. "Turmschreiber"; Agilolfinger Str.
22/0/i, D-8000 München 90, Tel. (089)
652201 (München 22.2.31).
V: Apropos 71; Boarisch higriebn oder
bayerisch Bescheid gesagt 75; Aufs
Maul u. ins Herz gschaut, Dialektg. 76;
Verserl statt Bleimerl od. Gereimtes
anstelle v. Blümchen, G. 83; So schee is'
bei uns 83. − **MV:** Bairische Raritäten
78; Das Münchner Turmschreiber-Buch
79, 81; Der Turmschreiber-Kalender für
1983.
S: Blädel-Polka 54; Blädel-Mädel 74.

Freistadt, Benedikt (Ps. Bruno Frei),
Prof., Dr. phil.; Ö.S.V., P.E.N.; Heine-
Preis DDR 67; Boschstr. 24, VII/15, A-

1190 Wien, Tel. (0222) 373130 (Bratislava/
ČSR 11.6.97). Reportage, Essay.
V: Gespräch über das Glück, Ess. 20;
Das Elend Wiens, Rep. 21; Die Matrosen
von Cattaro, Rep. 27, erw. Fass. 63; Im
Lande der roten Macht, Rep. 29; Hanus-
sen, Biogr. 34; Die Männer von Vernet,
Rep. 50, 80; Mit eigenen Augen, Rep. 55;
Die Stafette, hist. Miniat. 58; Der große
Sprung, Rep. 59; Frühling in Vietnam,
Rep. 59; Israel zwischen den Fronten,
Ess. 65; Carl v. Ossietzky, Biogr. 66; Die
anarchistische Utopie, Ess. 71; Josef
Popper-Lynkeus, Biogr. 71; Der Papier-
säbel, Autobiogr. 72; Zur Kritik d.
Sozialutopie, Ess. 72; Im Schatten von
Karl Marx, Biogr. 76; Sozialismus u.
Antisemitismus 78; Der Kleine Wider-
stand 78; Der Hellseher. Leben u.
Sterben d. Erik Jan Hanussen 80.
MA: Braunbuch 33; Grünbuch 34;
Schwarzbuch 43.
H: Carl v. Ossietzky: Schriften 66 II;
Carl v. Ossietzky: Rechenschaft 70. ( )

Freitag, Manfred; Erich-Weinert-Med.
m. J. Nestler 68, c/o Kinderbuchverlag,
Berlin (Ost) (Reichenbach/Oberlausitz
4.6.34).
MV: Seemannsliebe, Kom. 68;
Tandem oder Moralisches Rezept zur
doppelten Eheführung, Kom. 71; Max
und siebeneinhalb Jungen 82, alle m. J.
Nestler 71.
F: Daniel und der Weltmeister 63;
Julia lebt 63; Leben wofür? 65; Aus
unserer Zeit 67; Sechse kommen durch
die Welt, n. Brüder Grimm 72; Für die
Liebe noch zu mager 74, alle m. J.
Nestler.
R: Wieviel Erde braucht der Mensch?,
Fs.-Dok. m. J. Nestler 67. ( )

Freksa, Gertrud (Ps. G. Schmidt-
Freksa), Musikerin; B.A. 77, GEMA 53,
Dram.-Un. 73; Bartningallee 20, D-1000
Berlin 21, Tel. (030) 3912600 (Berlin
21.1.02). Film, Roman, Lyrik, Theater.
MV: Ein Mädchen reist ins Glück, R.
27; Das wehrhafte Fräulein, Erz. 27; Ver-
schwende und gewinne, Erz. 28; Brand
in Sevilla, Dr. 28; Kaufmannskinder, R.
30; Der Husar von Rheinsberg, Erz. 30;
Druso oder die gestohlene Menschenwelt, R. 31; Ein Sommer Schule und
Liebe, R. 31; Der Kriegskommissar des
Königs, R. 31, 43; Fiete, Dr. 36; Die Männer von Manzell 36; Garibaldi 40; Von
gestern bis morgen, R. 41; Krach in
Friedhausen, R. 41; Der Zauberarzt, R.
50; Stiefel muß sterben, R. 50, Kom. 50,
alle m. Friedrich Freksa.
F: Skandal um den Hahn. 38.

Frenk-Westheim, Mariana, Posten im
Museo de Arte Moderno, Übersetzerin,
Schriftstellerin; Intern. P.E.N. 64, Asoc.
de Escrit. de México 66, P.E.N. Club de
México 68; Pr. f. eine Kinderkurzgesch.
36, 37, Pr. f. ein Guignol-Spiel 40, Pr. f.
eine Kurzgeschichte 70; Campos Elíseos
154-801, 11560 México D.F/México, Tel.
(05) 2509468 (Hamburg). Kurzgeschichte,
Essay. **Ue:** S.
V: Marieposas — Eternidad de lo
efímero, Aphor. 82.
H: Paul Westheim: El Pensamiento
artístico moderno y otros ensayos, Anth.
76.
Ue: Juan Rulfo: Pedro Paramo 58, Der
Llano in Flammen 64.

Frenz, Hannelore (Ps. Hanne
Hünefeld), Buchhändlerin; Kandidat d.
SV-DDR; Leo-Fox-Str. 18, DDR-2520
Rostock 22 (Elbing 8.6.43). Kinderbuch.
V: Der starke Pit, Kinderb. 74, 77.
MA: Ehrlich fährt am schnellsten 73;
Der blaue Schmetterling 79. ( )

Frenzel, Herbert A., Dr. phil., D-8711
Castell u. Drakestr. 41, D-1000 Berlin 45,
Tel. (09325) 446 u. (030) 8311689 (20.12.08).
Ue: D, N, Schw.
V: Geschichte des Theaters, Daten u.
Dok. 79. — **MV:** Daten deutscher
Dichtung. Chronol. Abriß d. dt. Litera-
turgesch., m. Elisabeth Frenzel 53, 82.
MH: Kürschners biographisches
Theater-Handbuch, m. Hans Joachim
Moser 56.
Ue: Gudmundur Kamban: Komplexe,
Kom. 39, Grandezza 42; Svend Borberg:
Das Boot, Sch. 43; Walentin Chorell:
Madame, Einakter 53; Hamann, Ein-
akter 54; Hjalmar Bergman: Chefin
Ingeborg, Sch. 53; Der Nobelpreis, Kom.
55; Kelvin Lindemann: Ein Abend in
Kopenhagen, R. 55; Ingvar Andersson:
Die Schweden und ihr Schweden 58;
Sven Fagerberg: Habichtsnacht, R. 59;
Saul Bellow: Der Regenkönig, R. 60;
Kelvin Lindemann: Nachtfalter und
Lampion, R. 62, u. a. — **MUe:** Svend
Borberg: Sünder und Heiliger, m.
Hermann Kiy, Tr. 42.
Lit: Festschr. z. 65. Geb. 74.
s. a. Kürschners GK.

Frenzel, Sofie; Herrnhauserstr. 4, D-
8196 Beuerberg, Tel. (08179) 357.
V: Eins, zwei, drei, bicke, backe, hei
57; Schlaraffenland 60; Schlaf, Kindlein,
schlaf 64; Ich geh mit meiner Laterne
66; Widele, wedele. Kinderreime mit Bildern 66; Jorinde und Joringel 67; 1, 2, 3,
4, 5, 6, 7 69; Kinder im Park 72. —
MV: Katzenmusik, m. Gina Ruck-

Pauquèt 68; Was mich fröhlich macht,
m. K. Hock 76; Unmögliche Tiere, m.
Chr. Schütze 77; Ich kann etwas 78;
Denken als tun 79.

Frerichs, Ude Jens, c/o Hansa-Verl.,
Hamburg.
V: Drei Farmsener Geschichten 80. ( )

Fret geb. Bock, Rosemarie, Dipl. Foto-
Grafikerin; SV-DDR; Otto-Nuschke-Str.
41, DDR-7022 Leipzig, Tel. (041) 53481
(Anklam 28.8.35). Erzählung, Kurzprosa,
Hörspiel.
V: Nachsaison, Erzn. 73; Hoffnung auf
Schneewittchen, Erz. 82.
R: Das Schattenkreuz 76.

zu Freudenberg, Elisa, s. zu
Löwenstein-Wertheim-Freudenberg,
Elisa.

Freudenberger, Hermann (Ps. Knitz);
Im Asemwald 22/14, D-7000 Stuttgart 70.
V: Schwabenreport: 1900 — 1914 76;
Die Rahmlokomotive, Samml. 76;
Stuttgart, e. Führer durch Stadt u.
Ldschaft 77/83; Stuttgart f. Kinder 79;
Typisch Stuttgart 82. — **MV:** Kochen
wie die Schwaben 78.
R: Big Daddy 67; Nie wieder Urlaub
67; Nie wieder Griechenland 67;
Requiem in weiß 68; Hinter den
Spiegeln 69; Hokuspokus auf d.
Breitwand 69; Meerschweinchen-Affäre
70; Bärenfang in Hinterwang 70; Romeo
u. Julia mit Blasmusik 70.

Freund, Lothar *

Freund-Schürmann, Petra (Ps. Petra
Schürmann), Fernseh-Moderatorin,
Autorin; Bayer.J.V.; Christophorus-
Buchpreis; Max-Emanuel-Str. 7, D-8130
Starnberg, Tel. (08151) 12626
(Mönchengladbach 15.9.). Essay.
V: Das Abenteuer erwachsen zu
werden 76; Frau im Rückspiegel; Das
Große Buch d. Kosmetik u.
Körperpflege 81. — **MV:** Wir sind ja gar
nicht so.

Freundlich, Elisabeth, Dr. phil. M. A.,
Ausl.korresp.; P.E.N. 63, V.S.J.u.S., SÖS;
Förder.pr. d. Theod. Körner Stift. 70;
Florianigasse 55/18, A-1080 Wien, Tel.
(0222) 4299522 (Wien 21.7.06). Roman,
Nov., Essay. **Ue:** E, F.
V: Im Steingebirg von Sipylos, Erz. 57;
Der Eherne Reiter, hist. R. 60, Neuausg.
82.
MA: Christa Siegmund-Schultze: Wer
kann es ergründen, Erzn. 56; Robert
Neumann: Stimmen der Freunde. Der
Romancier u. s. Werk 57.
R: (B): P. V. Carroll: D. Schlagbaum,
Fsp.

Ue: Sean O'Casey: Silver Tassie u. d. T.: Preispokal 52; Bedtime story u. d. T.: Süßes Erwachen 53; Cock-a-doodle-dandy u. d. T.: Gockel, der Geck 54; The bishop's bonfire u. d. T.: Das Freudenfeuer 56; Paul Vincent Carroll: The wayward saint u. d. T.: Der wider spenstige Heilige 56; The Devile came from Dublin u. d. T.: Der Schlagbaum 59; Joseph Conrad: Der Geheimagent 56; Laughing Anne u. d. T.: Die Lachtaube 56; ders.: One day more u.d.T.: Morgen 76; John A. Williams: Night Song 77.

Freundlich, Spottlieb, s. Jörgensen, Gerhard.

Frey, Anton (Ps. Armin Frank), RegDir. i.R.; Drackensteinstr. 10, D-7000 Stuttgart 1, Tel. (0711) 465484 (Eggingen 15.3.01). Lyrik, Erzählung.
V: Mein Vater, Der Dorfschulmeister, Erz. 77.

Frey, Bertwin, Seelsorger; ISV; Wesemlinstr. 42, CH-6006 Luzern, Tel. (041) 362155 (Hergiswil 19.5.16). Lyrik.
V: Hochgesang der Opferfeier 55; Mutter, lyr. Texte 76; Leuchtzeichen der Hoffnung, Meditationstexte 77; Vasen der Erwartung, lyr. Texte 78; Napflandschaft, Texte u. Bilder üb. d. Luzerner Hinterld 80; Spähritt nach Deiner Spur, lyr. Texte 80; 800 Jahre Bruder Franz, hymn. Texte 81, 2.Aufl. 83.

Frey, Julius-Friedrich Ulrich; Am Anger 9, D-5270 Gummersbach, Tel. (02261) 23174 (Menden/Sauerl. 10.5.17). Lyrik, Novelle, Roman, Film. **Ue:** F.
V: Abschied und Traum, G. 45; Wieder ein Morgen, G. 47; Menschliche Elegie, Sechs Variationen über ein Thema 49; Blatt und Wind, G. 49; Carola, N. 50; Künstler sehen Westfalen, Kunstb. 79.
F: Ballade 64/65; Ivan Desny präsentiert ... Französische Maler heute 65; Ivan Desny präsentiert ... Deutsche Maler heute 65; Ballade, 66 – 70.
Ue: Charles Baudelaire: Gedichte 51.

Frey, Kurt *

Frey, Ruth; Dorfstr. 5 a, D-5231 Michelbach/Westerw.
V: Das heilende Messer 72; Sehen, hören, denken 76; Hör mal, Tante Ruth, 5. A. 77; Guawa, e. Mädchen aus Thailand u. a. Geschn. 78; Der lange Zug u. a. Geschn. 78; Sie kamen übers Dach u. a. Geschn. 78; Treffpunkt in d. Luft u. a. Geschn. 78; Die eiserne Schlange 78; Mutig, standhaft, kaum zu glauben 78, 79. ( )

Freyer, Egbert, c/o Militärverlag d. DDR, Berlin (Ost).
V: Kurskorrektur, R. 2. A. 79, Tb. 82; Nachtflug, Erzn. 80, 82. ( )

Freyer, Paul-Herbert, Dramaturg; SV-DDR 54; Theod. Körner-Pr.; Leipzigerstr. 44, DDR-1080 Berlin, Tel. 2295879 (Crimmitschau/Sa. 4.11.20). Drama, Film, Fernsehspiel, Roman.
V: Der Pfad der Irrenden, Sch. 50; Auf verlorenem Posten, Sch. 52; Der Dämpfer, Lsp. 53; Kornblumen, Sch. 54; Die Straße hinauf, Sch. 54; Schiff auf großer Fahrt, Jgd.-Stück 55; Karl Marx, Sch. 60; Das Amulett, Sch. 61; Die Zeit der Hoffnung, Dr. 65; Der Tod auf allen Meeren, R. 70, 10.Aufl. 83 (auch tschech., ung.); Sturmvögel, R. 74 (auch ung.); Albert Schweitzer, Biographie 78, 3.Aufl. 83 (auch russ., slowak.).
F: Das grüne Ungeheuer 64.
R: Das Medaillon, Fsp. 61; Fahndungssache V, Fsp. 62; Die Liebenden der Costa Brava, Fsp. 63; Aufregende Jahre, Fsp.-Serie 70; SOS Luftschiff Italiá 71; Tscheljuskin 72; Kutter Seehund in Gefahr 73; Ein Haufen Abwasch 75; Der Mißtrauische 76; Das Kinderheim 79, alles Fsp.

Freytag, Werner, Dr., Dr. med., Facharzt, Wiss. Beirat Ges. f. Neue Anthropol. u. Genetik, Red. Europa-Brücke; BDSÄ 74, FDA 75, EM Bdesverb. Dt. Ärzte f. Kiefer- u. Gesichtschir.; EM Dt. Kulturgemeinsch.; Ellershagen 1, D-3403 Reckershausen, Kr. Göttingen, Tel. (05504) 696 (Lauscha/Thür. 5.4.08). Roman, Novelle, Sachbuch.
V: Politik für jedermann 68, 72; Wohin treibt die Jugend? 69; Sex-Ehe-Gesellschaft 71; Vorwiegend heiter 73; Dreimal tägl. heitere Medizin 75; Heiteres u. Ernstes aus meiner Sprechstunde 76; Wegbegleiter. Maximen e. Arztes 76; Das waren Zeiten, Erzn. aus d. Leben e. Arztes 77; Das Gesetz des Alls 77; Die Welt als Sein u. Schein 78; Glaube, Religion u. Wiss. 79; Frohsinn f. Dich. Besinnliches f. Dich 80; Das Primat d. Naturgesetze 81; Weltall u. Mensch – Glaube u. Jenseits 82; Das Gesetz d. Alls, 4. Aufl. 83.

Frick, Hans Joe; P.E.N.-Club, c/o Verlag C. Bertelsmann (Frankfurt a.M. 3.8.30). Drama, Roman, Novelle.
V: Breinitzer oder die andere Schuld, R. 65 (auch poln., ung.); Der Plan des Stefan Kaminsky, R. 67; Das Verhör, Taxi für Herrn Skarwanneck, Stufen einer Erinnerung, Teilsamml. 69; Henri 70, 73; Mulligans Rückkehr, R. 72; Tage-

buch einer Entziehung 73; Dannys Traum, T. 75; Die blaue Stunde, R. 77, Tb. 81 (auch dän., schwed., norw.); Breinitzer, R. 79; Die Flucht nach Casablanca, R. 80, Tb. 82; Die Ermordung der Verfolger, R. 80. — **MV**: Vorzeichen 2 63.
MA: Anth. u. Lit.-Zs.
F: Taxi für Herrn Skarwanneck, Daniel, Mulligans Rückkehr, alles Fernsehf., Breinitzer oder die andere Schuld, Fernsehf. in Polen; Die blaue Stunde; Bis daß der Tod uns scheidet; Dannys Traum.
R: Das Verhör, Die Landstraße, Henri, alles Hsp. ( )

Fricke, Friedrich, s. Fricke, Friedrich-Wilhelm.

Fricke, Friedrich-Wilhelm (Ps. Friedrich Fricke), Dr., RA; Flemingstr. 2, D-2000 Hamburg 60, Tel. (040) 486927 (Wunstorf/Nds. 5.8.47). Lyrik.
V: Die unsichtbaren Lichter 78; konkav — konvex 79; Von Tag zu Tag 79, alles G.
MA: Autorenbilder, Anth. 82; Siegburger Pegasus Jb. 82, Anth.

Fridrik, Liselotte; V.S.u.K. 74; Dipl. di Merito Univ. delle Arti, Salsomaggiore 82; EM Europ.-Amer. Forschungs- u. Kulturwerk Wien 75; Lindenallee 2, A-6330 Kufstein-Zell (München 1.6.10). Lyrik.
V: Am Wege 65; Ackererde 67; Sag Ja 72; Abendlicht 75; Und wo Ihr's packt, Nn. 77.

Friebe, Karl, Lehrer i.R.; Die Künstlergilde; Aßmannshäuser Str. 16, D-6200 Wiesbaden, Tel. (06121) 449920 (Schweidnitz/Schles. 10.3.04). Lyrik.
V: Aus meiner Zeit. Gedichte — Lieder — Gedanken 78.
Lit: Dr. Wolfgang Schwarz: Liedsinger u. Diarist, K. F. z. 75. Geb. in: Schlesien II (Zs.) 79.

Friebe, Susanne, Hausfrau; Landwehrstr., D-5226 Reichshof-Eckenhagen, Tel. (02265) 773 (Loslau OS 11.8.25). Kindergeschichten, -lieder, -spiele, -reime.
V: Jeder Tag ein Abenteuer, Lieder, Spiele u. Gesch. f. Kindergarten, Vor- u. Grundschule 79. ( )

Friebel, G., s. Friebel-Röhring, Gisela.

Friebel-Röhring, Gisela (Ps. G. Friebel, Gisela de Fries, Thea Moosbach), Kripo-Angestellte a. D.; VS; Haus Angelmodde 10, D-4400 Münster/Westf. (Greven 22.2.41). Roman, Kurzgeschichte, Kinderbuch, Übersetzung für Gehörlose.

V: Der goldene Bleistift; Omi gesucht; Wer macht mit?; Wir feiern Geburtstag; Wenn sich Kinder langweilen; Das Wunderknäul; Tolle Party-Tips für unsere Großen; Wir laden ein 77, alles Kinderb.; Das Monsterschloß, Grusel-Krimi 79. — 354 Romane.

Friebert, Stuart, Prof.; 172 Elm St., Oberlin, OH 44074/USA, Tel. (216) 1158407 (Milwaukee, Wisconsin 12.7.31). Lyrik, Drama. **Ue**: E.
V: Kein Trinkwasser, Lyrik 69; Die Prokuristen kommen, Lyrik 72; Der Gast, und sei er noch so schlecht, Prosa 73; Nicht hinauslehnen, Lyrik 75.
H: Max Frisch: Als der Krieg zu Ende war 67.

Fried, Erich; Fördergabe Schiller-Gedächtnispr. 65, Öst. Würdigungspr. f. Lit. 72, Prix Intern. des Editeurs 77, Pr. d. Stadt Wien f. Lit. 80; 22 Dartmouth Road, London NW 2. Lyrik. **Ue**: E.
V: Deutschland, G. 44; Österreich, G. 45; Gedichte 58; Ein Soldat und ein Mädchen, R. 60, 82; Reich der Steine, G. 63; Warngedichte 64, Tb. 80; Überlegungen, Gedichtzyklus 64; Kinder und Narren, Prosa 65, 81; und Vietnam und, G. 66; Arden muß sterben, Operntext 67; Anfechtungen, G. 67; Zeitfragen, G. 68; Befreiung von der Flucht, G. u. Gegeng. 68, erw. Neuaufl. 83; Die Beine der größeren Lügen, G. 69, 76; Unter Nebenfeinden, G. 70, 76; Die Freiheit den Mund aufzumachen 72; Gegengift, G. 74, 76; Höre, Israel!, G. 74; Fast alles Mögliche. Wahre Geschichten und gültige Lügen 75; So kam ich unter die Deutschen, G. 77; Die bunten Getüme, G. 77; 100 Gedichte ohne Vaterland 78; Liebesgedichte 79; Lebensschatten 81; Zur Zeit und zur Unzeit, G. 81; Das Unmaß aller Dinge, Erzn. 82; Das Nahe suchen, G. 82. — **MV**: Intellektuelle und Sozialismus, m. Paul A. Baran u. Gaston Salvatore 68.
B: Eric Linklater: Der Teufel in d. Gascogne 58.
MH: Am Beispiel Peter Paul Zahl 76.
MUe: Englisches Theater unserer Zeit, m. Elisabeth Gilbert 61; Warngedichte 64. ( )

Friede, Gerhard (Ps. Gerd Talis), Journalist; Dreikönigstr. 2, D-6900 Heidelberg, Tel. (06221) 13704 (Heidelberg 19.2.34). Roman, Film, Übers. **Ue**: E.
V: Fremde in der Nacht, R. 75; Heißer Sommer, R. 76; Die Stunde des Pan, o.J.
R: Jugend im Zeichen des Schiffes, Fs. 66.

Friedemann, Edwin *

Friederici, Hans-Joachim, StudDir.;
VS; Ostdt. Literaturpr. 71, AWMM-
Autorenpr. 79; Humboldtstr. 9, D-5372
Schleiden/Eifel, Tel. (02445) 477 (Berlin-
Charlottenburg 27.2.19). Lyrik, Roman,
Novelle, Essay, Film.
V: Zwischen Haff und Bodden 77.
MA: regelm. Beitr. in: Pommersche
Ztg (PZ); zahlr. Beitr. in: Kolberger Ztg
(KZ).
R: Der König der Eifel, Fsp. 72; Die
Ausreisser, Fsp. 74.

Friedl, Hermann, Dr. med. univ.,
Facharzt f. Psychiatrie u. Neurol.;
Österr. P.E.N.-Club 66, Liechtenstein
P.E.N. 77, Öst. Schriftst.verb., VS;
Bertelsmann Förderpr. 59, Förder.pr. z.
Stifterpr. 62, Stifterpr. 81; Podium 80,
Kogge 81; Schönburgstr. 15, A-1040 Wien
(Linz 21.2.20). Roman, Novelle, Essay,
Lyrik, Hörspiel.
V: Fünf Gedichte; Die Visitation, 10
Erzn. 59; Picasso malt Kinder, Ess. 61;
Der Landarzt, R. 62, 82; Kleine Gesell-
schaft am Abend. Gesch. u. Kürzest-
gesch. 64; Oberösterreich Ess. 66, 70;
Heilverfahren od. Das Fernglas, R. 80;
Aufzeichnungen e. wahnsinnigen
Beamten, Erzn. 81. — **MV:** Der Rat der
Weltunweisen, R. m. 9 and. Verf. (u.a.
Böll, Kasack, Weigel) 65.
MA: Stillere Heimat, Jahrb. d. Stadt
Linz 51 — 71; Tür an Tür, G. 51;
Stimmen der Gegenwart 53; Eine
Sprache, viele Zungen, Anth. 66;
Beispiele 32 öst. Erzähler der Gegen-
wart 67; Vorwiegend heiter, Anth. 68;
Facetten, Jb. d. Stadt Linz; Die Barke
77; Sir Walters letzter Patient. Arzt-
geschn. aus 15 Ldern, 81, alles Anth.
R: versch. Hsp.arb.
Lit: Hans Weigel in: Das tausend-
jährige Kind 65; Adalbert Schmidt: Öst.
Lit.gesch; Rich. Exner üb. H. F. in: Lit. u.
Kritik 81.

Friedl, Paul (Ps. Baumsteftenlenz),
Redakteur; VS 34; Erzählerpreis "neue
Linie" 38, Silbermedaille der Dt. Akad.
31, Ehrenurk. d. Akad. d. Wiss.,
Bdesverdienstkr. am Bande u. 1. Kl.,
Bayr. Poetentaler u.a.; Haus Lenz, D-
8372 Zwiesel/Bayer. Wald (Pronfelden
Kr. Grafenau 22.5.02). Roman, Novelle,
Kurzgeschichte, Film, Sachbücher.
V: 32 Romane, 200 Kurzgeschichten,
26 Volkskundl. Werke; Wendl, der Wald-
hirte, R. 52, 56; Der Schmuser, R. 54;
Heimatbuch der Waldstadt Zwiesel 54;
Das Kreuz am Acker, R. 55; Grenz-
gänger, R. 57; Das Lied vom Pascher

Gump, R. 57, 68; Der singende Baum, R.
58; Der Waldprophet, R. 58; Der Kreuzweg des Veit Ameis 60, u. a. R.; Im Jahr
des letzten Lichtes, R. 64; Das Roß Gottes 65; Das glückliche Ende der Welt, R.
65; Die Füchsin von Huschitz, R. 66;
Schwarze Kirschen, R. 67; Veit Ameis,
R. 67; Heiterer Himmel über dem Wald-
gebirg, Erzn. 67; Finsing, R. 67; Der
Waldprophet, R. 68; Die Bahnwärterleut,
R. 70; Die Lammwirtin von Tannreut 70;
Der Hof am Strom, R. 71.
MA: Neunerlei Geleck 39; 3 Stunden
hinter Dingolfing 60; Waldlerisch
gsunga 52, u. a.
R: Waldweihnacht; Waldostern; Die
Sternsinger; Kreuz und Paternoster-
kugel u. a. Hsp. u. Fsp.

Friedmann, Aurel (Ps. Aurel Shalev),
Dr.rer.pol., Pensionär; Verb. dt.spr.
Schriftsteller in Israel 79; Jawne Str. 8,
Nahariya, 22320/Israel, Tel. (04) 920573
(India, Jugosl. 23.8.06). Kurzgeschichte.
V: Vor Toresschluss 79; Ein Tropfen
Wasser 82.

Friedmann, Erni, Prof., Übersetzerin,
Journalistin, zeitw. Sekretärin;
G.dr.S.u.K.; Körner-Pr. 56, 60 u. 64,
Kunstfonds-Förder.pr. f. Lit. 57, Rom-
Stip., Preis f. d. beste Stück d. Mts 57,
Verleih. d. Prof.titels 79; Vorgartenstr.
160/V/26, A-1020 Wien, Tel. (0222)
2447885 (Wien 3.3.19). Drama, Roman,
Fernsehspiel, Hörspiel. **Ue:** E, F.
V: Aber tot muß er sein, R.; Leben aus
zweiter Hand, Bü. 57 (auch Fs.-Fass.);
Tamtam, Bü. 59 (auch Fs.-Fass.); Salut,
Bü. 67; Die Klassenbeste, Kom., Fsp.;
Gruppentherapie, Kom.; Hohes Haus,
Kom..
F: (MV): Die liebe Familie 56; Der
schönste Tag in meinem Leben, Sänger-
knabenf. 57.
R: Leben aus zweiter Hand, Hsp. 57,
60, s. auch V; Kurkonzert 68; Tropfen-
weise 69; Die Sammlung 70, alles Hsp.
Ue: 81 Bücher, vorw. Theaterstücke,
Fernseh- u. Hörspiele, u.a.: Aldo de
Benedetti: Ein Tag im April; J. B.
Priestley: Dangerous Corner u. d. T.:
Gefährliche Wahrheit, Musik bei Nacht;
P. Ustinov: House of Regrets u. d. T.:
Insel der Erinnerung; A. Watkyn: No
Way to Kill u. d. T.: Schönes Weekend,
Mr. Bennett, Out of Bounds u. d. T.:
Streng geheim; Amber Foranna u. d. T.:
Fandango, The Home Front u. d. T.:
Trautes Heim; Emlyn Williams: The
Light of Heart u. d. T.: Das Leben
beginnt um 8, Drehb. z. Film; L. Fodor:
Gold und Silber; Catherine Cookson:

The blind miller u.d.T.: Nur eine Frau;
The nice bloke u.d.T.: Ein Freund fürs
Leben; Hannah Massey u.d.T.: Die
einzige Tochter; Katie Mulholland
u.d.T.: Die Chronik (hundert Jahre
Familiengeschichte), The round tower,
The garment, Slinky Jane, The
gambling man; C. Cookson: The
invisible Cord, R.; Miß Martha Mary
Crawford, R.; The slow awakening, R.;
The Tide of Life, R.; The Girl; A. Owen:
Da wird sich manches ändern; T. Feely:
Heute kommt der Weihnachtsmann.

Friedmann, Herbert, Schriftsteller;
VS 79; Werkkreis Literatur der
Arbeitswelt 76; Inselstr. 29, D-6100
Darmstadt (Groß-Gerau 15.2.51). Lyrik,
Roman, Kurzprosa, Satire, Rezension.
V: Zwischenstationen, autobiogr. R.
78; Kalle Durchblick, Erz. 80, 2.Aufl.
83. — **MV:** Umwelt Reader, Lyr. u. Prosa
77; Alice im Wunderland, Prosa 77; Die
drei Musketiere, Prosa 77; Stories in
Oliv, Prosa 78, 3. Aufl. 79; Der Prolet
lacht, Lyr. u. Prosa 78; Skizzen aus der
Arbeitswelt, Lyr. u. Prosa 78; Kinder
Reader, Lyr. u. Prosa 78; Für Frauen,
Lyr. u. Prosa 79; Aufschäumende
Gedichte, Lyr. 79; Ade, Luisenplatz, Lyr.
u. Prosa 79.
B: Alice im Wunderland 77; Die drei
Musketiere 77. — **MA:** Für Portugal 75;
Umwelt Reader 77; Stories in Oliv 78;
Der Prolet lacht 78; Kinder Reader 78;
Für Frauen 79; Aufschäumende
Gedichte 79; Anders als die Blumen-
kinder 80; Wort-Gewalt 80; Macht &
Gewalt 80; Sportgeschichten 80; Her mit
dem Leben 80; Friedensfibel 82; Zuviel
Frieden 82; Die falsche Richtung: Start-
bahn West, Ein Leseb. 82.
MH: Stories im Blaumann 81.

Friedrich, Anita (Ps. Anne Alexander,
Dinah Kayser), Autorin; IgdA 77, VS 82;
Kantstr. 2, D-7152 Großaspach, Tel.
(07191) 20386 (Berlin-Wedding 4.3.47).
Jugendliteratur, Kurzgeschichte,
Frauenroman, Zeitungsartikel.
V: Hallo, ich bin Jordana, Jgdb. 80.
MA: Ein Dezennium IgdA, Anth. 77;
Unser Boot heißt Europa, Anth. 80; Wie
es sich ergab, Anth. 81; Kennwort
Schwalbe, Anth. 81; Mädchen 83,
Mädchenb. 82.

Friedrich, Dirk, Separat-Wachmann;
VS seit 80; IGdA 80, NGL Berlin 80,
Leiter Senryu-Zentrum Berlin 82, ADA
82; Falstaffweg 49, D-1000 Berlin 20, Tel.
(030) 3625723 (Weissenfels/Saale 7.4.49).
Lyrik, Roman, Essay, Hörspiel.
V: Lebensflügel, Lyr. 80.

Friedrich, Heinz, Verleger (DTV); Dt.-
Schweiz. P.E.N.-Zentr.; Bayer.
Verdienstorden, Perthes Medaille d. dt.
Buchhandels, Joh.-Heinr.-Merck-
Ehrung d. Stadt Darmstadt; O.Mitgl.
Bayer. Akad. d. Schönen Künste,
Hölderlin-Ges., Goethe-Ges., Klages-
Ges., Dt. Schiller-Ges., Rotary-Club;
Döllingerstr. 23 a, D-8000 München 19,
Tel. (089) 397031 (Roßdorf, Kr.
Darmstadt 14.2.22). Essay, Kulturkritik.
V: Die Straße Nirgendwo, Dr. 48;
Bänkelsang der Zeit 48; Die Inschrift,
Erzn. 51; Wirkungen der Romantik, Ess.
54; Im Narrenschiff des Zeitgeistes,
Aufs. 72; Kulturkatastrophe 79; Kultur-
verfall u. Umweltkrise 82.
MA: Deine Söhne, Europa, G. 47;
Almanach der Gruppe 47 62;
Weihnachten 1945 81.
H: Geist und Gegenwart, Schr.-R. 54;
Lebendiges Wissen, Rundfunkvorträge
52 — 54; Schwierigkeiten beim Versuch,
heute die Wahrheit zu schreiben 64;
Mensch und Tier 68.

Friedrich, Herbert, Lehrer; SV-DDR
61; Martin-Andersen-Nexö-Kunstpr. d.
Stadt Dresden 66, Alex-Wedding-Pr. 73,
Kunstpr. d. FDJ 75, Kunstpr. d. DTSB
77; Marschnerstr. 25, DDR-8019 Dresden
(Dresden 7.8.26). Roman, Kinderbuch.
V: Wassermärchen, Kinderb. 60, 74;
Die Fahrt nach Dobsina, Erz. 61; Assad
und die brennenden Steine, Kinderb. 61,
80; Die Geschichte von Pauls tapferer
Kutsche, Kinderb. 62, 69; Strupp auf
dem Damm, Jgdb. 62, 63; Die Reise nach
dem Rosenstern, M. 63, 81; Hugos
Wostok, Kinderb. 64, 71; Der Damm
gegen das Eis, Erz. 64, 70; Paule Rennrad,
Kinderb. 66, 72; Rentiere in Not,
Kinderb. 66, 77; Radsaison, Jgdb. 66, 74;
Die Eissee, hist. R. 69, 82; der stärkste
Regen fängt mit Tropfen an, Erzn. 71;
Der Kristall und die Messer, R. 71, ab
2.Aufl. u.d.T.: Sieben Jahre eines Renn-
fahrers 81; Krawitter 73, 82; Tandem mit
Kettmann, Erzn. 73, 78; Im Eis, Erz. 76,
81; Dorado od. unbekanntes Südland,
hist. R. 75, 80; In des Teufels Küche u.a.
Erzn. 78, 82; Krawitter Krawatter die
Kiste die Mäuse, M. 80; Der Vogel Eeme,
hist. R. 80, 82; Krawitter Krawatter das
Stinchen das Minchen u. nun noch
Alinchen, M. 82.
R: Katharinchen 61; Wassermärchen
62; Assad 64; Der große und der kleine
Olaf 65; Der Herr und die Herde 67,
alles Hsp.; Barents heißt unser Steuer-

mann 69; Assad 70, beid. Fsp; Der
Garten, Fsf. 72; Tandem mit Kettmann,
Fsf. 73; Gebe zu Protokoll, Hsp. 74;
Agnes, das Luder, Hsp. 75.

Friedrich, Hugo G., s. Brzoska, Hugo.

Friedrich, Joachim-Carl, Prof.;
Bdesverd.kr. am Bande, Tiroler Adler-
Orden in Gold, Humboldtplak.;
Benekendorffstr. 157, D-1000 Berlin 28,
Tel. (030) 4025065.
V: Ich zeichne Menschen 73; Be-
lohntes Leben.

Friedrich, Margot (Ps. Anne Carius),
Kunsttöpferin; Walter-Rathenau-Str. 12,
DDR-5808 Tabarz/Thür. (Berlin 28.10.41).
V: Dialog mit Karoline, Erz. 73, 79;
Selbstgespräche, Lyrik 74; Das
Familientreffen, R. 74, 80; Kleine
Kinderkirchenkunde, Lex. 75, 79; Tisch-
geschichten 81, 82.
H: Geschenkter Tag, Anth. 76. ( )

Friedrich, Maria (Ps. Maria Maser-
Friedrich), Hrsg. dtv junior; Arbkr. f.
Jgdlit.; Döllingerstr. 23 a, D-8000
München 19, Tel. (089) 397031
(Darmstadt 4.7.22). Essay, Hörspiel.
H: Die schönsten Liebesgeschichten
vom Prinzen Genji 63; Laß nur die
Sorge sein, Anthol. 64; Spanische
Liebesgeschichten 66; Unheimliche
Geschichten 79; Sonderbare Geschich-
ten 79; dtv junior Lesebuch 81.

Friedrich, Paul, s. Hübner, Paul
Friedrich.

Friedrich, Richard, s. Puhl, Fritz.

Friedrichs, Hans Frank, s. Lehmann,
Hans Friedrich.

Friedsieg der Dichter (Ps. f. Hellmuth
Otto Engelhardt); VS 71; Klettenberg 90,
D-8710 Kitzingen a.M., Tel. (09321) 32047
(Leipzig 11.6.09). Lyrik.
V: Die Entwicklungsgeschichte d.
Welt, d. Weltallwelt, des Alles, des
AllesAlles 78.

Frieling, Heinrich (Ps. Frank Anders),
Dr.phil.nat., Leiter des Inst. f.
Farbenpsychol.; Pettendorferstr. 31, D-
8215 Marquartstein/Obb., Tel. (09641)
8311 (Chemnitz 27.12.10). Lyrik.
V: Begegnung mit Sauriern, Jgdb. 40;
Der singende Busch, Prosadicht. 48;
Mysterium der Liebe 48, 75; Lebendige
Farbe, Ess. 75; Laternenrätsel,
Prosadicht. 82; Obacht Mensch, lyr. G.
83.
s. a. Kürschners GK.

Frielinghaus, Helmut, Verl.-Lektor;
VDÜ 65, VS 74; Winklerstr. 3, D-2000

Hamburg 11, Tel. (040) 364569 (Braun-
schweig 7.1.31). **Ue:** S, F.
Ue: Rafael Sánchez-Ferlosio: Aben-
teuer und Wanderungen des Alfanhui,
R. 59; Am Jarama 60; Max Aub: Die
bitteren Träume, R. 62; Ramiro Pinilla:
Die blinden Ameisen, R. 63; Carlos
Droguett: Eloy, R. 66; Severo Sarduy:
Bewegungen, Erz. 68, Strand, Hsp. 69,
Medina Azahara, Hsp. 70, Katakomben,
Hsp. 73, Die Ameisentöter, Hsp. 75;
Monique Wittig: Dialog der beiden Brü-
der und der Schwester, Hsp. 70; Jean
Tardieu: Ein Abend in der Provence
oder Das Wort und der Schrei, Hsp. 72;
Erzählungen span. u. lateinamerik.
Autoren in versch. Sammelbd.

Fries, Erich, Zahnarzt; Große
Friedbergerstr. 10 — 12, D-6000
Frankfurt a.M., Tel. (0611) 283566
(Frankfurt a.M. 14.2.24). Mundart-
dichtung.
V: Vaddersorje, Mda.-Dicht. 70; Die
Venus vom Maa, Mda.-Dicht. 78. ( )

Fries, Fritz Rudolf, Dipl.-Phil., ehem.
Wiss. Ass. an der Dt. Akad. d. Wiss. Bln;
SV-DDR, P.E.N.-Zentrum DDR;
Heinrich-Mann-Pr. 79; Johannesstr. 51-
53, DDR-1273 Petershagen b. Berlin
(Bilbao/Spanien 19.5.35). Essay. **Ue:** S, F.
V: Der Weg nach Oobliadooh, R. 66,
75; Der Fernsehkrieg und andere Erzäh-
lungen 69, 70; See-Stücke, Samml. 73, 74;
Das Luftschiff 74, 75; Der Seeweg nach
Indien, Erzn. 78, u.d.T.: Das nackte
Mädchen auf der Straße 70; Sieg und
Verbannung des Ritters Cid aus Bivar,
Kinderb. 79; Mein spanisches Brevier
79; Lope de Vega, Biogr. 77, 79; Alle
meine Hotel Leben, Reiseprosa 80;
Alexanders neue Welten, R. 82.
MA: Nachrichten aus Deutschland 67;
Prosa aus der DDR 69, 72; Das Paar 70;
Aufforderung zum Frühlingsbeginn 70;
19 Erzähler der DDR 71; Bettina pflückt
wilde Narzissen 72.
F: Das Luftschiff 83.
R: Die Familie Stanislaw 60; Der
Traum des Thomas Feder 77; Der Mann
aus Granada 79; Der fliegende Mann 79,
alles Hsp.
Ue: Celestina 59; Alfred de Vigny:
Grandeur et Servitude militaires u. d. T.:
Laurette oder das rote Siegel 61; B.
Pérez Galdós: Misericordia 62; L. Otero:
Schaler Whisky 67; T. de Molina: Don
Gil von den grünen Hosen 68; Calderón:
Dame Kobold 70; J. Izsaray: Madame
Garcia hinter ihrem Fenster 72; J.
Cortázar: Der andere Himmel 73, u.a.
Lit: Weimarer Beiträge 3 79; u.a.

de Fries, Gisela, s. Friebel-Röhring, Gisela.

Friese, Fred, s. Friesecke, Alfred.

Friesecke, Alfred (Ps. Fred Friese); VS Hessen 53; Liedpr. d. akad. Verb. 63; Böhmerstr. 41, D-6000 Frankfurt a.M. 1 (Magdeburg 3.3.04). Lyrik, Aphorismen, Liedertexte.
V: Zugvögel, Gedankenlyr. 71, 72; Zwiesprache, Poesie u. Prosa 84.
S: Frohe Botschaft 66.

Friesel, Uwe, Schriftsteller u. Übersetzer; VS seit Gründ., P.E.N. 72; Rompreis Villa Massimo 68 — 69, Stadtschreiber Hamburg -Eppendorf 80; Eppendorfer Landstr. 102, D-2000 Hamburg 20, Tel. (040) 476925 (Braunschweig 10.2.39). Lyrik, Roman, Hörspiel, Übersetzung. **Ue:** Am, E, F.
V: Linien in die Zeit, G. 63; Sonnenflecke, R. 65; Der kleine Herr Timm und die Zauberflöte Tirlili, Kinderb. 70; Am falschen Ort, Erzn. 78; Sein erster freier Fall, R. 83; Jeden Tag Spaghetti, Jgdr. 83; Aufrecht flussabwärts, G. 83; Lauenburg Connection, Erzn. 83. —
MV: Kleines Lyrik-Alphabet 63; Hamburger Musenalmanach auf das Jahr 1963; Druck-Sachen, Prosa 65; Hamburger Anthologie 65; Maicki Astromaus, Kinderb. 70; Die Geschichte von Trummi kaputt, m. V. Ludwig 77.
MA: Druck-Sachen, Prosa 65; Agitprop, G. 69; Auf Anhieb Mord, Kurzkrimis 75, Tb. 78; Keine Zeit für Tränen, Erzn. 76, Tb. 78; Lyrikkatalog Bdesrep. Dtld 78; Jb. d. Lyrik 1 79, 2 80; Claassen Jb. für Lyrik III 81; Klassenlektüre 82.
MH: Noch ist Deutschland nicht verloren. Hist. pol. Analyse unterdrückter Lyrik 70, 80, Tb. 73; Freizeit, Leseb. 4 73; Kindheitsgeschichten 79, 82.
F: Der lautlose Tod. — Giftgas in Hamburg, Drehb. 82.
R: Skat 66; Unsere Liebe Luci 69; Ping Pong 69; Mitbestimmung 71; Maicki Astromaus 71; Wernicke, Familienserie 73-76; Blankenhorn I & II 80, alles Hsp; Entlassungen, Fsp. 73.
Ue: Stephen Schneck: Der Nachtportier, R. 66; Vladimir Nabokov: Fahles Feuer, R. 68, Ada, R. 74, Sieh doch die Harlekins, R. 79; Ben Johnson: Volspone, Kom. 70, 71.

Fringeli, Albin, Dr. phil. h. c. Univ. Basel, Bezirkslehrer, Erziehungsrat i.R.; SSV 50, P.E.N.; Johann-Peter-Hebel-Gedenkpreis d. Ldes Bad.-Württ. 61, Preis d. Schweiz. Schillerstiftung 63, Solothurner Kunstpreis 65; EM Sundgau-Verein, EM Hist. Ver. d. Kant. Solothurn, Ehrenbürger v. Nunningen 67, Ehrenbürger von Bärschwil 75, CH-4208 Nunningen, Kt. Solothurn, Tel. (061) 800352 (Laufen, Kt. Bern 24.3.99). Lyrik, Hörspiel, Novelle, Essay.
V: Das Amt Laufen, Landschaftsschild. 46; Der Holderbaum, G. 49, 76; Das Schwarzbubenland, Landschaftsschild.; Schönes Schwarzbubenland, Ess. 55; Am stille Wäg, Mda.-G. 47, 73; Zyt und Lüt, Festsp.; Heimfahrt, 17 Erzn. 59; Flucht aus der Enge, Ess. 65; Die frohe Einkehr, Sp.; Festsp. für die Schw. Landesausstellung in Lausanne 64; Bärschbler Bilder-Boge, Festsp. 65; Sonnenschein und Gewitterstürme über Gilgenberg 71; Die Zeitlosen, R. 71; Nunningen, Ess. 67; Die Bezirke des Kantons Solothurn, Ess. 73; Solothurn, Ess. 73; Der Weltverbesserer, Erzn. 75; Der Bachmausi, Erzn. 77; Mein Weg zu Johann Peter Hebel, Ess. 61; Unterwegs, Ess. 79; Landschaft als Schicksal 79; Chronik von Liesberg, Festsp. 79; Bärschwil. Chronik e. Gemeinde 81. —
MV: Heimatboden, Lesebuch 60; Heimat und Fremde. Leseb. 37, 78.
H: D'r Schwarzbueb, Solothurner Jb. u. Heimatb. seit 23.
R: Der Schweizer Hausfreund, Hf.; My Dörfli, Hf.; Hans und Vreni, Hsp.-F.; Das Leben ist des Todes Herr, Hsp.-F.; Gotte und Götti 64; In der J. P. Hebel-Stube, u. a.
S: In der große Stadt, Mda. von Bärschwil 65.
Lit: Josef Reinhart: Albin Fringeli in: Veröffentlichungen des Heimatmuseums Dornach 56; Albin Fringeli 60 Jahre, m. Beiträgen v. Felix Moeschlin, Josef Saladin, Hermann Schneider u. a.; Rudolf Suter: Dichter, Lehrer, Kalendermann; Prof. Heinrich Meyer: Was ich über Albin Fringeli denke; Beat Jäggi u.a., Gruss und Glückwunsch an A. F. 74, Albin Fringeli der Dichter des Schwarzbubenlandes. Beitr. v. 24 Autoren: Kurt Marti, A. Häsler, Georg Thürer, Bischof Hänggi, H. Meyer, F. Wartenweiler u.a.; Dieter Fringeli: Albin Fringeli Leseb. 79.

Fringeli, Dieter, Dr. phil.; P.E.N.; Förderpr. d. Kantons Solothurn 69, Kunstpr. d. Lions Club Basel 71, Pr. d. Schweizer. Schillerstift. 74, Werkpr. d. Kantons Solothurn 74; Lange Gasse 6, CH-4102 Binningen u. In de Bost 23, D-2000 Hamburg-Blankenese, Tel. (061) 479258 (Basel 17.7.42). Lyrik, Essay.
V: Zwischen den Orten, G. 65; Was auf der Hand lag, G. 68; Das Nahe suchen,

G. 69; Die Optik der Trauer - Alexander
Xaver Gwerder, Ess. 70; Das Wort reden,
G. 71; Dichter im Abseits. Schweizer
Autoren von Glauser bis Hohl, Ess. 74;
Von Spitteler zu Muschg. Lit. d. dt.
Schweiz seit 1900, Ess. 75; Durchaus, G.
75; Nachdenken m. u. üb. Fr.
Dürrenmatt. Ein Gespr. 77; Ich bin nicht
mehr zählbar, G. 78; Reden u. a. Reden.
Politik u. Spr. 79; Ohnmachtwechsel u. a.
Gedichte aus zwanzig Jahren, G. 81;
Mein Feuilleton. Gespr., Aufs., Glossen z.
Lit. 82.
   H: Mach keini Schprüch, Mda.-Lyr. d.
20. Jhs. 71/81; Gut zum Druck. Lit. d. dt.
Schweiz seit 1964 72; Haltla. Basel u. s.
Autoren 79; Albin Fringeli Lesebuch
79. — **MH:** Taschenbuch d. Gruppe
Olten 74.
   Lit: Karl Krolow: Üb. D. F. 68; Werner
Weber: D. F. 70; Elsbeth Pulver: Ü. D. F.
74; Franz Lennartz: D. F. 78; Manfred
Bosch: D. F. 79.

Frisch, Alfred *

Frisch, Max, Dr.h.c., Dr.h.c., Dr.h.c.,
Dipl.-Architekt; C.-F.-Meyer-Preis d.
Stadt Zürich 38, Rockefeller Grant for
Drama 51, Wilhelm-Raabe-Preis d. Stadt
Braunschweig 55, Schiller-Preis d.
Schweiz. Schillerstift. 55, Welti-Preis f.
d. Drama d. Stadt Bern 56, Charles-
Veillon-Preis 58, Georg-Büchner-Preis
58, Literaturpreis der Stadt Zürich 58,
Großer Kunstpreis der Stadt Düsseldorf
62, Preis der jungen Generation 62,
Dr.h.c. U.Marburg 62, Lit.preis v.
Nordrh.-Westf. 63, Schiller-Gedächtnis-
preis d. Ldes Bad.-Württ. 65, Literatur-
preis d. Stadt Jerusalem 65, Gr. Preis d.
Schweizer. Schillerstift. 74, Friedenspr.
d. Dt. Buchhandels 76, Dr.h.c. Bard-
College, USA 80, Dr.h.c. City Univ., New
York 82; Dt. Akad. f. Spr. u. Dicht., Hon.
Member Amer. Acad. of Arts a. Letters;
Val Onsernone, CH-6611 Berzona
(Zürich 15.5.11). Drama, Prosa, Roman,
Hörspiel, Film.
   V: Jürg Reinhart, R. 34; Blätter aus d.
Brotsack 41, 5. Aufl. 74; J'adore ce que
me brûle od. Die Schwierigen, R. 42,
Neuausg. u.d.T.: Die Schwierigen od.
j'adore ce que me brûle 57, 9. Aufl. 77;
Bin od. d. Reise nach Peking, Erz. 44, 75;
Santa Cruz. Eine Romanze 44, 61; Nun
singen sie wieder, Requiem 45; Die
Chines. Mauer, Eine Farce 46, 65, Tb. 71,
76; Tagebuch mit Marion 47; Als der
Krieg zu Ende war, Schausp. 49; Tage-
buch 1945-1949 50, 76; Graf Oederland, e.
Spiel in 10 Bildern 51, 73; Don Juan od.
Die Liebe zur Geometrie, Kom. 53, Tb.

75, 78; Stiller. R. 54, 76; Achtung: Die
Schweiz, Pamphlet 55; Homo Faber, Ein
Ber. 57, 77; Herr Biedermann u. die
Brandstifter, Dr. 58, 76; Die große Wut d.
Philipp Hotz, Sketch 58; Andorra, Dr. 61,
75; Mein Name sei Gantenbein, R. 64, 76;
Biografie: Ein Spiel 67, 76; Wilhelm Tell
f. d. Schule, Erz. 71, 76; Tagebuch 1966-
1971 72, 79; Dienstbüchlein 74, 76;
Montauk, Erz. 75, 81; Gesammelte
Werke in zeitl. Folge 76 VI; Triptychon,
3 szen. Bilder 78; Der Mensch erscheint
im Holozän, Erz. 79, 81; Blaubart, Erz.
82. — **MV:** achtung: die schweiz.
Pamphlet 55; Wir hoffen. Zwei Reden
zum Friedenspr. des Deutschen Buch-
handels, m. H. v. Hentig 76.
   R: Herr Biedermann und die Brand-
stifter 52; Rip van Winkle 53, 77; Herr
Quixote 55, alles Hsp.
   S: Max Frisch liest Prosa 61; Andorra;
Mein Name sei Gantenbein.
   Lit: W. Rosengarten: M.F. in: Schrift-
steller d. Gegenwart 63; Peter Demetz:
M.F. in: Die süße Anarchie. Skizzen z.
dt. Lit. seit 1945 70 (Tb.); Th.
Beckermann: Über M.F. 71; Walter
Schenker: Mundart u. Schriftsprache;
W.R. Marchand: M.F. in: B. v. Wiese: Dt.
Dichter d. Gegenwart 73; M. Bieder-
mann: D. polit. Theater v. M.F. 74; H.
Bänziger: Zw. Protest u. Traditions-
bewußtsein 75; M.F. in: Text u. Kritik 75,
2. erw. Aufl. 76; Markus Werner: Bilder
d. Endgültigen, Entwürfe d. Möglichen
75; Michael Butler: Das Problem d.
Exzentrizität in d. Romanen Max
Frischs in: Text u. Kritik 47/48 75; "The
Ambivalence of Ordnung": The nature
of the "Nachwort d. Staatsanwaltes" in
M. Frisch's "Stiller" in: Forum f. Mod.
Language Stud. 12 76; The Novels of
M.F., London 76; Rolf Kieser: M.F.: Das
literar. Tagebuch 75; Walter Schmitz:
Üb. M.F. II 76; T. Hanhart: M.F. Zufall,
Rolle u. lit. Form 76; H. v. Hentig:
"Wahrheitsarbeit" u. Friede. Rede auf
M.F. z. Verleih. d. Friedenspreises d. Dt.
Buchhandels a. 19. Sept. 1976 in: M.F. u.
H.v.H.: Zwei Reden z. Friedenspr. d. Dt.
Buchhandels 76; M. Jurgensen (Hrsg.):
Frisch. Kritik — Thesen — Analysen 77;
M.F. wurde 65 in: Duitse Kroniek 77;
H.J. Lüthi: M.F. in: Bürgerlichkeit u.
Unbürgerlichk. in d. Lit. d. Dt. Schweiz
78; Gerh. Knapp (Hrsg.): M.F. Aspekte d.
Bühnenwerks 79; Jan Knopf: Verlust d.
Unmittelbarkeit in: Orbis Literarum, H.
2 79; M. Pender: M.F.: His Work and Its
Swiss Background 79;; M.E.
Schuchmann: Der Autor als Zeitgenosse
79; Chr. Linder: Die Krankheit d.

Phantasie in: Die Träume d. Wunschmaschine 81; H.J. Lüthi: M.F. "Du sollst
dir kein Bildnis machen" 81.

von Frisch, Otto, Prof., Dr. rer. nat.,
Zoologe; Braunschweiger Str. 9, D-3304
Wendeburg, Tel. (0531) 331914 (München
13.12.29). Tierbuch.
V: Bei seltenen Vögeln in Moor und
Steppe 65; Aus der Werkstatt der Natur
71; Der Hamster und die Eidechse 73;
Tausend Tricks der Tarnung 73; Ein
Haus und viele Tiere 75, 76; Über
Länder und Meere, Geheimnis der Tier-
wanderung 76; Vögel in Käfig, Voliere u.
Garten 77; Kanarienvögel 78; Tiere in
unserer Nachbarschaft 79; Erklär mir d.
Haustiere 80; Loewes Tierlexikon 82.
s. a. Kürschners GK. ( )

Frischler, Kurt *

Frischmuth, Barbara; Kübeckgasse
16/22, A-1030 Wien, Tel. (0222) 7384222.
V: Die Klosterschule 68, Tb. 79;
Geschichte für Stanek 69; Amoralische
Kinderklapper 69; Tage und Jahre 71;
Ida - und ob 72; Das Verschwinden des
Schattens in der Sonne 73, Tb. 80;
Rückkehr zum vorläufigen Ausgangs-
punkt 73; Haschen nach Wind 74; Die
Mystifikationen der Sophie Silber 76;
Amy od. d. Metamorphose 78; Kai u. d.
Liebe zu d. Modellen 79, Tb. 80; Bin-
dungen, Erz. 80; Die Ferienfamilie, R. 81;
Die Frau im Mond, R. 82; Vom Leben
des Pierrot, Erzn. 82. — **MV:** Polsterer,
m. Robert Zeppel-Sperl 70. ( )

Frischmuth, Felicitas, s. Frischmuth-
Kornbrust, Felicitas.

Frischmuth-Kornbrust, Felicitas (Ps.
Felicitas Frischmuth), Schriftstellerin;
VS im Ldesbez. Saar seit 63; Kunstpr. d.
Saarldes f. Lit. 82; Isardamm 20, D-8192
Geretsried, Tel. (08171) 61530 (Berlin
2.10.30). Lyrik, Essay, Roman, Übers.
Ue: F, R.
V: Papiertraum, G. 77, 2. Aufl. 82; An
den Rand des Bekannten, G. u. Pr. 81;
Die kleinen Erschütterungen, Prosa 82;
Lockrufe, G. 82.
MH: Intern. Steinbildhauersymposion
St.Wendel 1971/72 73; Neue Poesie aus
Georgien 78.
R: Namen u. Gesichter — Topografie
5 St.Wendel, Fsf. m. Leo Kornbrust 74;
Porträt d. Bildhauerin Christa
Schnitzler 74.

Frisé, Adolf, Dr.phil., Dr.h.c., Prof.;
P.E.N. 58, V.dt.K. 61; Dr.h.c. U.
Klagenfurt 82; Dt. Schillerges. 76, EPrsä.
Intern. Robert-Musil-Ges. 79; Am Zoll-
stock 24, D-6380 Bad Homburg v.d.Höhe,

Tel. (06172) 42263 (Euskirchen/Rhld
29.5.10). Erzählungen, Tagebuch, Essay,
Kritik.
V: Die Reise ins Ausland, Aufzeich-
nungen 48; Carl J. Burckhardt. Im
Dienste der Humanität, Ess. 50; Reise-
Journal 67, 69; Plädoyer f. Robert Musil.
Hinweise u. Essays 1931-1980 80. —
MV: Denker und Deuter im heutigen
Europa I 54; Robert Musil. Leben - Werk
- Wirkung 60; Definitionen, Ess. 63;
Sprache und Politik, Festgabe f. Dolf
Sternberger 68; Robert Musil. Studien
zu s. Werk 70.
H: Robert Musil: Drei Frauen 52,
Gesammelte Werke I — III 52 — 57,
Vereinigungen 66; Definitionen, Ess. 63;
Vom Geist der Zeit, Rundfunk-
kommentare 66; Robert Musil: Tage-
bücher 76 II, Neu-Ausg. Gesammelte
Werke 1-9 78 II, Briefe 1901-1942 81.

Fritsch, Günther, Redakteur;
Muthgasse 2, A-1190 Wien, Tel. (0222)
365250 (Wien 26.6.26).
V: Heiteres Bezirksgericht, 9 Bde..
R: Vor Gericht seh'n wir uns wieder,
Fsf..
S: Wiener Bezirksgericht. ( )

Fritsch, Ina, s. Piscini, Ingrid.

Fritz, Friedrich M.,
Volksschuldirektor; Gründer d. Lit.kreis
Murau 80; Schulgasse 81, A-8863
Predlitz/Stmk, Tel. (03534) 8207
(Hitzmannsdorf, Gemeinde Mühlen
14.2.31). Lyrik.
V: Fremder, Du, Lyr. 76; Und dahinter
die Sonne, Lyr. 80.
H: Randstein, Zs.

Fritz, Marianne; Robert-Walser-Pr. 78;
Schottenfeldgasse 26/2/19, A-1070 Wien
(Weiz/Steiermark 14.12.48). Roman.
V: Die Schwerkraft d. Verhältnisse, R.
78; Das Kind der Gewalt u. d. Sterne der
Romani, R. 80. ( )

Fritz, Ulrike, Hausfrau;
Heimstättenstr. 41, D-8500 Nürnberg 10,
Tel. (0911) 528762 (Naumburg 9.8.44).
Kinderbuch.
V: Kinder entdecken Nürnberg, Kdb.
79, 2. Aufl. 80.

Fritz, Walter Helmut; P.E.N., VS;
Literaturpreis d. Stadt Karlsruhe 60,
Förderpreis d. Bayer. Akad. Schönen
Künste 63, Villa-Massimo-Stipendium
63, Berlin-Stipendium 64, Heine-Taler
66, Ehrengabe d. Kulturkr. im Bdesverb.
d. dt. Ind. 73; Mitgl. Mainzer Akad. Wiss.
u. Lit., Bayer. Akad. Schönen Künste,
Dt. Akad. f. Sprache u. Dichtung;
Kolberger Str. 2 A, D-7500 Karlsruhe-

Waldstadt, Tel. (0721) 683346 (Karlsruhe 26.8.29). Lyrik, Essay, Erzählung, Roman, Hörspiel. Ue: F.
V: Achtsam sein, G. 56; Bild und Zeichen, G. 58; Veränderte Jahre, G. 63; Umwege, Erz. 64; Zwischenbemerkung, Prosa 65; Abweichung, R. 65; Die Zuverlässigkeit der Unruhe, G. 66; Bemerkungen zu einer Gegend, Prosa 69; Die Verwechslung, R. 70; Aus der Nähe, G. 72; Die Beschaffenheit solcher Tage, R. 72; Bevor uns Hören und Sehen vergeht, R. 75; Schwierige Überfahrt, G. 76; Sehnsucht, G. 78; Gesammelte Gedichte 79; Auch jetzt u. morgen, G. 79; Wunschtraum Alptraum, G. 81; Werkzeuge d. Freiheit, G. 83.
H: Über Karl Krolow, Ess. 72; Karl Krolow. Ein Lesebuch 75.
R: Abweichung, Hsp. 66; Er ist da, er ist nicht da, Hsp. 70.
Ue: Gedichte von: Jean Follain 62, Réne Ménard 64, Philippe Jaccottet 64, Alain Bosquet 64; Claude Vigée 68.
Lit: Jürgen P. Wallmann in: Argumente 68; H. Piontek: Poesie ohne Aufwand in: Männer die Gedichte machen 70; Otto Knörrich in: Die dt. Lyrik d. Gegenw. 71; Gottfried Just in: Reflexionen 72; Karl Krolow in: Kindlers Lit.gesch. der Gegenwart 73; Gerda Zeltner in: Neue Rdsch. I 79; Paul Konrad Kurz in: Üb. mod. Lit. 6 79; Winfried Hönes in: Krit. Lex. z. dt.spr. Gegenwartslit. 80; Helmut Koopmann in: Gedichte u. Interpretationen 6 82.

Fritz, Wolfgang, Rat Magister, Beamter d. Bdesmin. f. Finanzen (Präsidium); Ulmenstr. 153, A-1140 Wien, Tel. (0222) 9469872 (Inssbruck 19.2.47). Roman.
V: Zweifelsfälle f. Fortgeschrittene, R. 81; Eine ganz einfache Geschichte, R. 83.

Fritze, Ottokar, s. Nerth, Hans.

Fritze geb. Hanschmann, Ruth, Dipl.-Philologin, freischaffende Verlagsmitarbeiterin; Bretschneiderstr. 6, DDR-7031 Leipzig, Tel. (041) 43271 (Leipzig 11.2.27). Ue: R.
Ue: N. S. Leskow: Der Weg aus dem Dunkel, Ausw. seiner Erzn. 52; Der versiegelte Engel 55; N. W. Gogol: Erzählungen 57; J. A. Gontscharow: Eine alltägliche Geschichte 65.

Fritzke, Hannelore, Lehrer; Kand. SV-DDR 75; Bahrendorfer Weg 8, DDR-3102 Altenweddingen (Senftenberg 11.11.41). Lyrik, Roman.
V: Über Wolken scheint immer die Sonne, Erz. 78, 83.

MA: Kontakte, Lyr. u. Nachdicht. a. d. Russ. 77; Händedruck d. Freunde, Lyr. 79; Bestandsaufnahme 2, Lyr. 81.

Fröba, Klaus (Ps. Andreas Anatol, Christian Carsten, Matthias Martin); Turmstr. 11, D-5308 Rheinbach, Tel. (02226) 4794 (Ostritz/Oberlausitz 9.10.34). Romane, Abenteuergesch., Kinderb.
V: Olympische Liebesspiele, heit. Myth. d. Griechen 68, 71; Mit Wotan auf der Bärenhaut 69, 77; Der grünkarierte Bogumil 71; Räuber sind auch Menschen 71; Bim, Bom u. Babette 71; Wuhu aus d. Großen Nichts 72; Der rosarote Omnibus 72, 77; Das Versteck auf der Schilfinsel 72; Rettet d. Gröbensee 73; Natascha mit d. roten Hut 73, 75; Der arme Ritter Timpel 73, 77; Reihe Tommy Tinn 74-75 III; Die Pfeffer- u. d. Salzschinesen 74, 77; Reihe Jan u. Jens 76-79 VII (auch span.); Die Mädchen v. Zimmer vierzehn 76; Laßt das mal uns Mädchen machen 77; Entscheidung am Donnerstag 77; Klarer Fall f. Petra 78; Das Tal d. flüsternden Quellen 79; Das Spukhaus im Erlengrund 79; Reihe Pit Parker 79-82 V (auch protug.); Die Schlucht d. heulenden Geister 80; Das Moor d. kriechenden Schatten 80; Die Spur d. roten Dämonen 81; Der Fluch d. weißen Träume 81; Der Clan d. schwarzen Masken 82; Am zweiten Tag begann die Angst 82; Ein Traum namens Nadine 82; Das Vermächtnis des Ramón Amador, d. von alledem keine Ahnung hatte 83. — **MV:** Einmal schnappt die Falle zu 79.
B: Die Hoppers packt d. Reisefieber 78; Die Hoppers stürmen d. Erlenhof 79 (nach Enid Blyton). — **MA:** Unter dem Regenbogen 81.
Lit: Lichtenberger: Das Jugendb. in Grund- u. Hauptschule.

Fröhlich, Hans J., Schriftsteller; VG Wort 66, P.E.N.-Zentr. BRD 70, VS 70; Stip. d. Lessing-Preises 68, Rompreis Villa Massimo 69/70, Lit.-Pr. des BDI 70, 2. Pr. des H.-Kesten-Preises 75, Sonderpreis des I. Bachmann-Pr. 77, Stip. Münchner Lit.jahr 82; o. Mitgl. Akad. Wiss. u. Lit. Mainz 81; Liebigstr. 7/II, D-8000 München 22, Tel. (089) 226754 (Hannover 4.8.32). Roman, Hörspiel, Novelle, Essay, Drama, Erzählung, Kritik. **Ue:** U.
V: Aber egal, R. 63; Die Tandelkeller, R. 67; Engels Kopf, R. 71; Anhand meines Bruders, R. 74; Im Garten der Gefühle, R. 75; Schubert, Biogr. 78; Einschüchterungsversuche, Erzn. 79; Mit Feuer u. Flamme, R. 82. — **MV:** Neun-

zehn dt. Erzn., Anth. 63; Drucksachen,
Erz. 65; Erstens, Erz. 65; Supergarde,
Texte 69; Grenzverschiebung, Prosa 70;
Jemand der schreibt, Prosa 72; Neues
deutsches Theater: Peng - Päng, Dr. 72;
Geständnisse, Ess. 72; Liebe, Erz. 74;
Klagenfurter Texte, Erz. 77.
H: Maximilian Harden: Köpfe, polit. u.
lit. Ess. 63.
R: Engführung 64; Der englische
Mantel 64; Allmähliche Verfertigung
einer Rede wie im Halbschlaf 65; In
Cramers Rolle 66; Weltniveau 66; Die
vierfachen Wurzeln vom Grunde 72;
Meine liebe schöne verlassene Hinter-
bliebene 72; Die kluge Else 72; Gaga
heißt danke ... 75; De mortuis oder Es
hat ihm nichts gefehlt 76; Die
Versuchung des Antonius 80; Harlekin
muß sterben. R. Wagners Tod in
Venedig 83, alles Hsp.
Lit: Heinz Ehrig: Schnittpunkte 63; W.
Ross: Merkur 76.

Fröhlich, Roswitha, Red.
Mitarbeiterin Süddt. Rundfunk; VS 74;
Schützenstr. 27, D-6800 Mannheim-
Feudenheim, Tel. (0621) 793100 (Berlin
13.6.24). Lyrik, Hörspiel, Kabarett,
Roman, Erzählung.
V: Probezeit, Jgd.-R. 76; Ich konnte
einfach nichts sagen. Tageb. e. Kriegs-
gefangenen 79; Ich u. meine Mutter.
Mädchen erzählen 80; Na hör mal!,
Kinderg. 80; Laß mich mal ran, Kinder-
kabarett, 81; Der Weg wächst immer
wieder zu, R. 82; Meiner Schwestern
Angst u. Mut. Mädchen, Frauen, Gespr.
83; Mias Geheimnis, Kd.-R. 84.
MA: Jahrbücher d. Kind.lit., Gelberg
73-81; Mädchenbuch — auch für Jungen
75; Tagtäglich, Weckb. 76; Kein schöner
Land? 79; Unbeschreiblich weiblich 81;
Frieden — mehr als ein Wort 81; Heilig
Abend zusammen! 82; u.v.a.
R: Zahlr. kabarett. Kurzhsp. u.
Sketsche; Kinder-Hsp.

Fröschl, Josef G. (Ps. F. Pepin); Nördl.
Schloßrondell 4, D-8000 München 19.
V: Magic 17, erot. Begegnungen 76, 80,
u.d.T.: Erotische Begegnungen 82. ( )

Frombach, Willi, s. Berwanger,
Nikolaus.

Fromer, Martin, Dr. med., Arzt;
Gruppe Olten 73; Pr. d. Kt. Baselland f.
G. 72, Pr. d. Schweizer. Schillerstift. 74;
Spitzenrenti, CH-8580 Hagewil (Basel).
Lyrik, Erzählung, Kurztext.
V: In diesem Schließfach wohnen wir,
Kurzprosa 74. — **MV:** Ausgezeichnete
Geschichten 74; Kurzwaren, Schweizer

Lyriker 2 76; Gross u. rot stehen immer
noch d. Münstertürme 75.
MA: Fortschreiben 77; Zwischensaison I 75, II 76. ( )

Fromm, Margret; Buchenweg 1, D-
4544 Ladbergen.
V: Andrea und die Pferde 82. ( )

Frommann, Heidi, Rechtsanwältin;
Rheinblickstr. 3, D-6200 Wiesbaden
(Krippen/Sa. 1943).
V: Innerlich und außer sich — e. G.
aus d. Stud.zeit 79; Die Tante
verschmachtet im Genuß nach
Begierde, Erzn. 81.

Fromme geb. Bechem, Annemarie;
VS; Borgweg 11, D-2000 Hamburg 39,
Tel. (040) 277683 (Düsseldorf 20.8.09).
Roman, Kinderbuch, Funk-Reportagen.
V: Glück ab 38; Drache im Gelderland
39; Land steigt auf aus Eis und Feuer,
Nn. 40; Die große Ordnung 43; Der
Grindwal kommt, Jgdb. 53; Jugend an
der Schwelle, Jungmädchenb. 54; Wir
warten auf Wind, Jungmädchenb. 55;
Sie fährt, Jungmädchenb. 56; Pony mit
den Reisestiefeln, Kinderb. 56; Kleines
Mädchen - große Reise, Kinderb. 56;
Jeder hat mich gern, Jungmädchenb. 56;
Pony, Kinderb. 57 — 58 IV; Krückli und
der grosse Bär, Kinderb. 60; Angeklagt
ist Goliath, Kinderb. 61; Doch ein Jahr
hat viele Tage, Mädchen-R. 64; Der
Schimmel mit der schwarzen Mähne,
Kinderb. 66; Tippi Knaster, Kdb. 69;
Pimmy und der Fisch No-No, Kinderb.
76, u.a.
MA: Junges Herz am Morgen 43.

Frommel, Wolfgang (Ps. Lothar
Helbing); EM d. FDA 82; Bdesverdr. I
Kl. 72, Yad Vashem 74, Officier van
Oranje Nassau 77; P. B. 645,
Amsterdam/Niederl., Tel. (020) 235287
(Karlsruhe 8.7.02). Lyrik, Essay.
V: A. L. Merz, ein schwäbischer Er-
zieher 24; Der dritte Humanismus 32,
35; Gedichte 37; Das Zeitgedicht 39; In
Memoriam Karl Wolfskehl 48; Der
Dichter. Ein Bericht 50; Mutter
Henschel 51, 52; Max Beckmann 57;
Ludwig und Anna Maria Derleth 59;
Karl Wolfskehl, Erinnerungen 60; St.
George und E. Morwitz 67; Wandlungen
u. Sinnbilder, G. 82.
MA: Castrum Peregrini, Gedenkb. 45.
H: Friedrich Gundolf: Briefwechsel
mit Herbert Steiner und Ernst Robert
Curtius 63; Briefe 65; Gundolf und Elli
65. — **MH:** Huldigung, G. 31.

Lit: K. Kluncker, Hamburg 76; catalog
Castrum Peregrini, Brüssel 79; M.
Landmann: Zehn Figuren 82.

Frommer, Heinrich *

Frorath, Günter, Schriftsteller,
Journalist; Unter Käster 9, D-5000
Köln 1, Tel. (0221) 247797 (Bad
Hönningen/Rhein 21.6.46). Lyrik.
V: Limerick teutsch 69, 70; Das geit zu
weit. Lieder von Liebe u. Leid 73; Blaue
Blüten, Verse 74.
MH: Stundenbuch für Kinder.
Geschn. u. G. rund um die Uhr, m. Rose-
marie Harbert 75.
MUe: Archipoeta: Vagantenbeichte 81.

Frosch, Dr., s. Winkler, Herbert.

Frost, Dieter; Hauptstr. 58, D-7607
Neuried, Ortenau Kr. 1 (Haide/
Oberlausitz 28.9.35). Lyrik.
V: Wortreich verstummen, Lyr. 73;
Jetzt und anderswo, Lyr. 77.
MA: 6 Lyr.-Anth., u.a.: Motive 71,
Bundes Deutsch 74; Veröff. in Lit.zs.
reutlinger drucke.

Fruchtmann, Karl *

Frueh, Sylvia, s. von Keyserling,
Sylvia.

Frueh-Keyserling, Sylvia, s. von
Keyserling, Sylvia.

Frühauf, Klaus, Ingenieur; SV-DDR
77; Kopenhagener Str. 7, DDR-2520
Rostock 22, Tel. 713868 (Halle/Saale
12.10.33). Roman, Erzählung.
V: Mutanten auf Andromeda, wiss.-
phantast. R. 74, 80; Am Rande wohnen
die Wilden, wiss.-phantast. R. 76, 77; Das
Wasser des Mars, wiss.-phantast. Erzn.
77; Stern auf Nullkurs, wiss.-phantast.
R. 80, 81; Genoin, wiss.-phantast. R. 81;
Das fremde Hirn, wiss.-phantast. Erzn.
82; Die Bäume von Eden, utop. R. 83. –
MV: Das Raumschiff, wiss.-phantast.
Erzn. 77, 79.

Fruth, Josef; Schloß Alte Wache, D-
8391 Fürsteneck, Tel. (08505) 605.
V: Über dem Urgrund der Wäler 70,
80; Im Jahresring, Kunstkalender 74, 77,
78; Hol üb. das Jahr, Kunstkal. 80. ( )

Fuchs, Erich, Maler, Graphiker,
Autor; VS 74; Premio Grafico Bologna
70; Grünewaldstr. 45, D-7000 Stuttgart 1,
Tel. (0711) 850378 (Stuttgart 16.3.16).
Lyrik.
V: Nawai 64; Hier Apollo 11 69; Wie
arbeitet ein Kernkraftwerk 71; Hier
Studio 7 75, alles Kinderbilderb.; Das
Gesetz, Lyrik 75; Niki wohnt in Ubikum
76; Was Papa werden wollte, als Papa
klein war 78, beides Kinderbilderb.

Fuchs, Gerd, Dr. phil., Schriftsteller;
VS Hamburg 69; Loehrsweg 12, D-2000
Hamburg 20, Tel. (040) 476120
(Nonnweiler 14.9.32). Roman, Erzählung,
Essay.
V: Landru und andere, Erzn. 66;
Beringer und die lange Wut, R. 73; Ein
Mann fürs Leben, Erz. 78; Stunde Null,
R. 81.

Fuchs, Herbert, Lehrer; Mandels-
lohweg 5, D-3016 Seelze 5, Tel. (05137)
4145 (Berlin 4.1.11). Kinder- u. Jugendbuch.
V: Erster Preis: Ein Esel, Kinderb. 58;
Schleuse frei, Jgdb. 57, 58.

Fuchs, Jakob *

Fuchs, Jürgen, Psychologe; VS Berlin
77; Intern. Presse-Pr. Nizza 77;
Tempelhofer Damm 54, D-1000 Berlin 42
(Reichenbach/Vogtld., DDR 19.12.50).
Lyrik, Prosa, Dramatik, Essay, Hörspiel.
V: Gedächtnisprotokolle, Prosa u.
Dok. 77; Vernehmungsprotokolle, Prosa
u. Dok. 78; Tagesnotizen, Lyrik 79;
Pappkameraden, G. 81. – **MV:** Wolf
Biermann – Liedermacher u. Sozialist
76; Robert Havemann - Ein Kommunist
in d. DDR 80; Tintenfisch 11 77;
Antworten, Lyrik-Prosa 79.
R: Der Besuch, Hsp. 79; Der Alarm,
Hsp. 81.
S: Für uns, die wir noch hoffen, 77,
Prosa u. Lieder m. C. Kunert u. G.
Pannach.

Fuchs, Karl, Kaufmann;
Mangenbergerstr. 127, D-5650
Solingen 1, Tel. (02122) 10878 (Nußbaum,
Kr. Kreuznach 17.2.04). Lyrik, Roman.
V: Hanna. Hist. Schicksalsroman 81.
MA: Beitr. in: Autoren-Werkstatt 1,
Anthol.

Fuchs, Peter, Dr. phil., Prof.,
Ethnologe; Klopstockstr. 6, D-3400
Göttingen, Tel. (0551) 59460 (Wien
2.12.28). Essay, Erzählung.
V: Afrikanische Dekamerone 61;
Ambasira, Land der Dämonen 64; Das
Antlitz der Afrikanerin 66; Kult u.
Autorität – Die Religion d. Hadjerai 70;
Sudan 77; Das Brot d. Wüste 83.

Fuchs, Ursula, Kinderbuchautorin;
VS; Dt. Jgdbuchpr. 80; Herderstr. 18, D-
6100 Darmstadt, Tel. (06151) 663918
(Münster/Westf. 6.4.33). Kinderroman,
Hörspiel.
V: Die Vogelscheuche im Kirschbaum
74; Was wird aus Bettina? 76; Der kleine
grüne Drache 79; Emma od. D. unruhige
Zeit 79; Beinhold, reg dich nicht auf 80;

Die kleine Bärin stinkt nicht 81; Wiebke u. Paul 82.
MA: Wo wir Menschen sind 74; Das Huhu 79.
R: Der kleine grüne Drache.
S: Emma od. d. unruhige Zeit, Tonkass. (dän.).

Fuchs, Wilhelm, c/o Paysage-Verl., Karlsruhe.
V: Heimatferne, R. e. Lebens 80. ( )

Fuchshuber, Annegert, Grafikerin; Die schönsten Bücher d. Bdesrep. Dtld (Fidibus) 80; Breitwiesenstr. 40 Ä, D-8900 Augsburg 21, Tel. (0821) 340249 (Magdeburg 6.5.40). Kinderbuch.
V: Vom Osterhasen, der im Sommer kam 69; Der allerschönste Stern der Welt 69; Dreierleispaß 70; Das Land in der Seifenblase 72; Der Floh 73; Mein Geburtstagsbuch 75; Korbinian mit dem Wunschhut 76; Vom Bombardon 77; Das Traumfresserchen 78; Das Schildbürgerbuch 80, alles Bilderb; Fidibus 80; Der vergessene Garten. Der weite Weg nach Bethlehem 81. — **MV:** In allen Häusern, wo Kinder sind, Hausb. 75; Kinder sehen dich an, Adventskal. 72; Unsere Stadt braucht viele Lichter, Adventskal. 74; Weihnachtsmarkt, Adventskal. 78; Die Geschichte v. d. Schöpfung 80; Die Arche Noah 82.

Fühmann, Franz; SV-DDR 53, P.E.N. 57; Heinrich Mann-Preis 56, Lion-Feuchtwanger-Preis 72; Dt. Akad Künste 61; Strausberger Platz 1, DDR-1018 Berlin (Rokytnice/ČSR 15.1.22). Lyrik, Novelle, Essay, Film, Fernsehspiel. **Ue:** Tsch.
V: Die Nelke Nikos, G. 53; Die Fahrt nach Stalingrad 54; Kameraden, N. 55; Seht her wir sinds, Epigramme 57; Aber die Schöpfung soll dauern, G. 57; Vom Moritz, der kein Schmutzkind mehr sein wollte, Kinderb. 58, 61; Stürzende Schatten, Nn. 59; Die Suche nach dem wunderbunten Vögelchen, Kinderb. 60, 61; Galina Ulanowa, lit. Portr. 61; Spuk, Erzn. 61; Die heute 40 sind, Filmerz. 61; Kabelkran und blauer Peter, Rep. 61; Die Richtung der Märchen, G. 62; Böhmen am Meer 63; Das Judenauto. 14 Tage aus 2 Jahrzehnten 62; Ernst Barlach. Das schlimme Jahr 63; Androklus und der Löwe 66, 75; König Ödipus, Erzn. 66, 74; Der Jongleur im Kino oder Die Insel der Träume 70; 22 Tage oder Die Hälfte des Lebens 73, 80; Erfahrungen und Widersprüche, Samml. 75; Ausgew. Werke II 77, I 78, III 80; Die dampfenden Hälse d. Pferde im Turm zu Babel 78, 81; Fräulein Veronika

Paulmann aus d. Pirnaer Vorstadt od. etwas üb. d. Schauerliche b. E.T.A. Hoffmann 79; Der Geliebte d. Morgenröte 78, 82, Tb. 82; Gedanken zu Georg Trakls Gedicht 81, 83; Saiänsfiktschen, Erzn. 81, 83; Der Sturz des Engels 82. — **MV:** Lustiges Tier-ABC, m. E. Schmitt 62; Die Glastraene, m. Kundera Ludvik 64.
B: Reineke Fuchs. Neu erzählt 65, 71; Shakespeare-Märchen. Für Kinder erzählt 68.
H: Flucht in die Enttäuschung. Aus den Lebenserinn. v. Carl Schurz 52; Das Tierschiff. Die schönsten Tiermärchen 69.
F: Kameraden u. d. T.: Betrogen bis zum jüngsten Tag 57; Die heute 40 sind 60.
R: Der Schwur des Soldaten Pooley, Fsp. 61.
Ue: Attila Joszef: Gedichte 60; František Hulas: Der Hahn verscheucht die Finsternis; Miklos Zadnót: Ansichtskarten; Júbor Majnal: Walpurgisnacht 79; Milan Füst: Herbstdüsternisse, alles G. ( )

Führer, Artur K., Schriftsteller u. bildender Künstler; VS 72, Leiter Autoren-Studio Bottrop; Silbermünze d. Stadt Bottrop; Vors. Kunst- u. Lit.-Kr. Bottrop seit 68; In der Schanze 65, D-4250 Bottrop, Tel. (02041) 23920 (Großensee/Kr. Eisenach 12.10.29). Lyrik, Essay, Short-Story.
V: Haiku, Haiku, Haiku, Lyr. 70; Spuren-Wechsel, satir. Prosa 74; gogo 50221, codierte Texte 78; Der Zaubersack, M. Neuaufl. 79; Bin bei dir ..., Lyr. 80. (einige Texte in versch. Spr. übers.: hindi, bulg., finn., jugosl., russ., chin., franz.). — **MV:** Ärzt-Lyrik heute, Lyrik 75; Sächsische Witze, Kurztexte 76; Nachrichten vom Zustand d. Landes 78; Kennwort Schwalbe 82; 48 Stunden vor d. Untergang 83.
B: BOT-pourri-Schr. 1-23 75-80.

Führer, Volker (Ps. Vau Eff), TV-Praktikant; Autorenstudio Bottrop; Hans-Böckler-Str. 69, D-6500 Mainz-Bretzenheim (Bottrop 29.8.59). Lyrik, Filmdrehbuch.
V: Polaroid, G. 80. ( )

von Fürer-Haimendorf, Christoph *

Fürnkranz, Otmar Friedrich, Opernchorsänger, Dichter, Autor; Ob. Burglass 14, D-8630 Coburg (Mainz 13.12.31). Lyrik, Drama.

V: Wünsche und Ziele, G. eines dt.
Kleinbürgers 76; Das trojanische Pferd,
Bü.dicht. 77, 81. ( )

Fürrer, Rudolf Hans, Verwaltungs-
präs. u. Delegierter d. VR Büro-Fürrer
AG u. VR-Präs. versch. and. Unternehmen; Presse Club 69; Hardturmstr.
76, CH-8021 Zürich u. Bühlstr. 32, CH-
8700 Küsnacht/Zürich, Tel. (01) 444300
(Zürich 7.4.15). Lyrik.
V: Geniess' das Leben, sei zufrieden,
Lyr. 78; Kuckuckseier 81. —
MV: Redaktor d. Fachzs.: Der Papeterist
49-72.

Fürst, Elisabeth, Oberlehrerin i. R.;
VFS 63; Pegnesischer Blumenorden 55;
Max Dauthendey-Ges. 74; Bucherstr. 74,
D-8500 Nürnberg, Tel. (0911) 330279
(Nürnberg 25.12.04). Lyrik, Hörspiel,
Kurzgeschichte, Sprechoratorium, Vers-
roman.
V: Nürnberger Weihnacht, Laisp. 54,
76; Gesicht einer Landschaft, G. 63, 77;
Heimat Europa, G. 63; Do lachst di
scheckat, Mda.-G. 63; Auf Seide
geschrieben. Aus d. Leben d. Malers u.
Dichters Kiu, Vers-R. 65; G'schichten
aus'm Alltag, Mda.-G. 65; Der lustige
Fremdenführer, Mda.-G. 65; Land der
Silberdistel, G. 66; Die heilige Woche,
Spr.-Oratorium 67; Leben und Tod des
Soldaten Kama, Tagebuch aus einem
Nachlaß 68; Eppelein v. Gailingen, Sp.
73; Döi Weihnachtsg'schicht, Mda.-G. 73,
76; Heilige Zeit, Advent bis Dreikönig,
G. 78; Allmächt, etz su wos! Mda.-G. 78;
Das Bauernjahr, Mda.-G. 78; Das Spiel v.
hl. Sebaldus, Sp. 79.
MA: Dichtungen deutscher Lehrer
der Gegenwart 65; Lehrer Autoren d.
Gegenwart 69; Luginsland 69; Ohne
Denkmalschutz 70; Auf gut
Nürnbergisch 71; Kurznachrichten 73;
Fränkische Dichter erzählen 76;
Monologe für morgen 78; Liebe will
Liebe sein 78, alles Anth.
R: Nürnberger Weihnacht, Hsp. 55, 60.
S: Nürnberger G'werch 71; 68 Lyrik-
verton. auf 2 Kass. m. 4 Textheften 81/
82.

Fürst, Ursula, Illustratorin;
Hinterbergstr. 71, CH-8044 Zürich, Tel.
(01) 2519353 (Zürich 14.2.47). Kindergeschichte.
V: Der Baum, der Vogel und der
Junge 75 (auch engl.). — **MV:** Crape,
notre ami, m. M.-C. Page 73; Riesen
haben kurze Beine, m. H. Hannover 76
(jap. 79); Colas et Nicolas, m. P. Ferran
76; Windjo, m. Versen v. Dieter Meier 81.

Fürstauer, Johanna (Ps. Joy Bentley,
Joan Forestier, Barbara Kelly, Dr.
Stanley, J. F. Stanley, Keith Morgen,
Sylvia White) (Kössen, Tirol 11.3.31).
V: Eros im alten Orient 65, 78, u.d.T.:
Sittengeschichte des alten Orients 69;
Josephine Mutzenbacher 67; Neue
illustrierte Sittengeschichte des bürger-
lichen Zeitalters 67; Im Sumpf zügel-
loser Begierden 68; Leidenschaft, nichts
als nackte Leidenschaft, R. 68; Wochen
wilder Wonnen 68; Dolly und die
Peitsche 69; Der Geschlechtsakt in Wort
und Bild 69; Das lasterhafte Weib 69;
Mannstolle Nichten, R. 69; ... mit Rohrstock und Peitsche. Eine Sittengeschichte der Flagellomanie 69; Die
Sexbesessenen, R. 69; Unersättlich
lüstern, R. 69; Grauen, Wollust, Folter,
Koitus im Hexenkult, 70; 120x
Orgasmus in Wort und Bild. Eine sitten-
kundl. Studie 70; Die Lesbierinnen, R.
70; Die lesbischen Erlebnisse einer
Partyfotografin 70; Die lesbischen
Spiele nackter Töchter 70; Lüstern kam
die Nackte 70; Lustperversionen durch
Folter und Qual 70; Orale Liebes-
praktiken 70; Perverses weibliches
Triebverlangen 70; Das porno-
graphische Abenteuer 70; Röckchen
hoch, die Rute kommt 70; Verbotene
Liebespraktiken, perverse Wollust 70;
Die Knochenhand, Grusel-Krim.-R. 72;
Porno-Club 72; Der Sexrausch 72.
H: Das große Liebesspiel 68; Friedrich
Karl Forberg: Klassische Liebesspiele
69; Edmonde Droz: Wenn scharf der
Rohrstock klatscht 70; Honoré Gabriel
Riquetti Mirabeau: Die Bekenntnisse
eines Lebemanns 70; ders.: Wilde Laura,
komm und mache 70; Wolf Larkin: Geil
70; Honoré Gabriel Riquetti Mirabeau:
Ausgewählte Schriften 71 II. ( )

Fürstenberg, Hilde, Schriftstellerin,
Verlegerin; VS 47; Dr.Joseph-Drexel-
Preis 74, Kulturpr. d. Stift. Herzogtum
Lauenburg 81; Knut-Hamsun-Ges. 55,
Roseggerbund 65, Raabe-Ges. 68,
Arbeitskreis f. dt. Dicht. 70;
Marienburger Str. 19, Waldhütte, D-2410
Mölln/Lauenb., Tel. (04542) 2962 (Bonn
1.2.02). Lyrik, Roman, Novelle, Essay,
Kurzgeschichte, Laienspiel, Reise-
bericht. **Ue:** N.
V: Das fremde Mädchen, R. 44, 76; Das
Mädchen Corry, R. 49; Ein König hat ein
schweres Amt, Laisp. 50; Die unge-
küßten Küsse, N. 50, 76; Abrechnung in
Dalmatien, N. 51; Unter der Rose, G. 51,
79; Das verwandelte Antlitz, R. 52; An
einem Tag im November, N. 54; Der

Veilchenstrauß, N. 55, 80; Wir sind
Gefangene, N. 59; Adventssterne gehen
auf die Reise, Laisp. 59; Kerzen im
Wind, Zeit-G. 60; Über einen Strom fahren müssen, Zyklus 61; Traum in Flandern, N. 61; Viola odorata, G. 62; Herbst-
werbung in Malente, N. 62; Beim tiefsten Stillesein 64; In der Fremde zu
sein, Reiseb. 66; Anders wird die Welt
mit jedem Schritt, G. 67; Unter der Rose,
G. 68; So glüht der Herbst, G. 69; Unter
dem Kastanienbaum, Erinnerungen e.
Kindheit a. Rhein 70; Menschen und
Landschaften in Norwegen, kl. Pr. 71;
Die Frauengestalten in Werk und Leben
Knut Hamsuns, Ess. 71; R.-Trilogie: I:
Alle Tage vergehen 73; II: Sie ziehen üb.
d. Straßen 83; III: Herr, behalte ihnen d.
Sünde nicht 83; Netz über Sterne
geworfen, Begegnungen u. Betracht. 75;
Wunderliches Herz der Liebenden,
Erzn. 76; Vergeßt die Rosen, Weihnachtl.
Erzn. u. G. 76; Unvergeßliche
Begegnung, Dichtergestalten in Erinn.
u. Aufz. 76; Ernste u. heitere Welt,
Kurzgeschn. 78; Das Glück von
Deichsende, Berenscher Tageb. 79; Am
Weg entlang, G. u. Reiseerlebn. 80; Die
Götter verlassen d. Olymp, Ess. 83.
H: Norwegenfahrt, Schr. d. Knut
Hamsun-Ges. 59; Heimat und Weltgeist,
Jahrb. d. Knut Hamsun-Ges. 60; Die
Waldhütte, Zs. Knut Hamsun-Ges.; Die
Weißen-Waldhütte-Bücher, G. u. Erzn.,
seit 73 XVI; Engel d. Abgrunds, G. 78;
Kleines Lesebuch, G., Zitate, Briefe 79;
Ave Maria, G., Erzn., Legn. 80. –
MH: Das Menschenbild bei Knut
Hamsun, Schr.-R. m. Frank Thieß 56 I.
Ue: Knut Hamsun: Der wilde Chor 68.
Lit: E. Schütterow: H. Fürstenberg,
Bibl. 65; E. Schütterow: H. Fürstenberg,
die Erzählerin 71.

Füser, Heinrich; Am Steintor 39, D-
4400 Münster/Westf.
V: Piäppernüette ut siebben
Kiärspels, vergnöglicke un mehrst
waohre Vertellsels v. Klei un Sand 77,
81. ( )

Füssel, Dietmar, c/o Eichborn-Verl.,
Frankfurt a.M.
V: Wirf den Schaffner aus dem Zug,
Geschn. 83. ( )

Fuhrmann, Joachim; VS 69; Reisestip.
d. Ausw. Amts 75, Arbeitsstip. d. Freien
u. Hansestadt Hamburg 76, Pr. d. Roten
Elefanten 77, Stadtteilschreiber in
Hamburg 79; Fettstr. 36, D-2000
Hamburg 6, Tel. (040) 433844 (Hamburg
7.1.48). Lyrik, Prosa, Hörstück.

V: Trotzdem läuft alles, G. 75; Über
Bäume, G. 77; Schanzenviertel, G. 83.
MA: Freunde, der Ofen ist noch nicht
aus 70; Wir Kinder von Marx und Coca
Cola 71; Für eine andere Deutschstunde
72; Lesebuch 4: Freizeit 73; Bagger-
führer Willibald 73; Bundesdeutsch.
Lyrik zur Sache Grammatik 74; Denk-
zettel. Politische Lyrik aus der BRD u.
Westberlin 75 u.a.
H: Linke Liebeslyrik 72; Tagtäglich,
G. f. Jugendliche 76; Gedichte f.
Anfänger 80; Poesiekiste, G. 81; Straßen-
gedichte, G. 82. – **MH:** Agitprop. Lyrik,
Thesen, Berichte 68; Thema: Arbeit 69.
R: Eine teure Schule 71; Von der
Schule auf die Straße. Der Weg ins
Leben 75; Wortwechsel oder Insinn -
Outsinn - Unsinn 76; Einsamkeiten 76;
Die Reakustisationskonferenz 77, u.a.
Hsp.

Fuhrmann, Rainer, Dreher,
Mechanikermeister; Kandidat SV-DDR
80; Greifswalder Str. 21, DDR-1055
Berlin. Roman.
V: Homo sapiens 10-², utop. R. 77,
3.Aufl. 83; Das Raumschiff aus d. Stein-
zeit, wiss.-phantast. R. 78; Planet der
Sirenen, utop. R. 81, 2.Aufl. 82.

Fuhrmann-Stone, Erneste; Ehrengabe der Fr.-Schiller-Stiftg. Berlin, d.
Kultusminist. Mainz, d. Bezirksverbandes Pfalz-Rheinhessen,
Bdesverdienstkr. a. Bd., Goldene Ehren-
plakette Pirmasens; Lit. Verein d. Pfalz:
Am Mühlberg 32, D-6780 Pirmasens, Tel.
(06331) 91138 (Pirmasens 10.5.00). Schau-
spiel, Lyrik, Erzählung.
V: Köstliches Elsaß - Hortus delicia-
rum 60; Im Vorübergehen, kleine Erleb-
nisse 60; Pirmasens und sein Raum 65;
Gedichte, Bilder und Bilanzen 69; Im
Spiegel, Erlebte Schicksale 75;
Persische Legende 75; Hinüber
gesprochen 76; Köstliches Elsaß II 76;
Geschichten vom kleinen Leben 77;
Seine lieblichsten Kinder, Blumeng. 78;
Geliebte Kreatur, Tiergeschn. 79;
Erlebnis und Begegnung, G. 81;
Madonna auf den Straßensteinen, Erzn.
82. ( )

Fulbrecht, Paul *

Funke, Heinrich, c/o Weichert-Verl.,
Hannover.
V: Landluft macht lustig 75; einer ist
an allem schuld 76; Aktion Schillerpark
83. ( )

Furrer, Jürg, Cartoonist, Illustrator;
Golden Pen Beograd f. Illustr. 74;
Stolten 33, CH-5703 Seon, Tel. (064)

552641 (Pfeffikon LU 23.8.39).
Kinderbuch.
V: Die Schildkröteninsel, Kinderb.
74. — **MV:** The Birds, Kinderb. 77; The
Big Race, Kinderb. 77. ( )

von Furtenbach, Amalie; VS 56;
Schlichtenerstr. 59, D-7060 Schorndorf/
Württ. (Hebron/Labrador, Kanada
19.6.01). Lyrik, Novelle, Erzählung.
V: Im Garten von Boisedorf, Erz. 56;
Verwehte Atmosphäre, Erzn. 78.
H: Geschichte der Familie Furten-
bach; Briefe des Sigmund Ferdinand
von Furtenbach während der Belage-
rung von Mainz 1793 — 97, in: Mainzer
Hist. Zs. 66; Reisetagebuch des Oberst
David von Furtenbach, Pilgerfahrt nach
Palästina 1563; Geschichte des
Geschlechts Fürstenbach 69. ( )

Furtenbacher, Günter, Student, M.A.;
Wintererstr. 61, D-7800 Freiburg i.Br.
(Augsburg 29.8.57). Lyrik, Novelle, Essay.
V: AugenBlicke. Märchentexte 82;
Verwandlung der Sterne, G. 82;
Tropfenweise. E. Bilderb. 82.

Fuß, Martha *

Fuss-Hippel, Hans, Schiffbau-Ing.;
Schriftsteller im Schleswig-Holstein u.
Eutiner Kreis e.V.; Siemser Landstr. 3,
D-2400 Lübeck 14, Tel. (0451) 393663
(Stettin 22.1.90). Lyrik, Roman,
Erzählung.
V: Suche nach dem Weg, Lyr. u.
Jurzgeschn. 78; Der treue Peter 79; Die
Insel Pikarnia 80; Mit-Menschen 80.
MA: Lyrik in: Oldenburger Hefte, das
boot, Lübecker Nachrichten, Lit. Union,
Lyrica Germanica. ( )

Fussenegger, Gertrud (Ps. Gertrud
Dorn), Dr. phil.; Turm-Bund 54, P.E.N.
55, Ö.S.V.; Adalbert-Stifter-Preis 51 und
63, Dramenpreis d. Oldenbg. Staatstheaters 56, Hauptpreis f. Ostdt. Schrifttum 61, Johann-Peter-Hebel-Pr. 69,
Mozart-Pr. 79, Gr. Ehrenzeichen f. Wiss.
u. Kunst d. Rep. Öst.; Ortmayrstr. 27, A-
4060 Leonding b. Linz/D., Tel. (0732)

51576 (Pilsen 8.5.12). Roman, Novelle,
Lyrik, Essay, Drama, Film, Hörspiel.
Ue: H, S, D.
V: Geschlecht im Advent, R. 37, 52;
Mohrenlegende 37, 59; Eines Menschen
Sohn, N. 39; Der Brautraub, N. 40, 43;
Die Leute auf Falbeson, Erz. 40, 43; Böh-
mische Verzauberungen 42; Die Brüder
von Lasawa, R. 48; ... wie gleichst du
dem Wasser, Nn. 50; Legende von den
drei heiligen Frauen, N. 51; Das Haus
der dunklen Krüge, R. 51, 59; In deine
Hand gegeben 53; Das verschüttete Ant-
litz, R. 57, 62; Zeit des Raben - Zeit der
Taube, R. 60; Der Tabakgarten, Nn. 61;
Nachtwache am Weiher, N. 63; Die
Pulvermühle, R. 68; Marie v. Ebner-
Eschenbach oder Der gute Mensch von
Zdislawitz 67; Bibelgeschichten Jgdb.
72; Widerstand gegen Wetterhähne, G.
74; Eines langen Stromes Reise, Reise-
beschr. 76; Der Aufstand, Libretto 76;
Der grosse Obelisk, Erz. 77; Pilatus,
Szenenfolge um d. Prozeß Jesu 79; Ein
Spiegelbild m. Feuersäule, Lebensber.
79; Maria Theresia 80; Kaiser, König,
Kellerhals, Erz. 81; Echolot, Ess. 82; Das
verwandelte Christkind, Erz. 81; Die
Arche Noah, Jgdb. 82.
MA: Erlebnis der Gegenwart, Nn.-
Anth. 60; Frankfurter Anthol. 78-83;
Glückliches Österr. 78; Die Gegenwart
81 u.a.
F: Zu Gast bei Gertrud Fussenegger
69.
R: Mohrenlegende; Die Reise nach
Amalfi; Der Tabaksgarten; Der Lo-Ratz;
G. F., e. Portrait 82.
Ue: Das Haus der dunklen Krüge 67;
Huset Bowdanin 64; Das verschüttete
Antlitz, Bibelgeschn.
Lit: Wort in der Zeit 62; Schauen und
Bilden 65; Helmut Schink: Die Pulver-
mühle v. G. Fussenegger; Monika
Walden: Im Zeichen des Widerspruchs;
Kurt Adel: Feuersäule-Wolkensäule,
Vjschr. d. Adalb. Stifter-Inst. 1980; J.
Lachinger: G. F. in: Sudetenland 82; R.
Mühlher: G. F. in: Selbstfindung, Abh. d.
Humboldt-Ges. 83.

G

Gaa, Edel (Ps. Barbara Gudden); VS 52; Grossgeschaidter 3, D-8501 Eckental, Tel. (09126) 7709 (Wuppertal 6.7.19). Roman, Essay.

V: Feuerzeichen um Claudia, R. 54; Zuflucht zu Anatol, R. 57; Major Phil, R. 58; Immer die Angst, R. 59; Emigranten, Ess. 61; Der schwarze Schwan Israels, Ess. 62; Expressionistische Dichtung, Ess. 62; Gottfried Benn u. Georg Trakl 63. – **MV:** Pluralismus, Toleranz u. Christenheit 62; Das Europäische Erbe in der Welt 63; Die Ausgrabungen in Thorikos 78.

H: Rhein Main Donau 62; Aphorismen Dr. Mengert 63; Musik in der alten Reichsstadt Nürnberg 65. ( )

Gabel, Wolfgang, Schriftsteller; VS 70; Auswahlliste Dt. Jgdbuchpr. 72, Auswahl Kriegsblindenpr., Friedrich-Bödecker-Pr. 75, Auswahll. Jugendbuchpr. 76, Sonderpr. d. DGB, d. Stadt Kehlheim u. d. VS 78, Auswahl Schweizer Jgdbuchpr. 78, Staatl. Bayer. Förderpr. f. Lit. 81; Albert-Schweitzer-Str. 25, D-8706 Höchberg, Tel. (0931) 400140 (Königsberg 22.10.42). Romane, Lyrik, Rundfunk u. Fernsehen.

V: Orte außerhalb 72; Valentins Traum 75; Anfang vom Ende 76; Aufstieg der Familie Kohlbrenner 76; Immer zusammen frühstücken 77; Der Aufsteiger 78; Fix und fertig 78; Fluchtversuche oder vom Laufen wohin 79; Musik & Co. KG 80; Einfach in den Arm nehmen 80; Fürs Leben lernen 80; Venedig-Peking und zurück 81; Hindernisse o. Wir sind keine Sorgenkinder 81; Danke gut 82; Bastian sucht das Zauberwort 82; Katastrophenübung 83.

MA: Zahlr. Anth.

R: Einsichten/Aussichten 72; Dritter Stock, erste Türe links 73; Wie es kam hab ichs hingeschrieben 76, und weitere 50 Hsp.; Valentins Traum, Fsf. 76 u. a. Fsf.

Gabler-Almoslechner, Helena Renate, Psychographin; Pfaffenhölzle 3, D-7091 Neuler (Berlin 8.1.03).

V: Künftige Tage, R. 62, 2. Aufl. 82; Es beginnt das fünfte Evangelium, Ess. 66; Gesicht – Angesicht – Antlitz, Wiss.

Darl. 67; Gebete - Hymnen 68; Bärbel von Lorche, Ein metaphys. Erl. 70; Maria von Magdala, visionäre Biogr. 72; wer-was-wie bist du?, physiognom. Psychologie 79.

Gabriel, Margot, s. Baisch-Gabriel, Margot.

Gabrisch, Anne, Verlagslektorin; Wilhelm-Pieck-Str. 230, DDR-1040 Berlin, Tel. 2826386.

V: Bummelsteffen 64; Rosinenauge u. Mandelkern 67, Bilderb.texte.

MA: Geschichten, e. Vortragsb. 62/67; Auskunft, Neueste Prosa aus d. DDR 78.

H: Schäfer-Ast: Fabuleux 60; Eulenspiegels Postkartenkalender 64-67; Paul Scheerbart: Münch; Christian Morgenstern: Galgenlieder 66/81; Schattenbilder d. Goethezeit 66; Musenklänge aus Dtlds Leierkasten 67/83; Bettina u. Gisela v. Arnim: Gritta v. Rattenzuhausbeiuns, Märchenr. 68; Rodolphe Toepffer: Komische Bilderromane 68 II; Ich will euch was erzählen, dt. Kinderreime 70/83; Robert Walser: Prosastücke 78 II.

R: Die kluge Bärbel (n. e. Grimm'schen M.) 60; Besuch b. Herrn Pocadiribi 64; Die verflixten Bengels 65, Kdhsp.; Der Mantel, Hsp. (n. Alfred Polgar) 65/67; Das kunstseidene Mädchen, Hsp. (n. Irmgard Keun) 75/83; Kurz vor d. Aufwachen, Erz. 80.

Gaebert, Hanns-Walter, s. Gaebert, Hans-Walter.

Gaebert, Hans-Walter (Ps. Pieter Coll, Hanns-Walter Gaebert), Schriftsteller, Journalist; Ziegenstr. 115, D-8500 Nürnberg (Hamburg 18.4.05). Sachbücher.

V: Das alles gab es schon im Altertum 58, 80; Die Schule der Detektive 60, 64; Kripo am Tatort 62, 65; Verbrechen unter dem Mikroskop 63; Verbrecher im Netz der Technik 66; Der magische Spiegel. Farbfernsehen 67; Von der Wissenschaft gejagt 67; Das Meer, der unentdeckte Kontinent 68; Interpol auf Verbrecherjagd 69; Gold – Fluch oder Segen 69; Erdöl – flüssiges Gold 69; Geschäfte mit der Fantasie 70, Tb. 73; Sensationen erregen die Welt 70; Reporter setzen ihr Leben ein 70; Von

Pinkerton bis Interpol 71; Der große
Augenblick. Erfindungen 71; Der große
Augenblick in der Astronomie 72; Der
große Augenblick in der Physik 74; Der
Kampf um das Wasser - Die Geschichte
unseres kostbarsten Rohstoffes; Harte
Zeiten f. schwere Jungs 77. ( )

Gaedemann, Claus; Anton-Roth-Str.
26, D-8170 Bad Tölz, Tel. (08041) 70343
(Berlin 6.12.28). Roman.
V: Prinzenliebe, R. 78. — **MV:** Singles,
Sach-Tb. 80.

†Gädke-Timm, Kora; In den
Zielbäumen 4, CH-4143 Dornach
(Berlin-Charlottenburg 16.3.05). Lyrik,
Märchen, Fabeln, Aphorismen, Legen-
den, Märchenspiele.
V: Pflanzenlegenden, Leg. 73 (finn.),
erw. Aufl. 80; Der Lebensbaum, Leg. 74;
Mütterchen Linde, 7 Spiele f. Kinder 75;
Reineke Fuchs, ein Spiel 76; Im
Spiegelbild, Fbn. 77; Die goldene Harfe,
M. 78.

Gaedtke, Helmut, Dr. med. vet.,
Tierarzt; AWMM-Lyrikpr. 83; Paul-
Sorge-Str. 143, D-2000 Hamburg 61, Tel.
(040) 5511791 (Osterode, Ostpreußen
11.7.09). Gedicht, Lyrik, Erzählung.
V: Abstand, G. 78.
MA: Lyrik Heute II 73; Lyrik Heute
III 74; Lyrik Heute IV 78; Ich lebe aus
meinem Herzen (Edition L) 75; Lyrik
Heute 80 u. 81; Siegburger Pegasus 82,
alles Anth.

Gaefke, Werner *

Gäng, Richard; Scheffelpreis 53, 1.
Erzählerpreis der "Schola" 49 u. zwei
regionale Erzählerpreise; Ehrenbürger-
schaft von St. Blasien, Badische Heimat,
Muttersprach; Jensenstr. 3, D-7800
Freiburg i.Br., Tel. (0761) 700002
(Immeneich/Schwarzw. 21.4.99). Lyrik,
Kurzgeschichte, Fabel, Novelle,
Märchen, Aleman. Mundart.
V: Im Hotzewald, G. 31; Die Heimkehr
des Andreas Kumlin, N. 62 (jap. 78);
Rosina, N. 53; De Sunntigmorge, G. 54;
Schwarzwald-Zyklus, G. 55; Der
unheimliche Mitspieler, Erz. 60; Hebels
alem. Gedichte ins Hochdt. übertragen
60; Der Ruf in die Nacht, N. 63; Im alten
Wald, N. 66; Mysterium Heimat, Betr. 68;
Unsere Gerechtigkeiten, N. 72; Badische
Heimat 79; Alemannische Wörter 79.
MA: Das Erlebnis d. Gegenwart, Anth.
60.
H: Im Licht d. Weihnachtstages, Erz.
62; Alemannische Geschichten, Erz. 70.
Lit: Heinz Loevenich: Der Erzähler
Richard Gäng in: Der Deutsch-

unterricht; Jenö Krammer: Gängs
Prosadichtung; Fumihiko Yokawa: Der
Mundartdichter Richard Gäng in:
Geroldseckerland Bd. X.

Gäpel, Robert (Ps. Hanns Roland),
Prokurist i. R.; DAV 52; Freudenthal-
Preis 68; Am Sportplatz 3a, D-3305
Evessen, Tel. (05333) 584 (Luthe/Kr.
Neustadt a. Rbg. 13.2.00). Drama, Lyrik,
Kurzgeschichte, Erzählung (auch ndt.
Mda.).
V: Spätlese eines alten Jahrgangs, G.
75.
MA: Zahlr. Zss. u. Zt.; G. in: Use
Mudderspraake, zus.gestellt v. Wilhelm
Winkel, Hrsg. Heimatbund Nds. 62;
Preisträger 69; Vers- u. Prosa-
Anthologien d. DAV 81 u. 82; Zwischen
Bronswiek u. Hannover, Sammelbd ndt.
Dichter u. Erzähler 82.
R: Div. Beitr.

Gärtner, Joachim, Lic. Droit Can.,
Student; Amsterdamer Str. 1, D-8000
München 40 (Köln 15.10.58). Lyrik.
V: Nachtgedanken, Lyr. 81.

Gafner, Fritz, Dir. d. Evangel. Kinder-
gärtnerinnensem.; SSV 70, ZSV 71;
Conrad-Ferdinand-Meyer-Pr. 70, Prix
Suisse d. Schweiz. Radiogesellschaft 70,
1. Pr. im Lyrik-Wettbew. d. Kt.
Schaffhausen 64, 1. Pr. im Hörspiel-
wettbew. v. Radio Bern 67, Ehrengabe d.
Kt. Zürich 68, 1. Preis im Kurzgeschn.-
Wettbew. v. Radio DRS 72, 1. Pr. in d.
Dramenausschreib. d. Staatstheaters St.
Gallen 80; Weineggstr. 28, CH-8008
Zürich, Tel. (01) 538463 (Stein am Rhein
4.1.30). Lyrik, Hörspiel, Drama, Kurz-
geschichte.
V: Jetzt, Lyrik 68; Zeitzeichen, Lyrik
70; Eugen, eine Gesch. in fünfzehn
Kneipenreden 71; wider sprüche wider
reden, Lyrik 73; Zeitgeschichten, Kurz-
prosa 74; Der Holzapfelbaum, Lyrik 79.
B: Otto Sutermeister: Kinder- und
Hausmärchen aus der Schweiz 77.
R: Eugen oder der Heimweg 67; Für
ein Pfarrhaus nicht sehr geeignet 69;
Das Formular 71; Die Schwebefliege 73;
Privatland 75; Doppelverdiener 76; Saul
und David 79; d Nachtigall, alles Hsp.
S: König Drosselbart, ein Singsp. 71;
Eugen oder der Heimweg, Kassette 73;
CH-Mundart: Nordostschweiz 77.

Gahl, Christoph; VS seit 76; "Gold.
Ähre" (f. Fsf.), Prix Italia (f. Hsp.) 81.
Hörspiel, Film, Novelle, Essay.
V: Die Hochhausklicke, Erz. 74;
Goldfischkiller, Dialogtext u. Dok. 76;
Der bestohlene Gott, Ein Disput 80;

Intensivstation, Bü.; Keine Panik, Bü./
Einakter; Zero Eleven — Das große
universale Gedächtnis, Bü./Einakter.
MA: Erzn. u. Texte in Anth.
R: Warum soll Krampe für seinen
Richter nur Kaffee kochen; Ist Rupert
F. Zybel ein Alpha-Typ?; Herrenskat;
Gedankenpolizei; Der letzte Mensch
(nach Orwell 1984); Komm mit mir nach
Chipude; Intensivstation oder Das
unveränderte pflanzenhafte
Dahinvegetieren, alles Hsp.; Wandertag;
Finderlohn; Aktenkinder; Der
Goldfisch; Spagat, u.a. Fsf.; Zahlr. Kurz-
u. Kinderhsp.

Gahse, Zsuzsanna; Aspekte Lit.pr. 83,
c/o Verlag List, München.
V: Zero, Prosa 83. ( )

Gail, Hermann, Schriftsteller;
Fuchsthallerg. 15/3, A-1090 Wien, Tel.
(0222) 3499152 (Pöggstall/NdÖst. 8.9.39).
Drama, Lyrik, Roman, Novelle, Essay,
Hörspiel.
V: Gitter, R. 71; Exil ohne Jahres-
zeiten, Lyrik 72; Liaisons - Geschichten
in Wien, Erz. 74; Prater, R. 76; Ich trinke
mein Bier aus, Lyrik 77; Leben mit dem
Kopf nach unten, R. 78; Balanceakte,
Aphor. 79; Weiter Herrschaft der weißen
Mäuse, Lyrik 79; Typen, G. 82.
B: Der Tod der Hure Corinna, Lyrik
79.
R: Querstellung, Hsp. 75.

Gaitanides, Johannes, Dr. phil., freier
polit. Kommentator am Bayer. Rdfk;
Bayer. Journalistenverb.; Theodor-
Wolff-Preis der "Stiftung Die Welt" 63,
Sonderpr. d. Griech. Fremdenverkehrs-
zentrale 81; Buchenweg 8, D-8913
Schondorf/Obb., Tel. (08192) 249
(Dresden 10.7.09). Essay, Monographie,
schöngeistiges Sachbuch.
V: Griechenland ohne Säulen 55, 78;
Passion Europa, Ess. 56; Westliche
Ärgernisse, Erz. 58; Inseln der Ägäis —
Schwestern der Aphrodite 62; Das
Inselmeer der Griechen-Landschaft u.
Menschen der Ägäis 79; Griechisches
allzu Griechisches 82. — **MV:** Das Gast-
mahl. Über die griech. Küche 65;
Ägäisches Trio — Kreta, Rhodos,
Zypern 74; Traumfahrten durch die
Ägäis 77; Traumfahrten auf u. um Kreta
80; Griechenland — Das Festland 81.
MA: Ich lebe in der Bundesrepublik
65.
H: Die Zukunft des Kommunismus 63.
- Redakt.: Hellenika.

GAL, s. Leitner, Hildegard.

Gala, Rico, s. Ackermann, Werner.

Galai, Margalit *

Galin, Dagmar, Dr. phil., UProf.,
Schriftstellerin, Journalistin; Grand
Prix Litteraire des Lectrices d'"Elle" 77,
Prix Litteraire de l'Acad. Française 77;
Les Maureillas, F-87800 Saint Hilaire les
Places, Tel. (055) 093576 (Berlin). Roman,
Essay, Jugendbuch, Hörspiel. **Ue:** F.
V: Mario und der graue Wolf 58, 73;
Ich heiße Paprika 59, 74; Die seidenen
Schuhe 61, 71; Eine unmögliche Klasse
61, 74; Sechs verhexte Tage 61, 63; Die
Ausreißer von Martinique 63 — 65, alles
Jgdb.; Lichter am Montmartre, R. 63, 65;
Der Traum ihres Lebens, Jgdb. 71, 73;
Ana und Blanca, Ess. 73 (auch franz.);
Kinder die vom Himmel fielen 73, 77;
Drei auf der Landstraße 73; Die
Mädchen von Nebenan 75; Von den
sieben Arten eine Katze zu lieben 76
(auch franz.); Der verschwundene
Schulbus 77; Nibuka u. d. weiße Mann
78; Ein Hund reist 1. Klasse 78, alles
Jgdb.; Ich, die Anakonda, R. 80; Portrait
eines Banditen, R. 81.
R: Ein Tag aus Lolas Leben.
Ue: Florian und der rote Blitz 64.

Galland, Adolf; Gotenstr. 157, D-5300
Bonn-Bad Godesberg.
V: Die Ersten und die Letzten. Jagd-
flieger im 2. Weltkrieg 75, 82. ( )

Gallé, Volker, Musiklehrer, Verleger;
AGAV seit 79; Mainzer Str. 22, D-6501
Schwabenheim a.d.Selz, Tel. (06130) 6391
(Alzey 3.5.55). Lyrik.
V: Bewegungen — 50 Gedichte, Lyr.
79; Kindergedichte, Lyr. 79.

Galler, Helga *

Galler-Schwarzenegg, Margaret
Carol *

Gallwitz, Eike, Schauspieler; Heinz-
Hilpert-Str. 4, D-3400 Göttingen, Tel.
(0551) 42120 (Göttingen 31.3.40). Roman.
V: Die Spur, R. 81.

Gallwitz, Esther, Dr., Biologin;
Holbeinstr. 1, D-6000 Frankfurt a.M. 70,
Tel. (0611) 614590. Jugendbuch.
V: Übrigens ich heiße Flip 62; Thomas
und Tomate 62; Unter dem Wetterengel
um acht 63; Freiheit 35, 64.
H: Istanbul, Tb. 81. ( )

— **gamba** —, s. Zadek, Walter.

Gamber, Hans (Ps. Christopher Barr);
Landsberger Str. 77, D-8000 München 2.
V: Soldato, der Killer 81; Zum Sterben
zu schön 81, beides Krim.-R. ( )

Gamerdinger, Senta, Dr. med.;
Förderkr. Dt. Schriftsteller Baden-

Württ. 76; Knappenweg 67, D-7000
Stuttgart 80 (Tübingen 21.8.25). Lyrik.
V: Licht-Gestein, G. 76.

Gamillscheg, Felix, Dr. phil., Prof. h.c.,
Journalist; Öst. Presseclub "Concordia"
seit 53; Öst. Staatspr. f. hervorrag.
journal. Leist. im Interesse d. Jugend 59,
Kardinal-Innitzer-Preis 63, Leopold-
Kunschak-Preis 69; Celtesgasse 14, A-
1190 Wien, Tel. (0222) 441388 (Hall/Tirol
26.9.21). Roman.
V: Die Getäuschten, R. 59, 79; Kaiser-
adler über Mexiko, R. 63; Der
informierte Staatsbürger, Sachb. 69.

Gamper, Esther, s. Waser-Gamper,
Esther.

Gansner, Hans Peter, lic. phil.
Gymnasiallehrer; Gruppe Olten;
Lit.kredit Basel-Land 79; Binningerstr.
42, CH-4123 Allschwil, Tel. (01) 635536
(Maienfeld 20.3.53). Drama, Lyrik,
Roman, Erzählung.
V: Der freie Tag, Erzn. 76;
Abgebrochenes Leben, R. 80; Trotz
allem, G. 80; Desperado, R. e. Beweg. 81;
In gueter Gsellschaft, hist. Drama 83.
MA: Kurzwaren 4, Schweizer Lyriker
78; Die Baumgeschichte, lit.
Gemeinsch.werk dt.-schweiz. Autoren
81.
H: Paul Tschudin: Notizen eines
simplen Soldaten 77; Jakob Bührer: Der
Anarchist, Erzn. 78. —
MH: Werkstattheft, lit. Zs.
R: S'Betriebsfescht, Hsp. 81;
Generalprob, Hsp. 83.
S: Prazel, Musik u. Lyrik.

Ganter, Richard; Sierichstr. 102, D-
2000 Hamburg 60.
V: Die Sprüchemacher, ein Werbetexter berichtet 80, 82. ( )

Ganz, Raffael; Ehrengabe d. RegRates
d. Kt. Zürich 62, 66, Conrad-Ferdinand-
Meyer-Preis 60, Hörspielpreis Radio
Zürich 50, 51, Schiller-Preis Stadt u.
Kanton Zürich 63; Casa Fenice, CH-6981
Astano (St. Margarethen/TG., Schweiz
2.4.23). Novelle, Drama, Roman,
Hörspiel. **Ue:** Am, E, F.
V: Piste Impériale, Erz. 59; Orangen-
traum, Erzn. 61; Abend der Alligatoren,
Erzn. 62; Schabir, R. 66; Im Zement-
garten, Erz., Nn. 71; Putscheneller,
Einakt. 73; Sandkorn im Wind, Sand-
korn im Wind, Erz. 80.
MA: Zürcher Windrose 57; Zürcher
Erzähler unserer Tage, Erz. 64; Texte,
Erz. 64; Von Dohlen und Zeit: Bestand
und Versuch 64, Die Ernte 64, Wo ist
Gott 67; Das Leben in der Nähe der

Brücke, Texte 64; Der Tod des Torreros;
Am geschorenen Schaf mißt Gott den
Wind 67; Wer nicht brüllt, geht leer aus
74; Kellermann 74; Katzenzogg 75;
Keine üble Nachrede 80; Der Berg-
besteiger 82.
H: George Mikes Introduces
Switzerland 77.
F: Begegnung 76.
R: Der Haß ist ohne Herz 52; Das
Verlorene Lied, Radio-Optte. 56; Im
Zementgarten 76.

Gappmayr, Heinz, Graphiker;
Liebeneggstr. 16, A-6020 Innsbruck, Tel.
(05222) 212552 (Innsbruck 7.10.25). Lyrik.
V: Zeichen 62, II 64, III 68, IV 70;
Sieben visuelle Gedichte, Mappe 72;
Texte 72; Zeichen, Ausgew. Texte 75;
Zahlentexte 75; Aspekte 76; Raum 77; 7
Originalblätter 78; Texte, Ausw. 1962 —
1977 u. neue Texte 78; Fototexte Buch
m. 11 Originalen 80; Heinz Gappmayr,
Frankfurter Kunstverein 82; Colors 83;
Neue Texte 83. — **MV:** Palermo,
Miniaturen, visuelle G. 72;; Quadrat, m.
Antonio Calderara 73.

Garbe, Burckhard, Dr. phil.,
AkadObR., Sprachwissenschaftler,
Schriftsteller; VS Nds. 74; 1. Pr. Econ-
Jubil.-Wettbewerb 74; Reinhäuser
Landstr. 105, D-3400 Göttingen, Tel.
(0551) 73463 (Berlin 29.7.41).
Ges.kritische experimentelle Lyrik,
visuelle Texte, Aphor., Kinderb.,
Märchenumerzn., wiss. Publikat.,
Germanistik-Satire/Persiflage.
V: Ansichtssachen. Visuelle Texte 73;
Experimentelle Texte im Sprach-
unterricht 76; Arbeitsmaterialien: Einf.
in d. Sprachwiss. 81; Max-u.-Moritz-
Kommentar: neu-hoch-germanist. inter-
pretat. d. bildergesch. v. W. Busch, nebst:
Gedichteter Humor, Festschr.-Parodie
82. — **MV:** Ich habe eine Meise,
Bilderb.verse 80, 2. Aufl. 81; sta(a)tus
quo. ansichten zur lage, visuelle texte
und collagen (1972-1982), m. Gisela
Garbe 82.
MA: Rd 20 Anth., Schulbb., Zss., 74-82.
H: Die dt. rechtschreibung u. ihre
reform (1722-1974) 78; Texte zur geschichte der dt. interpunktion u. ihrer
reform (1462-1980) 83; Konkrete poesie,
linguistik u. sprachunterricht 83.

Garbe, Karl, Chefredakteur;
Erzbergerufer 14, D-5300 Bonn, Tel.
(0228) 653854 (Bochum 22.4.27). Roman,
Satiren, Lyrik, pol. Essays.
V: Akazien für Oberprima, Sat. 62;
Lexikon für Ignoranten, Sat. 63; Schräge
Vögel, G. 63; Damals und Anderswo,

Lyrik 64; Soldbuch, R. 65; Jedem Alter seine Native, Sat. 65; Alle drücken ihr den Daumen, Sat. 65; Linkssätze, Ess. 65; Drum prüfe, wer sich ewig bindet ...!, Sat. 67; Animalische Party, Sat. 68; Diesseits, jenseits, halberwegen ..., Lyrik 68; Bonner Schwatzkästlein, Sat. 76; Die Macht ist nicht zum Schlafen da, Sat. 77; Schindluder und anderes Treiben, Sat. 78; Unterwegs nach Pipapo, Lyrik 79; Knallkörper, Satiren/Aphor. 81.
Lit: Dieter Lattmann: Zwischenrufe und andere Texte, Ess. 67.

Garbe, Marianne, Studentin; Franz-Poppe-Str. 19, D-2900 Oldenburg/O. (Neuruppin 10.9.44). Lyrik, Kurzprosa, Erzählung.
V: Selbstlaute sprechen für sich, G. 79. — **MV:** Frauenjahrbuch 77, 77; Viele von uns denken noch sie kämen durch, wenn sie ganz ruhig bleiben 78.

Garbelmann, Hans, Angestellter; Anerkennungspreis d. Jungsozialisten Dtlds 63, D-7952 Bad Buchau am Federsee, Tel. (07582) 8547 (Wald Michelbach/Odenwald 9.11.24). Lyrik, Kurzgeschichte, Journal. Aufs. u. Berichte.
V: Überfall der Raubvögel, G. 57.
MA: Rd. 300 Veröff. in Zt. u. Zss.; Mitten im Strom, Lyrik d. Gegenwart, Anth.; Deutsche Teilung, Lyrik Leseb.; Beitr. i. d. Schr.-R. d. Karlsruher Boten. ( )

Garby, Ralph, s. Breucker, Oscar Herbert.

Gard, H. M., s. Modlmayr, Hans-Jörg.

Gardi, René; Be.S.V.; 3 Literaturpreise d. Stadt Bern, Literaturpreis d. Kt. Bern, Literaturpreis d. Schweiz. Schillerstift.; Reichenbachstr. 74, CH-3400 Bern (Bern 1.3.09). Jugendbuch, Reisebuch.
V: Schwarzwasser, Jgdb. 43; Gericht im Lager, Jgdb. 44; Der Fremde am Tana, Jgdb. 45; Hans, der junge Rheinschiffer, Jgdb. 46; Nordland, Reiseb. 47; Mit der Windrose im Knopfloch, Jgdb. 48; Blaue Schleier, Rote Zelte, Reiseb. 50, 54; Tschad, Reiseb. 52; Mandara, Reiseb. 53, 55; Tambaran (Neu-Guinea), Reiseb. 56; Das verschwundene Steinbeil, Jgdb. 58; Wenn Sie nach Syrien gehen, Reiseb. 61; cram cram, Erlebnisse rund um die Aïr-Berge in der südlichen Sahara 73; Auch im Lehmhaus läßt sich's leben 73; Unter afrikanischen Handwerkern 74; Weisheiten und Narrheiten 75; Tenere, Reiseb. 78; Alantika, Reiseb. 81. —
MV: Kiligei 64; Gaooa, m. Wilhelm

Scheytt 65; Von Kerlen und Käuzen 67; Felsbilder der Sahara im Tassili u'Ajjer, m. Jolantha Neukom-Tschudi' 69.
H: Sahara 4. Aufl. 75. ( )

Gardos, Alice (Ps. Alice Schwarz), Redakteurin; P.E.N.-Club Israel 64, P.E.N.-Zentr. dt.spr. Autoren i. Ausld, London; Jgdpr. d. Neuen Freien Presse 35, Auswahlliste zum Jgdbuchpr. 66, Bdesverdienstkreuz 1. Kl.; Haarawa Str. 3, Chedera Shikun Brandeis/Israel, Tel. 24110 (Wien 31.8.16). Roman, Novelle, Essay, Lyrik.
V: Novellen 47; Operation Goliath 54 (hebr.); Schiff ohne Anker, R. 60, 62; Die Abrechnung, R. 62 (auch ung.); Versuchung in Nazareth, R. 63, 65; Joel und Jael, Kinder-R. 63; Entscheidung im Jordantal, R. 65; Frauen in Israel, Dok. 79; Paradies mit Schönheitsfehlern, Dok. 80. — **MV:** Lebensentscheidung für Israel, m. Rolf Italiaander, Ess. 67.
MA: Gedichte in: Lit. u. Kritik 76, The Malloway 76.
H: Heimat ist anderswo, lit. Texte, Anth. 83.

Garff, Marianne, Lehrerin; Bayernstr. 9, D-3500 Kassel, Tel. (0561) 36207 (Wiek/Rügen 18.4.03). Lyrik, Kinderlied, Kinderspiel.
V: Es plaudert der Bach, Kinderlieder 30, 76; Ich und mein Brüderlein, Kinderlieder 32; Weißt du dies und weißt du das von dem Gnomen Pummelnas?, Kinderlieder 40; Klaus Knulp, Kindergesch. in Versen 44; Das Öchslein und das Eselein, Kindergesch. i. Vers. 46, 78. — **MV:** Fahr mein Schifflein fahre, m. Heiner Garff, Kinderlieder 68.
B: Frau Holle; König Drosselbart; Jorinde und Joringel; Die 7 Raben; Schwan, kleb an; Die ungleichen Kinder Evas; St. Barbara; Maria ging auf Wandern, alles Laien- u. Schulsp. 46 — 56. ( )

Garrett, J. A., s. Grasmück, Jürgen.

Gasbarra, Felix, Dr., Journalist, Schriftsteller; Schloß Kampenn, Bozen/Ital. (Rom 7.12.95). Roman, Hörspiel, Übers. **Ue:** I, F, E.
V: Schule der Planeten, R. 68, 77. — **MV:** Das politische Theater, m. Erwin Piscator 29, 63.
R: Der Marsch zum Salzmeer 28; Fahnen am Matterhorn 29; Ein Toter kehrt wieder 49; Unter dem Birnbaum 49; Die Reise nach China 50; Der Fall Posdnytschew 50; John Every 51; Monsieur Job 53; Pimpanell 55; Der Mann, dem ein Tag abhanden kam 57;

Hat der Mensch das Recht, Eier zu essen 60; Der von Ramek 64; Signor Arcadio 65; Mond hin und zurück 66; Der Mann, der nicht mehr wußte, wo er war 67; Schloß Manicor 72; Eins zu einer Million 76; Der Ausflug nach Le Toquet 77, alles Hsp.
Ue: G. Orwell: Ausgew. Essays 75, u.a.. *Lit:* Heinz Schwitzke: Hörspielbuch 64; Reclams Hörspielführer 69. ( )

Gaschler, Brigitte, Hausfrau; Graf-Luckner-Str. 50, D-5900 Siegen 21, Tel. (0271) 42742 (Siegen-Weidenau 10.8.41). Lyrik.
V: Warte nicht bis Sonntag, Lyr. 82.

Gasparri, Christiane, s. Binder-Gasper, Christiane.

Gasper, Dieter; Dramatiker-Union 67; Moritzstr. 8, D-6500 Mainz 1, Tel. (06131) 81155 (Berlin 12.6.25). Fernsehspiel, Kinderbuch, Hörspiel.
V: Der halbe Herr Peng, Kinderb. 64; Opa Schanghai, Kinderb. 64; Telefonclub Nr. 1, Kinderb.; Gold für Montevasall 70.
R: Biographie eines Schololadentages; Schule der Geläufigkeit; 10 %; Gold für Montevasall; Karriere zu zweit; Besuch v. drüben, alles Fsp.; Frei nach Mark Twain; Zimmer Nr. 13; Wir 13 sind 17; Suchen Sie Dr. Suk; Mirjam und der Lord vom Rummelplatz, alles Fs.-Serien; Löwenzahn im Zoo; Fairplay; Die Argumente des Jörg M.; Können Sie Latein, Herr Kommissar?; Das Normalste von der Welt; Ganz Spanien unter Wasser, alles Hsp.

Gass, Franz Ulrich; Christophorus-Pr.; Holzwiesenweg 19, D-7300 Eßlingen am Neckar, Tel. (0711) 372037 (Ludwigsburg 19.8.19). Lyrik, Novelle, Hörspiel, Kurzgeschichte, Feuilleton, Satire, Wirtschaftspublizistik.
V: Humor hat Vorfahrt, Kurzgeschn. u. Verse 54, 60; Alles nur für dich, Sibylle, N. 55; Gesangbuch für die Badewanne, Verse u. Feuilletons 56, 74; Amulett für Steuerzahler 57, 60; Des deutschen Bürgers Plunderhorn, Sat. 59; Mit Humor ins Ehejoch 59; Das Jahr der Dame 59; Wohlstand, Wohlstand über alles, Sat. 60; Neue Kunden schnell gefunden 63; Bitte mehr lächeln! 64; Vom Wunder des Holzes 54; Cellophan; Besser werben mit Humor 58; Gut diktiert — perfekt geschrieben 73; Was kommt an in Wort u. Bild? 82; Diktat 2000, Hdb. d. Phonotypie 83; u.a. —
MV: Kind u. Auto 81; Vier nach vier, heitere Verse 82; Die Werbung 82.

H: Lies vor - lach mit!, Vortragsb. 55; Schlagbaum hoch! ADAC-Ratgeber f. Auslandsreisen.
R: zahlr. Hsp. u. Hf.

Gasser, Hannes; Egger-Lienz-Str. 130, Alpinschule Innsbruck, A-6010 Innsbruck, Tel. (05222) 361300 (Seis am Schlern/Südtirol 2.1.33).
V: Erlebnis Ötztal 75; Indianer, du mußt sterben 75; Erlebnis Stubaital 73; Auf Rufweite mit den Engeln 76; Erlebnis Zillertal 77; Erlebnis Karwendel 77; Erlebnis Außerfern 78; Erlebnis Osttirol 79; Erlebnis Paznauntal 80; Erlebnis Tirol 82.

Gast, Lise, s. Richter, Elisabeth.

Gast-Schmidt, Heidemarie, s. Schmidt, Heidemarie.

Gatter, Frank Thomas; Rossittener Weg 1, Langendamm, D-3070 Nienburg, Tel. (05021) 2218 (Nienburg/Weser 23.4.46). Lyrik, Roman, Übers. **Ue:** I., E.
V: Jitte. Gedichte aus einer Ehe 82.

von Gatterburg geb. von Stockhausen, Juliana Gräfin (Ps. Juliana von Stockhausen); Bundesverdienstkreuz 1. Kl., c/o Deutsche Verlags-Anstalt, Stuttgart (Lahr/Bd. 21.12.99). Roman, Novelle, Hörspiel.
V: Das große Leuchten 18, 37; Das brennende Land 20, 32; Die Lichterstadt 22, 28; Die Soldaten der Kaiserin 24, 44; Drei tolle Geschichten 24, 44; Greif, Gesch. eines dt. Geschlechts 27, 28 II; Eine Stunde vor Tag 32, 43; Paul und Nanna 34, 38; Die güldene Kette 38; Im Zauberwald 42; Unser Herz entscheidet 51; Im Schatten der Hofburg, Memoiren 51; Die Ohrringe, N. 53; Bitteres Glück, R. 54; Geliebte Nanina, R. 54; Wilder Lorbeer, R. 64 (auch franz.); Lady Fritze, R. 67; Der Mann in der Mondsichel, R. 70, Tb. 82; Gerichte garniert m. Gesch. 71; Die Abenteuerlichen Reisen des Philipp Franz von Siebold, R. 75; Auf Immerwiedersehen 77, Tb. 82.
R: Rupprecht von der Pfalz; Der Türkenlouis; Abenteuerliche Reise; Roter Summach, alles Hsp.
Lit: J. v. St. in: Badische Heimat 54. ( )

Gatterer, Armin, Student; Liechtenstein-Pr. f. Essay PEN-Club Liechtenstein 80; Guntschnastr. 34, I-39100 Bozen, Tel. (0471) 40938 (Bozen 9.5.59). Drama, Lyrik, Novelle, Essay.
V: Sonne große Spinne, Bü. 81; Kopfgerüste, Prosa-Skizzen 83.
R: Sonne große Spinne, Fs. 82.

Gatterer, Claus; Anton-Baumgartner-
Str. 44A/8/183, A-1232 Wien.
V: Schöne Welt böse Leut, Kindheit in
Südtirol 82. ( )

Gauch, Sigfrid; VS 73; Förderpr.
Südwestfunk 76, Pfalzpr. f. Lit. 77,
Förderpr. Rheinland-Pfalz 79; Postfach
210108, D-6500 Mainz 21, Tel. (06131)
471233 (Offenbach/-Glan 9.3.45). Lyrik,
Prosa.
V: Schibbolet, G. 74; Identifikationen,
G. 75; Mitt-Teilungen und andere Nicht-
möglichkeiten, G. 76; Lern-
Behinderung: Handreichungen und
Gesprächslandschaften, G. 77;
Vaterspuren, Erz. 79, 82.
MH: Literatur aus Rheinland-Pfalz
76; In Sachen Literatur 79.

Gaulke, Heinz-Bruno (Ps. Bodo Brodt,
Jupp Martell); VS 45; Maria-Rainer-Str.
13, D-8964 Nesselwang u. Finkenweg 18,
D-8960 Kempten (Berlin). Drama, Lyrik,
Roman, Essay, Erzählung, Hörspiel.
V: Das Leben der Minnesänger;
Treibhaus der Liebe, Kom.; Parlez-moi
d'amour; Vino-logisches; Verschwender-
kantate; Umgang mit Rheinländern;
Wunderbar sind Bacchus Gaben;
Minnesänger der Heidelberger Lieder-
handschrift; Alles Käse; Witz der
Weltstadt; Bodo Brodts kleine Kaffee-
kunde; Stilblüten.
MA: Kunst und Leben; Gold und
Sand; Sehet dies Wunder; Humor-Box;
Almanach der Dame; Chacun à son
gout; Gastronomie f. Anfänger; Worte
vom Wein; Weingeschichten - erlebt,
erlauscht, erdichtet.

Gauß, Adalbert Karl, Prof. i.R.,
wissenschaftl. Leiter d. Öst.
Flüchtlingsarch.; Radetzkystr. 7, A-5020
Salzburg, Tel. (0662) 320463 (Palanka/
Jugoslawien 6.10.12). Essay.
V: Kinder im Schatten 51; Dokumente
zur Geschichte der Donauschwaben 54;
Zwischen Salzburg und Los Angeles 57.
Erinnerungen an Palanka 58; Wege und
Irrwege 79. — **MV:** Die Donauschwaben,
Bild eines Kolonistenvolkes, m. Joh.
Weidenheim 60; Das zweite Dach, m. B.
Oberläuter 79.
H: Kalender der Heimatlosen 49, 50;
Wir Donauschwaben 50; Volkskalender
für Donauschwaben und Karpathen-
deutsche 51; Neuland, Jb. 48 - 74;
Flüchtlingsland Österreich 57; Donau-
schwäbische Beiträge, bisher 74 Bde. —
MH: Erwin Machunze: Vom Rechtlosen
zum Gleichberechtigten 74 - 78 IV. ( )

Gauß, Werner, Schriftleiter;
Werderstr. 176, D-7100 Heilbronn/N.
(Stettin 9.8.11). Heimatschrifttum.
V: Alt-Heilbronn, wie wir es kannten
und liebten 50; Liebes altes Stettin. Das
Antlitz einer nicht vergessenen Stadt.
Vorwort Prof. Dr. Ackerknecht 50;
Stettin und die Pommersche Bucht 52;
Heilbronn, gestern und heute, 54. —
MV: Heilbronn, die Stadt am heiligen
Brunnen, m. Theodor Heuß, Paul Meyle
u. Gerhard Heß 56.
H: Das fröhliche Pommernbuch.
Volkshumor v. d. Waterkant 51; Unser
schönes Ostpommern 53; Hundert
Köstlichkeiten a. d. pommerschen
Küche 53.

Gauthier-Pilters, Hilde, Dr. rer. nat.,
Zoologin; 33 rue Gambetta, F-21210
Saulieu, Tel. (072) 724866 (Krefeld
17.4.23). Reisebericht.
V: Unter Nomaden und Kamelen. Mit
Zelt, Kamera und Notizbuch als
Zoologin in der Sahara 59, 62; Atschana
- Das heißt Durst, Forsch.reise 70. ( )

Gautschi, Karl, c/o Verlag
Sauerländer, Aarau, Schweiz.
V: Die Morgenstern-Rakete 79; Die
bösen Nachtbuben, heit. Kurzgeschn. 82.
( )

Gayer, Kurt; Heidehöfe, D-7594
Kappelrodeck, Tel. (07842) 473.
V: Der schwäbische Herrgott 66;
Anglerfreuden 67; Die Schwaben in
Bonn 68; Das große Verhör 69; Whisky
für Anfänger 72; Goldene Aue Ortenau
78; Die trockenen Weine 79, 81. —
MV: Das schwäbische Weinbuch, m. A.
Hofmann 76. ( )

Gayler, Brigitte, s. Neske, Brigitte.

GCA, s. Streit, Kurt W..

Gebauer, Karl, Rektor;
Stegemühlenweg 63, D-3400 Göttingen,
Tel. (0551) 72190 (Heidelbach 27.12.39).
Roman, Sachbuch.
V: Spielsituationen —
Lernsituationen — Alltagswirklichkeit,
Sachb. 75; Spielprojekte 76, u.a. Sachb.;
Die Bank steht nicht im Wald, Kinderb.
79. ( )

Gebert, Helga; Hochstr. 13, D-7801
Merdingen.
V: Zwei an einem Dienstag 74; Irma
sucht Eugen 75; A B C, die Katze trinkt
Kaffee 77; Das große Rätselbuch 79.
H: Zwerge, M. 80; Riesen & Drachen,
M. 81; Meermädchen und Wasser-
männer, M. 82. ( )

Gebert, Li (Ps. Li Schirmann); 1. Pr. Schweizer Spiegel Verl. 62; Neptunstr. 5, CH-8280 Kreuzlingen (Berlin 7.7.10). Hörspiel, Kurzgesch., Jugendb., Roman. **Ue:** E, I, F.
V: Banni Grau, Kinderb. 54, 64; Miranda, Kinderb. 54, 64; Rosenkette, Jgdb. 54, 64; Markt der Träume, R. 60; Der neugierige Freitag, Kinderb. 63; Der Vogel aus Erz, Jgdb. 67; Reise mehr kreuz als quer, Jgdb. 68. —
MV: Thienemanns Neues Schatzkästchen 65.
R: Staub auf der Insel, Hörsp. 69.
Ue: Lieta Harrison: Le Svergognate u.d.T.: Die Schamlosen 66.

Gebhardt, Armin, c/o Gauke-Verl., Hann. Münden.
V: Der Etikettenschwinder, N. 82. ( )

Gebhardt, Friedrich Johann (Ps. Eugen Oker); Astrid Lindgren Preis 73; Haldenbergerstr. 21, D-8000 München 50, Tel. (089) 1410487 (Schwandorf in Bayern 24.6.19). Lyrik, Roman, Essay. **Ue:** E.
V: Winnetou in Bayern, R. 61; Eugen Oker's Spielwiese, Ess. üb. Spiele 68; Parodi, lit. Kartenspiel 69; Babba sagt der Maxl du musst mir eine Geschichte erzählen, Familienb. 73; Sa wos schüins mou ma soucha, Ged. in oberpf. Dialekt 77; Zum Teufel mit meinem Garten 78; Lebensfäden, R. 79; Scheißmaschin 80; ...und ich der Fahnenträger, fiktives Tageb. e. Hitlerjungen 80; Der Elefant, d. Maxl, d. Babba u. d. Klasse 4b 80; Bayern wo's kaum einer kennt (n. d. Fs.-Serie) 82.
B: Spiele der Welt, Sachb. 76; Denkspiele der Welt, Sachb. 77. —
MA: Eine Sprache viele Zungen, Anth. 66; Zucker & Zimt, G. 72; Bunt wie ein Pfau, Anth. 75; Der fliegende Robert, Anth. 77; Zammglaabt, Anth. Mda. 77; Oberpfälz. Lesebuch 77; In dene Dag had da Jesus gsagd, Anth. 78; An zwei Orten zu leben, Anth. 79; Das Sonntagsweckerbuch, Anth. 80; Merian; Playboy.
H: Spiele mit Bleistift u. Papier 80 u. 3 weitere Spiele-Tb. 80 u. 81.
R: Spiele, 6teil. Fs.-Serie 74-75; Leips, mtl. Rdfk-Sdgn seit 75; Bayern wo's kaum einer kennt, mtl. Fs.-Sdgn seit 80; Leips-Spiele, Stories, 6 Rdfk-Sdgn seit 81.
S: Babba sagt der Maxl du musst mir eine Geschichte erzählen 74.

Gebhardt, Helmut *

Gebhardt, Michael, Dr. phil., StudDir. i.R.; Dauthendey-Plakette f. Verd. um d.

fränk. Dichtung 80, Dipl. di merito d. U. delle Arti 82; Heckscherstr. 25, D-8000 München 40, Tel. (089) 367672 (20.3.92). Lyrik, Novelle, Essay.
V: Auf der Insel, N. 21, 23; Der Lebensbogen, G. 58; Deutsche Aufsätze III s. 62 (34. Aufl.); Singende Kreise, G. 65; Anruf und Vermächtnis, G. 68; Die letzte Kerze, G. 71; Doch meine Seele singt, G. 73; Das Lied d. Äolsharfe, G. 80; Glocken d. Erinnerung, G. 82. —
MV: Deutsche Diktatstoffe auf kulturkundlicher und sozialkundlicher Grundlage, m. Ruth Grabau 71.
H: Märchen v. Elisabeth Dauthendey, a. d. Nachlaß 76.

von Gebhardt, Renate; Kreuznacher Str. 52, D-1000 Berlin 33, Tel. (030) 8214249 (Berlin 28.11.21). Hörspiel, Jugendbuch.
V: Annamarie Degner, stud. mus., Jgdb. 49; Erste Begegnung, Jgdb. 55; Denn über alles Glück ..., Jgdb. 59.
H: Schlummer-Brevier, Aus dt. Dicht. 46; Singt und spielt mit Onkel Tobias 52; Heut' machen wir Kasperletheater 53; Onkel Tobias-Kind.kal. IV 54, V 55.
R: Hsp. f. Kinderfunk.

Geck, Hanns; VS 64; Arbeitsstip. d. NRW-Kultusministeriums 77; Saarlandstr. 88, D-4600 Dortmund, Tel. (0231) 102002 (Dortmund 19.7.16). Roman, Novelle, Kurzgeschichte, Satire, Hörspiel, Essay.
R: Erziehung zur Angst 35; Der Straßenjunge 49; Ein Egoist 50; Mut für Conolly 52, alles Hörsp. ( )

Geede, Ruth, s. Vollmer-Rupprecht, Ruth.

Geelhaar, Anne, Redakteurin; SV 61; Theodor-Körner-Pr.; Wandlitzstr. 13, DDR-1150 Berlin-Karlshorst (Teichrode/Posen 5.4.14). Kinderbuch, Kinderhörspiel, Kinderfilm.
V: Die stolze Gigaka, M. 56; Springinkel und die goldenen Kühe, Bilderb. 57; Andreas mit der Schulmappe, Erz. 59; Gänschen Dolli, Bilderb. 61; Der Schneemann sucht eine Frau, Bilderb. 61; Hans Fröhlich und das Vogelhaus, Bilderb. 62; Knirps und Stefan, Bilderb. 63; Hintern Busch zwei lange Ohren, Bilderb. 63; Der Brief aus Odessa, Erz. 70; Drei Hasen im Schnee, Bilderb. 62; Im Blaubeerwald, Bilderb. 65; Filip und die Schäfermaxi, Bilderb. 64; Es geschah in Marianow, Erz. 69, u.d.T.: Helga u. Helsza, Erz. 79; Komm lieber Mai und mache, Bilderb. 71; Der kleine Kommandeur, Bilderb. 74; Das Sternen-

schiff, kl. Gesch. 67; Die Regenbogen-
wiese, populärw. M. 72; Der Prinz von
Hovinka, Märchenr. 74; Da sangen die
Gänse, Bilderb. 75; In die Welt hinaus,
Episoden u. Bilder aus dem Leben des
jungen Goethe 77; Forelle Goldbauch,
populärw. Erz. 79; Köpfchen, mein Köpfchen, Bilderb. 79; Das Mädchen unterm
Rosenbaum, M. 80; Die Puppe im Moos,
populärwiss. M. 82. — **MV:** Häschen
Schnurks, Bilderb. 73.
    B: Till Eulenspiegel, f. Kinder ausgew.
u. neu erz. 53; Der gehörnte Siegfried
und andere Volksbücher, ausgew. u.
bearb. 56; Fortunat und seine Söhne,
sieben Volksbücher, f. Kinder ausgew. u.
bearb. 59; Der Hirt, Bilderb. 67; Die
sieben Schwaben und andere Volksbücher 68; Drei Beutel voll Worte 69;
Das Märchenhaus, M. 69; Kjambaki, M.
70; Jockel Rotbauch, populärw. M. 71;
Vogel Titiako, afr. Fabeln, Bilderb. 83.
    F: Das singende, klingende Bäum-
chen, M.-Film 56; Der Tierkindergarten,
Zeichentrickf. 62; Die bunte Mütze,
Puppentrickf. 64; Der kleine
Kommandeur, Spf. 73.
    R: Knirps und Stefan; Filip, Groß-
mutter Maxi und ein großer Kummer;
Der trippelnde Tropf; Der Wetterhahn,
u.a. M.-Hsp.

Geerdts, Hans Jürgen, Prof., Dr. sc.
phil.; SV 52; Lessing-Pr. 73; Goethe-Ges.
zu Weimar 60; Robert-Blum-Str. 11,
DDR-2200 Greifswald, Tel. (0822) 3400
(Danzig 16.2.22). Novelle, Roman, Essay.
    V: Die Nachtnovellen 48; Die roten
und die grünen Feuer, Erzn. 51;
Rheinische Ouvertüre, R. 54, 77;
Hoffnung hinterm. Horizont, R. 56;
Wanderer im Harz 58; Studenten,
Feuilleton 61; Welle auf Welle,
Feuilleton 62; Der Harz, Reiserep. 64;
Goethes Roman die Wahlverwandt-
schaften 58, 66; J. W. Goethe 72, 76; Zu
Goethe u. anderen 82.
    H: Deutsche Literaturgeschichte 65;
Literatur d. DDR i. Einzeldarstellungen
73, 74; Kurze Geschichte d. dt. Lit. 81.
    R: Verabredung am Donnerstag, Hsp.
71; Goethes "Wahlverwandtschaften",
Hsp. 74 - 79.

Geerk, Frank, Schriftsteller; Gruppe
Olten 74, VS 79, P.E.N.-Club 79; Gastprof.
f. dt. Lit. in Austin/Texas 80; Friedensgasse 13, CH-4056 Basel, Tel. (061)
252143 (Kiel 17.1.46). Lyrik, Drama,
Erzählung, Nachdichtung. **Ue:** F, E, R, U,
Hebr.
    V: Gewitterbäume, R. 68; Notwehr, G.
75; Schwärmer, Sch. 76; Senfbäder

sollen noch helfen, Sch. 77; König Hohn,
Sch. 77; Gedichte 79; Komödie der
Macht, Sch. 79; Zorn und Zärtlichkeit, G.
81; Eine fast unglaubliche Geschichte,
Sch. 81; Vergiss nicht, die Liebe zu
töten, Erzn. 82; Handbuch f. Lebens-
willige, G. 83; Der Reichstagsbrand, Sch.
83. — **MV:** Kneipenlieder, G. m. Rainer
Brambach 74.
    H: Lyrik aus der Schweiz, Anth. 74;
Der Himmel voller Wunden, poln. G.,
Chansons u. Streiklieder aus fünf Jhn,
Anth. 82; Geflüsterte Pfeile, Lyr. d.
Indianer, Anth. 82. — **MH:** POESIE, Zs.
f. Lit. seit 72.
    Ue: Jonasz Kofta: Das Tal d. tausend
Bäuche, Sch. 82; R. Tigre Perez u. Esidro
Ortega: Ich bin d. Gesicht, das hinter
den Einschusslöchern erscheint, G. aus
d. indian. Widerstand 82.

Geerken, Hartmut, Referent d.
Goethe-Inst.; VS 71; Prosapreis d.
Paramykol. Ges. New Delphi 82; P.O.B.
1022/Omonia, 3608111 Athen/
Griechenland (Stuttgart 15.1.39). Prosa,
Sprechstück, Film.
    V: Murmel, G. 65; Göreme Kilavuzu,
hist. Führer 68 (türk., engl. frz.);
Diagonalen, Sprechst. 71; Verschie-
bungen, Prosa 72; Sprechweisen,
Sprechst. 74; Obduktionsprotokoll,
Prosa 75; Ovale Landschaft, Prosa 76;
Sprünge nach rosa hin, Prosa 81;
Chronological Discography of the
Acoustic Works of Sun Ra 82.
    H: Die goldene Bombe, M. 70, 79;
Schreibweisen, konkrete Poesie 73;
Melchior Vischer: Sekunde durch Hirn,
Der Teemeister, Der Hase u. a. Prosa 76;
Moderne Erzähler der Welt —
Afghanistan 77; Paramykol. Rdsch. seit
79; Der Einzige, Zs.-Repr. 80; Salomo
Friedlaender/Mynona, Ich verlange ein
Reiterstandbild, Grot. 80; Der Schöpfer,
Tarzaniade; Der antibabylon. Turm,
Prosa 80; Briefe aus dem Exil 82. —
MH: Frühe Texte d. Moderne, Buch-
Reihe.
    F: Vorfeld 76; Das Zwinkern mit d.
Auge u. d. Treten m. d. Fuß oder Das
Rümpfen d. Nase bei d. Begrüßung m.
Handschlag 78.
    S: Heliopolis 70; Mynonas Weg in d.
Emigration/The Heliopolar Egg 80;
Continent 80.
    Ue: Sun Ra.
    Lit: Ludwig Harig in: Lex. d. dt.
Gegenwartslit.; TV-Film: Vom Leben u.
Treiben d. dt. Kulturmenschen Hartmut
Geerken in Afghanistan 80.

Geerth, Gerd, s. Weber, Karl Heinz.

Gehlhoff-Claes, Astrid (Ps. Astrid Claes), Dr.; VS, Gedok; Förderungspreis zum Gerhart-Hauptmann-Pr. d. Freien Volksbühne Berlin 62, Förderungspreis d. Stadt Köln f. Lit. 64, Förderungspreis z. Immermann-Pr. d. Stadt Düsseldorf 65; Kaiser-Friedrich-Ring 53, D-4000 Düsseldorf, Tel. (0211) 55384 (Leverkusen 6.1.28). Lyrik, Drama, Essay. **Ue:** E.
V: Der Mannequin, G. 56, Meine Stimme, mein Schiff, G. 62; Didos Tod, Sch. 64; Erdbeereis, Erz. 80; Gegen Abend ein Orangenbaum, G. 83.
MA: Lyrik der Jahrhundertmitte 55; Jahresring 57/58, 77, 78; Botschaften der Liebe 60; Kinderspiegel 62; Spektrum des Geistes 64; Satzbau 72; Sie schreiben zwischen Goch u. Bonn 75; Bis die Tür aufbricht, Anth. 82.
H: Else Lasker-Schüler: Briefe an Karl Kraus 59, 60; Bis die Tür aufbricht. Lit. hinter Gittern, Anth. 82.
Ue: W. H. Auden: Poems u.d.T.: Der Wanderer 55; James Joyce; Pomes Penyech u.d.T.: Am Strand von Fontana, G. 57; Henry James: Tagebuch eines Schriftstellers 65; Gioffre do Parise: Der Chef 66.

Gehrer, Josef, Steueramtmann; Literaturpreis d. Deutschen Jagdschutzverbandes 63; Gmaind 1b, D-8019 Ebersberg, Obb., Tel. (08092) 2514 (Melleck 29.1.23). Erzählung.
V: Es bleibt ein Wild; Mit Aug und Herz 64; Die fünfte Patrone 68, 71; Auf einsamen Spuren 69; Schüsse am Mittagsjoch 71; Der Tod des Auerhahns 72; Der Jagerpfarrer 72, alles Jagderzn.; Unterm Schindeldach 74; Abenteuer Jagdrevier 77; Oberförster Schwaighofer 77; Reitersommer 77; Ich bin ein Pferdenarr 80. — **MV:** Auf Pirsch 69. ( )

Gehrts, Barbara, Dr. phil.; VS 71; Oberer Wald, D-7844 Neuenburg a.Rh., Tel. (07631) 72895 (Duisburg 5.6.30). Erzählung. **Ue:** E.
V: Von der Romanik bis Picasso. Tausend Jahre europ. Kunst in Gesch. u. Dok. 68; Der Wettlauf zwischen Esel und Auto, Jgdb. 73; Die Höhle im Steinbruch, Jgdb. 73; Wasser, Schilf und Vogelfisch, Jgdb. 74; Nie wieder ein Wort davon?, Jgdb. 75 (auch holl.).
B: Fortunatus, e. Volksb. 70; Wer ist der König der Tiere?, Fabeln aus aller Welt 73; Kaiser, König, Edelmann, Bürger, Bauer, Bettelmann, Volksb. 76.
H: Kid Weltliteratur, e. Samml. f. d. Jgd.Bd. 36 - 56; Klassische Jugendbücher

Bd. 103, 116, 132, 135, 139, 157, 171, 192, 225, 280 seit 67; Grimmelshausen: Die Abenteuer der Landstreicherin Courage 74.
Ue: E. A. Poe: Narrative of Arthur Gordon Pym u.d.T.: Die denkwürdigen Erlebnisse des Arthur Gordon Pym 72.
Lit: Intern. Authors and Writers.

Geifrig, Werner, Dr. phil., Dramaturg; VS, RFFU, Dram.-Un.; Gesellschafter d. Verlags d. Autoren; Rheinstr. 3, D-8000 München, Tel. (089) 391753 (Holzminden 9.4.39). Drama, Hörspiel.
V: Stifte mit Köpfen, Jgd.-St. 73; Bravo, Girl!, Jgd.-St. 75; Nachwahl, Einakter f. Jugendl. 76; Abgestempelt, Jgd.-St. 78; Hit Show Live, Jgd.-St. 80. — **MV:** Zum Beispiel Bottrop, Szenische Dokumentation, m. Erika Runge 71, Auszug u. Bearb. f. Studio- u. Amateurbühnen 71, 76.
F: Stifte mit Köpfen; Bravo, Girl.
R: Stifte mit Köpfen 74, 76; Bravo Girl! 75, 76; Abgestempelt 79, alles Hsp.

Geiger, Erich (Ps. Jan Michell), Theater- u. Fernsehregisseur, Dramaturg; Lübscher Landweg 8, D-2204 Steinburg, Tel. (04824) 531 (Karlsruhe 12.1.24). Schauspiel, Fernsehspiel, Erzählung, Theaterübersetzung. **Ue:** I.
V: Sterne, Geld u. Vagabunden, Musical 56; Terrorfalle, Sch. 79; Erdbebenernte, Sch. 79; Lord York m. Schleife, Erzn. 79; Spaß in Weiß, Erzn. 80; Das ist zum Wiehern, Erzn. 81; Sonderangebot Traumhaus, Erzn. 82.
MA: H. Rosenthal: Das ist Spitze 83.
R: Geigentragödie, Fsp. 58; Lehrer Stefan, Fsp. 60.
Ue: Mirandolina, frei nach Goldoni 50; Lucius Sulla, Oper v. Mozart, Text v. Giovanni di Gamerra 56; Nabucco, Oper v. Verdi, Text u. Handlung frei nach Temistocle Solera 60, 62; Fremde Federn, Sch. frei nach Guy de Maupassant 79.

Geiger, Franz, Autor; VG-Wort seit Gründ., D.U. 69; Cuvilliés Str. 1A, D-8000 München 80, Tel. (089) 981704 (München 3.4.21). Drama, Film, Fernsehspiel, Roman, Übers. **Ue:** F, E, S.
V: Zauberei in Zelluloid, Filmfachb. 53; Ein unruhiger Sommer, Bü. 78; Der Millionenbauer, R. 80.
F: Rd. 15 Spielf., u.a.: Lola Montez; Fridolin; Engelchen.
R: Rd. 30 Fsp., u.a.: Madame Curie; Ende einer Dienstfahrt (nach Böll); Ein

unruhiger Sommer; Der ganz normale
Wahnsinn.
Ue: Gesamtwerk von Jean Anouilh,
sämtl. Dram.

Geiger, Hannsludwig *

Geiling, Irene, Kinderbuchautorin;
Verdiensturk. U. Delle Arti; Bayreuther
Str. 41, DDR-7031 Leipzig (Leipzig
19.9.23).
V: Die wir kennen 66; Tiere um uns:
Im Wald; Auf dem Feld; Im Dorf; Im
Haus 66 - 67; Tiere im Frühling 67;
Kleine Gäste 67; Kat und Kati 68; Der
erste Ausflug 68; Aus fernen Ländern
68; Der neugierige Star 69; Im Sonnen-
schein 70; Seifenblasen 70; Reni
Schmutzfink 72; Nun freut sich Frank
73; Im Sommerwind 73; Mäuschen
Naseweis 73; Rund um die Kastanie 74;
Ein Haus für uns 74; Tine und Tomi 75;
Adebar erzählt 75; Alle Tiere schlafen
jetzt 75; Tiere im Frühling 76; Gute
Nacht 77; Das bin ich nicht 78; Nur so
zum Spaß 79.

Geiling, Robert, Journalist; Bucherstr.
99, D-8500 Nürnberg (Rottenbauer b.
Würzburg 10.6.08). Novelle, Erzählung.
V: Der Engel von Nürnberg, N. 50.
MA: Merianheft Nürnberg (Beiträge)
50. ( )

Geisel, Eva, s. Bornemann, Eva.

Geiser, Christoph, Journalist, Schrift-
steller; Schweizer Autoren Gruppe
Olten 73; Förderungspr. d. Kts Bern 73,
Pr. d. Schweiz. Schillerstift. 74 u. 78,
Buchpr. d. Stadt Bern 75, 76 u. 79;
Ländteweg 1, CH-3005 Bern, Tel. 223817
(Basel 3.8.49). Lyrik, Roman, Novelle,
Hörspiel.
V: Bessere Zeiten, Lyrik u. Prosa 68;
Mitteilung an Mitgefangene, Lyrik u.
Prosa 71; Hier steht alles unter
Denkmalschutz, Prosa 72; Warnung für
Tiefflieger, Lyrik u. Prosa 74; Zimmer
mit Frühstück, Erz. 75; Grünsee, R. 78;
Brachland, R. 80; Disziplinen 82.
MH: drehpunkt, Lit.-Zs.
R: Die Besitzenden, Hsp. 72. ( )

Geiser, Samuel, alt Schulvorsteher;
Chaumontweg 139, CH-3028 Spiegel-
Bern (La Chaux-D'Abel, Berner Jura
31.7.07).
V: Albert Schweitzer im Emmental 74,
75; Die Brille Schopenhauers u.a.
Kuriositäten aus d. Leben bedeutender
Menschen 75; Beethoven und die
Schweiz 76; Elisabeth Müller, Leben
und Werk 78.
S: versch. berndt. Platten: Märchen u.
Fabeln. ( )

Geisler, Herbert, Lehrer;
Borwiesenstr. 57, D-5508 Hermeskeil,
Tel. (06503) 7792 (Bedra b. Merseburg
25.6.21). Roman, Novelle.
V: Friedensflug gen Osten, Tage-
buchbl. 48; Christine, N. 50; Der Apostel
v. Rom, R. 58, 64; Es wird immer wieder
Tag, R. 59, 64; Matungo, R. 60; Genosse
Jesus mittendrin, Sat. 62; Erinnerung an
Tanja, R. 63, 65; Der Apostel von Rom,
Bildbd 63; Europäer sterben nicht gern,
R. 64 (fläm. 68). — **MV:** Arbeit u. Opfer,
Nikolaus Groß, Biogr. m. K. H. Brüls 72.
R: Der Apostel von Rom, Hsp. 63. ( )

Geissbühler, Rolf; Lit.-Pr. d. Kantons
Bern 70, 71, 75, Buchpr. d. Stadt Bern 82;
Granatweg 2, CH-3004 Bern, Tel. (031)
242984 (Bern 1.3.41). Prosa, Theater-
stücke, Hörspiel, Film.
V: Äpfel, Birnen und Lattich, Pr. 69;
Blumengedicht, G. 70; 33 1/3, Pr. 71; 1 : 1,
Tst. 71; "5", Ein Stück zum Lesen 72;
Schädel, Prosa 75; Aufsatz. Erster Teil,
Prosa 81. — **MV:** Ich Urs Dickerhof
Undsoweiter 69; Die Ausstellung von
Markus Rätz: "& u. & + &" 77.
F: (MV): Blumengedicht.
R: Zwei Männer spielen Kleinkrieg;
Zwei Eheleute unterhalten sich; Juni &
Co. 72; (Mitverf.:) Die Eisenbahn will
einen geraden Weg fahren 79.
S: Konkrete Poesie Sound Poetry
Artikulationen 66; Text und Aktions-
abend II 68.

Geissler, Christian; VS, P.E.N. bis 76;
Premio Letterario Libera Stampa 64,
Adolf-Grimme-Preis, Fernsehpreis der
Arbeiterwohlfahrt; Red.mitgl. d.
werkhefte Kath. Laien 60 — 64, Mithrsg.
d. Lit.-Zs. Kürbiskern 65 — 68;
Brahmsallee 10, D-2000 Hamburg 13,
Tel. (040) 447553 (Hamburg 25.12.28).
Roman, Hörspiel, Dok.-Film, Fernseh-
spiel, pol. Journalismus.
V: Anfrage, R. 60; Schlachtvieh, Fsp.
63; Kalte Zeiten, R. 65; Ende der
Anfrage, versch. Texte 67; Das Brot mit
der Feile, R. 73; Wird Zeit, daß wir leben,
R. 76; Im Vorfeld einer Schußverletzung,
G. 80.
H: Das Dritte Reich u. seine
Vorgeschichte, polit.-lit. Anth. 61.
F: Kopfstand, madam, m. Christian
Rischert.
R: Anfrage 61, Schlachtvieh 63,
Wilhelmsburger Freitag 64 Fsp., m. Egon
Monk; Altersgenossen, Fsp. 69, m. H.
Müller-Stahl; Ein Jahr Knast; Grenz-
ansichten; Sie nennen sich Schießer;
Karolininviertel; Arbeiter unter
achtzehn; Wir gehn ja doch zum Bund;

Gezählte Tage; Annäherung an eine kleine Stadt; Die Woche hat 57 Tage, u.a. Dok.-Filme, meist m. Lothar Janßen u. Hajo Dudda.

Lit: Hanno Möbius: Arbeiterliteratur in der BRD 70; Günther Cwojdrak: Eine Prise Polemik; Eberhard Röhner: Arbeiter in der Gegenwartsliteratur; Antonia Grunenberg: Christian Geisslers Romane, Berliner Hefte.

Geissler, Friedrich, Lehrer i. R.; Wilhelm-Kotzde-Kottenrodt-Ges. 68, Arbeitskr. f. Dt. Dicht. 69; Ahltener Str. 62, D-3160 Lehrte, Tel. (05132) 3962 (Berlin 6.2.98). Drama, Lyrik, Roman, Novelle, Essay.

V: Zeitzer Heimatflur, Heimatleseb. 26; Wer segget denne, dat Pattensen keine Stadt is! 71; Der Morgen im Garten, Lyrik um d. Spaten u. Pflanzengeheimnisse 72; Der Metrische Philosoph, Gedankenlyrik um d. Stillen im Abseits 76; Der Epische Barde, Lyrik um Begegnungen 77; Kate am Meer; Akadem. Zeitungsträger; Am Anfang schufen die Freien Leerethier – Heimatgesch. Lehrtes; Ritter mitten Tod und Teufel 81; Blumen-Gebinde aus Blüten und Blättern vom bunten Bücherbord 81; Das Haus am Wielberg 81. – **MV:** Zeitzer Heimatbuch I; Jahrb. 1976-80 d. Karlsruher Boten. ( )

Geißler, Rolf, Dr. phil., o. Prof.; Schweizer Str. 17, D-4100 Duisburg, Tel. (0203) 335180 (Zeitz 31.5.27). Neuere dt. Literaturwiss.

V: MV: Zur Interpretation des modernen Dramas 59, 81; Möglichkeiten des modernen dt. Romans 62, 79; Dekadenz und Heroismus. Zeitr. u. völkisch-nationalsozialistische Literaturkritik 64; Der Roman im Unterricht, m. P. Hasubek 68, 72; Prolegomena zu einer Theorie der Literaturdidaktik 70, 73; Zeigen und erkennen. Aufs. z. Lit. von Goethe bis Jonke 79; Arbeit am literar. Kanon 82.

H: MH: Modelle. Ein literar. Arbeitsb. f. Schulen 68, 80; Moderne Szenen und Stücke 71, 79; Günter Grass. Ein Materialienb. 76; Literatur für Leser. Zs. f. Interpretat.praxis u. geschichtl. Texterkenntnis seit 78.

s. a. Kürschners GK.

Geist-Romstorfer, Emmy *

Geitel, Klaus; Internat. Kritikerpr. Graz 79; Livländische Str. 10, D-1000 Berlin 31, Tel. (030) 8535375.

V: Der Tänzer heute 64; Der Tänzer Rudolf Nurejew 67; Hans Werner Henze

68; Das Abenteuer Béjart 70; Fragen an Friedrich Gulda 73; John Cranko 77. – **MV:** Luchino Visconti 75; Marlene Dietrich II 78; Große dt. Dirigenten 82; Herbert v. Karajan in Bildern 83.

Geitzhaus, Heinrich, Graphiker, Schriftsteller; Homburger Landstr. 751, D-6000 Frankfurt a.M. 56, Tel. (0611) 5071350 (Frankfurt/M. 16.2.11). Lyrik, Jugendbuch, Roman, Kurzgeschichte.

V: Ein Traum vom Eldorado, Jgdb. 64; Sanje o Eldoradu, Jgdb. 67; Abenteuer in der Wildnis, Jgdb. 76.

Gelberg, Hans-Joachim, Verlagslektor u. Verlagsleiter; Deutscher Jugendbuchpreis 72; Kurpfalzstr. 9, D-6940 Weinheim/Bergstr., Tel. (06201) 54654 (Dortmund 27.8.30).

H: Die Stadt der Kinder, G. f. Kinder 69; Geh und spiel mit dem Riesen. 1. Jb. d. Kinderlit. 71, 76; Am Montag fängt die Woche an 73, 74; Menschengeschichten. 3. Jb. d. Kinderlit. 75, 80; Neues vom Rumpelstilzchen und andere Märchen von 43 Autoren 76; Der fliegende Robert 77; Das achte Weltwunder 79; Wie man Berge versetzt 81; Der bunte Hund, Kindermag. 82, alles Anth. u.a.

Gelbhaar, Anni; VS Nordrh.-Westf. 70; Friedrich Bödecker-Kreis Hessen 68; Im Geyer 18, D-6290 Weilburg/L., Tel. (06471) 2276 (23.1.21). Jugendbuch, Kinderbuch, Sachbuch, Erzählung, Feuilleton, Anthologie.

V: Viki geht auf Affenjagd 55, 61; Dagmar und der verbotene Fluß 56, 60; Edith hat noch gefehlt 58, 59; Zwei Mädchen und ein Geheimnis 61; Issi spielt die erste Geige 61, 63; Lachmeia und der weiße Elefant 62, 68; Jussuf in der falschen Haut 63; Der Hund in der Hosentasche 65, 68; Der Apfel fällt (nicht) weit vom Stamm 65; Das Auto Schockschwerenot 66; Finster wie im Bauch der Kuh 69; Abenteuer mit dem Zauberglas 72; Das falsche Programm 72; Tina gewinnt 72, 75 (auch in dt.-ital., dt.-span., dt.-serbokroat., dt.-türk., dt.-griech.), alles Jgd- u. Kdbb.; Erzählungen üb. ausländ. Arbeitnehmer; Freunde, die mit d. Schwanz wedeln, Sachb. 74.

MA: Zahlr. Anth., Schul- u. Kindergartenbücher, Feuilleton, Kreisjbb., Sagen, Werbespiele.

R: Lachmeia und der weiße Elefant, Hsp.

Geleng, Ingvelde (Ps. Ingrid Karwehl), Dr. phil., Kritikerin; V.dt.K. 51; Intern. Theater-Inst. 56, Ges. f. Theatergesch.

57, Mitglied d. Publ. Komitees im ITI f.
d. dtsprachige Theater 60 — 69;
Clayallee 341a, D-1000 Berlin 37, Tel.
(030) 8014485 (Berlin). Drama, Novelle,
Essay. **Ue:** E, F, I.

V: Lorin Maazel, Monographie eines
Musikers 71.

MA: Bühnenbild in Dtld in: Le décor
de théâtre dans le monde depuis 1935
(auch engl.) 56; Theater, in: 10 Jahre
Bdesrep. Dtld 59; Dt.ausld. Theater-
beziehungen, Bilanz u. Perspektiven, in:
Auswärtige Kulturbeziehungen III 66;
Beiträge z. Musiktheater I 82.

Ue: Henry de Montherlant: Le maître
de Santiago u.d.T.: Der Ordensmeister,
Dr. 49; Luigi Pirandello: Liolà, Lsp. 53;
Heiraten - aber nicht im Ernst, Lsp.
54. — **MUe:** The God that failed u.d.T.:
Ein Gott der keiner war; Beitr. v.: Gide,
Koestler, Louis Fischer, Spender,
Wright u. Silone 51.

Gelsam, Hanns, Redakteur i.R.;
Sonnenweg 8, D-5272 Wipperfürth/Rhl.,
Tel. (02267) 60566 (Mülheim/Ruhr
20.9.96). Roman, Reisebuch.

V: Die Reise zur Ostsee, Erz. 29; Der
Flug in die Ehe, R. 34 (auch holl., ital.);
Brigitte im Winde, R. 41; Im Schotten-
röckchen, Anekdn. 43; Meine
Bekenntnisse 74.

MA: Das Buch der guten Werke,
Erlebnisb. 32.

R: Die große Kiste; Original-
Amerikaner; Wenn das keine
Beleidigung ist, alles Hsp.

von Gemmingen, Johanne; Jahnufer
20, D-7910 Neu-Ulm.

V: Vorgestern, gestern, heute, Geschn.,
G., Skizzen aus 5 Jahrz. 81. ( )

Genazino, Ursula (Ps. Ursula
Valentin); VS 70; Parkweg 1, D-7614
Schwaibach (Gengenbach 14.5.36).
Jugendbuch, Hörspiel, Essay.

V: Herr Minkepatt und seine Freunde
65, 82; Das Haus auf den Klippen 69; Die
Geschichte vom Schwarzen Mann 70;
Zigeuner-Joschi 70. — **MV:** Das nette
Krokodil 70.

R: Rufzeichen für doña Alegra. ( )

Gendrich, Goede, s. Dörbandt,
Ludwig.

Genner, Michael, Publizist, ständ.
Mitarb. (Nachrichtenredakteur) b. Radio
ZINZINE, Südfrankr.; Rußweg 16, A-
1130 Wien, Tel. (0222) 8456453 (Wien
27.10.48). Geschichtsschreibung.

V: Spartakus. E. Gegengesch. d.
Altertums, nach d. Legn. d. Zigeuner I

79, II 80; Mein Vater Laurenz Genner.
Ein Sozialist im Dorf, Biogr. 79.

Gensch, Gerhard, Redakteur; dju,
Kogge; Förderungspr. f. Lit. d. Stadt
Fürth 75, Journalistenpr. d. Dt. National-
komitees für Denkmalspflege Bonn 76;
Wolfsgangstr. 104, D-6000
Frankfurt a.M. 1 (Fürth 13.4.50). Lyrik,
Hörspiel, Essay.

V: Landschaften, G. 73; Topos, Prosa
77; Ernte in den Dünen, Rep. aus
Portugal 80.

MA: Karlsruher Alm. f. Lit. 77; Trauer,
Zehn junge Karlsruher Schriftsteller 79.

R: Topographie einer Ehe, Hsp. 76;
Mattstall oder der Faschismus der
Gourmets, Hsp. 79; Landschaft im
Gegenlicht, Hörfilm 80.

Genter, Harry, s. Stackelberg-
Treutlein, Freda.

Gentges, Maria; Amselweg 9, D-5948
Schmallenberg, Tel. (02972) 6589 (Mainz
22.9.97). Erzählung, Jugendbuch. **Ue:** F,
E.

V: Bimba, Erz. 52, 54; Die Nacht der
Luitgardis, Erz. 53; Der Weg über die
Mauer, Erz. 58, 60.

Ue: Marie de Chrisenoy: Die
Geschwister Tschu-ki-lang; Yves
Congar: Nun bitten wir den Heiligen
Geist 62; Ronald Knox: Hier und dort 64.
( )

Genzken-Dragendorff, Sigrid,
Kunstschriftstellerin; DAV 79, IGdA 82;
Senryu-Meister (IGdA) 82, Senryu-Pr.
zur Flußweide 83; Senator d. Halkyon.
Akad. 48, EM Senryu-Zentr. 83;
Lehnersberg 2, D-8935 Fischach, Tel.
(08236) 621 (St. Petersburg 1.5.00).
Sachbuch, Prosa, Lyrik.

V: Ostseefischer knüpfen Teppiche 28;
Kleine Lyrik 48; Der dunkle Bogen,
Haiku-Dicht. 77; Im Schwingnetz,
Haiku-Dicht. 80; An der Flußweide,
Senryu 83.

MA: Anth. im In- u. Ausld.

S: Vier Haiku-Lieder 81.

Georg, s. Kruezmann, Georg.

Georg, Hertha, Gemeindesekretärin;
Mark-Aurel-Str. 36, D-6000
Frankfurt a.M. 50, Tel. (0611) 573659
(Alsfeld/Hess. 8.7.25). Lyrik, Roman,
Novelle.

V: Aussöhnung mit den Uhren, G. 81;
Eine Stunde, Erz. 82; Die Schlange, Erz.
83.

Georg, Reinhold, s. Müller, Artur.

Georg-Marte, s. Schötz, Herbert.

George, Herbert, s. Gunske, Georg.

George, Monika, s. Cämmerer, Monika.

Georgi, Georg, s. Groh, Georg Artur.

Geppert, Roswitha, Dipl.-Theaterwissenschaftlerin; Kandidat d. SV-DDR 74; Auenstr. 13, DDR-7010 Leipzig, Tel. (03741) 208634 (Leipzig 18.6.43). Roman, Übersetzung. **Ue:** E.
V: Die Last, die du nicht trägst, R. 78, 79.
R: Die Tochter, Fsf. 83; Das Jammerschloß, Kd.-Hsp. 83.
Ue: George Moore: Esther Waters 76.

Gerber, Ernst P., Redaktor, Schriftsteller, dipl.-Sozialarbeiter; SSV 72; Länggassstr. 68D, CH-3012 Bern, Tel. (031) 238344 (Thun 14.11.26). Drama, Lyrik, Roman, Hörspiel.
V: Geranien f. St. Jean, R. 68; Irrtum vorbehalten, G. 69; achtung links — geradeaus marsch, Dok. 76. — **MV:** In die Wüste gesetzt, G. 67; Erfahrungen, Kurzgeschn. 70.
R: Dr Dryzähner, Hsp. 65.

Gerber-Hess, Maja (Ps. Maja Hess), Kindergärtnerin, Redaktorin; Hegnaustr. 34, CH-8602 Wangen, Tel. (01) 8334456 (Zürich 5.11.46). Kinderbuch.
V: Der Zaubervogel 79; Stefan und der seltsame Fisch 80; Die Waschmaschinenmaus 81; Karoline und die 7 Freunde 83, alles Kdb. — **MV:** Beppo, der Hirt 80.

Gerboth, Hans-Joachim (Ps. Karlchen Schmitz), Pressezeichner; Merricher Str. 34, D-5040 Brühl (Bez. Köln) (Halle/Saale 14.2.26). Satire.
V: Meine Adenauer Memoiren I 64, 65, II 65, 68; Hu is hu? - Wer ist denn schon wer? 67, 68; Das Bonner Welt-Theater 70, 71. — **MV:** Kleine Prominenzyklopädie, m. Salpeter 80.

Gerescher, Konrad, Konstrukteur; VS 75; Felix-Milleker-Gedächtnispreis; Schillerstr. 15, D-7141 Freiberg a.N., Tel. (07141) 132357 (Batschki Breg, Jugosl. 14.4.34). Lyrik, Novelle, Dokumentation.
V: Gezeiten - Gedichte und Parabeln 74; Maisbrot und Peitsche, Erlebnisber. 74; Zeit der Störe, Nn. 75; Die Apatiner Schiffswerft, Sat. 76; Gäste und Gastgeber, Gastarbeiter-Nn. 79; Unserer Hände Arbeit — 200 Berufe d. Donauschwaben aus d. Batschka, Dok. 81.

Gerger, Lizzy, Sängerin; str. Morilor 43, R-2400 Sibiu/Rumänien. Lyrik.

V: Wind und Wogen, G. 35; Der Baukasten, Kinderg. 75; Der Kreisel, Kinderg. 79. ( )

Gerhard, Dierk, s. Puls, Dierk.

Gerhard, Jutta, c/o Brinkhaus-Verl., Rossdorf.
V: Ich glaube an fliegende Fische, zeit- u. sozialkrit. Lyrik u. Prosa 83. ( )

Gerhard, Stefan; Thüringer Str. 2, D-6231 Schwalbach a.Ts. (Frankfurt/M. 11.11.65). Roman, Short Story, Kurzprosa, Lyrik.
V: Liebe und so ..., Erz. 81, 2. Aufl. 82. — **MV:** Hasserfüllt! Lyrik, Kurzprosa, Short Stories 81.
R: Moni oder: irgendwie muß ich an sie rankommen (nach "Liebe und so ..."), Hsp. 82.

Gerhard, Waltraud, c/o Brinkhaus-Verl., Rossdorf.
V: Ja. Aber..., Lyriksamml. 82. ( )

Gerhardt, Albert, Rechtsanwalt; VS 77; Königstr. 18, D-7000 Stuttgart 1, Tel. (0711) 228013 (Bochum 24.2.40). Roman.
V: Der Schrei, R. 78.

Gerhardt, Johann, s. Schumann, Hans-Gerd.

Gerhardt, Marlis, Dr. phil., Redakteurin; VS Bad.-Württ. 70; Wittlingerstr. 20, D-7000 Stuttgart 30, Tel. (0711) 815143 (Stuttgart 22.5.40). Essay, Literaturkritik, Funkfeuilleton, Feature.
V: Kein bürgerl. Stern, nichts, nichts konnte mich je beschwichtigen, Ess. z. Kränkung d. Frau 82. — **MV:** Die Überwindung d. Sprachlosigkeit 79; Kontext 2 78, 79; Kursbuch 47 77; Konkursbuch 1 78; Kursbuch 70 82.
H: Linguistik u. Sprachphilos. 74; Die Zukunft d. Philos. 75; Rahel Varnhagen: Jeder Wunsch wird Frivolität genannt, Briefe u. Tagebb. 83. — **MH:** Kontext 2 78, 79.

Gerhardt, Renate, Verlegerin; Jenaer Str. 7, D-1000 Berlin 31, Tel. (030) 8543009 (Berlin 14.4.26). **Ue:** E, Am, F.
MH: fragmente: blätter für freunde 48 — 51, internationale revue für moderne dichtung 51 — 52, fragmente (Taschenb.reihe) 48 — 54.
Ue: Gedichte u. Essays von T. S. Eliot, Ezra Pound, Gertrude Stein, W. C. Williams, Charles Olson, Robert Creeley, Aimé Césaire, Sédar Senghor, Henri Michaux, René Char, Antonin Artaud, Saint John Perse, Basil Bunting, Henry Miller, alle in: fragmente 48 — 54; Alfred Jarry: Ubu Roi, Ubu Enchaîné, Ubu

dans la Butte u.d.T.: König Ubu 48;
Antonin Artaud: Das Theater und sein
Double 48; Um mit dem Gottesurteil
Schluß zu machen 54; Henry Miller:
Remember to Remember, Ausz. u.d.T.:
Ein Weihnachtsabend in der Villa
Seurat 60; Jean-Paul Sartre. Les
Sequestrés d'Altona u.d.T.: Die
Eingeschlossenen 60; Henry Miller:
Ganz wild auf Harry; Virginia Woolf:
Ein Zimmer für mich allein 76; Gail
Holst: Rembetika, Musik e. griech.
Subkultur 78; Erica Jong: Rette sich,
wer kann 78. — **MUe:** Henry Miller:
Wendekreis des Krebses 53; Vladimir
Nabokov: Gelächter im Dunkel 62,
Frühling in Fialta, Erzn.; Alfred Jarry:
Der Supermann 69.

Gerhardt, Rudolf (Ps. R.G.), Dr., RA.,
Fernseh-Redakteur, Ständiger Mitarb.
FAZ; Kirchbühlstr. 6, D-7580 Bühl-
Neusatz, Tel. (07223) 26994 (Frankfurt
a.M. 21.4.37). Kleines Feuilleton.
V: Von Fall zu Fall, Samml. von Feuill.
80; Von Mensch zu Mensch, Samml. von
Feuill. 83.
R: Lauter schöne letzte Tage.
Wohlstandsemigranten in Spanien, Fs.-
Dok.film.

Gericke, Margarete,
Gemeindehelferin u. Katechetin,
Pfarrfrau; Pestalozzistr. 1, DDR-9072
Karl-Marx-Stadt (Neisse OS. 15.6.11).
Historische Erzählung.
V: Der Wettlauf auf Kloster
Dobrilugk, hist. Erz. 65; Kirchenstreit in
Dobrilugk, drei hist. Erzn. 78.

Gerig, Manfred, M.A., Lehrer; Gruppe
Olten 81; Vorstadt 60, CH-8200
Schaffhausen (Hagen 6.3.47). Erzählung,
Roman, Hörspiel.
V: Schief, Erzn. 80; Irrspiel, Erz. 81.
R: Auf dem Rücken der Dinge, Rdfk
83.

Gerisch, Klaus, c/o Hinstorff-Verlag,
Rostock.
V: Das Jahr und Katrin, 6.Aufl. 82;
Daniel u. Dagmar, R. 79, 2.Aufl. 81. ( )

Gerka, s. Kirmse, Gerda Adelheid.

Gerke, Wolfgang, Dr., Prof.; Weinstr.
104, D-6730 Neustadt/Weinstr., Tel.
(06321) 31105 (Cuxhaven 3.2.44).
Erzählung.
V: Der falsch abdiskontierte Tote, Erz.
81.

Gerlach, Harald, c/o Aufbau-Verlag,
Berlin (Ost).
V: Vermutungen um einen Land-
streicher, Geschn. 78, 3.Aufl. 82. ( )

Gerlach, Heinrich, ObStudR. a. D.;
D.A.V. 69; Premio Bancarella 59;
Dürerstr. 41, D-2880 Brake, Tel. (04401)
3261 (Königsberg/Pr. 18.8.08). Roman,
Bericht, Sachb.
V: Die Verratene Armee, dokument.
Stalingrad-R. 57, 79 (auch amer., engl.,
franz., ital., span., holl., dän., schwed.,
norw., finn., poln., serb.-kroat.); Odyssee
in Rot, dokum. Ber. über sowj. Gefang.
66, 79 (auch franz., ital., span., holl.,
schwed., finn.); Nur der Name blieb.
Glanz u. Untergang der Alten Preußen
78, 81.
Lit: Enzo Biagi: Uno di Stalingrado,
in: Crepuscolo degli Dei 62, 75.

Gerlach, Hubert, Schriftsteller; SV-
DDR 74; Hoher Weg 10, DDR-8090
Dresden (Dresden-Hellerau 8.7.27).
Roman, Kurzgeschichte, Hörspiel.
V: Die Taube auf dem Schuppendach,
Krim.-R. 69, 79; Wenn sie abends gehen,
R. 73, 75; Demission des techn.
Zeichners Gerald Haugk, R. 76; Der
Fledderer, Krim.-R. 77, 78.

Gerlach, Jens; Immanuelkirchstr. 32,
DDR-1055 Berlin (Hamburg 30.1.26).
V: Der Gang zum Ehrenmal, G. 53; Ich
will deine Stimme sein, G. 53; okziden-
tale snapshots 65; Jazz, G. 66, 76;
Dorotheenstädtische Monologe 72, 82;
Bänkel-Geplänkel und Robinsongs 72,
78; Der See, G. 74. — **MV:** Tatort Berlin,
m. Joachim Kunert 58; Grünes Laub,
bunte Blätter, Sonnenschein und
Regenwetter, m. Gertrud Zucker 66. ( )

Gerlach, Walter, c/o Schlender-Verl.,
Göttingen.
V: Das Fahrrad bedauert, daß es kein
Pferd ist, G. 82. ( )

Gerloff, Elisabeth, Hausfrau,
Kinderkrankenschwester; Holzbachtal
238, D-7541 Straubenhardt 6, Tel. (07248)
5110 (Pforzheim 4.1.36).
V: Ein Haus im Wald 83.

Gern, Bruno; Schneckenberg 17, D-
7488 Stetten am kalten Markt 3.
V: Des lass dr gsait sei, Mda.-G. 81;
Sonnawirbel, schwäb. Herbarium 83. ( )

Gernböck, Lotte, s. Schomerus-
Gernböck, Lotte.

Gerngross, Heidulf *

Gernhardt, Robert, Schreiber und
Zeichner; Telemannstr. 15, D-6000
Frankfurt a.M., Tel. (0611) 727656 (Reval/
Estland 13.12.37). Lyrik, Prosa.
V: Die Madagaskar-Reise 80;
Wörtersee 81; Ich Ich Ich 82. — **MV:** Die
Wahrheit über Arnold Hau, m. F. W.

Bernstein und F. K. Waechter 66; Ich
höre was, was du nicht siehst 75, Mit dir
sind wir vier 76, beide m. A. Gernhardt;
Besternte Ernte, m. F. W. Bernstein 76;
Die Blusen des Böhmen 77; Was für ein
Tag, m. A. Gernhardt 78; Welt im Spiegel
WimS 1964-1976, m. F. W. Bernstein und
F. K. Waechter 79; Ein gutes Schwein
bleibt nicht allein, m. A. Gernhardt 80;
Der Weg durch d. Wand, m. A.
Gernhardt 82.

Gernhold, Heinz, Dipl.-Hdl., ObStudR.,
Textdichter; Merfelder Str. 57, D-4408
Dülmen, Tel. (02594) 3984 (Dülmen
11.8.38). Lyrik, Satire, Fabel, Hörspiel,
Lied, Chöre.
    V: ...und wir sind mitten drin..., Lyr.,
Sat. 80; ...als hätt' ich was verstanden,
Lyr., Sat. 82.

Gerol, Angelika; Regensburger Str. 26,
D-8404 Wörth/Donau.
    V: Das Testament d. Madame Rougé,
R. 75; Das tödliche Geheimnis, R. 76; Die
Saat d. Hasses, R. 77; Der unheimliche
Brunnen, R. 78; Die geheimnisvolle
Begegnung, R. 78; Schatten über einem
Sommertag, R. 80; Das seltsame Haus,
R. 80; Es geschah im Pavillon, R. 82. ( )

Gersch, Christel, c/o Henschel Verlag
Kunst u. Gesellschaft, Berlin (Ost).
Ue: F.
    V: Jacques und sein Herr oder die
Willkür des Autors, Spiel nach Diderots
Anti-Roman 79.
    Ue: Denis Diderot: Jacques, der
Fatalist, und sein Herr 80; Molière: Der
Geizige 80; Voltaire: Erzählungen 81;
Alexandre Dumas: Das Halsband der
Königin 81,82; Honoré de Balzac: Der
Landarzt 82; Guy de Maupassant:
Novellen I 1875-1881 82. ( )

Gersch, Hubert, Dr. phil.; Mühlenweg
8, D-5412 Ransbach/Westerwald
(Kummelwitz/Schles. 18.6.39). Lyrik,
Erzählung, Essay, Rezension, Fachbuch,
Film.
    V: geometrisch, G. 60; Geripp in
Poesie, G. 60 — 61; Geheimpoetik. Die
'Continuatio des abentheurlichen
Simplicissimi' interpretiert als
Grimmelshausens verschlüsselter
Kommentar zu seinem Roman, Fachb.
73.
    H: Faltblatt, Lit. Zs. 60/61; Freuden-
feuerwerk, Manierist. Lyrik. d. 17. Jh. 82;
G. Ph. Harsdörffer: Jämmerliche Mord-
geschichten, novellist. Prosa 64; C. R. v.
Greiffenberg: Gedichte 64; J. C. Wezel;
Belphegor oder die wahrscheinlichste
Geschichte unter der Sonne, R. 65; H. J.

C. v. Grimmelshausen: Simplicianische
Kalendergeschichten, Erzn. 66.
    F: (MA) Robinson oder Die Schule der
Einsamkeit 74; Dracula. Über das
Interesse an Vampiren 76. ( )

von Gersdorff, Dagmar, Dr. phil.,
Germanistin; Auswahlliste zum dt.
Jugendbuchpr. 74; NGL 74, Intern.
Goethe-Ges. Weimar 80, Dt. Schiller-
Ges. 81; Kirchblick 10, D-1000 Berlin 38,
Tel. (030) 8011164 (Trier 19.3.38). Wiss.
Literatur, Biographie, Kinderbuch.
    V: Die vertauschte Isabell, Kinderb.
64; Annette und Peter Pumpernickel,
Kinderb. 65; Viel Spaß mit Anemone,
Kinderb. 67; Der Kirschbaum auf dem
Dach, Kinderb. 68; Für Kinder: Eintritt
frei!, Kinderb. 73; Unsere Lok im Park,
Kinderb. 74 (5-spr.); Thomas Mann u.
E.T.A. Hoffmann 78; Lebe der Liebe und
liebe das Leben. Der Briefwechsel von
Clemens Brentano und Sophie Mereau
82.

Gerster, Georg Anton, Dr. phil., Pub-
lizist u. Fotograf; Tobelhusstr. 24, CH-
8126 Zumikon-Zürich, Tel. 9181025
(Winterthur/Schweiz 30.4.28). Essay und
Bericht.
    V: Die leidigen Dichter, Ess. 54; Eine
Stunde mit ... 56, 2.Aufl. u.d.T.: Aus der
Werkstatt des Wissens 58 bis 62 II;
Sahara - Reiche, Fruchtbare Wüste, Ber.
59; Sinai - Land der Offenbarung, gesch.
Ber. 61, 70 (Neuaufl. m. Einführung:
Neues Licht auf alte Fragen); Augen-
schein in Alaska, Ber. 61; Nubien - Gold-
land am Nil, Ber. 64; Kirchen im Fels 68,
2. erg. u. erw. Aufl. 72; Frozen Frontier
(nur engl.) 69; Countdown für die Mond-
landung 69; Aethiopien — Das Dach
Afrikas, Ber. 74; Der Mensch auf seiner
Erde — Eine Befragung in Flugbildern
75, 82; Brot und Salz — Flugbilder 80. —
MV: Faras. Die Kathedrale aus dem
Wüstensand 66; Die Welt rettet Abul
Simbel 68; The Nubians (nur engl.) 73.
    H: Trunken von Gedichten, Lyrik-
Anth. 53, u.d.T.: Lieblingsgedichte 64 II.
( )

Gerstl, Elfriede, Schriftstellerin; GAV;
Theodor-Körner-Pr. 78; Stip. d. Wiener
Kunstfonds d. Zentralsparkasse;
Kleeplattg. 9/21, A-1010 Wien (Wien
16.6.32). Lyrik, Roman, Essay, Hörspiel
    V: Gesellschaftsspiele mit mir 62;
Berechtigte Fragen 72; Spielräume, R.
77; Wiener Mischung 82.
    R: Gudrun, die Geschichte und ihr
Unterricht; Berechtigte Fragen; Sätze
mit Haus und Haut, alles Hsp.; Mein
Wien 83.

Gerstner, Hermann, Dr. phil., ObBibli-
otheksrat i.R.; VS; Max-Dauthendey-
Plakette 62; Präs. d. Max-Dauthendey-
Ges.; Adalbert-Stifter-Str. 3, D-8022
Grünwald, Tel. (089) 649122 (Würzburg
6.1.03). Lyrik, Roman, Novelle,
Biographie.

V: Gedichte 26; Julius Grosse als
Lyriker 28; Das gelobte Land, Dr. 28;
Heimweg, G. 29; Von Liebenden und
anderen armen Teufeln, N. 30; Buddha-
Legende, G. 32; Pilgerfahrt, G. 33;
Streifzug durch Alt-Würzburg, Erz. 33;
Herzhafte Gesänge, G. 34; Baldur und
Loki, Dr. 35; Der graue Rock, N. 36;
Opfer der Jugend, Erzn. 37; Ewig ruft
das Meer, R. 37; Die Straße ins
Waldland, R. 38; Zwischen den Kriegen,
R. 39; Fähnrich Charlotte, N. 40; Auf
großer Fahrt, N. 42; Buch der Gedichte,
G. 43; Es war in einer Sommernacht, N.
43; Abschied von Bettina, N. 43; Mit
Helge südwärts, R. 49; Jugendmelodie,
R. 50; Schuß in der Metro, R. 51;
Zwischen Cayenne und Paris, R. 52;
Lucienne und ihre Kavaliere, R. 52; Die
Brüder Grimm, Biogr. 52; Max
Dauthendey und Franken, Ess. 58;
Hirtenlegende 59; Die Brüder Grimm
im Reich der Poesie und Sprache, Biogr.
61; Fridtjof Nansen, Biogr. 61; Der
Armendoktor Chr. W. Hufeland, Biogr.
62; Ludwig Uhland, Biogr. 62; Die weiße
Oase, Erz. 63; Das Auge des Herrn,
Legn. 63; Miniaturen in Prosa, Erzn. 63;
Du fragst mich was ich liebe, G. 63;
Camille Desmoulins, R. 66; Lorenzo
entdeckt die Etrusker, Erz. 66; Ludwig
Maria Grignon von Montfort, Biogr. 66;
Vor Anker, R. 67; Franz und Klara von
Assisi, Biogr. 68; Gondelfahrt, Erzn. 68;
Charles de Foucauld, Biogr. 69; Überfall
auf Mallorca, Erz. 69; Musikanten
spielen unter jedem Himmel, R. 69;
Theresia von Avila, Biogr. 70; Leben und
Werk der Brüder Grimm, Biogr. 70;
Biblische Legenden, Erzn. 71; Thomas
Becket, Biogr. 72; Das Mädchen
Martinique, R. 73; Brüder Grimm in
Selbstzeugnissen und Bilddokumenten,
Biogr. 73; Franz Xaver, Biogr. 74; Kolibri
flieg nicht fort, R. 74; Edith Stein, Biogr.
75; Abenteuer in der Lagune, R. 75; Kurs
Karibische See, R. 76; Weltreise heute,
Ber. 77; Die Mutigen, Biogr. 78; Am
Kaminfeuer, Erzn. 79; Das Heilige
Siebengestirn, Biogr. 80; Kreuzfahrt zu
neuen Zielen, Ber. 82.

H: Julius Grosse: Die schönsten Liebesgedichte 33; Eward L. Bulwer: Die
letzten Tage von Pompeji, R. 49; Das
Goldene Mutterbuch, Anth. 56; Grimm:

Sprache, Wissenschaft, Leben 56; Max
Dauthendey: Sieben Meere nahmen
mich auf 57, Exotische Novellen 58; Ich
habe Dir so viel zu sagen, G. 59; Im
Land zu Franken, Anth. 60; Brüder
Grimm: Dt. Sagen 61; James F. Cooper:
Der letzte Mohikaner, R. 62; Fränkische
Dichter erzählen, Anth. 65; Fränkische
Dichter sehen die Welt, Anth. 65; James
F. Cooper: Der Pfadfinder, R. 66;
München im Gedicht, Anth. 66; Das
Goldene Buch der Mutter, Anth. 67; Max
Dauthendey: Frühe Prosa 67; Tannen-
duft und Lichterglanz, Anth. 67; James
F. Cooper: Der letzte Mohikaner und
Der Pfadfinder, R. 68; Jonathan Swift:
Die Abenteuer des Schiffsarztes
Gulliver, R. 72; Eugen Schuhmacher,
Anth. 73; J. v. Eichendorff: Ahnung u.
Gegenwart, R. 80; Grimms Märchen,
Reprint 82. — MH: Begegnung 26 — 27;
Junge deutsche Bühne, Dr.-F. 28; Film-
blätter 28; Das fränkische Buch, Anth.
28; Dichter, Künstler, Komponisten,
Anth. 30; Aere perennius 53; Fränkische
Gedichte, Anth. 55; Jugend der Welt,
Erzn. 61; Fränkische Dichter - Hand-
schriften, Anth. 65.

F: Biographie der Brüder Grimm (Die
Wunderwelt der Brüder Grimm) 61/63.

R: Zahlr. biogr. u. landschaftl. Hb.

Lit: Werkeinführung u. Bibl. in:
Miniaturen in Prosa 63; H. G. in:
Persönlichkeiten Europas, Deutschland
I, 76.

Gertler, Ditta *

Gertsch, Max, Dr. jur. utr. et rer.pol.;
SSV 33 — 56, Präs. ZSV 42 bis 48; Ehrengabe Stadt Zürich 44, 48, 55, 67; Forchstr.
162, CH-8125 Zollikerberg/Zürich, Tel.
(01) 3916296 (Liestal/Baselland 13.1.93).
Drama, Hörspiel, Essay.

V: John Law, Sch. 33; Der König, Sch.
33; General Boulanger, Sch. 33; Diktatur,
Kom. 34; Menschenrechte, Sch. 37; Sir
Basils letztes Geschäft, Kom. 38; Die
Ehe ein Traum, Kom. 41; Hochzeit von
Susa, Kom. 46; Donna Juana, Infantin
von Spanien. Eine unhist. Historie,
Versdr. 59; Karl V. oder Die Versuchung
des Kaisers, Vers.dr. 60.

R: Figaros Hochzeit findet nicht statt;
Geschieden muß sein 47; Honoré de
Balzac 47; John Law 47; Menschen-
rechte 47; Ludwig Pfyffer, der
Schweizer König von Luzern 48; Sir
Basils letztes Geschäft 50; Marinella
oder Ohne Liebe keine Politik 52;
Napoleon vor Gericht 55, 56; Henry Ford
63; Nicolas Bégnelin 65, alles Hsp. ( )

Gertz, Bernhard, Dr. theol., Pfarrer; Querenburger Höhe 291, D-4630 Bochum 1, Tel. (0234) 702607 (Wuppertal 21.12.27). Lyrik, Essay.
V: Glaubenswelt als Analogie 69; Kopf zwischen den Knien. In den Spuren des Propheten Elia, Relig. Lyr. 81.
MA: Katharina von Siena 81.
MH: Erich Przywara: Katholische Krise 67.

Gerz, Jochen, Schriftsteller u. Künstler; 4 Rue René Villermé, F-75011 Paris, Tel. (01) 3673398 (Berlin 4.4.40). Experimentelle Texte.
V: Footing 67; Replay 69; Annoncenteil 71; Die Beschreibung des Papiers 73; Die Zeit der Beschreibung 74; Das zweite Buch (Die Zeit der Beschreibung) 76; Die Schwierigkeit des Zentaurs beim vom Pferd steigen 76; Les Livres de Gandelu 77; Exit. Das Dachau-Projekt 78; Das dritte Buch (Die Zeit d. Beschreib.) 80; The Fuji-Yama-Series 81; Mit/ohne Publikum 81; Le Grand Amour 82.

Geske, Matthias (Ps. Thomas Tegern); SV-DDR; Parkstr. 64, DDR-1100 Berlin. Kinder- u. Jugendliteratur, Hörspiel, Film.
V: Der Dieb im Kittel 74; Galileo und die Hunde des Herrn 74, 83; Angeln mit ODYSSEUS 76, 82; Wo bleibt der Homunculus? 78; Johannes Gutenberg 83.
MA: Das Gesetz der Partisanen 72, 74; Merkwürdige Umstände eines Autodiebstahls 74, 78; Das Huhn d. Kolumbus 81.
F: Kinder der Sonne 73.
R: Liebe und Schuld der Jana W. 77; Die Ballade vom armen Attalos 78; Der Mann und sein Geschäft 79.
Lit: Für Kinder geschrieben 79.

Gessner, Joachim, s. Rüdiger, Wolf.

Gesswein, Alfred, Prof., Schriftsteller; Ö.S.V. 55, P.E.N. 69, Podium 70, Die Kogge 73; Förderungspreis des Theodor-Körner-Stiftungsfonds 63, 66, Kulturpr. d. Ldes NdÖst. 78; Radetzkystr. 4/15, A-1030 Wien, Tel. (0222) 7367264 (Altenburg/Ungarn 6.1.11). Lyrik, Essay, Hörspiel.
V: Leg in den Wind dein Herz, G. 60; An den Schläfen der Hügel, G. 65; Vermessenes Gebiet, G. 67; Der gläserne November, G. 68; rama-dama, G. 75; augfeude schtod, G. 76; Zwischen Topfbäumen, G. 72; Beton wächst schneller als Gras, G. 77; Zielpunkte, G. 78; Kartenhäuser, G. 81.

H: Inventur von Otto Laaber, G. 76. —
MH: Konfigurationen, Jahrb. f. Lit. u. Kunst, m. Alois Vogel, Peter Baum 65 bis 72; Podium, Lit. Zs. s. 71; Buch-R.: Lyrik aus Österreich 76-83 28 Bde.
R: Dreiunddreißig, Hsp. 71; Keine Schonzeit, Hsp. 72; Ein Paket für Krause, Hsp. 73; Kelau, Hsp. 75; Kassiber 76; Treppelweg 77.
Lit: Alois Vogel: Der öst. Lyriker A. G. in: Wiener Bücherbriefe 71; Otto Basil: Zur Lyrik A. Gessweins in: Wiener Kunsth.; Hans Haid: Mundartdichtung v. A. G. in: Podium 15 70; Jeannie Ebner: Der Flug der Wildente schreit sich nicht in: ndöst. Kulturnachr.; Albert Janetschek: Flügelhornblasen gegen den Wind in: MORGEN 79; Joh. Wolfg. Paul: An den Bruchstellen zu lesen in: Podium 32; Kurt Klinger: A. G. in: Kindlers Lit.gesch. d. Gegenw.

Gewalt, Wolfgang, Dr. rer. nat., Zoologe; Mülheimerstr. 273, Zoo, D-4100 Duisburg 1, Tel. (0203) 333571 (Berlin 28.10.28). Populärwiss. Erlebnisberichte.
Ue: F.
V: Die großen Trappen 54; Das Eichhörnchen 56; Die Großtrappe 59; Bakala - Gorilla in unserer Küche 64; Löwen vor dem 2. Frühstück 65; Tiere für Dich und für mich 68; Mein buntes Paradies 73; Unternehmen Tonina 75; Der Weißwal 76.
R: System im Zoo, Fs.-R. 67.
Ue: Robert Stenuit: Le dauphin - mon cousin u.d.T.: Delphine - meine Freunde 70.

Geyer, Dietmar (Ps. Carsten Feeser, Senta Ramos, Carsten Timm), Marketing Manager; Ludwig-Thoma-Str. 18, D-3004 Isernhagen 1, Tel. (0511) 611017 (Bückeburg 18.7.46). Jugendsachbuch, Fach- u. Hobbyliteratur.
V: Erfinde mit Erfindern. Die spannende Geschichte d. großen Erfinder 73, 79; Forsche mit Forschern. Die spannende Geschichte d. großen Forscher 74, 78; Wunder und Rätsel überall, Geheimnisse d. Tier- u. Pflanzenwelt 75; Eisenbahnen 75; Schiffe 75; Flugzeuge 75; Entdecke mit Entdeckern 76, 79; Autos 76; Abenteuer d. Geschichte 79; Wettlauf mit d. Zeit 79; versch. Sach- u. Bastelbücher. —
MV: Sicher zur Schule, Umwandlungsbilder 71, m. B. v. Johnson; 2 Spiel- u. Bastelbücher.
S: Die schönsten Spiele im Haus 72 u. 2 weit. Schallpl. m. Sp. u. Rätseln 72; Entdecke mit Entdeckern 76.

Geyer, Ronald, Dipl.-Volksw., Autor; VS 83; Künstlergruppe KINKONG; Lotzestr. 33, D-3400 Göttingen, Tel. (0551) 7700546 (Velbert/Rhld. 2.3.47). Lyrik, Satire.
V: Und jetzt mal ich dich an, G. 82. — **MV:** Letzten Endes, G. 80; Zu schade ... zum Wegradieren, Gags & Cartoons 80, 81; Null & Wichtig, Cartoons, Gags, Mätzchen mit Köpfchen 1. u. 2. Aufl. 82.

Geyrhofer, Heidi, s. Pataki, Heidi.

Geyse, Wolfgang, s. Schiff, Hans Bernhard.

Gfeller, Alex; Pr. "25 Jahre Schweizer Fernsehen" 79; Grünweg 52, CH-2502 Biel (Bern 11.6.47). Roman, Erzählung, Exposé f. Film u. Theater.
V: Anton Tauner: November 1956, eine schweizer Chronik 76; Marthe Lochers Erzählungen, R. 78; Land & Leute, 2 Erzn. 80; Harald Buser oder die Krankheit der Männer 81. ( )

gft, s. Foerg, Gertrud.

Giachi, Arianna, Dr. phil., Journalistin; Zeppelin-Allee 67, D-6000 Frankfurt a.M. (0611) 771870 (Davos/Schweiz 22.7.20). Essay. **Ue:** I.
MV: Deutsche Demokratie von Bebel bis Heuss, Geschichte in Lebensbildern 64; Kinder in ihrer Welt - Kinder in unserer Welt 68.
H: Eva über Adam, Aphor.-Samml. 53.
Ue: Carlo Montella: I parenti del sud u.d.T.: Reise durch die Sippschaft 56; Teodoro Giuttari: Durchwachte Nächte 60; Pasquale Festa: Campanile: Großmutter Sabella 61; Vitaliano Brancati: Bell'Antonio 61, Paolo der Heißblütige 63; P. A. Quarantotti Gambini: Hafenballade 62; Elio Vittorini: Dennoch Menschen 63, Die Frauen von Messina 65; Leonardo Sciascia: Tag der Eule 64; Edoardo Sanguineti: Capriccio italiano 64; Cesare Pavese: Da er noch redete, krähte der Hahn 65; Leonardo Sciascia: Der Abbé als Fälscher 67, Tote auf Bestellung 68; Gaia Servadio: Melinda 69; Edoardo Sanguineti: Gänsespiel 69; Cesare Pavese: Der Genosse, Romane 70; Fausta Cialente: Hof in Cleopatra 73; Guido Morselli: Rom ohne Papst 74; Natalia Ginzburg: Caro Michele 74; Guido Morselli: Licht am Ende des Tunnels 77; Natalia Ginzburg: Ein Mann und eine Frau 80.

Gick, Georg, Rektor a.D.; Normannenstr. 16, D-8000 München 81, Tel. (089) 988096 (Aschaffenburg a. M. 14.12.10). Lyrik.

V: Die Hirtenflöte, Lyr. 36; Himmelfahrt des Herzens, Lyr. 37; Ich habe mir manchmal auf etwas einen Vers gemacht und ihn dann in den Wind gesprochen, Reime, Lieder, G., Lyr. 70; So fia mi higsagd. Verse u. Aufschreib. in obpfälz. Mda., Lyr. 81; Kennst du dees aa? — Bairische Gedichte vom Lebm und Lebmlassen, Lyr. 83.

Giehl, Bernd, c/o AG-Buch-Verl., Frankfurt a.M..
V: Die Reise ans Ende der Welt, Erzn. 82. ( )

Gielen, Viktor, Pfarrer; August-Tonnar-Plakette d. Stadt Eupen 83; Johannesstr. 2, B-4700 Eupen (Kettenis 26.3.10).
V: Das Kreuz der Verlobten 73, 4.Aufl. 76; Der Tyrann am Handgelenk 74; Aachen unter Napoleon 77; Im Banne des Kaiserdomes 78; Tausend Jahre Nachbarschaft Lüttich-Aachen-Maastricht 80; Heimatglocken, Autobiogr. 81, 2.Aufl. 81; Aachen im Vormärz 82, 2.Aufl. 83.

Gierl, Irmgard, Dr.; Franz-Joseph-Str. 12/II, D-8000 München 40.
V: Raritäten aus Schmeller's bayerischem Wörterbuch 74; Europäische Stickereien 76.
H: Volkstümliche Malerei nach alten Motiven 77; Das Krippenbuch 80. ( )

Giersch, Gottfried (Ps. Hans Giersch), pens. Lehrer; Eschenweg 4, D-7454 Bodelshausen, Tel. (07471) 71707 (Herrnhut 13.7.10). Roman, Novelle.
V: Streckenweise heiter, Jgdb. 82.

Giersch, Hans, s. Giersch, Gottfried.

Gies, Leo *

Giese, Alexander, Dr. phil., Prof., Hauptabt.leiter im ORF; Ö.S.V., P.E.N. 67; Anerkenn.pr. z. Staatspreis f. Lit. d. Öst. Unterrichtsmin. 54; Wohllebengasse 10, A-1040 Wien (Wien 21.11.21). Roman, Lyrik, Film, Hörspiel. **Ue:** E, I.
V: Zwischen Gräsern der Mond, G. 63; Wie ein Fremder im Vaterland, Ein Marc Aurel-R. 75; Wie Schnee in der Wüste, Ein Omar Khajjam-R. 76; Geduldet euch, Brüder 79.
B: Verschiedene Opernlibretti.
H: Gerittene Manifeste, Hebbel-Auswahl, G. u. Pr. 63.
R: Die Toten lieben ewig, Hsp. 54; Der Schelmenorden, Hsp. 55; Die Versuchung des Bellotto, Hsp.; Waldemar Holzapfel alias Kurt von Hausen, Hsp. 55; Sekunden, die entscheiden 57; Ich, Caron de Beaumarchais, Hsp. 58, 60;

Bruchlandung, Hsp. 70; Buch für Fs.
oper: Oberon.
    Ue: B: Rubaiyat des Hussein Ghods
Nakhai 67; Rom. Ars. Graphica, G. 70. -
Ue: E. Anton: Die Braut des Bersagliere,
Die Dame auf dem Balkon; Fruttero-
Lucentini: Der Vertreter; Shakespeares
Sonette 74. ( )

    Giese, Ernst, Pfarrer, Dr.; Georg-
Voigt-Str. 33, D-3550 Marburg, Tel.
(06421) 21436 (Stolp/Pomm. 4.5.16).
Biographie u. Autobiographie.
    V: Schweigt Gott? Erlebnisse eines
ostvertriebenen Kriegsblinden, autobiogr. Skizze 50, 56; Jugend im Kreuz-
feuer, biogr. Skizzen 56; Jonathan Paul,
ein Knecht Jesu Christi, Biogr. 64, 65;
Und flicken die Netze, Dok. z.
Erweckungsgesch. d. 20. Jh. 76. ( )

    Giese, Ruth Maria, Gymnasiallehrerin
i.R.; VS 81; Tjögenstr. 2, D-2856
Hagen i.Br., Tel. (04746) 6524 (Rittergut
Vogelsang/Kreis Torgau 15.6.17). Lyrik.
    V: Lieber würde ich lächeln, Lyr. 81.
    R: Kein Respekt vor dem Mythos —
Napoleon I, Hsp.

    Giesenbeck, Karl-Heinz, Chemie-
Ingenieur; 2. Preis Lyrikwettbew. Dome
im Gedicht 75, 2. Preis Lyrikwettbew.
"Zwei Menschen" 76, Zenta-Maurina-
Gedächtnispr. 79; Autorengruppe
"BOOT" 73, Kr. d. Freunde Dülmen 74,
Kronenburger Lit.kr. 76, Lit. Un. 77;
Zugspitzstr. 5a, D-8961 Lauben/
Oberallg., Tel. (08374) 7469 (Mülheim,
Ruhr 6.7.28). Lyrik.
    V: Die Ernte der Stunden 74; Wind-
spur und Flamme 77; Dies Stäubchen
Erde 78; Gespeichertes Licht 80; Blauer
Rauch aus Tabakspfeifen 80.
    MA: Wahrheit wollen wir ergründen,
G. 73; Jung ist, wer zu lieben weiß, G. 74;
Dome im Gedicht 75; Lieben, glauben
und vertrauen, G. 76; Handschrift, G. 76;
Die sonderbaren Menschen, G. 76;
Nehmt mir die Freunde nicht, G. 76;
Deine Welt im knappen Wort, Aphor. 76;
Nichts und doch alles haben, G. 77;
Solange ihr das Licht habt, G. 77; Das
rechte Maß, G. 77; Im Lichtbereich der
Ethik Albert Schweitzers, G. 77; Und du
wirst die Sterne finden, G. 77; Liebe will
Liebe sein, G. 78; Die Welt in der wir
leben, Aphor. 78; Sag ja und du darfst
bei mir sein, G. 78; Und wie ein dunkler
Schatten, G. 79; Spuren der Zeit, G. 80.
( )

    Giffei, Herbert, Dr. phil., Stud.Dir. i.
R.; Langenwiesen 15, D-2000
Hamburg 67, Tel. (040) 6036023 (3.7.08).

Jugend-Bühnenspiel, Film, Theater-
theorie.
    V: Der Eseltreiber von Teramo, Sp. 58;
Prinz Piccolo, Sp. 62; Martin Luserke
und das Theater, St. 79; Bauform u.
Inszenier. v. Beweg.spielen. Das
Theatermodell M. Luserkes, St. 79. —
MV: Darstellendes Spiel 66; Muße und
Muse 69; Spiel u. Theater als kreativer
Prozeß 72.
    H: Martin Luserke: Sar Ubo und Siri,
R. 62; Am Rand der bewohnbaren Welt,
Nn. 76; Theater machen. E. Hdb. f. d.
Amateur- u. Schulbühne 82. — **B:**
Martin Luserke: Agitur Ergo Sum, Schr.
74.
    F: Durchgebrannt nach Spanien 57.

    Gigacher, Hans, Autor;
Interessensgemeinschaft öst. Autoren;
J.-A.LUX-Literaturpr. 72, Förderungspr.
d. Landes Kärnten 73, Literaturpr. d.
Stadt Salzburg zum Carl-Zuckmayer-Pr.
74, Dramatikerpr. d. Landestheaters
Linz 74, Öst. Staatsstip. f. Lit. 75,
Theodor-Körner-Pr. 81, Literaturpr.
CARINTHIA 82, Förderungspr. d. öst.
Ges. f. Kulturpolitik 83, Dramatiker- u.
Dramatikerstip. d. Bundesmin. f. Unterr.
u. Kunst sowie d. Länder Salzburg u.
Kärnten; Markus-Pernhart-Str. 5, A-
9500 Villach, Tel. (04242) 337463
(Knappenberg/Kärnten 5.1.45). Lyrik,
Prosa, Drehbuch, Hörspiel, Drama.
    V: Der Ungünstling oder Entferne
Geborgenheit/Ein Bericht 80;
Verstümmelt bis zur Kenntlichkeit,
Erzn. 82; Milan, Dr. 74; Inquisitenspital,
Dr. 76; Schlagwetter, Dr. 78; Ballett der
Manager, Dr. 80; Strandfest, Sch. 83; Das
Spiel vom Frieden, Dramatisier. d.
Buches vom Frieden v. Bernhard
Benson 82.
    MA: Standortbestimmungen, Anth. 78;
Kärnten besichtigt, Anth. 80; Kärnten
im Wort, Aus d. Dicht. eines halben Jhs
71; Lyrikbeitr. in: Secolul 75; poetry
australia 76; Shikan No. 5 81; Prosa- u.
Lyr.beitr. u.a. in: Wespennest; Lit. u.
Kritik; Salz; Die Brücke.
    R: Milan 75; Espresso 74;
Insquisitenspital 77; Schlagwetter 78,
alles Hsp.; Der letzte Hunt, Fsf. 79.

    Gilbert, Henry, s. Winterfeld, Henry.

    Gilde, Werner; Merkurstr. 47b, DDR-
4030 Halle (Saale).
    V: Für 100 Dollar um die Welt, 5. A. 78;
Plaudereien e. Leibwächters, histor. R.
2. A. 78; Leben ohne Rückfahrkarte,
Erinnerungen 80, 82. — **MV:** Seltsames
um den gesunden Menschenverstand,
m. Altrichter 76, 82. ( )

Gilg, André, Dr. phil. I, Dt.lehrer am
Sem. Küsnacht; ISV seit 73;
Goldbacherstr. 41, CH-8700 Küsnacht,
Tel. (01) 9105594 (Luzern 7.5.28). Drama,
Lyrik, Essay.
V: Wilhelm Meisters Wanderjahre u.
ihre Symbole, lit. Abh. 54; Seit ein
Gespräch wir sind, Dialog, G. 71.

Gilgien, Robert (Ps. Vetter Hans),
Verleger; V.S.V.A. 50; Fischerweg 31,
CH-3600 Thun (Hilterfingen 8.10.99).
Drama, Novelle, Erzählung, Roman.
V: Der Stadtwachkorporal, Dr. 24;
Bärgbluet, Dr. 29; Wir begegnen uns im
Äther, Erz. 32; Kampf um die Jugend,
Ess. 33; Beatus 34; Das Licht der Berge
35; Zigünerbluet 36; Frömdi 37; Sunne i
ds Schwyzerhus 38; Berge rufen, Nn. 38,
65; Rufst du, mein Vaterland 39; Der
Feldstecher 42; Der Phantast 43; Höcher
geit's nümme 44; Der Turi u d' Servier-
tochter 47; Das Lied der Heimat 50; Der
Notverband; Johann Chaldar;
D'Abschußrampe, alles Dr.; Umbruch in
Niederburg, R. 69; Miner Lieder, G. 70;
D's Chatze-Teschtamänt 74; Arena
Maletti 76; Dr. Schtärnehöifi 80; Dr.
Machet, wie der weit! 82.

Gille, Hans Werner, Dr. phil., Autor;
Fafnerstr. 32, D-8000 München 19, Tel.
(089) 170289 (Glogau 18.5.28). Roman,
Novelle, Essay, Hörspiel.
V: Nation heute 67, 77; Katholiken
gegen Rom 69; Politik, Staat und Nation
in der Dritten Welt 70, 76; Play Bluff, R.
71; Moskau, Kasachstan, Usbekistan,
Sibirien, Ber. 76; Das Antlitz Chinas,
Text- u. Bildb. 76 (holl., schwed. 77);
Sibirien. Land aus Eis und Tränen.
Schatzkammer der Sowjetunion. Text-
u. Bildbd. 79; Australien. Die größte
Insel d. Welt, Text- u. Bildbd 81.
MA: Zahlr. Rezesionen, u.a. für:
Bayer. Rdfk., Mzs. Europa, Europa-
Report.
R: Der lange Atem 65; Theodor von
Bernhardi, ein dt. Rußlandkenner 65;
Adam Mickiewiez 66; Taras
Schewtschenko 66; Ein Schloß in Sagan
67; Die Mauern Chung Kuos 68; Keine
Hilfe für Bobrowskij 70; Die Niemands-
leute 72; Nußschalen im Meer der
Gleichgültigen 72, alles Rdfk.-Ess.;
Schanghai 72; Stadt aus der Retorte:
Brasilia 74; Bild einer Stadt: Kalkutta
74; Bild einer Stadt: Peking 74; Bei den
Enkeln des Dschingis Khan. Ber. aus
der Mongolei 75; Rußlands wilder
Osten: Ber. aus Sibirien 76; Die Trans-
amazonica 77; Tokio 77, alles Hb.;
Baumwolle für Moskau. Gebete f. d.

Propheten. Ber. aus dem Orient der
Sowjetunion 80; Boat People in Hong
Kong, Hb. 81; Tempel, Götter,
Funktionäre: Tibet, Hb. 83.

Gillen, Otto, Dr. phil., Schriftsteller,
Kunsthistoriker; Kogge 60; Literatur-
preis d. Stadt Karlsruhe 54; Erlenweg 2,
D-7500 Karlsruhe 51, Tel. (0721) 8801438
(Greiz 26.10.99). Lyrik, Legende, Novelle,
Essay.
V: Nächte, G. 32; Blaue Stunde, G. 33;
Gesang der Liebe, G. 37; Maria am
Spinnrad, Legn. 37, 54; Bruder Heinrich,
N. 46; Der Kreis, G. 53; Am Ufer der
Dinge, G. 57; Ruhn im Frieden seiner
Hände, G. u. Prosa 58; Alles Schöne ist
ein Gleichnis, G. u. Prosa 59; Bleibender
Reichtum, G. u. Prosa 61; Spuren, G. 61;
Erfülltes Frauenleben, G. u. Prosa 63;
Zwischen Himmel und Abgrund, Aphor.
u. Ess. 64; Aus Tiefen steigt mir Bild um
Bild, Aphor. u. G. 66; Mensch im Spiegel,
Meditationen 74; Blind sind die
Liebenden, Nov. 75; Gott in allem
finden, Gebete u. Meditationen 76;
Brannte nicht unser Herz ...,
außersinnliche Wahrnehmungen in
christl. Sicht 78; Rätselhafte
Begegnungen, Erz. 79; Immer kann ich
Dich ahnen ... 80; Nichts als Lobgesang,
G. 82.
H: Wie selig ist der Mensch ...
(Angelus Silesius) 61; Herrad von
Landsberg: Hortus deliciarum 81. –
MH: Jugend in Front vor dem Leben,
Alm. m. Erich O. Funk 32.
s. a. Kürschners GK.

Gilsenbach, Reimar; SV-DDR, DDR-
1301 Brodowin, Tel. 278 (Bucholt-
Welmen 16.9.25). Sachbuch, Kinderbuch,
Reportage.
V: Die Erde dürstet. 6000 Jahre
Kampf um Wasser 61 (ungar. 64, russ. 64,
bulgar. 65); Sächsische Schweiz 63, 67;
Herren über die Wüste 63; Schützt die
Natur 64, 67 (tschech. 72); Der Schatz im
Acker 66, 71; Peter entdeckt die Welt 67,
74; Rund um die Erde 71, 79; Der ewige
Sindbad 75, 78; Schönheit der Flüsse
und Seen 76, 79; Rund um die Natur 82.
MH: Das Roßmäßler-Büchlein 56.
R: Schwarzes Gold und rote Rosen 66;
Sinti – woher, wohin? 67. ( )

Gimmelsberger, Erwin, Prof.,
Redakteur; P.E.N. 74; Dr. Theodor-
Körner-Pr. 71, 76, Kulturpr. d. Ldes
ObÖsterr. f. Lit. 76, Ehrenring d.
Rauriser Lit.tage 75, J.-A.-Lux-Lite-
raturpr. 80, Ehrenkreuz f. Wiss. u. Kunst
82; Elisabethstr. 38/2, A-5020 Salzburg,
Tel. (0662) 51089 (Eberschwang/OÖst.

8.9.23). Novelle, Erzählungen, Lyrik,
Essay.

V: Christine, Erz. 55; Der Gesang der
Tulpen, N. 69; Motten, Erz. 71; Berichte
für Dr. Simon, Erz. 74; Ich komme
zurück, Lyrik 74; Auf Segeln verlorener
Schiffe, Lyrik 76; Momentaufnahmen
fremder Landschaften, Lyrik 77;
Rauriser Texte, Lyrik 79; Monolog aus
zweiter Hand, Erz. 81; Laufen gegen d.
Wind, Erz. 83. – **MV:** Salzburger
Zwerge, Dok. 72.

MA: B: Facetten 68 – 76, 78 – 80; Zeit
und Ewigkeit, tausend Jahre öst. Lyrik
78; Kein schöner Land 81.

Giordano, Ralph, Journalist,
Fernsehautor; PEN Bdesrep. u. Intern.
81; Berndorffstr. 4, D-5000 Köln 51, Tel.
(0221) 3761810 (Hamburg 20.3.23).
Roman, Sachbuch.

V: Die Partei hat immer recht 61, 81;
Die Bertinis, R. 82.

MA: Das Ende einer Utopie, Sachb.
63; Die Schere im Kopf, Sachb. 76;
Fremd im eigenen Land. Juden in der
Bundesrepublik, Sachb. 79; Schule im
Dritten Reich. Erziehung zum Tod?,
Sachb. 83.

MH: KZ-Verbrechen vor Deutschen
Schwurgerichten I 62, II 66.

R: Etwa 100 große Fs.-Dok. aus aller
Welt über soziale, polit., ökonom. u. hist.
Themen u. Probl. seit 61.

Girnus, Wilhelm, Dr., UProf., Chefredakteur v. "Sinn und Form" i.R.;
P.E.N.; Lessing-Preis/DDR 62; Vorst.
Goethe-Ges. 60, Dt. Akad. Künste Berlin
64; Hunsrückstr. 4, DDR-112 Berlin, Tel.
3651565 (Olsztyn/Warmia 27.1.06). Essay.

V: Voltaire, Ess. 46, 58; Goethe, Ess. 53,
62; Die Idee der Sozialistischen Hoch-
schule 57; Humanismus in der
Entscheidung, Ess. 61; Von der
unbefleckten Empfängnis des
Ästhetischen 71; Zukunftslinien,
Überlegungen zur Theorie des
sozialistischen Realismus 74; Litauische
Bilder 70; Wozu Literatur? 76 (amer. 73);
Aus den Papieren d. Germain
Tawordschus, R. 82. – **MV:** Vom
menschlichen Wesen der Literatur, in:
Wissenschaft aus nationaler Verant-
wortung 63.

H: Goethe über Kunst und Literatur
(m. Ess. üb. Goethes Ästhetik) 53; J.
Bobrowski: Werke, Ess. 69 (auch
litauisch). – **MH:** Artikel, Ästhetik,
Kunsttheorie, philosoph. Wb. 74 (dt. u.
georg.).

Gisi, Paul, Lyriker; SSV 72; St.-
Georgen-Str. 36, CH-9000 St. Gallen
(Basel 17.7.49). Lyrik, Prosa, Essays.

V: Gegen die Zeit u. Zwischen unend-
lichen Gewittern, Jgdg. 70; Ich bin Du,
G. 71; Vorbei ist Nacht / Winterliches
Ahnen, G. 71; Tagebuch aus der Pro-
vence 71; Rote Schwanentriologie u.a.
Gedichte 72; Eisblume am Fenster der
Liebe, G. 72; tropfworte, G. 72; Odonata,
G. 72; Werkhauptprobe acht, G., Erzn. u.
Aufs. 72; Mein Resedagrün, G. 73;
Finsternisse oder Gott küsste den
Teufel, Eine Passion 73; Flamme, G. 73;
Irrgang durchs Raumlose, G. 73; Wenn
dich der Hauch des Wunders trifft,
Ueber die Schweizer Lyrikerinnen
Erica Maria Dürrenberger, Gerda
Seemann u. Sonja Passera 73; Am Puls
des Menschen, G. 74; Wort und Leben,
Sätze 77; Kleine Provenzalin, G. 77;
Isotope einer Sehnsucht, G. 78; Im
Sternbild Kassiopeia, G. 79; Maß und
Leidenschaft, Sätze 79; Wenn die
Paranoia der Menschheit siegt, will ich
mich zu Tode lachen, G. 79; Im eiskalten
Weltraum ist mir Feuertod Sehnsucht,
G. 79; Akkorde der Lachmöve, G. 79; In
der Milchstraße der Worte, G. 80;
Sternbilder der Liebe, G. 80;
Verwandlungen, Texte 80; Zw. Apathie
u. Begeisterung, Sätze 80; Aline, G. 81;
Position, Exposé 81; Glockenmantel d.
Nacht, G. 82; Fragmente e. alten
Kapitäns, G. 82; Eine Handvoll Nichts,
Sätze 83; Der zärtliche Wahn, G. 83. –
MV: Kohlensäure, m. Rolf Moser, G. 78.

MA: Spektrum des Geistes 73; Quer,
Lyrikanth. 74; Geschichte d. Spirituellen
Poesie. E. Bestandesaufnahme 76;
Innerschweizer Schriftsteller 77; Jahrb.
dt. Dichtung (Der Karlsruher Bote) 78;
Schlehdorn 79, alles Lyrikanth.;
Stuhlgang, Fotob./Lyrikanth. 80;
Einkreisung, Lyrikanth. 82.

S: Herbst - Tag, Otto Huber rezitiert
Gedichte v. Paul Gisi 69.

Gisiger, Ulrich, Mittelschullehrer;
Brunnadernstr. 3, CH-3006 Bern, Tel.
(031) 448575 (Bern 26.6.28). Kurzgeschichte, Kinderbuch.

V: Eine unheimliche Geschichte, 5
Erzn. a. Irland 62; Arrah, der Zigeuner,
e. Erz. a. Irland 62; Lieber Jack, Bern
sieht wie ein Walfisch aus, e. Bern-B. f.
Kinder 68; Zytglogge-Story. Die
Memoiren des Hans von Thann 69; Das
Berner Münster 70; Lieber Jack, Baden
ist eine Reise wert ..., e. Baden-B. f.
Kinder 72.

Giudice, Liliane; Bernhardstr. 30, D-7570 Baden-Baden, Tel. (07221) 22342.
V: Ohne meinen Mann 70, 75 (auch ital., holl., am.); Der Tag der Pensionierung 71 (auch holl., am.); Das Abenteuer ein Christ zu sein 72, 75; Freude im Alltag 73; Gott ist näher als wir denken 78; Die Kraft der Schwachen 79; Oft ist es nur ein kleines Zeichen 81; Späte Begegnungen 82.

Glade, Heinz; SV-DDR; Joh.-R.-Becker-Medaille i. Silber 81; Gustav-Adolf-Str. 2, DDR-3040 Magdeburg (Magdeburg 17.11.22).
V: Magdeburger Tagebuch 57; Gebändigte Bode 58; Elbe, Schiffe und Maschinen, kulturgesch. Rep. 58; Schönheiten um Prelana 59; Licht im Spreewald, Rep. 60; Begegnungen in Eisenhüttenstadt 61; Um jedes Menschenleben 61, alles Rep.; Guten Tag, Herr Doktor. Porträt e. Berliner Arztes 61; Männer um die MZ, Rep. 62; Die Sgoninas und andere, Rep. 64; Max unser Igel, Kinderb. 64; Erdentiefe - Turmeshöhe, Rep. 65; Das Rätsel der blauen Scalare, Rep. 66; Blumen der Welt, Ber. 67; Perlen, Sekt und alter Ford 69; Fahndung nach Blond 69, beides Krim.-Erz.; Wettrennen mit dem Tod, Abenteuererz. 70; Auf Fahrt zwischen Elbe und Müritz, Reiseb. 70; Reiseskizzen aus dem Harz 71; An den Seen unseres Nordens 72; Von der Syrena zum Krantor 73; Der alte Markt zu Magdeburg, kulturgesch. Rep. 73; Magdeburg - Porträt einer Elbestadt 73; Zwischen Rebenhängen und Haff 76; Tourist — Stadtführer Magdeburg 77; Schweriner Skizzen, Rep. 78; Aus Altmark, Börde u. Harzvorland, Rep. 79; Ostseebrisen, Rep. 80; Spuren zu Georg Philipp Telemann, Ess. 80; Rostock. Stadt am Meer, Rep. 83; 1000 Jahre Kalbe (Milde) 83. — MV: Am Anfang stand der Abacus, kulturgesch. Rep. m. K. Manteuffel 73 (ČSSR 81); Magdeburg, Text-Bildbd. 74; Farbige Impressionen aus der Deutschen Demokratischen Republik, Text-Bildb. 74; Der Harz, Text-Bildb. 75; Wege der Freundschaft, Text-Bildb. 79; Magdeburg. Ansichten e. Stadt, Text-Bildbd 82; Ausflugsatlas. Umgeb. v. Magdeburg 83.
MA: Vom Inselsberg zum Achterwasser 75; Der Franz mit dem roten Schlips 79.
R: Peeneabwärts, Fernsehfeuilleton 79.

Gladisch geb. Willecke, Margarete, Bibliotheks-Assistentin; Wipperkamp

52, D-4600 Dortmund 15, Tel. (0231) 339617 (Castrop-Rauxel 29.11.29).
Kinderbuch.
V: Die schöne Blumenwiese, Kdb. 83.

Glagau, Erich; IGdA 82; Schöne Aussicht 30, D-3501 Edermünde-Grifte, Tel. (05665) 5599 (Königsberg/Pr. 17.7.14).
Kurzgeschichte, Roman.
V: Nichts wie nach Hause 82, 2. Aufl. 83.

Glaser, Jutta; Augustinergasse 6, D-6720 Speyer.
V: Nächtlings, G. 81. ( )

Glaser, Theodor; Himmelreichstr. 4, D-8000 München 22.
V: Und ihr habt mich besucht. Gedanken f. Gesunde u. Kranke 73; Und recht gute Besserung 75; Und alles Gute 77; Zu seiner Zeit, Predigten u. Meditat. 80; Stille im Sturm, Betracht. zum Leben Jesu 81; Für Jahr und Tag 82. ( )

Glatz, Helmut, Lehrer; Dr. Strasser Str. 4, D-8910 Landsberg/Lech, Tel. (08191) 39037 (Eger 13.9.39). Kinderbuch.
V: Die gestohlene Zahnlücke, Kinderb. 72, 73, Tb. 82; Kolja reitet auf dem Herbstwind, Kinderb. 75, Blindenschr.-Ausg. 82.
S: Die gestohlene Zahnlücke 76.

Glauber, Trude (Ps. Gertrud von Walther), Hausfrau; Via Volta 4, Como/ Ital. u. Talfergasse 2, I-39100 Bozen, Tel. (031) 510879 (Bozen 13.1.03). Lyrik, Essay.
V: Jenseits der Stille, Lyr. 54; Wenn ich abends schlafen geh, Kinderb.; Heile, heile Segen; Wo ist mein Nest, wo ist mein Haus? beides Kinderb. —
MV: Beitr. in: Wort im Gebirge, Schrifttum a. Tirol 53-68; 700 J. Schrifttum in Tirol 65; Südtirol erzählt 79; Kulturber. a. Tirol, F. 150.

Glawischnig, Gerhard, Superintendent i.R.; Kärntner Schriftsteller-Verb.; Kulturpr. d. Ldes Kärnten f. Lit.; Kölnhofallee 6/19, A-9300 St. Veit an der Glan, Tel. (04212) 33985 (Kreuth 7.12.06). Lyrik, Hörspiel.
V: Dar Kronawötterhof, Mda.-Lyr. 48; Geaht a Schein von dar Sensn, Mda.-Lyr. 60, 69; Morgen wird Hiob anders heißen, Lyr. 63; De Tür lehnt auf 67; Umagebogn das Herz 71; Auf dar wildn Strassn 74; Seind umadum Brünnlan 80, alles Mda.-Lyr.
R: Der tote Strom; Steaht a Bam bei der Grenzn; Das geschmiedete Herz; Licht nach Aureuth.
S: Zahlr. Schallpl. m. Liedertexten.

Glebe geb. van Wasen, Ilse; Donauschwabenstr. 2, D-3560 Biedenkopf/Lahn (Essen 29.6.32). Lyrik, Erzählung.
V: Durch Gottes Hände, Erz. 54; Die verhüllte Herrlichkeit, Erz. 56; Des Vaters Schuld, Erz. 69. ( )

Glechner, Gottfried, Dr. phil., Gymnasiallehrer i.R.; Höfterstr. 70 a, A-5280 Braunau am Inn, Tel. (07722) 3063 (Gurten i.I. ObÖst. 3.7.16). Erzählung, Lyrik.
V: Unser Dorf, Erzn. 79, 5. Aufl. 82; Unser Haus, Erzn. u. Betrachtgn. 80; Unser Stub'm, Erzn. u. Betrachtgn. 81; Der bairische Odysseus, Hexameterepos 82; Die Vertreibung aus d. Paradies, Erz. 83.
S: Heitere Geschichten 79; Weihnachtsgeschichten 80, beides Langspielpl.

Gleis, Renate, Lehrerin; Scheffel-Pr. 47; Scheibenberg 19, D-7500 Karlsruhe 21, Tel. (0721) 574287 (Karlsruhe 6.12.27). Lyrik, Roman.
V: Auf den Spuren der Hoffnung, Lyr. 82.

Gleissner-Bartholdi, Ruth *

von Glinski, Margot; Herrenhausallee 9, D-2000 Hamburg 66.
V: Roter Rock im Regen 78; Schnelle Pferde, bitterer Sieg 80. ( )

Glock, Anne, Lehrerin; FDA 80; Mainzer Autorengruppe 78; Goethestr. 16, D-6501 Bodenheim, Tel. (06135) 3867 (Nordhausen/Harz 2.12.44). Lyrik.
V: Steine ins Wasser, G. 81; Regentag im Sommer, G. 81.

Glock, Karl Borromäus (Ps. Pieter van Hatten, Carl von Albrechtsreuth), Verleger; Willibald-Pirkheimer-Med. f. Lit. u. Wiss., Gold. Bürgermed. d. Stadt Nürnberg, Bdesverdienstkreuz I. Kl., Bayer. Verdienstorden; Willibald-Pirkheimer-Kuratorium, Intern. Card.-Newman-Ges.; Gelbes Schloß, D-8501 Heroldsberg (Nürnberg 27.1.05). Essay, Bühnenstücke, Berufsständische Literatur.
V: Communio Dei 23; Sonnenwend 23; Wege aus dem Gestern ins Morgen, Ess. 46; Eugenio, Sp. 46; Johannes, Sp. 47; Zeugnis Junger Kirche, Sp. 48; Herbert Krauß, Sch. 49; Die Botschaft der Bernadette, Sch. 49; Die vertauschte Herzogin, Lsp. 50; Die notwendige Danksagung, Ess. 52; Das Wagnis. Rechtfertigung eines Einzelgängers, Mem. 76; Die Stunde der Verweigerung, Lyrik 76; Im Dom, hinter einem Pfeiler,

Lyrik 77; Der Reiter von Gnadenberg, Lyrik 78; Rede an die Hintergründe meines Fernsehers, Lyrik 79; Aufenthalt in Griechenland 83.
H: Die Besinnung, Zs.; Zeitschrift für Bücherfreunde.

Gloede, Günter, Dr. theol., Pfarrer; Bölschestr. 125, DDR-1162 Berlin-Friedrichshagen, Tel. 6455634 (Wismar/Ostsee 21.5.10). Biographie, Kunsthistorie. Ue: L, F.
V: Theologia naturalis bei Calvin 35; Zucht und Weite, Calvins Werk u. Weg 38, 51; Calvins Weg und Werk 53; Mußte Reformation sein, Calvins Antwort an Kardinal Sadolet 56, 57; Das Doberaner Münster, Gesch., Baugesch., Kunstwerke 60, 76; Das Münster zu Doberan in Mecklenburg 62; Gestalt und Gleichnis bei Ernst Barlach 66; Barlach, Gestalt und Gleichnis 66; Pioniere u. Plätze d. ökumen. Beweg. 66; Kirchen im Küstenwind I: In und um Rostock 70, 71, II: In und um Wismar 78, III: Kirchen auf Rügen u. Hiddensee 82.
MA: Oekumenische Profile, 22 Doppelh. 51 — 59; Oekumenische Profile, Brückenbauer der Einen Kirche 61, 63 II; Oekumenische Gestalten, Brückenbauer der Einen Kirche 66 (auch engl. 74).
MH: Reformatorenbriefe, Luther, Zwingli, Calvin, m. Hans-Ulrich Delius, Gottfried W. Locher 73; Bischof Joann Wendland: Wesen und Wirken des hochheiligen Patriarchen Alexius von Moskau u. ganz Rußland 61; Giacomo Manzù 79.

Gloger, Bruno; Schwarzmeerstr. 8, DDR-1136 Berlin.
V: Kaiser, Gott u. Teufel, Friedrich II. v. Hohenstaufen in Gesch. u. Sage, 7. Aufl. 78; Dieterich. Vermutungen um Gottfried v. Straßburg 76; Kronen in einer Kapuze, histor. Erz. 79; Kreuzzug gegen die Stedinger 80. ( )

Gloger, Gotthold, Maler; P.E.N. 54; Heinrich-Mann-Preis d. Dt. Akad. Künste 54, Kinderbuchpreis Min. f. Kultur 61 (Königsberg/Ostpr. 17.6.24). Roman, Novelle, Hörspiel.
V: Philomela Kleespies trug die Fahne, R. 52, 61; Der Soldat und sein Lieutenant, R. 55; Die auf den Herrn warten, N. 58; Der dritte Hochzeitstag, N. 60; Rot wie Rubin, R. 61, u.d.T.: Die Abenteuer des Johann Kunckel 73; Der Bauerbacher Bauernschmaus 63; Meininger Miniaturen 65; Frido, fall nicht runter 65; Der Bäckerjunge aus Beeskow 74, 78; Ritter, Tod u. Teufel, d.

Leben d. Albrecht Dürer 76, 79; Das
Rübenfest u. a. Geschn. 79; Freundlich
ist die Nacht 80; Berliner Guckkasten
80; Leb vergnügt oder die Ermordung
des Hofmarschalls von Minutoli zu
Meiningen 81. − **MV:** Text zu René
Graetz: Handzeichn., Grafik, Plastik 62.
R: Die Geschäfte des Rechtsanwalts
Dr. Pfüller, Hsp. 60; Der Tote und sein
General, Fsp. 60; Treibjagd, Fsp. 61, m.
Bodo Uhse und Heinz Kamnitzer. ( )

Gloor, Kurt, Drehbuchautor u.
Regisseur; Gruppe Olten 78-81;
Drehbuchprämien d. Eidgenöss. Dept. d.
Innern, Bundesamt f. Kultur u.
Erziehungsdir. d. Kt. Zürich; Verlag d.
Autoren; Spiegelgasse 27, CH-8001
Zürich, Tel. (01) 478766 (Zürich 8.11.42).
Film.
F: Die plötzliche Einsamkeit d.
Konrad Steiner, Spielf. 75; Der Erfinder,
Spielf. 80.
R: u. MV: Lehmanns Letzter, Fsp. 77;
Der Chinese, Fsf. nach Glauser 78.

Glotz, Peter, Dr., Bundesgeschäfts-
führer d. SPD; Erich-Ollenhauer-Str. 1,
D-5300 Bonn 1, Tel. (0228) 532230 (Eger
6.3.39). Essay.
V: Der mißachtete Leser. Zur Kritik d.
dt. Presse; Der Weg d. Sozialdemokratie;
Die Innenausstattung d. Macht; Die
Beweglichkeit d. Tankers 82. −
MV: Das andere Bayern, Leseb. zu e.
Freistaat; Student heute 82.
H: Die großen Streitfragen d. 80er
Jahre, Berliner Dialog üb. unsere
Zukunft. − **MH:** Versäumte Lektionen,
Entwurf e. Leseb..
R: Die Revolte, Fsp. 68.

Gluchowski, Bruno (Ps. Robert
Paulsen), Sozial-Angestellter i.R.;
Mergelteichstr. 33, D-4600 Dortmund 50
(Berlin 17.2.00). Drama, Roman, Novelle,
Essay, Film, Hörspiel, Fernsehspiel.
V: Der Druchbruch, Dr. 37, 45; Das
größere Gesetz, Dr. 46; Der Durchbruch,
R. 64; Der Honigkotten, R. 65; Blutiger
Stahl, R. 70; Die letzte Schicht, Erzn. 81.
R: Der Träumer 38; Der Durchbruch,
Hsp. 54; Schwein muß man haben, Hsp.
55; Kranführer Tomschak, Hsp. 71;
Werkmeister Lorenz, Hsp. 71, 73. ( )

Glück, Anselm; Bleibtreustr. 7, A-4020
Linz/D..
V: stumm 77; Falschwissers Toten-
reden 81. ( )

Gluth, Hellmuth; Martin-Luther-Str.
11, D-7000 Stuttgart 50 (Bad Cannstatt),
Tel. (0711) 565186 (Pilsen 26.7.09).
Roman, Essay.

V: Die schönen Tage von Elisenthal,
R. 76; Vater heißt Felizian, R. 77; Berg
der Erinnerungen, Erz. 78; Alois u. d. B-
Klarinette, R. 79. ( )

Gnade, Heinz, s. Meisner, Michael.

Gnam, Andrea; VS 79; Nebeniusstr. 12,
D-7500 Karlsruhe, Tel. (0721) 34122
(Karlsruhe 16.11.59). Lyrik, Kurzprosa,
Prosa.
V: Den Kopf voll Notizen, Lyr. 79, 2.
Aufl. 80; Ich wohne in zwei Städten,
Geschn. 80; Der Kalender hat August
befohlen, Lyr. 83.

Gnettner, Ingrid; Preysingstr. 10, D-
8059 Langenpreising, Tel. (08762) 2917
(Schongau 3.5.53). Lyrik, Kurzprosa.
V: Jedes Wort wartet auf eine
Erwiderung, Lyrik 76;
Strandwanderung, Prosa 79; nimm aus
der hand das wort, Lyrik 79; In den
Zweigen Träume, Lyr. 81; Der Jäger u. d.
Vogel, Prosa 82; Die Ankunft, Prosa 82.

Gnüchtel, Werner, Geschäftsführer;
SV-DDR 71; Nickerner Str. 7, DDR-8047
Dresden (Dresden 16.2.24). Roman.
V: Die bitteren Freundschaften des
Christof Lenk, R. 69, 79 (auch poln.); Auf
des Messers Schneide, R. 70; Großvater
will heiraten, 12 Variat. über einen
älteren Bürger 82.
MA: Cimburas Traum.

Gobbo, Lanzelot, s. Berendt, Gerd.

Göbel, Dieter, Dr. phil., Programmdir.
a.D.; Lichtentaler Allee 44, D-7570
Baden-Baden, Tel. (07221) 23041 (Berlin
4.4.28). Roman, Essay, Sachbuch.
V: Ist Westdeutschland zu
verteidigen? Sachb. 66; Vanessa oder die
Lust der Macht, R. 81; Das Abenteuer
des Denkens − Abendländische
Geistesgeschichte von Thales bis
Heidegger, Sachb. 82.

Göbel, Gabriele, Schriftstellerin,
Hausfrau; VS 79; Joseph-Dietzgen-
Literaturpr. 79, Georg-Mackensen-
Förderpr. 81; Argelanderstr. 47, D-5300
Bonn 1, Tel. (0228) 219355 (Würzburg
2.9.45). Hörspiel, Lyrik, Erzählungen,
Kinderliteratur.
V: Die reisende Puppe, Kinder-R. 76;
Der König der Straße, Erzn. f. Kinder
77; Mit Augenblicken fängt es an,
Liebesgeschn. f. Jugendl. 79; Tage in
Bigondien, Jgd-R. 81. − **MV:** Kinder
können klasse kochen, m. Schneider 77.
MA: Menschengeschichten 76; Die
Familie auf dem Schrank 77; Rhein.
Kinderbuch 79.
R: Fragen einer rosaroten Eule;
Annapia und der Landstreicher; So ist

das Leben; Benjamin; Der König der
Straße; Der Wettlauf mit d. Wolke; Die
Reise; Einer wie der Zwinz I-IV; Ninus
Höhle; Glückskäfer; Bimbo Bimbolesh;
Die Feder der Bloody Mary, Funkerzn.
u.v.a.

Goebel, Günther (Ps. Lothar van
Goel), Dramatg.; VS 47; Nußzeil 80, D-
6000 Frankfurt a.M. 50, Tel. (0611) 516429
(Hanau/M. 6.9.12). Drama, Hörspiel,
Novelle.

V: Li, Erz. 38; Das Märchen vom goldenen Herzen, N. 39; Der Mensch und
die Erde, Dr. 40; Kleist, Dr. 42; Der Thespiskarren, Sp. 43; Die Geburt des deutschen Theaters, Ess. 44; Die Sendung
des Theaters, Ess. 44; Die Botschaft,
Weihnachtssp. 44; Einsame Wanderung,
G. 46; Das große Geheimnis, Dr. 47; Die
letzten Tage des Kapitän Scott, Erz. 52,
65; Gegen Sand und Tuareg (Oberst
Flatters), Erz. 53, 66; Das höllische
Paradies 53, 66; ... Und die Erde war
wüst und leer, Erz. 54, 66; Von Gott
reden wir später, R. 59; Wem aber bleibt
die Schuld ...?, R. 60; Rolf-Lauckner-
Biographie 62; Masken, Sp. 63;
Sturmvogel und Regenbogen, Sch. 63;
Wer gibt meinen Augen genügend
Tränen, Dr. 64; Horn des Nordwindes, N.
65; Expedition in den Tod 71; Vom
Sterben, um zu leben, Erz. 78; 15 Jahre
Haskala-Theater, Ess. 78; Träumerei,
Aufs. 79; Gedanken zu Rosch
Haschanah, Aufs. 79. — MV: Gläserne
Nacht, Dr. m. Lutz Neuhaus 47,
Bewährungsfrist, Lsp. m. Lutz Neuhaus
60; Der Mensch im Wandel der Zeiten
52.

R: Freiherr von Hardenberg; Hände;
Ein Menschenherz; Der große König; Ça
ira; Fahrerflucht; Flagellanten; Begeg-
nung mit den Maoris; Die kleine
Revolution, Spartacus-Aufstand 1919;
Der vierte Stand; Die Neuberin;
Transsahara-Bahn; Als Erster quer
durch Australien; Der Mann ohne
Schatten; Vasco da Gama; Cicero; Mord
in der Parkstraße; Sacco di Roma;
Luther; Das Jahr 1914; Simon Bolivar;
Schauen - Schaffen - Sinnen. Portrait d.
Dichters Rolf Lauckner; Der Aufstand
in der Wüste; Ein Tag am Hofe des
Sonnenkönigs; Plato; Mose; Buddha;
Lao-tse und K'ung-futse; Mohammed;
Im Schatten der Pyramiden; Der
Mensch, das Maß aller Dinge; Brot und
Spiele; Dem Wahren, Guten, Schönen;
Das jüdische Theater - Seine Ver-
gangenheit und Gegenwart; Güldene
Äpfel auf silbernen Schalen - Die Ent-

wicklung der jüdischen Musik; Improvi-
sationen eines Adlers; Maréchal Ney;
Wir brauchen einen Napoléon;
Psychologie des Beifalls; Zur groß für
Deutschlands Bürokraten - Wilhelm von
Humboldt 69; Maos langer Marsch 70;
Die Göttinger Sieben 71; Klassenlose
Endzeit bei Mao und in Moskau; Die
Uno - Traum und Wirklichkeit; Auf
beiden Seiten der Barrikaden;
Tsushima; Bertha von Suttner; Die
Autobahnen; Greenwich-Längengrad 0;
Gräfin von Hammerstein; Glanz und
Vergehen der Ozeanriesen; Barbarossa
77, 79; Plunder und Zeugnisse der
Geschichte 80; Gold in Kalifornien;
Hexenwahn; Lachen ist Gottesdienst,
Kulturgeschichtl. Studie üb. d. jüd.
Theater; Der 30jähr. Krieg —
Wallenstein, Hsp.; Eine Messe im alten
Frankfurt, Hsp.; Die Olympischen
Spiele 600 v.d.Zw., Hsp.; 14. Juli 1789.
Sturm auf d. Bastille, Hsp.; Hat d.
Judentum noch eine Zunkunft?, Vortr.;
Frankfurter jüd. Künstler v. 1933, Vortr.;
Juden in Friedberg im 15. Jh., Hsp.;
Johannes Gensfleisch zum Gutenberg,
Hsp.; **(Bearb.)** Günther Weisenborn: Die
Haut u. d. Messer, Hsp.

Goebel, Ingeborg, ehem. Dozentin des
Goethe-Instituts; GEMA 72; Schillerstr.
45, D-8230 Bad Reichenhall, Tel. (08651)
1838 (Lüdenscheid 19.5.16). Lyrik,
Chanson, Kurzgeschichte, Märchen.

Ue: N.

V: Songs & Chansons 72. —
MV: Respektlose Lieder 70.

S: Wir sind alle so anders geworden
74; Titel in: Das Ungeheuer Zärtlichkeit;
Manege frei für meine Lieder 81; Die III
82.

Ue: Odd Nansen: Von Tag zu Tag 49.

Goebel, Joseph (Ps. Jan Gol), Dr. phil.,
Verleger; 52, Conradkade, NL-2517 Den
Haag, Tel. 636333 (Mainz 11.1.12).
Aphorismus, Lyrik. Ue: H.

V: In wenig Worten, Aphor. 42;
Fabularium, Verse u. Bilder 53; Moral-
gedichte 64; Reiseführer durch das
irdische Jammertal 69; Zirkus "Welt" 76;
Lehrgedicht der modernen Musik 77.

B: Hans Sachs, Das Narrenschneiden,
ins Neuzeitl. übertr. 69.

Goebel, Peter, Spediteur; Martinstr. 3,
D-4005 Meerbusch 3, Tel. (02151) 858201
(Mainz 27.7.05).

V: Der große Zeitvertreib 32; Mit
Mann und Ross und Wagen von Pferde-
stärken zu PS 65; Zucker für den Esel,
Gesch. d. Güterbeförd. v. Neandertal b.
Hellas 71; Das Blaue Band für gute

Küche 73; Verkehrsunfall Rom, Gesch.
d. Güterbeförd. v. Karthago b. Byzanz
74; Mohammed, der Spediteur, Gesch. d.
Güterbeförd. im Mittelalter 76; Sammel
Ladung, Memoiren eines Spediteurs 78;
Container Crimi 79.

Goebel, Wulf, Journalist; RFFU, VS;
Plaza Mercado, Los Llanos de
AridaneIsla de La Palma/Canarias
(Berlin 11.4.43). Lyrik, Roman, Essay,
Film, Feature. Ue: E.
  V: Die Fenster gehen nach innen auf,
G. 80; Ich nehme mich mit, Prosa 81;
Auf der anderen Straßenseite, G. 82.
  MH: Friedensfibel 82.

Gödtel, Reiner, Dr. med., Facharzt; VS
Rhl-Pf., BDSÄ, Union Mondiale des
Ecrivians Médicine; Autorengruppe
Nahe, Georg-Büchner-Ges., Neue
Avantgarde des Surrealismus, IGdA,
Köla; Sonnenkranz, D-6798 Kusel 1, Tel.
(06381) 3734 (Neustadt/Weinstr. 31.10.38).
Lyrik, Roman, Essay.
  V: Das linke Auge von Horus dem
Mond/Halluzinationen, R. 79; Seelische
Störungen im Wochenbett, Monogr. 79;
Augentäuschungen, G. 79;
Vermeintliche Aussicht, G. 79; Sie fällt
durch die Maschen, G. 80; Meine Haut
— deine Haut, G. 80; Sie bindet einer
Mumie d. Arm ab, G. 80; Blindekuh, G.
82; Frieden, Erzn. 83.
  MA: Almanach dt. Schriftstellerärzte
78, 79, 80, 81, 82; Spiegelungen, mod. Lyr.
d. Gegenwart 79; Alles fließt, G. u. Prosa
79; Gegenkultur heute 79; Das ernste
Wort 80;Synkope 80; Spuren d. Zeit 80;
Jahrbuch dt. Dicht. 80, 81; Gauke's
Jahrbuch 80, 81, 82; Einkreisung 82;
Blumen haben Zeit z. Blühen 82;
Siegburger Pegasus 83; Illusion u.
Realität 83.
  H: Punkt im Quadrat. Reihe zeitgen.
Lit.

Göhlen, Josef *

Göhler, Josef, Dr., StudDir. a.D.;
Johannes-Kepler-Str. 3, D-8700
Würzburg, Tel. (0931) 73349 (Hoesbach/
Ufr. 17.11.11). Essay.
  V: Rom u. Italien. Zur röm. Bundes-
genossenpolitik 39, Neudr. 74; Japan.
Turnkunst 62; Eugen Eichhoff.
Wegbereiter d. Dt. Turner-Bundes 67 ;
Oelbaumzweig u. Goldmedaille 68. —
  MV: 3 Bücher üb. Turnkunst 53, 73, 78.

Göhre, Frank; VS 71, Die Kogge; Preis
d. Schülerjury b. Intern. Kurzgeschn.-
Coll. in Neheim-Hüsten 75, Förderpr. f.
Lit. d. Landes NRW 76, Pr. d. Roten
Elephanten 77; Literarische Werkstatt

Gelsenkirchen, Werkkr. Literatur d.
Arbeitswelt; Sartoriusstr. 30, D-2000
Hamburg 19, Tel. (040) 4918515
(Tetschen-Bodenbach/Tschechoslow.
16.12.43). Roman, Hörspiel, Film.
  V: Costa Brava im Revier, Texte u.
Materialien 71; Gekündigt, R. 74, 76;
Wenn Atze kommt, Erzn. 76; So läuft
das nicht, R. 76; Schnelles Geld, R. 79;
Außen vor, Erzn. 82; Im Palast d.
Träume, Kinogeschn. 83.
  H: Stationen. Hugo Ernst Käufer -
Gesammelte Texte 77; Verhör eines
Karatekämpfers und andere Aussagen
zur Person. Jahrb. 2 77; Bekenntnisse
eines Nestbeschmutzers. Gesammelte
Erzn. von Paul Schallück 77.
  F: Schnelles Geld 82.
  R: Berufsbild 71; Aufklärungsstücke
für ein besseres Leben 73; So ein
Vormittag; Einmal Nordring einfach;
Und dann kam sie; Man kann nicht
immer 17 sein 75, alles Hsp.

    van Goel, Lothar, s. Goebel, Günther.

    Göllner, Hansotto, Dr. phil.,
Mittelschulprof.; SSB seit 71; Wittekweg
8/II, A-8010 Graz, Tel. (0316) 328492
(Sächsisch-Regen, Siebenbürgen
26.10.24). Lyrik, Hörspiel, Novelle.
  V: Die Katastrophe d.
Südostdeutschtums, D. Schicksal d.
südostdt. Volksgruppen im 2. Weltkrieg
57; Einkehr, G. 73; Wege zum Gedicht, G.
78; Ein neuer Anfang — Dramaturgie d.
Hsp. 78; Am Rand des Lebens, G. 78; An
einem Wendepunkt, G. 78; Im zweiten
Anlauf, G. 78; Im Elfenbeinturm, G. mit
einem Vorw. 79; Ein verlorenes Jahr 80;
In den Wandelgängen der Dichtkunst
80.
  R: Siebenbürgens Glocken tönen
immer noch 49; Einer ging mit 50; D.
Bisammantel 64, alles Hsp. ( )

    Goeman, Hans-Jürgen,
Realschullehrer; VS in Niedersachsen
79; Am Fuchsberg 22, D-2177 Wingst-
Höden, Tel. (04778) 7400 (Hamburg-
Bahrenfeld 12.3.50). Lyrik u. Kurzprosa
üb. Alltag u. Gesellsch.
  V: Ver-s-stimmungen, Lyrik 78.
  MA: Ich denke an morgen, Lehrerlyr.
80; Im Frühlicht 80; Gaukes Jb. 1981 u.
1982; Blumen haben Zeit zum Blühen,
Alltagsdicht. aus d. Nachbarsch. 82; Am
frühen Abend, Kleinstanth. 83.

    Goeman, Ulfert, Dipl.-Geol.,
Dr.rer.nat.; Pr. f. Junge Lyrik German.
Sem. d. U. Freiburg im Breisgau 63;
Wickopweg 22, D-6100 Darmstadt, Tel.

(06151) 74677 (Leipzig 14.3.38). Lyrik,
Novelle.
MV: Spalt, m. Hans-Walter Schmidt,
Lyr. 80.

Gööck, Roland (Ps. Alexander Ettl,
Rolf Jeromin, Peter Korn, Lutz Adron),
Redakteur; Arb.-Kr. kulin. Fachjourn.
68; Bachmühle 1, D-8416 Hemau, Tel.
(09498) 208 (Felchta/Thür. 29.9.23). Biographie, Sachbuch, Populärwissenschaft.
V: Wir lösen Rätsel 58; Raffinessen
aus fremden Küchen 60 (auch engl.);
Lustige Spiele für Haus und Garten 61
(auch belg.); Hochprozentiges aus aller
Welt 62; Eiskalt serviert 62; Nur heiß zu
trinken 62; Quiz-Quiz-Quiz 62; Der gute
Gastgeber 62; Das neue große Kochbuch
63 (auch holl., serbokroat., slow.);
Leckerbissen aus deutschen Küchen 64;
Das große Buch der Spiele 64 (auch ital.,
serbokroat.); Feinschmecker auf Reisen
65; Die kleine Fibel vom Wein 65;
Berühmte Leute - gerühmte Speisen 65;
Raffinierte Partyküche 65; Post-Doku-
mentation über das Post- und
Fernmeldewesen in der BRD 65; Das
Buch der Gewürze 65; Schnell gekocht -
im kleinen Haushalt 65; Raffinessen aus
Großmutters Küche 66; Das 1 x 1 der
Zauberei 66 (auch holl.); Raffinierte
Campingküche 67; Freude am Karten-
spiel 67; Schnelle Fisch-Küche 67; Alle
Wunder dieser Welt 68 (13 Übers.);
Bücher für Millionen 68; Die großen
Rätsel unserer Welt 69 (4 Übers.);
Selbermachen - Do it yourself 70 (ital.,
span., slowen., holl., serbokroat.); Schöne
geheimnisvolle Welt 70 (4 Übers.);
Neuausg. 82; Die Hauptstädte Europas
70 (4 Übers.); Backen mit Lust und
Liebe 70; 50 flotte Kochideen 70;
Lucullus international 71; Die 100
berühmtesten Rezepte der Welt 71 (14
Übers.); Lecker und deftig aus
deutschen Küchen 71; Elektrizität −
Energie ohne Grenzen 71; Gewürze und
Kräuter von A − Z 72 (auch holl., serbo-
kroat.); Die großen Traumreisen 73;
Fest-Feten-Gaudi-Partybuch 75; Wie ißt
man was? 76; Die neuen Wunder dieser
Welt 76; Bilder aus Deutschland 76;
Jahrhundertkalender 76; Das große
Fondue-Buch 76; Roland Gööcks großes
Backbuch 76; Feinschmeckerbrevier 77;
Holzschnitte 77; Partybuch 78; Roland
Gööcks Großes Universal-Kochbuch 78;
Der Rhein 79; 350 Köstlichkeiten −
schnell gekocht 79; Kochbuch für das
einfache Leben 80; 100 Menüs für alle
Gelegenheiten 80; Das große Buch zum

Staunen 80; Kostbarkeiten aus aller
Welt 80; Gewürze 80; Franz. Hausmannskost 80; Orakelbuch 80; Das große
Heimwerkerbuch 81; Fische 81; Weltreise in d. gute alte Zeit 82; Soßenfleck
u. Schraubenzieher 82; Gipsverband u.
Ohrensausen 82; Käse 82; Wein 83;
Faszinierende Städte d. Welt 83; Whisky
83; Omas guter Rat in allen Lebenslagen
83; Deutschland in alten Bildern 83. −
MV: Und dazu guten Appetit 61; Das
große Weihnachtsbuch 70; Deutsche
Städte vor 100 Jahren 78.
B: Moderne Bibliothek des Wissens 68
− 69 IV; Die Olympischen Spiele 60, 64,
68, 72, 76 V; Fußball-Weltmeisterschaft
62, 66, 70, 74, 78, 82 VI; Das große prak-
tische Einrichtungsbuch 76 (6 Übers.);
Das große praktische Handarbeitsbuch
77 (2 Übers.); Schönes unentdecktes
Europa 78.
H: Der Mensch in seiner Welt 72 − 75
XII; Geheimnisse der Natur 77;
Menschen, die die Welt veränderten 77;
Die letzten Paradiese der Menschheit
79; Zeig mir meine Welt 79; Weinbuch
79; Gemälde erzählen Geschichten 80;
Erlebnis Afrika 83. − **MH:** Modernes
Jugendlexikon in Farbe 74; Die
schönsten Ferienstraßen Europas 75;
Die großen Entdecker 75; Neuer großer
Weltatlas 75; Wunderwelt der Alpen 77;
Das moderne Kinderlexikon in Farbe
79.

Goepfert, Günter; VS Bayern 46, VG
Wort 60; Bayerischer Poetentaler 76;
Münchner Turmschreiber 69, Ernster
Lyrik-Kreis (ELK) 75; Becherstr. 1, D-
8000 München 21, Tel. (089) 587634
(München 21.9.19). Lyrik, Kurz-
geschichte, Biographie, Hörspiel.
V: Das Schicksal der Lena Christ,
Biogr. 71, 81; Münchner Weihnacht,
Erzn. u. G. 73, 80; Münchner Miniaturen,
Kurzgeschn. u. G. 76.
MA: Mitarb. in 20 Anth.
H: Liebe in Baiern, Anth. 68, 75;
Alpenländische Weihnacht, Anth. 70, 80;
Franz von Kobell: Ausgewählte Werke.
Mit Lebens- u. Schaffensbild 72; Habt's
a Schneid. Das Karl Stieler Hausb. Mit
Lebens- u. Schaffensbild 75.
R: Die letzten Tage der Lena Christ
72, 81; Habts a Schneid? Karl Stieler,
Porträt e. bayer. Dichters aus
berühmter Familie 74, 74, alles Hsp.

Göpfert, Peter, Pfarrer, StudDir.;
Bischof-Meiser-Str. 2, D-8023 Pullach/
Isartal, Tel. (089) 7931311 (Greifswald
26.8.34). Essay.

V: Brot des Lebens — Licht der Welt,
Meditationen 78; Christsein in d. Schule
80; Neugierig auf Gott 81; Ich bin
unendlich wertvoll 82, alles Meditat. —
MV: Religion — muß das sein? Essays
77; Keine Angst vor dem Leben (Zur
Sinnfrage heute), beide m. Hans Ohly,
Essays 78.

Göranson, Göran, s. Schmidt, Uve.

Goerdten, Ulrich, OBiblR.; 1. Vors.
NGL Berlin 84; Warmbrunner Str. 23A,
D-1000 Berlin 33, Tel. (030) 8247497
(Teuchern 14.1.35). Lyrik, Prosa, Essay.
Ue: E.
V: Loosung und Leertext, G. u. Prosa
69; Bildschlüssel. Exper. Texte, G. u.
Prosa 83; Der Androlit, Prosa 83.
MA: Gedichte in: Total 68; Poeten
beten 69; Die Horen 69; Essays in: Das
Ei 70; Wolfenbütteler Notizen z. Buch-
gesch. 80; G. u. Ess. in: Protokolle 80 u.
82; Litfaß 80-83; Vom Umgang mit
Büchern 82; Ex libris. Berliner Bücher-
forum 1983 83.

Görg, Norbert, c/o Klopp-Verl., Berlin
(West).
V: Überdosis Leben 83. ( )

Görgens, Alfred, Schriftsteller,
Musikkritiker; VG WORT; Großer
Bruch 27a, D-3392 Clausthal-Zellerfeld,
Tel. (05323) 4454 (Bad Honnef 19.9.53).
Lyrik, Hörspiel, Fachartikel Musik.
V: Galmakas Reich, märchenh. Erz. 81
(biblioph. Ausg.).
R: Der verlassenen Ehemann, Hsp. 80,
81.

Görgl, Alfred, Dr. phil., StudR. i.R.; Kg.
48; Lyrikförderpreis d. Sudetendt.
Kulturpreises 55; Erich-Klabunde-Str.
39, D-3500 Kassel, Tel. (0561) 22769
(Wacherau/Mies 12.6.08). Lyrik, Prosa.
V: Frommer Alltag, G. 35; Leuchtende
Welt, G. 39; Geschenk der Erde, G. 40;
Gruß an Böhmen, G. 52; Laß mich nicht
versinken in den Tagen, G. 60; Wie Sand
am Meer, G. 70; Klopfet nur an ..., G. 76;
Wir vom verlorenen Fluß, Erz. u. G. 76.
MH: Egerländer Anthologie 77;
Egerlandbuch 80. ( )

Göritz, Gerda (Ps. Ulla Birkenstein),
MTA, langj. Opernchor-Sängerin u.
ehem. Ballettlehrerin; IGdA; Wilhelm
Bonn 8b, D-6242 Kronberg/Ts., Tel.
(06173) 7445 (Halberstadt/H. 11.1.14).
Roman, Erzählung, Laienspiel,
Märchen.
V: Nur eine Stiefmutter 50 II;
Lebenssymphonie 51; Yvonne-
Alexandra 52; Die Vielbeneidete 53;
Verbotener Weg 53; Die Geierburg 54,

alles R.; Der Puppenzauberladen,
Tanzsp. 73; Dornröschen, Tanzsp. 75;
Mit Beethoven kam die Entscheidung,
R. 82; Wechselspiel ds. Zufalls 81;
Schweigende Palastmauern 82; Licht
und Schatten um ein Erbe 82; Ein
unsichtbares Netz 83; Meine Schwester
Dorothy 83; Die Erbtante, Laisp.; Ein
Weihnachtsmärchen, Laisp.

Görlich, Günter; FDGB-Lit.pr. 60, 66,
Erich-Weinert-Med. 62, Nationalpr. 71,
78, FDGB-Kunstpr. (kollektiv) 73;
Lichtenbergerstr. 9, DDR-1020 Berlin,
Tel. 4374600 (Breslau 6.1.28).
V: Der schwarze Peter, Jgdb. 58, 80;
Die Ehrgeizigen, Erz. 59, Sch. 62;
Unbequeme Liebe, Erz. 59, 82; Das
Liebste und das Sterben, R. 63, 78; Der
Fremde aus der Albertstraße, Kinderb.
66; Autopanne, Erz. 67, 78; Eine
Sommergeschichte, Erz. 69, 79; Der
verschwundene Schiffskompaß,
Kindererz. 69, Tb. 78; Den Wolken ein
Stück näher, R. 71, 82; Vater ist mein
bester Freund, Kinderb. 72; Heimkehr
in ein fremdes Land, R. 74, 82; Der blaue
Helm 76, 81; Eine Anzeige in d. Zeitung
78, 82; Das Mädchen u. d. Junge 81, 82;
Die Chance d. Mannes, Erz. 83.
R: Das Opfer, Fsp. 58; Feinde 58;
Wilhelm Rochnow ärgert sich 58;
Wochenendurlaub 65; Das verlorene
Jahr 67; Sommer — Anfang ohne Ende,
m. M. Eckermann 70, alles Fsp.; Den
Wolken ein Stück näher 73; Heimkehr
in ein fremdes Land 76; Der blaue Helm
79; Eine Anzeige in der Zeitung 80, alles
Fsf.

Görlitz, Walter (Ps. Otto Julius
Frauendorf), Redakteur; Dorotheenstr.
139, D-2000 Hamburg 39 (Frauendorf,
Kr. Randow/Pommern 24.2.13).
Biographie, Geschichte, Zeitgeschichte.
V: Hannibal, Biogr. 35; Marc Aurel,
Biogr. 36; König Georg V. von England,
Biogr. 37; Russische Gestalten, Biogr. 46;
Gustav Stresemann, Biogr. 47; Wallen-
stein, Biogr. 48; Stein, Staatsmann und
Reformator 49; Hindenburg, Biogr. 53;
Die Junker 56; Der deutsche General-
stab 50, 52, neu bearb.: Kleine
Geschichte des Deutschen General-
stabes 67; November 1918, 68; Hannibal
70. — **MV:** Adolf Hitler, Biogr. m.
Herbert A. Quint 52.
H: Regierte der Kaiser? Kriegstage-
bücher des Chefs des Marinekabinettes
Admiral v. Müller 58; Friedrich Paulus,
Ich stehe hier auf Befehl 60; Verbrecher
oder Offizier? Nachlaß des Chefs des
OKW Generalfeldmarschall Keitel 61.

Görnandt, Walter, Pfarrer i.R.;
Stettiner Str. 30, D-6303 Hungen, Tel.
(06402) 2652 (Oberwillingen, Kr.
Arnstadt/Thür. 28.8.11). Laienspiel,
Erzählung.
V: Du bist der Gesuchte 54; Suitbert
55; Der Weg zur Quelle 55; Zu dieser
Zeit 55, alles Laisp.; Die Lutherfahrt,
Erz. 63, 68; Er kam in sein Eigentum 63,
68; Zu Luthers Zeit 66, 77; Das
vernagelte Monument 72; Noah u. d.
Tiere 73; Wie Gott mir, so ich dir 73;
Kulus kann alles 77; Alles hört auf mein
Kommando 78, alles Laisp.

Görner, Peter, Gebietskaufsleiter;
DAV 81; Bachstr. 5, D-4950 Minden, Tel.
(0571) 34574 (Detmold 6.12.46). Lyrik,
Roman.
V: Flutlicht, G. 81; Rauchzeichen, G.
82.
MA: Blumen haben Zeit zum Blühen,
Anth. 82; Gauke's Jb. '83 (Frieden) 82;
Ansichtssachen, Anth. 83.

Görres, Guido *

Görtz, Adolf; Jacobstr. 14, DDR-7010
Leipzig (Köln 31.5.20).
V: Ruth ist nicht allein, Jgdb. 52, 54;
Mein Bruder Hans und seine Freunde,
Kdb. 53; Seine Freundin Ruth, Jgdb. 56;
Die goldenen Schneeschuhe 64; Jakob
und die sieben Taler 81. ( )

Goertz, Brigitta, Hausfrau, Malerin;
Neumühle, D-6501 Nieder-Olm, Tel.
(06131) 5583 (Ramspau b. Regensburg
21.4.30). Lyrik, Roman, Erzählung.
V: Pferde auf Holbrinks Hof, Jgdb. 75;
Susann's frohe Reiterjahre, Jgdb. 77;
Vogel mit d. Krallenfüßen, G. 82.
MA: Lyr. Texte. G. zeitgen. Autoren,
Anth. 82.

Goertz, Heinrich, Schriftsteller u.
Maler; Försterweg 2, D-3262 Auetal 5,
Tel. (05753) 4360 (Duisburg 15.5.11).
Drama, Roman, Erzählung, Reise-
bericht, Hörspiel, Monographie.
V: Johannes Geisterseher, R. 42; Peter
Kiewe, Schausp. 46; Das Institut des
Herrn Maillard, Kom. 50; Das Leben
kein Traum, Schausp. 51; Der Dach-
boden, Schausp. 62; Die Antigone des
Sophokles, Schausp., m. Herbert
Kreppel 69; Lachen und Heulen, Hfolge
72; Jack the Ripper, Hsp. 74; Erwin
Piscator, Monogr. 74; Joachimstaler '35,
Hsp. 76; Hieronymus Bosch, Monogr. 77;
Lachen u. Heulen, R. 82; Gustaf
Gründgens, Monogr. 82. –
MV: Komödiantisches Theater, m.
Roman Weyl 57.

MA: 19 dt. Erzähler 63; Eulengelächter 65.
S: Die Antigone des Sophokles 70.

Görz, Heinz (Ps. Peter Osten, Harald
Harden), freier Journalist; VS Bayern;
Zugspitzstr. 15, D-8120 Weilheim/Obb.
(15.3.13). Unterhaltung, Kinderbuch,
Sachbuch. **Ue:** E.
V: Luise, Lebensbild einer Königin 57;
Berliner Luft 58; Ferien in Italien 61;
Quiz in Wort und Bild I 61, II 68; Nur für
den Herrn 62; Betthupferl. 365 Geschn.
zur guten Nacht I 60, 77, II 62; Urlaub
auf Mallorca 63; Wo uns die Sonne
scheint. Im paradies. Süden 63; Für
Preußen nicht verboten 66; Drei, vier -
ein Witz 67; 1:0 für Dich 67; Ehe des
Sandmännchen kommt 69; Sand-
männchens Reise durchs Märchenland
70; Tiermärchen - neu erzählt 72; zahlr.
Reisef. – **MV:** Von Venedig bis Triest
64.
B: Ferien im Winter 62.
H: Rommel ruft Kairo 59; Flucht aus
Sibirien 61; Freude für alte Augen 64;
Mein Sagenbuch 68; Mein Märchenbuch
69; Die Natur heilt 69; Das kleine
Kneippbuch 69, 72; Mein Abenteuer-
buch 70; Mein Weg zum Eigenheim 71;
Wochenende - ganz privat; Roman-
tisches Deutschland; Die Pinkertons 76;
Das große Kräuterbuch 76; Wir spielen
77; Höhlenkinder in unserer Zeit 77, u.a.
( )

Goes, Albrecht, Dr. theol. h. c., Prof.;
VS, P.E.N.-Club; Lessing-Preis d. Stadt
Hamburg 53, Heinrich-Stahl-Preis,
Berlin 62, Buber-Rosenzweig-Medaille
78; Dt. Akad. f. Spr. u. Dicht., Akad.
Künste; Im langen Hau 5, D-7000
Stuttgart 80, Tel. (0711) 749103
(Langenbeutingen/Württ. 22.3.08). Lyrik,
Essay, Erzählung.
V: Der Hirte, G. 34; Die Hirtin,
Laiensp. 34; Heimat ist gut, G. 35; Die
Roggenfuhre, Laiensp. 36; Lob des
Lebens, Betrachtn. u. G. 36; Vergebung,
Laiensp. 37; Über das Gespräch, Ess. 38;
Der Zaungast, Laiensp. 38; Mörike,
Biogr. 38; Begegnungen, Erz. 39; Der
Nachbar, G. 40; Die guten Gefährten,
Ess. 42; Schwäbische Herzensreise, Erz.
46; Der Weg zum Stall, Laiensp. 46; Die
Herberge, G. 47; Rede auf Hermann
Hesse 47; Der Mensch von unterwegs,
Laiensp. 48; Von Mensch zu Mensch,
Ess. 49; Unruhige Nacht, Erz. 49 (auch
dän., engl., finn., franz., holl., jap., poln.,
schwed., span., türk., ital., norw., afrik.,
rum., ung.); Gedichte 1930 – 50 50;
Unsre letzte Stunde, Ess. 51; Freude am

Gedicht, Ess. 52; Das Brandopfer, Erz. 54
(auch engl., franz., holl., poln., ital., jap.,
schwed., port., tschech., ung., hebr.);
Vertrauen in das Wort, 3 Reden 54;
Worte zum Sonntag 55; Ruf und Echo,
Ess. 56; Genesis 56; Der Neckar 57;
Erfüllter Augenblick, Ausw. 57; Hagar
am Brunnen, Pred. 58; Stunden mit
Bach, Ess. 59 (auch ital.); Das St. Galler
Spiel von der Kindheit Jesu, Sp. 59;
Worte zum Fest, Ess. 60; Ravenna, Ess.
60; Rede auf Goethes Mutter, Ess. 60;
Die Gabe und der Auftrag, Sammelbd.
61; Die Weihnacht der Bedrängten, Ess.
62; Aber im Winde das Wort, Sammelbd.
63; Erkennst du deinen Bruder nicht,
Sammelbd. 65; Das Löffelchen, Erz. 65
(auch engl., franz., span., japan., ital.); Im
Weitergehen, Ess. 65; Dichter u. Gedicht,
Ess. 66; Der Knecht macht keinen Lärm,
Pred. 69; Kanzelholz, Pred. 71; Dunkler
Tag, heller Tag, Ess. 73; Ein Winter mit
Paul Gerhardt, Ess. 76; Tagwerk, Prosa
u. Verse 76; Lichtschatten du, G. 78;
Besonderer Tage eingedenk 79; Brand-
opfer-, Löffelchen, Ein Wort danach 80;
Quellen, die nicht versiegen,
Erwägungen, Erzn. 80; Noch u. schon.
Zwölf Überleg. 83.

H: Worte Christi 48; Goethe: Gedichte
48; Maria am Rosenhag 59; Paul
Gerhardt, G. 69; Mörike: Hutzel-
männlein 71.

R: Albrecht Goes liest Gedichte 59;
Die fröhliche Christtagslitanei 65;
Martin Buber: Begegnung 78; Chr.
Wagner: Gedichte 79; Mozart: Briefe 79.

Lit: A. E. Haumer: Introduct. üb. A. G.
in: Unruhige Nacht (engl.) 65; R.
Wentorf: A. G.; W. Rollins: Men of
Dialogue, Martin Buber u. A. G.

Göschl, Franz; Hauptplatz 30, A-7100
Neusiedl/See.

V: Auf halbem Weg, zwischen
Dämmer und Traum, G. 80. ( )

Gösele, Gustav *

Gössmann, Wilhelm, Dr. phil., o.Prof.;
Kogge; H.-Heine-Ges., Droste-Ges.,
Germ. Verb.; Graf-Recke-Str. 160, D-
4000 Düsseldorf, Tel. (0211) 633104
(Langenstraße, Kr. Lippstadt 20.10.26).
Essay, Lyrik, Prosa. **Ue:** G, J.

V: Sakrale Sprache, Ess. 65;
Meditationstexte, Lyr. 65; Wörter
suchen Gott, Prosa 68; Glaubwürdigkeit
im Sprachgebrauch, Ess. 70;
Literarische Gebrauchstexte 70, 74;
Sentenzen 70; Wie man sich angewöhnt
hat zu leben, Prosa 72; Elterngespräche,
Lyr. 72; Die Gottesrevolution, Die Reden
des Jesus von Nazareth 75; Ihr aber

werdet lachen, Ess. 76; Umbau, Land
und Leute, Eine Literarische
Inspektion, Prosa 78; Wüstenerfahrung,
Abraham − Moses − Jesus 79; Die
Kunst Blumen zu stecken 80; Religion:
das Menschenleben. Lit. Wiedergabe
bibl. Erfahrungen 81; Im Gewohnten
erschrecken, Beifahrergespräche u.a.
Prosatexte 82.

H: Geständnisse, Heine im Bewußtsein heutiger Autoren, Anth. 72.
s. a. Kürschners GK.

Gößner, Trajan, s. Hey, Peter.

Götz, Gerd (Ps. Katharina Werner),
Dr. med., Facharzt; VS 74; Sch.text-Preis
St. Pölten 72, Kurzhsp.-Preis d. ARD 72;
Viktoriastr. 18, D-4330 Mülheim/Ruhr,
Tel. (0208) 476969 (Landau-Pfalz 19.2.29).
Kurz-Prosa, Lyrik, Satire, Hörspiel,
Schauspiel.

V: Märchen?, lyr. Texte 70; Gutentag-
gebete - Gutenachtgebete, lyr. Texte 72;
Schönen Gruß von Detlef, Kinderb. 75;
Wenn das Licht ausgeht, R. 82.

MA: Ego und Eros, Anth. 72;
Selfmade, Anth. 72; Aller Lüste Anfang/
Das 7. Buch der Werbung, Anth. 73; IG
Papier und Schreibmaschine, Anth. 73;
Kreatives Literatur-Lexikon, Anth. 74;
Quatsch Weckbuch 2, Anth. 74; Der
Kinderbaum, Anth. 76; Vier Kurz-
Hörspiele, Anth. 76.

R: Kurz-Hsp.: Bumm, Tschrr, Pfft 72/
73.

Götz, Hans (Ps. Schellenberg), Haupt-
sachgeb.leit.; Diekwisch 10/V, D-2000
Hamburg 62, Tel. (040) 5200244
(Schellenberg 25.8.18). Lyrik.

V: Unser Sachsenland 52; Philoso-
Viechereien, Lyr., Aphor., Epigr. 66, 68;
die 10 gebote im 20. Jh. 67, 68; Schuster-
kugelspiele, Lyr., Epigr., Aphor. 70; Und
die Moral von der Geschicht, G. mit
Satir. u. Glossen 73; Na und? G. 78.

S: In Wald und Flur, Liederzyklus 69.

Götz, Heide oder Hedi, s. Schlarbaum,
Hedwig Theodora.

Götz, Karl, Realoberlehrer i.R., Prof.
E.h.; Volksdt. Schrifttumspreis 34, 39,
Wilhelm-Raabe-Preis 41, Volkspreis d.
dt. Gemeinden 41, Donauschwäbischer
Kulturpreis des Ldes Baden-Württ. 73,
Ehrenring f. dt. Lit. 1975 d. Dt.
Kulturwerks, Ehrenbürger der Stadt
Herbrechtingen-Bolheim 79, Goldene
Verdienstmedaille d. Ldes Bad.-Württ.
78, Prof. E.h. 81; Mitgl. d. Akad. Rats d.
Humboldt-Ges., EM im Kreis d. Dichter
d. dt. Kulturwerks europ. Geistes, d. Dt.
Akad. f. Bild. u. Kultur in München;

Bruno-Frank-Str. 41, D-7000
Stuttgart 75, Tel. (0711) 442137
(Neubolheim b. Heidenheim/Württ.
11.3.03). Erzählung, Roman, Essay,
Hörspiel. **Ue: E.**
V: Dinkelsbühl, Skizzenb. 27; Das
Kinderschiff 34, 66; Brüder über dem
Meer 38, 44; Die Heimstätter, Erz. 40, 44;
Die große Heimkehr, Erz. 41, 44 (auch
holl.); Die Eisenbahn, Erz. 51; "Aus-
wandern?" ein Handbuch für alle
Fragen der Auswanderung; Wenn die
Hoffnung nicht wäre, R. 52, 71; Johann
Bruecker, Biogr. 55 (auch engl.) 56; 50
Jahre Jugendwandern u. Jugend-
herbergen 59; Hans Reyhing, die
Stimme der Alb, Biogr. 63; "Der goldene
Morgen" heitere Geschichten aus einer
armen Kindheit 65, 70; Schwäbisch von
A bis Z, eine heitere Sprach- und
Menschenkunde 70, 71; Heitere Heimat
75; Am hellen Mittag 75; Das frohe Jahr,
ein Kalenderbuch 80; I like Deutsch.
Geschn. v. Glanz u. Elend unserer
Sprache 81.
MA: Weißbuch z. Rettung d. Sprache
76.
H: Schwäbischer Heimatkalender 62-
83; Hausbuch schwäbischer Erzähler 71;
Menschen und Werke, 100 Jahre
Erhardarmaturen 71.
R: 50 auswander.geschichtl.
Hörbilder; Leut über Leut.
Lit: Adolf Spemann: Menschen und
Werke.

Goetz, Kurt A., s. Goetz, Kurt Paul
Arnold.

Goetz, Kurt Paul Arnold (Ps. Kurt A.
Goetz), Dramaturg u. Schauspieler;
Bodenborn 50, D-5810 Witten-Bommern,
Tel. (02302) 33732 (Keßburg 19.7.12).
Drama.
V: Meine Frau ist gleichberechtigt,
Lsp.; Hilfe, ein Weltschlager; Viel Staub
um Eva; Es passiert nichts in Groß-
Tupfing, alles Burl.; Der blinde Hahn,
Schw.; So ein Mädel hat's nicht leicht,
Lsp.; Silberstreifen am Horizont,
Volkskom.; Kabarett in Piepenbrück,
Rahmenhandl.; Diese Frau ist
wunderbar, Lsp.; Frauen lieben Helden,
Sat.; Fräulein Krimi, Lsp.; Der
springende Punkt, kl. Moritat; Filet mit
Pilzen; Erfinder; Fernsehfieber, alles
Sketche; Weh dem, der lacht, Spielwitze;
Knallbonbons, Spielwitze; Camping-
freuden, Sketch; Hilfe, ein Dichter, Sat.;
Die Mangelware; Die Zeugenbank, alles
Sketche; Amnestie, e. Knastiade;
Gefährliches Nachspiel, Mädchensp.;
Nasser Irrtum; Entwicklungshilfe; Des

Pudels Kern; Kannibale an Bord; Die
surrealistische Köchin, alles je 3
Sketche, u.v.a.

Goetz, Rainald, c/o Suhrkamp Verlag,
Frankfurt a.M..
V: Irre, R. 83. ( )

Goetz, Valerie (Ps. Valérie von
Martens-Goetz), Schauspielerin,
Regisseurin, Schriftstellerin; P.E.N. 63,
FL-9494 Schaan/Liechtenst. (Linz/D.
4.4.08). Memoiren, Kurzgeschichten.
V: Wir wandern, wir wandern,
Memoiren 3. Teil; Die wunderbare
Geschichte des Herren Blau; Napoleon
ist an allem schuld, nach d. Drehb. z.
Film von Curt Goetz; Ergötzliches. –
MV: Die Verwandlung des Peterhans
von Binningen, m. Curt Goetz 62; Wir
wandern, wir wandern, m. Original-
texten von Curt Goetz 63; Curt's
Geschichten. Kurzgeschn. von u. über
Curt Goetz 75, 2. Aufl. 77.
H: Die Verwandlung des Peterhans
von Binningen; Wir wandern, wir
wandern; Die wunderbare Geschichte
des Herrn Blau; Napoleon ist an allem
schuld. ( )

Goetze, Helga *

Goetze, Irmgard, s. Winter, Irmgard.

Götzfried, Rodrich, RA.; Oberlindau
87, D-6000 Frankfurt a.M. (Regensburg
9.10.39).
V: Sonntagsjäger 67; Unterwegs in
Sachen Jagd 80. ( )

Gogg, Dieter, Schriftsteller,
Komponist; Literar-Mechana, LVG,
AKM, Austro-Mechana; Grillparzerstr.
27/II, A-8010 Graz, Tel. (0316) 319305
(Leoben/Steiermark 15.4.38). Satire,
Hörspiel, Chanson, Komödie, TV-
Drehbuch (Shows, Kabarett).
V: Nur wer das Fernsehen kennt ...,
Sat. 82.
R: Die heissen Tage der Gerti Zeiss,
Hsp.
S: Nerz beiseite 64; Gemma Mörder
schaun 65; Verschlampt in alle Ewigkeit
66.

Gogolin, Peter (Ps. A. Esch),
Journalist; VS 81; Georg Büchner Ges.
80, Dt. Schillerges. 81; Waterloo Str. 30,
D-2000 Hamburg 50 (Holstendorf/
Schlesw.-Holst. 3.1.50). Roman, Lyrik,
Essay, Filmdrehbuch.
V: Seelenlähmung, R. 81, 2. Aufl. 82.
MA: Auf der Balustrade —
schwebend, Lyr. 82.

Gol, Jan, s. Goebel, Joseph.

Gold, Patricia, s. Steinborn, Tonimarie.

Goldack, Roland, Magister d. Soziol.; Ludwigstr. 22, D-6300 Gießen, Tel. (0641) 78718 (Oberstdorf 6.8.55). Roman, Dokumentation.
V: Kalter Krieg 82.

von Goldeck, Edler, s. Fetscher, Iring.

Goldmann, Alfred, freier Schriftsteller; Anerkennungsg. d. Stadt Zürich 73, Prix Suisse d. Schw. Radio- u. Fsges. 68, 73; Kluseggstr. 18, CH-8032 Zürich, Tel. (01) 535460 (Zürich 2.1.13). Lyrik, Roman, Erzählung, Hörspiel, Operntext.
V: Halkyonische Zeit 44; Was so passieren kann, Erzn. 73; Die Wirklichkeiten d. Tobias P., R. 79.
R: Antoine u. Carmela; Orpheus; Signale; Enkidus Tod; Antworten, bitte, alles Hsp.; Blackwood & Co., Operntext 62.

Goldmann, Rudolf A. (Ps. Tobias Türmer), Maschinenschlosser, Kunsthandwerker, Sozialpädagoge (grad.), Student; VS 75; Lit. Werkstatt Marl 75-78, Kr. d. Freunde 75-78, Atelier d. Wortmeisterei 79, NGL 80-81; Düsseldorfer Str. 5, D-1000 Berlin 15, Tel. (030) 8835345 (Marl 5.3.52). Lyrik, Kurzprosa, Essay, Aphorismen.
V: Nur ein Lächeln, Lyrik u. Prosa 76; Komische Gefühle, Lyrik 79; Jenseits v. Diesseits Spuren finden u. Spuren hinterlassen, Lyr. u. Aphor. 82.

Goldschmidt, Erni; Milo-Künstlerverein; Ben Jehuda Street 80, Tel-Aviv 63433/Israel (Kassel 20.9.).
Ue: E.
V: 100 Lieder mit 100000 Gedanken, G. 77.

Goldstein, Walter-Benjamin, Dr. iur. et phil.; ISDS, Verb. dt.spr. Autoren in Israel; Karl v. Holtei-Med., Gold. ENadel d. Ldsmannsch. Schlesien; Beth Hakerem, Bialik Str. 18, Jerusalem 96221/Israel, Tel. (02) 525806 (Breslau 19.5.93). Städtebilder.
V: Wassermann. Sein Kampf um Wahrheit 29; Carl Hauptmann. Ein Lebensbild 31, 79, Eine Werkdeut. 31, Stud. z. Entwickl. d. psych.-physischen Probleme 32; Jakob Wassermann. Der Mann von 60 Jahren 33; Der jüd. Gottesgedanke in d. Entwickl. d. Menschheit (hebr.) 38, dt. u.d.T.: Agonie des Glaubens? 41; In memoriam Hermann Cohen 42; Begegnung m. Martin Buber 43; Das philos. Werk Hermann Cohens (hebr.) 45; Gottes Witwer u. Gottes

Boten. Vergl. Betracht. v. Existenzialismus u. Dialogik 48; Die Botschaft Martin Bubers I — IV 52 — 58; Chronik d. Herzl.-Bundes 62; Hermann Cohen u. d. Zunkunft Israels 63; Gottespanik. Schriften z. Atheismus-Probl. 64; Martin Buber. Gespräche, Briefe, Worte 67; Der Glaube Martin Bubers 69; Carl Hauptmann. Eine Werkdeutung 72; 1000 Jahre Breslau. Bilder aus Breslau Vergangenheit 74; 1000 Jahre Venedig. Ein euop. Märchen 80; 1000 Jahre Wien u. die Habsburger. E. europ. Legende 81; 1000 Jahre Europa u. die Juden 81.
MA: Stimmen aus Israel 79.
R: Breslau um 1900, Vortr.
s. a. Kürschners GK.

Golinski, Edith; VS 65, IGdA 69; 2 × 1. Pr. Wettbewerb Blindenzs. 'Feierabend', 3. Pr. Wettbewerb IGdA, 'Araukarie', 2. Pr. f. Lyrik d. IGdA 74, 1. Pr. Die goldene Feder f. Lyrik d. IGdA 75; Märchenges. d. europ. Völker, Hebbel-Ges. 65; Poggendörper Weg 32, D-2300 Kiel 14, Tel. (0431) 26810 (Preetz/Holst. 11.12.12). Märchen, Kurzgeschichte, Hörspiel, Lyrik, Essay, Roman.
V: Aus Wald und Feld, M. 55; Der lebendige Spiegel, M. u. Gesch. 56; Der Blick nach Innen. Erlebnisse einer Blinden 63; Sternseele, Märchen 69; Die Blätter nahm mir der Wind, Kurz-R. 75; Ansia oder die Sehnsucht, G., Aphorismen 79; Ein kleines Lied. Lyr. 80; Tage von gestern. Bunte Erlebnisse 81. — **MV:** Anthologie 3, Lyriker in 47 Sprachen 79.
MA: Wahrheit wollen wir ergründen, Welt-Anth. 73; Jung ist, wer zu lieben weiß, Welt-Anth. 74; Quer. Lyrik der Gegenwart, Anth. 74; G. u. Erz. in Mhefte: Schleswig-Holstein, Die Oberpfalz 75.
S: Gäb' es die Sehnsucht nicht 77.

Golling, Christine (Ps. Frederike Frei), Schriftstellerin; VS seit 77; Max-Brauer-Allee 124, D-2000 Hamburg 50, Tel. (040) 385891 (Brandenburg 24.1.45). Lyrik.
V: Losgelebt, Lyrik 76, 79; Wie geht's dir?, Lyr.
R: Die Bewerbung, Kinderfsp..
Lit: J. Gehret: Gegenkultur Heute.

Gollner, Gotthelf, (Ps.), c/o Botterbusch, Pilarstr. 8, D-8000 München 19, Tel. (089) 175131. Lyrik.
V: A oide Lindn is a Gschicht, G. 81.

Gollub, Margret; Soltaus Koppel 30b, D-2057 Reinbek, Tel. (040) 7223173 (Birkenfließ 15.1.13). Tiergeschichten, Erlebnisse aus der Seefahrt.

V: Förstergretel liebt alle Tiere, Erzn.
67, 71; Als Stewardess um die Welt 67;
Schiffsfunkerin Annemarie 72. ( )

Gollwitzer, Helmut, D. theol., o.
UProf.; Nebinger Str. 11, D-1000
Berlin 33, Tel. (030) 8383669
(Pappenheim 29.12.08).
V: Und führen, wohin du nicht willst,
Ber. einer Gefangenschaft 51; Krummes
Holz - aufrechter Gang 70; Zuspruch
und Anspruch, Predigten I 54, II 68; Ich
frage nach dem Sinn des Lebens,
Samml. 74; Die kapitalistische
Revolution 74; Vortrupp des Lebens,
Samml. 75; Forderungen der Umkehr
76; Befreiung zur Solidarität 78; Frieden
2000 82. — **MV:** Denken und Glauben, m.
W. Weischedel.
MH: Du hast mich heimgesucht bei
Nacht, Abschiedsbriefe u. Aufzeichn. d.
Widerstandes 1933 — 45 54; Und bringen
ihre Garben - aus russischer Kriegs-
gefangenschaft 56.
Lit: Friedrich Wilh. Marquardt (Hg.):
Bibliographie Helmut Gollwitzer 69;
Richte unsere Füße auf den Weg des
Friedens, Festschr. zum 70. Geb. 78.
s. a. Kürschners GK.

Gollwitzer, Josef, s. Hammerschmid,
Josef.

Golowin, Sergius, Bibliothekar, freier
Schriftsteller; B.S.V., CH-3112
Allmendingen/BE, Tel. (031) 526820
(Prag 31.1.30). Märchen, Novelle, Lyrik,
Essay. **Ue:** R.
V: Ein Büchlein für die Katze, M.,
Kurzgeschn. u. G. 55 u. 78; Aus den
Höhen, G. 56; Dem Morgen zu, G. 57;
Berner Johannis, M.-N. 58; Der
verlorene Reif, G. 59; Dunkle Brücken,
G. 59; Ilja von Murom. Eine russ.
Heldensage 59; Zwischen Abend und
Morgen, N. 60; Von den Erdmännchen
und der Goldenen Zeit, Berner-M. 61;
Von Heldentaten und Hexenwerken
russ. M. 61; Der Sang von Loana, G. 61;
Vom Volke der ewigen Jugend, irische
M. 61; Theophrastus Paracelsus im
Märchenland, Ess. 62 u. 80; Mären um
den lieben Gott, M. 63; Slowakische
Sonnensagen 63; Stadt im Grenzland,
Prosa 63; Vom weisen Salomo, dem
König der Geister, Oriental. M. 64; Die
Legende von den Siebenschläfern,
Oriental. M. 64; Magische Gegenwart,
Ess. 64 u. 80; Sagen aus dem Bernbiet
65, 66; Berns Stadtgespenster, Berner
Sagen 65, 66; Götter der Atom-Zeit.
Moderne Sagenbildung um Raumschiffe
u. Sternenmenschen 67 u. 80; Bern mit
und ohne Masken 68; Berner Märit-

Poeten 69; Berner im Hexenkreis 67;
Heimliches, Unheimliches 71; Lustige
Eidgenossen 72; Zigeuner-Magie im
Alpenland 73; Die Magie der verbotenen
Märchen 73, 4. Aufl. 81; Adrian v.
Bubenberg u. d. Krone v. Burgund 76;
Die Welt des Tarot 75, 5. Aufl. 82; Hexen,
Hippies, Rosenkreuzer 77; Frei sein wie
die Väter waren 79; Magier Merlin 81;
Hausbuch d. Schweizer Sagen 81; Das
Reich des Schamanen. D. Euras. Weg d.
Weisheit 81; Die Weisen Frauen. D.
Hexen u. ihr Heilwissen 82. —
MV: Eigene Wege 60; Arena FIERTAS
61; Otto H. von Loeben: Die Jahres-
zeiten 61; Beiträge 63 63; Junge
Dichtung 64 64; Die Däniken-Story, m.
G. A. Bouquin 70.
H: Sinwel-Reihe romant. Neudrucke,
Sinwel-Reihe der Feen-Märe; Burg-
dorfer Dichter-Begegnungen 65; Hans
Rudolf Grimm: Vom großen Misch-
Masch 65; Die Geschichte von den
Siebenschläfern 64; Menschen und
Mächte. Sagen zwischen Jura u. Alpen
70.

Goltdammer, Marianne, Lehrerin i.R.;
IGdA 72, DAV 77; Tulpenweg 5, D-2970
Emden, Tel. (04921) 42323 (Weida/Thür.
1.2.16). Lyrik, Kurzgeschichte.
V: Ich bin kein Berg, Lyr. 83.
MA: Beitr. in Anth., u.a. in: Gauke's
Jb. 81, 82, 83.

Goltz, Dietlind (Ps. Dietlind Neven du
Mont); VS 71, D-8157 Erlach 9, Post
Dietramszell 1, Tel. (08024) 4626
(München 1.5.26). Kinderbuch.
V: Ich bin Tiger 57, 68; Großer Preis
für Tiger 58; Der kleine Harlekin 59;
Max Pim 60; Das Getüm 70, alles
Kinberb.; Ein Getüm kommt selten
allein 74; Mit Susi fing's an 76; Wenn die
Eulen schaurig heulen 81; Das doppelte
Gemoppel 82. — **MV:** Badehose für
Klein-Eskimo, m. Cili Wethekam 62;
Vatergeschichten, m. W. Gabel u. Jo
Pestum 81.
MA: Quatsch, Weckb. 2. 74; Auf d.
ganzen Welt gibt's Kinder 76; Bei uns zu
Haus u. Anderswo 76; Der Sandmann
packt aus, Weckb. 5. 81.
R: Ich bin Tiger, Fernsehen 58; Max
Pim, Fernsehen 59; Das Getüm,
Fernsehen 71.
S: Das Getüm 74; Ein Getüm kommt
selten allein 76.

Golznig, Johannes, OAR.,
Gemeindebeamter; Kärntner
Schriftstellerverb.; Kirchgasse Nr. 40, A-
9560 Feldkirchen/Kärnten, Tel. (04276)

2170 (Weitensfeld in Kärnten 16.6.24).
Lyrik, Novelle, Essay.
MA: Fidibus (Lit.zs.); Lyrik 80; Lyrik
81.

H: u. MV: Tropfen, Schrr. e. Dichterkreises.

Gomringer, Eugen, Leit. d. Abt.
Kultur. Bezieh., Rosenthal AG, Selb/
Bay., Kunstkritiker, Prof. f. Aesthetik
Staatl. Kunstakad. Düsseldorf; Dt. P.E.N.
77; Assoc. intern. critiques d'Art (AICA),
Akad. Künste Berlin 71; Wurlitz 22, D-
8673 Rehau, Tel. (09283) 1324 (Cachuela
Esperanza/Boliv. 20.1.25). Lyrik, Film,
Übersetzung. **Ue: E.**

V: Konstellationen, Lyrik 53; 33
Konstellationen 60; 5 × 1 Konstellation
60; Die Konstellationen, Ges.-Ausgabe
63; Das Stundenbuch, Lyr. 65; Manifeste
u. Darstellungen d. Konkreten Poesie
66; Monografie Josef Albers 68; Worte
sind Schatten, Lyr. 68; Poesie als Mittel
der Umweltgestaltung 69; eugen
gomringer 1970-1972 73; konstella-
tionen-ideogramme-stundenbuch 77;
stundenbuch 5sprachig 80. —
MV: einsam gemeinsam 71; Richard
Paul Lohse, Monogr. 73; A. Stankowski,
Monogr. 74; wie weiss ist wissen die
weisen, Lyr. 75; G. Fruhtrunk, Monogr.
78; Gucken, Kdb. 78; Goeschl, Monogr.
79; Identitäten, Lyr. 81; Denken, Lehren,
Bauen. Die Schrr. v. Hans Schwippert
82.
MA: Max Bill z. 50. Geb. 58.
H: Konkrete Poesie — poesia
concreta, Reihe 60-64; Kunst und
Umwelt seit 72; konkrete poesie, Anth.
72.
F: Schleifen - Lisciare - Poncer -
Finishing, Text 64.
R: Beobachtung einer Beobacht.,
Rdfk-Sdg. 81.
S: E. Gomringer spricht E. Gomringer
73; Das Stundenbuch 81.
Ue: Ernest Fenollosa: Das chinesische
Schriftzeichen als poetisches Medium
72.
Lit: Kurt Leonhard: Silbe, Bild und
Wirklichkeit 57; Karl Krolow: Aspekte
zeitgenössischer dt. Lyrik 61; Peter
Schneider: Konkrete Poesie in: Sprache
im techn. Zeitalter 65; K. Marti: Die
Schweiz und ihre Schriftsteller 66; L.
Bornscheuer: der Deutschunterricht, H.
4 69; ders.: D. Gedicht als Gebrauchs-
gegenstand in: Akzente 17 70; Max
Niemeyer: Theoret. Positionen z.
konkret. Poesie 74; Dieter Kessler:
Untersuchungen zur Konkreten Poesie
in: Dt. Studien 30 76; Michael Zeller:

Gedichte haben Zeit 82; Hans Hartung:
"vielleicht" in: Gedichte u. Interpretat.
82; Konkrete Kunst — E. Gomringer —
konkrete Poesie 83.

Gong, Alfred; P.E.N.; Theodor-Körner-
Preis 66; 2320 Bronx Park East, New
York, 10467/USA, Tel. 6526464
(Czernowitz/Bukowina 14.8.20). Lyrik,
Drama, Essay, Erzählung.
V: Gras und Omega, G. 60; Manifest
Alpha, G. 61; Happening in der Park
Avenue. New Yorker Geschichten 69;
Gnadenfrist, G. 80.
H: Interview mit Amerika, Anth. 62,
65. ( )

Gonserowski, Annette,
Industriekaufmann; DAV 82; Christl.
Autorinnen-Gruppe 82; Höferhof 38, D-
5883 Kierspe 1, Tel. (02359) 4002
(Lüdenscheid 27.8.49). Lyrik.
V: Aufatmen, Lyr. 82.

Gontard, Fred, s. Schneider, Walter.

Goossens geb. Heller, Erna (Ps. Erna
Heller); Literaturpreis d. Stadt
Karlsruhe 57, 60; Härgelstr. 2, D-7500
Karlsruhe 41, Tel. (0721) 491134
(Samedan/Schweiz 28.1.13). Lyrik,
Erzählung, Reisebeschreibung.
V: Das Saitenspiel, G. 50; Tropfen im
Meer, G. 57. ( )

Gordian, Fritz *

Goren, Maria, s. Gorenflo, Gisela.

Gorenflo, Gisela (Ps. Maria Goren),
Schauspielerin; VS 78; Bodenseeklub
Überlingen 77; Im Asemwald 12/17, D-
7000 Stuttgart 70, Tel. (0711) 726979
(Karlsruhe 21.2.23). Lyrik, Kurzprosa,
Hörspiel, gesellschaftskritische
Arbeiten, kabarettistische Texte
szenisch, Theaterkritiken.
V: entlang der leeren reden, G. 78; ein
wort kürzer, G. 81.

Gori-Nägeli, Helen,
Sekundarlehrerin; Höhenweg 1, CH-
8200 Schaffhausen, Tel. (053) 47671
(Zürich 16.7.49). Jugendtheater.
V: Pete u. Tina, Jgdtheaterst. in
Schweizer Mda. 78. —
MV: Weihnachtszeit in d. Schule 78;
Theaterwerkstatt f. Kinder,
Weiterspielen 79.

Gorissen, Friedrich *

Gormann, J. A., s. Grasmück, Jürgen.

Gorrish, Walter, s. Kaiser, Walter.

Gorski, Maria-Viola (Ps. Maria-Viola
Wildenhain), Autorin; Fichtestr. 3, DDR-
7030 Leipzig, Tel. (041) 315564 (Leipzig
28.11.32). Biographien, Erzählungen.

V: Das Mädchen Bernadette, Biogr., 1.
u. 2. Aufl. 74, 3. Aufl. 76; Ein Mann aus
Dublin. Das Leben des Matt Talbot,
Biogr. 80.
MA: Gott selber ist erschienen,
Weihn.b. 77; Daß wir mit Christus
aufersteh'n, Osterb. 80; Der
Rosenstrauch u. sein Lied, Anth. 83;
Kleine Hand in meiner Hand, Anth. 83.
H: Auf Wegen des Lichtes, Anth. 74, 2.
Aufl. 75; Gott selber ist erschienen,
Weihnachtsb. 77; Eric Shepherd: Mord
im Nonnenkloster 77, 2. Aufl. 79; Daß
wir mit Christus auferstehn, Osterb. 80;
Una Troy: Die Pforte d. Himmelreiches
80 (Vorw.); Der Rosenstrauch u. sein
Lied, Anth. 83.

Gosch, Walther, s. Oschilewski,
Walther G..

Goseberg, Ruth; Hochstr. 67, D-5990
Altena 8 (Datteln/Westf. 21.12.18).
Erzählung.
V: Magdalene Brinkmann, Erz. 53. ( )

Gosemärker geb. Schlawe, Rosemarie,
freiberufl. Journalistin; Strandstr. 34, D-
2270 Wyk auf Föhr, Tel. (04681) 1220
(Radeberg/Sa. 28.10.38).
V: In den Sand geschrieben, Lyr. 83.

Gosewitz, Ludwig (Ps. Luis de
Morales), Kunstglasbläser, Astrologe;
Helmstedter Str. 5, D-1000 Berlin 31
(Naumburg/Saale 20.1.36). Lyrik, Prosa,
Visuelle Poesie, Kritisches. **Ue:** D, E.
V: typogramme 1, visuelle Poesie 62;
Gesammelte Texte, Lyrik, Prosa 76;
Gesammelte Werke 1960-80; Neues Glas
80. — **MV:** Von Phall zu Phall 71; Das
Büdinger Oratorium 78.
MA: Kalenderrolle 62; Edition et 2-4,
66-67; E. Williams: concrete poetry 67;
experimentální poezie 67; Walter Aue:
PCA 71; J.M. Poinsot: mail art 71;
Erinnerungen I-IV 71-74; Pro 22 72;
Fluxshoe 72; UND 74; Anth. visuele
poëzie 75; 8 from Berlin 75-76; Teutonic
Schmuck 76; Spatial Poems 76; Ost-West
76; Sondern 1 76; Ausgabe 1-4 76-79;
Tintenfisch 11 77; meff-Musik 78; Karin
Pott 79; Zehn Jahre Edition Hundert-
mark 80; Vom Aussehen d. Wörter 80;
Art Allemagne Aujourdhui 81;
documenta 7 82; Stern-Bilder 82; 1962
Wiesbaden Fluxus 1982 82-83.
Ue: H: Knud Pedersen: Der Kampf
gegen die Bürgermusik 73.

Gosse, Peter; Kunstpr. d. Stadt Halle-
Neustadt (kollektiv) 69, d. Stadt Leipzig
(kollektiv) 69; Mockauer Str. 118/153,
DDR-7025 Leipzig, Tel. (041) 580286
(Leipzig 6.10.38).

V: Antennendiagramme, Rep. 67;
Antiherbstzeitlose, Lyrik 68; Kleine
Gärten - große Leute, Sch. 71; Ortungen,
G. u. Notate 75; Ausfahrt aus Byzanz, G.
82; Palmyra, Stück 82; Mundwerk, Ess.
83. — **MV:** Anregung 1, St. 69; Städte
machen Leute, Rep. 69.
H: A. Endler: Akte Endler 81; F.
Petrarca: Gedichte 82. — **MH:** Vietnam
in dieser Stunde, Anth. m. W. Bräunig,
R. u. S. Kirsch 68; Chile — Gesang u.
Bericht 75.
R: Leben lassen, Hsp. 80; Die
Zertrümmerung, Hsp. 81; Jorinde,
Joringel, Hsp. 83.
Ue: Husseinow: Der unheilige
Mohammed, R. 79. — **MUe:** Sabolozki:
Gesicht im buckligen Spiegel, G. 79.

Gosztonyi, Alexander, Dr. phil. I.;
Intern. P.E.N. 69, ISDS 71; Witikonerstr.
392, CH-8053 Zürich, Tel. 530082
(Budapest 22.11.25). Philosophie,
Psychologie, Religionswiss., Lyrik,
Roman, Essay. **Ue:** J, S, U.
V: Der Mensch und die Evolution.
Teilhard de Chardins philos. Anthropol.
68; Der Mensch in der modernen
Malerei. - Vers. z. Philos. d. Schöpfer. 70;
Grundlagen der Erkenntnis 72; Rodosto,
G. 72; Der Mensch und sein Schicksal -
Grundzüge v. Leopold Szondis Tiefen-
psychologie 74; Der Raum - Geschichte
s. Probl. in Philos. u. Wiss. 76; Andrea
D'Aterno und die moderne
Landschaftsmalerei 79.
Ue: Attila József: Am Rande der
Stadt, G.-Anth. 57.

Gotfurt, Dorothea; The Screen
Writers' Guild 58, P.E.N. 59, VS (V.D.Ü.);
6, Hall Rd., Flat 50, London NW8 9PA,
Tel. (01) 2868397 (Berlin-Charlottenburg
12.2.07). Drama, Fernsehspiel. **Ue:** E.
V: While I'm sitting on the fence, G.
72. — **MV:** Your Obedient Servant, m. D.
Morgan, Lsp. — Alleinverf./Übers. d. dt.
Version m.d.T.: Ihr gehorsamer Diener;
Of Mink and Men, Bü.
R: No other way, Hsp. 63; Destiny,
Fsp. 63; Ihr gehorsamer Diener, Fsp. 63;
mehrere Dramen in engl. Spr. f. Fs. u.
Rdfk seit 73.
S: Of Mink and Men, Hsp. 63; No
other Way; Your Obedient Servant, m.
Diana Morgan.
Ue: Robin Maugham: Das Bittere und
das Süße, R. 54, Line in ginger u.d.T.:
Verfolgt aus Liebe, R. 55, Behind the
mirror u.d.T.: Kaleidoskop der Liebe, R.
56; Joan Henry: Umfange mich Nacht,
R. 55; Max Catto: The killing frost u.d.T.:
Unwiderruflich, R. 55; Ted Willis: Kein

Baum in der Straße, Bü. 56; Paul
Vincent Carrol: Der Teufel aus Dublin,
Bü., The old foolishness u.d.T.: Die ewige
Torheit, Bü.; Una Troy: Wir sind Sieben
59, The Workhouse Graces u.d.T.: Die
Pforte zum Himmelreiche 60; Robert
Muller: Die Welt in jenem Sommer 60;
Agatha Christie: Feuerprobe der
Unschuld 60, 4 weitere R. 57 — 61; Robin
Maugham: Der Mann mit 2 Schatten 61;
Noel Coward: Waiting in the Wings
u.d.T.: Die Schatten werden länger 61;
Upton Sinclair: Eva entdeckt das
Paradies, R. 62; Ted Willis: Die Frau im
Morgenrock 62; K. Waterhouse u. W.
Hall: Lügen-Billy 64; Ted Willis: Heiße
Sommernacht 63; H. u. M. Williams: Mit
Haut und Haar 64; Charles Nolte: Groß-
aufnahme für Zwei, alles Bü.; W. Hall u.
K. Waterhouse: Hallo - wer dort, Kom.;
Robin Maugham: Der Grüne Schatten,
R. 68; Anders als die Anderen, R. 70; A.
Burgess: Honig für die Bären 74.

Gothan, Hans, Feldmeister a.D.; IGdA
80, ADA 83; 3. Preis Seniorenwettbew. 78
VHS Lemgo 78, 1. Pr. dto. 81, Goldenes
Herz, Seniorenwettbew. Verkehrsmin.
NRW 79; Finkenstr. 13, D-4400 Münster/
Westf., Tel. (0251) 277153 (Harburg/Elbe
4.11.15). Kurzgeschichte, Reisebericht, -
erlebnisse, Roman.
V: bis zu dem Tag, R. 74; Camping-
garn, Erzn. 82.
MA: Langjähr. Mitarb. an Ztgn., Zss.
u. Fachjourn. im In- u. Ausld.

Gotsche, Otto; SV-DDR, P.E.N.;
Nationalpreis 58, Literaturpreis d.
FDGB 59; Dt. Akad. Künste Berlin;
Majakowskiring 10, DDR-111 Berlin-
Niederschönhausen (Wolferode 3.7.04).
Roman.
V: Märzstürme, R. 33, 80; Tiefe Fur-
chen, R. 49, 75; Zwischen Nacht und
Morgen, R. 55, 79; Die Fahne von Kriwoj
Rog, R. 59, 80; Auf Straßen, die wir
selber bauten, Repn. 59; Unser kleiner
Trompeter, R. 61, 76; Gefahren und
Gefährten, Erzn. u. Skizzen 66; Stärker
ist das Leben, R. 67; Ardak und
Schneedika, Kinderb. 68; Links und
rechts vom Äquator, Reiseb. 70; Im
Mittelmeer, Reiseb. 72; Zeitvergleich.
Anekdn. u. Situationen 74, 77; Mein
Dorf, Geschichte und Geschichten 74,
82; Der Untergang des Detachements
Berthold 74; Sturmsirenen über
Hamburg 73; Und haben nur den Zorn,
R. 75, 81; Die Signale standen auf "Rot"
76; Der Weg zum festen Bündnis 77; Das
Lager am Hermannschacht 77; Die selt-
same Belagerung v. Saint Nazaire, R. 79,

80; Erlebt und aufgeschrieben, Aufs.,
Repliken, Reden 81; Standort Marstall
81; Die Hemmingstedter Schlacht, R. 82.
F: Unser kleiner Trompeter 64; Die
Fahne von Kriwoj Rog 67. ( )

Gottanka, Hans, s. von Eggelkraut-
Gottanka, Hans.

von Gottberg, Erika, freie Schrift-
stellerin; VS 69; Fremersbergstr. 60a, D-
7570 Baden-Baden, Tel. (07221) 28597
(Neustadt/Holstein 23.6.16). Lyrik,
Novelle.
V: Du bist wie Brot für mich, G. 74.
MA: Lyrische Texte, Anth. 82.
R: Naher Osten; Islam u.
Kommunismus; Die arab. Frau; alles
Rdfk-Sdgn 66, 70, 74.

von Gottberg, Hans, Offizier, D-2301
Dänisch-Nienhof (Naumburg 5.8.23).
Jugenderzählung, Jugendsachbuch.
V: Die Mannschaft des Admiral Jacob
65, 67; Die große Fahrt des Admiral
Jacob 66; Die großen Abenteuer des
Admiral Jacob 68, alles Jgderzn.; Der
Indianerpauker und die Goldene Horde
68, 81; Die Altväter und die Goldene
Horde 70, 81; Der Kampf um die Kisten-
burg 70, 82; Das große Buch der Bundes-
wehr, Jgdsachb. 70; Tauchjacht U-
Flipper 73; Männer, Waffen, Strategien,
Jgdsachb. 81; Argo Nautilus — Klar zum
Tauchen! 83; Fahrten — Ferne —
Abenteuer, Jgdsachb. 83.

Gottschalk, Fritz *

Gottschalk, Hanns, Dr. phil., Prof. h. c.,
Lektor; Kg. 52, Leiter Sektion
Schrifttum 59, Ehrenvorsitzender 78,
Kogge 61; Schles. Literaturpreis 44,
Dramatiker-Pr. BdV Bonn 65, Österr.
Ehrenkr. Literis et artibús, Andreas-
Gryphius-Preis 78; Kulturwerk
Schlesien; Greilstr. 1, A-4020 Linz/D.,
Tel. (0732) 2769714 (Lenschütz 21.7.09).
Roman, Novelle, Lyrik, Drama, Essay,
Hörspiel.
V: Der Fremde im Dorf, R. 40, 48;
Meister Dominus, R. 46; Fährmann
Gottes, R. 47; Tag der Reife, R. 49; Es
rauscht ein Strom, R. 52, 60; Bad Haller
Impressionen 53; Am Herzen der
Schöpfung, G. 53; Der Sohn, N. 54; Die
Weiche, N. 56; Begegnungen, Erzn. 56;
Den Müttern, Erzn. u. G. 57; Denk ich an
euch, ihr stillen Freunde, Ess. 58; Der
Weg nach Petropowka, N. 59; Horizonte,
G. 60; Urlaub in die Ewigkeit, N. 61; Der
Brief an die Mutter, bibl. Ausg. 62; Und
über uns der Himmel, Ess. u. Erz. 63;
Einer muß bleiben, Sch. 64; Dein der
Zauber und Glanz dieser Welt, G. 65;

Zeit ohne Zifferblatt, Dichtungen mit
Hsp.: Holüber 69; Welt in der Wind-
laterne, Nn. 70; Eulen vor dem Spiegel,
Heitere Erzn. 72; Zeit für einen Vers, G.
73; Die Schelmengedichte 74;
Bildwechsel, G. 78; Kontrapunkte, G. 80;
Il divo Michelangelo, Libretto 82.

H: Und die Welt hebt an zu singen,
Anth. schles. Lyrik 58; Stundenbuch der
Freude, Aphor. Samml. 61; Das
schlesische Balladenbuch, ausgew. u.
eingel. 73; Autoren reisen, Anth. 76. —
MH: Kleine Reihe der Künstlergilde I -
XVIII 60 — 76; Erbe und Auftrag,
Ostalm. d. Kg. 60; Zwischen den Ufern,
Anth. 65; Ziel und Bleibe, Anth. der
Künstlergilde 65, 66; Kleine Prosa 67;
Der große Käfig Welt, Heitere Erzn. 70;
Windbericht, Lyrik-anth. 71; Der
Vorhang hob sich nicht mehr. Theater-
landschaften und Schauspielerwande-
rungen im Osten 74; Die Kehrseite des
Mondes, zeitkrit. Texte 75; Essays zur
Kunstgeschichte (Oskar Schürer) 76;
Schuldschein bis morgen,
Erzählgedichte 78.

F: Das Lied von der Glocke: Die
Pummerin 52.

R: 144 Stunden unter Tage, Hsp. 32;
Hol über, Hsp. 64.

Lit: Arthur Fischer-Colbrie: Leben
und Werk Hanns Gottschalks 49; Hanns
Gottschalks jüngste Ernte 53, beide in:
Oberösterreichischer Kulturbericht;
Rudolph Adolph: Ein Künstler der
Liebe. Stunden mit dem Dichter Hanns
Gottschalk in: Der Volksbote 52; Kurt
Vansca: Hanns Gottschalk in: Monats-
hefte für Weltliteratur 54; Gilbert
Socard: Hanns Gottschalk in:
Documents 56; Kurt Vansca: Hanns
Gottschalk in: Begegnungen 56; A.
Fischer-Colbrie: Hanns Gottschalk in:
Zeitgenöss. Schrifttum in Oböst. 4/57;
Jochen Hoffbauer: Fruchtbare Stille -
Hanns Gottschalk in: Wort in der Zeit
59; Wolfgang Schwarz: Nachwort zu
Urlaub in die Ewigkeit 61; Arno Lubos:
Die schlesische Dichtung im 20. Jh. 61,
Linien und Deutungen 63; Der Dichter
Hanns Gottschalk in: Das Wort 63; Zeit-
theater-Autoren in: Theater-Rundschau
5/64; Einer muß bleiben, Leben und
Werk Hanns Gottschalks in: OÖ.
Kulturbericht 18/69; Dr. W. Schwarz: An
Hanns Gottschalk geschrieben in: Zeit
ohne Zifferblatt 69; E. G. Bleisch: der
Lyriker H. G., Nachw. zu Die Schelmen-
gedichte 74; Persönlichkeiten Europas
75; Andreas-Gryphius-Preis für Hanns
Gottschalk, Laudatio Heft 7/78;
Reinhold Tauber, Bilanz der Einsichten,

Neue Literatur ALZ 78; Lidschlag
unbegrenzt: H. G., Kulturpolit. Korresp.
F. 375/79; Adalbert Schmidt: Einkehr bei
H. G., OÖ. Kulturber. 15 79; ders.:
Nachwort zu: Kontrapunkte 80;
Kantilenen d. Erinnerung, OÖ.
Kulturber. 22 80.

Gottschalk, Herbert (Ps. Ata Hajan),
Public Relations Leiter; D.S.V. 48, VS 71;
Lit. Auszeichn. "Knight of Mark Twain",
Kirkwood/USA 66; Alexanderstr. 137, D-
7000 Stuttgart S (Kolowert/Wolhynien
9.6.19). Theater- u. Buchkritik, Essay,
Hörspiel, Reisebericht, Sachbuch. **Üe:** E,
P, R, Serbokroat.

V: Sehnsucht, Ess. 44; Am Rande des
Glücks, N. 44; Welt im Werden, St. 51;
Holländischer Reisebilderbogen 53;
Jugoslawien und sein Kulturleben 54;
Erziehung zur Humanität, Ess. 54;
Slowenisches Intermezzo 54; Ortega y
Gasset als Philosoph und Pädagoge, Ess.
54; Ludwig Klages Bedeutung für die
Pädagogik, Ess. 55; Geometrie des
Universums 55; Weltgeschichte im
Zeichen abendländischer Dämmerung,
Ess. 55; Der Mensch und die Mächte der
Seele, Ess. 55; Wege zur Kunst-
betrachtung 55; Fahr mit nach
Jugoslawien 60; Wie begegnet der
Mensch den okkulten Erscheinungen?
60, 65; Jugoslawien - Teppich Europas
60; C. G. Jung, Biogr. 60; Jugoslawien 62;
Bertrand Russel, Biogr. 62 (auch engl.);
Weltbewegende Macht Islam 62; Reich
der Träume - Kulturgeschichte,
Erforschung, Deutung 63, 65 (auch ital.);
So lebt man in Frankreich 64, 65; Der
Aberglaube - Wesen und Unwesen 65;
Karl Jaspers, Biogr. 66 (auch japan.) 70;
Ungarn — Landschaft, Geschichte und
Kultur 70; Lexikon der Mythologie der
europäischen Völker. Götter, Mysterien,
Kulte, Symbole, Heroen u. Sagen-
gestalten d. Mythen 73; Sonnengötter
und Vampire: Lex. der Mythologie II:
Außereuropa 78; Weltbewegende Macht
Islam 80. — **MV:** Blätter der Schule der
Weisheit seit 48; Wir deuten die Hand-
schrift, m. Heinz Dirks 60, 64.

H: Jugoslawische Lyrik der Gegenwart 54; Matej Bor: Ein Wanderer zog
durchs Atomzeitalter, G. 67; Kajetan
Kovič, Goldene Schiffe, G. 69.

R: Jugoslawien - Zwischen Minarett
und Hochhaus 56; Vom Himmel hoch,
da komm ich her 56; Jugoslawien liegt
nicht an der Adria 57; C. G. Jung zum 85.
Geburtstag 60; Zum Tod von C. G. Jung
61.

Ue: Dobrisa Cesarić: Der erleuchtete Weg, G. 56; John K. Williams: The Wisdom of your subconscious Mind u.d.T.: Dein Unterbewußtsein - Schlüssel zu Erfolg und Gesundheit 66. ( )

Gottwald, Anne; Pfälzer Str. 39, D-8503 Attdorf b. Nürnberg.
V: Egal ob er grün ist... 81; Stefan und das goldene Mädchen 82. ( )

Gottwald, Christoph, M.A., Journalist; Nikolaus-Groß-Str. 7, D-5000 Köln 1, Tel. (0221) 720527 (Köln 11.10.54). Drama, Lyrik, Hörspiel.
V: Versteinerungen — Gedichte aus einer großen Stadt, Lyr. 80.
R: Elisabeth, ein unglaubwürdiges Hörspiel; div. Kurzhsp. u. M.

Gowin, Wolfgang, Dr., Schriftsteller, Arzt; Postfach 11 03 66, D-1000 Berlin 11, Tel. (030) 2518211 (Zwickau 14.6.51). Lyrik, Essay, Reisebericht.
V: Der Ring, Lyr. 80; Quer durch Australien, Reiseber. 81, 2. Aufl. 82.
MA: Autorenwerkstatt 1, Lyr. 82.

Goy, Erwin (Ps. Ondra Lysohorsky), Dr. phil., UDoz. a.D., Doctor of Poetry h.c. l'Université Libre Asie, Karachi 1972; VS 65; Assoc. des Amis de Romain Rolland, Paris 46, Maison Intern. de la Poésie, Brüssel 61, Hölderlin-Ges. 62, Félibrige, Toulon 65, L'Astrado prouvençalo, Toulon 65, Poésie Vivante, Genf 65, Assoc. française des Amis d'Albert Schweitzer, Paris 65, Eklitra, Tradition Picarde, Amiens 66, Flourege, Escolo Capouliero, Avignon, EM 67, UPLI, Quezon City 67, WPSI, Madras 67, UPLI Hon. Off. for Eastern Europe 70; Dr. José Rizal's "Postrer Adios" 71, Intern. Biogr. Ass., Cambridge, Hon. Life Fellow 71, The Intern. Poetry Soc.,, Youlgrave, 71, Hon. member 73, Goethe Ges. Weimar 72, IBA Yearbook, Cambridge 73/74, Patron for Europe 75 u. 76, Societas Polyglottica Universalis Amsterdam, Honorary Life Fellow 78, D. litt. Degree, World Univ. affiliatur with Univ. Danzig, New York 79, Poet Laureate World Acad. of Arts a. Culture, Taipei 81; Mytna 21/VI, CS-801 00 Bratislava 1 (Friedeck, ehem. österr. Schlesien 6.7.05). Lyrik, Essay, Prosa.
Ue: Kauk (Lak), Tsch, F.
V: Gedichte 80; Danksagung, G. 61; Der Tag des Lebens, G. 71; Ich reif in meiner Zeit, G. 78; Verschied. Ausg. Lachischer Gedichte in Übers. (russ., dt., slowak., ung., franz., tsch., ukrain., bulg., engl., griech., norw.).

Lit: Hugo Huppert: Zu den Gedichten Ondra Lysohorskys in: Intern. Lit., Moskau 6 41; Poésie vivante 20 66; Pierre Garnier: O. L. Une étude 70; Ewald Osers: Vor- und Nachwort zu O. L. Selected Poems 71; Christopher Fry: Vorwort u. David Gill: Einleitung zu O. L. Gedichtband In the Eye of the Storm 76.

Goy, Sebastian; Buzallee 24, D-8918 Dießen am Ammersee.
V: Eltern. Kinderfest und Neonlicht, 2 Spiele 69; Feindberührung, Szenenfolge 75; Die Kuh die lag im Kinderbett 81.
R: Zizibä 67; Kinderfest 69; Goll Moll 70; Männersache 71; Zerbriggen 76; Wie ein Grazer entsteht 78; Sie erzählten sich von Mammuts 79; Tagebuch eines Landlebens oder Kein Mord in der Leiblstraße 80; Wollsachen (nach Lars Gustafsson) 77; Der Polizistenmörder, Die Tote vom Götakanal, Endstation für neun (alle nach Sjöwall/Wahlöö) 78; Howard, Himself und Hispain 79; Meine Familie — deine Familie 79; Die gute Fee 80. ( )

Goyk, Martin, Dr. med., Facharzt für Neurologie u. Psychiatrie; SV-DDR 73; Borkumer Weg 8b, DDR-7022 Leipzig, Tel. (041) 51616 (Königsberg 2.8.41). Roman, Novelle, Erzählung.
V: Arztnovelle 72, 5. Aufl. 83; Rosen im Meer, R. 79, 3. Aufl. 80, beide gen. Titel in einem Bd: Stationen 81.

Grabe, Kurt, Lehrer i.R., Dozent; Haydnstr. 6A, D-3000 Hannover 51 (Berlin 24.3.12). Roman.
V: Vier Sationen in Rot, Prosa 81.

Grabenhorst, Georg, Dr. phil., Reg.Dir. a.D.; VS; Großes Verdienstkreuz d. Ndsächs. Verdienstordens 65; Aachener Str. 22, D-3000 Hannover S 12, Tel. (0511) 881812 (Neustadt/Rübenb. 21.2.99). Roman, Novelle, Essay, Lyrik.
V: Fahnenjunker Volkenborn, R. 28, 42; Die Gestirne wechseln, R. 29; Merve, R. 32, 53; Der ferne Ruf, Erz. 33; Die Spieluhr, Erzn. u. G. 34; Regimentstag, N. 37, 42; Unbegreifliches Herz, Erz. 37, 53; Späte Heimkehr, Erzn. 38; Die Reise nach Luzern, Erz. 39; Hannover, Bilder aus d. Hauptstadt Niedersachsens 41; Die Brücke, Erz. 43; Einkehr am Greifenstein, Erz. 49; Aus meiner kleinen Welt, Erzn. 51; Ein Sommer geht zu Ende, Erz. 52; Blätter im Wind, G. 53; Von der inneren Heimat, Rede 55; Das Mädchen von Meaux, Erz. 61; Auf alten Spuren, Skizzen u. Aufzeichnungen 64; Ernst Thoms, der Maler, Ess. 64;

Herrmann Scheuernstuhl, der Bild-
hauer, Ess. 65; Abschied und Hoffnung,
Erzn. 66; Abenteuer der Jugend, Erz. 69;
Hall und Widerhall. Begegnungen u.
Freundschaften 74; Herberge der
Träume, Verse aus dem Tagebuch 77;
Wege und Umwege, Ein Lebensbericht I
u. II 79; Die Brüder, Aufzeichn. 80.
MA: Werke und Tage, Festschr. f.
Rudolf Alexander Schröder 38; H.
Zillich: Bekenntnis zu Josef Weinheber
50; Niedersachsen - Gegenwart und
Tradition 54; L. Fr. Barthel: Das war
Binding 55; W. Augustiny: Gesicht und
Gleichnis, Ndt. Alm. 59; Erlebtes,
Erzähltes, Erforschtes, Festschr. f. Hans
Wohltmann 64; Leben was war ich dir
gut! Agnes-Miegel-Gedenkbuch 65;
Gedenkschr. Paul Alpers 68.
MH: Niederdeutscher Almanach, m.
Moritz Jahn 37.
R: Hannoversche Szenen 30.
Lit: Moritz Jahn: G. G., Freundesgabe
d. Arbeitskreises f. dt. Dichtung 59;
Manfred Hausmann: Dichter u. Soldat,
G. G. zum 70. Geb. in: Niedersachsen 69;
niedersachsen literarisch 81.

Graber, Alfred, Verlagslektor; SSV 32;
Preise d. Kt. Zürich 53, 67, 72, 74, d.
Kt. Baselstadt 76; Panorama Residence
2, CH-6974 Aldesago/Lugano, Tel. (091)
526681 (Basel 19.11.97). Roman, Novelle,
Reisebuch. **Ue:** F.
V: Berge, Fahrten und Ziele 23; Ein
Mensch bricht auf, N. 32; Auto, Fahrten
und Gefährten, Reiseb. 37; Der Weg zum
Berg, N. 39; Isabell, R. 40, 42; Begegnung
in Marrakesch, R. 42, 55 (auch span.,
dän., holl., finn.); Das Haus am Wald-
rand, N. 44; Morgen grünt die Erde
wieder, N. 46, 61; Die Insel der
Verheißung, R. 46; Melodie der Berge 48,
62; Schritt in den Morgen, R. 50 (auch
finn.); Ihr Berge strahlend unver-
gänglich 52, 65; Träume enden am
Himmelsrand, R. 57 (auch holl.); Immer
sind wir unterwegs 58; Die gläserne
Brücke, R. 62; Solange der Wind weht,
N. 67; All die vergessenen Gesichter,
Erinnerungen 72; Heimkehr aus der
Zeit, R. 74, 84; Fels über der Tiefe, N. 78;
Merkmale der Liebe, Geschichten vom
Hörensagen, N. 78; Freund in der Nacht.
Drei Geschn. aus d. Résistance 81. −
MV: Walliser Alpen, m. J. J. Schätz 32.
H: Neue Schweizer Bibliothek
XXXIII bis XCVI 38 − 51; Lebendige
Vielfalt der Schweiz 64.
Ue: Charles Gos: Schweizer Generäle
32; Punkt 510 33, Das Kreuz vom
Matterhorn, N. 34, Die Nacht im Fels, N.

36; Eugène Rambert: Das Murmeltier
mit dem Halsband, R. 34, 75; Roger
Frison-Roche: Premier de Cordée u.d.T.:
Seilgefährten, R. 42, 50, La grande
crevasse u.d.T.: Schicksal Berg, R. 49.

Grabert, Sigrid, StudR.; Kapuzinerstr.
22, D-6500 Mainz, Tel. (06131) 224266
(Mainz 24.3.50). Lyrik.
V: Zeichen im Wind, G. 81; Lektionen
der Stille, G. 83.

Grabher, Werner *

Grabner-Haider, Anton, Dr.theol.,
Dr.habil.phil., Verlagslektor, UDoz.;
Eisslgasse 34, A-8047 Graz, Tel. (0316)
339012 (Pöllau, Öst. 19.5.40). Essay,
Übers. **Ue:** E., F.
V: Kleines Laienbrevier, Ess. 72; An
einen jungen Prieser, Briefe 73; Zeit zu
leben, Zeit zu lieben, Ess. 80; Zeit für
Begegnung, Ess. 82.
H: Jesus N. − Verfremdungen, Ess.
73. − **MH:** Fällt Gott aus allen Wolken?
− Schriftsteller über Religion, Ess. 71.

Grabs, Rudolf, Dr. theol., Pfarrer;
Angelikastr. 13, DDR-806 Dresden
(Dresden-Blasewitz 12.9.00). Biographie,
Essay.
V: Gelebtes Denken - Albert
Schweitzer 48; Sinngebung des Lebens
aus Geist und Gedankenwelt Albert
Schweitzers 50 (auch dän.); Albert
Schweitzer, Gehorsam und Wagnis,
Biogr. 52; Albert Schweitzer, ein Leben
im Dienst der sittlichen Tat, Biogr. 52,
68; Albert Schweitzer, Weg und Wesen
eines Menschenfreundes, Biogr. 54, 68;
Lebensführung im Geiste Albert
Schweitzers, Betracht. 55; Albert
Schweitzer - Dienst am Menschen,
Biogr. 61, 65; Albert Schweitzer, Weg-
bereiter der ethischen Erneuerung 65,
74.
B: Premiere, Red. R. Grabs 66; Tat
und Gedanke. E. Hinführung zu Weg u.
Lebenslehre Albert Schweitzers 66.
H: Albert Schweitzer: Denken und
Tat, Anth. 49, 54 (auch schwed., norweg.,
finn.); Gelebter Glaube, Anth. 57, 61;
Weg zur Humanität, Auswahl aus A.
Schweitzer, Anth. 57; Gesammelte
Werke V. ( )

Grabski, Robert; Kg. 60;
Bdesverdienstkreuz a. B. 75, Nicolaus-
Coppernicus-Preis 77; Ehrenmitgl.
Columbian Acad. Missouri 55, Acad. di
Paestum 49, Acad. di Filologia Classica
Rom 49; Bahnhofstr. 210, D-4690
Herne 1 (Matzdorf/OS. 25.4.12). Lyrik,
Drama, Novelle. **Ue:** I, P.

V: Die ersten Verse 32; Heimatklänge,
G. 36; Il senso amaro della vita, Nn. 47;
Das Lied der alten Heimat, Erz. 51;
Widerhall des Herzens, G. 51; Labyrinth
der Seele, G. 55; Bielitzer Erinnerungen,
Gedenkbüchl. 56; Silberleuchten, ital. G.
56; Familie Coco. Eine Hamstergesch.
65; Windspiele, G. 70; Aus alder Zejt,
Mundart-G. 56; Bielitzer Erinnerungen,
Gedenkbüchlein 56; Silberleuchten, ital.
G. 56; Familie Coco. Eine Hamster-
geschichte 65; Windspiele, G. 70; Herne
in alten Ansichten 77; Sardische
Impressionen 77; Spitzfindigkeiten,
Aphor. 82.
MA: H: Boje im Sturm, G. 58; Spuren
der Zeit 62, 64, 66, 69, 80. – Lyrikzs. "Das
Boot".
Ue: Kleine Auswahl italienischer
Lyrik der Gegenwart. Nachdicht. 48;
Guidi: Lyrisches Zwischenspiel, G. 51.
Lit: Gerh. Wurbs: R. G. 70 Jahre alt 82.

Grack, Günther, Redakteur; V.dt.K.
61; Lauenburger Str. 26, D-1000
Berlin 41, Tel. (030) 2693233
(Königsberg/Pr. 8.9.34). Erzählung,
Kritik.
V: Frühe Schatten, Erzn. 57.

Graef, Marianne (Ps. Marianne
Scheel), Graphikerin, Illustratorin;
Prämie im dt. Jgdb.pr. 59; Kranzelhofen
34, A-9220 Velden u. Schraudolphstr. 2a,
D-8000 München 40, Tel. 4274
(Flensburg 23.1.02). Kinderbuch.
V: Die Reise mit Zebi 47, 60; Das Haus
zum Kangeboge 58; Schornebogs Wald
61, alles Kinderb.
Lit: B. Hürlimann: Europäische
Kinderbücher aus drei Jahrhunderten,
Die Welt im Bilderbuch. ( )

Graefe, Marianne, s. Petzoldt,
Marianne.

Gräffshagen, Stephan, s. Müller,
Klaus.

Gräter, Carlheinz, Dr. phil.,
Schriftsteller; VS; Oberes Flürle 8, D-
6970 Lauda (4.8.37).
V: Weinwanderungen a. d. Tauber 69;
750 Jahre Dt. Orden in Mergentheim 69;
Sagen u. Schwänke a. Franken 71;
Unterwegs a. Steigerwald 72; Main-
franken-Fibel 73; Naturpark Spessart
73; Unterwegs a. Maindreieck 74;
Hohenloher Weinbrevier 74; Mörike i.
Franken 74; D. Bauernkrieg i. Franken
75; Kaiserstuhl u. Tuniberg 76; Der
Neckar 77; Weinland Nahe 78; Parke u.
wandere: Elsaß 80; Von d. Tauber z.
Main 81; Odenwald u. Bergstraße 82.

Graf, Herta; Königsturmstr. 36, D-7070
Schwäbisch Gmünd (28.12.11).
Erzählung, Roman.
V: Fräulein Bertram feiert
Weihnachten, Erz. 58, 59; Sommerkind
Silvia, Erz. 63. – **MV:** Aber das Herz
hängt daran, Erzn. 55; Urlaub von
Butzengrün u.a. Gesch. 56.

Graf Willibald, Wendolin, s. Durben,
Wolfgang.

Grafeneder, Josef, Pfarrer; Silb.
Ehrenz. d. Stelzhamer-Bundes 83;
Stelzhamer-Bund d. Freunde oö.
Mundartdichtung 75, A-4343
Mitterkirchen 8, Tel. (07269) 8203 (St.
Nikola/Donau 6.2.34). Lyrik, Erzählung,
Novelle.
V: Strudl und Wirbl, G. in oö. Mda. 76;
Brot für alle, G. 79; Hoamatmess' 80.
S: Hoamatmess', Tonkass. 80; Oböst.
Mundartdichter, m.a., Tonkass. 80.

Grahl, Ursula *

Grallinger, Rosalie-Ada, s. Dienelt,
Günther.

Gramlich, Bernhard, Leiter d.
Pressest. d. v. Bodelschwinghschen
Anst. Bethel, i.R. seit 78; VS; Rhedaer
Str. 205, D-4830 Gütersloh, Tel. (05241)
51864 (Zürich/Schweiz 31.10.09). Jugend-
buch, Sachbuch.
V: Kühler Strom und heißer Wind -
eine Rhônefahrt 57, 59; Der glänzende
Fluß - Gold am Lemmenjoki 60;
Benjamin und die sechs Schlafsäcke 60;
Jukka und die Wildenten 62; Bodel-
schwingh, Bethel und die Barm-
herzigkeit 64; Bethel u. d. v.
Bodelschwinghschen Anstalten
(Lebensbilder Deutscher Stiftungen) 75;
Friedrich v. Bodelschwingh. Werk u.
Leben 81.

Grams, Jay, s. Grasmück, Jürgen.

Grams Wehdeking, Alma Luise, Dipl.-
Bibliothekarin; Dt. Lyceumklub
München; Münchnerstr. 11, D-8036
Breitbrunn am Ammersee u.
Reichenaustr. 17, D-8000 München 60,
Tel. (08152) 6404 (Bremen). Roman,
Novelle, Kurzgeschichte, Essay. **Ue:** E, F.
V: Das Haus an der Weide, Gesch.
einer Bremer Familie 62, 63; Worpswede
um die Jahrhundertwende, Ein
Rückblick 78, 81; Caroline von
Humboldt und ihre Zeit 80. – **MV:** Die
Malerin Elfriede Mäckel. E. Palette d.
Erinnerungen 80.

Gramsch, Werner, Dr. jur.;
Westfälische Str. 25, D-1000 Berlin 31
(Berlin 13.5.07).

V: Yachtnovellen, m. Handzeich-
nungen d. Verf. 41; Marginalien 42; Das
Geheimnis der Musik 43; Aus den
Jahren 1923 — 30 43; Bordnovellen 49;
Das Geheimnis der See 55; Das
Geheimnis des Gebets 56; Das
Geheimnis des ewigen Juden 57; Das
Loggbuch 59, York Drei 63; Dornbusch
68; Verspielte Nachricht 71;
Pädagogischer Asterisk 72; Bildwieder-
gaben 73; Auswahl Loggbuch: Mitten im
Meer, Nordseenebel, Weiße Morgen-
wache, Nacht in d. Bretagne, Havel-
kiefern, Spuk an Bord, Jenseits der
Mole 77; Auswahl Barock, auch Oblivios:
Besichtigung 1 Franc, Lakonische
Novelle, Christine, Die holde Lügnerin,
Der rastlose Wagen 77; Das Geheimnis
der Rose 78; Marbod oder Das
Geheimnis der Geschichte 79; Zeichen
der Kunst 77, bearb. 82; Falkland 82.
Lit: Edvard, Jasper, Rasmus Gramsch:
Kritische Stimmen zu Titeln v. W.
Gramsch zum 60. Geb. 67; Edvard,
Jasper, Rasmus Gramsch: Halenseeer
Papiere für W. Gramsch zum 70. Geb. 77.
s. a. Kürschners GK.

Grandi, Ignaz, kath. Pfarrer i.R.; Via
Parini 3, I-39012 Meran, Tel. (0473) 26879
(Egna-Neumarkt, It. 25.7.09). Drama,
Gedichte, Roman, Hörspiel. **Ue:** I.
V: Das Lied von der Etsch, heimatl.
Dicht. 73; Maria von Mörl, die
Stigmatisierte aus Kaltern, Biogr. 77;
Dominika Lazzeri, die Stigmatisierte
aus Capriana, Biogr. 79.
Ue: P. Gustavo Parisciani: Der hl.
Joseph v. Copertino. ( )

Grandt, Herta, Schriftstellerin; Kg. 60,
FDA; Lyrikpr. d. "Dame" 36, 39,
Erzählerpr. d. "Neuen Linie" 40, Lyrikpr.
d. Südverlages Konstanz 46, 49, Carl-
Zuckmayer-Stip. 52; Haldenweg 34, D-
7825 Lenzkirch, Tel. (07653) 1690 (Berlin
5.6.07). Roman, Lyrik, Novelle, Kurz-
gesch.
V: Im Morgenlicht, R. 46; Das
Unzerstörbare, Erz. 48; Der große
Traum, R. 49; Wir sind doch zwei, R. 57;
Die Harfe, Lyrik 57; Marietta, R. 62;
Eine Handvoll Erbarmen, R. 64, neu
bearb. 70; Die Nachtigall wird wieder
singen, Erzn. 77.
MA: Antwort der Herzen, Anth. 51;
Hiob der Dompfaff, Anth. Tiergeschn.
62.
S: 15 Erzn. aus d. Buch: Die Nachtigall
wird wieder singen 82.

Granzow, Klaus, Schauspieler u.
Schriftsteller; Kg. 60; Förderpr. f. Kultur. d. PLM 64, 1. Pr. Hsp.-Wettbewerb

"Deutsche Auswanderer" 71, Pr. f. d. Erz.
"Revecollus hilft" d. Min. v. NRW u.
Ostdt. Kulturrats 73, Pr. f. d. beste
Geschichte z. Thema "Frauen und
Mütter" d. Ostdt. Kulturrats 75,
Pommerscher Kulturpreis 76, Pr. f.
"Sprache als Heimat" d. Intern. Assoz.
dt.spr. Medien 80, Pr. d. Hmbg.
Spielbank u. d. Hmbg. Autorenverb. f.
Kurzprosa 81; Schottmüllerstr. 36, D-
2000 Hamburg 20, Tel. (040) 4604555
(Mützenow Kr. Stolp/Pom. 10.9.27).
Drama, Lyrik, Roman, Hörspiel, Reise-
berichte.
V: Der Schauspieler Gottes, Dr. 60;
Herbergssuche in Berlin, Bü. 61; Tage-
buch eines Hitlerjungen 1943 — 45 65;
Hinter deiner Maske 65; Ein Dag an de
See 66; Leise rieselt der Schnee 66; Bei
uns im Dorf 67; Es war die schönste Zeit
67, alles Erzn.; Der rote Husar und die
Jungfrau, Anekdn. 67; Tanz im Krug,
Erzn. u. G. 68; Krishan vertellt, Plattdt.
Döntjes 69; Wenn es Frühling wird,
Erzn. 70; Pommerland 71; Ein
ungewöhnlicher Mensch, Dr. 71; Grün
ist das Tal am Rio Itajai, Erz. 72;
Erzählungen aus Pommern, Erz. 73;
Schlesien, Dok. 73; Pommeranos unter
dem Kreuz des Südens, Reiseber. 75;
Pommern, Dok.bd. 75; Ein heller
Streifen Eis, Weihnachtserz. 75;
Willkommen, Herr von Puttkamer, Erz.
u. Reiseber. 77; Der Tanz auf dem
Gardersee, N. 78, Erz. u. G. 81; Pommern
wie es lachte, Erz. u. Anekd. 79;
Pommern in alten Ansichtskarten,
Bildbd. 80; Sie wußten die Feste zu
feiern, Pomm. Brauchtum 82; Typisch
Pommern, Erz. u. G. 82.
MA: Aber das Herz hängt daran,
Anth. 55; Und bringen ihre Garben,
Anth. 56; Nach zwei Jahrzehnten,
Erlebnisber. üb. Flucht u. Vertreibung
65; Eine Sprache - viele Zungen, Anth.
66; So gingen wir fort, Erzn. 70;
Windbericht, G. 71; Erzählungen aus
Pommern, Erz. 73; Die Kehrseite des
Mondes, Anth. 74; Deutsche Bildwerke
im deutschen Gedicht, G. 74; Alles
Werdende verlangt nach dem Segen der
Erde, Erz.Anth. 75; Daheim in einer
anderen Welt, Anth. 75; Aus
Deutschlands Mitte, Anth. 76; Kunst u.
Kultur in Mittel- u. Ostdeutschland,
Anth. 77; Tauche ich in deinen Schatten,
Anth. 77; Schuldschein bis morgen,
Anth. 78; Deutschland, Traum oder
Wirklichkeit, Anth. 78; Östlich von
Insterburg, Anth. 79; Alltag unterm
Hakenkreuz, Aufkl. Leseb. 79; ...und die
Meere rauschen, Ostdt. Persönlich-

keiten 80; Eisen ist nicht nur hart, Wiederbegegn. mit d. Osten 80; Ich erzähle euch alles, was am Ostersonntag geschah, Anth. 80; Sprache als Heimat, Auswanderer erzählen 81; Begegnungen u. Erkundungen, Anth. 82; Wege u. Wanderungen. Die Deutschen in d. Welt, Anth. u. Dok. 83; Texte aus d. dritten Reich, dt. Leseb. für dän. Schulen 83.

R: Die treuen Geschwister 55, 57; Die Reise des Stolper Jungchens; Estrada Pommeranos 72; Wo die Pommern Pommeranos heißen 72; Pfirsiche aus Morro Redondo, Hsp. 75; Witold geht in die Stadt, Hsp. 75; Pellkantüffeln un Hering, Hsp.trilogie 76; Woans ik to ne Fru kam, Hsp. 77; Wo schall dat Klavier hen, Hsp. 79; Goode Maneeren, Hsp. 80; Landflucht, Hsp. 80; Brauchtum im Jahresablauf in Pommern 82; Weihnachtsschule in Pommern 83, weit. 80-100 Rdfkarb. versch. Art.

S: Ein Dag an de See, Gesch. in hinterpomm. Platt. 72; Klaus Granzow liest pommersche Dorfgeschichten 76.

Grashoff, Bernd, Lektor; VS Nds. 68 (Köln 15.9.37). Roman, Theater, Rundfunk. **Ue:** E.

V: Memoiren Ludwigs II., R. 75; Wotans Baby, Schausp. 77; Kassiber für Carlos, R. 80; Potters Geheimnis, Kom. 80.

R: Kaviar und Nylon 58; Störche und Teerjacken 59; Ein Elefant aus Cartagena 62; Memoiren eines Butlers 63; Gittl 67; Besichtigung eines Ausweichziels 68; Bericht für einen Aufsichtsrat 69; Ein Heldenleben 71; Die Unperson 71; G'schichten aus'm Böhmerwald 73; Eisenbahnmuseum 76; Kein Scheck für Gutzon Borglum 77; Antonia, Fsf; Das große Kakaospiel 77; Die Elternfalle 78; Potters Geheimnis 80.

Ue: Robert Brain: Friends and Lovers, R. 78; T. Murari: Lovers are not people, R. 79; Thomas Babe: Taken in marriage, Sch. 79; Steve Wilmer: Soweto, Sch. 80.

Lit: Schwitzke: Das Hörspiel; Reclam: Hörspiel-Lexikon; Lyndon McCauley: Bernd Grashoff 79. ( )

Grasmeyer, Christa, Schriftstellerin; SV-DDR seit 79; Obotritenring 87, DDR-2752 Schwerin Mecklenb., Tel. (084) 83244 (Schwerin 22.12.35). Jugendbuch.

V: Eva u. d. Tempelritter 75, 81 (tsch. 79); Kapitän Corinna 77, 80; Der unerwünschte Dritte 79, 82, Bdesrep. 82; Ein Fingerhut voll Zuversicht 80, 82, alles Jgdb.

Grasmück, Jürgen (Ps. Dan Shocker, Jürgen Grasse, Jay Grams, J. A. Garrett, J. A. Gormann, Jeff Hammon, Albert C. Bowles, Bert Floorman, Rolf Murat); VG Wort; Lindenweg 9, D-6472 Altenstadt-Waldsiedlung, Tel. (06047) 1975 (Hanau/Main 23.1.40). Roman. **Ue:** E.

V: u. d. Pseud. Jay Grams: 21 SF-R., u.a. Der letzte von Tobor III 63; Schattenexperiment CO-112 64; Welt ohne Sterne 64; u. d. Pseud. Jeff Hammon: Der Mörder schickte erst die Angst, Krim.-R. 60; Der Mörder ohne Gesicht, Krim.-R. 62; u. d. Pseud. Owen L. Todd: Honey läßt dich dreimal grüßen, Krim.-R. 61; u. d. Pseud. J. A. Gormann: Eine Stadt hält den Atem an, Wildwest-R. 62; Der Tod kam mit dem Photo, Krim.-R. 62; u. d. Pseud. Rolf Murat: 9 R. u. a. Mr. Goldner muß zweimal sterben 62; Mit blauen Bohnen spielt man nicht 62; Kein Pardon für miese Knaben 62; u. d. Pseud. Jürgen Grasse: 19 SF-R., u. a. Ich, Jeremy Snork, Raumwächter 68; PC-Agent in geheimer Mission 69; Das Reich der tausend Sternen-Inseln 69, 77; u. d. Pseud. J. A. Garrett: Im Bann der Singenden Fäden 67; Die Hyänen des Alls 68, beides SF-R.; u. d. Pseud. Bert Floorman: Der Satan läßt die Puppen tanzen, Krim.-R. 67; u. d. Pseud. Albert C. Bowles: Das Wissen der Dhomks, SF-R. 67; u. d. Pseud. Dan Shocker: 291 Grusel-R., u. a. Die Totengeister von Uxmal 77; Irrgarten der Monstergötzen 77; MIRAKEL: Die Qualligen aus der Mikrowelt 77; Hinter der Totenmaske 79; Madame Hypno im Tempel des Bösen 80; Die Gedankenmörder kommen 80; MACABROS: Horron — Kontinent der Vergessenen 80; Myriadus, der Tausendfältige 80; Rückkehr in den Totenbrunnen 80; Rha-Ta-N'mys Schreckens-Zentrum 81; Sternenschloß des Toten Gottes 82; Das Zauber-Pergament 83; LARRY BRENT: Mordaugen 81; Die Gespenster-Dschunke von Schanghai 82; Die Schleinigen von Ghost Valley 83; MONSTER-FRANKENSTEIN-SPANNUNGSROMANE: Schreckensnacht auf Burg Frankenstein 81; Monster-Testament von Burg Frankenstein 82; Die Horror-Braut von Burg Frankenstein 83. — **MV:** Sigam Agelons Ende, SF-R. m. m. H. G. Francis 67.

B: Der Mann, der die Zeit betrog, SF-R. 68. — **MA:** Computerspiele, Anth. 80.

S: LARRY-BRENT-Hörspielkass. u.a. Marotsch, der Vampir-Killer 83;

MACABROS-Hörspielkass.: Fluch der
Druidin 83.
Lit: Unterhaltung, Lex. z. populären
Kultur I 77; Lex. d. SF-Lit. 80 II.

Grasnick, Ulrich, Schriftsteller; SV-
DDR 76; Pilsenerstr. 24, DDR-1150
Berlin (Pirna 4.6.38). Lyrik.
V: Der vieltürige Tag, G. 73, 75;
Gespräch mit dem Spiegel, G. 73;
Ankunft der Zugvögel, G. 76; Pastorale,
G. 78, 2. Aufl. 81; Liebespaar über der
Stadt, Gedichte zu Bildern von Marc
Chagall, G. 79, 2. Aufl. 83.

Grass der Jüngere, s. Grass, Jürgen
Albert.

Grass, Günter, Schriftsteller; P.E.N.; 3.
Pr. Lyrikwettbew. d. Süddt. Rdfks 54, Pr.
d. Gr. 47 58, Förd.pr. d. Kulturkreises d.
dt. Ind. 58, Berliner Kritikerpr. 59/60,
Franz. Lit.-Pr. f. d. beste ausl. Buch 62,
Georg-Büchner-Pr. 65, Dr. h. c. Kenyon
College, USA 65, Carl-von-Ossietzky-
Med. 67, Fontane-Pr. 68, Theodor-
Heuss-Preis 69, Dr. h. c. Harvard Univ.
USA 76, Mondella-Pr. 77, Intern. Lit.pr.
Viareggio 78, Alexander-Döblin-Lit.pr.
78, Alexander-Majkowski-Med., Danzig
78; Akad. Künste 63; Niedstr. 13, D-1000
Berlin 41 (Danzig 16.10.27). Drama,
Lyrik, Roman, Novelle.
V: Hochwasser, Bü. 55, 67; Die
Vorzüge der Windhühner, G. 56, 67;
Onkel, Onkel 56, 68; Noch zehn Minuten
bis Buffalo 56; Die bösen Köche 57;
Zweiunddreißig Zähne 57, alles Bü.; Die
Blechtrommel, R. 59, 75; Gleisdreieck, G.
60, 67; Katz und Maus, N. 61, 75; Die
Ballerina 63; Hundejahre, R. 63, 74; Dich
singe ich, Demokratie; Fünf Wahlreden
(Was ist des Deutschen Vaterland?; Lob-
lied auf Willy; Es steht zur Wahl; Ich
klage an; Des Kaisers neue Kleider) 65;
Die Plebejer proben den Aufstand. Ein
dt. Trauerspiel 66, 74; Rede über das
Selbstverständliche. Rede anläßl. d.
Verleihung d. Georg-Büchner-Pr. 1965
in Darmstadt 65; Ausgefragt, G. 67;
Günter Grass. Ausgew. Texte 68; Örtlich
betäubt, R. 69, 75 (auch franz.); Über
meinen Lehrer Döblin und andere
Vorträge 68; Über das Selbstverständliche. Reden, Aufsätze, Offene
Briefe, Kommentare 68; Theaterspiele
70; Gesammelte Gedichte 71, 74; Aus
dem Tagebuch einer Schnecke 72, 74;
Liebe geprüft, G. 74; Der Bürger und
seine Stimme 74; Danziger Trilogie (D.
Blechtrommel, Katz u. Maus, Hundejahre) 74; Mit Sophie in d. Pilze
gegangen, G. 76; Der Butt, R. 77; Als vom
Butt nur d. Gräte geblieben war, G. 77;

Im Wettlauf m. den Utopien, Ess. 78;
Kafka u. seine Vollstrecker, Ess. 78;
Denkzettel 78; Das Treffen von Telgte
79; Kopfgeburten 80; Am elften
November, G. 81; Literatur u. Mythos,
Ess. 81; Der Dreck am eigenen Stecken,
Ess. 82; Im Hinterhof, Ess. 82; Die
Vernichtung d. Menschheit hat
begonnen, Ess. 82; Nachruf auf e.
Handschuh, G. 82; Zeichnen u.
Schreiben. Zeichn. u. Texte 82; Vom
Recht auf Widerstand, Ess. 83; Vatertag,
G. 83. – **MV:** O Susanna. Ein Jazz-
bilderb. m. Horst Geldmacher und
Herman Wilson 59; Briefe über die
Grenze, m. Pavel Kohout 68; Die
Schweinekopfsülze, m. H. Janssen 69.

H: Der Fall Axel C. Springer am Bei-
spiel Arnold Zweig. Eine Rede, ihr
Anlaß u.d. Folgen 67. –
MH: Luchterhand Loseblatt Lyrik 66; L
76; L 80.
F: Katz und Maus; Die Blechtrommel
79.
R: Stoffreste, Ballett 57; Die Vogel-
scheuchen, Ballett 57, 70; Zweiund-
dreißig Zähne, Hsp. 59; Fünf Köche,
Ballett 59; Eine öffentliche Diskussion,
Hsp. 63.
S: Die Blechtrommel (Auswahl) 61; Es
steht zur Wahl. Dich singe ich, Demo-
kratie.
Lit: Herbert Ahl: Literarische Por-
träts 62; Willi Fehse: Von Goethe bis
Grass. Biogr. Porträts z. Lit. 63; Marcel
Reich-Ranicki: Deutsche Literatur in
Ost und West. Prosa seit 1945 63; Klaus
Nonnenmann (Hrsg.): Schriftsteller der
Gegenwart. Deutsche Literatur. 53 Por-
träts 63; Hermann Kunisch (Hrsg.):
Handbuch der deutschen Gegenwarts-
literatur 65; Kurt Lothar Tank: Günter
Grass 65; Ernst Schütte: Verleihung des
Georg-Büchner-Preises 1965 an Günter
Grass. Festred. Laudatio von Kasimir
Edschmid 65; Günter Gaus: Zur Person.
Porträts in Frage und Antwort II 66;
Norris W. Yates: Günter Grass. A critical
Essay 67; Gert Loschütz: Günter Grass
in der Kritik 68.

Grass, Jürgen Albert (Ps. Grass der
Jüngere), Maurergeselle, Schafhirte,
Mitbegründer d. kath. Zs. public forum;
VS 77; Am Treppchen 2, D-4175
Wachtendonk-Wankum (Uerdingen am
Rhein 22.3.36). Lyrik, Roman, Essay,
Hörspiel.
V: Requiem für R., Hsp. 65; Nachts
schlagen Nachtigallen Bücher auf, Lyrik
69; Hymne für eine Seele in Not, Lyrik
78.

MA: Sie schreiben zwischen Goch und Bonn 75; die horen, Zs. f. Lit. u. Grafik; der Niederrhein, Zs. f. Heimatpflege u. Wandern 79, 80, 81, 82, 83; Sassafrass-Bll. 79; Niederrh.-Autoren, Anth. 80.
Lit: L. Rinser: Kriegsspielzeug, Tageb. 1972 − 1978.

Grass, Paul, Bildhauer und Fachlehrer; Obmannamtsg. 7, CH-8001 Zürich, Tel. (01) 2511878 (12.2.26). Lyrik, Prosa.
V: Analpha - Lyrische Aufzeichnungen 68; In Kurzwaren, Schweizer Lyriker 3 77.
MA: In Belege, G. 78.

Grasse, Jürgen, s. Grasmück, Jürgen.

Grasshoff, Alida (Ps. Alida Grasshoff-Graepel), Hausfrau; Am Ostbahnhof 32, D-4030 Ratingen, Tel. (02102) 27758 (Königsberg/Ostpr. 19.4.29). Roman.
V: ... wie die Tränen und der Wind, R. 74; Des Lebens ganze Fülle, R. 80. ( )

Grasshoff, Fritz, Maler u. Schriftsteller; Orbisstr. 14, D-6144 Zwingenberg, Tel. (06521) 72222 (Quedlinburg 9.12.13). Lyrik, Prosa, Satire, Musiktheater. **Ue:** G, L, Schw.
V: Heiligenhafener Stern-Singerspiel 45, 50; Hoorter Brevier, G. 45; Halunken-Postille, Rumpelkammer-Romanzen, Hafenball., Spelunkensongs 47 − 60; Das Gemeindebrett, Allg. ungültiger Jahresweiser für Landleute 52; Im Flug zerfallen die Wege der Vögel, G. 56; Und ab mit ihr nach Tintagel, G. 58; Die große Halunkenpostille, Lyrik, Songs, Balladen 63 − 70; Grasshoffs unverblümtes Lieder- und Lästerbuch 65, 72; Bilderreiches Haupt- und (G)liederbuch 70, 74; Der singende Kochen. Kurzgelochte Parahistorie zur echten Flötenforschung 71; Warehouse-Life, eine sat. Chor-Revue 72; Seeräuber-Report. Songs, Lieder u. Ball. f. d. Haus- u. Marktgebrauch 72, 76; Foxy rettet Amerika, Musical f. Kinder v. 8 − 80 76; Der Blaue Heinrich, R. 80, 82; Graßhoffs neue große Halunkenpostille 81.
MA: Die Mordsplatte.
S: Halunkenpostille 63; Songs für Mündige 64; Damen dürfen erröten 65; Deutschland oder was beißt mich da? 67; Seeräuber-Report 73; Das ganze Jahr 75.
Ue: Die klassische Halunkenpostille, Epigramme und Satiren 64, 82; Carl Michael Bellman, Durch alle Himmel, alle Gossen 66; Philodemos u. die antike Hintertreppe 75.

Grasshoff-Graepel, Alida, s. Grasshoff, Alida.

Graßl, Gerald, Schriftsteller, Liedermacher; Grazer Autorenversamml. 79, Interessengem. Öst. Autoren 81; 2. Pr. Lit. d. Arbeitswelt 78, Förder.pr. d. Wiener Kunstfonds 79, Theodor-Körner-Pr. 81; Werkkr. Lit. d. Arbeitswelt 79; Ada-Christengasse 15/24/1, A-1100 Wien, Tel. (0222) 6834384 (Telfs/Tirol 11.4.53). Drama, Lyrik, Roman, Erzählung.
V: Zärtlickeit oder die Perversion der Welt, G. 79; Landesbesichtigung, G. 80; Aktion Gnadentod, Bü. 81.
H: Kopfnoten, Lyr.-Reihe. −
MH: Geschichten nach 68 78, 80; Lesebuch 79 79.

Gratz, Franz, Angesteller; Stifterstr. 47, A-4614 Marchtrenk (Marchtrenk 20.12.56). Lyrik, Erzählung, Hörspiel.
V: Ablöse, G. 82.

Gratzer, Robert, Schriftsteller; Lit.förder.pr. d. Ldes Kärnten 78, Theodor-Körner-Pr. 80; Waidmannsdorferstr. 14, A-9020 Klagenfurt, Tel. (04222) 238402 (Mariahof/Steiermark 9.7.48). Prosa, Drama, Rundfunkarbeiten, hist. Sachbuch.
V: Heimat bis du großer Söhne, Dokumentation 78; Bestandsaufnahme, Lyrik-Prosa-Hsp. 78; Omnibus, Kurzprosa 83.
B: Urs Widmer: Nepal 80 (a. d. Baslerdytsch übers.).

Gratzik, Paul; Pistoriusstr. 103, DDR-1030 Berlin (Lindenhof 30.11.35).
V: Unruhige Tage, Laiensp. 65; Malwa, Sch. n. Gorki 68; Michael Runnas Umwege 71 u.d.T.: Umwege - Bilder aus dem Leben des jungen Motorenschlossers Michael Runna, St. 70; Der Kniebist, sat. Einakter 72; Umwege. Handbetrieb. Lisa, 3 St. 77; Transportpaule, Monolog 77, 80, Bdesrep. u.d.T.: Transportpaule oder wie man über den Hund kommt; Malwa, Sp. nach M. Gorki 78; Lisa, 2 Szenen; Kohlenkutte, R. 82.
R: Malwa, Hsp. 69. ( )

Graumann, Thea (Ps. Thea von Trainer-Graumann), Buchhändlerin; D.A.V. e.V. Niedersachsen 75, GEDOK 79; Gieseweg 10, D-3056 Rehburg-Loccum 1, Tel. (05037) 1287 (Chemnitz/Sa. 12.1.28). Lyrik, Kurzprosa.
V: Perlen im Tau, Lyr. 78; Nessel u. Seide, Lyr., Kurzprosa, Fotogr. 80; Zärtlichkeiten, Lyr. 80. ( )

Gravell, Julie, s. Greven, Helga.

Grebenstein, Dorothea,
Heilpädagogin; Heil- u.
Erziehungsinstitut Schloß Bingenheim
e.V., D-6363 Echzell 2, Tel. (06035) 81131
(Frankfurt a.M. 28.6.22).
B: Sterntaler u. 7 and. M. d. Brüder
Grimm, bearb. f. Seelenpflege-bedürft.
Kinder 70, 74; Die Königstochter in d.
Flammenburg, M. 78.

Grebnitz, Udo, s. Steinberg, Werner.

Grebu, Devis *

Greenburger, Ingrid (Ps. George
Rainer), Lit. Agent; 30 Park Avenue,
New York, NY 10016/USA (Berlin
14.7.13). Roman.
V: Murkel 37; Die Unschuldigen 69; A
Private Treason, Mem. 73 (dt. 81). ( )

Grégoire, Pierre (Ps. Gregor Stein,
Erio), Min. a. D., Ehrenpräs. d.
Abgeordn.-Kammer, Abgeordneter,
Präs. d. Comité intern. pour la
recherche des origines et des consé-
quences de la 2ᵉ guerre mondiale; Soc.
des Ecrivains Luxemburgeois de
Langue Française, Vize-Präs. d.
Ecrivains Cath.; Korr. Mitgl. d. Acad.
Luxembourgoise à Arlon, Präs. d.
paneurop. Bildungswerkes Luzern; 177,
route d'Arlon, Strassen/Luxemburg, Tel.
(0352) 31598 (Vichten 9.11.07). Drama,
Lyrik, Roman, Novelle, Essay, Film,
Hörspiel. **Ue**: F.
V: Das "Luxemburger Wort" 36;
Semlia, R. 39; Pius XII., der Friedens-
fürst im Vatikan 40; Kleines Vorspiel
zum Kazett, Ess. 46; Der Spötter und
sein Schattenbild, Kurz-Erz. 46; Die
Cäsur der Entscheidung, Gefängnisse u.
Konzentrationslager 46; Die
Entdeckung des Giano Coricio, N. 49;
Die Spiegelmenschen, Kom. 49; Dialog
über Kunst und moderne Malerei, Ess.
49; Die Gnadenstunde des Abendlandes,
Ess. 50; Der Tänzer und der Orgel-
spieler, Leg.-Sp. 50; Rot sind die Reiter
der Apokalypse, Ess. 50; Europäische
Suite, R. 51; Diatriben, Ess. 51 — 53 X;
Zweiunddreißig Anekdoten 52; Der
Lichtstock, Erzn., Ge. u. Ess. 53 — 56 XI;
Vom Geheimnis der Angst, Ess. 53; Die
Geschichte der Filmkunst 54; Die
Närrin und das Krippenkind, Leg.-Sp.
55; Der Fall Jacques Meyers, eine
Ehrenrettung, Ess. 55; Ich rette den
Präsidenten, R. 55; Die Unrettbaren, R.
56; Kleiner Engel Li, R. 57; Turris
Justitiae, Erz. 58; Zur Literatur-
geschichte Luxemburgs 59; ... zu
bekennen Geist und Herz, G.; Drucker,
Gazettisten und Zensoren 60; Kleine

Spiele um den Großen Spieler, 62; Le
baiser d'Europe, Ess. 66; Pädagogen-
Profile, Hist. 66; Mein Buch der tausend
Sprüche 69; Europa zwischen Angst und
Hoffnung, Ess. 71; Lettres en l'air, Ess.
72; Prière du Crépuscule, Ess. 74;
Schriftleiter-Skizzen, Hist. 75; Der
Übergang des Abendlandes, Ess. 77;
Invocations méridiennes, Ess. 78; Das
"Yolanda"-Epos 79; Humanisten um
Janus Coricius, Hist. 80; Luxemburgs
Kulturentfaltung im 19. Jh., Hist. 81;
Vom Schweden- bis zum "Klöppel"krieg,
Hist. 82.
H: Der Freundeskreis seit 46; Die
Warte, Jb. 50 — 59.
Ue: Léon Bloy: Die Seele Napoleons
54.

Gregor verh. Chiriță, Gertrud,
ULektor f. Phonetik und Rhetorik;
Rumän. Schriftst.verb. 71; Str. Fr. Joliot-
Curie NR 25, Bukarest 35/Rumänien,
Tel. 315745 (Temeswar 2.8.27). Novelle,
Roman.
V: Der Fluß, Nn. 66; Gemäuer, R. 66;
Sălcii, Auswahlbd. (rum.) 67; Krücken,
R. 70; Ziduri, Auswahlbd. (rum.) 72;
Laut- und Klanggestalt des Deutschen,
Theoretisches u. Praktisches z. Aus-
sprache u. Ausdrucksleistung 75;
Phonetik u. Phonologie des Deutschen
79; Rhytmisch-phonische Textanalyse
80. ( )

Gregor, Günter; SV 60; Am
Försteracker 10, DDR-1500 Potsdam,
Tel. 82940 (Glogau 29.9.29). Satir. u.
humor. Lyrik und Prosa, Kabarett,
Kurzfilm, Kinderfernsehsendung, Lied,
Tatsachenerzählung, Anekdote,
Aphorismus, Epigramm.
V: Das Rendezvous, Kabarett-Texte
63; Im Kessel von Graudenz, Tatsachen-
erz. 65; Auf geheimnisvollen Pfaden 68;
Flakbatterie Dimitroff 70; ... und raus
bist du! Kdb. 82.
MA: Du, uns're Zeit 65; Das ist mein
Land 66; Ich denke dein ..., dt. Liebesg.
66; Ein Wort ins Herz der Welt 67; Alle
Wunder dieser Welt 68; Aber den Feind
sollten wir lieben 69; Und dennoch
müssen wir leben 70; Alles Unsinn,
Humor-Anth. 82; Ich seh' dich an,
Lieder für Verliebte 77, m. Schallpl.
R: Rechts u. links der Friedrichstraße,
m.a., Dok.-Fsf.; 750 krit. Rdfk-Send.
"Fritze Bollmann" 64-79; Im Wald bei
Onkel Willibald; Michas Nachtschicht;
Die schwarze Szusza; Die Wunder-
laterne; Das Windrädchen; Koljas
Kosmosreise; Die alte Turmuhr; Die
Sache mit dem Schwan; Das Riesen-

spielzeug; Der weitgereiste Luftballon;
Eine eisige Geschichte, alles Kinder-Fs.-
Kurzf. 80-83; Luckenwalder Hüte,
humorvolle Revue 83.

Gregor, Manfred, s. Dorfmeister,
Gregor.

Gregor-Dellin, Martin, Schriftsteller;
P.E.N. 69, Generalsekr. des P.E.N. 76-82,
Präs. 82, VS 69; Lit.pr. d. Kg. 63, Ehreng.
d. Kulturkr. im Bdesverb. d. dt. Industrie
63, Stereo-Hsp.pr. 67, Münchner Lit.pr.
71, Kritikerpr. "Die Goldene Feder" 72;
Dt. Akad. f. Sprache u. Dicht. 81, Bayer.
Akad. d. Schönen Künste 81; Kochelsee
57, D-8038 Gröbenzell b. München, Tel.
(08142) 9226 (Naumburg/Saale 3.6.26).
Roman, Novelle, Biographie, Kritik,
Essay, Hörspiel.
V: Cathérine, Erz. 54; Jüdisches Largo,
R. 56; Jakob Haferglanz, R. 63; Der
Mann mit der Stoppuhr, Kurzprosa 57;
Wagner und kein Ende. Richard Wagner
im Spiegel von Thomas Manns Prosa-
werk, St. 58; Der Nullpunkt, R. 59; Der
Kandelaber, R. 62, 67; Möglichkeiten
einer Fahrt 64; Einer, R. 65; Aufbruch
ins Ungewisse, Erzn. 69; Unsichere
Zeiten, Erzn. u. Ess. 69; Das kleine
Wagner-Buch, Biogr. 69; Wagner-
Chronik 72; Richard Wagner - die
Revolution als Oper, Ess. 73; Föhn, R. 74;
Das Riesenrad, Erzn. 76; Im Zeitalter
Kafkas, Ess. 79; Richard Wagner, Sein
Leben, sein Werk, sein Jahrhundert,
Biogr. 80; Schlabrendorf oder die
Republik, Erz. 82; Richard Wagner. E.
Biogr. in Bildern 82.
MA: Deutsche Stimmen 56; Deutsche
Prosa, Erzn. seit 1945 63; Europa heute,
Poesie u. Prosa seit 1945 63; Ohne
Visum, Anth. 64; Ungewisser Tatbestand
64; Europa. Kritik einer Lebens-
form 64; Hundert Jahre Tristan 65;
Schriftsteller testen Politikertexte 67;
Städte 1945 70; Motive, warum ich
schreibe 71; Jemand der schreibt 72;
Verteidigung der Zukunft, Anth. 72;
Generationen, Anth. 72; Die deutsche
Exilliteratur 73; Europa persönlich 73;
Literarischer Führer durch d. Bdesrep.
74; Prosa heute, Anth. 75; Thomas Mann
1875-1975 77; Bienek lesen 80; Meine
Schulzeit im Dritten Reich, Anth. 82.
H: Richard Wagner: Mein Leben 63,
76; Stories der Welt, Anth. 63; Vierund-
zwanzig Erzähler der Welt 64; Vor dem
Leben. Schulgeschn. von Thomas Mann
bis Heinrich Böll 65; Die Gespenster-
truhe. Geistergeschn. aus aller Welt 67;
Klaus Mann: Prüfungen 68, Heute und
Morgen 69, Symphonie Pathétique 70;

Die erste Prüfung, Schulerinn. 70; P.E.N.
Neue Texte dt. Autoren, Prosa, Lyrik,
Essay 71; Die schwarze Kammer, phant.
Geschn. 72; Das Wachsfigurenkabinett,
phant. Geschn. 74; Bruno Frank: Tage
des Königs 75, Der Reisepaß 75;
Deutsche Erzählungen aus drei Jahr-
zehnten 75; Klaus Mann: Briefe und
Antworten I, 1922 — 1937, II, 1937 — 1949
75, Abenteuer des Brautpaares, Erzn. 76;
Cosima Wagner: Die Tagebücher I, 1869
— 1877 76, Die Tagebücher II, 1878 —
1883 77; Bruno Franck: Trenck 77; Klaus
Mann: Der Vulkan 77; Flucht in den
Norden 77; PEN — Bundesrepublik
Deutschland 78; Bruno Frank:
Cervantes 78; Die große
Gespenstertruhe. Das Buch der
phantastischen Literatur 78; Deutsche
Schulzeit. Erzählungen und
Erinnerungen 79; Bruno Frank: Die
Monduhr, Erzn. 79; Carl Christian Bry:
Verkappte Religionen 79; Klaus Mann:
Woher wir kommen — u. wohin wir
müssen 80; P.E.N.-Schriftsteller-Lex. 82;
Leonhard Frank: Die Summe 82; Dt.
Erzählungen aus vier Jahrzehnten 82;
Richard Wagner: Mein Denken.
F: Klaus Mann. Zeitgenosse zw. d.
Fronten 78; Deutsch in Ost u. West 79;
Ich bin wie Othello — mein Tagwerk ist
vorbei 83.
R: Jakob Haferglanz 61; Blumen oder
keine 62; Suche nach einem Zeugen 65;
Geordnete Verhältnisse 67; Mark-
werben, Konstruktion einer Landschaft
67; Ferdinand wird totgeredet 71; Das
Gästehaus 72, alles Hsp.
Lit: H. Kunisch: Handbuch der deut-
schen Gegenwartsliteratur; Lennartz:
Deutsche Dichter und Schriftsteller;
Literatur-Lexikon 20. Jh.; Wilpert: Deut-
sches Dichterlexikon; Olles: Lit.-Lex. 20.
Jh.; E. Endres: Autorenlex. d. dt. Gegenwartslit. 1945 — 1975 u.a.

Gregor-Grieshaber, Riccarda,
s. Grieshaber, Riccarda.

Greif, Rüdiger, s. Kurowski, Franz.

Greifenstein, Karl, Dr. phil., Verb.Dir.
i.R.; VS 52 — 75; Verdienstkreuz a.
Bande d. Verd.ordens Bdesrep. Dtld,
ENadel u. EZeichen d. Freundsch.kr.
Rhld-Pf./Burgund, einer d. 2. Preisträger
im Lyrik-Wettbewerb "Dom im Gedicht"
75, Dipl. di Merito Univ. delle Arti,
Salsomaggiore 82; Förderkr. Dt. Schriftsteller Rhld-Pf. e.V., Kreis d. Freunde
(Peter Coryllis); Hermann-Berndes-Str.
10, D-6507 Ingelheim/Rh., Tel. (06132)
4252 (Mannheim 31.3.19). Lyrik, Novelle,
Essay, Kurzgeschichte, Übertragungen.

V: Der Engel u. d. Dimension d. Unsäglichen bei Rilke 49; Semper idem ..., G. 52; Verborgenes Heilen, G. 53; Die Kerze, N. u. 2 Kurzgeschn. 56; Insel-Gesänge (I Korsische, II Sardische Gesänge), G. 69; Geborgte Augenblicke, G. 75; Wir fahren vorüber, G. 83; Jahres-Rufe (Epigramme) 83; Aber wohin?..., Kurzgeschn. 83. — **MV:** Umgang mit literarischen Texten 64; Über den Dienst am Menschen (A. Schweitzer) 65; Dt. Städtebreviere (Badische Städte) 71; Rilkes Fragendynastien im Offenen 75.

MA: Ruperto-Carola 52, 65; Albert Schweitzer (Jugend u. Werk, BASF) 1/55; Wir rühmen Dich, Heidelberg 58, 64; Stimmen der Dichtung 67; Nur die Freude läßt uns hoffen 72; Binger-Annalen 9/75, 11/76, 19/78; Dome im Gedicht 75; neue texte aus rheind-pfalz 76; Deine Welt im knappen Wort 76; Nichts u. doch alles haben 77; VHS u. Öffentl. Büchereien (die bücherei 1/2) 78; Bildlexikon 80 u. 81; Ein Hort im 1000 Träumen 80; Wie es sich ergab 81; Silbern steigt der Mond (Haiku-Reihe 3) 82; Lyr. Texte Ed. L. 82; Gauke's Jahrbuch '82 u. '83; Siegburger Pegasus '82; Wege unterm Kreuz 82; Der Jäger aus Kurpfalz 82; Echos, Lyrik u. Prosa/Poésie et Prose, Rhl.-Burgund 82; Heimatjahrbücher d. Kreise Alzey-Worms, Bad Kreuznach u. Mainz-Bingen.

H: Mitten im Strom, Anth. dt. Lyrik 56. — **MH:** dhauner echo, Mitt.bl. d. Heim-VHS Schloß Dhaun. Heimatjahrbuch Landkr. Mainz-Bingen.

R: Literatur-Seminare in der HVHS Schloß Dhaun 74; Poesie über Gedichte - ein Versuch einer lyrischen Selbstanalyse 74; Geborgte Augenblicke 74; Der Gluckhennen e.V. 81; Das Zusammenwirken v. VHS u. Öffentl. Büchereien 81.

Ue: u. MUe: Herri Bihan: Stables Presents 83.

Lit: Allemagne d'aujourd'hui 8/54; K. Kölsch: Unser Schriftstellerportrait in: Kurpfalz 2/57; I. Meidinger-Geise: Welterlebnis in dt. Gegenwartsdicht. u. Perspektiven dt. Dichtung 57, 69/70; Ernst Emmerling: K. G. in: Heimatjahrbuch Landkr. Bingen 70; K. Westermann: Geborgte Augenblicke in: Nahaland-Kalender 74; R. Engelhardt: Menschen d. Heimat in: Binger-Annalen 9/75; Heinrich Roggendorf: Geborgte Augenblicke, Dicht. v. K. G./ Grafiken v. O. Ditscher 75; Spektrum d. Geistes, Lit.kal. 78; W. Bortenschlager:

Dt. Lit.gesch. vom 1. Weltkrieg bis z. Gegw. 78; G. Kranz: Das Bildgedicht 81.

Greim, Armin, c/o Verlag Junge Welt, Berlin (Ost).
V: Der Kaiser der Dattelpalmen 79; Salalems Hochzeit 82. ( )

Greiner, Anny; Moyländer Str. 37, D-4180 Goch/Ndrh..
V: Helena, R. 80; Familienstand Witwe oder Frau auf Abstellgleis, R. 81; Helena, eine Frau zieht Bilanz, R. 81; Helena, Nest der Kindheit, R. 81. ( )

Greiner, Franz (Ps. Werner Pank), Dr. phil., Journalist; Moselstr. 34, D-5000 Köln 50, Tel. (0221) 392913 (Leipzig 1.7.19). Roman, Essay, Hörspiel.
V: Der Hunger in der Welt 59; Mitten auf dem Platz, R. 65; Menschheitsentscheidung 67. — **MV:** Mehrere sozialwiss. Werke seit 61.
H: Hochland 66 — 71. —
MH: Soziologie der Kirchengemeinde 60; Communio 72; Weiterbildung durch Medien 83.
S: Stefan Mertz: Hunger, Not und Krankheit in der Welt, Hörf. 59.

Greiner, Peter; Suhrkamp-Dramatikerstip. 77, Mülheimer Dramatikerpr. 81; Eckermannstr. 13, D-3140 Lüneburg.
V: Kiez, e. bürgerl. Trauersp. um Ganovenehre u. Ganovenkälte 74; Orfeus, Biogr. e. Halbstarken 77; Roll over Beethoven, e. wahre Ohrentragödie in Bildern 77; Türkischer Halbmond, e. Gastarbeiterst. 77; Fast ein Prolet, e. Volksst. 78; Des Reiches Streusandbüchse, Bü. 80; Stillgelegt, Einakter 82. ( )

Greiner-Mai, Herbert (Ps. H. G. Reiner), ehem. Verlagslektor; SV-DDR 57; Nationalpreis d. DDR 71, Kunst- u. Literaturpr. d. Stadt Weimar 75; W.-Bode-Str. 9a, DDR-5300 Weimar, Tel. 4597 (Lauscha/Thür. 4.8.27). Jugendbuch, Reportage, Essay, Lexikographie.
V: Glas, Schnee und die Rasselbande, Jgdb. 56; Die wunderschöne Geschichte vom gehörnten Siegfried. Dem Volksbuch nacherzählt 71; Weimar. Bilder e. traditionsreichen Stadt 79.
MA: Bilderbuch vom hohen Thüringer Wald, Lit. Rep. 56, 61; Deutsches Schriftstellerlexikon von den Anfängen bis zur Gegenwart 60, seit 67/68 Lexikon deutschsprachiger Schriftsteller II; Lexikon deutscher Literatur im Bild 69/71 II; Lexikon Schriftsteller der DDR 74.

H: Die Volksschatztruhe, Jgdb.-Reihe
55, 59. Die neue Melusine. Goethe-Ausw.
für Kinder 61; Lessings Briefe 67; Der
Tag und die Ewigkeit 73; Bild der Welt
75; Der Prozeß des Fähnrichs Jelagin,
russ. u. sowj. Krim.gesch. 76; Finnischer
Tango, nord. Krim.-gesch. 78; Glück
ohne Ruh, dt. Liebesg. aus 100 J. 78;
Ungarischer oder Dacianischer
Simplicissimus 78; Freund und Feind
80; Der Vampir. Gespenstergeschn. aus
aller Welt 81; Die Nebeldroschke. Dt.
Gespenstergeschn. 82; Goethe-
Anekdoten 82; Kehre wieder üb. die
Berge 82; Kl. Wörterbuch d. Weltlit.
83. — **MH:** Goethe, Gedichte 63, 76;
Hölderlins Werke 63 II; Die Verbrecher
aus verlorener Ehre. Die dt. Kriminal-
erzählung von Schiller bis z. Gegenwart,
m. H.-J. Kruse I 67; Die Ursache. Die dt.
Kriminalerzählung von Schiller bis zur
Gegenwart II 68; Wer ist schuld? Die dt.
Kriminalerzählung von Schiller bis zur
Gegenwart III 69; Das rote Gasthaus,
Franz. Krim.gesch. 73; Lukians Werke
74 III; Das Lächeln der Gioconda, Engl.
Krim.gesch. 74; Weimar im Urteil der
Welt. Stimmen aus drei Jahrhunderten
75; Lexikon fremdsprachiger Schrift-
steller 77 — 80 III.

Greis, Harry, Kaufmann; Im Bühl,
CH-8246 Langwiesen/Winterthur
(2.8.43). Jugendroman.
V: Der goldene Eber, Jgdr. 69.
R: Die Spritzfahrt, Jgderz. 71.

Greiss, Ursula, c/o Orion-Heimreiter-
Verl., Heusenstamm.
V: Offene Fenster 82. ( )

Greither, Aloys, Dr. med., Dr. phil., o.
UProf., Dir. d. Univ.-Hautklinik;
Moorenstr. 5, D-4000 Düsseldorf
(Mittelberg 29.12.13).
V: Die sieben großen Opern Mozarts
56, 77; Wolfgang Amadé Mozart in
Selbstzeugn. u. Bilddok.; Der junge Otto
Pankok, d. Frühwerk d. Malers 77.
s. a. Kürschners GK. ( )

Greither, Margit (Ps. Franziska Ried,
Margret Walser, Susanne Roth, Johanna
Brugger), Journalistin; VS; Seitzstr. 10,
D-8000 München 22, Tel. (089) 294978
(Hirschegg/Öst. 16.12.18). Roman.
V: Die verlorene Ehr, R. 57; Die Erb-
schaft der Madleners, R. 60; Das starke
Herz 62; Das Glück der späten Stunde,
R. 65; Das andere Leben, R. 67; Schuldig
geworden, R. 73; Die große Täuschung,
R. 74; Der König von Wolkenstein 75;
Landarzt Dr. Martin Steiner 75; Neues
Glück für Dr. Hildebrandt 76. —

MV: Regina Amrainer, R. 56; Schicksal
am Hang, R. 57; Der sündige Weg, R. 58;
Das gebrochene Wort, R. 58; Die Wirtin
vom Silva-Paß, R. 58; Wirbel auf dem
Florianshof, R. 59; Die Erbin vom
Grundlhof, R. 60; Die Tochter des Verfemten, R. 60; Zwischen Haß und Liebe,
R. 60; Der Hof im Schatten, R. 62;
Walburga Bruckner, R. 62; Glück will
gelernt sein, R. 63; Zwei Mütter, R. 64;
Flucht ohne Ziel, R. 66; Der rote Lack-
hut, R. 68; Eine Frau im besten Alter, R.
69; Der verhängnisvolle Engel, R. 70;
Mallorca gegen Liebeskummer, R. 70;
Nanny spielt Schicksal, R. 74; Es ist nie
zu spät 79; Probieren wir's nochmal 80,
alle m. Elisabeth Cordier.

Greiwe, Ulrich; VS Bayern 74;
Ahornstr. 11, D-8000 München 90
(Osnabrück 12.3.45). Satire, Kinder-
roman, Drehbuch.
V: Spötterdämmerung. Sechs
Bestseller in einem Band, Sat. 75; Die
letzten Hunde von Babbelbeckie,
Kinderr. 72; Kinderdeutschland. Ein
Tips-Tricks-Tatsachenbuch 74; Die
Maus flippt aus, Bilderb. 74; Die Schlaf-
räuber, Kinderr. 76; Hilfe, ich bin ein
Grüner 83.
H: Herausforderung an die Zukunft -
Die kritische Generation vor der Jahr-
tausendwende 70; Alarmierende Bot-
schaften. Zur Lage der Nation, Sat. 74.
F: Bomber und Paganini, Kinof., m.
Nicos Perakis u. Joe Hembus 76.
R: Rd. 15 Hsp. f.: Der grüne Punkt,
Vorschulprogr. ( )

Grentz, Georg, Realschullehrer;
Agnes-Miegel-Str. 38, D-3200
Hildesheim-Ochtersum (Wologda
15.10.14). Jugenderzählung.
V: Nichts als Dummheiten 70; 2 x 3
auf einer Insel 71.

Grenzer, Walter, s. König, Josef
Walter.

Gressieker, Hermann *

Gretzmacher, Bernd, Lehrer f.
Transzendentale Meditation;
Friederichstr. 60, D-7015 Korntal, Tel.
(0711) 831727 (Stetten/Bad. Württ.
26.8.50). Lyrik.
V: Die Himmelsleiter, G. 82.

Greul, Heinz, Schriftsteller, Regisseur,
Komponist; Killerstr. 12, D-8032
Gräfelfing b. München, Tel. (089) 852794
(Augsburg 23.6.26). Funk- u. Fernseh-
Feature, Essay, Chanson, Satiren,
historische Darstellungen.

V: Die Elf Scharfrichter, Monogr. 62;
Bretter, die die Zeit bedeuten. Die
Kulturgeschichte des Kabaretts 67, 71.
H: Chansons der zwanziger Jahre 62.
R: ca 100 lit. Unterhaltungsfeatures
und -hörspiele an allen deutsch-
sprachigen Stationen seit 52; Drehb. z.
Serie: Bretter, die die Zeit bedeuten -
Das dt. Nachkriegskabarett 6 Teile 74;
Wenn das kein Fortschritt ist
(Dreivierteljahrht.-Collage) 76; Witz als
Schicksal - Schicksal als Witz (Werner-
Finck-Porträt) 77.
S: Kassette "Bretter, die die Zeit
bedeuten" (Dt. Schallplattenpr.) 68. ( )

Greulich, Emil Rudolf (Ps. Erge),
Schriftsetzer; SV-DDR 50; 2. Preis beim
Kinder- u. Jgdb.-Wettbewerb des
Kulturmin. d. DDR 61, Goethe-Pr. d.
Stadt Berlin 68, Erich-Weinert-Med. 71;
Straße 956, Nr. 315, DDR-1183 Berlin-
Bohnsdorf (Berlin 6.10.09). Kurz-
geschichte, Lyrik, Erzählung, Roman,
Anekdote, Reportage, Film.
V: Der häßliche Engel, Erz. 48;
Lippehner 120. Chronik e. Berliner
Hauses 48; Zum Heldentod begnadigt,
Tatsachenber. 48; Das geheime Tage-
buch, R. 51, 53; Berlin - nich
kleenzukriejen, Geschn. 52; Kuba, biogr.
Skizze 53; Robinson spielt König, R. 53,
64; Die glücklichen Verlierer, R. 56; Die
Pyrenäen, die Senoritas und die Esel-
chen, Spanienfahrt 1930 56, 57; Keiner
wird als Held geboren. Lebensbild aus
dem dt. Widerstand 61, 83; Der verpatzte
Krieg 61; Der durchlöcherte Himmel,
Anekd. 62; Und nicht auf den Knien, R.
vom streitbaren Leben des Arthur
Becker 64, 80; Amerikanische Odyssee,
R. 65, 79; Alibi gegen Herrn Stein 66;
Die Gangster und der Grindige, Erz. 68;
Mit Mut und List 68; Bevor Manuela
kam, Erz. 69; Tamtam um die Geister-
burg, Kinderb. 69; Manuela, Erzn. 70;
Der anonyme Brief, R. 71, 79; Die deftige
Jungfrau und andere 99 Anekdoten 74;
Denise und das Prinzip 71; Insel des
Verderbens, R. 74; Wintergefecht 75; Der
Ochs im Dom, Anekdn. 76, 78; Liebe auf
d. elften Blick, ergetzl. Geschn. aus 2
Jahrzehnten 79; Der Pudel, der nicht
Mephisto war, Anekdn. u. Aphor. 79, 81;
Die Verbannten von Neukaledonien 79,
82.
H: Die Unschuld der Venus und
andere Anekdoten aus aller Welt 69. –
MH: Gesichter einer Stadt, G. über
Berlin 58.
F: Der positive Held 55; Das Gold in
der Ackerstraße 56, u.a. ( )

Greve, Ludwig; Villa Massimo Stipen-
dium Rom 58, Ehrengabe d. Bayer.
Akad. d. Schönen Künste 76; Paprikastr.
28B, D-7000 Stuttgart 75, Tel. (0711)
475539 (Berlin 23.9.24). Lyrik, Essay.
V: Gedichte 61; Gedichte 64; Bei Tag.
Neue Gedichte 74; Mein Freund Fritz
Eggert, Ess. 82.
MA: Hommage à Werkman 58.
MH: Expressionismus 60; Jugend in
Wien 74; Hätte ich das Kino! 76; Das 20.
Jahrhundert 80.

Greven, Helga (Ps. Juliane Greven,
Juliane Wilders, Birgit Swanholm, Julie
Gravell, Nicola Norma, Nicola Kersten),
Romanautorin; Sonnenstr. 4, D-8023
Pullach/Isartal u. Résidence Les Parcs
du Rayol, F-83820 Le Rayol Canadel
S.M., Tel. (089) 7930526 (Düsseldorf
21.1.23). Roman.
V: Sylvesterball 64; Gastspiel in
London 65; Nach vielen Jahren 66, Fort-
setzungs- u. Kurzromane, Serien, in
viele Sprachen übersetzt.

Greven, Juliane, s. Greven, Helga.

Griebler, Leo, Rektor a. D.; Lindenstr.
27, D-6633 Wadgassen/Saar, Tel. (06834)
47287 (Wahlen/Saar 24.2.12). Hörspiel,
Drama, Laienspiel, Lyrik, Novelle,
Mundartdicht.
V: Volkslieder, Erzn. 32; Ein Mönch
Berthold Schwarz 52; Mitten im Leben.
Ein Totentanz 55; Sängerkrieg auf
Schreckenstein 55; Die letzte Wahl 55;
Hochzeit in Texas 55; Frühling - abge-
sagt! 55; Der Sitzstreik 57; Weltrekord
59; Der Fußball 59; Öffnet ihm ...! 63; Der
Legionär 65; Der Sieger 66; Die Lese-
probe 68; Das große Angebot 69, alles
Laisp. – **MV:** Wir bergen die Ernte 59;
Hilbringer Heimatbuch 80.
MH: Mei Geheichnis, Mdalyrik 64.
R: Ein Mönch Berthold Schwarz;
Dietrich und die Dampfmaschine;
Zwischen Neptun und Merkur; Blut-
rache (nach Pr. Mérimée: Colomba);
Gänsegretel von Fechingen; Sherlock
Hollmeier; Der Dirmel und der Deiwel;
Hadwig, die Hexe, alles Hsp.

Griebner, Reinhard; Olga-Benario-
Prestes-Str. 4, DDR-1055 Berlin.
V: Das blaue Wunder Irgendwo 80. ( )

Grieder, Walter, Kunstmaler, Illustrator; Bäumleingasse 16, CH-4051 Basel
(Basel 21.11.24).
V: Die Geburtstagsreise 61; Das verzauberte Schloß 65; Pierrot 65; Das
große Fest 66; Die verzauberte Trommel
68; Die gute Tat der dicken Kinder 72;
Grieder meets the Maharajah; Das

große Diogenes Seeräuberbuch 72;
Nimm mich mit, Frau Vogelnase 72; Der
Tiger und der Affenkönig 73; Ein ver-
rückter Tag auf Skraal 73; Die
italienische Hochzeit 74.
R: Die verzauberte Trommel.

Grieser, Dietmar, Journalist, Schrift-
steller; P.E.N. 74, ÖSV 81; Theodor-
Körner-Preis 76, Silb. EZeichen f.
Verdienste um d. Rep. Öst. 82; Obere
Bahngasse 20, A-1030 Wien, Tel. (0222)
783519 (Hannover 9.3.34). Reisebericht,
Essay, Feuilleton, Kritik, Drehbuch.
V: Vom Schloß Gripsholm zum River
Kwai, Rep. 73; Schauplätze österreichischer Dichtung, Rep. 74; Schau-
plätze der Weltliteratur, Rep. 76;
Piroschka, Sorbas & Co., Rep. 78;
Irdische Götter, Rep. 80; Musen leben
länger, Rep. 81; Goethe in Hessen, Rep.
82; Gut geraten, lieber Leser, Quiz 83. –
MV: Das große Sherlock-Holmes-Buch
77; Hier lebe ich, Anth. 78.
H: Ad. Stifter: Ges. Werke 82.
R: Steckbrief, Fsf. 76, 77; Schauplätze
der Weltliteratur, Fsf.-R. 78-80; Der
Dichter und sein Modell, Fsf.-R. 80.

Grieshaber, Riccarda (Ps. Riccarda
Gregor-Grieshaber), Kunstmalerin;
Weibermarkt 7, D-7410 Reutlingen, Tel.
(07121) 320771 (Breslau 3.12.07). Roman,
Novelle, Essay.
V: Kugelschreiber und Kochlöffel.
Aufzeichnungen einer törichten Frau
61, 65; Meine englischen Bulldoggen 63;
Nora und Arno 64; Geschichten von
kleinen Tieren 64; Als ich Abschied
nahm 68; Umgesattelt 78.

Grigorowitsch, Lucian (Ps. Werner
Anrod, Sean L. G. O'Dorna), Journalist,
Redakteur Deutsche Welle Köln; DJV
Ldesverb. NRW Düsseldorf seit 69, VdEJ
Dt. Gruppe Bonn seit 72, Fédération
Intern. des Journalistes Brüssel seit 75,
Exil-P.E.N.-Club 83; Kreis d. Freunde,
Dülmen/Westf. seit 79; Sonnenstr. 4, D-
5461 St. Katharinen, Tel. (02644) 6619
(Vatra-Dornei, Rumänien 30.7.24). Essay,
Erzählung, Novelle, Roman. **Ue:** Rum.
V: Kulturelle Integration im Ostblock,
krit. Ess. 75; Aus dem Tagebuch des
Levy Levitzky, R.; Pater Seraphicus,
Persiflage d. streitbaren Peter Coryllis
80.
H: Stepanek-Stemmer: Der wahre
Dubcek. Woran der Prager Frühling
scheiterte, Kulturpolit. Essay 78. –
MH: Correspondances, Intern. Vjzs. f.
Lit.

R: Kulturaspekte. Üb. d. Kulturleben
in d. Bdesrepubl. seit 70.
Lit: Siegburger Pegasus. Jb. 82.

Grill, Harald, Päd. Assist.; VS;
Ehrengabe der LU 77, Kulturförderpr. d.
Stadt Regensburg 83; NGL; Sportplatz
Ringstr. 6, D-8411 Wald/ObPf., Tel.
(09463) 429 (Hengersberg 20.7.51).
Hörspiel, Drama, Lyrik, Prosa, Essay.
V: Zündholzschachterl, G. aus d.
Bayer. Wald 78; Rundumadum um
Weihnachtn, Bair. G. 78, 81; A scheene
Stood hots net leicht, nicht immer
liebenswürdige aber trotzdem gut
gemeinte G. in Regensburger
Umgangsspr. 79; Eigfrorne Gmiatlich-
keit, Bair. G. 80, 82; Einfach leben, Bair.
G. 82, 83; Gute Luft – auch wenn's
stinkt, Kdb. 83.
MA: Zammglaabt, oberpf. Mda.-Dicht.
77; Oberpfälz. Lesebuch 77; Mauern,
Kurzprosa 78; Regensburger Lesebuch
79; Für d Muadda, bair. G. 79; WAA – e.
Lesebuch 82; Wie viele Wohnungen
besitzt d. Haus 82; Land ohne Wein u.
Nachtigallen, G. 82; Auch im dunklen
Raum, Haiku-Anth. 82; Friedens-Fibel
82.
H: Die Brennessel-Presse, Buch-R.
seit 81.
R: Aber gsund schaust aus, Oma,
Rdfk-Send. 79; Gschichtn vom Hansi,
Rdfk-Ser. seit 82; Rundumadum um
Weihnachtn, Rdfk-Send. 82; Stille Tage
im Wald, Kurzfilmserie 83.
S: Junge oberpfälzische Mundart-
dichtung, Kass. 80; Rundumadum um
Weihnachtn, Kass. 82.

Grimm, Dieter; Unertlstr. 40, D-8000
München 40, Tel. (089) 3007579 (23.12.38).
V: Archi, das Gespensterkind 74;
Archi spukt in Amerika 75. ( )

Grimm, Florian, c/o von Schröder-
Verl., Düsseldorf.
V: Das Phantom von Monte Carlo, R.
83. ( )

Grimm, Heinrich *

Grimm, Hermann, Produktmanager;
GfdS; Eckersbach 8, D-8752 Glattbach
(Aschaffenburg 14.4.20). Lyrik.
V: Wein mit Geist, Lyr. 81.
B: Ascheberger Sprüch, G. in
Aschaffenburger Mda. 99, 12. Aufl. 82.

Grimm, Inge Maria, s. Hasslinger,
Inge.

Grimm, Jutta, Redakteurin; Zügelstr.
7, D-8000 München 50 (Hamburg 6.5.25).
Kinderbuch.
V: Kleiner Ausreißer Sabine 65; Susi
und der Seehund 66; Spuren in der

Hafenstr. 67; Mullepux macht Wirbel 68;
Es begann mit Herrn Schnurr 69;
Immer Ärger mit Mullepux 70; Vorsicht!
Gurke kommt! 71; Klasse 7 weiß sich zu
helfen 72; Das kommt davon 73; Kapitän
Knusebeck und Babettchen 74; Erb-
onkel gesucht 76; Das Abenteuer in d.
Bärenhöhle 78, alles Kinderb. ( )

von Grimm, Vera, s. Eggert, Vera.

Grimme, Friedrich Wilhelm, c/o
Verlag Grobbel, Fredeburg.
V: Memoiren eines Dorfjungen und
andere Erzählungen 80; Plattduitsk in
Ehren, G., Dönekes, Schwänke in sauerl.
Mda. 81. ( )

Grindel, Harry, s. Schlieter, Siegfried.

Grisson, Alexandra Carola; VS 51;
Ehrenurk. d. Bayer. Akad. schönen
Künste 68; Junoweg 3, D-7000
Stuttgart 80, Tel. (07142) 41081
(Hamburg 6.7.95). Lyrik, Roman, Novelle,
Essay.
V: Ermanno Wolf-Ferrari, Biogr. 41,
58, Bekenntnis zu Hans Carossa 48; Die
stille Wirklichkeit, 8 Geschn. u. eine Leg.
52; Wo aber Gefahr ist, wächst das
Rettende auch, Ess. 52; Spuren und
Zeichen, G. 65; Verborgene Kraft, Erzn.
65; Bilder und Gleichnisse, G. 66;
Zuspruch und Wandlung, Lebens-
sprüche 67; Frieden, Ein Aufruf 68;
Begegnungen mit großen Zeitgenossen
69; Weiße Feuer, ausgew. G. aus 3
Zyklen (hrsg. R. A. Schröder Ges.) 70;
Aussagen über gestaltete Offen-
barungen 73; Ausstrahlung
schöpferischer Gestaltungen 74. ( )

Grob, Helmut, Justizbeamter; Langes
Gräthlein 28, D-8700 Würzburg 26
(Würzburg 7.5.29). Roman.
V: Gefahr i. d. Nacht, Jgdb. 70, u.a. SF
u. Kriminalromane. ( )

Grobecker, Kurt, Dipl.rer.pol.,
Rundfunkjournalist; Berufsverein.
Hamburger Journalisten; Heilwigstr. 50,
D-2000 Hamburg 20 (Hamburg 22.2.36).
Essay, Reportage.
V: Herb und süß in einem 75; Hanse-
atisches Damenbrevier 76;
Hanseatisches Herrenbrevier 77;
Neptun, Merkur & Cons., Glossen 77;
Jungfernstieg und Ehebrechergang 77;
Flug über Hamburg 78; Zwischen Harz
und Heide 78; Helgoland 79; Alt-Berlin
— Vom Hinterhof zur Kaisergalerie 79;
Meerumschlungen 79; "O Bier du
schmäckest fein ..." 79; Schicksale auf
hoher See 80; Gleich Vögeln durch d.
Luft zu schweben 80; Hansestadt
Hamburg 1894 81; "Passat". Das aben-

teuerl. Leben e. Windjammers 82. —
MV: Heraus aus d. Trümmern 83.
MA: Mehr als ein Haufen Steine 81.

Gröger, Herbert, Dr. phil., ObStudR.,
Doz.; Kg. 70, Karl-May-Gesellsch. 80;
Nieder-Röder Str. 32, D-6116
Eppertshausen (Mährisch Altstadt/
Sudetenland 16.9.36). Lyrik,
Kurzgeschichte, Essay. **Ue:** E, F.
V: Allegro, G. 63, 73; Der Stille Klang,
G. 80, 83.
MA: G. und andere Beitr. in Jbb. (Alt-
vater-Jb., Nordmähr. Heimatb.), Zss.
(Der Aufstieg, Das Boot) und Anth.
(Moderne Literatur, Spuren der Zeit
u.a.).
Lit: Handlexikon deutsche Literatur
in Böhmen-Mähren-Schlesien 76.

Gröger, Rudolf (Ps. Hans Lindhofer),
Steingraveur; VS 48; Ehrenurkunde (d.
AWMM Luxemburg) f. bes. Leistungen
a. d. Gebiet d. Volkslit. u. d. Volks-
theaters 83; Zeppelinstr. 6, D-7031
Holzgerlingen, Tel. (07031) 49573
(Oberlindewiese/Sudetenl. 24.9.02).
Drama, Erzählung.
V: Wachtmeister Brandner, Sch. 26;
Die Schuldigen, Volksst. 28; Everl vom
Waldhof, Volksst. 28; Das Grab der
Mutter, Volksst. 29; Das einsame Haus,
Sch. 30; Aberglaube, Sch. 31; Der
Fährmann von Dürnstein, Sch. 31; Das
Kind des Wegelagerers, Volksst. 32; Die
Glocken von Birkenstein, Volksst. 33;
Die goldene Schlange, Schw. 50; Die
Botschaft aus dem Jenseits, Schw. 57;
Das gestohlene Schilderhaus, Hum.;
Alle guten Geister, Hum.; Der selige
Kajetan, Hum.; Die verliebte, alte
Schachtel, Hum.; 160 Erzn.,
Humoresken, Kalendergeschn.

Groeger, Ursela, c/o Thienemanns
Verl., Stuttgart.
V: Bastian und das bunte Haus 83. ( )

Gröhler, Harald, freier Schriftsteller;
VS 72; Arbeitsstip. d. Kultusmin. v. NRW
73 u. 81, Aufenthaltsstip. in Worpswede,
mitgetr. v. Min. f. Wiss. u. Kunst Nds. 74/
75, Förderpr. d. Stadt Köln (Jahresstip.)
f. Lit. 75, Gastprof. f. Dt. Lit. an d. U. of
Texas at Austin USA 76, Gastprof. f. Dt.
Lit. u. Lit.wiss. an d. U. of Mexico in
Albuquerque USA 76; Vorst.mitgl.
Lit.Ges. Köln 75; Siebengebirgsallee 17,
D-5000 Köln 41, Tel. (0221) 445751
(Herischdorf/Schlesien 13.10.38). Roman,
Lyrik, Erzählung, Essay, Literaturkritik,
Drama, Film. **Ue:** E, Am.

V: Wir sind nicht aus Amerika, R. 69;
Wir scheitern heute an uns selbst, Dr.
71; Im Spiegel, Dr. 75.
MA: Ohne Denkmalschutz. Ein fränk.
Leseb., Prosa 70; Wir Kinder von Marx
und Coca Cola, G. 71; Deutsche Gedichte
seit 1960 72; Revier heute, Prosa u. G. 72;
Ortstermin Bayreuth, Prosa 71; Ostern -
Gottes großes Ja, G. 72; Jahresring,
Prosa 72; Frieden aufs Brot, G. 72;
Satzbau, Prosa 72; Am Montag fängt die
Woche an. 2. Jb. d. Kinderlit., Lyrik 73;
bundes deutsch, Lyrik 74; Die Phantasie
an die Macht. Literatur als Utopie,
Prosa 75; Sie schreiben zwischen Goch
und Bonn, Prosa 75; Natur ist häufig
eine Ansichtskarte. Stimmen zur
Schweiz, Prosa 76; Gotthard de
Beauclair, Ess. 77; Autorenpaten-
schaften, Prosa 78; Ausgeträumt, Erz. 78,
2. Aufl. 79; Jb. für Lyrik, G. 79; Jb. der
Lyrik, G. 79; Jahresring, G. 79;
Literarischer März, G. 79; Geschichten
mit Kindern u. ohne, Prosa u. M. 81.
H: Gerhard Uhlenbruck: ... ins eigene
Netz, Aphor. 77. — **MH:** Beispielsweise
Köln, Leseb. 80.

Grömmer, Helmut (Ps. Helgrö, Fritz
Reinhold); VS; Edgar-Wallace-Pr. 65;
Fabriciusstr. 71, D-2000 Hamburg 71,
Tel. (040) 617312 (Eisenach 23.3.12).
Jugendbuch, Roman, Drama, Hörspiel,
Spielebücher.
V: Jetzt wirds spannend, Jgdb. 51;
Junge nach Haiti gesucht, Jgdb. 52; Der
Hund mit dem halben Ohr, Jgdb. 53;
Großer Hokus, kleiner Pokus, Jgdb. 53;
Detektiv ist nichts für mich, Krim.-R.
65; Zwei Drittel Liebe, ein Drittel Gift,
Krim.-R. 66; Ein Fall aus lauter Liebe,
Lsp. 68; Jenni und der Mann im
Schrank, Jgdb. 70, R. 71; Jenni und der
kleine Zirkus, Jgdb. 71; Küssen (k)eine
Kunst, Ess. 71; Das lustige Spielebuch,
Jb. 76; Kritzelspiele 78; 15 Brett- u.
Würfelspiele 79; Der heimliche Gast,
Jgdb. 82; Das Lob d. Tages, Jgdstück 83.
R: Ein Fall aus lauter Liebe, Fsp. 68;
Jenni und der Mann im Schrank, Hsp.
71; Die Dampfhochzeit, Hsp. 83.

Gröper, Klaus; Brennerstr. 61, D-8031
Gröbenzell.
V: Im Winter brach d. Regenbogen, d.
dt. Treck nach Texas 78, Tb. 81;
Schwarze Fracht nach Westen, d. Weg d.
Negersklaven in d. Neue Welt 79. ( )

Gröper, Reinhard, s. Müller, Egbert-
Hans.

Größinger, Hans, Journalist; SSB 77,
GdA 79, Interessengemein. österr.

Autoren 80; 2. Prosa-Pr. d. IGdA 79, 1.
Prosa-Pr. d. IGdA 80; Köla 77;
Westrandsiedlung 350, A-8786
Rottenmann, Tel. (03614) 2613 (Bruck a.
d. Mur 2.9.43). Kurzgeschichte, Novelle,
Roman.
V: Sicherungen, Kurze Geschn. 80.

Groh, Georg Artur (Ps. Georg Georgi);
Meierstr. 17, D-4900 Herford (Berlin
7.10.13). Lyrik, Roman. **Ue:** E.
V: Kein Platz für Gundula — Weh
dem, der baut, Tatsachen-R. 78; Meine
Freunde, die Kinder, Erlebnisse 79.
MA: Verborgener Quell — Dt.
Volksdicht. 50; Gauke's Jb. 81 u. 83.
Ue: Stanley Banks: Heilige im
Arbeitsdreß; John F. Balchin: Was sagt
die Bibel über die Kirche.

Groh, Klaus, Dr. phil., Kunstpädagoge,
Kunsthistoriker; Intern. Artists
Cooperation 72, Intern. Künstler-
gremium 75; Postf. 1206, Roter Steinweg
14, D-2905 Edewecht-Fr'Fehn, Tel.
(04486) 5954 (Neisse 9.2.36). Hörspiele,
Essays, Hörtexte.
V: Credo, Ess. 69; Try!, Ess. 71; If I had
a mind ..., Anth. 71; Aktuelle Kunst in
Osteuropa, Anth. 72; ETC!, Ess. 72;
Visuell — Konkret — International,
Anth. 73; Baum, Anth. 74; Art
impressions-Canada, Ess. 75; Visuell-
Konkret, Anth. 79; Der Neue Dadaismus
in Nordamerika, wiss. Text 79; Dada
heute 79; Bridges, Ess. 80; Try 82.
MA: Kunst u. Soziologie, Ess. 77;
Kunstpädagogik u. alternative Kunst,
wiss. Text 77; Eine Neugestaltung der
Kunstpädagogik, wiss. Text 79.
R: Dadaland, Hsp. 77; Dada-Amerika,
Hsp. 78.
S: Hear 78; Listen 79; (G)listen! 79;
SEP-TIC 82, alles Tonkass.; Vooxing-
Pooetry Schallpl.

Grohé, Claire, s. Lebert, Vera.

Groißmeier, Michael, Dipl.-
Verwalt.wirt, Verwalt.OAR; Buchkastr.
8, D-8060 Dachau, Tel. (08131) 82170
(München 21.2.35). Lyrik.
V: Scherben der Zeit, G. 63; Träume
im Nachtwind, G. 64; Lösch Lachen und
Mohn, G. 64; Sehnsucht nach Stein-
brüchen, G. 67; Die roten Vogelbarken
schaukeln, G. 69; Das Gladiolenschwert
rostet, G. 73; Unter dem Chrysanthemenmond, G. 75; Schmetterlings-
harfen und Laubgelispel, G. 77;
Stimmen im Laub, G. 79; Mit Schnee-
mannsaugen, 252 Haiku-G. 80;
Bestrafung f. Atemzüge, G. 81; Haiku-G.,

dt.-jap.-engl. 82; Schnee auf d. Zunge, G.
83.
   MA: Spuren der Zeit II, hrsg. Robert
Grabski 64; Der Bogen, hrsg. Heinz
Pototschnig ab Folge 17; Quer, Anth.
deutschspr. Lyrik d. Gegenw., hrsg. RSG
77; Anth. 3, Lyrik in 47 Sprachen, hrsg.
RSG 79; Anth. d. deutschen Haiku,
japan.-dt. 79; Anth. d. Welt Haiku 78, 79.
   H: Hans Jörg Cordell, Manfred
Korinth, Peter Coryllis: Menschen/
Gesichter/Stationen, G. 65; Rupert
Schützbach: Die Einsamkeit ist
unverkäuflich, G. 66.
   MUe: ISSA, 48 Haiku, japan.-dt. 80.
   Lit: W. Bortenschlager: Dt. Lit.gesch.
v. 1. Weltkrieg bis z. Gegenwart 78.

   von Groll-Dillenburger, Inge,
s. Dillenburger, Ingeborg.

   Grolms, Maximilian, s. Hieronimus,
Ekkehard.

   Gronau, Dietrich, c/o Ararat-Verl.,
Berlin (West).
   V: Madame Lütfullah und andere
Erzählungen 83. ( )

   Gronau, Joachim, Realschullehrer;
Alte Landstr. 40a, D-2210 Itzehoe, Tel.
(04821) 42228 (Berlin 15.10.24).
Erzählung.
   V: Zu Hause als Tourist 83.

   Gronemann, Walter, Bibliotheksangestellter; Kletterrosenweg 5, D-4600
Dortmund 50-Brünninghausen, Tel.
(0231) 714246 (Dortmund-Hörde 18.4.26).
Erzählung, Jugendbuch.
   V: Geheime Freundschaft, Jgdb. 60,
66; Fröhlicher Auftakt, Erz. 64; Glocken
wachsen nicht auf Bäumen 65; Räuber-
haupt Piepenbrink 67; 5 Kinder und ein
großer Bagger 69; Ich mach die Welt ein
bißchen bunter 78; Knusper Rotpelz
kommt zurück 83, alles Kinderbb.; Wir
kommen von der Presse 80; Das lassen
wir uns nicht gefallen 83, beides Jgdbb.

   Gronwald, Werner (Ps. Mortimer
Colvin), Schriftsteller; VS Bayern 67;
Hohenzollernstr. 105, D-8000
München 40 (Königsberg/Opr. 24.12.17).
Schauspiel, Roman, Kurzgeschichte,
Essay. **Ue:** E.
   V: Flucht in die Freiheit, Erz. 47;
Musik eines Jahres, R. 47; Im großen
Sturm. 6 Stud. zu einem Werk, Erz. 47;
Piratenballade, Erz. 50; Norwegische
Ballade, Erz. 53; Flieder im November,
Erz. 54; Das Experiment des Professors
Willm, Arzt-R. 66; Die Nacht hat viele
Stunden, Krim.-R. 68, 81; Ein letztes
Lächeln vor dem Tode, Krim.-R. 69; Der

Herr d. schwarzen Spinnen, Horror-
stories 78.
   R: Geschichte der Wildwestliteratur;
Geschichte der Science-Fiction-
Literatur, beides Hörfeatures.
   Ue: Carson: The magic lantern u.d.T.:
Als alle Träume sichtbar wurden 53;
Frances Parkinson Keyes: Steamboat
Gothic u.d.T.: Palast am Großen Strom
53; Rex Stout: Murder by the book
u.d.T.: Orchideen für sechzehn Mädchen
54; Pamela Frankau: Der Augenblick
vor dem Triumph 55; Milton Lott: Die
letzte Jagd 55; Owen Wister: Der
Virginier 55; Paul Hyde Bonner: SPQR
u.d.T.: Römischer Sommer 56; Ben
Lucien Burman: Hahnenschrei, der den
Morgen ruft 56; Asimov: Der Mann von
Drüben 57; John O'Hara: Lovey Childs
u.d.T.: Diese zärtlichen wilden Jahre 72.
( )

   Gross, Andreas B.C., Lehrer; Andreas-
Gross-Str. 7, D-8973 Hindelang, Tel.
(08324) 2011 (Hindelang 23.7.51). Roman.
   V: Gespinste, R. 82; Polaris, R. 83.

   Groß, Engelbert, ObStudR., Mag.
theol., Dr. theol., Pfarrer, LBeauftr.
U.Köln; Johannesplatz 38, D-4150
Krefeld 1 (Gladbach, Kr. Düren 22.12.38).
Kinderbuch, rel. Werkstatt-Texte,
Liedtexte, rel. Lyrik. **Ue:** Ndl.
   V: Mein Kirchbuch 71, 81 (auch dän.,
schwed., norweg., ung.); Mein Drei-
Zeiten-Buch 74, 78; Den Stein
erweichen möchte ich können 80; Gott
spielt uns d. Akkord d. Freiheit 81;
Wohin soll ich leben 83. — **MV:** Carolin
& Marius, Kinderb. 76.
   B: Die Bibel erzählt.

   Gross, Heiner, s. Gross, Heinrich.

   Gross, Heinrich (Ps. Heiner Gross),
Schriftsteller, früher Masch. Techniker;
ZSV 66, SSV 69; Kunstpr. d. Stadt
Winterthur 65; Bettenstr. 173, CH-8400
Winterthur, Tel. (052) 229108
(Winterthur 2.12.23). Jugendbuch.
   V: 3 : 0 für die Bärte 59, 71; Tumult auf
der Kyburg 61, 71; Bill Nackenschlag
und die Zwillinge 61, 72; Der schwarze
Jack 62, 71; Der Schatten des schwarzen
Jack 63; Sabors Wunderboot 63, 72; A. G.
Pinkerton und der Augenzeuge 66, 71;
Die blaue Taverne 66, 71; A. G.
Pinkerton und die Tigerbande 67, 71; A.
G. Pinkerton und der Mann mit dem
Straußenmagen 68, 71; Die Spelunke
zum grünen Kopf 69, 71; Willi und die
fliegende Straßenbahn 70; Die rote
Laterne 70; Der schwarze Jack läßt
grüßen, Der rote Wendelin 71; Vater,

unser bester Stürmer, Dragula, der
Feuerfresser 72; Der Schwarze Hengst
im Schulhauskeller 73; Wurlitzer u. Co.
76; Wer ist Goldauge 78; Die
Phantombande 78; Das rätselhafte
Gasrohr 79; Der Fels des Schreckens 79;
Der unheimliche Pharao 81, alles Jgdb.
R: 3 : 0 für die Bärte, Fs.-Folge 71.
S: 3 : 0 für die Bärte 71.

Gross, Horst-Eckart, Dipl.-Math.;
Fröbelstr. 76, D-4800 Bielefeld 1, Tel.
(0521) 298818 (Wernigerode/Harz 21.9.43).
Roman, Essay. **Ue:** S, Port.
MV: Unidos venceremos, m. Fritz Noll,
Ingrid Kurz 78; Che. Meine Träume
kennen keine Grenzen, m. Klaus P. Wolf
82.

Grossberg, Mimi; Öst. P.E.N. 74; Gold.
Ehrenzeichen f. Verd. um d. Rep.
Österreich 74; 81 Wadsworth Terrace,
New York, NY 10040/USA, Tel. (0212)
5691097 (Wien 23.4.05). Lyrik. **Ue:** E.
V: Der Weg zu dir 35; Versäume, ver-
träume 57; Österreichs literarische Emi-
gration in den Vereinigten Staaten 1938
70; Gedichte und kleine Prosa 72; Die
k.u.k. Armee in d. öst. Satire 74.
MA: Joseph Roth, sein Schicksal und
sein Werk, Ess. in: Bulletin d. Leo-
Baeck-Inst. 25/64; Die letzten Lebens-
monate Josephs Roths, Ess. in: Wort in
der Zeit 8 — 9/65; Würdigung Professor
Siegfried Altmanns in: Die Geschichte
der Juden in Österreich 71;
Österreichische Zeitschrift als
Bahnbrecherin in: Aufbau 71; Der New
Yorker literarische Kreis von 1938 76;
Stefan Zweig — heute 77; Die Marie 78,
alles in: Literatur und Kritik; Reise-
gepäck Sprache, G. 78; Stefan Zweig, e.
Bestandsaufnahme u. Besinnung u.
Einkehr 81; Zum 50. Todestag Arthur
Schnitzlers, Ess. in: Die Gemeinde 81;
Mac the Knife 81; Essay zum 50. Todes-
tag A. Schnitzlers in: Bulletin LBI,
Jerusalem 82; Peter Altenberg u. d. zeit-
genöss. Wien in: Die Gemeinde 82;
Stefan Zweig's Works in Film a. TV.,
Ess. in: Proceedings, Albany, N.Y. 83;
Nachrichten aus den Staaten, Anth. 83;
Lisa Kahn: In her Mother's Tongue,
Anth. 83.
H: Kleinkunst aus Amerika;
Österreichisches aus Amerika, Anth 73;
Amerika im austro-amerikanischen
Gedicht, 1938 — 1978 78; Geschichte im
Gedicht, Das polit. G. d. austro-amer.
Exilautoren d. Schicksalsjahres 1938,
Anth. 82. — **MH:** österreichische
autoren in amerika, m. V. Suchy 70.

Lit: Viktor Suchy spricht mit M.G. üb.
ihr Werk u. d. öst. Emigration in d. USA
70; E. Abend m. M.G. u. ihren Freunden
im Austr. Institute, New York, 75; M.G.
spricht m. Richard Berczeller 75, m. Otto
Fürth 76, m. Margarete Kollisch 76, m.
Jimmy Berg 76, alles im Dokumentat.-
arch. f. Neuere Öst. Lit., Wien; Walter A.
Berendsohn: Veröff. der Stockholmer
Koordinationsstelle Nr. 12 74; Frieda
Hebel: Eine jüd.-öst. Literatin v. Format
in: Zs. f. d. Gesch. der Juden 74; Hans
Jäger in: Bulletin on German Questions
XX, XXIII, XXIV, XXVII; Vortr. im
Wiener P.E.N.: Der öst. lit. Kreis in N.Y.
u. aus eigenen Werken 76; in d. Öst.
Phonotek, Wien; Interview Rose Stein:
The Reminiscences of M.G. in: Oral
History Collection, Col. Univ. N.Y. 79;
Lisa Kahn über Mimi Grossberg in:
Reisegepäck Sprache; J. Johns: M.G.,
eine Bibliogr. bis Ende 1978 in: Modern
Austr. Lit. Vol. 12, 3/4 79.

Grosse, Andreas, s. Fielitz, Hans Paul.

Große-Oetringhaus, Hans-Martin,
Dipl.Päd., Dr.päd.; VG Wort;
Diepenbrockstr. 34, D-4400 Münster/
Westf., Tel. (0251) 374413 (Klagebach
16.2.48). Roman, Novelle.
V: Wird Feuer ausbrechen?,
Dokumentar. R. üb. einen
Schüleraufstand in Südafrika 80;
Makoko — Abenteuer in Kenia, R. 81.

Grosser, Johannes Franz Gottlieb (Ps.
Wolf Arnold-Elze), Schriftsteller,
Verlagsbuchhändler; Hansjakobstr. 142,
D-8000 München (Chemnitz 22.8.15).
Essay, Lyrik, Novelle, Drama.
V: Paestum, Hymne in Prosa 48; Licht
der Welt, N. 49; Unsereiner, Monogr. 60;
Die große Kontroverse, Brief-Ess. 63;
Weltbild und Weltfortschritt, Ess. 72;
Umwelt und Kosmos 76; Geistiges
Rittertum 82. ( )

Grosser, Karl-Heinz (Ps. G. Rosser);
Händelallee 9, D-1000 Berlin 21, Tel.
(030) 8343033 (Berlin 9.3.22). Roman.
V: Stirb wie ein Kerl, R. 58; Wölfe am
Himmel, R. 60; Generale sterben im
Bett, R. 62; Tamburas, R. 65 (übers. in 10
Spr.); Der Babylonier, R. 68.

Großkurth, H. Jürgen, Lehrer; VS
Hessen 76, IGdA 76; Lyrik-Anerkenn. b.
Lyrik-Wettbew. "Zwei Menschen" d. Zs.
das boot 76, 1. Pr. d. Welt am Sonntag im
Wettbew. CARTOON 23 77; Lit. Un. 76,
Kr. d. Freunde 76, Kasseler Autorengr.
76, Cassandra 76, RSG 77; Auf dem
Schilderkopf 6, D-6440 Bebra 1, Tel.

(06622) 7282 (Bebra 13.4.49). Lyrik, Essay,
Kurzprosa, Erzählungen, Rezensionen.
V: Vers-Suche und andere Möglich-
keiten, Lyrik u. Prosa 77; Worte im
Wind, Lyr. Streifen 80; Ein liebes Buch,
Geburtstagsbuch 81; Filigran zernagt, G.
81; Exil, G. 83; In all den Jahren, G. 83.
MA: Ich lebe aus meinem Herzen,
Lyrik 75; Deine Welt im knappen Wort,
Aphor. 76; Poesie und Prosa Bd. 4: Lyrik
u. Kurzprosa; Lieben, glauben und
vertrauen, Lyrik u. kurze Prosa 76;
Nehmt mir die Freunde nicht, Lyrik 76;
Solange ihr das Licht habt, Lyrik 77;
Diagonalen, Kurzgeschn. 77; Das rechte
Maß 77; Lyrik u. Kurzprosa 77; Jb. dt.
Dichtung, Lyr. u. Prosa 77, 78; Im Licht-
bereich der Ethik Albert Schweitzers,
Lyr. u. Kurzprosa 77; Querschnitt, Lyr.
u. Kurzprosa 77; Ein Dezennium, Lyr. u.
Kurzprosa 77; In diesem Moment, G. 78;
Lyrik heute 78; Der Spiegel deiner-
selbst, Lyr. 78; Die Welt in der wir leben,
Aphor. 78; Mauern, beste Wettbew.G. 78;
Schritte der Jahre, G. 79; Anth. 3, G. 79;
Lyrik 79, 79; Ich denke an morgen,
Lehrer-Gedichte 80; Spuren der Zeit, G.
80; Jb. dt. Lit. 1979, G. u. Kurzprosa 79;
Schön ist die Jugend bei guten Zeiten,
Lyr. u. Kurzprosa d. VS/Hessen 80;
Haiku 80; Entleert ist mein Herz,
Haiku-Anth. 80; Hoch schwebt im
Laube, Haiku-Anth. 80; In der Tiefe des
Herzens, Renga-Anth. 80; An der Pforte,
Anth. 80; IGdA-Almanach 1980, Prosa u.
Poesie 80; Kl. Anthologie d. RSG z. Bayr.
Nordgautag 1980 80; Wortgewalt, Lyrik
u. Prosa hess. Autoren 80; Kreis im
Kreise, Lyrik-Anth. 80; Gauke's
Jahrbuch 80, 81, 82; Wie es sich ergab,
Anth. 81; Lyrik heute, e. Ausw. zeitgen.
dt. Lyrik 81; Poetisch rebellieren,
Lesungen im Kasseler Autoren-Café
1978-1981 81; Widmungen — Einsichten
— Meditationen, Anth. 82; Thema:
Martin Luther, Bilder, Texte, Vorschläge
f. Unterr., Jugendarb., Seminare u.
Gemeindearb. 82; dto. in: Relig.päd.
Arbeitsmappe 82; Friedens-Fibel, Anth.
82; Verse im Winde, Kettengedichte zu
dritt 83; Gratwanderungen, Anth. 83.
H: Moderne Lyrik - mal skurril, Lyrik
77. — **MH:** Gratwanderungen, Lyr. d.
achtziger Jahre 83.
Lit: Autorenporträt in: das fenster Nr.
121; Hdb. d. alternativen dt.spr. Lit. 76/
77, 78/79 u. 80/81; Lichtband-Autoren-
Lex. 80.

Grossmann, Hans H. (Ps. Stan
Telford, Mark Shannon, Lex Lane,
Ernest P. Kellog, Ralf Holm, Tex

Mason), Journalist, Schriftsteller; Balk-
hausen 14, D-5489 Nürburg (Wien
21.4.16). Roman, Film. **Ue:** I.
V: 794 Romane (Krimi, Western,
Belletristik). ( )

Grossrieder, Hans, Dr. phil., Prof.;
SSV 56; St. Agnesweg 2, CH-1700
Fribourg (Düdingen/Schweiz 30.9.12).
Lyrik, Novelle, Essay. **Ue:** E, F.
V: Freiburg, Ess. 46; Der Stern im
Schnee, Erzn. 53; Das Kollegium Sankt
Michael, Ess. 80.
MA: Drei Schweizer Kunstwerke in
Fryburg 43; Lexikon der Weltliteratur
60/61; Der Stand Freiburg 64; Johannes
Hugentobler 78.
Ue: Maurice Zermatten: Unnützes
Herz, R. 39; Le chemin difficile u.d.T.:
Der Heimweg, R. 42, Le sang des morts
u.d.T.: Unversöhnliches Blut, R. 43, Le
jardin des oliviers u.d.T.: Der Garten
von Gethsemane, R. 56; O. W. von
Lubicz-Milosz: Miguel Mañara u.
Gedichte 44; Joseph Malègue: Sous la
meule de Dieu u.d.T.: Die Heimsuchung,
N. 48; Thomas Merton: Der Berg der
sieben Stufen, Autobiogr. 50, Der
Aufstieg zur Wahrheit 52; Elisabeth
Goudge: God so loved the world u.d.T.:
Der Mann aus Nazareth 54; Gilbert
Cesbron: Chiens perdus sans collier
u.d.T.: Wie verlorene Hunde, R. 54;
Gustave Thibon: Das Leben zu zweit 55;
Marcel Strub: Malerisches Freiburg 66;
Georges Huber: Mein Engel wird vor dir
herziehen 69; Georges Borgeaud: 4000 m
79; Charles Journet: Der heilige
Nikolaus von d. Flüe 80; Patrick de
Laubier: Das soziale Denken d. kath.
Kirche 82.

Grosz, Christiane; Frettchenweg 4,
DDR-1147 Berlin.
V: Scherben, G. 78, 82; Putz Munter,
Kdb. 81. ( )

Grote, Maria, Schriftleiterin i.R.;
Blankenhagenerweg 283, D-4830
Gütersloh (Lüdenscheid/Westf. 23.5.99).
Novelle, Essay.
V: An den Ufern der Weltstadt,
Gedenkb. an Dr. Carl Sonnenschein,
Biogr. 40, 50; Carl Sonnenschein 47;
Weltoffene Weisheit. Aus Notizen, Welt-
stadtbetrachtn. v. Dr. Carl Sonnenschein
50; Dr. Carl Sonnenschein in Berlin 57;
Das veruntreute Geld, N. 60; Sie beten
den Tag herbei, Erzn. 65; Gottes Wege
sind wunderbar 77, Die Friedens-
stifterin, Erzn. 78; Gott erhört Gebet 81;
Frohes Ernten im Alter 82; Die Nacht
vor dem Weihnachtsfest 82; Gott hält
sein Wort 83.

H: Carl Sonnenschein: Frohe Botschaft heute 50, Notizen, Weltstadtbetrachtn. 50 II.

Grothe, Gerda, Dr. phil., Dipl. sc. pol., Historikerin; Thomasstr. 3, D-1000 Berlin 44, Tel. (030) 6813045 (Berlin). Hist. Biographie.
V: Briand 48; Herzog von Morny, Biogr. 66 (auch franz.).
Ue: Jean-Pierre Rioux: Die Bonaparte 69; Edmond Rochedieu: Der Schintoismus 73.

Grothe, Heinz (Torsten), Redakteur, Dramaturg; V.dt.K. 51, Kogge 59, FDA 73, Präs.mitgl.; Dramaturg. Ges. 55, G.-Hauptmann-Ges. 61, Barlach-Ges. 64, Perkonig-Ges. 64; Württembergische Str. 23/24, D-1000 Berlin 31 (Berlin 24.3.12). Novelle, Anekdote, Essay, Fernsehspiel, Kritik. **Ue:** E.
V: Das Fronterlebnis aus dem Nacherleben gedeutet, Ess. 32; Klabund, Biogr. 33; Rote Korallen, N. 43, 66; Die ausgestoßenen, Fsp. 61; Anekdote, eine untersuchende Gesamtdarstell. 71, erw. Neuaufl. 83; Gloria Victoria, Anekdn. 81; Bekannt — Berühmt — Bewundert, Frauenanekdn. 84. — **MV:** Der Gang zur Hebamme, m. Hans Franck, Dr. 51; Auf gute Geschäfte, m. Ursula Drechsler, Anekdn. 83.
H: Ausfahrt, Ball. 37; Wir mit dem Spaten, Geschn. 37; Heinrich Zerkaulen, Eine Dichterstunde 37; Herybert Menzel, Eine Dichterstunde 38; Junge deutsche Dichtung, Eine Feierabendfolge 39; August Hinrichs: Stimmen der Freunde 39; Das liebste Gedicht 39; Die Feier des Lebens, Zum 50. Geburtstag H. Zerkaulens 42; Pegasus auf Reisen, Erz. 42; Gelebtes Leben, Geburtstagsgabe f. H. Franck 50; Das Herzgeschenk. Zum 75. H. v. Franck 54; Unter südlichem Himmel, Ess. 66; Das neue Narrenschiff, Anekdn. 68. — **MH:** Die Sanduhr. Aus dem Nachlaß Kurt Kluges, m. Carla Kluge 66; Kurt Kluge, Ausstellungs-Kat. 80; Hans Franck: Mecklenburg. Sagen u. Märchen 82; ders.: Mecklenburg. Geschichten 83.
F: Der Fluß hat das Wort 62/63; Berlin - über den Tag hinaus 63/64.
R: (B u. MA): Paolo Levi: Der Weg ist dunkel, m. H. W. Bublitz; Paul Willems: Of und der Mond, m. Maria Sommer, Grah. Greene: Das Geheimnis; Lettunich: Die goldene Quelle, m. Maria Sommer; Alarm Feuer, Hörfolge m.a.; Don Cash: Ein Kinderspiel, Fsp.; Horst

Mönnich: Die Jubiläumsschrift, alles Fsp.
MUe: Die goldene Quelle, m. Maria Sommer.

Grothe, Ilse, pens. Bankkfm.; Feistritz 31, c/o Verlag Bläschke, A-9143 St. Michael. Lyrik, Erzählungen, Märchen, Tiergeschichten.
V: Anka, d. kurze glückliche Leben e. weißen Boxers 79; Töchter aus Laurins Reich. E. Rosenb., Lyr. 81; Geschichten f. Nirmala. M. f. e. indisches Patenkind 81; Der Christrosen-Stein, Erz. z. Weihnacht 82; Dunkler Fittich — Heller Stern, G. u. Gebete 82; versch. M. in Blindenschr.
MA: Der Menschheit Würde ist in eure Hand gegeben... Intern. Jahr d. Behinderten 81; Signaturen, Lyrikanth. d. DAV 81; Ansichtssachen, Lyr. u. Prosa, Anth. d. DAV 82 (gleichzeit. Lektorat); Prosa u. Lyrik vom Hohen Ufer II, Prosa 82; Gauke's Jb. 83.

Grotkop, Edith (Ps. Edith Guetté); VS 60; Am Steinmal 18, D-3578 Schwalmstadt 24 (Stralsund 17.10.97). Tier- u. Jugendgeschichte, Novelle.
V: Nick, der Seehund u.a. Tier-Geschn. 49, 58 (auch franz. u. portug.); Vom gelben Vogel, der braunen Bärin und anderen Tieren 53; Ursa und ihre Jungen, Jgdb. 59; Schnurps, der Keiler v. Moorsee 60; Kläff und seine Sippe, Tierb. 61; Thore Isbjörn, den man den Eisbär nannte 61 (auch holl., port., afrikaans); Blizzard, das Hengstfohlen 62; Karin in Hongkong 62, Nachdr. u.d.T.: Karin u. d. kleine Dieb u. Karin u. d. Entführer 81 (Mini-Bücher); Ilsemarie vom Lande 63; Gänseliesel 63; Renate faßt es richtig an 64; Iris in einer anderen Welt 64; Hans Flunder und Villa Hering 64; Ein Herz für Pferde 64; Überraschung im Heidedorf 65; Ute und die Seeräuber 65; In der unheimlichen Wassermühle 65; Glückspilz Katrin 65; Alles dreht sich um Regina 65; Drei Mädels von heute 65; Kleine Missis Langzopf 66; Das Mädchen Beryll und die Wölfe 66; Zwei Mädels und ein Kanu 66; Ein Mädchen sieht sich selbst 66; Danke Monika 67; Auf Gespenster ist kein Verlaß 67; Ein Herz für Pferde 67; Aufregende Ferien 68; Lausbub Andrea 68; Grüne Nixe Jessica 68; Da machen wir nicht mit 68; Isabell als Gaunerschreck 69; Ragna auf Island 69; Britta macht es 69; Rätsel um Petra 70; Wir hüten ein Geheimnis 70; Ulrike gehört zu uns 70; Herrliche Wochen im Forsthaus 71; Sabine auf Gestüt Landstein

71; Kirstin, der Besuch aus Afrika 71;
Auf Silke kam es an 71; Wildfohlen
Blizzard 74; Den Kopf voller Streiche 74;
Zimmer frei, auch für Tiere 75; Der
Schatz auf Schloß Meiningen 75; Renate
ist eine Wucht 75; Elke und die Pferde
75; Abenteuer im Kiebitzmoor 75; Die
Drei vom Forellenhof 76; Pferde, Sonne,
Ferien 76; Nur ein Pony 76; Ein neues
Leben beginnt 76; Du hast Glück, Katrin
76; Islandpony 77; Der Trick mit den
Zwillingen 77; Ungewöhnliche Freunde
77; Geliebtes Shetlandpony 77; Die Insel
der Ponys 77; Gemeinsam ist alles
besser; Auf Gespenster ist kein Verlaß;
Die Drei vom Forellenhof II; Glück auf
flinken Hufen, alles 78 - 79;
Freundschaft mit Irisa 80; Das
gefundene Pferd 82; Die Schmuggler-
höhle i. d. Bergen 83; Eine Stute auf d.
Erlenhof 83.
   MA: Erzähler der Zeit 49; Hauskalender für Mecklenburg 49 — 52.

Grubbe, Peter, s. Volkmann, Klaus.

Grube, Meta (Ps. Doris); Papenstr. 96,
D-2190 Cuxhaven, Tel. (04721) 24196
(Hemmoor 19.2.08). Essay.
   V: Mien leve Süster, Breef-Vertellen
74; Malöörgeschichten — ut Doris ehr
Malöörkist 78; Smeck-Happens-Kurz-
Geschichten 83.

Gruber, Alexander *

Gruber, Alfred Ignaz, Dr. phil., Kath.
Priester, GProf.; Gründer u. Leiter d. Kr.
f. Lit. im Südtiroler Künstlerbd. seit 74;
Seminarstr. 25, Johanneum, I-39019
Dorf-Tirol, Tel. (0473) 93323 (Aldein,
Prov. Bozen 22.10.29).
   MV: Reggelberg 78; Südtiroler
Initiative 80.
   H: Werkreihe Südtiroler Autoren: K.
Rabensteiner: Zwischen d. Rädern, G.
76; M. Innerhofer: Hennen u.
Nochtigolln, G. 76, 79; E. Kofler: Geliebte
Erde, G. 78; K. Seyr: Gedichte f. mein
Land, G. 78; H. Mumelter: Feuer im
Herbst, Erz. 78; E. Rech: Der Sonnen-
reigen, G. 79; A. Ebensperger, M.
Schönweger, K. Seyr, O. Waldner, L.
Zagler: Südtiroler Initiative, Dramen 80;
B. Klammer: Lyr. Splitter, G. 80; G.
Winter: Traumspirale, G. 80; M. v.
Elzenbaum: "Verehrter Hofnarr! Deine
Königin", G., Fbn., N. 81; U. Mayr:
Wechselbäder, G. 81, 82; Literarische
Zeugnisse aus Tirol: M.V. Rubatscher:
Der Lusenberger, R. 80; J. Wenter: Leise,
leise, liebe Quelle, Kindheitserinner. 81;
Th. Petroni-Foradori: Die Geige u. ihre
Welt, G. 81; Diskussionsreihe f.

Südtiroler Autoren: E. Perkmann:
Studien z. Maske, G., Erz. 77; U. Telberg:
Sichtbares Unsichtbares, G. 77; A.
Ebensperger: Mitesser, Dr. 79; J.
Feichtinger: Verbautes Frühjahr, Dr. 81;
A Gatterer: Sonne große Spinne, Dr. 81;
H. Schwärzer: Trinken, Dr. 81; — Maria
Santifaller: Deine Ernte Sammle, G. 78;
Hermann Holzmann: Weihnacht am
Tiroler Bergbauernhof 79.

Gruber, Christa-Ruth (Ps. Eumel
Schwarz), Journalistin; VS 72; Im Rott 3,
D-4716 Olfen, Tel. (02595) 5387 (Köln
6.1.51). Jugendbuch, Musical-Libretto.
   V: Meine Freunde bei Radio
Luxemburg, Jgdb. 72, 75; Rausch,
Musical-Libr. f. Schulbühnen 72. ( )

Gruber, Ludwig (Ps. Wigg Ponzauner),
Landwirt; Oberponzaun 45, D-8333
Herbertsfelden (Oberponzaun 15.8.22).
   V: Herzhaft g'sagt, von was Oidn u.
was Neuern aus Niederbayern 75;
Niederbayerische Weihnacht 76; Bei uns
dahoam 79; Für Feste u. Feiern in
Ndbay. (teils Mda., teils Hochdt.) 82.

Gruber, Marianne; GAV 80; Jurypr. d.
Staatssekret. f. Frauenfragen (Bundes-
kanzleramt) 81, Sonderpr. d. Min. f.
Unterr. u. Kunst 81, Kinderbuchpr. d.
Stadt Wien (Kollektivpr.) 82,
Literaturföderungspr. d. Landes
Niederösterreich 82; ARGE Lit.
Niederösterreich 80, Köla 81;
Gahlenzgasse 82-86/6/22, A-1160 Wien,
Tel. (0222) 926257 (Wien 4.6.44). Roman,
Novelle, Essay, Lyrik.
   V: Die gläserne Kugel, R. 81.
   MA: Mädchen dürfen pfeifen, Jungen
dürfen weinen 81.

Gruber, Paul, Ingenieur,
Chefredakteur; Arbeitsgem. Lit. im
niederösterr. Bildungs- und
Heimatwerk 70; Biraghigasse 51/2, A-
1130 Wien, Tel. (0222) 8447405 (Graz
2.2.38). Roman, Novelle, Kinderliteratur,
Hörspiel.
   V: Abendzug nach Wien, R. 73; Der
blaue Sessellift, R. 73; Das Juwel, R. 76,
83; Ein Bauer aus Rosendorf, N. 80;
Sofia Salzstangerl, M. 80. — **MV:** Land
vor der Stadt 73; Allesamt ein irdisch
Paradies, m. Alfred Passecker 76.
   R: Sofia Salzstangerl, Hsp.; Wendelin
Grübel, Jgd-Hf.

Gruber, Reinhard Peter; F.St.Graz 70;
Förderungspr. d. Stadt Graz 77;
Literaturpr. d. Ldes Steiermark 82;
Kothvogel 49, A-8510 Stainz, Tel. (03463)
2404 (Fohnsdorf 20.1.47). Drama, Roman,

Novelle, Essay, Film, Hörspiel u.
Bearbeitungen.
V: Alles über Windmühlen, Ess. 71, 83;
Aus dem Leben Hödlmosers. Ein
Steirischer R. 73, 82; Im Namen des
Vaters, R. in Fortsetzungen 79;
Heimwärts einwärts. D. Abstände in d.
Beständen d. Zustände, Kurzprosa 81;
Die grüne Madonna, R. 82; Endlich
Ruhe, Bü. 82. — **MV:** Erzählungen, m.
Hüttenegger, Nager 76.
MA: Daheim ist daheim, Neue
Heimatgeschn. 73; Winterspiele, Kurz-
prosa 75; Glückliches Österreich, Kurz-
prosa 78; Kindheitsgeschichten, Erzn.
79; Die Außerirdischen sind da, Eine
Umfrage 79; Tintenfisch 16; Der
geschärfte Sinn, Kurzprosa 81.
R: Die Industrie entläßt ihre Kinder,
TV-Spiel 76; Endlich Ruhe, Hsp. 82;
Hühnersaga, TV-Spiel 82; Der ewige
Tag, Hsp. 83.

Gruda, Konrad, Redakteur Z.D.F.; 2.
Pr. Wettbew. d. Poln. Literaten - Verb. u.
d. Poln. Olymp. Ges. f. Kurzgeschn. 60, 5
weit. Preise f. Erzn. in Polen;
Wielandstr. 14, D-6200 Wiesbaden
(Bielitz 25.10.15). Novelle, Roman,
Fernsehstück, Reportage. **Ue:** P, R.
V: 5 Bücher in Polen 52 — 67; Der
Torjäger 74; Zwölf Uhr einundvierzig 75,
79; Kein Sieg wie jeder andere, Sport-
erzn. 79; Mount Everest, auf Tod und auf
Leben 80.
H: Junior Sport, Buch-R. seit 76. ( )

Grübel, Reinhard, Student, wiss.
Schriftsteller; Hochstr. 11, D-5948
Schmallenberg-Fredeburg. Lyrik, wiss.
Literatur.
V: Gebete u. Gedichte eines jungen
Christen 78; Aufsätze und Gedichte
1973-1983 84.

Grüger, Heribert, Schriftsteller;
UNDA-Taube 61, 62, 63; Fremersbergstr.
67c, D-7570 Baden-Baden, Tel. (07221)
23226 (Breslau 9.11.00). Märchen,
Märchenspiel, Film.
V: Die Liederfibel 27, 70 — 71 I — III;
Eine kleine Melodie erlebt Abenteuer,
M. 36, 48; Das geheimnisvolle Ei, M. 57;
Europafibel 73; Weihnachts-Liederfibel
76; Gute Nacht Liederfibel 77; Tier-
liederfibel 78.
F: Redende Steine. Versunkenes
Mönchtum in Kleinasien 61; Paulus,
Bürger einer neuen Welt, Wege u. Zeug-
nisse in Kleinasien 62; Viele Kirchen -
Eine Kirche, Filmbericht aus dem
Nahen Orient 63; Vincent Palotti, Ein
Priester ruft den Laien 64; Unterm
Grimmingtor 64; Maske und Mime 65;

Klingendes Mazedonien 66; Klingendes
Thessalien 66; Die Heimkehr des
Odysseus 68; Dorfkinder im Tessin 70.
R: Das Christkindlwunder, Weih-
nachtsoper Fsp. 65.

Grüger, Johannes; Österr. Staatspreis
60, Jugendbuchpreis der Stadt Wien 60,
Prämie zum dt. Jugendbuchpreis 67,
premio grafico Bologna 69; Rolandstr.
20, D-4000 Düsseldorf 30, Tel. (0211)
431460 (12.2.06).
V: Weisst du, wieviel Sternlein
stehen? 72; Die Tierliederfibel IX 79;
Hänschenklein 81; Grafiken 81; Liederfibel I-X. — **MV:** Die Heinzelmännchen
57; Die Sternenmühle 59; Auf einem
Stern, der Moritz heißt 72, m. J.
Guggemos.

Grümmer, Gerhard, Dr. rer. nat. habil.,
Prof.; Goethestr. 20, DDR-2501
Rostock 1, Tel. (081) 29968 (Görlitz
20.8.26). Marinegeschichte. **Ue:** E.
V: Irrfahrt, Tatsachenr. 77, 4. Aufl. 83.
Ue: John Ross: Auf d. Suche nach d.
Magnetpol 83.
Lit: Bestandsaufnahme 2 81.

Grün, Gertrud (Ps. Barbara
Schweizer), Hausfrau; Pr. im Novellen-
wettbew. d. Staatl. Literaturkredit-
komm. Basel 52; Steinengraben 30, CH-
4051 Basel, Tel. (061) 230255 (Basel
25.11.16). Novelle, Essay, Hörspiel.
V: Gut gelaunt mit Ausnahmen.
Betrachtungen einer unvollkommenen
Hausfrau, Essays 54; Vermisst wird
Pfarrer Mohr aus der Schweiz, N. 73. —
MV: Der weisse Magnolienbaum in:
Drei Basler Novellen 54.
R: Forest Park Junction; Der
verbohrte Zahnarzt; Vermisst wird
Pfarrer Mohr aus der Schweiz, alles
Hsp.

von der Grün, Max, Schriftsteller;
Gruppe 61, VS 63, P.E.N. 64, Die Kogge
70; Gr. Kulturpr. d. Stadt Nürnberg 74,
Wilh.-Lübke-Pr. für FS-Spiel "Späte
Liebe", Annette v. Droste-Hülshoff-Pr.
NRW 81, Eiserner Reinoldus 82;
Bremsstr. 50, D-4600 Dortmund 14, Tel.
(0231) 290861 (Bayreuth 25.5.26). Roman,
Essay, Novelle, Hörspiel, Fernsehfilm.
V: Männer in zweifacher Nacht, R. 62,
65; Irrlicht und Feuer, R. 63, 71; Fahrt-
unterbrechung, Erzn. 65; Zwei Briefe an
Pospischiel, R. 68; Notstand - oder das
Straßentheater kommt, Bü. 68;
Feierabend, Drehb. 68; Flug über
Zechen und Wälder, Luftbildbd. 70; Am
Tresen gehn die Lichter aus, Erz. 71;
Stenogramme, Erzn. 72; Stellenweise

Glatteis, R. 73; Menschen in Deutsch-
land, Porträts 73; Leben im gelobten
Land, Porträts 75; Wenn der tote Rabe
vom Baum fällt, Reiseber. 75; Vorstadt-
krokodile, Kinderb. 76; Stenogramm,
Erz. 75; Reisen in die Gegenwart, Erz.
76; Wie war das eigentlich, Jgdb. 79;
Flächenbrand, R. 79; Unterwegs in
Deutschland, Report 79; Etwas außer-
halb der Legalität, Erz. 80; Meine
Fabrik, Bildbd. 80; Klassengespräche,
Essays 81; Späte Liebe, R. 82; Maloche,
Bildbd 82; Friedrich u. Friederike, Jgdb.
83; Unser schönes Nordrh.-Westfalen,
Bildbd 83. — **MV:** 34 x erste Liebe, Anth.
66; Deutsche Erzählungen aus zwei
Jahrzehnten, Anth. 66; Portraits 67;
Geliebte Städte, Anth. 67; Städte, Geist
und Zeit, Anth. 67; Außerdem, Anth. 67;
Die Polizei und die Deutschen, Anth. 68;
Kämpfer im Dress, Anth. 69; Vorletzte
Worte, Anth. 70; Städte 45, Anth. 70;
Arbeiterliteratur - Literatur der
Arbeitswelt 71; Aus Liebe zu
Deutschland 80.
    MA: Mein Vater, Anth. 83.
    MH: Aus der Welt der Arbeit 66.
    F: Späte Liebe.
    R: Smog, Hsp. 66; Wenn der Abend
kommt, Hsp. 75; Die Absturzstelle, Hsp.
76; Feierabend 68; Schichtwechsel 68;
Aufstiegschancen 71; Zwei Briefe an
Pospischiel 71; Stellenweise Glatteis 75;
Vorstadtkrokodile 77; Späte Liebe 77,
alles Fsp.
    Lit: Arbeiterliteratur in der Bundes-
republik Deutschland; Grenz-
verschiebung; text und kritik, Nr. 45;
Arbeiterklasse und Literatur 72;
Gespräche mit Schriftstellern 75;
Materialienbuch Max von der Grün 78;
Autorenbücher, Max von der Grün.

Grüner, Lore, s. Toman, Lore.

Grünewald, Dietrich, Dr. phil.,
Lehramtsreferendar; Roter Elefant.
Arbeitskr. Kinder - Bücher - Medien 76,
Verlag Beltz, Weinheim (Frankenberg
14.12.47). Kinder- und Jugendliteratur.
    V: Petipatü, Kinderb. 74;
Störmichnicht, Kinderb. 75.
    MA: Kiko, Kaiser Max und Ko 74; Auf
der ganzen Welt gibt's Kinder 75. ( )

Grünewald, Werner, Schriftsteller,
Schriftsetzerlehrmeister,
Druckereifachkaufmann;
Benzenbergweg 17, D-5657 Haan, Tel.
(02129) 4776 (Elberfeld 6.11.26). Lyrik.
    V: Leewen Robett, G. 80; Spetzbowen,
G. 81; Fliegenpilz mit rosa Schleifchen,
G. 82.

Grünhagen, Herbert (Ps. Peter
Flambusch), Oberzollinspektor a.D.;
Heustr. 41B, D-4920 Lemgo/Lippe, Tel.
(05261) 5322 (Braunschweig 16.12.97).
Lyrik, Essay.
    V: Die zwölf Herren 41; Kleine
Wetterpraktik 42; Lebendige Landschaft
48; Wie sind Klimaprognosen möglich?
65; Weg unter den Sternen, G. 67; Das
Dritte Reich in unserer Mitte 81.

Grünhagen, Joachim, Stadtangest.
(Kulturamt); D.A.V. 47 - 79; 4. Pr. f. Pr. im
Lit. Wettbew. "Junge Dicht. in Nds." 71;
Roseggerstr. 11, D-3000 Hannover, Tel.
(0511) 801671 (Braunschweig 27.6.28).
Lyrik, Novelle, Roman, Kurzprosa,
Grotesken.
    V: Zeiternte, G. 74; Gesichter, G. zu
Grafik v. Walter Ritzenhofen 76; Die
rote Küchenwaage, Erzn. 79; Sandmohn,
G. (Holzschnitte von Heinz Stein) 79;
Tagesthemen, G. 79; Grafik & Lyrik I,
G.; Mappe mit 10 Karten, Zeichn. von
Kay Bölke 79; Andante, G. 81; Die ein
Wind durchblättert, G. 81; Der Reiter
vom Holzer Berg, Erz. 82; Xylos-
Kalender 1983, G. 82; Himmlische
Klänge, G. 82.
    MA: Lyrik u. Prosa in Anth.: Junge
Dichtung in Niedersachsen 72; Nichts
und doch alles haben 76; Niedersachsen
literarisch 77; Science Fiction Story —
Reader 9 77; 5 Jahre Kleine Dach-
Galerie — Maler und Dichter unter dem
Dach 77; Grenzen überwinden 78; Lyrik
78; Kinder-Reader 78; Lobbi 79; Lyrik 79
79; Lyrik und Prosa vom Hohen Ufer 79;
Lyrik Hannover (LP) 79; Heimat 80;
Macht u. Gewalt 80; Jb. für Lyrik 2 80;
Science Fiction Story-Reader 14 80 u. 18
82; Gauke's Jb. '80 81; Science Fiction
Story-Reader 16 81; Lyrik 80 81; Lobbi
14 81; Niedersachsen liter. II 81; Unter
welkem Blatt, Haikus 81; Sekunden zur
Ewigkeit, Rengas 81; Gauke's Jb. '82 81;
Lyrik 81 82; Silbern steigt d. Mond,
Haikus 82; Das Rassepferd 82; Verse im
Winde, Ketteng. zu dritt in jap. Manier
83; Auf vergilbtem Blatt, Kl. Haiku-
Senryu-Samml. 83; Baum — Symbiosen
83; Lyrikveröff. in: die horen, Nieder-
sachsenland, Zs. f. Heimatpflege, Kultur
u. Wirtsch.; Niedersachsen, Zs. f. Heimat
und Kultur; Tagespresse; Rundfunk
(NDR u. WDR) Lyrik-Telefon Hannover,
Poesie-Telefon Basel u.a.
    MH: Schriftl. Niedersachsen, Zs. f.
Heimat und Kultur 70 - 74; Schriftl.
Kaleidoskop (lit. Festschr. z. 30jähr.
Best. d. D.A.V.), m. Martin Anger 76.

Grünig, Esther (Ps. Esther Grünig-Schöni), Kfm. Angestellte, freie Mitarb. e. Tagesztg; Schweizer Bund f. Jugendlit.; Obenburgstr. 86, CH-3400 Burgdorf, Tel. (034) 227681 (Burgdorf/ Schweiz 6.4.54). Roman.
V: Lieber verrückter Francis, Jgd-R. 79.

Grünig, Hans Otto *
Grünig-Schöni, Esther, s. Grünig, Esther.

Grüning, Uwe, Dr.-Ing., freier Schriftsteller; Gartenweg 6, DDR-6600 Greiz (Pabianice 16.1.42). Lyrik, belletristische Prosa.
V: Fahrtmorgen im Dezember, G. 77; Auf der Wyborger Seite, Kurzr. 78; Spiegelungen, G. 81; Hinter Gomorrha, Erz. 81.
B: Rimbaud: Gedichte 76; Daltschew: G. 75; Brjussow: Ich ahne voraus die stolzen Schatten G. 78, u. a..
H: Henry James: Gebrochene Schwingen 82.
Ue: Antioch Kantemir: Im Chaos blüht der Geist, Nachdicht. 83.

Grünwald, Karl Heinz, Dr. med. dent., Zahnarzt; Agnes-Bernauer-Str. 1, D-8000 München 21 (Werschetz 23.8.43). Lyrik, Novelle.
V: Am Horizont der Gedanken, Lyr. 79; Am Horizont der Gedanken, eine Chronik der Zwischenzeiten 83. ( )

Grützke, Johannes; Güntzelstr. 53, D-1000 Berlin 31 (Berlin 30.9.37). Das unspielbare symbolistische Drama, Lyrik, Reden.
V: Im Watt, ein Vorspiel, Dr. 78; Pantalon ouvert, dramat. Gespr. 78; Misch du dich nicht auch noch ein, eine Samml. v. Bildern u. Schrr. 79.

Grun, Bernard, Komponist, Langen-Müller Verlag, München (Starc/Mähren 11.2.01). Roman, Biographie, Essay.
V: Der goldene Federkiel 58; Fanny - vielgeliebt 59; Durchs Notenschlüsselloch, Anekdn. 60; Dur und Moll, Anekdn. 61; Kulturgeschichte der Operette 61; Aller Spaß dieser Welt 65; Piano und Forte 65; Mit Pauken und Trompeten, Anekdn. 68; Gold und Silber, Franz Lehár und seine Welt 70; Bernard Gruns beste Musiker-Anekdoten 74; Mit Takt u. Taktstock, Musikeranekdn. Tb. 79, 82.
H: Einladung nach Venedig 67. ( )

Grund, Josef Carl; "Buch d. Monats" — Select. d. Junior Lit. Guild, New York 66, "Buch d. Monats" — Ausw. d. Jubu-Crew, Göttingen 74, 79, Gold.

Schneiderbuch 80, Kinderb.pr. d. Stadt Wien 82, Ehrenliste d. öst. Kinder- u. Jgdb.preises 82, Lit.pr. d. Sudetendt. Landsmannsch. 82; Friedr.-Bödecker-Kr. 70, VFS 78; Trierer-Str. 176, D-8500 Nürnberg, Tel. (0911) 487057 (Dürnberg/ Erzgeb. 18.2.20). Jugendbuch, Drama, Roman.
V: Jgdb., Romane, Dram. seit 51 u.a.: Lucia, der Fratz 56, 78; Rosita 57, 78 (auch holl.); Fjodor 59, 79 (auch franz.); Du hast einen Freund, Pietro 61, 79 (auch holl., engl., am., schwed. u. afrik.); Jenseits der Brücke 61 (auch am.); Die Büffel-Ranch 64, 78; In der Prärie 65, 76; Cowboy Harry 65, 76; Du hast Freunde, Angelina 65, 79 (auch ital.); Ruf aus d. Dunkel 65; Flakhelfer Briel 65, 80 (auch am.); Harry kehrt zurück 66, 76; Eine Gondel f. Enrico 66, 77 (auch ital.); Kalif Storch, Dr. 66, 78 (Welturaufführ. Biennale Venedig 66); Frau Holle, Dr. 67, 79; Hi, d. Poltergeist 67, 81; Der Sohn des Verbannten 67, 77; Tschip, d. Klabautermann 68, 81; Der Mann aus Prag 68, 79; Wo steckt Zacharias? 68, 73; Der zweite Stern, Dr. 69; Purzel 70, 78 (auch poln.); Knacks ist immer dabei 70, 79; Das Gespenst m. d. roten Nase 71, 79 (auch jap.); Südtirol ist eine Reise wert 71, 75 (auch holl.); Spezialpräparat, Dr. 71, 78; Brigitte u. d. silberne Spinne 71, 74; Tick, d. Wieselwicht 71, 75; Der Froschkönig, Dr. 72, 79; Der Talisman des Häuptlings 72, 76; Pfifferlein u. Pfiffikus 72, 77; Fabian Flunkerstein u. d. 32. März 73, 80; Fabian Flunkerstein u. d. kleine Clown 73, 81; Abenteuer auf der Rollmopsinsel 73, 79; Jenny u. ihr Pony 73, 78 (auch holl.); Fabian Flunkerstein u. d. Schluckauf-Gespenst 74; Weiter Weg durch wildes Land 74, 76; Nachruf auf Harald N. 74; Vom Gardasee zur Adria 74; Hilfe für Castor 74, 77; Liebenswertes Österreich I 75; Die Rache des Herrn Egerli 75, 77; Liebenswertes Österreich II 76; Das Mädchen vom Trevi-Brunnen 76 (auch ital.); Max Mogelmeier und die Hellseher 77; Inspektor Naseweis 77; Unsere Klasse schwärmt f. Freddy 78; Die Pollinger-Kinder u. d. Poltergeist m. d. Holzbein 78; Alarmstufe I a. d. Rollmopsinsel 78; So endete Eden 78; Im Vorgarten d. dt. Alpen 78, 83; Die Pollinger-Kinder u. d. Piep-Gespenster 79; Die Pollinger-Kinder u. d. Geister vom Flatterstern 79; Dackel m. Stammbaum 79; Silber f. Mona Lisa 79; Das kalte Herz, Dr. 79; Die Pollinger-Kinder u. d. Roboter v. Blechheim 80; Kleines Glück f. Carolina 80; Durch Nürnberg geistert der

Eppelein 80; Die Höhle über dem Fluß
80; Verschwörung d. Schweigens 80; Das
Dorf am See 81; Verschwörung um
Gabriella 81; Die Pollinger-Kinder u. die
Knüppelknilche 81; Das Pony-Quartett
81; Argus & Co u. die rußigen Brüder 81;
Däumelinchen, Dr. 81; Ein Bruder f.
Isabella 82; Aladin u. die Wunderlampe
Dr. 82; Argus & Co u. die Pferdediebe 82;
Die Stadt d. Pferdegöttin 82; Noah u. die
Arche d. Herrn 83; Feuer am Limes 83.
    MA: in mehreren Anth., u.a.: Wir
sprechen noch darüber 72, 74; Schrift-
steller erzählen von ihrer Mutter 74;
Der Geschichtenbaum 74; Typisch
sächsisch 76; Schriftsteller erzählen von
der Gerechtigkeit 77; Helveticus 80; Lex.
d. Jug.lit. 81; Mädchen dürfen pfeifen,
Buben dürfen weinen 81, 82.
    R: Fröhliche Weihnachten, Fsp. 82.
    S: Hi, der Poltergeist 73; Tschip, der
Klabautermann 74; Pfifferlein und
Pfiffikus 75; Krach auf der Rollmopsinsel 76.
    Lit: u.a.: New York Times Book
Review 66; Christian Science Monitor
66; America 66; La Biennale di Venezia
66; 's Zäni 77; Spektrum des Geistes 78;
Contemporary Authors 78; Sudetenland
82.

Grunenberg, Dorothea (Ps.
Marietheres Marschall), Journalistin,
Verlagslektorin; Südwestdt. J.V. 63, VS
Baden-Württ. 69; Hildebrandstr. 11, D-
7000 Stuttgart N, Tel. (0711) 815881
(Dresden 26.10.16). Erzählung, Sachbuch,
Essay, Film, Hörspiel.
    V: Die Schwierigkeit, ein Mädchen zu
heiraten, Erzn. 54, 56 (auch holl.);
Heißgeliebte Rasselbande, Sachb. 56;
Die heimlichen Kräfte, Ess. 57; Die
Jugend u. die freie Zeit, soziol. Unter-
such. 57; Ab morgen wird es anders,
Sachb. 59; Die verhätschelte Generation
60; Um 4 Uhr an der Brücke, Erzn. 61,
67; Macht u. Ohnmacht der Liebe, Funk-
Ess. 61; Bücher sollte man nicht
verkaufen ..., Ess. 62; Privatpressen in
Deutschland 63; Elisabeth 65; Das
Hommericher Küchenbuch 65; Privat-
pressen-Alm. 67; Verliebt in die
Provence 80. — **MV:** Wie hältst du's mit
der Bundeswehr? 63; Die Frau in der
Welt v. heute 67; Höhe des Lebens 76.
    H: Rolf Dieter Brinkmann: Ohne
Neger 80. — **MH:** Büchermachen aus
Passion 79.
    R: Die Putzfrau, Hsp. 61; Jacob und
der Engel, Hsp. 63.

Grunert, Manfred, Autor und
Filmregisseur; VS 69; Hildeboldstr. 3, D-

8000 München 40, Tel. (089) 3085043
(Altenburg/Thür. 18.2.34). Roman, Essay,
Film.
    V: Die Verhältnisse des Alpha C., R.
68; Was ist eigentlich Kommunismus,
Ess. 70; Die verkommenen Engel, R.
70. — **MV:** Liebe ist Deine Liebe nicht,
Selbstdarst. 72, 74.
    H: Katjenka, Russ. Kindergesch.,
Anth. — **MH:** Wie stehen Sie dazu?
Jugend fragt Prominente 67; Literatur
und Repression, Sowjetische
Kulturpolitik seit 65, Dokumentation 70.
    F: Lena Rais 80; Utopia, m. Sohrab S.
Saless 82.
    R: Desaster 70; Heimkehr nach
Deutschland 81; Die Reventlow 81;
Kampftag 83, alles Fsf.

Grunert-Bronnen, Barbara,
s. Bronnen, Barbara.

Grunewald, s. Wagner, Ruth Maria
Elisabeth.

Grunewald, Ursula, Diakonisse;
Lindenstr., D-7744 Königsfeld/
Schwarzw. (Gnadenfeld/OS 31.8.06).
Novelle, Essay.
    V: Über kleine Dinge 62, 69, u.a. ( )

Grunow, Heinz, Dr. jur., RA u. Notar;
Antoinettenweg 2, D-3340 Wolfenbüttel
(Berlin 5.5.13). Drama, Lyrik, Roman,
Novelle, Hörspiel, Essay. **Ue:** Schw.
    V: Aufblick und Mahnung, G. 35; Wir
singen den Maien an, Kantate 35; Wir
tragen die Fahne, Lieder 36; Neues
Chorliederbuch 36; Kantate zum Ernte-
dankfest 38; Die Kirmes-Kantate 41;
Bleib du im ew'gen Leben, Erz. 41; Der
Weihnachtsstern, Liederb. 43; Wenn der
Bauer Hochzeit macht, Kantate 43;
Freund Pan, G. u. Lieder 43; Sechse
kommen durch die Welt, Laiensp. 43;
Aus meinem Brünnlein, Lieder 44;
Schön ist's im Walde, Jgdb. 46;
Schöppenstedter Streiche 46; Die liebe
Weihnachtszeit, Lieder 50; Till auf dem
Seil, Laiensp. 50; Der Kauz, G. 50; Die 13
Sonette 50; Das glückliche Jahr, N. 50;
Aschenputtel, Laiensp. 51; Der Aufstand
der Elite, Rede 51; Pariser Impressionen
51; Das hohe Tor, Orat. 52; Die liebe
Weihnachtszeit 52; Wolfenbüttel, dein
Reisebegleiter 53; 100jähriger Tages-
kalender 54; Herz im Harz, ein Reise-
verführer 54; Kranz und Krone, Lieder
54; Helfende Herzen, Ess. u. Reden 56;
Das Geheimnis des Stahlglaspalastes,
Erz. 58; Die goldene Garbe, Lieder 58;
Vom Geheimbund zum Orden 58; Die
goldene Spindel, G. 59; Meister
Dammann, Ess. 59; Gesang im Eis-

schrank, Sch. 61; Bezaubernde
Residenz, Wolfenbüttel 61; Lessing in
Wolfenbüttel, Ess. 63; Der Odd-Fellow-
Orden 64 II; Dem Frieden dienen.
Ansprachen 65; Der Odd Fellow Orden
III 67; Theater in Wolfenbüttel 1592 —
1968 68; Wo die Rohrdommel gongt, S.
68; Sehnsucht nach Seesenheim,
Romanze 67; Wolfenbüttel Fibel 68; I am
so sorry, Ess. 69; Die Streusandbüchse,
Berliner Anekdn. 69; Die Brüder vom
heimlichen Leben, R. 70; 25 Jahre
Kulturbund der Lessingstadt 71; 100
Jahre Bürgerverein Wolfenbüttel 71;
Wann kommt Lessing?, Anekdn. 72;
Pans Musik, Lieder 74; Traumspuren, G.
74; Pointen pro Poeten, Anekdn. 74;
Heilige Sündern, Nov. 75; Katja, Nov.
75; Odenser Oden 76; Tage und Träume,
G. 76; Willkommen in Wolfenbüttel,
Bildbd. 76; Die Spur führt nach Wolfen-
büttel, Ess. 76; Zwei Leben - ein Herz,
Erinn. 76; Heilige Sündern, Nov. 76;
Mein liebste Madam, Ess. 76; Prager
Elegie 77; Wolfenbüttel, Ess. 77; Meine
liebste Madam, Ess. 77; Die Bettine, Ess.
77; Lieben Sie Münchhausen?, Ess. 77;
Mein Herz hält das Schweigen nicht
aus, Ess. 77; Ein Humorist liebt Wolfen-
büttel, Ess. 78; Wenn der Rosenwind
weht, G. 78; Die barmherzige
Samariterin, Ess. 78; Welt und Werk des
Comenius, Ess. 78; Prager Elegie, G. 79;
Gedenkblatt für A. Einstein, Anekd. 79;
Kurze Geschichte der Residenz Wolfen-
büttel, Ess. 79; Herzog August der
Jüngere, Ess. 79; Herzog Julius, Ess. 79;
Historia von Dr. Faustus, Ess. 79;
Preußisches Protokoll, Ess. 79; Die
Beichte d. Dame Luzifer, Erz. 80; Die
Prinzen-Hochzeit, Erz. 81; So war
Lessing, Ess. 81; Wären Sie gern
Casanova begegnet? Erz. 82; Das große
Zeitalter Wolfenbütteler Musik, Ess. 83;
Wundersames Wolfenbüttel, Ess. 83; Die
steinernen Engel, G. 83.
  R: Aschenputtel, Hsp.; Sechse
kommen durch die Welt, Hsp.
  S: Wie so still es ist geworden 58; Das
Hohe Tor 68; Hohe Nacht der klaren
Sterne 70.
  Lit: Das literar. Werk d. H. G. 83.

Grunwald, Henning, Schriftsteller;
Kunstpr. Berlin, Förderpr. Lit. 83; Graf-
Moltke-Str. 53, D-2800 Bremen (Bremen
9.1.42). Roman, Essay, Lyrik.
  V: Neue Beschreibung der
Eingeborenen, ethnogr. Fiktion 78; Die
Versager. Roman vom sanften Haß 79;

Das Wort hat der Ichkönig, G. 81; Der
Narr wird's schon reimen 82.
  MH: Vom Essen und Trinken, Anth.
78.

Gruszynska, Aniela *

Grzimek, Bernhard, Dr. med. vet., Dr.
h. c., UProf., Kurator Nationalpark von
Tansania u. Uganda, Zoodir. i.R.;
Bundesfilmpreis 56, 59, Goldener Bär 56,
amer. Oscar 60, Golden Medal New York
Zoological Society 64, San Diego 76,
Bdes.-Verdienstkreuz, Gold. Med. d.
Intern. Union for Conservation of
Nature, Gold. Bildschirm, HonProf.
U.Moskau 81; Präs. Zoolog. Ges. v. 1858;
Zoologischer Garten, D-6000
Frankfurt a.M., Tel. (0611) 448922
(Neisse/Schles. 24.4.09). Tier-Erzählung,
Fernsehen, Film.
  V: Das Eierbuch 7 Aufl. 34 — 64; Wir
Tiere sind ja gar nicht so 41, 78; Wolf
Dschingis 43, 55; Unsere Brüder mit den
Krallen 43, 64; Das Tierhäuschen in den
Bergen, Nn. 49, 63, u.d.T.: Das Tierhaus
in den Bergen, Tb. 76; Michael knipst
sich aus, Nn. 49; Die Elefantenschule 49,
54; Affen im Haus 51; Flug ins Schim-
pansenland 53, 60; Kein Platz für wilde
Tiere 54, 65; Zwanzig Tiere und ein
Mensch 56, 77; Thulo aus Frankfurt 56;
Serengeti darf nicht sterben 59, 78 (Ue.
in 23 Sprachen); Nashörner gehören
allen Menschen 63, 65; Wir lebten mit
der Baule 64, Tb. 79; Wildes Tier, weißer
Mann 65, Tb. 76; Vierfüßige Australier
67 u.d.T.: Mit Grzimek durch Australien,
Tb. 75; Mit Grzimek unter Afrikas
Tieren 70; Auf den Mensch gekommen,
Memoiren 74, Tb. 77; Und immer wieder
Pferde 77; Vom Grizzlybär zur Brillen-
schlange 79, alle in mehr. Spr. übers.
  H: Das Tier, Zs.; Grzimeks Tierleben,
Enzyklop. d. Tierreiches XVI 67 — 72
(auch in holl., ital., franz., engl.).
  F: Kein Platz für wilde Tiere; Seren-
geti darf nicht sterben.
  R: Kein Platz für wilde Tiere;
Serengeti darf nicht sterben; Ein Platz
für Tiere, Fs.-Serien seit 56.
  Lit: H. T. Hayes, The Last Place on
Earth 77.
  s. a. Kürschners GK.

Grzimek, Martin, Schriftsteller; VG
Wort 81; Halbjähr. Arb.stip. d. Kultur-
sen. v. Berlin 80, Förderpr. d. Hermann
Hesse Preises 80, Rauriser Lit.pr. 81,
Lit.pr. d. Bdesverb. d. dt. Industrie 83;
Von-der-Tann-Str. 65, D-6900

Heidelberg, Tel. (06221) 32272 (Trutzhain 8.4.50). Roman, Novelle, Lyrik, Essay.
V: Berger, R. 80; Stillstand d. Herzens, 3 Erzn 82; Trutzhain. Ein Dorf 84.

Gschwend, Hanspeter, Rdfk-Redakteur; Gruppe Olten 73; Zürcher Radiopr. 71, Hsp.pr. d. Kt. Bern 79; Thellungstr. 3, CH-2500 Biel, Tel. (032) 852329 (Biel, Schweiz 28.3.45). Drama, Hör- u. Fernsehspiel, Erzählung, Liedertext.
V: Feldgraue Scheiben 72.
R: Essen, Hsp. 69; Feldgraue Scheiben, Hsp. 70; Im Park, Hsp. 74; Stammgäste bei Alfons, Fsp. 76; Joggeli, Chasch ou Rytte? Hsp. 78; Weihnachten, Szenen f. Fs. 79.

Gsteiger, Manfred, Dr. phil., UProf.; P.E.N. 73; Literaturpreis d. Stadt Bern 56, Preis d. Schweiz. Schillerstift. 59, Lit.pr. d. Kantons Bern 70; Château 7, CH-2000 Neuchâtel, Tel. (038) 246746 (Twann/Schweiz 7.6.30). Lyrik, Prosa, Essay. **Ue:** F (Prov), I.
V: Stufen, G.-Kreis 51; Flammen am Weg, G. 63; Inselfahrt, G. 55; Michaels Briefe an einen fremden Herrn 57; Die Landschaftsschilderungen in den Romanen Chrestiens de Troyes 57; Spuren der Zeit, G. 59; Zwischenfrage, G. 62; Literatur des Übergangs, Ess. 63; Poesie und Kritik, Ess. 67; Ausblicke, G. 66; Westwind, Ess. 68. Franz. Symbolisten in d. dt. Literatur d. Jahrhundertwende 71; La nouvelle Littérature romande, Ess. 78; Wandlungen Werthers, Ess. 80; Einstellungen, Notizen u. Feuilletons 82.
H: Ue: Franz. Gedichte aus neun Jahrhunderten 59, 77. — **H u. MV:** Die zeitgenössischen Literaturen der Schweiz 74, 80. — **MH:** CH-Reihe 74 ff.
Ue: Rutebeuf: Das Mirakelspiel von Theophilus 55; P. Reverdy: Die unbekannten Augen 68. — **MUe:** F. Mistral: Seele der Provence 59.
s. a. Kürschners GK.

Guadagna geb. Plappert, Ingeborg; 10 ital. Lit.preise 77-83; Via del Renaio 13, I-50061 Girone-Fiesole (Florenz), Tel. (055) 690977 (Heidenheim/Brenz 23.3.14). Roman, Novelle, Essay, Reisebücher.
Ue: I.
V: Die Sizilianischen Schwestern, R. 46; Die Ehe der Vanna Licusu, Erz. 50; Die Fahrt zur Insel, R. 52; Das Landhaus bei Florenz, R. 52; Auf Korsika, Reisen durch Raum und Zeit 63, 81; Sardinien 67, 83; Sizilien 72, 81; Mittelitalien 75, 80. — **MV:** Der Tyrann, Erz. in: Der Tod des großen Ochsen,

Anth. 62; Italien III 71, 72; Florenz II, Korsika, Elba, Umbrien, Schwäb. Alb, Lombardei, Sardinien, Toskana in: Merian.
Ue: Novellen, Essays v.: Brancati, Lisi, Pirandello, Perri, Vaquer, Tecchi, Prosperi.

Guben, Berndt, s. Berndt, Karl-Heinz.

Guben, Günter (Ps. f. Günther Hoffmann-Guben), Schriftsteller, Kritiker, Regisseur; VS Hessen 67-76; Ausldsreise-Stip. d. Ausw. Amtes Bonn 68; Turmstr. 4, D-7300 Eßlingen am Neckar, Tel. (0711) 356627 (Guben/NL. 5.7.38). Hörspiel, Drama, Prosa, Lyrik, Essay, Visuelle Poesie. **Ue:** E.
V: Auf ein Blatt & Eine Spielanleitung, Prosa 69; Bilder vom Fleisch, Prosa 73; Mit dem Rücken zur Wand, doch die Wand ein Anstand, G. 74; Rufen im Wind, G. 75; Geschichten vom Güller, Prosa 75. — **MV:** Conception Music to be, Musik-Konzeptionen 73; Beschreibung der Fallen, G. 77; Picknick mit Wasserzeichen und Rauch u.a., G. 79.
MA: Erstens 66; Außerdem 67; Gegen den Krieg in Vietnam 68; Neue Deutsche Kurzprosa 70, 79; Günter Eich in: Text u. Kritik 71; Aller Lüste Anfang 71, 73; IG Papier & Schreibmaschine 73; Ich bin vielleicht du 75; Neue Expeditionen 75; Unartige Bräuche 76; Stimmen zur Schweiz 76; Mein Land ist eine feste Burg 76; Tagtäglich 76, 83; Offene Literatur 77; Das Große Rabenbuch 77; Lyrik-Katalog Bundesrepublik 78; Entfernungen oder Sehnsucht im Alter 79; Aber besoffen bin ich von dir 79, 82; Gedichte f. Anfänger 80; Café der Poeten 80; Jahrb. f. Lyrik 2/80; Frieden: Mehr als ein Wort 81, 83; Crimi-Reader 82; Straßengedichte 82; Dt. Liebeslyrik 82; Seit du weg bist 82, 83; Wo liegt Euer Lächeln begraben 83.
R: Hören zwei Stimmen 70; Vier 70; Bei-Spiele 70; Achtung! Kunst! Bei-Spiel 70; Sprechen 71; Wega IV - Quarantäne 71; Was und wie denkt Don Alvarez über einen Bernhardiner 71; Haus-Programm 71; Weit draußen an der Klippe 73 + 75; Das Kreuz der Schweine 73; Die Einstellung in der mich Leonardo küßt 77, alles Stereo-Hsp.; Ein Fall von Freiheit nach dem Einfall in unbegrenzte Staatssicherheit, Funkerz. 73; Schreiben in Stuttgart, Feature 73; Autorenmusik, Hör-Portrait 74; Veduten, Funkerzn. 74; Günter Gubens Methoden, Hör-Portrait 76;

Nachts fallen die Wörter aus den
Kuppeln, Hör-Text 79.
S: Ghost of the Holy Iron Heart 73.

Gubser, Antonia, Primarlehrerin,
Heilpädagogin; Ehreng. aus d. Lit.kredit
d. Kt. Zürich 74; Widmerstr. 73 c, CH-
8038 Zürich, Tel. (01) 4817627
(Walenstadt 14.5.40). Lyrik, Kurzprosa,
Roman.
V: Gedichte 72; Aufenthalte,
Prosatexte 77; Leute unterwegs, G. 78;
Otto, im Durchschnitt ein Mensch, R. 80.

Gudden, Barbara, s. Gaa, Edel.

Guder, Rudolf, Grundschullehrer;
Fachverb. f. Theatererz., Schultheater u.
darst. Kindersp. 70, D-3305 Dettum, Tel.
(05333) 521 (Trebnitz/S. 22.11.31). Schul-
und Jugendtheater, Lyrik, Roman.
V: Bei uns in Kikinesien 63, 70; Lang-
streckenlauf 65; Der Ritter von der traurigen Gestalt 66, 80; Groß ist die Diana
der Epheser 66; Lauter Kamele 66; Mit
Musik geht alles besser 66; Katarrhsus
66, 72; Der König ist blind 66; Das
traurige Gespenst 66; Gefühlstankstelle
Bethlehem 67, 75; Molly 68; Geschwister
68; Ein Blick in die Zukunft 68, 70;
Betreten verboten 68; Verdacht —
Verdacht 68; Bis zum letzten
Blutstropfen 68; Weihnachten im Jahr X
69; Alle Jahre wieder 69; Kellergäste 70,
83; Die Mutprobe 70; Erstklassige Lehrstelle gesucht 71, 75; Das Grippemittel
71; Der Haltbarkeitsregler 71; Der
Universal-Heimknecht; Justitia blinzelt
72; Kamillentee und kalte Füße 72;
Komputerballade 73, 83; Kluge Eltern
sorgen vor 73, 82; Schüler exemplarisch
74, 78; Lehrer exemplarisch 74, 77; Vom
Jungen der nicht Weihnachten feiern
wollte 74; Na sowas! 74; Pilgerfahrt nach
Bethlehem 75; Weihnachtsbaum oder
presepio 76; Der Dreisatz 77; Nicht für
die Schule für das Leben lernen wir 77;
Schwarze Schafe — weiße Schafe 77;
Arme Irre 79; Reingefallen 80; Das Bett
auf der Bühne 80; Warum denn das 82;
Ausgerechnet jetzt 82; Kein Grund zum
Weinen 82; Ach wie süß 82, alles Jgd.-
Schulsp., Sketche; Bescheidene
Abnormitäten, G. 81; Der Zahn, R. 83. —
MV: Das Spiel-Spaß-Buch 80.
H: Das neue Feierbuch der Schule; In
Sachen Spiel und Feier; Spielen in d.
Grundschule.

Gümbel, Dietrich, Dr. rer. nat.,
Biologe; Kurallee 8, D-7758 Meersburg,
Tel. (07532) 5030 (Königsberg/Ostpr.
16.10.43). Lyrik, Essay.

V: Vom Wesen-lichen des Wassers u.
d. Gewässer, Prosa u. Lyr. u. Zeichn. 76;
Aus d. Stille, Signaturen in Kreide und
Wort, Lyr. u. Zeichn. 76; Adam deine
Tiere, Ein Bilderbuch in Signaturen,
Lyr. u. Zeichn. 76; Weib u. Mutter,
Signaturen der Liebe, Lyr. u. Zeichn. 76;
Oster-Reigen, Signaturen f. Kinder d.
Ostens, Lyr. u. Zeichn. 76; Mann u. Weib
auf Erden, Signaturen d. Ehe, Lyr. u.
Zeichn. 77.

Gümmer, Dora (Ps. Dora Gümmer-
Zaudtke), Hausfrau; Dersagauweg 48, D-
2900 Oldenburg/O., Tel. (0441) 58220
(Kaseburg 25.12.13). Lyrik, Roman.
V: Wasserstandszeichen, G. 81; Ein
Gesicht, ein Name ..., G. 82.

Gümmer-Zaudtke, Dora, s. Gümmer,
Dora.

Günter, Karlheinz *

Guenther, Arwed *

Günther, Dietmar, freier
Schriftsteller; Ludwigstr. 3, D-6300
Gießen (30.3.40). Roman, Lyrik.
V: Der Krüppel, R. 71; Die seltsame
Dirne 80. ( )

Günther, Egon; SV-DDR 56; Preis f.
lit. Gegenwartsschaffen d. DDR 57;
Seepromenade 41, DDR-1501 Groß-
Glienicke (Schneeberg 30.3.27). Roman,
Lyrik, Drama, Film.
V: Till Eulenspiegel, Opernlibr. 53;
Flanderische Finale, R. 55; Das gekaufte
Mädchen, Dr. 56; Der Kretische Krieg,
R. 57; Dem Erdboden gleich, N. 57;
Rückkehr aus großer Entfernung, R. 70,
74; Kampfregel, Dr. 70; Einmal Karthago
und zurück, R. 74; Reitschule, Erz. 81. —
MV: Die Zunkunft sitzt am Tische, G. m.
Reiner Kunze 55.
B: Märchen d. Gebr. Grimm, Dr. 55.
F: Ärzte; Das Kleid; Lots Weib; Wenn
du groß bist, lieber Adam; Abschied;
Junge Frau von 1914; Anlauf; Der Dritte
72; Die Schlüssel 73; Lotte in Weimar;
Die Leiden des jungen Werther.
R: Erziehung von Verdun, n. A. Zweig
73. ( )

Günther, Else, Konzertsängerin; VS
64; Wilhelm-Meister-Str. 10, D-6380 Bad
Homburg v.d.Höhe, Tel. (06172) 22394
(Lautenburg/Westpr. 11.4.12). Jugendbuch, Roman, Essay. **Ue:** Schw.
V: Nicht weinen, Li 51 (auch holl.,
schwed.); Zwei von Afrika 52 (auch
holl.); Sonja - Reihe 54 — 62 VIII; Hier
bin ich Kapitän! 55; Lena Besenzopf 58,
64 (auch dän.); Die gelbe Rose 60
(schwed.); Petie und ihre Welt 61; Die
Kinder im Schneehaus 61; Fahrt frei für

Janne! 62; Die beiden Marlenen 63;
Petras Reise nach Marseille 64; Die
Lappenpforte 64; Pfiff contra Zeisig 65;
Pfiff greift ein 66, alles Jgdb.; Thomas
schreibt an Gott 68; Kleine Kröte Bessy,
Erz. 77. ( )

Günther, Ernst, c/o Henschelverl.
Berlin (Ost).
   V: 33 Zirkusgeschichten 77, 81;
Geschichte des Varietés 78, 81. ( )

Günther, Hans (Ps. Johann Peter
Segelcke), Gen.staatsanwalt a.D.;
Heimat 49, D-1000 Berlin 37, Tel. (030)
8151679 (Viernheim 11.4.10). Roman,
Novelle, Essay.
   V: Nur ein Strafbefehl, R. 40; Große
Stadt im Zwielicht, R. 43; Skeptisches
Credo eines Strafjuristen 71; Staats-
anwaltschaft, Kind der Revolution, E.
73; E.T.A. Hoffmanns Berliner Zeit als
Kammergerichtsrat, E. 76; 777 - 1977,
Plauderei z. 1200-Jahr-Feier Viernheim,
E. 77, u.a. ( )

Günther, Hans *

Günther, Heinz, s. Konsalik, Heinz G..

Günther, Heinz (Ps. Heinz Günther-
Gournia), Buchhändler; ADA 82;
Wilhelminenstr. 28, D-6450 Hanau 7, Tel.
(06181) 6884 (Berlin-Charlottenburg
14.3.14). Lit. Dialoge, Essay, Lyrik.
   V: Ariadne oder auf dem Tanzplatz
führt der Mond den Reigen, Ein Dialog-
zyklus 76; Atem d. Meeres in Flöte u.
Flamme. E. Lesestück 83.
   R: Bogdanow-Belsky, Ein Maler d.
Sees in schweigendem Land, Hb.; ... und
trage ein glühend Herz, Radiodialog.

Günther, Herbert, Buchhändler; VS;
Friedrich-Bödecker-Kr. 75; Am
Sölenborn 1, D-3400 Göttingen, Tel.
(0551) 58804 (Göttingen 14.6.47). Jugend-
roman, Lyrik, Erzählung, Film. **Ue:** E.
   V: Onkel Philipp schweigt, Jgd.-R. 74;
Unter Freunden, Jgd.-R. 76;
Vermutungen üb. ein argloses Leben, R.
82. — **MV:** Das Regentier kommt, Text z.
Bilderb. v. Edith Schindler nach e. ind.
M. 76.
   H: Die beste aller möglichen Welten.
22 Erzn. zu einer Behauptung 75; Das
neue Sagenbuch 80.
   R: Neues aus Uhlenbusch, 5 Kinder-
Fsf.
   Ue: Eleanor Clymer: Ich will, daß
Lukas bei mir bleibt, m. Ulrike Günther
76.

Günther, Joachim, Redakteur, Prof.
e.h.; Mitgl. d. Dt. Akad. f. Sprache u.
Dichtung; Johann Heinrich Merck-Pr. d.
Dt. Akad. f. Sprache u. Dichtung 74;

Kindelbergweg 7, D-1000 Berlin 46, Tel.
(030) 7112033 (Hofgeismar 13.2.05).
Erzählung, Essay, Kritik.
   V: Das letzte Jahr, Tageb. 1944 — 45
48; Das verwechselte Schicksal, Erzn. 48;
Die zahme Sphinx, Rätselb. 53; Die
Möwenstadt 54; Wiener Papageien-
büchlein 58; Das sehr ernste Märchen
von Gott 71; Findlinge 76; Es ist ja wie
verreist. Berliner Spaziergänge 82.
   H: Neue Deutsche Hefte, Vjschr. seit
54; Dank und Erkenntnis, Festschr. f.
Paul Fechter.

Günther, Johannes, Dr. phil.; SV-DDR
54; Goethe-Ges. 75; Mühlenstr. 1, DDR-
2600 Güstrow/Mecklenbg.
(Schneidemühl 19.4.96). Erzählung, Idyll,
Lyrik, Drama, Darstellungskunst.
   V: Der Theaterkritiker H. Th. Röt-
scher 21; Die märkische Landschaft im
Spiegel der Dichtung 22; Thomas Ringe-
mann und sein singendes Herz, R. 25;
Von Werden und Wesen der Bühne 26;
Die Gestalt, dramaturg. Bll. 28 — 31;
Spott, Sterben und Harlekin, Erzn. 32;
Sturz der Maske, R. 34; Neubearb. 41, 43;
Der Bühnenspiegel 40, 41; Der
verschrobene Liebhaber, Erz. 43; Die
fünf kleinen Schicksale, Erzn. 48; Die
Spiel-Anne, R. 50; Beschenkte Toren,
Erzn. u. G. 56; Wir dürfen gesunden, G.
56; Vom Schenken 57, 59; Wir allver-
langend, G. 57; Hörst Du, was die
Stunde spricht?, Erzn. 58, 76; Sieben-
gedicht, G. 60.
   H: Ludwig Günther: Ich greife Gott
mit Händen 58, Kepler-Jub.ausg. 71, 80;
Eberhard Tacke 61.

Günther, Willy (Ps. Günther
Haselbusch), Schriftsteller; Intern. f.
Kinder-, Jugend- u. Volksliteratur Wien
67, Friedr.-Bödecker-Kr. 71; Gartenstr.
15, D-3280 Bad Pyrmont (Groß
Lenkenau/Ostpr. 9.5.08). Roman,
Erzählung, Novelle, Tiergeschichte.
   V: Die schöne Schleie Linka 48;
Simbatoff und seine Freunde, Erz. 55;
Herko der Raubhecht, Erz. 55; Gilka
und die grauen Wölfe, Erz. 56; König
Greif 58; Rinka 58; Mordzahn 58;
Strompiraten 58; Dolchtatze 59;
Reißzahn 59; Der Alte vom Berge 59;
Räuber im Pelz 59; Der Geisterhirsch
60; Elchkönig 60; Die Fallensteller 60;
Im wilden Tann 60; Der schwarze
Schwimmer 60; Aranka 60; Geschichte

eines Aales 61; Die Borstenbande, Erz.
62; Cilly und die kleinen Räuber, Erz. 62;
Linkas Abenteuer, Nn. 63; Wolly und die
Kronenkinder, Jgd.-R. 63; Riesenhai
und rote Barsche, Ber. über eine
Grönlandreise 64; Durch Busch und
Wald 69; Senta und ihr Goldfuchs 70;
Ein Mädchen mit Pferdeverstand 70;
Mit Flory durch dick und dünn 70;
Paradiese der Tiere 72 IV; Wilkas der
Steppenwolf 75; Klabautermann an
Bord 76; Wunder der Tierwelt 79; Bunte
Welt der Tiere 80.

Günther-Gournia, Heinz, s. Günther,
Heinz.

Günzel, Klaus, Bibliothekar; Kandidat
d. SV-DDR; Pirckheimer-Ges. im
Kulturbund der DDR 68, E.T.A.
Hoffmann-Ges. Bamberg 70;
Marschnerstr. 1, DDR-8800 Zittau
(Pethau/Krs. Zittau 30.1.36). Essay, lit.-
hist. Biographien, Hrsg.
V: König der Romantik, dok. Biogr.
über Ludwig Tieck 81.
H: Alte deutsche Puppenspiele, Anth.
70, 71; E.T.A. Hoffmann — Leben und
Werk in Briefen, Selbstzeugnissen und
Zeitdokumenten, Dok. Biogr. 76, 79; Karl
Wilhelm Salice Contessa: Fantasie-
stücke eines Serapionsbruders, Ausw.
m. Nachw. u. Anm. 77; E.T.A. Hoffmann:
Nußknacker und Mausekönig, m. Ess.
81; Ludwig Tieck: Merkwürdige Lebens-
geschichte Sr. Majestät Abraham
Tonelli, m. Ess. 83.

Günzel, Manfred, freischaffender
Schriftsteller; Heppenheimer 11, D-6200
Wiesbaden u. Am Schloßpark 41, D-6200
Wiesbaden, Tel. (06121) 600479
(Wiesbaden-Biebrich 27.8.32). Lyrik,
Drama, Prosa, Parodie, Kunstkritik.
V: Terra, G.zyklus m. Grafik v. H.
Antes 60; Gedichte creative Fragen
behandelnd, m. Farbholzschn. v. S.
Shapiro 61; Dt. Märchen 68; An den
Ufern der Havel, Neuer R. 68; Sommer
& Stadt & Anderes, Kleinprosa 72; Zu
Gast bei Goethe, Prosamontage 72;
Parodien m. Grafik v. W. Schlick 74;
Stanzen 76; Polyxena, Dr. 76;
Glockenbruch, Zehn Raster u. Krebs
zum Lied v. d. Glocke 76.
MA: Lyrische Texte 82.

Günzel, Wolf, Schriftsetzer;
Ballenpfad 1, D-5303
Bornheim (Rheinl.)-Walberberg, Tel.
(02227) 3408 (Bad Muskau/Ol. 12.10.41).
Roman, Novelle.
V: Als Gertrud fliegen lernte 83.

Gürt, Elisabeth; V.G.S. 55, Ö.S.V.;
Schaumburger Gasse 16/12, A-1040
Wien, Tel. (0222) 6548485 (Wien 18.5.17).
Roman, Essay, Film, Hörspiel.
V: Eine Frau für drei Tage, R. 41, 42;
Ein Leben für Heimo, R. 47; Licht, das
nie vergeht, R. 47; Es gehört dir nichts,
R. 49; Ein Boot treibt dahin, R. 48; Lieb-
ling, benimm dich!, Ess. 48; Besuch aus
Wien, R. 49; In drei Wochen kommt
mein Mann, R. 50; Ein Mädchen ohne
Bedeutung, R. 52; Fremdling Mann, R.
52; Bis daß der Tod euch scheidet, R. 53;
Ihr nennt es Liebe, R. 55; Ein Stern
namens Julia, R. 55; Meine Herren, man
könnte weinen, Pln. 56; Aber, aber,
meine Damen, Pln. 56; Reise auf geteilte
Rechnung, R. 58; Wer wirft den ersten
Stein?, R. 60; Kein Mann für alle Tage,
R. 61; Vor uns das Leben, Mädchen-R.
61; Es hätte ja sein können 63; Du mußt
warten lernen 64; Wolken im Sommer,
Mädchenr. 65; Der Sprung über den
Schatten, R. 66; Irgendwann am
Sonntag, R. 69; Gib mir die Hand, R. 71;
Solange du bei mir bist, R. 71; Damals in
Positano, R. 73; Franziska, R. 75; Ent-
scheidung auf Ischia, R. 76; Und
plötzlich wie ein Fremder, R. 77; Lieben
Sie Alpenrosen?, R. 78; Was jetzt,
Cornelia?, R. 79; Verzaubert von Tujú, R.
80; Vierzig Jahre u. ein Sommer, R. 81;
Denkst du noch an Korfu?, R. 82; Du
bist kein Kind mehr, Gundula!,
Mädchen-R. 83.
F: Eine Frau für drei Tage 42.
R: Die Wiener Ringstraße 39; Ein
Leben für Heimo 49; Es gehört dir
nichts 48; Die Wienerin von heute 52;
Irgendwann am Sonntag 70.

Guesmer, Carl, Bibliothekar; Förder-
gabe die Lessingpr. 62, Förderungspreis
d. Andreas-Gryphius-Preises 76;
Hahnbergstr. 12, Postfach 5, D-3550
Marburg, Lahn 7 (Kirch Grambow/
Mecklenb. 14.5.29). Lyrik, Prosaskizze,
Essay.
V: Frühling des Augenblicks, G. 54;
Ereignis und Einsamkeit, G. 55; Von
Minuten beschattet, G. 57; Alltag in
Zirrusschrift, G. 60; Zeitverwehung, G.
65; Geschehen und Landschaft, Lyr.
Prosa 67; Dächerherbst, G. 70;
Abziehendes Tief, G. 74; Auswahl 1949 -
1979, G. 79.
MA: Kleine Bettlektüre für bürger-
stolze Hessen 75; Butzbacher Autoren-
Interviews I 76; Das große Rabenbuch
77; Alma Mater Philippina '81/82 81.

Guetermann geb. Mitz, Erika, Schriftleiterin a.D., Journalistin; Republikan.

Presse, Hamburg bis 33, Berufsverein.
Hamburger Journalisten 48, ISDS 72;
EM Memorial Foundat. for Jewish
Culture, New York 67; Via Barraggie 7,
CH-6612 Ascona, Tel. (093) 4696
(Hamburg 2.7.95). Lyrik, Theater-, Film-
u. Kunstkritik, Landschaftsreportagen,
Interview. **Ue:** E, Am.
   V: Maschine und Magnolia, G. 66. —
MV: Von Alpha bis Romeo, G. 78.
   MA: G. in: Hortulus, Zs. f. Neue Dicht.
59-66; Aufbau/New York bis 76; Die
Literatische Tat, Zürich 70-76;
Südschweiz, Tessin; Lyrik in dieser Zeit,
1963/64, Anth.; Documenta Poetica,
Anth. 63; Hamburger Anthologie, Lyrik
der letzten fünfzig Jahre 65; Blick auf
Rom, Anth. 68; G. in: Das Neue
Hamburg; Frieden mit Israel 59;
German-American Studies 69;
Spektrum des Geistes 67; Tränen und
Rosen, Krieg und Frieden in Gedichten,
Anth. 65; Kleinkunst aus Amerika, Anth.
64; Stimmen zur Schweiz, Anth. 76;
Bewegte Frauen, Anth. 77; Liebe.
Liebesg. v. 16. Jh. bis z. Gegenw. 80.
   Ue: Denise Levertov: Mit Augen an
unserem Hinterkopf 61; Lawrence
Ferlinghetti: A Coney Island of The
Mind u.d.T.: Ein Coney Island des
inneren Karussells 62, 82; Lilian Ross:
Hemingway - ein Porträt, Ess. 63; Ue in:
Aufbau, New York; The Jewish
Advocate, New York (E. Lasker-
Schüler).
   Lit: Michael Kowal: The Explosion
that is the Poem in: Amer.-German Rev.
66; M. Wendling-Vorberg: Die Lyrikerin
E. G., Südschweiz 75.

Guetté, Edith, s. Grotkop, Edith.

Gütter, Claus, Jurist; Gaberlstr. 1, D-
8000 München 70, Tel. (089) 7141549
(Freiburg/Br. 5.8.55). Novelle, Roman.
   V: Der gepanzerte Jimmy, M.

Gütter, Ernst, Bankkaufmann; IGdA,
ADA; LITTERA; Landwehrstr. 12a, D-
8000 München 2, Tel. (089) 591257
(Oberlohma/Egerland 4.12.28). Lyrik,
Satire, Kurzgeschichte, Roman, Drama.
   V: Erde und Menschen, G. 82.
   MA: Sat. im ehem. Simplicissimus 61/
62; MAUERN 78; Gauke's Jb. 81, 82, 83;
Siegburger Pegasus Jb. 82; Beitr. u.a. in
folg. Lit.zss.: adagio, IGdA-aktuell,
Silhouette 78-83.

Güttes, Norbert K., c/o Ted-Siera-
Verl., Hamburg.

   V: Nacht ist es nur, weil es dunkel ist
81; Schnuppinchen, Kdb. 81. —
MV: Kneipenlyrik, m. M. Wendt 81.
   MH: Lettische Märchen 83. ( )

Güttinger, Fritz, Prof., Dr. phil.; P.E.N.;
Übersetzerpr. d. Max-Geilinger-Stiftung
69; Hadlaubstr. 123, CH-8006 Zürich, Tel.
(01) 3614014 (Zürich 30.1.07). Essay.
Ue: Am, E.
   V: Die romantische Komödie und das
deutsche Lustspiel 39; Zielsprache:
Theorie und Technik der Übersetzens
63; Steckenpferde: Üb. amerikan. u.
engl. Literatur, nicht ganz ohne Film 66;
Der Stummfilm im Zitat d. Zeit 83.
   H: E. A. Poe: Unheimliche
Geschichten 45; H. D. Thoreau: Walden
45; Amerikanische Erzähler 46; Lincoln
Steffens: Geschichte meines Lebens 48;
Laurence Sterne: Tristram Shandy 48;
Kein Tag ohne Kino. Schriftsteller üb.
den Stummfilm 83.
   Ue: V. Fisher: In der Wüste ein Reich
41; Eveline Amstutz: Eine Frau kann
von Glück sagen 41; John P. Marquand:
H. M. Pulham, Esquire 42; Hermann
Melville: Moby Dick 44; C. S. Forester:
Der Kommodore 46, Lord Hornblower
47; Boswell: Dr. Samuel Johnson 51,
Boswells Londoner Tagebuch 53,
Boswells Große Reise 55; Ray Bradbury:
Fahrenheit 451 55; Kenneth Ainslie:
Teufel im Schlepp 57; Samuel Butler:
Erewhon 60; Nathanael West: Miss
Lonelyhearts 61, Tag der Heuschrecke
64; Ring Lardner: Champion 63; Roald
Dahl: Der krumme Hund 64; Frank
Norris: Heilloses Gold 64; John Wain:
Liebhaber und Machthaber 65; Der
kleinere Himmel 68; George du
Maurier: Peter Ibbetson 67; John
Steinbeck: Tagebuch eines Romans 70;
R. L. Stevenson: Die Schatzinsel 71; H.
D. Thoreau: Walden 72; Joseph Conrad:
Meistererzählungen 77.

Guggenbühl, Hans, Dr. Prof.; ZSV,
SSV; Ehrengabe d. Kantons Zürich 78;
Pfannenstielstr. 64, CH-8706 Meilen, Tel.
(01) 9231624 (Küsnacht 3.1.24). Lyrik,
Roman, Novelle, Essay.
   V: Ewald v. Kleist, Weltschmerz als
Schicksal, Ess. 48; Im Bunker, Monodr.
71; Alle Wege führen zurück, R. 78; Mein
Bruder Jan. Gesch. e. geteilten Jugend
83.

Guggenheim-von Wiese, Ursula (Ps.
Ursula von Wiese, Renate Welling,
Sibylle Hilton), Lektorin; SSV, P.E.N.,
VS (VDÜ); Ehreng. d. Kantons Zürich
75, Pro Arte 78; Beckhammer 25, CH-
8057 Zürich, Tel. (01) 3633995 (Berlin

21.4.05). Roman, Essay, Kurzgeschichte, Jugendbuch, Glossen. Ue: D, E, Schw.

V: Die drei Ausreißer, M. 40; Die Geschichte von den Zoccoli, M. 41; Michel und der Elefant, Erz. 42; Das Bambi-Bilderbuch, Verse 42; Der Todessprung, R. 43; Mineli und Stineli und die Zaubergeige, M. 43; Törichtes Mädchen, R. 44; Die Geschichte von der Sonnenblume, die lieber eine Mondblume sein wollte, M. 48; Andreas und der Delphin 74; Peter wünscht sich einen Hund 75; Das alte Puppenhaus 79; ... sagte meine Freundin Ernestine 79; Wir sind schlank — Gott sei Dank 80; Die Prinzessin, die nicht schlafen konnte, M. 81; Sternstunden, Mensch u. Tierkreis 82; Das Tal d. tausend Quellen, Erz. 82. — MV: Mineli und Stineli und die Zaubergeige, m. Dr. W. J. Guggenheim 42; Jörgen im Urwald, Erz. 43; Die Levi Strauss Saga 78; Die gestohlene Sonne, Erz. 81, beide m. Irmalotte Masson.

Ue: Werke von Hutchinson, Llewellyn, Bromfield, Frances Brett Young, Upton Sinclair, Norah Lofts, Pearl Buck, Cronin, Bates, Estrid Ott, Howard Spring, Agatha Christie, Stagge, Quentin, K. Pinkerton, Jacobsen, Sitchin, Andersen, Grace Metalious, Patrick Dennis, Morris L. West u.a.

Guggenmos, Josef; VS Bayern 68, P.E.N. 71; Prämie z. Dt. Jgdb.pr. 68, Ehrenliste zum Europ. Jgdb.pr. Città di Caorle 68, Ehrengabe der Bayer. Akad. der Schönen Künste 75, Pr. d. Akad. Amriswil 80, Europ. Jugendb.pr. "Provincia di Trento" 80; Am Staffel 21, D-8951 Irsee üb. Kaufbeuren/Allg., Tel. (08341) 3755 (Irsee 2.7.22). Lyrik, Erzählung, Kinderbuch, Drama. Ue: E, Fin.

V: Lustige Verse für kleine Leute 56; Gugummer geht über den See, G. 57, erw. Aufl. m. Ess. P. Härtling 68; Ich mache große Schritte, G. u. Geschn. f. Kinder 57; Immerwährender Kinderkalender, G. u. Geschn. f. Kinder 58; Mutzebutz, G. f. Kinder 61, 77; Kinderaugen — Kinderherzen, Erzn. 61; Das kunterbunte Kinderbuch, G. u. Geschn. f. Kinder 62, 76; Hoppeldipoppel weiß einen Schatz, Kinderb. 64; Zilli, die Ziege, Kinderb. 65, 76 u.d.T.: Ich habe eine Ziege; Helmut bei den Räubern 66; Tetradrachme, G. 66; Die Schatzkiste, G. f. Kinder 67; Was denkt die Maus am Donnerstag? G. 67, 75; Der junge Naturforscher 67, 73 u.d.T.: Ich bin geboren mit langen Ohren; Warum die Käuze große Augen machen, Kinderb. 68, 74

(auch tsch., slow.); Ein Elefant marschiert durchs Land, G. u. Geschn. f. Kinder 68, 72; Wer nie ein Nilpferd gähnen sah ..., G. 69; Seid ihr alle da? Kasperlsp. 70; Ich hab's mit eigenen Ohren gesehn, Kinderb. 70; Ein Körnchen für den Pfau 70 (auch engl.); Alle meine Blätter ..., Kinderb. 70, 76 (auch engl., amer., niederl., dän., norw.); Sieben kleine Bären, Kinderb. 71, 77; Gorilla, ärgere dich nicht! G. 71, 72; Mann Knorre und der Einbrecher, Sp. 71; Gastwirt August Knorre, Sp. 72; Drei Spechte in der großen Stadt, Kinderb. 72, 76; Auf einem Stern, der Moritz heißt, Kinderb. 72, 76; Kasperl in Platschanien, Kinderb. 72; Hans mein Hahn, Kinderb. 73; Das Geisterschloß, G. 74; Theater, Theater! Einakter 74; Das Knie aus der Wand, Erzn. 75; Sturm im Turm, Erzn. 75; Ich läute den Frühling ein, Kinderb. 75; Der kleine Springinsfeld, Kinderb. 75 (auch engl.); Franz der Drache, Kinderb. 76; Ich muß dir etwas zwitschern, G. 76; Der Hase, der Hahn und die Kuh im Kahn, Kinderb. 77; Es las ein Bär ein Buch im Bett, Kinderb. 78; Suchen suchen Pflaumenkuchen 80; Wer braucht tausend Schuhe? 80; Das & Dies 80; Wenn Riesen niesen 80; Der Bär auf d. Berg 81; Herr Dachs lädt z. Geburtstag ein 81; Pieter Bruegel, Der Turmbau zu Babel 81; Pieter Bruegel, Der Sturz d. Ikarus 81; Joan Miró, Karneval d. Harlekine 81; Album schöner Tiere 82; Das große Guggenmos-Liederbuch 82; Es gingen drei Kinder durch den Wald 82.

H: H. J. C. von Grimmelshausen: Der abenteuerliche Simplicissimus 58, 75; Gustav Schwab: Die schönsten Sagen des klassischen Altertums 60; Hausbuch deutscher Sagen und Schwänke 72, 76.

R: Poltergeister lassen grüßen, Hsp. 76; Der Kohlkopf und der Kaiser, Hsp. 79.

S: (MA): Für Kinder und Kenner, G. 61; Helmut bei den Räubern 73.

Ue: Aleksis Kivi: Seitsemän veljestä u.d.T.: Die sieben Brüder 61; Robert Louis Stevenson: A Child's Garden of Verses u.d.T.: Mein Königreich 69; Edward Lear: The Owl and the Pussy-Cat, The Duck and the Kangaroo u.d.T.: Vergnügte Reise 70; E. Lear: The Story of the Four Little Children who went round the World u.d.T.: Phantastische Reise 73; J. Burningham: So geht das Jahr durchs Land 72, 75; J. Burningham: Die Kahnfahrt 73; J. Burningham: Die Spazierfahrt 76; Edward Lear: Eulerich und Miezekatz 78, Von Eule und Katz

und anderem Geschwatz 79; Antti Hyry;
Kotona u.d.T.: Daheim 80.
Lit: Verwandlung der Einfalt -
Gugummer, in: Peter Härtling:
Palmström grüßt Anna Blume 61; H.-J.
Kliewer: Elemente und Formen der
Lyrik 74; Lex. d. Kinder- u. Jgdlit; Dino
Larese: J. G. 80; Hans Maier: Loblied auf
Guggenmos in: Hilfe, Ich bin normal! 81.

Gugger, Martin, Oberstlt. a.D.;
Postfach 29, D-7603 Oppenau, Tel.
(07804) 511 (Ludwigshafen/Rh. 13.1.91).
Lyrik, Novelle, Essay.
V: Tier, Mensch und Gott, G. 64; Der
Bittgang zur Verhütung des Atom-
krieges und anderes, Ess. 68;
Onchozerkose bis wunderbarer
November, Ess. 79; Mensch, Welt und
Staatsbürger, Ess. 80; Lyrik, Mensch u.
Kosmos, Wiss. u. Technik, Ess. u. G. 81;
Überleben 1913-1982. E. Rückblick, G. u.
Ess. 82; Zur Lage. Ja u. Nein, Lyr. 83.

Gugl, Wolfgang (Ps. Wolfdietrich
Thomßen, Wolf De Thom, Ruroh-no-
Ohkami), Autor; SSB 73, AGAV 79, IGdA
77, Verband Der Geistig Schaffenden 78,
, RSGI 78; Theodor-Körner-Preis 76,
Fördersachpr. f. Lit. Kreis d. Freunde 81,
Dipl. di Merito 82, Ehrendoktor Litt. D.
82; PODIUM 70, 77, Der Kreis 74, LU 76,
Köla 76, Leiter Zweigst. Steiermark 77,
Kreis d. Freunde 77, Intern. Acad. of
Poets 80, EM Ges. d. Freunde dt.spr.
Lyrik u. Leiter d. Kontaktst. Graz 80,
Senryu-Zentr. 82, World Poetry Soc.
Intercont. 82; Am Freigarten 12/15, A-
8020 Graz, Tel. (0316) 915241
(Frohnleiten 24.7.46). Aphorismen,
Liedtexte, Lyrik, Kürzestgeschichten,
Kurzprosa, Nonsens.
V: Gedanken ..., Aphor. 74; Straße des
Grübelns, G. 77; Kein Wind, der meine
Tränen trocknet, G. 78; Skurrilum
Visage, Aphor., G. 78; Zeichen im Sein,
G. 79; So? ... finden Sie?, Aphor., G.,
Nonsens 79; Mein Leben im Kosmos,
Autobiogr. 79; Dietrichsblatt Nr. 1, G. 80;
Ich wollte Dir Rosen bringen, G. 81.
MA: Die sonderbaren Menschen, G.
76; Moderne Lyrik, mal skurril, G. 77;
Nachlese, G. 77; Ein Dezenium IGdA, G.
77; Lyrik 78, G. 78; Moderne Literatur 2,
G. 78; Mauern, G. 78; Lebendiges
Fundament, G. 78; Standortbe-
stimmungen, G. 78; Gedanken über
Blumen, G. 79; Schritte der Jahre, G. 79;
Das immergrüne Ordensband, G. 79;
Lyrik 79, G. 79; Unser Boot heißt
Europa, G. 80; Lyrik 80, G. 80; Haiku, G.
80; In d. Tiefe d. Herzens, G. 80; Unter
dem Saumpfad, G. 80; An der Pforte, G.

80; Heimat, G. 80; RSGI-Anth. 23. u. 24.
Bayer. Nordgautag 80 u. 82; Wie es sich
ergab, G. 81; Unter welkem Blatt, G. 81;
Nur im Schatten d. Mondes, G. 81;
Gauke's Jb., G. 81, 82 u. 83; An den Ufern
der Hippokrene, G. 82.
H: Dietrichsblatt. Schlüssel z. Poesie,
Lyr. u. Biogr. auf losen Bll. seit Nr. 1 80
unregelmäßig; die Lyrik-Mappe, Int.
Lyr.-Zs. seit 82; An den Ufern der
Hippokrene, Lyr.-Anth. 82.
R: Kultur, mehr als ein Wort?, G.,
Kurzprosa 79.
Lit: Herbert Dobrovolny: Papier als
Gesprächspartner 79; Jahrbuch Kr.
Coesfeld 82.

Guhde, Christel, Dipl.-Bibliothekarin;
VS 78, Lit.gruppe d. GEDOK Berlin 79;
NGL 77; Horst-Caspar-Steig 25, D-1000
Berlin 47, Tel. (030) 6613821 (Berlin
18.12.34). Lyrik, Erzählung.
V: Zwischen Schlangenkönig u.
Bunkercity, G. 77; Risse im Beton, G. 78;
Mieträume, Erzn., G., Aquarelle 83.
MA: Jb. f. Lyr. 79; Jb. d. Lyr., Am Rand
der Zeit 79; Augen rechts, Anth. d.
Werkkr. Lit. d. Arbeitswelt 80;
Unbeschreiblich weiblich 81; Schreiben
wie wir leben wollen, Anth. 81; Berlin-
Zulage, G. aus d. Provinz 82; Narren u.
Clowns, Prosa 82; Eine Begegn. mit
Paule. Dorferz. aus d. Hitlerzeit, in:
Stadtansichten, Jb. 82.
Lit: Rez. in: Buch u. Bibl. H. 4 79;
Lit.send. Preußischblau, Rias II 80;
Lit.send., SFB 80.

Gulden, Alfred, gepr. Sprecherzieher;
VS Saarland 76, Intern. Dialektinst. 76,
VG Wort, Autorenbuchhandl. München
83; Förderpr. d. Stadt Saarlouis 76,
Bayer. Förder.pr. f. Lit. 82; Hippmannstr.
11, D-8000 München 19, Tel. (089) 177616
(Saarlouis/Saarland 25.1.44). Roman,
Lyrik, Erzählungen, Hörspiel, Mundart-
lieder, Theaterstücke, Drehbücher,
Features.
V: Lou mol lo lo Laida, G. in saarl
Mda. 75, 78; Jooa en Jooa aus, Kalender
m. G. in saarl. Mda. 1977 76; Root Hòòa
un Summaschprossen, Kinderb. in saarl.
Mda. 76; Naischt wii Firz em Kòpp, G.
m. Schallpl. in saarl. Mda. 77, 78; Auf
dem großen Markt, Erzn. 77; Da eewich
Widdaschpruch, G. in saarl. Mda. 78, 79;
Saarlouis 300. Hist. Revue, Theaterst. 80;
Om grossen Mäaat, Biblioph. Ausg. in
280 num. Expl. m. Zeichn. v. Alfons
Fontaine 80; Kennaschbilla, Kdb. in
saarl. Mda. 80; Et es neme wiit freja
wòòä, G. in saarl. Mda. 81; Da saat der
Hecht zum Schwaan, Kdb. i. saarl. Mda.

82; Greyhound. Amerika am eigenen Leib erfahren, R. 82; Nur auf d. Grenze bin ich zu Haus, Aufsätze 82; Kalender in saarl. Mda.: Jòòa en Jòòa aus 1977 76; Quätschenlequäärich 1978 77; Fleckstecka 1979 78; Scheena waanen 1980 79; All Lääd allään 1981 80; Vill sevill Vej 1982 81; Traamwaan 1983 82; Schawaare 1984 83. — **MV:** Aktionsraum I oder 57 Blindenhunde 71; Fernsehvorschule. Von Monstern, Mäusen und Moneten 75.

MA: Zwölf. saarländische Autoren, G. 82; Hörspiele saarländischer Autoren 82; Liedermacher-Lesebuch 82; Klagenfurter Texte 1982 82.

F: Aktionsraum I oder 57 Blindenhunde, Film üb. Aktionen in München 72.

R: Krejch Misst et Gen, Hsp. in saarl. Mda. 76; Saan wiit es. Hsp. in saarl. Mda. 77; Maulschperr. Drei Kurzhörsp. in saarl. Mda. 78; Alwis u. Elis od. u. dreiunddreissig Jahr im Fleisch gehorsam war..., Hsp. in saarl. Mda. 80; Aus sich raus. Mundart um 6. Vorabendser. Fs., 52 F. 80, 81; Saarlouis 300. Fs.fass. d. Theateraufführ. 80; Grenzlandschaft. Der Saargau. 5 F. 82; Rundgehen, Schießbudenfiguren. 2 Drehb. f. Vorabendser. "Rummelplatz" 82.

S: Lou mol lo lo Laida, Sprechpl.; Naischt wii Firz em Kopp, Sprechpl.; Lidda fo all Fäll. Lieder in Saarl. Mda., Schallpl. 77; Aich han de Flämm 79; Of dääa anna Sait 81, beides Lieder in saarl. Mda., Schallpl.; Et es neme wiit freja wooa, Lieder u. G. in saarl. Mda., Tonkass. 82.

Lit: Ludwig Harig: Saarländische Freude 77; Fernand Hoffmann, Jos. Berlinger: Die neue dt. Mundartdichtung 78; Fernand Hoffmann: Zwischenland. Germanist. Texte 81; Norbert Feinäugle: Nachwort zu "Et es neme wiit freja wooa" 81; Hans Chr. Kosler: Wie mit Kinoaugen 82; Fernand Hoffmann: ... das Individuum verteidigen in sich selbst... 82; Ludwig Harig: Sommersprossen, Karottenhaare 82; Ejo Eckerle: Betrachtungen aus d. Beifahrersitz 82; Kyra Stromberg: Mittendrin u. doch am Rande 82; Carna Zacharias: Ich bin auf d. Grenze zu Hause ... 82; Achim Barth: Kultur-Schock mit Pappbecher 82; Rolf Seeliger: Amerika-Trip als Alptraum 82.

Gulliver, s. Koplowitz, Jan.

Gummer, Michael, cand. med.; III. Pr. "München leuchtet — leuchtet

München?"/VDS Bayern 82; Haidhauser Werkstatt München 80; Kruckenburgstr. 4, D-8000 München 70, Tel. (089) 717904 (München 14.12.56). Lyrik, Erzählung, Kurzgeschichte, Roman.

V: Anfangs sucht' ich drinnen und fand ..., Lyr. u. Prosa 81.

MA: Spuren der Stille, Lyr. 79; Lyrik heute, Lyr. 81; Münchner Erfahrungen, Erzn. 82; Der Abschied in uns, Erzn. 82.

H: Der Abschied in uns, Erzn. 82.

Gumpert, Joachim S., s. Bechtle-Bechtinger, Joachim.

Gunske, Georg (Ps. Herbert George), Dipl.lehrer, Fachschuldoz.; SV-DDR; Nuschkestr. 13, DDR-7282 Bad Düben, Tel. (04087) 23308 (Breslau 17.1.25). Roman, Novelle.

V: Verhör im Internat, Erz. 65; Ingrid und der große Fund, Kdb. 67, 69; Julli Siebenboom und andere Irrtümer Hagenbachs, R. 73, 75; Dialog am Nachmittag, Erz. 76; Verstrickungen, R. 78, 81.

MA: Ich wachse jeden Tag ein Stück, Kdb. 75.

Gunter, Georg, Zeichner u. Grafiker; Gartenstr. 61a, D-7080 Aalen/Württ. (Ratibor/OS. 4.4.30). Roman, Novelle, Zeitgeschichte, Satire.

V: Letzter Lorbeer 74, 82.

MA: Vermächtnis der Lebenden I 59, III 79; Ratibor. Stadt u. Land a. d. oberen Oder 80.

Gurdan, Emil, s. Bischoff, Emil.

Gurr-Erkens, Ursula, Übersetzerin; VS 61, BDÜ 71 (18.8.10). Drama, Hörspiel. Ue: S, I, E.

V: Carmen v. C. ..., ein Hundeleben; Tauber Gurri und das süße Leben, beides Erzn. — **MV:** (Ue): v. Nestroy: Theatergeschichten, Lsp. 52; Shakespeare: Loves Labour Lost, Lsp. 49; Caldara: Oper Daphne 41, alles m. Klaus Gurr.

R: Die vier Teufel 51, Sakuntala 55, Abenteuerliche Sizilienreise 61, u.a., alles Hsp. m. Klaus W. Gurr (bearb.).

Ue: (B): A. Casona: La müjer del Alba u.d.T.: Die Frau im Morgengrauen 51; F. d. Alarcon y Mendoza: Quien engana mas a quien u.d.T.: Wer schwindelt am meisten. ( )

Gurzeler, Christian, Sekundarlehrer; Unterer Hardeggweg 4, CH-3612 Steffisburg, Tel. 375779 (Ostermundigen b. Bern 5.12.22). Drama (Schultheater).

V: Der Prozess um des Esels Schatten, Dr. 61, 79; Sechse kommen durch die ganze Welt, Dr. 67, 75; Die Melone, Dr. 68; Der Wunderdoktor, Dr. 68, 74; Sieb-

zehn Kamele, Dr. 72, 75; Der Bankräuber, Dr. 73; Die Gerechtigkeit, Dr. 75;
Birbal, Dr. 75; Drei Mütter, Dr. 76; Lasst
die Leute tanzen, Dr. 80. ( )

Gustas, Aldona, s. Holmsten, Aldona.

von Gustedt, Ingeborg, Musiklehrerin;
FDA, Bodensee-Club; Lyrik-Preis d.
"Karlsruher Boten" 62; Allee 2a, D-7480
Sigmaringen, Tel. (07571) 3493 (Celle
21.4.99). Lyrik.
V: Lieder zwischen Wachen und
Traum, G. 62; Unterwegs mit d. Wind, G.
82.
MA: Mehrere Anth.

Gut, Silvia, s. Denneborg, Silvia.

Gut, Taja (Ps. Taja Narwada),
Schriftsteller; Albisriederstr. 351, CH-
8047 Zürich (Zürich 1.4.49). Lyrik, Prosa,
Essay. **Ue:** N.
V: Eisknospengestirn, G. 81.
MH: Kaspar Hauser, Das Kind
Europas. Kult. Halbj.schr., Ess., G., Prosa
82, 83.

Guter, Wolf, c/o Verl. Das Neue Berlin,
Berlin (Ost).
V: Bewährungsproben, Krim.-Erz. 83.
( )

Gutl, Martin, Pfarrer; SSB; Hauptstr.
31, A-8755 St.Peter/ob Judenburg, Tel.
(03579) 2213. Gebete, Meditationen,
religiöse Schriften, Gedichte u.
Chansons.
V: Der tanzende Hiob 75, 79; Du bist
Abraham 77; Loblied vor der
Klagemauer 78, 79; Ich begann zu
suchen 81; Nachdenken mit Martin Gutl
83. — **MV:** Ich begann zu beten 73, 79;
Ich wollte schon immer mit Dir reden
79, beide m. Josef Dirnbeck.
S: Das Vaterunser als Hoffnung für
Sie; Ich glaube wie noch nie — Wie
finde ich Gott?; Einer, der dir Sinn gibt;
Vom Geheimnis des Menschen; Du bist
bei mir, alles Cassetten.

Gutmann, Augustin, Post- u. Fm.-
Oberinspektor i.R.; Verband der Geistig
Schaffenden Österreichs 78; Verein
Dichterstein Offenhausen 70, Kreis d.
Freunde 76; Punzrerstr. 24/8, A-4400
Steyr, Tel. (07252) 643372 (Wien 16.8.03).
Lyrik.
V: Es schwingt eine Glocke, G. 54; St.
Pöltner Lyrikbogen Nr. 7, G. 73; Am
unerschöpflichen Quell, G. 81.

Gutmann, Hermann, Journalist; Dt.
Journalisten-Verband 54; Luisental 21,
D-2800 Bremen 33, Tel. (0421) 233243
(Bremerhaven 4.10.30). Glosse,
Kurzgeschichte, Plauderei.

V: Geschichten aus dem Schnoor, 79,
82; Leute aus dem Schnoor 80; Bremer
Geschichte(n) 81, 82; Was'n in Bremen
so ißt 82, alles Geschn. u. Plaudereien.

Gutmann, Werner; B.S.V. 64; 1. Preis
Wettbewerb d. Ges. f. schweiz. Volks-
theater f. Mundartstücke 64, 1. Preis
Wettbewerb d. Präsens-Film AG Zürich
f. neue Film-Ideen 65, 1. Pr. Senioren-
bühne Zürich 79, Hsp.pr. Radio Zürich
50, Werkpreis d. Stift. z. Förder. d. bern.
Mda.dramatik 80, 81, 82; Ges. schweiz.
Dramatiker 64; Innerer Giessenweg 39,
CH-3110 Münsingen, Tel. (031) 923353
(Thun/Schweiz 30.12.14). Drama,
Hörspiel, Essay. **Ue:** F, E.
V: König Tupf, M. 45; Fahnder Hun-
ziker, Sch. 54; Die Barriere, Sch. 57;
Eine Gemeinderatssitzung 58; Ein
komischer Vogel, Kom. 58;
Schmunzlibus im Luftballon, 60; Die
Flucht, Mundart-Dr. 63; Wolken-
fritzchen 64; Scherben, Dr. 64; Flüssiges
Gold 67; Galgenvögel, Kom. 69; Das
tapfere Auf-Schneiderlein, Kom. 70;
Mys Thun, Mundarterzn; Vor em
Ynachte, Sch. 79; Weisch no denn?,
Mdaerzn. 80; Heiter bis bewölkt,
Mda.erzn. 80; Herz-Dame, Kom. 81;
Brunnenvergifter, Sch. 82.
R: Der Chinese (Bearb.); Scherben,
Hsp. 65; Barriere, Fsp.; Fahnder Hunzi-
ker, Fsp.; Vor em Ynachte 80; über 35
Kinder- u. Jugendhörspiele.

Gutöhrlein, Friedrich, Oberlehrer i.R.;
Sonnenhalde 17, D-7170 Schwäbisch
Hall-Gelbingen, Tel. (0791) 41680
(Horschhausen, Kr. Crailsheim 21.10.94).
Essay.
V: Jugendland. Erinnerungen eines
Hohenloher Schullehrers 67, 70; Wie's
daheim war. Eine Wanderung durch die
Gemeinde Unterheinriet 69; Flegeljahre
eines Schulmeisters 72; Flurnamen von
Gelbingen und Erlach 73; Heimat im
Kochertal, heimatgesch. Stoffsamml.

Guttenbrunner, Michael; Pramergasse
6, A-1090 Wien (Althofen/Kärnten
7.9.19). Lyrik, Essay.
V: Schwarze Ruten, G. 47; Spuren und
Überbleibsel, Prosa 47; Opferholz, G. 54;
Ungereimte Gedichte 59; Die lange Zeit,
G. 65; Der Abstieg, G. 75; Im Macht-
gehege, Prosa 76; Gesang der Schiffe, G.
80. — **MV:** Traumfahrt durch
Griechenland 81.
H: Schmerz und Empörung, Anth. 47;
Th. Kramer: Vom untersten Wein, G.
56; Das Ziegeneuter 66. — **MH:** Der
Alleingang 64 — 66 (m. Paul Schick).

F: Der Landarzt; Das Ferstelhaus;
Selbstportrait; Das Beispiel Alfred
Wickenburg. ( )

Gutting, Harald, Schriftsteller; Lit.Pr.
"Die Rheinpfalz" 60, Fördergabe Pfalz
67; Viale delle Arti 15/27, I-33054
Lignano Riviera u. Altspeyerer Str. 1, D-
6722 Lingenfeld, Tel. (0431) 70418
(Karlsruhe 1.4.28). Kurzgeschichte,
Roman, Hörspiel.
V: Der tote Strand v. Pineta Mare, e.
belletr. Szenario aus d. Jahren 1994 u.
1995 79.
R: Der silberne Ritter 53; Requiem 63,
beides Rdfk-Sdgn.

Gutting, Willi, Lehrer; VS 54; Lit.
Ehrengabe d. Pfalz 61; Altspeyerer Str.
1, D-6722 Lingenfeld, Tel. (06344) 1781
(Lingenfeld 5.12.01). Roman, Novelle,
Erzählung.
V: Die Aalfischer, R. 43; Glückliches
Ufer, Erz. 44; Der Apfel des Lebens, N.
50; Legenden um Mirjam 56; Unweit
vom Strom, Erz. 61; Lebensläufe
pfälzischer Bäche 65; Unter dem roten
Dom, Erzn. 75; Das Kainsmal, Erzn. 76;
Joel von der Goldenen Pforte, Legn. 79.
R: Dr. Faustus 54; Zwischen Tag und
Traum 56; Land am Strom 67; Kirmes
70; Straße der Begegnung 71, alles
Hörsp.

Guttzeit, Emil Johannes, Realschul-
konrektor a. D., Stadtarchivar; Gold.
Ehrennadel d. Landsmannschaft Ostpr.
f. schriftst. Wirken Hamburg 71,
Bdesverdienstkreuz am Bande 77;
Wellestr. 14, D-2840 Diepholz 1, Tel.
(05441) 2381 (Königsberg, Pr. 1.3.98).
Heimatgeschichtliche Abhandlung.
V: Die Ordensburg Balga 25; 600
Jahre Grunau, Kreis Heiligenbeil 31; 600
Jahre Hohenfürst, Kreis Heiligenbeil 32;
Die Kolonisationsarbeit des Deutschen
Ordens in Preußen 33; Volkstümliche
Sagen aus unserer natangischen
Heimat 34; Heiligenbeil und sein
Bürgerbuch von 1770 — 1918 38; Länd-
liche Familienforschung. Eine Ein-
führung 36, erw. 37; 700 Jahre Balga 39;
Heimatgrüße aus Heiligenbeil.
Kreisgem. Heiligenbeil 46; Diepholz und
seine Straßen 53; Von der Burgkapelle
zur St. Michaeliskirche 63; Der Kreis
Johannisburg. Ein ostpr. Heimatb. 64;
Der Kreis Heiligenbeil. Ein ostpr.
Heimatb. 75; Natangen. Landschaft und
Geschichte. Ges. Beitr. 77; Das
Bürgerbuch der Stadt Diepholz 1788 -
1851 79; Ostpreuß. Städtewappen 81;
Geschichte d. Stadt Diepholz I. Teil
82. — **MV:** Ostpreußen in 1440 Bildern

72, 75; Das erste Jahrhundert. Die
hundertj. Gesch. e. Sparkasse im
Spiegel d. Zeit. Kreissparkasse Diepholz
1. April 1865 - 1. April 1965; (Schr.leiter)
Heimatblatt d. Kreises Heiligenbeil 55-
80 (25 Jg.); 37 Beitr. in: Hdb. d. histor.
Stätten. Ost- und Westpreußen 66; Alt-
preußische Biographie; Ostpreußen in
1440 Bildern 77.
H: Natanger Heimatkalender 1.-15.Jg.
28-42; F. W. von Rekowski: Balgowe,
Gesch. R. 34; Der redliche Ostpreuße.
Ein Kalenderb. seit 61.
Lit: Kurt Forstreuter: Emil Johannes
Guttzeit 70 Jahre alt (Ostdeutsche
Familienkunde) 68; Karl August Knorr:
E. J. G. 70 Jahre (Heimatbl. d. Kr.
Heiligenbeil, 14. F.) 68; Walter Teßmer:
Verzeichnis d. Veröff. v. E. J. G. (Alt-
preuß. Geschlechterkunde, N.F.) 73;
Hans Ulrich Stamm: E. J. G. vollendete
das 75. Lebensjahr (Heimatbl. d. Kr.
Heiligenbeil, 19. F.); Otto Schemmerling:
Ein lebenslanges Wirken f. d. Heimat. E.
J. G. 80 Jahre alt (ebda F. 78) 78; Kurt
Forstreuter: E. J. G. 80 Jahre (Altpr.
Geschlechterk. N. F. 26. Jg.) 78; Herbert
Meinhard Mühlpfordt: Seine Heimat ist
Natargen. E. J. G. vollendete das 8.
Jahrzehnt (D. Ostpreußenbl. 8. F.) 78; E.
J. G. 85 Jahre alt (ebda 11. F.) 83.

Gutzeit, Hildegard, Graphikerin, c/o
Bläschke Verlag, St. Michael.
V: Wolkennester, Lyr. 82.

Gutzschhahn, Uwe-Michael, Dr. phil.,
Lektor; VS 78; Forder.pr. d. Ldes
Nordrh.-Westf. 79, Pr. d. 2. Nordrh.-
Westf. Autorentreffens 82; Bayernstr. 79,
D-8706 Höchberg, Tel. (0931) 400081
(Langenberg/Rheinland 31.1.52). Lyrik,
Prosa, Novelle, Erzählung. **Ue:** E.
V: Windgedichte, Lyr. 78; Miriam oder
Im Abstieg der Schönheit, N. 79;
Fahrradklingel, G. 79; Prosa u. Lyrik
Christoph Meckels 79; Das Leichtsein
verlieren, G. 82; In der Hitze d. Mittags,
G. 82.
H: Die Paradiese in unseren Köpfen,
G.-Anth. 83.

Guzun-Hehn, Ilse, GProf.; Europ.
Autorenverein. Die Kogge 76, SV
Rumäniens 79; Str. Avram Iancu 10,
Medias/Rumänien, Tel. (928) 11943
(Lovrin, Banat, Rumänien 15.5.43).
Lyrik.
V: So weit der Weg nach Ninive, Lyr.
73; Flußgebet u. Gräserspiel, Lyr. 76; Du
machst es besser, Kinderb. 78.
MA: Fahnen im Wind; Wortmeldun-
gen; Worte unterm Regenbogen, alles
Lyr.-Anth.; Lit.-Zss.

Gwerder, Urban, freier Schriftsteller u. Alphirt; Doc. h.c. Kuss (Ehrendoktor d. Krit. Untergrundschule Schweiz, Bern) 69; Tell-life-No-mads 66, Hotcha!-Sippe 68, Underground Press Syndicate (UPS) 69, Zark-Radar 73; Im Loch, CH-7241 Pany (Basel 5.9.44). Gedichte, Geschichten, (Mundart-)Lieder, Kreative Dokumentation, Berichte.

Ue: F, E.

V: Pays, Aufs., Aph., u. G. 61; Oase der Bitternis, G. 62; La Loi du Comte Merdreff, pataphysisches poet. Flugblatt 65; Anarchie du Manifeste, aristo-kritisch-gigantische Wertschrift 66; singe sengt, G. 66; Poëtenz, Dokumentation 66; Tilt, G., Songs & Cullagen 67; Zalender, poet. Kalender 73; Alla Zappa, Festschrift 76. — **MV:** Frank Zappa et les Mothers of Invention, Monogr. 75; Sexus, Gegen-Zensur 83.

MA: Zürich z. Beisp. 59; Züricher Almanach 68; Fruit Cup 69; Gratisbuch 69; Montagna Rossa 71; Coyote's Journal 74; Subsidia Pataphysica 69; Mandala 77; Rock Session III 79; Rock Session IV 80; Schwyzer Sagen II 81, alles Anth.

H: V: Hotcha! Ein freies Gegenkultur-Magazin 68 — 71; Hot Raz Times, zap'pataphysischer Almanach d. Zapparchives 73 — 75. — **MH:** Cirka!, Antonholzcomix 74.

F: Chicorée 66.

R: Wir lesen vor 65; Zappazitat 73; Vom Hüete u. Sänne, Fs.-Drehb. 81.

Ue: Julian Beck: 21 Songs of the Revolution 69.

Lit: Wir sind keine neue Richtung, wir sind — Urban Gwerder (TonModern 83).

Gwozdz, Helena (Ps. Helena Gwozdz-Holzmann), kaufm. Angestellte; Literarmechana 77, Ö.S.V. 78, V.G.S. 78, V.S.u.K. 80; Kulturgemeinschaft Der Kreis 75, Mundartfreunde Österreichs 76, Wiener Frauenklub 78; Schwarzspanierstr. 11, A-1090 Wien, Tel. (0222) 426560 (Wien 29.10.30). Lyrik, Kurzprosa.

V: Musische Zwickerbusserln, Heit. G. in Wiener Mda. 76. ( )

Gwozdz-Holzmann, Helena, s. Gwozdz, Helena.

Gymnich, Heinz (Ps. Chinmyg, Henry Gynch, Juana Morell), Versicherungs-angest.; Kolpingstr. 14, D-5350 Euskirchen, Tel. (02251) 54159 (14.4.25). Überwiegend erotische Literatur.

V: Nackt unter Leder 75; Spielball der Lust 76; Im Rausch d. Sinne 76; Das Geheimnis d. blonden Eva 77; Wilde Jahre 78; Blutjunge Versuchung, R. 79; Nackt u. liebeshungrig, R. 79; Nächte der Versuchung, R. 80; Hinter den Dünen 80; Im Zwang d. Lust 80; Sexfieber 80; Wilde Tage 81; Mutter, Tochter & Co 81; Insel d. wilden Triebe 82 .

Gynch, Henry, s. Gymnich, Heinz.

Gyory, Jean, Pressechef im belgischen Fremdenverkehrsministerium; P.E.N.-Club Brüssel; Groupe du Roman Brüssel (Wien 8.8.23). Lyrik, Roman, Novelle, Essay.

V: Belgien 55; Brüssel, ein Stadtführer 58; Brussels City 58; Belgien und Luxemburg 58 (auch franz.); Brüssel 58; Flandern 58, 62 (auch franz., engl.); Belgien der gemütliche Nachbar 62; Belgien 65; Brüssel in Dichtung und Farbaufnahmen 71; Phantastisches Österreich 76 (auch franz.); La Littérature autrichienne 77; Belgien 78; Patchwork Roman collectif (franz.) 79; Phantastisches Österreich 80; Histoires d'Amour et de Mort à Vienne 80. ( )

H

Haacke, Wilmont (Ps. Stefan
Lafeuille), Dr. phil. habil., em. UProf.;
Nikolausberger Weg 9, D-3400
Göttingen, Tel. (0551) 397210 (Montjoie
4.3.11). Wissenschaftl. Aufsätze,
Erzählung, Essay, Feuilleton, Kritik.
V: Notizbuch des Herzens, Feuilletons
42; Die Jugendliebe, N. 43; Die Zeit-
schrift - Schrift der Zeit 61; Publizistik.
Elemente u. Probleme 62; Aspekte und
Probleme der Filmkritik 62; Die
politische Zeitschrift I 68, II 82;
Publizistik u. Gesellschaft 70. –
MV: Facsimile Querschnitt durch den
"Querschnitt" 1919 – 1936, m. Alexander
v. Baeyer 68.
H: Die Luftschaukel, Prosa 39; Das
Ringelspiel, Prosa 40; Einer bläst die
Hirtenflöte, ausgew. Feuilletons Victor
Auburtins 46; Schalmei, Ausw. d. Nachl.
Victor Auburtins 48; Federleichtes,
ausgew. Feuilletons Victor Auburtins
63. – **MH:** Publizistik, Zs. seit 56;
Verlagspraxis 63 – 73, 77; Publikation.
Das Forum f. Autoren u. literar. Öffent-
lichkeit; Der Literarische Markt 63 – 73,
77 – 79.
Lit: Publizistik 2 61, 1 71, 1 81.
s. a. Kürschners GK.

Haaf, Klaus Jürgen, Journalist;
Suerhoper Koppelweg 28, D-2110
Buchholz/Nordheide, Tel. (04186) 426
(Ludwigshafen/Rh. 24.5.41). Roman.
V: Freunde auf den ersten Blick 77;
Achtung, der Gauner lispelt 77;
Feuerwerk im Lehrerzimmer 77;
Beweisstück: rote Mütze 78;
Geheimnisvolle Zahlen 78; Kleines
Kätzchen, großer Wirbel 78; Kopf hoch,
Kathy 79, alles Kinderb.

Haag, Gottlob, Verw. Angest.; VS 71;
Förderungspreis d. Stadt Nürnberg f.
Lit. 65, Bdesverd.kr. 78, D-6994
Niederstetten-Wildentierbach 62 b, Tel.
(07932) 8049 (Wildentierbach, Main-
Tauber-Kreis 25.10.26). Lyrik, Funk-
gedicht, Prosa.
V: Hohenloher Psalm 64, 65;
Mondocker, G. 66; Schonzeit für Wind-
mühlen, G. 69; Mit ere Hendvoll Wiind,
G. 70, 78; Unter dem Glockenstuhl,
Funkg. 71; Ex flammis orior-Report
einer Landschaft, G. 72; Der äerscht

Hoheloher, prosa 75, 77;
Schtaabruchmugge, G. 79; Laß deinen
Schritt auf leisen Sohlen gehen, Prosa
u. G. 79; Fluren aus Rauch, G. u. ein
Requiem 82; Bass uff, wenn dr
Noochtgrabb kummt, G. in Hohenloher
Mda. 82; Dreek oum Schtägge, Kom. in
Hohenloher Mda. f. Laiensp. 82.
R: Vorwände, Funkg. 70; Liegt ein
Dorf in Hohenlohe, Hb. 74; Die
Madonna im Hostienacker, Hb. 77;
Passion in Lindenholz, Hb. 78; Die
hohenloher Mundart, E. 80.
S: Mit ere Hendvoll Wiind 70, 78; Dr
äerscht Hoheloher 75, 77;
Schtaabruchmugge, G. 79.
Lit: Walter Hampele: Gottlob Haag als
Hohenloher Mundartdichter in Jb. d.
Hist. Ver. f. Württ. Franken 73.

Haag, Klaus, staatl. gepr.
Sprachkorrespondent, Übersetzer,
Dolmetscher, Rezensent, freier
Schriftsteller; VS; 1. Pr. d. Mannheimer
Kurzprosawettbew. Die Räuber 77, 2. Pr.
Gedichtwettbew. Die Räuber 77; Lit.
Zentr. Rhein-Neckar Die Räuber 77 79,
Lit. Werkkr. Speyer 79; Altlußheimerstr.
49, Postfach 12, D-6831 Neulußheim/
Baden, Tel. (06205) 32139 (Neulußheim/
Baden 13.12.54). Lyrik, Essay, Roman.
Ue: E, S.
V: Lebendig oder tot..., Erz. 78;
Schwarze Schleifchen, Ausgew. G. 79;
Die Existenz des Herrn Wussnik,
Kurzgeschn. 80; Eine härtere Gangart,
G. 83. – **MV:** Ich glaube nicht, was man
von mir weiß, G. 80; Imaginationen,
Kurzgeschn. 81; Manche haben's
Mühsam!, Theaterst. 81.
B: u. H: Schwarze Fahnen gegen
Scheinfreiheit, Dok. 77, erweit. u.d.T.:
Der Hahn, der im Dunkeln kräht 83.
Lit: D. M. Graef: K. Haag, ein
kreativer Schnellschreiber in: Künstl.-
Porträt Rheinpfalz.

Haag, Rudolf, Bauing.; St. Wolfgang
Str. 7, D-8880 Dillingen/Donau, Tel.
(09071) 1064 (Rain/Lech 16.7.19).
V: Das Tor ins Unbekannte,
Kriegszeitschild. 82.

Haage, Peter, Dr. phil.; Tannweg 5, D-
7600 Offenburg (Dresden 28.7.40).

V: Der Partylöwe, der nur Bücher
fraß, Egon Friedell und sein Kreis 71;
Der Tip 73; Ludwig Thoma, Mit Nagel-
stiefeln durchs Kaiserreich 75; Wilhelm
Busch. Ein weises Leben 80.
H: Egon Friedell, Wozu das Theater,
Ess., Satiren, Humoresken 65.

Haak, Rainer, c/o Oncken-Verlag,
Wuppertal.
V: Plötzlich war der Feuervogel da,
mod. M., Legn. u. and. wahre Geschn. 83.
( )

Haarhaus, Friedrich, Dr., Pfarrer;
Dorfstr. 2, D-5206 Neunkirchen-
Seelscheid 2, Tel. (02247) 6134 (Köln
3.3.28).
V: Du hasts in Händen, kannst alles
wenden. Trost u. Zuspruch für Kranke
78, 2. Aufl. 79; ... und ich werde bleiben
im Hause des Herrn immerdar, Gebetb.
80; In dir ist Freude in allem Leide.
Zuspruch für Patienten u. Betreuer
80. — **MV:** Neunkirchen-Seelscheid, m.
Rolf Reinartz, Bildbd 80; Geliebtes Seelscheid, m. Benedikt Schneider, Bildbd
82.

Haas, Alfred, c/o Verlag Junger Augsburger Autoren, Augsburg.
V: Ich kann keinen Schritt mehr
rückwärts gehn 82. ( )

Haas, Carl-Hellmuth (Ps. Andrei
Kronen), Dr. med., Arzt f. Allgemein-
medizin, Geburtshilfe, Sportmedizin;
Zentstr. 25, D-6403 Flieden 1 (Köln
19.6.17). Lyrik, Roman.
V: Haben Sie das auch schon mal ...,
Erzn. 76. ( )

Haas, Ernst August (Ps. Kuno Haas),
Rentner; Kaiser Wilhelm Allee 65, D-
5600 Wuppertal 1, Tel. (0202) 741253
(Solingen 8.1.21). Roman, Novelle, Lyrik.
V: Der Dandy, R. 81.
MA: Mitten im Strom, Anthol. 56; Lyr.
Hefte 6 60; Gauke's Jb. '83 82.

Haas, Georg Ralph *

Haas, Kuno, s. Haas, Ernst August.

Haas, Ursula, StudR.; VS 80;
Haidhauser Werkstatt München 78;
Sohnckestr. 16a, D-8000 München 71,
Tel. (089) 796307 (Aussig, Elbe, Böhmen
2.4.43). Lyrik, Novelle.
V: Klabund, Klabund oder
Möglichkeiten der Auflösung,
Prosastück in 12 Szenen 83.
MA: Papagena-vogelfrei, Dt.spr.
Gegenwartslyr. von Frauen II 80; Jb. für
Lyrik 2 80, 3 81.

Haaser, Helge, Prokurist, Bankkaufmann; Staudenmoosstr. 4, D-8132

Tutzing, Tel. (08158) 6155 (München
5.2.38).
V: Der kleine rosa Mann, Gute-Nacht-
Geschn. 74, erw. Ausg. 77.

Haasis, Hellmut G.; VS 72; Planie 12A,
D-7410 Reutlingen, Tel. (07121) 310578
(Mühlacker/Enz 7.1.42). Schwäbische
Mundartlyrik, Roman, Erzählung,
Drama, Hörspiel.
V: Jetz isch fai gnuag Hai honna,
Schwäb.G. 78, 4. Aufl. 80; O du mai
doggaliche Grodd. Ein großes erot.
schwäb. G. in Reutlinger Mda. 81.
H: F.A. Karcher: Die Freischärlerin.
Eine Novelle aus der Pfälzer Revolution
1849 77; Adolph Streckfuß: Die
Demokraten. Polit. Roman in Bildern
aus dem Sommer 1848 77.
R: Sardinien. Das Dorf als Bilderbuch,
m.a., Fsf. 77; Der demokratische
Großvater erzählt aus dem Pfälzer
Aufstand von 1849, Hsp. 79; Lörracher
Arbeiteraufstand 1923, Hsp. 82.

Habeck, Fritz, Prof., Dr. jur.; P.E.N.,
Ö.S.V.; Förderungspreis d. Öst. Staats-
preises 52, Förderungspreis d. Stadt
Wien, Jugendbuchpreis d. Stadt Wien 60,
61, 63, 67, 70, Handel-Mazzetti-Preis 61,
Jugendbuch-Staatspreis 63, 67, Wild-
gans-Preis d. öst. Industrie 64, Preis d.
Landes NdÖst. 69; Tit.Prof. 70, Adalbert-
Stifter-Pr. 73, Pr. d. Stadt Wien 82;
Grillparzerstr. 6, A-2500 Baden b. Wien,
Tel. (02252) 86258 (Neulengbach/NdÖst.
8.9.16). Roman, Erzählung, Drama, Hörspiel, Fernsehspiel, Film. **Ue:** E, F.
V: Der Scholar vom linken Galgen, R.
41, 60 (auch franz., holl., kroat.);
Verlorene Wege, Nn. 47; Zwei und zwei
ist vier, Zeitst. 48; Baisers mit Schlag,
Kom. 50; Der Tanz der sieben Teufel, R.
50, 58 (auch franz., holl.); Das Boot
kommt nach Mitternacht, R. 51, 55 (auch
türk., rum., dän.); Das zerbrochene
Dreieck, R. 53 (auch türk.); Villon, Sp. 53;
Marschall Ney, Tr. 54; Ronan Gobain, R.
56; Der Ritt auf dem Tiger, R. 58, 61
(auch ital., holl.); Der Kampf um die
Barbacane, Jgdb. 60 (auch amer.,
slowak., fläm.); Die Stadt der grauen
Gesichter (auch fläm.), Jgdb. 61; Der einäugige Reiter, Jgdb. 63; Die Insel über
den Wolken, Jgdb. 65; Der Piber, R. 65;
König Artus und seine Tafelrunde, Jgdb.
66; Aufstand der Salzknechte, Jgdb. 67;
Der Salzburgspiegel, Salzburg und
Mozart 1787 67; Marianne und der wilde
Mann, Jgdb. 68; Villon, Legende eines
Rebellen 69; Doktor Faustus, Jgdb. 70;
Johannes Gutenberg, Jgdb. 71; Der
schwarze Mantel meines Vaters, R. 76;

Wind von Südost, R. 79; Der Gobelin, R. 82.
H: François Villon: Gesang unter dem Galgen 58; Johannes Beer: Der verliebte Österreicher 61.
F: Der letzte Akt (nach E. M. Remarque).
R: Das Duell, Hsp. nach Saar 53; Der Fremde jenseits des Flusses, Hsp. 56; Die Vision des Henry Grant 60; Die Baracke des Glücks, Hsp. 66; Wohin wir gehen, Fsp. 77.
Ue: Anouilh: Passagier ohne Gepäck 47; Lügenrendezvous 47; Romeo und Jeannette 47; Cocteau: Der doppelköpfige Adler 48; Larochefoucauld: Maximen 51; Jeanne Loisy: Das Geheimnis des Don Tiburcio, Jgdb. 59; Viktor W. von Hagen: Das Sonnenkönigreich der Azteken, Jgdb. 60; Jacques Robichon: Invasion Provence 63.
Lit: Wolfgang Kraus: Einleit. z. Ausw. bd.: In eig. Auftrag 63; Walter Jambor: Das Österreichbild in uns. zeitgenöss. Lit. 62; Lennartz: Dt. Dichter d. Gegw. 67; Friedrich Knilli: Dt. Lautsprecher 70.

Habel, Walter (Ps. Michael-Christian Neidlos), Publizist; Schönbichlstr. 66, D-8036 Herrsching, Tel. (08152) 3350 (Berlin 6.7.09). Reisebeschreibung, Publizistik.
V: In 28 Tagen um die Erde. Gesehenes u. Gehörtes auf 42000 Flugkilometern 70; Traumreise. Gesehenes u. Gehörtes auf üb. 50000 Flugkilometern 78; Traumreise. Unterwegs in Asien, Australien, der Südsee u. Südamerika, Tb. 83; Zahlr. Veröff. zu Tagesthemen.
H: Wer ist wer? Das Deutsche Who is who seit 48.

Haber, Heinz, Dr. rer. nat. habil., Prof.; Pr. f. beste wiss. Jgdb. 62, T.A. Edison Pr. New York 62, Adolf-Grimme-Pr. 64, 67, Goldene Kamera 65, Sonderpr. Stifterver. f. d. Dt. Wiss. 67; Falkenstein 44, D-2000 Hamburg 55, Tel. (040) 862200 (Mannheim 15.5.13).
V: Zahlr. Veröff. auf dem Gebiet der Weltraumforschung u. Erdforsch., u.a.: Unser Freund, das Atom 57; Lebendiges Weltall 59; Unser blauer Planet 65, 79; Der Stoff d. Schöpfung 66; Der offene Himmel 68, 71; Unser Mond 69; Drei Welten, Samml. 71; Das math. Kabinett, F. 1 67, F. 2 70; Brüder im All 72; Unser Wetter 73; Stirbt unser blauer Planet 74; Gefangen in Raum u. Zeit 75; Planet im Meer der Zeiten 76; Eine Frage, Herr Professor 79, Tb. 81; Die Erde schlägt zu, Ausbruch d. Mount St. Helens 81; Unser

Sternenhimmel 81. — **MV:** Sterne erzählen ihre Geschichten 71; Geschichten aus der Zukunft, m. Irmgard Haber 78.
H: Bild der Wissenschaft seit 64.
F: Zahlr. Fs.send. in USA, d. BRD u. in Öst. seit 55.
s. a. Kürschners GK. ( )

Haber, Is., s. Bettmann, Helmut.

Haberland, Ernst, c/o Militärverl. d. DDR, Berlin (Ost).
V: Der Pelerinenmann 81, 83. ( )

Haberler, Lucia (Ps. L.L. Habert), Damenkleidermacherin; Lit. Zirkel-Ternitz 76, ARGE Literatur 77; Wartmannstätterstr. 15, A-2630 Ternitz, Tel. (02630) 74232 (Wimpassing 8.10.37). Lyrik, Prosa, Roman, Kurzgeschichte.
V: ...fiel das Laub in den Sand, R. 80.
MA: Blumenstrauß aus Poesie 77; Das silberne Jahr 79; Lit.Zs. Litzik.

Habermann, Gerhard (Ps. Gerd Wengern), Publizist, Schriftsteller, Dir. d. Bildarch. Kultur & Geschichte; VS 61; Stresemann-Ges. 61, Tukankreis 61, ObBay. Hist. Ver. 65; Postfach 1466, D-8032 Gräfelfing b. Mchn. (Berlin 21.7.11). Roman, Essay, Biographie. **Ue:** E, F.
V: Maxim Gorki, R.-Biogr. 68 (auch amer.) 71. ( )

Habermann, Willi, Gymnasialprof. a.D.; VS 75; Schwabstr. 11, D-6990 Bad Mergentheim, Tel. (07931) 2662 (Neu-Ulm/Schwaben 12.2.22). Drama, Lyrik, Aphorismus, Texte für Kinder, Mundart, Übers. in die Mundart.
V: Wia där Hond beisst, G. 78; Du bist mein Freund, Psalmen schwäb. gebetet 82; S Leba bisch Lompadock, du, Lyr. u. Aphor. in Mda. 83.
MA: Psalmen vom Expressionismus bis zur Gegenwart 78; Das Huhu, Geschn. u. G. 79.
H: u. **MV:** 750 Jahre Deutscher Orden in Mergentheim 69; Hans-Heinrich Ehrler — Als wär's ein Stück von ihm 72; Der Bauernkrieg in Taubergrund 75.

Haberstock, Ernst, Gärtnermeister; Hügelheimerstr. 2, D-7840 Müllheim/Baden (Müllheim 19.3.00). Heitere Jagdgeschichten.
V: Lustig ist die Jägerei 66, 75, u.d.T.: Der Fuchs mit der Zigarre 80. ( )

Habetin, Rudolf, Dr. phil.; VS, Die Kogge 63, P.E.N. 76; Preis d. Stadt Leipzig 32, Preis d. WDR 56, Auslds-Reisestip. d. Auswärt. Amtes 63, Pr. d. Sudermann-Stift. 76; Ulitzkastr. 21, D-5000 Köln 80, Tel. (0221) 817280 (Leipzig

21.9.02). Lyrik, Erzählung, Novelle, Kurzgeschichte.
V: Kleine Lieder 24; Dunkle Blumen, Balln. u. G. 25; Weisen von Wonne und Weh, G. 26; Du in der Zeit, G. u. Son. 33; Die Lyrik Hölderlins im Verhältnis zur Lyrik Goethes und Schillers, Ess. 33; Ewiger Strom, G. 39; Rast im Vergänglichen, G. 54, 58; Zwieklang unsrer Zeit, G. 62; Irdische Spur, G. 62.
MA: Deutsche Großstadtlyrik vom Naturalismus bis z. Gegw. 73.
Lit: I. Meidinger-Geise: R. Habetin in: Besinnung 66; W. Naumann zu Königsbrück; R. Habetin in: Sächs. Heimat 67; Sie schreiben zwisch. Goch u. Bonn 75; H. Böhmke: R. Habetin in: D. Literat Nr. 5 82.

Habisreutinger, Rudolf (Ps. Stephen Tanner, Frank Pentland), freier Schriftsteller, Cheflektor, Ethnologe, Amerikanist; Handelsgartenweg 3, c/o Verlag Albrecht Kuttruff/Bibl. Americana, D-7750 Konstanz (Genève 23.5.18). Erzählung, Sachbuch, Jugendbuch, Hörspiel.
V: Waldläuferlegenden, Erz. 46, 47, Film-Comics 55; Mokassins und Lederhemden, Jgdb. 46; Der Palisadenbrecher, Jgdb. 49, 64 (auch finn.); Nordwärts gegen die Huronenburgen, Jgdb. 53; Fremde Welt in ferner Wildnis, Sachb. 52, 79; EASTERN: Aus den klassischen Lederstrumpfzeit Ost-Amerikas: Awendea, Erz. 73; Ottawa Trail, Erz. 73; Ticonderoga, Erz. 73; WALDLÄUFER SAGA: Musketenfeuer überm Grand Lac, Ggdb. 80; Die Prinzessin der Wendat, Jgdb. 80; Westwärts über den Portage-Fluß, Jgdb. 80; Perlfeder von den Inseln, Jgdb. 80. — **MV:** Zane Grey: Betty Zane, R.; Männer der Grenze, R.; Die letzte Spur, R.; Die donnernde Herde, R.; Kämpfende Karawanen, R.; Schatten auf der Fährte, R.; Die Maverick-Königin, R.; Zwillings-Sombreros, R.; Tal d. Wildpferde, R.; Sunset-Paß, R.; 30000 auf d. Huf, R.; Wirbelnde Wasser, R.; Wüstengold, R.; Unter dem Licht d. westl. Sterne, R.; Majesty, R.; Der Letzte d. Präriejäger, R.; Der verlorene Fluß, R.; Nevada, R.; Das Gesetz d. Mormonen, R.; Dem Regenbogen nach, R.; Der singende Draht, R. alle m. H.W. Tietze 52-65.
MH: Lockender Westen, Western-Serie großer amer. Autoren: Zane Grey, Max Brand, Ernest Haycox, Clay Fisher, Owen Wister, Niven Busch, Jack Schaefer, Wayne D. Overholser, Les

Savage, T. Ballard, Matt Stuart, Louis L'Amour, alle 52 u. 65; u. B: Roy Rockwood: BOMBA d. Dschungelboy 13 Bde. 55-63; In der grünen Hölle; Im Berg d. Feuerhöhle; Am großen Katarakt; Auf der Jaguarinsel; In der versunkenen Stadt, alle m. H.W. Tietze.
R: Die Eule rief 48; Ein Feuer im Frost 49, beides Hsp. ( )

Hachfeld, Eckart, Dr. jur.; P.E.N. 81; Traubingerstr. 50, D-8132 Tutzing, Tel. (08158) 8575 (Mörchingen/Lothr. 9.10.10). Kurzgesch., Hörspiel, Film, Fernsehspiel, Satire, Chanson, Kabarett. **Ue:** E, F.
V: Amadeus geht durchs Land, G. 57, 63; Kuckuckseier 64; Eulenspiegeleien 65; Die ganze Wahrheit üb. d. Ehe 65; Bienenstiche 67; Museum der deutschen Seele 69; Über den Umgang mit Journalisten 73. — **MV:** Der Struwwelpeter, neu frisiert, m. Rainer Hachfeld; Tierisch heiter, Pointen 70, 71; Hallo Nachbarn; Amadeus Weltgeschichte, m. E.M. Lang III.
MA: Das Kommödchenbuch 55; Budzinski: Die Muse mit der scharfen Zunge 61; Budz.: So weit die scharfe Zunge reicht 64; Scherz beiseite, Prosa-Sat. 66; Greul: Bretter, die die Zeit bedeuten 67; Was gibt's denn da zu lachen, Vers-Sat. 69; Kabarett gestern und heute (DDR) 72; Kabarett mit K 74.
F: Wenn der Vater mit dem Sohne ..., mit G. Kampendonck; Ein Mann muß nicht immer schön sein, m. Curth Flatow; Jede Nacht in einem andern Bett, m. Iwa Wanja; Heute blau und morgen blau; Ihr 106. Geburtstag; Der letzte Fußgänger; Ich zähle täglich meine Sorgen; Der Hochtourist; Mein Vater, der Schürzenjäger; Der Pauker; Was eine Frau im Frühling träumt; Hier bin ich, hier bleib ich; Kein Engel ist so rein; Marina; Das einfache Mädchen; Laß die Finger von der Dame; Und sowas muß um acht ins Bett; Was ist denn bloß mit Willy los?; Dicke Luft; Kohlhiesls Töchter.
R: Der Motorroller, Hsp.; Totentanz auf Rädern, Hsp.; Der Wochenschauer, Hsp.; Machen Sie sich Luft, Hsp.; Lügen Sie auch?, Fsp.; Ihnen bleibt nichts erspart, Fsp.; Berlin ist eine Posse wert, Fsp.; Auch schon im alten Rom, Fsp.; Ein Spion unter der Haube, Fsp.; Es geht alles vorüber, Fsp.; Wenn auch die Jahre enteilen, Fsp.; Die Abenteuer des braven Soldaten Schwejk, Fsp. (13

Folgen); Wie behandle ich meinen
Chef?, 8 F.
Lit: V. Ludwig: Kabarett mit K.

Hachfeld jr., Eckart, s. Ludwig,
Volker.

Hachfeld, Rainer, Autor; Brüder-
Grimm-Preis 69; Verlag d. Autoren 70;
Lietzenburger Str. 99, D-1000 Berlin 15,
Tel. (030) 8822408 (Ludwigshafen 9.3.39).
Kindertheater.
V: Mugnog-Kinder! 71; Blöder
Wohnen 79; Spaghetti m. Ketchup 79,
alles Kindertheaterst. — **MV:** Die Reise
nach Pitschepatsch 67; Stokkerlok und
Millipilli 68; Coca Cola und die Tulla-
marios 71; Da wackelt die Wand! 72;
Kannst du zaubern, Opa? 76; Banana 76,
alles Kindertheaterst.
R: Warum, NA, kann man nicht woh-
nen UND wo man will? 70; Wozu ist man
denn Kind? 71; Das grause Haus 71,
alles Fsp.
Lit: M. Schedler: Reichskabarett und
wie weiter? 71; W. Kolneder: Das GRIPS
Theater 79. ( )

Hachmann, Jürgen, Dipl.-Bibl.; Dr.
Max-Str. 67, D-8022 Grünwald, Tel. (089)
649419 (Stuttgart 24.4.42). Lyrik, Essay,
Übers. **Ue:** E, Serbokroat, Slowen.
V: Das Echo des Doppelgängers, G. 82.

Hacke, Ernst-Max (Ps. Peer
Baedeker), Antiquariatsbuchhändler,
Schriftsteller; Nibelungenstr. 28, D-8580
Bayreuth, Tel. (0921) 12446 (Rittergut
Alt-Lönnewitz b. Torgau 1.1.12). Roman,
Drama, Hörspiel, Film.
V: Aufstieg nur für Schwindelfreie, R.
42; Männer glauben alles, Lustsp. 42;
Heute gehörst du mir, R. 57.
MH: Erich Ebermayer: Buch der
Freunde, m. Karl Lemke 60.
F: Hoheit lassen bitten, m. Erich
Ebermayer 54; Die Mädels vom Immen-
hof, m. Erich Ebermayer 55.
R: Die gläserne Stimme, Hsp. m.
Bruno Hildebrand 52.
Lit: Marta Mierendorff: Aufbau 75;
P.B's Leistung f. d. Exil-Forsch. in: D.
Mahnung 76.

Hackerott, Ludwig; Tölzer Str. 48, D-
2800 Bremen 1, Tel. (0421) 356485
(Bremen 16.4.06). Lyrik, Novelle, Hör-
spiel.
V: Usen Herrgott sien Gornix, N. 38;
De Vagel Griep, Een Krönk von de
Wikinge, Erz. 39; Bicht achter Trallen,
Funkmonolog, G., Erzn. 79.
R: Die Nacht in d. Wasserreihe, Hsp.;
Bicht achter Trallen, Funkmonolog.

Hacks, Peter, Dr. phil.; SV-DDR 56,
P.E.N. 56; Lessing Preis d. DDR 56, F. C.
Weiskopf-Preis 65, Nationalpreis f.
Kunst u. Literatur d. DDR 74, 77,
Heinrich-Mann-Pr. 81; Akad. d. Künste
d. DDR; Schönhauser Allee 129, DDR-
1058 Berlin, Tel. 4483202 (Breslau
21.3.28). Drama, Oper, Prosa, Lyrik,
Kinderbuch. **Ue:** E.
V: Fünf Stücke 65; Stücke nach
Stücken 65; 4 Komödien 72; Oper 75;
Das Jahrmarktsfest zu Plundersweilern
76; Sechs Dramen 78; — Dramen: Das
Volksbuch von Herzog Ernst, St. 53, 67;
Eröffnung des indischen Zeitalters 54, n.
Fassung: Columbus, oder: Die Weltidee
zu Schiffe, Sch. 70; Die Schlacht bei
Lobositz, Kom. 55, 56; Der Müller von
Sanssouci, Bürgerl. Lustsp. 57, 58; Die
Kindermörderin, n. H. L. Wagner, Lsp.-
u. Tr. 57, 59; Die Sorgen u. die Macht, St.
59, 60; Moritz Tassow, Kom. 61, 65; Der
Frieden, n. Aristophanes, Kom. 62; Polly,
oder: Die Bataille am Bluewater Creek,
n. J. Gay, Kom. 63, 66; Die schöne
Helena, Operette f. Schauspieler, n.
Meilhac u. Halévy 64; Margarete in Aix,
Kom. 66, 69; Amphitryon, Kom. 67, 68;
Prexaspes, Sch. 68, 75; Omphale, Kom.
69, 70; Numa, Kom. 71; Adam u. Eva,
Kom. 72, 73; Das Jahrmarktsfest zu
Plundersweilern, n. J. W. v. Goethe 73,
75; Ein Gespräch im Hause Stein üb.
den abwesenden Herrn von Goethe,
Monodr. 74, 76; Rosie träumt, n.
Hrosvitha von Gandersheim, Kom 74,
75; Die Fische, Sch. 75, 78; Senecas Tod,
Sch. 77, 80; Armer Ritter, Kinderm. 77,
78; Pandora, n. J. W. v. Goethe 79;
Musen, vier Auftr. 79; Die Binsen, Kom.
81; Die Kinder, Kinderm. 81; Maries
Baby, Kinderm. 82; Barby, n. R. Strahl,
Lsp. 82 — Opern: Noch ein Löffel Gift,
Liebling, n. S. O'Hara, Krim.oper 71, 72;
Omphale 72, 75; Die Vögel, n.
Aristophanes 73; - Prosa: Der Schuhu
und die fliegende Prinzessin, Kunstm.
66; Das Poetische, Ess. 72; Die Dinge in
Buta, N. 74; - Lyrik: Lieder zu Stücken
68; Poesiealbum 72; Lieder, Briefe,
Gedichte 74; - Kinderbücher: Das Wind-
loch 56; Das Turmverlies 62; Der Flohmarkt, Kinderg. 65; Der Bär auf dem
Försterball 72; Die Katze wäscht den
Omnibus 72; Kathrinchen ging
spazieren 73; Die Sonne 75; Meta
Morfoss 75; Das musikalische Nashorn
78; Armer Ritter 79; Leberecht am
schiefen Fenster 79; Der Mann m. d.
schwärzlichen Hintern 80. — Die Maß-
gaben der Kunst, ges. Ess. 77.

Ue: Attila Jozsef: Gedichte 60; C. M. Bellman: Gedichte 65; S. O'Casey: Gedichte 66; E. Mathiesen: Der Affe Oswald 71. — **MUe:** J. M. Synge: Der Held der westlichen Welt, m. A. E. Wiede 56.

Haechler, Alfred, Ingenieur; Lit. Auszeichn. Kanton Zürich 75; Postfach 98, CH-2074 Marin (Zürich 29.6.32). Erzählung.
V: Gipfelstürmer, alpine Lit. 75; Geliebte Landstraße oder Der Traum von der großen Freiheit, Reiselit. 79. ( )

Haecker, Hans-Joachim, StudR.; VS 62, D. Kogge 75; Gerhart-Hauptmann-Preis 61; Liebigstr. 24, D-3000 Hannover, Tel. (0511) 669447 (Königsberg/Ostpr. 25.3.10). Drama, Lyrik.
V: Hiob, Mysteriensp. 37; Die Stadt, Dr. 40; Segler gegen Westen, Sch. 41; Der große Karneval, Dr. 42; Die Insel Leben, G. 43; Teppich der Geschichte, G. 48; Der Tod des Odysseus, Dr. 48; David vor Saul, Dr. 51; Leopard und Taube, Sch. 51; Das Öl der Lampen, Dr. 52; Nicht im Hause, nicht auf der Straße, Sch. 52, 78; Piavara, Dr. 54; Dreht euch nicht um, Dr. 61; Gedenktag, Dr. 61; Der Briefträger kommt, Dr. 61; Die Tür, Dr. 61; Näheres über den Tod Agamemnons, Dr. 65; Gesetzt den Fall ... 67; Insonderheit ... 68, beides Versbücher; Werke Michelangelos, G. 75; Lautloser Alarm, G. 77; Der Traum vom Traume des Lazarus, Ess. 78; Begegnung, G. 78; Registriert im XX Jh., G. 80; Limericks 82.
R: Der Tote, Hsp. 50; Dreht euch nicht um, Hsp. 61; Löschung eines Registers 63.
Lit: K. Epple: Hans-Joachim Haecker in: das neue forum, Jg. 52/53; Franz Lennartz: Deutsche Dichter und Schriftsteller d. Gegenw.; Heinz Beckmann: Nach dem Spiel 63; Gerhard Reuter: Das Werk H.-J. Haeckers in: Die Volksbühne 7, 63; Jürgen Bartsch: Haeckers Dramen der Erinnerung in: Schauspielheft Hannover 9, 63; Gero v. Wilpert: Deutsches Dichterlexikon 63; Wilhelm Bortenschlager: Dt. Lit.gesch. II, 3. Aufl. 78; Niedersachsen literarisch 78; Anneliese Dempf: Grundlagen e. Existentialismus d. Distanz in: Die Horen 114 79; W. Beuermann: H.-J. H. in: Nobilis 9 79. ( )

Hädecke, Wolfgang; VS 69, P.E.N. 72; Förderpreis z. Gr. Kunstpreis d. Ldes Nordrh.-Westf. 65; Melanchton-Str. 34, D-4800 Bielefeld, Tel. (0521) 67700

(Weißenfels/Saale 22.4.29). Lyrik, Drama, Erzählung.
V: Uns stehn die Fragen auf, G. 58; Die Brüder, Dr. 60; Leuchtspur im Schnee, G. 63; Die Steine von Kidron, Aufzeichn. a. Ägypten, d. Libanon, Jordanien u. Israel; Eine Rußlandreise. Tagebuch 74; Die Leute von Gomorrha, R. 77; Der Skandal Gründler.
MA: Studien u. Dokumente. Eine Schr.-R. d. Max-Himmelheber-Stift. 1.
MH: Panorama moderner Lyrik deutschsprechender Länder, m. Ulf Miehe 66. ( )

Haefs, Gisbert, Schriftsteller, Übersetzer; 3. Pr. Edgar-Wallace-Pr. 81; Eichendorffstr. 3, D-5300 Bonn 3 (Wachtendonk, Ndrh. 9.1.50). Roman, Kurzgeschichte, Übersetzung, Chanson.
Ue: S, E, F.
V: Mord am Millionenhügel 81; Und oben sitzt ein Rabe 83; Das Doppelgrab in der Provence 84, alles Krim.-R.
H: Jorge Luis Borges: Einhorn, Sphinx und Salamander 82, Gedichte 1923-1965 83; J.L. Borges u. Adolfo Bioy Casares: Gemeinsame Werke I 83.
S: Gisbert Haefs zum Ersten, Skurrile Gesänge, lit. Chansons 83.
Ue: Jorge Luis Borges: Borges mündlich in: Essays 2 81, Gedichte 1923-1965, Ausw. 83; J.L. Borges u. Adolfo Bioy Casares: Zwei denkwürdige Phantasien, Ein Modell für den Tod, beides in: Gemeins. Werke I 83. — **MUe:** (bzw. Bearb.) J.L. Borges: Erzählungen I u. II, Borges und ich, Einhorn, Sphinx und Salamander.

Hähnlein, Irene, s. Busch, Irene.

Hämmerle, Alphons, Dr. phil., Bezirksschullehrer; ISV 75; Rusticchello da Pisa 61, Ducrey-Pr. d. Stadt Bremgarten AG; Anerkenn.med. d. Stadt Levanto, Renaissance, Ges. kath. Akademiker d. Schweiz, Lit. Ges. Baden AG; Tusculum, Zelgli: 34, CH-5452 Oberrohrdorf, Tel. (056) 962747 (Rapperswil/St. Gallen 17.3.19). Drama, Lyrik, Essay, Übers. **Ue:** I.
V: Komik, Satire u. Humor b. Nestroy, lit. Monogr. 47; Brot, nicht Steine, Lyr. 74; Amalfi, Landsch. u. Gesch. 77; Greccio, das neue Bethlehem, Ess. 76; Wort, in die Zeit geworfen, Lyr. 80; Rechenschaft, Lyr. 82; Dome und Zypressen, Prosa 83.
MH: Innerschweizer Prosatexte 1/2; K. Kloter: Wo die Väter fehlten, R. 79.
Lit: Innerschweizer Schriftstellerlex. 77; Schweiz. Rdsch. 73. Jg. 74; Maria

Stein 6/76; Sarner Kollegi Chronik, H. 1/ 79.

Hämmerli-Keller, Heidi (Ps. Heidi Keller), Hausfrau; SSV, ZSV, Kogge; Ehrengabe d. Kantons Zürich 67, 73, Ehrengabe d. Martin-Bodmer-Stift. 77; Burgstr. 48, CH-8408 Winterthur (Winterthur ZH 19.10.27). Lyrik.
V: Unter dem Messinggebälk der Waage, Lyr. 67; Zwischen Vogelruf u. Tag, Lyr. 69; Mass u. Gebärde d. Stille, Lyr. 73; Aus verborgener Mitte, Lyr. 77; Zeit d. Verwandlungen, Lyr. 77.
MA: Lyrik I, Anth. 79. ( )

Haemmerling geb. Pfeiffer, Ruth, Lektorin, Redakteurin, Bibliothekarin; Ruhlaer Str. 8, D-1000 Berlin 33, Tel. (030) 8261439. **Ue:** E, F.
H: MH: Voltaire: Die Jungfrau 64; Verlaine: Frauen 65.
Ue: Charles Dickens: Oliver Twist 49, 61; O. Henry: Narren und Könige 53, 55; John u. David Kimche: The secret roads u. d. T.: Des Zornes und des Herzens wegen 56; Voltaire: Die Jungfrau 64; Verlaine: Frauen 65.

Händler, Horst, Mechaniker; Von-Behring-Str. 11, D-6451 Großkrotzenburg, Tel. (06186) 2209 (Großkrotzenburg 29.1.32). Lyrik, Erzählung.
V: Mittag am Fluß 70; Gedichte 71; Am Ufer 72; Späte Tage 73; Jahr u. Tag 74; D. Jahreszeiten 76, alles Lyr.; Treibeis 73; Ein Winterabend 75; D. Rückkehr des Alten 75; Im Kriegswinter 1944 77, alles Erzn.; Leise Stimmen, G. 83.
H: Christoph Lippelt: Landschaft mit Engeln, Lyr. Prosa 76.

Haene, Rolf, Student; Scheffelpr. 69; Scheffelbund 69-75; Talstr. 9, D-6606 Saarbrücken-Gersweiler, Tel. (0681) 702709 (Gersweiler 18.5.49). Lyrik, Prosa, Kurzgeschichte. **Ue:** F., E.
V: Die Botschaft der weißen Fürsten, Lyr., Prosa, Kurzgeschn. 79.

Hänisch, Gottfried, Diakon; William-Zipperer-Str. 138, DDR-7035 Leipzig, Tel. (041) 43786 (Dresden 9.12.31). Lyrik, Kurzgeschichte, Dramat. Szene.
V: Nachts leuchten die Sterne hell, G., Szenen, Essay 64; Taifun über Ecclesia, G. 64; Brevier für den Alltag - Jeder Tag ist Gottestag, Gebete 64, 9. Aufl. 76; Der Weg zum Kreuz, G. u. Meditationen 66; Sonntagsbuch, Meditationen 68, 70; Zwischen zwei Tassen Tee, Erz. 69, 70; Die Gasse - Nachruf im Konjunktiv, Erz. 73; Das Haus abseits vom Dorf, Erz. 74; Die späten Jahre, Lebenshilfe f. alte Menschen 76, 3. Aufl. 81; Sabine, Erz. 78; Immer bin ich bei euch, Gebete, Meditationen 78, 2. Aufl. 80; Gedanken für ein paar Minuten, Andachtsb. 83.

Hänny, Reto; Gruppe Olten 79; Werkjahr d. Kt. Zürich 77, Werkjahr d. Stadt Zürich 79, Stip. DAAD/Berliner Künstlerprogr. 81; Freie Str. 132, CH-8032 Zürich, Tel. (01) 690165 (Tschappina/Graub. 13.4.47). Roman, Novelle, Essay, Film.
V: Ruch — ein Bericht 79; Zürich, Anfang September 81, 3. Aufl. 81, Ausg. DDR 83. — **MV:** Literatur aus d. Schweiz 78; Ausgeträumt — 10 Erzählungen 78, 2. Aufl. 78.
R: Traute Heimat — Arrangement H oder: Die Verwirrung d. Indianers an d. Ampel, Exper. Dok. 79.

Häny, Arthur, Dr. phil., Prof. am Gymnasium Zürich-Örlikon; ZSV; Preis der C. F. Meyer-Stiftung 53, Ehrengabe d. Kt. Zürich 68, d. Stadt Zürich 70, Anerkennungsg. d. Stadt Zürich 73; Im Wingert 24, CH-8049 Zürich, Tel. (01) 564488 (Ennetbaden, Kt. Aargau 9.6.24). Lyrik, Kurzgeschichte, Essay.
V: Pastorale, G. 51; Die Einkehr, G. 53; Das Ende des Dichters, Erzn. 53; Der Turm und der Teppich, Merz. 55; Im Zwielicht, G. 57; Der verzauberte Samstag, Erz. 64; Der Rabenwinter, G. 68; Im Meer der Stille, G. 70; Ein Strauß von Mohn, G. 73; Die Dichter u. ihre Heimat, lit.wiss. Studien 78; Ich bleibe auf Elba, Erzn. 83. — **MV:** Deutsches Lesebuch, m. Walter Clauss 65.
H: Deutsche Dichtermärchen von Goethe bis Kafka 65.

Haerdter, Robert, Dr. phil., Journalist; P.E.N. 70; Dt. Journalistenpreis 65, Theodor-Wolff-Preis 67; Markelstr. 50, D-7000 Stuttgart W, Tel. (0711) 653559 (Mannheim 25.5.07). Novelle, Essay, Reportage.
V: Der Schuß auf dem See, N. 42; Bodensee-Wanderung 48; Spanisches Capriccio 57; Tagebuch Europa 67; Signale u. Stationen 73; Schauplatz Europa 81. — **MV:** Mit offenen Augen 51; Festgabe für Wilhelm Hausenstein 52; Mosaik der Welt 58; Heimat 59, 65; Triumph des Augenblicks, Glanz der Dauer, Ortega y Gasset-Anth., Einleitung 60; W. v. Humboldts Schrift: Ideen zu einem Versuch, die Grenzen der Wirksamkeit des Staats zu bestimmen, Nachwort 67.

Härle, Eugen, Bürgermeister i.R., D-7129 Ilsfeld, Kr. Heilbronn, Tel. (07062) 61007 (Abstatt, Kr. Heilbronn 13.12.11). Bühnenwerk.
V: Christ der Retter ist da, Bü. 47, 50.

Härlin, Günter *

Härtl, Gert (Ps. Gert Neumann), Schlosser; Förderungspr. Lit. d. Kunstpr. Berlin 82; Georg Schwarz Str. 118, DDR-7033 Leipzig (Heilsberg/ehem. Ostpr. 2.7.42). Prosa.
V: Die Schuld der Worte, Prosa 79; Elf Uhr — ein Tagebuch, ein Kranz von Erzn., ein R. 81.

Härtl, Heidemarie, Vorleserin bei einem blinden Korrektor (Oelsnitz/ Vogtl. 22.12.43). Erzählung.
V: Ach ich zog den blauen Anzug an, Erz. 77. ( )

Härtle, Heinrich, Chefredakteur; Schillerpr. d. Deutschen Kulturwerks, Huttenpreis d. Ges. f. freie Publizistik; EM. Akad. f. Kultur u. Bildung; Nymphenburgerstr. 192, D-8000 München 19, Tel. (089) 163237 (Sachrang, Obb. 24.2.09). Essay. **Ue:** E.
V: Rom und Hellas warnen - Erotik und Entartung in den antiken Kulturen, Ess.; Von Kopernikus bis Nietzsche - Deutsche Befreier europäischen Geistes, Ess; Die falschen Propheten (Marx, Lenin, Stalin, Mao); Freispruch f. Dtld; Kriegsschuld d. Sieger; Amerikas Krieg gegen Dtld; Deutsche u. Juden; Nietzsche u. d. Nationalsozialismus; Othmar Spanns Neoscholastik; Die ideolog. Grundlagen d. Bolschewismus.
Ue: Ich glaube an Europa; Sowjets siegen durch Spione; Weg u. Wagnis. ( )

Härtling, Peter, Schriftsteller; VS 65, P.E.N. 66; Literaturpreis d. V. dt. K. 64, Lit. Förderungspreis d. Ldes Nds. 65, Lit. Ehrengabe d. Kulturkr. im BDI 65, Prix du meilleur livre étranger 66, Gerhard-Hauptmann-Pr. d. Fr. Volksbühne Berlin 71, Dt. Jugendbuch-Pr. 76, Stadtschreiber v. Bergen-Enkheim 78/ 79; Akad. Wiss. u. Lit. Mainz 67, Akad. d. Künste, Berlin 68, Dt. Akad. f. Spr. u. Dichtung Darmstadt 82; Finkenweg 1, D-6082 Mörfelden-Walldorf, Tel. (06105) 6109 (Chemnitz 13.11.33). Roman, Lyrik, Drama.
V: Poeme und Songs, G. 53; Yamins Stationen, G. 55, 65; In Zeilen zuhaus, Ess. 57; Unter den Brunnen, G. 58; Im Schein des Kometen, R. 59; Palmström grüßt Anna Blume, Ess. 61; Spielgeist - Spiegelgeist, G. 62; Niembsch oder Der Stillstand, R. 64; Vergessene Bücher,

Ess. 66; Janek - Portrait e. Erinnerung, R. 66; Das Familienfest oder Das Ende der Geschichte, R. 68; Das Ende der Geschichte, Ess. 68; Gilles, Sch. 70; ... und das ist die ganze Familie, Kinderb. 70; Ein Abend, eine Nacht, ein Morgen, Erz. 71; Neue Gedichte 72; Zwettl. Nachprüfung einer Erinnerung 73; Das war der Hirbel, Kinderb. 73; Eine Frau, R. 74; Oma, Kinderb. 75; Zum laut u. leise Lesen, Kinderb. 76; Hölderlin, R. 76; Anreden, G. 77; Theo haut ab, Kinderb. 77; Hubert od. Die Rückkehr nach Casablanca, R. 78; Ausgew. Gedichte 1953 - 1979; Ben liebt Anna, Kinderb. 79; Sofie macht Geschichten, Kinderb. 80; Nachgetragene Liebe, R. 80; Der wiederholte Unfall, Erzn. 80; Alter John, Kinderb. 81; Meine Lektüre — Literatur als Widerstand, Ess. 81; Die dreifache Maria, Erz. 82; Vorwarnung, G. 83; Windalphabet oder Die Sprache der Stummen, R. 83. — **MV:** Fälle f. d. Staatsanwalt, Erzn. 78.
MA: ca. 150 Anth.
H: Die Väter. Ber. u. Geschn. 68; Christian Daniel Friedrich Schubart: Gedichte 69; Nikolaus Lenau: Briefe an Sophie von Löwenthal 69; Leporello fällt aus der Rolle. Dt. Autoren erzählen das Leben v. Figuren d. Weltliteratur weiter 71; Schubart: Strophen f. d. Freiheit 75; Mein Lesebuch 79; Du bist Orplid, mein Land! Texte v. Mörike u. Bauer 82.
Lit: M. F. Lacey: Afflicted by Memory, The Work of Peter Härtling 53 bis 69 70; Manfred Durzak: Der dt. Roman der Gegenwart 71; Françoise Gallard: Zeit u. Gesch. in Peter Härtlings Romantrilogie 76; Elisabeth und Rolf Hackenbracht: Materialienbuch Peter Härtling, 79; Burckhard Dücker: Peter Härtling 83.

Haeseling, Dorothée; Engerstr. 9, D-4000 Düsseldorf.
V: Flügellos, poet. Miniaturen 79; Also jetzt wohin, G. 82. ( )

Häsler, Alfred, Redakteur; BSV 65, SSV 68, ZSV 73; Preis d. Stadt Zürich 56, 68, Preis d. Schweiz. Schillerstiftung 67 (Buch des Jahres), Preis d. Kts. Zürich 72; Buchzelgstr. 59, CH-8053 Zürich, Tel. (01) 2078021 (Wilderswil 19.3.21). Roman, Novelle, Essay, Sachbuch.
V: Thymian, Erzn. 56; Kaspar Iten, R. 59, Neuaufl. u.d.T.: Alle Macht hat ein Ende 69; Zu Besuch bei ..., Ess. 65; Überfordertes Kader, Gespr. 66; Schulnot im Wohlstandsstaat, Gespr. 67; Das Boot ist voll. Die schweiz. Flüchtlingspolitik 1933 - 1945 (auch engl. franz.) 67; Max Geilinger, Leben und Werk, 2 Bde. 67;

Knie, die Geschichte einer Zirkus-
dynastie (auch franz.) 68; Der Aufstand
der Söhne, die Schweiz und ihre
Unruhigen 69; Leben mit dem Haß,
Gespr. mit Ernst Bloch, Max Frisch,
Helmut Gollwitzer, Ben Gurion,
Kardinal König, Herbert Marcuse,
Alexander Mitscherlich, Carlo Schmid,
Léopold Sédar Senghor u.a. (auch span.)
69; Im Schatten des Wohlstandes, das
Altersproblem in der Schweiz 71; Zwi-
schen Gut und Böse (auch franz., ital.)
71; Mensch ohne Umwelt? Fakten und
Konsequenzen 72; Gott ohne Kirche?
Gespr. mit Konrad Farner, Gustav
Heinemann, Walter Heitler, Jeanne
Hersch, Hans Küng, Jürgen Moltmann,
Karl Rahner, Rich. v. Weizsäcker u.a. 75
(auch jap.); Die Geschichte der Karola
Siegel 76; Das Ende der Revolte, 1968
und die Jahre danach 76; Der Weizen-
könig v. Tanganjika. Die Geschichte d.
Schweizer Pioniers August Künzler 80;
Einer muß es tun. Leben und Werk
Ernst Göhners, Biogr. 80; Gotthard. Als
die Technik Weltgeschichte schrieb 82;
Stark für die Schwachen. Geschichte
des Schweiz. Beobachters 82.
  MA: Geschichten von der Menschen-
würde 68; Provokationen. Gespr. u.
Interviews mit Karl Jaspers 69;
Kompass. Ein Lesewerk 70;
Menschereien 73; Gespräche mit Ernst
Bloch 75; Xylon 75; Der kühne Heinrich
76; Aggression und Toleranz 77; Juden
in Zürich 81.
  H: Dem Gewissen verpflichtet, Reden
von a. BundesR. F.T. Wahlen 67; Politik
aus Verantwortung, Reden v.a.
BundesR. F.T. Wahlen 74; Soziale
Demokratie, Reden v.a. BundesR. H.P.
Tschudi 75.

Haessig-Tellenbach, Margrit (Ps.
Margrit Tellenbach); Loorenstr. 9, CH-
8053 Zürich, Tel. (01) 530983 (Basel
6.8.41). Lyrik, Erzählung, Roman.
  V: Arche Noah, Erz. 77; Im Traum hab
ich mich schwarz gesehn, Lyr. 78; Wie
Gott die Welt erschaffen hat, Erz. 79.

Häßlin, Johann Jakob (Ps. Jonas
Jundt), Schriftsteller; Goethestr. 62, D-
5000 Köln-Bayenthal (Straßburg 14.1.02).
Essay, Anthologie. **Ue:** E.
  V: Der Rhein von Mainz bis Köln,
Ansichten aus alter Zeit, Ess. 53, 54;
Wanderungen durch das alte Köln 55,
59; Der Zoologische Garten zu Köln, Ess.
60. — **MV:** Das Gürzenich-Orchester 63.
  H: Rheinfahrt. Von Mainz zum Meer
52, 74; Rheinfahrt. Vom Ursprung bis
Mainz 53, 66; Köln, Stern im Westen 53;

Der Rheingau und die Taunusbäder 54;
Frankfurt, Stadt und Landschaft 54, 64;
Der Gürzenich zu Köln 55; Berlin 55, 75;
Kunstliebendes Köln 57, 66; Stuttgart 58,
68; Das Buch Weinsberg 61, 64; Köln 64,
71.
  R: Sankt Pantaleon zu Köln, m. Elfi
Lange 66.
  Ue: S. H. Steinberg: Five hundred
Years of Printing u. d. T.: Die Schwarze
Kunst 58, 61. ( )

Häuser, Otto (Ps. Ottokar Domma);
Postfach 1239, Kronenstr. 73/74, c/o
Eulenspiegel Verl., DDR-1080 Berlin
(Schankau 20.5.24).
  V: Der brave Schüler Ottokar 67, 78;
Ottokar, das Früchtchen 70, in e. Bd 71,
77; Ottokar, der Weltverbesserer 73, 76;
Ottokar, der Gerechte 78, 80, alles Kurz-
geschn. — **MV:** Prisma. Kino- u.
Fernsehalm. 2.
  R: Was ist eine allseitig gebildete
Persönlichkeit 70. ( )

Häusermann, Gertrud; SSV 51;
Schweiz. Jgdb.-Preis 54, Eliste d. Hans-
Christian-Andersen-Pr. 58;
Reussdörflistr. 12, CH-5412 Gebenstorf,
Tel. (064) 221264 (Reuss-Gebenstorf
7.8.21). Erzählung, Roman, Jugendbuch.
  V: Irene, Erz. 47, 53; Perdita, Erz. 48,
58; Barbara, Erz. 48; Anne und Ruth,
Erz. 49, 54; Die Fischermädchen, Erz. 50,
54; Marianne, Erz. 52, 62; Heimat am
Fluß, Erz. 53, 64; Franziska und Renato,
Erz. 54, 58; Die silberne Kette, Erz. 56,
59; Die Geschichte mit Leonie, R. 59;
Simone, Mädchenb. 60, 67; Simone in
der Bretagne 62, 67. ( )

Häussler, Charlotte, c/o Hirsch-
graben-Verlag, Frankfurt a.M. (Darmstadt 23.5.23). Kinderbuch, Jugendbuch.
  V: Im Reiche der Ameisenprinzen,
Kinderb. 60; Die Kastanienwichtel 62,
71.
  H: Fritz Bachmann.

Hafink, Arthur, s. Fink, Arthur-
Hermann.

Hafner, Dr. Fabian, s. Schneidrzik,
Willy.

Haftmann, Horst; Frankfurter Str. 8,
D-2800 Bremen 1.
  V: Oft spuckt mir Neptun Gischt aufs
Deck 79, 80; Mit Neptun auf du und du
83. ( )

Hagel, Jan, s. Orthofer, Peter.

Hagelstange, Rudolf; P.E.N., VS, Vors.
B.A. 83; Lyrikpreis d. Südverlages 50, Dt.
Kritikerpreis 52, Ehrengabe d. Dt.
Schiller-Stift. 55, Campe-Preis 59, Gr.

Bdesverd.kr. 59, Olymp. Diplom 64; Dt.
Akad. f. Spr. u. Dicht., Bayer. Akad. d.
Schönen Künste; Am Schlehdorn 10, D-
6122 Erbach/Odenw., Tel. (06062) 2128
(Nordhausen/Harz 14.1.12). Lyrik,
Erzählung, Roman, Essay. **Ue:** I, E, S.
 V: Es spannt sich der Bogen, G. 43;
Venezianisches Credo, Son. 45, 46;
Strom der Zeit, G. 48; Mein Blumen-
ABC, G. 49; Ballade vom verschütteten
Leben, G. 51; Zwischen Stern und Staub,
G. 53; Die Beichte des Don Juan, G. 54;
Meersburger Elegie, G. 50; Die Nacht,
Erz. 55; Es steht in unserer Macht 53;
Verona; Griechenland; How do you like
Amerika?, Lied der Muschel 58; Offen
gesagt, Aufs. u. Reden 58; Römisches
Olympia 61; Lied der Jahre, Ges. Lyrik
61, 64; Wo bleibst du, Trost ...; Spielball
der Götter, R. 59; Die Puppen in der
Puppe 63; Corazon, G. aus Spanien 63;
Zeit für ein Lächeln 66; Der Krak in
Prag, G. 68; Altherrensommer, R. 69;
Alleingang, Erz. 70; Es war im Wal zu
Askalon, Erz. 71; Gespräch über Bäume,
G. 71; Gast der Elemente, G. 72; Venus
im Mars, Liebesgeschn. 73; Der General
und das Kind 74; Reisewetter 75; Der
große Filou 75 — 76; Tränen gelacht
(steckbrief) 77; Einladung an d.
Bodensee 77; Der Löwe u. d. Puppen 77;
Mein Weihnachtsbuch 78; Ausgew.
Gedichte 78; Von großen u. kleinen
Tieren 78; Mein Bodensee-Brevier 79;
Er war einer von uns 79; Der sächsische
Großvater 79; Trias 80; Spiegel des
Narziss 80; Die drei Zaubergaben, G. 80;
Die letzten Nächte 80; Flaschenpost, G.
81; Das Haus oder Balsers Aufstieg 82;
Menschen und Gesichter 82; Von
Balsers Haus zum Kollwitz-Heim 83;
Hausfreund bei Kalypso 83.
 H: Ein Licht kommt in die Finsternis
58; Fantastische Abenteuer-Geschich-
ten; Franz Masereel: Gesang des
Lebens; Das große Weihnachtsbuch 68;
Fünf Ringe 70; Sternstunden 76; Schick-
sale 78.
 R: Die 7 Himmel der kleinen Lu, Hsp.
 S: Venezianisches Credo, G.; Ärger
mit Schopenhauer, Erz.; Der Prediger,
Bei den schwarzen Baptisten, aus: How
do you like America?; Die Schwäne von
Thun, aus: Es steht in unserer Macht;
Der alte Garten, Begegnung, Ein Frühling, Sommernacht, Oktober, Flocken-
fall, Lied der Jahre, aus: Zwischen Stern
und Staub. - **MA:** Balladen. Das Sprach-
kunstwerk II; Die Passion in der deutschen Dichtung.
 Ue: Angelo Poliziano: Die Tragödie
des Orpheus 56; Boccaccio: Die Nymphe

von Fiesole 57; James Weldon Johnson:
Gods tromboes u. d. T.: Gib mein Volk
frei; Pablo Neruda: Die Höhen von
Macchu Picchu 65; Fabeln d. Leonardo
da Vinci 73, 75.

 von Hagen, Beatrix, Mag. art.,
Kunsthistorikerin; Haidhauser Werk-
statt München 80; Connollystr. 29, D-
8000 München 40, Tel. (089) 3515878
(Kehl 19.3.44). Lyrik, Essay.
 V: Sprudel sprudelt, Lyr. 80; Voll-
endete Gegenwart, Lyr. 82. — **MV:** Die
Entkleidung des Kellners, Lyr. 78.

 Hagen, Christopher S., s. Stammel,
Heinz-Josef.

 Hagen, Ernst, Prof., Journalist;
G.dr.S.u.K. 54; Journalistengewerk-
schaft; Belvederegasse 34/11, A-1040
Wien 4, Tel. (0222) 650353 (Prag 7.2.06).
Roman, Novelle, Essay, Komödie, Fern-
sehspiel, Hörspiel.
 V: Banditen der Autobahn, R. 55;
Kleiner Vogel in großem Käfig, Pln. 56;
Die Brüder vom nackten Berg, R. 57;
Stegreif in St. Moritz, Kom. 60; Café
Österreich, Kom. 61; Die Kunst, kein
Geld auszugeben 64; Uns geht es gut,
Mus. Lsp. 65; Seniorenclub, Sachb. 74;
Hotel Sacher, R. 77; Das Lächeln in d.
Bitterniss, R. 80.
 R: Die Marie, Hsp.-F.; Herr Ober,
zahlen ..., Hsp.-F.; Café Österreich, u. a.;
Älter werden - jung bleiben, Hsp.-R.;
Aus d. Papieren d. Polizeikommissärs
Mayer; D. Mord-Ag, Hsp.-F.; Deutsch für
Inländer, Fs.-F.; Erinnern Sie sich noch,
Fs.-F.; Seniorenklub, Fs.-F..

 Hagen, Brunhilde Melitta,
s. Löbel, Bruni.

 Hagen, Jens, Schriftsteller; VS 75;
Förderpr. Lit. d. Stadt Köln 80; Mainzer
Str. 23, D-5000 Köln 1, Tel. (0221) 312884
(Steinhöring 12.3.44). Satire, Erzählung,
Lyrik, Hörspiel, Essay, Reportage,
Feature.
 V: Der Tag, an dem Oma wegen
Beleidigung der Nationalmannschaft
verhaftet wurde, City-Stories u.
Unterwegsgeschn., Sat. 80; Manchmal da
packt's dich einfach, G. 80. — **MV:** Was
wollt ihr denn, ihr lebt ja noch, m.
Günter Wallraff 73; Wir sind 16 und
wollen nicht stempeln, Rep. 76.
 MA: Teuflische Jahre 9 74; Chile lebt
73; Berufsverbot — ein bundes-
deutsches Leseb. 76; Satire-Jb. 78; ... und
ruhig fließt der Rhein 79; Rock gegen
Rechts 80; Her mit dem Leben 80;
Deutsche Märchen 81; Friedens-Fibel
82, alles Anth.; u.a.

R: Verkauft wie Cornflakes — Hörbilder vom Markt der Rebellion 71; Das Kraftwerk oder: Was wollt ihr denn, ihr lebt ja noch, m. Günter Wallraff 73; Good bye, GI — Ein Song für Frank, m. Gerd Wollschon 75; Villon, ein rauher Knecht, der auch zu dichten sich erfrecht 76; Schöne Träume oder: Alles Gute kommt von unten 77; Fernfahrer 79; Gedichte sind dichter — Life-Übertragung von der Vor-Ausscheidung zum Deutschen Dichter-Pokal 81; Schachmatt 81; Brunx 82/83, alles Hsp.

Hagen, Sabine, s. Darnstädt, Helge.

Hagen, Sabine, c/o Titania-Verlag Ferdinand Schroll, Stuttgart.
V: Der Papagei im Apfelbaum 76; Psst, Agathe brütet 76; Der dreigeteilte Dackel 77; Wir helfen 78; Freunde findest du überall, Daniela 78; Ich muss dir etwas sagen, Daniela 81; Tiere — liebe Tiere 82.

Hagen, Stefan, s. Hoyer, Franz A..

Hagenau, Gerda, s. Leber, Gerda.

Hagenau, Ulla, Ullstein-Verlag, Frankfurt a.M..
V: Schöne verkehrte Welt oder die Zeitmaschine meiner Urgroßmutter 80. ( )

Hagenauer, Thomas, Schwarzwurzel-Verlag, Reutlingen.
V: Wintergarten, G. 81. ( )

Hageni, Alfred; Lit.ver. Pfalz 70; Katzenpfuhl 10, D-6750 Kaiserslautern, Tel. (0631) 72451 (Frankenthal/Rhpf. 8.2.17). Jugendbuch.
V: Schnabelwitz 46, 48; Die Mond-finsternis 49; 50 Tage kanadischer Urwald 55; Unter Perlenfischern und Piraten 62; Safari am Teufelstisch 63; Zauber im australischen Busch 64; Onkel Puck mit der Posaune 65; Alles für Schneeblume 65; Sonntagskinder 66; Die Paxton-Boys 67; Ich will nach Indien 69; Herren über Wind und Meer 71; Segel am Horizont 72; Zauber der Ferne 73; Gefangen im Dschungel 75; Gefährliche Fracht 76; Verflixt und zugenäht 77; Karavellen Kurs West 77; Der Raub d. Chinabaums 78; Aufstand am Rio Negro 79; Räubergeschichten 79; Der Riesenschnurrbart 79; Im Namen der Menschlichkeit 81; In Kanadas Wildnis 82.
MA: Der Hund auf dem Dach 75; Lausbubengeschichten 80; Erzählbuch zum Glauben 81.
R: Die Sahara - Rätsel und Aufgabe 75; Amazonien, ewiges Land der

Zukunft 76; Schmuggler brechen Monopole 78.
Lit: J. Seubert: Die Zeit d. Entdeckungen u. d. europ. Kolonisation im gesch. Jugendbuch 79.

Hager, Wolfgang, Student; Mühlengasse 28, A-8850 Murau, Tel. (03532) 2919 (Tamsweg/Slzbg. 27.4.62). Drama, Jugendroman, Kurzprosa.
V: Erzählungen, Samml. v. Kurzgeschn. 80; Zugsunglück, Erz. 82.

Hagmann, Carmen, Dipl.-Psychologin; ZSV; Pr. d. Arb.gem. f. Werbung, Markt u. Meinungsforsch. 80, c/o Bläschke Verlag, St. Michael, Öst. (Madrid 30.11.05). Lyrik.
V: Mein anderes Gesicht, G. 79.
R: Dreizehn Lieder nach G. v. C. H. 53.

Hahn geb. Müller-Bürklin, Annely (Ps. Viola Larsen), Schriftstellerin; Selbacherweg 17, D-7562 Gernsbach, Tel. (07224) 1602 (Karlsruhe 14.2.26). Roman, Hörspiel. **Ue:** F.
V: Träumerles Abenteuer 46; Das Weihnachtslicht 47; Landarzt Dr. Andergast; Von Lotosblüten nur ein Hauch; Penny erobert Paris; Nur zwei Tage Glück; Helles Licht wirft dunkle Schatten; Ein König beugt sich der Liebe; Das Schicksal hat drei Tage Zeit; Julitta erbt geheimnisvoll; Die Rothenbuschs; Serenade der Sehnsucht; Die Kinder von Farnö; Nachts auf der Frauenstation; Liebe unter Lampions; Kurfürstin für eine Nacht; Meine fremden Eltern.
R: Träumerles Abenteuer, Hsp.; Das Weihnachtslicht.
Ue: George Sand: La mare au diable u. d. T.: Das Teufelsmoor 48; François le champi u. d. T.: Das Findelkind 48; Mallarmé-Lyrik, Anth. franz. Dichter 48.
Lit: Günter Giesenfeld: Aufs. üb. d. sogen. Trivialliteratur in Diskussion Deutsch 6, 71.

Hahn, Annemarie, Dr. phil., Dipl.-Kunsthistorikerin; Friedr.-Bödecker-Kr. 80; Bultmannstr. 36, D-4830 Gütersloh u. A-5640 Badgastein Nr. 406, Tel. (05241) 56184. Jugendbuch, Hörspiel, Essay.
V: Akis bester Trick, Jugend-R. 64; Die Fahndung läuft, Jgd.-R. 70; Feuerprobe, Jgd.-R. 77/78; Gold für Eva Barfuß, Jgd.-R. 84.
S: Feuerprobe 80.

Hahn, Christian Diederich; VS, Vors. S.H.S.V. u. Eutiner Kreis; Am Fuchsberg, D-2323 Ascheberg, Holst. (20.7.02). Fernsehfilm, Hörspiel, Essay, Roman, populärwissenschaftl. Dokumentation

V: Pflanzen machen Revolution, St.
38, 56; Bauernweisheit unterm Mikros-
kop, Landb. f. Stadtleute 39; Das
Geheimnis der Fruchtbarkeit 50; Der
Unbändige, R. 53; Die grüne Großmacht
61; D. Milchstory, die 100jähr. Gesch. v.
Milchwiss. u. -wirtschaft 71; Johann
Heinrich Voss, Leben u. Werk 77; Zur
Biographie v. Diederich Hahn 79;
Schriftsteller in Schlesw.-Holst. 80.
R: Rd. 30 Hsp.-F. 29 — 45 u. 50/51; Fsf.
seit 53.

Hahn, Friedemann, Maler;
Rappeneckweg 5, D-7824 Hinterzarten
(Singen/Hohentwiel 24.5.49). Lyrik,
Essay.
V: Fick in Gotham City, Lyrik, Prosa
70; Anarcho, er kannte kein Gesetz,
Szenische Dok. 71, u.d.T.: Der Italo-
Western 73.
Lit: Jost Hermand: Pop international
71; R. Hinton Thomas u. Keith
Bulhivant: Westdt. Literatur d. sechziger
Jahre 75. ( )

Hahn, Friedrich *

Hahn, Lena (Ps. Ena), Redakteurin,
Lektorin; Gaußstr. 62, D-7000
Stuttgart M, Tel. (0711) 655341 (Leipzig
26.9.06). Essay, Kinderbuch, Übersetzungen.
V: Teddys Schulgang 53; Die Fahrt ins
Wunderland 54; Sportfest im Walde 54;
Teddys Traum 55; Teddys Weihnachten
56; Weihnachtsfest im Wichtelland 56,
65; Hoppel und Poppel 57; Schnatterich
und Puttiputt 57, 64; Teddys Abenteuer
58; Teddy und Kasperle 58; Balduin der
Pinguin 61; Balduin, der Pinguin und
der Dackel Fridolin 61; Josephine Siebe,
Kasperle-Bilderbuch 63; Balduin, der
Pinguin, im Zoo und anderswo 63; Frühstück im Zoo 64; Maler Max u. s. Tiere
68; Die Reise ans Meer 70; Das Sand-
männchen-Jahr 70; Der Rabe u. der
Fuchs 72; Mick u. Muck auf großer
Fahrt 72; Das Sandmännchen kommt
74; Kati, die komische Kuh 77; Eine
kleine Raupe 78; Der neugierige Uhu 79;
Die verirrte Ameise 80; Rollende Räder
80; Spaß mit Wasser.
Ue: Cheney: Das Geheimnis d. alten
Wagen 65; Whitney: D. Tigerhöhle v.
Kapstadt 65; Whitney: D. Geheimnis der
Schwarzen Diamanten 65; Scott: Jimmy,
d. Teufelskerl 66; Fall: Roberto jagt den
Weißen Teufel 66; Whitney: D. unheiml.
Tümpel 67; Brown: Ein Haus f. Mutter
67; Berna: D. geheimnisvolle Boot 68;
Brown: Wirbel um Candy 68; Blyton:
Lauter Sachen z. Lesen u. Lachen 68;
Kamm: Bis ich weiß, wer ich bin 69;

Blyton: Dies u. das, für jeden was 69;
Whitney: Tina in d. Geisterschlucht 69;
Blyton: Monikas schönster Tag 70;
Frost: D. Wüstenhengst 70; Cresswell:
Ein Vielfraß kam ins Haus 70; Johnson:
Das Mädchen im Cowboysattel 70;
Blyton: Hops, Fips u. Taps 71; Walker:
Auf dich kommt es an, Kleine Sonne 71;
Blyton: Oliver u. s. Hunde 71; Whitney:
Marion auf geheimnisvoller Spur 72;
Blyton: In Nachbars Garten stimmt was
nicht 73; Robinson: Ein bißchen Sonne
f. Irene 73; Whitney: Überraschung m.
Roberta 73; Pullein-Thompson: Black
Velvet 74; Collier: Dem Menschen auf d.
Spur 75; Farrell: Ein Pferd fehlt a. d.
River-Farm 75; Webster: Sandra u. d.
Pferdediebe 76; Murray: Pferde, Diebe,
Abenteuer 76; Porter: Annettes
unvergeßliches Schuljahr 77;
Furminger: Der Pony-Club vom
Wiesenhof 77; Pullein-Thompson: Black
Romany 77; Furminger: Der Pony-Club
auf Ferienritt 77; Digby: Was ein Pferd
nicht alles kann 78; Blyton: Zwei Mäuse,
sechs Mäuschen... 78; Pullein-
Thompson: Gefahr lauert im Moor 78;
Blyton: Lustiges Allerlei 79; Furminger:
Ellen u. d. Pony-Club 79; D., Ch. u. J.
Pullein-Thompson: Black Beautys
Vorfahren 80.

Hahn, Rolf (Ps. Paul Dubois, Ralph
Haningway, Ralph Hayn, Achim Stahl);
D.A.V. 54; Birkenderkamp 16, D-5135
Tüddern-Selfkant, Tel. (02456) 724
(Düsseldorf 16.11.17). Roman, Kurz-
geschichte, Erzählung.
V: Die Erbsensuppe, Erz. 42; Jens, Erz.
43; Mädchen zwischen zwei Fronten, R.
57; Gefährliche Rückkehr, R. 57;
Gefesselte Herzen, R. 58; Flammendes
Land, R. 58; Seine Härte — sein Gesetz,
R. 59; Im Höllenfeuer des Roten Sterns,
R. 59; Der Tiger mit der Maske, R. 60;
Bande des Grauens, R. 61; Göttin des
Schreckens, R. 62; Tödliche Sekunde, R.
63; Schach dem Satan, R. 64; Der Rächer
mit der zarten Hand, R. 64; Im Hinter-
grund der Teufel, R. 64; Mann ohne
Eisen, R. 66; Der harte Reg, R. 67; Um
eine Zigarettenlänge, R. 71.

Hahn, Ronald (Ps. Ronald M. Hahn,
Daniel Herbst), Schriftsetzer; Science
Fiction Writers of America 77, VS;
Werth 62, D-5600 Wuppertal 2
(Wuppertal 20.12.48). Roman, Essay.
Ue: E, H.
MV: Raumschiff der Kinder, R. 77;
Planet der Raufbolde, R. 77; Das Wrack
aus der Unendlichkeit, R. 77; Nomaden
des Weltalls, R. 77; Die Flüsterzentrale,

R. 77; Wrack aus d. Unendlichkeit, R. 77;
Die rätselhafte Schwimminsel, R. 78;
Ring der dreißig Welten, R. 79. — m. H.
J. Alpers: Kit Klein auf d. Flucht, R. 78;
Die Schundklaubande, R. 78; Falsche
Fuffziger, R. 79; Die Burg im Hochmoor,
R. 79; Das Geld im Hut, R. 80; Das
Geheimnis der alten Villa, R. 80; Weiße
Lady gesichtet, R. 81; Der Schatz im
Mäuseturm, R. 81; Die Spur führt zur
Grenze, R. 82; Das seltsame Testament,
R. 83.
H: Die Tage sind gezählt, Anth. 80;
Gemischte Gefühle, Anth. 81; Piloten
durch Zeit & Raum, Anth. 83; Das
fröhliche Volk von Methan, Anth. 83. —
MH: Science Fiction aus Deutschland,
Anth. 74; Zukunftsgeschichten?, Anth.
76; Lex. d. Science Fiction-Lit. 80; Titan
17, Anth. 81; Reclams Science Fiction
Führer 82.
Ue: K. M. O'Donnell: The Empty
People, u.d.T.: Jagd in die Leere 74;
Stephen Goldin: Scavenger-Jagd 76;
Frank Herbert: Dune u. d. T.: Der
Wüstenplanet 78; Frank Herbert: Die
Kinder d. Wüstenplaneten 78; Frank
Herbert: Dune Messiah u. d. T.: Der
Herr des Wüstenplaneten 78;
Christopher Priest: Ein Traum von
Wessex 79; Philip José Farmer: To Your
Scattered Bodies Go u. d. T.: Die Fluß-
welt der Zeit 79, The Fabulous
Riverboat u. d. T.: Auf dem Zeitstrom 79,
The Dark Design u. d. T.: Das dunkle
Muster 80; The Wind Whales of Ishmael
u.d.T.: Ismaels fliegende Wale 80; Das
magische Labyrinth 81; Paul van Herck:
Sam, of de Pluterdag u.d.T.: Framstag
Sam 80; Jack London: Before Adam u. d.
T.: Bevor Adam kam 81; Jack Vance:
The Blue World u.d.T.: Der azurne
Planet 81.

Hahn, Ronald M., s. Hahn, Ronald.

Hahn, Ulla, Dr.phil., Redakteurin; VS
75, PEN-Club der Bundesrep. Deutschl.
82; Leonce-u.-Lena-Pr. 81, Villa-
Massimo Stip. 82; c/o Radio Bremen
Kultur aktuell, Heinrich Hertz Str. 13,
D-2800 Bremen, Tel. (0421) 2384242
(Brachthausen 30.4.46). Lyrik, Essay.
V: Herz über Kopf, G. 81, 6. Aufl. 83;
Spielende, G. 83.
H: Stephan Hermlin: Aufsätze, Reden,
Interviews 80; Gertrud Komar: Gedichte
83.

Hahnfeld, Ingrid, Schauspielerin;
Liebigstr. 2, DDR-3010 Magdeburg
(Berlin 19.9.37). Lyrik, Erzählung,
Roman, Hörspiel.

V: Hasenbrot, Erz. 71; Nachbarhäuser,
Lyrik, Erzn. 73, 74; Lady Grings, Erzn.
75; Spielverderber, R. 76.
MA: Nachricht von d. Liebenden 64;
Anzeichen II 72, III 77; Anders für jeden
74.
R: Vom Aberheiner, Hsp. 78; Vom Ge-
schichteneinfangundbehaltenetz m. d.
Seitentäschchen f. Reime, Hsp. 80. ( )

Hahnl, Hans Heinz, Dr. phil., Prof.,
Redakteur; P.E.N., PODIUM, Vizepräs. d.
Ö.S.V.; Förderungspr. d. ndösterr.
Kulturpr. 71, Literaturpr. des Wiener
Kunstfonds 72, Pr. d. Stadt Wien 77.
Publizist. 73, Lit.pr. d. Ldes NdÖst.;
Haymogasse 24, A-1238 Wien XXIII, Tel.
(0222) 8827235 (Oberndorf/NdÖst.
29.3.23). Lyrik, Novelle, Essay, Roman,
Drama.
V: Die verbotenen Türen, Erzn. 51;
Der byzantinische Demetrius, Dr. 72; In
Flagranti entwischt, G. 76; Die
Einsiedler des Anninger, R. 78; Die
Riesen vom Bisamberg, R. 79; Die
verschollenen Dörfer, R. 80; Das
Geheimnis der Wilis, R. 82;
Shakespeares Hund,G. 83. —
MV: Bestandaufnahme Österreich 63;
Österreich - geistige Provinz? 65.
H: Robert Musil: Utopie Kakanien,
eingel. u. ausgew. 62.
R: Der byzantinische Demetrius, Hsp.
69; Interview m. Orpheus, Hsp. 76; Aus
dem Leben eines Wienerwaldeinsiedler,
Hsp. 77; Die Einsiedler des Anninger, R.
77; Was die Schwester erzählt, Hsp. 78;
Die Riesen vom Bisamberg, R. 79;
Füttern und gefüttert werden, Hsp. 81.

Haid, Hans, Dr. phil., Angestellter;
Grazer Autorenversamml. 75, Die Kogge
76; Österr. Staatsstip. f. Lit. 74/75;
Maynollogasse 3/13, A-1180 Wien, Tel.
(0222) 4348233 (Längenfeld 26.2.38).
Lyrik, Roman, Hörspiel, Drama.
V: Pflüeg und Furcha, Mda.-G. 73;
(Reihe Lebendiges Wort, Band 77); An
Speekar in dein Schneitztiechlan, G. im
Ötztal-Tirol. Dialekt d. Bayer. Mda 73;
Abseits von Oberlangdorf, R. 75; mandle
mandle sall wöll 76; tüifl teifl olympia
76; Umms Darf ummha Droot (Ums
Dorf herum Draht) Mda. 79; Nachruf,
Mda.-G. 81. — **MV:** mandle mandle sall
wöll, Wendeb. m. Oswald Andrae 76.
H: Veröff. d. intern. Arb.tage f. Mda.lit.
Nr. 1 — 4; Dialect 1.-6. Jg.
R: Dorfgeschichten; Handel u.
Wandel; Absterbensamen; Wenn der
Viehhändler kommt.

Haidegger, Ingeborg-Christine,
Schriftstellerin; GAV; Preis d.

Management Club 76, Pr. d. ob.öst. AK
77. J. A. Lux Pr. f. Lyrik 78, Öst. Staats-
stip. f. Lit. 78/79, Förd.Pr. z. W.
Buchebner Pr. 79, Dr. E. Koref-Pr. 79,
Kulturpr. d. Stadt Salzburg 81, Pr. d.
Schüler-Jury Arnsberg f. d. beste dt.spr.
Kurzgesch. 83; Gründ.mitgl. u. Präs.
Autorengr. projektIL 74; Bachstr. 31, A-
5023 Salzburg, Tel. (0662) 704612
(Dortmund-Barop 27.2.42). Lyrik,
Kurzprosa, Hörspiel, Drama, Roman.
Ue: I, F, E.
  V: Entzauberte Gesichte, Lyrik 76;
Zum Fenster hinaus, R. 79.
  MA: Etwas geht zu Ende 79; Autoren-
patenschaften 2 80; Klagenfurter Texte
80; Aufschreiben 81; Unbeschreiblich
weiblich 82; Wo liegt euer Lächeln
begraben 83, alles Anth.
  H: projektIL, Lit.zs. 75.

Haider, Friedrich (Ps. Friedrich
Holzer, Gratzn-Friedl Friedrich Föger),
Dr.; Leiblfing 42, A-6020 Pettnau, Tel.
(05238) 8897.
  V: Tiroler Brauch im Jahreslauf 68;
Immerwährender Tiroler Kalender 72.
  B: Könige d. Landstraße; Der Pfarrer
v. blühenden Weingarten
(Timmermanns) u. a. Volksst. –
  MA: Das Südtiroler Heimatbuch 58.
  H: Ein Stübele voll Sonnenschein –
Tiroler Mda.dicht. 72.
  R: Hilfe, ich liebe einen Gammler, Fs.
nach A. Lellis; Histor. Hsp. u.a.: Tirol
1703 53; Andreas Hofers Heimkehr 53;
Tirols letztes Aufgebot 55; Kein
Verräter im ganzen Land 1796/97 57;
Pater Feuerbart-Haspinger 58; Land in
Fesseln 59; Der Mann vom Land Tirol:
Andreas Hofer 59; Advent üb. Tirol 59;
Durch Opfer z. Freiheit 59; Mit Worten
regiert man Nationen nicht. Napoleon u.
Tirol 59; Tirol wird frei 59; Berge
trennen nicht die Brennergrenze 66. –
Hsp. u. Hörf. aus Tirols Brauch u. Volks-
leben, u.a. Mond- u. Tierkreiszeichen 57;
Der Alte v. Gaflein: Franz Kranewitter
60; Stille Nacht in fünf Erdteilen 56;
Volksmusik im Volksbrauch Tirols 76;
Martsch avanti-Sprache u. Bräuche d.
Tunnelarbeiter 77 u. v. F. aus d. Tiroler
Volkshumor.

Hain, Gustav, StudR.; VS; Mühlsteige
5, D-7267 Unterreichenbach-
Kapfenhardt, Tel. (07235) 8718
(Mühlacker/Enzkreis 20.3.49). Kurzepik,
Lyrik.
  V: Annäherungen in Liebe, Lyr. 75;
Erfahrungen mit Einsamkeiten, Lyr. 78;
Wii s wore isch – Pforzheim 80.

Haitinger, Marianne; ARGE Literatur
68, Verb. d. Geistig Schaffenden 80,
O.S.V. 80; Gold. Stadtwappen d. Stadt
Klosterneuburg 74, Gold. Med. d.
Ehrenzeichens d. niederöst. Landesreg.
82; Ges. d. Literaturfreunde 70,
Grillparzerges. 79, Wildgansges. 80,
Kafkages. 81, Ges. d. Freunde dt.spr.
Lyrik 82; Brandmayerstr. 2, A-3400
Weidling b. Klosterneuburg, Tel. (02243)
5733 (Wien 6.6.06). Lyrik, Essay,
Kurzgeschichte, Kritik.
  V: Von mir zu Dir, Lyr. u. Prosa 79, 2.
Aufl. 81.
  MA: Wie weise muß man sein, um
immer gut zu sein 70; Erdachtes,
Geschautes 77; Der Mensch spricht mit
Gott 82, alles Anth.; versch. Ztgn u. Zss.
  S: u. **R:** Literatur z. Muttertag 1981 f.
Österreicher, Tonkass. u. Rdfk-Sdg. 81.

Hajak, Eva-Johanna (Ps. Esther
Reimeva); VS 71; Middenkamp 49, D-
4500 Osnabrück, Tel. (0541) 596381
(Breslau 9.11.25). Kinder-, Jugend- u.
Erwachsenenbuch.
  V: Mein kunterbuntes Märchenbuch
62; Goldlöckchens Reise 62; Klein-Eva
63; Die lustigen Zwei 64; Goldlöckchen
wandert in die weite Welt 64; Susi unser
Sonnenschein, Kdb. 66; Das kleine Tier-
paradies, Kdb. 68; Seppel, das Schul-
pferdchen 70; Florian das Eselchen,
Kdb. 71; Alle meine Puppenkinder 73;
Stiefelchens Sieg 74; Stoepsel, -du bist
eine Wucht 74, Tb. 79; Was ist los mit
Stefan 76 (finn. 79); Die Neue 76; Suscha
und die Fünf 77; Bei Krummborns
geht's drunter u. drüber, Tb. f. Kinder
77; Das wiedergefundene Glück, Erz. H.
f. Kinder 77; Ein Weg im April, Erz. H. f.
Erwachsene 77; Tim m. d. Lederhose,
Tb. f. Kinder 78; Ein blankes Fünfmarkstück, Erz. H. f. Kinder 79; Die fröhliche
Glocke, Tb. f. Kinder u. Erwachsene,
Erz. u. Leg. 80; Geborgene Zuversicht,
Tb. f. Erwachsene 80; Wenn Gott die
Segel setzt, Erz. f. Jgdl. u. Erwachsene
81; Bongo, wo bist du? Tb. f. Kinder
83. – **MV:** Wir Gotteskinder 59, 62; Wir
bleiben treu 61; Geschichten für unsere
Kleinen 61; Unsere kleinen Freunde 68;
Wir bleiben auf der Spur 72, 75 (port.
80); Drei Mädchen um Markus 76; Die
stillen Brückenbauer, Erz. H. f.
Erwachsene 77; Kinder Israels, Tb. f.
Kinder 77; Belauschtes Leben f.
Erwachsene H. Erz. 78; Bei uns geht's
rund, Tb. f. Kinder 79; Erweist euch in
der Sendung, Tb. f. Erwachsene 83, alle
m. Christa-Maria Ohles.

MH: Wir lesen, basteln, spielen, Hausb. 76; Ohles, Christa-Maria: Gott, unser Vater, Text u. Melodie; Hajak, Eva-Johanna: Der Florian ist mein Freund; Der Singvogel, beides Erzn.; Kommt und laßt uns Christum ehren, Erz. f. Erwachsene 81.

Hajan, Ata, s. Gottschalk, Herbert.

Hajek, Anna Leonore Katharina (Ps. Katja Hajek), Hausfrau; VS 77, VG Wort 77; Hasenbergsteige 65, D-7000 Stuttgart 1, Tel. (0711) 654635 (Essen/Ruhr 12.5.21). Lyrik, Novelle, Essay.
V: Geädert in deinen Händen 74.
MA: Veröff. in Anth. ( )

Hajek, Helene Maria, Augartenverlag, Szabo, Wien.
V: Durch meine Brülln g'schaut, G. in ndöst. Mda. 81. ( )

Hajek, Katja, s. Hajek, Anna Leonore Katharina.

Hajos, Mary, c/o Else Vömel, Georg-Treser-Str. 38, D-6000 Frankfurt a.M. 70.
V: Das Staunen der Beschenkten 73; Da waren wir wie Träumende 75; Singt mit Freuden vom Sieg 76; Um Seines Namens willen, mein Leben 82, 83. ( )

Hakel, Hermann, Schriftsteller; Öst. P.E.N. Club 47; Eisenstadtpl. 4/1/8, A-1100 Wien, Tel. (0222) 561795 (Wien 12.8.11). Drama, Lyrik, Essay, Hörspiel.
Ue: Hebr, Jidd.
V: Ein Kunstkalender in Gedichten 36; Und Bild wird Wort, G. 47; An Bord der Erde, G. 48; Zwischenstation, 50 Geschn. 49; 1938 − 45, Ein Totentanz, G. 50; Hier und dort, G. 55; Von Rothschild, Schnorrern und anderen Leuten 57; Wenn der Rebbe lacht, Witzb. 69; Der jüdische Witz 71.
B: Richard der Einzige, Parodie, Sat., Karik. üb. Richard Wagner 63; Hereinspaziert ins alte Wien. Heit. u. Sat. v. Daniel Spitzer 65. − **MA:** Jahrbuch 1935 34; Stimmen der Zeit, Anth. zu Fünft 38; Wien im Gedicht, Anth. 48; Die Wiener Schule - Malerei des phantastischen Realismus 65.
H: Neue Dichtung 35 - 36 VII; Lynkeus, Zs. 49, seit 79; Wien von A - Z. Anth. 53; Wienärrische Welt, Witz, Sat., Parodie einst. u. jetzt 61; Wigl Wogl. Kab. u. Var. in Wien 62; D. Welt steht auf kein' Fall mehr lang (Johann Nestroy) 62; Anton Kuh: Von Goethe abwärts, Aphor., Ess., kl. Pr. 63; Die Bibel im deutschen Gedicht 68; Streitschrift gegen alle. Gesch. d. Wiener Witzblätter 75.
R: Zwischen Nacht u. Nacht, Hsp. 52.

Ue: Jiddische Geschichten aus alles Welt 62, u. d. T.: Der Mann, der den jungsten Tag verschlief als Tb.; Israel Aschendorf: Sintflut, Bunker; Die alte Hagada. Geschn. aus Israel 72, u. a.

Halasz, Ilona; Unterdorfstr. 35, CH-9443 Widnau.
V: Prozeß im Jenseits, R. 82. ( )

Halban, George, s. von Halban, George.

von Halban, George Ritter (Ps. George Halban), Oberst a. D. US-Army; Denningerstr. 110, D-8000 München 81 (Wien 14.7.15).
V: Malik der Wolf, auf Tatsachen beruhender R. 75, 77; Unternehmen Alaska Pipline, Sachb. 78; Operation Fuchsjagd, R. 80, Tb. 82. ( )

Halenza, Ada, s. Koch, Magda.

Halfar, Wolfgang, OStudR; Kg. 65; Mare Balticum 71; Südstr. 11, D-3549 Wolfhagen, Tel. (05692) 2341 (Gleiwitz/OS. 7.9.25). Kunst- u. Kulturgeschichte, Hörspiel.
V: Die Kunst der Deutschen im Osten 58; Gotland, Glück und Unglück einer Insel 66, 2. überarb. u. erweit. Aufl. 80; Die oberschlesischen Schrotholzkirchen − e. Beitr. z. Holzarchitektur Schlesiens 80.
MA: Hindenburg/OS − Stadt d. Gruben u. Hütten 79; Festschr. 700 J. Wolfhagen 81; Aus hess. Museen 3 83.
R: Eine Reise nach Gotland 70.

Hall, Ernst, s. Hassler, Ernst.

Hallard, Ruth, s. Tetzner, Ruth.

Haller, Christian; Heuelsteig 4, CH-8031 Zürich.
V: Die Hälfte der Träume und andere Geschichten 80. ( )

Haller, Hanns, ObSchulR.; Riedenbürger Str. 30, D-8420 Kehlheim (Schwimmbach 24.6.02).
V: Das Turmkränzlein, Sagen 63; Der Esel Nepomuk, Erz. 63; Diese Schulräte!, N. 73; Zwischen Fels und Fluß - Essing im Altmühltal 76; Der Knecht Dismas, R. in altbayer. Mda. 82.
H: Niederbay. Hefte.

Haller, Ingeborg Dinah *

Haller, Kurt, Dr.med.vet., Tierarzt; Sommerweg 3, D-7332 Eislingen, Tel. (07161) 815303 (Göppingen 29.5.23). Roman.
V: Heuduft und Kartoffelfeuer, R. 80; Sommerwind über den Feldern, R. 82.

Haller, M., s. Deinet, Margarethe.

Haller, Michael, s. Barthel, Manfred.

Hallervorden, Dieter; Nürnberger Str.
33, c/o Kabarett "Die Wühlmäuse", D-
1000 Berlin 30.
V: Non stop Nonsens 79. ( )

Hallig, Christian, Dr. phil., Fernseh-
redakteur; Rathausstr. 12, D-8022
Grünwald, Kr München, Tel. (089)
6412096 (Dresden 30.8.09). Filmbuch,
Roman, Fernsehdramaturgie.
V: Kriminalkommissar Eyck, R. 40.
F: Gewitterflug zu Claudia; War es der
im dritten Stock?; Fräulein; Heimat-
land; Kriminalkommissar Eyck; Das
Geheimnis des Hohen Falken 49.

Hals, Eric N., s. Heins, Carl.

Halter, Erika, s. Burkart, Erika.

Halter, Ernst, Dr. phil., Lektor; Pr. d.
schweiz. Schillerstift. 76; Haus Kapf,
CH-5649 Aristau/AG, Tel. (057) 81492
(Zofingen 12.4.38). Lyrik, Novelle,
Roman, Essay. **Ue:** G (Agr).
V: Die unvollkommenen Häscher, G.
70; Die Modelleisenbahn, Erzn. 72;
Einschlüsse, Texte 73; Urwil (AG), R. 75;
Die silberne Nacht, R. 77.
B: H. Sigg, Abenteuer Dampflok 77. –
MA: Dreitausend Jahre griechische
Dichtung 71; Gut zum Druck 72; Erkun-
dungen 74.
H: Und es wird Montag werden.
Kurzgeschn. Beruf/Arbeitswelt 80.

Hamann, Bärbel (Ps. Katja Simon,
Verena Laubenstein), Bürokaufmann;
Sudetenlandstr. 21, D-3400 Göttingen,
Tel. (0551) 77605 (Hannover 22.10.40).
Lyrik, Novelle, Roman.
V: Sie durfte nur Geliebte sein 69, 78;
Die gefahrvolle Liebe d. schönen
Komteß Annabell 70; Wer ist Thomas
78; Die entscheidene Hypnose 78; Das
letzte Konzert 79, alles Prosa.
MH: Sehnsucht nach Italien,
Reisebeschreib. 78.

Hambach, Wilhelm, Dr. phil.,
Feuilletonredakteur; An der Reitbahn 7,
D-2390 Flensburg, Tel. (0461) 54785
(Bonn 25.8.08). Lyrik, Novelle,
Erzählung, Künstlerbiographie, Kunst-
kritik.
V: Menschen und Paragraphen, 50
Gerichtsber. 57; Rendez-vous in
Ravenna, N. 59; Die Düppeler Chancen,
Erz. 74; Als Vater Soldat war, G. aus d.
Kriegsgefangenschaft 74; Hans Holtorf,
Maler in Schleswig-Holst. 76; Gerhart
Bettermann, Maler in Schleswig-Holst.
77; Flensburg - so wie es war, Bild- u.
Textbd. 77; Gedanken und Kantilenen,
Lyr. 78; Du bist wie eine Schneeflocke,
Erzn. 82.

Hamberger, Hans G.; Teistlergutstr. 9,
A-4040 Linz/D..
V: Fährten ins Ungewisse, G. 83. ( )

Hamburger, Michael, M.A., F.R.S.L.,
freier Schriftsteller, zeitweise Gastprof.;
ehem. Mitgl. P.E.N.-Club; Übersetzerpr.
d. Bdesverb. d. dt. Industrie 63, d. Dt.
Akad. f. Spr. u. Dicht. Darmstadt 64, d.
Arts Council of Great Britain 67,
Leveson Prize f. Poetry Chicago 69,
Inter Nationes Bonn 76, Goldmed. d.
Inst. of Linguists London 77, Schlegel-
Tieck-Prize London 78, Wilhelm-
Heinse-Pr. f. Essaystik Mainz 78;
Bollingen Foundation Fellowship New
York 59-61, 65-66, Mitgl. Akad. d. Künste
Berlin, Dt. Akad. f. Spr. u. Dicht.
Darmstadt, Bayer. Akad. d. Schönen
Künste München, Royal Soc. of Lit.
London, Hölderlin-Ges., Hofmannsthal-
Ges.; Marsh Acres, Middleton,
Saxmundham, Suffolk IP17 3NH/Engl.,
Tel. (0728) 73247 (Berlin 22.3.24). Lyrik,
Essay, Übersetzung, Memoiren. **Ue:** E.
V: Hugo von Hofmannthal: Zwei
Studien 64; Zwischen den Sprachen,
Ess. u. G. 66; Vernunft und Rebellion,
Aufs. 69, Tb. 74; Die Dialektik d. Mod.
Lyrik, Lit.-kritik 72; Gedichte,
Zweisprachig 76; Literarische
Erfahrungen, Aufs. 81; in England u.
Amerika 10 Gedichtbb. u. 5 lit.krit.
Werke, ein Buch Memoiren. –
MV: Beitr. zu vielen dt. Sammelbdn, u.a.
in: Ausgew. G. Brechts m.
Interpretationen.
H: Jesse Thoor: Das Werk. Eingel. u.
hrsg. 65.
R: Hölderlin, Hsp. (auch engl.).
Ue: Rd. 30 Übers., bes. von Lyrik in
Engld u. Amerika ins Engl. 43-80.
Lit: S.Berger: Übersetzungskrit. Stud.
zu M.H.s Übertrag. d. G. v. Fr. Hölderlin
77/8; Kapitel üb. d. Lyrik M.H.s in: 50
Modern British Poets 79, u.a..

Hamm, Peter, Redakteur; P.E.N. 72;
Förderpr. z. Lessing-Pr. d. Stadt Ham-
burg 62, Adolf-Grimme-Pr. 78;
Höhenbergstr. 27, D-8132 Tutzing, Tel.
(08158) 441 (München 27.2.37). Lyrik,
Literaturkritik, Essay, Filmdrehbuch,
Film. **Ue:** Schw.
V: 7 Gedichte 59; Der Balken, G. 81.
MA: Junge Lyrik 1956 56; Transit,
Lyrikb. d. Jh.-Mitte 56; Expeditionen,
Dt. Lyrik seit 1945 59; Panorama moderner
Lyrik 60; Lyrik aus dieser Zeit 61; Vor-
zeichen 2. Neun neue dt. Aut., eingef. v.
Martin Walser 63; Opposition in der
Bdesrep. 68; Über Hans Magnus
Enzensberger 70; Selbstanzeige –

Schriftsteller im Gespräch 71; Über
Peter Handke 72; Werkbuch über
Tankred Dorst 74; Martin Walser
Materialien 78; Was alles hat Platz in
einem Gedicht? Aufs. z. dt. Lyr.
seit 1965, 77; Klassenlektüre 82. — Merkur,
Akzente, Konkret u.a. Zs.; regelm.
Lit.krit. f. DIE ZEIT u. DER SPIEGEL.
H: Artur Lundkvist: Gedichte 63; Aussichten. Junge Lyriker d. dt. Sprachraums 66; Kritik - von wem / für wen /
wie? Eine Selbstdarst. dt. Krit. 68 (auch
span.); Christopher Caudwell: Bürger-
liche Illusion und Wirklichkeit. Beitr. z.
material. Ästhetik 71; Jesse Thoor, Ged.
77; Robert Walser, Leben u. Werk 80. —
H, Ue u. **MUe:** Licht hinterm Eis. Junge
schwed. Lyrik 57; Die Kornblumen u. d.
Städte. Tschech. Lyrik unseres Jahr-
hunderts, m. Elisabeth Borchers 61.
F: Drehbuch zu Volker Schlöndorffs:
Die Moral der Ruth Halbfass 72;
Verbotene Schönheit, Der Komponist
Hans Werner Henze 77; "Der ein
Menschen nicht leben kann", — auf der
Suche nach Ingeborg Bachmann 80.
R: Protest in der Kunst 69; Gabriele
Wohmann 70; Jakov Lind 70/71; Alfred
Brendel, Pianist 72; Hanns Eisler 72/73,
alles Fs.dok. — **MV:** Pier Paolo Pasolini,
m. Karin Ehret, Fs.dok.
Lit: Lothar Romain u. Gotthard
Schwarz (Hrsg.): Abschied von der auto-
ritären Demokratie? Die Bundes-
republik im Übergang 70; Karl Heinz
Bohrer: Die gefährdete Phantasie oder
Surrealismus und Terror 70.

Hammel, Claus; SV-DDR; Erich-
Weinert-Med. 67, Lessing-Pr. 68,
Kunstpr. d. FDGB 76, Körner-Pr. 79,
Nationalpr. 79; Krautstr. 4, DDR-1017
Berlin, Tel. 2751582 (Parchim 4.12.32).
Dramatik.
V: Um neun an der Achterbahn, St. 66,
67 (auch russ., ungar.); Ein Yankee an
König Artus' Hof, St. 67 (auch russ.,
span.); Komödien: Frau Jenny Treibel
od. Wo sich Herz zum Herzen find't,
Kom. n. Fontane, Um neun an der
Achterbahn, Ein Yankee am König
Artus' Hof, Morgen kommt der Schorn-
steinfeger, Kom. 69; Le Faiseur od.
Warten auf Godeau, Kom. n. Balzac 72
(auch poln.); Rom od. Die zweite
Erschaffung d. Welt, Kom. 76 (auch
russ., span., tschech.); Überlegungen zu
Feliks D., Theatertexte 79 (auch engl.,
port., russ., tschech.); Humboldt u.
Bolívar od. Der Neue Continent,

Schausp. 80 (auch span.); Die Preußen
kommen, Kom. 82.
H: Asta Nielsen, Die schweigende
Muse, Mem. 62.

Hammel, Hanspeter (Ps. -minu),
Journalist; Schweiz. Journalisten-
Verband, PEN-Club; Elsässer Regio-
Preis 80, Max Vischer-Pr. 81; Nadelberg
23a, CH-4051 Basel, Tel. (061) 250709
(Basel 16.6.47). Novelle, Essay.
V: Basler-Mimpfeli, Nn. 1-10 72-82; A
la Bernoise, N. 77; Bettgeschichten, Nn.
1-3 79, 81, 82; Briefe aus Rom 1978, 81,
83, Ess. 1-3 78, 81, 83; Basler Bilder, Ess.
80; Kostüm-Geschichten 80.

Hammer, Ernst; St.S.B., P.E.N.; Förderungspreis d. Bundesmin. f. Unterr.
54, Jahresstip. d. Carl-Bertelsmann-Stift.
56, Förderungspreis d. Steierm. Landesreg. 63, Peter Rosegger-Preis d. Landes Steiermark 69; Fröhlichgasse 68/12,
A-8010 Graz, Tel. (0316) 767874 (Stanz/
Mürztal 24.3.24). Erzählung, Roman,
Hörspiel.
V: Petelka kommt heim, N. 52; Staub
unter der Sonne, R. 60; Regen am Nachmittag, Erzn. 62; Ramint, R. 65; Ein
Augenblick d. Schwäche, Erzn. 76.
R: Spur im Sand, Hsp. 55; Die Frauen
von Pinewood Hill, Hsp. 60; Rauch für
den Regengott, Hsp. 61, 62; Die Gitarre,
Funkerz. 64, 65.

Hammer, Franz; SV-DDR 52;
Johannes-R.-Becher-Med. in Gold,
Wilhelm-Bracke-Med. in Silber,
Theodor-Neubauer-Med. in Gold,
Ehreng. d. Stadt Weimar, Goethe- u.
Schiller- Plak. d. Nationalen Forsch.- u.
Gedenkstätten Weimar, Verd.med. d.
DDR, Orden Banner d. Arbeit, Vaterld.
Verd.orden in Bronze, Vaterld.
Verd.orden in Gold; Generalsekretär d.
Dt. Schillerstift., DDR-5808 Tabarz/
Thür., Tel. 239 (Kaiserslautern 24.5.08).
Novelle, Essay, Reportage, Erzählung.
V: Aufbruch, Sprechchöre 29; Der
Krüppel, N. 35; Es wird Frühling ..., N.
37; Gerichtstag, N. 38; Die kleine Geige,
Erz. 44; Phosphor, Nn. 46; Die Ent-
hüllung, Erzn. 47; Die Wittichen, Erz. 51;
Freistaat Gotha im Kapp-Putsch, Rep.
55; Theodor Neubauer, Biogr. 56, 70;
Rings um den Inselsberg, Repn. 58;
Thüringer Wald, Ess. 59; Im Erbstrom-
tal, Re. 63; Martin Andersen Nexö, Ess.
63; Traum und Wirklichkeit, Geschichte
einer Jugend, Autobiogr. 75, 82; Zeit der
Bewährung, Autobiogr. 83.
MA: Färbt ein weißes Blütenblatt sich
rot, Erinn. 78; ...einer neuen Zeit Beginn,

Erinn. 80; Kamst zu uns aus dem Schacht, Ess. 80.

H: Stijn Streuvels: Martje Maartens und der verruchte Totengräber, N. 37; Quertreiber am Werk, Erzn. 42; Manfred Hausmann: Mond hinter Wolken, Erzn. 38; Otto Wirz: Das menschliche Herz schläft, Erzn. 38; Friedrich Griese: Im Beektal singt es, Erzn. 38; Hermann Stehr und das junge Deutschland, Festschr. z. 75. Geb. 39; Marie von Ebner-Eschenbach: Krambambuli, Erzn. 42; Hermann Stehr: Wendelin Heinelt, Erz. 42; Otto Ludwig: Aus dem Regen in die Traufe, Erz. 42; Jeremias Gotthelf: Der Besenbinder von Rychiswyl, Erz. 43; Rosa Luxemburg: Briefe aus dem Gefängnis 46; Thüringer Volkskalender 47 – 50; Heinrich Mann: Voltaire – Goethe, Ess. 47; Leonhard Frank: Der Vater, N. 47; Karl Liebknecht: Briefe an seinen Sohn Helmi 47; Johann Gottfried Seume erzählt von Pferden, Söldnern und Wilden, Jgdb. 47; Oskar Maria Graf: Das Aderlassen, Geschn. 48; Ernst Wiechert: Der Dichter und die Zeit 48; Der bunte Kranz, M. 48; Freiheit, Geschn. aus aller Welt 48; Johann Gottfried Seume: Treibt die Furcht aus, Brevier 48; Heinrich Heine: Ich bin das Schwert, ich bin die Flamme! Brevier 49; Das Lied der Freiheit, Lyrik-Anth. 49; Maxim Gorki: Die Menschen haben gesiegt, Erzn. 50; Martin Andersen Nexö: Die Puppe, Erz. 51; Leben ist ein Befehl, Anth. junger Autoren 55; Friedrich Gerstäcker: Die Regulatoren in Arkansas, R. 63; Die Flußpiraten des Mississippi, R. 63; Gottfried-Keller-Brevier 63; Der junge Gottfried Keller 71; Hermann Kesser: Die Stunde des Martin Jochner, Novellen 74; Klaus Herrmann: Die goldene Maske, R. 76; Karl Grünberg: Der Spatzenbaum, Erzählungen 76; Hermann Kurz: Der Weihnachtsfund, Erz. 79; Frühe Hörspiele 82.

R: Die Schüsse von Mechterstädt 60; Der rote Doktor 62; Der Geduckte 63.

Hammer, Wolfgang *

Hammer-Kreppel, Dorothea *

Hammerschmid, Josef (Ps. Josef Gollwitzer), Dr. med., Arzt; VG Wort 75; Burgweg 3, D-8023 Pullach/Isartal, Tel. (089) 7931800 (München 15.2.20). Roman, medizinische Fachbücher, Sachbücher.

V: Der 6. August, R. 75, 77 (auch afr., engl.); Der aufgeklärte Patient, Sachb. 76; Lexikon medizinischer Fachwörter, Sachb. 77, 82. ( )

Hammitzsch, Horst, Dr. phil., o. UProf.; Nußbaumweg 25, D-4630 Bochum (Dresden 3.11.09). Essay. **Ue:** J.

V: Chadô, Der Tee-Weg. Eine Einführ. in d. Geist d. japan. Lehre vom Tee 58, u.d.T.: Zen in d. Kunst d. Tee-Zeremonie 77, 80. – **MV:** Japanische Geisteswelt m. O. Benl 56; Shinkokinwakashû - Japanische Gedichte, m. L. Brüll 64.

H: Gedanken beim Sommerregen, Aphor. 61; Japanische Volksmärchen 64, 81; Shinkokinwakashû – Japanische Gedichte 64; Erzählungen des Alten Japan. Aus dem Konjaku-monogatari 65; Sarashinanikki. Tageb. einer japan. Hofdame aus d. Jahre 1060 66, 79; Japan 75.

Ue: Kakuzo Okakura: Das Buch vom Tee 49, 59.

Lit: L. Brühl u. U. Kemper: Asien - Tradition und Fortschritt, Festschrift für H. Hammitzsch z. seinem 60. Geb. 71. s. a. Kürschners GK. ( )

Hammon, Jeff, s. Grasmück, Jürgen.

Hampe, Johann Christoph, freier Schriftsteller, ev. Theologe; Forststr. 53, D-8021 Hohenschäftlarn, Tel. (08178) 4578 (Breslau 23.1.13). Lyrik, Epik, Essay, Sachbuch, Spiel, Hörspiel, Film.

V: Die Angefochtenen 48; Die blaue Schabracke 51; Indische Lilien 55; Die Sternenfährte 55; Fahrt u. Irrfahrt 56; Geschrei aus Babylon, Erzn. 61; Freundschaft m. d. Fremde 58; Paulus 60; Gott strahlt v. Weltlichkeit 65; Ehre u. Elend d. Aufklärung 71; Der Grund u. die Freude 75; Sterben ist doch ganz anders 75, 83; Türen ins Freie, Ess. 76; Was wir glauben, Taschenb. d. Ev. Erwachsenen-Katechismus 77; Also auch auf Erden, Meditat. 81.

H: u. **MV:** Dein Tag bricht an 55; Ende der Gegenreformation 64, Die Autorität der Freiheit I 66, II u. III 67; Von guten Mächten, Bonhoeffers Gedichte 76; Im Feuer vergangen 63.

R: Der vierte Weise 59; Die Schwestern 70; Die Tür bin ich 70; Auszug ins Ungewisse 70; Wo ist dein Bruder, Abel? 71; Passahmahl 73; Sog nach drüben 74; Rückzug in die Innerlichkeit 76; Lehrstück Holland 76; Muslims unter uns 76; Glück m. Tobias 76; Wenn es dem lieben Nachbarn nicht gefällt 77; Der Meistersinger von Nürnberg, Dok. u. Hsp., Fsp. 77. ( )

Hampel, Bruno, Journalist, Schriftsteller; DJV 55, VS Bayern 69; Karwendelstr. 21, D-8023 Großhesselohe, Isartal, Tel. (089) 798121 (23.12.20). Roman, Film, Fernsehfilm, Drama.

V: Früh um fünf im Treppenlicht,
Erzn. 50; Post aus Ottawa, R. 60; Brasi-
lia, R. 60; Fußballtrainer Wulff, Jgdb. 71;
Privatdetektiv Kross, Jgdb. 71; Eichholz
u. Söhne, R. 77; 13 Rosen, R. 79; Die
stummen Zeugen, R. 80; Vergiß deinen
Namen, R. 81; Tochter der goldenen
Muschel, R. 81; Bitte keine Polizei, R. 82;
Lockvogel Jessika W., R. 83.
F: Post aus Ottawa 61.
R: Zwischen zwei Zügen, Hsp. 53, 55;
Kommissar Freytag, Fsf.-Serie 64 bis 66;
Der Brief 64; Die Brille 65; Die Ägypti-
sche Katze 65; Die Kiste 66; Die Rote
Maske 66; Die Briefmarke 67; Die
Kamera 67; Die Zündschnur 67; Der
Irische Freiheitskampf 67; Das Gold-
stück 68; Polizeifunk ruft 10 69; Fußball-
trainer Wulff; Detektiv Kross, 13 Fsf. 71;
Tatort Baden-Baden 71; Tatort Saar-
brücken 72, Sozialgericht, 13 Fsf. 74; Elf-
meter, Lustsp. 74; Notarztwagen, 13 Fsf.
76; Rubens letzte Runde, Volksst. 77;
Eichholz u. Söhne, 13 Fsf. 77; Tatort
Saar 78; Die Kolonne 78, Marholms
Erben 78; Pensionstod 79; Ein Parasit
79; Bruderliebe 80; Schußfahrt 80; Tod
eines Aussteigers 81; Rosis Brüder 82;
Blütenträume 83, alles Fsf.

Hampel, Robert, Dr. phil.; Gasser-
gasse 9/18, A-1050 Wien 5, Tel. (0222)
5552684 (Wien 1.11.16).
V: Morschansker Sonette, Hunger-
lyrik 1945 77; Warwarino — Die
Freunde, Erzn. 82; Neu-Wilmsdorf, Erz.
83.

Hampele, Walter, ObStudDir.; Auf
dem Galgenberg 7, D-7170 Schwäbisch
Hall, Tel. (0791) 2509 (Westheim 20.6.28).
Mundartlyrik, Essay.
V: Neuere dt. Lyrik, Ess. 64/3;
Moderne dt. Lyrik, Ess. 66/3; A Boer
zwiignähde Schuah, Mda.-G. 80;
Wiiderschbrich, Mda.-G. 82.
Lit: Dieter Wieland: Etwas knirscht
zwischen den Zähnen in: schwädds, Zs.
f. Mda. 2 81; Wilhelm Staudacher: W.H.:
Wiiderschbrich, Mda.-G. in: schwädds 5
82.

Hampf-Solm, Margarete; Gedok 41 —
45, Künstlerhort 49; Am Eichwald 22, D-
6232 Bad Soden am Taunus (Berlin-
Niederschönhausen 31.10.91). Lyrik,
Erzählung.
V: Von Berg- und Wanderfreuden, G.
58, neubearb. u. d. T.: Bergauf und Bergab 68.
MA: Zss. u. Anth.

Hampke, Renate, s. Herms-Hampke,
Renate.

Hampton, Patrick, s. Vethake, Kurt.

Han-Erich, s. Seuberlich, Hans-Erich.

von Hanau-Schaumburg, Maria Prin-
zessin (Ps. Hanau-Strachwitz); VS 71, D-
8135 Söcking, Tel. (08151) 3126 (Baden b.
Wien 3.9.22). Roman, Kinderbücher.
Ue: E.
V: Wenn wir warten können, Ge-
schichte einer Liebe 57; Fröhliche Insel-
zeit 66; Fanny's Feriengäste 68;
Geburtstag im September, Erz. 72.
MA: Stiller werden die Tage 72.
Ue: Miss Read: The Market Square u.
d. T.: Geliebter kleiner Marktplatz 68;
Lutz Hartdegen: The Island in the River
Ping 69.

Hanau-Strachwitz, s. von Hanau-
Schaumburg, Maria.

Handke, Peter, Schriftsteller;
Gerhart-Hauptmann-Pr. 67, Peter-
Rosegger-Lit.pr. 72, Schiller-Pr. d. Stadt
Mannheim 72, Georg Büchner-Pr. 73,
Prix Georges Sadoul 78, Kafka-Pr. 79
(weitergegeben), c/o Suhrkamp Verlag,
Frankfurt a.M. (Griffen/Kärnten 6.12.42).
Roman, Aufsatz, Theaterstück, Hörspiel.
V: Die Hornissen, R. 66, Tb. 68,
Neuausg. 78, 83; Publikums-
beschimpfung und andere Sprech-
stücke, Bü. 66, 69; Der Hausierer, R. 67,
79, Tb. 70; 81; Begrüßung des Aufsichts-
rats, Prosatexte 67, Tb. 70, 81; Kaspar,
Bü. 67, 69; Die Innenwelt der Außenwelt
der Innenwelt, Prosa 69; Deutsche
Gedichte, G. 69; Prosa, Gedichte,
Theaterstücke, Hörspiele, Aufsätze,
Teilsamml. 69; Die Angst des Tormanns
bei Elfmeter, R. 70, 78, Tb. 72; Wind und
Meer. 4 Hsp. 70; Der Ritt über den
Bodensee, Bü. 71; Chronik der
laufenden Ereignisse 71; Stücke I 72;
Der kurze Brief zum langen Abschied,
Erz. 72, Tb. 74; Wunschloses Unglück,
Erz. 72, 75; Ich bin ein Bewohner d.
Elfenbeinturms, Aufs. 72, 81; Stücke II
73; Die Unvernünftigen sterben aus, St.
73; Als das Wünschen noch geholfen
hat, G., Aufs., Texte, Fotos 74; Die
Stunde der wahren Empfindung, Erz. 75,
78; Der Rand der Wörter, Samml. 75, 81;
Falsche Bewegung, Filmerz. 75, 81; Die
linkshändige Frau , Erz. 76, Tb. 81; Das
Ende d. Flanierens, G. 77, 82; Das
Gewicht d. Welt. E. Journal 77, 79;
Langsame Heimkehr, Erz. 79; Die Lehre
der Sainte-Victoire 80; Kindergeschichte 81; Über die Dörfer, dram. G.
81; Die Geschichte des Bleistifts 82; Der
Chinese des Schmerzes 83.

MA: Niki Lauda, m. G. Effenberger, Z. Zwickl 78.
H: Der gewöhnliche Schrecken, Horrorgeschn. 69, 77.
S: Die Innenwelt der Außenwelt der Innenwelt. Peter Handke liest: Die neuen Erfahrungen, Wort der Zeit, Der Text des Rhythm-and-Blues ... 70; Wunschloses Unglück, e. Auswahl 78.
Lit: Peter Handke in: Text und Kritik, Heft 24/24a, m. Bibliographie u. Lit.-Verz. Peter Handke 69, 4.erg. Aufl. 78; Michael Scharang (Hrsg.): Über P. H. 72, 77; Uwe Schultz; P. H. 73; Henning Falkenstein: P. H. 74; Günter Heintz: P. H. 74, 76; Manfred Mixner: P. H. 77; Rainer Nägele, Renate Voris: P. H. 78, u.v.a. ( )

Handl, Joseph (Ps. Hans Holm); V.G.S. 50, L.V.G.; Silb. Verdienstzeichen d. Landes Wien 72; Favoritenstr. 125/I/7, A-1100 Wien, Tel. (0222) 6430262 (Mödling b. Wien 11.10.96). Roman, Novelle, Drama, Hörspiel, Essay.
V: Kleist, R. 38, 49; Kleist-Tragödie, Dr. 38; Die Brüder, Nn. 40, 43; Mit dem Privilegium Apolls, Nn. 40, 44; Der Schwan von Avon, R. 48; Das Urbild Hamlets, Dr. 52; Schauspieler des Burgtheaters, Ess. 55; Ein armes Hascherl, Kom. 55; Romantische Leidenschaft, R. 56, auch Dr. 56.
R: Wiener Theaterkunst; Begegnung der Geister; Das große Beispiel; Der Deutsche Orden; Letztes Kapitel - In der glückhaften Straße; Die Malteser; Das Wiener Burgtheater; Slatin Pascha; Geschichtsforscher und Reisender J. P. Fallmerayer; Aufstieg und Untergang Ivar Kreugers; Die Hanse; Der Herzog v. Reichstadt; Märtyrer der Liebe; Frank Thieß, ein Portrait; Ferdinand Kürnberger; Hermann Bahr; Dämonie des komischen Charakters, Nestroy; Fried. v. Gentz und Fanny Elßler; Kurz-Bernardon, d. Wienerische Hanswurst; Das Wr. Reinhardt-Seminar; Die Span. Hofreitschule; Das Wr. Biedermeier; Barocker Glanz in Wien; Friedrich Schreyvogl. Ein Porträt; Adolf Loos; Das Regiment Hoch- u. Deutschmeister; Die beiden Fischer v. Erlach; Der Maler Rudolf Böttger; D. Unbekannte Meister vom Schottenstift; Ferd. Georg Waldmüller; Josef Engelhart; Das hilfreiche Wunder. Rich. Wagner u. Ludwig II.; Richard Wagner u. Wien; Hzgo v. Hofmannsthal; D. Wiener Tizian. Hans Markart; Adalbert Stifter; Das Wiener Volkstheater; 200 Jahre Burgtheater. 17 Burgschauspieler; Die Schicksalsgöttin;

Genie und Liebe; D. Universität als Heimstätte d. Studententheaters; D. Theater an der Wien; Das Wiener Theresianum; Die öst. Nationalbibliothek; D. öst. Escurial (Klosterneuburg); Nikolaus Lenau u. Sophie Löwenthal; John Galsworthy; Charles Swinburne, Ernst Hardt; Gabriele d'Annunzio; Eduard Mörike; Der Maler der schönen Engländerin; Maria Theresia u. d. Wienerische Hanswurst; Beethoven sucht einen Opernstoff; Die Originalität Shakespeares; Nietzsche als Lyriker; Theodor Heinrich Mayer; Josef Lanner u. Johann Strauß. ( )

Handlgruber, Veronika (Ps. Vroni Handlgruber-Rothmayer), Dr. phil., Leiterin d. Städt. Büchereien; SÖS 56, Gem.obö.S. 55; Erzählerpreis d. "Pause" f. d. N. Peterle 39; EM d. dt. Kulturwerks 59, Mitgl. d. dt. Akad. f. Bildung u. Kultur 71; Hessenplatz 4, A-4400 Steyr, Tel. (07252) 242163 (Wien 7.2.20). Lyrik, Erzählung, Kurzgeschichte, Jugend- u. Kinderbuch, Märchen, Jugendhörspiel.
V: Aquas Reise, M. 41; Die Zwillinge Loni und Moni, Mädelb. 48; Das Traummännlein. M. 49; Ruf und Tröstung, G. 50; Fünfzehn aus dem Dorf, Jgd.-R. 51; Die geteilten Zwillinge, Mädelb. 51; Es begann mit einem Luftballon, Kinder-Erz. 51; Die zwölf Monate und der Waldheimzwerg, M. 53; Das andere Gesicht, G. 61; Steyrer Kripperl, Kunstführer 69; Ferien in Paris, Mädelb. 74; Das Steyrer Kripperl, e. Puppentheater 80.
MA: Zahlr. Zss., Anth. u. Jahrb.; Kulturberichterstattung 57-75.
R: Puppe Susi im Weihnachtshimmel 58, 64; Roswithas seltsamer Geburtstag 59; Die kleine Weltreise 60; Schabernackl 70, 81; Schweizer Rundspruchgesellschaft. Puppe Susi im Weihnachtshimmel 64; Brich nicht die Siegel 79; Brich nicht die Siegel 79, 82.

Handlgruber-Rothmayer, Vroni, s. Handlgruber, Veronika.

Handschick, Ingeborg; Weinauring 20, DDR-8800 Zittau.
V: Diesmal will ich alles sagen, Erz. 80. ( )

von Hanenfeldt, Hildegard *

Hangert, Ilse, Verwaltungsangest.; Am Murbach 5, D-5653 Leichlingen 1, Tel. (02175) 2806 (Köln 6.11.25). Lyrik.
V: Jeder trägt im Herzen Sehnsucht, G. 82.

Haningway, Ralph, s. Hahn, Rolf.

Hanisch, Hanna, freie Schriftstellerin; Friedrich-Bödecker-Kr.,

Auswahlliste z. Dt. Jugendbuchpr. 80, 81;
Grauhöferstr. 23, D-3380 Goslar, Tel.
(05321) 21723.
V: Texte f. das Schul- und Jugend-
theater; Bilderbücher; Taschentexte für
Erstleser; Dreiminuten-Geschichten 76;
Martin geht die Straße lang, Kinderb. 79
(auch dän., schwed.); Julias Haus 80;
Joko und Filipap 80; Fabian und sein
Freund Bürste 81; Kopfkissen-
Geschichten 81; Als Onkel Jonas ver-
zaubert war 83.
MA: Geh und spiel mit dem Riesen;
Am Montag fängt die Woche an; Der
fliegende Robert; Die Stadt der Kinder;
Frieden — mehr als ein Wort; Vorlese-
buch Religion Bd I-III.
H: u. **MV:** Das Kinderjahr, Arbeits-
hefte f. Kindergarten, Vor- u. Grund-
schule, m. R. Hanisch (17 H.).

Hanke, Gertrud (Ps. Gertrud Hanke-
Maiwald), Hausfrau, freie Journalistin;
Kg. 61, V.F.S. 65, Vorst.mitgl. u.
Pressereferentin; 1. Pr. Schülerwettbew.
f. d. schönste Weihnachtsm. 33, 1. Pr.
Hsp.- u. Funkerz.wettbew. d. Ostdt.
Kulturrates Bonn 69, Silbermed. Peter-
Rosegger-Preisausschr. Staackmann-
Verl. 74, Xylos-Lyrikpr. 77, Sudetendt.
Kulturpr. f. Lit. 78, 1. Pr. Das goldene
Senfkorn, Haiku-Wettbew. 81;
Kontumazgarten 24, D-8500 Nürnberg,
Tel. (0911) 263097 (Mährisch-Ostrau
6.5.18). Lyrik, Essay, Novelle, Roman,
Hörspiel.
V: Tonda Machas Weg über die
Grenze 71; Zweite Heimat Franken 73;
Fenster voller Ruß u. Träume 78; Lit.-
graph. Extrablatt: Haiku 78.
MA: Rd 50 Anth.
H: Heimat Beskidenland — Autoren
aus dem Beskidenland erzählen, Anth.
83.
R: Der dritte Hochzeitstag, Fsf. 73;
Erinnerungen an Mähr. Ostrau, Hb. 80.
Lit: Erhard Jos. Knobloch: Handlex.
Dt. Lit. in Böhmen-Mähren-Schlesien
76.

Hanke, Helmut; Kottmeier-Str. 5c,
DDR-1160 Berlin (Zittau 11.7.15).
V: Schöpfung ohne Grenzen, Sachb.
59; Das unbeständige Feigenblatt 60;
Der siebente Kontinent 62; Die große
Ernte 62; Männer, Planken, Ozeane. Das
sechstausendjährige Abenteuer der
Seefahrt 63, 82; Seemann, Tod und
Teufel 66, 83; Das Abenteuer der
Manege 68; Meer der Verlockung,
Sachb. 73; Yvette Guilbert, die Muse
vom Montmartre 74, 78.

Hanke, Manfred, Bibliothekar;
Reuterstr. 205, D-5060 Bergisch
Gladbach 2, Tel. (02202) 57667 (Pirna
11.7.21). Essay.
V: Die Schüttelreimer, Bericht über
eine Reimschmiedezunft 68.
H: Die schönsten Schüttelgedichte 67.

Hanke-Maiwald, Gertrud, s. Hanke,
Gertrud.

Hannover, Heinrich, Rechtsanwalt;
Knochenhauerstr. 11, D-2800 Bremen,
Tel. (0421) 318231-33 (Anklam 31.10.25).
Kinderbücher u. Sachbücher.
V: Das Pferd Huppdiwupp, Kdb. 68;
Die Birnendiebe vom Bodensee, Kdb.
70; Der müde Polizist, Kdb. 72; Riesen
haben kurze Beine, Kdb. 76; Klassen-
herrschaft u. Politische Justiz, Sachb.
78; Der vergeßliche Cowboy, Kdb. 80;
Schreivogels türkisches Abenteuer,
Kdb. 81; Die Geige vom Meeresgrund,
Kdb. 82. — **MV:** Politische Justiz 1918 —
1933 66; Der Mord an Rosa Luxemburg
und Karl Liebknecht 67, beides m.
Elisabeth Hannover-Drück; Lebens-
länglich - Protokolle aus d. Haft 72, m.
Klaus Antes u. Christiane Ehrhardt; Die
unheimliche Republik, m. Günter
Wallraff, Sachb. 82.
S: Fritz Muliar erzählt: Das Pferd
Huppdiwupp u. a. Geschn. 73; Heinrich
Hannover erzählt Geschn. f. Kinder v. 3
- 8 Jahren: Die Birnendiebe v. Bodensee
78; Der vergeßliche Cowboy 81.

Hannsmann, Margarete, Schrift-
stellerin; VS-Vorstandsmitgl., P.E.N.;
Schubart-Pr. 76, Lit.pr. d. Stadt Stuttgart
81; Zur Schillereiche 23, D-7000
Stuttgart 1, Tel. (0711) 242082 (Heiden-
heim/Württ.). Lyrik, Dokumentation.
V: Tauch in den Stein, G. 64; Drei
Tage in C, R. 64; Marquis im Nirgendwo,
G. 66; Zerbrich die Sonnenschaufel, G.
66; Grob Fein & Göttlich, G. u. Prosa 70;
Zwischen Urne & Stier, G. 71; Das
andere Ufer vor Augen, G. a. Dtld 72; Ins
Gedächtnis der Erde geprägt, G. 73; In
Tyrannos, G. 74; Fernsehabsage, G. 74;
Blei im Gefieder, G. (franz., dt.) 75;
Buchenwald, G. 77; Chauffeur bei Don
Quijote, R. 77; Schaumkraut, G. 80;
Landkarten, G. 80; Spuren, G. 81; Der
helle Tag bricht an, R. 82; Du bist in
allem, G. 83.
R: Der letzte Tag 67; Die Wand 69;
Auto 73; Buchenwald dreißig Jahre
später 76, alles Hsp.

Hanreich, Liselotte,
Diplomkaufmann, Bäuerin, Angestellte;
Schloß Feldegg 1, A-4742 Pram, Tel.

(07736) 261 (Wien 10.1.39). Lyrik,
Märchen.
V: Lyrische Texte 82.

Hanselmann, Johannes, Dr. phil.,
Mag.theol., D.theol. h. c., Landesbischof;
Meiserstr. 13, D-8000 München 2, Tel.
(089) 5595201 (Ehingen am Ries 9.3.27).
V: Meilensteine auf dem Weg der
lutherischen Kirche in Amerika 50;
Kleines Lexikon kirchlicher Begriffe 69;
Keine Angst vor Pfarramtsführung 71,
72; Stückwerke 74, 76; Wie durch einen
Spiegel 77; Dann werde ich erkennen
78; Ein Netz knüpfen 80; Lichtsignale
82; Der Herr gibt meiner Seele Kraft
82. — **MV:** Kybernetik als Herausforderung an die Geisteswissenschaften
69; Angst und Schuld 69; Streit um das
politische Mandat der Kirche 69;
Gottesdienst 70; Mit ihm reden 74, 77.
B: Gelebte Religion 78.
H: Keiner will schuldig sein, Lesest.
77; Mit ihm reden I 3. Aufl. 81, II 2. A. 77,
IV 77.

Hansen, Eduard; Am weißen Rain 37,
D-6148 Heppenheim.
V: Geographien, G. 78; Umgebungen,
G. 78; Das Dorf 79; Bruchstücke 80. ( )

Hansen, Godske E., s. Jacobi,
Wolfgang.

Hansen, Helmut, Schriftsteller;
Grandweg 92, D-2000 Hamburg 54, Tel.
(040) 566583 (Cuxhaven 30.12.53). Roman,
Erzählung, Essay.
V: Ich war jung und wollte leben, Erz.
82.

Hansen, Karl, Pastor i. R.; Osterende
18, D-2250 Husum/Nords., Tel. (04841)
2817 (Pellworm 30.9.99). Novelle, Lyrik.
V: Chronik von Pellworm, Gesch. d.
Insel, d. Fluten, Balln., Bilder 17, 75;
Sieben Geschichten um eine Insel 51;
Wenn de Diek ut Glas weer, 45 Döntjes
75, 76.

Hansen, Konrad, Schriftsteller; VS
Nds. 70; Hans-Böttcher-Pr. f. nddt. Hsp.
62, Fritz-Stavenhagen-Pr. f. nddt.
Dramatik 75 (Kiel 17.10.33). Drama, Hör-
spiel, Fernsehspiel, Prosa.
V: De letzte Proov, nddt. Sch. 60; Dat
Spöökhuus, nddt. Sch. 60; Dat Spöök-
huus, nddt. Lsp. 62; Witte Wyandotten,
nddt. Kom. 63; Jonny de Drütte, nddt.
Lsp. 65; Schipp ahn Haben, nddt. Sch.
69; Alles hett sien'n Pries, nddt. Kom. 70;
Dat warme Nest, nddt. Kom. 72; Een
Handvull Minsch, nddt. Sch. 73;
Johanninacht, nddt. Sch. 76; Mit Geföhl
un Wellenslag, nddt. Lsp. 78; De Firma
dankt, nddt. Volksst. 80. —

MV: Niederdt. Hörspielbuch 61 I, 71 II;
WDR-Hörspielbuch 64, 67, 68; Tuchfühlung, neue dt. Prosa 65; Ehebruch &
Nächstenliebe, Erzn. 69.
R: Dat Huus vör de Stadt 62; Noah
bricht auf 62; Verlaren Stünn 63; Solo
für Störtebeker 64; Swatten Peter 66;
Herr Kannt gibt sich die Ehre 66; Wand
an Wand 66; Den Eenen sien Uhl 67;
Dreih di nich üm 67; Ein Sohn nach Art
des Hauses 68; Gesang im Marmorbad
68; Stah op un gah 69; Sonntags wenn
die Schlächter schlafen 69; Deutsch und
Deutsch 69; Horch was kommt von
draußen rein 70; De Mann von güstern
70; Die Dinge nehmen wie sie sind 70;
Vom Hackepeter und der Kalten Mamsell 71; Maulbrüter 72; De een un de
annern 72; Fraag nich nah Sünnen-
schien 73; Stippvisit 73; Nokturno 73;
Das Floß der Medusa 73; Der Papp-
kamerad 73, alles Hsp.; Weiße Wyandotten 65; Nullouvert 68; Herr Kant gibt
sich die Ehre 68; Das Ding an sich und
wie man es dreht 71; Jonny der Dritte
71; Allens hett sie'n Pries 72; Gesang im
Marmorbad 72; Vom Hackepeter und
der Kalten Mamsell 73; Lehmanns
letzter Lenz 75, alles Fsp.
Lit: Heinz Schwitzke: Reclams Hörspielführer 69. ( )

Hansen, Kurt Heinrich, Dr. phil.,
Schriftsteller; Kl. Lessing-Preis d. Stadt
Hamburg 53; Kieselweg 1, D-2000
Hamburg 65, Tel. (040) 6027222 (Kiel
10.10.13). Essay, Hörspiel. **Ue:** Arab. E, F,
Per.
V: Verse und Sprüche der Araber, Ess.
54; Die grünen Weiden, Hsp. nach Marc
Connelly 54; Gedichte aus der neuen
Welt, Ess. 56; Adler zwischen 50 Sternen
71; Flug über die Elbe 76; Folksongs u.
Balladen aus d. halben Welt 77.
R: Der Eroberer, Hsp. nach Archibald
MacLeish; Die grünen Weiden, Hsp.
nach Marc Connelly; Sendereihen zu
Joyce' Ulysses und Finnegans Wake 62,
67; Irgendwo in der westlichen Welt,
Hsp. 72; Hamburgs Straßen u. Plätze 78;
Cornwall 78; Die Sinnlichkeit d.
Übersetzens 79; Slang 79; Zawai oder
Das Herz des Schattens 83.
Ue: Wystan Hugh Auden: Das Zeit-
alter der Angst 50; Archibald MacLeish:
Groß und tragisch ist unsere Ge-
schichte, G. 50; Jonathan Swift:
Gullivers Reisen 52; Tennessee
Williams: Der römische Frühling der
Mrs. Stone 53; William Faulkner: Eine
Legende 55; Gedichte aus der neuen
Welt, amer. Lyrik seit 1910 56; Go down,

Moses. 100 Spirituals u. Gospel Songs 63; Wallace Stevens: Der Planet auf dem Tisch, G. 61; James Joyce, Briefe 69; Jerzy Kosinski: Chance 72; Kurt Vonnegut: Frühstück für starke Männer 74; John Updike: Der Sonntagsmonat 76; Richard Wright: Black Boy 78; Schwarzer Hunger 80; Dies ist mein Land 81; Ruth Beeb Hill: Hanta Yo 80; Athol Fugard: Tsotsi 82; Patrick White: Der Lendenschurz 82; Die Twyborn Affäre 83.

Hansen, Margot, Rechtsanwalts-gehilfin; Höninger Weg 8, D-5030 Hürth, Tel. (02233) 65988 (Stolpmünde 19.3.23). Jugendbuch, Schreibschriftband.
V: Illis Dackel Fridolin, Jgdb. 64; Sabine im Forsthaus, Jgdb. 65; Jo und Trixi retten ihre Freunde, Jgdb. 65; Mohrle auf dem Bauernhof, Schreib-schr.bd. 68; Häschen Hoppels Aben-teuer, Schreibschr.bd. 68; Jörg und die Katzenbande, Jgdb. 67; Vickys Tier-paradies, Jgdb. 73; Findelhund Felix, Jgdb. 74; Wir suchen Miss Tapsy, Jgdb. 75; Der seltsame Fremde, Jgdb. 81.

Hansen Palmus, Hans; Rodenbeker Str. 74, D-2000 Hamburg 65.
V: Spass mut sien, e. Handvull Höög, Neuaufl. 77; Tiet blifft nich stahn, G. 81. ( )

Hansen, Walter, Autor; VG Wort seit 77; ZDF-Jugendbuchpr. 80; Stengelstr. 6, D-8000 München 40, Tel. (089) 369390 (Waltendorf 4.4.34). Roman, Sachbuch, Anthologie.
V: Wonne in der Wanne, Sachb. 67; D. Ritter, Sachb. 76, 78; D. Reise d. Prinzen Wied zu d. Indianern, Tatsachen-R. 77, Tb. 78; D. große Pfadfinderb., Sachb. 79; Tomahawk u. Friedenspfeife, Kurzgesch. 79; Der Detektiv von Paris, R. 80; Sie nannten ihn Lederstrumpf, Tatsachen-R. 80.
H: Das große Hausbuch d. Volkslieder 78; D. Buch d. Balladen 78; D. große Hausb. d. Sagen u. Legenden aus d. dt. Volksbüchern 79; Advent- u. Weihnachtslieder 79, alles Anth.; Die Edda — German. Göttersagen aus erster Hand 81; Das Nibelungenlied — Heldensage aus erster Hand 82.

Harbeck, Alois *

Harbecke, Ulrich, Fernseh-Redakteur; Heddinghovener Str. 23, D-5042 Erftstadt, Tel. (02235) 77487 (Witten/Ruhr 11.1.43). Roman, Film, Übersetzung. **Ue:** E.
V: Auf Leben u. Tod, R. 73; Invasion, R. 79; Abenteuer Bundesrepublik 83.

MA: Die andere Seite der Zukunft 80; Canopus 80; Vorgriff auf morgen 81; Die Träume des Saturn 82; Eros 82; Formalhaut 83.
Ue: George Peele: The Old Wive's Tale 67.

Harbert, Rosemarie, s. Bottländer, Rosemarie.

Hardeck, Marianne, s. Eckhardt, Rosemarie.

Hardel, Gerhard; Karl-Marx-Allee 106, DDR-1034 Berlin.
V: Das ungewöhnliche und bemerkenswerte Leben des Hannes Kraus aus Biebenhausen 73; Hellas. Geschichten vom alten Griechenland 75; Jenny, Tb. 77. ( )

Hardel, Lilo; SV-DDR 54; 1. Preis d. Min. f. Kultur d. DDR 54; Ernst-Thäl-mann-Str. 111, DDR-1260 Strausberg II b. Berlin (Berlin 22.6.14).
V: Pieps und Hanna 52; Der freche Max 53, 55; Das schüchterne Lottchen 54, 64; Max und Lottchen in der Schule 55, 65; Otto und der Zauberer Faulebaul 56; Karlas große Reise 57; Die Sache mit dem Echo u.a. Geschn. von Tieren und Kindern 57; Theater in der kleinen Stadt, Kinderb. 59, Tb. 79; Das Mädchen aus Wiederau 64; Die acht Ruben 64; Die lustige Susanne 68; Susanne in Märzdorf 73; Nadja, mein Liebling 75; Emeli, das Saurierkind 77; Mariechens Apfelbaum 79. ( )

Harden, Harald, s. Görz, Heinz.

Hardenberg, Andrea, s. Schiede, Gerty.

Hardenberg, Henriette, s. Frankenschwerth, Margarete.

Harder, Ben, s. Pietruschinski, Horst.

Harder, Heinz-Jürgen, freier kirchlicher Mitarbeiter; Literaturzentrum e.V. Hamburg 80; Radickestr. 25, D-2100 Hamburg 90, Tel. (040) 7631958 (Niebüll/Nordfriesld. 21.6.44). Lyrik, Prosa.
V: Gedichte aus d. Irrenhaus 78, 79; Nachrichten aus Babylon 80. ( )

Harder, Irma; SV-DDR 54; Theodor-Fontane-Preis 56, Preis f. Kinder- u. Jugendlit. 58; Ulrich-von-Hutten-Str. 2, DDR-1500 Potsdam (Polzow, Kr. Prenzlau 24.12.15). Roman, Erzählung.
V: Die Bauernpredigt, Geschn. 53; Im Haus am Wiesenweg, R. 56, 78; Ein un-beschriebenes Blatt, R. 58, 80; Das siebte Buch Mose und andere Geschichten 58, 59; Wolken überm Wiesenweg, R. 60, 64; Die Spatzen pfeifen's schon vom Dach,

R. 63; Verbotener Besuch, Erz. 68, 77; Melodien im Wind, Erz. 71, 73; Die Nacht auf d. Mädcheninsel, Erz. 74, 78; Grit im Havelland, E. 77, 79.

Harder, Irmgard, s. Selk-Harder, Irmgard.

Hardey, Evelyn; Giesendorfer Str. 30a, D-1000 Berlin 45, Tel. (030) 7724219 (Berlin 2.3.30). Kinder- u. Jugendbuch. Ue: E.
V: Obumbi und die gestreifte Giraffe, Kdb. 64; Spatz auf Spitzen, Mädchenb. 64; Die Zeit mit Mei-ling, Buch f. Jungen u. Mädchen 67; Als beim Sandmännchen der Sand alle war, Kdb. 68; Jupp d. Schornsteinfeger, Kdb. 73; Schweigen ist schwer, Jgdb. 73; Nadja ein ungewöhnliches Mädchen, Jgdb. 75; Was ist mit Caroline?, Kdb. 77; Damals war ich fünfzehn 79; Du läufst mir nicht davon, Jgd.-R. 84.
MA: Dabei 72; Menschengeschichten 75; Kinder turnen mit Vergnügen, Hdb. 76.
R: Rd 100 Hsp. u. Features u. Mitarb. im Kinderfunk.
S: Jim Salabim, Kass.-Serie 81; Pony Panos, Kass.-Serie 82.

Harding, Steve C., s. Nagel, Herbert Christian.

Hardt, Hans, s. Degenhardt, Jürgen.

Hardt, Heinz (Ps. Dick R. Robertson, Etta von Tannmark, Irma Szillaghy), Schriftsteller (Wien 8.3.01). Historische Arbeiten, moderne Kurzromane, Science fiction, Kurzgeschichte, Novelle.
V: Zahlr. R., Kurzgeschn. u. Nn., u.a. Science-fiction-R.: Die Unmenschlichen; Herr der Höllenwelt u.a. ( )

Hardt, Karl-Heinz, Journalist; SV-DDR 63; 1. Preis Künstl.-Wettbewerb d. Preisrats Zittau 50; Retzbacher Weg 41, DDR-1100 Berlin-Pankow (Grünberg/ Schles. 20.3.26). Erzählung, Film, Szenarium.
V: Wind aus West, Erz. 54; Die Abenteuer des fliegenden Reporters Harri Kander, Erzn. 56/57; Geheimnisse um Raketen. Ein Bericht, der Legenden zerstört 62; Ole Varndals letzte Fahrt, Erz. 64; Rakete Start!, Kinderb. 65; Unternehmen Walzertraum, Erz. 66; Von Fliegern und Flugzeugen. Aus d. Gesch. u. Technik d. Luftfahrt, Sachb. 73; Von Luftschiffen u. Ballons. Aus d. Gesch. u. Technik d. Luftfahrt, Sachb. 76; Krieg der Schatten, Erz. 79.

F: Weiße Schwingen 56; Schuß ins Schwarze 57; Akrobaten der Lüfte 64.
R: Flugkapitän Brigitte, Fs.-Szenarium 56; Libellen am Start, Fs.-Rp. 60. ( )

Hardt, Willy *

Hardy, Bern, s. Bernhardi, Horst.

Harig, Ludwig; VS 70, P.E.N. 72; Kunstpreis d. Saarlandes 66, 6. Stip. d. Berliner Kunstpreises 75, Kunstpr. d. Stadt Saarbrücken 77, Turmschreiber v. Deidesheim 83; Dt. Akad. f. Spr. u. Dicht. 79, Akad. d. Wiss. u. Lit. 82; Oberdorfstr. 36, D-6603 Sulzbach/Saar, Tel. (06897) 52936 (Sulzbach/Saar 18.7.27). Lyrik, Roman, Essay, Hörspiel, Drama. Ue: F.
V: Haiku Hiroshima, Text 61; Zustand und Veränderungen, Texte 63; Das Geräusch, Hsp. 65; Reise nach Bordeaux, R. 65; das fußballspiel, Hsp. 67; im men see, Texte 69; Ein Blumenstück, Hspe 69; Sprechstunden für die deutsch-französische Verständigung und die Mitglieder des Gemeinsamen Marktes, Familienr. 71; Allseitige Beschreibung d. Welt zur Heimkehr d. Menschen in eine schönere Zukunft, R. 74; Wie kommt Leopold Bloom auf die Bleibtreustraße, Erz. 75; Die saarländische Freude, Texte 77; Rousseau, R. 78; Heimweh, Texte 79; Pfaffenweiler Blei, G. 80; Der kleine Brixius, N. 80; Logbuch eines Luftkutschers, Texte 81; Heilige Kühe der Deutschen, Texte 81; Tafelmusik für König Ubu, G. 82; Trierer Spaziergänge, Texte 83. — **MV:** Das Fußballspiel, Erz. in: Ein Tag in der Stadt 62; zufällig änderbar, Texte 70; wir spielen revolution, Dr. 70; Miß Mary, Text 70; Lichtbogen, Text 71; Die Saar, Text 71; Mosel Saar Ruwer, Text 74; Drei mal drei Fünfsätze, Text 74; Saarbrücken 77; Die Ballade vom großen Durst, G. 83.
H: H. Geißner: Elliptoide, Texte 64; Hans Dahlem: Graphische Kosmogonie 65; Und sie fliegen über d. Berge, weit durch d. Welt, Aufsätze v. Volksschülern 72. — **MH:** Muster möglicher Welten, Anth. f. Max Bense 70; Netzer kam aus d. Tiefe d. Raumes, notwendige Beiträge z. Fußballweltmeisterschaft 74.
R: Das Geräusch, Hsp. 63; Das Fußballspiel 66; Staralüren 67; Les desmoiselles d'Avignon 67; Ein Blumenstück 68; Der Monolog der Terry Jo, m. Max Bense 69; Staatsbegräbnis 69; Haiku Hiroshima 69; Katzenmusik, m. Peter Hoch 70; Fuganon in d 70; Türen und Tore, m. J. Becker, Reinhard Döhl, Johann M. Kamps 71; Versammelt euch 71; Hercule Poirots 12 Arbeiten 71; Darum sorget nicht f. d. anderen

Morgen 72; Entstehung einer Wort-
familie 72; D. Glück dieser Erde 73;
Wahrlich ich sage euch 73; Zeit u. Raum
verschwinden mit d. Dingen 74/75;
Dichten u. Trachten 76/77; Ein dtsch.
Narrenspiel 77; Warum kann ich nicht
vom Truge 79; Wer will haben, der muß
graben, Hsp. 80; Ein Fest für den
Rattenkönig, Hsp. 82.
S: Deutsch f. Deutsche, m. Michael
Krüger 75; Staatsbegräbnisse 75.
Ue: Willy Alante-Lima: Manzinellen-
blüten 60; Raymond Queneau: Taschen-
kosmogonie 63; Marcel Proust:
Pastiches 69; Charles Cros: Mädchen
aus d. Nachtlokal 74; Paul Verlaine:
Freundinnen 75; Raymond Queneau: D.
heiße Fleisch d. Wörter 76. —
MUe: Raymond Queneau: Stilübungen
61; Saint Glinglin u. d. T.: Heiliger Bimbam 65; Held/Mercié: Krautundrüben
74; Monreal/Galeron: Mia, Dia, Ia u. ihr
Vetter Tagabia 74; Vidal/Willig: Zu Fuß,
zu Roß, im Mondgeschoß 74, alle m. E.
Helmlé; Papa, Mama und der Esel, G. 78.

Harison, I. L., s. Brauns, Ilse.

Harkenthal, Gerhard, RA.; SV-DDR
56; Amselweg 12, DDR-4320
Aschersleben (Aschersleben 15.1.14).
Roman, Erzählung, Drama.
V: Hochgericht in Toulouse, Erz. 55,
64; Der Hambacher Hut, R. 56, 57;
Blaschkowitz ist wieder da, R. 59; Liebe
ist mehr, R. 60, 64; Flucht ins Schwurgericht, R. 62, 64; Rendezvous mit dem
Tod, R. 62, 65; Canal Story, R. 64, 65
(auch ung.); Galgenfrist (auch tschech.),
R. 65, 66; Im Würgegriff, R. 66; Durst-
strecke, R. 70; River Passage (auch
tschech.), R. 72; Lokaltermin (auch
tschech.), R. 74; Heiße Safari, R. 76;
Dschungel, Krim.-R. 79, 82. ( )

Harms, Klaus D.; Hüttenberg 16, D-
5880 Lüdenscheid-Gevelndorf.
V: Geschichte. Versuche u.
Versuchungen 74. ( )

Harms, Rudolf, Dr. phil.; Am
Nesselberg 6, D-6384 Schmitten/Ts. 8,
Tel. (06084) 2315 (21.3.01). Roman-Bio-
graphie, Früher Stummfilm, Erzählung.
Ue: E.
V: Philosophie des Films 26; Kultur-
bedeutung und Kulturgefahren des
Films 27; Ein lächerliches Wesen, Erz.;
Marco Polo 59, 76; Cagliostro 60; Para-
celsus 61; Robespierre 62; Semmelweis
64, 66; Robert Koch 66, 67.
Ue: Wiss. Werke.

Harmsen, Brigitt-Dorothee,
s. Harmsen, Brigitte.

Harmsen, Brigitte (Ps. Brigitt-
Dorothee Harmsen), Kriegs-
beschädigten-Rentnerin;
Leuchtenburgstr. 17, D-1000 Berlin 37,
Tel. (030) 8152389 (Berlin 4.3.20).
Kurzgeschichte, Novelle.
V: Meine beiden Söhne und andere
Geschichten, Kurzgeschn. 81.

Harmuth, Marianne; VS 81;
Halbjahresstip. d. Lit. Colloquiums
Berlin 79; Im Bungert 54, D-6645
Beckingen 3, Tel. (06835) 2751 (Kronach/
Franken 2.3.58). Lyrik, Kinderliteratur.
V: Staatsbild aus Beton, G. 80.
MA: Anders als die Blumenkinder 80.

Harnack, Falk, Dr. phil., Film-, Fern-
seh- u. Bühnenregisseur, Autor;
Ehrenvors. Berliner Kulturrat, VS
Berlin, P.E.N.-Club; Drehbuchpräm. d.
Bundesmin. d. Innern f. "Der Patriot" 62;
Mitgl. d. Dt. Akademie d. Darst. Künste;
Haderslebenerstr. 26, D-1000 Berlin 41,
Tel. (030) 8241828 (Stuttgart 2.3.13).
Theaterwiss. Arbeiten, Drehbücher f.
Film u. Fernsehen
V: Die Dramen Carl Bleibtreus 38, 67;
Die Aufgaben des deutschen Theaters
der Gegenwart 46, 48. — **MV:** Jeder
stirbt für sich allein (n. Hans Fallada)
62; Kampf um den Kautschuk 67; Die
schwarze Sonne 68; Unwiderbringlich
(n. Fontane) 68; Der Verfolger (n. G.
Weisenborn), alles Fernseh-Drehb.
B: Die Marquise von Arcis (Stern-
heim) 61; Die Wölfe (Romain Rolland)
63; Pamela (Rudolf Borchardt) 64; Wer
rettet unseren Ackerknecht (Frank
Gilroy) 66; Ein Schlaf Gefangener
(Christopher Fry) 67; Hier ruht Georg
Dillon (J. Osborne), alles Fernseh-
Drehb. u.a.
F: (MV): Das Beil von Wandsbeck, m.
W. J. Lüdecke 51; Der 20. Juli, m. Günter
Weisenborn u. W. J. Lüdecke 55; Nacht
der Entscheidung; u.a.
Lit: Lebendiges Theater 49; O. Kalbus:
Filme der Gegenwart 57; Ch. Reinert:
Wir vom Film 60; W. Schmieding: Kunst
oder Kasse 61; u. a.

Harnack-Braun, Katharina, s. Braun,
Käthe.

Harnischfeger, Ernst, c/o Verlag
Urachhaus, Stuttgart.
V: Mystik im Barock, d. Weltbild d.
Teinacher Lehrtafel 80; Die Bamberger
Apokalypse 81; Antonia oder die Guts-
inspektion, N. 81. ( )

Harrach, Charles F., Lektor;
Wöllsteiner Str. 8, D-6550 Bad

Kreuznach, Tel. (0671) 67073 (Bad Kreuznach 20.5.23). Novelle, Film. **Ue:** F.
B: Nadja Quist: Visionen, Poesie.
H: Kunstberühmte Hände; Aqua + Zirpel; Visionen; Moderne Presse Bd. 1 — 2; Wo sanfter die Wolken ziehen.
F: Geheimnis um Burg Brethen; versch. Kurz-Reisef.

Harranth, Wolf, Lektor, Redakteur; Öst. Staatspr. f. Kinderb. 72, 75, 81, Kinderbuchpr. d. Stadt Wien 75, 78, 81, Öst. Staatspr. f. Übers. 80; Simm. Hauptstr. 78/3/19, A-1110 Wien, Tel. (0222) 745283 (Wien 19.8.41). Kinder- und Jugendbuch, Übers. **Ue:** E.
V: Ein Elefant mit rosaroten Ohren 71, 4. Aufl. 79; Das ist eine wunderschöne Wiese 72, 2. Aufl. 78; Leo ist der allerletzte Räuber 73; 99 Berge und ein Berg 73; Michael hat einen Seemann 75, 2. Aufl. 78; Der Vogel singt, der König springt 76; Herr Schlick geht heute in die Stadt 77; Claudia mit einer Mütze voll Zeit 78, 2. Aufl. 79; Mein Opa ist alt, und ich hab ihn sehr lieb 81, 3. Aufl. 83, alles Bilderb.
MA: Beiträge in zahlr. Anth.
Ue: Norman Hunter: Prof. Hirnschlags unglaubliche Abenteuer 71; Mildred Lee: Die Rollschuhbahn 71; Patricia Wrightson: Mit gehört die Rennbahn 74; Ann Blades: Mary von KM 18; Norman Hunter: Prof. Branestwam up the Pole u.d.T.: Die geheime Geheim-Maschine 76; Ken Kirkwood: Peabody 78 III; James Mitchener: Cheasapeake u.d.T.: Die Bucht 79; Elaine Konigsburg: Father's Arcane Daughter u.d.T.: Geheimnisvolle Caroline 79; Stella Pevsner: A Smart Kid Like You u.d.T.: Ein kluger Kopf wie Du 79; Roy Brown: The Siblings u.d.T.: Am Ende einer Spur 80; Malcolm Bosse: Ganesh 81; Noolan: Der unbesiegbare Herr AZ 81; Peter Carter: Children of the Book u.d.T.: Kampf um Wien 82; Lloyd Alexander: The First Two Lives of Lukas-Kaska u.d.T.: Lukas Kasha oder der Trick des Gauklers 83.

Harrer, Heinrich, Prof., Forscher, Schriftsteller; P.E.N. Österr.; Neudorfstr. 577, FL-9493 Mauren (Hüttenberg 6.7.12). Sachbuch.
V: Sieben Jahre in Tibet; Die weiße Spinne; Ich komme aus der Steinzeit; Tibet verlorene Heimat; Huka-Huka; Geister und Dämonen; Meine Tibet Bilder; Die Götter sollen siegen, Wiedersehen mit Nepal; Unter Papuas. Mensch und Kultur seit ihrer Steinzeit; Die letzten Fünfhundert 77; Ladakh,

Götter u. Menschen hinterm Himalaya 78, 80; Geheimnis Afrika 79; Der Himalaja blüht 80; Unterwegs, Hdb. f. Reisende 80; Die letzten Fünfhundert, Exped. zu d. Zwergvölkern auf d. Andamanen 83.
F: Zahlreiche F. über Expeditionen. ( )

Harrison, Peter, c/o Caesar-Verlag, Wien.
V: Das Mädchen Maientau 80; Namasteln 80; Opium 81, alles R. ( )

Hart, Henry, s. Hartmann, Helmut.

Hartberg, Peter, s. Oschilewski, Walther G..

Harte, Günter, Rektor a.D.; Schleswiger Str. 7, D-2057 Reinbek, Tel. (040) 7226895 (Hamburg 26.9.25). Plattdt. Erzählung u. Betrachtung.
V: Spegel schören, Erzn. 64; Nu hör to un luster mol, Plattdt. Plaudereien 76; Lebendiges Platt — Ein Lehr- u. Leseb. 77; Kumm wedder, Plattd. Erzn. 78; Hamborg liggt noch ümmer an de Elv — Bildbd. m. plattdt. Texten, m. Schallpl. 78; Du un ik un heun se, Plattd. Erz. 80; ...denn klopp an mien Döör! 82. —
MV: Wir spielen und basteln, Sachb. 56; Hart, warr nich mööd, Festschr. f. Christian Boeck 60; Hör mal'n beten to!, Samml. plattdt. Funkplaudereien 66; Niederdt. Tage in Hamburg 1977 77, 1979 79.
H: Scharp un sööt, Plattdt. Humor 70; Platt mit spitzer Feder — 25 ndt. Autoren uns. Zeit vorgest. v. G. H. 78. —
MH: Platthüüt un güstern, Anth. f. d. Schulgebrauch, ab Klasse 7 78.
R: Huussöken — Funkmonolog; Leben im Gedicht — Hermann Claudius 100 J.; Funkbearb. mehrerer Prosatexte von J.H. Fehrs, G. Droste u. A.H. Grimm.
S: Günter Harte vertellt, Schallpl. 79.

Hartebrodt, Herbert Willi, Oberlehrer i.R.; Sägewerkstr. 5, D-8714 Wiesentheid, Tel. (09383) 1654 (Breslau 14.11.19). Lyrik, Erzählung, Roman. **Ue:** F.
V: Du und Ich, Liebesg. 82; Ein aufregender Tag, Erzn. 83.

Hartebrodt, Iris *

Hartenstein, Elisabeth; SV-DDR 75; 4. Preis S.V. Leipzig 52, 2. Preis S.V. Leipzig 53; August-Bebel-Str. 54, DDR-7030 Leipzig, Tel. (041) 313455 (Leipzig 15.11.00). Roman, Jugendbuch, Lyrik, Essay.
V: Mit dem Pferd durch die Jahrtausende, Jgdb. 56; Auf den Spuren unserer Haustiere, Jgdb. 56; Tausend Jahre wie ein Tag, Jgdb. 57, 67 (auch rum., ungar., slowak.); Der rote Hengst,

R. 60, 70 (auch ung., rumän., engl.);
Sturm zwischen Euphrat und Tigris, R.
66; Ein goldenes Pferd für Yüan 70,
u.d.T.: Kaiser Wu-di kauft Pferde 72; Am
Rande der Wildnis (auch Sonderaufl. f.
Sehbehinderte) 72; Der Schatten
Alexanders 76 (tschech. 82); Abschied
von Alexander 82. — MV: Um eine
Pferdelänge, Jgdb. 53.

Hartenstein, Joachim, Buchhändler;
Herforder Str. 25, D-4973 Vlotho, Tel.
(05733) 7611 (Minden 9.4.40).
Jugendroman.
V: Mein Bruder Jack, Jgdb. 1. u. 2.
Aufl. 80 (franz. 82); Oliver Kamikaze,
Jgd.-R. 83.

Hartl, Gerta, Prof., Schriftstellerin;
Ö.S.V., Lit. Mechana; Bestlist. dt. Jgdb. f.
"Reddy findet zu Renate" 55, Ehrenlist.
z. Jgdb. Preis d. Stadt Wien f. "Straßen,
Brücken, Eisenbahnen"; Peter-Jordan-
Str. 12, A-1190 Wien, Tel. (0222) 362302
(Mostar 8.4.10). Kinder- u. Jugendbuch,
Kurzgeschichte, Roman, Theaterstück,
Hörspiel, Essay.
V: Liebe Mutti es geht uns gut,
Kinderb. 49; Und nun setzt Euch zu mir,
Kdb. 52, 68 (auch ital.); Die tüchtige
Pauline, Jgdb. 54, 69; Reddy findet zu
Renate, Jgdb. 55; Das Spiel von der Null,
Kinderb. 56, auch Theaterstr. 56, 63;
Happy genügt nicht, R. 58; Kleines Herz
- Weite Welt, Jgdb. 59, 74 (auch ital.,
holl.); Rupf und Zupf 59, 69; Die Prin-
zessin und der Roller 60/61; Flori
Quitschvergnügt 61/62, alles Kinder-
musicals; Die Fee im Regenmantel,
Kindermusical 62/64, auch Podiumsp.
64; Arabesken des Lebens. Die Schau-
spielerin Antonie Adamberger, R. 63;
Kleines Herz - Fernes Ziel, Jgdb. 65, 72;
Eine plitschnasse Teichgeschichte u. a.,
M. 65; Was sagst du nun, Peter?,
Podiumsp. 65; Kotillon und Zapfen-
streich, R. 66; Kleines Herz - Kleines
Glück 68, 74; Kilian im Silberhaus, Kdb.
67; Der zwetschkenblaue Isidor, Kdb. 69;
Von ungefähr, Lyrik 69, 75; Babettchen
und Herr Babylon 70; Von Leutchen, die
es gibt und doch nicht gibt 70; Am Ende
ist alles anders 70; Ich heiße Isabelle,
Jgdb. 71; Herbst ohne Sommer, R. 74;
Kleines Herz — Frischer Mut, Jgdb. 77;
Kleines Herz — Neuer Weg, Jgdb. 77;
Der Donauwind erzählt, Jgdb. 78; Eher
heiter, Lyr. 80; Frisches Gras auf
verbrannter Erde, R. 80; Atempause,
Ess. 81; Kleine Feste — Liebe Gäste,
Kdb. 81; Schelmenstreiche d. Pfaffen
vom Kahlenberg, Ess. 82. — **MV:** Die
Natur spricht zu Euch, m. Halden 56;

Straßen, Brücken, Eisenbahnen (Ritter
v. Ghega), m. Herbert Patera 60; Wie
weise muß man sein, Anth. 72; Die
stillere Weihnacht, Anth. 73; Erdachtes -
Erschautes, Anth. 75; Das immergrüne
Ordensband, Anth. 79; Der Mensch
spricht mit Gott, Anth. 82; Von gestern
und vorgestern, m. Hans Harte, Ess. 82.
R: Die tüchtige Pauline; Das Brüderlein; Gestatten, mein Name ist Muschi;
Wir gehen nach Schönbrunn, alles Hsp.
- Etwa 200 Märchensendungen; Kilian
im Silberhaus 69; Fadina und der
Rollerprinz 70; Babettchen und Herr
Babylon 70, alles Fsp.

Hartl, Hans, Journalist, Leiter d. Abt.
Gegenwartskunde im Südost-Inst.
München i.R.; Jiricek-Medaille 62;
Mitgründer u. Präsidiumsmitgl. d.
Südosteuropa-Ges.; Theresienstr. 2, D-
8130 Starnberg, Tel. (08151) 12698
(Kronstadt, Siebenbürgen 16.8.13).
V: Ich sah das rote Rußland 37;
Spanien 1938 39; Das Schicksal d.
Deutschtums in Rumänien 58; Hermann
Oberth. Vorkämpfer d. Raumfahrt,
Biogr. 58 (schwed. 61); Fünfzig Jahre
sowjetische Deutschlandpolitik 1917 —
1967 67; Nationalismus in Rot. Die
patriotischen Wandlungen d. Kommu-
nismus 68; Nationalitätenprobleme in
Südosteuropa heute 73; Der "unab-
hängige" und "einige" Balkan. Die
Geschichte einer politisch. Vision 77;
Chinesische Impressionen 1979 80.

Hartlaub, Geno(veva), freie Schrift-
stellerin, Journalistin, Lektorin; VS,
P.E.N. 55; Fr. Akad. d. Künste 60, Dt.
Akad. f. Sprache u. Dichtung 69;
Böhmersweg 30, D-2000 Hamburg 13,
Tel. (040) 418896 (Mannheim 7.6.16).
Roman, Novelle, Essay, Hörspiel, Film.
Ue: I, F.
V: Die Entführung, N. 42; Noch im
Traum, R. 44; Anselm, der Lehrling, R.
46; Die Kindsräuberin, N. 47; Schehere-
zade erzählt 49; Die Tauben von San
Marco, R. 53; Der große Wagen, R. 54;
Windstille vor Concador, R. 58; Ge-
fangene der Nacht, R. 61; Der Mond hat
Durst, Erz. 63; Die Schafe der Königin,
R. 64; Unterwegs nach Samarkand,
Reiseber. 65; Nicht jeder ist Odysseus,
R. 68; Rot heißt auch schön, Erz. 69;
Eine Frau allein in Paris, Erz. 70; Lokal-
termin, R. 70; Wer die Erde küsst, Orte,
Menschen, Jahre 75; Das Gör, R. 80;
Briefe der Priscilla, Erz. 83.
H: Felix Hartlaub: Im Sperrkreis 55,
Das Gesamtwerk 55.

R: Die Stütze des Chefs 53; Das verhexte ABC; Die Monduhr; Melanie und
die gute Fee.
MUe: Jean Genet: Der Balkon; Ugo
Betti: La Pierra Alta 51.

Hartmann, Edith (Ps. Sirmione
Zinth), Grafikerin, Schriftstellerin;
Rodheimerstr. 17, D-6382
Friedrichsdorf/Ts. 3, Tel. (06007) 7622
(Karlsbad 15.2.27). Erzählung, Lyrik,
Märchen, Märchenspiel.
V: Grausame Gedichte, Horrorlyr. 72,
2. Aufl. 77; Soirée mit Sirmione Zinth,
Erz., Lyr. 75; Ruhe Samt, G. u. Erz. 77.
R: Grausame Gedichte von Sirmione
Zinth in d. Rdfk-Sdg. "Funk für Fans"
75; Ein Sarg für zwei, Krim.-Hsp. 81.

Hartmann, Egon, Dipl. phil., Über-
setzer; Orden Kyrill und Methodi 1.
Klasse VR Bulg. 66, SV-DDR 59;
Beyschlagstr. 24, DDR-4020
Halle (Saale) (Komotau 21.5.28). Ue: S,
Bulg.
H: Klassische spanische Erzähler 64. -
H u. Ue: Iwan Wasoff: Eine Bulgarin,
Erzn. 54; Ljudmil Stojanow: Die Barm-
herzigkeit des Mars, Erz. 58; Die
Verfemten, Anth. bulg. Prosa 59.
Ue: Ljudmil Stojanow: Cholera, Erzn.
57; Aleko Konstantinow: Der Rosenöl-
händler 59; Elin Pelin: Die Versuchung
und andere Geschichten 59; Liliana
Alexandrowa: Über den Rhodopen wird
es Tag 60; Gerardo Pisarello: Der
vergrabene Schatz 61; José Soler Puig:
Bertillón 166 61; Pawel Weshinow: Fern
von den Ufern 62; Peter Slawinski: Der
Sohn des Bärenführers 63; Benito Pérez
Galdós: Doña Perfecta 63; Pawel
Weshinow: Die große Fußspur 66; Lope
de Vega: Die kluge Rache, N. 66; Salas
Barbadillo: Die Tochter der Celestina
68; Clarín: Das Begräbnis der Sardine,
Erzn. 68; Emilijan Stanew: Nächtliche
Lichter, Erzn. 68; Emilijan Stanew:
Wolfsnächte 69; Bogomil Rainow: Herr
Niemand 70; Anton Dontschew: Schwur
unter dem Halbmond, auch u. d. T.:
Manol und seine hundert Brüder;
Jordan Raditschkow: Die Abenteuer
einer Melone, Erzn. 70; Clarín: Die
Präsidentin 71; Bogomil Rainow: Uhren
f. Amsterdam 71; Emil Manow:
Abschied v. d. Schule 73; Bogomil
Rainow: Brasilianische Melodie 75;
Petyr Stypow: Myon ruft Erde 75; Iwailo
Petrow: Bevor ich zur Welt kam und
danach 75; Atanas Nakowski: Die Welt
am Abend, die Welt am Morgen 75; Ran
Bossilek: Das Wunderkästchen 76; Petyr
Bobew: Die Haifischbucht 76; Emil

Manow: Der Sohn des Direktors 76;
Pawel Weshinow: Das Geständnis 76;
Blaga Dimitrowa: Die Lawine 81; Stefan
Ditschew: Geheimauftrag Istanbul 81;
Ljuben Dilow: Der Doppelstern 81;
Georgi Markowski: Der schlaue Peter
81; Kostadin Kjuljumow: Sonnenunter-
gang 82; Iwan Arnaudow: Georgstag
82. — **MUe:** Baba Tonka und die
Kuppler, m. H. Herboth u. K. Gut-
schmidt, Erz. 64.

Hartmann, Franz *

Hartmann, Heinz *

Hartmann, Helmut (Ps. Henry
Seymour, Henry Hart), Schriftsteller;
Crime Writers Assoc. London 66,
Mystery Writers of America New York
67, c/o Weichert Verlag, Hannover
(Stuttgart 14.9.31). Roman, Kriminal-
roman, Jugendbuch. **Ue:** E.
V: Die rote Schnur, Krim.-R. 56;
Meilenstein 344, Krim.-R. 57; Intrige in
Tanger, Krim.-R. 58; Bristol-Affaire,
Krim.-R. 59 (alle auch engl.); Was Peter
erlebte 59, 76; Haralds großes Abenteuer
60; Penny, das Zeitungsmädchen 61; Das
Pferd Bianka 63, alles Jgdb.; Verab-
redung m. d. Tode, Krim.-R. 63; Kein
Glück mit Diamanten 67, 76; Geschenk
des Teufels 67; Nachts in Mazatlan 68,
76; Ein Köder zum Anbeißen 68; Unter
Götzen und Gangstern 69, 76; Ein Toter
zuviel 69; Die Nacht der langen Messer
70, 76; Die gefährliche Fracht 70, 76,
alles Krim.-R.; Vorsicht vor alten
Damen 70; Die falsche Madonna 70; Die
Schmuggler-Bucht 71, alles Jgdb.; Der
Mafia-Boss, Krim.-R. 71; Der Schatz der
McDouglas 73; Endstation Orient 74;
Ein Pekinese namens Horatio 75; Das
Gespensterhaus 76; Das Geheimnis von
Portquin 76; Alles für Bianca, 2. A. 77;
Drei Herzen für Lissy 77; Harald bei d.
Walfängern 77, alles Jgdb.
MA: Kommissar X-Reihe; Jack
Hilton; John Drake; Jerry Cotton. ( )

Hartmann, Lukas, s. Lehmann, Hans-
Rudolf.

Hartmetz, Olga (Ps. Olga Hartmetz-
Sager), Juristin; Stelzhamerbund d. oö.
Mundartdichtung im oö. VBW,
Niederbayer. Mundartkreis; Ehrennadel
d. Stelzhamerbundes 82; Kurt
Schumacher Str. 3, D-8360 Deggendorf,
Tel. (0991) 25954 (Althütte/Kaltenbach
27.10.32). Mundart: Erzählung, Lyrik,
Novelle in Mda., Lyrik.
V: Land unter Deiner, Lyr. u. Erzn. 81.

Hartmetz-Sager, Olga, s. Hartmetz,
Olga.

Hartstock, Elmar, Dipl.-Psychologe;
V.F.S. 71; Lit. Un. 71 — 77; Berliner Str.
55, D-8800 Ansbach, Tel. (0981) 87284
(Ansbach 8.8.51). Lyrik, Erzählung,
Essay.
V: Stimmen, Lyrik, 70; Vergessen die
Augen im Mittelpunkt der Sonne, Lyrik
76. — **MV:** OS 72, Lyrik, Graphik,
Kurztexte m. Irmtraud Tzscheuschner,
Conrad Ceuss, Rudolf Rohr 72.

Hartung, Harald, Prof. TU. Berlin; V.
dt. K. 72; Förderpr. z. Fontane-Pr. 79;
Chausseestr. 51, D-1000 Berlin 39, Tel.
(030) 8052841 (Herne/W 29.10.32). Lyrik,
Essay, Kritik.
V: Hase und Hegel, G. 70; Reichs-
bahngelände, G. 74; Experimentelle
Literatur und konkrete Poesie 75; Das
gewöhnliche Licht, G. 76; Augenzeit, G.
78. — **MV:** Literatur, Realität,
Erfahrung. Lit. Arb.b. 77.
H: M. Hamburger, Lit. Erfahrungen
81; Gedichte u. Interpretationen: Vom
Naturalismus bis zur Jahrhundertmitte
83. — **MH:** Claassen Jb. d. Lyr. 79.

Hartung, Marie-Antoinette (Ps.
Marion Miller), Angestellte; Krieler Str.
87, D-5000 Köln 41, Tel. (0221) 435492
(Karlsruhe/Baden 6.12.32). Lyrik,
Roman, Hörspiel.
V: Ein Augenblick Gegenwart, G. 77;
Der Komplimentfaden, R. 77.
R: Wassersaal VII; Wie wir morgen
leben werden; Da könnte ja jeder
kommen; Auf vielen Stühlen; Birçan, 12
Jahre, Türkin; Lorenz; Nur noch
Vornamen; Liebe zu einem Polizisten.

Hartung, Rudolf, Dr. phil.;
Förderungspr. d. Berliner Kunstpr. 60,
Lit.pr. d. Bayer. Akad. d. Schönen
Künste 70, Joseph-Drexel-Pr. 72; Akad.
d. Künste 72, Vizepräs. 74; Geibelstr. 4,
D-1000 Berlin 45 (München 9.12.14).
V: Vor grünen Kulissen, G. 59;
Kritische Dialoge, Ess. 73; In einem
anderen Jahr, Tageb.-Notizen 82.
MH: Neue Dt. Hefte 55-60; Neue
Rundschau 63-79.

Hartung, Wilhelm *

Hartwig, Heinz, Werbejournalist; VS
67 — 73; 2. Pr. im Concours Creative d.
Bauer-Verl. 79; Ges. f. Dt. Sprache 64,
Tukan-Kreis München 61;
Schwalbenstr. 15, D-8012 Ottobrunn, Tel.
(089) 6094687 (Berlin 25.3.07).
Gebrauchslyrik, Glosse, Feuilleton,
Essay, Hörfunkbeiträge, Fachbücher,
Sachbücher, Lachbücher.
V: Dichter Qualm, Verse 44; Keine
sanften Flötentöne, G. 49; Umgang mit
Werbung, Fachb. 57; Liebenswertes an
den Frauen, Ess. 58; Geliebtes Bett, Ess.
59; Ich werbe richtig, Sachb. 60; Sonntag
ist's, Feuill. 68; Das Wort in der Wer-
bung, Fachb. 74; Die Kunst zu infor-
mieren, Sachb. 77; Werbetextgestaltung,
Fachb. 78; Briefe richtig Formuliert,
Sachb. 79; Bayern nach Maß 80; Gelebt,
gelacht, gelästert, Autobiogr. 81; Gute
Manieren öffnen die Türen, Sachb. 82;
Wirksames Werbetexten, Fachb. 83;
Besseres Deutsch — größere Chancen,
Sachb. 83. — **MV:** Reimschule 82.
H: Das große Willy-Reichert-Buch,
Biogr. 59; Mir reichert's, Aphor. 63, 78;
Wunderliche Zeitgenossen, belächelt
von W. R. 66, 72; Willy Reicherts
Spätlese 66, 77; Thaddäus Troll: Das ist
ja heiter, Feuill. 69; G. H. Mostar:
Galantes und Pikantes, Feuill. 69; Willy
Reichert: Das Beste aus meiner schwäb.
Witze- u. Anekd.-Samml. 72, 78; Wunder-
liche Welt, betrachtet von W. R. 74, 75;
Thaddäus Troll: Heiterkeit als Lebens-
elixier, Feuill. 74; Das war Willy
Reichert, Bildbiogr. 74; Dieter Hilde-
brandt: Stein oder nicht Stein 79.
Lit: Als der Krieg zu Ende war - lit.-
polit. Publizistik 1945 — 1950 73.

Harum, Brigitte *

Harwardt, Edgar *

Hasdgnuk, Paul, s. Huckauf, Peter.

Hase, Otto, s. Roth, Dieter.

Haselbusch, Günther, s. Günther,
Willy.

Hasemeier, Alfred; Eckertstr. 18, D-
5000 Köln 41.
V: Pass op, dä Schnäuzer kütt! D.
Erlebnisse d. Kommissars Alfred
Hasemeier im Vringsveedel 79; Wie ich
zum "Schnäuzer" wurde, Anekdn. u.
Abenteuer 1930-1945 80; Mutter Schmitz
und Kommissar Schnäuzer,
Lebensgeschn. aus d. Vringsveedel 82. ( )

Hasenauer, Rüdiger, Student;
Westicker Str. 30, D-4600 Dortmund 13
(Dortmund 24.3.58). Gedichte, Short
Stories, Novelle.
V: Endstation Vaterlandsmord, G. 81.

Hasenkamp, Elfriede, Lektorin an der
VHS Karlsruhe, amtl. Märchen-
erzählerin an Schulen; Gedok 47;
Rastatter Str. 126, D-7500 Karlsruhe 51,
Tel. (072) 32632 (Hagen/Westf. 3.3.06).
Märchen, Hörspiel, Lyrik.
V: Schnuffelinchen, M.; Umgang mit
Märchen 58; Die wunderbare Rettung;
Prinz Osmundo aus dem Palmenreich;
Pikki und Pöki, Tiergesch.; Drei Mär-

chen; Der Zauberstab; Flug mit der
Glaskugel ins Glück; Pedro und Manolo,
M.; Harras als Retter, Tiergesch.; Der
Goldraub des Riesen Birrborr, Sage; Die
kleine Perlfischerin, M., die 4 letzten
Titel sind 65 — 68 erschienen.

R: Vom oberrheinischen Märchen;
Besuch beim englischen Märchen; Vom
französischen Volksmärchen; Sylvester
in Ostpreußen; Märchenreise nach
Jugoslavien; Märchenreise nach
Griechenland; Guldig Betheli und
schwarz Babi; Schnuffelinchen;
Alenuschka; Janek der Faulpelz; Des
Schwalbenkönigs Lohn; Die wunder-
bare Birke; Der Glasbläser und die
Zopfprinzessin, u. a. Hsp.

S: Alenuschka und Iwanuschka, russ.
M.; Die Zaubermühle, japan. M.; Der
Knabe, der sich beim Tod ein Stück
Brot lieh, Schwed. Zigeuner-M., alle 64.

Lit: A Fairy Tale Teacher, in: The
American-German Review 58.

Hasenkamp, Gottfried, Dr. phil.,
Verlagsleiter i. R.; EVors. Annette-von-
Droste-Ges. 78; Manfredstr. 24, D-4400
Münster/Westf., Tel. (0251) 35591
(Bremen 12.3.02). Lyrik, Drama. **Ue:** L.

V: Die Magd, Sch. 23; Hymnen 24;
Sponsa Christi, Sp. 24; Wintersonnen-
wende, Sp. 24; Religion u. Kultur, Ess.
26; Salzburger Elegie 31, 50; Der Königs-
stuhl von Aachen u. a. G. 32; Das Meer,
G. 38; Carmina in nocte, G. aus d. Jahren
1942 — 45 46; Gedächtnis aller Gefallenen 46; In memoriam Clemens August
Kardinal von Galen, Adolf Donders 46;
Wie dieser Ring ist ganz in sich
vollendet, Son. 47; Zwischen Endzeit
und Altar, Ess. 47; Münsterisches
Dombauspiel 47; Das Totenopfer, G. 48;
Eine Romfahrt im Heiligen Jahr, Reiseber. u. Betracht. 50, 51; Der Brautbecher,
Sp. 52; Das Morgentor, G. aus 3 Jahrzehnten 56; Der Kardinal, Taten u. Tage
des Bischofs von Münster Clemens
August Graf von Galen 57; Römische
Pilgerwoche, Ein Buch f. Romfahrer
dieser Zeit 58, 60; Die Jugend, die wir
finden, altert nicht, G. 67. — **MV: H:** Das
Siegel, Jb. kath. Lebens 24 — 26 II; Dem
Worte verpflichtet. 250 Jahre Verlag.
Aschendorff 70.

Ue: Das Spiel vom Antichrist,
Nachdicht. 32, 61.

Hasl, Josef, Bibliotheksangestellter;
Wilhelm-Kuhnert-Str. 17, D-8000
München 90, Tel. (089) 6515414
(München 16.3.30). Lyrik, Liedertexte,
Operntexte.

V: Robespierre 66; Ein Abschied 68,
beides Operntexte; Der weiße Pfau, Lyr.
68; Zwischenzeit, G. 74; Schneidersitz, G.
76; Atemspur, G. 78.

MA: Einkreisung — Neue dt. Lyrik 82.

R: Das neue Gedicht; Zehn Minuten
Lyrik; Schulfunk.

Haslacher, Therese; B.St.H. 54; Berg-
manngasse 58, A-8010 Graz (Graz
30.9.00). Lyrik, Epik, Erzählung, Hörspiel, Märchen.

V: Unterm Herrgottswinkel, G. 55; Um
Weihnachtn uma, G. 59; Es läuten die
Glocken von Mari-Zell, Erz., u. a.;
Steirische Leut und Steirisches Land,
Mundartg. 72; A Handvoll Gmüat, G. 76;
Freundlicher Alltag V 77; Oh döi Kinda,
steir. Mda. VI 80.

R: Versch. Hsp. u. Hf.

Haslehner, Elfriede (Ps. Elfriede
Haslehner-Götz), Schriftstellerin; GAV
80; Förderungspreis d. Th. Körner-Stiftungsfonds z. Förderung v. Wissenschaft
u. Kunst 71, Öst. Staatsstip. f. Lit. 79,
Buchprämie d. Bdes.Min. f. U. u. K. 79
u.a.; Arndtstr. 19/24, A-1120 Wien, Tel.
(0222) 8394394 (Mödling b. Wien 17.7.33).
Lyrik, Kurzprosa, Hörspiel. **Ue:** E.

V: Spiegelgalerie, G. 72; Zwischeneiszeit, G. 78; Nebenwidersprüche, G. u.
Liedtexte 80; Notwehr, Geschn. u. Sat.
83.

MA: Tür an Tür 1970, Lyrikanth.;
Gesch. nach 68, Prosa-Anth. 78; Leseb.
79, Anth.; Im Beunruhigenden 80;
Mörikes Lüfte sind vergiftet 81;
Unbeschreiblich weiblich 81; Frauen
erfahren Frauen 82, alles Anth. u.a.

MH: Aufschreiben 81 (auch Mitarb.);
Arbeite, Frau — die Freude kommt von
selbst, Anth. 82 (auch Mitarb.); Aspöck,
Der ganze Zauber nennt sich Wissenschaft 82.

R: Rdfk-Ess.

Haslehner-Götz, Elfriede,
s. Haslehner, Elfriede.

Hasler, Eveline; Ehrenlist. Intern.
Jgdb.Preis Hans-Christian-Andersen 68,
Certificate of Honor Intern. Board of
Young People 76, Schweiz. Jgdb.pr. 78,
Pr. d. Schiller-Stift. 80; Lehnhaldenstr.
46, CH-9014 St. Gallen, Tel. (071) 272032
(Glarus 22.3.33). Kinder- und Jugend-
buch, Novelle, Kurzgeschichte, Lyrik.

V: Adieu Paris, adieu Catherine 66, 76
(auch japan.); Komm wieder, Pepino 67,
81 (auch ital., span.); Ein Baum für
Filippo 73; Der Sonntagsvater 73
(Lizenz. Ausg. 76); Unterm Neonmond
74; Denk an mich, Mauro 75, 76 (auch

dän., rätorom.); Der Buchstabenkönig 77
(auch holl.); Dann kroch Martin durch
den Zaun 77, 81 (auch franz., fläm., holl.,
engl., amer.); Die Hexe Lakritze u. Rino
Rhinozeros 79 (auch holl.); November-
insel, R. 79; Der Buchstabenvogel 81, 82
(auch franz.); Jahre mit Flügeln 81;
Anna Göldin, letzte Hexe, R. 82, 4. Aufl.
83; Freiräume, G. 82. — **MV:** Der
Zauberelefant 74 (auch amerik., engl.).
MA: Vorlesebuch Religion 71; Wir
sprechen noch darüber 72; Schriftsteller
erzählen aus aller Welt 73; Mädchengeschichten unserer Zeit 74; Am Montag
fängt die Woche an 73; Die Straße, auf
der ich spiele 74; Die beste aller
möglichen Welten 75; Texte vom See 77;
Ein Lattenzaun m. Zwischenraum 78;
Helveticus 78, 79; Anfangen, glücklich
zu sein 79.
F: Pummel u. d. Blumen 79; Die
Achterbahn 80.
R: Die Hexe Lakritze, Fsf. 82; Pepino,
Fs.-Serie 83.

Hasler, Ingeborg, med. tech. Assist.,
Galeristin; S.H.S.V., Eutiner Kr.;
Osterallee 77, D-2390 Flensburg, Tel.
(0461) 311680 (Flensburg 27.9.40). Lyrik,
Satire.
V: Landschaft mit schwerer Wolke,
Lyr. 80.
MA: Lyrik nach Feierabend 74;
Gaukes Jb. 81.

Hasler-Schönenberger, Elisabeth (Ps.
Elisabeth Schönenberger), Autorin;
Brünnliackerweg 7, CH-4116 Metzerlen,
Tel. (061) 753084 (Herisau 22.7.24).
Jugendroman, Kurzgeschichte.
V: Abenteuer im Alten Turm 72; Die
Spur begann am Fluss 74; Die Hyäne
greift an 76, alles Jgd.-R. ( )

Haslinger, Josef, Dr.phil.; Grazer
Autorenversammlung 80, IGÖA 81;
Förderungspr. d. Theodor Körner Stift.
80, Öst. Staatsstip. f. Lit. 80/81, Pr. beim
Profil-Autorenwettbew. 80; Johann
Strauß Gasse 26/17, A-1040 Wien, Tel.
(0222) 6582583 (Zwettl/NdÖst. 5.7.55).
Roman, Novelle, Essay.
V: Der Konvitskaktus und andere
Erzählungen 80; Die Ästhetik des
Novalis, Ess. 81.
MA: Geschichten nach 68 78 II; An
zwei Orten zu leben 79;
Kindheitsgeschichten 79, Tb. 82;
Literatur in Österreich in: Tintenfisch
16 79.
H: Romantik, SH. d. Zs. Wespennest
82. — **MH:** Wespennest, Zs.

Haslwanter, Mary (Ps. Mary
Neuburg), Hausfrau, Schriftstellerin;
Turmbund Innsbruck seit 74; Im Tal Nr.
1, A-6060 Absam b. Hall i. Tirol, Tel.
(05223) 7191 (Budapest-Kispest 9.8.04).
Drama, Lyrik, Novelle.
V: 2 Lyrikbändchen: Frohsinn und
Ernst im Kreise des Jahrs, Lyr.; Bunt
gewürfelt zwischen gestern u. heut, Lyr.
77.

Hass, Hans, Dr. rer. nat., Prof., Film-
produzent; Präs. P.E.N.-Club
Liechtenstein; Opernringhof 1/3, A-1010
Wien u. FL-9497 Triesenberg (Wien
23.1.19).
V: Jagd unter Wasser 39; Unter Korallen und Haien 40, 77; Photojagd am
Meeresgrund 42; Drei Jäger auf dem
Meeresgrund 48; Menschen und Haie 50,
63; Manta, Teufel im Roten Meer 52, 58;
Ich fotografierte in den 7 Meeren 54;
Expedition ins Unbekannte. Ein Ber. üb.
d. Expedition d. Forschungsschiffes
Xarifa zu d. Malediven u. Nikobaren u.
üb. e. Serie v. 26 Fsf. 61; Wir Menschen
68; Energon, Das verborgene
Gemeinsame 70; In unberührten Tiefen
71, 75; Eroberung der Tiefe. Das Meer,
seine Geheimnisse, seine Gefahren,
seine Erforschung 76, 80; Der Hans-
Hass-Tauchführer 76; Welt unter
Wasser, Tb. 76; Wie der Fisch zum
Menschen wurde 79, Tb. 82; Im Roten
Meer 80. — **MV:** Der Hai, Leg. e.
Mörders, m. I. Eibl-Eibesfeldt 77, Tb. 81;
Die Schöpfung geht weiter, m. H.
Lange-Prollius 78.
F: rd 80 Kultur- u. Dok.filme, vorwieg.
über Unterwasserexpeditionen (auch
Fsf. u. Fs.-Ser.).

Haß, Ulrike, Autorin; Belziger Str. 64,
D-1000 Berlin 62, Tel. (030) 7822168
(Berlin 10.9.50).
V: Theodor Fontane. Bürgerlicher
Realismus am Beispiel seiner Berliner
Gesellschaftsromane 79; Der plötzliche
Reichtum der armen Leute von
Kombach, hist. Jgd.-R. 80, 2.Aufl. 82;
Teufelstanz. Eine Geschichte aus der
Zeit der Hexenverfolgungen, hist. Jgd.-
R. 82.
MH: Ein anderes Deutschland. Texte
und Bilder des Widerstands von den
Bauernkriegen bis heute, Anth. 78.

Hassal-Roth, Ines *

Hassauer, Friederike, s. Hassauer-
Roos, Friederike J..

Hassauer-Roos, Friederike J. (Ps.
Friederike Hassauer), M.A., Dr. phil.,
UAssist., Publizistin; Königsallee 59, D-

4630 Bochum 1, Tel. (0234) 309470
(Würzburg 29.11.51). Essay, Reportage,
Übers.
  V: Die Philosophie der Tiere 79. —
MV: Félicien Rops: Der weibliche
Körper — der männliche Blick 83.
  MA: Emile Zola in: Franzős. Lit. im 19.
Jh. 80; Gibt es eine weibliche Ästhetik
in: Theater heute — Jb. 78; Niemals nur
"eins" sein in: Erfahrungen 82; Das
Weib u. d. Idee d. Menschheit in: D.
Diskus d. Lit.- u. Sprachhistorie 83; Die
Horen; Der Rabe; Merkur.
  MH: Anna-Seghers-Materialienbuch
77; Notizbuch: Verrückte Rede — Gibt
es eine weibl. Ästhetik 80; Fabula — Zs.
f. Erz. forsch.; Kinderwunsch — Reden
und Gegenreden 82; Penthesileia — Ein
Frauenbrevier für männerfeindliche
Stunden 82; Die Frauen mit Flügeln —
die Männer mit Blei? Eine Atempause
— Texte zur Frauen- u. Männer-
befindlichkeit 83.
  R: Verrückter Diskurs 78; Sagt der
Fuchs zum Raben 79/80.

  Hassebrauk, Marianne (Ps. Marianne
Abel), Journalistin, freie Schriftstellerin;
VS 56; Goldenes Schneiderbuch 68;
Intern. Inst. f. Kinder-, Jugend- u.
Volkslit. Wien, Humanistische Union 65,
D-7867 Wehr/Bad., Tel. (07761) 2190
(Braunschweig 11.5.23). Kinder- u.
Jugendbuch, Gerichtsreportagen.
  V: Gib nicht nach, Jessie 53 (auch
port.); Mädchen mit kleinen Fehlern 55;
Freundschaft mit Billie 55; Parole Keks
55; Wenn Billie nicht wär 58; Petra und
Marion 59; Sonntagskind Maja 60; Was
ist mit Iris? 61; 10 Tage himmelblau 61;
Sonja 62; Heimweh nach dem Rosenhof
63; Auf das Herz kommt es an 64 (auch
niederl.) 65; Wir brauchen dich, Jutta 66;
Penny hat Mut 67; Aber du bist die
beste 69; Agi und ihr Haus 70; Sei
ehrlich, Christina 71; Mädchen mit
Zukunft 71; D. Spur führt z. Palasthotel
73; Letzter Anruf f. Simone 74.

  Hasselblatt, Dieter, Dr. phil.,
Abt.leiter Hörspiel; P.E.N. 77; 1. Pr. d.
Science Fiction Clubs Dtld. f. Hörsp. 74,
f. Sekundärliteratur 74, Bamberger Pr.
d. AG Spielzeug e.V. 3. Pr. 75, 2. Pr. 76;
Dram. Ges. 60, "Spiel des Jahres" e.V. 78;
Ungererstr. 36, D-8000 München 40, Tel.
(089) 397338 (Reval/Estld 8.1.26). Drama,
Roman, Novelle, Essay, Hörspiel,
Sachbuch, Reisebericht.
  V: Lyrik heute. Kritische Abenteuer
m. G. 63; Funkerzählungen 63; Aufbruch
zur letzten Aventüre, R. 63; Zauber und
Logik. Eine Kafka-Studie 64; Grüne

Männchen vom Mars, Science Fiction f.
Leser u. Macher 74; Figurenopfer,
Krim.-R. 80. — **MV:** Nachworte zu Hsp.-
B. v. W. D. Schnurre, Kay Hoff, Manfred
Bieler, zu Lyrikbändchen von Griseldis
Fleming, Signe Piehler, u.a.
  H: Science Fiction Paperback Reihe
seit 75.
  R: Alle nennen es Liebe 63; Das Spiel
Kaschmandar 65; Glück, — gehabt 68;
Türhütergleichnis mit Palaver, Hsp.
nach Kafka 68; SCDAEIOUY — oder
Unterstelltes Ergebnis unzutreffend,
SF-Hsp. 72; Mimikry-Krimi, Krimi-
Parodie 72; Böse Kinder, Krimi-Hsp. 73;
Noch und noch blaue Cocaros 73;
Modelle Kirke, Kleistbär, Heisenberg
usw., SF-Hsp. 74; Testflug, SF-Hsp. nach
St. Lem 74; Rotpeters Bericht für eine
Akademie mit Interview, Hsp. nach
Kafka 74; Flashback-Fleifleisch, SF-
Hsp. 75; Die 5. Dimension, SF-Hsp. nach
Fialkowski 76; Absolut unnachgiebig,
SF-Hsp. nach Silverberg 76; Die
Lotosesser, SF-Hsp. nach Weinbaum 78;
R.U.R.-Rossums Universal Robots, Hsp.
nach Capek 78; Paracelsus, Hsp. nach
Schnitzler 79; Fix u. fertig, Hsp. 83.

  Hassencamp, Eva Maria (Ps. Eva
Aab), Regisseurin für Jugendfilme;
Theodolindenstr. 7, D-8000 München 90,
Tel. (089) 645492 (Pforzheim 24.5.20).
Kinderbuch, Jugendbuch, Fernsehregie,
Fernsehdrehbuch.
  V: ABC für junge Leute 60; Evi, unser
Schlüsselchen 62; Die lustigen Gold-
hamster 64; Petronella 70, alles Kinderb.
  MH: Märchenband 70.
  R: Drehbücher der Jugend- u. Kinder-
filme in den Sendungen: Skizzen u.
Notizen; Schau zu, mach mit; Drehb.
für: Knigge für junge Leute; Texte ausl.
Kinderfilme. - If I were You 70; Dok.f.:
Prinzessin Pilar u. Bayern 74; Aus-
sterbende Handwerker 74; Frauen in
Schwabing 75; Malermodelle 76; Hedwig
Bilgram 76; Berühmte Häuser in
München 77; Schaustellerinnen 78; Fritz
August v. Kaulbach 79; Emigranten in
USA 79; Bildhauer Adolf u. Hildebrand
79. ( )

  Hassencamp, Oliver, Schriftsteller;
VS 70; Tukan-Pr. 67; Theodolindenstr. 7,
D-8000 München 90 (Rastatt/Bad.
10.5.21). Roman, Novelle, Drama, Essay,
Film, Hörspiel, Fernsehspiel, Kabarett,
Jugendb
  V: Die Jungen von Burg Schrecken-
stein, Jgdb. 59; Auf Schreckenstein
geht's lustig zu, Jgdb. 60; Bekenntnisse
eines möblierten Herrn, R. 60, 76; Das

Recht auf den anderen, R. 62, 65; Bereift sein ist alles 62; Die Testfahrer und der fixe Toni, Jgdb. 63; Auf Schreckenstein gibt's täglich Spaß, Jgdb. 67; Ich liebe mich, R. 67, 76; Die Schreckensteiner auf der Flucht, Jgdb. 68; Erkenntnisse eines etablierten Herrn, R. 72, 78; Die Frühstücksfreundin, R. 75, 78; Das Rätsel von Burg Schreckenstein 73; Zwei Neue auf Burg Schreckenstein 75; Sage & Schreibe, Satiren mit Beilagen 76; Alarm auf Burg Schreckenstein 76; Graf Dracula auf Schreckenstein 77; Verschwörung auf Burg Schreckenstein 77; Raub auf Burg Schreckenstein 78; Das Burggespenst v. Schreckenstein 78; Spione auf Burg Schreckenstein 79; Florian, d. Geisterseher 79; Klipp & klar, Aphor. 79; 13 schlägts auf Schreckenstein 79; Der Zauberer von Schreckenstein 79; Das Ritterdrama von Schreckenstein 80; Eins zu null für Schreckenstein 80; Florian auf Geisterreise, Jgdb. 80; Schnüffler auf Burg Schreckenstein 81; Die Glücksritter von Schreckenstein 81; Florian und das Geisterhaus 81; Die Gruseltour von Schreckenstein 83; Der schwarze Schwan von Schreckenstein 83. — Sammelbde Schreckenstein Serie: Freche Ritter auf Burg Schreckenstein 75; Viel Wirbel auf Burg Schreckenstein 77; Der Meisterstreich von Schreckenstein 79; Frischer Wind auf Schreckenstein 80; Geisterspuk auf Schreckenstein 81; Superstreiche von Schreckenstein 82.
MA: Snob Lexikon 58; Hier schreibt München 61; Münchner Kleine Freiheit 61; Geliebtes Schwabing 61; Die Straße 64.
H: Lebensregeln, Katechismus mit Musik 72.
F: Abenteuer auf Capri; Mädchen mit schwachem Gedächtnis; Bad auf der Tenne; Eine Frau für's ganze Leben; Bis ans Ende aller Tage; Bekenntnisse eines möblierten Herrn; Eddy Merckx 71; Capri ohne 72; Mit Dudelsack und Zither 73; Die härteste Schau der Welt 73.
R: (MA): Zahlr. Hsp. u. Fsp., u.a.: Geständnisse eines graumelierten Herrn 82.
S: Schreckenstein-Serie, 5 Schallpl. u. Tonkass. 79-81. ( )

Hassenstein, Dieter (Ps. Heinz Dietrich, Jan Mog), Redakteur und Schriftsteller; Hörspielpreis d. Bayer. Rdfk. 51; Theodor-Heußstr. 1, D-6370 Oberursel,

Ts., Tel. (06171) 55619 (Eschwege 25.9.13). Roman, Hörspiel.
V: Bussard im Aufwind, R. 57, 59; Russisches Brot, R. aus sowjet. Kriegsgefangenschaft 62; Segel für die Pamela 70; Ein Hund für Doktor Jonas 76.
H: Der Mensch und seine Umwelt 58; Der Hausarzt, ein med. Ratgeber 68.
R: Ich bin dem Heiland begegnet; Damals fuhren wir nach Amerika; Der Wechsel auf die Zukunft; Gern, aber leider ...; Von allen Seiten Autobahn, alles Hsp. ( )

Hassler, Ernst (Ps. Ernst Hall), Journalist; Edgar-Wallace-Preis 63; Laubenweg 22, D-8500 Fürth, Tel. (0911) 798307 (Komotau/Sudeten 20.9.22). Roman, Feuilleton.
V: Glocken des Todes, Krim.-R. 63; Höllenflug, Krim.-R. 65; Das Ohr, Krim.-R. 78; Galgenfrist, Kri.-R. 81; Sie werden sagen, es war Mord, Krim.-R. 81.
R: Glocken des Todes, Hsp.-F. 64, 65.

Hassler, Hermann, Konrektor, Lehrer; Autorenkreis Ruhr-Mark; Apollinarisstr. 1, D-4000 Düsseldorf, Tel. (0211) 773194 (Nachrodt, Westf. 3.7.17). Lyrik, Kurzgeschichte, Satire, Aphorismus.
V: Kreise, G. 70; Inzwischen, G. 78; Aphorismen 80; Spuren, G. 80; Zwischen den Zügen, Erz. 80. — **MV:** Distelstern, Anth. 71; Haiku-Flugblattdrucke, 5 71.
MH: Ruhrtangente, Anth. 72.
Lit: Die Schülerbücherei, Arbeitskreis Jugend u. Buch zu: Kreise 71.

Hassler, Werner, Industriekaufmann; Turnerstr. 41, D-6633 Wadgassen/Saar 3, Tel. (06834) 43565 (Ochsenfurt/Bay. 12.3.45). Roman, Kurzgeschichte.
V: Bonbons gefällig, Kurzgeschn. 82.

Hasslinger, Inge (Ps. Inge Maria Grimm), Mitarbeiterin d. ORF, Studio Wien; Ö.S.V. 70; Anton-Langer-Gasse 51/III/10, A-1130 Wien, Tel. (0222) 847611 (Krems/Donau 3.9.21). Kinderbuch, Hörspiel, Märchen f. Funk.
V: Jörgl, Sepp u. Poldl, Neue Geschn. v. J. S. u. P., Auf d. Insel d. 7 Palmen, alle 51-53; Seid mucksmäuschenstill 62 II; Florian Zipfelmütz 62; 7 liebe Freunde 64; Felix der Fuchs 65; Die schwarze Grete 68; Geschn. v. Koboldsee 1-10 75-79; Das abenteuerliche Leben des kleinen Grauen 81. — **MV:** Hört alle zu 51; Der öst. Bauer 49; Der öst. Frauenkalender 49.
R: Rd. 500 MHsp.; Rd. 900 M. u. Gesch. in d. seit 20 Jahren laufenden Kindersend.: Seid mucksmäuschenstill.

Haßlwander, Jolanthe, Prof., Schuldirektorin a.D., A-3270 Scheibbs (Wien 1.2.05). Lyrik, Novelle, Sage, Märchen.
V: Märchen aus dem Ötscherbereich 47; Nur ein paar Gedichte 48, 54; Franziskuslegenden 49, 76; Blumengeschichten für die Kleinen 51; Märchenquell 52; Meister am Wegrand 53; Vom Leben geschrieben, Nn. 55; Blumenlegenden 60; Aus meinem Herzen, G. 64; Herzensgrüße, G. 65; Aus heimatlicher Vergangenheit 65; Adam Rosenblattl, Sagen 66; Sagenschatz aus dem Salzkammergut 67; Stille Welt 67; Briefe an Gott, Besinnbücherl 68, 74; Mein Blumenbücherl, G. 68; Geliebtes Österreich, G. 69; Mein Weihnachtsbücherl, G. 70; Donausagen aus fernen Tagen 71, 72; Näher, mein Gott, zu Dir! 73; Sagenband aus d. Ötscherland; Herz spricht zum Herzen 74; Nur ein Efeublatt 75; Heiterkeit mit Kindern u. Alten 76; Mariazell, Gesch. u. Leg. 79; Gedichteter Rosenkranz 80; Marienleben 80; Die liebe Weihnachtszeit 80; Ötschersagen 81; Salzkammergutsagen 82. —
MV: Meister am Wegrand, naturkundl. Plaudereien üb. Pflanzenvermehrung 53.

Hasspacher, Klaus, Dipl.-Chem., Dr.rer.nat.; Baselstr. 20A, CH-4125 Riehen, Tel. (061) 243158 (Dresden 28.11.29). Lyrik.
V: Wintereinbruch, Lyr. 81.

Hastedt, Regina; Lit.pr. d. FDGB 59, 62; Rosenhof 9, DDR-9000 Karl-Marx-Stadt (Flöha, Sachsen 23.10.21).
V: Ein Herz schlägt weiter, Erz. 54; Wer ist hier von gestern? oder Hausfrau gesucht!, musikal. Lsp. 55; Die Tage mit Sepp Zach 59; Kumpelgeschichten, Erzn. v. Kurzgeschn. 63; Die Bergparade, Erz. 74; Sprung über d. Hürde, Jgdb. 79, 81. ( )

Hata, Harald, s. Tannewitz, Hans-Joachim.

Hatje, Hannes; Karolinenstr. 21, Hs 5, D-2000 Hamburg 6, Tel. (040) 4398630 (Stuttgart 19.6.49). Drama, Lyrik, Roman, Novelle, Essay, Film, Hörspiel, Porträt, Erzählung, Kritiken. **Ue:** E.
V: 18 Uhr 26, G. 76; St. Pauli girl präsentiert PSEUDO, G., Bilder, Prosa 80.

Hatje, Jan, s. Dahl, Jürgen.

Hatry, Michael, Dr. phil., Dramaturg; VS; Heimstättenstr. 6, D-8000 München 40 (Hamburg 12.12.40). Stücke, Geschichten, Hörspiel, Fernsehfilm.

V: Aus lauter Liebe, Geschn. 71; Die Notstandsübung 68; Brüderlein und Schwesterlein 68; Spanien im Winter 70; Am Abend vor dem Sieg 72; Der Hofmeister (nach Lenz) 72; Vom Land, darin Milch und Honig fließt 74; Aus Liebe zu Deutschland oder In bester Verfassung 76; Verdunklungsgefahr 79, alles Bü.; Ein Mann, ein Wort, Krim.-R. 79.
MA: Der bisherige Stand der Ermittlungen in: Auf Anhieb Mord, Kurzkrimis 75; Abschied v. Laura: An zwei Orten zu leben, Heimat-Geschn. 79.
R: Besuch für Kalinke 66; Hans der Träumer 67, beides Hsp.; David und die Riesen, Kd.-Fsf. 82.

van Hatten, Pieter, s. Glock, Karl Borromäus.

Hauben, Nora; Verb. dt.spr. Schriftsteller in Israel; Hayarden Str. 4, 52333 Ramat-Gan/Israel, Tel. (03) 741043 (Chemnitz 7.7.18).
V: Aktuelle Zeitgedichte (dt.-hebr.) 70.
MA: G. in versch. Zss.

Haubner, Otto, A-4943 Geinberg.
V: Leben an d. Mauer, Erzn., kl. Prosa 77; Die Nacht der Zehn. Der Planet des Minotaurus, Erzn 81; Linzer Elegien 82. ( )

Haubrich, Heinz (Ps. Milan Crosz), Musikverleger; Karlsruher Str. 60, D-4330 Mülheim/Ruhr (Kleinmaischeid, Kr. Neuwied 23.2.20). Lyrik, Kleine Prosa.
V: Der Morgen hebt die Flügel, G. 57; Alle Sterne wandern weiter, G. 61; rd. 700 Kantaten, Zyklen, Lieder.

†**Haubrich**, Leo; EM d. Lit. Ges. Köln, Freunde d. Stadtbücherei e.V. seit 78; Gartenstr. 12, D-5000 Köln 60 (Köln 15.11.96). Lyrik.
V: Welt und Gedanke, Lyr. 21; Purgatorio, Weltanschaul. Erz. 23; Aussaat u. Ernte, Lyr. 65; Kleine Verse, Lyr. 76.
B: Helfer am Bau 35. — **MA:** Lyr. u. Prosa in: Karlsruher Bote 80/81; Jb. dt. Dicht. 80/81.

Hauch geb. Koch, Anna-Gerta (Ps. Gerta Hauch), Dipl.-Betriebswirtin; Pleistr. 17, B-4731 Raeren-Lichtenbusch, Tel. (087) 851908 (Aachen 19.4.34). Roman.
V: Ein Aufschrei — warum?, R. 82.

Hauch, Gerta, s. Hauch, Anna-Gerta.

Hauck, Ernst; Kriegergedächtnissiedlung 7, D-8632 Neustadt b. Coburg (24.4.90).

V: Aus Kindheit u. Jugend 78; Wenn ich als Deutscher denk an Bonn... Polit. G. u. Sprüche aus den Tagebüchern eines 90jähr. 81.

Hauenstein, Hans, Prof.; Robertgasse 1, A-1020 Wien, Tel. (0222) 2620502.
V: Chronik d. Wienerliedes 76; Hobelspäne des Geistes 76; Wiener Dialekt, Weaner. Drahdiwaberln von A-Z, erw. 78; Interpreten des Wienerliedes 79.

Hauffe, Hans Günter, Dr.jur., RA.; Medaille "Pro arte", Bayer. Verdienstorden; Korr. Mitgl. Bayer. Akad. d. Schönen Künste, Halk. Akad.; Flemingstr. 71, D-8000 München 81, Tel. (089) 989898 (Chemnitz 4.3.04). Novelle, Roman, Essay.
V: Cornelia und Sabine, R. 47; Der goldene Schnee; Andreas Unmunds erste Geschichte; Die Justizratsbeichte, N. 49; Der Bibliophile Joh. Wolfg. v. Goethe, Ess. 51; Der Künstler und sein Recht, Ess. 56; Vereinsbrevier 56; Recht haben — Recht behalten, Ess. 57; Glück mit Gästen, Ess. 64.
H: Der Bibliophile, intern. Zs. f. Bücherfreunde, bis 60.

Haufs, Rolf, Rundfunkredakteur; P.E.N. 70; Kurt-Magnus-Förderpreis f. Hsp. 68, Stipendiat i. d. Villa Massimo Rom 70/71, Leonce- u. Lena-Pr. f. Lyrik 79; Bülowstr. 17, D-1000 Berlin 37, Tel. (030) 8011225 u. 3082610 (Düsseldorf 31.12.35). Lyrik, Erzählung, Hörspiel.
V: Straße nach Kohlhasenbrück, G. 62; Sonntage in Moabit, G. 64; Vorstadtbeichte, G. 67; Das Dorf S. und andere Geschichte 68; Der Linkshänder oder Schicksal ist ein hartes Wort, Prosa 70; Herr Hut, Kdb. 71; Die Geschwindigkeit eines einzigen Tages, G. 76; Größer werdende Entfernung, G. 79; Ob ihrs glaubt od. nicht, Kdb. 80.
H:, MH: Nicolas Born: Die Welt der Maschine 80; Jb. d. Lyr. 81.
R: Man wird sehen, Ein hoffnungsloser Fall, Die Schläfer, alle 65; Harzreise 68, alles Hsp.

Haug, Doris (Ps. Doris Bieri), Verlegerin; Pro Litteris 70, SSV 81, VG Wort 82; Aargauerstr. 250, CH-8048 Zürich, Tel. (01) 623555 (Zürich 5.6.33). Roman, Theaterstück, Hörspiel, Kinderbuch, Kurzgeschichten, Familiengeschichten.
V: Leimbach einst und jetzt 73; Unter den Blattanen, sat. Wortbilder 74; Was Männer über Frauen wissen 75; Unsere liebsten Gäste, lustige Geschn. 79; Muxli

und Florian, Kd.-Gesch. 81; De Wunibald, Bü. 82.
R: 5 Kurzhsp.
S: Ruedi Walter verzellt, 4 Kinderm., 2 Schallpl.

Haug, Gerda *

Haug, Jürgen, Speditionskaufmann; Dr.-Kurt-Magnus-Pr. d. ARD 63, Lit.-Stip. d. Kunststift. Bad.-Württ. 83; Fremersbergstr. 60a, D-7570 Baden-Baden, Tel. (07221) 22601 (Frankfurt/M. 22.4.40). Roman, Hörspiel.
V: Aufzeichnungen aus einer Wandererherberge, Fragment 75; Kellerassel, R. 80.
R: Das vermisste Zeichen 62; Grüsse ohne Absender 63; Die Tauben oder das goldene Sportabzeichen 63; Anabasis 68; Kellerassel 80; Szenen aus einer Wandererherberge 82; Der Schmerz 83; Die Abteilung 83.

Haug, Karl, Rektor; Hölderlinweg 31, D-7300 Eßlingen am Neckar, Tel. (0711) 317008 (Stuttgart 6.3.00). Handpuppenspiel.
V: Das verlorene Taschenbuch, Handpuppensp. 53 (auch engl.); Wie die Lebkuchenherzen entstanden, Schulsp. 53; Augen auf - die Straße droht!, Handpuppensp. 56.
H: Kleine heitere Welt. Humor u. Besinnlichkeit aus Schule u. Familie 54, 80. ( )

Haug, Nikolaus, s. Märker, Friedrich.

Haug, Wolfgang, Dr., Prof., Verleger; Altensteinstr. 48a, D-1000 Berlin 33, Tel. (030) 8314079 (Esslingen/Neckar 23.3.36).
V: Bestimmte Negationen. Das umwerfende Einverständnis des braven Soldaten Schwejk und andere Aufsätze, Ess. 73; Der Zeitungsroman oder Der Kongress der Ausdrucksberater, sat. R. 80.

Haugk, Klaus Conrad (Ps. Klaus Conrad), Dipl.-Ing., Architekt; Beethovenweg 35, D-7400 Tübingen 1, Tel. (07071) 61404 (Bielefeld 21.2.32). Roman.
V: Dauerndes Glück, R. 80, Tb. 82. —
MV: Etwas geht zu Ende — Dreizehn Autoren variieren ein Thema 79.

Haupt, Gunther (Ps. Walther Kessler), Dr. phil., Pastor i.R.; Goethe-Ges. 70; Hohnsen 21, D-3200 Hildesheim, Tel. (05121) 82448 (Berlin 14.7.04). Lit. Gesch., Essays, Laiensp., Bearbeitung.
V: Der Empörer. Das Leben H. von Kleists 38; Und eines Tages öffnet sich die Tür 40; Heinrich von Kleist in Berlin

63; Das Spiel vom Magdeburger Dom
u.a. 56; Einer in der Zeit, Mem. 79.
B: Georg Büchmann Geflügelte Worte
37 — 72.

Haupt, Julius, Dr. phil., StudR. a. D.;
Hohenstaufenstr. 53, D-5485 Sinzig/
Rhein, Tel. (02642) 435664 (Düsseldorf
1.4.93). Kurzgesch., Lyrik.
V: Salome, Ball. 13; Elementargeister
bei Fouqué, Immermann und Hoffmann
23; Tempel und Träume, G. 53.
MA: Verflucht und angebetet. Die
Schlange als Motiv und Symbol, in:
Antaios V, 4 63. ( )

Haupt, Nikolaus, Journalist i.R.;
Schriftstellervereinig. Rumäniens;
Odobescu, Timişoara/Rumänien
(Sackelhausen 3.8.03). Kinderbücher,
Novelle, Kurzprosa.
V: Herr Löffelstiel auf Reisen,
Kinderb. 76; Feuersalamander, Kinderb.
78; Geschichte von einem Teufel, der
keiner war, Kinderb. 80; Der
Schatzsucher in den Katakomben, Jgdb.
81.
MA: Pflastersteine, Jb. d. A.M.G.
Lit.kreises.

Haupt geb. von Fritschen, Thea, Graphikerin; VS 69; Am Brunnenberg 20, D-
6750 Kaiserslautern 31, Tel. (0631) 57730
(Breslau 5.2.06). Jugendbuch.
V: Wir schaffen's auch alleine 57;
Warum darf ich - darf ich nicht? 58; Das
Buch vom Großen Strom 61; Zöpfchen
und Knöpfchen, Kinderb. 62; Viel Steine
gabs und wenig Brot 80, Neuaufl. 83;
Wallfahrt in Waffen, R. 82.
R: St. Nikolaus, Patron der Rheinschiffer 65, 70; Afrika und Europa, Ausgleich zweier Lebensformen 71. ( )

Hauptmann, Helmut, Redakteur; SV-
DDR 56, P.E.N.-Zentr. DDR 72; Erich-
Weinert-Medaille 58, Heinrich-Mann-
Preis 60, Kunstpreis d. Freien Dt.
Gewerkschaftsbundes 64, Heinrich-
Heine-Preis 69; Bizetstr. 124, DDR-1120
Berlin-Weißensee, Tel. 3653526 (Berlin
12.3.28). Erzählung, Reportage, Essay.
V: Das Geheimnis von Sosa, Rep. 50
(poln. 51); Schwarzes Meer und weiße
Rosen, Rep. 56; Donaufahrt zu dritt,
Rep. 57, 58; Die Karriere des Hans
Dietrich Borssdorf alias Jakow, Erz. 58,
63 (ung. 59, tschech. 60); Der Unsicht-
bare mit den roten Hut, Porträtskizzen
58, 61; Sieben stellen die Uhr, Porträt-
skizzen 59; Das komplexe Abenteuer
Schwedt, Rep. 64; Der Kreis der Familie,
Erz. 64, neubearb. Aufl. 81; Blauer
Himmel, blaue Helme, Rep. 65; Ivi, Erz.

69, 77; Warum ich nach Horka ging, Rep.
71, 72; Das unteilbare Leben, Erzn. 72,
74; Standpunkt und Spielraum, Ess. 77.
H: DDR-Reportagen 69, 74.
R: Wo du zu Hause bist, Fs.-Rep. 76,
78.

Hauri, Valentin, Kunstmaler, Autor;
Flurstr. 2, CH-5623 Boswil/AG (Baden/
Schweiz 12.11.54). Lyrik, Roman, Prosa,
Hörspiel.
V: Ich will nicht in den Himmel
kommen, Lyr. 81; Ich erzählte dem
Teufel drei Lügen, Lyr. 82; Das
Gasthaus, Materialien 83.

Hauschild, Jan-Christoph, Wiss.
Redakteur; Koblenzer Str. 14, D-4040
Neuss, Tel. (02101) 37892 (Leinsweiler/
Pfalz 25.10.55). Drama, Erzählung.
V: Büchners Aretino. Eine Fiktion, Dr.
82.

Hauschild, Reinhard (Ps. Ulrich
Mühlenfeld, Harald Müller-Roland,
Thomas Ulrich, Michael Lorenz), Oberst
a.D.; DJV 49-55, 64, FDA 75;
Loeschckestr. 13, D-5300 Bonn 1, Tel.
(0228) 232168 (Koblenz 14.4.21). Roman,
Sachbuch.
V: plus minus null?, R. 52, Neuaufl.
u.d.T.: Flammendes Haff 83; Soldat im
Heer, Sachb. 60; Beurteilung für Haupt-
mann Brencken, R. 74. — **MV:** Raketen,
Sachb. 58; Ich glaube, mich knutscht ein
Elch 80.
B: Das Buch vom Kochen und Essen
75.
H: Jahrbuch des Heeres 1 - 7 67 - 79;
Jb. d. Bundeswehr, Sachb. 58; Die dt.
Bundeswehr, Sachb. 60, 66; Soldat in der
Luftwaffe, Sachb. 62; ...die freiheit zu
verteidigen..., Sachb. 62; Heere
internationel I 81, II 82.

Hauschka, Ernst R., Dr. phil., Ltd.
Bibl. Dir.; Sudetendeutscher Lit.Pr. 73,
Schubart-Lit.Pr. 74, Kulturpr. Ostbayern
76, Nordgaupreis 82; Hölderlin-Ges.;
Schellingstr. 100, D-8000 München 40,
Tel. (089) 2198203 (Aussig/Böhmen
8.8.26). Aphorismus, Essay, Hörfolge,
Lyrik, Erzählung.
V: Weisheit unserer Zeit, Zitate
moderner Dichter und Denker 65, 2.
Aufl. 80; Handbuch mod. Lit. im Zitat 68;
Gefangene unter dem silbernen Mond,
Erzn. 69; Wortfänge, G. 70; Erwägungen
eines männlichen Zugvogels, G. 71; Sich
nähern auf Distanz, G. 72; Türme einer
schweigsamen Stadt, G. 73; Die Violin-
stunde, G. 74; Die Zeitbahn hinunter, G.
74; Marienleben 76; Regensburg, Schaubühne d. Vergangenheit 76; Gott ist

mächtig im Schwachen, G. 78; Wetter-
zeichen, Aphor. 78; Atemzüge, Aphor. 80;
Vom Sinn und Unsinn des Lebens,
Aphor. 82; Szenenfolge, G. 82.
MA: Anth. II der Regensburger
Schriftstellergruppe, Erzn. 69; Regens-
burger Almanach 68-84; Für dich - für
heute, Ess. 70.
H: Buchbrevier 83.
Lit: L. Büttner: Von Benn zu Enzens-
berger 75; J. Tschech: Ein Dichter aus
Böhmen 77.

Hausemer, Georges, Autor,
Übersetzer u. Kritiker; 1. Pr. d.
Jungautorenwettbew. d. Regensburger
Schriftstellervereins Intern. 82, Pr. b.
Nationalen Luxemburger Lit.wettbew.
78, 81; 12 Op Eechelter, L-8366 Hagen/
Luxemburg, Tel. (0352) 399097
(Differdingen/Luxemburg 1.2.57). Lyrik,
Prosa, Essay, Kritik, Hörspiel. **Ue:** F, S.
V: Situationen, Lyr. u. Prosa 75; Der
tägliche Kram, Prosa 76; Nacht im
Glashaus, Lyr. u. Prosa 77; Warnung vor
Freunden, Lyr. u. Prosa 79; Polaroid, G.
81; Tandem, G. 81; Das Glück des
Vergessens, G. 82; Schill oder Die
Entfernungen, Erz. 82; Luxemburg 1984,
Kalendertexte 83.
MA: Die Zungenschlacht, N. in:
Unterschwarz 82; Im Taunus nach
drüben, Kurzgesch. in: Ent-Grenzung
82; Vom Daheim-Sein, Prosa in:
Letzeburg '82/83 83; An der Stadtgrenze,
Text in: Ons Stad 83; Differdinger
Gravitation, Text in: Galerie 83.
H: Crimi-Reader 82.
R: Vier Gedichte 76; Living in the
Plastic Age 80; Tagesnotizen 81.
MUe: Alain Dorémieux: Begegnungen
der vierten Art 82; Philippe Curval: Ist
da jemand? 82; Pierre Pelot: Der
Olympische Krieg 83; Philippe Curval:
Das andere Gesicht der Begierde 83.

Hausen geb. Schenkel, Elisabeth,
Apothekenassist.; Wiesenstr. 22, D-8805
Feuchtwangen, Tel. (09852) 9888
(Stuttgart 30.12.22). Roman, Erzählung.
V: Abenteuer Nächstenliebe, R. 81;
Die goldenen Schalen des Lebens, Erzn.
83.

Hauser, Arnold, stellv. Chefredakteur
d. Bukarester dtsprach. Zs. "Neue Lite-
ratur"; Schriftstellerverb. d. Sozialist.
Republik Rumänien 62; Prosapr. f. d.
Jahr 1968 d. Zs. Neue Literatur, Prosapr.
f. d. Jahr 74 d. rum. Schriftstellerverb.;
Str. Paris 20, Bukarest/Rumänien
(Braşov/Kronstadt, Rumänien 31.3.29).
Kurzgeschichte, Erzählung, Roman.
Ue: Rum.

V: Kerben, Erzn. 62, 64 (auch rum.);
Eine Tür geht auf, Erzn. u. Skizzen 64;
Leute, die ich kannte, Erzn. u. Skizzen
65; Neuschnee im März, Kurze Prosa 68,
74 (auch rum.); Der fragwürdige Bericht
Jakob Bühlmanns, R. 68, 74 (auch ungar.
u. rum.); Unterwegs, Skizzen und Erzn.
71; Examen Alltag, Geschichten 74, 77
(auch rum.); Der Fischteich, Erzn. 80, 82
(auch rum.).
Ue: Pop Simion: Der heitere Friedhof
72. − **MUe:** Alexandru Mitru: Die Sagen
des Olymp, m. Hedi Hauser 71.
Lit: Deutschland Archiv 6 68, 10 70;
Deutsche Studien 33 71. ( )

Hauser, Carl Maria (Ps. Carry
Hauser), Prof. h. c., Maler; ehem. Vize-
präsident des Öst. P.E.N.; Concordia 60;
Tirolergasse 1, A-1130 Wien, Tel. (0222)
821461 (Wien 16.2.95). Laienspiel, Lyrik,
Roman, Novelle, Essay.
V: Von Kunst und Künstlern in Öster-
reich, Ess. 37; Advent-Spiel 44; Eine Ge-
schichte vom verlorenen Sohn 45;
Maler, Tod und Jungfrau, M. 46.
MA: Dein Herz ist die Heimat, österr.
Dicht. aus d. Emigration 55; Wiener
Cocktail; Der Vampyr. Unheiml. Geschn.
61; Vom Reich zu Österreich 83.

Hauser, Carry, s. Hauser, Carl Maria.

Hauser geb. Juschkat, Erika, kaufm.
Angest.; VS 69; NGL 74; Tegeler Str. 32,
D-1000 Berlin65 (Berlin 18.4.39). Jugend-
roman, Erzählung, Roman.
V: Ein ruhiger Tag, Prosa 69; Jela,
Prosa 70; Die Werbung, Prosa 71;
Connie, JgdR. 75.
MA: 5. Jb. d. Kinderliteratur, Anth. 79.

Hauser, Frank, s. Wiemer, Rudolf
Otto.

Hauser, Fritz (Ps. Fridolin Osterhazy),
Rektor; Fabrikstr. 10, CH-8840
Einsiedeln, Tel. (055) 533728 (Näfels, Kt.
Glarus 9.4.39). Heitere Lyrik, Mundart-
Texte, historische und volkskundliche
Arbeiten, Radio-Hörfolgen.
MA: Zuger Heimatbuch 65; Einsiedler
Fasnacht 79.
H: Der Einsiedler im Himmel 76; Der
Näfelser im Heimel 1. u. 2. Aufl. 79.
R: Wie Stanislav Barletzky spurlos
verschwand, Krim.-Send.
Schreckmümpfeli 80; Dr Venediger, M.,
Fs.-Sdg 83 (Sprecher u. Übers.).

Hauser, Hans; Kanzleigasse 9, D-7730
Villingen-Schwenningen, Tel. (07721)
59308.
V: Dief i de Nacht, Alemann. G. 70. ( )

Hauser, Harald; SDA 47, SV-DDR 53;
Lessingpreis 59, Nationalpreis d. DDR

60; Comes/Rom; Kurt-Fischer-Str. 77,
DDR-111 Berlin-Niederschönhausen,
Tel. 4828712 (Lörrach/Bad. 17.2.12).
Roman, Drama, Film.
V: Wo Deutschland lag ..., R. 47, u.d.T.:
Botschafter ohne Agrément 75 (auch
poln., tschech., ung.); Prozeß Wedding,
Sch. 53; Am Ende der Nacht, Sch. 55, 66;
Im himmlischen Garten, Sch. 58, 60;
Weißes Blut, Sch. 59, 63; Barbara, Sch.
64, 67; Der illegale Casanova, Erzn. 67,
75; Wem gehören die Sterne, Lsp. 70; Es
waren zwei Königskinder, Erz. 78, 80. —
MV: Häschen Schnurks, m. Karl
Schrader 66; Sozialistische Dramatik 68.
F: Weißes Blut; Risiko; An Fran-
zösischen Kaminen, alles Film.
R: Am Ende der Nacht, Hsp.; Weißes
Blut 60; An Französischen Kaminen 63;
Risiko 65, alles Fsp.; Salut Germain!,
Fs.-Serie 71; Pariser Dialoge, Fsf. 74; Ge-
fährliche Fahndung Fs.-Serie 78;
Nadine, Hsp. 79. ( )

Hauser, Hedi, s. Hauser, Hedwig
Margarete.

Hauser, Hedwig Margarete (Ps. Hedi
Hauser), Chefred. b. Kriterion Verl.
Bukarest; Schriftstellerverb. d. Sozialist.
Republik Rumänien 59; Pr. d. Rum. SV;
Str. Paris 20, Bukarest/Rumänien, Tel.
(90) 333129 (Timişoara/Rumänien
26.1.31). Märchen, Geschichten, Erzählungen u. Zeichentrickfilme f. Kinder.
Ue: Rum.
V: Waldgemeinschaft Froher Mut 56,
63 (auch rum.); Hannes Kinkerlitzchens
Reise in die Welt 56, 57 (auch ung.);
Seifenbläschens Abenteuer 57, 74; Eine
ganz tolle Geschichte 58, 63; Im Guck-
kasten 60, 62 (auch rum., ung.); Jetzt
schlägts dreizehn 62; Viele Fenster hat
mein Haus 65; Der große Kamillenstreit
66; Himpelchen, Pimpelchen und die
Riesen 75 (auch rum.); Lutz und die
Hampelmänner 75; Der große Kamillen-
streit und andere Geschichten 76, 79;
Eine Tanne ist kein Hornissennest 77;
Das verschnupfte Bilderbuch 78, alles
Kinderb. — **MV:** Das bunte ABC,
Kinderverse, m. Ruth Lissai 58.
H: Der Wunschring. Ein Lese- u.
Spielb. f. Kinder 77, 80.
F: Der kleine Kuckuck 82.
Ue: Octav Pancu-Iaşi: Kling — klang
— gloria 62; Tudor Arghezi: Der
Meisenstein 70; Das Baumwollroß, Eine
Lokomotive und ein Bahnhof, Der Dieb,
Der Briefumschlag, Das Urteil, Erste
Enttäuschung, Koko und die Katze, Der
Hase und der Karpfen 70; Julia Murnu:
Die große Fahrt des Telemachos 71; Al.

Mitru: Das goldene Hähnchen 72; P.
Sălcudeanu: Detektiv mit vierzehn
Jahren 75; I. D. Bălan: Die Kindheit
eines Ikarus 78; A. L. Mitru: Gesch. v.
Păcală u. Tîndală 78, 79. — **MUe:** Al.
Mitru: Die Legenden des Olymp. Die
Helden, m. Arnold Hauser 71.

Hauser, Jochen; Nationalpr. 78,
Berlin-Pr. 82; Karl-Liebknecht-Str. 9/F.,
DDR-102 Berlin, Tel. 2113151.
V: Der Kaplan, N. 71; Pepp und seine
Frauen, R. 75; Johannisnacht, R. 76;
Familie Rechlin, R. 78; Zwei Krähen
fliegen aus, Kdb. 79; Im Land Glü-Ab,
Kdb. 81.
R: Ich bin der Häuptling, Hsp. 66; Und
meine Tauben, Hsp. 67; Das Zelt,
Kinderhsp. 68; Sandkiefern, Hsp. 69;
Posaunentöne, Hsp. 71; Ritter
Schnapphahnski und seine Wider-
sacher, Hsp. 72; Ein teures Erbe, Hsp.
77; Der Sohn des Schauspielers, Fsp. 80;
Gregorianer, Hsp. 81; Familie Rechlin,
Fsp. 82; Leutnant von Katte, Hsp. 83.

Hausin, Manfred; VS 69, Kogge 71;
Pläne-Songtextwettbew. 79, Stadtschreiber d. Stadt Soltau Herbst 80,
Auslandsreisestip. d. AA 80, Projektstip.
d. Ldes Nieders. 81, Stip. d. Künstler-
stätte Schreyahn 82/83; Glatzer Weg 9,
D-3100 Celle, Tel. (05141) 42200 (Hildesheim 21.8.51). Lyrik, Lieder, Prosa,
Roman, Hörspiel, Drehbuch.
V: konsequenzgedichte 70; das gleiche
mit ketchup, G. 71; sonderangebot, G. 71
(holl.-dt.); vorsicht an der bahnsteig-
kante, G. 72, 6.Aufl. 79; Sanduhren, G. 73
(holl.-dt.); Kneipengedichte 75; Mir
könnt ihr nicht das Wasser reichen.
Neue Kneipengedichte 76; Mit dem
Wildbrett vorm Kopf, Sat. 77, 2. Aufl. 83;
Betteln u. Hausin verboten, Epigramme
77, 3. Aufl. 82; Höchste Zeit, Lieder 78;
Knotenschrift, G. 79; Die Stimme
Niedersachsens, G. 79; Hausins Heiseres
Hausbuch, ein Leseb. 80; Wintergast, G.
81; Hausinaden, neue Epigramme 83;
Gedichte 83.
MA: Veröff. v. G., Liedern, Sat. u.
Geschn. in zahlr. in- und ausländ. Ztgn,
Zss., Anth., Samml., Kal., u.a.: Wir
Kinder von Marx und Coca-Cola 71;
Alm. f. Lit. u. Theol. Nr. 5 71, 6 72, 8 74, 9
75; Vostell Antworthappening 73;
Szenenreader 73/74 74; Wem gehört die
Stadt? 74; Gegendarstellungen 74; Das
Einhorn sagt zum Zweihorn 74;
Werkbuch Thema Angst 75; In Ängsten
und siehe wir leben 75; Lyr. Selbst-
porträts 75; Epigramme Volksausgabe
75; Stimmen zur Schweiz 76; Berufs-

verbot 76; Ein Stück Brachland, eine
Schrift herum 76; Nichts und doch alles
haben 76; Tagtäglich 76; Göttinger
Gedichte 76; Strafjustiz 77; Frieden und
Abrüstung 77.

Hausmann, Helga; Ob dem
Viehweidle 8, D-7400 Tübingen, Tel.
(07071) 62298.
V: Unser Schicksal verschweigt das
Orakel, G. 77.

Hausmann, Manfred, Dr. phil.; VS 27;
Ralph-Beaver-Straßburger-Preis 30,
Jochen-Klepper-Medaille 53, Kogge-
Ring 58, Gr. Bundesverdienstkreuz 59,
Medaille f. Kunst u. Wissenschaft
Bremen 63, Wappenring d. Stadt Kassel;
Akad. Wiss. u. Lit., Akad. d. Künste
Berlin; Dillenerstr. 49, Akad. d.
Bremen 71 (Kassel 10.9.98). Lyrik,
Roman, Novelle, Erzählung, Bühnen-
werk. **Ue:** Ch, G, Jap, Hebr.
V: Die Jahreszeiten, G. 24; Die Früh-
lingsfeier, Nn. 25, 42; Marienkind,
Laiensp. 27, 52; Die Verirrten, 2 Nn. 27,
32; Lampioon 28, 82; Salut am Himmel,
R. 29, 51; Kleine Liebe zu Amerika. Ein
junger Mann schlendert durch die
Staaten 30, 82; Abel mit der Mundhar-
monika, R. 31, 69; Ontje Arps, Erzn. 34,
53; Die Begegnung, Erzn. 36, 53; Ab-
schied von der Jugend, R. 37, u.d.T.:
Abschied vom Traum der Jugend 41, 54;
Lilofee, Dr. 36, 42; Demeter, Erzn. 37, 40;
Geheimnis einer Landschaft:
Worpswede, Betracht. 40, 42; Einer muß
wachen, Betrachtn., Briefe, Gedanken u.
Reden 41, 52; Quartier bei Magelone.
Aus den Papieren des Oberleutnants
Skram 41; Alte Musik, G. 41; Für-
einander, G. 46; Das Worpsweder
Hirtenspiel 46, 55; Gesammelte Schrif-
ten in Einzelausgaben 49 — 55 VI; Der
dunkle Reigen, Mysteriensp. 51; Der
Überfall, ges. Erzn. 52; Hafenbar, Bü. 53;
Isabel. Geschichten um eine Mutter 53,
55; Liebende leben von der Vergebung,
R. 54; Der Fischbecker Wandteppich,
Leg.-Sp. 55, 82; Die Entscheidung. Neue
Betrachtn., Briefe, Gedanken u. Reden
55; Die Wüste lebt, Buch z. Disneyfilm
55; Martin. Geschichten aus einer glück-
lichen Welt 55; Was dir nicht angehört,
Erz. 56, 57; Trost im Trostlosen, Gedenk-
rede 56; Andreas, G. 56; Die Zauberin,
Sch. 59; Tröstliche Zeichen, Ess. 59;
Irrsal der Liebe, G. 60; Die Bremer
Stadtmusikanten, Kinderb. 62; Kleiner
Stern im dunklen Strom, R. 63; Heute
noch, Erz. 63; Kassel, Porträt einer Stadt
64; Zwei unter Millionen, Ess. 64, 67;
Gesammelte Schriften in Einzel-

ausgaben: Liebende leben von der Ver-
gebung, R. 64; Brüderliche Welt, Vortr.
65; Und es geschah, Gedanken zur Bibel
65; Sternsagen 65; Und wie Musik in der
Nacht 65; Spiegel des Lebens 66; Die
Begegnung 67; Wort vom Wort 69, 70;
Gottes Ja 69; Keiner weiß die Stunde,
Erz. 70, 71; Kreise um eine Mitte,
Betrachtn. 68, 73; Der golddurchwirkte
Schleier, G. 69; Das abgründige Geheim-
nis 72; Wenn dieses alles Faulheit ist,
Kinderb. 72; Nacht der Nächte,
Weihnachtsb. 73, 80; Kleine Begegnung
mit großen Leuten 73, 81; Im Spiegel der
Erinnerung 74; Nüchternheit 75;
Zweimalzwei im Warenhaus, Kinderst.
75; Altmodische Liebesgedichte 75; Die
Nienburger Revolution, Dr. 75; Der
Mensch vor Gottes Angesicht,
Betrachtn. 76, 82; Bis nördlich v. Jan
Mayen, Erzn. 78; Welt aus Licht u. Eis,
Bildbd. 79; Vom Reichtum des Lebens
79; Daniels Stern, Weihnachtssp. 81;
Gottes Nähe 81. — **MV:** Bremen. Gesicht
einer Hansestadt, m. Hans Saebens 55.
MH: Ruf der Regenpfeifer, m. Kuniyo
Takayasu 61.
F: Abel mit der Mundharmonika.
S: Manfred Hausmann spricht 60;
Manfred Hausmann liest Gedichte und
Prosa 60; Die Bäurin, aus: Der dunkle
Reigen; Stürmische See, aus: Die Ent-
scheidung; Herbstabend am Strom,
Schauder, Weg in die Dämmerung,
Liebe, G.; Brief eines Segelschiff-
kapitäns an seinen Sohn, aus: Einer
muß wachen; Sie gibt jemandem zu
trinken, Sie spielt zu einer Hochzeit auf,
aus: Isabel; An der Unterweser, An ein
heimkehrendes Vollschiff, Unschuld,
Verzweifelt und getrost, G..
Ue: Das Erwachen, Nachdichtn. d.
Lieder u. Bruchstücke aus d. griech.
Frühzeit 47; Liebe, Tod und Vollmond-
nächte, Nachdichtn. jap. G. 51, 56; Hinter
dem Perlenvorhang, G. nach d. Chin. 56;
Das Lied der Lieder. Hebräische G. 58.
Lit: S. Hajek: Manfred Hausmann 53;
Eberhard Korn: Der Einfluß der
Jugendbewegung auf das Werk Manfred
Hausmanns 58; Karlheinz Schauder:
Manfred Hausmann 63; Elena Bonalda:
Manfred Hausmanns Erzählungen und
Novellen 64; C. P. Fröhling: Sprache und
Stil in den Romanen Manfred Haus-
manns 65; Hilde Fürstenberg: Bildnis
eines Freundes - Manfred Hausmann
75. ( )

Havers, Christoph, dipl. u. staatl.
anerkannter Sozialpäd.; VS 82;
Selfkantstr. 7, D-4040 Neuss, Tel. (02101)

81121 (Düsseldorf 14.12.55). Lyrik,
Geschichten, Glossen.
V: Plakatmenschen, Puppen und
heiße Nachte, G. u. Prosa 81.
MA: Nachwehen 82; Die Paradiese in
unseren Köpfen 83; Wo liegt euer
Lächeln begraben 83; Veröff. in Lit.-Zss.,
u.a. in: Linkskurve, Harlekijn.

Hayn, Ralph, s. Hahn, Rolf.

Hearting, Ernie, s. Herzig, Ernst.

Hebel, Frieda, Journalistin; ISDS 58
(Vertretung in Israel), P.E.N.-London 74,
P.E.N.-Jerusalem 76; Trostpreis d.
Bertelsmann-Leserings 61; Hagalil Str.
43, Raanana/Israel, Tel. (052) 31195
(Darmstadt 1.6.04). Lyrik, Roman,
Novelle, Feuilleton, Reportage, Rdfk.-
Kindergeschichte.
V: Gesang des Lebens, G. 64; Der
Mond wird voll, G. u. Prosa 64; Fernes
Land, G. 67; Asufi, R. 69/70 (hebr.); Es
geschah 1933, Erz. 83 (Ztgs-Fortsetz.).
MA: Max Brod, e. Gedenkb. 69; Fritz
Möser-Frieda Hebel-Kunstkal.; Mit-
arbeit an den Buchausstellungen der
"Exilliteratur" u. an in- u. ausl. Zei-
tungen u. Zss., Merian-Israel-Magazin,
Kunstkalender; Sonderheft "Israel" d.
Stadt Frankfurt/M. 64; Das Neue Israel
77; Stimmen aus Israel, Anth. 79;
Nachrichten aus Israel, Anth. 81.
R: Die Geschichte von Rami und
Tami, Kindergesch. 59.

Hebel, Peter, c/o Bastei-Verlag,
Lübbe, Bergisch Gladbach.
V: Die Patentlösung 80; Rache
schimmelt nicht 80; Die Todesreportage
81; Mord ist eine Kunst für sich 82, alles
Krim.-R. ( )

Heberer, Alfred (Ps. Alfred Michael
Enders), Verlagskaufmann, Dramaturg,
Regisseur, Bibliothekar (Berlin-
Neukölln 1.1.13). Roman, Novellistik,
Hörspiel.
V: Das Haus über dem Meer, R. 50;
Herr Joschen und seine Söhne, R. 51;
Strasse ohne Illusion, R. 53; Jonas fährt
mit dem Tod, R. 55; Hotel Sascha - 23
Uhr, R. 58; In diesen verdammten
Jahren, R. 75; Zum Abend keine Rosen,
R. 77; Der Laser-Fall, R. 77.
H: Epochen abendländischen
Werdens 80 VI.
R: Tilman Riemenschneider, Hsp. 37;
Jeromes Premiere, Hsp. 49. ( )

Hebsaker, Grit (Ps. H. Grit Seuber-
lich); Harrstr. 6, D-7412 Eningen/
Achalm, Tel. (07121) 8471 (Czernowitz/
Rumänien). Jugendbuch. **Ue:** E.

V: Annuzza im Maisfeld, Erz. 58, 76;
Niemand ist allein ..., Erz. 61, 79; Nikolai
und Furchtsam, Erz. 62, 63; Freundschaft fällt nicht vom Himmel, Erz. 64,
78; Wer kennt Pü, Erz. 65; Mädchen im
Glashaus, Erz. 66; Balabin, Erz. 68;
Pippa und Pepe, Erz. 69; Nirgendwo und
anderswo, Erz. 70; Das verwandelte
Auto, Erz. 71. — **MV:** Mario, Erz. 64;
Mario auf frischer Spur, Erz. 65; Marios
abenteuerliche Ferien, Erz. 65; Mario
hat einen Plan, Erz. 71.

Hecht, Hasso, s. Plötze, Hasso.

Hecht, Ingeborg, s. Studniczka,
Ingeborg.

Heck, Elisabeth, Lehrerin; SSV;
Lit.pr. Ascona f. Lyr. 81, Anerkennungspr. d. Stadt St.Gallen 82;
Schweizerischer Bund für Jugendliteratur 76; Kolumbanstr. 14, CH-9009
St. Gallen, Tel. (071) 253294 (St. Gallen
5.6.25). Jugendliteratur, Gedichte.
V: Elisabeth v. Thüringen, Kinderb.
58, 62; Soldat der höchsten Königin,
Jgdb. 60; Weihnachtsgeschichte 63, 69;
Vor dem grossen Tag, Kinderb. 66, 79;
hell und dunkel 70; Der Zauberballon
70, 72; Nicola findet Freunde, Kinderb.
71; Der Schwächste siegt 75, 79; Lasst
mich fliegen 75; Viele reden, Vinzenz
wirkt, Biogr. 75; Wer hilft Roland?,
Kinderb. 76; Miezi 76; Jan reisst aus 76;
Beat und ein schlechtes Zeugnis 77, 80;
Richard rebelliert 77; Hupf, Kinderb. 78;
Er hat mich nicht verstossen, Kdb. 82;
Nonna, Kdb. 82; Übergangenes, G. 82;
Aus dunklen Kernen, G. 82; Der junge
Drache, Kdb. 83. — **MV:** Das Schaf des
Hirtenbuben 72; Das Hirtenmädchen 75;
Das grosse Buch für Weihnachten 72;
Der kleine Esel 78; Beppo, der Hirt 80.

Heck, Heinz *

Heck-Rack, Margarete *

Hecker, Emil, Schriftsteller; GEMA,
VG Wort; Eulenspiegel-Orden u. Pla-
kette d. Stadt Mölln, Ehrenteller d. Stadt
Brunsbüttel, Ehrenwappen des Kreises
Dithmarschen 82; Sackstr. 10, D-2212
Brunsbüttel, Tel. (04852) 51522
(Hamburg 4.6.97). plattdeutsche Lyrik,
Kurzgeschichten, Bühnenspiele, Hör-
spiele.
V: De Smitt un de Dood, Sp.; Kuddel-
muddel, Singsp.; Vun Dörp un Diek,
Riemels un Vertelln 29; Vun't bunte
Leben, G. u. Geschn. 31; Störm över't
Watt un anner Geschn. 39; Wipp un
Wupp, Msp. 39; Jungs achter'n Diek,
Erzn. 39; Nedderdüütsche Eken, Geschn.
u. G. 41; Die blaue Flagge weht, Jgd.-Erz.

47; Hans warrt König, Msp. 48; Klaas
hett Glück, Msp. 48; Peer Ruug, Erz. 49;
Up de Elv geit de Wind, G. u. Erzn. 49;
Diekerjungs 52; In'n Glücksputt langt
57; Hatt geiht de Strom 57; Vun Lüd as
du un ick 58; Markst Müs ...? 59, alles
plattd. Erzn.; Dat Dingerdonner Christ-
nachtsspeel 59; Wiehnachtsböm,
Schulsp. 63; Wunnerli Volk - de Minschen, Erzn. 64; An de Klöndör, Vertelln.
72, 79; Mit Öltüg un Südwester. Riemels
un Vertelln. 74, 77; De Waggboom.
Gedichten un Geschichten 77; Uns' Lüd'
vun de Küst, Geschn. u. Gedichten 78;
Dor steiht en Stern an'n Heven 82. —
MV: De Discher und sien Fleut, Lsp.;
Een Nacht vull Upregen, Lsp.; Hallo üm
de Koo, Lsp.
MA: div. Sammelbde. u. Anth.
R: Wer so reisen könnte wie ein Brief;
Ich bin schon hier; Sühl Hinners; Störm
över't Watt; Jörn warrt liekers König;
Hans holt den Vogel Venus, alles Hsp.;
rd. 500 Erzn.
S: MV: Fröhjohr in Veerlann' 76; Emil
Hecker vertellt Spoßige Geschn. 77, 79.

Hecker, Josef Ludwig; Hans-Denck-
Str. 6, D-8070 Ingolstadt, Tel. (08450) 613
(Pfarrkirchen/Ndb. 22.3.10). Roman.
V: Die Dachbodengeschichten 48; Gott
hat keinen freien Samstag 65; Das
Wirtshaus an der Gabel 73; Die Nonnen
von Mariastein 74; Der unheimliche
Berg 75; Das Haus am Inn 75; Der
Heuberg schweigt 76; Fußgängerzone
79.

Hecker, Jutta, Dr. phil., ObStudR.; SV-
DDR 48; Goethe-Ges. 49, Winckelmann-
Ges. 63, Liszt-Ges. 83; Jenaer Str. 3,
DDR-5300 Weimar (Weimar 13.10.04).
Roman, Novelle, Essay.
V: Die Altenburg. Geschichte eines
Hauses, R. 55, 83; Flammendes Leben,
Winckelmann-Biogr. 56; Die Maske, N.
57, 61; Wieland, R. 58, 80; Ich erinnere
mich, Eckermann-R. 62, 64; Traum der
ewigen Schönheit, Winckelmann-R. 65,
82; Lied an die Freude, R. üb. Schiller u.
s. Zeitgenossen 65; Corona. Das Leben
der Schauspielerin Corona Schröter 70,
82; Als ich zu Goethe kam, 3 Erzn. 74, 82.

Heckmann, Herbert, Dr., freier
Schriftsteller; Förderungspreis d.
Industrieverb. 59, Villa Massimo-Stipen-
dium 58, Bremer Literaturpr. 62;
Bachwiesenstr. 3, D-6368 Bad Vilbel/
Gronau (25.9.30). Lyrik, Roman, Novelle,
Essay, Film.
V: Das Portrait, Erzn. 58; Benjamin
und seine Väter, R. 62, 63, 65; Die sieben
Todsünden 64; Schwarze Geschichte 64;

Der kleine Fritz 68; Geschichten vom
Löffelchen 70, alles Erzn.; Der große
Knockout, R. 72, Tb. 82; Der Sägmehl-
streuer, Erz. 73, Tb. 80; Hessisch auf
Deutsch, Wörterb. 73; Ubuville - die
Stadt des großen Ei's, Erzn. 73; Der
Junge aus dem 10. Stock, Erz. 74;
Gastronomische Fragmente, Ess. 75; Der
große O, Erzn. 77; Knolle auf d. Litfaß-
säule 79; Ein Bauer wechselt die
Kleidung und verliert sein Leben u.a.
Erzn. a.d. J. 1950-1980 80, Tb. 82;
Stehaufgeschichten 81; Die andere
Schöpfung, Gesch. d. frühen Automaten
in Wirklichkeit u. Dichtung 82; Löffel-
chen und die anderen 82. —
MV: Frankfurt mit den Augen Goethes
82.
H: 80 Barock-Gedichte 76; Die Freud
d. Essens 79, Tb. 81; Johann Christian
Günther: Gesammelte Gedichte 81. —
MH: Die schönsten dt. Kindergedichte
79. ( )

Heckmann, Wolf, Journalist; Ilmstr. 6,
D-8069 Rohrbach a.d.Ilm, Tel. (08442)
8340 (Dortmund 10.2.29). **Ue:** E.
V: Rommels Krieg in Afrika 76, 83
(auch ndl., schwed., engl., amer.); Haie
fressen keine Deutschen — Erster
Alleinflug im Motorsegler — nach
Australien 82, 83.
F: Jäger 83.

Heckt-Albrecht, Dietlinde, Lehrerin,
Doktorandin; Förderung d. liter. Nach-
wuchses d. Ldes Schleswig-Holstein 82;
Holtenauer Str. 59a, D-2300 Kiel 1 (Kiel
6.4.53). Lyrik, Essay.
V: Bruchstücke, G. 81; Aus der
welkenden Zeit, G. 82, 2.Aufl. 83.
MA: Frauen schreiben neue
Liebesgedichte, Anth. 83.

Hedemann, Walter, ObStudR.; Fritz-
Reuter-Weg 6, D-3250 Hameln 1, Tel.
(05151) 24011 (Lübeck 17.7.32). Drama,
Lyrik, Chansons.
V: Unterm Stachelbeerbusch,
Chansons 70; Dorothea oder Wer hat
Angst vor Hermann Geßler, Posse m.
Gesang 70; Nur ein Fall Werner, Posse
72; Pampelmus und Blechpott, St. f.
Kinder 74.
MA: Der schräge Turm 66; Chanson
67 68; Satire-Jb. 78; Dorn im Ohr 82;
Friedenslieder 82.
R: Sketche; Froschkönig, Hsp. 80; Die
Geschichte vom König Felix, Hsp. 83.
S: Na hören Sie mal 67; Sch(m)erz
beiseite 67; Unterm Stachelbeerbusch
70; Herzlich willkommen 75; Erfreuliche
Bilanz 80; Beim Frühstück 82.

Hedler, Friedrich *

Heemskerk, Peter, s. Wills, Franz Hermann.

van Heese, Diethard, kaufm. Angestellter; VS seit 79; Goerdeler Str. 4, D-5657 Haan 1, Tel. (02129) 6751 (Stettin 19.9.43). Novelle, Erzählung.

V: Lustreise, erot. R. 75; Der Sexreporter, erot. R. 76; Neue Geschichten des Grauens, Grusel- u. Science-fiction Stories 78; Meteorit des Grauens 80; Gefangen am See des Grauens 80; Kristalle des Schreckens 81; Der grüne Tod 81; Der Untote vom Kliff 82, alles Grusel-R.

MA: Spinnenmusik 79; Eine Lokomotive für den Zaren 80; Science Fiction Story Reader 16 81, 17 82, 18 82; Deneb 82; Eros 82, alles SF-Atnh.

Ue: Paul Walker: Die Informanten, Erz. 82; Jack C. Haldemann: Eine wissenschaftliche Tatsache, Erz. 82; Bob Shaw: Blitzsucher, Erz. 82; William Earls: Skitch und die Kinder, Erz. 82; John Hegenberger: Letzter Kontakt, Erz. 82.

Heese, Ruth *

Heftrich, Eckard (Ps. Urs Markus), Dr. phil., o. UProf.; Haus Alst, D-4435 Horstmar, Tel. (02558) 576 (8.12.28).

V: Die Philosophie u. Rilke 62; Nietzsches Philosophie 62; David in der Heiligen Nacht 64; Sieben kleine Tiere 65; Die Mondseefahrt 65, alles Jgdb.; Hegel u. Jacob Burckhardt 67; Stefan George 68; Im alten Garten wird gebaut 68; Novalis. Vom Logos der Poesie 69; Zauberbergmusik - Über Thomas Mann 75; Lessings Aufklärung 78; Vom Verfall zur Apokalypse. Über Thomas Mann II. 82.

H: Das Abendland, NF. — **MH:** Stefan George Kolloquium 71; Fin de Siècle 77; Thomas Mann 1875 - 1975 77.

Hegedo, s. Doll, Herbert Gerhard.

Hegemann, Hans-Werner, Dr. phil. habil., Museumsdirektor; Sälzerstr. 30, D-6482 Bad Orb, Tel. (06052) 3190 (Frankfurt a.M. 25.9.11). Roman, Essay.

V: Solitüde, R. 37; Vom Trost der Kunst, Ess.-Samml. 51; Vom bergenden Raum, Ess.-Samml. 53; Spektrum der Handwerkskunst, Ess.-Samml. 65; Elfenbein in Plastik, Schmuck u. Gerät 66; Burgen u. Schlösser in Hessen, Ess.-Samml. 71; Olifant, Geschichte und Geschichten um Elfenbein, Ess.-Samml. 81.

Heger, Anton, Bankdir. i.R.; Schrieverkring; Collinghorst, D-2953

Rhauderfehn 2, Tel. (04952) 2189 (Westrhauderfehn 19.10.01). Erzählung, Gedichte.

V: Lüst un Lääd, Erzn. u. G. 81; Trost im Leid, G. 82.

Hegner, H. S., s. Schulze, Harry Paul.

Hehner, Claus, Dipl.-Ing., Architekt BDA; Magdeburgerstr. 16, D-6270 Idstein, Tel. (06126) 2018 (Krefeld 15.9.23). Erlebnisberichte.

V: Mit dem Atlantik allein 69; Einsamer Pazifik 71; Start ohne Chance 73; Segeln 78. — **MV:** Allein aber nicht einsam. Trans-Pazifik Einhand-Rennen mit der MEX, m. Mechthild Hehner 82.

Heide, s. Beredik, Hilde.

Heide, Edith, Schauspielerin, Journalistin, Werbetexterin; VS 64; Baumstr. 6, D-2000 Hamburg 71, Tel. (040) 6403309 (Hamburg 30.3.20). Roman, Jugendbuch, Kurzgeschichte, Hörspiel, Fernsehspiel, Lyrik.

V: Murkel, Jgdb. 54; Herzen auf Wanderschaft, R. 55; Wetterwende, R. 55, 62; Rolf und Murkel, Jgdb. 65, 67; Maxi und Morchen, Jgdb. 68.

S: Die drei Spinnerinnen; Die goldene Gans; Tischlein deck' Dich; Prinz Almansor; Der falsche Prinz; In achtzig Tagen um die Welt, alles Hsp.-Bearb. 69 — 72.

Heidebrecht, Brigitte, Gymnastiklehrerin; Wolfstr. 13, Postf. 180129, D-5300 Bonn 1, Tel. (0228) 657566 (Oker 11.2.51). Gedichte, Geschichten, bes. Gebrauchslyrik.

V: Lebenszeichen, G. 80, 12. Aufl. 83; Komm doch, e. Gesch. v. Umgang m. Lust u. Liebe, 1. u. 2. Aufl. 83; Das Weite suchen, G. 83.

H: Wer nicht begehrt, lebt verkehrt, G. u. Geschn. z. Thema Lust u. Liebe 82, 4. Aufl. 83; Laufen lernen, G. 82, 3. Aufl. 83.

Heidemann, Beate; Steinkamp 10, D-2361 Westerrade, Tel. (04553) 397.

V: Jetzt bin ich 16 79; Die aus der Unterprima 80; Zwei gehen ihren Weg 80; Der Sommer in jenem Jahr 81; Reiseleiterin Annette: Ein Englandabenteuer 82; Wenn Du wieder da bist ... 82; Reiseleiterin Annette: Überraschung in Österreich 83.

Ue: Patricia Leitch: Die Überraschung des Turniers 80; Carolyn Keene: Der Phantom Surfer 80; Enid Blyton: Betsy-Mays lustige Streiche 81; Enid Blyton: Billy-Bobs lustige Streiche 81; Lesley Chase: Das Geheimnis der sieben Schachfiguren 81; Anne Digby: Immer Ärger mit den Jungs! 82; Anne Digby:

Noch mehr Ärger in Trebizon! 82;
Thomas Meehan: Annie 82; Carolyn
Keene: Das Geheimnis von Lost Lake
82; Susan-Sand-Mystery Stories: I.
Marilyn Ezzell: Das Geheimnis von
Hollowhearth Haus 83; II. Das Rätsel
von Schloß Clovercrest 83 u.a.

Heidemann, Magdalene (Ps. Brigit
Sorge), Dr. med., prakt. Ärztin; Mendels-
sohnstr. 72, D-7000 Stuttgart-Sillenbuch,
Tel. (0711) 473280 (Stuttgart 13.2.11).
Roman, Novelle.
   V: Briefe an den lieben Gott, R. 35;
Imogen Heydenau, R. 36; Karin und ihre
Freunde, R. 38; Das Tulpenfest, N. 47.

Heiden-Berndt, Anita, Verl. Neues
Leben, Berlin (Ost).
   V: Napoleon auf dem Lande, R. 83. ( )

Heidenberger, Felix, Journalist; Bay.
Journ. Verb.; Lorenzstr. 97, D-8000
München 83, Tel. (089) 6701415
(München 21.11.24). Novelle, Essay,
Reisebericht, Film, Fernsehbericht.
Ue: E.
   V: Eudaimonosophia, Dialoge 44;
Harald wird Reporter, Jgdb. 55; Als
letzter in der Spur, Reiseb. 79.
   MA: Männer, Fahrten, Abenteuer,
Erzn. 56; Glückliche Jahre 58.
   R: Zahlr. Hsp. u. Hb. seit 53; Zahlr.
zeitkritische Dokumentarfernsehfilme
65 — 77.
   Ue: Mac Vicar: Der verlorene Planet
57; Zurück zum Verlorenen Planeten 57;
Das Geheimnis des Verlorenen Pla-
neten 58.

Heidenreich, Gert, Schriftsteller;
Gautinger Str. 9, D-8031 Wessling, Tel.
(08153) 1313 (Eberswalde 30.3.44). Drama,
Lyrik, Essay, Prosa.
   V: Beim Arsch des Krebses, Theaterst.
70; Komödie vom Aufstand der Kardi-
näle, Theaterst. 71; Rechtschreibung, G.
71; Die gestiefelte Nachtigall, Theaterst.
76; Abriß — Operette in Grund und
Boden, Theaterst. 78; Siegfried —
Karriere eines Deutschen, Theaterst. 80;
Die ungeliebten Dichter, Dokum. 81;
Strafmündig, Theaterst. 81; Der Riese
Rostratum, Kinderst. 82; Der Ausstieg,
R. 82; Der Wetterpilot, Theaterst. 83. —
MV: Jugendstil, Ess. 71; Generationen,
Prosa 72; Liebe, Prosa 74; Friedens-
zeichen, Ess. 82; Kugel, Kiste..., Kinderst.
82; Der Vater, Prosa 83; Klassenlektüre,
Prosa 83; Stillende Väter, Prosa 83.
   H: Berthold Viertel: Schriften zum
Theater 70; Und es bewegt sich doch 81;
Das Kinderlieder-Buch 81.

   R: Aussage, Klischee eines Vorfalls
69; Strafmündig 83.
   S: Rolf P. Parchwitz: Vergebliche
Gesänge 69.

Heiderich, Birgit, Lehrerin; VS 82;
Stip. d. Förderkreises dt. Schriftsteller
in Bad.-Württ. 82; Hasenbühlsteige 21,
D-7400 Tübingen, Tel. (07071) 45102
(Schermbeck/Kr. Rees 26.1.47).
Erzählung, Lyrik, Essay.
   V: Mit geschlossenen Augen, Tageb.
80.
   MA: Der moderne Agnostizismus, Ess.
79; Die Spielplätze sind vorübergehend
geschlossen. Versuch über das
authentische Schreiben, Ess. in Jb. d.
Deutschdidaktik 82; Unternehmen
Petticoat, Erz. in: Liebesgeschichten 82;
Die Feuertaufe, Erz. in: Konkursbuch 10
83; Sei still und geh langsam,
Verständigstext in: Ansprüche.

Heiderich, Ingeborg, s. Tetzlaff,
Ingeborg.

Heidrich geb. Rüdiger, Ingeborg,
Schriftstellerin; Mathildenstr. 1a, D-8032
Gräfelfing, Tel. (089) 853205. Jugendbuch, Tierbuch, Kulturgeschichtliches
Sachbuch, Kinderbuch.
   V: Immer schön sein, Jgdb. 55; Immer
froh sein, Jgdb. 55; Meine Freunde
waren Tiere, Jgdb. 55; Es lebt sich gut
mit schönen Dingen, Stilkunde 56; Ted
und Penny, Tierb. 57; Wie sie groß
wurden, Jgdb. 59, Die Geschichte von
Nuja, dem Fohlen, Jgdb. 60, 79; Was soll
ich tun?, Jgdb. 61; Wiedersehn mit Nuja
62; Kiu, der Kater 63; Putti, Freund-
schaft mit einer Taube, Kinderb. 64;
Duri und Corina 65; Freundschaft mit
Lissy 66; Corina wieder auf dem Berghof; Freund Pferd; Meine Hunde -
Meine Freunde; Goldauge, Kdb.; King
der Schimmel; Meine Freunde waren
Tiere 69; Das Mädchen Agi u. d. Pferde,
Jgdb. 72; Mein Rabe Abraxas, Jgdb. 73;
Nujas Tochter, Jgdb. 74; Wiedersehen
mit Nuja 79; Nele u. Shetty, Jgdb. 80.
   MA: Mehrere Jgdb.-Jb.
   H: Meine Welt, Mädchen-Jb. 69 — 72.
( )

Heiduczek, Werner, Lehrer; SV-DDR
60; Heinrich-Mann-Pr. 69, Händel-Pr. 69,
Kunstpr. d. Stadt Leipzig 76; Linden-
naundorfer Weg 18/1503, DDR-7060
Leipzig (Hindenburg/OS. 24.11.26).
Roman, Novelle, Drama.
   V: Jule findet Freunde, Bü. 59;
Matthes und der Bürgermeister, Erz. 61;
Matthes Kinderb. 62, 79; Abschied von
den Engeln 68, 83 (auch russ., Lett.,

Litau., ukrain., poln., ung., tschech.,
slow.); Die Brüder, N. 68, 78 (auch holl.);
Jana und der kleine Stern 68, 82 (auch
jap., span., finn., dän., poln., ukran.);
Laterne vor der Bambushütte 69, 72; Die
Marulas, Bü. 69; Mark Aurel oder Ein
Semester Zärtlichkeit, N. 71, 82 (auch
rum., finn., bulg., tschech., slow.,
schwed.) Bü. 78; Der häßliche kleine
Vogel 72, 81 (auch finn., slow.); Die seltsamen Abenteuer des Parzival, neuer-
zählt nach Wolfram von Eschenbach 74,
81 (auch rum., ung.); Maxi oder Wie man
Karriere macht, Kom. 74; Vom Hahn,
der auszog Hofmarschall zu werden 74,
80; Das andere Gesicht, Sch. 76; Im
Querschnitt. Prosa, Stücke, Notate 76;
Das verschenkte Weinen, Nov. 77, 81;
Tod am Meer, R. 77, 82; Die schönsten
Sagen aus Firdausis Königsbuch neu
erzählt aus dem persischen Schâhnâme
83.

Heiduk, Franz, Dr. phil., Doz. f.
Politische Wissenschaft;
Oberschlesischer Kulturpreis (Förder-
preis) d. Landes NRW 72, Eichendorff-
Med. 82; Eichendorff-Ges. Würzburg 43,
Leiter 69, Gustav Freytag-Ges. 75;
Schönleinstr. 3, Postfach 5503, D-8700
Würzburg, Tel. (0931) 51659 (Breslau
12.6.25). Literaturwissenschaft.
V: Die Dichter der galanten Lyrik.
Studien zur Neukirchschen Sammlung
71.
H: Christian Hölmann: Galante
Gedichte 69; Erdmann Neumeister: De
Poetis Germanicis 77; Aurora. Jahrb. d.
Eichendorff-Ges. 70-78; Aurora-Buch-
reihe 74 - 78; Nachrichtenblatt d.
Eichendorff-Ges. seit 75. — **MH:** Aurora
seit 78; Aurora-Buchreihe seit 78;
Schlesischer Barock 79.

Heiler, Eugen, ObRegR. a.D.; Klein
Grün 21, D-7800 Freiburg i.Br.-Ebnet,
Tel. (0761) 63326 (Wertheim a.M.
23.12.07). Prosa, Lyrik.
V: Der Narr und sein Gefolge 33;
Brautfahrt zum Bodensee 59; Der
gotische Dom, Dichtung 77.

Heiler, Oscar, Schauspieler; Bergstr.
86, D-7000 Stuttgart 1, Tel. (0711) 465339
(Stuttgart 23.11.06).
V: Sind Sie ein Schwabe, Herr
Häberle?, Autobiogr. 76, 77; 366
Betthupferle 81, 82.
S: Schwabenstreiche, m. Willy
Reichert; Vom Schlotze...; So So, ja, ja,
m. Willy Reichert 82; Beitr. auf div. and.
Schallpl.

Heilig, Maria *

Heiliger, Wilhelm,
Literaturübersetzer,
Sozialwissenschaftler, Auslandskorr.;
Društvo slovenskih pisateljev, Društvo
slovenskih prevajalcev Slowenien,
Jugoslawien seit 69, Intern. P.E.N.-Zentr.
dt.spr. Autoren im Ausland 82; 1325
Mills Street, Menlo-Park, CA 94025/
USA, Tel. (415) 3262651 (Luttenberg
12.9.44). Literatursoziologie. **Ue:** Slowen,
Serbokroat (Serb), R, E.
V: Nostalgie bei Ivan Cankar,
Lit.soziol. und lit.psychol. Analyse 72;
Handbook of the Soviet Social Sciences,
1965-1975 78; Soviet and Chinese
Personalities 80. — **MV:** Neue
Slowenische Lyrik 71.
Ue: Kreuz und quer durch die
jugoslawische Presse 70; Primoz Kozak:
Slowenien 74; Srecko Kosovel: Integrale
76; Edvard Kocbek: Dichtungen 78.
Lit: Slavic and East European J. 18,
Nr. 4 74; Canadian Slavonic Papers 18,
Nr. 2 76; Intern. J. 33, Nr. 4 78; Studies in
Soviet Thought 20, Nr. 2 79; Intern. J. of
Intercultural Relations Vol. 5 81.

Heiling, Hans, s. Stengg, Alfred Ernst.

Heilmann, Irmgard, Verlegerin u.
Schriftstellerin; Brahmsallee 26, D-2000
Hamburg 13, Tel. (040) 450601 (Zeitz
20.5.19). Erzählung, Roman, Jugendbuch.
V: Wahlheimat am Meer 44; Zwischen
Watt und Meer 48; Sylter Inselsommer,
R. 52; Pension Dünenblick, Jgdb. 55.
H: Rund um die Alster, Kalender seit
55; Hamburger Bilderbuch, Bildband 12.
Aufl.; Die Nachtigall stieg herab. Frauen
schreiben über Tiere 82.
R: Zahlreiche Hörsendungen, Funk-
feuilletons etc.

von Heim, Ira, s. von Sass, Vera.

Heim, Peter; Via Vallemaggia 10, CH-
6600 Locarno.
V: Vergessen kannst du nie, R. 82. ( )

Heimann, Alexander E.; Humboldtstr.
6, CH-3013 Bern.
V: Lisi, R. 80; Die Glätterin, R. 82;
Bellevue, R. 84. ( )

Heimann, Erich Hermann, Journalist;
Dt. Jugendbuchpreis 68; Schloßstr. 15,
D-4000 Düsseldorf 30, Tel. (0211) 443863
(5.10.39). Sachb., Jgdb., Übers.
V: Schiffe. Guffas, Galeeren u.
Giganten 67; Und unter uns die Erde 67
— 71; Fliegen mein Hobby 69; Um die
Wette mit dem Schall 69; Spielregeln
der Technik: Automation 71; Vom
Zeppelin zum Jumbo Jet 71; Aus Kunst-
stoff selbstgemacht 73; Start ins
Ungewisse 75 — 77; Der große Augen-

blick in der Chemie 76; Wohnideen f.
Praktiker 79; Die Flugzeuge d. Dt. Luft-
hansa v. 1926 bis heute 80.

Heimann, Erwin; SSV 36; Literatur-
preise d. Schweiz. Schillerstift. 43, 48,
Literaturpreis d. Stadt u. d. Kt. Bern 50,
75, CH-3625 Heiligenschwendi, Kt. Bern,
Tel. (033) 431066 (Bern 20.2.09). Roman,
Novelle, Essay, Hörspiel, Fernsehspiel.
 V: Wir Menschen, R. 35, 76; Hetze, R.
37; Unser albanisches Abenteuer, Erz.
38; Liebling der Götter, R. 39; Welt hin-
ter Wäldern, R. 43, 55; Der Rätselweg,
Das erfrorene Glück, Erzn. 44; Der
schwierige Eidgenosse, Nn. 44, 82; Die
Brüder Andreae, N. 45, 65; Der Mut zum
Glück 45, 57; Der letzte Optimist, R. 48,
64; Andreas Antoni, R. 52; Hast noch der
Söhne ja, R. 56, 61; D'Röschtiplatte,
Erzn. 56, 79; Lichter auf Bern, Ess. 59,
76; Narren im Netz, R. 60; Jung und Alt,
Ess. 60, 67; Vor em Fänschter, Erz. 62, 80;
Du und die Andern, Ess. 65; Die
Maurizio, R. 65, 80; Das Juraproblem,
Ess. 68; Aufruhr nach Innen, N. 69; ... wie
sie St. Jakob sah, R. 70; Ein Volk sucht
seinen Weg, Ess. 70; Haben wir alles
falsch gemacht, Ess. 71; Bäremutz, Erzn.
72, 80; Ein Blick zurück, Autobiogr. 75,
76; Die Gestraften, R. 81; Chronik von
Oberhofen 83.
 MA: Neue Schweizer Bibliothek LXV
41, LXXVII 42.
 H: Dölf Reist: Zu d. höchsten Gipfeln
d. Welt 78, Schweizer Alpen 79. –
 MH: Simon Gfeller: Gesammelte Erzählungen 52 – 57.
 F: Hast noch der Söhne ja.
 R: Schlossberg wird Industrieort, Hf.
55 – 56; Der Prozeß, Hf. 59; Schloßberg,
Der Fortschritt ergreift eine Stadt, Hf.
62, 77; Sturmzyt, Hf. 64, 80; An allem
schuld, Hf. 65, 74; Im Chalte Chrieg, Hf.
67; Klassenkampf, Fsp. 71.

Heimann, Peter, Pfarrer, Redakteur;
Verdienst-Dipl. f. Lit. d. italien. U. delle
Arti 82, CH-3653 Oberhofen, Tel. (033)
431526 (Bern 15.1.21). Essay, Hörsen-
dung.
 V: Des Jahres Frucht, Ess. 56; Das
ewige Geleit, Ess. 65; Die Kirche Där-
stetten, Hist. 69; Mut zu Gott, Ess. 72;
Der Weg nach Väratec, Ess. 77; Stern
meiner Nacht, Ess. 79; Mola mystica,
Hist. 82.
 R: Als ich ein Kind war 59; Der goldene Blütenzweig 60; Daß ich immer
ahne deinen Tag 60; Michelangelo und
Nikodemus 62; Christus in Rumänien
66; Die Schuld des Schweigens 72.

Heimann-Heizmann, Gertrud (Ps.
Gertrud Heizmann); Be.S.V. 43, SSV 45;
Preis d. Schweiz. Schillerstift. 46, Preis
d. Kt. Bern 46, Preis d. Stadt Bern 48, 60,
Schweiz. Jugendbuchpreis 75, CH-3625
Heiligenschwendi, Bern, Tel. (033)
431066 (Bern 10.2.05). Jugendbuch.
 V: Sechs am Stockhorn 39; Die Sechs
am Niesen 41, beide u.d.T.: Sechs in den
Bergen 49, 60; Xandi und das Wunder-
kraut 43, 75 (auch schwed.); Christ-
johann und Kesslergret 46, 59 (auch
schwed.); Munggi 51, 65; Enrico 54, 82;
Unter der Brücke 58, 70; Wir haben
noch Wind in den Haaren 60, 67 (auch
holl.); Das vorwitzige Rötelein 66, 80;
Zwischen Firn und Asphalt 70; Um zehn
Uhr auf der Concorde 63, 64; E Spatz
flügt i Himmel, Erzn. 72; Mutter Jolie,
Erz. 76; D'Josephine und ihri Tochter. E
Chatzegschicht 80.

Heimbucher, Wilhelm, Student; Öst.
Ges. f. Kulturpolitik 78, Meidlinger
Kulturverein 79; Johann-Hoffmann-
Platz 11-12/II/22, A-1120 Wien (Wien
28.2.53). Satire, Kabarett, Roman,
Drama, Hörspiel.
 V: Herr Maschinger stirbt nicht aus,
m. Ferri π Trümmel, Episoden-R. 80.

Heimpel, Hermann, Dr., Dr. h. c., em.
UProf.; Kulturpreis d. Stadt Goslar 65,
silb. Medaille "München leuchtet" 76;
Akad. f. Spr. u. Dicht. 60, EMitgl.
German. Mus. in Nürnberg 77; Dahlmannstr. 14, D-3400 Göttingen, Tel.
(0551) 59382 (München 19.9.01).
 V: Die halbe Violine. Eine Jugend in
der Haupt- u. Residenzstadt München
49, 74; Traum im November. Geschichte
in Wissenschaft und Unterricht 81.
 MA: Insel-Almanach 61, 63.
 s. a. Kürschners GK.

Hein, Alfred (Ps. Alfred W. Hein), Dr.
phil., ObStudR. a.D.; Soc. Chateaubriand
Paris; Melbecker Str. 33, D-2121 Deutsch
Evern (Soltau 7.3.11). Lyrik, Drama.
 V: Harm Tyding, Sch. 37; Das Neue
Weltjahr, G. 48; Zehn Oden 52; Inmitten
aller Zeit, G. 58; Tanzten als ob, G. 77;
Doch lebt der Sinn, G. 81.
 H: Walther v. d. Vogelweide im Urteil
der Jahrhunderte 34; Georg Curio,
Biogr. 59 (auch NDB unter Kleiner-
schmidt 80); Die Briefe des Prz. August
v. Preußen an M. Récamier, Krit. Erst-
ausgabe 77.
 R: Texte f. Chorwerk: MEDIA VITA v.
Fr. Welter 64.

Hein, Alfred W., s. Hein, Alfred.

Hein, Christoph, Dipl.-Philosoph; SV-DDR 81; Heinrich-Mann-Pr. 82; Tassostr. 5, DDR-1120 Berlin, Tel. 3651491 (Heinzendorf/Schles. 8.4.44). Drama, Prosa.
V: Schlötel oder Was solls, Bü. 74; Cromwell, Bü. 79; Lassalle fragt Herrn Herbert nach Sonja. Die Szene ein Salon, Bü. 80; Einladung zum Lever Bourgeois, Erzn. 80; Cromwell und andere Stücke, Dr. 81; Der fremde Freund, N. 82; Nachtfahrt und früher Morgen, Erzn. 82; Drachenblut, N. 83; Die wahre Geschichte des Ah Q (nach Lu Xun), Bü. 83; weit. Stücke, Einakter u. Stückbearb.
B: J.M.R. Lenz: Der neue Menoza oder Geschichte des kumbanischen Prinzen Tandi, Kom. 82.
R: Jakob Borgs Geschichten, Hf. f. Kd. 81/82.
Ue: Jean Racine: Britannicus, Bü. 75; Einakter v. Moliere u. französ. Anonymen.

Hein, Erika, Hausfrau; Hegelberg 4, D-7238 Altoberndorf, Tel. (07423) 6231 (Schramberg, Kr. Rottweil 7.5.39).
V: Gespenster machen keine Ferien 70; Stefanies Sommer 73, 78; Marika und der Hundedieb 73; Das Versteck auf d. Schlangeninsel 78, alles Kinderb.; Die Mädchen vom Ponyhof, Mädchen-R. 78; Freundschaft mit Sultan, Pferdeb. 79; Susanne freut sich auf ihr Fohlen, Pferdeb. 81; Andrea und ihr Pferdehof, Pferdeb. 82; Eine Reiterfreundin für Andrea, Pferdeb. 82.

Hein, Günter, ObStudR.; Am Störlein 6, D-8721 Oberwerrn, Tel. (09726) 2240 (Schweinfurt 12.4.42). Kurzgeschichte, Novelle, Komödie.
V: Transleithanien, Kurzgeschn. 79; Stammtisch im Stern, Erzn. 80; Die Thronfolger, Kom. 83.
MA: Intern. Jb. f. Lit. ensemble 13 82.

Hein, Manfred Peter; VS 74, Finn. P.E.N. 80; Weilin & Göös-Literaturpreis/Helsinki 64, Prämie z. Finnischen Staatspreis f. Literatur 74; Finn. Lit.forsch.ges. 81; Karakalliontie 14.0.95, SF-02620 Espoo 62, Tel. (080) 599583 (Darkehmen 25.5.31). Lyrik, Essay, Hörspiel, Lyrik u. Prosa f. Kinder.
Ue: Fin, Tsch.
V: Ohne Geleit, G. 60; Taggefälle, G. 62; Gegenzeichnung, G. 74; (Bílá proti bílé, tschech. Ausw. 68).
H: Sammlung Trajekt seit 80; Trajekt. Beitr. z. finn., lapp. u. estn. Lit. seit 81. — **MH:** Eino Leino: Die Hauptzüge d. finn. Lit., Ess. 79.

R: Die dritte Insel, Funkdialog 68 (fin. Saareke 69 u. 70); Der Exulant, Funkdialog 69.
Ue: Moderne finnische Lyrik, Anth. 62; Paavo Haavikko: Poesie 65, Jahre, R. 65; Pentti Saarikoski: Ich rede, G. 65; Antti Hyry: Erzählungen 65, 83; Veijo Meri: Der Töter und andere Erzählungen 67; Paavo Haavikko: Gedichte 73; Moderne Erzähler der Welt: Finnland, Anth. 74; František Halas: Und der Dichter? G. 79; Veijo Meri: Erzählungen 81; Paavo Haavikko: Zwei Erzählungen 81; König Harald, Hsp. 82; Pentti Haanpää: Erzählungen 82.
Lit: Jubelzwerg, Festschr. 81.

Heindl, Gottfried, Dr. phil., Beamter; Argentinierstr. 2/7, A-1040 Wien, Tel. (0222) 650189 (Wien 5.11.24). Sachbuch.
Ue: E, F.
V: Geschichten von Gestern — Geschichte von Heute; Und die Größe ist gefährlich; Wien — Brevier einer Stadt. — **MV:** Der liebe Gott ist Internist, m. W. Birkmayer; Prozesse sind ein Silberschweiß, m. H. Schambeck; Himmlische Rosen ins irdische Leben, m. M. Heindl; Dem Ingenieur ist nichts zu schwer, m. M. Higatsberger.
S: Geschichten von gestern — Geschichte von heute.

Heindorf, Heiner, s. Rank, Heiner.

Heindrichs, Heinz-Albert, Prof.; Auf Böhlingshof 23, D-4650 Gelsenkirchen, Tel. (0209) 203114 (Brühl 15.10.30). Lyrik, Künstlerische Arbeitsgebiete: Lyrik, Komposition, Zeichnung.
V: Zikadenmusik, Gedichte u. Notationen 78; Überfahrt, G. 79. ( )

Heine, Ernst W.; Heidestr. 47, D-7000 Stuttgart 30.
V: Die Rache d. Kälber u. and. makabre Geschn. 79, Tb. 81; Nur wer träumt ist frei 82; Kille Kille, Geschn. 83. ( )

Heine, Helme, Betriebswirt; Premio Grafico 77, Schönste deutsche Bücher 77, 78, 79, 81, 82; Kagermeierstr. 20, D-8221 Seebruck, Tel. (08667) 7474 (Berlin 4.4.41). Erzählung.
V: Elefanteneinmaleins, erz. Bilderb. 77; König Hupf I., Bilderb. 77; Raupelchen, Bilderb. 77; Billy Biber, Bilderb. 78; D. Leben d. Tomanis, erz. Bilderb. 78; Na warte, sagte Schwarte, Bilderb. 78; D. Superhase, Bilderb. 78; D. Hund Herr Müller, Erz. u. Cartoons 78; Richard, erz. Bilderb. 79; Fantadu,

Theaterb. 79; Tante Nudel, Onkel Ruhe
u. Herr Schlau, Bildberb. 79; D. äußere
u. innere Otto, Erz. 79, alles auch Fsf.;
Der Katzentatzentanz, Bilderb. 80; Der
Hühnerhof, Bilderb. 81; Ich und du und
die ganze Welt, Anth. 81; Du bist
einmalig, Erz. 81; Von Riesen und
Zwergen, Bilderb. 82; Ich lieb dich
trotzdem immer, G. 82; Freunde,
Bilderb. 82; Das schönste Ei der Welt 83.

Heinecke, Rudolf (Ps. Ralph Heygk),
Angest.; Triftstr. 32, D-6380 Bad
Homburg v.d.Höhe, Tel. (06172) 31492
(Berlin 5.5.23). Roman, Erzählung,
Jugendbuch.
V: Barry, der Wolfshund, Jgdb. 54;
Kampf der Navajos, Jgdb. 55; Joe und
der Silberfuchs, Jgdb. 57; Dreizeh, der
Steinmarder, Jgdb. 59, 61; Der schwarze
Rebell, R. 60; Spiro, der Schuhputzer-
junge aus Korfu, Jgdb. 65; Nicht so stür-
misch, Brigitte, Jgdb. 71.
B: Jules Verne: Kurier des Zaren 56.

Heinemann, Erich (Ps. Matthias
Mann), Amtsrat; Gründ.- u. Vorst.Mitgl.
der Karl-May-Gesellschaft; Am Neuen
Teiche 69, D-3200 Hildesheim, Tel.
(05121) 24244 (Hildesheim 23.1.29).
Erzählung, Kurzgeschichte, Jugend-
buch, Heimatgeschichte. **Ue:** E.
V: Der alte Regulator, Erz. 56; Chronik
der Stadt Hildesheim 59; Am Fluß der
toten Indianer, Erz. 62; Ritt durch die
Wüste, Erz. 64; Gut gemacht, Winnetou,
Erz. 64; Sanda, der Negerjunge, Erz. 65;
Der weiße Marabut, Erz. 66; Dann der
Hildesheimer Geschichte 66; Roby sucht
das Abenteuer, Jgdb. 66; Robys Aben-
teuer in Afrika, Jgdb. 66; Als Erster
durch die Sahara, Erz. 66; Roby als
Schatztaucher, Jgdb. 67; Verrat am
Apachenpaß, Jgdb. 74 (D 75, Schw 77);
Noch 1000 Meilen bis Nevada, histor.
Jgdb. 77; Über Karl May, Zitate 80; Bad
Salzdetfurth, Bildbd. 80; Da kam ein
stolzer Reiter. Jugendjahre in Hildes-
heim 1942-1945 81; Jahre zwischen
gestern und morgen. Hildesheim nach
dem Kriege 1945-1949 83. — **MV:** Hildes-
heimer Heimatkalender, seit 53; Große
Niedersachsen, 61; Merian 73; Jb. d.
Karl-May-Ges. seit 70.
B: Balduin Möllhausen: Der Ritt nach
Sacramento 70; Der Spion 70; Der
Schatz von Quivira 71; Kapitän Eisen-
finger 71. — **MA:** Horen.
MH: Karl May. Der Große Traum, 74;
Balduin Möllhausen: Wanderungen
durch d. Prairien u. Wüsten d. westl.
Nordamerika, Reprint 75; Ders.: Reisen
in die Felsengebirge Nordamerikas,

Reprint 75; Fr. Hornemanns Tagebuch
seiner Reise v. Cairo nach Murzuck,
Reprint 80.
R: Der Unwiderstehliche, Karl-May-
Hb.; Die Indianer Nordamerikas.
Lit: Lex. d. Jugendschriftst. in dt.
Sprache 68; Niedersachsen literarisch
77, 81; Heimatland (Nds.) 79; Nieder-
sachsen 82.

Heinemann, Helmut, Prof.; Rostocker
Str. 8, D-2120 Lüneburg, Tel. (04131)
32798 (Hildesheim 24.6.06). Laienspiel.
V: Die seltsamen Abenteuer des
Herrn X, Sp. 52, 64; Schreie in der Nacht
52, 65 (auch holl.); Das Geheimnis des
Dr. Wu 56; Nur eine Million 57; Das Gold
von Williams Ranch 60, 65; Der Mann,
der es dreimal versuchte 63, alles
Laiensp.
s. a. Kürschners GK. ( )

Heiner, Wolfgang (Ps. Heiw.), Evan-
gelist, Geschäftsführer; Am
Schwarzenberg 20, D-3432 Groß-
almerode, Tel. (05604) 5379 (Saalburg/
Saale 16.7.33). Hörspiele, relig. Jugendbücher. **Ue:** E.
V: Doch in unsere Herzen sieht man
nicht! 61, 65; Werfet die Netze aus 63;
Notiert in Stadt und Land 64; Die
Mannschaftsevangelisation 64; Yang der
Flüchtling 64; Auf neuen Kurs 64; Tom
der Zettelschneider 64; Warum
eigentlich Christus 66; Der Tod des Dr.
Weber, Dr. 68; Jung u. schon enttäuscht,
Dr. 69; Versteht uns denn keiner 69;
Jesu Name II. Liederb. 70; Kinder
singen v. Jesus, Liederb. 70; Warum
unbedingt Jesus 71; Jesu Ruf, Liederb.
71; Wache Gemeinde 71; Botschafter
Gottes, Bd. 1 — 3 72; Zeigt uns, was ihr
sagen wollt! 72; Fragen der Jugend 75;
Aktionen für die Jugend 76; Die
Schüsse an Schlangenfluß 78 II; Ich
liebe Uganda 78; Sie scheuten nicht d.
Flammentod 79; Weihnachtsspiele 79;
Noch fünf Minuten bis z. Tod 80;
Bekannte Lieder 80; Sterben, aber wie?
80; Sie liebten Jesu mehr als d. Tod 80;
Anspiele zur missionarischen
Verkündigung 81. — **MV:** Kurt Koch:
Unnütze Knechte; Jesus auf allen
Kontinenten; Jesu Name nie verklinget.
H: 8 Hefte zum missionar. Dienst 70;
Botschafter Gottes, Hsp. Serie; Festo
Kivengere, Erneuerte Gemeinde 75;
Festo Kivengere, Jesu Gnade genügt! 76.
R: Es begann im Zirkus; Ohm
Mischel; Mary Reed; Kreuz contra Idol,
alles Hsp.

S: Ja du bist einsam 63; Die Jugend von heute 63; Die Weltbühne 64; Trostlos und leer.

Heinikel, Rosemarie, Produzentin; VS 73; Clemensstr. 12, D-8000 München 40 (Nürnberg 4.6.46).
V: Rosy Rosy, Memoiren 71, 83; Ulysses, Box die Kerle raus 79, 81.
F: Juicy Love, Kurzf. 69; Rosymoon 74.
R: Pop-Sunday, 3 Rdfk.-Send.; Was sagst Du dazu, 2 Fsf. 73.
S: Mister Rosymoon - Boogie Woogie Boy 75; Rosy Rosy 81; Bundesverwaltungs-Orchester 82.

Heinisch, Eduard Christoph, Betriebsredakteur, Pressereferent; P.E.N. 73; Prinz-Eugen-Str. 4, A-4840 Vöcklabruck u. Litzlberg 76, A-4863 Seewalchen am Attersee, Tel. (07672) 55453 (Wien 14.1.31). Lyrik, Novelle, Essay, Hörspiel.
V: Ein Tag bricht an, G. 54; Retter der Hoffnung, N. 55; Ausgewählte Grimassen, G. 58; Der Kelch, N. 59; Das Morgentor, G. 64; Maria-Schöndorf, E. 67, 76; Kaltstart, G. 69; Aussagen, G. 76; Grüße vom Attersee, Erz. 81; Pfeifenbuch, Erz. 83.
MA: Under the Icing, Anth. 76.
R: Die Frau des Pilatus, Hsp. 59; Die Geisterbahn, Hsp. 60; Genosse Mensch, TV-Dok. 70; Der Mann, der nicht lachen konnte, Hsp. 75; Umleitung, Hsp. 76.
Lit: A. Rauchenzauner: E.C. Heinisch — Leben, Werk und Stellung im Lit.betrieb in: Germ. Abh. U.Salzburg 79; O. Wutzel: E.C. Heinisch in: Literaturbeil. Oberöst. 2 82.

Heinisch, Elisabeth, Dr.med., Dermatologin; Euskirchenstr. 66, D-5000 Köln 41, Tel. (0221) 431857 (Münster/Westf. 1927). Lyrik, Roman.
V: Der Hirseberg, R. 80.

Heinken geb. Thoben, Mathilde (Ps. Tilly Trott-Thoben); Schrieverkring 60; Henschelstr. 15, D-2903 Bad Zwischenahn/Rostrup, Tel. (04403) 7897 (Bad Zwischenahn 21.3.08).
V: Rund üm't Meer to, Erzn. in ndt. Mda. 72; Minschen un Lüe, Erzn. u. Kurzgeschn. in ndt. Spr. 80; So bi Weg langs, Erzn. u. Kurzgeschn. in ndt. Spr. 83.
R: langjähr. Mitarb. f. d. Rdfk-Sdgn: Plattdeutsch am Freitagabend; Wi snackt platt; Ndt. Erzähler; Nur für Zuhörer.

Heinle, Fritz, Fachlehrer; VDÜ, VS 67; Werderstr. 20, D-8900 Augsburg (Gotha

18.9.31). Lyrik, Novelle, Essay, Biographie. **Ue:** E.
V: Ludwig Thoma in Selbstzeugnissen und Bilddokumenten 63. ( )

Heinlein, Otto, ObStudR. a.D.; Hugo-Schilling-Weg 9, D-2070 Ahrensburg, Tel. (04102) 58044 (Ratzebuhr 18.8.02). Lyrik.
V: Hellas Sonette, Lyr. 81.

Heinold, Ehrhardt, Verleger u. Verlagsberater; Eulenhof, D-2351 Hardebek Post Brokstedt, Tel. (04324) 502 (Neuhausen/Erzgebirge 17.7.30). Kinderbuch, Essay, Anthologie.
V: Sachsen wie es lacht, Ess. u. Anth. 68, 79; Die Wolkenfähre, Kinderb. 68; Sächsische Witze 76, 82; Holzspielzeug aus aller Welt 83.
H: Das lustige Vorlesebuch, Anth. 68, 71; Genau genommen, Anth. 69; Lieber Onkel — Liebe Tante, Anth. 70, 79; Sachsen — Erzähltes u. Erinnertes, Anth. 75; Typisch sächsisch, Anth. 76; Sachsen unter sich üb. sich, Anth. 78; Künstler sehen Schlesw.-Holst. 77. —
MH: Scherz beiseite 66; Trotzdem haben wir gelacht 71, 79; Madame es ist serviert 72, 79; Künstler sehen Ndsachs. 78; Künstler sehen Westf. 79.

Heinrich, Barbara, Hausfrau, Kassiererin; Schillerstr. 3, D-8595 Waldsassen, Tel. (09632) 3636 (Waldsassen 6.11.24). Kurzgeschichte, Gedicht.
V: Stiftlanda Gschichtla. Stiftländer Geschichten, Prosa u. Lyr. 82.

Heinrich, Franz-Josef, Prof.; P.E.N.-Club; Adalbert Stifter Förderpr. 64, Lit.pr. d. Stadt Linz 66, Förderungspr. d. Landes Oberöst. f. Dramatik 74, Ldeskulturpr. d. Ldes ObÖst. 78, Buchprämie d. Bdesmin. f. Unterr. u. Kunst 77; MAERZ 60; Küffelstr. 6, A-4033 Linz/D. (Linz 15.7.30). Lyrik, Drama, Erzählung.
V: Die Schattenharfe, G. 57; Isolationen, G. 59; Lichtzellen, G. 61; Meridiane, G. 64; Sell und Fin, Sch. 67; Die Brandstatt, G. 68; Feldzug nach Nanda, Erzn. 72; Die Nacht der Müllschlucker, Sch. 73; Straßenschlacht, Sch. 75; Ein Ort für alle, Erzn. 76; Der Zoo, Einakter 79; Ausgew. Theaterstücke 79; Die Unerlösten, Sch. 80; Der Kühlschrank, Einakter 80; Gehen auf dem Kopf, Erzn. 81.

Heinrich, Gerd, Forschungsreisender, Dryden, ME 04225/USA (Berlin 7.11.96). Reisebeschreibung.
V: Vogel Schnarch, Reisebeschr. 32, u. d. T.: Celebes 43; Auf Panthersuche in Persien, Reisebeschr. 33; Von den Fronten des Krieges und der Wissenschaft, Nn. 34; In Burmas Bergwäldern, Reisebeschr. 39.

Heinrich, Hans (Ps. Henri Hulot), Filmautor, Regisseur; Goldpr. d. ARD f. d. Fsp. D. Goldfisch; Gotenweg 1, D-1000 Berlin 20, Tel. (030) 3612631 (Berlin 2.11.11). Film, Fernsehspiel.
F: Der Kahn der fröhlichen Leute 49; Meine Frau macht Musik; Liebeserwachen 53; Alter Kahn und junge Liebe 56; Der Ruf der Wildgänse 61; Das Bayerische Dekameron.
R: An einem Tag wie heute; Nur 25 km; Der siebente Mann; Mädchen in der großen Stadt; Au revoir Monsieur Le docteur; Die Stimme, die tötet; Freispruch für Old Shatterhand; Prairie Saloon; Der große Schwindel; Jim Valentine's großer Coup; Axel an der Himmelstür; Kurt Weill in Berlin; Arbeitsgericht; Schwester Margarete; Liebe durch Drei; Ihre Schwester; Kleinstadtbahnhof; D. Goldfisch; D. Sache mit meinem Vater; Geschäft mit der Sonne; Drei Damen vom Grill; Der Nigger auf Scharhörn; Marlise Ludwig; Wir sind doch kein Gesangsverein, u.a.

Heinrich, Jutta, Schriftstellerin; VS Hamburg 73, Lit.zentr. LIT Hamburg 74; 3 Arb.stip. d. Kulturbehörde in Hamburg f. e. Theaterst.: Unterwegs, e. R. u. e. Drehb.; Papendamm 23, D-2000 Hamburg 13, Tel. (040) 456860 (Berlin 4.4.40). Drama, Roman, Kurzgeschichte, Drehbuch.
V: Das Geschlecht der Gedanken, R. 78, 79; Unterwegs, St. 79; Mit meinem Mörder Zeit bin ich allein 81 (auch holl.).
R: Die Entstehung e. Inszenier. MARIA MAGDALENA, Hörbild 76 II.
S: Brokdorf – eine Vision 78.
Lit: Spektrum des Geistes 79.

Heinrich, Valentin, s. Lupescu, Valentin.

Heinrich, Willi; Berghaus Schönbrunn, D-7580 Bühl-Neusatz (Heidelberg 9.8.20). Roman.
V: Das Geduldige Fleisch, R. 55, 71; Der goldene Tisch, R. 56, 61, u.d.T.: In stolzer Trauer 69; Die Gezeichneten, R. 58, 77; Alte Häuser sterben nicht, R. 60, 72; Rape of Honor (USA), R. 60, 62 dt.

u.d.T.: In einem Schloss zu wohnen 77; Gottes zweite Garnitur, R. 62, 74; Ferien im Jenseits, R. 64, 70; Maiglöckchen oder ähnlich, R. 65, 72; Mittlere Reife, R. 66, 72; Geometrie einer Ehe, R. 68, 72; Schmetterlinge weinen nicht, R. 70, 74; Jahre wie Tau, R. 72; So long, Archie, R. 73; Liebe und was sonst noch zählt, R. 74; Eine Handvoll Himmel, R. 76; Ein Mann ist immer unterwegs, R. 77; Herzbube u. Mädchen 80; Allein gegen Palermo, R. 81; Fata Morgana, Erz. 81; Harte Bandagen, Erz. 81; Vermögen vorhanden, R. 82; Freundinnen, Erz. 82; Traumvogel, R. 83.
F: Gottes zweite Garnitur 65; Schmetterlinge weinen nicht 72; Das Geduldige Fleisch 77.

Heinrichs, Dirk, Dr. phil., Unternehmer; VS 71; An den Weiden 13, D-2802 Fischerhude/Surheide, Tel. (04293) 202 (Bremen 7.5.25). Drama, Lyrik, Essay.
V: Das Problem der Objektsverfehlung im Hinblick auf Raum und Zeit 52; Unter die Mörder gefallen; Nach Jericho zurück; Am Rande der Straße 69.

Heinrichs, Erich, Schriftsteller; VS; Kunstverein f. d. Rhein-Sieg Kreis; Am Stallberg 33, D-5200 Siegburg, Tel. (02241) 66900 (Siegburg 14.9.33).
V: Meines Bruders Hüter sein, Lyr. 77; Am Himmel unten wohnt kein Gott, Lyr. 79; Der Splitter in des Andern Auge, Lyr. 81.
MA: Nachlese, Lyr., Anth. 77; Im Lichtbereich der Ethik Albert Schweitzers, Lyr. 77; Bonner Lesebuch, Prosa 80; zahlr. Veröff. u.a. in: Schreibheft, Kogge, Carmen, Coburger Presse, Das Boot.
H: Carmen; Siegburger Pegasus.

Heinrichs, Hans-Gert (Ps. Ernst zur Nieden), Dr. phil., Buchverleger; VS 78; Goethe-Ges. 30; Postfach 631, D-5100 Aachen u. Postbus 24, NL Vaals/L., Tel. (0241) 25902 (Aachen 11.7.10). Roman, Essay, Dokumentation. **Ue:** E, F, I.
V: Das Goethejahr 1932, Ess. 35; Die Wahrheit über die fliegenden Untertassen, Ess. 55; 13 Jahre für Canaris in der Schweiz. Wie der 20. Juli in der Schweiz gedeckt wurde, Tatsachen-R. 57.
H: Zahlr. Dokumentationen zur Kriegs- und Nachkriegspolitik seit 72.

Heinrichs, Johannes, Dr. phil. habil., Doz.; VS 78, W.A.V. 80; Erste Fährgasse 1, D-5300 Bonn 1, Tel. (0228) 224439

(Duisburg-Rheinhausen 17.9.42). Lyrik,
Essay, Philosophie.
V: Dialogik fürs Ohr, G. 80; Auf-
erstehung d. Ungesagten, e. Jahreskreis
in Gedichten 80.
MA: Niederrhein-Autoren 80;
Gesichts-Punkte. Lit. in Duisburg 82.
s. a. Kürschners GK.

Heinrichs, Siegfried,
Industriekaufmann; B.A. 82; Förderpr. z.
Andreas-Gryphius-Pr. 84; Friedelstr. 6,
D-1000 Berlin 44, Tel. (030) 6235633
(Alleringsleben 4.10.41). Lyrik, Prosa.
V: Mein schmerzliches Land, Lyr. 78;
Die Vertreibung oder Skizzen aus
einem sozialistischen Gefängnis, Prosa
80; Die Erde braucht Zärtlichkeit, Lyr.
80; Suchend das Königreich Liebe, Lyr.
81; Der Henker des Lichtes, Lyr. 81;
Hofgeismarer Elegien, Lyr. 82; Ankunft
in einem kalten Land, Prosa 82; Die
Schöpfung, Lyr. 82.
Lit: Muttersprache 3-4 81.

Heins, Carl (Ps. Eric N. Hals), Jour-
nalist; Brahmsallee 31, D-2000
Hamburg 13 (Hamburg-Nienstedten
5.1.06). Drama, Essay, Novelle, Theater-
kritik.
V: Die blauen Dragoner, sie reiten,
Ess. 50; Mit'm Zisslaweng, Ess. 60, 78;
Ein Thespiskarren rollt von links heran,
Ess. 71. — **MV:** Hamburg, hrsg. Helmuth
Thomsen, Ess. 62.

Heinschke, Horst (Ps. Ekh. C. Snieh),
Schriftsteller, Bezirksstadtrat, ObStudR.
a.D.; Dram.-Un. 76, Berliner Autoren-
verein. im B.A. 78; Dramaturg. Ges. 76;
Otto-Suhr-Allee 72, D-1000 Berlin 10,
Tel. (030) 3412171 (Küstrin/Nm. 8.2.28).
Lustspiel, Volksstück, Drama, Kabarett,
Hörspiel, Kurzgeschichte, Erzählung,
Gedicht, Chanson.
V: Ich Widerrufe! 8 Stationen aus dem
Leben und Leiden des Kardinals J., Dr.
73; Knastbrüder, Lsp. 75; Übrigens, Herr
Nachbar, Volksst. 75; Aufstand bei
Etagenmüllers, Lsp. 82. — **MV:** Ein
fideles Müllerhaus, Musical 82; Donner-
wetter — Bombenstimmung, Kabarett
82.

Heinsius, Maria *

Heinz, K., s. Berger, Karl Heinz.

Heinz, Stefan (Ps. Hans Kehrer),
Schauspieler; Schriftstellerverb. d. Soz.
Rep. Rumänien seit 54; Vasile-
Alexandri-Preis d. Kulturminist. d. Soz.
Rep. Rumänien 70, Pr. d.
Schriftstellerverb. d. Soz. Rep.
Rumänien 74; Intern. Dialektinstitut 77;
Str. Gheorghe Lazăr 19, Appt. 17,

Timișoara/Rumänien, Tel. (961) 41940
(Klein-Sankt-Peter, Kr. Temesch/
Rumän. 28.2.13). Lyrik, Drama,
Mundartprosa und -lyrik.
V: Und es wird Friede sein, G. 53; Und
wir marschieren, G. 56; Mein Sportbuch,
Kinderb. 56; Versunkene Äcker, Drama
62; Es geht um die Heirat, Mda.kom. 66;
Narrenbrot, Drama 74; Meister Jakob u.
seine Kinder, Schausp. nach d. gln.
Roman v. Adam Müller-Guttenbrunn 77;
Der Spatzenbaum, Kinderb. 77;
Gschichte vum Vetter Matz, Mda.prosa
79. — **MV:** Schwowisches Volksbuch,
Mda.prosa 69; Das Pipatsch-Buch,
Mda.prosa 72.
H: A. Müller-Guttenbrunn: Meister
Jakob u. seine Kinder, R. 77, Neuaufl. 78.
R: Versunkene Äcker, Hörfunk 62; Es
geht um die Heirat, Hörfunk 70, 71, 72,
73; Narrenbrot, Fs. u. Hörfunk 74, 77, 79;
Meister Jakob, Fs. u. Hörfunk 79 (alles
in dt. u. rum. Spr.). ( )

Heinz-Mohr, Gerd, Dr. phil., Schriftsteller; Am Bach 7, D-6572 Rhaunen
(Rhaunen/Hunsrück 28.12.12). Essay,
Biographie, Lyrik-Anthologie.
V: Sermon, ob der Christ etwas zu
lachen habe 56, 65; Spiel mit dem Spiel
59; So spricht Nikolaus von Kues 59;
Weisheit aus der Wüste 49; Den Landen
zu Frieden, Cusanus Anth. 61; Jetzt und
in der Stunde unseres Todes 63; Das
Globusspiel des Nikolaus von Kues 65; ...
lacht am besten. Christl. Humor quer
durch Deutschland 65, 67; Lachen
durchs Kirchenjahr 68; Christ sein in
Kommunitäten 68; Lexikon der Symbole 71, 81; Das vergnügte Kirchenjahr
74, 79; Die Kunst des geöffneten Lebens
75; Gott liebt die Esel, vergnügl. u.
besinnl. Betracht. 78; Kreis und Pfeil,
Meditat. durch d. Jahr d. Christen 82. —
MV: Bolewski-Gröttrup: Der Weltenraum in Menschenhand 59; Ulrich
Kabitz - Werner Simon: Die Welt des
Spiels 59; v. Mangoldt: Jeder Tag ein
guter Tag 61; Nikolaus Cusanus, m. W. P.
Eckert 63, 75; Andersen-Ruppel: Loccum
Vivum 63; Seeberg/Zahrnt: Abschied
vom Christentum? 64; Rainer Schmidt:
Frieden konkret 68.
H: Evangelische Weihnacht 10. Folge:
Gott kommt ins Heute 60; Ein neues
Lied in der Welt. Gemeindelieder aus
jungen Kirchen 65; Christl. Hymnen des
20. Jahrhunderts 66; Detlef Dippe,
Hymnus 71; Wer zuletzt lacht? 76, 83;
Die Sau m. d. güldenen Haarband 78;
Kinder d. Paradieses, Geschn. 79;
Plädoyer für den Hymnus 81; Der

aufgeweckte Kirchenschläfer 82. —
MH: Unbegreiflicher Tag, m. Jürgen
Bergholter 58; Brüder der Welt 65. ( )

Heinze, Harald, Energiemaschinist;
SV-DDR 82; Hans-Marchwitza-Pr. 80;
Makarenkostr. 6, DDR-7812
Lauchhammer-Mitte (Schmerkendorf
11.10.40). Prosa.
V: Komm mal längsseits, Erz. 77, 79;
Ich bin erst neunzehn 83.

Heinze, Hartmut (Ps. H. Steindam),
M.A., Dozent; Straße 178, D-1000
Berlin 22, Tel. (030) 3654431 (Berlin
16.1.38). Lyrik, Kurzprosa, Theater,
Essay, Rezension.
V: Pokhara und Bruckner, G. 74;
Indischer Weg, G. u. Prosa 75; Berliner
Elegien, G. 75; Neues Pala'is, G. 77;
Gilga'mesch v. Uruk, Tanzdr. 77; Winter-
fest, Dr. 78; Philoktetes, Dr. 78; Neues
Museum, G. 79; Zwischen Anarchie u.
Unterwerfung, Ess. 80.
MA: lyrik non stop 75; Recht mitten
hindurch — Wolframs Parzival f.
Marionetten 79; Berlin — Anth. 80;
NDH 165 80, 170 81; Weimars
Urgeschichte 80; 800 Jahre Lehnin 81;
Genius und Gesellschaft (Rez. Emrich)
81; Hauptmann und Erkner in: NDH 3
81; Mit Erich Trunz vor Ort in Weimar
in: NDH 3 81; Goethe in der Gegenwart
82; Stohnsdorfer Urwald in: NDH 1 82;
Des Minnesangs Wanderung 82;
Herders Lebensreise 82; Vor 300 Jahren
schuf Johann Beer seine Romane 82;
200 Jahre Tiefurt in: NDH 4 82;
Wielands Oßmannstedt in: NDH 4 82;
Moscherosch in: NDH 4 82;
Stadtansichten 82; Berlin-Zulage 82;
Wieland als polit. Philosoph 83.
H: Literatur in Berlin, G. - freie Folge
seit 77.

Heinzel, Richard, Arbeiter; Werkkreis
Lit. d. Arbeitswelt 70, Haidhauser Werk-
statt in München 81; Hirschbergstr. 13,
D-8029 Sauerlach/Obb., Tel. (08104) 1606
(Petersdorf, Kr. Hirberg/Schles. 10.2.08).
Roman.
V: Kurz vor der neuen besseren Welt,
Kurzr. 83.

Heinzelmann, Siegfried, Dekan i. R.;
Lehnbergring 29, D-7570 Baden-Baden,
Tel. (07221) 62305 (Göttingen 17.7.11).
Essay.
V: Kirche zwischen Mannheim u.
Konstanz, Ess. 61, 2. Aufl. 65; Ev. Kirche
in Mannheim, Kirchengesch. einer leid-
geprüften Stadt, Ess. 65; Evangelisch,
Meilensteine der Reformation, Ess. 68;
Gib uns jetzt dein Wort, Rundfunk-

predigten, Ess. 70; Mein Gebetbuch,
altes u. neues Gebetgut, Ess. 80; Die
Heinzelmänner, Chronik eines Pfarrer-
geschlechtes, Ess. 81.
H: Karl Hesselbacher: Paul Gerhardt,
sein Leben, seine Lieder, Ess. 63, 7. Aufl.
82.

Heinzer, Bruno, Schriftsteller;
Schweizer Autorengruppe Olten 82, Pro
Litteris, Ges. f. d. Rechte d. Urheber lit.
Werke 82; Quellenstr. 6, CH-8005 Zürich,
Tel. (01) 448758 (Zürich 6.5.55). Roman,
Lyrik.
V: Bei uns ist alles in Ordnung, G. 80;
Wir lachen euch zu Tode, R. 82.
MA: Reisen in ferne Oktobernebel, G.
80; Endstationen, Kurzgeschn. 82.

Heinzinger, Walter, Nationalrat,
Generalsekretär d. ÖAAB;
Hamerlingplatz 8, A-1080 Wien (Graz
18.1.37).
V: Auf den Angelhaken gespießt, heit.
u. ernste Fischergeschn. 75.

Heisch, Peter, Schriftsetzer; Finster-
waldstr. 42, CH-8200 Schaffhausen, Tel.
(053) 42857 (Offenburg/Baden 10.11.35).
Satire, Kurzgeschichte, Lyrik.
V: Stille Ufer, herbstl. Skizzen von
Untersee u. Rhein, Lyrik 68; Schelme,
Schmuggler, Sünder, Kurzgeschn. 69. ( )

Heise, Annemarie, s. Zornack,
Annemarie.

Heise, Hans-Jürgen, Archivlektor
Inst. f. Weltwirtsch. U. Kiel; P.E.N. 72;
Ehrengabe d. Andreas-Gryphius-Preises
73, Kieler Kulturpr. 74, Kulturpr. von
Malta 76; Moltkestr. 50A, D-2300 Kiel,
Tel. (0431) 85129 (Bublitz/Pomm. 6.7.30).
Lyrik, Literaturkritik, Kurzprosa, Essay.
Ue: E, S.
V: Vorboten vom neuen Steppe, G.
61; Wegloser Traum, G. 64; Beschlagener
Rückspiegel, G. 65; Worte aus der
Zentrifuge, G. 66; Poesie, G. ital.-dt.,
übertr. v. Giancarlo Scorza 67; Ein
bewohnbares Haus, G. 68; Küstenwind,
G. 69; Uhrenvergleich, G. 71; Drehtür,
Parabeln 72; Underseas Possessions, G.
engl.dt., übertr. v. Ewald Osers 72;
Besitzungen in Untersee, G. 73; Das
Profil unter der Maske, Ess. 74; Vom
Landurlaub zurück, G. 75; Der lange
Flintenlauf zum kurzen Western, sat.
Texte 77; Nachruf auf eine schöne
Gegend, G. u. Kurzprosa 77; Ariels Ein-
bürgerung im Land d. Schwerkraft, Ess.
78; Ausgew. Gedichte 1950 - 1978 79; In
schönster Tiefflugiaune, G. 80; Meine
kleine Freundin Schizophrenia, Prosag.
81; Natur als Erlebnisraum der

Dichtung, Ess. 81; Ohne Fahrschein
reist der Seewind, G. 82. — **MV:** Die
zwei Flüsse von Granada, m. A. Zornack,
Reise-Ess. 76.

H: das bist du mensch, Kleine Anth.
moderner Weltlyrik 63; Stephen Crane:
Ein Wunder an Mut, Nachw. 65.
Ue: Archibald MacLeish: Journey
Home, zweisprach. G.-Ausw. 65; T. S.
Eliot: Gelächter zwischen Teetassen,
zweispr. G.-Ausw. 72.

Lit: Arnfrid Astel in: Das zeit-
genössische deutsche Gedicht zwischen
Autor und Leser, ges. v. Hilde Domin 66;
Giancarlo Scorza: Vorwort zu: Poesie 67;
Hans Dieter Schäfer: Hans-Jürgen
Heise, Uhrenvergleich, Neue Rdsch. 82
71; Kindlers Literaturgesch. d. Gegen-
wart 73; Walter Helmut Fritz:
Pommersche Feldgrillen im Originalton
in: Fischer Alm. d. Literaturkritik 79, 80;
2 Interviews in: Karl H. Van D'Elden:
West German Poets on Society and
Politics, Wayne State U. Press 79; Bernd
Urban: Lit. d. Gegenwart: Hans-Jürgen
Heises Lyr. u. Essays in: Universitas,
Jan. 82; Rafael Sevilla in: KLG 82.

Heisinger, Hilde; VS; Astrid-
Lindgren-Pr. 69; Waltraudstr. 31, D-1000
Berlin 37, Tel. (030) 8136128 (Bocholt/
Westf. 23.10.98). Roman, Hörspiel,
Kinderbuch, Essay. **Ue:** H (Fläm), E.
V: Die Schuhe aus Seehundsfell 63;
Unsere Tilla Eulenspiegel 64; Wiesen-
zirkus 68; Tim und die Unsichtbaren 69
(auch schwed., norw., dän., holl., jap.).

Heiss-Heerdegen, Else *

Heißenbüttel, Helmut, Rdfk.-Redak-
teur; P.E.N. 60; Stip. Lessingpreis d.
Stadt Hamburg 56, Hugo-Jacobi-Preis
60, Büchnerpr. 69, Förderpr. d. Kulturkr.
im Bdesverb. d. dt. Industrie 69, Hsp.pr.
d. Kriegsblinden 71, Weinpr. f. Lit. 78,
Bdesverd.kr. 1. Kl. 79; Akad. d. Künste
Berlin, Akad. d. Wiss. u. d. Lit. Mainz,
Akad. f. Spr. u. Dicht. Darmstadt, Gr. 47
55; Donizettistr. 21, D-7000 Stuttgart-
Botnang, Tel. (0711) 693231 (Wilhelmshaven 21.6.21). Lyrik, Essay.
V: Kombinationen, G. 54, 55; Topographien, G. 56; Textbuch 1, G. 60; Textbuch 2, Prosa 61; Textbuch 3 62; Textbuch 4 64; Mary McCarthy 64; Textbuch 5, 3X13 mehr oder weniger Geschichten 65; Über Literatur 66, 70;
Textbuch 6 67; Was ist das Konkrete an
einem Gedicht 69, Das Textbuch 70;
Projekt Nr. 1, d'Alemberts Ende 70, Tb.
81; Die Freuden des Alterns 71;
Gelegenheitsgedichte u. Klappentexte
73; Das Durchhauen des Kohlhaupts

Projekt Nr. 2 74; Der fliegende Frosch
und das unverhoffte Krokodil 76;
Eichendorffs Untergang Projekt 3/1 78;
Wenn Adolf Hitler den Krieg nicht
gewonnen hätte Projekt 3/2 79; Die
goldene Kuppel des Comes Arbogast 80;
Textbücher 1 - 6 80; Das Ende der Alternative Projekt 3/3 80; Ödipuskomplex
made in Germany 81; Von der Lehr-
barkeit des Poetischen oder Jeder kann
Gedichte schreiben 81; Von fliegenden
Fröschen, libidinösen Epen, vater-
ländischen Romanen, Sprechblasen und
Ohrwürmern, Ess. 82. — **MV:** Aus-
einandersetzen, m. Thomas Lenk 70;
Das Reich, Gelegenheitsgedicht Nr. 27,
m. Valerio Adami 74.
MH: Hermannstraße 14 seit 78.
R: Was sollen wir überhaupt senden?
70; Marlowes Ende 71, beides Hsp.
S: Lyrik der Zeit I 58; Begegnung mit
Gedichten; 16 Texte 71; Max unmittel-
bar vorm Einschlafen 73; Texte u.
Gelegenheitsgedichte von H. H. 78. ( )

Heiter, Ernst, s. Heyse, Gerd.

Heiw., s. Heiner, Wolfgang.

Heiz, André Vladimir, Dr.phil., freier
Denker; Stip. von Bund u. Kanton Bern
82, Auszeichnung der Bührle-Stiftung
82; 13, Rue Lagrange, F-75005 Paris, Tel.
(01) 3544577 (Langenthal/Schweiz
27.8.51). Roman, Essay.
V: Wie argumentiert Werbung, Sachb.
78; Die Lektüre, R. 82.
MA: Satz zum Gesamtkunstwerk, Ess.
in: D. Hang zum Gesamtkunstwerk 83.

Heizmann, Adolf, Lehrer, pens.;
Anerkennungspreis d. Schweizer
Jugendschriftenwerkes 55, Jugendbuch-
preis d. Basler Schulsynode 56;
Eschenstr. 1, CH-4123 Allschwil, Tel.
(061) 637554 (Thalwil b. Zürich 20.9.11).
Roman, Novelle, Hörspiel, Jugendbuch.
V: Eine Tür geht auf, R. 46; Es begann
mit Lumpi, Jgdb. 54; Hendrik und seine
Freunde, Jgdb. 56; Kopf hoch, Gunnar,
Jgdb. 58; Treffpunkt Salling, Jgdb. 62;
Wirbel um Anita 69; In Grado fing es an
69; Die Fische sind an allem schuld 71;
Flug in die Vergangenheit, Erz. 73.
MA: Die Ernte, Jb. 47.
R: Brandstifter; Im Sunnebüehl;
Plantage-Heiri; Rankwyler-Spiegel, u. a.
Dialekthsp.

Heizmann, Gertrud, s. Heimann-
Heizmann, Gertrud.

Heizmann, Lieselotte, Hausfrau; Ges.
d. Bibliophilen e.V. 75, Ges. Hess.
Literaturfreunde 75, Vereinig. d.
Freunde d. Klingspor Museums

Offenbach 75, Dt. Schillerges. Marbach
75, Humboldtges. 80; Alte Straße 17, D-
7802 Merzhausen, Breisgau, Tel. (0761)
405318 (Offenbach a.M. 25.8.20). Lyrik,
Essay. **Ue:** E.
MA: 6 Anth.; Festschr. f. F. Usinger 75.
H: Fritz Usinger: Große Elegie 76,
Gesänge jenseits des Glücks 77, Endlose
Wirklichkeit 77, Die geflügelte Sandale
77; Chr. R. Barker: Das dichterische
Weltbild 78; Siegfried Hagen:
Chimärische Geschichten 79; Fritz
Usinger: Grund und Abgrund 79, Atlas
79; Peter Coryllis: Eine Welt aus dem
Nichts geboren 79; Fritz Usinger:
Rückblick u. Vorblick 79, Alphabet-Ge-
dichte 80, Miniaturen 80; Adrian Russo:
Erste Versuche zum Völkerschutz 80;
Fritz Usinger: Huldigungen für Hans
Arp 81; Paul Valéry: Rede zu Ehren
Goethes übers. v. Fritz Usinger 82.

Hekmat, Alim *

Helbach, Werner, s. Werner, Helmut.

Helbich, Peter, Direktor;
Millöckerweg 26, D-3502 Vellmar, Tel.
(0561) 828158 (Bad Steben/OFr. 1.6.37).
Lyrik, Essay, Meditation
V: Er will mich wecken zu neuem .
Leben 76; Gott wohnt nicht im blauen
Himmel 76, 2. Aufl. 78; Im Ölbaum blüht
der Wind 77; Morgen ist auch ein Tag
80; Schreib dein Wort in meine Seele 81.
H: Friedensworte 83; Das Wagnis der
Liebe 83; Nachfolge im Widerstand
83. — **MH:** Jedes Wort kann ein Anfang
sein 81; Martin Luther: Lebensworte 83.

Helbig, Karl, Dr., Geograph; Staatspr.
Chiapas 79; Bleickenallee 22, D-2000
Hamburg-Altona (Hildesheim 18.3.03).
Länderkunde, Reise- u. Jugendbuch.
V: Batavia 30; Kurt Imme fährt nach
Indien, Jgdb. 33; Tuan Gila, ein "ver-
rückter Herr" wandert am Äquator 34;
Trampfahrt in die Levante 34; Nordkap
in Sicht, Jgdb. 35; Til kommt nach
Sumatra, Jgdb. 39, 57; Urwaldwildnis
Borneo 41, 57 (auch slowak.); Ferne
Tropeninsel Java, Jgdb. 46, 52;
Indonesiens Tropenwelt 47; Von den
Ländern und Meeren der Welt 47;
Paradies in Licht und Schatten, Erleb-
tes u. Erlauschtes in Inselindien 49;
Indonesien 49; Am Rande des Pazifik.
Studien z. Landes- u. Kulturkunde
Südostasiens 49; Die südostasiatische
Inselwelt 49; Zu Mahameru's Füßen,
Wanderungen auf Java 55 (auch russ.,
tschech., slowak.); Von Mexiko bis zur
Mosquitia, kleine Entdeckungsreise i.
Mittelamerika 58; Die Landschaften von

Nordost-Honduras 59 (auch span.);
Indioland am Karibischen Meer 61
(auch russ.); So sah ich Mexiko 62, 73;
Unter Kreolen, Indios und Ladinos 66;
Die Wirtschaft Zentralamerikas 66;
Chiapas: Geografía de un estado
mexicano 76 III; Eine Durchquerung der
Insel Borneo 82 II. — **MV:** Schicksal im
austral. Busch. Vorstoß in d. Herz eines
Kontinentes, m. H. J. Schlieben 59;
Mexiko (Einf. z. Bildbd.), m. Gi. u. Gu.
Teuscher-Reymann 68 (auch schwed.).
H: Von den Tropen bis zur Arktis,
Reiseber. aus 2 Jahrtausenden VII.
s. a. Kürschners GK.

Helbing, Lothar, s. Frommel,
Wolfgang.

Helbling, Hanno, Dr. phil., Redakteur
Neue Zürcher Zeitung; P.E.N. 57;
Premio Umbria 64, Montecchio-Über-
setzerpr. 79, Ehreng. Kanton Zürich 79,
Kulturpr. d. Min.präs. d. Rep. Italien 79;
Dt. Akad. f. Spr. u. Dicht. 81;
Steinwiesstr. 21, CH-8032 Zürich, Tel.
(01) 2519528 (Zuoz, Engadin 18.8.30).
Essay. **Ue:** F, E, L, I.
V: Goten und Wandalen 54; Saeculum
Humanum 57; Schweizer Geschichte 62,
82 (franz. 63); Das zweite Vatikanische
Konzil 66; Umgang mit Italien, Ess. 66;
Der Mensch im Bild der Geschichte 69;
Kaiser Friedrich II. 77; Politik der
Päpste 81; Die beiden, R. 82; Die Zeit
bestehen, Ess. 83.
H: Le lettere di Nicolaus de Beccariis
64; Jacob Burckhardt: Staat u. Kultur
72; Bismarck-Auswahl 76.
Ue: Benjamin Constant: Cecile 55, 63;
William Cooper: Unrast und Friede 57;
Ekkehard IV.: Die Geschichten des Klo-
sters St. Gallen 57; C. F. Ramuz: Werke
72 ff; Giacomo Leopardi: Canti 78;
Leben meinem Lied, Anth. 82;
Shakespeare: Sonette 83.

Helbron, Hans, Dr.phil., StudDir. i.R.;
Horner-Str. 3, D-2800 Bremen 1, Tel.
(0421) 73357 (Bremen 7.9.11). Märchen,
Lyrik.
V: Der goldene Baum, M. u. Geschn.
82.

Held, Christa (Ps. Ruth Flensburg),
Lehrerin; Bayernring 28, D-1000
Berlin 42, Tel. (030) 7861314 (Riga
12.8.29). Roman, Kinder- u. Jugendbuch.
Ue: E.
V: Aufruhr in der Neunten, Jgdb. 60;
Dodo braucht ein weißes Hemd,
Kinderb. 63; Die Nachtwache der Eva
Billinger, R. 65; ...und Fränzchen kam
doch, Erz. 83.

Ue: Barry Brown: The flying Doctor u.
d. T.: SHT ruft fliegenden Doktor 62;
Billy Graham: My Answer u. d. T.: Billy
Graham antwortet 63; Ethel Emily
Wallis u. Mary Angela Bennett: Two
thousand tongues to go u. d. T.: Noch
2000 Sprachen 64; William Barclay:
Epistle to the Hebrews u. d. T.: Richtet
die erschlafften Hände auf 68; Paul
Harrison: Should I tell u. d. T.: Richtig
lehren, fröhlich lernen.

Held, Fritz *

Held, Hubert, Dipl.-Volkswirt;
Tübinger Str. 24, D-7400 Tübingen-
Weilheim (Schuttern/Lahr 19.10.26).
Drama, Lyrik, Roman.
V: Klagende Gitter, G. 74; Der Kreis,
G. 75; Fallende Engel, G. 76; Die
schwarze Nachtigall, G. 77; Verbrannte
Erde; Landleben, G. 82; Heimatlos, G.
83. — **MV:** Wohin denn ich?, Religiöse
Lyrik 72; Wenige wissen das Geheimnis
der Liebe. E. kl. Anth. zeitgenöss.
Dichter 73; Jahrbuch 1977 77 — 1980 80.

Held, Wolfgang, Journalist; SV-DDR
59; Dürrstr. 4, DDR-5300 Weimar, Tel.
3214 (Weimar 12.7.30). Roman, Erzählung, Jugendbuch, Film.
V: Die Nachtschicht, Erz. 59; Mücke
und sein großes Rennen, Jgdb. 61; Du
sollst leben, Mustapha, Jgdb. 62, 64;
Manche nennen es Seele, R. 62; Hilfe,
ein Wildschwein kommt, Jgdb. 64; Der
Tod zahlt mit Dukaten, Krim.-R. 64, 66;
Der Teufel heißt Jim Turner, Jgdb. 64,
66; Quirl hält durch, Jgdb. 64; Das Stein-
gesicht von Oedeleck, Jgdb. 66; Blaulicht
u. Schwarzer Adler, Krim.-R. 69; Der
letzte Gast, Krim.-R. 68; Petrus und drei
PS 68, 70; Das Licht der schwarzen
Kerze 69; Feuervögel über Gui, Kinderb.
69; Zwirni träumt vom Weltrekord,
Kinderb. 71; Schild überm Regenbogen,
R. 73; Im Netz der weißen Spinne,
Kinderb. 73; Visa f. Ocantros, R. 76;
Härtetest, R. 78; Al-taghalub-Gesetz der
Bärtigen, R. 81; Eilfracht via Chittagong,
R. 82; Aras und die Kaktusbande, Kdb.
82.
F: (MV): Flucht in Schweigen 66;
Schüsse unterm Galgen 68; 12 Uhr
mittags kommt der Boß, Krim.-F. 68;
Zeit zu leben 69; Anflug Alpha I 71.
R: Das Licht der schwarzen Kerze,
Fsf. 72; Gefährliche Reise, Fsf. 72; Visa
für Ocantros, Fsf. 74; Zweite Liebe -
ehrenamtlich, Fsf. 77; Härtetest, Fsf. 78;
Wiesenpieper, Fsf. 83; Die Spur des 13.
Apostel, Fsf. 83.

Held, Wolfgang, Dr. phil., Dozent; 33
Caterham Rd., London SE 13 (Freiburg/
Br. 15.8.33). Roman, Novelle, Essay.
Ue: E, Slow.
V: Die im Glashaus, R. 65; Die schöne
Gärtnerin, Erz. 79; 79 — ein Brief des
jüngeren Plinius 79. ( )

Heldrich, Andreas, Dr.jur., UProf.;
Kolbergstr. 29, D-8000 München 80, Tel.
(089) 982975 (Jena 20.1.35). Übersetzung.
Ue: Jean-Louis Dubreuil: Expédition
de Secours u.d.T.: Die Botschaft ohne
Absender 57; Claude Appel: Viel Lärm
um Pontodru 58; Philippe de Baer:
Loulou des Brousses u.d.T.: Der Junge
vom Tannenhof 60.
s. a. Kürschners GK.

Heldt, Andreas, s. Pfeiffer-Belli, Erich.

Heldt, Karlheinz; Luxemburger Str.
124-136, Wohnung 1915, D-5000 Köln.
V: Schönheit u. Schicksal, spätpuber-
täre Gedichtsvariationen 77; Der Mann,
der eine Ratte laufen ließ, Prosa-Samml.
78; Allegro Maestoso, R. 79; An einen
Freund, Liebesg., Todesg. Kurzprosa 79.
( )

Helfenstein, Lydia *

Helfer-Friedrich, Monika *

Helfgen, Heinz, Politologe; FDA;
Heinestr. 29, D-6620 Völklingen u.
Engelbertstr. 27, D-4000 Düsseldorf
(Friedrichsthal 7.3.10). Reise- u.
Erlebnisbericht, Tatsachenroman.
V: Ich radle um die Welt I 54, 65; II 55,
65; Ich trampe zum Nordpol 56, 58;
Zwischen Gefahr und Geheimnis 60, 65;
Spur entlang der Wüste 61, 63; Höllen-
fahrt ins Paradies 63, 65, alles Reiseber.;
Gelber Monsum, Tatsachen-R. 65, 68;
The bicycle globe girdler 78. ( )

Helfritz, Hans, Schriftsteller, San
José, Isla Ibiza/Baleares/Spanien
(Hilbersdorf b. Chemnitz 25.7.02). Reise-
beschreibung, kulturhist. Sachbuch.
V: Mexiko früher und heute 39; Im
Quellgebiet des Amazonas 42; Zum
weissen Kontinent 47 (auch span.);
Chile, gesegnetes Andenland 51, 53;
Land der Königin von Saba 52, 55; Land
der Weißen Kordillere 52; Die Osterinsel
53; Zentralamerika; Schwarze Ritter
zwischen Niger u. Tschad; Mexiko, Land
der drei Kulturen, alles 54; Mexiko und
Mittelamerika 54, I (Zentralamerika) 63,
II (Mexiko) 64; Glückliches Arabien 56;
Durchs Reich der Sonnengötter 57;
Balearen 59; Kanarische Inseln 61;
Chile 61; Amerika, Land der Inka, Maya
und Azteken 65, 79; Die Götterburgen
Mexikos 70, u.d.T.: Mexiko 80; Äthiopien,

Land des Löwen von Juda 72;
Indonesien (Java, Sumatra, Bali,
Sulawesi) 77, 81; Guatemala — Land der
Maya 77; Marokko 70; Südamerika 73,
79; Entdeckungsreisen in Süd-Arabien
77. ( )

Helgrö, s. Grömmer, Helmut.

Helion, Jo Hanns, s. Dressler,
Johannes.

Helios, Alexander, s. Herden, Herbert.

Hell, Athe, s. Rauch, Lydia.

Hell, Bodo; Alserstr. 47/36, A-1080
Wien.
V: Dom. Mischabel. Hochjoch, 3
Bergerzn. 77, 79. — **MV:** Pflaster, m. J.
Kräftner 80.
R: Zwettl Gmünd Scheibbs 74;
Aberich Aberich 76; Kopf an Kopf 78;
Akustisches Porträt 81, alles Hsp. m. L.
Ujvary; Linie 13A, Fs. 81.

Hellberg, Traute, Autorin f. Funk u.
Fernsehen; VS; Ernst-Reuter-Pr. 66, 75;
Klingsorstr. 120, D-1000 Berlin 45, Tel.
(030) 8347415 (4.3.18). Hörspiel, Feature,
Fernsehserien, Bühnenstücke.
V: Zu ville Promille 73; Zille - sein
Mülljöh 77.
R: Tagebuch; Wie jeden Tag; Ausweg,
u. a., alles Hsp.; Familie Bergmann,
Fernsehserie; Eugenie Marlitt und die
Gartenlaube, Fs.-Dok.sp. 82.

Hellberg, Wolfgang, s. Barthel,
Manfred.

Hellborn, Klaus, s. Rhein, Eduard.

Heller, André; Elsslergasse 9, A-1130
Wien.
V: Die Ernte der Schlaflosigkeit in
Wien 76; Sie nennen mich den Messer-
werfer; Auf und davon, Erzn. 79; Die
Sprache der Salamander, Lieder 1971-
1981 81.
H: Es werde Zirkus 76. ( )

Heller, Erna, s. Goossens, Erna.

Heller, Fred, Student; Am Korstick 8,
D-4300 Essen 16 (Straßfurt 2.6.54). Lyrik.
V: Schnee und Schatten, G. 80.
MA: Die frühen 80er, Lyr.-Anth. 83.

Heller, Friedrich, Faktor; ÖSV; NdÖst.
Lit.förderungspr., Theodor-Körner-Pr.,
Franz-Karl-Ginzkey-Ring 1982; Kultur-
gemeinschaft "Der Kreis", NdÖst.
Bildungs- u. Heimatwerk; Schloßhofer
Str. 54, A-2301 Großenzersdorf, Tel.
(02249) 34602 (Groß-Enzersdorf 2.4.32).
Lyrik, Novelle, Roman, Essay, Hörspiel.
V: Neun aus Österreich, Jgdb. 71; Die
Turnstunde und andere fast unmögliche
Geschichten von übermorgen, Glossen

72; Die Blumenuhr, Lyrik 73; Die Lobau,
Landschaftsb. 75; Marchfeldein, G. 80;
Von Hieb zu Hieb, G. 81; Fisch und
Vogel, G. 82; Demonstrationen 83.

Heller, Gisela, Redakteurin; SV-DDR
69; Fontane-Pr. 76; Märkische Heide 25,
DDR-1532 Kleinmachnow, Tel. (03353)
22607 (Breslau 6.8.29). Hörspiel,
Feuilleton, Reportage, Essay, Erzählung.
V: Biedermann im Trommelfeuer, Ess.
64; Märkischer Bilderbogen 76, 81; Das
Havelland — mit den Augen der Liebe
gesehen, Bildbd 81, 83.
F: Sonnenrosen 64; Inventur im
Rittersaal 65; Auf den Spuren des
Orpheus 66.
R: Das Familienalbum, Fk.-Rep. 57;
Ein gewisser Herr von Bredow, Fk.-Rep.
57; Unsterbliches Lieschen Müller, Feat.
57; Die Unruhevollen und die Allzu-
friedfertigen, Fk.-Rep. 59; Edda und der
Herr vom anderen Stern, Fk.-Rep. 59;
Eine Residenz wird ungekrempelt, Feat.
59; Der letzte Mohikaner von Rogäsen,
Fk.-Rep. 60; Weiße Zelte - bunte Segel
60; Von den Mühen eine glaubwürdige
Kanaille zu werden 61; Das ist ja sagen-
haft, Kulturhistor. Bilderbogen aus der
Mark Brandenburg 67-70; Wein, Musik
und heiße Quellen, Ungarn-Reisebilder,
Fk.-Feuill.; Ausflug mit Gisela, 100 Jahre
nach Fontane, Wanderungen durch die
Mark, 100 Fk.-Feuill. 70-74; Traum und
Tag, Tadshikische Impressionen, Fk.-
Feuill. 74; Familienbild ohne Gold-
rahmen, Fk.-Feuill. 75-76; Potsdamer
Geschichten, Fk.-Feuill. 78-82; Die wild
wuchernden Onkel und Tanten, Ungar.
Reisebilder 81; Neuer Märkischer
Bilderbogen, Fk.-Feuill. seit 82.

Heller, Manfred (Ps. Thamathin
Sternhelm), Angest.; VS Bayern 79;
Jagdfeldring 51/8r., D-8013 Haar b.
München, Tel. (089) 469168 (Groß
Ujeschütz, Kr. Trebnitz, Schles. 1.11.35).
Märchen, Schwänke, Anekdoten,
Jugendbuch. **Ue:** E, R, T, Kauk (Georg).
V: Englische Märchen 78.

Heller, Martin,
Genossenschaftsbauer, DDR-7241
Fremdiswalde, Tel. (040692) 355
(Fremdiswalde 24.11.26). Roman.
V: Freibier am 27., Kalenderbll. 82.

von Hellermann, Dorothee, Dr. phil.,
Kunsthistorikerin; z. Zt. 104, Milton
Road, Sutton Courtenay, OX14 4BT/
Engl., Tel. 476 (Hamburg 26.4.43). Essay.
Ue: E.
V: Der Seele Schönheit, Erz. u. Nov. f.
d. reifere Jugend aus d. 2. Hälfte d. 19.

Jhs. neu zus.gest. u. mit Bemerk.
versehen 78. ( )

Hellmann, Edde, Hausfrau;
Hamburger-Autoren-Vereinig. 80;
Hansastr. 28, D-2000 Hamburg 13, Tel.
(040) 448813 (Hamburg 28.6.13). Lyrik.
V: Von Vers zu Vers Gedanken
hüpfen, Lyr. 80; Und manche machen
ein Gedicht, Lyr. 82.

Hellmer, Joachim (Ps. Cornelius
Clausen), Dr. iur., UProf.; Stiller Winkel
6, D-2300 Kiel 1 (Cranz (Ostpr.) 1.10.25).
Drama, Lyrik, Novelle.
V: Halte die Stunde fest, G. 76.
s. a. Kürschners GK. ( )

Hellmer, Klaus, s. Rhein, Eduard.

Hellwig, Ernst (Ps. Ernst Wilhelm
Nyssen, Rex Albert Aladin); Brönnerstr.
34, D-6000 Frankfurt a.M., Tel. (0611)
293316 (Frankfurt 4.6.16). Roman,
Novelle, Essay, Erzählung, Jugendbuch.
V: Ein Mann schlägt sich durch, R. 39;
Geigenbauer von Cremona, Erz. 53;
Mord an der Adria, R. 55; Das lautlose
Sterben, Jgdb. 55; Sierra Parima, Jgdb.
56; Stadt der Götter, Jgdb. 57; Seiden-
hemden für Marrakesch, R. 58; Rauhe
Männer unter tropischem Himmel,
Jgdb. 58; Danse Macabre, Krim.-R. 59;
Tobatinga, Jgdb. 60; Nur der Liebe
wegen, R. 63; Weg ohne Umkehr, R. 64;
Des alten Köhlers Schuld, R. 65;
Vabanquespiel des Teufels, Krim.-R. 66;
Ilona und das große Glück, R. 68; Buch-
halter der Hölle, Krim.-R. 71; Im Banne
des Schicksals, R. 71; Abenteuer in Peru,
Jgdb. 72; Im Lande der Guaharibos,
Jgdb. 75; Der goldene Dämon, Jgdb. 75;
Die schwarze Galerie, Jgdb. 76;
Desperados der grünen Hölle, Jgdb. 76;
Eva muß sich bewähren, Jgdb. 78; Der
Mann ohne Gesicht, Jgdb. 79; Das
Geisterboot, Jgdb. 79; Der neue
Empfangschef, R. 79; Der Stier von San
Goncalo, Jgdb. 81; Der Rabe mit den
grünen Füßen, Jgdb. 82; Dr. med.
Brummeisens handfeste Erlebnisse, R.
82; Kleine Detektive, Jgdb. 83.

Hellwig, Hans, Dr. phil., Dramaturg;
Brömbsenstr. 1a, D-2400 Lübeck, Tel.
(0451) 56923 (Darmstadt 12.12.04).
Biographie, Essay, Erzählung. **Ue:** E, F,
I, S.
V: Künstler der Lübecker Bühnen,
Ess. 46; Romain Rolland, Biogr. 47;
Honoré Daumier, Ess. 47; Stefan Zweig,
Biogr. 48; Draga spielt gefährlich, R. 50;
Der große Preis, Kammersp. 53; Das
große Lächeln, Erz. 56; Herr Fabry
schickt seine Rolle zurück 56.

F: (MA): Nacht der Entscheidung 56.
R: Verzeih, ich habe mich verspätet
(nach André Birabeau: Mütter) 49; Verliebt zu dritt (nach Victor de Kowa) 50;
Peter und Lutz (nach Romain Rolland)
50; Leb wohl, Benjamin 57; Herr Fabry
schickt seine Rolle zurück 57, alles Hsp.;
Don Juan ist tot 67; Elixier des Herzens
67, alles Fsp.
Ue: Roger Défossez: Der Förster 58;
Die Sirene 59; Armes Volk 59; Die Nase
59; Der Kobold 59; James Parish: Eine
rote Rose 59; Die Verlorene 60; Die Frau
aus Budapest 60, 66; Mitten in der Stadt
60; Stunde der Nachtigall 66; Triumpf
66; Bank Holiday 66; Botschaft für Margaret 66, alles Fsp.; James W. Snyder:
Offenes Herz 61; Max L. Berges: Drei
einsame Witwen, Und Tod bedeute nicht
zu viel 62; Simpson u. Galton: Engpaß
63; Charles Maître: Die Tür, Fsp. 66;
Plautus: Das Gespenst, Kom. 67;
Maheux-Grangé: Am Rand der Manege
67; Familienärger 67; Zehn Kisten
Whisky 67; Kein Hafer für Nico 67;
Schrott 68; Das Fenster zum Garten 68;
Froschmänner 68; Frau gesucht 69;
Puppen reden nicht 69; Beweisstücke
69; Ohne Blumen und Kränze 70, alles
Fsp.; Norman Holland: Ausbrecher, Fsp.
67; Lesage: Der Finanzmann (Neubearb.
d. Kom.) 68; Beaumarchais: Der Barbier
von Sevilla (Neubearb. d. Kom.) 68;
Frank White: Josephines Auge, Fsp. 68;
Meade Roberts: Frauen und Herrinnen,
Fsp. 68; Enid Bagnold: Nenn mich
Jacky, Kom. 70; Baranga: Sei vorsichtig,
Christopher, Kom. 72; Horia Lovinescou:
Et in Arcadia ego, Kom. 72. Allein-Ue v.
Charles Cordier u. Jean Marsus.

Helm, Helga (Ps. Helga Schubert),
Fachpsychol. d. Med.; SSV-DDR 76; Pr. f.
Szenarium d. Nationalen Filmfestspiele
in Karl-Marx-Stadt 82, Heinrich-Greif-
Preis 82; Rathausstr. 13 09/17, DDR-1020
Berlin, Tel. 2111670 (Berlin 7.1.40).
Kurzprosa, Film, Hörspiel.
V: Lauter Leben, Geschn. 75, 4. Aufl.
83; Bimmi und das Hochhausgespenst,
Kinderminib. 80; Bimmi und die
Victoria A, Kinderminib. 81, 2. Aufl. 82;
Bimmi und der schwarze Tag,
Kinderminib. 82; Das verbotene
Zimmer, Geschn. 82; Die Beunruhigung,
Filmszenarium 83.
F: Die Beunruhigung 82.
R: Eine unmögliche Geschichte, Hsp.
75; Anna, Hsp. 77; Das Gastspiel, Fsp. 76.

Helm, Inge; Im Storksbach 10, D-4750
Unna-Mühlhausen, Tel. (02303) 40777

(Köln 4.5.38). Heitere
Familiengeschichten/Roman.
V: Ach du grüne Neune, heit.
Familiengeschn. 82, 2. u. 3. Aufl. 82.
R: Ach du grüne Neune, Hf. 82.

Helm, Johannes, Dr.sc.nat., o.Prof.;
Kand. SV-DDR 83; Rathausstr. 13/09.17,
DDR-1020 Berlin, Tel. 2111670 (Schlawa
10.3.27). Kurzprosa, Kinderbuch, Lyrik.
V: Malgründe, Prosat. zu eig. Bildern
78, 2. Aufl. 83; Ellis Himmel, Kdb. 80, 2.
Aufl. 82.

Helmecke, Monika, Dipl.-Wirtsch.;
Mandrellaplatz 7, DDR-1170 Berlin
(Berlin 16.10.43). Roman, Erzählung,
Hörspiele.
V: Klopfzeichen, Erzn. u. Kurzgeschn.
79, 3. Aufl. 82.
R: Nerz und Masche, Hsp.; Aus der
Schule geplaudert, Hsp.; Rose bleibt
Rose, Kinderhsp.; Hedwig und ihre
Enkel, Kinderhsp.

Helmes, Werner; Mainzerstr. 102, D-
5400 Koblenz, Tel. (0261) 34146 (Mayen/
Rhld. 2.5.25). Roman, Novelle, Essay,
Hörspiel, Film.
V: Die Scherbe des Bacchus, R. 57;
Der falsche Mijnheer, R. 57, 59 (auch
niederl.); Feuer und Wein, Erzn. 57;
Ikarus Ikarus ..., R. 59, 60; Revolution
und Zeitgeist 76. — **MV:** Am Rhein. Von
Rüdesheim bis Koblenz, m. J. Jeiter 64;
Die Mosel. Von Trier bis Koblenz, m. J.
Jeiter 65; Die vulkan. Eifel 67.
MA: Literatur aus Rheinland-Pfalz 76.
MH: Personen und Wirkungen, Ess.
79.
R: Der Komet; Die Uhr des Kaisers;
Tod des Piloten; Im Regenbogen;
Projekt Schwarze Witwe; Löcher im
Polder; Major Grantmoore's letzter
Schuß; Weiße Telefone; Der Reifen-
stecher; Einen Toten für die Braut;
Geisterbahn; Die Gemüsekiste; Dunkel-
ziffer; Tatort: Straße; Löwenfutter; Air
base / Von Mäusen und Maschinen, alles
Hsp.; Weihe des Hauses, Fsp; Vom
Rhein zum Susquehanna 76; Die
Eroberung des Luftmeeres 76; Pfennigs-
rechnung, Hsp. 77; Landschaft mit
Schmutzrand 77; Rhenus — der Rhein
80; Ein alter Hut, Radio-Erz. 81; Das
Loch, Radio-Erz. 81; Rad und Rädchen
— Rotary, Radio-Ess. 82; Tönender
Abschluß des Mittelalters Abt
Trithemius, Radio-ESs. 83.

Helmhagen, Egon, Humorist; V.F.S.
78; Kirchenstr. 9, D-8501 Wendelstein b.
Nürnberg, Tel. (09129) 5029 (Nürnberg

28.6.37). Lyrik, Novelle, Manuskripte f.
Funk.
V: Wir Franken 75, 3. Aufl. 79; Egons
Plaudereien 79.
S: Fränkische Spezialitäten 76.

Helmke, Ulrich, Dr. iur., Doz.; Raabe-
Ges. seit 60, Freies Dt. Hochstift seit 65,
ETA Hoffmann-Ges. seit 66; Burgfeldstr.
9, D-3500 Kassel, Tel. (0561) 35244
(Berlin 27.6.08). Roman, Novelle, Essay.
V: ETA Hoffmann, Biogr. 75; D.
Ballsouper, 2 Nn. 78; Besuch beim
Dichterfürsten, N. 80; Aufstand der
Spartaner im Rokoko, N. 81; Fast ein
Kaiser, N. 82; Die ganze Welt ist Bühne,
2 Nn. 83; Auslese 1943-1983, Ess. 83. —
MV: Hoffmann-Mitteilungen seit 66.

Helmlé, Eugen, LBeauftr.; VdÜ 68, VS
70, P.E.N. 72; Kunstpreis d. Saarlandes
72; Pestalozzistr. 54, D-6603 Sulzbach/
Saar, Tel. (06897) 2520 (Ensdorf/Saar
9.9.27). Essay, Hörspiel. **Ue:** F, S.
MV: Papa, Charly hat gesagt ...
74(m.a.); Mehr von Charly 75 (m.a.).
H: Pierre Albert-Birot: Das 1. Buch v.
Grabinoulor 80; Breton/Soupault: Die
Magnetischen Felder 81; Henry
Monnier: Aufstieg und Fall des Joseph
Prudhomme 82; Philippe Soupault:
Gedichte 1917-1930 83.
R: Tagstimmen, Hsp. 71 (m. G. Perec);
Papa, Charly hat gesagt ..., Hsp. (m.a.);
Der frühe Tod der Avantgarde 76;
Werkstatt für potentielle Literatur, Ess.
68; Zwischen Poetik und Linguistik, Ess.
73; Anton Voyl schwand dahin, Ess. 71;
Die Häuser dampfen ab, Ess. 77; Die
Landschaften d. Phantasie sind riesen-
groß, Ess. 78; Der Lärm des Glücks
kreist durch die Nebelschwaden,
Feature 83.
Ue: Raymond Queneau: Zazie in der
Metro 60, Intimes Tagebuch der Sally
Mara 63; Die Haut der Träume 64; Das
trojanische Pferd, Erz. 64; Mein Freund
Pierrot 64; Man ist immer gut zu den
Frauen 64; Die blauen Blumen 66; Der
Sonntag des Lebens 68; Der Flug des
Ikarus 69; Eine Modellgeschichte 70;
René de Obaldia: Genusien, Kom. 61;
Sieben Einakter 63; Tamerlan der Her-
zen 64; Der Hundertjährige 66; Wind in
den Zweigen des Sassafras, Kom. 66;
Komödien zum Nachdenken 68; Flucht
nach Waterloo 68; Gabriel Chevallier:
Die Mädchen sind frei 61; Jacques
Serguine: Les fils de roi u. d. T.: Frühe
Feste 62; Mano 65; Armand Gatti: Die
Zweite Existenz des Lagers Tatenberg,
Sch. 65; Max Aub: Las buenas
intenciones u.d.T.: Meines Vaters Sohn

65; Georges Perec: Die Dinge 66; Was
für ein kleines Moped 70; Christiane
Rochefort: Eine Rose für Morrison 67;
Frühling für Anfänger 70; Roger
Blondel: Bradfer und das Ewige 67;
François Nourissier: Der Hausherr 69;
Etiemble: Lob eines Körpers 70; Die
Maschine 72; Der Hundszahn 71; Odile
73; Ein Winter in Le Havre 75; Blauer
Dunst 76; Armand Gatti: Das imaginäre
Leben d. Auguste G., Sch. 65; Louis
Aragon: Matisse, R. 75; Pierre Albert-
Birot: Alltagsgedichte 71; Emile Ajar:
Du hast das Leben noch vor dir 77;
Topor: Memoiren eines alten
Arschlochs 77; Georges Simenon: Der
Verdächtige 77; Zum Glück gehts dem
Sommer entgegen 77; Boris Vian: Ich
werde auf eure Gräber spucken 79,
Herbst in Peking 79, Das rote Gras 79;
Georges Simenon: Die Fantome des
Hutmachers 82, Antoine und Julie 83;
Georges Perec: Das Leben/Gebrauchs-
anweisung 82, W oder die Kindheits-
erinnerung 82; Alfred Jarry: Die Liebe
auf Besuch 83. — **MUe:** Raymond
Queneau: Stilübungen Autobus S 61;
Heiliger Bimbam 65, beide m. Ludwig
Harig.

Helwala, s. Malter, Wilhelm.

Helwig, Werner, Schriftsteller; ISDS
46, P.E.N. 52, VS 70; Gr. Akad.-Preis d.
Stadt Mainz 50, Bdesverd.kr. 1. Kl. 81;
korresp. Mitgl. d. Akad. d. Wiss. u. d. Lit.
74; 7 Ch. des Deux-Communes, CH-1226
Thonex, Tel. (022) 484689 (Berlin-
Friedenau 14.1.05). Lyrik, Roman,
Novelle, Hörspiel. **Ue:** E, J.
V: Die Aetna-Ballade, N. 34; Aufgang
der Arbeit, Ein chorisches Sp. 35; Nord-
südliche Hymnen 35; Der große Krieg,
Requiem chorisch; Strandgut, 7 Nn. 37;
Raubfischer in Hellas, R. 39, 59, Jgdausg.
u.d.T.: Mit Harpune und Dynamit 52,
u.d.T.: Xenophon 56, 76; Der gefangene
Vogel, N. 40; Im Dickicht des Pelion, R.
41, 81; Gegenwind, Hellas R. 45;
Trinakria oder die wunderliche Reise,
R. 46; Gezeiten der Liebe, N. 46; Café
Gomorrha, Sechs Phantasiestücke 48;
Das Wagnis, R. 47; Isländisches
Kajütenbuch, R. 50, 83; Auf der Knaben-
fährte, Ein Erinnerungsb. 51, 53; Die
Hellas-Trilogie, R. 51; Salvatore
Giuliano, Legende seiner Wirklichkeit
51; Waldregenworte, G. 51; Die Wider-
gänger, R. 52, u. d. T.: Die Gesetzlosen
65; Die Bienenbarke, Weltfahrten nach
außen und innen 53, Ausz. u. d. T.:
Nachtweg durch Lappland, Erzn. 55; Auf
der Mädchenfährte, G. 53; Der Brigant

Giuliano; Reise ohne Heimkehr, R. 53;
Die Stiefsöhne der schönen Helena 54;
Die Geheimnisse des Baybachtales, Ess.
55; Die singenden Sümpfe, N. 55; Der
Traum des Gefangenen 56; Das
Steppenverhör, R. 57; Die Waldschlacht,
Eine Sage 59; Capri. Lieblicher Unfug
der Götter 59; Der siebente Sohn, N. 59;
Der smaragdgrüne Drache, R. 60; Die
Blaue Blume des Wandervogels 60;
Capri, Bildbd. 60; Der Gerechtigkeits-
sattel, N. 61; Die Erzählungen der Wind-
rose 61, Tb. 63; Lapplandstory, R. 61, 76;
... und Janni lacht!, Anekdn. 60; Die
Geheimnisse des Zöllners Henri
Rousseau. Kunstgeschichtl. Betracht. 62;
Bartbrevier 62; De Chirico, Peinture
Metaphysique 62, dt. 63; Hellenisches
Mosaik, Ess. 63; Die Wahrheit zu treffen,
Reisesezierungen 63; Liederblätter;
Worte u. Weisen 63; Capri, Histor.
Versuch; Hymnen an die Sprache 64;
Das Paradies der Hölle, Sizilien-R. 65;
Yachtreise durch die Ägäis, Reiseber. 68;
Klänge und Schatten, Nachdichtungen
jap. Texte 72; Capri, magische Insel.
Tiberius, Diefenbach, Däubler, Rilke 73,
79; Raubfischer in Hellas, erg. Fassung
74, 81; Lapplandstory, illustr. Fassung
76; Die Parabel vom gestörten Kristall.
Erinnerungen an Hans Henny Jahnn,
hrsg. v. d. Mainzer Akad. d. Wiss. u. d.
Lit. 77. — **MV:** Metopen zu einem
Tempel der Ananke, in: Minotaurus,
Dicht. unter den Hufen von Staat u.
Industrie, hrsg. Alfred Döblin; Neuer
Lübecker Totentanz, m. H. H. Jahnn;
Nachwort zu: Hamsun: Vagabunden-
tage; Schattenbeschwörung, in: Rück-
schau u. Ausblick; Beitr. in: Vögelein,
singe mir was Schönes vor, Anth. 65;
Ein Kapitel in: Der Rat der Weltun-
weisen, R. 66; Einleit. zu: Knut Hamsun:
Pan 79.
MA: Jahresring 56 — 57.
H: Boris Pilnjak: Maschinen und
Wölfe, R. 46; Briefe um ein Werk. Der
Briefwechsel H. H. Jahnn — W. Helwig
59; Tusk; Gesammelte Schriften;
Theodor Däubler: Gedichte.
R: Giuliano, Legende seiner Wirklich-
keit; Altamira, Sixtina d. Steinzeit;
Bärenkultus, Aus d. Urzeit d. Sprache;
Chinesisches Oratorium; Lappland, die
letzte Zauberecke Europas; Die ver-
kaufte Uniform; Gorgonische Tröstun-
gen; Kleine Ehefabel; Das goldene Vlies;
Der Gerechtigkeitssattel, alles Hsp.
S: Fünf Lieder.
Ue: Wortblätter im Winde, Verse aus
d. Jap. 45; Rudyard Kipling: Dschungel-
gedichte 45; Die großen Klagen des Tu

Fu 56; Das Affenregenmäntelchen.
Japan. Sprichwörter 58. — **MUe:** Die
schönsten Erzählungen der Welt-
literatur 56.
Lit: Hdb. d. dt. Gegw.Lit.; Lex. d.
Weltlit.; Librarium H. 3 78.

Hemau, Gisela; Kronprinzenstr. 67, D-
5300 Bonn 2, Tel. (0228) 352423.
V: Mortefakt, G. 74.

Hemmer, Günter, Lehrer; Mörikestr.
7, D-4700 Hamm, Westf., Tel. (02381)
51542 (Stettin 8.11.23). Lyrik, Jugendbuch.
V: Polly findet ein Zuhause, Jgdb. 56.

Hemmerle, Rudolf, Schriftleiter; Kg.
58; Adalbert-Stifter-Ver. 48; Schubertstr.
8a, D-8011 Vaterstetten, Tel. (08106) 6249
(Sebastiansberg 3.10.19). Essay,
Biographie.
V: Franz Kafka 58; Deiner Heimat
Antlitz, Ess. 59; Heimat im Buch 70;
Heimat Nordböhmen 80. — **MV:** Städte
im Sudetenland, hist. Ess. 69.
MA: Große Sudetendeutsche 57, 82;
Alma mater Pragensis 59; 180 Semester
Sängerschaft Barden 59; Sudetenland —
Heimatland 73, 82.
H: Prager Nachrichten (Schriftl.);
Mitt. d. Sudetendt. Arch.
R: Johann Michael Sailer 67.
Lit: S. Seifert: Komotauer im Strom
der Zeit. Lebensbilder 1977.

Hemmerling, Peter, Kino-operateur,
Kunstmaler; ZSV seit 65, Elka, Lit.klub
Dr. Koller Zürich seit 63; Via R. Simen
82, CH-6648 Minusio/Tessin, Tel. (093)
333162 (Zürich 20.9.43). Lyrik.
V: Die Jahreszeiten 77.
MA: In die Wüste gesetzt, Lyr.; Jb. dt.
Dichtung 77-80.

Hempel, Eva (Ps. Eva Hoffmann-
Aleith), Dr. theol., Pastorin, DDR-1901
Stüdenitz/Mark Brandenburg, Kr.
Kyritz (Bergfeld, Kr. Bromberg 26.10.10).
Roman, Novelle.
V: Anna Melanchthon, R. 54, 83; Herr
Philippus, Erzn. um Melanchthon 60, 61;
Der Freiherr. Aus dem Leben des Frei-
herrn Carl Hildebrand von Canstein, R.
60; Wege zum Lindenhof, R. 67, 75;
Teufelszwirn, R. 70; Frau v. Friedland, R.
78, 81; Johanne, R. 80.
MA: Wir wandern zur Krippe 59, 66;
Daheim und unterwegs, Erzn. u. G. 60;
Der unsichtbare Partner, Erz. u. G. 62,
74; Laß das Geheimnis zu dir ein, österl.
Erz. 64, 70; Wem das Herz gehört, Erzn.
um Liebe 66, 71; Mein Freund Jan, Erzn.
nicht nur für Östern 67, 73; Dom zu
Havelberg 1170 — 1970 70, 76; Der

Fächer. Christl. Prosa aus 25 Jahren 71,
72; Abenteuer mit Tieren 72, 73; Kirche
in der Mark, Berichte u. Bilder 73; 125
Jahre Neinstedter Anstalten 74; Vom
Geheimnis des Glücks, Erz. 79; Es geht
um Silentia, Erzn. 81; Noch streiten Tag
und Dunkel, Erzn. 83.

Henatsch, Eva, Sonderschullehrerin
i.R.; In der Badestube 36, D-3550
Marburg, Tel. (06421) 45931 (Primkenau/
Schles. 4.8.22). Lyrik.
V: Ausgesparte Zeilen, G. 80.

Henckell, Jürgen A. *

Henderson, Chester, s. Liersch, Rolf.

Henisch, Peter; Öst. Staatsstip. f. Lit.
70, Gr. Lit.pr. d. Wiener Kunstfonds 71,
Förderpr. z. Öst. Staatspr. f. Lit.; Gruppe
Wespennest Wien, c/o Verlag Langen
Müller, München (Wien 27.8.43). Prosa,
Lyrik, Essay. **Ue:** E.
V: Hamlet bleibt, Prosa m. lyr.-aphor.
Anhang 71; Vom Baron Karl,
Peripheriegesch. u. a. Prosa 72; Die
kleine Figur meines Vaters 75, 80;
Wiener Fleisch & Blut 75;
Lumpazimoribundus. Antiposse mit
Gesang 75; Vagabunden-Geschichten 80;
Bali oder Swoboda steigt aus, R. 81. —
MV: Fällt Gott aus allen Wolken,
Schriftsteller zu Lit. u. Spr., Ess. 71; Mir
selbst auf d. Spur, G. 77; Der Mai ist vor-
bei, R. 78, Tb. 82.
R: Schöner wohnen in Wien, Fsf. 72.
( )

Henke, Adalbert (Ps. Bert Marian),
Priester; Frh.-v.-Zobel-Str. 39, D-6970
Lauda-Messelhausen (Alfeld/Leine
10.9.12). Roman, Essay.
V: Gott u. die Läuse von Tyrannen,
Erlebnisber. 71. — **MV:** Den ihr nicht
kennt, Ess. 55.

Henkel, Heinrich, Dramatiker; D.U.
72, Autoren-Gruppe Olten 82; Förderpr.
d. Gerhart-Hauptmann-Pr. 70, Förderg.
d. Schiller-Gedächtnispr. d. Ldes Bd.-
Württ. 71, Pr. d. Frankfurter
Autorenstift. 81; Postf. 1517, CH-4001
Basel (Koblenz 12.4.37). Drama,
Hörspiel, Lyrik, Essay.
V: Spiele um Geld 72; Die
Betriebsschliessung 76; Olaf und Albert
79/80; Still Ronnie 81, 2. überarb. Fass.
82; Eisenwichser 82; Frühstückspause
82; Altrosa 82, alles Bü.
R: Der Job vom November, Hsp.

Henkels, Walter, Journalist, Schrift-
steller; DJV, Bundespressekonferenz
Bonn, Dt. Presseklub Bonn; Theodor-
Wolff-Pr. 67, Joseph E.-Drexel-Preis 72,
Pr. Dt. Jagdschutzverb. 72, Dt. Wein-

kulturpr. 79; Auf dem Köllenhof 26, D-
5307 Wachtberg über Bonn, Tel. (0228)
341439 (Solingen 9.2.06). Essay.
V: Zeitgenossen 53; Bonn für
Anfänger 63; Bonner Köpfe 63; ... Gar
nicht so pingelig, m.D.u.H. 65; Doktor
Adenauers Gesammelte Schwänke 66;
Ganz das Gegenteil 67; Lokaltermin in
Bonn 68; Kohlen für den Staatsanwalt
69; Jagd ist Jagd & Schnaps ist Schnaps
71; Bacchus muß nicht Trauer tragen 72;
Deutschland deine Rheinländer 73; ...
aber der Wagen der rollt 84; Neues vom
Alten 75; Wer einen Treiber erschießt,
muß die Witwe heiraten 76; Keine Angst
vor hohen Tieren 77; Eismeerpatrouille,
Als Kriegsflieger in d. Arktis 78; Ja, ja,
sagte d. alte Oberförster 79; Bonner
Köpfe in Wort und Bild 80; Die Kunst,
Böcke zu schießen 81; Die Lage war
immer so ernst 82; Adenauers
gesammelte Bosheiten 83.

Henkes, Paul, Dr. phil., Prof., Ehren-
dir. d. Päd. Inst.; Sekt. "des Arts et des
Lettres" d. Großherzogl. Inst., Staatl.
Luxemb. Lit.Pr. 66; EPräs. d. Abt. f.
Kunst u. Lit. d. Großherzogl. Inst., Vertr.
Luxemburgs im Comité littéraire intern.
d. "Nouvelle Europe", Europese
Vereniging ter Bevordering van de
Poezie, Persönl. Ehrenmed. dieser Ges.
82; 12, Orvalstr., Luxemburg/
Luxemburg, Tel. 441498 (Luxemburg-
Bonneweg 21.6.98). Lyrik, Kurz-
geschichte, Erzählung.
V: Mit Rilke auf dem Weg zu den
Duineser Elegien 39; Ölbaum und
Schlehdorn, Lyr. Zyklus 68; Das Bern-
steinhorn, Lyr. Zyklus 73; Gitter u.
Harfe, Lyr. Zyklus 77; Orion, G. Zyklus
82.
Lit: Albert Hoefler: Dichter unseres
Landes 45; Guy-Jean Rinnen: Der
Lyriker Paul Henkes 73; Fernand
Hoffmann: Standort Luxemburg 74,
Sprachen in Luxemburg 79.

Henn, Felizitas, Dr. phil.,
Büroangestellte; R.-v.-Alt-Platz 4/6, A-
1030 Wien, Tel. (0222) 657604 (Wien
15.1.31). Roman.
V: Ein Fremder in meinen Armen, R.
79; Finale in Abano 81.

Hennemann, Susanne, Dipl.-
Dolmetscherin; VS; Lübecker
Autorenkreis; Buggenhagenstr. 29, D-
2400 Lübeck, Tel. (0451) 32727 (Plön
15.1.26). Lyrik, Novelle, Film. **Ue:** E.
V: Davidsgesänge, G. 80; Auge in
Auge, G. 82.

Hennicke, Karl-August (Ps. Karol
Schärding), StudR.; Beuttenmüllerstr.
17, D-7570 Baden-Baden (Helmstedt
4.10.27). Lyrik.
V: Waffnet euch, ihr Preußen, Prosa
78-80; Bleib im Traum, Geliebte, Lyr. 79;
Volkstrauertag, Lyr. 79; Vor dem Meer
noch einmal Rosen, Lyr. 80;
Stellungsbefehl, Lyr. 82, 83; Du land der
Liebe, Lyr. 82.

Hennig, Martin; Gruppe Olten seit 76;
Huebweg 10, CH-4102 Binningen, Tel.
(061) 388135 (Basel 8.5.51). Roman,
Erzählung, Drehbuch, Lyrik, Hörspiel.
Ue: E, F.
V: Die sanften Schatten der Reise
nach Glasgow, Erz. 75; Spuren aus der
Nacht, Erz. 78; Das geübte Lächeln, R.
81.
R: Festung Bastiani, Fsf. 76;
Erinnerung an die Leidenschaft, Fsf. 76;
Kinder des Ikarus, Fsf. 77/78; Einmal
ganz gross, Hsp. 81; Dauerlauf, Fsp. 81.

Henniger, Gerd, Dr. phil. (Chemnitz
26.6.30). Lyrik. **Ue:** F.
V: Rückkehr vom Frieden, G. 69; Bei
lebendigem Leib, G. 78; Irrläufer, G. 72.
H: Das Neue Lot. Schriftenreihe f. Lit.
59 — 63, Bd. I — X; C. D. von Lohenstein:
Gedichte 61; Marquis de Sade: Werke
65; F. Ponge: Lyren, Sammelbd. 65;
Brevier des schwarzen Humors 66, 76;
Guillaume Apollinaire: Poetische Werke
69; Beispiele manieristischer Lyrik 70.
Ue: Paul Arnold: Das Geheimnis
Baudelaires 58; Maurice Blanchot: Die
wesentliche Einsamkeit 59; Paul Eluard:
Hauptstadt der Schmerzen 59; Antonin
Artaud: Die Nervenwaage 61; Marquis
de Sade: Werke 65; Francis Ponge:
Stücke, Methoden 68; Antonin Artaud:
Das Theater u. sein Double 69; Philippe
Sollers: Drama 68; Henri Michaux: Die
großen Zerreißproben 70; Roger
Caillois: Steine 83. — **MUe:** Paul Eluard:
Ausgew. Gedichte 63; F. Ponge: Lyren
65; René Char: Poésies / Dichtungen II
68; Guill. Apollinaire: Poetische Werke
69.

Henning, Friedrich, Dr.phil.; Heinrich
v. Kleist-Str. 21, D-5300 Bonn, Tel. (0228)
224132 (Weimar 26.12.17). Essay,
Literaturkritik, Biographik, Liberale
Parteigeschichte.
V: Kleine Geschichte Thüringens 64;
FDP/Die Liberalen. Porträt einer Partei
82. — **MV:** Geschichte des deutschen
Liberalismus 66, 76; Die FDP/DVP in
Bad.-Württ. u. ihre Gesch. 79.

B: Thomas Dehler: Reden und Aufsätze 69; Thomas Dehler: Bundestags-
reden 73.
H: Thüringer Heimatkalender 73 - 77;
Thomas Dehler: Begegnungen, Gedanken, Entscheidungen 77; Theodor
Heuss: Lieber Dehler, Briefwechsel 83.

Henning, Helga, s. Theuermeister,
Käthe Ella.

Henning, Katja, s. Weber, Annemarie.

Henricks, Paul, s. Hoop, Edward.

Henriette, Christiane, s. Kreutzer,
Catherine.

Henry, s. Winterfeld, Henry.

Henry, Charles P., s. Berger, Karl
Heinz.

Henscheid, Eckhard, M.A., Schrift-
steller; Eisbergweg 12, D-8450 Amberg/
Oberpf., Tel. (09621) 22295 (Amberg
14.9.41). Roman, Novelle, Essay,
Hörspiel, Fernsehspiel.
V: Die Vollidioten, R. 73; Geht in
Ordnung - Sowieso -- Genau ---, R. 77;
Die Mätresse d. Bischofs, R. 78; Ein
scharmanter Bauer, Erzn. 80; Verdi ist
der Mozart Wagners, Ess. 79, 82; Beim
Fressen beim Fernsehen fällt der Vater
dem Kartoffel aus dem Maul, R. 81;
Roßmann, Roßmann..., Erzn. 82; Der
Neger (Negerl), Erz. 82; Wie Max
Horkheimer einmal sogar Adorno
hereinlegte, Erzn. 83.
MH: Unser Goethe 82.
R: Großmutter rückt ein, Hsp. 72;
Eckermann u. sein Goethe, Hsp. 79.

Henschel, Robert, Dr. jur.; Casa
Cortile Rosso, CH-6614 Brissago/TI, Tel.
(093) 651624 (Kassel 19.6.00).
V: Nahtipu, Erz. 55.

Henschel geb. Villaret, Waltraut (Ps.
Waltraut Villaret, Waltraut Henschel-
Villaret), Schriftstellerin, Lektorin; Wort
57; Giselherstr. 16, D-8000 München 40,
Tel. (089) 301586 (Riga 22.4.14). Roman,
Lyrik, Essay, Erzählung. **Ue:** Balt (Lett).
V: Onkel Nikita, N. 50; Die wandern-
den Feuer, R. 54, auch u. d. T.: Liebe
sucht verlor. Land (auch franz.); Komö-
dianten, R. 61, 63; Milja, R. 62; Drei
Mädchen aus Schwabing, Jgdb. 70;
Mädchen vor der Kamera, R. 73; Liebe
in Braskowa, R. 76 (auch u.d.T.: Milja);
Polnische Wirtschaft, R. 81; Zar und
Zimmerfrau, Anekdn. 82. — **MV:** Das
dunkle Du, Sammelbd. geistl. Lyrik 53.
B: Grimms Märchen 57; Hauffs Mär-
chen 70; Märchen der Welt 71; Leben

und Abenteuer des Simplizissimus 75;
Die schönsten Fabeln aus aller Welt 76.
R: Weißt du noch?, Hsp. 37 (lett.).

Henschel-Villaret, Waltraut,
s. Henschel, Waltraut.

Hensel, Georg, Feuilleton-Redakteur,
Theaterkritiker; P.E.N. 58; Johann-
Heinrich-Merck-Preis 68, Julius-Bab-
Kritikerpr. 82, Carl-Zuckmayer-Med. 82;
Park Rosenhöhe 1, D-6100 Darmstadt,
Tel. (06151) 712141 (Darmstadt 13.7.23).
Erzählung, Essay.
V: Nachtfahrt, Erz. 49; Etappen, Erzn.
56; Griechenland für Anfänger, Reiseb.
60, 63; Kritiken. Ein Jahrzehnt Sellner-
Theater in Darmstadt 61; Ägypten für
Anfänger, Reiseb. 62; Spielplan, Schau-
spielführer von der Antike bis zur
Gegenwart 66 II, 75, Tb. 81 III; Samuel
Beckett, Ess. 68, 77 (auch spanisch);
Stierkampf, Ess. 70; Theater der Zeit-
genossen, Stücke u. Autoren 72; Wider
die Theaterverhunzer, Ess. 72; Das
Theater der siebziger Jahre, Ess. 80;
Theaterskandale und andere Anlässe
zum Vergnügen, Ess. 83.
H: Niebergalls Datterich im Darm-
städter Biedermeier 75.

Hensel, Horst, Dr. päd., Fernmelde-
handwerker, Lehrer; VS 75; Fischer-
huder Lit.pr. "Der arme Poet" 78;
Werkkr. Lit. d. Arbeitswelt 70; Bramweg
5, D-4618 Kamen-Methler, Tel. (02307)
31551 (Westick, Ruhrgeb. 2.5.47). Lyrik,
Erzählung, Literaturwissenschaft,
Erziehungswissenschaft.
V: In den Scherben deiner Augen,
Lyr. 80; Werkkreis od. die Organisierung
polit. Lit.arbeit, Lit.soziol. 80; neun mal
schulwetter, Päd. 81; Karrierespiel
Pädagogin O., Kurzr. 83.
MA: Der rote Großvater erzählt 74;
Mit 15 hat man noch Träume 75; Die
Kinder des roten Großvaters erzählen
76; Weg vom Fenster 76; Mein Feierabend ist fünf Biere breit 76; Zwischen
den Stühlen 76; Mein Vaterland ist
international 76; Liebesgeschichten 76;
Neue Stories 77; Betriebsräte berichten
77; Schulgeschichten 77; Geschichten
aus d. Kindheit 79; päd. extra.
H: Republique en miniature, pol.
Festschr. 74; Unterrichtseinheiten z.
demokrat. Lit. 77. — **MH:** Für eine
andere Deutschstunde. Arbeit und
Alltag in neuen Texten 71, 76; Arbeiter-
songbuch 73; Liebesgeschichten 76;
Schulgeschichten 77; Zehn Jahre Werkkr. Lit. d. Arb.welt 79; Demokrat.
Erzieh.; Lehrer seit 81/82, Lehrerkal.

R: Beerdigung eines Arbeiters 73; Laß
uns mal bei Erich kucken 82.
Lit: Sie schreiben zw. Paderborn u.
Münster 77.

Hensel, Irmgard, Vertrags-
Sachbearbeiterin, Sekretärin (Berlin
25.8.27). Jugendbuch.
V: Zirkuskinder haben viele Freunde,
Jgdb. 74. ( )

Hensler, Wilhelm, ObLehrer; VS;
Philippsburger Str. 14, D-6833
Waghäusel (Obermünstertal/Schwarzw.
28.7.94). Roman, Lyrik, Novelle, Hörspiel.
V: Das Brot der Wälder, R. 43; Musik
des Herzens, G. 50; Psalm der Erde,
Prosa 53; Der Maler Mariens, Erz. 64;
Das gesuchte Antlitz, Erz. 72; Liebe hat
geschrieben, Erz. 75; Sonntage, Prosa 79.
Lit: Helmut Reichert: Wilhelm
Hensler, Gedanken zu seinem Werk,
Prosa, Lyrik, Jahrbücher dt. Lehrer 65/
67/69. ( )

Henss, Dietlind, Hausfrau; Im
Osterbach 1, D-3588 Homberg/Efze, Tel.
(05681) 2907 (Quedlinburg 4.10.39). Lyrik.
V: Rebellenrot im Reiherzug 81.

von Hentig, Hartmut, Dr., oö.Prof. f.
Pädagogik u. Wiss. Leiter d. Schul-
projekte d. U. Bielefeld; Schiller-Pr. d.
Stadt Mannheim 69; Ringsthof, D-4904
Enger/Westf. (Posen 23.9.25). Essay,
Kinderbuch. **Ue:** E.
V: Röll, der Seehund 72; Paff, der
Kater oder wenn wir lieben 78.
s. a. Kürschners GK.

von Hentig, Werner-Otto, Dr. iur. et
rer. pol., Dr. h. c. f. s., Botschafter a. D.;
An der Krebskuhle 11, D-4801 Bielefeld,
Tel. (0521) 100428 (Berlin 22.5.86). Essay,
Sachbuch. **Ue:** E, F.
V: Meine Diplomatenfahrt ins ver-
schlossene Land 18; Ins verschlossene
Land - ein Kampf mit Mensch und
Meile 28, 43 (in 9 Spr. übers.); Heimritt
durch Kurdistan 32, 42; Der Nahe Osten
rückt näher 40; Mein Leben - eine
Dienstreise 61, 63. — **MV:** Zeugnisse
und Selbstzeugnisse 71.
Ue: Hyndman: Awakening of Asia 21.

Hentschel, Erich, Kaufmann,
Werbeleiter; An Lentzen Kämpen 28, D-
4770 Soest, Tel. (02921) 60313 (Saaz/
Sudetenland 23.8.27). Kinderbuch,
Roman.
V: Der Schatz im Mönchswald,
Kinderb. 80; Gefahr in der Totengruft,
Kinderb. 82.

Hentschel, Sibylle, Diplomszenarist,
Schriftsteller; Hosemannstr. 6, DDR-
1055 Berlin, Tel. 3655394 (Radebeul

27.5.38). Drama, Erzählung für Kinder,
Hörspiel.
V: Besuch bei Florian 82. —
MV: Pellkartoffel, m. Beate
Morgenstern, Bü. 80.
R: Pellkartoffel, m.a„ Hsp. 80; Andi,
Hsp. 82.

Henz, Rudolf, Dr., Prof., EPräs. d. Öst.
Kunstsenates, Vors. d. Dokumentations-
stelle f. Öst. Lit.; Ehrenmitgl. d. P.E.N.,
Ö.S.V. 54; Öst. Staatspr. f. Literatur 53,
Literaturwürdigungspreis d. Stadt Wien
56, Ehrenring der Stadt Wien, Kultur-
preis des Landes NdÖst. 66, UNDA Preis
v. Monaco 67, Fernseh-Volksbildungs-
preis 71, Öst. Ehrenzeichen f. Wiss. u.
Kunst 71; Zebenthofgasse 30, A-1190
Wien, Tel. (0222) 322266 (Göpfritz/NdÖst.
10.5.97). Drama, Lyrik, Roman, Epos,
Volksschauspiel.
V: Die Landschaftsdarstellung bei
Jean Paul, Ess. 24; Das gesamte
Schaffen Enrica Handel-Mazettis, Ess.
31; Das Wächterspiel 31, 39; die Gaukler,
R. 32, 80; Die Heimkehr des Erst-
geborenen, Sp. 33, u. d. T.: Flucht in die
Heimat; Dennoch Mensch, R. 35; Döb-
linger Hymnen 35; Festliche Dichtung
35; Kaiser Joseph II., Dr. 37; Die Hunds-
mühle, Erz. 39, 49; Begegnung im
September, R. 39, 49; Der Kurier des
Kaisers, R. 41, 82; Die Erscheinung des
Herrn 42, u. d. T.: Pfingstspiel 47; Der
große Sturm, R. 43, 72; Ein Bauer greift
an die Sterne 39, u. d. T.: Peter Anich,
der Sternsucher 47; Wort in der Zeit, G.
45, 47; Die große Lüge (Ananias und
Saphira), Sp. 49; Die Erlösung. Großes
Passionsspiel 49; Österreichische
Trilogie, G. 50; Bei der Arbeit an den
Klosterneuburger Scheiben, G. 50; Der
Turm der Welt, Vers-Epos 51, 83; Die
große Entscheidung, Dr. 52; Der Büßer,
Dr. 54; Das Land der singenden Hügel,
R. 54; Die Weltreise eines Innsbrucker
Schneidergesellen vor hundert Jahren
55; Lobgesang auf unsere Zeit, G. 56;
Österreich 59; Die Nachzügler, R. 61;
Fügung und Widerstand, Selbstbiogr. 63,
81; Der geschlossene Kreis, G. 64; Der
Kartonismus, R. 64; Zwischenfall in
Antiochia, Sp. 68; Tollhaus Welt, 5 neue
Dramen 70; Neue Gedichte 72; Unter-
nehmen Leonardo, R. 73; Kleine
Apokalypse, G. 77; Wohin mit den
Scherben, R. 79; Dennoch Brüder, G. 81.
H: Wort in der Zeit 55 — 65; Literatur
u. Kritik, Zs. seit 66.
R: Màdàch: Die Tragoedie des Men-
schen, Nachdicht. 64; Zwischenspiel in

Antiochia, Fsp. 67; Rebell in der Soutane 70; Das Hohelied, Fsp. 72.
S: Bei der Arbeit an den Klosterneuburger Scheiben 63.
Lit: J. Eschbach: Rudolf Henz - das
dichterische Werk im Rahmen der Zeit
und der Grundzüge des Dichterischen
45; Jethro Bithell: Rudolf Henz and the
new Austrian Literature in: German
Life and Letters 53; Robert Mühlher:
Rudolf Henz in: Wort in der Zeit; Victor
Suchy (Hg.): Dichter zwischen den
Zeiten. Festschr. 77; E. Schoenwiese:
Ein konservativer Revolutionär, R. H.
80.

†**Henze**, Anton, Dr. phil., Kultur-
korrespondent; A.I.C.A. 51, dwb 55, ISDS
64, P.E.N. 66; Premio Città di Roma 63,
Premio assoluto Città di Roma 65,
Premio Pallavicini 68, Komtur d. Ritter-
ordens v. hl. Papst Silvester 78, Premio
assoluto Roma Regione 81; Via Vitellia
81, I-00152 Rom (Marienmünster/Westf.
25.9.13). Biographie, Essay, Feuilleton,
Theaterkritik, Kunstgeschichte. **Ue:** I.
V: Ronchamp, Le Corbusiers,
Kirchenbau (Ausw.), Ess. 56, 68; Le
Corbusier, Biogr. 57; Picasso, Biogr. 59;
Das große Konzilienbuch, Ess. üb. d.
Konzilsstädte 62, 63; Reclams Kunst-
führer: Rom u. Latium 62, 81; La
Tourette, Le Corbusiers erster Kloster-
bau, Ess. 63; Das christl. Thema in d.
mod. Malerei 65; Paul Klee, Ess. 69;
Fibel d. mod. Malerei, Ess. 71; Ernst
Günter Hansing, Monogr. 76; Ernst
Ludwig Kirchner, Biogr. 80; Henri de
Toulouse-Lautrec, Biogr. 81; Edouard
Manet, Biogr. 82; Erich Heckel, Biogr.
83. — **MV:** Römische Amphitheater, m.
Augusta Hönle 80.
MA: Federlese, Ein Alm. d. dt. P.E.N.
Zentrums d. BRD 67.
R: Das Konzil v. Konstanz; Auf den
Wegen des Apostels Paulus; Kirchl.
Kunst nach dem Konzil.
Ue: De Chirico: Wir Metaphysiker 73;
Renato Guttuso: Das Handwerk d.
Maler 78.

Herbeck, Ernst (Ps. Alexander,
Alexander Herbrich); Grazer
Autorenversamm. 78; Hauptstr. 2,
Gugging u. NÖst. Ldeskrkhs. f.
Psychiatrie u. Neurologie, A-3400
Klosterneuburg, Tel. (02243) 83312
(Stockerau, NÖst. 9.10.20). Lyrik.
V: Alexanders poetische Texte 77;
Alexander: ausgew. Texte 1961-1981
82. — **MV:** Bebende Herzen im Leibe
der Hunde, m. Oswald Tschirtner 79.
Lit: Alexanders poetische Texte 77. ( )

Herbermann, Clemens; Klosterstr. 13,
D-4400 Münster/Westf. (Münster 6.3.10).
Essay.
V: Münsterland von oben 61. —
MV: H: Zu Tisch in Westfalen 64, 65.
H: Links der Lippe - Rechts der Ruhr
67. ( )

Herboth, Hartmut Berthold,
Übersetzer; SV-DDR 69; Bulg. Orden
'Kyrill u. Method' 1. Kl. 69, Bulg. Med.
'100 Jahre Aprilaufstand 1876' 77; Paul-
Dessau-Str. 15, DDR-1142 Berlin, Tel.
5429774 (Mühlhausen/Thür. 20.8.27).
Übers. **Ue:** Bulg, R.
H: Onkel Dentschos Ideal, heit. Gesch.
aus Bulg. 65; Der Mandelzweig, mod.
bulg. Prosa 69.
Ue: A. Karalijtschew: Der goldene
Apfel, Märchen a. Bulg. 57, 65; T.
Aitmatov: Djamila, Nov. 60, 74; D.
Angelow: Auf Leben und Tod, R. 60, 63;
N. Messetschkow: Bango, der Zigeuner,
R. 60; P. Spassow: Ein Jahrhundert
beginnt, R. 61; M. Prischwin: Die Kette
des Kastschej, R. 63; P. Weshinow: Am
Ende des Weges, Krim.-R. 64; W.
Aksjonow: Apfelsinen aus Marokko, R.
65; D. Talew: Der Mönch von Chilendar,
hist. R. 67; D. Peew: Das Photonenraum-
schiff, utop. R. 68; E. Koralow: Perunika,
R. 68; D. Peew: Betrug mit dem Tod,
Krim.-R. 69; A. Nakowski: Die Straße
hinter dem Fluß, R. 69; W. Konezki: Wer
auf die Wolken sieht, R. 69; W.
Mutaftschiewa: Spielball von Kirche
und Thron, hist. R. 71; Elin Pelin:
Schimmel, Tischtuch und Widderhorn
und andere Märchen 72; E. Stanew: Das
naschhafte Bärchen 72; M. Sluckis:
Fremde Leidenschaft, R. 73; J.
Raditschkow: Wir Spatzen 73; N.
Chaitow: Wilde Geschichten 73; E.
Stanew: Der Antichrist, hist. R. 74; N.
Chaitow: Der Drache, Kinderr. 75; K.
Petkanow: Ein purpurroter Stern, R. 75;
W. Konezki: Von Mythen und Riffen,
Fahrensgeschn. 76; S. Stojanow: Der
Aufbruch d. Fliegenden Schar, chronik.
Bericht 78; M. Sluckis: Wenn d. Tag sich
neigt, R. 79; K. Petkanow: Das Lehm-
ziegelhaus 82; A. Tschechow: Ein Drama
auf der Jagd 82; I. Wasow: Im Schoße
der Rhodopen, Wanderungen durch
Bulgarien 83.

Herbrich, Alexander, s. Herbeck,
Ernst.

Herbst, Alban Nikolai, c/o
Postskriptum-Verl.ges., Hannover.
V: Marlboro, Prosastücke 81. ( )

Herbst, Daniel, s. Alpers, Hans
Joachim.

Herbst, Daniel, s. Hahn, Ronald.

Herbst, Felix, s. Berger, Walter.

Herbst, Hans; Herzog-Rudolf-Str. 9,
D-8000 München 22.
V: Der Cadillac ist immer noch endlos
lang und olivgrün, Geschn. 81. ( )

Herbst, Ruth (Ps. Ruth Kirsten-
Herbst), Hausfrau; Hasselfelder Weg 38,
D-1000 Berlin 45, Tel. (030) 7726888
(Berlin 2.3.23). Erzählung.
V: Er zerschlägt - und seine Hände
heilen, Erz. 73; Sei ganz Sein, oder laß es
ganz sein!, Erz. 76; Lobpreis öffnet
Türen, Erz. 77.

Herbst, Theo, Finanzangest. i. R.;
St.S.B. 49; Volksgartenstr. 3, A-8020
Graz, Tel. (0316) 935903 (Wien 1.5.02).
Lyrik, Novelle, Essay, Hörspiel.
V: Mit gezückter Feder, Aphor. u. Epi-
gramme; Vielfältiges Land Steiermark,
Bildbd. 65; Graz, die Stadt im Grünen,
Bildbd. 66.
R: Goethe bei Humor, Humor bei
Goethe; Gespieltes Leben - gelebtes
Spiel; Achtung, bissiger Bulli!; Aus dem
Vokabelheft der Zeit, Glossen, Possen,
Zeitgenossen, u. a. Hf.; Kurzgeschn. u.
Funkfeuilletons; Dilettanten - Tanten
und Dichter Gelichter, Funksat.; Von
Kästner zu Kästner. Dt. Epigram-
matiker; Aus Amazonen - Zonen,
Funksat.; Das spöttische Echo.
Parodien-Parade; Dramatis. Funkerzn.
n. Ferd. Kürnberger, Theod. Storm,
Peter Rosegger; Schiller bei Humor,
Humor bei Schiller; Lessing bei Humor,
Humor bei Lessing.

Herbst, Werner; GAV 76; Romstip. d.
Bdesmin. f. Unterr. u. Kunst 73, Jahres-
stip. 82, Körnerpr. 83; Arndtstr. 87/70, A-
1120 Wien (Wien 20.1.43). Lyrik, Prosa.
V: Zur eisernen Zeit. G. u. Geschn.
vom Naschmarkt, Kurzprosa u. Lyrik 80;
Zwischendort, lyr. prosa 83.
H: Literatur für Wandbenützer/
Herbstpresse seit 70.
R: Feierabend, Hsp. 81.

Herbstenburger, Toni, s. Bossi
Fedrigotti von Ochsenfeld, Anton.

Herburger, Günter; Fontane-Preis d.
Jungen Generation 65, Lit.preis d.
Freien Hansestadt Bremen 73;
Elisabethstr. 8, D-8000 München 40, Tel.
(089) 2713415 (Isny/Allgäu 6.4.32). Drama,
Lyrik, Roman, Novelle, Film, Hörspiel.
Ue: F.

V: Eine gleichmäßige Landschaft,
Erzn. 64, 72; Tanker, Sch. in fünf Akten
65; Ventile, G. 66; Die Messe, R. 69; Training, G. 70; Jesus in Osaka 70; Birne
kann alles, Abenteuergeschn. 71, 75;
Birne kann noch mehr, Abenteuergeschn. 71, 76; Helmut in der Stadt, Erz.
72, 75; Die Eroberung der Zitadelle,
Erzn. 72; Operette, G. 73; Die
amerikanische Tochter, G. Aufs., Hsp.,
Erz., Film 73; Schöner Kochen, 52 Verse
74; Hauptlehrer Hofer, Ein Fall von
Pfingsten, 2 Erzn. 75; Birne brennt
durch 75; Ziele, G. 77; Flug ins Herz, R.
77 II; Orchidee, G. 79; Die Augen der
Kämpfer, R. I 80, II 83; Ländliche Not,
Erz. 81; Blick aus d. Paradies, Thuja 81;
Makadam, Geschn. 82; Das Flackern des
Feuers im Land, Erz. 83. — **MV:** Ein Tag
in der Stadt, Sammelbd. 62; Eulen-
gelächter, Humorist. Leseb. 65; Atlas,
zus.gest. v. dt. Autoren 65.
F: Tätowierung 67; Die Eroberung d.
Zitadelle 77.
R: Gespräch am Nachmittag 61; Der
Reklameverteiler 63; Die Ordentlichen
65; Wohnungen 65; Der Topf 65; Blick
aus d. Paradies 66; Tag d. offenen Tür
68; Das Geschäft 70; Exhibition od. Ein
Kampf um Rom 71; Thuja 80, alles Hsp.;
Abschied 66; Der Beginn 66; Tag der
offenen Tür 67; Das Bild 67; Die Söhne
68; Tanker 70; Helmut in der Stadt 74;
Hauptlehrer Hofer 75, alles Fsf.
Ue: Edouard Dujardin: Geschnittener
Lorbeer 66.

Herchenröder, Jan (Ps. Christian G.
Langen); P.E.N. 69; Königl. dän. Orden
"Haederstegn" f. Feuilletons u. Reise-
führer üb. Dänemark 63; Haus Cheerio,
D-2408 Timmendorfer Strand, Tel.
(04503) 2605 (Langen/Hess. 5.4.11).
Roman, Essay, Film, Novelle.
V: Fahrt in die Heimat, Erzn. 43;
Cheerio - Gin Gin, Ess. 53, 62; Happy-
Enten, Ess. 54, 55; Du mich bitte auch,
Zeitsatiren 55, 56; Rum ist in der
kleinsten Hütte, Ess. 56, 62; Blumen —
wann und wie, Ess. 57; Die Hausbar im
Barockaltar, Ess. 60; Ella singt in der
Garage, Ess. 61; Urlaub an der See 64;
Urlaub in Skandinavien. Ein Reise-
führer f. Menschen von heute 65; Reise-
führer über die Lübecker Bucht 66; Sylt
70; Teneriffa 70; Dänemark 70;
Andalusien 71, Paris 71; Jugoslawien 76;
Nordsee 72; Norwegen 74; Die Fischer
von Omiš, Erzn. 77. — **MV: MA:** Es ist
nicht leicht, ein Mann zu sein, ein
Brevier f. d. Herrn von heute 55;
Geboren ward das Licht, Erzn.; Das

goldene Buch des Humors; Einmaliges
von A-Z, Ess. 61; Länderkunde Deutschl.
diesseits 66; Jahr und Jahrgang 1911 67;
Urlaub für Individualisten 70.
H: Die Humor-Box 59; Das Brevier
des Herrn, Ess. 59; Typisch Schleswig-
Holstein 83.
F: Marianne 54; Die Ferieninsel Fanö
65.

Herdan-Zuckmayer, Alice,
s. Zuckmayer, Alice.

Herden, Herbert (Ps. Alexander
Helios), Ing.; Amselweg 6, D-5750
Menden 2 (Tiefenort/Thür. 28.11.06).
Roman.
V: Weltraum-Wunder, R. 54.

Herder, Edeltraut (Ps. Traute Bernd,
Suzette Sanders, Edith von Altenau),
Schriftstellerin; VS; Paracelsusstr. 69A,
D-7000 Stuttgart 70, Tel. (0711) 4579767
(Oberstein-Idar 28.7.18). Roman, Jugend-
u. Kinderbuch, Hörspiel, Kurz-
geschichte.
V: Der Rote Skarabäus, R. 48; Der ver-
lorene Schlüssel 48; Ein Morgen im
Stadtpark 48, beides Hsp.; Madonna mit
der Rose, R. 50; Peggy reist nach
Agypten, Jgdb. 52; Peggy und das
Amulett, Jgdb. 52; Peggys Abenteuer in
Ägypten, Jgdb. 52; Notlandung auf
Trinidad, Jgdb. 52; Wir geben unseren
Strolch nicht her, Jgdb. 53, 54; Ein Mäd-
chen ist kein Hasenfuß, Jgdb. 55; Eine
Gräfin für drei Tage, R. 55; Die Wirtin
vom Erlenrain, R.; Da zerriß die Zärtlichkeit, R.; War Irene sein Modell?, R.
55; Kein Verzicht ist umsonst, R. 56;
Skandal auf Heidehof, R. 56; Mädchen
ohne Vergangenheit, R. 56; Ulla macht
das Rennen, Jgdb. 56; Aber das Leben
ist anders, R. 58; Heute frage ich nicht
nach morgen, R. 59; Zwei scharlachrote
Handschuhe, R. 59; Drei Frauen um
einen Mann, R. 60; In einsamen
Nächten, R. 61; Geheimnisse eines
Sommers, R. 63; Das verlorene Ich, R.
65; Ich möchte wieder häßlich sein, R.
65; Das Glück verschwand vom
Mankenhof, R. 66; Das Tagebuch der
Monika Dressel, R. 66.
R: Der verlorene Schlüssel 48; Ein
Morgen im Stadtpark 48, alles Hsp.

Herding, Otto, Dr. phil., o. UProf.;
Pfarrgarten 4, D-7800 Freiburg i.Br., Tel.
(0761) 43950 (Sulzbach/Bay. 8.6.11).
Novelle.
V: Das andere Leben, N. 49; Schatten-
geschichte, N. 76.
MA: Prosa + Poesie 83.
s. a. Kürschners GK.

Herfurtner, Rudolf, MA. phil.;
Preysingstr. 37, D-8000 München 80, Tel.
(089) 486474 (Wasserburg/Inn 19.10.47).
Roman, Erzählung, Kulturkritik.
V: Hinter dem Paradies, Jgd.-R. 73;
Die Umwege des Bertram L., Jgd.-R. 75,
bearb. Neuaufl. in einem Bd 83; Hard
Rock, Jgd.-R. 79 (dän. 81); Brennende
Gitarre — Ist Jimi Hendrix wirklich
tot?, Biogr. Erz. 81; Café Startraum, Jgd-
Stück 82; Rita Rita, Jgd-St. 83 (auch als
Erz.).
MA: Die beste aller möglichen Welten
75; Menschengeschichten 75; Auf der
ganzen Welt gibt's Kinder 76; Die
Stunden m. dir 76, 78; Ein schönes
Leben 77; Einsamkeit hat viele Namen
78; Rotstrumpf 3 79; Ich singe gegen d.
Angst 80; Kein schöner Land 79; Heilig'
Abend zusammen 83; Nicht mehr allein
sein 83.
MH: Das Bayrische Kinderbuch 79;
Das Rheinische Kinderb. 80.
R: Noch mal Glück gehabt,
Kinderspielf. 74; Die Fahrradbande,
Kinderspielf. 75; Bennie und die Band,
Jgdf. 75; Der Schlagzeuger d. Big Three,
Jgdhsp. 80; Pack..., Hsp. 83; Rita Rita,
Fsp. 84.
Ue: R. Cormier: Auf der Eisenbahn-
brücke 82; Die Jagd auf das Einhorn 83.

Hergouth, Alois, Dr. phil., WissOR. i.
R.; St.S.B. 45, Forum Stadtpark 60, ÖSB.
71, Öst. P.E.N.-Club 76; Förderungspreis
d. Rosegger-Preises 55, Lyrikpreis d.
Stadt Graz 56, 58, Peter-Rosegger Lit.Pr.
65; Moserhofgasse 25a, A-8010 Graz
(Graz 31.5.25). Lyrik, Novelle, Essay.
Ue: F, I, Slowen.
V: Neon und Psyche, G. 53, franz.-dt.
Ausg. 65; Schwarzer Tribut, G. 58;
Sladka gora - Der süße Berg, G. 65,
sloven.-dt. Ausg. 67; Marginalien, G. z.
einer Graphikmappe v. Mario Decleva
65; Aus einem langen Winter, G. 67;
Schiffe, Inseln, Zikaden, G. 69; Alltags-,
Fest- u. Gebrauchselegien, Aphorismen
72; Stationen im Wind, G. 73; Sladka
gora (erw. Aufl.), G. 74; Z.B. - Thera-
peutische Texte, G. 74; Flucht zu
Odysseus, G. 75; Im Süden notiert, G. 76;
Nachtrag zu Sladka gora, G. 77; H. u.
Waldorf meinen: Es bleibt dabei, Epigr.
m. Zeichn. v. Waldorf 77; Poètes actuels:
A. H. Monogr. 78; Der Mond im Apfelgarten, Aus meinem Leben, Erzn. 80
(sloven. 83). — **MV:** Notizen aus Rom, G.
m. J.-Ch. Lombard 79; Labrador, m. G. v.
Kajetan Kovič 80.
MA: Sieben wundersame Märchen 47;
Stimmen der Gegenwart 52, 53; Stei-

rischer Dichteralmanach 53; Kultur-
almanach Graz 58, 60; Cahiers de la
Licorne 23 65; Dichtung aus der Steier-
mark 71.
H: Die Moderne im slowenischen
Kulturbereich 63; Profile 2 65. —
MH: Glasovi iz Foruma, Stimmen aus
dem Forum, G. in slowen. Übers. 64; Die
Steiermark und ihre Nachbarn im
Süden 65; Srečanje s Povojno Avstrijsko
Literaturo (Anth. öst. Nachkriegslit. in
sloven. Übersetz.) 66.
Ue: Profile 2, G. v. Kajetan Kovič,
Luciano Morandini; Jean-Charles
Lombard 65.
Lit: Kajetan Kovič: Sladka gora in:
njen pesnik 67; P. I. Meyer: A. H. in:
Neon et Psche 66; R. Mülher: Der Peter-
Rosegger-Pr. d. Ldes Steiermark 71; W.
Arnold: Schnitt einer Aussicht 74; Th.
Sapper: A. H. 74; O. Basil: Stationen im
Wind 74; H. Gerstinger: A. H., der Poet
75.

Herhaus, Ernst (Ps. Eugenio
Benedetti); Hansaallee 19, D-6000
Frankfurt a.M., Tel. (0611) 592919.
V: Die homburgische Hochzeit, R. 67,
83; Roman eines Bürgers 68; Die Eiszeit,
R. 70; Notizen während der Anschaffung
des Denkens 70; Kinderbuch für
kommende Revolutionäre 70; Siegfried
72, 75; Kapitulation, Aufgang einer
Krankheit 77; Der zerbrochene Schlaf
78; Gebete in die Gottesferne 79; Die
Erbschaft, R. 83.

Herholz, Norbert, Schriftsteller;
Förderpr. d. Gerhart-Hauptmann-Pr. 67;
Horandstieg 29, D-2000 Hamburg 56, Tel.
(040) 817627 (Danzig 24.11.32). Roman,
Hörspiel, Drama, Film.
V: Die schwarzen Hunde, R. 68; Böse
Tierchen, Theaterst. 68; An der Kette,
Theaterst. 70; Der goldene Fisch, R. 78.
R: Die schwarzen Hunde; Ellen; Die
Fusion, alles Hsp.

Hering geb. Leicht, Elisabeth; DSV 63;
Preis im Jgdb.-Wettbew. d. Min. f.
Kultur 56; Lessingstr. 16, DDR-7010
Leipzig u. DDR-7241 Altenhain, Kr.
Grimma (Klausenburg/Siebenbürgen
17.1.09). Roman, Novelle, Erzählung,
Märchen, Kinderbuch. **Ue:** Rum.
V: Der Oirol, korean. Nn. 51, 52; Hong
Kil Tong, Korean. M. 52; Drei Lebens-
retter, Jgdb.-Erz. 55, u. d. T.: Ein tapferes
Herz 62, 63; Der Heinzelmännchen
Wiederkehr, M. 55, u. d. T.: Heinzel-
männchens Wiederkehr 63; Li Tseh,
korean. N. 55; Südsee-Saga, kulturhist.
R. 56, 64; Die Magd der Pharaonen, hist.
R. 57, 65; Savitri, ind. Liebesgeschn. 59;

Sagen und Märchen von Donau und
Rhein 59, 62; Sagen und Märchen von
der Nordsee 61, 65; Der Bildhauer des
Pharao, hist. R. 63, 71 (auch russ., ital.);
Kostbarkeiten aus dem deutschen
Märchenschatz I 63, II 66, I — III 75; Die
Frau des Gefangenen, hist. Erz. 63; Ihm
zu Bilde, kulturhist. R. 65, 71; Angeklagt
ist Aspasia, hist. R. 67, 68; Wolken über
Wien, hist. R. 70; Zu seinen Füßen
Cordoba, kulturhist. R. 75, 76; Schatten
Gottes auf Erden, R. 77, 2. Aufl. 82. —
MV: Schrieb Noah schon? 56, 58, u. d. T.:
Rätsel der Schrift 62, 69 (auch rum.,
ungar.); Märchen aus Rumänien 56, u. d.
T.: Der goldene Birnbaum 59; Der
Diakon von Monstab, hist. R. 61, 76, alle
m. Walter Hering.
B: Hong Kil Tong, korean. M. 52.
H: Die Puten im Joch. Rumän.
Schwänke, Legenden, Märchen 80 (auch
bearb.).
R: Hong Kil Tong, Hsp. 52.
MUe: Märchen aus Rumänien, m.
Walter Hering 56.

Hering, Gerhard, Dr.phil., Prof.,
Schriftsteller, Regisseur; Grillparzer-
Ring 65, Johann Heinrich Merck-
Ehrung 68, Silb. Verdienst-Plakette d.
St. Darmstadt 68, Goethe-Plakette d.
Ldes Hessen 68; Dt. Akad. f. Sprache u.
Dichtung Darmstadt 50, Akad. d.
Darstell. Künste Frankfurt; Park
Rosenhöhe Edschmidweg 25, D-6100
Darmstadt (Rogasen/Posen 28.10.08).
Essay, Theaterkritik, Literaturkritik,
Feature, Bearb. u. szenische Ein-
richtungen f. Bühne u. Rdfk, Biographie,
Editionen. **Ue:** F.
V: Persius, Abh. 35; Klassische
Liebepaare 48, 50; Porträts und
Deutungen, Ess. 48; Ein Brunnen des
Lebens. S. Fischer u. sein Verlag 50;
Gerhart Hauptmann, Ess. 56; Buchreihe
des Düsseldorfer Schauspielhauses; Der
Ruf zur Leidenschaft. Improvisationen
über das Theater 59; Vorschule der
Klassiker-Regie 64. — **MV:** Ein großer
Herr. Das Leben des Fürsten Pückler,
m. Vita Huber 68.
H: Der dt. Jüngling. Selbstzeugnisse
aus 3 Jhd. 40; Friedrich Maximilian
Klinger: Betrachtungen und Gedanken
47; Die Macht im Spiegel der Dichtung
47; Verse der Nacht 47; Kant: Zum
ewigen Frieden 47; Vision, Beiträge zum
geistigen Bestand 47 — 49; Hebbel in
Paris 49; Genius der Jugend 51; Alfred
Kerr: Die Welt im Drama 54, 64; Gruß
an Tiere 55; Meister der Kritik I, II 61,
63; An den Leser: Deutsche Vorreden

aus sechs Jahrhunderten 78. —
MH: Theater und Zeit 52-55.
R: Peterchens Mondfahrt, Fsf. 58.
MUe: Flaubert: Der Kandidat, Dr.;
Audiberti: Die gezähmte Megäre.

Herken, Clara, s. Ricke, Edeltraut.

Herkommer, Agnes, Dr. phil.; St.
Anna, Katharinenstr. 34, D-7070
Schwäbisch Gmünd (Zimmern u. d.
Burg 25.6.01). Lyrik, Roman, Novelle,
Essay, Biographie.
V: Autorität und Freiheit bei Goethe
32; Klara von Assisi, Biogr. 34, 39;
Katharina von Siena, Biogr. 36; Der zer-
brochene Ring, R. 37; Herimann der
Lahme 47, 81; Mary Ward, Biogr. 47; Der
Engel spricht, G. 65, 66; Langgässeriana,
Ess. 69. — **MV:** Erinnerungen an Franz
Herwig, m. Luzie Sütz 32.
MA: Die in Deinem Hause wohnen,
Biogr. 38; Das Treppenhaus, G. 53;
Mariza V 56; Heller als alle Sterne, G.
67; Der Künstlerin Anna Fehrle zum
Gedächtnis in: einhorn, Jb. 81; In
Memoriam Lucie Stütz in: ebda 82, u.a.

Herl, Margret, Rentnerin; Kur-
Kölner-Str. 39, D-5231 Heckerfeld/Ww.,
Tel. (02685) 7650 (Köln 16.10.09). Roman,
Tiererzählung.
V: Am liebsten Cocker - Freundschaft
mit Hunden 69; Nicht über deine Kraft,
R. n. Tagebuchaufzeichnungen a. d.
Jahren 30 — 45 69; Der Cockerspaniel.
Monogr. einer Hunderasse 77;
Erfahrung m. Cockern 79.

Herleth, Annemarie, s. Schwemmle,
Annemarie.

Herlin, Hans; Steinsdorfstr. 15, D-8000
München 22 (Stadtlohn/Westf. 24.12.25).
Roman, Novelle, Reportage. **Ue:** E.
V: Piet, Jgdb. 52; Udet — eines Man-
nes Leben 58, 62; Verdammter Atlantik
59, 79; Kain, wo ist Dein Bruder Abel 60,
u.d.T.: Die Männer der Enola Gay 78;
Kein gelobtes Land. Die Irrfahrt d. St.
Louis 61 u.d.T.: Die Reise d. Ver-
dammten 77; Die Welt d. Übersinnlichen
65, u.d.T.: Psy-Fälle 74; Feuer im Gras,
R. 76, 79; Freunde, R. 77, Tb. 79; Tag- u.
Nachtgeschichten, Samml. 78; Der letzte
Mann v. d. Doggerbank, Tb. 79; Die
Sturmflut 80; Satan ist auf Gottes Seite,
R. 81, Tb. 83; Der letzte Frühling in
Paris, R. 83.
Ue: Bruce Marshall: Thought about
my cats, u.d.T.: Katzen und Kätzchen 56;
Lederer/Burdick: Der häßliche
Amerikaner 55; Conan Doyle: Sherlock
Holmes Abenteuer 59. ( )

Herlyn, Gerrit, Pastor; Ulrichstr. 15,
D-2950 Leer/Ostfriesld., Tel. (0491) 13115
(Midlum 20.7.09). Lyrik, Essay.
V: Pilger und Bürger Gottes,
Kurzgesch 54; D. Handwerksbursche,
Erz. 56, 5. Aufl. 79; D. Herr ist seines
Volkes Gott, Rundfunkandachten 61;
Hör eevkes to, Plattdt.
Rundfunkandachten 75, 5. Aufl. 79;
Schipperbaas, Gesch. aus dem Leben 76,
79; Hinter Gottes Angesicht, Erfahr. aus
eigenem Erleben 76, 3. Aufl. 78; Even
still wesen 77; Klaas Huukenkuk,
Plattdt. Erz. 77; Toornhahntje, Plattdt.
Erz. 77; Unnerwegens van Lüttje Millm
na Groothusen, Auto&,biogr. 78, 2. Aufl.
79; Lücht up uns Padd, Bibl. Texte auf
plattdt. 79; Nicht von Brot allein, Bibl.
Besinnungen 79; Daß wieder
Weihnachten werde..., Einstimmung auf
die Weihnachtsstimme 80; Pestoor as 'n
Lümmel, Oostfreeske Staaltjes un
Stückjes 80; Boven up Diek, Plattdt.
Erzn. 80; Die Botschaft und ihre Boten,
Dank f. Paul Gerhardt u. Matthias
Claudius 81; Even andum, Plattdt.
Andachten 81; Dat Lukas-Evangelium,
Plattdt. 81; Anstiftung zur Freude, Vom
Sinn christl. Feste 82; Wor't langs geiht
na Groothusen, Plattdt. Erzn. 82; Dat
Neei Testament, Veer Apostels — een
Evangelium, 1. Deel 83, 2. Deel 84; De
Fleeg up de Botterdös, Plattdt. Erzn.
83. — **MV:** Ich will dich täglich loben, m.
Heinrich Bödeker, Andachten 61; In
keinem andern ist das Heil, m.
Friedrich W. Bautz 66; Dissen Dag un all
de Daas, Plattdüütsch, Andachts-book
76; Plattdütsche Predigten 77; Platt-
dütsche Lektionar 81; Mien leeve
Tohörder, Plattdt. Rundfunkandachten
82.
MH: Otto Buurman: Hochdeutsch-
plattdeutsches Wörterbuch 62-75 XII.
S: Pastor Herlyn predigt über Psalm
23, Plattdt. Cass. 81; Pastor Herlyn
predigt über Psalm 24, Plattdt. Cass. 82.

Herlyn, Heinrich-Habbo; Ref.
Kirchgang 6, D-2950 Leer/Ostfriesld..
V: Die Tante auf dem Bootsmanns-
stuhl und andere Geschichten von
Leuten, über die niemand spricht 81. ( )

Herm, Gerhard; Seeblickstr. 46, c/o
AVA, D-8036 Herrsching 2, Tel. (08152)
2727 (Crailsheim 26.4.31). Roman, Essay,
Film, Hörspiel.
V: Amerika erobert Europa 64; Das
zweite Rom 68; Auf der Suche nach dem
Erbe, Ess.; Die Phönizier 73; Die Kelten
75; Die Diadochen 78; Strahlend in
Purpur und Gold 79; Des Reiches

Herrlichkeit 80; Sturm am Goldenen
Horn, R. 82.

R: Bauernbarock, Fsp.; Als Köln noch
römisch war, Fsp.; Asche unterm
Schnee, Hsp.; zahlr. Dok.-F.

Hermann, Hans O., s. Dittmer, Hans
Otfried.

Hermannstädter, Anna, s. Stephani-
Nussbächer, Brigitte.

Hermanowski, Georg, Schriftsteller;
Gem. d. Allenst. Kulturschaff. 65, Kg. 68;
Belg. Staatspreis f. Lit. 61, Ritter d. Belg.
Krone 62, Übers.prämien d. Kgl. Akad. v.
Flandern 66, 68, Hörspielpr. d. Sozial.
Min. Nordrh.-Westf. 70, Ehreng. z.
Andreas Gryphiuspr. 72, Nicolaus
Coppernicus Medaille 73, Nicolaus
Coppernicus Pr. 74; Zeppelinstr. 57, D-
5300 Bonn, Tel. (0228) 332339 (Allenstein
27.11.18). Lyrik, Roman, Novelle, Drama,
Essay, Hörspiel, Satire. **Ue:** E, Niederl.

V: Heimat - Welt - Gott, G. 42; Der
Logos, G. 46; Des Spielmanns Heimkehr,
Szenen 46; Weihnacht, Epos 47; Semlia,
Erz. 48; Weltpassion, Ein Weltentag, Dr.
49; Des Zaren Silbersporen, Kom. 50;
Unter der Linde, G. 51, 56; Vom Leben
und Sterben des Meisters Andreas und
der Mutter Anna, Erz. 56; Der Verlorene
Vater, R. 56, 79; Die letzte Chance, Sp.
58; Die Stimme des Schwarzen Löwen,
Gesch. des Flämischen Romans 61; Die
moderne Flämische Literatur,
Literaturgesch. 62; Umgang mit
Belgiern, Ess. 64; Reise in die
Vergangenheit, Erz. 66; Säulen der
modernen flämischen Prosa, Soz. Ess.
69; Der Christ u. das Buch, Ess. 69;
Johannes Gutenberg, sein Leben u. sein
Werk, Biogr. 70; Nicolaus Coppernicus,
sein Leben u. sein Werk, Biogr. 71;
Gerupfte Worte, Sentenzen 71; Der
Fisch begann am Kopf zu stinken, Sat.
75; Knautschkat, R. 77; Ostpreußen in
Farbe 79; Ostpreußenlex. 80; Das
Ermland in Farbe 83; Ostpreußen —
Wegweiser, eine Topogr. 83.

MA: 57 Beitr. in Anth. u. Jbb.

H: Reihe Wort und Kunst 46 — 48;
Der Abend und die Rose, Anth.
Flämischer Lyrik 64; Flämische Märchen 66; Gedichte aus Flandern 1920 —
1970 70.

R: Friedenstauben vom Grill 71; Der
Kerker der Welt 81; 32 kulturelle
Rdfksend. 70-80.

Ue: Marcel Matthijs: Wer kann das
begreifen 49; Filomene 50; Der enttäuschte Sozialist 53; Spiegel vom
Leben und Tod 63; Maurice Roelants:
Gebet um ein gutes Ende 55; Kommen

und Gehen 56; Ein Leben, das wir
träumten 56; Alles kommt zurecht 57;
Der Jazzspieler 59; Raf Van der Linde:
Du bist wert aller Liebe 56; Luc ter Elst:
Es nimmt kein gutes Ende 56; Johan
Daisne: Lago Maggiore 57; Der Mann,
der sein Haar kurz schneiden ließ 59;
Die Treppe von Stein und Wolken 60;
Wie schön war meine Schule 62;
Baratzeartea 65; Die Fahrt ins Jenseits
68; Der Nasenflügel der Muse 68; Mont-
mirail 68; Bernhard Kemp: Das letzte
Spiel 59, u.a.; Cor Ria Leemann: Der
große Herr 59, u.a.; Ward Ruyslinck: Die
Rabenschläfer 61; Das Tal Hinnom 63;
Das Reservat 66; Jos Vandeloo: Gefahr
61; Maurice Gilliams: Elias 64; Winter in
Antwerpen 64; Der Mann am Fenster
67; Die Kunst der Fuge 67; Ivo Michiels:
Das Buch Alpha 65; Orchis militaris 69;
Paul de Wispelaere: So hat es begonnen
66; Stanislas D'Otremont: Thomas
Quercy; Gustavo Corção: Kontrapunkt
der Stunden, m. Thekla Lepsius 58;
Claire Boothe Luce: Heilige für heute
53, u. üb. 200 weit. Werke.

Lit: Georg Hermanowski: Twintig jaar
voor Vlaanderen, Autobiogr. 66;
Wolfgang Schwarz: Georg
Hermanowski, in: Bausteine z. Kultur
75; G. H. in: Sie schreiben zwischen
Goch u. Bonn 75.

Hermanutz, Magda, Zeichnerin;
Büsnauer Str. 3, D-7000 Stuttgart 80, Tel.
(0711) 733881 (Stuttgart 29.8.19). Lyrik.

V: Die Silbersichel, G. 80.

Hermes, Gerhard (Ps. Gerd Franzen),
Kath. Geistlicher; Stahlzwingerweg 12,
D-8400 Regensburg, Tel. (0941) 562360
(Hollnich, Kr. Prüm 10.3.09). Essay,
Kurzgeschichte, Erzählung, Lyrik.

V: Das Kunstwerk Gottes, Kurzgeschn. 53; Rosa mystica, Mysteriensp.
53; Die himmlische Rechenkunst, Briefe
über die Hoffnung 61. — **MV:** Fatima, m.
Erwin Helmle 52; Umwandelbares im
Wandel d. Zeit, m. Hans Pfeil 76; Licht
vom Libanon-Scharbel Machluf.

H: (Chefredakt.): Der Fels.

Hermlin, Stephan; SV-DDR; Heine-
Preis 48, Nationalpreis d. DDR 50, 54, 75,
Übersetzerpreis d. Min. f. Kultur d. DDR
56, Heinrich-Heine-Preis d. DDR 72;
Kurt-Fischer-Str. 39, DDR-1110 Berlin-
Niederschönhausen (Chemnitz 13.4.15).
Lyrik, Novelle, Essay. **Ue:** E, F, S.

V: Zwölf Balladen von den großen
Städten 44; Wir verstummen nicht, G.
45; Die Straßen der Furcht, G. 46;
Zweiundzwanzig Balladen 47; Zwei
Erzählungen 47; Die Zeit der Gemein-

samkeit 49, 66; Mansfelder Oratorium 50; Die erste Reihe 51; Die Zeit der Einsamkeit, Erz. 51 (auch engl.); Der Flug der Taube, G. 52; Die Sache des Friedens 53; Der Leutnant York von Wartenburg, Erz. 53; Ferne Nähe, Prosa 54; Dichtungen 56; Begegnungen 60; Balladen 65; Gedichte und Prosa 65; Städte, G. 66; Scardanelli, Hsp. 70; Lektüre, Prosa 73, 79; Abendlicht, Prosa 79, 81; Aufsätze, Reportagen, Reden, Interviews 80, Tb. 83; Lebensfrist, ges. Erzn. 80; Gedichte 81; Arkadien, ges. Erzn. 83. − **MV:** Ansichten, Aufs. m. Hans Mayer 47.
H: Deutsches Lesebuch 76. −
MH: Ungarische Dichtung aus fünf Jahrhunderten, m. György Mihaly Vajdá 70.
F: Beethoven.
Ue: Paul Eluard: Gedichte 46; Politische Gedichte 49; Auch ich bin Amerika, Dicht. amer. Neger 48; Pablo Neruda: Beleidigtes Land, G. 49; Pierre Courtade: Helsingör, R. 49; Aragon: Die Viertel der Reichen, R. 52; Nachdichtungen, G. v. Eluard, Neruda, Hikmet, Jozsef u. a. 57. ( )

Herms, Uwe, M.A., freiberufl. Schriftsteller; VS Hamburg; Förderpr. Literatur d. Niedersächsischen Kunstpreises 69, u.a.; Literaturzentrum e. V. Hamburg; Kremper Str. 6, D-2000 Hamburg 20 (Salzwedel 9.9.37). Lyrik, Prosa, Roman, Essay, Literaturkritik, Feature, Hörspiel, Film. **Ue:** E.
V: Zu Lande, zu Wasser, G. 69; Brokdorfer Kriegsfibel, Fotos u. G. 77; Der Mann mit den verhodeten Hirnlappen erfindet Transportmittel und anderes/The Man with the Testiculated Brainlobes. Prosa, zweisprachige Ausg. 77; Familiengedichte. G. u. Fotos 77; Franz und Paula leben noch, R. m. Fotos von Elke Herms 78; Wahnsinnsreden, Prosa 78.
MA: (Auswahl) Prosa in: Hamburger Musenalmanach auf das Jahr 1963, hrsg. Richard-Dehmel-Ges. 64; Lyrik in: Hamburger Anthologie. Lyrik d. letzten 50 J., hrsg. Max Sidow u. Cornelius Witt 65; Prosa in: Druck-Sachen. Junge dt. Autoren 65; Erstens. Geschn. u. Bilder 66; Aussichten. Junge Lyriker d. dt. Sprachraums, hrsg. Peter Hamm 66; Lyrik in: Deutschland Deutschland. Polit. G. v. Vormärz bis z. Gegenw. hrsg. Helmut Lamprecht 69; Lyrik in: Nachkrieg und Unfrieden. Gedichte als Index 1945 − 1970, hrsg. Hilde Domin 70; Prosa in: Supergarde. Prosa d. Beat-

u. Pop-Generation, hrsg. Vagelis Tsakiridis 69; Prosa in: typos 1, Zeit/Beispiel, hrsg. Walter Aue 71; Prosa in: science & fiction, hrsg. Walter Aue 71; Collage in: P. C. A., Projecte, Concepte & Actionen, hrsg. Walter Aue 71; Essay in: Über H. C. Artmann, hrsg. Gerald Bisinger 72; Lyrik in: Denkzettel. Polit. Lyrik aus d. BRD u. Westberlin, hrsg. Anni Voigtländer u. Hubert Witt 74; Lyrik und Essay in: Brachland - eine Schrift herum, Prosa und Lyrik, hrsg. Dt. Institut d. Univ. Utrecht 76; Lyrik in: Tagtäglich, G. hrsg. Joachim Fuhrmann 76; Lyrik u. Essay in: Hamburger Lyrik-Katalog, hrsg. Jan Hans u.a. 77; Lyrik in: Literaturmagazin, hrsg. Nicolas Born 77, (z.T. auch tschech., slowak., amer.).
H: Druck-Sachen. Junge deutsche Autoren, Prosa 65. − **MH:** Hamburger Lyrik-Katalog, hrsg. Jan Hans, Uwe Herms, Mathias Neutert, Ralph Thenior, Uwe Wandrey 77.
F: Franz und Paula leben noch, Kurzf. 77.
R: (u.a.) Deutschland-Collage, WDR 66; Der Supermann nach Alfred Jarry 68; Siebenerlei Fleisch, zus. m. Hans Jürgen Fröhlich 67; Der Frau, die wegging 77; Büro-Hörspiel, zus. mit W. E. Richartz 78, alles Stereo-Hsp.
Ue: George MacDonald, Lilith, R. 77; Teilübersetzung James Joyce, Finnegans Wake 77.
Lit: Peter Rühmkorf: Über die Lyrik von Uwe Herms, WDR u. SR 69; Peter Rühmkorf, Die Jahre, die ihr kennt 76; Klaus Rainer Röhl, Fünf Finger sind keine Faust; R. Hinton-Thomas, Keith Bullivant: Westdt. Lit. d. "sechziger" Jahre 75; Albrecht Schöne: Lit. im audiovisuellen Medium 74. ( )

Herms-Hampke, Renate (Ps. Solke Kirchschlag, Renate Hampke), Kunsterzieherin; VS Hamburg; Reisestip. d. Norddt. S.V. 71; Lit.-Zentr. Hamburg; Fettstr. 5 − 7, D-2000 Hamburg 6 (Braunschweig 23.6.35). Lyrische Prosa, Prosatexte, Montagen, kunstgeschichtliche Werke, Kinder- u. Jugendbuch.
V: Ein Brand. 9 Texte üb. ein Thema, Prosa 67; Dronte Dudu, Prosa 76; Pierrot Lonja, Assoziationen von Dannemann Brasil, Prosa 76; Interview mit einem Sockenbügler, Prosa 78; Telfonzeichnungen 79. − **MV:** "Schm" 11 Anproben, Montagen 70.

B: Drucksachen, junge dt. Autoren, Anth. 65; Erstens - Geschn. u. Bilder, Prosa 66.
R: Rez. in: Die Bücherschwemme 67, 68. ( )

Herneck, Friedrich, Dr. phil., Prof. (Brüx 16.2.09).
V: Albert Einstein — Ein Leben für Wahrheit, Menschlichkeit und Frieden 63, 79; Bahnbrecher des Atomzeitalters. Große Naturforscher von Maxwell bis Heisenberg 65, 75; Manfred von Ardenne, Biogr. 72; Abenteuer der Erkenntnis. Fünf Naturforscher aus drei Epochen 73; Einstein u. sein Weltbild, Aufs. u. Vortr. 76; Einstein privat 78. — **MV:** Forschen und Wirken. Festschr. z. 150-Jahr-Feier d. Humboldt-Universität zu Berlin 60/61 IV; Von Adam Ries bis Max Planck 61; Fotographie und Gesellschaft 61; Von Liebig zu Laue - Ethos u. Weltbild großer dt. Naturforscher u. Ärzte 63; Deutsche Forscher aus sechs Jh. 66; Die Rektoren der Humboldt-Univ. zu Berlin 66; Deutschland - Sowjetunion. Aus fünf Jahrzehnten kultureller Zusammenarbeit 66; Die Humboldt-Universität zu Berlin 73.
MA: Biographisches Lexikon zur deutschen Geschichte 66; Brockhaus ABC Physik 72.
H: W. Ostwald: Wissenschaft contra Gottesglauben 60. ( )

Herold, Annemarie (Ps. Heide Wendland), Kaufmannsgehilfin; SV-DDR 53; Andersen Nexö Kunstpr. 74; Schrammsteinstr. 3, DDR-8019 Dresden, Tel. (051) 32562 (Dresden 15.12.24). Erzählung, Roman, Hörspiel. **Ue:** E.
V: Die Wetterfrösche, Erz. 54; Komödiantin ohne Maske, R. 57; Mamayauk, R. 60; Der Mensch darf nicht allein sein, R. 61; Berg ohne Gnade, Erz. 80. — **MV:** Glückspilz, Kdb. 69; Folgen Sie mir unauffällig, Kdb. 74, 76, beide m. Gottfried Herold.
R: Die Weihnachtsmaschine, Hsp.; Im Schatten der Mitternachtssonne 68 II; Das Konzert, Fsp. II 73; Lebensretter dringend gesucht, Fsp. 76.
Ue: Igloo Tales u.d.T.: Ka — mo — e — luk 67, 75.

Herold, Gottfried, techn. Zeichner; SV-DDR 58; Erich-Weinert-Preis 61, Andersen-Nexö-Kunstpr. 69; Schrammsteinstr. 3, DDR-8019 Dresden (Weißbach b. Pulsnitz 8.5.29). Lyrik, Erzählung, Roman.
V: Entdeckung neuen Lichtes, Erz. 56; Der Eselsjunge von Panayia, Erz. 59;

Die Gewittermacher, R. 60, 61; Der berühmte Urgroßvater, Kinderb. 61, 62; Der rothaarige Widerspruch 64; Das gläserne Rätsel 64; Juliane u. der Ferienbär, Kdb. 67; Entdeckungen eines Naiven, G. 69; Die Zauberbude, Kdb. 70; Die Giraffe Emma Langbein, Kdb. 71, 77; Die himmelblaue Sommerbank, Kdb. 73, 75; Männer mit großen Ohren, Kdb. 74, 75; Der Silvesterhund, Kdb. 75, 76; Schlappko, Kdb. 76; Die Katze mit den grünen Punkten, Kdb. 76; Das kleine Sammelsurium, Kdb. 77; Der Marmeladenkater, Kdb. 77; Die Hunkus schrein am Raklohami, Tageb. e. Weltraumabenteuers 78; Die ausgezeichnete Oma, Kdb. 78; Komm mit — steig ein, Kdb. 78; Ich sammle Spaß in meine Mütze, Kdb. 79, 82; Landung auf dem Fußballplatz, Kdb. 80, 82; Der Honigpflaumenbaum, Kdb. 80; Meine rätselhaften Tiere, Kdb. 81; Die Maus Susanne, Kdb. 82. — **MV:** Glückspilz, Kdb. 69; Folgen Sie mir unauffällig, Kdb. 74, 76, beide m. Heide Wendland.

Herold, Johann, s. Stupp, Johann Adam.

Herren, Marcel, Kaufmann; Be.S.V. 82; Meisenweg 29, CH-3014 Bern (Grosshöchstetten, Kt. Bern 27.8.52). Drama, Hörspiel, Lyrik, Sketche, Erzählung, Novelle.
V: Westwärts; s het einisch eine gseit, Lyr. 77; Weisch mir Bärner, Lyr. 80; Bäredräck u Süessholzstängle, Lyr. 81; Liebeserklärig a d Bärner Meitschi, Lyr. 83.

Herrligkoffer, Karl M., Dr. med. habil., Arzt u. Hon. Prof. f. Psychol.; Plinganserstr. 120 a, D-8000 München 70, Tel. (089) 7232109 (Schweinfurt 13.6.16). Buch und Film.
V: Willy Merkl - ein Weg zum Nanga Parbat 36; Nanga Parbat 53 (in 9 Spr.); Im Banne des Nanga Parbat; Erlebnisse und Gedanken eines Künstlers, Autobiogr. 52, 2. Aufl. u.d.T.: Erlebnisse und Gedanken eines Weltenwanderers 83; Krishnamurti. Neue Wege z. Selbstbefreiung, Ess. 54; Migräne 55; Der letzte Schritt zum Gipfel 58; Nanga Parbat, Gesch. d. Berges 67; Nanga Parbat 58; Begleith. z. Nanga Parbat-Ausstell. im Stadtmus. München 65; Kampf und Sieg am Nanga Parbat 70; Mount Everest 72; Himalaya-Abenteuer 76; Bergsteiger erzählen ... 77; Nanga Parbat — Seine Besteigungsgeschichte 79; Mount Everest — ohne Sauerstoff 79; Mount Everest 82; Kanchenjunga

83. — **MV:** Schicksalsberg Nanga
Parbat, m. Hans Hofmann 54.
F: (R:) Nanga Parbat, Farbtonf. 68;
Kampf um die Rupalflanke, Farbtonf.
70; Everest 78; Kanchenjunga, Farbtonf.
80; Ostpfeiler d. Nanga Parbat 82.

Herrmann, Fritz *

Herrmann, Georg, Verleger; EM
Schillerbund Bensheim 68, Freundes-
kreis Dichterstein Offenhausen 70;
Hirtensteige, D-7164 Obersontheim, Kr.
Schwäb. Hall, Tel. (07973) 772 (Zwickau/
Sa. 14.4.92). Lyrik, Essay, Biographie.
V: Feldblumen unterm Stacheldraht,
Kriegserinn. 18, 72; Poesie und Wirk-
lichkeit, G. 48; Leonardo da Vinci, der
ital. Faust, Biogr. 52; Erlebnisse und
Gedanken eines Künstlers, Autobiogr.
52, 2. Aufl. u.d.T.: Erlebnisse und
Gedanken eines Weltenwanderers 83;
Krishnamurti. Neue Wege z. Selbst-
befreiung, Ess. 54; Der fahrende Sänger,
G. 55; Auf Amors Schwingen, G. 62; Im
Wandel der Zeiten, G. 65; Die schöne
Scherenschnittkunst 79; Auf Straßen u.
Pfaden, G. 83.
H: Eduard Baltzer: Theologe und
Revolutionär, Lebenserinn. 59; Der
Blütenkranz, G. 66; Illustrierte Kultur-
zeitschrift 58 — 60; Hausb. d. Lebens-
erneuerung. Kulturgesch., Unterhaltung,
Zeitgeschehen 77; H. Leipert: Volks-
tumsarbeit 78; Fr. Schiller: Der
Wolgadeutsche, G. 80.
Lit: Herma Wolka (Maria Köhnlein);
Künstlerphilosoph auf Wanderschaft 67,
2. Aufl. 82.

Herrmann, Gisela, Arztsekretärin;
Ringelsgasse 2, D-6907 Nussloch, Tel.
(06224) 15372 (Heidelberg 23.7.52). Lyrik.
V: Liliths Lieder, Lyr. 83.
MA: Muddersprooch Bd 3 81; Doch
die Rose ist mehr, Anth. 82; Kurpfälzer
Anektdotenschatz, Prosa, 3. Aufl. 83; Das
Boot, Bll. f. Lyr. d. Gegenw.

Herrmann, Klaus (Ps. Klaus
Kyriander), Städt. Kultur- u.
Schuldezernent a.D.; Ainmillerstr. 36/4,
D-8000 München 40, Tel. (089) 395031
(Stettin 19.9.09). Lyrik, Roman, Novelle,
Essay.
V: Von Vater zu Sohn, Biogr. in
Romanf. 76; Wanderung in Versen. G.
aus d. J. 1929-1974 79; Anregungen zur
Urteilsfindung über Musik, Theater,
bildende Kunst, Ess. 82.
MA: Ziel und Bleibe, Anth. 68;
Windbericht. Landschaft und Städte in
Gedichten 71.

Herrmann, Liane, Schulsekretärin;
Frauensteiner Str. 38, DDR-9200
Freiberg, Tel. 47978 (Weißenborn b.
Freiberg 29.1.22). Erzählung (Wahre
Begebenheiten).
V: Menschen neben uns, Kurzerz. 77,
2. Aufl. 80; Am Rande des Weges,
Kurzerz. 80.

Herrmann, Ruth; Hoher Weg 3, D-
2000 Hamburg 55, Tel. (040) 863608.
Erzählung, Essay, Reportage.
V: Sterne im Brunnen, R. 52; Sabine
im Funkhaus, Jgd.-R. 54; Wir sind doch
nicht vom Mond! Klein-Istanbul an der
Elbe 75, 82.

Herrmann, Thomas *

Hertzsch, Klaus Peter; Ricarda-Huch-
Weg 12, DDR-6900 Jena.
V: Der ganze Fisch war voll Gesang
69, 78, u.d.T.: Wie schön war die Stadt
Ninive 68, 83. ( )

Herz, Peter, Professor; G.dr.S.u.K.,
Vizepräs. A.K.M., SÖS, Vorsitz.
Aufsichtsr. Austro Mechana u. a.; Prix
d'Italia f. Hörspiel 50, Theodor-Körner-
Preis f. Lit. 65; Lit.-Verwert.ges. Wien;
Salvatorg. 10, A-1010 Wien (Wien 18.1.95).
Hörspiel, Roman, Libretto, Novelle,
Kurzgeschichte, Feuilleton, Film,
Komödie
V: Gedichtbuch der Gasse 26; Gesell-
schaft, G. 30; Es liegt eine Krone ...; Man
hat's nicht leicht! 61; Gestern war ein
schöner Tag, Mem. — **MV:** Böhmische
Musikanten, Zeitbilder 56; So macht
man Karriere; Rhapsodie.
F: Purpur und Waschblau; Karneval
und Liebe; Alles für die Firma; Die
Wirtin der goldenen Krone, u. a.
R: Verklungene Operetten; Ravag-
Revue; Zurück ins Gestern!; Veilchen
aus Wien; Der Prozeß Blaubart; Die
Besucher der einsamen Frau; Alter
Brief; Das Ei aus der Wüste Gobi; Der
tönende Tod; Musikpanorama; Wenn es
Abend wird, u. a. Hsp.

Herzfelde, Wieland, UProf.; S.D.S. 15,
P.E.N. 25, SV-DDR 49; Heinrich-Heine-
Preis d. Min. f. Kultur 59, Joh. R.
Becher-Medaille in Gold 71, Nationalpr.
f. Lit. 73, Goethepr. d. Stadt Berlin 79;
Dt. Akad. d. Künste Berlin 61, Pirck-
heimer Ges.; Woelckprom. 5, DDR-1120
Berlin, Tel. 3651901 (Weggis/Schweiz
11.4.96). Lyrik, Drama, Novelle, Essay,
Literaturkritik. **Ue:** E, F.
V: Sulamith, G. 17; Schutzhaft, Erlebn.
19; Tragigrotesken der Nacht, Träume
20; Gesellschaft, Künstler und Kommu-
nismus, Ess. 21; Immergrün, Erlebn. u.

Erfahr. 49, erw. 66 — 76; Das Steinerne
Meer, Erzn. 55; Im Gehen geschrieben,
Verse aus 44 Jahren 56; Unterwegs Blät-
ter aus 50 Jahren 61; John Heartfield,
Leben und Werk meines Bruders 62,
erw. 71; Blau und Rot, G. 71; Was Du
berührst, G. 76; Zur Sache, Prosa 76. —
MV: Die Kunst ist in Gefahr, m. Georg
Grosz 25.
H: Dreißig Erzähler des neuen
Deutschland 32; Leo Tolstoi: Gesam-
melte Werke in Einzelausgaben 28/29
XIV u. seit 52 VIII; Harriet Beecher-
Stowe: Onkel Toms Hütte 52, 71. —
MH: Almanach der Neuen Jugend auf
das Jahr 1917, m. H. Barger 16; Der
Gegner, m. Julian Gumperz 20 — 32;
Neue deutsche Blätter, m. O. M. Graf u.
Anna Seghers 33 — 35; Morgenröte, dt.
Lesebuch 47; Aurora Bücherei 45 — 47;
Paß auf, hier kommt Grosz 81.
S: Ballade von der Liebe 59.
Ue: H. Barbusse: Das Messer
zwischen die Zähne 22; Harriet
Beecher-Stowe: Onkel Toms Hütte 52,
65.
Lit: Lexikon Deutschsprachiger
Schriftsteller 67; Schriftsteller der DDR
74.
s. a. Kürschners GK.

Herzig, Ernst (Ps. Ernie Hearting),
Chefredakteur; Schweizer. Bund f. Jgd.-
Lit.; Inselstr. 76, CH-4057 Basel
(Langenthal 31.7.14). Jugendbuch.
V: Rote Wolke 48; Sitting Bull 49;
Stumpfes Messer 50; Geronimo 51;
Rollender Donner 52; Kriegsadler 53;
Wildes Pferd 54; Kleinkrähe 55; Osceola
56; Moxtaveto 57; Einsamer Wolf 58;
Schwarzer Falke 59; Pontiac 60; Häupt-
ling Jack 61; Metacomet 62; Jack Gregor
62; Allmächtige Stimme 62; Der
Indianer Oberst 63; Grosse Indianer-
Häuptlinge 64; Indianer Nordamerikas
82.
H: Ernst Herzig: Damals im Aktiv-
dienst 1939 — 1945 60; Hundert Jahre
Schützen 1876 — 1976 I — III 76.

Herzig, Veronika, Schriftstellerin;
Literatur-Förderungsbeitr. d. Stadt
Winterthur 82; Reutlingerstr. 95, CH-
8453 Reutlingen (Senzach/Schweiz
19.11.41). Roman.
V: Mondwechsel, Tagebuch einer
Loslösung, R. 80, 2. Aufl. 82.

Herzog, G. H. (Gerhard Hertz); ISDS
68; Stip. d. tschech. Schriftstellerverb.
65; Akad. d. bild. Künste München 48 —
52, Gründer Editor Heinrich-Hoffmann-
Mus. Frankfurt a. M. 76, Dt. Museumsbd
78; Bockenheimer Anlage 7, D-6000

Frankfurt a.M., Tel. (0611) 555632
(Karwina/Tschechoslow. 25.2.27).
Satirische Prosa. **Ue:** Tsch, Slow.
V: Kilroy war hier, Satn. 62; Geschich-
ten für den kleinen Moritz, Satn. 64.
H: Neue tschechoslowakische Erzäh-
ler 64; Conrad Felixmüller. Legenden
1912 — 1976 77; Salut für Heinrich
Hoffmann 77; Struwwelpeter 1978 78;
Der Struwwelpeter (Museumsausg.) 79;
Frankfurter Struwwelpeter Zeitung 83. —
MH: Scherz beiseite. Eine Anth. dt.spr.
sat. Prosa v. 1900 bis z. Gegenw., m.
Ehrhardt Heinold 66; Sonnenquadrate
auf winterlichem Strand, junge bulg.
Erzähler, m. Ljuben Dilov 69; Struwwel-
peter-Hoffmann, Texte, Bilder,
Dokumente, Kat. m. Helmut Siefert 78;
Heinrich Hoffmann, Gesammelte
Werke. Kinderbücher: König Nuß-
knacker und der arme Reinhold;
Bastian der Faulpelz; Im Himmel u. auf
d. Erde; Prinz Grünewald und Perlen-
fein mit ihrem lieben Eselein; Besuch
bei Frau Sonne; Der Struwelpeter 83/84;
Heinrich Hoffmann, Gesammelte
Werke. Schriften: Struwwelpeter-
Hoffmann; Lebenserinnerungen Dr.
Heinrich Hoffmanns; Humoristische
Studien; Handbüchlein für Wühler. Der
Heulerspiegel; Der Badeort Salzloch;
Das Breviarium der Ehe; Allerseelen-
Büchlein; Auf heiteren Pfaden, G.;
Reiseskizzen; Schriften und Texte zur
Psychiatrie; Ein Liederbuch für Natur-
forscher und Ärzte 83/84.
Ue: Neue tschechoslowakische Erzäh-
ler 64; Ján Johanides: Podstata Ka-
menolomu u. d. T.: Lamento eines Ver-
hinderten Selbstmörders 66; Petr Hora:
Velika Nemoc u.d.T.: Hohe Krankheit,
Hsp. 67.

Herzog, Hans, s. Schulz, Rolf.

Herzog, Paulus, s. Müller, Gottfried.

Herzog, Werner; Lichtinger Str. 9, D-
8000 München 60.
V: Vom Gehen im Eis, München, Paris
23.11. bis 14.12.1974 78, 81; Drehbücher I
77, II 77; Fitzcarraldo, Erz. 82. ( )

Herzog, Wilhelm *

Hesekiel geb. Schultze, Toska, Dr.
med., Ärztin, Psychotherapie;
Kahlhorststr. 32a, D-2400 Lübeck, Tel.
(0451) 593348 (Braunschweig 7.7.12).
Erwachsenenbildung, Sexualpädagogik.
V: Mädchen fragen 54; Eltern antworten 55; Liebe Frau Doktor 57; Christsein in Ehe und Familie 63; Das Thema
liegt in der Luft: Mit der Kirche bin ich

fertig 68; Ein dt. Chirurg u. seine Frau in Japan vor 100 J. 80.
MA: Frau und Mutter, Zs. 64.

Heseler, Anne, Grafikerin, c/o Insel Verlag, Frankfurt (Wuppertal 21.11.42).
V: Es war ein knallroter Tag voller Schnurrbärte, Bilderbuch für Erwachsene; Ich schenk dir was 78; Das liebe lange Jahr 80; Fliedermütterchen 81; Schnauz und Miez 83.

Hess, Fritz, ehem. Dir. d. Schweizer Buchzentrums in Olten; Belchenstr. 6, CH-4600 Olten, Tel. (062) 218103 (Engelberg/Schweiz 2.10.01). Essay, Erzählungen.
V: Vom frohgemuten Jagen, Jagderz. 67; Menschen, Bücher und bewegte Zeiten 70; Alt Engelberg 72.
H: Auf heimlichen Fährten, Auslese jagdl. Erzn. 65.

Hess, Hubertus, Lehrer, c/o Martin Verlag, Buxheim/Allgäu (Mannheim 24.5.41). Lyrik.
V: Unterwegs zur Wirklichkeit 79; Groß ist das Wunder 80; Jahreskreis 81; Das Blumenjahr 82, alles Lyr.

Hess, Katharina, s. Müller, Katharina.

Hess, Maja, s. Gerber-Hess, Maja.

Heß, Robert, Lehrer; Heinrich-Delp-Str. 194, D-6100 Darmstadt-Eberstadt, Tel. (06151) 51995 (Groß-Umstadt 27.4.27). Roman.
V: Der geheimnisvolle Dachboden, R. 65; 2085, Zukunftstr. 66; Die Abenteuer von Pit u. Pat, R. 76.

Hesse, Eva; Übersetzerpreis, Akad. f. Sprache u. Dicht. 68; Franz-Josef-Str. 7, D-8000 München 40, Tel. (089) 333710 (Berlin 2.3.25). Hörspiel, Essay, Literaturkritik. **Ue:** E, Am.
V: Ezra Pound, 22 Versuche über einen Dichter 67; New Approaches to Ezra Pound 69; Beckett, Eliot, Pound. Drei Textanalysen 71; T. S. Eliot und "Das wüste Land". Eine Analyse 73; Die Wurzeln der Revolution. Theorien der indiv. u. d. kollekt. Freiheit 74; Ezra Pound: Von Sinn u. Wahnsinn 78.
B: Forrest Read: Ezra Pound und James Joyce 71.
H: Ezra Pound: Zeitgenossen 59; Patria Mia 60; John J. Espey: Ezra Pounds Mauberley: Ein Essay in der Tonsetzung 61; Robert Frost: Gedichte 63; Ezra Pound, Ernest Fenollosa, Serge Eisenstein: No — Vom Genius Japans 63; T. S. Eliot: Gesammelte Gedichte 1909 — 1962 72. — **MH:** Langston Hughes: Gedichte 60.

R: Der Fall Ezra Pound 50; Ezra Pound, m. H. Hohenacker, Fsp. 69; - **B:** Robinson Jeffers: Die Quelle 51, 59; Medea 53, 59; Archibald MacLeish: Spiel um Job 57; Ezra Pound: Die Frauen von Trachis 59; Die Frau aus Kreta 60, alles Bü. auch als Hsp.
Ue: Ezra Pound: Dichtung und Prosa 53, 56; Fisch und Schatten, G. 54, 59; Die Pisaner Gesänge 56, 59, erw. u. d. T.: Pisaner Cantos 69; ABC des Lesens 57, 59; motz el son: Eine Didaktik der Dichtung 57, u. d. T.: Wort und Weise 71; Personae: Die Masken Ezra Pounds 59; Die Frauen von Trachis 60; Cantos I — XXX 64; Cantos 1916 — 1962, Eine Ausw. 64; E. E. Cummings: Gedichte 58, 82; Archibald MacLeish: Spiel um Job 58, 61; Robinson Jeffers: Dramen 60; James Laughlin: Die Haare auf Großvaters Kopf, G. 66; Ezra Pound: Der Revolution ins Lesebuch, G. 69; Ezra Pound: Letzte Texte. Entwürfe u. Fragmente zu Cantos CX — CXX. — **MUe:** Robert Frost: Gesammelte Gedichte 51; Meine dunklen Hände, Negerlyrik, m. P. v. d. Knesebeck 53, 64; Marianne Moore: Gedichte, m. W. Riemerschmidt 54; Samuel Beckett: Gedichte, m. E. Tophoven 59, 76; J. L. Borges: Labyrinthe 60; T. S. Eliot: Gedichte 64.

Hesse, Günter, c/o Militärverlag d. DDR, Berlin.
V: Reiseziel Kamas, Tats.-Ber. 75; Bohrmeister Benno, Bilderb.erz. 76; Schwarzer Zorn, Tats.-Erz. 78; Weissenseer Frühling 81; Anna und Jana, Kdb. 81. ( )

Hesse, Manfred, ObStudR.; Hans-Böckler-Str. 106, D-6200 Wiesbaden-Dotzheim, Tel. (06121) 421889 (Remscheid 24.5.35). Lyrik, Übers. **Ue:** E, F.
V: Die Steigerung des Fortschritts, G. 81; Aus der Chronik der Ölbäume, G. 82.
B: Die Silberpappel mit den goldenen Früchten, Türkische Volksmärchen 76; Die Logik der Narren, Volksgeschn. aud dem Kumaon-Himalaya 78.
H: Reihe: Ethnos-Folk-Tales seit 75.
Ue: W. R. Geddes: Nine Dayak Nights 57, 2. Aufl. 61 (Teilübers.); Kichapi der Tüchtige, Erz. aus Borneo 75.

Hetmann, Frederik, s. Kirsch, Hans Christian.

Hetzel, Friedrich, Dr.; Mörikestr. 4, D-6948 Wald-Michelbach, Tel. (06207) 2426 (Kehl 15.5.05). Roman und populärwissenschaftliches Gebiet.

V: Näher zur Wirklichkeit, populärwiss. 77; Bezaubernde Gabriele, R. 78; Glauben macht nicht immer selig, populärwiss. 80. ( )

Hetzelein, Georg, Hauptlehrer a.D.; Stadtweg 5, D-8541 Rohr-Regelsbach (Hofstetten/Roth 18.10.03). Essay, Novelle, Hörspiel.
V: Das Jahr im Garten 61; Goethe reist durch Franken 68; Die königliche Dame von Bayreuth 70; Konrad von Megenberg 73; Die verborgenen Tränen der Henriette Feuerbach 76; Seminargeschichten 76; Antike Scherben 79, alles Erzn. Albrecht Dürer, Ess. 70; Die Malerfreundschaft Leibl-Sperl 80; Traumfahrt durch Franken 81; Mit Goethe von Schwabach nach Weimar 82; Das Veloziped 82; Kurzgeschn. u. Ess. üb. Franken.
MA: Fränkische Klassiker 71; Festschrift 600 Jahre Schwabach 71, Festb. 77.
R: Goethe reist 1797 durch Franken 69; Konrad von Mengenberg 70, 74; Gens Feuerbachiana 76; Henriette Feuerbach 77; Leibl u. Sperl 79.

Heubner, Christoph; VS 74; Stephanstr. 23, D-1000 Berlin 21, Tel. (030) 3955866 (Niederaula 6.5.49). Lyrik, Prosa, Film.
V: Nach Hause gehen, G. 81. –
MV: Lagebericht, m. Volker von Törne, G. 76; Lebenszeichen — Gesehen in Auschwitz, m. Alwin Meyer, Jürgen Pieplow, e. Leseb. 79.
F: Die Stationen der Lore Diener 75; Helden 76; Ausflug nach Auschwitz 77.

Heuck, Sigrid; Grabenmühle, D-8157 Einöd/Post Dietramszell 2.
V: Roter Ball und Katzendrache 72; Cowboy Jim 74, 81; Zacharias Walfischzahn 74, 81; Ich bin ein Cowboy und heiße Jim 75; Der kleine Cowboy und die Indianer 76; Der kleine Cowboy u. Mister Peng-Peng 77; Ein Ponysommer 77; Petah Eulengesicht 77, 80; Pony, Bär u. Apfelbaum 77, 81; Der kleine Cowboy u. d. wilde Hengst 78; Wind für Dolly McMolly 79; Die Reise nach Tandilan, Abenteuer-R. 79; Tommi und die Pferde 79; Der Regenbaumvogel 80; Long John Tabakstinker 81; Wo sind die Ponys, Tinka? 81; Mondjäger 83; Pony, Bär u. Papagei 83; zahlr. Bilderb. ( )

Heuer, Günther, Dr. jur.; Am hohen Rain 3, D-6393 Wehrheim 3, Tel. (06081) 3391 (Kattowitz O/S 2.2.11). Lyrik, Novelle, Essay, Hörspiel.

V: Poesie und Prosa, G. u. Hsp. 77; Vergangener Zeiten Widerschein, Nn. 78; D. Versuchung des Novizen, histor. u. andere Erz. 79; Aus dem Leben eines Junggesellen, Hsp., Erz. u. G. 81.

Heusch, Karl, Dr. med. habil., Prof., Chefarzt i.R., Facharzt f. Chirurgie u. Urologie i.R.; BDSÄ 69; Kaiser-Friedrich-Allee 39, D-5100 Aachen, Tel. (0241) 71624 (Aachen 6.7.94). Lyrik, Zeit-Kritik, Parodie, Mysterienspiel.
V: Aquensien im Kabarett, Lyrik, Zeitkritik, Parodie 66; Hoffnung auf Gestern, Lyrik 70; Aachener Legende, Mysteriensp. 74, 75.
Lit: Werner Forssmann: Selbstversuch 72.

Heuschele, Otto, Prof., Schriftsteller; P.E.N. 57; Bundesverdienstkreuz I. Kl. 65, Ehrenplakette d. Humboldt-Ges. 70, Verd.med. d. Ldes Bad.-Württ. 77; Dt. Akad. f. Spr. u. Dicht. 49, Acad. Goetheana São Paulo 51, Willibald Pirkheimer-Kurat. 64, Nürnberg-Humboldt-Ges. 64; Korberstr. 36, D-7050 Waiblingen, Tel. (07151) 21562 (Schramberg 8.5.00). Lyrik, Erzählung, Novelle, Roman, Essay. **Ue:** F.
V: Aus dem Tempel der Dichtung, Ess. 19; Fest und Festkunst 23; Briefe aus Einsamkeiten 24; Im Wandel der Landschaft 27; Märchen 27; Maurice de Guérin, Ess. 27, 47; Geist und Gestalt, Ess. 27; Der weiße Weg, G. 29; Der Weg wider den Tod, R. 29; Hugo von Hofmannsthal, Ess. 30, 49; Dichtung und Leben, Aufs. u. Reden 30; Dank an Freunde 31, 58; Licht übers Land, G. 32; Caroline von Günderrode, Ess. 33; Das Opfer, Erz. 33; Ein Brief an junge Menschen 33; Schiller und die Jugend dieser Zeit 33; Groß war die Nacht, G. 35; Kleines Tagebuch 36; Das Feuer in der Nacht, Erz. 37; Scharnhorsts letzte Fahrt, Erz. 37; Die Sturmgeborenen, R. 38; Der deutsche Brief, Ess. 38; Leonore, Erz. 39; Geist und Nation, Ess. 40; Fragmente über das Dichtertum, den Dichter und das Dichterische 40; Feuer des Himmels, G. 41; Die Generalin, Erz. 43; Die Fürstin, Erz. 44; Die Wandlung, Erz. 45; Manchmal mußt du stille sein, G. 45; Hölderlins Ewige Sendung, Ess. 47; Anna Amalia, Biogr. 47, 49; Betrachtungen und Deutungen, Ess. 48; Wie sollen wir leben? Briefe an einen jungen Freund 48; Begegnung im Sommer, Erz. 48; Goethes west-östlicher Divan, Ess. 48; Zwischen Blumen und Gestirnen, Erlebn. u. Bekenntnis 49; Die Brücke, Erz. 49; Ins neue Leben, Erz. 50; Dank

an das Leben 50; Waiblingen, Ess. 50, 62;
Der Knabe und die Wolke, Erz. 51; Ein
Bekenntnis 52; Gaben der Gnade, G. 54;
Natur und Geist, Selbstbildnis 54; Die
Blumen in der schwäbischen Dichtung,
Rede 54; Stimme der Blumen 55; Musik
durchbricht die Nacht, Erz. 56; Die
Gaben des Lebens, Geschichte einer
Jugend 57; Weg und Ziel, Ess. 58; Am
Abgrund, R. 61; Das Ende, Erz. 61; Das
Mädchen Marianne, Erz. 62; Stern-
bruder, G. 63; Glückhafte Reise, Land-
schaften, Städte, Begegnungen, Ess. -
Ausw. 1925 — 1965, m. Geleitw. v. Carl J.
Burckhardt 65; Hugo von Hofmanns-
thal, Bildnis d. Dichters 65; Inseln im
Strom, Erzn. 65; Dienst und Dank, Eine
Ausw. 65; Carl J. Burckhardt. Eine Rede
· 66; Gestalt u. Sendung d. Dichters in
Hölderlins Sicht. Eine Rede 66; Weg-
marken, G. 67; Augenblicke des Lebens.
Aphorismen 68; Prisma, G.-Ausw. 1929
— 1970 70; Das Unzerstörbare, Ess. 71;
Umgang m. d. Genius, Ess. u. Red. 74; In
den Blumen wohnen die Elfen, G. 74;
Immer sind wir Suchende, Erzn. u.
Betrachtung. 75; Hölderlins Freundes-
kreis, Ess. 75; Unsagbares, G. 76;
Signale, Aphor. 77; Heimat d. Lebens,
Erz. 78; Gespräch zw. d. Generationen,
Ess. 79; Die Nacht d. Prinzen Eugen,
Erz. 79; Schwäbisch-fränkische
Impressionen, Ess. 80; Ein Leben m.
Goethe, Ess. 80; Unerwartete
Geschenke, Ess. 81; Blumenglück, Ess.
82. — MV: Aus der Heimat Barbarossas,
Ess. m. Oswald Enterlein.
H: Hauff: Werke 24, 25 IV; Wilhelm
von Humboldt: Kleine Schriften 28; Die
Ausfahrt, Buch neuer dt. Dicht. 27;
Junge deutsche Lyrik 28; Seelenhaftes
Leben 29; Carl u. Marie von Clausewitz:
Briefe 35; Deutsche Soldatenbriefe 35;
Kleine Lese junger Dichtung 35;
Fünfundzwanzig deutsche Gedichte 37;
Trostbriefe 41, 65; Traum und Tag,
Mörikes Briefe 41; Brevier des Herzens
41; Der Deutsche 42; Geisteserbe aus
Schwaben 43, 52; Vom Reich der deut-
schen Seele, Hölderlin 44; Deutsches
Barock 47; Bettina von Arnim: Goethes
Briefwechsel mit einem Kinde 48; Fran-
zösische Dichter des XIX. und XX. Jahr-
hunderts 48; Deutsche Dichter auf
Reisen 48; Der junge Hölderlin 48;
Frühe Romantik 49; Novalis: Europa
oder Die Christenheit 51; Briefe an
einen jungen Deutschen 52; Lasset die
Klage, Trostb. 53; Erzähler der Roman-
tik 53; Wir stehen in Gottes Hand 55;
Die heilige Spur, Legn. 56; Goethe u.
Reinhard: Briefwechsel in den Jahren

1807 bis 1832 57; Die Schönheit. Variationen üb. ein Thema 56; Clemens Bren-
tano: Gedichte, Erzählungen, Märchen
58; Wilhelm Michel: Gewalten des
Geistes 59; Mörike: Du bist Orplid mein
Land 60; Novalis: Fülle meines Herzens
61; Das Füllhorn. Anth. schwäb. Lyrik
61; Reinhold Schneider: Briefe an einen
Freund 61; Sie rühmen Gott, G. u.
Lieder aus sieben Jh. 62; Marie v.
Ebner-Eschenbach: Menschen und Ge-
schichten 62; Das Neckartal 62; Adalbert
Stifter: Maß des Menschlichen 63; Rein-
hold Schneider: Das Große bleibt 63;
Heinrich v. Kleist: Erzählungen und
Anekdoten 63; Schönes Württemberg 63,
65, u. d. T.: Württemberg, Bilder e. dt.
Landes 69; Schwäbischer Wald 64, 66;
August Winnig: Stimme des Gewissens
65; Baden-Württemberg im Farbbild 65;
Verse der Liebe, Anth. 65; Deutschland,
Bildbd. 65; August Winnig: Stimme des
Gewissens, Ausw. 65; Die Schwäbische
Alb, Bildbd. 66; Wilhelm von Humboldt:
Idee und Erfahrung, Ausw. 66; Jacob
Grimm: Weisheit aus der Sprache,
Ausw. 66; In memoriam Alexander von
Bernus, Ausw. 66; Idyllische Straße,
Bildbd 68; Jacob Burckhardt: Weisheit
aus der Geschichte, Ausw. 68; Wilh.
Hauff: Märchen und Erzählungen,
Ausw. 69; Blumen und Schmetterlinge
im deutschen Gedicht, Ausw. 71; Waib-
lingen und das untere Remstal, Bildbd
71; Deutschl. ist schön u. malerisch,
Bildbd. 72; Schwäbischer Wald, Bildbd.
74; An Rems u. Murr, Bildbd. 75; Ober-
schwaben, Bildbd. 75; Schwaben unter
sich - über sich, Bekenntnisse 76. —
MH: Heimat Baden-Württemberg, m.
Rudolf K. Goldschmidt-Jentner 55.
Ue: Ernest Renan: Meine Schwester
Henriette 29, 48.
Lit: Emil Wezel: O. H. 37; Über-
lieferung und Auftrag, Festschr. z. 50.
Geb. 50; Herm. Hesse: Brief an einen
schwäbischen Dichter 51; Heinz
Helmerking: O. H. Leben u. Werk 59;
Walter Mönch: Brücken über den
Zeiten. Das Werk O. H.s 60; Auftrag und
Erfüllung, Festschr. z. 60. Geb. 60; Dino
Larese: O. H. 65; Von der Beständigkeit,
Festschr. z. 70. Geb. 70; Otto Bantel: O.
H., Bewahrer des Erbes - Künder des
Eigenen 70; Walter Riethmüller: Weg-
marken, Eine Betracht. zu Leben u.
Werk d. Dichters O. H. 71; Bibl. 72; Paul
Löcher: Brief an O. H. 75.

Heuser, Franz, Lehrer; VS; HHG,
Schopenhauerges.; Mühlenstr. 37, D-
5608 Radevormwald, Tel. (02195) 7658

(Hückeswagen 6.9.33). Roman, Lyrik,
Drama, Hörspiel.
V: Lichtzeichen, Lyr. 74; Mein
Rubinmensch, Lyr. Zyklus 82.

Heuser, Wolff-Dieter, Redakteur
(Ressortleiter); Landskronstr. 29, D-6100
Darmstadt, Tel. (06151) 198217
(Wiesbaden 26.12.29). Lyrik, Prosa.
V: Gipfelzeichen, Lyr. u. Prosa 82.

Heuser-Bonus, Wiebke-Katrin,
Lehramtsanwärterin; Lyrik-Werkstatt
79; Cheruskerstr. 4, D-4950 Minden, Tel.
(0571) 23391 (Minden 29.10.58). Lyrik.
V: Schritt für Schritt, Lyr. 81.

Heussen, Gregor Alexander SJ, freier
Autor, Regisseur, kath. Priester; Adolf-
Grimme-Preis 72, Wilhelmine-Lübke-
Preis 78; Elsheimer Str. 9, D-6000
Frankfurt a.M. 1, Tel. (0611) 728553
(Berlin 6.7.39). Dokumentarfilm, Fern-
sehen, Kommentare, Berichte, Hörfunk,
Erzählungen, religiöse Literatur.
V: 62 Leute von nebenan. Geschn. z.
Philipperbrief 74; Die Geräusche des
Tals, G. 82. — **MV:** Sehen-Erleben-
Beten, Fotos u. Texte v. Kindern f.
Kinder u. Eltern 78.
R: 45 Fsf. zu Themen d. kirchl., sozial-
polit. u. ges.polit. Bereichs.
S: entdecken, erproben, Umwege
inbegriffen, Relig. Erzieh. von 0-6 J.,
Tonbandkass. 81.

Hey, Peter (Ps. Hannes Langfeld,
Trajan Gößner), Regisseur, Schauspieler; A.K.M. 65, Literar-Mechana
Wien, V.G.S.; Kaasgrabengasse 3a/I/4, A-
1190 Wien (Wien 8.11.14). Kabarett,
Fernsehen, Hörspiel, Film.
R: Ein gewisser Herr Maier; Seine
letzte Rolle; Immer wieder Lilith;
Vorstadtkino; Die vorletzte Brücke; Die
dritte ... im Bunde, alles Hsp.; Kitsch-
kiste; Die Zentrifuge, alles Rdfk.-Serien;
etwa 400 Sketche; Drehbb. u. Bearb. v.
178 Fs.-Sdgn. u. Fs.-Kabaretts.
S: 40 Kabarett-Solo-Szenen. ( )

Hey, Richard, Autor, Regisseur; P.E.N.
68, VS 72; Schiller-Gedächtnispr. 55,
Gerhart-Hauptmann-Pr. 60, Hsp.-Pr. d.
Kriegsblinden 65; Braillestr. 6, D-1000
Berlin 41 (Bonn 15.5.26). Drama, Roman,
Fernseh-Film, Hörspiel. **Ue:** I.
V: Thymian und Drachentod, Sch. 56;
Weh dem, der nicht lügt, Kom. 62; Kein
Lorbeer für Augusto, Hsp. 60; Ein Mord
am Lietzensee, R. 73, Tb. 78, 81; Engel-
macher & Co., Krim.-R. 75, Tb. 78; Das
Ende des friedlichen Lebens der Else
Reber, Schau- u. Hörst. 76; Ohne Geld
singt der Blinde nicht, Krim.-R. 80, Tb.

83; Feuer unter den Füßen, Krim.-R.
81. — **MV:** Auf Anhieb Mord,
Kurzkrimis 74, Tb. 77.
MH: Autoren Edition 72 — 76.
R: Rd. 40 Hsp., u.a. Hochzeitsreport 65;
Kevin Hewster Zomala - Predigten des
schwarzen Missionars gegen die
weissen Heiden 67; Rosi - ein Radio-
spektakel zum Mitmachen für tele-
fonierende Hörer 69; Das Wandesleben-
Interview 71; Ballade vom Eisernen
John, Radio-Strip m. Gesang 68;
Andromeda im Brombeerstrauch,
Science Fiction-St. fürs Radio 75;
Ballade von der Besetzung eines
Hauses, Beat-Oper fürs Radio 75; Mit-
bestimmung, m. Uwe Friesel 71; 9 Fsf.,
u.a. Abends Kammermusik 65; Szenen
mit Elsbet 71; Sten Sievernich - ein
vergessener Stummfilm-Regisseur 74;
Die Witwe-Ortner-Schau, m. Lisa
Kristwaldt 75. ( )

Heyd, Werner P., Dr. phil., Journalist,
Schriftsteller; VS, DJV; Rosäckerstr. 36,
D-7238 Oberndorf a.N. 1, Tel. (07423)
3402 u. 78139 (Stuttgart 31.10.20). Essay,
Feuilleton, Volkskunde, bildende Kunst.
V: Bibliographie der Rechtschreib-
reform, Sachb. 59; Der Korrektor, Sachb.
71; Bauernweistümer 1, Ess. 71;
Lachende Redaktion, Ess. 71; Bauern-
weistümer 2, Ess. 73; Masken unserer
Stadt — Oberndorf (Fasnacht), Ess. 73;
Nicht ärgern, Trost- u. Schmunzel-
büchlein für Druckfehlergeschädigte,
Ess. 72, 76; Margret Hofheinz-Döring,
Künstler-Monogr. 79; Die Fresken d. J.
B. Enderle i. d. ehem. Augustiner-
Klosterkirche Oberndorf, Ess. 79;
Schwäbische Köpf, biogr. Erzn. 80. —
MV: Rechtschreibung — müssen wir
neu schreiben lernen? 74; Lilo Rasch-
Naegele, Ess. 76; Christian Landen-
berger als Zeichner 77; Wagenburg,
Standpunkte für H.M. Bleicher 83.
B: MH: Gottfried Graf: Der neue
Holzschnitt und das Problem der
Künstlerischen Gestaltung 77; Meir
Faerber, Stimmen aus Israel, Anth.
dtspr. israel. Lit. 79.

Heyda, Ernst (Ps. Ernst Albert, Frank
O. Bach, Ernst Walter); Rheinauer
Kirchweg 15, D-7550 Rastatt (Frankfurt/
M. 27.5.10). Erzählung, Kurzgeschichte,
Satire, Roman, Jugendbuch. **Ue:** E, S, I.
V: Von der Herzen Sehnsucht,
Kurzgeschn. 37; Er, Sie, Es, Kurzgeschn.
37; Michael Panten, N. 42, 48; Stab-
wechsel mit Petra, Jgdb. 59; Bongo,
Kinderb. 60; Peter fährt zum Endspiel,
Jgdb. 61; Er, Sie und die Umwelt, Aphor.

61; Mein Sohn, die Weiber sind gefährlich, satir. R. 63; Man muß auch verlieren können 64, 65; Sein großes Spiel
65, 71; Spielen, kämpfen, siegen 65, 71;
Ich sammele Briefmarken 65; Ich
sammele mit Köpfchen 66; Große
Freude an kleinen Marken 66, alles
Jgdb.; Sportbücher u. Jgd.-Krimi-
nalerzn. 66; Sketche 57 — 66; Inspektor
Morris I — VI 66; Slim Shatter, I — III
67; Uwe findet zum Fußball, Jgdb. 68;
Die große Jagd um Punkte u. Tore 68;
Der Sommersprossen-König 69; Mit 17
wurde sie Boss, Jgdb. 71; Die sieg-
reichen Vier, Sporterz. 71; Sport, Spiel,
Spannung, Geschn. 71; Uwe findet zum
Fußball 75; Mit einem Fußball fing es an
77; Fernsehen kommt ins Haus, Lsp. 79,
u.a.
H: Goethe: Anette 48; Schiller:
Geisterseher 48; Büchner: Lenz 48;
Stifter: Nachsommer 48.
R: Der zahme Wolf 37; Sketch-Sen-
dungen; Sein großes Spiel, Fsf. 63.
Ue: 302 Titel, u.a. Das Omen, Der
Mandingo v. Falconhurst; Werke v. Rex
Stout, Elisabeth Ashton, Sean Green, E.
Gilzean, McBain, Robin Moore u.a. ( )

Heydecke, Heinz, c/o Verlag Neues
Leben, Berlin (Ost).
V: Die letzte Haifischjagd, Erz. 65; Die
Schilfteichpiraten 69, 82; Risiko, Erzn.
77. ( )

Heydecker, Jupp, s. Berendt, Gerd.

Heydel, Hugo *

Heyduck, Hilde (Ps. Hilde Heyduck-
Huth); VS 71; Premio Grafico Bologna
67, mehrmals auf d. Bestenliste z. dt.
Jgdb. Preis; Am Steinern Kreuz 58a, D-
6100 Darmstadt u. Via Guiseppe Conio
34, I-18015 Pompeiana (Im), Tel. (06151)
53565 (Niederweisel 18.3.29). Kinderbuch.
V: Wenn die Sonne scheint 61, 76;
Kommt in den Wald 63, 76; Drei Vögel
66, 77; Thomas im Dorf 67, 76; Weihnachten 71, 76, alles Kdb.; Die Vögel;
Der Bach; Der Maikäfer; Laternenfest;
Weihnachten 66 — 76; Tiere um mich
herum 71; Wort u. Bild, beides Lernsp. u.
Leporellos; Schau, was ich gefunden
hab 73, 75; Ein Käfer in der Wiese 76;
Der rote Punkt 78; Das Kind u. d.
Papagei 79; Willibald zum Weitermalen
79; Das verlorene Schaf 80; Gut, daß du
da bist; Hannah an der Krippe 81; Pele
und das neue Leben 81; Deine

Schöpfung, meine Welt 82, alles
Kinderb.
MA: Das Bilderbuch f. d. Weihnachts-
zeit, Anth. 76.

Heyduck-Huth, Hilde, s. Heyduck,
Hilde.

Heyer, Georg Walther, Dr.phil.,
Rundfunkred.; VG Wort; Christophorus-
Pr. 62; Monschauer Platz 6, D-5000
Köln 41, Tel. (0221) 492846 (Stuttgart
16.8.24). Roman, Erzählung, Sachbuch,
Hörspiel, Übers. **Ue:** F, G (Ngr).
V: Das Deutsch-Französische-Jugend-
werk 69; Lore, zum Beispiel 80; Eine
Reise nach Biedenkopf, R. 81; Die
Fahne ist mehr als der Tod, Sachb. 81.
R: Das 3. Reich läßt singen, Hsp. 79.
MUe: J. Jousselin: Frankreichs junge
Generation 67; Die Exekution des
Mythos fand am frühen Morgen statt.
Neue Texte aus Griechenl. 73.

Heygk, Ralph, s. Heinecke, Rudolf.

Heym, Stefan (Ps. Helmut Flieg); SV-
DDR; Heinrich-Mann-Preis I. Kl. d. Dt.
Akad. d. Künste 53, Literaturpreis I. Kl.
d. F.D.G.B. 56, Franz-Mehring-Medaille
56, Nationalpreis 59; Tagore-Str. 9, DDR-
118 Berlin, Tel. 6813796 (Chemnitz
10.4.13).
V: Im Kopf — sauber, Ess.; Offen
gesagt, Ess.; Wege und Umwege, Ess.;
Die Kannibalen und andere Erzn. 58
(auch am.); Der Fall Glasenapp, R. 58, 68
(am 42); Der bittere Lorbeer, R. 66, auch
u. d. T.: Kreuzfahrer von heute 71 (am.
49); Goldsborough, R. 58, 70 (auch am.);
Die Augen der Vernunft, R. 59, 66 (auch
am.); Die Papiere des Andreas Lenz, R.,
auch u. d. T.: Lenz oder die Freiheit
(auch am.); Schatten und Licht. Gesch.
aus einem geteilten Land 60, 65 (auch
am.); Casimir und Cymbelinchen, M. 66;
Lassalle, biogr. R. 69 (auch am.); Die
Schmähschrift oder Königin gegen
Defoe 70; Der König-David-Bericht, R.
72, 73; 5 Tage im Juni, R. 74 (auch am.);
Erzn. 76/77; Der kleine König, der ein
Kind kriegen mußte, M. 76; Collin, R. 79
(auch am.); Ahasver, R. 81.
Lit: Beiträge zu einer Biographie.
Eine Freundesgabe für St. H. zum 60.
Geb. am 10.4.1973, hrsg. v. H. Kindler 73.

Heymann, Helma,
Arbeitstherapeutin; Blausternweg 34,
DDR-1147 Berlin (Wolgast 16.1.37).
Kinderliteratur.
V: Halbhorn, Kdb. 80, 2. Aufl. 81; Das
Faschingsscheiderlein, Kdb. 83.
MA: Der grüne Kachelofen,
Kindergeschn. 78, Tb. 82; DEr blaue

Schmetterling, Kindergeschn. 79, Tb. 81;
Mit Kirschen nach Afrika,
Pioniergeschn. 82.
R: Das Mandarinengärtchen, Hsp. f.
Kinder 83.

Heyn, Hans, Journalist; Langbehnstr.
37, D-8200 Rosenheim, Obb., Tel. (08031)
86230 (Oberndorf 20.2.22). Kinderbuch,
Volkskunde, Sachbuch.
V: Der Inn, Landsch.monogr. 68, 72;
Die fliegende Mooskuh, Kinderb. 71;
Lawinenhund Alf, Sachb. 72; Die
bayerischen Seen, Ldsch.monogr. 73;
Alpenvorland in Farben, Bildbd. 73;
Oberbayern, Bildbd. 77; Ach du lieber
Tschok, Kinderb. 77; Süddeutsche
Malerei aus d. bayer. Hochland, Kunst-
gesch. 80. — MV: Land und Leut
zwischen Salzach und Inn, Anth. 69;
Drudenhax und Allelujawasser,
Volkskde 75; Liab Leb und stirb,
Volkskde 76; Das alte Dorf, Volkskde 77.

Heyne, Isolde, Journalistin; VS 80;
Leseratten-Pr. ZDF 81; Am
Zehntenstein 32, D-6250 Limburg/
Lahn 1, Tel. (06431) 6983 (Prödlitz/Kr.
Aussig/Usti n. L. ČSSR 4.7.31). Prosa,
Dramatik.
V: Die Geschichte von Heiners
Groschen, Kinderb. 69, 73; Tschaske
Wolkensohn, Jgdb. 72, 82; ...und keiner
hat mich gefragt!, Jgdb. 82; Der Sklave
aus Punt, Jgdb. 82; Na flieg doch schon,
Kdb. 83.
MA: Der Eid d. Hippokrates, Erz. 59;
Huppeleika u. d. Lichter, Erz. 79.
R: Humoristische Skizzen aus d. dt.
Handelsleben, Fsp. 64; Vom Häschen
und dem klugen Maulwurf, Kinderhsp.
74; Im Messehaus da singt's und klingt's,
Kinderhsp. 75; Peter kriegt nasse Füße,
Fs-Serie Löwenzahn 83.

Heynicke, Kurt, Prof. h. c.; VS, P.E.N.;
Kleistpreis 19, Schleussner-Schüller-
Preis d. Hess. Rdfks. 58, Reinhold-
Schneider-Preis 68, Andreas Gryphius
Preis 70, Eichendorff-Lit.preis 72;
Schloßweg 3, D-7802 Merzhausen/
Breisgau, Tel. (0761) 403835 (Liegnitz
20.9.91). Lyrik, Roman, Drama, Rund-
funk, Film.
V: Rings fallen Sterne, G. 17; Gottes
Geigen, G.; Das namenlose Angesicht, G.
20; Die hohe Ebene, G. 21, 41; Der Weg
zum Ich, Ess. 23; Eros inmitten, Erz. 24;
Sturm im Blut, Erz. 25; Der Prinz von
Samarkand, Msp. 26; Kampf um
Preußen, Sch. 26; Fortunata zieht in die
Welt, R. 29; Der Fanatiker von Schön-
brunn, Erz. 35; Frau im Haus, Lsp. 36;
Das Leben sagt Ja, G. 37; Herz, wo liegst

du im Quartier?, R. 38; Der Baum, der in
den Himmel wächst, R. 40; Rosen
blühen auch im Herbst, R. 42; Es ist
schon nicht mehr wahr, R. 48; Der Hellseher, R. 51; Ausgewählte Gedichte 52;
Die Nichte aus Amerika, Lsp. 55;
Steckenpferd und Staatssekretär, Lsp.
59; Hörspiele 68; Alle Finsternisse sind
schlafendes Licht, G. 69; Hauptsach' mir
sin glücklich, Lsp. in alem. Mda. 70;
Erasmus vom stillen Winkel 70; E
Tröpfle Ewigkeit 71; Das Lyrische Werk
in drei Bd.
F: Heideschulmeister Uwe Karsten
33; Stjenka Rasin 35; Wie einst im Mai
38; Moskau-Shanghai 39.
R: Die lyrische Verlobung; Die
kleinen Sünden; Eine kleine Glücks-
komödie; Mein Sohn Matteo; Der
Staatssekretär und sein Steckenpferd;
Träumereien am Genfer See; Oktober-
frühling; Das Lächeln der Apostel; Ein
heißes Eisen; Die Republik der tausend
Seelen; Auf Wiedersehen in der Rue de
Pontoise; Die Schreckensnacht, alles
Hsp.; Das große Warum. Gedanken
eines gläubigen Zweiflers 65; Ein
Fingerhut voll Jenseits 66. - Der große
und der kleine Mann, Fsp. 58.

Heynold, Blida (Ps. Blida Heynold
von Graefe), Journalistin; Bdesverd.kr.
a. Bande 74; Ass. della Stampa Estera in
It. 54, Intern. Akad. f. Kulturwiss., I-
28051 Cannero (Novara), Tel. (0323)
78295 (Goldebee 18.12.05). Roman, Reise,
Kunstbuch.
V: Das Schwarze Huhn 39, 41; Oberammergauer Schnitzkunst 50; Verborgenes Italien 65; Giacomo Manzù
(Einführ.) 65; Albrecht v. Graefe —
Mensch und Umwelt 69, 2. Aufl. u.d.T.:
Ein Leben für das Licht 70; Manzù e il
Palcoscenio 72; L'improvviso di Manzù
74 (ital.). — MV: Manzùs Türen für die
St. Laurentskirche Rotterdam (auch
engl., holl.) 68.

Heynold von Graefe, Blida,
s. Heynold, Blida.

Heynowski, Walter, Autor, Regisseur;
Verb. d. Film- u. Fernsehschaff. d. DDR
67; Heinr. Greif-Pr. d. DDR 1. Kl. 61, Lit.-
Pr. d. FdGB 65, Nationalpr. f. Kunst u.
Lit. d. DDR II. Kl. 66, 69, I. Kl. 80,
Goldmed. "Joliot Curie" d. Weltfried.-
rates 66, Egon-Erwin-Kisch-Pr. d. OIRT
67, Kunstpr. d. FDGB 74, John.-R.-
Becher-Med. 74, 40 Pr. intern. Filmfestivals; Akad. d. Künste d. DDR;
Kronenstr. 10, DDR-1086 Berlin (Ingolstadt 20.11.27). Dokumentarfilm, -
literatur.

MV: Der lachende Mann 65 (auch russ., poln., tschech., ungar., serbokroat.); Kannibalen 67; Der Fall Bernd K. 68 (auch russ.); Piloten im Pyjama 68 (auch russ., poln.); Der Präsident im Exil/Der Mann ohne Vergangenheit 70 (auch russ.); Bye-bye Wheelus 71; Anflug auf Chacabuco 74; Operación Silencio 74 (auch russ., japan., ungar.), beide auch m. P. Hellmich; Filmen in Vietnam 76; Die Teufelsinsel 77 (auch russ.); Phoenix 80; Die Kugelweste 80, alle m. G. Scheumann.

MH: Briefe an die Exzellenz 80.

F: Mord in Lwow 60; Aktion J 61; Brüder und Schwestern 63; Globke heute 63; Kommando 52 65; Hüben und drüben 65; O. K. 65; Der lachende Mann 66; PS. zum lachenden Mann 66; 400 cm³ 66; Heimweh nach der Zukunft 67; Geisterstunde 67; Der Zeuge 67; Mit vorzüglicher Hochachtung, auch m. P. Voigt 67; Der Fall Bernd K. 67; Piloten im Pyjama 68 IV; Der Präsident im Exil 69; Der Mann ohne Vergangenheit 70; Byebye Wheelus 71; 100, auch m. P. Voigt 71; Remington Cal. 12 72; Mitbürger! 74; Der Krieg d. Mumien 74; Psalm 18 74; Ich war, ich bin, ich werde sein 74; Der Weiße Putsch 75; Geldsorgen 75; Meiers Nachlaß 75; Eine Minute Dunkel macht uns nicht blind 76; Die Teufelsinsel 76; Eintritt kostenlos 76; Der erste Reis danach 76; "Ich bereue aufrichtig" 77; Die eiserne Festung 77; Die Toten schweigen nicht 78; Am Wassergraben 78; Im Feuer bestanden 78; Ein Vietnamflüchtling 79; Die fernen Freunde nah 79; Phoenix 79; Kampuchea. Sterben und Auferstehen 80; Fliege, roter Schmetterling 80; Exercices 81; Die Angkar 81; Der Dschungelkrieg 82, seit 66 alle m. G. Scheumann.

S: Der lachende Mann 66.

Lit: Arbeitshefte d. Akad. d. Künste d. DDR: H. 18 — Der Krieg der Mumien. Werkstattber. ... 74; H. 27 — Dokument u. Kunst 77; H. 34 — Figur d. Kurzfilms 79; Michel: Werkstatt Studio H & S 76; H & S im Gespräch 77; Möglichkeiten d. Dok.films, Retrosp. Oberhausen 79.

Heyse, Gerd (Ps. Ernst Heiter), Wirtschaftstreuhänder, z.Zt. Helfer in Steuersachen; SV-DDR 74; Goethe-Str. 47, DDR-5080 Erfurt (Erfurt 12.10.30). Kurzprosa, Lyrik.

V: Kurz und scherzhaft 75, 81; Der Hund des Nachbarn bellt immer viel lauter 78, 80; Gehirntestate 81, 82, alles Aphor.

Heyse, Ulrich, Kaufmann; Ob. Königstr. 27, D-8600 Bamberg, Tel. (0951) 26653 (Kolmar/Posen 29.1.08). Lyrik, Novelle, kleine Prosa.

V: Kartenspiel, Prosa 39; Souvenirs, Prosa 82.

MA: Aber das Herz hängt daran, Anth. 55.

van Heyst, Ilse, Verlagslektorin; VS; Landsknechtstr. 13, D-7800 Freiburg i.Br., Tel. (0761) 709004 (Marienberg 11.5.13). Erzählung, Kurzgeschichte, Jugendroman, Kinderbuch, Hörspiel, Feature. **Ue:** E, H.

V: Im Schatten der Flügel, G. 63; Begegnung in Amsterdam, Jgd.-R. 63; Dally 64; Tü Malusch u. Janina 66; Die geheimnisvolle Flöte 67; Der Zauberer aus der Streichholzschachtel 68; Lucie oder Die Reise ins Ungewisse 69, alles Kinderb.; Einmaleins d. Aufklärung, Sachb. 69; Nächstes Jahr, Jgd.-R. 69; Seifenblasen f. Veronika 70; Von Klaus, einem Pferd u. d. Feuerwehr 72; Eine Wunderblume f. Veronika 73, Das riesenrunde Riesenrad 73, alles Kinderb.; Myra 73; Die Pferde v. Gröllhof 74; Heike bericht aus 74, alles Jgd.-R.; Kartoffelpuppen f. Veronika 74; Station 4 Zimmer 11 75, alles Kinderb.; Endstation Ich, Jgd.-R. 75; Eine Stallaterne f. Veronika 76; Sonne, Wind u. Seifenblasen 76; Aufregung um Bobby 76; Alles f. Karagöz 76, alles Kinderb; Idris — Geschn. aus Ägypten, Erzn. 77; Zoogeschichten 77; Der grasgrüne Briefkasten, Kinderb. 78; Jeder hat seine Träume, Jgdb. 79; Isis u. Osiris an d. Oos, Erz. 79; Springfeldstraße, Kdb. 82; Das Schlimmste war die Angst, autobiogr. Text 82.

Hiebel, Friedrich, Dr. phil., ehem. UProf.; P.E.N. 65, SSV; Mod. Lang. Assoc. of America 46; Luzerner Str. 14, CH-4143 Dornach/Sol., Tel. (061) 722855 (Wien 10.2.03). Drama, Lyrik, Roman, Essay, Kultur- u. Geistesgeschichte. **Ue:** E.

V: Ikarus, G. 26; Der Bote des neuen Bundes, Dr. 28; Der geteilte Ton, R. 30; Die Geburt d. nhdt. Schriftsprache 31; Die Kristallkugel, M.-Dr. 32; Die letzte Bank, N. 35; Wege zweier Welten, G. 42; Paulus und die Erkenntnislehre der Freiheit 46; Novalis 51, 72; Die Botschaft von Hellas 53, 4. Aufl. 83; Christian Morgenstern 57; Bibelfunde und Zeitgewissen 59; Albert Steffen 60; Goethe 61, Tb. 82; Alpha und Omega 64; Rudolf Steiner im Geistesgang des Abendlandes 65, 75; Himmelskind und Adambotschaft 65; Neue Wege der Dichtung

64; Biographik und Essayistik 70;
Campanella, Schicksalsgesch. d. Dichters v. Sonnenstaat, R. 72, 80; Seneca, Dr.
74; Der Tod d. Aristoteles, R. 77; Im Stillstand d. Stunden, G. 79; Goethe und die
Schweiz 82.
H: Rudolf Steiner: Der anthroposophische Weg 82.
s. a. Kürschners GK.

Hiebel, Hans H., Dr. phil., Wiss.
Assistent; La Patarina, Rom 69; Neue
Ges. f. Literatur Erlangen e.V.;
Schwalbenweg 3, D-8521 Heßdorf/
Mittelfr. (Reichenberg 18.5.41). Lyrik,
Roman.
V: Seelensatz, G. 75. ( )

Hiebeler, Toni, Journalist, freier
Publizist; Erster Preis d. fahrenden
Buchhändler Italiens 62; Victor-
Scheffel-Str. 2, D-8000 München 40, Tel.
(089) 331171 (Schwarzach/Bregenz/Öst.
5.3.30). Alpinismus, Skisport, Reise,
aktive Freizeit.
V: Abenteuer Berg 57, 63; Im Banne
der Spinne 61; Berg und Mensch 61;
Dunkle Wand am Matterhorn 62;
Zwischen Himmel und Hölle 63; Eiger-
wand, Der Tod klettert mit 64; Das
Dolomiten-Skibuch 66; SOS in Fels und
Eis 61; Abenteuer Eiger 73; Abenteuer
Everest 74; Berge unserer Erde 74;
Berge unserer Alpen 76; Die Alpen 76;
Allegra, Unterengadin 76; Eigerwand,
Von der Erstbesteigung bis heute 76;
Matterhorn, Von der Erstbesteigung bis
heute 76; Lexikon der Alpen 77, 83;
Dolomiten 78; Die Retter 78; Zugspitze,
Von der Erstbesteigung bis heute 79;
Faszination Berg zw. Alpen u. Himalaya
79; Berner Oberland 80; Die schönsten
Wanderrouten d. Alpen 80; Bergsteiger-
schule 80; Bergsteigen von A-Z 82.
F: Erste Winterbegehung der Eiger-
Nordwand 61.
Lit: Brockhaus-Sportlexikon.

Hiel, Ingeborg, Innenarchitektin;
Steirischer Kurzprosawettbew. 73,
Hartberger Kunstpr. f. Lyrik 76, Lit.pr. f.
Kinder- u. Jgdb. d. Steiermärk. Ldesreg.
79, A-8063 Eggersdorf (Graz 15.6.39).
Drama, Lyrik, Roman, Novelle, Hörspiel.
V: 41 lustige Gespenstergeschichten
72; 41 lustige Räubergeschichten 73;
bunte Spuren, Lyrik 76; der kleine
Musketier 77; Der Mondkratzer, Prosa
79; KBR-Gedichte 81; Istrienmappe 82;
Gedichtbroschüre 83; Viele Tage,
Romandok. 83; Rommappe 83;
Budapestmappe 83.

Hiemer, Albert, c/o Leeden-Verl.
Kugler, Tecklenburg.
V: Schaufenster, G. 83. ( )

Hieronimus, Ekkehard (Ps. Maxi-
milian Grolms), Pastor; VS Nieder-
sachsen; Marienstr. 35, D-3000
Hannover, Tel. (0511) 320725 (Crossen/
Oder 5.1.26). Essay.
V: Bedeutende Juden in Nieder-
sachsen 64; Mondwanderungen, prakt.
Ratschläge etc. 70; Theodor Lessing 72;
Elfriede Weidenhaus, en ung tysk
grafiker 72; Der Grafiker E. M. Lilien 74;
Der Traum v. d. Urkulturen 75; Elisâr v.
Kupffer 79; Wilhelm v. Gloeden 79;
Wilhelm v. Gloeden. Photographie als
Beschwörung 82.
MA: Leben und Schicksal, Festschrift
z. Einweihung der Synagoge in
Hannover 63; Religions- u. Geistes-
geschichte der Weimarer Rep. 82.

Hierse, Gisela; Bergstr. 118, D-7000
Stuttgart, Tel. (0711) 485462.
V: Beate gehört zu uns 76; Nest-
wechsel 80; Ein Sommerfest 81.

Hiesel, Franz, Prof., Leiter d. Abt.
Hörspiel & Lit. ORF i.P., freier Schrift-
steller; P.E.N., Ö.S.V. 50;
Anerkennungspr. d. Öst. Staatspr. f.
Dramatik 52, Förderungspr. d. Öst.
Staatspr. f. Hsp. 54, Hörspielpr. d. Bayer.
Rdfks 56, Hörspielpr. d. Kriegsblinden
59; Steigenteschgasse 152/4, A-1222
Wien, Tel. (0222) 2317045 (Wien 11.4.21).
Drama, Erzählung, Hörspiel, Fernseh-
spiel.
V: Die Dschungel d. Welt, 2 Hsp. 55;
Auf einem Maulwurfshügel, Hsp. 60; Ich
kenne d. Geruch d. wilden Kamille,
Erzn. u. Hsp. 61; Die gar köstlichen
Folgen einer mißglückten Belagerung,
Hsp. 78. — **MV:** Reclams Hörspielführer
69.
F: An der schönen blauen Donau 65.
R: An der schönen blauen Donau 65;
Das blaue Wild 72; Die Ausnahme 77,
alles Fs.spiele; Nachtexpreß 301 53; Von
Hoffnung zu Hoffnung 55; Parole
Sonnenvogel 56; Die Schädelballade 56;
Old Man River 57; L'Onore 58; Auf
einem Maulwurfshügel 59; Ein Kamel
geht durch d. Zimmertür 60; Die Reise
nach Öst. 60; Herr Pum sucht seinen
Mörder 61; Gott liebt die Schweizer 63;
Heimkehr aus St. Pölten 67; Das Stroh-
puppenspiel 68; Das Hundeherz 70; Der
Streckengeher 70; Das Paket 71; Im
Affenkäfig 71; Adoptionen 72; Die einen
und die anderen T (D) essiner 72; Else,
mein Elschen 72; In allerhöchster Not:
Elias Dersch 73; Von den

Schwierigkeiten eine äußerst
frequentierte Straße zu überqueren 73;
Die gar köstlichen Folgen e.
mißglückten Belagerung 75; Agathe 75;
Die verwegenen Spiele am Rothenbaum
75; Der Tag der Friseure 76; Was halten
Sie von Irma Prein? 76; Zu wenig oder
zuviel ist eines jeden Narren Ziel 78;
Die Sache mit dem Schlüsselbund 80;
Alte Freundschaft rostet nicht 81;
Trautes Heim — Glück allein 81; Eine
Spur führt zum Hollerbusch 81; Heiliges
Wasser aus Benares 82; Herrn
Strachotas Flieger fliegen nicht mehr
82; Ach, wie gut, daß niemand weiß 82;
Ein Steirer geht nach Wien 83, alles
Hsp.

Hilbert, Ferd, Sprachlehrer im techn.
Unterr.; Preis d. Instituteurs Réunis,
Luxemburg 57, 63; Rue Résistance,
Mamer/Luxemburg, Tel. 318192
(Luxemburg 25.4.29). Jugendbuch, Kurz-
geschichte. **Ue:** F, E.
V: Pitter Spatz, Jgdb. 58; Das
Leuchtende x 60; Berufe für Alle 62.
MA: Marienkal. 59 — 80; Ucht-Kal. 66
— 71. ( )

Hilbig, Wolfgang, freier Schriftsteller;
Spittastr. 19, DDR-7033 Leipzig
(Menselwitz/Thür. 31.8.41). Lyrik, Kurz-
prosa.
V: Abwesenheit, G. 79; Unterm
Neomond, Erzn. 82.

Hildebrand, Alexander, Dr. phil.; Vors.
Wiesbad. Goethe-Ges.; Klarenthaler Str.
2, D-6200 Wiesbaden, Tel. (06121) 444792
(Leipzig 5.6.40). Lyrik, Essay (Lit. u.
Kunst), Kritik. **Ue:** Ch.
V: The Child Waking Now and other
Lyrics, G. 70; Autoren Autoren, Ess. 74,
79; Otto Ritschl, Ausst. Kat. 74; Das
Brentanohaus in Winkel/Rheingau, Ess.
76; Wegmarken. Zwölf Bilder v. O.
Ritschl 78; Augenblicke Gewißheit, G.
79; K. H. Buch. Noblesse n'oblige 80;
Bildende Künstler in Wiesbaden 81; Die
Malerin Lieselotte Schwarz 82. —
MV: Donath, Chin. G. 65; Mainzer
Almanach, Ess. 68; Gauriel von
Muntabel, Lit.wiss. 69; Pleier: Meleranz,
Lit.wiss. 74; W. Neumann: Im Bunker, G.
74.
MA: Wiesbaden international, Ess. u.
G. 71; Theater in Wiesbaden 1765 — 1978
78; Stefan Zweig: Legenden (Nachw.) 79.
Ue: Du Fu, G. 77.

Hildebrand, Johann, freier
Schriftsteller; VS 70;
Förderungsbeihilfen, Literar. Gruppe
2000 68; C 3, 22, D-6800 Mannheim 1, Tel.

(0621) 12748 u. 573810 (Grabenhof Kr.
Sensburg/Ostpr. 27.3.11). Lyrik, Roman,
Novelle, Essay.
V: Die Autorengemeinschaft, Lyr.,
Kurzgesch. 76; Der Steinschläger, N.,
Lyr. 77; Ackergäule u. Junker, R. 78.
H: Tauernexpreß, R. 81. —
MH: Anthol. d. Literar. Gr. 2000 80.
Lit: die feder, monatl. Zs.

Hildebrandt, Albert, Angestellter;
VFS; Sonnenstr. 23, D-8729 Wonfurt
(Wonfurt 26.4.26). Lyrik.
V: Lichter und Schatten, G. 58;
Salomo. Ein bibl. Zyklus, G. 59; In Feuer
und Asche, G. 60.
MA: Abseits der Straße 56; Wortgeleit
56; Bruder Baum 57; Orpheus 57;
Requiem 57; Der Gotterkorene 57; Das
Licht der Welt 61; Heimweh nach dem
Nächsten 61, alles Anth.

Hildebrandt, Dieter, Dr. phil., Jour-
nalist, Kritiker, Lektor; V.dt.K. 63, P.E.N.
65; Hölderlinstr. 12, D-1000 Berlin 19
(Berlin 1.7.32). Essay, Reportage, Kritik,
Roman. **Ue:** E.
V: Die Mauer ist keine Grenze 64;
Schnittpunkte 66; Deutschland deine
Berliner 73, Tb. 77; Ödön von Horváth
75, 78; Blaubart Mitte Vierzig 77;
Lessing, Biogr. e. Emanzipation 79, Tb.
82; Christlob Mylius 81. — **MV:** (Bearb.):
Voltaire: Candide 63; Lessing: Minna
von Barnhelm 69.
H: Hermann Broch: Gedanken zur
Politik 70. — **MH:** Ödön von Horváth,
Ges. Werke, m. Traugott Krischke 70/71.
F: Abschied vom Anhalter (Bahnhof)
70; Ariadne in Berlin 71; Flucht aus der
Stille 76.
Ue: Shaw: Getting married u. d. T.:
Heiraten. — **MUe:** Sean O'Casey: Ein
Freudenfeuer für den Bischof, m. K. H.
Hansen 69; Der Pflug und die Sterne, m.
Volker Canaris 70; Hinter den grünen
Vorhängen 73. ( )

Hildebrandt, Friedrich C. A., Dr.phil.,
Kriminalpsychologe a.D.; Garbeweg 37,
D-3000 Hannover 51, Tel. (0511) 573437
(Frankfurt a.M. 31.12.09). Lyrik.
V: Zwischen Gestern und Morgen 79;
Ein Weg zu Dir 80; Erkennen und Leben
82, alles G. u. Gedanken.

Hildebrandt, Kriemhild, s. Magyari,
Kriemhild.

Hildebrandt, Otto, Bergmann; 1. Preis
Literaturwettbew. d. Ztg. Tribüne 63,
Förderungspr. Verlag d. Nation 74;
Bahnhofstr. 108, DDR-1502 Babelsberg
(Gräfenhainichen 22.11.24). Erzählung,
Filmszenarium, Kinderliteratur.

V: Die Jäger von der Hohen Jöst,
Jgdb. 71, 3. Aufl. 82, Auszug u.d.T.: Die
Entenjagd 80 (tschech.); Die schwarze
Margret, histor. Erz. 75, 78. —
MV: Begegnung mit Tieren, Tiergeschn.
m. Heinz Hunger 72.
MA: Der junge Techniker, Sammelbd.
52.
R: Wörlitzer Park — Mitteldeutsches
Sanssouci, Fksend.; Feuilletons; Die
Hofmännin, Rdfk 83.

Hildebrandt, Sieglinde, Grafikerin;
Duisburger Str. 23, D-4030 Ratingen 4-
Lintorf, Tel. (02102) 35512 (Berlin
27.1.21). Lyrik, Humor.
V: Hellas und Sparta - vergessen seit
Quarta 73, 76; Lieber Kollege 74; Engel
Adam 76; Fidel von rosig bis rostig 76.

Hildesheimer, Wolfgang; P.E.N. 55;
Hsp.-Preis d. Kriegsblinden 54, Bremer
Literaturpreis 66, Georg-Büchner-Pr. 66,
Pr. d. Bayer. Akad. d. schönen Künste
82; Gruppe 47 52, Akad. f. Spr. u. Dicht.,
Berliner Akad. d. Künste 74, CH-7742
Poschiavo, Graubünden, Tel. (082) 50467
(Hamburg 9.12.16). Drama, Roman,
Novelle, Hörspiel, Essay. **Ue:** E.
V: Lieblose Legenden, Kurzgeschn.
52; Paradies der falschen Vögel, R. 53;
Der Drachenthron, Kom. 55; Ich trage
eine Eule nach Athen, Kurzgeschn. 56;
Spiele, in denen es dunkel wird,
Dramen; Tynset, R. 65; Wer war
Mozart?, Ess. 66; Zeiten in Cornwall,
Aufzeichnungen 71; Mary Stuart, Dr. 71;
Masante, R. 73; Mozart, Biogr. 77;
Marbot, Biogr. 81. — **MV:** Floras Fauna,
m. Paul Flora 54; Das Ende einer Welt,
m. Hans Werner Henze, Funkoper 54.
R: Das Ende kommt nie; Begegnung
im Balkan-Expreß; An den Ufern der
Plotinitza; Prinzessin Turandot; Das
Opfer Helena; Herrn Walsers Raben,
alles Hsp.; Monolog, Hsp. 65.
Ue: Spencer Chapman: The jungle is
neutral u. d. T.: Aktion Dschungel 53;
Djuna Barnes: Nachtgewächs; G. B.
Shaw: Die heilige Johanna 65; B. Shaw:
Helden 69; J. Joyce: Anna Livia
Plurabelle 70.

von Hilgendorff, Gertrud (Ps. f.
Gertraud Felkl), Journalistin, Schrift-
stellerin, A-2721 Bad Fischau-Brunn,
Tel. (02639) 2313 (München 26.4.21).
Drama, Roman, Sachbücher.
V: Abenteuer in Griechenland, R. 48;
Iß dich jung 53; Pfleg Dich schön 53;
Gutes Benehmen - dein Erfolg 53; Eine
Reise durch Italien 54; Plauderei über
Blumen 55; Das Teenagerbuch 58;
Manierlich-erfolgreich-beliebt 61;

Harmonisch-weiblich-begehrt 62; Jung-
schlank-schön 64; Ein Wald voller
Nüsse, R. 80, Tb. 82.

Hilgendorff, Hermann, s. Müller, Kurt.

Hilger, Conrad W., s. Joost, Wilhelm.

Hilgert, Heinz, Kaufmann, D-8091
Evenhausen/Obb.-Stefanskirchen
(Ahaus/Westf. 8.11.27). Roman.
V: Versuch in Glück, R. 59; Vorspiele,
R. 77.

Hilker, Helmut, Journalist im Bdes-
presseamt; D.A.V. 65; Jordanstr. 15, D-
3000 Hannover, Tel. (0511) 888084 (Köln
16.11.27). Hörspiel, Kurzgeschichte,
Essay.
B: André Gide: Der schlechtgefesselte
Prometheus, Funkfass.; Kriminalhsp. n.
James M. Cain.
R: Ca. 210 Hörspiele f. d. Schulfunk
(Wirtschaftsgeogr., Forsch.reisen,
Medizin, Mikrobiol. u.v.a.).

Hill, Jutta, Schülerin; Eberstädter
Kirchstr. 18, D-6100 Darmstadt-
Eberstadt, Tel. (06151) 56830 (Jugenheim
1.8.64). Jugendroman.
V: Eine irre Melodie, Jgd-R. 81.

Hillebrand, Bruno, Dr., o. UProf.; o.
Mitgl. Akad. d. Wiss. u. d. Lit. 78, Fellow
Wiss.kolleg Berlin 81/82; Am Rheinufer
3-4, D-6228 Eltville am Rhein, Tel.
(06123) 2164 (Düren 6.2.35). Lyrik, Essay,
Roman, Literaturwissenschaft.
V: Sehr reale Verse, G. 66; Artistik u.
Auftrag. Zur Kunsttheorie v. Benn u.
Nietzsche 66; Mensch u. Raum im
Roman. Stud. zu Keller, Stifter, Fontane
71; Theorie d. Romans. I. Von Heliodor
bis Jean Paul. II. Von Hegel bis Handke
72, 80; Reale Verse, G. 72; Zur Struktur
d. Romans 78; Nietzsche u. d. dt.
Literatur 2 Bde 78; Gottfried Benn 79;
Versiegelte Gärten, R. 79; Über den
Rand hinaus, G. 82; Goethes Werther —
ein deutsches Thema 82; Die Hoffnung
des alten Goethe 83.
MA: Der dt. Roman im 20. Jh. 76; Das
Große dt. Gedichtbuch 78; Lit. als
Gepäck 79; Beih. Jb. d. Akad. d. Wiss. u.
d. Lit. 79/80; Areopag 80/81; Weltlit. im
20. Jh. 81; Lyrik von allen Seiten 81;
Jahresring 81/82; Handb. d. deutschen
Romans 83; Intern. Nietzsche-Symp.
Berlin 83; Jb. des Wissenschaftskollegs
zu Berlin 83.
H: Gottfried Benn: Ges. Werke in 4
Bden seit 82.
Lit.: F. Lennartz: Dt. Schriftst. d.
Gegw. 11. Aufl..
s. a. Kürschners GK.

Hillenbrand, Karl; Seewanger Weg
12a, D-7891 Hürrlingen.
V: Pirsch gegen den Wind 63; Die
Jagdhütte im Bärenwald 76; Dem Dieb
auf d. Spur 79; Ein Jagdhaus im
Schwarzwald 79; Kottenbacher
Geschichten oder der Krieg fand
eigentlich woanders statt 81. ( )

Hillig, Werner, s. von Bohlen und
Halbach, Berndt.

Hilsbecher, Walter, Autor,
Rundfunksprecher; PEN-Zentrum
Bdesrep. Dtld; Münsterer Str. 16, D-6308
Butzbach 9, Tel. (06033) 1226 (Frankfurt
a.M. 9.3.17). Lyrik, Erzählung, Essay,
Aphorismus, Übers. **Ue:** E, F.
V: Ernst Jünger und die Neue
Theologie, Fragmente 49; Sporaden,
Aphor. 53; Wie modern ist eine
Literatur, Ess. 65; Lakonische
Geschichten, Erzn. 65; Schreiben als
Therapie, Ess. 67; Sporaden.
Aufzeichnungen aus 20 Jahren, Aphor.
69.
MA: Bänkelsang der Zeit, G. 48;
Wilhelm Herzog. Die Affäre Dreyfus,
Ess. 57; PEN. Neue Texte dt. Autoren,
Aphor. 71; Das große Hdb. geflügelter
Definitionen, Aphor. 71, Tb. u.d.T.:
Schlagfertige Definitionen 74; Tb. u. d.
T.: Schlagfertige Definitonen 74; Lyrik
80, G. 81.
R: Rashomon, Hsp. nach Akutagawa;
Die Wellen, Hsp. nach Virginia Woolf.
Ue: Amos Tutola: Der
Palmweintrinker; Jean Reverzy: Die
Überfahrt 56; Françoise Mallet-Joris: Le
rempart des béguines. La chambre
rouge u.d.T.: Der dunkle Morgen 57;
Jean-Louis Curtis: Die seidene Leiter
57; Herman Melville: Ein sehr
vertrauenswürdiger Herr 58.

Hilscher, Eberhard; SV-DDR 56;
Neumannstr. 51, DDR-110 Berlin, Tel.
4826861 (Schwiebus 28.4.27). Roman,
Novelle, Essay, Lyrik.
V: Feuerland ahoi! Mister Darwin
macht eine Entdeckung, Erz. 61, illustr.
80 (ung.); Die Entdeckung der Liebe.
Hist. Miniaturen 62, erw. 77; Arnold
Zweig. Brückenbauer vom Gestern ins
Morgen, Monogr. 62, bearb. u. erw. Ausg.
u.d.T.: Arnold Zweig. Leben und Werk
68, erw. u. ill. 78; Thomas Mann. Leben
und Werk, Monogr. 65, erw. u. ill. 83
(ung.); Gerhart Hauptmann. Biogr. u.
Werkinterpretat. 69, bearb. 79; Der
Morgenstern oder die vier Verwand-
lungen eines Mannes, Walther von der
Vogelweide genannt, R. 76, 82; Poetische
Weltbilder, Ess. über Heinrich Mann,

Thomas Mann, Hermann Hesse, Robert
Musil u. Lion Feuchtwanger 77, 79
(russ.); Die Weltzeituhr, Roman e.
Epoche 83.
H: C. F. Meyer: Die Versuchung des
Pescara, m. Nachw. 62; Eduard Mörike:
Mozart auf der Reise nach Prag, m.
Nachw. 65; Heinrich Mann: Liebes-
spiele, Nov. 71; Hermann Hesse: Merk-
würdige Nachricht von einem andern
Stern, Märchen 77, alle m. Nachw.

Hilsenrath, Edgar, Schriftsteller;
P.E.N.-Zentrum Bdesrepubl. Dtld, P.E.N.
U.S.A, American Center, VS, Verb.
Amerik. Schriftsteller, Writer's Guilde;
Poschinger Str. 6, D-1000 Berlin 41
(Leipzig 2.4.26). Roman.
V: Nacht, R. 64, Tb. 80 (auch amerik.,
engl., holl., schwed.); Der Nazi und der
Friseur, R. 77, Tb. 79 (auch amerik.,
engl., ital., franz., holl., schwed.); Gib
acht Genosse Mandelbaum, R. 79;
Bronskys Geständnis, R. 80, Tb. 82.
R: 1 Hörspiel, Kinderfunk. ( )

Hilton, Sibylle, s. Guggenheim-von
Wiese, Ursula.

Hilty, Hans Rudolf, Dr. phil.; SSV 57;
Ehrengabe d. Stadt Zürich 69;
Hummelberg 64, CH-8645 Jona, Tel.
(055) 281158 (St. Gallen 5.12.25). Lyrik,
Roman, Novelle, Essay, Drama. **Ue:** F.
V: Nachtgesang, G. 48; Die Ent-
sagenden, Nn. 51; Vadian, Ess. 51; Carl
Hilty und das geistige Erbe der Goethe-
zeit, St. 53; Der kleine Totentanz, Dr. 53;
Das indisch-rote Heft, Nn. 54; Friedrich
Schiller, Ess. 55; Eingebrannt in den
Schnee, G. 56; Daß die Erde uns leicht
sei, G. 59; Jeanne d'Arc bei Schiller und
Anouilh, Ess. 60; Parsifal, R. 62; Die
Mörderin und ihr Planet, Dr. 64; Symbol
und Exempel, Ess, 66; Zu erfahren, G.
69; Mutmaßungen üb. Ursula, Erz. 70;
Rumänische Sequenzen, G. 71; Ein
Wettlauf, Dr. 72; Risse, Erzn. 77; Bruder
Klaus, R. 81. — **MV:** Der Rat d. Welt-
unweisen, R. 65 (holl. 67); Massen-
medien, St. 71; Vogelkojen in Nordfries-
ld, St. 78; Morgarten findet statt, St. 79;
Föhnfieber, Ess. 83.
H: Hortulus, Zs. f. neue Dicht. 51 — 64;
Alexander Xaver Gwerder: Dämmer-
klee, G. 55; Möglich, daß es gewittern
wird, Prosa 57; Land über Dächer, G. 59;
Hermann Hesse: Treue Begleiter, G. 58;
Die Quadratbücher 59 — 64; Adrien
Turel: Weltsaite Mensch, G. 60; documenta poetica, G. - Anth. 62 II; Regie-
arbeit Leopold Lindtberg, Ess. 62; Hans
Arp und die Worte der Dichter, G.-Anth.
63; Grenzgänge, Lit. aus d. Schweiz 33-

45, Anth. 81. – **MH:** Der goldene Griffel,
G.-Anth. 57; Ensemble, G.-Anth. 58;
Zürich zum Beispiel, G.-Anth. 59; Der
schwermütige Ladekran, Japanische
Lyrik unserer Tage 60; Modernes
Schweizer Theater, Dr.-Anth. 64; Dank
an Kurt Hirschfeld, Ess. 64; Zürcher
Almanach II 71; Traugott Vogel: Leben
und Schreiben, Biogr. 75; Reinhard
Bordel: Und erlegte 373 Wale, Erzn. 78;
Odysseas Elytis: Ausgew. Gedichte 79.
Ue: Joachim Vadian: Hahnenkampf,
Dr. 59; C. F. Ramuz: Die Geschichte vom
Soldaten, Dr. 61; Aline Valangin: Raum
ohne Kehrreim, G. 61; Yves Velan: ich,
R. 63; T. Carmi: Die Kupferschlange, G.
64; Jean-Pierre Monnier: Die Helle der
Nacht, R. 67. – **MUe:** Jean-François
Bergier: Klio und Hermes, Ess. 80.

Himmelheber geb. Roemer, Ulrike;
Wilckenstr. 32, D-6900 Heidelberg, Tel.
(06221) 42562 (Mannheim 19.2.20).
V: Schwarze Schwester 57 (auch
holl.). – **MV:** Die Dan, ein Bauernvolk
im westafrikanischen Urwald 58; Neger-
schicksale 70.

Himmler, Kurt, Dipl.-Ing., Prof. FH.;
Homertstr. 25, D-5800 Hagen 8, Tel.
(02337) 716 (Wolfenbüttel 13.12.21). Lyrik.
V: Gereimtes und Ungereimtes, Lyr.
76.
MA: Spuren der Zeit V, Lyr. 80.
s. a. Kürschners GK.

Himstedt, Hermann, Dr. phil.;
Arndtstr. 8, D-6200 Wiesbaden (Verden/
Aller 24.11.15). Drama, Lyrik, Novelle.
V: Söhne, Sch. 47; Hanne Wandrill,
Sch. 50; Rias Reise. R. f. kleine Leute,
Kinderb. 52; Gang u. Gabe, G. 77; Dank
an Pál, Erzn. 82. – **MV:** Im Zeichen der
Hoffnung, Leseb. 61.

Hindemitt-Blum, Peter (Ps. Jakob
Isaak Mendelsohn), Journalist u.
Verlagsleiter; VS 79; Elektrastr. 5, D-
8000 München 81, Tel. (089) 916158 (Heil
Kr. Unna NRW 7.8.47). Lyrik, Essay.
V: Gefangene Träume, Lyr. 77;
sprachlos – sans voix, zweispr. Lyr. 81;
Die Welt des J.I. Mendelsohn, Lyr. 82.
MA: Kürbiskern, Lyr. 79; Der Land-
bote, Lyr. u. Ess. 80.

Hindenach, Arthur (Ps. Artj Cambel),
Kaufmann; Königsbergstr. 136, D-2000
Wedel/Holst. (Zürich-Stadt 18.9.11).
Roman.
V: Nenn mich Jlonka, R. 78; Whisky-
sour, R. 78.

Hinderberger, Hannelise, Dr. phil.;
SSV; Preis d. Schweiz. Schillerstiftung

62, Tel. (031) 801089 (Zürich). Lyrik,
Essay. **Ue:** I, F, E.
V: Landschaft und Liebe, G. 52; Netze
im Wasser, G. 58.
Ue: Michelangelo: Lebensberichte,
Briefe, Gedichte 47; Dante Alighieri:
Das neue Leben 47; Petrarca: 90 Sonette
aus dem Canzoniere 48; Vittorio Alfieri:
Mein Leben 49; Giovanni Verga: Sizilia-
nische Novellen 54; Francesco Chiesa:
Kalliope 59; Verlaine: Gedichte 59;
Französische Symbolisten 60; Francesco
Chiesa: Stellata Sera 61; Michelangelo:
Gedichte 64; Federica de Cesco: Der
Prinz von Mexico 65; La Fontaine:
Hundert Fabeln 65; Charles Baudelaire:
Ein Leben im Widerspruch, Briefe 69;
Jean Cassou: Das lyrische Werk 71
(MA); Piero Bianconi: Der Stammbaum,
Tessiner Chronik 71, Locarno v. gestern
74; Guiseppe Mondada: Corippo 75;
Lanza del Vasto: Weisheit der Land-
straße 75; Elsa Morante: La Storia 76;
Giampaolo Lai: Die Worte d. ersten Ge-
sprächs 78; Marinou: Der Ziegenbock
vom Supramonte 79; Huguette Pirotte:
Bororos – Indianer in d. Orchideen-
hölle 79; Charles-Albert Cingria: Unter-
wegs 79. ( )

Hinderks-Kutscher, Rotraut, Graphikerin, Schriftstellerin; Jgdbpr. 40; Solothurner Str. 8, D-8000 München 71, Tel.
(089) 751246 (München 14.12.08). Kinderbilderbücher, Jugendbuch, Volkskunde,
Reiseschilderung, geographische Bild-
karten.
V: Zöpfle bei den Sommereltern,
Mädchenb. 40; Tönjes von Null bis Drei,
Babytageb. 41; Krampus von Trollberg,
Bubeng. 41 (auch franz.); Donnerblitz-
bub Wolfgang Amadeus, Jgdb. 43 (auch
franz., griech., tsch.); Art und Brauch im
Land ob der Enns, Volkskundeatlas v.
ObÖst. 52; Franzl aus dem Himmel-
pfortgrund, Jgdb. 55; Kamerad Annett,
Mädchen-R. 56; Papa Haydn 57;
Unsterblicher Wolfgang Amedeus Mo-
zart 59.

Hingst, Traude, s. Seebauer, Traudl.

Hinn, Vilma, Journalistin;
Friesenberg Str. 40, CH-8055 Zürich, Tel.
(01) 4625169 (Zürich 5.1.36). **Ue:** S.
V: Mannundfrauspielen 82.

Hinnack, Michel, s. Hülsmann, Harald
K.

Hinterberger, Ernst, Angest.; Öst.
P.E.N.-Club; Förderungspr. d. Stadt
Wien 72, Anton Wildgans-Pr. 74; Öst.
Ges. f. Lit. 65; Margaretengürtel 122/1/4/

16, A-1050 Wien (17.10.31). Drama, Lyrik, Roman, Hörspiel.

V: Beweisaufnahme, R. 65; Salz der Erde, R. 66; Wer fragt nach uns, Erz. 75, Tb. 79; Immer ist ja nicht Sonntag 74; Im Käfig 74; Das Abbruchhaus, R. 77.

R: Die Puppe, Hsp. 71; Aus, Hsp. 73; Zimmer 28, Hsp. 74; Am Fenster, Hsp. 74; Kein La Rochelle, Hsp. 75; Kurze 1000 Jahre, Fsp. 75; Ein echter Wiener, Fs.-Serie 75/77; Ein Sonntagskind, Fsp. 81; Das Ende kann auch Anfang sein, Fsp. 82; Mit fliegenden Fahnen, Hsp. 83.

Hinterberger, Norbert, c/o Knaus-Verl., Hamburg.

V: Die klaren Sachen, G. 83. ( )

Hintz, Werner (Ps. Heinz Wertner); Lötzener Allee 14, D-1000 Berlin 19, Tel. (030) 3026470 (Berlin 29.4.07). Roman, Hörspiel, Fernsehspiel, Film.

V: Spuk auf der Atlanta, R. 33; Spionin wider Willen, R. 33; Schatten hinter Linnekogel, R. 33; Liebe kleine Gisela, R. 34; Alles auf eine Karte, R. 35; Die glückliche Hand, R. 35; Die letzte Seite fehlt!, R. 35; Die seltsame Frau Corsignac, Krim.-R. 36; Der Tod lauert im Moor, Krim.-R. 37; Die drei aus dem Niemandsland, R. 37; Am Rande der Welt, R. 38; Glück muß der Mensch haben, R. 38; Sturm über Norderhöft, Krim.-R. 38; Peter, benimm dich! 54.

F: (MV) Alle Tage ist kein Sonntag!.

R: Aufmachen! Kriminalpolizei; Der Treffer ins Schwarze; Verliebt, verlobt, verheiratet!; Das Winzerfest; Und du mein Schatz, bleibst hier; Einen Sonntag lang ..., Der Schuß ins Blaue; Herr Molander schreibt seine Memoiren; Ein falscher Fünfziger; Der Feuerreiter; Die blaue Venezuela; Die Schatzinsel (nach Stevenson); Wetten, daß -?, Die Klassenkasse; Ohrenzeugen gesucht; Müllerstraße 189; Der blaue Diamant; Aus den Akten von Scotland Yard; François Vidocq; Unternehmen Luna; Bumerang; Ein Tag zu wenig im Kalender; Auf die Minute, alles Hsp.; Bodennebel; Abschied von Yvonne; Amatis Meisterstück; Die Perlen der Pompadour; Das Gänsemädchen von St. Cœur; Pech muß man haben, alles Fsp.; Lokaltermin; Beschlossen und verkündet, beides Fs.-Serien. - Mitarb.: So'n Theater!; Preussenkorso, beides Fsp. - Bearb.: Damals war's. Geschichten aus d. alten Berlin; E. Graeser: Die Koblanks, Eisriecke; A. Berend: Frau Hempels Tochter, Spreemann & Co.; U. Brückner: Berliner Rangen: M. Kretzer: Der Millionenbauer; U. Brückner: Die süße

Anna; A. Berend: Die Bräutigamme der Babette Bomberling; A. H. Kober: Zirkus Renz; E. Beyssel: Steinmüllers Erben; F. Hackländer: Berta Wegemanns Wege; E. Beyssel: Die Väter der Felicitas; E. Graeser: Kanzleirat Ziepke; C. Schöner: Drei Spatzen unterm Dach; E. Beyssel: Der jemütliche Justav, alles Hsp.-F; Giese gegen Giesebrecht; Hansemann u. Söhne; Die Havelnixe; Der Storch in der Linde; Romeo u. Julchen; Der stramme Max; Die selije Cornelje; Bruno Brieses Bräute; Krösus Krause; Die Kuckuckseier; Der herrschaftliche Ferdinand; Wilhelm Wittes Witwen; Das fleißige Lieschen; Der Herr im Haus; Die flotte Charlotte; Ein Mann für Muttern; Das ist die Berliner Luft (Paul Lincke), Fsp; Damals war's: Franz im Glück; Adams Paradies; Die Minna von Barnheims; Glück im Winkel; Die Töchter der Madam Dutitre.

Hintz-Vonthron, Erna, s. Krell, Erna.

Hinz, Erich-Karl (Ps. Uwe Karsten), ehem. Lehrer; Postf. 50-0712, D-2000 Hamburg 50, Tel. (040) 388544 (Neustettin/Pomm. 13.6.00). Lyrik, Prosa.

V: Pommersches Bekenntnis, Lyr. 53; Über den Dogmen, Lyr. 80; Diktate der Psyche, Lyr. 81.

Hinze, Heinz F.W. (Ps. H. F. Wilhelm, James Wilding), Journalist u. Schriftsteller, Fachschuldoz.; DSV 49 — 53, VS 74; 1. Preis i. Wettbewerb 1949 d. Arb.kr. Hörsp. der Rdfksender. d. sowj. Besatz.z. (Ludwigslust i. Mecklenburg 18.4.21). Lyrik, Erzählung, Hörspiel, Essay. **Ue:** E.

B: Charles Gauthier u. Peter Müller: Raumfahrt - das große Abenteuer 67; Ernst Gehmacher: Report 1998 68; Robert Brenner: Signale vom Jupitermond 68; Walter Braeuer u.a.: Mach mehr aus deiner Freizeit 70; weit. 21 Sachb. m. eig. Beitr. 66-72. —
MA: London m. d. Augen e. Frühaufstehers 70; Zauberer m. Kamera u. Layout 71; architekturhist. Ess. 72-77.

H: Historia-Drucke seit 83.

R: Der Hofdemokrat 48; Die Neue od. Aufruhr in der Dorfschule 49; Der Bauernschüler 49; Flüssiges Brot 49; Bahn der Jugend 49, alles Hsp.; Ludwigslust, histor. Hörbild 49; Sender. Panorama mecklenburg. Städte, Mecklenburg. Heimatpost, Berlin am Mikrofon 49-53.

Ue: D. Defoe: Tagebuch üb. d. Pest in London 55 u.a.

Hinzmann, Manfred, c/o Verl.
Behrendt, Rondeshagen.
V: Feuer unterm Thron, G. 82. ( )

Hiob, Eberhard, Verw.Angest.;
Einsteinstr. 11, D-8012 Ottobrunn, Tel.
(089) 6095786 (Dresden 14.4.14). Roman,
Jugendbuch.
V: Reise ins Glück 54; Klick und
Klack 55; Schorschi, der Junge aus dem
Zoo 63, alles Erz.; Neues Land für wilde
Tiere, R. 68, 74 (auch tschech.); Die roten
Elefanten, Jgd.-R. 75; Lebenslänglich
Zigarrenkiste, Jgd.-Gesch. in: Mein
Lesebuch; Der Geisterlöwe von
Manyara, Jgd-Erz. 81 (span. 82).

Hirche, Elke, Kindergärtnerin; Bestliste d. Dt. Jgdb. 71; Schubertstr. 12, D-
5414 Vallendar, Tel. (0261) 62703 (Celle
23.6.36). Kinderbuch, Kurzgeschichte.
V: Abdul aus den braunen Bergen 70,
73; Der König der wilden Hunde 73;
Katjas neue Welt 74, 79; Lizis wunderbare Entdeckung 75; Töchter zählen
nicht 79; Fußballspielen verboten 81.

Hirche, Kurt, Dipl.-Kaufmann, Dr. rer.
oec., Publizist (Tiefenfurt 30.10.04).
Essay.
V: Der braune und der rote Witz 64,
65; Westöstlicher Witzdivan 77.

Hirche, Peter, Schriftsteller; Dram.-
Un.; Preis d. ital. Rdfks. 55, Gerhart-
Hauptmann-Preis 56, Hörspielpreis d.
Kriegsblinden 66, Intern. Hsp.-Preis d.
tschechoslowak. Rdfks. 67, Eichendorff-
Preis 76; Kreuznacher Str. 22, D-1000
Berlin 33, Tel. (030) 8213164 (Görlitz
2.6.23). Drama, Hörspiel. **Ue:** E.
V: Triumph in tausend Jahren, Sch. 55;
Die Söhne des Herrn Proteus, Kom. 60;
Zero, Sch. 63.
MA: Hörspielbuch 1955 55; Sprich,
damit ich Dich sehe 60; Kreidestriche
ins Ungewisse 60; Junges deutsches
Theater von Heute 61; WDR Hörspiel-
buch 1965 65.
F: Verlorenes Leben 76.
R: Ich will nicht der Nächste sein 49;
Die seltsamste Liebesgeschichte der
Welt 53; Das Lächeln der Ewigkeit 53;
Lob der Verschwendung 54; Die Heim-
kehr 54; Triumph in tausend Jahren 56;
Nähe des Todes 58; Zum Empfang sind
erschienen 59; Der Unvollendete 61;
Lehmann 62; Der Verlorene 62; Misere
63; Zero 63; Gemischte Gefühle 66; Die
Krankheit und die Arznei 67, alles Hsp.
Ue: Beverley Cross: Über den großen
Strom, Sch. 58; Cross/Henneker: Half a
Sixpence, Mus. 65; George Tabori: Pink-
ville, Sch. 72; Heller: Catch 22, Sch. 73. ( )

Hirsch, Frieda, c/o Edition Roetzer,
Eisenstadt, Öst..
V: Felder 83. ( )

Hirsch geb. Schuder, Rosemarie (Ps.
Rosemarie Schuder); DSV 54; Heinrich-
Mann-Pr. 58, Nationalpreis d. DDR 69,
78, Lion-Feuchtwanger-Preis 76; Intern.
Paracelsus-Ges. 63; Müggelseedamm
297, DDR-1162 Berlin, Tel. 6454173 (Jena
24.7.28). Roman, Novelle.
V: Glas, Rep. 52; Die Strumpfwirker,
hist. Erz. 53; Ich hab's gewagt, hist.
biogr. Erz. 54; Meine Sichel ist scharf,
hist. biogr. Erz. 55; Paracelsus, hist.
biogr. Erz. 55; Der Ketzer von
Naumburg, R. 55, 65; Der Sohn der
Hexe, R. 57, 61; In der Mühle des
Teufels, R. 58, 61; Der Tag von Rocca di
Campo, Erz. 60; Die Störche von
Langenbach, Erz. 61; Der Gefesselte, R.
62, 66; Tartuffe 63, R. 66; Die zer-
schlagene Madonna, R. 64, 66; Die
Erleuchteten, R. 68; Paracelsus und der
Garten der Lüste, R. 72, 77; Hieronymus
Bosch, kunsthistor. Ess. 75; Agrippa u.
das Schiff der Zufriedenen 77; Welt u.
Traum des Hieronymus Bosch 79;
Serveto vor Pilatus, R. 82.
Lit: H. Herting: Der histor. Roman in
unserer Zeit (Weimarer Beitr. 4) 73;
Weggenossen, 15 Schriftsteller der DDR
75.

Hirsch, Rudolf, Journalist; SV-DDR
seit 56; Kinder- und Jugendbuch-Preis
53, Heinrich-Heine-Pr. 80; Platanenstr.
41, DDR-1110 Berlin, Tel. 6454173 (Kre-
feld 11.11.07). Reportage, Jugendbuch,
Jugenddramatik, Gerichtsreportage.
V: Herrn Louisides bittre Mandeln,
Jgdb. 55; Das gefälschte Logbuch,
Krim.-R. 56; Als Zeuge in dieser Sache,
Repn. 58; Dr. Meyers Zaubertrick, Rep.
60; Zeuge in vielen anderen Sachen,
Repn. 62; Zeuge in Sachen Liebe und
Ehe, Repn. 63, 67; Zeuge mit weinendem
und lächelndem Auge, Repn. 65, 67;
Zeuge in Ost und West, Repn. 65; Zeuge
in neuen Liebes- und Ehesachen 66, 67;
Gehört - unerhört 68, 70; Das Erste
Beste 70, 73; Rechtsbrecher - Rechts-
sprecher 70, 72; In Sachen Liebe und
Ehe. Ausgew. Repn. 59 — 66 72, 77;
Tragikomödien des Alltags, Gerichts-
berichte 74; Junge Leute u. ihre Nöte
vor Gericht, Gerichtsber. 79; Eros und
Ehe vor Gericht, Repn. 80/82; Unter
Tränen lächeln, Repn. 81; Um die
Endlösung, Repn. 82; Patria Israel, R. 83.
MA: Die gute Kriminalgeschichte 59;
Abenteuer ernster Leute, Erzn. 60; Sher-
lock Holmes & Co., Krim.-Geschn. 64.

H: Die Heimfahrt des Rabbi Chanina, Anth. ostjüd. Erzähler 62, 64; Ghetto, Bericht aus d. Warschauer Ghetto, Anth. 66.
R: Gäste und Gastronomen, Hsp. 55; Achmed und die bitteren Mandeln, Kinder-Hsp. 56. ( )

Hirschberg, Dieter, Hörspiel-Dramaturg; Hans-Bredow-Str. 6, c/o Südwestfunk, D-7570 Baden-Baden, Tel. (07221) 2762265 (Hagen 22.3.49). Theater, Hörspiel.
V: Die Räumung 74; Drunter — Drüber 76; Fünfzehn, sechzehn, siebzehn 76; Dortmund. Das Nichts 83.
R: Aus der Traum 76; Safari 77; Aufgabe 81; Hilfe 82; Vielleicht später 83; Die Ernennung 83; Harrisburg 83.
Ue: Marianne wartet auf die Hochzeit 77.

Hirschfeld, Rudolf, Reproduktionsfotograf i.R.; Pr. b. 2. Erzähler-Wettbew. d. intern. Assoziation dt.spr. Medien e.V. 77; Rua Dr. Nicolau de Souza Queiroz 711 — Apt. 111, BR-04105 São Paulo, Tel. (11) 5712309 (Berlin 7.12.06). Lyrik, Kurzgeschichten.
V: Ernte, G. 75.
MA: Elos e Anelos, Anth. dt.spr. Lit. in Brasilien 81.

Hirschfelder, Ulrich, freier Schriftsteller; Stip. d. Senators f. Kulturelle Angelegenheiten Berlin 79; Neufertstr. 20, D-1000 Berlin 18, Tel. (030) 3222140 (Lehning/Brandenb. 19.3.54). Lyrik.
V: Oragen, G. 80.

Hirschinger, Johannes, Prof. an e. Sem. f. Studienref.; Bestenliste d. dt. Jgdb.pr. 76, 79, Auswahl Weiße Raben 79, Jgdb. d. Monats März 79; In den Hofäckern 6, D-7057 Leutenbach/Württ. 2, Tel. (07195) 61542 (Bár, Kr. Fünfkirchen/Ungarn 28.11.37). erzählendes Jugendsachbuch.
V: Nennen Sie das Gerechtigkeit, Sire? Das abenteuerl. Leben d. Freiherrn v. d. Trenck 78. — **MV:** u.H.: Im Namen der Freiheit 75.

Hirschler, Adolf (Ps. Ivo Hirschler), Journalist; Förderungspreis d. Öst. Staatspreises, Förderungspreis d. Dt. Erzählerpreises 63, Paula-Grogger-Pr. 80; Hans Mauracherstr. 9, A-8044 Graz, Tel. (0316) 3916765 (Stadl/Mur Steiermark 26.10.31). Roman, Novelle, Hörspiel, Kurzgeschichte.
V: Tränen für den Sieger, R. 61 (auch niederl.); Denn das Gras steht wieder auf, R. 62, 65 (auch niederl.); Triebholz,

R. 65, Vorabdr. u. d. T.: Ein Köder für Haie 65; Pauschalreise, R. 67; Der Unfall des Mr. Ross, R. 68; Sieger in d. besten Jahren 80; Weibergeschichten, Bü. 83. — **MV:** Woanders lebt man anders, Reiseführer 62; Das Buch von der Steiermark, Anth.; Eine Sprache viele Zungen 66; Ausblick 77.
MA: Der geschärfte Sinn, Anth. 81.
R: Im Sinne des Gesetzes, Hsp. 63; Ungeklärter Vorfall an der Grenze 64; Viele Zigeuner heißen Stefan 66; Fast eine Reportage 68; Trost und tausend Worte 70, alles Hsp.; Mord im Erholungsdorf 67/68; Geheimakte ADM 20 68; Mord im Nebel 69, alles Krim.-Ser.; Sprechstunde bei Dr. Weiß, Hsp.-Serie seit 74 (jährl. 12 Teile); Signale vom Jupitermond 78; Mörder auf dem Meeresgrund 79; Im Namen des Gesetzes, Hsp.-Serie seit 80; Weibergeschichten, Fsp. 82.

Hirschler, Ivo, s. Hirschler, Adolf.

Hirtler, Karl Johann, Regierungsdir.; Hauptstr. 21, D-7833 Endingen am Kaiserstuhl, Tel. (07642) 7284 (Endingen 16.12.97). Dokum. Roman, Novelle, Erzählung, Essay, Hörspiel.
V: Goethe, ein Brevier f. d. Jugend am Oberrhein 49; Der Todeskandidat, Interpr. 68; Breschenmoser springt über die Klinge, Erz. 75; Die schwarze Kathrin u. d. alte Knecht, Erz. 77; Fahnen raus! Der Daubmann kommt!, Dokum.-R. 81. — **MV:** Wir sind gewarnt, Leseb. f. d. polit. Bildung 61, 65.
H: Erzählungen dt. Lehrer d. Gegenwart 67; Lehrer - Autoren der Gegenwart (Bd. V) 69.
R: Lehrer u. Literat, 26 Funkfeuillet. 69, 70; Held ohne Taten, Fsf. (MA) 74.

Hißmann, Josef *

Hitzbleck, Erich; Karlstr. 8, D-5628 Heiligenhaus.
V: Wie ich die Welt verstehe 74; Wie finde ich des Lebens Sinn? 76; Nicht Affe, sondern Gottesbild 78; Die Schöpfung als Gottesoffenbarung 82.
B: Wunder d. Schöpfung 75, 76.

Hlauschka-Steffe, Barbara, Journalistin; Kg. 64; Heinrich-Meißner-Str. 29, D-7141 Steinheim an der Murr, Tel. (07148) 5322 (Woischwitz b. Breslau 20.4.20). Erzählung, Märchen, Essay, Landschaftsschilderung.
V: Roswitha und das Traumschiff, Kinderb. 60; Goldenes und gläsernes Glück, Erzn. 68; Nicht wie andere

Kinder!, Kinderb. 75; Schöner
Schwäbischer Wald, Reiseb. 82.
R: Die silberne Spieluhr, Hsp. 55;
zahlr. Hörfolgen u. Kurzbeitr..

Hlawaty, Graziella; P.E.N. 82, Ö.S.V.
82; Förderpr. d. Wiener Kunstfonds 76,
81, Stip. d. Kulturamtes d. Stadt Wien 77,
Buchprämie d. Bdesminist. f. Unterr. u.
Kunst 77, 81, Öst. Staatsstip. f. Lit. 78/79;
PODIUM seit 77; Ungargasse 28/1/17, A-
1030 Wien, Tel. (0222) 7395092 (Wien
2.2.29). Erzähl., Roman, Übersetz.
Ue: Schw.
V: Endpunktgeschichten 77; Bosch
oder Die Verwunderung u.
Hohltierchen, R. 79; Erdgeschichten 81.
R: Der Wettbewerb, Hsp. 80.
Ue: Gun-Britt Sundström: Maken; G.-
B. Sundström: Die andere Hälfte 78.

Hoberg, Gerrit; Am Römerlager 5, D-
5300 Bonn 1.
V: Ganoven-Puzzle, ein spannendes
Ferienabenteuer auf der Insel Föhr 82.
( )

von Hoboken, Eva; Waldhaus Dolder,
Kurhausstr. 20, CH-8030 Zürich, Tel. (01)
329360 (Fiesole b. Florenz 28.7.07).
Roman, Essay, Lyrik. **Ue:** I, E, F.
V: Unsere harten Zeiten, R. 46;
Paradies der Wünsche, R. 50; Manda
wartet, Erz. 36; Die Lanze im Acker, R.
56; Die Brücke bewegt sich, G. 59; Er-
fahrung kann man nicht kaufen. Die
Zenmeister 80; Der offene Kreis. Die
Zenmeister 82.
H: Dr. Daisetz T. Suzuki: Sengai The
Zenmaster 71. — **MH:** Der schwer-
mütige Ladekran, Japan. Lyrik unserer
Tage 60; Daisetz Suzuki: Sengai.
Ue: Daisetz Suzuki: Katalog der Aus-
stellung des Zen-Priester-Malers
Sengai, Texte u. G.; Herbert Read:
Worte sagen aus, G. 62; der Hal: Eugenio
Montale: Redaktionshilfe Werkver-
zeichnis Joseph Haydn.

Hobrecht, Jürgen; Brünningheide 119,
D-4400 Münster/Westf..
V: Du kannst mir nicht in die Augen
sehen 81, 6. Aufl. 82. ( )

Hoch, Anna Maria, Sekretärin; Kath.-
Österr. Schrifttums-Organisation 49;
Anzbachgasse 64, A-1140 Wien (Brünn
24.9.11). Lyrik, Novelle.
V: Träumerei, Lyrik, Prosa 73. ( )

Hoche, Karl, Autor; VS 73;
Förderungspr. f. dt.sprachige Satire 76
(Verl.: "Ver. z. Förder. dt.sprachiger
Satire e.V." 1. Vors. u. einziges Jury-
Mitgl.: K. H.), Tukanpr. 77;
Kurbelwiesgasse 4, D-8000 München 45,

Tel. (089) 317353 (Schreckenstein/
Böhmen 11.8.36). Parodie, (Real)-Satire.
V: Schreibmaschinentypen, Parodien
71, 72; Das Hoche Lied, Sat. u. Parodien
76, 78; Ihr Kinderlein kommet nicht —
Gesch. d. Empfängnisverhüt. 79; Die
Marx-Brothers, Kurzer Lehrgang d.
Gesch. d. Sozialismus 83.

Hochgründler, Charlotte, s. Hofmann,
Charlotte.

Hochhuth, Rolf (Eschwege 1.4.31).
Schauspiel.
V: Der Stellvertreter, Sch. 63, 81; Die
Berliner Antigone, Erz. 66, 82; Soldaten,
Nekrol. auf Genf, Tragödie 67, 81;
Guerillas, Tragödie 70, 81; Krieg und
Klassenkrieg 71; Die Hebamme, Samml.
71, 80; Lysistrate, Kom. 73; Tod eines
Jägers 76; Eine Liebe in Deutschland, R.
79, DDR 80; Tell 38, Ess. 79; Juristen, Dr.
80; Ärztinnen, Dr. 80, 81; Spitze des Eis-
bergs 82; Räuber-Rede 82.
H: Liebe in unserer Zeit, Erzn. II 61;
Theodor Storm: Am grauen Meer. Ges.
Werke 62; Wilhelm Busch: Sämtliche
Werke und eine Auswahl der Skizzen
und Gemälde in zwei Bänden I 62; Die
großen Meister. 77 dt. Erzähler d. 20.
Jhs. 64 II; Thomas Mann: Dichter u.
Herrscher, biogr. Ess.; Otto Flake: Frei-
heitsbaum u. Guillotine, biogr. Ess.;
Erich Kästner: Werke in einem Bd. 66;
Ernst Metz: Alte Stadt 78; Wilhelm
Schott: In einem kühlen Grunde, Alte
Mühlen; Die zweite Klassik. Dtspr.
Erzähler d. Jahrgänge 1850-1900 83. —
MH: Otto Flake: Ges. Werke in V Bden
78.
F: Eine Liebe in Deutschland 83.
S: Szenen aus: Der Stellvertreter,
Dokumentation "Hochhuth und der
Stellvertreter"; Die Berliner Antigone,
N., Dialogszene aus: Der Stellvertreter
66.
Lit: Der Streit um Hochhuths Stell-
vertreter 63. ( )

Hochmuth, Karl, Dr. phil., Doz. Univ.
Würzbg.; V.F.S. 63, FDA 73; Dauthendey-
Plakette 65, 79, Literaturpreis VdK
Dtschld. 74, Friedlandpr. 80, Pr. d. Ostdt.
Kulturrats 82; Stefan Krämer-Str. 16, D-
8708 Gerbrunn, Tel. (0931) 706924
(Würzburg 26.10.19). Jugendbuch,
Roman, Novelle, Erzählung, Hörspiel,
Hörbild.
V: Der geheimnisvolle Fund in d.
Bergen, Jgd.-Erz. 52; In der Taiga
gefangen, Jgd.-Erz. 54, 76; Das
Schmuggelnest, Jgd.-R. 55, 77; Der
Leutnant u. d. Mädchen Tatjana, Erz. 57,
80 (USA 73, 79); Riml oder von zwei

Pferden, die Nurredin und Nathalia hießen, Erz. 59; Ein Spielmann ist aus Franken kommen, M. 59; Achtung - Kartoffeln explodieren, Jgd.-Erz. 59; Arm u. reich u. überhaupt ..., R. 60; Cornelius, Jgd.-Anth. 63; Klemens Maria Hofbauer, Biogr. 63; Ein Mensch namens Leysentretter, R. 65; Das andere Abenteuer, Jgd.-Erz. 66; Das grüne Männlein Zwockelbart, Kind.-Erz. 73, 78; Conny u. s. kl. Welt, Kind.-Anth. 76; Deine samtenen Nüstern, Erz.-Anth. 76 (mit Pflug/Franken); Die griech. Schildkröte, Erz. Anth. 78; Wo bist du — Würzburg? I 75, II 79; ...sang die Taiga tausend Lieder, Jgd.-R. 81; Weihnachtliches Spektrum Unterfranken, Texte u. Bilder 81.

MA: Harfen im Stacheldraht, Anth. d. Kriegsgefangenenlyrik 54; Gelebte Menschlichkeit, Dokumenten-Samml. 56; Und bringen ihre Garben, Samml. 56; Alltag in Kurzgeschichten 61; Zeugnisse einer Gefangenschaft 62; Dichtungen deutscher Lehrer der Gegenwart 65; Der rotkarierte Omnibus 67; Texte aus Franken 69; Ohne Denkmalschutz 70; Fränkische Dichter erzählen, Erz.-Samml. 76; Monolog f. morgen, Anth. 78; Deutschland — das harte Paradies, Anth. 77; Deutschland — Traum oder Wirklichkeit?, Anth. 78; Fränkisches Mosaik, Anth. 80; Der große Hunger heißt Liebe, Lyr.-Anth. 81; Spätlese, Anth. 81; Zeitaspekte, Anth. 81; Bäder in Franken 81.

R: Achtung, gefährlicher Fund, Kind.-Hsp. 63; Büffelbewegung, Hsp. 65; Dreißig Jahre ..., Hsp. 68; Die griechische Schildkröte, Hsp. 71; Die Lichter ham gebrönnt, Hb. 75; Main-Abenteuer, Hb. 76; ... geht die Dämmerung ums Haus, Hb. 76; ... den abgeknickten Zweig, den blütevollen (Hauff) 77; Wenn die Glasharfen singen 77; In Bocklet spielt man Kammermusik 78; Auf der Spur bekannter u. vergessener Poeten 78; Georg Thomas Vergho aus Trappstadt 78, alles Hörb.; Franken ist wie ein Zauberschrank, Hb. 81; Eines schlichten Mannes und seiner Pferde seltsamer Weg durch den großen Krieg, Hsp. 82.

Hochwälder, Fritz; G.dr.S.u.K., VS, V.D.B.S.; Literaturpreis der Stadt Wien 55, Grillparzer-Preis 56, Anton-Wildgans-Preis 62, großer österr. Staatspreis f. Literatur 66, Ehrenkreuz 1. Kl. f. Wiss. u. Kunst v. öst. Bdespräs. 72; Am Oeschbrig 27, CH-8053 Zürich, Tel. (01) 532073 (Wien 28.5.11). Drama.

V: Esther, Sch. 40; Das heilige Experiment, Sch. 41; Hôtel du Commerce, Kom. nach Maupassant 45; Der Flüchtling, Sch. nach Georg Kaiser 45; Meier Helmbrecht, Sch. 46; Der öffentliche Ankläger, Sch. 48; Der Unschuldige, Kom. 49, 58; Donadieu, Sch. 53; Die Herberge, Sch. 55; Donnerstag, modernes Mysterienspiel 59; 1003, Sch. 63; Der Himbeerpflücker, Kom. 64; Der Befehl, Sch. 68; Lazaretti oder Der Säbeltiger, Sch. 75; Die Prinzessin von Chimay, Sch. 81; Der verschwundene Mond, Sch. 82.

S: 2 Szenen u. Heurigenlied des Wondrak, aus: Donnerstag; Das heilige Experiment, Sch.

Lit: H. M. Féret: Sur la terre comme au ciel. Le vrai drame de Hochwälder 53; Charles Moeller: F. Hochwälder et le délais du Royaume (Litt. du XXe siècle IV) 60.

Hock, Katarina, s. Meyer, Ilse.

Hock, Kurt, Dr. phil., Geschäftsführer; Kath. Kinderbuchpr. 79; Bergstr. 4, D-8752 Johannesberg, Tel. (06021) 43785 (Mainaschaff 20.7.37). Lyrik, Roman, Novelle, Essay, Kinderbuch.

V: Sokrates, Mb. 71; Untersuchung zu Hans Henny Jahnns Roman "Perrudja" 74; Was mich fröhlich macht 76; Schwarzfeuer, e. norweg. Pferdegesch. 77; Telat sucht d. Regenbogen, Geschn. u. Gebete f. Kinder 78; Von der Herrlichkeit zu leben 82.

MA: Der Bücherturm 71; Vom Liebreiz des Umwegs.

Hocke, Gustav René (Ps. Julian Ritter), Dr. phil.; Dt. P.E.N.-Club; Intern. Biennale-Preis d. Stadt Venedig 52, Auszeichng. d. Stadt Rom 56, Komturkreuz d. ital. Rep. f. literar. Verdienste 57, Lit.-Preis des Kulturkreises im Bundesverb. d. dt. Ind. 59, Erster Intern. Preis d. Stadt Rom f. literar. Arbeiten üb. die Ewige Stadt 61, Verdienstkreuz d. öst. Republik 64, De-Gasperi-Preis Rom 66, Grand Ufficiale d. ital. Republik 70, Deutsches Bundeskreuz 73, Offiziersorden d. belgischen Krone 75; Dt. Akad. f. Sprache u. Dicht. Darmstadt 50, Bayer. Akad. d. Künste München, Acad. del Mediterraneo Rom, Acad. Tiberina Rom; Via Monte Giove, I- Genzano di Roma, Tel. (06) 9396515 (Brüssel 1.3.08). Essay, Roman, geistesgeschichtl. Forsch., Kunst- u. Literaturgeschichte.

Ue: I, F, E.

V: Das geistige Paris, Ess. 37, 39; Das verschwundene Gesicht, Erz. 39, 41, u. d. T.: Magna Graecia 60; Der tanzende

Gott, R. 48, 50; Die Welt als Labyrinth, Ess. 57, 63; Manierismus in der Literatur, Ess. 59, 64; Römische Essays 61; Das europäische Tagebuch, Ess. 63; Das glänzende Rom 64; Fabrizio Clerici 68; Der Mensch in Sein u. Zeit, Geistesgeschichtl. Ess. 69; Manierismus in d. Kunst, Kunst-Ess. 70; Eberhard Schlotter, Kunstess. 71; Il Reno visto dal Sud, Ess. 72; Fritz Baumbartner, Monogr. 72; Erich Brauer, Monogr. 73; Ernst Fuchs, Monogr. 73; Leherb, Monogr. 73; Bummel durch Venedig, Reisef. 73; Verzweiflung und Zuversicht, Abhandlung 74; Fernando Botero, Monogr. 74; Gernot Rumpf, Monogr. 74; Malerei der Gegenwart. Neo-Manierismus. 21 Monogr. u. Abhandlungen 75; Max Pfeiffer-Watenphul, Monogr. 76; Maler und Schriftsteller. Fernau. Monogr. 76; Para-Réalisme (Zu Ljuba), Ess. 77; Urbilder d. Phantasie, Üb. d. ital. Maler Oliviero Leonardi 78; Liliana Petrovich od. Die Frau in d. Kunstgesch. 78; Narrenschiff im Labyrinth, Zum Maler Werner Holz 78; Titus Vossberg, Mythen d. Mittelmeers 79; Toni Lombardi. Angriff auf d. Absolute 79; Quintessenzen eines Vaganten. Zu Gedichten v. Lubomirski 79; Peter Proksch, Die Mythen in neuer Moderne 79.

MA: Der histor. Roman als Kunstwerk, in: Henry Benrath in memoriam 54; Burgundischer Gobelin, in: Atem des Mittelmeeres 59; Esoterische Symbolik, in: Zeugnisse der Angst in der modernen Kunst 63; Zu einer Theologie des Bildes, in: Panoptikum oder Wirklichkeit 65; Die Stadt Rom u. die deutsch-röm. Geistesgeschichte, in: Menschen u. Ereignisse 67; Rheinisches Europäertum. E. R. Curtius, Biogr., in: Städte, Geist u. Zeit 67; Im Universum des Bösen, Zeitgesch., in: Plehwe: Schicksalsstunden in Rom 67; Thomas Mann u. Pius XII., Biogr., in: Thomas Mann im Urteil seiner Zeit 69; Doppia Vita europea, Zeitgesch., in: Rom 70; Luise Rinser u. die glückl. Trauer, Biogr., in: Luise Rinser 71; Standort Rom, in: Jemand, der schreibt 72; Drei Jahrzehnte mit Stefan Andres, in: Utopia und Welterfahrung 72; Chronos und Aion, in: Festschrift für Gustav Stein 73; Hausner als Medium, Ess., in: Rudolf Hausner 74; Tizian u. d. Manierismus, Sammelber. 78; Loris Grandi, Labyrinthische Spiele 80; Die Welten d. Möglichkeiten, Üb. d. Maler Alfred Hohenegger 80.

H: Der französische Geist 38, 39; Europäische Künstlerbriefe 39, 46; Deutsche Satiren des 18. Jahrhunderts 40.

Lit: Encyclopedia of World Art 64 IX; Encyclopedia delle Muse 68; Gert H. Theunissen: Wohltat der Vernunft 68; Volker Chr. Wehdeking: Der Nullpunkt 71; René de Solier: Ljuba. Zur Anerkennung des "Neo-Manierismus" 71; Amedeo Quondam: Problemi del Manierismo 75; Mario Praz: Il giardino dei sensi. Studi sul manierismo e il barocco 75; Hans D. Schäfer: Die nichtfaschistische Literatur der "jungen Generation" im Dritten Reich 76; Henri Bernard: L'autre Allemagne 76; Übersetzungen d. Hauptwerke in sechs Sprachen.

Hockenjos, Fritz, Forstdir. i.R.; Oberrhein. Kulturpreis 70; Rankhofstr. 15, D-7811 St. Märgen, Tel. (07669) 482 (Lahr 26.3.09).
V: Wäldergeschichten 60, 72; Die Wutachschlucht 67; Zwischen Feldberg u. Kandel, Waldgeschn. 69; Wanderungen in Alemannien 69; Wandern ein Leben lang 78; Wäldergeschichten 80; Unterwegs 80; Von einem Jahr zum andern 83. — **MV:** Wanderführer durch d. Wutach- u. Gauchachschlucht 67, 3. erw. u. verbesserte Aufl. 81 (auch Hrsg.).

Hockl, Hans Wolfram, Prof., GLehrer i. R.; Preise d. Verl. "Christ Unterwegs" 50 u. d. Südostdeutschen Kulturwerkes 54, Andreas-Lutz-Kulturpreis 64, DS Kulturpreis d. L. Baden-Württemberg 72; Kindergartenstr. 11, A-4063 Hörsching, Tel. (07221) 2028 (Lenauheim/Banat 10.2.12). Novelle, Roman, Lyrik.
V: Lieder einer Landschaft, G. 39; Wenn eine Glocke läutet, Erz. 49; Zwei blinde Passagiere, N. 50; Brunnen tief und klar, G. 56; Mir ware jung, G. 57; Disteln rollen in das Meer, G. 57; Schloß Cumberland, R. 58; Im Lampenlicht, Erz. 58; Regina Lefort, R. 59; Ungewisse Wanderung, autobiogr. Erinnerungen 60; Tudor und Maria, N. 61; Lichter aus dem Dunkel, Erzn. 63; Schwabenstreiche, Erzn. 64; Freunde in Amerika, Reiseber. 64; Weil wir Brüder sind, R. 65; Die Schwachen, R. 67; Gott will jung sein, R. 68; Lenauheim, 200 Jahre Friedenswerk, Ortsmonogr. 67; Rumänien. 2000 Jahre zwischen Morgenland und Abendland, Bildbd 68; Warm scheint die Sunn, G. 73; Unser liewes Banat, G. 76; In einer Tour mit Amor, Versepos 76; Helft allen Schwachen!,

Appell 77; Memoiren zufriedener Menschen, Tageb. 78; Steh still, mein Christ, geh nicht vorbei, R. 79; Offene Karten, Dok. z. Gesch. d. Deutschen in Rumänien 1930 − 80 80; Ewiger Zauber. Die Welt wird anders durch das Kind, G. 80; Kleine Kicker, große Klasse, Jgdb. 80; Liebe auf Capri. Variationen von der Trauminsel, Nn. 81; Schöne Häuser, wo Ruinen waren, Erzn. 82; Regina unsere Mutter. Blüte und Frucht eines deutschen Stammes, R.-Tr. 82. **MA:** Wir Donauschwaben 50; Was wor, is des voriwwer?, Erinnerungsb. 60. **H:** Heimatbuch der Donauschwaben 60; Jugend im Aufbruch, Bdesb. d. Jungschwaben 1925 − 30 80. − **MH:** Haid, Werden und Wachsen einer Siedlung, Ortsmonogr. 64; Deutsche Jugendbewegung im Südosten, Ber. 69. **S:** Blume vun dr Heed, Donauschwäb. Mundartdicht. 63.
Lit: N. Engelmann: Hans Wolfram Hockl 52; M. Heber: Hans Wolfram Hockl, Mensch und Werk 53; H. Erk: Der Dichter Hans Wolfram Hockl 56; J. Hieß: Hans Wolfram Hockl 60; Diplich: Hans Wolfram Hockl, 50 Jahre 62; F. E. Gruber: Hans Wolfram Hockl. Erlebte Jugend 62; K. Günther: Hans Wolfram Hockl zum 50. 62; J. Schmidt: Der Dichter Hans Wolfram Hockl 62; M. Müller: Sänger seines Volkes 64; J. Wolf: Hockls Lebenswerk 72; H. I. Reiter: Kraft und Impulse 75; J.A. Stupp: Zum 70. Geb. H.W. Hockls 82.

Hodin, Josef, Dr. jur., Dr. phil. h. c., Prof. h. c.; Präs. Assoc. International des Critiques d'Art 48, British Society of Aestetics 60, Society of Authors 65, Intern. P.E.N.; 1. int. Preis für Kunstkritik Venedig 54, St. Olav-Medaille 58, Commandatore d. ital. Verd.ordens 66, Großes Ehrenzeichen d. Rep. Österreich 68, Bund.verd.kr. 1. Kl. 69, Gr. Silb. Verd.kreuz d. St. Wien 72; 12, Eton Ave, London NW 3, Tel. (01) 7943609 (Prag 17.8.05). Roman, Novelle, Essay, Kunstkritik.
V: The Dilemma of Being Modern, Ess. 56; Bekenntnis zu Kokoschka 63; Edvard Munch. Der Genius des Nordens 63; Oskar Kokoschka. Sein Leben, seine Zeit 68; Kafka und Goethe. Zur Problematik uns. Zeitalters 69; Die Brühlsche Terrasse 69; Oskar Kokoschka. Eine Psychographie 71; Modern Art and the Modern Mind, Ess. 72; Ludwig Meidner 73; Hilde Goldschmidt 73; Paul Berger-Bergner 74; Die Leute von Elverdingen, R. 74; Kokoschka und Hellas 76; Else

Meidner 79; Elisabeth Frink 83; Douglas Portway 83; Franz Luby 83.
Lit: Walter Kern: J. P. Hodin, European Critic. Festschrift m. Beitr. versch. Autoren 65.

Hodjak, Franz, Lehrer f. deutsche Sprache u. Literatur, Lektor; S.V. Rumän. 77; Lit.pr. d. ZK d. VKJ 74, Lit.pr. d. rum. SV 76; Aleea Padiş 1 Ap. 21, Cluj-Napoca/Rumänien (Sibiu, Rumänien 27.9.44). Lyrik, Prosa, Übers., Essay. **Ue:** Rum.
V: Brachland, G. 70; Spielräume, G. 74; Offene Briefe, G. 76; Das Maß der Köpfe, Prosa 78; Die humoristischen Katzen, Kinderverse 79; Mit Polly Knall spricht man über selbstverständliche Dinge, als wären sie selbstverständlich, G. 79; Ţigări umede şi dor de călătorie, G. 80 (in rum. Spr.); Flieder im Ohr, G. 83; Der Hund Joho, Kdb. 83. − **MV:** Interpretationen deutscher und rumäniendeutscher Lyrik 72; Lehrbuch und Textsammlung für den IV. Jg. d. dt. Lyzeen aus Rumänien 75, 77; Lehrb. u. Textsamml. f. d. II. Jg. d. dt. Lyzeen in Rumänien 79.
MA: Reiner Kunze. Mat. u. Dok. 77; Nachrichten aus Rumänien. Rumäniendt. Lit. 76; Vorläufige Protokolle. Anth. junger rumäniendt. Lyrik 76; Ein halbes Semester Sommer. Mod. rumäniendt. Prosa 81; A hamis malvăuia. Romániai német elbeszélők 81 (in ung. Spr.); Vînt potrivit pînă la tare. Zece tineri poeţi germani din România 82 (in rum. Spr.).
Ue: Aurel Rău: Auf diese Weise schlaf ich eigentlich weniger, G. 80. − **MUe:** Rumänische Gedichte. Arghezi, Blaga, Barbu 75; Die Lebensschaukel. Anth. zeitgenöss. rumän. Prosa 72; In einem einzigen Leben. Anth. zeitgenöss. rumän. Lyrik 75; Die beste aller Welten. Rum. Science-fiction. Anth. 79.
Lit: Reflexe. Beiträge zur rumäniendeutschen Literatur 77; Heinrich Stiehler: Paul Celan, Oscar Walter Cisek u. d. dt.spr. Gegenwartslit. 79; Peter Motzan: Die rumäniendt. Lyr. nach 1944. Problemaufriß u. hist. Überblick 80.

Höck, Hanna (Ps. Hannes Höck), Lektorin; Neue Weinsteige 3, D-7000 Stuttgart 1, Tel. (0711) 641826 (Hannover 2.1.24). Jugendbuch, Übersetzung. **Ue:** E.
V: Elektronikus, Jgdb. 72, 2. Aufl. 73; KOSMOS Elektronik-Junior, Jgdb. 77, 5. Aufl. 79; Radio u. Elektronik, Experimentierb. z. KOSMOS

Elektronik-Praktikum Radio u.
Elektronik 100 u. 101 77, 4. Aufl. 80.
Ue: Irving Petite: Mister B. 66; Bill
Froud: Besser reiten 73. ( )

Höck, Hannes, s. Höck, Hanna.

Höcker, Charlotte (Ps. Lo Marx-
Lindner), Hausfrau; Graf Bertholdstr.
22, D-7506 Bad Herrenalb, Tel. (07083)
8153 (Apolda/Thür. 24.10.04). Roman,
Novelle. **Ue:** E.
V: Der Silberne Spiegel, R. 62, Tb. 74;
Töchter und Enkel, R. 62, Tb. 75; Das
unverzagte Herz 73; Der Elchhof 76; Die
Unbekannte von Paris 77; Narzissen für
Sybill 77; Hochzeit im Palast-Hotel 78;
Die Gönneborgs und ihre Frauen 78;
Die Gläserne Wiege 79; Die Terskys 79;
Das lackrote Herz 81, alles Tb.

Höcker, Karla, Prof. E. h.; VS, NGL;
Romanpreis d. Berl. Kulturbuch-Verl.
54, Prof. E. h. Berlin 77; Andréezeile 27g,
D-1000 Berlin 37 (Berlin 1.9.01). Roman,
Kurzgeschichte, Biographie, Musik-
bücher, Feuilleton, Hörspiel, Feature.
V: Der Hochzeitszug, Schwind-N. 42,
47; Die Unvergeßlichen, 100 Jahre
Berliner Kultur 43; Vom Trost auf
Erden, Ess. 46; Mehr als ein Leben, R.
53, 55 (auch holl.); Sinfonische Reise,
Konzerte, Gespräche, Fahrten mit Wil-
helm Furtwängler 54; Die Mauern stan-
den noch, R. 55; Begegnung mit Furt-
wängler 56; Ein Tag im April, R. 58;
Furtwängler, Begegnungen und Ge-
spräche 61 (auch japan.) 68, 70, neue
Aufl. 69; Große Kammermusik 62; Erna
Berger 62; Dieses Mädchen, R. 62, 66;
Gespräche mit Berliner Künstlern 64;
Der dreimal verlorne Hund, Kdb. 65, 70
(auch engl.) 67, 70; D. letzten u. d. ersten
Tage 67; Wilhelm Furtwängler, Dokumente, Berichte u. Bilder, Aufzeich-
nungen 68; Hauskonzerte in Berlin 70;
Das Leben d. Wolfgang Amadé Mozart
73, 75; Das Leben v. Clara Schumann,
geb. Wieck 75, 77; Ein Kind von damals
77; Die schöne unvergeßliche Zeit,
Franz Schubert in seiner Welt 78; Die
nie vergessenen Klänge, Erinnerungen
an W. Furtwängler 79; Verweile doch.
Aus einer Lebenslandschaft 81;
Johannes Brahms, Begegnung mit dem
Menschen 83.
R: Don Juans Tod; Abenteuer v.
Paulette; Babalu, alles Hsp.; Bühnen-
musik einst und jetzt; Musik im Schloß;
Die letzten und die ersten Tage; Musik-
stadt Leipzig, Dresden, Halle; Brahms
in Berlin; Hauskonzerte in Berlin, alles
Features; Reste eines Balkons,
Funkerz.; Wilhelm Furtwängler, Fern-

seh-Porträt; W. Furtwängler, 25 Jahre
danach, Gedenk-Send.

Höfele, Andreas; Rothkreuzstr. 9, D-
8700 Würzburg.
V: Das Tal 75, 79; Die szenische
Dramaturgie Shakespeares 76; Die
Heimsuchung d. Assistenten Jung 78,
Tb. 81; Jugendliebe, R. 80, Tb. 82. ( )

Höfle, Helga; Am Rosengarten 12, D-
6500 Mainz.
V: Das gestreifte Krokodil Emil,
Geschn. 76; Lauter lustige Lachgeschichten 82. ( )

Höfling, Helmut, Schriftsteller;
VGWort 67, GEMA 67; Mehrf. Ausw.liste
Dt. Jgdbpr., Intern. Jgdbibliothek:
Weißer Rabe; Gernsbacher Str. 34, D-
7560 Gaggenau-Selbach, Tel. (07225)
3366 (Aachen 17.2.27). Drama, Roman,
Film, Hörspiel, Jugendbuch, Sachbuch,
Fernsehspiel, Liedertexte. **Ue:** E.
V: Die Lebenden und die Toten, Bü.
51; Sagenschatz der Westmark 53; In der
Höhle lauert der Tod, Jgdb. 54; Todesritt
durch Australien, Jgdb. 54; Verschollen
in der Arktis, Jgdb. 55; Im Faltboot zum
Mittelmeer, Jgdb. 56; Stunden der Ent-
scheidung, R. 57; Pingo, Pongo und der
starke Heinrich, Jgdb. 60 IV; Pingo,
Pongo und der starke Heinrich im
Owambien 61; Das dicke Fränzchen 61
II; Der kleine Sandmann fliegt zur
Himmelswerkstatt 61; Spielen macht
Spaß 61, 70; Prinz Heuschreck 62 II; Der
Floh Hupfdiwupf 63; Ein Extralob für
Klaus 64; Wo die Erde gefährlich ist 64;
Dackel mit Geld gesucht 65; Käpt'n
Rumbuddel 67; Sepp zähmt die Wölfe
67; Verschwiegen wie Winnetou 68;
Sepp auf Verfolgungsjagd 68; Wikiwik
in Dinkelwinkel 69; Wikiwik und der
fliegende Polizist 69; Pips - die Maus
mit dem Schirm 69; Kringel und Schlin-
gel 69; Keine Angst vor Hunden, Petra!
70; Jumbinchen mit dem Ringel-
schwänzchen 71; Der stachelige
Kasimir; Gebrüder Schnadderich 73;
Drei Wichtel im grünen Wald 74; Drei
Wichtel stechen in See 74; Drei
fröhliche Wichtel 74; Die drei Abenteurer 75/76 IV; Ein buntes Bastelbuch
76; Eine ganze Bande gegen Sepp 77;
Sepp zähmt die Bande 77; Sepp und
seine Freunde 77; Sepp auf heißer Spur
77; Vom Golfplatz verschwunden 78;
Eine Million f. Krawall City 78; Ein Sack
voll Witze 79; Ein Mädchen, vier Jungen
u. viele Hunde 79; Maus u. Schwein u.
Elefant fliegen übers ganze Land 79;
Harald 80; Petra wird zum Hundefreund
81; Petras Abenteuer mit Hunden 81;

Petra entdeckt ihr Herz für Hunde 81, alles Jgdb.; Detektive mit dem Spaten 75; Dem Kosmos auf der Spur 76; Minus 69°, 76; Morde, Spuren, Wissenschaftler 77; Menschenzüge — Völkerströme 77; Im Polarsturm 77; Helden gegen das Gesetz 77; Geier über dem Sudan 77; Das neue Pferdebuch 78; Das große Südsee-Abenteuerb. 79; Ufos, Urwelt, Ungeheuer 80; Der Gefangene des Königs 80; Bohrinseln, Pipelines, Supertanker 81; Die Geister der Mondberge 81; Alarm im Jahre 2000 81; Heißer als die Hölle 82; Gehet hin und lehret alle Völker 82; Sie veränderten die Welt 83, alles Sachbücher.

B: Das Schatzschiff 71. — **MA:** Mariza 56, 62; Mario 63; Zeichensetzung 71; Frieden aufs Brot 72; Satzbau 72; Am Montag fängt die Woche an 73; bundesdeutsch 74; Schriftsteller erzählen von ihrer Mutter 74; Der Geschichtenbaum 74; Sie schreiben zwischen Goch & Bonn 75; Menschengesichten 75; Auf der ganzen Welt gibt's Kinder 76; Unser Lesehaus 3 76; Arbeitsbuch Texte 76; Blätter für meinen Kalender 79; Spiel und Spaß mit Sprache 79; In 33 Tagen durch das Land Fehlerlos 80; Wort und Sinn 81; Deutschbuch für Kinder 82; Bei uns und anderswo 82; Städte — Lebensraum oder Betonwüste? 83; horizonte 1 83.

R: Der Frauensand; Gisli der Waldgänger; Edgars Reise um die Welt; Agnes Neuhaus; Der Narr von Jülich und das Recht; Das Zauberpferd; Das große Wasser; Brot für alle; Lambert von Oer mit dem eisernen Halsband; Lorenz Werthmann; Friedrich Fröbel; Daisy Bates; Und das am Montagmorgen (nach J. B. Priestley); Nordost-Passage; Nix deutsch - nix spanisch; Die Gangsterbraut; Der Fall Georg Pohl; Die Söhne der anderen; Der Kabeldieb; Eine Katze ist (k)ein Hund; Pips - die Maus mit dem Schirm; Leo - der gähnende Löwe; Klaus und der geheimnisvolle Keller; Droben stehet die Kapelle; Untergetaucht; Feuertaufe; Die Geburtstagsüberraschung, u. a. Hsp.; Boni - der (un)sichtbare Elefant; Jeder Adam ein Adonis; Leo - der gähnende Löwe; Spiel mit; Pingo, Pongo und der starke Heinrich, alles Fsp.; Wunschträume fürs neue Jahr; Roter Mond und heiße Zeit; Aufruhr am Silbersee; Am Marterpfahl; Das Büro im Hinterhaus; Käpt'n Rumbuddel; Sepp zähmt die Wölfe; Auf den Hund gekommen; Das Schatzschiff; Der schwarze Pudel; Triumpf des Geistes; Wenn Papa Mama

wird; Der Meisterschuß; Versunkene Welten ; Gefangen im Eismeer; Tod auf der Brücke; Die letzte Begegnung; Auf den Hund gekommen; Sinkt die Arche Noah?; Amors spitze Pfeile; Dem Verbrechen auf der Spur; Die letzten Tierparadiese; Detektive mit dem Spaten; Helden gegen das Gesetz, alles Hsp; Die Witzakademie IV; Henry Mancini Show; Hippie Happy Yeah, alles Fsp.; Las Casas und die Konquistadoren; Ufos — Wahn und Wirklichkeit; Heinrich Schliemann; Auf der Suche nach der Nordwest-Passage. — Insgesamt üb. 1450 Send. in Rdfk. u. Fernsehen.

S: Das Schatzschiff 76.

Högler, Auguste, Dr. phil., Mittelschullehrerin i.P.; V.G.S. 77, Ö.S.V. 79, IGdA 82; Kulturgem. Der Kreis 73, Wiener Frauenclub 74, Unser Schaffen (Hilfsgem. d. Blinden) 74, Verein d. Schriftst. u. Künstlerinnen 74, Klub d. öst. lit. Freunde u. Autoren 81; Kenyongasse 5, 4. Stock, Tür 27, A-1070 Wien, Tel. (0222) 9339945 (Graz 27.8.99). Lyrik, Roman, Essay.

V: St. Pöltner Lyrikbogen 75; Mondsichel schneidet, G. 76; Geklärte Sicht, G. 78; Skizzen Prosa: Lyr., Prosa, Ess., Erz. 79; Kleines in großer Zeit, Prosa 80; Zwölf unterwegs begegnet, Reisebilder, G. 81; Weichensteller, G. 82.

MA: Kleine Charakterkunde 61; Jonas Lichtenwallner: Prosa 75, Haiku 80, Gedichte 82.

Högler, Harald, Amtssekr., Zollbeamter; Kleßheimer Allee 22, A-5020 Salzburg, Tel. (0662) 351484 (Salzburg 8.12.38). Lyrik.

V: Geistige Blumen, Lyr. 80.

R: Lyriksendung 80.

Hoehn, Helmut, Lehrer; Fichtenstr. 2, D-8490 Cham/Opf., Tel. (09971) 4635 (Steinhausen 3.5.47). Lyrik, Novelle, Essay.

V: Der Besuch, Geschn. u. Reflexionen 81.

Höhn, Michael, Pfarrer; Börnhausen 69, D-5276 Wiehl 2, Tel. (02262) 1361 (Gießen 22.10.44). Kinder- u. Jugendbuch.

V: ... die unt. d. Gauner fielen 71; Die Schüppenstielfete 74; Verdammt und zugedreht 76. — **MV:** Der Streik bei Mannesmann u. d. Kirche 74.

MA: Poeten beten 69; Auf der ganzen Welt gibt's Kinder 76; Das große Schmökerb. 80. ( )

Hölbing, Franz, Dr.jur., Dr.phil., Leiter Abt. Lit. u. Hsp. ORF-Studio Tirol;

P.E.N.; Dram.Pr. d. St. Innsbruck 63,
Ehrenz. f. Kunst u. Kultur d. St.
Innsbruck 75; Turmbund; Bienerstr. 22,
A-6020 Innsbruck, Tel. (0522) 202892
(Kapfenberg/Steierm. 29.4.32). Prosa,
Essay, Feuilleton, Drama, Hörspiel.
    V: Von Kindern und Harlekinen, Hsp.
u. Erzn. 65; 300 J. Alma Mater
Oenipontana, Leseb. z. Gesch. d.
Innsbrucker U. 71; Die Roggenmühle,
Dr. 72; Da lächelt Thespis, Theater-
anekdn. 74; Tiktak-Taktik, Traktate z.
Zeitgeist 78.
    MA: Veröff. in Anth.
    H: Theater in Innsbruck 67; Aus
erster Hand, neues Schrifttum aus Tirol.
    R: Kakadu u. Sittich, Hsp. 63;
Rattenfängers Rückkehr, Hsp. 65; Die
zerbrochenen Sterne, Hsp. 67; Hinter
Glas, Hsp. 72; Die Insel des Herrn L.,
Hsp. 78; Hameln, Musical 81; Der Engel
ohne Posaune, Fk-Legende 83, u.a.
    Lit: Wilhelm Bortenschlager: Öst.
Dramatiker seit 1945; Paul Wimmer:
Wegweiser durch d. Lit. Tirols seit 1945.

Hölle, Erich; Berghamerstr. 23, D-8156
Otterfing.
    V: Ein Nilpferd kommt geflogen 77;
Bob, der Bagger 80. ( )

Höllerer, Walter, Dr. phil., o. Prof.;
P.E.N., Gruppe 47; Fontane Preis
(Berliner Kunstpreis) 66, Johann
Heinrich Merck Preis 75; Dt. Akad. f.
Spr. u. Dicht., Akad. d. Künste Berlin,
Literarisches Colloquium Berlin;
Heerstr. 99, D-1000 Berlin 19 u. Conrad-
Weil-Gasse 7a, D-6000 Frankfurt a.M.,
Tel. (030) 3045879 (Sulzbach-Rosenberg
19.12.22). Lyrik, Roman, Komödie, Essay,
Kritik. **Ue:** Am.
    V: Der andere Gast, G. 52, 64; Zwi-
schen Klassik und Moderne 58;
Gedichte. Wie entsteht ein Gedicht, G. u.
Ess. 64, 68; Theorie der modernen Lyrik
65, 66; Modernes Theater auf kleinen
Bühnen 65; Außerhalb der Saison 67;
Ein Gedicht und sein Autor, Lyrik u.
Ess. 67, 69; Systeme, G. 69; Dramatur-
gisches, Briefw. m. Max Frisch 69; Elite
und Utopie 68, 69; Die Elephantenuhr, R.
73, 75; Hier, wo die Welt anfing 74;
Geschichte, die nicht im Geschichtsbuch steht 76; Berlin — Übern Damm u.
durch d. Dörfer (m. R. v. Mangoldt) 77,
79; Alle Vögel alle, Kom. 79; Gedichte
1942-1982 82; Autoren im Haus. Zwanzig
Jahre Lit. Colloquium Berlin 82.
    MA: Movens. Dok. u. Analys. z. mod.
Lit., Kunst u. Musik 60; Junge Amerikanische Lyrik 61; Spiele in einem Akt
61; Das Gästehaus 65; Romananfänge

65; Das lit. Profil von Rom 71; Vom
'Kahlschlag' zu 'movens' 80; Lyrik von
allen Seiten 81.
    H: Transit, Lyrikb. d. Jh.-Mitte 56;
Sprache im technischen Zeitalter, Zs.
seit 61; Literatur als Kunst, Schr.-R. —
    MH: Akzente, Zs. f. Dicht. seit 54; Lit. im
techn. Zeitalter, Jb. seit 81.
    S: (MA): Lyrik der Zeit II.
    Lit: Manfred Durzak: Gespräche über
den Roman 76; Dieter Lattmann: Die
Lit. der Bdesrep. DE. 73; W.H. in:
Sprache im techn. Zeitalter, Sonderh. 84
82; Detlef Krumme: Lesemodelle
(Canetti, Grass, Höllerer) 83.
s. a. Kürschners GK.

Höllteuffel, Benno, s. Reichert, Carl-
Ludwig.

Hölscher geb. Diekamp, Claudia,
Dipl.-Päd.; Kr. d. Freunde 76,
Freundschaftskr. RSG 79, Deutsches
Senryu Zentrum 82; Moosgrund 5, D-
7800 Freiburg i.Br., Tel. (0761) 132632
(Lüdinghausen 8.7.53). Lyrik.
    MA: Deine Welt im knappen Wort,
Aphor. 76; Nehmt mir die Freunde
nicht, Lyr. 76; Der Spiegel deiner selbst,
G. u. Texte 78; Die Welt, in der wir
leben, Gedankenbilder u. Aphor. 78;
Liebe will Liebe sein, Lyr. 78;
Lichtband-Autoren-Bild-Lex. 80; An der
Pforte, G., Texte, Aphor. 80; Wie es sich
ergab, G., Texte, Aphor. 81; Besinnung
und Einsicht, Aphor. 81; Sekunden zur
Ewigkeit, Renga 81; Vor dem Schatten-
baum, Haiku 82; Kreis der Freunde-
Bild-Lex. 82; Verse im Wind, Ketteng. zu
dritt in japan. Manier 83.

Höltschi-Grässle, Charlotte (Ps.
Charlotte Bandol), Werbesekretärin;
Luegetenweg 7, CH-8634
Hombrechtikon/ZH, Tel. (055) 423025
(Mulhouse/France 14.9.26). Roman,
Novelle.
    V: Tramontana oder Abenteuer auf
Menorca, Jgdb. 77/78.

Hölzer, Max, Dr. jur.; Georg-Trakl-
Preis 70, Ehrengabe d. Bayer. Akad. d.
Schönen Künste 69, Verlag Neske,
Pfullingen (Graz 8.9.15). Lyrik, Essay.
Ue: F, S, Port.
    V: Entstehung eines Sternbilds,
Prosagedichte 58; Der Doppelgänger, G.
59; Nigredo, G. 62; Gesicht ohne Gesicht,
G. 68; Meditation in Kastilien, G. 68;
Lunariae, G. 72 (franz.); Mare Occidentis
- Das verborgene Licht - Chrysopöe, G.
76; Die schöpferische Sprache Paul
Valérys, Ess. 74.

MA: Mein Gedicht ist mein Messer, Ess. 55.
H: Ue: Im Labyrinth, franz. Lyrik nach d. Symbolismus 57; Jacques Audiberti: Dramen 62; Georges Bataille: Der Heilige Eros 62, Abbé C. 66.
F: El Greco 67.
Ue: Apollinaire: Gedichte 57; Chris Marker: Jean Giraudoux 58; Nathalie Sarraute: Tropismen 59; Henry de Montherlant: Über die Frauen 60; André Breton: Nadja 60; Pascal Pia: Apollinaire in Selbsterzeugnissen und Bilddokumenten 61.
Lit: Reinhold Grimm: Strukturen 62.
( )

Hönick, Eva; Darmstädter Str. 13, D-7000 Stuttgart 50 (Berlin). Lyrik, Feuilleton, Erzählung, Satire.
V: Mensch sein, G. 80; Zwischen Spaten und Hängematte, Poesie u. Prosa 82.
MA: Zahlr. Ztgn, Zss., Lyr. u. Kurzgeschn.-Anth. u. Jbb.
R: Hörfunk-Sdgn.

Höntges, Hans Albert, Pfarrer; Eupener Str. 222, D-5100 Aachen, Tel. (0241) 61915 (Krefeld 17.11.28). Meditationen, Texte zur Besinnung.
V: Bilder vom Menschen 74; Alles ist Gleichnis 76; Lebenserwartungen 77; Botschaft der Freude 81.

Höögdieen, Jann, s. Jörgensen, Gerhard.

Höpflinger, Francois, c/o Eco-Verlag, Zürich.
V: Silvans Reise I (Die Stadt der Gnomen), sat. Zukunfts-R. 82. ( )

Höpfner, Jürgen; Boizenburger Str. 25, DDR-1144 Berlin (Erfurt 23.4.43). Roman.
V: Gleisverwerfung, R. 82; Tote Tauben, R. 82.

Höpfner, Karin; Osterwiecker Str. 53, D-3387 Vieneburg 1.
V: Pferdegeschichten und andere 80.
( )

Höpfner, Niels, Journalist u. Dramaturg; Schaafenstr. 10, D-5000 Köln 1, Tel. (0221) 242640 (Wollstein/Posen 10.11.43). Drama, Hörspiel, Film, Essay, Novelle, Lyrik.
V: Die Hintertreppe der Südsee, Figuren u. Personen 79; und wo wir, G. 80.
R: Spiegelgasse 14; Der Nordpol ist grausam wie die Sahara; Zu Lande, zu Wasser und in der Luft, alles Hsp.; Etwas Besseres als den Tod findest du

überall oder Reise ans Ende eines Kopfes.

Höppner, Brigitte *

Höptner, Marianne, Hausfrau; Am Pfingstgarten 5, D-4020 Mettmann, Tel. (02104) 75194 (Mettmann 7.8.28). Roman, Kinderbuch.
V: Mein kleines Geheimnis, Kdb. 81, 2. Aufl. 82; Mehr als alles, Kdb. 83.

Hoerburger, Felix, Dr. phil., apl. UProf.; Kurstift Mozart, Salzstr. 1, D-8229 Ainring, Tel. (08654) 59813 (München 9.12.16). Lyrik, Kurzgeschichte (Mundart).
V: Schnubiglbaierisches Poeticum 75; Neueste Nachrichten aus d. schnubiglputan. Provinz 77.

Höreth, Elisabeth; Hans-Meiser-Str. 24, D-8580 Bayreuth, Tel. (0921) 69512 (Berlin 30.5.31). Kirchliche Literatur.
V: Christen feiern Feste 69.

Höricke, Lothar; Erich-Kurz-Str. 13, DDR-1136 Berlin, Tel. 5231219 (Züllichau 28.2.37).
V: Fischzüge — Die Unternehmungen des Kapitäns Klaus Nipmerow zu Wasser und zu Lande, Erz. 72, 77; Rando, R. 77, 80 (ung. 80); Entführt von den Tiaias, Erz. 80, 82.
MA: Buntes Tele Jahrbuch 70, 71; Merkwürdige Umstände eines Autodiebstahls — 11 Geschn. über 11 Forscher u. Erfinder, Anth. 74, 79; Fernfahrten — erlebt und erdacht von achtzehn Autoren, Anth. 76.
R: Alle warten auf Dieter, Fsp. 65; Fischzüge, Fsf. 75.

Hörig, Ursula, c/o Hinstorff Verlag, Rostock, DDR.
V: Timmes Häuser 75, 81; Spatzensommer, Erzn. 82. ( )

Hörler, Rolf, Lehrer; Schweizer Schriftsteller Gruppe Olten 73; Ehreng. a. d. Literaturkredit f. Kt. Zürich 74, 81, Conrad Ferdinand Meyer-Preis 76, Anerkenn.gabe d. Stadt Zürich 79; Zum Seeblick, Seestr. 15, CH-8820 Wädenswil, Tel. (01) 7806606 (Uster, Kt. Zürich 26.9.33). Lyrik, Prosa, Hörspiel, Einakter.
V: Mein Steinbruch, G. 70; Poem à la carte oder Monstergastmahl für Poet und Speisekarten, Einakter 72; Zwischenspurt für Lyriker, G. 73; Mein Kerbholz, G. 76; Abgekühlt vom Sommer war die Luft, G. 77; Hilfe kommt aus Biberbrugg, G. 80; Windschatten, G. 81; Auswärtsspiele, G. 83; Gedichte 1954-1982 83. — **MV:** Gut zum Druck 72; Kurzwaren 1 75; Zwischensaison 1 75; Zeitzünder 1 76; Fort-

schreiben 77; Gegengewichte 78; Belege 78; Café der Poeten 80; Die Baumgeschichte 82.

H: reflexe, Zs. seit 58. — **MH:** Edition Herbzt seit 73.

R: Nekrolog, Hsp. 77.

Lit: Dieter Bachmann: Von der Weite des Augenblicks 70; Egon Wilhelm: Rutengänger der Poesie 75; Ernst Nef: Von Mund zu Mund 77; Sprache als Behelf 81; Rainer Stöckli: Sprachernst und Sprachspiel 81.

Hörnemann, Werner, Verleger; Merler Allee 128, D-5300 Bonn 1 (Homberg/Ndrh. 15.9.20). Jugendbuch, Jugendhörspiel.

V: Gusti funkt Alarm 50; Hafenpiraten 50, 53 (auch holl.); Die gefesselten Gespenster 52, 83, DDR 83 (auch franz., holl., norw., schwed.); Das Lösegeld des roten Häuptlings 53, 54; Ali und die Räuber 53, 55; Das Geheimnis des Don Mirabilis 54, 60.

R: 8 Jgd.-Hsp. ( )

Hoernstein, Franz, Dr.med. i.R.; Im Biengarten 47, D-6730 Neustadt/Weinstr., Tel. (06321) 6059 (Ludwigshafen 19.6.12). Lyrik.

V: Besinnliche Sonette 81.

Hörschgen, Hans W.; Sudetenstr. 19, D-3062 Bückeburg.

V: Kahlschlag, G. 82. ( )

Hösl, Gerhard, Dr., RA.; Oskar-von-Miller-Ring 29, D-8000 München 2, Tel. (089) 282927 (Cham 4.12.39). Lyrik, Roman, Schauspiel.

V: du stehst windgegenüber, Lyr. 79.

Hösl, Hans, Polizeirat i. R.; Poetentaler 81; Mitgl. d. Münchener "Turmschreiber"; Zugspitzstr. 28, D-8080 Fürstenfeldbruck, Tel. (089) 27296 (München 31.1.96). Erzählungen, Roman.

V: Die Kindstauf, bayer. Erz. 68; D Stangerltrambahn, eine bayr. Bilderbogengesch. 81.

MA: Das Münchner Turmschreiberbuch 79; Turmschreiberkal. 83.

Höss, Dieter, Maler und Grafiker; VS 70; Marsdorfer Str. 58-60, D-5000 Köln 40 (Junkersdorf), Tel. (0221) 488150 (Immenstadt/Allgäu 9.9.35). Lyrik, Satire, Parodie, Humor.

V: Ali und der Elefant 61; ... an ihren Büchern sollt ihr sie erkennen, Parod. 66; Schwarz Braun Rotes Liederbuch, Parod. 67; ... an ihren Dramen sollt ihr sie erkennen, Parod. 67; Binsenweisheiten, Epigr. u. Karikat.; Gespensterkunde 69; Sexzeiler, Persiflage auf Sex-Berat. 70; Die besten Limericks von

Dieter Höss 73; Wer einmal in den Fettnapf tritt ..., Satir. G. 73; Hösslich bis heiter, Satiren, Sprüche, Limericks 79; Kanal voll, Satiren, Sprüche, Limericks 80, beide m. Collagen.

MA: Scherz, Satire und Cartoons 80; Deutsche Volkslieder, Texte, Variationen, Parodien 80.

S: Schwarz Braun Rotes Liederbuch 67.

Höver, Günter *

Hof, Berta, s. Hofberger, Berta.

Hofbauer, Elfriede (Ps. Friede von Motten, Enne Brückner), Dr. phil., Hauptschriftleiterin; Schubertgasse 24/16, A-1190 Wien (Wien 24.7.09). Roman, Novelle, Lyrik. **Ue:** E.

V: Frau Rechtsanwalt, R. 46; Die ewig gleiche Sehnsucht, R. 55, u. a. ( )

Hofbauer, Friedl, s. Kauer, Friedl.

Hofberger, Berta (Ps. Berta Hof), Redakteurin; Rdfkunion 55; Prinz-Ludwig-Str. 6A/205, D-8000 München 2, Tel. (089) 284244 (München 20.2.03). Essay, Aphorismus, Lustspiel. **Ue:** F.

MV: Stundenbuch für Damen; Lebenskunst für Fortgeschrittene.

H: Jetzt kommt Euer Betthupferl 62; Jetzt kommt noch ein Betthupferl 63; Das Märchenbuch Kunterbunt 64; Es war einmal eine Königin 65; Zauberspuk und gute Geister 66; Der Stern im Brunnen 67.

Ue: Balzac: Jésus Christ en Flandre; Marcel Aimé: Le mauvais Jars, Les Vaches, Le Conte; Elisabeth Goudge: Der Wunschbrunnen aus: La Rose de Noël, alle f. Rdfk.; zahlr. Märchen aus d. Bretagne, v. Madame d'Aulnoy, Perrault u. a., teilw. in d. o. gen. Mbb.

Hofé, Günter (Ps. Bernd Elberger), Dipl.-Staatswiss.; SV-DDR 52, P.E.N. Zentr. DDR 53; Verdienstmed. DDR 62, Vaterländ. Verdienstorden i. Silber 64, Johannes-R.-Becher-Medaille in Gold 65, Bracke-Med. in Silber 68, Ernst Moritz Arndt Med. 70, Bracke-Med. in Gold 71, Banner der Arbeit 73, Artur Becker Med. in Gold 74, Vaterländ. Verdienstorden in Gold 79; Ringstr. 1a, DDR-1601 Schwerin ü. Königs Wusterhausen (Berlin 17.3.14). Roman, Essay, Film.

V: Niersteiner Spätlese, Ess. 54; Rivalen am Steuer, R. 57, 62; Roter Schnee, R. 62, 9. Aufl. 82; Monolog in der Hölle, Erz. 68; Merci, Kamerad, R. 70, 4. Aufl. 83; Schlußakkord, R. 74, 6. Aufl. 81; Der dalmatinische Dolch, Erz. 80, 81.

MA: Ein Mann begreift, in: Der Bogen, Alman. 58; Zwischen Tod und Leben, in: ... aber die Welt ist verändert, Alman. 59; ... wie in jener Frontnacht, in: In unserer Sprache, Anth. 62; Monologue in Hell in: Cross Section, Anth. 70; Das Verhör in: Menschen im Krieg, Anth. 75, 77; Tels des soleis gris in: Reflets, Anth. 75.
H: 200 Jahre Friedrichshagen 53.
F: Rivalen am Steuer 56; Das Verhör 81.

Hofer, Doris *

Hofer, Elisabeth, Hausfrau; Grazer Autorenversamml. 81; Buchprämie d. Öst. Unterrichtsmin. 82; Schleierg. 7, A-1100 Wien u. Pergersee XL L/12, A-7061 Trausdorf a.d.W. (Wien 13.10.25). Roman, Hörspiel.
V: Trostgasse sieben, R. 82; Die Gedanken sind frei ..., R. 83.
R: Anna, Niko, Anniko, Fsp.; Feedback; Die Familienchronik; Die Generalprobe 83, alles Hsp.

Hofer, Urli, s. Scholz, Hugo.

Hoferer-Keck, Alma, Fachoberlehrerin; VG Wort; An der Kästehalde 2, D-7603 Oppenau, Tel. (07804) 544 (Mannheim 29.8.42). Kinderbuch.
V: Die Reise zu den Sternhexen 76; Die Reise zu den Silberwolken 77.
Lit: Karl Friedrich Schäfer in: Leseprobe 76. ( )

Hoff, Kay, Dr. phil.; P.E.N., VS; Lyrikpreis i. "Wettbewerb junger Autoren" d. Landes Schlesw.-Holst. 52, Preis i. Funkerz.-Wettbew. d. Sdt. Rdfks. 57, Förderpreis z. Gr. Kunstpreis d. Landes Nordrhein-Westf. 60, Ernst-Reuter-Preis (Hörspielpreis) d. Min. f. gesamtdt. Fragen 65, Georg-Mackensen-Preis 68; Stresemannstr. 30, D-2400 Lübeck, Tel. (0451) 796328 (Neustadt/Holst. 15.8.24). Lyrik, Roman, Erzählung, Hörspiel, Funk-Feature.
V: In Babel zu Haus, G. 58; Zeitzeichen, G. 62; Die Chance, Hsp. 65; Skeptische Psalmen, G. 65; Bödelstedt oder Würstchen bürgerlich, R. 66, 69; Ein ehrlicher Mensch, R. 67; Eine Geschichte, Erz. 68; Netzwerk, G. 69; Zwischenzeilen, G. 70; Drei. Anatomie e. Liebesgesch. 70, 82; Wir reisen nach Jerusalem, R. 76; Bestandsaufnahme, G. 77; Hörte ich recht?, 8 Hsp. 80; Gegen den Stundenschlag, G. 82.
MA: Kunst in Schleswig-Holstein 53; Auch in Pajala stechen die Mücken, Erzn. 56; Jahresring 57/58, 61/62;

Deutsche Lyrik. Gedichte seit 1945 61; Lyrik aus dieser Zeit 1963/64 63; Eckart-Jahrbuch 1963/64 63; Beschreibung einer Stadt (Düsseldorf) 63; Lyrik in unserer Zeit. Bremer Beiträge IV 64; Keine Zeit für Liebe?, G. 64; Panorama moderner Lyrik deutschsprechender Länder 65; Ich habe die Ehre. Hsp. 65; Spiele für Stimmen 65; Tuchfühlung, Erzn. 65; Stimmen vor Tag, G. 65; Thema Weihnachten, G. 65; jahrbuch 66, G. 66; Deutsche Lyrik, G. 66; Thema Frieden, G. 67; Die Reise nach Bethlehem, Erzn. 67; Strömungen unter dem Eis, Erzn. 68; Dschungelkantate, Spiele & Happenings 68; Almanach 2 f. Literatur u. Theologie 68; Ehebruch & Nächstenliebe, Erzn. 69; Eremitage oder Herzblättchens Zeitvertreib 69; Poeten beten, G. 69; Mitternachtsgeschichten, Erzn. 69; Almanach 4 f. Literatur u. Theologie 70; Nachkrieg und Unfrieden, G. 70; Motive 71; Du bist mir nah, Erzn. 71; Aller Lüste Anfang 71 (A Soragyogasu Banat, G. 73); Schaden spenden 72; Geständnisse. Heine im Bewußtsein heutiger Autoren 72; Im Bunker 74; Der Seel ein Küchel 74; Miteinander, G. 74; bundesdeutsch, G. 74; Gegenwartsliteratur. Mittel u. Bedingungen ihrer Produktion 75; Unartige Bräuche 76; Wer ist mein Nächster 77; Das gr. dt. Gedichtb. 77; Das gr. Rabenb. 77; Psalmen vom Expressionismus bis z. Gegw. 78; Die Stimme in d. Weihnachtsnacht 78; Jb. f. Lyrik 1 79; Hoffnungsgeschichten 79; Schnittlinien 79; Bestandsaufnahme 80; 47 und elf Gedichte über Köln 80; Seismogramme 81; Kennwort Schwalbe 81; Ja, mein Engel 81; Lessing heute 81; Komm, süßer Tod 82.
R: Kein Gericht dieser Welt 61; Nachtfahrt 63; Alarm 63; Rezepte 64; Ein Unfall 64; Die Chance 64; Zeit zu vergessen 64; Dissonanzen 65; Nachrufe 65; Inventur 65; Bödelstedter Würstchen 65; Konzert an vier Telefonen 66; Im Durchschnitt 66; Stimmen des Libal 66; Solange man lebt 67; Totentanz für Querflöte und Solostimmen 67; Liebesbericht 68; Spiegelgespräch 68; Uhrenzeit 69; Ein Schiff bauen 69; Unkraut 69; Materialien zu einem Liebesroman 70; Unterwegs 76, alles Hsp.; Lukas und die Zeit der Pilze 78; Der Prophet und das Kaufhaus 59; Beschreibung einer Stadt: Düsseldorf 62; Ungestraft unter Palmen 66; Der Schulgeburtstag 66; Student sein, wenn die Veilchen blühen 68; Thema Schwarz-Weiß 68; Ein Brüllen ohne Ende 74; Wie ich anfing 74; Autoren-Musik 74; Beschreibung von

Bruchstellen 75; Die Falkland-Inseln —
am Rande der Welt 80; Iyengar u. d.
Illusion 81, alles Funk-Features.
Lit: Jürgen H. Petersen: K.H. in: KLG.

Hoffbauer, Jochen, Versicherungs-
Regulierungsbeauftragter; Kg., VS 77;
Eichendorff-Literaturpreis 63, Hörspiel-
preis d. Ostdt. Kulturrats 70; Wangener
Kreis; Ehrstenerweg 1, D-3500 Kassel-
Harleshausen, Tel. (0561) 882723
(Geppersdorf-Liebenthal/NS. 10.3.23).
Lyrik, Erzählung, Essay, Jugendbuch,
Hfg.
V: Winterliche Signatur, G. 56; Voller
Wölfe und Musik, G. 60; Neue Gedichte
63; Unter dem Wort, Ess. 63; Die schön-
sten Sagen aus Schlesien, Samml. 64;
Abromeit schläft im Grünen, Erzn. 66;
Schlesische Märchenreise, Samml. 69;
Passierscheine, G. 76; Scheinwerferlicht,
G. 82.
MA: Und die Welt hebt an zu singen,
Lyrik-Anth. 58; Schlagzeug und Flöte,
Lyrik-Anth. 61; Brücken und Zeichen,
Lyrik-Anth. 63; ... als flöge sie nach
Haus, Lyrik-Anth. 64; Sehnsucht nach
Europa, Prosa-Anth. 64; Hdb. der dt.
Gegenwartsliteratur 65; Das unzerreiß-
bare Netz, christl. Lyrikanth. 68;
Deutsche Teilung, Lyrik-Lesebuch aus
Ost u. West 66; So gingen wir fort,
Prosaanth. 70; Der kleine und der große
Grenzverkehr, Hsp.-Anth. 71; Schrift-
zeichen 75; Windbericht - Landschaften
und Städte in Gedichten 71; Das
schlesische Balladenbuch 73; Die Kehr-
seite des Mondes 75; Autoren reisen 76;
Erbe u. Auftrag, Ostdt. Alm.; Aus
Deutschlands Mitte, Anth.; Das gr.
Rabenb. 77; Nichts u. doch alles haben,
G. z. Thema Hoffnung 77; Tauche ich in
deinen Schatten — z. 1200j. Bestehen d.
Stadt Esslingen/Neckar 77; Magisches
Quadrat, Erz. 79; Typisch schlesisch,
Hausb. 79; Else Langner — m. Thema u.
m. Echo 79; Schlesien — Städte u. Land-
schaften 79; Die Allerschönste, Erz. z.
Thema Liebe; Jb. f. Lyrik 1 79; Schles.
Lebensbilder 5 78; Lit. im alemann.
Raum — Regionalismus u. Dialekt, Lyr.,
Prosa, Aufs. 78; In Sachen Literatur,
Hajo Knebel zu Ehren 79; Joseph Wittig
— Historiker/Theologe/Dichter 80;
Eisen ist nicht hart, Begegnungen u.
Wiederbegegnungen m. d. dt. Osten 80;
claassen Jb. d. Lyr. 2 80; Dt. Ökolyrik 80;
Schön ist die Jugend bei guten Zeiten,
Prosa u. Lyr. 80; wort-gewalt, Lyr. u.
Prosa hess. Autoren 80; Immer werden
wir's erzählen — Geschn. z. Advents- u.
Weihnachtszeit 81; Plädoyer für den

Hymnus — Ein Anstoß u. 224 Bsp. 81;
Poetisch Rebellieren — ein Kasseler
Leseb. 81; Weh' dem, der keine Heimat
hat, Anth. aus Ost- u. Mitteldeutschland
stammender Autoren 81; Als wir einst
den Stern gesehen, Advents- u. Weih-
nachtsgeschn. 82; Weihnachtsgeschn.
aus Schlesien 82; Begegnungen und
Erkundungen, Anth. d. Künstlergilde 82;
Friedensfibel 82.
H: Schlesisches Weihnachtsbuch,
Anth. 65; Schlesien - Du Land meiner
Kindheit 66; Sommer gab es nur in
Schlesien. Schlesische Erz. 72; Riesen-
gebirge — Eine Landschaft im Bild
ihrer Dichter 82.

Hoffer, Klaus, Dr., Lehrer; F. St. Graz
63, GAV 72; Förder.pr. d. Stadt Graz 79,
Rauriser Literaturpreis 80; Goethestr.
48, A-8010 Graz, Tel. (03122) 328063 (Graz
27.12.42). Roman. **Ue:** E.
V: Halbwegs. Bei den Bieresch I, R.
79; Am Magnetberg, Fragment 81; Der
große Potlatsch. Bei den Bieresch II 83.
R: Säcke; Fürsorglich:., Vorzüglich...,
beides Hsp..
Ue: Kurt Vonnegut: Jailbird 80; Jakov
Lind: Reisen zu den Enu 83.

Hoffmann, Barbara, s. Poupin, Barbara.

Hoffmann, Bernhard, Gymn.Lehrer;
Förder. durch d. Saarländ. Kultusmin. in
Form eines Druckkostenzuschusses f. d.
Erz. Jens Mark; Zur Laykaul 5, D-5501
Korlingen (Völklingen 18.10.51).
Kurzprosa, Erzählung, Roman.
V: Bilder ohne Worte, Kurzprosa 74;
Einfach gelebt haben, Kurzprosa 75;
Jens Mark, Erz. 76; Das Heim, R. 79;
Schulterror oder Von der Lust zum
Frust, Ber. 82.
H: Kinderreader 78.

Hoffmann, Claus, ev. Pfarrer;
Schulstr. 4, DDR-7812 Sachlhammer-
Ost, Tel. (058191) 8354 (Fürstenwalde,
Spree 2.4.32). Roman, Novelle,
Kurzgeschichte.
V: Der neue Anfang des Fritz
Helfferich, R. 73; Jan Malow — Roman
über einen Menschen 80. —
MV: Weihnachtsgespräch - Abwandl. e.
alten Themas, Anth. 73.

Hoffmann, Dieter, Redakteur; VS 58;
Rom-Preis 63, Andreas-Gryphius-För-
derpreis 69; Akad. Wiss. u. Lit. zu Mainz
69; Stettenstr. 40, D-6000 Frankfurt a.M.,
Tel. (0611) 551761 (Dresden 2.8.34). Lyrik,
Essay.
V: Aufzücke deine Sternenhände, G.
53, 72; Mohnwahn, G. 56; Eros im Steinlaub, G. 61; Ziselierte Blutbahn, G. 64;

Veduten, G. 69; Lebende Bilder, G. 71;
Elf Kinder-Gedichte, G. 72; Oeil de
Boeuf, G. 73; Seligenstädter Gedichte, G.
73; Papiers Peints, G. 74; Il Giardino
Italiano, G. 75; Norddeutsche Lyra, G.
75; Alte Post, G. 75; Villa Palagonia, G.
76; Moritzburger Spiele, G. 76; Sub Rosa,
G. 76; Schlösser der Loire, G. 77;
Gedichte aus d. Augustäischen DDR, G.
77; Elegien aus Teisenham, G. 78; Italia,
G. 80; Engel am Pflug, G. 80; Ernst
Hassebrauk. Leben und Werk 81. —
MV: G. in: Stierstädter Gartenbuch 64.
   H: Reinhard Goering: Dramen, Prosa,
Verse 61; Hinweis auf Martin Raschke.
Eine Ausw. d. Schrr. 63; Max Acker-
mann, Zeichn. u. Bilder 65; Personen.
Lyrische Porträts v. d. Jh.wende bis z.
Gegenw. 66; Wasserringe. Fische im
Gedicht 72; Literatur als Gepäck 79.
   Lit: Gianni Selvani: Alchimismi
Barocchi e Pittura Naïve. Cinque
"Vedute" di Dieter Hoffmann, in: Poesia
e Realtà 71.

Hoffmann, Elvira, Verlagskaufmann;
Scharnhorststr. 43, D-5880 Lüdenscheid,
Tel. (02351) 41222 (Dahlbruch, Kr. Siegen
2.5.41). Kinder- u. Jugendbuch.
   V: Frauke, das Mädchen am Meer,
Kinderb. 77; Wiedersehen am Meer,
Kinderb. 77; Heimweh ist erlaubt, Jgdb.
78; Zwei gegen die Tunnelbande,
Kinderb. 79; Begegnung mit Christian,
Jgdb. 79 (niederl., port. 81); Aus Liebe
zum Pferd, Jgdb. 80; Abenteuer mit zwei
Pferdestärken, Jgdb. 81; Das gestohlene
Pony, Kdb. 81; Ausstieg verpaßt, R. 81
(niederl. 83); Ingas Freund von gegen-
über, Kdb. 81; Wie erzieht man eine
Tante, Jgdb. 82.

Hoffmann, Fernand, Dr. phil., docteur
ès Lettres, Prof. PH u. Centre Univ.
Luxemburg, Gründungs- u. EPräs. d.
Intern. Dialekt Instit. Wien (IDI); Kogge,
IVG; Präs. d. Abt. f. Kunst u. Lit. des
Großherzogl. Inst., wirkl. Mitgl. d. Abt. f.
Dialektologie u. Volkskunde; Marie-
Adelheidstr. 76, Luxemburg/Luxemburg,
Tel. (0352) 443843 (Düdelingen/Luxem-
burg 8.5.29). Roman, Dialektdrama,   ·
Dialekthörspiel, Dialektlyrik, Essayistik.
   V: Luxemburg bei Tisch. Ein nahr-
haftes Lesebuch 63, 69; Geschichte der
Luxemburger Mundartdichtung I 64, II
67; Pier Beautemps, Mundartstück 64;
Öslinger Geschichten, Erz. 65; Adames-
strooss 13, Mundartstück 65; Hôtel Costa
Brava, Mundartstück 67; Mescheler
(Miscellanea luxemburgensia). Luxem-
burg, am Rande vermerkt, Ess. 68;
D'Kürch am Duerf, Mundartstück 70;

Die Grenze, R. 72; Spill net mam Feier
74; Et war der e Summer wéi eng Saang
74; Iirwen as net liicht 75; Dem Cyrill
séng Spréng 75; Klappjuecht 76, alles
Mundartstücke; Der Lyriker Willem
Enzinck, Ess. 74; Standort Luxemburg,
Ess. 75; Thomas Mann als Philosoph der
Krankheit, Ess. 75; Sprachen in
Luxemburg, Lit. 79; Etüden 1, Ma-Lyr.
80; Zu Gast bei Fred Laroche, Ess. 80;
Nachträgliche Erhebungen, Erz. 81;
Zwischenland. Sprachwiss. Grenzgänge,
Ess. 81; Heimkehr ins Reich der Wörter,
Ess. 82; De Rommel-de-Fiff, Mda-Lyr.
81. — **MV:** Robert Bruch: Gesammelte
Aufsätze. Biogr. Nachwort 69; Michel
Rodange. Das Gesamtwerk 74; Oswald
Andrae: Hoppenröök geiht üm (Nach-
wort) 75; Die neue dt. Mundartdichtung.
Strömungen u. Tendenzen am Beispiel
der Lyrik, m. J. Berlinger 80; Alfred
Gulden: Da eewich Widdaschruch
(Nachw.) 78, 79; Nic Weber: Die lauen
Bruchpiloten (Nachw.) 80; M.-L. Tidick-
Ulveling: Von gestern für heute, Erz.
(Geleitw.) 82.
   H: Luxemburgensia anastatica, Reihe;
Dialog im Dialekt 76; Dialektologie
heute, Ess. 79; Nos Cahiers, Zs.;
Festschr. Pierre Grégoire.
   R: Pier Beautemps 63, 70; Eisen Dicks
69; De Gaascht 77.

Hoffmann, Friedrich *

Hoffmann, Gerd E., freiberufl. Autor;
VS 69, P.E.N. 71; Stipendium d. Dt. Akad.
Villa Massimo Rom 69/70; Reinekestr.
29, D-5000 Köln 90, Tel. (02203) 26154 (Dt.
Eylau 6.6.32). Prosa, Lyrik, Hörspiel,
Sachbuch, Jugendbuch, Mehrmediales,
Grenzbereiche.
   V: Chromofehle, Beschreib. 67;
Chirugame, Beschreib. m. einer
Zuschreib. v. Heinr. Böll 69; Bellasten,
Beschreib. 71; Computer, Macht u.
Menschenwürde, Sachb. 76, 79; Erfaßt,
registriert, entmündigt, Sachb. 79;
Erlebt in Indien — Wenn ich Vishnu
Sharma hieße, Jgdb. 81; Die
elektronische Umarmung, Jgdb. 82; Im
Jahrzehnt der großen Brüder, Sachb. 83;
Computersklaven — Computerherren,
Jgdb. 83.
   MA: u.a.: Enzyklop. d. Zukunft I 78;
Hoffnungsgeschichten 79; Orwells Jahr
— der Kalender für 1984 83.
   H: Die verkabelte Republik 84. —
MH: Numerierte Bürger 75; Es geht, es
geht... Zeitgenöss. Schriftsteller u. ihr
Beitr. zum Frieden — Grenzen u.
Möglichkeiten 82.

R: suchen sechsstimmig 70; erkennen vielstimmig, Daten-Krimi 1 71; Glückliche von morgen 71, alles Stereo-Hsp.; Wenn ich Vishnu Sharma hieße, Hörbild 80; 50 Welten fremder Entzückung, Wort-Ton-Beschreibung, m. K. H. Wahren 70.

Hoffmann, Gerhardt, Pfarrer; Werner-Voss-Damm 12, D-1000 Berlin 42, Tel. (030) 7862137 (Bad Reinerz/Schles. 3.1.25). Erzählung, Film.
V: Kreuzberger Geschichten, Erzn. 80, 81.
R: Und das Meer ist immer noch blau wie zu allen Zeiten ..., Prot. e. Griechenlandreise 71.

Hoffmann geb. Meincke, Gudrun (Ps. Gudrun Maria Hoffmann), Pfarrfrau, Organist u. Kirchendiener; Neuendorfer Str. 14, DDR-1601 Münchehofe/Kr. Königs Wusterhausen, Tel. 224 (Sonneberg/Thüringen 8.3.24). Erzählung, Lyrik.
V: Wir und unsere Kinder, autobiogr. Erz. 76, 4. Aufl. 79.
H: Laß Dich finden, Lyr. 78; Kannst du noch staunen, Lyr. 78; Weihnacht − immer neue Sehnsucht nach Licht, Lyr. u. Erzn. 79, 3. Aufl. 81; Bruder neben mir, Lyr. 79; Voller Wunder ist die Welt, Lyr. 80; Einkehr und Stille, G. 82. ( )

Hoffmann, Gudrun Maria,
s. Hoffmann, Gudrun.

Hoffmann, Hanno, Finanzbeamter; Aachener Str. 45, D-5500 Trier, Tel. (0651) 84767 (Trier 6.2.52). Lyrik.
V: Licht und Schatten, Lyr. 82.

Hoffmann, Hans (Ps. Johann Hoffmann-Herreros, Peter Siegentaler, Petra Piers), StudDir. u. Lektor f. engl. u. amer. Lit. an d. U. Köln; Kirchstr. 22, D-5227 Windeck 1 (Wissen/Sieg 22.11.29). Lyrik, Roman, Novelle, Essay. **Ue:** E, F, S.
V: Zeitgenossen - Fünfzehn Pen-Porträts, Biogr. 72; Die Schweigerose, Lyrische Texte 74; Am Abend sind die Lichter heller als am Tag - Texte für die späten Jahre, Lyrik, Prosa 75; Auf seinen Wegen. Erlebnisse und Geschichten mit Pastor Dienemann und seinen Kommunionkindern, R. f. Kinder 77; Beim ersten Mal gelingt nicht alles. Geschichten aus Icksdorf, R. f. Kinder 77; Wer hätte das gedacht − 3 x 3 Geschichten z. Lesen u. Vorlesen 78; Da staunte Noachs Tochter, Geschn. v. Menschen u. Tieren f. kleine u. große Leute 78; Mettes Geheimnis, Geschn. f. Kinder 78; Der Ausflug, Mädchen-R.

79. − **MV:** Patmos Bibel. Altes u. Neues Testament, m. A.-M. Cocagnac 67/68, 75; Kirchengesch. in Bildern, m. Jaca 79/82.
H: Spur der Zukunft. Moderne Lyrik als Daseinsdeutung 73; Weihnachtsgeschichten 75; Stille 76; Geborgenheit 77; Freundschaft 77; Gute Besserung 78; Geschichten von Tod und Auferstehung 78; Geschichten der Hoffnung 81; Geschichten von der Liebe 82; Geschichten von der Ehe 82. −
MH: Weihnachten. Materialien zur Feier in Familie, Gruppe und Gemeinde, m. G. Frorath u. R. Harbert 73.
Ue: Errol Brathwaite: Sipuri, R. 63; José Vidal Cadellans: Bevor es Tag wird, R. 64; Thomas Merton: Sinfonie für einen Seevogel und andere Texte des Tschuang-Tse 73; Pierre Griolet: Zu jeder Zeit, Gebete 74; Frederick Buechner: Wer niemals zweifelt. Ein ABC des Glaubens 75; Raoul Follereau: Die Liebe treibt mich. Impulse für den Tag 78; Jacques Leclercq: Ermutigung zur Hoffnung, Prosa 78; Francine Fredet: Trotzdem gebe ich mein Kind nicht auf, Ber. 80; Carmen Bernos de Gasztold: ein Fisch, der sich im Meer verirrte, Geschn. 81; Rabbi Shmuel Avidor HaKohen: Als Gott das sah, mußte er lächeln, Legenden zur Schöpfungsgesch. 82.

Hoffmann, Horst, Publizist; Karl-Liebknecht-Str. 29, DDR-1056 Berlin, Tel. 2442820 (Berlin 5.3.27). Raumfahrt.
V: Der Mensch im All, Sachb. 61; Hallo, Nachbar im All, Sachb. 62; Raketenwaffen, Sachb. 62; Kosmonautenfibel, Kinderb. 64; Raketenpioniere, Kinderb. 71, 73; Raumtransporter, Sachb. 79.
MA: Kosmos-Moskau-Berlin, Rep. 61; Fotojb. 66; Pionierkal. 67; Fliegerkal. 78; Urania-Universum 78; Gemeinsam auf d. Erde u. im All, Rep. 79; Fliegerjahrbuch 83.
F: Himmelsstürmer, Dok.f. 79.

Hoffmann, Johanna; JV-DDR 55, SV-DDR 73; Kulturpr. d. Stadt Erfurt 76; Paul-Oestreich-Str. 3, DDR-5000 Erfurt, Tel. (061) 66739 (Sonneberg/Thür. 18.7.30). Roman, Novelle.
V: Die verratene Heilige, histor. R. 66, 79; Spiele fürs Leben, biogr. Erz. 71, 77; Villon, den ganz Paris gekannt, histor. R. 73, 78; Der rote Kelch, histor. R. 76, 79. − **MV:** Das Geheimnis der weißen Erde, Sachb. m. Josef Hoffmann 63, 64.

Hoffmann, Klaus, Pfarrer; Schulstr. 4, DDR-7812 Lauchhammer-Ost, Tel. (058191) 8354 (Fürstenwalde 2.4.32).

Roman, Novelle, Erzählung,
Kurzgeschichte.
V: Der neue Anfang des Fritz
Helfferich, R. 73; Jan Malow, R. 80.
MA: Weihnachten in Krachtsheide,
Kurzgesch. in: Weichnachtsgespräch,
Anth. 73.

Hoffmann, Klaus-Dieter (Ps. Klaus
Hoffmann-Reicker), Berufsschullehrer;
Kandidat SV-DDR seit 83; Christian-
Morgenstern-Str. 7 06/04, DDR-8017
Dresden (Glogau 17.1.39). Roman,
Kurzgeschichte, Film, Essay.
V: Teufelsbündner, R. 82.

Hoffmann, Léopold, Dr. phil., em. Prof.
Athenäum und Cours Universitaires
Luxemburg; Syndicat des arts et des
lettres 65, Kogge 68, P.E.N. 74; Inst.
Grand-Ducal 78; 19, rue J. B. Esch,
Luxemburg/Luxembourg, Tel. (0352)
444934 (Clerf/Lux. 1.2.15). Erzählung,
Satire, Funkerzählung, Essay,
Aphorismus.
V: Kulturpessimismus und seine
Überwindung, Ess. üb. Heinrich Bölls
Leben und Werk 58; Der letzte Roman-
tiker und die Härten der Existenz.
Leben und Werk d. Dichters Ernst Koch
59; Die Revolte der Schriftsteller gegen
die Annullierung des Menschen, Tibor
Déry u. Marek Hlasko 61; Jenseits der
Nacht. Ein Versuch über Luise Rinsers
Werk 63; Heinrich Böll. Einf. in Leben u.
Werk 65; Literatur im Spiegel. Säuer-
liche Aphor. 66; Das epische Theater
Bertolt Brechts mit besonderer Berück-
sichtigung der Stücke "Mutter Courage
und ihre Kinder" und "Leben des
Galilei" 66; Reflexe und Reflexionen,
Mikro-Geschn. 68; Brenn- und Blend-
punkte, Aphor. u. Mikrogeschn. 70;
Stress und Stille, Aphor. u. Mikro-
geschn. 74; Schnappschlüsse, Aphor. u.
Mikrogeschn. 78; Gegen die Tüchtigen
ist kein Kraut gewachsen, Aphor. u.
Mikrogeschn. 79; Risse im Putz, Texte
80; Wer will schon wissen, wie spät es
ist, Texte 83. — **MV:** Erz. als Nachw. zu:
Ernst Koch: Prinz Rosa-Stramin 60.
H: Ernst Koch: Prinz Rosa-Stramin
60.
R: Meinetwegen so was wie Liebe 67;
Der Schwerenöter 67; Der Asche gleich,
alles Funkerz.; Die Gleichungen des
Dichters Andreas, Funksat. 68.

Hoffmann, Lieselotte, s. von Eltz,
Lieselotte.

Hoffmann, Magdalene; Landhausstr.
7, DDR-7026 Leipzig.
V: Seitenpflicht, R., 3. Aufl. 81;
Heimatfest, R. 81. ( )

Hoffmann, Manfred, Verlagslektor;
Rägeliner Str. 5, DDR-1141 Berlin-
Biesdorf (11.5.26).
V: Sturmläuten über dem Tal 72; Der
fliegende Holländer 75; Der Schwur
vom Shillelagh 79; Der Landreiter von
Fehrbellin 82.

Hoffmann, Margarete, Sekretärin;
VFS 81; Schultheiß-Allee 5, D-8500
Nürnberg 30, Tel. (0911) 404526
(Nürnberg 18.7.15). Roman.
V: Dr. Markus Ritter 81; Die Enkelin
des alten Gutsherrn 81; Wahre Liebe ist
anders 82; Heiratsantrag in Kairo 83,
alles R.

Hoffmann, Norbert, Kath. Priester;
An Liebfrauen 13, D-4250 Bottrop, Tel.
(02041) 92252 (Dingelstädt/Eichsfeld
20.12.42). Erzählung, Meditative Texte,
Sachbuch.
V: Stufen — weise, Kletterhilfe für
junge Menschen Meditative Texte,
Gebete 81; Spielend glauben lernen,
Sachb. 81; Hochsprung am Altar ... und
andere Geschn. aus Ullis Tageb., Erzn. f.
Kinder 81.
MA: Alle Behinderten — Unsere
Partner 70.

Hoffmann, Ulrich René, Prof.,
Hochschullehrer; Spenerstr. 11, D-1000
Berlin 21, Tel. (030) 3915847 (Halberstadt
10.6.28). Lyrik, Erzählung, Aphorismen.
V: Laterne im Weizenfeld, Lyr. 79. —
MV: Ungewisser Tatbestand, Erz. 64.

Hoffmann, Walter, s. Kolbenhoff,
Walter.

Hoffmann, Werner, Dr. phil., UProf.
Salvador de Buenos Aires; Prado 2918,
Victoria Prov. de Buenos Aires 1644/
Argentinien, Tel. (744) 1651 (Strehlen/
Schlesien 9.4.07). Novelle, Roman, Lyrik,
Drama. **Ue:** S.
V: Die göttliche Landstraße, G. 34;
Himmel ohne Wolken, G. 39; D. Spiel v.
dt. Landsknecht Utz Schmidl, Dr. 41; D.
Traumkönig v. Paraguay, Nn. 43; D.
verlorene Sohn, Legendensp. 42; Am
Abend läuten d. Glocken, Jgderinner. 44;
Bürger Titan, Dr. 45; Gottes Reich in
Peru, R. 47, 48 (auch span., engl.); Fahrt
ins Blaue, R. 50; Die Silberstadt, R. 61
(auch holl.); Kleine Nachtmusik, G. 79.
Ue: El reino de Dios en el Perú
Claridad 47.

Hoffmann-Aleith, Eva, s. Hempel,
Eva.

Hoffmann-Guben, Günther, s. Guben, Günter.

Hoffmann-Herreros, Johann, s. Hoffmann, Hans.

Hoffmann-Rall, Elle (Ps. Erall); VS, Ehrenvors. Gedok, Viceprés. Fondatrice Federat. Intern. Cult. Feminine; Bundesverdienstkreuz I. Kl.; Bibliotheksges. Stuttgart, Goethe Ges. Stuttgart, Schillerges. Marbach; Tiergartenweg 4, D-7000 Stuttgart N (Markdorf/Baden). Erzählung, Lyrik.
    V: Das Paradies, Geschichte einer Kindheit; Ich bin ... Ergo. Lebensbetrachtungen einer Schildkröte; Rückkehr nach Eden; Der Garten, alles Erzn.; Wer die Liebe sucht, R.; Doch wohin? - wohin? Kalenderblätter aus der Kriegszeit; Im Himmel und auf Erden .... ( )

Hoffmann-Reicker, Klaus, s. Hoffmann, Klaus-Dieter.

Hoffsümmer, Willi, Pfarrer; Glescher Str. 54, D-5010 Bergheim-Paffendorf, Tel. (02271) 42260 (Köln 2.5.41).
    V: Wir freuen uns auf die Predigt 76, 3. Aufl. 83; 133 Kinderpredigten 77, 4. Aufl. 83 (auch port.); Starthilfen für dich 78 , 2. Aufl. u.d.T.: Wir wagen den Glauben 83; Glaube trägt 79, 3. Aufl. 81 (auch dän.); Religiöse Spiele I 80, 2. Aufl. 81, II 81; Anschauliche Predigten 79; 144 Zeichenpredigten 82, 2. Aufl. 83; Firmgeschichten 83; Nikos Traum 83.
    H: Kommuniongeschichten 79, 6. Aufl. 83; Bußgeschichten 80, 2. Aufl. 82; 255 Kurzgeschichten 81, 5. Aufl. 83; 222 Kurzgeschichten 83.

Hofinger, Hildegard, Schriftstellerin, D-8211 Frauenchiemsee, Tel. (08054) 7324 (Riedheim, Bez. Überlingen am Bodensee 18.2.06). Schauspiel, Lyrik, Novelle.
    V: Im Sonnwendlicht, G. 75; Gespräche um Annette u. a., Nn. 80. ( )

Hofmann, Charlotte (Ps. Charlotte Hofmann-Hege); Raubachstr. 31, D-6927 Bad Rappenau, Tel. (07264) 1905 (Stuttgart 30.6.20). Erzählung.
    V: So ist kein Ding vergessen, 5 Erzähln. 56, 72; Das goldene Kreuz, Erzn. 57, 61; Mutter, Geschichte eines Lebens 62, 83; Wie in einer Hängeschaukel. Geschichte einer jungen Ehe 65, 83; Der Engel, 2. Erzn. 67, 68; Die Berliner Reise, Erz. 68; Spielt dem Regentag ein Lied. Von Dorli und ihrer Familie, Erz. 70, 83; Das Tuch aus Tariverde, Erz. 72; Das Licht heißt Liebe, Weihnachtserzn. 80, 83.

Hofmann, Charlotte (Ps. Charlotte Hochgründler), Übersetzerin, Lyrikerin; Die Kogge, VS; Silbermed. Premio Intern. di Poesia, Siracusa 51, Übersetzer-Pr. d. Premio David, Carrara 70, Cavaliere nell 'ordine al Merito della Rep. Ital. u. d. Goldmed. 77; Heinrich-Heine-Str. 50, D-3550 Marburg, Tel. (06421) 65552 (Berlin 5.12.19). Lyrik, Prosa, Übers. **Ue:** I.
    V: Das andere Leben, R. 49; 5 Bde Lyrik, davon 1 Bd ital.; Berliner Elegien 80.
    Ue: 9 Bde ital. Lyrik; Ugo Betti: Erzählungen, zweispr. 66. ( )

Hofmann, Christel, Chefredakteurin; VG Wort; Journalistenpr. d. BAG d. freien Wohlfahrtsverb. 79; Hans-Böckler-Str. 62A, D-6500 Mainz, Tel. (06231) 35229 (Castrop-Rauxel). Essay.
    V: Dein Licht ist meine Finsternis 75; Da wohnen solche Leute 81.

Hofmann, Erna Hedwig, Sekretärin, Sozialreferentin, Kirchl. Mitarb.; Nieritzstr. 11, DDR-8060 Dresden (Dresden 3.11.13). Belletristik, Feuilleton (Sächs. bezw. Dresdner Geschichte, Musik, Musiker, Dresdner Kreuzchor).
    V: Capella sanctae crucis 56, 58; Der Dresdner Kreuzchor 62 (auch engl., franz.); Kreuzchor Anno 45, R. 67, 70 (auch tschechisch).
    MA: Wandlung u. Bewahrung der Knabenchortradition in: Kirchenmusik heute 59.
    H: Alle Künste rühmen den Herrn 57, 60; Die Kreuzkapelle in Mauersberg u. ihr Stifter 77. — **MH:** Begegnungen mit Rudolf Mauersberger, m. J. Zimmermann 64, 77 (erw.).
    Lit: Stationen auf dem Weg zu meinem Standort in: Fahndungen. 22 Autoren über sich selbst 75. ( )

Hofmann, Fritz, Verlagslektor; Löwestr. 5, DDR-1034 Berlin, Tel. 4391672 (Leipzig 15.9.28). Erzählung.
    V: Die Erbschaft des Generals, Erz. 72; Himmelfahrt nach Hohenstein, Geschn. 77; Kurschatten, Geschn. 81. — **MV:** Das erzähler. Werk Thomas Manns 78.
    H: Carl Sternheim: Gesammelte Werke 63-68 VI; Alfred Polgar: Die Mission des Luftballons 75; Hermann Hesse: Über Literatur 78; Mensch auf der Grenze, 25 Erzn. aus d. antifaschist. Exil 81. — **MH:** Über die großen Städte, G. 1885-1967 68.
    R: Ein Bild von einem Mann, Fsp. 82.

Hofmann, Gert, Dr. phil., Schriftsteller; 1. Preis d. Kritik. Intern. Hsp.-

Festival Prag 68, 2. Preis Intern. Hsp.-
Festival Belgrad 73, Ingeborg-Bach-
mann-Pr. 79, Prix Italia 80, Alfred-
Döblin-Pr. 82, Hörspielpr. d. Kriegs-
blinden 83; Zirbelstr. 7, D-8058 Erding
(Limbach 29.1.31).

V: Der Bürgermeister, Sch. 63; Der
Sohn, Sch. 64; Die Hochzeitsnacht, Fsp.
66; Kündigungen, 2 Einakter 69; Die
Denunziation, N. 79; Die Fistelstimme,
R. 80; Bakunins Leiche, Sch. 80;
Gespräch über Balzacs Pferd, Nn. 81;
Die Überflutung. 4 Hsp. 81; Auf dem
Turm, R. 82; Der Austritt des Dichters
Robert Walser aus dem Literarischen
Verein, Sch. 83. — **MV:** Über den Snob
62.

B: H: Herman Melville: Kurzgeschichten 62.

R: Der Eingriff, Hsp. 61; Brautnacht,
Fsp. 64; Bericht üb. die Pest in London,
erstattet von Bürgern der Stadt, die im
Jahre 1665, zwischen Mai u. November,
daran zugrunde gingen 69; Orfila, Hsp.
70; Kleine Satzzeichenlehre, Hsp. 71;
Vorschläge zur Selbsterhaltung, Hsp. 72;
Verluste, Hsp. 72; Autorengespräch, Hsp.
72; Kinderreime, Hsp. 73; John Jacob
Astors letzte Fahrt, Hsp. 73; Der Lange
Marsch, Hsp. 73; Einladung zum Besuch
unseres Münsters, Hsp. 74; Das Mango-
baumwunder, Hsp. 75; Der Mann in den
gelben Galoschen, Hsp. 75; Richthofen,
Hsp. 78; Die Überflutung, Hsp. 79;
Schmährede des alten B. auf seinen
Sohn, Hsp. 79; Selbstgespräch eines alt-
gewordenen Partisanen vor d. Gesch.,
Hsp. 79; Zwiegespräch, zum Opern-
olymp empor, Hsp. 82.

Hofmann, Hilde; Im Hirschacker 18,
D-6930 Eberbach, Baden-Bad Neckartal
(Mannheim 24.2.20).

V: Kaboote — Prinz — Sklave —
Gottesbote 72; Die ersten Jahre sind so
wichtig 75; Habt ihr auch solch eine
Tante? 76; Die sieben Aufrechten 76; Mit
d. Puppe Charlotte fing es an ... 78.

Hofmann, Joachim; Reichsstr. 23, D-
8850 Donauwörth, Tel. (0906) 6611.

V: Morgensonne Kommunismus 67;
Befund metaphysisches Heimweh, R. 79.

Hofmann, Johannes-Willibald, Privat-
gelehrter; VS 47; Hoffeld-Ring 7, D-8203
Oberaudorf, Tel. (08033) 2413 (Halle/
Saale 16.2.00). Lyrik, Essay, Kunstkritik.

V: Gedichte 25; Spruchworte 39;
Liebesgedichte 51; Gedanken über d.
Gute 73.

MA: Menschen — Gesichter —
Stationen 65; Hans Margolius: Aphorismen der Gegenwart; Gedanken über die

Freude 69; Gedanken über Österreich
72; Lichtbandreihe, Anth. 79; Zwischen
Stille und Lärm der Mensch, Leben und
Werk des streitbaren Humanisten Peter
Coryllis 79; Aphorismen im 20. Jh., Anth.
80; Lichtband Autoren-Bild-Lex. 80;
Anschlussbd. 82; Lichtbandreihe: An der
Pforte; Wie es sich ergab; Besinnung
und Einsicht, Aphor. d. 19. u. 20. Jh. 81.

Hofmann, Josef, Dr. phil., freier
Schriftsteller; Insbrucker Bundesstr. 22/
34, A-5020 Salzburg, Tel. (0662) 348322
(Lauffen im Salzkammergut, ObÖst.
4.7.16). Lyrik.

V: Signum Animae, Lyr. 69; Gedichte,
Lyr. 74; Einwärts geworfen, Lyr. 76;
Zuinnerst, Lyr. 77; Das Haus am Fluß,
Lyr. u. Prosa 80.

MA: Lyrik 65; Verschlüsselt und versiegelt 68; Funkenflug 75; Buchberger
Anthologie 76.

Lit: Gerd Dieter Stein: Marginalien
zur Lyr. v. J. H. in: Festschr. f. Adalbert
Schmidt 76.

Hofmann, Justus, Rentner; VKA 76;
Friedrichstr. 7, D-3507 Baunatal/
Grossenritte, Tel. (05601) 8396
(Grossenritte 20.4.22). Lyrik.

V: Ernstes und Heiteres, Lyr. 75, 2.
Aufl. 80; Bladde schnuddeln äss au ganz
scheene, Mda.-G. 80; Aus dem Leben für
das Leben, G. 82.

MA: Querschnitt — Lyrik + Prosa,
Anth. 77; Poetisch rebellieren, Anth. 81;
freie Mitarb. an versch. Zss.

Hofmann, Robert, Dr. phil., Dr. jur.,
ObMagR., Freier Mitarb. d. Wiener
Zeitung; Ö.S.V. 51, SÖS 55; Lenaupreis d.
Stadt Stockerau 62, Preis d. Donau-
europ. Inst. 64 (Wien 24.1.06). Lyrik,
Roman, Essay.

V: Ewigkeit und Menschentag, G. 37;
Agrippina, R. 47; Dichter, Tor und Tod,
R. 47.

MA: Perlen aus Österreich 59; Wien
als Hauptstadt 60; Großes Österreichisches Weinbuch 62. ( )

Hofmann-Hege, Charlotte,
s. Hofmann, Charlotte.

Hofmann-Lips, Steffi *

Hofmann-Wellenhof, Otto, Vorsitz,
BundesR. i.R., Stellvertr. Rundfunk-
intendant i.R.; Ehrenpräs. d. St.S.B. 50;
Oberer Plattenweg 2, A-8010 Graz, Tel.
(0316) 317664 (Graz 14.3.09). Humoreske,
Kurzgeschichte, Erzählung, Sketsch,
Hörspiel.

V: Lächelnder Alltag, Hum. 46, 47;
Liebe laut Vorlage, Hum. 47; Eine
Woche vor der Hochzeit, Erz. 47, 53;

Tendenz: vorwiegend heiter, Erz. u.
Hum. 60; Bilder - fern und nah, Erz.;
Hum. Feuilleton 66; Gegen den Wind ge-
sprochen, Rdfksend. 79.
  H: Steirischer Dichteralmanach 51;
Steirische Autoren XVI.
  R: Überbrettl; Tragische Schwam-
merln; Peripherie-Potpourri, Der
Immerwiedertäufer, u. a. Hsp.

Hofmüller, Agnes, s. Mehling,
Marianne.

Hofstetter, Christine, c/o E. Bauer,
Am Eckbusch 69, D-5600 Wuppertal 1.
  V: Christian & Kirsten, Abenteuer in
der Burg 81. ( )

Hogrebe, Johannes K., Insurance
Councellor; Outdoor Writers of Canada
67; 25 Brisbane Glen, St. Catharines/
Ontario/Kanada (Bielefeld 15.4.06).
Naturbeobachtungen.
  V: Der Trapper vom Ghostriver, Biogr.
69, 82; Abenteuer der Wildnis, Erleb-
nisber. 70, 77; Im Paradies der Jäger und
Fischer 71, 79.
  H: Trapper vom Ghostriver; Aben-
teuer in der Wildnis; Im Paradies der
Jäger und Fischer. ( )

Hohberg, Bettina *

Hohberg, Hans Joachim, Redakteur;
Stendelstr. 22, D-1000 Berlin 19, Tel.
(030) 3049249 (Dresden 28.9.20). Drama,
Hörspiel.
  V: Manhattan-Story, Einakter 53, 62;
Rendezvous, Einakter 55, 60; Schaufenster, Einakter 55; Die Wüste, Sch. 56,
58.
  R: Die gute Beziehung des alten
Herrn Knaak, Hsp. 54, 56; Herr Lipsch
geht über die Straße, Hsp. 57; Wo ist Mr.
Millbury, Hsp. 56, 62; Stille hinter den
Türen 58, 60; Der Baum in der Kurve
von Montery, Hsp. 65, 70; Nein 66, 67;
Neutral 66, 67; Intervall 66, 67; Kadmium
66, 69; Leise 67; Radfahrer im November
67, 69; Ein Vollmond aus Trompetengold
67, 69; Badewetter 69, 70; Vernehmung
des Manfred L. 69, 70; Der Tambour 79,
alles Hsp.; Auf Abruf, Fsp. 72, 73. ( )

Hohberg, Rainer; Am Planetarium 52,
DDR-6900 Jena.
  V: Der Junge aus Eisenach.
Begegnung mit J. S. Bach 75, 81; Der
Lindwurm von Lambton, M. 83.

Hohenauer, Gottfried *

Hohenester, Walther; Georgenstr. 16,
D-8033 Planegg, Tel. (089) 8598307.
  V: Der Diamantenfisch 77; Da ging
der Mond nach Hause 81; Da nahm der
Mond sein Pfeifchen 82.

Hohenstein, Lily; Jugendpr. Dt.
Erzähler 29, Goethe-Plakette d. Ldes
Hessen 49; Wittmannstr. 43 III, D-6100
Darmstadt, Tel. (06151) 67636
(Darmstadt 11.5.96). Roman, Biographie.
  V: Das Kind und die Wundmale, R. 29,
31; Ilse Bandeloh, R. 34; Manfred, R. 37,
40; Schiller, Biogr. 40, 54; Goethe, Biogr.
42, 44; Wolfram v. Eschenbach, R. 42, 44;
Legende v. Venezianischen Glas 48;
Adalbert Stifter, Biogr. 52; Conrad
Ferdinand Meyer, Biogr. 57.

Hohlbein, Wolfgang; Meerbuscher
Str. 109, D-4005 Meerbusch-Osterath.
  V: Der wandernde Wald 83. ( )

Hohler, Franz; Gruppe Olten 70; Preis
d. Conrad Ferdinand Meyer-Stiftung 68,
Deutscher Kleinkunstpreis, Mainz 73,
Oldenburger Kinderbuchpr. 78;
Gubelstr. 49, CH-8050 Zürich, Tel. (01)
3123783 (Biel 1.3.43). Prosa, Drama,
Kabarett, Hörspiel.
  V: Das verlorene Gähnen 67, 70;
Idyllen 70; Der Rand von Oster-
mundigen, Erzn. 73, 75; Wegwerf-
geschichten 74; Wo?, Prosa 76; Mani
Matter, Biogr. 77; Tschipo, Kinder-R. 78;
Ein eigenartiger Tag, Prosa 79; Dr.
Parkplatz, Kinder-Erz. 80; Der Granit-
block im Kino, Kinder-Geschn. 81; Die
Rückeroberung, Erzn. 82.
  H: 111 Einseitige Geschichten 81.
  R: Das Besondere am Mai, Hsp. 72;
Das Parkverbot, Fsp. 73; Bsüech, Hsp.
78.
  S: Es bärndütsches Geschichtli 68;
Celloballaden 70; Traraa 71; I glaub jetz
hock i ab 73; Ungemütlicher 2. Teil 74;
Iss dys Gmües 78; Vom Mann, der durch
d. Wüste ging 79; Es si alli so nätt 79;
Einmaliges 80; Das Projekt Eden 81.
  Ue: J. B. Molière: Liebeskummer.

Hohmann, Dietrich, c/o Verlag Neues
Leben, Berlin (Ost).
  V: Londoner Skizzen, Rep. 74; Blaue
Sonnenblumen, Erzn. 82. ( )

Hohmann, Joachim Stephan, Dr. phil.,
Dr. rer. soc., Lektor, Doz.; VG Wort, VG
Wiss.; Preis Lit. d. Studentenbew. 76;
Ges. f. bedrohte Völker, Dt. Ges. für
soziale Psychiatrie, Mackay-Ges.;
Bachstr. 15, Postfach 29, D-6418
Hünfeld 1, Tel. (06652) 2991. Lyrik,
kleine Prosa, Essay, (literatur-)
historische, soziol., erziehungs- u.
sexualalwiss. Fachliteratur, Heraus-
geberschaft.
  V: Mein Fisch Vulkan, G. m. einer
Grafik des Verfassers 70; Am Rande
eines alten Wassers, G. 70; Vermischte

Gedichte (Bibliph. Privatdr.) 73; ladung
zum verhör - gedichte 1971 — 1976, G.
76; Die alten Leute vom Aschenberg -
Seniorenarbeit im Gemeinwesen, Texte
zu einer gerontolog. Untersuchung 76;
Homosexualität u. Subkultur,
gesammtel Essays 1974-76 76, 2. Aufl. 83;
Angst u. Einsamkeit in d. Schule od. d.
geplante Verstörung des Kindes. M. e.
Nachw. v. E. von Braunmühl, Päd.
Sachb. 77; Die Lumpensammler wiegen
den Rauch. Poet. Texte, G. 77; Vorurteile
u. Mythen in pädagog. Prozessen. Zur
Ätiologie von Beschädigung. Versuch
einer Strukturanalyse, Philos. Diss. 78;
Von den Monstren. Neue poet. Texte, G.
78; Mein Lesebuch, Erzn., G. u. Interviews 79; Der heimliche Sexus. Homosexuelle Belletristik 1900-1970 79, 2.
Aufl. 82; Zur Mythologie unseres Seins.
Entwicklung — Sexualität — Zerstörung 79, 2. Aufl. 81; Zigeuner u.
Zigeunerwissenschaft, Sachb. 80; Im
Pfauengarten, Neue G. 80; Geschichte
der Zigeunerverfolgung in Deutschland,
Sachb. 81; Dagegen sein ist immer
leicht. Die Kunst, Vorurteile zu überwinden, Sachb. 81; Gemeinsam oder gar
nicht. Jugend zwischen Protest und Anpassung, Sachb. 82.

MA: Der Professor in: Wir kommen -
Literatur d. Studentenbewegung 76;
Kontext 2 — Gesch. u. Subjektivität 78;
Kinder-Reader 78; Üb. d. kollektive Verzweiflung d. Homosexuellen in: Gegenkultur Heute. Die Alternativ-Bewegung
von Woodstock bis Tunix 79; Aufschäumende Gedichte 79; sowie in zahlr.
Zss. u. Sammelbden.

H: MV: Am Feuer deines Lachens, G.
71; Neunundzwanzig Geschichten,
Kurzprosa 76; Hoffentlich sind d. Jungs
auch pünktlich. Darstellung u. Selbst-
darstellung d. homosexuellen Witzes,
drei Ess. 76; Iß ein Buch, Kurzprosa 77;
Der unterdrückte Sexus. Histor. Texte u.
Kommentare z. Homosexualität, Dok.
77; Alf, R. 77; Poesie am Beispiel Ian
Young, G. engl.-dt. u. e. Ess. 78, 79;
Zigeunerleben. Beitr. z. Sozialgesch.
einer Verfolgung, Sachb. 79, 2. Aufl. 80;
Männerfreundschaften, Prosa 79;
Pädophilie, Sachb. 79, 80; Costa Brava,
R. 79; Frauen von Damals, Postkarten d.
Jh.wende 79; Freundesliebe, Erzn. 80;
Verfolgte Minderheit, R. 80, 82; Der
Eigene, Zss.dok. 80; Der Kreis, Zss.dok.
80; Pädophilie Heute, Aufs.samml. 80;
Schon auf den ersten Blick. Leseb. oder
Gesch. unserer Feindbilder 81; Zehn in
der Nacht sind neun. Gesch. u. Geschn.

d. Zigeuner 82; Enstellte Engel, Erzn. u.
Ged. 83.

F: Salzstangengeflüster (Mitarb.) 75;
Bilder einer Ausstellung, Kurzf. 76/77.

S: Sonntag im Krieg. J. S. H. spricht
eigene poet. Texte 78; Englische Reise.
Joachim S. Hohmann spricht neue poet.
Texte 82.

Lit: lobbi 10 77; Spektrum des Geistes
78.

s. a. Kürschners GK.

Hohoff, Curt, Dr. phil.; Förderungs-
preis d. S.D.S., München 55; Akad. d.
Künste 56, Bayer. Akad. d. Schönen
Künste 57; Adalbert-Stifter-Str. 27, D-
8000 München 81, Tel. (089) 982980
(Emden 18.3.13).

V: Der Hopfentreter, Erz. 41; Hochwasser, Erzn. 48; Adalbert Stifter, seine
dichterischen Mittel und die Prosa des
XIX. Jahrhunderts 49; Woina-Woina,
russ. Tageb. 51; Feuermohn im Weizen,
R. 53; Geist und Ursprung. Zur
modernen Lit., Ess. 54; Paulus in
Babylon, R. 56; Die verbotene Stadt, Erz.
58; Heinr. v. Kleist, Biogr. 58; Dichtung
und Dichter der Zeit, vom Naturalismus
zur Gegenwart 61 II; Schnittpunkte, ges.
Aufs. 63; Gefährl. Übergang, Erzn. 64;
Die Märzhasen, R. 66; Gegen die Zeit,
Theologie - Literatur - Politik, Ess. 70;
München, Portrait einer Stadt 71; J. M.
R. Lenz, Biogr. 77; Die Nachtigall, R. 77;
Grimmelshausen, Biogr. 78; Unter den
Fischen, Erinnerungen 1934-1939, Auto-
biogr. 82.

H: Cl. Brentano: Ausgewählte Werke
49; Flügel der Zeit, dt. G. 1900 — 1950
56. — **MH:** Lyrik des Abendlands 48, 79.

Holbe, Rainer, Journalist, Moderator
Ferns. u. Funk; Maison sur les collines,
Rameldange/Luxembourg, Tel. (00352)
348011 (Komotau 10.2.40). Jugendbuch,
Fernsehspiel.

V: Jo rettet eine Fernseh-Show, Jgdb.
71; Das verflixte Jahr, Sachb. 71; Das
Mondbaby, Kinderb. 73; Guten Appetit,
Mr. Morning!, Kochb. 77.

S: Verflixt noch mal, Langsp.pl. f.
Kinder 78. ( )

Holek, Monika *

Holenstein, Peter, Journalist,
Schriftsteller; SSV 71, c/o Verl. Aare,
Solothurn, Schweiz (Zürich 19.12.46).
Roman, Novelle, Essay.

V: Lieber Luzifer, N. 71; Den Toten
freuen keine Blumen, Lyr. 74; Zum
Beispiel Stefan. Aufzeichn. e. tödlichen
Sucht 83. ( )

Holesch, Ditha, s. Holesch, Editha.

Holesch, Editha (Ps. Ditha Holesch);
V.G.S.; Haidmannsgasse 10, A-1150
Wien XV, Tel. (0222) 8399442 (Tullner-
bach b. Wien 9.6.01). Roman.
  V: Der schwarze Hengst Bento, R. 37;
Manso, der Puma, R. 39; Der Hund
Xingu, R. 41; Tschief, R. 48; Mondlicht,
R. 48; Schatten über Itaoca, R. 49; Ruta,
die Schäferhündin 54; Urian, ein Bär
aus den Karawanken, R. 58; El Fuego, R.
62; Die Stute Grisanna 79.

Holger, Karin, s. Steinborn,
Tonimarie.

Holl, Adolf, Dr.; Hardtgasse 34/2, A-
1190 Wien, Tel. (0222) 345296.
  V: Jesus in schlechter Gesellschaft 71,
74; Tod und Teufel 73; Mystik für
Anfänger 77; Wo Gott wohnt 76; Der
letzte Christ 79; Religionen 81.
  R: Religionen, sechsteil. Fs.-Dok. 81/
82.

Holl, Hanns; Schutzverb. dt. Autoren
48-55; Obmann Ges. d. Freunde dt.spr.
Lyr. Innsbruck 80; Lohbachufer 19, A-
6020 Innsbruck, Tel. (05222) 829183
(Innsbruck 5.8.19). Drama, Lyrik, Essay,
Filmkritik, Kabarett, Kinderbuch,
Reportage.
  V: Das Wrack 48; Irgendeiner unter
uns 53; Allotria 54; Tartarin von
Tarascon 58; Monolog um Mitternacht
62, alles Dr.; Unsere neue Schule 51;
Rotkäppchen und die Hexe 62, bdes
Kdb.; Die einfache Weise, G. 83.
  MH: Die blaue Reihe, Lyr.-Anth.;
Begegnung, Zs. f. Lyrikfreunde.

Holl, Theo, c/o Neuer Jugend-
schriften-Verl., Hannover.
  V: Schlingel mit Schlappohren 83. ( )

Holland-Moritz, Renate; Kunstpr. d.
FDGB 72, Heinrich-Greif-Pr. 73,
Goethe-Pr. d. Stadt Berlin 78, c/o
Eulenspiegel-Verlag, Berlin (Ost).
  V: Das Phänomen Mann, Kurzgeschn.
57; Das Durchgangszimmer, Erz. 67, 80;
Graffunda räumt auf, Erz. 70; An einem
ganz gewöhnlichen Abend, Erz. 73; Der
Ausflug der alten Damen, Kurzgesch.
75; Bei Lehmanns hats geklingelt, Kurz-
geschn. 77; Erzählungen 79, 81; Klingen-
schmidts Witwen, Erz. 80; Die Eule im
Kino, Filmkritiken 81; Die schwatz-
haften Sachsen, Erzn. 82. – **MV:** David
macht, was er will, m. L. Kusche,
Kinderb. 65; Guten Morgen, Fröhlichkeit, m. L. Kusche, u. a. Geschichten 67;
Ein Vogel wie du u. ich, m. L. Kusche,
Kurzgeschn. 71.

F: Der Mann, der nach der Oma kam
72; Florentiner 73 72; Eine Stunde Aufenthalt 73. ( )

von Hollander, Jürgen, Schriftsteller;
Gruppe 47 48, VS 68; Tukanpr. d. Stadt
München 71, Ehreng. d. Stift. z.
Förderung d. Schrifttums 82; Milberts-
hofener Platz 5, D-8000 München 40, Tel.
(089) 3508090 (Düsseldorf 26.12.23).
Roman, Hörspiel, Feuilleton, Sachbücher.
  V: Eine Handvoll Zeit, R. 52; Die
Riviera 61; Provence 63; Föhn und
anderer Wetterschreck 63; Sizilien 65;
Das nasse Element 65; Bergwelt für Genießer 67; Das neue Waldbrevier 68;
Taschenbuch für Münchenbummler 71;
Portrait der Weltstadt mit Herz 72; Wir
entdecken d. Tier u. d. Pflanze 70; Wir
leben m. Tieren u. Pflanzen 71; So einer
ist der Kuckuck 76; Warum geht ein
Baum nicht spazieren 74; Im Galopp
durch die Jahrtausende 79; Wie gut, daß
es ein Tierheim gibt 78; Das Aquarien-
buch 78; Tauchbuch 78; Die Welt der
Weichen 80; Das Buch vom Feuer 81,
alles Kinderb.; Bloß eine halbe Stunde
oder so, Kurzgeschn. 77; Bayernland 79;
Das dt. Alpenland 79.
  MA: Es ist nicht leicht, ein Mann zu
sein, Brevier 55; Geliebtes Schwabing
61; Hier schreibt München 62; München,
wie es schreibt und ißt 64; Brockmanns
gesammelte Siebenundvierziger; Die
schöne Münchnerin 69.
  H: Johann Gottfried Seume. Wan-
derer und Poet dazu 61, 63; Abraham a
Santa Clara 63; Wege in die Natur 68;
Hälfte des Lebens 80; Alter 81;
Menschen, Wege, Stationen 82.
  F: Das Dorf der weißen Störche 63.
  R: Wenn das so leicht wäre, Hsp. 54;
Freiwerden ist Kampf. Der junge
Schiller, Hsp. 62; Georg Büchner 62.
  Lit: Friedhelm Kröll: Die Gruppe 47
77; Reinhard Lettau: Die Gruppe 47.

Hollatz, Dorothea; VS; Novellenpreis
v. Verl. Bertelsmann 60; Goethe-Ges. 68,
Agnes-Miegel-Ges. 70; Landgraf-Georg-
Str. 146, D-6100 Darmstadt, Tel. (06151)
45490 (Stralsund 20.1.00). Roman,
Novelle, Lyrik, Jugendbuch.
  V: Kilian und die Winde, R. 38;
Frauenlob, Nn. 40; Der Lindenbaum, N.
41; Der Cellospieler, N. 43; Mädchen im
Sommerwind, Jgd.-R. 43; Das blaue
Lämmleinbuch, Gesch. 44; Wer unter
euch ist ohne Sünde ..., R. 51; Die
Kuckuckspalme, N. 53; Bazi und Alexis,
Hundeb.; Tau und Tränen der Frühe,
Erz. 56; Ditta Perlhuhn; Ditta im

Möwenschwarm, alles Kinderb. 58 u. 63;
Nur durch eine Tür getrennt, R. 60; Die
sieben glücklichen Tage, R. 62; Assi und
ich, Jgd.-R. 64; Dunkle Blume Freiheit
65; D. Heliotrop 65; Ferien mit Rob und
Imma, Jgdb.; War es der Himmel auf
Erden? Ein Sommerbrevier 71;
Zwischenbilanz, G. 74; Schau, mein
Bruder ..., G. 80; Ein Lächeln bei halbem
Mond, Erz. 81.
  MA: Herzhafter Hauskalender; Auf-
regung bei Familie Hüppeldei, Jgdb. 76.
  Lit: Freundesg. d. Arbeitskr. f. Dt.
Dicht. 60; Johann Heinrich Merck:
Ehrung d. Stadt Darmstadt 70.

  Holler, Ernst, Dr. phil., StudR. i. R.;
Heinrich-Heine-Str. 37a, D-3550
Marburg, Tel. (06421) 66652 (Braubach/
Rh. 15.1.99). Jugendbuch.
  V: Steuermann Rüstig 37; Sagen zur
deutschen Geschichte 37, 55; Sagen und
Geschichten aus der Antike 55; Sagen
und Anekdoten zur deutschen Ge-
schichte 60 II; Zwei Jahrtausende in
Sage und Anekdote 61; Geschichte in
Geschichten 70. ( )

  Holler, Franz, Landwirt; Mf.Ö. 46,
St.S.B. 55, B.St.H. 57; Franz Michael
Felder Verein, Vorarlberger Literar.
Ges. 74, Stelzhamerbund 76, A-8093
Dietersdorf 48, Post St. Peter am Otters-
bach/Steierm., Tel. (03477) 232 (Dieters-
dorf 15.10.21). Novelle, Kurzgeschichte,
Mundartdichtung.
  V: Sonniges Grenzland 54; Hoama-
terdn, Geschn. 56; Den sie über alles
liebte, R. 58; Hoamatlond und Hoamat-
liab, G. u. Erzn. 61; Land und Leute, G. u.
Erzn. 67; Die Geschichte von Dieters-
dorf 70; Die Venus, Geschn. aus d.
Steiermark 72; Die Stadt an der Grenze,
R. 82. — **MV:** 800 Jahre Jagerberg 72,
2.Aufl. 83.
  H: Mit Pflug und Feder, Beiträge
dichtender Bäuerinnen u. Bauern d.
Gegenwart aus Niederösterreich,
Burgenland, Oberösterreich, Steier-
mark, Salzburg, Tirol u. Kärnten 76;
Poeten im Bauernrock 80.

  Holler, Ulrich (Ps. Maximilian
Alexander), Schriftsteller, D-2359
Struvenhütten/Holst., Tel. (04194) 646
(Köln 22.1.23). Tatsachenberichte,
Medizin, Hörspiel, Fernsehspiel.
  V: Das Chamäleon, zeitgesch. Dok. 78;
Rheuma ist heilbar, med. Ratgeber 79,
u.a.
  R: Das Chamäleon, Spiegel einer
Epoche, u.a. ( )

  Hollister, H. C., s. Nagel, Herbert
Christian.

  Hollm, Harald, s. Schmidt-Freytag,
Carl-Günther.

  Hollweck, Ludwig, Leiter d.
Monacensia-Samml. d. Stadtbibliothek
München a.D.; Poetentaler u. Turm-
schreiber 77; Schachenmeierstr. 60/0, D-
8000 München 19, Tel. (089) 183719
(München 26.7.15). Kulturgeschichte,
bairische Dichtung.
  V: Unser München, Erinn. u. Ber. 67;
München. Stadtgesch. in Jahresporträts
68, u.d.T.: Was war wann in München 72,
Erg.h. f. 72-81 82; München, Liebling der
Musen 71; Das alte München. Photogr.
Album 72; Karikaturen. Von den Flieg.
Blättern zum Simplicissimus 73;
Deutsch-Balten in München 74; 350
Jahre Buchhandel in München.
Festschr. d. J. Lindauerschen
U.buchhandl. 75; München in alten An-
sichten 77; Unser München. Ein Leseb.
80; Das Alte u. das Neue Rathaus 81;
München in den zwanziger Jahren 82;
150 Jahre Kaufmanns-Casino München
82. — **MV:** Ludwig Thoma zum 100.
Geburtstag, Festschr. 67; Jugendstil-
Illustration in München. E. Ausstell. d.
Stadtbibl. München 70; München vor
hundert Jahren 72; Das Münchner
Turmschreiberbuch 79; Mit Ulrik
Schramm durch München 80; In Bayern
unterwegs: Altbayern 81, Franken 82;
Das Hildebrandhaus in München 81;
Turmschreiber-Kal. 83.
  H: Weiss-blau und heiter. Das große
Buch vom bairischen Humor 67, 77; Von
Wahnmoching bis zur Traumstadt.
Schwabinger erzählen v. Schwabing 69;
In München Anno 1782 70; Jägerblut u.
Mädchentränen 74; Weiteres Weiss-blau
Heiteres 78; Er war ein König. Ludwig
II. v. Bayern 79; Altmünchner Raritäten.
1. Fasching u. Faschingszgt 80, 2. Der Hl.
Benno 80, 3. Vom Leben zum Tod hinge-
richtet 80, 4. Sendlinger Bauernschlacht
80, 5. Aba heit is koit 81, 6. Umgang
gehen 81, 7. Oktoberfest 81, 8. Das
Münchner Buch 81, 9. Vom Bier u. vom
Durst 83, Oktoberfestzeitung 80-82.

  Holly, Harry, s. Hülsmann, Harald K..

  Holm, Hans, s. Handl, Joseph.

  Holm, Peter, s. Holmsten, Georg.

  Holm, Ralf, s. Grossmann, Hans H..

  Holm, Stine, s. Müller-Tannewitz,
Anna.

  Holm, Werner (Ps. Peter Conradi),
Redakteur; Südheide 1, D-2104

Hamburg 92, Tel. (040) 7023409
(Hamburg 3.5.17). Roman, Hörspiel.
V: Mord im Milieu 80; Manni, der
Libero 80; Charly, steh auf 83.
R: Duppelhochtied 53; Up den
Schattensiet 54; Solten Woter 64, alles
Hsp.

Holmsten geb. Gustas, Aldona (Ps.
Aldona Gustas); VS 65; Elßholzstr. 19, D-
1000 Berlin 30, Tel. (030) 2165675 (Karze-
wischken/Litauen 2.3.32). Lyrik.
V: Nachtstraßen, G. 62; Grasdeuter, G.
63; Mikronautenzüge, G. 64; ... Blaue
Sträucher, G. 67; Notizen, G. 68; Liebe-
dichtexte, G. 68; Worterotik, G. 71;
Frankierter Morgenhimmel, G. 75;
Puppenruhe, G. 77; Eine Welle, eine
Muschel od. Venus persönlich, G. 79;
Luftkäfige, G. 80; Sogar den Himmel
teilten wir, G. 81; Spreeschnee, G. 83.
MA: Alphabet 61; Jagen, Reiten,
Fischen 63; Berlin zum Beispiel 64;
Meisengeige 64; Lyrik aus dieser Zeit
1965/66 65; Thema Weihnachten 65;
Deutsche Teilung 66; Anthologie als
Alibi 67; Kochbuch f. Feiertage 67; Sieg-
mundhofer Texte 67; Lyrik aus dieser
Zeit 1967/68 67; Stierstädter Gesang-
buch 68; Zur Nacht — Autoren im
Westdt. Fs. 68; Poeten beten 69; Berlin
— Buch d. Neuen Rabenpresse 69; Die
Allerschönste 69; Aller Lüste Anfang 71;
Die gespiegelte Stadt 71; Der Seel ein
Küchel 74; Kreatives Lit. Lex. 74;
Jahresgabe I d. NGL 75; Deutsche Lyrik
1960 — 1975 75; Gratulatio 76; Tagtäglich
76; Bewegte Frauen 77; Stadtansichten
77; Das große Rabenbuch 78; Deutsche
Unsinnspoesie 78; Anfällig sein 78; Viele
von uns denken noch sie kämen durch
78; Versuche 79, 80; Gedichte f. An-
fänger 80; Im Beunruhigenden 80;
umsteigen bitte 80; Berlin realistisch 81;
Berliner Galerie 81; Poesiekiste 81;
Unbeschreiblich weiblich 81; Frieden —
Nicht nur ein Wort 81; Weißt Du, was
der Frieden ist? 81; Berlin-Zulage 82;
Liebe danach 82; Frauen erfahren
Frauen 82; Körper, Liebe, Sprache 82;
Straßengedichte 82; Die Paradiese in
unseren Köpfen 83 u.a.
H: MA: Berliner Malerpoeten 74, Tb.
77; Berliner Malerpoeten — Pittori
Poeti Berlinesi, It.-Dt. Texte 77;
Pintorespoetas Berlineses — Berliner
Maler.

Holmsten, Georg (Ps. Peter Holm,
Michael Ravensberg); VS; Bdesverd.kr.
I. Kl. 81; Elßholzstr. 19, D-1000 Berlin 30,
Tel. (030) 2165675 (Riga 4.8.13). Repor-
tage, Roman, Biographie. **Ue:** E, F.

V: Berliner Miniaturen, Großstadt-
melodie 46; Der Brückenkopf, Ber. v.
Zusammenbruch einer Armee 48, erw.
Neuaufl. 71; Okkultismus. Die Welt der
Geheimnisse 50; Lucrezia Borgia, R. 51;
Kaiserin Elisabeth von Österreich, R.
51; Ludwig XIV., R. 52; Rembrandt, R.
52; Maria Stuart, R. 52; Aurora von
Königsmarck, R. 53; Die Königin von
Saba, R. 53; Salome, R. 54; Casanova, R.
55; Canifarciminologie - Die Wissen-
schaft der Hundewürste, Sat. 68;
Friedrich II. v. Preußen, Monogr. 69;
Voltaire, Monogr. 71; Potsdam, Ge-
schichte der Stadt der Bürger und Re-
genten 71; Rousseau, Monogr. 72;
Brandenburg, Gesch. d. Mark, ihrer
Städte u. Regenten 73; Endstation
Berlin, R. 74; 20. Juli 1944, Personen u.
Aktionen, Ber. 75; Freiherr vom Stein,
Monogr. 75; Baedeker-Stadtführer v.
Berlin-Wilmersdorf, Berlin-Wedding,
Berlin-Tempelhof, Berlin-Kreuzberg,
Berlin-Steglitz, Berlin-Charlottenburg
75 — 80; Wilmersdorf, Text- u. Foto-Bd.
80; Bendlerblock Berlin, Ber. 81;
Deutschland Juli 1944, Ber. 82; Kriegs-
alltag 1939-1945 in Deutschland, Ber. 82;
Steglitz, Text- u. Foto-Bd. 83. —
MV: Geheimnisse fremder Völker, Rep.
56; Baltisches Erbe, Selbstzeugnisse 64;
Spiele für Stimmen, Tonbandtexte 66;
Nachbar Mensch 68; Wir erlebten das
Ende der Weimarer Republik 82.
H: Auerbachs Kinderfreund 50; Herz-
blättchens Zeitvertreib 50; Wörishöffer:
Abenteuer-Romane 50, 51 VI; Lady
Hamilton, R. 53; Gräfin Woronzeff, R. 53;
Nofretete, R. 53; Die Barberina, R. 54.

Holthusen, Hans Egon, Dr. phil., em.
Prof. d. dt. Lit. a. d. Northwestern Univ.
Evanston/Ill., USA; Literaturpreis d.
Kulturkr. im Bundesverb. d. dt. Indu-
strie 53, Kulturpreis d. Stadt Kiel 56;
Akad. d. Künste 56, Bayer. Akad. d.
Schönen Künste 60, Präs. 68 — 74;
Agnesstr. 48, D-8000 München 13, Tel.
(089) 2712161 (Rendsburg 15.4.13). Lyrik,
Essay, Roman.
V: Rilkes Sonette an Orpheus. Ver-
such einer Interpretation 37; Klage um
den Bruder, G. 47; Die Welt ohne Trans-
zendenz, Ess. 49; Hier in der Zeit, G. 49;
Der späte Rilke, Ess. 49; Der unbehauste
Mensch, Ess. 51, 55; Labyrinthische
Jahre, G. 52; Ja und nein, Ess. 54; Das
Schiff, Aufzeichn. eines Passagiers, R.
56; Das Schöne und das Wahre, Ess. 58;
R. M. Rilke in Selbstzeugnissen und
Bilddokumenten 58; Kritisches Ver-
stehen, Ess. 61; Avantgardismus und die

Zukunft der modernen Kunst, Ess. 64;
Plädoyer für den Einzelnen, Ess. 67;
Indiana Campus. Am. Tagebuch 69; E.
Mörike in Selbstzeugnissen u. Bild-
dokumenten 71; Kreisel-Kompass, Ess.
76; Amerikaner u. Deutsche, Dialog
zweier Kulturen, Ess. 77; Chicago.
Metropolis am Michigansee, Ess. 81;
Sartre in Stammheim. Zwei Themen
aus den Jahren der großen Turbulenz,
Ess. 82; Opus 19. Reden und Widerreden
aus fünfundzwanzig Jahren, Ess. 83.
H: Friedrich Hölderlin: Gedichte. −
MH: Ergriffenes Dasein, dt. Lyrik 1900
− 1950 53, 55.
Lit: Helmuth de Haas: H. E. Holt-
husens Lyrik in: Merkur 51, Aufsätze in:
Das geteilte Atelier, Ess. 55; Peter
Demetz: Der Kritiker Holthusen, in:
Merkur 60.

Holtorf, Hans, Maler; VS 64, D-2392
Glücksburg/Bockholmwik (29.6.99).
V: Griechisches Skizzenbuch 59;
Maler in Schlesw.-Holst. 76; Jugend
zwischen Malerei und Theater, Lebens-
erinn. 1899-1937 80.
H: Lobe Gott und male 55.
MUe: L. Holberg: Komödien, m. A.
Holtorf 43 II. ( )

Holtsteger, Franz, Stadtbibliothekar
i.R.; Autorenkr. Ruhr-Mark;
Röllingheider 3a, D-5820 Gevelsberg,
Tel. (02332) 13278 (Kaiserslautern 2.1.05).
Lyrik, Roman, Novelle.
V: Kapps un Tobak, Plattdt. G. 54; Use
Gustav, heit. plattdt. u. hochdt. G. u. Ver-
tellkes 79; Use Selma, heit. plattdt. u.
hochdt. G. u. Vertellkes 82.
MA: Weggefährten, Anth. 62; Boa Isen
liett un Eiken wasset 70; Ruhrtangente,
NRW Jb. f. Lit. 72/73; Spiegelbild 78; Kal.
u. Jbb.
S: Humor u. Witz, Platt u. Hochdütsch,
G 72.

Holtz, Hannelore, s. Krollpfeiffer,
Hannelore.

Holtz-Baumert, Gerhard, Lehrer,
Redakteur; SV-DDR 59; Heine-Pr. d.
Min. f. Kultur 73, Nationalpr. II. Kl. 75;
Scheiblerstr. 17, DDR-1195 Berlin
(Berlin 25.12.27). Kinder-, Jugendbuch.
V: Alfons Zitterbacke, Kindererz. 58,
75; Guten Tag, Hops 59; Fidibus, paß auf
59; Vier Pferde gehen fort 61; Alfons
Zitterbacke hat wieder Ärger 62, alles
Kinderb.; Drei Frauen und ich, Erzn. 72;
Überhaupt brauchen wir eine sozia-
listische Literatur ... 73; Das Pferd mit
dem guten Herzen, Kinderb. 74; Wer
heißt schon Alfons Zitterbacke? 74; Der

Wunderpilz und andere Geschichten
aus der Nachbarschaft 74; Trampen
nach Norden 76; Sieben u. dreimal 7
Geschn.; Erscheinen Pflicht, Erzn. 81. −
MV: Der kleine Trompeter und sein
Freund, m. I. Holtz-Baumert, Kindererz.
60, 75; Paula Prinz, m. E. Gürtzig,
Kinderb. 64; Von lustigen Wichten zwölf
kleine Geschichten, m. E. Shaw,
Kinderb. 68, 70.
MA: (Red.): Beiträge zur Kinder- u.
Jugendliteratur 64, 65.
H: Menschen, liebe Menschen, laßt
die Erde stehen, G. f. Kinder 69; Der
Junge mit dem Schmetterling, Jgdb. 70.

Holzapfel, Wilhelm *

Holzer, Werner, Chefredakteur; DJV
47, Dt. P.E.N.-Zentr. 78; Europ. Preis
Cortina Ulisse 61, Theodor-Wolff-Preis
64, Dt. Journalisten-Preis 67; Am
Zollstock 20, D-6380 Bad
Homburg v.d.Höhe, Tel. (0611) 2199361
(Zweibrücken 21.10.26). Reisebericht
und -Analyse. **Ue:** E.
V: Das nackte Antlitz Afrikas,
Reiseber. 61; Europa: Woher - Wohin?
Die Deutschen und die Franzosen, Hist.
Bericht 63; Washington 6 Uhr 46, Reise-
ber. 64; Kairo 2 Uhr 24, Reiseber. 65;
26mal Afrika, Reiseber. 67/68; Vietnam
oder Die Freiheit zu sterben, Ber. 68;
Bei den Erben Ho Tschi Minhs, Reise-
ber. 71.
H: 20 mal Europa 72.
R: Uhuru na Elimu - Freiheit durch
Erziehung, Fsf. 63; Vor einem ernte-
reifen Feld, Fsf. 63; Suche nach einer
Zukunft, Tansania. Modell eines Ent-
wicklungslandes, Fsf. 71.
Ue: Howard Browne: Thin Air u. d. T.:
In eigener Sache 58; The Taste of Ashes
u. d. T.: Tödliche Schatten 60.

Holzinger geb. Zeemann, Dorothea
(Ps. Dorothea Zeemann); P.E.N. 60;
Hadikgasse 112, A-1140 Wien, Tel. (0222)
8258884 (Wien 20.4.09). Roman, Novelle,
Hörspiel.
V: Signal aus den Bergen, Erz. 41;
Ottilie. Ein Schicksal um Goethe, R. 48;
Das Rapportbuch, R. 59; Einübung in
Katastrophen, Leben zw. 1913 u. 1945 79.
R: Wer war denn nacha däs 46;
Blumen für die Oma; Eheprobleme,
alles Hsp. ( )

Holzmayr, Scholastika, s. Laxanger,
Gustl.

Holzner, Michael; Treschowstr. 49, D-
2000 Hamburg.

V: Treibjagd, d. Gesch. d. Benjamin
Holberg 78, 82; Alles anständige
Menschen, R. 79. ( )

Holzwarth, Georg, ObStudR.; VS Bad.-
Württ. 75; Schubart-Lit.pr. 78; Lindenstr.
25, D-7400 Tübingen 9, Tel. (07071) 82665
(Schwäbisch Gmünd 28.8.43). Lyrik,
Prosa, Hörspiel in Mda., Roman.
　V: Denk dr no, G. in mittelschwäb.
Mda. 75; Recht bacha, Erzn. in schwäb.
Ein Tonb. 77; Jetz grad mit Fleiß ed,
schwäb. G., Balln. u. Lieder 77; Denk dr
no, G. in mittelschwäb. Mda. 75, 79; Des
frißt am Gmiat, Schwäb. Mda.g. 77, 79; S
Messer em Hosasack, Schwäbisches in
Vers u. Prosa 80; Das Butterfaß, ein
schwäbischer Dorfroman 82.
　R: Der Abstieg von der Schwäbischen
Alb, Mda.-Hsp. 75; Denk au ans
Schterba Josef, Mda.-Hsp. 80.
　S: Recht bacha 77; Dr Nachtgrabb
kommt, Schwäb. Lieder 82.

Homann, Hermann, Konrektor a. D.;
Ziegelhof, D-4400 Münster/Westf.-St.
Mauritz (Warendorf 11.1.99). Jugendbuch, Hörspiel, Plattdeutsches Bühnenspiel.
　V: Acht suchen "Taifun", Jgdb. 56; D.
gr. Entdeckungen 58; Das Meer der
100000 Inseln. Entdecker, Forscher und
Abenteurer im Stillen Ozean I 60; Wei-
ßer Mann auf heißen Pfaden, Ent-
deckungen, Eroberer und Abenteurer
im schwarzen Erdteil 63; Der Haupt-
mann des weißen Gottes. Taten u. Aben-
teuer des Hauptmanns Bernal Diaz del
Castillo in Mexiko 64; Wangeroog 67;
Borkum 69; Ostfriesland 69, 71; Die
Deutsche Bucht, Inseln, Meer und
Küstenland 75; Drei Käfige am Turm,
Aufstieg u. Fall d. Wiedertäuferreiches
in Münster 77.
　B: Hernando Cortés: Die Eroberung
Mexicos 78.
　R: Plattdeutsche Hsp.; Jgd.-Hsp. ( )

Homann, Ludwig, Lehrer Sek. I;
Münsterstr. 55, D-4543 Lienen 2, Tel.
(05484) 1694 (Gläsersdorf, Kr. Lüben/
Schlesien 5.2.42). Erzählung, Roman,
Essay.
　V: Geschichten aus der Provinz, Erz.
68; Der schwarze Hinnerich von Sünnig
und sein Nachtgänger, Erz. 70; Jenseits
von Lalligalli, R. 73.
　B: Lit. Bearb. d. Übers. v. Wassilij
Grossmann: Alles fließt, R. 72. –
　MA: Prosa heute, Erzn. 75; Tunesien,
Ldeskdl. Führer 79.

Homberg, Bodo (Ps. Christian Collin),
Schriftsteller; SV-DDR; Förderungspr. z.

Gerhart-Hauptmann-Pr. 54; Daheimstr.
10, DDR-1170 Berlin, Tel. 6571728
(Rostock 4.3.26). Drama, Roman, Novelle,
Hörspiel, Fernsehspiel, Film. **Ue:** E.
　V: Die Karriere des Dr. Ritter, Dr. 54;
Die Geier der Helen Turner, Dr. 65;
Manana, manana, Dr. 74; Zeit zum
Umsehn, Vier Erzn. 76; Versteckspiel, R.
78, 2. Aufl. 81; Nachreden über einen
King, R. 83.
　MA: Das erste Haus am Platz 82.
　H: Tabakiana. Lob-, Schimpf- und
nachdenkliche G. 72, 4. Aufl. 82.
　F: Effi Briest, n. Fontane 71; Schach
von Wuthenow, n. Fontane 77.
　R: Die Heimkehr des verlorenen
Vaters 57; Öl für Frisco 58; Der
verlorene Blick 58; Raststätte 60;
Dunkle Träume 63; Attentäter 73, alles
Fsp.; Blackpool Kurs Südwest, Fsf. 61;
Golf bei Sniders, Hsp. 64.
　Ue: He walks through the fields, Hsp.
59.

Homrighausen, Hanns; Pferdehof St.
Georg, D-4830 Gütersloh, Tel. (05241)
29378.
　V: Der Ponyreiter 77.

Honegger, Arthur, Schriftsteller,
Journalist; SSV; Pr. d. Kt. Zürich 75, Pr.
d. Stadt Zürich 76, Pr. d. Schweiz.
Schillerstift. 76; Brunnen, CH-9643
Krummenau, Tel. (074) 42409 (St. Gallen
27.9.24). Drama, Roman, Hörspiel.
　V: Die Fertigmacher, R. 74, 80, Tb. 82;
Freitag oder die Angst vor dem Zahltag,
R. 76; Wenn sie morgen kommen, R. 77;
Der Schulpfleger, R. 78; Der Ehemalige,
R. 79; Der Nationalrat, R. 80; Alpträume,
R. 81; Der Schneekönig und andere
Geschichten aus dem Toggenburg 82;
Wegmacher, R. 82. ( )

Honeit, Maria *

Honigmann, Georg, Dr. phil.;
Heinrich-Greif-Pr., Silb. Lorbeer d.
Fernsehfks. 63 (Wiesbaden 6.10.03).
　V: Vom Stacheltier gepiekt ... 60; Chef
weist an oder Der Fall des William
Randolph Hearst 72, 81; Kapital-
verbrechen od. D. Fall d. Geheimrats
Hugenberg 76, 78.
　R: Die Geschäfte des Axel Caesar
Springer, Fs.-Dok. 63.

Honold, Silvia; Elektrastr. 15, D-8000
München 81.
　V: Die Spielverderberin, e. Ehe-R. 79.
( )

Honolka, Kurt, Dr., Schriftsteller;
DJV 47; Häusleweg 3, D-7000 Stuttgart-
Degerloch, Tel. (0711) 724403 (Leit-
meritz/Böhmen 27.9.13). Essay, Funk-

essay, Musikgeschichte, Jugendroman.
Ue: Tsch, F, E, I.
V: Zweimal Ferien, Jgd.-R. 55;
Magellan, Jgd.-R. 58 (auch engl., ital.,
afrik., franz.); Die großen Primadonnen
60 (auch tschech.); Das vielstimmige
Jahrhundert 60; Der Musik gehorsame
Tochter 62 (auch tschech.); Wolfgang
Windgassen 62; Die Musik Rußlands 64;
Der grosse Reader's Digest Opernführer
66; Weltgeschichte der Musik 68;
Antonín Dvořák 74; 3500 x Musik 77;
Smetana 78; Leoš Janáček 82.
Ue: Verdi: Die beiden Foscari; Die
sizilianische Vesper; Nabucco; Smetana:
Die Verkaufte Braut; Zwei Witwen;
Dalibor; Der Kuß; Das Geheimnis;
Dvořák: Der Jakobiner; Dimitrij; Der
Schelm und die Bauern; Armida;
Janáček: Das Schicksal; Cikker: Fürst
Bajazid; Mr. Scrooge; Das Spiel von
Liebe und Tod, Coriolan; Suchoň: Svätopluk; Martinu: Zweimal Alexander;
Marienspiele; Hanuš: Der Diener zweier
Herren; Kašlík: Krakatit, La strada;
Mácha: Ertappte Untreue; E. F. Burian:
Krieg; Glinka: Russlan und Ludmilla;
Berlioz: Die Trojaner; Sacchini: Ödipus
auf Kolonos; Massenet: Manon; Donizetti: Die Regimentstochter; Mozart:
Idomeneo; Titus, Figaros Hochzeit; Cosi
fan tutte; Hurník: Die Lady und die
Gangster; Jirásek: Der Bär; Rossini:
Wilhelm Tell; Milhaud: Fiagro 20 Jahre
später; Menotti: Amahl und die nächtlichen Besucher; Hilfe, Hilfe, die Globolinks; Pauer: Der gesunde Kranke;
Fišer: Oh, Mr. Fogg; Kubelik: Cornelia
Faroli; Auber: Das Glas Wasser; zahlr.
Lieder, Chöre u. Kantaten aus d.
Tschech. und Engl.

Honsik, Gerd, Hotelangestellter;
Dichterstein Offenhausen 81;
Schelleingasse 12/8, A-1040 Wien, Tel.
(0222) 655629 (Wien 10.10.41). Lyrik,
Ballade.
V: Lüge, wo ist dein Sieg?. Lyr. 81.

Hoof, Matthias, Stud. theol.; Kirchweg
14, D-5905 Freudenberg, Tel. (02734)
61219 (Oberfischbach, Kr. Siegen
14.9.58). Roman, Kurzgeschichte,
Anspiele.
V: Verlorene Jahre, Jgd-R. 82; Die
Brücke des Lebens, Anspiele u.
Sprechmotetten f. d. Gemeinde- u.
Jugendarb. 83.

Hoop, Cecil J., s. Reif, Irene.

Hoop, Edward (Ps. Paul Henricks), Dr.
phil., St.Dir.; Glück-Auf-Allee 3, D-2370
Rendsburg-Büdelsdorf, Tel. (04331)

31354 (Rendsburg 19.5.25). Kriminalroman.
V: 7 Tage Frist für Schramm 66, 70;
Der Toteneimer 67, 69; Der Ameisenhaufen 69, 70; Pfeile aus dem Dunkel 71;
Eine Maßnahme gegen Franz 77, 78;
Keine Stimme f. Krüß 80, alles Krim.-R.
R: Das Tabu, Krim.-Hsp. 74.

Hoop, Hein, D-2253 TönningOT
Katingsiel, Tel. (04862) 8004.
V: De See is frie, nue plattdt. Leder 76;
Lisa, Gudrun, Freya, alle hin, auweia!,
Satir. Bretterlieder 77; Jakob Bütt,
Plattdt. Geschn. 78; Reimlichkeiten.
Nonsensg. 78; Die Landkommune. Schw.
in 3 Akten 80; Wie die alten Zungen. Sat.
G. 82. – **MV:** Grimmige Märchen, m.
Henning Venske 78.
S: Hannes Wader singt Shanties 78;
Trutz blanker Hohn. Friesical v.
Henning Venske u. H. H. 79.
Ue: Der Tod ist doch ein böser Bär.
Lieder v. Carl Michael Bellman 78.

Hopf, Andreas, Dr. phil., Verleger; VS,
P.E.N.; Friedrichstr. 6, D-8000
München 40, Tel. (089) 399077 (Hamburg
11.1.40). Kinderbuch, Sammlerthemen.
V: Die Struktur d. ästhetisches
Urteils, Diss. 68. – **MV:** Fabeljan,
Bilderb. 68; Pling, Plang, Plung, Bilderb.
69; Eifersucht ist eine Leidenschaft,
Cartoon 71; Die große Elefanten-Olympiade, Bilderb. 72; Der Feuerdrache Minimax, Bilderb. 73; Minimax-Comix, Bilderb. 74; Minimax und seine
Freunde, Bilderb. 77; Alte Exlibris,
Kunst 78; Exlibris der Dame, Kunst 79;
Liebig Bilder, Samml. 80; Fabelwesen,
Kunst 80; Die Kunst des Exlibris, Kunst
80; Die fidele Landpartie, Bilderb. 80;
Eulen-Exlibnis, Kunst 81; Die schönsten
Liebesgedichte 81; Emeli Plunsch und
Fridolin Flatter, Bilderb. 81; Erotische
Exlibris, Kunst 81; Das große Buch der
Weisheiten 83; Ewig dein, ewig mein,
ewig uns 84; Minimax, Bilderb. 84, alle
m. Angela Hopf.
B: Nils Holgersson 82 X; Die
schönsten Fabeln der Welt 83 X; Winnie
Puuh 83 V; Die Schlümpfe 83 X, alles
Bilderb.
MH: 365 Liebeserklärungen, Anth. 78;
Verkenne nie, Anth. 79; Viel Glück,
Anth. 79; Exlibris, Samml. 80.
R: Die große Elefanten-Olympiade,
Fsp. 72, 76.
S: Der Feuerdrache Minimax 74;
Minimax und seine Freunde 76.

Hopf, Angela, Malerin; VS, P.E.N.;
Friedrichstr. 6, D-8000 München 40, Tel.

(089) 399077 (Göttingen 5.10.41).
Kinderbuch, Sammlerthemen.
MV: Fabeljan, Bilderb. 68; Pling,
Plang, Plung, Bilderb. 69; Eifersucht ist
eine Leidenschaft, Cartoon 71; Die große
Elefanten-Olympiade, Bilderb. 72; Der
Feuerdrache Minimax, Bilderb. 73;
Minimax-Comix, Bilderb. 74; Minimax
und seine Freunde, Bilderb. 77; Alte
Exlibris, Kunst 78; Exlibris der Dame,
Kunst 79; Liebig Bilder, Samml. 80;
Fabelwesen, Kunst 80; Die Kunst des
Exlibris, Kunst 80; Die fidele Land-
partie, Bilderb. 80; Eulen-Exlibris,
Kunst 81; Die schönsten Liebesgedichte
81; Emeli Plunsch und Fridolin Flatter,
Bilderb. 81; Erotische Exlibris, Kunst 81;
Das große Buch der Weisheiten 83; Ewig
dein, ewig mein, ewig uns 84; Minimax,
Bilderb. 84, alle m. Andreas Hopf.
B: Nils Holgersson 82 X; Die
schönsten Fabeln der Welt 83 X; Winnie
Puuh 83 V; Die Schlümpfe 83 X, alles
Bilderb.
MH: 365 Liebeserklärungen, Anth. 78;
Verkenne nie, Anth. 79; Viel Glück,
Anth. 79; Exlibris, Samml. 80.
R: Die große Elefanten-Olympiade,
Fsp. m. Andreas Hopf 76.
S: Der Feuerdrache Minimax 74;
Minimax und seine Freunde 76, beide
m. Andreas Hopf.

Hopf, Heribert, Diakon; Am Knie 3,
D-8000 München 60, Tel. (089) 931989
(Forchheim/Oberfranken 14.2.36).
Hörspiel, Erzählung.
V: Hirten und Flüchtlinge, Spieltext
59; Herr Rosenbaum gibt sich zu
erkennen, befremdl. Gesch. 79.
R: Katakomben; Eine Stunde vor
Jericho; Spurenlese; Blindgänger;
Oster-Report, alles Hsp. ( )

Hopferwieser, Richard, Dr.oec.publ.,
freier Schriftsteller; Avenue Navigarde,
L'Eden A/118, F-34280 La Grande Motte
(Baden/Schweiz 26.9.22). Lyrik,
Aphorismen, kurze Prosatexte.
V: Kants Taube, iron. G. 80;
Ausrufzeichen, Texte aus Südfrankr. 81.
MA: G. in: Lyrik 79, Lyrik 80, Lyrik 81,
Anth.
R: Der Zug, Hsp. 57.

Hopgartner, Konrad, s. Conrath, Karl.

Hopp, Dora-Grete, Dr. phil., ObStudR.
i.R.; Nordertorstr. 9, D-2970 Emden u.
Eichweg 2, D-3437 Bad Sooden-
Allendorf, Tel. (04921) 2424 bzw. (05652)
1015 (Kattowitz, Poln. OS. 4.7.11). Lyrik.
V: Hammerfester Dialog, Lyrik 74;
Resümee, Lyrik 80.

Hoppe, Hermann (Ps. Hermann
Woller), ObStudR.; Kempstr. 29, D-4952
Porta Westfalica (Rimbeck/Westf.
27.11.08). Jugendbuch, Roman, Novelle.
V: Junge Horde im Wind, Jgdb. 49;
Hans Luderjahn, Jgdb. 52; Maria, ein
Mädchen aus unseren Tagen 53.

Hoppe, Käthe (Ps. Käthe Hoppe-
Wolter), Hausfrau; Quickborn, Fehrs-
Gilde; Reimersweg 9, D-2250 Husum/
Nords., Tel. (04841) 5214 (Hamburg
11.2.22). Glosse, Kurzgeschichte.
V: Gegen den Wind 76; Los gung dat
mit Bruus un Dunner 79.

Hoppe-Wolter, Käthe, s. Hoppe,
Käthe.

Horalek, Hans, c/o Diogenes-Verl.,
Zürich.
V: Der Tote und andere Erzählungen
83. ( )

Horbach, Alexandra, s. Cordes,
Alexandra.

Horbach, Michael (Ps. Michael
Donrath), Journalist; Erzählerpreis d.
Stern; Avenue des Oliviers, Maison Les
Esquerrons, F-84 Chateauneuf du Pape,
Dep. Vaucluse u. Marienplatz 16/18, D-
5100 Aachen, Tel. (090) 397076 (Aachen
13.12.24). Roman, Kurzgeschichte,
Dokumentarbericht.
V: Die verratenen Söhne, R. 57, 77;
Gestern war der jüngste Tag, R. 60;
Bevor die Nacht begann, R. 61; Liebe in
Babylon, R. 62;; Das Bild des Täters, R.;
Wenige. Zeugnisse d. Menschlichkeit
1933 — 1945, Dokumentarber. 64, m. Die
verratenen Söhne u.d.T.: So überlebten
sie den Holocaust 80; Gespräch mit dem
Mörder 65; Die Titanen, R. 70, 72; Der
Kampf um die letzten Tierparadiese in
Afrika, Dokumentarber.; Nächstes Jahr
in Jerusalem, R. 73; Die Kanzlerreise, R.
74; Die Löwin, R. 76; Allah ist gross, R.
77; Das dt. Herz, R. 78; Laub vor dem
Sturm, R. 81; Der Gestohlene Traum, R.
82. — **MV:** Der Gesang von Liebe und
Hass, m. Alexandra Cordes, R. 80.

Horbatsch, Anna-Halja, Dr. phil.;
Michelbacherstr. 18, D-6101
Reichelsheim, Tel. (06146) 1836
(Brodina/Bukowina 2.3.24). **Ue:** Ukr.
H: Blauer November, ukr. Prosa
unseres Jhs, Anth. 59; Krynyzja dlja
sprahlych u. d. T.: Ein Brunnen für Dur-
stige. Die Ukraine in Erzn. d. besten
zeitgen. Autoren 70; Wilde Steppe -
Abenteuer, Kosakengeschn. 74. —
MH: Politische Gefangene i. d. Sowjet-
union, Dokumente 76.

Ue: Ssynij lystopad u. d. T.: Blauer November 59; Mychajlo Kozjubynskyj: Fata Morgana und andere Erzählungen 62; Wassyl Karchut: Zupke shyttja u. d. T.: Das zähe Leben 63; Oxana Iwanenko: Lissowi kasky u. d. T.: Ukrainische Waldmärchen 63; Andrij Tschajkowsky: Sa ssestroju u. d. T.: Ritt ins Tatarenland 65; Mychajlo Kozjubynskyj: Tini sabutych u. d. T.: Schatten vergessener Ahnen 66; Hnat Chotkewytsch: Kaminna duscha u. d. T.: Räubersommer 68; Andrij Tschajkowskyj: Na uchodach u. d. T.: Verwegene Steppenreiter 72; Wilde Steppe - Abenteuer, Kosakengeschn. 74. — MUe: Ihor Kalynez: Pidsumowujutschy mowtschannja u.d.T.: Bilanz des Schweigens, mod. sowjetukrainische Lyrik 75; Politische Gefang. i. d. SU, Dok. 76; Leonid Pljuschtsch: Im Karneval der Geschichte 81, alle zus. m. Katerina Horbatsch.

Horbelt, Rainer, Schriftsteller u. Regisseur; VS 74; Förderungspreis des Landes NRW 74; Lit. Werkstatt Gelsenkirchen seit 67; Braukweg 16, D-4371 Marl-Polsum, Tel. (02365) 71209 (Wismar 26.11.44). Roman, Kurzgeschichte, dram. Formen, Fernsehfilm, Fernsehfeature, journalistische u. wiss. Arbeiten z. Probl. der Massenmedien.
V: Die Zwangsjacke, R. 78; Massenmedien, Sachb. f. Kinder 74, 77; Zur Sache: Polizei/Bundesbahn/Krankenhaus, Sachb. f. Kinder 75, 77; Schigolett, Erz. 77; Geschichten vom Herrn Hintze, Kurzgesch. 78. — MV: Thema: Massenmedien, Sachb. 74; Tante Linas Kriegskochbuch, belletr. Sachb. 82.
H: Hörfunk u. Fernsehen in der DDR 77.
R: Homo Volans, Fsf 68; Worte u. Musik, Fsf. 69; Bericht eines jugendlichen Sittenstrolches, Fsf. 70; Sprintorgasmik, Fsf. 70; Kunst auf d. Kohle, Fsfeature 71; D. soz. Verhalten d. Bewohner eines Westdt. Dorfes in den Jahren 1961-65, Fsf. 71; Wir lassen uns nicht für dumm verkaufen, Schulfss. 74; Vom Vor- u. Nachmachen, Fsf. f. Kinder 74; So sein wie Kim, Fsf. f. Kinder 74; D. ausgedachte Vater, Fsf. f. Kinder 74; D. Klauer, Fsf. f. Kinder 75; Der Stadtschreiber von Bergen-Enkheim, Fsfeature 75; Alltag u. Hintergründe, Schulfss. 75 u. 77; Die Zwangsjacke, Fsf. 76; V. Schicksal d. v. Grund auf verkommenen Person Ursula Schmitz,

dargestellt s. u. f. Narren d. Kölner Karnevals, Fsf. 76; Todesarten, Fsf. 71 u. 76; Neue Freunde, Fsf. f. Kinder 76; Ein Karpfen soll geschlachtet werden, Fsf. f. Kinder 77; Ihr Wort will Werkzeug sein, Fsfeature 77; Von jenen, d. d. Zeche zahlen, Fsf. 78; Wenn die Puppen tanzen, Fsfeature 78; Il Clown e Morto, eviva il Clown, Fssp. 78 u. 79; V. Piepen, Pinke u. Penunze, Schulfss. 78 u. 79; D. Reise nach Valmy, Fsf. 79; Kinder mit begrenzter Hoffnung — Das Beispiel Sylvia B., Dok. mit Spielelementen 79; Das Kartenhaus, Fsf. 79; Die Judenbuche, Fsf. 80; Der Tod des Wucherers, Fsf. 80; Ich bin ein Deutscher, kennt Ihr meine Farben, Fsfeature 80; Mutter häng' die Wäsche weg, die Komödianten kommen, Fsfeature 80; Das Jahr danach. Fsdok. 80; Die Alten von Wolfach, Fsdok. 80; Ich habe eben Glück gehabt, Fsdok. 80; Charlotte Birch-Pfeiffers theatralische Sendung, Fsf. 81; Geschichten von der Eisenbahn, Fsfeature 81; Ruhelos ziehst Du umher im Land, Fsfeature 81; Kinder mit begrenzter Hoffnung: Das Beispiel Jürgen W., Fsf. 81; Berlin bei Nacht, Fsf. 82; Herrn Goethes mannigfaltige Verwicklung in eine Mordtat ..., Fsf. 82; Dr. med. Mathilde Wagner, Fsf. 82; Das Werk, Fsfeature 82; Der Dialog, Fsfeature 82; Kochen im Kriege, Fsfeature 83; Der Spaßmacher, Fsfeature 83; Zaubereien aus Wien, Fsf. 83.

Horch, Veronika; VS 82; Großbeerenstr. 70, D-1000 Berlin 61, Tel. (030) 2512686 (Elmpf/Niederrh. 10.9.49). Erzählung, Lyrik.
V: Von wegen Schicksal. Eine Frau steht auf 81, 6. Aufl. 83.

Horie-Sennlaub, Hildegard früh. Sennlaub; Hordtstr. 20, D-5620 Velbert 11 (Büren/Westf. 22.11.34). Hörspiel, Lichtbildserien. Ue: E.
V: Wohin ich auch gehe, Gebete 64; Er wohnte unter uns, Laiensp. 66; Die kleine Kinderbibel AT. u. NT. 64; Stärker als 1000 Wasserbüffel, Jgdb. 81; Der geheime Raum, Jgdb. 82. — MV: Aus den Briefen des Paulus 65; Achtung Fehlschaltung 78; Umgang mit der Angst 81; Das verlorene Ich 82.
R: Gelitten unter Pontio pilato, Hsp. u. zahlr. Sendungen.
S: Barabbas, Pilatus und Herodes; Der Diakon Stephanus, Der Täufer Johannes; Judas, Kaiphas; Maria Magdalena, Maria von Bethanien; Die Nacht in Bethlehem 63; Saul, der erste König in Israel; Salome und ihre Söhne;

Monica; Martin von Tours; Elisabeth
von Thüringen; Vinzenz von Paul u. vier
Kderschallplatten; Das Opfer der
Witwe; Die Witwe von Naim 66; Opium
für das Volk, ein Zeuge Jesu im Angriff
d. Feindes 66.
Ue: George Duncan: In der Kraft des
Geistes 77.

Horisberger, Doris (Ps. Doris Flück),
Verw.Beamte u. Kunstmalerin; Be.S.V.
76, Vizepräs. 80, Deutsch-schweiz.
P.E.N.-Zentrum Bern; Senryu-Zenter
Düsseldorf 82, Autorenkr. Plesse;
Kasthoferstr. 44, CH-3006 Bern, Tel.
(031) 441208 (Burgdorf 22.8.37). Lyrik.
V: Jaspiaden, Lyr. 76; Kiesel, Lyr. 79;
Japanische Impressionen, Lyr. in Jap.
Versformen 80. – **MV:** Gehzeiten, Lyr.
81.
MA: An den Ufern der Uyppakrene,
Lyrikanth. 82; Nur im Schatten des
Mondes, Renga-Anth. 82.

Horkel, Wilhelm, Pfarrer a.D.;
Kuglmüllerstr. 14, D-8000 München-
Nymphenburg, Tel. (089) 177880
(Augsburg 3.12.09). Lyrik, Erzählung,
Essay, Parapsychologie.
V: Das Ulmer Münster, G. 42, 79;
Einem Gefallenen, G. 48; Botschaft von
Drüben (Paraps.) 49, 74; Das Turm-
schwälbchen, Erz. 50; Weihnachtliche
Welt, Kurz-Erz. 50; Niels Hauge, Erz. 52;
Unsere Träume, St. 60; Der christliche
Roman der Gegenwart, St. 61; Einer
reitet uns immer ..., Erz. 62; Geist u.
Geister (St. ü. Spiritismus) 62; Der
Kreuzweg, Son. 63; Träume sind keine
Schäume, St. 74; Fragen – Hören –
Trösten, St. 74; Auf den Straßen der
Welt, 20 Erzn. 78; Vor der Trauung,
Seelsorge-Hilfe 82; Die Familie im
Blickfang der Bibel 83.
MA: Herbst des Lebens 60, 74; Was
bleibt dir und mir? 70; Dem Leben ent-
gegen (Konf.-Leseb.) 50; umgearb. Ins
Leben hinein 53; Luther heute, Ess. u.
Anth. 48; O ihr Tiere!, Anth. dt. Tierg.
aus 1000 Jahren dt. Lyrik 79.
H: Trost in Trümmern, G. von Goethe
bis Schröder 49; Funken vom ewigen
Feuer, Jgd.-Erz. 50; Schaut den Stern!,
Erz. 52; Viele Farben liebt das Leben,
Erz. 53; Du bist nicht allein, Jgd.-Erz. 53;
Zauber der Erinnerung, Erz. u. G. 66;
Von Jahr zu Jahr, Erz. 65; Ein fröhlich
Jahr, G. 67; Lobe den Herrn, Erz. 69;
Jahraus - jahrein, Erz. 69; In Gottes
Hand steht meine Zeit, Erz. 69; Schritt
um Schritt, Erz. 69; Es weihnachtet sehr,
Erz. u. G. 69; Im Gang des Jahres, Erz.
70; Zuversicht, Erz. u. G. 72; Mit jedem

neuen Morgen, Erz. 72; Gott hat dich
mir gegeben, Erz. u. G. 74; Das
Christliche ABC, bisher 89 Abh. üb.
Grundbegriffe d. chr. Glaubens, in Lief.
seit 78.

Horn, Brünnhilde, ehem.
Hutmacherin; 2mal. Pr. d. gesamtöst.
Jugendkulturwochen in Innsbruck;
Kulturgemeinsch. Der Kreis 64;
Schlossgasse 5, A-7021 Draßburg-
Baumgarten (Komotau/Böhmen 12.8.12).
Lyrik, Kurzgeschichte.
V: Dornige Hauhechel 54, 80.

Horn, Hans, Diakon, Bibliothekar; VS
in Hessen seit 78; Werkkreis Literatur d.
Arbeitswelt-Werkstatt Kassel seit 77,
Literatur um 11 82; Gerlandstr. 7, D-3500
Kassel, Tel. (06691) 18305 (Kassel
27.2.42). Roman, Novelle, Essay, Lyrik.
V: Lyriksplitter, Lyr. 74;
Umhergetrieben. Romanessay, R. 74;
Whisky mit Fantata = fürchterlich, N.
75; Railwayboy, N. 76; Ich will ein guter
Bürger werden, N. 77; Sei gefährlich, R.
77; Direkte Texte, N. u. Ess. 78; Narziss
und Tausendzünder. Ein Romaness. 78;
Wochen-End-Arrest, N. 79; Sprung in
der Brille, N. u. Ess. 82; Von der Liste
gestrichen, N. u. Ess. 83.
MA: Poetisch rebellieren 81; Wo
Dornenlippen dich küssen 82.

Horn, Ludwig J., s. Baranjecki, Robert
Leo.

Horn, Otto (Ps. Otto M. Horn), Jour-
nalist; ÖSV 46; Charlie Chaplin-
Friedenspreis 55, Literaturpreis d. V.
Weltjgd.-Festsp., Warschau 55, 1. Preis d.
VII. Weltjgd.-Festsp., Wien 59, Gold.
Lorbeer d. Dt. Tsfunks 70; Praterstr. 66/
8, A-1020 Wien, Tel. (0222) 240165 (Wien
17.5.23). Lyrik, Roman, Novelle.
V: Das Wiener Probejahr, R. 55; Ich
liebe Jugoslawien, lit. Rep. 65; Die Frage
des Pilatus, R. 67, 68; Zeitzünder, R. 72.
MA: Tür an Tür, G. 14 junger Autoren
50, 51; Junge Autoren, Erzn. 52; Der
Kreis hat einen Anfang, Erzn. 54; Dein
Herz ist deine Heimat, Lyrik-Anth.

Horn, Otto M., s. Horn, Otto.

Horn, Peter, Buchhändler; IGdA 81,
ADA 82, FDA 83; Literarische Ges. Köln
seit 77; Kirchweg 86, D-5000 Köln 40,
Tel. (0221) 486313 (Tambach-Dietharz
13.2.45). Drama, Lyrik, Roman, Essay,
Erzählung.
V: Rendevous mit Nostalgie u.
Progress, Lyr. u. Kurzgesch. 77;
Knospen am Rande einer Umwelt, Lyr.
u. Kurzgesch. 79; D. Schrei des Klaus
Quijote aus der Karbergergasse, R. 80;

Phänomenologie der Sexualität, Ess. 80;
Kanonade zweier Kinderzeiten, Erz. 81;
Bruch deiner schlafenden Zeit, R. 82;
Als die Süßspeisen ihren Antritt zur
Freiheit begannen, Kom. 83.

Horn, Sabine, Autorin; DAV; Wülfeler
Str. 60a, D-3000 Hannover 72, Tel. (0511)
873364 (Königsberg/Ostpr. 10.4.18).
Lyrik, Prosa.

V: Krippenspiel in der Weihnachtszeit
56, 4. Aufl. 81; Aus der Stille, Lyr. 69; Das
Unzerstörbare, Lyr. 72; Geliebter Tag,
geliebte Nacht, Lyr. 75; Trullerchen, Lyr.
80; Klingendes Mosaik, Lyr. 80; Dat
Fröhjoahr kömmt, Lyr. 80; Ein Leben im
Rollstuhl, Prosa 82, 2. Aufl. 83;
Fensterglas, Lyr. 83.

MA: Beitr. in: Lyrikb., Anthol. u. Zss.

S: Plattdt. Texte u. Kindergedichte,
Kass. 82.

Horn, Walter (Ps. Paulus Potter,
Werner Engelbrecht), Verlagsredakteur;
VS Berlin 56; Barstr. 31, D-1000
Berlin 31 (Breslau 6.11.02). Kunst- u.
modegeschichtl. Essays, Biographien,
Kurzgeschichten, Humorbücher.

V: Mit dem Grafen Zeppelin wider
Menschen und Natur, Biogr. 28; Der
Graphiker Robert Büchner, Künstler-
monogr. 32; Die Spree-Laterne 54, 69;
Die Berlinerin in Scherz, Satire und
Anekdote 55, 61; Jahrhunderte auf dem
Laufsteg; Ein Stil, den Sie kennen soll-
ten, Ess.-Reihen 66 — 70; Die Wonne-
schaukel 70; Zum Ruhme reifer Geister
75; Wodka u. Kaviar 77; Genießer-
Freuden 77; Aber der Wagen, der rollt.
Biedermeierreise von Ludwig Emil
Grimm 80.

B: Heinrich von Kleist: Berliner
Abendblätter; E. T. A. Hoffmann: Knarr-
panti 52.

H: Bücher der Ährenlese 39 — 43;
Berlinische Miniaturen 49 — 52;
Heinrich Zille: Nachlaßband Skizzen u.
Witze; Fred v. Zollikofer: Heimkehr;
Paul Gurk: Laubenkolonie Schwanen-
see; Clara Viebig: Das tägliche Brot;
Adolf Glassbrenner: Das heitere Brenn-
glas, alles 49 u. 50. ( )

Horn, Walter *

Hornbaum-Hornschuch, Friedel, c/o
Verlag Neues Leben, Berlin (Ost).

V: Die Mutprobe 81. ( )

Hornbogen, Chris; SV-DDR 74; Max-
Reger-Kunstpr. d. Bezirkes Suhl 77;
Eckardtskopf 5, DDR-6055 Oberhof, Tel.
(06682) 802 (Merseburg 21.4.23). Lyrik,
Satire, Chanslon, Feuilleton, Erzählung,
Märchen.

V: Amors Zeugnis, Lyr. u. Chansons
76, 83; Sozusagen Saisonartikel, Feuill.
u. Lyr. 77, 82; Der Adamsapfel, Sat. Lyr.
81; Mein UNbuch, Sat. Lyr. 83; Das Blatt
vor meinem Munde, Kurzprosa, Lyr. u.
Chansons 83; Der Winterkönig, M. 83.

MA: Thüringen — ein Reiseverführer,
Feuill. 77, 83; Das Herz auf der Zunge,
Chansons 79; Eulen Leute, Porträt-
Karrikat. 80.

Horndasch, Irmgard, Lehrerin,
Missionarin; Lutheran Chruch Ampo
P.O. Box 80, Lae/Papua New Guinea
(Berlin 3.3.31). Erzählung,
Erlebnisbericht.

V: Gott ist überall zu hause, Erz. 71, 2.
Aufl. 75; Rings um den Saruwaged, Erz.
75, 2. Aufl. 78; Sturz in den Dschungel,
Erlebnisber. 79.

Horndasch, Matthias, Student; Auf
der Burg 4, D-3251 Feggendorf/Lauenau
(Hannover 17.9.61). Lyrik, Essay,
Novelle.

V: Das Herz auf dem Tisch, Lyr. 81.

S: Am 7. Tag. Gemischte Texte,
Tonkass. 82.

Horneck, Heribert, Dr. phil., Haupt-
schriftleiter; Wegenergasse 4, A-8010
Graz, Tel. (0316) 349893 (Graz 21.8.25).
Erz., Essay.

V: Die Stille lügt nicht, Erzn. 58; Die
mit uns leben, Erzn. 63; Jagd in der Zeit,
Ess. u. Dokumentat. 71; Das große
Hirschbuch, Erzn. u. Dokument. 74;
Spuren im Schnee, Kinderb. 78; Der rote
Punkt, Erz. 78; 100 Jahre Steirischer
Jagdschutzverein, Dok. 82. — **MV:** Die
geschützten Tiere d. Steiermark 70. -
MV u. H: Das Hirschbuch, Erzn. 60; Im
grünen Herzen Europas, Ess. u. Erzn. 69.

Hornemann, Sabine *

Hornischer, Edi, Bürovorsteher; V.F.S.
72; Gartenstr. 28, D-8711 Obernbreit, Tel.
(09331) 2338 (Prag/CSSR 16.12.34). Lyrik.

V: Ein Buch von Edi 71; Welt Ade 72,
76; Leipziger Allerlei 74; Edis
Gesangbuch für Erwachsene 75; Plem-
Plem 76/77, Muckefuck u. starker Tobak
78; Kein Buch v. Edi 81/82; Wie muß ich
lachen silberhell 84, alles Lyrik.

von Hornstein, Erika, s. Bausch,
Erika.

Hornung, Clodwig *

Horst, Eberhard, Dr. phil., Schrift-
steller, Literaturkritiker; P.E.N. 69,
Verwaltungsrat VGWort 69; Pr. d. Ernst-
Klett-Verl. 64, Lit.Pr. d. Stiftung z.
Förderung d. Schrifttums 75; Vors.
Förderkr. dt. Schriftsteller in Bayern 83;

Weiherweg 41, D-8038 Gröbenzell, Tel.
(08142) 52473 (Düsseldorf 1.2.24).
Biographie, Essay, Literaturkritik,
Reisebuch, erzähl. Prosa.
V: Christliche Dichtung u. moderne
Welterfahrung, z. ep. Werk Elisabeth
Langgässers 56; Sizilien, Reiseb. 64, 79;
Venedig, Reiseb. 67, 79; 15mal Spanien,
Panorama eines Landes 73; Friedrich
der Staufer, eine Biogr. 75 (auch
ital.); Was ist anders in Spanien, Reiseb.
75; Südliches Licht, Aufzeichn. 78;
Caesar, eine Biogr. 80 (auch ital., franz.);
Geh ein Wort weiter, Aufs. z. Lit. 83.
MA: Lexikon d. Weltlit. im 20. Jh. 61,
64; Antaios 62; Der Große Herder 62;
Rowohlt-Literaturlexikon 71; Ensemble
71; PEN 71; Geständnisse, Heine im
Bewußtsein heutiger Autoren 72; Butz-
bacher Autorenbefragung 73; Über Karl
Krolow 72; Leben mit Wörtern 75;
Arsenal 77; Neue Dt. Hefte; Neue Rund-
schau.
R: Briefe der Liebe (Abaelard und
Heloise, Brentano und Sophie Mereau,
Gothe und Bettina), 3 Fsp. 64 — 65;
Zahlreiche Hörsendungen.
Lit: H. Piontek: Üb. E. H., in: Das
Handwerk des Lesens 79.

van der Horst, W., s. Pies, Eike.

Horster, Hans Ulrich, s. Rhein,
Eduard.

Horstmann, Bernhard (Ps. Stefan
Murr), Dr.jur., Schriftsteller;
Pirckheimerstr. 26, D-8500 Nürnberg 10,
Tel. (0911) 362977 (München 4.9.19).
Roman, Film, Hörspiel.
V: 110 — hier Mordkommission 60; 2
Uhr 30 Mord am Kai 61; Tödlicher Sand
63; Kork aus Tanger 64; Nummer fünf
— so leid es mit tut 67; Der Dicke und
der Seltsame 70; Ein Toter stoppt den 6
Uhr 10 72; Mord im September 74; Der
Tod war falsch verbunden 75; Vorsicht
— Jaczek schiesst sofort 76;
Ringfahndung 77; Blutiger Ernst 80; Auf
den Tag genau 82, alles Krim.-R.; Affäre
Nachtfrost, R. 82.
R: Ein Taxi zum Sterben;
Mitternachtsüberraschung; Tödlicher
Sand; Das Geheimnis der englischen
Silberschalen; Fünf Minuten Ver-
spätung; Was die Toten erzählen, alles
Hsp.; Der ditte Handschuh; Ein Toter
stoppt den 8 Uhr 10; Mordgedanken;
Flieder für Jaczek, alles Fsf.

Horstmann, Hubert, Dipl.-Philosph,
Dr. sc. phil.; Schönhauser-Allee 102,
DDR-1071 Berlin, Tel. 4498578 (Mosbach,
Kr. Eisenach 23.12.37).

V: Die Stimme der Unendlichkeit,
utop. R. 65, 66; Die Rätsel des Silber-
monds, utop. R. 71, 83; Der
Physikalismus als Modellfall
positivistischer Denkweise, wiss. Ess. 73;
Studien z. metaphysischen u.
dialektisch-materialistischen
Denkweise, wiss. Monogr. 77.
MA: Über Denkbarrieren, Ess. in:
Lichtjahr 1, Phantastik-Alm. 80.
H: Denkweise und Weltanschauung
81; W. Hollitscher: Die menschliche
Psyche, populärwiss. 83; W. Hollitscher:
Materie, Bewegung, kosmische Ent-
wicklung, populärwiss. 83.

Horstmann, Ulrich, Dr. phil., Prof.,
Hochschullehrer; VS, Dram. Un.;
Bergstr. 30a, D-4400 Münster/Westf.
(Bünde 31.5.49). Essay, Drama,
Erzählung, Lyrik.
V: Technomorphe Theorie der
Dichtung bei Poe 75; Er starb aus
freiem Entschluß, Kurzprosa 76; Wort-
kadavericon, Lyr. 77; Nachgedichte 80;
Steintals Vandalenpark 81; Würm,
Theaterst. 81; Terrarium, Theaterst. 82;
Das Untier 83; Ästhetizismus und
Dekadenz 83.
MA: Zahlr. Beiträge.
H: Aqua Regia, Zs. f. Lit. u. and.
Kulturschätze 76 — 78.
R: Nachrede von der atomaren
Vernunft und der Geschichte 78; Die
Bunkermann-Kassette 79; Gedanken-
flug — Reise in einen Computer 80;
Kopfstand — Über die Schwierigkeiten
beim Anpassen der Prothese 80; Grün-
land oder Die Liebe zum Dynamit 82,
alles Hörsp.

Horstmann-Neun, Regina;
Sennfelder Hof, D-6108 Weiterstadt.
V: Djenah, meine schwarze Freundin
erzählt 82. ( )

Horton, Peter, Komponist, Schrift-
steller, Chansonnier u. Gitarrist;
Westendstr. 6, D-8228 Freilassing, Tel.
(08654) 63666 (Feldsberg 19.9.41). Lyrik.
V: Die andere Seite 78, 6. Aufl. 82;
Vierzig Jahre Leben 83.

Horx, Matthias, Redakteur;
Hoherodskopfstr. 19, D-6314
Ulrichstein-Bobenhausen II, Tel. (06645)
1613 (Düsseldorf 25.1.55). Utopischer
Roman, Essay.
V: Es geht voran, Utop. R. 82, 2. Aufl.
83.
MH: Infrarot, polit. Essays 83.

Hossenfelder, Hartwig,
Realschuloberlehrer; Schopenhauer-
Ges. 69; Schüttberg 1, D-2054

Geesthacht, Tel. (04152) 71210 (Bad
Segeberg 14.9.30). Lyrik.
V: Kurzgedichte I 68, II 71; Eindrücke
und Gedanken, G. 78; Auch dein
Schatten ist dir nicht treu, G. 81.

Hosslin, Lilo; Dahlienstr. 24, CH-4106
Therwil.
V: Moritz Blunz u. d. Hühner 70;
Gartenbuch f. Gartenzwerge 71; Das
Geschenk des Oparis 72; Blumenpracht,
leicht gemacht 73.

Host-Plewka, Doris, Hausfrau,
Boutique-Inhaberin; Höhenweg 27, CH-
8200 Schaffhausen, Tel. (053) 43760
(Düsseldorf 11.7.41). Lyrik.
V: Vielleicht übersehen wir das, was
wir haben, Lyr. 74, 2. Aufl. 82; Gemessen
teilt die Uhr die Zeit, Lyr. 78.

Hoster, Gertrud, c/o Klett-Verl.,
Stuttgart.
V: Der Raub der Madonna 82. ( )

Hostrup, Willi, Tischlermeister; VS;
Am Kanal, Christiansweg 15, D-2373
Schacht-Audorf, Kreis Rendsburg, Tel.
(04331) 91463 (Tating 21.2.99). Roman,
plattdeutsche Erzählung.
V: Knassenstöten, plattdt. Erz. 51;
Lüüd an'n Diek, Erzn. 59; Die Leute vom
Süderteich, R. 69; Ut miene Heimat an'e
Waterkant, Erzn. 71; Sonne überm Koog,
R. 74, div. Kurzgeschn. 74 — 77; Christen
Christensen, R. 79.

Hottenrott, Rosemarie *

Hotz, Walter, Dr. phil., Pfarrer i. R.;
Erwin-von-Steinbach-Pr. 72;
Rathenaustr. 14, D-6520 Worms, Tel.
(06241) 89158 (Worms 30.5.12). Essay,
Kunstgeschichte, Film.
V: Das Magdeburger Paradies 38;
König u. Verschwörer 40, 42; Die
Münster am Oberrhein 41, 43; Amor-
bacher Cicerone 49, 76; Meister Mathis
der Bildschnitzer 61; Kl. Kunst-
geschichte d. deutschen Burg 65, 79; Kl.
Kunstgeschichte d. dt. Schlösser 70, 74;
Odenwald u. Spessart 63, 75; Die
Großostheimer Beweinung 56; Hand-
buch d. Kunstdenkm. im Elsaß u. in
Lothringen 65, 76; Byzanz-
Konstantinopel-Istanbul. Handb. d.
Kunstdenkmäler 71, 77; Villa Gamberaia
72; Burgundischer Spätsommer 75;
Pfalzen und Burgen der Stauferzeit 81;
Der Dom zu Worms 81.
H: B: Der Rodensteiner (aus dem
Nachlaß von Theodor Meisinger). Hess.
Volksbücher NF 54.
R: Lukas Cranach - Maler der
Reformation 62.

Lit: Bericht über die 7. Verleihung d.
Erwin von Steinbach-Preises an Dr.
Walter Hotz in: Studien der Erwin von
Steinbach-Stiftung Bd 4 75.

Hoyer, Alexander, Kaufm.; St.S.B.;
Lyrikwettbewerb Dichterstein Offen-
hausen 70, Adalbert-Stifter-Medaille 75;
Lenaugasse 7, A-8010 Graz (Schönbach
bei Eger 16.2.14). Lyrik, Roman, Mund-
artdichtung.
V: Ich rede Fraktur, G. 71; Die Wahr-
heit lügt, R.-Triologie 71; Segen des
Lichts, G. 74; Ein Blick nach innen, G.
82. — **MV:** Lyrische Anthologie 71;
Deutscher Gesang, Anth. 74; Quer, Anth.
75.
S: Lachendes Egerland, Egerländer
Mundartg. 69.
Lit: Dichterbildnisse.

Hoyer, Franz A. (Ps. Stefan Hagen),
Dr. phil., Redakteur; DJV; Premio
UNDA Sevilla 67; Schwanthalerstr. 94,
D-8000 München 2, Tel. (089) 533364
(Kempen/Rh. 19.12.13). Literaturkritik,
Essay, Erzählung, Hörspiel.
V: Gericht und Gnade, G. 46; In einer
Stunde wie dieser, Hsp. 69.
H: Kleine Hand in meiner Hand, G. v.
Vätern auf ihre Kinder 46, 59; Erzähler
der Zeit 48; Dreikönigsbuch 49.
R: Der Mann, der in die Stadt kam 50;
Die Wache der dritten Nacht; Der
Deserteur 60; In einer Stunde wie dieser
68, alles Hsp.

von Hoyer, Galina, s. Rachmanowa,
Alja.

Hradetzky, Walter (Ps. Walter
Radetz), Werkzeugmacher, Lektor; SV-
DDR 60; Goethe-Preis d. Stadt Berlin 64,
c/o Sportverlag, Berlin (Ost) (Maffers-
dorf 10.4.26). Hörspiel, Fernsehspiel,
Roman.
V: Maxim Gorki - Ein Lebensbild 53;
Der Stärkere, biogr. R. 61, 62; Kurier der
Verbotenen, Kinderb. 63, 66; Werner
Seelenbinder. Leben, Haltung, Wirkung
69; Der Stärkere, d. Leben d.
kommunist. Arbeitersportlers W.
Seelenbinder 76, 82.
R: Freundschaft; Der Pferdenarr; Der
Kompaß; Kind in Gefahr, u. a. Hsp.;
Lied über die Mauer; Der verrückte
Poldy; Der unmoralische Poldy; Das
Jahr davor, alles Fsp. ( )

Hradschin, Viktor, s. Ruda, Kurt
Maria.

Hrdlička geb. Rieger, Eleonore (Ps.
Eleonore Rieger), Musikpäd.; VG Wort
81; Schubartweg 10, D-7130 Mühlacker,

Tel. (07041) 6640 (Mühlacker 18.9.23).
Roman.

V: Es war einmal ein Heinzelmännchen, Weihnachtsm. als Bü. 49; Dr.
Bronner — Genforscher, R. 81.

Hrstka, Rudolf (Ps. Raoul Henrik
Strand), Mitarb. ORF, Studio Tirol;
Turmbund; Innstr. 11, A-6020 Innsbruck,
Tel. (05222) 619424 (Polnisch Teschen/
Schles. 7.1.19). Lyrik, Essay, Prosa.

V: Um meine Lanze weht Traum, Lyr.
73; Gesandte aus Eratos Gärten, Lyr. 76;
Sonette aus schlaflosen Nächten, Lyr.
78.

MA: Stimmen der Gegenwart 53;
Brennpunkte I 65, X 73; Wort im
Gebirge VII 56, X 63, XIII 72.

R: Buchkrit. 54 — 71; Dichtung aus
Tirol, Reihe 51 — 82; Nachstud. 49 — 54;
Du holde Kunst, Reihe Österr.
Jugendkulturwochen 50 — 69; Für die
Kranken, Serie 52 — 68; Märchen u.
Sagen in Kindersend. 49 — 69; u.a. Ess.
u. Reiseber., alles Rdfk.

Lit: P. Wimmer: Wegweiser d. d. Lit.
Tirols seit 1945 78; Südtirol in Wort und
Bild: 4/82.

Hubacher, Marietta *

Huber, Dietrich, s. Kasper, Hans.

Huber, Margaretha (Ps. Meg Huber),
Dr. phil., Philosophin, Schriftstellerin;
Intern. Assoz. v. Philosophinnen;
Georgenstr. 121, D-8000 München 40,
Tel. (089) 182651 (Konstanz 15.8.46).
Philosophie, Essay.

V: Rätsel, ich schaue in den
geheimnisvollen Raum e. verschollenen
Denkens, dessen Tür d. Romantik e.
Spalt weit geöffnet hat 78; Rätsel No 2,
Zs. f. saïtische Philos. 79. —
MV: Magdalena Palfrader (Bilder)
Rätsel....Frankfurt 1978.

H: Rätsel No. 2, Zs.

Huber, Max; Kirchenstieg 4, D-8390
Passau.

V: St. Nikolaus in der Pfarrgemeinde
73; So sollt ihr beten 75; Der barmherzige Samariter 75; Taufgespräche 76;
Glaubn auf boarisch 79; Wia
Weihnachtn wordn is 81. ( )

Huber, Meg, s. Huber, Margaretha.

Huber, Vita, Dr.phil.,
Chefdramaturgin u. Persönl. Referentin
d. Intendanten am Staatstheater
Darmstadt; P.E.N.-Zentr. Bdesrep. Dtld
71, Öst. P.E.N.-Club 71; Hofmannsthal-
Ges.; Schwarzer Weg 9, D-6100
Darmstadt u. Kaigasse 8, A-5020
Salzburg (Salzburg 27.9.38). Essay,

Feature, Bearb. u. szenische Einricht. f.
Bühne u. Rdfk, Übers. **Ue:** F.

V: Flirt und Flatter. Lebensbilder aus
der Bühnenwelt 70; Applaus für den
Souffleur, Schauspieler-Anekdn. 73. —
MV: Ein großer Herr. Das Leben des
Fürsten Pückler, m. Gerhard F. Hering,
Biogr. 68; Tolstois Kreutzersonate, m.
dems., Dr. 80.

B: Momo (nach Michael Ende), Bü. 81;
Luther. Die Nachtigall von Wittenberg
(nach August Strindberg), Bü. 83.

R: Die Gefährlichen 65; Das Ungreif-
bare 66; Das verfluchte Ding des
Ambrose Bierce 67, alles Hsp.

Ue: Denis Llorca: Zelda 68; Jean
Baptiste Lully: Alceste, Oper 80.

Huber-Abrahamowicz, Elfriede, Dr.
phil.; SSV; Conrad-Ferdinand-Meyer-
Preis 65; Intern. Assoz. v. Philosophinnen; Berghaldenstr. 36c, CH-8053
Zürich (Wien 19.12.22).

V: Das Problem der Kunst bei Platon
54; Verhängnis, Lyrik 57; Der unendliche Weg, Prosa u. Lyrik 64; Seiltanz
und Waage, Lyrik 74; parallel, R. 79;
Spiegelspannung, Lyr. 81.

Hubert, Johannes, Toningenieur;
Schleusenstieg 15, D-2000 Hamburg 65,
Tel. (040) 6070316 (Hamburg 10.8.11).
Lyrik.

V: Haltet das Pulver trocken, Heiter-
makabre Verse 63.

Hubertus-Bauer, Ingeborg *

Huby, Felix, s. Hungerbühler,
Eberhard.

Huckauf, Peter (Ps. Paul Hasdgnuk),
Fernmeldemechaniker; VS 75-81;
Arbstip. d. Westberl. Senators f. Wiss. u.
Kunst 77, f. Kulturelle Angelegenh. 78,
82, 3. Pr. Spiel- u. Erzählwettbew. d.
Ostdt. Kulturrats 80; NGL 75 — 79;
Hildegardstr. 17, D-1000 Berlin 31, Tel.
(030) 8533479 (Bad Liebenwerda/
Sachsen-Anhalt 12.5.40). Drama, Lyrik,
Essay.

V: Karge Tage, G. 74; Oase Ruine, G.
76; Fertigteile, G. 77; Die Zeilung
Schneuztanz, Spontanismen, Lyr. 77;
Unterschlupf f. Schmetterlinge, G. 78;
Schwarze Elster, Manische Feste 1, G.,
Texte, Dialog u. Fotos 80; Schnepfen-
strich, Lsp. 80; Frühes aus Ückendorf,
panische Geste 2, G. 81; Lautraits, Lyr.
81; Ein loses Blatt aus der Schlussakte
von Helsinki, Lsp. 82; Schraden, Sp. 82.

MA: Ich bin vielleicht du, Lyr. Selbstporträts, Anth. 75; Lyrik non stop — G.
in Berlin, Anth. 75; Mein Land ist eine
feste Burg — Neue Texte z. Lage in d.

BRD, Anth. 76; Natur ist häufig eine An-
sichtskarte — Stimmen z. Schweiz,
Anth. 76; Satire-Jb. 1 78; Lyrik 78, Anth.
78; Lyrik 79, Anth. 79; Narren und
Clowns, Aus Jux und Tollerei, Anth. 82;
Berlin-Zulage, G. aus d. Provinz, Anth.
82.
H: BEKASSINE, Bll. + Zeichen z.
Poesie 78-81; Ach sO/LALLschwAeLLe
pumPHuts zwerchfAelle seit 82.
Lit: Peter Gerlinghoff: Vom Sinn zum
Laut? in: Stadtansichten 1982, Jb. f. Lit.
u. kulturelles Leben in Berlin (West) 82.

Hudig-Frey, Margareta, Dr.phil.; Via
del Sole 26, CH-6600 Muralto/Tessin-
Locarno, Tel. (093) 333522 (Zürich
23.1.94). Lyrik, Literaturgeschichte,
Kunstgeschichte.
V: Die älteste Illustration der Eneide
des Heinrich von Veldeke 21; Gedichte
37; Ein Spiel von der Seele, Mysteriensp.
37; Lieder und Gedichte, G. 49; Wandel
und Wende, G.; Manzoni. Dichter,
Denker, Patriot 58; Locarno, Kl. Kunst-
u. Reisef. 72; Abschied, G. 81.

Huditz, Elsbeth (Ps. Elsbeth Corde),
Magister, Lehrerin; Kulturgemeinsch.
Der Kreis 82; Nestroygasse 3/II/5, A-
2620 Neunkirchen (Wiener Neustadt/
NdÖst. 28.4.26). Lyrik, Übers. **Ue:** E, Am.
V: Begegnungen, Lyr. 83.
MA: Der Mensch spricht mit Gott, G.
u. Meditat.
Ue: Mary Franciss: Das Recht
fröhlich zu sein 58/59.

Hübinger, Jutta (Ps. Jutta Oehring),
Hausfrau; VS seit 79; Wachtelweg 10, D-
5300 Bonn-Röttgen, Tel. (0228) 251661
(Bremen 30.1.12). Lyrik.
V: Verbrannte Kontakte, Lyr. 74;
Anlässe, Lyr. 76.
MA: Ehe, Alm. 12 für Lit. u. Theol. 78;
Erstes Bonner Leseb. 80.

Hübner, Erika (Ps. Erika Hübner-
Barth), freischaffender Schriftsteller;
S.V. d. Sozialist. Rep. Rumäniens; Pr. d.
Landesrates d. Pionierorganisation d. S.
R. Rumänien 72, 1. Preis d. Kronstädter
Regionshauses für Volkskunstschaffen
67; Oltenia Nr. 12, R-2200 Brașov
(Sighisoara Județ Mureș 21.6.32). Lyrik,
Erzählung, Kinderliteratur, Puppen-
theater.
V: Heimkehr im Frühling, kurze
Prosa 70; Bidibidibutzel, Kinderb. 71;
Nik und Onkel Jonathan, Kinderb. 75;
Die blauen Schuhe, Kinderb. 77, 79;

Martin u. d. Zauberer, Kinderb. 79. —
MV: Puppentheater 68.
MA: Vorhang auf, Puppentheater 79.
( )

Hübner, Friederike, s. Mehler,
Friederike.

Hübner, Gerald; Lichtenberger Str.
31, DDR-1020 Berlin.
V: Karawane der Schatz-Sucher 81. ( )

Hübner, Gisela (Ps. Gisela Hübner-
Droß), Hausfrau; Theaterstr. 4, D-6900
Heidelberg (Ballenstedt 6.9.45). Lyrik.
V: Zungenwurst, Lyr. 80.

Hübner, Jakob (Ps. Herbert Konrad),
Musiklehrer; Am Bischofskreuz 10, D-
7800 Freiburg i.Br., Tel. (0761) 84904
(Sanktanna 28.5.15). Roman, Novelle.
Ue: Rum.
V: Der Durchbruch, N. 54; Die Heil-
manns, R. 56; Das dritte Herz, R. —
MV: Frühling, N. in: Neue Lit. 61; Die
Rache der Spatzen, N. in: Neue Lit. 62.
Lit: Neue Lit., Bukarest 57; Neue Dt.
Lit. Berlin 59/60.

Hübner, Paul, Schriftsteller;
Mozartstr. 7, D-7570 Baden-Baden
(Regenwalde 7.10.12). Lyrik, Drama,
Essay, Hörspiel, Sachbuch,
Kulturgeschichte.
V: Kosmischer Lobgesang, G. 48; Ein
Picasso ist gestohlen, Sketch 64; Die
Mongolenschlacht, Dr. 65; Geistiges
Theater, ges. Kritiken 66; Vom ersten
Menschen wird erzählt in Mythen 69;
Der Rhein, Kulturgesch. 81; Der Fall
Weidig, Dr. 81; Der Essener Kreuzweg,
G. 82.
MA: Kritische Stimmen 61; Das
Salzburger Jahr 71; Romano Guardini.
Interpretation von Dichtung 76.
H: Felix Mendelssohn-Bartholdy:
Reisebrief 49; Information oder
herrschen die Souffleure? 64; Fritz
Hochwälder: Dramen 64, Deutsche
Wissenschaft heute 66.
R: Der Turm der Beständigkeit 60.

Hübner, Paul Friedrich (Ps. Paul
Friedrich), Kunstmaler; Waldeckstr. 62,
D-7842 Kandern (Lörrach 20.3.15). Lyrik,
Novelle, Roman, Drama.
V: Aus dem Wanderleben des Tomas
Balder, Erz. 48; In Raum und Zeit, Lyrik
u. Prosa 78.

Hübner, Raoul, M.A.,
Erwachsenenpäd.; Clausthaler Str. 33,
D-4600 Dortmund 1, Tel. (0231) 814352
(Breslau 19.1.40). Roman, Novelle, Prosa,
Essay. **Ue:** F.
V: Härten der Schreibweise, Lit.
Positionen franz. Homosexueller, Ess.

81; Blickwechsel. Mit Schwulen in
Barcelona, Prosa 81.
MA: Literatur u. Studentenbewegung
77; Schwule Lyrik, Schwule Prosa 77;
Milchsilber 79; Wo Dornenlippen dich
küssen 82; Entstellte Engel 83.
MH: Literatur als Praxis 76.

Hübner-Barth, Erika, s. Hübner,
Erika.

Hübner-Buchholtz, Hildegard *

Hübner-Droß, Gisela, s. Hübner,
Gisela.

Hübsch, Hadayatullah, s. Hübsch,
Paul-Gerhard.

Hübsch, Paul-Gerhard (Ps.
Hadayatullah Hübsch, Hadayatullah
Jamal, Gerhard Jamal); Alemannenweg
62, D-6230 Frankfurt a.M. 80 (Chemnitz
8.1.46). Lyrik, Roman, Erzählung, Satire,
Hörspiel, Feature usw.
V: mach was du willst, G. 69; die von
der generation kamikaze, 4 G mit 3
Collagen 70; Ramadan, ein Tagebuch 71;
ausgeflippt, G. 71; ein neuer morgen mit
Dir, Erzn. 74; abgedichtetes, G. 79;
Plakatgedichte, Collagetexte 79/80;
Liebe Gedichte 83; Medienpaket Islam,
Sachb. 83.
MA: aussichten, Anth. 66; kinder von
marx & coca cola, Anth. 71; Lyrikkat.
Deutschland, Anth. 79.
R: keine zeit für trips, Hörroman in 3
Teilen, 72; lachend wie ein haupt voll
wunden 73; stirb bevor du stirbst 75; der
Tag als Elvis Presley lebenslänglich
werden sollte 76; Stadtplan 77;
Konferenz der Vögel 79; was wahr war
u. was wirr war 80; Nomu 80; Gleich-
zeitigkeit 82, alles Hsp.
Ue: Die Gnade Allahs 72.

Hübscher, Angelika; Chevalier de
l'Ordre des Palmes Académiques 68,
Bdesverd.kr. a.B. 78; Generalbevoll-
mächtigte d. Intern. Schopenhauer-Ges.
66-82, EMitglied 82, Ist. Francese per gli
Studi Storici Venedig 74-81 (Auflös.), Dt.
Ges. f. d. Erforschung d. 18. Jh. 76 u.a.m.;
Beethovenstr. 48, D-6000
Frankfurt a.M. 1, Tel. (0611) 751588
(Busbach b. Bayreuth). Erzählung,
Essay. **Ue:** E.
V: Genieße mit Casanova. Eß- u.
Tafelbrevier f. Verwöhnte 64; Der Pudel,
den niemand wollte 67, 72; Lieber alter
Hund 70; So ein Hundeleben 73. –
MV: Hundertfünfzig Jahre F. A.
Brockhaus 55.
H: Giacomo Casanova: Chevalier de
Seingalt: Histoire de ma vie 60 – 63 XII;
Die Kunst zu lieben, Aphor. 69; Die

Kunst sich zu freuen 69; Arthur
Schopenhauer: Werke. St.- u. Volksausg.
77.
Ue: Oscar Wilde: Märchen 46;
Bertrand Russell: Macht u. Persönlich-
keit 50, 67.

Hüffmann, Gerhard *

Hüfner, Agnes, Dr. phil., Redakteurin;
VS; Hermannstr. 34a, D-4000 Düsseldorf,
Tel. (0211) 678338 (21.8.38). Kulturwissen-
schaft.
V: Brecht in Frankreich. 1930 bis 1963.
Verbreitung, Aufnahme, Wirkung 68.
MA: ...und kein bißchen heiser. Lieder
d. Studentenbeweg. 78.
H: Straßentheater 70; Recht auf
Arbeit. Ein Leseb. 78. – **MH:** Chile lebt.
G., Lieder, Dokum. 73; Für Portugal. G.,
Lieder, Dokum. 75.

Hügelmann, Hill Renée, Dr. phil.;
Waltraudstr. 10, D-1000 Berlin 37, Tel.
(030) 8138423.
V: Grenzpfade, Prosa 67; Ortloser Ort,
G. 80; Ekstase und Unbehagen, Prosa 81;
Magischer Spiegel, G. 81; Den Feuern
offen, G. 83; Spiel, Schein und tiefere
Bedeutung, Prosa 83.
MA: Gedichte in: Scheidewege 74, 75,
Gedichte u. Prosa in: Neue Dt. Hefte;
Initiative.

Hüger, A. R., s. Rausch, Annegret.

Hühnermann, Eike, s. Mattheus,
Bernd.

Hüllweck, Karl, Studentenpfarrer, c/o
Evangelische Verlagsanstalt, Berlin
(Ost) (Dessau 13.5.05). Novelle.
V: Wunderbare Wandlung, Erzn. u.
Legn. 51, 66; Vorderhaus, Hinterhaus
und der wahre Hintergrund, Sp. 52; Das
Selbstbildnis, N. 52, 66; Die an Gott
leiden, Erzn. 55, 58, u. d. T.: An Gott
gesund geworden 65; Fridolin, Anekdn.
56, 67; Ein Mensch in der Tür, Erzn. 60,
63; Odyssee durch den Tod, Erz. 61, 62;
Italienische Impressionen 62, 64; Mein
alter ego, Erz. 63, 65; Der Ruf, Erzn. 66,
69; Der bunte Schrank 68, 81; Bruder
Jacinto, Erzn. 70; Vielfalt des Lebens,
Erzn. 76; Leo u. Markus, Erzn. 76; Licht
u. Schatten, Erzn. 77, 80; Und Freude
bricht aus allen Finsternissen, Erzn. 79.
MA: Deutsche Stimmen, Erzn. u. G.
56; Der verborgene Weg, Erzn. u. Legn.
56; Nun leuchtet uns ein heller Schein,
Erzn. 58, 61; Wir wandern zur Krippe 59,
62; Die Wiederkehr des Sterns, Erzn. 62,
63; Der unsichtbare Partner, Erzn. u. G.
62, 65; Im Spiegel, Erzn. 68; Die Ein-

reibung, Erzn. 76; Das Unerwartete,
Erzn. 77; Als Stern uns aufgegangen 78.
H: Morgenstunde 58; Auftrag u. An-
liegen 75. ( )

Hülsen, Adrian, s. Rhein, Eduard.

von Hülsen geb. Reicke, Ilse (Ps. Ilse
Reicke), Dr. phil.; VS 47; Medaille d.
Grotius Ges. 51; Röntgenstr. 1, D-8510
Fürth, Tel. (0911) 731919 (Berlin 4.7.93).
Lyrik, Novelle, Essay, Hörspiel.
V: Das schmerzliche Wunder, Verse
14; Psychologische Probleme des dichte-
rischen Schaffens 15; Der Weg nach
Lohde, R. 20 u. d. T.: Leichtsinn, Lüge,
Leidenschaft 30; Ewige Legende, Zyklus
v. 16 Gesängen 23; Das größere Erbar-
men, R. 29, u. d. T.: Der Weg der Irma
Carus 32; Berühmte Frauen der Welt-
geschichte, Ess. 30; Das Schifflein
Alfriede, R. 33; Treue und Freundschaft,
Gesch. einer Familie 35; Das tätige
Herz, Lebensbild Hedwig Heyls 39; Das
Brautschiff 43; Das Geheimnis der
Klasse, Jgd.-Krim.-R. 51; Berta v.
Suttner, Lebensbild 52; Agnes v. Zahn-
Harnack. Ein Lebensbild 66; Klang und
Klage der Geschichte, G. 68; Stimmen
der Erdengeschlechter, G. 69; Lasst euch
lieben, Baum und Blume, G. 77; Die
Musikantin Olga Schwind 80; Eine
Sippe aus Memel, 3 ostdt. Generationen
80; Die großen Frauen der Weimarer
Republik 83. — **MV:** Katharina v.
Kardorff-Oheimb: Politik und Lebens-
beichte 65.
H: Agnes v. Zahn-Harnack: Schriften
u. Reden, Lebensbilder 66.
R: August Kopisch entdeckt die
"Blaue Grotte"; Runkelzucker; Die
Puppen-Kruse; Weihnacht an der
Mauer; Tilsiter, alles Hsp.

Hülsmann, Harald K. (Ps. Michel
Hinnack, Aldo Carlo, Harry Holly,
Saihoku); VS NRW
67; Förderprämie für Literatur der Stadt
Düsseldorf 71, Malkasten-Literaturpreis
73, Arbeitsstipendium des Kultus-
ministeriums von NRW 75, Med.
studiosis humanitatis 80, Reisestip. d.
Kultusmin. NRW 81, Ehrenurkunde
AKIAJI-SHA 81, Ehrenurkunde Japan.
Senryu-Ges. 81, SENRYU-PR. ZUR
FLUSSWEIDE 82, Med. Unsterbliche
Rose 81; Ehrenmitgl. Gruppe AKIAJI-
SHA, Japan, Senryu-Zentr. Gründer u.
Präs. 81, Intern. Autorenprogressiv,
Mölle 81, Korresp. Mitgl. Intern.
Autorenkreis Plesse 81, Ehrenmitgl.
Japan. Senryu-Ges. 81; Eschenbachweg
5a, D-4000 Düsseldorf, Tel. (0211) 237292

(Düsseldorf 6.6.34). Lyrik, Satire, Kurzprosa, Essay.
V: Wermutblatt und Rabenfeder,
Lyrik, Aphoris. 62; Der gute Gott
Ambrosius, Prosa 66; Aus dem Rezept-
buch des Mr. Lionel White, Lyrik, Prosa
68; Lageberichte, Lyrik 70; New Yorker
Notizen, Lyrik 75; Fancy, Lyrik 76;
Griechische Impressionen, Lyrik 79; Im
Rachen der Ruhe, G. a. Sizilien 80; Reise
ins Land der Chrysanthemen u.
Computer, Reiseber. 81; In diesen Halb-
wert-Zeiten, Lyr. u. Aphor. 82; Als sei
nichts dabei ..., Lyr. 82; Der Clown weint
für uns, Lyr. 82; Von Spiegeln umstellt,
Senryu-Lyr. 83; Der Mond färbt unsere
Träume, Haiku- u. Senryu-Lyr. 83. —
MV: Tau im Drahtgeflecht 61; Danach
ist alles wüst und leer 62; Welch Wort in
die Kälte gerufen 68; Dein Leib ist mein
Gedicht 70.
MA: Catalyst, G. 77 (auch engl.);
Promethee, G. 77 (auch franz.);
Anthologie der deutschen Haiku 78;
Anthologie der Welt Haiku 1978 79;
Lyrik-Kat. BRD 78; FLAX 81; Science
Fiction Story Reader 16 81; Friedens-
fibel 82; Zuviel Frieden 82; Quasar 3 83;
Jugendliteratur 83; Gauke-Jb. 81, 82.
R: Mein Sonntag in Düsseldorf, 3
Senryus, Rdfk 82.
MUe: 48 Haiku von Issa Kobayashi.
Lit: Aufbau, New York 74; Düsseldorf
schreibt (44 Autorenporträts) 75;
Dokumentation Düsseldorfer Autoren
Nr. 14 76; Sie schreiben zwischen Goch
und Bonn 76; Jahrbuch für neue
Literatur, Lobbi 8 76; Düsseldorf creativ;
Prof. Sakanishi in: Senryu-Forschung;
Lex. Senryu-Autoren, Tokyo; C.H. Kurz
in: Von Spiegeln umstellt; Prof. H.
Sakanishi in: Mainichi Shimbun; Prof.
Sakanishi in Sendung NHK, Japan.

Hülsmann, Heinz, Prof.;
Pluggenheide 15, D-4400 Münster/
Westf., Tel. (0251) 216323 (Münster
2.2.16). Lyrik.
V: Das Zeichen des Jonas 80; spuren
von spuren 82; Drift 83.
s. a. Kürschners GK.

Hümmer, Ingo (Ps. Ingo Cesaro),
Praktischer Betriebswirt; VS Hessen 75,
Kogge 76, dtschweiz. P.E.N.-Zentr. 80;
Reisestipendium 71, Pr. Rosenthal Lyr.
Wettbew. 79, 3. Pr. Erzählwettbew. d.
Ostdt. Kulturrates 81, Pr. f. Christl.
Kurzprosa 82; NGL Erlangen 82;
Joseph-Haydn-Str. 4, D-8640 Kronach,
Tel. (09261) 2280 (Kronach 4.11.41). Lyrik,
Prosa, Hörspiel, Theater.

V: Vom Nächsten Mittag 65;
Verdauungsschwierigkeiten 75; Weiße
Raben 76; Kurzer Prozeß 76; Frei-
schwimmer 77; Kunstflieger 77; Aus-
weitungen 78; Amortisation, ges. Werke
Bd. I 78; Zeichensprache 79, alles Lyrik;
Die Kuh Marie, Texte 80; Schutz-
impfung 80; Der Goldfisch im Glas redet
und redet 81.
MA: Spuren der Zeit, Sammelbd. f.
Dichtung 66; In die Wüste gesetzt, Anth.
67; Thema Frieden, Hammers Anth.
Lyrik 67 II; gegen den Krieg in Vietnam,
Anth. 68; Das unzerreißbare Netz, Anth.
68; Schwalben bringen Glück, Luchter-
hands-Lose-Blatt-Lyrik 68; Ohne Denk-
malschutz, fränk. Leseb. 70; Gott im
Gedicht, Lyrik-Anth. 72; Thema Gewalt,
Hammers Anth. 72; Gedichte aus der
Bundeswehr, Anth. 73; bundesdeutsch,
Lyrik-Anth. 74; Göttinger Musen-
almanach 74; Thema Angst, Hammers-
Anth. 75; Werkbuch Thema Angst,
Arbeitsbuch 75; Die eine Welt, Anth. 75;
Thema Die Stadt, Hammers Anth. 75;
Gedichte zu Bildern, Die Horen loo,
Anth. 76; Stimmen zur Schweiz, Anth.
76; Zärtlichkeit, Hammers Anth. 76; tag-
täglich Weckbuch, 3 Anth. 76; Nichts
und doch alles haben, Anth. 76;
Diagonalen Kurzprosa-Anth. 77;
Moderne Lyrik mal skuril, Anth. 77; Wer
ist mein Nächster? Anth. 77; Umwelt-
Reader Anth. 77; Bll. f. Grafik u. Lit.,
Sammelbd 77; Frieden & Abrüstung,
Leseb. 77; Braun-Jb. 2 77; Katapult 1,
Anth. 78; Kinder-Reader, Anth. 78;
Recht auf Arbeit, Lesebuch 78; Die
Stimme in der Weihnachtsnacht, Anth.
78; Lyrik 78, Anth. 78; Katapult 2, Anth.
79; Die Zeit verweht im Mondlaub,
Renga-Anth. 79; Kein schöner Land?,
Anth. 79; Alternativ Leben, Hammers-
Anth. 79; Anth. d. dt. Haiku, Anth. 79;
hommage á cassel, Sammelbd. 79;
Mauern, Lyrik-Anth. 79; Nicht mit den
Wölfen heulen, Anth. 79; Auf-
schäumende Gedichte, Anth. 79; Lyrik
79, Anth. 79; Exlibris-Jb. 79, 80;
Aufbrüche − Ostfr. Tendenzen I 80, II
82; Drehpunkt 1968-1979 Reprint 80;
Haiku Anth. 80; walten verwalten, ge-
walt, Anth. 80; Aktion Lyrik Frühjahr
80; Heimat, Anth. 80; Entleert ist mein
Herz, Haiku-Anth. 80; Pop Sunday,
Anth. 80; Hoch schwebt im Laube,
Haiku-R. 1 80; Radius Alm. 80/81; Wort
Gewalt, VS-ed. 80; Franken Bildband,
Die Deutschen Lande farbig 80; Die
Liebe zu Macht u. Gewalt, Anth. 80;
Gauke's Jb. 81; Rosenthal Lyrik
Wettbew., Anth. 80; Spektrum des
Geistes, Literaturkal. 80; Spuren der
Zeit, Anth. Bd 5 80; Während die Lach-
möven über dem Haus, Mappe 80; Lyrik
80, Anth.; Zu Hause in der Fremde, Ein
bundesdt. Ausländer-Leseb. 81; Exlibris-
kunst und Graphik Jb. 81, 82; Märchen
u. Geschichten Buch 81; 33 phanta-
stische Geschn., Anth. 81; Ludwig oder
Die Deutung der Goldfischsprache,
Mappe 81; Bei zunehmender Kälte,
Anth. 81; Wohn-Sinn, Anth. 81; Flax,
Anth. 81; Das Studienbuch No. 1:
Wohnen 81; Hans Erpf Inventar I,
Nachw. 81; Der Frieden ist eine zarte
Blume, Anth. 81; Frieden: Mehr als ein
Wort, Anth. 81; Schnittpunkte, Kal. 81;
Gedankenflüge, Kal. 82; Gauke's Jb. '82;
Friedens-Fiebel, Leseb. 82; Zuviel
Frieden, Anth. 82; Straßengedichte,
Anth. 82; Doch die Rose ist mehr,
Dokum. eine lit. Wettbew. 82; ISSA
Nachdichtung Dt. Dichter 82; Narren +
Clowns "Aus Jux und Tollerei", Anth. 82;
Wie viele Wohnungen besitzt das Haus,
Anth. 82; Seit du weg bist − Liebesg.
danach, Anth. 82; Kinderwunsch. Reden
und GegenReden, Anth. 82; Auch im
dunklen Raum, Haiku-Anth. 1 82;
Komm Süsser Tod, Thema Freitod:
Antworten Zeitgenössischer Autoren,
Anth. 82; Crimi-Reader, Anth. 82; Lyrik
81, Anth. 82; Sag nicht morgen wirst du
weinen, wenn du nach dem Lachen
suchst, Anth. über Liebe u. Hoffnung 82;
Die falsche Richtung: Startbahn West,
Leseb. 82; Kopfstand, Lesebuch 82;
Gauke's Jb. 83 Thema Frieden 82; An
Dich Unbekannte. Männer schreiben
Liebesg. 83; Straßenträume, Kal. 83.
H: Begegnung, Texte zu Zeichnungen
von Gottfried Wiegand 76; Nachrichten
für Wenige, Lyrik, Grafiken von Peter
Schindhelm 76; Annäherungen 81, erw.
Aufl. 82. − **MH:** Wassily Linke: ich höre
eine birke weinen, G. 81.

Hümmert, Ludwig, Schriftsteller; VG
Wort 77; Silbermed. München leuchtet
− Den Freunden Münchens 80;
Krumbacherstr. 1, D-8000 München 40,
Tel. (089) 2716275 (München 25.1.05).
Biographie, hist. Aufsätze.
V: Bedeutende Zugereiste 72, 5. Aufl.
82; Bayerisch-Russische Beziehungen u.
Begegnungen 1779-1918 77; Bayern
1900-1933, v. Königreich z. Diktatur 79.

Hümpel, Elke (Ps. Berte-Eve Minden),
Schauspielerin; EM Dt. Akad. f. Bild. u.
Kultur; Halstenbeker Weg 19, D-2000
Hamburg-Eidelstedt, Tel. (040) 579653
(Hamburg 10.7.12). Drama, Lyrik,
Novelle, Roman, Hörspiel.

V: Heike von Habel, Gesch. 41, 45;
Spiel der goldenen Harfe, Erzn. 41, 43;
Wellen und Winde, G. 41; Ferdinande,
Dr. 43; Der rote Jäger, R. 43; Die Ent-
rechteten, Dr. 47; Die Galliona 47; Prin-
zessin Trulebu, Stück 51; Mein Vater-
land 65; Bellende Hunde, Dr. 65; Trull
Hullebull. Ein Märchen aus unserer Zeit
69; Ane oder: Die Hamburg-Story, Kom.
73; Sternenkuß, G. 75; Eidelstedt, Nord-
europas früher Siedlungsraum, hist.
Arb. 77; Die Eis-Novelle, Erz. 83; Der
Schuß, Erz. 83.
  F: Der Uferweg 79.
  R: Die roten Schuhe, Hsp.; Die
Muschelbank, Hsp.; Der Gerichtsvoll-
zieher, Fs.-Lsp. 80.

Hünefeld, Hanne, s. Frenz, Hannelore.

Hünenburg, Friedrich, s. Spieser,
Friedrich.

Hürlimann, Ruth; Güterstr., CH-6343
Rotkreuz.
  V: Stadtmaus und Landmaus 71; der
fuchs und der rabe 72; Katze und Maus
in Gesellschaft 75; Der stolze weiße
Kater 77; Der kleine Herr August 80.

Hürlimann, Thomas; Lübbenerstr. 1,
D-1000 Berlin 36.
  V: Großvater und Halbbruder, Bü. 81;
Die Tessinerin, Geschn. 81, Tb. 83. ( )

Hüsch, Hanns Dieter, Kabarettist;
Kaiserstr. 42, D-6500 Mainz (Moers/
Ndrh. 6.5.25). Kabarett-Text, Satire,
Glosse, Chanson, Kurzgeschichte, Hör-
spiel, Unterhaltungsmanuskript für
Funk u. Fernsehen, Musical
  V: Frieda auf Erden 59; Von Windeln
verweht 61; Cabaretüden 63, alles
kabarettist. Kurzgeschn.; Carmina
urana, Gesänge gegen die Bombe 64;
Zoll und Haben, kabarettist. Kurz-
geschn. 65; Freunde, wir haben Arbeit
bekommen. Die neuen Lieder 68; Arche-
blues und andere Sprechgesänge 68;
Den möcht' ich seh'n ... 78, 79, Tb. 82;
Hagenbuch hat jetzt zugegeben u.
andere Rede- und Schreibweisen 79.
  B: Aristophanes: Lysistrata u. d. T.:
Der Weiberstreik, Fs.-Musical.
  R: Das Mißverständnis, Hsp.; Der
kleine Gramladen; Melankomische Geschichten; Niemandsland des Lächelns;
Am Rande des Parketts; Morgens, wenn
die Hähne krähn, alles Fsp.
  S: 4 Chansons 64; Chansons, Gedichte
und Geschichten 65; Carmina urana 65.
  Lit: Klaus Budzinski: Die Muse mit
der scharfen Zunge 61; Theater heute,
Aug. 64. ( )

Hüsing, Marie, Diakonisse;
Kapteynlaan 73, NL-3571 XM Utrecht,
Tel. (030) 718581 (Obernbeck, Kr.
Herford 4.9.09).
  V: Anruf und Trost, Andachtsb. 74, 2.
Aufl. 79; Zeichen Seiner Hand, Bildbd
m. Betracht. u. G. 77; ... wohl aber
vertiefen, Meditationen u. G. 78; Es
lohnt sich Christ zu sein 78; Mehr als
Irgendeiner 79; Gott hat sein Schweigen
durchbrochen 80; Tropfen aus dem
Strom 80; Bis zur Schwelle 81; In
diesem Augenblick, G. 82. — **MV:** Neues
Ev. Gebetb.; Solange Ihr das Licht habt.
  S: Mit Ihm unterwegs, vertonte Lieder
u. G. 83.
  Ue: Evert Kuijt: Kinderbibel 82.

Hütt, Wolfgang, Dr. phil.,
Kunsthistoriker; Association intern. des
critiques d'art, Excellence Fédération
intern. de l'art photographique;
Fuchsbergstr. 75, DDR-4020
Halle (Saale) (Barmen 18.8.25).
Kunstbuch, Kinderbuch.
  V: Der Einfluß d. preuß. Staates auf
Inhalt u. Form der bild. Kunst im 19. Jh.
55; Das Genrebild 55; Wir u. die Kunst
59, 7. Aufl. 81; Landschaftsfotografie. Ein
Beitrag zu ihrer Gesch. u. Theorie 63;
Die Düsseldorfer Malerschule 64;
Adolph Menzel 64; Walter Komacka 64,
72; Junge bild. Künstler d. DDR. Skizzen
z. Situation d. Kunst in uns. Zeit 65;
Mathis Gothardt-Neithardt, genannt
Grünewald. Leben u. Werk im Spiegel d.
Forschung 68; Altdorfer 68; Lea
Grundig, Künstlermonogr. 69, 71; Was
Bilder erzählen. Kunstb. f. Kinder 69, 76;
Dt. Malerei u. Graphik im 20. Jh. 69;
Menzel 70 (ungar.); Menzel. Maler u.
Werk 71; Willi Sitte, Künstlermonogr.
72; Dt. Malerei u. Graphik d. früh-
bürgerl. Revolution 72; Kleine bunte
Welt. Kunstbuch f. Kinder 73 (engl. 73,
span. 74, 76); Müller. Maler u. Werk 73;
Wir - uns. Zeit. Künstler d. DDR in
ihren Selbstbildnissen 74; Arbeit in d.
Kunst 74; Mein kleines Lexikon. Plastik,
Grafik, Malerei (Kinderb.) 74, 76; Vom
Umgang mit d. Kunst 74, 75; Mattheuer.
Maler u. Werk 75; Wir gehen in ein
Haus m. vielen Bildern (Kinderb. 75, 76;
Sitte. Maler u. Werk 76; Otto Nagel.
Künstlermonogr. 76; Kunst in Halle 77;
Graphik in d. DDR 77; Vom Fliegen 77;
Künstler in Halle 77; Was Städte und
Häuser erzählen 77; Carl Marx, Maler
und Werk 78; Stretnatie s umením 78;
Holt Euch das Licht der Sonne 78;
Virágok, madarok ... 79; Alas, helices,
cohetes 79; Grafik in der DDR 79; Carl

Crodel, Maler u. Werk 81; Adolph
Menzel 81, Bdesrep. Dtld 81; Heimfahrt
in die Gegenwart, Ber. 82. — **MV:** Der
Naumburger Dom 56; Weggefährten 70;
O. Nagel. Berliner Bilder 70; Albrecht
Dürer 71 II; Dezennium 72; Das
Albrecht-Dürer-Hausbuch 75.
MA: Ludwig Knaus, Kat. 79.
H: Otto Nagel in: Welt d. Kunst 64;
Karl Erich Müller in: Welt der Kunst
65. — **MH:** Uns. Kunst im Spiegel d.
Kritik 69.
F: V. Dt. Kunstausstellung 63.
Lit: Börsenbl. f. d. Dt. Buchhandel 44
143 Jg.; Schriftsteller der DDR 74.

Hüttenegger, Bernhard, A-9314
Launsdorf/Kärnten 57, Tel. (04213) 2553
(Rottenmann, Stm. 27.8.48). Erzählung,
Essay, Roman, Hörspiel.
V: Beobachtungen eines Blindläufers,
Prosa 75; Die sibirische Freundlichkeit,
Erz. 77; Reise üb. d. Eis, R. 79; Die
sanften Wölfe, R. 82.

†Hütter, Tilly; Ellenbogen 14, D-2000
Hamburg 13 (Hamburg 2.10.24). Funk,
Fernsehen, Bühnenspiel.
V: Die vollautomatische Ehe, R. 67, 68;
Vater darf's nicht wissen, Sch. 74, 77;
Moderne Eltern, Sch. 74; Die Wahrheit
ist kein Kinderspiel, Sch. 74, 77; Post f.
Petra, Sch. 75; Halb zehn, halb elf, halb
zwölf, Sch. 75; Müggensack sien Venus,
Sch. 76; Eine schöne Bescherung, Sch.
79; Ein harmonisches Haus, Sch. 79; Der
rettende Reinfall, Sch. 80. —
MV: Mannslüüd sünd ok blots
Minschen, Sch. 81; Männer sind auch
bloß Menschen, Sch. 82.

Hüttner, Doralies (Ps. Lisa Dorn), Dr.
phil., Redakteurin; Oberstr. 22, D-2000
Hamburg 13 (Freystadt/NS. 8.4.23).
Roman.
V: Schwester Regine, R. 65; Ich trage
es allein, R. 66; Los, Jürgen, spring! 71,
82; Komm, ich zeig dir die Sonne 77, 83,
beides Kinderb.
MA: Herzklopfen; Der Sandmann
packt aus 82; Das Rowohlt rotfuchs
Lesebuch 83.

Hüttner, Hannes, Dipl.-Journalist,
Dipl.-Ökonom, Dr.sc.phil., Fachsoziologe
f. Med.; SV-DDR 64; Heinrich-Greif-Pr.
I. Kl. 71, 78, Alex-Wedding-Pr. 82;
Palisadenstr. 37d, DDR-1017 Berlin, Tel.
4363722 (Zwickau 20.6.32). Märchen,
Bilderbuch, Film.
V: Nachtalarm, Kinderb. 61, 62; Fracht
für Alexandria, Kinderb. 63; Taps und
Tine 63, 75; Troddel, Taps und Tine 65;
Kleiner Bruder Staunemann 66; Singe,

Vöglein, singe 66, 80; Taps und Tine im
Garten 67; Das Huhn Emma ist verschwunden 67, 81, alles Kinderb.; Die
Leute mit den runden Hüten, Kinderb.
68; Das Mitternachtsgespenst, M. 68, 80;
Rolle, rolle Rad 69; Bei der Feuerwehr
wird der Kaffee kalt 69; Was ist alles
kann 70; Pommelpütz 71; Das Blaue
vom Himmel 75, 81; Beowulf 75, 81; Das
goldene Buch der Tiere 75; Alpha bläst
Trompete 76, 78; Saure Gurken für
Kaminke 76, 81; Eine Uhr steht vor der
Tür 78, 79; Herakles 79, 80; Der Schatz
80, 81; Meine Mutter, das Huhn 81; Das
Lachen 82; Wir entdecken einen Stern
82. — **MV:** Div. soziol. Arb.
MA: Der Märchensputnik 72; Die
Räuber gehen baden 77; Der grüne
Kachelofen 78; Mir scheint der Kerl
lasiert 78; Kinder unterm Regenbogen
79; Kinder 79; Ich leb so gern 82;
Regnbågsbarnen 82.
F: Dr. med. Sommer II 70; Es ist eine
alte Geschichte 72; Die Flucht 78.
R: Der Rabaukenzug, Hsp. 64.
Lit: Beitr. z. Kinder- u. Jugendlit.; Lex.
d. Kinder- u. Jugendlit.

Hufnagel, Karl Günther; Tengstr. 27,
D-8000 München 40, Tel. (089) 2717485
(München 21.7.28). Roman, Erzählung,
Hörspiel, Fernsehspiel.
V: Die Parasiten-Provinz, R. 60; Worte
über Straßen, Erzn. 61; Draußen im Tag,
R. 79; Die Liebe wird nicht geliebt, R. 79;
Auf offener Straße, R. 80.
MA: Jahresring 60/61; Beispiele 62;
Funkerzählungen 63; Deutsche Prosa-
Erzählungen seit 1945; Alle diese Stra-
ßen 65; Drucksachen 65; Deutsche
Erzählungen aus zwei Jahrzehnten 66;
Straßen und Plätze 67; Ehebruch und
Nächstenliebe 69; Deutschland,
Deutschland 79; Ich lebe alleine 79;
Klagenfurter Texte 79; Die Außer-
irdischen sind da 79; Dialoge im Geiste
Huttens 79; ensemble 12 81; Stadt-
besichtigung 82.
F: Ohne Datum, Filmtext; Sufferloh,
Von heiliger Lieb und Trutz.
R: Der Anfang einer Woche; Ver-
sprochen ist es jedem; Der Kutno-
Marsch; Ostende; Wenige Schritte;
Komm mit nach Österreich, Konzert im
7. Stock, alles Fsp.; Die Tochter; Remis;
Figuren; Die Sekretärin; Mutter und
Sohn; Der Abschied; Der Besuch des
Bruders; Familienabend; Samstag; Das
kleine Spiel; Der Taubenfänger; Treff-
punkte; Konfektionen; Die Verträg-
lichen; Terzett; Lebenslagen; Straßen-
spiele; Das Milieu; Familie Blumau; Den

Pfennig dreimal umdrehen; König und Dame; Brautspiele; Agnus Dei; Die Entscheidung; O betrübteste Mutter Maria; Engelszungen; Sex und Crime; Die Liebe ist bei Gott geblieben; Die untere Seite des Steines; Fürwahr, ich habe einen Tag zu lang gelebt; Wia des Spui gspuit werd; Der Versuch ein Lied zu singen; Tanzparkett, alles Hsp. u. a.

Hufstadt, Karl H., Journalist; Wiesenstr. 13, D-8951 Dösingen, Tel. (08344) 351 (Rheydt 11.1.41).
V: Autorennsport 77. − **MV:** Vollgas in Weissblau 79. ( )

Hug, Barbara; Ritterspornweg 1, D-7000 Stuttgart 80 (12.1.19).
V: Zwei Sommer mit Renate. - Recht nette Mädchen. - Hundert Tage mit Christiane, 3 R. 69; Maxi, ein Mädchen mit Stimme 75; Das wiedergefundene Karussell, Erzn.; Von Herzen willkommen 81.
MA: Gottes Kindergarten.
H: Hannelore Frank: Zuversicht. ( )

Hug, Ernst-Walter (Ps. R. Hugh), Journalist u. selbst. Kaufmann; Gelbinger Gasse 16, Postfach 508, D-7170 Schwäbisch Hall (Heidenheim/Brenz 15.11.52). Roman, Novelle, Film, Hörspiel.
V: Träume von Träumen, R. 76; Zuflucht, Short-Stories 77; Anic, R. 79.
B: 976-1976 Tausend Jahre Sulzdorf 75. − **MA:** Unterholzliteratur, Lyr. u. kleine Prosa 81.
F: Kain Mensch − oder die Gewalt die kainer mehr sieht, Halbdok. Abhdl. üb. alltägl. Gewalt, bzw. Gewalt im Alltag, Video-film.

Hugenberg, Josef, Rektor i. R.; Schützenstr. 62, D-4470 Meppen/Ems, Tel. (05931) 2370 (Bersenbrück 25.2.00). Lyrik, Erzählung, Reisebericht, Laienspiel.
V: Gedichte und Märchen 23; Peter Trolls Alpenfahrt, Erz. 24; Narren des Lichts, Erz. 25; Der Spielmann, Jb. 26; Märchenspielgestaltung 27; Der Junglehrer, R. 26; Wienachten, Dorfsp. 30; Die Torfgraber, Dorfsp. 30; Jan Karl, Dorfsp. 31; Hülsekrabben, Erz. 32; Dat spinnt sük wat 32; Gerd sin Postkontor, Dorfsp. 32; De Bedürftigkeitsschien 32; De Brutkiste, Dorfsp. 44; Schusterspiel, Dorfsp. 44; Dat Tinnläpelschüren, Dorfsp. 45; Um dat Kloffholt, Dorfsp. 45; Püntgerd, Erz. 45; Reuwehus, Erz. 45; Das Emsland 48; Uhlenflucht, Jb. 49; Dat Hölting, Dorfsp. 49; Emslandske Sellskup 50; Zwerg Nase, M.-Singsp. 50;

Sonne über Rom, Reiseber. 57; Reuwehus, Dorfgesch. 57; Die Reise nach Lourdes, Reiseber. 58; Aus einem bäuerlichen Garten, G. 60; Datt plattdütsk Speelbauk, 10 Dorfsp.; Auf St. Bonifatius' Spuren, Reiseber. 65; Aus einer kleinen Stadt, G. 66; Hof u. Sippe, Erz. 77.
H: Wir Junglehrer, Anth. 26; Auswandererliste Bersenbrück 66. ( )

Hugh, R., s. Hug, Ernst-Walter.

Huhn, Peter, Techniker; Ritterweg 34, D-8758 Goldbach, Tel. (06021) 52572 (Kübeckhausen 18.2.30).
V: Dem Pferdefuß ein Bein gestellt, Aphor. 82.

Huizing, Klaas, Student; Wilsumer Str. 16, D-4459 Uelsen, Tel. (05942) 360 (Nordhorn 14.10.58). Roman, Essay.
V: Tagebuch des Kunststudenten K 80.

Hulka, Karl, ObSchulR.; ARGE Lit. d. NdÖst. Bildungs- u. Heimatwerkes seit 65; Hauptstr. 8, A-2650 Payerbach/NdÖst., Tel. (02666) 518 (Gloggnitz, NdÖst. 27.12.15). Lyrik, Novelle, Essay.
V: Weg und Ziel, Lyr. 76. − **MV:** Geliebtes Land, Anth. f. Prosa u. Lyr. 55; Dicht. aus NdÖst., Anth. 71, u. a. ( )

Hulot, Henri, s. Heinrich, Hans.

Hultsch, Eric, Dr. theol., UAssist.; Westbahnstr. 30/4, A-1070 Wien, Tel. (0222) 9307255 (Breslau/Schles. 9.7.44). Roman, Lyrik, Essay.
V: Beten für Nichtbeter, Ess. u. Lyr. 73; Wenn Gott spricht. Psalmen, Lieder, Gebete, Lyr. 78; Die dicken und die dünnen Weihnachtsmänner 82.
MA: Psalmen − vom Expressionismus bis z. Gegenw. 78; Rufe − religiöse Lyrik d. Gegenw. 1 79. ( )

Humbsch, Kristian, c/o Verlag Neues Leben, Berlin (Ost).
V: Ellis und die Insel 80, 82. ( )

Humilis, Hilar, s. Niedrig, Kurt-Heinz.

Humml, Heide, Lehrerin (Dresden 11.6.41). Roman.
MV: Der Baumeister d. Pharao, m. Marco Humml, R. 76. ( )

Humml, Marco, Dr. jur., Wirtschaftsjurist, c/o Glöckner, Stargarder Str. 23, D-6000 Frankfurt a.M. 60, Tel. (06194) 31469 (Genua/Ital. 31.8.35). Roman.
MV: Der Baumeister d. Pharao, m. Heide Humml, R. 76. ( )

Hundetraum, Fax, s. Roth, Dieter.

Hunger, Roland, Stud.referendar im Hamburger Schuldienst; VS seit 79, Lit.zentr. (lit) Hamburg seit 79; Emmastr. 5, D-2000 Hamburg 54 (Salzwedel 13.7.50). Lyrik. **Ue:** E.

V: Chicago. Gettolyrik 78; Tägliche Überfälle 78, 2. Aufl. 79.

H: L. M. Lepeletier de Saint-Fargeau: Plan e. Nationalerziehung (1792) Erz.hist. Text 79. ( )

Hungerbühler, Eberhard (Ps. Felix Huby), Redakteur, Korrespondent d. SPIEGEL; Schiltacher Str. 15, D-7000 Stuttgart 80 (Dettenhausen, Kr. Tübingen 21.12.38). Kriminalroman, Kinder- und Jugendbuch, Sachbuch.

V: Rettet uns die Sonne vor der Energiekatastrophe, Sachb. 75; Neuer Rohstoff Müll - Recycling, Sachb. 76; Vier Freunde auf heißer Spur, Jgdabenteuerb. 76; Globetrotters Weltatlas - Auf den Spuren großer Entdecker, Bildbd. m. zwölf Rep. 76; Der Atomkrieg in Weihersbronn, Krim.-R. 77, 82; Tod im Tauerntunnel, Krim.-R. 77, 82; Einbruch im Labor 77; Klipp u. klar. 100 x Kriminalistik 77; Ach wie gut, daß niemand weiß ..., Krim.-R. 78, 82; Vier Freunde sprengen d. Schmugglerring 78; Terrloff, d. abenteuerl. Gesch. d. Mannes, d. seine Familie rächen wollte u. d. Volk v. Ilaniz v. d. Sklaverei befreite 78, Tb. 82; Sein letzter Wille, Krim.-R. 79, 82; Das abenteuerliche Leben des Doktor Faust 80, 82; Felix & Co. und der Kampf in den Bergen 81; Schaffe, daß er tot ist 82; Felix & Co. und die Jagd im Moor 82.

H: JugendsachbuchR.: Themen d. Zeit: Rettet uns die Sonne vor der Energiekatastrophe; Neuer Rohstoff Müll - Recycling; Petersen: Wie löst die Wirtschaft ihre Probleme; Schmidbauer: Ich in der Gruppe. ( )

Hunke, Sigrid, Dr. phil., Schriftstellerin; FDA 75; Kant-Plak. 81; Dt. Akad. f. Bild. u. Kultur 71; Naheweg 2, D-5300 Bonn, Tel. (0228) 232654 (Kiel 26.4.13). Lyrik, Roman, Novelle.

V: Am Anfang waren Mann und Frau 55, 80; Allahs Sonne über dem Abendland 60, 78 (auch franz., ital., holl., arab., türk., pers., Urdu-pakistan., jap.); Werden und Vergehen, Feierlieder 65; Dein denke ich, Liebeslieder 67; Kamele auf dem Kaisermantel 76.

MA: Schleswig-Holsteiner unter sich über sich 79.

R: Auf arabischen Spuren, Fs. 79; Die wundersame Reise in die Vergangen-

heit, 15-teil. Fs.-Serie 83; Die Forscher aus der Wüste, Rdfk 83.

Lit: Veröff. d. Sigrid-Hunke-Ges. seit 75; Persönlichkeiten Europas I 76.

Hunold, Günther; Hochleite 10, D-8000 München 90, Tel. (089) 646417.

V: Sexualatlas f. Erwachsene; Sexualität in der Sprache; Abarten des Sexualverhaltens; Sappho u. ihre Schülerinnen; Schulmädchen-Report; Intime Küsse 72; Liebe zu dritt 74; Die Selbstbefriedigung der Frau 74; Luststeigernde Sex-Praktiken 75, u.a. ( )

Hunsche, Friedrich Ernst; VS 46; Korresp. Mitgl. d. Hans-Staden-Inst. São Paulo 50; Groner Allee 34, D-4530 Ibbenbüren, Tel. (05451) 7235 (Lienen/Westf. 1.9.05). Lyrik, Kurzgeschichte, Roman, Drama, Hörspiel, Mundartdichtung. **Ue:** E, H, I, Esp.

V: Gedichte und Balladen 35; Paraguassu, die Tochter des Häuptlings, Jgdb. 52; Ruf gen Morgen, G. u. Aphor. 55; Die bunte Truhe, Geschn. u. Geschichtliches a. d. Tecklenburger Land 68; Ibbenbüren — vom Kirchspiel zur Stadt 74; Westerkappeln, Chronik 75; Stadt Tecklenburg (1226 — 1976) 76; Unsere Ahnen 76; 1100 Jahre Schale — 7 Jh. Kloster u. Kirchspiel 78; Alt-Ibbenbüren — Bilder, Ber., Geschn. 79; Bibliographie des Kreises Steinfurt 80; Plattdeutsche Geschichten I, II 81, III, IV, V 82; Ausgewählte Gedichte 81; Zünd an ein Licht, G. 82.

MA: Niederdeutsche Gedichte und Balladen 36; Spuren der Zeit, Anth. 62, 69; Sagen und Geschichten aus dem Tecklenburger Land 64; Westfälische Geldgeschichten 64; Merianheft 3/73; Volkskunde im Tecklenburger Land 74; Das neue Sagenbuch 80; Spuren der Zeit, Anth. 80; Unterwegs im Kreis Steinfurt 80.

R: Der Pförtner von Delft, Hsp. 49.

Ue: Carlo Goldoni: La guerra u. d. T.: Krieg und Liebe, Lsp. 48.

Hunt, Frederick, s. Kuhner, Herbert (Harry).

Hunt geb. Elsner, Irmgard, Prof.; Mod. Language Association, Western Association for German Studies; Dept of German. a. Slavic Languages, Texas TechU., Lubbock, Texas 79409/USA, Tel. (806) 7423282 (Hirschberg/Schles. 20.7.44). Lyrik, Prosa, Essay, Übers. **Ue:** E, F, S.

V: Schwebeworte, Lyr. 81; Günter Grass' Roman "Der Butt", Germanist. Fachstudie 83.

Hunter, Brigitte, Hausfrau; 2404
Looking Glass, Lane, Jacksonville, Fl.
32210/USA, Tel. (904) 7810041
(Nordhausen/Harz 30.11.29). Roman.
V: Kitty, R. 81.

Hupfauf, Erich, Hauptschuldirektor;
Viktor-Dankl-Str. 15, A-6020 Innsbruck
(Innsbruck 11.8.21). Drama, Lyrik,
Roman, Novelle, Märchen, Essay, Hör-
spiel.
V: Sonnenlieder, G. 55; Sagen,
Brauchtum und Mundart im Zillertal 56;
Rote Malven, G. 56; Zillertaler Volks-
medizin 57; Rassnágelang, Mda.-G. 58;
Spiegelbilder, hum.-sat. Verse 58; Ziller-
taler Reimkunst 61; Vom Zillertal außer,
Md.-Geschn. 61; Lisl und ihre Freunde,
Kinderb. 65; Schönes Zillertal, Land-
schaftsb. 65; Das Gerippe und sein
Geheimnis, Jgdb. 70; Und was gibst Du?,
Sp. 70; Der dunkle Engel, G. 72; Ich mag
nicht, Schulsp. 72; Heitersein ist
menschlich, Anth. 73; Schatten über
Lichtenwörth, hist. R. 74; Und die Moral
v. d. Geschicht', Anth. 74; Peter u. d.
Pudel, Kinderb. 78; Wer zuletzt lacht,
Msp. 80; Laubheimer Nachrichten, e. sat.
Funktzg 79.
MA: Zs. Der bunte Wagen 6 70;
Werkbll. f. Fest u. Feier 27, 38, 42, 45, 46.
R: 100 Hsp. u. Hb.; 356 Lesungen.

Hupka, Herbert, Dr. phil., Mitgl. des
Deutschen Bundestages, Journalist,
Publizist; Lessingstr. 26, D-5300 Bonn 1
(Diyatalawa/Ceylon 15.8.15). Essay.
V: Ratibor - Stadt im schlesischen
Winkel 62.
MA: Finnland 52; Die letzten hundert
Jahre 61; Geliebte Städte 67; Schle-
siches Lebensbilder V 68; Versuche über
Deutschland 70; Ostpolitik im Kreuz-
feuer 71; Urbild und Abglanz, Fest-
schrift f. Herbert Doms 72; Wie Polen u.
Deutsche einander sehen 73; Schlesien
in 1440 Bildern 73; Bausteine oder
Dynamit? 74; Ratibor. Stadt und Land
an der oberen Oder 80; Reden zu
Deutschland 1980 81; Wege und
Wandlungen. Die Deutschen in der Welt
heute 83; Materialien zu Deutschland-
fragen 1981/82 83.
H: MV: Schlesien 54, 66; Breslau 55,
67; Max Herrmann-Neiße: Im Fremden
ungewollt zuhaus 56; Die Oder — ein
deutscher Strom 57; Otto Julius Bier-
baum: Das Reimkarussell 61; Leben in
Schlesien — Erinnerungen aus fünf
Jahrzehnten 62, 64; Schlesien - das
große Buch der 260 Bilder 63, 67; 17.
Juni - Reden zum Tag der Deutschen
Einheit 64; Meine schlesischen Jahre -

Erinnerungen aus sechs Jahrzehnten
64; Einladung nach Bonn 65, 73; Schle-
sisches Panorama 66 u.d.T.: Schlesien —
Städte u. Ldschaften 79; Große Deut-
sche aus Schlesien 69, 78; Menschliche
Erleichterungen 74; Meine Heimat
Schlesien — Erinner. an ein geliebtes
Land 80; Letzte Tage in Schlesien —
Tageb., Erinner. u. Dok. d. Vertreibung
81.

Huppelsberg, Joachim; Hölandstr. 10,
D-4920 Lemgo/Lippe (Brüssel 2.2.07).
Lyrik, Essay. **Ue:** F.
V: Rainer Maria Rilke, Ess. 49;
Lemgoer Kirchen, Monogr. 78.
H: Maurice de Guérin: Gedichte,
Prosadichtungen, Briefe und Tage-
bücher 49.
Ue: Alphonse de Lamartine: Graziella
47; Francis Jammes: Elegien 48; Honoré
de Balzac: Physiologie der Ehe 51. —
MUe: Flora Klee-Palyi: Anthologie der
französ. Dichtung von Nerval bis zur
Gegenwart I 50, II 53. ( )

van der Hurk, Paul, Intendant a. D.;
FDA Bayern, Dram. Un.; Christophstr. 3,
D-8000 München 22, Tel. (089) 292253
(Amsterdam 17.11.97). Drama, Roman,
Fernsehspiel, Film, Hörspiel. **Ue:** H.
V: Wer ist wer?, R. 26; Fürstin
Samaroff, R. 27; Geld in der Tasche, R.
27; Ein Mann läßt Europa wachsen, R.
28; Land der Parias, R. 28; Weltrekord,
R. 29; Kann man dieser Frau verzeihen?,
R. 29; Der Fall Nora Tilden, Krim.-R. 30;
Masken im Zwielicht, Kom. 31; Wand-
lungen der Liebe, Kom. 36; Ich ver-
weigere die Aussage, Krim.-R. 36;
Zwischen sieben und neun, Krim.-R. 36;
Angst vor Sasswary, Krim.-R. 37; Das
Spiel mit der Kette, Krim.-R. 38; Schuß
im Rampenlicht, Krim.-Stück 38, auch
Krim.-R. 41; Premiere ohne Jenny
Graan, Krim.-R. 38, 49; Der Mann aus
der Wochenschau, Krim.-R. 39, 49; Flug
nach Kairo, Kom. 39; Der silberne Strei-
fen, Krim.-R. 40, 49; Isabella im Oval,
Krim.-R. 41; Wie heirate ich meine
Frau?, Lsp. 42; Die unheimliche Schach-
partie, Krim.-R. 46; Prozeß Nora Tilden,
Krim.-R. 51; Gefährliches Rendezvous,
R. 52; Hinter ihr der Teufel, R. 55;
Gauner sind sie alle, R. 56; Hinter der
lachenden Maske, R. 57; Nur einer
wußte, warum, Krim.-R. 58; Der Stern
vom Rio-Pero, R. 59; Der Mann, den das
Gewissen trieb, Krim.-R. 60.
F: Der Vorhang fällt 39; Der Mann mit
dem silbernen Streifen 48; Die Tat des
Andern 49; Rivalen am Rio Pero 55.

R: Wandlungen der Liebe; Schuß im Rampenlicht; Ungefaßte Edelsteine 52; Germelshausen 53, alles Hsp. - Daktyloscopie, Feature 60; Die rollende Kugel 60; Geschäfte mit dem Tod 63; Der Beichtstuhl als Hausbar 64; Das Auge des Gesetzes 64; Kara Ben Nemsi - Old Shatterhand 67; Kreuz und quer, Fs.-Serie 67; An der Grenze des Sichtbaren 68; Kreuzverhör 69; Kriminaltelepathie 70; Der Raub der Mona Lisa 71; Mit Degen und Pistolen 73; Der Computer im Dienst der Kriminalistik 74; Wem gehört d. Kohinoor? 79; Die Tante in der Grube, Kom. 75; Der Gummibaum, Kom. 75; Pflaumen aus Frankr., Kom. 80.
Ue: A. den Hertog: Des Teufels Gebetbuch, Kom. 38.

Hurni-Maehler, Susanne, Übersetzerin, Kritikerin; Neubruchstr. 14, CH-8127 Forch b. Zürich, Tel. (01) 9800878 (Lübeck 20.5.25). **Ue:** I, E.
Ue: Elsa Morante: Arturos Insel 59; Enrico La Stella: L'amore giovane u. d. T.: Eine Lanze von Licht 62; Edith Bruck: Andremo in città u. d. T.: Herr Goldberg 65; Elsa Morante: Lo scialle andaluso u. d. T.: Das heimliche Spiel 66; Giuseppe Berto: Il male oscuro u. d. T.: Meines Vaters langer Schatten 68; David Tutaev: Dante's wife u.d.T.: Gemma Donati 72; Sophia Loren: In cucina con amore u.d.T.: Komm', iß mit mir! 72; Ennio Flaiano: Tempo di uccidere u.d.T.: Alles hat seine Zeit 78; Plinio Martini: Delle streghe e d'altro u.d.T.: Fest in Rima 79; Lydia Stix: Artigliena rusticana u.d.T.: Die andere Lulu; Bonaventura Tecchi: Tarda estate u.d.T.: Später Sommer.

Hurny, Albert, Lehrer; SV-DDR; Kunst- und Kulturpreis des Bezirkes Rostock 76, DDR-2251 Benz, OT Labömitz, Tel. 215 (Geibsdorf, Krs. Lauban 18.11.20). Roman, Erzählung.
V: Wanderfahrt auf Usedom, Rep. 55, 59; Unter dem Gesetz des Südens, R. 65, 80 (auch poln.); Magdalena, R. 68, 77; Zwei Freunde für Janne, E. 70, 74; Der Vertrauensbruch, R. 73, 78; Krach mit Tante Rosi, E. 75, 77; Liebesehe, R. 79; Das Urteil von St. Julian, R. 82.

Hurst, Harald, Lehrer; VS 80; Goethestr. 54, D-7504 Weingarten, Bad., Tel. (07244) 3452 (Buchen 29.1.45). Lyrik, Roman, Kurzgeschichte, Mundarttexte.
V: Lottokönig Paul 81; S'Freidagnachmiddagfeierobendschtraßebahnparfüm 81, beides Kurzgesch., Sat., Dialogszenen, G. in Mda. u. Schriftdt.

Hurtmanns, Wilhelm August (Ps. Guido Renzi), Journalist; Postfach 2 22, D-4060 Viersen 12, Tel. (02162) 6039 (Süchteln 15.7.14).
V: Soldat in Südost, Balkan-Erlebn. 43; Endstation Dongo, Erlebn.-Ber. 46. —
MV: Von Serbien bis Kreta, Ber. 42.
H: Wilhelm Wessel: Umkämpftes römisches Land 44.
R: Giovinezza im Fegefeuer; Italien lacht; Mussolinis letzte Tage, alles Hsp.

Hussel, Horst, c/o Eulenspiegel-Verl., Berlin (Ost).
V: Briviéra 82. ( )

Hustadt-Biau, Hélène *

Huth, Günter, Justizbeamter; Crevennastr. 8, D-8700 Würzburg, Tel. (0931) 12388 (Würzburg 13.12.49). Roman, Fachbuch, Aufsätze.
V: Der Hengst Corsar, R. 79; Hunde in der Stadt, Fachb. 79; Der rote Hengst — Ein Zeichen Manitus, R. 82; Wilderer am Jägerstein, R. 82.
MA: Jagderz. Sachbeitr. in: Die Pirsch seit 75; Auf Pirsch, Erzn. 82.

Huth, Jochen *

Hutmacher, Rahel, Dipl.-Psychol., Psychotherapeutin, Doz., Dipl.-Bibliothekarin; Anerkennungs-Pr. d. Stadt Zürich 80, Rauriser Förderungspr. f. Lit. 81, Förderungspr. d. Landes Nordrhein-Westf. f. junge Künstler 81; Schumannstr. 105, D-4000 Düsseldorf 1 u. Plattenstr. 44, CH-8032 Zürich (Zürich 1944). Prosa.
V: Wettergarten, Geschn. 80, 3.Aufl. 81; Dona, Geschn. 82, 2.Aufl. 82; Tochter 83.

von Hutten, Katrine *

Hutter, Clemens M., Dr. phil., Journalist; Marcic Publizisten-Pr. 82; Gaisbergstr. 13A, A-5020 Salzburg, Tel. (0662) 20390 (Innsbruck 8.8.30). Philosophie, Soziologie.
V: Wedeln 59; Zu viele Zufälle für drei Morde 67; Der schmutzige Krieg 68; Keime künftiger Krisen 71; Eurokommunisten — Lenins treue Jünger 78; Kristallnacht — Auftakt zur Endlösung 79; Lawinengefahr ist Lebensgefahr 82; Bergsteigen — was können? was kennen? wie organisieren? 83.

Hutterer, Franz, Rektor; Kg 53; Ostdt. Jugendbuchpr. 64; Glaslstr. 13, D-8011 Zorneding, Tel. (08106) 29156 (Neufutog/Jugosl. 11.4.25). Erzählung, Kinder- und Jugendbuch.
V: Treue findet ihren Lohn, Erz. 57, 65; Der Sohn der schwarzen Zelte 58, 64; Die große Fahrt des Richard Hook 59,

61; An den Ufern der Donau 59; Die
Kinder von der Schäferwiese 60, 65;
Drei um Jacki 62, 65; Die Welt an der
Donau 64.
H: Wege der Liebe 66. –
MH: Menschen in der Bewährung 60,
68; Menschen in Arbeit und Beruf 61, 68;
Menschen zwischen Recht und Unrecht
62, 63, alles Erzn. aus unserer Zeit;
Menschen im Kollektiv, Erzn. 64, 70.

Hutterli, Kurt, Lehrer; Mitgl. d.
Gruppe Olten, Be.S.V., Dt.-schweiz.
P.E.N., G.S.D.; Gedichtpreis d. Stadt
Bern 71, Buchpreis d. Stadt Bern 72,
Autorenbeitrag d. Stadt Bern 75, Werk-
beitrag d. Kantons Bern 75,
Jgdtheaterpr. SADS 76, Buchpr. d. Stadt
Bern 78, Werkjahr v. Bund u. Kt. Bern
80, Welti-Pr. f. d. Drama 82; Luisenstr.
30, CH-3005 Bern, Tel. (031) 430688 (Bern
18.8.44). Lyrik, Novelle, Drama.
V: Die Gottesmaschine, Skizzen 62;
Blätter zur Acht, Dichtungen 63; Tal der
hundert Täler, Erz. 63; Krux, Erz. 65;
aber, Prosagedichte 72; Die Centovalli,
Inventar eines Tessiner Bergtals 73;
Herzgrün, ein Schweizer Soldatenbuch
74; felsengleich, Materialien zum
Grindelwaldner Treffen d. Gruppe D 76;
Die Erziehung d. Kronprinzen Otto,
Stück 77, 82; Die Faltsche, Erz. 77;
Kreuzkinder, Stück 78, 81; Das Matter-
köpfen, Stück 78; Ein Hausmann, Prosa/
Lyrik-Text 80; Ghiga, Stück 81, 82; finn-
landisiert, Prosag. 82, 83; Ueberlebens-
lust, Stück 83. – **MV:** Kurzwaren,
Prosagedichte 75.
R: George, Hsp. 83; Bakunin, Hsp. 83.

Hutzinger, Theresa (Ps. Resa
Voggenberger), Schriftstellerin; Ö.S.V.
seit 45, Intern. Inst. f. Kinder-, u.
Jugendlit. 66; 1. Preis im Rahmen d.
Tagblatt Verlages 45; Säulengasse 7, A-
1090 Wien, Tel. (0222) 3407693 (Wien
26.2.08). Roman, Novelle, Hörspiel,
Kinderbuch.
V: Tripfeltropf, Reise e.
Wassertropfens, Schullesestoff 47, 13.
Aufl. 78; Ich bin durchgebrannt,
Knabenroman 47; Gefährlicher
Autostop, Knabenroman; Die Reise
nach Santiago. Konfrontation zw.
schwarz u. weiß 65; Der Strich, der
nirgends hingehört 68; Die Geschichte
vom Zauberstab, Jgdb. 69; Das Tollste
Jahrzehnt. Der Kalif. Goldrausch 70; Die
Blutsbrüder. Gesch. e. weißen u.

schwarzen Knaben 77; Thomas vom
Berg. Schicksal e. Bergbauern, N. 47, 48,
51; Singende Diplomaten. 1.
Südamerikareise d. Wiener
Sängerknaben, N. 47; Knospen am
Lebensbaum. Leiden u. Freuden e.
Mutter-schaft, N. 63; üb. 1.000
Kurzgesch. u. kurze Nn.; Biographien
von Indian Chiefs 77; Zahlr. Abhandl.
über den Alltag moderner Indianer und
ihr Leben auf den Reservaten 75; Old
Canadian Historie 78.
R: Ich bin König gewesen,
Dreikönigshsp. 47; Das Alter 47; Das
Urteil Gottes 47; Wiedersehen im Herbst
47; Weltgeschehen u. Mode 47; Schritte
im Dunkeln 48; Spuk alter Geister, Jgd.-
Hsp. 48; Als sie kamen 65; zahlr.
dramatis. Märchen u.
Jugendbühnenstücke.
Lit: Kurt Benesch: Der Sonne näher;
Malcolm Noris: Austrian Lady and the
Saskatchewan Indians; Carol Kosowan:
Famed Austrian Writer Visits Prince
Albert and the North.

Hutzler, Anneliese, Übersetzerin; VS
Saar 67; Lieselottenstr. 25, D-6650
Homburg/Saar, Tel. (06841) 3200 (Alten-
kessel/Saar 3.3.22). Jugendbuch. **Ue:** I, F.
V: Anastasio 66; Cesarina 68; Zwei
kleine Esel und allerlei Abenteuer 72,
alles Jgdb.; Durchblicke, Prosaband 74.

Huwe, Lotte, Schriftstellerin;
Tangstedter Landstr. 110, D-2000
Hamburg 62 (Posen 22.12.01). Jugend- u.
Kinderbücher, Lyrik.
V: Versch. Jugend- u. Kinderbücher.
( )

Hymmen, Friedrich Wilhelm (Ps.
Reinhard Rebensburg); VS 47;
Hermann-Löns-Preis 42, Literaturpreis
der Stadt Hamburg 43, Adolf-Grimme-
Pr. 79, Hans-Bredow-Med. 79; Anne-
Frank-Str. 14, D-8700 Würzburg, Tel.
(0931) 71974 (Soest 8.6.13). Drama,
Novelle, Essay, Medienpolitik.
V: 26 Häuser, N. 35; Die Pfuscher, N.
35; Zwischen schiefen Wänden, Erz. 36;
Tramp mit Malkasten, Erz. 37; Der
Vasall, Tr. 37; Beton, Dr. 38; Die Peters-
burger Krönung, Tr. 40; Briefe an eine
Trauernde 42; Die sieben Schönsten, Sp.
44; Die Majestätsbeleidigung, N. 49; Das
Kabel. Fakten u. Illusionen 76; Kirche
und Neue Medien 81.
H: Kriegsblindenjahrbuch 51-61.

Hynitzsch, Luise, s. Zschöttge, Luise.

I

Ibach, Ilse; Sonnenhalde 17, D-7107 Neckarsulm, Tel. (07132) 6158 (Hamburg 12.4.21). Kinder- u. Jugendbuch, Hörspiel.
V: Ich heiße Holle 58, 65; Die Mädchen aus dem Sperlingshaus 59, 64; Keine Angst vor morgen 61, 65; Florian sucht Caroline 65; Das Trio 68, 71; Ich will die rote Katze suchen 78; Gülan mit der roten Mütze 81, alles Jgdb.
R: Der Weg zurück, Hsp. 63; Der Koffer 70.

Ibach, Lutz W., s. Rumpff, Heinrich.

Iberer, Erika, Schulrat, Sonderschullehrerin; SÖS; Lindenhofgasse 5, A-8580 Köflach (Greifenburg/Öst. 8.8.06). Drama, Kinderbuch, Libretto.
V: Eine Kleine Liebelei, mus. Lsp. 41; Ihr Freund, der Minister, Kom. 42; Kinderwelt, Bilderb. 47; Mariandl, Mädchenb. 52; Hannerls glückliche Tage, Mädchenb. 53, Neuaufl. u.d.T.: Wo bist Du, Hannerl? 79; Ein Sommer mit Bärbel, Mädchenb. 54; Mach's gut Bärbel, Mädchenb. 56; Ein Wintertraum, Mädchenb. 69; Köflach, d. wechselvolle Schicksal e. liebenswerten Stadt. Chronik 77.
R: Von ferne betrachtet, Hsp. 57. ( )

Igel, Pelle, s. Woile, Hans Peter.

Ignatius, Arthur, Dr. med., Arzt f. Allg.-Med.; Verb. d. Ärzte-Schriftst., Mitgl. d. Union mondiale des écrivains médicine 69; Bosslerstr. 29, D-7300 Eßlingen am Neckar-Zollberg (Greußen/Thür. 17.6.10). Roman, Novellen, Essay.
V: Das gefangene Buch, Erzn. 56; Der Eukalyptusbaum, R. 67, Tb. 79; Reise nach Ravenna, Erz. 70; Sterne der Zuversicht, Erzn. 80. — **MV:** Jugend, Heimat, Welt 57; Du suchst und findest uns ... Frühlicht auf dem Altai 67, 68. ( )

Ignatz, Götz, s. Deger, Manfred.

Ihmann, Georg, Autor, fr. Mitarb. im Saarländ. Rdfk; Künstlergilde, IGdA; 2. u. 3. Preis im Nationalen Hörspiel-Wettbewerb, Silb. Stadtmünze Traunreut, Dipl. U.Salsomaggiore; RdT (Ring d. Tonbandfreunde); Tilsiterweg 6, D-8225 Traunreut, Tel. (08669) 2538 (Grottkau 27.6.27). Lyrik, Laienspiel.

V: In stiller Stunde 63; Im Stundenschlag der Zeit 65; Zeitlichter 68; Von tausend Stufen klingt's mir nach 71; Aus dem Dunkel in das Licht; Humor plus Satire, G. 81; Ein Licht ist angezündet 82.
MA: Mehrere Anth.
R: Und suchten nur die Liebe; Der Tankwart und sein Hobby; Vertrauenskrise; Jeder lebt für sich allein, u.v.a. Hsp.; König David.

Iliopoulos, Spiros, Lehrer; Moltkestr. 17, D-7800 Freiburg i.Br., Tel. (0761) 23823 (Athen 4.10.39). Roman.
V: Das Spiel mit den Wehrlosen, R. 78; Die Insel, G. 82.

Illing, Walter, Masseur; Richterstr. 40, DDR-7144 Schkeuditz (Halle/Saale 22.8.08).
V: Werft den Weiberrock ins Wasser, Abenteuer-R. 60; Drachenschiff vor Amerika, kulturhistor. R. 76, 77. ( )

Ilmberger, Josef; Förderpreis Deutscher Erzählerpreis, Stern, H. Nannen Verl. 63; Cosimastr. 222, D-8000 München 81 (Hohenwart/Obb. 20.1.99). Roman, Erzählung.
V: Die verspätete Kindstaufe, Einakter 35; Kampf mit Hacko, Tiergeschn. 36; Der Trauminet, Bair. Gesch. 55; Die Jubiläumssünde, Bair. Gesch. 60; Es begann mit 33 Stockhieben, R. 60; Da Du aber lau bist, R.; Harte Schulbank, Freisinger Erinnerungen 72; Meraner Skizzen 72; Die Lockpredigt, Bair. Gesch. 73; Mein Rotes Buch, Geschn. u. Glossen 74; Die bairische Fibel, kleine Ausg. 75, große Ausg. 77; Die Schanz — mein Schicksal, Autobiogr. R. 80.
MA: Dichtungen dt. Lehrer 65; Erzählungen dt. Lehrer 67; Weiteres weißblau Heiteres 78. ( )

Ilmer, Walther (Ps. Claude Morris, Ralph M. Walters), Oberregierungsrat; Karl-May-Ges. e.V.; Letterhausstr. 4, D-5300 Bonn 1, Tel. (0228) 621398 (Köln 4.3.26). Roman, Karl-May-Forschung.
V: 36 Krim.- u. Wild-West-Krim.-R. bis 58, u.a.: Schatten ungreifbarer Mächte 56; Wen trifft es morgen? 56; Totentanz in Mersley Hall 58; Das Netz 58, alles Krim.; Todesfahrt durch Colorado 52, Wild-West-Krim.

MA: Beitr. zur Karl-May-Forschung, u.a.: Mißratene Deutsche Helden, Sonderpubl. KMG 77; Karl May auf halbem Wege in: JbKMG 79; Winnetou beim Gesangverein, Sonderpubl. KMG 82; Durch die sächsische Wüste zum erzgebirgischen Balkan in: JbKMG 82; jeweils Einführung u. Nachw. in Karl-May-Faksimile-Reprint-Editionen: Der Mahdi/Im Sudan 79; Die Felsenburg 80; Krüger Bei/Die Jagd auf den Millionendieb 80; Im Reiche des silb. Löwen 81.

Im Esch, s. Imesch, Ludwig.

Imesch, Ludwig (Ps. Im Esch), Lehrer; SSV 73, Be.S.V. 75, Walliser Schriftst.ver. 77; Röslistr. 40, CH-8006 Zürich, Tel. (01) 3626613 (Randa/Schweiz 15.8.13).
Roman, Novelle, Hörspiel, Gedicht, Sage, Filmtexte in Hochsprache u. Mundart.
V: Die Schmugglerkönigin vom Geisspfad, 46 u. 82; Dürstende Erde 53; Professor Gramm 54; Ferencz, der Kämpfer von Pest 56; Geschichte d. Walser 77, 2. Aufl. 79, alles R.; Mis Wallisland — Poesie u. Prosa in Walliser Mda. 58; Wallis — Poesie, Prosa, Lieder in Walliser Mda. 73; Das Oberwallis im Bild I 78, 2. Aufl. 80, II 80, 2. Aufl. 82, III 83, Bildbde.
MA: in zahlr. Heimat- u. Reisebüchern seit 59.
H: Was die Walser erzählen. Walser Sagen 81, 2. Aufl. 82.
F: Not heischt Hilfe 66.
R: Die Hilariusnacht 51, 55, Der Vettär Xander 52, ds Lowwi-Tier 55, ds främd Blüet 56, Va de Totu nummu Güets 77, 78 u. 80, alles Hspe; 3 Dok.filme.
S: Im Gantertal 75; Im Leukerbad 75; ds jung Volch 76; Chumm ins Wallis 78 u. 80.
Lit: E. Schmidt: Wir Walser 73; A. Grichting: Walliser Spiegel 79.

Imhasly, Pierre *

Imhoff, Hans, Prosaschriftsteller, Lyriker u. Philosoph, Selbstverleger; VS in Hessen e.V.; Wilhelm-Busch-Str. 41, D-6000 Frankfurt a.M. 50, Tel. (0611) 523357 (Langenhain im Taunus 16.2.39).
V: Die Mitscherlich-Aktion, Dok. 72; Gespräche 1-3, Dialoge 73; Der Hegelsche Erfahrungsbegriff, philos. Ess. 73; Kleine Postfibel, Dok. 74; Gespräche 4, Vertraul. Mitt. 74; Allgemeine Gedichte 1973-1975 75; Das Naturwerk, Autobiogr. 75; Gespräche 5-7, Vortrag/Dialog/Monolog 76; Die Substanz, R. 76; Pyrrho, 1. Fünfjb. f. konkrete Poesie (1972-1977) 77; Über-

gang zur Wirklichkeit, R. 77; Gespräche 8-9, Meisterdialoge 77; Asozialistik, Dok. 78; Logik des Plans, philos. Abh. I 78; Republikanische Blüte I 79, II 81; Gespräche 10, Dialog 80; Gedichte auf die Monate des Jahres (1977/80) 80; Dramen. — Zugleich Gorgo, 2. Fünfjb. f. konkrete Poesie (1977-1982) 82; Juvenalien, Frühe Kunstprosa (1963-1965) 82.

Imhoof, Markus, lic. phil. I, Film-Regisseur; Gruppe Olten 75; Film-Qualitätsprämien d. Eidgen. Dep. d. Innern 70, 72, 75, Zürcher Filmpr. 71, 73, 76, 81, Pr. f. d. beste Drehbuch intern. Fernsehfestival Prag 72, 81; 15 Pr. f. "Das Boot ist voll", u.a.: Silb. Bär Berlin f. d. beste Drehbuch u. beste Schauspielführung 81, Grand Prix du Festival des Droits de l'Homme, Strasbourg 81, Oskar-Nominierung (bester ausländ. Film), USA 82; Accad. of Motion Picture Arts and Sci.; Via Petrella 21, I-20124 Mailand, Tel. (02) 203637 (Winterthur, ZH 19.9.41). Film.
V: Fluchtgefahr 75, 2. Aufl. 76; Das Boot ist voll, Filmb. 83.
F: Happy Birthday 67; Ormenis 199 u. 69 69; Volksmund oder man ist was man isst 72; Fluchtgefahr 75; Tauwetter 78; Das Boot ist voll 81.
R: Isewixer, schweizerdt. Bearb. v. G v. H. Henkel 79.
Lit: Schweizer Filmkat. 75.

Imm, Günther, s. Bischof, Heinz.

Immoos, Thomas, Prof. d. Dt. Lit.; ISV; Bethlehem Fathers, Higashi 2-12-3, J-150 Tokyo, Tel. (03) 4073957 (Schwyz 15.9.18). Lyrik, Essay. **Ue:** E, J, Ch.
V: Spiel um eine Seele. Ernst Psichari, Biogr. 44; Morgenopfer, G. 45; Der Sänger von Edenhall, Erz. 60; Friedrich Rückerts Aneignung des Schi King, Aufs. 62; Asienreise. G. 63; Das Tanzritual der Yamabushi. Aufs. 68; Faust und der deutsche Geist, Ess. (dt. u. jap.) 69; Die Geheimnisse des Herrn Schönen, Erz. 71; Kawarazaru Minzoku, Ess. (jap.) 72; Japan — Tempel, Gärten Paläste, Reiseführer 74, 82; Japanisches Theater, Photob. (dt., frz. u. engl.) 75; Botschaften aus Japan, G. u.e. Ess. 81. —
MV: Schattentheater Asiens, Photob. 79.
Ue: Endo, Shusaku: Das Mütterliche 73; Shiina, Rinzo: Lügendetektor 73. ( )

Indermaur, Hans-Ulrich, Chefredakteur; Dufourstr. 23, c/o TELE,

CH-8008 Zürich, Tel. (01) 2596111
(Zürich 29.11.39).
V: Aber Papa — Geschichten von
Dorle Habegger, Kurzgeschn. 82.

Ingenhag, Werner, s. Schrader,
Hermann.

Ingenmey, Marlis, Übersetzerin, apl.
Prof. für dt. Sprache u. Literatur, U.
Pisa; Auguststr. 37, D-5000 Köln-Nippes
u. Via Catalani 35, I-56100 Pisa/Ital., Tel.
(050) 29010 (Köln 3.8.37). **Ue:** I.
V: Johann Nicolaus Meinhard, primo
storico tedesco della letteratura italiana,
Lit.krit. 74; L'illuminismo pessimistico
di J.G. Seume, Lit.kritik 78; Viaggiatori
tedeschi a Lucca, Lit.krit. 79. —
MV: L'insegnamento della lingua
tedesca in Italia, bild.pol. Unters. 73; Che
cosa leggono nelle due Germanie oggi?,
Lit.krit. 76.
H: Die Katze, die aus Rom kam. Ge-
schichten aus Italien für Kinder und
Erwachsene 69 (auch ital. u. d. T.:
Quattordici racconti 71). —
MH: Italienische Heiterkeit. Meister-
novellen aus acht Jahrhunderten 62.
Ue: Giovanni Verga: Mastro-Don
Gesualdo 60; Marino Moretti: Das Ehe-
paar Allori 60; Riccardo Bacchelli: Du
bist mein Vater nicht mehr 61; Carlo
Bernari: Speranzella 62; Giovanni
Arpino: Aus gekränkter Ehre 64; Angelo
Maria Ripellino: Majakowskij und das
russische Theater der Avantgarde 64;
Elio Bartolini: Frauen wie diese 66; Italo
Cremona: Die Zeit des Jugendstils 66;
Donatella Ziliotto: Mister Master 67;
Luciano Bianciardi: Das saure Leben
67; Anonymus (Gianfranco Piazzesi):
Berlinguer und der Professor. E. polit.
Phantasmagorie 75. ( )

Ingermann, Beatrice, entwickl.polit.
Bildungsreferentin; 2 × Schriftst.pr.
"entwickl.polit. Kurzgesch." d. Bdesmin.
f. wirtsch. Zus.arbeit 82; Brunnenstr. 1,
D-5531 Niederstadtfeld, Tel. (06596) 551
(Gutach/Schwarzw. 31.12.54). Romane,
Kurzgeschichten.
V: Eine lange Reise, Jgdr. 81, Tb. 83;
Teegrün ist mein Land, Jgdr.

Ingold, Felix Philipp, Dr.; Emmat 153,
CH-8133 Esslingen.
V: Leben Lamberts, Prosa 80;
Literatur und Aviatik, europ. Flug-
dichtung 1909-1927 80; Dostojewskij und
das Judentum 81. ( )

Ingold, Ilma (Ps. Ilma Rakusa),
Dr.phil. I, LBeauftr. U.Zürich; Emmat
153, CH-8133 Esslingen, Tel. (01) 9842673
(R. Sobota 2.1.46). Lyrik, Roman, Essay,

Übers., Publizistik, lit.wiss. Arbeiten.
Ue: R, Serbokroat, F.
V: Wie Winter, G. 77; Sinai, Fotos u.
Texte 80, Die Insel, Erz. 82.
H: Marina Zwetajewa: Prosa 73;
Einsamkeiten. Eine Lesebuch 75;
Russische Kinder, Anth. 79;
Dostojewskij in d. Schweiz, Reader
81. — **MH:** Gedichte an Gott sind
Gebete. Gott in d. neusten sowjet.
Poesie 72.
Ue: Maria Zwetajewa: Prosa 73;
Alexej Remisow: Der goldene Kaftan u.
a. russ. M. 81; Danilo Kiš: Ein Grabmahl
f. Boris Dawidowitsch 83.

Ingrisch, Lotte, s. von Einem,
Charlotte.

Ingwersen, Erhard, Techniker;
Olwenstr. 32, D-1000 Berlin 28, Tel. (030)
4014154 (Berlin 6.5.14). Essay.
V: Berliner Originale im Spiegel der
Zeit 58/60; Berlinische Anekdoten I 65,
81; II 69; Standbilder in Berlin 67; Imma
uff Draht (Köpfe und Käuze an der
Spree) 77.

Inkiow, Dimiter (Ps. Dimiter
Janakieff), Diplomregisseur; P.E.N. Club
75; Auswahlliste d. dt. Jgb.-Pr.;
Wohlfartstr. 19a, D-8000 München 45,
Tel. (089) 3232968 (Haskowo, Bulg.
10.10.32). Kindergeschichte, Novelle,
Drama, Hörspiel.
V: Miria und Räuber Karabum 74
(auch jap.); Die Puppe die ein Baby
haben wollte 74 (auch griech.); Transi
Schraubenzieher 75; Der kleine Jäger
75; Transi hat 'ne Schraube locker 76;
Reise nach Peperonien 77 (auch franz.
u. holl.); Ich und meine Schwester Klara
77 (auch amer., holl., franz., griech.); Ich
und Klara und der Kater Kasimir 78
(auch amer., holl., griech.); Ich und Klara
und der Dackel Schnuffi 78 (auch amer.,
holl., franz., griech.); Planet der kleinen
Menschen 78 (auch franz.); Klub der
Unsterblichen 78; Kunterbunte Traum-
geschichten 78; Ich und Klara und das
Pony Balduin 79 (auch amer. u. holl.);
Der grunzende König 79; Das fliegende
Kamel 79 (auch holl.); Geheimnis der
Gedankenleser 79 (auch port.); Der
versteckte Sonnenstrahl 80; Vier
fürchterliche Räubergeschichten 80; Ich
und Klara und der Papagei Pippo 81;
Leo der Lachlöwe 81; Eine Kuh geht auf
Reisen 81; Ich der Riese und der Zwerg
81; Meine Schwester Klara und die
Geister 81; Meine Schwester Klara und
der Löwenschwanz 81; Leo der Lach-
löwe im Schlaraffenland 82; Meine
Schwester Klara und die Pfütze 82;

Meine Schwester Klara und der
Haifisch 82; Der Hase im Glück 82; Ich
der Riese und der große Schreck 82;
Meine Schwester Klara und ihr Schutz-
engel 82; Ein Igel im Spiegel 83; Katze
und Mausgeschichten 83.
R: Der kleine Junge und der Spatz,
Fsf.; Die Puppe die ein Baby haben
wollte, Hsp.; Als die Menschen noch
nicht so klug waren, Hsp.-Serie.
S: Die Puppe die ein Baby haben
wollte 78; Ich und meine Schwester
Klara 78; Ich und Klara und der Kater
Kasimir 79; Reise nach Peperonien 79;
Abenteuer in Peperonien 79.

Innerhofer, Franz; Öst. Staatsstip. f.
Lit. 73, Lit.pr. d. Freien Hansestadt
Bremen 75, Rauriser Lit.pr. 75;
Idlhofgasse 86/7/22, A-8020 Graz.
V: Schöne Tage, R. 74, 81 (auch amer.,
franz., holl., span., poln.,
tschech.);Schattseite, R. 75, 79; Innen-
ansichten e. beginnenden Arbeitstages
76; Die großen Wörter, R. 77, Tb. 79; Der
Emporkömmling, R. 82, 83.
MA: Keine Zeit für Tränen 76; Das
Lächeln meines Großvaters u. andere
Familiengeschn. 77; Glückliches Öster-
reich 78.

Innerhofer, Maridl, s. Innerhofer-
Wetzel, Maria.

Innerhofer-Wetzel, Maria (Ps. Maridl
Innerhofer); Turmbund Innsbruck 76;
Südtiroler Künstlerbund, Kreis f. Lit. 76;
Kirchweg 8, I-39020 Marling, Bozen, Tel.
(0473) 47017 (Marling 2.4.21). Lyrik,
Kurzprosa.
V: Hennen und Nochtigolln, Mda.-G.
76, 79; In fimf Minutn zwelfe, Mda.-G. 77,
81; A Kraut mit tausnd Guldn, Mda.-G.
80.

Innsbrucker, Michael, s. Offergeld,
Friedhelm.

Inspektor Collins, s. Reubel-Ciani,
Theo.

Ion Rosioru, Decebal, s. Emilian, Ion.

Ippers, Josef, freier Schriftsteller; VS
Nordrh.-Westf. 72; Arb.stip. d.
Kultusmin. d. Ldes NRW 73, 76, 79,
Jahresstip. d. Min. f. Kultur u. Wiss. d.
Ldes Nieders. 81-82, Lit.-Pr. d. Stadt
Dormagen 80, 1. Lit.-Pr. Bdesarbeitsgem.
'Hilfe für Behinderte' 81; Marienstr. 15,
D-4040 Neuss, Tel. (02101) 57797 (Neuss
1.5.32). Roman, Novelle, Kurzgeschichte,
Bühnenstück, Fernsehfilm.
V: Arabesken oder Friedhof der
Winde, Abent.-Erz. 71; Fischer im Sattel,
Sachb. m. eig. Fotos 73; Am Kanthaken,
R. 74; Das Gewehr, Erzn. 74; Jonas der

Strandläufer, R. 76; Von Beruf
Familienvater, R. 78; Killians Zeiten, R.
81; Die Liebe der Elfe, R. 82; Die Fischer
von Moorhövd, R. 84.
B: Ehrenbürger 82; Moby Dick 83. —
MA: Ruhrtangente, Nordrh.-Westf.
Jahrb. f. Lit. 72; Kölner Lesebuch 73;
Anth. dt. Arbeiter-Lit. d. Gegenwart 73;
Stories für uns 73; Scenen Reader 74;
Mit 15 hat man noch Träume 75;
Hierzulande-Heutzutage, Prosa, Lyrik,
Grafik aus d. 'Werkkr. Lit. d. Arb.-Welt'
75; Sie schreiben zwischen Goch u.
Bonn, Bio-bibliograf. Daten, Fotos u.
Texte v. Autoren 75; Die Kinder des
roten Großvaters erzählen, Berichte z.
Vor- u. Frühgeschichte d. BRD 76;
Zwischen den Stühlen 76; Liebes-
geschichten 76; Stimmen aus ihrer Welt
77; Spiegelbild 78; Kriminalgeschichten
78; Ein Lattenzaun mit Zwischenraum
hindurchzuschaun 78; Das neue Sagen-
buch 80; Düsseldorf schreibt 81; Nahaufnahmen 81; Nicht mehr allein sein 83.
MH: MV: Neue Stories 77; Das Faustpfand 78.
R: Der Vorarbeiter 79; Eine See-
mannsfrau 79, beides Fsp.; Das
Geheimnis, Fsp., m.a. 80; St. Pauli-
Landungsbrücken 80; Achtung Zoll-
Travemünde 81; Die Fischer von Moorhövd 82, alles Fsf.-Serien.

Ipser, Karl (Ps. Karl Till), Dr. phil.,
Historiker; Paracelsusstr. 29 top 74, A-
5020 Salzburg (Wien 31.3.14). Geschichte,
Kunst, Lyrik, Essay. **Ue:** S, H, I, R.
V: Deutsche Denkstätten in Italien 40/
42 II; Michiel de Ruyter 42; Oberammer-
gau 50; Die Kunstwerke des Vatikans
50, 76, in: Kunstzentren Italiens 75;
Richard Wagner in Italien 51;
Beethoven - Wagner - Bayreuth 53; El
Greco Maler des christl. Weltbildes 60;
Michelangelo 63; Rom - Kunstwerke,
Heiligtümer, Gedenkstätten 64;
Franziskus 67; Mao - Poverello 68;
Venedig und die Deutschen 76;
Franziskus "rette meine Kirche" 77;
Michelangelo Künstler und Prophet 77;
El Greco 77; Der Staufer Friedrich II,
heiml. Kaiser d. Dt., 2. Aufl. 78. —
MV: Report Oberammergau 70/80 70.
R: El Greco; Michelangelo; Wagner.
Ue: J. Sanchez-Cantón: El Greco. ( )

Irgang, Margit-Heide; Seitzstr. 12, D-
8000 München 22.
V: Einfach mal ja sagen 81, 82;
Unheimlich nette Leute, R. 82. ( )

von Irmer, Benita, Journalistin;
Gartenstr. 30, D-8422 Riedenburg, Tel.
(09442) 530 (Riga 6.8.09). Lyrik, Roman.
V: Michael u. Monika, R. 77. ( )

Irmler, Rudolf, Pfarrer; Frankenstr.
19, D-8772 Marktheidenfeld/M., Tel.
(09391) 4081 (Lüben/Schles. 11.8.07).
Essay, Erzählung, Meditation.
V: Zahlr. inzw. vergriff. Erz. u. Ess. 50 -
70; Das Jesuskind fliegt nach Breslau
75; Daheim und anderswo 72;
Revolution des Herzens, Jakob Böhme
73; Mensch werde wesentlich, Angelus
Silesius 75; Zwischen Kremltürmen und
Steppenreitern 77; Leuchtende Spuren
78; Geheimnis der Mitte 75; Licht Leben
Liebe 76; Woher Wozu Wohin 79;
Schauen und Singen 78; Weihnachten
leuchtet durchs ganze Jahr 79; Stätten
der Stille 80; Aller Augen warten auf
dich (Tischgebete) 80; Ihre Heimat war
Schlesien 80; Hinter der chinesischen
Mauer 81; In Schlesien erlebt 81;
Lichter der Weihnacht 82; Australien
wurde ihnen Heimat 82.
H: Joseph Wittig: Die braune Geige
81.

Irrgang, Walter, Student; Goethestr. 8,
D-8520 Erlangen (Nürnberg 1.10.54).
Lyrik.
V: Magermilch, Lyr. 78. — **MV:** Texte
u. Materialien 78. ( )

Isbel, Ursula, s. Dotzler, Ursula.

Iselin, Ernst, Pressekorrespondent u.
Volkstheaterautor; V.S.V.A. seit 78;
Chaletstrasse 7, CH-8583 Sulgen, Tel.
(07242) 1999 (Weinfelden Kt. Thurgau
7.8.14). Volkstheater-Mundartstücke,
sowie Kurzgeschichten.
V: Familie Aufundab 79.

Isenbart, Hans-Heinrich;
Frihindorstr. 10, D-8000 München 60.
V: Ein Fohlen kommt zur Welt 75;
Ferkel, Fohlen, Kitz und Co. 81.
B: Pferde 76. ( )

Isenhöfer, Klaus, Fabrikant;
Fontanestr. 9, D-4005 Meerbusch 1, Tel.
(0211) 84121-25 (Düsseldorf 23.3.16).
Drama, Essay.
V: Armesünderbrücke; Erbarme dich
unserer Freiheit; Die Liebe im Mond;
Alles Theater 50 — 53; Düsseldorf für
Anfänger 66; Drei Töchter sind Viel-
weiberei 69; Kalenderbuch I: Die Zeit
von gestern und die Tage von morgen
79; Kalenderbuch II: Die schönen Tage
in......sind nun vorüber 80.

Iser, Dorothea, c/o Militärverlag d.
DDR, Berlin (Ost).
V: Wolkenberge tragen nicht 79, 81. ( )

Isler, Ursula, Dr. phil. I, Kunsthist.;
SSV 70; Pr. d. Schweiz. Schillerstift. 61,
Anerkenn.pr. d. Stadt Zürich 67 u. 75;
Hornweg 14, CH-8700 Küsnacht, Tel. (01)
9101177 (Zürich). Roman, Novelle.
V: Das Memorial, hist. R. 59; In die-
sem Haus, hist. R. 61; Porträt eines
Zeitgenossen, Zeitkrit. R. 62; Die
Schlange im Gras, N. 65; Nadine - eine
Reise, R. 67; Der Mann aus Ninive, R. 71;
Landschaft mit Regenbogen, R. 75;
Pique-Dame und andere Gäste, Erz. 79;
Madame Schweizer, R. 82; Nanny von
Escher, Erz. 83. — **MV:** Stadt Zürich 60;
Zürcher Album 70; Zürcher Geschichten
72; Die Tierfreunde, Bibliophile Ausg.
79.

Isolani, Gertrud, s. Sternberg,
Gertrud.

Isterling, Fritz, Branding., öff.
bestellter u. vereidigter
Sachverständiger für
Industriebrandschutz; VG Wort; Am
Felsenhau 6, D-7432 Urach, Tel. (07125)
8154 (Höchst a.M. 15.3.24).
V: Ho Tai und das Feuer, Kurzgeschn.
81; zahlr. Fachb. üb. Brandschutz.

Ital, Gerta, Schriftstellerin; FDA;
(Erste Frau aus der westlichen Welt die
von dem grössten Zen-Meister Japans
in seinen Tempel aufgenommen wurde);
Paulsborner Str. 19, D-1000 Berlin 31,
Tel. (089) 532538 u. (030) 8928724
(Hannover 7.7.04). Schauspiel, Film,
Roman.
V: Der Meister, die Mönche und ich
im Zen-Buddhistischen Kloster 66, 79;
Auf dem Wege zu Satori 71;
Meditationen aus dem Geist des Zen;
Die grosse Umwandlung zur Selbst-
befreiung 77, 78.
F: Reise in die Vergangenheit 43;
Affaire Roedern 43/44.

Italiaander, Rolf, Gastprof. a.D.,
Consul a.D.; Ehrenpräs. V.D.Ü., Dram.
Un., COMES; Hans-Henny-Jahnn-Pr. 64,
Chevalier du l'Ordre National d. Republ.
Senegal 63, EM der Rissho Kosei-kai,
Tokyo 76, Distinguished Achievement
Award, Hope College Holland, Mich. 76,
Gr. Verdienstzeichen d. Republ. Öst. 77,
Offizier d. Ehrenlegion Senegal 81;
Gründer "Hamb. Bibliogr." u. d. "Mus.
Rade im Naturpark Oberalster", Fr.
Akad. Künste; St. Benedictstr. 29, D-
2000 Hamburg 13, Tel. (040) 473435
(20.2.13). Essay, Roman, Drama, Reise-
buch. **Ue:** E, F, H.
V: Das Wunderpferd, M. 46, 77; Pferde
und Reiter (Der Bildhauer Edwin

Scharff) 47; Besiegeltes Leben 48; Spiel
mit dem Rekord, Sch. 49; Frank Thiess,
Werk und Dichter 50; Hans und Jean, R.
50; Nordafrika heute, Reise-R. 51; Das
Recht auf sich selbst, Sch. 51, 82; Land
der Kontraste - Marokko 53; Der Überfall auf die Sahara-Schule, R. 53; Im
Lande Albert Schweitzers 54; Wann
reist du ab, weißer Mann? 54; In Memo-
riam Henry Benrath/Albert H. Rausch
54; Vom Urwald in die Wüste 55; Der
Weiße Oganga - Albert Schweitzer, Erz.
55; Immer mit vollen Segeln, Erz. 55;
Geliebte Tiere, Erz. 57; Mubange, der
Junge aus dem Urwald, R. 57; Menschen
in Afrika 57; Der ruhelose Kontinent 58,
61; Kongo - Bilder und Verse 58, 68;
Schwarze Weisheiten 58; Die neuen
Männer Afrikas 60; Tänzer, Tiere und
Dämonen 60; Tanz in Afrika 60;
Schwarze Haut im roten Griff 61;
Tausendundeine Weisheit 61; Die große
Brüderschaft der Rassen und
Religionen 63; Brüder der Verdammten
63, 71; Die neuen Männer Asiens 64; Im
Namen des Herrn im Kongo 65; Die
Friedensmacher 65; Burg Pyrmont in
der Eifel 65; Bingo und Bongo vom
Kongo, M. 67; Martin Luther King 68;
Terra dolorosa 69; Richard N. Couden-
hove-Kalergi 69; Friedensdenker und
Friedensgedanken 70; Akzente eines
Lebens, Ess. 70, 80; Neue Hoffnung für
Aussätzige 71; Juden in Lateinamerika
71; Die neuen Herren der alten Welt 71;
Das Elefanten-Mädchen, M. 72; Japans
neue Buddhisten 72; Eine Religion für
den Frieden 73; Spaß an der Freud 74;
Kiri — Südseemärchen 75; Heißes Land
Niugini 75; Indonesiens verantwortl.
Gesellschaft 76; Bücherrevision 77;
Naive Kunst und Folklore, Ess. 77;
Humanitas als Lebenszustand,
Ansprache 77; Lasset uns singen ein
frohes Hallelujah, Choral (auch engl.) 77,
79; Wer seinen Bruder nicht liebt 78;
Harmonie mit dem Universum 78;
Lieben müssen, G. 78; Jack London 78;
Bei Wempe gehn die Uhren anders 78;
Afrika hat viele Gesichter, Ess. u. Vortr.
79; Berlins Stunde Null 1945, Bild/Text-
Band 79; Fiete's Wochenend in
Hamburg 79 (auch engl.); Glaube und
Liebe, Mut und Glück, Anspr. 79 (auch
engl.); Hugo Eckener, ein moderner
Columbus 79; Die Südsee — auch eine
Herausforderung 79; Ferdinand Graf
Zeppelin, Bildbiogr. 80; Unser täglich
Korn gib uns heute 80 (auch engl.);
Xocolatl 80, 82; Ein Deutscher namens
Eckener, Biogr. 81; Kalle und der
Schuhputzjunge, Kinderb. 81 (auch

engl.); Mein afrikanisches Fotoalbum 81;
Dreizehn Stunden in jenem Krieg 82;
Der Fall Oscar Wilde 82; Gymnasiasten-
Verse 82; Ein Mann kämpft für den
Frieden (Nikkyo Niwano) 82; Wieder-
sehen in Marrakesch 82; Zipp-Zapp-
Zeppelin, Kinderb. 82; Durchschrittene
Räume 83; Fremde raus! 83; Geh hin zu
den Menschen 83; Lichter im Norden 83;
Schwarze Magie 83.

MA: Gerhart-Hauptmann-Jahrbuch
48; Hamburger Jahrbuch für Theater
und Musik 50, 51; In Memoriam Klaus
Mann 50; Jahrbücher und Schriften der
Freien Akademie der Künste in Ham-
burg 50 — 68; Imprimatur. Ein Jahrbuch
für Bücherfreunde 55; Das Buch der
Kogge, Anth. 58; Wiener Cocktail 59;
Skandale. Der Fall Oscar Wilde 67, 82;
Das Kamasutram des Vatsyayana o.J.;
Afrikanische Königreiche 67/72; Natur-
park Oberalster 76; Künstler sehen
Schleswig-Holstein 76; Stille Museen 76;
Das Geld in der Kunst 77.

H: ... und ließ eine Taube fliegen, Alm.
f. Kunst. u. Dicht. 48; In Memoriam
Albrecht Haushofer 49; Frank-Thiess-
Brevier 50; Robert Hichens: Der Garten
Allahs 51; Niederländische Meister der
Erzählung 52; H. G. Wells: Die
Geschichte unserer Welt 53; Colette:
Gigi 53; J. C. Powys: Wolf Solent 53;
Herrliches Hamburg 57, 80; Frank
Thiess: Über die Fähigkeit zu lieben 58;
Mosaik der Welt 48; Hans Henny Jahnn
59; Umständliche und Eigentliche
Beschreibung von Africa 1668 von Olfert
Dapper 64; König Leopolds Kongo 64;
Die Herausforderung des Islam 65;
Übersetzen, Anth. 65; Mutter Courage u.
ihr Theater 65; Jahrbücher der Fr. Akad
d. Künste in Hamburg 50 — 68 sowie
deren Sonderveröffentlichungen; Die
Gefährdung der Religion 66; Rassen-
konflikte in der Welt 66; Willy Haas:
Über die Fremdlinge 66; In der Palm-
weinschänke, Pakistan. Erz. 66; Lebens-
entscheidung für Israel 67; Heinrich
Barth: Im Sattel durch Nord- und
Zentralafrika 68, 80; Er schloß uns einen
Weltteil auf 69; Weder Krankheit noch
Verbrechen 69; Albanien - Vorposten
Chinas 70; Kultur ohne Wirtschaftswunder 70; Die Wassermühle 70; Ade,
Madame Muh 70; Diktaturen im Nacken
71; Moral - wozu? 72; Argumente kriti-
scher Christen 71; Kunstveröffent-
lichungen: "Von der Hufe zum Museum"
70; Naive Kunst aus aller Welt 70;
Europas neue Sonntagsmaler 71; Neues
aus Asien 72; Menschen, Götter u.
Dämonen 73; Spaß an der Freud 74;

Afrika hat viele Gesichter 76; Hugo Eckener: Im Luftschiff über Länder und Meere 79; Schleswig Holstein, zwei Meere — ein Land, Bild/Text-Band 79, 82; Hugo Eckener. Die Weltschau eines Luftschiffers 80; Ich bin ein Berliner 80 (auch engl., franz.); Die große Zeit der deutschen Hanse 81; Jenseits der deutsch-deutschen Grenze 81; Wir erlebten das Ende der Weimarer Republik 82; Europa ist doch wunderschön 83; (Kalender): Junge Kunst aus Afrika 69 — 72; Naive Kunst aus aller Welt 71, 72; Junge Kunst aus Bali 71/72; Deutsche Sonntagsmaler 72; Glückliche Welten — seit 75; Spaß mit Oldtimern 77; Umarmt das Leben 78; Die Welt ist schöner als du denkst 80. —
MH: Berliner Cocktail 57; Pariser Cocktail 62, beide m. Willy Haas; Aeropag. Pol.-Lit. Forum.
   F: Vorspann zu: Sklavenhandel heute; Umarmt das Leben 68.
   S: Die klugen Tiere. Zwei afrikanische Märchen 60; Quer durch Afrika mit Rolf Italiaander 60; Das große Glück der Lampenputzer 75; Die verrückte Oma 75; Sascha mit der Ziehharmonika 77.
   Ue: Ewan McColl: Uranium 235, Dr. 48; Jef Last: Vor dem Mast, Erz. 49; Jan de Hartog: Schiff ohne Hafen, Dr. 49; Der Untergang der "Freiheit", Dr. 47; Maurice Rostand: Der Prozeß Oscar Wilde, Dr. 50; Madame Recamier, Kom.

51; Johan van der Woude: Ärzte und Verbrecher, R. 52; Marianne Biron, R. 54; Simon Vestdijk: Der Arzt und das leichte Mädchen, R. 53; Marcel Aymé: Der Kopf des Anderen, Dr. 52; Jean-Paul Sarte: St. Genet - Martyr et Comédien 55; Albert Mongita: Mangenge oder Die Kongotaufe 58; Castro Alves: Navio Negreiro - Das Sklavenschiff 60; Michael Mc Liamoir: Fall und Aufstieg des Oscar Wilde.
   Lit: Frank Thiess: Begegnungen mit Rolf Italiaander, Jahrb. d. Freien Akad. d. Künste in Hamburg 57; Unterwegs mit Rolf Italiaander, Monogr. 59; Willy Haas: Laudatio für Rolf Italiaander, Jahrb. d. Freien Akad. d. Künste in Hamburg 64; Current Biography 64; Die Welt des Rolf Italiaander 71; Persönlichkeiten Europas 76; Regina Kirchhof: Bibliogr. Rolf Italiaander 77; Evelyn Weber: Ein Fragment als Individuationsprozeß, Bücherrevision 77; Gen news, H. 1 78; Museum Rade im Naturpark Oberalster 78; Knaurs Lex. d. Weltlit. 79; Dict. of intern. Biogr. 80.

Iten, Andreas, RegR.; ISV 76; Bödlistr. 27, CH-6314 Unterägeri, Tel. (042) 722303 (Unterägeri 27.2.36). Roman.
   V: Das Schwingfest, R. 81; div. Sachb.

Ivanceanu, Vintila; St. Veitg. 59/1, A-1130 Wien.
   V: Aus 71; Unser Vater der Drache 72; Reise 77; Sodom 78; MS 80. ( )

J

J. M. C., s. Foerg, Gertrud.

Jabs, Hartmut, M.A., Lehrer und
Redakteur; Stammheimer Str. 20, D-
7140 Ludwigsburg-Pflugfelden, Tel.
(07141) 43647 (Rüspel 27.2.46). Lyrik,
Roman, Erzählung, Essay.
V: Anleitung zur Zerstörung des
Panzers, G. 79.

Jacky, Helene, s. Lavagnino-Jacky,
Helene.

Jacob, Marie; SV-DDR 56; Karl-Marx-
Str. 3, DDR-8352 Hohnstein/Sa. Kr.
Sebnitz (Libau 13.11.00). Ue: R.
V: Die bunte Puppenkiste 4, Puppen-
spielstücke 64.

Ue: Boris Gorbatow: Meine Genera-
tion 53; W. A. Obrutschew: In der
Felsenwildnis Innerasiens 55; Andrei
Upit: In seidenen Netzen 56; Kwitka-
Osnowjanenko: Die guten alten Zeiten
57; Borodin: Der hinkende Timur 58; P.
Dudotschkin: Geheimnisvolle Spuren
64, 65; Mudrogel: Ein Leben f. d.
Tretjakow-Galerie 73.

Jacobi, Artur, Bildhauer; Roseggerstr.
6, D-8235 Piding, Tel. (8651) 61364
(Leipzig 14.12.09). Erzählungen.
V: Ein leichtes Blatt 80.

Jacobi, Christel, Hausfrau;
Gesellschaft zur Pflege des
Märchengutes der europäischen Völker;
Roseggerstr. 6, D-8235 Piding, Tel.
(08651) 61364 (Insterburg, Ostpr. 7.11.12).
Märchen.
V: Das Goldkorn, M. 76; Mein kleines
Lied, G. 82; Die Quellfrau, M. 83.

Jacobi, Hansres, Dr. phil., Redakteur
Neue Zürcher Zeitung; Silb.
Ehrenzeichen f. Verd. um d. Rep. Öst. 79;
Seefeldstr. 152, CH-8008 Zürich, Tel. (01)
2512168 (Biel-Bienne 14.9.26). Essay.
Ue: F.
V: Amphitryon in Frankreich und
Deutschland, St. 52.
H: Der Weiberfeind, liebenswürdige
Bosheiten v. d. Antike bis z. Gegenw. 54;
Nur für Raucher. Das kleine Buch v.
blauen Dunst 55; Marcel Pagnol: Dra-
men I 61; Johannes Urzidil: Bekennt-
nisse eines Pedanten 72; Ferdinand von
Saar: Meisternovellen 82.

Jacobi, Heinz; VS; Martin-Greif-Str. 3,
D-8000 München 2, Tel. (089) 533328
(Frankfurt/M. 23.1.44). Roman, Hörspiel,
Pamphlete.
V: Idiotikon, Gl. 68, 75; Beichtspiegel,
Dr. 70, 73; Das Buch der Bilder, Dok. 72,
75. — **MV:** Stadtbuch für München 78.
H: u. MV: Der Martin-Greif-Bote seit
73, Sonderband I 78. — **MH:** Das Große
Eierbuch, Anth. 70; Stoppt Strauß, Dok.
79, 80; Demokratischer Informations-
dienst, polit. Zs. seit 71 1-49.

Jacobi, Wolfgang (Ps. Godske E.
Hansen), Apotheker, Geschf.; BDSÄ 83;
Am weißen Rain 37, D-6148
Heppenheim, Tel. (06252) 3131 (Niebüll/
Schlesw. 28.3.31). Lyrik, Kurzgeschichte,
Novelle.
V: Träume 50 u. 67; Geographien 78;
Umgebungen 78; Malereien 79, alles
Lyr.; Das Dorf, N. 79; Bruchstücke 80;
Gleich hinter der Wolke ist Sonne 81;
Zeit der Kelter 82, alles Lyr.; Oase im
Herbst 83.

Jacobs, Karl, Dr. phil., ObStudDir. i.
R.; Im stillen Winkel 62, D-4300 Essen-
Margarethenhöhe, Tel. (0201) 716289
(Essen 1.6.06). Drama. Ue: E, F, H (Fläm).
V: Retter Till, Sp. 24; Der weiße Ritter,
Sp. 26; Mummenschanz, Sp. 27;
Spanische Schwänke, Sp. 28; Meier
Helmbrecht, Sp. 30; Das Jesuskind in
Flandern, Sp. 32; Pietje Booms, Kom. 34;
Die unsichtbare Hand, Kom. 44; Fünfe
ziehen nach Bremen, Msp. 45;
Schneider Siebenstreich, M.-Kom. 48;
König Drosselbart, M.-Kom. 48; Felix
Timmermans, Lebenstage u. Wesens-
züge eines Dichters 49. — **MV:** Die
sanfte Kehle, Kom. m. F. Timmermans
36; Pieter Breughel, Sch. m. F. Timmer-
mans 43.
H: Die schönsten Geschichten des
Herzens 39; Der Strom. Lesebuch für
höhere Schulen; Großeltern und Enkel
72, 73; Geschenkte Jahre 74.
Ue: Felix Timmermans: Der Pfarrer
vom blühenden Weinberg, Sp., Ins Land
der Apfelsinen 49; Minneke Pus 50; Lia
Timmermans: Mein Vater 52; Ernest
Claes: Unser Schmied, Karlchen Dop 50;
Die Mutter und die drei Soldaten 57;
Onkel Hannes 58; Stijn Streuvels: Die

große Brücke, R.; Das heiße Leben, Erzn.; van de Wostijne: Pieter Breughel, Ess.; Die Geburt des Kindes, Vision; Flandern erzählt, Anth. fläm. Prosa; Flämische Märchen; A. Kuyle: Kinder der Erde; Rogier van Aerde: Der Ausreißer 59; A. M. Hammacher: Die Welt Henri Van de Veldes 67; Emiel Langui: Frits van den Berghe 68; Jerzy Szablowski: Die flämischen Tapisserien im Wawelschloß zu Krakau 72; A. M. Hammacher: Die Entwicklung der modernen Skulptur 73; Roger Avermaete: Frans Masereel 75. —
MUe: Julien van Remoortere: Felix Timmermans, der Mensch, der Dichter, der Maler, der Zeichner 72. ( )

Jacobs, Rudolf; Heinrich-von-Kleist-Preis 65, Ernst-Reuter-Pr. 70; Hermann Burgdorfstr. 61, D-2110 Buchholz/Nordheide, Tel. (04181) 5768 (Berlin 3.5.13). Roman, Essay, Hörspiel.
V: Von Islands Vulkanen zum ewigen Eis, Jgdb. 38, 55; Islandsommer, R. 47, 58; Menschen an der weißen Grenze 47; Sonne über Haiti, R. 48, 57; 500 Rentiere als Mitgift, R. 48; Land ohne Frauen, R. 48; Abenteuer im Treibeis, Jgdb. 48, 59, 65; Die Legende vom Känguruh, R. 59, 62 (auch serb.-kroat.); Weißer Mann - böser Mann, Ess. 60, 64; Karibisches Feuer 63.
R: Die entzauberte Geisha; Und Buddha lächelt; Nie ruht der Dschungel; Die Legende v. Känguruh; Der stählerne Bumerang; Auf dem Rücken der Schafe; Das große Palaver; Die schwarze Flut; Weißer Mann - böser Mann; Die verratene Erde; Südsee-Ballade; Die guten Wilden; Alaska-Highway; Inuit - der wirkliche Mensch; Neufundlandfischer; Unsere Uhren gehen schneller; Homo Aquaticus; St. Helena; Islandflug; Auf geheimer Frequenz; Die kalte Sonne; 20.000 Kilometer Heimweh; Die Heiligen Kühe; Hunger; Treibgut Mensch; Kein Platz für Naturvölker; Zum Tode verurteilt; Der Eisbär; Off-Shore; Die Odyssee der Staatenlosen; Müllgrube Meer; Zurück ins Dorf; Die Straße der Eisbrecher; Allein unter Millionen; Alptraum aus Eis; Fünf Koffer und kein reines Hemd, u.a.

Jacobs, Wally, s. Wagner, Günter.

Jacobs, Walter, Journalist; Eichendorffstr. 1, D-3160 Lehrte (Braunschweig 27.1.06). Roman, Drama, Lyrik, Novelle.
V: Das Schicksal der Jenny Dombal, N. 28; Ein Mensch geht unter, R. 30;

Kreuzweg der Liebe, R. 33; Die Flucht vor dem Verhängnis, R. 38; Die Frau, die zweimal lebte, R. 40; Liebe über Zeit und Raum, R. 40; Das Mädchen aus dem Wasser, R. 41; Herzen unter Trümmern, N. 47; Geheimakte Az 41, Dr. 49; Zweimal Theresa, R. 51; Heißgeliebtes Leben im Sturmwind, R. 51; Der Weg zurück zu Dir. R. 56; Das Herz kennt keine Ruh, R. 56; Wer bist du, Gwendolin?, R. 57; Einen Sommer lang, R. 58; Kleine Daniela, R. 58; Liebe unterm Zirkuszelt, R. 59; Zwei Männer um Vera, R. 60; Der Weg ins Verderben, R. 61; Liebe am Abgrund, R. 62; Ein Licht anzünden, R. 71; Geträumt in den Wind, G. 75; Sommertheater, R. 78; Liebe macht das Dunkel hell, R. 80; 100 Wahre Geschichten 81 u.a.
Lit: Musenalm., Marburg.

Jacobs, Wilhelm, Dr. phil.; VS; Am See 5, D-2361 Bebensee, Tel. (04552) 460 (Hamburg 3.9.15). Roman, Novelle, Essay.
V: Moderne Dichtung. Zugang u. Deutung, Ess. 63; Moderne deutsche Literatur. Porträts, Profile, Strukturen, Ess. 64; Der eigene Schatten, R. 64; Gehirnwäsche. Vier Telefonleute. Als ob's gestern gewesen wäre, Einakter 64. — **MV:** Im Rasthaus, Anth. 54; Prosa 60, Anth. 60; Prosa 62/63, Anth. 62; Geschichte der Weltliteratur 78.
MH: Paul Fechter: Geschichte der deutschen Literatur 60 II.

Jacobsen, Walter, freier Autor; Barfusstr. 1, D-1000 Berlin 65, Tel. (030) 4527371 (Flensburg 28.9.43). Kinderbuchillustrationen, Karikaturen.
V: Es stimmt was nicht, Karikaturen 73; zahlr. Kindermalb.; Guten Tag Herr Noah, sagte die Giraffe 81; Ich mach mich auf den Weg 82. — **MV:** Jugendkal. 73-76; Heute mit Jesus, Ber. u. Zeugnisse 73; Das kleine Brunnen-Kursbuch, Jugendb. 76; Der heiße Draht 80, Schülerkal. 80; Tummelplätze Gottes, Eine heit. Konfessionskunde 80.

Jacobsohn, Ernst; 276 Madison Ave., Island Park, New York, N.Y. 11558/USA.
V: Spiel m. Variationen, Kom. 69. ( )

Jäckel, Gerhard; SV-DDR 64; 3 x Silberner Lorbeer d. Dt. Fernsehfunks, Kunstpreis des FDGB 78; Schmausstr. 15, DDR-117 Berlin, Tel. 6562684 (Halle/S. 7.11.22). Drama, Fernsehspiel, Hörspiel.
V: ... bitte schneiden! Rundfunkplaudereien 61; Der Gefangene des Herzogs, Schubart-Biogr. 63; Die Wahn-

mörderin, Erz. 64; Die Charité 65; Das
Medallion 67; An einem Tag im
September, Krim.-Erz. 70; Musik aus
der Kiste oder Ein Kindergeburtstag,
Kindermusical 73; Prüfung zu dritt, Sch.
73.
B: Waldemar Weimann: Diagnose
Mord 65.
R: Wer ist der Täter, Hsp.; Wer
schreibt den Schluß, Hsp.; Besuch im
Gartenhaus; Die Jagdgesellschaft; Die
Wahnmörderin; In Sachen Stellver-
treter; Pater Roth; Ich glaube an den
Menschen; Abgelegt unter M; Dr. Moos-
bachers zweite Ehe; Die Erkenntnis des
Bruno Schenk; Tote Seelen 66; Prüfung
zu dritt 70; Blutgruppe AB 72; Der
Richter am Yukon 73; Das Ende vom
Lied 76; Alle meine Kinder 76; Ich
kündige 77; Der Tod des Professors 74;
Wer schlug zuerst 79; Alaska-Kids
großer Coup 79; Caballero im geborgten
Frack 78, alles Fsp; 48 x Neumann 2 x
klingeln, Hsp.-Serie; Sieg und Platz auf
Blue-Bird; Tod im Central Hotel; Tod im
Moor; Das Fest; Mein lieber Schwan;
Der Tod des Kommissars; Abrakadabra;
Es geschah in Macelesfield; Das
Sonntagsfrühstück; Nächtlicher Anruf;
Zahltag; Pardon, Monsieur; Was nun,
Monsieur?; Der Tod des Bettlers, Krim.-
Hsp.-Serie; Auf die Bühne, Kollege!
Rdfk-Serie; Der Raubmichel, Kinder-
hsp.; Verbannung, Kinderhsp.; Kreuz-
Ass bedeutet Tod, nach Stevenson, Fsp.

Jäckel geb. Voß, Karin, Dr.phil., freie
Autorin; Scheffel-Pr. 68; Feuerbachstr.
21, D-6703 Limburgerhof, Tel. (06236)
8242 (Rerik, Kr. Wismar 22.7.48).
Kurzgeschichten f. Kinder u.
Erwachsene, Kunsthist. Abhandlungen.
V: Teddie. 28 Geschn. aus d. Alltag e.
kleinen Jungen, Kdb. 82.

Jäckel, Margarethe (Ps. Grete Adam,
Grete Adam-Jäckel), Privatlehrerin,
Buchbindermeisterin; IGdA 83;
Müllheimertalstr. 15, D-6940 Weinheim/
Bergstr., Tel. (06201) 12721 (Wien 11.1.10).
Lyrik, Roman, Novelle, Essay.
V: Die sieben Tage d. Walter Peregrin,
R.; Goldene Tage, lyr. G.; Ahasvera;
Unsterbliche Liebe; Wallern; Die Krise;
Aus dem Nachtbuch; Jung-Parzifal;
alles Veröff. vor 45; Im vergessenen
Königreich, Prosa 78.
MA: Gedichte, Kurzgeschn., Essays,
Sagen, Naturbeobacht., u.ä. in versch.
Zss. u. Ztgn bis 45; seit 76 Mitarb. u.a.
an: Glocke; Waerlandmonatshefte.

Lit: Veröff. üb. G. A.-J. in: Form u.
Geist; Sepp Seifert: Komotauer im
Strome d. Zeit, Anthrop.

Jäckel, Robert; Leserpr. d. Ges. d.
Freunde dt.spr. Lyr. 81, 82; Ges. d.
Freunde dt.spr. Lyr. 81, Turmbund, Ges.
f. Lit. u. Kunst; Richard-Wagner-Str. 7,
A-6020 Innsbruck, Tel. (05222) 245364
(Baden-Baden 1.10.18). Lyrik, Novelle,
Essay, Hörspiel, Kurzgeschichte.
V: Flügelschlag der Ewigkeit, Lyr. G.
u. Texte 83.
S: Atem der Unendlichkeit; Flügel-
schlag der Ewigkeit, beides Tonkass.

Jaeckel, Rolf-Günter *

Jaeckle, Erwin, Dr. phil.; P.E.N.;
Ehrengaben d. Kantons u. d. Stadt
Zürich, Ehrengabe d. Schweiz. Schiller-
Stiftung, Conrad Ferdinand Meyer-Pr. f.
Lyrik 58, Literaturpr. d. Stadt Zürich 74,
Bodensee-Lit.pr. 77; Drusbergstr. 113,
CH-8053 Zürich, Tel. (01) 536563 (Zürich
12.8.09). Lyrik, Essay.
V: Die Trilogie Pan, G. 34; Vom Geist
der großen Buchstaben, Ess. 37; Rudolf
Pannwitz. Eine Darstellung seines Welt-
bildes 37; Die Kelter des Herzens, G. 43;
Bürgen des Menschlichen, Ess. 45;
Schattenlos, 7 G. 47; Phänomenologie
des Lebens 51; Kleine Schule des
Redens und des Schweigens 51;
Gedichte aus allen Winden 56; ABC vom
Zürichsee 56; Glück in Glas, G. 57; Die
Elfenspur, Ess. 58; Phänomenologie des
Raums 59; Die goldene Flaute 59; Aber
von Thymian duftet der Honig, G. 61;
Das himmlische Gelächter, G. 62; Im
Gitter der Stunden, G. 63; Der Ochsen-
ritt, G. 67; Zirkelschlag der Lyrik, Ess.
67; Die Botschaft der Sternstraßen 67;
Der Zürcher Literaturschock. Ein
Bericht 68; Nachricht von den Fischen,
G. 69; Die Schicksalsrune in Orakel,
Traum und Trance, Ess. 69; Signatur der
Herrlichkeit. Die Natur im Gedicht, Ess.
70; Die Osterkirche 70; Die Zungen-
wurzel ab, G. 71; Evolution der Lyrik,
Ess. 72; Dichter u. Droge, Ess. 73;
Eineckgedichte, G. 74; Die Zürcher
Freitagsrunde. E. Beitr. z. Lit.gesch. 75;
Rudolf Pannwitz u. Albert Verwey im
Briefwechsel 76; Das wachsende
Gedicht. M. 9 farbigen Originalholzschn.
v. Oskar Dalvit 76; Meine Alamannische
Geschichte I u. II 76; Baumeister der
Unsichtbaren Kirche, Ess. 77;
Schattenpfad, Erinnerungen, Bd I 78;
Die Farben der Pflanze 79; Die
Schicksalsdrift, Gesch. 79;
Niemandsland der Dreissigerjahre, Er-
innerungen, Bd II 79; Auf der Schwelle

von Weltzeitaltern, Ess. 81; Vom Sicht-
baren Geist, Naturphilos. 84.
MA: Albin Zollinger: Pfannenstiel,
Nachw. 83.
H: Pannwitz: Lebenshilfe 38; Werke
öffentlicher Kunst in Zürich 39;
Gedanken von Jean Paul 40; Paracelsus.
Seine Weltschau in Worten d. Werkes
42; Verschollene und Vergessene. Rudolf
Pannwitz, E. Auswahl mit Nachw. z. 100.
Geb. 82.

Jaeger, Bernd, c/o Bläschke Verlag,
St. Michael.
V: Kelvin-Reise 72; Der späte Stein, G.
80; Hart an der Grenze, G. 80. ( )

Jäger, Friedrich, s. Schmidt, Jürgen.

Jäger, Hans *

Jaeger, Henry, Schriftsteller; VS 70;
Casa Elisabetta, CH-6612 Ascona
(Frankfurt 29.6.27). Roman, Novelle,
Film.
V: Die Festung, R. 62, 78; Rebellion
der Verlorenen, R. 63; Die bestrafte Zeit,
R. 64; Jeden Tag Geburtstag, Nn. 66; Das
Freudenhaus, R. 66, 79; Der Club, R. 68,
80; Der Drehorgelmann, N. 70; Die
Schwestern, R. 71, 80; Jakob auf der
Leiter, R. 72, 76; Nachruf auf ein
Dutzend Gauner, R. 74; Ein Mann f. eine
Stunde, R. 79; Zwölfmal Liebe, erot.
Erzn. 79; Hellseher wider Willen, R. 77;
Der Tod eines Boxers, R. 78; Mensch,
Gustav, R., Tb. 2. Aufl. 78; Unter An-
klage, R. 2. Aufl. 78; Onkel Kalibans
Erben, R. 82; Amoklauf, R. 82. –
MV: Moses schießt ein Eigentor, Krimis
z. Totlachen, Stories 78.
F: Verdammt zur Sünde (Die Festung)
64; Das Freudenhaus.
R: Rebellion der Verlorenen (3-teilig);
Zuchthaus, beides Fsp.

Jäger, Horst, c/o Militärverlag der
DDR, Berlin (Ost).
V: Die Leute im Wildmoor 80; Der
Wolfgänger, hist. R. 80, 81; Briefe an
Doktor Behrendt, R. 82. ( )

Jägersberg, Otto; Yburgstr. 1 a, D-7570
Baden-Baden (Hiltrup 19.5.42).
V: Weihrauch und Pumpernickel 67,
75; Nette Leute 67, 75; Der Waldläufer
Jürgen, Gesch. 69; Cosa Nostra, Stücke
71; Land. Ein Lehrstück für Bauern und
Leute, die nichts über die Lage auf dem
Land wissen 75, 78; He he, ihr Mädchen
und Frauen, eine Konsum-Komödie 75,
78; Seniorenschweiz, Reportage unserer
Zukunft 76, 78; Der industrialisierte
Romantiker 76, 78; Der letzte Biß,
Geschn. aus d. Gegw. 77, 79; Das Kinder-
gasthaus 78; Der Herr der Regeln, R.

83. – **MV:** Glückssucher in Venedig 74;
Rüssel in Komikland 72; Flucht aus den
Bleikammern 75, alle m. Leo Leonhard.
MA: Der große Schrecken Elfriede 69.
( )

Jäggi, Beat, Propagandist; SOSV 58,
Be.S.V. 60, SSV 71; Ehrengabe d. Soloth.
Reg. 50, Lit.pr. d. Stift. Pro Libertate 76,
Kulturpr. d. Kantons Solothurn 79; Präs.
d. Schweiz. Ges. volkstüml. Autoren,
Komponisten & Verleger; Baum-
gartenstr. 15, CH-3018 Bern, Tel. (031)
562705 (Fulenbach 4.12.15). Lyrik,
Novelle.
V: Heimatbode 36; Hägröseli 38; Dys
Gärtli 40; Sunneschyn und Räge 46;
Chinderhärz - Mueterhärz 50, 69;
Liechtli im Dezämber 55, 71, alles Lyrik;
Liebi Wält, Nn. 57; Tautröpfli, Lyr. 61, 67;
Freud im Huus, Lyr. 61, 69; So isch s
Läbe, N. 62, 71; S Mueti verzellt, M. 61,
70; Under de Stärne, Lyr. 64, 69; Loset
Chinder, M. 64, 70; Schwärs und Liechts,
Nn. 67; Em Liecht ergäge, Nn. 64, 69;
Chlyni Wunder, Nn. 67; Wiehnachtszyt -
schöni Zyt, Lyr. 57, 69; Värse für jedes
Fäscht, Lyr. 67, 70; En Igelfamilie, Erz.
in Versen 70; Der Fröscheprinz, Erz. in
Versen 71; Guet Nacht mys Chind 76;
Juhui, es Gschichtli, M. 72; Mir lose zue,
M. 73; Helvetia, dyni Buebe, Satire 74;
Säg jo zum Läbe, Lyr. 75; Niemer
springt üver sy Schatte, Prosa 79;
Begägnige, Prosa 80; Chumm is
Märliland 80; Erfahrige, Prosa 82;
Verzell no öppis, M. 83; Heiteri Moral,
Prosa 83.
H: Schwyzerlüt, Schriftenreihe f.
Schweizerdeutsch.
S: Chömet Chinder 71 II; 12
Kassetten: Säg jo zum Läbe;
Chinderhärz — Mueterhärz; Freud im
Huus; Liechtli im Dezämber; Värse für
jedes Fäscht; s Mueti verzellt 1; s Mueti
verzellt 2; Guet Nacht mys Chind 1;
Guet Nacht mys Chind 2; Loset Chinder;
Juhui es Gschichtli; Mir lose zue.
Lit: G. Schmid: Würdigung des Schaf-
fens in: Zs. Schwyzerlüt 57; Prof. Dr.
Allemann: Solothurner Kal.

Jaeggi, Urs, Dr. rer. pol., o. UProf.;
SSV Zürich 65, VS München 70, P.E.N.
Zentrum 77; Literaturpr. d. Stadt Bern
63, Lit.-Pr. Kanton. Komm. z. Förderung
d. bernischen Schrifttums f. R.
"Brandeis" 79, Ingeborg-Bachmann-Pr.
81; Fritschestr. 66, D-1000 Berlin 10, Tel.
(030) 8537051 (Solothurn 23.6.31). Roman,
Erzählungen, Gedichte.
V: Die Wohltaten des Mondes, Erzn.
63; Die Komplizen, R. 64; Literatur und

Politik, Ess. 72; Für und wieder die revolutionäre Ungeduld, Samml. 72; Geschichten über uns. Ein Realienbuch 73; Brandeis, R. 78; Grundrisse, R. 81; Was auf den Tisch kommt, wird gegessen, Aufs. 81. — MV: Texte, Prosa junger Schweizer Autoren 64. s. a. Kürschners GK.

Jähn, Karl-Heinz, Dipl.-Philologe, Verlagslektor; SV-DDR 68; Vítězlav-Nezval-Pr. d. Český Literární Fond (Tschech. Literaturfond) Prag 80, Übersetzerpr. d. Verlages Volk u. Welt Berlin, DDR 82 (Gumbinnen/Ostpr. 20.3.32). Übersetzung. **Ue:** Tsch, Slow, R.
H: František Halas: Der Hahn verscheucht die Finsternis, Lyr. 70; František Švantner: Die Dame, Nn. 76; Karel Čapek: Reisebilder, Feuill. 78; Hana Prošková: Der Mond mit der Pfeife, Krim.-Erzn. 79; Erkundungen, 24 tschech. u. slowak. Erzähler, Erzn. 79, 3. Aufl. 81. — **MH:** Der Fotograf des Unsichtbaren, phantast. Erzn. 78; Die St. Christophoruskapelle, Erzn. 82.
Ue: Norbert Frýd: Der Fall Major Hogan 61; Jiří Marek: Männer gehn im Dunkeln 64; J. Blažková: Feuerwerk für Großpapa 66; J. Škvorecký: Feiglinge 68; M. Rázusová-Martáková: Jánošík, der Held der Berge 69; M. Ďuríčková: Geschwister aus Stiefelheim 69; V. Erben: Die Tote im Foyer 72; B. Hrabal: Der Tod des Herrn Baltisberger 70; Karel Čapek: Wie ein Theaterstück entsteht 75; Miroslav Skála: Hochzeitsreise nach St. Ägidien 76; Klára Jarunková: Der Hund, der einen Jungen hatte 78; Bohumil Hrabal: Wollen Sie das Goldene Prag sehen? 81, Scharf überwachte Züge 82, Bambini di Praga 82; Miroslav Skála: Reise um meinen Kopf in vierzig Tagen 82, u.a. — **MUe:** I. Babel: Die Reiterarmee 66, Ein Abend bei der Kaiserin 69; J. Marek: Panoptikum alter Kriminalfälle 71; Jiří Marek: Panoptikum sündiger Leute 74; Augen voller Sterne, slowak. Erzn. 74; Die Akrobatin, tschech. Erzn. 78; Zeitschleifen, wiss.-phant. Erzn. 81; Jiří Marek: Panoptikum der Altstadt Prag 81; Das Abenteuer der alten Dame. Tschech. Erzn. 1918-1945 82; Der durchbrochene Kreis. Slowak. Erzn. 1918-1945 83.

Jähnichen, Manfred, Dr. phil. habil., o. Prof.; SV-DDR 67; Hviezdoslav-Pr. 77, Nezval-Pr. 77 (Ullersdorf 26.1.33).
Ue: Tsch, Slow, Serbokroat, Slowen, Mak.
V: Zwischen Diffamierung und Widerhall. Stud. z. tschech. Poesie im dt. Sprachgebiet 1815 — 1867 u. z. Übersetzungstheorie u. -praxis 67; Der Weg zur Anerkennung. Tschech. Lit. im dt. Sprachgebiet 1861 — 1918 72.
H: P. Bezruč: Schles. Lieder 63; J. Cankar: Am Steilweg 65; Jugoslaw. Erzähler 66, 76; Jiří Wolker: Poesie-Auswahl 68; L. Novomeský: Abgezählt an den Fingern der Türme 71; Petres Lied, Jugoslaw. Erzählungen 72; Augen voller Sterne. Mod. slow. Erzn. 74; I. Samokovlija: Die rote Dahlie 75; K. Čapek: Dramen 76; B. Chňoupek: Der General mit dem Löwen 76; F. Hrubín: Romanze für einen Flügelhorn 78; M. Válek, M. Rúfus, V. Mihálik: Gedichte 78; Die Akrobatin, mod. tschech. Erzn. 78; V. Závada: Poesie-Album 81; D. Maksimović: Der Schlangenbräutigam, G. 82; Gesang der Liebe zum Leben, tschech. Poesie d. Gegenw. 83.
Ue: Hamza Humo: Trunkener Sommer 58, 66; Der goldene Vogel, Jugoslaw. M. 64; I. Cankar: Am Steilweg 65. — **MUe:** L. Aškenazy: Die schwarze Schatulle 65; M. Macourek: Die Wolke im Zirkus 66; C. Kosmač: Ballade von der Trompete und der Wolke 72; M. Válek: Gedichte 78, Das große Reisefieber 80, alle m. W. Jähnichen.

Jaekel, Hans Georg, Pfarrer, Landespfarrer i.R.; Am Schlachtensee 128, D-1000 Berlin 38, Tel. (030) 803557 (Gladbeck/Westf. 31.3.14).
V: Gott im Smog 68; Doppelbrief. Aus Briefen u. Tagebuchaufzeichnungen v. hüben u. drüben 73; Das lebendige Ärgernis, Antworten an Enttäuschte 74; Ins Ghetto gedrängt. Homosexuelle berichten 78.

Jäniche, Günter, Übersetzer; SV-DDR 60; Nat.-Pr. 69; Postf. 271, DDR-108 Berlin 8, Tel. 2291818 (Mittweida/Sa. 5.4.31). **Ue:** R, E, Port.
Ue: A. N. Ostrowski: Gewitter 58; Klugsein schützt vor Torheit nicht 59; Das letzte Opfer 61; Späte Liebe; Ein heißes Herz, Wölfe und Schafe; A. A. Fadejew: Die Neunzehn 58; E. Rannet: Der verlorene Sohn 60; M. Sarudny: Der Glücksbogen 59; N. Winnikow: Wenn die Akazien blühn 59; Dostojewski: Der Idiot 60; J. Dworezki: Hohe Wogen; V. Rosow: Unterwegs; A. Arbusow: Mein armer Marat; J. Schwarz: Der Drache; Das gewöhnliche Wunder; Der nackte König; E. Radzinski: Ihr seid 22; A Lunatscharski: Der befreite Don Quichote; W. Aksjonow: Stets im Ver-

kauf; A. N. Ostrowski: Wenn Katzen
spielen 68; Schatrow M.: Bolschewiki 68;
V. Ossipow: Nur Telegramme 68; V.
Rosow: Klassentreffen 68; R. Nasarow:
Die kürzeste Nacht 68; M. Lermontow:
Maskerade 68; J. Jefimow: Früchtchen
Finik 68; M. Gorki: Komische Käuze 68;
A. Arbusow: Stadt im Morgenrot 68; M.
Baidshijew: Duell 69; D. Aitmatow: Die
Straße des Sämanns 69; J. Naumow/A.
Jakowlew: Gepäckschein Nr. 3391; Der
zweigesichtige Janus 69/70; A. N.
Ostrowski: Der Wald 70; Talente und
Verehrer 70; Schatrow M.: Der sechste
Juli 70; A. Stein: Gefangen von der Zeit
70; J. Edlis: Zeugen gesucht 70; A. N.
Ostrowski: Tolles Geld 71; A. Stein:
Singender Sand 71; J. Schwarz: Zar
Wasserwirbel 71; Die verzauberten
Brüder 71; N. Gorbunow: Tiger auf dem
Eis 71; J. Schwarz: Aschenbrödel,
Rotkäppchen; M. Schatrow: Campanella
u. d. Kommandeur; Wetter für morgen;
L. Sorin: Warschauer Melodie 73; Gorki:
Barbaren; Wassa Shelesnowa; Der Alte;
Die Letzten; B. Wassiljew: In den Listen
nicht erfaßt 74; M. Schatrow: Das Ende;
V. Rosow: Vom Abend bis zum Mittag;
Vier Tropfen; A. Salynski: Sommer-
sparziergänge 75; A. Gelman: Protokoll
einer Sitzung; Gorbowitzki: Anweisung
No 1; M. Schatrow: Meine Nadjas —
meine Hoffnungen; A. Arbusow: Alt-
modische Komödie; A. Agranowski:
Kümmert euch um Malachow; V.
Rosow: Situation 76; M. Gorki: Die
Sykows; N. Ostrowski: Ohne Schuld
schuldig; Baitemirow: Rebellin und
Zauberer; Beekmann: Der Transit-
reisende 77; M. Schatrow: Blaue Pferde
auf rotem Gras; V. Rosow: Das Nest des
Auerhahns; Sanin: Als Neuling in
Antarktika; Bitow: Onkel Dickens;
Sartakow: In den Folterkammern des
Zaren; V. Rosow: Die ewig Lebenden;
Schundik: Der weiße Schamane;
Tschchaidse: Die Brücke 79; A. Stein:
Der schwarze Seekadett 80; A. Sanin:
Ich bin ein Mensch; W. Manewski: Karl
und Jenny Marx 81; L. Ustinow: Das
Kristallherz 82; J. Schwarz: Don
Quijote; M. Schatrow: So werden wir
siegen; S. Goljakow: Richard Sorge; A.
Mischarin: Viermal Frankreich 83; M.
Tschernjonok: Kuchterins Brillanten.

Jaenicke, Arthur, Dr., Volkswirt,
DDR-1702 Treuenbrietzen/Mark
Brandenb., Tel. 358 (Treuenbrietzen
7.9.00). Lyrik, Erzählung.
  V: Singende Erde, G. 33; Marienhaide,
R. 34; Der Feuerstrauch, R. 37; Fläming-

harfe, G. 37; Wir wandern über den Fläming, Wanderb. 38; Wie ist das Leben
groß und gut, G. 40; Habt keine Angst in
dieser Welt, G. 43; Bettina in Wiepersdorf, Skizzen 49; Wer jung ist und wer
jubeln kann, G. 50; Wenn die Glocken
läuten, Erz. 52, 54; Der reine Klang 57,
62; Tobias Thurley bäckt Semmeln und
baut Orgeln 58, 63; Der Ausflug 61, 63;
Kirchen auf d. Fläming, G. 64; Der stille
Lorbeer, Erz. 65; Prof. Tholuck wundert
sich, Erzn. 66, 70; Eine Handvoll Glück
67, 78; Der Ritt nach Lunden, Erz. 69;
Die Kinderkule 71, 77; Versäume die
Stunde nicht 76; Wenn der Rotdorn
blüht ... 76; Gottfried Kranepuhls neuer
Weg 77; Miniaturen 77; Nur eine Akelei,
Erz. 80; Das heitere Haus, Erz. 81; Peter
Reinkes fröhliche Lebensfahrt, Erz. 82.

Jaesrich, Hellmut *

Jaggi, Arnold *

Jaggi, Jürg, Evang. Pfarrer;
Marktgasse 23, CH-3177 Laupen, Tel.
(031) 947128 (Orpund 25.2.26). Novelle,
Laienspiel, Roman, Kurzgeschichte.
  V: Und taufet sie, Lsp. 64; Licht in der
Nacht, 3 Lsp. 66; Geschichten um
Weihnachten 73; Gratuliere zu
Weihnacht 79. ( )

Jagoutz, Olga Elisabeth (Ps.
vonAltenburg, Alt-Sonneck), Dipl.-Arch.,
Kunsthistoriker; SSB 78, RSGI 80;
Reinhold Schneider Ges. 74, Anton
Wildgans Ges. 75; Sonnengasse 16, A-
9020 Klagenfurt, Tel. (04242) 430945
(Graz 9.4.25). Lyrik, Roman, Essay,
Story, Bühnenstücke.
  V: Rosendornernte, Lyr. 78;
Erzählungen 78; Mit den Bäumen reden,
R. 82.
  R: Versch. Rdfk.-Send.

Jahn, Gisela (Ps. Gisela Jahn-Scheer),
Steuerfachgehilfin; Jahnstr. 1, D-6330
Wetzlar-Hermannstein (Wuppertal-
Elberfeld 18.12.46). Kinderromane,
Kurzgeschichten, Lyrik. **Ue:** E.
  V: Thommy's Club auf heißer Spur,
Kinderkrimi 71; Fürchte Dich nicht,
liebes Land, Kurzgesch., Lyr. 77; Flug
803 nach Istanbul, Kinder-R. 79; Die
Spur führt zum Bootshaus 81.
  B: Wood: Schmuggler im alten
Gaswerk 78; Massey: Robby rächt sich
79; Benney: Verschwörung im Tigerclub
79; Way: Spur zu Gold u. Grauen 79;
Hanson: Alle verdächtige Mark 79;
Johanna Spyri: Artur u. Squirrel 79,
alles Jgd.-R.; Hertha Hüge: Du bis bei
mir, Erz. 79; Drummond: Die Liebe ist

die Größte, Eine neutestamentl.
Betracht. 79.

Ue: Bernhard Palmer: Felicia
Cartright and the Antique Bookmark,
the Knotted Wire, the Honorable
Traitor, the Black Phantom, the Lone
Ski Boot 80, 81. ( )

Jahn, Reinhard (Ps. Hanns-Peter
Karr), Schriftsteller; Breslauer Str. 10,
Postfach 101813, D-4300 Essen 1, Tel.
(0201) 700999 (Saalfeld/Thüringen
19.10.55). Hörspiel, Kinder-, Jugendbuch,
Krimi.

V: Stop der Juwelenbande, Jgdb. 79;
Stop den Falschmünzern, Jgdb. 81.

R: Die weiße Nacht 79; Unerkannt 79;
Totes Kapital 79; Lebenslänglich 80; Der
Skorpion 81; Dudududu 81; Höhenflug
81; Finale in Frankfurt 82; Müll 82;
Palmen werfen kurze Schatten 83;
Keine Versprechungen 83; Mehr Luft
83; Dies ist ein Überfall 83, alles Hsp.

Jahn, Rudolf, Dr.; Uferstr. 17, D-7580
Bühl-Weitenung, Tel. (07223) 52513
(Asch, Westböhmen 4.4.11).

V: Das Laienspiel 34; Konrad Henlein,
Leben und Werk des Turnführers 38;
Kleines Lexikon der Leibesübungen 51;
Zur Weltgeschichte der Leibesübungen
60; Ernst Frank, ein Lebens- und Werk-
bericht 75.

H: Die Leibeserziehung der Mannes-
jugend 52; Grenzfall der Wissenschaft:
Herbert Cysarz 57; Sudetendeutsches
Turnertum 58; Von der Steinzeit zur
Gegenwart 61. ( )

Jahn, Walter, Dr. med, Jugend-
psychiater; Be.S.V. 74; Reckholtern 5,
CH-3065 Bolligen (Laupen b. Bern
14.9.22). Essay, Kurzgeschichten
satirischer, grotesker Art.

V: Am Anfang war das Lächeln 71, 72;
Spiel nicht mit dem Krokodil,
Groteken u. Sat. am Rande d.
Pädagogik 73, 74.

Jahn, Wolfgang *

Jahn-Scheer, Gisela, s. Jahn, Gisela.

Jahnkaln, Rosemaria; VS 75;
Warendorfer Str. 54, D-4400 Münster/
Westf. (Riga/Lettld 1.2.39). Lyrik, Prosa.

V: Gedichte 73.

Jakob, Angelika, c/o R. G. Fischer-
Verl., Frankfurt a.M..

V: Amie, Erz. 82. ( )

Jakobs, Karl-Heinz, Schriftsteller;
SV-DDR 59 - 79; Heinrich-Mann-Pr. 72;
Havelländer Weg 106, DDR-1540
Falkensee, Tel. 3867 (Kiauken/Ostpr.
20.4.29). Lyrik, Roman, Erzählung,

Novelle, Film, Reportage, Fernsehspiel,
Essay, Hörspiel, Drama, Nachdichtung.

Ue: Jidd.

V: Guten Morgen, Vaterlandsverräter,
G. 59; Die Welt vor meinem Fenster,
Erzn. u. Nn. 60; Beschreibung eines
Sommers, R. 61, 79; Das grüne Land,
Erzn. u. Nn. 61; Merkwürdige Land-
schaften, Erzn. 64; Einmal Tschingis
Khan sein. Reiseerlebnisse aus
Kirgisien 64; Heimkehr des verlorenen
Sohns, Bü. 68; Eine Pyramide für mich,
R. 71, 75; Die Interviewer, R. 73, 74;
Tanja, Taschka und so weiter, ReiseR.
75, 76; Heimatländische Kolportagen 75;
Wüste, Kehr wieder, R. 76, 79;
Rauhweiler, Bü. 76; Fata Morgana, Erzn.
u. G. 77; Wilhelmsburg, R. 79; Die Frau
im Strom, R. 82; Das endlose Jahr 83. –

MV: Dora Teitelboim: Die Ballade von
Little Rock, m. Konrad Mann, Nachdicht. aus d. Jidd.

F: Beschreibung eines Sommers 63;
Eine Pyramide für mich (m. Ralf
Kirsten) 75.

R: Die Fontäne, Fsp. 63; Post für Iwan
Iwanowitsch 66; Das große brennende
Aquarium 67; Der Orion steigt auf 68;
Da lebte einmal ein Bauer 69; Drei Tage
wußte ich nicht wer ich bin 69, alles
Funkfeatures; Im Schnellzug nach B. 71;
Fest in Oberspree 71, beides Fernseh-
features; Letzter Tag unter der Erde 71;
Die Wologdaer Eisenbahn 75, beides
Hsp.; Ginsbergs Reise 75, Funkfeature;
Beginn einer neuen Art des Reisens
durch Afrika im Jahre 1886, Hsp. 78;
Casanova in Dux, Hsp. 80.

Lit: Stilmittel in der Erzählung "Der
Mast" von Karl-Heinz Jakobs, in: Beitr.
z. Gegenwartslit. II, 24 62; Christel
Berger: Nur wer Präzis informiert ist
kann präzis formulieren in:
Künstlerisches Schaffen im Sozialismus
75; Eva Kaufmann: Dem Leben auf die
Schliche kommen, K.-H. Jakobs als
Romancier, in: Erwartung und Angebot
76. ( )

Jakubaß, Franz H., Verwalt.R.,
Berufsberater; RSGI 82;
Landsknechtstr. 69, D-8605 Hallstadt,
Tel. (0951) 71516 (Gelsenkirchen
13.11.23). Hörspiel, Märchen,
Kurzgeschichten, Essay.

V: Schritt für Schritt, Erzn. aus d.
Arbeitswelt 69; Karl Rudolf Grumbach,
ehedem Abt d. Klosters St. Georgenberg
b. Fiecht in Tirol, Ess. 81; Wie die
Schildbürger einen Brand löschten,
Laisp. f. Kinder 83.

R: Ein toter Mann im Sarg, Hsp. 81 u. 82; Karl Rudolf Grumbach, ehedem Abt d. Klosters St. Georgenberg b. Fiecht in Tirol, Hb. 83; Lucky, Schlucky u. Mecky im Wunscheland, Hsp. f. Kinder 83.

Jakubeit, Peter, c/o Verlag Hinstorff, Rostock, DDR.
V: Die Krallenwurzel I (Trennung) 79, 82. ( )

Jalkotzy, Alois, Lehrer, Prof.; Feldgasse 10, A-1080 Wien, Tel. (0222) 4258842 (Wien 25.2.92). Pädagogik.
V: Die Kindersprache 25, 52; Märchen und Gegenwart 25, 53; Gute Eltern, glückliche Kinder, glückliche Menschen 52, 65; Verdorbene Jugend 53; Elternschule 55 (auch engl., ital.); Ewige Rufer 55; Überall, es war einmal 57; Unser(e) Sohn (Tochter) 63, 70; Grimms Märchen, ohne Grausamkeiten erzählt 63; Die wichtigsten Jahre unseres Lebens 65.
H: Das Gute. Aus der Mappe d. Menschlichkeit, Zeitschr. u. Plakat (monatl.) 51.

Jall, Artur, Jugendgerichtshelfer i.R.; Mörikestr. 4, D-8943 Babenhausen/ Schwab., Tel. (08333) 8130 (Kempten/ Allg. 24.3.21). Gedichte und Erzählungen, teils in schwäb. Mda., teils in Hochdt.
V: Bei de Leut und von de Leut 80; A bitzle so — a bitzle so 82, beides G. u. Erzn.
S: A bitzle so — a bitzle so 79.

Jamal, Gerhard, s. Hübsch, Paul-Gerhard.

Jamal, Hadayatullah, s. Hübsch, Paul-Gerhard.

Janakieff, Dimiter, s. Inkiow, Dimiter.

Janda, Elsbeth, s. Nötzoldt-Janda, Elsbeth Irene.

Jandl, Ernst, Dr. phil., Gymnasialprof.; Forum Stadtpark, Graz 64, Grazer Autorenversammlung 73; Hsp.pr. d. Kriegsblinden 69 (zus. m. F. Mayröcker), Georg Trakl-Preis 74, Preis d. Stadt Wien 76, Österr. Würdig.pr. 78, Mülheimer Dramatikerpr. 80, Manuskripte-Pr. d. Landes Steiermark 82, Anton Wildgans-Pr. d. öst. Industrie 82; Akad. Künste Berlin 70, Gast d. "Berl. Künstlerprogr." d. Dt. Akad. Austauschd. 70, Dt. Akad. f. Spr. u. Dichtung 81; Postfach 46b, A-1041 Wien, Tel. (0222) 6508335. Lyrik, Prosa, Hörspiel, Dramen, Fernsehfilm, Essay. **Ue:** E.
V: Andere Augen, G. 56; lange gedichte, G. u. exper. Texte 64; klare gerührt. konkrete poesie 64; mai hart lieb zapfen eibe hold, G. 65; Hosi-Anna,

exper. Texte 66; Laut und Luise, G. 66, 76; No Music Please, G. 67; Sprechblasen 68, 79; Der künstliche Baum, G. 70, 81; Flöda und der Schwan, G. 71; Die Männer, Drehbuch 73; Dingfest, G. 73, 81; Übung mit Buben, G. 73; Serienfuß, G. 74, 82; wischen möchten, G. 74; Für alle, G., Prosa, Dr., Essay 74; der versteckte hirte, G. 75; Alle freut was alle freut, G. 75; Die schöne Kunst des Schreibens, Vorträge 76, 80; Die Humanisten, Dr. 76; Die Bearbeitung der Mütze, G. 78, 81; Aus der Fremde, Dr. 80, 81; Der gelbe Hund, G. 80, 82; a fanatikus zenekar, G.-Ausw. ung. 79; Augenspiel, G. 81. — **MV:** Zwischen Räume — 8mal Gedichte, G. 63; Fünf Mann Menschen, 4 Hsp. m. Friederike Mayröcker 71.
R: Die Auswanderer 70; Das Röcheln der Mona Lisa 70; Der Uhrensklave 71, alles Hsp.; Traube, m. F. Mayröcker, H. v. Cramer, Fsf. 71; (MV): Fünf Mann Menschen 68; Der Gigant 69; Spaltungen 70; Gemeinsame Kindheit 70, alles Hsp. m. Friederike Mayröcker; Die Humanisten 77; Aus der Fremde 80.
S: Sprechgedichte 65; Laut und Luise 68; Der künstliche Baum 70; hosi + anna 71; him hanflang war das wort 80; (MV): Fünf Mann Menschen 69; 13 radiophone Texte 77; Aus der Fremde 80.
Ue: Robert Creeley: Die Insel 65; John Cage: Silence 69; Gertrude Stein: Erzählen 71.
Lit: Andreas Okopenko: Ärger, Spaß, Experiment und dergleichen - Der Wiener Antilyriker Ernst Jandl 64; Max Bense: Die pantomimische Funktion der Sprache (Manuskripte 18) 66; Ernst Jandl in: Ein Gedicht und sein Autor 67, Voraussetzungen, Beispiele und Ziele einer poetischen Arbeitsweise (Protokolle 70,2) 70; Francis Edeline: Les Maîtres de la poesie concrete: Ernst Jandl in: Le journal des poètes 10 72; Alwin Binder: Visuelle Gedichte Ernst Jandls in: Der Deutschunterricht 1/73 73; Adolf Haslinger: Ernst Jandl - Georg-Trakl-Preis-Träger 74 in: Literatur u. Kritik 93 75; Peter Horst Neumann: Versuch über Ernst Jandl in: Merkur 30. Jg. 11 76; Pedro Xisto: No 'Ring' (Vienense) da Poesia Concreta in: Cavalo Azul 4 o. J; Karl Riha in: Krit. Lex. d. dt.spr. Gegenwartslit. 78; Michael Wulff: Konkrete Poesie und sprachimmanente Lüge. Von Ernst Jandl zu Ansätzen einer Sprachästhetik 78; Wendelin Schmidt-Dengler: Ernst Jandl Materialienbuch 82.

Jandl, Hermann, Schuldirektor;
Vorst.mitgl. Öst. P.E.N.-Club;
Förderungspr. z. Österr. Staatspr. f.
Erzn. 68, Theodor-Körner-Pr. 74,
Förd.pr. d. Ldes NdÖst. f. Dichtkunst 77;
Hietzinger Hauptstr. 82/1, A-1130 Wien,
Tel. (0222) 8279083 (Wien 1.3.32). Lyrik,
Prosa, Drama, Hörspiel.
V: Geständnisse, zwei Akte 69; Leute
Leute, Lyrik 70; Vom frommen Ende, Pr.
71; Ein Mensch, oder: Das Leben ist
eines der schwersten, Hsp., Buch. u.
Cassette 79; Storno, Erz. 83.
MA: Konfigurationen, Wort und
Wahrheit, Protokolle, Generationen,
Tintenfisch, Dimension, Zeit und
Ewigkeit, Verlassener Horizont.
H: duda, Anth. d. Ndöst. P.E.N.-Clubs
77.
R: Das Geständnis 69; Samstag 73;
Ein Mensch, oder: Das Leben ist eines
der schwersten 79; Kleine Liturgie 80.
Lit: lobbi 3 70, 4 71; morgen 4 78.

Janetschek, Albert, Schuldir.; SÖS 56,
Europ. Autorenverein. Die KOGGE 71,
Österr. P.E.N.-Club 73;
Kulturförderungspr. d. NdÖst. Ldesreg.
64, Würdigungspr. d. Ldes Niederöst. 81;
Literaturkr. Podium 70; Haydngasse 12,
A-2700 Wiener Neustadt, Tel. (02622)
62454 (Hochwolkersdorf b. Wiener
Neustadt 27.9.25). Drama, Lyrik,
Hörspiel, Essay, Erzählung.
V: Botschaft der Seele, G. 51; Gnade
und Bewährung, G. 53; Auskunft über
Adam, G. 68; Notration für die Zukunft,
G. 72; Wia Dgrisdbamzuggaln in
Süwwababia, G. im Dialekt d. Wiener
Raumes 73; Ana wia Du, G. im Dialekt d.
Wiener Raumes 76; Notizen über
Wendelin, Prosa 77; Erfüllte Zeit, G. 80;
Fingerzeige, G. 81; Wortsalven auf
Konsumzwerge, Aphor. 82.
R: Der Pfau. Eine Kom. d. Eitelkeit 75.
S: Wia Dgrisdbamzuggaln in
Süwwababia, Schallpl z. gleichnam. B.
73.
Lit: Wer im Werk den Lohn gefunden.
Ess. üb. ndöst. Dichter u. Komponisten
d. Gegenw. 76; Albert Janetschek — Ein
Dichter aus Hochwolkersdorf in:
Dokum. des NÖ. Kulturforums.

Janischowski, Charlotte, Studienrätin
a.D.; Dresdener Str. 41, D-6750
Kaiserslautern, Tel. (0631) 59773 (St.
Ingbert/Saar 5.5.23). Kinderbücher.
V: Es bellt in Bettinas Klasse 71,
Neuaufl. 77; ...und dann kam mein
Bruder durchs Dach 73; Mit einer
Schildkröte fing es an 81, alles Kinderb.

Janka, Judith, s. Pusch, Edith.

Janker, Josef W., Schriftsteller; VS
Baden-Württ. 64, P.E.N.; Förd.pr. Ostdt.
Lit.-Pr. 61, Rompr. 'Villa Massimo 68/69,
Kulturpr. der Städte Ravensburg, Wein-
garten 77, Bdesverdienstkreuz 80,
Staatsstip. Bad.-Württ. 81; Marienburger
Str. 32, D-7980 Ravensburg, Tel. (0751)
92387 (Wolfegg 7.8.22). Roman, Erzäh-
lung, Reiseberichte.
V: Zwischen zwei Feuern, R. 60; Mit
dem Rücken zur Wand, Erzn. 64;
Aufenthalte, Reiseber. 67; Der Um-
schuler, Prosaber. 71; Das Telegramm,
Erz. 77; Ansichten u. Perspektiven,
Kommentare zu Bildbänden 73-82.
MA: Jahresring, Anth. 61/62, 64/65, 70/
71; Tuchfühlung 65; 10 Gebote 67;
Kürbiskern 67; Vorletzte Worte 70;
Warum schreibe ich 70; Allmende 83,
u.a. Anth.
H: Maria Menz: Gedichte 69.
R: Der Fall Schalk, Hörber. 72.
Lit: Deutsche Literatur der Gegen-
wart 63, Reflexionen 72; Dt.
Schriftsteller der Gegenwart 78; Krit.
Lex. 80.

Jannausch, Doris (Ps. f. Dorothea
Maria Schmidt), Schriftstellerin; Hans-
Boedecker-Kreis 74; Birkenlohe-
Mühlhalde 9, D-7071 Ruppertshofen b.
Schwäb. Gmund, Tel. (07176) 546
(Teplitz-Schönau 30.8.25). Roman,
Kinderliteratur, Hörspiel, Kinder-
musical, Feuilleton.
V: Blauer Rauch 70, 74; Meffi, der
kleine feuerrote Teufel 71, 75 (auch ital.,
span.); Meffi lebt sich ein 72, 75; Mr.
Brown taucht auf 72, 75; Hat Florian das
Huhn geklaut 72, 75; So geht das nicht
mit Florian 72, 75; Florian in der großen
Stadt 72, 75; Meffi spielt verrückt 73, 75;
Miß Ponybiß und die alte Villa 73; Miß
Ponybiß und das verhexte Schiff 73
(auch schwed.); Die Spur führt zu Herrn
Schmollenbeck 73, 76; Julia im alten
Turm 73; Meffi im Zirkus 73; Meffi und
der Papagei 73; Die Luftballonapfelsine
73, 80; Rixi vom Regulus 73; Meffi lacht
sich ins Fäustchen 74; Lorbeer ist nicht
immer grün 74; Rixi bitte kommen 74;
Guten Morgen Geschichten 75, 79;
Gruselgeschichten 75, 83 (auch isländ.);
Miß Ponybiß und der Leuchtturm 75;
Miß Ponybiß und die heiße Spur 75; Das
Klabauterlottchen 75; Rixi vom Regulus
75; Klabauterlottchen ahoi 76; Rätsel
um Burg Silbereck 77; Kopfsalat und
Liebeskummer, R. 77, 82; Nina und
Ninette 79; Gutenachtgeschichten 79, 82;
Vorhang auf, Bühne frei 79; Willibald im
Wald 79; Kümmel, Keks und Karin 81

IV; Isabell, das Mädchen mit dem 6.
Sinn 82 IV; Meffi — Sammelband 79;
Kurschattenspiele, R. 80, 81; Treffpunkt
Notenschlüssel, R. 82; Mein Mann der
Hypochonder, R. 82; Ausgerechnet
Kusinen, R. 82; Champagner für Vier, R.
83; Ein Märchen für den Riesen 83.
MA: Lustige Geschichtenkiste 72;
Adventsträume 81; Zwölf krumme
Sachen 82.
R: Blauer Rauch; Die Spur führt zu
Herrn Schmollenbeck; Mr. Brown
taucht auf, alles Kinderkrimihsp.;
Loretta der singende Papagei, 7 Folgen,
Hsp.; Radrennen in Belfast, Hsp.; Das
erste Papier aus Holz, Hsp.
S: Meffi der kleine feuerrote Teufel
74.

Janosch, s. Eckert, Horst.

Jansa, Fides *

Jansen, Edith (Ps. Edith Jansen-
Runge), Verlagslektorin, Redakteurin,
Schriftstellerin; Marien Str. 18, D-8057
Eching, Tel. (089) 3191448 (Berlin
22.7.13). Roman, Novelle, Essay.
V: Aus den Anfängen d. dt. med.
Zeitschriftenwesens, Ess. 37; Vom
Arzttum u. Dichtertum 38; Goethe als
Badegast, Ess. 39; Gänseliesel 42; Isolde
u. Tristan, N. 43; Das Dunkle ist nicht
das Letzte, N. 44; Begegnung im
Spätsommer, R. 49, Neuaufl. 79; Meine
neue Puppenmutti 54 (auch als Hsp.);
Sabine will zum Theater 56; Claudia, R.
56; Goldhamster Mummeli,
Puppenmutti Barbara, Puppendoktor
Barbara, alles Kinderb. —
MV: Grillparzer: Romanze in Moll, N.
43/44; Goethe: Und im Herzen wächst d.
Fülle, N.; Stifter: Kleinode d. Seele, N.
43; Keller: Der große u. die kleinen
Sedwyler, N., alles Feldpostausg., m.
einleit. N. üb. d. Dichter u. Biogr.
H: Kleines Andante, Musiker-Nn 47;
E.T.A. Hoffmann: Künstlernovellen 48.
R: W. Busch: Ein gutes Tier ist das
Klavier; Storm: Über die Heide ...;
Fontane: Herr von Ribbeck ...; R.
Reinick: Hei, wie der Wind so lustig
pfeift ..., alles Hspe f. d. Schulfunk 49/50.

Jansen, Leonhard, Tischler; VS 53;
Werner-Jaeger-Med. d. Kr. Kempen-
Krefeld 70, Lit.-Pr. d. Verb. d. Kriegs-
beschäd., -hinterblieb. u. Sozialrentner
70, Gold. Ehrennadel d. Innungsverb. d.
Tischlerhandwerks 68, Albert-Mooren-
Med. d. Kr. Kempen-Krefeld 70,
Rheinlandtaler d. Landschaftsverb.
Rheinl. 80, Ehrennadel d. St. Mönchen-
gladbach 81, Plakette d. Heimkehrer-

verb. Dtld 81; Borner Str. 70, D-4057
Brüggen/Ndrh. 1, Tel. (02163) 5411
(Mönchengladbach 26.7.06). Drama,
Lyrik, Roman, Novelle.
V: Menschen unserer Gruppe, Erzn.
48; Wer trägt die Schuld, Bü. 48; Die
Straße einer Frau, R. 55, 61; Die Bartels,
R. 61; In die helle Nacht, R. 63; Ein Licht
bleibt über uns, R. 64; Und darüber ein
Stern, G. 65; Der letzte Morgen, R. 70;
Der Regen brennt, G. 71; Von dieser
Stunde an, R. 71; Martin - heute, Bü. 73;
So konnte es sein, Bü. 74; Unser ist die
Erde, Erzn. 74; Wer kann es mir sagen,
R. 75; Schatten im Stundenschlag, G. 76;
Als es hell und dunkel ward, Erzn. 78;
Die Geschichte des Peter Kohnert, Erzn.
79; Wann kam die Stunde, G. 81; Bevor
die Zeit verrinnt, Erzn. 81; Besuch am
Weihnachtsmorgen, Erzn. 81; Nach
Sonnenuntergang, R. 82; Auch die Enkel
wollen leben, Erzn. 83.
MA: Die Heimatbücher des Kreises
Kempen-Krefeld 55 — 74; Spuren der
Zeit I — III, Anth.; Ruhrtangente 72/73
u.a. Anth; Heimatbücher des Kreises
Viersen 76-83; Niederrhein Autoren,
Anth. 80; Niederrhein. Weihnachtsbuch,
Anth. 81.
R: Nur eine Zahl, Erzn. 76; So konnte
es sein, Erzn. 78; Die Frage, Erzn. 79;
Judas, Erzn. 79; Das Gesicht, Erzn. 80.
Lit: Roman Bach: Leonhard Jansen,
Heimatbuch d. Kr. Kempen-Krefeld 70;
Margret Cordt: Porträt des Brüggener
Schriftstellers L. J., in Bd 30, Schr.-R.
des Kreises Viersen 79.

Jansen-Runge, Edith, s. Jansen,
Edith.

Janßen, Erich, Journalist;
Schrieverkring seit 62; Bernhard-
Winter-Str. 44, D-2900 Oldenburg/O., Tel.
(0441) 45836 (Rüstringen 25.3.07).
Erzählungen, Novellen.
V: De ole Wiespahl, plattdt. Erzn.,
Kurzgeschn., e. N.
R: De Füürmester van Zittjeputt,
Rdfk-Erz.

Janssen, Helge, Dipl.-Ing.; Steuerbord
15, D-2400 Travemünde, Tel. (04502)
72000 (Lübeck 16.12.39). Essay, Roman,
Glosse, Sachbuch, Glosse. **Ue:** E.
V: Hafenrees, Ess., Glosse 78;
Dänemarks Häfen aus der Luft I 80, 3.
Aufl. 83, II 83.

Janssen, Hinnerikus (Ps. Rieks
Janssen-Noort), Verwaltungsangest. i.
R.; VS Nds. 69, "Schrieverkring" im
"Spieker" 58; Gruppe Wissensch. u.
Schriftt., Ostfriesld. 50, "Bevensen-

Tagung" 53; Dr.-Reil-Weg 29, D-2950
Leer/Ostfriesld., Tel. (0491) 61279 (Leer
10.5.12). Lyrik, Erzählung, Bühnen-
dichtung, Hörspiel.
V: In de Pickpanne, Lsp. 53; Keier-
padd, G. u. Erzn. 55; Deichgatt, Erzn.,
Schild., G. 69; Bunte Klören, Erzn.,
Schild. G. 72; Spegel-Biller, Betrachtn.
77; Dicke-Buuks-Avend, Erzn.,
Betrachtn., G. 78.
MA: En Struus Blaumen, Anth.
plattdt. G. u. Prosa 53; De Vogel Gigen-
gack, G. 61; Wi proten platt, G. u. Erzn.
64; Dat leeve Brot, G. u. Erzn. 64; Ost-
friesisch-plattdeutsches Dichterbuch,
Lyrik-Anth. 69.
R: Dat sünnerbare Paket, Hsp. 52.
Lit: Up lüttje Fahrt dör dat grote
Leven in: De plattdüütsch Klenner up
dat Jahr 1969, Autobiogr.; Kenntnisse -
Erfahrungen - Meinungen in: Nieder-
deutsch heute 76; Jürgen Byl:
Kurzbiogr. in: Ostfriesland 2 81;
Autorenporträt in: niedersachsen lit. 81;
Jürgen Byl: Gedichtinterpretation zum
70. Geb. in: Ostfriesland 4 82.

Janßen, Peter, Sonderschullehrer;
Okeraue 9, D-3300 Braunschweig, Tel.
(0531) 512054 (Krefeld 10.4.37). Lyrik.
V: Der Flügelschlag meiner Unruhe,
G. 81. − **MV:** Zahlr. Veröff. lyr. Texte in
Ztgn, Zss., Anth.
R: Lyr. Texte in Rdfk-Sdgn.

Janssen-Noort, Rieks, s. Janssen,
Hinnerikus.

Jantsch, Franz, Dr. theol., Pfarrer;
SÖS; Adalbert-Stifter-Preis 42;
Hauptstr. 68, A-2371 Hinterbrühl, Tel.
(02236) 6341 (Kaisersdorf 24.8.09).
Roman, Novelle, Erzählung, Kurzge-
schichte, Reisebericht.
V: Auf dem Veitsberg, R. 47; Das
Leben mit Jesus in unserer Zeit 47;
Nikodemus, 33 Kurzgeschn. 48;
Zwischen Wind und Basel, R. 48; Die
Brautfahrt u. a. Erzn. 49; Aber, aber,
Herr Schuster, R. 49; Ich komme vom
Himmel 50; Judas Thaddäus 51; Maria-
zell 52; Ich war in Fatima 52; Josef von
Nazareth 52; Wir fahren nach Lourdes
53; Ich komme aus Jerusalem 54; Mär-
chen vom lieben Gott 54; Ave Maria 54;
Maria Hilfe der Christen 54; Verkündet
das Evangelium 56; Heilige Heimat,
Lebendige Kirche 57; Marianisches
Österreich 57; Engel Gottes Schützer
mein 61; Aus der Bibel beten 64; Das
Konzil und Du 66; Man kann auch
anders predigen 70.

Jantzen, Eva, Dr. phil., Museums- u.
Institutsassistentin, Kunstkritikerin f.
Ztgn.; Iserbrooker Weg 56 c, D-2000
Hamburg-Blankenese, Tel. (040) 874130
(Magdeburg 19.2.16). Erzählung, Essay,
Märchen.
V: Die Leute v. Erythräa, Erz. 71, 77;
Inseln, Inseln, Ess. 77; Märchen 79;
Homer, Die Odyssee, Einf. u. Nacherz.
82.

Jantzen, Hinrich, Konrektor, Lehrer;
Am Hang 14, D-6200 Wiesbaden-
Dotzheim, Tel. (06121) 423137 (Berlin
26.5.37). Essay.
V: Geschichte des Ludwigsteins 1415-
1960 60; Jugendkultur und Jugend-
bewegung. Studie zur Stellung u.
Bedeutung Gustav Wynekens innerhalb
d. Jugendbewegung 63, 69.
H: Freundesgaben d. Arbeitskreises f.
dt. Dichtung (Dichterbiographien: Heinz
Ritter, Hermann Claudius, Wilhelm
Scholz, Ludwig Finckh, Suse v.
Hoerner-Heintze, Werner May, Alma
Rogge, Ernst v. Dombrowski) 62-66;
Namen und Werke, Biographien I 72, II
74, III 75, IV 77, V 82, VI 83; Walther
Jantzen, Die lyrische Dichtung der
Jugendbewegung 74.

Janus geb. Rönckendorff, Edda (Ps.
Edda Rönckendorff); Im Walpurgistal
112, D-4300 Essen 1, Tel. (0201) 250198
(München 15.10.24). Roman, Novellen,
Übersetzungen.
V: Sag mir ein neues Wort für Liebe,
R. 80; Die Enkelin, R. 82; Besuch am
späten Abend, Erz. 81; Liebe zu Fräulein
Ingeborg, Erz. 81, beides Tbb.
Ue: Romane u. Kriminalromane,
Sachbücher.

Janus, Jonas, s. Stengel, Hansgeorg.

Januzys, Maria (Ps. Maria Förster de
J.), Dr., Volksschul- u. Sprachlehrerin,
Kinderpsychologin (Essen-Ruhr 4.6.25).
Lyrik, Kurzgeschichten, Satire. **Ue:** S, E,
Balt (Litau).
V: Heiter Besinnlich Wähle Und
Stimm Dich..., G. 76.
MA: Nur die Freude läßt uns hoffen,
Anth. 72. ( )

Janz, Ellen; Weißenburgstr. 11, D-2300
Kiel 1 (Detmold 21.11.48). Lyrik.
V: Wege ohne Wiederkehr, Lyr. 81.
MA: 52 Wochen − 52 Autoren, Kieler
Kulturtelefon 79.

Janzárik, s. Janzarik, Hilde.

Janzarik, Hilde (Ps. Janzárik),
Dr.med., PDoz.; Ebelstr. 27, D-6300

Gießen, Tel. (0641) 7023621 (Kassel). Kinderbuch.
V: Die Männchen u. d. Fräuchen, Kinderb. 64, 81 (auch engl., holl.).

Janzen, Margarete (Ps. Mary Classen); bei DMG, Buchenauhof, D-6920 Sinsheim.
V: Harter Fels für nackte Füße 81. ( )

Jappe, Hajo, Dr. phil., ObStudR.; Hölderlin-Ges., Goethe-Ges., Jean-Paul-Ges.; Riesstr. 21, D-5300 Bonn, Tel. (0228) 223124 (Elbing 6.5.03). Lyrik, Essay. **Ue:** I.
V: Römisches Tagebuch 34; Dank an Südtirol, G. 49; Romfahrt, G. 50; Des entschwundenen Tages Sinn, G. 53; Wandern und Warten, G. 55; Vom Wandern, Ess. 56; Bäume, G. 57; Sommerliche Kykladen, G. 58; Vor Griechenbildern, G. 60; Der Lehrer, G. 65; Haiku, G. I 59, II 70, III 76, IV 79, V 81, VI 83; Im Land der Griechen, G. 68; Herr lehre uns beten. Das Wort geschieht, G. 69; Brücken, Ess. 70; Annäherungen an Gedichte (Interpretationen) 70; Jahresringe, G. 71; Spruchgedichte, G. 73; Bildgedichte 75; Dombezirk, G. 76; Über die Stille und das Schweigen, Ess. 76; Römische und italienische Veduten, G. 79; Schwelle des Alters/Stufen, G. 80; Immer noch — noch immer, G. 83.
H: Jean Paul: Aphorismen 34; Tag- und Jahreszeiten im deutschen Gedicht, Anth. 41, 46; Hölderlin: Hyperion 42; Jean Paul: Einführende Auswahl 63, Kindheit 64, Weltweisheit - Morgenland 64, Flegeljahre 65.
s. a. Kürschners GK.

Jaques-Buddenböhmer, Ingeborg., s. Buddenböhmer, Ingeborg

Jaray, Hans, Prof., Kammerschauspieler; G.dr.S.; Reisnerstr. 21, A-1030 Wien (Wien 24.6.06). Drama u. Roman. **Ue:** E.
V: One Page Missing 48, 49; Es fehlt eine Seite 49, 77, 81; Geraldine; Christiano zwischen Himmel u. Hölle; Ein feiner Herr; Ping, Pong, alles Theaterstücke.

Jarosch, Günther, Dr. phil., wiss. Mitarb. Akad. Wiss. d. DDR; SV-DDR 53; Pr. d. Min. für Kultur d. DDR für hervorragende übersetz. Leitungen 56; Prenzlauer Promenade 146, DDR-1100 Berlin-Pankow, Tel. 4825750 (Komotau 29.1.14). **Ue:** Tsch, Slow, R.
Ue: Julius Fučík: Eine Welt, in der das Morgen schon Geschichte ist 50, 53; Peter Jilemnický: Der Wind dreht sich 51, 77; Marie Pujmanová: Spiel mit dem

Feuer 53, 76; Jan Neruda: Kleinseitner Geschichten 55, 80; Božena Němcová: Die Großmutter 56, 83; Hela Volanská: Das Geheimnis 56; A. J. Urban: Gold u. gelbes Fieber 57; Jaroslav Hašek: Schule des Humors 57, 83; Ferdinan Bučina, Jaroslava Reitmannová: Die Zeltstadt 58; Julius Fučík: Literarische Kritiken 58; Josef Macek: Die hussitische revolutionäre Bewegung 58; Štefan Králik: Das letzte Hindernis 59; Ein Spiel ohne Liebe 60; Peter Zvon: Tanz über Tränen 60; Karel Fabián: Das Hundekommando 62, 65; K. J. Beneš: Drachensaat 62; Miroslav Mráz: Der Blick vom Felsen 62; Jaroslav Hašek: Konfiszierte Unmoral 64, 69; Vítězslav Nezval: Heute noch geht die Sonne über Atlantis unter 65; Hela Volanská: Gift 66; Igor Rusnák: Füchse, gute Nacht! 66; Božena Němcová: Das goldene Spinnrad u.a. tschech. u. slow. Märchen 67, 76; Dmitrij F. Markov: Zur Genesis des sozialistischen Realismus 75; František Hrubín: Ein Bündel Märchen 77; Bohumil Říha: Wie die Wassermänner den Wels besänftigten 80; Karel Jaromír Erben: Prinzessin Goldhaar u.a. tschech. Märchen 81; Jaromír Tomeček: Jagd ohne Waffen 81. — **MUe:** K. J. Beneš: Die Vergeltung, m. Rudolf Pabel 64; Peter Karvaš: Teufeleien, m. Frido Bunzl 68; Gusta Fučíková: Mein Leben mit Julius Fučík, m. Zora Weil-Zimmering 76; Unter dunklem Himmel, tschech. u. slowak. Erz., m. Elisabeth Borchardt, Gustav Just, Katrin Boese u.a. 79.

Jaroschka, Markus, Dr.phil., Volksbildner; SSB 83; Johann Wurth-Pr. 81, Förder.pr. f. Lit. d. Stadt Graz 82, Herta-Bläschke-Lyrikpr. 82; Monsbergergasse 6/17, A-8010 Graz, Tel. (0316) 447795 (Graz 29.9.42). Lyrik, Novelle, Drama.
V: Sprachwechsel, Lyr. 80; Die Unruhe in den Sätzen, Lyr. 83.
S: Das Mädchen mit den Schwefelhölzchen, m. Texten nach alten Märchen 81.

Jaschke, Gerhard, Freier Schriftsteller, Freier Rundfunk- und Zeitungsmitarbeiter; GAV 78, Vorstand 79; Theodor-Körner-Förderungspr. 77, 82, Staatsstip. f. Lit. 77, Rom-Stip. 77, Arbeitsstip. d. Bdesmin. f. Unterr. u. Kunst seit 78, Arb.Stip. d. Stadt Wien 79, 82, Arbeitsstip. d. Ldes Niederöst. 81; Interessengem. öst. Lit.zss. u. Autorenverlage (Gründungsmitgl.); Theresiengasse 53/16, A-1180 Wien, Tel.

(0222) 4340294 (Wien 7.4.49). Lyrik, Prosa, Roman, Essay, Hörspiel. **Ue:** E.

V: windschiff einer ersten blindschrift, G. 77; Die Windmühlen des Hausverstands, Texte u. Zeichn. 79; Ausgewählte Gedichte 1971-1980 80; schnelle nummern, Spontang. u. Zeichnungen 81; Das Geschenk des Himmels, Erzn. 82. — **MV:** Goethe darf kein Einakter bleiben, m. H. Schürrer 78.

H: Freibord, Kulturpolit. Gazette seit 76; Sonderreihe Freibord seit 77.

Jaspert, Werner; Tiberiusstr. 35, D-6000 Frankfurt a.M., Tel. (0611) 573423 (Frankfurt/M. 21.12.06).

V: Johann Strauß, sein Leben, sein Werk, seine Zeit 39; Franz Schubert, Zeugnisse seines irdischen Daseins 41; Reineke Fuchs, Jgdb. 48; Das innere Licht, Heilige Menschen in Bild u. Leg. 48; Heiligenlegenden für unsere Zeit 55. — **MV: MH:** Der Mann in der Brandung: Martin Niemöller 62; Moskau, Leningrad heute, Reiseb. 65.

Jasser, Manfred, Dr. phil., Publizist, A-2126 Ladendorf 350, Tel. (02575) 2273 (Graz 21.8.09). Essay, Feuilleton.

V: Tag in der Zeit. Betrachtungen üb. d. Leben 68; Die Dummheit und das Glück 71; Hoch vom Dachstein an oder Steirer Brevier 76; Kinder musizieren 77; Festschrift für Ernst v. Dombrowski 76.

H: Jungsein in Österreich 72, 78; Bauernspass 72; Schr.-R. Weinviertel seit 77; H. 1: Photographische Impressionen 77; H. 2: Ortsbild im Weinviertel 78; H. 3: Schlösser u. Burgen 79; H. 4/5: Kultur der Kellergasse 80; H. 6: Künstler im Weinviertel 81; H. 7: Weinviertler Lesebuch 82.

Lit: Ernst v. Dombrowski: Allein kann der Mensch nicht wohl bestehen, Festg. f. Manfred Jasser.

Jatsch, Anton, Ing.grad., Schriftsteller; FDA 83, Fördermitgl. RSGI 83; AWMM-Buchpr. 82; Hermann-Brill-Str. 6, D-6200 Wiesbaden, Tel. (06121) 460478 (Polkendorf, Kr. Hohenelbe 2.2.09). Lyrik, Sinn- und Sachgedichte, Essay.

V: Die Welt, die Zeit und wir, G. 81; Kunst und Narretei in unserer Zeit, G. 82; Religion — Schöpfung, Gott und Mensch, Ausgew. G. 82.

Jauer-Herholz, Erna, StudRätin i. R.; VS; Sternberg-Kreis; Obere Neckarstr. 22, D-7100 Heilbronn/N., Tel. (07131) 85598 (Zoppot 26.12.03). Lyrik, Novelle, Essay, Biographie, Aphorismus.

V: Weg und Ziel, G. 55; Begegnung mit Selma Lagerlöf, Biogr. 58; Elisabeth Kyber v. Boltho, Biogr. 59; Aphorismen 60; Gedankenfrucht, Lebensweisheit, Aphor. 60; Betrachtungen, Ess. 61; Der Weltenbaum, G. 63; Von ganzem Herzen danke ich ..., G. 66; Gedanken zur Neuordnung 70; Gebete 70; Israel, Ess. 71; Und Liebe ist Hoffnung der Welt..., Fragm. 73; Gott, Fragm. 76; Charakterstärke, Fragm. 73.

MH: Deutsche Erde, G. 31; Schullesebücher; Aufsätze, G. seit 31; Intern. Sammlungen 76; Zeitschriften, Tageszeitungen 79; Gedichtkarten 79.

Lit: Sternberg-Kreis; Deutsches Kulturwörterbuch; Erna Jauer-Herholz-Arch., Stadtbücherei, Heilbronn, Ausstell.

Jaun, Sam; Gr. Olten; 2. Pr. i. Einakter-Wettbewerb d. Stift. Pro Argovia 67, 1. Pr. im Wettbewerb f. e. Freilichtsp. auf d. Münsterpl. Bern (m. P.J. Betts) 74, Arb.stip. d. Kt. Bern u. d. Eidgenossensch. 77, d. Stadt Bern 78, d. Senats v. Berlin 78 u. 82, Förder.- bzw. Buchpr. d. Kt. Bern 72 u. 78, Krimipr. d. dt. Autoren 83; Mainzer Str. 26 a, D-1000 Berlin 31, Tel. (030) 8545118 (Wyssachen, Kt. Bern 30.9.35). Drama, Lyrik, Roman, Hörspiel, Übersetzungen. **Ue:** F.

V: Texte aus der Provinz, Prosa 72; Die weissen Zähne d. Gemeinde, Lyr. 74; Die Wirklichkeit d. Chefbeamten, Erzn. 77; Der Weg zum Glasbrunnen, Krim.-R. 83. — **MV:** Ach Auerbach, Spieltext, m. Peter J. Betts 72; Bier, Spieltext, m. dems. 74.

R: Die Schweigeminute, Hsp. 83.

Jaworski, Hans-Jürgen (Ps. Johnny Jaworski), ev. Pfarrer; Overwegstr. 33, D-4690 Herne 1, Tel. (02323) 45871 (Gelsenkirchen 20.12.47). Lyrik, Kurzprosa.

V: Runderneuert, Lyr., Songs u. Fotos 78; Ich ticke im Dreieck, Lyr. 80. — **MV:** Anfang mit Jesus, m. Schneider 71, 3. Aufl. 77.

MH: Songs junger Christen II.

S: Runderneuert 78; Mi Hendrin 81, beides Schallpl.

Jaworski, Johnny, s. Jaworski, Hans-Jürgen.

Jean, Eve, s. Boesche, Tilly.

Jebens, Hellmut, Dr. med., Facharzt; BDSÄ, Hamburger Autorenvereinigung; Diesterwegstr. 4, D-2000 Hamburg, Tel. (040) 615443 (Naumburg/Saale 9.5.14).

V: Passat im Novembersturm 4. Aufl.
76; Herz ist Trumpf, G. 73.
MA: Aeskulap malt u. dichtet; 11
Anth.

Jeier, Thomas (Ps. Mark L. Thomas,
Sheriff Ben), freier Schriftsteller;
Western Writers of America 74;
Friedrich-Gerstäcker-Preis 74;
Wildtaubenweg 5, D-8000 München 70
(Minden-Westf. 24.4.47). Roman,
Sachbuch, Beiträge f. Hörfunk. **Ue:** E.
V: Die Verlorenen, Sachb. 71; Der
große Goldrausch von Alaska, Sachb. 72,
78; Das Western-Kochbuch, Kochb. 73;
Treibt sie nach Norden, Sachb. 73; Das
versunkene Kanu, R. 74; Die Frau des
Siedlers, R. 74; Der letzte Büffel, R. 75;
Sonne, Sand und Abenteuer, Sachb. 75;
Die letzten Söhne Manitous, Sachb. 76,
79; Mit dem Wind nach Westen, Sachb.
76; Der sterbende Kranich, R. 76; Der
letzte Häuptling der Apachen, R. 77, Tb.
80; Die Eskimos, Sachb. 77, Tb. 79; Der
Mann aus d. Bergen 76; Blutiger Schnee,
R. 77; Danny überlistet Häuptling
Krumme Nase 77; Danny wittert faule
Tricks 77; Das Geheimnis d. Bären-
schlucht 78; Der lange Weg nach Norden
77; Abenteuer am großen Fluß, Ber. u.
Geschn. 78; Country music 78; Am
Marterpfahl d. Irokesen 78; Sie nannten
ihn Montana 79, u.a.
H: Heyne-Westernreihe.
R: Die letzten Söhne Manitous,
Hörbild.
Ue: Blyton: More adventures on
Willow Farm, u.d.T.: Die Stadtpark-
kinder retten den Weidenhof 76. ( )

Jelinek, Elfriede, Schriftstellerin;
Preise f. Lyr. u. Prosa d. 20. österr.
Kulturwoche Innsbruck 69, Roswitha
von Gandersheim-Medaille 78; Jupiter-
weg 40, A-1140 Wien (Mürzzuschlag
20.10.46). Lyrik, Roman, Essay, Hörspiel,
Theater, Film. **Ue:** E.
V: wir sind lockvögel, baby 70;
Michael — ein Jugendbuch für die
Infantilgesellschaft, R. 72; Die Lieb-
haberinnen, R. 75; bukolit, Hör-R. 79;
Die Ausgesperrten, R. 80; Was geschah,
nachdem Nora ihren Mann verlassen
hatte, Theaterst. 79; Clara S., Theaterst.
82; Die Klavierspielerin, R. 83. —
MV: der gewöhnliche schrecken, anth.
69; trivialmythen, anth. 70.
F: Die Ausgesperrten, Drehb. 82.
R: Wien-West; Ballade v. d. 3
wichtigen Männern; Untergang eines
Tauchers; Wenn die Sonne sinkt, ist für
manche auch noch Büroschluß; Die
Bienenkönigin; Portrait einer ver-

filmten Landschaft, alles Hsp; Die Ausgesperrten; Was geschah, nachdem Nora
ihren Mann verlassen hatte; Clara S.
Ue: Thomas Pynchon: Gravity's
Rainbow u.d.T.: Die Enden der Parabel.

Jendryschik, Manfred; Händelpr. d.
Stadt Halle 81; Seebenerstr. 128, DDR-
4030 Halle (Saale) (Dessau 28.1.43).
V: Glas und Ahorn, Kurzgeschn. 67;
Die Fackel und der Bart, Erzn. 71;
Lokaltermine. Notata z. zeitgenöss.
Lyrik, Ess. 74; Johanna oder Die Wege
des Dr. Kanuga, R. 73, 76; Jo, mitten im
Paradies, Erzn. 74, 75; Aufstieg nach
Verigovo, Erzn. u. Tageb. 75; Ein
Sommer mit Wanda 76, 82; Die Ebene,
G. 80, Bdesrep. 80; Der feurige Gaukler
auf dem Eis 81, Bdesrep. 81; Der sanfte
Mittag 83.
H: Bettina pflückt wilde Narzissen,
Kurzgeschn. 72; Auf der Straße nach
Klodawa, Reiseerzn. u. Impress. 77;
Alfons auf dem Dach und andere
Geschichten, Anth. 82. —
MH: Menschen in diesem Land, m. S.
Albrecht, K. Walther 74. ( )

Jennerwein, Simon, s. Kirner, Georg.

Jenny, Albert, Architekt; Dolderstr. 38,
CH-8032 Zürich, Tel. (01) 479282 (Celje/
Jug. 5.9.99).
V: Gedanken zur Menschwerdung,
Ess. 68; Die astrologische Fiktion, Ess.
81; Lilith, die Urfrau, R. 83; Die
Sternschnuppe, R.

Jenny, Matthyas; SSV; Oetlinger Str.
157, CH-4057 Basel (Basel 14.6.45).
V: Mittagswind, G. 73; Fahrt in eine
vergangene Zukunft, G. 75; Zwölf-Wort-
Gedichte 76 II; Traumwende, G. 76; City-
straight-up, Kurzgeschn. 76; Postlagernd, R. 81.
MA: Gegengewichte, Anth. 78.
H: Nachtmaschine, lit. Zs. ( )

Jens, Walter, Dr. phil. habil., Dr. phil.
h. c., UProf.; P.E.N. 61, EPräsident d. Dt.
P.E.N.; Schleussner-Schüller-Preis 56,
Kulturpreis d. dt. Industrie 59, Dt.-
Schwed. Kulturpreis 64, Lessingpr. d. Fr.
u. Hansest. Hambg. 68, Pr. d. DAG 76,
Heinrich-Heine-Pr. 82; Dt. Akad. f. Spr.
u. Dicht., Akad. Künste Berlin;
Sonnenstr. 5, D-7400 Tübingen
(Hamburg 8.3.23). Roman, Essay,
Novelle, Fernsehspiel.
V: Das weiße Taschentuch, N. 47;
Nein. Die Welt der Angeklagten, R. 50,
68; Der Blinde, N. 51; Vergessene
Gesichter, R. 52; Der Mann, der nicht alt
werden wollte, R. 55; Hofmannsthal und
die Griechen 55; Das Testament des

Odysseus, N. 57; Statt einer Literatur-
geschichte, Ess.57, 7. erw. Aufl. 78; Ilias
und Odyssee, Nacherz. 58; Die Götter
sind sterblich, Tageb. 59; Deutsche
Literatur der Gegenwart, Ess. 61; Zueig-
nungen, Ess. 62; Herr Meister, Dialog
üb. einen Roman 63; Literatur und
Politik, Ess. 63; Euripides - Büchner,
Ess. 64; Von deutscher Rede, Ess. 69;
Fernsehen — Themen u. Tabus, Ess. 73;
Die Verschwörung. Der tödliche Schlag.
Zwei Fsp. 74; Der Fall Judas, N. 75;
Republikanische Reden, Ess. 76; Eine
deutsche Universität. 500 Jahre
Tübinger Gelehrtenrepublik 77; Zur
Antike 78; Ort der Handlung ist
Deutschland, Ess. 81.
   R: Ein Mann verläßt seine Frau, Hsp.
51; Der Besuch des Fremden, Hsp. 52;
Alte Frau im Grandhotel, Hsp. 53;
Ahasver, Hsp. 56; Tafelgespräche, Hsp.
56; Der Telefonist, Hsp. 57; Vergessene
Gesichter, Fsp. 59; Die Rote Rosa, Fsp.
66; Die Verschwörung, Fsp. 69; Der
tödliche Schlag, Fsp. 75; Der Untergang
82.
   S: Plädoyer für das Positive in der
modernen Literatur.
   Ue: Sophokles: Antigone 55; König
Oedipus 61; Ajas 65; Das Evangelium
des Matthaeus 72; Die Orestie des
Aischylos 79.
   Lit: Henri Vallet: L'œuvre de Walter
Jens in: Afrique 53; E. Lambrecht:
Walter Jens in: Studia Germanica, Gent.
60; Walter Jens. Eine Dokumentation 65;
Jürgen Kolbe: Walter Jens in: Deutsche
Literatur seit 1945 in Einzeldarstel-
lungen 70; Herbert Kraft: Das
literarische Werk von Walter Jens 75;
Manfred Lauffs: Walter Jens 80.
s. a. Kürschners GK.

   Jensen, Dorette (Ps. Dorothea
Berensbach), Dr. phil., Mitgl. Verb. Dt.
Kunsthistoriker e.V.; Eitelstr. 67, D-4000
Düsseldorf 30, Tel. (0211) 651842
(Düsseldorf 8.1.21). **Ue:** E, I.
   Ue: Alberto Moravia: Agostino 48. La
romana u. d. T.: Adriana, ein römisches
Mädchen; L'amore conjugale u. d. T.:
Leda Baldoni und der Fremde 52; Die
Gleichgültigen 56; Lorenzo del Turco:
Florenz 59; H. R. Hays: Birds, Beasts
and Men u.d.T.: Das Abenteuer Biologie
74; Das Leben der erhabensten Kaiserin
Eleonora, Magdalena, Theresa, Rom
1730 76; Arthur Drexler: Trans-
formationen in der modernen Archi-
tektur 83. — **MUe:** Aus der Roman-
strasse, Alm. 53.

   Jensen, Jens, s. Brennecke, Jochen.

   Jensen, Kerstin, c/o SV International,
Schweizer Verl.-Haus, Zürich, Schweiz.
   V: Umbruch, R. 82. ( )

   Jensen, Nils, Schriftsteller; GAV 80,
IGÖA 81; Förderungspr. Wiener
Kunstfonds 75, Theodor-Körner-Pr. 78,
Arbeitsstip. d. BM Unterr. u. Kunst 78,
79, 81, Staatsstip. f. Lit. 79, Dramatiker-
stip. 80, Arbeitsstip. d. Gemeinde Wien
80; Schönbrunner Str. 188/12, A-1120
Wien (St. Pölten/Niederöst. 20.6.47).
Drama, Lyrik, Roman.
   V: Was Hände schaffen, G. z. Gesch.
79; Der tägliche Tod, Theaterst. 80;
Ballon aus Blei, G. 83.
   MH: Geschichten nach 68, Anth. 78, 3.
Aufl. 79.
   S: Emigration, Schallpl. 73.

   Jensen, Wally, Malerin; Mühlenweg
16, D-2261 Stedesand (Niebütt 12.8.31).
Lyrik.
   V: Zwischen Tag u. Traum, G. 80;
Federleicht - Wolkengleich, G. 80.

   Jenssen, Christian, Chefredakteur
Mzs. Der Rotarier; Schriftsteller in
Schlesw. Holst. u. Eutiner Kreis 46; Dt.
Akad. f. Spr. u. Dicht. 49; Am Kellersee,
D-2420 Eutin, Tel. (04521) 2593 (Krefeld
2.3.05). Lyrik, Erzählung, Essay, Bio-
graphie.
   V: In der großen Stadt, Kindergesch.
29; Albert Ballin, Biogr. 29; Hans Fried-
rich Blunck, Leben u. Werk 35, 42; Jung-
frau Maleen, Msp. 36; Licht der Liebe,
Lebenswege dt. Frauen 38; Gesang in
den Schären, Prosa u. G. 40; Kraft des
Herzens, Lebenswege dt. Frauen 40; Das
Fest am Niederrhein, Erz. 44; Der stille
Ruhm, 12 Frauenbildn. 47; Selma Lager-
löf, Biogr. 47; Gesetz und Schöpfung,
Ess. 48; Der Stall im Licht, Sp. 50;
Schicksalsgefährtinnen großer Männer,
Biogr. 52; Der historische Roman, Ess.
54; Der deutsche Osten in der Dichtung,
Ess. 55; Große Meister der Musik, Biogr.
56; Das Sonnen-, Mond- u. Sternenkleid,
Msp. 57; Die Gänsehirtin am Brunnen,
Msp. 59; Märchen aus Schleswig-Hol-
stein und dem Unterelbe-Raum 63;
Literarische Reise durch Schleswig-
Holstein 74, 82; Ich trag ein Licht in
Händen, G. 75; Ostholstein 77;
Schleswig-Holstein wo es am schönsten
ist 77, 79; Märchen u. Sagen von
Menschen u. a. wundersamen Wesen in
Norddeutschland 78; Flug über Angeln
u. Schwansen 79; Dithmarschen u.
Nordfriesland 80. — **MV:** Unver-
gängliche Spuren, 4 ostdt. Biogr. 52; Die
Großen der Welt, Biogr. 57;
Dithmarschen 76.

H: Eutiner Almanach 36 — 40, 56;
Heinrich Lersch: Briefe und Gedichte
39; Skizzen und Erzählungen 40; Sieg-
fried u. a. R. 41, alle aus d. Nachlaß; Laßt
die Herzen höher schlagen, Deutsche
Worte vom Ewigen 42; Geist des Frie-
dens, Anth. 47; Jean Paul: Auswahl 48;
Theodor Storm: Sämtliche Werke 55, 67;
Herm. Claudius: Ges. Werke 57; Friedr.
E. Peters: Ausgew. Werke 58; Rebe voll
Trauben, z. 100. Geburtstag v. Herm.
Claudius 78. ( )

Jent, Louis, Regisseur; Gruppe Olten
66; Accad. d'Italia 80; Villa Meridiana,
CH-6987 Caslano, Tel. (091) 114941
(Zürich 26.1.36). Roman, Drehbuch.
V: Ausflüchte, R. 65; Lächle noch
einmal Cynthia, Erzn. 66; Div.
Drehbücher.
F: Die Magd 75.
R: Die Mutter 77. ( )

Jentzsch, Bernd, Schriftsteller; SV-
DDR 62 - 76, P.E.N. Bdesrep. 78;
Werkjahr d. St. Zürich 78, Gastprof.
Oberlin College, USA 82, Förderpr. d.
Bundes d. Dt. Industrie 82; Dorfstr. 18,
CH-8700 Küsnacht (Plauen/Vgtl. 27.1.40).
Lyrik, Essay, Erzählung, Kinderbuch.
Ue: R, P, U, Tsch, H (Fläm), G, Schw, T.
V: Alphabet des Morgens, G. 61;
Jungfer im Grünen, Erzn. 73; Der
Muskel-Floh Ignaz vom Stroh, Kinderb.
74; Ratsch und ade!, Erzn. 75; Der
bitterböse König auf dem eiskalten
Thron, Kinderb. 75; In stärkerem Maße,
G. 77 (auch schwed.); Quartiermachen,
G. 78, Tb.-Ausg. 80; Prosa, Ges. Erzn. 78;
Vorgestern hat unser Hahn gewalzert,
Kinderb. 78; Berliner Dichtergarten und
andere Brutstätten der reinen Vernunft,
Erz. 79; Die Wirkung des Ebers auf die
Sau, Kdb. 80; Irrwisch. Ein Gedicht
81. — **MV:** Bekanntschaft mit uns selbst,
m. H. Czechowski, W. Bräunig, R.
Kirsch, K. Mickel, K. Steinhaußen, G. 61.
H: Poesiealbum 122 Bde 67-76;
Auswahl 68, G. 68; Max Herrmann-
Neiße: Flüchtig aufgeschlagenes Zelt, G.
69; Auswahl 70, G. 70; Lauter Lust,
wohin das Auge gafft, G. 71; Ich nenn
Euch mein Problem, G. 71; Das Wort
Mensch, G. 72; Barthold Hinrich
Brockes: Im grünen Feuer glüht das
Laub, G. 75; Schweizer Lyrik d. 20. Jh.,
G. 77; Max Herrmann-Neiße: Ich gehe,
wie ich kam, G. u. ein Aufs. 79; Ich sah
das Dunkel schon von ferne kommen, G.
79; Der Tod ist ein Meister aus Deutsch-
land, G. 79; Ich sah aus Deutschlands
Asche keinen Phönix steigen, G. 79;
Bettina und Gisela von Arnim: Das

Leben der Hochgräfin Gritta von
Rattenzuhausbeiuns, M.-R. 80; Wilhelm
Raabe: Pfisters Mühle, Ein Sommer-
ferienheft 80; Friedrich Rückert: Das
Männlein in der Gans. Fünf Märlein
zum Einschläfern für mein Schwester-
lein, Kinderg. 80; Alfred Döblin:
Gespräche mit Kalypso, Ess. 80; Peter
Bichsel: Eigentlich möchte Frau Blum
den Milchmann kennenlernen, Geschn.
80; Franz Hohler: Dr. Parkplatz, Kdb. 80;
Paul Heyse: Die Kaiserin von Spinetta
u. and. Liebesgeschn. 81; Hermann
Kesser: Das Verbrechen der Elise
Geitler u. and. Erzn. 81; Gustav Falke:
Gi-ga-gack, Kdb. 81; Clara Viebig: Das
Miseräbelchen u. and. Erzn. 81; Efraim
Frisch: Zenobi, R. 81; Thomas Brasch:
Der König vor dem Fotoapparat, Kdb.
81; Friedrich Halm: Die Marzipanlise,
Erzn. 82; Max Halbe: Die Aufer-
stehungsnacht des Doktors Adalbert,
Nov. 82; Reiner Kunze: Eine stadt-
bekannte Geschichte, Kdb. 82; Werner
Bergengruen: Pelageja, N. 82; Ludwig
Strauß: Die Brautfahrt nach Schweigen-
land, Kdb. 82; Hans Christian Andersen:
Mutter Holunder, M. 82; Elisabeth Lang-
gässer: Grenze: Besetztes Gebiet, Erz.
83; Ludwig Winder: Die jüdische Orgel,
R. 83; Robert Flinker: Fegefeuer, R. 83;
Erich Fried: Fall ins Wort, G. 83. —
MH: Auswahl 66, G. 66; Über die großen
Städte, G. 1885-1967 68; Auswahl 72, G.
72; Auswahl 74, G. 74; Hermannstraße
14, Halbjschr. f. Lit. 78-81.
R: Gedichte und Gespräche, Fsf. 75;
Städte und Stätten: Zürich, Fsf. 83.
Ue: Jannis Ritsos: Romiossini/
Griechentum, Kantate 67; Mikis
Theodorakis: vier Lieder, beides m. K.-
D. Sommer 67; Lew Kwitko: Fliege
Schaukel himmelhoch, Kinderb. 68;
Jannis Ritsos: Philoktet, Poem 69; ders.:
Die Wurzel der Welt, G. m. K.-D.
Sommer 70; Harry Martinson: Die
Henker des Lebenstraums, G. 73;
Tadeusz Kubiak: Im Herbst, Kinderb.
73; ders.: Im Winter, Kinderb. 75; sowie
einzelne Gedichte von Jon Alexandru,
Demjan Bedny, Oskar Davičo, Ilja
Ehrenburg, Zbigniew Herbert, Nazim
Hikmet, Gyula Illyés, Jewgeni
Jewtuschenko, Anatoli Lunatscharski,
Leonid Martynow, Tadeusz Nowak,
Boris Sluzki, Andrej Wosnessenski u.a.

Jenzer, Herold; Kirchgasse 27, CH-
3312 Fraubrunnen.
V: Kein Schatten von Wechsel, R. 81.
( )

Jerns, Gert Udo *

Jeromin, Rolf, s. Gööck, Roland.

Jesch, Alexander, Bergmann, Handelswirtschaftler; Kand. SV-DDR; Hufelandstr. 11, DDR-5500 Nordhausen, Tel. (0628) 6488 (Plauen/Vogtld 13.4.30). Hist. Jugendliteratur.
V: Des Müntzers Bote, Erz. 73, 75; Das Haus am Grenzwald, Erz. 74, 82; Der Teufel vom Bärenmoor, Erz. 75, 81; Der Schmied von Burg Gleichen, Erz. 76, 79; Vier gegen Napoleon, Erz. 78, 81; Feuer im Burgstein, Erz. 82.
R: Andrea u. der Mönch am Meer, Jgdhsp.; Peng; Der Kommandant; Vom Schmied u. seinen 3 Söhnen; Der Bote vom Müntzer, alles Kinderhsp.
Lit: Beitr. z. Kinder- u. Jugendlit. 34/42.

Jeschke, Wolfgang, Lektor, Redakteur; Kurd-Laßwitz-Pr. 81; World SF 79, SFWA 80; Kurfürstenstr. 47, D-8000 München 40, Tel. (089) 375662 (Tetschen/ČSSR 19.11.36). Roman, Novelle, Kurzgeschichte. **Ue:** E.
V: Der Zeiter, Erzn. 70; Der König und der Puppenmacher, Hsp. 75; Der letzte Tag der Schöpfung, R. 81.
H: Planetoidenfänger, Erzn. 71; Die sechs Finger der Zeit, Erzn. 71; Science Fiction Story Reader, Erzn. seit 74; Die große Uhr, Erzn. 77; Im Grenzland der Sonne, Erzn. 78; Spinnenmusik, Erzn. 79; Der Tod des Dr. Island, Erzn. 79; Eine Lokomotive für den Zaren, Erzn. 80; Lex. d. Science Fiction Lit. 80; Science Fiction Jahresbände, Erzn. seit 80; Aufbruch in die Galaxis, Erzn. 80; Heyne Science Fiction Magazin, Erzn. seit 81; Bibliothek d. Science Fiction Lit. seit 81; Arcane, Erzn. 82; Die Gebeine des Bertrand Russell, Erzn. 83, alles science fiction.

Jespersen, Peter, Pensionär; Propst-Lüders-Allee 23, D-2392 Glücksburg, Tel. (04631) 7996 (Hüllerup, Ldkr. Flensburg 29.10.20). Roman, Märchen.
V: Jespersens Tiermärchen 78; Die Mommsen, R. 78; Die Söhne vom Waldhof, R. 80; Ein schweres Erbe, R. 81; Fiede Jensen, R. 81; Schicksal — du hast mich nicht verwöhnt, R. 82; Fanatischer Agent u. Immer nur Liebe, R. 82.

Jessen, Anne-Liese Marie *

Jessen, Hanns Christian; VS 69; Erzählerpr. der IADM, Dipl. di merito d. U. delle arti, Ital; Samlandstr. 4, D-2370 Rendsburg-Büdelsdorf, Tel. (04331) 31457 (Tondern/Dänemark 28.5.19). Roman, Essay.

V: Sieben entkamen dem Eismeer, R. 70, Tb. 80; Der Kriegspfad führt zum Moor, Jgdr. 71; Flucht ins Unbekannte, R. 73, Tb. 79; Gehn wir mal zur Katzenkönigin 78; Röm — Memoiren einer Insel, Sachb. 80; Zauber der Weihnacht, Erz. 82; Gerhard der Große, R. 83.
MA: Städtebrevier: Schleswig-Holstein, Ess.; Musik, Leseb. schlesw.-holst. Autoren 81, 82, 83, u. a. Kal. in Dtld, Dänemark, Österr.

Jirak, Peter, Dr., I-17038 Marta di Villanova Albenga.
V: Im Augenblick der Gefahr, R. 80. ( )

Jirasek, Maria, MittelschulProf.; Josef-Gauby-Weg 7, A-8010 Graz-Waltendorf (Steyr/ObÖst. 2.7.09). Lyrik, Mysteriendrama, Essay.
V: Das Himmelreich leidet Gewalt, G. 53; Gesegnete Stunde, G. 54.

Joachim-Daniel, Anita *

Joan, Jana, s. Broda, Ina.

Job, s. Brauerhoch, Juergen.

Job, Stefanie, Lektorin; Köla 76; Untere Halde 109, A-6822 Schnifis, Tel. (05524) 8525 (Poschega/Slawonien 7.5.09). Roman, Novelle, Essay, Film, Drama.
V: Das Geschenk, N. 80; Zehn Geschichten u. Erzählungen (Vorarlberger Lesebogen IV) 79.
H: u. MV: Vorarlberger Lesebogen I-III 78, VI-VII 79, VIII-IX 80, X-XI 81, XII 82.
F: Bosniaken, m.a. 35.
R: Das Geschenk, Hsp. 82.

Jobst, Elfriede; Theresienstr. 60, D-8000 München 2 (Herzogsfelde 29.2.08).
V: Traum in der Mittagssonne, Kurzgeschn. 58; Ewiges Heimweh, Erz. 60; Rittergut Milow, Erz. 64; Damals in Lissewo, Erz. 79. ( )

Jobst, Herbert; SV-DDR 58; Heinrich-Mann-Pr. I. Kl. 58, Kulturpr. des Rates d. Bez. Karl-Marx-Stadt 65, FDGB-Pr. 74, Fritz-Reuter-Pr. 75; Bürgerhorststr. 9, DDR-2080 Neustrelitz (Neuwelzow 30.7.15). Roman, Film, Fernsehspiel, Erz., Reportagen.
V: Der Findling, R. 57 (auch russ., ungar., lett., serbokroat.), Der Zögling, R. 59 (auch russ., lett.) beide u.d.T.: Der dramatische Lebensweg d. Adam Probst, I 79, 82, II 80, 82; Der Vagabund, R. 63, 74; Der Glücksucher, R. 74.

MA: Das Puppenauge, Erz. in:
Menschen im Krieg, Anth. 75; 50
Erzähler der DDR 74 (auch russ., poln.).
F: Der Fremde 61. ( )

Jochem, Elfie; Weißkirchner Weg 1,
D-6000 Frankfurt a.M. 50, Tel. (0611)
574869 (Gladbeck-Westf.).
V: Flippi, Tiergesch. 80. ( )

Jochmann, Ludger (Ps. Knister),
Autor, Komponist, Schauspieler;
Brüder-Grimm-Pr. Senat d. Stadt Berlin
81; Aaper Weg 93, D-4230 Wesel, Tel.
(0281) 51858 (Bottrop 11.12.52). Roman,
Kinderbuch, Drama, Film, Hörspiel.
V: Kieseldikrie, Kdb. 82; Mister
Knisters Kassettenspiele, Kdb. 83.
MA: Frühling, Spiele, Herbst und
Lieder, Hdb. f. Lehrer u. Erzieher 81, 82;
Frühling, Spiele, Herbst und Lieder,
Lach- u. Sachmappe f. Kinder 81, beide
m. Paul Maar.
R: versch. Hsp.; Vom Fröhlichsein u.
Traurigsein, vom Hören u. Stören, Fsf.
83.

Jockisch, Grete, s. Weil, Grete.

Jöns, Erna; Ohlsdorfer Str., D-2252 St.
Peter-Ording.
V: Ick will min Steweln woller keppen
un annere St. Peteraner Geschichten 76,
78; Laat dat noch een eenziges Maal
blitzen un annere spossige Geschn. 77.

Jörg, Ingrid, Grafikerin;
Kohlfurterstr. 35, D-1000 Berlin 36, Tel.
(030) 6148728 u. 6142605 (Berlin 16.2.35).
V: Die kleine Arche Noah 69; Das
Gespenst Brünhilde und der schreck-
liche Karl von nebenan 76; Kapitän
Momme Hinrichs 77; Frau Ilse-Lottes
Ente reist nach Dänemark 78.
H: Gerlind Reinshagen: Zimperello
65, 67; Kristine Schäffer: Soll in einer
Kutsche fahren, Kind. Verse 65; Heinz
Kulas: Der Himmel ist ein Sternenteich
66; Wilhelm Ossenbrink: Das kleine rote
Auto 67; Hilde Heisinger: Wiesenzirkus
68; Brüder Grimm: Die Wassernixe 69;
Edward Lear, nachgod. v. Josef Guggen-
mos: Die vergnügte Reise 70; Reiner
Kunze: Der Dichter und die Löwen-
zahnwiese 71; Astrid Lindgren: Drei
kleine Schweinchen im Apfelgarten 72;
Walter Rothe: Zehn kleine Jägerlein 73;
Bernd Jentzsch: Der Muskel-Floh Ignaz
vom Stroh 74; Bernd Jentzsch: Der
bitterböse König auf dem eiskalten
Thron 75; Uwe Otto: Das Nilpferd Titine
79, alles Kinderbücher; Bernd Jentzsch:
Die Wirkung des Ebers auf die Sau 80;

Kurt Bartsch: Geschichten vom Floh 81;
Sigmar Schollak: Des Teufels Fest 82.

Jörgensen, Gerhard (Ps. Spottlieb
Freundlich, Jann Höögdieen, Seufzlinde
Misikus), Dr. med., UProf. f.
Humangenetik; BDSÄ, Präs., FDA,
Präs.mitgl., 1. Vors. Ldesv. Nieder-
sachsen, Mitgl. der "Kogge", der RSG,
Kreis der Freunde, Vizepräs. Dt.
Autorenrat; Stauffenbergring 13, D-3400
Göttingen, Tel. (0551) 22328 (Heide/
Holst. 20.11.24). Lyrik, Glosse, Satire.
V: Die Feder, die ich halte 58;
Unfugen 73, 76; Stürme der Stille 74;
Der fröhliche Hainberg 76; Wörtlich
betäubt 78; Spötter in Weiß 79; Gedichte
82; Plattdüütsch 83; 200 wiss. Publ., z.T.
Monogr.
MA: 55 Lyrik — bzw. Prosaanth.
MH: (Red.) Insel, Münch. Med. Wschr.
Lit: Edith Engelke: Arzt und Poet
dazu (Dt. Ärzteblatt) 71; Wilhelm
Bortenschlager: Dt. Lit.gesch., 3. Aufl.,
Bd II 78; Carl Heinz Kurz: Schriftsteller
zwischen Harz und Weser 82 u.a.
s. a. Kürschners GK.

Joest, Wolfgang, Postbeamter;
Seugenstr. 61, D-7128 Lauffen (Berlin
16.10.42). Lyrik.
V: Ein paar geprägte Silbermünzen,
G. 69; Zugvögel, G. 71; Papierschwalben,
G. 73; Teeblätter, G. 76; Seidenspinner,
G. 77; Kieselsteine, G. 77; Hälfte des
Lebens, G. 79.
MA: Anth. der deutschen Haiku, G. 78.
( )

Johann, A. E., s. Wollschläger, Alfred
Ernst.

Johann, Gerhard, Chefredakteur;
Thälmannstr. 78, DDR-1292 Wandlitz
(Berlin 26.11.19). Christliche
Erzählungen, Kriminalerzählungen.
V: Er wohnte nicht in der Sahara,
Erzn. 63; Was vor Augen ist, Erzn. 64;
Der Junge Gaston, Erz. 65; Jeder
schreibt auf leere Seiten, R. 71; Die
Leiche zum Frühstück, Krim.-Erzn. 82.
MA: Die zehn Gebote 59; Alte mit den
Jungen, Anth. 67; Konkret —
verbindlich. Notizen aus der DDR 71;
Der Fächer, Anth. 71; Verhör ohne
Auftrag, Krim.-Anth. 71.
H: Anruf und Aufbruch 65.

Johannimloh, Norbert, Akad. Oberrat;
Klaus-Groth-Preis 63, Förderpr. f. niederdt. Lit. 69; Anton Aulke-Str. 18, D-
4400 Münster/Westf., Tel. (02506) 2356
(Verl Kr. Gütersloh 21.1.30). Lyrik, Hörspiel, Erzählung.

V: En Handvöll Rägen, plattdt. G. m.
hochdt. Übers. 63; Wir haben seit
langem abnehmenden Mond, G. 69;
Appelbaumchaussee, Geschn. vom
Großundstarkwerden, Erz. 83.
MA: Bremer Beiträge: Lyrik in unse-
rer Zeit 64; Panorama moderner Lyrik
deutschsprechender Länder 66; Eine
Sprache - viele Zungen 66; Nieder-
deutsche Lyrik 1945 — 1968 68; Von
Groth bis Johannimloh, Plattdt. Lyr. 68;
Deutsche Gedichte seit 1960 72.
R: Twe Kröiße; En Weile widder-
blöihn; Küning un Duahlen und Weind;
Atomreaktor; Airport Mönsterland,
Jeden Dag wat Nigges, Brummelten,
alles Hsp.
S: Dunkle Täiken 73.

Johannsen, Christiane; Rückertstr. 26
b, D-2000 Hamburg 76.
V: Rick oder reden ist manchmal
schwer 80, 82. ( )

Johannsmann, Ilse *

Johansen, Hanna, s. Muschg, Hanna
Margarete.

John, s. Schwarz, Günther Emil.

John, Erhard, Dr. phil. sc., Prof.;
Wilhelm-Wild-Str. 11, DDR-7031 Leipzig,
Tel. (041) 41077 (Gablonz 14.10.19). **Ue:** R,
Bulg, Tsch.
V: Probleme der Kultur und Kultur-
arbeit 57; Das Leben wird schöner 60;
Einführung in die Ästhetik 63, 78;
Probleme der marxistisch-
leninistischen Ästhetik I 67, neubearb.
76, II 78; Probleme der Kulturplanung
68; Zur Dialektik des sozialen,
Nationalen und Internationalen in der
Kulturentwicklung 72; Arbeiter und
Kunst 73, 80; Zur Planung kultureller
Prozesse 78; Werte des Lebens — Werte
der Kultur 82.
MA: Das sozialistische Menschenbild
67; Zur Theorie des sozialistischen
Realismus 74.
H: T. Pawlow: Die Widerspiegelungs-
theorie 73; Beiträge z. Entwickl.
sozialist. Kulturbedürfnisse 75;
Persönlichkeit — Kunst — Lebensweise
83 (auch Mitverf.).
Ue: G. Karpow: Über die Kultur-
revolution in der UdSSR 56; M. W.
Lomonossows ausgew. Schriften 61; M.
F. Owsjannikow/S.W. Smirnow: Kurze
Geschichte der Ästhetik 66; T. Pawlow:
Die Widerspiegelungstheorie 73.

John, Hanni, s. Willinger, Martha.

Johnscher, Martin, Maschinensetzer;
VS; Werkkr. Lit. der Arbeitswelt;
Annastr. 61, D-4000 Düsseldorf 30, Tel.

(0211) 463591 (Lichtenberg/OS. 5.6.29).
Roman.
V: Der kurze Tausch, R. 79. —
MV: Wir lassen uns nicht verschaukeln,
Bürgerinitiativen-Kurzr. u. Repn. 78.

†Johnson, Uwe; VS 69, P.E.N. 69;
Fontanepreis der Stadt Berlin 60, Inter-
nat. Verlegerpreis 62, 6. Büchnerpr. 71,
Wilhelm-Raabe-Pr. 75, Thomas-Mann-
Pr. 78; Akad. d. Künste Berlin 69; 26
Marine Parade, Sheerness/Kent
ME 12 2BB/Engl. (Cammin/Pomm.
20.7.34). Roman. **Ue:** E.
V: Mutmaßungen über Jakob 59, 62;
Das dritte Buch über Achim 61, 64;
Karsch, und andere Prosa 64; Zwei
Ansichten 65; Jahrestage I-III 1970-1973,
(I auch ital., amer., I-III franz.), alles erz.
Prosa; Eine Reise nach Klagenfurt 74;
Berliner Sachen, Aufs. 75;
Begleitumstände (Frankfurter
Vorlesungen) 80; Skizze eines
Verunglückten 82.
H: Brecht: Me-Ti 64; Boveri:
Verzweigungen 77.
Ue: Hermann Melville: Israel Potter -
Seine vierzig Jahre im Exil 60; John
Knowles: A Separate Peace u. d. T.: In
diesem Land 65.
Lit: Über Uwe Johnson, hrsg. Rein-
hard Baumgart 70; Text + Kritik 65/66:
U.J. 80; Nicolai Riedel: Bibliogr. U. J. 59-
75, 76, 59-77 78.

Joho, Wolfgang, Dr. phil.; SDA 47, SV-
DDR 53, COMES, P.E.N.-Zentr. d. DDR;
Fontane-Preis 58, Dt. Nationalpreis 62,
Johannes-R.-Becher-Medaille in Gold
65, Heinrich-Mann-Pr. 69; Medonstr. 23,
DDR-1532 Kleinmachnow b. Berlin
(Karlsruhe 6.3.08). Roman, Novelle,
Erzählung, Essay.
V: Die Hirtenflöte, Erz. 48, 50; Aller
Gefangenschaft Ende, Erz. 49; Jeanne
Peyrouton, R. 49, 78; Die Verwand-
lungen des Doktor Brad, Erz. 49; Ein
Dutzend und zwei, R. 50; Der Weg aus
der Einsamkeit, R. 53, 68; Zwischen
Bonn und Bodensee, Ber. 55; Wand-
lungen, Erzn. 56; Traum von der
Gerechtigkeit, Erz. 56; Die Wendemarke,
R. 57, 62; Die Nacht der Erinnerung,
Erzn. 57, 62; Korea trocknet die Tränen,
Ber. 58; Es gibt kein Erbarmen, R. 62, 63;
Aufstand der Träumer, R. 66, 68; Das
Klassentreffen, Erz. 68, 79; Die Kastanie,
R. 70, 77; Abschied von Parler, Erz. 72,
74; Der Sohn, Erz. 74, 76.
MA: Hammer und Feder, Anth. 55;
Die Zeit trägt einen roten Stern 58;
Neue Texte 64, 66; Im Licht des Jahr-
hunderts, Anth. 65; Städte und

Stationen 69; Die erste Stunde 69;
Manuskripte 69; Der erste Augenblick
der Freiheit 70; Eine Rose für Katharina 71; Butzbacher Autorenbefragung
73; Tage für Jahre 74; Eröffnungen 74,
alles Anth.

Joisten, Liesel, c/o Engelbert-Verl.,
Balve/Sauerld..
V: Ein kleiner schwarzer Zucker-
bäcker 83. ( )

Jokl, Anna Maria, Psychotherapeutin;
Schriftstellerverb. 33-39, Engl. P.E.N. 39,
P.E.N.-Zentrum dt.spr. Autoren im
Ausland 77, Verband dt.spr. Schriftsteller in Israel 78; 5, Balfour St.,
Jerusalem/Israel, Tel. (02) 663608 (Wien
23.1.11). **Ue:** E, Jidd.
V: Das süße Abenteuer 46; Die Perl-
mutterfarbe 47; Die wirklichen Wunder
des Basilius Knox 48, 49 (auch tschech.,
ung.); Die verzeichneten Tiere 49. —
MV: Du und ich - wir alle, 3 Film-Libr.
33; Verbannte und Verbrannte 41; Weg
in die Nacht 42; Mein Psalm 68; Härtling: Mein Lesebuch 81.
H: Stimmen aus Böhmen 44.
F: Tratsch 33.
R: Blitzlicht auf Szene 13; Hexe, Hans
und Paul wollen Tscheljuskin retten,
alles Hsp.
Ue: Zvi Kolitz: Jossel Rackower
spricht zu Gott 56; Avner Carmi: Das
unsterbliche Klavier 65.
Lit: Intern. Filmschau, Rom 33; Härtling in: Fälle für den Staatsanwalt 79.

Jokostra, Peter, Literaturkritiker;
P.E.N., VS, Die Kogge; Andreas-
Gryphius-Preis der Künstlergilde
Eßlingen 65, Kunstpr. d. Ldes Rheinl.-
Pfalz 79; In der Stehle 33, D-5461
Kasbach b. Linz am Rhein, Tel. (02644)
3836 (Dresden 5.5.12). Lyrik, Roman,
Essay.
V: An der besonnten Mauer, G. 58;
Magische Straße, G. 59; Hinab zu den
Sternen, G. 61; Herzinfarkt, R. 61; Zeit
und Unzeit in der Dichtung Paul Celans,
Ess. 59; Die Zeit hat keine Ufer, Süd-
franz. Tagebuch 63; Einladung nach
Südfrankreich, Reiseaufzeichnungen 66;
Die gewendete Haut, G. 66; bobrowski
und andere, die chronik des peter
jokostra 67; Als die Tuilerien brannten,
der Aufstand der Pariser Kommune
1871, 70; Das große Gelächter, R. 75;
Feuerzonen, G. 76; Heimweh nach
Masuren, Autobiogr. 81.
MA: Anthologie 56, Lyrik 56; Widerspiel, Lyrik-Anth. 61; Tau im Drahtgeflecht. Philosemitische Lyrik 61;
Deutsche Lyrik seit 1945, Anth. 61;

Lyrik aus dieser Zeit, Anth. 61 — 62, 63
— 64, 65 — 66; Zeitgedichte, Dt. polit.
Lyrik seit 45, 63; Contemporary German
Poetry, Anth. 64; Jahresring, Anth. 60 —
61, 64 — 65; Erzählgedichte, Anth. 65;
außerdem: Deutsche Literatur minus
Gruppe 47, 67; Erlebte Zeit 68;
Panorama moderner Lyrik deutsch-
sprechender Länder 65; Deutsche
Erzählungen aus drei Jahrzehnten,
Anth. 75; Prosa heute, Anth. 75.
H: Ohne Visum, Anth., Lyrik-Prosa-
Essays 64; Keine Zeit für Liebe? Liebes-
lyrik heute 64; Tuchfühlung, Neue Dt.
Prosa 65; Ehebruch und Nächstenliebe,
Männergeschichten 69; Liebe, 33
Erzähler von heute, Anth. 75.

Jonas, Anna, Dipl.-Politologe; VS 80,
NGL 80; Förderpr. d. Leonce-u. Lena-
Preises f. Lyr. d. Stadt Darmstadt 79,
Verlegerpr. d. Ingeborg-Bachmann-
Preises d. Stadt Klagenfurt, Fördergabe
d. Hermann-Sudermann-Stift. 82;
Pfalzburger Str. 20, D-1000 Berlin 31,
Tel. (030) 871867 (Essen 8.6.44). Lyrik,
Erzählungen, Essay, Übersetzungen.
Ue: S.
V: Nichts mehr an seinem Platz, G. 81.
Ue: span. u. lateinamer. Lyr. u.
Kurzprosa in versch. Ausgaben.

Jonas, Claudia, s. Eitzert, Rosemarie.

Jonas, Erasmus, Dr. phil.; Zum
Sportplatz 10, D-2301 Schönkirchen/
Kiel, Tel. (0431) 202829 (Berlin 10.10.29).
Lyrik, Essay.
V: Im Dickicht verborgen, G. 59 (auch
jap.) 63; Die Volkskonservativen 1928 —
33 65.
MA: Transit, Lyrikb. d. Jahrhundert-
mitte 56; Lyrik aus dieser Zeit I 61, II 63
u.a. Anth.

Jonas, Johanna (Ps. Jonas-Lichten-
wallner), Prof., Verlagsangestellte i.P.;
Ö.S.V. 69, V.S. u. K. 65, V.G.S. 70; Anerk.-
Pr. f. Jgdb. d. Öst. Zentralsparkasse 65,
Goldenes Ehrenzeichen f. Verdienste d.
Republik Österr. 76, Huldreich-Büttner-
Pr. 79; Kulturgem. Der Kreis 35, Wr.
Frauenklub 64, Podium 70 68, Kr. d.
Freunde 70; Seisgasse 18/12, A-1040
Wien IV, Tel. (0222) 659239 (Wien 5.9.14).
Lyrik, Roman, Novelle, Kurzgeschichte,
Feuilleton, Essay, Jugendbuch.
V: Weg durch die Zeit, G. 64; Das
Osternachtwunder, R. 70; Das
Geheimnis d. Lina Besenböck, R. 71;
Das Haus an d. Grenze, R. 71;
Mühlviertler Sagen, Samml. 71, 78;
Schattenrisse, G. 72; Wiener Streif-
lichter, hist. Erzn. 72, 78; Der Jäger von

Birkwald, R. 74; Waldviertel, G. 74;
Staubkorn im Raum, G. 75; Die Sand-
uhr, G. 75; Gesang d. Gräser, G. 77; Die
unwahrscheinlichen Dinge, Feuill.-
Samml. 77; Auch Unkraut ist Gottes
Gemüse, G. 77; Wiener
Sentimentalitäten, hist. Feuill. 78;
Sonnengesang, G. 80; Waldviertel —
Ahnenheimat, G. 81; Wort und Wider-
hall, G. 82. — **MV:** Neue Sicht unseres
Weltbildes, Der Immanente Posi-
tivismus, philos. Werk 79.
MA: Zahlr. Anthologien.
H: Wie weise muß man sein, um
immer gut zu sein. 1. Gesamtöst.
Frauenlyrik-Anth. 71; Erdachtes — Ge-
schautes. 1. Gesamtöst. Kurzprosa-Anth.
v. Frauen 74; Standbestimmungen,
Anth. öst. Jungautoren 78; Haiku,
Samml. a. d. dt. Sprachraum 79; Der
Mensch spricht mit Gott, G. u. Meditat.
Lit: W. Bortenschlager: Öst. Lit.gesch.
78.

Jonas-Lichtenwallner, s. Jonas,
Johanna.

de Jong Posthumus, Roelof (Ps.
-rops-); VS, D.A.V.; Wolfenbütteler Str. 6,
D-3300 Braunschweig, Tel. (0531) 71300
(Leipzig 19.5.14). Lyrik, Roman, Erzäh-
lung.
V: Sonnenlyrik, G. 39; Fernab der
Straße, G. 39; Splitter aus geborstenem
Schild, Sprüche, 39; Das Lied der Zeit,
Samml. 39; Kasparaden 41; Amala, Sp.
41, 49; Das Mädchen Marianne, R. 42;
Ein Schloß und sein Marquis, R. 42;
Vivat sequens!, Erz. 42; Die beiden
Weihnachtsmären, Erz. 42; Tom auf
weiten Wegen, Jgd.-Erz. 47; Die
schwarze Kogel, Erz. 51; Rotte Berger,
Erz. 51; Herbordis, Sch. 52; Deutsche
Gedichte 55, ... in unsere Unruhe, G. 60;
Komet, dram. Dichtung 62; Braun-
schweiger Histörchen 63; Fuhrmann's
Peitsche, sat. G. 73; ...doch die Zeit geht
weiter, Gedichte, Gedanken, Glossen 79.

Jonke, Gert F., freier Schriftsteller;
Förderpreis d. Ldes Kärnten f. Lit.;
Freundgasse 13/2, A-1040 Wien (Klagenfurt 8.2.46). Drama, Roman, Prosa, Hörspiel.
V: Geometrischer Heimatroman 69,
Taschenb. 71; Glashausbesichtigung, R.
70, 71; Beginn einer Verzweiflung, Prosa
70; Musikgeschichte, 3 Erzn. 70; Die
Vermehrung der Leuchttürme, Prosa 71;
Schule der Geläufigkeit, Erz. 77, 80; Der
ferne Klang, R. 79, Tb. 82; Die erste
Reise zum unerforschten Grund des
stillen Horizonts 80; Erwachen zum
großen Schlafkrieg 82.

MH: Weltbilder 70.
R: Zwischen den Zeilen; Der Dorfplatz; Damals vor Graz; Es gibt Erzählungen, Erzählungen und Erzählungen;
Die Schreibmaschinen, alles Hsp.
Lit: Peter Handke: Ich bin ein Bewohner des Elfenbeinturms 72, darin: Zu G.
F. Jonke: Geometrischer Heimatroman;
Marianne Kesting: Der Roman als Baustelle. G. F. Jonkes Glashausbesichtigung und G. F. Jonkes Leuchtturmbau
in: Auf der Suche nach der Realität.
Krit. Schrr. zur modernen Lit. 72. ( )

Joos, Paul; Hermolingenhalde 7, CH-
6023 Rothenburg.
V: Gefangen 74; Sie nennen ihn Super
79. ( )

Joost, Evelyn (Ps. Evelyn Peters),
Schriftstellerin; Magdalenenstr. 57, D-
2000 Hamburg 13, Tel. (040) 4102543
(Berlin 8.4.25). Roman, Hörspiel.
V: Des Lebens Freude 62; Zeit der
Versuchung 69; Trans-Europ-Express
73; Roman einer geschiedenen Frau 75;
Eine Frau von Vierzig 76; Mai in
Morcote 77; Frauen ohne Männer 78;
Klassentreffen 79; Ein Fall von Hörig-
keit 80; Umarme jede einzelne Stunde
82; Eine Reise im September 83, alles R.
R: Bindungen, Hsp. 68; Klassentreffen
reifer Damen, Hsp. 69.

Joost, Wilhelm (Ps. Conrad W. Hilger),
Dr. phil., Chefredakteur, Schriftsteller;
VS Ldesbez. Hessen 69; Ehrenschild der
Stadt Friedberg; Am Edelspfad 22, D-
6360 Friedberg/Hess., Tel. (06031) 5217
(Friedberg/Hess. 7.3.99). Biographie,
Kurzgeschichte, Hörfolgen, Lyrik,
Zeitkritik.
V: Herren über Krieg u. Frieden,
Porträtstud. 62, 63; Botschafter bei den
Roten Zaren, Lebensbilder; Die Genfer
Gedichte 69; Die südlichen Gedichte 73;
Die hessischen Gedichte, Erste F. 76;
Traumliederbuch 77; Des Menschen
Zeit, Nachruf auf Jonny Behm 78; Als
Kindsoldat im Ersten Weltkrieg, G.; Die
heilige Familie, erw. Fass.; Der Teich-
hühnchenkrieg am Lac Léman oder
Weltprobleme und andere 47, 79;
Gedichte der ersten Traurigkeit; Neue
Heimatgedichte; Die Kiebitze von
Eisenburg oder Als der Ernstfall ernst
machte 80; Hessische Gedichte, 2. T. 81;
Liebeslust und Liebesleid der über
Achtzigjährigen 81; Ein heilig Lied sich
selber singt 82; Ein Sommer war's, wie
von Chagall gemalt 82. — **MV:** Wie stark
ist Sowjetunion? 58.
B: Die Reisekönigin 66.

R: Abschied von geliebten Städten; Stimmen der Ferne; Vom großen Faulheitspreis; Märchen vom Markt der Sorgen; Die sich wünschen dürfen; Die geteilte Bibel; Auf den Tag vor hundert Jahren; Die große Schäfer-Novelle; Nichts als ein Frühlingstag; Märchen vom Dilldapp; Legende von der feuerroten Hose; Die Kleine von der Villa gegenüber; Auf dem Felde der Ehre; Der letzte Gang, der letzte Schmiss; Gebet in der Einzelzelle; Servus, Bergkamerad; Momentaufnahmen aus gelebtem Leben, u.a. Hörbilder u. Hörfolgen.

Jordak, Karl, Prof., Bibliothekar; Vorst.mitgl. ÖSV seit 72, Öst. P.E.N.; Förder.preis d. Wiener Kunstfonds 59, Theodor-Körner-Preis f. Lit. 62, 69, Preis der Stadt Wien für Lit. 69; Bernoullistr. 4/18, A-1220 Wien, Tel. (0222) 232529 (Wien 10.8.17). Lyrik, Essay, Hörspiel, Erzählung, Roman. **Ue:** F.
V: Die Universität Wien 1365 − 1965, Ess. 65; Die Fallen der Nacht, Erz. 66; Die veränderte Welt, G. 67; Das Werk des Malers Franz Heinrich Bilinski, Ess. 68, 69; Aschengewollte Schrift, G. 71; Leben nur vom Tod zu Tod, G. 74; Auf den Wegen Wiens, Prosa-R. 75; Wirklichkeit und Schau. Ges. Texte zum Werke des Malers Franz Heinrich Bilinski, Ess. 82; Ligurischer Sommer, G. 83.
MA: Weg und Bekenntnis, Anth. junger österr. Autoren 54; Tür an Tür, G. von 32 österr. Autoren 55; Die Barke, G. aus Österreich 63; Gesicht des Menschen, Eine Festgabe 68; Tür an Tür 1970, G. von 38 österr. Autoren 70; Weisheit der Heiterkeit 78.
H: Wiener Biedermeier. Begegnungen und Erlebnisse. Eduard v. Bauernfeld: Aus "Alt- und Neu-Wien". Ausw. u. Einf. 60.
R: Der große Sturm; Sackgasse; Die Chance, alles Hsp.; Ein Pfau stolziert über den Rasen, Fsp. 79.
Lit: Richard Vogel: Mord und Tod mit tausend Namen − Der Schriftsteller Karl Jordak 73.

Jordan, Manfred, Dramaturg, Spielleiter; SV-DDR 56; Lit.-Preis d. Min. f. Kultur d. DDR 56; Straße des Friedens 15 b, DDR-7250 Wurzen/Sa. u. DDR-7251 Sachsendorf (Cottbus 13.10.29). Roman, Essay, Drama, Erzählung.
V: Das tapfere Schneiderlein, Msp. 49; Der deutschen Jugend gilt mein Lied 53; Die Nacht der Bären, Erz. 55; Zwischen Ruhm und Haß, R. 56, 77; Am Anfang

war die Ewigkeit, hist. R. üb. Giordano Bruno 59, 61; Otto von Guericke, Ess. 61; Martin Behaim und der Weg nach Indien, Ess. 62; Das Licht im Turm, Erz. 64; Doch meine Sonne scheint, Dr. 65; Bestandsaufnahme, N. 70; Ein Befehl ist schnell gegeben, Lit. Porträt 81, 82.
R: Otto von Guericke 61; Martin Behaim und der Weg nach Indien 62; Doch meine Sonne scheint, Fsp. 65.

Jordan, Roland, Bankkaufmann, Zithersolist; Turmbund 65; Gutenbergstr. 7, A-6020 Innsbruck, Tel. (05222) 202052 (Innsbruck 7.9.43). Lyrik, Essay, Roman. **Ue:** E, I.
V: Labyrinthische Gärten, Lyr. 69; Lagerfeuer der Seele, Lyr. 71; Gesang durch Gitterstäbe 79; Verborgene Ringe 84. − **MV:** Brennpunkte I, III, V, VII 65 − 71.

Jordis von Lohausen, Heinrich Frhr. (Ps. Heinrich von Lohausen), General; Körblergasse 61, A-8020 Graz, Tel. (0316) 329464 (Seebach b. Villach 6.1.07). Essay, Kriegsgeschichte, Geopolitik.
V: Literarische Essays 54; Strategie der Entspannung 71 - 73, Neuaufl. 79; Ein Schritt zum Atlantik 73, 74, beide Geopolitik; Entscheidung im Süden 77; Rußlands Kampf um Afrika 78; Mut zur Macht 79, Neuaufl. 81, alle drei Geopolitik; Strategien des Überlebens. − **MV:** Kamerad in Feldgrau, Kriegsgeschichte 54; Deutsche Annalen 72; Deutsche Annalen 76, Deutsche Annalen 79; Zur Lage der Nation 82, alle drei Geopolitik.
R: etwa 150 biogr., geschichtl. u. kulturpol. Essays 48 − 57.

Jork, Horst H., Industrie-Einkäufer; Deinghaushöhe 25, D-4300 Essen-Borbeck, Tel. (0201) 671180 (Essen 28.5.34). Jugendbuch.
V: Stefan mit seine Wünschen 69; Ute mit der Tute 70, 71; Pittie aus der Pfeiffengasse 70; Viel Wirbel um ein Ding auf Rädern 70; Zimbamsel, der Sohn des Zauberers 71; Olli und das halbe Dutzend 74; Steffis Reisen nach Traumhausen 77; Stoppel und das Sonntagskind 80; Stefan weiß nicht, was er will 83; Jenny aus dem Bilderbuch 83.

Josch, Wilfried (Ps. F. Neuhauser), Mag. phil., Verleger; Anton-Anderer-Platz 2/2/1/3, A-1210 Wien, Tel. (0222) 3855204 (Wien 6.5.14). Essay. **Ue:** R.
V: Der seltsame Staat, Ess. 41, u. d. T.: Platos Idealismus unt. Hinzufüg. d. Uebers. D. I. Pissarew: Platos Idealismus (1861) 66; Metaphysische Kriegs-

führung 42; Schwerpunkte des
Ethischen in: Leben - Wirken 2/71, ff;
Das Fragen nach dem Lebens-Sinn,
phil. Ess. 74; Über Tiefenwahrnehmung,
Ess. 76, 4. Aufl. 83; Ethik-Aufsätze 79, 2.
Aufl. 82; Kategorienlehre I 79, 3. Aufl. 80,
II 79, 4. Aufl. 83, III 79, 4. Aufl. 81, IV 2.
Aufl. 81; Zur Vollkommenheit, zur
Weisheit 80; Über Wortgestaltung 3.
Aufl. 83; Logik-ABC 81, 2. Aufl. 83.
H: Mensch und Ziel, phil. Zs. im 14.
Ersch.-J.
Ue: D. I. Pissarew: Heinrich Heine,
Ess. 65; Wider die Ästhetik; Platos
Idealismus 66; Universität 68.

Josephi, Elisabeth, Schriftstellerin;
Gedok Preis im Erzählerwettbew. 74,
Literaturpr. d. Landsmannsch. Deutsche
aus Litauen 75; Wellweg 5 a, D-3203
Sarstedt, Tel. (05066) 2231 (Sauken, Kr.
Friedrichstad a. d. Düna 7.9.88). Drama,
Roman.
V: Der große Brand in Memel, Sch. 38;
Ohne Land, R. aus Kurland 42; Eine
Ferienreise, Jgd.-Erz. 56; Unser Pastor,
R. aus Litauen 63, Tb. 83; Arzt im Osten,
R. aus Rußland 76.
Lit: Ostdeutsche Gedenktage 68.

Josephstadt, Franz, s. Schild, Kurt.

Jost, Bernd, StudR., Buchhändler,
Lektor (Andernach 5.3.41). Übersetzung,
Herausgebertätigkeit. **Ue:** E, F, S, I.
H: LaFontaine: Fabeln 71; Ullstein
Kriminalromane seit 76.
Ue: Harry Carmichael: Geflohen aus
Dartmoor, Krim.-R. 70; Hamilton
Jobson: Werkzeug für Erpresser, Krim.-
R. 70; Andrew Garve: Bumerang, Krim.-
R. 70; Sidney H. Courtier: Kein
Dankmal für Emily, Krim.-R. 71; Amber
Dean: Antiquitäten und Mord, Krim.-R.
71; John Morgan: Held auf der Abschuß-
liste, Krim.-R. 71; Reginald Hill: Eine
Gasse für den Tod, Krim.-R. 71;
Dominique Fabre: Letzte Stufe Mord,
Krim.-R. 73; Brian Garfield: Das Weiße
im Auge der Mafia, Krim.-R. 73; Howard
R. Lewis, Harold Streitfeld: Spiele, die
glücklich machen. Intensiver leben
durch Psychotraining 73; Joe Morella,
Edward Epstein: Marlon Brando, Biogr.
73; Henry Kane: Nachtvögel, R. 75;
Angela Huth: Letzte Tage bunter
Träume, R. 75; Paul Bonnecarrère: Das
Ultimatum, R. 76. ( )

Joswig, Hans, freier Schriftsteller;
Bürgermeister-Heitmann-Str. 76, D-2105
Seevetal 2, Tel. (040) 7682852 (Arnsdorf,
Ostpr. 3.4.13). Vers-Epik, Satire.

V: Brimborium, Satir. G. 73; D.
Sündenball, Vers-Epos 76; D.
verwandelte Franzel, Vers-Epos 78; Die
Verschaukelten, Vers-Epos 80; Sohle
Acht, Erz. Dichtung 81; Die Traum-
fabrik, Erz. Dichtung 82.

Jourdan, Eveline *

Jourdan, Johannes, Pfarrer; VS;
Jakob-Jung-Str. 31, D-6100 Darmstadt-
Arheilgen, Tel. (06151) 371190 (Kassel
10.5.23). Lyrik.
V: Sein Schrei ist stumm, G. zum
Thema Frieden 70; Ehre sei Gott in der
Tiefe, G. zum Kirchenjahr 73; Vertikale
Horizonte, G. 73; Mein Leben ist Gnade
77; Auf IHN hofft mein Herz 78; Gott
kommt zu uns 79, alle drei Bild-Text-
Bde; Kinderliederbuch 82; Antwort bin
ich, G. 83.
MA: Das unzerreißbare Netz 70; Gott
im Gedicht 73; Nichts und doch alles
haben 76.
H: Du hast mich wunderbar geführt,
Biogr. 80; Ostern ist immer, rel. Anth. 81;
Ich freue mich, Liederb. 81; Frieden und
noch viel mehr, rel. Anth. 82. –
MH: Unser Lied, Liederb. 76; Rufe, relig.
Anth. 79, II 81.
S: Paulus-Oratorium 72; Noah-
Oratorium 74; Also hat Gott die Welt
geliebt, Kantate 75; Petrus-Oratorium
76; Jesus lebt, Kantate 76; Marien-
Oratorium 76; David – Oratorium 78;
Johannes – Oratorium 79; Hoffnung
für alle 80; Martin-Luther-Oratorium 82;
Ja-Nein-Ja, Kinderl. 83; Hallelujah mit
Händen und Füßen 83; Alle meine
Sorgen werfe ich auf dich 83; Antwort
bin ich, J.J. liest seine G. 83; Herbei, o
ihr Gläubigen, Europ. Weihnachtslieder
83.
MUe: Johnny Cash: Der Mann in
Schwarz 75.

Jovy, Dietmar, Arzt; BDSÄ;
Rhöndorferstr. 12, D-5300 Bonn 2, Tel.
(0228) 343909 (Gladbeck 11.5.23). Lyrik,
Novelle. **Ue:** E, G (Ngr).
V: Bildergedichte, Lyrik 75;
Dominospiele, Lyrik 78.
MA: Lyrik dtspr. Ärzte d. Gegenwart,
Anth. 71; Alm. dt. Schriftstellerärzte 79,
81, 82; Einkreisung, Anth. 82.

Juchum, Frieda *

Jud, Guido, Sekundarlehrer; SSV 82;
Hauptstr. 64, CH-4434 Hölstein, Tel.
(061) 971267 (Schänis 21.10.28). Roman,
Essay.
V: Kampf um Bello 65; Ein Toter jagt
den Mörder, R. 65; Die vier Spürnasen,
Jgdb. 82.

Judenmann, Franz, Oberlehrer, Stadt-rat; RSG 61; Wieshuberstr. 5, D-8400 Regensburg (Mintraching 16.3.27). Roman, Kinderbuch, Kurzgeschichte, Glosse.
V: Bagatelle in braun, R. 64; Das Wunder im Zitronenbaum, Kinderb. 69.
H: Das dreistöckige Trara 59; Das vierstöckige Trara 60, beides Stilblüten-samml. ( )

Juds, Bernd, Schriftsteller; VS 71; Potsdamer Chaussee 31B, D-1000 Berlin 38, Tel. (030) 8012691 (Berlin 15.5.39). Funkerzählung, Hörstück, Feature, Lyrik, Aphorismen, Straßen-theater, Wortschäden. **Ue:** E, F, P, Serbokroat, I, S, G (Ngr), L.
MV: Am Bitterfelder Weg u. weiter westlich — Deutsche Lyrik, analysiert und kritisiert in: H. Abich: Versuche üb. Deutschland 70; Gedichte und Aphorismen in Stierstädter Gesangbuch 68; Schaden spenden 72.
H: MH: Berliner Blätter, Zs. 69/70.
R: Stichwort Sao Paulo, Kinderhsp. 55; Schiesst sich's mit Dwinger leichter?, Feature 67; Wem gebührt eine Land-schaft?, Hörst. 68; Halbstadtrundfahrt 69; Bären, Befreit, Bosnafolklor 70, 71; Slawen an der Spree 70; Na Chwileczkę bei "Himmlerstadt", Hörstück 72; Die große Ostermär vom Ostermarsch, Hörsp. 72; Zähl mal bis 501, Hsp. 72; Atatürk, Kunststoff, Goldbronziert 73; Forst 74, alles Hörst.; Ein noch unge-ahntes Fest, Funkerz. 70; Abschied von Meinemberlin, Lyrikzykl. 70; Vier Reisen zu entferntesten Inseln, Hör-prosa 70; Olymp(i)ade!, Lyrikzykl. 71; Die Reihen fest geschlossen — Dass es nur so kracht, Hf. 80; ... und deutscher Sang, Sprechst. 79; Später am Kreuzberg, Erz. 82; Insel, Hörst. 83; Indianer, Hörst. 83.
Ue: Momir Vojvodić: Aus den Quellen meiner Berge, G. u. Aphor. 82.

von Jüchen, Aurel, Pfarrer; VS 60; Brüder-Grimm-Pr. d. Ldes. Berlin 63; Andréezeile 31 E, D-1000 Berlin 37, Tel. (030) 8153609 (Gelsenkirchen 20.5.02). Lyrik, Essay, Kinderbuch.
V: Volk in der Kelter, G. 45; Sehet welch ein Mensch, G. 56; Was die Hunde heulen. Ein Rußlandber. 58, 64 (auch holl.); Die Christenheit zwischen den Übeln 59; Seltsame Reportagen. Gespräche mit der stummen Kreatur 59, 62; Gespräch mit Atheisten 62; Mit dem Kommunismus leben? 63; Atheismus in West und Ost 68; Politische Diakonie 70; Die Reise nach Bethlehem 66, 76 (auch

engl.); Die Heilige Nacht 68, 76 (auch engl., amerik., dän., schwed., afrikaans); Wer mit d. Teufel frühstücken will 74. — **MV:** Gelebte Wahrheit 76; Gott begegnet Dir alle Tage, Christl. Sprichwörter 80; Jesus Christus und die Tabus der Zeit 81; Die Kampfgleichnisse Jesu 81; Tabuthema: Tod 83.

Jünger, Ernst; Kulturpreis d. Städte Goslar 55, Bremen 56, Gr. Bdesver-dienstkreuz 59, Ehrengabe d. Kultur-kreises i. Bdesverb. d. dt. Industrie 60, Immermannpreis der Stadt Düsseldorf 65, Straßburg-Pr. d. Stift. FVS 68, Frhr-vom-Stein-Medaille in Gold 70, Schiller-Pr. des Ldes Baden-Württ. 74, Aigle d'or Nizza 77, Verdienstorden d. Ldes Bad.-Württ. 80, Gold. Med. d. Humboldt-Ges. 81, Prix Europa-Littérature der Fondation Internationale pour le Rayonnement des Arts et des Lettres 81, Prix Mondial Cino-del-Duca 81, Goethe-Pr. d. St. Frankfurt/Main 82, D-7945 Langenenslingen/Württ. 1, Wilflingen (Heidelberg 29.3.95). Roman, Erzählung, Essay, Tagebuch.
V: In Stahlgewittern 20; Der Kampf als inneres Erlebnis 22; Das Wäldchen 125 25; Feuer und Blut 26; Das aben-teuerliche Herz 29, 38; Der Arbeiter 32; Blätter und Steine 34; Afrikanische Spiele 36; Auf den Marmor-Klippen 39; Gärten und Straßen 42; Myrdun 43, 48; Sprache und Körperbau 47; Atlantische Fahrt 47; Der Friede 48; Ein Insel-frühling 48; Strahlungen 49; Heliopolis 49; Über die Linie 50; Der Waldgang 51; Besuch auf Godenholm 52; Der Gordische Knoten 53; Das Sanduhrbuch 54; Am Sarazenenturm 55; Rivarol 56; Gläserne Bienen 57; San Pietro 57; Serpentara 57; Jahre der Okkupation 58; Mantrana 58; An der Zeitmauer 59; Ein Vormittag in Antibes 60; Sgraffiti 60; Der Weltstaat 60; Das spanische Mond-horn 62; Der Baum 62; Fassungen 63; Sturm 63; Typus, Name, Gestalt 63; Grenzgänge 66; Im Granit 67; Subtile Jagden 67; Zwei Inseln 68; Federbälle 69; Lettern und Ideogramme 69; Ad hoc 70; Annäherungen 70; Sinn und Bedeu-tung 71; Die Zwille 73; Zahlen u. Götter. Philemon u. Baucis 74; Ausgewählte Erzählungen 75; "Werke" in 10 Bänden 65; Eumeswil 77; Sämtl. Werke in 18 Bden 78ff.; Siebzig verweht 80, 81 II, Übers. in 15 Sprachen.
MH: Antaios, Zs. 59 — 71.
Lit: Karl O Paetel: Ernst Jünger, Weg und Wirkung 49; Gerhard Nebel: Ernst Jünger. Abenteuer des Geistes 49; Ger-

hard Loose: Ernst Jünger, Gestalt und Werk 57; Armin Mohler: Die Schleife, Dokumente zum Weg von Ernst Jünger 55; Gisbert Kranz: Ernst Jüngers symbolische Weltschau 68; Thomas Kielinger: Die Thematisierung des Essays. Zur Genese von Ernst Jüngers Frühwerk 70; Veronica M. Wood: The Paradox of Ernst Jünger 71; Banine: Portrait d'Ernst Jünger 71; Helmut Konrad: Kosmus - Politische Philosophie im Werk Ernst Jüngers 72; Ulrich Böhme: Fassungen bei Ernst Jünger 72; Gerhard Loose: Ernst Jünger 74; Marjatta Hietala: Der Neue Nationalismus in der Publizistik Ernst Jüngers 75; Volker Katzmann: Ernst Jüngers Magischer Realismus 75; La Table Ronde: Cahier Ernst Jünger 76; Hans Peter des Coudres: Bibliographie der Werke Ernst Jüngers 70, 75; Christiane van de Putte: De Magisch-Realistische Romanpoëtica in de Nederlandse en Duitse Literatuur 76; Karl Heinz Bohrer: Die Ästhetik des Schreckens 78; Joëlle-Anne Becheler: Vergleich zwischen Ernst Jünger und Julien Gracq 73 u.v.a.

Jüngling, Armin, Dr. med., Arzt, Schriftsteller u. Journalist; BJV 65, VS 68, BDSÄ 69, RSG 72; Lyrikpr. d. Münchner Studentenschaft 30; Podium 70 76; Jos.-Aberger-Str. 9, D-8218 Unterwössen (Kiel 5.4.09). Lyrik, Roman, Kurzgeschichte, Anthologie. Ue: E.
V: Die Brücke, G. 30; Gott mit dir du Land der Bayern, R. 69; Die Strohpuppe, Kurzgesch. 73; Nachtklavier, Lyrik 75; Gold von Wössen, hist. Erz. 75; Landschaftsimpressionen, Lyrik 76; Die Traumreise, R. 77; Bundwerk am Bauernhaus des Chiemgaues, Sachb. 78; Fuß ab für Napoleon, G. 79; Selbstgespräche zu zweit; Haben Sie Interesse an Piranesi?, Kurzgesch. 82. — **MV:** Eine Hand ist kein Jawort, Lyr. u. Prosa 80.
H: u. MH: Lyrik deutschsprachiger Ärzte der Gegenwart, Anth. 71; Prosa deutscher Ärzte, Anth. 74; Lyrik Heute, Anth. 75; Dialektlyrik deutscher Ärzte, Anth. 76; Weihnachtsgeschichten deutscher Ärzte, Anth. 76; Schein und Wirklichkeit, Anth. 77; Wortgewichte, Anth. 78; Almanach deutscher Schriftstellerärzte seit 78.

Jürgen, Anna, s. Müller-Tannewitz, Anna.

Jürgens, Anne Marie; VS; Bismarckstr. 12, D-3300 Braunschweig,

Tel. (0531) 337459 (Braunschweig 24.5.97). Lyrik, Essay, Novelle.
V: Vom Wundergarten der Jugend, G. u. Nn. 19; Pagenlieder, G. 21, 24. ( )

Jürgens, Martin; 1. Pr. Tübinger Lit.-Wettbew. 70; Ludgeristr. 35, D-4400 Münster/Westf. (Braunsberg 30.1.44). Lyrik, Prosatexte, Hörspiel, Essay. Ue: E.
V: Fortgang, Lyrik 66. — **MV:** Ästhetik und Gewalt, m. Wolf Lepenies, Karin Schrader-Klebert u. Rüdiger Stiebitz, Ess. 70.
MH: Kunst u. Kultur d. demokrat. Chile 77.
R: Motz 65; Schmale Tage 66, beides Hsp.
MUe: Ho Tschi Minh: Gefängnistagebuch 70 (nach d. engl. Übers. v. A. Palmer ins Deutsche übertragen). ( )

Jürgensen, Helke, s. Peter, Alice.

Jüssen, Anne *

Jütting, Ruth Maria; FDA 82; Sperlingsgasse 8a, D-3340 Wolfenbüttel, Tel. (05331) 75980 (Braunschweig 30.3.22). Lyrik, Kurzgeschichten.
V: Geschenkte Zeit 80; Asche ist Staub aus verglühtem Verzicht 81; Alltagsblüten 81, alles Lyr.
MA: Lyrik u. Prosa vom Hohen Ufer I 79, II 82; Signaturen 81; Ganz prosaisch 81; Gauke's Jb. 82 83; Auch im dunklen Raum 82; Die Zeit tropft von den Zweigen 82; Und wenn der Wind geht 83; Verse im Winde 83; Ansichtssachen 83, alles Anth.

Juhls, Regine, Goldschmiedin, N-9520 Kautokeino (Lötzen/Ostpr. 6.7.39). Lyrik.
V: Tapferer Versuch Leichtsinn vorzutäuschen, G. 79; Nachtsonnen Mondmittage, Lyr. aus d. Tundra 79. ( )

Juhnke, Harald, s. Juhnke, Harry.

Juhnke, Harry (Ps. Harald Juhnke), Schauspieler; Richard-Strauss-Str. 26, D-1000 Berlin 33 (Berlin 10.6.29).
V: Die Kunst ein Mensch zu sein, Biogr. 80, Tb. 81; Alkohol ist keine Lösung 82. ( )

Juhr, Jutta, Familienmanagerin; Rather Kirchweg 8, D-5000 Köln 91, Tel. (0221) 864482 (Ballenstedt/Harz 24.11.26). Jugendbuch.
V: Die Kraftprobe, Jgdb. 78; Mirka — ein Hund u. seine Familie, Familienlektüre 80.

Juhre, Arnim, Journalist; VS 53, P.E.N.-Club; Jahresstipendium d. C. Bertelsmann-Stiftg. 55/56; Kampchaussee 4, D-2050 Hamburg 80,

Tel. (040) 7243834 (Berlin 6.12.25). Drama, Lyrik, Novelle.
V: Das Salz der Sanftmütigen, Erzn. 62; Die Hundeflöte, G. 62; Das Spiel von der weißen Rose, dramat. Ber.; Spiele f. Stimmen 65; Singen um gehört zu werden, Werkb. 76; Wir stehn auf dünner Erdenhaut, G. 79.
H: Freundschaft mit Hamilton, Erzn. 62; Die Nacht vergeht; Reise nach Bethlehem, Weihnachtsgeschn. aus unserer Zeit 63, 67; Strömungen unter dem Eis, polit. Geschn. 68; Die Stimme in der Weihnachtsnacht, Erzn. 78; Geboren auf dieser Erde, Schriftsteller erzählen bibl. Geschn. 82. − **MH:** Almanach für Literatur und Theologie 67 − 75; Wir Kinder von Marx und Coca-Cola, G. d. Nachgeborenen 71.
S: Die Arbeiter im Weinberg 67.

Jun-Broda, Ina, s. Broda, Ina.

Jundt, Jonas, s. Häßlin, Johann Jakob.

Jung, Cläre M., Redakteurin; SDA 49, SV-DDR 53; Prenzlauer Allee 113, DDR-1055 Berlin, Tel. 5665510 (Berlin 23.2.92). Roman, Essay, Lyrik, Prosa, Fernseh- u. Hörspiel.
V: Aus der Tiefe rufe ich 46; Unvollendete Liebe, Szenenfolge 65. −
MV: Journalisten im antifaschistischen Widerstand 66. ( )

Jung, Else, s. Lindemann, Else.

Jung, Ernst Felix, StudDir. i.R.; Lutonstr. 9, D-5060 Bergisch Gladbach 2, Tel. (02202) 33547 (Köln 19.8.10). Roman, Jugendroman, wiss. Sachbuch.
V: Sie bezwangen Rom, wiss. Sachb. 76; In den Krallen d. röm. Adlers, Jgd.-R. 78; Der Weg ins Jenseits 83.

Jung, Gerhard A., Postamtsrat; Johann-Peter-Hebel-Pr. 74, Hebel-Plakette 73, Pr. für Mdastücke 57, 64, 69, 73, Volkstheaterpr. d. Ldes Bad.-Württ. 78, Pr. f. Mdastk 78; Obermattweg 11, D-7850 Lörrach, Tel. (07621) 45100 (Zell/Wiesental 10.8.26). alem. Mundart, Lyrik, Prosa, Bühnenstücke, Hörspiele.
V: D Heimet uf em Wald 60; Schmecksch de Brägel 66; Wurzle un Blatt 68; Bettmümpfeli 71; Wo ane gohsch 73; Rutsch e Bizzeli nöcher 77, alles G. u. Prosa in alem. Mundart; Uf de Schwelle, m. hochdt. G. 80; Loset, wie wär s? 83; Proscht Gürgeli, m. eig. Liedern 83.
R: Do häsch dr Prägel 56; Dr gizig Friidli 57; Jede unter uns 59; Vom Pflueg zum Webstuehl; Die Weberischen; De Italiener; Goht de Allgaier in Pension?; Arbetslos un keini

Zwanzig. Mir Wälderlüt, alles Mundartsp.
S: Alles was schön isch 75; Gedichte und eigene Lieder (vom Dichter selbst gesprochen u. gesungen).

Jung, Hermann (Ps. Erich von Ehrenfels-Meiringen); Silbermed. d. Gastronom. Akad. Dtld, Frankfurt a.M. 78, Dt. Weinkulturpr. 81; Ostring 17, D-8780 Gemünden a.M., Tel. (09351) 1791 (Rheinbrohl 12.8.01). Roman, Novelle, Kurzgeschichte, Reportage, Essay.
V: Die Vogelfreien der Bönninghardt, Schwänke 29, 81; Wenn man beim Wein sitzt 43, 51; Por que perdió Hitler la guerra 45; Der lachende Wein, Anekdn. 53; Gambrinus, ein fröhl. Bierb. 53; Unsterblicher Bacchus 55; Arabien im Aufbruch 58; Treibhaus Westindien, Millionäre, Bettler, Diktatoren 59; Wein in der Kunst 61; Landschaft am Niederrhein 62; Traubenmadonnen und Weinheilige 64, 72; Visitenkarten des Weins 66; Der Fetzer 66, eine Räuberschnurre; Bier in Kunst und Brauchtum 66, 70; Närrische Volkskunst 70; 3000 Jahre Bocksbeutel 70; Ullstein-Autographenbuch 71; Trinke und lebe 73; Wein-Exlibris 73; Der Bocksbeutel im Wandel der Zeit 75; Der Rheinische Leckerfreß 76. − **MV:** Berühmte Orientteppiche aus historischer Sicht 69.
H: Rheinland, wie es lacht 71.

Jung, Jochen, Dr., Verlagslektor; Kleingmainergasse 26, A-5020 Salzburg, Tel. (0662) 45455 (Frankfurt a.M. 5.1.42).
V: Mythos und Utopie. Zu Werk u. Poetik Wilhelm Lehmanns 75.
H: Märchen, Sagen u. Abenteuergeschichten auf alten Bilderbogen neu erzählt v. Autoren unserer Zeit 74; Glückl. Öst. Lit. Besicht. eines Vaterlandes 78; Deutschland, Deutschland. 47 Schriftsteller aus d. BRD u. d. DDR schreiben üb. ihr Land 79, alles Anth.; Ich hab im Traum die Schweiz gesehen 80; Vom Reich zu Österreich. Kriegsende und Nachkriegszeit in Österreich erinnert von Augen- und Ohrenzeugen 83.

Jung, Reinhardt, Journalist; VS; Auswahlliste Dt. Jgdb.pr. 77, Autorenpr. "Mit Kinderaugen sehen" Stadt u. Stadtjgdring München 79; Am Riedenbach 5, D-4500 Osnabrück, Tel. (0541) 56505 (Darmstadt/Hessen 29.4.49). Erzählung, Lyrik, Hörspiel, Kurzgeschichte, Theater.
V: Carlos u. d. Wellblechkinder, Kinderb., Erz. 75, 81; Gita im Loch, Kinderb., Erz. 76, 82; Parole: Kandis

öffnet die Augen, Kinderb., Erz. 77;
Circus Arm, Theaterst. 78, 81; Stimmen
aus d. Berg, Jgdb., Dok. 79, 83; Kleine
Hände — Kleine Fäuste, Jgdb., Dok. 83.
B: Umarmungen 80. — **MA:** Kinder in
der III. Welt 79; Kein schöner Land 79,
82; Berliner Hefte Nr. 13 80; Weckbuch
79; Anders als die Blumenkinder 81;
Friede — mehr als ein Wort 81; Heilig
Abend zusammen 82; Ihr seid groß und
wir sind klein 83.
H: Y mando sea grande, Dok. 82;
Muchacha, Dok. 83.
R: Monolog 78; Kleine Hände 82; Den
letzten beißen die Hunde 82; Puppe
kaputt 83.
S: Lieder aus dem Müll 70.

Jung, Robert (Ps. L. R. Roberts, Allan
G. Fortridge, Lorenz Amberg),
Redakteur; Kulturpr. d. Ortenau
(Baden) 59; Lit. Ges. Altona bis 35; Fritz-
Reuter-Str. 33, D-2980 Norden/Ostfriesl.,
Tel. (04931) 2448 (Altona 26.3.10). Roman,
Novelle, Zeitungsroman, Satire, Funk-
sendung (Kultur).
V: Das verlorene Gesicht 77.
R: Kulturelle Wortsendungen.

Jung, Thomas, c/o R. G. Fischer-Verl.,
Frankfurt a.M..
V: Sanduhrwende, G. 82. ( )

Jungbluth, Ulrich Herbert, s. Müller-
Jungbluth, Ulrich.

Junge, Kurt, Rentner; Verdiensturk.
U. delle Arti Salsomaggiore, Ital. 82;
Otto-Grotewohl-Str. 30, DDR-8900
Görlitz (Görlitz 19.3.10). Heitere Kurz-
geschichten in Oberlausitzer Mundart.
V: Wie's de Goarbe gibt, Geschn. in
Oberlausitzer Mundart I 60, II 69, III 82.

Junghans, Marianne; VS, IGdA, RSG,
WAV; Pr. Wettbew. Das betroffene
Metall 74, Zwei Menschen 76, Mauern
77, Förderpr. f. Lyrik d. Stadt Osnabrück
78, Hans-Huldreich-Büttner-
Gedächtnispr. d. Kr. d. Freunde Dülmen
79, Karl-Friedrich-Koch-Plak. 80, 1. Pr.
Preisausschr. f. Lyriker (K. Urban) 81,
Silb. Senfkorn (Haiku) 82; Lit. Gr.
Osnabrück, Krefelder Autorinnenclub,
Freundeskr. Düsseldorfer Buch, Christl.
Autorinnen Gr.; Laschenhütte 45, D-
4145 Tönisvorst, Tel. (02151) 790745
(Krefeld 15.5.23). Lyrik, Erzählungen,
Roman.
V: Wacht auf, Lyrik 65; Kreuzweg,
Lyrik 66; Man nennt mich Lassie, Erz.
67; Doch du in allen Dingen, Lyrik 70;
Lampions am Brückenbogen, Lyrik 75;
Station Vita, Erz. 76; Muscheltraum u.
Sternengesang, Lyrik 78 u. 79; Alle

atemlosen Spiele, Lyr. 80; Hinter dem
Glasberg, Lyr. 82; Da steht der
Gänsedieb, R. 83. — **MV:** Aus den
Gebirgen der Schwermut ins große
Crescendo, Partnerb. m. J. Schwalm,
Lyr. 77.
MA: Bei mehr als 50 Anth.
R: Mit den Zugvögeln unterwegs, Lyr.
83.
Lit: Wilh. Bortenschlager: Dt. Lit.
Gesch. II 78; Spektr. d. Geistes 78;
Gisbert Kranz: Lit. u. Leben, Das Bild-
gedicht II 81.

Jungheim, Hans, Schulamtsdirektor;
VS 81; Drosselweg 49, D-5042 Erftstadt,
Tel. (02235) 6149 (Bonn 13.6.27).
Erzählung, Lyrik, Roman.
V: Nelly und die Jungen von Mirabell,
Kdb. 80; Der Mann aus der Kugel, Kdb.
81; Nachruf, R. 83.

Jungk, Peter Stephan, Schriftsteller;
Literar-Mechana; Hsp. d. Monats Dez.
79, Dt. Akad. d. Bild. Künste; Untere
Donaustr. 35, A-1020 Wien, Tel. (0222)
242648 (Santa Monica, Kalifornien/USA
19.12.52). Drama, Prosa, Essay, Film,
Hörspiel.
V: Stechpalmenwald, Kurzgeschn. 78;
Rundgang, R. 81. — **MV:** Erzähler des S.
Fischer Verlages, 1886-1978 78; Ernest
Hemingway: Schnee auf dem
Kilimandscharo (Nachw.) 79.
R: Oktave, Hsp. 79; Suchkraft, Hsp. 83.

Jungk, Robert (auch Jean Pierhal)
(Ps. f. Robert Baum), Dr. phil., Hon.Prof.;
VS 43; Joseph-Drexel-Preis f. Publizistik
60, Prix Intern. de la Paix Brüssel 62,
Bölsche Med. 70, Dt. Naturschutzpr. 78;
Steingasse 31, A-5020 Salzburg, Tel.
(0662) 75127 (Berlin 11.5.13). Reportage.
V: Die Zukunft hat schon begonnen,
Rep. 52, 70; Albert Schweitzer, das Leben eines guten Menschen 54, 55; Heller
als tausend Sonnen 56, 70; Strahlen aus
der Asche 59, 69; Die große Maschine 66,
69; Vom blinden zum wissenden Fortschritt 69; Der Jahrtausendmensch 73;
Plädoyer für eine Humane Revolution.
Ein Gespräch 75; Der Atomstaat 77;
Menschenbeben 83. — **MV:** Wie leben
wir morgen? 57; Zukunftswerkstätten
81.
MA: Könnte Österreich überleben? 64.
H: u. **MV:** Off Limits für das Gewissen
61; Modelle für eine neue Welt, Reihe 64,
65; Menschen im Jahr 2000 69; Mensch-
heitsträume 69; Technologie der
Zukunft 70; Der Mensch hat erst
begonnen 73. — **MH:** Terrassenturm

und Sonnenhügel 70; Enzyklopädie der
Zukunft 78.
R: Europa - Richtung 2000,
Dokumentarfilmserie 63.

Jungmann, Anna (Ps. Anna
Jungmann-Wilhelmi); Hübnergass 5, A-
5010 Salzburg (Wien 16.12.91). Roman.
V: Wildwasser; Der Hallgraf, histor. R.
78.

Jungmann-Wilhelmi, Anna,
s. Jungmann, Anna.

Jungnickel, Rudolf, Publizist, Herausgeber Dt. Informationen; VS;
Podbielski-Allee 78 (Luisenstiftg.), D-
1000 Berlin 33, Tel. (030) 8312061-31
(Frankfurt/M. 3.2.32). Drama, Essay,
Lyrik, Hörspiel.
V: Heinrich von Kleists Tod, G. 47; Im
Schatten des Kaisers, Dr. 47; Ich will
Euch sagen, was nottut, Reden, Aufs. u.
Ess. 48; Der Weg zum Vesuv, Trilogie;
Gewissen und Gewalt, Dr. 55; Die
Schaukel - oder: Das Mädchen aus
Caen, Sch. 66; Das Vermächtnis des
Traumtänzers Thomas Küssengel. Eine
dt. Chronik.
H: Stirb und Werde, Jgd.-Mschr. 46.
R: Ein Gespenst geht um, Hsp 63. ( )

Jungo, Michael, Prof., Dr. phil.; O.S.B.;
Mitgl. d. SSV; Stift, CH-8840 Einsiedeln
(Freiburg/Schweiz 26.6.17). Novelle,
Jugendbuch. **Ue:** F.
V: Die verborgene Krone, Lebensgesch. d. Dorothea v. Flüe 55, 64 (auch
franz., ital.); Samen im Wind 58, 59; Pfad
zu Gott 60; Die Drehscheibenschule/la
scuola a due uscite 72.
Ue: Guy de Larigaudie: Etoile au
grand large u. d. T.: Stern auf hoher See
50, 54; Genoveva Gallois: Das Leben des
kleinen heiligen Placidus 55, 64; Charles
Baudouin: Psychoanalyse des religiösen
Symbols, m. Hildebrand Pfiffner 62;
Giuseppe Buono: Bernarda
Heimgartner 75. ( )

Junker, Helmut; Lerchenfeldstr. 24,
D-3500 Kassel 1 (Bergzabern/Pf. 10.4.34).
Roman.
V: Entscheidung am Tipuani, R. 60;
Barfuß nach Bombay. Vom Schicksal
indischer Bettlerkinder 62, 80; Der
Mantel d. Hiu Tsang, e. Erz. aus d.
Himalaya 64; Bleib nicht in Kerfahan
67; Hinter den Fronten 69; Anna, R.
81. — **MV:** Ein Mann ohne Klasse, m. J.
Link 79. ( )

Junker, Hermann *

Junker, Werner, Lehrer; Lerchenhain
1, D-8700 Würzburg, Tel. (0931) 75590

(Günzburg 16.5.49). Erzählung, Roman,
Lyrik, Filmdrehbuch.
V: Erziehung im Nebel, Erz. 82.

Jurgensen, Manfred, Dr. phil., Prof.,
Verleger; Intern. P.E.N. 81; Fellowship of
Australian Writers, Alexander von
Humboldt-Stift. 72; Dept. of German,
Univ. of Queensland, Brisbane/Queensland/Australien, Tel. (07) 3716166 (Flensburg 26.3.40). Lyrik, Roman, Literaturkritik. **Ue:** E.
V: Stationen, G. 68; Symbol als Idee
68; Max Frisch: Die Dramen 68, 76;
aufenthalte, G. 69; signs and voices, G.
72; Max Frisch: Die Romane 72, 76;
Deutsche Literaturtheorie der Gegenwart 72; Wehrersatz, R. 72; Über Günter
Grass 74; a kind of dying 76; Das
fiktionale Ich 77; break-out, N. 77; a
wintter's journey 79; south africa transit
79; Innere Sicherheit 79; Erzählformen
des fiktionalen Ich 80; Thomas
Bernhard: Der Kegel im Wald oder "Die
Geometrie der Verneinung" 80;
Ingeborg Bachmann: Die neue Sprache
82; Deutsche Frauenautoren der Gegenwart 83; The Skin Trade, G. 83;
Versuchsperson 83, The Unit, Dr. 83.
MA: Gerhard Knapp: Max Frisch,
Aspekte des Bühnenwerks 79; ders.:
Max Frisch, Aspekte des Prosawerks 78;
Erzählung u. Erzählforsch. im 20. Jh. 81;
Für und wider eine österr. Literatur 82;
Propyläen Geschichte der Literatur VI
82; Perspectives on Max Frisch 82.
H: Grass. Kritik-Thesen-Analysen 73;
Böll. Untersuchungen zum Werk 75;
Frisch. Beiträge zum 65. Geburtstag 76;
Handke: Ansätze — Analysen — Anmerkungen 79; Bernhard.
Annäherungen 82; Frauenliteratur.
Autorinnen — Perspektiven —
Konzepte 83.
Ue: Lyrik v. Francis Webb.

Juritz, Hanne F., Schriftstellerin; VS
(Vorsitz. Hessen); Pr. v. S. Fischer-Verl.
im Leporello-Wettbew. 71, Leonce- und
Lena-Pr. f. Lyrik 72, Reisestip. d. Ausw.
Amtes 76, Georg-Mackensen-Pr. 78, Pr.
d. Schüler f. d. besten dt. Text 79;
Kennedystr. 25, D-6072 Dreieich, Tel.
(06103) 81347 (Straßburg 30.8.42). Lyrik,
Kurzgeschichte, Erzählung, Essay,
Roman, Drama.
V: Nach der ersten Halbzeit, G. 73; Nr.
2, G. 75; Flötentöne, G. 75; Landbeschreibung, G. 75; Gedistel, G. 75;
Spuren von Arsen zwischen den Bissen,
G. 76; vorzugsweise: wachend. G. 76;
Dichterburg Dichterkeller Dichterberg
Dichterhain, B. üb. Begegn. m. zeit-

genöss. Schriftstellern 76; Schlüssel-
löcher, G. 77; Ein Wolkenmaul fiel vom
Himmel, G. 78; Sieben Wunder!, G. 78;
Der Paul, G. 79; Die kleinen Nadeln, G.
80; Die Unbezähmbarkeit der Piranhas,
ges. Erzn. 82.

MA: Almanach 86 72; tandem 1, 2, 3, 4
: 74, 76, 78, 80; Dimension 74; Mundus
Artium 74; Ich bin vielleicht du 75;
Literarisches Leben (Zycie Literackie)
75; Neue Expeditionen, Deutsche Lyrik
75; Die Begegnung 75; ZET-Hefte 73 –
75; Neue Texte z. Lage in d. BRD 76; Der
neue Egoist 76; Bewegte Frauen 77;
Gedichte von Frauen 78; Liebesgedichte
78; Jahrbuch fürLyrik 79 (Ath.);
Jahrbuch der Lyrik 79 (Cl.); Neue
Literatur Bukarest 79;
Liebesgeschichten 79; Schnittlinien 79;
Das achte Weltwunder 79.

H: Tandem 1 74, 2 76, 3 78, 4 80; Zehn
junge rumänien-deutsche Dichter, Anth.
80. ( )

Just, Günther (Ps. JUSTUS),
Journalist und Schriftsteller; Bayer. JV.,
FDA München, VG Wort; Lindleinstr. 83,
D-8700 Würzburg (Falkenburg,
Pommern 24.7.23). Kinderfunk-
Hörspiele, Kurzgeschichten, Satiren.

V: Hans Kuddelmuddel; Pünktchens
Herzenswunsch; Theo der Träumer;
Klub der Detektive; Das Geheimnis der
alten Jagdhütte 72, alles Jgdb.; Hans-
Ulrich Rudel - Adler der Ostfront 72;
Die ruhmreichen Vier - Werner Mölders
- Hans-Joachim Marseille - Walter
Nowotny - Hans-Ulrich Rudel; Alfred
Jodl - Soldat ohne Furcht und Tadel;
Stuka-Oberst Hans-Ulrich Rudel -
Bilder und Dokumente, Bildbd. 74.

R: Der Klub der Detektive, Hsp.; Andy
und der Roboter, Hsp.; Der Drache
Fidibus, Gesch.; Gartenzwerg Balduin,
Gesch.; weit. Kinderfksend. ( )

Just, Gustav, Literarischer Über-
setzer; SV-DDR 73; Peter-Kast-Str. 46,
DDR-1199 Berlin-Adlershof, Tel. 6761301
(Reinowitz 16.6.21). Drama, Essay.
Ue: Tsch, Slow.

V: Karl Marx zu Fragen der Ästhetik,
Ess. 53; Marx, Engels, Lenin und Stalin
über Kunst und Literatur, Ess. 53; Das
schwedische Zündholz, Krim.-Kom. n.
Tschechow 64.

Ue: Rudolf Jašík: Die Toten singen
nicht 65; Klara Jarunková: Die Einzige

68, 70; Josef Toman: Nach uns die Sint-
flut 68; František Kubka: Karlsteiner
Vigilien 68; Vladislav Vančura:
Launischer Sommer 70; Jaroslav Hašek:
Drei Mann und ein Hai 71; Vladimír
Mináč: Haß und Liebe 72; Die Glocken
läuten den Tag ein 74; Lange Zeit des
Wartens 77; Eduard Petiška: Der Golem
73; Jiří Weil: Leben mit dem Stern 73,
74; Janko Jesenský: Tausch der Ehe-
partner 74; Ladislav Fuks: Der Fall des
Kriminalrats 74; Bohumil Říha: Kelch
und Schwert 74; Norbert Frýd: Die
Kaiserin 75, 76; Vladislav Vančura:
Dirnen, Gaukler, Advokaten 75; Jan
Otčenášek: Als es im Paradies regnete
75; Vladimír Neff: Königinnen haben
keine Beine 76; Ladislav Fuks: Die
Toten auf dem Ball 76; Vladimír Páral:
Der junge Mann und der weiße Wal 76;
Karel Čapek: Dramen 76; Jan Drda: Das
sündige Dorf; Josef Kajetán Tyl:
Schwanda der Dudelsackpfeifer;
Oldřich Daněk: Zwei auf dem Pferd,
einer auf dem Esel; Jan Jílek: Die
Schaukelkuh; Ján Kákoš: Von den drei
Schönheiten der Welt; Miroslav
Horníček: Einfach durchs Fenster; Ivan
Bukovčan: Ehe der Hahn kräht; Osvald
Zahradník: Solo für Schlaguhr; Štefan
M. Sokol: Die Familienfeier; Oldřich
Daněk: Der Krieg bricht nach der Pause
aus; Oldřich Daněk: König ohne Helm
77; Jaroslav Havlíček: Der Unsichtbare
77; Miroslav Horníček: Die
verheimlichte Geige 78; Jaromíra
Kollárová: Mein Junge und ich 77;
Kamil Bednář: Melodie der grünen Welt
78; Karel Čapek: Reisebilder 78; Emil
Dzvoník: Die verlorenen Augen 79;
Ladislav Fuks: Der Hütejunge aus dem
Tal 79.

Lit: Vermittler der tschechischen und
slowakischen Literatur (Börsenbl. f. d.
dt. Buchhandel 14) 79. ( )

Just-Dahlmann, Barbara, Dr., Dir. d.
Amtsgerichts; Meerwiesenstr. 53, D-6800
Mannheim, Tel. (0621) 812729 (Posen
2.3.22). Lyrik, Novelle, Essay.

V: Tagebuch einer Staatsanwältin 79,
4.Aufl. 81; Simon 80, 2.Aufl. 81; Der
Schöpfer d. Welt wird es wohl erlauben
müssen 80; Aus allen Ländern der Erde
82.

JUSTUS, s. Just, Günther.

K

Kaad, Gisa, s. Kaad, Gisela.

Kaad, Gisela (Ps. Gisa Kaad),
Hausfrau; Emanuel-Geibel-Str. 18, D-
2390 Flensburg, Tel. (0461) 57428
(Wilhelmshaven 14.5.27). Kinder- bzw.
Jugendbuch.
V: Ich komme wieder, Jgdb. 79; Ohne
Tiere geht es nicht, Jgdb. 80.

Kaas, Harald, Schriftsteller;
Förderungspr. z. Andreas-Gryphius-Pr.
79, Marburger Litpr. 80, Hsp. d. Monats
80; Hornstr. 24, D-8000 München 40, Tel.
(089) 3008267 (Eger/Böhmen 15.2.40).
Lyrik, Roman, Novelle, Essay, Hörspiel.
V: Uhren und Meere, Erz. 79.
H: Hermann Ungar: Die Ver-
stümmelten, R. 82.
R: Die Schlange auf dem Kurfürsten-
platz, Hsp.; Die Uhr liegt auf dem Tisch,
Hsp.; Zahlr. Features u. Radioess. zur
Lit., Philos. u. über Probleme der
Schizophrenie.

Kabisch, Alwin, Verlagsangest. i. R.,
Lektor; VS; Junge Akad. 64;
Süsterfeldweg 25, D-3500 Kassel W, Tel.
(0561) 313853 (Kassel 31.3.03). Roman,
Novelle, Lyrik. **Ue:** E, F.
V: Die Sklavin, R. 19; Lorenzo Magni-
fico, Biogr. 20; 's Marterl, Erz. 22; Das
Geheimnis des Bergtempels 38; Chitra,
N. 38; Du bist mein Kamerad, R. 39; Der
Schatz in der Teufelskanzel, N. 40; Das
Dorf der Frauen, R. 40; Der Ruf nach
dem Vaterland, N. 43; Krista, R. 49; Gift
in Frauenhänden, Tatsachenber. 49;
Herzen in Not, R. 50; Kreuzweg der
Liebe, R. 50; Wem gehört Dein Herz?, R.
50; Verlorenes Leben, R. 50; Zwischen
Haß und Liebe 50; Du sollst nicht has-
sen, Barbara, R. 51; Aufruhr um Steffy,
R. 51; Monika mit dem kalten Herzen, R.
52; Föhn über dem Grenzwald, R. 57;
Zwischen Schwarz und Braun, R. 59;
Das letzte Signal, R. 60; Die Erbin vom
Eichhof, R. 60; Ein Lied ruft Dich, R. 61;
Ich glaube an Dich, R. 62; Starke Her-
zen, R. 63; Der Berg des Schicksals, R.
64; Berghexe Pasquetta, R. 65; Amorosa
Mozart-N, N. 65; Die Söhne vom Einöd-
hof, R. 67; Berggeschichten, N. 70; Von
den kleinen Freuden des Lebens, N. 70;

An meine Freunde, Ess. 71; Von den
kleinen Freuden II. Bd 75.
R: Rebellion, Hsp. 70; Der Abgrund 76.

Kablitz, Ulrich, Verlagslektor, c/o
Deutscher Theaterverlag, Weinheim.
V: Das Dombaumeisterspiel 47;
Krippenballade 47, 50; Spielmann vor
der Kirchentür 48; Troßbuben 48, 50;
Kolonne Tobias 49; Friedensstraße 8 50,
51; Ali Baba und die 40 Räuber 50; Das
Oster,pflügen 51; Geschehen in Mar-
seille 52; Wi bauen einen Turm 53, 76;
Die Verleugnung 53; Das Nürtinger
Laurentiusspiel 55; An allem ist die
Katze schuld, grot. Dr. 81. — **MV:** Walter
Netzsch: K(l)eine Experimente 60.
Ue: Kaspar van Wildervank: De
Koningen, die wij zijn u.d.T.: Stern,
Spelunke und drei Narren 59; Een heer
op een terras u.d.T.: Ein Mann am Tisch
60; G. v. d. Graaf: Teg Logemann: Jan
Wit: In einem alten Lokal 60; Wim
Groffen: Unterwegs nach Brest 62. ( )

Kabus, Dieter B., Theolge; Martin-
Luther-Str. 1, D-6935 Waldbrunn 1-
Schollbrunn, Tel. (06274) 302 (Breslau
7.12.41). Christl. Jugenderzählungen,
Kirchengeschichtliche
Veröffentlichungen.
V: Fünf Geschwister auf der
Abenteuerburg 80, 4.Aufl. 83; Fünf
Geschwister lösen das Geheimnis der
Abenteuerburg 81, 3.Aufl. 83; Fünf
Geschwister im unheimlichen Schloß
81, 3.Aufl. 83; Fünf Geschwister im
geheimnisvollen Palazzo 82, 2.Aufl. 83;
Fünf Geschwister im rätselhaften
Herrenhaus 83, alles christl. Jgd.-Erz.

Kachel, Siegfried; Kahlenbergstr. 11,
D-5277 Marienheide, Tel. (02264) 7320
(Ruppichteroth, Rhein-Sieg-Kr. 25.7.47).
Lyrik.
V: Streicheleinheiten, G. 81.
MA: G. i. lit. Zss. u. Anth.

Kadletz, Sonja, Angestellte;
Birkenweg 2, D-8940 Liezen, Tel. (03612)
2282 (Liezen 8.3.21). Lyrik.
V: Ich für Dich, G.

Käfer, Brunhilde (Ps. Käfer-
Ettlmayr), Volksschulhauptlehrer i.P.;
Trattengasse 75, A-9500 Villach, Tel.

(04242) 24085 (St. Veit a.d. Glan 10.2.19).
Märchen, Spiele für Kinder, Lyrik.
V: Das Jahr ist um, das Jahr beginnt,
e. Spiel 76; Das Licht v. Bethlehem, e.
Weihn.sp. 76; Die Sonnenuhr zeigt
Mitternacht, M. 76; Gesang aus dem
Herzen, G. 80.

Käfer-Ettlmayr, s. Käfer, Brunhilde.

Kägi, Ulrich *

Kähler-Timm, Hilke *

Kämpfen, Werner *

Käning, Günter *

Kaesen geb. Mühlgrabner, Maria;
Gneisenbrunner Str. 81, D-8000
München 71, Tel. (089) 758998 (Gries bei
Bozen 11.8.01). Roman, Novelle, Kurzge-
schichte, Essay, Lyrik.
V: Das Haus Larch, R. 31; Der stille
Weg 39.
MA: Die sieben Jungen aus Öster-
reich, Nn. 30; Der frohe Kreis, Erzn. 39;
Der helle Klang, Erzn. 40; Der sonnige
Garten, Erzn. 41; Tapfer im Alltag, Erzn.
41; Selig sind des Friedens Wächter, Ess.
49; Der Mutter ein Kranz, Erzn. 50; Das
Leben meistern, Aufs. u. Erzn. 54. ( )

Käsmayr, Benno, Dipl. Oec., Verleger;
Rettenberger Str. 17, D-8901
Rettenbergen, Tel. (0821) 416033
(Gersthofen 5.4.48). Lyrik.
V: Gedichte 68; Do faregg 69.
H: Bücher die man sonst nicht findet
− Katalog der Minipressen 74/75 75, 76/
77 76, 78/79 79.

Kästle, Hermann, Autor;
Frohbergweg 5, CH-3012 Bern, Tel. (031)
231933 (Ravensburg 19.3.28). Jugendbuch, Lyrik, Religion.
V: Das Geheimnis der Feuernächte,
Jgdb. 64; An blechernen Näpfen, Gebete
u. Reflexionen im Gedichtform 77; Die
sieben letzten Worte Jesu, Meditat. u.
Gebetstexte 82.

Kätterer-Wild, Lisbeth, Lehrerin;
Jugendbuchpr. d. Schw. Lehrerver. u. d.
Schw. Lehrerinnenver. 79; Bündtenring
20, CH-4124 Schönenbuch, Tel. (061)
631764 (Basel 12.5.30).
V: Bauz, der Tüpfelkater 65, 3.Aufl. 82;
Gott und sein Volk, Geschn. v. Abraham,
Isaak u. Jakob f. d. zweite Schulj. 67,
3.Aufl. 78; Der Sohn Gottes, von Jesu
Taten und Reden 68, 3.Aufl. 78; Schwipp,
der kleine Seehund 71; Balduin, eine
Bärengesch. 74, 2.Aufl. 78; Cora, ein
junger Blindenführhund 77, 2.Aufl. 79
(auch dän.); Es schneit, drei Winter-
geschn. 79; Moses, Geschn. f. d. 3. Schulj.
81.

MA: Das Schaf des Hirtenbuben,
Weihnachtsgeschn. 73; Das Hirtenmädchen, Weihnachtsgeschn. 75; Der
kleine Esel, Weihnachtsgeschn. 78;
Lesen 2 79; Beppo, der Hirt 81; Weihnachten ist nahe 81; Eine Rolle für
Anna 82; Rahel, die kleine Bettlerin 83.

Käufer, Hugo Ernst, Dipl.-Bibliothe-
kar, Lektor, Städt. Büchereidirektor; VS
68, Die Kogge 68, P.E.N.-Club 74;
Lilienthalstr. 13, D-4630 Bochum, Tel.
(0234) 490713 (Witten-Ruhr 13.2.27).
Lyrik, Erzählung, Essay, Glosse,
Literaturkritik.
V: Wie kannst Du ruhig schlafen ... ?,
G. 58; Mensch und Technik im Zeichen
der zweiten industriellen Revolution 58;
Die Botschaft des Kindes, G. 62; Und
mittendrin ein Zeichen, G. 63; Das Werk
Heinrich Bölls, Ess. 63; Das Abenteuer
der Linie, Ess. 64; Spuren und Linien, G.
67; Käuferreport, G. 68; Der Dortmunder
Publizist Friedhelm Baukloh 72; Im
Namen des Volkes, G. 72;
Interconnexions/Bezugsverhältnisse, G.
75; Leute bei uns gibts Leute, G. 75;
Standortbestimmungen, Aphor. 75;
Rußlandimpressionen, G. 76; Unauf-
haltsam wieder Erde werden, G. 76;
Massenmenschen Menschenmassen, G.
77; Demokratie geteilt, G. u. Aphor. 77;
Stationen, ges. Texte 47 − 77; Wir, Ess.
77; So eine Welle lang, G. 79; Schreiben
und schreiben lassen, G. u. Aphor. 79;
Immer gibt es welche, G. 79; Auto-
biographische Notizen 80; Der Holz-
schneider Hap Grieshaber, G. 80;
Solange wir fragen, G. 80, Letzte Bilder,
G. 82.
MA: Verborgener Quell 50; Lyrik
unserer Zeit 57; Surrealismus 57; Lot-
blei 62; Weggefährten 62; Licht vor dem
Dunkel der Angst 63; Liebe, mensch-
gewordenes Licht 64; Du unsere Zeit 65;
Deutsche Teilung 66; Das ist mein Land
66; Spuren, Strukturen, Blues 66; Ein
Wort ins Herz der Welt 67; Agitation 69;
Anklage und Botschaft 69; Deutschland
Deutschland 69; Ein ganz gewöhnlicher
Tag 69; Thema: Arbeit 69; 25 Jahre
danach 70; Linkes Lesebuch 70; read in
70; Signaturen 70; Nix zu machen? 71;
Ortstermin Bayreuth 71; Schrauben
haben Rechtsgewinde 71; Ulcus Molles
Scenen-Reader 71; Geständnisse 72;
Satzbau 72; Chile lebt 73; Lit-Laden 73;
Revolution und Liebe 73; Sassafras
Blätter 4 73; Bundesdeutsch 74;
Denkzettel 74; Im Bunker 74; Kreatives
Literaturlexikon 74; Dome im Gedicht
75; Werkbuch 75; Jahrbuch I 76;

Tagtäglich 76; Federkrieg 76; Pro 27 77;
Jahrbuch 2 77; Frieden & Abrüstung 77;
Recht auf Arbeit 78; Prisma Minden 78;
Nachrichten vom Zustand des Landes
78; Autoren-Patenschaften 78; Arbeits-
gemeinschaft Tonband 78; Schnittlinien
für Hap Grieshaber 79; Jahrbuch für
Lyrik 1 79; Und wie ein dunkler
Schatten 79; Nicht mit den Wölfen
heulen 79; Über alle Grenzen hin 79; In
unserem Land 79; Jahrbuch für Lyrik 2
80; Jahresring 80/81 80; Grieshaber zu
Eningen 80; Her mit dem Leben 80;
Hoch schwebt im Laube 80; In Literis
80; Plesse Lesungen 80; Träume teilt der
Wind 80; Frieden: Mehr als ein Wort 81;
Der Frieden ist eine zarte Blume 81;
Poesiekiste 81; Frieden 82; Friedens-
Erklärung 82; Einkreisung 82; Komm,
süßer Tod 82; Krieg und Frieden 82;
Straßengedichte 82; Doch die Rose ist
mehr 82, alles Anth.; Der Romanführer,
6 - 17 56 - 83; Reclams Romanführer 2 - 4
63 - 68; Christliche Themen in der Lite-
ratur der Welt 1 - 2 64 - 65.
H: Beispiele Beispiele, Anth. 69;
Dokumente Dokumente 69; Anstöße I,
G. 70; Anstöße II, G. 71; Revier heute,
Anth. 72; Anstöße III, G. 73; Kurt
Küther: Ein Direktor geht vorbei, G. 74;
Nordrhein-Westfalen literarisch 2 − 4
74 − 75; Das betroffene Metall, Anth. 75;
Rose Ausländer: Gesammelte Gedichte,
76; Kurt Schnurr: Mitten im Strom, G.
76; Reinhart Zuschlag: Tagesgespräche
filtern, G. 76; Beiträge zur Arbeiter-
literatur 1 - 3 77 - 79; Soziale
Bibliotheksarbeit 82. − **MH:** Das neue
China 60; Afrika zwischen gestern und
morgen 62; Die Sowjetunion heute 65;
Nordamerika heute 67; Für eine andere
Deutschstunde, Anth. 71; Sie schreiben
zwischen Moers und Hamm, Anth. 74;
Sie schreiben zwischen Goch und Bonn,
Anth. 75; Sie schreiben zwischen
Paderborn und Münster, Anth. 77; Sie
schreiben in Gelsenkirchen, Anth. 77;
Sie schreiben in Bochum, Anth. 80; Im
Angebot, Anth. 82.
S: Auf der schwarzen Liste 81;
Deutscher Kulturspiegel 81.
Lit: Wir besuchen die Stadtbücherei
in Gelsenkirchen und sprechen mit dem
Direktor Hugo Ernst Käufer.

Kafitz, Franz, c/o Bläschke-Verl., St.
Michael, Öst.
V: Die Welt ist wunderbar, G. 83. ( )

Kafka-Huber-Brandes, Sophie-
Marlene (Ps. Sophie Brandes), Grafik-
designer; Am Blumenstrich 27, D-6903

Neckargemünd/Dilsberg (Breslau
30.3.43). Kinder-Roman, Bilderbuch.
V: Trinkmann's Traumreisen, Comic-
Bilderb. 74; Hauptsache, jemand hat
dich lieb, Kinder-R. 76, 78; Billie aus der
Altstadt, Kinder-R. 77, 78; Stiefelgasse
13, Bilderb. 77; Grünes Gras, erzähl mir
was, Geschn. 80; Einer wie Fledermaus
81. ( )

Kahl, Rolf *

Kahlau, Heinz, Traktorist; SV-DDR
56, P.E.N.-Zentrum der DDR; Literatur-
preis d. Min. f. Kultur d. DDR 54, Preis
d. Freundschaft d. IV. Weltfestsp. d. Jgd.,
Warschau, Heinrich-Greif-Pr. (DDR) 62,
Heinrich-Heine-Pr. (DDR) 63, Attila
Jószef-Med. (Ungarn) 63, Goethe-Pr. der
Stadt Berlin 71, Lessing-Preis (DDR) 72,
Johannes R. Becher-Pr. 81; Dietzgenstr.
27, DDR-1110 Berlin, Tel. 4830435
(Drewitz, Kr. Teltow 6.2.31). Lyrik,
Drama, Film, Hörspiel, Nachdichtung.
V: Hoffnung lebt in den Zweigen des
Caiba, Vers.-Erz. 54; Probe, G. 56; Heut
ernet man Lieder mit riesigen Körben.
50 chines. Volkslieder 62; Jones' Family.
Eine Groteske mit Gesang 62; Der Fluß
der Dinge, G. 64, 65; Mikroskop und
Leier, G. 64; Ein Krug mit Oliven,
Kinderst. 66; Der Gestiefelte Kater,
Kinderst. 68; Der Musterschüler,
Kinderst. 69; Poesiealbum Nr. 21 69;
Berlin aus meiner Bildermappe, G. 69;
Balladen, Teilsamml. 71, 76; Du, Liebes-
gedichte 71, 77; Die kluge Susanne, Sch.
72; Der Rittersporn blüht blau im Korn,
Verse f. Kinder 72; Schaumköpfe, Verse
f. Kinder 72; Konrads Traktor, Kinderb.
74; Flugbrett für Engel, G. 74; Wenn
Karolin Geburtstag hat 74; Der Vers, der
Reim, die Zeile. Wie ich Gedichte
schreibe 74; Das Eiszapfenherz, ein
Märchen 72; Das Hammer-Buch 75; Wie
fand der Fritz grad, krumm und spitz,
Kdb. 76; Das Zangenbuch 77; Das
Bohrerbuch 77; Das Sägenbuch 78; Die
Galoschenoper, Theaterst. 78; Der
Froschkönig, Kinderhsp. 78; Lob des
Sisiphus, G. 80; Tasso und die
Galoschen, zwei Stücke 80; Bögen, G. 81;
Daß es nicht gibt, macht mich heiter, G.
82; Das Nadelbuch, Kdb. 82; Amor und
Psyche, Kinderhsp. 82. − **MV:** Berlin
aus meiner Bildermappe, Verse zu H.
Zille-Zeichn.
MA: Wir lieben das Leben, Lyrik-
Anth. 53; Anthologie 56.
F: Und das am Sonntag 62; Auf der
Sonnenseite 62; Verliebt und vorbestraft
65; (MV): Schritt für Schritt 60;

Steinzeitballade 61; Laut und leise ist
die Liebe 72.
R: Der Lügenkönig, Wenn der Regen
kommt, beides Kinderhsp. 59, 76.
S: Faustus Junior, Schallpl. 81.
Ue: Es brennt, Brüder, es brennt, Jidd.
Lieder 66; Ping-Pang-Poch, engl.
Kinderverse 67; Mutter Gans 73; R.
Roshdestwenski: Wir 74; Hör zu, Mister
Bilbo, Nachdicht. amer. Arb.lieder 62; Es
brennt, Brüder, es brennt, Nachdicht.
jidd. Volkslieder 66; Tudor Arghezi:
Ketzerbeichte, G. 68; Katinka träumt,
russ. Kinderverse 79; Pierre Gamarra:
Mandarin und Mandarine, Kinderverse
82. — **MUe:** Endre Ady, Ojars Vacietis,
Attila Joszef.

Kahler, Friedrich E.; VS seit 71; 1. Pr.
Reportagewettbew. Guppe 61 70, 1. Pr.
Leben u. Arbeiten in Köln 77; Heinrich
Esser Str. 21, D-5040 Brühl, Tel. (02232)
48642. Gesellschaftskritische Beiträge
und Schriften.
V: Bin ich denn Onassis, R. 74.
MA: Ein Baukran stürzt um 71;
Lauter Arbeitgeber 72; Schlagt zurück
73; Nachtschicht, alles Anth.
R: Beitr. in: Das Da, in: Rdf. WDR u.
SWF, Fernsehbeitr..

Kahlow, Heinz, Schauspieler; SV-
DDR 56; Heinrichstr. 6, DDR-113 Berlin,
Tel. 5251427 (Rostock 5.7.24). Lyrik,
Roman, Reportage, Fernsehspiel,
Stücke.
V: Gelegenheit macht Liebe, R. 57, 58;
Kleopatra, das kluge Kind, Rep. 60; Der
fliegende Großvater, Kinderb. 61; Der
Hund ist los 64; Der nautische Urlaub,
R. 65, 80; Und am Himmel tanzen
Wolken Menuett, G., Lieder, Chansons
69, 80; Mit Kleo unterwegs 69; Die
nackte Wahrheit, St. 70; Mir ist so, als ob
wir uns kennen, G. 76, 79; Karl Stülpner,
St. 77; Das Dekameronical, fünf musikal.
St. nach Boccaccio 77; Ick weit einen
Eickboom, plattdt. St. 78; Kahlows
Kammer-Kalamitäten 77; Kahlows
Kammer-Kongreß 80; Kahlow & Co.-
Gesellsch. m. beschr. Hoffnung 82, alles
Kabarett-Progr.
F: Nicht schummeln, Liebling, m. J.
Hasler 73.
R: Der Beweis 57; Wenn dich der
Richter fragt 57; Fräulein mit Courage
60; Standpunkt in Socken 68; Die nackte
Wahrheit 69; Die zweite Ehe 70, alles
Fsp.; Episode im Herbst, Hsp. 70.

Kahn, Lisa, Dr., Prof.,
Hochschullehrerin; Mod. Language
Assoc. of America 75, Americ. Assoc. of
Teachers of German 74, Kg. 78, V.F.S. 78;

4106 Merrick, Houston, Texas, 77025/
USA, Tel. (713) 6654325 (Berlin 15.7.27).
Lyrik, Erzählung.
V: Klopfet an so wird euch nicht
aufgetan, G. 75; Feuersteine, G. 78;
Denver im Frühling, G. 80; Utahs
Geheimnisse, G. 81; David am
Komputer, G. 82.
H: Robert L. Kahn: tonlose Lieder, G.;
Reisegepäck Sprache. Deutsch-
schreibende Schriftstellerinnen in den
USA 1938-1978, Anth. 79; In Her
Mother's Tongue, zweispr. Anth. 83.
Lit: Solveig Olsen: South Central Bull.
of the SC Mod. Language Assoc. 79;
Peter Beicken: Aufbau 82; Lotte
Paepcke: Frankfurter H. 83.

Kahn-Wallerstein, Carmen; Austr. 73,
CH-4051 Basel, Tel. (0601) 233092
(Frankfurt/M. 4.5.03). Essay, Biographie.
V: Aus Goethes Lebenskreis, 3 Ess. 46;
Die Frau vom andern Stern, Goethes
Schwiegertochter 48; Bettine, die
Geschichte eines ungestümen Herzens
52; Geist besiegt die Macht: Germaine
de Staël 56; Schellings Frauen Caroline
u. Pauline 59, Neuaufl. 79; Marianne von
Willemer 61, Neuaufl. 84; Pegasus im
Joche 66; Die Frau im Schatten,
Schillers Schwägerin Karoline von
Wolzogen 70; Der alte Mann am Frauen-
plan, sechs Ess. ill. 80.

Kahnt, Rose, Dr. phil., Germanistin,
Antiquarin; Am Schlag 4a, D-3550
Marburg (Sömmerda/Thür. 14.3.40).
Jugendroman.
V: Die Bedeutung der Musik und der
bildenden Kunst bei W. H. Wackenroder
69; Allein in der Stadt, Jgd.-R. 76.

Kai, Kim, s. Bechtle-Bechtinger,
Sibylle.

Kaien-Tezetti, Gustav, s. Kintzi,
Gustav.

Kain, Franz, Journalist; Am
Hartmayrgut 16, A-4010 Linz/D.-Urfahr,
Tel. (0732) 2345984 (Goisern 10.1.22).
Lyrik, Erzählung, Novelle.
V: Die Lawine, Erz. 54, 55; Romeo und
Julia an der Bernauerstraße, Erz. 56;
Der Föhn bricht ein, R. 62; Die Donau
fließt vorbei, Nn. 69; Der Weg zum
Ödensee, Erzn. 74; Das Ende d. Ewigen
Ruh, R. 78.
MA: Er rührte an den Schlaf der Welt,
Samml. 54; Österreichische Erzähler aus
sechs Jahrzehnten 67; Österreich heute,
ein Leseb. 79.

Kaindl, Marianne, Dr. phil.; SÖS;
Modl-Toman-G. 21, A-1130 Wien, Tel.
(0222) 8818225 (Darmstadt 6.5.15).

Märchen, Kurzgeschichte, Kinderbuch,
Kinderhörspiel, Lyrik.
V: Die roten Schuhe, Kinderb. 53;
Kunterbunte Märchenstunde, Kinderb.
57; Der Märchenbrunnen 60; Ein
Kätzchen für Sabine 70; Der Scheupfi,
Kdb. 82. — **MV:** Wieder ist Weihnachten
64; Mein liebstes Geschichtenbuch 69;
Bußgeschichten 80, 82.
R: Punkterl: Die Prinzessin mit dem
Karfunkelstein; Prinz Pappelbaum; Die
gläserne Stadt; Prinzessin Winzigklein,
u. a. M.-Hsp.

Kaindl-Hönig, Max, Prof., Schrift-
steller; P.E.N. 68; Kritik-Pr. d. Salz-
burger Fonds f. Kultur, Wiss. u. Lit. 69,
A-5010 St. Jakob am Thurn b. Salzburg,
Tel. (06222) 23151 (Grünburg 13.2.19).
Essay, Lyrik.
V: Schwarz auf Weiß, Feuilletons 52;
Harlekin, Prosa 80; Arno Lehmann,
Künstlermonogr. 83.
MA: Die schöne Stadt, Salzburger
Anth. 52; Readers Digest 61; Das Buch v.
Salzb. Land 69; Werner Berg 70; Stillere
Heimat, Dichter-Jb. d. Landes ObÖst.
VI.
H: Das Salzburg-Buch, Kultur-
kritisches Jahrb. 59 — 64, Offizieller
Almanach d. Salz. Festsp. 56 — 63; Salz-
burger Festreden VII; Resonanz, 50
Jahre internationale Kritik der Salz-
burger Festspiele 71.
R: Die Kuhhaut, zeitkrit. Sende-Reihe
54.
Lit: Rudolf Bayr: Wiener Literarisches
Echo 50.

Kainrath, Karl, Dr. jur., MinR. i. R.;
Österr. Ehrenkreuz für Wiss. u. Kunst;
Kulturgem. Der Kreis, V.G.S. Öst.;
Mantlergasse 17/I/4, A-1130 Wien, Tel.
(0222) 8268143 (Wien 23.6.06). Lyrik,
Essay, Novelle.
V: Aufbruch und Einkehr, G. 60;
Kuriositäten in Reimen, satir. G. 65;
Übern Zaun geblinzelt, G. 69; Wenn
Euterpe Flöte bläst, G. 71; Der weite
Weg, G. 75. ( )

Kainz, Walter, Dr. jur., Hofrat,
Richter; Mundartfreunde Österreichs
70; Gärtnergasse 14, A-2100 Korneuburg,
Tel. (02262) 31414 (Pernersdorf 11.7.18).
Lyrik (hochdt. u. Mundart).
V: Liebeserklärung an das Weinland,
G. 51; Untern Manhartsberi, G. in Wein-
viertler Mundart 60; Blickpunkt Wein-
land, G. 73; A Schrift in Lettn, G. in
Weinviertler Mundart 80.

Kaiser, Elisabeth, s. Braem, Elisabeth
M..

Kaiser, Erich, c/o Baken-Verl.,
Rosdorf.
V: Der Mensch muß einen Ausweis
haben, G. 83. ( )

Kaiser, Franz, Dr. phil., Chefredakteur i. R.; Ges. Kath. Publ. Dtlds
55; Gutermannstr. 11, D-7240 Horb a.N.
(Ulm a. Donau 18.9.95). Lyrik, Erzählung,
Roman, Novelle, Kinderbuch, Reisebeschreibung.
V: Wüste du Erlöserin, Erz. 20; Hinter
den Drahtzäunen, G. 20; Der Nürnberger Trichter, Kinderb. 41; Die Osterhasen, Kinderb. 48; Schwäbische Pilger
in Rom, Reisebeschreib. 50; Hier ist
Heiliges Land, Reisebeschreib. 56, 62
(auch ital.); Zwei Hände und ein Herz,
Erz. 74; Im Spiegel der Kindheit, Erz. 76.
( )

Kaiser, Ingeborg, Journalistin;
Schweizer Autoren Gruppe Olten; 1. Pr.
f. "Am Freitagabend" d. Ges. Schweiz.
Dramatiker 83; Ges. Schweizer
Dramatiker; Niklaus von Flüe-Str. 29,
CH-4059 Basel, Tel. (061) 507107
(Neuburg/Donau 7.8.35). Prosa, Lyrik,
Drama.
V: Staubsaugergeschichten 75; Er-
mittlung über Bork 78; Basler Texte Nr.
8, Erzn. 78; Verlustanzeigen, Erzn. 82;
Die Puppenfrau, R. 82; manchmal
fahren züge, G. 83; Am Freitagabend,
Stück 83.
MA: Junge Schweizer erzählen, Anth.;
Einer muss der Neger sein, Kinder-
theater, Anth. 78; Und es wird Montag
werden 80; Die Baumgeschichte 82;
Frauen erfahren Frauen 82; Letztes
Jahr in Basel 82.
R: Ordnungshüter 72; Bitte, keine
Beeren, Hsp. 83; Am Freitagabend, Hsp.
83.
Lit: Vaterland Nr. 10 79; Porträt:
Feature Dienst-dpa-Hamburg 13 81;
Interv. Basler Stadtb. 82.

Kaiser, Joachim, Dr., Prof. a. d. H. f.
Musik u. Darst. Kunst Stuttgart, Redakt.
b. d. Süddt. Ztg. München; Bayer. J.V.;
Theodor-Wolff-Pr. 66, Johann-Heinrich-
Merck-Pr. 70, Salzburger Kritiker-Pr.
73; Bayer. Akad. d. Schönen Künste
München, Dt. Akad. f. Spr. u. Dicht.
Darmstadt; Rheinlandstr. 4 b, D-8000
München 40, Tel. (089) 325169 (Milken/
Ostpr. 18.12.28). Musik-, Theater-,
Literaturkritik, Essay.
V: Grillparzers dramatischer Stil 61,
Neuaufl. 69; Große Pianisten in unserer
Zeit 65, erweit. Neuaufl. 82; Kleines
Theater-Tageb. 65; Beethovens 32

Klaviersonaten u. ihre Interpreten 75;
Erlebte Musik 77.

Kaiser, Johannes, Student; VS 81;
Lyrikpr. d. Alemann. Gesprächskreises
Freiburg 76, Scheffelpr. d. Lit. Ges.
Karlsruhe 77, 4. Lyrikpr. d.
Landespavillons Bad.-Württ. 78, 3.
Lyrikpr. d. Landespav. Bad.-Württ. 81,
Auswahlliste d. Bad-württ. Autorenpr. f.
d. Jugendtheater der Arb.-Gem. f.
Kinder- u. Jugendtheater i. Bad-Württ.,
Biberach a. d. R. 82; Muettersproch-Ges.
79; Hermann-Burte-Str. 63, D-7853
Steinen, Tel. (07627) 2124 (Lörrach
28.11.58). Lyrik, Schauspiel, Hörspiel,
Essay, Erzählung.

V: Singe vo dir und Abraxas, G. in
alemann. Mda. 80.

MA: S lebig Wort, Alemann. Anth. 78;
Freiburger Leseb. 82.

R: Wasserspiele, Mda.-Hsp. 82.

Kaiser, Maria Regina, s. Kaiser-Raiss,
Maria Regina.

Kaiser, Stephan, Dr. phil.; VS;
Frankfurter Str. 6/82, D-7410
Reutlingen, Tel. (07121) 63544 (Nürnberg
23.6. 29). Roman, Monographie, Essay,
Kinderliteratur. **Ue:** Am, E.

V: Max Beckmann. Der Maler, sein
Werk und seine Zeit, Monogr. 62; Die
Besonderheiten der deutschen Schriftsprache in der Schweiz (Von Gottfried
Keller bis Max Frisch), Monogr. I 69, II
70; Sprachrhythmus und Persönlichkeit,
Ess. 71; Der Mord als schöne Kunst
betrachtet, R. 77. — **MV: H:** Der Lese-
spiegel 1 - 4, Kinder-Anth. 76 - 78.

H: B: Theodor Haering: Der Mond
braust durch das Neckartal 77.

S: Ein Esel lernt lesen, Kinder-Hsp.
77; Die Wanderschaft der Tiere/Die
Bremer Stadtmusikanten, Kinder-Hsp.
80.

Ue: Bill Pronzini: Nostalgie mit
Todesfolge 83; Stephen Greenleaf: Der
erste Mann 83; Ralph McInerny: Mörder
lesen kein Brevier 83; Bill Pronzini:
Trauerarbeit 84.

Lit: P. Roos: Stephan Kaiser in:
Genius loci 78.

Kaiser, Walter (Ps. Walter Gorrish);
Nationalpr. 61, c/o Aufbau Verlag, Berlin
(Ost), Weimar (Wuppertal 22.11.09).

V: Um Spaniens Freiheit 46, 77, u.d.T.:
Mich dürstet 56; Die tönende Spur, R.
50; Die dritte Kugel, Erzn. 50; Als der
Morgen graute, Erz. 53; Windstärke Null,
Erz. 53; Revolte der Gefühle, Sch. 60;
Fünf Patronenhülsen, Erz. 60; Engel im
Fegefeuer, Erz. 72, 81.

F: Mich dürstet, m. K. Paryla 56;
Jahrgang 21 58; Fünf Patronenhülsen
60; Königskinder 62; Engel im Fegefeuer 64, beide m. E. Gorrish.

R: Revolte der Gefühle, Fsp. 60;
Ballade vom roten Mohn, Fsf. m. E.
Gorrish. ( )

Kaiser-Raiss, Maria Regina (Ps.
Maria Regina Kaiser), Dr. phil., wissenschaftl. Angestellte; VS; Basaltstr. 26, D-
6000 Frankfurt a.M. 90 (Trier 29.12.52).
Kinder- u. Jugendbuch.

V: Schuld an allem war der Maunz,
Kinderb. 75; Ein junger Römer namens
Lukios, Jgdb. 77; Lukios und hundert
Löwen, Jgdb. 80; Lukios, Neffe des
Kaisers, Jgdb. 83.

Kakies, Martin, Chefredakteur a. D.;
Bahrenfelder Marktplatz 5, D-2000
Hamburg 50, Tel. (040) 895995
(Schwarzort, Kr. Memel 7.5.94). Tierer-
zählung, Naturschilderung.

V: Elche zwischen Meer und Memel
36, u. d. T.: Elche am Meer 65.

H: Ostpreußen erzählt 53, 64; Königs-
berg in 144 Bildern 55, 64; Zwischen
Memel und Trakehnen in 144 Bildern
56, 64; Masuren in 144 Bildern 57, 63;
Das Ermland in 144 Bildern 59, 64; Die
Kurische Nehrung in 144 Bildern 60, 76.

kakuwo, s. Wolter, Karl.

Kalbeck, Florian, Dr.phil., Prof.,
Dramaturg; G.dr.S.u.K. 51, P.E.N. 79;
Fernsehpr. d. Öst. Volksbild 70, 76;
Starkfriedg. 58, A-1190 Wien, Tel. (0222)
472204 (Wien 6.6.20). Drama, Lyrik,
Novelle, Essay, Fernsehspiel. **Ue:** E, F.

V: Ein Mann für den Morgen, Kom.
70; Ein Spaziergang, Erz. 72; Hohenbühl,
Lsp. 82. — **MV:** Gedichte 40.

B: Werke von Grillparzer, Nestroy,
Turgenjew, Ibsen, Pirandello u. a.

H: Neue Blätter des Theaters in der
Josefstadt 53 - 57.

F: Legende vom Bösen.

R: Einvernahme 64; Familie Riegler
67/68; Der Tod des Junggesellen (nach
Schnitzler) 68; Rebell in der Soutane
(Dok.sp. nach R. Henz) 70; Das blaue
Stück 71; Theodor Kardinal Innitzer 71,
Die Parade (nach A. Sacher-Masoch) 74;
Die Frau Gerti 76; Laßt mich den Löwen
auch spielen 77, alles Fsp.; Die Bettler
(nach Schnitzler), Hsp.; Nix wie Zores,
Bühnenst. 77; Happy, Fsp. 81.

Lit: Öst. Dramatiker d. Gegenwart,
Kreativ-Lex. 76.

Kalchbartl, s. Petscher, Hans.

Kaletta, Ursula, Erzieherin;
Mittelbergstr. 4, D-7734 Brigachtal, Tel.

(07721) 23473 (Varel/Oldenbg 28.12.48).
Kinderliteratur.
V: Felix, laß das Zaubern sein!, Kdb.
81.

Kalkschmidt, Beate, StudDirektorin;
Diefenbachstr. 41, D-8000 München 71,
Tel. (089) 799687 (München 26.1.33).
Lyrik.
V: Augenblicke, G. 75.

Kalmuczak, Rolf (Ps. Peter Schadek);
Silberackerstr. 13, D-8100 Garmisch-
Partenkirchen.
V: Das Hornissennest, Krim.-R. 80;
Todestrip nach Nirgendwo, Krim.-R. 80;
Machtrausch, Krim.-R. 81. ( )

Kalow, Gert, Dr. phil., Prof., Doz.,
Redakteur; VS 52, P.E.N. 71, Vize-
präsident 76; Im alten Brückentor, D-
6900 Heidelberg, Tel. (06221) 160131 u.
(0611) 1552298 (Cottbus 20.8.21). Lyrik,
Essay, Film, Hörspiel.
V: Zwischen Christentum und
Ideologie, Ess. 56; Hitler - Das gesamt-
deutsche Trauma, Ess. 67, 74 (auch engl.
u.d.T.: The shadow of Hitler) 68;
erdgaleere, G. 69; Poesie ist Nachricht.
Mündliche Tradition in Vorgeschichte
und Gegenwart 75. — **MV:** Deutsche
Literatur im 20. Jahrhundert 54, 69;
Dizionario Biografico degli Autori di
tutti i tempi e di tutte le letterature 57;
Schriftsteller testen Politikertexte 67;
Schnittlinien 79.
H: Sind wir noch das Volk der Dichter
und Denker? 64; Die Kunst zu Hause zu
sein 65; Das Ich und die Vielen 78. —
MH: Hauptworte/Hauptsachen: Heimat,
Nation, m. Alexander Mitscherlich 71;
Über Eigentum und Gewalt 72; Über
Treue und Familie 73; Glück und
Gerechtigkeit 76.
F: Theodor Heuss, Dok.-film 58.
R: Unverlierbarer Friede 53; Der
Meister 54, beides Hsp. u.v.a.

Kaltenberger, Friederike (Ps.
Franziska Berger), Angestellte; Parkstr.
8, A-4230 Pregarten u. Zwerngasse 49, A-
1170 Wien, Tel. (07236) 441 (Pregarten,
ObÖst. 24.2.26).
V: Tage wie schwarze Perlen, R. 79;
Ferien mit Siebzehn, Jgdb. 81.

Kaltofen, Günter, Dr. phil.; Kunstpr. d.
DDR 60, c/o Henschelverlag Kunst u.
Ges., Berlin (Ost) (Erfurt 12.7.27).
V: Männchen in der Erbsenhülse,
Kinderb. 62; Matthias und die Zauber-
geige, Kinderb. 62; Abenteuer der drei
Gummitiere, Kinderb. 62; Das Antlitz
des Schauspielers 63; Der Sultan und
der weiße Hahn, Kinderb. 64; Till Eulen-

spiegels Streiche, Kämpfe und Aben-
teuer, Jgd.-St. 69; Das kalte Herz, Sch. n.
Hauff 69; Das tapfere Schneiderlein,
Bü.-M. 70; Der Froschkönig oder Der
Eiserne Heinrich 72, u. zahlr. and. Bü.-
M.; Abenteuer am See, Kinderb. 73. —
MV: Heines letzte Liebe, Stück 77.
H: Das Bild, das deine Sprache
spricht 62.
F: Das Zaubermännchen 60; Schnee-
wittchen 61; Die goldene Gans 64; Frau
Holle 63; König Drosselbart 65;
Käuzchenkuhle 69; Wie heiratet man
einen König 69; Verdacht auf einen
Toten, m. R. Bär 69; Die Hosen des
Ritters von Bredow 73.
R: Rumpelstilzchen, Fsp. 56; Hops, der
Osterhase, Fsp. 56; Schneewittchen, Fsp.
57; Gerichtet bei Nacht, Fsf. 60;
Tischlein deck dich, Fsf. 67; Er Sie Es,
Fsf. 72; Bunnebake, Fsf. 74, u.a. ( )

Kamin, Gerhard, ObStudR. i. R.;
Jacobistr. 8, D-2420 Eutin (Königsberg,
Ostpr. 15.4.10). Erzählung, Essay, Lyrik.
V: Johann Heinrich Voß, ein Leben
im Dienst des Menschlichen 57; Das
Ewige Erbe — Meister Bertrams letzte
Briefe, zwei Erzn. 60; Frühe und späte
Gedichte 74; Carl Maria v. Weber - Ein
großes Leben 75; Gestirne-Jahreszeiten,
neue G. 80. — **MV:** Wie sind wir Heimat-
losen weit gereist 65; ... wenn man das
Einfachste versucht 59.
MA: Ernst Wiecherts Briefe an einen
Werdenden 66; Große Deutsche aus Ost-
preußen 70.
H: Ernst Wiechert, der Mensch und
sein Werk 51; Gesegnetes Leben,
Wiechert-Anth. 53; Ernst Wiechert —
Häftling Nr. 7188. Tagebuchnotizen und
Briefe, m. Nachw. 66. ( )

Kaminski, Andrzej, Dr.; Heinrichstr.
76, CH-8005 Zürich.
V: Der Irrtum d. Archimedes, Kom.;
Pass nach drüben, Kom. ( )

Kammer, Katharina, s. Veken,
Hildegard.

Kammerer, Leopold, Dr., prakt. Zahn-
arzt; Münchner Turmschreiber;
Breitensteinstr. 19, D-8201 Bad
Feilnbach 2, Tel. (089) 306738 (München
7.11.25). Lyrik, Bayer. Mundart, Essay.
V: Bayrische Musenbusserl, G. in
Bayr. Mda. 75, 82; Bayrische Herztöne,
G. in Bayr. Mda. 76, 81; Katakombina-
tionen, G. 77; Siaß-saure Guatln, G. in
Bayr. Mda. 78, 81; Glück im Spiel, G. 80;
Boarisch eigschenkt, G. in Bayr. Mda.
80, 82; Lauter gute Wünsche 80; Wunder-

same Weihnacht, Geschn. u. G. 81; Aus
lauter Liab, G. in Bayr. Mda. 82.
  MA: Dialekt-Lyrik deutscher Ärzte
76; In dene Dag... 78; Für d'Muadda 79;
Das Münchner Turmschreiberbuch 79.
  H: 7 gstandne Mannerleut' 78. ( )

  Kammerlander, Max; SÖS;
Universitätsstr. 3, A-6010 Innsbruck
(10.2.06). Roman.
  V: Lachendes Tirol, Erz. 40; Wilde
Wasser, R. 41; Die Heimkehr, Erz. 46;
Der Stärkere, R. 47; Die Sonnwirtin, R.
50; Eva im Schnee, R. 51; Die Berge
rufen, Jgd.-Erz. 54; Das Dorf im Eis, R.
54; Der grüne Bann, R. 59; Am steilen
Hang, R. 65; Der Judashof, R. 66;
Bergwind, R. 73. ( )

  Kammler, Peter; Görresstr. 20, D-1000
Berlin 41.
  V: Das Atoll, R. 82. ( )

  Kammrad, Horst, Sozialsekretär; VS
62; Werkkreis Lit. d. Arbeitswelt 70;
Laehrscher Jagdweg 35, D-1000
Berlin 37, Tel. (030) 8156535 (Berlin
21.3.27). Lyrik, Roman, Erzählung, Bio-
graphie, Satire, Lit. Kabarett, Reportage.
  V: Auf dem Hochseil um die Welt,
Biogr. eines Artisten 66; als nacht war,
G. 66; Über Begriffe, Sat. 71; Gast-
Arbeiter-Report, Rep. 71; Die Zeit der
reifenden Äpfel, Erz. 76; Mein Weg in
die Fabrik, Erz. 76; Zugluft und Fabrik-
sirenen, G. 77. — **MV:** Es gibt sie halt,
die schreibende 'Fiktion', Kritik 71;
Schichtarbeit, Rep. 73; Stadtansichten,
G. 77.
  MA: Gottesdienst 80, G. 80; Stadtansichten 80, Erzn. 80; Stadtleben, G. 83.

  Kamossa, Käthe, Schauspielerin; VS;
4 Stip. d. Akad. Künste 67, 77; Lothar-
Bucher-Str. 9, D-1000 Berlin 41, Tel.
(030) 7952113 (Berlin 15.12.11). Lyrik,
Kurzgeschichte.
  V: Aufbruch, G. 34; Kleine Sinfonie 42;
Lyrische Vesper 43; Katrinchen 49;
Katrinchens kleine Welt 58; Stationen
70; Es 77.
  MA: Unvergängliches Abendland,
Anth. 39, 54; Das Treppenhaus, Anth. 53,
u. a.
  F: Friedemann Bach 38.
  R: Der Staatsanwalt und ich, Hsp. 46;
Katrinchen, Hsp. 49, 50.
  S: Prinz Louis Ferdinand; Kleines
Abendlied.

  Kampf, Kurt, Dr. phil., OStudR. i. R.;
Saint-Gilles-Str. 21/23, D-6050
Offenbach a.M., Tel. (0611) 842607 (Celle
16.11.07). Lyrik, Literaturgeschichte,
Volkskunde.

  V: Das Tier in der deutschen Volks-
sage der Gegenwart 32; Sophie Laroche,
Ihre Briefe an die Gräfin Elise zu
Solms-Laubach 63; Kristallisationen, G.
67; Quadraturen, G. 78. — **MV:** Mit
Bernhard Semmler: Werner Schreib,
Das druckgraphische Werk 74.

  Kamphausen, Felix; JVA Ergste,
Gillstr. 1, D-5840 Schwerte (Krefeld
14.4.44).
  V: Transport 78; Der Sprung, Erz. 79;
Gabriel, Erz. 79; Die Psychiatrierung,
Erzn. 81; Zu früh zu spät, Aufzeichn. aus
d. Jugendstrafvollzug 81. ( )

  Kampling, Harry; Mascov-Str. 16,
DDR-7050 Leipzig.
  V: Der Mann aus der Siedlung, R. 81,
82. ( )

  Kanies, Helga, c/o von Westarp-Verl.,
Mülheim/Ruhr.
  V: Menschenkinder, Erzn. u. Verse 82.
( )

  Kanis, Carl (Ps. Carle Monto), Dipl.-
Kfm.; Kunstges. Davos 81, Kirchner
Verein Davos 81; Chateau Perigord,
Monte Carlo, Tel. (093) 507761 (Dresden
28.8.29). Lyrik.
  V: Knurls lachende Filousofien,
Spritzig-sat. Humor zwischen scharz
und weiß in G. u. Bildern 83.

  Kanitz, Hans, Pfarrer i. R.; Casa
Torre, CH-6598 Tenero/Ti. (Lübeck
30.1.18). Essay.
  V: Der Weg der Hoffnung, Ess. 58;
Wenn wir Rentner werden, Ess. 74; Weg-
zeichen des Jahres, Ess. 76.

  Kanitz, Horst, Schriftleiter;
Hindenburgstr. 100, D-5600 Wuppertal 1,
Tel. (0202) 740816 (Leipzig 26.8.14).
Erzählung, Roman, Jugendbuch. **Ue:** E.
  V: Die Schneerosen, Erz. 36; Flucht! —
Kurs Ararat, Jgdb. 52, 79; Durch Wüste,
Meer und Lava, Jgdb. 53, 61; Der
Klassenbann, Erz. 55; Und wieder lockt
die Ferne, Jgdb. 56; Struppi weiß ist bes-
ser, Jgdb. 58; Aleppo reist nach Damas-
kus, Jgdb. 58, 78.
  H: Dem Licht entgegen, Erzn., Bd 27-
32 76-80; Die Jahreszeiten, Kal. f. d.
christl. Haus, Erz., Jg. 76-84.
  Ue: Geoffrey T. Bull: When iron gates
yield u. d. T.: Am Tor der gelben Götter
56, 60.

  von Kanitz, Yvonne Gräfin, Photo-
grafin, Übersetzerin; Wolfsbachweg 32,
D-4300 Essen-Bredeney, Tel. (0201)
41513 (Danzig 16.6.21). **Ue:** F.
  Ue: Francis Jammes — André Gide:
Briefwechsel 1893 — 1938 51; Paul
Claudel — André Gide: Briefwechsel

1899 — 1026 52; Michel Carrouges: Charles de Foucauld, Forscher und Beter 58; Charles de Foucauld: Aufzeichnungen und Briefe. Eine Anth. v. Jean-François Six 61; Anne-Marie Gélamur: Der Katholizismus 81.

Kann, Albrecht Peter (Ps. Peter Cann, William Mark), Journalist; Strada Romana 11, I-17019 Varazze (Köln 29.5.32). Roman.
V: Die Wyatt-Earp-Story, R.-Serie 60 — 67 (übers. in mehr. Fremdspr.); Ritt ins Abenteuer, Jgderz. 62; Affäre Scott, R. 66; Der große Coup, R. 64; Kampf im O. K. Corral, R. 66; Der Mann mit dem grünen Gesicht, R. 67; Jonny Behan, R. 68; Der Mörder der Ruth Holloway, R. 68; Die Frau mit der Spinnenhand 68; Mister Chicago, R.-Serie; Urlaub zum Sterben 68; Ein Mann namens Dillinger 69; Mann ohne Gesicht, R. 71; Heilendes Wasser, Sachb. 71; Das Haus am Markt, Fam.-R. 73; Zahlr. Zss.romane; Karl May — So war sein Leben, Lebensbeschr. 78; Heile dich selbst — mit Kneipp, Sachb. 79; Aufzeichnungen eines Genies, R. 80; Wie Caruso starb, Lebensbeschr. 80; Entdecken Sie das schöne Deutschland, Sachb. 81; Ein Mann namens Holliday, Lebensbeschr. 81; Flüssige Diamanten, Sachb. 82.
S: Kampf im O. K. - Corral, Die Clanton-Gang.

Kann, Hans-Joachim, Dr. phil., StudDir.; Martin-Grundheber-Str. 11, D-5500 Trier, Tel. (0651) 80160 (Neuwied/ Rhein 4.4.43). Lyrik, Novelle, Drama, Kurzgeschichte, Roman. **Ue:** E.
V: Tagesortung: Gedichte zum Zeitunglesen 75; Grabungsschnitte durch Trier, G. u. Grafiken 75; Der Stecher, R. 75; Schatzkammer Trier, G. u. Grafiken 76; Altsonette 78; Echo einer Stadt, Nn. 80; Affentheater, Dr. 81.
H: Americ. Protest Literature 74; Poetry: Probl. of Material, Form and Intention 74; Highlights of Americ. Humor 78.
Ue: James Whitehead: Domains — Domänen, Zweisprach. G.Bd. 74; Sarah Boston: Mein Sohn Will 82.

Kannengießer, Gertrud *

Kanstein, Ingeburg; Schlüterstr. 81, D-2000 Hamburg 13.
V: Ich wünsch mir einen Zirkus od. d. schönste Geschenk d. Welt 77, 81; Sybilla war ein schönes Kind 78; Mein Bruder muß d. Stadtpark fegen 79; Lilli und Willi, Wunschgeschn. 81; Versuch

zu leben, Erz. 80, 82; Kleiner Bruder, große Schwester 82.
B: Manuel O.: Abhauen, die letzte Chance? 77, 79. ( )

Kant, Hermann; Präs. SV-DDR; Heinrich-Heine-Pr. 62, Lit.pr. d. FDGB 63, Erich-Weinert-Med. 66, Heinrich-Mann-Pr. 67, Händelpr. d. Stadt Halle 68, Nationalpr. 73; Leipziger Str. 54, W. 14/06, DDR-1080 Berlin (Hamburg 14.6.26). Roman.
V: Ein bißchen Südsee 62, 82, Bdesrep. Dtld 79, 82; Die Aula, R. 65, 83; In Stockholm 71, 76; Das Impressum, R. 72, 81; Eine Übertretung, Erzn. 76, 83; Der Aufenthalt, R. 77, 80; Anrede der Ärztin O. an den Staatsanwalt F. gelegentl. e. Untersuchung u. a. Erzn. 78; Der dritte Nagel, Erzn. 81, 82, Bdesrep. Dtld 82.
F: Ach du fröhliche ..., n. Blažek 62. ( )

Kant, Uwe; SV-DDR; Nationalpr. 78; Am Wiesenrain 15, DDR-1162 Berlin, Tel. 6560148 (Hamburg 18.5.36). Prosa, Kinderbuch.
V: Das Klassenfest, Kinderb. 69, 76 (auch in russ., tschech., ung. und estn.); Die liebe lange Woche, Kinderb. 71, 75 (auch in finn., lit.); Der kleine Zauberer und die große Fünf, Kinderb. 74, 75; Roter Platz und ringsherum, Reiseb. f. Kinder 77; Vor dem Frieden, Kinderb. 80; Wie Janek eine Geschichte holen ging, Kinderb. 80; Die Reise von Neukuckow nach Nowosibirsk, Jgd.-R. 80.
F: Anmut sparet nicht, noch Mühe, Dok.-F. 80.
R: Die Nacht mit Mehlhose, Hsp. 72.

Kanus-Credé, Helmhart, Dr. phil., Orientalist, Verleger; Dt. Morgenländ. Ges. 60, Amer. Oriental Soc. 63, British Inst. of Persian Studies 70; Carl Laute-Str. 14, D-3559 Allendorf an der Eder, Tel. (06452) 1800 (Sagan/Schlesien 26.3.25). Lyrik, Essay. **Ue:** L, G, Schw, R, Per.
V: Zwischen Nordlicht und Mitternachtsonne 73; Wanderungen mit Lilofee 76; Unter der Lippischen Rose I: Ein Dreizehnjähriger entdeckt Lippe 76; Unter Nachtjägern 77; Am Tor zum Norden 78; Ein Dreizehnjähriger entdeckt Schweden 78.
H: Iranist. Mitt. seit 67; Arch. f. neuere dt. Dichtung seit 73; Fundamente des Glaubens 79. — **MH:** Aus der Geschichte einer schlesischen Grenzkirche 81.
Ue: Tor Andrae: Islamische Mystiker 59; Firdousi: Das iranische Königsbuch 1-5 67.

Kapfer, Herbert, freier Journalist und
Autor; RFFU 80; Breisacherstr. 12, D-
8000 München 80 (Ingolstadt 2.3.54).
Drama, Hörspiel, Songtexte.
V: Unta Oba Sau, bair. G. 73;
Sammeltransport, Stücke 82.
R: Das Dach über dem Kopf; Der
Meßfehler; Weg vom Fenster; Sammel-
transport, Rdfk-Sdgn.
S: Dullijöh 82.

Kapfhammer, Günther, Dr.phil.habil.,
PDoz.; Liebigstr. 9, D-8032 Lochham, Kr.
München, Tel. (089) 872284 (München
27.1.37).
V: St. Leonhard zu Ehren 77.
H: Bayerische Sagen. Sagen aus Alt-
bayern, Schwaben u. Franken 71, 78;
Bayerische Schwänke 74; Brauchtum in
den Alpenländern. Ein lexikalischer
Führer durch den Jahresablauf 77. —
MH: Bayerisches Lesebuch, Geschn,
Szenen u. G. aus fünf Jahrh. 71; Alt-
münchner Stadtsagen 74, 77; Oberp-
fälzisches Lesebuch. Vom Barock bis z.
Gegenwart 77; Erfragte Zeitgeschichte.
Zur "oral history" in Bayerisch-
Schwaben 82.

Kapitzke, Gerhard, Maler; BBK 58;
Kronsbergerstr. 2, D-3000 Hannover 71,
Tel. (0511) 520502 (Hannover 19.11.26).
Schriftsteller. u. zeichner. Arbeit, Sach-
bücher.
V: Ponyreiten ernstgenommen 64, 83
(auch dän. holländ. engl.); Junge,
Mädchen, Mann und Frau 70, 81 II;
Wildlebende Pferde 73; Pferdesport von
A-Z 77; Staatsgestüte 79; Pferde kennen
und lieben 80; Frankreich für Pferde-
freunde 81; Freizeitreiten 82.
B: Udo Bürger: Vollendete Reitkunst
75, 82.

Kapp, Elisabeth; U 4.5, D-6800
Mannheim 1.
V: Glasregen, G. 82; Illosionen, Kurz-
geschn. 82. ( )

Kapp, Max *

Kappacher, Walter; Grazer
Autorenversamml.; Förderungspreis d.
Rauriser Literaturtage 75, Staatspr.
(Förderpr.) f. Lit. 78; Stöcklstr. 2, A-5020
Salzburg, Tel. (0662) 25773 (Salzburg
24.10.38). Roman, Erzählung, Kurz-
geschichte, Hörspiel, Fernsehspiel.
V: Morgen, R. 75, 77; Die Werkstatt, R.
75, 81; Rosina, Erz. 78; Die irdische
Liebe, Erzn. 79; Der lange Brief, R. 82.
R: Der Zauberlehrling, Fsp. 78; Enfant
Terrible, Hsp. 79; Rosina, Fsp. 80; Die
Jahre vergehen, m.a., Fsp. 80; Die

kleinen Reisen des Herrn Aghios, Fsp.
81; Der stille Ozean, m.a., Fsp. 83.

Kappel, Robert; Heubergstr. 31, D-
8200 Rosenheim, Obb..
V: Und schreib auf a Woikn 81. ( )

Kappeler, Ernst; SSV; C. F. Meyer-
Lit.Pr., Ehrengabe des Kantons Zürich,
Schweizer Jgdbbuch-Pr. 68; Höhenweg
18, CH-8142 Uitikon b. Zürich, Tel. (01)
548903 (Uster, Kt. Zürich 14.6.11). Lyrik,
Novelle, Essay, Hörspiel. **Ue:** E.
V: Versuchte Stufe, G. 35; Aufbruch
38; Ein Schulmeister spricht, Skizzen 39;
Wort an die Jugend 40; Briefe an eine
Mutter 41; Der Kreis, G. 42; Heiliges
Brot, Kammersp. 42; Ich glaube an den
Menschen 43; Es Püscheli Chruut, G. 43;
Größe und Gefahr der Jugend 44; Wort
in die Zeit 44; A der Aerde, G.; Neue
Gedichte 45; Am Rand der Nacht, G. 46,
81; Daß man sich erweist in seinem
Geist 46; An den Sommer, Oden 46; Der
Wunderknäuel, Nn. 48; Vergägnis, G. 51;
Du und dein Arbeitskamerad 52; O, die
heutige Jugend! 55; Wäägluegere, G. 57;
Aus meiner Schulmeistermappe 58;
Morgen ist dein Tag, Erz. 58; Ich finde
meinen Weg 59; Warensky, Erz. 60;
Chumm a d' Sunne sing e chli! Lieder u.
Chansons 61; Ein kleines Weihnachts-
spiel 61; Der Unruhpflug, G. 62; Klasse 1
c, Jgdb. 62, 79; Klasse 2 c, Jgdb. 63, 81;
Jugend 13 — 20, Text z. Fotobuch 65;
Jung sein mit der Jugend 65; Dumme
Schüler 66; Piloten, Jgdb. 67; Warum?
Junge Menschen fragen 68; Erzieher
ohne Lächeln 69; Für Eilige, Erziehung
in Kürze 70; Zürich, Stadt in Stunden
70; Pausebrot 71; Flug Fernost, Jgdb. 71;
Mit Dir, Gespräche mit jungen Men-
schen 71; Mädchen 72; In Uster geboren,
Erz. 75; Lieber Großvater, Zwiesprache
m. e. Enkel 77; Zwischenräume, Tageb.
78; Es schreit in mir, Briefdok. junger
Menschen 79.
H: Mary Lavater-Sloman: Kakteen,
Erz. 44; H. Reutimann u. Joseph Schwa-
ger: Über uns die Sehnsucht, G. 44;
Lothar Kempter: Der seltene Strauch,
Miniat. 45; Gustav Weiß: Aus einer
Malerlaufbahn 46; Halbchristen —
Halbstarke 66; Lügen — Stehlen 66;
Päd. Reihe: Vertrauen.
R: Heiliges Brot, ein Spiel von Gott
und Mensch; Sechs mal drei Jahre,
Hsp.; Schweizer Weihnachtsspiel, Fsp. 64;
Der Tod ist grün, Hsp. 70; Fräulein,
zahlen, Hsp. 75; Klasse 1c (8-teil.
Hörfolge).
S: Ein kleines Weihnachtsspiel 61;
Zürilieder 62; Rebhügellieder 62; Worte

über die Schweiz 76; Kleines
Weihnachtsspiel 63; Wettsch gärn
luschtig sy?.
Ue: Rachel G. Carson: Unter dem
Meerwind 46.
Lit: Ernst Kappeler, ein Künder des
Menschheitsglaubens in: Literarische
Kostbarkeiten IV; Nicht nur Schlechtes
tadeln ... - Gutes glauben in: Der
Schweiz. Buchhandel, H. 6. ( )

Kapralik, Elena, s. Mattheus, Bernd.

Kaps, Paul; Rieslingweg 11, D-6706
Wachenheim/Pfalz. Roman.
V: Rheinland-Pfalz und Frankreichs
Saar-Politik nach 1945 54; Nacht ohne
Gott. Partisanenkrieg in Griechenland,
Tatbericht, R. 63, 67; Und kannten kein
Erbarmen. So fiel Schlesien, R. 65 (auch
in Belgien übers.) 67; Die Presse ist an
allem schuld, Begegnungen eines
pfälzischen Zeitungsmannes 74, 2. Aufl.
79.

Karagounis, Georg, UProf.; Korresp.
Mitgl. d. Akad. Athen 64, o. Mitgl.
Mediterranian Acad. of Science, Catania
Italy 82; Leoforos Kiphissias 333,
Kiphissia b. Athen, Tel. (01) 8012627
(Trikkala/Griechenl. 27.12.05). Lyrik.
V: Attische Nächte, G. 49;
Herbstlieder der Nacht, G. 80; Das große
Borgen, G. 84.
s. a. Kürschners GK.

Karasek, Hellmuth (Ps. Daniel
Doppler), Dr. phil., Redakteur; P.E.N.;
Theodor Wolff Pr. 74; Akad. d. Darst.
Künste Frankfurt, Akad. d. Künste
Hamburg; Jungfrauenthal 22, D-2000
Hamburg 13, Tel. (040) 4606164 (Brünn
4.1.34). **Ue:** E.
V: Carl Sternheim 65, 76; Max Frisch
66, 76; Deutschland, deine Dichter 70;
Dramatik in der Bundesrepublik seit
1945, T. IV in: Die Lit. d. BRD 73;
Bertold Brecht, d. jüngste Fall e.
Theaterklassikers 78.
Ue: Raymond Chandler: Die Tote im
See 76; Woody Allen: Manhatten,
Interiors, Stardust Memories 81, alle m.
Armgard Seegers.

Karasek, Horst, freier Schriftsteller;
VS 72; Feldbergstr. 28, D-6000
Frankfurt a.M. 1 (Wien 7.10.39). Essay,
Publizistik.
V: Das Gasthaus Zum Faß ohne
Boden, Kinderb. 73; Propaganda und
Tat. Drei Abh. üb. d. militanten
Anarchismus unterm Sozialistengesetz,
Ess. 75; Die Kommune der Wieder-
täufer. Ber. aus d. befreiten u.
belagerten Stadt Münster 1534/35,

Geschichtserz. 77; Belagerungszustand!
Reformisten u. Radikale unt. d.
Sozialistengesetz 1878 − 1890 78; Der
Feldmilch-Aufstand oder wie die
Frankfurter 1612/14 ihrem Rat
einheizten 79; Der Brandstifter, Lehr- u.
Wanderjahre d. Maurergesellen
Marinus van der Lubbe, d. 1933 auszog,
d. Reichstag anzuzünden 80; Das Dorf
im Flörsheimer Wald, e. Chronik vom
alltägl. Widerstand gegen die Startbahn
West 81, 82. − **MV:** Wohnhaft im
Westend, Prosa m. Helga Novak 70.
H: Haymarket. Die deutschen
Anarchisten von Chicago. Reden u.
Lebensläufe, Dok. 76, 77. − **MH:** Eines
Tages hat sich die Sprechpuppe nicht
mehr ausziehen lassen. Texte zur
Emanzipation zur Mündigkeit, m. Helga
M. Novak 73. ( )

Karasholi, Adel, Dr. phil.; Arab.
Schriftstellerunion in d. Syr. Arab.
Republ. seit 70, SV-DDR 80;
Wittstockstr. 4, DDR-7050 Leipzig, Tel.
(041) 691328 (Damaskus 15.10.36). Lyrik,
Essay. **Ue:** Arab.
V: Umarmung der Meridiane, G. 78,
81; Brecht in arabischer Sicht, Abhandl.
82.
Ue: u.V: Wie Seide aus Damaskus, G.
68.

Karau, Gisela; Hartriegelstr. 54, DDR-
119 Berlin, Tel. (0372) 6359877.
V: Anne ist ein Sonntagskind 60;
Trubel um Anne 64; Der gute Stern des
Janusz K., u.d.T.: Janusz K. oder viele
Worte haben einen doppelten Sinn 74;
Dann werde ich ein Kranich sein, Erz.
75; Darf ich Wilhelm zu Dir sagen? 79;
Loni 83. − **MV:** Ich habe keine Lust,
Kdb. 80.
R: Das Bild des Bruders 63; Zauber-
lehrlinge 70, beides Fsp. n. Günter
Karau. ( )

Karau, Günter, c/o Militärverl. d.
DDR, Berlin (Ost).
V: Go oder Doppelspiel im
Untergrund, R. 83. ( )

Karch, Robert, Schriftsetzer,
Buchillustrator; 1. Pr. Sparte Lyrik in
Baden-Baden auf der Landesgarten-
schau 81; Intern. Dialekt Inst. Wien 82;
Fürstensteinerstr. 36, CH-4053 Basel
(Basel 23.4.49). Drama, Lyrik, Hörspiel,
Aphorismen.
V: Angst, Schmärz und Wuet,
Alemann. G. 82.

von Kardorff geb. von Witzleben,
Huberta Sophie (Ps. Uta von Witzleben),
Innenarchitektin, Journalistin;

Rehwinkel 9, D-3000 Hannover-Kirch-
rode, Tel. (0511) 511878 (Hannover
9.10.21). Roman, Novelle, Hörspiel. Ue: E,
F, Altiran (Altper).
V: Die Autojagd, Jgdb. 53; Der Trecker
und die Tiere, Jgdb. 54; Für A. P., R. 60;
Das Leben — ein Wagnis 65; Erste
Liebe, Erz. 67.
H: Erste Liebe, berichtet von
bekannten dt. Persönlichkeiten 68.
R: Das Maultier ohne Zaumzeug, Hsp.
Ue: Firdanzi: Schanameh. Das Buch
der Könige 60; 2 Artikel in: Geschäft ist
Geschäft 68. ( )

von Kardorff, Ursula; Hohenstaufenstr. 8, D-8000 München, Tel. (089)
2183408.
V: Man muß sich nur zu helfen wissen
57; Glücklich sein und glücklich
machen. ABC d. Lebenskunst 57; Feste
feiern, wie sie fallen 58; Berliner Auf-
zeichnung aus den Jahren 1942 - 1945 62,
76; Durch meine Brille gesehen, Impressionen z. Gegenw. 65; Adieu Paris 74;
Richtig Reisen. Paris 76; Richtig Reisen
Ibiza u. Formentera 78; Richtig Reisen
Berlin 82.

Karelin, Victor, s. von Michalewsky,
Nikolai.

Karff, Fritz, Konrektor a. D.; VS in
Schleswig-Holstein, D-2251 Winnert/
Nordfriesld., Tel. (04845) 240 (Waren/
Müritz 27.10.08).
V: Segelfahrt durch die Welt der Hal-
ligen 54, 60; Aus der Chronik der Hallig
Nordstrandischmoor 60, 79; Nordstrand,
Geschichte einer nordfriesischen Insel
68, 78.

Karg, Konrad; Sieglerstr. 3, D-6842
Bürgstadt/Ried.
V: Kapriolen d. Zeitgeistes, Heit. u.
Besinnl. in Reimen 77. ( )

Karger, Bernhard (Ps. Bernt Karger-
Decker), Journalist; Klement-Gottwald-
Allee 73, DDR-112 Berlin, Tel. (0372)
3651388 (Berlin 27.7.12). Roman, Bericht.
V: Männer um die Kamera 53; Der
Film — Spiegel der Welt 55, 56; Zirkus-
parade 56; Mit Skalpell und Augen-
spiegel 57, 66 (auch ungar.); Da hielt die
Welt den Atem an, Ber. 59; Aber die
Wahrheit ist stärker 61 (auch tschech.);
Wunderwerke von Menschenhand 63,
71; Ärzte im Selbstversuch. Ein Kapitel
heroischer Medizin 65, 81; Gifte, Hexen-
salben, Liebestränke 66, 67; Schach der
Tuberkulose 66; Unsichtbare Feinde.
Ärzte u. Forscher im Kampf gegen den
Infektionstod 68, 80 (auch tschech.);
Kräuter, Pillen, Präparate 70, 82; Der

Griff nach dem Gehirn 72, 77; Geschichte und Geschichten um Briefe
und Briefmarken 76, 78.

Karger, Markus (Ps. Marcus Karger),
Konditor; Weidenhäuserstr. 32, D-3550
Marburg, Tel. (06421) 23295 (Marburg
14.4.62). Roman, Erzählung, Lyrik.
V: Zusammen im Feuer in Wonne
zerrinnen, Erz. 82.
MA: Wo Dornenlippen dich küssen 82.

Karger-Decker, Bernt, s. Karger,
Bernhard.

Kariger, Jean Jacques, Finanz-
oberinsp.; Nicolas Ries-Str. 35 a,
Luxemburg-Limpertsberg (Großherzogtum)/Luxemburg, Tel. (0352) 491134
(Rodingen, Luxbg. 3.10.25). Lyrik, Essay,
Satire, Epigramm.
V: Leuchtender Kreis, G. 62;
Elemente, G. 67; Akte, G. 72; Gesichte, G.
77; Blitzröhren, G. 82; Kultur des Fein-
geistigen als poetisches Argument, Ess.
82.

Karl, Günter Paul *

Karl, Rudolf, Prof. mag., AHS-Lehrer;
Kreis der Freunde 80, Podium 70 80,
Dietrichsblatt 82; Große Neugasse 2/16,
A-1040 Wien, Tel. (0222) 5719775 (Wien
8.4.31). Lyrik, Essay, Kurzprosa.
V: Alpensommer, Lyr. 81; Salzburger
Impressionen, Der andere Sommer, Lyr.
Protok. 82.
MA: Der Mensch spricht mit Gott,
Anth. 82.

Karlowna, E., s. Löbner-Felski, Erika.

Karlsdottir, Maria (Ps. Helga M.
Novak), freie Schriftstellerin; P.E.N. 73,
VS 72; Rudolf Alexander Schröder Preis
der Freien Hansestadt Bremen 68; Feld-
bergstr. 28, D-6000 Frankfurt a.M.
(Berlin 8.9.35). Lyrik, Prosa, Hörspiel.
Ue: Isl.
V: Ballade von der reisenden Anna, G.
65; Colloquium mit vier Häuten, G. 67;
Geselliges Beisammensein, Prosa 68;
Aufenthalt in einem irren Haus, Erzn.
72; Seltsamer Bericht aus einer alten
Stadt, Kinderb. 73; Balladen vom kurzen
Prozeß 75; Ballade von der kastrierten
Puppe 75; Die Landnahme von Torre
Bela, Prosa 76; Margarete mit dem
Schrank, G. 78; Die Eisheiligen, 3. Aufl.
79; Palisaden, Erzn. 1967-1975 80; Vogel
federlos 82, 83; Grünheide Grünheide,
ges. G. 1955-1980 83. — **MV:** Wohnhaft
im Westend, m. Horst Karasek 70.
MH: Eines Tages hat sich die Sprech-
puppe nicht mehr ausziehen lassen.
Texte zur Emanzipation zur Mündigkeit, m. Horst Karasek, Leseb. 3 72.

R: Übern Berg; Ausflug, Kopfgleis;
Ringbahn; Fibelfabel aus Bibelbabel;
Berenke ist weg; Hammelsprung; Pali-
saden; Heimsuchungen, alles Hsp.
S: Fibelfabel aus Bibelbabel, Hsp. 73.
( )

Karnein, Alfred *

Karner, Josef, Dkfm., Vorstandsdir.;
Schießstattg. 35, A-8010 Graz, Tel. (0316)
72093 (Mühlen 16.1.45). Roman.
V: Von Hirschen, Hahnen, Jägers-
leuten, Jagdb. 82.

Karolczak, Harald, Schmied;
Schreyerring 7, D-2000 Hamburg 60, Tel.
(040) 6316507 (Hamburg 25.11.33).
Kurzgeschichten, Lyrik.
V: Föfftein Gramm Hund, Kurzgesch.,
G. 78; Sepenblosen, Kurzgesch. 78.
Lit: G. Harbe: Platt m. spitzer Feder.

Karpe, Gerhard, Schriftsteller; VS 71;
Moorweg 13, D-4500 Osnabrück, Tel.
(05407) 9656 (Stettin-Frauendorf 8.11.29).
Feuilleton, Glosse, Satire, Lyrik, Funk-
kabarett.
MA: Junge Dichtung in Nieder-
sachsen 73; Scherz, Satire und Cartoons
80; Kleine Bettlektüre für standfeste
Osnabrücker 81; Lachen ist die beste
Medizin 83.

Karpf, Urs, freier Schriftsteller, freier
Redaktor; Die Kogge 75, Gruppe Olten
77; Ehreng. d. Kt. Zürich 77, Förderpr. d.
Kt. Bern 77, Mölle Lit.pr. (Schweden) 77;
Rebstock, CH-2513 Twann, Tel. (032)
852281 (Zürich 9.11.38). Roman.
Ue: Schw.
V: Der Technokrat, R. 77; Die Nacht
des große Kometen 78; Die
Versteinerung 81. — **MV:** Svenskarna
och deras immigranter 74.
Ue: Maria Scherer: Das Fiasko 74.

Karr, Hanns-Peter, s. Jahn, Reinhard.

Karras, Jella, s. †Schöler, Ellen.

Karsten, Heiner, s. Karsten, Heinrich.

Karsten, Heinrich (Ps. Heiner
Karsten), Dipl.-Volksw., Dr. rer. pol.,
Kunstmaler, Kunsthändler; Straubinger
Str. 6, D-4100 Duisburg 28, Tel. (0203)
701620 u. (0203) 26841 (Kassel 8.10.14).
Essay, Roman, Erlebnis, Erzählung.
V: Die Ölmalerei, Ess. 77; Die Welt der
Friktionen, Ess. 79; Ich war ein Sowjet-
spitzel, Erlebn. 79; Die Befreiung vom
Teufel, Ess. 79; Betrachtungen über
Kunst und Kunstbeurteilung, Ess. 79;
Bianca, R. 80; Nepo sucht seine
Freunde, Erz. 80; Siegfried und Felizitas,
R. 81; Auf der Suche nach Gut und Böse,
Ess. 81; 2500 Jahre Weltgeschichte, Ess.

81; Kuriosa am Rande der Weltgeschichte, Erz. 81; Anstöße und Einsichten, Erz. 82; Der Durchbruch zum
Kulturmenschen, Ess. 82; Sind wir wie
wir waren?, Ess. 82.
MA: Autoren-Werkstatt 1, Erz. 82;
Gesichtspunkte, Erz. 82.

Karsten, Ulrike, c/o Titania-Verlag,
Ferdinand Schroll, Stuttgart.
V: Geschichten aus d. Telephon 76;
Kathrinchen unterm Dach 77; Tierkinder aus aller Welt 78; Zu Haus und in
der Schule 79; Rund um den Stundenplan 80; Schulkinder-Geschichten 82. ( )

Karsten, Uwe, s. Hinz, Erich-Karl.

Karsunke, Yaak, Schriftsteller; VS 70,
PEN-Zentr. Bdesrep. Dtld 70;
Westfälische Str. 34, D-1000 Berlin 31,
Tel. (030) 8914481 (Berlin 4.6.34). Lyrik,
Drama, Essay, Film, Hörspiel. **Ue:** E.
V: Kilroy & andere, G. 67; reden &
ausreden, G. 69; Die Bauernoper. Scn a.
d. schwäb. Bauernkrieg 1525, Bü 73;
Ruhrkampf-Revue, Bü. 75, beides zus.
76; Unser Schönes Amerika, Bü. 76; Da
zwischen, 35 G. u. e. Stück 79; Des
Colhas' letzte Nacht, Bü. 78; Nach
Mitternacht, nach Irmgard Keun, Bü. 81;
Großer Bahnhof, Bü. 82; auf die gefahr
hin, G. 82. — **MV:** Hallo, Irina 70; Die
Apotse kommen 72.
B: Germinal (nach Zola), Bü. 74.
MH: Kürbiskern, Zs. 65-68.
R: Listen to Liston, Hsp. 71; & jetzt
Bachmann, Hsp. 72; Der Doppel-
verlierer/Hommage à Hammett, Hsp. 76;
Hier kein Ausgang — nur Übergang,
Fsf. 77; Neue Töne, Fsf. 78; Bares Geld,
Fsf. 78.
MUe: Arnold Wesker: Die Freunde, m.
Ingrid Karsunke, Bü. 70.

Karwehl, Ingrid, s. Geleng, Ingvelde.

Karz, Eva, c/o Verlag Weichert,
Hannover.
V: Erwachsen werden ist doch schwer
81. ( )

Kaser, Irmgard *

Kashin, Christiane (Ps. Christiane
von Wiese), Lektorin, Übersetzerin,
Schriftstellerin; VS; Kaiserstr. 2, D-8000
München 40 (Erlangen 6.9.35). Drama,
Hörspiel, Übers. **Ue:** E.
V: Daniel im Zwinger, Kdb. 63;
Antonie und Peggy, Kdb. 65; Das
Märchen von der harten Nuß, Kinderst.
70; Reise zum Kleinen Bären, Kinderst.
77.
MA: Sternzeichen aus einem alten
Schicksalsbuch 82.

R: Wie war der Film, erzählt doch
mal; Das ist Physik!; Das Ferngespräch;
Dreimal täglich nach dem Essen;
Überraschung am Hochzeitstag; Jedem
das Seine; Das Allheilmittel, alles Hsp.
Ue: Alfred Coppel: 34° Ost 75;
Alexander Dolgun: Alexander Dolgun's
Story u. d. T.: Alexander Dolguns
Schicksal 77; Henry Denker: The
Physicians u. d. T.: Der Kunstfehler 77;
Sarah Patterson: Einst ein Sommer 78;
Henry Denker: Umstrittene Diagnose
79; Sheila Hocken: Emma und ich 80;
Jessica North: The High Valley u. d. T.:
Veronikas Vermächtnis 80; Clifford
Irving/Herbert Burkholz: The Death
Freak u. d. T.: Mörderschach 80;
Winston Graham: Jeremy Poldark u. d.
T.: Schatten auf dem Weg 81; Winston
Graham: Warleggan u. d. T.: Schicksal in
fremder Hand 81; Winston Graham: The
Black Moon u. d. T.: Im dunklen Licht
des Mondes 81; Winston Graham: The
Four Swans u. d. T.: Das Lied der
Schwäne 81; Winston Graham: The
Angry Tide u. d. T.: Vor dem Steigen der
Flut 82; Into the Unknown u. d. T.:
Faszination des Unfaßbaren 83.

Kasper, Alfons, Dr., Kunsthistoriker
und Verleger; Rohrerstr. 12, D-7953 Bad
Schussenried, Tel. (07583) 2415 (Bad
Schussenried 21.12.95). Entwicklungs-
und Zeitroman.
V: Monogr. (Neuaufl. 80/81):
Schussenrieder Chorgestühl, Schussenrieder Bibliotheksaal 54; Kleiner
Führer: Schussenried, die Pfarrkirche
mit dem Kloster, 3. neu bearb. Aufl. 60;
Das Prämonstratenser-Stift Schussenried. Bau- und Kunst geschichte des
alten Klosters mit Kirche 58; Das alte
und neue Kloster; Der Klosterort
Schussenried mit Filialkapellen 60;
Steinhausen am Federbach. Die
Geschichte eines Dorfes 61; Kunst-
wanderungen im Herzen Ober-
schwabens I 62, 4. Aufl. 76; II 63, 3. Aufl.
77; Kunstwanderungen kreuz und quer
der Donau III 64, IV 65; Kleiner Führer:
Schussenrieder Bibliothekssaal, 4. verb.
Aufl. 78; Kunstwanderungen kreuz und
quer der Iller V 66; VI 67; Kunstwande-
rungen vom Ober- zum Ostallgäu VII 69;
Kunstwanderungen zum Ostallgäu VIII
70; Trilogie von Frieden und Krieg III,
R.: I: Himmel über der Schussen, II:
Jugend zwischen den Zeiten 70, III:
Durch Feuertaufe zur Reife 80;
Schussenrieder Bibl.-räume u. ihre
Schätze; Bau- u. Kunstgesch. d.
Prämonstratenser Stift Schussenried

Teil III. — MV: Im Dienst am Buch 51;
Steinhausen, ein Juwel unter den Dorfkirchen, m. W. Strache 57; Die Natur-
und Landschaftsschutzgebiete Baden-
Württembergs Bd 2; Der Federsee, hrsg.
v. Prf. Dr. W. Zimmermann 61. ( )

Kasper, Hans (Ps. f. Dietrich Huber),
Journalist; Dt. Hörspielpreis d. Kriegs-
blinden 62, Förderpreis d. Gerhart-
Hauptmann-Preises 63, c/o Econ-Verlag,
Düsseldorf (Berlin 24.5.16). Satire,
Aphorismus, Lyrik, Hörspiel.
V: Hans Kasper, Satiren 48; Berlin 48;
Nachrichten und Notizen, Aphor. 57;
Das Blumenmädchen, G. 58; Zeit ohne
Atem, Aphor. 61; Geh David helfen, Hsp.
61; Abel gibt acht, Aphor. 62; Flöte von
Jericho, Kom. 63; Das zweite Attentat,
Kom. 65; Expedition nach innen, Aphor.
65; 1916. Erinnerungen 66;
Revolutionäre sind Reaktionäre, Aphor.
69; Verlust der Heiterkeit, Ess. 70; Wol-
ken sind fliehende Wasser, R. 70;
Mitteilungen über den Menschen 78. —
MV: Darauf kam die Gestapo nicht, Bei-
träge zum Widerstand im Rundfunk 66.
R: Die drei Nächte des Don Juan, Hsp.
63; Das Pferd der Griechen, Hsp. 64; Die
Geburt der Leier, Hsp. 64; Der Wald, der
niemals segelte, Hsp. 65; Tatort, Fsp. 65;
Sensation in Ocker, Hsp. 67; Tatort, Fsp.
67; Tutula im Feigenbaum, Hsp. 68; Die
Menschlichen, Hsp. 68; Fälle ohne
Akten, Hsp. 68; Solche Stunden vertra-
gen Glas, Fsp. 69; Die schwedische
Nacht, Hsp. 69; Das Netz, Hsp. 69;
Gedanken und Wölfe, Hsp. 69; Das Falt-
girl, Hsp. 70; Mitteilungen über eine
Schuld, Fsp. 71; Kümmel oder die Welt
der Hühner, Hsp. 71; Paety bei Sappho,
Hsp. 71; Antike Skandale, 6 Hsp. 71/72;
Aufruhr, Hsp. 73; Prozesse der Zukunft,
6 Hsp. 73/74; Abschied vom Abschied,
Fsp. 74; Alpha u. Asphalt, Fsp. 74;
Informationen zum Fall Ment, Hsp. 74;
Das fremde Telefon, Hsp. 74; Kalender-
notizen, Teleminiaturen, Fsp. seit 75; In
5000 Jahren, 6 Hsp. Future Fiction 75/76;
Der Zwerg, Hsp. 76; Der Fall der
Kommissare, Hsp. 76; Das Netz, Hsp. 76;
Der Tod des Transvestiten, Hsp. 77; Die
letzten Tage v. Malmaison, Hsp. 78; Das
Tribunal der Toten, Hsp., Sch. Bearb. 79;
Ich springe von d. Erde, Fs.-Aufzeichn.
79, 80; Auf den Spuren einer Fotografie,
Hsp. 80; Marianna Mondri, Hsp. 80; Der
Mensch ähnelt sich leider sehr,
Monologe, Dialoge, Szenen, Fsp. 80. ( )

Kassing, Karl, ObStudR. i.K.;
Calvinerbuschstr. 12, D-4048

Grevenbroich 12, Tel. (02182) 7561
(Lüdenscheid 12.6.36). Lyrik, Epik.
V: Wunderland, heitere u. ernste
Geschn. 76; Gedicht auf Rädern, G. 76.

Kassler, Marion, Dipl. Bibl., Hausfrau;
VG Wort 81; Nelkenweg 3, D-4054
Nettetal 2, Tel. (02157) 5494 (Berlin
28.3.27). Kinder-Erzählung, Lyrik,
Novelle.
V: Was ist los mit meiner Mutter?,
Kd.- u. Jgd.-R. 82.

Kastell, Katrin, s. Schiede, Gerty.

Kaster, Petra, c/o Edition Die Maus,
Bonn.
V: Marias Leben 79. — **MV:** Der
singende Gummibaum, Kinder-Comic-
Liederb. 81. ( )

Kath, Lydia, s. Knop, Lydia.

Katins, Sabine, Dr.; Pablo neruda-Str.
26, DDR-1170 Berlin.
V: Keine Wunderlampe für Aladin 81.
( )

Katscher, Hedwig, Dr. phil.; Öst.
P.E.N., ÖSV; Theodor-Körner-Pr. 77;
Nussberggasse 32/I/6, A-1190 Wien, Tel.
(0222) 3728153 (Wien 25.4.98). Lyrik,
Essay.
V: Flutumdunkelt, G. 64; Zwischen
Herzschlag und Staub, G. 69; Steinzeit,
G. 77; Versteckenspiel, G. 82.

von Katte, Martin, ehemal. Land- u.
Forstwirt, Major a.D.; Prov. Sachsen:
Der Landeshauptmann 36; Ehrenurk. in
Anerkennung seines dicht. Schaffens,
Akad. D. Schönen Künste 60, D-7107
Bad Wimpfen (Berlin 27.11.96). Lyrik,
Essay, Erzählung.
V: Ein Gedicht 26 (auch franz.) 27; Die
Katten im Stammbaum, neu gesetzt u.
histor.-genealog. komm. 65; Der
Nebelstein, G. 78. — **MV:** Göttinger
Musenalm. auf 1923, Junge Dt. Lyrik 28,
Kristall d. Zeit, Auslese v. A. Soergel 29,
Der Kranz, Dt. Gedichte a. 3 Jh. 32,
Lieder d. Stille 34, Dt. Lyr. seit Rilke 39,
alles Anth.; Auf J.v. Winterfeldt, Präs. d.
Dt. Roten Kreuzes 25, Adam v. Trott z.
Solz u. s. Briefe an A. v. Katte 65, Der
Wink, Antaios Bd. VI 65, Beitr. in: Eine
Sprache, viele Zungen 66, Hans
Hermann Katte, eine biogr. Skizze aus
d. späten Barock 75, alles Ess. od.
Festschrr..
MA: Kal. Land Jerichow 35-40.
R: Märkischer Adel, eine Hördicht. 33.
( )

Kattner, Heinz, Pädagoge,
Schriftsteller; VS Niedersachsen 80;
Kulturförderpr. d. Landkr. Lüneburg 80,

Stip. im "Atelierhaus Worpswede" 81/82;
Leestahl 3, D-2121 Dahlenburg, Tel.
(05851) 1744 (Hildesheim 17.1.47). Lyrik,
Kurzprosa, Essay, Rezension.
V: Zwischen Zeiten, Lyr. 79;
Physiquement, Lyr. 81; Wetterleuchten,
Lyr. 82. — **MV:** Blätter, m. Gerhard
Zacharias, Lyr. 78.
Lit: niedersachsen literarisch 81.

Katz, Casimir; Bleichstr. 20, D-7562
Gernsbach 1.
V: Das Buch vom Baum 76; Spinner,
Weber, Schneider, Leute machen
Kleider 77; Leute kommt und schaut,
was man alles baut 78; Leute kommt
und seht, wie ein Buch entsteht 78; Vom
Kasperle und dem großen Kater 81.
H: Möbel, europ. Firmenhdb. 76.

Katzensteiner, Bernhard, c/o
Deutscher Theaterverlag, Weinheim.
V: Die grüne Wolke und das Mädchen
aus dem Weltall, Ko(s)m. Einakter 80. ( )

Kauer, Edmund Th., Redakteur,
Dramaturg; Ö.S.V. 47 (Wien 15.9.99).
Erzählung, Autobiographie, Essay, Film.
Ue: E, F, I.
V: Der Film, Vom Werden einer
Kunstgattung 43; Die Kirche des
Ungottes, Ess. 47.
Ue: R. v.: Francis Brett-Young; Theo-
dore Dreiser; Kate O'Brien; Richard
Mason; P. C. Snow; Margaret Kennedy;
Lilian Smith; C. Fritz Gibbon; Frederic
Prokosch; Graham Greene; A. J. Cronin;
Marjorie Rawlings; Vincent Shean;
Tilbur-Clark; Morton Thompson; Jean
Hougron; Roger Vailland; Pietro di
Donato, u. a. ( )

Kauer, Friedl (Ps. Friedl Hofbauer);
Ö.S.V. 47; Preis d. Romanpreisausschr. v.
Jugend u. Volk Wien, Förderungspreis d.
Stadt Wien f. Lit. 64, Österr. Staatspreis
f. Kinderb. 66, Österr. Staatspreis f.
Kinderb. 69, Kinderb. Preis d. Stadt
Wien 66, Kinderb.-Preis d. Stadt Wien
69, Jugendbuchpreis d. Stadt Wien 75,
Dt. Jugendbuchpreis f. Übersetz. 75,
Ehrenliste im H. C. Andersenpreis 75;
Daringergasse 12 — 20/13/6, A-1190
Wien (Wien 19.1.24). Lyrik, Hörspiel,
Roman, Novelle, Jugend- und Kinder-
buch. **Ue:** E, I.
V: Am End' ist's doch nur Phantasie,
Raimundr. 60; Der Schlüsselbundbund,
Kinder-R. 62; Eine Liebe ohne Antwort,
R. 64; Die Wippschaukel, Kinder-G. 66,
76; Brummkreisel, Kinder-G. 69; Traum-
fibel, G. 69; Der kurze Heimweg 71; Die
Träumschule, Kinderb. 72; Der Benzin-
säugling, Kinderb. 73; Die Kirschkern-

kette, Jgdb. 74; Allerlei Leute, Kinderb.
75; Das Spatzenballett, Kinderb. 75; Der
Meisterdieb, Kinderb. 75; 99 Minuten-
märchen 76; Links vom Mond steht ein
kl. Stern, Kinderb. 77; Das Land hinter
dem Kofferberg 77; Mein lieber Doktor
Eisenbarth 78; Der Engel hinter dem
Immergrün 81; Der Esel Bockelnockel
83, u. a. Kdb.
MA: Tür an Tür, G. 50, 51 II;Ernstes
kleines Lesebuch 55; Lebendige Stadt,
Alm. d. Stadt Wien, G. 56, 62; Die Barke,
G. 61, 63; — und senden ihr Lied aus,
Lyrik öst. Dichterinnen v. 12. Jh. z.
Gegenw. 63; Wien im Gedicht 67;
Schriftsteller erzählen von ihrer Mutter
68; Die Propellerkinder 71; Komm und
spiel mit dem Riesen, Kinderjb. 71; Der
Riesenhans, Sagen 76, Reime, Rätsel u.
Geschichten, u.a.
R: Die Spur und der Strom, Hsp. 66;
Orpheus in der Oberwelt, Hsp. 68.
Ue: Gianni Rodarz: Von Planeten und
Himmelshunden (nur die Gedichte) 69;
Erskine Caldwell: Unser Gast das kleine
Reh 71; J. C. George: Julie von den
Wölfen; Angle dir einen Berg; Mosel/
Lent: Die kleine Lachfrau, u.a. ( )

Kauer, Walther; SSV, G.S.D., SJU; Pr.
G.S.D. 72, Kt. Aargau 73, Schweiz.
Schillerstift. 75, Stadt Zürich 76, C.-F.-
Meyer-Pr. 76, Pr. d. Kt. Bern 77;
Deutsche Kirchgasse 9, CH-3280 Murten
(Bern 4.9.35).
V: Du sollst nicht ..., Erz. 68; Der Held,
Erz. 68; Grüner Strom u. schwarze Erde,
R. 68; Schachteltraum, R. 74, 78;
Spätholz, R. 76, 81, Tb. 81; Senioren-
träume, Stück 76; Abseitsfalle, R. 77, Tb.
82; Tellereisen, R. 79, 81, Tb. 81; Wecker-
gerassel, Geschn. 81.
MA: Schweizer Erkundigungen 75;
Schweiz heute 76; Der Elefant im
Butterfaß 77, alles Anth.
R: Das Sparheft, Hsp. 75; Cagnosciat
tü paisel paiset, Feature 77; Ein Staat
sucht einen Mörder, Hsp. 77; De zwöiti
Früelig, Fsp. 77.
Ue: Gion Deplazes: Bittere Lippen. ( )

Kauertz, Alfred, Schriftsteller; SSV;
Kapuzinerstr. 10, CH-3902 Glis, Tel. (028)
236568 (Mönchengladbach 10.8.26).
Roman, Novelle, Hörspiele, Radio u.
Fernsehmitarbeit.
V: Ihre einzige Lüge 67; Der Schwarze
Tod flog mit; Operation um Mitternacht
68; Warten auf ein Wunder 69, alles
Arztr.; Bis der Arzt kommt 70, med.
Sachb.; Des Vaters Schuld, Arztr.; 50
weit. Arztr.

Kaufmann, Brigitte; Steinbuschweg
39, D-3501 Edermünde-Haldorf.
V: Mein Bruder Jokki 76; Ein Lied für
Bettina 82; Gefährlicher Sommer 82. ( )

Kaufmann, Franz K., s. Kurowski,
Franz.

Kaufmann, Paul, Dr. phil., Journalist;
Glockenspielplatz 5, A-8010 Graz, Tel.
(0316) 75333 (Graz 20.8.25). Drama,
Roman, Hörspiel.
V: Himmelhunde, Jgdb. 50; Aufruhr in
der Bubenstadt, Jgdb. 53 (auch holl.);
Hochzeit auf Raten, R. 65 (auch engl.);
Meine Frau macht Schlagzeilen, R. 67; ...
beschloß ich Politiker zu werden, R. 74
(auch span.); Die Mehrheit bin ich 77;
Brauchtum in Österreich, Sachb. 82.
R: Das Geld liegt auf der Straße, Hsp.

Kaufmann, Ueli, Lehrer, Verleger;
Gruppe Olten 72; Lyrikpr. d. Kt. Basel-
landschaft 72; Mitgl. d. Kantonalen
Lit.komm. BL seit 76; Friedensgasse 7,
CH-4127 Birsfelden (Basel 7.1.48). Lyrik,
Prosa, Drama, Hörspiel.
V: Wetterprognose, G. 66; derselbe
wind, G. 67; Benno, Ber. 72; 4566
Grossacker, Gedichte, Prosa, Zeich-
nungen, Collagen 72; der faschismus ist
eine alte sache, Heimatg. 73; die angst
vor dem ende des lateins, Sprechst.
74. — **MV:** Zwischen Angst und
Aggression, Schultheater 75; Gross und
rot stehen immer noch die Münster-
türme, Prosa 75.
MA: Bloch: Gegenwartsliteratur,
Mittel u. Beding. ihrer Produktion 72;
Bloch: Der Schriftsteller in unsrer Zeit,
Schweizer Autoren bestimmen d. Rolle
in d. Gesellschaft 75.
H: Wie Herr Piesecke auf dem Mond
Ravioli pflanzte, Kindergeschn. 76. —
MH: Mir wei luege, Baselbieter
Mda.texte von 1833-1983 82.

Kaufmann, Walter, Fotograf, Hafen-
arbeiter, Seemann; SV-DDR 55; Mary
Gilmore Award 59, Fontanepreis d.
Stadt Potsdam 61, 64, Heinrich-Mann-
Pr. Bln 67; Wallstr. 85, DDR-102 Berlin,
Tel. (0372) 2071156 (Berlin 19.1.24).
Fernsehspiele, Romane, Novellen,
Erzählungen, Reportagen.
V: Stimmen im Sturm, R. 53, 77 (auch
engl.); Wohin der Mensch gehört, R. 57,
59; Der Fluch von Maralinga, Erzn. 57,
61; Ruf der Inseln, Nn. u. Erzn. 60; Feuer
am Suvastrand, Erzn. 61; Kreuzwege, R.
61, 62; Begegnung mit Amerika heute,
Rep. 64; Die Erschaffung des Richard
Hamilton, Erzn. 64; Stefan — Mosaik
einer Kindheit, Erzn. 66; Hoffnung

unter Glas, Rep. 66; Unter dem wechselnden Mond, Erzn. 69; Gerücht vom Ende der Welt, Rep. 70; Das verschwundene Hotel, Kinderb. 73; Unterwegs zu Angela, Rep. 73; Entführung in Manhattan, Erz. 74; Am Kai der Hoffnung 74; Patrick, Kinderb. 78; Wir lachen, weil wir weinen, Rep. 78; Irische Reise, Rep. 79; Drei Reisen ins Gelobte Land, Rep. 80; Kauf mir doch ein Krokodil, Erz. 82; Flucht, R. 84.

Kauka, Rolf, c/o Verlag Herbig, München.
V: Roter Samstag oder der dritte Weltkrieg findet nicht statt, R. 80. ( )

von Kaulla, Guido, Schauspieler; Dram.-Un. 41; Postf. 1133, D-7750 Konstanz, Tel. (07531) 21889 (Mainz 26.9.09). Märchenspiel, Jugendstück, Hörspiel, Fernsehspiel, Biographie.
V: Brennendes Herz Klabund. Legende und Wirklichkeit, Biogr. 71; Die Schauspielerin Carola Neher und Klabund 83; Irene und Klabund 83. – **MV:** Eidinei auf Zauberfahrt, Msp. m. Wolfgang Markgraf 32; Der König und das Zotteltier; König Drosselbart; Das tapfere Schneiderlein; Der gestiefelte Kater; Zwerg Nase; Das verzauberte Herz; Der Froschkönig; Schneewittchen; Aschenputtel; Rumpelstilzchen; Dornröschen; Frau Holle; Das wunderbare Feuerzeug; Rapunzel; Die drei goldenen Haare des Teufels; Die Schöne und das Tier, alles Msp. m. Thekla von Kaulla 47-82; Der kleine Lord; Der Prinz und der Betteljunge, alles Jgdst. m. Thekla v. Kaulla 57-66; Svengali (Melodram) m. Thekla Kaulla 79.
H: Klabautermann und Vagabund 80; Klabund: Störtebecker 81, ders.: Klage der Garde 82.
R: (MV): Orje Lehmann wird Detektiv, Hsp. nach Possendorf mit Thekla v. Kaulla 56; Christels Weihnachtsfahrt; Zwerg Nase; Der kleine Lord, alles Fsp. m. Thekla v. Kaulla 57 bis 61.

von Kaulla, Thekla, Schauspielerin; Dram.-Un. 56; Talgartenstr. 5, D-7750 Konstanz, Tel. (07531) 21889 (Zobten am Berge 12.5.15). Märchenspiel, Jugendstück, Hörspiel, Fernsehspiel.
MV: Der König und das Zotteltier; König Drosselbart; Das tapfere Schneiderlein; Der gestiefelte Kater; Zwerg Nase; Das verzauberte Herz; Der Froschkönig; Schneewittchen; Aschenputtel; Rumpel stilzchen; Dornröschen; Der Frau Holle; Das wunderbare Feuerzeug; Rapunzel; Die drei goldenen Haare des

Teufels; Die Schöne und das Tier, alles Msp. mit Guido von Kaulla 47-82; Der kleine Lord; Der Prinz und der Betteljunge, alles Jgdst. m. Guido von Kaulla 57 bis 66; Svengali (Melodram) mit Guido v. Kaulla 79.
R: (MV): Orje Lehmann wird Detektiv, Hsp. nach Possendorf m. Guido von Kaulla 56; Christels Weihnachtsfahrt; Zwerg Nase; Der kleine Lord, alles Fsp. m. Guido von Kaulla 57 bis 61.

Kaune, Rainer, Lehrer; Lange Str. 45, D-2830 Bassum 1, Tel. (04241) 4818 (Bückeburg/Kr. Schaumburg-Lippe 23.4.45). Essay, Aphorismus, Zitat (Synthese).
V: Die Freundschaft im Spiegel der Weisheit, Ess. 76; D. Glück im Spiegel der Weisheit, Ess. 77.

Kaus, Gina; Authors Guild of America, P.E.N. seit 30; Fontane-Preis 21, Goethepreis d. Stadt Bremen 27; 262 South Carmelina Avenue, Los Angeles, Ca. 90049/USA (Wien 21.10.93). Drama, Roman, Biographie, Film. **Ue:** E.
V: Diebe im Haus, Kom. 19; Der Aufstieg, N. 20; Das verwunschene Land, Erz. 25; Der lächerliche Dritte, Lsp. 27; Toni, Dr. 27; Die Verliebten, R. 28; Die Überfahrt, R. 31; Morgen um Neun, R. 32; Die Schwestern Kleh, R. 34; Katharina die Große 35, 77, Tb. 82; Luxusdampfer 37, Tb. 81; Der Teufel nebenan 39; Melanie 46; Teufel in Seide, R. 56, 77, Tb. 80; Und was für ein Leben ..., m. Liebe u. Lit., Theater u. Film 79.
F: Wie ein Sturmwind; Schloß in Tirol; Gefängnis ohne Gitter; Conflict; Julius Misbehaves; Three socrets; Wife takes a flyer; The Red Danube.
R: Der Tag nachher.
Ue: Mary, Mary; Barfuß im Park; Das seltsame Paar; Jeden Mittwoch; Der Löwe im Winter, alles Lsp. ( )

Kaußler, Ernst; An 44 Nr. 25, D-6740 Landau i.d. Pfalz; Tel. (06341) 20911 (Karlsruhe 12.9.01). Heimatliteratur.
V: Ein Pfälzer in Polen. Die Landauer Boner u. ihre Weißenburger Freunde 74; Erinnerungen an Alt-Landau 78, 2. Aufl. 79.

Kaut verh. Preis, Ellis; Hörspielpreis d. Bayer. Rundfunks 57, Schwabinger Kunstpr. f. Lit. 71, Bundesverdienstkreuz, Stadtmed. München leuchtet 80; Dr. Böttcherstr. 23, D-8000 München 60, Tel. (089) 832531 (Stuttgart 17.11.20). Komödie, Hörspiel, Kurzgeschichte, Novelle, Essay, Kinderbücher, Film.

V: Geschichten vom Kater Musch 75; Musch macht Geschichten 59, 60 (auch holl. u. franz.); Meister Eder und sein Pumuckl, Kinderb. I 65, II 66 (auch dän., holl., jap., span., port.); Die Ohren des Herrn Morose, Kom. 63; Pumuckl spuckt weiter 66; Immer dieser Pumuckl 67; Geschichten vom Kater Musch 67; Pumuckl und das Schloßgespenst 68; Neue Geschichten vom Kater Musch 68; Pumuckl auf Hexenjagd 69; Nikolaus braucht zwanzig Mark 70; Der Zauberknopf 70; Hallo, hier Pumuckl 71; Puscha u. Kiwitti 72; Der kluge Esel Theobald 73; Pumuckl und Puwackl 72; Pumuckl auf heißer Spur 74; Schlupp vom grünen Stern 74; Pumuckl und die Schatzsucher 76; Fehlerteufelgeschichten 73; Pumuckl geht auf's Glatteis 78; Meister Eder und sein Pumuckl, Schausp. f. Kinder 78.
F: Meister Eder und sein Pumuckl.
R: Geschichten vom Kater Musch, Hsp.R.; Meister Eder und sein Pumuckl, Hsp.-R., u.a. Hsp. f. Kinder; Zum Sterben begnadigt; ... und kämmte sein grünes Haar; In den Vormittagsstunden des gestrigen Tages.
S: Meister Eder und sein Pumuckl 69-83, Serie mit 50 F.; Geschichten v. Kater Musch 6 F.; Schlupp mit grünen Stern 75; Fehlerteufelgeschichten 2 F. 82.

†Kaut, Josef, Landesrat a.D., Präs. d. Salzburger Festsp. Präs. d. Salzburger Kulturverein.; P.E.N.-Club Austria; Makartplatz 7, A-5020 Salzburg (Salzburg 16.2.04). Roman, Essay, Hörspiel.
V: Die Sonne gehört uns, R. 38, 44; Die tägliche Liebe, R. 39, 43; Schöpfer. Sozialism. — Beitr. z. Kulturpolit. 60; D. steinige Weg 61; Wegweiser durch d. Kulturkrise 62; Festsp. in Salzburg 64, 70; Festsp. in Salzburg — Bilder e. Welttheaters 73; Die Salzburger Festspiele 1920-1981 82. — **MV:** Salzburg von A-Z 54 (auch engl.) 55.
R: Situationen — Gespräche am Abend 79; Wer heiratet Liane? 79.
Lit: J. K., Kultur in d. mod. Ges., Dok. unserer Zeit 69; J. K., D. Salzburger Festsp. u. ihr Umfeld, Dok. Schr.-R. d. Ldespressebüros 79.

Kauter, Kurt (Ps. José Maria Rocafuerte), Dr.; Schwartzkopffstr. 3, DDR-104 Berlin.
V: Der Blick durch die bunten Scheiben, Sch. 48; Im Schatten des Chimborazo 64, Tb. 80; Unter dem Kreuz des Südens 65; Der Sohn des Cotopaxi 66, 69; Im Reiche des Säbeltigers,

Puppensp. 71; Herr König wird kuriert, Puppensp. 72; Der Mann aus den Kordilleren, Erz. 73; Also sprach der Marabu, Fab. 73, 81; Lautaro, der Araukaner 75; Von Arica nach Feuerland, Reise durchs Chile der Unidad Popular 75; Gott-Inka, R. 77; Die Schlange Regenbogen, M. 77; Peru-Costa, Sierra, Montana — Reisereport. 78, 80; Der junge Kazique, Erz. 79; Buenos dias Venezuela, Reisereport. 79, 81; Flieg, Kondor Tupac Amaru 80; Unterm Weltenbaum, Indianerm. aus Venezuela 81; Wo die Sonne König war 81; Der Sturmreiter 82.
B: Der Wind weht über Feuerland 70.
R: Sind das Ferien, Hsp. m. K. Schnog 48; Das Erbe der Väter, Fsp. 70; Der Sohn des Cotopaxi, Fsp. 69. ( )

Kauw, Werner, freier Schriftsteller; VS 78; Lit.stip. d. Kultusmin. NRW 79; Grüntalstr. 7, D-5190 Stolberg/Rheinld (Aachen 11.3.49). Lyrik, experimentelle Prosa, visuelle Texte.
V: Die Sprache hat viele Formen, Bildlyr. 76; durchgextes, Ess. 77; kennwort: verszets, Ess. 79; die sprache hat viele formen, Bildlyr. 79; rosa asche, Lyr. u. visuelle Texte 79; KürZ, Kurzgeschn. 79; A FORTIS MEN, Ess. 79; Dill Spargel, Theaterstücke 80; verinnerungen: entworte — oder, experiment. Prosa 80. ( )

Kawohl, Marianne, Dipl.-Päd., Psychologin, Schriftstellerin, Lehrbeauftragte; Intern. Ges. Christl. Künstler, Intern. Autorengemeinschaft 'Kreis der Freunde', Gertrud-von le-Fort-Ges., Christl. Autorinnen-Gruppe; Robert-Schumann-Str. 6, D-5900 Siegen 21, Tel. (0271) 73433 (Glauchau/Sachsen 14.7.45). Lyrik, Roman, Sachbücher, Aphorismen. **Ue:** E, Am.
V: ...und heirate nie! — nie?, Sachb. 77; Tränen, die niemand zählt...Niemand?, R. 77 (auch fin.) 79; Umwege, R. 78; Im Schweigen von dem Ewigen, G., Meditative Gebete 79; Liebe, die alle (m)eint, G., Meditative Gebete 80 (auch in Blindenschrift 81); Was der Wind zusammenweht, G., Meditative Gebete 81 (auch in Blindenschrift 81). —
MV: Beitr. in: Christl. ABC heute u. morgen 78.
B: Buckingham, Marjorie: Dorothea, R. 72, 4. Tb.aufl. 79; Arnold, Francena H.: Und die Seele wird nicht satt, R. 73, 3. Aufl. 75; Landorf, Joyce: Sein unermeßlicher Reichtum, prakt. Lebenshilfe 78. — **MA:** Christl. ABC heute und morgen seit 78.

H: Im Willen Gottes, Worte d. heiligen Julie Billart 81.

R: Liebe — Geheimnis oder Probleme, Hsp. 74; Christl. Trivialromane — Märchen für Erwachsene — Therapie oder fromme Unterhaltung?, Interv. m. Prof. Kienecker 80; — Wunder geschehen da, wo Wunden sind, Meditat. 81; Hausarbeit mit Heiligenschein, Meditat. 81; Heimkinder ohne Elternliebe, Rep. 82; Den Seinen gibt Gott schlaf — über d. Bedeutung d. Schlafes in d. Bibel u. in d. Therapie, Meditat. 82; Ich gestatte mir zu leben, Meditat. 83.

Ue: Wright, Christopher: Das verschwundene Bergwerk, Jgderz. 73; Best, Stan: The Hidden City of the Amazon, u. d. T.: Die verborgene Stadt, Jgderz. 74; Palmer, Bernhard: Jim Dunlap and the Wingless Plane, u. d. T.: Das Flugzeug ohne Flügel u. Das versunkene Schiff, 2 Bde., Jgderz. 75; St. John, Patricia: Missing the Way, u.d.T.: Ungehorsam ist das Hindernis, bibl. Betracht. 77; Brandt, Leslie u. Edith: Gemeinsam wachsen, Gebete 77; Edman, V. Raymond: In Step with God, u. d. T.: Fürchte dich nicht — Ich helfe dir, Betracht. 78; Lum, Ada: Single & Human, u. d. T.: Ledig — na und?, Lebenshilfe 78; Hunter, Frances: God's Answer to Fat — Loose It, u. d. T.: Abnehmen einmal anders — Eine Schlankheitskur m. Gottes Hilfe, Lebenshilfe 79; Thielmann, Bonnie: Der gefallene Gott 79; Merrill, Dean: Hauptberuf Ehemann, Lebenshilfe 80; Briscoe, Jill: Die Geschichte von der Rippe und dem Apfel, Lebenshilfe 80; Hession Roy: Nicht ich — sondern Christus — bibl. Interpretat. 80; Wojtyla, Karol: Die Eucharistie und der Hunger des Menschen nach Freiheit in: Der letzten Wahrheit dienen. Bischof von Krakau — Papst in Rom — Wojtyla-Texte 80.

Kay, Conny, s. Kayser, Conrad.

Kayser, Conrad (Ps. Conny Kay); Ernst Albers-Str. 28, D-2000 Hamburg 70, Tel. (040) 6563460 (Hamburg 24.1.99). Lyrik, Lustspiel, Prosa.
V: Der Taschenkalender 46; Ihr erstes Gastspiel, Lsp. 48; Gedichte 50; Oberfall bi Modder Knall, plattdt. Volksst. 59; Viechereien, G. 60; Die ganze Welt ist Bühne, Prosa 74.

Kayser, Dinah, s. Friedrich, Anita.

Kayser, Ingrid; Gut Hübenthal, D-3430 Witzenhausen.

V: Die längsten Stunden des Tages, G. 79; Die Tage zählen die Stunden, G. 81.
( )

Kayser, Roland, Journalist; Anerkennungspr. d. RSG 79, Kr. d. Freunde seit 76, Arbeitskr. für deutsche Dicht. seit 77; Postfach 1783, L-1017 Luxemburg 1, Tel. (0352) 40210 (Luxemburg 21.9.56). Lyrik, Essay, Novelle, Satire.
V: Au crépuscule du sommeil, Lyr. 77; Lit., Aphor. 79.
H: Lit.zs: Schließfach; Edit Sisyphus.

Kayser, Stephan, Schriftsteller bzw. Autor, Filmemacher bzw. Regisseur; Littera-Med. 79; Allinger Str. 1, D-8031 Eichenau, Tel. (08141) 70324 (München 21.7.48). Erzählung, Roman, Theaterstück, Drehbuch.
V: Wo dieses Land ist, Erzn. 78.
F: (Buch u. Regie) Rd 30 Kurzspiel-, Kultur- u. Dok.f., u. a. : 1972; Solo f. Anita; Der Tunnel; Der Spiegel; Der Vertreter, Reise von Hier nach Dort.
R: Dialogbücher f. Stummfilm-Serien 74, 76. ( )

Kefer, Linus, Prof. h. c.; SÖS, P.E.N.; Adalbert-Stifter-Preis 51, Literaturpreis d. Theodor-Körner-Stiftung f. Wiss. u. Kunst 63; Römerstr. 46, A-4020 Linz/D. (Garsten b. Steyr/ObÖst. 21.7.09). Roman, Erzählung, Novelle, Lyrik, Essay, Kurzgeschichte, Hörspiel.
V: Der Sturz des Blinden, Erz. 38, Neuaufl. illustr. v. Alfred Kubin 52; Die Nacht der Hirten, G. 43; Die Sommergöttin, G. 51; Das verschlossene Zimmer, Erz. 59; Weissagung der Regenmacher, G. 69.
MA: Stimmen am Strom 51; Stillere Heimat, Lit. Jahrb. d. Stadt Linz 52, 66; Deutsche Gedichte der Gegenwart 55; Transit 56; Lyrik aus unserer Zeit 57; Lyrik in dieser Zeit 61, 63; Panorama moderner Lyrik der deutschsprachigen Länder 66; Zwischen den Ufern 66.
H: Oliver Goldsmith: Der Vikar von Wakefield 53.
F: Gesang über den Äckern; Zwischen Donau und Inn; Ferienparadies Innviertel; Fenster zum Glück; Ferien im Tal der Ems u. a.
R: Ein Winterabend, Hsp., Fsp. 66.

Kegel, Hans-Heinrich; Hebelstr. 5, D-7812 Bad Krozingen, Tel. (07633) 4893 (Zweibrücken 3.3.10). Roman.
V: Malheur am Spatzenwegerl, R. 78; Keine Birnen unter Buchen, R. 79; Draußen vor der Stadt, Erz. 80.

Kehrer, Hans, s. Heinz, Stefan.

Kehrl, Hans-Jochen, Verlagsvertreter
i. R.; Schatten 6 Gewand, D-7000
Stuttgart 80, Tel. (0711) 681457 (Berlin
5.4.04). Lyrik, Novelle, Autobiographie.
V: Berliner Kind - Eine Jugend in der
alten Reichshauptstadt 72; Geschichten
vom Kleinen Amtsgericht 75; Ostpreußen, du weites Land 76; Frühling in
Berlin — und anderswo in der Mark 78.

Keil, Ernst-Edmund, Studienrat,
Redakteur, Schriftsteller, Rezitator; VS
63; Joseph-Dietzen-Pr. 79; Römerstr. 2,
D-5489 Schuld (Duisburg-Huckingen
12.12.28). Lyrik, Erzählung, Essay. **Ue:** S,
E.
V: Recuerdo — Zeilen der
Erinnerung. G. 1963-73 78/79 — Zahlr.
Veröff. in lit. Zss., u. a. in: Die Kribbe.
H: Ostdeutsches Lesebuch 83.
Ue: Rodrigo Rubio: Gepäck der Liebe,
R. 67, Neuaufl. 73; Manuel de Pedrolo:
No 67; Ignacio Aldecoa: Bitter wie eine
Zitronenschale und andere
Erzählungen, Anth. 69; Miguel de
Cervantes: Belagerung und Zerstörung
der Stadt Numantia im Jahre 133 v.
Chr., Tragödie 71; u. weit. Übers. in lit.
Zss., u. a. in: Die Kribbe.

Keil, Hans, Wanderlehrer;
Lerchenweg 17, D-2381 Neuberend, Tel.
(04621) 5637 (Sterup, Kr. Schlesw.-
Flensburg 11.11.31).
V: Stücken ut de Dollkist,
Unterhaltungswerk 79. ( )

Keilholz, Inge, Hausfrau;
Autorenverb. Ruhr-Mark; Dohlenweg 1,
D-5828 Ennepetal 14, Tel. (02333) 3921
(Hannover 13.7.29). Kinderbuch.
V: Wie viele Beine hat Tiburtius? 75,
76; Cornelia und ihr Meerschweinchen
76; Unser kleiner Langschläfer 76;
Turbulente Wochen 76; Was ist mit
Tiburtius los? 77; Ratz, Struppi und
Frau Poppelbaum 77; Besuch auf dem
Heidehof 78; ... und zwei Ponys 80, alles
Kinderb. — **MV:** Unsere lieben Tiere 79;
Kunterbuntes Kinderland 79.
MA: Ruhrtangente: Frau Hagedorns
Geiz 72, 73; Spiegelbild: Frauke hat
etwas Lobenswertes vor 79.

Keilich, Reinfried; Helfenbrunn 56,
D-8051 Kirchdorf a. d. Amper, Tel.
(08166) 7543 (Jägerndorf/Sudetenland
8.11.38). Drama, Hörspiel, Fernsehspiel,
satirische Kurzgeschichten.
V: Die indische Witwe, Bü. 77; Der
Tod im Lindenbaum, Bü. 82/83.
R: Der kanadische Traum, Hsp.; Das
Nebelloch, Fsp.;; Im Zeichen des Kain,
Hsp. 81; Fs.-Serien: Achtung Kunst-

diebe, 5 F., Der Bürgermeister, 1 F., Die
Wiesingers, 2 F., Franz Xaver
Brunnmayr, 3 F.

Keilson, Hans, Dr., Nervenarzt; P.E.N.
66; Nwe. Hilvers.weg 29, Bussum, Tel.
(02159) 17439 (Bad Freienwalde/O.
12.12.09). Roman, Novelle, Lyrik, Essay.
V: Das Leben geht weiter, R. 33;
Komödie in Moll, Erz. 47 (auch holl.);
Der Tod des Widersachers, R. 59 (auch
amer., engl., holl.); Sequentielle
Traumatisierung bei Kindern, Unters.
79.
MA: Gedenkbuch für Klaus Mann 50;
An den Wind geschrieben, Anth. 60;
Mogen wij nog anti-duits zijn, 4 Ess.
(holl.) 65; Die Väter, Ber. u. Gesch. 68; Dt.
Naturlyrik 83.

Kein, Ernst; Österr. Staatspreis 58,
Preis der Stadt Wien 71, Theodor
Körner Preis 74; Gablenzgasse 33/31, A-
1150 Wien 15 (Wien 27.11.28). Lyrik,
Erzählung, Hörspiel.
V: Alltagsgeschichten, Erzn. 59; Die
Meute, Erzn. 61; Die Verhinderung, R.
66; Kein Buch, G. 67; Wiener Panop-
tikum, G. 70; Ausflug zur Grenze, Erzn.
70; Wiener Grottenbahn, G. 72;
Wohnhaft in Wien, Erzn. 76; Die kleinen
Freuden der Wiener, Erzn. 83.
R: Die Rückkehr 63; Die wunderbaren
Tage; Der Pauker 64; Der Kampf 65;
Nach vielen Jahren 66; Vor einem
langen Wochenende 66; Eine Haus-
trauung 67; Bericht über einen Todesfall
71; Begegnung auf dem St. Marxer
Friedhof 74; Lyriksendung 75, alles Hsp.
S: Wiener Panoptikum.

Keinke, Margot, c/o Matthias-
Grünewald-Verl., Mainz.
V: Schwimmen ist nichts für Schnee-
männer, M. z. Guten Nacht 82; Wie die
Bären zu den Sternen kamen 83. ( )

Keisch, Henryk, Publizist; SV-DDR
53; Heinrich-Heine-Preis 38, National-
preis 57; Str. 201, Haus 13, DDR-111
Berlin-Niederschönhausen (Moers/Rhl.
24.2.13). Essay, Film, Funk, Fernsehen,
Lyrik, Kritik, Publ. **Ue:** F.
V: Der unbekannte Nachbar, hist. Ess.
u. Rep. 50; Epigramme, G. 65;
Meinungen, Verneinungen, Epigramme
67; Poesiealbum 23 69; Sprung in die
Freiheit 70; Darauf einen Vierzeiler,
Epigr. 70; Gehauen und gestichelt,
Epigr. 72, 81; Die vergossene Limonade,
Kinderb. 73; Das kommentierte
Museum 76. — **MV:** Der Hauptmann
von Köln, Film-Erz. 56.

F: Wer seine Frau lieb hat 54. – **MV:**
Der Hauptmann von Köln 56; An
französischen Kaminen 63; Risiko 65.
R: Der Sachverständige, Hsp. 65;
Unter Brüdern gesprochen, Fsp. 66; Die
Hochverratsaffäre, Hsp. 70.
Ue: Aragon: Die Kommunisten, R. 53
– 55 III; Armand Salacrou: Boulevard
Durand, Sch. 62. ( )

Keiser, Bruno; Altmühlstr. 3, D-8000
München 19.
V: Wohl dem der liebt, R. 76, Tb. 78;
Um Kopf und Krone, R. 80. ( )

Keiser, Helen; ISV 63; Hennebühl 11,
CH-6300 Zug, Tel. (042) 221788 (Zug
27.8.26). Roman, Sachbuch, Reisen.
V: Salaam. Bordbuch einer Orient-
fahrt 58, 61; Vagabund im Morgenland
61, 65; Sie kamen aus der Wüste 64; Die
Stadt der großen Göttin 67; Geh nicht
über den Jordan 71; Die kleine
Beduinenfrau, Wege zwischen Wüste
und Paradies 75; Abenteuer Schwarzes
Gold, Begegnungen in Saudi Arabien 77;
Suche nach Sindbad, Das Weihrauch-
land Oman u. d. altsüdarabischen
Kulturen 79; Ruf des Muezzin, R. 81.

Keith, Katrin, s. Becker, Marietta.

Kekulé, Dagmar, Autorin;
Oldenburger Jugendbuchpr. 78;
Friedrichstr. 17, D-8000 München 40,
Tel. (089) 395305 (Landshut 21.6.38).
Roman, Film.
V: Ich bin eine Wolke, Jgdb. 78, 6.Aufl.
83; Die kalte Sophie, Jgdb. 83.
F: Die letzten Jahre der Kindheit, m.
N. Kückelmann 80; Kraftprobe, nach Ich
bin eine Wolke 82.

Keller, Christian *

Keller, Erwin, Dr.theol.h.c., Pfarrer
i.R.; Klosterstr. 33, D-7889 Grenzach-
Wyhlen, Tel. (07624) 4191 (Leutkirch im
Allgäu 10.4.07). Theologiegeschichte und
Bistumsgeschichte.
V: Das Freiburger Rituale von 1835 60;
Die Konstanzer Liturgiereform unter
Ignaz Heinrich v. Wessenberg 65;
Johann Baptist Hirscher. Leben und
Werk 69; Kult und Kultreform bei
Johann B. Hirscher 70; Johann
Leonhard Hug. Beitr. zu seiner Bio-
graphie 73; Der heilige Konrad von
Konstanz 75; Das Priesterseminar
Meersburg zur Zeit Wessenbergs 77, 78;
Conrad Gröber 1872-1948. Erzbischof in
schwerer Zeit 81.

Keller, Hans Peter; VS 54, P.E.N. 66;
Ehrengabe d. Thomas-Mann-Stift. 55,
Droste-Förderpreis 56, Förderpreis zum
Immermann-Preis d. Stadt Düsseldorf

58, Kogge-Literaturpreis d. Stadt Minden 65, Arb.stip. d. Ldes NRW; Büttgen,
Gartenstr. 2, D-4044 Kaarst 2, Tel.
(02101) 514224 (Rosellerheide b. Neuß
11.3.15). Prosa, Lyrik, Essay. **Ue:** F.
V: Die schmale Furt, G. 38; Sei getrost,
uns braucht das Leben, G. 42; Zelt am
Strom, G. 43; Magische Landschaft, G.
44; Der Schierlingsbecher, G. 47; Die
Opfergrube, G. 53; Die wankende
Stunde, G. 58; Die nackten Fenster, G.
60; Herbstauge, G. 61; Auch Gold rostet,
G. 62; Grundwasser, G. 65; Panoptikum
aus dem Augenwinkel, Aphor. 66; Stich-
wörter Flickwörter, G. 69; Licht hinterm
Schatten, G. 70; Kauderwelch, Sat. Kurz-
prosa 71; Symbol, Aphor. 73; Extrakt um
18 Uhr, Verse, Bruchstücke, Prosa,
Spiegelungen 75.
MA: Dt. Lyrik seit 1945 61; Dt. Erzähl-
gedichte 64; Panorama der Lyrik
dt.sprachiger Länder 65; Doppelinter-
pretationen 66; Lyrik aus dieser Zeit 67;
Nachkrieg und Unfrieden 70, PEN 71;
Motive 71; Generationen 72; Im Bunker
74.
MH: Satzbau 72; Geständnisse 72,
Anth.
Lit: Zahlr. Würdigungen in Lit.gesch.,
Zss. u. Ztg. seit 64.

Keller, Heidi, s. Hämmerli-Keller,
Heidi.

Keller, Ingeborg; Joachimstr. 5, D-
4000 Düsseldorf 11, Tel. (0211) 588436
(Düsseldorf 2.2.44). Kunstmärchen,
Geschichten für Kinder.
V: Der Blumenkönig und das
Geisterschloß, Jgdb. 83.

Keller, Karl, Dr.med., Prof., Arzt f.
Allgemeinmedizin; BDSÄ; Bergstr. 7, D-
7346 Wiesensteig, Tel. (07335) 5022 (Ulm
25.10.14). Lyrik, Prosa.
V: Nur das Einfache bewegt, Lyrik 75;
Poetisches Hausbüchlein für Schwaben.
MA: Prosa deutscher Ärzte der
Gegenwart 74; Ärztelyrik Heute 75;
Dialekt Lyrik Deutscher Ärzte.
H: Heilwirkungen des Reitens 75.

Keller, Karl Josef; VS 58; Dt. Akad. f.
Bild. u. Kultur, München; Heidelberger
Str. 12, D-6900 Heidelberg-R.
(Heidelberg 7.2.02). Lyrik, Roman,
Novelle.
V: Die Vorlese, G. 33; Gesänge an
Deutschland, G. 34; Der überwundene
Tod, Erzn. 44; Die Weltorgel, G. 44; Die
dritte Begegnung, N. 47. ( )

Keller, Liane, Pädagogin; SÖS, Ö.S.V.,
V.G.S. 48; Wilhelmstr. 35/7, A-1120 Wien

(Wolfsberg/Öst. 28.3.03). Jugendbuch,
Hörspiel.
V: Märchen aus Wald und Feld 48;
Der Tannenwichtel, Kunstm. 49, 51; Die
10 kleinen Negerlein, Kinder-Bü. 50;
Märchen aus weiter Welt 52, 60; Schöne
weite Welt, eine kleine Geographie 53;
Der Bunte Kreis 57; Märchen aus Ost
und West; Das schöne Kathrinchen, M.
58; Volksmärchen, Dil dal holani 59;
Drei auf Großer Fahrt, Jugendr. 55;
Stadt und Land für Dich und mich 60,
62; Weihnachtliche Theaterspiele 66;
Mein Tiermärchenbuch 69; Die fröhliche Familie, Erz. 71; Fünf im Spatzennest 72; Ein Mädchen im Spatzennest
74; Wiedersehen im Spatzennest 76;
Neue Abenteuer vom Spatzennest 78;
Fünf x fünf im Spatzennest 80; Mythos
der Sterne 79; Ammenmärchen 81; Der
Kinderclub greift ein I 82.
B: Bechstein: Märchen, Schildbürgerstreiche; Münchhausen; Till Eulenspiegel; 7 Schwaben; Onkel Toms Hütte
68; Robinson 68; Don Quichote 70; Sigismund Rüstig 70. — **MA:** Das Traummännlein ist da 59; Das Traummännlein
kommt 56, 60; Das bunte Buch,
Wunder,weltm. 54, 60 II; Das große
Bunte Buch: Märchen, Streiche, Abenteuer 61, 62.
F: Die zehn kleinen Negerlein.
R: Die Wulfenia, Hsp. 53; Märchensendungen; Traummännlein, H.-send.

Keller, Lili (Ps. Aline Seefeld, Lilke),
Mitarb. im eigenen Zeitungsverl.; ZSV
82, RSGI 83; Kr. d. Freunde 82, Intern.
Bodenseeclub 82, Turmbund 82; Seestr.
94, CH-8266 Steckborn, Tel. (054) 88342
(Breisach/Rh. 10.1.42). Lyrik, Erzählung,
Feuilletons beschaulich-besinnl. Art.
V: Staubwölkchen, Lyr..
MA: Lyrik-Anth. 81, 82; Bildlex. 22 82;
Jb. Dt. Dichtung 82, 83; Lenzbote 83.

Keller, Lorose, s. Rose, Lore.

Keller, Lotte (Ps. f. Lotte Tösmann-
Keller), freie Schriftstellerin, Hausfrau;
VS seit 78; Emberg 40, A-9761
Greifenburg/Drau, Tel. (04712) 8120
(Idar-Oberstein 1.2.21). Lyrik,
Kurzprosa.
V: Den Freunden, G. 64; Gebet, G. m.
Bildwerken v. Hubert Wilfan 69; 1966-
1970, G. 70; Zerschossene Jahreszeiten,
Industrie, G. 74; Wien, G. 75; Zeit-Fluß
ohne Ufer (Chagall), G. m.
Kunstdrucken 76; Psalmen 1975 77; Eine
nicht alltägl. Frau, Kurzgeschn. 80;
Außerhalb der Norm, G. u. Aphor. 81; Im
unwägbaren Geschlecht, G. 83. —

MV: Rufe, religiöse Lyr. d. Gegenwart 1
79, 2 81.
MA: Sie schreiben in Bochum, Anth.
80.

Keller, Manfred (Ps. Fred Caveau),
Rektor; Ernst-Felger-Weg 13, D-7410
Reutlingen-Gönningen, Tel. (07072) 7227
(Attenweiler 18.9.21).
V: Heimat zwischen Teck und
Breitenstein 52; Das große Abenteuer,
Erz. 57; Auf unterirdischen Pfaden 57;
Expedition Femhöhle, R. 58; Max,
unsere Fledermaus, Erz. 59.
B: Arne Falk Rönne: Abenteuer auf
Monte Christo.

Keller, Marcel; Marbachstr. 12, D-8000
München 70.
V: Strandgut, G. u. Skizzen 82. ( )

Keller, Ruth, s. Keller-Keilholz, Ruth.

Keller, Wilhelm *

Keller-Keilholz, Ruth (Ps. Ruth
Keller); ZSV 76, SSV 79; Matthofring 62,
CH-6005 Luzern, Tel. (041) 445600
(Zürich 29.9.25). Roman, Mundart-
gedicht, Lyrik.
V: Sunechrättli, G. 59; Warum denkt
ihr nicht an mich?, R. 60; Es lohnt sich
nicht, R. 62; Mutter, wer ist mein Vater,
R. 67; Wenn das Herz leer bleibt, R. 73;
Mer wünsched Glück, G. 75; Zum
Beispiel Iso, Erz. 76; Die mir ge-
schenkten Jahre, R. 77; Sabine läßt
grüßen, R. 80; Nur nachts sieht man die
Sterne, Lyr. 82.

Kelling, Gerhard, Dramaturg;
Staufenstr. 46, c/o Verlag der Autoren,
D-6000 Frankfurt a.M. (14.1.42). Drama,
Hörspiel. **Ue: E.**
V: Arbeitgeber 70; Die Auseinander-
setzung 71; Die Massen von Hsunhi 72;
Der Bär geht auf den Försterball 72;
Claußwitz 73; Die Zurechnungsfähigkeit
des Mörders Johann Christian Woyzeck
74; LKW 75; Gyges und Kandaulis 77;
Scheiden tut weh 78; Heinrich 79, alles
Stücke; Die bitteren Zeiten des Wohl-
stands 78; Brandung 82; Agamemnon
(nach Aischylos) 74; Die Insel des König
Schlaf (nach Avila) 82.
R: Gernot T. 70; Was das Leben kostet
74; Die bitteren Zeiten des Wohlstands,
alles Hsp. 78.
Ue: Ibsen: Die Frau vom Meer 76;
Synge: Der Held der westlichen Welt 78;
Synge: Feuer in Emain 79.

Kellner, Wolfgang, freiber.
Schriftsteller; SV-DDR 77; Grellstr. 62,
DDR-1055 Berlin-Prenzlauer Berg, Tel.
3665557 (Berlin 4.6.28). Utopische
Literatur, Fernsehspiel, Roman.

V: Der Rückfall, utop. R. 74, 3. Aufl. 79;
Die große Reserve, utop. Erzn. 81, 2.
Aufl. 82.
R: Die Sternstunde des K.E.
Ziolkowski, Fs. 77; Alarm auf dem
Dachboden, Fs. 78; Igelstrupp und
Doppelfix, Fs.-Puppensp. 79.

Kellog, Ernest P., s. Grossmann, Hans
H..

Kelly, Barbara, s. Fürstauer, Johanna.

Kelter, Jochen, Doz.; VS 77, 2. Vorsitz.
Bad.-Württ. 83, Schweizer Autoren Gr.
Olten seit 79; Literaturförderpr. New
York 82; Oberstr. 21, CH-8274
Tägerwilen, Tel. (072) 692353 (Köln
8.9.46). Lyrik, Prosa, Essay, Kritik,
Theater. **Ue:** F, E.
V: Zwischenbericht, Lyr. 78; Land der
Träume, Lyr. 79; Unsichtbar ins taube
Ohr, Lyr. 82; Hall oder die Erfindung
der Fremde, Theater 83.
H: Mein Land ist eine feste Burg —
neue Texte z. Lage in d. BRD 76;
Konstanzer Trichter — Lesebuch einer
Region 83. — **MH:** Literatur im
alemann. Raum — Regionalism. u.
Dialekt 78.
R: Liebe zu Literatur geworden — das
Leben des Alfred de Musset, Rdfk 82.

Kemmler, Ursula, s. Kocher-Erb,
Hedwig.

Kemner, Heinrich, Pastor, D-3030
Walsrode 11, Tel. (05167) 717 (Dünne Kr.
Herford 19.6.03). Essay.
V: Erlebtes und Erfahrenes 37;
Signale 58, 5. Aufl. 64; Christus oder
Chaos 59; Kontakte 59, 4. Aufl. 63; Jona,
Ein Mann geht nach Ninive 60; Blink-
feuer; Liebe oder Leidenschaft; SOS.
Rauschgift oder Freiheit; Vollmacht und
Sendung; Verkündigung heute; Ist Gott
anders?; Scheinwerfer 63; Die
Samariterin 65; Wetterleuchten des
Weltendes 66; Simon Petrus 67, 80; Die
das Leben lieben 69; Gott baut auf allen
Straßen 70, 2. Aufl. 72; Nicht mehr
anonym 71; Jesus trifft dich überall 71;
Wir wählen die Hoffnung 73; Weg und
Ziel. Aus meinem Leben 73, 2. Aufl. 75;
Allerlei am Weg 73, 2. erweit. Aufl. 75;
Prophetische Verkündigung 74; Glaube
in Anfechtung 74; Der Wolkenschieber,
Geschn. aus der Schmunzeln u. Nachdenken 75; Von der Lehre zum Leben
(nach Hermann Bezzel) 77; Es gibt
nichts Schöneres 77; Abenteuer mit
Jesus 78; Wir wählen das Leben I 79, II
81; Brennpunkt zwischen zwei Welten
81; Da kann man nur staunen, Lebenslauf 83.

H: Hermann Bezzel: Wächter im
Bischofsamt, Reden, Aufs., Betracht. 68,
2. Aufl. 77, Auf rechter Straße. Grundfragen des Glaubens 78.

Kemp, Friedhelm, Dr. phil.; P.E.N. 65;
Förderungspreis d. Kulturkreises i.
Bundesverb. d. dt. Industrie 58, Über-
setzerpreis d. dt. Akad. f. Sprache u.
Dicht. 63, Essay-Preis d. Stift. z.
Förderung d. Schrifttums E. V.
München 65, Prix Paul-Desfeuilles 70;
Bayer. Akad. Schönen Künste 62, Akad.
f. Spr. u. Dichtung Darmstadt 81; Widen-
mayerstr. 41, D-8000 München 22, Tel.
(089) 220158 (Köln 11.12.14). Lyrik, Essay.
Ue: E, F.
V: Baudelaire und das Christentum
39; Dichtung als Sprache 65; Kunst und
Vergnügen des Übersetzens 65.
H: Karoline von Günderode: Auswahl
47; Barthold Hinrich Brockes: Auswahl
47; Die Weltliteratur, franz. u. ital. Reihe
seit 48; Konrad Weiss: Spuren im Wort,
G.-Ausw. 51; Gedichte 1914 — 39 61;
Theodor Däubler: Dichtungen und
Schriften 56; Saint-John Perse: Dich-
tungen 57; Else Lasker-Schüler:
Gedichte 1902 — 43 59; Deutsche geist-
liche Dichtung aus 1000 Jahren 58;
Deutsche Liebesdichtung aus 800
Jahren 60; Leopold Friedrich
Goeckingk: Lieder zweier Liebenden;
Georg Philipp Harsdörffer: Christliche
Welt- und Zeit-Betrachtungen. 12
Monatslieder 61; Else Lasker-Schüler:
Helles Schlafen — dunkles Wachen.
Ausgewählte Gedichte 62; Prosa u.
Schauspiele 62; Sämtliche Gedichte 66;
Christian Hofmann v. Hofmannswaldau:
Sinnreiche Helden-Briefe 62; Gertrud
Kolmar: Tag- und Tierträume, G. 63;
Clemens Brentano: Werke II 63; III 65;
IV 66; Bogumil Goltz: Buch der Kindheit
64; Eduard Mörike: Briefe an seine
Braut Luise Rau 65; Johann Dietz: Mein
Lebenslauf 66; Friedrich Ratzel:
Jugenderinnerungen 66; Rahel Varn-
hagen: Briefwechsel mit August Varn-
hagen von Ense 67; Rahel Varnhagen
im Umgang mit ihrem Freunden (Briefe
1793 — 1833) 67; Rahel Varnhagen und
ihre Zeit (Briefe 1800 — 1833) 68; Giro-
lamo Cardano: Lebensbeschreibung 69;
Abbé Galiani: Briefe an Madame
d'Epinay und andere Freunde in Paris
70; Tiere u. Menschen in Geschichten,
Anth. 74; J. W. Goethe: Balladen 74; Paul
Gerhardt, Geistliche Andachten (1667),
Samt den übrigen Liedern und den lat.
Gedichten 75; Jean Paul: Des Luftschiffers Gianozzo Seebuch 75; J. P.

Hebel: Briefe an Gustave Fecht
(Auswahl); Wilhelm Dieß: Stegreif-
geschichten 77; Das Geständnis 77;
Wilhelm Dieß: Der Blitz 78; Madeleine
Winkelholzerin 78; Clemens Brentano:
Geschichte vom braven Kasperl und
schönen Annerl 78; Goethe, Leben und
Welt in Briefen 78; Goethe: Gedichte,
Ein Lesebuch 79; Gottfried Keller:
Romeo und Julia auf dem Dorfe 79;
Franz Grillparzer: Der arme Spielmann
80; Pietro della Valle: Reise-Be-
schreibung in Persien und Indien 81;
Wilhelm Raabe: Zum wilden Mann 81;
Theodor Fontane: Gedichte (Auswahl)
82. — **MH:** Ergriffenes Dasein, dt. Lyrik
1900 — 50, m. Hans Egon Holthusen 53;
Jean Paul: Werk, Leben, Wirkung, m.
Norbert Miller, Georg Philipp; Knorr
von Rosenroth, Aufgang der Artzney-
Kunst 71; Der Dichter Konrad Weiß
(Marbacher Magazin 15), m. Karl
Neuwirth 80.
Ue: Charles Baudelaire: Mein ent-
blößtes Herz 46, 66; Maurice Scève:
Délie, Zehn-Zeiler 46; Simone Weil:
Schwerkraft und Gnade 52; En attente
de Dieu u. d. T.: Das Unglück und die
Gottesliebe 53; Die Einwurzelung 56;
Jean Cocteau: Les enfants terribles u. d.
T.: Kinder der Nacht 53; Der Lebensweg
eines Dichters 53; Thomas der Schwind-
ler 54; Essai de critique indirecte u. d. T.:
Versuche 56; Raymond Radiguet: Den
Teufel im Leib 54; Charles Péguy: Nota
Conjuncta 56; Paul Valéry: Mein Faust
57; Saint-John Perse: See-Marken 59,
Chronik 60; Pierre Jean Jouve: Gedichte
57; Die leere Welt 66; Charles Baude-
laire: Die Blumen des Bösen 62;
Maurice Scève: Délie, Inbegriff höchster
Tugend 62; Jean Paulhan: Unter-
haltungen über vermischte Nachrichten
62; Berühmte Fälle 66; O. V. de L.
Milosz: Poesie, Texte in zwei Sprachen
63; Saint-John Perse: Vögel 64; Marcel
Jouhandeau: Minos und ich, Tiergeschn.
65; Les Pimcengrain, Monsieur Godeau
intime, Veronicana, zus. u.d.T.; Herr
Godeau 66; Philippe Jaccotet: Elemente
eines Traumes 68; Marcel Jouhandeau:
Elise, Monsieur Godeau se marie,
L'imposteur zus. u.d.T.: Elise 69; Yves
Bonnefoy: Hier régnant désert u. d. T.:
Herrschaft des Gestern/Wüste 69; Max
Jacob: Ratschläge für einen jungen
Dichter 69, Der Würfelbecher 69; Jean
Paulhan: Schlüssel der Poesie und
Kleines Vorwort zu jeder Kritik 69;
André Breton: L'Amour fou (auch dt. T.);
Charles-Albert Cingria: Le petit laby-
rinthe harmonique, Pendeloques alpe-
stres, Le comte des formes, zus. u. d. T.:
Kleines harmonisches Labyrinth 70;
Léon-Paul Fargue: Unter der Lampe,
ausgew. Prosast. u. G.; Marcel
Jouhandeau: La jeunesse de Théophile,
L'oncle Henri, Mémorial (Auszüge) zus.
u.d.T.: Der Sohn des Schlächters 72;
Charles Baudelaire: Les Fleurs du Mal
(sämtl. Werke/Briefe III) 75; Nouvelles
Fleurs du Mal (sämtl. Werke IV) 75;
Simone Weil: Zeugnis für das Gute 76;
Marcel Jouhandeau: Erotologie, De
l'Abjection, Chronique d'une Passion,
Carnets de Don Juan, Eloge de la
Volupté zus. u.d.T.: Meine Freund-
schaften 77; Yves Bonnefoy: Rue
Traversière 80; Philippe Jacottet: Der
Spaziergang unter den Bäumen 81. —
MUe: Gerard Manley Hopkins:
Gedichte, Schriften, Briefe, m. Ursula
Clemen 54; Saint-John Perse: Dich-
tungen 57; Französische Gedichte, m.
Duschan Derndarsky, Claire Goll, Karl
Maurer 58; Maurice de Guérin: Der
Kentauer (R. M. Rilke); Die Bacchantin
(Eugen Gass); Aufzeichnungen aus den
Jahren 1833 bis 1835 64; Marcel
Jouhandeau: Chaminadour, 24 Erzn.;
Charles Péguy: Die letzten großen
Dichtungen, m. O. v. Nostitz 65; Pierre
Reverdy: Quellen des Windes, G. übers.
v. M. Hölzer, 2 Ess. übers. v. F. Kemp;
Charles Baudelaire: Juvenilia/Kunst-
kritik (Werke/Briefe I), m. Guido
Meister, Dolf Oehler, Ulrike Sebastian,
Wolfgang Drost 77; Saint-John Perse:
Das dichterische Werk I/II 78; Charles
Baudelaire: Vom Sozialismus zum
Supranaturalismus/Edgar Allan Poe
(Werke/Briefe II), m. Guido Meister,
Wolfgang Drost 83.

Kempe, Cornelius, s. Bögershausen,
Karl-Heinz.

Kempe geb. Wiegand, Erika (Ps. Erika
Kempe-Wiegand), Journalistin; Eilbeker
Weg 65 a, D-2000 Hamburg 76, Tel. (040)
208319 (Heringen a. d. Werra 14.10.25).
Kinderbuch, Essay, Glosse, Kurzge-
schichte.
V: Marietta mit dem Kreidestrich,
Kinderb. 66; Beate, die Fünferkönigin,
Kinderb. 67; Unsere fröhliche Familie,
Kinderb. 73.
R: Marietta mit dem Kreidestrich 69;
"Archäologie eines Bestsellers" über das
Buch "Der Trotzkopf" von Emmy von
Rhoden 70.
S: Der Trotzkopf, Hsp. nach Emmy v.
Rhoden 71.

Kempe, Fritz, Maschinensetzer; Im
Mailand 57, D-3008 Garbsen 1, Tel.

(05137) 73859 (Köln 24.11.11).
Kurzgeschichte, Erlebnisbericht,
sozialkrit. Gedicht.
V: Banknotenfälscher, Falsche
Zwanziger, Jgdb. 79. —
MV: Kurzgeschn. in: Land u. Garten 74-
78, u. a. ( )

Kempe, Lothar, Dr.; SV-DDR 54;
Martin-Andersen-Nexö-Preis 60;
Händelallee 11, DDR-8053 Dresden
(Dresden 7.6.09). Erzählung, Reportage,
Essay.
V: Entdeckungsfahrt, Erzn. 51 — 53;
Das Reich des Oybin, Rep. 55, 57;
Schlösser und Gärten um Dresden 57;
Zwischen Fichtelgebirge und
Hiddensee, Erzn. u. Rep. 58, 61; Schatz-
sucher, Erzn. u. Rep. 62; Flugreisen 63;
Wir und unser Werk 66; Begegnungen
in d. Sächs. Schweiz, 3. Aufl. 78.
MA: Die Kompaßnadel, Erzn. 52;
Schatzsucher, m. Richard Peter 62;
Thüringer Wald, m. Max Ittenbach 64,
75; Zittauer Gebirge, m. Rössing-
Winkler 65, 72.
H: Jerzy Pytlakowski: Fundamente,
R. 52; T. Svatopluk: Der Chef, R. 53,
Ohne Chef, R. 55; Fjodor Panfjorow:
Wolgabauern, R. 54 II. —
MH: Reportagen, m. Heinz Klemm 64.
( )

Kempe-Wiegand, Erika, s. Kempe,
Erika.

Kempf, Georges Alfred, Ev. Pfarrer;
Soc. des Ecrivains d'Alsace et de
Lorraine 82; 13, rue de l'école, F-67670
Mommenheim, Tel. (088) 516265 (Le Val
d'Ajol/Frankr. 10.12.16). Lyrik, Novelle.
V: In den Weihnachten, G. 46; Wachet,
betet, seid bereit, Evangeliensp. 47;
Vergebung, Evangeliensp. 48; Lasst uns
nun gehen und die Geschichte sehen,
Texte zu Weihnachten 71; Die
Fünfpfündige, N. 81.

Kempf, Josef, ObStudR.; Kg. 71,
Kogge 78, VS 80; Sudetendt. Lit.preis 72,
Andreas-Gryphius-Förderpr. 81;
Eichendorff-Ges., Hölderlin-Ges., c/o
Ullstein Verlag, Postf. 110303, D-1000
Berlin 11 (Elbogen an der Eger 30.1.35).
Lyrik, Erzählung, Kurzgeschichte,
Feuilleton, Essay. Ue: L.
V: Schreib in den Sand, G. 74; Eine
Zeit hinter dem Regenbogen, G. 79; Ein
anderes Leben, ein anderes Blau, G. 80;
Licht und Stille, G. 82; Wahrlich, mein
Los hast du mir beschert an lieblicher
Stätte: Auf den Spuren Ezra Pounds in
Venedig, Erz. 82. — MV: Zeit der Sand-
uhren, Zyklus (vertont) 78.

MA: Sudetendeutscher Kultur-
almanach, Bd VIII 74; Übergänge, G. 75,
Anthol.; Almanach 77, G. und Prosa,
Anthol.; Der erste Schritt, Prosa 78; Am
Rand der Zeit, Jahrbuch der Lyrik 1 79;
Almanach 82, G. 81; Begegnungen und
Erkundungen, G., Anthol. 82; bsv
Deutsch 7 82; Formen, Anthol. Skulptur
und Lyrik, G. 83, sowie Beitr. in zahlr.
Ztn. u. Zss. und im Rundfunk.
R: Sonnenuntergänge oder Martins
Vermächtnis, Erz. 80; In einem fernen
Land, Erz. 82.
Lit: Viktor Aschenbrenner: Den
Jungen eine Chance, in: Sudeten-
deutscher Kulturalmanach, Bd VIII 74;
ders. in: Fruchtbares Erbe, 20 Jahre
Sudetendt. Kulturpreis 74; Leo Hans
Mally: Scheu vor mod. Lyrik? in:
Sudetenland 4 74; Profile von Schrift-
stellern aus Ost- und Mitteldeutschland
in: Nordrhein-Westfalen 79; Viktor
Aschenbrenner: Josef Kempf — ein
Dichter mit Zukunft in: Sudetenland 3
81; Franz Peter Künzel: Eine neue
Literaturströmung, die sudetendt. in:
Kunst-Landschaften der Sudeten-
deutschen, Schrr. d. sudetendt. Akad. d.
Wiss. u. Künste, Bd 3 82.

Kempff, Diana; VG Wort München 80;
Wallgraben 14, D-8193 Ammerland/
Starnberger See Münsing 2, Tel. (08177)
370 (Thurnau/Obfr. 11.6.45). Lyrik,
Roman, Hörspiel.
V: Vor allem das Unnützliche, G. 75;
Fettfleck, R. 79; Hinter der Grenze, R.
80; Der vorsichtige Zusammenbruch,
Prosa 81; Herzzeit, G. 83. — MV: MA:
Viele von uns denken noch sie kämen
durch wenn sie ganz ruhig bleiben, G.
von Frauen 78; Deutschland,
Deutschland, Anth. 79; Beitr. zum
Residenz-Almanach, Klagenfurter Texte
79.

Kempff, Wilhelm, Prof., Pianist,
Komponist; Wallgraben 14, D-8193
Ammerland/Starnberger See-
Münsing 2, Tel. (08177) 296 (Jüterbog
25.11.95).
V: Unter dem Zimbelstern. Das
Werden eines Musikers, Autobiogr. 51,
78; Was ich hörte, was ich sah, Reise-
bilder eines Pianisten 81.
Lit: Bernhard Gavoty: Wilhelm
Kempff.

Kempner, Robert M. W. (Ps. Eike von
Repkow, Procurator), Dr.jur., Prof.e.h.,
RA.; 112 Lansdowne Court, Lansdowne,
PA 19050/USA u. Feuerbachstr. 21, D-
6000 Frankfurt a.M.. Dokumentation,
Zeitgeschichte, juristische Fachlit.

V: Justizdämmerung 32; Eichmann
und Komplizen 61; SS im Kreuzverhör
64; Edith Stein und Anne Frank. Zwei
von Hunderttausend 68 (auch holl.); Das
Dritte Reich im Kreuzverhör — Aus den
geheimen Vernehmungen des
Anklägers 69 (auch franz., poln.); Der
Mord an 35 000 Berliner Juden; Der ver-
paßte Nazistopp 83.
MA: Drews: Preußisches Polizeirecht
32; Litchfield: Governing Postwar
Germany 53; Hundert Jahre Ullstein 77;
Hitlers Griff nach dem Ullsteinhaus.
H: Sling: Richter und Gerichtete 29,
69 (auch holl. u. franz.); Das Urteil im
Wilhelmstraßenprozeß 50; Der Warren-
report 65.
Lit: American Man of Science; Intern.
Yearbook.
s. a. Kürschners GK.

Kempowski, Walter, Volksschul-
lehrer; P.E.N.; Förderpr. d. Lessing-
preises d. Freien u. Hansestadt
Hamburg 71, Wilhelm-Raabe-Preis 72,
Förderpreis des Gryphius-Preises, Karl-
Sczuka-Preis, Niedersachsenpreis 79,
Jakob-Kaiser-Pr. 81; Haus Kreienhoop,
D-2730 Nartum, Kr. Rotenburg, Tel.
(04288) 438 (Rostock 29.4.29). Roman,
Hörspiel, Film.
V: Im Block, ein Haftbericht 69, 70;
Tadellöser & Wolff, bürgerl. R. 71, 75;
Uns geht's ja noch gold, Roman einer
Familie 72, 74; Haben Sie Hitler
gesehen? 73; Der Hahn im Nacken 73;
Immer so durchgemogelt 74; Ein Kapitel
für sich, R. 75; Wer will unter die
Soldaten? Bildband 76; Alle unter einem
Hut, Kinderb. 75; Aus großer Zeit 78;
Haben Sie davon gewußt? 79; Unser
Herr Böckelmann 79; Mein Lesebuch
80; Schöne Aussicht 81; Kempowskis
einfache Fibel 81; Beethovens V, Kass.
u. Partitur d. Hsp. 82.
F: Wer will unter die Soldaten?, Film
75; Ein Dorf wie jedes andere 80.
R: Ausgeschlossen, Hsp. 72;
Träumereien am elektrischen Kamin,
Hsp. 73; Haben Sie Hitler gesehen?,
Hsp. 74; Beethovens V., Hsp. 76; Moin
Vaddr läßt, Hsp. 80; Führungen 82.

Kempter, Lothar, Dr. phil., Prof.,
Lehrer; ZSV 61, SSV 62; Ehrengabe der
Stadt Winterthur 59, Ehrengabe des
Kantons Zürich 72, Kunstpreis der Carl
Heinrich Ernst-Stiftung Winterthur 74;
Vorstandsmitgl. d. Friedrich-Hölderlin-
Ges. 52-65, EM 74, Mitgl. d. Lit.
Kommission d. Kantons Zürich 54-70,
Vorstandsmitgl. d. lit. Verein. Winter-
thur 55-75, Martin Bodmer-Stiftung 71;

Weinbergstr. 97, CH-8408 Winterthur,
Tel. (052) 252647 (Zürich 1.5.00). Essay,
Prosa, Lyrik.
V: Die Schwester, Erz. 40; Der seltene
Strauch, Miniatn. 45; Hölderlin in
Hauptwil, Ess. 46, 75; Im metazoologi-
schen Garten 53; Der Maler Hans
Brühlmann, Ess. 54; Das Geheimnis des
Schöpferischen im Wort C. F. Meyers,
Ess. 61; Hans Reinhart 1880 bis 1963,
Ess. 64; Karl Hofer, Ess. 65; Aphorismen
73; Schleppe und Flügel, G. 74. —
MV: H: Albert Edelmann 1886 - 1963 64;
Gustav Weiss, ein Maler des Lichts 77.
H: Heinrich Pestalozzi: Gesammelte
Werke IV, X 46 — 47. — **MH:** Heinrich
Pestalozzi: Künigunde. Die Gesch. einer
Versuchung, dram. Szenenfolge m. Hans
Fehr 48.
s. a. Kürschners GK.

Kemptner, Marlies (Ps. M. Salzwedel),
Hausfrau; Lit. Ver. d. Pf. 66; Goethestr.
10, D-6921 Epfenbach, Tel. (07263) 5571
(Viecheln/Mecklenburg 2.3.49). Roman.
V: Meine Freundin Violetta, Kinderb..
( )

Kenis, Helga; Bergstr. 13, D-4152
Kempen 3.
V: Pferdefarm in Kanada 81. ( )

Kennel, Herma, s. Köpernik, Herma.

Kenter, Heinz Dietrich, Prof. Staatl.
Hochschule f. Musik u. Darst. Kunst i.R.,
Regisseur; Grillparzer-Ring d. österr.
Bdesmin. f. Unterr. 69, Gr. Gold. Ehrenz.
d. Genoss.sch. Dt. Bühnenangehöriger
Hamburg 70, Bdesverd.kreuz 1. Kl. 72,
Otto Brahm Medaille d. Genoss. dt.
Bühnenangehöriger Hamburg 73, Silb.
Erinn.-Med. Mannheim 76; ITI Berlin,
Chopin-Ges. Warschau 65; Gänsheidestr.
78, D-7000 Stuttgart-O, Tel. (0711) 245128
(Bremen 26.11.96). Drama, Essay.
MV: Bauern, Bonzen, Bomben, Dr. m.
Hans Fallada 32.
B: Shakespeare: Die lustigen Weiber
von Windsor 53; Reinhard Schneider:
Innocenz und Franziskus 54.
H: E. T. A. Hoffmann: Magie, Mimus,
Musik, Ausw. 46; Ges. Dramen Sean
O'Caseys, m. Nachw. 67; Carlo Goldoni:
Geschichte meines Lebens, mit Nachw.
68.
F: Frischer Wind aus Kanada 34.
Lit: Joseph Gregor: Große Regisseure
der modernen Bühne 58; Helmut
Schwarz: Regie 65; Dt. Theaterlexikon
II; Hannes Pagenkemper: H. D. K. als
Bühnenregisseur 67; Maske u. Kothurn
Wien, Film üb. Person u. Werk, Süddt.
Rdfk, Fernsehen, Stuttgart 76.

Kentmann, Ingeborg, Dipl.-Bibl., Bibl.
i.R.; Künstlergilde; Baltenweg 3,
Brigittenstift, D-3013 Barsinghausen,
Tel. (05105) 1964 (Kusal/Estl. 1.5.16).
Lyrik, Erinnerungen. **Ue:** Estn, R.
   V: Italienische Impressionen,
Prosaskizzen 55; Wiege mich, Wind, G.
65; Eine Atempause lang. Kindheit und
Jugend im Baltikum zwischen zwei
Weltkriegen, Erinner. 78, 2.Aufl. 80; Leih
mir, Vogel, deine Flügel, Lyr. 82.

Kenz, Karl Friedrich, s. Baumgärtner,
Alfred Clemens.

Kepler, Utta, s. Keppler, Gertrud.

Keppel, Karin, s. Keppel-Kriems,
Karin.

Keppel-Kriems, Karin (Ps. Karin
Keppel), Doktorandin; Teichwiesenweg
9, D-3550 Marburg, Tel. (06421) 291466
(Leningrad/UdSSR 10.10.52). Roman.
   V: John Lennon hat mir das Rauchen
verboten, R. 82.

Keppler, Gertrud (Ps. Utta Kepler),
Schriftstellerin; Melanchthonstr. 35, D-
7400 Tübingen, Tel. (07071) 21936
(Stuttgart 11.12.05). Lyrik, Roman,
Novelle, Essay, Hörspiel, Funk-
dokumentation, Rezension, Lektorat,
Journalistik.
   V: Alma und Isabell, Erz. 60; Heim-
liche Reise zu Aurelius, Erz. 61; Die
Falterfrau, R. 63, 76; Der staatsgefähr-
liche Fleck, Erz. 64; Franziska von
Hohenheim, hist. R. 69; Botschaft eines
trunkenen Lebens (Schubart), R. 72; Der
staatsgefährliche Kuß, Erz. 73; Liebe
Malerin, biogr. R. 76, Tb. 80; "Wahn und
Würde", das Leben der Katharina von
Württemberg an der Seite Jérôme
Bonapartes, biogr. R. 79; Die Keplerin,
biogr. R. 80; Ein genialer Rebell, R. 82;
Peregrina, Mörikes geheimnisvolle
Gefährtin, R. 82; Friedrike Kerner und
ihr Justinus, Erz. 83; Die Alexander-
katze, N. 83. — **MV:** Die Kette 62; Wer ist
Claudia? 63; Der Flügel der Salome 65,
alles Erz. m. Lore Sporhan; Maskerade
in Maulbronn, Erz. 80.
   MA: Als wir Kinder waren 75;
Schwaben unter sich, Ess. 76.
   R: Der Dichter Schubart in Aalen;
Zoll u. Geleit i. alten Aalen; Kapfenburg;
Bopfingen; mehrere Heimatpostsendun-
gen zw. 53 und 58; Maria Sibylla Merian;
Anna Maria von Schurman 65;
Franzsiska v. Hohenheim 69; Marianne
Pirker 69, beides Hsp.; Das Höhlenfest,
Dialektsp.; 74 Lyriksendungen, Lieder-
texte z. Vertonungen im Rdfk.

Keppler, Utta, c/o Salzer-Verl.,
Heilbronn.
   V: Die Alexanderkatze, Erz. 83. ( )

Keppner, Gerhard (Ps. Oliver Niels),
Dipl.-Geologe, Geophysiker;
Haushoferstr. 40, D-8221 Seebruck, Tel.
(08667) 7433 (Wendsdorf, Kr. Furth i.
Bay. 18.3.30). Roman.
   V: Wüstenfieber, R. 77; Zündstoff
Erdöl, Sachb. 79.

Kerbholz, Wolf, s. Zettner, Andreas.

Kerfin, Gerhard, s. Bielicke, Gerhard.

Kerker, Armin, freier Schriftsteller,
Journalist; VS 75, VDÜ 77; Dorfstr. 46,
D-2251 Witzwort, Tel. (04864) 601
(Gadderbaum/Bielefeld 31.7.43). Lyrik,
Essay, Lit. Wiss. **Ue:** G (Ngr), F.
   V: Ernst Jünger - Klaus Mann.
Gemeinsamkeit u. Gegensatz in Lit. u.
Politik 74; Aus den Köpfen an die Tafel,
Ess. 76; Verhältnisse, Lyrik 76, 77 (auch
griech.); Zypern. Ein Drama u. s.
Regisseure, Ess. 76.
   Ue: Periklis Korovesis: Die
Menschenwärter 76; Henri Lopes: Die
strafversetzte Revolution 79; Jannis
Ritsos: Steine, Wiederholungen, Gitter
80; René Philombe: Bürgerklage 80;
Giorgos Skoúrtis: Kyrieeleison 82.

Kerler, Christa-Maria, Journalistin;
Lerchenweg 11, D-8220 Traunstein/
Obb.-Haslach, Tel. (089) 761409 (Weimar
9.8.42). Sachbuch, Feuilleton.
   V: München-in-out 70; Münchner
Olympiadiät 70; Prominenten-Koch-
karten 70; Natursammler's Kochbuch
77. — **MV:** Windsurfing-Wasserski 77;
Geheime Welt der Amulette und Talis-
mane 77. ( )

Kerler, Erika, Fernmeldebetriebs-
inspektorin; Kremserstr. 33, D-8390
Passau, Tel. (0851) 2930 (Passau 21.11.27).
Lyrik, Mundartgedicht, Kurzgeschichte,
Essay.
   V: Was se so tuat, G. in bayer. Mda. 78,
2. Aufl. 80; Hoamat grad oane, G. in
bayer. Mda. 82. — **MV:** Begegnung m.
Landshut 79; Bschoad 80; Niederbayerische Weihnachtsmesse 80 (Text);
Landshuter Poetenstammtisch 81; Land
ohne Wein und Nachtigallen 82; Landshuter Hochzeitsmesse 82 (Text).

Kerler, Richard, Betriebswirt, Journa-
list; Lerchenweg 11, D-8220 Traunstein/
Obb.-Haslach, Tel. (089) 761409 (Traun-
stein 9.7.39). Sachbücher, Feuilleton.
Ue: E.
   V: Gast bei uns — Gast im Ausland,
Sprachb. 63; Sommerfreuden im Herbst
und Winter 67; München wo? 67, 72;

Skilauf im Bild, Lehrb. 69, 76; München
für Schürzenjäger 69; Treffpunkt
Traumstadt Schwabing 70; Bluff mit
Geld 70; Münchener Ausflugslokale 70,
71; Skilaufen von München aus 71;
München, Reiseführer 71. —
MV: Geschichte, Disziplinen, Rekorde
68; Schwarz-rot-goldene Titelträger, m.
H. H. Weyer 71; Weltstadtbummel 71;
Windsurfing - Wasserski 77; Geheime
Welt der Amulette und Talismane 77.
B: Olympiaführer 72.
H: München anekdotisch 70; Bayern
wie es lacht 69; Geflügelte Witze 76. ( )

Kern, Erich, s. Kernmayr, Erich.

Kern, Manfred, c/o Gauke Verl.,
Hann. Münden.
V: Aus dem Leben eines Nichts, N. 82.
( )

Kern, Walter *

Kerndl, Rainer; Erich-Weinert-
Medaille 60 (Bad Frankenhausen/Kyff-
häuser 27.11.28). Erzählung, Drama,
Hörspiel. **Ue:** E.
V: Und keiner bleibt zurück, Erz. 53,
54; Blinkzeichen blieben ohne Antwort,
Erz. 53; Junge Herzen, Erz. 54; Ein
Wiedersehen, Ber. u. Erzn. 56; Der
Schatten eines Mädchens, Sch. 61;
Glocken und Sterne, u. a. Hsp.; Seine
Kinder, Sch. 65; Die seltsame Reise des
Alois Fingerlein 68; Doppeltes Spiel, Dr.
69; Ich bin einem Mädchen begegnet, St.
70; Wann kommt Ehrlicher, Sch. 71;
Nacht mit Kompromissen, Sch. 73; Der
vierzehnte Sommer, Stück 77; Eine
undurchsichtige Affaire 81.
MA: Dichtung junger Generation, G.-
Anth. 51; Für den Frieden der Welt, G.-
u. Liedsamml. 51; Wir lieben das Leben,
G.-Anth. 54; Dramatik in d. DDR II:
Gespr. m. R. K. 76.
R: Glocken und Sterne, Hsp., u.a.; Der
verratene Rebell, Fsp. 67; Zwei in einer
kleinen Stadt, Fsp. 69; Romanze für
einen Wochentag, Fsp. 72. ( )

Kerner, Thomas, c/o Wunderlich-
Verl., Tübingen.
V: Der Nothelfer oder die Kreuz- und
Querzüge des Rechtsanwalts
Srarzmann, R. 83. ( )

Kernmayr, Erich (Ps. Erich Kern),
Journalist, Chefredakteur; Ges. f. freie
Publizistik; Alpenweg 26, D-8200
Rosenheim, Obb. (Graz 27.2.06). Roman,
Erlebnisbericht, Novelle.
V: Der Marsch ins Nichts, R. 36; Stei-
rische Novellen 37; Steinerne Leiten, N.
38; Das goldene Tor, Nn. 41; Johannis-
nacht, N. 42; Feuer im Westen, Nn. 43;

Der große Rausch, R. 48, 61 (auch amer.,
engl., franz., schwed., span., türk.); Das
andere Lidice, Rep. 49; Herz im Stacheldraht, R. 49; Das harte Leben, Tageb. 50;
Insel der Tapferen, R. 51; Die Uhr blieb
stehen, R. 52; Das Buch der Tapferkeit,
Rep. 53; Der Dorn im Fleische, R. 55;
Weißer Mann, toter Mann?, Erlebn.-Ber.
aus Südostasien 55; Das goldene Feld, R.
56; Menschen im Netz, R. 57; Algerien in
Flammen, Erlebn.-Ber. 58; Stadt ohne
Gnade, R. 59; Die letzte Schlacht,
Erlebn.-Ber. 60; Der Tag des Gerichts, N.
61; Von Versailles bis Adolf Hitler, Ber.
61; Opfergang eines Volkes, Ber. 62; Ver-
rat an Deutschland, Ber. 62; Deutsch-
land im Abgrund, Ber. 63; General von
Pannwitz und seine Kosaken, Rep. 63
(auch franz); Verbrechen am deutschen
Volke, Ber. 64; Weder Frieden noch
Freiheit, Ber. 65; Von Versailles nach
Nürnberg 67, 71; Der Sieg der Soldaten,
Nn. 69; Adolf Hitler und seine
Bewegung 70; Adolf Hitler und das
Dritte Reich 71; Adolf Hitler und der
Krieg 71, 78; So wurde Deutschland
verraten 71; Meineid gegen Deutschland
71; SPD ohne Maske 72, 76; Willy Brandt
— Schein und Wirklichkeit 73; General-
feldmarschall Ferdinand Schörner 76,
78.
F: Menschen im Netz 58. ( )

Kernmayr, Marie Louise, s. Fischer,
Marie Louise.

Kerrh, Maddalena *

Kerschbaumer, s. Kurz-Goldenstein,
Marie-Thérèse.

Kersche, Peter, Übersetzer,
Redakteur; F. St. Graz 75, Grazer
Autorenversammlung 75, Kärntner S.V.
75, Verb. lit. Übersetzer Sloweniens 81;
Arbeitsstip. f. Lit. vom Amt der
Kärntner Landesregierung 75,
Förderungspr. f. Lit. d. Ldes Kärnten 82;
Mozartstr. 35, A-9020 Klagenfurt, Tel.
(04222) 238013 (Mixnitz/Steiermark
1.5.45). Lyrik, Kurzprosa, Übersetzung,
Kritik, Buchrezensionen. **Ue:** Slowen,
Serbokroat.
V: Bibliogr. der Literaturen
Jugoslaviens 1775-1977 78. — **MV:** Kein
schöner Land ... 81.
H: LOG, Zs. f. intern. Lit. seit 78.
R: Fliegen, Fliegen, Fliegen! Hsp. 83.
Ue: Erich Prunc: Gedichte. In:
Kärnten im Wort 71; Tomaz Salamun:
Gedichte. In: Sammlung II. Prosa, Lyrik,
Drama 74; Milka Hartman u. Valentin
Polansek: Gedichte. In: Löbl, Robert:
Kärnten in Farben 76; Andrej Kokot:

Die Totgeglaubten, Lyrik 78; Westeast.
Avantgarden poetry 1978 78; Auf dem
grünen Dach des Windes, Slowen. Lyr.
d. Gegenwart 80; weitere Ue in: Kärnten
im Wort; Samml. II, Prosa, Lyr. Drama;
Kärnten in Farben 71, 74, 76.
Lit: Lev Detela: Mladje 18 75; Die
zeitgenöss. Lit. Öst. 76; Slobodan
Sembera in: Pannonia.7. Jg. Nr. 2 79.

Kersten, Hanns Hermann, Dipl.-
Bibliothekar, Redakteur; VS 75;
Beutauklinge 21, D-7300 Eßlingen am
Neckar, Tel. (0711) 356282 u. (07121)
320086 (Magdeburg 28.5.28). Lyrik,
Aphorismen, Literaturkritik.
V: Poemes von Tante Poemma, Sat.
Lyrik 76; Euphorismen & rosa Reime,
sat. Lyrik u. Aphorismen 78; 50 falsche
Fuffziger, Aphor. 83.
MA: Die Wendeltreppe, Cabaret-Anth.
60; Weihnachtsveranstaltungen, Anth.
76; Ein gebildeter Kranker, med.-satir.
Anth. 81, 2.Aufl. 83; Kinderwunsch,
Anth. 82; Ätzende Linien — Beißende
Worte, Ausst.-Kat., Wilhelm-Busch-
Museum, Hannover 83.
R: (V:) Die fröhliche Stunde aus
Heidelberg 76-83 12 Send., sat. Lyr.;
(MA:) Stichwort, sat. Feuilleton, Fs.-R.
ARD/ORF 79.
S: Ich bin ein guter Untertan.
Deutsche politische Lieder u. Texte 76.
Lit: lobbi / junge deutschsprachige
Literatur 9 76.

Kersten, Nicola, s. Greven, Helga.

Kersten, Paul, Dr. phil.,
Literaturredakteur; Schottmüllerstr. 38,
D-2000 Hamburg 20, Tel. (040) 4601584
(Brakel 23.6.43). Roman, Lyrik, Essay,
Film.
V: Steinlaub, G. 63; Die Metaphorik in
der Lyrik von Nelly Sachs 70; Der
alltägliche Tod meines Vaters, Erz. 78;
Absprung, R. 79; Die Blume ist ängst-
lich, G. für ein Kind 80; Die toten
Schwestern. Zwölf Kapitel aus der
Kindheit, R. 82; Die Verwechslung der
Jahreszeiten, G. 83.
H: Alfred Mombert. Briefe an
Friedrich Kurt Benndorf 1900-1940 75.
F: Die Traurigkeit, die töten kann, F.
81.

Kersten, Roger, s. Scheer, Karl-
Herbert.

Kessel, Martin, Dr. phil., Prof. E. h.;
Georg-Büchner-Preis 54, Fontane-Preis
61, Lit.-Preis d. Bayer. Akad Schönen
Künste 62, Prof. E. h. 80; Akad. Wiss. u.
Lit. 50, Dt. Akad. f. Spr. u. Dicht. 54,
Akad. d. Künste 59; Laubenheimerstr. 5,

D-1000 Berlin 33, Tel. (030) 8216554
(Plauen/Vogtl. 14.4.01). Roman, Lyrik,
Essay, Aphorismus, Erzählung.
V: Essays und Miniaturen 47; Gesam-
melte Gedichte 51; In Wirklichkeit aber
55; Herrn Brechers Fiasko, R. 56; Eska-
paden, Erzn. 59; Die Schwester des Don
Quijote, R. 59; Gegengabe, Aphor 60;
Kopf und Herz, Spr. 63; Lydia Faude, R.
65; Ironische Miniaturen, Ess. 70; Alles
lebt nur, wenn es leuchtet, Neue G. 71;
Ehrfurcht und Gelächter, Ess. 74.

Kessemeier, Siegfried, Dr. phil., wiss.
Referent; Förderpr. f. niederdt. Lit. in
westf. Mundarten 69, Klaus-Groth-Preis
für niederdt. Lyrik 75; Kampstr. 2, D-
4400 Münster/Westf., Tel. (0251) 28996
(Oeventrop 20.11.30). Lyrik, Essay.
Ue: Ndl.
V: Gloipe inner Dör, mundartl. G. 71;
genk goiht, mundartl. G. 77.
MA: Niederdt. Dichtung 68; Dar is
keen Antwoort 70; Satzbau 72; Schanne
wert 76; Westfalen unter sich über sich
78.
H: Westfalen, wie es lacht 70, 80.
S: üewer diän, üewer dat, üewer dai,
G. in sauerländ. Mda. 72.
Ue: Kurt Weidemann: Eine Probe
unserer Kunst zu zeigen, G. 67.
Lit: Heinz Werner Pohl: Neue Wege
— Neue Fragen 68; R. Schnell: Moderne
niederdt. Lyrik 73; J. Schütt:
Bemerkungen z. mod. niederdt. Lyrik
75.

Kessl, Ingrid, Erzieherin; Hauptstr.
136, D-8014 Neubiberg, Tel. (089) 608179
(Geltendorf 13.2.41). Erzählung f. Kinder.
V: Christian ist ein wilder Tiger,
Kurzgesch. f. Kinder 78.

Kessler, Herbert, c/o Verl. Sokrates,
Mannheim.
V: Tödliche Anstöße, R. 83. ( )

Kessler, Klaus (Ps. Rudolf Ritter), Dr.,
Journalist; 1. Pr. d. Wiener Dramaturgie
f. d. beste Programmheftgestaltung 65/
66; Helmer 89, D-2800 Bremen 33, Tel.
(0421) 236248 (Graz 26.9.35). Essay,
Theater, Lyrik, Wissenschaft.
V: Unsterbliche Romanzen — Österreich, Nn. 74; Lexikon d. Heilkräuter 81;
Der Seniorenfahrplan 83.

Kessler, Matthias *

Kessler, Walther, s. Haupt, Gunther.

Kesten, Hermann, Autor; P.E.N.,
COMES 60, 69, VS 70; Kleist-Preis-
Ehrung 28, Kulturpreis d. Stadt Nürn-
berg 53, Büchnerpreis 74, Nelly-Sachs-
Preis der Stadt Dortmund 77,
Ehrenbürger der Stadt Nürnberg 80,

Ehrendoktor U.Erlangen-Nürnberg 81,
Freie U.Berlin 82; Korr. Mitgl. Akad.
Wiss. u. Lit. 50 u. Dt. Akad. f. Spr. u.
Dicht.; Im tiefen Boden 25, c/o Martha
Marc, CH-4059 Basel u. c/o Gina
Strauss, Ventnor H 3031, Deerfield
Beach, Florida 33441, USA (Nürnberg
28.1.00). Drama, Lyrik, Roman, Novelle,
Essay, Biographie. **Ue:** Am, E, F, H, I, S.
V: Josef sucht die Freiheit, R. 28, 77;
Maud liebt beide, Dr. 28; Ein aus-
schweifender Mensch, R. 29, 77; Die
Liebes-Ehe, Nn. 29, 48; Wohnungsnot,
Dr. 29; Admet, Dr. 29; Einer sagt die
Wahrheit, Dr. 30; Wunder in Amerika,
Dr. 31; Glückliche Menschen, R. 31, 60;
Der Scharlatan, R. 32, 65; Babel, Dr. 29;
Der Gerechte, R. 34, 67; Ferdinand und
Isabella, R. 36, u.d.T.: Sieg der Dämonen
53, 72; König Philipp der Zweite, R. 38,
50, u.d.T.: Ich, der König — Philipp der
Zweite 50, 74; Die Kinder von Gernika,
R. 39, 60; Die Zwillinge von Nürnberg, R.
47, 50; Copernicus und seine Welt, Biogr.
48, 73; Die fremden Götter, R. 49, 60;
Casanova, Biogr. 52, 70; Um die Krone,
Der Mohr von Kastilien, R. 52, 74; Meine
Freunde im Poeten, Ess. 53, 70; Ein
Sohn des Glücks, R. 55, 66; Der Freund
im Schrank, Nn. 57; Mit Geduld kann
man sogar das Leben aushalten, Nn. 57;
Dichter im Café, Ess. 59, 60; Bücher der
Liebe, vier Romane 60; Der Geist der
Unruhe, lit. Streifzüge 60; Die Aben-
teuer eines Moralisten, R. 61, 64; Filialen
des Parnass, Ess. 61; Die 30 Erzäh-
lungen von Hermann Kesten 62, 67;
Lauter Literaten, Ess. 63, 66; Deutsche
Literatur im Exil. Briefe von H. Kesten
u. a. 64, 71; Die Zeit der Narren, R. 66;
Die Lust am Leben, Ess. 68, 70; Ein
Optimist, Beobachtungen unterwegs,
Ess. 70; Ein Mann von sechzig Jahren,
R. 72, 75; Revolutionäre mit Geduld, Ess.
73; Ich bin der ich bin, Verse 74;
Gesammelte Werke, Tb. in 20 Bden
(Übersetzungen der Werke in über 22
Sprachen). — **MV:** Wunder in Amerika,
mit Ernst Toller 31.
H: 24 Neue deutsche Erzähler 29, 73;
Neue französische Erzähler 30; Novellen
deutscher Dichter der Gegenwart 33;
Heinrich Heine: Meisterwerke in Vers
und Prosa 39, 61; René Schickele: Heim-
kehr 38, Werke in drei Bänden 60, 61;
Irmgard Keun: Ferdinand 51; Josef
Kallinikow: Frauen und Mönche 52; Die
Blaue Blume, die schönsten Geschn. d.
Romantiker 55; Unsere Zeit, die besten
dt. Erzähler d. 20. Jh. 56; Joseph Roth:
Gesammelte Werke III 56, V 76, 77; Die
schönsten Liebesgeschichten der Welt

57; Kurt Tucholsky: Man sollte mal ... 57;
Erich Kästner: Gesammelte Werke VII
58; Menschen in Rom 59; Heinrich
Heine: Prosa 61; G. E. Lessing: Werke in
drei Bänden 61; Aretino: Die Gespräche
62; Die wirkliche Welt. Realist. Erzähler
d. Weltlit. 62, 64; Ernst Weiss: Ich der
Augenzeuge; Fritz Heymann: Der
Chevalier von Geldern 63; Klaus Mann:
Kindernovelle 64; Ich lebe nicht in der
Bundesrepublik 64; Europa heute. Prosa
und Poesie seit 1945 63 II; Pieter Gras-
hoff: Niederl. Literatur 66; Lorenzo da
Ponte: Memoiren 69; Joseph Roth,
Briefe 1911 — 1939 70; Hans Bender:
Wunschkost und Geschichten 70;
Kasimir Edschmid: Büchner-Sonder-
ausgabe 70. — **MH:** Neue französische
Erzähler, m. Felix Bertaux 30; The
Heart of Europe, m. Klaus Mann 63.
Ue: Henri Michaux: Meine Güter 31;
Emanuel Bove: Der Verrückte 30; Julien
Green: Leviathan 31; Jean Giraudoux:
Die Abenteuer des Jerome Bardini 32;
John Gunther: So sehe ich Asien 40;
Lilla van Saher: Drei Tage mit Ara 56;
Bonaventura Tecchi: Novellen 59.
Lit: Zahlreiche Würdigungen in
Büchern und Zss.; H. Kesten: Frag-
mente über mich, in: Welt und Wort 50;
Heinrich Mann: Essay; Thomas Mann:
Reden und Aufsätze I; Joseph Roth:
Gesammelte Werke III; René Schickele:
Gesammelte Werke; Orville Prescott:
The American Novel, u. a.

Kette, Ursula, Bibliothekarin;
Ludwig-Frank-Str. 1, D-6800
Mannheim 23, Tel. (0621) 815001 (Berlin
16.8.22). Erzählung für Jugendliche.
V: Kasperle und der Zauberbesen der
Hexe Zottelkopf 76; Regina und ihre
neuen Freunde 77; Das Haus mit der
Sonnenuhr 82. — **MV:** Im Internat ist
immer etwas los 80; Gespenster klopfen
an 81; Der einsame Leopard, Tier-
geschn. 83; Der König der Elefanten,
Tiergeschn. 83.
B: Brehms bunte Tiergeschichten 76;
Hermann Löns-Abenteuerliche Tierwelt
76.
H: Gruseln macht Spaß 79.

Kettenbach, Hans Werner, Dr.phil.,
Redakteur; Jerry Cotton Pr. 77; In der
Kreuzau 4, D-5000 Köln 91, Tel. (0221)
8303849 (Bendorf/Rhein 20.4.28). Roman.
V: Der lange Marsch der Bundesrepublik 71; Grand mit Vieren, Krim.-R.
77, 2.Aufl. 78, Neuausg. 83; Der Pascha,

R. 79, Tb. 81; Hinter dem Horizont, R. 81, 83; Glatteis, Krim.-R. 82.

R: Wo der Hund begraben liegt, Hsp. 61; Die Düsendschunke, Hsp. 61, 62, 63.

Kettl, Josef Wolfgang, c/o Oberöst. Landesverlag, Ried.

V: Dá Weg duri án eachtl Zeit, Innviertler Lyr. 80. ( )

Kettler, Leo, s. Klünner, Lothar.

von Keyserling, Sylvia Gräfin (Ps. Sylvia Frueh, Sylvia Frueh-Keyserling), Schriftstellerin; VS 81; Neue Str. 48, D-7000 Stuttgart 1, Tel. (0711) 462390 (Innsbrück 14.2.51). Lyrik, Erzählung, Kindergeschichten, Märchen.

V: Lightning in my hand, G. (engl. u. dt.) 80; Auf Windflügeln reit ich, G. 81; Xaver Gsälzbär, Kindergeschn. 84.

MA: versch. Anth..

von Khuon-Wildegg, Ernst, Publizist; Bertelsmann-Romanpreis 54, F.W. Herschel-Med. 54, Joseph-E.-Drexel-Preis 58, Adolf Grimme-Preis 64, Siegfried Hartmann-Med. 69, Hermann-Oberth-Medaille in Gold 70, Peter-Henlein-Medaille 79, Goldmed. Accad. Italia 80, Premio Centauro d'Oro 82; Technisch-Lit. Ges.; Gebr.-Batscheider-Str. 8, D-8024 Deisenhofen b. München, Tel. (089) 6131610 (Pasing b. München 11.8.15). Hörspiel, Roman, Film, Fernsehen.

V: Helium, R. 49, 73; Gold auf dunklem Grund, R. 54; Abenteuer unseres Jahrhunderts, Ess. 60; Gestern vor tausend Jahren, Ess. 61; Unsichtbares − sichtbar gemacht, Ess. 68; Die Sieben Weltwunder, Ess. 69; Kulturen - Völker und Reiche vergangener Zeiten, Ess. 75; Diese unsere schöne Erde, Ess. 79. − **MV:** Claus Kuon und seine Nachkommen, Ess. 48; Waren die Götter Astronauten?, Ess. 70; Bücher u. Menschen, Ess. 76; Forschung − Kritisch gesehen, Ess. 79.

F: Schöpfung ohne Ende 57; Sehen und erkennen 63, u. a.

R: Der Spieler; Der Fälscher, Helium; Stellwerk K; Der Schnitt durch das Labyrinth; Schiff in Schlamm; Schritt ins Weltall; Traum von Atlantropa; Tönender Erdkreis; Raumstation I beherrscht die Erde; Höllische Paradiese; Die ersten Schritte; Abenteuer der Wissenschaft; Die schwarze Wolke, u. a., alles Hsp.; über 250 Features im Fernsehen ab 54.

Lit: Die 100 vom Fernsehen 73, Europäische Persönlichkeiten 76.

kiebitz, s. Weit, Rudolf.

Kiefel, Gerhard, Pfarrer, Stadtmissionsdir., Beauftragter der Evang. Kirche Berlin (West) für Mission in Berlin; Eisnerstr. 19, D-1000 Berlin-Lichtenrade, Tel. (030) 7424019 (Wuppertal-Barmen 21.4.24). Lyrik, Meditation, Bild-Text-Bände, Seelsorge.

V: Hoffnung für heute und morgen, Live-Fotos u. Textbetracht. 69, 73; Wir suchen das Leben, Live-Fotos u. Textmeditat. 70, 74; Auf den Spuren des Glücks, Bildbd. m. Meditat. u. geb. Prosa 72, 75; Alles Glück auf dieser Erde, Bildbd. m. Meditat. u. Betracht. 72, 73; Du, Bildbd. m. Betracht. 75, 77; Solange du da bist, Bildbd. m. Lyrik, Prosa-Betracht. 75, 77; Unsere Stadt hat viele Gesichter, Bildbd. m. Betracht. 77; Fantasie für die Stadt, Bildbd. m. Betracht. 77; Liebe ist mehr als ein Wort, Lyrik, Meditationen, geb. Prosa und Fremdtexte der Weltlit. m. Live-Fotos v. Meisterfotografhern 80; Betroffen vom Leben, Themen aus dem Leben zu Begegnung, Liebe, Partnerschaft u. Sinnfind. des Lebens, m. üb. 60 Großfotos v. Meisterfotografhern 80; Begegnungen, Lyr., Meditat. u. Fremdtexte d. Weltlit. mit Live-Fotos 84; Mit dir, Themen zum Miteinander in Partnerschaft, Liebe, Ehe, zum Leben lernen, Konflikte bewältigen, Glauben wagen, m. 46 Großfotos 84.

H: Johannes Kuhn: Wohin sollen wir gehen? 71; Adolf Sommerauer: Es geschah vor unseren Augen; Ing. Kiefel, Jose Fremder: Den anderen sehen; Adolf Sommerauer: Umgang mit Menschen; Irmhild Bärend: Ich bin unterwegs; Norbert Scholl: Ausschau nach Gott, Betracht. m. Live-Fotos zu Sinn- u. Glaubensfragen 80; Johann Christopf Hampe: Was die Welt mir bietet, Meditationen für ein erfülltes Leben, mit Live-Fotos 80. −

MH: Brennpunkt Mischehe, Seelsorgebd. m. G. Kiefel u. Otto Knoch.

Kiefer, Ernst, Schauspieler, Regisseur, Rentner; Weinbergstr. 73, D-7570 Baden-Baden, Tel. (07221) 22913 (Frankfurt a.M. 25.10.08). Drama, Essay, Hörspiel.

V: Wlassow, Dr. 80; Der König schläft allein, Kom. 83.

R: Weg zu Mozart; Weg zu Beethoven; Der heitere Shakespeare; Besuch bei Hebbel, alles Hsp.

Kiefer, Reinhard; FDA 82; Suermondtplatz 11, D-5100 Aachen (Nordbögge 12.10.56). Lyrik, Erzählung, Essay.

V: Hofnarrenkorrespondenz, G. 81;
Entsetzung, Erzn. 81; Zwölf Poeme, G.
83. — **MV:** Der Krieg der Prinzipien,
Ess. 81.
B: P. Pretzsch: Siegfried Wagner 80;
W. Abendroth: Hans Pfitzner 81.

Kiefer, Sepp *

Kiefert, Rudolf, c/o Verlag Neues
Leben, Berlin (Ost).
V: Die Versuchung 75, 82; Die
Schikane 79; Der Linkser 79, 81. ( )

Kiefmann, Karl, Oberschulrat,
Volksschul-Dir. i.R.; L V G 83; G. M.
Vischerstr. 149, A-3040 Neulengbach,
Tel. (02772) 36293 (Muttersdorf 16.9.07).
Drama, Hörspiel, Lyrik.
V: Das unsterbliche Lied, Entstehung
des Liedes "Stille Nacht", Hsp. 45; Das
unmusikalische Dorf, Dr. 46; Das
Geschenk, Dr. 50; Die moderne Zenzi,
Hsp. 51; Eine Mutter, Dr. 53; Der
Wunschtraum, Hsp. 54; Der Totoklub,
Hsp. 57; Alle spielen mit, Hsp.; Sprüche
für Kinder in Schule u. Haus 79;
Besinnlicher Jahreslauf, Lyr. 81.
S: Das unsterbliche Lied, Tonkass. 83.

Kienast, Wolfgang; SV-DDR; Simon-
Dach-Str. 20, DDR-1035 Berlin, Tel.
5886074 (Berlin 11.1.39). Kinderbuch,
Kriminalerzählung, Roman.
V: Gillermanns Tod, Krim.-R. 75, 77;
Die letzte Tour, Krim.-R. 75, 80;
Spießrutenlauf, Krim.-Erz. 77; Wart' nur,
bis du nach Hause kommst, Krim.-Erz.
78; Friederike — Ölporträt eines
Mädchens, R. 79; Das Ende einer
Weihnachtsfeier, R. 81; Knatt
Lappjunge, Kdb. 83.
MA: Das Huhn des Kolumbus, Anth.
82.
Lit: Bestandsaufnahmen 2 82.

Kiene, Hansjoachim, Buchhändler;
Schlieffenstr. 10, D-5600 Wuppertal 11,
Tel. (0202) 781956 (Zerbst/Anhalt 23.2.18).
Kinderroman.
V: Herr König mit dem Koffer,
Kinder-Krim.-R. 71, 75; Taxi nach
Sandbrode, Kinder-Krim.-R. 76. ( )

Kienzl, Erni *

Kiepke, Rudolf, Dr. phil., Schriftleiter;
VS; Thisaut 14, D-4790 Paderborn, Tel.
(05251) 25392 (Paderborn 19.7.03). Lyrik,
Novelle, Kurzgeschichte, Erzählung.
V: Schicksalschronik einer Stadt, Erz.
38, 51; Paderborn. Werden, Untergang,
Wiedererstehen, Ess. 49; Johann v.
Sporck, Erz. 58; Engelbert Kämpfer, Erz.
59.
MA: Schaffende Hände, Anth. 48; Die
Heimkehr, Anth. 50; Bilder aus West-

falen, Anth. 58; Alltag in Kurzgeschichten, Anth. 61; Schloß Neuhaus,
gestern — heute — morgen 71; Ruhrtangente, Jb. f. Lit. NRW 72/73; Schloß
Overhagen, Schloß und Schule 78;
Gazette, Zs. 81.
H: Die Warte, Heimatzs. 32 — 73.

Kiermeier, Klaus, Geschäftsführer;
Etztalstr. 4, D-8137 Berg, Starnb. See 1,
Tel. (08131) 72066 (Dachau 12.12.40).
Heimatkundliche Veröffentlichungen,
historische Arbeiten, Kunstbände.
V: Wie's war im Dachauer Land,
heimatkundl. Veröff. 79; Dachauer Land.
Die Landschaft in den Jahreszeiten,
Heimatkundl. Werk 82. —
MV: Dachauer Land. Der Landkreis, die
Große Kreisstadt und die Gemeinden
im Bild, Heimatkundl. Werk 76, 3.Aufl.
80.
B: Dachauer Geschichten 78; Unter
dem Chrysanthemenmond, Lyr. 75; Carl
Thiemann, der Mensch — der Künstler
78; Stimmen im Laub, Lyr. 79; Das
Bayerische Fernsehbilderbuch 80
(Zusammenstell.).
H: Dachauer Maler. Der Künstlerort
Dachau von 1801-1946, Kunstbd 81.
S: Wie's war im Dachauer Land,
Tonbildschau.

Kieser, Robert, StudDir. i. R.;
Galgenbergstr. 50, D-7030 Böblingen,
Tel. (07031) 227305 (Hohengehren, Bad.-
Württ. 11.3.02). Autobiographische
Erzählungen.
V: Im Jagdschloß an der Rems, Auto-
biographische Erzählung 73; Tübingen
— und was dann? autobiograph. Erz. 79.
( )

Kieser, Rolf, Jurist; VS 77;
Galgenbergstr. 50, D-7030 Böblingen
(Schorndorf 25.4.41). Drama, Roman,
Erzählung.
V: Explosion des Regenbogens, R. 73;
Nach Süden, R. 75; Go-Go und andere
sinnliche Geschichten, Erzn. 79;
Hollywood Boulevard, R. 80.

Kieseritzky, Ingomar; Förderungs-
preis für Lit. des großen Kunstpreises
von Niedersachsen 70; Margaretenstr.
10, D-1000 Berlin 33 (Dresden 21.2.44).
Roman, Hörspiel. **Ue:** F.
V: Ossip und Sobolev oder die
Melancholie 68; Tief oben, R. 70; Das
eine wie das andere 71; Trägheit oder
Szenen aus der vita activa, R. 78, Tb. 82;
Die ungeheuerliche Ohrfeige oder
Szenen aus der Geschichte der Ver-
nunft, R. 81.

R: Pâte sur pâte; Das Mauss-Hoffender-Mellnikoff-Prinzip; Zwei Systeme; Über die bevorzugte Behandlung einiger beliebiger Geräusche unter anderen Geräuschen; Abweichung und Kontrolle; Plotonismus oder der Gang des Denkens beim Gehen; Resorption; Magus Corp. oder das Problem-Problem; Limus I, Die Reise; Est et Non; Morbus A. oder Die Taxonomie; Plotonismus II 78; Limbus I 78, II 79; Philosophen im Club 79, alles Hsp.
Ue: L'un comme l'autre 76. ( )

Kiesselbach, Marianne, Dr.phil., Bildhauerin; Rheinbabenstr. 150, D-4150 Krefeld/Linn, Tel. (02151) 571357 (Köln 23.5.13). Märchen.
V: Märchen für Liebende 80.

Kießig, Martin, Dr. phil.; Rotfeldstr. 18, D-7024 Filderstadt 4, Tel. (0711) 774173 (Gautzsch b. Leipzig 27.3.07). Essay.
V: Geträumtes, Erz. 66.
H: Martin Luserke: Von Indianern, Persern und Geusen, Erz. (Nachw.) 36; Martin Luserke: Der kleine Schühß und andere Geschichten, Erz. (Nachw.) 36; Novalis: Die Lehrlinge zu Sais – Gedichte – Fragmente. Mit einem Essay: Zuflucht und Schicksal. Die Weltschau des Novalis 39, 60; August Winnig: Im Kreis verbunden, Erz. (Nachw.) 61; Hermann Hesse: Im Presselschen Gartenhaus, Erz. (Nachw.) 64; Dichter erzählen ihre Träume, Anth. m. Nachw. 64, 76.
R: Die blaue Kronentaube. Dichter erzählen ihre Träume, Hf. 65.

Kilbel, Eugen, s. Edel, Gottfried.

Kilchenmann, Ruth, Ph. D., Prof.; Pi Delta Phi (French honor. soc., USA) seit 54, Delta Phi Alpha (Germ. honor. soc., USA), Phi Delta Gamma (grad. honor. soc.) seit 54, Mod. Lang. Assoc., USA 55, Comp. Lit. Assoc. seit 61, CH-1353 Gletterens, Tel. (037) 772266 (Langnau i/ E, Schweiz 1.1.17). Literaturkritik und Vergleichende Literaturwissenschaft (Lit. Formen).
V: Die Kurzgeschichte. Formen und Entwicklung 67, 71; Panorama. Ausdrucksformen moderner Autoren. Leseb. f. Deutsch-Studenten 67; Bilder aus Deutschlands Gegenwart und Vergangenheit, gedr. Tonb.manuskr. 67; zahlr. Artikel und kleinere Veröffentlichungen.
H: Rezept für die bösen Weiber. Kalendergeschichten von Grimmelshausen bis Brecht 70; Schlaue Kisten

machen Geschichten, Von Androiden, Robotern und Computern 77. ( )

Kilian, Peter; SSV; George Fischer-Preis 55; Rheinstr. 52, CH-8212 Neuhausen am Rheinfall, Tel. (053) 21272 (5.3.11). Roman, Novelle, Lyrik.
V: Die Brockengasse, R. 37; Junge Liebe – hartes Brot, R. 39; Mitten im Leben, G. 42; Walliser Sagen 46; Neue Gedichte 47; Fabeln 48; Rembrandt und seine Zeit 49; Hirtensagen 50; Der Lügenbäcker, Erzn. 51; Romanze in Marseille, R. 53; Der Schwarze, N. 54; Kleine Welt am Strom, Erz. 57; Die Sage vom großen Räuber Lisür 58; Die Braut aus Westfalen, R. 59; Dreizehn. Märchen aus dem Trentino 61; Arbon. Kleine Stadt am Bodensee 64; Die Abenteuer zweier Brüder 66; Der Bär und andere Hirtensagen 68; Abele Bernardon, Erz. 68; Das Gespenst und der Zauberstein 69; Der Blutschwur, Sagen 71.

Kilian, Stephan, s. Schober, Hermann.

Kilian, Susanne; Carl-Schuricht-Str. 6, D-6200 Wiesbaden (Berlin 2.8.40). Kindergeschichte.
V: Kaugummi-Gustav u. Automaten-Susi 70; Von Igor dem schrecklichen Kind 71; Mein Buch für Kinder 72; Na und? 72; Morgen Kinder, wirds was geben 73; Nur'ne Fünf 74; OK 74; Große Ferien 75; Die Stadt ist groß 76, alles Kinderb.; Lenakind, Mädchengesch. 80. ( )

Killinger, Dieter, Architekt; Stelzhamerweg 14, A-8044 Graz (Graz 4.7.58). Novellen, Erzählung.
V: Tote Stunden, Erzn. 81.

Killinger, Erna; IGdA 82; Turmbund 63; SChützenstr. 29, A-6060 Mils, Tel. (05223) 78714 (Hall/Tirol 15.6.28). Erzählung, Gedichte, Haiku, Schulspiele, Märchen.
V: Skizzen aus meinem Alltag 81.
MA: Das unzerreißbare Netz, Anth; Bildnis einer Generation, Anth. 79.

Kimme, Ludwig (Ps. Lukim), Molkereifachmann (Meister); Schrieverkring; Bahnhofstr. 31, D-2980 Norden/Ostfriesl. 1, Tel. (04931) 4389 (Grieth a. Rhein 7.4.07).
V: Lüttje Welt – moi vertellt 77; dit un dat in Hoch und Platt 77.
S: Costa Granata; Mein Heimatland (Grüße von der Nordsee) 77.

Kimmich, Max *

Kinder, Hermann, Dr., AkadR.; VS 78; Hungertuch d. VS Hessen 77, Bodensee-Literaturpr. 81; Überlingerstr. 3, D-7750

Konstanz, Tel. (07531) 32724 (Thorn
18.5.44). Prosa.
V: Der Schleiftrog, R. 77, 79; Du mußt
nur die Laufrichtung ändern, Erz. 78;
Vom Schweinemut d. Zeit, R. 80; Der
helle Wahn, R. 81.
H: Bürgers Liebe 81.
Lit: B. Neumann: D. Wiedergeburt d.
Erzählens aus d. Geiste d. Autobiogr.
(Basis, Jb. f. dt. Gegenwartslit. Bd 9) 79.

Kindermann, Heinz, Dr. phil., em. oö.
UProf.; Conseiller d. Commission
Universitaire (Fédération Int. pour la
Recherche Theatrale) u. d. Intern. Inst. f.
Theaterforsch., Öst. Filmwissenschaftl.
Ges., Öst. Akad. Wiss., Wiener Goethe-
Verein; Bellariastr. 4, A-1010 Wien, Tel.
(0222) 938592 (Wien 8.10.94). Theater-
wissenschaft, Literaturwissenschaft.
V: Durchbruch der Seele 28; Das
literarische Antlitz der Gegenwart 30;
Das Goethebild des 20. Jahrhunderts 53,
68; Theatergeschichte der Goethezeit 54;
Theatergeschichte Europas 57-74, 10
Bde.; Bühne und Zuschauerraum
(Antike bis Gegenw.) 68; Die Funktion
des Publikums im Theater 71; Die
Karikatur als Quelle der Publikums-
forschung 75; Das Theaterpublikum der
Antike 79; Das Theaterpublikum des
Mittelalters 81, u.a. — **MV:** Lexikon der
Weltliteratur, m. M. Dietrich 50, 53;
Katalog der europäischen Theater-
ausstellung 1955, m. F. Hadamowsky 55,
u. a. - Zahlr. Aufs. in Zss. u. Sammel-
werken seit 25.
H: Deutsche Literatur in Entwick-
lungsreihen seit 28 CX; Handbuch der
Kulturgeschichte seit 34; Maske und
Kothurn seit 55; Dichtung in Österreich,
I Dr. 67, m. M. Dietrich; Das Grillparzer-
bild des XX. Jahrhunderts 72; Theater-
gesch. Österreichs XV, u.a. —
MH: Briefwechsel zwischen Max Mell
und Hugo von Hofmannsthal 83.
s. a. Kürschners GK.

Kindermann, Peter-Lutz; Baseler Str.
1, D-1000 Berlin 45, Tel. (030) 8333738
(Berlin 9.5.36).
V: Berlin in der Westentasche 76, 79.
MA: Das Neue Berlin-Buch 76; Ich
entdecke Berlin 78.
H: Berliner Bilderbuch 81.

Kindler-Schmidt, Lore, Meisterin d.
ländl. Hauswirtsch.; Reiterhof, D-7253
Renningen, Tel. (07159) 3509 (Stuttgart
19.10.32).
V: Dr Spätzleschwob 73, erw. Aufl. 83.

King, Renée, s. Nebehay, Renée.

King, Sandra, s. Bickel, Alice.

Kingston, H. S., s. Brand, Kurt.

Kinkel, Hans, Dr. med., FA. f. innere
Krankheiten; BDSÄ; Beutenhofer-Str. 9,
D-7071 Spraitbach/Ostalbkr., Tel. (07176)
6586 (Heilbronn a.N. 15.4.09). Lyrik,
Novelle, Essay.
V: Romantische Suite, N. 76; Mein
Freund Peter, N. 79; Kontrapunktus 80;
Das Herz 80; Zerbrechliche Welt 81; Wo
endet Wirklichkeit, wo Traum?. —
MV: Heilende Worte, Anth. 77; Helle
Gedanken, Anth. 79.
Lit: Ostalb Einhorn 35 82.

Kinkelin, Maria *

Kinski, Klaus, c/o Rogner &
Bernhard Verlag, München.
V: Ich bin so wild nach deinem
Erdbeermund 75, Tb. 77, 82. ( )

Kintscher, Konrad; Zellerstr. 111, D-
7600 Offenburg/Baden, Tel. (0781) 31460
(Bremen 24.10.10). Lyrik, Novelle, Essay,
Hörspiel.
V: Die seltsame Truhe 47; Michaels
schönstes Geschenk 72, 76; Fridolin
fliegt in die Welt 74, alles Jgdb.; Das
Land am Oberrhein, Ein kultureller
Reiseführer 77. ( )

Kintzi, Gustav (Ps. Gustav Kaien-
Tezetti), Volkswirt; Lit.pr. d. österr.
Jgd.Kulturwochen 52, Lit.pr. d. österr.
College-Gemeinschaft d. U. Innsbruck
53; Turmbund 52, Tukankreis 54,
Mitbegr. d. Intern. dtspr. Schriftsteller-
kongresse 55, Europakr. Alcmona f.
Kultur u. Leben 76; Haus Alcmona, D-
8079 Kipfenberg, Tel. (08465) 240. Lyrik,
Kurzgeschichte, Roman, Hörspiel,
Drama, Publizistik, freier Mitarbeiter
für kulturelle Besprechungen.
V: Über die Schwelle, G. 61.
MA: Weg und Bekenntnis, österr.
Anth. 54; Wort im Gebirge VI, Tiroler
Anth. 54; Anders leben 79.
R: Die stille Stunde, Hf. 53. ( )

Kinzelmann, Dietlind, Malerin; Pr.
Junge Dichtung in Niedersachsen 72;
Waller Heerstr. 154, D-2800 Bremen, Tel.
(0421) 385039 (Scheidegg/Allgäu
23.10.37). Lyrik, Hörspiel.
V: aderlass, Lyrik u. Grafik 75;
Flugblätter mit neueren Gedichten 79.
R: täglich lachend die Welt ersetzen,
Lyrik m. Zwischentexten v. Paulus 73;
Sendezeichen bei leichtem Wind, Sp. 76.
( )

Kipke, Edeltraud, ehem.
Kinderheimleiterin; Robert-Koch-Str. 1,
D-3280 Bad Pyrmont, Tel. (05281) 3963
(Berlinchen 11.5.03). Lyrik.
V: Mein Gedichtbüchlein 82.

Kirch, Karl-Heinz, Dipl.-Wirtsch.-Ing.;
VS Rh.-Pf.; Weidenstr. 15, D-6701
Neuhofen/Pfalz, Tel. (06236) 53954
(Saarbrücken 18.4.38). Lyrik, Essay,
Prosa, Aphorismen.
 V: Ins Verborgene gelotet, Gedichte —
Gedanken, Lyr. 79; Im Strom des
Lebens, Ess. 80; es wurde nichts
verwischt, Gedanken — Empfindungen,
Lyr. 83; Mit der ganzen Ungeduld der
Seele, Ess. 83; wie Spuren im Sand, Lyr.
83; laß Dich lächelnd umarmen, Prosa
83.
 MA: Moderne Prosa Texte, Horizonte
80; Lyrische Texte zeitgenössischer
Autoren, Anth. 82; Neue Lyrik und
Prosa, JB, Anth. 82.

Kirchberg, Ursula, Illustratorin,
Kinderbuchautorin; Wohlersallee 2, D-
2000 Hamburg 50, Tel. (040) 4393342
(Hamburg 6.5.38). Bilderbuch.
 V: Dagobert, Bilderb. 70, 3. Aufl. 74;
Max u. sein Fußball, Bilderb. 74;
Fridolin, 3 Bildergesch. um d. rote
Leiter 76; Selim u. Susanne, Bilderb. 78
Zweisprach. Ausg. dt.-türk. 79, 82; Käpt'n
Hein und der Klabautermann 81;
Kommt ein Reitersmann daher 82;
Selim bekommt Besuch 82. — **MV:** Herr
Melone u. seine Tiere, m. Gerlinde
Schneider 77.
 R: Bildgesch. f. d. Sendung
Sesamstraße; Max u. sein Fußball; Die
Leute aus d. Kastanienallee, 4
Bildgesch. 77. ( )

Kirchgässner, Ernst, Pfarrer; Zum
Wehrholz 1, D-6393 Wehrheim 3
(Wiesbaden 17.8.14).
 V: Die Welt hat Zukunft; Der da
kommen soll; Gott hat Mut zur
Blamage; Es kommt der Tag; Ich frage
nach Gott.

Kirchgeßner, Maria, Journalistin; VS;
Bernabeistr. 7, D-8000 München 19, Tel.
(089) 174551 (Kösching/Obb. 6.2.08).
Erzählung, Jugendbuch, Funkbe-
arbeitung.
 V: Startnummer 14, Mädchen-Erz. 37,
52; Das Boot Silberpfeil, Mädchen-Erz.
38, 42; Das blühende Winkel, Jgd.-R. 40,
56; Die Geschichte vom Gletscherfloh,
Kinderb. 49; Vier unterm Hüttendach,
Jgd.-R. 57, 62. — **MV:** ... der jungen Leser
wegen 65.
 MA: Beitr. in versch. Jgd.-Jb.
 H: Unruhige Jahre, Mädchenb. 60.
 R: Kinder-Hsp.; Funktexte u. -
Interviews; Der alte Mensch.

Kirchhof, Peter Kurt, Maler, Grafiker,
Schriftsteller; VS 70; Literatur-Stip. d.

Ldes Nordrh.-Westf. 77, Literatur-
Förderpr. d. Stadt Düsseldorf 77; Geeren
29/31, D-2800 Bremen 1, Tel. (0421)
315393 (Bremen-Blumenthal 18.1.44).
Lyrik, Prosa, Literatur- u. Kulturkritik,
Bericht, Dokumentation.
 V: Eine Wolke von Staren, Lyrik, dt./
holl. 73.
 MA: Kleines Lyrik-Alphabet 63;
Bremer Beitr. 64; Deutsche Teilung 66;
Die Horen seit 68; bundesdeutsch 74; 40
Lyriker der Bundesrepublik 74 (ung.);
Göttinger Musen-Alm. 74; Epigramme
75; Sassafras-Bl. 21 76; Begegnungen
auf der Schwelle II 78; Gedichte für
Anfänger 80; Zu Hause in der Fremde
81; Niedersachsen literarisch 82; Beitr.
in Kat. u. Zss.
 R: Lyrik in unserer Zeit, Les. 64;
Stichworttexte, Lyrik u. Prosa 76. - **MA:**
Angezettelt am schwarzen Brett, polit.
Lyr. 72; Junge Autoren im Gespräch 74.

Kirchhofer, Hans, Pfarrer; Preis im
Novellenwettb. d. Basler Lit.-kredites 60;
Luisenstr. 43, CH-3005 Bern (Erlach
12.3.20). Novelle, Essay, Lyrik, Laienspiel.
 V: Weihnachtserzählungen im Berner
Dialekt 58, 61; Ein Spiel von der Geburt
des Herrn, Laiensp. 59; Wir sehen seine
Herrlichkeit, Laisp. 61; Weihnachten,
kein Tag wie jeder andere, Erzn. 70, 71; I
der Wiehnachtszyt, Berndeutsche Erzn.
71; Gschichte zur Wiehnacht, Sammelbd
von vergriff. u. neuen berndt. Erzn.
83. — **MV:** Kirche wohin? Kirche wozu?,
m. M. A. Balsiger 76.

Kirchhoff, Bodo; Konrad-Broßwitz-
Str. 38, D-6000 Frankfurt a.M.90.
 V: Ohne Eifer, ohne Zorn, N. 79; An
den Rand der Erschöpfung weiter, Sch.,
Hsp. 80; Body-Building, Erz., Sch., Ess.
80; Die Einsamkeit der Haut, Prosa 81;
Wer sich liebt 81; Glücklich ist, wer
vergißt, Sch., Hsp. 82. ( )

Kirchhoff, Ferdinand, StudDir.; FDA
80; Schöne Aussicht 24, D-3410
Northeim, Tel. (05551) 4646 (Göttingen
9.1.26). Drama, Lyrik, Satire, Kurzgeschichte.
 V: Spötterdämmerung, G. 77.

Kirchhoff, Gerhard *

Kirchhoff, Hermann, Dr., Prof.;
Strüverweg 3, D-5100 Aachen, Tel. (0241)
151355.
 V: Maß der Stille 61, 69; Verborgene
Fährten 62; Der Katechet und das Wort
66; Wechsel und Wege 69; Der
Wondreber Totentanz 76.

H: Kaufet die Zeit aus 59; Ursymbole 82. — **MH:** Christliche Erziehung in Europa, England, Niederlande, Schweden, Frankreich, Polen 75 — 77 V.

Kirchhoff, Rosel, Schriftstellerin; FDA 81; Pollnstr. 3a, D-8060 Dachau, Tel. (08131) 10807 (Wien 7.2.24). Roman, Essay, Tonbild-Text, Kurzgeschichten, Sachbuchteile, wissenschaftl. Aufsätze.
V: Am Lagertor 72; Verzeihen 80.
B: Zahlr. Broschüren, Handwörterb.

Kirchmayr, Christa, s. Rebner-Christian, Doris.

Kirchner, Annerose, Facharbeiter für Schreibtechnik, Tastomatensetzerin; Kand. SV-DDR; Leibnizstr. 14, DDR-6500 Gera (Leipzig 2.9.51). Lyrik, Kurzprosa, Drama, Hörspiel.
V: Mittagsstein, G. 79; Die goldene Gans, Libretto zur Märchenoper 83.
R: Die Birnblütenfee, Kd.-Hsp. 82.

Kirchner, Wolfgang; Bayerische Str. 8, D-1000 Berlin 15.
V: Wir durften nichts davon wissen, Jgd.-R. 80, 83; Denken heißt zum Teufel beten, R. üb. e. Jugendsekte 81. ( )

Kirchschlag, Solke, s. Herms-Hampke, Renate.

Kirie, s. Sulke, Franz.

Kirmse, Gerda Adelheid (Ps. Gerka), Dr.med., Ärztin i.R.; GEDOK 79, FDA 80, ADA 82, IGdA 82; Ernst-Throm-Str. 13, D-6800 Mannheim 51, Tel. (0621) 794870 (Rautenkranz 21.2.18). Lyrik, Kurzgeschichte, Märchen.
V: Mancherlei Blätter, Lyr. 70; Von Unterwegs, Lyr. 74; Im Lande Wilhelm Tells, Kurzgeschn. 77; Werkzeug Wir, Lyr. u. Grafik 79; Zeitenlauf, Kurzgeschn., M., Lyr., Grafik 81.
MA: Anth., Alm., Zss. seit 73.

Kirner, Georg (Ps. Simon Jennerwein), Dipl.-Kfm.; Eichhörnchenweg 22, D-8011 Baloham, Tel. (08106) 1614 (Holzkirchen 12.2.36). Abenteuerbuch.
V: Meine Freunde die Kopfjäger 80; Ladakh 81.

Kirsch, Dietrich; Untere Jasminstaffel 10, D-7992 Tettnang-Oberhof.
V: Kunterbuntes Tiermagazin 76. — **MV:** Blumen aus Papier u. Perlen 75, 77; Heute kochen wir 77, 80; Seehafen 78. ( )

Kirsch, Hans Christian (Ps. Frederik Hetmann); P.E.N. 71, VS; Dt. Jgdbuchpreis 65, 73, Friedrich-Gerstäcker-Preis 76; Mittelstr. 27, D-5431 Nomborn/WW, Tel. (06485) 1262 (Breslau 17.2.34). Lyrik, Roman, Hörspiel, Film. **Ue:** E, S, Schw.

V: Andre ist hinter Dir, Ball. 53; Hekates Gesang, G. 56; Aber mein Lied ist nicht gelb, G. 57; Mit Haut und Haar, R. 61, 81; Blues für Ari Loeb, R. 61, 64; Bring den Schnee durchs Feuer, R. 62; Die zweite Flucht, Erz. 63; Bericht für Telemachos, R. 64; Jahrgang 1934, Erzn. 64; Amerika Saga 64, 65; Der Spanische Bürgerkrieg in Augenzeugenberichten 67, 71; Einladung nach Spanien 68; Deutschlandlied, R. 69; Die Spur der Navahos 69; Schwarzes Amerika, Vom Freiheitskampf der Amerikanischen Neger 70; Goldrausch in Alaska, Jgdb. 70; Weißes Pferd — schwarzer Berg, Jgdb. 71; Einladung nach Irland 71; Ich habe sieben Leben. Die Geschichte des Ernesto Guevara genannt Che 72; Bitte nicht spucken, Kindergeschn. 72; Gewalt oder Gewaltlosigkeit. Profile und Programme bekannter Revolutionäre 72; Verbrennung einer spanischen Witwe 74; Durch Amerika. Im Land der (un)begrenzten Möglichkeiten 74; Das Rätsel der grünen Hügel 74; Der Rote Tag, 25. Juni 1876: die Schlacht zwischen der US-Kavallerie und den Sioux und Cheyennes 75; Pepe traut dem Frieden nicht 75; Die Spur der Navahos; Bob Dylan 76; Rosa L. Die Geschichte der Rosa Luxemburg und ihrer Zeit 76; Bitte nicht spucken, Geschichten vor unserer Tür 76; Lorcan traut dem Frieden nicht, Erz. 77; Und küßte des Scharfrichters Tochter. Heinrich Heines erste Liebe, R. 78; Wohin der Wind weht, Gesch. aus der Neuen Welt 79; Bildung im Wandel. Die Schule gestern, heute u. morgen 79; Eine schwierige Tochter. Die Geschichte einer irischen Rebellin 80; Drei Frauen zum Beispiel. Die Lebensgeschichte der Simon Weil, Isabel Burton und Karoline v. Günderrode 80; Georg B. oder Büchner lief zweimal von Gießen nach Offenbach und wieder zurück, Erz. 81; Tilman Riemenschneider — ein deutsches Schicksal, Biogr. 81, 83; Irische Zaubergärten 79, 82; Die Reise in die Anderswelt 81, 83; Jesus — ein Mann aus Nazareth 82, 83; Die Dicken und die Dünnen, Kindergeschn. 83; Bettina und Achim, die Geschichte einer Liebe, Biogr. 83; Wagadu, R. 83.
MA: Lyrik-Jahrbuch 61.
H: Unterwegs durch Europa, 13. Ber. junger Leute 60; So war es drüben. Jugendliche berichten über das Leben in der Zone 61; Der Student 62; Die enteigneten Jahre. Junge Leute berichten von drüben 62, 64; Bechtle

Almanach 64; Coplas. Span. Lieder, Balladen u. Romanzen 64; Amerika sing. 70 amer. Volkslieder 66; Der Spanische Bürgerkrieg in Augenzeugenberichten 67, 71; Märchen des Schwarzen Amerika 74; Keltische Märchen 75; Englische Märchen; Irische Gespenstergeschichten 76; Ein Irischer Zaubergarten 79. – **MH:** Lyrische Blätter, Zs. m. Reimar Lenz u. Ansgar Skriver seit 56; Ravensburg Diskussion, Reihe seit 72.

R: Theseus oder die Tageszeiten eines jungen Mannes 55; Europäische Ballade 60; Tommy und der Mann aus Taschkent; Viva Che, Leben und Tod des Ernesto Guevara 71, alles Hsp.

Ue: Ken Kesey: Sometimes a great notion, R. 66; Alain Albert: The Crossing, R. 66; Indianer Märchen 71, 72; Irische Märchen 71, 72; Daniel Berrigan: Die dunkle Nacht des Widerstandes 72. – **MUe:** Warren-Report 64.

Kirsch, Rainer; SV-DDR 62; Erich-Weinert-Pr. 65, Kunstpr. der Stadt Halle 65, c/o Verlag Hinstorff, Rostock (DDR) (Döbeln 17.7.34). Lyrik, Dramatik, Reportage, Nachdichtungen, Essay. **Ue:** R, Kauk (Georg.), F, E.

V: Der Soldat und das Feuerzeug, Märchenkom. 68, 79; Heinrich Schlaghands Höllenfahrt, Kom. 73; Das Feuerzeug, Märchenkom. 76, Bdesrep. Dtld 82; Wenn ich mein Rotes Mützchen hab 74; Es war ein Hahn 75; Die Perlen der Grünen Nixe, ein mathmatisches Märchen 75, 77; Das Land Bum-bum, Oper f. Kinder u. Erwachsene 76, (Musik v. Georg Katzer), alles Kinderb.; Das Wort und seine Strahlung (Über Poesie und ihre Übersetzung), Ess. 76; Kopien nach Originalen, 3 Porträts & 1 Reportage 74, 3. Aufl. 81; Die Rettung des Saragossameeres, Märchen 76; Vom Räuberchen, dem Rock und dem Ziegenbock, Kinderb. 77; Auszug das Fürchten zu lernen (Sammelband Prosa, Komödie, Gedichte, Essays) 78; Amt des Dichters, Ess. 79, 81; Reglindis, Lieder 79; Münchhausen, Ballettlibretto 79 (Musik v. Rainer Kunad); Ausflug machen, G. 80, 82. – **MV:** Berlin - Sonnenseite, m. Sarah Kirsch, Rep. 64; Gespräch mit dem Saurier, m. Sarah Kirsch, G. 65.

B: Nikolaj Kulisch, Pathetique 67; Alfonso Sastre, Geschichte von der verlassenen Puppe 74; Carlos Jose Reyes, Der Stein des Glücks 73, alles St; Ben Jonson, Bartholmäusmarkt, m. Peter Kupke 80.

H: Olympische Spiele, Sportg. v. Autoren aus d. DDR, m. Manfred Wolter 71; Das letzte Mahl mit der Geliebten (Freß- u. Saufgedichte v. Autoren aus d. DDR), m. M. Wolter 75.

R: Variante B, Hsp. 62; Berufung, Hsp. 64.

Ue: Nachdicht. a. d. Russ., Engl., Franz. in Anth. u. Sammelbd., u. a.: Jessenin: Gedichte 65, 75; Achmatowa: Gedichte 67, 74; Nikolos Barataschwili: Gedichte 68; Anth. georg. Poesie, m. Adolf Endler 71, 74; Rostand: Cyrano aus Bergerac 69; Molière: Die Schule der Frauen 71; Nachdicht. v. Keats und Shelley in einer Anth. der engl. Romantik 72; Ossip Mandelstam, Hufeisenfinder 75; ferner: Marina Zwetajewa, Majakowski, Villon u.a., alles Nachdichtungen; Vladimir Majakovskij: Schwitzbad 72, 79; Majakowski: Die Wanze 77; Shelley: Der Entfesselte Prometheus, lyr. Drama 80; Gorki: Kinder der Sonne, St. 80.

Kirsch, Sarah, Dipl.-Biologe; VS 78, P.E.N. 78; Erich-Weinert-Pr. 65, Kunstpr. der Stadt Halle 65, Heinrich-Heine-Pr. 73, Petrarca-Pr. 76, Villa Massimo 78/79, Öst. Staatspr. f. Lit. 80, Roswitha-Pr. d. Stadt Gandersheim 83, c/o Verl. Langewiesche-Brandt, Ebenhausen, Tel. (08178) 4857 (Limlingerode 16.4.35). Lyrik, Kurze Prosa, Reportage. **Ue:** R.

V: Landaufenthalt, G. 67; Die Pantherfrau, Tonband-Erzn. 73; Die ungeheuren bergehohen Wellen auf See, Erzn. 73; Zaubersprüche, G. 73; Rückenwind, G. 76; Erklärung einiger Dinge (Gespräche, Materialien) 78; Drachensteigen, G. 79; La Pagerie, Prosa 80; Erdreich, G. 82; Kinderbücher. – **MV:** Gespräch mit dem Saurier, m. Rainer Kirsch, G. 65.

Ue: Nachdicht. russ. Lyr. in Anth.

Kirsch, Walter Paul, Angestellter i.P.; Ö.S.V. 47; B.S.A.; Triester Str. 58/4, A-1100 Wien, Tel. (0222) 6438083 (Wien 10.10.07). Lyrik, Roman, Novelle, Jugendbuch.

V: Paradiesäpfel, 12 Gesch. 47; Schönbrunn-Buch, Prosa u. Verse 50; Die Bremer Stadtmusikanten - einmal anders, M. 52; Münchhausens Abenteuer neu erzählt 55, 73; Gefährliches Spiel, Jgd.-R. 55; Von Großem und Kleinem, G. 57; Tscheamp der Spatz, Jgdb. 59; Luigi Negrelli. Ein Genie, seine Zeit, sein Leben u. sein Wirken 71; Gullivers Reisen 75; Mir und Dir, G. 77; Wer hat die Zeit gezählt. Die Krahuletz-Story, Biogr. 79; Mein kleines Heimweh, Lebensbuchgeschichten, Autobiogr. 82;

Ich, Andreas Baumkircher ..., Ein spät-
mittelalterl. Zeitbild, Biogr. 82.
MA: Österr.-deutsche Lyrik, Anth. 30,
31; Das Zeesener Buch, Jahrb. 40, 42;
Friedenslyrik, e. Auswahl a. d. Friedens-
dichtung aller Zeiten u. Völker 52.

Kirschbaum geb. Wittmann, Hertha
(Ps. Hertha Wittmann-Kirschbaum);
Gedok 69, SSB 71; Adalbertstr. 54, D-
8000 München 40, Tel. (089) 2710151
(Triest/Italien 14.12.21). Lyrik, lyrische
Prosa.
V: Schein und Sein, G. 64, 66; Letzte
Rosen im Herbst, G. 66, 71; Österreich-
reise 66; Geschautes Leben, Prosa 66;
Mondviolen, G. 67; Träume des Lichts,
Prosa 67; Am Ursprung, Kinder- u. Jgd.
G. 67; Über Musik, Prosa 67, 2. verb. und
erw. Aufl. 80; Der große Reiseweg 67;
Das Unnennbare, G. 68; Metamorphose,
G. 68; Das magische Jahr, G. 68; Was mir
mit Steinen geschah, Prosa 68; Die
Kette der lauteren Menschlichkeit,
Prosa 69; Benjamin Godron in
memoriam, Prosa 70; Zur Sternstunde,
G. 71; Saum der Zeit, G. 71; Am
Wöhrandhof, Prosa 71; Spiegelungen, G.
u. Prosa 72; Briefe eines Lehrers und
Menschenbildners, Eugen Spork zum
Gedächtnis, Prosa 75; Ein Weg, Gedichte
und Träume 74; Meiner Straße Spur,
Prosa 75; Ein Strauß Blumen, G., Erzn.
76; Gottes Acker, G. u. Pr. Anth. 77; Das
Kind Oreade oder Die blühende Höhle,
M. 78; Traum aus Rebe und Licht, G., Pr.
Anth. 78; Gebete, G., Anth. 79; Ihr lieben
Blumen, G., Anth. 80; Tanz des Lichts, G.
81.
H: Theodor Sapper: Alle Trauben und
Lilien, G.; Ludwig von Pigenot: Die
Familie von Pigenot, Griechenlandfahrt
1937, Reiseber. 75; Peter Traunfellner:
Gedichte 75; Ludwig v. Pigenot:
Hölderlin, Friedensfeier 79.

Kirschner, Max, Hauptlehrer i. R.;
Au-Str. 5, D-8075 Vohburg, Tel. (08457)
561 (Rottenburg a.L. 29.6.06).
V: Josef Filsers Ende 39, 42; Bilder
aus Vohburgs Vergangenheit 64; Zur
Geschichte der Gemeinde Wöhr 67;
Hallertauer Schmunzelgeschichten 74;
Der Bajuwarische Pegasus, Mda.-Verse
74; Die Vohburg 76; Zur Geschichte der
Stadt Vohburg 78; Aufseze und Briffe
vom Wiggerl 79.

Kirst, Hans Hellmut, Journalist;
Moorweg 3 – 5, D-8133 Feldafing
(Osterode/Ostpr. 5.12.14). Roman,
Drama.
V: Auch dem Gesindel spielen Flöten,
Kom. 48; Galgenstrick, Sch. 49; Wir

nannten ihn Galgenstrick, R. 50, 82;
Sagten Sie Gerechtigkeit, Captain?, R.
51, u.d.T.: Letzte Station Camp 7 66, 82;
Aufruhr in einer kleinen Stadt, R. 53, 82;
08/15 in der Kaserne, im Kriege und bis
zum Ende, R.-Trilogie 54-55, 77, T. I 79;
Die letzte Karte spielt der Tod, R. 55, 79;
Gott schläft in Masuren, R. 55, 81; Mit
diesen meinen Händen, R. 57, 82; Keiner
kommt davon, R. 57, 79; Kultura 5 und
der Rote Morgen, R. 58; Glück läßt sich
nicht kaufen, R. 59, 79; Fabrik der
Offiziere 60, 82; Kameraden, R. 61, 82;
Die Nacht der Generale, R. 62, 78; Bilanz
der Traumfabrik. Kritische Randnotizen z. Geschichte d. Films 63; 08/15
heute, R. 63, 77; Aufstand der Soldaten
65, 82; Die Wölfe, R. 67, 82; Kein Vaterland, R. 68, 83; Heinz Rühmann. Ein
biogr. Report 69, 71; Faustrecht, R. 69,
82; Held im Turm, R. 70, 82; Soldaten,
Offiziere, Generale 69; Deutschland,
deine Ostpreußen 70, 83; Verdammt zum
Erfolg, R. 71, 82; Verurteilt zur Wahrheit,
R. 74, 78; Alles hat seinen Preis, R. 74,
80; Die Nächte der langen Messer, R. 75,
81; Verfolgt von Schicksal, R. 76, 82;
Endstation Stacheldraht, Samml.: Letzte
Station Camp 7, Kultura 5, Faustrecht
76; Die Katzen von Caslano 77, 80;
Generals-Affären, R. 77, 80; 08/15 in der
Partei, R. 78, 82; Der Nachkriegssieger,
R. 79, 83; Hund m. Mann, Ber. üb. e.
Freund 79, 82; Der unheimliche Freund,
R. 79, 82; Ende '45, R. 82. ( )

Kirsten, Wulf, Verlagslektor; SV-
DDR; Paul-Schneider-Str. 51, DDR-5300
Weimar (Klipphausen 21.6.34). Lyrik.
V: Poesiealbum 4, G. 68; Satzanfang,
G. 70; Ziegelbrennersprache, G. 75; Der
Landgänger, G. 76; Der Bleibaum, G. 77.
MA: Im Bunker 72, 79; Aufenthalte
anderswo. Schriftst. auf Reisen 76.
H: Die Akte Detlev von Liliencron.
Aus dem Archiv der Schillerstift. 68; E.
v. Keyserling: Abendliche Häuser 70; W.
Müller: Rom, Römer, Römerinnen 79;
Veränderte Landschaft, G.-Anth. 79; O.
Jellinek: Hankas Hochzeit 80; J.
Haringer: In die Dämmerung gesungen
82. – **MH:** Don Juan überm Sund, G.-
Anth. m. W. Trampe 75; Vor meinen
Augen, hinter sieben Bergen, G. vom
Reisen, m. U. Berkes 77; Deutsch-
sprachige Erzählungen 1900-1945 81 III;
Das Rendezvous im Zoo, Liebesgeschn.
83.

Kirsten-Herbst, Ruth, s. Herbst, Ruth.

Kisler, Karl Michael, Dr.phil., Reise-
u. Kulturjournalist, Schriftsteller;
Presseklub Concordia, Österr.

Schriftstellerverband; Arbeitsgem.
Literatur im NÖ. Bildungs- und
Heimatwerk, Vorstandsmitglied der
Raimund-Ges., Kulturgemeinschaft Der
Kreis, Weinheber- Ges.; Berggasse 5/27,
A-1090 Wien, Tel. (0222) 3459194 (Sankt
Pölten 25.11.30). Lyrik, Novelle,
Erzählung, Feuilleton, Essay,
Rezensionen, Literaturwissenschaftl.
Studien, Aphorismen.
V: Gedanken und Bilder, G. 55;
Kaleidoskop des Jahres, G. 74; Inseln im
Süden, G. 75; Mit spitzer Feder, Aphor.
77; Die Wunder des Ostens, G. 78; Post
und Boten in Niederösterreich, Hist.
Stud. 81; Leut und Heilige, G. in
niederöst. Mda. 82; Josef Weinheber und
Sankt Pölten 83; Die poetische Diana,
Die Jagd in d. Lit. 83. — **MV:** Das
Jagdhorn schallt, Anth. 78.
   H: Sankt Pöltner Lyrik-Bogen seit 74.
   Lit: Elisabeth Schicht: Wer im Werk
den Lohn gefunden in: Niederösterr.
Dichter d. Gegenwart 76; Gunther
Martin: Werkstatt Niederösterreich in:
Hdb. d. Kulturgesch. eines
Bundeslandes 81.

Kiss, Ernö, Schriftsteller u. Kauf-
mann; Franz-Hals-Str. 11, D-8000
München 71, Tel. (089) 555450
(Nagyvarad/Ungarn 13.11.27). Roman,
Lyrik.
   V: Zwischen zwei Sternen, autobiogr.
R. 72; Ich werfe Schatten auf die Sterne,
G. 79. ( )

Kissener, Hermann, Schriftsteller;
Fritz-Berne-Str. 46, D-8000 München 60
u. Mühlematt 11, CH-6390 Engelberg/
Schweiz, Tel. (089) 880856 (Alsdorf/Rhl.
5.1.15). Lyrik, Roman, Religionsphilo-
sophie.
   V: Abendrot, G. 33; Erinnerung, G. 34;
Der verlorene Weg, R. 41, 53; Lichtfeuer,
Sch. 45; Tier-ABC, G. 47; Puzi und Muzi,
Erz. 48; Bei den Wurzelmännern, G. 49;
Saat in den Wind, R. 58; Saat unter
Dornen, R. 59; Die Logik von Buchstabe
und Zahl 61; Die Logik der Großen
Pyramide 65; Die Logik Daniels 67; Das
universale Manifest 67, 82; Der Essäer-
Brief 68; Das Doppelgesicht des Papst-
tums 68; Die Schriftrollen vom Toten
Meer 70, 76; Heimkehr ins Urteil 71;
Wiedergeburt durch Wasser und Geist
72; Geeinte Religionen 72; Schach dem
Aberglauben 73; Ursache und Wirkung I
— III (Saat in den Wind, Saat unter
Dornen, Saat in das Jenseits) 73;
Lebenszahlen 74; Pyramidologie 77;

Prophezeihungen 77; Charakterkunde
78; UR-Religio 79.
   H: Zu freien Ufern. ( )

Kissling, Esther, s. Kissling-Trüb,
Esther.

Kissling-Trüb, Esther (Ps. Esther
Kissling), Handelsdipl., Hausfrau; Int.
Inst. f. Kinder-, Jugend- u. Volks-
literatur Wien seit 67; Zielackerstr. 7,
CH-8304 Wallisellen, Tel. (01) 8301864
(Oberglatt (ZH) 23.7.30). Jugendbuch.
   V: In Bergnot am Schattig Wichel 67/
68, 71.

Kißner, Hanna, s. Schachenmeier,
Hanna.

Kissner, Joseph, Schriftsteller; Verb.
d. Kritiker, Berlin, Intern. P.E.N. 82;
POB 3376, São Paulo/Brasilien, Tel. (011)
2201409 (Wien 27.4.20). Drama, Lyrik,
Roman, Novelle.
   V: Südlich der Sterne, G. 46; Mond
über der Stadt, G. 49; Schreie auf dem
Asphalt, Hsp. 58; Welle und Wolke, G. 61;
Tauwetter, Kurzgeschn. 64, Melodie und
Traum, G. 65; Der große Bruder,
Kurzgeschn. 66; Niemand zu Hause,
Kurzgeschn. 67; Der Hundefriedhof;
Menschenerzieher; Trauriger Sonntag;
Babyseater; Das Idol; Exú, die Todes-
puppe, alles Theaterst. 74; Schönen
Gruß von Corcovado, Kurzgeschn. 77;
Die zeitlose Zeit, G. 77.
   H: Die Welt des Buches, Buchkrit. (Dt.
Ztg. São Paulo).

Kist, Walther, Rentner u. Schrift-
steller; Schrieverkrink Schleswig-
Holstein 67, VS 68; Haus Fernsicht, D-
2217 Kellinghusen, Tel. (04822) 2970
(East-London 19.7.00). Plattdeutsche
Hörspiele u. Geschichten.
   R: In't open Nett 62; Nix as Theater
64, 75; König Augias 66, 74; Dat Deenst-
book 66, 76; Wokeen hett schaten 68, 73;
Dat Testamentsexamen 70; Na Recht un
Gesetz 71; De Wiehnachtsgoos 72; Dat
Geweten 73; Üm fiefdusend Mark 74;
Varus sien Legionen 75, 78; Reisebüro
Odysseus u. Co. 75; Knall un Fall 76;
Ferien vom Olymp 77; De Billerhannel
78; Du büst doch nich Amphitryon? 79;
Dat Fröhstück, plattdt. Hsp. 80. ( )

Kistner, Karl L., Maler, Grafiker,
Designer; Zedernstr. 14, D-6700
Ludwigshafen am Rhein, Tel. (0621)
573142 (Medard am Glan 10.9.26). Satire.
   V: Modern geverst 53; Autoleien, Sat.
63; Munkeleien, Sat. 82.
   R: Humorig - naut. Send. 52-83.

Kitamura, Federica (Ps. Federica de
Cesco); Résidence Panorama, 23, CH-

1605 Chexbres (Pordenone, Italien
23.3.38). Roman, Jugendbücher, Bildbände.

V: Der rote Seidenschal 58, 82; Nach
dem Monsun 60; Die Lichter von Tokyo
61, 81; Das Mondpferd 63, 82; Manolo 64,
78; Der Berg des großen Adlers 65, 82;
Im Wind der Camargue 66, 82; Der Prinz
von Mexiko 65, 80; Der Türkisvogel 67,
82; Frei wie die Sonne 69, 82; Was wißt
ihr von uns 71, 78; Zwei Sonnen am
Himmel 72, 81; Die Spur führt nach
Stockholm 73, 82; Der einäugige Hengst
74, 81; Der Tag, an dem Niko
verschwand 74; Die goldenen Dächer
von Lhasa 74, 78; Mut hat viele
Gesichter 75; Das ist die Schweiz,
Bildbd. 76 (auch franz.); Marokko,
Bildbd. 76; Kel Rela 76; Achtung,
Manuela kommt 77, 79; Schweizer
Bräuche und Feste 77; Ananda 77, 78;
Sterne über heißem Sand 77, 82; Pferde,
Wind u. Sonne, Jgd-R. 78, 81;
Verständnis hat viele Gesichter 78; Das
Geheimnis d. indischen Perle 78, 82; Im
Zeichen der roten Sonne 79; Im Zeichen
des himmlischen Bären 80; Ein Armreif
aus blauer Jade 81, 82; Das Jahr mit
Kenja 81; Im Zeichen der blauen
Flamme 82; Der versteinerte Fisch 82. ( )

Kitta, Gerhardt, Beamter a.D.; Kg. 79,
VS 81; Pr. f. Bildgedichte 74, 76, Zenta-
Maurina-Gedächtnis-Pr. 79; Lit. Gr.
Osnabrück e.V. 73, Kr. d. Freunde 75;
Ertmanstr. 85, D-4500 Osnabrück, Tel.
(0541) 571423 (Hindenburg O/S 4.11.13).
Lyrik, Kurzprosa, Aphorismen, Haiku.

V: Blume und Asphalt, G. 75, 76;
Campingplatz des Teufels 78.

MA: Das betroffene Metall 75; Osnabrücker Autoren 75; mehrere Anthol.
Kr. d. Freunde seit 76; Osna. Heimat-Jb.
seit 76; Schreibfreiheit 79; Hindenburg
O/S — Stadt d. Gruben u. Hütten, Dok.
79; Spuren der Zeit 80; Osnabrück —
Künstler u. ihre Stadt 80; ODER V 80;
Lichtband-Autoren-Bild-Lex. 80, II 82
u.a.

Kittel, Gerd (Ps. tarass); Zehntstr. 4,
D-5000 Köln 80, Tel. (0221) 610548 (Köln
4.2.20). Lyrik, Kurzgeschichte.

V: Der bosnische Wind, Prosa u. Lyr.
77.

Kittner, Alfred, freischaffender
Schriftsteller; VS 81, Die Kogge 82; Lit.-
Pr. d. Rum. Schriftst.verbandes 70;
Brückenstr. 25, D-4000 Düsseldorf, Tel.
(0211) 304256 (Czernowitz 24.11.06).
Lyrik, Essay. Ue: Rum.

V: Der Wolkenreiter, G. 1928 — 1938
38; Hungermarsch und Stacheldraht,

Verse v. Trotz u. Zuversicht 56;
Flaschenpost. Ausgew. G. 70; Gedichte
73.

MA: Friede und Aufbau 50; Dt.
Dichter der R.V.R. 53; Am Quell der dt.
Ballade 58; Poeti germani din R.P.R. 57;
Welch Wort in die Kälte gerufen 70;
Fahnen im Wind 72; Eine Welt wird
geboren; Nachricht aus Rumänien 76;
Zeit und Ewigkeit, tausend Jahre öst.
Lyrik 78; Der Tod ist ein Meister aus
Deutschland 79; Lyrik aus Rumänien
80; Zeitgenössische Dichter aus
Rumänien 81; Grenzüberschreitungen,
Literatur u. Wirklichkeit 82, alles Anth.,
u.a.

H: Georg Büchner: Ausgewählte
Werke 52; Oscar Walter Cisek: Am
neuen Ufer, Erzn. m. Geleitwort 56; A.
Margul-Sperber: Ausgew. Gedichte 68;
Das verzauberte Wort. Der lyr. Nachlaß
69; O. W. Cisek: Die Tatarin, Erz. 71,
Gedichte, m. Vorw. 72, Gedichte 73; A.
Margul-Sperber: Geheimnis u. Verzicht,
das lyr. Werk in Auswahl, m. Nachw. 75;
Irene Mokka: Gedichte, m. Vorw. 77.

Ue: V. Em. Galan: Im Freibauerndorf,
Erz. 59, Brachland, R. 60; Al. Odobescu:
Pseudo-Kynegetikos, Ess. 60; Marin
Preda: Wagemut, Erz. 60; Zaharia
Stancu: Glocken und Trauben, Erzn. 62;
Spiel mit dem Tode, R. 63; Die Tochter
des Tataren, R. 64; Jean Bart: Europolis,
R. 65, 74; Zaharia Stancu: Wie habe ich
dich geliebt 70, 75. — **MUe:** Die
schwarze Truhe u. a. rum. Erzn. 70; In
einem einzigen Leben, zeitgen. rum.
Lyrik 75 u.a.

Lit: A. Margul-Sperber: Vorw. z.
Hungermarsch u. Stacheldraht 56; W.
Aichelburg: Nachw. z. "Flaschenpost" 70;
M. Sora: Geleitw. z. "Gedichte" 73; G.
Csejka: Der innere Quell in: Zs. Neue
Literatur 11 76; P. Motzan: Erlebnis-
und Bildungslyriker: A.K. in: Zs. Neue
Literatur 5 78 u.a.

Kittner, Dietrich, Kabarettist, Schrift-
steller u. Theaterleiter; VS, RFFU, VVN;
Demokratischer Kulturbund;
Bischofsholer Damm 88, D-3000
Hannover, Tel. (0511) 851545 (Oels/
Schlesien 30.5.35). Satire, Kabarett-
Texte, Glosse, Gedicht, Flugblatt, Essay.

V: Bornierte Gesellschaft 69, 82;
Dollar gehts nimmer 75, 78; Kittners
logischer Garten 77, 79; Wie ein Gesetz
entsteht 79; Krisenstab frei 80; Vor
Jahren noch ein Mensch 83.

MA: Vorsicht. Die Mandoline ist
geladen (Hrsg. Klaus Budzinski) 70;
Freunde, der Ofen ist noch nicht aus 70;

Lieder gegen den Tritt 72; Kabarett gestern und heute 72; Chile lebt 73; Denkzettel-polit. Lyrik aus d. BRD u. Westberlin 73; Politische Lieder und Gedichte 1918 — 1970 74; Berufsverbot 76; Mein Vaterland ist international 76; Lieder aus dem Schlaraffenland 76; Satire im bürgerlichen Deutschland 76; Der mißhandelte Rechtsstaat 77; Strafjustiz 77; Frieden & Abrüstung 77; Kassette 77; Satirejahrbuch 78; Recht auf Arbeit 78; Der Prolet lacht 78; Guido Zingerl 78; ... und ruhig fließet der Rhein 79; Geschichte in Geschichten 79; Die zehnte Muse 83.
R: Missionsabend für Bürger 70; Dein Staat - das bekannte Unwesen 71.
S: Die Leid-Artikler 65, 76; Bornierte Gesellschaft 68, 76; Konzertierte Reaktion 69; Dein Staat — das bekannte Unwesen 71; Wir packens an 72; Schöne Wirtschaft 74; Dietrich Kittner live 77; Heil die Verfassung 77; Der rote Feuerwehrmann 78; Dem Volk aufs Maul 79 (II); Vorsicht, bissiger Mund 81 II.
Lit: Heinz Greul: Bretter, die die Zeit bedeuten 71; Rudolf Hösch: Kabarett gestern und heute 72; Reginald Rudorf: Schach der Show 74; Lexikon der Unterhaltungskunst 75, 77; Ingo von Münch: Übungsfälle 76; Rainer Otto/Walter Rösler: Kabarettgeschichte 77; Meier-Lenz/Morawietz: Niedersachsen literarisch 78; Urania-Universum-Jahrbuch 1979 79.

Kiwus, Karin, M.A., wiss. Assist.; Lit.-Förderpr. d. Freien Hansestadt Bremen 77; Im Dol 75, D-1000 Berlin 33 (Berlin 9.11.42). Lyrik.
V: Von beiden Seiten der Gegenwart, G. 76; Angenommen später, G. 79.
MH: Vom Essen und Trinken 78. ( )

Klages, Rosemarie; Bretzelweg 6-12, D-5160 Düren.
V: Die Verlobung, Erzn. 82. ( )

Klahn, Paul, Graphik-Designer; Bohland, D-7892 Albbruck 6, Tel. (07752) 706 (Hamburg 12.2.24). Illustrierte Erzählung.
V: Kuddel Muddel, illustriertes Kinderb. 77.

Klammer, P. Bruno, Lic. Theol., Dr.phil., Prof., Dir. Oberschule; Kreis d. Südtiroler Autoren, Südtiroler Künstlerbund; Franziskanergasse 1, I-39100 Bozen, Tel. (0471) 27474 (St. Johann/Ahrntal 22.7.38). Drama, Lyrik, Novelle, Roman.

V: Lyrische Splitter, G. 80; Die Südtiroler Franziskanerprovinz zum heiligen Franziskus 82.
H: 200 Jahre Franziskanergymnasium Bozen 1781-1981 82 (auch Mitverf.); P. Ladurner: Chronik von Bozen 1844 82 (auch Mitverf.); Die Bozner Passionsspielhandschriften 1495 83 (auch Bearb.). — **MH:** Kulturzs Distel (auch Mitbegr. u. Mitverf.).

Klane, Herbert (Ps. Bert Lank), Redakteur, D-4535 Westerkappeln-Seeste 7a, Tel. (05404) 5007 (Oschersleben, Bode 23.10.21). Roman, Essay, Theaterkritik, Reise-Feuilleton.
V: Im Schatten von Ruinen, R. 50; Das Kleeblatt, R. 51; Drei Freunde haben ein Geheimnis, R. 60, 64, alles Jgdb.

Klapproth, Ruedi, Seminarlehrer; ISV; Klewigen, CH-6055 Alpnach, Tel. (041) 961043 (Luzern 8.10.25). Jugendbuch.
V: Das Geheimnis im Turm 70; Flucht durch die Nacht 72; Die Nacht, die 6 Tage dauerte 76; Fürchte den Stern des Nordens 79; Stefan 81.

Klapschuweit, Dieter *

Klar, Heribert, Justizamtmann; Irisweg 26, D-5000 Köln 71, Tel. (0221) 5903307 (Trier 17.8.33). Kölner Mundart, Lyrik, Prosa.
V: Sulang et Kölsche Hätz noch schleit, Anth. 71; Nä, wat et nit all gitt, Anth. 72; Dat eß Kölle hück, Anth. 76; Däm Alldag en de Kaat gespingks, Anth. 78.
MA: Kölsche Deechter un Gedeechte, Anth. 72, 4. erw. Aufl. u.d.T.: Kölsche Parodien 78; Rheinische Mundart — Anthologie 1979, Anth. 79; 47 und Elf Gedichte über Köln 80; Beispielsweise Köln 80.
H: Kölsche schrieve, Anth. 77.
R: Knieskopp en Oel, Hsp. 71.

Klatt, Conrad (Ps. C. Klatt-Mahnsfeld, Eugen Mahnsfeld), Schriftsteller; VS; Rathausstr. 22, D-2190 Cuxhaven, Tel. (04721) 35884 (Mahnsfeld/Ostpr. 3.3.04). Roman, Novelle, Kurzgeschichte, Tatsachenbericht, Lyrik.
V: Mahnung des Schicksals, R. 49; Frau mit kleinem Geheimnis, R. 50; Der Tag der Vergeltung, R. 51; Lache Bajazzo, R. 51; Der Tote im Fahrstuhl, Krim.-R. 52; Ein Filmheld ohne Namen, Jgd.-Erz. 54; Es geht um Hanna, R. 55; Blutrache, Jgd.-Erz. 56; Eine verteufelte Wette, R. 57; Kellner Nr. 3, R. 59; Zwischenspiel in der Manege, N. 67; Bleib der Heimat treu, R. 76; Das

trügerische Glück eines Bauernsohnes,
R. 76; Tanz ins Traumland der Liebe, R.
76; Anke bangte um ihr Glück, R. 78.
MA: Harfen im Wind, Lyr. Anth. 57;
Zyklische Dichtungen der Gegenwart,
Anth. 65. ( )

Klatt-Mahnsfeld, C., s. Klatt, Conrad.

Klauber, Erwin, Schulrat; B.St.H. 67,
SSB 73, P.E.N. 78; Kunstpr. d. Stadt
Gleisdorf; Stelzhamerbund 80; Parkstr.
12, A-8181 St. Ruprecht a.d. Raab, Stmk.,
Tel. (03178) 303 (Heilbrunn b. Weiz
13.4.27). Lyrik, Kurzprosa.
V: Kimm zuwa zan Tisch 76; In da
Zwischnliachtn 81.
MA: Quer 74; Ausblick 77.

Klaubert, Jürgen, Kaufmann; Heeper
Str. 84, D-4800 Bielefeld 1, Tel. (0521)
178069 (Wilhelmshaven 24.7.53). Lyrik,
Prosa.
V: Neuland, Tageb. u. G. 81; Sucht, G.
u. Kurzgeschn. 83.
MH: Wo Dornenlippen Dich küssen,
Anth. 82.

Klaun, Peter, s. Schachner, Walter.

Klaus, Albert *

Klaus, Michael, freier Schriftsteller;
VS 78; Lyrikpr. zu den Heinrich-Heine-
Tagen d. Stadt Düsseldorf 81, Das
Hungertuch 81, Förderungspr. d. Ldes
NRW 81; Hansemannstr. 7, D-4650
Gelsenkirchen, Tel. (0209) 200368 (Brilon
6.3.52). Lyrik, Roman, Hörspiel.
V: Ganz Normal, Gebrauchs-G. 79;
Otto Wohlgemuth und der
Ruhrlandkreis, Beitr. zur Gesch. d.
Arbeiterlit. 80; Der Fleck, R. 81; Nord-
kurve, R. 82.
H: Nachwehen, Frauen und Männer
mit Kindern 82.
R: Preussens, Olschewskis und die
alte Broda 81; Ich hab Sie was gefragt!
— Staatsbesuch am Schalker Markt 82.

Klausner, Thomas, s. †Thurmair,
Georg.

Klauss, Klaus, c/o Verlag Neus Leben,
Berlin (Ost).
V: Der vierte Schlüssel 80. ( )

Klaußner, Wolf, Dir. d. Nürnberger
Fremdsprachenschule; Höhenstr. 16, D-
8500 Nürnberg (Lichtenau b. Ansbach
3.10.30). Roman, Erzählung. **Ue:** E.
V: Die Hochzeit des Origenes, R. 73;
Aktennotiz, R. 76; Wolf von Lichtenau,
Jgdb. 76; Jüppa und der Zigeuner, R. 79;
Nachbarschaft, R. 80; Biographische Be-
lustigungen, Erz. 81. — **MV:** Nürnberger
Bll. für Literatur 1 75, 2 76.

Ue: Louisa M. Alcott: Eight Cousins
u.d.T.: Die Tantenburg 66; E. M.
Almedingen: Die Ritter von Kiew 67; Bil
Gilbert: Wie Tiere sich verständigen 68;
Arthur Ransome: Im Schwalbental 68;
Henry Treece: Der letzte Wiking 69.

Klebe, Jutta, s. Neufang, Jutta.

Kleberger geb. Krahn, Ilse, Dr. med.,
Ärztin; Gedok, Bundesverb. dt. Schrift-
stellerärzte; Bestenliste d. Jugend-
literaturpr. 81; Neue Gesellschaft f. Lit.
Berlin; Cimbernstr. 16, D-1000 Berlin 38,
Tel. (030) 8035828 (Potsdam 22.3.21).
Roman, Novelle, Lyrik, Kinderbuch,
Essay, Hörspiel.
V: Wolfgang mit dem Regenschirm 61
(auch dän.); Mit dem Leierkasten durch
Berlin 61; Mit Dudelsack und Flöte 62;
Unsre Oma 64, 79 (auch engl., am.);
Jannis der Schwammtaucher 65, 72,
alles Jgdb.; Unser Kind wird gesund,
Sachb. 66; Wein auf Lava, R. 66; Ferien
mit Oma, Jgdb. 67, 79 (auch engl., am.);
Wir sind alle Brüder. Im Zeichen d.
Roten Kreuzes, Sachb. 69; Villa Oma,
Jgdb. 72, 79; Berlin unterm Hörrohr 76;
Verliebt in Sardinien 76, 79; Der große
Entschluß, R. 78; Damals mit Kulicke 79;
2 : 0 für Oma 79; Käthe Kollwitz 80;
Adolph Menzel 81; Die Nachtstimme 82.
MA: Junges Berlin, Lyrik 48; Piet und
Ans leben in Holland, Jgdb. 62 (auch
norw.); Pierre und Annette leben in
Frankreich, Jgdb. 62 (auch norw.); Pietro
und Anna leben in Italien, Jgdb. 63
(auch norw.); Zahlr. Anthologien.
H: Keine Zeit für Langeweile, ein
Trostb. f. kranke Kinder 75; Wirf mir
den Ball zurück, Mitura 79.
R: Die Auswanderung, Hsp. 65.
S: Unsere Oma 75; Ferien mit Oma 80;
Villa Oma 80; 2 : 0 für Oma 80.

Klee, Ernst; VS 71; Kurt-Magnus-
Preis der ARD 71, Pr. d. Dt. Akad. d.
Darstell. Künste 81, Adolf-Grimme-Pr.
81; Alexanderstr. 37, D-6000
Frankfurt a.M. 90, Tel. (0611) 7892996
(Frankfurt/Main 15.3.42). Feature, Hörspiel, Sozialreportage.
V: Wege und Holzwege. Evangel.
Dicht. d. 20. Jhs. 69; Thema Knast.
Dokumentation 69; Die im Dunkeln ...
Sozialreportage 71; Die Nigger Europas. Zur Lage der Gastarbeiter 71 (span.
73); Prügelknaben der Gesellschaft.
Häftlingsberichte 71; Fips schafft sie
alle, Kinderb. 72, 2. Aufl. 73; Resozialisierung, Handb. zur Arbeit m. Strafgefangenen u. Entlassenen 73; Rand-
gruppenpädagogik 73; Behindertsein ist
schön. Unterlagen zur Arbeit m.

Behinderten 74; Der Zappler, Kinderb.
74, 3. Aufl. 81; Behinderten-Report I 74,
10. Aufl. 81; Behinderten-Report II 76, 5.
Aufl. 81; Der Schrotthaufen der
Menschlichkeit, Sozialreportagen 76;
Gefahrenzone Betrieb. Verschleiß und
Erkrankung am Arbeitsplatz 77; Christa
Lehmann. Das Geständnis der Gift-
mörderin 77; Psychiatrie-Report 78, 5.
Aufl. 81; Sozialprotokolle 78; Penn-
brüder und Stadtstreicher. Nicht-
seßhaften-Report 79, 3. Aufl. 81; Gottes-
männer und ihre Frauen. Geschichten
aus dem Pfarrhaus 79, 2. Aufl. 80; Behin-
dert. Über die Enteignung von Körper
und Bewußtsein, krit. Handb. 80, 3. Aufl.
81.
H: Christa Schlett: Krüppel sein
dagegen sehr. Lebensbericht einer
spastisch Gelähmten 70, 3. Aufl. 75;
Gastarbeiter. Analysen und Berichte 72,
4. Aufl. 81; Behinderten-Kalender 80-82;
Ortrun und Erhard Schott: Verspottet
als Liliputaner, Zwerge, Clowns.

Klee, Herbert, Kunstmaler,
Karikaturist, D-8152 Holzolling 6 1/4,
Tel. (08063) 1052 (Pfaffenhofen/Ilm
20.10.46).
V: Flug nach Bonn, Sat. 83. –
MV: Trude und das Telefon 73, m. H.-J.
Ruckhäberle.

Klee, Wolfhart, Dr. phil., Gym.-Prof.,
Sem.leiter a. D.; Stauffenbergstr. 1, D-
8000 München 40, Tel. (089) 307284
(Leipzig 11.2.09). Roman, Novelle, Lyrik.
Ue: F, I.
V: Die Räuber, Erz. 46; Der Smaragd-
baum, Erz. 48; Aristide, Erz. 49. –
MV: Gesprochenes Deutsch. Sprach-
lehre f. Ausländer, m. Magda Gerken 39,
63.

Ue: Luzel: Bretonische Märchen 48; O.
Wilde: Herberge der Träume 55.

Kleeberg, Lis, Kaufmann; Kandidat d.
SV-DDR 76; Peterssteinweg 1, DDR-
7010 Leipzig, Tel. (041) 315315 (Leipzig
27.8.16). Roman, Novelle.
V: Schmale Sonne, R. e.
Siebzehnjährigen 75, 3. Aufl. 80.
R: Liebe u. Schuld d. Jana W., Jgdhsp.
nach: Schmale Sonne 76, 77.
Lit: ich schreibe 74;
Deutschunterricht 76;
Bestandsaufnahme, Lit. Steckbriefe 76.

Kleemann, Georg, Redakteur; DJV 50;
Pfizerstr. 11, D-7000 Stuttgart 1, Tel.
(0711) 234594 (Stuttgart 14.11.20). Sach-
buch, Jugendbuch.
V: Sechsmal Futter, bitte, Jgdb. 56, 58;
Hans Taps, Jgdb. 59; Schwert und Urne.

Ausgrabungen in Deutschland, Sachb.
62, 64; Zeitgenosse Urmensch.
Verhaltensweisen, die uns angeboren
sind, Sachb. 63; Der Kater Henriette,
Traktat über kätzisches Verhalten,
Sachb. 64, 80; Die peinlichen Verwandten. Schimpanse, Gorilla, Orang,
Sachb. 65; Manege frei, Die weiche Tier-
dressur, Sachb. 68; Erbhygiene - kein
Tabu mehr, Sachb. 70; Feig aber glück-
lich – eine boshafte Anthropologie,
Sachb. 74, 81; Den Urmenschen auf der
Spur, Sachb. 78; Der Steinzeitmensch in
uns – warum wir mit der Zivilisation
nicht fertig werden, Sachb. 79, 82; Also,
wenn Se mi froget, Bell. 79; Die
Lenninger Alb, Sachb. 80; Die
Schwäbische Alb, Sachb. 82; Wegwerf-
menschen und andere Geschichten –
naturwiss. Märchen, Bell. 82. –
MV: Schlaumayer, setzen Sie sich, Jgdb.
58.
H: Für jeden Tag, Jgdb. 58;
Schwäbische Curiosa, Anth. mod.
Autoren 74.

Kleff, Theodor (Ps. Manfred v.
Dieken), Journalist; VS 47; Kinderb.-
Preis 53, Christian-Morgenstern-Pr. 67;
Hochstr. 55, D-4320 Hattingen (Bochum
1.9.17). Roman, Lyrik, Erzählung,
Kurzgeschichte, Jugend- u. Kinderbuch,
Essay, Aphorismus, Hörspiel. **Ue:** F.
V: Flipo, der Schelm, Kinderb. 55; Der
Kuß unter der Lupe, Gesch. 61; Der
Baum starb auch, Erz. 61; Absolut nicht
akut, G. 61; Die Tat des weißen Adlers,
Jgderz. 65; Das Echo, R. 71; Die Zeit, Ess.
75; Zwischenfall im Nachtexpress,
Jgderz. 76; St(r)ich-Worte, Aphor. 77;
Frei-Wild, G.
R: Eva siegte (doch) nicht 61.
Ue: Jean Moulin: Allons enfants 61.
Lit: Manfred Bourreé: Ein Leben für
die Musen 67.

Kleffe, Hans *

Klefisch, Walter, Dr. phil., Schrift-
steller, Komponist, Übersetzer;
Frankfurter Str. 12, D-5000 Köln 80, Tel.
(0221) 622390 (Köln 3.10.10). Drama,
Lyrik, Essay, Kurzgeschichte, Singspiel,
Oper. **Ue:** E, I.
V: Unerhört, Kom.; Der Strohwitwer,
Schw., u.a.; Don Poltrone (Don Po),
Textb. z. eig. opera buffa 75; Fülle der
Welt, G. u. Aphor. 76; Gold in der Truhe,
Kom. nach Boccaccio 79.
B: Cervantes: Das Wundertheater 57.
H: Ue: G. Rossini: Ausgewählte Briefe
47; G. Bizet: Briefe aus Rom 49; C.
Goldoni: Die neugierigen Frauen 56;

Erinnerungen an Hans Pfitzner (Pf. in Köln): Mitt. d. Pfitzner-Ges. 79.

R: Bizet, Funk-Porträt 55; Rossini - Sonne Italiens, Funk-Biogr. 57; Napolitana, musikal. Kom., m. Hans W. Klefisch, Fs.-Send. 60, 65; Albeniz, Funk-Porträt 59; Skandal im Argentina-Theater (Die Urauff. des Barbiers v. Sevilla), Rossini-Hsp. - **Ue:** u. **B:** C. Goldoni: Die neue Wohnung, Kom. 58.

Ue: G. Rossini: Der Herr Bruschino, kom. Oper, Ausgewählte Briefe 47; Ue u. Nachdicht. v. altital. Madrigalen; G. Donizetti: Unveröffentlichte Briefe 42; G. Bizet: Briefe aus Rom 49; C. Goldoni: Die neugierigen Frauen 56; Die neue Wohnung; L. Da Ponte: Mein abenteuerliches Leben, Memoiren 60; Goldoni: Die listige Witwe, Kom.; Sardou: Der Matratzenfabrikant, Kom.; Lamberto Santilli: Naturhymnen 65.

Klein, Claudia Katharina; Düsseldorfer Str. 15, D-4330 Mülheim/ Ruhr, Tel. (0208) 489279 (Oberschreiberhau Kr. Hirschberg 18.8.44). Roman, Kurzgeschichte. **V:** Das Ehespiel, R. 77. ( )

Klein, Eduard; SV-DDR 56; Goethe-Pr. d. Hauptstadt d. DDR 69, Erich-Weinert-Med. 72, Silberner Griffel, Werkgroep Kinderboek, Amsterdam 76, Nationalpr. d. DDR, III. Kl. 77; Stühlinger Str. 9, DDR-1157 Berlin, Tel. 5098586 (Wien 25.7.23). Roman. **Ue:** E, S. **V:** Die Straße nach San Carlos 65, 75; Alchimisten, R. 67; Sprengstoff für Santa Inés 68; Salz der Gerechtigkeit, R. 70; Der Indianer 71; Der Weg der Toten, u.d.T.: Das Geheimnis der Inka-Stadt 74; Severino von den Inseln 75; Goldtransport, u.d.T.: Goldraub 76; Nächstes Jahr in Jerusalem 76; Land der Kälte, R. 77; Die Last der Berge, R. 82. **MA:** Erzählerreihe 148 69; Das neue Abenteuer 70.

Klein geb. von Staudt, Elisabeth, Dr. phil., Lehrerin u. Schriftstellerin; Kaulbachplatz 13, D-8500 Nürnberg (München 5.5.01). Pädagog. Schriften, Jugendliteratur. **V:** Und als die Zeit erfüllet war, Weihnachtsgeschn. 56, 75; Das Bienchen Sirr 69; Von Pflanzen und Tieren, Steinen und Sternen 74, 81; Das Wanderjahr des Michael Herz. Das Buch vom Eisen 74; Mutter Erde, Korn und Brot 75, 80; Das lustige Gemüsegärtchen 76, 83; Menschengemäße Erziehung als Zeitforderung 76; Der Wald, e. Leseb. v. Pflanzen u. Tieren 77;

Begegnungen, Mitteilenswertes aus meinem Leben 78. ( )

Klein, Erika (Ps. Erika Ziegler-Stege, Amely Kort); Rosenhaus, D-5401 Wolken üb. Koblenz, Tel. (02607) 4688. Roman, Novelle, Jugend- u. Kinderbuch, Tierbuch, Erzählung. **V:** Irmela, Jgdb. 58; Und doch ein Happy End, Jgdb. 58; Der grüne Elefant, Jgdb. 58 u. d. T.: Katherina und der grüne Elefant 64; Pony Peter, Kinderb. 59; Peter küßt Jacobin, R. 60; Wenn man 15 - 16 — 17 ist, R. 60; Zirkus bei Onkel Mattis 60; Liebe Suleika, Kinderb. 61 (auch Port.); Geliebte gehaßte Pferde, Erz. 62; Kristina - und das Glück der Erde, R. 62 (auch franz.); Besuchen Sie mich in Amerika, R. 64 (auch franz.), neue Aufl. u. d. T.: Erika reitet ins Glück 71; Bella Susi, Kinderb. 64; Das unleidliche Röschen, Kinderb. 65; Geschichten aus dem kleinen Haus, Kinderb. 64; Neue Geschichten aus dem kleinen Haus, Kinderb. 65; Noch mehr Geschichten aus dem kleinen Haus, Kinderb. 65; Kluger Blitz und Adlerauge, Kinderb. 65; Fünf langhaarige Großhunderassen 66; Wind um Minkas Ohren, R. 66 (auch holl.); In der Wildnis Nr. 7 66; Jasmin, der Goldfisch und das Pony 68; Ich nenne dich Pimpo, Jgdb. 70; Flippi, R. 71; Bianca, Schäferhündin mit kleinen Schwächen 71; Ich kenn' die Welt von ihrer schönen Seite, R. 71; Horrido, Weiße Wolke, R. 73; Goldjunge, Erz., Jgdb. 73; Auch zahme Tiere haben Zähne, Tierb. 74; Mein Traum heißt VIP, Jgdb. 74; Susi auf Silberstern, Jgdb. 74; Lieb bist du, Jgdb. 76; Der schönste Sommer, den es je gab, Jgdb. 76; Mit dir und den Pferden ..., R. 76; Lavanda heißt unser Pony, Kinderb. 76; Ich kann nicht mit halbem Herzen lieben, R. 77; Armer, dummer kleiner Hund, Kinderb. 77; Astas Freunde sind die Pferde, R. 77; Maja auf dem Reiterhof, Jgdb. 77; Abenteuer mit Attila, Tierb. 77; In Freundschaft, Deine ..., R. 78; Mit Pferden auf du, R. 78; Der fremde Reiter, R. 79; Schöne Stunden mit Pferden, R. 79; Mein Freund Barry, Tierb. 79; Nora, du bist unmöglich, R. 80; Liebe auf den ersten Blick, R. 80; Ich wär so gern bei dir ..., R. 81; Zwei mal Herzbube und die Pferde, R. 81; Jenny, Uwe und die Pferde, R. 82; Verliebt — nicht nur in Pferde, R. 82; Ausgerechnet Pferde, R. 83; Komm mit — zu den Pferden, R. 83.

Klein, Friedrich (Ps. S.C.H. Falk), Dr., ObStudRat i.R.; Schwäb. Gmünd.

Literatur-Kreis seit Gründung;
Kolomanstr. 32, D-7070 Schwäbisch
GmündWetzgau, Tel. (07171) 72704
(Maulbronn 23.6.90). Lyrik, Hist. Roman,
Briefe.
V: Das Uracher Butzewackerle,
Elraunen, Gedichte u. Lieder (Alb) 50;
Ewigkeit blüht um uns her, Lyr. 76;
Herz, so darfst Du wieder hoffen, Lyr.
77; Vom Swiggertal z. Ermstal, histor. R.
77; Der Liebe wundersame Stunde, Lyr.
78; Ein Veilchen blüht, ein Kinderherz,
Erste Kindheitserinnerungen aus
Maulbronn 78; Zwei Rosen blühn —
Briefe e. Liebe 80.

Klein, Heinrich, Dr., Prof.; Buch des
Monats; Lassallestr. 2, D-6750
Kaiserslautern, Tel. (0631) 66418
(Braubach/Rh. 17.4.25). Kinder- und
Jugendliteratur.
V: Steine erzählen. Ferienreisen in
die Erdgeschichte 78, 4. Aufl. 79.
s. a. Kürschners GK. ( )

Klein, Kurt, Schulamtsdir.;
Haselwanderstr. 11, D-7613 Hausach/
Schwarzwald, Tel. (07831) 6125
(Villingen/Schwarzwald 18.10.30). Essay,
Hörspiel, Heimatliteratur.
V: Heinrich Hansjakob — ein Leben
für das Volk, Ber., Erzn., Schildn. 77,
2.Aufl. 80; Einer findet den Weg, Erzn.
77; Auf einsamen Pfaden/Rundwande-
rungen im Kinzigtal, Wandervorschläge
m. Erzn. u. Beschr. 77; Rund um den
Brandenkopf, Erzn. Ber. 80; Hausach,
Stadt unter der Burg, Kurzchronik 79;
Geheimnisvoller Schwarzwald, Erzn.
Ber. 80, 2.Aufl. 82; Der Hansjakobweg I,
Land um den Staufenkopf, Wander-
führer 81, 2.Aufl. 82, II, Land um den
Brandenkopf 84; Vom Auto auf den
Wanderpfad 83; Bunte Kalenderblätter,
ein Gang durch das volkstümliche Jahr
83.
B: Die Stadt- u. Landgemeinden des
Kreises Wolfach (ein histor.-topograph.
Wörterb.) 70; Land um Rhein und
Schwarzwald, die Ortenau in Gesch. u.
Gegenw. 77, 4.Aufl. 83.
R: Der schwarze Rebell; Den Toten
zur Ehr, den Lebenden zur Lehr; Vom
Seepfarrer zum Kanzelredner von St.
Martin; Der letzte Abt; Der Bauern-
rebell, alles Hsp. bzw. Hör-F.
Lit: Lehrer - Autoren der Gegenwart.

Klein, Lene, Schriftstellerin u. Übersetzerin; SV-DDR 58; Frankfurter Tor 1,
DDR-1034 Berlin, Tel. 5885041 (Bochum
20.9.12). Essay, Reportage, Roman. **Ue:** S,
E.

V: Revolution in Hinte 61. —
MV: Begegnung mit Chile, Erlebnisber.
71; Das Palmenreich 75, 80; Tagebuch
des Chilenen Federico W., R. 77; Der
Sohn des Sertão, R. 78, 81; Brasilia-
nisches Mosaik, Erzn. nach Erlebnissen,
Neuaufl. 80, alle m. Walter Klein.
H: Ue: Ruderer in der Nacht, Kuban.
Erzn. 63, 64.
Ue: Land der fünf Ströme, Erzn. 57;
Erzählungen aus Chile 58; Amerika-
nische Erzähler d. 19. Jh. 58; John
Sommerfield: The inheritance 59;
Manuel Guerrero: Tierra Fugitiva 60;
Miguel Otero Silva: Fiebre 60;
Kubanische Erzählungen 63; Miguel
Angel Asturias: Weekend in Guatemala
62; Sturm 67; Der grüne Papst 69; Die
Augen der Begrabenen 71.

Klein, Rosel, Kameraassistentin;
Heinrich-Greif-Preis 74; Tucholskyhöhe
12, DDR-1532 Kleinmachnow (Leipzig
29.4.26). Film, Kinderbuch.
V: Mein Freund Karfunkel, Kinderb.
74, 77; Papageienweg, Kinderb. 75; Die
Reise mit dem primelgelben Auto, lit.
Reportage 78; Die dicke Tilla 81.
F: Die Geschichte von Hassan und
dem reichen Kaufmann Machmud;
Susanne und der Zauberring; Das
Raubtier. ( )

Klein, Ullrich (Ps. Klein-Ellersdorf),
Dramaturg; Eulerstr. 41 A, D-7000
Stuttgart-Rohr, Tel. (0711) 741278
(Königsberg/Ostpr. 28.8.12). Drama.
V: Hyazinth Heroikus, Dr. 43; Eine
Franziskus-Legende, Sp. 48.
B: Der Störenfried, Lsp. nach
Roderich Benedix 46; Wunder des
Kreuzes (nach Calderon de la Barca) 50.

Klein-Ellersdorf, s. Klein, Ullrich.

Kleinadel, Wilhelm, Redakteur;
Buchenweg 7, D-2944 Wittmund/Ostfr.,
Tel. (04462) 6904 (Wiesbaden 28.8.07).
Roman, Erzählung.
V: Auf der Brücke zum Morgen 34;
Der Frühlingskreis, Gesch. 35; Sturm-
tage, Erz. 38; Der Fischer von Annensiel,
Erz. 54; Kiek mal rin, kleine Gesch. 79.

Kleine geb. Morawietz, Dorothea, c/o
Verlag Hinstorff, Rostock (DDR)
(Krappitz 6.3.28).
V: Ohne Chance, Krim.-Erz. 64; Mord
im Haus am See 66; Einer spielt falsch
68; Annette, R. 72, 80; Der Ring mit d.
blauen Saphir 77; Eintreffe heute, R. 78,
82; Jahre mit Christine, R. 80, 81.
R: Der Rosenkavalier, Fsp. 66; Ihr
letztes Rendezvous, Fsp. 68; Der Ring
mit dem blauen Saphir, Fsp. 73. ( )

Kleine, Werner, Dr. phil., ehem.
Abt.leiter beim Bayer. Rundf.; VS;
Egenhofenstr. 18, D-8033 Planegg b.
München (Castrop-Rauxel/Westf.
1.12.07). Roman, Hörspiel, Essay, Lyrik,
Drama.
V: Hymnus an den Werktag, G. 59;
Steckbriefe, Sat. 59; Peter und Paul, R.
59; Gelegenheit macht Liebe, Kom.; Das
Liebeskolleg, Kom. 61; Frost im Som-
mer, R. 63; Musica, Du Stern am
Himmel, G. f. ein Oratorium f. Olympia
71; 15 Gedichte zu Karneval der Tiere
von Saint-Saens 71; Libretto zu: Conny
(Wackelkontakte), Musical 72.
Lit: D. Schulz-Koehn: Vive la Chan-
son; R. Hösch: Kabarett von gestern; K.
Budzinski: Die Muse mit der scharfen
Zunge; u. a. ( )

Kleineidam, Horst; Lit.pr. d. FDGB
63, Erich-Weinert-Med. 69, c/o Mittel-
deutscher Verl., Halle, DDR
(Gebhardsdorf 23.6.32).
V: Die Offensive, St. 60; Der
Millionenschmidt, St. 62; Von Riesen u.
Menschen, St. 67; Barfuß nach Langen-
hanshagen 68; Der verlorene Sohn 69;
Susanna oder Ein Stern erster Größe 69;
Auf dem Feldherrenhügel 70, alles
Einakter; Die Hochzeit des Tomsk,
Farce 72; Polterabend, Sch. 73;
Westland-Story, R. 83. — **MV:** Sozialisti-
sche Dramatik 68. ( )

Kleiner-Schönbeck, Marianne (Ps.
Schönbeck), Sekr.; Ob.öst. Lit.Pr.;
Kaponsweg 10, A-6065 Thaur, Tel.
(05223) 68114 (Linz-Donau 10.12.25).
Roman, Drama, Novelle, Hörspiel.
V: Der Boss hat Angst, R. 71; Es muß
Schweigen bleiben, Erzn. 77; Die Wand,
Krim.-R. 78.
R: Hinter meiner braunen Tür; Der
Kater; Das Bad; Der große Mann; Der
Brief; Die alte Uhr; Der Hahn kräht den
Abend ein; Bohamilia; Allerheiligen;
Des Bergsteigers Ruhm; Wort und
Mond; Stempelmarken; Das Haus am
Oenipons, alles Funkerzn.; Im
glitzernden Zimmer; Das Übliche, Hsp;
Der Richter und der Staatsanwalt, Hsp.
( )

Kleinert, Edith *

Kleinert, Heinz, Glasdrucker; Land-
schaftspreis Polzen-Neiße-Niederland
65, Adalbert Stifter-Medaille 75;
Isergebirgsstr. 16, D-8951 Steinholz, Tel.
(08341) 67168 (Volkersdorf 8.2.27).
Mundart-Lyrik.
V: Bunte Reigl, Besinnliches und
Heiteres in der Mundart der Iser-

gebirgler aus Gablonz und Umgebung I,
II 74, III 79, IV 83.
B: Lebensweise der Isergebirgler
1880-1930, 71; Adolf Wildner 1882-1966
81. — **MA:** Gablonzer Mundartbücher
60, 62, 64-67, 69; Jeschken-Iser-Jahrbuch
72-83.
S: Perlen aus Gablonz 63; Hindr
Wandrmoulrsch Häusl 69; Ibr sch Juhr
71; Summrlied 76; Die Nacht tot ich
trejm ... 80.

Kleinhardt, Werner, Dr.phil., Prof.;
Förderungspr. d. Andreas-Gryphius-Pr.
83; 4 Granger Circle, Hanover, N.H.
03755/USA (Parchim, Mecklenb. 29.4.30).
Lyrik, Roman, Essay. **Ue:** F.
V: Jedem das Seine 82.
Ue: George Arnaud: Gefährliche
Kurven 63.

Kleinlein, Lothar, s. Stroszeck,
Hauke.

Kleinmann, Horst, Redakteur; IGdA
80; NAdS 82; Dieselstr. 19, D-6200
Wiesbaden, Tel. (06121) 428280
(Schwäbisch Gmünd 24.4.29). Essay,
Erzählung.
V: Geheimnisvolle Balearen, Lit. Rep.,
Kurzprosa 81.

Kleinrath, Rudolf *

Kleinschmidt, Karl, Prof. h. c.,
Referent Städt. Kulturamt Linz/D. i.R.;
A.K.M.; Künstlervereinig. MÄRZ, Adal-
bert-Stifter-Institut, Goethe-Verein,
PEN-Club, Autorenkreis, A- Reichenstein 23, Tel. (07236) 826613 (Ybbs/Donau
22.2.13). Essay, Lyrik, Prosa, Hörspiel.
Ue: I, E, Per.
V: Die Hohe Stunde, G. 41; Der
schmale Weg, G. 53; Kleiner Versuch
über das Schöne 54; Zwei Hymnen 56;
Gesang aus der Nacht, Kant. 57; Bildnis
einer Stadt, Ess. 57; Tau auf Gräsern, G.
60; Begegnungen mit Kostbarkeiten,
Ess. 65; Europäische Städte, Wesens-
bildn. 67; Geschmeide aus der Hand,
Ess. 71; Zwischen Tag und Traum, Ess.
77; Wo ich geboren bin, G. 82 (auch
japan.).
B: R. Billinger: Der Garten haucht; E.
T. A. Hoffmann: Das fremde Kind
u.v.a. — **MA:** Literarische Jahrbücher
der Stadt Linz 40 — 72; Anthologie d.
deutschen Haiku (auch jap.) 78;
Anthologie d. Welt Haiku (auch jap.) 79;
Die Rampe 80; Facetten 80; Aphorismen
im 20. Jh., Anth. 80, u.a. Anth.; Oberösterreich 80; Issa (Japan) 81.
R: Goethes Suleika, Hsp.; Der tote
Mann, Hsp.; Das geteilte Leben, Hsp..

Ue: Sonette von Michelangelo 55; Michelangelo: Sonette 64; Europäische Volkslieder 65; Behram Cheir: Der andere Tierkreis.
Lit: A. Schmidt: Wege und Wandlungen moderner Dichtung; A. Fischer-Colbrie: Zeitgenössische Dichtung in Öst.; Kurt Adel: Geist und Wirklichkeit; K. Klinger in: Lexikon d. öst. Lit., u.a.

Kleinsteuber, Rolf, Maschinenbauer; Kandidat SV-DDR 77; Polackstr. 1, DDR-5812 Waltershausen (Waltershausen 10.8.43). Lyrik, Roman, Hörspiel.
V: Morgen gehe ich zu Anka, Erz. 76, 81. — **MV:** Auswahl 72; Auswahl 74, beides Lyr..
R: Der letzte Abschnitt, Hsp..
Lit: Schriftsteller d. Bezirkes Erfurt.
( )

Kleinszig, Heinz, Angestellter, Landwirt; Taggenbrunn 13, A-9300 St. Veit an der Glan, Tel. (04212) 2186 (Taggenbrunn 17.12.31). Essay.
V: Taggenbrunn 79; Weltmacht ohne Weltanschauung 80; Hochsitzgeschichten 81; Südafrika ist anders 82. — **MV:** Hund und Jagd; Die Jagd das große Erlebnis; Fischergeschichten.

Klemm, Peter; Geschw.-Scholl-Allee 42, DDR-1532 Kleinmachnow.
V: Entthronte Götter 60; Der Weg aus der Wildnis 62; Ernst Haeckel, der Ketzer von Jena 66; Ideen, Erfinder und Patente 66; Automaten, Forscher und Raketen 68; Träumer, Ketzer und Rebellen 73, 76; Die Entdeckung des Landes Nirgendwo 74; Die Erben des Prometheus 82. ( )

Klenke, Werner, Hochschuldoz.; Taunusweg 16, D-3012 Langenhagen 1, Tel. (0511) 736616 (Hannover 10.5.11). Lyrik, Novelle, Essay, Aphorismen.
V: Die Musik und das Lot, Ess. 67; Casanovas Furlane, Erz.

Klenkhart, Helene *

Klenner, Hans-Ulrich, c/o Verlag Sauerländer, Aarau, Schweiz.
V: Der Riesengrabfrosch, R. v. d. Leiden d. wenig gerühmten Schriftstellers Schaff 81. ( )

Klepzig, Gerd, Journalist; Oderfelderstr. 7, D-2000 Hamburg 13 (Dresden 1.3.26). Erzählung, Fernsehspiel.
V: Die Todesversicherung, Erz. 66. — **MV:** 1926 in d. R. Jaer u. Jg. 66.
R: Opfer, Fsp. 70.

Kleßmann, Eckart, Schriftsteller; Oktaviostr. 64, D-2000 Hamburg 70, Tel. (040) 6563888 (Lemgo/Lippe 17.3.33). Lyrik, Novelle, Essay, Sachbuch. **Ue:** E.
V: Einhornjagd, G. 63; Die Welt der Romantik 69; Prinz Louis Ferdinand v. Preußen 72; Undines Schatten, G. 74; Caroline 75; Seestücke, G. 75; Unter unseren Füßen 78; Die deutsche Romantik 79; Telemann in Hamburg 80; Botschaften für Viviane, G. 80; Geschichte der Stadt Hamburg 81. —
MV: Auf Goethes Spuren, m. Michael Ruetz 78; Das Bilderlex. der Uniformen, m. I. T. Schick/W. v. Halem 79.
H: Napoleons Rußlandfeldzug in Augenzeugenberichten 64; Deutschland unter Napoleon in Augenzeugenberichten 65; Die Befreiungskriege in Augenzeugenberichten 66; Das Hamburger Weihnachtsbuch 82.
Ue: Herman Melville: Der edle Hahn Beneventano 59; Anne Sinclair Mehdevi: Don Chato und die tröstlichen Lügen 60.

Klever, Peter, ev. Pfarrer; Weimarer Str. 8, D-8630 Coburg, Tel. (09561) 30514 (Crossen/Oder 14.6.34). Prosalyrik.
V: Zum Leben erwachen, Prosalyr. zu Kunstfotos v. Florian Werner 81, 2.Aufl. 82; Wo der Himmel die Erde berührt, Prosalyr. u. Fotos 81, 5.Aufl. 83; Wege zum Glauben und Leben, Prosalyr., 1. u. 2.Aufl. 82; Hoffnung findet Wege, Prosalyr. u. Fotos 83.

Klevinghaus geb. Biehn, Wilma (Ps. Wilma Biehn); Brunhildenstr. 22, D-4000 Düsseldorf 11, Tel. (0211) 503685 (St. Alban/Pfalz 31.3.24). Lyrik, Erzählung.
V: Am Vaterherzen. Ein Kind erlebt den lieben Gott, Kindergeschn. 63; Die letzte Schicht, 7 Erzn. 64; Nikos bunter Luftballon, Kindergesch. 65; Lukas in Bethlehem, Laiensp. 82; Weihnachten finde nicht mehr statt, Laiensp. 82.

` **Kleymann,** Konni, s. Kröhnke, Friedrich.

Klie-Riedel, Kriemhild *

Klier, Heinrich Emil, Dr. phil.; Romanpreis d. Verlages Kremayr u. Scheriau, Wien 51, Hsp.-Preis d. Österr. Jgd.-Kulturwochen, Lyr.-Preis d. Stadt Innsbruck 60, 2. Preis d. Grazer Schauspielhauses 61; Sadrachstr. 23, A-6010 Innsbruck, Tel. (05222) 840694 (Zirl/Öst. 27.11.26). Drama, Roman, Hörspiel, Novelle. **Ue:** E, S.
V: Feuer am Farran-Firn, R. 52, 61; Rauhnacht, Bü. 52; Sabina, Volksst. 53; Herz ohne Grenzen, Bü. 54; Verlorener

Sommer, R. 54 (auch franz., jap., engl.);
Sonne über Peru, Ber. einer Südameri-
kareise 55; Bergwind und Träume, N. 55;
Reise mit leichtem Gepäck, R. 56; Etsch-
land-Ballade, R. 57; Sie nennen es
Treue, Bü. 59; Südtirol - Gestalt und
Schicksal, Monogr. 60; Feuer in der
Nacht, R. 60; Silber für die braune
Göttin, R. 64; Abenteuer Schnee, M. 63.
F: Bergwind und Träume 64.

Klier, Helmar, c/o Rowohlt-Verl.,
Reinbek.
V: Geschichten von Pauline 83. ( )

Klier, Walter, c/o Schneekluth-Verl.,
München.
V: Flaschenpost, R. 83. ( )

Kließ, Werner, Redakteur;
Schlichterstr. 6, D-6200 Wiesbaden, Tel.
(06121) 371474 (Stosnau/Ostpr. 24.12.39).
Drama, Sachbuch, Fernsehen, Hörspiel.
V: Sturm und Drang, Sachb. 66, 3.
Aufl. 76 (Tb.); Genet, Biogr. 67; Der
Mann von Manassas, Sch. 75. –
MV: Friedrichs Theaterlexikon von A-Z,
m. Karl Gröning 69.
R: Der babylonische Turm, Hsp. 72;
Transporter, Hsp. 72; Western-Serie, 6 F.
74/75; 2 Fsp. i.d. Serie: Graf Yoster gibt
sich die Ehre 72, 74; 3 i.d. Serie: Um
Haus und Hof 73, 74; i.d. Reihe: Tatort:
Treffpunkt Friedhof 75; 2 i.d. Serie:
Bürger 75; 4 i.d. Serie: Jörg Preda
berichtet 76; 1 i.d. Serie: Die unsterb-
lichen Methoden des Franz Josef
Wanninger 77.

Klima, Edeltraut, Lehrerin; Breitestr.
37, D-4800 Bielefeld, Tel. (0521) 171319
(Oppeln/Oberschles.). Jugendbuch,
Erzählung, Kurzgeschichte, Lyrik,
Kindergedicht.
V: Zöpfchen zieht nach Pferdehals
63; Das himmelblaue Lehrerzimmer 66;
Raschel, das Schloßgespenst 76; Tobias
der schmutzige Eisbär, Bilderb. 77;
Daniel und die Marionette 82.
MA: Sie schreiben zwischen Pader-
born und Münster, Anth. 77; Wir sind zu
eurem Glück gestanzt, Anth. 81; Grenz-
überschreitungen oder Literatur und
Wirklichkeit, Anth. 82.

Klimke, Christoph, Stud.phil.,
Journalist, Literaturwiss.; ADA 82; 1. Pr.
"Zeitdiagnose vor der
Jahrtausendwende, Bonner Stud.
schreiben Lyr. u. Kurzprosa" U. u. Stadt
Bonn 82; Brecherspitzstr. 5/IV, D-8000
München 90 (Oberhausen 22.11.59).
Lyrik, Kurzprosa, Rezension, Übers.
Ue: I.

V: Blaue Träume, Lyr. u. Kurzprosa
83.
MA: Traumbilder einer schwarzen
Zeit 81; Gedichte unter Freunden 81;
Autorenbilder 82; Gauke Jb. 83.

Klimke, Wolfgang, StudDir.;
Tulpenweg 6, D-4190 Kleve, Tel. (02821)
28391 (Schoppinitz/Oberschles. 7.9.19).
Lyrik.
V: Unter kosmischen Feuern
Daseinslicht, Lyr. 81; Mit Augen des
Lebens, Lyr. 82; Gewaltige Nähe, Lyr. 83.
H: u. **MH:** Thomas Wolfe: I have a
thing to tell you! 56; Thomas Wolfe:
Verbannung und Entdeckung 59; Ernst
Jünger: Betrachtungen zur Zeit 63;
Stephen Crane: The Monster; Franz
Kafka: Der Heizer; neun amerikan.
Kurzgeschn.

Klimperle, Franz, Bautechniker; EM
Europ.-Am. Forsch.- u. Kulturwerks
Eurafok 70; Pfingstbergstr. 7, D-6800
Mannheim 81, Tel. (0621) 873395
(Dittersbach 29.5.30). Lyrik, Prosa,
Essay, Anekdote, Aphorismen.
V: Doch über allem wölbt sich das
Geheimnis der Liebe, Lyrik, Ess. 68;
Lächelndes Leben, Anekdn., Ess., Lyr.,
Prosa, Sprüche 71; Ein Dorf im
Schönhengstgau - Dittersbach mit Orts-
teil Bad Goldbrunn, Chronik 75.
B: u. Einl.: Arthur A. Thiele: Brevier
über der brennenden Erde.

Klinge, Günther, Generalkonsul,
Senator h.c., Unternehmer; FDA 83;
Scherrstr. 4, D-8000 München 19, Tel.
(089) 176676 (Berlin 15.4.10). Lyrik.
V: Wiesen im Herbstwind, dt.-jap. 72;
Rehe in der Nacht, dt.-jap. 75; Den
Regen lieben, dt.-jap. 78; Morgengang
im Wald, dt.-jap. 80; Der Zukunft
vertrauen, Haiku 81; Im Kreis des
Jahres, Haiku 82; Den Tag gelebt, Haiku
83.
MA: Mark Lothar. Ein Musikerporträt
68; Perspektiven, Festschr. d. Rotary
Club München 78.
S: Acht Haiku op. 85 79.
Lit: Heilen und Schenken, Festschr. f.
G. K. 80; Japan-Sammlungen in Museen
Mitteleuropas, gewidmet G. K. z. 70.
Geb., Japanol. Seminar d. U.Bonn 81.

Klingele, Otto Heinrich, Kaufm.;
Schwalbennest, D-7868 Todtnau/
Schwarzw. u. Sparkassestr. 7, Bozen/
Südtir., Tel. (07671) 1714 (Todtnau
15.12.17). Essay, Hörspiel, Roman,
Novelle.
V: Die Straße nach Süden, Pfadfin-
derb. 48; Lausbuben mit den goldenen

Herzen. Das Buch eines Knaben-
sommers 50; Wer in den Wäldern wohnt,
R. 52; In Allahs heißem Land, Reiseber.
56; Die Insel der vergessenen Türme,
Reiseber. 58; Hexenkessel Arabien,
Reiseber. 59; Mit dem Rücksack zum
Polarkreis, Reiseber. 60; Zedern, Wüste
und Ruinen. Fahrt durch das biblische
Morgenland 63; Seit wann trägt dich der
Nil, Feluke? Afrikan. Reise 64; Der Wind
weht, wo er will. Erlebn. im Heiligen
Land 65; In den Höhlen hausen die
Adler 67; Im Haus der bitteren Brote 68;
Bethlehem in den Schwarzen Wäldern
70; Baumreiter, Wildkatergesch. 72; In
den endlosen Wäldern 73; Räuber Rot-
rock, Fuchsgesch. 75; Hinter den dunkl.
Toren v. Babylon 76; Bluträcher,
Beduinengesch. 77; Auf der Straße der
Kamele 79; Im Wüstenkloster — ver-
schollen und vergessen 79; Cornelia, R.
81; Er schwieg nicht, Albert Kraut-
heimer-Biogr. 82.
R: Bäuerliches Requiem, Hsp.; Wer in
den Wäldern wohnt; Die Wilde Jagd;
Land der Väter vor Jahrtausenden, prä-
histor. Zyklus; Geschichte der
Alemannen, Zyklus; Karwoche der Ostkirche in Jerusalem, Zykl.; Karwoche
der Katholischen Kirche in Jerusalem,
Zyklus; Bunte Palette Vorderösterreich,
Zyklus; Alemannische Sagen in Vorderösterreich, Zykl.; Männerportraits aus
Vorderösterreich, Zykl.; Auf dieser
harten Erde, Heimkehr aus sibirischer
Gefangenschaft, Weihnachtslsg., Hsp.;
Geschichte der Alamannen, Zykl.; Die
Städte der Zähringer, Zykl.; Münster im
alamannischen Land, Zykl.; Klöster im
alamannischen Land, Zykl.; Wallfahrten
im alamannischen Land, Zykl.; In
unserm alten Land/Jahrtausende am
Oberrhein, Zykl. und zahlr. Hb.

Klinger, Kurt, Chefdramaturg, Vize-
direktor der Öst. Ges. f. Literatur, Hrsg.
von "Literatur und Kritik"; Öst. P.E.N.
60, SÖS 82, VS 71; Förderungspr. z.
Österr. Staatspr. f. Dramatik 55, Förde-
rungspr. f. Lit. 71, Literaturpreis des
Wiener Kunstfonds 79; Dramat. Ges. 55,
Künstlervereinig. März, Società
Onoranze di Rosso di San Secondo
(Linz/D. 11.7.28). Drama, Lyrik, Essay,
Hörspiel, Kurzprosa. **Ue:** F, I, E.
V: Harmonie aus Blut, G. 51; Der Weg
ins Nordland, Sch. 54; Odysseus muß
wieder reisen, Sch. 55; Auf der Erde zu
Gast, G. 56; Der goldene Käfig, Sch. 58;
Das kleine Weltkabarett, Sch. 59; Garn
des Schicksals, Auswahl 60; La sera,
Sch. 65; Studien im Süden, Prosa 65; Die

vierte Wand, Prosa 67; Entwurf einer
Festung, G. 70; Schauplätze, 5 Dr.
(Odysseus muß wieder reisen, La sera,
Der Fall Melos, Venezianische Komödie,
Helena in Ägypten) 71; Konfron-
tationen, Prosa 74; Die zeitgen. Lyrik
Österreichs 76 - 80; Löwenköpfe, G. 77;
Die Allee d. Gerechten, Sch. 80; Das
Scherbengericht, Sch. 80; Auf dem
Limes, G. 80.
R: Pagenrevolte, Hsp. 70; Der Tag der
Tauben, Fsp. 70; Der Mann, der in mir
lebt, Hsp. 72; Ein Hügel in Richmond,
Hsp. 73.
Ue: William Congreve: Der Lauf der
Welt 58; August Strindberg: Nach
Damaskus 62; Fernando Arrabal: Der
Architekt und der Kaiser von Assyrien
67; Der Garten der Lüste 68; Aurora -
rot und schwarz 69; Sie legen den
Blumen Handschellen an 70; Copi: Evita
Peron 71; Sophokles: Ödipus auf
Kolonos 80; Shakespeare/Fletcher: Die
beiden edlen Vettern 80.
Lit: Vogelsang: Österr. Dramatik der
Gegenwart; Gotthard Böhm: Dramatik
in Österreich seit 1945. ( )

Klinger, Ludwig, s. Knobloch, Erhard
Joseph.

Klinger, Fritz, Landwirt; IGdA 80,
VFS 82; Hauptstr. 6, D-8801 Insingen,
Tel. (09869) 559 (Rothenburg/T. 23.6.58).
Lyrik.
V: An neuen Ufern geboren, Lyr. 81;
Die Unruhe des Herzens, Lyr. 83.

Klinger, Maria (Ps. Joan
Christopher), Schriftstellerin, Pflege-
mutter; Ö.S.V. 78; Haus Klingler, A-6382
Kirchdorf in Tirol, Tel. (05352) 3141
(Innsbruck 21.10.32). Erzählungen für
die Jugend, Roman, Kurzgeschichten,
Legenden fremder Länder.
V: Es geschieht den Lebenden, R. 64;
Seine zweite Frau, R. 68; Das Mädchen
aus dem Wilden Westen, Erz. f. d.
Jugend 75; Nimm den Diktator und geh!
- Ein Mädchen 1945, Erz. f. d. Jugend 76;
Ein Zuhause für Billy, Jgdb. 80; Aben-
teuerreise mit dem Zigeunerwagen 81;
Als würde es mir nie Frühling werden
82; Abenteuerreise nach Honolulu 83,
alles Jgdb.; Wie eine Puppe, die keiner
mehr mag. Ber. 83.
MA: Ferne Länder 79, 80, 71, Schul-
heft 2/78; Kandaze 79; versch.
Jugendzss, Wiener Pflegeelternbriefe.
R: Das fremde Kind, Hsp. 83; Hilfe,
meine Kinder sind nicht normal, Hsp.
84.
Lit: Dict. of International Biogr., Vol.
XVI.

Klippel, Hermann (Ps. Klaus Föhren), Verlagslektor; Mühltalstr. 89 a, D-6900 Heidelberg, Tel. (06221) 46452 (Großrosseln/Saar 12.10.21). Jugendbuch, Hörspiel, Funkerzählung, Essay, Funkkabarett.
V: Ein Flieger fällt in unser Land, Jgdb. 62. — **MV:** Alm. auf das 500. Jahr d. Univ. Mainz 77.
R: Die Revolte des Korporals Vargas 62; Ein gewöhnlicher Mord 66; Planung einer Weihnachtszeit 70; Tagung einer Clique 72; Notizen aus dem Dritten Reich 79; Aus der bösen alten Zeit 82, alles Hsp.; Carlo Mierendorf, Hans Schiebelhuth, Heinrich Lersch, Carl Zuckmayer, Stefan Andres, alles Funkess.

Klippel, Kristian; Pietro Cossa 42, I-00193 Rom (Wittlich 4.4.55). Roman, Hörspiel, Essay.
V: 456 und der Rest von heute, R. 79.
R: Die Apologie d. Sokrates u. a. Druckerzeugnisse.

Klippel, Susanne, Freie Fotografin; Schützenstr. 21, D-2000 Hamburg, Tel. (040) 8502987 (Wittlich 29.7.52). Fotobuch, Erzählung. **Ue:** Schw, D.
V: Emilie Meier. Lieber sich gesund schimpfen als krank heulen, Fotob. 77, 3. Aufl. 81; Frauen in St. Pauli, Fotob. 79, 2. Aufl. 81; Straßenrandbilder 81.
MA: Texte zum Anfassen 77, 2. Aufl. 78.
Ue: Bo Jarner: Wie ich ein Schwesterchen bekam, Kdb. 78, 2. Aufl. 80.

Klippert, Werner, Leiter Abt. Hörspiel; dg 66, RFFU 67, VS 80; Bliesgersweiler Mühle 24, D-6601 Kleinblittersdorf 4, Tel. (06805) 1526 (Offenbach 22.4.23). Essay, Hörspiel, Kurzgeschichte, Kritik.
V: Elemente des Hörspiels 77.
MA: Reclams Hörspielführer 69.
H: Manfred Bieler: Vater und Lehrer, Hsp. 70; Georges Perec: Die Maschine, Hsp. 72; Vier Kurzhörspiele 76 (auch Mitverf.); Hörspiele Saarländischer Autoren 82 (auch Mitverf.).
R: Perikles wählt Krieg, Hsp. 55; Das Kinderzimmer, Hsp. nach Ray Bradbury 66; Der Fall Sebatinsky, Hsp. nach Asimov 71; Also sprach der Orang Utan, Hsp. 77.
S: Elemente des Hörspiels, Tonkass. 83.

Klis, Rainer, c/o Mitteldeutscher Verl., Halle, DDR.
V: Aufstand der Leser, Miniaturen 83.
( )

Klitzing, Horst, Realschuldir.; Schiller-Ges., Marbach, Freies Dt. Hochstift; Schumannstr. 54, D-4020 Mettmann, Tel. (02104) 12989 (Detmold 24.7.30). Lyrik.
V: Wegzeichen, Lyr. 82. —
MV: Blumen haben Zeit zum Blühen, Lyr.-Anth. 82.

Klocke, Peter *

Klöckner, Klaus, Dr. phil., Prof., Abt.leiter; Starenweg 17, D-6370 Oberursel, Ts., Tel. (06172) 36416 (Kassel 20.7.26). Essay.
MV: Die Großen des 20. Jahrhunderts 70; Die Mächtigen des 20. Jahrhunderts 71; Die Großen der Welt 76, 77 II; Große Frauen der Welt 80.
H: Schnittpunkte - Kurzgeschichten unserer Zeit 60; Beispiele - Dramen unserer Zeit 63, 65 II; Silhouetten - 12 Gedichte unserer Zeit; Lesestücke - Literatur an Beispielen, 1 u. 2 67/69; Und wenn du dann noch schreist, Hsp. der siebziger Jahre 80. — **MH:** Signal — Das Buch für junge Menschen, 6. F. 70, 7. F. 73, Neue F. 82.

Klonz, Günther, Konrektor i.R.; VS 79; Lit. Gruppe Osnabrück e.V.; Mozartstr. 7, D-4570 Quakenbrück, Tel. (05431) 2389 (Flensburg 14.8.17). Roman, Drama, Hörspiel.
V: Auf höheren Befehl, R. 82.
R: Auf höheren Befehl 77; Die Geheimnisaufträge des Peter Peterson 79; Shit 81, alles Hsp.

Klooz, Eugen, Kammermusiker; VS Förderkr. Rh.Pf. 73; Versch. lit. Zirkel; Basler Str. 23, D-7844 Neuenburg a.Rh., Tel. (07631) 72985 (Ludwigshafen/Rh. 25.9.11). Lyrik, Satire, Hörspiel, Theaterstück, Essay, Roman.
V: Resümee, Lyr., Sat., Kurzprosa 81.

Kloppe, Wolfgang, Dr. med., Facharzt f. inn. Krankh.; Paul-Diepgen-Medaille 70, Julius-Leopold-Pagel-Medaille 71; Verein. d. Dt. Med. Fach- u. Standespresse 60; Bolivarallee 12a, D-1000 Berlin 19, Tel. (030) 3045672 (Gehren/Thür. 5.7.14). Medizinhist. Essay.
V: Du Bois - Reymond und Goethe, Ess. 58; Medizinhistorische Miniaturen, Ess. 66; Erinnerung an Carl Gustav Carus, Ess. 69; Carl Gustav Carus in Berlin, Ess. 70. — **MV:** Schopenhauer u. die Welt des Arztes. 53. Schopenhauer-Jb. 72.
MA: Schopenhauers Bemerkungen zur ärztlichen Diagnose. In: Festschr. f. Heinz Goerke zum 60. Geb. 78. ( )

Klose, Erwin (Ps. Erwin P. Close);
Cimbernstr. 13a, D-8000 München 70,
Tel. (089) 7145747 (Jordansmühl/Schlcs.
4.7.12). Roman, Film, Hörspiel.
V: Dominium, R. 36; Die Liebestolle
Stadt, R. 39, 41; Mathes und Johanna, R.
40, 43; Die Sieben Tage, R. 42, 43; Für
Deutsche verboten, R. 54, 56.
B: Robinson Crusoe, Neufass. 57.
R: Wir rufen Frau Müller, Hsp. 55;
Prinzessin gesucht, Hsp. 55; Funk-
reporter Piet, Hsp. 56. ( )

Klose, Olaf, Dr. phil., Prof.,
Bibliotheksdir. i. R.; Univ.-med. d.
Christian-Albrechts-Univ., Bdes.-ver-
dienstkreuz 1. Kl., Dannebrog-Orden 1.
Grad, isländ. Falkenorden, Schlesw.-
Holst. Med.; Schönkamp 28, D-2305
Heikendorf-Kitzeberg (Doberan 13.1.03).
Ue: D, N.
MV: Alt Kiel und die Kieler Land-
schaft, m. Richard Sedlmaier 56.
Ue: Hans Kirk: Der Sklave 50; Palle
Lauring: Den gyldne gren u. d. T.:
Jürgen und der goldene Zweig 54; Sys
Gauguin: Die Bekenntnisse einer leicht-
sinnigen jungen Frau 56; Hans Kirks:
Schattenspiel 80.
s. a. Kürschners GK.

Klose, Werner, StudDir.; Erzähler-
preis d. Süddt. Rdfk 53, Eichendorff-
Lit.Pr. 74; Kiebitzreihe 2, D-2252 St.
Peter-Ording, Tel. (04863) 1574 (Hünern/
NS. 20.3.23). Roman, Novelle,
Kurzgeschichte, Hörspiel, Essay,
Jugendbuch.
V: Jenseits der Schleuse, R. 53;
Sonderauftrag in C., Erz. 54; Markgraf
Willehalm, Erz. nach Wolfram von
Eschenbach 55; Das Hörspiel im Unter-
richt, Ess. 58, 62; Das große Karussell,
Erz. 59; Hitler - Ein Bericht für junge
Staatsbürger, Jgdb. 61, 62; Generation
im Gleichschritt. Die Hitlerjugend, Ber.
64, 82; Freiheit schreibt auf eure
Fahnen, Ber. 67; Lebensformen
deutscher Jugend, Ber. 70; Hitler und
sein Staat, Jgdb. 70; Skandal und
Politik, Jgdb. 71; Die Sprache des
Schlagers, Ess. 71; Klassenfahrt zum
Mond, Jgd.-Spiel 71; Winnetou in
Hollywood, Jgd.-Spiel 72; Didaktik des
Hörspiels, Ess. 74, 77; Die Sprache der
Aggression: Hitlerjugend, Ess. 75; Ein
Star wird gemacht. Spielübungen
(Bühne, Film, Hsp.) 76; Die Burg der
Kinder, Erz. 80; Charakteristik.
Menschenkenntnis durch Literatur, Ess.
81; Mord in Sanderup, R. 82; Stafetten-
Wechsel. Fünf Generationen formen
unsere Welt, Ess. 83; Sonntagsmörder, R.

83. – **MV:** Handbuch zur modernen
Literatur im Deutschunterricht, Ess. 63;
Reihe Spiele: I Hörspiele, II Fernseh-
spiele 70; Texte für die Sekundarstufe
seit 73 VIII; Überwindung von Vorur-
teilen, Ess. m. U. Beer 75; Schule und
Fernsehen, mit R. Felsberg, Ess. 77;
Schule und Schulfunk, mit R. Delius,
Ess. 79.
H: 100 Jahre Bad St. Peter-Ording,
Ess. 77; Deutsche Kriegsliteratur zu
zwei Weltkriegen 84.
F: Ursachen des Nationalsozialismus
63.
R: Reifeprüfung, Hsp. 60; Der
Seminartag 76; Der Neue, Schulfern-
sehen Polit. Bildg. 76; Jugend 80 82.

Kloss, Gerhard, Graphiker; VS 70;
Karl-May-Ges. 72; Klopstockstr. 11, D-
6200 Wiesbaden, Tel. (06121) 843416
(Halle/S. 16.4.21). Kinder- u. Jugend-
buch.
V: Rübezahl ist wieder da 67; Wer ist
der böse Prinz? 68; Wölfe in Dick's
Saloon 71, Neuaufl. 79; Kleiner Bär und
Kleiner Büffel 72; Holzauge boxt sich
durch 72; Holzauge ist wachsam 72;
Holzauge und Priembacke 72; Die
Oberkatzbuckler Stadtmusikanten 72;
Karins Lieblingstier 72; Hasso und
Putzi 73; Lauter bunte Luftballons 73;
Rivalen 73; Bimbos lustige Abenteuer:
Die geheimnisvolle Flaschenpost 75, Im
Schlupfwinkel der Seepiraten 75,
Schnapsnase wird überlistet 75,
Schwarzer Bär rennt in die Falle 75,
Blinde Passagiere an Bord 75, Eine
abenteuerliche Rettung 75, In höchster
Gefahr 77, In den Urwäldern Borneos
77; Das Pulverfaß am Rio Grande 79;
Sheriff Sam räumt auf, Sammelbd 79;
Meine Entführung beginnt punkt zehn
80.

Kloss, Hildegard, Dr. phil., Redakteurin; VS 66; Max-Eyth-Str. 37, D-1000
Berlin 33, Tel. (030) 8324797 (Schönwalde
7.1.16). Kinder- und Jugendbuch, Tiererzählung.
B: Erich Kloss: Miez und Murr, Erz.
66, ders.: Förster Timm und seine
Füchse, Erz. 68, ders. Tobby lernt alles,
Erz. 70; ders.: Im tiefen Forst, Erz. 73;
ders.: Geheimnisse des Waldes, Erz. 74;
ders.: So schön ist's nur im Försterhaus,
Erz. 78.

Kloter, Karl, Archivar; SSV, ZSV 60,
ISV; Aufmunterungspr. d. Stadt Zürich
59, Ehrengabe d. Reg. d. Kantons Zürich
63, Anerkennungsgabe der Stadt Zürich
79, Werkpr. d. Stadt u. d. Kantons
Luzern 80; Letzigraben 124, CH-8047

Zürich (Lengnau/Aargau 30.9.11). Lyrik,
Roman, Novelle.
V: Fabeln und Gedichte 49; Markus,
R. 59; An beiden Ufern, N. 60; Kennen
Sie Didier, R. 66; Salvatrice, Gastarb.-R.
68; Wo die Väter fehlten, R. 79; Nichts ist
in Ordnung, G. 81; Die Flucht, Erz. 83;
Martin Convent, Erz. 83. — **MV:** Und ein
Licht war da, Parabel, in: Die Ernte 61;
Die Freundinnen, Erz.; Gesang in dur,
G., in: Die Ernte 64; Die Bleibe, Erz., in:
Blühender Zweig 64; In gläubiger Nacht,
G., in: Die Ernte 66.
Lit: C. Seelig: Schweizer Autoren in:
Das Bücherblatt 59; Zürcher Schrifttum
der Gegenwart 62; Alfred A. Häsler: Zu
Besuch bei ... 65; Schweizer Autoren in:
Der Schweizer Beobachter 70; Arnold
Burgauer: Karl Kloter oder die Stimme
des Gewissens in: NSB Revue 70.

Kloth, Friedrich August, Redakteur;
Grasredder 33, D-2050 Hamburg 80, Tel.
(040) 7243700 (Lübeck 10.11.25). Roman,
Erzählung. **Ue:** F, E.
V: Fremd im Paradies, R. 60; Zahlr.
Erzn. in Zs. u. im Radio.

Klotsch, Andreas; Emanuelstr. 12,
DDR-1134 Berlin.
V: Betriebsausflug, R. 81. ( )

Klotz, Günther, Dr.sc., Literatur-
wissenschaftler; P.E.N. 82; Dt.
Shakespeare-Ges. 64, Intern.
Shakespeare Assoc. 78; Berolinastr. 9,
DDR-1020 Berlin, Tel. 4397274
(Trachenberg 17.5.25). Englische und
amerikanische Literaturgeschichte.
Ue: E.
V: Das Werturteil des Erzählers 60;
Das Geheimnis von Loch Ness, Prosa
64; Individuum und Gesellschaft im
englischen Drama der Gegenwart,
Arnold Wesker und Harold Pinter 72;
Alternativen im brit. Drama d. Gegw. 78;
Britische Dramatiker der Gegenwart 82.
MA: Zahlr. Nachw. u.a. zu Werken
von: W. Shakespeare, D. Defoe, J. Swift,
H. Fielding, G. Eliot, W.M. Thackeray,
R.L. Stevenson, R. Tressell, M. Farrell, E.
Knight, C. MacInnes, C. Barker, M.
Bradbury, J. Fowles, W. Whitman, Mark
Twain, E.L. Masters, L. Hughes, V.J.
Jerome, J. Dos Passos, F.S. Fitzgerald.
H: Bernard Shaw. Zu seinem 100.
Geburtstag am 26. Juli 1956 56; William
Blake: Werke 58; L. Hughes: Schererei
mit den Engeln 63; John Boynton
Priestley: Dramen 76; Romane im 20.Jh.:
USA, England, Frankreich, BRD 80;
Shakespeare-Jb. seit 67 (Chefred.). —
MH: Henry Fielding: Ausgewählte
Werke in sechs Bden. 63 — 67; Literatur

im Epochenumbruch. Funktionen
europ. Literaturen im 18. u.
beginnenden 19.Jh. 77; William
Makepeace Thackeray: Ausgewählte
Werke in Einzelbänden: Henry Esmond
78, Die Virginier 80 II, Die Newcomes 83
II.
Ue: L. Hughes: Simpel spricht sich
aus 60; Mark Twain: Der berühmte
Springfrosch von Calaveras 63; L.
Hughes: Simpel nimmt ne Frau 65; A.
Sillitoe: Die Einsamkeit des Lang-
streckenläufers 69; C. Baker: Woche für
Woche 71.

Klotz, Sophie *

Klotz-Burr, Rosemarie, Oberlehrerin;
FDA; Vogelsang 1, D-7531 Ölbronn-
Dürrn 1, Tel. (07043) 6707 (Ludwigsburg
10.7.34). Lyrik, Kurzgeschichte.
V: Im Jahresgarten, Lyr. 64; Aus dem
Klassenzimmer, Heitere Sammlung 68;
Lustig-Heiteres, Stilblütensammlung 70;
In meinen Baum fallen Sterne ein, G.
74; Seid noch leuchtend, meine Tage,
Lyr. 74; Ich wachse einem großen
Traum entgegen, G. 77; Du bist mein
Licht u. Sonnentag, Liebeslieder 78.
MA: Erzn. Dt. Lehrer d. Gegenwart 67;
Beitr. i. d. Slg. Lehrerautoren d. Gegen-
wart 69; Gedichte im Schwäbischen
Heimatkalender 62, 71; Lehrer u.
Literat; Forum moderner Poesie und
Prosa 78-82.
R: Lehrer u. Literat (Lyrik) 69.

Klotzbach, Kurt, Redakteur; Dt.
Journalistenverband; Autorenkreis
Ruhr-Mark; Werner Str. 9, D-4600
Dortmund 72, Tel. (0231) 632514
(Rotenburg/Fulda 14.5.17). Sachbücher,
Jugendsachbücher, Biographien.
V: Wagenspur nach Westen 74; Der
Adler der Comanchen 76; Der Schwarze
Satan 78; Tom Mix reitet wieder (Leben,
Abenteuer u. Legende eines Cowboy-
Königs) 78/79; Junge Reiter — fliegende
Hufe (Die Geschichte des Pony-Expreß)
82.

Klünner, Lothar (Ps. Leo Kettler); VS,
NGL; Mommsenstr. 26, D-1000 Berlin 12,
Tel. (030) 3242591 (Berlin 3.4.22). Lyrik,
Novelle, Essay. **Ue:** F.
V: Wagnis und Passion, G. 60; Hens-
sels immerwährender deutscher
Kalauer-Kalender 71; Windbrüche, G.
76; Gegenspur, G. 77; Befragte
Lichtungen, G. 83.
H: Speichen 70, Jb. f. Dichtung;
Ringelnatz: Du mußt die Leute in die
Fresse knacken, G. 71; Johannes
Hübner: Letzte Gedichte 77;

Gedenkbuch Johannes Hübner 1921-1977 I (Gedichte), II (Im Spiegel) 83.
Ue: Yvan Goll: Johann Ohneland in: Y. G.: Dichtungen 60; Jacques Dupin: Riffe 60, Sehender Leib, G. 69; Paul Éluard: Unvergeßlicher Leib, G. 69; Gilles d' Aurigny u. a.: Blasons auf den weiblichen Körper 64; René Char: Vertrauen zum Wind, G. 83. — **MUe:** René Char: Dichtungen 59, 68; Hypnos und andere Dichtungen 63; Paul Eluard, Ausgewählte Gedichte 63; G. Apollinaire: Poetische Werke 69; André Breton: Anthologie des schwarzen Humors 71; André Breton/Paul Eluard: Die unbefleckte Empfängnis 74, alle m. Johannes Hübner.

Kluge, Alexander, Dr. jur., RA., Regisseur, Dozent; P.E.N.; Berliner Kunstpreis "Junge Generation" 64, Bayer. Staatspr. f. Lit. 66, Ital. Lit.pr. Isola d'Elba 67, Bundesfilmpr. 67, 69, Goldener Löwe v. San Marco 68, Kunstpr. Berlin 79, Lit.pr. d. Freien Hansestadt Bremen 79; Gruppe 47, Akad. d. Darst. Künste Frankfurt, AdK 72; Elisabethstr. 38, D-8000 München 40 (Halberstadt 14.2.32). Roman, Film.
V: Die Universitässelbstverwaltung 58; Lebensläufe, Erzn. 62, 74; Schlachtbeschreibung 64, 78, u.d.T.: Der Untergang der Sechsten Armee 69; Abschied von gestern. Protokoll 67; Die Artisten in der Zirkuskuppel, ratlos. Die Ungläubige. Projekt Z. Sprüche der Leni Peickert, Teilsamml. 68; Lernprozesse mit tödlichem Ausgang, Erzn. 74; Gelegenheitsarbeit einer Sklavin: zur realistischen Methode 75; Neue Geschichten H. 1 — 18, Unheimlichkeit d. Zeit 77; Die Patriotin 79. — **MV:** Kulturpolitik und Ausgabenkontrolle, m. H. Becker 61.
F: Brutalität in Stein/Die Ewigkeit von gestern 60; Rennen 61; Lehrer im Wandel 62/63; Porträt einer Bewährung 64; Abschied von gestern (Anita G.) 65/66; Frau Blackburn, geb. am 5. Jan. 1872, wird gefilmt 67; Die Artisten in der Zirkuskuppel: ratlos 67; Die unbezähmbare Leni Peickert 67/69; Feuerlöscher E.A. Winterstein 68; Der große Verhau 69/70; Ein Arzt aus Halberstadt 69/70; Wir verbauen 3 x 27 Milliarden Dollar in einen Angriffsschlachter / Der Angriffsschlachter 71; Willi Tobler und der Untergang der 6. Flotte 71; Besitzbürgerin, Jahr gang 1908 73; Gelegenheitsarbeit einer Sklavin 73; In Gefahr und größter Not bringt der Mittelweg den Tod 74; Der starke Ferdinand 75/76;

Deutschland im Herbst, m.a. 78; Die Patriotin 79. ( )
Kluge, Heidelore, s. Ott-Kluge, Heidelore.

Kluger, Hubert, ObSchulR., Volksschuldir. i.R.; VDKSÖ 83; Albrechtstr. 32, A-3400 Klosterneuburg, Tel. (02243) 70344 (Reitendorf b. Mähr. Schönberg 7.8.93). Lyrik, Novelle, Essay.
V: Jos. Freiherr v. Eichendorff, Lebensb. u. G. 26; Zuflucht u. Zuversicht, G. 79; Kalendergeschichten 80.

Klugmann, Norbert, Journalist; Stadtteilschreiber d. Freien u. Hansest. Hamburg 80, Hans-im-Glück-Pr. 82; Mundsburger Damm 23, D-2000 Hamburg 76, Tel. (040) 224651 (Uelzen 27.8.51). Roman, Essay, Fernseh-Drehbuch.
V: Polizei und Liebe 80; Und wo Leben ist, bin ich dabei — Ein Eulenspiegelbuch, Lit.wiss./Ess. 80; Es muß im Leben doch mehr als alles geben, Erz. 81, 2.Aufl. 82; Schule, Schlafen und was noch? Jungsein in Hamm, Dok. u. Ess. 81. —
MV: Heumarkt — Versuche anderen Lebens zwischen Stadt und Land 80.
H: Heiße Kartoffeln — Das Theater der Theaterwehr Brandheide, Theater-Dok. 79.

Klump, Brigitte, s. Klump-Heckmann, Brigitte.

Klump-Heckmann, Brigitte (Ps. Brigitte Klump), Autor, Publizist; Bücherbestenliste d. Südwestfunk — Lit.-Magazin 78; Ilmstr. 6, D-8069 Rohrbach a.d.Ilm, Tel. (08442) 8340 (Groß-Linichen, Pommern 23.1.35). politische Literatur
V: Das rote Kloster, eine dt. Erz. 78, 80; Freiheit hat keinen Preis 81.
R: Das rote Kloster, 7 Tage-Send. 78, 79.
Lit: Publizistik, Vjh. f. Kommunikationsforsch. Zs. f. d. Wiss. v. Presse, Rundfunk, Riten, Rhetorik, Öffentlichkeitsarb. H. 3 78; Sonderdr. Buchbesprechung H. 4 78; De Tijd, polit. kultur. Wschr. 78.

Klutmann, Peter, Kunsterzieher i.R.; Gut Grüntal, D-2343 Dörphof, Tel. (04644) 466 (Graudenz/Westpr. 29.3.17). Roman, Essay, sachkundliche Aufsätze über Theaterspiel, Pantomime, Kunst- und Theaterkritik, Reisebericht, Illustration.
V: Zaubergarten, R. 78.
MA: Jb. d. Heimatgemeinschaft Eckernförde; Zss. d. Stift. Dt. Land-

erziehungsheime, Hermann Lietz-
Schulen, Landerziehungsheim Louisen-
lund.

Knaak, Lothar (Ps. Opunzius, Paul v.
Manthey), Psychotherapeut; Via
Collinetta 40, CH-6612 Ascona, Tel. (093)
354837 (Ascona 3.4.25). Lyrik, Roman,
Novelle. **Ue:** I.
V: Urds Brunnen, Lyr. 56; Pikantes
Ascona, Prosa 56; Weinselige
Lumpenlieder, Lyr. 57; Der Fall Erwin,
N. 57; Spiegelscherben Pulcinell's, Lyr.
58; Eseleien, Prosa 58; Männer am Hag,
Prosa 59; Ein Riss im Vorhang, Lyr. 60;
Zacharias Griebsch. Ein Held zwischen
Pose und Wirklichkeit, R. 62.

Knäpper, Fritz; Pfarrstr. 8, D-5632
Wermelskirchen.
V: Sälwer Gestreckdes, Gereimtes u.
Ungereimtes in Mda. u. Hochdt. 78.

Knape, Wolfgang, c/o Eulenspiegel-
Verl., Berlin (Ost).
V: Schnecken für Frankreich, Geschn.
83. ( )

Knappe, Heinz, ausrangierter
Bergmann; VS; Autorenpr. d. Kelheimer
Werkstatt, Georg-Mackensen-Pr. 81,
Kinder- u. Jugendbuchpr. d. Stadt
Oldenburg 82, Pr. Entwicklungspol.
Kurzgesch. v. Bdesmin. f. wirtsch.
Zusammenarb. 82; In den Peschen 5, D-
4100 Duisburg 14, Tel. (02135) 22504
(Zerpenschleuse 20.2.24). Roman,
Erzählung, Satire.
V: Bei Hamburg leichter
Niederschlag, R. 82.
MA: Arbeiterlesebuch 81; Das Wunder
des Fliegens 81; Gesichts-Punkte 82; 100
Jahre Bergarbeiterdichtung 82; Zeit der
Dürre — Zeit des Regens 83.

Knappe, Horst, c/o Verlag Mensch u.
Leben, Berlin (West).
V: Entregelung 82. ( )

Knappe, Joachim, Schriftsteller; SV-
DDR 65; FDGB-Kunstpreis 66, 71,
Kunstpr. Max Reger 76, Verdienstmed.
d. DDR 79, Verdiensturkunde U. delle
Arti, Italien 82; Glockenhaus, DDR-6051
Silbach (Zeitz 16.5.29). Roman, Lyrik.
V: Bittere Wurzeln, R. 61; Mein
namenloses Land, R. 66, 80 (Bdesrep.
77); Die Birke da oben, R. 70, 80 (poln.
74); Frauen ohne Männer, R. 75, 82; Das
Glockenhaus, G. u. Geschn. 76; Abschied
von Maria, R. 80, 83.
R: Das Glockenhaus, Werkstattf. 77;
Die Birke da oben, Fsf. 79.
Lit: Anneliese Löffler in: Weimarer
Beiträge 11 76.

Knauf, Horst, freischaffender
Künstler, Grafiker, Lyriker; Silberner
Federkiel f. Lyr. 73; Künstlerverein Mal-
kasten e.V.; Oberbergische Str. 2, D-5227
Windeck/Perseifen, Tel. (02292) 1659
(Kaarst 22.12.50). Lyrik, Lyrische Prosa.
V: Ein Gedicht ist mein Mädchen 74;
Augensprache 75; Jahr und Tag 75;
Wegrandzeichen 75; Storchenglück mit
Rotstiftzauber 75; Schweigen mit
Worten 82, alles G. m. eig. Grafik.

Knauss, Sibylle, StudR.; Pr. der
Neuen Lit. Ges. Hamburg 82;
Sebastianstr. 8, D-6653 Blieskastel/Saar,
Tel. (06842) 1382 (Unna 5.7.44). Roman,
Lyrik.
V: Ach Elise oder Lieben ist ein
einsames Geschäft, R. 81.

Knauss-Weinberger, Lili,
s. Weinberger, Lili.

Knauth, Joachim, Dipl.-Germanist,
Dramaturg; SV-DDR 57; Hufelandstr. 17,
DDR-1055 Berlin, Tel. 4398224 (Halle/S.
5.1.31). Drama, Hörspiel.
V: Heinrich VIII. oder Der Ketzer-
könig, Kom. 55, 60; Der Tambour und
sein Herr König, Sch. 57; Wer die Wahl
hat, Kom. 58; Die sterblichen Götter,
Kom. 60; Badenweiler Abgesang, Kom.
60; Die Kampagne, sat. Lsp. 62; Die
Weibervolksversammlung, Kom. n.
Aristophanes 65; Wie der König zum
Mond wollte, Kinderm. m. Zirkus u.
Feuerwerk 68; Der Maulheld, Kom. n.
Plautus 68; Der Prinz von Portugal 73;
Aretino oder Ein Abend in Mantua 73;
Stücke 73; Die Nachtigall, nach
Andersen, eine Aufgabe für Schau-
spieler und kleines Orchester 73; Belle-
belle oder Der Ritter Fortuné 74;
Lysistrata, Kom. n. Aristophanes 75; 4
Theatermärchen u. 1 Essay, enthalt.:
Der Prinz v. Portugal; Die Nachtigall;
Bellebelle od. Der Ritter Fortuné; Wie
der König z. Mond wollte, Zum Beispiel
Märchen, Ess. 80.
B: Th. J. London (n. Scholochow):
Neuland unterm Pflug, Sch. 59; J. M. R.
Lenz: Die Soldaten, Sch. 64.
R: Die sterblichen Götter, Hsp. 60;
Heinrich VIII, Fsp. 60; Der Mantel des
Ketzers, Hsp. 64; Brecht 79; Der Prinz v.
Portugal, Hsp. 80; Die arge Legende vom
gerissenen Galgenstrick, Fsp. nach
Werfel 76.
Lit: Christoph Trilse: Joachim
Knauth, in: Literatur der Deutschen
Dem. Rep., Einzeldarstell. Bd. 2 79;
Jochen Ziller: Zwischenbescheid über
Joachim Knauth, in: Stücke 73; Dieter

Kranz: Nachbemerkung in: 4 Theatermärchen u. 1 Essay 80.

Knebel, Hajo; 1. Vors. VS 67, 1. Vors.
Förderkreis Dt. Schriftst. Rhl.-Pf. 76;
Förderpr. v. Rheinland-Pfalz 63,
Auslandsreisestipend. 65, Förderpr. d.
Schles. Kulturpr. 70, Bundesverdienst-
kreuz 79; Wangener Kreis 75; Gartenstr.
2, D-6540 Simmern/Hunsrück, Tel.
(06761) 3120 (Bunzlau/Niederschlesien
19.7.29). Roman, Novelle, Essay, Hör-
spiel, Film.
    V: Die Heimat spricht: Das Amt
Kastellaun, Erz. 61; Jahrgang 1929, R. 62,
76; Der Hunsrück, Erzn. 64, 72; Bad
Bertrich, Erzn. 66; Kastellaun, Ber. 69;
Martinswaldau, R. 69; Die Pfalz, wie sie
lacht, Anekdn. 71, 80; Die Stunde Null,
Ber. 72; Der Hunsrück, Reisef. 75, 78;
Schinderhannes, Erzn. 76; Bomben am
Kiosk, Ess. 76; Breslau, Erzn. 77;
Typisch pfälzisch, Anekdn. 77, 83; Carl
Zuckmayer, Ess. 77; Schlesien in alten
Ansichtskarten 78; Breslau in alten
Ansichtskarten 79; Typisch schlesisch,
Anth. 79, 82; Gemeinden im Land
Birkenfeld 79; Der Hunsrück, ein
Wanderführer 80; Szczytnica, R. 80;
Niederschlesien 80; Oberschlesien 80;
Morbach 80; Literatur und Literaten in
Rheinland-Pfalz, eine Bio-Bibliogr. 80;
St. Martin-Bethesda zu Boppard, Eine
Chronik 82; Oberschlesien in alten
Ansichtskarten 83; Ev. Gemeinden in
der Synode Koblenz 83; Schlesien —
Eine Landes- und Volkskunde 84;
Schlesien, Anth. 83/85; Wildenburg
83. — **MV:** Deine Hunsrückheimat,
Erzn. 64/66; Als die Sterne fielen, Erzn.
65; So gingen wir fort, Erzn. 70; Auf den
Spuren der schwarzen Walnuß, Erzn. 71;
Schriftsteller erzählen von ihrer Mutter,
Erzn. 72; Fremd in Deutschland, Erzn.
73; Grenzüberschreitungen, Erzn. 76;
Der polnische Leutnant 79; Brieger
Gänse fliegen nicht 81; Illusion und
Realität 83; Echo-dt./frz. Begegnung 82.
    H: Tagebuch meines Lebens, R. 73, 83;
Neue Texte aus Rheinland-Pfalz, Anth.
74, 75, 76, 77, 80, 83; Literatur aus Rhein-
land-Pfalz, Anth. 76 u. 80; Maria Natorp,
Ess. 76; Begegnungen. Jahrbuch
Bildende Kunst 79; Der Hunsrück, ein
Jahrbuch 79, 80, 83; Echo-dt./frz.
Begegnung 82; Bibliogr. Rheinland-
Pfalz 83.
    F: Lerchen zwischen Tag und Morgen
75; ... ein Stück von mir: Carl Zuckmayer
76; Falkenjagd 76; Habichtsjagd 77;
Königliches Waidwerk: Jagd mit dem
Adlo 77.

R: Der deutsche Michel: Robinson
Crusoe aus Kreuznach; Der Prediger
von Buchenwald; Wo die Zeit stille
steht; Reise nach Ost-Brandenburg; Die
Brücke von Remagen, alles Hsp.
    Lit: Bio - Chronik I 66; Das 5. Buch 69;
Kosler: Hajo Knebel 71; Gisela Koch:
Hajo Knebel 77; Carl Heinz Kurz:
Autorenprofile/Lit. Biographien: Hajo
Knebel 77; Susanne Faschon/Sigfrid
Gauch: In Sachen Literatur/Beitr. aus
Rheinland-Pfalz (Hajo Knebel zu
Ehren) 79.

Knef verh. Schell, Hildegard;
Bettinastr. 12, D-1000 Berlin 33, Tel.
(030) 8257101 (Ulm 28.12.25).
    V: Der geschenkte Gaul, Autobiogr. 70,
72; Ich brauch Tapetenwechsel, Texte,
Chansons, Lyrik 72; Das Urteil 75;
Heimweh Blues (m. Zeichn. v. H.
Kossak) 76; Nichts als Neugier 78; So
nicht 82; Romy 83.
    S: 20 Langsp.pl. mit eigenen Chanson-
Texten; 4 Langsp.pl. mit eigenen Texten,
geschrieben und gelesen.

Kneifel, Hans, s. Kneifel, Johannes W.
R..

Kneifel, Johannes W. R. (Ps. Hans
Kneifel), Konditormeister, Gewerbe-
oberlehrer a.D.; Rümannstr. 61/15, D-
8000 München 40, Tel. (089) 363162
(Gleiwitz 11.7.36). Roman, Novelle, Hör-
spiel, Übers. **Ue:** Am.
    V: ...uns riefen die Sterne 56; Oasis 58;
Ferner als du ahnst 59; seit 60 ca. 100
Atlan-Heftr., ca. 150 Perry-Rhodan-
Heftr., ca. 75 P. Rhodan-Taschenb., ca. 70
Orion-Taschenb. u. Heftr., ca. 70 Terra-
SF-Romane, ca. 180 Mythor-Heftr., 2
Reiseführer Costa Smeralda, ca. 150
andere Taschenb. u. Heftr.
    MA: Die Großen d. Welt 71; Die
Großen d. XX. Jhs 73.
    R: SCDAEIOUY oder unterstelltes
Ergebnis, m. Dieter Hasselblatt, Hsp. 72.

von dem Knesebeck, Paridam,
Verlagsbuchhändler; Dt. Übersetz.verb.
65; Haus Eschenberg, D-3407
Bremke üb. Göttingen, Tel. (05592) 1203
(Ludwigslust/Mecklenb. 24.8.11). Essay.
Ue: E, Am.
    B: Unter dem Namen Henriette Spei-
tel: K. Paustowskij: Beginn eines unbe-
kannten Zeitalters.
    H: Schwarzer Gesang, Spirituals. —
MH: Meine dunklen Hände, moderne
Negerlyrik m. Eva Hesse 53, 56; Geist-
liche Lieder der Neger Amerikas, m. J.E.
Berendt 55, 56. - **H** u. **Ue:** Tennessee

Williams: Sommerspiel zu Dritt; St.V.
Benét: Puderweiße Gesichter, Stories.
Ue: Stephen Vinzent Benét: Des
Bischofs Bettler 52, 56; Es ist alles ein
Anfang 56; Anne Morrow Lindbergh:
The steep ascent u. d. T.: Die Gefährtin;
Christopher Leach: Das Rad 55; Laurie
Lee: Eine Rose für den Winter 56;
Langston Hughes: Das Buch vom Jazz
56; Trommeln zur Seligkeit; Ich werfe
meine Netze aus; Roy DeCarava u.
Langston Hughes: Harlem Story 56;
Lachen um nicht zu weinen; Tennessee
Williams: Sommerspiel zu Dritt.

Kneubühler, Theo; Bergstr. 114, CH-
6285 Hitzkirch (Luzern 3.10.45). Essay,
Essayroman.
V: Drei mal drei Teile des I.
Charduxman 75; Amazonas — Fast alles
nur halb so doppelt 76; Im Wald des
einzigen Bildes 82. — **MV:** Gemurmelte
Differenz des Gleichen, m. Rolf
Winnewisser, R. 75.
MA: Die neue Sprache 80.

Kneubühler-Fessler, Anna,
Geschäftsfrau; Club Hrotsvit 38;
Voltastr. 33, CH-6000 Luzern (Hitzkirch,
Kt. Luzern 16.2.04). Lyrik, Roman,
Novelle.
V: Mein Dichten, G. 38; Vor den
Gärten des Paradieses, R. 47.

Knickrehm, Hans (Ps. Dirks
Burmester), Ingenieur; Lübecker Str. 7,
D-6236 Eschborn, Tel. (06196) 43409
(Hamburg 28.1.23). Roman,
Kurzgeschichte.
V: Alarmstart, R. 82.

Kniepen, Klaus *

Knilli, Friedrich, Ing., Dr. phil., Prof. f.
Allg. Litwiss.; VS seit 71; 8. Adolf-
Grimme-Preis 71; Vorst.Mitgl. Lit. Collo-
quium Berlin; Argentinische Allee 2, D-
1000 Berlin 37, Tel. (030) 3142992
(Fehring/Steiermark 14.2.30). Stücke,
Hörspiel, Film, Fernsehen, Essay.
V: Liebe, Gauner und Orangen, Lsp.
57; Die Abreise, Lsp. 57; Deutsche Laut-
sprecher, Versuche zu einer Semiotik
des Radios 70. — **MV:** **H:** Die Unter-
haltung der deutschen Fernsehfamilie.
Ideologiekritische Kurzanalyse von
Serien 71.
H: Literatur in d. Massenmedien,
Demontage v. Dichtung 76. —
MH: Holocaust zur Unterhaltung,
Anatomie eines internationalen Best-
sellers 82; Jud Süß. Filmprotokoll,
Programmheft u. Eunzelanalysen 83.
F: Technische Universität Berlin 65.

R: Pantalone, Hsp. 56; Was sieht der
Hörer?, Ess. 61; Vom Theater für Blinde
zum Spiel der Stimmen und Geräusche,
Feature 63; Es gibt Deutsche und Deut-
sche, radiophones St. 63; Wo das Aar
noch haust, radiophon. St. 64; Pepi, TV-
Glosse, m. G. T. Straschek 65; Der
Plebejer probt Kanzlerworte, Radio-
satire 65; Die Lust am Kapitalismus,
Radiodeklaration, m. Erwin Reiss 70;
Auf, Sozialisten, schließt die Reihen!
Dokument. Fernsehsp. 70 (auch als
Film); Talkshow, Hsp. 80; Der Jude in
uns, Hsp. m. TU-Studenten 82.

Knippel, Günter; Ziolkowskiallee 25,
DDR-1200 Frankfurt/Oder.
V: Ein König zieht um, Geschn. 81. ( )

Knister, s. Jochmann, Ludger.

Knitz, s. Freudenberger, Hermann.

Knobel, Betty, s. Wehrli-Knobel,
Betty.

Knobel, Bruno, Publizist (Winterthur
21.7.21). Essay. Satire, Novelle, Jugendbuch. **Ue:** F.
V: Das große Abenteuer Lord Baden
Powells Ess. 54, 63; Horoskopiere dich
glücklich, Satire 55 (auch holl.); Unter
uns gesagt, Jgdb. 56; 14 Uhr am Waldrand, Jgdb. 58, 76 (auch amer.); Der Auf-
stand, N. 61; Ich gehe in die Industrie
61; Im Stall der Steckenpferde 62; Jazz-
Fibel 60, 62; Film-Fibel 63; Roß und
Reiter - Fibel 65 (auch schwed.); Tells
Nachwuchs 65; Winterthur für Anfänger
67; Die Zehen des Fortschritts, Sat. 66;
Krimifibel 68; Die Schweiz im Nebel-
spalter, Karikaturen 1875 — 1974 74;
Heitere Schweiz, Humor in helv. Lit.
76. — **MV:** Mit Rucksack, Zelt und
Kochtopf, Reiseb. 59, m. René Gardi;
Kompaß; Helveticus.
R: Satirische Kurz- und Jugend-Hsp.
Ue: Pierre de Latil: Le Camp du
Monde u. d. T.: Lager am Grat 50.
Lit: Dino Larese: Schweizer Jugend-
schriftsteller der Gegenwart; Persön-
lichkeiten, Bd. Schweiz. ( )

Knobloch, Erhard Joseph (Ps. Ludwig
Klinger), Redakteur, Verlagslektor; Kg.
55, Marburger Kreis 57; Sudetendt.
Förderpreis 58, Adalbert-Stifter-
Medaille 74; Liebigstr. 1, D-8050
Freising, Tel. (089) 335091 (Tetschen/
Nordböhm. 1.11.23). Lyrik, Erzählung,
Essay.
V: Wo fänd ich deinesgleichen, G. 52;
Herbstliches Aquarell, G. 57; Hinter dem
Hügel, Erzn. 57; Der Goldmacher, Erzn.
59; Der geheimnisvolle Schatz, Erzn. 60;
Das weiße Wunder, Erzn. 61; Der Som-

mer mit Ruscha, Erz. 62, 63; Die
schönsten Sagen aus Ost- und West-
preußen 64, 79; Weinmond, G. 67;
Deutsche Literatur in Böhmen-Mähren-
Schlesien, Handlex. 68, 76; Sudetenland
in 144 Bildern, Bildb. 69, 76; Das
Prinzessinspiel, Erzn. 77.
   MA: Große Sudetendeutsche 57, 75;
Große Ost- und Westpreußen 59; Große
Niedersachsen 61; Erzählungen aus dem
Sudetenland 74, u.a. Anth.
   H: Nur wer die Herzen bewegt,
bewegt die Welt, Aphor. 60, 63; Der
leuchtende Bogen, Anth. 61; Ein gutes
Wort zur rechten Zeit, Aphor. 61; Sei,
Mensch, zum Besseren gesinnt, Aphor.
62; Sudetendeutsches Lachen, Anth. 63;
Sudetendeutsches Weihnachtsbuch 64,
65; Du Land meiner Kindheit, Anth. 66;
Hausschatz sudetendeutschen Humors,
Anth. 67; Lob der Heimat, Anth. 68;
Sudetenland − Heimatland, Anth. 73,
82; Sudetendeutscher Kalender 60-84;
Marburger Bogendrucke, seit 64 (73
Folgen).

   Knobloch, Florian, Verwaltungs-
angestellter, Organisator der
"SASSAFRAS"-Autorenlesungen; VS 74;
Bilker Allee 12, D-4000 Düsseldorf 1, Tel.
(0211) 307821 (Osijek/Jugoslawien
17.10.24). Roman, Novelle.
   V: Tapetenwechsel, Erzn. 80.
   MA: Kurzgeschichte in Anth.
   H: SASSAFRAS-BLÄTTER Nr. 27
b.a.W..
   Lit: Lore Schaumann: Düsseldorf
schreibt - 44 Autorenporträts 74.

   Knobloch, Hans Werner, Schriftsteller; RFFU 60, VS 71; Rueßstr. 29, D-
8000 München 50 u. Via Bestone 13, I-
25010 Voltino/Tremosine Bazzanega,
Ital., Tel. (089) 8121460 bzw. (0365) 952193
(Chemnitz 25.2.28). Jugendbuch, Hörspiel, Fernsehspiel.
   V: Das Geschenk der Seidenprinzes-
sin, Jgdb. 64; Auf unserer Insel tut sich
was, Jgdb. 66, 69; Stups, Jgdb. 70; Die
Gäste des Herrn Pippinello, Jgdb. 72;
Das Geheimnis der Göttin Si ling shi',
Jgdb. 73; Hauptgewinn ein Kalb, Jgdb.
78.
   R: Fegefeuer, Hsp. 65; weitere 60 Hsp.
u. a.: Stups, 4 Folg., Geschichten aus
Spettronien, 8 Folg.; Die Karawane,
nach Hauff, 8 Folg.; Die Vogelscheuche;
Der verlorene Hut; Vor Mäusen wird gewarnt; Schwindler, Schwätzer und Be-
lehrte; Pech für Füchse; Glück für
Enten, alles Fsp.; 1793; Der Tunnel; Nie
wieder ein Wort davon?; Das Trocken-
milchkalb 78; Marcel 79; Titanic 80, alles

Hsp. u. Hsp.serien; Kalif Storch; Der
Lügner Maaruf, beides Fsp.

   Knobloch, Heinz, Dipl.-Journalist;
Verb. dt. Jounalisten 50, SV-DDR 62,
P.E.N.-Zentr. DDR 80; Literaturpreis d.
F.D.G.B. 63, Heinrich-Heine-Preis 65,
Goethe-Preis d. Stadt Berlin 79, Louis-
Fürnberg-Pr. 80; Goethe-Ges. 75;
Masurenstr. 4, DDR-1100 Berlin
(Dresden 3.3.26). Feuilleton, Kurz-
geschichte, Erzählung, Essay, Roman.
   V: Der bakteriologische Krieg, Doku-
mentation 55; Herztöne und Zimmer-
mannssplitter, Feuilletons 62; Vom
Wesen des Feuilletons 62; Ein gewisser
Reginald Hinz, Kurzgeschn. 63; Die
guten Sitten, Feuilletons 64, 74, 79;
Pardon für Bütten, Erz. 65, 76; Du liebe
Zeit, Feuilletons 66, 73; Rund um das
Bett 70, 83; Täglich geöffnet, Feuilletons
70, 75; Bloß wegen der Liebe, Feuilletons
71, 77; Beitr. zum Tugendpfad, Auswahl
72; Innere Medizin, Auswahl 72; Rund
um das Buch 73, 79; Man sieht sich um
und fragt, R. 73; Stäubchen aufwirbeln,
Feuilletons 74, 80; Das Lächeln der
Zeitung, Feuilletons 75, 79; Der Blumen-
schwejk, Feuilletons u. Briefe 76, 82;
Handwärmekugeln, Auswahl 79; Nach-
trägliche Leckerbissen, Auswahl 79;
Mehr war nicht drin, Feuilletons u.
Fotos 79, 80; Herr Moses in Berlin,
Essay/R. 79, 81; Berliner Fenster,
Feuilletons 81, 83; Stadtmitte umsteigen,
Essay/R. 82, 83. − **MV: MH:** Mir gegen-
über, m. Reiner Kunze, Feuilletons 60;
Guten Appetit. Eine Weltreise m. Mes-
ser und Gabel, m. G. Linde 67; Land-
schaften unserer Heimat, Bildband, m.
H.-J. Knobloch 73.
   H: Victor Auburtin: Sündenfälle,
Feuilletons 70; Allerlei Spielraum,
Feuilletons aus 225 Jahren 73, 75; Kreise
ziehen, Feuilletons 74; Schattensprünge,
Feuilletons 75; Ernst Kossak: Aus dem
Papierkorbe eines Journalisten,
Feuilletons 76; Der Berliner zweifelt
immer, Feuilletons 77, 79; Victor
Auburtin: Bescheiden steht am Straßen-
rand, Feuilletons 79, 82.
   F: Plastik im Park, Puppentrickfilm
65.

   Knöbl Kastelliz, Kuno *

   Knöferl, Brigitte, Einzelhandelskfm.;
Schillerstr. 11, D-6106 Erzhausen (Mainz
3.5.57). Lyrik.
   V: Nur einmal blüht das Leben, Lyr.
79.

   Knoell, Dieter Rudolf, M.A.,
Sozialwissenschaftler u. Publizist;

Kienitzerstr. 104, D-1000 Berlin 44, Tel.
(030) 6214934 (Landau/Pfalz 2.1.51).
Aphorismus, Essay, Kurzgeschichte,
Satire.
V: Die Gesunden und das Normale,
Ess. 73; Zur Lage der Nation.
Sekundenbuch, Aphor. 78.
MA: Lex. d. Erz.wiss. 75; Kurzprosa-
Anth. Diagonalen 76; Laßt mich bloß in
Frieden 81; Sag nicht morgen wirst du
weinen, wenn du nach dem Lachen
suchst 82.

Knöller geb. Seyffarth, Ursula (Ps.
Ursula Seyffarth), Dr. phil.; Stiftung zur
Förderung des Schrifttums 67; Tukan-
Pr. d. Stadt München 77; Rudolf
Alexander Schröder-Ges. 75, Goethe-
Ges. Kassel 80; Im Druseltal 12, D-3500
Kassel, Tel. (0561) 304493 (Berlin 10.1.15).
Erzählung, Novelle, Essay, Literatur-
kritik. **Ue:** E, F, I.
H: Liebe Charlotte ..., aus Wilhelm von
Humboldts Briefen an eine Freundin 45;
Paul Eipper: Zwiegespräch mit Tieren
57; Ludwig Thoma: Onkel Peppi und
andere Geschichten 59.
Ue: Colette: Julie de Carneilhan, R. 50
u. d. T.: Die erste Madame d'Espivant 60,
62; Leo Ferrero: Angelica, Tragikom. 51;
Max-Pol Fouchet: Nubien. Geborgene
Schätze 65; Ménie Grégoire: Le Métièr
de Femme u. d. T.: Die zweite Eman-
zipation Ms. 66; Raymond Bloch: Die
Kunst der Etrusker 66; Léon Gozlan:
Balzac in Pantoffeln 67, 69; Ferdinando
Rossi: Malerei in Stein, Mosaiken und
Intarsien 69; Michael Grant/Antonio De
Simone/Maria Teresa Merella: Eros in
Pompeji 75; Hommage à Marc Chagall
76; Paolo Lecaldano: Goya. Die
Schrecken des Krieges 76; John
Boardman/Eugenio La Rocca: Eros in
Griechenland 76; Die Sportspiegel-
Kartei 77 — 79; Alberto Moravia: Boh
84. — **MUe:** Larry Collins/Dominique
Lapierre: O Jerusalem 72, 74; Leonor
Fini. Gesicht und Maske, Ms. 78.

Knoke, Will, Lehrer; DAV 79;
Hannoversche Str. 30, D-3003
Ronnenberg, Tel. (05109) 3420 (Eltze
12.6.25). Erzählung, Kurzprosa,
Feuilleton, Lyrik.
V: Das Glück zum Greifen, Lyr.,
Kurzprosa 82.
MA: Lyr. u. Prosa vom Hohen Ufer I
79, II 82; Europäische Begegnungen 80;
Des Menschen Würde ... 81;
Ansichtssachen 83, alles Anth.
MH: Signaturen, Lyr.-Anth. 81.

Knoll, Helmfried, Dipl. Dolmetscher,
Bankangest.; IGdA 68, Erster Vorsitz. d.

IGdA 77-83; Ehrenliste d. Öst. Unter-
richtsmin. 69, Theodor-Körner-
Förderungspreis 77; Bauernfeldgasse
10/1, A-1190 Wien, Tel. (0222) 3627093
(Wien 18.1.30). Erlebnisbericht, Lyrik,
Journalistik, Wanderführer. **Ue:** S, Port.
V: Von meinen Wanderpfaden 67;
Erwanderte Heimat - erlebte Fremde
69; Wanderungen rings um Wien 72;
Wandern - jahrein und jahraus 72;
Gipfel und Wege zwischen Salzburg und
Bad Ischl 73; Vom Nordwald bis zur
Puszta 74; Erlebte Geschichte im Land
unter der Enns 76; Wandern in Öster-
reich 78; Freizeitführer Haus Zelking
78; Familienwandern in Österreich 81.
MA: Anthologie 3 der rsg (auch span.
u. portug.).
Ue: Torcuato Luca De Tena: Emba-
jador en el Infierno u. d. T.: Der Rebell
65; Angela C. Ionescu: De un País lejano
u. d. T.: Aus einem fernen Land 69;
Gloria Fuertes: Cangura para todo u. d.
T.: Känguruh - Mädchen für alles 79;
Gabriel García Voltá: El mundo perdido
de los visigodos u.d.T.: Die Westgoten 79.

Knoll, Manfred *

Knop, Jürgen, c/o Verl. SOAK,
Hannover.
V: Sie werden uns doch bemerken
müssen ..., Geschn. aus e. behinderten
Leben 81. ( )

Knop geb. Kath, Lydia (Ps. Lydia
Kath), Dr. phil.; Hebbelstr. 55, D-5000
Köln 51 (Virchow/Pomm. 16.8.06).
Jugendbuch, Essay.
V: Sisi und das Hamselkind, Gesch.
54; Marianne sorgt für zwei 55;
Geschichten vom kleinen Michael 56, 65;
Ein Vogel kam geflogen, Erz. 57, 58; Der
kleine Flötenspieler 59, 62; Gras für die
Königskamele, Gesch. 60, 62; Meisie in
Südafrika, Erz. 60; Sabinchen Kunter-
bunt, Erz. 58, 64; Hallo, kleiner Thomas,
Erz. 59, 64; Weihnachten bei Theodor
Storm, Erz. 65, 66; Mutter Anna. Ein
Lebensbild 66; Die Weihnachtskunst der
Rätin Goethe, Erz. 66, 76; Das Krippen-
spiel der Kronschüler, Erz. 67; Kleiner
Freund aus Griechenland, Erz. 69; Frau
Rätin Goethe erzählt 82. — **MV:** Wege in
dieser Zeit.
MA: Auf meiner Straße, Anth. ostdt.
Autorinnen d. Gegenwart 76. ( )

Knopel, Ursula; OdF-Str. 55, DDR-
3280 Genthin (1916).
V: Ferien mal ganz anders 73; Neues
aus Kabelitz 78, 2. Aufl. 80.
MA: Anthologie der schreibenden
Arbeiter d. Dimitroff Werkes Magde-

burg 78; Anthologie der schreibenden
Arbeiter Genthin 79. ( )

Knopp, Josef, Bundesbahn-
Betriebsinspektor i.R.; Büngertsweg 21,
D-5400 Koblenz, Tel. (0261) 82203
(Koblenz-Wallersheim 14.12.15). Roman,
Film.
V: Überleben, Tatsachenr. 78. ( )

Knorr-Anders, Esther, Angest.; 1.
Preis Hörspiel- u. Erzählerwettbewerb
d. ostdt. Min. f. Arbeit ... 72; Grillparzer
Str. 7, D-6200 Wiesbaden (Königsberg
9.3.31). Lyrik, Roman, Novelle, Essay.
V: Die Falle, Dok.-ber. 66, 77 (auch
franz.); Kossmann, R. 67, 78 (auch
franz.); Die Packesel, R. 69, 78; Blauer
Vogel Bar, Prosa 70; Der Gesang der
Kinder im Feuerofen, Prosa 72; Das
Kakteenhaus, Erz. 75; Frau Models
Haus am Wasser, N. 76; Jakob u. Darja,
R. 77, Tb. 80; Die Falle, Frau Models
Haus am Wasser, Das Kakteenhaus, Tb.
78. — **MV:** Für dich für heute, hrsg.
Friedrich Wilhelm Bank 70.
R: Take, Funkerz. ( )

Knoth, Hermann, Malermeister; VS
76; Lit. Werkstatt Norderstedt 73, Lit.
Centrum Hamburg 79; Waldstr. 4, D-
2000 Norderstedt, Tel. (040) 5223933
(Hamburg, Altona 5.1.27). Lyrik, Novelle,
Essay.
V: Frau Tal liebt alte Schlösser,
Hamburger Gesch..
MA: Erinnerung Arbeit Erfahrung;
Norddt. Beitr.; Erste unvermeidliche
Hamburger Annäherung 82; Mezzotinto,
Zs. f. Lit.; Die Hintermüller oder
Alltagsgeschichten aus d. Großstadt,
Anth. 83.
Lit: Beutin in: Frau Tal liebt alte
Schlösser.

Knudsen geb. Buddenböhmer,
Ingeborg (Ps. Ingeborg Buddenböhmer),
Dozentin; Friedrichshulderweg 2 V, D-
2083 Halstenbek, Tel. (04101) 45103
(Lingen/Ems 22.6.31). Erzählung.
V: Kurbrunnen und Kurschatten, Erz.
68, 76; Unter dem Sternbild des Wagens,
Erz. 69; Nachmittags im fünften Stock.
Eine Jugendpsychologin erzählt aus
ihrer Praxis, Erz. 71, 76; Aber ein Abbild,
Lyr. 79.

Knudsen, Knud, Dr. phil., Bildhauer;
Höhenweg 35, D-6350 Bad Nauheim, Tel.
(06032) 2870 (Berlin 16.1.16). Erzählung,
Essay. **Ue:** D, E, F, N.
V: Lauter Sonderlinge, Erz. 47; Das
Liebesbrevier, Aphor. 50; Plastik - zum
Nachdenken 64; John F. Kennedy in

Bronze 65; Die zwölf Temperamente 69;
Vorbilder - Zeitbilder - Sinnbilder 74.
H: Welt ohne Haß 50; Dänemark 53. -
H u. **Ue:** St. V. Benét: Amerika 47; E.
Posselt: Lieder und Gedichte vieler Völ-
ker 47; G. W. Allport: Treibjagd auf
Sündenböcke 53, 68.
Lit: Eric H. Boehm: We survived 49,
66; Hans Cürlis: K. C. Knudsen, Köpfe
ohne Maske 47.

Knüller, Reiner, s. Müller, Rainer.

Knust geb. Weiß, Jutta, Übersetzerin;
Heinrich-Heine-Str. 17, D-3016 Seelze 1,
Tel. (05137) 2477 (Gleiwitz 17.6.13). **Ue:** F,
E, D, H, Schw, N, Afr.
Ue: Godfried Bomans: Der faule
Junge. Der unzufriedene Fisch, Das
Lokomotivchen; Der eitle Engel; Das
verliebte Zebra, alle 53; Janet Lewis:
Keikos Seifenblase 67; Kay Haugaard:
Papierfisch oder Pferdeschwanz 70. —
MUe: zahlr. d. unter Theodor A. Knust
aufgeführten Werke seit 51.

Knust, Theodor A., Übersetzer;
Heinrich-Heine-Str. 17, D-3016 Seelze 1,
Tel. (05137) 2477 (Gosda Kr. Kalau
27.9.08). Essay. **Ue:** F, I, alle germ. Spr.
H: Marco Polo, Von Venedig nach
China 72.
Ue: Werke von Harold Nicolson, Wini-
fred Holtby, Guy de Maupassant, V.
Sackville-West, G. W. Leibniz. —
MUe: Werke von R. C. Cook; Patrick
Bair; Wolfgang Langewiesche; Simon
Carmiggelt; A. den Doolaard; Hamilton
Basso; Godfried Bomans; Georges
Duhamel; Paul Gallico; Louis Golding;
Knut Hamsun; Joy Pakker, George
Rosen u. Beate Caspari Rosen; Richard
Winston; Tamas Aczel u. Tibor Meray,
Rogier van Aerde, George Antheil; M. A.
Baudouy, Eduard Breton de Nijs,
Alexander Campbell, Neville Cardus;
Stewart Cloete; Fleur Cowles; Maria
Dermoût; Thyde Monnier; Kathleen
Southwell Davis; A. M. Barkey Wolf;
Gräfin Else Moltke; Viveka Heyman;
Aagot Benterud; Julian Huxley; Adriaan
Martinus de Jong; George Kennan;
Marion Laudy; Michael McLaverty; C.
H. J. Maliepaard; Jan Mens; Charles
Mergendahl; Samuel Morgenstern;
Agaath van Ree; Walter Sokel; John
Storm; T. S. Stribling; F. A. Venter;
Phyllis Wadsworth; Frank Lloyd Wright;
W. S. Allen; Eva Alexanderson; P. Bless;
Marie Boas; Eleanor Clymer; R.
Conquest; Tom Cullen; Salvador Dali;
Miep Diekmann, E. Doernberg; Isobel
English; G. R. Fazakerley; B. V. Fore-
man, W. Fowlie; Saul Friedländer; M.-R▸

Hofmann; Wim Hornman; Kathrin
Hulme; Elspeth Huxley; David Irving;
Clasina Isings; A. Koolhaas; Pinchas E.
Lapide; Doris Leslie; D. Lockwood; J.
McGovern; Hugh MacLennan; Frederic
Manning; Th. Molnar; P. Moore; Andrea
Newman; Paloczy-Horvath; Pia Paoli;
J.-M. Paupert; L. Pauwels; Catherine
Paysan; Pierre Petit; Léon Poliakov; A.
Price; P. G. C. Pulzer; W. A. Purdy; M. K.
Rawlings; Suzanne Roberts; An Rutgers
v. d. Loeff; A. Simmons; Betty Smith; R.
Southern; M. Spinelli; George Steiner;
William Stevenson; Margaret Summer-
ton; R. Theunissen; Rosemary
Timperley; W. Weatherby; J. Weidman;
N. Weston; J. N. Wilford; B. A. Willems;
J. R. Wilson; George Bach u. Peter
Wyden; W. E. Barrett; Adrian Berry;
Thöger Birkeland; Zdena Berger; W. de
Bont; John Coles; Kathleen Conlon;
Arne Ebeltoft; William Emerson; Thor
Heyerdahl; Eske Holm; Sesyle Joslin;
Leonie Kooiker; Björn Kurtén; Michèle;
R. A. Monroe; Elaine Morgan; Jean
Plaidy; H. Schmidt; George Vine; G. J.
Whitrow; S. Duflos u. R. Brandicourt;
Maurice Genevoix; W. Koesen u. J. C.
van Keppel; Dan Kurzman; Joseph
Mileck; Frank G. Slaughter; Jim Wood-
man; Alan P. Bell; David Bolt; Ben
Burman; Jaap ter Haar; Sue K.
Hammersmith; Helmer Linderholm; Els
Pelgrom; Peter Porosky; Annie M.G.
Schmidt; Jan Terlouw; Rita Törnquist;
Martin S. Weinberg, u.a., alle m. Jutta
Knust.

Knuth, Elsbeth; Rolandstr. 13, D-5100
Aachen, Tel. (0241) 152198 (Watten-
scheid/Westf. 7.6.14). Roman, Erzählung,
Kurzgeschichte, Hörspiel.
V: Ein runder Tisch - gedeckt für
zwei, Erz. 56; Die leuchtende Spur, R.
60. — **MV:** Hoch über der Zeit, Ess. 78;
Lebensbereiche der Frau, Ess. 82.

Knuth, Peter Waldemar (Ps. Peter
Wolfenberg), Journalist; Walter-Franck-
Zeile 5, D-1000 Berlin 47, Tel. (030)
668329 (Berlin 24.12.17). Roman, Novelle,
Presse-Feuilleton. **Ue:** S.
V: Bunte Blüten, R. 36; Im Schatten
der goldenen Spinne, R. 36; Die Erinne-
rung, N. 37; Im Strome der Stunden,
Erzn. u. G. 38.

Kobbert, Elli (Ps. Bettina Bensen);
Hoyastr. 9, D-4400 Münster/Westf., Tel.
(0251) 22517 (Königsberg/Ostpr. 9.7.22).
Roman, Erzählung, Kurzgeschichte.
V: Vom April bis Dezember 59;
Madline Galeiwa 60; Warum gerade ich?
62, 65 (auch holl.); Am Ziel ist Klarheit

64; Der Engelmacher 65, alles Erzn.; Das
Lächeln der kleinen Marjell, R. 64/65;
Abschied von Hannelore 66, 79; Liebe
Gemeinde 66; Über Wolken laufen 66,
71; Es bumst in Pluckerheide 67, 80,
alles Erzn.; Wenn die Flut kommt, R. 68,
73; Schrei leise, Antonio! Erz. 68;
Übrigens ... die Ehe, R. 69; Tut etwas
Tapferes, R. 70; Sternfahrt zum Boden-
see, R. 72; Eine Freundin wie Pela, Erzn.
76, 80. — **MV:** Verlobung mit Baldrian,
Anth. 69; ... und Petrulla lacht, Anth. 71,
76; Auf meiner Straße, Anth. 75.
S: Madline Galeiwa 60.

Kobel, Ruth Elisabeth, Sekundarlehrerin; B.S.V. 68, SSV 74; Literaturpr.
d. Stadt Bern 58; Hubelgut, CH-3065
Bolligen, Tel. (031) 580685 (Bolligen
6.7.22). Lyrik, erzählende und
essaystische Prosa.
V: Ein volles Jahr, Mädchenb. 57; Der
neuen Stille sanfte Spur, G. 59; Vogel-
frau, Erzn. 74; Übergänge, R. 84.
H: Hans Zulliger: Unghüürig, Sagen
76.

Kober, Leo, Dr. phil., Prof. UL-
Beauftr.; Höfergasse 18/3, A-1090
Wien IX/68 (Alland/NdÖst. 30.9.05).
Drama, Lyrik, Erzählung.
V: Trauermantel und Totenkopf,
besinnl. Geschn. 47; Ein Jahresweg, Erz.
47; Der Turm der Gnade, Dr. 48; Das
Dreieck, G. 60.
MA: Ehrfurcht vor dem Wort 55.
H: Franz Stelzhamer: Werke 48.
s. a. Kürschners GK.

Kober, Wolfram, c/o Verl. Das Neue
Berlin, Berlin (Ost).
V: Nova, utop. Erzn. 83. ( )

Kobermann, Friedrich; Kurzer Kamp
1, D-2000 Hamburg 63.
V: Moira, die Reise zum Nullpunkt
der Welt 81, 82. ( )

Kobs-Grommeck, Eva *

Koch, Ernestine, Dr. phil., Autorin;
Effnerstr. 119, D-8000 München 81, Tel.
(089) 953042 (München 19.5.22).
Sachbuch, Kinderbuch, Hörspiel,
Feature, Dokumentation, Glosse, Dreh-
buch.
V: Albert Langen — ein Verleger in
München, Sachb. 69; Wumme und der
beste Papa der Welt, Kinderb. 77 (auch
hebr., dän., finn.); Wumme und Papa
machen Ferien, Kinderb. 79; Wumme,
Papa und die Großmutter, Kinderb. 81;
Er und Sie 82.
MA: Das Sonntagsweckerbuch 80.
R: 550 Hsp. in d. S.-R. Familie Brandl;
100 Hsp. in d. S.-R. Wumme, u. a. m..

Koch, Hans-Jörg, Dr. jur., Richter; Buchpreis des Intern. Weinamtes, Paris, Deutscher Weinkulturpreis; Breitenweg 1, D-6501 Wörrstadt, Tel. (06732) 2579 (Alsfeld/Hessen 15.3.31). Erzählung, Essay, Feuilleton.

V: Trunkene Stunden, Erzn. 58, 75; Eingefang'ner Sonnenschein, Erzn. 59; Wein für Ketzer und fromme Leut, Ess. 62; Weinland Rheinhessen, Ess. 76, 3. überarb. u. erweit. Aufl. u.d.T.: Weinparadies Rheinhessen 82; Im Zeichen des Dionysos, Ess. 73; Rheinhessischer Weinquellenführer, Ess. 79. – **MV:** Lebensfreude aus Rheinhessen, Ess. 55. – **V** u. **H:** Weingeschichten, Erzn. 67, 77; Worte vom Wein, Aphor. 67, 78; Bacchus vor Gericht 70; Kneipen, Krätzer und Kreszenzen, Ess. 72; Immerwährender Weinkalender, Ess. 74, 75; Wenn Schambes schennt, Schimpflex. 74, 78; Gelacht, Gebabbelt un Gestrunzt, G. 64, 76; Rheinhessische Impressionen, Ess., Bilderprodukt. 80.

Koch, Heinz E. A., Obertierpfleger; VS 61; Am Braukamp 5, D-3002 Brelingen i.d. Wedemark/Hann., Tel. (05130) 2713 (Hannover 18.4.37). Lyrik, Novelle, Essay, Plattdeutsche Sprache.

V: Einst und jetzt - Dokumente einer Kulturschande, Streitschr. 61; Weites Land, Lyrik 64; Wanderungen im Lönsland, G. u. kl. Prosa 67; Die Brelinger Schnuckengeschichte, Erz. 77; Büst du de Midd, de Midd vun de Welt?, G. in Platt u. Schweizerdt. 82. – **MV:** Große Niedersachsen 61; Schlagzeug und Flöte, Lyrik-Anth. 61; Ein Pferdebuch Bd. 2 77.

H: Giovanni Tantermozza, Lyrik 77; Gegenwind-Karten (Postkarten mit Themen zur Zeit) seit 59. – **MH:** Andreas Weitbrecht: Der Direktor 64; machangel-reihe, m. K. Morawietz seit 64; Der Pelikan von Lambarene (Jugend-Tierschutzzs.) seit 52.

Koch, Hermann, Dozent; Ludwigsburgerstr. 119, D-7140 Ludwigsburg-Hoheneck, Tel. (07141) 52438 (25.11.24). Roman.

V: Wenn der Löwe brüllt, Dram. Erz. 66, 81; Weihnachten im Religionsunterricht 72; Die Josefsgeschichte 74; Ostern 75; Flieg, Friedenstaube, Dram. Erz. 81, 82.

Koch, Jurij, Dipl.-Journalist, Dipl.-Theaterwissenschaftler; SV-DDR 67; Lit.pr. d. Domowina 63, 68, Staatspr. J. B. Ćišinski 74; Sielower Chaussee 3, DDR-7500 Cottbus, Tel. (059) 33163 (Horka, Kr.

Kamenz 15.9.36). Erzählung, Drama, Lyrik, Roman, Film, Hörspiel.

V: Rosamarja, R. 75, 76; Der einsame Nepomuk, Erzn. 80; Landung der Träume, R. 82; Der Kirschbaum, Erz. 83; Pintlaschk und das goldene Schaf, Kdb. 83.

MA: Lehrjahre, Anth. 80.

F: Die Enkel der Lusizer, Dok.f. 68; Wie wärs mit uns beiden 81.

R: Die letzte Prüfung, Hsp. 76; Die Enkel des Arnošt Bart, Fsf. 72; Jan Bösmann oder die Kutsche auf dem Dach; Pintlaschk und das goldene Schaf, beides Hsp. f. Kinder.

Koch, Karl-Heinz, Päd. Leiter; Klosterstr. 15, Jugendwerk, D-4835 Rietberg, Tel. (05244) 841213 (Bad Westernkotten 10.8.33). Laienspiel.

MV: Wir Burschen aus der Jungenstadt, Laisp. m. Heinz Jürgens 69. ( )

Koch, Magda (Ps. Ada Halenza); Kohlhökerstr. 15, D-2800 Bremen, Tel. (0421) 324820 (Bremen 20.4.00). Theater, Roman, Kurzgeschichte, Hörspiel.

V: Kreuzjunge, Lsp. 44; Seinerzeit zu meiner Zeit, Bremer Familienr. 50, 4. Aufl. 83; Madda u. Kede, Kurzgeschn. (Bremensien) 54, 3. Aufl. 82; Glauben anner Menschheit is hin, Kurzgeschn. (Bremensien) 80, 2. Aufl. 81.

R: Hsp. Frauenfunk 50-53.

Koch, Magdalene, Sprachlehrerin, Chefdolmetscherin a.D., Schriftstellerin; Autoren-Kr. Ruhr-Mark 62, VS 66, Die Kogge 77; Verleih. der Anna-Katharina-Emmerich-Med. 74, Verleih. der Engelbert-Medaille 76; Heidestr. 53, D-5820 Gevelsberg, Tel. (02332) 10208 (Gevelsberg/Westfalen 18.9.11). Lyrik in christl. Aussage. **Ue:** E.

V: Du bist das Wagnis, G. 62, 63; Sibirische Skizzen, Lyrik u. Prosa 63; Peruanische Elegie u. weit. Lyrik 70; Vergessene Zeichen, Lyrik 72; Flug ohne Dunkel, G. 73 (auch engl. in eign. Übers.); Raumfahrt und überall Strahlen, G. 75 (auch engl. in eign. Übers.); An den Ufern der Zeit 77; Christian Lyrics: I heard their weeping, Ich habe ihr Weinen gehört, christl. Lyr. 76; Border Night Grenznacht 80. – **MV:** Weggefährten 62; Die Kranichspur 63; Licht v. d. Dunkel der Angst 63; Liebe, menschgewordenes Licht 64; Spuren der Zeit 64; Du, unsere Zeit 65; Der Ennepe-Ruhr-Kreis 64 (auch engl., franz.); Der Bogen 64, 65; Das unzerreißbare Netz 68.

MA: Gedichte in: Engramme 2 69; The world of verse 71; 20th Century Poets;

Contemporary Poets 72; A Treasury of Mod. Poets 72; Poetry today 72; Poetry Internat. 72; In Praise of God 73; Editor's Choice 76.
S: Lyrik - Magdalene Koch, 11 G.
Ue: The world of Verse 71; 20th Century Poets 71; Contemporary Poets 72; A Treasury of modern Poets 72; Poetry today 72; Poetry international 72; In Praise of God 73; Editor's Choice '76 76.
Lit: Deutsche Bücherei, Gesamtarch. des dtspr. Schrifttums DDR 74; Handschriften dt. Dichter, Deutscher Faktorenbund e.V.; Deutschsprachige Literatur des 20. Jh. (vom 1. Weltkrieg an einschließlich DDR, Österreich u. Schweiz) 77. ( )

Koch, Thilo, Schriftsteller und Journalist; P.E.N. 58, VS 72, D-7201 Hausen ob Verena, Tel. (07424) 2565 (Canena b. Halle 20.9.20). Lyrik, Roman, Hörspiel, Essay, Film, Fernsehdokumentation, Sachbuch.
V: Eine Jugend war das Opfer, R. 46; Stille und Klang, G. 47; Zwischen Grunewald und Brandenburger Tor, Feuill. 56; Gottfried Benn, Biogr. Ess. 57, 70; Berliner Luftballons, Feuill. 58; Casanova, Eine Studie. 59; Zwischentöne. Ein Skizzenbuch 63; Wohin des Wegs, Deutschland 65; Tagebuch aus Washington I, II, III 63/64; Briefe aus Krähwinkel 65; Neue Briefe aus Krähwinkel 67; Kämpfer für eine neue Welt 68; Fünf Jahre der Entscheidung 69; Auf dem Schachbrett der Sowjetunion: die DDR 70; Die Goldenen Zwanziger Jahre - Porträt eines Jahrzehnts 70; Ähnlichkeit mit lebenden Personen ist beabsichtigt 70; Interview mit Südamerika 71; Die Fünfziger Jahre in Deutschland 72; Deutschland war teilbar 72; Reporterreport 72; Piktogramm der Spiele 72; Die Weltmächte im 20. Jahrhundert: Nordamerika 72; Berlin - teils teils 73; Hundert Jahre und ein Tag 76. — **MV:** Die Ära Adenauer; Welt im Wandel 72; Jugend wohin 73; Europa persönlich 73; In Deutschland 76; Ein Jubiläum des Wissens, 175 J. Brockhaus 80; Panorama der Weltgeschichte 83.
H: Porträts zur deutsch-jüdischen Geistesgeschichte 61; Die 10 Gebote heute 75 III (auch Mitarb.); Was die Menschheit bewegt I - III 77; Die Zukunft unserer Kinder I - III 79; Unser Mann in ... 81 (auch Mitverf.); Freiheit die ich meine 81 III.
R: u. F: Immer wieder Kolumbus 56; Wunder dauern etwas länger 56; Die

Journalisten 57, alles Hsp.; Moritat vom Donnerhall 58; Mäcki und die Schildkröte 59; Diesseits und jenseits der Zonengrenze 58 — 60; Aus erster Hand 58 — 60; Die Welt, in der sie leben 60; Die rote Optik 1 — 10 59 — 60; Weltbühne Amerika 1 — 17 61 — 64; Amerika, Pase di Dio 66; Ein Jahr Erhard, Amerikaner in Deutschland 65; Begegnung in Deutschland, Student sein in Deutschland, Frauen in Deutschland 66; Gastarbeiter in Deutschland, Afrika durch's Schlüsselloch, Deutschland nach dem Kriege I, II, III 67; Europas Norden; Ein Tag in Lissabon, Menschen an der Grenze, Symphony in Concrete 68; Die Goldenen Zwanziger Jahre I — IV; Auf dem Schachbrett der Sowjetunion; St. Pauli-Report; Was machen sie abends? 69; Selbstmord; Erben der Teilung; Wer ist der Nächste?; Alle Töne dieser Welt; Einkaufsbummel; Die Dollen Minas auf dem Rhein; Selbstmord - Krankheit oder Schicksal? 70; Prostitution, Wer ist der Nächste? I — VIII 71 — 73; Die Fünfziger Jahre in Deutschland I, II, III, Lüneburg; Zu den Toren des Paradieses; Ein Haus an der Förde 71; Ein Fenster zur Welt - 20 Jahre Deutsches Fernsehen 72; Entscheidung im Norden - (1) Dänemark (2) Norwegen 72; Südafrika: Industrienation am Kap 73; Schweden über Schweden 73; Finnlands zwei Gesichter 73; Dornröschen in Straßburg 74; 6 X Amsterdamm 74; P.E.N. in Kiel 74; Luxemburg - Im Zentrum Europas 75; Turin, Autostadt in der Krise 75; Rund um die Binnenalster 75; Helgoland — Insel ohne Beispiel 75; Helmut Schmidt, Portrait des Bundeskanzlers 76; Kommen die Russen — Nordnorwegen 76; Ein Kaufmann von Venedig 76; Partner Norwegen 76; Helmut Schmidt — ein Portrait 76; Einmal im Jahr 76; Die Rose von Stambul 77; Berlin im Wechsel der Zeiten I - III 77; Schwarz auf weiß 77; Die 10 Gebote heute I - VII 78, 79, 80; Odyssee 78 II; Leonardo da Vinci 81; Eine Nacht in Monte Carlo 81; Airport, der Frankfurter Flughafen 81; Eigentum verpflichtet 81; Capri, kleine Insel mit großer Vergangenheit 81; Perspektiven für Berlin 82; Der Deutsche Bundestag 82.
Lit: Lennartz, D. Schriftsteller d. Gegenw., 11. Aufl. 78.

Koch, Walter, o. Prof. f. Anglistik u. Semiotik; Markstr. 266, D-4630 Bochum,

Tel. (0234) 73457 (Hamm/Westf. 26.7.34).
Lyrik.
V: Es steigt ein Mensch (aus seiner
Höhle dem Himmel entgegen und
weint). Lyrische Versuche zur
Korrespondenz der Struktur 72.

Koch, Werner, Schriftsteller; P.E.N.
62, P.E.N.-Zentrum, Bdesrepubl. 71;
Erzählerpreis d. Sdt. Rdfk 60, Molière
Plak. d. Acad. Franç. 62, Preis der Acad.
Franç. für den besten ausländ. R. 64,
Bodensee-Literaturpr. 72; Auf dem
Brand 4, D-5000 Köln 50, Tel. (0221)
391967 (Mülheim-Ruhr 4.8.26). Roman,
Essay, Film.
V: Sondern erlöse uns von dem Übel,
R. 55; D. Kreuzung, Erz. 56; Pilatus,
Erinner., R. 59, Tb. 80 (8 Übers.); Die
Jungfrau von Orleans, Ess. 63; Der
Prozeß Jesu, Vers. eines Tats.-ber., Ess.
66; Zum Prozeß Jesu, Vers. einer hist.
Konstr., Ess. 67; See-Leben, R. I 71 (Fs.-
Verfilm.) 75; Wechseljahre oder See-
Leben, R. II 75; Ganghofers Haltung,
Ess. 78; Jenseits des Sees, R. 79, Tb. 81;
"Sollen wir K. weiter beobachten?" Ein
Leben im Widerstand 82.
MA: Die Probe, Erzn. 60.
H: Zur Nacht — Autoren im Westdt.
Fernsehen, Texte 70; Selbstanzeige. Ge-
spräche mit Schriftstellern 74.
R: Der Prozeß Jesu; Jeanne D'Arc;
Goethe u. Friederike Brion; T. E.
Lawrence; Götz von Berlichingen;
Wilhelm Tell; Ludwig Ganghofer; Die
Katakomben von Palermo; Das Mond-
gesicht, Fs.-Spiel 77, u.a., alles F.-Ber.
Ue: The great Charly Chaplin 55, 79. ( )

Kochanowski, Bodo; Kurfürstenstr.
81, D-1000 Berlin 30, Tel. (030) 2614076 u.
2591743 (Bromberg 2.4.19).
V: Die lichten Stunden 44; Ich küsse
Ihre Hand, Madame 66; Turandot in
Sumgait 76.

Kocher, Kurt E., Kaufmann;
Uhlandstr. 16, D-6701
Dannstadt Schauernheim, Tel. (06231)
7185 (Tübingen 20.5.34). Essay. **Ue:** E.
V: Tübingen — eine Stadt am Neckar,
Erinnerungen eines Lausbuben 74;
Jakob Böhme — Glauben, Erkennen,
Wissen. Sein Werk u. seine Aussage 75;
Die Boreer — 30000 Jahre Astronomie
u. ihre Symbole. D. Entdeckung d.
Rechensyst. d. Frühzeit 79; Macht euch
die Erde untertan, Die Teilung von Zeit
und Raum seit der Steinzeit 83.

Kocher-Erb geb. Erb, Hedwig (Ps.
Hedwig Erb, Ursula Kemmler);

Windeckstr. 35, D-8000 München 70
(Ravensburg 9.6.06). Jugendbuch.
V: Die Heldin von der Smoky-Farm
54, 60; Geheimnis um Erika 54; Abenteuer um Dolores 55, 72; Theaterskandal
im Altersheim 56; Im Eulenwinkel tut
sich was 56, 74; Margot sucht das Glück
59; Jutta auf Umwegen 61; Dorle und
der Schiffer 63; Edith 63; Inge spielt
Theater 75.

Kock, Erich (Ps. Leo Bretelle),
Redakteur, freier Schriftsteller; VS 64;
Pr. der Presse u. d. Kritik, Festival d.
UNDA in Monte Carlo 63, Silberne
Taube, Festival d. UNDA Monte Carlo
66, Förderstip. d. Ldes NW 76, Kath.
Journalistenpr. 77; Ges. Kath. Publ.
Dtlds e.V. 70, EM Lit. Ges. Köln e.V.;
Wendelinstr. 25, D-5000 Köln 41
(Müngersdorf), Tel. (0221) 492476
(Münster/ Westf. 19.9.25).
Kurzgeschichte, Gedicht, Fernsehfilm,
Sachbuch, Film, Essay, Glosse, Kritik.
V: Westfäl. Bildhauer u. Plastiker d.
Gegw., Ess. 56; Unterdrückung u.
Widerstand — 5 J. dt. Besetz. in d.
Niederlanden, Sachb. 59; Zwischen uns
sei Wahrheit, Ess. 59; Vorsignale, Ess.
60; Franz Stock, Sachb. 63; Morgen aller
Morgen, Erz. 63; Zwischen den Fronten
— Franz Stock, Sachb. 64, 66; Ludwig
der Heilige, Ess. 69; Ludwig van
Beethoven, Sachb. 70, 73; Franziska
Schervier — Zeugin e. dienenden
Kirche 76; Flandrisches Evangelium —
Auf d. Spuren v. Felix Timmermans 76;
Dein Kleid ist Licht — Rembrandt malt
d. Glauben 77; Wege ins Schweigen 78;
Du Grund unserer Freude — Ein
Marienb. 79; Ich freue mich auf heute,
Stundenb. 81. — **MV:** Unfertig ist der
Mensch, m. H. Böll 67; Ein anderes
Leben, mit B. Schellenberger 80.
H: Ins Ohr gesagt, Gespr. m.
geplagten Zeitgenossen 74.
F: Ludwig van Beethoven 70.
R: Zahlreiche Fsf. u. a.: Die Braut u. d.
Kreuz 62; Verkünde d. Wort 63;
Zwischen den Fronten 63; Der Altar v.
Kalkar 64; Romanik in Frankr. 64;
Bischof Ketteler u. d. kath. Arbeiterbew.
64; Tradition u. Herausforder. — d.
Philos. Josef Pieper 64; Ich bezeuge d.
Zukunft 65; Der kleine Zug 65; Jugend
in d. Kirche 66; Wallfahren — heute 67;
Heute u. vor 1967 Jahren 67;
Ungewißheit u. Wagnis 67; Meine Zelle
heißt Welt 68; Mitten in d. Welt 68; Was
ist ein Held? 68; Luxus — od. d.
Überfluss Gottes 68; Was halten Sie v. d.
Beichte 69; Dostojewski u. Petersburg

69; Gehorsam u. Friede 69; Im Anfang
war d. Bild 69; Ludwig van Beethoven 70
II; Weil wir ihn sehen werden, wie er ist
70; Spielzeug ist z. Spielen da 70 III;
Kino in Afrika 71; Ausgediente
Gottesdiener 71; Athos — Republik d.
Mönche 71; Der blinde Fleck 71; Vom
Fortschritt überrollt? Kampf f. e. Kirche
v. gestern 71; In den Ecken hausen d.
Engel 73; Erlöst wird, wer erlöst hat 74;
Die Straße, an d. kein Brot wächst 74;
Kind des Lichts 64; Rechenschaft eines
Christen 73; Zur Nacht — Mythos u.
Aufklärung in d. Kunst 69; Rembrandt
baut e. Krippe 74; Die Veröffentlichung
e. Todesanzeige ist unzulässig —
Bernhard Letterhaus 75; Alles ist
möglich, alles ist wahr 75; Der Tod
steckt zw. d. Zeilen, Lyriker äußern sich
üb. d. Tod 76; Wege ins Schweigen —
Erfahr. in e. Trappistenkloster 76; Herr,
mach, daß ich sehe — Leon Bloy 77; Des
Königs, mehr noch Gottes Diener 78;
Die Kinder v. Bethlehem 78, 78; Nur so
kann ich ihn lieben 79; Du sollst nicht
töten, Schulfs. 80; Ein Mann aus Männer
— Joseph Görres 82; Stehen auf dem,
was gestern stand — Klaus Ringwald
83; Hsp. u. Rdfksend. u. a.: Das Gerede v.
Laienverstand 57; 5 Jahre dt. Besetz. in
d. Ndlden 59; Das gold. Zeitalter in d.
Gesch. d. europ. Völker — Schweden 60;
Dialog üb. d. Gebet 61; Der Anspruch
der Kunst — Üb. W. Hausenstein u. s.
Gegenstand 62; Freiheit z. Ja u. Neein
62; Der Film — Kontrolle od. Kritik 62;
Versöhnung v. Kunst u. Wirklichkeit 62;
Die Wahrheit ist e. Dialog 63; Im
Abgrund d. Verbrechens, Dok. aus
Auschwitz 63; Kath. Kirche u. National-
sozialismus 63; Angst u. Liberalität 63;
Der verborgene Gott u. d. lebendig
Mensch 64; Film u. Dichter 65; Charles
Péguy u. d. Abenteuer d. Gesch. 67; Ich
bin ein Rechtsprecher in Gehorsam 67;
Es begab sich aber — Abschiedsrede e.
ehem. Christen 70; Thomas v. Aquin 74;
Franz Stock — Priester zw. d. Fronten
74; Gott allein genügt nicht —
Ordensfrauen äußern sich 76; Dem
Unsichtbaren entgegen — Aus d.
Tagebb. v. J. Green 77; Des Königs,
mehr noch Gottes Diener; Charbel
Makhlouf — D. schweigende Zeuge 78;
Herr, mach, daß ich sehe 78; Glauben
heute — Franz von Assisi — Der das
Evangelium wörtlich nahm 82; Glauben
heute — Franz von Assisi — und was
aus ihm wurde 82; Lebenszeichen —
Der Heilige von Auschwitz —
Maximilian Kolbe 82.

Lit: Sie schreiben zw. Goch & Bonn —
Bio-bibliogr. Daten, Fotos u. Texte v. 61
Autoren 75.

Kocsis, Gabor, s. Tunyogi-Csapo,
Gabor.

von Koczian (-Kabitzky), Johanna;
Lindenstr. 46, CH-8731 Gommiswald.
   V: Abenteuer in d. Vollmondnacht 77;
Der geheimnisvolle Graf 78; Die Fee, die
keiner haben wollte 79; Flucht von der
Insel 80; Unterwegs nach Atlantis 82.
   B: Seidenstrümpfe, Musical von C.
Porter 76.

Köck, Ferdinand Anton, s. Anton,
Ferdinand.

Köditz, Jürgen, Bauschlosser,
Hochschuldipl.; Gast DSV 77 bis 79; 1.
Pr. Lit.wettbew.: Ein gutes Wort z. guten
Tat, Dresdn. Arbeiterfestsp. 76, Verd. im
Künstl. Volksschaffen 69, Urkde f.
hervorr. künstl. Leist. im 1. Zentr.
Leistungsvergl. schreibender Arbeiter
70, II. Pr. 10. Weltfestsp. 73; Zirkel,
schreib. Arbeiter VEB C. Zeiss 64-78,
Arb.gem. Junger Autoren 70 bis Auflös.,
Autorenzentr. Gera 72; Hermann-
Duncker-Str. 20/Whg. 212, DDR-6902
JenaNeulobeda (Jena 28.7.39). Lyrik,
Drama, Erzählung.
   V: Meine Blaujackenzeit, G. 76. —
MV: Auswahl 72; Das uns Gemäße 70;
Wer bist du, der du schreibst; Gedanken
in meiner Glashütte 76; Zeitsparbuch
74; Neuere DDR-Literatur 75; Was sieht
die Ringeltaube?; Durch's Fenster hat
der Tag gelacht, alles Anth..
   R: Kl. Kindergesch. f. d. Hörfk.

Kögel, Jürgen; Wollankstr. 3, DDR-
1100 Berlin.
   V: Sprechen im Dunkeln, Erz.-Samml.
78; Streit und kein Ende, Erzn. 81. ( )

Köhl, Gudrun, c/o Valentin-Museum,
Isartorturm, Tal 43„ D-8000 München 2.
   V: Wie der Sepperl vom König eine
goldene Uhr bekommen hat, M. 69; Die
Geschichte d. Münchner Komikers Karl
Valentin 77; Karl Valentins Mondfahrt
78. — **MV:** 99 Jahre Karl Valentin, m.
Erich Ortenau 81. ( )

Köhle, Fritz, Kulturhistoriker,
Konzertmeister d. Bayr. Staatstheaters,
wiss. Mitarb. d. Hist. Komm. Bayer.
Akad. Wiss.; Pasinger Str. 57, Postf. 12
34, D-8032 Gräfelfing (München 3.1.07).
Drama, Lyrik, Roman, Novelle, Essay,
Film, Hörspiel, kulturwiss. Arbeit. Ue: E,
F, Bulg.
   V: H: Alte deutsche Kinderlieder,
Liedsamml. 47; Die Saubuam, Erzn. 56;
Entgifte dich selbst!, Saunabuch 63;

Bayr. Schwankbuch, Schwänke, Erzn.
70; Echt Bayrisch, Anekdn. 71; Reise-
briefe eines bayer. Schenkkellners, R.
72; Der letzte Isarmohikaner, Erzn.
74. — **MV:** In jene Dag had da Jesus
gsagd 78.
MA: u.B: Weiteres Weiss-blau
Heiteres 78; Das große bayerische
Geschichtenbuch 79.
F: Die eiserne Maske 29, mehr.
Kulturfilme 30 — 33 u. a.
R: Rumpelstilzchen; Das tapfere
Schneiderlein; Hans im Glück; Kasperl
vor Gericht, u. a.; Die Jagd nach dem
Durlhofer, Lustsp.; Der Teufel an der
Wand, Schwank.
Ue: Washington Irving: Rip' Van'
Winkle: Anthony Trillope: Malachi's
Cove; Charles Dickens: Mr. Minns' and
his Cousin; Charles Gove: The Gentle-
man in Black 30. ( )

Köhler, Erich, Bergmann; SV-DDR
58; Fritz-Reuter-Kunstpr. d. Stadt
Schwerin 57, FDGB-Kunstpr. 64,
Heinrich-Mann-Pr. d. Akad. d. Künste d.
DDR 77, Diplom d. Min. f. Kultur 74;
Siedlung 17, DDR-7551 Alt Zauche
(Karlsbad 28.12.28). Drama, Roman,
Novelle.
V: Nils Harland, Erzn. 57, 75; Schatz-
sucher, R. 64; Goldnase 65; Platekatel-
bankzosumirade 73; Der Schlangen-
könig 75, alles Kinderb.; Der Geist von
Cranitz, Sch. 72; Der Krott, N. 76; Hinter
den Bergen, R. 76, 78; Das Zauber-
pferdchen 76; Das kleine Gespenst 77,
beides Msp; Reise um d. Erde in acht
Tagen, phantast. Erz. 79, 80; Kiplag
Geschichten, Erzn. 80, 81.

Köhler, Marianne, Lehrerin i.R.; 1. Pr.
Offenhausener Dichterkr.; Schlesierstr.
10, D-8018 Grafing b. München, Tel.
(08092) 4868 (Katharinaberg i. Erzgeb.
15.10.08). Lyrik, Kurzgeschicht.
V: Kurzgeschichten 79; Die schöne
Welt, G. u. Kurzgeschn. 83. —
MV: Deutscher Gesang 71; Wort um den
Stein.
MA: Eckartbote; Hoam; Böhmer-
wälder Jb. 81, 82, 83.
Lit: Der Böhmerwald erzählt 83;
Kaadner Heimatbrief 83.

Köhler, Monika; VS 79; Föhrengrund
4, D-2107 Rosengarten, Kr. Harburg, Tel.
(040) 7965290 (Berlin 9.4.41). Roman,
Lyrik.
V: Die Früchte vom Machandelbaum,
R. 80.
MA: G. in versch. Lyr. Anth.

Köhler-Rechnitz geb. Rechnitz, Inka;
VS 57; Am Schlachtensee 26, D-1000
Berlin 38, Tel. (030) 8017138 (Breslau
18.4.18). Kinderbuch, Märchen,
Erzählung, Film, Hörspiel.
V: Zehn kleine Negerlein 54.
F: Zehn kleine Negerlein 54; Aufruhr
im Schlaraffenland 57.
R: Der silberne Knopf; Der vergeß-
liche Prinz; Die verkaufte Zeit; Der
Rutscheberg; In Schnapaprika ist das
Wetter schlecht; Erwachsene sind auch
Menschen, u. a. Hsp. - Die Reise zum
Titicacasee; Die steinerne Prinzessin;
Das ist ja wie verhext; Der Herr
Schwindelmeyer; Balduin Pimplig; Der
Straßenfloh; Der Kaiser ohne Zopf; Das
Wetterhäuschen; Zehn kleine Negerlein;
Klein, aber oho; Der Grimassen-
schneider; Die Geschichte vom
Tapetenmännchen; Eine teuflische
Geschichte; Klassenkamerad Robby
Stonefield; Der Prinz von Persipanien;
Tohuwabohu; Gibts die 7 Zwerge noch?;
Das blaue Wunder; Seltsame Freund-
schaft; Die verschwundene Schule; Die
mißglückte Zeitung; Familie-Zappke-
Geschichten, Sendereihe; Die Siebzig-
Meilenstiefel; Die rosarote Brille; Die
wandernde Litfaßsäule; Die Insel
Kauderwelsch; Der Riese im Hochhaus;
Alte Märchen neu verpackt, Sendereihe;
Hans im Glück, Sendereihe; Städte- und
Landschaftsbilder, Sendereihe:
Erinnerungen an Mallorca; Bamberg,
Stadt der Kunst, Kultur und tieferen
Bedeutung; Arrivederci Roma; Städte-
bild Bonn oder Getrübtes Liebesglück;
Verona — Stadt meiner Träume; Wenn
der Alltag kommt — Geschichten ver-
schiedener Ehen; Der Blondin von
Namur, nach Zschokke.

Köhlmeier, Michael; Riedergasse 2,
A-6900 Bregenz.
V: Der Peverl-Toni und seine
abenteuerliche Reise durch meinen
Kopf, R. 82. ( )

Köhnlein, Maria (Ps. Herma Wolka),
Hausfrau; Schiller-Bund, Bensheim e.
V., Freundeskreis Dichterstein Offen-
hausen e. V., D-7164 Obersontheim-
Hirtensteige 33, Tel. (07973) 772
(München 24.11.02). Biographie,
Dichtung.
V: Georg Herrmann, Künstler-
philosoph auf Wanderschaft, Biogr. 67,
Neuaufl. 82.

Köhrer, Reinhard, c/o Heyne-Verl.,
München.
V: Weg der Erde, SF-R. 83. ( )

Kölbel, Harald, StudRat i.R.; RSG, Ehrenmitgl. d. MIDI; Plinganserstr. 29, D-8399 Griesbach i. Rottal (Mährisch Ostrau 24.10.25). Lyrik, Kurzprosa, Essay.
V: Mein Stern ist ein Lied aus der Fremde, G. 66; Ein Fremdes Kind am Meer, G.
MA: Anthologie 2, Prosa 69; Das unzerreißbare Netz, G.-Anth. 68; Gott im Gedicht, G.-Anth. 72; Nichts und doch alles haben, G.-Anth. 77; Quer, G.-Anth. 74. ( )

Kölbl, Gottfried, Lehrer a. D.; Lit.pr. d. Karpathendt. Volksgruppe, 3. Hsp.-Pr.; Jos. Forster Str. 19, D-7919 Au b. Illertissen, Tel. (07303) 2911 (Graz/ Steierm. 26.1.10). Roman, Hörspiel.
Ue: U, Tsch.
V: Die Hexe von Freyenwalde, R. 59; Die Schlacht am Koberstein, Kurzgesch.
R: Volk am Kreuzweg; Die Tat wider den Tod; Dämme aus Blut und Erde (nach Müller-Guttenbrunn); Die Heimat brennt, m. R. Fochler.

Kölbl, Konrad (Ps. Conny Cöll); Hubertusstr. 13, D-8022 Grünwald/ München, Tel. (089) 6413913.
V: Die Conny Cöll-History-Western; Tiergeschichten; Kräuterfibel, Reprints.

Kölle, Sven, Kaufmann; Rilkeweg 50, D-2800 Bremen 33 (Bremen 18.11.14). Kurzgeschichten.
V: Was in ein' so steckt, Kurzgeschn. 82.

Köllersberger, Susanne, Beamtin; Bahnhofstr. 23, A-4070 Eferding (Eferding 7.3.23). Lyrik.
V: Lichtschatten, G. 65; Das Mondquadrat, G. 77. ( )

Könecke, Helga, Sozialpäd.; Rötestr. 3, D-7000 Stuttgart 1, Tel. (0711) 625550 (Habighorst 13.1.49). Lyrik.
V: Zärtlichkeiten. Das wollte ich dir schon lange sagen, G. 81.

Könekamp, Ursula, Sekretärin; Mühlfeldstr. 12, D-8033 Planegg, Tel. (089) 8598621 (Stuttgart 8.3.31). Kinderbuch, Erzählung, Übers.
V: Niko und Psari, Kinderb. 64; Kiberiti oder Penzi Streichholz, Kinderb. 71.
Ue: Norman C. Dowsett: Psychologie der zukünftigen Erziehung 82.

König, Barbara; P.E.N. 73; Literaturpreis d. Kulturpreises im BDI 62, Charles Veillon-Pr. 65, Förderpr. f. Lit. d. Stadt München 66, Ehrengabe des Andreas-Gryphiuspr. 70; Gruppe 47 50, Akad. Wiss. u. Lit. 73, Vizepräs. 81;

Brunnenstr. 14, D-8918 Dießen am Ammersee, Tel. (08807) 332 (Reichenberg 9.10.25). Roman, Erzählung, Fernsehspiel, Hörspiel.
V: Das Kind und sein Schatten, Erz. 58; Kies, R. 61 (auch in franz., poln., serbokr.); Die Personenperson, R. 65 (auch in poln., slowak.); Spielerei bei Tage, Erz. 69; Schöner Tag, dieser 13., R. 73; Die Wichtigkeit, ein Fremder zu sein, Ess. 79; Der Beschenkte, R. 80.
R: Abschied von Olga, Fsp. 69; Böhmische Gänse 69; Freiersfüße-Witwersfüße 70; Ich bin ganz Ohr 71; Dreimal Zeit 73; Ich und Ihr, die ich mal war 75 (auch engl., franz., span.); Etuden 76, alles Hsp.; Die Magermilchbande, Folge 6, Fsp. 79; Der Fuß im Netz, Hsp. 80; Victor, Hsp. 83.

König, Christa, ObStudR. a.D.; Steinrade 12, D-2077 Großensee, Tel. (04154) 6246 (Oels/Schles. 23.4.24). Kinderbuch, Jugendbuch.
V: Die erstaunliche Geschichte von Helmut und seinen Meerschweinchen, Kdb. 82; Ein Jahr mit Jumbo, Kdb. 82.

König, Friedhelm, StudDir.; Hinstürzstr. 9, D-3558 Frankenberg 1, Tel. (06451) 1752 (Wuppertal 2.5.31). Evangelistische Literatur.
V: Du bist gemeint, Botschaften für junge Leute 67, 81 (auch span., holl., ungarisch); Das ist ganz sicher 68, 82 (auch engl.); Sind Sie wirklich informiert? 72, 82 (auch engl., ital., serbokroatisch); Vorsicht, Rechenfehler! 73, 82; Der uns den Sieg gibt ... 77, 81; Kein Öl? 80, 83; Da ist kein Unterschied 83.

König, Hannes, c/o Valentin-Museum, Isartorturm, Tal 43, D-8000 München 2.
V: Ludwig II. Das M. vom Märchenkönig, Stück 69; Die Versuchung d. heiligen Johanna od. der Jungfrau dritter Prozeß, Kom. 77; Josef Gallmayr 82. — **MV:** Panoptikum, Vom Zauberbild z. Gaukelspiel d. Wachsfiguren 62.
B: W. Shakespeare: Hamlet 78.
H: Karl Valentin, Anekdn. 67; Was wahr war. Karl Valentin 69; Ja so war's, das München 76, Opas Touren rund um München 78. ( )

König, Hans, ObAmtsR.; V.F.S. 75; Collegium Nürnberger Mundartdichter 75; Tennenloher Str. 26, D-8520 Erlangen, Tel. (09131) 86289 (Erlangen 30.9.25). Lyrik, Essay in Hochsprache u. Fränk. Mundart.
V: Dä Gmaaroat tohchd, Tonbuch m. Schallplatte 77; Dä Pelzermärtl kummt.

Erlanger Stadtchronik der Jahre 1973 —
1977 in Mda.versen 77; Schau i nei ins
Spiegela, neue Mda.-dicht. 78;
Anekdoten, Erzählungen, Originale aus
Erlangen 80; Woß wissd denn ihr, mod.
Mda.-Dichtung 81. — **MV:** Erlanger
Gschichtli, Lyrik u. Prosa in Fränk.
Mda. u. Hochspr. 67, 68; Erlanger
Verschli, Mda.lyrik 69; Erlanger
Blummastraißli, Lyrik u. Prosa in
Fränk. Mda. u. Hochspr. 72; Erlanger
Zuckerstickli, Mda.lyrik 77; Monolog für
Morgen, Anthol. Erzählung 78; Bildband
Erlangen, Ged. in Hochspr. 76, 80.
R: Gaudeamus igitur, Hb. 83.
S: Dä Gmaaroat tohchd 77.

König, Hans H. (Ps. Henry van Dam),
Schriftsteller, Filmregisseur; Wenzberg
1, D-8021 Icking, Isartal, Tel. (08178) 5307
(Berlin 19.8.12). Roman, Lyrik, Dreh-
buch, Fernsehspiel, Musiktexte.
V: Die Lichtung, G. 47; Legende der
Leidenschaft, R. 63; Der achte Himmel,
R. 63; Zahlr. Illustr.-R. u. Taschenb. u. a.:
Der Verdacht, Tödliche Träume, In
Sotschi fing die Liebe an, Lauter schöne
Tage; Gefährlicher Urlaub, Spatzen aus
dem Paradies, Tod einer Hellseherin,
Acht Mädchen sind für einen Mann
zuviel, Die Mühle der Gerechtigkeit, Die
zweite Hochzeitsnacht, Und die Sonne
drückt ein Auge zu, Anne - ein Sommer
voller Zärtlichkeit, Fräulein Karate, Mit
13 fing die Liebe an; Römischer
Frühling; Blüten auf Ibiza; Geliebter
Playboy; Nicht in Teheran.
F: Die fidele Tankstelle; Der einge-
bildete Kranke (nach Molière); Die
kleine Stadt will schlafen gehen; Drei
Kavaliere; Heiße Ernte, u.a.
R: Meine Frau Susanne, Fsp.-Ser.;
Rendezvous mit Annegret, Musical.
Lit: Wilhelm Lehmann: Dichtung als
Dasein 56.

König, Johann-Günther, Dipl.-
Sozialpädagoge, Schriftsteller; VS 78;
Intern. Assoc. f. Audio-Visual Media in
Hist. Res. a. Educ. 76, Projektgr. f. vergl.
Sozialforsch. 80; Kohlhökerstr. 51, D-
2800 Bremen, Tel. (0421) 327475 (Bremen
15.8.52). Lyrik, Hörspiel, Feature, Mono-
graphien, Biographien, Prosa, wiss.
Artikel.
V: Verlieren ist kein Schicksal, Lyr.
76; Norderney, Portrait e. Insel, Monogr.
77; Stellungswechsel, Lyr. 78; Das
Bremer Blockland, Monogr. 80; Die
streitbaren Bremerinnen, Biogr. 81; Die
feine Bremer Art ... Anmerkungen zur
Bremischen Sittengesch., Monogr. 82;
Fischerhude, Die Geschichte eines

Dorfes, Monogr. 82. — **MV:** Auf
Kassetten gezogen u. in Scheiben
gepreßt, Jugendmedien-Forsch. 79; Die
neue Vahr, unser Zuhause, Monogr. 80;
Zwischen Spielplatz und Computer,
Kinderkultur 83; Fischerhude u. seine
Künstler, Mongr. 83.
MA: aus der nicht ganz freien hanse-
stadt bremen, Prosa 75; Für Portugal,
Lyr. 75; Berufsverbot, e. bdesdt. Leseb.,
Prosa 76; Federkrieg, Lyr. 76; Rettet d.
Garlstedter Heide, Lyr. 77; Frieden und
Abrüstung, Lyr. 77; Kritische Stich-
wörter z. Kinderkultur, wiss. 78; Kein
schöner Land, dtspr. Autoren z. Lage
der Nation, Lyr. 79; History a. the
Audio-Visual Media, wiss. 79; Anders als
die Blumenkinder, G. d. Jugend a. d.
70er Jahren, Lyr. 80; walten, verwalten,
gewalt, Lyr. 80; Her mit dem Leben,
Illustriertes Arbeitsb. f. Abrüstung u.
Frieden, Lyr. 80; Friedensfibel, Lyr. 82;
Friedens-Erklärung, e. bdesdt. Leseb.,
Prosa 82; Wenn das Eis geht,
Temperamente u. Positionen, Lyr. 83.
R: Gleichheit u. Gerechtigkeit f. einen
jeden 79; Frauenrechte — Volksrechte
79; Erst kommt d. Fressen, dann kommt
d. Moral 79; Gleicher Lohn f. gleiche
Arbeit 80; Vision d. neuen Frau 80; Stellt
mich hin, wo es brennt 81; Das Bremer
Blockland 81; Nichts als Ärger mit der
Schule 81; Norderney — Insel d. Fischer
u. Urlauber 81; Da kann ein' ja rot bei
werden 81; Vorabend 82.
Lit: niedersachsen literarisch 81.

König, Josef Walter (Ps. Walter
Grenzer), Germanist; Kg. 62, Assoc.
Intern. des Journalistes Philateliques 62,
FDA 73; Christophorus-Pr. 69, Aner-
kennungspr. 77; Johann-Wiedemann-
Str. 2, D-8850 Donauwörth, Tel. (0906)
5590 (Hotzenplotz 16.2.23). Anekdote,
Essay, Erzählung. **Ue:** Tsch.
V: Aus sonnigen Tagen, Anekdn. 62;
Viktor Heegers Leben und Wirken,
Biogr. 63, 64; Im Dienste der Heimat,
Festg. f. E. Weiser 64; Die Heimat
erzählt, Anth. 64; Das Schrifttum des
Ostsudetenlandes, Lex. 64; Ihr Wort
wirkt weiter, Ess. u. lit.hist. Miszellen 66;
Donauwörth im Spiegel der Literatur,
Ess. 68; Hunzaches, der Räuberhaupt-
mann auf der Schellenburg, Sage 69;
Straßenrandbemerkungen, Glossen 72;
Donauwörth, Stadtführer 74; Eckrand-
stück mit Sonderstempel, philat. Fachb.
75; Heimat im Widerschein, Ess. 77;
Donauwörther Miniaturen 79;
Schwarzes Kreuz auf weißem Grund,
hist. Fachb. 81; Vorderösterreich, hist.

Fachb. 82; Philatelie und Schule 82. —
MV: Führer durch Donauwörth,
Heimatb. 65; Der Landkreis Donau-
wörth, Heimatb. 66.
H: Viktor Heeger: Koppenbriefe, Ess.
60; Grüße der Heimat, Erzn. 62; Josef
Lowag: Geschichten vom Förster
Benedix (in schlesischer Mundart) 62;
Altvatersagen 65; Altvater-Jb. seit 68.
Lit: Adolf Gödel: J. W. König in:
Altvaterjb. 68; Erhard J. Knobloch:
Deutsche Literatur in Böhmen, Mähren,
Schlesien 68, 76; Arno Lubos:
Geschichte der Literatur Schlesiens III
74; Werner Jerratsch: Josef Walter
König, ein Sechziger in: Altvaterjb. 83.

König, Jürgen; Nr. 8, D-8167
Irschenberg.
V: Das Hintertürl zum Paradies, von
einem, der auszog das Landleben zu
lernen 81. ( )

Koenig, Lilli, Graphikerin; Öst.
Staatspr. f. Jgd.-Literatur 56, Jgdb.-Pr. d.
Stadt Wien 56; Savoyenstr. 1a, A-1160
Wien. Jugendbuch.
V: Kleine Tierkunde, Heimat, Tiererz.
50, 56; Die klaren Augen, Tier-Geschn.
51, 55; Kleine Tierkunde, Afrika,
Tiererzn. 54; Gringolo, Siebenschläfer-
Gesch. 56, 80; Timba, eine Hundegesch.
59. ( )

König, Paul, Dr.phil.,
Gymnasiallehrer; Seminarstr. 40, CH-
5400 Baden, Tel. (056) 261780 (Baden/
Schweiz 12.8.33). Drama, Lyrik, Essay,
Übers. **Ue:** Rät, F, E.
V: Gesang aus dem Feuerofen, G. 80.
H: Die Schweiz im Lichte der
Geschichtsschreibung 66; Die Schweiz
unterwegs 1798 — ?, Ausgew.
Geschichtsschreib. u. Deut. 69.

König, Rainer, Lehrer; Burg Birken-
hof, Keltenring 226, D-7815 Kirchzarten,
Tel. (07661) 3103 (Zell im Wiesental
21.8.32). Erzählung.
V: Lebten sie damals anders?,
Jgdsachb. 73.

König, René, Dr.phil., D.H.L.,
Dr.rer.pol.h.c., UProf.; P.E.N. Zentrum
BRD; Literaturpreis d. Kt. Zürich 50,
Premio Verga 67; Marienstr. 9, D-5000
Köln 40, Tel. (0221) 508613 (Magdeburg
5.7.06). Essay. **Ue:** E, F, I.
V: Sizilien. Ein Buch v. Städten u.
Höhlen, v. Fels u. Lava u. v. d. großen
Freiheit d. Vulkans 43, 57; Macht und
Reiz der Mode 71; Leben im Wider-
spruch 80.
Ue: Giovanni Verga: Die Malavoglia
45, Neuausg. 81; Galeazzo Ciano: Tage-

bücher 47; Hesketh Pearson: Oskar
Wilde 47, u.a.
s. a. Kürschners GK.

Koenig, Walter *

König, Wilhelm (Ps. Bantlhans),
Schriftsteller, Redakteur; VS 70;
Gutenbergstr. 36, D-7434 Riederich im
Ermstal, Tel. (07123) 32593 (Tübingen
27.6.35). Lyrik, Prosa in Schriftdeutsch
u. schwäb. Mundart.
V: lebens lauf, G. 74; neue heimat-
lieder, G. 75; dees ond sell, G. in mittel-
schwäb. Mda. 75; A Gosch wia Schwärt,
G. u. Geschn. in mittelschwäb. Mda. 76;
Du schwäddsch raus, G. im schwäb.
Dialekt 78; Jeddsd wäärmr gscheid,
schwäb. Prosa 80; s Loch u. andre
Mda.stücke 80; Hond ond Kadds,
schwäb. G., Sprüche u. Aphor. 82; koe
Angschd Bua, Mda.plakate 83; Mei
Schbrooch, schwäb. G. 83; Schwoba wia
gmolad, G. u. Bilder 83.
H: schwädds, Mda.-Zs. seit 80.
R: Wilhelm König stellt Mundart-
Autoren vor 82.
S: dees ond sell 76; Ets häämr da
Drägg, Schallpl. m. Texteinlage 77; Du
schwäddsch raus 78.

von Koenig-Warthausen, Gabriele
Freiin, Dipl.-Bibliothekarin i.R.; VS
Bad.-Württ. 76; Dante-Ges. 65, Romain-
Rolland-Ges. 73, Stefan Andres Ges. 80,
D-7951 Schloß Warthausen, Kr.
Biberach/Riss, Tel. (07351) 73119
(Ravensburg 10.5.98). Essay, Reise-,
Stimmungs- u. Kulturbilder. **Ue:** I.
V: Dt. Frauen in Italien, Briefe u.
Bekenntnisse aus 3 Jh. 42; Erlebnisse u.
Begegnungen in Schwaben u. Italien 72;
Diesseits u. Jenseits d. Grenzen 75.
MA: Lebensbilder aus Schwaben u.
Franken 41-83.
H: Ottilie v. Goethe. Briefe an e. ital.
Freundin 44.
R: zahlr. lit. u. gesch. Hörfolgen.
Ue: G. Cavicchioli: Gesch. eines
Knaben 49.

Königes, Rudolf; Whistlerweg 10, D-
8000 München 71.
V: Goldener Brunnen Liebe, Lyr. 81;
Überschüsse, G. 81. ( )

Königsdorf, Helga; Mellenseestr. 16,
DDR-1136 Berlin.
V: Meine ungehörigen Träume,
Geschn. 78, 81; Der Lauf der Dinge,
Geschn. 82. ( )

Königstedt, Harry, Chefredakteur;
Ö.S.V. 49; Herbert-Boeckl-Weg 1/58/8, A-
1220 Wien (Magdeburg 14.11.28).
Erzählung, Essay, Lyrik, Biographie.

V: Leitfaden der Esperanto-Sprache 51; Der Weg des Adolf Hitler, Biogr. 73, 83; Joseph Goebbels — der Trommler des "Führers", Biogr. 74, 82; Mussolini, Biogr. 76. — **MV:** Heiter bis wolkig, G. 71.

Königstein, Horst; Flemingstr. 7, D-2000 Hamburg 60.
V: James Dean 77, 79. ( )

Koenigswaldt, Hans, s. Einsle, Hans.

Könnecke, Erich (Ps. Jakob Balhorn), Buchhändler u. Verleger; Rögenort 5, D-2000 Hamburg 65, Tel. (040) 6070155 (Hamburg 21.6.04). Plattdeutsche Literatur.
V: Ik vertell di wat von Hund un Katt 82. — **MV:** Dat lustige plattdüütsche Leesbook 77, 2. Aufl. 79; Dat spannende plattdt. Leesb. 79.

Könneker, Marie-Luise, c/o Luchterhand Verlag, Darmstadt.
V: Taufsteine, G. 81. ( )

Könner, Alfred, Lehrer, Cheflektor; SV-DDR; Valwiger Str. 32, DDR-1140 Berlin, Tel. 5291462 (Altschalkendorf 2.12.21). Kinderliteratur: Erzählungen, Gedichte, Lieder, Puppenspiele, Szenarien für Trickfilme. **Ue:** E, R, F.
V: Wenn ich groß bin, lieber Mond, Bilderb. 61; Mein bunter Zoo, Bilderb. 62, 64 (auch engl., finn.); Der Rosenesel, Bilderb. 62 (auch niederländ., finn., engl.); Das Pony mit dem Federbusch, Bilderb. 62; Josefine, Erz. 63, 71; Jolli, Bilderb. 63, 70 (auch ungar., finn., niederländ., engl., dän.); Tappelpit, Bilderb. 64, 65; Kiek in die Welt, Gesch. 64, 75; Der närrische Kuckuck, Bilderb. 65; Hühnchen Katrinchen, Bilderb. 66 (auch engl., schwed., dän.); Watschel, Bilderb. 67, 69 (auch engl., schwed., dän.) Timpetu, Bilderb. 67, 69 (auch engl.); Pid el, Bilderb. 67; Fertig macht sich Nikolaus, Bilderb. 67, 68; Der Räuberhase, Bilderb. 69, 74 (auch engl., norweg.); Wer mäuschenstill am Bache sitzt, Bilderb. 71, 80 (auch engl. span., norweg.); Die Katze sitzt im Pflaumenbaum, Bilderb. 71, 80 (auch norweg., span., engl.); Hinter dem Staketenzaun, G. 72; Die Hochzeit des Pfaus, Bilderb. 72, 82 (auch norweg., niederländ., franz., dän., engl., poln., tschech., ungar.); Auf dem Hofe tut sich was, G. 72; Wo ist mein Auto?, Bilderb. 73; Drei kleine Küken, Bilderb. 73, 74 (auch poln., dän., tschech., slowak.); Weder Katz noch Maus, Puppensp. 74; Drei kleine Affen, Bilderb. 74, 81 (auch poln., rumän.); Der Affe Alois, Bilderb. 74; Silko, Bilderb. 76,

81 (auch finn.); Eine kleine Tagmusik, G. 76; Kieselchen, Bilderb. 75, 79 (auch finn., engl., niederl.); Ich bin schneller, Bilderb. 75, 78 (auch ungar.); Olrik, Bilderb. 76, 81 (auch engl.); Ein Bagger geht spazieren, Bilderb. 76, 82 (auch franz.); Drei kleine Bären, Bilderb. 76, 81 (auch poln., engl.); Die große Reise, Bilderb. 76, 78; Wovon träumt der Igel?, Bilderb. 77; Warum denn weinen, Bilderb. 78, 82; Tanz mal, Peter, Bilderb. 78, 82; Der Stiefelgeist, Puppensp. 78; Ich reise ins Blaue, Bilderb. 79, 80; Es tanzen die Flocken, Bilderb. 79; Ein schöner Hahn, Bilderb. 79, 81; Der blaue Traktor, Bilderb. 80, 82 (auch poln., tschech.); Der Mond geht auf die Reise, Bilderb. 80, 81 (auch poln.); Seppel Deppel, Bilderb. 80, 82; Weine nicht, sagte der Baum, Bilderb. 80, 82; Eines Tages früh am Morgen, Bilderb. 81 (auch engl., poln.); Kleiner Bruder Namenlos, Gesch. 81, 82 (auch engl.); O wie schön, ein Lied zu pfeifen, Bilderb. 81, 82; Titerinchen, Bilderb. 81; Flieg, Schirmchen, flieg, Bilderb. 81, 82 (auch engl., poln., tschech.); Wer fliegt dort am Himmel?, G. 81, 82; Wer hüpft in der Hecke?, Bilderb. 82; Die Äpfel wackeln schon am Baum, Bilderb. 82; Pfefferchen, Gesch. 82 (auch engl.); Weit fliegt der Ball, Bilderb. 82 (auch engl.); Hansemann und die Küken, Bilderb. 82; Der Herbstwind bläst, Bilderb. 82 (auch poln.); Wo schlafen die Hasen?, Bilderb. 82; Ein Spatz sang auf dem Hühnerstall, Bilderb. 82; Ich bin der große Bruder, Bilderb. 83; Wir pfeifen auf das Krokodil, Gesch 83.
H: Der Rummelpott, europ. Kinderreime 67 (auch niederl.,norweg.); Der Plumpsack, Berliner Kinderreime 75; Mit Schnick und Schnack und Schabernack, europ. Kinderreime 77.
Ue: Jan Löof: Die Jagd nach dem fliegenden Hund 66, 67; Robert McCloskey: Ich habe einen Wackelzahn 67; Ilse-Margret Vogel: Pummel, Pummel, sei kein Dummel 67; Friedel mit der Fiedel, engl. Kinderreime 75; Waschek Paschek, tschech. Kinderreime 72, 73; Unser Kater Stanislaus, tschech. Kinderreime 72, 73; Bunter Regenbogen, engl. Kinderreime 75.

Köpcke, Karl-Heinz; Parkallee 11, D-2000 Hamburg 13, Tel. (040) 4134904.
V: Bei Einbruch der Dämmerung 74; Guten Abend, meine Damen und Herren 75; Der vertauschte Koffer 76; Das Geheimnis der blauen Briefmarke 77.

Köpernik, Herma (Ps. Herma
Kennel), Hausfrau, Graphikerin;
Belgische Autorenvereinigung 72;
Literarischer Verein der Pfalz 71, Cercle
littéraire des Communautés
européennes 71; Goethestr. 14, D-5483
Bad Neuenahr-Ahrweiler
(Finsterbrunnertal 20.6.44). Kinderbuch.
V: Krokodile machen keinen Hand-
stand 73; Die Reise mit der Pfeffermaus
76; Er lacht sich einen Sonnenschein 77,
alles Kinderb.; Wir basteln Puppen 74;
Wir basteln Lustiges 74, beides Bastelb.

Köpf, Gerhard, c/o S. Fischer Verlag,
Frankfurt a.M.
V: Innerfern, R. 83.
MH: Das Insel-Buch der Faulheit 83.
( )

Köpf, Steffen, Cartoonist;
Düsseldorferstr. 94, D-4000
Düsseldorf 11, Tel. (0211) 53910
(Stuttgart 7.5.47). Humor, Satire.
V: Je höher der Absatz, Sat., Hum. 80;
desto steiler die Karriere, Sat., Hum.
82. – **MV:** Also sprach Buchhändler
Brönge, m. Helmut F. Albrecht, Sat.,
Hum. 80.

Köppen, Theo, Bibliotheksang.;
Bürgerstr. 26, D-3400 Göttingen
(Göttingen 5.3.53). Lyrik, Hörspiel, Kurz-
geschichte, Lieder.
V: Bekanntmachung u. andere
Gedichte, Lyr. 81; Brennesseln Dein
Haar, Lyr. 82.
R: Die Wirklichkeit wird geschlachtet,
Hsp. 82.
S: Noch lange nicht kaputt 80.

Koeppen, Wolfgang; P.E.N.; Pr.
Kulturkr. im Bdesverb. d. Dt. Ind. 61,
Förd.pr. d. Ldeshauptst. München 61,
Georg-Büchner-Pr. 62, Pr. d. Bayer.
Akad. d. Schönen Künste 65, Pr. f. Dicht.
d. Stift. z. Förd. d. Schrifttums 67,
Immermann-Pr. 67, Andreas-Gryphius-
Pr. 71, Stadtschreiber von Bergen 74; Dt.
Akad. f. Sprache u. Dichtung, Akad. d.
Künste Berlin, Bayer. Akad. d. Schönen
Künste; Widenmayerstr. 45, D-8000
München 22 (Greifswald 23.6.06).
Roman.
V: Eine unglückliche Liebe, R. 34, 63;
Die Mauer schwankt, R. 35, 83; Tauben
im Gras, R. 51, 79, Tb. 80; Das Treibhaus,
R. 53; Der Tod in Rom, R. 54, 61; Nach
Rußland und anders wohin, Ess. 58, 61;
Amerikafahrt, Ess. 59, 62, Tb. 82; Reisen
nach Frankreich, Ess. 61; New York 61;
Romanisches Café, Erz. 71; Jugend, Erz.
76; Die elenden Skribenten, Aufs. 81.
H: Shelley: Das brennende Herz 58. ( )

Körber, Heinz, Dr.techn., Chemiker;
Kirchmayergasse 5, A-3400
Klosterneuburg-Weidling, Tel. (02243)
5908 (Wien 7.12.38). Drama, Lyrik,
Novelle, Film, Hörspiel.
V: Aphorismen 78; Gedanken zum
Nachdenken, Aphor. 78; Schwarz auf
Weissheiten, Aphor. 81.

Körber, Margret (Ps. Margret
Neuhauser-Körber), akad. Malerin und
Grafikerin, Bibliothekarin; Ö.S.V. 57;
Maxingstr. 8/2, A-1130 Wien, Tel. (0222)
824195 (Wien 24.1.25). Lyrik, Roman,
Erzählung, Kindergeschichte, Kurz-
prosa, Essay.
MV: Stimmen der Gegenwart 56; Die
Zeit ist reif, G. 62; Ausgewählte
Gedichte 66.
R: Innviertler Gaudium, Lesung 76.

Körner, Heinz (Ps. W. von Rotenburg,
W. Müller), Verleger, Literar. Agent;
Zum Mühlberg 13, D-6442
Rotenburg a.d.Fulda, Tel. (06623) 1659
(Marburg a.d.Lahn 1.7.26). Roman,
Essay.
V: Irrwege des Glückes, R.; Zwischen
Pflicht und Liebe, Ess.; Das Rätsel einer
Liebe, R., u.a.

Körner, Wolfgang, Schriftsteller; VS
70; Förderpr. f. Lit. d. Ldes NRW 67,
Kogge 69, Droste-Hülshoff-Preis 73;
Hamburger Str. 97, D-4600 Dortmund,
Tel. (0231) 571842 (Breslau 26.10.37).
Roman, Erzählung, Essay, Fernsehspiel,
Hörspiel, Kinderbuch, Sachbuch.
V: Versetzung, R. 66, 75; Nowack, R.
69; Die Zeit mit Harry 71; Ein Ham-
Ham, Kinderb. 73; Der ausgedachte
Vater, Kinderb. 74; Wo ich lebe, Erzn. 74;
Der Weg nach Drüben, R. 76; Ich gehe
nach München, R. 77; Und jetzt die
Freiheit, R. 77; Die Zeit mit Michael, R.
78; Im Westen zu Hause, R. 78;
Verlassene Männer erzählen, Ess. 79;
Drogenreader 81; Nach Skandinavien
reisen 82. – **MV:** außerdem - deutsche
Literatur minus Gruppe 47 67; Aus der
Welt der Arbeit 66; Kinderland -
Zauberland 68; Lesebuch 1 70.
H: Kindergeschichten aus
Skandinavien 77; Gespensterge-
schichten aus Skandin. 78.
F: Todesarten, Drehb. 71.
R: Ich gehe nach München, Fkerz. 68;
Versetzung, Fs.-film 68, 70; Die Kimme-
rische Fahrt des Werner Warsinsky, Fs.-
feature 71; Zum Beispiel diese fünf
Frauen, Hsp. 70; Ich gehe nach
München, Fs.-Film 74; Schule i. d.
Drogenwelle, Fs.-Dok. 81; Büro-Büro,
Fs.-Serie 83.

Körner, Wolfgang Hermann, Schriftsteller; Hinterburg 21, D-5559 Neumagen/Mosel, Tel. (06507) 5490 (Sindelfingen 30.6.41). Roman, Hörspiel.
V: Normalfälle, Geschn. 67; Krautgärten, R. 70; Die Verschwörung von Berburg, R. 71; Katt im Glück, R. 73; Die ägyptischen Träume, Geschn. 80.
R: Spiegelbild, Hsp. 70; Fünfsatzspiel, Hsp. 71; Dokumentation, Hsp. 71; Ich will den Fischen vom Wasser erzählen, Hsp. 80; Sahariya, mein Kind, Hsp. 83.

Körting, Ethel *

Kösselin, Torsten, s. Münchow, Heinz.

Koestel, Ami, Kunstgewerblerin; Wehrlang, D-7972 Isny, Tel. (07562) 8177 (Bayreuth 27.5.07). Lyrik.
V: Gedichte 75. ( )

Köster, Gerhard *

Köster, Paul-Friedrich, ObStudR. a.D.; An der Reitbahn 32, D-2390 Flensburg, Tel. (0461) 53759 (Kiel 16.7.30). Lyrik, Aphorismus, Erzählung.
V: Tiere und Untiere, G. 80. –
MV: Lyrik heute, G. II 73, III 74, IV 78.

Köster, Walter, Lehrer i.R.; D.A.V. 52, VS 58, IG Druck u. Papier 74; Freudenthal-Preis 62, Adolf-Georg-Bartels-Ehrung 80; Dichterkreis Bevensen 47, Burg Plesse 76; Grabenstr. 7, D-3222 Freden/Leine, Tel. (05184) 468 (Altefähr/Rügen 30.1.03). Drama, Lyrik, Hörspiel, Erzählung, Heimat- u. Volkskunde, Rezension.
V: Schulgeister, Sp. 36; De Hochtiedshannel, Kom. 40, 49; Gesang aus der Immenburg, G. 57; Brennendes Herz, G. 63; ... und tröstet ..., G. 63; Das Totenhemd hat keine Taschen, G. 68; Leben – Dank und Einsicht, G. 77.
MA: Dichtung deutscher Lehrer 27; Land am Meer 43; Unsere Haustiere 47; Der Landkreis Alfeld 57; Hoike. Sagen und Erzählungen aus dem Land zwischen Hildesheimer Wald und Ith 60; Große Niedersachsen 61; Use Muddersprake 61; Gespräche mit plattdeutschen Autoren 64; Landkreis Alfeld. Gesch.-Landsch.-Wirtsch. 64; Plattdüütsch Wiehnachtsbook 65; Dichtungen deutscher Lehrer der Gegenwart 65; Niederdeutsche Lyrik 68; Preisträger 69; Pommersche Literatur 69; Lehrer-Autoren der Gegenwart 69; TTC Wispenstein (Ortsgeschichte Imsen u. W.) 69; MGV Freden (Kulturelles Leben in F.) 69; Scharp un sööt 70; Erzählungen aus Pommern 73; Niedersachsen, wie es lacht 73; Der Landkreis Alfeld 74; 50 J. niederdt. Bühne Braun-

schweig 75; Herzhafter Hauskalender 75; Spätlese 75; Leinebergland 76; Niederdeutsch heute 76; Bäume des W. Bobring 77; Plesse-Lesungen 77 u. 78; Mauern 78; Niedersachsen literarisch 78; Weihnachtsgeschichten aus Pommern 78; Kleine Bettlektüre Plattdeutsch 79; Dunkler Schatten 79; Über alle Grenzen 79; Zwischen Harz und Solling 79.
H: Nicht jeder kann in Freden leben (Festschr. z. 900-Jahr-Feier) 68; Fidy Marey: In den Abend sungen, plattdeutsche G. 78. – **MH: MV:** Haus der Heimat. Leben u. Werk v. Wilhelm Barner 63.
R: Der Bauer und die grauen Zwerge 35; Vadder un Söhn 51; Vadder un Döchter, m. Walter A. Kreye 52, u. d. T.: De Hochtiedshannel 57; Das schöne Wesertal 52; Mit dem Zauberbus durchs Leinetal 53; De Weg na Huus 54, 55; Hakemann 55; Fedderlichte Leev 56; Einer wird fehlen 56, 58, u.d.T.: Een ward fehlen 62; Sünd all Pommern 57; Diese jungen Leute – nein, nein, nein 61, u.d.T.: Üm de Babenhand 61, 72; Vorpommern und Rügen 64; Die Immen sind ja ein Vergnügen 71; De Schrittmaker 73; Dreemal Freedag op Bahnhoff Gager 79, alles Hsp.; dazu viele Wortsendungen: G. u. Erzn., Ber. u. Betrachtn.
Lit: Quickborn 68 (Prof. Dr. Mehlem); Unser Mecklenburg (Gerd Lüpke) 1/73 u. 78. Niedersachsen literarisch 78. ( )

Köster-Ljung, Hanna (Ps. Abi Menz, Franziska Osten), Übersetzerin und freie Lektorin; Schatzberg 5, D-7770 Überlingen/Bodensee, Tel. (07551) 61824 (Wismar/Mecklbg. 15.6.13). Jugenderzählung. **Ue:** Schw, D, N.
V: Das Bronzerädchen oder das Geheimnis unter den Klippen, Kinderb. 64; Eine Schranke war offen, Jgdb. 64.
Ue: Uno Modin: Tyrol, der Lipizzanerhengst 59; Bonni, das verlassene Rehkitz 63, 65; Lu, der unheimliche Gast aus den Wäldern 65; Majorie Blyth: Malin, Königin der Lüfte! Spannende Erlebn. einer Luft- Stewardeß 61, 65; Malin geht über Bord 63; Malin in Tibet 64; Malin auf gefährlichem Boden 65; Kirsten Bang: Das Totenhaus am Lachswasser 63; Swen Wernström: Zita der Gepard 63; Uli geht auf Entdeckung 63; Sombra, der Jaguar 63, 65; Licht in der Schloßruine 65; Merri Vik: Natürlich wieder Lotta! 63; Ja, ja unsere Lotta 63, 65; Aufgepaßt, Lotta! 65; Ester Ringnér-Lundgren: Klein Trulsa 63, 65; Puppen-

fest bei Klein Trulsa 64; Klein Trulsas
Geheimnis 65; S. R. Rommerud: Nachts
kam der Leopard 64; Sven Martinson:
Braunpelz, der Biber 64; Poul Hoff-
mann: Zwischen den Feuern von Rabba
65; Arne Lundgren: Reite Suleiko! 65;
Beril Björk: Alexander, der Ziegenbock
65; Ella Byström: Ellika 67; Anna-Lisa
Almqvist: Sieben Mädchen im Sattel 67;
Uno Modin: Im Auftrag des Rauschgift-
dezernats 68; Christina Söderling-
Brydolf: Geliebte Pia Mia 68; Ingrid
Bredberg: Doktor Katja 68; Inger Sand-
berg: Gleich kommt Johan 68; Ulf
Löfgren: Professor Knopp der fliegende
Meisterdetektiv 69; Harry Iseborg: Nino,
du Esel 69; Inger Brattström: Bei Mona
ist die Welt zu Gast 69; Mona auf
Ferienkreuzfahrt 69; Christina Söder-
ling-Brydolf: Über alle Hindernisse, Pia!
69; Uno Modin: Der Welpe vom Großen
St. Bernhard 69; Jan Ekholm: Hurra für
Ludwig Lurifax 69; Stig Malmberg:
Unser Club 70; Kirsten wird verdächtigt
70; Sven Wernström: Spuren in Costa
Rica 70; Gösta Knutson: Kleiner König
immer lustig 71; Inger Bergå: Hallo,
Maike 71; Eric Roos: Dreimal M und
immer Wirbel 71; Sven Chr. Swahn:
Flucht von der Geisterinsel 71; Siv
Widerberg: Ein Freund wofür 71; Uno
Modin: Wer ist Per Bruce 73; Inger
Bergå: Maike, eine Schwedin in Japan
73; Magna Toff: Gefährliche Abenteuer
74. ( )

†Koestler, Arthur; P.E.N.; Horizon
Prize 42, Sonning Prize (Univ. of Copen-
hagen) 65, Hon. LL. D. (Queen's Univ.,
Kingston, Ontario), Commander of the
Order of the British Empire 68, Hon. D.
Litt. (U. of Leeds) 77, Dr. honoris causa
(U. of Liège) 79, Hon. D. Sc. (U. of
Manchester) 80; Fellow Royal Soc. of
Lit.; 10, Buckingham Str., c/o A. D.
Peters, London W. C. 2 (Budapest 1905).
Roman, Drama, Essay.
V: Ein spanisches Testament 38; Ein
Mann springt in die Tiefe, R. 45, 60; Die
Gladiatoren, R. 46, 60; Sonnenfinsternis,
R. 46, 78; Der Yogi und der Kommissar,
Ess. 50; Diebe in der Nacht, R. 50, 79;
Gottes Thron steht leer, R. 51; Pfeil ins
Blau, Autobiogr. 53; Die Geheimschrift,
Autobiogr. 54; Die Nachtwandler, Ess.
59; Von Heiligen und Automaten, Ess.
61; Diesseits von Gut und Böse, Ess. 65;
Der Göttliche Funke - Psychologie der
schöpferischen Originalität, Ess. 66; Das
Gespenst in der Maschine, Ess. 68; Der
Krötenküsser, Ess. 72; Die Wurzeln des
Zufalls, Ess. 73; Die Herren Call-Girls, R.

73; Der dreizehnte Stamm, Ess. 77; Der
Mensch, Irrläufer d. Evolution 78.
MA: Ein Gott der keiner war, Ess. 50;
Die Rache ist Mein, Ess. 61; Das Neue
Menschenbild, Symposium 69.
Lit: George Orwell: Arthur Koestler
51; John Atkins: Arthur Koestler 51.

Köstler, Gisela (Ps. Gill Rosenberg),
Dr. jur., Journalistin; Rosenberggasse
61, A-8010 Graz, Tel. (0316) 37035
(10.2.25). Roman, Belletristisches Sach-
buch.
V: Andere Länder - andere Frauen 69;
Großer Freund Elefant 70; Kulinarische
Abenteuer 71; Goldpocher 72; Der Ruf
des Pfaues 74; Orakel, Geister und
Dämonen 75; Kulinarisches Mosaik 77;
Blaue Nacht der Sehnsucht 78; Geheim-
nis und Zauber im Alpenland 79, 80;
Tränen die nach innen fließen 80, u.a.
R: Über 1000 Reportagen, Gestaltung
zahlr. Rdfk.-Ser. ( )

Köstlin, Renate, Hausfrau; FDA 73-80,
B.A. 80; Ges. f. dt. Spr. Wiesbaden 72;
Simanowizstr. 1, D-7140 Ludwigsburg,
Tel. (07141) 53894 (Jena/Thür. 7.11.13).
Lyrik, Berichte, Rezensionen.
V: Anglersteg, G. 73; Das Küstenschiff,
G. 76; Am Sprechgitter, G. 79; Der Stein
im Fluß, G. 81; Schneefall im Hügelland,
G. 82.

Kötter, Ingrid,
Großhandelskaufmann; VS seit 75; Pr.
Dramatikerwettbew. d. Kammerspiele
Wuppertal 75, Auswahlliste z. dt. Jugen-
buchpr. 79; Waldhäuser Str. 73, D-7400
Tübingen, Tel. (07071) 67011 (Hagen
23.6.34). Lyrik, Kurzgeschichte, Kinder-
buch, Fernsehfilm, Theaterstück, Hör-
spiel.
V: Kunterbuntes Spielemagazin 74
(auch holl.); Alle sagen Neuer zu mir 78;
Manchmal bin ich nachts ein Riese 83;
Ein starkes Stück oder Treulich geführt,
Einakter.
MA: Für and. Deutschstunde 73;
bundesdeutsch 74; Keine Zeit f. Lange-
weile 75; Menschengeschichten 75;
Leseladen 77; Wirf mir den Ball zurück,
Mitura 78; Das achte Weltwunder 79; Ich
singe gegen die Angst 80; Das neue
Sagenbuch 80; So ein irrer Nachmittag
81.
R: Der Samstagjunge, Auf eigene
Faust, D. Mümpse, Motzer mag Mozart,
Tod, D. Spielverderber, Peter paßt auf,
Rund um die Uhr, D. Knopfwährung,
Katja u. d. roten Rosen, Tomate war's!,
D. Wolkenbeobachter, D. Wandertruhe,
Axel Anonym, D. Zensoren,
Himmelsschlüssel, alles Kinderhsp.;

Jetzt sag ich mal was, Rdfk f. Kinder; D.
Besuch, Probezeit, Mutti, Mutti, er hat
gebohrt, Im Kaufhaus, Drittes Bett
links, Die Ungezogenen, Knopfgeld, Die
Probefahrt, alles Fsf.

Koetzle, Michael, Schriftsteller,
Journalist; Aufenthaltsstip. d. Senats
von Berlin f. Autoren unter 30 81.;
Kameterstr. 6, D-8014 Neubiberg, Tel.
(089) 6014193 (Ulm 15.3.53). Roman,
Novelle, Essay.
V: Kopfüber ins Glück, Geschn. 83.

Kövary, Georg (Ps. Eric Corda), Prof.,
freier Schriftsteller; P.E.N. Club, Ö.S.V.,
G.dr.S.; Theodor-Körner-Pr. 76;
Rubensgasse 11, A-1040 Wien, Tel. (0222)
567347 (Budapest 21.2.22). Drama, Lyrik,
Roman, Novelle, Essay, Film, Hörspiel,
Übers. **Ue:** U, E.
V: Das Schülerstreichquintett,
humorist. R. 57; Neffe Wolfgang spielt
die Hauptrolle, Kdb. 81; Haltet den Dieb
und haltet den Mund!, Jgdkrimi 82.
MA: Österreich 1985 76; Das größere
Österreich 82.
H: Das Herz einer Mutter 82; Kinder
sind eine Brücke zum Himmel 82.
F: Autofahrer unterwegs 60.
R: St. Peters Regenschirm; Die Franz
Molnár Story; Sie haben ihn sehr lieb u.
zahlr. and. Hsp.; Franz Molnár, Dichtung
oder Boulevard? 78; Wien 8. Bezirk,
Josefstadt; Dorf ohne Männer, nach
Horváth u. viel Fernsehcabaret.
S: Kurzhörspiele 81.
Ue: Tibor Déry: Képzelt riport egy
profesztiválról u.d.T.: Popfestival; Tibor
Váradi: Liebe Nachbarn, Bü. 68, zahlr.
Hsp. f. d. Rdfk.

Kövesi, Christina; Nußdorfer Str. 30/
14, A-1090 Wien.
V: Paula 77; Zilli und die Hexe
Mäuseklee 82. ( )

Kofler, Erich; Südtiroler
Künstlerbund seit 48; Rottenbuchweg
19, I-39100 Bozen, Tel. (0471) 31191
(Bozen 15.5.16). Lyrik.
V: Bekenntnisse, G. 41; Gedichte 45;
Geliebtes Leben, G. 51; Unterwegs, G. 53;
Sterne steigen u. fallen, G. 60;
Zwiesprache, G. 68; Geliebte Erde, G. 78;
Barbian-Villanders, Südtiroler Gebiets-
führer. — **MV:** Wege zur Besinnung, m.
Oswald Kofler 82.

Kofler, Renate *

Kofler, Werner, Schriftsteller; Grazer
Autorenversammlung; Literaturpreis d.
österr. Hochschülerschaft 69, Österr.
Staatsstip. f. Lit. 72/73, Theodor-Körner-
Pr. 76, Andreas-Reischek-Pr. 78,

Förderungspr. f. Literatur 78, Bremer
Literaturförderpr. 81; autoren-
buchhandlung münchen u. berlin;
Hetzgasse 8/24, A-1030 Wien, Tel. (0222)
7394175 (Villach, Kärnten 23.7.47).
V: Analo und andere comics 73;
Örtliche Verhältnisse, G. u. Prosa 73;
Guggile: Vom Bravsein und vom
Schweinigeln. eine materialsamml. aus
d. provinz 75; IDA H. Eine Kranken-
geschichte 78; Aus der Wildnis, zwei
Fragmente 80.
MA: An zwei Orten zu leben, Heimat-
geschichten; Tintenfisch 16 und 17.
R: Örtliche Verhältnisse;
Vorgeschichte; Surrealismus oder Was
ist, kann nicht wahr sein; Geschlossene
Anstalt; Zell-Arzberg; Oliver; Die vier
Jahreszeiten.

Kohl, Dieter, Industriemissionar u.
Journalist; Am Denkmal 2, D-4408
Dülmen-Hiddingsel, Tel. (02590) 4429
(Hersbruck/Mfr. 14.3.44). Essay,
biblische Novellen. **Ue:** E.
V: Jona, e. alte Gesch. neu erzählt,
Cartoon-N. 77, 78; Noah, noch e. alte
Gesch. neu erzählt, Cartoon-N. 78; Die
Geschichte vom verlorenen Sohn,
Cartoon-N. 81, 82.
H: Wort um Wort, Begriffe der Bibel
erklärt durch die Bibel 81.
Ue: Luis Palau: Walk on Water, Pete
u.d.T.: Ein Mensch wie Du 77.

Kohl, Eva Maria, s. Bentzien, Eva
Maria.

Kohl, Paul; VS 70; Dernburgstr. 12, D-
1000 Berlin 19 (Köln 19.3.37). Hörspiel,
Drama. **Ue:** E, F.
V: Jörg Ratgeb, Dr. 80.
R: Der Golem 64; Die Verabredung 66;
Sein Pfau 68; Der Mann in der Wand 69;
Die Häute des Herrn Ochs 71, alles Hsp.;
seit 73 Funkfeatures. ( )

Kohl, Werner, Dr. phil.;
Branchweilerhofstr. 20, D-6730
Neustadt/Weinstr., Tel. (06321) 12538
(Wetter, Ruhr 6.5.98). Drama, Roman,
Novelle.
V: Die Feuermaschine, R. 72, 75.

Kohlenberg, Karl Friedrich (Ps.
Benno Frank), Ethnologe; VS 47;
Friedrich-Gerstäcker-Preis der Stadt
Braunschweig 66; Ges. z. Förderung d.
Werkes v. Hans Friedrich Blunck, Hum-
boldt-Ges. f. Wiss., Kunst u. Bild.;
Johannisberg 100, B-4731 Raeren/
Eynatten-Lichtenbusch b. Aachen, Tel.
(087) 851365 (Berlin 15.8.15). Drama,
Roman, Novelle, Essay, Jugendbuch,
Hörspiel. **Ue:** E.

V: Die Straße der Vagabunden, R. 44,
48; Die letzte Fahrt, Nn. 44; Wenn der
Khamsin weht, Jgd.-Erz. 49; Kampf der
Tuareg, Jgd.-R. 50, 56; Piratenjagd, Jgd.-
Erz. 51, 56; Störtebeckers bester Mann,
Jgd.-R. 51, 56; Tod und Teufel gegen
Federmann, Jgd.-R. 52; Mit Geheim-
auftrag in See, Jgd.-Erz. 53; Per im
Grönlandeis, Jgd.-Erz. 53; Freiheit der
Meere, Jgd.-R. 53, 56; Unter roten
Segeln, Jgd.-Erz. 54, 56; Auf Heringsjagd
im Nordseesturm, Jgd.-Erz. 55; Ich
runde das Kap, Jgd.-R. 56; Kara, das
Wolfsblut, Jgd.-Erz. 56; Segelfahrt mit
Strick und Bommel 59; Ben Ali und
seine Erde, Erzn. 63; Es geschah um
Mitternacht, Erzn. 64; Brennendes Land,
Erzn. 64; Die Dschungellegion, Erzn. 64;
Das kleine Indianerbuch, Erzn. 65; Das
kleine Trapperbuch, Erzn. 65; Das
kleine Buch vom Wilden Westen, Erzn.
67; Völkerkunde-Schlüssel z. Ver-
ständnis des Menschen, Sachb. 68; Die
Binnengewässer der Niederlande,
Sachb. 70; Enträtselte Vorzeit, Sachb. 70;
Enträtselte Zukunft, Sachb. 72; Die
Gewässer in Dänemark, Sachb. 72; Der
Kanal von Den Helder bis Lands End,
Sachb. 74; Marco Polo, Sachb. 74;
Alexander von Humboldt, Sachb. 75;
Sven Hedin, Sachb. 76; Mit versiegelter
Order, R. 76; Der Eiserne Mann, R. 77;
Die Inseln der Täuschung, R. 78; Das
Wrack im Feuerland, Jgd.-Erz. 80;
Apokalypse, R. 80; Armada, Sachb. 80.

MA: Der gute Kamerad LX — LXVIII;
Wir Jungen II, alle 52 — 56; Bruno
Moravitz: Spur frei! Skisport erobert die
Welt 62; Plate, H.: Ponys 76.

R: Untergang, Hsp. 50; Mensch und
Dämon, Hsp. 50.

Ue: Mark Twain: Rauhe Sitten in
Tennessee 64; Sir Alec Rose: Mit Lively
Lady allein um die Welt 68; H. M.
Denham: Die Adria 69; Das östliche
Mittelmeer 68; E. C. Hiscock: Atlantik-
Kreuzfahrt mit Wanderer III 69; E.
Delmar-Morgan: Die Nordseehäfen von
Calais bis Den Helder 69; H. M.
Denham: Das Tyrrhenische Meer 69;
Die Aegäis 70; Stevenson Jack London,
Herman Melville: Inseln unter dem
Kreuz des Südens, Anthol. 70; Douglas
Phillips-Birt: Sie fuhren hinaus auf See,
Gesch. d. Schiffahrt; Basil W. Bathe:
Von den Kreuzzügen zu den Kreuz-
fahrten, Gesch. d. Schiffahrt, beide 72;
Yachtsport in Bildern v. Peter Heaton
73.

Lit: H.M. Werhahn: Karl F. Kohlenberg — Leben, Werk, Wirkung 82.

Kohler, Charles-Ernest; 29, Fossé des
Treize, III, F-67 Strasbourg (Mainz
8.6.07). Roman, Novelle, Essay, Hörspiel.
V: Zeit ohne Grenze, N. 42; In den
Krallen des Goldes, R. 46; Der gelbe
Affe, R. 46; Dzomo das Feuergesicht, R.
46; Dorothy greift ein, R. 46; Das Neger-
mädchen Masouli, R. 47; Die grüne
Göttin, R. 47; Der Mann, der um sein
Leben kämpfte, R. 47; Die große
Täuschung, R. 47; Die seltsamen Augen,
R. 47; Wolken über dem Glück, R. 47;
Das Haus der Selbstmörder, R. 48; Der
Augenlose, R. 48; Mac heiratet seine
Frau, R. 48; Der Mann im Rollstuhl, R.
48; Liebe und Komödienspiel, R. 48; Das
Rätsel der Südsee, R. 48; Nacht ohne
Morgen, R. 48; Das Kreuz im Changai,
R. 49; Der Zauberstab der Baghirmi, R.
49; Das Phantom, R. 49; Das Haus am
Meer, R. 49; Die Brücke zwischen Hier
und Dort, R. 49; Die Schicksalsinsel, R.
49; Der Berg der Götter, R. 50; Das
Geheimnis der roten Zahlen, R. 50; Der
Mann, der sein Begräbnis überlebte, R.
50; Unter tropischer Sonne, R. 50; Schat-
ten um Brigitte, R. 50; Die Siedlung am
Blauen Nil, R. 51; Eine ereignisreiche
Nacht, R. 51; Die Vergangenheit klopft
an, R. 51; Im Dunkel des Urwaldes, R.
51; Der heilige Tiger, R. 51; Das große
Schweigen, R. 51; Das Haus ohne
Fenster, R. 52; Leuchtturmwächter
Jörgen Kierulf, R. 52; Darja und ihre
Männer, R. 53.
R: Totschnikow ist am Apparat, Hsp.
38; Das Schmierenwunder, Hsp. 38;
Senat der Hölle, Hsp. 39. ( )

Kohler, Oskar, Dr., OStudR.; Heimat-
preis d. Landkreises Lahr 61;
Wilhelmstr. 16, D-7500 Karlsruhe
(Friesenheim/Bad. 28.12.02). Roman,
Essay, Kurzgeschichte, Lyrik.
V: Die Mauer am Fluß, R. 38; Kleiner
Schelmentanz, Schw.-Büchlein v. ObRh.
50; Der lachende Bauer, Geschn. 59; Die
Weinprobe, Geschn. 60; Schwarzwälder
Kirsch, Geschn. 67; Sitzend am Zeit-
strom, G. 72; Friesenheim, eine Orts-
geschichte in Einzelbildern 74; Das
Kulturgeschichtliche Bild unserer
Heimat in der vorindustriellen Zeit 76;
Der Pfeiftopf, heit. Verse 81; Im späten
Herbst, G. 82.

Kohlhaas, Wilhelm, Dr. jur.; Am
Bopserweg 20, D-7000 Stuttgart, Tel.
(0711) 245336 (Waiblingen/Württ. 19.4.99).
Roman, Geschichte. **Ue:** E, F, I.
V: Eberhard Wildermuth, Biogr. 60;
Chronik Stadt-Stuttgart 1913 — 33/64;
Stuttgart ehemals, gestern, heute ... 75;

Das war Stuttgart 76; Das war Württemberg 77; Candia 1945 - 69, eine abendländische Verteidigung und Athen 1687.

Kohlhaase, Wolfgang; P.E.N.-Zentrum
d. DDR; Nationalpr. (kollektiv) 54, 68,
Erich-Weinert-Med. 57; Akad. d. Künste
d. DDR; Mittelstr. 50, DDR-1080 Berlin
(Berlin 13.3.31).
　V: Erfindung einer Sprache, Erz. 70;
Nagel zum Sarg, Geschn. 76; Silvester m.
Balzac u. a. Erzn. 77, 81.
　F: Die Störenfriede, m. H. W. Kubsch
53; Alarm im Zirkus, m. H. Kubisch 54;
Eine Berliner Romanze 56; Berlin -
Ecke Schönhauser 57; Der Fall Gleiwitz,
m. G. Rücker 61; Ich war neunzehn 68;
Der nackte Mann auf dem Sportplatz 74.
　R: Josef und alle seine Brüder, Hsp.
m. K.-G. Egel 62; Fragen an ein Foto,
Hsp. 69; Fisch zu viert, Hsp. 69, Fsp. 70;
Ein Trompeter kommt, Hsp. 70. ( )

Kohlhagen, Norgard, Redakteurin; VS
83; Haynstr. 5, D-2000 Hamburg 20, Tel.
(040) 465673 (Bad Lauterberg im Harz
20.2.41). Biographie, Hörspiel,
Erzählung.
　V: Kümmel und die blauen Kinder 66;
Janes verrückter Sommer 75; Nicht nur
dem Manne untertan 81; Frauen, die die
Welt veränderten 81; Sie schreiben wie
ein Mann, Madame! 83. — **MV:** Wie wir
es sehen 64.
　MA: Frauen 81; Meine beste Freundin
82.
　H: Unsere frühesten Jahre sind nicht
unsere glücklichsten 83.
　S: Detektivin Katja Krümel 76; Molle
wird Fotomodell 77.

Kohlmann, Barbara, Schriftstellerin;
VS 54; Minerviusstr. 7, D-8000
München 19, Tel. (089) 1572886
(Nürnberg 28.9.08). Jugendbuch, Roman,
Novelle, Kinderbuch.
　V: Lehrer ist Storch Adebar, Jgdb.;
Allerlei Tiergeschichten, Jgdb.; Die
Ferienreise, Jgdb.; Der Bund der Vier,
Jgdb.; Das Bekenntnis, R.; Meine
Freundin und ich, R.; Die große Schuld,
R.; Traum und Erfüllung, R.; Sie kam
aus den Bergen, R.; Der schweigende
Mund, R.; Du bist die Richtige, R.; Das
gestohlene Leben, R.; Ich brauche dich,
R.; Nur eine Sekretärin, R.; Die Ver-
suchung, R.; Die Schwestern aus
Mittenwald, R.; Im Schatten des Schick-
sals, R.; Der dunkle Weg, R.; Es war ihr
so bestimmt, R.; Das betrogene Herz, R.,
u. rd. 105 weitere Frauen-R.
　B: Trotzkopf, Mädchenb.; Trotzkopfs
Brautzeit, Mädchenb.

Kohlmeigner, Winfriede, Hausfrau;
Ges. d. Freunde zeitgenöss. Dichtung im
O.Ö. Volksbildungswerk 81;
Jungdorferstr. 14, A-4540 Bad Hall, Tel.
(07258) 3421 (Bad Hall/ObÖst. 25.1.39).
Lyrik, Erzählung.
　V: Ein Schloß zum Träumen, G. 81, 83.
　R: Lyrik-Beitr. in d. Hörfunkreihe
"Die gute Stunde" 81 u. 82.

Kohls, Charlotte E. (Lottie); Showcase
Writers Club, San Diego (Tsingtau,
Shantung, Nord-China 22.10.02).
Biographische Jugendbücher.
　V: Annedorles bunter Weg 37;
Kordula Konrad 43; Der Ruf aus der
Ferne 50, 60; Von Engeln geleitet 79. —
MV: Freudenquell-Hefte 63, 70, 77. ( )

Koizar, Karl, Schriftsteller;
Gänseblümchenweg 47, A-1226 Wien,
Tel. (0222) 2225425 (Wien 3.11.22).
Roman, Drehbuch.
　V: Panzerspitze Normandie;
Todeskommando El Alamein; U-
Bootfalle Todesmeer; Stahlgewitter
Stalingrad; Die Hölle von Monte
Cassino; Der Fall von Monte; Operation
Höllenfahrt; U 91 — Satan der Tiefe;
Feuervögel üb. Tobruk; Inferno am
Westwall; Teufelskerle üb. Kreta;
Kasperl u. d. Löwe Willie; Kasperl als
Polizist; Kasperl als Nachtwächter;
Kasperl u. d. 7 Zwerge; Ballade d. Sehn-
sucht, Lyr.; Frühlingsfest; Nacht über
Narvik; Der Stern von Afrika; unter
Pseudonymen etwa rd 100 Krim.- u.
sonst. R. u. d. Bücher: Amelie, Rose im
Sturm; SOS Titanic; Das fremde
Mädchen; Verwunschener Frühling;
Liebespremiere; Süßes, kleines Biest;
Im Tempel d. Lotosblüten.
　F: Schamlos; Liebe durch die Autotür;
Geissel des Fleisches (Buch-Mitarb.).
　S: Kasperl u. d. Hexe Wischiwaschi.

Kokot, Florian; Zwischen den Eichen
13, DDR-3541 Kattwinkel/üb. Osterburg.
　V: Gesicht überm Land, G. 79. ( )

Kolarz, Henry, Schriftsteller; VS seit
71; Pfingstholzallee 2, D-2055
Aumühle b. Hamburg, Tel. (04104) 3656
(Berlin 4.2.27). Roman, Kriminalbericht,
Fernsehspiel, Reisebericht.
　V: Wenn Joseph nicht gesungen hätte,
R. 60, 78; Morgen bist du tot, Jimmy, R.
61, 68; Nachts um vier wird nicht
geklingelt 63, 78; Verwandte in Moskau,
Reiseber. 63; Die Gentlemen bitten zur
Kasse 64, 82; Der Tod d. Schneevögel, R.
69, 82; Kalahari, R. 77, 79; Die roten
Elefanten, R. 81.

R: Die Gentlemen bitten zur Kasse (dreiteilig); Der Kidnapper; Der Illegale (dreiteil.); Der Tod der Schneevögel; Der Scheck heiligt die Mittel (zweiteil.); TATORT: Wodka Bitter Lemon; TATORT: Finderlohn.

Kolb, Karl (Ps. Alexander Wien), Kunsthistoriker; Neugasse 13, D-6200 Wiesbaden, Tel. (06121) 377290 (Wien 12.5.13). Sachbuch, Roman, Hörspiel. **Ue:** F, I.
V: Madonnen im Taubertal 51; Meister Dill, Riemenschneider-N. 52; Liebe in Monte Marsan, R. 52; Tauberbischofsheim 52; Bildstöcke in Taubertal 52; Barock - Kunst und Künstler 54; Werbung - Kunst oder Wissenschaft? 64; Farbe-Form-Fortschritt 65; Großer Bogen Tessin. Liebe-Kunst-Berühmte Namen 66; Eleusa - 2000 Jahre Madonnenbild 68; Weihnacht. Dichter und Künstler erleben Christi Geburt 70; Das Madonnenland 70; Gottesmutter Maria. Darstell., Dicht., Deut. 72; Das Kreuz. Darstell., Dicht., Deut. 72; Bodensee für Kenner 72 II; Heiliges Franken 73; Mariahilf - Mariengnadenstätten heute 74; Frankenmadonnen im Wandel der Jahrhunderte 75; Mariengnadenbilder - Marienverehrung heute 76; Große Wallfahrten in Europa 76; Käppele - Rokoko-Kleinod in Würzburg 76; Wehrkirchen und Kirchenburgen in Franken 77; Wallfahrtsland Franken 79; Der Weihnachtsbogen — Ein Hausbuch für die Zeit von Martini bis Dreikönig 79; Vom heiligen Blut-Bilddokumentation zur Wallfahrt und Verehrung 80; Tympanon in der Romanik, kunsthist. Sachb. 81; Maria — Patronin Frankens. In der Kunst der Jahrhunderte 82; Wehrkirchen in Europa, Bilddokum. 83.
MA: Die Geheimnisse des Rosenkranzes 76; Marienfeste im Jahreslauf 79; Vater unser — erlöse uns 79; Wochenrosenkranz 81.
R: (MA): Alte Straßen; Osterburken und der Limes; Jörg Metzler; Der kulturelle Winter im Frankenwald, Kloster Bronnbach, alles Hörbilder; Warum hast du mich verlassen, Fsf. 74.
MUe: Freuden und Leiden Mariens 78; Reisewege durch Burgund 78; Reisewege durch das Roussillon 78; Reisewege durch die Provence 80; Mont Saint-Michel 79; Seealpen und Côte d'Azur; Vézelay, Ein Höhepunkt der Romanik 83; Romanisches Elsaß 82 (Bearb. d. dt. Textes); Chartres, Steingewordener Glaube 83, alle m. Angelika

Kolb; Romanisches Burgund, m. Gisela Umenhof 81; Romanische Provence, Rhône-Provence, m. Anneliese Lubinsky 82; Romanische Lombardei 78; Romanisches Umbrien 81; Romanische Toskana 83, alle m. Franco Belgiorno.
Lit: Echter: Autorenporträt Karl Kolb 76.

Kolb, Norma *

Kolbe, Jutta (Ps. Jutta Schlott), Diplom-Lehrerin; Kand. SV-DDR; Fritz-Reuter-Kunstpr. 72, Sally-Bleistift-Pr. d. Kinderbuchverl. Berlin 82; Apothekerstr. 29, DDR-2757 Schwerin Mecklenb. (Kolberg 21.10.44). Prosa, Hörspiel, Lyrik.
V: Der Sonderfall, Kdb. 81, 82; Früh und spät, Kdb. 82, 83; Das Liebliche Fest 84.
MA: Versch. Anth., Jbb.
R: Vielleicht, vielleicht auch nicht 80; Wechselschicht 81; Der andere Name 82; Schöner Abend 82; Winterschlaf 83, alles Hsp.

Kolbe, Uwe; Schliemannstr. 09, DDR-1058 Berlin (Berlin 17.10.57). Lyrik, Übers., Nachd. **Ue:** E.
V: Hineingeboren, Lyr. 80, 82; Abschiede, Lyr. 81.

Kolbenhoff, Walter (Ps. f. Walter Hoffmann), Journalist; VS 46, Dt. P.E.N. 70; Literaturpreis d. Kriegsgef.-Zs. Der Ruf/ USA 46, Hsp.-Förderungspreis d. Bayer. Rdfk. 53; Brahmsstr. 4, D-8034 Germering b. München (Berlin 20.5.08). Roman, Hörspiel, Lyrik, Drama. **Ue:** D, E.
V: Untermenschen, R. 33; Moderne Balladen 36; Von unserem Fleisch und Blut, R. 46, 48 (auch dän.); Heimkehr in die Fremde, R. 49; Die Kopfjäger, Krim.-R. 60; Das Wochenende, R. 70. —
MV: Michiro Maryama; Anatahan 54.
R: An einem dieser Tage; Unseren schönen Träumen; Am Ende der Straße; Der Arme Mann von Gorgonzola; Der Briefträger ging vorbei; Zwanzig Paar Seidenstrümpfe; Die verschiedenen Plätze; Auf dem Weg zum Paradies, alles Hsp.
Ue: John O'Hara: Elisabeth Appleton: Das Astronautenbuch; O. Henry: Rollende Steine 66.

Koletschka-Lebong, J.-Josephine; Kastanienallee 4a, D-3341 Wittmar, Tel. (05336) 1091 (Obercorn/Luxemb. 1.6.34). Lyrik, Kurzprosa.
V: Aus tiefen Quellen, Lyrik 80, erw. Neuaufl. 83.

MA: Lyrik und Prosa vom Hohen Ufer, Anth. I 79, II 82; ganz prosaisch, Anth. 81.

MH: Signaturen, Lyrik 81.

Koller, Engelbert Josef, Hauptschul-Dir. i. R.; Ö.S.V. 70; Burgenlandstr. 10, A-4802 Ebensee (Unterach am Attersee/ObÖst 23.12.00). Roman, Erzählung, Novelle, Lyrik.

V: Der Geschwisterhof 57; Auf der Hochalm 67; Erntezeit 67; Forstgeschichte Oberösterreichs 75.

H: Bad Ischler Heimatbuch 66; Das oberösterreichische Heimatbuch 66.

Lit: Ein neuer oberösterr. Epiker in: oberöst. Kulturbericht, F. 10 57. ( )

Koller, Martin, Chefredakteur; Literaturpreis d. Verb. d. Kriegsbeschädigten 62; Dötscheiderweg 21, D-5330 Königswinter 41, Tel. (02223) 23355 (Miltenberg/Main 9.3.23). Roman, Novelle, Short-story, Film.

V: Tanzender Torso, R. 62.

F: Bundeswehr-Filmschau. ( )

Koller, Peter; Präd. Wertvoll d. öst. Min. f. Unterr. u. Kunst 80, Buch d. Mon. d. Ju-Bu-Crew Göttingen 81; Im Wienerwald 154, A-2392 Sulz, Tel. (02238) 72643 (Wien 14.4.51). Roman, Reisebericht, Hörspiel.

V: Mit Blasrohr und Machete, illustr. Südamerika-Reisebericht 79; Im Banne des Jaguars, Jgd.-R. 81; Lass das Feuer nicht verlöschen, R. 82.

R: Traummännlein-Geschichten, Hsp. f. Kd.

Kolleritsch, Alfred, Dr. phil., Prof.; Grazer Autoren-Versamml., Vizepräs., F. St. Graz; Lit.pr. d. Landes Steiermark, Förderungspr. d. Stadt Graz, Staatsstipendium, Petrarca-Pr. 78; Billrothgasse 23, A-8010 Graz (Brunnsee 16.2.31).

V: Pfirsichtöter, R. 72, 82; Die grüne Seite, R. 74, 76; Von der schwarzen Kappe, Erz. 74; Einübung in das Vermeidbare, G. 78; Im Vorfeld der Augen, G. 82.

MA: Da nahm d. Koch den Löffel 74; Literatur im Residenzverl., Alm. 74; Wie die Grazer auszogen, d. Lit. zu erobern 75; Winterspiele 75; Zwischenbilanz 76; Glückliches Österreich 78.

H: Manuskripte, Lit.-Zs. ( )

Kolnberger, Evelyne, s. Kolnberger-Spitzbarth, Evelyne.

Kolnberger, Toni *

Kolnberger-Spitzbarth, Evelyne (Ps. Evelyne Kolnberger); Simmerleinplatz 1, D-8000 München 50, Tel. (089) 146958

(München). Roman, Jugendbuch, Reiseführer. **Ue:** F.

V: Er nannte sie Eichhorn 78 (auch franz.) 79; Der Wunsch 80, alles R.; Andrea im Lande der Minarette 65, 79; Pariser Frühling 65 (auch holl.) 81; Mony, das Mädchen von der Tankstelle 68; Mony in Ostafrika 68; Mony auf Safari 69; Mony findet ihren Weg 69; Tapfere kleine Sandra 70, 76; Flug ins Abenteuer 71; Carin sucht das Abenteuer 72, 79; Das Glück kommt mit zwei Eselsohren 73, 80; Tortillas für Veronica 74, 80; Susanne und das Kätzchen 74; Der Sommer, als Nixe kam 75; Freundschaft mit Nixe 75; Jung sein hat so seine Tücken 76; Mein Glück macht große Sprünge 78; Anja und das vergessene Dorf 78 (auch holl.) 75; Constanze will kein Zwilling sein 78; Ein Zwilling schafft es auch allein 79; Zwei Zwillinge in einem Boot 79; Julia auf der Wildnisranch 80; Unser Hund heißt Mausekatze 80; Hauptgewinn für Florentine 81; Wünsche fliegen übers Meer 81; Das Glück steht in den Sternen 82; Ein ganz besonderer September 82; Ein weiter Weg für Mony 83, alles Jgdb.; Norwegen 74; Dänemark 75; Golf von Neapel mit Capri und Ischia 76; Farbiges Österreich 77; Die Badeplätze in Frankreich 79, 83; Azoren 80; Jugoslawien 81, alles Reiseführer.

Ue: Michèle Arnéguy: Marcel wandert durch die Nacht 63; Barjavel: Katmandu 71; Emmanuel Roblès: Stürmischer Sommer 75.

Kolowratek, Marianne, Kunstmalerin; KÖLA; Lerchenfelder Str. 49/10, A-1070 Wien, Tel. (0222) 9309582 (Wien 21.10.55). Lyrik, lyrische Prosa.

V: Nacht und Schweigen, Lyr. 79.

Komarek, Alfred, Schriftsteller; Porzellangasse 26/7, A-1090 Wien, Tel. (0222) 349191 (Bad Aussee 5.10.45). Novelle, Essay, Hörspiel, Satire.

V: Traum ist Regen, der in den Himmel fällt, lyr. Kurzprosa 79; Der gefallene Weihnachtsengel, Erz. 80; Tagschatten, Nn. 81; Der verliebte Osterhase Eberhard, Erz. 82; Wer borgt mir bitte ein Gewehr?, Sat. 83.

R: Das Mutterglück des Martin P. 81; Kaufmann und Mongolenkaiser 82; Dudelsack und Türkenmond 83, alles Hsp.

S: Der Rattenfänger 68; Freitag abend 68; Milestones 68; Wer bin ich wirklich 81.

Komenda-Soentgerath, Olly, s. Soentgerath, Olly.

Komm, Ulrich, Revierförster; SV-DDR 59; 1. Lyrikpreis im Volkskunstwettbew. u. Anerkennung f. hervorr. Leistungen a. d. Gebiet d. Literatur Schwerin 59, c/o Militärverlag der DDR, Berlin (Ost) (Rheinswein, Ostpr. 18.1.13). Roman, Erzählung, Novelle.
V: Im Frühling, R. 57, 60; Das Waldgespenst, Erz. 59, 64; Der Chan der Hohen Berge 62; Das Haus in den Drakensbergen, Erz. 63; Sturmfahrt 64, 66; Seenot, Erz. 66; Mit Breitseite und Enterbeil 71, 80; Feuer vor Kap Arkona 72; Standgericht im Walde, Erz. 73; Der Admiral d. sieben Provinzen 77, 83; Forscher auf Piratenkurs 81, 82. —
MV: In Wald und Moor, Kurzgeschn., m. Wolfgang Zeiske 61, 62.
F: Geburtstagskinder 69. ( )

Komm, Wolfgang, Schriftsteller; Lit.pr. d. Stadt Essen 82; Waldsaum 1, D-4300 Essen 1, Tel. (0201) 443624 (Essen 27.9.48). Roman, Novelle, Hörspiel.
V: Die fünfte Dimension, Erz. 78; Der Idiot des Hauses, R. 81.

Konell, George, freier Schriftsteller; VS in Hessen; Nettelbeckstr. 2, D-6200 Wiesbaden, Tel. (06121) 444408 (Berlin 6.6.12). Drama, Lyrik, Erzählung, Essay.
V: Stadtbuch Heidelberg 65; Stadtbuch Wiesbaden 73; Herr Orphil, der Schloßhahn von Chaumes en Brie, Erz. 75.

Konfino-Drittenbass, Maria (Ps. Drittenbass), Sekretariatsangestellte; Gr. Pr. d. Schweiz. Schiller-Stift. 43, Pr. d. Conrad Ferdinand Meyer-Stift. 45; Hegianwandweg 45, CH-8045 Zürich, Tel. (01) 4631812 (Zürich 21.3.19). Erzählung, Roman. **Ue:** E.
V: Bunte Schatten, Erz. aus e. Kindheit 44, 72, auszugsw. 83.

Konjetzky, Klaus, Schriftsteller; VS 71, P.E.N. 77; Pilarstr. 8, D-8000 München 19, Tel. (089) 175131 (Wien 2.5.43). Lyrik, Prosa, Hörspiel, Dokumentation, Literaturtheorie, Theater.
V: Grenzlandschaft, G. 66; Perlo peis ist eine isländische Blume, Erzn. 71; Poem vom Grünen Eck, G. 75; Was interessiert mich Goethes Geliebte, Sachb. 77; Die Hebriden, G. 79; Hauskonzert in h, Bü. 80; Am anderen Ende des Tages, R. 81. — **MV:** Für wen schreibt der eigentlich, Dok. 73.
MH: Auf Anhieb Mord, Erzn. 75; Keine Zeit für Tränen, Erzn. 76; An zwei Orten zu leben, Erzn. 79; Die stillenden Väter, Erzn. 83.

Konrad, Herbert, s. Hübner, Jakob.

Konrad, Johann-Friedrich, Dr., Prof., Hochschullehrer; Strüningweg 25, D-4600 Dortmund 41, Tel. (0231) 445223 (Breslau 25.2.32).
V: Hexen-Memoiren, M. 81, Sonderausg. 82.
H: Seid klug wie die Schlangen, Fbn 78; Wo die Blume zu finden ist, M. 81; Wenn alte Adler wieder jung werden, M. 81.
s. a. Kürschners GK.

Konsalik, Heinz G. (Ps. f. Heinz Günther), Schriftsteller; Elisabethenhof, Siefenhovenerstr. 27, D-5340 Bad Honnef 6, Tel. (02224) 80210 (Köln 28.5.21). Roman, Drama, Novelle, Essay, Film.
V: Die Straße ohne Ende 52; Viele Mütter heißen Anita 52; Wir sind nur Menschen 52; Das Lied der schwarzen Berge 58; Der Arzt v. Stalingrad 58; Die Rollbahn 58; Schicksal aus zweiter Hand 58; Sie fielen vom Himmel 58; Strafbataillon 999 59; Der rostende Ruhm 60; Ich beantrage Todesstrafe 60; Diagnose Krebs (Die Begnadigung) 61, 75; Der letzte Gefangene 61; Das geschenkte Gesicht 62; Dr. med. Erika Werner 62; Russische Sinfonie 62; Entmündigt 63; Das Herz d. sechsten Armee 64; Rausch 65; Liebesnächte in d. Taiga 66; Liebe auf heißem Sand 67; Die Tochter des Teufels 67; Zum Nachtisch wilde Früchte 67; Manöver im Herbst 67; Das Schloß der blauen Vögel 68; Bluthochzeit in Prag 69; Die schweigenden Kanäle 69; Liebe am Don 70; Ein Mensch wie du 70; Der letzte Karpatenwolf 70; Agenten lieben gefährlich 70; Soldaten, Kameraden (Die Rollbahn. Der letzte Gefangene. Sie fielen vom Himmel) 70; Heiß wie d. Steppenwind 71; Der Wüstendoktor 71; Zwei Stunden Mittagspause 71; Die weiße Front (Dr. med. Erika Werner. Der rostende Ruhm. Entmündigt) 71; Die Drohung 72; Auf nassen Straßen 72; Der Leibarzt d. Zarin 72; Ein Mann wie ein Erdbeben 72; Ein Himmel voller Sterne (Schicksal aus zweiter Hand. Das Lied der schwarzen Berge. Die Straße ohne Ende) 72; Wer stirbt schon gerne unter Palmen I 72; Mein Pferd und ich (Des Sieges bittere Tränen) 73; Wer stirbt schon gerne unter Palmen II 73; Ein Sommer mit Danica 73; Ninotschka, die Herrin der Taiga 73; Die Sterne sollen weiterleuchten (Agenten kennen kein Pardon) 73; Eine Urwaldgöttin darf nicht weinen 73; Der Mann, der sein

Leben vergaß 73; Fronttheater 73; Ein toter Taucher nimmt kein Gold 73; Zerstörter Traum vom Ruhm 73; Aus dem Nichts ein neues Leben 73; Die Verdammten der Taiga 74; Transsibirien-Expreß 74; Ein Komet fällt vom Himmel 74; Engel der Vergessenen 74; Liebe ist stärker als der Tod 75; Kosakenliebe 75; Straße in die Hölle 75; Sonja u. das Millionenbild, Jgdb. 75; Im Tal der bittersüßen Träume 75; Die Nacht d. schwarzen Zaubers 75; Liebe in St. Petersburg 76; Alarm! Das Weiberschiff 76; Wen die schwarze Göttin Ruft 76; Bittersüßes 7. Jahr 76; Zwillinge mit kleinen Fehlern, Jgdb. 76; Haie an Bord 76; Natalia, ein Mädchen aus der Taiga 77; Leila, die Schöne vom Nil 77; Eine glückliche Ehe 77; Das Doppelspiel 77; Die Außenseiter (Viele Mütter heißen Anita. Privatklinik) 77; Ich gestehe 77; Die schöne Ärztin 77; Das Haus der verlorenen Herzen 78; Das Geheimnis der sieben Palmen 78; Geliebte Korsarin 78; Morgen ist ein neuer Tag 78; Die tödliche Heirat 78; Die Erbin 79; Der Fluch d. grünen Steine 79; Niemand lebt von seinen Träumen (Schwarzfahrt aus Liebe bzw. Molly fährt nach Amerika) 79; Liebe läßt alle Blumen blühen 79; Auch das Paradies wirft Schatten/Die Masken der Liebe 80; Der Träumer/Der Sieg des Herzens/Gesang der Rosen 80; Eine angesehene Familie 80; Die dunkle Seite des Ruhms 80; Es blieb nur ein rotes Segel 80; Verliebte Abenteuer 80; Der Heiratsspezialist 80; Das unanständige Foto 79; Die Fahrt nach Feuerland 80; Der Gentleman 81; Der pfeifende Mörder/Der gläserne Sarg 81; Ich bin verliebt in Deine Stimme/Und das Leben geht doch weiter 81; Wilder Wein/Sommerliebe 81; Sie waren Zehn 81; Vor dieser Hochzeit wird gewarnt 82; Mit Familienanschluß 82; Der verhängnisvolle Urlaub 82; Glück muß man haben 82; Die Liebenden von Sotschi 82; Frauenbataillon 82; Ein Kreuz in Sibirien 83. – 234 ausl. Ausg. (in 14 Spr.).

H: V: Stalingrad, Bilddok. 68.

F: Der Arzt von Stalingrad 58; Strafbataillon 999 59; Liebesnächte in d. Taiga 67; Das Schloß d. blauen Vögel 72; Ein toter Taucher nimmt kein Gold 74; Wer stirbt schon gerne unter Palmen 74; Der Geheimnisträger 75; Listen to my Story (... und die Nacht kennt kein Erbarmen) 76; Doktor Erika Werner 78.

Kopelke, Wolfdietrich, Dr. phil.; Kg. 62; Anerkennungspreis d. Bdes d.

Vertriebenen 65, Hörspiel- u. Erzählerpreis (Ostdt. Kulturrat/Land NW) 73, 75, Friedlandpreis d. Heimkehrer 76; Donatusstr. 71, D-5300 Bonn 2, Tel. (0228) 373671 (Neuwied/Rh. 7.9.14).
Drama, Lyrik, Roman, Essay.

V: Ich will das Leben, Erz. u. G. 39; Kleist, Sch. 42; Das Jahr im Osten, Erz. 43; Grenzstation, Sch. 64, 78; Zeitspur, R. 64; Vaterland und Nation in dieser Zeit, Ess. 65; Ein Kaiser stirbt - Napoleon auf St. Helena, R. 66; Saborje, G. 67; Schritte im Niemandsland, G. 74.

B: Zeugnisse der Gefangenschaft, Beitr. z. dt. Kriegsgefang.gesch. 62. –

MA: Fremd in Deutschland?, Ess. 73; Zeitgedichte 73; Kultur im Zeitenbruch, Ess. 74; Daheim in der anderen Welt 75; Stein und Fassung, Ess. 75; Aus Deutschlands Mitte I, Ess. 75, IV, R. 81, V, Ess. 82; Übergänge, G. 75; Widerspiele in Bild und Text, Ess. 76; Magisches Quadrat, Ess. 79.

H: Du bist es, auserwählt. Das Zeugnis der Gefangenen. Dokumente, m. F. Rabe 56.

Lit: Sie schreiben zwischen Goch u. Bonn, Bio-Bibliogr. Daten 75.

Kopka, Dieter, Gymnasiallehrer; VS Nds. 76 (Höxter 9.3.47). Lyrik, Essay, Roman.

V: Die andern, die Liebe, der Tod, G. 73; Überstehen ist alles, Romantageb. 78.
( )

Koplowitz, Jan (Ps. Gulliver); SV-DDR 47; Lit.-Preis d. FDGB 54, 68, Heinrich Heine Pr. d. Min. f. Kultur 78, Lion Feuchtwanger Pr. 80; Bund Prolet. Revolut. Schriftsteller 28 — 33, Bert-Brecht-Klub, Prag 34 — 37, Kulturbund, London 40 — 46, c/o Mitteldeutscher Verlag, Halle (Kudowa 1.12.09). Roman, Film. Ue: E, Slow, Tsch.

V: Unser Kumpel Max der Riese 54; Es geht nicht ohne Liebe, R. 58, 61; Glück auf Piddl, Jgdr. 60; Das Geschäft blüht, R. 61; Herzstation, R. 62, 63; Razzia um Mitternacht 62; die taktstraße. Geschn. aus einer neuen Stadt 69; Geschichten aus dem Ölpapier 73, 77; Die Sumpfhühner, R. 77; "Bohemia", mein Schicksal, R. 79.

MA: Menschen und Werke 52; Hammer und Feder 55; Die Zeit trägt einen roten Stern 58; Des Siegs Gewißheit 59; Menschen in unserem Land 79, alles Anth.

F: Jacke wie Hose 54; Koffer mit Dynamit 64.

R: Der brave Soldat Schweijk, Hsp.-F. nach Hašek 51; Der einbeinige Walzer,

Hsp. 52; Der berufsmäßige Zuhörer, Hsp. 53; Reden ist Gold, Hsp. 53; Die rote Post, Fsp.; Eine verzwiebelte Angelegenheit, Fsp. 60; Musisch und die Sorgenkinder, Fsp. 61; Was die Liebe aus uns macht, Fs.-Tanzsp. 71.
Ue: Aškenazy: Der Gast, Sch. 62; ders.: Das Gespräch geht auf ihre Rechnung, Hsp. ( )

Kopp, Hans, Oberlehrer; Margaretenstr. 24 a, D-8033 Krailling, Tel. (089) 8598248 (Fürstenfeldbruck 17.2.10). Roman, Essay.
V: Tagebuch eines bayrischen Lehrers, R. 60; Babykino, R. 61; Der General und die Religion, Ess. 65; Geschichte der Ludendorff-Bewegung I, Gesch. 75; Der geschichtliche Weg zur vollendeten Gotterkenntnis, Ein Gang durch drei Jahrtausende, Gesch. 79. — **MV:** Haschisch-LSD-Mescalin Religion der Zukunft?, Ess. 71.

Kopp, Hans, Dr. iur., RA.; Drei-Eichen, CH-8126 Zumikon, Tel. (01) 475970 (Luzern 12.6.31). Fachbuch, Essay, Gedicht.
V: Inhalt und Form der Gesetze 58 II; Parlamente - Geschichte, Grösse, Grenzen 66; Rechtsprobleme der nächsten Generation 66; Elemente einer künftigen Kommunikationspolitik, Separatauszug aus: Die Zeitung auf dem Weg ins Jahr 2000. Festg. f. Hans Zollikofer 72; Analyse unserer Zeit (auch ital.) 73; Krise und Demokratie 74, alles Fachb.; Ein Mann ging verlegen im Regen. 99 Limericks 75; Information in der Demokratie 76; Schöpfung, sieben Gedichte 78; Jagdunfälle, Aphor. 80. — **MV:** Unser Schweizer Standpunkt 1914 — 1939 — 1964 64, 72.
H: Unser Schweizer Standpunkt 1914 — 1939 — 1964, Fachb. 64.

Kopp, Wilhelm *

Koppehele, s. Draheim, Maria.

Koppel, Uta, s. Lehr-Koppel, Uta.

Koppensteiner, Sepp, Pensionär; Verb. kath. Schriftsteller Öst. 25, Mundartfreunde seit 47; Gold. Ehrenz. f. Verd. um NdÖst., A-3972 Großpertholz 28, Tel. (02857) 239 (19.3.98). Mundartgedichte, Erzählung in Mundart u. Schriftdeutsch, Spiele.
V: Hoada, G. 28; Land und Leut, G. 57; 's Christkindl, Weihnachtssp.; Aus gestern und heut, Geschn. 62; In tausend Brünn' 69; Ortsgeschichte von Großpertsholz 71; Dorfgeschichten 72; Heimatkunde der Marktgemeinde Grosspertholz 75; Der Steghof, Volksst.

76; Krankerlblüah (Preiselbeerblüten) G. in ndösterr. Mundart 77; Rund um den Nebelstein, Besinnliche u. heitere Geschichten 78. ( )

Kopplin, Wolfgang, Studiendir.; Zeppelinstr. 13, D-5970 Plettenberg, Tel. (02391) 12429 (Cottbus 19.7.35). Interpretation, Bibliographie.
V: Beispiele. Dt. Lyrik 1960-1970 69, 81; Kontrapunkte, Deutsche Kurzprosa 76; Der mißverstandene Luther 77.
MA: Lesarten 9/10, Arbeits- und Textbücher 74 IV; Lessing, Ess. 82.

Kopton, Boerries-Peter, Schriftsteller, Kunstmaler, bildender Künstler, Doz. f. bild. Kunst; VS, freier Bayer. Berufsverb. Bild. Künstler; Lit. Gruppe 2000, Mannheim/Wien; Langer Rain 32, D-8728 Haßfurt (Frankfurt/M. 23.5.42). Lyrik, Prosa, Novelle, Hörspiel.
V: Diesmal holzt man Bambus, G. 69; Vom Glück des Friedens — Bauer Thanh Vui 75; Theinbiographie; Vorwort zu dem Kunstkatalog "Lubo Kristek" 76; Gedichte zum Kunstkatalog "Gebrüder Gartner" 78.
MA: Das Rechte Mass — Gedichte, Weltanthol. 77; Die Ernte des Lebens — G., Weltanthol. 80; Gedichte Anthol. 80.
R: Sandmännchen, Märchen Rdfk-Send. 74.

Korda, Hans, s. Stitz-Ulrici, Rolf.

Kordon, Klaus, Schriftsteller; VS Hessen seit 80; Friedrich Gerstäcker Pr. 82; 2 x Auswahlliste Dt. Jugendpr. 79; Marktplatz 11, Postfach 2630, D-6231 Schwalbach a.Ts., Tel. (06196) 81908 (Berlin 21.9.43). Roman, Novelle, Lyrik.
V: Tadaki, Kinder-R. 77; Henner oder 10 Tage wie ein Jahr, JgdR. 78; Brüder wie Freunde, Kinder-R. 78; Möllmannstraße 48, Kinder-R. 78; Männerleben, Erz. in Anth. 78; Schwarzer Riese 5. Stock, Kinder-R. 79; Entfernungen, Erz. in Anth. 79; Die Einbahnstraße, JgdR. 79; Monsun oder Der weiße Tiger, Kinder-R. 80; Eine Stadt voller Bäume, Kinder-R. 80; Willst du fliegen?, Anth. 81; Querverbindungen oder Man gibt Laut, Lyr. 81; Ein Trümmersommer, JgdR. 82; Einer wie Frank, JgdR. 82; Immer feste druff, Postkartenb. 83; Die Wartehalle, R. 83; Diktatur, Sachb. 83; Till auf der Zille, Kinder-R., weiterhin div. Erz. f. Jugendl.

Kordt, Berta *

Koref, Ernst, Dr., Hofrat; Römerstr. 17, A-4020 Linz/D..
V: Die Gezeiten meines Lebens 80. ( )

Korff geb. Wolff, Brigitte, dipl. Phil.;
Wachauerstr. 9, DDR-7027 Leipzig, Tel.
(041) 8612423 (Berlin 27.7.26).
Kinderbuch.
V: Ferien in Siebengrün 77, 2.Aufl. 80;
Palast über den Wolken 80; Die Reise
der Brüder Bergmann 82, alles Kinderb.
R: Warschauer Impromptu, Hsp. 66.

Korff, Ilka, s. Boesche, Tilly.

Korff, Stefan, s. Zöls, Karl-Heinz.

Korff, Werner Jürgen, s. Dripke, Karl-
Hans.

Korff, Wilhelm, Dr., Prof.; Burgbreite
8, D-3015 Wennigsen/Deister 5, Tel.
(05109) 63019 (Hohenlimburg/Weser
29.12.39). Novelle, Essay.
V: Diastole und Systole/Zum Thema
Jean Paul u. Adalbert Stifterl 69; Der
Katarakt von San Miguel, Gesch. 74; Der
rote Kampfflieger von Rittmeister
Freiherr von Richthofen 77;
Drachentanz 81; Der komische
Kierkegaard 82; Auswege, Erzn. 83.
H: Redliches Denken, Festschr. f.
Gerd-Günther Grau 81.

Korhammer, Eva, Verlagsbuchhändlerin; Gedok 69; 3. Preis Gedok-
Wettbew. 74; Friedrich-Bödecker-Kr. 70;
Röhrichtweg 29a, D-3000 Hannover 71,
Tel. (0511) 523272 (Frankfurt/Main
5.5.32). Roman, Kurzgeschichte, Feature,
Jugend- u. Kinderbuch. **Ue:** E, Am.
V: Die guten Sonntage, R. 65; Die
glückliche Wahl, Jgdb. 68, Jgd.-TB. 74;
Der Floh im Ohr, Kinderb. 72; Ich
gehöre dazu, Jgd.-R. 76; Zwilling
gesucht!, Jgdb. 78; Fremde Federn, Jgdb.
80; Weißt du, was los ist? Jgdb. 80; Wo
wohnst du, Mama? Jgdb. 81; Reifezeit,
Jgdb. 83; Viel Theater in der Klasse,
Jgdb. 83.
MA: Lyrik und Prosa vom Hohen
Ufer I 80, II 82; Niedersachsen
literarisch. 100 Autorenporträts 81.
R: Frank Swinnerton: Kunst ist
Strategie 63.
Ue: Eilis Dillon: Bold John Henebry
u.d.T.: Die Henebrys 66; Erna Wright:
The New Childbirth u.d.T.: Geburt ohne
Schmerz 67; Frank G. Slaughter: A
Savage Place u.d.T.: Ein Arzt steht allein
68; Corrado Pallenberg: Die Finanzen
des Vatikans 68; Catherine Cookson:
Marriage and Mary Ann u.d.T.: Das
Persönchen und sein Glück 67; Sam
Levenson: Everything but Money u.d.T.:
Kein Geld aber glücklich 68; Morris L.
West: Scandal in the Assembly u.d.T.:
Skandal in der Kirche 70; Bentz
Plagemann: This is Goggle u.d.T.: Mein

Sohn der Lausbub 69; Bentz
Plagemann: Father to the Man u.d.T.:
Mein Sohn wird flügge 70; Otto
Friedrich: Before the Deluge u.d.T.:
Weltstadt Berlin 72; John Pearson:
James Bond u.d.T.: Agent 007 74;
Herbert Lieberman: Nekropolis 77;
Bulwer-Lytton: The Last Days of
Pompeji u.d.T.: Die letzten Tage von
Pompeji 78; Geoffrey Grigson: The
Goddess of Love u.d.T.: Aphrodite 78;
Dorothy Farmiloe: And Some in Fire
u.d.T.: Venessa 80; Mara Kay: Restless
Shadows u.d.T.: Blasser Mond über
Astrowo 80; Enid Blyton: The
Adventures of Binkle and Flip u.d.T.:
Binkle und Flip zwei pfiffige Hasen 82;
Arlene Male: The Impossible Love
u.d.T.: Das Herz allein kennt die
Antwort 83; Nancy Smiler Levinson:
Make a Wish 83.

Korn, Ewald Ruprecht, ao. UProf.;
Preis des rumän. Ministeriums f.
Künste 50; Oficiül poştal 72, Căsuţa
poştală 7256, R-74600 Bukarest 72
(Radautz 23.3.08). Lyrik, Essay. **Ue:** Rum.
V: Grünes Leuchten, G. 39; Zwiege-
spräch durch die Jahreszeiten, G. 46;
Der Meißel, G. 61.
MA: Deutsche Dichter der RVR 53
(auch rum.); Kurzschlüsse - Dt. humori-
stische Verse aus Rumänien, G. 68.
H: Goethe: Egmont 49, Gedichte 58;
Lenau: Ausgewählte Dichtungen 52;
Heine: Gedichte 56.
Ue: A. Toma: Zwitscherlein und seine
Geschwisterlein, G. 56; Maria und ihre
Schwälbchen, G. 58. — **MUe:** A. Toma:
Lied des Lebens, G. 56; Mihail
Eminescu: Gedichte 50, 75.
Lit: Hans Müller: E. R. Korn: Der
Meißel, in Neue Lit. 6 61; Heinz
Stănescu in: Berichte 67; Karl Streit
u.a.: Die rumäniendeutsche Gegen-
wartslyrik: Ewald Ruprecht Korn in:
Volk und Kultur nr. 12/73.

Korn, Günther, D-8117 Bayersoien,
Tel. (08845) 613 (Trikkala/Griechenland
18.7.25). Kurzgeschichte, Roman,
Fernsehspiel.
V: Der Teilhaber, R. 70; Kampf in der
Toskana, R. 81.

Korn, Karl, Dr. phil., Redakteur; Dt.
Akad. f. Sprache u. Dicht. 64; Postfach
29 01, D-6000 Frankfurt a.M. (Wiesbaden
20.5.08). Essay, Kritik.
V: In der Stille, Traktate 44; Die
Rheingauer Jahre, Erz. 46, 55; Die verlorene Revolution 1848 48; Der
gezähmte Mensch, Traktate 49; Sprache
in der verwalteten Welt, Ess. 58, 62;

Lange Lehrzeit, Autobiographie u. Zeitgeschichte 75; Über Land und Meer, Ess.
78; Zola in seiner Zeit, Biogr. u. Zeitgesch. 80.
MH: FAZ von 49 — 73.

Korn, Peter, s. Gööck, Roland.

Korn, Renke; Förder.preis f. Lit. d.
Ldes NRW 72, Fernsehpr. d. Arbeiter-
wohlfahrt 80; Calvinstr. 33, D-1000
Berlin 21, Tel. (030) 3936598 (Unna
14.12.38). Drama, Hörspiel, Fernsehspiel,
Film.
V: Die Überlebenden 67; Partner 70;
Flucht nach Hinterwiesenthal 71; Die
Reise des Engin Özkartal von Nevsehir
nach Herne und zurück 75, alles Dr.
F: Vera Romeyke ist nicht tragbar,
Drehbuch 76.
R: Verteidigung eines Totengräbers
66; Die Sonne ist nicht mehr dieselbe
67; Der Umzug 67; Picknick 69; Vorstellungen während der Frühstückspause 71; Das Attentat auf das Pferd des
Brasilianers Joao Candia Bertoza 71; Es
mußte sein, Elke, das war ja nicht mehr
auszuhalten 74; Geh nach Deutschland
77; Gedämpft 78; Der gute Mensch von
Kreuzberg oder Ich will kein Haus-
besitzer sein, m. Christof Teubel 83,
alles Hsp.; Der Alte 75; Die neue Armut
der Familie S. 78; Der Architekt der
Sonnenstadt 79; Tilt 79; Zuhaus unter
Fremden 79; Die Rückkehr der Träume
83, alles Fsp.

Kornell, Lore, Journalistin; Dram.-
Un.; Dram. Ges., SACEM, Paris; Jagdstr.
19, D-8000 München 19, Tel. (089) 167005
(Posen 29.12.05). **Ue:** F.
Ue: Tristan und Isolde 48; André Lem:
Der Purpurstreifen, Bü. 49, 50;
Alejandro Casona: Die Frau im Morgen-
grauen, Bü.; Boot ohne Fischer, Bü.;
Bäume sterben aufrecht, Bü.; Marcel
Aymé: Der Herr von Cléramhard, Bü.;
Lucienne und der Schlächter; Jean
Camp: Don José, Optte.; A. Birabeau:
Don Juans Sohn, Optte.; Nicht alles ist
schwarz; Die Narbe; Birabeau u.
Giannini: Une maitresse femme u. d. T.:
Die Unentwegte; H. de Montherlant:
Malatesta; Das Land, dessen König ein
Kind ist; A. Salacrou: Die Erde ist rund;
Histoire de rire u. d. T.: Scherben; G.
Marcel: La dimension Florestan u. d. T.:
Die Wacht am Seyn; G. Neveux: System
2; Zamore u. d. T.: Brise aus Korsika; Le
chien du jardinier u. d. T.: Bei Tag und
bei Nacht (nach Lope de Vega); Julien
Green: Der Feind; L'ombre u. d. T.:
Perdita; Jules Roy: Die Zyklone; Marcel
Achard: Darf ich mitspielen?; A.

Husson: Der Weg zum Himmel; Colette
Audry: Soledad; André Birabeau: Wohin
so eilig, schönes Kind?; Aus Kindern
werden Leute; Eine große Liebe; Marcel
Achard: Domino, die aufrichtige
Lügnerin; Félicien Marceau: Der
Manager; Der Freund des Präsidenten;
Madame Princesse; Das Ei; Der Nerz;
Nero; Die Wühlmaus; Der Bubutz;
L'Homme en Question; C. A. Puget: Der
gute Bernhardiner; Jules Roy: Der rote
Fluß; Arrabal: Picknick im Felde; Gebet;
Guernica; Die beiden Henker; Das Drei-
rad; Fando und Lis; Ionesco: Der neue
Mieter; Welch gigantischer Schwindel;
Macbett; Der Mann mit den Koffern;
Impromptu; Das Gemälde; Fußgänger
der Luft; Hunger und Durst; Delirium;
Tagebuch I u. II; Rede v. d. Académie
Française; Das große Massakerspiel;
Szene zu viert; Die Begrüßung; Der
Zorn; Die Lücke; Das harte Ei; Wie man
ein hartes Ei zubereitet; Der heirats-
fähige junge Mann; Audiberti: Der
Glapioneffekt; G. Neveux: Die Diebin
von London; Alex Rivemale: Kein Krieg
für Amédée; Blitzlicht; Jacques
Constant: General Frédéric; Vercors:
Zoo; Cuvelier - Gontscharow: Oblomow;
Mauclair - Dostojewski: Der ewige
Gatte; Curtis: Adelaide; Jeanson: Marie
Octobre; Lutolf, Kaufmann u. Campra:
Venezianische Feste; Ballettoper;
Christian Anders: Un Beau Jour u.d.T.:
Irgendwann, Sylvie, beides Chansons; J.
B. Luc u. J. P. Conty: Wann heiraten Sie
meine Frau?; Gaby Bruyère: Gelegen-
heit macht Liebe; Jacques Deval: Keine
Angst vor der Hölle?; Steve Passeur:
Der Kauf; J. T. Conty: Ein unbe-
schriebenes Blatt; M. Franck: Wie ein
rohes Ei; J.-Cl. Grumberg: Morgen ein
Fenster zur Straße; Jack Dieval u.
Odette Gartenlaub: Der Weg; Jazz-Orat.;
H. Monnier: Das Begräbnis; Neveux:
Julia oder Das Traumbuch; Labiche: Die
Affäre; Marivaux: Der betrogene
Betrüger. — **MUe:** Lebendiges Frank-
reich, Anth. 50; Eugene Ionesco: Gegen-
gifte (Artikel, Aufsätze, Polemiken) 79;
Für Kultur, gegen Politik 79; L'homme
aux Valises, u.d.T.: Der Mann mit den
Koffern, Theaterst. 79; Jean-Claude
Danaud: Amazonen, Theaterst. 79; Der
Phonograf treibt auf dem Meer, Hsp. 79.
()

Korntheur, Konrad, s. Färber, Sigfrid.

Korossy-Wurzinger, Emmy Elisabeth,
Fahrschullehrerin; V.G.S. 78, Öst.
Autorenverb. 78; Köla-Mitgl. 78, A-8162

Passail 74 (Dellach/Gail/Kärnten
19.11.14). Lyrik.
V: Blumen u. Verse 78; Andere
Blumen — andere Verse 79; Blüten und
Lyrik 80; Z' Passail hots mih hintrogn
81; D' Wörtln san launisch 82.

Korschunow, Irina; VS, Dt. P.E.N.;
Bestenliste z. dt. Jugendbuchpr. 72, 77,
79, 80, 82, Tukanpreis der Stadt
München 77, Ehrenliste silberne Feder
78, Zürcher Kinderbuchpreis 79, Ehrenliste z. Hans-Christian-Andersen-Preis
80, Silb. Feder 80, Wilhelm-Hauff-Pr. 81;
Graf-Rasso-Siedlung 21, D-8082
Grafrath, Tel. (08144) 522 (Stendal
31.12.25). Kinderbuch, Erzählung,
Feuilleton, Fernsehspiel, Roman.
V: Der bunte Hund 59; Heiner und die
roten Schuhe 63; Alle staunen über
Timm 66; Der Stern, der Berg und die
große Stadt 67; Die Wawuschels mit den
grünen Haaren 67; Bubulla und der
kleine Mann 69; Neues von den
Wawuschels mit den grünen Haaren 69;
Ich heiße starker Bär 70; Der Zauber-
stock des Herrn M. M. 71; Der kleine
Clown Pippo 71; Duda mit den Funkel-
augen 71; Schwuppdiwupp mit der
Trompete 66; Steffel und die Autos 68;
Niki und die Mumpshexe 69; Die
Wawuschels feiern ein Fest 72; Uli kann
bellen 72; Niki aus dem zehnten Stock
73; Ein Auto ist kein Besenstiel 74;
Töktök und der blaue Riese 75; Wenn
ein Unugunu kommt 76; Stadtgeschichten 76; Eigentlich war es ein
schöner Tag 77; Schulgeschichten 78;
Hanno malt sich einen Drachen 78;
Steffis roter Luftballon 78; Die Sache
mit Christoph 78; Er hieß Jan 79; Steffi
und Muckel Schlappohr 80; Ferien-
geschichten 81; Maxi will ein Pferd besuchen 81; Ein Anruf von Sebastian 81;
Für Steffi fängt die Schule an 82; Auto-
geschichten 82; Der Findefuchs 82, alles
Kinder- bzw. Jugendbücher; Glück hat
seinen Preis, R. 83. — **MV:** Es träumen
die Giraffen 66; Mäusemax fliegt um die
Welt 73; Grüna und der große Baum 73;
Iwan Diwan 74; Blumen gibt es überall
74; Da stieg Micha auf sein rotes Rad 76;
Jussuf will ein Tiger sein 78; Zurück ins
Schildkrötenland 80; Ich weiß doch, daß
ihr da seid 80, alles Kinderb.
MA: Unser großes Weihnachtsbuch
68; Mein liebstes Geschichtenbuch 67;
Das nette Krokodil 70; Wir sprechen
noch darüber 72; Am Montag fängt die
Woche an 73; Schriftsteller erzählen aus
aller Welt 74; Der Geschichtenbaum 74;
Die Straße in der ich spiele 74; Kiko,

Kaiser Max und Co. 74; Ein Hund auf
dem Dach 75; Menschengeschichten 75;
Die Familie auf dem Schrank 75; Der
Kinderbaum 76; Bei uns zu Haus und
anders 76; Einsamkeit hat viele Namen
78; Anfangen glücklich zu sein 79;
Klassenlektüre 82, u.a.
R: Der Führerschein, Fsp. 77; Der
Urlaub, Fsp. 80; Hanna, Fsp. 80; Wie es
geschah, Fsp. 83, alles für Erwachs.,
zahlreiche Rdfk- u. Fernsehsendungen,
haupts. f. Kinder.
S: Hanno malt sich einen Drachen 79
u.a.

Kort, Amely, s. Klein, Erika.

Kort, Walter, s. Vortkort, Walter.

Korte, Heino, Graphiker; VS; Gaststr.
9, D-2900 Oldenburg/O. (Hatterwüsting/
O. 28.3.12). Prosa, Lyrik.
V: Kleine Reise in den Süden, Reiseb.
39; Ein paar Gedichte 39; Landschaft,
Prosa u. G. 40; Nordische Reise, Prosa u.
G. 40; Kriegs-Tage in Italien, 50; Auf
italienischen Straßen, Erlebn.-Ber. 52;
Kleiner Bummel durch Oldenburg 54;
Erinnerung an Ernst Penzoldt 55; Im
Moor, Prosa u. G. 55; Reihe italienischer
Reisebücher 57 — 61; Lüneburger Heide,
Erinn. 60; Insel Mainau 60; Pegli - Nurra
- Sorso. Reisebuch (Sardinien) 62;
Winterliches Oldenburg, Pros., G.,
Zeichn. 64; Herbstliches Oldenburg,
Pros., G., Zeichn. 64; San Gimignano, G.
u. Graphik 65; Vergangenes Oldenburg,
G. u. Graph. 66; Mein kleiner Rabe,
Erzn. 66; Mitternacht in Sabbioneta,
Erzn. 67; Star Beeni, Erzn. 68; Der Weg
nach Paestum, Erz. 69; Fern kräht ein
Hahn, G. 69; Kolk, G. 70; Hüttenwinter,
Pr. u. G. 70; De Barkenbööm wiwakt hen
un her; De Möhl 72; De Heid 72; Langs
de Tied 72; Moor 73; Gunt kreiht 'n
Haan 73; Vandaag 74; Eer an 'e Fööt 74;
Harwst 74; Dagg un Nacht 74; Vörjaar
75; Sommer 75; Winter 75; Daak 76;
Weekweer 76; Heet 76; Gäle Blöe 76;
Koolt 77; Maan 77; Feek 77; Suee 78; De
Mörrn ist waak 78; Wat ut Ollnborg 78;
Wietaff 79; Öewer 79; Buten 79; Veer 80;
... un dotiet 80; Dit un Dat 81; To Huus
82, alles Plattdt. G.; Gestern, Erz. u.
Zeichn. 82; Fremde Türme, Kriegsr. 82.

Kortina, Liv, s. Bühler, Ingrid.

Kortooms, Antonius (Ps. Toon
Kortooms), Schriftsteller und Journalist;
Vereinig. von Letterkundigen;
Plantsoenlaan 12, NL- Bloemendaal, Tel.
(023) 255114 (Deurne/Niederl. 23.2.16).
Roman, Short-Story, Essay.

V: Pfarrei im Moor, R. 58, 61; Die
kleine Auswanderung, R. 60, 61; Meine
Kinder essen Torf, R. 61; Bahn frei für
Theodor, R. 62; Beekman und Beekman,
R. 63; Hilfe, der Doktor ersäuft 70.

Kortooms, Toon, s. Kortooms,
Antonius.

Kortum, s. Alberti, Gerhard.

von Kortzfleisch, Siegfried, Dr. theol.,
Chefredakteur, Pfarrer; Lenbachstr. 7,
D-2000 Hamburg 52, Tel. (040) 8991071
(Dresden 5.7.29). Essay, Sachbuch.
V: Verkündigung und "öffentliche
Meinungsbildung" 60; Mitten im Herzen
der Massen. Evangelische Orden und
Klienten der Kirche, Sachb. 63; Religion
im Säkularismus 67. — **MV:** Seelen-
wanderung - Hoffnung oder Alptraum
der Menschen?, m. K. Hutten, Ess. 62, 66;
Seelsorge in der modernen Gesellschaft,
m. E. Müller, H. Stroh u. a. 64.
MA: Breit/Höhne: Die provozierte
Kirche 68; Lefringhausen/Zwiefelhofer:
Partner im Entwicklungsprozeß 70; G.
Benzler: Papsttum heute und morgen
75.
H: Kirche in den Entwicklungs-
ländern 61; Die Antiklerikalen und die
Christen, Ess. 63. — **MH:** Asien missio-
niert im Abendland, m. K. Hutten 62;
Kirche und Synagoge, m. K. H.
Rengstorf, 2 Bde. 68/70.

Kosanke, Dagmar *

Koschel, Christine, Freier Schrift-
steller u. Übersetzer; VS, P.E.N. 82;
Piazza della Maddalena 2, I-00186 Rom,
Tel. (06) 6565380 (Breslau 19.5.36). Lyrik.
Ue: E, I.
V: Den Windschädel tragen, Lyrik 61;
Pfahlfuga, Lyrik 66; Zeit von der
Schaukel zu springen, Lyrik 75.
MH: Ingeborg Bachmann Werkausg.
78; Ingeborg Bachmann Interviews, Wir
müssen wahre Worte finden 83.
MUe: Oscar Wilde: Das Bildnis des
Dorian Gray, Ess. Werke in zwei Bden
70; Djuna Barnes: Antiphon 72;
Bernhard Shaw: Die goldenen Tage des
guten König Karl. Phantastische Fabeln
72, alles m. Inge von Weidenbaum.

Koschelu, Anna (Ps. Anna Barbara),
Rechnungssekretärin i.R.;
Kulturgemeinsch. Der Kreis 79, Wiener
Frauenklub 81; Buchengasse 9, 2. Stiege,
Tür 2, A-1100 Wien, Tel. (0222) 6480695.
Lyrik, Essay, Novelle, Wiener Mundart.
V: A waschechte Wienerin, Mda.-G.
80; Sprache der Seele, Lyr. u. Prosa 82.
MA: Der Mensch spricht mit Gott,
Anth. 82.

Koschorke, Martin, Theologe, Soziologe, Doz. f. Ehe- u. Familienberat.;
Lindenthaler Allee 10, D-1000 Berlin 37,
Tel. (030) 8013654 (Königsberg/Ostpr.
9.10.39). Reisebericht, Reportage.
V: Sonne über Algerien, Erlebn.-Ber.
65; Unterschichten und Beratung, wiss.
Ess. 73, 75.
H: Zur Praxis der Unterrichts-
beratung, wiss. Anth. 75; Schwanger-
schafts-Konfliktberatung, Ein Handb.
79.
R: Report. über: Polen 63; Cambridge
England 63, 64; Rotterdam 67; Algerien
69, 71.

Koser, Michael; RFFU; Kurt-Magnus-
Pr. d. ARD 73; Goßlerstr. 20, D-1000
Berlin 41, Tel. (030) 8524950 (Berlin
24.4.38). Hörspiel, Rundfunk-Feature.
Ue: E.
H: Das Schmöker Kabinett,
Buchreihe 74/76.
R: Malatesta, Fsf.; Reservat 70; Kein
Job mehr für die Roboter 70; Einmal
Utopia, hin und zurück 70; Tote singen
nicht 71; John Bomb jagt Dr. Pop 71;
Was hilft gegen Vampire? 72; Yeti 73;
Verfahren 73; Ach und Krach 73; Heute
war's 75; Heil im Siegerkranz 75; Loch
Ness 77; Müllschlucker 73; Von rechts
nach links 75; UFOs 78; Kriminalhör-
spielreihe Die Denkmaschine 78/84;
Schmetterling mit Hakenkreuzen 82;
Das schaudererregende Abenteuer im
Orient-Expreß 82, u.a. Hsp.; Tarzan 70;
Karl May 71; Ballade vom Banditen 73;
Atlantis 73; Hörblasen 73; Buffalo Bill
74; Jack the Ripper 74; Napoleon als
solcher 74; Jules Verne 75; Rinaldo
Rinaldini 75; 007 und Kollegen 76;
Krimkrieg 76; Herrenfahrer 77; Als
Kaiser Wilhelm siegreich in London
einzog 77; Garibaldi 77; Kurt Laßwitz 78;
Kaisers Geburtstag 79; J.M. Simmel 79;
Donau-Fahrt 79; Die gescheiterte
Hoffnung 80; Safari 80; Preußen kaputt
81; Mein lieber dicker Wilhelm 81; Die
Indianer des Zaren 81; Nostradamus 83,
u.a. Features.

von Koskull, Josepha Benita
Baronesse (Ps. Josi von Koskull),
Verlagsmitarb.; Wetzlarer Str. 13, D-1000
Berlin 31, Tel. (030) 8216854 (Tergeln
22.6.98). Roman, Biographie, Kurzge-
schichte. **Ue:** F, E, R, Schw.
V: Sommer auf Ösel 41; Der junge
Puschkin, Biogr. 48; Lettische Märchen
60; Baltische Spukhäuser 61 I und II;
Der König von Mitau (Louis XVIII. im
Exil) 71.

Ue: Alexander Puschkin: Dubrowski 45, Graf Nulin 47; Tschechow: Kaschtanka 49; Kurzgeschichten 50; Nikolai Leskow: Der eiserne Wille 50; Wassilenko: Peps und Peter 50; Peter bei den Gymnasiasten 50, u. a. Kinderb.; Iljin: Besiegte Natur 51; Schwarz-Fres: Lokwerk 51; Wigdo rowa: Lehrerin 51; Gleb Uspenski: Romane 51 — 53 IV; Koptjolow: Große Wanderung 55; Paustowski: Ferne Jahre 55; Samoiski: Hirtenjunge 56; Tschukowski: Baltischer Himmel 56; Paustowski: Unruhige Jugend 59.

von Koskull, Josi, s. von Koskull, Josepha Benita.

Kosleck geb. Seichter, Brigitte, Arzt-Sekretärin; Theodor-Storm-Str. 4, D-4902 Bad Salzuflen, Tel. (05222) 3108 (Berlin-Steglitz 30.7.23).
V: Der kleine Mann, Geschn. f. Erstleser; Der gute Kobold ohne Namen, M. 83.

Kosler, Alois Maria, Dr. phil., Gymnas.prof. i.R., Verlagslektor; Bundesverdienstkreuz a. B. 78, Siling-Ring des Wangener Kr. 78, Oberschlesischer Kulturpr. des Ldes NRW 79, Verdienstplak. d. Stift. Haus Oberschlesien 81; Wangener Kreis, Ges. f. Literatur u. Kunst "Der Osten" e.V. 50, 1. Vors. 69 — 75, seit 75 Ehrenvors., Eichendorff-Ges. 31, Oberschles. Studienhilfe e.V. 51, 2. Vors. seit 64, Stift. Kulturwerk Schlesien, Ostdeutscher Kulturrat, Stift. Haus Oberschlesien, Gustav-Feytag-Ges.; Südliche Auffahrtsallee 62, D-8000 München 19, Tel. (089) 171216 (Tichau/Oberschles. 3.8.01).
Essay, Interpretation, Feuilleton.
V: Profil der Dichtung Oberschlesiens 56; Der deutsche Beitrag Oberschlesiens zur Kultur 72, 77; Oberschlesischer Bildkalender (mit Texten zur Geschichte u. Ldeskunde Oberschlesiens) seit 64. —
MV: Landeskunde des Oberschlesischen Industriegebiets (Grundlinien der Dichtung...) 43; Schlesien, unverlierbare Heimat (Das Land der 666 Dichter) 48; Interpretationen moderner Lyrik (Carossa) 54 u. ö.; Wege zum Gedicht Bd I (H. Piontek) 56 u.ö.; Bd II (Freiligrath) 63 u.ö.; Die Oder (D. O. in der Dichtung) 57; Schlesische Feierstunde (A. Ulitz) 58; Schlesisches Panorama (Leobschütz) 66, 79, u.d.T.: Städte u. Landschaften in Schlesien; Lex. d. Marienkunde (Eichendorff) 67; Gefährten (Ruth Hoffmann) 68; Große Deutsche aus Schlesien (Eichendorff) 69, 79; Festschr. Schlesien (R. Hoffmann) 67, ebenda:

(Gerhart Hauptmann) 71; Schlesische Studien (Hans Niekrawietz) 70; Bausteine oder Dynamit? (Wangener Kreis) 74; Schriftzeichen (Kurt Heynicke, Max Tau) 75; Ratibor, (mehrere Beiträge) 79.
MA: Zahlr. Beitr. zu Zss. u. Jahrbüchern lit. u. pädag. Inhalts, u.a.: Die Verwendung des Rundfunks in einer Heimschule, Der Schulfunk 6/32; Schulfunk-Arbeitsgemeinschaften, Der Schulfunk 7/33; Die Welt der Arbeit in der Dichtung Oberschlesiens: Schles. Heimatkalender 59; Stimmen Beuthener Lyriker: Mitteilungen des Beuthener Geschichts- u. Museumsver. 56/57; Dichter und Schriftsteller aus Beuthen O/S und dem Beuthener Land: Mitteilungen... 65/66; Die Stellung des lyrischen Gedichts im Deutschunterricht der Oberstufe: Blätter f. den Deutschlehrer 2/60; Das Gedicht im Abituraufsatz: Neues Land 68/Ruth Hoffmann: Schlesien 3/73; Zink wird Gold, Neuausg. 82 (Nachw.); Beuthener Heimatbuch, Neuausg. 82.
H: Schlesische Liebesgeschichten 67, Tb. 78; Der Pfarrherr von Gieraltowitz 70, Tb. 78; Ratibor, Stadt und Land an der oberen Oder, ein Heimatbuch, Teil I 80. — **MH:** Hertha Pohl, Ich bin der Betroffene, Nachwort 2. A. 59; Alfred Hein, Zuhausmusik, Nachwort 68, Tb. u.d.T.: Zu Haus in Oberschlesien 82; ders.: Eine Kompanie Soldaten in der Hölle von Verdun, bearb. Neuausg, Nachwort 78; Paul Habraschka, Oberschlesische Buxliks, Nachwort 70; Gerhard Kukofka, Ein Leben, Nachwort 71; Schriftzeichen, Beitr. des Wangener Kreises zur Idee des Friedens 75; Vermächtnis der Lebenden Bd I 59, Bd. III 79.
R: Das Heimaterlebnis Eichendorffs 32; Mit Eichendorff auf Wanderschaft 34; Buchbesprechungen nach 1945; Von Neuen Büchern über die Alte Heimat. s. a. Kürschners GK.

Kossegg, Marianne, Heimatland-Verl., Wien, Öst..
V: Trogscherl, Z'samm'kratztes 80.

( )

Kossert, Karl (Ps. Carl Tresko), Dr. jur., RA.; Bismarckallee 6, D-5300 Bonn-Bad Godesberg, Tel. (0228) 635373 (Goch 18.1.14). Lyrik.
V: Meridiane, G. 69; Concerto, G. 72; Jenseits des Handtellers, G. 73; Die Graugans, G. 74; Die Fähre Barnim, G. 76; Niederrheinischer Almanach, G. 79; Aleydis Raiscop, die Humanistin von Nonnenwerth, lit.gesch. Unters. 82.

Koster, Dora; Froschaugasse 18, CH-8001 Zürich.
V: Sanft und gefährlich, G. 81; Mücken im Paradies, Politkr. 81. ( )

Kosters, Heinz, Dozent a. D.; Gruppe 61, Initiator u. Mitgründer; Bockholter Str. 2, D-4350 Recklinghausen-Hochlar, Tel. (02361) 57613 (Recklinghausen 4.8.24). Lyrik, Essay.
V: Stille Einkehr, Lyrik 45.
MA: Neue bergmännische Dichtung, Anth. 49; Lob auf St. Barbara, Lyrik 57; Wir tragen ein Licht durch die Nacht, Lyrik 60, 61; Weggefährten, gemischte Anth. aus dem Ruhr-Wupper-Raum 62; Unter Tage Über Tage, Lyrik 66; Seilfahrt, gemischte Anth. 67; Vestischer Kalender 1977, gemischte Anth. 76, 1978 77, 1979 78; Schwarze Solidarität, Gemischte Anth. 74, 2.Aufl. 78; Vestische Zs. 80/81 82; 100 J. Bergarbeiter-Dichtung 82.
Lit: Peter Kühne: Arbeiterklasse und Literatur. Dortmunder Gruppe 61/Werkkreis Literatur der Arbeitswelt 62; N. M. Matuzova: Die Arbeiterklasse in der schönen Literatur der BRD (russ.) 77; Krystyna Nowak: Arbeiter u. Arbeit in d. westdt. Lit. 1945 — 1961 77; Rainer Noltenius: Fritz Hüsers Inst. f. Arbeiterlit. u. d. zeitgenöss. lit. Leben in: Von Büchern u. Bibl. in Dortmund, Beitr. z. Bibliotheksgesch. einer Industriestadt 82.

Kostetzky, Igor (Eaghor George Kostetzky), Schriftsteller; VDÜ 65, VS; Dt. Shakespeare-Ges. 57; Am Mädchenrain 4, D-7052 Schwaikheim/Württ., Tel. (07195) 51211 (Kiew 14.5.13). Drama, Novelle, Essay, Hsp. **Ue:** R, Ukr, P.
V: Einige Fragen der Shakespeare-Übersetzung in slawische Sprachen, Abhandlung 65; Das Spiel vom großen Mann, Schausp. 65; Die Versuchung des nichtheiligen Anton, Schausp. 66; Die Nonnen, Dr. 67.
R: Der Tod des Kardinals, Hsp. 72; Die Partei der echten Menschen, Hsp. 77; Laeticia, Hsp. 78.
Ue: Mitarb. am gesamten Prosateil in: Aus dem alten Rußland 68; Nikolai Erdman: Der Selbstmörder, sat. Kom. 68; Das Mandat, sat. Kom. 70, alles m. Elisabeth Kottmeier; Jurij Olescha: Verschwörung der Gefühle, Kom. 72; Olesj Hontschar: Sobor u.d.T.: Der Dom von Satschipljanka, R. 70.

Kotarski, Carmen, Schriftstellerin; VS seit 76, Arbeitsgem. alternativer Verlage u. Autoren seit 78; Kaktus Lit.pr. 75; Förderstip. d. VS Baden-Württ. 78, c/o

Windhueter Verlag, Stuttgart (Mannheim 4.7.49). Lyrik, Kurzprosa, Essay.
V: Rings ums Schneckenhaus, Lyr. u. Prosa 76; Eurydike u. d. Wölfe, Erz. 78; Wolfsgedichte, G. 78, 2. Aufl. 79. ( )

Kothe, Dietrich, Lehrer; Stockacker 7, D-8928 Hohenfurch, Tel. (08861) 7602 (Breslau 20.10.38). Lyrik, Novelle, Roman.
V: Männertypen, Erz. 71; Zeitläufte d. Statisten, Erz. 77; Trebegängers Heiliger Kram, Lyr. 78; Polis und Herzgebau, Lyr. 81.

Kotrba, Walter (Ps. Wilhelm M. Kotrba), Dr. med., MedDir.; Vogelherd 138, D-8520 Tennenlohe b. Erlangen, Tel. (09131) 601858 (Prag 28.12.24). Lyrik.
V: Ruinen der Heimat, G. 48; Knospen, Blüten, welkende Erinnerung, G. 49; Heimweg, G. 68; Im Strom der Zeit, G. 79.

Kotrba, Wilhelm M., s. Kotrba, Walter.

Kotte, Barbara, Journalistin; Waisenhofstr. 15, D-2300 Kiel 1 (Berlin 13.8.35). Feuilleton, Hörfunk-Feature, Reportage.
V: Ich bin ja so allein, F. 69; Frauen zwischen Familie und Beruf 70.

Kotthaus, Heinz *

Kotulla, Annemarie (Ps. Anna Zaschke, Annemarie Czaschke), Dr.phil., Schriftstellerin; VG Wort 75; Giselastr. 25, D-8000 München 40, Tel. (089) 345542 (Münster, Westf. 7.11.30). Novelle, Hörspiel. **Ue:** F, I.
V: Der Cantique de Mesa in Paul Claudels Drama Partage de Midi 64; Männergeschichten, Erzn. 74; Frauenfronten, Erzn. 82.
R: Gemeinplatz 74; Wo liegt Arkadien? 76.
Ue: u.a.: Michelangelo Antonioni: L'Avventura 63; Federico Fellini: 8 1/2 63; Oreste del Buono & Umberto Eco: Der Fall James Bond 66; Jean Cocteau: Halbgötter 78, Schreckliche Eltern 78, Orpheus 80, Der Doppeladler 81, Die Schreibmaschine 83; Paul Claudel: Richard Wagner 79.

Ková, Oda, s. Zadek, Walter.

Kowatsch, Klaus, Arzt, Regisseur u. Schauspieler; RSG seit 74; NGL seit 76; Eylauer Str. 22, D-1000 Berlin 61, Tel. (030) 7857456 (Ebermannstadt 10.7.53). Kurzprosa, Lyrik, Dramenbearbeitung. **Ue:** F.
V: Seiltänzer-Fragmente, Kurzprosa u. Lyr. 76; Medizinerlyrik I u. II, Lyr. 76;

König von Preußen, Revue 80. —
MV: Anth. 3 d. RSG, Lyr. 77; Eckiger
Kreis, Lyr. u. Lyr.übersetz. 78.
Ue: Jacques-Henri Mirat: Ludwig
oder die Freiheit verrückt zu sein 80.

Kożik, Christa, ehem. kartograph.
Zeichnerin, Schriftstellerin; VFF 77, SV-
DDR 79.; Nationalpr. f. Kunst u. Lit. d.
DDR II. Klasse, div. Pr. auf intern.
Filmfestivals; Stahnsdorfer Str. 73,
DDR-1502 Potsdam-Babelsberg, Tel.
(033) 75835 (Liegnitz 1.1.41). Lyrik, Film,
Kinderbuch.
V: Moritz in der Litfaßsäule, Kdb. 78;
Poesiealbum, G. 81; Der Engel mit dem
goldenen Schnurrbart, Kdb. 83.
MA: G. in Anth.
F: Philipp der Kleine, Kinderspielf.
76; Ein Schneemann für Afrika,
Kinderspielf. 77; Sieben
Sommersprossen, Jugendf. 78.
R: Trompeten-Anton, Fsf.

Kraack, Renate (Ps. Renate K.
Luther), med. techn. Assist.; Roter
Brachweg 96a, D-8400 Regensburg
(Narva 24.1.33). Christliche Erzählungen.
V: Goldene Kindertage, Erzn. 79;
Ziehende Wolken, Erzn. 83.

Krabbe-Flor, Liese-Lotte (Ps. Claude
Flor), Kultur- u.
Wissenschaftsjournalistin, Autorin;
Verb. d. Journalisten i. Nds. 70
(Hamburg 18.5.11). Roman, Lyrik,
Novelle, Essay. **Ue:** E.
V: Legende 47; Das Fest der Blüten
48; ...bis zum Abendrot 51; Ein Mann
namens David 79; Das Bambustor 81.
B: Gerstäcker: Die Flußpiraten d.
Mississippi 78, Die beiden Sträflinge 78;
Jules Verne: Die Reise um die Erde in
80 Tagen 80; W. Quindt: Auf verwehten
Spuren 82.

Krack, Hans-Günter; SDA 49 — 53,
SV-DDR 53; Preis f. Kinder- u. Jgd. Lit.
d. Min. f. Kultur d. DDR 52, 54, 61, Preis
f. Gegenwartsschaffen 57; Oranienburger Str. 22, DDR-102 Berlin, Tel.
2810365 (Zittau/Sa. 29.9.21). Roman,
Kinder- u. Jugendbuch, Hörspiel.
V: Kriegsgericht, Erz. 48; Um dieses
Leben, Nn. 49; Hein auf Indianerjagd,
Kinderb. 51, 52; Jo und Hilde setzen sich
durch, Kinderb. 52; Stellwerk Nord gibt
Fahrt frei, Kinderb. 52, 56; Ferienexpreß
D. 104, Kinderb. 53, 56; Um eine Pferdelänge, Jgdb. 53; Anschlag auf E 7, Erz.
53; Die Geschichte vom neidischen
Dorle, Kinderb. 55, 67; Peter und der
blaue Expreß, Kinderb. 56, 59; Steuer-
mann aus Liebe, R. 56, 59; Rainer und

die Puppenmutter, Kinderb. 57, 65; Zwei
in der Nacht, R. 57, 64; Die verhexten
Apfelbäume, Kindererzn. 57, 60; Die
Entführung der "Antonia", R. 59, 62; Der
verhängnisvolle Anker, Kinderb. 60, 63;
Zu wem gehst du, Andrea?, Jgdb. 63, 74;
Gib nicht auf, Regina, Kinderb. 65, 73;
Das Mädchen mit den zwei Gesichtern
66, 74; Kein Zurück für Elke, Jgdb. 69,
73; Petra und der Eisenbahnräuber,
Kinderb. 71, 82; Verliebt in eine Lady,
Jgdb. 78, 82; Jens auf dem Strom, Kdb.
81, 83. — **MV:** Ein Jahr und noch ein
halbes, Jgd.-R., m. Hans Mieke 52.
MA: Unsere Welt, Kindererzn. 54; Auf
kühnen Wegen, Kindererzn. 60; Die
Kastanien von Zodel, Kindererzn. 70, 72.
R: versch. Kinder-Hsp.

Kraefft, Hans-Joachim *

Kraeger, Johanna, c/o Verlag Arnold,
Leipzig, DDR (Glauchau 16.6.10).
V: Fabeln auf der Puppenbühne 57;
Fünf vergnügliche Fabeln 59; Lernen,
singen, kämpfen, Kant. 59; Unser
Friedensweg, Kant. 60; Weil der Tag uns
Freude macht, Kant. 61; An das Leben,
Kant. z. Jugendweihe 61; Wenn ihr
wissen wollt, wieso, Kinderb. 62; Fünf
bauten sich ein Haus, Kinderb. 62; Das
ganze Jahr, Kinderb. 62; Spielt ihr mit?,
Kinderb. 63; Die rätselhafte Feder,
Kinderb. 63; Frühling, Sommer, Herbst
und Winter, Kinderb. 64; Ein Nest wird
gebaut, Kinderb. 64; Amsel, Drossel,
Fink und Star 64; Wer weiß es zuerst?,
Kinderb. 65; Drei heimatliche Lieder 66;
Der hartherzige Schneemann 66; Was
Freude macht, Kinderb. 66; Ulrich und
Jutta bei Sonne, Regen, Wind und
Schnee, Kinderb. 66; Wenn du Tag und
Träume liebst 68; Es war einmal ein
Pinguin 69; Das weißt auch du!,
Kinderb. 69, 75; Pit und Hermelinchen,
Kinderb. 70; Der Tag weht sein Gesicht,
musikal. Poem 70; Fellchen oder Feder-
kleid 71; Krokus, Kätzchen und
Kastanien, Kinderb. 72, 73; Aus dem
Eischalenhaus, Kinderb. 73; Abschied u.
Anfang, G. 75.
MA: Die bunte Puppenkiste 61. ( )

Krähenbühl, Peter, Dr. rer. pol.,
Betriebswirtschaftler u. Soziologe;
Graffenriedstr. 5, CH-3074 Muri, Tel.
(031) 522389 (Zwingen BE/Schweiz
25.6.43). Lyrik, Chanson.
V: Zwischen zwei Welten, G. 68; Git's
äch das?, Berndeutsche Chansons 74;
Sonnenwende, G. zu Jazz 81.
MA: In die Wüste gesetzt, Lyrik 67;
Berner Chansons ab Blatt, Chansons u.
Lyrik 69; Die Berner Trouvères — Ein

Chansonalbum 74; Mys nächschte Lied,
Chansons 76; Bärndütsch, Mundarttexte
79; Heitere Schweiz, humorist. Texte 76;
Zeitloses Bern, Fotos u. G. 81;
Behindertenkalender 1982, G. 81.
S: Berner Chansons Nr. 8; Git's äch
das 68; Berner Chansons Nr. 17: Nüüt
72; Kollektion 73; Chansons 73; Was i no
ha wölle säge, Chansons 75; Schweizer
Chansoniers und Dritte Welt, Chansons
75; Schweizer Mundart, Stadt Bern 76;
Stägetritte, Chansons 81.

Krämer, Hans W.O., Kaufmann; IGdA
81; Autorengruppe Heilbronn 81;
Holunderweg 12, D-7150 Backnang, Tel.
(07191) 64647 (Waiblingen/Rems-Murr-
Kreis 16.9.41). Lyrik, Kurzgeschichte,
Mundart.
V: Such in Dir, Lyr. 81.
MA: Lyr. in Anth.

Krämer, Ilse, s. Chasen-Krämer, Ilse.

Krämer, Karl Emerich (Ps. George
Forestier), Dr. phil.; Lindenstr. 235, D-
4000 Düsseldorf, Tel. (0211) 667324
(Düsseldorf 31.1.18). Reise-
beschreibungen, Kulturgeschichte,
Lyrik, Laienspiel. **Ue:** F, H.
V: Treue um Treue, Erz. 36; Volk,
deine Feuer, G. 38; Erntekantate, G. 38;
Aus dem Tagebuch meiner Batterie 40;
Sturm auf die Maginot-Linie, Ber. 40;
Fährmann Pounder, N. 42; Mit beiden
Händen, G. 47; Bruder Tod, Laiensp. 48;
Wenn es schneit, T. 48; Die Rosenstadt,
M. 48; Die Zaubergeige, Sp. 49; Der rote
Mantel, Laiensp. 50; Der fremde Gast,
Sp. 50, 65 (auch Hsp. 60 — 71); Freundes-
gabe, Balladen 50; Der Weg zum Glück,
Laiensp. 51; Immer stiller wird das
Herz, G. 51; Die Tür der Gnade, Sch. 52;
Der Hauptmann und sein Knecht, Sp.
52; Ich schreibe mein Herz in den Staub
der Straße, G. 52, 55 (auch ital. franz.,
poln., ung., engl.); Stark wie der Tod ist
die Nacht, ist die Liebe, G. 53; Im Regen,
der über Europa fällt, Die verdammten
Zivilisten, R. 53, 59; Zwei Frauen, R. 54;
Mein Lied für Europa, Chorwerk 54;
Briefe an eine Unbekannte, Briefe 56, 66
(auch japan.); Bitte gehorsamst melden
zu dürfen, G. 55; Vagabund, Zigeuner,
Tramp, G. 57; Die dritte Taube, Orat. 57;
Nur der Wind weiß meinen Namen, G.
57; Wieder strahlt der Weihnachtsstern,
G. 59; Späte Ernte, Chorwerk 56; Ausgewählte G. 61; Gesang aus der Arche, G.
63; Das blühende Jahr, Chorwerk 64;
Glasgestalt und Nachtgeländer, G. 67; In
meinem Land, in meiner Stadt, G. 66;
Widerhaken, Aphor. 66; Biblische G. 68;
Bericht vom Kind, vom Sarg und vom

Hund, G. 68, 74; Durchs Düsseltal nach
Düsseldorf, Schild. 68; Gaulimauli
Stachelschwein oder die Kunst des
Kettengesangs, Einf. 68; Gesammelte G.
69; Die schöne Ruhr, Schild. 69; Westfälische Burgenfahrt, Schild. 69; Niederrhein. Burgenfahrt, Schild. 69; Das
Ruhrtal in Westfalen, Schild. 69; Nobis-
krug, Chorwerk 70; Straßenauf und
straßenab, Kant. 70; Im grünen Land
der Niers, Schild. 70; Das untere Ruhrtal, Schild. 70; Winter in Viechtach, Ess.
70; Die stummen Zeugen, Ber. 71; Mit
wem soll ich sprechen, wenn nicht mit
dir, Textsatz f. eine Messe 71; Rasierklingen zwischen den Tasten, Biogr. 71;
Bergische Burgenfahrt, Schild. 71; Als
hätten meine Fingerspitzen Augen, G.
72; Wo die Wasser mit den Wassern
reden, Ess. 72; Die große Straße, Ber. 73;
Kain, Moses und andere, G. 73; Von
Burg zu Burg in Westfalen, Schild. 74-
81; Qualmen-Kallen, Verse 73; Brief an
einen Obersekundaner 73; Mönchengladbach, Kaleidoskop einer Stadt 74;
Am Ende der Straßen bleibt jeder allein,
G. 74; Auskunft über ein nahes Land,
Ess. 74; Tore, die ein andrer schießt,
Verse 74; Wo ist die Freiheit, von der ihr
sprecht, G. 74; Auf der Suche nach der
gültigen Form, Ess. 75; Burgenfahrt
durchs Münsterland 75-82; Von Burg zu
Burg durch die Eifel 76-81; Die Stille
zwischen dir und mir, G. 76; Burgenfahrt zum Niederrhein, Ber. 78-82; Der
Kopf, die Hände, der Geist, Ess. 77;
Unbekanntes Westmünsterland, Schild.
77; Von Burg zu Burg zwischen Köln
und Aachen 78; Dein Gesicht verläßt
mich nicht, G. 79; Von Brühl bis
Kranenburg: Schlösser, Burgen, Türme
79; Von Burg zu Burg am Niederrhein,
Bd 1 71-81, Bd 2 80; Kirchen und Klöster
am Niederrhein, Beschr. 80; Mercator —
eine Biogr. 80; D. Ruhrgebiet in alten
Stadtansichten, Kulturgesch. 80; Burgen
in u. um Düsseldorf 80; Das Münsterland v. meiner Tür, Otto Pankok u. d.
Droste 81; Von Burg zu Burg zwischen
Köln u. Siegen, Beschr. 81; Koblenz u. d.
Mittelrhein i. alten Ansichten 81;
Burgen in und um Krefeld 81; Von Burg
zu Burg durchs Ruhrgebiet 81/82 II;
Und alle spiegeln sich im Strom,
romant. Städteansichten von Düsseldorf
b. Breisach 82; Von Burg z. Burg durch
den Westerwald 82; Unser Münsterland
farbig, Kulturgesch. 83; Burgen in u. um
Aachen 83; Hätt ich das Wort, das
Wahrheit heißt, G. 84; Tilly
Generalissimus, Biogr. 84.

H: Spielschatztruhe, 7 Sp. 50; Land unserer Liebe, G. 51; Ostdeutsche Balladen 52; Fleuron: Unsere Freunde, die Tiere 52; St. Exupéry: Die letzte Botschaft, Das Märchen vom Zylinderhut, m. Briefe u. Texten von André Maurois 57; Kurt Tucholsky: Nachher 58.

Ue: Paul Julien: Lagerfeuer am Äquator 50; Jesse u. Romijn: Lob der Riviera 57; Romijn: Utrecht 48; van Doelman u. Broek: Hier ist Amsterdam 60; Moekerken u. Blokker: Mädchen von Holland 60. — **MUe:** Adam Wazyk: Ein Gedicht für Erwachsene 57.

Lit: Erich Bockmühl: Dichter d. Niederrheins 51; Forestier in Büchern u. Zss. von 52-56; Paul Schallück: Welt d. Arbeit 54; Gegenwartsdichtung 56; Calandra-Frattini: Poesia Nuova 56; Gilda Musa: Poesia tedesca 58; Koshiro Oga, Forestier-Briefe, Tokio, 64; Christian Sturm: Abrechnung m. einem Pseudonym 69/74; Richard Salis: Motive 71; Erich Kern: Neue Forestier-Gedichte 72; Lore Schaumann: Düsseldorf schreibt 74; Ruhrtangente 73; L. Blanck-Conrady: Wo ist die Freiheit 74; Wahrheit und Wirklichkeit 79; Toni Schüler: Autoren u. Weggefährten Peter Diedrichs 79; Transatlantis: Der Kampf geht weiter 8/81; J. Philippon: L'espace culturel Franco-Allemand 81; Endres: Literatur seit Adenauer 81; Werner Schwerter: Düsseldorf Magazin 3/82.

Krämer, Karl W., Textil-Zuschneider; VS 76; Luisenstr. 19, D-4800 Bielefeld 1, Tel. (0521) 67791 (Köln a./Rhein 7.9.30). Lyrik.
V: Entschlossen zu widersprechen, G. 79. ( )

Krämer, Renate, Dipl.-Psychologin; Walhallastr. 13, D-8000 München 19, Tel. (089) 172626 (Halberstadt 17.12.38). Lyrik.
V: Auf Dich ist Verlaß, G. 78.
MA: Jahresring 78-79 78; In diesem Lande leben wir 78; Viele von uns denken noch... 78; Jb. für Lyrik I 79.

Krämer, Wolfgang (Ps. Wolfgang Werner), Theaterinspizient; VS in Bayern seit 74; Ringstr. 21 E, D-8013 Haar b. München (Wuppertal 17.3.42). Lyrik, Roman, Essay, Film, Hörspiel, Rundfunk- u. Presse usw.
V: Vom Waisenhaus ins Zuchthaus 69, Neuerschein. 79; ALLEINSEIN — Berichte aus einem Gefängnis 80; Der Staat erntet das, was er säte, G. 80.
MA: G. in: Die Horen 81.

R: Weihnachten in Freiheit, Hsp. 71, 74; Bewährungshilfe: der schwere Weg zurück, Fsf. 69; Tellerwäscher, Hörbild.
Lit: Klaus Lüdersen u. Seibert: Autor und Täter 78.

Krämer-Badoni, Rudolf, Dr. phil.; P.E.N. 51, 2. Vors. 61; Brunnenstr. 6, D-6200 Wiesbaden, Tel. (06121) 560101 (Rüdesheim 22.12.13). Roman, Novelle, Essay, Film, Hörspiel.
V: Jacobs Jahr, R. 43; In der großen Drift, R. 49; Mein Freund Hippolyt, R. 51; Der arme Reinhold, R. 51; Liebe denkt nicht an sich, Nn. 54; Die Insel hinter dem Vorhang, R. 55; Über Grund und Wesen der Kunst, Ess. 60; Bewegliche Ziele, R. 62; Vorsicht, gute Menschen von links, Ess. 62; Ignatius von Loyola, Biogr. 65; Die Last Katholik zu sein, Ess. 67; Deutschland, Deine Hessen 68; Anarchismus, Geschichte und Gegenwart einer Utopie 70; Mein beneidenswertes Leben 72; Die niedliche Revolution, Ess. 73; Gleichung mit einer Unbekannten, R. 77; Das Welt-Wein-Buch 78; Revolution in der Kirche — Lefebvre und Rom 80; Galileo Galilei, Biogr. 83.
MA: Märchen deutscher Dichter 51; Stille Nacht, Erz. 55; Das kleine Mädchen Hoffnung, Prosa-Anth. 55; Der Tag beginnt, Vortr. 56; Geboren ward das Licht 56; Unsere Freiheit morgen, Ess. 63; Schwierigkeiten, heute die Wahrheit zu schreiben, Ess. 64; Offene Briefe an die Deutschen, Ess. 68; Weihnachtsgeschichten aus Hessen 80.
F: Das Haus am Hirschgraben 56.
R: Stern der Unsterblichen, Hsp.; 6 Passions-Hsp. 64.

Krafft-Ebing, Marion, Pensionistin; Verb. d. Geistig Schaffenden Öst. 83; Mariatrosterstr. 20/I., A-8043 Graz (Wien 29.4.11). Bodensee-Roman, heitere Verse.
V: Bodensee-Roman 39; Spiegelbild mit blauen Flecken, heit. Verse 82.

Kraft, Gisela, Dr. phil.; NGL 79; Trautenaustr. 8, D-1000 Berlin 31, Tel. (030) 8614897 (Berlin 28.6.36). Lyrik, Prosa, Schauspiel. **Ue:** T.
V: Die Überfahrt des Franziskus, Laisp. 77; Eines Nachts in der Zeit, G. 79; Wovon lebt der Mensch, Laisp. 80; Die Schlange Gedächtnis, M. 80; Istanbuler Miniaturen, G. 81; Aus dem Mauer-Diwan, G. 83; Schwarzwild, Prosa 83.
Ue: Aras Ören: Privatexil, G. 77, Deutschland ein türkisches Märchen, G. 78, Mitten in der Odyssee, G. 80, Die Fremde ist auch ein Haus, Poem 80;

Vasıf Öngören: Die Küche der Reichen,
Sch. 80; Nazım Hikmet: Unterwegs, Sch.
81; Yunus Emre/Pir Sultan Abdal: Mit
Bergen mit Steinen, G. 81; Fazıl Hüsnü
Dağlarca: Komm endlich her nach
Anatolien, G. 81.

Kraft, Heike, c/o Fischer-Taschenbuch-Verlag, Frankfurt a.M..
V: Balthasar der Erfinder, R. 82. ( )

Kraft, Ruth, s. Bussenius, Ruth.

Kraft, Werner, Schriftsteller; Lit.-Pr.
der Bayer. Akad. Schönen Künste 66,
Sigmund Freud-Pr. d. Darmstädter
Akad. f. Sprache u. Dicht. 71, Dr. h. c. 75;
Korr. Mitgl. d. Bayer. Akad. Schönen
Künste, Darmstädter Akad. f. Sprache u.
Dicht. 72; 31, Alfasi Rd., Jerusalem/
Israel, Tel. (02) 638839 (Braunschweig
4.5.96). Lyrik, Essay, Prosa, Mono-
graphie.
V: Wort aus der Leere, G. 37; Gedichte
38 II; Gedichte 46 III; Figur der Hoff-
nung. Ausgewählte G. 55; Karl Kraus.
Beiträge zum Verständnis seines
Werkes 56; Wort und Gedanke. Krit.
Betrachtn. zur Poesie 59; Der Wirrwarr,
R. 60; Rudolf Borchardt. Welt aus Poesie
und Geschichte 61; Augenblicke der
Dichtung. Krit. Betrachtn. 64;
Gespräche mit Martin Buber 66; Franz
Kafka 68; Zeit aus den Fugen, Prosa 68;
Rebellen des Geistes, Ess. 68; Carl
Gustav Jochmann und sein Kreis 72;
Spiegelung der Jugend, Autobiographie
73; Bewältigte Gegenwart, G. 73; Das Ja
des Neinsagers, Karl Kraus und seine
Welt 74; Das sterbende Gedicht, G. 76;
Der Chandos-Brief u. andere Aufsätze
über Hofmannsthal 77; Eine Handvoll
Wahrheit, Aufzeichn. 77; Über Gedichte
u. Prosa, Aufsätze 79; Stefan George 80.
H: Heine: Gedicht und Gedanke,
Ausw. 36; Else Lasker-Schüler: Ein-
führung und Auswahl 51; Karl Kraus:
Einführung u. Auswahl 52; Wieder-
finden, dt. Poesie u. Prosa, Ausw. 54, 61;
Else Lasker-Schüler: Verse und Prosa
aus dem Nachlaß 61; Ludwig Strauss:
Dichtungen und Schriften 63; Carl
Gustav Jochmann: Die Rückschritte der
Poesie u. a. 67.
Lit: Hans Hennecke: Der Lyriker
Werner Kraft in: Kritische Blätter der
Gegenwart 55. ( )

Krahe, Susanne, Stud.Theol.; Kreis d.
Freunde/Dülmen seit 78, Literarische
Union, Saarbrücken seit 78; Besselweg
230, D-4400 Münster/Westf., Tel. (0251)
86585 (Unna 27.11.59). Lyrik, Kurzprosa,
Erzählung.

V: Der Tag an dem ich glücklich war,
G. u. Kurzprosa 78; Rendezvous, G. u.
Kurzprosa 78; Tolle Jahre, Lyr. 81. –
MV: Frustration, Erz., Men-tekel.
upharsin, Erz. 78.

Krahner, Karl, Schriftsteller; Ritter-
landweg 55, D-1000 Berlin 51 (Berlin
13.1.02). Roman, Erzählung, Bühnendichtung, Jugendbuch, Kurzgeschichte,
Lyrik.
V: u. a. seit 60; Unser Fräulein Hansen, R. 60; Blond war die Frau, R. 61;
Dann fließen die Tränen zusammen, R.
62; Blutige Täler, R. 63; Verlorene
Träume, R. 63; Das Sonntagskind, R. 64;
Ich weiß nichts von dir, R. 64; Geliebt
und beweint, R. 65 (auch fläm.); Die
Bestie schläft nicht, Krim.-R. 65; Ver-
schweig' mit nichts!, R. 66; Das Kind der
Toten, R. 71; Das Schicksal wollte es
anders, R. 73; Kennst Du dein Herz?, R.
73 (auch fläm.); Wer bist du Sabine, R.
73; Kinkerlitzchen, 12 Sketche 83.

Krajewski, Felix; Wildkanzelweg 18,
D-1000 Berlin 28, Tel. (030) 4012921.
V: Christus bei den Kindern 34; Lerne
beten Kind 35 (16 Auflagen); Die Straße
der Wunder 55, 2.Aufl. 59 (auch holl.) 59;
Das Leben Jesu, den Kindern von heute
erzählt 59.

Krajewski, Theophil, Dr.med., Arzt;
FDA, BDSÄ; Med. Lyriker-Wettbew. z.
Thema Die Rose 82; Postfach 10101, D-
6640 Merzig 1, Tel. (0681) 2915
(Neunkirchen/S. 4.5.16). Lyrik.
V: Der Rosenhag, Lyr. 82.
MA: Zahlr. Anth., Jb., Alm., lit. Zss.

Krall, Christian, Student; Unterer
Stadtplatz 32, A-3340 Waidhofen/Ybbs
(Waidhofen/Ybbs 11.1.55). Prosa.
V: Sawane mit Birkins 79. –
MV: Waidhofner Stimmen – gestern u.
heute 79. ( )

Kramberg, Karl Heinz, Schriftsteller,
Journalist; von Goebelplatz 8, D-8000
München, Tel. (089) 171774 (Dortmund
15.2.23). Erzählung, Essay, Fernsehfilm,
Hörbild.
V: Der Clown, Marginalien zur
Narretei 56; Werters Freuden. Die
Erziehung eines Epikureers, R. 75. –
MV: Der Lügenspiegel, Ess. m. Karl
Rauch 58; Lieber in Lappland, ein
Hüttenbuch m. Maria Kramberg 72, 73.
H: Sade: Kleinere Schriften 65; 34 x
verbotene Liebe, Anth. 67; vorletzte
Worte. Nachrufe zu Lebzeiten 69;
Marryat: Das Geisterschiff, R. 70;
Kindersachen, Leseb. 81. –
MH: Casanova: Memoiren 57.

R: außer zahlr. Hörb. u. Radioess.
folgende Fernsehf.: "Die Peitsche der
Vernunft", ein Porträt des Marquis de
Sade, "Muotkatunturi", eine lappländ.
Wanderung, "Nach Barra Head", eine
Reise durch Schottland, "Ultima Thule",
Aufzeichn. in Island, "Das andere Licht",
eine arkt. Idylle, "Garten der Folter",
nach dem R. v. Mirbeau, "Der Winkel",
F. aus dem Bayer. Wald, "Mein Freund
der Oberpfälzer", Heimatf; Die
Verlobten vom Tränensee — Eine Ge-
schichte aus Lappland, Das ver-
räterische Herz, Die schwarze Katze, 3
Fernsehf., die beiden letzteren: Film-
erzählungen nach E. A. Poe. ( )

Krambs, Ursula (Ps. Ursula Krambs-
Vogelsang), Landwirtin; GEDOK 81;
Stückerweg 47/a.d. BAB, D-6900
Heidelberg I, Tel. (06221) 63649
(Karlsruhe 4.6.29). Lyrik.
V: Deine Seele wünscht Antwort 69;
Über trocknen Wassern, Lyr. 83.
MA: Beitr. in: Versuche, Saarl. Zs. f.
Lit. u. Graphik 79; Jahrbuch f. Lyrik 2
80; Fürchte dich nicht 81; Literat 80, 82.

Krambs-Vogelsang, Ursula,
s. Krambs, Ursula.

Kramer, Herbert Gerhard, Dr. phil.,
Vortr. Legationsrat I. Kl. a. D.; Am
Bürgerpark 11, D-5300 Bonn 3, Tel.
(0228) 443158 (Breslau 22.3.06). Lyrik,
Roman, Novelle, Essay, Hörspiel. **Ue:** E,
F, I.
V: Neun Erzn. 45. — **MV:** Mitarb. in
Anth. 48 — 67, u. a. in Weyrauch: Die
Pflugschar, M. Jussef: Gesang der Spin-
nen (arab.).

Kramer, Robert, StudDir.; Ostendstr.
18, D-8121 Eberfing, Tel. (08802) 581
(Breslau 10.6.30).
V: Das Geheimnis der blauen Truhe
und andere unheimliche Geschichten,
Erzn. 82.

Kramer-Kiehm, Mary B. *

Krammer, Helena, Pensionistin; 4.Pr.
Lit.pr. Arbeiterkammer Wien 47, 1.Pr. f.
Lit. Öst. Rdfk — Studio Wien 58; Willerg.
19, A-1238 Wien (Sarning/Ob.Öst.
16.7.05). Lyrik, Essay.
V: Ferienreise-Broschüre m. Lyr. 56;
Blumenlyrik 75; Thema Frieden 81.

Kramp, Willy, Dr. phil., Dr. theol. h. c.;
VS 54; Annette-von-Droste-Hülshoffpr.
67; Rheinener Weg 27, D-5845 Villigst,
Tel. (02304) 7668 (Mülhausen/Els.
18.6.09). Roman, Novelle, Essay. **Ue:** E, F.
V: Die ewige Feindschaft, R. 32; Die
Herbststunde, Erz. 37, 54; Die Fischer
von Lissau, R. 39, 51; Wir sind

Beschenkte, Erz. 39, 51; Die Jünglinge,
R. 43, 50; Die Prophezeiung, Erz. 50, 51;
Konopka, Sch. 53; Sieben Perlen, Erzn.
53; Was ein Mensch wert ist, Erzn. 53;
Die Pupurwolke, R. 54; Wenn ich es
recht bedenke, Betrachtn. 54; Die Spiele
der Erde, Gedanken in einem Garten 56;
Von der Gleichzeitigkeit des Lebendi-
gen Betrachtn. 56; Die treuen Helfer,
Meditationen 57; Das Lamm, Erz. 59;
Das Wespennest, Ess. 62; Die Welt des
Gesprächs, Ess. 62; Brüder und Knechte.
E. Bericht 65; Der letzte Feind, Aufz. 69;
Gorgo oder Die Waffenschule, Erzn. 70;
Über die Freude, Ess. 70; Herr Adamek
und die Kinder der Welt, R. 77; Zur
Bewährung, R. 78; Protest der Schlange,
Ess. 81; Wintermai und Sommerschnee,
Augenblicke meines Lebens 81.
F: Das Lamm.
R: Die Macht der Lüge, Hsp. 69.
Ue: Joyce Cary: Ein schwarzer Prinz,
R. 38.
Lit: Prof. E. Rose: Willy Kramps Über-
windung der Heimatkunst; Was ein
Mensch wert ist. Zum 50. Geb. v. Willy
Kramp in: Das Bücherschiff 59; Prof. M.
Hadley: Willy Kramp, Towards a
christian poetics of the novel 72;
Freundesgabe zum 70. Geburtstag.

Kraneis, Michael, s. Moeller, Joachim.

Kranz, Gisbert (Ps. Kris Tanzberg),
Dr. phil.; Die Kogge; EM d. New York C.
S. Lewis Soc., EM Ovid-Gesellschaft
Bukarest, Thomas-Morus-Ges.,
Inklings-Ges., Dante Ges.; I. Rote-Haag-
Weg 31, D-5100 Aachen, Tel. (0241) 61876
(Essen 9.2.21). Essay, Literaturkritik,
Biographie, Lyrik. **Ue:** E, F, I, S, D,
Schw, Ndl, L.
V: Der Mensch in seiner Entschei-
dung: Die Freiheitsidee Dostojewskis,
Ess. 49; Farbiger Abglanz, Ess. 57; Elisa-
beth von Thüringen, Biogr. 57, 79 (auch
engl., ung.); Politische Heilige, Biogr. 58,
59, 60 III; Gertrud von le Fort als Künst-
lerin 59; Christl. Lit. d. Neuzeit 59, 62
(auch engl., amer.); Christl. Lit. d.
Gegenwart 61, 63; Bischof Ketteler,
Biogr. 61; Thomas More, Biogr. 64;
Heiligenleben als Bildungsgut 65;
Augustinus: Dienst an der Welt, Biogr.
67; Europas christl. Lit. 68 II; Ernst
Jüngers symbolische Weltschau 68; Das
göttliche Lachen, Ess. 70; Liebe und
Erkenntnis, Ess. 72; Siebenundzwanzig
Gedichte interpretiert 72; Das Bildgedicht in Europa 73; Sie lebten aus
Christentum, Biogr. 73, 80 (auch niederl.,
franz., engl., dän.); C. S. Lewis: Studien
über Leben und Werk 74 (auch engl.);

Christl. Dichtung heute 75; Epiphanien,
G. 75, 76 (auch engl., rumän.); Gertrud
von le Fort: Leben und Werk in Daten,
Bildern u. Zeugnissen 76; Heraus-
gefordert von ihrer Zeit: Sechs Frauenleben 76; Engagement und Zeugnis: Elf
Lebensbilder 77; Deutsche Malerei 78;
Freie Künste 78 (auch ung., schwed.,
engl., niederl.); Schmunzelkatechismus.
Eine heitere Theologie 78, 82; Lex. der
christl. Weltliteratur 78; Was Menschen
gern tun: Essen und trinken, singen,
lachen, dichten und denken, lieben und
erkennen, Ess. 79; Martin und Prado, G.
81; Bilder und Personen, G. 81; Das
Bildgedicht II 81; Johann Michael
Sailer, Biogr. 82; Studien zu C. S. Lewis
83; Frédéric Ozanam, Biogr. 83.

MA: Zahlr. Jbb., Anth. u. Festschr.

H: G. v. le Fort, Die Frau des Pilatus
62; Englische Sonette, Anth. 70, 81; C. S.
Lewis, Stories 71; Christliche Pointen
71; Gedichte auf Bilder: Anthologie und
Galerie 75, 76; Deutsche Bildwerke im
deutschen Gedicht, Anth. 75; Heiligenlob moderner Dichter, Anth. 75; Dome
im Gedicht, Anth. 75; Bildmeditation der
Dichter: Verse auf christl. Kunst, Anth.
76.

R: Features u. Rundfunk-Essays für
dt. u. ausländ. Rundfunkanstalten.

Ue: Gedichte von Aafjes, Achterberg,
Alberti, Alhau, Aragon, Auden,
Ausonius, George Barker,
Barrett-Browning, Baudelaire,
Bellmann, Belloc, Bjørnvig, Bottrall,
Brooke, Browning, Burns, Byron,
Carducci, Clemo, Cocteau, Coleridge,
Corso, Cowper, Cummings, D'Annunzio,
Darío, Day-Lewis, De la Mare, Donne,
Durrell, Éluard, Emmanuel, Gautier,
Gongora, Guillevic, Gunn, Hamburger,
Heath-Stubbs, Heidenstam, George
Herbert, Hopkins, Jonckheere, Ben
Jonson, Jouve, Keats, Kirkup, Lerner, C.
S. Lewis, Lindegren, Machado, Marvell,
MacNeice, Marino, Maritain, Marvell,
Milton, Molière, J. H. Newman, Ezra
Pound, Proust, D. G. Rossetti, Chr. G.
Rossetti, Setterlind, Shakespeare,
Shelly, Sodenkamp, Southwell, Spenser,
Statius, Sully Prudhomme, R. St.
Thomas, Thwaite, Verhaeren, Verwey,
Villaespesa, Vondel, Wilbur, Wilde,
Wivel, Wordsworth, Yeats u.a.

Lit: H. M. Werhahn: Gisbert Kranz -
das Werk: Einführung, Kritik, Bibliographie 71; Spektrum des Geistes 76; H.
Verlinde in: Yang 76.
s. a. Kürschners GK.

Krapp, Annemarie, s. Maschlanka,
Annemarie.

Kraska, Pjotr, Zentriker; Zürcher
Kunstges.; Rotwandstr. 62, c/o eco-
Verlags AG, CH-8021 Zürich, Tel. (01)
2428634 (Zürich 22.2.46). Drama, Novelle,
Roman, Essay.

V: Der Grosse Wurf, G. 79; Der Tod in
Neapel, N. 81; Die Hand im Klong —
und Buddha lächelt ewig, R. 82.

S: Der Grosse Wurf 80.

Krassa-Dienstbühl, Grete; IGdA;
Turmbund, Kronenburger Lit. Kreis,
"Der Kreis" Wien; Töpferstr. 4, D-6418
Hünfeld, Tel. (06652) 2413.

V: Von dir zu mir... 70; Zeit zwischen
Licht u. Schatten 74; Nicht so weit von
dieser Welt 78.

MA: Versch. Anth. Wien u. Westdtld.
( )

Kraus, Hans, Prof. Lehrer, Puppenspieler, Leiter der Bühne Wiener-
Urania-Puppentheater; Hauptstr. 4, A-
3443 Rappoltenkirchen/NdÖst., Tel.
(0222) 726191 u. (02274) 572.

V: Familie Pezi 71; Pezi wünscht euch
gute Nacht! 78; Kasperl und Pezi auf
neuen Abenteuern 79, alles Kinderb. ( )

Kraus, Heinrich, Schriftsteller; 2.
Preis des Erzählerwettbew. des Saarl.
Rdfk 64, 1. Preis des Bockenheimer
Mundartdichterwettstreits 65, Die
Goldene Mundartzeile 78; Raiffeisenstr.
9, D-6793 Bruchmühlbach-Miesau 2, Tel.
(06372) 4458 (St. Ingbert 9.6.32).
Erzählungen, Romane, Lyrik, Dialekt-
hörspiele, Schulfunksendungen,
Jugendbücher, Kindertheater.

V: Kurzschlüsse, Erz. 65;
Dimensionen, Erz. 66; Herzdrickerte,
Mda. 66; Staub, R. 67; Spiel für
Meckerer, Kinder-Sp. 74; Gutsjer, Mda.
75; Von Ochsen u. Eseln, Kinder-Sp. 75,
78; Metzelsupp, Mda. 76; Sigi Wulle u.
die Bankräuber, Jgdb. 76, 82; Aufregung
in Bethlehem, Kinder-Sp. 76; Sigi Wulle
auf dem Kriegspfad, Jgdb. 77, 82;
Aufstand der Schneemänner, Kinder-
Sp. 77; Allseiläbdah, Mda. 77; Sigi Wulle
und der Einbrecher, Jgdb. 78, 82; Halte-
stellen, G. 78; Gradseiläds, Mda. 79; De
anner Wäh, Mda. 79; Unser Babbe
drowwe im Himmel, Mda. 80, 82; Siggi
Wulle rächt den Hund X, Jgdb. 82;
Denen werd ich's zeigen, Jgdb. 82;
Gloori Bagaasch, Mda. 83.

MA: Mei Geheichnis, Mda. 64; Saarländischer Almanach 65; Junge Stimmen 68; So spricht das Herz sich aus,
Mda. 77; Junge Lyrik Graphik Pfalz 80;

Das rheinische Kinderbuch 80; Das
Große Pfalzbuch 80; Loewes
Lausbubengeschichten 80, 81; Wort und
Landschaft 81; 17 Autoren 82; Süßes
Hoffen bittre Wahrheit 82; Gedichteltes,
Mda. 82.

R: Die lieb Verwandtschaft 64; Don
Schang 66; E großes Fescht 67, 78, 79; De
Wejberheld 68; De heilische Rupp 68, 78;
Krawall in Hinnerkrottelbach 69, 74, 75;
E Dah wie im Himmel 70, 73, 74; Helau
70; Zwischen Dah un Dunkel 71, 76;
Freijhät for s' Karlche Schwabbel 79;
Dehäm 80, 82; M' Hännes sei Sparbuch
81; Balaawer 82; Gute Vorsätz 82; Bloß
in Gedanke 83; S' Posaune-Luwwis 83,
alles Dial. Hsp.; Glut, Zyklus v. Funkerz.
67; Heimat, 7 Hörbilder 67; Löwen u.
Läuse, 10 Hörfabeln 69; Blut, Zyklus v.
Funkerz. 69; Etüden für Halunken, 46
Funkerz. 73; Kalendermann, Ess 77;
Psälmcher, Liedcher un Geschichtcher
82; Die Buddik, Fsf. 83.

S: Sigi Wulle auf dem Kriegspfad 78.

Lit: Karlheinz Schauder: Ausbruch
aus des Käfigs Qual 79; Der Schriftsteller Heinrich Kraus 79; Theo
Schneider: Keine Spur von Literaten-
gehabe 81; Dr. Franz L. Pelgen: Die
großen der Pfälzer Mundartdichtg. 82.

Kraus, Toni *

Kraus, Wolfgang, Dr. phil.; P.E.N.;
Leiter Öst. Ges. f. Lit.; Berggasse 6, A-
1090 Wien, Tel. (0222) 3487165 (Wien
13.1.24). Essay.

V: Der fünfte Stand, Ess. 66, 69; Die
stillen Revolutionäre, Ess. 70; Kultur
und Macht, Ess. 75, 77; Die verratene
Anbetung, Ess. 78; Die Wiederkehr des
Einzelnen, Ess. 80; Nihilismus heute,
Ess. 83. — **MV:** Theater hinter dem
'Eisernen Vorhang' 64.

H: Epiktet: Handbüchlein der Moral
50; Nietzsche-Brevier 50; Gotama
Buddha: Worte der Vollendung 52;
Arthur Schopenhauer: Der Mensch mit
sich allein 52; Voltaire: Gedanken
regieren die Welt 56; Oscar Wilde:
Extravagante Gedanken 57; Martin
Luther: Von der Kraft des Wortes 60;
Peter Altenberg: Das Glück der verlorenen Stunden 61; Symbole und Signale. Frühe Dokumente der literarischen Avantgarde 61; Andreas
Gryphius: Wenn mir der Himmel bleibt
62; Torquato Tasso: Das befreite Jerusalem 63; Herbert Zand: Letzte Ausfahrt, R. 71; Kerne des paradiesischen
Apfels, Aufzeichn. 71; Erben des Feuers,
R. 72; Demosthenes spricht gegen die
Brandung, Erz. 72; Aus zerschossenem

Sonnengeflecht, G. 73; Träume im
Spiegel, Ess. 73; Manès Sperber:
Schreiben in dieser Zeit, Festschr. 76.

Kraus-Kassegg, Elisabeth, Prof.,
Museumsleiterin; Öst. Autorenverb. seit
60; Handel-Mazzetti-Preis 53,
Auszeichn. v. Minist. f. Wiss. u. Forsch.
76, Goldenes Ehrenzeichen für Ver-
dienste um das Bundesland Nieder-
österreich 78, Silb. Ehrenzeichen d.
Kammer f. Gewerbl. Wirtschaft 80, A-
3293 Lunz am See, Tel. (07486) 518
(Ossiach am See/Kärnten 21.3.98). Lyrik,
Roman, Novelle, Essay, Hörspiel,
Drama.

V: Die große Passion, R. 36; Das
Theater der Götter, R. 38; Das Jahr der
Erfüllung, R. 48; Die Herrn von Amon
und ihre Frauen, R. 57, 64, 77; Meister
der Steine, Jos. Haberfehler, R. 71;
Andreas Töpper, vom Nagelschmied
zum Großindustriellen, Industrie-R. 79;
Die Gabe, Lyr. 80.

R: Franzosenzeit in Lunz 1809, Hsp.;
Nestelberg - eine vergessene Holz-
knechtsiedlung; Auffindung eines
gotischen Meßgewandes.

Krause, Barbara, c/o Verlag Neues
Leben, Berlin (Ost).

V: Ein Wochenende im August 80, 81.
( )

Krause, E. J. Manfred, Ing. (grad.);
Buchenweg 9, D-4000 Düsseldorf-Unter-
bach, Tel. (0211) 203858 (Allenstein,
vorm. Ostpreußen 8.4.35). Lyrik.

V: Computer-Lyrik, G. 67, erw. 69. ( )

Krause, Evelyne (Ps. Evelyne
Brandenburg), freie Journalistin; VS 78;
Frankenstr. 79, D-4040 Neuss, Tel.
(02101) 53302 (Stockteich/Schles.
29.12.43). Roman, Drama, Novelle, Sachbuch, Fernsehspiel. **Ue:** E, F, I.

V: Herr Gustav schafft d. Kindheit ab,
Kinder- u. Jgdb. 75; Das Kugeltier u. d.
Ferienkinder, Science-Fiction Kinder-
u. Jgd-R. 77; Remmidemmi im
Kinderbuchladen, Theaterst. f. Kinder
78; Dornröschen in d. Wirklichkeit,
Theaterst. f. Kinder 79; Anna Maria —
oder die Zärtlichkeit der Skorpione, R.
82; Das große Lexikon vom Bier, Sachb.
82.

R: 20 Folgen zu d. Fs.-Kinderserie:
Fauch u. Sebastian.

Ue: 9 R. seit 78.

Krause, Georg *

Krause, Hanns; SV-DDR 54; Preis i.
Kinder- u. Jugendbuchpreisausschr. d.
Amts f. Lit. u. Verl.wesen d. DDR 51, 53,
Kinder- u. Jugendbuchpreis d. Min. f.

Kultur d. DDR 65; Grüne Hütte, DDR-1431 Neuglobsow, Kr. Gransee (Berlin 17.12.16). Kinder- u. Jugendbuch, Kinder-Hörspiel, Roman, Erzählung.
V: Löwenspur in Knullhausen, Kinderb. 49, 53; Die Habermänner, Jgdb. 50; Rennfahrer Klaus lernt radfahren, Kinderb. 52; Christels erstes Schuljahr, Kinderb. 53; Frischer Wind im alten Haus, Kinderb. 53; Strupp und Trolli, Kinderb. 54, 59; Alibaba und die Hühnerfee, Jgdb. 55, 61; Von Wilddieben, Butterkremtorten und unruhigen Geistern, Kinderb. 56, 58; Corinna und der König der Pferde, Jgdb. 58; Kein Bett, kein Geld und grosse Ferien, Kinderb. 60; Auf Wiedersehen in Kiebenitz, Jgdb. 60, 61; Von Schlingen, Pfannkuchen und jungen Hunden 61; Das Mädchen aus dem Nebenhaus. Die Geschichte einer Freundschaft 63, 77; Detektive nach Schulschluß 65; Mit dem Kopf durch die Wand, Jgdb. 67, 69; Bleib im Sattel, Jana, Mädchenerz. 68, 76; So ein Reinfall mit dem Einfall, Kinderb. 69, 71; Der Straßenschreck von Mannheim. Erz. um Carl Benz, den Erbauer des ersten Autos 70, 71; Das Ponykarussell, Kinderb. 72; 5 Gramm Riesen, Kinderb. 72; Die Roten Hände vom Stechlin, Kinderb. 77, 80; Unsere Große macht das schon, Mädchenerz. 82. — **MV:** Die Jungen aus der Grützebartstraße, Kinderb. m. Lori Ludwig 58; Brückmanns aus dem 2. Stock m. Lori Ludwig 62, 74.
R: 1 : 0 für die Mädchen: Strupp und Trolli: Holzdiebe im Jagen 45; Die schöne Olga, alles Kinder-Hsp.

Krause, Hans, Schriftsteller, Redakteur, Schauspieler; SV-DDR seit 74; Kunstpreis d. FDGB 76, Goethepr. d. Stadt Berlin 76; Röbeler Weg 8, DDR-1150 Berlin-Mahlsdorf (Berlin 22.3.24).
V: Das war Distels Geschoß 61; Rendezvous mit der Zeit, G. 69, 75; Scherz mit Herz, Lyr. u. Kabarett 77, 82.
MA: Wer zuletzt lacht ..., Kabarett 65; Reimereien 65; Marsch ins Bett, Anth. 66; Berliner Humor, Anth. 69; Hab'n Sie 'ne Ahnung von Berlin, G. 73; Das lachende Deck, G. 75.
H: Das war Dis-Tells Geschoß, Kabarett 61; Greif zur Frohkost, Kumpel, Kabarett 62.
R: (MA:) Schwarz-Weiße mit Schuß; Musik-Tourist; Klock acht achtern Strom; Wie sag ich's meinen Kindern 75; Männerwirtschaft 75; Nicht klein zu kriegen, Ich bin nicht mein Großvater 77.

S: Wir sind 20 Jahre jung 66; Schützt diese Welt 72; So nah ist dieses Land 72, 75; Der Freizeit eine Gasse 73; In eigner Lache 75; Da hat vor 50 Jahren ... 75; Wir bitten zur Klasse 76; Mir nach zum Busen der Kultur 76; Wo es Freunde gibt ... 76. ( )

Krause, Hella, s. Zimmer, Helene.

Krause, Jochen, Redakteur, Journalist, Pressebüro Sauerld-Siegerld.; Rh.-Westf. Journalistenverb., DJV; Selbecker Weg 13, Postf. 10109, D-5942 Kirchhundem/Sauerland, Tel. (02723) 3401 (Sorau N/L 20.1.28). journalistisch-schriftstellerische Tätigkeiten.
V: 1878-1978 — 100 Jahre Rat u. Tat 78; Lennestadt im Sauerland 79; Unna — Neue Zukunft gewinnen 83; Olsberg — Geschichte und Tradition 83; Medebach — Geschichte und Tradition 83. — **MV:** Rd 60 heimatkundl. Bücher aus d. Sauerld. u. Siegerld..
H: u. **MH:** Lyrische Jahreskalender seit 74.

Krause, Knut, s. Eisenkolb, Gerhard.

Krause, Waldemar, Autor; Helmsander Weg 7, D-2240 Heide, Holst., Tel. (0481) 2722 (Flensburg 28.1.26). Roman. **Ue:** D.
V: Alte Geschichten aus Dithmarschen 76, 3. Aufl. 80; Margret 80; Das letzte Schiff 80; Prinz Erik 83.

Krause, Werner; Poststr. 39, D-7542 Schömberg.
V: Freut euch allewege, Erzn. z. Geburtstag 72; Meine Brüder — die Indianer, biogr. Missions-R. 73; Die Osterfahrt 73; Sein Stern ging auf 72; Wenn die Kerzen brennen 73; Keinen Raum in der Herberge 74; Mutter, ich werde dich nie vergessen! 74; Ein ungewöhnlicher Weihnachtsbesuch 74; Der geschenkte Weihnachtsbaum 76; Licht in meine Dunkelheit, Weihnachtserzn. 76; Danke für Weihnachten, Weihnachtserzn. 77; Dunkle Wälder unterm Weihnachtsstern 82; Die geöffnete Pforte, Kurzgeschn. 83.

Krause-Zimmer, s. Zimmer, Helene.

Krausnick, Michail (Ps. Rainer Wolf), Dr., Publizist; VS 75; Adolf-Kolping-Str. 5, D-6903 Neckargemünd, Tel. (06223) 6468 (Berlin 30.11.43). Lyrik, Roman, Satire, Film, Hörspiel, Fernsehspiel, Theater. **Ue:** E.
V: Der junge Paul Heyse, Biogr. 74; Die Paracana-Affäre, Science-Fiction-R. 75; Beruf: Räuber, histor. R. f. Jugendliche 77, auch Theaterst. 79; Im Schatten

der Wolke, SF-R. 80; Lautlos kommt der Tod, SF-R. 82; Ritter Ulrich will es wagen, Kdb. 83. — **MV:** Deutschlands wilder Westen, histor. R. 77; Von Räubern und Gendarmen, Sachb. 78; Die Zigeuner sind da, Sachb. 81; Da wollten wir frei sein!, Sachb. 83.

MA: Die Stunden mit dir 76; Morgen beginnt mein Leben 77; Tagtäglich 76; Anfangen, glücklich zu sein 78; Gedichte für Anfänger 80; Ein irrer Nachmittag 81; Kreidepfeile und Klopfzeichen 81; Welt ohne Hoffnung 81; Nicht mehr allein sein 83.

F: Grandison 77; Frau Marie Grubbe 78.

R: Die Friedenswaffe; Die Aufnahmeprüfung; Psychopflicht, alles Rdfk; Die Abenteuer des schwäbischen Ritters Ullrich von Weissenberg 76; Der Räuberlehrling 77; Wer 3 × lügt 76ff; Das letzte Lied des Räubers Mannefriedrich 82; Absender-Serie (Goethe, Lessing, Bürger, Schumann, Brahms) 82, alles Fs.; Kabarett f. Zeitbrille, Kommödchen u. Thomas Freitag, Rdfk u. Fs.

Krauss, Wolfgang, Oberstlt. d. Bdeswehr a.D.; Eckertstr. 11, D-5000 Köln 41, Tel. (0221) 415723 (Lübeck 26.1.15). Kurzgeschichte, Novelle, Bücher u. Geschichten vom Segeln.
V: Die sonderbare Welt des Seglers Gustaf 68, 8.Aufl. 81; Neue Geschichten vom Segler Gustav 79, 7.Aufl. 81; Freud und Leid des Seglers Gustav 73, 6.Aufl. 81; Gustav — Szenen aus dem Seglerleben 79, 4.Aufl. 83; Seewind — Seglergeschichten, unglaublich aber wahr 78, Tb. 82; Seetang — Geschichten von Seglern und Yachten 80, Tb. 83; Gustav ... und Schiller war doch ein Segler 81, 2.Aufl. 81; Kielwasser — Sechzig Jahre unter Segel und Motor 81; Gustav — von Seglern und Menschen 82, 2.Aufl. 83; Weite See — Seesegler berichten 82, Tb. 84.

Kray, Bruno, s. Schall, Paul.

Kraze, Hanna-Heide; SV-DDR 50; Jgd.-Preis d. Min. f. Kultur d. DDR 55; Rathausstr. 7, DDR-1020 Berlin, Tel. 2112827 (Berlin 22.9.20). Lyrik, Roman, Novelle, Reportage.
V: ... und suchen Heimat, Erzn. u. G. 50, 51; Es gibt einen Weg, Erz. 51; Des Henkers Bruder 55, 9. Aufl. 79; Der rote Punkt, Nn. u. Skizzen 59; Weiß wird die Welt zur Ernte, Poem 59, 75; Heimliche Briefe, R. 60, 67; Der du nach Babel gezogen, G. 60; Das verlorengegangene neue Jahr 63; Üb immer Treu und

Redlichkeit ..., R. 65; Steinchen schmeißen, Kind. Geschn. f. Erwachs. 68, 7. Aufl. 78; Im Regentropfen spiegelt sich die Welt 75, 80; Babel, Lyr. Zykl. 78; Stunden mit weißem Segel, Lyr. 79; Ehe es Ehe ist, Erz., 2. Aufl. 83. — **MV:** Siebenerlei, siebenerlei wollen wir gerne kaufen, m. Erika Klein 64, 3. Aufl. 80.
H: Wünschegrund, M.-Ausw. nach Gebr. Grimm 45.
R: Thomas Münzer, Hsp. 46; Brahms, Hsp. 47; Tilman Riemenschneider, Ausschnitte aus einem Poem, Rdfk 60, 75.

Krechel, Ursula, Dr. phil., Schriftstellerin; VS 75; Wöhlerstr. 12, D-6000 Frankfurt a.M. 1, Tel. (0611) 727543 (Trier 4.12.47). Lyrik, Drama, Essay, Hörspiel.
V: Selbsterfahrung und Fremdbestimmung. Bericht aus der Neuen Frauenbewegung, Ess. 75, 78; Nach Mainz!, G. 77; Verwundbar wie in den besten Zeiten, G. 79; Zweite Natur, R. 81; Lesarten, Ess. 82; Rohschnitt, G. 83.
H: Elisabeth Langgässer: Das unauslöschliche Siegel 79. — **MH:** Women's Liberation. Frauen gemeinsam sind stark 77.
R: Zwei Tode; Die Entfernung der Wünsche am hellen Tag; Das Parkett ein spiegelnder See; Der Kunst in die Arme geworfen, alles Hsp.

Kreibach, Oskar, Prof., Maler, Graphiker, Bildhauer; 1. Pr. lit. Wettbew. Nordrh. Westf. Arb.- u. Sozialmin. mit ostd. Kulturrat; Panoramaweg 6, D-7150 Backnang, Tel. (07191) 63666 (Seifersdorf/Sud. 17.7.16). Erzählung, Bildband, Roman.
V: Bildnis und Handschrift. Malerbesuche bei Dichtern und Gelehrten 61; Backnang — vorwiegend heiter, Text u. 78 Zeichn.; Auferstehung auf Böhmisch 80; Das Urgeheimnis des Remus Koller 81; Schreibe, Maler — rede nicht! 82.
MA: Profile der Zeit 72.
Lit: Der Maler und Zeichner Oskar Kreibich, dt., engl., franz. 60.

Kreilos, Elmar Maria, Dr.med., Frauenarzt-Psychotherapeut; IGdA; Turmbund; Niesigerstr. 201, D-6400 Fulda, Tel. (0661) 53687 (Kassel 15.3.41). Drama, Lyrik, Roman, Novelle, Essay, Hörspiel, Kabarett.
V: Weinen, Träumen und etwas Lachen, Lyr. 79; Friede einfach Friede, Lyr. 81; Bohrwurms Pflaumereien, G. 81.
H: IGdA-Aktuell, Zs.

Krein, Daniela (Ps. Johannes Langen-feld), Ordensschwester; VS 48; Bdesver-d.kr.; Antoniusheim, D-4320 Hattingen 15, Tel. (02324) 28621 (Oster-feld b. Oberhausen 11.2.97). Roman, Jugendbuch, Kinderbuch, Erzählung.
Ue: F, H (Fläm), I, S, Serbokroat, Port.
V: Monika, R. 38, u. d. T.: Ehe ohne Liebe 50; Die drei Erben vom Halden-hof, R. 39, u. d. T.: Schatten überm Haldenhof 51; Liebe über Schuld und Leid, R. 39, 50; Die tragende Kraft, R. 39, u. d. T.: Viktor zwischen Hiltrud und Erika 52; Die fröhliche Magd Gottes, Lebensweg einer Krankenschwester 39, 46; Schwester Therese und ihre Tra-banten, Erlebn. einer Waisenschwester 40, 50; Sie horchten auf, Erkanntes u. Erlebtes 41, 50; Wigo 48; Der Abt von Amorbach, R. 48, 49 II; Tagebuch einer Frauenärztin 49; Ott Heinrich, der Priester, R. 50; Der Treubruch 51; Matthias, Der Zimmermann 52; Therese Albers, eine Bauerntochter aus dem Sauerland, Biogr. 53; Frauenärztin Renate 53; Regina und die Brüder Klang 54; Hedi, was tust du, Mädchen-R. 54; Der verwelkte Kranz, R. 56; Chefarzt Dr. Landen 56; Konrad Adenauer und seine Familie, Lebensb. 57; Wenn du gerufen wirst, R. 59; Anekdoten um Konrad Adenauer 59, Neuausg. 81; Beate auf Abwegen, Mädchen-R. 60; Die Zwillinge und Tante Fritzi, Kinderb. 60; Rosemarie bewährt sich, Mädchenb. 60; Die neue Oberin, R. 61; Ein Ring hat kein Ende, R. 62; Ein kleiner Flieger, Kinderb. 62; Ihr Leben war Liebe, Biogr. 62; Die Erben, Laiensp. 62; Die Rache, Laiensp. 62; Wenn du gerufen wirst, Laiensp. 62; Das verpflichtende Erbe 63; Die Märtyrerin 63; Wir feiern, G. 63; Tisch- und Festreden 63; Silvestre Tyaritgavi 65; Der Kazike von Santa Maria 65; Konrad Adenauer - nahe ge-sehen 69; Die fröhliche Runde, Kinder-weihnacht, Rosa unsere beste Freundin, alles Theatersp. 71; Liebe über Schuld und Leid 74; Damenspiele 75; Die fröhliche Runde, alles Laiensp.; Juttas neue Welt, Kdb. 81. — **MV:** Liebe Monika.
S: Die fröhliche Magd Gottes.

Kreiner, Otto, s. Kreiner, Ottokar Josef.

Kreiner, Ottokar Josef (Ps. Otto Kreiner), Angestellter; Gudrunstr. 55-103/39/7, A-1100 Wien (Wien 13.9.31). Lyrik, Novelle, Essay, Hörspiel.
V: Fräulein soll ich in ihrem Schoße liegen?, Kurzgeschn. 76. ( )

Kreiner-Reichmann, Monika (Ps. Monika Reichmann), Redakteur; Oberer Stephansberg 4b, D-8600 Bamberg, Tel. (0951) 58004 (Bamberg 12.6.42). Kinderliteratur, Essay.
V: Schöne Bürgerhäuser — Bamberg, Gesichter e. Stadt, Ess. 75; Wie Oma Frieda u. d. Katzen ins Bamberger Rathaus einziehen, Kinderb. 76; Der verschwundene Sankt Kilian, Kinderb. 78; Romantische Fränkische Schweiz, Ess. 80. — **MV:** Kleine Städte am Main, Ess. 75; Freie Mitarbeit f.: Merian 69-76.

Kreis, Erna (Ps. Maria Modena); SSV, P.E.N.; Auszeichn. d. Schweiz. Schiller-stift. 45, Preis d. staatl. Literatur-Kredit-Komm., Basel 51, Diplom d. goldenen Medaille, Neapel 59, Silberne Medaille d. Accademia Latinitati Excolendae 59, Premi Nazionali "Chianavalle Centrale", Diploma di Benemeranza 75; Accademia Latinitati Excolendae 58, Accademia Tiberina 59, "500" Accademia 61, Legion d'oro der Tiberina, Rom, Accademia "Pacem in Terris" Rom 65; Waldeckweg 15, CH-4102 Binningen, Tel. (061) 471677 (St. Gallen 24.9.99). Lyrik, Novelle, Mär-chen, Essay, Drama.
V: Sonette der Liebe 32; Irrfahrt des Herzens 40; Neue Märchen 41; Der Barde Iwanar und seine Märchen 43, Neuausg. u.d.T.: Die Märchen des Ritters Iwanar 81; Die Sonette um Dorian Sun 45; Musik des Lebens 48; Sappho, Dr. 51; Orpheus und Eurydike, Dr. 51; Franz von Assisi, Dr. 54; Paulus der Apostel, Dr. 55; Der goldene Fisch 57; Heimat im Süden, G. 59; Die Verwandlung der Schiffe, G. 63; Tavas ami, Legn. 68, Illustr. Ausg. 71 u. 73; Der Regenbogen, M. u. Legn. 69; Vele senya Ancora, Poesie 78; Auf dem Weg zu ihrem Stern, G. 79.
MA: Die Ernte; Karlsruher Bote, G.-Anth. 63; Märchen deutscher Dichterin-nen 65.
R: Kinder in Not, Hsp.

Kreisler, Georg; Wohllebeng. 18, A-1040 Wien (Wien 18.7.22). Lied (Text und Musik), Schauspiel, vor allem musika-lische Komödie, desgleichen Funk und Fernsehen.
V: Zwei alte Tanten tanzen Tango, Lyrik; Der gute alte Franz, Lyrik; Lieder zum Fürchten, Lyrik; Nicht-arische Arien, Lyrik; Ich weiß nicht, was soll ich bedeuten 75; Ich hab ka Lust,

seltsame, makabre u. grimmige
Gesänge, DDR 80. — **MV:** versch. Anth..

R: Letzte Etage, Fsp.; Irgenwo am
Strand, Fsp.; Miau, Hsp.; Polterabend,
Hsp.

S: Vienna Midnight Cabaret Nr. 1 u.
Nr. 2 56/57; Seltsame Gesänge 58; Selt-
same Liebeslieder 59; Georg Kreisler
Platte 60; Sodom und Andorra 61;
Lieder zum Fürchten 62; Frivolitäten 63;
Unheilbar gesund 64; Polterabend 65;
Nichtarische Arien 66.
Lit: Div. Anth., u. a.: Klaus Pudzinski:
Die Muse mit der scharfen Zunge. ( )

Kreissl, Rainer, c/o Amalthea Verlag,
Wien, Öst..
V: Böhmische Wallfahrt, Geschn. u. G.
80. ( )

Kreitzer-Hauth, Cornelia *

Krell, Erna (Ps. Erna Hintz-
Vonthron), Schriftstellerin, Hausfrau;
VS 70, IGdA, RSG 80; Lyrikwettbew. II.
Preis Witten 76, Hans-Huldreich-
Büttner-Gedächtnispr. 79; Kreis der
Freunde 60, Bodensee-Klub e.V. 71 — 76;
Ehrenzellerstr. 60, D-4300 Essen 1, Tel.
(0201) 627120 (Essen 25.12.07). Lyrik,
Novelle, Essay, Erzählungen, zeitkrit.
Aufsätze.
V: Nimm nicht das Schwert, Anti-
Kriegs-G. 50, 57; Harfe im Wind, Lyr. 68;
Fülle des Lebens, Lyrik 76; Träume in
Stein, Kunstb., Bildbd, Bild-G. zu
Plastiken v. Bruno Krell 77, 2. Aufl. 80;
Blütenschnee u. Blätterfall, Haiku 80. —
MV: Gottfried Pratschke: Weltanth. seit
68, u. üb. 50 weit. Anth.; Wunschlose
Zeit, Liederzykl. nach G. aus "Harfe im
Wind", vertont v. Cosacchi 76. ( )

Krementz, Carl-Hubert,
Goldschmiedemeister, Lebens- u.
Yogalehrer, Schriftsteller; Bernhardstr.
8, D-7570 Baden-Baden, Tel. (07221)
24634 (Köslin/Pommern 18.1.23). Lyrik,
Essay, Lehrtexte.
V: Abenteuer Leben, Aufs. u. Lyr.
79. — **MV:** Partner-Brevier I 81.
S: Cosmic Meditation, Einführ.Text,
Cassette 77; Yoga f. Jedermann,
Lehrcassette 78.

Kremer, Hildegard, Diplomingenieur,
freie Journalistin; Autorengruppe
Mönchengladbach 82; Hülserbleck 36,
D-4050 Mönchengladbach 1, Tel. (02161)
603485 (Krefeld 16.1.35). Lyrik,
Kurzgeschichte.
V: Blickpunkt: Leben, Lyr. u.
Nachdenkl. 82; Wie mich mein Sohn
erzieht, Heit. Geschn. um Mutter u.
Sohn 83.

Kremer, Peter; VS 53; 1. Eifel-
Literaturpreis 65, Bdesverd.kr. am
Bande 72; Schillerstr. 12, D-5550
Bernkastel/Mosel-Kues (Kaisersesch,
Kr. Cochem 14.10.01). Lyrik, Erzählung,
Novelle, Essay, Hörfolge.
V: Fahrt ins Blaue, Erz. 37; Das
lachende Eifeldorf, Schnurren u. Schw.
40, 49; An Mosel und Saar, Landschaft,
Kultur u. Geschichte 40; Bernkastel-
Kues, Heimatbüchlein 49; Beilstein,
Bildnis eines Moselstädtchens 54;
Burgen im Moseltal 54; Die fröhliche
Moselweinkarte 66, 77.
MA: Die Eifel 55; Die Mittelmosel 57;
Weinland Rhein-Mosel-Saar-Ruwer-
Nahe-Ahr 58; Rheinland-Pfalz 66.
H: Der Gang zur Mette, Geschn. um d.
Eifelweihnacht 36; Von Wein und Liebe
an der lachenden Mosel 36; Von der
Kraft des goldenen Weins 37;
Rheinische Liebesgeschichten 37. —
MH: Paulinus-Kalender seit 62. — **MA:**
Der Volksfreund, Kalender 53 — 57.
R: Verzogen nach Unbekannt ....

Kremer, Rüdiger, Redakteur; VS 71;
Beufleth 4, D-2178 Otterndorf, Tel.
(04751) 2662 (Schwerte 24.7.42). Prosa,
Lyrik, Hörspiel, Film.
V: beschreibung einer verfolgung, Erz.
69, Neuaufl. 76; die liste der ernährten,
Erz. 73 (am. 74); die zeit in W.,
Erzählged. 74; das märchen vom ende
der brettspiele oder die wahre
geschichte pegasus, Erzählged. 75 (am.
76); Die Geschichte von Yü-Gung oder
Wie man Berge versetzen kann, Erz. f.
Kinder 77; Donald—Donald, G. 80;
lauter gefilmte personen, G. 83. —
MV: Lebensgeschichten, m. Peter Dahl
81.
H: Montags gibts im Radio nur Käse,
Kinder malen und schreiben zum
Thema Radio 73.
R: Beschreibung einer Verfolgung, m.
J. Breest, J. Nola, Fsf. 70; Geld oder
Leben, m. B. Rachel, Fsf. 81; Hardenberg
schreibt ein Stück, Hsp. 71; Berge, Hsp.
72; Zweite Sitzung über die Farbe des
Schnees, Hsp. 77; Der Graswanderer,
Hsp. 80; Deutsche Lyrik, eins, zwei, drei,
Hsp. (Eigenprod. m. Peter Dahl); O-Ton
Wunderland, Hsp. (Eigenprod. m. Peter
Dahl) 83; Aus der schlechten Zeit 1. Das
rote Haus, 2. Das gesunde Haus, Hsp. 83;
Autor und Mitautor zahlr. Features u. a.
Funkarb.

Kremser, Rudolf, Versicherungs-
beamter; Raimund-Preis d. Stadt Wien
41; Staudgasse 20, A-1180 Wien (Wien
29.5.02). Drama, Roman, Novelle, Essay.

V: Der Komet, Dr. 39; Der stille Sieger, R. 40, 50; Spiel mit dem Feuer, Kom. 41; Der gerettete Wald, R. 42; Der rote Salon, Kom. 43; Kaiser ohne Reich, R. 53; Endstation Bad Solden, R. 54; Thron zwischen Ost und West, Gesch. 56; Das kalte Feuer, R. 58.

Krenauer, Nikolaus, s. Backmund, Norbert.

Krendlesberger, Hans, Dr. Prof., Leiter f. Lit. u. Hsp. Öst. Rdfk; Ö.S.V. 68, Präs. seit 78, Vorst.mitgl. Öst. Pen Club seit 69; Öst. Staatspr. f. Fsp. 69, Förder.pr. d. Stadt Wien 67, Förder.pr. d. Ldes NdÖst. 72, Pr. d. Wiener Kunstfonds f. bes. Leist. a. d. Geb. d. Dichtkunst 75, Ehrenkreuz f. Wiss. u. Kunst 81, Kulturpr. d. Ldes Niederöst. f. Dichtkunst 82; Franzensg. 16, A-1050 Wien, Tel. (0222) 5664885 (Scheibbs, Öst. 17.6.25). Drama, Fernsehspiel, Hörspiel.
V: Die Aufgabe, Dr. 66; Die Frage, Dr. 67; Das Interview, Fsp. 69, Bü. 72; Die Monstren, Dr. 73; Ich hab' genug, ich bleib' im Bett, Dr. 78; Das italienische Frühstück, Dr. 80; Die Couch, Der Trapezakt, Couchette, Einakter 81.
B: Der Damenkrieg, Musik. Kom. nach Scribe 61; Die Märchen der Königin, Musik. Kom. nach Scribe 62; Der Gefangene der Zarin (nach Bayard) 65; Cyprienne (frei nach Sardou) 66; Der fliegende Arzt. Die Possenwelt des Moliére 82.
R: Caprice, Hsp. 63; Meine Schwester in Paris, Hsp. 64; Das wahre Leben, Hsp. 69; Das Interview, Fsp. 69; O süsse Last, Hsp. 71.
Lit: E. Schicht: Die im Werk d. Lohn gefunden. NdÖst. Dichter d. Gegw.; Hans Krendlesberger: Das offene Labyrinth 82.

Krenek, Ernst, Komponist; P.E.N.-Club Wien; 623 Chino Canyon Road, Palm Springs, CA 92262/USA, Tel. (619) 3251878 (Wien 23.8.00). Drama, Essay.
V: Über Neue Musik 37, 77; Music Here and Now 39, 67; Musik im Goldenen Westen 41; Selbstdarstellung 48; Johannes OReghem 53; De rebus prins factis 56; Zur Sprache gebracht 58; Gedanken unterwegs 59; Prosa, Dramen, Verse 65; Exploring Music 66; Horizons Circled 74.
H: Hamline Studies in Musicology I 45, II 47.
R: Ausgerechnet u. verspielt, TV-Oper 62; Der Zauberspiegel, TV-Oper 66.

Krengel-Strudthoff, Ingeborg (Ps. Ingeborg Strudthoff), Dr. phil., Drama-

turgin; Goerzallee 10, D-1000 Berlin 45 (West), Tel. (030) 8335838 (Berlin 8.9.20). Drama. **Ue:** E, I.
V: Unsere Großeltern nannten es Liebe, Lsp. 45; Der Gast, Sch. 48; Der taube Acker, Sch. 50; Die Rezeption Georg Büchners durch das deutsche Theater 57. — **MV:** Theaterwissenschaft in Berlin 66; Bühnenräume, Bühnenformen, Bühnendekorationen 74; Versch. theaterhistor. Ess. in: Opern-Journal; Bühnentechnische Rundschau; Kleine Schriften der Gesellschaft für Theatergeschichte; Musik in Geschichte und Gegenwart u. a.
H: Georg Büchner: Wozzek 46.
Ue: Mary Hayley-Bell: Duet for two hands u. d. T.: Zwei Hände, Sch. 46; E. Percy u. R. Denham: Das Haus am Strom, Sch. 46; John B. Priestley: Ein Inspektor kommt, Sch. 47, 55; Niccolo Macchiavelli u. Ashley Dukes: Mandragola, Kom. 50; Ashley Dukes: Wiedersehen auf Danes Hill, Tragikom. 57; David Westheimer: Charlie, mein Daddy, Sch. 67; Diego Fabbri: L'Avvenimento, Sch. 68; Jack Pulman: Tanz mit einer Puppe, Sch. 69. — **MUe:** James Bridie: Mr. Gillie, Sch. m. Wolfgang Goetz 51.
s. a. Kürschners GK.

Krenn, Hans, Beamter; Wienerstr. 50, A-7082 Donnerskirchen (Donnerskirchen 7.5.35). Lyrik.
V: Haond afs Herz, Mda.-G. 80.

Krenner, Günter Giselher, Lehrer; P.E.N.-Club 82, A-4232 Hagenberg im Mühlviertel 243, Tel. (07236) 6080 (Hagenberg i.M. 11.7.46). Erzählung, Roman, Lyrik, Kurzprosa.
V: Am Teich, Erz. 79.

Krenzer, Rolf, Rektor; VG Wort; Johannstr. 11, D-6340 Dillenburg, Tel. (02771) 7183 (Dillenburg 11.8.36). Roman, Kinderlyrik, Lyrik, Lieder.
V: Lesehefte f. Grund- u. Sonderschule, 20 Titel 65-75; Spiele mit behinderten Kindern 71, 83 (auch holl.); Feste und Feiern mit Behinderten 74, 81; Spiel und Beschäftigung im Kleinkind- und Vorschulalter 73; Basteln mit Behinderten 75; Hilfen zur Sexualerziehung Geistigbehinderter 76; Handbuch der Unterrichtspraxis mit Geistigbehinderten 76, 81; Kinder hören Schallplatten 75; Der kleine Lehrer, R. 77; Frieder und Fridolin 78; Heute scheint die Sonne 78; 52 Sonntagsgeschichten 79; Deine Hände klatschen auch 79, 83; Wir spielen Theater (50 Theaterspiele für Kinder) 79, 83 II;

Sternadventskalender 80, 82; Spiele mit
Behinderten II 80; Christusgeschichten
81; Und darum muß ich für dich
sprechen, R. 81; Weihnachten im
Kindergarten 81; Der kleine Benjamin
von Bethlehem, Theaterst. 82; Der
Räuber Siebenstark, Theaterst. 82. –
MV: Kommt alle her 75, 77; Hast du
unsern Hund gesehen? 76; Wir fahren
mit dem Karussell 77, alles Spiellieder;
Kurze Geschichten zum Vorlesen und
Nacherzählen im Religionsunterricht I
75, 81, II 81, 82; Geschichten zu fünf
Bereichen 73; Spieltherapeutische
Liederfibel 78; Wir sind die Musikanten,
Spiellieder 79; Geschichten und Bilder
zum Kirchenjahr 81; Ich schenke dir
ein Lied von mir 81; Josef zwischen
Wohlstaat und Armewelt, Musiksp. 80;
Noah unterm Regenbogen, Musiksp. 83;
Und sie fingen an, fröhlich zu sein,
Musiksp. um den verlorenen Sohn 83.

H: Geschichten zu fünf Bereichen 73,
79; COLUMBUS, Zs. in einfacher
Sprache seit 78; Magazin-Reihe für die
Schule, 12 Titel 78-80; Kindermagazin-
Reihe, 8 Titel 82; 100 einfache Lieder
Religion 78, 81; Regenbogen bunt und
schön, Lieder 81; Ich wünsch' dir einen
guten Tag 83; Ich wünsche dir ein gutes
Jahr 83, beides Werkb. m. Texten u.
Liedern f. Rel. u. Gottesdienst; Halte zu
mir, guter Gott, Gebete f. Kinder 83. –
MH: Kurze Geschichten zum Vorlesen
und Nacherzählen im Religions-
unterricht I 75, 81, II 81, 82; 100 einfache
Texte zum Kirchenjahr 83.

R: Sesamstraße 80.

S: Da lacht der dicke Bär, Spiellieder
75; Hast du unsern Hund gesehen?,
Spiellieder 77; Einfache Lieder Religion
78; Wir sind die Musikanten 79; Der
grüne Zweig 80; Josef zwischen Wohlstaat und Armewelt 81; Ein Regenbogen
bunt und schön 82; Biblische Spiellieder
zum Misereor – Hungertuch aus Haiti
82; Kommt alle und seid froh 82; Ich
wünsch' dir einen guten Tag 83; Ich
gebe dir die Hände 83; Wir feiern heut'
ein Fest 83.

Lit: H. J. Gelberg: Menschen-
geschichten 75; H. J. Gelberg: Neues
vom Rumpelstilzchen 76; H. J. Gelberg,
Das achte Weltwunder 79; Lex. d.
Kinder- u. Jugendlit. 82; Spektrum d.
Geistes 82.

Kreps, Manfred *

Kress, Regine (Ps. Regine Kress-
Fricke), Wirtschaftsdolmetscherin; VS;
Gold. Federkiel d. IGdA 74, Arbeitsstip.
d. Förderkr. Dt. Schriftsteller in Bad.-

Württ. 76/81/82, Reisestip. d. Auswärt.
Amts für Mexiko 79; Kronenstr. 9, D-
7500 Karlsruhe, Tel. (0721) 606789 (Kiel
1.3.43). Roman, Kurzprosa, Lyrik,
Bühnenstücke.

V: Was weinst du Faizina, Lyr. 66; Sag'
mir wo du wohnst, Prosa 73; Die
liebevollen Hinterhöfe, R. 78; Match,
Lyr. 82.

MA: Quer 74; Synchron 75;
Karlsruher Almanach 1977 77; Frieden
und Abrüstung 77; Trauer 78;
Karlsruher Lesebuch 80; Schreibende
Frauen 82, alles Anth.

MH: Schreibende Frauen 82.

Kress-Fricke, Regine, s. Kress,
Regine.

Kressl, Günther, Dr. med., Facharzt f.
Augenkrankh.; Bergstr. 21 A, D-2807
Achim b. Bremen, Tel. (04202) 2337
(Leer/Ostfriesld 30.8.34). Lyrik,
Kurzprosa, Grafik-Lyrik-Mappen.

V: Immaculata, Grafik-Lyrik-Mappe
75; Es war wohl im September, Grafik-
Lyrik-Zyklus 76; Nachtfragmente-
unzensiert, 12 Lyriktexte, 12
Handzeichn. 76; Staubiges Licht, 10
Lyriktexte, 10 Handzeichn. 76; Dein
kranker Garten – Fleurs du mal, 6
Lyriktexte, 6 Silberstiftzeichn., 6
Farbradier.; Bis es in Licht erstrahlt, 25
Handzeichn. m. Texten 77; Mir war ich
wär' im Venusberg, Grafik-Lyrik-Zyklus
77; Behutsam geb ich Linien, Lyr. u.
Holzschnitte 81; Dein blaues Fenster, G.
u. Holzschn. 84. – **MV:** Mit den Augen
des Krebses – Visionen, Drehzeit-
Rückblenden, m. J. Schwalm 78.

MA: ca. 50 Anth., u.a.: Spuren der
Stille 79; Gewichtungen 80; Lyrik heute
81; Wellenküsser 9, 10, 13; Lyr.-Anth. Al-
Leu alle Ausg. seit 79; Lichtbandreihe,
B. 13, 14, 15, 16, 17, 19, 21; Eine Hand ist
kein Jawort 80; Anth. Dt. Ärzteschrift-
steller 15 Bde; Haiku 80; Einkreisung 82.

H: u.a.: Augen aus dem Teufelsmoor,
Zyklus, 14 Lyriktexte, 14 Radierungen
78.

Lit: Immaculata 75; Portraits,
Kunstzs. d. Künstlerhof Galerie 7 77;
Dietmar Schultheis: Zugang zu
scheinbar unverständlichen Bildern:
Intuition und Emotion in: Dt. Ärztebl.
80; ders.: Ein Handwerker im wahrsten
Sinne des Wortes in: Der Kassenarzt 80;
ders.: Archetypen wahr lassen in: Musik
+ Medizin 81; ders.: Aufdecken, was der
Verstand nicht wahrhaben will in:
Praxis Kurier 82.

Kretschmer, Julius, Sond.schuldir.,
Lehrbeauftr. Akad. f. Musik u. darst.

Kunst 61 — 71; SÖS; Anerkennungspr. d.
Linzer Landesreg. 55, Förderungs-
stipendium d. Bundesministeriums f.
Unterricht 56; Badhausgasse 18/20, A-
1070 Wien, Tel. (0222) 9388295 (Wien
15.4.08). Drama, Novelle, Hörspiel, Film.
   V: Der alte Herr, Nn. 52; Justus Alva,
Dr. 58 (auch finn.); Zum fröhlichen
Leben, Dr. 60.
   MA: Die katholische Anthologie,
Lyrik d. Zeit 29; Lebendige Stadt, Jb. d.
Stadt Wien 55; Ernstes kleines Lese
buch, Erz. 55; Die Barke, Lehrer-Jb. 56;
Von Prinz Eugen bis Karl Renner,
Lebensbilder 61; Zwischen Verfolgung
und Hoffnung 81; Die lächelnde
Aphrodite; Red Jim; Die Fahrt nach
Texas; Die Leute von Favola; Das
Kirchenlicht; Zog in ein fernes Land;
Die lieben Heiligen; Als das Wünschen
noch geholfen hatte, alles Kurzgeschn.
82, u.v.a.
   MH: Die expressive Sprechweise 73;
Finis Austriae 78.
   F: Hans Fronius 61; Hahnemann, ein
deutscher Arzt 63; similia similibus 64. -
Zeitgenossen 69; Zog in ein fernes Land
70, u.a.
   R: Hochwasser, Hsp. 52; Die Wieder-
kehr, Hsp. 53; Die feuerrote Flöte, Hsp.
54; Die goldene Spinne, Hsp. 55; Mann
über Bord, Hsp. 56; Ich bin Türsteher
gewesen, Hsp. 56; Ein Tag wie jeder
andere 70; Das Kirchenlicht 70; P.
Maximilian Kolbe 71, u.a;
Reminiszenzen (laufend u.a.) La via
dolorosa nach Hernals 73; Metternich,
der Herr Europas 75; Wie sie singen 76;
Wiener Faschingsbilder 80 usf.-;
Warum? Wozu? Antwort auf viele
Fragen 74/75.

   Kretzschmar, Alex (Ps. Alex
Alexander, Erich Amborn), Dr. phil.,
Dipl Psychologe; Stokarbergstr. 84, CH-
8200 Schaffhausen, Tel. (053) 43579
(Zitschewig/Dresden 30.3.98). Jugend-
buch, Roman, Novelle, Tatsachen-
bericht.
   V: Die seltsame Frau Doritt, Jgdb.;
Heini wird ein ganzer Kerl, Erz. 54,
Neuaufl. 71 u.d.T.: Heini schafft es; Und
dennoch Ja zum Leben, R. 81.

   Kreuter, Margot, s. Kreuter-Tränkel,
Margot.

   Kreuter, Marie-Luise (Ps. Elling),
Journalistin; DJV; Maarstr. 6, D-5000
Köln 91, Tel. (0221) 863701 (Köln
27.12.37). Sachbuch.
   V: Auch Daniel gehört dazu, Jgdb. 71;
Nimm Rosen zum Dessert, Sachb. 76,
auch Tb.; Der biologische Garten, Sachb.

77; Wunderkräfte der Natur, Alraune,
Ginseng und andere Wurzelwunder 78;
Gartenbuch für Genießer oder Koch-
buch für Gartenfreunde 78; Kräuter und
Gewürze aus dem eigenen Garten,
Anbau, Ernte, Verwendung 79. ( )

   Kreuter-Tränkel, Margot (Ps. Margot
Kreuter, Margot Tränkel, Agnes
Stephan), Schriftstellerin; Friedrich-Bö-
decker-Kr., Literar. Förderkr.; Kaiser-
Otto-Str. 59, D-5400 Koblenz, Tel. (0261)
82130 (Kesselheim 23.7.29). Jugendbuch,
Roman, Novelle, Essay, Lyrik.
   V: Zwei im Sommerwind, Jgdb. 70, 78;
Jahre der Träume 71, 79; Kleines
Wunder in fremder Stadt 72, 78, u.d.T.:
Endlich weiß ich was ich will; Und
schreib auch mal 72, 79; Eine Freundschaft auf Probe 73, 78; Sabine in der
Klemme 73, 79; Freunde durch ein
Zauberwort 73, 78; Und dann die Sache
mit Enzo 73, 76; Für Moni gibt es kein
Zurück 74, 78; Mein Jahr in England 70,
74; Moni mogelt sich durchs Leben 74,
79; Freunde fallen nicht vom Himmel
75, 77; Bei uns gehts immer lustig zu 76,
79; Wege die sich gehe, Jgd.-R. 75; Ich
möcht so gerne glücklich sein, Jgd.-R.
76, 78; Und warten auf das Wochenende
77; Jennys ungewöhnlicher Sommer 77;
Einen Sommer lang, Jgd.-R. 77; Laß das
mal Christine machen, Jgd.-R. 78;
Sandra, Detektivin in Jeans 78; Sandra
auf der Spur der Fedorbande 79; Sandra
und der Junge vom Fluß 79; Sandra und
das Haus in den Hügeln 80; Sandra und
die Stimme der Fremden, Jgdb. 80;
Sandra — Was geschah am dunklen
Ufer, Jgdb. 81; Wege, die sich kreuzen,
R. 81; Simones Geschichte, Jgdb. 82; Ein
Tag zum Freuen, R. 83.
   MA: In jener Nacht; Neue Texte 75,
76; Stern über dem Stall 76; Mädchen 83
82, 84 83; Es begab sich aber zu jener
Zeit 82; Weihnachtsgeschichten aus Rh.-
Pf. 82.
   R: Freunde fallen nicht vom Himmel
76.

   von Kreutzbruck, Herwig,
Verlagslektor; SÖS 62; Kunstver.
Odysseus in Domino Graz 72, Köla 79;
Förderungspr. zur Arbeit Weihefestsp.
850 Jahre Stift Reinland, Steiermark;
Heinrichstr. 111, A-8010 Graz, Tel. (0316)
329453 (Graz 27.12.39). Drama, Lyrik,
Novelle, Essay.
   V: Freund ohne Ende, Lyr. 78.
   F: versch. Fernsehaufzeichn. seit 72.
   S: Traumwachen, Schallplatte.
   Lit: in versch. Kunstkatalogen. ( )

Kreutzer, Catherine (Ps. Käthe
Metzner, Catherine Leander, Christiane
Henriette), Journalistin; VS 62, els.-
lothr. Schriftstellerverb.; 1. Pr. Autoren-
Wettbew. eines Straßburger Verl. 50, 1.
Pr. f. Lyr. in dt. Spr. vom Groupement
des Interêts culturels de Saverne 78, 2.
Pr. Lyr.-Wettbew. Lit.zs. Das Boot 81;
Soc. des Gens de Lettres 63; 11, rue St-
Guillaume, F-67000 Strasbourg, Tel.
(088) 355014 (Halle/S. 15.4.06). Lyrik,
Roman, Hörspiel.
V: Der große Umweg, R. 38, 55;
Menschen lieben und hassen, R. 48, 50;
Der sterbende See, R. 49; War alles
Lüge, R. 54; Es gibt nur eine Liebe, R.
54; Es hat mein Herz nur dich ersehnt,
R. 54; Das Glück eines reinen Herzens,
R. 55; Zwei Märchenaugen, R. 55; Wir
haben beide gefehlt, R. 56; Liebste,
glaub an mich, R. 56; Der Ruf des
Herzens, R. 56; Maientraum, R. 56;
Gebundene Hände, R. 57; Rosen unter
dem Schnee, R. 58; Ein Märchenprinz,
R. 58; Zu spät, Isabell, R. 59; Ich brauche
deine Liebe, R. 60; Die Frauen von
Hellburg, R. 61; Laßt mir mein Kind, R.
63; Das Band zerrissen, R. 64; Habe Zeit
für Kinder der Liebe, Lyr. 83, u.a.
MA: Dem Elsass ins Herz geschaut 75;
Elsass-Lothringische Dichter d. Gegw.
78, 80, alles Anth.
R: D'Wunderträne 63.

Krewerth, Rainer A.; Hagebuttenweg
7, D-4410 Warendorf.
V: Türmer Tons u. d. Geister v.
Lamberth, Bilderb. 76; Wo Lukullus
platt spricht, neue Streifzüge durch d.
Münsterland 76; Burgen, die im Wasser
träumen 78, 81; Zu Gast im Münsterland
78, 80.
MA: Westfalen 78. ( )

Kreye, Walter Arthur, Abt.-Leiter
Radio Bremen i.R.; Eutiner Kreis 61;
Richard-Ohnesorg-Pr. 69; Achterdiek
4b, D-2800 Bremen 33, Tel. (0421) 252868
(Oldenburg/O. 2.6.11). Bühnenstück,
Hörspiel, Drama, Lyrik. **Ue:** H (Fläm).
V: Eers kummt die Hoff, Sch.; Free-
spraken, Sch.; Appels in Navers Gaarn,
Lsp.; Postlagernd Liebe, Lsp.; Ehr nich
de Grenzen fallt ..., Sch.; ... un de Wind
weiht vergeevs, Sch.; Dag un Düüster
över de Normandie. En Vertellen 62; Als
die Römer frech geworden, Kom.; Buern
in us Tied, Bü.; Nachtbesöök, Kom.;
Arvsliekers, Bü.; Fidele Weltgeschichte
op Platt I 70, II 74; Twüschen de Tieden,
G. in ndt. Mda. 71; De Dag höllt sienen
Aten an, G. in ndt. Mda. 73; Eenmal in't
Jahr, Sch. 79;-2 Bremensien: Was'n in

Bremen so sacht, 74; Dascha sagenhaft:
Gräfin Emma und die Bürgerweide 78;
De söövte Dag, Erzn. aus Frankr. 82.
B: De Fall Hansen (nach von der
Vring: Die Spur im Hafen); De ehrbare
Haifisch (nach Günther Barthel); De
Flaßacker (nach Stijn Streuvels); Hava-
ree (nach Klaas Smelik: De Ondergang
van de Eppie Reina); Speel för een
Nacht (nach André Obey: Les trois
coups de minuit).
H: Niederdeutsches Hörspielbuch 61,
II 71; Niederdeutsch im Heimatfunk 69.
F: Stine vom Löh auf großer Fahrt;
Appels in Navers Gaarn; Nachtbesöök.
R: De Nacht mit Störtebeker, Hsp.;
Mord in Düvelsdörp, Hsp.; Anker op,
Hsp. nach Tami Oelfken: Stine vom
Löh; Brabanter Volk, Hsp. nach Antoon
Coolen: Kinderen van ons Volk; Tarrels,
Hsp. nach Hellmut Kleffel; Der siebte
Tag, Funkerz.; Dialog mit der Einsam-
keit; Reise in die Vergangenheit 76;
Nach Luxemburg der Mundart wegen
77; Zu Gast in Bremen 76; Land an der
Schelde 78; Der Gast, Hsp. 78.
S: Friede für einen Abend, Hsp.
Ue: Stijn Steuvels: De Flaßacker;
Marianne Colijn: Vundaag is noog; Otto
Dijk: Der Fotograf, Der Schutzmann,
Der Leichenbestatter; Frank Hergen: In
Memoriam.

Kreyss, Felix, s. Kürbisch, Friedrich
G..

Krezdorn, Franz (Ps. Syl Dorn), Dr.
phil.; Unertlstr. 5, D-8000 München 40
(Tübingen 26.7.14). Roman, Film.
V: Das ewige Liebespaar, Erz. 47, 49;
Das rote Krokodil, R. 55.
MA: Schumanns Literaturführer 53,
54. ( )

Krichbaum, Jörg, Germanist,
Kunsthistoriker; VS 70; Tukan Pr. d.
Stadt München 81, Literaturfonds-Stip.
d. Akad. f. Spr. u. Dicht. 81, Villa-
Massimo-Stip. 82, Staatl. Förd.pr. d.
Freistaats Bayern 82; Kronprinzenstr.
80, D-4000 Düsseldorf 1, Tel. (0221)
330413 (Dortmund 2.11.45). Drama,
Lyrik, Roman, Novelle, Essay, Übers.
Ue: E.
V: Der Turm des Ibnassus, Lyr. 71;
Von den Stunden, Lyr. 72; Albrecht
Altdorfer, Monogr. 78; Heinrich
Riebesehl, Mongr. 78; Abenteuer mit
Malverini, Erzn. 80; Lexikon der
Fotografen, Lex. 81; Das Nebelzelt, R. 82;
Quadratur, Dr. 82. — **MV:** Lex. d. Phan-
tast. Malerei, m. Rein A. Zondergeld 77;

Künstlerinnen — von der Antike bis zur Gegenwart, m. dems., Lex. 79.
Ue: H.R. Wakefield: Der Triumph des Todes 75.

Kriegelstein, Anneliese, Redaktionssekretärin, Lektorin; Lindenau 8, D-6000 Frankfurt a.M. 50 (Buckwa 5.4.21). Lyrik. **Ue:** E.
V: Ziel und Gewißheit, G. 69.
Ue: Andrew Murray: Die Schule des Gehorsams 64, 70; G. C. Willis: An die Eltern meiner Enkelkinder 68, 79; D. L. Moody: Men of the Bible u.d.T.: Anders als sie dachten 69; B. C. Harris: Der kleine grüne Frosch 70, 78; S. Maxwell Coder: God's Will for Your Life u.d.T.: Gottes Plan für unser Leben 72; Helen Good Brenneman: Und doch nicht vergessen 73; MacLeod: The Ski Lodge Mystery u.d.T.: Abenteuer am Mount Hood 74; Gwenda R. Steward: Missionary Stories from Indonesia u.d.T.: Der Junge, der 2 x lebte 77; Gwenda R. Steward: Missionary Adventures in the Far East u.d.T.: In Fern-Ost erlebt 78; Elizabeth Goldsmith: Angst vor dem Wasser 78. —
MUe: Teresa Worman: Missionary Stories und More Missionary Stories u.d.T.: Fliegendes Brot 79; Teresa Worman: Missionary Stories und More Missionary Stories u.d.T.: Abdul Khans Diamant 79. ( )

Kriemer, Erich *

von Kriesten, Edmund *

Krilla, Anton, Regisseur, Schriftsteller; Adlerflychtstr. 26, D-6000 Frankfurt a.M. (Breslau 1.9.04). Erzählung.
V: Geschichten aus den Beskiden, Erz. 71; Buchstabengeschichten 72.

Krischke, Traugott, Prof., Redakteur; Dramatiker-Pr. d. Stadt Hildesheim 59; Zehntfeldstr. 255, D-8000 München 82, Tel. (089) 4307789 (Mährisch-Schönberg 14.4.31). Drama, Film, TV, Übers., Editionen. **Ue:** E.
V: Kreuze am Horizont, Sch. 58, 61; Skizze zu einem Akt, Dr. 65; Der große Jahrmarkt, Sch. 65; Die Liebenden von Vouvray, Lsp. 66; Beschreibung einer Messe, Sch. 70; Geschichten d. Agnes Pollinger, Volksstück nach Ödön v. Horváth 76; Die Wiesenbraut, Volksstück nach Ödön v. Horváth 77; Ödön von Horváth. Kind s. Zeit, Biogr. 80; Der Ruhetag, Dr. 82; Das Fräulein (nach Horváth), Vlkst. 82.
H: Horváth: Figaro läßt sich scheiden 59, Stücke 61; Einladung nach Prag.

Onthologie 66; Materialien zu Ödön v. Horváth 70; Horváth: Von Spießern, Kleinbürgern u. Angestellten 71; Kasimir u. Karoline 72; Sportmärchen 72; Materialien zu Ö. v. H. Gesch. aus d. Wiener Wald 72; Horváth: Glaube, Liebe, Hoffnung 73, Materialien zu Ö. v. H. Kasimir und Karoline 73, zu Ö. v. H. Glaube, Liebe, Hoffnung 73; Horváth: Italienische Nacht 74, Don Juan kommt aus d. Krieg 75, Die stille Revolution 75, Ein Lesebuch 76, 81; Gesch. aus d. Wiener Wald 76, Komödien 78, Sechsunddreißig Stunden 79; Ödön v. Horváth, Mat. 80; Horváths Geschichten aus dem Wiener Wald, Mat. 81; Horváths Jugend ohne Gott, Mat. 82; Ödön v. Horváth: Kommentierte Werkausgabe seit 83. — **MH:** Horváth: Gesammelte Werke 70/71, 78, G. W., Werkausg. 72, 78; Üb. Ö. v. H. 72; Ö. v. H., Leben u. Werk in Dok. u. Bildern 72; Ö. v. H., Leben u. Werk in Daten u. Bildern 77.
F: Der Jud v. Eisenstadt 69; Scheitern in Wien (nach Heer) 80; Die Kinder von Wien (nach Neumann) 83.
R: Kreuze am Horizont 60; Das Tempelchen (nach Bergengruen) 66; Das Mißverständliche im Leben d. Herrn Knöbl 67; Bericht einer Offensive 67; Stine (nach Fontane) 67; Cécile (nach Fontane) 77, alles Fsp; Vorfälle im Leben des Ödön v. Horváth, Hsp. u. Fs. 66/67; Angaben zur Person des Zeugen Ödön v. Horváth, Hsp. 80.
Ue: G. Savory: Ein Monat voll Sonntage 58; A. Armstrong: Attentat 66; E. O'Neill: Dort wo das Kreuz ist 67; Robert Bolt: Jacko Jack 67; W. L. Weber: Weave a wooden Horse u.d.T.: Das Ende der Legende 67; R. Shaw: Der Mann im Glaskasten 68.

Krischker, Gerhard, Dr. phil., Lektor; VS seit 77; Literaturförderungspr. d. Stadt Nürnberg 79, Kulturpr. d. Oberfränk. Wirtschaft 80; Kleebaumsgasse 9, D-8400 Bamberg, Tel. (0951) 56493 (Bamberg 24.6.47). Lyrik, Essay.
V: deutsch gesprochen — Epigramme 74, 2. Aufl. 77; fai obbochd, Bamberger Mund(un)artiges I 74, 9. Aufl. 76; wadd nä, Bamberger Mund(un)artiges II 74, 5. Aufl. 76; miä langds, Bamberger Mund(un)artiges III 75, 3. Aufl. 76; fai niggs bärümds, Gesammelte Dialekt-G. 76; a dooch wi brausebulfä, G. 77; un dä basdl hodd doch rächd, D. 5. Evangelium im Bamberger Dial. 79; Zeitgedichte 82.
H: Ich bin halt do däham — Äs schönsta in Bambärchä Mundart, Anth. 76; Bamberg in alten Ansichtskarten 78;

ich habe Bamberg liebgewonnen —
Stimmen aus u. üb. Bamberg 78; Bodo
Uhse: Die heilige Kunigunde im Schnee,
Die Brücke, Abschied von einer kleinen
Stadt, 3 Bamberg-Erz. 79; Die schönsten
Bamberger Sagen und Legenden 80;
Jeder Herr hat auf allen Plätzen eine
Dame frei — Bamberg in alten
Zeitungsanzeigen 81.
S: Mund(un)artiges 76.
Lit: Berlinger/Hoffmann: Die neue dt.
Mundartdicht. 78.

Krispien, Edith, Redakteurin;
Hochstr. 39, D-6000 Frankfurt a.M., Tel.
(0611) 2634259 (Berlin 3.2.24). Lyrik,
Roman, Novelle, Essay, Film, Hörspiel.
V: Ein Schauspiel den Engeln, Erz. 62;
Angebot bei Nacht, Erz. 63; Ent-
deckungen mit Bernd, Erzn. 64;
Hochhaus mit 1000 Herzen, Erz. 71;
Links von der Straße, Erz. 71; Morgen
bin ich Millionär, Erz. 75.
R: Der unsichtbare Elefant, Fsp. u.
Hsp. 64; 7 Hörspiele 63 — 64.

Krispien, Kurt; Carl-Goerdeler-Str.
11, D-6000 Frankfurt a.M., Tel. (0611)
563888 (Königsberg/Pr. 8.6.99). Roman,
Kurzgeschichte.
V: Das Mädchen von Haarlem, R. 40;
Die dunkle Grenze, R. 42; Fürchte dich
nicht, R. 63; Schatten aus dem See, R.
65; Die Tarnkappe, R. 80.

Kristanell, Roland, Ing. agr.;
Bahnhofstr. 28, I-39025 Naturns/Meran
(Meran 8.1.42). Drama, Lyrik, Roman,
Novelle, Essay, Hörspiel. **Ue:** I.
V: Die Grenze, N. 60; Portraits, Lyrik
u. Prosa 75; Zusammenfassungen, Lyrik
76; Rosenkranz für die Metzgerin, Prosa
80.
B: Musik in Südtirol 82.
Lit: W. Bortenschlager: Geschichte
der spirituellen Poesie 76. ( )

Kristl, Vlado, Freischaffender, Maler,
Filmemacher; Dulsberg Nord 29/Dg., D-
2000 Hamburg 70, Tel. (040) 6950089
(Zagreb 24.1.23).
V: Unbedeutende Lyrik 59; 5 weiße
Treppenstufen (Pet bijelih stepenica) 59;
Geschäfte die es nicht gibt 66;
Mundmaschine 66; Komödien 68;
Sekundenfilme 71; Kultur der Anarchie
75; Unerlaubte Schönheit 76; Video-
Theater 77; Körper des Unrechts 79;
Hamburg 1980 80; Revolution 1941-80 I,
1. u. 2. Aufl. 80; Fremdenheft oder vom
Glück unter Eingebildeten zu sein 81;
Techniken die Kunst machen 81; Titel
und Würden 83.

F: Don Quijote, Zeichentrickf. 60; Der
General, Kurzspielf. 62; Arme Leute,
Kurzspielf. 63; Madeleine-Madeleine,
Kurzspielf. 63; Der Damm, Spielf. 64;
Autorennen, Kurzspielf. 64; Maulwürfe,
Kurzf. 65; Prometheus, Zeichentrickf.
65/66; Der Brief, Spielf. 66; Die Utopen,
Zeichentrickf. 67; Sekundenfilme 67/68;
100 Blatt Schreibblock 68; Italienisches
Capriccio 69; Film oder Macht 70;
Obrigkeitsfilm 71; Verräter des Jungen
Deutschen Film schlafen nicht,
Zeichentrickf. 82; Angst vor Fliegen,
Spielf. 83.

Kristl, Wilhelm Lukas; BJV; Tukanpr.
f. Lit. d. St. München 69, Schwabinger
Kunstpr. 72, Silbergriffel d. Stiftg. z.
Förderung d. Schrifttums 76, Ernst-
Hoferichter-Pr. d. Stadt München 78,
Bayer. Poetentaler 78; Kölner Platz 7, D-
8000 München 40, Tel. (089) 363989
(Landshut 31.10.03). Feuill., Essay,
Bericht. **Ue:** S.
V: Kampfstiere und Madonnen,
Spanienb. 54, 55; Kneißl. Der bayer.
Kriminalfall d. Jh.-Wende 58, 78; Vom
Leben und Dichten des Heinrich
Lautensack 62; Der weiß-blaue Despot.
Oskar v. Miller in seiner Zeit. Biogr. 65;
Hier darf jeder tun, was ich will. Oskar
v. Miller-Anekdoten 78; Lola Ludwig
und der General, Biogr. 79; 1:0 für
Bayern, Feuill. 79.
MA: Ö. v. Horváth/Glaube Liebe
Hoffnung, Dr. 33; Das übernatürliche
Weibsbild 40; Zwischen Hamburg und
Haiti 56; Oskar Panizza, Laokoon 66;
Der König, Beitr. zur Ludwigforsch. 67;
anno domini 76; Conrad Felixmüller,
Legenden 77.
H: Heinrich Lautensack: Das ver-
störte Fest 66.

Kritz, Hugo M., s. Krizkovsky, Hugo.

Kritzinger-Liphart, Margarita,
Dolmetscherin, wiss. Graphologin; An
der Preußenwiese 1, D-3280 Bad
Pyrmont, Tel. (05281) 10353 (Moskau
30.7.05). Erzählung, Lyrik, Spiel, Novelle.
Ue: E, F, R.
V: Rita, mein Täubchen, Erz. 57.

Krizkovsky, Hugo (Ps. Hugo M.
Kritz); Knesebeckstr. 21, D-1000
Berlin 12, Tel. (030) 3123509
(Jungbunzlau/Böhmen 13.8.05). Roman,
Film. **Ue:** H.
V: Die große und die kleine Welt, R.
35; Man rede mir nicht von Liebe, R. 38;
Golowin geht durch die Stadt, R. 39; Die
heimliche Gräfin, R. 43; Das Abenteuer
des Herrn von Barabás, R. 50;

Geständnis unter vier Augen, R. 54; Das Mädchen, das nicht lieben wollte, R. 69; Nimm meine Hände, R. 70; Führe mich in Versuchung, R. 77; Mein Freund der Mörder, R. 78; Der Alptraum hieß Harry, R. 78, u.a.

F: Die große und die kleine Welt; Schwarzfahrt ins Glück; Man rede mir nicht von Liebe; Die heimliche Gräfin; Wer bist du, den ich liebe; Der Himmel sagt nein; Der schweigende Mund; Alles für Papa; Geständnis unter vier Augen; Die Wirtin zur Goldenen Krone; Die Frau am dunklen Fenster, u.a.

Kroder, Rainer, Architekt; E.T.A. Hoffmann-Ges.; Mauritius-Stein-Weg 102, D-5000 Köln 1, Tel. (0221) 215372 (Neustadt/Coburg 9.1.45). Lyrik, Prosa.
V: Annäherung an Mirami, Erz. u. G. 79. ( )

Kröber, Wolfgang, Architekt; SV-DDR 81; Paul-Dessau-Str. 21, DDR-1142 Berlin, Tel. 5429773 (Halle/S. 27.7.51). Prosa.
V: Der Abend eines Tages, Erzn. 77, 80; Am Rande der Stadt, R. 80, 81; Häufige Besuche, R. 83.

Kröger, Alexander, s. Routschek, Helmut.

Kröger, Heinrich, Pastor; Bevensen-Tagung seit 72, Freudenthal-Ges. Rotenburg/W., Vors. seit 79; Birkenstr. 3, D-3040 Soltau, Tel. (05191) 2495 (Ahrenswohlde, Kr. Stade 15.10.32). Plattdeutsch.
V: To'n Advent, Plattdt. Andachten 74. — **MV:** W. Eggers: Sien leste Red' un sien Truuerfier 79.
B: Th. Harms, Honnig, Plattdt. Bibelstunden v. L. Harms, 5.Aufl. 81; Fr. Freudenthal, Meine Kindheit, 2.Aufl. 81.
H: Plattdüütsche Predigten ut us Tied 77; Sonderlinge u. Vagabunden, Erzn. v. Fr. Freudenthal, Neuaufl. 80; Plattdüütsch Lektionar. Bibelübertrag. 81; Freudenthal-Preisträger 1979-1982 82. — **MH:** Freudenthal-Preisträger 1969-1978 78; Sprache, Dialekt u. Theologie 79; De Kennung, Zts. f. plattdt. Gemeindearb. seit 79; Niederdeutsch als Kirchensprache, Festg. Gottfr. Holtz 80; To'n Leben trügg 82.
Lit: Bibliographie in: De Kennung 5 82.

Kröher, Hein, s. Kröher, Heinrich.

Kröher, Heinrich (Ps. Hein Kröher), Volksänger; Mainzerstr. 14, D-6780 Pirmasens, Tel. (06331) 75102 (Pirmasens 17.9.27).

MV: Rotgraue Raben, Vom Volkslied zum Folksong 69.
H: Der Schwartenhalß, Lieder der Landsknechte 76.
R: Pennsylvanische Weihnacht, Fsf. 76; Der ein Lied zu singen weiß, Fsf. 82 (Mitarb.); Der Arme muß ins Feld, Fsf. 82 (Mitarb.).
S: Soldatenlieder 66; songs of the world 67; Halali 67; Haul away, Seemannslieder/Shanties 69; Bertold Brecht, songs, Balladen, Lieder 69 — 72; Auf der großen Straße 72; Deutsche Lieder 1848/49 74; Arbeiterlieder 75; Volkslieder - auf den Plätzen, in den Straßen 76; De Gugguck, singende, klingende Pfalz 76; Lieder vom Hambacher Fest 82.

Kröher, Oss, Lehrer, Volkssänger; Verb. Dt. Schulmusiker, VS,; Träger d. Silbernen Ehrenmedaille d. Stadt Pirmasens, Ehrenzapfmeister der Parkbrauerei Pirmasens; Bismarckstr. 115, D-6780 Pirmasens, Tel. (06331) 3438.
V: Sand und Salz 67; Sing Out! 72, 79 (auch jap.) 79; Joli Tambour 75, 79. — **MV:** Rotgraue Raben. Vom Volkslied zum Folksong, m. Hein Kröher 69; Das sind unsere Lieder, m. Hein Kröher 77, 79.
MA: Pfälzer unter sich über sich 77; English, French or Neckermann? 79; Lit. aus Rheinland-Pfalz, Anth. II 81; Schon pflanzen sie frech die Freiheitsbäume 82.
S: Lieder vom Hambacher Fest 82; Die Frucht der Ungesetzlichkeit 82.

Kröhnke, Alfred, Apotheker; Agnes Miegel-Ges. 76, Marburger Kr. 80; Am Kiefernwald 68, D-6100 Darmstadt-Eberstadt, Tel. (06151) 55239 (Grünbaum/Ostpr. 28.5.12). Erzählung, Essay.
V: Dämmerstunde, Erz. 82.
B: Paul Fechter, Monogr. 80. — **MA:** Mauern, Lyr. Anth. 78; Erlebte Vergangenheit 80; Erzn. in Kal. und Anthol..

Kröhnke, Friedrich (Ps. Konni Kleymann), Dr.phil.; Krefelder Wall 24, D-5000 Köln 1, Tel. (0221) 722116 (Darmstadt 12.3.56). Essay, Lyrik, Prosa.
V: Propaganda für Klaus Mann, Ess. 81; Jungen in schlechter Gesellschaft 81; Pasolini-Essays 82. — **MV:** Der Eigene. Ein Blatt für männliche Kultur. Reprints u.a. 81.
MH: Richard Linsert: Marxismus und freie Liebe 82.

Kröhnke geb. Kubelka, Margarete (Ps. Margarete Kubelka); Marburger Kr. 59, Kg. 61, VS 69, Die Kogge 74, Autorenkr. Plesse; Kultur-Pr. f. Lit. d. Sudetendt. Landsmannschaft 67, Andreas-Gryphius-Preis 76, Hörspielpr. d. Landes NRW u. d. Ostdt. Kulturrats 76, Landschaftspreis Polzen-Neiße-Niederland und Gustav-Leutelt-Medaille 77, Bürgerehrung der Stadt Darmstadt 77, Erzählerpreis der Lit. Union Saarbrücken 77, Erzählerpreis des Bayer. Rundfunks und d. OKR 79, Adalbert-Stifter-Med. 82; Am Kiefernwald 68, D-6100 Darmstadt-Eberstadt, Tel. (06151) 55239 (Haida/ Nordböhmen 14.9.23). Roma, Lyrik, Erzählung, Hörspiel, Kinderbuch.

V: Odysseus kommt zu spät, R. 62; Der Mann aus Papier, R. 63; Die schönsten Sagen aus dem Sudetenland 63; Der arme Heinrich Rosenkranz, R. 64; Der Engel im Zwielicht, R. 66; Von allem bleibt nur ein Bild, R. 66; Scheiterhaufen für eine Puppe, R. 67; Umhegte Welt, Erz. 67; Die Hirten auf dem Felde, Erz. 68; Ruf des Landes (Übertrag. tschechischer Lyrik) 69; Süsses Gift Erinnerung, G. 70; Erich und das Mädchen mit der Narbe, R. 72; Absage an das Mondlicht, G. 72; Unterwegs notiert, G. 73; St. Josef und das Christkind, Erz. 74; Gast in fremden Städten, G. 75; Bildnis eines Mannes mit grüner Mütze, Erz. 75; Burgbett und Feuerlampe, Kinderb. 77; Ankunft bei Regen, Erz. 78; Rendezvous mit Ingolstadt, G. 78; Verhängte Spiegel, G. 79; Der Tod der Sabine, Erz. 79; Heilige sind auch Menschen, Erz. 79; Rückkehr zum Brunnen, Erz. 79; Tagebuch einer Kindheit, Erz. 80; Die Lichterbrücke, Erz. 80; Seltsame Heilige, Erz. 81; Stern über dem Stall, Erz. 82; Ich werde Oma fragen, Kdb. 83.

MA: Ein Stein zieht viele Kreise 59; Wir halten zusammen 59; Der leuchtende Bogen 61; Brücken und Zeichen 63; Sudetendt. Lachen 63; Sudetendt. Weihnachtsb. 64; Du Land meiner Kindheit 66; Ziel und Bleibe 68; Lob der Heimat 68; Quellen des Lebens 68; Das hunderttürmige Prag 69; So gingen wir fort 70; Für Dich — für heute 70; Gott im Gedicht 72; Sudetenland Heimatland 73, 82; Sudetendt. Kuluralm. 74; Auf meiner Strasse 75; Die Kehrseite des Mondes 75; Autoren reisen 76; Heimatbuch der Stadt Niemes 76; Die Bäume des Wilhelm Bobring 77; Deutschland — das harte Paradies 77; Tauche ich in deinen Schatten 77;

Nichts und doch alles haben 77; Begegnung auf der Schwelle 78; Aufschlüsse 78; Alle Mütter dieser Welt 78; Jb. dt. Dichtung 78; Schuldschein bis morgen 78; Prisma Minden 78; Mauern 78; Jeder kann nicht alles wissen; Magisches Quadrat 78; Östlich von Insterburg 78; Horizonte und Perspektiven 79; Rufe 79; Über alle Grenzen hin 79; Hommage à Regensburg 79; In literis 80; Vom Wort zum Leben 80; Wort-Gewalt 80; Schön ist die Jugend bei guten Zeiten 80; Erlebte Vergangenheit 80; Spuren der Zeit 80; Ostern ist immer 81; Sprache als Heimat 81; Schreiben vom Schreiben 81; Einigkeit und Recht und Freiheit 81; Wege und Wandlungen 81; Doch die Rose ist mehr 81; Wege unterm Kreuz 82; Das Rassepferd 82; Begegnungen und Erkundungen 82; Friedens—Fibel 82; Und das Leuchten blieb 82; Spät—Lese 82; Frieden und noch viel mehr 82; Erlebte Vergangenheit II 82; Komm, süsser Tod 82, alles Anth.

MH: Auf meiner Straße, Anth. 75; ... tauche ich in deinen Schatten, Anth. 77; Begegnungen und Erkundungen 82.

R: Der Bilderschänder, Funkerz. 76; Eisenbahnfahrt, Hsp. 80.

Lit: Erh. J. Knobloch in: Sudetendt. Kultur—Alm. 69; Handlex. Dt. Literatur in Böhmen, Mähren, Schles. 76; Carl Heinz Kurz: Tangenten 77; Einigkeit und Recht und Freiheit 81.

Kröll, Friedhelm, Dr. phil. habil., M.A., Soziologe; Mathildenstr. 24, D-8500 Nürnberg, Tel. (0911) 554104 (Tirschenreuth 7.3.45). Essay.

V: Bauhaus 1919-1933. Künstler zwischen Isolation und kollektiver Praxis, Kunstsoziolog. Studie 74; Die "Gruppe 47". Soziale Lage u. gesellschaftl. Bewußtsein Literar. Intelligenz in d. Bdesrepubl., Literatursoziolog. Studie 77; Gruppe 47. Realien z. Literatur, Literatursoziolog. Essay 79; Vereine. Geschichte — Politik — Kultur, kultursoz. Studie 82.

Kroetz, Franz Xaver, Schriftsteller, Schauspieler, Spielleiter; Suhrkamp-Dramatiker-Stip. (zus. m. Alf Poss) 70, Ludwig-Thoma-Med. 70, Fontanepreis der Stadt Berlin 72, Kritikerpreis des Verbandes dt. Kritiker 73, Hannoverscher Dramatikerpreis 74, Wilh.-Lübke-Preis 75, Dramatikerpreis der Mülheimer Theatertage 76; Keyserlingstr. 10, D-8000 München 60 (München 25.2.46). Drama, bayerisches Kleinbauern- und Proletariermilieu.

V: 30 Stücke u.a.: Wildwechsel, Dr. 71, 73; Heimarbeit, Hartnäckig, Männersache, Teilsamml. 3 Stücke 71; Michis Blut, Sch.; Lieber Fritz, Sch.; Stallerhof, Sch.; Geisterbahn, Sch., alle 72, 74; Wunschkonzert, Sch. 72; Dolomitenstadt Lienz, Posse m. Gesang 72; Globales Interesse, Kom.; Oberösterreich, Sch. 72; Stücke, Samml. 75; Weitere Aussichten, Samml. 76; Münchner Kindl 74; Sterntaler 74; Das Nest 75; Reise ins Glück 76; Heimat 76; Agnes Bernauer 76; Wer durchs Laub geht 79; Der stramme Max 79; Mensch Meier 79; Der Mondscheinknecht, R. 81; Nicht Fisch nicht Fleisch. Verfassungsfeinde. Jumbo-Track, 3 Stücke 81; Der Mondscheinknecht. Fortsetzung, R. 83.
B: Hebbel: Maria Magdalena.
R: Herzliche Grüße von Grado u. a. Hsp.; Wildwechsel, Fsf. 73; Der Mensch Adam Deigl und die Obrigkeit; Maria Magdalena; Weitere Aussichten; Das Nest; Heimat, alles Fsf. ( )

Krötz, Robert, Dipl.-Volkswirt, Journalist; Hinderpad 17, D-4320 Hattingen, Tel. (02324) 21856 (Borken/Westf. 23.8.13). Sachbuch.
V: Männer kochen besser 59/64; Nichts für ungut 61; Wohlstand mit kleinen Fehlern 63.

Krogmann, Hans Gerd, c/o F. Schneider Verl., München.
V: Die Jahre der schwarzen Vögel, R. 83. ( )

Krohn, Rolf, c/o Verlag Neues Leben, Berlin (Ost).
V: Das Grab der Legionen, hist. R. 79, 82; Das Labyrinth der Kalliste, R. 83. ( )

Krohn, Wilhelm *

Kroliczak, Hans, Kriminalist; VS 74; Arbeitsstip. f. Lit. d. Ldes NRW 76; EM d. Literar. Ges. Köln 78; Zum Hedelsberg 47, D-5000 Köln 50, Tel. (02236) 64276 (Stegers/Pommern 11.8.36). Drama, Lyrik, Hörspiel, Kurzprosa, Kindererzählung, Kritik.
V: Krimis und andere Gedichte 76.
MA: Almanach für Literatur, Thema "Angst" 74; Kulturtelefon Kiel seit 74; Sie schreiben zwischen Goch & Bonn 75; Verhör eines Karatekämpfers und andere Aussagen zur Person 77; Ausgesuchte Einakter und Kurzspiele 79; 52 Wochen — 52 Autoren/Kieler Kulturtelefon 79; Ich singe gegen die Angst 80; 47 und elf Gedichte über Köln 80; Kreidepfeile und Klopfzeichen 81; Dimension, A Reader of German 81; Drucksachen 10, Leseb. 82; Literatur-

telefon Herne 82; Dimension, 150 dt. Dichter 83.
Lit: Ph. Rehbiersch: Auf der Suche nach Wirklichkeit in: neues rheinland 74.

Krollpfeiffer, Hannelore (Ps. Hannelore Holtz), Redakteurin; Josthöhe 65, D-2000 Hamburg 63, Tel. (040) 5384350 (Berlin 12.8.24). Roman.
V: Wir lebten in Berlin, R. 47; TTF gegen Knallbiss, Jgd.-R. 79; Diese schwererziehbaren Eltern, Jgd.-R. 80; Eine ideale Tochter, R. 81; Die Zielgruppe, R. 82; Alles nur euch zuliebe! Jgd.-R. 82; Meine neue große Schwester, Jgd.-R. 83.
MA: Mädchen dürfen pfeifen, Buben dürfen weinen, Geschn. 81.

Krolow, Karl, Schriftsteller; P.E.N. 51; Pr. d. Kulturkr. im Bundesverb. d. dt. Industrie 56, Georg-Büchner-Pr. 56, Gr. Kunstpr. d. Ldes Niedersachsen 65, Rilke Preis 75, Stadtschreiber von Bergen 76, Dr. phil. h. c., Goethe Plakette d. Landes Hessen 75, Großes Verdienstkreuz, 3. Verd.orden d. BRD 75, Hess. Kulturpr. 83; Dt. Akad. f. Spr. u. Dicht. 54, Präs. 72 — 75, Vizepräs. 66 u. seit 75, Akad. d. Wiss. u. d. Lit. 59, Bayer. Akad. d. Schönen Künste 60; Rosenhöhe 5, D-6100 Darmstadt, Tel. (06151) 75680 (Hannover 11.3.15). Lyrik, Kurzprosa, Essay, Rundfunk. **Ue:** F, S.
V: Hochgelobtes, gutes Leben, G. 43; Heimsuchung, G. 48; Auf Erden, G. 49; Die Zeichen der Welt, G. 52; Von nahen und fernen Dingen, Kurzprosa 53; Wind und Zeit, G. 54; Tage und Nächte, G. 56; Fremde Körper, G. 59; Tessin, Ess. 59; Aspekte zeitgenössischer deutscher Lyrik 61; Unsichtbare Hände, G. 62; Ausgewählte Gedichte 62; Reise durch die Nacht, G. 64; Schattengefecht, Aufs. z. Lit. 64; Gesammelte Gedichte 65; Landschaften für mich, G. 66; Poetisches Tagebuch 66; Minuten: Aufzeichnungen 68; Alltägliche Gedichte 69; Nichts weiter als Leben, G. 70; Zeitvergehen, G. 72; Ein Gedicht entsteht. Selbstdeutungen, Interpretationen; Gesammelte Gedichte 75 II; Ein Lesebuch 75; Der Einfachheit halber, G. 77; Das andere Leben, Eine Erz. 79; Ausgewählte Gedichte 80; Herbstsonett mit Hegel, G. 81; Im Gehen, Prosa 81; Von Null bis unendlich, G. 82.
S: (MA): Lyrik der Zeit I 58.
Ue: Nachdichtungen aus fünf Jahrhunderten französischer Lyrik 48; Die Barke Phantasie, Anth. zeitgenöss.

franz. Lyrik 57; Apollinaire: Bestiarium
79; Spanische Gedichte des XX. Jahr-
hunderts 62; Beckett: Flötentöne 82. –
Ue u. H: Verlaine 58.
Lit: Hans Egon Holthusen: Surrealis-
mus und Naturlyrik, die lyrischen
Errungenschaften Karl Krolows in: Ja
und Nein, Ess.; Hugo Friedrich: Die
Lyrik Karl Krolows 62; Heinz Piontek:
Musterung eines Werkes 70; Walter
Helmut Fritz: Karl Krolow 70; Klaus
Jeziorkowski: Karl Krolow 71; Über
Karl Krolow - edition suhrkamp 72;
Interpretationen - Selbst-
interpretationen 72; Gerhard Kolter: Die
Rezeption westdt. Nachkriegslyr. a. Bsp.
K.K. 77; Rolf Paulus: Lyr. u. Poetik K.K.
80; K.K.: text u. kritik Nr. 77 83.

Krommer, Anna, Künstlerin; ISDS 71;
P.O.Box 2343, Washington, DC 20013/
USA (Kubin, CSR 31.3.24). Lyrik, Essay,
Novelle.
V: Galiläa. Lieder einer Siedlung, G.
56; Spiegelungen, G. 71; Das Rattenhaus,
N. 76.
MA: Aufbau u. Staatsztg, New York
USA; Lyrik in Literatur und Kritik 75;
Citation Meritorions; German-American
Studies 73; Amerika im austro-
amerikanischen Gedicht, Anth. 78;
Reisegepäck Sprache, Anth. 79; Das
Boot, Anth. 80; Literatur u. Kritik 81;
Die Sprache als Heimat, Anth. 81;
Geschichte im Gedicht, Anth. 82.

Kronauer, Brigitte, Schriftstellerin;
Rupertistr. 73, D-2000 Hamburg 52
(Essen 29.12.40). Erzählung, Roman,
Essay.
V: Der unvermeidliche Gang der
Dinge, Erzn. 74; Die Revolution der
Nachahmung, Kurzprosa 75; Vom
Umgang mit der Natur, Erzn. 77; Frau
Mühlenbeck im Gehäus, R. 80; Die
gemusterte Nacht, Erzn. 81; Rita
Münster, R. 83.

Kroneberg, Eckart; VS 70; Julius-
Campe-Pr. 61; Nestorstr. 58/59, D-1000
Berlin 31, Tel. (030) 3231569 (Stünzhain/
Thüringen 10.6.30). Roman, Essay,
Feature. **Ue:** E.
V: Der Grenzgänger, R. 60; Keine
Scherbe für Hiob, R. 64; Zum Beispiel
Marokko, Tagebuch 71; Die Kraft der
Schlange, R. 75; Jumbo und Chelonia,
Sachb. 80; Buddha, Philosophie 80.
H: Als ich fünfzehn war - Schrift-
steller der Gegenwart erzählen 69.

Kronen, Andrei, s. Haas, Carl-
Hellmuth.

Kronenberg, Kurt, c/o Verlag Hertel,
Bad Gandersheim.
V: Weihnachtserzählungen aus dem
alten Gandersheim 77; Eva von Trott, R.
80.
H: Gandersheimer Novellen 82.
Ue: Roswitha von Gandersheim: Die
Briefe 78. ( )

Kronfuss, Wilhelm, Bibliothekar a.D.;
Kg.; Ehreng. Georg-Dehio-Pr. 67,
Donauschwäb. Kulturpr. d. Ldes Bad.-
Württ. 74, St.-Wendelinus-Plak. d.
Donaudt. 79; Clemensstr. 45, D-8000
München 40, Tel. (089) 346634 (Budapest
27.5.03). Kritik, Essay, Lyrik. **Ue:** U.
V: Christliches Abendland?, G. 54;
Franz Schunbach, Künstlermonogr. 63;
Ungarn, tausend Jahre abendländ.
Schicksal 66; Joseph de Ponte,
Künstlermonogr. 70; Die Adria, Meer d.
Krieger, Künstler u. Karavellen 71;
Lotte v. Seeberg, Künstlermonogr. 78;
Münchner Brunnen 73, 80. – **MV:** Der
Donauschwabe u. s. geistiges Profil 62;
Kardinal Mindszenty 69; Die Kehrseite
d. Mondes, Anth. 75; Zueinander, Anth.
76; Ofen und Ofner Bergland 82.
Ue: Stephan Pálos: Chines. Heilkunst
63; Lukács-Tarján: Spiele m. Zahlen 68.
Lit: Arch. d. Suevia-Pannoica,
Heilberg 73/74; Ostdt. Gedenktage 73, 83;
Hans Diplich: Essay 75.

Krooss, Achim, Weltkreisverl.,
Dortmund.
V: Thomas und das grüne Ungeheuer,
e. Kinderferien-R. 82. ( )

Kross, Jürgen, Buchhändler; D.S.V.
74; Kaiserstr. 8, D-6500 Mainz, Tel.
(06131) 28358 (Hirschberg/Schlesien
26.8.37). Lyrik, Hörspiel, Drama.
V: Ortungen 75, 76; inmitten 80.
MA: neue texte aus rheinland-pfalz
74; Lit. aus Rh.-Pf. 76; Lyrik-Prosa-
Bilder-Leseb. 80; Handgeschrieben 81;;
Komm süßer Tod 82.
MH: Prosa heute 75; Areopag, Jb. 80.
R: Morgenstund, Hsp. 75; Untergänge,
Hsp. 82.

Krott, Peter, Dr. forest., Dipl. Land- u.
Forstwirt, Wildbiologe; Kleinsölk, A-
8961 Stein/Enns, Tel. (03685) 225101
(Wien 7.8.19). Roman, Film. **Ue:** Fin, N, S.
V: Der Vielfraß und die Maske, Jgdb.;
Paß auf Tupu 73.
R: Baummarder im Bergwald, Fsf;
Ein Fuchs aus Alaska. Fsf. 82.

Krüger, Barbara, Med.techn.Assisten-
tin; VS 79; Monheimsallee 99, D-5100
Aachen, Tel. (0241) 34280 (Neustrelitz/
Meckl. 17.3.44). Tagebuch, auto-

biographische Berichte, Kindertheater-
stücke, Erzählungen.
V: Mein Sohn Andi, Tagb. e. Mutter
79; Timmi wird unser Sohn. Gesch. e.
Adoption 80; Angsthasen, Kindertheater
83.
MA: Kurzgeschichten, Erzählungen,
Berichte in Zss. u. Ztgn.

Krüger, Hardy, Schauspieler (Berlin
12.4.28). Erzählung, Film.
V: Eine Farm in Afrika 70, 81; Sawim-
bulu, Kinderb. 71; Wer stehend stirbt,
lebt länger 75 (auch engl., franz., holl.,
türk.); Die Schallmauer 78 (auch franz.);
Die Frau des Griechen 80; Junge Unrast,
R. 83.
F: Mitarb. an versch. Drehbüchern.

Krüger, Harry (Ps. Krüger-York,
Stephan Andreas), Verleger;
Willingerstr. 29, D-8202 Bad Aibling
(Barth/Pomm. 21.12.01). Mundart.-Lit.,
Drama, Roman, Hörspiel.
V: Heekt mang de Karpen, Schw. 38;
Striethamels, Schw. 39; De Erpressung,
Kom. 40; Revolt up U. 91, Sp. 40; Fief-
hunnert Pund Koppgeld, Sp. 41; Ein
Engel fiel vom Himmel, Schw. 49;
Kikeriki, Schw. 54; Bergbauernromane.
R: Streek dörch'e Reken 50; De
Fundunnerslagung 51; Suupköpp 53; Die
Geburtstagstorte; Spuren im Schnee,
alles Hsp.

Krüger, Horst, Schriftsteller; P.E.N.
67, VS 69; Thomas-Dehler-Lit.Pr. 70, J.
H. Merck-Pr. für Lit.Kritik u. Essay 72 d.
Dt. Akad. f. Spr. u. Dtg., Berliner
Kritikerpr. 73, Ernst Reuter Preis 75,
Goethe-Plak. d. Stadt Franfurt a. M. 80,
Goldene Kamera 82; Mendelssohnstr. 49,
D-6000 Frankfurt a.M., Tel. (0611) 746265
(Magdeburg 17.9.19). Feuilleton, Essay,
Reisebericht.
V: Das zerbrochene Haus, Erzn. 66;
Stadtpläne, Reiseessays 67; Deutsche
Augenblicke, Feuill. 69; Fremde Vater-
länder, Reise-Ess. 71; "Zeitgelächter",
Feuilletons 73; Ostwest-Passagen, Reise
Essays 75; Poetische Erdkunde, Reise-
Erzn. 78; Ludwig lieber Ludwig, Histor.
Essay 79; Unterwegs, Gesammelte
Reiseprosa 80; Spötterdämmerung. Lob-
u. Klagelieder zur Zeit, Feuill. 81;
Damals und anderswo, Reisen in die
Vergangenheit 83. — **MV:** Vorletzte
Worte, Schriftsteller schreiben ihren
eigenen Nachruf, Anth. 70; Leporello
fällt aus der Rolle, Anth. 71; Motive:
Warum schreiben Sie? Anth. 71.
H: Das Ende einer Utopie. Hingabe
und Selbstbefreiung früherer
Kommunisten 63; Was ist heute links?

Thesen u. Theorien zu einer polit.
Position 63.

Krüger, Manfred, Dr.phil., Doz.; VFS;
Heimstättenstr. 20, D-8500 Nürnberg 10,
Tel. (0911) 528491 (Köslin/Pomm. 23.2.38).
Lyrik, Essays, Aphorismen, Übers.
Ue: F.
V: Gérad de Nerval, Monogr. 66;
Wandlungen des Tragischen, Ess. 73;
Nora Ruhtenberg, Monogr. 76; Bilder
und Gegenbilder, Ess. 78; Wortspuren,
Lyr. 80; Denkbilder, Aphor. 81; Literatur
und Geschichte, Ess. 82; Mondland läßt
Sonne ein, Lyr. 82.
MA: Eugène Ionesco, Ess. in: Franz.
Lit. d. Gegenwart 71; D. franz. Drama
1880-1920, Ess. in: Neues Hdb. d.
Lit.wiss., Bd. 19 76.
H: Schöne Wissenschaften, Festschr.
f. Friedrich Hiebel, Ess. 78.
Ue: Gérad de Nerval: L'Histoire de la
Reine du Matin... u.d.T.: Tempellegende,
Die Gesch. von d. Königin aus d.
Morgenland... 67, 2.Aufl. 82; Gérad de
Nerval: Poémes — Chimären u.a. G. 81.
Lit: Un Fidéle de Gérad de Nerval:
Manfred Krüger in: Triades XXIX, 82.

Krüger, Michael, Verlagslektor; VS 74,
P.E.N. 77; Förderpr. f. Lit. d. Landes-
hauptstadt München 74, Förderpr. f. Lit.
d. Landes Bayern 82; Mitbegr. u.
Generalsekretär d. Petrarca Pr.;
Herzogstr. 66, D-8000 München 40, Tel.
(089) 333607 (Wittgendorf, Kr. Zeitz
9.12.43). Lyrik, Essay. Ue: E.
V: Reginapoly, G. 76; Diderots Katze,
G. 78; Nekrologe, G. 79; Lidas Taschen-
museum, G. 81; Aus der Ebene, G. 82;
Stimmen, G. 83.
H: Kunert lesen 79; Bienek lesen
80. — **MH:** Akzente, Zs. f. Lit.;
Tintenfisch, Jb. f. Lit.; Kommt, Kinder,
wischt die Augen aus, es gibt hier was
zu sehen, Kinderg. m. Herbert
Heckmann 75; Was alles hat Platz in
einem Gedicht, m. Hans Bender 77;
Vaterland — Muttersprache, m. Klaus
Wagenbach, Wilfried Stephan.
S: Deutsch für Deutsche, m. Ludwig
Harig 75.
Ue: Sheridan Le Fanu: Onkel Silas, R.
72.

Krüger, Renate, Dr., Kunsthistorikerin; SV-DDR; Fritz-Reuter-
Kunstpr. 79; Adolf-Wilbrandt-Str. 4,
DDR-2752 Schwerin Mecklenb., Tel.
(084) 863307 (Spremberg 23.7.34). Kunst-
und Kulturgeschichte, Kinderliteratur.
V: Heiteres Rokoko, Sachb. 64;
Meisterwerke der Altdeutschen Tafel-
malerei, Sachb. 66, 75 (polnisch); Die

Kunst der Synagoge, Sachb. 66, 68;
Kleine Welt in Elfenbein, Sachb. 66;
Licht auf dunklem Grund (Rembrandt),
R. 67, 75; Saat und Ernte des Josef
Fabisiak, R. 69; Der Tanz von Avignon
(Holbein), R. 69, 81 (ungar., rum., estn.);
Kaiser, Mönche und Ikonen, R. 69;
Ludwigslust, Sachb. 72, 80; Das Zeitalter
der Empfindsamkeit, Sachb. 71, 73; Das
Kloster am Ilmensee, R. 72; Nürnberger
Tand, R. 74, 83; Malt, Hände, malt
(Cranach), R. 75, 82 (ungar.); Jenseits
von Ninive, R. 76; Aus Morgen und
Abend der Tag (Runge), R. 77, 80;
Wolfgang Amadés Erben, R. 79, 82;
Biedermeier, Sachb. 79, 82; Niels
Stensens Schweriner Advent, R. 79;
Schwerin und sein Schloß. Sachb. 80;
Geisterstunde in Sanssouci (Menzel), R.
80, 81; Türme am Horizont, R. 82, 83; Das
Männleinlaufen, R. 83.

Krüger-York, s. Krüger, Harry.

Krüsmann, Rudolf, Bankkaufm.;
Ehrenvors. Evang. Akad.;
Schwalbengrund 8, D-4630 Bochum, Tel.
(0234) 590052 (Orsbach b. Aachen 4.1.07).
Drama, Hörspiel.
V: Stephan soll sich rechtfertigen, Dr.
56, 60.
MH: Jb. d. Ruhr-U. Bochum 68-83;
Materialien zur Geschichte der Ruhr-
Universität Bochum, Die Entscheidung
für Bochum 71; Bauidee und Bau-
geschehen 72; Tätigkeitsbericht 65 - 70;
Kosten Leistungen Daten 73.
R: Die Söhne des Adam, Hsp. 53.

Krüss, James (Ps. Markus Polder,
Felix Ritter); P.E.N. 71; Dt. Jgdb.-Pr. f. d.
beste Kinderb. 60, Dt. Jgdb.-Pr. f. d.
beste Bilderb. 64, Hans-Christian-
Andersen-Pr. 68; Apartado 8 Tafira Alta,
Las Palmas/Gran Canaria/Spanien, Tel.
Gran Canaria 350762 (Helgoland 31.5.26).
Erzählung, Hörspiel, Fernsehspiel,
Kinderlyrik, -theater u. -buch. **Ue:** E,
Am, H, Serbokroat., P.
V: Der goldene Faden, Legn. 46, 47;
Der Leuchtturm auf den Hummer-
klippen, R. 56, 65; Die Glücklichen
Inseln hinter dem Winde 58; Neubearb.
Bd. I 59, Bd. II 60, in einem Bd. 80;
Spatzenlügen, G. 58; Mein Urgroßvater
und ich 59, 62; Der wohltemperierte
Leierkasten 12 X 12 G. f. Kinder 61;
Florentine und die Tauben 61; Ich
möchte einmal König sein 61;
Florentine und die Kramerin 62; Die
kleinen Pferde heißen Fohlen, G. 62;
Timm Thaler oder Das verkaufte
Lachen 62, 65; Die Sprechmaschine 62;
Adler und Taube 63; ABC und Phantasie

64; Pauline und der Prinz im Wind 64;
Annette mit und ohne Mast 64;
Florentine, Neufass. 65, alles Erz. u. R. f.
Kinder; Sängerkrieg der Heidehasen
und andere Kinderhsp. 65, u.d.T.: Das
Hemd des Glücklichen und andere
Kinderhsp. 65; Der kleine Leierkasten,
Kinder-G. 65; James' Tierleben 65; Auf 7
geschliffenen Kieseln 65; Die ganz
besonders nette Straßenbahn, Bilderb.
65; Fahre mit durchs ABC, Bilderb. 65
u.a. Bilderb.; Heimkehr aus dem Kriege,
Idylle 65; Mein Urgroßvater, die Helden
und ich 67; Briefe an Pauline 68; In
Tante Julies Haus 69; Bienchen,
Trinchen, Karolinchen 70; Das Buch der
sieben Sachen 73; Geschichten aus allen
Winden 73; Flora biegt Balken 74; Der
kleine Flax 75; Der fliegende Teppich
76; Sommer auf den Hummerklippen 77;
Gäste auf den Hummerklippen 77;
Paquito oder Der fremde Vater 78;
Timm Thalers Puppen 79; Amadito oder
Der kleine Junge und ich 80; Das neue
Papageienbuch I-IV 80/81; Der
Drachenturm 81; Florian auf der Wolke;
Vom schönen Tausend-Wünsche-Baum
81; Der Zauberer Korinthe 82; Signal
Molly oder Die Reise auf der Kuh 82. –
MV: Nachwort zu: Glück und Segen 64,
u.: ABC, die Katze lief im Schnee 64.

H: Mark Twain: Die Eine-Million-
Pfund-Note 59; So viele Tage, wie das
Jahr hat, Kinder-G. 59; Die Hirtenflöte.
Europ. Volkslieder 65; Die kleine Windsbraut Edeltraut, Geschn. aus 14 Ländern
71; Robinson und die Indianer, Geschn.
77; Inselgeschichten 79.

R: Die Konferenz der Tiere (nach
Erich Kästner); Claus Reimers; August
und die blaue Limousine; Die
Lügenuhr; Der Sängerkrieg der
Heidehasen; Wenn Arthur träumt ...;
Reineke Fuchs; Der Trompeter von
Tuttlingen; Schimmel, Ochs und
Eselchen; Herr Anton in der Wüste; Das
Hemd des Glücklichen; Mister Silber-
löffel; Der Aufstand der Schneemänner;
Die Maus in der Uhr, u. 18 weitere Hsp.;
Der Sängerkrieg der Heidehasen,
Puppensp. 58, Zeichentrickf. 63; ABC
und Phantasie, Fs.-Reihe f. Kinder seit
63; Der Rätselzoo 64; Die Welt im
Kinderbuch 64; Kinderspiele?, Der
Streit des Karnevals mit dem Fasten,
Brueghel-Sendungen 64; Musik in Villa
Birkengrün 65; James' Tierleben, Fs.-
Reihe seit 66; Berühmte Maler malen
ihre Mütter 66, alles FS.-Send.; James
Tierleben 66; Alle Kinder dieser Erde
72, beides Fs.-Reihen; Timm Thaler, Fs.-
Serie 79/80.

S: Der Sängerkrieg der Heidehasen 58; Arthur der Träumer 58; Die Konferenz der Tiere (nach E. Kästner) 61; Florentine und die Tauben, Florentine und die Kramerin 62; Timm Thaler 65; Geliebte Mutter; Der kleine Flax 78; Gongo 78.

Ue: Mies Bonhuys: Der treue Schimmel 58; Julian Tuwin: Lokomotive, Verse 58; Zbigniew Leugren: Schwarze, weiße und gestreifte Kinder 60; Robert Louis Stevenson: Im Versgarten 60, Ich bin noch klein, Kinderreime 60; Jan Brzeckwa: Herr Doremi und seine sieben Töchter; Dušan Radović: Sehr geehrte Kinder 61; Sunny B. Warner: Tobias und die große Tasche, Verse 61, Tapsi, der Fuchs 61; Ann H. Davidow: Wir zeichnen Tiere, Sachb. in Versen 61; Leo Lionni: Stück für Stück, Fabel 62, Swimmy, Bilderb. 64; Aliki: Die Geschichte von Hans Apfelkern, Erz. 63; Adolf Zábransky: Das goldene Tor, Kinderreime 64; Slobodan Petrović: Mäuseweihnacht, Wenn Dezember naht 65; Ela Peroci: Die Pantoffelmieze, Bilderb. 65; Gladys Williams: Semolina Seidenpfote, Erz. 65; Die Hirtenflöte, Europ. Volkslieder 65; Brian Wildsmith: Das Fest der Tiere 76; William Steig: Bauer Schlauer fährt zur Stadt 78; Ulf Löfgren: Harle-Harle-Harlekin 78; Simon Stern: Die Leute aus der Essigflasche 79; Barbo Lindgren-Enskog: Mutters wildes Hänschen 81 u.a.

Lit: G. Brix: James Krüss als ästhetischer Erzieher in: Das gute Jugendbuch 3/70; Theo Jörg: Sprecherziehung mit James Krüss 72; Sibylle Kamke: Über J. Krüss-G. "Novemberwetter" in: Exempla 77; Waltraud Küppers: Über J.-Krüss-G. "Die knipsverrückte Dorothee" in: Psychol. d. Dt.unterr. 80; Gerhard Rückert: Über J. Krüss in: Wege zur Kinderliteratur 80; Erich Lüth: Schriftsteller. u. herausgeber. Aktivitäten f. d. exilierten Helgoländer in: Helgoland und die unzerstörbare Insel 80.

Kruezmann, Georg (Ps. Georg), Kaufmann; Am Waldschlößchen 37, D-4500 Osnabrück-Schölerberg, Tel. (0541) 572921 (Osnabrück 29.12.03).
V: Die Unerwähnten, R. 35 (auch engl.); ... wie es weiterging, Tats.-ber. 53; Hauge un Platt, Naturschild., Erzn. u. Mundartdicht. 66; Liärbenswiesheeten un Liärbensdummheeten 66.

Krug, Hildegard, Sprachlehrerin; Spenglersruh 23, D-6490 Schlüchtern,

Tel. (06661) 1742 (Danzig-Langfuhr 11.1.27). Erzählung. **Ue:** E.
V: Drei Neue im Städtchen 55; Sabines großer Kummer 56, u.d.T.: Sabine wird es schaffen 66, 68; Ferien mit Fee, Kinderb. 70; Alles Glück für Gisela, R. 70; Begegnung am See 73; Wenn das Papa wüßte 73; Die Vetternreise 73; Die Leuchtraketchen 73; So was kann jedem passieren! 74; Es stimmt was nicht in Klasse 6 75; Sterne leuchten im Advent 75; Dein Weg wird hell 76; Mit Ronald nimmt es keiner auf 76; Gerolf, steig nicht ein! 77; Mit Jesus durchs Leben 77; Die Roten Adler von Runkelsbühl 77; Es weihnachtet wieder bei Wisselmanns 78; Geh froh durch deinen Tag 78; Ein Brief erreicht sein Ziel 78; Der Stachelkaktus 79; Des Lebens Glück 79; Stark sein durch Hoffen 79; Grit und Pit in Appelsrod 79; Leben zu zweit 80; Es wichtelt ganz heimlich bei Wisselmanns 80; Die glücklichen Geschwister 81; Gott liebt auch dich 81; Neue Erlebnisse der Familie Wisselmann 82; Ausweg aus dem Tunnel 83. — **MV:** Im rechten Licht, Weihnachtserz. II 58.
Ue: Patricia St. John: Einer lief davon 71; Bruce Larson: Keiner soll mehr draußen stehen 74; Ellen S. MacLeod: Die geheimnisvolle Glocke 77; Doris James: Jenny fliegt nach Singapur 81; John Bunyans: Pilgerreise in Bildern 82.

Krumbach, Walter; Silb. Lorbeer d. Fernsehfk. 64, 67, DDR-1294 Großschönebeck/Schorfheide (Alt-Grimnitz 1.4.17).
V: Rd 74 Kinderbilderb. seit 52; 120 Kinderlieder.
R: 200 Fsp. f. Kinder.

Krumbholz, Eckart, Dekorationsmaler, Redakteur; Louis Fürnberg Pr. d. Bezirkes Erfurt 76; Rebesoustr. 19, DDR-1071 Berlin (Weimar 8.1.37). Prosa.
V: Fingerzeige 67; Neue Fingerzeige 69; Tassen im Schrank 73; Eine Blume in meiner Hand, 2. Aufl. 76; Der Ast, auf dem du sitzt, Anekdn. 76; Nächtliche Ruhestörung 76.
MA: Mir scheint der Kerl lasiert; Vom Geschmack der Wörter; Das erste Haus am Platz; Brennesselsuppe und Hiatiti; Die Tarnkappe; Rettung des Saragossameeres; Berlin, Hauptstadt der DDR; Liebes-und-andere-Erklärungen; Lehrzeit; Uwe Greßmann/Lebenskünstler; u.a.
H: Fortsetzung folgt 70; Euch stoßen, daß es krachen soll 83; Kein Blatt vorm Mund 83.

R: Nachhilfestunden bei Louis Fürnberg, Hsp. 72; Lesen in einem Fragment, Feature 73; Mein Quartier, Feature 76; Der größte Ort der Welt, den ich gesehen habe, Feature 78.

Krumbholz, Hans, Dipl.-Journ.; SV-DDR; Postf. 115, DDR-1080 Berlin (Erfurt 15.12.34). Reise- u. Kinderbücher.
V: Goldsucher 75; Ukraine-Moldawien 77; Bernstein, Burgen, blaue Seen 78; Meine Heimat DDR 79; Diamanten im Sand 80; Ein Koffer voll Matrjoschkas 82; Bis zur fernen Angara 82.

Krunke, Hans-Werner (Ps. Frank Dohl), StudR.; VS 71; Kurt-Magnus-Pr. d. ARD 71; Overdamm 6, D-2105 Seevetal 2, Tel. (040) 7683637 (Dortmund 26.1.41). Prosatexte, Hörspiel.
V: Fluchtwechsel, R. 79; Der verlorene Sohn — und was sagst Du dazu?, Prosatexte 81.
R: Die Tanten, 71; Frauenemanzipation, Hörcolage in Zusammenarbeit mit Schülerinnen 72.

Kruntorad, Paul, Schriftsteller; Literar-Mechana 71, GAV 80; Förderungspreis d. Theodor-Körner-Stiftung 66; Dramat. Zentrum Wien 73; Graben 11, A-1010 Wien, Tel. (0222) 525133 (Budweis 16.6.35). Drama, Roman, Essay, Hörspiel, Kulturkritik. **Ue:** Tsch, E.
V: S. - Ein Modell, R. 68; Wien, Spektrum einer Stadt, Ess. 71; Führer und Verführer, Ess. 71; Die Rolle der Neuen Linken in der Kulturindustrie, Ess. 72; Die zeitgenössische Literatur Österreichs, Ess. 76; Arsenal. Beitr. zu F. Tumler, Ess. 77; Die unbekannte Sammlung, Ess. 79; Österreichische Literatur 1945-1967 83.
H: Modernes tschechisches Theater 68; Neue slowenische Lyrik 71; Theater — Freizeitangebot und Experiment 80; Kunst wofür? Publikum, Museen, Handel, Politik 80; Literatur — vom Schreiben und vom Lesen 81. —
MH: Fällt Gott aus allen Wolken? 71.
R: Das Hobby; Der Sonderfall; Savonarola, alles Hsp.
Ue: Karel Teige: Liquidierung der Kunst 68; Robert Kalivoda: Der Marxismus und die moderne geistige Wirklichkeit 70; Ivan Sviták: Hajaja Philosoph 70; Unwissenschaftliche Anthropologie 72; Abraham H. Maslow: Psychologie des Seins 73; Karel Čapek: RUR 75; Jan Grossman/Jaroslav Hašek: Schwejk 75; Abraham A. Maslow: Motivation und Persönlichkeit 78; Frank Goble: Die dritte Kraft 79.

Krupkat, Günther; SV-DDR 58; Ottomar-Geschke-Str. 34, DDR-1170 Berlin-Köpenick, Tel. 6560058 (Berlin 5.7.05). Roman, Drama.
V: Gefangene des ewigen Kreises, Erz. 56; Die Unsichtbaren, R. 56, 60; Das Schiff der Verlorenen, R. 57, 66 (bulg. 70); Nordlicht über Palmen, Erz. 57; Kobalt 60, Erz. 57; Das Gesicht, R. 58, 71 (tschech. 62); AR 2 ruft Ikarus, Sch. 60; Die große Grenze, R. 60, 61; Der Fall Denzinger, Sch. 62; Als die Götter starben, R. 63, 75 (ung. 77); Karibische Nacht, Sch. 64; Begegnung bei Nacht, Sch. 64 (tschech. 62); Nabou, utop. R. 68, 82 (rum. 79); Insel der Angst, Erz. 69, 80 (russ. 71); Das Duell, Erz. 74, 82; Der Mann vom Anti, Erz. 75, 80 (ung. 76); Bazillus Phantastikus, Erz. 75, 80 (russ. 80, ung. 82).
R: Antlitz der Vergangenheit, Fsp. 59; Gefangene des ewigen Kreises, Fsp. 60; Das Gesicht, Fsp. 62 (auch poln. u. tschech.) 59, 63; Der Fall Denzinger, Fsp. 63; Stunde des Skorpions, Fsf. 68, 3 Tle.

Kruppa, Hans, Schriftsteller; VS seit 79; Schaffenrathstr. 40, D-2800 Bremen 1, Tel. (0421) 216590 (Marl 15.2.52). Roman, Erzählung, Gedicht, Aphorismus, Hörspiel, Tagebuch.
V: Der Eierkult, R. 76; Gegengewicht, G. 81; Zaubersprüche der Seele, Aphor. 81.
MA: Anders als die Blumenkinder 80; Liebe 81; Laufen lernen 82; Die Paradiese in unseren Köpfen 83; Wenn das Eis geht 83, alles Anth.
H: Wo liegt Euer Lächeln begraben? G. gegen den Frust 83.
R: Aus Udo wird Jan 81; Trennungsangst oder Aussichten einer Liebe 83, alles Hsp.

Kruppa, Karin, R. G. Fischer-Verl., Frankfurt a.M..
V: Nachtblende 82. ( )

Krusche, Dietrich, Dr. phil., Prof.; Autorenbuchhandlung München; Ingelsberger Weg 21, D-8011 Zorneding, Tel. (08106) 2474 (Rippin/Westpr. 25.1.35). Roman, Erzählung, Lyrik, Essay, Hörbild. **Ue:** J.
V: Das Experiment oder Die Fahrt nach Hammerfest, R. 61; Japan - konkrete Fremde, Ess. 73; Obenauf, R. 73; Kafka und Kafkadeutung, Wiss. Abh. 74; Kommunikation im Erzähltext, 2 Bde. Wiss. Abh. 78; Das Ruder auf dem Dach, Lyr. 79; Der Fisch im Sand, Erzn. 80; Kienspan steht auf, R. 80; Verzögerte Geburt, Lyr. 82.

H: MV: Haiku. Bedingungen einer
lyrischen Gattung, Übers. u. e. Ess. 70,
76.
R: Hörbilder u. Erz.reihen, z.B.:
Befremdungen 76.
Ue: Haiku 70, 76.

Kruschel, Heinz, Modelltischler,
Lehrer, Journalist, Schriftsteller; SV-
DDR 61; Erich-Weinert-Preis 73,
Theodor-Körner-Preis 74, Kunstpreis
des Bezirkes Magdeburg 76, Lit.pr. d.
FDGB 77; Kirschweg 27, DDR-3000
Magdeburg, Tel. (091) 647078 (Staßfurt-
Leopoldshall 8.10.29). Roman, Erzählung,
Reportage, Hörspiel.
V: In Wulnitz ist nichts los, Kinderb.
61; Das Kreuz am Wege, Erz. 62, 64;
Jenseits des Stromes, Erz. 64; Das
Mädchen Ann und der Soldat, Erz. 64, 80
(auch russ.); Rette mich, wer kann 69, 76
(auch slow., ukrain.); Jeder Abschied ist
ein kleines Sterben 69, 77; Wind im
Gesicht 71, 74; Mein elftes Schuljahr,
Erz. 71, 80 (auch bulg.); Rebell mit Kreuz
und Schwert, Erz. 72, 75; Die
Schneidereits, R. 73, 80; Der Köder,
Erzn. 74, 83; Der Mann mit den vielen
Namen, R. 75, 78, Bdesrep. 81; Gesucht
wird die freundliche Welt, R. 77, 83;
Zwei im Kreis, Erz. 79, 83; Der rote
Antares, R. 79, 82 (auch russ.); Bimmel-
jule, Puppensp. 81; Leben. Nicht allein,
R. 83.
F: Sabine Wulff 78.
R: Gruppe vier 56; Spuk auf der
Erichsburg 58; Seltsame Freundschaft
58, alles Hsp.; Fragezeichen um Sabine,
Feature 73, 75, 83 (auch slow.).

Kruse, Harald, Chemotechniker,
Lehrer; VS 75; Lit. Un. 73, S.H.S.V. u.
Eutiner Kr. e.V. 77; Paul-Klee-Str. 23, D-
2350 Neumünster 1, Tel. (04321) 72351
(Wasbek 16.2.45). Lyrik, Erzählung, Hör-
spiel.
V: Rebellion der Regenwürmer, Lyrik
76; Lagebericht, Lyr. u. Pr. 78.
MA: Gedichte aus der Bundeswehr 73;
Anthologie Deutscher Arbeiterliteratur
73; Geht Dir da nicht ein Auge auf 74;
Almanach 8 für Literatur und Theologie
74, 9 75; Werkbuch Thema Angst 75; Mit
15 hat man noch Träume 75; Epi-
gramme Volksausgabe 75; Neue Expedi-
tionen 75; Federkrieg, G.-Anth. 76;
Katapult-Extra 78; Schriftsteller in
Schlesw.-Holst. − heute, Alm. 80; Im
Gewitter der Geraden, Dt. Ökolyr. 81.

Kruse, Hinrich, Hauptlehrer; VS 62;
Hans-Böttcher-Pr. 65, Hörspielpr. d.
Stiftung F.V.S. Hamburg, Quickborn-Pr.
74, Fritz-Reuter-Preis 79, Stiftung F.V.S.;

Eutiner Dichterkreis 59, Vereinig.
Quickborn, Hamburg, D-2350 Braak üb.
Neumünster, Tel. (04393) 2204 (Toftlund/
Dänemark 27.12.16). Lyrik, Hörspiel,
Erzählung.
V: Niederdeutsche Volksgeschichten
41; Dumm Hans, Erz. 46; Wat sik dat
Volk vertellt 53; Füürpüster, Erz. 55;
Weg un Ümweg, Erz. 58; Mitlopen, Lyrik
61; Dat Gleis, Lyrik 67; Güstern is noch
nich vörbi, Erz. 69; Nicks för ungoot, sä
de anner, Erz. 71; Ümkieken, Lyr. 79;
Dar hett en Uul seten, Erz. 83; De
Austern-Story, Erz. 83.
R: Ein Auto fährt över den Jupiter 54;
Klas sin Peerd 55; Der Flug der
silbernen Möwe 57; Töven op wat 59;
Dat Andenken 63; De Bischof von
Mecklenborg 64; Quitt 67; Souvenir 68;
Glatties 69; Station 45 71; De Stimm 71;
Op de Fähr 72; wrist − umstiegen 73;
De Höll hitt maken 74; En Breefdreger
klingelt 76; Rugenbarg 77; Ik harr mien
Zigaretten vergeten 79; Bööm waßt
liekers 79; De Schrievdisch weer blank
81, alles Hsp.
S: To Gast (Niederdt. Stimmen); Nicks
för ungoot 78; Dat hest di dacht 79.
Lit: Horst Kruse: Hinrich Kruses
"Weg un Ümweg und die Tradition der
Short Story Ernest Hemingways", in:
Germ.-Rom. Mschr., N.F. XII 3 62; Horst
Kruse: Krieg, Mensch und Natur in Carl
Sandburgs "Grass" und Hinrich Kruses
"Gras": ein Vergleich in: Lit. in Wiss. u.
Unterr. 1/2 68; Jochen Schütt: Zeitkritik
in der ndt. Literatur der Gegenwart,
Studien zum Werk Hinrich Kruses 74.

Kruse, Johann, Lehrer i.R.; Johann-
Kruse-Arch. z. Erforsch. d. neuzeitl.
Hexenwahns 50, im Mus. f. Völkerkde
78; Bielefeldtstr. 2, D-2000 Hamburg 50,
Tel. (040) 8802172 (Brickeln/Dithm.
30.12.89). Erzählung.
V: Der starke Baas, Erz. 27; Der starke
Klas 49; Hexen unter uns? 51, Neudr. 79.
Lit: "Hexen", Ausstell.-Kat. M.F.V.
Hamburg 79; Joachim Baumhauer:
Johann Kruse u. d. neuzeitl. Hexen-
glaube. Unters. zur Situation eines Auf-
klärers u. einer Glaubensvorstellung im
20. Jh. 83.

Kruse, Josef Anton, Dr. phil., Dir. d.
Heinr.-Heine-Inst.; Heinrich-Heine-
Ges., Goethe-Ges., Weimar; Feldstr. 39,
D-4000 Düsseldorf 30 (Dingden/Westf.
8.6.44). Lyrik, lit. Prosa, Erzählung.
V: Gelbe Saison, Erz. 77; Lebensläufe
Mariens, G. 82; Zentaura, Prosa 82; Zeit
der Apfelblüte 82. − **MV:** Der
imaginären Geliebten, Mappenwerk 77;

7 gegeben und 5 genommen 78; Jahres-
kreise 80.

Kruse, Matthias Werner, Journalist;
Schutzverb. Dt. Autoren 59, 64, SV-DDR;
John-Scherr-Str. 4, DDR-1055 Berlin,
Tel. 4366270 (Nordhausen/Harz 24.12.19).
Prosa, Dramatik, Lyrik.
V: Der blaue Löwe, R. 67, 80;
Entscheidung in K., Erz. 69; Pan
Twardowski oder die merkwürdige
Begegnung mit dem Doppelgänger
während des Jahrmarkts zu Steen-
brügge, R. 81, 84; Der große wunderbare
Zauberer, Kdb. 85.
MA: Ruf in den Tag 62; Neue Texte
63; Himmel meiner Stadt 66; Erzähler-
reihe 156 69; Einer neuen Zeit Beginn
80.
MH: Himmel meiner Stadt — aus der
Werkstatt der Gruppe "alex 64" 66.
R: Madame Curie 47; Semmelweis 47;
Politisch Lied — ein garstig Lied?
48; Franco oder die Freiheit 48; Land-
schaften und Jahreszeiten, Lyr. 63;
Auftakt für "alex 64" 64; Die Gesche-
terten von Playa Girón 72; Das Schnee-
gespenst 72; Der große Slawenaufstand
983 73; Flucht aus dem Jenseits 73;
Besuch in Chafadschi 73; Vom Edelweiß
zum Roten Stern 74; Der Marsch von
Boston nach Valley Forge 75, alles Hsp.

Kruse, Max; P.E.N.; Am Gasteig 6, D-
8191 Eurasburg, Tel. (08179) 8912 (Bad
Kösen 19.11.21). Lyrik, Roman, Novelle,
Kinder- u. Jugendbuch, Fernsehfilm u.
—spiel, Schauspiel, Libretto, Hörspiel.
V: Der Löwe ist los, Kinderb. 52, 59 (u.
vier Anschlußbde); Kleine Gauner —
gute Kerle, Jgdb.; Vom Lama, das nicht
mehr spucken konnte 61; Ruhige Insel
gesucht, R. 65; Die kleine Fang, Kinderb.
66; Der kleine Mensch bei den fünf
Mächtigen, Jgdb. 68; Windkinder,
Kinderg. 68; Urmel aus dem Eis 69 (u.
acht Anschlußbde); König Knirps 70,
alles Kinderb.; Goldesel AG, R. 70; Don
Blech und der goldene Junker 72 (u.
zwei Anschlußbde); Lord Schmetter-
hemd — Besuch aus dem Jenseits 74 (u.
zwei Anschlußbde); Die Nacht der
leuchtenden Pantoffeln 75; Die
Schnurfe in der goldenen Stadt 75 (u.
ein Anschlußbd.); Kaspar Laris neue
Kleider 76 (u. vier Anschlußbde); Die
Schloßkinder lassen nicht locker 79 (u.
drei Anschlußbde), alles Kinderb.; Froki
und der Schatz der Erde, Jgdb. 79; Ich
bin Ogno der Troll, Kinderb. 80; Warum,
kleine Geschichten von großen Dingen,
Kinderb. 80; Shaofangs Reise, Reiseerz.
81; Federleicht, Verse zu chinesischen

Holzschnitten 82; Das bunte ABC,
Kinderb. 82; Was die Buchstaben
erzählen, Kinderb. 82; Amsterdam und
seine Bilder, Reiseerz. 83; Ich will keine
Lady sein, Musical-Libr. 82; Die versunkene Zeit, Biogr. 83; Florenz und die
Fresken des Benozzo Gozzoli, Reiseerz.
83.
R: Zahlreiche Rundfunksendungen u.
Fernsehspiele, Schallplatten u. Theaterstücke für Kinder sowie Übersetzungen
in fremde Sprachen, u.a. Weißer Tod in
Washington; Traumspiel um Papa Luna
79; Wer weiß, was noch kommt 79, alles
Hsp.

Kruse, Werner (Ps. Robinson), Maler,
Graphiker, Redakteur; JV Berlin;
Silbermed. von Tokio 62, Bdesverd.kr. a.
Bande; Achenseeweg 4, D-1000 Berlin 45
(Reichenbrand 14.12.10).
V: Berlin — halb und halb 54; New
York 60; Tokio 62; Köln 68; Deutschland
69; Berlin — wie ich es liebe 75, 78;
Berlin — eintritt gestattet 76; Berlin —
wie ich es sehe.
R: Berlin 58; New York 62; Erzgebirge
63, alles Fsf.
Lit: Persönlichkeiten Europas -
Deutschland I 76.

Kubasch, Georg *

Kube, Horst, Übersetzer;
Oldenburgallee 46, D-1000 Berlin 19, Tel.
(030) 3045674 (Potsdam 24.6.24). Ue: E.
Ue: Jack Chen: A Year in Upper
Felicity u.d.T.: Das Jahr im Dorf Glück-
seligkeit 74; K'ang Yu-Wei: Ta T'ung
Shu u.d.T.: Das Buch von der großen
Gemeinschaft 74; Alltagsleben in
biblischer Zeit 74; Griechen und Römer
- Baumeister des Abendlandes 75;
William Reid: The Lore of Arms u.d.T.:
Buch der Waffen - von der Steinzeit bis
zur Gegenwart 76; Peter Brent: Das
Weltreich der Mongolen 77; Paul
Gallico: Der Untergang der Poseidon 79;
Paul Gallico: Das Haus das nicht
verschwinden wollte 80; Robert Elmar:
Jäger, Wild und Jagd 81; Jane Hamilton-
Merritt: Wandlung durch Meditation 81.

Kubelka, Margarete, s. Kröhnke,
Margarete.

Kubelka, Susanna, Droemersche
Verl.anst. Th. Knaur Nachf., München.
V: Burg vorhanden — Prinz gesucht,
R. 83. ( )

Kubiak, Marianus, D-8917 St.
Ottilien/Obb., Tel. (08193) 71292 (Görlitz
23.10.04).
V: Ottilienbüchlein 55; Leben, Liebe,
Freude aus dem Glauben. Paulus an die

Römer — heute für uns 74;; Frohe Botschaft nach Lukas im Kirchenjahr C 76; Dein Weg mit Jesus. Homilien zu Markus im Lesejahr B 78; Harfe am Kreuz. Verkündigung in Versen 81.

Kubowsky, Manfred; Dorfstr. 5, DDR-2711 Hundorf.
V: Die Stellung ist krampflos zu halten, Ahpor. 81, 83. ( )

Kubsch, Hermann Werner; SDA 45, SV-DDR; Silberne Defa-Nadel 51; Schloß Pillnitz 4 /85-32, DDR-8057 Dresden, Tel. (051) 39858 (Dresden 11.2.11). Drama, Lyrik, Film, Hörspiel, Erzählung.
V: Ende und Anfang, Sch. 48; Die ersten Schritte (Das tägliche Brot), Dr. 49, 51; Die Ferienfanfare, Gesch. 55; Bärenburger Schnurre, Gesch. 56, beides auch Kinderfilm-Szenarien; Legende von den sieben Legenden, Liebesgesch. 70, 78. — **MV:** Die Störenfriede, Kinderfilm-Szenarium, m. Wolfgang Kohlhaase 53.
F: Saure Wochen — Frohe Feste, m. Wolfgang Schleif 50; Die Störenfriede, m. Wolfgang Kohlhaase 53; Bärenburger Schnurre 56.
R: Ablösung, Hsp. 59.

Kuby, Erich (Ps. Alexander Parlach); Cannaregio 500, I-30121 Venedig, Tel. (041) 717885 (Baden-Baden 28.6.10). Roman, Essay, Hörspiel, Fernsehspiel, Zeitgeschichte.
V: Demidoff oder Von der Unverletzlichkeit des Menschen 47; Das Ende des Schreckens. Dokumente d. Untergangs Januar bis Mai 1945 55, 61; Das ist des Deutschen Vaterland. 70 Mill. in 2 Wartesälen 57, 62; Rosemarie, des deutschen Wunders liebstes Kind, R. 58, 63 (zahlr. Übers.); Alles im Eimer 60; Sieg! Sieg!, R. 61; Im Fibag-Wahn oder Sein Freund, der Herr Minister 62; Richard Wagner & Co. Zum 150. Geb. d. Meisters 63; Die Russen in Berlin 1945 65; Die deutsche Angst, Zur Rechtschrift in der BRD 70; Mein Krieg, Aufzeichnungen aus 2129 Tagen 75, 77; Verrat auf deutsch, Wie das Dritte Reich Italien ruinierte 82. — **MV:** Franz Josef Strauss, ein Typus unserer Zeit, m.a. 63; Prag und die Linke, m.a. 68.
MA: K. Moczarski: Gespräche m. d. Henker 78.
H: Facsimile Querschnitt durch den Spiegel 67.
F: Mehrere Filme.
R: Heute vor der Tür 51, u.a. Hsp. u. Fsp.

Kuchar, Brigitte Ina, s. Zawadzki, Brigitte.

Kudrnofsky, Wolfgang, Dr. phil., Schriftsteller, Journalist, Regisseur; VS 69, Gen.-Sekr. d. IG.-Autoren 79; Rückaufgasse 29, A-1190 Wien u. Knappertsbuschstr. 5, D-8000 München 81, Tel. (0222) 475129 (Wien 1.5.27). Drama, Roman, Novelle, Essay, Hörspiel, Fernsehspiel, TV-Feature. **Ue:** E.
V: Spanien 57; Salzkammergut 58; Tirol 62, alles Reiseb.; Frau Havel mal 3 62; Fall out 70; Liebling, wer hat dich verhext? 76; Kaffeehaus-Revue 80, alles Bü.; Bubis Hochzeit, sat. R. 67; Modebrevier 70; Zur Lage des österr. Schriftstellers 73; Vom Dritten Reich zum Dritten Mann 75; Der Mensch in seinem Zorn 74, alles Ess; Der Messias von der Lobau, biogr. R. 83. — **MV:** Erzählungen und Kurzgeschichten in Anthologien seit 50.
F: Der Rabe, nach E. A. Poe 51.
R: Vorsicht Ehe! oder: Wie kam King Henry zu all seinen Frauen? 71; Die Wunderheiler von Klein-Kreuzheim 75; Oh Warenhaus oh Warenhaus 76; Der Messias von der Lobau 76, alles Hsp.; Profit Neujahr! Sat. Kab. 55; Bergprinz im Finale, Fsp. 77; So ein Schwindel! Fsp. 79; Taxifunk 81; Pierre Ramus — Der Anarchist von Klosterneuburg 82; Wer hat Dollfuß ermordet? 83; Tantes Zustand hoffnungslos 83, alles Hsp.
S: Bubis Hochzeit 67.
Ue: Andrea Newman: Ein Brautbouquet aus Stacheldraht.
Lit: Heger: Der österr. Roman des 20. Jahrhunderts; Patera: Eine Bibliographie.

Kübler, Arnold; SSV 30, P.E.N. 35; Niederdorfstr. 20, CH-8001 Zürich, Tel. (01) 345694 (2.8.90). Drama, Roman, Essay.
V: Schuster Aiolos, Kom. 22; Öppi von Wasenwachs, R. 41; Öppi der Student, R. 43; Velodyssee, Epos 50; Oppi und Eva, R. 51; Zürich erlebt, gezeichnet, erläutert 60; 48 heitere Geschichten 61; Stätten und Städte, erlebt, gezeichnet, erläutert 63; Öppi der Narr, R. 64; Zeichne Antonio, Werkb. 66; Babette herzlichen Gruß, Feuill. 67; Paris-Bâle à pied 67; Verweile doch, Ber. und Zeichn. 67; Israel, ein Augenschein, Ber. u. Zeichn. 70. ( )

Kübler, Bärbel, akad. gepr. Übersetzerin; Ragnitzstr. 171/10, A-8047 Graz, Tel. (0316) 374812 (Breslau 18.9.25). Roman, Hörspiel, Übers. **Ue:** S, E, F.

V: Carina mia I: Geschichte einer Adoption, R. 83; II: Heimkehr, R. 83.
R: Der Silberschrank, Hsp. 83.

Küchenmeister, Claus, Regisseur; SV-DDR 57; Ernst-Zinna-Preis der Stadt Berlin 59, Heinrich-Greif-Preis 59, Preis f. Kinder- u. Jugendlit. d. Min. f. Kultur 58, 59, Erich-Weinert-Preis 65, Nationalpreis 65, Kunstpr. d. FDGB 71, Nationalpr. 71, Pr. d. Film- u. Fernsehkritiker 81; Am Siethener See 2a, DDR-1721 Jütchendorf u. Leipziger Str. 43 17/03, DDR-1080 Berlin (Berlin 7.9.30).
Drama, Film, Hörspiel.
MV: Das Waldfest der Tiere 53; Frau Holle 53, beides Kinderst.; Hans Pfriem oder Kühnheit zahlt sich aus, Kom. 54; Judiths wunderbarer Ball, Kinderb. 60, 63; Daniel und der Weltmeister, Kinderb. 62, 64; Daniel und der Maler, Kinderb. 63, 65; Sie nannten ihn Amigo, Erz. 66; Pinocchios Abenteuer, Opernlibr. 70; Als Thälmann noch ein Junge war 76; Pferdchen, du mein Weißes, Kinderb. 76; Daniel u. seine Martha, Bilderb.erz. 77; Ina, Tatsachenerz. 78; Schüsse im Januar 78 II; Der Mann aus dem Dunkel, Krim.-Erz.79; Vom Rotgesprenkelten Spatzen 79; Zauberer, Teufel, Lemmingen 81; Wenn ich will, bin ich ein Hase 81; Das Märchen vom Hahn 82, alles Kdb. m. Wera Küchenmeister.
F: Träumt für morgen. Dokumentarf. 56; Sie nannten ihn Amigo, Spielf. 58; Der verlorene Ball, Kinderf. 59; Die Rote Trommel, Dokumentarf. 60; Wer bürgt für Deutschland?, Dokumentarf. 62; Die Abenteuer des Werner Holt, Spielf. 65; Der tapfere Schulschwänzer, Kinderf. 68; KLK an PTX - Die Rote Kapelle 71; Aus dem Leben eines Taugenichts, n. Eichendorff 73; Aus meiner Kindheit, Kinderf. 74; Zwischen Nacht und Tag 75; Der Meisterdieb 78; Trampen nach Norden 79; Gevatter Tod 81.
R: Damals 18/19, Hsp. 58; Der große und der kleine Klaus, Fsp. 70; Auftrag: Überleben, Fsf. 77; Die Welt aus Spaß, Hsp. 77, Fsf. 80; Elend und Glanz des Wilhelm Knaupe, Hsp. 83.

Küchenmeister, Ernst-Dieter; Bruno-Granz-Str. 16, DDR-9043 Karl-Marx-Stadt.
V: Der Hund vom Bumerang u. a. komische Abenteuer 77; Zutritt für Prinzen verboten, M. 81.

Küchenmeister, Wera, Dramaturgin; SV-DDR 57; Ernst-Zinna-Preis der Stadt Berlin 59, Heinrich-Greif-Preis 59, Preis f. Kinder- u. Jugendlit. d. Min. f. Kultur 58, 59, Kritikerpr. 66, Erich Weinert-Pr. 67, Kunstpr. d. FDGB 71, Nationalpr. 71, Pr. d. Film- u. Fernsehkritiker 81; Am Siethener See 2a, DDR-1721 Jütchendorf u. Leipziger Str. 43 17/03, DDR-1080 Berlin (Berlin 18.10.29).
Drama, Lyrik, Novelle, Film, Hörspiel.
V: Die Stadt aus Spaß, Erz. 66; Daniel auf dem ABC-Stern, Kinderb. 67. –
MV: Neue deutsche Lyrik 50; Das Waldfest der Tiere 53; Frau Holle 53, beides Kinderst.; Hans Pfriem oder Kühnheit zahlt sich aus, Kom. 54; Judiths wunderbarer Ball, Kinderb. 60, 63; Daniel und der Weltmeister, Kinderb. 62, 64; Daniel und der Maler, Kinderb. 63, 65; Sie nannten ihn Amigo, Erz. 66; Auf dem ABC-Stern 67, 69; Pinocchios Abenteuer, Opernlibr. 70; Als Thälmann noch ein Junge war 76; Pferdchen, du mein Weißes, Kinderb. 76; Daniel u. seine Martha, Bilderb.erz. 77; Ina, Tatsachenerz. 78; Schüsse im Januar 78 II; Der Mann aus dem Dunkel, Krim.-Erz. 79; Vom Rotgesprenkelten Spatzen 79; Zauberer, Teufel, Lemmingen 81; Wenn ich will, bin ich ein Hase 81; Das Märchen vom Hahn 82, alles Kinderb.
MH: Ein Sprechzimmer der Roten Kapelle 81.
F: Träumt für morgen, Dokumentarf. 56; Sie nannten ihn Amigo, Spielf. 58; Der verlorene Ball, Kinderf. 59; Die Rote Trommel, Dokumentarf. 60; Wer bürgt für Deutschland?, Dokumentarf. 62; Der tapfere Schulschwänzer, Kinderf. 68; KLK an PTX - Die Rote Kapelle 71; Aus dem Leben eines Taugenichts, n. Eichendorff 73; Aus meiner Kindheit, Kinderf. 74; Zwischen Nacht und Tag 75; Der Meisterdieb 78; Trampen nach Norden 79; Gevatter Tod 81.
R: Damals 18/19, Hsp. 58; Der große und der kleine Klaus, Fsp. 70; Auftrag: Überleben, Fsf. 77; Die Welt aus Spaß, Hsp. 77, Fsf. 80; Elend und Glanz des Wilhelm Knaupe, Hsp. 83.

Küchler, Manfred, Cheflektor; SV-DDR 76; Bötzowstr. 14, DDR-1055 Berlin (Ziegenrück 26.4.31). Roman, Erzählung, literarische Reportage. Ue: Schw.
V: Ärger mit der Fliegerei, Kinderb. 71, 75; Tobias, der Schwarzkünstler, Kinderb. 76, 79; Kopenhagen, ein dänisches Mosaik, lit. Rep. 77, 80; Reisetage, Begegnungen zwischen Athen und London, lit. Rep. 83; Börge, Kinderb. 83.
H: Schwedische Proteststücke, Dr. 72; Verse für Verliebte, v. 59 Dichtern aus 28 Ländern 74.

Ue: Streik bei Volvo 72; Björn
Runeborg: Stenhugg, u.d.T.: Reise nach
Vattjek 73.

Küffner, Erika, Buchhändlerin; VS
Bayern 71; Planegger Str. 37, D-8034
Germering, Tel. (089) 842541 (München
14.12.19). Kinderliteratur.
V: Der Igel Tobias. Gesch. einer
Freundschaft 65; Der kleine Herr
Warum 72; Biluwitt. Bilwiz-Geschn. 73;
Geschichten aus unserem Garten 76;
Glick, Ein Wassertropfen auf Wander-
schaft 80.
B: Schneeweißchen und Rosenrot 67;
Das Erdmännchen 68, Märchendramat.
nach Grimm.

von Kügelgen, Hartmut *

Kuegerl, Berthe, Sprachlehrerin;
St.S.B. 60; Berliner Ring 53, A-8047 Graz,
Tel. (0316) 368753 (Lundenburg, ČSR
18.6.09). Lyrik, Erzählung, Funk-
feuilleton, Essay. Ue: E.
V: Die Wendeltreppe, G. 63; Notruf,
Prosa 70; Kurzer Aufenthalt, Prosa.
MA: Lyrik u. Prosa in mehreren Anth.
u. Zss.

Kügler, Dietmar, Redakteur, Autor;
Western History Assoc. Reno 77,
American Military Inst. Manhatten,
Kansas 82; Rebbelstieg 37, D-2270
Wyk auf Föhr, Tel. (04681) 3112 (Dolberg
4.6.51). Roman, Jugendbuch, Sachbuch.
V: Der Sheriff, 77; Die U.S.Kavallerie,
79; Die deutschen Truppen im
amerikan. Unabhängigkeitskrieg 80,
alles Sachb.; Der Herr der großen
Wälder, R. 81; Zu den Quellen Manitous,
R. 83; Der Pony-Express-Reiter 83; Jagd
auf d. gold. Madonna 83; Die Phantom-
Menschen 83, alles Jgdb.; Die Deutschen
in Amerika, Sachb. 83. — MV: Unser
Freund das Pferd, Jgdb. 83.

Kügler, Hans *

Kühl, Barbara (Ps. Barbara von
Stärk), Lohnbuchhalterin; SV-DDR 83;
Förderungspr. d. Kinderbuchverl. Berlin
80; Steinstr. 10, DDR-2403 Bad Kleinen
(Heydebreck/Kr. Cosel 28.11.39). Lyrik,
Erzählung, Hörspiel für Kinder.
V: Til u. d. Körnerdieb, Erz. 80, 3.Aufl.
82; Martin oder zwei linke Hände, Erz. 1.
u. 2.Aufl. 82.
MA: Der Räuber schwingt das Butter-
messer, Jb. Lyr. 80; Eine kleine Fleder-
maus ruht sich..., Jb. Erz. 81; Ich leb so
gern, Anth., Erz. 82, alles Kdbb.
R: Paradiesäpfel 79; Fingerlang 80;
Die Dükermutter 82, alles Kinderhsp.

Kühl, Hilda, Schriftstellerin,
Hausfrau; Schriftsteller in Schleswig-

Holstein e.V. m. Eutiner Kreis u. FDA
82; Waldweg 17, D-2360 Bad Segeberg,
Tel. (04551) 81156 (Bad Segeberg 1.8.21).
Lyrik, Essay, Hörspiel.
V: De Trepp, Hsp., Lyr., Kurzprosa 74;
De swarte Katt. Lumpago un Gasteritis,
Dat Wunnerwark, Kurzsp. 78; De
Kiddelige Droom. De Sekretär. Autosex
un Italiener, Kurzsp. 79; Suer Melk un
söten Honnig, Kurzprosa 79, 2.Aufl. 83;
De Wiehnachtsgoos. Mudder speelt
Niklas. Weihnachtswunsch, Kurzsp. 80;
Brill vergeten. De Ünnerscheed. De
Schützenkönig. Hand in Hand, Kurzsp.
80; Spaanschen Wind un Kuckuckseier,
Kurzprosa 81; 'n bunten Wiehnachts-
teller, Lyr., Kurzprosa 83; Hochtietsreis.
Dat Wunnermittel. Bürgerinitiativen. De
Maskeraad, Kurzsp. 83.
MA: Spraak, du singst, Lyr. Anth. 70;
Fruenstimmen, Lyr., Kurzprosa 74;
Niederdeutsch — heute 76; Platt mit
spitzer Feder 78; Vun Lüd, de
plattdütsch snackt, Kurzprosa 78.
R: De Trepp 71; Dat Ries 72; To laat?
73; Die Kinner sünd groot 73; Een Keerl
warrn 74; In'n Wegen 76; Keen grönes
Blatt 76; Bild mit Rahmen 76; Bet
morgen, Guste 77; Mank Möhlsteen 77;
Familienrat 78; Keen Utweg 79; Dat
Menetekel 79; Platz maken 79;
Drievjagd 79; Hogen Besöök 80;
Gewidderflaag 80; Dat Kuckucksei 80;
Lakritzen 81; Sneewittchen leevt 82;
Plaßmaken-daobliewen 83, alles Hsp.
S: Tweeundörtig rode Rosen 79.
Lit: Günter Harte: H.K. Besinnen im
Alltag in: Platt mit spitzer Feder 78;
Roswitha Paysen: H.K. zum 60. Geb. in:
Schleswig-Holstein 81.

Kühling, Karl, Chefred. i.R.; VS
Niedersachsen; Möser-Medaille d. St.
Osnabrück; Fr.-Drake-Str. 10, D-4500
Osnabrück (Osnabrück 25.6.99). Kunstkritik, Lyrik, Novelle, Essay, Landesgeschichte.
V: Funka — befunkt, 2. Aufl. 40 u. 41;
Theater in Osnabrück 59; Beim Osnabrücker Bier. Geschichten u. Geschichte
um das Bier 60; Osnabrück 1925-33 54;
Stadt im Dritten Reich (Osnabrück
1933-45) 69, 80; Osnabrück-Altstadt um
die Jahrhundertwende 69, 75; Die Juden
in Osabrück, Nachdr. 69; Niemand hat
größere Liebe ..., Nov. u. G. 70; ... und
gelacht haben sie auch 71, 80; Olle Use.
Von Laischaftswesen und anderen
Dingen 75; Aber Hilfe schafft euch

selber 80. – **MV:** Osnabrücker
Lesebuch 68.
  H: Plattdeutsches Osnabrücker Leseb.
( )

von Kühlmann-von Wendland, Mira,
Publizistin; Linprunstr. 56, D-8000
München 2, Tel. (089) 195379 (Bernried
am Starnberger See 1.9.96). Politische
Artikel.
  V: Frieden ohne Widerruf.

Kühn, August, s. Zwing, Rainer.

Kühn, Bodo, Redakteur; Lisztstr. 35,
DDR-5300 Weimar (Stützerbach/
Thür.Wald 2.5.12). Roman, Erzählung.
  V: Licht über den Bergen, R. 55, 76;
Arkanum, R. 59, 60; Meister Gutenberg,
R. 61, 3.Aufl. 68 (auch ungar.) 63;
Gloriosa, R. 62, 4.Aufl. 83; Der Rhön-
Paulus, Erz. 62, 66; Laß Frieden sein,
Erzn. 64; Das kostbare Fenster, Erz. 65;
Das Raubnest auf dem Herrmannstein,
Erz. 67, 69; Sturmnacht, R. 67, 71; Der
Stadtpfeifer, R. 69, 75; und er schaffte es
doch 72; Die gläserne Madonna,
Weihnachtsgeschichten 74, 76; Das Werk
macht den Meister, R. 74, 2.Aufl. 82; Der
Heilige Stein, Erz. 78, 3.Aufl. 80; Die
Bauern von Molsdorf, histor. R. 79;
Schneidemüller Sturm, Erz. 80, 3.Aufl.
83; Burgscheidunger Geschichten, Erzn.
81. – **MV:** Erzn. in: Die Spur führt
durch Thüringen 59; Am Webstuhl des
Lebens 60; Gott grüße dich 61; Die Welt
- eine Brücke 62; Von Haus zu Haus 62;
Die Wiederkehr des Sterns 63.

Kühn, Dieter, Dr.; Förder.preis f. Lit.
d. Ldes NRW 72, Hörspielpreis der
Kriegsblinden 75, Hermann-Hesse-
Preis 77; Euskirchner Str. 78, D-5160
Düren, Tel. (02421) 13631 (Köln 1.2.35).
Drama, Roman, Essay, Hörspiel.
  V: N, Erz. 70; Ausflüge im Fessel-
ballon, R. 71, 77; Grenzen des Wider-
stands, Ess. 72; Siam-Siam, R. 72; Die
Präsidentin, R. 73; Unternehmen
Rammbock, Ess. 74; Festspiel für
Rothäute, Erz. 74; Luftkrieg als Aben-
teuer, Ess. 75; Stanislaw der Schweiger,
R. 75; Josephine, Ess. 76; Ludwigslust,
Erz. 77; Löwenmusik, Ess. 79; Und der
Sultan von Oman, Erz. 79; Auf der Zeit-
achse 80; Herr Neidhart 81; Der wilde
Gesang der Kaiserin Elisabeth 82;
Schnee und Schwefel, G. 82.
  R: Das Ärgernis 65; Präparation eines
Opfers 68; U-Boot-Spiel 69; 5-Uhr-Mar-
quise 69; Ludwigslust 70; Goldberg-
Variationen, Hsp. 76; Galaktisches
Rauschen 79.

Kühn, Dietrich; Kurt-Nehrling-Str. 78,
DDR-5300 Weimar.
  V: Kurzweilige Dinger, heit. Geschn.
in thür. Mda. 76, 77; Kermespotz, heit. u.
ernste Geschn. u. G. in thür. Mda. 83.
  MA: Auf rechtem Grund 75, 76.
  H: Von der heiteren Seite 75, 76;
Einmal lächeln, bitte, Anekdn. u.
Episoden a. d. kirchl. u. Gemeindeleben
83. – **MH:** Getrost 77, 78.

Kühn, Hans *

Kühn, Herbert, Dr. phil., UDoz.;
Gustav-Freytag-Str. 24, DDR-7030
Leipzig, Tel. (041) 321964 (Leipzig
29.4.09). Ue: F.
  MA: Markov: Revolution im Zeugen-
stand Frankreich 1789-1799 II 82 (Übers.
v. franz. Dok.).
  MH: Thackeray: Jahrmarkt der Eitel-
keit 50; Mérimée: Auserlesene Novellen
51; Hugo: Die Arbeiter des Meeres 52,
Notre-Dame von Paris 52; Maupassant:
Ein Menschenleben 52; Flaubert: Frau
Bovary 52; Zola: Erzählungen 53;
Stendhal: Novellen 53; Mérimée: Don
Juan im Fegefeuer 57; E. d. Goncourt:
Die Schauspielerin Faustin 58; Hugo:
Die schwarze Fahne 62, Die Elenden 63;
Alain-Fournier: Mein großer Freund
Augustin 69; Mérimée: Carmen 73.
  Ue: Balzac: Derbdrollige Geschichten
56; Grimm: Paris zündet die Lichter an
77. – **MUe:** Grelier: Zu den Quellen des
Orinoko 56; George Sand: Das Teufels-
moor, Die kleine Fadette 61; Mérimée:
Die Jacquerie 64; Vorms: Gespräche mit
Masereel 67; Villiers de L'Isle-Adam:
Grausame Geschichten 67; Barbey
d'Aurevilly: Der rote Vorhang 75; Soyez:
Der Wolfsziegel 77; Alphonse Daudet:
Dreißig Jahre Paris 82, alles m. Helene
Kühn.

Kühn, Volkmar, s. Kurowski, Franz.

Kühne, Elli *

Kühne, Karl E. H. *

Kühne, Norbert (Ps. Ossip
Ottersleben, Léon Dries), Dipl.-Psych.,
Lehrer; VS 72; Kulturpreis der Stadt St.
Pölten, Öst. 76; Leiter Literar. Werkstatt
Marl m. J. Büscher, Marler Literatur-
dreieck 79; Römerstr. 60, D-4370 Marl,
Tel. (02365) 47414 (Magdeburg 23.6.41).
Roman, Lyrik, Lyrik-Theorie.
  V: Der Mord am Bürgermeister,
Heimatr. 77; Reisebilder, G. 79.
  MA: Militante Literatur 73; Quatsch.
Bilder, Reime u. Geschn. 74; Kreatives
Literatur-Lexikon 74; bundesdeutsch,
Lyrik z. Sache Grammatik 74; Ich bin
vielleicht Du. Lyrische Selbstporträts

75; federkrieg 76; Stimmen zur Schweiz, Anthol. 76; Gedichte für Anfänger 80. ( )

Kühnelt, Hans Friedrich *
von Kuehnelt-Leddihn, Erik Ritter (Ps. Francis S. Campbell, Tomislav Vitezović), Dr. rer. pol., em. UProf., Priv.-Gelehrter; Preis kathol. R., A-6072 Lans/ Tirol, Tel. (05222) 77367 (Tobelbad/ Steierm. 31.7.09). Roman, Essay.
V: Die Anderen, R. 31; Jesuiten, Spießer, Bolschewiken, R. 33; Über dem Osten Nacht, R. 35, Mord im Blaulicht 48; Moskau 1997, R. 49 u.d.T.: Der gefallene Engel 61 (alle in mehrere Spr. übers.); Freiheit oder Gleichheit 53 (auch engl., amer., span., ital.); Zwischen Ghetto und Katakombe 60; Die Gottlosen, R. 62 (auch holl.); Lateinamerika - Geschichte eines Scheiterns? 67; Herz, Hirn u. Rückgrat 68; Amerika - Leitbild im Zwielicht 71; Luftschlösser, Lügen und Legenden 72; Das Rätsel Liebe 75; Narrenschiff auf Linkskurs 77; The intelligent American's Guide to Europe 79; Rechts, wo das Herz schlägt 80; Austria infelix oder die Republik der Neidgenossen 83.

Kühner, Otto Heinrich, Schriftsteller; VS 52, Dt. P.E.N. 73; Förderpr. z. Immermann-Preis d. Stadt Düsseldorf 53, 2. Pr. im Wettb. Der Bauer i. d. Industrieges. 67, Deutscher Kurzgeschichten-Preis 77; Hans-Böckler-Str. 5, D-3500 Kassel, Tel. (0561) 24304 (Nimburg am Kaiserstuhl/ Bad. 10.3.21). Hörspiel, Drama, Roman, Lyrik.
V: Am Rande der Großstadt, G. 53; Nikolskoje, R. 53; Hauptmann Matjuschenkoff, Dr. 53; Mein Zimmer grenzt an Babylon. Samml. v. Hsp., Funk-Erzn. u.a. 54; Auch die Erde ist ein Stern, Dr. 55; Dann kam die Stille, Erzn. 56; Wahn und Untergang. Gesch. d. 2. Weltkriegs 56; Die Verläßlichkeit der Ereignisse, Erz. 58; Der Andere, Chorisches Spiel 59; Das Loch in der Jacke des Grafen Bock von Bockenburg, R. 60; Aschermittwoch, R. 62; Das Jahr Null und die Bibel, Kulturgesch. 63; Die Heiratsannonce, R. 66; Pastorale 67, Hsp. 68; Pummerer, G. 69; Narrensiege, G. 72; Der Freiheit eine Allee, G. 74; Lebenslauf eines Attentäters, R. 75; Die Lust, sich am Bein zu kratzen oder: Die Orgie des kleinen Mannes, G. 76; Blühender Unsinn, G. 78; Erfahren und erwandert, Reisefeuilletons 79; Pummerers verblümte Halbwahrheiten, G. 79; Vierundzwanzig Stunden deutsche Ortszeit, Prosa 79; Dreierlei Wahrheiten über einen Volkshelden,

Erz. 80; Trost des Lächelns, Prosa 81; Vom Nutzen der Haaresbreiten, G. 81; Wozu noch Gedichte?, G. 83.
MA: Deutsche Stimmen 56 u.a.
R: Schwanengesang 48; Die Übungspatrone 50; Der Tramp 51; Scherzo pastorale 52; Kasan liegt an der Strecke nach Sibirien 53; Das Protokoll des Pilatus 54; Die Sterne von El Bala 54; Wählt das Leben 54; Verfluchtes Meer 59; Der Schein trügt nicht 61; Die Zeiten ändern sich 61; Der Staatsstreich 62; Besichtigung einer Stadt 63; Ehe der Hahn kräht 67; Pastorale 67, 68; Nichts als Theater 69; Krähwinkel 73; Vier Zimmer, Küche, Bad 75; Großstadtluft 77, alles Hsp.; Die Übungspatrone, Fsp. 64; außerdem Funkerzn., Hörfolgen u. Funkbearbeitungen v. Dramen u. Romanen.
S: Die Übungspatrone 65.

Kühnert-Schostack, Renate (Ps. Renate Schostack), Dr., Journalistin; Stip. d. Klagenfurter Jury 77, English Goethe Society 73-75; Adlerflychtstr. 26, D-6000 Frankfurt a.M. 1, Tel. (0611) 594809 (Pforzheim 10.1.38). Roman, Erzählungen, Essay.
V: Zwei Arten zu lieben, R. 77, 80; Hände weg von meinem Regenbogen, Erzn. 79, 81.
MA: Ensemble 7 — Intern. Jb. f. Lit. 76; Klagenfurter Texte 1977 77; Deutschland Deutschland 79. ( )

Kümmelberg, Günther, Bankkaufmann; Am Blütenanger 51, D-8000 München 50, Tel. (089) 1504770 (Wien 16.4.53). Science-fiction-/Fantasy-Roman mit Gegenwartsbeziehung.
V: Endzeit auf Kalisti, prähist. Science-fiction-R. 82.

Kuen, Otto, Dr., Gymnasialprof. i.R.; GEMA; Staltacher Str. 84d, D-8127 Iffeldorf, Tel. (08856) 5890 (München 20.5.10). Liedtext, Libretto, Novelle, Gedicht.
V: Der Teufel geht um, Skurr. Geschichten 70; Das darf doch nicht wahr sein!, Skurriles und Absurdes 71; ... Da taat a dar aa stinka/Bairisch für Fortgeschrittene 77; Koboldlieder 79. —
MV: Die Weißblaue Drehorgel 57.
R: Der Isarnöck, Singsp. 60; Die Odysseusgschichtn von Homer ins Bairische übers. 81/82.
S: 7 Lieder der Weißblauen Drehorgel 35.

Kündiger, Robert, Militärverlag der DDR, Berlin (Ost).
V: Salzige Karrieren, R. 79, 81. ( )

Künne, Manfred; Kunstpr. d. Stadt
Leipzig 69; Kochstr. 84, DDR-7030
Leipzig (Leipzig 6.8.31).
V: Stein auf Stein, Erz. 52; Kautschuk,
R. 59, 79 (auch tschech., ungar., ital.,
rumän., serbokroat.); Der verwandelte
Liebhaber, 3 Erzn. 60, 66; Gummi, R. 68,
78 (auch ungar., rumän.); Jugendträume,
R. 74, 76; Reifejahre, R. 76; Konflikt, R.
80. ( )

Künnemann, Horst, Lehrer, Dozent,
Schriftleiter d. Bull. Jugend und
Literatur; VS 70; 2. Preis im intern.
Kritiker-Wettbewerb d. Zs. Zlaty Maj,
Prag 68; Am Knill 36, D-2000
Hamburg 73, Tel. (040) 6435361 (Berlin
30.6.29). Erzählungen, Sachbuch für
Jugendliche, Literaturkritik,
Übersetzungen.
V: Wasa - Schicksal eines Schiffes 66;
Wigwams, Büffel, Indianer 68; Drachen,
Schlangen, Ungeheuer, Erz. 70; Profile
zeitgenössischer Bilderbuchmacher,
Ess. 72; Kinder und Kulturkonsum, Ess.
72; Cowboys, Colts und Wilder Westen
72; Safari zu den Massais 72; Das
Seeräuberbuch 72; Die gute Tat der
dicken Kinder, Bilderb.text 72; Märchen
— wozu?, Ess. 76, 78; Sachbuch-Buch Nr.
2 77; Profile zeigten. Bilderbuchmacher
Nr. 2 78; Abenteuer — Abenteuer, Ess.
80; Tonkonserven, Ess. 80; Sieben
kommen um die halbe Welt, M. 81;
Berge — Bücher — weite Wege, Rep. I
81, II 82.
MA: Zwischen Ruhm und Untergang
66; Aspekte der gemalten Welt, 12
Kapitel üb. d. Bilderbuch unserer Zeit
67; Kinderland, Zauberland, G., Erz. 67,
70; Arena der Abenteuer 69; Sex und
Horror, Crime und Comics 71; Die
Mächtigen des 20. Jahrhunderts, Aufs.
72; Lex. d. Kinder- u. Jugendlit. 74-82 IV.
H: Signal II — VII, Jbb. 62 — 72; Heinz
Albers: Zu dieser Stunde - auf diesem
Ort 68; Hans Christian Kirsch:
Abenteuer einer Jugend 69; Rudolf
Braunburg: Elefanten am
Kilimandscharo 69; Omnibus, Ess. I 78,
II 79. — **MH:** Auswahl II — IX,
Lesewerk 69 — 71.
R: Die Leseratte stellt vor, Das
Kinderstudio, Die stille Stunde, alles
Reportagen.
MUe: Sterling North: Abe Lincoln -
Von der Blockhütte ins Weiße Haus 67;
Willy Ley: Pläne für die Welt von
Morgen 68; Jerome S. Fass: Wir helfen
unserem Kind 69; Wardell B. Pomery:
Boys & Sex 69; Gordon Boshell: Käptn
Cobwebb I 70, II 72, alle m. Ingeborg

Künnemann; Paul Zindel: Das haben
wir nicht gewollt 73; ders.: Eigentlich
habe ich sie nie gemocht 75; ders.: Lass
dir nicht auf den Nerven herum-
trampeln 77; Ron Holloway: Z wie
Zagreb; Paul Zindel: Bekenntnisse eines
jugendlichen Ungeheuers, m. Ingeborg
Künnemann 80.

Kuenster, Erika M.; Sonneneck 2, D-
5400 Koblenz u. Casa Rondone, CH-6614
Brissago-Noveledo Ti, Tel. (0261) 75919
u. (093) 651851 (Erfurt 23.1.09). Lyrik.
V: Du kamst die Stufen herauf, G. u.
Zeichn. 78; Gedichte Berichte Träume,
G. 79. ( )

Künzel, Franz Peter, staatl. gepr.
Übersetzer; P.E.N. 72, EM Exil-P.E.N.
deutschsprachiger Länder 77; Silb.
Verd.med. Tschechosl. Ges. f.
internationale Beziehungen 66,
Ehrengabe Andreas-Gryphius-Pr. 67,
Übersetzerpr. d. Tschechosl. Schrift-
stellerverb. 68, Gedenkmed. f. lit.-
kommerz. Kooperation ARTIA, Prag 78,
Sudetendt. Kulturpr. 83; Kulturkreis
BDI 71, Bayer. Akad. d. Schönen Künste
72; Egenhoferstr. 24, D-8039
Puchheim b. München, Tel. (089) 803257
(Königsgrätz/ČSR 31.3.25). Lyrik,
Roman. **Ue:** Slow, Tsch.
V: An die Heimat, G. 50; Aphorismen
zur Schriftstellerei 50; Sagen und
Geschichten aus dem Weitnauer Tal 50;
Dreizehn Herbstblätter, G. 54;
Übersetzungen aus dem Tschechischen
und dem Slowakischen ins Deutsche
nach 1945. Eine Bibliographie 69; Prag,
Urlaubsber. 76, 79; Moskau-Leningrad,
Urlaubsber. 78. — **MV:** Mitten im Strom,
Anth. d. Gegenw. 56; Nachbarn im Osten
66; Der Sozialismus mit menschlichem
Gesicht, m. Alexej Kusák 69; Reformen
und Dogmen in Osteuropa 71;
Jahresring 71-72 71; Deutsche und
Tschechen 71; Jahresring 77-78 78;
Übersetzer-Werkstatt 79; Kunst-Land-
schaften der Sudetendeutschen 82.
B: Vladislav Vančura: Das Ende der
alten Zeiten 66.
MH: Anthologie zeitgenössischer
tschechischer Erzähler 67; Meine
Freundin Julča und andere
tschechische Erzählungen 67;
Europäische Balladen 67; Verspätete
Tränen und andere slowakische
Erzählungen 69; Tschechoslowakei
erzählt 70; Tauche ich in deinen
Schatten, Ausw. 77; Begegnungen und
Erkundungen, Ausw. 82.
R: Tiere, Vögel und du, Fabeln 54.

Ue: Marie Majerová: Von Hähnchen und Hühnchen 56, Das unzufriedene Kaninchen 56, 60; Josef Sekera: Tanz an der Waag 56; Karel Nový: Eisvögel in der blauen Bucht 57; Zdenek Jirotka: Der Mann mit dem Hund 58; František Kubka: Glück im Sturm 57; Josef Toman: Don Juan 57; Josef v. Pleva: Die Geschichte vom kleinen Bobesch 59; Bobesch zieht in die Stadt 60, Tschechische Volksmärchen 61; Vladislav Vancura: Räuberballade 62; Bohumil Hrabal: Tanzstunden 65; Josef Nesvadba: Vinh Linh 65; Jan Otčenášek: Kleines Interview vor dem Regen 65; Ladislav Klíma: Die Leiden des Fürsten Sternenhoch 66; František Langer: Ein Koffer Übersee 66; Vladimír Páral: Die Messe der erfüllten Wünsche 66; Bohumil Hrabal: Die Bafler 66; Reise nach Sondervorschrift, Zuglauf überwacht 68; Richard Weiner: Der leere Stuhl und andere Prosa, Erz. 68; Miloš Macourek: Das Susannchenspiel, Bsp. 68; Václav Havel: Erschwerte Möglichkeit und Konzentration, Bsp. 68; Tschechoslowakische Gedichte, 7. G. 68; Miroslav Holub: Obwohl ..., G. 69; Václav Havel: Der Schutzengel 69; Josef Eismann/Ivan Steiger: Jimmys Friedhof 70; Milan Kundera: Zwei Ohren, zwei Hochzeiten 70; Vladimír Páral: Privates Gewitter 71; Bohumil Štěpán: Familienalbum 71; Bohumil Štěpán: Das Arrangement 72; Václav Havel: Die Verschwörer 72; Bohumil Hrabal: Moritaten und Legenden 73; Václav Havel: Die Gauneroper 73; Anastáz Opasek: Katakomben des Heute 73; Miroslav Holub: Aktschlüsse 74; Milan Kundera: Das Leben ist anderswo 74; Josef Toman: Tiberius und Caligula 76; Julius Fučík: Reportage, unter dem Strang geschrieben 76; Anastáz Opasek: Leben, festgelegt auf die Mitte 76; Milan Kundera: Der Abschiedswalzer 77; Jana Červenková: Ein neuer Tag, ein neues Leben 78; Jan Kozák: Als Jäger in der Taiga 79; Milan Kundera: Das Buch des Lachens und Vergessens 80; Donát Šajner: Der singende Goldgräber 80; Anastáz Opasek: Erfahrungen 81; Rudo Moric: Das Pferd von Meister Klecks 81; Bohumil Hrabal: Die Schur 83; Rudo Moric: Märchen von der Orchideeninsel 83. – MUe: Schatten der Macht/Sieg des Lichts 62; Europa heute 63; Der Mann mit dem Tick 64; Vladislav Vančura: Das Ende der alten Zeiten, R. 66; Václav Havel: Zwei Dramen, Essays, Antikoden 67; Ein Gedicht und sein Autor, Hrsg. W. Höllerer 67, 69; Reden

zum IV. Kongreß des Tschechoslowakischen Schriftstellerverbandes 68; Bohumil Hrabals Lesebuch 69; ensemble 69; Die Blume Wiederkehr 69.

Künzel, Helga (Ps. Olga Neigemont), Dipl.-Übersetzerin; Egenhoferstr. 24, D-8039 Puchheim b. München, Tel. (089) 803257 (Weitnau/Allg. 12.2.32). Biographie. Ue: E, F.

V: Manet, Biogr. 59; Toulouse-Lautrec, Biogr. 65; Picasso, Biogr. 66; Rembrandt, Biogr. 66; Cranach, Biogr. 68.

Ue: Raymond Cogniat: Das Jahrhundert der Impressionisten 59; Gaston Diehl: Die Modernen 61; André Boucourechliev: Chopin 62; C. Lorgues-Lapouge: Die Alten Meister 63; Germain Bazin: Geschichte der Malerei 64; John Trinian: Lautlos wie die Nacht, R. 64; William H. A. Carr: Die du Ponts - Geschichte einer erfolgreichen Industrie-Dynastie, R.-Biogr. 65; Anthony Boucher: Die besten Kriminal-Geschichten des Jahres 65; Raymond Cogniat: Aquarelle und Zeichnungen - XX. Jahrhundert 66; Gaston Diehl: Van Gogh 66, Goya 66; Clare Le Corbeiller: Alte Tabakdosen aus Europa und Amerika 66; Arthur G. London: Prolog für ein neues Spanien 66; Gaston Diehl: Gauguin 67; Yvon Taillandier: Rodin 67; Gaston Diehl: El Greco 67; Leo Bronstein: El Greco 67; Raymond Cogniat: Degas 67; Yvon Taillandier: Corot 67; Ben Dan: Der Spion aus der Wüste 67; Raymond Cogniat: Bonnard 68, Manet 68; Jess Stearn: Edgar Cayce - Der schlafende Prophet 68; Jean Selz: Aquarelle und Zeichnungen - XIX. Jahrhundert 68; Alain Decaux: Dossier secrets de l'histoire u.d.T.: Rätsel in verstaubten Akten 70; Clifford Irving: Gefälscht 70; Norman MacKenzie: Träume 70; Léon Chertok: Hypnose 70; Harmon Hartzell Bro: Traumdeutungen in Trance 71; Marcel Gobineau: Stephanie - l'amour à quatre saisons u.d.T.: Stephanie und der Fürst von Sewastopol; Marcel Gobineau: Stéphanie, puisque je t'aime u.d.T.: Stephanie die Kurierin des Kaisers 72; Milan Ryzl: ASW - Phänomene außersinnlicher Wahrnehmung 73; Dr. Lee M. Shulman/Joan K. Taylor: Mit den Augen des Psychologen 73; Michael Solomon: Magadan 74; Milan Ryzl: Jesus größtes Medium aller Zeiten 74; Hammond Innes: Nordstern 75; Anne-Marie Cobbaert: Graphologie 75; Milan Ryzl: ASW-Training 75; Martha Albrand: Code Zürich AZ 900 76; A. G.

Galanopoulos/Edward Bacon: Die
Wahrheit über Atlantis 76; William
Gaunt: Phantastische Malerei 76; Louisa
B. Rhine: Psychokinese 77; Hammond
Innes: Die Fährte der Elefanten 77;
Wilbur A. Smith: Meines Bruders Frau
77; Dr. Joseph Murphy: Energie aus
dem Kosmos 77; Claude Mettra: Bruegel
78; Joanne Esner: Der Chef 78; Milan
Ryzl: ASW-Experimente, die erfolgreich
verlaufen 78; Margery Lawrence: Die
Madonna der sieben Monde 79; Claude
Esteban, Jean Rudel, Simon Monneret:
Rembrandt 79; Claude Mettra: Bosch 79;
Dr. Joseph Murphy: Das I Ging Orakel
80; Hugh Miller: Landung in den Tod 80;
Simon Monneret: Dürer 80; Dr. Joseph
Murphy: Die unendliche Quelle Ihrer
Kraft 81; Hugh Miller: Mit allen Mitteln
81; Milan Ryzl: Der Tod und was danach
kommt 81; Dr. Joseph Murphy: Die
kosmische Dimension Ihrer Kraft 82;
Sheila Ostrander/Lynn Schroeder: PSI-
Training 82; Hugh Miller: Der Spezialist
83; David J. Schwartz: Die Wunder-
wirkung großzügigen Denkens 83. −
MUe: Ewig aber währet Liebe. Liebesnovellen der Weltliteratur 57; Der bittersüße Pfeil. Dramat. Liebesnovellen 62;
Europa heute - Prosa und Poesie seit
1945 63.

Künzell geb. Schmidt-Eller, Berta;
Drimbornstr. 7, D-5100 Aachen, Tel.
(0241) 511979 (Leipzig 16.8.99). Kinderbuch, Jugenderzählung, Frauenroman,
Hörspiel.
   V: ... und hätte der Liebe nicht, Erz.
22; Haus Gudelius, Erz. 23, Neuaufl. 83;
Maria Carola, Erz. 24; Horst
Westermanns Sendung, Erz. 26; Und
vergib uns unsre Schuld, R. 50, 79 (auch
schwed., franz., engl., norw., dän., jap.);
Die Prüfung der Renate Halm, Jgd.-Erz.
51; Keine Macht der Welt, N. 51, 54; Alles
wegen Gisela, Jgd.-Erz. 52, 79 (auch
franz., engl., jap., finn.); Er heißt ganz
einfach Peter, Jgd.-Erz. 53, 79 (auch
engl., franz., jap., finn.); Glück im
Sonnenhaus, Familiengesch. 54; Morgen
zwischen acht und zehn, Jgd.-Erz. 54, 65;
Das kann mir nicht passieren, Jgd.-Erz.
54; O, diese Gabriele, Familiengesch. 55,
79, Großdruck 83 (auch franz., engl.); Das
Schlüsselkind, Kinder-Erz. 56; Kathrin,
R. 57, 61; Silberdistel um Mitternacht, R.
58, 79; Rami, Jgd.-Erz. 58, 79 (auch jap.);
Hannelore, was wird aus dir?, Kinder-
Erz. 60, 63 (auch jap.); Karla ist enorm,
Kinderb. 62, 66; Hannelores weiter Weg,
Jgd.-Erz. 63, 65; Eine Frau wie du, R. 63,
77 (auch holl.); Wir kommen über die

Brücke, Tatsachenber. 64; Der große
Detlef und der kleine Till, Kinder-Erz.
64, 65; Als ich es verschweigen wollte, R.
65, 80; Eines Tages vielleicht, R. 69, 78;
Die Leute vom grauen Turm, R. 70;
Rivalen werden Freunde, Kindererz. 70
(jap. 81); Olaf, wo willst du hin?,
Kinderb. 71 (jap. 80); Ab heute hab' ich
Zeit 72, 79; Ein Platz für Mutter 73;
Geliebte alte Dame 74, 79; Rätsel in
Haus Hohenforst 75; Connys großer
Wunsch 76; Am Ende bist du immer
noch da, R. 77 (schwed. 82); Alle
kümmern sich um Vater, R. 78; Die
Mutter, R. 79; Mir wird nichts mangeln
80; Die zweite Frau 82.
   R: Die Flucht vor der Entscheidung;
Hannelore und die Glaskugel; Der Feig-
ling; Wer hilft Lenora; Karin und der
Samariter; Die Überraschung; Connys
großer Wunsch, u.a. Hsp.

Künzler, Hans *

Künzler-Behncke, Rosemarie, Dr.
phil.; Friedrich-Bödecker-Kreis;
Angererstr. 38, D-8000 München 40, Tel.
(089) 3005027 (Dessau 27.2.26). Kinder-
buch, Lyrik, Hörspiel.
   V: Nüsse vom Purzelbaum 70; Neue
Tiergeschichten 70; Der Lokführer
Wendelin 71; Hannes und die Zauber-
mütze 73; Nie wieder umziehen 75; Kai
und der Kwinkwonk 76; Besuch im
anderen Jahrhundert 78; Nur eine
Woche 80; Ganz andere Ferien 81; Alle
Tage ist was los 81; Simon Sieben-
schläfer 82, alles Kinderb. − **MV:** Guten
Morgen - Gut Nacht 71; Es war so lange
Tag 71; Bin der Kasperl da und dort 71;
Bunte Geschichten 71; Die Sterne im
Birnbaum 72; Schlupf unter die Deck
72; Schnick-Schnack-Schabernack 73;
Halb so schlimm 74; Menschen-
geschichten 75; Neues vom Rumpel-
stilzchen 76; Der fliegende Robert 77;
Das achte Weltwunder 79; Schüler 80;
Weihnachten für alle 80; Breaking the
Magic Spell 80, alles Anth.
   MA: Zahlr. Lesebücher.
   R: Markus und der Mann mit dem
Leierkasten; Markus in der Arche;
Markus auf Weltreise; Markus raucht
die Friedenspfeife, alles Hsp. 69; u.a.
Hörfunksendungen, Betthupferl-Gesch;
Geschichten von Kai, Fs.-R. 80.

Küpper, Hubert, Kaufmann,
Schiffsinspektor; Gustavstr. 27, D-5000
Köln 41, Tel. (0221) 444250 (Köln 24.8.28).
Roman, Assoziationen.
   V: Alles ist im Fluß. Die
Gedankenreise eines Schiffsinspektors,

Ass. 81; Talfahrt, E. Gedankenkette 82;
Rundfahrten, E. Gedankenkarussell 83.

Küpper, Karl-Friedrich, Redakteur
i.R.; Neumarkt 30, D-5830 Schwelm, Tel.
(02125) 6552 (Hamm/Werden-Ruhr
20.3.17). Lyrik, Gedichte,
Kurzgeschichten, Erzählungen,
Reportagen.
V: Kleiner Mann und seine Welt, G.
78; Gedanken des kleinen Mannes, G.
79; Im Nachhinein sieht's lustig aus, Erz.
80. — **MV:** Karlheinz Urban: Liebe will
Liebe sein, Anth. 78.
Lit: Würdigung in das boot, Bl. f. Lyr.
d. Gegenwart 79. ( )

Küppers, Helmut *

Küppers, Leonhard *

Kürbisch, Friedrich G. (Ps. Felix
Kreyss), Journalist; Förderungspr. d.
Theodor-Körner-Stiftungsfonds 69,
Josef-Luitpold-Stern-Pr. 70,
Förderungspr. d. Ernst u. Gisela Paul-
Stiftung Stuttgart 80; Morellenfeldgasse
15/II, A-8010 Graz, Tel. (0316) 381911
(Marburg/Drau 26.1.15).
Literaturgeschichte, Arbeiterdichtung, -
kultur, -literatur, Essay, Kritik, Lyrik,
Erzählung, Reportage.
V: Arbeiterdichtung, Ess. 72; Chronik
der sudetendeutschen Sozialdemokratie
1863-1938 82. — **MV:** Signale. Ein
Jahrhundert Dichtung und Geschichte
der Arbeiterbewegung Österreichs, m.
Otto Kerry, Dr. Franz Mayer, Otto
Staininger 68; Simmering zwischen
1918-1934, m. Herbert Exenberger, Dok.
81.
H: Anklage und Botschaft. D. lyr.
Aussage d. Arbeiter seit 1900, Anth. 69;
Geschrieben in Böhmen, Mähren und
Schlesien, Anth. 78; Wir lebten nie wie
Kinder. Ein Lesebuch 78, 83; Dieses
Land schläft einen unruhigen Schlaf.
Sozialrep. 1918-45, Anth. 81;
Erkundigungen in einem unbekannten
Land. Sozialrep. 1945 bis heute, Anth. 81;
Der Arbeitsmann, er stirbt, verdirbt —
wann steht er auf? Sozialrep. 1880-1918,
Anth. 82; Willi Mader: Gesänge vom
hoffenden Leben. Eine Auswahl aus
sechs Jahrzehnten 82; Entlassen ins
Nichts. Rep. üb. Arb.losigkeit 1918 bis
heute, Anth. 83. — **MH:** Arbeiterinnen
kämpfen um ihr Recht, Anth. 75, Tb. 81.

Kürten, Gerold, Doz. a. d. Rhein.
Musikschule/Konservatorium d. Stadt
Köln, Dirigent, Komponist; Franz-Peter-
Kürten-Weg 5, D-5000 Köln 80, Tel.
(0221) 602348 (Düren-Birkesdorf
28.10.27). Volkskunde, Mundarten.

V: Register zu: Volksleben und Lande
am Rhein von Fr. P. Kürten 74;
Interpretationen 83.
H: Aus dem alten Dünnwald. Beitr. z.
Gesch. u. Volkskde d. niederberg.
Raumes H. 1 — 3; Franz Peter Kürten —
Sein Leben und Schaffen 71; Loß m'r
doch noch jet singe. Eine Samml. v.
Liedern in rhein. Mda., Lose-Blatt-
Samml. seit 75; Fr. P. Kürten:
Livverlingche 76. — **MH:** Franz Peter
Kürten: Weinmond 58, Ostermond 59,
Spürkel 62, Erntemond 64, Heuert 67,
Herbstmond 69.

Küry, Hans, Dr. phil.; SSV 63, Ba.S.V.
63; Steinengraben 51, CH-4000 Basel
(Basel 5.10.06). Essay.
V: Simon Grynaeus von Basel 1725 —
1799, d. 1. dt. Übersetzer v. Shakespeares
Romeo u. Julia 34; Am Quell der
deutschen Sprache 45; Einkehr bei
Shakespeare, Ess. 45; Tönendes
Schweigen. Erinnerung an Carl Futterer
60; Carl Futterer im Spiegel seiner
Briefe 61; Rosario von Carl Futterer,
eine unbekannte Meisteroper, Ess. 65;
Der wissende Tod, Ess. 82.

Kürzl, Theodor, Maschinensetzer i.R.;
SÖS 59; Silberne Med. f. Heimat und
Brauchtum 71, Silberne Kuno-
Brandauer-Med.; Lengfelden 42, A-5028
Salzburg-Kasern (Deggendorf/Ndb.
14.1.92). Mundartdichtung, Hörspiel,
Roman, Novelle.
V: 5 Heimatromane 56 — 65; Bauern-
heilige 64; Da Bauer und sei Huat 74; Oi
Monat wachst a Kräutl 80.
R: Zahlr. Sendungen in Salzburger
Mda. und Brauchtumserzn. ( )

Küster, Hermann, Pfarrer; Be.S.V. 80,
CH-3652 Hilterfingen a. Thunersee, Tel.
(033) 431985 (Minden/Westfalen 22.11.42).
Lyrik, Erzählung.
V: Gävle und andere
Kalendergeschichten 77; Nachrufe, Erz.
77; Eines Menschen Herrlichkeit, Erz.
79.

Küther, Kurt, techn. Angestellter
(Bergbau); VS seit 74; Dortmunder
Gruppe 63 — 69, LWG Gelsenkirchen
seit 69, Werkkreis Literatur der Arbeits-
welt 69 — 73; Welheimer Str. 69, D-4250
Bottrop, Tel. (02041) 45963 (Stettin
3.2.29). Lyrik, Kurzgeschichte, Glosse,
Satire.
V: Ein Direktor geht vorbei, G. 74;
Und doppelt zählt jeder Tag, G. u. Prosa
83.
MA: Frauen Arbeit Automaten, Al-
manach 66; Aus der Welt der Arbeit,

Anth. 66; Unter Tage - Übertage, Anth. 66; Frieden, Anth. 67; Ein Wort ins Herz der Welt, Anth. 67; Seilfahrt, Anth. 67; Neue Fahrt, Schulleseb. 67; Menschenwürde im Betrieb, Lehrb. 68; Thema Arbeit spartacus, Anth. 68; Alle Wunder Dieser Welt, Anth. 68; Die kleine Freiheit, Almanach 68; Killt mit Bild, Anth. 68; Aber den Feind sollten wir lieben, Anth. 69; Versuche - Thema Arbeit, Anth. 69; Ein ganz gewöhnlicher Tag, Alm. 69; Klipp und klar, Lehrb. 69; Schichtenzettel, Anth. 69; Spiegel unseres Werdens, Anth. 69; Linkes Lesebuch 70; Gedichte, Leseb. 70; 25 Jahre danach, Almanach 70; Und dennoch müssen wir leben, Anth. 70; Schrauben haben Rechtsgewinde, Anth. 71; - für eine andere Deutschstunde, Leseb. 71; Revier heute, Anth. 71; Meine Chance, Kalender 72; Klang-Reim-Rhythmus, Schulleseb. 72; Muschelhaufen, Jschr. 73; Arbeiterdichtung, Bekenntnisse 73; Dt. Großstadtlyrik, Anth. 73; Worte zum Tage, Leseb. 73; Liebe u. Revolution - Revolution u. Liebe, Alm. 73; G. Wallraffs Ind.reportagen, Tb. 73; Texte die wir mögen, Textb. 73; Dt. Arbeiterlit., Anth. 73; Industrielit., wiss. Rh. 73; Lobbi, Biblio-Biogr. 73; Sie schreiben zwischen Moers u. Hamm, Samml. 74; Schwarze Solidarität, Anth. 74; BUNDES DEUTSCH, Grammatik 74; Sekundarstufe I Deutsch, Arb.b. 74; Lesarten, Schultextb. 74; Thema Angst, Alm. 74; Lesebuch, Schulleseb. 74; Denkzettel, Anth. 74; Texte aus der Arbeitswelt seit 61, Anth. 74; Ins dreißigste Jahr, Zs. 74; Muschelhaufen, Jschr. 74; Das neue Feierbuch der Schule, Schulb. 74; Angst, Alm. 75; Dt. Lesebuch 1, Schulleseb. 75; Themen u. Texte, Schulleseb. 75; Brot f. d. Welt, Kal. 76; Weg v. Fenster, Tb. 76; Zärtlichkeit, Alm. 76; Epigramme-Volksausg., Anth. 76; Unsere Demokratie, Horen 76; Umgang m. Texten i. Grund- u. Hauptschule, Lehrbuch 76; Wsesswitt, Lit.-Zs. USSR 77; Stationen, Gedenkbuch 77; Herausforderung Bd. 2, Lesebuch 77; Stimmen aus ihrer Welt, Anth. 77; Arbeiterliteratur 2, Textb. 77; Standorte 1, Lit.-Zs 77; Dazu gehört Mut, Anth. 77; Das große deutsche Gedichtbuch, Anth. 77; Standorte II, Lit.-Zs. 77; Recht auf Arbeit, Lesebuch 78; Jahrbuch f. Lyrik, Anth. 79; Das Bild des Arbeiters, Lit.-Mag. 79; Nicht m. d. Wölfen heulen, Lit. Bilderbuch 79; Arbeiterliteratur, Textbuch 79; Sagen-Handeln 8 A, Lesebuch 80; Sagen-Handeln 8 B, Lesebuch 80; Der Angler, Lit.-Zs. 80; Was auf den

Nägeln brennt, Textb. 80; Her mit dem Leben!, Illustr. Arb.-B. 80; Die Würde am Werktag, Anth. 80; Mein Arbeitsplatz, Anth. 80; Arbeitsbuch Texte, Arbeitsb. 80; Poesiekiste, Textsamml. 81; Lieder a. d. Ruhrgebiet, Liederb. 81; Der Frieden ist eine zarte Blume, Anth. 81; Frieden ist mehr als ein Wort, Anth. 81; Frieden bedeutet mehr als die Abwesenheit von Krieg, Buch z. Ausstell. 81; Das kleine dicke Liederbuch, Liederb. 81; Der treffende Vers, Lex. 81; Carmen, Anth. 82; Straßengedichte, Anth. 82; Das Ziel sieht anders aus, Anth. 82; Wer früh stirbt ist länger tot, Lit.-Zs. 82; Im Angebot, Anth. 82; 100 Jahre Bergarbeiterdichtung, Anth. 82; Wes' Brot ich eß' des Lied sing ich noch lange nicht, Liederb. 82; Texte Deutsch H. 7 83; Bombenstimmung, Anth. 83.

S: Mein Vater war Bergmann 79; Land und Leute gestern und heute (Rationalisierung) 80.

Lit: Friedrich G. Kürbisch: Was ist Arbeiterdichtung?; lobbi, junge dt.sprach. Lit. 73 v. H. E. Käufer; W. Köpping: Sie schreiben heute - Neue Ind.dichtung XVI; W. Hermann: Wir tragen ein Licht durch die Nacht; J. Büscher: Ein echter Arbeiterpoet; H. Jansen: Es brennt in meiner Brust ein ganzes Flöz; W. Neumann: Lektionen aus d. Arb.welt; H. J. Loskill: Anwalt der Hauer u. Schlepper 77.

Küttner, Ulla; SV-DDR 53; Hermann-Löns-Str. 14, DDR-5300 Weimar, Tel. 4288 (Berlin 5.5.13). Erzählung, Essay, Kinderbuch.
V: Gekreuch und Gefleuch 52, 56; Duck das Eichhörnchen u.a. Erzn. 55, 56; Der Adler Dirk, Erz. 58, 59; Wendt boxt sich durch, Erz. 62; Von Ausrufezeichen bis Zuckergast. Besinnliches Insekten-ABC 66; Goliath ist der Größte, Jgdb. 74. — **MV:** Tiere erlebt und belauscht, Tiergeschn. aus aller Welt 55; Was ihr mir erzähltet, m. Heinz Zache, Geschn. f. Kinder 56, 57; Zweimal geboren, Anth.
Lit: Beitrag in der Anthol.: Schriftsteller des Bezirkes Erfurt 79. ( )

Kuhlemann, Peter (Ps. Peter von Aukamp, Peter Nordhäuser), Maler, Zoologe; VS; Fernseh-Filmpr. d. Nordschau f. "Das Dorf der Störche" 57, Auslandsreisestip. d. AA 70, Verdienstkreuz am Bande d. Verd.ordens der BRD 75; Düneneck, D-2280 Rantum/Sylt, Tel. (04651) 23327 (Nordhausen 16.3.13). Lyrik, Novelle, Film, Hörspiel, Fernsehspiel, Erzählung, Sachbuch.

V: Im Strom der Zeit, G. 40; Die Vögel
der Heimat 50, 76; Nesthocker — Welt-
wanderer 52, 58; Tiere in Haus und Hof
55, 76; Wilde Tiere fremder Länder 55,
76; Mit Tieren leben 61; Irrtümer und
Fehldeutungen in der zoologischen
Archäologie 80; Sylter Strand — Wester-
land 83; Robinson auf Nordseeinseln 83;
Das Meer 83. — **MV:** Afrika, Jgdb. 63, 76;
Alle unsere Tiere, Erz. 66; Schiffe, See-
fahrt, Seemannnsleben 68, 76; Alte
Autos schnelle Wagen 68, 76; Bunte
Vogelwelt 76; Tiere auf d. Bauernhof 76.
R: zahlr. Hsp. u. Fsf.

Kuhlenkampff, Traudl; Am
Obertrumersee, A-5164 Seeham.
V: Der bunte Traum, die schönsten
Gute-Nacht-Geschichten 75; Ich hab
dich lieb 76; Der kleine Riese 83. ( )

Kuhlmann, Fridel Marie, Schrift-
stellerin; Mozartweg 17, D-7400
Tübingen (Berlin 9.2.96). Roman,
Novelle, Erzählung, Laienspiel, Lyrik,
Essay, Aphorismen.
V: Aus dem Lazarett, Kurzgeschn. 15;
Da steht im Wald geschrieben, Geschn.
19; Frigga, ein Buch deutscher
Besinnung 26; Die goldene Muschel, R.
48; Bernd Gieso, N. 49; Marienlegende
49; Anna Dorothee, R. 50, 61; Der Ring
der Elisabeth Tucher, R. 51, 58; Gottes
Bote, Laiensp. 51; Der kleine
Weihnachtsgast, Erz. 51; Friedrich und
Davida, N. 54; Mädchen am Feuer,
Laiensp. 54; Seitdem du mir begegnet! ...
R. 56, 58; Nimm, wie's kommt, Aphor. 58,
82; Du hast die Freiheit, Aphor. 68, 82;
Vinzenz u. Marei, ausg. Werke 75; Ein
Familienleben, das schönste Abenteuer,
R. 81.

Kuhlmann, Harald, Schauspieler,
Bühnenautor, Suhrkamp-Theaterverlag,
Lindenstr. 29, D-6000 Frankfurt/M., Tel.
(0611) 756010 (Lautenthal/Harz 1.12.43).
Drama, Film.
V: Pfingstläuten, Dr. 77; Wünsche u.
Krankheiten d. Nomaden, Dr. 83.
Lit: G. Rühle in: Spectaculum 27.

Kuhmann, Alfons, StudDir.; Kreis f.
junge Dichtung a. d. Univ. Marburg/
Lahn 46 — 51; Eichendorff-Ring 14, D-
5431 Salz, Westerw., Tel. (06435) 8572
(Salz, Westerw. 25.8.23). Lyrik, Kurz-
geschichte, Fabel, Hörspiel, Satire,
Essay.
MA: Boje im Sturm, Lyrik-Anth. 60;
Spuren der Zeit, Anth. I 62, II 64; Das
Boot, Zs. f. Dicht. d. Gegenw.; - Musen-
almanach seit 55.

Kuhn, Christoph, Dr.phil. I, Redaktor;
Gruppe Olten 81; Literatur-Auszeichn.
d. Stadt Zürich 81, d. Stadt Bern 82;
Weggengasse 6, CH-8001 Zürich, Tel. (01)
2118249 (Basel 20.11.37). Prosa.
V: Gestellte Bilder, R. 81.
MA: Schweiz heute, Leseb. 76;
Fortschreiben, Anth. 77.

Kuhn, Johannes, Pfarrer; Auf dem
Haigst 14, D-7000 Stuttgart 70.
V: Die Wege u. das Ziel, wir u. unsere
Kinder 76; Aufmerksam Leben, ABC f.
Christenmenschen 76, 82; Mitten wir im
Leben sind 76, 82; Wir gratulieren z.
Geburtstag 76; Vor uns das Leben, e.
Buch f. junge Leute 78; Vorfreude,
Einlad. z. Advent 78, 79; Ermunterung
80, 81; Gesegnet leben 81; Das Kind,
dem alle Engel dienen 81; Du liebst
alles, was ist, Meditat. 82, u.a.
H: Menschen um Jesus 75; Wende-
punkte 77; Wohin sollen wir gehen 77;
Warum bist du so, Gott? 78. ( )

Kuhn, Manfred, c/o Hecht Verlag,
Zürich, Schweiz.
V: Der Skorpion oder die Geschichte
des Norbert Janowitz, R. 81. ( )

Kuhn, Wolfgang, StudR.; Am
Wiesengrund 11, D-2351 Langwedel, Tel.
(04329) 542 (Düsseldorf 21.8.42). Lyrik,
Drama, Novelle, Essay.
V: Gärten im Spiegel, Lyr. 80.

Kuhne, Berthold, Student;
Wildenaustr. 3, D-7400 Tübingen, Tel.
(07071) 83297 (Lich 29.6.57).
V: Brücke über dem Nichts, christl.
Jgdb. 77, 3. Aufl. 81.

Kuhne, Fritz, Realschullehrer i.R.;
Autorenkr. Ruhr-Mark; Rottendorf Pr.
80; Carthausen 17, D-5884 Halver, Tel.
(02353) 2276 (Lüdenscheid 6.11.94).
Drama, Lyrik, Roman, Novelle, Hörspiel.
V: De soziale Froge, mit Begleith.
Plattdütsch Liäsen, R. 77; Lechterstunne
— en Liäsebauk 79; Der Kirchenstreit,
N. 79; Rund ümme dän Christboum 81;
Das Geigenmännlein I 82. — **MV:** Meine
Heimat, Heimatkde. d. Kreises Altena
23; Gut Freunde, Fibel 25; Volkskundl.
aus dem Märk. Sauerland 30.
R: Lüdenscheid 31, Sauerland 32, alles
Hsp..

Kuhnen, Johannes, Dr. phil., StudR.;
Haag 18, D-4152 Kempen 3, Tel. (02833)
4527 (Tönisberg 20.2.22). Drama, Lyrik,
Novelle.
V: Das Loch im Himmel, M. in drei
Akten 75; Die verliebte Dampfwalze und
andere Geschichten 76.

MA: Sing sang song, 56 Kinderlieder mit Noten 76; Liederbuch 76; Lieder-Karren 79; Neue Lieder 81; Das Liedmobil 81; Liederkiste 81; Lieder-Circus 82; Banjo, Liederb. 82; Zärtlichkeit und Wut 82.
S: Ich bin neugierig 78.

Kuhner, Herbert (Harry) (Ps. Frederick Hunt), Schriftsteller, Übersetzer; P.E.N.-Club Öst. u. USA, Amer. Translators Assoc., Amer. Lit. Transl. Assoc.; Auszeichn. f. Übers. Struga Dichter-Kongr., Jugosl. 77; Gentzgasse 14/4, A-1180 Wien, Tel. (0222) 316145 (Wien 29.3.35). Roman, Lyrik, Drama, Kurzprosa, Hörspiel.
V: Nixe, R. 68; Vier Einakter 73; Broadsides & Pratfalls, Lyr. 76; The Assembly-Line Prince, R. 81.
MH: An Anth. of Contemp. Austrian Poetry 81.
R: Der Mann, der Züge liebte 71, 72.

Kuhnert, Reinhard, Schauspieler, Regie; SV-DDR 82; Leninplatz 31, DDR-1017 Berlin, Tel. 4394006 (Berlin 29.1.45). Drama, Hörspiel.
V: Senora Sempre widerfährt Gerechtigkeit 73; Der Umweg 81; Im Trocknen 81; Jäckels Traum 81; Vollpension 82, alles Bü.
R: Der doppelte Chef, Hsp. 73; Der Orden und andere unordentliche Geschichten, Fsp. 80; Die traurige Stadt, Hsp. 81.

Kukofka, Olga (Ps. Olk Maria Kukofka), Oberlehrerin; Dr.-Weiss-Str. 23, D-6930 Eberbach, Baden, Tel. (06271) 3836 (Augsburg 27.1.18). Jugendroman.
V: Das schwimmende Haus, Erz. 55; Lisot in Paris 58; Die Umkehr, Jgdsp. 57, 59; Es kam ganz anders 60, 68. ( )

Kukofka, Olk Maria, s. Kukofka, Olga.

Kulenkampff, Hans Joachim; Am Obertrumersee, A-5164 Seeham.
V: Hans Joachim Kulenkampffs höchstvergnügliche Anekdotensammlung 68.
H: Wer das Meer liebt. Die tollsten Seemannsgeschn. der Weltliteratur 71; Auf witziger Welle 76; Gelacht von A bis Z 77. ( )

Kullik, Jens Rainer, Student; Bernhardstr. 15, D-5000 Köln 51 (Bremen 25.6.49). Lyrik, Aphorismen, Essay, Kurzgeschichte, Roman.
MV: Laßt euch nicht stören, Lyrik u. Graphik m. W. Blöcker, W. Klau, A. Panksy 75; Ist Stille, die den Laut gebiert, G. u. Zeichn. v. H. Struckmeyer 80.

Kulpa, Felix, s. Fink, Arthur-Hermann.

Kult, Walter, Prokurist; Leiershohlstr. 16a, D-6236 Eschborn, Tel. (06196) 41493 (Komotau 30.5.22). Lyrik, Roman, Novelle, Festschrift.
V: Herz im Tag, Lyr. 56; Die Königin des Lebens, N. 71; Schicksalsbrücken, Lyr. (Erkenntnisse zur Lebenshilfe) 80.
B: Deiner Heimat Antlitz, Hist. Rückblick 59. ( )

Kummert, Wolfgang (Ps. Simon Ruge); Bredkamp 1a, D-2000 Hamburg 55 (Stralsund 21.5.24). Hörspiel, Kinderbuch.
MV: Katze mit Hut 80, 3.Aufl. 83; Das kühne Mädchen 83, beides Kdb. m. Desi Ruge.
R: Fußbeschwerden oder Rotkäppchens wahre Geschichte 72; Der siebente Rabe 74; Selbstmörderwetter 76; Senta Daland oder Die Demütigung der Männer nach Einbruch der Dunkelheit 77; Regen, Regen 78, alles Hsp.

Kumpf, Alfred, Schriftsteller; CDU-Preisausschreiben 58, 68, dipl. di merito 82; Gontardweg 110, DDR-7025 Leipzig (Schluckenau, ČSR 19.7.25). Skizzen, Humoreske, Fabel, Anekdote, Erzählung, Kurzgeschichte, Gedicht, Roman.
V: Menschen wie wir 62, 63; Johannes XXIII., Hirt und Steuermann 63, 64 (auch tschech.); Johannes XXIII., Gehorsam und Friede, Biogr. 65; Kartenhäuser, Impr., Hum. 67, 75; Niemand soll richten, Erzn. 69; Romano Guardini, Biogr. 69, 70; Die Kraftprobe, Impr., Hum. 70, 71; Und bildet seine Leute, R. 72; Neue Straße 14 72, 75; Ein Leben für die Großstadt (Dr. Carl Sonnenschein) IV 80. — **MV:** Aus dem Stegreif, Anekdn. 66, 67; Menschen bauen Gemeinden, Biogr., Erzn. 84.
B: Paul Takashi Nagai: Die Glocken von Nagasaki 57. — **MA:** Versch. Anth.
H: Pius XII: Worte zum Frieden 59, 60; Johannes Jörgensen: Franz von Assisi 62; Francis Jammes: Regung des Herzens 65. - **MH** u. **MV:** Seilschaft des Herrn 67, 68; Der Bernsteinanhänger 71; Marienkalender seit 70; anders für jeden 74, 77. — **MH:** Familie in Gott 61, 62; Das Angebot, Erzn. 68, 72; Tagesabreißkalender: Mit Gottes Wort von Tag zu Tag seit 56; Ich möchte Johannes heißen 80, 83.

Kumpf, Elisabeth, Schriftstellerin; Gontardweg 110, DDR-7025 Leipzig

(Preßnitz, CSR 13.5.29). Erzählung,
Kurzgeschichte, Gedicht. **Ue: E.**
V: Jungferngrube und Teufels-
schmiede, Sagen 83. — **MV: MH:**
Seilschaft des Herrn, Jgdb. 67, 68; Der
Bernsteinanhänger, Jgdb. 71; Marien-
kalender seit 70; anders für jeden 74, 75.
H: Auf schmalen Pfaden 66; Bruder
Abel, 74, 76. — **MH:** Das Angebot, Erz.
68, 71.
MUe: u. **MH:** Ich möchte Johannes
heißen, Biogr. 80, 3.Aufl. 83.

Kunath, Siegward, Pfarrer;
Autorenkreis Plesse seit 78; Peter-
Coryllis-Nadel 77, Senryu-Pr. zur
Flußweide 80, AWMM-Buchpr. 82;
Dietrich-Bonhoeffer-Weg 18, D-5600
Wuppertal 2 u. Cannstatter Weg 6, c/o
Strauß, D-3200 Hildesheim, Tel. (0202)
82440 (Bremen-Blumenthal 28.8.34).
Lyrik, Essay.
V: Landnahme, Reise-Ess. aus Israel
78; In diesem und jenem Wind, Lyr. 78;
Unterwegs zu dem Leben der Toten 80;
Für die Welt vom Morgen, Dank an
Stefan Zweig 81; Versteinerung,
Senryu-Zykl. 82; Fährtensuche im
Niemandsland, Wach- und Wahrträume
82.
H: In Literis, Freundesdank an C. H.
Kurz 80; Des Windes Gesang, Renga, dt.-
jap. 81.

Kunert, Günter; SV-DDR 53; H.-
Mann-Preis 62, J. R. Becher-Preis 73,
Georg-Mackensen-Literaturpreis 79;
Akad. d. Künste; Goldbergweg 1a, D-
2210 Itzehoe, Tel. (04821) 75800 (Berlin
6.3.29). Lyrik, Prosa.
V: Wegschilder und Mauerinschriften,
G. 50; Der ewige Detektiv, Satiren 54;
Unter diesem Himmel, G. 55; Der Kaiser
von Hondu, Fsp. 59; Tagwerke, G. 61;
Das kreuzbrave Liederbuch, G. 61;
Erinnerung an einen Planeten, G. 63, Tb.
80; Tagträume, Kleine Prosa 64, 72;
Kunerts lächerliche Leinwand, Foto-
satiren 65; Der ungebetene Gast, G. 65;
Verkündigung des Wetters, G. 66;
Unschuld d. Natur, G. 66; Im Namen der
Hüte, R. 67, 80, Tb. 79, 82; Die
Beerdigung findet in aller Stille statt,
Erzn. 68; Poesiealbum acht, G. 68;
Kramen in Fächern, Kleine Prosa 69;
Betonformen. - Ortsangaben 69, 71;
Warnung vor Spiegeln, G. 70; Notizen in
Kreide, G. 70; Ortsangaben 71; Tag-
träume in Berlin und andernorts 72;
Offener Ausgang, G. 72; Gast aus Eng-
land, Erz. 73, Tb. 81; Die geheime
Bibliothek 73, 79; Im weiteren Fortgang,
G. 74; Der andere Planet (Amerika-

Report) 74, 80, Tb. 82; Der Mittelpunkt
der Erde 75; Das kleine Aber, G. 76;
Warum schreiben, Ess. 76; Jeder
Wunsch ein Treffer, Kinderb. 76; Keine
Affäre, (3 Erzn.) 76; Kinobesuch, Ge-
sammelte Erz. 77; Ein anderer K.,
Hörspiele 77; Unterwegs nach Utopia, G.
77; Heinrich von Kleist — ein Modell,
Vortr. 78; Die Schreie der Fledermäuse,
Gesch., G., Aufsätze 78, Tb. 81;
Verlangen nach Bomarzo, G. 78, Tb. 81;
Camera obscura, Pr. 78, Tb. 80; Ein
englisches Tagebuch, Pr. 78, Tb. 80; Ziel-
lose Umtriebe, Gesammelte Reiseber.
79, Tb. 81; Unruhiger Schlaf,
Gesammelte G. 79; Drei Berliner
Geschichten 79; Kurze Beschreibung
eines Momentes der Ewigkeit, Prosa 80;
Abtötungsverfahren, G. 80; Verspätete
Monologe 81; Diesseits des Erinnerns,
Aufs. 82. — **MV:** Berliner Wände (Foto-
bilderbuch mit Th. Höpker) 76.
H: Nikolaus Lenau 69.
F: Seilergasse 8 60; Guten Tag, lieber
Tag 61; Abschied (Film nach J. R.
Bechers Roman) 69; Beethoven - Tage
aus einem Leben 76.
R: Fetzers Flucht, Fernsehoper 62;
Monolog für einen Taxifahrer, Fsp. 62;
Der Hai, Hsp. 66; Mit der Zeit ein Feuer,
Hsp. 71; Ehrenhändel, Hsp. 72; Ein
anderer K., Hsp. 75; Karpfs Karriere,
Fsf. 70; Alltägliche Geschichte einer
Berliner Straße, Fsf. 69; Zentralbahnhof,
Fsf. 71.
S: Vom König Midas, Kinderoper 61;
Die Weltreise im Zimmer, Kinderoper
62. ( )

Kunka, Irmgard; Potsdamer Str. 19,
D-4020 Mettmann, Tel. (02104) 73665
(Duisburg 29.7.30). Lyrik.
V: Fernes Glück 77.

Kunstmann, Antje, Lektorin;
Kreittmayrstr. 26, D-8000 München 2
(Bad Kissingen 15.5.49).
V: Frauenemanzipation und
Erziehung 77; Mädchen — Sexual-
aufklärung emanzipatorisch 72, 79.
H: Frauenbefreiung - Privileg einer
Klasse?. ( )

Kuntze, Peter, Redakteur; Oskar-von-
Miller-Str. 20, D-8130 Starnberg, Tel.
(08151) 4706 (Kiel 31.3.41). Sach- und
Kinderbuch.
V: Der Osten ist rot — Die Kultur-
revolution in China 70; Peking contra
Moskau — Der Kampf um Lenins Erbe
71; China — die konkrete Utopie 73;
China — Revolution in der Seele 77;
Mao Tse-tung 77; China nach Mao —
Rechtsputsch in der Volksrepublik 78;

China — Supermacht 2000? 79, alles
Sachb.; Die Kippnase 76; Cora-Cora
oder Der Streik der Tiere 79; Das
Versteck im Park 80; Der geheimnisvolle Ring 83, alles Kinderb. — MV: In
allen Häusern, wo Kinder sind 75.

Kunze, Agnes *

Kunze, Reiner, Dipl.-Journalist; SV-
DDR 56 — 76, P.E.N. 77, VS 77-82;
Medaille d. tschechoslowak. Ges. f.
intern. Beziehungen in Silber, Pr. f.
Nachdichtungen d. tschechoslow.
Schriftst.verb. 68, Dt. Jgdb.pr. 71, Lit.pr.
d. Bayer. Akad. Schönen Künste 73,
Mölle-Lit.pr. Schweden 73, Trakl-Pr.
Öst. 77, Gryphius-Pr. 77, Büchner-Pr. 77,
Bayer. Filmpr. 79, Geschwister-Scholl-
Pr. 81; o.Mitgl. Bayer. Akad. d. Schönen
Künste 74, Akad. d. Künste, Berlin
(West) 75, Dt. Akad. f. Sprache u. Dicht.
77; Am Sonnenhang 19, D-8391 Erlau
(Oelsnitz, Erzgeb. 16.8.33). Lyrik, Essay,
Erzählung, Film. **Ue:** Tsch, U.
V: Vögel über dem Tau, G. 59; Lieder
für Mädchen, die lieben, G. 60; Halm
und Himmel stehn im Schnee, G. 60;
Aber die Nachtigall jubelt, Heitere
Texte 62, 63; Widmungen, G. 63;
Věnování, G. (Ausw. in tschech.) 64;
Poesiealbum 11, G. 68; Sensible Wege, G.
69, 76; Der Löwe Leopold, Erzn. 70, 74,
Schallpl. 78 (auch dän., jap., holl., norw.,
span.); Der Dichter und die Löwenzahn-
wiese, Erz. 71, Neuausg. 83; Zimmer-
lautstärke, G. 72, 77; With the volume
turned down, G. (Ausw. in engl.) 73;
Brief mit blauem Siegel, G. 73, 74;
Dikter över alla gränser, G. (Ausw. in
schwed.) 73; Die wunderbaren Jahre,
Erzn. 76, 79, Drehb. 79 (auch am., dän.,
engl., franz., finn., holl., isländ., ital., jap.,
norw., schwed. u. span.); Die Bringer
Beethovens, G. 76; Wintereisenbahner-
hochzeit, Ess. 78; Das Kätzchen, G. 79;
Ergriffen von den Messen Mozarts, Ess.
81; With the volume down low, G. (Ausw.
USA) 81; Auf eigene Hoffnung, G. 81;
Eine stadtbekannte Geschichte, Erz. 82;
Sentieri sensibili, G. (ital.-dt. Ausw.)
82. — **MV:** Die Zukunft sitzt am Tische,
m. Egon Günther, G. 55; Georg-
Büchner-Preis 1977 an Reiner Kunze,
m. Heinrich Böll, Reden 77.
H: Mein Wort - ein weißer Vogel,
Junge dt. Lyrik 61; Das Brot auf dieser
Erden, Ausw. aus d. Werk Peter Nells
62. — **MH:** Die Sonne den anderen,
Peter-Nell-Ausw., mit Edith Nell 59; Mir
gegenüber, m. Heinz Knobloch 60.
F: Die wunderbaren Jahre, Spielfilm
80.

S: Der Löwe Leopold und andere
Geschn., Schallpl. 78.
Ue: Der Wind mit Namen Jaromír.
Nachdichtungen tschechischer Lyrik 61;
Die Tür, Nachdicht. aus d. Tschech. 64;
Ladislav Dvorský: Der Schatz der Hexe
Funkelauge, Kom. f. Puppen u. Schau-
spieler 64; Josef Topol: Fastnacht, Sch.
66; Ludvík Kundera: Neugier, Hsp. 65;
Der Abend aller Tage, Hsp. 67; Jan
Skácel: Fährgeld für Charon 67;
Vladimír Holan: Nacht mit Hamlet 69;
Vor eurer Schwelle 70; Antonín
Brousek: Wunderschöne Sträflingskugel
70; Miloš Macourek: Eine Tafel, blau wie
der Himmel, Erz. 82; Jan Skácel:
Wundklee, G. 82; Lenka Chytilová/
László Nagy: Manchmal schreibt mir
das Weibchen des Kuckucks, G. 82. —
MUe: Milan Kundera: Die Schlüssel-
besitzer, m. B. K. Becher, Sch. 62.
Lit: Helga Anania-Hess: L'opera
poetica di R. K., Diss. U. Urbino, Ital.;
Jürgen P. Wallmann: Reiner Kunze,
Materialien u. Dokumente 77; Karl
Corino: Reiner Kunze, der Moralist, Ess.
in: Die wunderbaren Jahre, Lyrik,
Prosa, Dokumente 79; Rudolf Wolff:
Reiner Kunze — Werk u. Wirkung 83.

Kuoni, Alfred, Lektor; Beustweg 3,
CH-8032 Zürich, Tel. (01) 2523893
(Zürich 23.5.14). **Ue:** E, F.
MV: Zürich. Stadtführer für Zürcher
u. Nichtzürcher 76.
Ue: J.-F. Angelloz: Rainer Maria Rilke
55; John Steinbeck: In Dubious Battle
u.d.T.: Stürmische Ernte 55; Henry
James: Washington Square u.d.T.: Die
Erbin 56; Thomas Merton: Apokalypse
der neuen Welt 56, Weltliches Tagebuch
60; Palmer Brown: Beyond the Paw-paw
Trees u.d.T: Anna Lavinias wunderbare
Reise 58, The Silver Nutmeg u.d.T: Anna
Lacinia und die andere Seite der Welt
59; C.S. Lewis: Reflections on the
Psalms u.d.T.: Gespräche mit Gott 60,
Vier Arten der Liebe 61, The World's
Last Night and other Essays, u.d.T.:
Christliches und Allzuchristliches 63,
Letters to Malcolm, u.d.T.: Briefe an
einen Freund 66, A Grief observed,
u.d.T.: Über die Trauer 66; Gerald Vann:
Der Lebensbaum 62; Alan Garner: The
Weirdstone of Brisingamen, u.d.T.:
Feuerfrost und Kadellin 63; Ambrose
Bierce: Aus dem Wörterbuch des
Teufels 64; Herman Melville: Ich und
mein Kamin 65; Eric Linklater u. Edwin
Smith: Schottland 68; Frederik R.
Benson: Schriftsteller in Waffen. Die
Literatur und der Spanische Bürger-

krieg 69; John Pinder u. Roy Pryce: Europa, Supermacht oder Entwicklungskontinent? 70; Philip Potter: 10 Fragen an die Weißen 73; Robert Lax: Wasser water l'eau 73, Circus of the Sun u.d.T.: Circus Zirkus ... 81, Episoden und Fabeln 83; Helder Camara: Mille raison pour vivre u.d.T.: Mach aus mir einen Regenbogen 81, Hoffen wider alle Hoffnung 81. **Ue: (MA):** Paul Claudel: Bd. IV u. VI d. Gesammelten Werke, 60, 61; Liber Librorum. 5000 Jahre Buchkunst 73; Helder Camara: Friedensreise 74; Chang Sin-Ren: Als Chinese nach China 75.

Kuper, Michael, Lebenskünstler, Pataphysiker; United Trade a. Turn Comp. seit 79; Versener Str. 53, D-4470 Meppen (Haselünne 23.4.60). Drama, Lyrik, Film. **Ue:** E, Kelt (Ir).
V: Marionettentango im Welttheater, G., Kurzgeschn. 78; Portus Urini — Die Hirnklempner u. anderes, Dr. u. Grotn. 80. — **MV:** The United Trade a. Turn Company: Here we are! Drachensaat 1, Eine Textausw. 80.
Ue: Jeana McKennedy: Hey women, listen! in: Drachensaat 1 80. ( )

Kuprecht, Karl, alt Primarlehrer; SSV, ZSV; Conrad-Ferdinand-Meyer-Pr. 51; Lerchenbergstr. 119a, CH-8703 Erlenbach (Zürich 17.8.13). Lyrik, Essay.
V: Antlitz einer Stadt 41; Seele im Dämmer, G. 45; Fährte leisern Lebens, G. 48; Erlauschter Weg, G. 50; Geliebte Erde, G. 53; Das schlichte Leben, G. 57; Alle Liebe ist leise, G. 60; Glanz über Schatten, G. 63; Traum über Immortellen, G. 67; Dennoch, G. 73; Antlitz und Blume des Monats, Pr. 75; Under de drei Wappering 79; Tage wie ein sachtes Ungefähr 80; Erlenbach, Geschichte einer Zürichseegemeinde 81.

Kuprian, Hermann, Dr. phil., Prof.; Österr. P.E.N.-Zentrum 66, SÖS, Ö.S.V., Turmbund 51, Lit. Union München, Die Kogge, RSG, Bdesverb. Dt. Autoren Berlin 78; Preis der österr. Jugendkulturwochen, Dramatikerpreis d. Stadt Innsbruck 54, Ritter von Yuste (Spanien) 65, Lyrikpreis Silberne Rose 69, Verdienstkreuz des Landes Tirol 75, Österr. Ehrenkreuz für Kunst u. Wissenschaft 77, Zenta-Maurina-Sachpreis für Literatur 79, Kulturbeirat der Tiroler Landesregierung 77, Ehrenzeichen f. Wiss. u. Kunst d. Stadt Innsbruck 80; 2. Präs. d. Turmbundes-Ges. f. Lit. u. Kunst, Vorst.mitgl. d. Interessengemeinsch. österr. Schriftst.

71, Collegium poeticum 46, Die Serles 46, I.K.G.; Maximilianstr. 4 B/6, A-6176 Völs/Innsbruck, Tel. (05222) 358153 (Tarrenz bei Imst/Tirol 12.4.20). Lyrik, Drama, Hörspiel, Essay.
V: Das kleine Schemenspiel, lyr. Proszenium 46, 65; Vor den Fenstern, Dr. 54; Der Tod des Orpheus, Dr. 56, 60; Die Entführung der Europa (ehem. Die Flucht), Sch. 56; Humanitas, Festsp. 58; Der Blaue Spiegel, G. 59; Solferino, Festsp. 59; Das große Schemenspiel, Trag. 60, 65 (auch span.); Romanze vom goldenen Leben, Lustsp. 61; Abendländische Melancholie, G. 63; Siegel Unendlich, Versidyle 67; Flucht und Spiel, Dramensammlung (vier Dr. mit Einl. v. Dr. Kurt Becsi) 71; Traumtexte, G. 71; Die Verschleierten, Dramation 72; Maternitas, Festsp. 69; Lamasabathani, musik. Leg. (Operntext f. Michael Horwarth) 71; Obtarrenzer Optimien, Gedichtzyklus 72; Das Weltbild der rotativen Kausalität, Ess. (auch in Spanien ersch.); Spirituelle Poesie, eine neue Literaturbewegung, Ess. 71; Orphische Gespräche, poetische Texte 69; Trompete, G. 76; Von der Kontrakreativität des Dichters, Ess. 76; Quelle im Schnee 77; Menschenflamme, Monodr. 77; Die Proligion des Ichbin, Ess. 77, u.a. Ess.; Die Hexe lag im Bette, Balladen 78; Woraus das Schicksal mein Brot bäckt, G. m. ausführl. Nachwort von Hans Faber-Perathoner 79; Orphische Verwandlung, 3 Drn. m. Vorwort v. Wilhelm Bortenschlager 80; Niobe, Opernlibretto 80; Von Stirn zu Stern oder Die orphische Reise, Dialog-Epos (auch span.) 83; Ahasver, 6 Einakter 82.
MA: Schöpferisches Tirol, Dicht. d. Gegenw. 53; Imster Buch 54; Heimatbuch von Telfs 55; Landecker Buch 56; Die Barke, Anth. 56, 63, 72; Wort im Gebirge, Schrifttum aus Tirol 56; Bildner, Planer und Poeten 60; Musenalmanach Marburg a.L. 63, 64; Sudetendeutscher Kulturalmanach 64; Brennpunkte 65; Hausbuch der Tiroler Dichtung 65; Dichtungen deutscher Lehrer der Gegenwart 65; Zwanzig Jahre Volkshochschule Innsbruck 65; Zwanzig Jahre AMS Innsbruck 65; Zyklische Dichtungen der Gegenwart 65; publikation, Düsseldorf/München; Engramme, Wolffenbüttel; Wort im Gebirge 12. Folge 71; Bekenntnisse (Schöpferisches Tirol) 73; Dichtungen deutscher Lehrer der Gegenwart 65; Schaffensfreude - Lebensfreude, Lesebuch der Steiermark 66; Innviertler

Künstlergilde, Jahrbuch 69/70; Anthologie II, Regensburger Schriftstellergruppe 69; Stadtbuch Kitzbühel, Bd. IV 71; Begegnungen (Schöpferisches Tirol) 70; Anthologie 3, Regensburger Schriftstellergruppe 79; Brennpunkte XVI — Vision u. Wort 82.

H: Turmbund-Buchreihe (H. Faber-Perathoner: Das Buch vom inneren Leben 67; A. M. Achenrainer: Der zwölfblättrige Lotos 59; H. Schinagl: Die Jungfrau und das Tier 60); Turmbund-Heimatreihe (H. Matscher: Der letzte Freund 58; A. M. Achenrainer: Frauenbildnisse aus Tirol 64; V. v. Grimm: Die beiden Falken 64; J. M. Metzler: Die klugen und die törichten Jungfrauen 65; S. Gasser: Die verzauberte Wiese 65); Das Wunder zu Landeck. Barockes Myst.sp. 60; Brennpunkte I — X, Jahrbücher, Anthologien, Essays 63 — 73; Wilhelm Waldstein: Der Brennspiegel, Aphorismen 67; Hans Faber-Perathoner: Garuda ruft, G. 64; Hans Faber-Perathoner: Bogen des Orion, G. 67; Anna Dietrich: Trift der Träume, G. 64; Henry Quintern: Ein Denkmal für Napoleon, Satire; Helmut Schinagl: Fallendes Feuer, G.; Georg Wagner: Hussenstein, G.; Gloria Nessler: Kaskaden, G.; Hans Berger: Untergang und Aufgang, Ess.; Anna Maria Achenrainer: Zeit der Sonnenuhren, ein Jahrbuch; Roland Jordan: Lagerfeuer der Seele, G.; Dorothea Merl: Der Paradiesvogel, G. 71; Hanspeter Niss: Verwanderte Rückkehr, G.; Reinhard Margreiter: Vor Deinen Augen, G.; Sepp Weidacher: Mit der Seele des Wolfs, Erz.; Karl Lubomirski: Stille ist das Maß der Weite, G. u. viele and. Bde. —
MH: Narciso Sanchez Morales/ Hermann Kuprian: Alle Zeit ist nur geliehen, österr.-span. Anth. 73; Quer, Anth. dt.spr. Lit. d. Gegenwart 74, u.a.
R: Die Heimkehr des Odysseus, Hsp. 48; Das kleine Schemenspiel, Hsp. 51, 66; Vom Markt an der Brücke zur Stadt, Hsp. 54; Haymo und Thyrsus, Hsp. 54; Das versunkene Dorf, Hsp. 55; Das Schemenlaufen von Imst, Hsp. 56; Dietrich von Bern, Hsp. 56; Der Tod des Orpheus, Hsp. 56; Quelle im Schnee, Hsp. 65, Weihnacht der tausend Leuchtraketen, Erz. 65. Maternitas, Hsp., Einige Hf.
Lit: Schwäbisches Landesschauspiel, Sonderh. 59/60; Wort im Gebirge, Schrifttum aus Tirol VIII/IX 59; Hausbuch der Tiroler Dichtung 65. Paul Wimmer: Hermann Kuprian - Dichter universaler Spiegelung, in:

Begegnungen 69 u. Akademische Blätter 68; Reinhard Margreiter: Orphische Gespräch, Heimatland - Schrifttum aus Österreich, 16. Jhrg., Mai — August 1971, Folge 5 — 8; Ondra Lysohorsky (Dr. Erwin Goy, Bratislava): Orphische Gespräche - von Hermann Kuprian. Univ.Prof. Dr. Eugen Thurnher: Hermann Kuprian - Flucht und Spiel 71; Narciso Sanchez Morales, Poesia Espiritual: Nueva Ola 71; Theodor Seidenfaden, Europas geheime Religion 69; Wilhelm Bortenschlager: Theaterspiegel, Ein Führer durch das moderne Schauspiel IV 72; Anselm Salzer und Eduard von Tunk: Geschichte d. dt. Lit. III 72; Kindlers Lit.gesch. d. Gegenwart, H. Spiel: Die zeitgenössische Lit. Österreichs 76; Karl Albert: Über Spirituelle Poesie (Brennpunkte XIII) 77; W. Bortenschläger: Geschichte der Spirituellen Poesie (Brennpunkte XIV) 76; ders.: Christl. Tendenzen im österr. Drama der Gegenwart 76; Wegweiser durch die Literatur Tirols seit 1945 (Brennpunkte XV) 79; Hermann Kurpian: Profil eines Dichters, Monogr. zum 60, Geb., hrsg. v. Prof. Dr. Kurt Becsi unter Mitarb. v. W. Bortenschlager u. P. Wimmer 80; Wilhelm Bortenschlager: Das spirituelle Drama in: Tirol Drama und Dramatiker im 20. Jh. (Brennpunkte XVII) 82.

Kupsch, Joachim; SV-DDR 54; Eduard-von-Hartmann-Str. 16, DDR-7022 Leipzig, Tel. (041) 581522 (Leipzig 18.10.26). Roman, Novelle.
V: König für einen Tag, Kom. 53; Gefährlicher Sommer 55; Ein Taugenichts stellt eine Falle, Erz. 55; Das Dorf Terrassino, Erz. 57; Die Nacht mit Beppone, Erz. 57; Die galanten Abenteuer Münchhausens 58; Die Bäume zeigen ihre Rinden, Erzn. 57; Eine Sommerabenddreistigkeit, R. 59, 65; Die Reise nach London, R. 59, 64; Ein Ende in Dresden. Ein Richard-Wagner-R. 65; Leiden oder triumphieren. R. einer Gesellschaft 64; Die Winternachtsabenteuer 65; Winterreise, Schubertr. 67; Das Buch Chons 67; Das wilde Tier Nachtigall 71; Die erschrecklichen Erfindungen W. A. Kevenhüllers 72; Die Mühsal eines Tages, Beethovenr. 73; Das tolldreiste Dutzend des Till Eulenspiegel 74; Luise, R. 76; Der Kuß der Selene, R. in Briefen über das Jahr 1813.
F: Mir nach, Canaillen 64; Hauptmann Florian von der Mühle 68.
S: Die galanten Abenteuer Münchhausens 64.

Kurfürst, Richard (Ps. Richard West), Redakteur, Prof. h. c.; Goldenes Ehrenzeichen f. Verdienste um die Rep. Österr. 70, Publizistikpreis d. Bundeshauptstadt Wien 73; Öst. Journalistengewerksch. 35; Gogolgasse 45, A-1130 Wien 13, Tel. (0222) 828100 (Wien 17.12.09). Novelle, Essay, Feuilleton, Glosse.
V: Schwedisches Tagebuch, Ess. 48; Als Wien in Flammen stand, Ess. 60; Neues Wien, Feuilletons 61; Wien täglich, Feuilletonsamml. 64; Wien, meine Stadt, Ess. 65; Franz Jonas, Biogr. 69.

Kurowski, Franz (Ps. Franz K. Kaufmann, Joh. Schulz, Heinrich H. Bernig, Karl Alman, Gloria Mellina, Jason Meeker, Rüdiger Greif, Volkmar Kühn); D.A.V. 55; Ehrenliste z.d. Österr. Staatspreisen 71, Kurt-Lütgen-Sachbuchpr. 74, Sachbuchpr. 75; Kötterweg 2, D-4600 Dortmund-Oespel, Tel. (0231) 650221 (Dortmund-Hombruch 17.11.23). Jugendbuch, Roman, Erzählung, Hörspiel, Zeitgeschichte, Kriegsgeschichte. **Ue:** E.
V: Schatz der Santa Ana 57, 59; Kampf am Todesfluß 57, 66; Aufstand in Hellas 57, 60; Malta muß fallen 57, 60; Panther, Jäger und Gejagte 57; Das Tal der Dämonen 57; Perlen, Haie, Silberpesos 48; Der Schatz im Dschungel 58; Die Fahrt der tausend Tage 58; Pensione Isabella 58; Auf den Spuren der Grenzschmuggler 58, alles Jgdb.; Der Weg nach Tobruk 59; Fahrt ohne Wiederkehr 59; Die verlorene Armee 59, 75; Tiger der Meere 59, 75; Und mit uns fuhr der Tod 60; Hölle Alamein 60; Der letzte Torpedo 60; Fahrt ins Verderben 60; Großlandung Seinebucht (auch fläm.) 61, 75; Unternehmen Overlord 61, 75; Fackeln der Vernichtung 61; Duell der Giganten 61, 75; Festung Europa 61, 75, alles R.); Horchposten Athen (auch fläm.) 62; Unter Indios und Banditen, Jgdb. 62; Insel ohne Wiederkehr, Jgdb. 61; Todesflottile, R. 62; Endstation Kaukasus, R. 62, 75; Tödlicher Atlantik, R. (auch fläm.) 62; Rotte der Verlorenen, R. 63; Ritter der sieben Meere 63, 64, 75; Sprung in die Hölle 64, 65; Die Panzer-Lehr-Division 64; Von den Ardennen zum Ruhrkessel 65 (auch franz.); Der Kampf um Kreta 65, 2. Aufl. 68, Angriff, ran, versenken 65, 75; Panzer - eine Waffe und ihre Soldaten 66; Abwehr und Rückzugskämpfe auf Sizilien 66; Der Weg nach Tobruk (auch fläm.) 66; Der letzte Torpedo (auch fläm. u. franz.)

66; Brückenkopf Tunesien 67; Graue Wölfe in blauer See (auch franz.) 67, 75; Armee Wenck, Kriegsgesch. 67; Russisches Roulette (auch holl.) 68; Miss Brasilia, R. 68 (auch holl.) 68; Grenadiere, Generale, Kameraden, Kriegsgesch. 68, 75; Ritterkreuzträger des Afrika-Korps, Kriegsgesch. 68, 75; Im Lande der Furcht, Jgdb. 68; Goldpest, R. 69; Zwischen Tanger und Maipures, R. 69; Blutiges Dreieck, Kriegsgesch. 69; Zu Lande, zu Wasser, in der Luft, Kriegsgesch. 69; Zelten im Land der Störche, Jgdb. 69; Abenteuer im Tibesti, Jgdb. 70; Unsere Zukunft das Meer, Sachb. 70, 71; Fränkische Infanterie, Kriegsgesch. 70; Ich kam durch, Dokument. 70; Anschlag auf Karibadamm, Jgdb. 71; Erdöl - das grüne Gold der Erde, Jgd.-Sachb. 71; Ihr Stadion ist der Himmel, Sachb. 71; Afrika 1960 — 1970. Das Jahrzehnt der Staatsgründungen 71; Mit Eichenlaub und Schwertern, Kriegsgesch. 71; Das Diamantenfloß, Jgdb. 72; Die großen Seen Afrikas, Sachb. 72; Geschichte der tödlichen Steine, Diamanten-Sachb. 72; Afrika - Das zweite Jahrzehnt 72; Zwischen Ntem und Tschad, Sachb. 73; Das Gold der Bäume, Jgdb. 73; Das Buch der Fallschirmspringer, Sachb. 73; Geheimorder Itschabo, Jgdb. 73; Satelliten erforschen die Erde, Sachb. 73; Panzer vor!, Kriegsgesch. 74; Deutsche Fallschirmjäger im Zweiten Weltkrieg 1939-1945 74, 82; Torpedoboote und Zerstörer im Einsatz 1939-1945 74, 77; Berühmte Fliegerinnen, Sachb. 74; Die Insel der schwarzen Panther, Jgdb. 74; In die Tiefen der Meere, Sachb. 74; Kampf um das Erdöl, JuSachb. 74; Erdöl erobert die Welt, JuSachb. 74; Wilde Flüsse - große Abenteuer, Sachb. 74; Lange Straßen - Ferne Welten, Sachb. 75; Wilde Mustangs weite Prärie, JuBuch 75; Mit Rommel in der Wüste, Kriegsgesch. 75,; Die Rohstoffe Afrikas, Sachtext 75; Das große Abenteuer der Technik, Sachb. 75; Vier Freunde auf Safari, Erz. 75; Ritter der Wüste, Erz. 76; Vom Gleitflug zum Überschall, Sachb. 76; Il Mare nostro avvenire, Sachb. 76; Weites Land und wilde Menschen, Sachb. 76; Wir fahren in die Zukunft, Sachb. 76; Tiger — Die Geschichte einer legendären Waffe 1942-1945 76, 81; Schnellboote im Einsatz 1939-1945 76; Berühmte Indianerhäuptlinge, JuSachb. 77; Sturmartillerie — Die dramatische Geschichte einer Waffe 1939-1945 77, 80; Schlucht ohne Wiederkehr, JuErz. 77; Luftschlachten über Deutschland 77, 82; Zu

Wasser zu Lande in der Luft 77; Die
Großen Entdecker, JuSachb. 77; Wildes
Rhodesien, JuSachb. 77; Auf den Spuren
der Berber, Jgdb. 78; Vom Balsafloß zum
Tieftauchboot, Sachb. 78; Die wilden
Tiere Afrikas, Jgdb. 78; Das große
Rennen, Jgdb. 78; Erwin Rommel,
Sachb. 78; Der Seenotdienst der
deutschen Luftwaffe, Kr.Gesch. 78;
German Paratroops in World War II,
KrGesch. 78; Indianen Omnibus, Sachb.
78; Abenteuer Großwildjagd, Sachb. 79;
Von den Ardennen bis zum Ruhrkessel,
KrGesch. 79; Krieg unter Wasser,
Kr.Gesch. 79, 82; Seekrieg aus der Luft,
Kr.Gesch. 79; U-Boot-Asse, Sachb. 80;
Abenteuergeschichten wilder Mustangs,
Jgdb. 80; Bordflieger im Zweiten Welt-
krieg, Kr.Gesch. 80; Kampffeld Mittel-
meer, Kr.Gesch. 80; Bedingungslose
Kapitulation, Kr. Gesch. 80; Venedig,
das Tausendjährige Großreich im
Mittelmeer, Gesch. 80; Heimatfront,
Tats.R. 80, 82; Der Panzerkrieg,
Kr.Gesch. 80; Raketen und Satelliten:
Augen, Ohren, Stimmen im All, Sachb.
80; Das Afrikakorps, Kr.Gesch. 80;
Graue Wölfe in blauer See, Kr.Gesch. 80,
81; Im Reich der Delphinmenschen,
Jgdb. 81; Diamanten auf dem Meeres-
grund, Jgdb. 81; SOS von Atlantik City,
Jgdb. 81; Unterseeschleppzug spurlos
verschwunden, Jgdb. 81; Jagd auf die
Handelpiraten, Jgdb. 81; Der Schatz im
Birkenwald; Terror im Jugenddorf; Die
Haschischbande wird entlarvt; Unter-
nehmen Nachtschatten; Katzendieben
auf der Spur, alles Jgdb. 81; Die
Schlacht um Deutschland, TatsBer. 81;
Günther Prien: Der Wolf und sein
Admiral, Biogr. 81; MS Hansestadt
Danzig, Kr.Gesch. 81; Kampf um die
Festung Holland, Kr.Gesch. 81; Ölpest-
alarm vor Südamerika; Kemals letzte
Chance; Jagd auf die Automarder;
Operation Förderkorb; Die Falle
schnappt zu; Das Ding mit den
Briefmarken; Kampf um den Roten
Blitz, alles Jgdb. 82; Aliierte Jagd auf
deutsche Wissenschaftler, Sachb. 82;
Das Vermächtnis, Biogr. 82; Der
Unglücksrabe aus Fernost, Jgdb. 83;
Luftbrücke Stalingrad, Kr.Gesch. 83;
Endkampf in Afrika, Kr.Gesch. 83;
Genua aber war mächtiger, Gesch. 83;
Seekrieg im Mittelmeer, Kr.Gesch. 83;
Karl Dönitz: Vom U-Boot-Komman-
danten zum Staatsoberhaupt, Biogr.
83. — MV: Haustochter zu sechs Rangen
57, 62; Vier fahren nach Griechenland
57, 59; Hausfrau in Vertretung 58, 59;
Ferien im Kinderturm 60, 61, alles

Märchenb. m. Johanna Schulz; Sturmartillerie - Fels in der Brandung, m.
Gottfried Tornau 65; Einzelkämpfer 67;
Mein Freund Jan 67; Der Hauptgewinn
69; Gegenüber wartet jemand 70; Gitta
ist prima 70; Ruhrtangente 72; Ein Dortmunder Lesebuch 72; Sie schreiben
zwischen Moers und Hamm 72; Die
Großen der Welt 76, 78; Spiegelbild,
Anthol. 78; Die Großen der Welt Bd. II
78, 79.
R: Die Kaiserin auf dem Drachenthron 58; Fragen an den Autor 70; Der
Hunger und das Meer I - V 70.

Kurrus, Karl, Städt. Dir. i.R.; Wettbew.
f. Mundartsp. 51: 3. Pr. f. d. Spiel
Heiliwog, René-Schickele-Pr. Straßburg
81; Schlesierstr. 7, D-7800 Freiburg i.Br.,
Tel. (0761) 64641 (Endingen-Kaiserstuhl
25.10.11). Drama, Lyrik, Kurzgeschichten, Rundfunk, Mundartdichtung.
V: Im Himmlische Keller, alem. 50;
Heiliwog, Weihnachtsp. 52; Jokiligeist,
Fasnachtssp. 52; Die St. Katharinen-
kapelle auf dem Kaiserstuhl, Heimat-
geschichte 62; Üs em Kriagli, Alem. G.
69, 70; Ruaf in d Zit ni, Alem. G. 72; Das
Hohe Lied, Beschr. Kunstwerk 73; Land
zwischen Rhein und Schwarzwald, -
Landkreis Emmendingen- 74; Allewil —
Zwischen Sellemols un Iber-morn —
Alem. G. 75; Der Witz der Alemannen,
hdt. u. alem. 75; Das Gloria aus zwei
Jahrhunderten 75; Mundart hilft auf
dem Weg ins Leben 77; Hebels Zwie-
sprache 78; S Eige zeige, Alem. G.,
Sprüche, Erzn. 79; Der Heimat treu ...,
Gedenkschrift für Lina Kromer 79;
Alemannischi Sprich 81; Vu Gott un dr
Welt, alem. G. 81.
MA: Schauinsland, Heimatgesch. 65,
76; Alemannische Geschichten, Leseb.
70; Städtebrevier, Landeskundereihe 71;
Das Endinger Tränenmirakel v. 1615 im
Lichte zeitgenöss. Dok., m. Brednich,
Alem. Jahrbuch 71/72; Freiburger
Almanach, Jb. 71-83; S lebig Wort, Alem.
Anth. (Schriftleit.) 78; Badische Heimat,
Lyrik u. Heimatgeschichte 68, 71, 77, 80,
82; Unser heimelig-badisches Rebland
82 (Schriftleit.).
R: Lebende Mundartdichter: Karl
Kurrus aus Endingen 61; Ein Volks-
heiligtum auf dem Kaiserstuhl 64;
Vulkan, Löß und Reben (Kaiserstuhl) 82.
Lit: Richard Gäng: Karl Kurrus, ein
neuer alemannischer Mundartdichter,
in: Badische Heimat 69; Raymond
Matzen: Karl Kurras zum 70. Geb. in:
Badische Heimat 82.

Kurschat, Heinrich, StudRat i. R.;
Nikolaus-Fey-Str. 72, D-8700
Würzburg 1, Tel. (0931) 704307 (Tilsit
17.10.18). Roman, Erzählung, Hörbild.
V: Memelländisches Bilderbuch, Ess.
56; Wunderland Kurische Nehrung, Ess.
57; Friedrich und Federico, Jgdr. 59; Im
Reiche des Minos, Jgdr. 64 (auch holl.);
Memelländisches ABC 64; Das Buch
vom Memelland, Ess. 68. — **MV:** Deine
Söhne, Europa, Lyrik-Anth. 47; Ost-
preußen erzählt, Erzn. 51; Ostpreußische
Liebesgeschichten, Erzn. 67.
R: Santorin — die verbrannte Insel,
Hb. 56; Die Scilly-Inseln, Hb. 58; Das
sibirische Jahr, Hb. 58; Heute in Memel,
Hb. 75.

Kurtz, M. Olaf, s. Kurtz, Michael.

Kurtz, Michael (Ps. M. Olaf Kurtz),
Dipl.-Ing.; Autorenkreis Ruhr-Mark 82,
Literatenkreis Hagen 83;
Riemerschmidstr. 7, D-5800 Hagen 1,
Tel. (02331) 586835 (Hagen 12.9.52).
Kurzgeschichte, Roman, Lyrik,
Erzählung.
V: Rostige Maiglöckchen, Lyr. 82.

Kurtz-Solowjew, Merete (Ps. Merete
van Taack), Dipl.-Ing., Architektin;
Waldparkdamm 2, D-6800 Mannheim
(Darmstadt 16.8.06). Jugendbuch.
V: Stefan und Tong-Tong 49; Chris
und Jo 50; Mona 52; Robbin und der
Hase 53 (auch ital.); Liftboy Anka 59;
Kay und die Marchesa; Wer bist Du,
Ken? 63; ... und weiter tanzt der
Kongreß 69; Königin Luise 78, 81.
R: Stefan und Tong-Tong, u. weitere 5
Jgd.-Hsp. ( )

Kurz, Carl Heinz (Ps. Carl August
Brevis), Schriftsteller u. Privatgelehrter,
Prof. of German Literatur (USA); VS 64,
Vorstandsmitgl. 70 — 75, Autorenkreis
Plesse, Intern. Schr.-Verein. 64,
Sprecher 76, Präs. 79, Fördererkreis dt.
Schr. in Nds. u. Bremen 73, Beiratsmitgl.
73, Intern. Autoren-Progressiv Mölle/S
75, Vorstandsmitgl. 75, RSG 76,
Literarische Union 76, Kogge 76,
Senryu-Ges. 80, Ehrenpräs. 82; Burg-
schreiber zu Plesse 76, Schwarzer Falter
in Gold 77, Zenta-Maurina-Literatur-
Preis 79, Ritter zu Yuste 79, Eremit-
Literatur-Preis 79, Bovender Lit. Ehren-
gabe 80, Med. "studiosis humanitatis" 80,
Dr.lit.h.c. 80, Senryu-Pr. zur Flußweide
80, Renga-Meister 80, AWMM-Buchpr.
81, Senryu-Meister 81, Brüsseler Anth.-
Pr. 82, Poetenmünze Zum Halben Bogen
82 u.a.; Pappelhof, D-3406 Bovenden 1 u.

Mönchstalweg 30/03, D-3392 Clausthal/
Harz, Tel. (05594) 567 (Zellerfeld
26.11.20). Jugendbuch, Erzählung,
Roman, Biographie, Reisebericht, Harz-
Literatur, lyrische Prosa.
V: Zahlr. Jgdschriften seit 47;
Matthias Claudius, Biogr. 50, 64;
Nicolaus Ludwig Zinzendorf, Biogr. 50,
66; Toyohiko Kagawa, Biogr. 51, 62 (auch
finn.); Franziskus von Assisi, Biogr. 52,
73; Johann Friedrich Oberlin, Biogr. 52;
Der Christus von Pilgramshof, Erz. 52;
James Hudson Taylor, Biogr. 52; Georg
Müller von Bristol, Biogr. 53, 65; Thomas
John Barnardo, Biogr. 53; Die Jungen
von der Plesse, Kinderb. 53; Der
leuchtende Schritt, Erz. 54, 56; Johan
Hus, Biogr. 56, 74; Die ewige Sühne, Erz.
57; Girolamo Savonarola, Biogr. 58;
Adieu, Geliebter! Erz. 59, 63; Anja, Erz.
59, 63; Rose im Herbst, Erz. 60, 61; Das
Abenteuer an der Großen Mauer,
Kinderb. 60; Sterne über Skagen, Erz.
62, 63; Liliane Fenmohr, Erz. 62, 63;
Durch manchen Herbst, Erz. 63; Hier
und anderswo, Reiseber. 68, 77; Das
verborgene Kleinod, R. 70; Begegnungen in aller Welt, Reiseber. 70; Ich
flog um die Erde, Reiseber. 70, 77;
Kannst du lesen, Masuru?, Erz. 71;
Vielerlei Wege, Reiseber. 71; Abseits der
Straßen, Reiseber. 72; Liebesbriefe an
den Harz, Essays 73, 77 (auch engl.,
franz., dän., holl.); Die umbrische
Passion, Biogr. 73; Kinder in dieser
Welt, Reiseber. 73, 75 (auch engl.,
schwed.); Dichterporträts (A. G. Bartels,
W. Fredemann, R. O. Wiemer), Essays
73; In alle Winde, Reiseber. 74;
Amerikanische Impressionen, ill. Reise-
ber. 74; Der böhmische Aufschrei, Biogr.
74; Land meiner Väter, Essays 74, 76;
Asiatische Miniaturen, ill. Reiseber. 74;
Afrikanische Reminiszenzen, ill
Reiseber. 75; Australische Silhouetten,
ill. Reiseber. 75; Die polnische Klage
(Janusz Korczak), Biogr. 75, 76;
Europäische Variationen, ill. Reiseber.
75; Die letzte Wulfenia, Erz. 76; Autoren-
profile (E. Biewend, D. Block, K. O.
Buchner), Essays 76; Land meiner
Kinder, Essays 76; Das schwarze
Monokel, Kriminalr. 76, 77; Burg Plesse,
hist. Bilderb. 76, 77; Poetenbilder (K. H.
Bolay, P. Coryllis, H. Knebel), Essays 77;
Einsame Gräber, Kriminalr. 77; Die
Predigt zu Lilienthal, Ess. 77; Schrift-
stellerskizzen (H.-J. Haecker, M.
Kubelka, I. Meidinger-Geise), Ess. 77;
Ein Mensch namens Laci, Biogr. 78; Den
Eulen nah und dem Mond, Tanka 78;
Rede auf Zellerfeld, Laudatio 78; Im

letzten Winkel der Stadt, Tanka 78; Rede auf Clausthal, Ess. 79; Das künstlerische Werk des Laci Freund, Bildbiogr. 79; Das Kloster zu Cella, Fam.Gesch. I 79; Irgendwo in der Ferne, Tanka 79; Auf den Lippen der Armen, Tanka 79; Und an fernen Gestaden, Tanka 79; In Himmeln und in Höllen, Tanka 79; In Stunden nicht und Tagen, Tanka 79; Auf zerschundenem Erdball, Tanka 79; Die Hütte in der Böhmischen Au, Fam.Gesch. II 80; Mein Lesebuch Römisch Eins, Dok. 80; Das ewige Feuer (David Ben Gurion) Biogr. 80; Die Grube zum Andreasberg, Fam.Gesch. III 80; Wohin ich auch ging ..., Reiseskizzen 80; Bovender Sagen 80; Liebeserklärung an das Kleine Paradies 80; Das Gut zu Belka, Fam.Gesch. IV 80; Sagen aus dem südlichen Niedersachsen 80; Akte: Eulenwinkel, Kriminalr. 80; Das Haus auf dem Celler Felde, Fam.Gesch. V 80; Das Schloß zu Koprein, Fam. VI 81; Der Hof in Ontario, Fam.Gesch. VI 81; Schriftsteller zwischen Harz und Weser, Lit.Gesch. 82; Schlägel und Eisen, Chronik 82; Wherever I went, travel sketches 82; Über fünf Erdteile hin, 77 Senryu 82; Der Sänger mit dem hohen Hut, Memoiren eines alten Toren 82, 83; Am Tor des Lebens, Haiku 82, 83. **B:** Einführung zu W. Fredemann/ Aulet Land un junget Lied 76; Einführung zu O. Hilke/Christian schießt auf den Herrgott 76; Einführung zu L. Freund: Geschichten vom Papa 78; Einführung zu K. O. Buchner: Entscheidungsstunden 78; Einführung zu K. H. Bolay: Frei noch im Winde 79; Einführung zu G. A. Conradi: Wie im Fluge 79; Einführung zu G. K. Schröder: Wo Suren am Herdrauch nisten 79; Einführung zu K. H. Bolay: Auf der Suche nach mir selber 79; Nachwort zu H. Mock: Biographie einer Graphiksammlung 79; Einführung zu E. Hintz-Vonthron: Blütenschnee und Blätterfall, Haiku 80 u. v. weit. Einführungen, Hinweise, Begleitungen. — **MA:** Ewigkeit in der Zeit 50; Lehrer-Autoren der Gegenwart 69; Dichter - Schriftsteller - Verteller 73; Dissen Dag un all de Daag 76; Plesse-Lesungen 1976 77; Nachlese 77; Im Lichtbereich der Ethik A. Schweitzers 77; Besuch in der Heiligen Nacht 77; Stille — Zenta-Maurina-Gedenken 77; Sagen aus dem südwestl. Harz 78; Plesse-Lesungen 1977 78; Katapult-extra I 78; Mauern 78; Jb. dt. Dichtung 78; Spiegel Deinerselbst 78; Prisma 78; Die Welt in der wir leben 78; Europa-Herzschläge 78; Sag Ja und du

darfst bei mir sein 78; Katapult-extra II 78; Plesse Lesungen 1978 79; Zw. Harz und Solling 79; Anthologie 3 79; Schritte der Jahre 79; Schreibfreiheit 79; Jb. dt. Dichtung 79; Lilie unter Sternen 80; Brotherhood 80; Gewalt und Widerstand 80; Besinnung und Einsicht 80; Ich denke an morgen 80; Rufe 2 81; Lyrik heute 81; niedersachsen literarisch 81; An den Ufern der Hippokrene 82; ISSA 82; Seijo 82; Album of intern. Poets 82; Auch im dunklen Raum 82; Flowers 82; Born in the Beauty 82; Premier Poets 82; Einkreisung 82; Thema: Martin Luther 82; Autorenbilder 82; Pegasus 82; Ansichtssachen 82; 20 Kasen 82; Inseln im Alltag 83 u. v. weit. Beitr. **H:** Freundesgabe zu R. O. Wiemers 70. Geb. 75; Die Bäume des Wilhelm Bobring 77; Die Halbe-Bogen-Reihe mit den Sparten: Die ersten Schritte — Wegzeichen unserer Tage — Stimmen aus aller Welt — Visitenkarte — Autobiographische Notizen — Blätter aus dem südlichen Niedersachsen — Lyrik unserer Zeit seit 75; Winnigs Heimat und Kindheit; Im Windschatten 78; Kreis im Kreise 79; Über alle Grenzen hin ... (dt.-schwed.) 79; Zwischen Harz und Solling 79; Und wie ein dunkler Schatten 79; Im schwarzen Mantel der Nacht 79; Aber es schweigt das Dunkel 79; Die Zeit verweht im Mondlaub 79; In der Tiefe des Herzens 80; Ein Hort den tausend Träumen 80; Im Chor trauernder Winde 80; Spuren im Sande der Zeit 80; Lilie unter Sternen 80; Chr. Dichtung am Beispiel D. Block 81; Protokoll einer Ehrung (H.J. Haecker) 81; Wege unterm Kreuz 81 u.v.weit. — **MH:** Gauke's Jb. 82, 83; Gratwanderung, Lyr d. achtziger Jahre 83. *Lit:* R. Busch: C. H. Kurz - Schriftsteller in Rauschenwasser, Dokumentation 74; J. Lebek: Pappelhof, Besuch bei C. H. Kurz, ill. Essay 74; L. Spangenberg: Autorenkreis Plesse, Essay 75; B. Fies Verwischte Spuren, Werkauswahl 76; Spektrum des Geistes 1977 76; Plesse-Lesung 1976 77; Niedersachsen literarisch 78, 81; Bortenschlager: Dt. Lit. Gesch. 78; V. Geldern: Heimat 78; Autoren-Bild-Lexikon 79, 82; S. Kunath: In literis (Autorenprofil C. H. Kurz) 80, 82; Bortenschlager: Inseln 80.

Kurz, E. R., s. Kurz, Editha.

Kurz, Editha (Ps. E. R. Kurz); Liliengasse 1, A-5020 Salzburg (Wien 21.11.10). Roman, Novelle, Essay.

V: Die Heimkehr des Ernst Heger, Nn. 47; Wäre die Liebe nicht ..., R. 48; Salome Alt, R. 55; Elisabeth, R. 57.
MA: Frauenbilder aus Österreich 55.

Kurz, Marion, c/o Kairos-Verl., Lehrte.
V: O Welt umarme mich. Stationen e. Lebens, Lyrik 80. ( )

Kurz, Paul Konrad, Dr. phil., Schriftsteller, Doz.; VS 68, P.E.N. 71; Kritikerpreis: Die goldene Feder 73; Planeggerstr. 19a, D-8035 Gauting, Tel. (089) 8507181 (Bad Schussenried/Württ. 8.4.27). Lyrik, Essay.
V: Denn Er ist da, Advents- u. Weihnachtsv. 63; Wer bist Du?, V. 64; Gegen die Mauer, Passions- u. Osterv. 66; Künstler, Tribun, Apostel 67; Über moderne Literatur I 67, 70, II 69, III 71 (auch engl.); IV 73, VI 79, VII 80; Die Neuentdeckung des Poetischen 75; Die Liebe ist ein Hemd aus Feuer, G. m. Farbholzschn. v. HAP Grieshaber 81.
MA: Heller als alle Sterne 67; Überredung zu Weihnachten 68; Moderne Literatur und christlicher Glaube 68; La nueva Novela Europa 68; Strukturen christlicher Existenz 68; Von den Nachgeborenen. Dichtung auf Bertolt Brecht 70; Jesus, Materialb. 71; Notwendige Bücher 74; Wir wissen, daß wir sterben müssen 75; Gott in der Literatur 76; 20 Annäherungsversuche ans Glück 78; Rufe, relig. Lyr. d. Gegw. 1 78, 2 81; Frieden und noch viel mehr 82; Ihr werdet finden 82.
H: Psalmen vom Expressionismus bis zur Gegenwart 78; Wem gehört die Erde, Neue rel. G. 83.

Kurz-Goldenstein, Marie-Thérèse (Ps. Kerschbaumer), Dr. phil., Schriftstellerin; VDÜ im VS 72-82, GAV 75, IGöA 82; Österr. Staatsstip. f. Lit. 74/75, Theodor-Körner-Preis f. Lit. 78, Förderungspr. z. Staatspr. f. Lit. 81; Körnergasse 6/14, A-1020 Wien, Tel. (0222) 2499352 (Garches, Seine-et-Oïse 31.8.36). Drama, Lyrik, Roman, Novelle, Essay, Hörspiel. **Ue:** Rum, I.
V: Gedichte, Lyrik 70; Der Schwimmer, R. 76; Der weibliche Name des Widerstands. Sieben Berichte. Erzn. 80, Tb. 82; Schwestern, R. 82. –
MV: Neue Autoren I, m. Thomas Losch, Manfred Chobot; Lesebuch-Montagen, Prosa 72.
MA: Verlassener Horizont, Öst. Lyr. aus vier Jahrzehnten 81, 2.Aufl. 82; Tee und Butterkekse, Prosa von Frauen 82.
R: Kinderkriegen, Hsp. 79; Die Zigeunerin, Hsp. 81; Der weibliche

Name des Widerstands, TV-Spiel 81; Das Fest, Mini TV-Spiel in: Die Freiheit zu sehen wo man bleibt 82.
Ue: Paul Goma: Ostinato 71; ders.: Die Tür 72; Vladimir Colin: Die letzte Verwandlung des Tristan in: Die Ratte im Labyrinth 71, u.v.a.

Kurzeck, Peter, c/o Stroemfeld Verl., Basel, Schweiz.
V: Das schwarze Buch, R. 82. ( )

Kurzweil, Herbert, Dipl.-Ing. Dr., Techn. Angestellter; Ö.S.V. 80; Felixgasse 34, A-1130 Wien (Wien 7.12.33). Lyrik, Aphorismen, Epigramme.
V: Hab' Mut zum Gefühl!, G. u. Sprüche 77; Seht, welch ein Mensch!, G. u. Sprüche 79; Tag für Tag, G., Aphor., Sprüche 81.

Kusche, Lothar (Ps. Felix Mantel); SV-DDR 53, P.E.N.-Zentrum d. DDR 74; Heinrich-Heine-Preis 60; Woelckpromenade 5, DDR-1120 Berlin, Tel. 3653442 (Berlin 2.5.29). Feuilleton, Essay, Lyrik, Kurzgeschichte.
V: Das bombastische Windei und andere Feuilletons 58, 59; Wie streng sind denn im Sowjetland die Bräuche?, Feuill. 59; Überall ist Zwergenland. Ein Streifzug durch den Kitsch 60; Nanu, wer schießt denn da? Geschn. 60; Quer durch England in anderthalb Stunden 61, 65; Immer wieder dieses Theater 62; Unromantisches Märchenbuch 62; Käse und Löcher, Geschn. 63; Eine Nacht mit sieben Frauen 65, 66; Wie man einen Haushalt aushält 69, 79; Kein Wodka für den Staatsanwalt, feuill. Rep. 67; Die Patientenfibel, Erzn. 71, 78; Der gerissene Film 73, 75; Vorsicht an der Bahnsteigkante 75, 77; Kusches Drucksachen 76, 79; Die fliegenden Elefanten 77; Kellner Willi serviert 78; Knoten im Taschentuch 80; Donald Duck siehe unter Greta Garbo 81, 82; Leute im Hinterkopf 83. – **MV:** Bilderbuch vom starken Mann, m. J. Hellwig, M. Oley 61; David macht, was er will, m. Renate Holland - Moritz 65; Guten Morgen Fröhlichkeit, m. Renate Holland - Moritz 67; Ein Vogel wie du und ich und andere Geschichten 71, 73; Die Rettung des Saragossameeres 76; Die Tarnkappe 78; Zwiebelmarkt 78, alles Anthol.
H: Joachim Ringelnatz (R. Poesiealbum) 69; Joachim Ringelnatz: Nie bist Du ohne Nebendir 76.
F: Rd. 25 Kurz- und Dokumentarfilme; Der Mann, der nach der Oma kam, m. Marycy Janowski 71.

Kusenberg, Karl Theodor, StudDir.;
Dieckamp 30, D-4410 Warendorf, Tel.
(02581) 8770 (Oberhausen-Osterfeld
31.8.05). Lyrik, Epigrammatik (Lat./
Dtsch).
V: Münster, Fragmente aus den Tagen
der Not, Lyr. 78; Bleibende Gegenwart
in antikem Gewande 83. —
MV: Epigrammat. Beitr. in den
Warendorfer Schrr., H. 4/5 74/75, H. 6/7
77.

†**Kusenberg**, Kurt (Ps. Hans Ohl), Dr.
phil., Schriftsteller; VS, P.E.N.; Abteistr.
28, D-2000 Hamburg 13 (Göteborg
24.6.04). Novelle, Hörspiel, Essay. **Ue:** E,
F.
V: Le Rosso 31; La Botella, Erzn. 40,
56; Der blaue Traum, Erz. 42, 49; Die
Sonnenblumen, Erz. 51, 58; Wein auf
Lebenszeit, Erz. 55; Mit Bildern leben
55; Lob des Bettes 55, 71; Die
Belagerung von Tottenburg, Libr. 55;
Fünfhundert Drachentaler, Singsp. 55;
Im falschen Zug, Erzn. 60; Zwischen
unten und oben, Erzn. 64; Der ehrbare
Trinker 65, 68; Gesammelte
Erzählungen 69; So ist das mit der
Malerei 71.
H: rowohlts monographien.
F: Im Zauberreich der Liebe 50;
Wasser - Mythos eines Elements 51.
R: Das Gastmahl des Petronius 52;
Begegnung im Wald 53; Die Glücklichen
54; Er kommt weit her 60; Der Traum
des Sultans 63; Gespräche ins Blaue 66.
S: Seltsame Geschichten 59; Ein
schönes Hochzeitsfest 60.
Ue: Jacques Prévert: Gedichte und
Chansons 49, 71.

Kusz, Fitzgerald; VS; Förderungspr. d.
Stadt Nürnberg 74, Hans-Sachs-Pr. d.
Städt. Bühnen Nürnberg 75, Gerhart-
Hauptmann-Stipendium d. Freien
Volksbühne e.V. Berlin 77; Hochstr. 41,
D-8500 Nürnberg, Tel. (0911) 266944
(Nürnberg 17.11.44). Drama, Lyrik, Hör-
spiel, Fernsehspiel.
V: Beherzigungen 68; Wunschkonzert
71; Morng sixtäs suwisu nimmä 73;
Kehrichdhaffrn 74; Liichdi nei und
schlouf 76; Ä Daumfedern affm Droddoa
79, alles Lyrik; Schweig, Bub! Dr. 76;
Selber Schuld, Dr. 77; Bloß ka Angst!
Einakter 78; Stinkwut, Dr. 79;
Saupreißn, Dr. 81; Derhamm is
derhamm, Dr. 82; Unkraut, Dr. 83.
B: Fünf Fastnachtspiele von Hans
Sachs, bearb. u. ins Landnürnberg.
übertr. 76.
R: Schweig, Bub!, div. Fassungen 76,
77; Peter grüß Micki 76; Feich 76; Die

Bestellung 79; Die Vögel, m. Friedrich
Schirmer 80; S zweite Lehm, Fs. 80; Die
Schraiers, Fs.-Serie, m. Rainer Söhnlein
82; Marianne und Sofie, m. dems. 83.

Kutsch, Angelika, Verlagsangestellte;
Sonderpreis zum dt. Jugendbuchpr. 75;
Eckweg 4b, D-2000 Hamburg 72, Tel.
(040) 6070055 (Bremerhaven 28.9.41).
Jugendromane. **Ue:** Schw.
V: Der Sommer, der anders war, R. 66;
Abstecher nach Jämtland, R. 70; Man
kriegt nichts geschenkt, R. 73, 81; Eine
Brücke für Joachim, R. 75, 82; Rosen,
Tulpen, Nelken 78, 81, alles Jgdb.; Nichts
bleibt wie es ist, R. 79, 82; Liebe Malin
oder Nie wieder dein Hänschen, R. 80.
MA: In allen Häusern wo Kinder sind,
R. 74; Die Stunden mit dir, R. 76; Auf
der ganzen Welt gibt's Kinder, R. 76;
Morgen wenn ich erwachsen bin, R. 77;
Einsamkeit hat viele Namen, R. 78.
Ue: Annika Skoglund: Bara en
Tonåring u.d.T.: Mit 15 Jahren 72; Maria
Gripe: Glasblåsarns barn u.d.T.: Die
Kinder des Glasbläsers 77; Gunilla
Wolde: Första sommaren med Twiggy
u.d.T.: Twiggy unser erstes Pferd 78; Ulf
Malmgren: Den blå tranan u.d.T.: Der
blaue Kranich 80. ( )

Kutter, Markus (Ps. Kurt Rustamek),
Dr. phil.; Burgweg 35, CH-4058 Basel,
Tel. (061) 269816 (Beggingen, Schaff-
hausen 9.10.25). Roman, Essay, Fernseh-
spiel.
V: Schiff nach Europa, R. 57; Leser
gesucht, Gebrauchsanweisung, Texte 59;
Inventar mit 35, Texte 61; Sachen und
Privatsachen, Notizen 64; Abschied von
der Werbung, Sachb. 76; Vorwärts zur
Natur, Sachb. 77; I.C.H. Corporate
Mutations 79; Herr Herr, Textb. 82. —
MV: Achtung: Die Schweiz, m. L.
Burckhardt u. Max Frisch 55; Die neue
Graphik, Handb. m. K. Gerstner 59.
H: Antoinette Vischer, Dokumente zu
einem Leben für das Cembalo 77.
R: Herr Herr, Fsp.

Kutzbach, Karl August; VS 48; Verw.
d. Arch. d. Paul-Ernst-Ges.;
Schumannstr. 39, D-5300 Bonn 1, Tel.
(0228) 218905 (Nürnberg 23.9.03).
V: Paul Ernst. Eine Biographie in
Briefen u. anderen Dokumenten VIII,
bisher: P. Ernst in St. Georgen. Briefe u.
Berichte 1925 — 1933 66; Die
neuklassische Bewegung um 1905. P.
Ernst in Düsseldorf 72; P. Ernst u.
Georg Lukács. Dokumente einer
Freundschaft 74.
H: Paul Ernst Ges. Werke seit 34 — 42;
P. Ernst: Werke in Einzelausgaben 51 —

61 VII; Jahrbücher, Schriften u. Mitteilungen der Paul-Ernst-Ges. 34 — 42,
seit 56: Der Wille zur Form, Erste Folge
(1 — 11) 57 — 65, Neue Folge seit 70,
darin: P. Ernst: Pêle-Mêle. Früheste
Geschichten 72; P. Ernst: Acht unveröffentlichte Einakter 77; Paul Ernst
heute. Drei Vorträge 78; P. Ernst. Fünf
Novellen. Mit Interpretationen durch
Chr. Schwinger 80; Erich Härlen: Unter-
schiedliche Versuche vornehmlich an
Paul Ernst 82.
s. a. Kürschners GK.

Kwiatkowska, Lana; Adelheidstr. 81,
D-6200 Wiesbaden.
V: Reflexionen 81; Das verlorene
Lächeln, Erzn. 81.

KWS, s. Streit, Kurt W..

-ky, s. Bosetzky, Horst.

Kyllburg, Herbert, s. Pfretzschner,
Herbert.

Kyriander, Klaus, s. Herrmann,
Klaus.

L

La Rocca, Ed, s. Liersch, Rolf.

Laaber, Otto, c/o Verlag Grasl, Baden, Öst.
V: Inventur, Lyr. 76. ( )

Laabs, Joochen, Dipl.-Ing.-Ökonom; SV-DDR 69; Erich-Weinert-Med. 72, Martin-Andersen-Nexö-Kunstpr. d. Stadt Dresden 73; Husstr. 126, DDR-1199 Berlin, Tel. 6762565 (Dresden 3.7.37). Lyrik, Roman, Erzählung, Fernsehfilm.
V: Eine Straßenbahn für Nofretete, Lyrik 70; Das Grashaus oder Die Aufteilung vom 35 000 Frauen auf zwei Mann 71, 82 (auch tschech.); Die andere Hälfte der Welt, Erzn. 74, 78; Himmel sträflicher Leichtsinn, Lyr. 78; Der Ausbruch, R. einer Verführung 79, 83; Jeder Mensch will König sein, Erzn. 83.
MA: Lyrik der DDR 70, 82 (auch engl.); Neue Erzähler der DDR, Erzn. 75; Time for dreams, Poetry from the GDR, Lyr. 76; Jeden Tag neun Menschen fragen, Erzn. 80 (auch tschech.); Liebe, Ged. dt., österr., schweiz. Autoren, Lyr. 80; Gespräche hinterm Haus, Erzn. 81; Alfons auf dem Dach, Erzn. 82.
MH: Temperamente, Bll. f. junge Lit., 2 Nrn. 76, 2 Nrn. 77, 1 Nr. 78.
R: Das Grashaus oder Die Aufteilung von 35 000 Frauen auf zwei Mann, Fsf. m. Klaus Jörn 76, 77, 82 (auch tschech., poln., ungar.).
Lit: Geschichte d. Lit. d. DDR 76; Kindlers Lit.gesch. d. Gegenwart. Die Lit. d. DDR 74; Weimarer Beitr., Zs. f. Lit.-Wiss. 80; Romanführer 20 Jh. 74; Besprechungen zur Gegenwartslit. 80; Studies in GDR Culture and Society 82.

van Laak geb. Sengerling, Emilie (Ps. Mila van Laak); FDA 73, VG Wort; Intern. Ges. christl. Künstler (SIAC) (Dortmund 7.5.99). Lyrik, Kurzgeschichte, Erzählung, Roman.
V: Leute von heute 64; Mein Kriegstagebuch 64; Weltmosaik 65; Fakten des XX. Jahrhunderts, G. u. Erz. 66; Im Blickfeld der Zeitläufe, G. u. Erz. 68; Dortmund, wie es leibt und lebt, Verse 69; Maximilian Kolbe, Wegbereiter des Friedens 73; SOS Sprache ohne Seele 77; Die zweimalige Schuld, Krimi 77; Lied der Arbeit, G. m. Bildern; Liborius Wagner - ein Leben im Geiste der

Ökumene, Versepos; Leuchtfeuer, Bibl. Verse; Leute von Heute, G. 77; Triumph des Gewissens, N. 77. — **MV:** Ich brenn im Feuer der Liebe 63; Liebe, menschgewordenes Licht 64; Du, unsere Zeit 65; Das ist mein Land 66; Ein Wort ins Herz der Welt 67; Alle Wunder dieser Welt 68; Aber den Feind sollten wir lieben 69; Und dennoch müssen wir leben; Der Friede, nach dem wir uns sehnen, alles Anth.; Einklang, seit 68. ( )

van Laak, Mila, s. van Laak, Emilie.

Lachmann, Vera, Dr.phil., Prof.; PEN; 184 Thompson Street, LA 2, New York, N.Y. 10012/USA, Tel. (212) 6735177 (Berlin 23.6.04). Lyrik.
V: Golden tanzt das Licht im Glas, Lyr. 69; Namen werden Inseln 75; Halmdiamanten 82.

Lackmann, Else-Maria, Hausfrau; Ölberg 10, D-6412 Gersfeld/Dalherda, Tel. (06656) 8582 (Hamburg 21.3.23). Jugendbuch.
V: Der Junge aus d. Keller 78; Die Kaufhausdiebe 79; Sprich doch Corinna 81.

Lackmann, Max, c/o Martin-Verl. Berger, Buxheim/Allgäu.
V: Ein Mann schreit, Sch. 82. ( )

Lackner, Stephan, Dr. phil.; ISDS Zürich, P.E.N. London; Bdesverd.kr. I. Kl. 82; 601 El Bosque Rd., Santa Barbara, CA 93108/USA, Tel. (805) 9695321 (Paris 21.4.10). Roman, Lyrik, Drama, Kurzgeschichte, Essay, Biographie.
V: Die weite Reise, G. 37; Der Mensch ist kein Haustier, Tr. 38; Jan Heimatlos, R. 39; In letzter Instanz, Dr. 48; Das Lied des Pechvogels, N. 50; Gruß von Unterwegs, G. 52; Max Beckmann, Biogr. 62; Der weise Professor Virrus, Sat. 63; Max Beckmanns Triptychen, Ess. 65; Ich erinnere mich gut an Max Beckmann, Biogr. 67; Mögliche und unmögliche Geschichten 75; Der geteilte Mantel, R. 79; Max Beckmann, Biogr. 79; Minimärchen 80; Requiem für eine Liebe, R. 80; Die friedfertige Natur, Ess. 82.

Lacombe, Marie, s. Brückner, Marie.

Ladenthin, Volker, StudR.; Up de
Ahuus 1, D-4404 Telgte, Tel. (02504) 5839
(Münster 11.6.53). Lyrik, Erzählung.
V: türkis und bleu, Lyr. 81.

Ladiges, Ann, Journalistin;
Auswahlliste Dt. Jgdb.pr. 79;
Schwindstr. 5, D-6000 Frankfurt a.M.,
Tel. (0611) 745987 (Hamburg 14.2.35).
Roman, Film.
V: Mann, du bist gemein, Jgd.-R. 74,
82; Hau ab, du Flasche, Jgd.-R. 78, 82;
Blaufrau, Erz. 81.
R: Unsere Penny, 13-teil. Fsserie;
Unternehmen Rentner-Kommune, 13-
teil. Fsserie; Den lieben, langen Tag, 5 F.
( )

Ladurner, Filomena, Bäuerin;
Dialektdichterverb.; Verdistr. 66, I-39012
Meran (Meran 11.5.02). Mundartlyrik.
V: Greimte Gschichtn, G. 76, 2.Aufl. 82.
Lit: Pflug und Feder; Ein Stübele voll
Sonnenschein.

Ladurner, Karl (Charly), Journalist;
Schnaitheimerstr. 8, D-7920
Heidenheim a.d.Brenz (Innsbruck
3.10.03). Roman, Kurzgeschichte,
Novelle, Film-Drehbuch.
V: Das blaue Schiff 24; Sepp, Ski und
Liebe 45; Das Tal der weinenden Bäume
53; Die Brixener Predigt 73, 74; Alles
halb so wild 74.
R: Der Fulterer sieht fern; Mogst no a
Maß?, u.a. Kurzhsp. ( )

Ladwig, Zita, ehem. Sekretärin; AEK
seit 75, LITTERA 82; Böhmerwaldstr. 3,
D-8264 Waldkraiburg, Tel. (08638) 2421
(Rothau Kr. Graslitz 4.3.19). Lyrik,
Roman, Gedichte, Erzählung.
V: Mascha — Ein Frauenschicksal,
Erlebnisber. in Romanform 73;
Gedichtla u Gschichtla in der
Muttersprauch in Egerländer Mda. 79;
Das Märchenschloß des Markus Frey,
M. 79; Walderdbeeren, Kleine
Geschichten, besinnlich u. heiter 79;
Waldkraiburg, neue Heimat nach d.
Vertreibung, Wissenswertes über d. 1.
Vertriebenenstadt Deutschlands 80;
Moishe und Rachele, Erlebnisber. 81;
Blumen am Wege, G. 82, 2.Aufl. 83; Im
Strom der Zeit, G. 83.
MA: Licht vor dem Dunkel, G. 79;
Dichterhandschriften unserer Zeit, G.
80; Jb. dt. Dichtung 80, 81, 82.

Laederach, Jürg, freier Schriftsteller;
Gruppe Olten 75; Förderungspr. d. Stadt
Bern 76 u. 78, Förd.pr. d. Stadt Berlin 80;
Bodenackerstr. 14, CH-4103 Bottmingen,
Tel. (061) 356708 (Basel 20.12.45). Roman,
Novelle, Essay, Drama. **Ue:** F, E.

V: Im Verlauf einer langen Erin-
nerung, R. 77; Das ganze Leben, R. 78;
Ein milder Winter, Dr. 78; Die Lehrerin,
Monodr. 78; Wittgenstein in Graz, Kom.
79; Fahles Ende kleiner Begierden, 4 St.
79; Ein sanfter Sommer, Dr. 80;
Emanuel, Dr. 80; Heirat und Tod, ein
Spiel 80; Das Buch der Klagen, Erzn. 80;
Nach Einfall der Dämmerung, Erzn. 82.
Ue: Raymond Roussel: Nebel aus
fremden Sonnen, Dr. 77.

Lätzsch, Monika *

Läufer, Beat, s. Renner, Felix.

Lafeuille, Stefan, s. Haacke, Wilmont.

Laher, Ludwig, Mag.phil.,
Gymnasiallehrer; GAV 80, IGÖA 83;
Waschergasse 26, A-5020 Salzburg, Tel.
(0662) 420325 (Linz/D. 11.12.55). Drama,
Lyrik, Novelle, Essay, Feature,
Literarische Bearbeitung.
B: Theaterst., u.a.: Jean Cocteau: Der
Ochs auf dem Dach 81. — **MA:** Zahlr.
Lit.-Zss., u.a. Projektil seit 75;
Wespennest; Orte; Die Rampe; SALZ;
Wiener Journal; Einblick;
Schreibarbeiten; Salzburger
Nachrichten; Restant;
Autorenpatenschaften 80;
Angstzunehmen 83; Geschichten 2000
83, alles Anth. u.a.
MH: Angstzunehmen 83.
R: Wo sich alles aufhört, fängt alles
an, Hb. 83.

Lahner, Franz, Angestellter; VÖT;
Engerthstr. 81/34, A-1200 Wien, Tel.
(0222) 3578473 (Wien 1.9.35). Lyrik.
V: G'sehn und g'hört in der
Wienerstadt, Mda.-G. 72; Wia d'Leut so
san, Mda.-G. 79.
S: Wia d'Leut so san, Schallpl. u.
Tonkass. 80.

Lahnstein, Peter, Dr., Landesbeamter
i. R.; VS Baden-Württ. 70; Gaußstr. 109A,
D-7000 Stuttgart 1, Tel. (0711) 655821
(Stuttgart 1.11.13). Essay, Kulturgeschichte.
V: Schwäbische Silhouetten 62;
Württemberg anno dazumal 64, 66;
Bürger und Poet 66; Ludwigsburg. Aus
der Geschichte einer europ. Residenz
68; Report einer guten alten Zeit, Zeugn.
u. Berichte 1750 — 1805 70, 71; Gabriele
Münter 71; Das Leben im Barock 74
(auch jap.); Auf den Spuren von Karl V
79 (auch holl. u. franz.); Schillers Leben
81; Die unvollendete Revolution 82. —
MV: Das Ludwigsburger Porzellan und
seine Zeit 78.
H: Eduard Mörike: Jahreszeiten
(Ausw. u. Einl.) 74.

Lahnstein, Siegfried Joh. *

Lainer, Rosa, Baustoff-Kfm.; Am
Floßkanal 6, D-8190 Wolfratshausen
(München 8.12.27).
V: Harmonische Lyrik 82; Weil ich
dich liebe, Schöpfung 83.

Lakotta, Anneliese (Ps. Consilia
Maria Lakotta), Sekretärin;
Lilienthalstr. 14, D-4200 Oberhausen/
Rhl. 12 (Oberhausen-Osterfeld 4.12.20).
Roman, Novelle, Erzählung.
V: Halligsommer, N. 51; Gewitter über
dem Hegerhof, R. 52; Schifferliebe am
Rhein, R. 53, 55; Lexikon für Liebende,
R. 54; SOS - wir landen im Kloster, R.
54, 55; Nikola, R. 55, 60; Das Geld und
der Himmel, R. 55; Der Mönch im Feuer,
R. 55; Ria in London, Jgdb. 55; Regine,
Jgdb. 55; Nikolas Ehe 55, 60; Nippons
Töchter weinen nicht 57; Kein
Weihrauch für Cäsar 58; Versuchung in
Chikalda 59; Ruf mich an, Susann 60;
Genevieve gewinnt 60; Romanze auf
Rädern 60; Lampions für Evas Garten
61; Licht über dem See, R. 61; Klausur,
Eintritt verboten 62, 65; Die Reiterin 62,
65; Geborgenheit 63; Ein Sommer in
Holland 64, 65; Komödie auf Nidelfingen
64; Die große Verzeihung 64; Der Ätna
ist überall 65; Madeleine 65; Nacht-
gespräch, R. 66; Grüne Wälder, weites
Land, R. 67; In Suomis hellen Nächten,
R. 68; Briefe an alleinstehende Frauen
68; Sorglos leben 70; Schönheit, was ist
das?; Schnellkursus der Lebensfreude
76; Wie verhalte ich mich? 77; Überwundene Depressionen; Da lachen die
Damen, da schmunzeln die Herren,
Heitere Stichflamme; Die Kapuze des
Antonius, alle drei Theaterst. f. die
Laienbühne 77/78; Trostbriefe für
seelisch Leidende 78. ( )

Lakotta, Consilia Maria, s. Lakotta,
Anneliese.

Lambrecht, Christine; August-Bebel-
Str. 56, DDR-4500 Dessau.
V: Dezemberbriefe, Geschn. u.
Miniaturen 82. ( )

Lamers, Monika, Schriftstellerin; VS
seit 80; Intern. Robert Musil Ges. 77;
Limbacherstr. 43, D-5231 Kircheib/
Neuenhof, Tel. (02683) 42291 (Bonn
1.1.41). Lyrik, Roman, Novelle.
V: Nur du kannst mir helfen, e.
Tageb.-R. 79.

Lammel, Dieter, Elektriker; Kandidat
im SV-DDR 74-82; Preis für künstler.
Volksschaffen (Lyrik) II. Klasse 69,
Pablo-Neruda-Med. f. Lyr. durch FDGB
75, 1. Preis f. Lyrik durch den FDGB bei

den Arbeiterfestspielen 76, Goldmed. f.
Lyr. z. Festival d. Dt.-Sowjet. Freund-
schaft 77, Kurt-Barthel-Med. 82; Vorsitz.
BAG schreib. Arbeiter Magdeburg 63;
Pablo-Picasso-Str. 7, DDR-3034
Magdeburg (Brieg 15.11.24). Lyrik (Texte
für Gedichte und Lieder). Ue: P.
V: Unterwegs, Lyr.bd 78;
Weichselkirschen Lyr.bd 80. –
MV: Körnchen Gold, Anth. 69; Das uns
Gemäße, Anth. 70; Wer bist du, der du
schreibst?, Lyr.-Anth.; Wir gehen ins
Meer fort, Lyr.-Anth. 73; Dämmerung
überm Meer, Lyr.-Anth. 78.
MA: Magdeburger Alm. 76-82.
MH: Händedruck d. Freunde, Lyr.-
Samml. v. Autoren aus Donez-
Magdeburg.
S: Ein Tag voll Poesie 70.
Ue: Radom: Lyr.-Alm. 81.

Lammers, Erika (Ps. Rika Mers),
Schriftstellerin u. Malerin, Doz. d. VH.
Bonn; Gedok, JGdA seit 70, FDA 79;
Lyrik-Lit.pr. d. Kurat. d. Dt. Altershilfe
82; Gotenstr. 27, D-5300 Bonn, Tel. (0228)
356190 (Remscheid 7.11.13). Lyrik,
Roman, Novelle, Essay.
V: Eine Trilogie in Lyrik: Zeichen I
73, Warnzeichen II 73, 74, Wegzeichen
III.
MA: Ruhrtangente, Anth. 72, 73;
Bonner Generalanz. 81; Lyrik zeitgen.
Autoren, Anth. 82.

Lamp, Petra (Ps. Petra Teichert),
Fremdsprachenkorresp.; Totenredder,
D-2313 Raisdorf, Tel. (04307) 1441
(Preetz 24.11.59). Kinderbuch.
V: Verliebt in die Stute Fanny 80; Mit
Fanny zum Sieg 80; Sehnsucht nach
Fanny 82, alles Kdb.

Lampalzer, Hans, Dr. rer. pol., Prof.,
OStR., Abt.vorst. Päd. Akad. d. Bdes. in
NdÖst., Baden b. Wien; ÖSV 74, Öst.
P.E.N.-Club 76; Plak. d. 5. Österr.
Jugendkulturwoche in Innsbruck 54,
Förderungspr. d. Ldes NdÖst. f. Dicht-
kunst 68, Köla-Prosa-Sonderpr. 78,
Kulturpr. d. Stadt Baden 78,
Memoirenpr. d. Stadt St. Pölten 82; NÖ.
ARGE Lit. 58, Leiter 75, Mitgl. d. ndöst.
Kultursenats 75; Bundesstr. 18a, A-2632
Wimpassing, Tel. (02630) 8517
(Atzgersdorf/Wien 9.8.27). Drama, Lyrik,
Roman.
V: Gedichte ohne Titel, Lyrik 70;
Reise nach Felizitanien oder Meine
kleine Contessa, R. 74; Du gingst
vorüber ..., Lyrik 74; Hymnentext I.O.V.
82.
H: Dichtung aus Niederösterreich Bd.
4: Dramatische Dichtung, Anth. 74.

Lit: Literatur u. Kritik 93 75; das pult 37 75; Podium 16 75; Heimatland 11/12 75; Wer im Werk den Lohn gefunden. NdÖst. Dichter u. Komponisten d. Gegenwart, Bibliogr. 76; Bl. f. Lyr. u. Kurzprosa 3, 78; morgen 4 78; NÖ. Kulturber. 12 78; das pult 48 78; Wiener Bücherbriefe 1 79; morgen 13 80; Ruth Bachmair: H. L.: Dichter u. Werk 80.

Lamparter, Helmut, Dr.theol., Prof.; Schloßbergstr. 29, D-7400 Tübingen, Tel. (07101) 4015 (Reutlingen 28.9.12). Bibel-studien, Kommentare zum Alten und Neuen Testament, Psalmen.
V: Das Buch der Anfechtung 51, 5. Aufl. 79; Das Buch der Weisheit (Prediger u. Sprüche) 55, 3. Aufl. 75; Wie eine Fackel brannte sein Wort 56, 4. Aufl. 81; Das Buch der Psalmen 58 II, 3. Aufl. 77; Zähle die Sterne 59, 3. Aufl. 81; Prüfet die Geister 61, 6. Aufl. 80; Prophet wider Willen 64, 2. Aufl. 74; Die Hoffnung der Christen 67, 2. Aufl. 77; Wecken will ich das Morgenrot 67, 2. Aufl. 77; Zum Wächter bestellt 68; Die Apokryphen 72 II; Der Aufruf zum Gehorsam 77; Anrufe, Lieder, G., Gebete 78, 2. Aufl. 79; In Gottes Schuld 80; Antworte Gott! 82.

Lampe, Bernd, Schriftsteller, Doz. Sem. f. Spr. u. Schausp.; FDA; Im Bühl 20, D-7777 Salem/Bad., Tel. (07544) 8888 (Hamburg 14.4.39). Drama, Lyrik, Erzählung, Essay.
V: Vor dem Tore der Sonne. Ein Ostersp. um Konstantin u. Julian 72; Tobin — Eine slawische Legende u. a. Erzn. 72, 75; Cristóbal Colón oder Das Schicksal einer Meerfahrt, Dr. 74; Kaspar Hauser in Treblinka, Drama 77 (franz. 83); Pandora oder Das Haus der Sprache, Ess. 82; Gespräche mit einer Toten, Dr. 83; Die Apokalypse des Lehrers Sören Malmkvist, Dr. 83. —
MV: Die Rudolf Steiner Schule Ruhr-gebiet 76.
MA: Germanist. u. lit.wiss. Arb. in: Das Goetheanum, Dialoge u.a. Zss.

Lampé, Felicitas (Ps. Laterna), Auslandskorrep.; FDA 81; Händelstr. 23, D-6232 Bad Soden am Taunus, Tel. (06196) 21206 (Frankfurt/M. 310 11.1.25). Lyrik, Kurzgeschichten.
V: Der Schlüssel zum Glück — Zufriedenheit 81; Vergessene Werte, Lyr. 82; Nostalgie Zeitpendel, Lyr. 83.

Lampe, Horst M. *

Lampel, Rusia, Schriftstellerin; ISDS; Prämie: Dt. Jgdb.-Pr. 65, Prämie: 3. Premio Europeo Citta di Caorle 66,

Ehrenliste: Öst. Staatspreise 66, Anerkenn. d. lit. Wertes v. "Eleanor" d. Stadt Wien 66; 14, Sederot Herzl, Flat 34, Jerusalem/Israel (Kroscienko 25.12.01). Roman, Novelle, Hörspiel, Fernsehspiel.
V: Der Sommer mit Orah, R. 64, 79 (auch engl., franz.); Eleanor, R. 65, 67; Keine Nachricht von Ruben, R. 68, 69 (auch ital.); Irith und ihre Freunde, Kindergeschn. 66 (auch dän.); Schuhe für Adina, R. 69, 72 (auch franz., schwed.); Alice in England 73; Als ob wir in Frieden lebten 74, 75.
MA: Kinderland - Zauberland 67, 71; Mein Psalm 68; Signal 70.
R: Brigitte; Die beiden Tabakspfeifen (auch engl., holl. u. israel. Sender); Heute wie ehedem; Eine Begegnung; Aaron und die Weltgeschichte; Das alte Haus; Die Schulfreundin; Sieben gute Eigenschaften (auch ital. u. israel. Sender), alles Hsp.; Hava der Igel, Hsp. (auch holl. Sender) u. Fsp. ( )

Lamprecht, Helmut, Dr. phil., Leiter d. HA Kulturelles Wort b. Radio Bremen; P.E.N. 68; Heinrich Baden Weg 15, D-2800 Bremen-Oberneuland, Tel. (0421) 259455 (Ivenrode/Magdeburg 7.4.25). Lyrik, Essay.
V: Gedichte, Lyrik 51; Teenager und Manager, Ess. 60, 65; Erfolg und Gesell-schaft, Ess. 64; Die Hörner beim Stier gepackt, Aphor., Sprüche, G. 75; Früher hätte Lächerlichkeit getötet, 150 Be-denksätze 79.
H: Ungewisser Tatbestand - 16 Autoren variieren ein Thema 64; Deutschland - Deutschland, pol. G. vom Vormärz bis zur Gegenwart, Lyrik 69; Wenn das Eis geht, zeitgen. Lyrik 83. ( )

Lanczkowski, Cl.; VS; Scheffel-Pr. 78, Filmpr. d. Stadt Frankfurt a. M. 83; Lit. Ges. (Schefelbund) 78, Neue Avantgarde des Surrealismus 81; Liebermannstr. 45, D-6900 Heidelberg 1, Tel. (06221) 35724 (Wabern 24.1.58). Roman, Erzählung, Lyrik, Essay, Film, Literaturkritik, Übers. **Ue:** F.
V: Denkturm, R. 82. — **MV:** Frankfurt 2000- Paradise Regained, m. Georg M. Heiler, Filmb. 83.
MH: Tabula Rasa, Lit.-Alm.
F: Frankfurt 2000 — Paradise Regained; Selbstdarstellung: Spiegelhalder & Heiler; Madeira 1983.

Landau, Edwin Maria (Ps. Marius Devin), Dr. phil., Privatgelehrter; Intern. P.E.N. 55, Ass. de la Presse Etrangère en Suisse 55; zweimaliger Empfänger eines Werkhalbjahres aus d. Lit. Kredit d. Stadt Zürich, Chevalier de l'Ordre pour

Arts et Lettres 69, Officier de l'Ordre des Arts et des Lettres, Soc. Paul Claudel 55, Ehrengabe von Stadt u. Kanton Zürich, Übersetzerpreis d. Deutschen Akad. f. Sprache u. Dichtung, Darmstadt 77; Centre of Germanspeaking Writers Abroad 57, Präs. d. Reinhold Schneider-Ges., Freiburg i.Br., Präs. d. Schweiz. Ges. d. Freunde Paul Claudels, Soc. Paul Claudel; Beustweg 7, CH-8032 Zürich, Tel. (01) 347365 (Koblenz 20.9.04). Essay. **Ue:** E, F.

V: Karl Wolfskehl, stilkrit. Unters. seiner Lyrik 28; Sieben Gedichte 28; Paul Claudel, Dr. 66, 73; Karl Wolfskehl, Werk und Dichtung 71.

B: Hieronymus Bosch 72.

H: Paul Claudel: Gesamtausgabe 57 — 63 VI; Katalog d. Intern. Claudel-Forschungszentrums, Univ. Zürich, von ihm durch Stift. gegr. 74; Reinhold Schneider: Gesamm. Werke 77 - 81.

Ue: Stephan Mallarmé: Eines Faunen Nachmittag 48, 78; Paul Claudel: Ausgewählte Prosa 49, Die Geschichte von Tobias und Sarah 52, Das Buch von Christoph Columbus 53, Mittagswende, Bü. 54, Der Strom 55, Der Tausch 56, Heilige unserer Zeit 56, Kleines geistliches Tierbuch 56; John Hersey: Der Wall 51; Jean Louis Barrault: Abschied von Claudel 56; Jules Supervielle: Robinson 56; Jean Amrouche: Gespräche mit Paul Claudel 58; Corneille: Meda 63; Voltaire: Orest 63; Molière: Amphitryon 64; Racine: Iphigenie 66, Die Thebais, oder die feindlichen Brüder 66; Paul Claudel: Gedanken zur Dichtung 67, Mariä Verkündigung 68, 70; Corneille: Oedipus 68; Voltaire: Oedipus 68; Paul Claudel: Ich glaube an Gott 69; Molière: Klass. Komödien (Tartuffe, Don Juan, Der Menschenfeind, Amphitryon, Der Geizige, Der eingebildete Kranke) 71; Cocteau: Rede auf Colette 77. —
MUe: Hilaire Belloc: Marie Antoinette, m. Felix Stössinger 51.

Landau, Horst, Dr. med. dent., Zahnarzt; VS 73, BDSÄ 76; Nordrhein. Zahnärztepr. in Bronze f. journalist. Arbeit 76, Pr. im Mona-Lisa Text-Wettbewerb d. Wilhelm-Lehmbruck-Mus., Duisburg 79; Heinrich-Heine-Ges. Düsseldorf 71; Hallbergstr. 3, D-4000 Düsseldorf, Tel. (0211) 664087 u. priv. (0211) 623990 (Düsseldorf 11.12.37). Lyrik, Hörspiel, Feature.

V: Zweifaltigkeitstexte, Lyrik/Sat. 75. — **MV:** Das Experiment 75.
R: Das Orakel, Hsp. 72, 75, 79; Mit Näglein besteckt, Hsp. 74, 80. ( )

Landau, Lola, s. Wegner, Leonore.

Lander, Jeannette, Dr. phil.; VS 71, P.E.N.; Literaturpreise d. "Southern Literary Festival Assoc." f. Essay 54, f. Short Story 55, f. Drama 56, Villa Massimo-Pr. 76; Sybelstr. 26, D-1000 Berlin 12, Tel. (030) 3238786 (New York City/N.Y. 8.9.31). Roman, Lyrik.

V: William Butler Yeats. Die Bildersprache seiner Lyrik 67; Ezra Pound, Monogr. 71 (auch engl.); Ein Sommer in der Woche der Itke K., R. 71; Auf dem Boden der Fremde, R. 72; Ein Spatz in der Hand ..., Erzn. 73; Die Töchter, R. 76; Der letzte Flug, Erz. 78; Ich, allein, R. 80.
MA: Fremd im eigenen Land, 79; Die Hälfte der Stadt 82; New York 82; Das kleine Mädchen, das ich war 82.
R: Eine exotische Frau für den dt. Mann 79; Managerin mit Gemüt 80, beides Fsf; Das verflixte Pflichtgefühl 81; Ich wollte Menschen erreichen 81; Bei Managern geht's nicht ohne sie 82; Ich wollte werden, was Vater war 82, alles Fsf.; Schwesterliebe, Schwesternliebe, Hsp. 81.

Landert, Walter, Kaufmann; Gr. Olten; Artemis-Jubiläumspreis 69, Lyrikpreis d. Lit. Union e.V., Saarbrücken 77; Lendikonerstr. 54, CH-8484 Weisslingen/ZH, Tel. (052) 341362 (Zürich 3.1.29). Roman, Lyrik, Satiren, Kurzgesch., Essay.

V: Manager auf Zeit, R. 68; Selbstbefragung, Lyrik 69; Entwurf Schweiz, Ess. 70; Koitzsch, R. 71; Am Aabach, Ess. 74; Traum einer besseren Welt, Prosa u. Lyr. 80; Unkraut im helvetischen Kulturgärtchen, Ess. 81; Meine Frau baut einen Bahnhof, Kurzg. 82; Klemms Memorabilien — ein Vorspiel, R. 83. —
MV: Weisslingen 1977 — Bild einer Gemeinde, Chronik 77.
MA: Die Turmplaner, Sat.: Zwischensaison 1 75, Der Geburtstagsempfang, Sat.: Zwischensaison 2 76; Mauern, Lyrik-Anth. 78; Die Baumgeschichte, Prosa-Anth. 82.

Landfinder, Thomas, s. vom Scheidt, Jürgen.

Landgraf, Wolfgang, Koch; SV-DDR seit 75; Schönhauser Allee 97, DDR-1071 Berlin (Langenchursdorf 5.12.48). Roman, Novelle, Film, Hörspiel.
V: Wie Vögel im Käfig — Eine Leg. v. Kinderkreuzzug, Erz. 77, 2. Aufl. 79;

Martin Luther — Reformator und
Rebell, Biogr. 81, 83. —

MV: Fernfahrten, Anth. 76; Moskauer
Begegnungen, Anth. 81.

R: Venedig — Jetzt u. in alle Ewigkeit;
Unter Mißbrauch des Kreuzes, Hsp. 80;
Zu Schutz und Wehr erbaut — eine
Kulturgesch. d. dt. Burg, Fsf. 82.

Landig, Wilhelm, Verleger, Journalist,
Graphiker; Favoritenstr. 56, A-1040
Wien, Tel. (0222) 6549422 (Wien 20.12.09).

V: Humor hinter Stacheldraht, Karikaturen a. d. Gefangenschaft 45 — 47 51;
Götzen gegen Thule, polit. Schlüsselr.
71; Wolfszeit um Thule 81.

H: Faksimile - Ausgaben, geisteswiss.
Bücher u. Zeitgeschichte,
Dokumentationen.

Landmann, Robert, s. Ackermann,
Werner.

Landmann-Passweg, Salcia, Dr. phil.,
Publizistin; P.E.N. Liechtenstein;
Anerkennungspr. d. Stadt St. Gallen 70,
Dt. Kochbuchpreise; Winkelriedstr. 1,
CH-9000 St. Gallen, Tel. (071) 227483
(Zolkiew, Altösterr. 18.11.11). Sachbuch,
Essay (Judaica und Gastronomie).

Ue: Jidd, Hebr.

V: Phaenomenologie und Ontologie.
Husserl, Scheler, Heidegger 39; Der
jüdische Witz. Soziologie u. Sammlung
60, 83; Jüdische Witze 62, 76 (auch holl.,
jap.); Jiddisch — Abenteuer einer
Sprache 62, 70; Koschere Kostproben,
Kochb. 64; Koschere Küche 76; Gefillte
Fisch en Borschtsch 67; Gepfeffert und
gesalzen, pädagog. Kochb. 65, 70; Israel,
Bildb. 64; Jüdische Anekdoten und
Sprichwörter 65, 83 (auch holl.); Die
Juden als Rasse 67, 81 u.d.T.: Wer sind
die Juden 73; West-östlicher Küchen-
divan 68; Polnische Küche 70; Jüdische
Weisheit aus 3 Jahrtausenden 68, 83;
Der ewige Jude, Ess. 74; Erzählte Bilder-
bogen aus Ostgalizien 75, 83; Neues von
Salcia Landmann. Nachlese zum
"Jüdischen Witz" 72 u.d.T.: Jüdischer
Witz. Nachlese 77, 82; Marxismus und
Sauerkirschen, Streitbare Zeitbe-
trachtung, Ess. 79; Jugendunruhen,
Ursachen und Folgen 82; Jüdische Köst-
lichkeiten. Rezepte und Geschichten
aus Osteuropa und dem Nahen Osten
84.

MA: Einleit. zu: I. B. Singer: Der
Knecht 65; Chajim Bloch: Chassidische
Geschichten 68; J. Singer: Josche 67;
Eliasberg: Chassidische Geschichten 70.

Ue: Itzik Manger: Das Buch vom
Paradies 63, 65; Scholem Alejchem:
Marienbad 72, 77; Anatewka-

Geschichten II 78, 80; An-Ski: Der
Dibbuk 76.

Landsittel, Claus; Whistlerweg 26, D-
8000 München 71, Tel. (089) 798072.

V: Krempoli: Die Feuertaufe 74;
Keiner gibt auf 74; Das Wrack auf der
Insel 76.

H: Kortner anekdotisch 68.

R: Krempoli 73; Vorsicht! Frisch
gewachst 77; u. **MV:** Pusteblume 77; Das
ist mir passiert 79, 80. ( )

Landt, Erich, s. Laor, Eran.

Landthaler, Hans; Amalienstr. 49, D-
7500 Karlsruhe 1.

V: Die einfache Art der Angst, Erzn.
82. ( )

Lane, Lex, s. Grossmann, Hans H..

Lang, Alfred Rudolf *

Lang, Elmy (Ps. f. Elmy Dillenburger),
Dolmetscherin u. Übersetzerin; VS 68,
Europ. Autorenverein. Die Kogge 74;
Lit.Ver. d. Pf. 68, Tukankr. 76,
Förderkreis 77, Die Räuber 77,
Zuckmayer Ges. 82; Lemberger Str. 20,
D-6780 Pirmasens, Tel. (06331) 74214
(Pirmasens 13.8.21). Drama, Lyrik,
Roman, Essay, Hörspiel, Kurz-
geschichte, Kinderbuch, Schauspiel.

Ue: E, F, I, S.

V: Mitternachtsspritzer, G. 70; Früh-
stück auf französisch, R. 71; zahlr.
Kinderb. in Prosa u. Reimen 72 — 75;
Der Ausflug der kleinen Maus 76;
Dackel Strolch und der Schnupfen 76,
beide Kinderb.; Die Bodenguckkinder,
Leg. 77; Pingpong Pinguin, G. 78 (dt.,
engl.); Das Wort, G. 80; Blick ins
Paradies, G. u. Kurzgeschn. 80.

MA: Neue Texte Rhld-Pfalz Jg. 75, 76,
77; Einheimische Autoren stellen sich
vor (R.-Auszug: Berlin zur Stunde Null)
80; Heiku-Reihe 1 Hoch schwebt im
Laub 80; Echos, Lyrik und Prosa 82;
Literat 83.

R: Die Verfolgung, Hsp. 74; Dani und
Heseki reisen zur Erde, Funkerz. 75;
Der Flacon, Erz. 81; Politisches Gebet, G.
81; Späte Gäste am Heiligen Abend,
Funkerz. 82.

Lang, Emmerich, Sozialarbeiter;
Förd.pr. f. Lit. d. burgenländ. Ldesreg.
77; Maria Roggendorf 1, A-2041
Wullersdorf, Tel. (02953) 2348 (Kemeten
18.9.41). Lyrik, Hörspiel, Kurzgeschichte,
Märchen, Fabel, Aphorismus, Essay.

V: Jenseits der Wüste, G. u. Aphor. 69;
Durch das Hügelland, Lyrik 76; Immer
noch keinen Schritt weiter, Lyr. 77;
Natürlich, Lyr. 78; Stachelkleid und

Prachtgefieder, Fabeln 78; Gedichte
fallen mir zu wie reife Äpfel, Lyr. 80.
MA: Aus dem lit. Schaffen des
Burgenlandes 64; Dichtung aus Nieder-
österreich, Bd. 1: Lyrik 69, Bd. 4:
Dramatik 74; Dichtung aus dem
Burgenland 70; Land vor der Stadt 73;
Quer 74; Das Jagdhorn schallt 78;
Standortbestimmungen 78; Kinder-
Reader 78; Lebendiges Fundament 78;
Anthologie der deutschen Haiku 79; Das
immergrüne Ordensband 79; Heimat 80;
Hat Heimat Zukunft? 81; Künstler im
Weinviertel 81; Ein burgenländisches
Lesebuch 81; Issa 81; Der Mensch
spricht mit Gott 82; Wort im Weinviertel
82.
R: April! April! 75; Abfahrt 15 Uhr 07
75; Geschichten vom Wind 76; Der
Schneemann Kugelrund 76; Was der
Wind erzählt 77; Frühlingsspaziergang
77; Die Prinzessin 77; Martin und seine
Freunde 77; Susi, Schwupp und Pipo 78;
Himmelschlüssel 78; Der Drache
Hochhinaus 78; Der Lügenbaron 79;
Rübezahl hilft 79; Englisch gut 79; Rex
79; Der enttäuschte Frühling 80; Not
lehrt junge Spatzen fliegen 80; Der
Regenschirm 80; Alexander im Traum-
land 81; Der unfreiwillige Hellseher 81;
Meinistmein und die Hexe 81; Der
Führungsbericht 81; Der betrogene
Betrüger 82; Der Rübezahl und der Veit
82; Der Mann, der mit den Bäumen
redet 82; Geschichten vom König der
Tiere 82; Das Schatzkästlein 83; Michel
Mops 83, alles Hsp.
Lit: Karl Schön: Natur als Symbol
und Chiffre des Seins in: Horizonte 16-
17 80.

von Lang, Jochen, s. von Lang-
Piechocki, Joachim.

Lang, Margot, c/o Fischer
Taschenbuchverlag, Frankfurt a.M..
V: Als Oma Josefine wurde 80.
H: Mein Vater. Frauen erzählen vom
ersten Mann ihres Lebens 79, 83; Meine
beste Freundin — Frauen erzählen,
mein bester Freund — Männer erzählen
82. ( )

Lang, Marion, Redakteurin u. Über-
setzerin; FDA; Alexanderstr. 28, D-4000
Düsseldorf 1, Tel. (0221) 365521
(Sutschawa/Buchenland, Rumänien
28.2.20). Roman, Novellen, Essays,
Features. **Ue:** F, Rum.
V: Das Lügenbanner, R. 71. ( )

Lang, Michael, Musikschuldir. i.R.;
Allg. Deutscher Kultur-Verb., Wien,
IGÖA; Der Turmbund, Josef Reichl-

Bund; Hauptstr. 35, A-6464 Tarrenz, Tel.
(05412) 29252 (Mörbisch a. See/
Burgenland 9.7.12). Lyrik.
V: Rund um an See, Mda.-G. 73; Um
d'Rohrwaond, Mda.-G. 81.

Lang, Othmar Franz; Ö.S.V. 53, SÖS;
Erzählerpreis der gr. j. a. 52, Theodor
Körner-Förderungspreis 54, Jgdb.-Preis
d. Stadt Wien 55; Naabstr. 7, D-8200
Rosenheim, Obb. (Wien 8.7.21). Jugendbuch, Roman, Erzählung, Hörspiel,
Fernsehspiel.
V: Campingplatz Drachenloch, Jgdb.
53, 81; Und sie fand heim, Jgdb. 54, 62;
Der Aquarellsommer, R. 55, 62; Aber das
Herz schlägt weiter, Erz. 55; Die Männer
von Kaprun, Jgd.-R. 55, 60; Manfred
knipst sich durch, Jgd.-R. 55, 57; Männer
und Erdöl, Jgd.-R. 56; Das Leben ist
überall, Jgd.-R. 56, 58; Mädchen, Mode
und Musik, Jgdb. 57, 62; Weg ohne
Kompaß, Jgdb. 58; Das tägliche Wunder,
R. 59; Siebzehn unter einem Dach, Jgdb.
59, 61; Mein Mann Michael, R. 59; Die
beispiellosen Erfindungen des Felix
Hilarius, Jgdb. 60 u.d.T.: Die Erfin-
dungen d. Felix Hilarius, Tb. 79; Der
Mann mit dem Baby, R. 61; Meine
geliebte, gehaßte Verwandtschaft, R. 61,
62; Vielleicht in fünf, sechs Jahren,
Jgdb. 61, 63; Der Baumeister. Julius
Raab - Freund d. Jugend 61; Der
Baumeister. Julius Raab - Kämpfer für
Österreich 62; Ein Garten, bunt wie die
Welt 62; Großes Glück mit kleinen
Finken 63; Man ist nur dreimal jung, R.
63, 77; Alle Schafe meiner Herde, R. 64,
76; Zum Heiraten gehören zwei 65;
Paradies aus zweiter Hand, R. 65; Die
Stunde des Verteidigers 66; Rache für
Königgrätz, R. 66, Tb. 82 u.d.T.: Eine
österreichisch-preußische Liebesgeschichte 68, 76; Ein paar Tage
Frühling 66, Tb. 79; Sekt am Vormittag,
R. 67, 77; Glück hat nie Verspätung, R.
69; Schritte, die ich gehe 68, 75; Die
olympischen Spiele des Herrn Peleonis,
R. 69; Warum zeigt du der Welt das
Licht?, Jgd.-R. 74, 82 (auch holl., dän.,
schwed., norw., franz., engl.); Das Haus
auf der Brücke, Kinderb. 74, 81; Barbara
ist für alle da, Jgdb. 74; Vom Glück
verfolgt 75; Wenn du verstummst, werde
ich sprechen, Jgd.-R. 75, 79, Tb. 80, 82
(auch amer.); Alle lieben Barbara, Jgdb.
75, 81; Müssen Schwiegermütter so
sein?, Heit. R. 75, 80; Regenbogenweg,
Jgd.-R. 76; Ferienfahrt ins Dackeldorf,
Kinderb. 77; Kaugummi für die
Zwillinge 77, Tb. 81; Meine Spur löscht
der Fluß 78, 81; Wer schnarcht denn da

im Tiefkühlfach 78; Armer, armer
Millionär 79, 81; Rufe in den Wind 79,
Tb. 83; Ein Haus unterm Baum 80, Tb.
83; Geh nicht nach Gorom-Gorom 81;
Wo gibt's heute noch Gespenster? 81;
Flattertiere wie Vampire 82; Komm zu
den Schmetterlingen 82.
B: Der andere Herr Karl.
R: Eine Tür ging auf, Hsp.; Wir
werden erwartet, Hsp.; Fahrt im Nebel,
Hsp.; Ich klopfe auch an deine Tür,
Hsp.; Campingplatz Drachenloch, Hsp.-
Reihe.
S: Rufe in den Wind, Tonkass. ( )

Lang, Roland; VS 74; Stuttgarter Lit.-
Pr. 78, Villa Massimo-Preisträger 79,
Schubart-Preis 80, Förderpr. d.
Hermann-Hesse-Pr. 80, Stip. d. Kunst-
stift. Bad.-Württ. 81; Stephanienstr. 13,
D-7500 Karlsruhe 21, Tel. (0721) 26229
(Jablonec 2.4.42). Prosa, Essay, Kritik.
V: Beliebige Personen, Kurzprosa 69;
Ein Hai in der Suppe oder das Glück
des Philipp Ronge, R. 75; Die Mansarde,
R. 79; Der Pfleger, Erzn., Kritiken 80;
Zwölf Jahre später, Tageb. 81. ( )

von Lang-Piechocki, Joachim (Ps.
Jochen von Lang), Redakteur;
Strehlowweg 3, D-2000 Hamburg 52
(Altlandsberg 14.5.25). Zeitgeschichtliche
Literatur, Fernseh-Dokumentationen u.
Fernseh-Dokumentarspiele.
V: Adolf Hitler, Gesichter eines
Diktators 68, 75, Tb. 80 (engl. 68, 69,
franz. 69); Hitlers Tischgespräche im
Bild 69, 80; Hitler close-up 73; The Hitler
Phenomenon 74; Der Sekretär, Martin
Bormann: D. Mann, d. Hitler be-
herrschte 77, 80 (engl. 79, norw. 79, franz.
80); Das Eichmann-Protokoll 82 (am.,
engl. 83, ital. 82, norw. 83, franz. 84,
schwed. 84).
MA: Baldur v. Schirach: Ich glaubte
an Hitler 67 (span. 68); Margret Bechler:
Warten auf Antwort 78, Tb. 84.
R: 4 Interviews in: Augenzeugen
berichten 75, 76, 77; Das Protokoll —
Das Verhör des Adolf Eichmann, Dok.-
Sp. 84.

Lange, Claudio, Dr. phil.;
Rothenburgstr. 45, D-1000 Berlin 41, Tel.
(030) 7921984 (Santiago de Chile
18.12.44). Lyrik, Prosa, Hörspiel, Drama.
V: Milch, Wein & Kupfer, Prosa 79;
Rückkehr ins Exil, Lyr. 80; Dueto, Lyr.
80; Al Mar, Lyr. 81; Würde des
Menschen, Lyr. 82.

Lange, Elfi; Götzwiesen 28, A-3033
Altengbach, Tel. (02773) 645515.

V: Die krumme Treppe 72; Flug zur
Zikadeninsel 74.
MUe: Melton Davis: Söhne der Wölfin
75; Merle Miller: Offen gesagt 75, beide
m. H. J. Lange.

Lange, Erna, s. Schnobel, Erna.

Lange, Evamaria; Esslinger Künstler-
gilde, Gedok, Lit. Ver. d. Pfalz;
Anerkennungspreis des Vertriebenen-
Minist. 65; Seb.-Bach-Str. 8, D-6700
Ludwigshafen am Rhein (Tarnowitz/
Obschles. 30.9.17). Drama, Lyrik, Roman,
Kurzgeschichte, Erzählung, Essay.
Ue: E.
V: Avignon, G. 64; Flucht, Einakter 65;
Kalter Brokat, Kurzprosa; Wir kamen
nicht mit Gaben, Kurzprosa 73; Denn
die Kinder der Erde, Lyrik 74; Schock-
therapie, Lyrik 75.

Lange, Hartmut, Schriftsteller; P.E.N.
Bdesrep. Dtld; Förder.preis d.
Niedersächs. Ldesreg. 66, Gerhart-
Hauptmann-Preis 68; Hohenzollern-
damm 197, D-1000 Berlin 31, Tel. (030)
8617258 (Berlin 31.3.37). Drama, Essay.
Ue: F, E.
V: Senftenberger Erzählungen 60;
Marski, Kom. 65; König Johann (n.
Shakespeare) 67; Der Hundsprozeß /
Herakles 68; Die Gräfin von Rathenow
68; Die Ermordung des Aias oder ein
Diskurs über das Holzhacken 71;
Trotzki in Coyoacan 72; Staschek oder
das Leben des Ovid 73; Die Revolution
als Geisterschiff, Ess. 74; Frau von
Kauenhofen 76; Jenseits von Gut u.
Böse, Dr. 76; Pfarrer Koldehoff, Dr. 78;
Die Selbstverbrennung, R. 82; Deutsche
Empfindungen, Tageb. 83.
Ue: Bellmann: Epistel 64; Molière:
Tartuff 66.

Lange, Hellmuth, Dipl.-Kaufmann,
Schriftleiter; Nordstr. 6, D-3300
Braunschweig, Tel. (0531) 332268.
Drama, Roman, Novelle, Film, Hörspiel.
V: Steputat & Co 37, 53; Auch wir
waren so 39; Seitensprünge 39; Befehl
zur Ehe, St. 39; Das große Ehrenwort 40;
Eine Nacht und drei Tage 41;
Kleopatrizia, St. 41; Bambock, St. 46; Die
Stadt unterm Meeresgrund 47; Blumen
wachsen im Himmel 48, 76; Fährten im
Wüstensand 48; Kompromiß der Liebe,
St. 48; Die Jagd nach der Mumie 49; Der
Schatz im Vulkan 49.
F: Steputat & Co. 38; Seitensprünge
39.
R: Steputat & Co. 38; Geschenk vom
Himmel 39; Wettlauf um ein Herz 39. ( )

Lange, Karl-Heinz (Ps. Karl Dorpus), Rektor; Schulstr. 60, D-2819 Riede/ Aller 60, Tel. (04294) 295 (Hannover 26.3.25). Kinder-, Schul- u. Jugendtheater

V: 32 Stücke des Kinder-, Schul- u. Jugendtheaters 50 — 71; Regie im Schul- und Jugendtheater, Stud.- u. Werkb. z. Theatererziehung 70; Der Herr kommt jeden Tag, Lesesp. 80.

H: Lesezenen und Lesespiele, Stücke-Samml. (über 100 Hefte) seit 59; Spiel und Theater, Vjzs. f. Theatererziehung seit 67; Texte Spiel und Theater, Stücke-Samml. seit 71.

R: 96 Jugendhörspiele 63 — 71. ( )

Lange, Oda (Ps. Oda Schaefer); ISDS, P.E.N.; Preis d. Akad. d. Wiss. u. d. Lit. 51, Ehrengabe d. Bayer. Akad. Schönen Künste 52, Preis d. Ges. z. Förder. d. dt. Schrifttums 55, Förderpreis f. Lit. d. Stadt München 59, Bundesverdienstkreuz 1. Kl. 64, Literaturpr. d. Ges. zur Förderung d. Schrifttums 70, Goldmed. "München leuchtet den Freunden Münchens" 70, Lit.-Pr. d. Kulturkr. im Bdesverband d. dt. Industrie 75, Schwabinger Kunstpreis f. Lit. 73; Weitlstr. 66, Augustinum, D-8000 München 45 (Berlin 21.12.00). Lyrik, Erzählung.

V: Die Windharfe, Balln. u. G. 39; Irdisches Geleit, G. 46; Die Kastanienknospe, Erz. 47; Unvergleichliche Rose, kleine Prosa 47; Kranz des Jahres, G. 47; Katzenspaziergang, poet. Feuilleton; Grasmelodie, G. 59; Ladies only, Aufs.; Und fragst du mich, was mit der Liebe sei, Aufs. 68; Auch wenn du träumst, gehen die Uhren, Lebenserinnerungen 70; Der grüne Ton, G. 73; Die Haut der Welt, Erz. 76; Die leuchtenden Feste über der Trauer, Erinn. 77.

H: Stilles Tagebuch eines baltischen Fräuleins 36; Unter dem sapphischen Mond, dt. Frauenlyrik seit 1900 57; Schwabing 59; Die Boutique der Mode 63; Der Dandy 64.

R: Das flandrische Eisfest; Die Magd von Brieg; Gösta Berling; In die Nacht hinein 52; Libellenlicht 56; Die Göttliche 58; Belle Epoque 65; Schwarze Sonne, Fsp. (nach d. R. v. Horst Lange: Verlöschende Feuer) 68.

Lange, Rudolf, Dr. phil., Redakteur; VS Nds. 61, P.E.N.; Goldmedaille d. Ass. della Stampa Romana 59; Kopernikusstr. 3, D-3003 Ronnenberg 3, Tel. (0511) 466623 (Osnabrück 2.4.14). Essay, Monographie, Feuilleton.

V: Auf Goethes Spuren in Italien. Tagebuch einer Reise 60; Otto Gleichmann 63; Carl Buchheister 64; Olivenhaine und Götterbilder 64; Kurt Lehmann 68; Carl Zuckmayer 69; Bernhard Dörries 82.

MA: Kleiner Bummel durch große Städte 58; Gesicht und Gleichnis. Niedersächs. Alm. 59; Jahrb. der Wilhelm-Busch-Gesellschaft 61; Freundesgabe für Max Tau 66; Kunstjb. I 70; Junge Dichtung in Niedersachsen 73; Festliches Herrenhausen 77; Kleine Bettlektüre für lustige Hannoveraner 77; Der Freund der Freunde — Max Tau 77; A. Paul Weber — Das graphische Werk 80.

H: MV: Vom Nützlichen durchs Wahre zum Schönen, Festschr. E. Madsack 64; Spiegel der Antike 68. —

MH: Niedersächsische Künstler der Gegenwart, m. J. Büchner seit 63.

Lange-Luperti, Ernst, Verlagskaufmann; Landhaus Augusta, D-8992 Wasserburg, Bodensee, Tel. (08382) 8224 (Görlitz 16.1.12). Drama, Lyrik, Roman.

V: Deine Schönheit ist das tiefste Schweigen, G. 76.

Lit: der literat 77. ( )

Langen, Christian G., s. Herchenröder, Jan.

Langen-Langendorff, s. Larndorfer, Rudolf.

Langenbach, Katja, Dr., Tierärztin; Heckerstr. 21, D-6800 Mannheim 23, Tel. (0621) 851387 (Hamburg 5.4.30). Kinderbuch.

V: Ein Pferd und hundert Hindernisse, Kdb. 81.

Langenfeld, Johannes, s. Krein, Daniela.

Langer, Felix *

Langer, Hans (Ps. Hermann Lindt), Stud.Dir. a. D.; S.H.S.V. u. Eutiner Kreis i. FDA 80; Kulturpr. d. Sudetendt. Kulturwerkes Schlesw.-Holst. 82; Ferdinand-Tönnies-Str. 20, D-2420 Eutin, Tel. (04521) 5395 (Müglitz/March 9.6.12). Lyrik, Skizze, Märchen, Kurzgeschichte.

V: Buntes Leben, G. 40; Blüten und Früchte, G. 42; Lichter Weg, G. 79; Unvergängliches Licht, Erzn., Skizzen, G. 81.

MA: Frühlingsfeier, Anth., G. u. Lieder 66; Jahrbuch deutscher Dichtung, Anth., G. 79, 80, 81; Jb. f. Heimatkunde, Eutin, G. 79, 81, 82; Die Blumenwiese, Anth., G. 79; Musik,

Leseb. schleswig-holst. Autoren, G. 80;
Schriftsteller in Schleswig-Holstein —
heute, Kurzgesch. 80; Zs. Sudetenland 3
80.
Lit: Hans Komar: Hans Langer — ein
Siebziger in: Zs. Schönhengster Heimat
Okt. 82.

Langer, Rudolf, Schriftsteller; Kg. 75,
Kogge 79, VS 80; Kunstpr. d. Stadt Ingol-
stadt f. Literatur 75; Andreas Gryphius-
Preis 77; Eichendorff-Ges. 75; Heppstr.
1, D-8070 Ingolstadt, Tel. (0841) 82603
(Neisse/OS. 6.11.23). Lyrik, Rezensionen,
Aufsätze.
V: Ortswechsel, G. 73;
Überholvorgang, G. 76; Gleich morgen,
G. 78; Wounded no doubt, G. (dt.-engl.)
79.
Lit: Neue Rdsch. 3 75, 1 77; Neue Dt.
Hefte 2 74; die horen 4 75; KLG 83.

Langfeld, Hannes, s. Hey, Peter.

Langhanki, Viktor (Ps. Vila);
Hebbelstr. 19, D-2190 Cuxhaven, Tel.
(04721) 23514 (Hamburg 28.6.14). Roman,
Novelle, Rundfunk, Reportage.
V: Sibylle, R. 36; Urkraft, R. 37;
Streifzüge durch Hamburg, Chronik d.
Stadt Hamburg 40; Das Herz im Glas-
kasten u.a. Märchen 49; Bel Schalti. Die
Hohepriesterin von Ur, R. 50; Explosion
im Äther, utop. R. 51; Der Teufel der
Solange, R. 53; Die heilige Mission,
Hebbel-R. 52; Der Giftbecher der
Tofana, R. 54; Die seltsame Begegnung,
R. 55; Das ewige Rätsel, R. 56. —
MV: Die Wissenschaft hat das Wort,
Brosch.-R.
R: Handschriften - Zeugnisse des
Lebens; Prominenz privat - Menschen
wie du und ich; Max Skladanowsky -
Lebende Bilder; Gabelsberger - Ein
deutscher Pionier; Die Nipkowsche
Scheibe - Das Fernsehwunder;
Nürnberg - Fürth - 100 Jahre Deutsche
Eisenbahn; Colt - Jenseits der Romatik
von Prärie und Steppe; Vom Flugblatt
zur Massenauflage - Eine Zeitungs-
geschichte; Notgeld - Millionen,
Milliarden, Billionen; Unser Kalender -
Ein Rückblick auf 6000 Jahre; Wunder
über Wunder - Eine Nacht in der
Sternwarte.

Langhans-Maync, Susy (Ps. Susy
Maync); Be.S.V. 50, SSV; Literaturpr. d.
Stadt Bern 50; Storchenhübeliweg 11,
CH-3074 Muri/Bern (Bern 14.11.11).
Roman, Novelle.
V: Frühling im Schnee, R. 34; Berner
Novellen 48; Spielmann des Lebens, R.
52; Der Schmugglerpfarrer, N. 59;

Jungfer Bondeli, Erz. 61; Der Fluch von
Lourmarin oder Fünf unheimliche
Geschichten 63; Kuckucksei, R. 66; Die
Schultheissin oder die drei Ehen der
Jungfer Nägeli, R. 68; Zwischen Magie
und Wissenschaft, Nn. 69; Madame de ...,
biogr. Anekdn.Samml. in berndt. Mda.
71, 76; Blaubart contre-coeur, Tageb.-R.
in Mda. 76; La Botza, N. 82; Am vor-
letschte Rank, R. 83.
R: Jungfer Nägeli, Hsp. 49.

Langner, Ilse (Ps. f. Ilse Siebert); VS,
P.E.N.; Willibald-Pirkheimer-Medaille,
Johann Heinrich Merck-Ehrung,
Bdesverdienstkr. 1. Kl., GROSS-Kreuz d.
Bdesverdienstkr., Eichendorf
Literaturpr., Goldmed. Humanitas d.
West-Ost-Kulturwerkes; Dt. Akad. f. Spr.
u. Dicht.; Martinstr. 95, D-6100
Darmstadt, Tel. (06151) 62501 (Breslau
21.5.99). Drama, Lyrik, Roman, Novelle,
Essay, Hörspiel.
V: Frau Emma kämpft im Hinterland,
Dr.; Katharina Henschke, Sch. 30; Die
Heilige aus USA, Sch. 31; Das Gionsfest,
N. 34, 48; Amazonen, Kom. 36; Der Mord
von Mykene, Dr. 36; Die purpurne Stadt,
R. 37, 83; Die große Zauberin, Dr. 38;
Klytämnestra, Tr. 47; Rodica. Eine
Pariser Novelle 46, 48; Iphigenie kehrt
heim, Dr. 48; Zwischen den Trümmern,
G. 48; Heimkehr, Dr. 49, 74; Sylphide
und der Polizist, Dr. 50; Das Wunder von
Amerika, Dr. 51; Cornelia Kungström,
Dr. 55; Der Venezianische Spiegel 49, 52;
Metro; Dido; Die Schönste; Carneval;
Salomé; Die Witwe; Angst, alles Dr.;
Sonntagsausflug nach Chartres, R. 56;
Chinesisches Tagebuch 59; Die
Zyklopen 60; Japanisches Tagebuch 60;
Ich lade Sie ein nach Kyoto 63; Dramen
I 83. — **MV:** Das königliche Kind, m.
Marie Luise Kaschnitz, geistl. St. u. Hsp.
MA: Ewige Melodie, Anth. 48; Ess. in:
Frankfurter Hefte 73-83.
Lit: E. Johann: I. L., Mein Thema und
mein Echo 79.

Langner, Margot, Lektorin; Preise bei
Lit. Wettbewerben d. CDU f. Kurz-
geschn.: 54, 56, 60, 64, f. Zeitungsromane
58; Stollestr. 64, DDR-8028 Dresden
(Deuben 14.3.21).
V: Licht im Alltag, Erzn. 67, 69;
Pfenningfreuden 67; Im Urlaubswind,
Erz. 69; Der Lichtkreis, Erzn. 70; Pip
und Step, Erz. f. Kinder 72, 73, 74;
Schneehühner und Rosenäpfel, Erzn. 75;
Der Schatz, Erzn. f. Kinder 76, 77; Der
wunde Punkt, Erzn. 78, 79; Von Gabriel
verkündet, Meditat. 81, 82.

MA: Licht der Welt 55; Bewährung 62, 65; Wiederkehr des Sternes 62, 68; Die Welt - eine Brücke 63; Glaubend dienen 64; Im Namen Gottes fahren wir 64; Die Tür ist aufgetan 64; Besinnung 65; Die tapferen Herzens sind 66, 71; Die einsame Straße 66; Bis an der Welt Ende 66; Signale im Jahreskreis 70; Schaffnerin auf Linie 11 70; Stern und Jahr 72; Grüne Hochzeit 73; Jeder Tag hat ein Licht 73; Schatten, Licht und deine Straße 74; In dieser lieben Sommerzeit 74; Alles, was ihr tut 74; Das silberne Schiff 75; Ein Tropfen Zeit 75. Christlicher Hauskalender, jährl. 62-83; Christl. Kinderkalender jährl. 65-68 u. 71-81; Weihnachten hat kein Ende 77; Ein Tropfen Zeit 78; Musik des Lebens 78; Stafette der Freude 79; Die Uhr des Baltus Kern 80; Vom Geheimnis des Glücks 80; ... wie die Kinder 80, 81; Es geht um Silentia 82.

Lank, Bert, s. Klane, Herbert.

Lankes, Martin, Leiter d. "Barke" 32; VS 67; Thierschstr. 23/II, D-8000 München 22, Tel. (089) 225068 (München 11.11.97). Drama, Novelle, Hörspiel, Kurzgeschichte.
V: Wenn Erben lachen 38; Marielle, Kom. 47; Liebe im Dunkeln, Kom.; Jugend ohne Sonne 57; Heiteres aus Bayern, Kurzgeschn. I 66; Aber sonst sind Sie gesund, Kurzgeschn. II 70; Kurz und bayrisch. Eine Ausw. v. Kurzgeschn. 75.
R: Die Leich'; Das war der Vogelsang Toni; Der Vortrag, alles Hsp.; Knickerbocker, Kom.; Zwei Vasen, Kom.; Die alte Bauernuhr, Kom.; Sind Sie auch in dieser Branche beschäftigt?; etwa 250 Funkszenen.

Lansburgh, Werner (Ps. Ferdinand Brisson), Dr. jur., Verlagshersteller; VS 80, P.E.N. 82; Arosgatan 29, S- Uppsala u. Colonnaden 25, D-2000 Hamburg 36, Tel. (018) 135744 u. (040) 345505 (Berlin 29.6.12). Roman.
V: Blod och Bläck, R. 44; En Vintersaga, R. 44 (beide aus d. dt.spr. Ms.übers.); J, Eine europäische Vergnügungsreise, R. 68, 69; Schloß Buchenwald, R. 71; Dear Doosie, Eine Liebesgeschichte in Briefen 77, Tb.-Ausg. 79; Wiedersehen mit Doosie, Meet your lover to brush up your English, R. 80, Tb. 82; Strandgut Europa, Erzn. aus dem Exil 1933 bis heute, R. 82.
MA: Exil, Ein Briefwechsel, m. Frank-Wolf Matties, R. 83.
Lit: Anita Kretz: Werner Lansburgh - ein Autor im Exil 71; Helmut Müssener:

Die kulturelle deutschsprachige Emigration in: Language Monographs 12 71.

Lanser, Günter; VS 66, DJU 68; Arbeits-Stip. d. Landes NRW 72; Hölderlin-Ges. 58; Graf-Recke-Str. 160, D-4000 Düsseldorf 1, Tel. (0211) 632163 (Düsseldorf 23.3.32). Lyrik, Prosa, Drama.
V: An den Ufern, G. 64; Schwarznebel, G. 73; Viadukte - Viaducs, G. (dt.-frz.) 76.
MA: Thema Weihnachten, G. der Gegenwart 65, 73 (auch jap.); Frieden aufs Brot 72; Ruhrpottbuch 72; Sassafras-Blätter I 72, 27 77; Satzbau 72; Brennpunkte X 73; Jahresring 74/75 74; Unartige Bräuche 76; Autorenpatenschaften 78; Jahresring 78/79 78; Jb. für Lyrik 79, 80.
MH: Satzbau. Poesie u. Prosa aus Nordrh.-Westf., m. Hans Peter Keller 72.
Lit: Philipp Rebiersch: Orpheus und die Aufklärung. In: Neues Rheinland, H. 12 71; Hans Bender: Nachwort. In: Günter Lanser: Schwarznebel 73; Lore Schaumann: Hinter den Tagesstunden. In: Düsseldorfer Hefte, H. 3 74 u. in: Düsseldorf schreibt - 44 Autorenporträts 74; Horst Schumacher: Vorwort. In: Günter Lanser: Viadukte-Viaducs 76; Sie schreiben zwischen Goch & Bonn 75; Düsseldorf Creativ 80.

Laor, Eran (Ps. Erich Landt), Vors. d. URO (United Restitution Org.), Frankfurt a.M., Mitgl. d. Kuratoriums d. Hebr. U. Jerusalem, Leiter kartogr. Abt. d. Nat.bibl. Jerusalem; ISDS 69; 9. Brenner Str., 92150 Jerusalem/Israel, Tel. (02) 634890 (Cifer, Tschechoslow. 1.6.00). Lyrik, Essay.
V: Das Verlorene Wort, G. 29; Die Protokolle des Bundes der Sieben 30; Israel, G. 31; Orientalische Renaissance, Ess. 56; Achtzehn Gedichte 56; Die Große Einheit 59; Der Himmel stürzt ein, G. 70; Umkehr und Aufstieg, G. 71; Vergangen und ausgelöscht. Lebenszeugnis 72; Ich komme von weit her, G. aus 5 Jahrzehnten 73; Ein Leben für Israel, Erinn.bd 80; Abrechnung mit dem Abendland, Aphor. u. Meditat. 82.

Lapide, Pinchas E., Dr., stellvertr. Leiter d. Staatl. Presseamtes in Israel.
V: Schalom, Schalom 62 (in 7 Spr.); Der Prophet von San Nicandro 63 (in 9 Spr.); Ein Pilgerführer durch Israel 64 (in 3 Spr.); Das Grenzdorf 67 (in 2 Spr.) Rom und die Juden 67 (in 7 Spr.); Jesus in Israel 70 (in 2 Spr.); Nach der Gottesfinsternis 70 (in 2 Spr.); Brennpunkt Jerusalem 72; Auferstehung 77, 78;

Juden u. Christen, 2. Aufl. 79; Er predigte in ihren Synagogen 80, 82; Judentum u. Christentum 81; Die Bergpredigt — Utopie od. Programm 82; Mit einem Juden die Bibel lesen 82. — **MV:** Der Jude Jesus, m. U. Luz 79; Die Seligpreisungen, m. C.F. v. Weizsäcker 80; Israel und Kirche, ein gemeinsamer Weg, m. J. Moltmann 80; Paulus, Rabbi u. Apostel, m. P. Stuhlmacher 81; Jesus im Widerstreit, m. H. Küng, 2. Aufl. 81; Ein Flüchtlingskind, m. H. Gollwitzer 81. ( )

Laregh, Peter, s. Tharau, Walter.

Larese, Dino, Lehrer, Herausg. d. Zs. "Begegnung", Leiter d. "Amriswiler Bücherei", Leiter der Akademie Amriswil; SSV, P.E.N.; Pr. d. Schweiz. Schillerstift., Ostschweiz. Radiopr. 54, 2. Pr. im Schweiz. Kulturfilmwettbewerb 55, Ehrengabe der Thurgauer Regierung 70, Ehrenbürgerrecht von Amriswil 73; Korr. Mitglied d. Deutschen Akad. für Kinder- und Jugendliteratur, Präs. Intern. Bodensee-Club, CH-8580 Amriswil, Kt. Thurgau, Tel. (071) 671553 (Candide, Prov. Belluno/Italien 26.8.14).

V: Gedichte 40; Sagen aus dem Thurgau 43; Bünzel, Jgd.-Erz. 48; Appenzeller Sagen 48; Begegnungen, Ess. 49; Die Brunnenfrau Beth, M. 49; Der geworfene Stein, Jgdb. 49; Liebi Buebe, G. 50; Liebe im Dorf, Erzn. 50; Theo Glinz 50; Die Bedrängnis, Erz. 50; Der Teufel in der Wurzel, Sagen 51; Ernst E. Schlatter 53; Heinrich Steinbeck 54; Kleine Erfahrungen, Aphor. 55; Minnesang auf Ostschweizer Schlössern 55; Liechtenstein 56; Ruedi, Jgdb. 56; Der fremde Bub, Jgdb. 56; Der Teufel im Haus, Sp. 56. - Sp. f. d. Jgd.-Bühne; Mit Heidegger in Hauptwil, Ess. 59; Paul Huber, Biogr. 59; Liechtensteiner Sagen 60; Begegnungen mit Ortega und Ionesco, Ess. 61; Gespräch mit Carl J. Burckhardt 61; Die Glockenreise, M. 61; Herbert Redlich 62; Die Brücke, Sp. 62; Toggenburger Sagen 63; Kleines Liebeslied, M. 63; Horst Wolfram Geissler, Biogr. 63; Regula, Jgdb. 63; Thurgauer Sagen 64; Fritz Lendi, Biogr. 64; Im Dienste der Menschlichkeit, Biogr. 64; Julius Schmidhauser; Otto Heuschele; Heinz Helmerking; Ludwig Binswanger, alles Biogr. 64; Der Harlekin, M. 65; Willy Fries 65; Zur Zeit der Polizeistunde, Sp. 66; Thurgauische Landschaften, Ess. 66; St. Galler Sagen 67; Max Rieple 67; Robert Suter 67; Wolfgang Schadewaldt 67; Füchslein Peter, M. 68; Im Hause nebenan, M. 68; Georg Thurer, Biogr. 68;

Cesar Bresgen, Biogr. 68; Im Zeichen Hans Christian Andersens, Biogr. 68; Künstlerbesuche, Ess. 69; Alfred Keller, Biogr. 69; Tulpenglück, M. 70; Rudolf Kelterborn, Biogr. 70; Der Teufel und die drei Soldaten, Sp. 71; Conrad Beck, Biogr. 71; Heinz Keller, Biogr. 74; Begegnung mit Schweizer Komponisten 74; Hermann Haller, Biogr. 75; Aldo Patocchi, Biogr. 75; O.F. Bollnow, Biogr. 75; Besuch in Wilflingen, Gespräche mit Ernst Jünger 75; Jeanne Hersch, Biogr. 76; Leopold Szondi, Biogr. 76; Rudolf Zender, Biogr. 76; Worte auf den Weg, Aphor. 76; Das Ärgernis, Erz. 73; Das andere Hexlein, Märchen 75; Der Ring im Fisch, Sagen 77; Der Maler Fritz Hug 77; Mein Igel Dominic, Jgdb. 78; Traumfährte, M. 78; Ostschweizer Begegnungen, Biogr. 78; Auf dem Wege zum Menschen, Biogr. 79; Die Malerin A. Trechslin, 79; Der Maler Peter Thalmann 79; Der Papst kam nach Hagenwil, Legenden 79; Der Arzt Alfred Bangerter, Biogr. 80; Besuch bei Manès Sperber, Biogr. 80; Josef Guggenmos, Biogr. 80; Thur, schöner Heimatfluss, Monogr. 80; Aphorismen und Fabeln 80; Der Scherenschleifer, R. 81; Der Schicksalswind, M. 81; Bei Manfred Hausmann, Biogr. 82; Besuch bei Bruno Epple, Biogr. 82; Die Malerin Lotte Günthart, Biogr. 82; Der Bauernmaler Albert Manser, Biogr. 82; Begegnung mit Hans Meier, Biogr. 82. — **MV:** Das Lebenshaus, eine innere Biogr., m. Karl Heinrich Waggerl.

H: Amriswiler Schreibmappe 47; Thurgauer Jahrbuch 49; Dichter der Ostschweiz 50; Schweizer Jugendschriftsteller der Gegenwart 63; Musische Erziehung 62; Salvador de Madariaga 63; Erzähl mir was! Die Andersen-Preisträger 76; Feste, Musische Erziehung 81. — **MH:** Im Zeichen von Annette von Droste-Hülshoff 83.

F: (MV): Waldzauber, m. O. Schmid; Wunderland, m. O. Schmid.

R: Die sieben Schwaben 47; Rapunzel 48; Maria 49; Die Bremer Stadtmusikanten 49; Die drei Gaben 50, u. etwa 50 Hf.

Lit: D. Larese z. 50. Geb. m. Aufs. v. M. Heidegger, M. Rychner, Carl I. Burckhardt u.a. 64; D. Larese z. 60. Geb. mit Aufsätzen u. Briefen von Carl Zuckmayer, Thomas Mann u.a. 74; Franz Lennartz: Dt. Schriftsteller d. Gegenwart, 78.

Larm, Rainer Volker, Journalist;
Ringstr. 10, D-4750 Unna-Massen, Tel.
(02303) 50900 (Steinau/Oder 26.12.44).
satirische Unterhaltung.
V: Gärtner sterben stets im Herbst,
Krim.-Kom. 77. — **MV:** Wir spielen
literarisches Kabarett 72. ( )

Larndorfer, Rudolf (Ps. Langen-
Langendorff), öst. Staatsbeamter, Leiter
d. Sem. f. Dicht. u. Dok. b. öst.
Heimkehrerverb., Redakteur d.
Österreich. Heimkehrers; ObÖst.K.B. 52,
SÖS 63; Heimkehrer-Lit.-Pr. 60, Silb.
Ehrenzeichen d. Rep. Öst. 81; Zeillinger-
weg 3, A-4033 Linz/D./D.-Ebelsberg, Tel.
(07222) 401892 (Linz/D. 9.8.25). Roman,
Novelle, Erzählungen, Historie.
V: Es begann hinter Stacheldraht 56;
Der große Zapfenstreich, Anth. v.
Erlebnisber. österr. Kriegsgefangener
76.

Larsen, Egon, Schriftsteller; P.E.N. 40,
RFFU 63, Soc. of Authors, London 63,
Writers Guild 74; Diesel-Medaille
(Silber) 63; 34 Dartmouth Road, London
NW 2/Engl., Tel. (01) 452-3737 (München
13.7.04). Biographie, Hörspiel. **Ue:** E.
V: Rebellen für die Freiheit, Biogr. 58,
Taschenb. 67; Graf Rumford, Biogr. 61;
Hochstapler, Biogr. 66; Die Zeitung
bringt es an den Tag, hist. Ess. 70; Im
Namen der Menschenrechte 83;
Weimar: Augenzeugenbericht 80;
Amnesty International, im Namen der
Menschenrechte 83.
H: England - vorwiegend heiter, Anth.
engl. Humors 62.
R: Graf Rumford 61, 77; Sie kamen
nach London. Flüchtlingsschicksale, Fsf.
64; British Library 82.

Larsen, Viola, s. Hahn, Annely.

Lasa, Rolf, s. Swieca, Hans Joachim.

Laschen, Gregor, Dr. phil.; VS 72;
Bahnhof, D-5480 Rolandseck (Ücker-
münde 8.5.41). Lyrik, Roman, Drama,
Essay, Hörspiel, Film. **Ue:** E, F.
V: Ankündigung der Hochzeitsnächte
67; Lyrik in der DDR, Essays 71.
MH: Der zerstückte Traum 78. ( )

Laser, Michael, staatl. exam.
Krankenpfleger; Bergmannstr. 26, D-
1000 Berlin 61, Tel. (030) 6939668 (Bad
Wimpfen 30.7.58). Lyrik, lyrische Prosa,
Erzählungen, Roman.
V: Weinende Embryos, Lyr. 82;
Wellenlänge, Lyr. 83; Augen-Blicke, Lyr.
83.
H: Vis-à-Vis, Berliner Lit.- u. Kunst-
mag. seit 83.

Lass, E. G., s. Brennecke, Jochen.

Lassahn, Bernhard; VS 79; Salzburger
Stier 82; Neckarhalde 40A, D-7400
Tübingen, Tel. (07071) 212871 (Coswig/
Anhalt 15.4.51). Prosa, Lied, Hörspiel.
V: Du hast noch 1 Jahr Garantie,
Prosa 78, 5.Aufl. 82; In der Stadt soll es
Mädchen geben, die nur Vornamen
haben, G. 80; Land mit lila Kühen, R. 81,
4.Aufl. 82; Liebe in den großen Städten,
Prosa 83; Ohnmacht und Größenwahn,
G. 83.
H: Dorn im Ohr. Das lästige
Liedermacher-B. 82.
R: Silchers Rache, Hsp. 82.
S: Diese mörderische Stille 83.

Lasserre, Sonja, s. Chevallier, Sonja.

Laterna, s. Lampé, Felicitas.

Lattmann, Dieter, MdB 72-80; P.E.N.
68, Vors. VS 69 — 74; Literatur-Förder-
preis München 68; Heimstättenstr. 28,
D-8000 München 40, Tel. (089) 325479
(Potsdam 15.2.26). Essay, Erzählung,
Hörspiel, Feature, Roman, Fernseh-
dokumentation.
V: Die gelenkige Generation, Ess. u.
Erzn. 57; Ein Mann mit Familie, R. 62;
Mit einem deutschen Paß, Tageb. einer
Weltreise 64; Zwischenrufe u. andere
Texte, Ess. 67; Schachpartie, R. 68; Die
Einsamkeit des Politikers 77; Die
lieblose Republik — Aufzeichnungen
aus Bonn am Rhein 81.
MA: Europa heute, Anth. 63; Tuch-
fühlung, Anth. 65; Eine Sprache - viele
Zungen 66; Außerdem 67; Die Ehe 68;
Die Wende zum Gewissen 68; Propheten
des Nationalismus 69; Ehebruch und
Nächstenliebe 69; Städte 1945 70; Kultur
ohne Wirtschaftswunder 70; Vorletzte
Worte 70; PEN 71; Motive 71; Literatur-
betrieb in der Bundesrepublik 71;
Gedanken über einen Politiker 72;
Poesie und Politik 73; Toleranz 74; Vor-
bilder für Deutsche 74; Das andere
Bayern 76; Extremismus im
demokratischen Rechtsstaat 78; Die
Notwendigkeit des Bösen 79; Den
Frieden sichern 82; Frieden in Deutsch-
land 82.
H: Einigkeit der Einzelgänger. Doku-
mentation d. ersten Schriftstellerkongr.
d. VS 71; Entwicklungsland Kultur.
Dokumentation d. zweit. Schriftsteller-
kongr. d. VS 73; Die Literatur der
Bundesrepublik, Literaturgeschichte 73;
Das Anekdotenbuch 79. —
MH: Demokratischer Sozialismus in
Theorie und Praxis 75-77.
R: Zwischen den Grenzen, Hsp.; Das
Wochenende, Funkerz; Joseph
Goebbels, Fsf. 65; Lehrjahre im

Parlament, Feature 80; Nachdenken über Deutschland: Hauptsache Provinz, Fsf. 81.

Laub, Gabriel; P.E.N., ISDS; Internat. Kurzgeschichtenpreis 71, Erich-Klabunde-Pr. 71, Förderungspr. d. Kulturkreises im BDI 73, Preis d. Arbeitsgemeinschaft Spielzeug 74; Akad. d. Freien Künste in Hamburg, Ehrenpräsident d. Sektion Deutschsprachige Länder im Zentrum Writers in Exile; Abendrothsweg 65, D-2000 Hamburg 20, Tel. (040) 485448 (Bochnia/Polen 24.10.28).
V: Tsch. Erfahrungen, Aphor. 67; Verärgerte Logik, Aphor. 69; Enthüllung des nackten Kaisers, Sat. 70; Ur-Laub zum Denken, Sat. 72, tsch.; Der größte Prozeß der Weltgeschichte, Sat. 72, hebr.; Affe, wer denkt, Aphor. 72; Erlaubte Freiheiten, Aphor. 75; Doppelfinten, Sat. 75 (auch amer., hebr.); Spielen Sie Detektiv, Lit.Quiz 76; Denken erlaubt! Aphor. 77; Alle Macht den Spionen!, Sat. 78; Das Recht, recht zu haben, Aphor. 79, hebr.; Für Ruhm, Weiber u. Vieh, Sat. 79; Dabeisein ist nicht alles, Sat. 80 (auch schwed.); Mars ist ein nackter Gott, Sat. 80; Olympisches Laub — Zeitlose Sportgeschichten, Sat. 80; Der leicht gestörte Frieden, Sat. 81; Was tut man mit Witwen?, Sat. 82.
MA: Übrigens viel Spass! Werner Finck 73; Jahresring 73-74 73; Zum neuen Jahr 74; Die treffende Pointe 74; Zueinander 76; Die neue treffende Pointe 78; Mensch und Arbeit 79; Der Mensch und sein Arzt 80; Das Trüffelschwein 80; Jan Lenica — Plakat u. Film 81; 13 plus 8, Künstler und Schriftsteller aus Hamburg 81; Frieden: Mehr als ein Wort 81; Frieden ist kein Sterbenswort 81; Loewes Schmunzelkabinett 81; Geboren auf dieser Erde 82; Klassenlektüre 82; Das Taubenbuch 82.
R: E. E. Kisch und die Kunst der Reportage 73; Humoristen über Humor 73; Mach mir das Mahl, das ich gerne habe 73; Laß wohlbeleibte Männer um mich sein 74; Der Wein erfreut des Menschen Herz 75; Casanova als Schriftsteller 75; Die Kunst des Fluchens 75; Die witzige Mutter der Frau Historia 76; Lachen im Unglück 76; Wahrheit unter der Schellenkappe 76; Mütterlicherseits Schriftsteller, väterlicherseits Narr 76; Mein Eid 76; Schilda ist überall 76; Laubs Geschichte der Kriege 77; Trivialliteratur in der Sowjetunion 77; Das Schtetl und seine

Chassidim 78; Rabbi Lewi Jizchak hadert mit Gott 78; Menschen auf Capri 79; Diskurse mit dem Vogel I. u. II. 80; Fünf Ringe — eine Kette 80; Das Geschäft des Philosophen 80; Ein Brief vom Planeten Sonne 3 81; Urlaub muß sein 82; Gespräche mit dem Vogel 83; Die Güte der Fürsten 83; Schwein gehabt 83.
Ue: Václav Havel: Audienz 75; ders.: Vernissage 76; ders.: Berghotel 76, ders.: Protest 78; Zofia Nałkowska: Haus der Frauen 77, alles Theaterstücke; Václav Havel: Versuch, in der Wahrheit zu leben, Essay, 80; Ladislav Grosman: Onkel Davids Rendezvous, Hörspiel.

Laube, Horst; Varrentrapp-Landstr. 69, D-6000 Frankfurt a.M..
V: Der Dauerklavierspieler 74, neu durchges. 80; Ella fällt, R. 76; Der erste Tag des Friedens, Bü. 77; Endlich Koch, Kom. 80; Zwischen den Flüssen, Reisen zu Joseph Conrad 82.
H: Theaterbuch 78. ( )

Laubenstein, Verena, s. Hamann, Bärbel.

Laubi, Werner, Pfarrer; Rütmattstr. 4/6, CH-5004 Aarau, Tel. (064) 247338 (Basel 17.3.35). Erzählungen.
V: Geschichten zur Bibel I 81, II 83.
MA: Erzählb. zur Bibel 75/78; Erzählb. zum Glauben I 81, II 83.

Laubscher, Friedrich, Pfarrer; Wisenstr. 14, D-6734 Lambrecht/Pfalz, Tel. (06325) 8292 (Lambrecht 19.12.13). Erzählung, Meditation, Essay, Hörspiel, Anthologie.
V: Weg in die Wirrnis 64; Die Regierungserklärung Jesu 65; Otto Flath: Verheißung, Erfüllung, Vollendung 65; Gestaltgewordenes Erleben 65, 69; Die Tür ist offen 66; Advent im Hause Jochen Kleppers 66, 70; Weihnachten im Lutherhaus 67; Brücken der Freundschaft 68; Weihnachten jenseits der Brücke 68; Auf den Spuren des Lichts - Leben und Werk Karl Adolf Laubschers 68; Ich bin ein Christ 69; Lehrer des Gebets 71; Licht in der Finsternis 71; Nachfolge Jesu heute 73; Ich weiß, daß mein Erlöser lebt - Händels Glaubensbekenntnis 74; Das Abendmahl im Spiegel der Kunst des Holzbildhauers Otto Flath 75; Bis hierher hat mich Gott gebracht 75; Sieh, das ist Gottes Treue 75; Wie dir's und andern oft ergehe ... 76; Lesen und hören - Eine Besinnung um Bildwerke 76; Der Mensch lebt nicht vom Brot allein 77; Sieben Tage — sieben Bitten

78; Es ist Ostern gewesen 79; Jerusalem — Widerspruch und Verheißung, R. einer Stadt 79; Karl Adolf Laubscher — Sein Leben und Werk in Dokumenten 80; Strahlen der Freude, Zuspruch 81. — **MV:** Menschen vor Gott I — IV 57 — 68; Beter brechen durch 61; Gehilfen der Freude 61; Bekenner 63; Zeugen für Jesus 64; Pioniere für Gott 65; Das Wort vom Kreuz; Nicht klagen sollst du: loben! 67; Dienst am Wort. Psalmenpredigten 69; Für dich für heute 70; Andachten für Kranke 72; Licht auf dem Wege — Tägl. Andachten 77; Meines Herzens Freude und Trost, Andachten 81.

H: Gott aber ist größer, Anth. 59, 64; Die Schallplatte in Kirche und Schule 69; Die Anderen und Du, Anth. 71.

S: O mein Volk. Die Juden und wir 70; Israel im gelobten Land 70; Jesus kommt nach Jerusalem 70; Anfänge des Wirkens Jesu in Galiläa 71.

Laudahn, s. Becker, Dorothea.

Laudon, Hasso; SV-DDR 67; Giesestr. 92, DDR-1147 Berlin, Tel. 5278983 (Berlin-Spandau 23.1.32). Roman.

V: Semesterferien in Berlin, R. 59; ... zur Bewährung ausgesetzt, R. 62; Das Labyrinth, R. 64; Adrian, R. 70, 80; Tamara oder Podruga heißt Geliebte, R. 73, 79; Der ewige Ketzer, R. 83. — **MV:** Ein ungewöhnliches Wochenende, Rep. 71.

R: Versch. Kinderhsp. seit 60; Draußen im Heidedorf, Fs. 80.

Lit: Joachim Walther: Ausgerechnet Schmetterlinge 70.

Laue, Ernst *

Lauer, Heinrich *

Lauer, Klaus Dieter, Lehrer; VS in Bad. Württ. 80; Berthold-Auerbach-Pr. d. Stadt Horb am Neckar 82; Mozartstr. 17, D-7240 Horb a.N.-Bildechingen, Tel. (07451) 3937 (Karlsruhe 9.1.47). Lyrik.

V: Was zählt, Lyr. 79; Verschüttete Feuersteine, Lyr. 81; Ausgesetzt, Lyr. 82; Bis zur nächsten Wolke, Lyr. 83.

Lauerwald, Hannelore, Schriftstellerin; SV-DDR (Kand.); Karl-Marx-Str. 3, DDR-8905 Hagenwerder (Dittelsdorf, Kr. Zittau 7.4.36). Erzählungen, Hörspiel, Film.

V: An einem Donnerstag oder der Duft des Brotes, Erzn. 76, 82.

MA: Beitr. zu versch. Anthol.

R: Ein Mann und seine Frau, Feature; Auf Station 23, Hsp. ( )

Laufenberg, Walter, Dr. phil., Publizist; VS 70; Goethestr. 7, D-1000

Berlin 12, Tel. (030) 3121925 (Opladen 1.9.35). Belletristik, Sachbuch, Wissenschaft.

V: Welt hinter dem Horizont. Reisen in 4 Jahrtausenden 69; Leichenfledderer, R. 70; Rauschgift. Der stille Aufstand, Sachb. 71; Die letzten Tage von New York, Erz. 72; Der kleine Herr Pinkepank, Kinderb. 73; Lieben Sie Istanbul, Erz. 75; Berlin (West) — Nachkriegsentwicklung und Entwicklungschancen unter bes. Berücksicht. d. Reiseverkehrs, wiss. Unters. 78; Wir feiern ein Familienfest — 90 Jahre IG Bergbau und Energie, Festschr. u. Chronik 80; Seiltänzer und armer Poet — Textb. eines uneiligen Museumsbesuchers, Prosag. auf Bilder 80; Vom Wohnen überm Markt, Kurztexte 81; Bücher, die gelesen werden — und warum, Umfrageber. 82; M-Maybe und das Goldene Zeitalter — Textb. eines uneiligen Museumsbesuchers, Prosag. auf Bilder II 82; Berlin, Parallelstr. 13, Kurzgesch. u. Tageb. 82; Orakelfahrt, Erz. 83. — **MV:** Jugoslawiens Küste, Reiseführer 71.

MA: Enzyklopädie 2000 69-73; Ruhrtangente 72.

Lit: Gisbert Kranz: Das Bildgedicht I 81; ders. in: arcadia 16, H. 2 81; ders. in: Literatur in Wissenschaft und Unterricht 14 81; Guido Robbens in: Levende Talen, Culemborg NL 9 83.

Laufer, Klaus, s. Müller, Wolfgang.

Laurent, Martin, s. Lauschke, Helmut.

Laurent, Paul, s. Steenken, Eduard.

Laurin, s. Dietrich, Wolfgang.

Lausberg, Hermann (Ps. Menelaus), Fabrikant und Großhandelskaufmann; VS; Wappenteiler der Stadt Halver; Autorenkreis "Ruhr-Mark"; Auf der Volme 12, D-5884 Halver-Oberbrügge, Tel. (02351) 71073 (Düsseldorf 14.3.00). Humoristische Gedichte, Prosa.

V: Die harmlose Tante, G. 56; Der sittsame Onkel 58; Die Drehscheibe 61; Die hubertinischen Briefe 63; Die unmöglichen Briefe 65; Kniefreie Verse, G. 68; Privatkontor 71; Hasenpfeffer 74; Wenn sich die Balken biegen ... 76; Bestselleriesalat 78; Die Kommode 79; Spätlese 80; Der rote Faden 81; Der Stammtisch 82; Rotary in Versen 82. — **MV:** Herzliche Begegnung; Der wohlgemute Tag; Herz auf grüner Welle; Symphonie für Sie; Weggefährten; Ruhrtangente; Spiegelbild.

Lauschke, Helmut (Ps. Martin Laurent), Dr.med., Chirurg; Am Kurpark

1, D-5408 Nassau/Lahn, Tel. (02604) 1222
(Köln 10.9.34). Lyrik, Roman.
V: Ein Leben 80; Lösung und Bindung
81; Jugendporträt 83.

Laußermayer, Frida Ingeborg (Ps.
Frida Ingeborg Romay), Lehrerin;
Turmbund; Hofwaldweg 12, A-6010
Innsbruck, Tel. (05222) 85741 (Lienz/
Osttirol 9.3.39). Lyrik, Aphorismen,
Prosa.
V: Aphorismen 72; Bandura, Lyr. 77;
Im Staub verklungener Blüten, Lyr. 77;
Die Maske des Clowns, Lyr. 79.
MA: Gedanken über Musik 67; Alle
Wunder dieser Welt 68; Gedanken über
die Freude 69; Aber den Feind sollen
wir lieben 69; Gedanken über
Österreich 71; Besinnung und Einsicht,
Aphor. d. 19. u. 20. Jhs 81; Neue Gedichte
aus Österreich 82.
R: Dichtung aus Tirol 8 76, 7 79, 81.
Lit: A. Brugger: Die Bedeutung der
fruchtbaren Atmosphäre einer
Künstlerfamilie 75; W. Bortenschlager:
Dt. Lit.gesch. 78, Erg.bd 81; P. Wimmer:
Wegweiser durch die Lit. Tirols seit 1945
78; Südtirol in Wort und Bild 2 78; zahlr.
Würdigungen in Ztgn u. Zss.

Laußermayer, Roman (Ps. Roman
Romay), Oberschulrat, Hauptschuldir. i.
R.; SÖS 59; Hofwaldweg 12, A-6010
Innsbruck, Tel. (05222) 85741 (Maria
Neustift/Oböst. 2.2.01). Lyrik, Roman,
Novelle, Essay, Hörspiel, Erzählungen,
Kurzgeschichten, Märchen,
Jugendbuch. **Ue:** Mhd.
V: Du kleine Bernadette, Erz. 49, 54;
Die Nacht im Geiertale, R. 51; Das
Österreichspiel 61; Am Rande der
Wiesen, G. 63; Kurzgeschichten 77; Das
Wort der Gebliebenen, G. u. Balln 79;
Raschelnd Laub, Lyr. 81; Erzählungen
81; Neue Märchen 82.
MA: Die Barke 56; Schöpferisches
Tirol 63; Wieder ist Weihnacht 64;
Gedanken über die Freude 69;
Gedanken über Österreich 71;
Besinnung und Einsicht, Aphor. d. 19. u.
20. Jhs 81.
H: Grillparzers Spruchweisheit 62. –
MH: Sei immer du und sei es ganz. Aus
Grillparzers Gedankenwelt 66.
R: Der Hampelmann von Hopplau 65;
Der Pyramidengeist 66; Wui und Hui,
die kleinen Rennfahrer 66; Spitzchen
Schlau 68; Li und Lu, die beiden Welt-
raumkinder 69; Dichtung aus Tirol 71;
Die Stadt 71; Der Alte in der Spiegel-
gasse 72; Das Seil 73; Der Papierkorb 73;
Der Schriftsteller 75; Dichtung aus Tirol
76; Ein weihnachtliches Hörspiel 76.

Ue: Walther von der Vogelweide:
Leich 38.
Lit: A. Brugger: Dem Tir. Lehrer-
dichter Romay z. Vollend. d. 60. Lebens-
jahres, R. Romay z. Vollend. d. 70.
Lebensjahres; Südtirol in Wort und Bild
3 76; Tiroler Schule: Roman Romay zur
Vollend. s. 70. Lebensjahres, Roman
Romay - ein Fünfundsiebziger, u.a.; W.
Bortenschlager: Dt. Lit.gesch. 78, Erg.bd
81; P. Wimmer: Wegweiser durch die Lit.
Tirols seit 1945 78; R.R. zur Vollend. d.
80. Lebensj. in: Tiroler Schule 3 81;
zahlr. Würdigungen in Ztgn u. Zss.

Lauster, Peter, Dipl.-Psych.; VS;
Lüderitzstr. 2, D-5000 Köln 60, Tel. (0221)
7601376 (Stuttgart 21.1.40).
V: Begabungstest 71; Teste deine
Intelligenz 72; Selbstbewußtsein kann
man lernen 74; Berufstest 74; Status-
symbole 75; Lassen Sie sich nichts
gefallen 76; Menschenkenntnis ohne
Vorurteile 73; Lassen Sie der Seele
Flügel wachsen 78; Die Liebe 80;
Lebenskunst 82. – **MV:** Ist mein Kind
schulreif, m. U. Lauster 74; Mein Kind
soll aufs Gymnasium 73.

Lautenschlag, Marockh,
Schriftstellerin; Schopenhauerstr. 11, D-
6000 Frankfurt a.M. 1, Tel. (0611) 442363
(Frankfurt 17.11.49). Roman, Science
fiction.
V: Der Wald, Erzn. 80; Artemis ging
zur Jagd, G. 81; Araquin, Fantasy-R. 81;
Sweet America, SF-R. 83.

Lauterbach, Hermann O., s. Otto,
Hermann.

Lautsch, Edeltraud,
Gebrauchswerberin; Kand. SV-DDR 79;
Großvaterweg 3, DDR-3720
Blankenburg (Halberstadt a. Harz
4.3.44). Kinderliteratur.
V: Eine ganz alltägliche Geschichte,
Erz. 77; Diesmal werde ich mich melden,
Erz. 80, 2.Aufl. 81; Die Entdeckung, Erz.
83.

Lavagnino-Jacky, Helene (Ps. Helene
Jacky), Sekundarlehrerin; SSV 54; 2.
Preis im literar. Wettbewerb d. Schweiz,
Großloge Alpina 54, Anerkennungspreis
d. Schweiz. Jugendschriftenwerks,
Zürich 55; 5, Via Giacinto Bruzzesi, I-
00152 Rom (Heimenschwand/Schweiz
12.3.04). Novelle, Erzählung, Roman.
V: Silvester. Ein Sommer in Rom, Erz.
47; Agna, Erz. 47; Blauer Himmel, enge
Gassen, Erz. 49; Ein Stern geht auf, Erz.
53; Des freuet sich der Engel Schar,
Weihnachtsgesch. 54; Das Leben siegt,
Erz. 55; Addio, Lu!, N. 57; Die guten

Hände 57; Bim. Ein unnützer Mensch,
Erz. 58; Der Feriengast, Erz. 59; Abenteuer des Herzens, R. 60; Alle Schönheit
der Welt, Erz. 61; Der siebenfarbige
Bogen 65. ( )

Lavall, Kurt; Radweg 40, D-6500
Mainz.

V: Spitzenspieler 72; Berühmte
Spieler, berühmte Tore 74; Das Buch
der Besten 75; Sport erleben mit Sach-
verstand 75; Fußball 76, 79; Fit und
immer vorn 76; Gold-Rosi, die Ski-
königin von Innsbruck 76. ( )

Laws, Ernst, Konsistorialrat, G.Prof.,
Päpstl. Ehrenprälat; Liethweg 11 a, D-
4430 Steinfurt 2 (Braunsberg, Ostpr.
7.8.03). Biographie, rhythmische Texte,
Erzählung, Meditation.

V: Waaler Marienspiel 63; Totenklage
um eine Kirche, Rhythmische Texte 76;
Mein Bekenntnis zum Rosenkranz 77;
Küng und das Glaubensbekenntnis der
Kirche 78; Auf dem Heimweg,
Rhythmische Texte 80.

B: Ermländischer Hauskalender 50 -
65; Unser Ermlandbuch 66 - 74;
Ermlandbuch 76 - 79.

H: Arthur Kather: Unser Weg in
Gottes Herz, Meditationen u. biogr.
Nachw. 63; Otto Miller: Wenn der Durst
nach Gott uns quält, Religiöse Lyr.
79. — **MH:** Otto Miller: Wo nimmt man
jetzt das Lachen her? 66. ( )

Laxanger, Gustl (Ps. Scholastika
Holzmayr), Bank-Sekretärin i. R.;
Schmeller-Medaille 75; Ludwigsplatz 13/
3, D-8200 Rosenheim, Obb., Tel. (08031)
35875 (Wasserburg/Inn 16.1.02). Roman,
Novelle, Kurzgeschichte, Skizze, Verse,
Mundartdichtung.

V: Adventsliadl; Gaudiliadl; Bett-
hupferlliadl, alles Texte; Das Laus-
dirndl, Gesch. 68; Ebbs Lustigs vom Tod,
Dialekt. Leg. 70; Adventicua Märchen
73, 82; Zwei Dutzend Nikoläuser,
Geschn. 75; D'Fräuln Zizibee, lust.
Geschichten von Zugehfrauen etc. 77;
Hundebriefe 78/79; Der Malefiz -
Aufsatz 79; Allerhand Viecher und Leut,
Kurzgeschn. 82.

MA: Bayerischer Psalter 75; In dene
Dag hat da Jesus gsagd; Heiteres
Weißblau Heiteres.

R: Vom boarischen Kindagspui 56, 68;
Kaschberl, Roß und Eisnboh 56, 68; Der
Adventskranz 56; Wia da Fuchs hat
schwörn müassn 57; Wia d'Instrumenta
gstritn ham 58; Die Dampfnudloper 60,
70; Vom Büawei, dös an Winta ge-
scheucht hat 60, 68; Was a Zwifiturm
zum Verzähln hat 64, alles Kinderlieder-

sendungen, ferner freie Mitarb. im Bay.
Rundfunk, Abt. Unterhaltung —
Bairisch Herz- u. Weißblauer Montag,
m. Dial. Versen u. Skizzen.

Layer, Adolf, Dr. phil., Gymn.-Prof.
a.D., Lbeauftr. f. Ldes- u. Volkskde
U.Augsburg; Bdesverd.kreuz 1. Kl. 75;
"Bene merenti" d. Bayer. Akad. d.
Wissenschaften 74; Verd.med. d. Ldkr.
Dillingen 79; Gold. Bürgermed. d. Stadt
Dillingen 79, Komturkr. m. Stern d.
päpstl. Gregoriusordens; Örtelstr. 10, D-
8880 Dillingen/Donau, Tel. (09071) 2509
(Langerringen 5.7.20). Landeskunde,
Musikgeschichte.

V: Musik u. Musiker der Fuggerzeit
59; Matthias Klotz v. Mittenwald 59, 70;
Dillingen a.d. Donau 61, 82; Das Allgäu -
die Wiege der Lauten- u. Geigenbau-
kunst 67; Die Augsburger Künstlerfamilie Mozart 70; Wilhelm Bauer 72;
Die Grafen v. Dillingen 73; Eine Jugend
in Augsburg. Leopold Mozart 1719 —
1737; Musikgeschichte der Fürstabtei
Kempten 75; Schwäbische Mundartdichtung aus zwei Jahrhunderten 76;
Die Allgäuer Lauten- und
Geigenmacher. Ein Kapitel
schwäbischer Kulturleistung für Europa
78; Höchstädt an der Donau. Eine kleine
Stadt mit großem Namen 81. —
MV: Schweizerische Musikdenkmäler II
59; Musik in d. Reichsstadt Augsburg 65;
Im Flug über Schwaben, eine Landeskunde 74, 77; Dillingen, ein
schwäbisches Zentrum geistiger u.
geistlicher Bildung 79; Albert von
Lauingen 700 Jahre + Albertus Magnus
80; Festschr. der Stadt Lauingen
(Donau) 80; 300 Jahre Garnisonsgesch.
Dillingen an der Donau 1681-1981 81.

H: Jahrbücher des Histor. Vereins
Dillingen 63-82; Landkreis u. Stadt
Dillingen 67; Hyazinth Wäckerle, Hei,
grüeß di Gott, Ländle. Mundartgedichte
75; Lebensbilder aus dem Bayer.
Schwaben XI f.; Bira ond Zelta.
Schwäbische Mundartdichtung aus zwei
Jahrhunderten, Anth. 77.

Lit: Bibliogr. d. musikhist. Veröff., in:
Mitt.bl. d. Ges. f. bayer. Musikgesch. I 64;
International Who's who in art and
antiques 72; Dictionary of International
Biography 76; Schrr.verzeichnis Adolf
Layer 1947 - 1977 in: Jb. d. Histor. Ver.
Dillingen 78.
s. a. Kürschners GK.

Leander, Catherine, s. Kreutzer,
Catherine.

Leander, E. R., s. Lehmann, Ernst.

Lebe, Reinhard, Dr.phil., Cheflektor; Paul-Lincke-Str. 20, D-7000 Stuttgart 1, Tel. (0711) 694429 (Berlin 25.6.35). Monographie, Essay, Rezension, Fernsehspiel.

V: Ein deutsches Hoftheater in Romantik u. Biedermeier 64; War Karl der Kahle wirklich kahl?, hist. Ess. 69, 82; Als Markus nach Venedig kam. Aufstieg u. Staatskult d. Rep. v. San Marco 78, 80 (auch ital.).

MH: M. J. Saltykow: Der Bär als Statthalter, sat. Fabeln a. d. alten Rußland 66.

R: War Karl d. Kahle wirklich kahl?, Fs.-R. 82.

Leber, Gerda (Ps. Gerda Hagenau), Dr. phil., Prof.; SÖS 60, L.V.G. 61, Österr. P.E.N.-Club; Preis Hörspiel- u. Erzählerwettbewerb d. ostdt. Kulturrates Bonn u. d. nordrh.-westf. Min. f. Arbeit ... 72, Übersetzerpr. d. poln. P.E.N.-Clubs 76, Übersetzerpr. d. Foundation Jurzykowskiego New York 70, Prof. verl. v. österr. Bdespräs. 70, Orden f. Verdienste um d. poln. Kultur 74; Wallnerstr. 4, Palais Esterhazy, A-1010 Wien, Tel. (0222) 6310525 (Łódź 11.12.18). Drama, Lyrik, Roman, Novelle, Essay, Hörspiel. **Ue:** P.

V: Kassandra, Dr. 48; Garten der Liebe, lyr. Zyklus 48; Der Zaubersee, Msp. 48; Bob im Zaubersee, Kinderb. 51; Lucyna Herz, R. 58, 60; Verkünder und Verführer — Prophetie und Weissagung in der Geschichte 76, 78; Ulenspiegel, Dr. 72; Fortunatus der Träumer, Dr. 79; Vom Pferderücken auf den Königsthron. Liebe, Leben und Taten des Polenkönigs Jan Sobieski, Biogr. 83.

B: Lesskow: Die Weihnachtsäpfel auf dem Weihnachtsmarkt, Hsp. 50; Felix Timmermanns: Das Jesuskind in Flandern, Hsp. 50; Chesterton u.a.: Das heilige Haus, Hsp. 51; Selma Lagerlöf: Die Christrose, Hsp. 52. — **MA:** Goethe-Almanach 48; Stimmen der Gegenwart 52, 54.

H: Sonne, Mond und Sterne, Anth. 51; Hinter goldenen Gittern, Der Orient erzählt, oriental. Erzn. 51; Liebesgeschichten der slawischen Völker, Anth. 59; Moderne Erzähler der slawischen Völker, Anth. 61; Polen erzählt, Anth. 61.

R: Aus Anton Faistauers Heimat, Hsp. 50; Die Sprache der Glocken, Hsp. 52.

Ue: Ludwig Hieronim Morstin: Penelope, Dr. 56; Artur Marya Swinarski: Ararat, Kom. 56; Achilles und die Mädchen, Dr. 58; Roman Brandstaetter: Das Schweigen, Dr. 58; Die Leute vom toten Weinberg 59; Der Weg nach Assisi

59; Dramen 61; Das Lied von meinem Christus, Poem 61; Der Tag des Zornes, Dr. 62; Wlodzimierz Odojewski: Zwischenreich, R. 59; Heimgesuchte Orte, R. 62; Adieu an die Geborgenheit, R. 64; Sascha und die Götter, Kom. 64; Juwentyn Mlodozeniec: Ich kannte P. Maximilian Kolbe 76; Katharina oder Alles verwehen wird der Schnee, R. 77, 78; Das Wunder im Theater, Dr. 78, sowie zahlr. Ü. v. Erzn. versch. poln. Autoren.

Leber, Ralph, Kaufmann; Bergstr. 145, D-6900 Heidelberg (Heidelberg 10.9.25). Roman, Novelle.

V: Schatten im Licht, R. 65.

Leber, Ursula *

Lebert, Vera (Ps. Vera Lebert-Hinze, Claire Grohé), Schriftstellerin; IGdA 81, FDA 81; Unsterbliche Rose 81; Kreis d. Freunde 81, Gertrud-v.-le-Fort-Ges. 82, Christl. Autorinnen-Gruppe 81, Autorenkreis Ruhr-Mark 82; Sonnenhang 24, D-5912 Hilchenbach 4, Tel. (02733) 51196 (Mannheim 23.6.30). Lyrik, Essay.

V: Wenn die Schatten leben, Lyr. 81.

Lebert-Hinze, Vera, s. Lebert, Vera.

Lebiés, René, s. Seibel, Werner.

Lechle, Otto, s. Roland, Otto.

Lechler, Waltraude, s. Stumpner, Waltraude.

Lechner, Auguste; Öst. Staatspr. f. Kinder- u. Jgd.-Lit. 56, Ehrenliste d. Öst. Staatspr. f. Kinder- und Jgd.-Lit. 62, 64, 68/69, Ehrenliste d. europ. Autoren im Rahmen d. Premio Europeo di Letteratura Giovanile Prov. di Trento 78; Fürstenweg 57, A-6020 Innsbruck, Tel. (05222) 842262 (Innsbruck 2.1.05). Jugendromane und -erzählungen, Dichtung d. Mittelalters u. d. Antike.

V: Der böse Sommer von St. Michels und andere Volkserzählungen zwischen 30 und 36; Die Nibelungen, Jgd.-R. 51, 80; Herr Dietrich reitet. Die Abenteuer Dietrichs von Bern, R. 53 u.d.T.: Dietrich von Bern 80; Der Dunkle Bote aus Montbur. Die Abenteuer Ornits, R. 54, 58; Das Königsgrab im gelben Felsen. Die Abenteuer Wolfdietrichs, R. 54 u.d.T.: Die Wolfdietrichsage 81; Dolomitensagen I, Erz. 55, 70; Das Licht aus Monsalvat. Die Abenteuer Parzivals, R. 56, 78 (auch holl.); Nur noch hundert Kilometer, Erz. 57; Die Brüder aus der Höhle und das Mädchen Idis, Erz. 59, 64; Die Abenteuer des Odysseus, R. 61 u.d.T.: Odysseus 81 (auch holl.); Die

geraubte Königstochter. Die Gesch. d.
Gudrun, R. 63 u.d.T.: Gudrun 78;
Dolomitensagen II, Erz. 64, 70, I u. II in
e. Bd 77, 83; Jenseits des goldenen
Nebels. Herzog Ernsts seltsame Aben-
teuer im Morgenland, R. 65, 69; Der
Sohn der Göttin 67 u.d.T.: Aeneas 75
(auch holl.); Der Reiter auf dem
schwarzen Hengst 69, 72 (auch holl.);
Don Quijotes Abenteuer, R. 70, 75; Die
Rolandsage, R. 72, 75; Ilias, R. 73, 76
(auch holl.); Die schönsten Fabeln von
La Fontaine 76; Herkules, R. 77; Die
Sage vom Goldenen Vlies, R. 80.

Lechner, Odilo (Hans Helmut), Dr.,
Abt von St. Bonifaz München u. Kloster
Andechs; Karlstr. 34, D-8000 München 2,
Tel. (089) 554041 (München 25.1.31).
V: Idee und Zeit in der Metaphysik
Augustins 64; Advent/Weihnachten 72;
Fastenzeit 73; Ostern 73; Vom Gewicht
der Zeit, Meditat. zum Kirchenjahr 80;
Geschenke für den Tag, Meditat. 81.

Lechte-Siemer, Gesina *

Leder, Karl Bruno, Dramaturg; Dorn-
röschenstr. 21, D-8000 München 83, Tel.
(089) 607140 (Rudolstadt/Thür. 26.9.29).
Ue: E, Am, R.
V: Draculas Betthupferl, Sat. 69;
Todesstrafe, Sachb. 80; Nie wieder
Krieg? 82.
H: Das lachende Krokodil, russ. Sat.
65; Ambrose Bierce: Der Mönch und die
Henkerstochter, Erzn. 68; Vampire und
Untote, Anth. 68.
Ue: Bret Harte: Der gelbe Hund, Erzn.
65; Ambrose Bierce: Der Gnadenstoß,
Erzn. 65; Bram Stoker: Dracula 67; Mary
Shelley: Frankenstein 68; Rosemary
Manning: Der Mann auf dem Turm 67.
( )

Lederer, Herbert, Dr. phil., Prof. h. c.,
Schauspieler; Steingasse 18/7, A-1030
Wien, Tel. (0222) 736174 (Wien 12.6.26).
Drama, Roman, Novelle, Essay.
V: Theater für einen Schauspieler 73;
Kindheit in Favoriten, Autobiogr. 75;
Onkelchens Traum, Dr. 75; Celestina,
Opernlibr. 76; Na, ist das ein Geschäft?,
Kom. 80; Abgeschminkt, Theateranekdn
83; Andererseits ... Parodien 83.
H: Funken der Heiterkeit, Nestroy-
Zitate 76.
Ue: Genie und Galgenstrick (François
Villon) 65.

Lederer, Joe; P.E.N.; Viktor-Scheffel-
Str. 10, D-8000 München 40 (Wien
12.9.07).
V: Das Mädchen George, R. 28; Musik
der Nacht 30; Drei Tage Liebe 31, 60;

Bring mich heim, R. 32, 60; Unter den
Apfelbäumen 34, 76; Blatt im Wind, R.
35, 65; Blumen für Cornelia, R. 36, 79;
Das einfache Herz, R. 37, 63; Heimweh
nach Gestern, Erz. 51; Letzter Frühling,
R. 55, 66; Unruhe des Herzens, R. 56, 79;
Fanfan in China u.d.T.: Entführt in
Shanghai 58; Die törichte Jungfrau, R.
60, 66; Von der Freundlichkeit der Menschen 64, 79; Sturz ins Dunkel, R. 69; Ich
liebe dich 75, 79; Tödliche Leidenschaft,
7 große Mordfälle 77 u.d.T.: Tatmotiv
Liebe, Tb. 81; Die törichte Jungfrau, R.
81. ( )

Ledermann, Hellmuth, Dr. med., Arzt;
In der Dell 14, D-6940 Weinheim/
Bergstr., Tel. (06201) 22667 (Hamburg
19.5.39). Lyrik, medizinische
Fachliteratur.
V: Nur ein Kirschblütenzweig, Reiseg.
78.

Ledig, Gert *

Ledig-Rowohlt, Heinrich Maria, Ver-
leger; P.E.N. 57; Degr. of Doctor of
Humane Letters d. Washington Univ.,
St. Louis, Gr. Bundesverdienstkreuz 74,
Öst. Ehrenkreuz f. Wissenschaft u.
Kunst 1. Kl. 79; Hamburger Str. 17, D-
2057 Reinbek bei Hamburg, Tel. (040)
7272221 (Leipzig 12.3.08). **Ue:** E.
V: Thomas Wolfe in Berlin 48.
Ue: James M. Cain: Der Defraudant
51; Alfred Hayes: Das Mädchen auf der
Via Flaminia 51; Alle Deine Siege 54;
Harold Pinter: Betrogen; Das Treib-
haus; An anderen Orten. –
MUe: Thomas Wolfe: Uns bleibt die
Erde 51.

Leeb, Helga; Auf der Falkenbeiz 6, D-
8000 München 71.
V: Ein altes Haus u. lauter nette
Leute, R. 76, 79; Basko und seine Leute,
heit. R. 82. ( )

Leeb-Efler, Hansi *

Leegard, Alf, Prof., Schriftsteller;
Förder.stift. d. Ldes NRW f.d. Dramat.
Werkstatt Salzburg 62; Dramaturg. Ges.
Berlin 68, Lions-Club Nürnberg-Noris
68; Frühlingstr. 52, D-8031 Eichenau,
Tel. (08141) 70155 (Lutherstadt Eisleben
29.10.39). Roman, Drama, Film,
Anthologie, Musical. **Ue:** H, E, F, Schw, I,
R.
V: Die heilsame Dreckapotheke, Anth.
68; Die Bohne, Bü. 68; Frauen ohne
Vogelkopf, Bü. 68; Wege um Crecelius –
Roman einer Notation 77. – **MV:** Venus
auf Rädern, m. Ernst Nebhut 68.
F: Ultima Thule, Island im Spiegel der
Sagas, auch Fsf. 67; Budapest, Spielf.

R: Das Cello, nach e. Idee v. Wagner Vilar, Fsp. 67; Dt. Bearb.: Jacques Deval: Ein Tag ohne Morgen 67.

Ue: u. B: Jan Carew: The University of Hunger u.d.T.: Die Hungerschule 62; William Dinner: Das Hochzeitsessen 62; Dan Sutherland: Four Characters and a Corps u.d.T.: Vier Personen suchen einen Leichnam 62; F.M. Klinger: Sturm und Drang 63; Oscar Wilde: Bunbury 63; Tone Brulin: Schildknaap van een Vechtjas u.d.T.: Der letzte Held 63; George Farquhar: Galante Listen 65; Tone Brulin: Augen — aus Kreide gemacht 65; M. Weber: Die unglaubliche Geschichte des Mister M. 65; Erweisen wir ihm alle Ehre 65; Richard Telfair: Day of the Gun u.d.T.: Stadt in Angst 65; Leonard Melfi: Das Vogelbad 66; Sam Shepard: Chicago 66; Ikarus 66; Jean Rebel: Le Procès de Maître Ferrari u.d.T.: Mord in letzter Instanz 66; Joane Macalpine: Tom Jones 66; Jack Popplewell: Boomerang u.d.T.: Unbekannte Nacht 66; S. Sekely: The Dolphins are waiting u.d.T.: Melonen und Millionen 66; R. Lamoureux: Frederic — Held wider Willen 66; Ladislaus Fodor: L'Amour Instantané u.d.T.: Horizontal — Vertikal 66; Jacques Deval: Xavier u.d.T.: Weiblichkeit ist eine Zier 67; Chris Barnard: Morgen, morgen und morgen 67; Megan Terry: Vietrock — Bericht über den Krieg eines Volkes 67; G. Sklar: And People all around u.d.T.: Und auf den Hügeln stehen die Erlöser 67; David Cregan: Drei Brüder für Colverton 67; John Roc: Feuer 67; Jacques Deval: Le Bonheur des Mechants u.d.T.: Ein Tag ohne Morgen 67; G. Ross: Norman Banks wird entlassen 68; Ernst Jacobssohn: Spätere Heirat erwünscht 68; Colin Spencer: The Ballad of the False Barman u.d.T.: Die Ballade von der falschen Barfrau und der wahren Liebe 69; David Cregan: The Houses by the Green u.d.T.: Zwei Häuser im Park 69; Oliver Hailey: Woho is Happy now? u.d.T.: Alles klar? 69; William Shakespeare: Macbeth 70; Tennesee Williams: In einer Hotelbar in Tokio 70; Die seltsamste Liebesgeschichte der Welt 70; Ein fall zerbrochener Petunien 70; Megan Terry: Zuhause 70; Jaime Salom: Das Haus der Ziegen 71; Nach Moliére: Der Bürger als Staatsbürger 72; A. B. Shiffrin: Angel in the Pawnshop u.d.T.: Der Pfandleiher 73; Tennessee Williams: A small Craft Warning u.d.T.: Sturmwarnung 73; Megan Terry: Approaching Simone u.d.T.: Das Leben und Sterben

der Simone Weil 75; Thomas Middleton: A Chaste Maid in Cheapside u.d.T.: Mädchen aus Cheapside 77; Herbert Williams: Alpha 2001 78; Alexander N. Ostrowski/Brzenska: Talente und Verehrer 79, Wie man Karriere macht 79, Solange der Rubel rollt 79; Nicolai Gogol/Brzenska: Der Revisor 80, Die Heirat 80; Sergei Cramer: Eine leichte Person 81, Revisor 82; August von Kotzebue: Die deutschen Kleinstädter 82; Otto Ernst/Günther Weisenborn: Flachsmann als Erzieher 82; Ernst Jacobssohn: Spiel mit Variationen 82.

Lit: Accademia Italia: Intern. Literaturgesch. 83.

Legère, Werner; SV-DDR 56; 1. Preis d. Min. f. Kultur d. DDR 53, Kunstpr. d. Bez. Karl-Marx-Stadt 61, Artur-Becker-Med. i. S. 62; Lutherstr. 1, DDR-9270 Hohenstein-Ernstthal (Hohenstein-Ernstthal 28.5.12). Roman, Kinder- u. Jugendbuch.

V: Ich war in Timbuktu, Kinderb. 55, 82 (auch ung., estn.); Unter Korsaren verschollen, Jgdb. 55, 9. Aufl. 79 (auch slow., poln., estn., ital.); Die Verschwörung vom Rio Cayado, Jgdb. 56, 57 (auch poln.); Schwester Florence, R. 56, 74 (auch poln.); Der Ruf von Castiglione, R. 60, 78 u.d.T.: Henri Dunant und das Rote Kreuz 79; Stern aus Jakob, R. 63, 64; Die Stiere von Assur, R. 69, 74; Der gefürchtete Gaismair, R. 76, 81; In allen meinen Taten, R. 82. ( )

Legge, Ludwig (Ps. f. Ludwig H. B. Ziehr), Redakteur, Schriftsteller; VS Hessen seit 77; Neue Lit. Ges. 74; Sauersgäßchen 1, D-3550 Marburg, Tel. (06421) 64822 (Berlin 5.12.36). Lyrik, Text, Literaturgeschichte.

V: untermorgen übergestern, Textsamml. 71, 2. Aufl. 79. —

MV: Ramben, m. Bernd S. Müller, Nonsensg. 69; Weltreise, enzykl. Länderkunde 70-75; Deutsche Literaturgeschichte 1-5, m. Josef Bättig 80-83.

Lehmann, Ernst (Ps. E. R. Leander), ObStudR.; Universitätsmedaille 65; Am Lachsbach 2, D-2390 Flensburg, Tel. (0461) 42687 (Schwerin/Mkbg. 25.1.01). Drama. **Ue:** G, L.

V: Brautschau von Sikyon, Kom. 42; Der Schiffbruch, Kom. 43; Tycho Brahe, Sch. 43.

H: Mensch und All. Leseb. d. antiken Philos. 48; Sokrates, Platon, Aristoteles, alles Auswahlbde.; Gürtel d. Aphrodite. Antike Liebeslyrik; Deutsches Abiturienten Lexikon 69.

Ue: Plautus: Komödien 48; Aristophanes: Die Vögel 46; Antike Komödien: Aristophanes, Menander, Plautus, Terenz; Longos: Daphnis und Cloe. ( )

Lehmann, Hans Friedrich (Ps. Hans Frank Friedrichs, Hans F. L. Usdermark), StudR. i. R.; D.A.V. 63; 1. Preis d. Verlags H. Jamrowski 30; Brentanostr. 15, D-1000 Berlin 41, Tel. (030) 8210136 (Frankfurt/Oder 14.7.04). Drama, Roman, Novelle, Kurzgeschichte, Lyrik.
V: Evangelium der Natur, G. 23; Auch die Stille klingt, G. 62; Träume in alten Gassen, R. 82; Flucht ohne Heimkehr, N. 82; Ihr Feldzeichen war der Bundschuh, N. 82; Echo aus Licht und Dunkel, G. 83; rd. 90 Novelletten, Kurzgeschn., Humoresken.

Lehmann, Hans-Rudolf (Ps. Lukas Hartmann), Redakteur b. Rdfk; Be.S.V. 71, Gruppe Olten 72; Buchpr. d. Stadt Bern 79, Buchpr. d. Schweiz. Schillerstift. 79; Steinauweg 31, CH-3007 Bern, Tel. (031) 982070 (Bern 29.8.44). Drama, Roman, Erzählung. Hörspiel, Fernsehspiel.
V: Ausbruch, R. 70; Madeleine, Martha u. Pia, Protokolle vom Rand 75; Mozart im Hurenhaus, Gesch. 76; Beruhigungsmittel, St. 76; Pestalozzis Berg, R. 78; Familiefescht, St. 79; Gebrochenes Eis, Aufzeichnungen 80; Mahabalipuram oder Als Schweizer in Indien, Reisetageb. 82.
R: Em Pfarrer sy Scheidig, Hsp. 76; Dr Bsuech im Altersheim, Hsp. 77; Heifahre, Hsp. 79; Sucht, Fsp. 79; Oekotopia, Hsp. 81.

Lehmann, Joachim, Dr. theol., Pfarrer; Die Kogge 74; Peter Coryllis Nadel 79, Adolf-Georg-Barthels-Gedächtnisehrung 82, Poetenmünze zum Halben Bogen 82; Autorenkr. Plesse, Int. Schriftst.-Vereinig., Int. Schriftstellerprogressiv Mölle/Schwed. 79, Dt. Senryu-Zentr. Düsseldorf 82, DDR-6901 Cospeda/Jena, Tel. 25742 (Dresden 27.11.35). Lyrik, Essay.
V: Die Rettung des Indianers, Erz. 55; Ein Schiffbruch, Erz. 56; Erwin Hahs - Aus seinem Leben und Werk 68; An der Weltwand, G. u. Grafik 74; Sanssouci, G. u. Grafik 77; Zwischen Amstel und Saale-Impressionen einer Hollandreise, G. 77 (auch Holl.); Die Mondhaut, G. 80; Es schwindet der Tag, G. 80; Der Traurige Dichter, G. 82.
MA: Calendarium spirituale, Anth. 65; Detlev Block: Das unzerreißbare Netz, G. Anth. 68, Gott im Gedicht, Anth. 72,

Hoffnung, Anth. 77; Uwe Steffen: Jona - Sinnbild gegenwärtiger Existenz, Anth. 74; Autor und Landschaft - Die Kogge in Berlin, Ein Literaturleseb., Anth. 77; Nachlese, Anth. 77; I. Meidinger-Geise: Prisma Minden, Anth. 78, Wer ist mein Nächster, Anth. 77; G. Hoffmann: Laß dich finden, Anth. 78, Kannst Du noch staunen, Anth. 78; Ernte und Saat, Anth. 80; I. Bongardt: Da kam der Menschen Licht, Anth. 79; C. H. Kurz: Über alle Grenzen hin (dt.-schwed.) Anth. 79, Im schwarzen Mantel der Nacht, Anth. 79; Entleert ist mein Herz, Anth. 80; Hoch schwebt im Laube, Anth. 80; P. v. Ense: Bloemen voor Berliyn 80; Ernte und Saat, Anth. 80; Am Horizont, Anth. 81; Rufe, rel. Lyr. d. Gegenw., Anth. 81; Seismogramme, Anth. 81; Die Zeit tropft von den Bäumen, Anth. 82; Wege unterm Kreuz, Anth. 82; Spuren im Spiegellicht, Anth. 82; Auftrag und Anliegen, Ess. 82; D. Block: Ihr werdet finden, Anth. 82.
Lit: Auftrag und Anliegen 75; Dietrichsblatt 50 83.

Lehmann, Johannes, Dr. phil., Redakteur bei Süddt. Rdfk, Abt. Literatur; VS 70; Degerlocherstr. 8, D-7000 Stuttgart 70, Tel. (0711) 763644 (Madras, Indien 7.9.29). Hörspiel, Funkerzählung, Sachbuch. **Ue:** E.
V: Mao Marx und Jesus — ein Vergleich in Zitaten 69; Jesus Report-Protokoll eines Missverständnisses 70 (auch schwed., dän., holl., engl., amer., port., franz., finn., jugosl.); Die Jesus GMBH — Was Jesus wirklich wollte 72 (auch holl. und amer.); Religion ungenügend. Ein feste Burg mit Rissen 74; Allah, Öl und Israel. Der Nahostkonflikt in Argumenten 74; Die Hethiter. Volk der tausend Götter 75 (auch holl., amer., ital., japan.); Die Kreuzfahrer. Abenteurer Gottes 76 (auch ital., holl.); Die Staufer — Glanz und Elend eines deutschen Kaisergeschlechts 78; Der Buddha — Leben, Lehre, Wirkung. Der östliche Weg zur Selbsterlösung 80; Moses — der Mann aus Ägypten, Religionsstifter, Gesetzgeber, Staatsgründer 83. —
MV: In allen Zungen - Geistliche Reden durch 15 Jahrhunderte 66.
MA: Kindlers Lit.gesch. der Gegenwart 78.
H: Christliche Erziehung heute, Sachb. 64; Ist der Glaube krank? Glaubwürdigkeit u. Unglaubwürdigkeit d. Gläubigen, Ess. 66; Motive des Glaubens - Eine Ideengesch. d. Christentums in 18

Gestalten, Ess. 68, 70; Nachrichten aus tausend Jahren — Unterwegs durch die Geschichte, Sachb. 80.

R: Lebenslauf in Nebensätzen 66; Die Spleens des Mr. MacDonald 67; Abenteuer der Einsamkeit 67; Lorbeer Fez und Kalimaphion 68; Der Golem und die Goldene Stadt 68; Vom Wert eines Kalimaphions 68; Nie wieder wird Massada fallen 69, Funkerz.; Immer wieder J. - Aufzeichnungen zwischen Nacht und Morgen, Hörbild 69.

Ue: Stephan Chance: Septimus und das Geheimnis von Danedyke 74; Stephan Chance: Septimus und der Spuk im Münster 75. — **MUe:** Gute Nachricht für Sie - NT 68.

Lehmann, Jürgen, Lektor; SV-DDR 81; Förderungspr. d. Mitteldt. Verlages u. d. Literaturinst. Johannes R. Becher 77, Kunstpr. d. Stadt Leipzig 82; Pösnaer Str. 17, DDR-7027 Leipzig (Großdubrau bei Bautzen 26.12.34). Erzählung, Roman.

V: Begegnung mit einem Zauberer, Erz. 76; Strandgesellschaft, R. 80, 82; Hochzeitsbilder, R. 83.

MA: Das Huhn des Kolumbus 81; Alfons auf dem Dach 82.

Lehmann, Kurt (Ps. Konrad Merz), Physiotherapeut; Schipperslaan 7, Purmerend/Niederl., Tel. (02990) 23752 (Berlin 2.4.08). Drama, Lyrik, Roman, Novelle, Essay. **Ue:** H.

V: Ein Mensch fällt aus Deutschland 36, 79, Tb. 81 (auch holl.) 37, 79; Der Mann der Hitler nicht erschossen hat 76, 79; Generation ohne Väter 77; Glücksmachine Mensch 80; Tristan & I., Komödie einer Tragödie 80.

MA: Fremd im eigenen Land 80.

R: Ein Veilchen auf der Wiese stand, Singsp. 38.

Lehmann, Marlies (Ps. Marlies Lehmann-Brune), Hausfrau; FDA 77, Hamburger Autorenvereinig. 79; Hamburger Lit.pr. f. Kurzprosa 81; Carstensstr. 9, D-2250 Husum/Nords., Tel. (04841) 3952 (Hameln 11.10.31).

V: Im Schatten des Obelisken — Eine römische Romanze, Erz. 82.

Lehmann, Werner, c/o Verl. Junge Welt, Berlin (Ost).

V: Alex und der fremde Stern 82. ( )

Lehmann-Brune, Marlies, s. Lehmann, Marlies.

Lehmann-Gugolz, Ursula, Lehrerin; Radiopr. f. Jugend-Hsp. 77, Zürcher Kinderbuchpr. 82; Brünnenstr. 35, CH-3018 Bern, Tel. (031) 551422 (Klosters, Kt.

Graubünden 23.12.27). Bilderbuch, Kinder- u. Jugendbuch, Geschichten für Rundfunk.

V: Hans u. Anneli, Bilderb. 73, 3.Aufl. 79, Arbeitsbl. 74; Ottos Ferien, Bilderb. 75; Urseli in Klosters, Kdb. 75, 2.Aufl. 79; Warum? Pflanzenschutz-Bilderb. 76; Rotkopf, wo ist dein Vater? 76, 2.Aufl. 81; Vronis Weg, Kdb. 76; Der ungewöhnliche Wecker 77, 2.Aufl. 81; Urselis große Ferien 77; Es Spil vom Wald, Bü. 78; Wortspiele, Schultheater 79, 2.Aufl. 81; Gelingt es uns? Jgdb. 80; Der Räuber Knatter-Ratter 81; Der Rat des Wurzelkönigs, Bilderb. 81; Der geheimnisvolle Guggu-Dada, Kdb. 83.

MA: Der kleine Esel, Weihnachtsgeschn. 78; Beppo, der Hirt, Weihnachtsgeschn. 80, 83.

R: Dr ander Wäg, Hsp.-Collage 77.

Lehndorff, Hans Graf, Dr. med., Arzt; Hensstr. 6, D-5300 Bonn-Bad Godesberg, Tel. (0228) 351906 (Graditz/Elbe 13.4.10). Sachbuch (Erlebnisbericht).

V: Ostpreußisches Tageb., Sachb. 61, 18.Aufl. 80, auch Tb.; Die Insterburger Jahre, Erlebnisber. 69; Humanität im Krankenhaus, Sachb. 75; Menschen, Pferde, weites Land, Erinn. 80.

Lehner, Peter, Lehrer; B.S.V. 63, Gruppe Olten 70, P.E.N. 79; Literaturpr. d. Kantons Bern 58, Literaturpr. d. Stadt Bern 60, Literaturpr. d. Kantons Bern 73; Burgunderstr. 13, CH-3018 Bern, Tel. (031) 562217 (Thun 23.11.22). Lyrik, Novelle.

V: rot, grün, G. 55; Asphalt im Zwielicht, G. 56; Ausfallstraße, G. 59; Fase Kran, G. 64; Angenommen, um 0 Uhr 10. Zerzählungen. Erzn. 65; ein bißchen miss im kredit, G. 67; sakralitätenblätterbuch, G. u. kurze Prosa 71; WAS ist DAS, Zerzählung, R. 72; wehrmännchens abschied, G. 73; Lesebuch, Auto-Anthologie, G. u. Prosa aus 3 Jahrzehnten 75; Bier-Zeitung, Prosa u. G. 79; nebensätzliches, Prosa u. G. 82.

H: ensemble, zeitgenössische Schweizer Lyrik 58. — **MH:** apero, politerarisches aperiodikum, seit 67.

S: Fase Kran und Jazz 65.

Lehnert, Tilmann *

Lehnhoff, Joachim, s. Swieca, Hans Joachim.

Lehr, Rudolf, Prof., Journalist; Fspr. d. öst. Volksbild. 68; Leonfeldner Str. 80a, A-4040 Linz/D., Tel. (0732) 74411 (Schwanenstadt/ObÖst. 23.11.29). Alpinistik, Heimatgeschichte.

V: Der Kampf um den Dachstein, 71,
76; Duell mit den Bergen 75, 77;
Hallstatt — Schönheiten u. Schätze 75;
Das Salzbergwerk Hallstatt 78, 81;
Hallstatt — Gesch. u. Gegw. 79;
Vergnügliche Ausflüge ins k.k. Salz-
kammergut 80; Dachstein — Abenteuer
in Verg. u. Gegw. 82.

Lehr-Koppel, Uta (Ps. Uta Koppel),
Schriftstellerin, Doz. f. Lit., LBeauftr.
GH.; Die Kogge 74, VS 76, RSGI 82,
Intern. Autoren-Progressiv Mölle 83;
Lit.stip. d. Ldes NRW 77, Drehbuch-
autorenstip. 79, Jos. Dietzgen-Pr. 80; API
82; Gehrdener Weg 6, D-4790 Paderborn,
Tel. (05251) 61628 (Altheide Bad, Schles.
8.5.36). Erzählung, Kurzgeschichte,
Lyrik, Szene, Jugendbuch.
V: Der Maestro u. a. Erzn. 73; Die
Taube in meiner Hand, G. u. kurze
Prosa 76; Katja Pfifferling, Jgdb. 79,
2.Aufl. 80; Katja Pfifferling in Venedig,
Jgdb. 80; Wirf das Netz, G. 83. —
MV: Bücher der Vier Bd. 1, 2, 3, Erzn. 74,
75.
R: Erzn., Ess. 63-67.

Leidwein, Helmut (Ps. Iwodid
Leiersin, Hans Weber), Journalist; SÖS;
Förderpr. d. Unterr.min. a. Dramat. 37;
Herminengasse 4, 1/II/13, A-1020 Wien 2
(Stillfried a. d. March/NdÖst. 21.4.03).
Drama, Lyrik, Roman, Novelle, Essay,
Film, Hörspiel.
V: Der ewige Mob, Ess. 32; March-
lieder, G. u. Sinnspr. 55; Erlauschtes und
Vertauschtes, Erzn. 59; Hitler lebt. Wie
Hitler Dtld. verraten hat. ( )

Leiersin, Iwodid, s. Leidwein, Helmut.

Leifert, Arnold, Lehrer; VS 73;
Förderpr. d. Stadt Köln f. Lit. 76,
Arb.stip. d. Kult.min. v. NRW 73 u. 77;
Stückländerhof, D-5203 Much-Hohn,
Tel. (02245) 3213 (Soest 24.11.40). Lyrik,
Erzählung, Essay, Hörspiel, Roman.
Ue: H, F, S.
V: Signale im Verteidigungsfall, G. 74.
MA: Wir Kinder von Marx u. Coca-
Cola, G. 71; Arbeitersongbuch, G. 73; Sie
schreiben zwischen Goch u. Bonn, G. 75;
Epigramme Volksausgabe, G. 75;
Befunde IV u. V, Prosa 75 u. 77; Hör-
spieltexte, Hsp. 79; Politische Lyrik, G.
80.
R: Immer noch besser als MIG-Jäger
- Oder der Nato-Schießplatz Nordhorn-
Range. Ein Hörst. üb. d. Gesch. e.
Bürgerinitiative 75/76; Schutzraum-
bauten, Prosa 72; Signale, G. 74.

Lit: Heinrich Vormweg:
Vorgefundene Signale — Die Gedichte
des Arnold Leifert 74. ( )

Leimer, Hermine; Ludwig Thomas
Weg 19, D-8172 Lenggries, Tel. (08042)
8784 (München 23.12.20). Roman,
Novelle, Drama, Lyrik. **Ue:** I, S, E, F, R.
V: Unter einem unendlichen Himmel,
R. 69; Radama II, Fsp. 70; Die schwarze
Perle I 79.

Leins geb. Hamer, Isabel; Walther-
Rathenau-Str. 30, D-7410 Reutlingen
(Berlin 15.3.12). Roman. **Ue:** E.
V: Perdita, R. 38, 54; Vor so viel
Sommern, R. 52; Bäume in meinem
Leben, autobiogr. Erz. 54.
Ue: Daphne du Maurier: The du
Mauriers u. d. T.: Kehrt wieder, die ich
liebe, R. 54; Gerald, R. 55. ( )

Leinweber, Berthold, Dr.phil.,
Realschulrektor i.R.; Ehrenbrief d. Ldes
Hessen 79, Ehrenplakette als Freund
der Behinderten; Schloßallee 2, D-3554
Gladenbach, Tel. (06462) 7107 (Hessisch-
Lichtenau 18.2.99). Lyrik, Novelle,
Drama, Essay, Erzählung.
V: Zur Typologie des dichterischen
Schaffens 29; Der Weg durch das
Dunkel, Erz. u. Lyrik 54; Der heitere
Sprung, G. 57; Bevor die Nacht kommt,
Dr. 59; Die Arche 70; Verdammt und
zugenäht, Ess. 74; Mein Freund, der
Puppenspieler, Erz. 77, 2. Aufl. 80; Der
unsichtbare Himmel, N. 78; Barfuß in
das neue Jahrtausend, Ess 83.
Lit: "Dr. Leinweber-Stiftung" z.
Förder. d. Kult. Lebens (staatl. anerk.
eig. Stift.).

†**Leip**, Hans; VS 24, P.E.N. 30, Ehrenmitgl. S.D.A. Nordwest, Die Kogge 76;
Senatsmed. f. Kunst u. Wiss. 60, Ver-
fassungs-Portugaleser 68, Prof. h. c. 73;
Dt. Akad. f. Spr. u. Dicht. 50, Freie Akad.
d. Künste Hamburg 51, CH-8557 Fruth-
wilen/Thurgau (Hamburg 22.9.93).
Drama, Lyrik, Roman, Novelle, Essay,
Film, Hörspiel; eigene Graphik u. Illu-
strationen. **Ue:** E.
V: Der Pfuhl, R. 23; Godekes Knecht,
R. 25, 79; Tinser, R. 26; Die Nächtezettel
der Sinsebal, G. 27; Miß Lind und der
Matrose, Erz. 28, 76; Die Blondjäger, R.
29; Untergang der Juno, Erz. 30, 80; Jan
Himp und die kleine Brise, R. 33, 76; Die
Klabauterflagge, Erz. 33, 67;
Segelanweisung für ein Freundin, Ess.
33, 72; Die Lady und der Admiral, Ber.
34, u. d. T.: Lady Hamiltons Heimreise
50, 80; Herz im Wind, Erz. 34, 75; Fähre
VII, R. 36; Die kleine Hafenorgel, G. 37,

u. d. T.: Die Hafenorgel 48, 73; Begeg-
nung zur Nacht, Erz. 38, 49; Liliencron,
Ess. 38, 44; Die Bergung, Erz. 39, 80;
Brandung hinter Tahiti, Erz. 39, 80; Der
Nigger auf Scharnhörn, R. 40, 68; Das
Muschelhorn, R. 41, 70; Idothea, Kom.
41; Eulenspiegel, G. 42, 47; Kadenzen, G.
42, 45; Der Gast, Erz. 43; Ein neues
Leben, Erz. 46; Das trunkene Stillesein,
G. 46; Der Mitternachtsreigen, G. 46;
Heimkunft, G. 47; Rette die Freude, Ess.
47; Das Zauberschiff, Bilderb. 47, 73;
Abschied in Triest, Erz. 48, 80; Drachen-
kalb singe, R. 49; Die Sonnenflöte, R. 52,
59; Die unaufhörliche Gartenlust, Ess.
53; Die Groggespräche des Admirals von
und zu Rabums, Satiren 53, 73; Der
große Fluß im Meer, R. 54, 79 (auch
engl., franz., span., holl.); Barabbas,
Passionssp. 54; Das Buxtehuder
Krippenspiel 55; Des Kaisers Reeder,
Biogr. Ballins 56, 80; Störtebeker, Sch.
57; Bordbuch des Satans 59, 77 (auch
holl., bulg., kroat.) Hol über, Cherub!.
Ausgew. Erzn. 60; Glück und Gischt,
Erzn. 60; Die Taverne zum musischen
Schellfisch, biogr. R. 63; Am Rande der
See, Erzn. 67, 75; Garten überm Meer, G.
68; Aber die Liebe, R. 69; Anne Bonny,
Kom. 71; Das Tanzrad, Autobiogr. 79.
H: Das Hapagbuch von der Seefahrt
30; Das Meer, Anth. 57.
F: Jan Himp und die kleine Brise 62.
R: Godekes Knecht, Hsp. 29; Das
Blaue Band, Hsp. 30; Das Buxtehuder
Krippenspiel, Hsp. 47; Der meergrüne
Smaragd, Hsp. 50.
S: Lili Marleen 37; Einmal noch nach
Bombay 50.
Lit: Kläre Buchmann: Der Wider-
schein 43; Hans Leip, Leben und Werk
58 (Hrsg. Freie Akad. d. Künste Ham-
burg); R. Italiaander: Hans Leip 58;
Ernst Alker: Hans Leip, in: Zs. f. Lit.,
Madrid 61; Hamburger Bibliographien
Bd. I 68; Hans Leip als Maler und
Grafiker 68; Der Große Brockhaus 75;
Böttcher-Mittenzwei: Zwiegespräche 80
u. a.

Leipert, Karl, Bdessekretär a.D.;
Lyrikpr. Arb.gem. f. Markt- u.
Meinungsforsch. Luxemburg 78,
Goldene Graf-v.-Görz-Med. Verb. f.
Volkstumpflege in Tirol; Ges. f. freie
Publizistik, Dichterstein Offenhausen,
Turmbund, EM Schillerbund;
Negrellistr. 1, A-6020 Innsbruck; Tel.
(05222) 814713 (Klantendorf in Mähren
30.12.09). Lyrik, Geschichte u.
Volkstumspflege, Berichterstattung.

V: Blickt zur Sonne wieder auf 79. —
MV: Höchstausgezeichnete Tiroler d.
zweiten Weltkrieges. ( )

Leist, Otmar, Schriftsteller; VS 77;
Werkkr. Lit. d. Arbeitswelt 75;
Löningstr. 35, D-2800 Bremen 1 (Bremen
16.1.21). Lyrik.
V: Helm ab zum Denken, G. 75, 83; In
halber Helle, G. 76; Jahre d.
Feuerteufels, G. 76; Mobilmachung, G.
77, 82; Im Goldenen Westen, G. 78;
Menschenwerk, G. 79; Die Stadt für uns
81.
MA: Militarismus in der Bundes-
republik, Sachb.

Leistner, Christine, Hausfrau;
Raiffeisenstr. 25, D-6454 Bruchköbel,
Tel. (06183) 3554 (Stollberg/Erzg. 8.1.34).
Lyrik, Roman.
V: Nervenarzt Dr. Mathias Walden, R.
80. ( )

Leitenberger, Georg, s. †Storz,
Gerhard.

Leitenberger, Ilse; Schloss, A-3422
Hadersfeld, Tel. (02242) 5272 (St. Pölten/
Öst. 17.6.19).
V: Der Knabe mit den Broten. Kinder
d. Neuen Bundes 67; Kinderhaus
bürgerlich, Ber. 81.
MA: Vom Reich zu Österreich 83.
H: Nie wieder Montag und andere
heitere Geschichten 79.

Leitner, Hildegard (Ps. Hilga Leitner,
GAL, Delia Sturm), Jugendleiterin,
Pädagogin; Öst. Autorenverb., Verb. d.
Geistig Schaffenden, RSGI, P.E.N., B.A.;
Jugendpr. Berlin 23, Rosenring 63, Gold.
Rose 67, Salzburger Bürgerbrief 77,
Kulturmed. Sbg.Hyp. 80, Silb. Verdienst-
zeichen d. Ldes Sbg. 81, Salzbg.
Stadtsiegel 83; Präs. Podium 70,
Turmbund, Kreis der Freunde;
Bucklreutstr. 16, A-5020 Salzburg, Tel.
(0662) 45152 (Berlin 2.3.03). Roman,
Lyrik, Drama, Novelle, Erzählung,
Essay, Hörspiel, Chanson, Rundfunk.
V: Ina tanzt, R. 38; Gabriele 47; Liebe
in Rio 48; Spiel mit dem Glück 50;
Schinderbärbele 53, alles R.; Blüten im
Strom, Lyr. 61, 81; Cello am Grabenrand,
Lyr. 68; Hinter dem Haus, Lyr. 69;
Sieben Häuser, Erz. 69; Das Nest, Lyr.
73; Salzburger Glockenklänge, Lyr. 77;
Simone, R. 77; Die Schilfharfe, Lyr. 78;
Poetisches Alphabet, Lyr. 82; Das
Schinderbärbele; Das Haus; Warte-
zimmer; Mietprozess; Hans im
Klimakterium, alles Dr.; Nehmen Sie
mich; Die Raumpflegerin; Touristen;
Treppengespräche; Linie 177; Zwei mal

Zwei ist...; Der Prüfungskandidat; Dr. Block sucht einen Reporter; Brambo der große Zauberer; Das Kind und die Bettlerin; Der Neue Hut; Karriere; Die Tänzerin; Nonsens, alles Laiensp.

MA: 48 Anth., u.a.: Über alle Grenzen 60; Stillere Weihnacht 64; Wie weise muß man sein... 73; Quer 74; Wieder ist Weihnacht 72-74; Erdachtes — Erschautes 75; Das immergrüne Ordensband 79.

H: Schriftenreihe die Silberrose I-X 56-70; Menschen im Schatten 69; Lyrische Streifen, Folge 1-50 70-82; Salzburger Silhouette 72; Funkenflug, Anth. 75.

R: Der kleine Manfred und die Prinzessin; Osterhäsleins große Not; Die Begegnung; Alexander Girardi 62-67.

S: Kleines Lied; Karussell; Seufzer; Der Ententeich, alles Tonkass.

Leitner, Hilga, s. Leitner, Hildegard.

Leman, Alfred, c/o Verlag Neues Leben, Berlin (Ost).
V: Der unsichtbare Dispatcher, wiss.-phantast. Erzn. 80.

Lembke, Robert E., Journalist, Dir. Dt. Olympia Zentrum; DJV, VGWort, GVL, Gema; Augustenstr. 14a, D-8000 München 2, Tel. (089) 593719 (München 17.9.13). Essay, Feuilleton. **Ue:** E.
V: Quiz - leicht gemacht, 53 — 56; Aus dem Papierkorb der Weltpresse 58 — 63; Kleine Spätlese 61 — 65; Aus dem Papierkorb der Weltpresse 65; Für den Tag geschrieben 65; Neues aus dem Papierkorb der Weltpresse 65; Zynisches Wörterbuch 69; Das muß mir passieren 70; Interviews mit Tieren 70; Bissiges ABC 71; Robert Lembke Witzauslese 74; Das Beste aus meinem Glashaus 75; Das große Robert Lembke Buch 76; Kurzgefasste Dackelkunde 78; Kurzgefasste Pudelkunde 79; Sportbrevier für Fernseher 79. — **MV:** Melbourne - Die Olympischen Spiele 56; Rom - Squaw Valley - Die olympischen Spiele 60; Innsbruck - Tokio - Die olympischen Spiele 64.
H: Geschichte der Olympischen Sommerspiele 71; Sportwörterbuch 71; Die heitere Seite der Medaille 79. — **MV:** Handbuch der Spiele 70; Freund Tier 73.
S: Stammtisch bei Götz von Berlichingen 59; Von den Tollheiten der Schildbürger 70; Gullivers Reisen 70; Beweglich und aktiv bleiben 77; Robert Lembke liest Ludwig Thoma 79; Robert Lembke liest Robert Lembke 80.

Lemke, Alexander-Gotthilf, Übersetzer, Psychologe; Max-Brauer-Allee 36, D-2000 Hamburg 50, Tel. (040) 3800019 (Stettin 28.8.08). Lyrik, Roman. **Ue:** E, G, S, I, N.
V: Die dreizehn südchilenischen Lieder, G. 32; Heitere Peil-Ergebnisse, G. 41, 43; Weltbild nach Augenmaß, G. 42, 43; Schnappschüsse, G. 43.
MA: Friedrich Bitzkat: Zwischen Weltmeer und Anden, Leseb. f. d. dt. Schulen in Chile 32, 37.
MUe: Nationalhymnen der Erde, fremdspr.-dt. 58.
Lit: Hamb. Schulwiss. Bl. 4 33; Petersen-Scheel-Reeth-Schwalm: Hdwb. f. d. Grenz- u. Auslandsdeutschtum II 36; Jos. Nadler: Lit.gesch. d. dt. Volkes IV 41.

Lemke, Johannes, Landwirt, kfm. Angest.; Journalist, Arbeitsring 60; Mönichhusen 25, D-4970 Bad Oeynhausen 2, Tel. (05731) 5432 (Polchow/Pomm. 6.4.21). Roman, Erzählung, Märchen.
V: Bauerngeneral Blex, R. 81; Kurz vor der großen Reise, Erz. 82; Der endlose Weg, R. 83.

Lemp, Hermann, StudDir. a.D.; Altenwoogstr. 59, D-6750 Kaiserslautern, Tel. (0631) 49291 (Järkendorf 17.1.12). Roman, Novelle.
V: Herodes Attikus, histor. R. 78, 80; Der Sohn der Hexe Rebecca, histor. R. 80.

Lemp, Liselotte (Ps. Juana von Felsen), Autorin; Gedok 57, FDA 77; Auslandsreise-Stipendium f. Nachwuchsschriftst. 58; Alex.-Zinn-Str. 6, D-2000 Hamburg 52, Tel. (040) 825204 (Oppeln/OS. 4.4.16). Drama, Lyrik, Novelle, Essay, Hörspiel. **Ue:** E.
V: Die Augen, Dr. 46, 50; Das dunkle Jahr, Dr. 47; Die Lilith, Dr. 81; Zwei Männer oder Verwirrung einer jungen Frau, Dr. 82.
MA: Junges Berlin, G. 48; Hamburger Anthologie, G. 65; Lyrische Texte, G. 82.
R: Zahlr. Hsp. 44-47.

Lempp, Ferdinand (Ps. Tramontanus), Chefredakteur a.D., Verleger, Beauftr. FH.; VS 72/73, FDA 73-75; Bahnhofstr. 2, D-2081 Prisdorf, Tel. (04101) 71612 (Schwäbisch Gmünd 14.10.13). Lyrik. **Ue:** Afr, E.
V: Windhoek, Text-Foto-B. 64; Quintessenz, G. 73; Lyrik — auch für Zeitgenossen des Computers? 76. — **MV:** Feierlich wartet die Erde, G. 59, 60; Wasserwirtschaft in S.W.A., Sachb. 63;

und sehe die Dinge durch meine Sätze,
Lyr. 83.

MA: Dt.spr. Kulturzs. Der Kreis
(Namibia) 57-64; Chefredakteur u.
Essayist dt.spr. Allgem. Zt. Windhoek
50-60.

Lendorff, Gertrud, Dr. phil.; SSV,
P.E.N.; Preis v. Radio Basel 54; Ges.
schweiz. Dramatiker; Sommeranschr.:
Stutzweidli, CH-3655 Sigriswil u.
Winteranschr.: Missionsstr. 17, CH-4055-
Basel (Lausen b. Basel 13.5.00). Roman,
Drama, Hörspiel.

V: Mirabell, M. 19; Die stille Straße,
Jgdb. 21; Die selige Frau, R. 35; Timdala,
R. 38; Clelia und die seltsamen Steine,
R. 42; Clelia und der gläserne Fisch, R.
43; Basel, Mittelalterliche Weltstadt 49;
Basel im Bunde der alten Eidgenossenschaft 52; Maria Sibylla Merian, Biogr.
55; Vor hundert Jahren Merian, Biogr.
55; Basel, die Biedermeierzeit 56; Vor
hundert Jahren 56 — 63 V; Das Haus
zum goldenen Engel 62; Vor hundert
Jahren N.F. 68-78 VI; Kleine Geschichte
der Baslerin 2. Aufl. 67.

R: D'Frau Oberscht; S'Silberkännli,
alles Hsp.; Vor hundert Jahren I — III,
Hsp.-F. 53 — 57. ( )

Lengg, Paul *

Lenk, Rudolf; ADSV 26 — 33, D.A.V.
59; Anerkenn. "Das Boot" 76, Förderpr.
"Dä Spiegel" 79, Verd.kreuz a. Bande 82;
Flachskampstr. 31, D-4000
Düsseldorf 12, Tel. (0211) 2017554
(28.3.05). Lyrik, Essay, Hörspiel.

V: Der Toten Sehnsucht, Msp. 26.

MA: Jahrb. dt. Lyrik 25; Die elfte
Muse 25; Wir Jungen, Anth. jg. Lyriker
25; Literarisches Kleinholz 70; Deine
Welt im knappen Wort 76; Kreisbuch Pr.
Holland 78; Lichtband 80; Mit Deinem
Wort ... 80; Kr.u.Sdt Pr.Holland 81;
Signaturen 81; Wie es sich ergab 81;
Ansichtssachen 83.

H: Das ferne Licht, Zs. f. Kunst u.
Geistesleben 26.

R: Geburt u. Tod in Brauch u.
Glauben der Heimat 52; Kleine Liebe zu
Klabund 58; Erst Gräber schaffen
Heimat 58; Sommertag am Haff; Die
stille Stunde (Klabund) 58; Die Nogat
reißt aus 59; Lasset die Klage 59; Wälder
u. Menschen 59; Der Dichter Klabund
60, u.a.

Lennar, Rolf, s. Pilz, Rolf.

Lennartz, Annelies, Lehrerin; VS 77,
GEDOK 83; Clausiusstr. 17, D-5300

Bonn 1, Tel. (0228) 210975 (Castrop-
Rauxel 15.6.41). Lyrik, Essay, Kurzprosa.

V: Steinwuchs, Lyr. 80; Der
Nachrufler, Kurzgeschn. 81.

Lennartz, Franz; Rosenweg 5, D-7777
Salem/Bad. 8, Tel. (07554) 8897 (Rheydt
20.3.10). Novelle, Essay, Film, Funk

V: Die Dichter unserer Zeit. 275
Einzeldarst. z. dt. Dicht. d. Gegenw. 38,
52, u.d.T.: Dichter und Schriftsteller
unserer Zeit. Einzeldarst. z. Schönen
Lit. in dt. Spr. 63, 77; Ausländische
Dichter und Schriftsteller unserer Zeit
60, 71; Deutsche Schriftsteller der
Gegenwart 78; Deutsche Literatur im 20.
Jahrhundert 84.

Lennert, Nikolaus, s. Poche, Klaus.

Lentsch, Josef; Wiener Str. 72, A-7000
Eisenstadt Großhöflein.

V: Die Orgel weint, Lyr. u. Prosa 82. ( )

Lentz, Georg; P.E.N. 71; Hubertusstr.
4, D-8000 München 19, Tel. (089) 395911
(Blankenhagen, Kr. Rostock 21.6.28).
Roman, Essay, Satire.

V: Leitfaden für Preußen in Bayern,
humorvolle Betracht. 58; Knaurs Buch
der Hobbies, Beschäftigungsb. 65, 79; ...
aber das Fleisch ist schwach. 500 Jahre
Eros in der Geschichte 65, 68; Noahs
blonde Enkel 67; Muckefuck, R. 76, 82;
Kuckucksei, R. 77, 81; Molle mit Korn, R.
79; Weiße mit Schuß, R. 80; Heißer April,
R. 82. — **MV:** Preußenliebe, m. G. H.
Moster, R. 80, 82.

MA: Klassenlektüre, Anth. 82.

H: Die schönsten Liebesbriefe aus
acht Jahrhunderten 69. — **MH:** Jochen
Rindt: Reportage einer Karriere 70.

Lentz, Mischa (Michaela) (Ps.
Michaela Bach, Sylvia Behring),
Schriftstellerin; Bestliste Dt. Jgdb.pr. 78;
Hubertusstr. 4, D-8000 München 19, Tel.
(089) 177041 (Mährisch-Schönberg
24.11.41). Roman, Drama, Kochbuch,
Jugendsachbuch. **Ue:** E, F.

V: Köstliches vom Grill, Kochb. 68, 77;
Mädchen heute — morgen, Jgdsachb. 69,
80 (auch holl., span., ital.); Sterben
macht hungrig, Kom. 70; Ein Umzug
kommt selten allein, R. 75, 77; Es ist
schon sieben u. Grischa nicht hier, R. 76,
80 (auch holl.); Mary Hahn's Großes
Koch- u. Küchenlex. , Kochb. 77; Was
Mädchen nicht zu fragen wagen,
Jgdsachb. 78; Isabel, Gesch. e. Sommers,
R. 80.

Ue: Ardizzone: Der kleine Tim u. d.
tapfere Kapitän 62; Nicola Simbari:
Gennarino 62.

Lenz, Dieter; Handjerystr. 86, D-1000
Berlin 41.
V: Eine kleine Blindheit, G. 76; Der
Tag, als die Autos die Macht über-
nahmen, G. 80. ( )

Lenz, Hermann; VS 51, P.E.N. 64;
Förderungspreis des Ostdeutschen
Literaturpreises 62, Prof.h.c. d. Ldes
Bad.-Württ. 76 , Georg-Büchner-Pr. 78,
Bayer. Verdienstorden 80, Franz-Nabl-
Pr. 81, Wilhelm-Raabe-Pr. 81; Bayer.
Akad. d. Schönen Künste 75, Dt. Akad. f.
Spr. u. Dicht. 75; Mannheimer Str. 5, D-
8000 München 40, Tel. (089) 398440
(Stuttgart 26.2.13). Lyrik, Erzählung,
Roman. **Ue:** E, F.
V: Gedichte 36; Das stille Haus, Erz.
47, 52; Das doppelte Gesicht, Erzn. 49;
Die Abenteurerin, Erz. 52; Der russische
Regenbogen, R. 59; Nachmittag einer
Dame, R. 61; Spiegelhütte, drei Erzn. 62;
Die Augen eines Dieners, R. 64, 76;
Verlassene Zimmer, R. 66; Andere Tage,
R. 68; Im inneren Bezirk, R. 70; Der
Kutscher und der Wappenmaler, R. 75;
Neue Zeit, R. 75; Der Tintenfisch i. d.
Garage, Erz. 77; Tagebuch vom Über-
leben u. Leben 78; Die Begegnung, R. 79;
Der Innere Bezirk, R. 80; Wie die Zeit
vergeht; Erinnerung an Eduard, Erz. 81;
Der Fremdling, R. 83.
MA: Deutsche Prosa, Erzn. seit 45,
Anth. 63; Funkerzählungen, Beitr. in
Anth.
R: Das Mädchen und die Dohle,
Funkerz. 57.
Ue: W. Irving: Rip van Winkle 46; A.
Trollope: Malachi's Bucht 46; A. Loth:
Der kleine Schornsteinfeger 46.
Lit: Dieter Hoffmann: Hermann Lenz
in: Schriftsteller der Gegenwart 63; P.
Handke: Jemand anderer: Hermann
Lenz in: Als das Wünschen noch
geholfen hat 74; M. Durzak: Epische
Refugien d. Ichs. Das erzählende Werk
v. Hermann Lenz in: Gespräche über d.
Roman 76; H. u. I. Kreuzer: Über
Hermann Lenz 81.

Lenz, Jürgen *

Lenz, Marie-Luise, Bibliothekarin; VS
71; 3. Pr. Ostdt. Kulturrat, Köln 76;
Joachim Becherstr. 2, D-6000
Frankfurt a.M. (Berlin 10.7.17). Lyrik,
Novelle, Kinder- und Jugendbuch.
V: Brigitte, die Leseratte 69; Insel-
abenteuer ... und der Wusi war dabei 69;
Ferienfahrt zu Katzen und zu Käuzen ...
und der Wusi war dabei, alles Jgdb.

70. – **MV:** Die Straße, in der ich spiele,
Anth. 74.
R: Der Fußball 73; Läufer und Dame
74.

Lenz, Siegfried, Dr. h.c., Schriftsteller;
VS, P.E.N.; René-Schickele-Preis-
Ehrung 52, Bremer Lit.-Preis 61, Stip. d.
Hamburger Lessingpreises 53, Gerhart-
Hauptmann-Pr. d. Freien Volksbühne
Berlin 61, Großer Kunstpr. d. Ldes NRW
f. Lit. 66; Freie Akad. d. Künste Ham-
burg, Dt. Akad. f. Spr. u. Dicht., AdK
Berlin 73; Preusserstr. 4, D-2000
Hamburg 52 (Lyck/Ostpr. 17.3.26).
Roman, Novelle, Drama, Erzählung,
Essay, Hörspiel.
V: Es waren Habichte in der Luft, R.
51, 83; Duell mit dem Schatten, R. 53;
Brot und Spiele 54, 81; So zärtlich war
Suleyken, Erz. 55, 82; Der Mann im
Strom, R. 57, 82; Jäger des Spotts.
Geschn. aus dieser Zeit 58, 81; Das
Feuerschiff, Erzn. 60, 81; Zeit der
Schuldlosen, Sch. 61; Stadtgespräch, R.
63, 82; Der Hafen ist voller Geheimnisse,
Erz. 63; Lehmanns Erzählungen oder So
schön war mein Markt 64, 80; Das
Gesicht, Kom. 64; Der Spielverderber,
Erzn. 65, 82; Deutschstunde, R. 68, 82;
Die Augenbinde, Sch. 70, 82;
Gesammelte Erzählungen 70, 73; So war
das mit dem Zirkus, Kinderb. 71, 77; Das
Vorbild, R. 73, 82; Beziehungen,
Ansichten und Bekenntnisse zur
Literatur 73, 79; Der Geist der Mirabelle,
Geschn. aus Bollerup 75, 77; Einstein
überquert die Elbe bei Hamburg, Erzn.
75, 76; Leute von Hamburg 9. Aufl. 80;
Wo die Möwen schreien 76; Der Kunst-
radfahrer und andere Geschichten 76;
Ein Haus aus lauter Liebe, ausgew.
Erzn. 77; Heimatmuseum, R. 78, 82, DDR
80; Die Wracks von Hamburg 78, 82;
Gespräche mit Manès Sperber u. Leszek
Kołakowski, 80, 82; Der Anfang von
etwas, Erzn. DDR 81; Das schönste Fest
der Welt. Haussuchung, 2 Hsp. 81; Der
Verlust, R. 81, 2. Aufl. 81. – **MV:** Über
Phantasie 82.
MH: Wippchens charmante Schar.
R: Das schönste Fest der Welt; Zeit
der Schuldlosen; Zeit der Schuldigen;
Die Enttäuschung; Das Labyrinth;
Haussuchung.
S: Siegfried Lenz liest, aus: So zärt-
lich war Suleyken 63; Deutschstunde.
Lit: Albrecht Weber: Siegfried Lenz,
Interpretationen; Deutschstunde, Inter-
pretationen. ( )

Lenz, Werner, Augenoptiker; SV-DDR
76; Gotlinde Str. 25, DDR-1130 Berlin,

Tel. 5892095/pr. 5588845 (Berlin 19.9.23).
Roman, Novelle.
V: Post aus Südamerika, Erzn. 72, 73;
Wie Erwin Grassnick seinen Steinkauz
fliegen ließ, R. 75, 79; Strohhutemil
Berliner Miniaturen, Erzn. m. 16
eigenen Illustrationen 81, 82.
MA: Körnchen Gold; Voranmeldung;
Berlin ein Reiseverführer.

Lenzen, Hans Georg, Prof. Fachhoch-
schule Düsseldorf, Maler u. Graphiker;
Zahnstr. 13, D-4130 Moers/Rh., Tel.
(02182) 50405 (Moers 2.7.21). Kinderbuch.
Ue: F, E, H.
V: Mensch, wundere Dich nicht, 21
sat. Texte 56; Die Republik der Taschen-
diebe 60; Die blaue Kugel 61; Onkel
Tobi, Jgdb. 63; Onkel Tobis Landpartie
66; Dann schenk ich Dir ein Riesenrad
69; Zu Besuch bei Onkel Tobi 70; Hasen
hoppeln über Roggenstoppeln, Kinder-
G. 72; Onkel Tobi hat Geburtstag 75;
Messer Gabel und Löffel 78, alles Jgdb.
MA: Neues vom Rumpelstilzchen,
Märchenanth. 76.
Ue: A. Maurois: Patapuf und Filifer
56; P. Guth: Le Naïf Locataire u. d. T.:
Erdgeschoß, Hofseite links 57; Le
Mariage du Naïf u. d. T.: Zwecks
späterer Heirat 59; Maurice Druon:
Tistou mit dem grünen Daumen 59; P.
Guth: Le Naïf Amoureux u. d. T.: Nur
wer die Liebe kennt 60; Sempé /
Goscinny: Le petit Nicolas u. d. T.: Der
kleine Nick 62; P. S. Beagle: A fine and
private place u. d. T.: He, Rebeck! 62;
Desmond Morris: Biologie der Kunst 63;
Sempé / Goscinny: Neues vom kleinen
Nick 65; James Thurber: Das
geheimnisvolle O 66; James Burke: Der
Dreh 66; Thurber: Die dreizehn Uhren
67; Das weiße Reh 68; Charles Simmons:
Eipulver 67; G. Timmermanns: De Kip,
de Keiser en de Tsar u.d.T.: Henne
Blanche, Soldat des Kaisers 73; G.
Timmermanns: Professor Pilasters
grote Ballontocht u.d.T.: Professor
Pilasters Ballon-Wettfahrt 75; Guus
Kuijer: Met de poppen gooien u.d.T.: Ich
stell mich auf ein Rahmbonbon 77, Op
je kop in de prullenbak u.d.T.:
Vernagelte Fenster 79, Groote mensen,
daar kan je beter soep van koken u.d.T.:
Kopfstehen und in die Hände klatschen
80, Krassen in het Tafelblad u.d.T.:
Erzähl mir von Oma 81, Een hoofd vol
macaroni u.d.T.: Mal sehen, ob Du lachst
83; Hans Andreus: Meester Pompelmoes
en de geleerde Kat u.d.T.: Meister
Pompelmos 79; Rita Törnquist: Morgen

kom ik logeren u.d.T.: Morgen, wenn ich
gross bin 81.

Lenzen, Norbert *

Leon, Hal W., s. Werner, Helmut.

Leonhard, Kurt, Prof. h.c., Kunst-
historiker, Lyriker, Übersetzer; VS,
AICA; Prof. h.c. d. Ldes Bad.-Württ. seit
76, o. Mitgl. Akad. d. Wiss. u. d. Lit. zu
Mainz seit 72; Auchtweg 24, D-7300
Eßlingen am Neckar, Tel. (0711) 384688
(Berlin 5.2.10). Lyrik, Essay. **Ue:** E, F, I.
V: Die heilige Fläche 47; Augenschein
und Inbegriff 53; Der Gegenwärtige
Dante, Sinn u. Bild in d. Göttlichen
Komödie; Gegenwelt, G. 56; Silbe Bild
und Wirklichkeit. Gedanken zu Gedich-
ten 57; Moderne Lyrik, Monolog und.
Manifest 63; Cézanne in Selbst-
zeugnissen 66; Picasso. Das Graphische
Werk 1954 — 1965. Auswahl und Ein-
führung 66; Der Maler Henri Michaux
66; Die heilige Fläche und Objokus 66;
Ida Kerkovius. Leben u. Werk 67; Dante
Alighieri in Selbstzeugnissen 70, 76;
Adolf Hölzel 68; Otto Ritschl 72, 73;
Bruno Stärk 75; Fritz Heeg — Erasmus
77, alles Monogr.; Wort wider Wort, G.
74; Was ist Kunst? 81; Gegengedichte, G.
82; Meditationsmuster mit literarischen
Motiven, Prosa u. G. 83.
MA: Gedichte und Prosa in mehreren
Anthologien; Kataloge, Vorworte u.a.
H: Henri Michaux: Dichtungen 54;
Adolf Hölzel, Kat. 77. — **MH:** R. M.
Rilke: Briefe an Benvenuta 53. Lyrik
aus dieser Zeit, Jb. 1. F. 61, 2. F. 63.
Ue: Henri Michaux: Dichtungen 54;
Plume und andere Gestalten 60; Turbu-
lenz im Unendlichen 61; Gaston Bache-
lard: Poetik des Raumes 60; Paul
Valéry: Schriften und Reden zur Poetik
61; Henri Thomas: John Perkins 61;
Michel Leiris: Mannesalter 63; E. M.
Cioran: Geschichte und Utopie 65; Henri
Michaux: Dichtungen, Schriften I 66, II
71; E. M. Cioran: Syllogismen der Bitter-
keit 69; E. M. Cioran: Dasein als
Versuchung 83.

Leonhard, Leo, s. Leonhardt,
Siegmund.

Leonhard, Wolfgang, Publizist, Prof.
Yale-Univ. New Haven/Conn., USA;
P.E.N. 69; Postfach 25, D-5562 Mander-
scheid/Eifel (Wien 16.4.21).
V: Schein und Wirklichkeit in der
UdSSR 52 (auch franz., serbokroat.); Die
Revolution entläßt ihre Kinder 55, 82
(auch amer., engl., finn., holl., schwed.,
japan., arab., marathi/Indien, span.);
Kreml ohne Stalin 59 (auch amer.,

schwed., finn., japan., dän.), erw. Ausg.
62; Sowjetideologie heute II (Politische
Lehren) 62; Chruschtschow. Aufstieg
und Fall eines Sowjetführers 65 (auch
franz.); Die Dreispaltung des Kommunismus. Ursprung u. Entwickl. d.
Sowjetkommunismus, Maoismus,
Reformkommunismus 70; Am Vorabend
einer neuen Revolution? Die Zukunft
des Sowjetkommunismus 75; Was ist
Kommunismus 76; Eurokommunismus
78, Tb. 80; Völker hört die Signale 81.
  R: Die Revolution entläßt ihre Kinder,
Fsp. 62, 74 (auch schwed., holl., norw.). ( )

  Leonhardt, Albrecht, Inhaber Literar.
Agentur; VDÜ 60; Studiestraede 35, DK-
1455 Kopenhagen K., Tel. (01) 132523
(Dresden 23.9.26). Rundfunk. **Ue:** D, N,
Schw, H.
  H: Storm-Petersen-Album, u. a. 25
Anth. üb. versch. Themen.
  R: B: Elias Bredsdorff: Die Brille und
das Hörrohr, Hsp. 55.
  Ue: Paul la Cour: Fragmente eines
Tagebuches 53; Erik Rostbøll: Und der
Hahn krähte zum andern Mal 55; Elias
Bredsdorff: Die Brille und das Hörrohr,
Hsp.; Eiler Jörgensen: Das glückliche
Tal 56; Bevor die Sonne aufgeht 57;
Agnar Mykle: Liebe ist eine einsame
Sache 57; Das Lied vom roten Rubin 58;
Eine Blume im Knopfloch 59; Karl
Bjarnhof: Frühe Dämmerung 58; Das
gute Licht 59; H. Chr. Andersen:
Märchen 59; Ole Sarvig: Die
Schlafenden 60; Axel Jensen: Ikaros 59;
Ralph Oppenheim: Ein Barbar in Indien
60; In Andalusien sind die Esel blau 61;
An der Grenze des Lebens 61; Agnar
Mykle: Tyven, tyven skal du hete u. d.
T.: Wie ein Dieb in der Nacht 62; Ivar
Lo-Johansson: Lyckan, Lyckan 64;
Tarjei Vesaas: Is-slottet u. d. T.: Das Eis-
Schloß 65; Bruene u. d. T.: Drei Men-
schen 67.

  Leonhardt, Henrike, Lehrerin;
Rablstr. 47, D-8000 München 80, Tel.
(089) 483914 (Iserlohn 7.12.43). Lyrik,
Erzählung, Kinderbuch.
  V: Grillengesang, Fab. 79; Fressen
Alpendosenvollmilchschokoladenkühe
Gras?, Lyr. 80; ...ab die Post, Kdb. 82.

  Leonhardt, Roland, Handelsfachwirt;
IGdA 77, FDA 82; Literaturstip. d. Stadt
Bad Harzburg 82; Leipzigerstr. 15, D-
6336 Albshausen/Solms, Tel. (06441)
27356 (Gößnitz/Thür. 23.1.57).
Aphorismen, Lyrik, Essay,
Kurzgeschichten.
  V: Jenseits der Welt des Bösen, Aphor.
80; Leben, weil Gott uns liebt, Aphor. u.

Kurzgeschn. 82; Und jeder Tag ist ein
Geschenk 84. — **MV:** Der immanente
Positivismus — Neue Sicht unseres
Weltbildes, m. Prof. Johanna Jonas-
Lichtenwallner 79.
  B: Heimat-Anthologie 80.
  Lit: Mein lit. Konterfei, Anschlußbd
zu Lichtbd-Autoren-Bild-Lex. 82.

  Leonhardt, Rudolf Walter, Dr. phil.,
Journalist; P.E.N.; Speersort 1, D-2000
Hamburg 1, Tel. (040) 3280231
(Altenburg 9.2.21). Reportage, Essay.
Ue: E, F.
  V: The Structure of a Novel 50;
Moderne deutsche Literatur 55; 77 x
England 57; Der Sündenfall der
deutschen Germanistik 59; Leben ohne
Literatur 61; x-mal Deutschland 61;
Zeitnotizen 63; Junge deutsche Dichter
für Anfänger 64; Kästner für
Erwachsene 66; Wer wirft den ersten
Stein? 69; Sylt für Anfänger 69;
Haschisch-Report 70; Drei Wochen und
drei Tage — Japan-Tageb. 70;
Deutschland 72; Argumente pro und
contra 74; Das Weib, das ich geliebt hab'
— Heines Mädchen und Frauen 75;
Journalismus und Wahrheit 76; Lieder
aus dem Krieg 79; Auf gut deutsch
gesagt — Sprachbrevier für Fortgeschrittene 83. — **MV:** Reise in ein
fernes Land, m. Marion Gräfin Dönhof
u. Theo Sommer 64.

  Leonhardt, Siegmund (Ps. Leo
Leonhard), StudDir.; Sandstr. 18, D-6101
Bickenbach/Bergstr., Tel. (06257) 62729
(Leipzig 12.5.39). Jugendbuchtexte.
  V: Leben & Traum mit Schellenfuß
75; Schimpferd & Nilpanse 75;
Bärlamms Verwandlung 76, alles Jgdb;
Der Prozeß um des Esels Schatten —
Wielands abderitische Komödie
gezeichnet und erzählt 78. —
MV: Rüssel in Komikland 72; Glück-
sucher in Venedig 1 73, 2 74, alle m. O.
Jägersberg; Es wollt ein Tänzer auf dem
Seil den Seiltanz tanzen eine Weil, m.
Ad. Halbey 76, alles Jgdb.
  R: Adenauer 74; Eine Dame von
Dürer 74; Museumsbesucher 74;
Schimpferd & Nilpanse 76, alles Trickf.

  Leonhardtsberger, Karl, akad.
Bildhauer u. Maler; Im Tal 20, D-7532
Niefern-Öschelbronn, Tel. (07233) 6509
(Kirchdorf/Tirol 29.4.45). Lyrik.
  V: Dämmerung, G. 83.

  Leopold, Günther (Ps. Ronald Potter),
DDr.; A.K.M., Literar-Mechana;
Cobenzlgasse 16, A-1190 Wien, Tel.
(0222) 321599 (Wien 18.7.29).

V: Das Faultier ist zum Faulsein da 71; Die weißen Detektive 71; Doppel-Jack und das Millionending 72; Wir haben alle unsere Träume 72; Räuber Herzausstein 73 (auch engl. u. südafrikan.); Zwei in geheimer Mission 76; Pinto 77; Mehrere Kinder-Musicals wie: Der verhexte Zauberstab; So ein Zirkus im Theater; Der Wolf und die sieben Geißlein etc.
R: Diverse Krim. Hsp.- bzw. Fsp.: Geschäft mit dem Tod, Die Rolle seines Lebens, Die Millionen-Melodie, Tödliche Exposition etc. ( )

Leopold, Hermi, Angestellte d. NdÖst. Ldes-Landwirtsch.kammer i.P.; Verb. d. Kath. Schriftsteller Öst. 50-70, V.S.u.K. 62; Große Gold. Kammermed. LKW-N.Ö. 66, Gold. Med. f. Verd. um d. Rep. Öst. 66, päpstl. Orden Benemerenti 81; Arb.gem. Lit. Bildungs- u. Heimatwerk NdÖst 60; Mentergasse 3/3, A-1070 Wien, Tel. (0222) 9389702 (Wien 26.11.05). Lyrik, Novelle, Aphorismen.
V: Licht, Sprüche u. Skizzen 67; Erlebtes-Erträumtes, Erzn. 69; Gedanken, Sprüche-kl. Skizzen-Aphorismen 78. — **MV:** Beitr. in Anth. 72, 75.

Lepka geb. Seidlhofer, Waltraud, Volksbibliothekarin; GAV 73; Lit.pr. d. Stadt Wels 73, Buchprämie d. Bdesmin. f. Unterr. u. Kunst Wien 76, Österr. Staatsstip. f. Lit. 77; Anbieterberg 2, A-4600 Thalheim/Wels, Tel. (07242) 77542 (Linz 26.11.39). Lyrik, Roman, Erzählung.
V: bestandsaufnahmen, G. 72; fassadentexte, Prosa 76.

Leppa, Karl Franz, Beamter i. R.; Königsbergstr. 8, D-8540 Schwabach (Budweis/Böhmerwald 28.1.93). Erzählung, Mundartdichtung.
V: Herzenssachen, ein Trost- und Wehrbüchlein für das deutsche Volk 20, 23; Kornsegen, G. 22, 62; An deutschen Gräbern, G. 23; Der Königsbrief, Gesch. Böhmens I 25; Hans Watzlik. Einführ. in sein Leben u. Werk 29; Antonia, Erz. 31; Der letzte Frühling, Erz. 38; Brunnenrauschen, Kalendergeschn. 40; Der dunkle Gott, Erz. 42; Andreas Osang, Erz. 43, u. d. T.: Der Holunderbaum 48; Züricher Elegie, Erz. 48, 56; Antonia, ges. Erzn. 55; Die Heimfahrt, Erz. 55.
H: Otto Ludwig: Die Heiteretei 21; Der Waldbrunnen, Mschr. 22 — 25; Ringendes Volkstum. Sudetendt. Geschichts- u. Kulturspiegel 30; Komm, tapferer Deutscher, Samml. 34; Volk und Leben, Samml. sudetendt. Dicht. 36, 37;

Freiheitstrunken, Ausw. aus d. Schriften E. M. Arndts 37; Das Deutsche Erbe, Mschr. 37 — 43. — **MH:** Der Ackermann aus Böhmen, Mschr. m. Hans Watzlik 33 — 38, u. a.

Lepping, Carola, Lehrerin; Charles-Veillon-Pr. 55; Zum Johannisstift 5, D-5609 Hückeswagen/Rhl., Tel. (02192) 2169 (Wuppertal-Elberfeld 14.5.21). Roman, Erzählung, Kritik, Aufsätze, Bilderbuchtexte.
V: Bela reist am Abend ab, R. 56. — **MV:** Moderne Autoren, Schulbroschüre; Weggefährten. Zeitgenössische Autoren aus dem Ruhr-Wupper-Raum; Strömungen unter dem Eis, Anth. mod. Autoren 68/69; Das alte Haus auf Hartkopsbever, Bilderb. 70.
MA: Neues Rheinland; Heimatkalender Wupper und Rhein; Leiw Heukeshoven; Stimmen in der Weihnacht; Rhein. Bergischer Kalender; Spiegelbild, Anth. d. Autoren v. Mark/Ruhr.

Lerbs-Lienau, Renate (Ps. Renate Lienau), Dramaturgin, Schauspielerin; VS Bayern 46, VDÜ 67, D-8972 Altstädten, Allgäu, Tel. (08321) 2244 (Berlin 8.4.14). Roman, Novelle, Lyrik, Jugendbuch. **Ue:** E, F.
V: Über hohen Dünen, R. 43; Die Schöne aus dem Hinteren Tal, N. 46; Gabriele Varell, R. 46; Du wirst gebraucht, Arnika, Jgdb. 57; Am Puls des Lebens, Jgdb. 59; Dirk war der Anlaß, Jgdb. 65.
H: Karl Lerbs: Pointen 61.
Ue: Burnett: Der kleine Lord 46; Benn Lewy: Die Unwandelbare, Sch. 49; Roland Manuel: Freude an der Musik 50; Maupassant: Novellen 51; Jason: Meine Schwester aus Deutschland 56; Bard: Endlich eine Freundin I 62, II 66; Stirling Moss: Alles - nur nicht mein Leben 64; Jacobsen: So entspannt sich der Chef 65; Jim Clark: Am Steuer Jim Clark 65; Rut Montgomery: Ich sehe die Zukunft 66; René Noorbergen: Jeane Dixon, Leben u. Prophezeihungen 72; James Pendleton: Judas im Verhör 73; David Martin: Frank u. Francesca 75.

Leser, Jolanthe; Alser Str. 32/10, A-1090 Wien.
V: Ring des Daseins, G. 80. ( )

Leskien, Jürgen; Jacques-Duclos-Str. 76 a, DDR-1156 Berlin.
V: Sturz aus den Wolken 72; Tobias sucht den Doppeldecker 75; Rote Elefanten und grüne Wolken für Till 76; Ondjango, e. angolan. Tageb. 80, 82,

Bdesrep. Dtld 80; Das Brot der Tropen
82. ( )

Leson, Monika (Ps. Monika
Verhülsdonk), Lehrerin; Herstalerstr. 3,
D-5100 Aachen, Tel. (0241) 84204 (Köln
25.4.51).
Mundartliche (kölsche)
Geschichten, Wörterbuch
V: E löstich Johr met Kolvenbachs
Pänz, ein Lesebuch für Kölner Kinder,
die Kölsch lernen wollen 76;
Bildwörterbuch für Kölsche Pänz 79. —
MV: E löstich Johr met Kolvenbachs
Pänz, m. Ursula Stumpf.

van Lessen, Rolf, Journalist; Zollgasse
12, D-6500 Mainz-Weisenau, Tel. (06131)
85250 (Oldenburg i.O. 9.10.44). Lyrik.
V: Kreiskreise, G. 70; Pfefferkorn &
Flöhchen, G. 71; Schlaglicht, G. 73.

Leßmann, Marianne Katharina, Dipl.-
Volkswirtin, Lehrerin i. R., freie Schrift-
stellerin; Hölderlin-Ges., Görres-Ges.,
Reinhold-Schneider-Ges.; Stralsundweg
4, D-4400 Münster/Westf.
(Gelsenkirchen 18.6.20). Lyrik, Essay,
Analysen.
V: Lobpreis und Erdenlast, Lyrik 68;
Sternenzeichen, Lyrik 69; Ausfall u.
Aufstieg 69; Im Erbe des Auftrages 72;
Vergangenes lebt, Analysen 72;
Religiöse Lyrik - Zeitlos in der Zeit 72;
Mit Gott im Gespräch, Lyriksamml. 72;
Wer richtig staunt, der glaubt, Poesie u.
Ess. 73; Das Vollkommenheitsstreben
und seine Grenzen, Lebensbild d.
Fürstin Amalie von Gallitzin 73; Leben
im Tode, Erfahrungen — Dichtung —
Zitate 77; Glockenspiel, Lyrik, Prosa m.
Zeichn. u. Fotos 80; Mensch werden —
Mensch bleiben, Aufs., G. 81; Rettung
der Kindseele durch musische
Erziehung 82.
MA: Quer, Anth.

Letsche, Curt; Max-Reger-Pr. 70;
Otto-Grotewohl-Str. 20, DDR-6902 Jena-
Lobeda (Zürich 12.10.12). Roman,
Erzählung.
V: Auch in jener Nacht brannten
Lichter, R. 60; Der graue Regenmantel,
Krim.-R. 60; Und für den Abend eine
Illusion, R. 61; Die gläserne Falle, Erz.
65; Alarm in der Nacht, Erz. 66;
Schwarze Spitzen, Krim.-R. 66; Das
geheime Verhör, Krim.-R. 67; Verleum-
dung eines Sterns, utop. R. 68; Der
Mann aus dem Eis, utop. R. 71; Raum-
station Anakonda, utop. R. 74, 3. Aufl. 82;
Das andere Gesicht, Krim.-R. 77, 81; Das
Schafott, R. 79, 80. ( )

Lettau, Reinhard, Dr. phil., Prof. of
Literature; P.E.N. 71; Berl. Förderungs-

stip. 63 — 80, Hörspielpr. d. Kriegs-
blinden 79; Department of Literature,
University of California at San Diego,
La Jolla, CA 92093/USA, Tel. (619)
7552731 (Erfurt 10.9.29). Prosa, Komödie,
Lyrik, Essay, Kritik.
V: Schwierigkeiten beim Häuser-
bauen und andere Geschichten 62, 82;
Auftritt Manigs, Prosa 63, 82 (beide auch
franz., span., amerik., engl., schwed., ital.,
dän.); Feinde. Prosa und Gespräche 68,
81 (auch engl., franz.); Gedichte 68, 73;
Täglicher Faschismus. Amerikanische
Evidenz aus sechs Monaten 71, 82;
Immer kürzer werdende Geschichten
73; Frühstücksgespräche in Miami,
Kom. 77, 80 (auch engl., amerik., franz.);
Zerstreutes Hinausschaun. V. Schreiben
üb. Vorgänge in direkter Nähe oder in d.
Entfernung v. Schreibtischen 80, 82.
H: Die Gruppe 47. Bericht, Polemik,
Kritik, e. Hdb. 77; Die Aeroplane von
Brescia (Kafka) 77; Karl Marx Love
Poems 77.
R: Der Prozeß Oscar Wilde 68; Guten
Tag, Herr Hitler 68; Frühstücks-
gespräche in Miami 76.
Lit: Wolfgang Hildesheimer: Inter-
pretationen 69; Otto F. Best: Reinhard
Lettau oder Über den "Arabesken Witz"
70; Christopher Harris: Reinhard Lettau
and the Use of the Grotesque 74; Klaus-
Michael Hinz: Zerstreutes Hinaus-
schaun mit bewaffnetem Blick. Über
Reinhard Lettau 80.

Lettenmair, Josef (Ps. Rainer Rauth,
J. M. Lingard), Prof. h. c., Pressereferent
ObÖst. Kraftwerke AG i. R.; Gem.obö.S.,
EM AKL; Literaturpreis d. dt. Kriegs-
marine/Ostsee 41, Literatur-Ehrenpreis
d. dt. Kriegsmarine/Nordsee 44, Silber-
medaille "pro arte et scientia" d. Stadt
Wels 55, Silbernes Ehrenzeichen d. Ldes
Oböst.; Flötzerweg 98, A-4020 Linz/D./D.,
Tel. (0732) 80204 (Linz 1.3.99). Roman,
Novelle, Erzählung, Sachbuch.
V: Der Spruch aus dem Dunkel, R. 34,
50; Rot-weiß-rot zur See, Kriegsb. 34;
Verwurzeltes Blut, R. 37, u.d.T.: In der
Heimat liegt das Glück 50; Roter Adler
auf weißem Feld, R. 38, 80; Mirko und
Alke, R. 41; Das Kind Maria und die
Piraten, Erz. 42; Aska weint, Mythe 42;
Thode, N. 44; Der Fall Merope, Der
Unheimliche, Erzn. 47; Der Seltsame
Auftrag, Erz. 48; Dalmatinisches Jahr, R.
55; Gehen - Fahren - Fliegen. Eine
Kulturgeschichte aller Fahrtmittel 55;
Karte des Orientteppich-Gebietes. Einf.
in die Orientteppichkunst 60; Das große
Orientteppichbuch 62, 7. Aufl. 80. —

MV: Orientteppiche - Kauf ohne Reue, m. Bargasla.

MA: Stillere Heimat, alle Bde bis 44; Krieg und Dichtung 40; Der Goldene Bogen 40; Die Ostmark erzählt; Stillere Heimat, Anth. d. Stadt Linz 40, 43; Das Monatsbuch 48; Stimmen am Strom, Dicht. d. Gegenw. in ObÖst. 51; Herzhafter Hauskalender 54 — 57; Das Monatsbuch; zwischen den Ufern 66; Kleine Orientteppichkunde 67; Duden-Lexikon: Art. "Orientteppiche"; Mitarb. Enzyklop. Meyer (nur Teppiche betreff.); versch. Beitr. in: Gedanken-Reihe, Bd. IV Gedanken über die Sprache, Bd. VII Gedanken über die Wahrheit, Gedanken über die Freunde Bd. XI.

Lit: Franz Pfeffer: Oböst. Dichtung 1933 — 36 37; Arthur Fischer-Colbrie: Zeitgenöss. Schrifttum in ObÖst. 57.

Lettke, Klaus *

Leu, Al', Bildhauer, Grafiker, Verleger, Schriftsteller; RSG; Kreis d. Freunde/ Dülmen; Köla u. FKdISV, Edition LEU, Postfach 303, CH-8030, Zürich/Schweiz (Beinwil/Freiamt 26.5.53). Lyrik, Roman und Literaturkritik.

V: Der Antiheld, R. 75.

H: Lyrik, 78, 79, 80, 81, 82; Klaus Bernarding: Grenzgänge; Ilse Meinck-Goedecke: Klirrprobe. — **MH:** Robert Paschke: Wenn die Blätter fallen..., Lyr.; Klaus Bernarding: Laut- und Stillstände, Lyr; Berta R. Liebermann: Aufbruch aus der Zeit, Lyr.; René Marti: Weg an Weg, Lyrik - Grafik; Christa Wehner-Radeburg: Italienisches Andante, Lyr.; Berta R. Liebermann: Schritte der Lautlosen, Lyr.; Richard Hopferwieser: Kants Taube.

Lit: Autoren-Bild-Lex. 79; Bild-Lex. 82: Schweiz-Schriftsteller der Gegenwart.

Leu, Max, Kaufmann; Hardackerstr. 32, CH-8302 Kloten, Tel. (01) 8104019 (Inwil 2.12.24). Roman.

V: Weisspelz, Erz. 77. ( )

Leucht, Alfred, Redakteur i. R.; Frondsbergstr. 59, D-7400 Tübingen, Tel. (07071) 42673 (Gündelbach, Kr. Vaihingen-Enz 1.3.06). Lyrik, Novelle, Heimatgeschichte.

V: Tübingen Impressionen, Heimatgesch. 69; Des Sommers Abgesang, Lyrik 70; Schwärzloch, Heimatgesch. 72; Kleine Deutsche Weinfibel, Fachlit. 73; Dreimal wütete das Feuer, Heimatgesch. 74; Tübingen - Bodensee und zurück, Erz. 75; Bebenhausen, Heimat-

gesch. 77; Der Herzog und sein Vogt, Erz. 81; Württemberg vor 500 Jahren, Erz. 82.

Leukel, Rainer, Offset-Drucker; Crevestr. 6, D-6228 Eltville am Rhein, Tel. (06123) 3307 (Norken/ Oberwesterwald 30.6.32).

V: Verrat um die "Coventry", Unterhaltungsr. 61; P-alpha antwortet nicht..., Jgdb. 79; Tödliche Sturmflut, Jgdb. 80.

Leutenegger, Gertrud, Regisseurin; Gruppe Olten; Klagenfurter Jurypr. d. Ingeborg-Bachmann-Pr. 78, Meersburger Droste-Pr. 79; La Crettaz, CH-3961 Miège VS, Tel. (027) 559479 (Schwyz 7.12.48). Lyrik, Roman.

V: Vorabend, R. 75; Ninive, R. 77; Lebewohl, Gute Reise, Sch. 80; Wie in Salomons Garten, G., Kurztexte 80; Gouverneur, R. 81; Komm ins Schiff, Sch. 83.

Lewandowski, Herbert (Ps. Lee van Dovski), Dr. phil.; ISDS 45, P.E.N. 55; Präs. Stift.rat Philipp-Lit.-Stift. Zürich; Rue de la Servette 69, CH-1200 Genf, Tel. (022) 346732 (Kassel 23.3.96). Biographie, Roman, Hörspiel, Jugendbuch.

Ue: F, H.

V: Das Märchen vom Monde 19; Die Novellen des Georg Silmen 20; Die Nächte von Monastir, N. 21; Das Sexualproblem in der modernen Literatur und Kunst 27; Das Tagebuch Kaspar Hausers 28; Schweizer Tagebuch eines Internierten 47; Genie und Eros, 1. F. 47, 51; Admiral Byrd 48; Paul Gauguin oder Die Flucht vor der Zivilisation, Biogr. 48, 50; Paul Gauguin, der Meister von Tahiti 48; Genie und Eros, N. F. 49, 51; Eros der Gegenwart 52; Ein Leben für Afrika. Ausw. 59, 60, 69; Reise ins Jahr 3000 60; Persönliche Erinnerungen an Thomas Mann und Hermann Hesse 71; Eleonora Duse 73; Die Wahrheit über Gauguin 73; Abschiedsgruß 83.

H: Ferne Länder - fremde Sitten 58 (auch franz., ital., slow., holl.); Licht. Sittengeschichte Griechenlands 60 (auch engl., ital., holl.); Sittengeschichte der Pariserin 62 (auch ital., holl.); Sittengeschichte Roms 64 (auch ital., holl., span.); R. Heuer: Hugo Wolfg. Philipp, m. e. Bibliogr. von Elazar Benjoetz 73; Wolfg. Philipp: Lehmanns Flohzirkus 73; Zürcher Testament 76; Die Bacchantinnen 79.

R: 2 X am Südpol. Admiral Byrd, Hsp.

Ue: Bezemer: Der Kampf um den Südpol 47; Elsing: Erlebnisse mit Tropentieren 49; Tembo-Tembo, Ge-

schichte 50; Hans fliegt nach Afrika 51; Stanleys großes Wagnis 54; Livingstones letzte Fahrt 55; Der letzte Passagier 55; Christian entdeckt Südafrika 57; Tierparadies in Afrika 57; Sikulela Afrika 61.
Lit: Werner Schramm-Itzehoe: Im Malstrom der Zeit. Biogr., Ikonogr. u. Bibliogr. 76; Christine Brückner: Ueberlebensgeschichten; Karl Corino: Autoren im Exil.

Lewin, Waldtraut, Dipl. phil., Dramaturg u. Regisseur für Oper; SV-DDR 76; Händel-Preis d. Rates d. Bezirks Halle/S. 73, Feuchtwanger-Pr. 78; Rosa-Luxemburg-Str. 20, DDR-1020 Berlin (Wernigerode 8.1.37). Roman, Novelle, Operntext. **Ue:** I, R.
V: Herr Lucius und sein Schwarzer Schwan, R. 73, 76; Die Ärztin von Lakros, R. 77; Katakomben und Erdbeeren, Reisebeschreib. 77; Die stillen Römer, R. 79; Rosa Laub, Libretto d. Rock-Oper 79; Der Sohn des Adlers, des Müllmanns und der häßlichsten Frau der Welt, M.; Garten fremder Herren, 10 Tage Sizilien. — **MV:** Wie Karel auf dem blauen Motorrad zu Rosa Laub flog, Erzähler-Anth. 74; Fernfahrten, Erzähler-Anth. 76.
R: Vom Eulchen und der Dunkelheit, Kinderhsp. 79; Ich wünsch der Braut ein' goldne Kron! Hsp. 79; Die Erzählungen des Far-li-mas, Hsp. 79.
Ue: 16 Opern Georg Friedrich Händels f. d. Bühne 58 — 72.

von Lewinski-Risse, Ursula, Dr. phil.; Donnersbergstr. 3, Postfach 111, D-6500 Mainz 42, Tel. (06131) 59989 (Bochum 15.3.26). Erzählung, Märchen.
V: Verwehter Sommer, Erzn. u. M. 48.
MA: "Prosa 60" 60.

Leyh, Franz Walter, Verkaufs-Exportleiter i.R.; Ensinger Str. 11, D-7900 Ulm/D., Tel. (0731) 67807 (Wichtshausen/Thür. 8.4.07). Lyrik.
V: Heldenkarussell, Heitere, nachdenkl. u. iron. Verse 78.

Libbert, Helga, Hausfrau; Zeisigweg 27a, D-6500 Mainz-Finthen, Tel. (06131) 472942 (Osnabrück 9.7.38). Lyrik, Essay.
V: Spielzeug, das sich bewährt hat, Prosa 79; Kindheitsparadies. Ein Beitrag zu kindgemäßen, sinnvollem Spiel, Prosa 80; Lasset die Kindlein zu MIR kommen. Verantwortung in der Familie, Ess., Lyrik 80; Kinder — die Zierde der Erde — Zufriedene und gesunde Kinder — unsere Aufgabe, Prosa, Ess., Lyr. 81, 2.Aufl. 83. —

MV: Wer möchte nicht mal lachen? Kinder sind originell... ihr Traum ist Leben und ihr Leben Traum, m. Martin Kupka, Prosa u. Lyr. 82.

Lichdi, Hartmut, freier Mitarb. beim Württ. Kammerorchester Heilbronn; Mörikestr. 38, D-7103 Schwaigern, Tel. (07138) 7785 (Heilbronn 3.7.48). Lyrik.
V: Stolpern im finstern Tal, G. 82.

Licht, Wolfgang, Dr.med., Arzt; Zum Viertelsberg 5, DDR-7232 Bad Lausick, Tel. (040495) 2259 (Leipzig 1.11.28). Roman, Erzählung.
V: Bilanz mit Vierunddreißig oder die Ehe der Claudia M., R. 78, 2.Aufl. 80, Tb. 81. — **MV:** Die Tarnkappe, Erzn. 79; Das erste Haus am Platz, Erzn. 82; Die Glücksinsel, Erzn. 83.

Lichtenau, Erik-Alfons, s. Lipke, Erik-Alfons.

Lichtenauer, Fritz, Redakteur; GAV; Staatsstip. f. Lit. 73; Aubergstr. 37, A-4040 Linz/D., Tel. (0732) 2389013 (Vichtenstein, ObÖst. 19.7.46). Drama, Lyrik, visuelle Texte.
V: text u. linie 78.
MA: Tintenfisch 16 79; Dialektanth. 82.
R: Abendstille, Hsp. 83.

Lichtenecker, Elisabeth *

Lichtenfeld, Herbert; Adolf-Grimme-Pr. m. Silber 71; Schützenhof 18, D-2000 Hamburg 70, Tel. (040) 6931189 (Leipzig 16.6.27). Roman, Hörspiel, Fernsehspiel.
V: Reifezeugnis, R. 78; Die Stunde des Löwen, R. 79; Es ist kein Unkraut, es sind Blumen, R. 81; Nachtaufnahme, R. 81.
R: Ein Drittel unseres Lebens; Ein Kriegsleiden; Der Chef; Die Nacht auf dem Turm; Der Weichensteller; Fensterplatz; Aufstiegsspiele; Herr Print erkennt sich selbst; Untermieter; Gastspiele; Besuch aus Dresden; Himmelfahrt; Nach Mitternacht; Die Verbände distanzieren sich; Nebenwirkungen; Informationen für Bankraub u.a. Hsp.; Deutschlandreise; Blechschaden; Strandgut; Jagdrevier; Nachtfrost; Eine todsichere Sache; Die Rechnung wird nachgereicht; Kurzschluß; Zwei Flugkarten nach Rio; Abendstern; Reifezeugnis; Spätlese; Himmelfahrt; Lockruf; Schweigegeld; Streifschuß; Beweisaufnahme; Die Stunde des Löwen; Kindergeld; Die unbekannte Größe; Landluft (n. d. Roman "Das Dorf" v. H. P. Renfranz), u.a. Fsf.

Lichtenstein, Georg, s. Pietraß, Richard.

Lidell, Walter Ludwig, s. Lidl, Walter.

Lidl, Walter (Ps. Walter Ludwig Lidell), Dr.; Sophienstr. 1/V, D-8000 München 2, Tel. (089) 595343.
V: Sinnliches, Sinnvolles, Unsinniges, heitere u. freche Verse aus Schwabing 76.

Liebermann, Berta (Ps. Schalper), freischaff. Schriftstellerin; RSG 76, ADA 82; Lyrikpr. d. AWMM Luxemburg 81, Verd.-Urkd. d. Kunst-Univers. Salsomaggiore Terme 82, Lyrikpr. d. AWMM Brüssel 82, Kurzgesch.-Pr. d. HSV Stadt Lemgo 82; Turmbund 76, Klub öst. Lit.freunde u. Autoren 77; Kieferbachstr. 6, D-8205 Kiefersfelden, Tel. (08033) 8104 (Glashütten/Bgld. 16.3.21). Lyrik, Prosa, Märchen, Essay, Aphorismen.
V: Heimweh, G. 56; Nebel d. Ewigkeit, G. 76; Spätlicht, G. 76; Planet der Glücklichen, G. 77; Botschaft, G. 77; Verwandte Zeit, G. 78; Lotos meiner Stille, G. 78; Schatten der Sonnenuhren, G. 79; Geheimnis d. tausend Gesichter, Prosa 79; Aufbruch aus der Zeit, G. 79; Traumnetz d. silbernen Spinne, G. 79; Schritte der Lautlosen, G. 80; Orakel d. weißen Eule, G. 80; Gläserne Spur, G. 80; Inneres Antlitz, Aphorismen 80; Wann? Tier-G. 80; Wanderung durch Kufstein, G. 80; Schwarze Trommel meines Tages, afrik. Zyklus 81; Im Tal d. Könige, M. 81; Mit d. Liedern d. Zigeuner, Lyr.; Ich habe meine Pilgerschuhe ausgezogen, G.; Harlekin − Drehbuch G. 83.
MA: Lyrik 78, 79, 80, 81; Kennwort Schwalbe, Einkreisung 82; RSG-Nordgautag 80, 81, 82 u. zahlr. weit. Anth. u. lit. u. esoter. Monatsschrr.
R: Rdfk-Send. ORF u. S. Südtirol.

Liebermann von Sonnenberg, Jutta (Ps. Jutta von Sonnenberg); Hörwarthstr. 31, D-8000 München (Berlin 4.5.28). Roman, Novelle. Ue: E, F.
V: In Paris heiß' ich Chérie, R. 65; Grosses Glück mit kleinem Fehler, R. 74; Venedigs Löwen schielen nicht, R. 77, 80; Ein Jahr in Schwabing, R. 78; Letzte Liebe in London, R. 80.
Ue: Rd. 12 R. aus d. Franz., rd. 26 R. aus d. Engl.

Liebert, Paul, Schriftsteller, Komponist; Alter Postweg 14, D-4800 Bielefeld 17, Tel. (0521) 330601 (Bochum 16.12.07). Roman, Novelle, Lyrik.
V: Den die Götter lieben, Erz. 48; Der Glöckner von Sankt Marien, Erz. 48; Die

Frage nach dem Sinn des Lebens, Betracht. 49; Veit Stoß, berühmt und geächtet, Jgdb. 60; Das Geheimnis um Tiefensee, Krim.-R. 63; Die Heideprinzessin, R. um den jungen Beethoven 79.

Liebhard, Franz, s. Reiter, Robert-Michael.

Liebhardt, Hans; str. Apolodor 13 − 15, sc. A, et. II, 70661 Bukarest/ Rumänien.
V: Alles was nötig war, ausgew. Prosa 72; Alle deine Uhren, Reise- u. andere Geschn. 78; Aquarelle mit großen Namen, Betracht. u. Geschn. 80; Das wundersame Leben des Andreas Weisskircher, R. 81. ( )

Liebl, Franz, StudR. i. R.; P.E.N. 80; Lyrik-Förderpreis z. Sudetendt. Kulturpreis 62, Nordgau-Kulturpreis f. Dicht. 66, Ehreng. z. Andreas-Gryphius-Preis 74; Am Volkammersbach 6, D-8832 Weißenburg i. Bayern, Tel. (09141) 3875 (Heiligenkreuz/Böhmen 28.1.23). Lyrik, Erzählung.
V: Die hohe Hymne, Son. 57; Unterwegs, G. 58; Immer hab ich dich gesucht, G. 59; Land im Frührot, G. 60; Das böhmische Dorf, Erz. 63; Was je deine Seele verlor, G. 65; Zeitgitter, G. 74; Hinter den sieben Bergen − Eine Jugend in Böhmen, Erz. u. G. 77; Elegie für Flügelhorn, G. 83.
MA: Zahlr. Anth.
Lit: V. Karell in: Sudetendeutscher Kulturalmanach V; W. Bortenschlager in: Gesch. d. spirituellen Poesie.

Liebler, Margarethe, Hausfrau; V.G.S. 62, VDKSÖ 81; Lit. Musik. Wiener Frauenclub 61, Kulturgemeinschaft "Der Kreis" 69; Krottenbachstr. 90/4/5, A-1190 Wien (Wien 13.3.13). Lyrik, Roman, Essay.
V: Ich streck der Seele Fühler, Lyr. 78.
MA: Das immergrüne Ordensband, Anth.

Lieblich, Karl (Ps. Ark Schillbeil), Dr. jur.; Dannecker Str. 4, D-7000 Stuttgart, Tel. (0711) 246313 (Stuttgart 1.8.95). Novelle, Lyrik, Essay, Satire.
V: Das Wiedersehen, Kriegsn. 17; Die Traumfahrer, 2 Erzn. 23; Die Welt erbraust, 6 Nn. 24; Das Proletarische Brautpaar, Erz. 26 (auch russ.); Wir jungen Juden 31; Was geschieht mit den Juden?, Ess. 32; Die Geheimnisse des Maimonides, Ess. 82.
Lit: Martin Platzer: Karl Lieblich in: Die Literatur 28; A. Sieburg: K. L.: Zwei Bücher in: Stuttg. Neues Tagblatt 24; M.

Sidow: K. L. in: Stuttg. Neues Tagblatt
27; M. Platzer: K. L. in: Die Literatur 28.

Lieblich Losa, Ilse (Ps. Ilse Losa),
Schriftstellerin; P.E.N.-Zentrum dt.spr.
Autoren im Ausland 82; Literaturpr. d.
Fundação Gulbenkian Lissabon 81/82;
Rua Joaõ Baptista Lavanha, 55-4 D,
Porto/Portugal, Tel. (02) 684745 (Buer b.
Osnabrück 20.3.13). Roman, Novelle,
Kinderliteratur. Ue: Port.
V: Das versunkene Schiff, Erzn. 67.
B: MA: Der Gott der Seefahrer, Anth.
72.
MH: Portugiesische Erzähler 62; Ich
kann die Liebe nicht vertragen.
Moderne port. Lyrik 69; Erkundungen
72.
Ue: Lieder der Welt (Portugal),
ausgew. v. Fernando Lopes-Graça 61;
Manuel da Fonseca: Gesäter Wind, R. 67.

Liebmann, Berta; SSB Graz; Bund
steir. Heimatdichter; Ehrenmed. d.
Ldeshauptstadt Graz 77, Gold. Ehrenzeichen d. Ldes Steiermark 79;
Seiersberg, Kramerweg 7, A-8054 Graz-
Straßgang.
V: Mein erstes Mundartbuch; Muatta-
sproch, G. 62; A guate Soot. Ausgew. G.
in steir. Mda. 67; Apoll spielt auch die
Felberwispel, G. in steir. Mda. 76.
S: Apoll spielt auch die Felberwispel
75; Advent-Langsp.pl. 75; Tierkreis in
steirischer Mundart 78. ( )

Liebmann, Irina, c/o Mitteldeutscher
Verl., Halle, DDR.
V: Berliner Mietshaus 82. ( )

Liebs, Ludwig, RegR. a. D.;
Seedammweg 37, D-6380 Bad
Homburg v.d.Höhe, Tel. (06172) 42735
(Finsterwalde, Kr. Luckau 6.9.05). Essay.
V: Glauben an Gott und die Götter -
Jugendbewegung u. Bündische Jugend
als religiöses Phänomen, Ess. 76. —
MV: u. **MH:** Jugend zwischen den
Kriegen. Eine Samml. von Aussagen
und Dokumenten 67; Vom Geheimnis
Bündischer Führung 80.

Liechti, Martin; VS 71, Gruppe Olten
73; Förder.pr. d. Kt. Bern 73,
Anerkenn.pr. d. Stadt Zürich 76,
Werkjahrbeitr. d. Eidgenossenschaft u.
d. Kt. Zürich 78; Dachslernstr.130, CH-
8048 Zürich, Tel. (01) 629662 (Jegenstorf
BE 11.10.37). Roman, Hörspiel.
V: ICH WILL, R. 71; Die Schärfe d.
Unschärfe u. ihre möglichen Teile, R. 73;
Erinnerung an e. alte Fröhlichkeit, R.
76; Noch sind wir allein, R. 81;

Bewegung in Worten, Aphor., Sätze u.
Sprüche 82.
R: Die Unentschlossenen 76.

Liederschmitt, Walter, s. Schmitt-Mix,
Walter.

Liedholz, Ulrich, c/o Brunnen-Verl.,
Gießen.
V: Hoffen auf Leben, G. 83. ( )

Liehm, Bruno *

Liehr, Heinz (Ps. Rico di Positano),
Sekretär, wiss. Mitarbeiter; FDA 74;
Mainblick 15, D-6242 Kronberg/Ts. u.
Husumerstr. 4, D-2000 Hamburg 20, Tel.
(06173) 65566 u. (040) 483031 (Berlin
24.1.17). Roman, Novelle, Sachbücher.
Ue: E, Ndl.
V: Unten ohne, zwölf erot.
Kurzgeschn. 76; gen-Italien, R. 77, 2.
Aufl. 78. — **MV:** Sex im Volksmund, m.
Ernest Borneman 71; Körper und Seele
57, Die Sexual-Instinkte des Menschen
62, 2. Aufl. 66, Tb. 69, Sexuelle Partner-
schaft 65, 69, Lexikon der Sexualität 69,
Das große Tabu 67, alle m. Willhart
Schlegel.
B: Christoph Vollmer: Lerne glücklich
lieben 67; Verliebt, geliebt und
liebenswert 68; Was Verliebte wissen
wollen 69.
MH: Gay News Germany, Zs. seit 70.
Ue: Jan Cremer: Ich, Jan Cremer, R. I
65, II 68, Neuübersetz. II 77; John Rechy:
Nummern, R. 68; Tor Kung: Schüler, R.
69; Jan Cremer: The late, late Show
u.d.T.: Das Spraydosenspiel, Theaterst.
69; Munroe: Brick, R. 69; Angelo
d'Arcangelo: Sookey u. d. anderen, R. 70;
Edward Brongersma: Das verfemte
Geschlecht, Dok. üb. Knabenliebe,
Sachb. 70; Jameson Collins: Komm,
Süßer, komm! R. 70; Peter Zupp: Die
Knabenschule, R. 71; Sweet Gwendoline,
Comics 75; Max Doffers/Frits Delver:
Jeder Vogel singt sein eigenes Lied, R.
76; Philip Atlas: Jungenfreundschaften,
bearb. R. 78; Esteban Lopez: Fleisch für
Vegetarier, R. Ess., Tageb., Betracht. 78;
Joost Swarte: Modern Art, Comics 79;
James Barwick: Schatten des Wolfes, R.
80; Neal Travis: Alles ist nicht genug, R.
80.

Lienau, Renate, s. Lerbs-Lienau,
Renate.

Lienhard, Hermann, Prof. h. c., Leiter
f. Hörspiel u. Lit. b. ORF/Studio
Kärnten; P.E.N. 59; Förderungspreis d.
Theodor-Körner-Stift.-Fonds zur
Förder. v. Wiss. u. Kunst 56, 61 u. 76,
Ludwig-v.-Ficker-Stip. 65; Hauptplatz

26, A-9300 St. Veit/Glan (St. Veit 25.2.22).
Drama, Lyrik, Hörspiel.

V: Jäger sind auch nur Menschen 59,
2. Aufl. 82; Jäger sind glückliche
Menschen 60; Fährten und Flausen 61;
Die Flötengarbe, G. 68; Die Orgelfracht,
G. 82.

R: Die Hochzeit des Botticelli, Funkoper 56; Drei Minuten, vierzehn Sekunden, Hsp. 56; Roma - Stazione Termini,
Hsp. 58; Helle Fähre, Dunkler Strom,
Funkorat. 60.

Liepmann, Hans, Landwirt; Postfach
100631, D-3180 Wolfsburg, Tel. (05361)
14764 (Diedersdorf, Kr. Teltow 8.4.01).
Roman, Kurzgeschichte, Jagdbuch.

V: Jäger sind auch nur Menschen 59,
2. Aufl. 82; Jäger sind glückliche
Menschen 60; Fährten und Flausen 61;
Jagen zu dürfen 62; Wildschaden im
Felde 63; Geliebter Wilderer 64; Jagd-
geschichten auch für Nichtjäger 64;
Jäger sind zähe Menschen 65; Jagen
und Hegen 67; Treffer und Ausreißer 70;
Geliebte Beute 78; Randschrote 79.

MA: Die Amsel singt nur für sie in:
Liebe in unserer Zeit I, Der Jäger in:
Liebe in unserer Zeit II.

Liersch, Rolf (Ps. Arno Zoller, Chester
Henderson, Ed La Rocca), Werbetexter;
Hektorstr. 2, D-1000 Berlin 31, Tel. (030)
3234353 (Berlin 16.3.43). Roman, TV-
Kurzfilme, Übers. **Ue:** E.

V: Immer sind es drei, Einakter 72;
Sternenstaub, SF-R. 82.

MA: Deutsches Mad Nr. 1-18 (Red. u.
Übers.).

R: Ca. 5 Kurzf. f. "Sesamstraße" 81;
Die Journalistin, m. Th. R. P. Mielke,
Fsp.

Ue: Orson Scott Card: Play Cosmos,
Kurzgeschn. 82.

Lieser, Friedrich, Realschullehrer i.
R.; Künstlerhort, Zweckverb. freischaff.
Künstler 75; Lit. Union; Dorrlochstr. 11,
D-6200 Wiesbaden 15, Tel. (06121) 501551
(Wiesbaden 7.8.06). Lyrik, Hörspiel,
literarische u. pädagogische Aufsätze
und Artikel, Jugendgeschichten.

V: Erlebnis und Reflexion, Lyrik 74.

R: Tripp, tropp, torumm, Rdfk-
Kinderstunde-Send. 51; Tiberius
Gracchus. Ein Volkstribun kämpft um
die Landreform, Schulfunk-Send. 74, 76;
Carl Schurz — deutscher Freiheits-
kämpfer und amerikanischer Staatsmann, Schulfunk-Send. 79. ( )

Liess, Andreas (Ps. Karl Friedrich
Alys), Prof., Dr. phil., Musikwissenschaftler; Ö.S.V.; Öst. Ehrenkreuz f.

Wissenschaft und Kunst 68, Goldenes
Dr. Dipl. der U. Wien (50 Jahre) 78, Med.
in Gold für Verd. um die Stadt Wien 78,
Ehrenmitgl. d. Öst. Ges. für Musikwiss.
78; Semperstr. 41/11, A-1180 Wien u.
Wohnheim, A-3411 Weidling, Tel. (0222)
3459073 (Klein Kniegnitz/Schles. 16.6.03).
Essay, Libretto, Lyrik.

V: La Gioconda, Erinnerungsb. 51;
Katzenmusik, Libr. 57; Carl Orff und das
Dämonische, Ess. 65; Ein Jahreskreis im
barocken Wien 65; Himmelsmärchen 66
II; Der Weg nach innen 73; Fragmente
einer Kultur- und Lebensphilosophie 5
H. seit 78; Carl Orff: De Temporum Fine
Comoedia, 2 Ess. 81; Tractatus religioso-
philosophicus 81.

B: Gilgamesch, Libr. 57.

Lit: Andreas Liess, ein Kultur-
philosoph 83.

s. a. Kürschners GK.

Lietz, Hans-Georg, Schriftsteller; SV-
DDR seit 67; Kulturpr. d. Bez. Rostock
79; Bahnhofstr. 12, DDR-2557 Tessin,
Tel. (08195) 326 (Stolp/Pom. 26.8.28).
Erzählung, Roman, Hörspiel, Film.

V: Der letzte Hafen, R. 64; Über dem
Abgrund, Erzn. 66; Endlose Straßen,
Erzn. 66, 78; Die Todesspirale 70, 82; Der
große Nevermann, R. 76, 80.

MA: Der erste Augenblick der
Freiheit, Anth. 70; Im Spiegel dein
Gesicht, Anth. 71; Der Weltkutscher u.a.
Geschn. f. große und kleine Leute, Anth.
75.

MH: Zwischenprüfung für Turandot
70; Inmitten der anderen 76.

R: (MA): Zur See 77; Ein offenes Haus
76, 79, beides Fs.-Serie; Zwölf Ansichten,
Hsp. 71.

Lietz, Walter, pens. Polizei-Beamter;
VS NRW seit 70, Kg., Landesgr. NRW
seit 74; Ehrenrose im Autorenwettstreit
d. Herner Begegn. 57 u. 60; Beckerstr. 23,
D-4200 Oberhausen/Rhl. 1, Tel. (0208)
804154 (Elbing/Westpr. 27.7.14). Lyrik,
Theaterspiele, Hörspiele, Märchen,
Reiseberichte, Bildgedichte.

V: Des Köhlerkindes Weihnachts-
abend, M.spiel 52; Licht und Schatten,
Lyr. G. 59; ...manchmal, Lyr. G. 66;
Kaleidoskop, Lyr. G. 67; Pfoten u.
Krallen, Parodien 68; Dazwischen die
Lust und die Pein, Lyr. G. 76; Mach dir
nicht das Leben schwer, Lyr. 82;
Manchmal solltest du verweilen, lyr. G.
83.

MA: Boje im Sturm 58; Spuren der
Zeit I-IV 62, 64, 66, 69, V 80; Du, unsere
Zeit 65; Das ist mein Land 66; Ein Wort
ins Herz der Welt 67; Alle Wunder

dieser Welt 68; Aber den Feind sollten
wir lieben 69; Und dennoch müssen wir
leben 70; Jung ist, wer lieben will 74;
Übergänge 75; Widerspiele in Bild und
Text 76; Die sonderbaren Menschen 76;
Das rechte Maß 77; Solange ihr das
Licht habt 77; Almanach '77, Erz. 77; Der
schwarze Luftballon 80; Spätlese 81;
Almanach 82, alles Anth. (Lyr.).

Liewerscheidt, Dieter, c/o Gauke
Verl., Hann. Münden.
V: Vormittags an der Macht. G. 1978-
19181 82. ( )

Lifka, Erich, Akad. gepr. Dolmetsch,
Übersetzer; Erzbischofgasse 33, A-1130
Wien (Wien 16.3.24). Lyrik, Novelle,
Roman. **Ue:** E, F, D, N, Schw.
V: Rufer in der Nacht, G. 54; Die Flut
rückt vor, G. 57; Ahnung und Zeichen, G.
57; Freundesliebe, Nn. 78.
MA: Der heimliche Sexus 78; Der
Kreis 80.

Lilge-Stodieck, Renate (Ps. Renate
Arnd-Lilge), Atemtherapeutin;
Salzachstr. 39a, D-1000 Berlin 38, Tel.
(030) 8028180 (Gotenhafen 23.9.43).
V: Inselmärchen 81.

von Lilien, Renata, s. von Lilien-
Magnussen, Renata.

von Lilien-Magnussen, Renata (Ps.
Renata von Lilien), StudR. i.R.; FDA 78;
An der Bäke 8, D-2872 Hude/Old., Tel.
(04408) 6677 (München 3.10.06). Lyrik,
Kurzprosa, Roman, Novelle.
V: Gnadenlos, R. 60; Benedikt
Hochrainer, R. 77.

Lilke, s. Keller, Lili.

Lill, Elisabeth, ObSchullehrerin i. R.;
Lindenring 19, D-6000 Frankfurt a.M. 50,
Tel. (0611) 525214 (Frankfurt/M. 24.5.99).
Kinder- und Jugendbuch.
V: Es öffnen sich heimlich die Kelche,
G. 24; Die Herrgottsbrücke, Erz. 29, 57;
Die scheue Pforte, Erz. 31; Geheimnisse,
Erz. 32; Mutterhände, Erz. 34; Ich suche
mich, Erz. 35; Kleine Schwester, Erz. 36;
Ursula, Erz. 36; Rita, Erz. 37; Du in mir,
Erz. 39; Briefe in ein Sanatorium 46; Die
Entscheidung, Erz. 46; Elisabeth in
unserer Zeit, Biogr. 47; Ohne ihn!, Trost-
briefe 47; Das schwarze Lamm, Erz. 48,
53; Dein Antlitz suche ich, Frauenb. 49;
Durch alle Wasser, Erz. 49; Kalender des
Herzens, Aphor. 49; Bereitschaft,
Gedanken u. Aphor. 50; Gloria, Bildnis
eines jungen Menschen, Erz. 50; Der
Mond steht über Angela 54; Vogel ohne
Nest 55; Ihr Freund war Phips 56; Kein
Zutritt für Erwachsene 59; Mit Witha
sind wir vier 60; Der Dritte ist zuviel,

Erz. 62; Ein Tagebuch für wen?, Jgderz.
63; Du fremdes Kind, Jgderz. 64; Darum
heißt Du Veronika, Jgderz. 65; Die
Sache mit Dominique, Jgderz. 67; Ich
gebe nicht auf, Jgderz. 69.
MA: Vom Licht der Welt, Anth. christl.
Erzähler 54, 55; Weihnacht — Immer
neue Sehnsucht nach Licht, Anth.

Lill, Peter, s. Frank, Peter.

Limbach, Fridolin, Architekt, Autor;
Gerechtigkeitsgasse 36, CH-3011 Bern,
Tel. (031) 224687 (St. Gallen 4.3.27).
Essay, Roman, Erzählung, Kultur-,
Literaturgeschichte.
V: Die schöne Stadt Bern 78, 2.Aufl.
81; Krämer, Handwerker und Künstler,
Geschn. 82, 2.Aufl. 83; Der Kern von
Bern, Ess. 82.

Limmroth, Manfred, Cartoonist, Illu-
strator, Bühnenbildner, Grafik-
Designer; Erich-Klabunde-Pr.
Hamburger Journalisten, Pr. Grafik-
Design-Deutschland 81; Mitgl. Accad.
Italia delle Arti e del Lavoro; Minsbek-
Kehre 10, D-2000 Hamburg 65 u. Via
Dott. Raineri 36, I-18017 Costarainera/
San Remo, Tel. (0183) 98268, Tel. (040)
6021625 (Kassel 24.2.28). Satire.
V: Zirkusjunge, Kinderb. 52; Der
kleine Indianer, Kinderb. 54; Mein
Geheimsystem, Cartoons 55; Rathgeber
in allen Lebenslagen 58; Limmroths
Photoschule 59; Schlag zu! 61; Führer
durch Deutschland und Umgebung,
kulturkrit. Cartoons u. Texte 61; Liebe
am Samstag, Cartoons 62; Träum schön,
Sat. auf d. Werbung 64; Der Staat muß
weg, Sat. 68; Unentbehrlicher Atlas, Cartoons 69; Die Firma dankt und kann
sich gratulieren, Cartoons u. Texte 70;
Karikaturen zeichnen, Sachb. 74; Die
Kunst, Wissen zu vermitteln, Cartoons
u. Texte 77; Schlotts schlimme Kinder,
Kdb. I 77, II ; Das Leben als solches,
Cartoons 80; Täglich ins Blaue, Cartoons
u. Texte 81; Clara und Superpaul, Kdb.
83. — **MV:** Kempowskis Einfache Fibel
81.
H: Das güldene Schatzkästlein,
Kitschsammlung 61; Als Oma ein Back-
fisch war, Bilderb. der achtziger Jahre
63; Das dicke Nonsense-Buch, Cartoons
u. Texte 83.
Lit: Georg Ramseger: Ohne Putz und
Tünche 56, Führer durch Deutschland
58; Alfred Nemeczek: Das Leben als
solches 80; Katharina Wurster: Fibel-
Analyse 81; ART: Limmroth 5 81.

Limpert, Richard, Leiter der VHS-Lit.
Werkstatt Marl; 1. Preis e. Reportage-

wettbew., Georg Weerth-Lit.-Pr. 78;
Werkkr. Lit. d. Arb.welt; Schonnebecker
Str. 80, D-4650 Gelsenkirchen, Tel. (0209)
12352. Gedichte, Kurzgeschichten,
Berichte, Reportagen, Texte f. Kinder.
V: Menschen seh ich, Lyrik u. Prosa
70; Über Erich, Bericht 72; Fragen so
nebenbei, G. und Songs 75; Frauentag,
Szenenfolge 76; Ein Tenor aus Steele,
Kinderb. 78; Wortmeldung u. Zwischen-
rufe 79; Zeitgedichte 82.
MA: Beitr. in zahlr. Anth. 68-83;
Zurückgeschossen; Und ruhig fließt der
Rhein; Nicht mit den Wölfen heulen;
VS-Vertraulich; Gedichte für Anfänger,
Kinderb.; Keine Angst vor der Angst;
Friedensfibel 81; 100 Jahre Bergar-
beiterdichtung 82; Lyr. u. Prosabeitr. in
Schulb.
Lit: G. Stieg, B. Witte: Abriß einer
Geschichte der dt. Arb. Lit;
Arb.Dichtung, Öst. Ges. f. Kulturpolitik;
Herausforderung Literatur, Kürbiskern
u. Tendenzen.

Linck, Otto, Dr. h. c., ObForstrat i. R.;
Nordstr., D-7129 Güglingen (Ulm 15.5.92).
Lyrik.
V: Aus den Jahren, G. 16; Alt-Lud-
wigsburg, Stadtbild 20; Rast auf der
Reise, G. 21; Die flammende Kirche, Nn.
22; Alt-Ulm, Stadtbild 24; Kameraden im
Schicksal, Nn. 30; Die Reise nach Java,
Nn. 36; Sang im Sommer, G. 40; Sankt
Martin, N. 41; Der Abenteurer, Gesch.
43; Keim und Korn, G. 48; Das Zabergäu
mit Stromberg und Heuchelberg, Land-
schaftsbild 49; Das Weinland am Neckar
60, u. a. ( )

Lind, Florian, s. Lühnsdorf, Fritz.

Lind, Hiltrud, s. Arnold, Hildegard-
Gertrud.

Lind, Jakov, Schriftsteller; VG-Wort,
PEN-Intern.; Soc. for authors, London;
Hotel Chelsea, 222 W 23 St, New York,
N.Y. 10011/USA, Tel. (1) 2433700 (Wien
10.2.27). Roman, Novelle, Drama,
Hörspiel, Film.
V: Eine Seele aus Holz, Erzn. 62;
Landschaft in Beton, R. 63; Heiden u.
Anna Laub, Bü. u. Hsp. 64; Eine bessere
Welt, R. 68; Angst u. Hunger, Hsp. 68;
Selbstporträt 70; Nahaufnahme, Auto-
biogr. 73; Israel — Hin u. Zurück in 28
Tagen 72; Reisen zu den Enu, R. 83.
F: Die Öse 65.
R: Anna Laub; Das Sterben der
Silberfüchse; Angst; Hunger; Stimmen;
Safe; Thema u. Variationen, Fsp. 76.

Lindberg, Carl, s. Baumgartner,
Alfred.

Lindemann, Else (Ps. Else Jung, Lisa
Berghamer), Schriftstellerin; VS 48;
Riedern 33, D-8176 Waakirchen 1, Tel.
(08021) 695 (Preussisch Holland/Ostpr.
14.5.95). Roman, Novelle, Jugendbuch.
V: Die wunderbaren Reisen des
kleinen Felix, M. 36; Minchen und
Jaromir, Vers-M. 36; Dodd und Didis
Abenteuer, M. 37; Kopf hoch - Monika,
Jungmädchen-Erz. 38; Die lustigen Drei
von der Herzogsbastei, Kinder-Erz. 38;
Arnold und Hanno reisen ins Gebirge,
Kinder-Erz. 38; Hellmanns bauen sich
ein Haus, Kinder-Erz. 38; Hand am
Pflug, R. 39; Jungfer Barbara, N. 39; Die
Jensensippe, R. 40; Jubilate heißt jeder
Tag, R. 51; Kinder Apolls, R. 51; Die
kleine Kommode von Trianon, R. 51;
Mädchen mit Herz, R. 51; Luks schießt
den Vogel ab, R. 52; Beglückende
Gabriele, R. 52; Heiteres Spiel um
Imma, R. 52; Roswitha und die Gernot-
Buben, R. 53; Liebe für ein ganzes
Leben, R. 54; Heimkehr auf den
Kreuzerhof, R. 56; Seines Vaters Frau,
R. 56; Die Leute von Seetal, R. 56; Die
Brüder Kolberhof-Trilogie, R. 61.

Lindemann, Karin, s. Lorenz
Lindemann, Karin.

Lindemann, Kurt, Redakteur; Soldin-
Ehrenzeichen 82; Deichstr. 10, D-2940
Wilhelmshaven, Tel. (04421) 43122
(Landsberger Holländer, Kr. Landsberg/
Warthe 31.3.07). Drama, Lyrik, Roman,
Novelle, Theaterkritik.
V: Germanischer Heliand, Traumsp.
26; Der Tod des Erlösers, Tr. 32; Glück
ohne Augen, Sch. 55; Fausts Wiederkehr
und Verdammung, Tr. 58; Geschichten
aus dem Massengrab, G. 65; Variationen
über Gott und die Welt, G. 77;
Veränderungen zu guter Letzt, G. 79;
Nachruf und Erinnerung, G. 78.
MA: Leben und Liebe in unserer Zeit,
Anth. 62; Heimatbuch Soldin 81; Das
Boot, Anth.
H: 3 Hefte der "dipolgruppe".

Lindemann, Werner, Landwirt,
Berufsschullehrer; SV-DDR 58; Jugend-
buchpreis 61, Fritz Reuter-Pr. d. Bez.
Neubrandenburg 71; Nilsenstr. 2, DDR-
2520 Rostock (Wolfen 7.10.26). Lyrik,
Prosa.
V: Mosaiksteine 57; Stationen 59; Das
unheilige Testament 59; Unterwegs
aufgeschrieben 60; Und ich sage dir 60;
Zutiefst an dich gebunden, alles G.; Das
Osternest 63; Was schmeckt den Tieren
66, beides Kinder-G.; Rattermann und
Pustemehl, Kinderb. 67; Durch Wulken-
ziehen spaziert, Kinder-G. 70;

Poesiealbum 35, G. 70; Der Tag sitzt vor
dem Zelt, Kinder-G. 74; Pünktchen,
Bilderb. 74; Der Gemüsekorb, Kinder-G.
75; Die Schule macht die Türen auf 76;
Landtage 77; Tanzende Birken, Kinderg.
78; Das kleine Kamel, M. aus
Kasachstan, Nachdicht. 79; Sohn und
Vater Rübesam, Bilderb.gesch. 78; Ein
Nest versteckt in tiefen Zweigen, Kdb.
81; Aus dem Drispether Bauernhaus,
Kdb. 81; Was macht der Frosch im
Winter, Kdb. 82. — **MV:** Vom Esel, der
Großmutter und anderen Musik-
instrumenten, m. H. Zeraschi 74.
MH: Ich freu mich auf den nächsten
Tag, G. u. Gesch. v. Kindern.

Linden, Gert, s. Stöhr, Kurt Reinhold.

Lindenberg, Wladimir, Dr. med.,
Nervenarzt; Beyschlagstr. 13a, D-1000
Berlin 27, Tel. (030) 4314093 (Moskau
16.5.02). Novelle, Essay, Roman.
V: Triumph und Tragik großer Ärzte
48; Die Unvollendeten 48; So sieht es
der Patient 54; Die Menschheit betet 56
(auch engl., holl., port., span.);
Mysterium der Begegnung 59 (auch
holl., port.); Gespräche am Krankenbett
59 (holl.); Yoga mit den Augen eines
Arztes 60 (auch span.); Marionetten in
Gottes Hand 61; Briefe an eine
Krankenschwester 62; Bobik im Feuer-
ofen 63; Ärzte im Kampf gegen
Krankheit und Dummheit 63;
Schicksalsgefährte sein 64; Richter,
Staatsanwälte, Rechtsbrecher 65; Gottes
Boten unter uns 67; Bobik begegnet der
Welt 68; Jenseits der Fünfzig 70; Bobik
in der Fremde 71; Über die Schwelle 72;
Wolodja, Portrait eines jungen Arztes
73; Geheimnisvolle Kräfte um uns 74;
Tag und Tag ist guter Tag 76; Riten und
Stufen der Einweihung 78; Mit Freude
leben 79; Zu Gast bei Wladimir Linden-
berg 81; Der unversiegbare Strom 82.
s. a. Kürschners GK.

Lindenhayn, Manfred, s. Arnold,
Karlheinz.

Linder, Linda, M.A., Lehrerin; 1. Pr.
im Wettbew. f. Mda.-Dicht. d. Bayr. Ver-
einsbank 78; Karwendelstr. 17 a, D-8900
Augsburg, Tel. (0821) 62764 (München
21.12.26). Lyrik, Essay. **Ue:** E, Port.
V: Das liebe Augsburg, kl. Augsburger
Gesch. in Reimen 77; The little Book of
Augsburg. A pocket Guide f. Visitors 79;
Reisekolumnistin — Erlebnisse aus
aller Welt; Augsburg Journal.

Linder, Wolfgang, Student;
Vorarlberger Autorenverb. 82; 1.Pr. in d.
Sparte Kurzgesch. Ausschreib. d. P.E.N.

Liechtenstein 80, Pr. b. Öst. Jugendpr.
82; Thomas-Lehrer-Weg 2, A-6830
Rankweil/Vorarlberg, Tel. (05522) 444963
(Lustenau 7.8.61). Prosa, Theater,
Hörspiel, Kabarett.
V: Steinschlag auf Schlag, Keine
Liebesgeschichten 83.
R: Bäbylon, Hsp.

Lindhofer, Hans, s. Gröger, Rudolf.

Lindhorst, Harm, s. †Bahrs, Hans.

Lindner, Joachim, Lektor;
Tschaikowskistr. 3, DDR-1603
Eichwalde (Gleiwitz 25.4.24). Prosa.
Ue: Mhd.
V: Mordfall W., Erz. üb. den Mord an
J.J. Winckelmann 78, 81; Annettes späte
Liebe, Erz. v. Leben u. Dichten d.
Annette v. Droste-Hülshoff 82. —
MV: Wo die Götter wohnen — Johann
Gottfried Schadows Weg zur Kunst, m.
Ernst Keienburg, Biogr. Erz. 74, 3. Aufl.
82.
B: Klaus Herrmann: Die goldene
Maske, Berlin-R. 76, 2. Aufl. 78.
H: Ludwig Tieck: Der Geheimnisvolle
u. andere histor. Nn. 63, 3. Auf. 67;
Ludwig Tieck: Vittoria Accorombona,
Histor. R. 65, 3. Aufl. 71, Shakespeare-
Novellen 81; Carl Schurz: Sturmjahre —
Lebenserinnerungen 1829-1852 73; Carl
Schurz: Unter dem Sternenbanner —
Lebenserinnerungen 1852-1869 77.
Ue: Kudrun — Ein ma.liches
Heldenepos 71, 2. Aufl. 72.

Lindner, Klaus, Dr.; Grunickestr. 7,
DDR-7024 Leipzig, Tel. (041) 696359.
V: Astronomie selbst erlebt 73, 79; Der
Sternhimmel 74, 77 (auch ungar.,
tschech.).
MA: Jugendlex. Astronomie u. Raum-
fahrt 80, 82.

Lindner, Michael, s. Lipok, Erich.

Lindow, Rainer, Schriftsetzer,
Regisseur; SV-DDR 80; Lennéstr. 1,
DDR-1500 Potsdam, Tel. (033) 24537
(Berlin 23.4.42). Roman, Hörspiel, Film,
Drama.
V: Unterm Hut in der Sonne od. d.
neue Buch Nickel, R. 79, 81.
MA: Die Anti-Geisterbahn, Erzn. 73;
Die Tarnkappe, Erzn. 78.
F: Einfach eine Probe 69; Wer die
Erde liebt 72; Auskunft über Pludra 76,
alles Dok.-F.
R: Die Feuertaufe 69; Mögen Sie
Stiefmütterchen? 74; Nachmittag am
Telefon 76; Die erste Brücke 77;
Andreas und der Wagenlenker 77; Das
Experiment 77; Die saubere Armella 78;
Einmal werde ich die Glocken läuten 80;

Die Laubhütte 82; Katschelap 83, alles Hsp.

Lindt, Hermann, s. Langer, Hans.

Lingard, J. M., s. Lettenmair, Josef.

Linge, Rudolf, Verlagslektor; Kasseler Tor 10, DDR-5630 Heilbad Heiligenstadt (Heiligenstadt 7.7.21).
V: Das Leben ist reicher, R. 62, 64; Situationen, Erzn. 68, 70; Momente 71; Alt-Heiligenstadt und seine Kirchen, Bildb. 73, 74. — **MV:** Vom Lob der Dinge 66, 67; Kirche und Glauben im Eichsfeld, Bildb. 66, 75.
MA: Im Vorfeld, Erzn. 73; Anders für jeden, Bildbetr. 73, 74.
H: Aus meinem Wanderbuch 64; Der sonderbare Wanderer, Erzn. v. F.M. Dostojewski 64; Wer die Liebe hat, kennt Gott, Erzn. v. L. Tolstoi u. J. Turgenjew 64; Gäste in der Nacht, poln. Erzn. 66; Marienhausbuch 4 67; Marien-kalender 69, 67; Die Sündensuppe, Erzn. v. Elin Pelin u.a. 69; Der Hahn auf dem Kirchturm, die schönsten Sagen, Legenden und Geschichten vom Eichsfeld 78, 82; Sein ist alle Zeit, Kath. Hausbuch Jahr des Herrn 83.

Link, Almuth; Gartenstr. 31, D-6390 Usingen/Ts. 5, Tel. (06081) 13134 (Frankfurt/Main 26.6.35). Roman, Kurz-ggeschichten.; Im Kinderzimmer brennt noch Licht, Kurzgesch. 78; Die Tafel ist kein Karussell!, Kurzgesch. 79; Meine kleine Arche Noah, R. 80; Sommer ohne Blumen, R. 81; Hol die Geige vom Himmel, R. 82

Link, Erich (Ps. Flim, Sinister, Oberon, Julius E. Walther), Journalist, Kulturkritiker, technisch-wissenschaftl. Schriftsteller; VS, TELI; Wolfgang-Borchert-Kurzgeschn.-Preis 56; Friedbergstr. 23, D-1000 Berlin 19, Tel. (030) 3216239 (Berlin 27.3.06). Drama, Lyrik, Roman, Novelle, Hörspiel, Fernsehspiel, Märchen fremder Völker.
V: Buntes Versbuch, G. u. Ess. 33.
F: Elefantine — eine Stadt wird ent-deckt, Fsf. 71.
R: Der Tod war schneller, Hsp. 55; neue perspektiven 55, 56; Wie eine Bronzeplastik entsteht 56; Märchen fremder Völker, nacherz. von E. Link u. Hans Nevermann: Die Göttin im Feuerberg; Der Baumeister und der Sultan; Der Drachenkönig und der weise Arzt; Der Krokodilkönig; Ein Knecht Gottes; Das Mädchen und der Seeadler; Maui der Halbgott. Die Hilfe des Himmels; Maui der Halbgott. Die große Frau der Nacht; Nemrud, der

Tyrann; Tuah, Freund der Weisheit; Der junge Witwer und der Prophet Isa, alles Hörsendungen 61 — 64 u.a.

Link, Jochen, Dr.; Bergstr. 6, D-6331 Hohensolms.
V: Fassbender, R. 70; Das goldene Zeitalter, Erz. 81; Tage des schönen Schreckens, Erz. 82; A oder die Reise am dem Anfang der Scham 82. —
MV: Anna, m. Helmut Junker, R. 81. ( )

Link, Karl-Heinz, Verlagskaufmann; FDA 78; Liebfrauenstr. 24, D-6532 Oberwesel, Tel. (06744) 471 (Oberwesel 24.7.34). Drama, Lyrik, Roman.
V: Loreleygeflüster, Lyrikband 77; Johannes Ruchrat, Rebell von Oberwesel, Dr. 78; Götterdämmerung auf dem Olymp, Dr. 78. ( )

Link geb. Wasmuth, Vilma, Verlagsredakteurin; Unterer Hardthof 25, D-6300 Gießen, Tel. (0641) 72455 (Paderborn 18.4.38). Erzählung.
V: Vorzimmer, Erz. 79, 2.Aufl. 80.
MA: Lehrerkal. 82/83; Lehrerinnen- u. Lehrerkalender 83/84.
MH: Deutsches Märchen 81.

Linke, Inge (Ps. Inge Ott), c/o Verlag Freies Geistesleben, Stuttgart.
V: Das Mäxchen und die Karolin 64; Fledermäuse und pommes frites 65; Sag ja oder nein ... 66; Auf nach Homuleila 70; Geier über dem Montségur 73, 3. Aufl. 81; Der Cid 75, 80; Andy 77.
B: Kale vala: d. Taten von Väina-möinen, Ilmarinen u. Lemminkäinen 78, 81. — **MA:** Thinemanns Kinderkalender 70. ( )

Linke, Manfred, Dr. phil. wiss. Mitarb.; Unter den Eichen 115, D-1000 Berlin 45, Tel. (030) 8348273 (Halle/S. 24.11.36). Essay. **Ue:** E.
V: Gustav Lindemann — Regie am Düsseldorfer Schauspielhaus, Monogr. 68; Hermann Ungar. Einf. in eine Auswahl 71; Carl Sternheim, Monogr. 79; Das Internationale Theaterinstitut 82; Oberon, Bearb. der Oper von Weber 77.
H: Hermann Ungar: Die Klasse 72. — **MH:** Carl Sternheim: Gesamtwerk: VIII - X 69, 70, 76; Erzählungen 73; Essays 73.

Linz, Maria, s. Pusch, Edith.

Linz, Werner *

Lipinsky-Gottersdorf, Hans; Ehren-gabe d. Bayerischen Akad. der Schönen Künste 64, Eichendorffpreis 70, 1. Preis Hörspiel- u. Erzählerwettbewerb d. ostdt. Kulturrates Bonn u. d. nordrh.-westf. Min. f. Arbeit ... 75, Kulturpr.

Schlesien d. Nds. Ldesregier. 77;
Lobensteiner Weg 5, D-5000 Köln-
Höhenberg, Tel. (0221) 874528
(Leschnitz/OS. 5.2.20). Roman,
Erzählung.
V: Wanderung im dunklen Wind, Erz.
53, 64; Fremde Gräser, R. 55, 58; Alle
Stimmen der Erde, Erz. 55, 64; Gesang
des Abenteuers, Erzn. 56; Finsternis
über den Wassern, Erz. 57; Stern der
Unglücklichen, Erzn. 58, 65; Ende des
Spiels, Erz. 59, 66; Wenn es Herbst wird,
R. 61, 66; Korla und der liebe Gott, Erzn.
68; Die Prosna Preußen I: Das
Dominium 68; Die letzte Reise der
Pamir, Geschn. v. d. See 70; Pferde-
handel, Erzn. 76; Zugvögel, zwei R. 78.
H: Das Wort der Brüderlichkeit 58. –
MH: Deutsche Stimmen 56. ( )

Lipke, Erik-Alfons (Ps. Erik-Alfons
Lichtenau), Schauspieler; VS Nordwest;
Dortmunder Str. 4, D-1000 Berlin 21
(Stargard 13.12.00). Roman, Novelle.
V: Die letzte Sturm, R. 33; Sybille
Wendlands Saat und Ernte 34, 49; Liebe
in Tarnberg, R. 51; 2 weitere R., zahlr.
Nn. ( )

Lipok, Erich (Ps. Michael Lindner),
Dr. med., prakt. Arzt; Schlesischer
Kulturpr. d. Jugend 78; Freundeskr.
Dichterstein Offenhausen 73, Wilhelm
Kotzde-Kottenrodt-Gemeinde 74, EM
Kreis d. Dichter d. Dt. Kulturwerks
Europ. Geistes 76, Arbeitskr. f. Dt.
Dichtung 78, D-8391 Jandelsbrunn,
Waidhof, Tel. (08581) 1083 (Cosel, OS.
10.8.09). Lyrik, Prosa, Hörspiel, Essay.
V: Unverlierbare Heimat. Oderlieder,
G. 74; Die Saat des Bauern Jacobus
Michael Drefs, Vers-Dicht. (Hsp.) 75; An
der Oder zu Hause, dt. Erz. 78, erweit.
Neuaufl. 82; Die Legende vom Adler, dt.
G. 81. – **MV:** Im Lufttransport an
Brennpunkte d. Ostfront 71.
MA: Aber das Herz hängt daran 55;
Wort um den Stein 74; Herzhafter Haus-
kalender, Salzburg-Wien 79, 80, 81, 82,
83; Dt. Almanach 80, 81, 82, 83.

Lipowski, Egbert, Dramaturg;
Rotdornallee 23, DDR-1509 Michendorf,
Tel. 2554 (Roggenhausen/Ostpr. 27.3.43).
Prosa, Erzählung, Roman, Film.
V: Frauen u. Monde, Erzn. 76; Tod im
Konzertsaal, Erzn. 79.
R: Zahlr. Dok.- u. Kinderfilme. ( )

Lipp, Franz, Dr. phil.; W. Hofrat,
UProf., em.Dir. d. Oböst. Landes-
museums; Bürgerstr. 51, A-4020 Linz/D./
Donau, Tel. (0732) 757132 (Bad Ischl
30.7.13). Drama, Lyrik, Essay.

V: Der Scholi oder Vom himmlischen
Schein. Rauhnachtsspiel 48; Das
Salzkammergut. Wesen einer Land-
schaft 51; Die Fackel, Zeitstück 52;
Vergänglichkeit und Dauer, G. 83.
H: Denkmäler der Volkskultur aus
Oberösterreich. – **MH:** Österr. Zs. für
Volkskunde.
F: Kulturfilmtexte zu: Das Steyrer
Krippenspiel 58; Salzkammergut Arm-
brustschützen 61.
R: Der Scholi oder Vom himmlischen
Schein, Rauhnachtssp. 51.
Lit: Leopold Schmidt in: Volkskultur,
Mensch und Sachwelt, Festschr. f. Franz
C. Lipp 78.
s. a. Kürschners GK.

Lippelt, Christoph, Dr. med.,
Krankenhausarzt; BDSÄ 72, VS 76;
Anerkennungspr. im Lyrikwettbew.
"Bildgedichte" d. Zs. "das Boot" 74, II. Pr.
im Lyrikwettbew. "Dome im Gedicht" d.
Zs. "das Boot" 75; Wiesbadener Str. 4, D-
7000 Stuttgart 50 (Braunschweig
25.11.38). Lyrik, Kurzprosa, Essay, Buchkritik.
V: Aufbruch in ein Niemandsland, G.
74; Herausforderung der Träume, G. 75;
Landschaft mit Engeln, Lyrische Prosa
76; Winterjasmin, G. 77; Die Verurteilung der Gaukler 78; Armins Eroberung,
Erzn. 79; Summa, G. 79; Wo du nicht
hinsiehst, geschieht es, G. 81. –
MV: Lanzarote, m. K. Hummel 81. ( )

Lippmann, Hans (Ps. Christian
Diekholtz, Johann Ludi), Drucker,
Verleger, Fachlehrer, Redakteur;
Kapuzinerstr. 7, D-8390 Passau 12, Tel.
(0851) 2510 (Dresden-Klotzsche 15.10.28).
Lyrik, Aphorismen, Kurzprosa.
V: Kraut und Rüben, Kurzgeschn. u.
G. 71; Auf meinem Mist gewachsen,
Kurzgeschn. u. G. 83. – **MV:** Dreierlei
Maß, m. Clemens am Berg, Rupert
Schützbach, G., Epigr., Aphor. 83.

Lippmann, Lothar,
Verwaltungsangest., Systemberater;
IGdA 80, RSGI 82; Postfach 3012, D-8500
Nürnberg 1, Tel. (0911) 303231
(Frankenberg/Sachs. 25.10.17). Lyrik.
V: Außerhalb der Zeit, G. 67, 2.Aufl. 81;
Auch dieser Tag ist nur ein Tropfen
Zeit, G. 77; Skorpione, Aphor. 79; Augen
der Zeit, G. 79; Auskunft über unsere
Zeit, G. 81; Auf den Straßen der Zeit, G.
82.

Lips, Eva, Dr. phil. habil., UProf.;
P.E.N. 37, SV-DDR 52; Johannes R.
Becher Med. in Gold; Kickerlingsberg
19, DDR-7022 Leipzig, Tel. 51139

(Leipzig 6.2.06). Ethnologie, Nonfiction,
Belletristik. **Ue:** Am.
V: Savage Symphony 38, im ganzen 8
Aufl. (engl. 39, schwed. 39); Rebirth in
Liberty 42; Das Rad von Monte Carlo 49;
Das Indianerbuch 56, 80 (ungar. 60, poln.
60, serb. 60, tschech. 67); Die Reisernte
der Ojibwa-Indianer 56; Weisheit
zwischen Eis und Urwald 59 (auch
serb.); Zwischen Lehrstuhl und
Indianerzelt 65; Nicht nur in der Prärie
... 74, 76; Sie alle heißen Indianer 75, 80
(westdt. Ausg. 76, 79, finn. 79, dän. 79,
holl. 79).
MA: Völkerkunde für Jedermann 66,
67; Parallelen, Anth. 79.
H: Maya - Handschrift der Sächs.
Landesbibl. Dresden (Codex Dresdensis)
62.
Ue: H: Julius Lips: Vom Ursprung der
Dinge 53, 55; John Tanner: Dreißig
Jahre unter den Indianern 53, 69;
Norman B. Wood: Die großen
Häuptlinge der Indianer 68.
s. a. Kürschners GK. ( )

Lischke, Barbara, Kindergärtnerin;
SSV, ZSV; Preis i. Migros-Kurzge-
schichten-Wettbewerb 76;
Rohrhaldenstr. 6A, CH-8712 Stäfa, Tel.
(01) 9265295 (Bremen 29.11.24).
Kinderbuch, Roman, Novelle. **Ue:** E.
V: Eltern gesucht 66, 78; Lippo 68; Wie
Dr. Schulthess zu Enkelkindern kommt
68, 78; Das Geheimnis um Ingrid 71,
alles Kinderb; Schiffahrt einst und
heute. Gesch. üb. die Schiffahrt 78;
Elviras Traum, R. 79; Sabine, Jgdb. 80;
Rüdiger 81. — **MV:** "Frau Weltis
Weihnachten" im Weihnachtsbuch 80.
R: Krippenspiele (auch rätoroman.).

Lischke-Naumann, Gabriele, Dipl.
Psych., M.A.; Quastenhornweg 28, D-
1000 Berlin 22, Tel. (030) 3653011
(Detmold 16.8.44). Lyrik.
V: Bella donna, G. 81.

Lissai, Ruth, Prof. f. dt. Spr. u. Lit.,
z.Zt. Redakteurin; Strada Dr.
Drăghiescu 5, Bukarest 35/Rumänien
(Bukarest 3.4.29). Kindergeschichten.
Ue: Rum.
V: Gis, der Ausreißer 59; Hannelores
Abenteuer 62; Der Buntspecht 68, alles
Kinder-Geschn. — **MV:** Das bunte ABC,
Kinderreime 56.
H: Hopp, hopp Reiter, Kinderreime
69; Kunterbuntes Rätselbuch 70; Mit
Speck fangt man Mäuse 73; Die
Wünschelrute 72.
Ue: Călin Gruia: Am Weg erlauscht 66;
Das Salz in der Speise, Theaterst. nach
P. Ispirescu 76; Dan Tărchilă: Eine

Familie, Einakter 77; Gilgamesch — Die
Sonnenstrasse 79; Phantastisches
Märchen von M. Suciu. — **MUe:** Octav
Pancu Iaşi: Kling - Klang - Gloria mit
Hedi Hauser 59. ( )

Lissow, Ingrid, s. Swossil, Ingrid.

List, Anneliese (Ps. Alice Pervin);
Ritter-von-Schuh-Platz 15, D-8500
Nürnberg, Tel. (09175) 395 (Heroldsberg
6.1.22). Novelle, Lyrik.
V: u.H: Das Glück hinter den Bergen,
Nn. 78.
MA: Versch. Zss. u. Ztgn..

List, Rudolf, Prof. h. c., Redakteur;
St.S.B., SÖS, IKG.; Förderungspreis d.
Kulturrings d. oböst. Wirtsch. 54,
Rosegger-Preis d. Landes Steiermark
57, Erzherzog-Johann-Medaille d. Ldes.
Steiermark f. Volksbild.arbeit 60,
Verdienstkreuz d. Malteser-Ritter-
ordens 63, Ritterkreuz d. Silvester-
Ordens 66, Öst. Ehrenkreuz f. Wiss. u.
Kunst 69, Erzherzog Johann-Preis d.
Ldes Steiermark f. wiss. Forsch. 71,
Ehrenzeichen in Gold d. Stadt Graz 76;
EPräs. d. Ges. d. Freunde d. Grazer
Stadtmuseums; Bergmannsgasse 18, A-
8010 Graz (Leoben 11.10.01). Drama,
Lyrik, Roman, Novelle, Essay, Hörspiel.
V: Gedichte 31; Kleine Bruckner-
Novelle 32, 53; Dichtung in Österreich
34; Mensch und Landschaft, Ess. 35; Tor
aus dem Dunkel, G. 36; Michael, R. 37,
48; Wort aus der Erde, G. 42;
Landschaftsbilder aus Niederösterreich,
Ess. 42; Karl Postl-Sealsfield, Leben u.
Werk 43; Bergstadt Leoben, Antlitz,
Gesch., Gegenwart 48; Traumheller Tag,
G. 49; Beschwörung, Erz. 51; Trost der
Welt, G. 52; Dem Himmel fern und nah,
G. 59; Silberne Nacht und andere
Erzählungen 51; 75 Jahre Christliche
Arbeiterbewegung in Obersteier 62;
Schauspiel in Graz 64; Unter
unversehrtem Himmel, G. 65; Die
Geschichte des Stadttheaters Leoben
66; Kunst und Künstler in der Steier-
mark, Lex., 21 Lieferungen (A - R) seit
68; Stift Admont 1074 - 1974 74; Oper
und Operette in Graz (Erw. Neuausg.)
74; Steir. Kirchenführer I (Graz und
Umgeb.) 76, II (Obersteierm.) 77.
MA: Schatzkammer Österreich 48;
Geliebtes Land, Dicht. aus NdÖst. 55;
Festschrift für Fritz Popelka 60; Der
Dom zu Graz 64; Schloß Seggau 65;
Festschrift zur 175-Jahr-Feier des
Leobener Stadttheaters 66; Dichtung
aus der Steiermark 71; Literatur in der
Steiermark (Buch z. Ldesausst.) 76.

H: Blätter für Kunst und Schrifttum 27 — 28; Steirischer Volkskalender 48 bis 50; Obersteirischer Kalender 50 bis 51; Kulturspiegel 50 — 55.
Lit: Grita List: Rudolf List — Leben und Werk in: Festschr. zur Hundertjahrfeier des Bundesrealgymnasiums Leoben 62; Heribert Schwarzbauer: Rudolf List 66; Robert Mühlher in: Steiermark, Land, Leute, Leistung 2. Aufl. 71. ( )

Lithom, C. C., s. Bettmann, Helmut.

Lix, Jorg, s. Müller, Ewald.

Lixfeld, Ursula (Ps. Una Marsal), Illustratorin, Malerin; Gumpersberger Str. 26, Fabelhof, D-6123 Bad König, Tel. (06163) 1322 (Mainz 7.4.37). Kinder- und Jugendbuch, Erzählungen, Lyrik.
V: Die Geschichte vom kleinen roten Auto, das lieber Milch trinken wollte, Kinderb. 70; Nur ein Pferd, Jgdb. 73; Traumvogelfedern, Lyr. 82; Die Scheune, Erzn. 83.

Loacker, Norbert, Gymnasiallehrer; P.E.N. Öst.; Nelkenstr. 20, CH-8006 Zürich, Tel. (01) 3611404 (Altach/Öst. 22.7.39).
V: Aipotu, R. 80.
MA: Der Mensch, Enzykl. IV.
H: Der Mensch, Enzykl. V-IX.

Lobbe, Katja, s. Thomas, Ingelux.

Lobe, Jochen, Gymnasiallehrer; Kogge 71; Förderungspreis d. Sudermann Ges. Berlin 64, Förd.pr. d. Stadt Nürnberg 78, Förderungspr. d. Kulturpr. Schlesien 82; Habichtweg 9, D-8580 Bayreuth, Tel. (0921) 41544 (Ratibor 14.8.37). Lyrik, Essay, Prosa.
V: Textaufgaben vorgeführt von Mutter Montage und ihren Kindern, Texte 70; Vertzettelung vor Denkgesteinen, Texte 70; Spiegelungen des politischen Bewußtseins in Gedichten des geteilten Deutschland 72; Augenaudienz, G. 78; ham sa gsoochd. soong sa, G. in Bayreuther Mda. 82.
MA: Aussichten, junge Lyriker des dt. Sprachraums 66; Thema Frieden 67; Texte aus Franken 70; Ohne Denkmalschutz 70; Fränkische Städte 70; Fränkische Klassiker, fränk. Lit.gesch. 71; Poetisches Franken 71; Revier heute 72; Grenzüberschreitungen 73; Arbeitsbuch Literatur Nr. 9 72; Literatur- und zeitkritische Parodien vom Minnesang bis zur Moderne 73; Kontakte europäisch 74; Die eine Welt 75; Mein Land ist eine feste Burg 76; Bundesdeutsch 74; Das Große Rabenbuch 77; Wagnis des Unzeitgemäßen 77; In diesem Lande leben wir 78; Das große deutsche Balladenbuch 78; Jb. für Lyrik 1 79; Deutsche Unsinnspoesie 78; weil wir a wer sen, fränk. Mda.dichtung 80; Fränkisches Mosaik 80; Erlangen 1950-1980, ein lit. Leseb. 82; Komm, süßer Tod 82; Freibeuter 13 82.
H: Richard Wagner Stunden Lekker 70; Ortstermin Bayreuth oder 33 Selbsterlebensbeschreibungen 71; einatmen ausatmen 75.
Lit: Perspektiven Deutscher Dichtung, 3. u. 4. Folge 69/70; Th. Pelster: Das Motiv der Sprachnot in der modernen Lyrik in: Der Deutschunterricht 22 70; Reinhard Düssel: Zeitgenössische Literatur aus Franken in: Frankenland 71; Schlesische Literaturgeschichte III 74; G. Frank: Unbehagen an dieser Stadt (Jochen Lobe und Bayreuth) in: Festspielnachrichten 75; Paul Konrad Kurz: Überläufer ins Lager der Kreatur in: Über moderne Lit. VI 79; Jochen Hoffbauer: Jochen Lobe: kein Schriftsteller für den Bücherschrank in: Kulturwarte 1 83.

Lobe, Mira; Ö.S.V. 54, P.E.N. 70; Öst. Staatspreis f. Kinder- u. Jugendb. 58, 65, 72, 76, Preis der Stadt Wien f. Kinder- u. Jugendb. 61, 65 u. 68, 70, 72, 74, 76, 77; Boschstr. 24/7, A-1190 Wien, Tel. (0222) 3730733 (Görlitz/Schles. 17.9.13). Kinder- und Jugendbuch.
V: Insu-Pu, die Insel der verlorenen Kinder 53; Der Tiergarten reißt aus 53; Der Bäbu 54; Der Anderl 55; Hänschen klein 56; Flitz, der rote Blitz 57; Die Bondi-Mädel; Bärli Hupf 57; Die Geschichte von Tapps 58; Ich wünsch mir einen Bruder 58; Titi im Urwald 58; Ich und du in Stadt und Land 59; Wohin mit Susu? 60; Das 5. Entlein 61; Hannes und sein Bumpam 61; Ohne Hanni geht es nicht 62; König Tunix 62, 79; Tapps 62; Bimbulli 64, 81; Laßt euch 3 Geschichten erzählen 64; Meister Thomas in St. Wolfgang, Erz. 65; Die Omama im Apfelbaum 65, 82; Das große Renntier 66; Eli Elefant 67; Meine kleine Welt 67; Der kleine Drache Fridolin 68, 80; Bärli hupft weiter 68; Das blaue Känguruh 68; Maxi will nicht schlafen gehen 69; Das Städtchen Drumherum 70; Schatten im Auwald 70; Denkmal Blümlein 71; Das kleine ICH-BIN-ICH 72, 82; Kein Sterntaler für Monika 73; Willi Millimande und der Riese Bumbum 73, 82; Das Zauberzimmer 74; Die Räuberbraut 75; Komm, sagte die Katze 75, 82; Ingo und Drago

75, 78; Komm, sagte der Esel 76; Der ist
ganz anders als ihr glaubt 76, 79; Da
sagten alle: Hoppelpopp; Die Maus will
raus 77, 79; Pfui Ponnipott 78; Daniel
und das Schlafhauben-Lern-
maschinchen 78, 80; Morgen komme ich
in die Schule 79, 80; Hokuspokus in der
Nacht 79, 83; Der Apfelbaum 80, 82; Es
ging ein Schneemann durch das Land
80; Moritz Huna Nasenriecher 80, 82;
Der kleine Troll und der große Zottel 81,
Valerie und die Gute-Nacht-Schaukel
81; Tiny 81; Der Tiergarten reißt aus u.
a. Geschn. 81; Das Schloßgespenst 83.
R: Mehrere Fernseh- u. Hörfunksendungen, nach d. Büchern bearb.
Lit: Bamberger: Öst. Jugendschriftsteller 65.

Lobeck-Kürsteiner, Marguerite,
Eurhythmistin; Freiestr. 119, CH-8031
Zürich (St. Gallen 23.7.93). Lyrik, Drama.
V: Neue Weihnachtsspiele 51; Sechs
dramatische Spiele 77; Alle Quellen
springen wieder, G. 79.
MH: Scheine, Sonne, scheine, G.

Lobenstein, Walter; Rodenberger Str.
13, D-3000 Hannover-Ricklingen, Tel.
(0511) 424963 (Hannover 6.8.30). Lyrik,
Roman, Kurzgeschichte, Essay.
V: Kleine Kadenz, G. u. lyr. Prosa 59;
Instrumente, G.-Zykl. (Wandkal.) 71.
MA: Schlagzeug und Flöte, Anth. 61;
Große Niedersachsen, Sammelbd. 61;
Die Königlichen Gärten. Herrenhausen
63; Porträts. Die fränkische Kette 70;
Brennpunkte. Schrifttum d. Gegenw. 71;
Haiku Nr. 2, Distelstern, beides G. 71.
H: Wegwarten, lit. Zs. seit 61. –
MH: Die Horen, lit. Zs. 55 - 60; Schlag-
zeug und Flöte, Anth. 61; Texte, G. 71.
R: Würzburg-Kaleidoskop 78; GEO –
Das Tor zum Steigerwald 78; Schatten
füllt mein Glas (Erinn. an Friedrich
Schnack) 78; Exkursionen 78; Gestatten,
mein Name ist Main 79; Frauenaufstand
79; Ein Dia-Vortrag zum Hören einge-
richtet 80; Auf Tonband gesprochen,
Festsp. zu einem 1200jähr. Stadtjub. 80,
alles Rdfksend.
Lit: Godehard Schramm üb. W.L. in:
Poetisches Franken 71; Veröff. üb. W.L.
in: Dialogi 72; Hans-Jörg Modlmayr
über W. L. in: diascope 3/75; Eberhard
Thieme über W. L. (50 Wegwarten) in:
Buchhändler heute 4/75.

Lober, Peter, c/o Verlag Atelier
Paysage, Karlsruhe.
V: Empfindlichkeiten, G. u. Prosa 79.
( )

Lobin, Gerd, Redakteur; Brucknerstr.
75, D-6450 Hanau, Tel. (06181) 81549
(Berlinchen NM. 22.8.25). Jugendbuch.
V: Die Klassenelf will Meister werden
58, 66; Abenteuer mit Floß Tigerhai 60,
62; Jürgen rettet die Meisterstaffel 61,
64; Rolf wird Leichtathlet 62 (auch dän.,
schwed., holl.); Die siegreiche Mannschaft 63, 65; Mittelstürmer Thomas
Bruckner 65 (auch isländ.), Neubearb.
u.d.T.: Thomas ist große Klasse 75; Bob
ist in Gefahr 76, Tb. 79; Robin Hood 79, ,
Tb. 79; Der Sohn des Seekönigs 81;
Drachen nach Drontheim 82. –
MV: Meine Kämpfe – meine Siege, m.
Werner Graf von Moltke 63, 65.

Locher, Otto, Landwirt, a. Nationalrat,
Geschäftsf. Schweiz. Pächterverb.; Gr.
silb. Med. d. OGG Bern 82, CH-3510
Konolfingen, Tel. (031) 990478 (Hasle b.
B. 9.4.10). Roman.
V: Lebensschicksale, R. 73; ... und ihr
Leben hiess Wasser 74; Ursula und
Hans, R. 76; Brot und Stein, R. 77, Filmb.
79; Umbruch und keimende Saat, R. 81.
MA: Ständ. Mitarb.: Das Landvolk.
F: Brot und Steine, 79, Fs. 82.

Lochner, Wolfgang, Studiendir.; VG
Wort; Toni-Pfülf-Str. 8, D-8000
München, Tel. (089) 1501285 (Kulmbach/
Bay. 27.5.26). Essay, Jugenderzählung,
Sachbuch, Kunstbuch.
V: Als die Luftfahrt noch ein Aben-
teuer war, Kunstb. 68; Fliegen, Sachb.
69; Weltgeschichte der Luftfahrt, Jgdb.,
Erzn. 69, 75; Wagnis Atlantik, Aben-
teuerliche Überquerungen des Atlantik
– Unter Wasser – auf dem Wasser –
in der Luft, Sachb. 82. – **MV:** Reading
for Meaning, darin: dt. Erzn. f. amer.
Schüler 66; Contemporary German Life,
Deutschlehrb. f. amer. Univ., darin: Ess.
u. Erzn. 72.

Lockhart, T.C., s. Stammel, Heinz-
Josef.

Lodemann, Jürgen, Dr. phil.,
Redakteur; VS 75, P.E.N. 76; Alfred-
Kerr-Pr. 77; Bismarckstr. 20, D-7570
Baden-Baden, Tel. (07221) 2762514
(Essen 28.3.36). Lyrik, Roman, Novelle,
Essay, Film, Hörspiel.
V: Erinnerungen in der Zornigen
Ameise an Geburt, Leben, Ansichten
und Ende der Anita Drögemöller und
Die Ruhe an der Ruhr, R. 75, 76; Lynch
und Das Glück im Mittelalter, R. 76;
Phantastisches Plastikland und
Rollendes Familienhaus. Ein amer.
Tagebuch 77, 78; Im deutschen Urwald,
Erzn. Ess., G. 78; Der Gemüsekrieg, Erz.

79; Ahnsberch, Volksst. üb. Räuber an
der Ruhr 80; Der Solljunge oder Ich
unter den anderen, Autobiogr. R. 82; Der
Jahrtausendflug, Bericht 83.
MA: Begegnung mit dem Ruhrgebiet,
Bild-Text-Bd. 66; Das Tintenfaß, Tb. f.
Lit. 25. Folge 75; Das Deutsche Tinten-
faß, 27. Folge 77; Literarische Werkstatt
Nr. 1 77; Aus Liebe zu Deutschland 80.
H: Die besten Bücher 81; Das sollten
Sie lesen 82.
F: Antia Drögemöller und Die Ruhe
an der Ruhr 76; Heimatromane, Fsf. 71;
Im Steintal. Auf Spuren von Oberlin,
Lenz, Büchner, Fsf. 83; Die Hauptstraße,
Fsf. 83; Literaturmagazin, Fs. 72-82; Café
Größenwahn. Ein Literaten-Stamm-
tisch, Fs.-Live 83.
R: Der Krimi oder Die Lust am
Labyrinth, Fsf. 70.

Lodron, Herbert *

Loeb, Ernst, Dr., em. Prof.; Goethe-
Ges., Weimar 70, Heine-Ges., Düss. 70;
344 Willingdon Avenue, Kingston,
Ontario, K7L 4J4/Kanada, Tel. (613)
5442297 (Andernach/Rh. 8.12.14). Lyrik,
Essay.
V: Loebliches, G. 74; Heinrich Heine:
Weltbild und geistige Gestalt, ges. Ess.
75; Kein Rizinus für Seelennöte, G. 81.
MA: Oskar Maria Graf, Beschreib.
eines Volksschriftstellers 74.
MH: Bloß für Dich geschrieben,
Johann Gottfried Herder, Briefe u.
Aufzeichn. üb. eine Reise nach Italien
1788/89 80.
Lit: Hermann Boeschenstein in:
Heiteres und Satirisches aus der
Deutschkanadischen Lit., German-
Canad. Hist. Assoc., Bd. 4 80.

Löbe, Karl, Dr. iur., RegDir. a.D.;
Arnold-Böcklin-Str. 18, D-2800
Bremen 1, Tel. (0421) 345787 (Berlin-
Charlottenburg 4.6.11). Novelle,
Sachbuch.
V: Unternehmen Mittelweser 60; Das
Weserbuch, R. 68, 69; Verkehrspolitik 63;
Pferde im Krieg, Nn. 76; Seehafen
Bremen 77; Im Weserland, Romant.
Reiseerlebnis 79; Metropolen d. Meere.
Seehäfen der Welt 79 (russ. 83); Biogr. v.
Bremer Persönlichkeiten; Eiswette in
Bremen 79; Weinstadt Bremen 81.

Löbel, Bruni (Ps. f. Brunhilde Melitta
Hagen geb. Löbel; gesch. Bronner),
Schauspielerin; VS; Habelhof, Ramering
4, D-8251 Heldenstein u. Silcherstr. 25,
D-8000 München 40, Tel. (08052) 802
(20.12.20). Roman, Hörspiel.

V: Kleine unbekannte Größe, R. 62, 63
(auch holl.). — **MV:** Kurz vor der
Premiere, Lsp. m. G. Bronner.
MA: Sachsen unter sich über sich 78.
R: Fanta und Tasie, Hsp. 54, 56/57.

Loebel, Hansgeorg, Dr.; Am Ahlemer
Turm 1, D-3000 Hannover 91, Tel. (0511)
403636 (Morchenstern 4.6.21).
V: Vom unerfüllten Europa 59; Europa
- Sammlung, Wandlung, neue Wege 64;
Europa spricht von Liebe 66; Europa.
Begegnungen in Bildern 66; Der
politische Mensch 70; Niedersachsen —
junges Land mit altem Namen 72;
Europa, das große Gespräch seiner
Völker 79; Heimat — Raum konkreti-
sierter Freiheit 81. — **MV:** Lutherstätten
in Deutschland 82.
H: Europa - Vermächtnis und
Verpflichtung 57.

Löbner-Felski, Erika (Ps. E.
Karlowna), Schriftstellerin; Berliner
Autorenvereinig. seit 78; Neuöttinger
Str. 42, D-8262 Altötting, Tel. (08671)
12569 (Rathenow 3.3.22). Roman, Novelle,
Erzählung, Gedicht.
V: Klawa, das Mädchen aus Charkow,
R. 61, 80 (auch fläm.); Puderdose,
Lippenstift und Weltgeschichte, schön-
geistiges Sachb. 76; Und morgen wieder
einen Tag jünger! 78, 80.
MA: Mauern und Menschen 63.
R: Nietschewo, es ist ja nur ein Ochse
56.

Loechler, Franz, s. Mattheus, Bernd.

Loeff geb. Heise, Friedel (Ps. Georgia
Carell); Große Fischerstr. 3, D-6000
Frankfurt a.M. (Osterode/Ostpr. 4.4.06).
Roman, Jugendbuch, Bühnenwerk,
Novelle, Hörspiel, Kurzroman.
V: Das schlichte Mädchen, Lsp. 42;
Geliebter Jan, N. 44; Aphrodite Nummer
13, Krim.-Kom. 46; Sonny, Jgd.-Serie 52
— 55; Die Kette, Krim.-R. 52; Die
schwingende Schaukel, R. 52; Sonny in
Brasilien, Jgdb. 52; Sonnys Brasiliani-
sche Abenteuer, Jgdb. 53; Sonny am
Amazonas, Jgdb. 53; Sonnys Streiche in
Bahia, Jgdb. 54; Sonny am Rio Grande,
Jgdb. 54, u.a.
R: Das Hörspiel, Hsp. 49.

Löffelholz, Franz, s. Mon, Franz.

Löffler, Günter, Lehrer; SV-DDR 63;
Parkstr. 8, DDR-4500 Dessau (Thale
6.8.21). Erzählung, Roman. **Ue:** E, R, Am.
V: Der Mann von damals, R. 63;
Kreppsohlen, Krim.-R. 65; Die Puppen-
stube 67.
MA: Auf der Schwelle, Anth. 62.

Ue: Alexander Grin: Rote Segel, Erzn.
62; Stefan Sorjan: Sterne hinter den
Bergen 62; Juri Sbanazki: Die Möve 63;
A. Lukin, D. Poljanowski: Der Graue 63,
70; W. W. Collins: Der Monstein 63, 64;
Juri Tomin: Die Geschichte von Atlantis
64; Juri Piljar: In Wahrheit war ich
siebzehn 64; E. Zjurupa: Drei Iljas und
ein Hufeisen 65; J. F. Cooper: Pfadfinder
65, Die Ansiedler, Wildtöter 67, 69; Juri
Tomin: Der Unsichtbare 67; Nazim
Hikmet: Die verliebte Wolke 67; J. F.
Cooper: Der letzte Mohikaner 68, 71, Die
Prärie 69; Jack London: Weißzahn, der
Wolfshund 69, Abenteuer aus aller Welt
69, Der Ruf der Wildnis 70, Die Perlen
des alten Parlay 77; S. Lwow: Das Feuer
des Prometheus 70; Wassil Bykau: Sein
Bataillon 77; Wladimir Bogomolow:
August 44, R. 77; O. Henry: Kohlköpfe
und Caballeros 79. — MUe: Englische
Erzähler des 19. Jahrhunderts 62; R. L.
Stevenson: Der Pavillon in den Dünen
65; Prinzessin Quakfrosch, Russ. Volks-
märchen 66; Jack London: Der Ruf der
Wildnis und andere Erzählungen 69;
Konstantin Simonow: Kriegstagebücher
79 II; Grigori Baklanow: Sie bleiben
ewig neunzehn 81; Arhadi Adamow: Ein
Uhr nachts 81; Joseph Conrad: Der
schwarze Steuermann 82.

Löffler, Hans, c/o Aufbau-Verlag,
Berlin (Ost).
V: Wege, G. u. Geschn. 79. ( )

Löffler, Johann H. *

Löhlein, Herbert (Ps. C. Astor),
Schriftleiter "Madame" München; VS
32; Graf-Rasso-Bungalows, D-8082
Grafrath, Amper, Tel. (08144) 576
(München 5.7.00). Erzählung, Roman,
Essay, Feuilleton, Hörspiel.
V: Charakter und Schicksal im
Horoskop 34, 58; Gezeiten des
Schicksals 34, 55; Das Himmlische
Kursbuch 53, 65; Die Welt der geheimen
Mächte 54; Standesamt der Sterne 55,
65; Perlen, Piraten, Panzertaucher 55, 60
(auch holl., poln.); Charakterkunde 55;
Der Teufel im Planwagen, Erz. 55; Die
Karpathenschenke, Erz. 55; Du weißt ja
nicht, was dir noch blüht, Reiseerz. 60;
Glück auf Rädern 61; Letzte
Anweisungen an eine ratlose Braut 62;
Das Traumhaus 65; Liebe auf den
zweiten Blick; Sternen-Cocktail;
Handbuch der Astrologie 69; Angst —
ein Bluff der eigenen Seele 69; Das
Leben zu zweit 81; Sterne, Schicksal
und Charakter 82; Interview mit Ihrem
Stern 83, u.a. — MV: Die Welt der

geheimen Mächte in: Enzyklopädie der
Grenzwissenschaften 54.
R: Im Teufelsmoor; Die Männer vom
Leuchtturm Alaska; Mensch — sei
vorsichtig; Zwei Funker; Teufel im
Planwagen 60; Conference eines
Respektlosen 60; Eine Dame und fünf
Buben 62; Eva und ihre Sterne 63;
Glück auf Rädern 64; Heiter und unbe-
schwert, alles Hsp.; Eine Dame und 12
Buben, Hsp.-Serie.

Löhr, Joraine, freie Regie-Assistentin
b. Film u. Fs.; Auswahlliste "Silberne
Feder" 82; Cosimastr. 4, D-8000
München 81, Tel. (089) 916445 (Mülheim
a.d.Ruhr 14.10.49). Lyrik, Film.
V: Felix und die Eule, Lyr. 81.
R: Kinderkurzgeschichten, Rdfk.

Löhrer, Frieda, Dr. phil., Lehrerin;
V.D.Ü. 63; Postfach, CH-9053 Teufen/
Appenzell (Heidelberg 3.1.06). Drama,
Lyrik, Roman, Novelle, Essay. Ue: E, F.
V: Die Mystik und ihre Quellen in
Thomas Traherne 30; Thomas Otway,
Dr. 53; Tile Kolup, Dr. 54; Roger
Williams, Dr. 54; Margarete Babenberg,
Dr. 55; Puer Apuliac. Friedrich II., Dr.
55; Bei Lupe und Lyra. A. E. W.
O'Shaughnessy, Leben u. Werke 55;
Peter der Pflüger, Dr. 56; Mitterhofer,
Dr. 56; Wirrsale, Dr. 57; Die von
Mykenae, Dr. 57; Aus Mytilene, Dr. 58;
Erlenrüti, Bruchstück eines Lebens, R.
58; Mein Sohn muß ..., R. 59; Die vom
Sonnensteig I (Der Alte vom Sonnen-
steig), R. 59; Rysa, Dr. 63; Tramps, Dr. 65;
Vicques, Dr. 66; Fahrt in die Vergangen-
heit, Nov. 74.
H: Ue: Religiöse Lyrik Englands im
17. Jahrhundert 51 — 52 VI; Har Prasad
Sharma: Botschaft, G., Ausw. 67; Es war
einmal. Eine Ausw. altfranz. u.
altprovencalischer G. 70; Es war einmal.
Eine Ausw. engl. G. aus d. 13. — 17. Jh.
71; Es war einmal. Eine Ausw. ital. G.
aus d. 13. — 17. Jh. 72; Es war einmal ...
Eine Ausw. span. Gedichte v. 12. — 19.Jh.
in dt. Übertr. u. m. verbind. Text 73; Es
war einmal ... Eine Ausw. port. Gedichte
a. d. 13. — 19.Jh. in dt. Übertr. u. m.
verbind. Text 75; Es war einmal. Eine
Ausw. russ. Gedichte vom 10. Jh. bis ca
1830 in dt. Übertr. u. m. verbindendem
Text 78; Es war einmal. Eine Ausw. von
Gedichten aus dem rätoroman., speziell
engadin. Sprachkreis (16. u. 17. Jh.) in dt.
Übertrag. u. mit verbindendem Text 79;
Conradin de Flugi (1787-1874), ein
Lebensbild m. e. Ausw. v. seinen G. in dt.
Übertrag. a. d. Rätoroman. 80.

Ue: John Donne: Die Krone 51;
George Herbert: Bemerton 51; Henry
Vaughan: Der Funke 52; Richard
Crashaw: Die Stufen 52; Thomas
Traherne: I (Kindheit) 52, II (Glückhafte
Erde) 52; Sir Thomas Browne: Das war
meine Religion 61; Thomas Vaughan:
Verborgene Seele 62.

Löhrl, Elsbeth, Fürsorgerin, Psycha-
gogin; Schönhuthweg 12, D-7170
Schwäbisch Hall (Stuttgart 25.7.16).
Jugendbuch.
V: Heiner auf dem Tannenhof,
Kinder-Gesch. 51; Kinder leben ihre
Welt, Erz. 52; Das große Glück der
Behrendtkinder, Kinder-Gesch. 52. ( )

Löpelt, Peter, c/o Verlag Neues Leben,
Berlin (Ost).
V: Die Rosen heb für später auf 79, 81.
( )

Löschburg, Winfried, Dr. phil.;
Goethepr. d. Hauptstadt d. DDR 77;
Vinetastr. 62, DDR-1100 Berlin (Leipzig
29.3.32).
V: Edgar Degas, Bildmonogr. 64; Es
begann in Göttingen. Protestation und
Entlassung der Göttinger Sieben 64;
Rheinsberg, Zechlin, Lindow, Land-
schaftsmonogr. 65, bearb. 71, 3. Aufl. 76;
Der Raub der Mona Lisa 66, erw. 74;
Unter den Linden. Gesichter u. Geschn.
einer berühmten Straße 72, 4. Aufl. 80;
Alte Bibliotheken in Europa, Sachb. 74;
Von Reiselust und Reiseleid, e. Kuturg.
77; Ohne Glanz und Gloria, d. G. d.
Hauptmanns von Köpenick 78, 4. Aufl.
84; Schatten über der Akropolis. Kunst-
werke in Gefahr, Sachb. 82; Als das
Lustschiff endlich am Schiffbauerdamm
eintraf, Jgdb. 84. — **MV:** Die deutsche
Staatsbibliothek, Sachb. m. H. Wege-
haupt, L. Penzold; Historische Gast-
stätten in Europa, Sachb. m. W. Hartwig
70, 2. Aufl. 75; Rheinsberg-Neuruppin,
Landschaftsmonogr. m. L. Riedel 81.
H: Die Stadt Berlin im Jahre 1690,
gezeichnet von Johann Stridbeck d.
Jüngeren, Faks. Ausg. 81.

Loeser, Franz, Dr. phil. habil., Prof.
Humboldt U. Berlin; Koblenzer Str. 14,
DDR-1272 Neuenhagen b. Berlin
(Breslau 20.12.24). Dokumentaristik,
Publizistik, Populärwissenschaft.
V: Wie groß ist der Mensch? 73, 75;
Mord auf Befehl, Dok. 76, 77;
Durchbruch d. neuen Geschlechts 76;
Die Abenteuer eines Emigranten, Biogr.
80; Interessieren, Überzeugen,
Begeistern 83. — **MV:** Schöpfertum in
der Zwangsjacke 80.

H: Höhere geistige Leistungen, aber
wie? 78, 79.
Lit: Rainer Kirsch: Kopien nach
Originalen 74.

Loest, Erich (Ps. Hans Walldorf),
Journalist; VS, P.E.N.-Zentrum
Bdesrep.; Hans-Fallada-Pr. 81, Jakob-
Kaiser-Pr. 83; Schwanenburgstr. 50, D-
4500 Osnabrück (Mittweida/Sa. 24.2.26).
Roman, Novelle, Hörspiel.
V: Jungen, die übrig blieben 50, 52;
Die Westmark fällt weiter 52, 56; Das
Jahr der Prüfung 54; Öl für Malta 68;
Der Abhang 68; Das elfte Mann 69;
Schattenboxen 73, 76; Oakins macht
Karriere 75, 77; Etappe Rom 75; Die
Oma im Schlauchboot 76; Es geht
seinen Gang 78; Pistole mit sechzehn 79;
Swallow, mein wackerer Mustang 80;
Durch die Erde ein Riß 81.
B: Cooper: Lederstrumpferzählungen,
Neufass. u.d.T.: Wildtöter und Große
Schlange.
R: Dienstfahrt eines Lektors 75; Ein
Herr aus Berlin 76; Eine ganz alte
Geschichte 79; Messerstecher 81.

Loetscher, Hugo, Dr. phil., Publizist,
Schriftsteller; Ehrengabe d. Stadt
Zürich 63, 69, Charles-Veillon-Pr. 64, C.
F. Meyer-Pr. 67, Ehrengabe d. Kantons
Zürich 68, Lit.-Pr. d. Stadt Zürich 72,
Ehrengabe d. Schweiz. Schillerstift.;
Storchengasse 6, CH-8001 Zürich, Tel.
(01) 2115061 (22.12.29). Roman, Drama,
Essay. **Ue:** F, E, Port.
V: Abwässer — ein Gutachten, R. 63;
Die Kranzflechterin, R. 64; Noah —
Roman einer Konjunktur 67; Zehn
Jahre Fidel Castro, Rep. u. Analyse 69;
Der Immune, R. 75; Wunderwelt. Eine
brasilianische Begegnung; Herbst in der
Grossen Orange, R. 82; Der Wasch-
küchenschlüssel und andere Helvetica,
Erzn. 83. — **MV: u. MH:** Brasilien 69;
Zürich Aspekte eines Kantons 70;
Spanien 72; Photographie in der
Schweiz 1840 bis heute 73; Zürich
zurückgeblättert 79; Hans Falk: Circus
82; Brasilien 82.
MA: Gut zum Druck, Anth. 72;
Züricher Geschichten, Anth. 72; Begeg-
nung mit vier Zürcher Autoren 81.
H: Manuel Gasser: Welt vor Augen 64;
Antonio Vieira: Predigt an die Fische
66; Varlin — Porträt eines Malers 69;
Adrian Turel: Bilanz eines erfolglosen
Lebens 78.
R: Ach Herr Salazar, Fsp. 65.

Loetzke, Klaus-Dieter; Kirchplatz 13,
DDR-4450 Gräfenhainichen.

V: Simpel, Schorsch und
Schweinemeier, vorw. heitere Prosa 81.
()

Löw, Adrian, Lehrer, Journalist; Rum.
Schriftstellerverb. 82; Debütpr. d. rum.
Schriftstellerverb. 79; Bd Republicii 68,
Bukarest (Schässburg/Rum. 7.5.51).
Lyrik. **Ue:** Ndl., Rum.
   V: tagaus, tagein, G. 79; Nebengleis, G.
81; Selbstanzeige, G. 82; Betroffen aus
Versehen, G. 83.

Loew, Gerhard; Oskar-Coester-Weg 9,
D-8000 München, Tel. (089) 7913769
(München 28.4.41). Drama, Film,
Hörspiel.
   V: Grattleroper 82.
   R: Grattleroper, Die letzte Nachtigoi,
Da Dog X, Egmating, Casa Carioca,
Hochstandsjosef, u.a.
   S: Grattleroper 78, Die letzte
Nachtigoi 80.

Löwen, Walter, Dr. phil., Redakteur;
B.A.V.; Kampstr. 91 D, D-3000
Hannover 61, Tel. (0511) 580825
(Friedensfeld 18.3.27). Drama, Roman,
Novelle, Essay, Lyrik.
   V: Die deutsche Tragödie, ideelle
Trilogie mit "Bernhard von Weimar",
"Marx in Köln", "Stauffenberg" 78,
"Dreizehn deutsche Komödien",
Kassette mit den besten Komödien aus
drei Jahrzehnten 79, m. d. Stücken:
Premierenfieber, Adam bleibt Adam,
Trauung in Uniform oder Die neue
Soldatenehre, Die Mausefalle, Komödie
einer Tragödie, Der Empiresalon. Eine
deutsch-französische Komödie, Bubuh
oder die wundersame Heilung. Eine
deutsch-jüdische Komödie, Der Gala-
abschied, Stunde der Wahrheit, Die
Ehrenrettung, Die Studenten, Ehe unter
Fluch. Eine deutsch-deutsche Komödie,
Nacht ohne Schlaf, Ein Visum in die
Freiheit. Eine deutsch-polnische
Komödie; Der Richter, fünfteil. R. üb. d.
50er Jahre in Deutschland, R. 77; Jenny
Marx, histor. R. 78; Zu jung, um nur zu
spielen, R. üb. d. unruhige Jugend in
Dtld. 78; Spiel mit dem Schicksal, R.
einer europ. Chemikerdynastie 79; Die
Preußensaga, SachR. 80; Requiem für
Lulu, N. 79; Bewölkt bis heiter, 18 Nn.
aus drei Jahrzehnten 79; Goethes letzte
Liebe, Kom. 81; Und die Elbe schweigt
oder Romeo und Julia im geteilten
Deutschland, R. 83; Die
Solidargesellschaft 72; Der dritte Weg
80, alles Ess..

H: Lyrik u. Prosa vom Hohen Ufer,
Anth. I 79, II 82.
   Ue: Anatoli K. Winogradow: Die
Verurteilung Paganinis 53.

**zu Löwenstein-Wertheim-
Freudenberg,** Elisa Prinzessin (Ps. Elisa
zu Freudenberg), Schriftstellerin; Haus
20, D-8316 Rampoldstetten, Tel. (08732)
388 (Berlin 19.6.41). Jugendsachbuch,
Sachbuch, kulturhistorische Beiträge.
   V: Elisabeth I. Königin von England,
Jgdb. 78; Altes Zinn aus Niederbayern,
wiss. Sachb. I 82, II 83.

Löwenstein-Wertheim-Freudenberg,
Hubertus Friedrich Maria Prinz zu, Dr.
iur., Dr. litt. h. c., HonProf.; Rhein.-Westf.
Journalistenverb., National Geographic
Soc., Präs. FDA 73; Lahnstr. 50, D-5300
Bonn-Bad Godesberg, Tel. (0228) 374001
(Schloß Schönwörth b. Kufstein/Tirol
14.10.06). Geschichte, Zeitgeschichte,
Romane.
   V: The Tragedy of a Nation 34 (auch
dt. u. holl.); After Hitler's Fall 34; As a
Catholic in Republican 37 (auch dt.);
Conquest of the Past, Autobiogr. 37; On
Borrowed Peace, Autobiogr. 42; The
Germans in History 45; The Child and
the Emperor. A Legend 45, The Lance of
Longinus 46, The Eagle and the Cross
47, Nn.-Trilogie (auch dt.); Deutsche
Geschichte 50, neu bearb. 78, Tb. 83 ;
Kleine Deutsche Geschichte 53, 3
weitere Aufl. (auch franz., span., ital.,
Hindi, Thai, engl.); Stresemann. Das
deutsche Schicksal im Spiegel seines
Lebens 53; Die Römischen Tagebücher
des Privatdozenten Remigius von
Molitor 56; Die deutsche Widerstands-
bewegung 62 (auch engl., franz., span.);
Towards the Further Shore, Autobiogr.
68. Botschafter ohne Auftrag. E.
Lebensber. 73; Seneca — Kaiser ohne
Purpur, Hist. R. 75; Tiberius — Der
Republikaner auf dem Caesarenthron,
Hist. R. 77; Capri für Kenner, Sachb. 79;
Rom — Reich ohne Ende, Gesch. 79;
Traianus — Weltherrscher im Aufgang
des Christentums, hist. R. 81; Konstan-
tin der Große — Schöpfer des Christ-
lichen Europa, hist. R. 83; Abenteurer
der Freiheit, Autobiographie 83. —
MV: Deutschlands Schicksal 1945 - 1957,
m. Volkmar von Zühlsdorff 57; NATO.
Die Verteidigung des Westens, m.
Volkmar vom Zühlsdorff (Vorrede:
Bundeskanzler Dr. Konrad Adenauer)
60, Neuaufl. 75 (auch engl.).
   MA: Zahlr. Beitr. in Zss., u.a. 100
Jahre Ullstein 77.

R: Zahlr. Rdfk-Berichte üb. Japan,
Australien, Indien, Pakistan, Lateinamerika, Kanada u.a. Lder.

Löwenstein-Wertheim-Freudenberg,
Wolfram Prinz zu (Ps. Wolfram zu
Mondfeld), Schriftsteller, Graphiker,
Marinehistoriker; Jugendsachbuch-Pr.
d. FDA 77, Heinrich Pleticha Sachbuch-
pr.; Haus 20, D-8316 Rampoldstetten,
Tel. (08732) 388 (Berlin 21.10.41). Jugend-
buch, Sachbuch, Roman.
V: Die Galeere vom Mittelalter bis zur
Neuzeit 72, 77; Der sinkende Halbmond,
Jgdb. 73; Die Schebecke und andere
Schiffstypen des Mittelmeers, Sachb. 74,
80; Drachenschiffe gegen England, Jgdb.
74; Ruder hart backbord!, Jgdb. 74;
Piraten und Schmuggler von Saint
Malo, Jgdb. 75; Entscheidung bei
Salamis, Jgdb. 76; Das große Piraten-
buch, Sachb. 76, 78 (auch span., port.,
holl.); Historische Schiffsmodelle,
Sachb. 77, 83 (auch franz., holl., engl.);
Wallenstein, Jgdb. 78; Die arabische
Dau, Sachb. 79; Historische Modell-
Schiffe, Kunstb. 80; Blut, Gold und Ehre,
Sachb. 81; Wasa, schwedisches Regal-
schiff von 1628, Sachb. 81. — **MV:** Alles
Gold gehört Venedig, Sachb. 78; Altes
Zinn aus Niederbayern, Sachb. I 82, II
83.
H: Architectura Navalis.

Löwenthal, Max, s. Löwenthal-
Chlumecky, Max.

Löwenthal-Chlumecky, Max Freiherr
von (Ps. Max Löwenthal), Dr.,
Botschafter i.R.; Wohllebengasse 16/7,
A-1040 Wien, Tel. (0222) 652383 (Lussin-
piccolo 14.3.08). Lyrik, Novelle.
V: Im Fallen, G. 79; Vexierbilder, Nn.
80.
Lit: Literaturwiss. Jb. d. Görres-Ges.
80.

Loewig, Roger, Maler, Zeichner,
Schriftsteller; Wilhelmsruher Damm
120, D-1000 Berlin 26, Tel. (030) 4165151
(Striegau 5.9.30). Lyrik, Novelle, Essay.
V: Das lithografische Werk 1965-1971
— 200 Abb. m. allen zugehörigen Texten
u. Gedichten 72; Und verliebt ist mein
Land, G. 72; Dunkelland 72; Odysseus'
Heimwehgesänge, G. u. Zeichn. 75; Sei
ein Himmel gnädig meiner späten
Ernte, G. u. Zeichn. 77; Licht und
Schatten, Dokumentat. üb. Erfahrungen
eines dt. Künstlers in Ost und West 78;
Ewig rauchende Kältezeit, G. 79; Ein
Vogel bin ich ohne Flügel, G. u. Zeichn.
80; Eine Hinterlassenschaft, Geschn.
von Käfigen u. vom Zugvogeldasein,

Prosa 81; Gesichtedünung, Handzeichn.
1954-1980 m. eig. Texten 81; Bis ein
Stück Himmel die Brust trägt, G. aus
drei Jahrzehnten 82.
Lit: Helmut Börsch-Supan, Heinrich
Hahne, Werner Hofmann, Irena
Jakimowicz, René Kalisky, Edouard
Roditi, Eberhard Roters, Iver Tore
Svenning, Werner Timm in
Ausstell.Kat., Zss. u. Büchern.

von Lohausen, Heinrich, s. Jordis von
Lohausen, Heinrich.

Lohmann, Harald, Mag., Dr. jur.,
Verwaltungsjurist; Borromäumstr. 13,
A-5020 Salzburg, Tel. (0662) 227574
(Hamburg 31.1.26). Essay.
V: Ausklarieren — Geschichten vom
Mittelmeer, Ess. 80.

Lohmann, Margret; Beethovenstr. 23,
D-4350 Recklinghausen.
V: Betrug im Bibertal? 82;
Diamanten-Willi im Bibertal 82. ( )

Lohmeier, Georg, Schriftsteller; VS;
Bayer. Poetentaler 72, c/o R. S. Schulz
Verlag, Percha (Loh/Landkr. Erding
9.7.26). Drama, Novelle, Essay, Hörspiel,
Fernsehspiel.
V: Der Pfarrer von Gilbach, Bü. 64;
Wer Knecht ist, soll Knecht bleiben, Bü.;
Königlich Bayerisches Amtsgericht, Nn.
69, Sonderausg. 77, 3. Aufl. 79;
Liberalitas Baveriae, Essays z. Bay.
Gesch. 71, 78; Der Weihnachten, Erzn. 71,
3. Aufl. 77; Franconia Benedictina, hist.
Essays 69; Geschichten für den
Komödienstadl 74, 77; Joseph Baum-
gartner, Biographie eines bayerischen
Patrioten aus Sulzemoos 74;
Gespenstergeschichten, Samml. 76;
Immobilien, R. 79. — **MV:** Unbekanntes
Bayern, hist. Ess., mehrere Bde. 57 — 67;
Bayrische Symphonie, hist. Essays 68 II;
Bayerns goldenes Zeitalter, hist. Essays
69; Szenerien des Rokoko, hist. u.
kunsthist. Essays 70.
B: Ludwig Thoma: Witwen, Lsp. 58.
F: Die 42 Heiligen 62; Blut und Boden
63.
R: Die Überführung und Gebt euch
nicht der Trauer hin! Die Tochter des
Bombardon 63; Der Pfarrer von
Gillbach 64; Die Stadterhebung 64; Boni
65; Meine Frau, die Philosophin 66; Der
Ehrengast, alles Fsp. 70; Wer Knecht ist,
soll Knecht bleiben, Hsp. u. Fsp.;
Königlich Bayerisches Amtsgericht, 52
Serien-Fsp.; Und die Tuba bläst der
Huber, 26 Serien-Fsp.; Der Chorausflug,
Serien-Fsp.

S: Weihnachten in den Bergen 63;
Freuet euch, 's Christkind kommt bald
64.

Lohmeyer, Wolfgang; VS Bayern 72;
Burg 12, D-8221 Taching a. See/Obb.,
Tel. (08687) 308 (Berlin-Wilmersdorf
15.11.19). Drama, Lyrik, Roman, Hör-
spiel, Fernsehspiel.
V: Erste Gedichte 48; Die Liebe siegt
am Jüngsten Tag, Sch. 49; Bänkelsang
der Zeit, Lyrik 49; Alarm um Rolf, Jgd.-
R. 55; Cautio Criminalis, Sch. 66; Die
Hexe, R. 76; Der Hexenanwalt, R. 79;
Das Kölner Tribunal, R. 81.
R: Mörder - so oder so; Arzt wider das
Gesetz; Schicksalslenkung, u.a. Hsp.; In
Lemgo 89; Abseits; Cautio Criminalis,
alles Fsp.

Lohse, Bernd, Student, Journalist; dju
78; Ostlandsiedlung 11, D-2054
Geesthacht, Tel. (04152) 71725
(Buxtehude 16.10.58). Lyrik, Erzählung.
V: Manchmal möchte ich einfach,
Lyr., Fotos, Aphor. 81.

Lohss, Otti, cand. phil. Theaterwiss.,
Germanistik, Kunstgesch.; FDA
München 76, VG Wort 77, IGdA,
GEDOK; Goethe-Plakette Wetzlar;
Bodensee-Club e.V., Tukan-Kreis
München, FLK (Gruppe für ernste
Lyrik) München, Arbeitskreis f. Dt.
Dichtung Göttingen, Görres-Ges. Köln,
Goethe-Ges. Weimar u. Stuttgart,
Romain-Rolland-Ges. München,
Hölderlin-Ges. Tübingen; Schleißheimer
Str. 454/VII, D-8000 München 45, Tel.
(089) 3145720 (Schorndorf/Württ. 22.5.27).
Lyrik, Essay, Film.
V: Blüten im Wind, Lyr. 76, 2. Aufl. 81;
Nocturne, Lyr. 78; Doch alles bleibt zu
wagen, Lyr. 79; Taudunkle Schattenrose,
Lyr. 80; Sternkristalle, Lyr. 82.
F: Wanderungen im schwäb.
Albverein, Dok.f..
Lit: das fenster, Nr. 104 75; Kultur und
Leben 1/2 82, 4/6 82; IGdA 4 82;
horizonte 27 82.

Loibl-Neuhauser, Maria (Ps. Maria
Neuhauser), Dr. phil., Prof.; Ö.S.V.;
Ndöst. Kulturpreis 69, Öst. Ehrenkreuz f.
Wiss. u. Kunst 74, Ehrenmed. d. Bdes-
Hauptstadt Wien 77; Waidhausenstr. 28/
7/6, A-1140 Wien, Tel. (0222) 942219
(Kienberg-Gaming/NdÖst. 26.2.06).
Drama, Lyrik, Märchen, Erzählung.
Ue: D, E, N.
V: Die heilige Stunde, G. 34; Im
ewigen Kreis, G. 37; Österreichische
Sonette 45, 46; Die Märchenbrille 47;
Der Blinde, Dr.; Hexenpater, Dr.; Ikaros,

Dr.; Der Erbe des Dionysos, Kom.;
Bruderkampf, Dr.; Madame Lavalette,
Dr. 42; Lotos, Dr. 43; Das Labyrinth, Dr.
46; Die Erfinder, Dr. 51; Menetekel, Dr.
56; Der Orden der Nachtigall, Dr. 69, z.
75 Geb. m. Kurzbiogr. u. Bibliogr. 81;
Schatten und Licht, G. 72; Ruri und die
13 Himmel. Erlebnisse mit einem Tiger-
kater, Erz. 76.
MA: Lebendige Stadt, Alm. d. Stadt
Wien 56; und senden ihr Lied aus, Lyrik
österr. Dichterinnen v. 12. Jh. b. z.
Gegenwart 63; Geliebtes Land, ndöst.
Anth.; Dichtung aus Niederösterreich I
69; Wie weise muß man sein, um immer
gut zu sein, Frauenlyrik 72; Dichtung
aus Niederösterreich I Lyrik, IV Drama
74; Erdachtes, Geschautes, Prosaanth.
75.
Ue: Sigrid Undest: Hellig Olav, Norges
Konge u.d.T.: Sankt Olav 47.
Lit: Wer im Werk den Lohn gefunden.
N.Ö. Dichter u. Komponisten d. Gegen-
wart 76.

Lombard, Monika, s. Drastil, Monika.

Lonski, Werner, Bibliotheksass.;
Lutherstr. 11, D-4100 Düsseldorf 1, Tel.
(0203) 334345 (Duisburg 25.5.50). Lyrik,
Story, Drehbuch.
V: Rock'n Roll' im Herbst, Lyr. 78;
Kühle Gedichte, Lyr. 80.

Loohuis, Wilhelmus, Drs. d. dt. Spr.,
StudR.; Van Bosseplantsoen 120, NL-
3317 PN Dordrecht, Tel. (078) 179736
(Oldenzaal 9.11.26). Germanistik, Theologie.
V: Das Sprachgenie Adolf Hitler 75;
Analyse von "Hermann und Dorothea"
und "Kabale und Liebe 77; Einige
lateinische Hymnen aus dem Brevier, e.
Interpret. 77; Hans Fallada in der Literaturkritik, e. Forsch.ber. 79.

Looks-Theile, Christel, Journalistin,
Schriftstellerin; Markenweg 2, D-2905
Edewecht, Tel. (04405) 392 (Höxter/
Weser 3.1.30). Kindererzählung, Jugend-
buch.
V: Der erste Preis für Gaby,
Mädchenb. 55, Neuaufl. u.d.T.: Inge und
Gabriele, m. Schmidt-Eller 67; Hallo,
hallo Christine, Kinderb. 57, Neuaufl.
u.d.T.: Kitabu 68; Warst du es, Steffi?,
Mädchenb. 62, 71; Steffi, wohin geht die
Fahrt?, Mädchenb. 63, 72; Nicht alles
dreht sich um Steffi, Mädchenb. 64, 73;
dj 3 ph ruft Kopenhagen ..., Jungenb. 65,
76; Ein neuer Weg, f. junge Erwachsene
65; Wer ist der Funkenmann? 67; Vergiß
das Danken nicht 67, 69; 20 Gramm
Federgewicht, Kinderb. 76; Kitabu. Das

ging noch einmal gut 79; Kitabu. Flucht über die grüne Grenze 79.

van Loon, Pit, s. Muhrmann, Wilhelm.

Loos, Gertrud (Ps. Katarina Christiansen), Musiktherapeutin; Wernhaldenstr. 99, D-7000 Stuttgart 1, Tel. (0711) 240881 (Hamburg 20.1.16). Essay.
V: Das Mädchen Rühr-mich-nicht an, Erz. 54, 59; Unendlich mehr die Liebe 56, 59.
MA: Dein Tag bricht an, Anth. 55.
H: Unendlich mehr die Liebe, Anth. 56.
S: Wolfgang von Gott geliebt, Mozart-Platte f. Kinder 56; Luther und wir 59; Robert und Clara Schumann, ihr Leben, ihre Liebe, ihre Werke 59; Willst du dein Herz mir schenken, Anna Magdalena Bach 61.

Loos, Walter (Ps. Lotar Selow), Dr. med., MedOR. a.D., Arzt; VG Wort 78; Breitenweg 3, D-4516 Bissendorf 2, Tel. (05402) 8058 (Dresden 21.2.09). Lyrik.
V: Schüttel-Poesie u. Schüttel-Poetik.
( )

Loppe, Hedwig *

Lorch, Hilde, Katechetin; Neuhaldenstr. 45, 1, D-7015 Korntal, Tel. (0711) 833907 (Buea/Kamerun 23.6.04). Jugendbuch, Erzählung.
V: Wolken, Wind und Sonnenschein, Kinder-Gesch. 39, 51; Königsbote bei den Indianern, Erz. 53, 55; Mimosa, Erz. 54; Die goldene Nadel von Rangun, Erz. 55, 60; Kinder aus aller Welt, Kalender 58; Die Kinderbrücke 62 (auch franz., schwed., finn., holl., engl.), u. zahlr. Lebensbilder.
H: Der kleine Wanderer, Kinder-Zs. 38 — 41; Weite Fahrt, Kinder-Zs. 38 bis 41.

Lorek, Christel, Apothekerin; Schriftsteller im Schlesw.-Holstein und Eutiner Kreis, Lit. Gruppe Osnabrück; Grödeweg 10, D-2300 Kiel 1, Tel. (0431) 311682 (Kiel 24.2.37). Lyrik, (bes. Bildgeschichte, biblische Themen), kurze Prosa.
V: Die Glieder einer Kette, Dreizeiler 77; Einstimmen, G. 82.
MA: Anth., Kal., Zss.

de Lorent, Hans-Peter, Lehrer; VS 81; Bernadottestr. 16, D-2000 Hamburg 15, Tel. (040) 395127 (Neumünster 2.3.49). Roman.

V: Die Hexenjagd, R. 80, 4.Aufl 83; ...doch Gefängnis kommt nicht in Betracht, R. 83.
H: Bin ich ein Verfassungsfeind?, Anth. 77 (auch Mitverf.).

Lorentz, Elisabeth, s. Straub, Elisabeth.

Lorentz, Kay, Theaterleiter; P.E.N. 69; Jaques-Offenbach-Pr. (1. Preisträger) 71; Bolkerstr. 44, D-4000 Düsseldorf 1, Tel. (0211) 329443 (Chemnitz 17.2.20). Drama, Lyrik, Essay, Film.
MV: **H:** Das Kom(m)ödchen-Buch 60.
F: Das Karussell.
S: Kom(m)ödchen-Platte I u. II; Zustände wie im alten Rom; Hast du zur Nacht gebetet, Ludwig?; Prost Wahlzeit.

Lorenz, Angela, freie Journalistin; Roggendorfstr. 51, D-5000 Köln 80, Tel. (0221) 664973 (Köln 13.1.43). Glosse, Essay, Kindergeschichte.
V: Reizend diese Leute..., Glossen zur Zeit 80.

Lorenz, Elfriede, Büroangestellte; Troststr. 100/2/7, A-1010 Wien, Tel. (0222) 6403452 (Wien 12.5.39).
V: Sylvia und der Wunderbaum, Bilderb. 81; Anders geht es auch, Bilderb. 82.
MA: Ihr seid gross und wir sind klein, Anth. 83.

Lorenz, Friedhelm, Verlagslektor; Millöckerstr. 21, D-7000 Stuttgart 1, Tel. (0711) 692216 (Kolberg/Pom. 6.8.28).
V: Wer weiß es? Bd. V: Kirchengeschichtliche Fragen 68; Wer weiß es? Bd. VI: Fragen zum Liedgut der Christenheit 69; ... und es wird keine Zeit mehr sein. Antworten auf Fragen nach den Letzten Dingen 75 (auch dän.).

Lorenz, Günter W., Journalist, Leiter des Lateinamerika-Referats im Inst. f. Auslandsbeziehungen Stuttgart; DJV 54, VDÜ/VS 69, P.E.N.-Club 74; Lateinamerika-Literaturpr. 70; Postfach 45, D-7592 Renchen, Tel. (07843) 378 od. (0711) 2225114 (Nejdec/CSR 19.9.32). Essay, Kritik. **Ue:** S, Port.
V: Federico García Lorca, Biogr. u. Werkanalyse 61; García Lorca in Selbstzeugnissen u. Bilddokumenten 63; Miguel Angel Asturias, Biogr. u. Werkanalyse 67; Dialog mit Lateinamerika-Panorama einer Literatur der Zukunft 70; Die zeitgenössische Literatur in Lateinamerika-Chronik einer Wirklichkeit, Motive u. Strukturen 71.
MA: Lateinamerikanische Literatur im 20. Jh. (Kindlers Enzyklopädie) 78; Zwei Generationen der spanischen

Literatur: 1898 und 1927 78; Ernesto
Sábato und seine Stellung in der zeitgenössischen Literatur Lateinamerikas
80; Brasilidade und magischer
Realismus in der Literatur des Sertão
von Euclides da Cunha bis Guimarães
Rosa 80; u.a.
H: Literatur in Lateinamerika, Anth.
64; Literatur in Lateinamerika, Anth.,
Bibliogr., Autorenporträts, Kommentar
67; Miguel Angel Asturias, Porträt u.
Poesie 67; Lateinamerika-Stimmen
eines Kontinents, Anth. u. Präsentation
74; Die deutsch-lateinamerikanischen
Kulturbeziehungen in Vergangenheit
und Gegenwart 74; Literatur und
Gesellschaft in Lateinamerika 77;
Deutschlandbild in Lateinamerika,
Lateinamerikabild in Deutschland 80;
Türken in Deutschland, Aspekte einer
Völkerwanderung 81; Mythen-Märchen-
Moritaten, orale und traditionelle
Literatur in Brasilien 83.
R: Exemplarische Lebensläufe:
Miguel de Unamuno, Radioess. 65;
Exemplarische Lebensläufe: Miguel
Angel Asturias, Radioess. 67; Literatur
und Gesellschaft in Lateinamerika,
Radioess. 68; Literatur in Latein-
amerika, Radioess. 75/76; Ariel und der
Todesengel am Rio de la Plata,
Radioess. 82; Grosse Stimme und
Grosser Gesang, Musik u. Literatur in
Lateinamerika, Radioess. 82; Mil años
de poesía hispánica, Radioess. 83.
Ue: Miguel Angel Asturias: Obra
Poética, Poesie 67; Rd. 100 Autoren in
Anth.
Lit: John Goreman: The Reception of
García Lorca in Germany, Diss. 65;
Wolfgang A. Luchting: Pasos-Retrato de
un enamorado 68; Francisco Lopez/
Cecilia Beuchat: La obra latino-
americanista de Günter W. Lorenz 69;
Julio de La Cruz: Cartas de la Selva
Negra in: Aspectos 71; Guillermo Frank:
El crítico como mediador in: Revista 76;
Julio Ricci: GWL y la literatura latino-
americana in: Foro Literario 78;
Fernando Crespi: Un himbre que se
llama Gunter in: Cuaderno de Letras 80;
Regina Célia Colônia: Günter Lorenz, o
Vaqueiro dos Gerais na Alemanha in: O
Estado de São Paulo 83.

Lorenz, Hertha, s. Lutz-Lorenz,
Hertha.

Lorenz, Konrad, Dr. med., Dr. phil.,
HonUProf. Wien u. Salzburg, Leiter
Forschungsst. f. Ethnologie, Konrad-
Lorenz-Inst. d. Öst. Akad. der Wiss.; Öst.
Ehrenzeichen f. Wiss. u. Kunst 64,

Nobelpreis f. Physiol. od. Medizin 73, Gr.
Verdienstkreuz d. BRD, Bayer.
Verdienstorden; Öst. Akad. Wiss. 51,
Amer. Acad. f. Arts and Sci. 57, Bayer.
Akad. Wiss. 64, Royal Soc. 64, A-3422
Altenberg, Tel. (02242) 2342 (Wien
7.11.03).
V: Er redete mit dem Vieh, den
Vögeln und den Fischen 49, 64; So kam
der Mensch auf den Hund 50, 65;
Gestaltwahrnehmung als Quelle wiss.
Erkenntnis 59; Das sogenannte Böse 63;
Darwin hat recht gesehen 65; Über
tierisches und menschliches Verhalten
65; Der Vogelflug 65; Die acht Tod-
sünden der zivilisierten Menschheit 73;
Die Rückseite des Spiegels 73;
Vergleichende Verhaltensforschung —
Grundlagen der Ethologie 78; Das
Wirkungsgefüge der Natur und das
Schicksal des Menschen 78; Das Jahr
der Graugans 79.
Lit: Festschr. z. 60. Geb. 63.
s. a. Kürschners GK.

Lorenz Lindemann, Karin (Ps. Karin
Lindemann), Dr.phil., LBeauftr.;
Turnerstr. 30, D-6601 Riegelberg, Tel.
(06806) 2752 (Fürth 5.2.38). Lyrik,
Novelle, Roman.
V: Sie verschwanden im erleuchteten
Torbogen, R. 82.
MA: Beitr. in: Hermannstraße 14,
Halbjahrsschr. f. Lit.

Lorenz, Michael, s. Hauschild,
Reinhard.

Lorenz, Peter, c/o Verlag Neues
Leben, Berlin (Ost).
V: Homunkuli, wiss.-phantast. R. 78,
81; Quarantäne im Kosmos, wiss.-
phantast. R. 81. ( )

Lorenz, Willy, Dr. jur. et phil., Dozent,
Presse- u. Kulturrat an d. Österr.
Botschaft Prag; Österr. Ezeichen f.
Kunst u. Wiss. 1. Kl. 75; Löwelstr. 12/5,
A-1010 Wien, Tel. (0222) 639178 (Wien
15.10.14). Essay.
V: AEIOU = Allen Ernstes ist
Österreich unersetzlich, Ess. 61, 79; Du
bist doch in unserer Mitte, Ess. 62;
Monolog üb. Böhmen, Ess. 64, 65; Die
Kreuzherren m. d. Roten Stern, Wiss. 65;
Petrus, der ewige Papst, Ess. 66; Der
Gentlemen u. d. Christ, Ess. 67; 60
Minuten Wiener Neustadt, 60 Minuten
Weltgesch. Ess. 71; Abschied v. Böhmen,
Ess. 73; Franz Joseph in uns, Ess. 74;
Seitensprünge v. d. Autobahn,
Reiseführer 77 II. — **MV:** Spectrum
Austriae, Wiss. 57. ( )

Lorenzen, Annemarie, s. Weber,
Annemarie.

Lorenzen, Rudolf; VS 56, IG-Druck 73,
RFFU 80; Lit. Stip. Senat Berlin 82,
Filmförd. München 83; Nürnbergerstr.
17, D-1000 Berlin 30, Tel. (030) 246778
(Lübeck 5.2.22). Roman, Erzählung,
Satire, Film, Fernsehspiel und -
dokumentation.
V: Der junge Mohwinkel, Erz. 58;
Alles andere als ein Held, R. 59, 82; Die
Expedition, Erz. 60; Die Beutel-
schneider, R. 62; Die Arche, Erz. 63; In
Frieden und Freiheit, Kab. Sat. 65; Don
Felipe von den Glücklichen Inseln, Erz.
68; Dämmerstunde oder Kallisto, Erz.
70; An einem Nachmittag um 4, Erz. 70;
Nur noch einer der Emil heißt, Erz. 71;
Kopal ruft, Erz. 71; Die Hochzeit von
Jalta, Erz. 73; Im Räderwerk, Erz. 76;
Wildererszenen, Buchkass. 78; Grüße
aus Bad Walden, R. 80.
F: Mauerblume im Ballhaus Paradox,
Spielf. 68; Und fühle nochmals deinen
Tod, Spielf. 71; Von Tibet nach
Shanghai, Dok.-F. 81; Alles andere als
ein Held, Spielf. 83.
R: Die Inseln der Seligen, Fsp. 65;
Sonntags stirbt der kleine Bob, Hsp. 66;
Variationen über einen Film, Fs.-Dok.
69; Die Torte, Fsp. 69; Bundesstraße 4,
Hsp. 69; Unterwegs nach Kathmandu,
Fsp. 71; Pacific, Fs.dok. 71; China heute,
Fs.dok. 73; Das deutsche Familienalbum,
Filmess. 73; Der Berliner Sportpalast,
Fs.dok. 74; Schatzkammer der Kaiser,
Fs.dok. 75; Auf den Wegen nach Mekka,
Fs.dok. 76; So leben wir alle Tage,
Musikdok. 76; Die Söhne von Han,
Fs.dok. 77; Abu Dhabi, ein Traum wird
Wirklichkeit, Fs.dok. 77; Die Pioniere
von Tach'ing, Fs.dok. 77; Dynastie in
Lack und Seide, Fs.dok. 78; Goethes
Weimar heute, Fs.dok. 78; Xin Jiang,
Fs.dok. 79; Der Osten ist rot, Musikdok.
79; Dalai Lama's Potala, Fs.dok. 79;
Grüße aus Bad Walden, Spielf. 80; Ein
trauriger Gedanke den man tanzt,
Musikdok. 83.

Lorenzen, Ursula, c/o Salzer-Verl.,
Heilbronn.
V: Der Herzogsring. Sektion e.
Stammbaums, R. 83. ( )

Loretan, Sylvia, Hausfrau; Dorfstr.,
CH-3718 Kandersteg, Tel. (033) 751838
(Thun 15.9.50). Erzählung.
V: Steinreiches Leben, Erzn. 81,
2.Aufl. 82.

Loriot, s. von Bülow, Vicco.

Lornsen, Boy, freier Schriftsteller;
P.E.N. 81, Schriftst. i. Schlesw.-Holst.;
Auswahlliste d. Dt. Jugendbuchpr. 68, 79,
Friedrich-Bödecker-Preis 72, Pr. d.
Japan. Schulbibliothekare 76, Buch d.
Monats 82; Gurtstig 35, D-2286 Keitum/
Sylt, Tel. (04651) 31429 (Keitum auf Sylt
7.8.22). Kinderbuch, Jugendbuch, Bilder-
buch, Erzählung, Roman, Gedicht.
V: Robbi, Tobbi und das Fliewatüüt
67, 80, Tb. 82 (auch span.); Jakobus
Nimmersatt o. Der Millionenwald v.
Poggenbüttel 68, 79, Tb. 76, 81 (auch jap.,
franz.); Abakus an Mini-Max 70, 76
(auch ung., griech.); Barrnabas und
seine Welt 72, alles Kinderb.; Der
Brandstifter von Tarrafal, Erz. 74, 76
u.d.T.: Feuer um Mitternacht, Tb. 81, 83
(auch franz., norw., dän.); Dies und das
kann Fridolin 78, 79; Gottes Freund und
aller Welt Feind 80, 81; Williwitt und
Fischermann 82, 83; Auf Kaperfahrt mit
der "Friedlichen Jenny" 82, 83; Williwitt
und der große Sturm 83; Williwitt und
Vogelmeier 84.
MA: Geschichten, Geschichten,
Geschichten 71; Die Kinderfähre 72, 83;
Abenteuergeschichten unserer Zeit 73,
78; Am Montag fängt die Woche an 73;
Schulgeschichten unserer Zeit 74, 79;
Kriminalgeschichten unserer Zeit 75;
Schriftsteller erzählen von ihrer Mutter
74; Rabenschnabelschnupfen, G. 77;
Kalendergeschichten unserer Zeit 77,
78; Kinderlieder unserer Zeit 78, alles
Anth.
R: Robbi, Tobbi u. d. Fliewatüüt;
Feuer um Mitternacht; Sesamstr.
(Mitarb.); Wat Recht is, mutt Recht
bliewen (Exposé).
S: Robbi, Tobbi und das Fliewatüüt
72; Feuer um Mitternacht.
Lit: Boy Lornsen zum 60. Geb. 82.

Losa, Ilse, s. Lieblich Losa, Ilse.

Loschütz, Gert, freier Schriftsteller;
VS 71; Stip. d. Villa Massimo, Rom 73/74;
Dt. Akad. d. Darstell. Künste 79;
Lenaustr. 33, D-6000 Frankfurt a.M., Tel.
(0611) 555504 (Genthin 9.10.46). Lyrik,
Prosa, Hörspiel, Drama, Film. **Ue:** E, S.
V: Gegenstände, G. u. Prosa 71; Sofern
die Verhältnisse es zulassen. Drei
Rollenspiele 72; Lokalzeit 74; Die
Verwandten 75; Chicago spielen 76, 80,
alles Theaterst.; Hörmal Klaus!, Hsp. 77,
81; Diese schöne Anstrengung, G. 80.
MA: Aussichten, Hrsg. Peter Hamm,
Anth. 65; Thema Frieden, Hrsg. Ulf
Miehe, Anth. 67; Supergarde, Hrsg.
Vagelis Tsakiridis, Anth. 69; Dein Leib
ist mein Gedicht, Hrsg. H. L. Arnold,

Anth. 70; Wir Kinder von Marx und
Coca-Cola, Anth. 71; Luchterhands
Loseblatt Lyrik, Hrsg. Elisabeth
Borchers, Günther Grass u. Klaus
Roehler 67, 70; Aller Lüste Anfang,
Hrsg. D. Hülmanns u. F. Reske 71;
Hörspiele für Kinder, Hrsg. Otto Düben
77.

H: Von Buch zu Buch - Günther
Grass in der Kritik 68; Das Einhorn sagt
zum Zweihorn — 42 Schriftsteller
schreiben für Kinder 74, 82; War da
was? 80; Von deutscher Art 82.

R: Kinder spielen Familie 70; Damit
ein besserer Mensch aus ihm wird,
sofern die Verhältnisse es zulassen 71;
Ihr Verhalten hat zu keinem Anstoß
Anlaß gegeben 72; Anika auf dem Flugplatz 75; Die Hausbewohner 75; Die
Verwandtschaft 75; Johannes, der Seefahrer 76; Hörmal, Klaus 76; Der Anruf
77; Das sprechende Bild 78; Ortswechsel
80; Herr Brauneis, zwei Kurzhsp., alles
Hsp.; Der Tote bin ich, Fsp. 79.

Ue: Etienne Delessert: Dann fiel der
Maus ein Stein auf den Kopf - so fing
sie an, die Welt zu entdecken 72. —
MUe: Wie ich zuhaus einmarschiert bin
- Kubanische Erzn. 73. ( )

Loskill, Hans-Jörg, Kulturredakteur;
Liboriweg 10, D-4250 Bottrop-
Kirchhellen (Fürstenwalde/Spree
24.7.44). Lyrik, Essay, Sachbuch.

V: Vom Konzessions- zum Subven-
tionstheater, Sachb. 73; Raureifzeit, G.
77; Zeitpunkt, G. 80; Kalendersprüche,
G. 80; Ästhet mit dem Stichel — Der
Holzschneider H. Stein, Sachb. 81.

MH: Sie schreiben in Gelsenkirchen,
Anth. 77; Stadtansichten, Sachb. 78;
Musiktheater — Bühnen in
Gelsenkirchen, Sachb. 79; Jeder kann
nicht alles wissen, Lyrikanth. 79;
Bottrop, Sachb. 81; Das Rassepferd,
Lyrikanth. 82.

Lotar, Peter, freier Schriftsteller; SSV
59; Preis d. Ges. f. schweiz. Volkstheater
49, Preis d. Gerhart-Hauptmann-Stift. d.
Berliner Volksbühne 54, 1. Preis d. Ges.
Schweiz. Dramatiker 60, Dramenpreis d.
Schweiz. Schiller-Stift. 67, Ehrengabe d.
Kantons Zürich, Kulturpr. d. Kantons
Solothurn 78; Weinbergweg 11, CH-5400
Ennetbaden, Tel. (056) 224135 (Prag
12.2.10). Drama, Roman, Hörspiel,
Fernsehspiel. **Ue:** E, Tsch.

V: Der ehrliche Lügner, Kom. 41; Die
Wahrheit siegt, Dr. 43, 45; St. Urs und St.
Viktor, Mysteriensp. 43; Miguel,
Mysterium 48; Das Bild des Menschen,
Requiem 53, 55; Vom Sinn des Lebens,

ein Gespr. zu fünft üb. Werk u. Leben
Albert Schweitzers 53; Kampf gegen
den Tod; Friedrich Schiller, Leben u.
Werk 55; Der Tod des Präsidenten, Dr.
66; Was bedeutet der Jude dem
Christen?, Ess. 64; Caesar - Lincoln -
Kennedy. Zur Gesch. d. pol. Mordes 67;
Theater und Drama der Tschechen 70;
Gott und die Künstler, Ess. 74; Bin ich
gerne Schweizer?, Ess. 74; Přemysl
Pitter, der Retter der Kinder, Ess. 75;
Albert Schweitzer — gestern, heute,
morgen, Ess. 75; Bernard Shaw, Narr
oder Weiser, Gaukler oder Reformator?,
Ess. 75; Eine Krähe war mit mir, R. 78;
Das Land, das ich dir zeige, R. 84. —
MV: Wachtmeister Studer greift ein,
Volksst. nach F. Glauser; Krock & Co 49;
Ehrfurcht vor dem Leben, Albert
Schweitzer 75; Geist macht Geschichte.
Zur Tragödie d. Tschechen 68.

MA: The Mission of the Artist, u.
Bread and Circuses, in: New Life for Art
71; Das Rauchopfer u. Der Mistkäfer, in:
Menschereien 73; Mächtiger als das
Schwert, in: Kultur und Politik 75; Die
Sendung des Künstlers, in: Begegnungen 75; Die längste Pause der Theatergeschichte, in: Lachen, das nie verweht
76; Autoren reisen 76; Begegnungen und
Erkundungen 82 — u. **Ue:** Stunde
namens Hoffnung, Alm.tschech. Lit. 68-
78.

H: MV u. Ue: Prager Frühling und
Herbst im Zeugnis der Dichter, Anth. 69.

R: Marco, Hsp. 44, 51; Der Dichter des
Sonnenkönigs, Hsp. 49, 52; George
Bernhard Shaw, Hsp. 49; Der
unbekannte Befehl, Hsp. 50; Das Bild
des Menschen, Hsp. 52; Kampf gegen
den Tod, Hsp.-F. 54; Friedrich Schiller,
Leben u. Werk, Hsp.-F. 55; Jeder von
uns ist Gottes Sohn (Gandhi), Hsp. 60;
Hier ist nicht das Himmelreich (Tolstoi),
Hsp. 60; Aller Menschen Stimme.
Zweiter Weltkrieg, Hsp. 62; Das
Vermächtnis des T. G. Masaryk, Hsp. 62;
Ordnung des Lebens, Feature 64; Die
Macht der Gewaltlosigkeit, Hsp. 68; Was
hat uns Albert Schweitzer heute zu
sagen?, Feature 75; Ein kleines Welttheater, Hsp. 83.

Ue: B: Sir James Barrie: Dear Brutus
u.d.T.: Johannisnacht, Bü. 49, 51, Mary
Rose, Bü. 51, 52, The Admirable
Crichton u.d.T.: Zurück zur Natur;
Frantisek Langer: Nummer
Einundneunzig 59, Funken in der Asche
62; Peter Howard, G. 71.

Lit: Peter Rinderknecht: Der Schriftsteller Peter Lotar (m. Bibliogr.) 71; I.

Hildebrandt: Peter Lotar in: In der
Fremde zuhause? 82.

Lotz, Fritz, Versicherungskaufmann,
Heimerzieher, freiber. Schriftsteller;
Arbeitsgemeinschaft junger Autoren
beim SV-DDR 70 — 74; Inst. f. Lit.
"Johannes R. Becher" in Leipzig 69 —
72; Martin-Andersen-Nexö-Str. 13,
DDR-7812 Lauchhammer-Mitte
(Neubistritz, CSR 2.8.24). Erzählung.
   V: Stapellauf mit alten Hüten, Erz. 76.
   MA: Lesebücher 3. u. 4. Kl. 68;
Körnchen Gold, Anth. 69; Dagobert und
der Zauberstab, Anth. 73. ( )

Loven, Karl, Rektor; Lochnerstr. 9, D-
5100 Aachen (Aachen 12.11.15).
Erzählung, Film, Roman, Essay.
   V: Ruf der Höhen, Erzn. 50; Gipfel-
kreuz, Erz. 51; Ruf ins Licht. Die Spur;
Der Heilige unter uns; Frohe Botschaft.
   F: Gesetz ohne Gnade; So leben wir
63. ( )

Loy, Oskar, Pfarrer; 1. Pr. Laien-
spielwettbew. d. Stadt München 55;
Kidlerstr. 17, D-8000 München 70, Tel.
(089) 774489 (Nürnberg 5.6.10). Roman,
Novelle, Erzählung, Prosa, Lyrik, heitere
Prosa, heitere Gedichte.
   V: Die Frau, die meine Mutter war, N.
48, 82; Einer bleibt zurück, R. 49, 82
(auch holl.); Der stille Ruf, R. 50, 82;
Allerhand Menschen, Nn. 51, 83; Der
Vielgesichtige, Nn. 53, 83; Der geringere
Bruder, N. 54, 83; Du kommst in vielerlei
Gestalt, Laisp. 55, 83; Bitte recht
freundlich Herr Amtsbruder, Geschn.
56; Würde, deine Tücken. Heitere Gesch.
um geistl. Herren 70, 83; Ganz unten
wartest Du. Gespr. mit Gott, G. 66, 71; ...
Und wurden sich selbst zum Feind, Nn.
70; Du bist meine Hoffnung, G. f.
schwere Stunden 71, 82; Herzbuben.
Heitere Reime um geistliche Herren 76,
82; In Dir bin ich geborgen, G. m.
Bildern 82; Und lenkest meine Schritte,
G. 82; Du liebst mich um so mehr, G. m.
Bildern; Wir sind nicht allein, G. u.
Prosa.

Lubinger, Eva, s. Miess, Eva.

Lubojatzki, Cäcilia, Verlegerin;
Hermannstr. 10, D-4660 Gelsenkirchen,
Tel. (0209) 74370 (Gelsenkirchen 11.2.31).
Lyrik, Kinderbuch.
   V: Moderne Dichtung, Lyr. 82; Robby
vom Planeten Danos, Kdb. 83; Zu
Besuch in Flockland, Kdb. 83.
   MA: Moderne Dichtung, Lyr. I 76, II
78, III 79, IV 79, V 80.

Lubomirski, Karl, Angestellter; P.E.N.
Liechtenstein; Accad. del Mediterraneo

81, Accad. Universale umamesimo
nuovo, Rom 82, I-20047
BrugherioEdilnord/Fiori, Tel. (039)
882267 (Solbad Hall/Tirol 8.9.39). Lyrik.
Ue: I.
   V: Stille ist das Mass der Weite, G. 73;
Untermieter des Lebens, G. 76; Anni
Kraus Dichterleben - Lebensdichtung,
eine krit. Erläut. d. Mda.G. d. Tiroler
Künstlerin u. e. biogr. Skizze 77; La mia
arpa di sole, G. 78; Meridiane der
Hoffnung, G. 79; Blick und Traum, Lyr.
82; Vernissage, Sch. 82.
   MA: Tiroler Alm; La Cultura nel
mondo.
   R: Karussell, Hsp.; Michael Pacher
Oratorium 81/82.
   Lit: Literatur u. Kritik März 77.

Lubos, Arno, Dr. phil., Stud.Dir.; P.E.N.
78; Obschles. Förderungspr. d. Ldes
NRW 66; Untere Klinge 16, D-8630
Coburg, Tel. (09561) 92553 (Beuthen/
Oberschles. 9.2.28). Kurzgeschichte,
Skizze, Novelle, Essay.
   V: Reichenstein, Skizzen 58;
Geschichte der Literatur Schlesiens 60
— 74 III; Die Schlesische Dichtung im
20. Jahrhundert 61; Linien und
Deutungen, Ess. 63; Kleinstadt-
geschichten 63; Der humane Aufstand,
Erzn. 67; Erinnerungen an Schlesien,
Skizzen 68; Sieben Parabeln,
Kurzgeschn. 69; Deutsche und Slawen,
Ess. 74; Von Beuruč bis Bienek, Ess. 77;
Schwiebus, R. 80. — **MV:** Ohne Denk-
malschutz, Anth. 70; Grenz-
überschreitungen, Anth. 73.
   H: Friedrich von Logau: Sinngedichte
60. — **MH:** Wege der deutschen
Literatur, Leseb. 62, 76.
   s. a. Kürschners GK.

Lucas, Robert, Dr. phil., Autor,
Journalist; Intern. P.E.N. 54; Orden
M.B.E. 66, Gold. Ehrenzeichen f. Verd.
um d. Rep. Öst. 82; Foreign Press Assoc.
London 35; 14 Gardnor Mansions,
Church Row, London N. W. 3/Engl., Tel.
(01) 4313311 (Wien 8.5.04). Drama,
Biographie, Essay, Hörspiel, Feature.
   V: Das Jahr Achtundvierzig, Sch. 28;
Das grosse Festspiel, Massenfestsp. 31;
Krieg und Frieden (nach Tolstoi), Sch.
43; Teure Amalia, Vielgeliebtes Weib.
Die Briefe des Gefreiten Adolf
Hirnschal an seine Frau in Zwiesels-
dorf, Sat. 46, 47 (auch tschech.); Frieda
von Richthofen. Ihr Leben mit D. H.
Lawrence 72, Tb. 75 (auch engl. japan.);
Die Mohocks kommen, Tragikom. 77. —
MV: Die neue Büchse der Pandora, eine
Phantasie m. E. Fischer 31.

F: Das Tagebuch des Mr. Pim 32.
R: Im Zeitalter des Atoms 59; Der Big
Boss 63; Prolog zur Apokalyse 67; Das
zerrissene Herz 67; Scotland Yard
zwischen Mythos und Methode 69;
Triumph und Ende der englischen
Music Hall 70; Propheten des
englischen Untergrund 72; Seelenmord
durch Disziplin 73; Die Flucht vor der
Vernunft 74; Oscar Wilde — vergöttert,
verdammt, verziehn 75; Anatomie der
Mitläufer 75; Der geheime Krieg 77;
Studium auf andere Weise 80; Mikroben
und Weltgeschichte 81; Unser täglich
Brot 82; Tabak und die Dritte Welt 83,
alles Hsp. u. Rdfk-Features.

Lucke, Hans, Dipl.-Ing.;
Barendieksholz 1, D-2127 Scharnebeck,
Tel. (04136) 695 (Königsberg 22.12.92).
Roman, Erzählung.
V: Der leichte Stein, R. 70; Der
Leuchtturmwärter und andere
Ostpreußen, Erzn. 82.
MA: Ostpreußisches Panorama, Erzn.
68.

Ludescher, Hans, Dr. jur., Jurist;
Buschingstr. 3, D-8000 München 80, Tel.
(089) 914905 (Innsbruck/Tirol 14.7.02).
V: Abenteuer im Königreich
Merletanien, erz. Kinderb. 80; Bratäpfel
u. Läusepulver, Erzn. 83.
R: Geschichten v. Armen König, 9-teil.
Kindersend. 78; Damals in Neumarkt,
Erzn. 81; Abenteuer im Königreich
Merletanien, 12-teil. Kindersend. 81.

Ludewig, Brunhilde *

Ludi, Johann, s. Lippmann, Hans.

Ludwig, Erika, Ehefrau eines
Pfarrers; Leipziger Str. 49, DDR-9500
Zwickau, Tel. 5005 (Marienberg 6.7.14).
Erzählungen, Seelsorgerische
Betrachtungen, Gedichte.
V: Ein Herz, das mich versteht, Erz.
73, 6. Aufl. 78; Kleine Wohltaten,
Betracht. u. Krankengrüße 73; Alles
Gute 74, 77; Des laßt uns alle fröhlich
sein, Weihn. Erz. 74, 76; Licht auf
meinem Wege. Betracht. zum Jahreslauf
76, 79; Nicht weit von Himmelpforte.
Gesch. um Kloster Drübeck 77, 79.
MA: Versch. Erz. in Anth. ( )

Ludwig, Hans, Schriftsteller u.
Herausgeber; S.D.S. bis 33; Fischerinsel
1/18.05, DDR-1020 Berlin, Tel. 2124241
(Berlin-Schöneberg 9.6.01).
V: Berlin von gestern 57; Altberliner
Bilderbogen 65, 69. — **MV:** 150 Jahre
Berliner Humor, m. P. Rosie 54; Leipzigs
langes Leben, m. Bernd Weinkauf 83.

H: Erlebnis Berlin, 300 Jahre Berlin
im Spiegel seiner Kunst 60, erweit. Aufl.
75; Altberliner Typen Dörbeck 66; Hab'n
Sie 'ne Ahnung von Berlin, Berliner
Lieder u. Gesänge von damals und
heute 66, 73; Eulen nach Spree-Athen
69, 5. Aufl. 80; Theodor Hosemann 73, 80;
Adolf Oberländer 75; Franz Burchard
Dörbeck 75; Die tanzende Dampfmaschine 82; Adolf Oberländer Album
82. — **MH:** Die Kitschpostille 65, 70, 72.

Ludwig, Heinrich; Sudetenstr. 10, D-
8804 Dinkelsbühl.
V: Der Ritter Kunzenhackl u. a.
Geschn. 78; Königliche Geschichten 79;
Fackelzug für Balduin 81; Ritter Zachus
vom Zachelstein 81. ( )

Ludwig, Helmut (Ps. Harro Lutz),
Pfarrer, Buchautor u. Journalist, kirchl.
Öffentlichkeitsbeauftr. im Dekanat
Hersfeld, Redaktionsmitgl.; Mitgl. d.
Evang. Presseverb. Kurh.-Waldeck;
Pfarrhaus, D-6431 Hohenroda/
Ransbach-Kreis Hersfeld-Rotenburg,
Tel. (06629) 249 (Marburg/L. 6.3.30).
Jugendbuch, Reisebuch, Novelle,
Erzählung, Vorlese- u. Werkbuch.
V: Ingo alarmiert die Stadt, Jgdb.;
Peter wird geschnappt, Jgdb. (auch
finn.); Blinder Hass - Geheime Fäden,
Jgdb.; Die Welt horcht auf, Biogr.
Livingstones; Signale im Alltag, Anth.;
Albrecht Dürer, Biogr.; Abend und
Morgen, Vorleseb.; Bewährung, Erzn.;
Johannes Kuhlo, Der Posaunengeneral;
Da hilft nur Liebe, Repn.; Moscheen,
Zelte, Karawanen; israelreport; Überfall
in Spanien, Jgdb.; Im Bann der
Wahrsage, Erz.; Abenteurer in Gottes
Hand, N.; Kirchenraub in Waldenburg,
Jgdb.; Tolle Nacht und tote Gleise; Es
geschah in dunkler Nacht; Der Start der
gelben Pfeile; Das Geheimnis der
korsischen Macchia; Goldrausch am
Sakrament, alles Jgdb.; Signale der
Liebe, Erzn.; Ehe sie rufen, will ich
antworten, Erzn.; Notiert in Israel,
Reiseb.; Werner brennt durch, Jgdb.;
Notiert in Kenia, Reiseber.; 1 × Hölle
und zurück, Erzn., Sammelbd; 1:0 für
Gott, Werkb. f. Jgdarb.; Akzente im
Alltag, Jgd-Vorleseb.; Sprung über den
Schatten, Kurzgeschn.; Zeit zum
Lachen, Zeit zum Weinen, Vorleseb.;
Bunte Bänder, Vorleseb.; Im Jahres-
kreis der Freude, Festbd. f. Feiern u.
Jubiläen; Kurzweilig und heiter, lust.
Kurzgeschn.; Gefahr im Zirkus, Jgd-Tb.;
Start der gelben Pfeile, Jgd-Tb.; Kampf
um den Südpol, Jgd-Tb.; Rede, Herr, ich
höre, Andachtsb. mit bibl. Betracht. f.

jeden Tag; Grossalarm am Flughafen, Jgd-Nov.; Panik in der City, Jgd-Nov.; Tankstellenüberfall, Jgd-Nov.; Die Bombenerpressung, Krimi; Das Attentat; Der Fall RO 13007; Undurchdringliche Macchia; Geheime Fäden; Abenteuer auf Sizilien; Überfall im Zeltlager; Der Vermummte von Sarténe; Heisser Sommer auf Sardinien; Der namenlose Jimmy, alles Jgdb.; Alle Tage Sonnenschein, Jgd-Magazin; Die Einkehr, Erzn.; Schmunzelnd berichtet, lust. Erzn.; Das Segel ist die Liebe, Weihn-Anth; Leben = Lieben + Leiden, Werk- u. Vorl-Buch; Das fidele Pfarrhaus, lust. Erzn.; Abenteuer an der Elfenbeinküste, Jgdb.; Ein gefährlicher Sommer, Jgdb.; Wo steckt Ibo?, Tb.; Licht und Schatten = Leben, Werkb.; Der Mann mit dem schwarzen Koffer, Jgdb.; Du kannst dich nicht entschuldigen, Erzn.; Vincent van Gogh, Vita; In den Händen der Banditos, Jgdb.; Abenteuer in der Totenstadt, Jgdb.; Täglicher Zuspruch, Andachten. **H:** Signale im Alltag, Anth.; Abend und Morgen, Vorleseb. - **MV:** Sommer und Winter, Tag und Nacht, Erwachs.-Vorleseb., Anth.

Ludwig, Hermann, s. Paulus, Herbert.

Ludwig, Lori, s. Ludwig-Krause, Lori.

Ludwig, Martha, Schriftstellerin; SV-DDR 71; Theodor Fontane-Preis 69 v. Rat d. Bezirks Potsdam, J. R. Becher-Medaille in Silber 75 v. Kulturbund d. DDR, Silbermedaille d. Zentralvorstands d. Deutsch-sowj. Freundschaft 76; Filchnerstr. 56, DDR-1502 Potsdam-Babelsberg (Nowawes 19.9.08). Roman, Novelle, Film, Hörspiel. **V:** Das Mädchen Krümel, Erz. 70, 6. Aufl. 82. **F:** Die Kuckuckseier, aufgef. 62. **R:** Das Mädchen Krümel, Hsp. 76. ( )

Ludwig, Otto; Haus König, Brückeng. 4, DDR-6825 Schwarzburg. **V:** Der Rennsteig, e. Wanderb. 77, 3. bearb. Aufl. 80; Zwischen Himmel u. Erde 78; Die Heiteretei 78. ( )

Ludwig, Volker (Ps. f. Eckart Hachfeld jr.), Theaterleiter; VS 72, P.E.N. 79; Brüder Grimm-Pr. 69, 71, Kritikerpr. f. Theater 83; Landhausstr. 44, D-1000 Berlin 31, Tel. (030) 8615446 (Ludwigshafen/Rh. 13.6.37). Drama, Kindertheater, Chanson, Kabarett, Satire. **Ue:** E. **V:** Trummi kaputt, Kinderst. 71; GRIPS Liederbuch 78; Max und Milli, Kinderst. 78. — **MV:** Stokkerlok und

Millipilli, m. R. Hachfeld 69; Maximilian Pfeiferling, m. C. Krüger 69; Balle Malle Hupe u. Artur 71; Mannomann!, m. R. Lücker 72; Doof bleibt Doof 73; Ein Fest bei Papadakis 73, alles Kinderst.; Kabarett mit K 73; Die Geschichte von Trummi kaputt, m. U. Friesel, Erz. 73; Nashörner schießen nicht, m. J. Friedrich, Kinderst. 74; Das hälste ja im Kopf nicht aus, m. D. Michel, Jugendst. 75, 77; 3 mal Kindertheater Bd I-III, VI 71-77; Vatermutterkind, m. R. Lücker, Kinderst. 77; Die schönste Zeit im Leben, m. D. Michel, Jugendst. 78; Eine linke Geschichte, m. D. Michel, Theaterst. 80; Heile heile Segen, m. C. Veit, Kinderst. 80; Alles Plastik, m. D. Michel, Jugendst. 81; Dicke Luft, m. R. Lücker, Kinderst. 82. **MA:** Hallo Nachbarn, Televisionen schwarz auf weiß 66; Scherz beiseite, die Anth. d. dt.spr. Prosa-Satire v. 1900 bis z. Gegenwart 66; Was gibt's denn da zu lachen? Dt.spr. Verssatire unseres Jh. 69; Vorsicht, die Mandoline ist geladen, Dt. Kabarett seit 1964 70, 71; Baggerführer Willibald, Kinderlieder 73; Sing Sang Song, Kinderlieder 76; Kritische Lieder d. 70er Jahre 78; Mutig sein 81; Das Kinder-Lieder-Buch 81; u.v.a. **MH:** Das Grips Theater 79, 83. **S:** Hab Bildung im Herzen 67; D. Guerilla läßt grüßen 68; Alles hat seine Grenzen 70; Balle Malle Hupe u. Artur 72; D. große Grips-Parade I 73, II 78, III 82; Mannomann! 73; Ein Fest bei Papadakis 74; Doof bleibt doof 75; Nashörner schießen nicht 75; Das hältste ja im Kopf nicht aus 77; Die schönste Zeit im Leben 79; Alles Plastik 82. **Ue:** George Tabori: Songs zu Pinkville 71; Roy Kift: Stärker als Superman, Kinderst. 80. *Lit:* Heinz Greul: Bretter, d. d. Zeit bedeuten 71; Melchior Schedler: Kindertheater 72; Rudolf Hösch: Kabarett von gestern u. heute 72; Melchior Schedler: Mannomann! 6 × exemplar. Kindertheater 73; Hellmuth Kotschenreuther u.a.: Kabarett mit K 73; Jack Zipes: Political Plays for Children 76; Christel Hoffmann: Theater für junge Zuschauer 76; Rainer Otto, Walter Röseler: Kabarettgeschichte 77; Karl W. Bauer: Emanzipatorisches Kindertheater 80; Klaus Budzinski: Pfeffer ins Getriebe 82.

Ludwig-Krause, Lori (Ps. Lori Ludwig), Bäuerin; SV-DDR 54; Silberne Medaille d. literar. Wettbewerbs d. V.

Weltfestsp. d. Jgd. u. Studenten,
Warschau 55, Johannes R. Becher-
Medaille i. Silber 70; Grüne Hütte, DDR-
1431 Neuglobsow, Kr. Gransee üb.
Gransee (Himmelsberg/Thür. 24.1.24).
Lyrik, Roman, Erzählung, Kinderbuch.
V: Gesang des Herzens, G. 55; Unruhe
um Käte Born, R. 55; Daniela, Erz. 57;
Viola d'amore, G. 63; Annette und ich 64,
72; Kein Glück mit Heimlichkeiten 66,
67; Neuer Vater unerwünscht 69, 71;
Immer wieder der Hartmut 71; Von
einem der auszog, berühmt zu werden.
Erz. um d. dän. Dichter Hans Christian
Andersen 76, 78; Annette und ich 81. —
MV: Geliebtes Land, G. m. Günther
Deicke u. Margarete Neumann 54; Die
Jungen aus der Grützebartstraße, Erz.
m. Hanns Krause 58; Brückmanns aus
dem zweiten Stock. Eine lustige Gesch.
m. Hanns Krause 62, 75.

Lübbehusen, Margret (Ps.
Lübbehusen-Buerschaper), Lehrerin;
Tannenweg 17, D-2848 Vechta, Tel.
(04441) 81177 (Wissen 22.4.37). Lyrik,
Kurzgeschichte, Reiseberichte.
V: Atemholzeiten, Lyr. 79.
MA: Hoch schwebt im Laube, Haiku-
Reihe; Hinter den Nächten, Lyr.-
Kleinst-Anth.; Träume mit der Wind,
Haiku-Anth.; Gauke's Jb. 83; Jb.
Oldenburger Münsterland 80-83;
Heimatkal. d. Herrlichkeit Lembeck 80,
81.

Lübbehusen-Buerschaper,
s. Lübbehusen, Margret.

Lübbert, Ulrich, Dr., Schriftsteller; VS
68; Klarweinstr. 39, D-8100 Garmisch-
Partenkirchen, Tel. (08821) 56301
(Schwerin 27.1.11). Lyrik, Erzählung,
Kunst.
V: Tapios Liebe 43; Runö 44; Der
Teufelsspuk 44; Von Jagd und Jägern in
der Malerei 50; Eine Million Kilometer
für die Kunst 71; Malerei eines
Humoristen 78.

Lübke, Anton; VS 49; Verw. Ges. W.,
Cusanus-Ges.; Herderstr. 50, D-5300
Bonn-Bad Godesberg, Tel. (0228) 362380
(Betzdorf a.d. Sieg 30.12.90). Reise-
berichte, Biographie, Technik.
V: Die sterbende Kohle 25; Italieni-
sche Silhouetten, Reisebilder 25;
Technik und Menschen im Jahre 2000
27; Der Himmel der Chinesen, Reise-
bilder 31; Der lachende Pazifik, Reise-
bilder 33; Indiens zweites Gesicht 35;
Das deutsche Rohstoffwunder 38;
Freundschaft mit seltenem Handwerk
40; Das Zauberreich der Maschinen 41;

Der verwandelte Acker 49; Großes Herz
auf Wanderschaft 49; Geheimnisse des
Unterirdischen 53 (auch holl., franz.,
engl. u. span.); Weltmacht Textil 54; Die
Uhr. Von der Sonnenuhr zur Atomuhr
59; Uhren 68; Nikolaus v. Kues,
Fürstbischof zwischen Mittelalter und
Neuzeit 69; Bambus 69; Das große
Uhrenbuch 77; Uhren, Glocken,
Glockenspiele 80; Sonnen-, Sand- und
Rädertaschenuhr 83.

Lücker, Reiner, Regisseur, Autor;
Niebuhrstr. 63, D-1000 Berlin 12, Tel.
(030) 3235063 (Altburgund/Warthe
24.10.43). Drama, Hörspiel, Fernsehspiel.
MV: Monopoly, Theaterst. m. Stefan
Reisner 74; Mannomann,
Kindertheaterst. m. Volker Ludwig 72;
Doof bleibt doof, m. Ulrich Gressieker u.
Volker Ludwig, K.-Th.st. 73, Kinderb. 74;
Ruckzuckmaschine, m. Stefan Reisner,
K.-Th.st. 74; Ein Fest bei Papadakis,
Kinderb. 74; Banana, m. Rainer
Hachfeld, K.-Th.st. 76, Kinderb. 77;
Vatermutterkind, m. Volker Ludwig 77;
Wasser im Eimer, m. Stefan Reisner,
Kinderst. 77, Kinderb. 78; 3 x
Kindertheater II 72, VI 77.
MA: Jb. f. Lehrer 76; Grips,
Geschichte u. Geschichten 79; Papa,
Charly hat gesagt ... 79; So einfach ist
Theater 79.
R: div. Hsp. u. Fsf. f. Kinder, u.a.
Aussenseiter, Fs. 78; Wunschvater, Fs.
79; Papa, Charly hat gesagt ... , Rdf.-
Serie 78, 79, 80.
S: Mannomann! 73; Doof bleibt doof
75; Banana 77; Papa, Charly hat gesagt ...
79.
Ue: Michel Tremblay: Die lieben
Schwestern, Theaterst. 76.
Lit: Mannomann, 6 x exemplarisches
Kindertheater 73; Political Plays for
Children 76. ( )

Lückoff, Dietrich; Stephanstr. 23, D-
1000 Berlin 21, Tel. (030) 3966654
(Ewersbach 3.1.57). Lyrik, Übers. Ue: F.,
I.
V: Schlangenhäute, G. 82.

Lüddecke, Werner J. (Ps. Robert
Crain), Schriftsteller; VS;
Bundesfilmpreis 56, 58, Pr. d. dt. Film-
kritik 57, c/o Ciavoli Cortelli, I-00060
Rom-Sacrofano (06) 9084131 (Hannover
10.6.12). Film, Fernsehen, Hörfunk,
Roman.
V: Schatten, R. 47; Leben und leben
lassen, R. 65; Morituri, R. 63; Der Hund
vom anderen Stern, R. 61; Thursday at
Dawn, R. 65; Heimsuchung in Florenz,
R. 70; Hinter fremden Fenstern, R. 69;

Lotos und Asche, R. 77; Büffeltage 80;
Kein Tag für Champagner 80;
Sardischer Sommer 80.
   F: Das Beil von Wandsbek 50; Jonny
rettet Nebrador 53; Leuchtfeuer 54;
Geständnis unter vier Augen 54; Nacht
der Entscheidung 55; Der Tiger 58; Der
20. Juli 60; Nachts, wenn der Teufel kam
57; Passage du Rhin 58; Herrenpartie 64;
Custer of the West 67; Morituri 67; Eine
Liebe in Deutschland 80 (nach Hoch-
huth), u.a.
   R: Das Geld, das auf der Straße liegt,
Fs. 55; Zahltag, Fs. 75; Leonardo da
Vinci, Hsp.; Unter der grünen Erde,
Hsp., u.a.

   Lüddeke, Erwin (Ps. Per Plex),
Musikalienhändler; Breitestr. 29, D-2400
Lübeck, Tel. (0451) 76086 (Hamburg
18.1.02). Versglosse, Humor.
   V: Zweigeleisiges, G. 58; Ich bin per
plex 65; Steckenpferd und Pegasus 81.

   Lüdemann, Hans-Ulrich; SV-DDR 74;
Kunstpr. d. DTSB d. DDR in Silber 77,
Ernst Thälmann-Med. in Silber 76,
Diplom f. Kinderb. v. Min. f. Kultur d.
DDR 76; Markulfweg 15, DDR-1185
Berlin (Greifswald 4.10.43). Roman,
Hörspiel, Fernsehfilm.
   V: Doppelzweier, Kdb. 72; Tödliches
Alibi, Krim.-R. 74; Keine Samba für die
Toten, R. 74; Patenjäger, Kdb. 75, 76; Der
Eselstritt, Kdb. 74; Ich — dann eine
Weile nichts, R. 76, Film 80; Das letzte
Kabinettstück, Krim.-R. 76; Plumpsack
geht um, Kdb. 79; Um Himmelswillen
keine Farbe, Kdb. 83.
   MA: Kurzgeschn. in Anth.
   F: Dann steig ich eben aus, Filmszen.
nach Doppelzweier.
   R: Üb. 24 Hsp. f. Kinder u. Erwach-
sene, u.a.: Prozeß ohne Urteil 72; Unter-
wegs nach San José 73; Blümlein ist ge-
gangen 74; Überlebe das GRAB 75; Das
Datum 76; Schwanenlegende 83.
   Lit: Bestandsaufnahme 76.

   Lüder, Gustav, Kaufmann; Deutscher
Autorenverb. Hannover seit 78;
Ehrengabe d. Lit. Union f. Prosa 76, Lit.
Union Saarbrücken seit 76;
Klingenbergstr. 98, D-3200 Hildesheim,
Tel. (05121) 42879 (Binder 8.7.30). Lyrik,
Roman.
   V: Wie der Wind sich dreht, Lyr. 75;
Scheibenwischer, Lyr. 76; Yvonne, R. 77;
Die Tüncher, Lyr. u. Kurzprosa 78; Von
Hennen und Hähnen, Satiren 79; Alle
Tage ist kein Wahl-Sonntag, Hsp., M.,
Sketchs 80. — **MV:** Lyrik und Prosa von
Hohen Ufer 79. ( )

   Lüerssen, Margarethe, s. von Bohlen
und Halbach-Grigat, Herthy.

   von der Lühe, Irmgard (Ps.); Kogge;
Waitzstr. 10, D-6000 Frankfurt a.M., Tel.
(0611) 491444 (Neustrelitz in
Mecklenburg 19). Novelle, Essay,
Biographie.
   V: Elisabeth von Thadden 66, 2. Aufl.
67; Diese Straße keine andre Wahl, G.
79; Freiheit und Verantwortung, Tb. 80;
Frauen im Widerstand, Tb. 80.
   MA: Liebe in unserer Zeit in:
Schneefall, Anth. 60; Beitr. in: Aktiver
Friede 72; Al'Len; Gauke Jb.; Martin
Luther 82 u.a.

   Lühnsdorf, Fritz (Ps. Florian Lind,
Ferdinand Lunte), Architekt;
Fasanenweg 16, D-6140 Bensheim-
Auerbach, Tel. (06251) 75972
(Brandenburg 12.3.07). Lyrik, Essay,
Drama, Novelle.
   V: Joseph Viktor von Scheffel:
"Auerbacher Tage" 76; Das Leben und
Sterben des Grafen von Katzenelnbigen
und der Landgrafen von Hessen 79; Das
Gastmahl an der Bergstraße 81.

   Lührs, Manfred, Student; Schützenstr.
43, D-2000 Hamburg 50, Tel. (040) 858608
(Hamburg 10.6.59). Prosa.
   V: Alligatorjagd. Totalvital, zwei
Kolportagen 83.

   Lüntenbeck, Hans, s. Doerner, Hans.

   Lüpke, Gerd, Rdfk.-Journalist; VS
Nds. 65; Kurzgeschn.-Pr. d. Bdeszentr. f.
Heimatdienst, Bonn 57, Fritz-Reuter-
Med. d. Ldsmannsch. Mecklenburg 65,
Kabarett-Pr. Schlesw.-Holst. (2. St.) 66,
Pommerscher Kulturpr. 68, Ndt.
Hörspielpr. (3. St.) 68, Bdesverdienst-
kreuz 72, Kgl. ndl. Ritterorden v.
Oranje-Nassau 74, Ehrenbrief d. Fritz-
Reuter-Ges. 73, Mecklenburgischer
Kulturpr. 78, Niedersächs. Verd.kr. a.
Bande 81, Dän. Gold. Verd.med. 82;
Friedrich-Wegener-Str. 16, D-2930
Varel 1, Tel. (04451) 2868 (Stettin 19.5.20).
Drama, Lyrik, Satire, Hörspiel, Funk.
Ue: E, H.
   V: Musik in Varel, Gesch. 49; Vom
Leben, G. 49; Hieronymus der Letzte,
Lsp. 51; Un dat Licht keem, Dr. 52;
Minschen, Dr. 52; Dat vulle Johr, Erzn.
u. G. 52; Der Trichinendichter, Lsp. 52;
Zuzug vom Saturn, Grot. 52; Querköpp,
Lsp. 52; Free is de Buer, Festsp. 52;
Straße der hellen Schatten, Sp. 52;
Weihnacht der Anderen, Sp. 53; ... bis
zur Neige, Tr. 54; De Moorhoff, Dr. 55;
Peerköpp', Kom. 57; Saken giff't, 3 heit.
Einakter 57; Pythagoras, Lsp. 58; Schult

& Ko, Erz. u. G. 58; Kläuker as de Voss, Einakter 59; Philosoviechereien, heit. G. 59; Täuwen, trag. Einakter 60; Mecklenburg-Vorpommern. Bildbd. m. kulturgesch. Einf. 60; Dome, Kirchen und Klöster in Mecklenburg 62; Premka Tschakkör 66; Krüzweg 66; Mecklenburg und Vorpommern, Bildbd. m. kulturhist. Einf. 69; Songs of Midnight, G. 70; Tag und Traum, G. 70; Der Witz der Mecklenburger 72; Heiterkeit des Herzens 74; Givers uf dem sant 75; Achter Dünen un Diek 75; Unner'n Seewind 77; De swarte Unschuld 78; Von Dag un Droom 79; Varel — Stadt zwischen Wald und Meer 81; Käppen Möhlenbeck sein Stammtisch, Erz. 81; Mecklenburg in alten Ansichtskarten 82; Mit Mütz un Fedder, Erz. 82; Varel wie es war 82; Wiehnachtslichter, Erz. 83.

MA: Dichterbühne 50; Friesland 50; Verzaubertes Kabarett 52; Karlsruher Bote, Anth. 53 — 56; Boje im Sturm, G.-Anth. 58; Der heitere Ausspann, Erzn. 59; Plattdeutsche Erzähler der Gegenwart 68; Klaus-Groth-Jubiläums-Jahrbuch 69; Pommersche Literatur. Proben und Daten 69; Deutschlands Mitte 69; Erzählungen aus Pommern 73; Dat lustige plattdütsche Leesbook 77; Kunst und Kultur in Mittel- und Ostdtld 77; Platt mit spitzer Feder 78.

H: Trittelvitz: Gedichte 75.

R: Der Feldwebel von Bammeldorf 51; Un dat Licht keem 51; Lammers is dorgegen 52; Zuzug vom Saturn 53; Fohrt in die Nacht 53; Gert Jensen söcht den Minschen 53; Der Heimatdichter 53; Kabbelee un Leewde 54; Hinnerk mutt sick wunnern 54; Dat Lewen geiht wieter 54; Nibelungenhasché 55; De Husgeist von de "Seeroos" 55; Jan Eilers ut Neeborg 56; Pythagoras ward'n Kerl 57; Swiensbraden 57; De Schentelmann 57; Unkel Jan hett wat vör 58; Klothild 58; Mit hunnert Saken 59; Breef ut Afrika 59; De Duddelbuck 59; Hein Mück im Silberwald 59; Klöker as de Voss 59; Töwen 60; De Gewaltkur 60; Onkel Toms Anzug 60; Verkündung des Kindeken 60; Dat Köhschapp 60; Flaschenpost 61; Gipsköpp 61; Dat nee'e Kleed 61; Liebe in Turbinenhosen 62; Leider alles kaputt 63; Mitgift ut Kalkutta 63; Sünndagsbesök 63; Kein Lorbeer ohne Dornen 63; Dat Schipp Bottervagel 64; To Pringsten 65; Gerichtsdag 66; De Preesterwahl 66; Solotouren 68; Ankje un dat Buddelschipp 68; Tobbie 69; Pepermintje un de W. A. 123 70; Dat Snuwdook 71; In de

Schruuw 74; Kreturen 79; De Muern hebbt Ohren 83, alles Hsp.

S: Gerd Lüpke vertellt 77; Vergnügte Waterkant 78; Rund um den Leuchtturm 80.

Lit: Plattdeutsche Erzähler der Gegenwart 68; Der Lyriker Gerd Lüpke 75; Niedersachsen Literarisch 78; Bremer Autoren 78.

Lüpke-Greiff, Irmgard; Friedrich-Wegener-Str. 16, D-2930 Varel 1, Tel. (04451) 2868 (Varel/P. 29.7.20). Roman, Kurzgeschichte, Lyrik, Hörspiel.

V: Mann mit Vergangenheit, R. 60; Und dazwischen wir, G. 63; German Songs of Love, G. 65.

MA: Musen-Almanach 60 — 61; Das Boot 59 — 60.

R: Inbrekers, Hsp. 59; Features und Kurzgeschichten 59 — 77.

Lüscher, Marie-Louise, c/o Schweizer Autoren-Verlag, Schaffhausen.

V: Euphemia und die sieben Särge, heit. Krim.-R. 81. ( )

Lütgen, Kurt; P.E.N. 71; Gerstäcker-Pr. 52 u. 72, Dt. Jgdb.-Pr. 56 u. 67; Auf der langen Tecke 7, D-4902 Bad Salzuflen, Tel. (05222) 15851 (Glietzig, Kr. Naugard 25.11.11). Roman, Lyrik, Erzählung.

V: Der große Kapitän, R. 50, 77; Der weiße Kondor, R. 52, 70; Kein Winter für Wölfe, R. 55, 76; Das Elefantenjahr, Erz. 57, 69; Lockendes Abenteuer Afrika, R. 62, 77; Das Rätsel Nordwestpassage 66, 76; Nachbarn des Nordwinds, Erz. 68, 69; Wagnis und Weite 69, 75; Der beste Doktor weit und breit, Erz. 70, 74; Turmmusik, Kurzgeschn. 70; Piblokto, Erz. 74; Suzumé, Erz. 70; Kapitäne, Schiffe, Abenteurer 71, 74; Hinter den Bergen das Gold, Erz. 71, 72; Herbstl. Herz, G. 71; Das Gespenst von Kioto 72; Nebel vor Foyn, Erz. 72; Große Jagd auf allen Meeren, Ber. 72; Vorwärts, Balto, Erz. 72; Nur ein Punkt a. d. Landkarte, Erz. 73; Rebellen am Red River, R. 74; Vorstoß in tödl. Tiefen, Ber. 74; Vitus J. Bering, Biogr. 76; Rückzug nach Süden, R. 75; Auf Geheimkurs 77; Weit hinter dem Wüstennord 77; Hoch im Norden neues Land 77; Japan aus erster Hand 78; Schnelle Hunde, wilde Fahrt 78; Wie Sand vor dem Wind 79; Die Hand eines Vaters, Kurzgesch. 80; Das große Kurt Lütgen-Buch 80; Auf e. Insel weit draußen, Erz. 81; Feuer in der Prärie, Ber. 82; Sein letzter Löwe, Erz. 83; Die Jim-Bidger-Saga, R. 83.

H: Die Hunde der Götter, Erz. 61; Geschichten deutscher Erzähler 64; Das

geheimnisvolle Wrack, Erz. 73. —
MH: MV: Humor in der Technik, m.
Wilhelm Dorn 49.
   Ue: M. A. Michael: Travellers Quest
u.d.T.: Ohne Fahrplan 54; Chris
McManus: Hades Belle u.d.T.: Das
verhexte Schiff 60; Ernestine Hill:
Meine Liebe muß warten 61; Irving
Wallace: Die fabelhaften Originale 62,
64; E. About: Die Mutter der Marquise
67; Jeanette Mirsky: Ohne Kompaß u.
Schwert 73; Curt Gentry: Geheimnis d.
Goldmine 74; George Finkel: Antarctica
77.
   Lit: M. Dahrendorf: Die Aufgabe des
Menschen als Abenteuer 67.

Lüth, Erich (Ps. Bernhard Petersen),
Senatsdir. a.D., Schriftsteller; Berufs-
verein. Hamb. Schriftst.; Alexander-Zinn-Pr. d. Freien u.
ISDS; Alexander-Zinn-Pr. d. Freien u.
Hansestadt Hamburg 69; Heinrich-
Heine-Ges. Hamb., Fr. Akad. Künste; An
der Alster 67, D-2000 Hamburg 1, Tel.
(040) 257225 (Hamburg 1.2.02). Lyrik,
Essay, Biographie, Chronik, Hörfunk-
Feature, Roman.
   V: Josef Madersperger oder Der un-
scheinbare Genius, Biogr. 33; Elias
Howe Biogr. 34; Balthasar Krems, Biogr.
40; Vision von Ghedi, G. 47; Grabrede
auf Wolfgang Borchert 48; Yvonne
erobert Paris, R. 49; Der Weg der
tausend Meilen, G. 49, 78; Reise ins
Gelobte Land 53; Ein Deutscher sieht
Israel, Reisebeschr. 55; Israel — Heimat
f. Juden u. Araber, Reiseb. 58; Das ist
Kanaan, Reiseber. 59; Hamburgs Juden
in der Heine-Zeit 61; Hamburger
Theater 1933 — 45, Ess. 62; Stadtstaat
Hamburg 62, 66; Hamburgs Juden in der
Heine-Zeit 62; Gabriel Rießer 63; Isaac
Wolffson 63; Der Bankier und der
Dichter. Salomon und Heinrich Heine
64; Helgoland, die unzerstörbare Insel
65; Hamburgs Schicksal lag in ihrer
Hand 66; Viel Steine lagen am Weg,
Autobiogr. 66; Seeräuber rund um
Helgoland 67; Salomon Heine in seiner
Zeit, Ess. 68; David Shaltiel, Biogr. 69;
Seeräuber und Geraubte 70; Erich
Klabunde, Biogr. 71; Daniel Louis Jacob,
Biogr. 71; Die Hamburger Bürgerschaft
46 — 71, Chronik 71; Max Brauer, Glas-
bläser, Bürgermeister, Staatsmann,
Biogr. 72; Hamburger Handwerk 1873 —
1973; 600 Jahre Malerhandwerk in
Hamburg 75; 600 Jahre Glaserhandwerk
75; Die Friedensbitte an Israel 1951 76;
Joh. P. Eckermann, zwischen Elbe,
Heide und Weimar 78. — **MV:** Gustav
Oelsner. Porträt eines Baumeisters 60;

Carl Petersen, Wegbereiter d. Bündnisse
zw. Bürger u. Arbeiter 71; Miterlebtes
79; Ein Hamburger schwimmt gegen
den Strom, Autobiogr. 82.
   H: Neues Hamburg, Schr.-R. seit 47
XV; Gustav Oelsner. Porträt eines Bau-
meisters 60. — **MH:** Hamburger Gäste-
buch, m. Alfred Mahlau 53.
   R: Raus aus dem Schlimmsten, Hsp.
32.
   Lit: Willy Haas: Erich Lüth in: Das
Einhorn 57/58; Gerhard F. Kramer:
Laudatio auf den Zinn-Preisträger
Erich Lüth 69.

Lüth, Paul, Dr. med., Hon. Prof.
U.Mainz u. GH.Kassel, Arzt f. Allg.med.;
P.E.N. Zentrum d. BRD; mehrere wiss.
Ges., D-3589 Rengshausen, Hess., Tel.
(05681) 270 (Perleberg, Mark
Brandenburg 20.6.21). Roman, Lyrik,
Sachbuch.
   V: Die japanische Philosophie 44; Der
seidene Mond. Die Legenden von Lao-
Tse und Li Tai Pe 47; Literatur als
Geschichte 47 II; Gedanke und
Dichtung, Ess. 48; Meditationen über
Geist, Gestalt, Geschichte 48; Gespräche
mit Halder 51; Nächte in Alexandria, R.
63; Operationen, G. 64; Ärzte, Sch. 79;
Gerechtigkeit ohne Gericht 81.
   H: Der Anfang. Anthol. junger
Autoren 47; Alfred Döblin. Ausw. aus d.
erzählenden Werk 48; Nur den
Besiegten darf man lieben, Ludwig-
Börne-Ausw. m. Nachwort 54. - Buch-R.
Interdisciplina seit 75.
   Ue: Frühling, Schwerter, Frauen.
Umdicht. japan. Lyrik, m. einer Einf. in
Geist u. Gesch. der japan. Lit. 42.

Lüthje, Hans, Dr. phil., Pfarrer;
Hohenstein 16, D-7157 Murrhardt, Tel.
(07192) 7031 (Sonderburg auf Alsen
26.2.98). Essay.
   V: Begnadete Tonsetzer. Das Wunder
der Klassisch-romantischen Musik 71,
75; Geliebtes Altersheim. Eine Monogr.
73, 2. Aufl. 82.

Graf von Lüttichau, W. Mondrian,
s. von Lüttichau, Wolfgang.

von Lüttichau, Wolfgang Graf (Ps. W.
Mondrian Graf von Lüttichau), Verlagsbuchhändler; Martin-Luther-Str. 3, D-
7170 Schwäbisch Hall (Reutlingen
20.6.52). Essay, Roman, Lyrik.
   V: unter anderm sex, Lyr. 78; Das
Buch Tani Mara, Biogr. 82; hexenstill &
Alltag, Lyr. 83; Marsmenschlichkeit I, R.
83; Straßenlicht & Menschenbilder, Lyr.

84; Außenseiter-Allüren, Biogr.-Tageb. 84.

B: u. **Ue:** Das Buch des Li Pe-Jang, genannt Lao Tse 81.

Lütticken, Karl, StudDir. i.R.; Greiffenklaustr. 36, D-5500 Trier, Tel. (0651) 31469 (Wittlich 23.10.02). Lyrik, Roman.
V: An den Eichbaum 76; Bedrängnisse 77; Der Sätzemacher 80, alles Lyrik. ( )

Lützelberger, Rolf, Dr.med.dent., Zahnarzt; Schillerstr. 20, D-7888 Rheinfelden, Tel. (07623) 1552 (Coburg 24.5.32). Lyrik.
V: Ein Hund, G. 81.

Lützenbürger, Johanna (Ps. Hanna Ernst), Redakteurin; Ad. Wurmbachstr. 36, D-5900 Siegen 21, Tel. (0271) 87599 (Hagen-Haspe 22.11.24). Jugendbuch, Roman, Hörspiel.
V: Bei Feldmanns ist was los 55; Mit dem Zeugnis fing es an 65; Die Kinder vom Roten Haus 66, alles Jgdb.; Abends um sechs, R. 68; Die weiße Fahne, R. 69; Das Geheimnis der Roten Pupille 69; Schließfach 36 70, beides Jgdb.; Der die Sperlinge liebt 73; Irren ist menschlich 75; Das Mädchen aus San Francisco 75; ... aber Gottes Wort ist nicht gebunden 77; Der Schatz im Mühlbach, Jgdb. 77; Paulnichen Vauweh, Jgdb. 78; Die schwarzen Vögel, Erzn. 83.
R: Rote Kastanien; Das Geheimnis; Ordnung; Was ist Glück; Die Verjährung findet nicht statt; Der Rufer, u.a. Hb. üb. Männer aus Kirche u. Mission.

Lützkendorf, Felix, Dr. phil.; VS 32, CISAC; Schiller-Preis d. Stadt Leipzig 32, Biennale-Filmpreis 37; Höchlstr. 3, D-8000 München-Bogenhausen, Tel. (089) 981133 (Leipzig 2.2.06). Roman, Drama, Film, Hörspiel.
V: Grenze, Sch. 32; Opfergang, Kammersp. 34; Alpenzug, G. 36; Goldtopas, Nachtst. 37; Märzwind, R. 38; Liebesbriefe, Lsp. 39; Das Jahr 1000, Mysterium 40; Wiedergeburt, G. 43; Friedrich der Zweite, Sch. 44; Geliebte Söhne, Sch. 44; Wir armen Hunde, Sch. 46; Fuge in Moll, Kammersp. 47; Die dunklen Jahre, R. 55; Und Gott schweigt, R. 56; Feuer und Asche, R. 58; Die Eisscholle, Kom. 59; Sühnetermin, R. 60; Die Wundmale, R. 62; Die Fahrt nach Abendsee, Kom. 63; Die Jahre des Zorns, R. 65; Dallas - 22. November, szen. Ber. 65; Florentiner Spitzen, R. 67; Die schöne Gräfin Wedel, R. 74; Ich — Agnes, eine freie Amerikanerin, R. 76;

Auf Wiedersehn, Jeannine, R. 75; Franca, R. 80; Die Muse von Paris, R. 81; Fremdlinge, G. 82.
F: Urlaub auf Ehrenwort; Patrioten 37; Verwehte Spuren 38; Hochzeitsreise 38; Capriccio; Bal Paré 39; Zwei Welten 39; Haus des Lebens 52; Sauerbruch 54; Feuerwerk 54; Die Barrings 55; Carl Zeiß 56, u. 25 weitere Drehb.
R: Olympische Kantate 36; Absturz in die Unsterblichkeit 37; Wiedergeburt 43, alles Hsp.
Lit: Lennartz: Dt. Dichter 69; v. Wilpert: Lit. Lex. 83.

Luft, Friedrich (Ps. Urbanus, Franz Flut), Prof. h. c., Schriftsteller, Kritiker; P.E.N. 51, Royal Acad. of Arts London 70; Prof. h. c. 76; Maienstr. 4, D-1000 Berlin 30, Tel. (030) 245873 (Berlin 24.8.11). Essay, Feuilleton, Theater- u. Film-Kritik.
V: Luftballons, Ess. 39; Tagesblätter von Urbanus, Ess. 48; Zehn Jahre Theater 59; Vom großen, schönen Schweigen (Ch. Chaplin) 57; Gustav Gründgens 58; Berliner Theater 1945 bis 1961 61; Luftsprünge, Glossen 62; Stimme der Kritik, Berliner Theater seit 1945 65; Heinrich Zille — mein Photomilieu 67; Stimme der Kritik — Theaterereignisse seit 1965 79. —
MV: Puella auf der Insel, m. Heide Luft, Kinderb. 49; Köpfe, m. Fritz Eschen, Fotob. 56; Altes neues Berlin, m. Fritz Eschen 59.
H: Alfred Kerr: Die Welt im Licht 61; Berliner Illustrierte, Querschnittbd. 65; Zille: Mein Foto-Milljöh 67.
F: Spiegel der Zeit 40; Von Mann zu Mann 41; Gefahr 43; Es liegt an dir 48; Ein Vorschlag zur Güte 50; Ernst Reuter 56.
R: Die Zweipfennig-Oper, Hsp.; Samuel Fischer, m. Hans Scholz; Wir haben noch einmal angefangen; Stimme der Kritik, wöchentl. Krit. Kommentare seit 46.

Lukan, Karl; Sagedergasse 7 — 11/13/6, A-1020 Wien.
V: Die Alpen 75; Schneeberg und Rax 78; Berge, das große Abenteuer 79; Das Wienerwaldbuch 80; Das Waldviertelbuch 82. — **MV:** Dolomiten, 3. Aufl 76. ( )

Lukas, Josef (Ps. Frank Schweizer), Journalist; versch. Presse-Berufs-Verb.; Ges. zur Pflege d. Märchengutes d. europ. Völker; Weiherstr. 11, CH-3073 Gümligen, Tel. (031) 521255 (Frankstadt/Nordmähren 23.1.99). Essay.

V: Die goldene Spindel, M. 78; Der silberne Faden, Sagen 80; Die blaue Blume, Anth. 82; zahlr. Sachb. — **MV:** Pioniere der Freiheit 43. **H:** Peter Bratschi und seine Heimat 46.

Lukim, s. Kimme, Ludwig.

Luksan, Martin *

Lundberg, Kai, s. Potthoff, Margot.

Lundholm, Anja (Ps. Ann Berkeley), Schriftstellerin; VS; Kulturpr. d. AA Bonn f. "Morgengrauen" 70, Buch d. Monats, Stockholm, f. "Der Grüne" 74, Förderpr. Svensk Lit. Förbandet 76; Ostendstr. 1, D-6000 Frankfurt a.M., Tel. (0611) 437626 (28.4.18). Roman. **Ue:** E. **V:** Halb u Halb, R. 66; Via Tasso, R. 68 (amer.); Morgengrauen, R. 70, Tb. 83 (auch schwed., engl., jap.); Ich liebe mich — liebst Du mich auch? 71 (auch franz., jap.); Der Grüne, R. 72, Tb. 73 (auch schwed.); Zerreißprobe 74, Tb. 83 (auch schwed.); Nesthocker 77; Mit Ausblick zum See 79, Tb. 83; Jene Tage in Rom, R. 82; Geordnete Verhältnisse, R. 83. **MA:** Komm, süßer Tod 82; Auf dem Wind 83, alles Anth. **R:** Zerreißprobe. **S:** Morgengrauen, Ich liebe mich, Zerreißprobe (Dt. Blindenbiblioth.). **Ue:** Thomas/Morgan-Witts: The day the world ended u.d.T.: Die Feuerwolke, R. 70; Peter Barker: Casino u.d.T.: Das große Spiel, R. 70; Antibodies u.d.T.: Privatklinik Valetudo 71; Richard Beilby: No medals for Aphrodite u.d.T.: Keine Orden für Aphrodite 73; Mala Rubinstein: Schön u. charmant m. Mala Rubinstein 75. *Lit:* Desider Stern: Werke jüdischer Autoren deutscher Sprache 69; Spektrum des Geistes 76.

Lundström, Leonard, s. Rubinstein, Hilde.

Lungershausen, Helmut, Berufsschullehrer; Am Junkernberge 12, D-3406 Bovenden, Tel. (0551) 81773 (Kassel 21.2.47). Lyrik, Kurzgeschichten, Satire. **V:** Am Anfang war das w, Geschn. u. G., illustr. Spinnereien, Spruch- u. Sprachsalat 81; meine achillesverse, Lyr. 82.

Lunte, Ferdinand, s. Lühnsdorf, Fritz.

Lupescu, Valentin (Ps. Valentin Heinrich), Redakteur; SV-DDR 57; Treskowstr. 53, DDR-1110 Berlin-Niederschönhausen, Tel. 4826534 (Karlsruhe 24.2.06). Roman, Lyrik. **Ue:** F, Rum.

V: Die Geschichte des Matthias Schmidt, R. 53 (auch rum.); Um gleiches Recht, Histor. R. aus dem Revolutionsjahr 1848 56 (auch rum.). **R:** Die Geschichte des Matthias Schmidt, Hsp. 54. **Ue:** Petrus Dumitriu: Der Sturmvogel 57; Eugen Barbu: Oaie und die Seinen in: Die Flucht der Todgeweihten 64; Mihail Sadoveanu: Land jenseits des Nebels in: Geschichten am Herdfeuer, m. Nachw. 64; Sergiu Farcasan: Arche Noah im Weltenraum, utop. Liebes-R. 64; Liviu Rebreanu: Der Wald der Gehenkten 64; Hortensia Papadat-Bengescu: Das Bachkonzert 67; Zaharia Stancu: Solange das Feuer brennt 71; Kalanga Abdalla: Die Götter und der Dschungel 72; Arnold Hauser: Der fragwürdige Bericht Jakob Bühlmanns, Nachwort 74; Petru Popescu: Laguna 74; Mircea Radu Jacoban: Wochenend im "Veritas", Theaterst. u. Nachwort 77; Alexandru Ivasiuc: Der stumme Zeuge, R. 78. ( )

Lupus, s. Wolf, Jakob.

Luschnat, David; ISDS 48, P.E.N. 48, Syndicat des Ecrivains et Journalistes, Paris 63, COMES, Rom 63; Chemin des Costes, F-06490 Tourettes-sur-Loup/ Dep. A. M. (Insterburg 13.9.95). Lyrik, Novelle, Roman, Essay, Hörspiel. **Ue:** D, F.

V: Kristall der Ewigkeit, G. 26; Die Reise nach Insterburg, Erz. 27; Die Sonette der Ewigkeit, G. 28; Abenteuer um Gott 29; Aufbruch der Seele, G. 35; Schriftsteller und Krieg 47; Sonette vom Weg und Sinn, G. 49; Inflation der Worte. Magie des Wortes, Ess. 57; Bleibende Zeitgestalt, G. 63; Die siebenfache Menschentötung am 30. November 1933 im Klingelpützgefängnis zu Köln a. Rh., Hsp. 67. **R:** Auf nach Innenstadt/ und abwarten/ und Tee trinken, Hsp. 69, 71. ( )

Lussert, Anneliese; Mainurferstr. 4, D-8780 Gemünden a.M..

V: Tannagäss und Schpreisseli, Mda.-G. 80; Der Stille erwuchs eine Blume aus Träumen, G. 80; Wo der Mee rauscht 82. ( )

Lustig, Peter, Autor; Grimme-Pr. 80; Jänickestr. 56, D-1000 Berlin 37, Tel. (030) 8176710 (Breslau 27.10.37). Kinder- u. Jugendbuch, Film, Ferns., Hörspiel.

V: Die Hamster kommen, Kd.- u. Jgdb. 82; Im Kopf brennt noch ein Licht, Kd.- u. Jgdb. 83.

R: Zahlr. Hsp.; Pusteblume; Löwenzahn; Die Pappenheimer, alles Fs.-
Serien; Im Kopf brennt noch Licht, Fsp.
83.
S: Käpt'n Kux & Co, Kass.-Reihe 79/
80; Löwenzahn, Schallpl. 83.

Luthardt, Thomas, Arzt;
Müggelseedamm 220, DDR-1162 Berlin
(Potsdam 15.8.50). Lyrik.
V: Assistenz, G. 82.
MA: Spuren im Spiegellicht,
Lyrikanth. 82; Vogelbühne, Lyrikanth.
82.

Luther, Renate K., s. Kraack, Renate.

von Lutterotti, Anton, Dr.med., Prof.,
Chefarzt; Wangergasse 95, I-39100
Bozen, Tel. (0471) 39522 (Kaltern
13.10.19). Lyrik, Essay, Roman.
V: Spaziergänge im Nonstal 72;
Gedichte der Hoffnung 82.
MA: Südtirol erzählt 79.

Lutz, Berthold (Ps. Thomas Burger),
Dir. d. Bücherei- und Pressestelle d.
Diözese; Kard.-Döpfner-Pl. 5, D-8700
Würzburg 11, Tel. (0931) 50505
(Würzburg 3.1.23). Erzählung, Essay.
V: Die leuchtende Straße, Jgdb. 50, 61;
Das heimliche Königreich, Jgdb. 51, 65;
Das Krokodil im Freiballon, Jgd.-Erz. 51,
57; Der Dohlenhof brennt, Jgd.-Gesch.
52, 54; Briefe an Ursula, Jgdb. 53, 56; Der
13. war Jim, Jgd.-Erz. 53; Frechtdachs
hat nie Langeweile 53, 59; Christel
rudert ums Leben, Jgd.-Erz. 53, 54;
Frechdachs sorgt für Fröhlichkeit 54, 59;
Peter legt die Latte höher 54, 66; Wagnis
und Gnade 54, 60; Bei Ho Ridschin in
der Zauberschule 55; Das Gespenster-
gespenst, Erzn. 55, 82; U-Zet hat einen
blinden Passagier an Bord, Jgd.-Erz. 55;
Herrin und Mutter 55, 61; Wirbelwind
trainiert auf Haltung 56, 60; Wirbelwind
verzaubert sich 56, 61; Der Feuerregen
57; Der Oberfrechdachs 57, 60; Noch viel
schöner Ursula 57; Alter Rosenkranz
modern 77. — **MV:** Sorgen eines
"Altgläubigen" 75.
MA: Die Großen der Welt, Biogr. 55;
Die Großen der Kirche, Biogr. 56.

Lutz, Eugen, Dr. phil., Schriftsteller;
Am Bergwald 20, D-7000 Stuttgart 61
(Stuttgart 29.10.19). Erzählung, Laien-
spiel, Hörfolge f. Heimat- u. Volkskunde,
Essay.
V: Hintergründiges lockendes Stutt-
gart 63; Schwabenstreiche 65; Mei'
Wortschatz. Schwäb. Wörterb. 66;
Gottlieb Friedrich Wagner 67.
MH: Schwäbische Sprichwörter und
Redensarten 65. ( )

Lutz, Harro, s. Ludwig, Helmut.

Lutz, Werner, ev.-methodist. Pastor;
Friedrich-List-Str. 69, D-7030 Böblingen,
Tel. (07031) 20570 (Altensteig 2.6.31).
Novelle, Roman, Kurzgeschichte.
V: Die Bewahrten, N. 61; Die Reise
nach Elba, R. 80; Karelius oder Die
Kraft der Schwachen, R. 81; Ein
Zuhause für den Herbst, R. 82; Auf
Großvater ist Verlaß, N. 83; Es gibt noch
Liebe unter den Menschen, N. 83.

Lutz, Werner; St. Alban-Rheinweg 82,
CH-4052 Basel, Tel. (061) 237353 (Heiden
AR 25.10.30).
V: Basler Texte Nr. 3, G. 70; Ich
brauche dieses Leben, G. 79.
MA: Junge Lyrik 56; Transit 56;
Jahresring 63/64 63; Panorama mod.
Lyrik 65; Gut zum Druck 72; Lyrik aus
d. Schweiz 73; Vándorkó; Schweizer
Lyrik d. 20. Jh. 77; Gegengewichte 78;
Literatur aus der Schweiz 78; Moderne
dt. Naturlyrik 80; Moderne dt. Liebes-
gedichte 80; Dimension 80; Die
Paradiese in unseren Köpfen 83.

Lutz-Gantenbein, Maria, Sprach-
lehrerin; ZSV 45, Lit. Club Zürich 45,
SSV 52; Aufmunterungspr. d. Stadt St.
Gallen 56 u. d. Stadt Zürich 56,
Anerkennungsgabe d. Stift. "Pro Arte"
Bern 76, Ehrengabe d. Kantons Zürich
80; Ankenweid 34, CH-8041 Zürich/2
(Duala/Kamerun 11.5.02). Lyrik.
V: Gefährten der Stille, G. 44; Aus
Monden reift das Jahr, G. 47; Die
Muschel, G. 52; Sommer ohne Glut, G.
57; In Fängen des Winds, G. 70; Im
Wanderschatten der Sonnenuhr, G. 70;
Neue Gedichte 75; Mond und Spinne,
Lyr. 78; Skarabäus, Lyr. 81; Zeit der
Liebe, Lyr. 82.
MA: Zürcher Lyrik, Anth. 55; Die
Ernte, Jb.; Der goldene Griffel, Dichtn.
Sanktgallischer u. Appenzeller Autoren
v. d. Frühzeit bis z. Gegenwart, Anth. 57;
Sonnenringe, Schweiz. Lyrikerinnen,
Anth. 58; Schweizer Schrifttum der
Gegenwart 62; Quer, Anth. 74; Lyrik I,
Anth. 79; Die Garbe, versch. Jg., G. in
mehreren Ztgn.

Lutz-Lorenz, Hertha (Ps. Hertha
Lorenz), Verlagslektor i.P.; Josef-
Friedrich-Perkonig-Gesellschaft;
Linsengasse 51, A-9020 Klagenfurt, Tel.
(04222) 55920 (Klagenfurt 24.4.16). Lyrik,
Novelle. Ue: E, F, L.
V: Die schöne Stadt, Nn. 47; Ein Tag
in der Hölle, Nn. 75; Fazit 60, G. 77.
MA: Nachdichtungen 59; 1001 Nacht
64; Die Nächte der Schehersade.

H: Otto Ludwig: Zwischen Himmel und Erde 52; Eduard Mörike: Mozart auf der Reise nach Prag 65; Arthur Schopenhauer: Aphorismen 65.

Ue: Ellery Queen: Sieben schwarze Katzen 49; Charlotte Brontë: Jane Eyre 53; Nathaniel Hawthorne: Das Haus der sieben Giebel 62; Alexandre Dumas (fils): L'affaire Clémenceau u.d.T.: Die polnische Gräfin 63; Héctor Malot: Ein Kind allein 59; Guy de Maupassant: Novellen: Liebe ist anders, Wer wirft den Stein, Am Leben vorbei, Bel ami, Ein Frauenleben, Ivette 64; Prosper Merimée: Colomba 53; Henry Murger: Die Bohème 61; Emile Zola: Germinal 60, Bestie Mensch 61, Gervaise 62; Ovid: Liebeskunst 62.

Lutze, Lothar, Dr. phil., ULehrer; VS Berlin 70; Im Neuenheimer Feld 330, Südasien-Inst. d. U. Heidelberg, D-6900 Heidelberg (Breslau 7.9.27). Lyrik.
Ue: Ind (Hindi, Bengali).
V: feldarbeit, 24 reihungen 67; schritte 13.
H: Lesebuch Dritte Welt 79, 82.
Ue: Als wär die Freiheit wie ein Stein gefallen, Hindilyrik d. Gegenw. 68; Gangesdelta, Bengal. Gegenwartslyrik aus Indien u. Bangladesh 74. ( )

Lutzke, Gerda *

Lux, Hans, ForstObAmtmann, D-3045 Wilsede, Post Bispingen, Tel. (04175) 520 (Ratibor/ObSchles. 5.1.21). Jagdbelletristik u. Unterhaltung, Heidebeschreibung.
V: Auf der Rotfährte 66; Ein Tannreis schmückt statt Blumenzier ... 68; Der Jagdteckel 68, 69; Grüne Geschichten 70; Vorstehhunde, Stöberhunde 70; Von Hunden, Schweiß und roten Hirschen 77; Wanderungen im Naturschutzgebiet Lüneburger Heide 79; Das Naturschutzgebiet Lüneburger Heide 83.

Lux, Werner, Elektrotechniker, Kälte-Klima; Avda. San Martin Klm. 9, a./c. Foto Rollei, RA-3380 Eldorado (Misiones)/Argentinien (Apia, Samoa Inseln 27.5.14).
V: Doña Manuela, Erz. aus Südamerika 79.
S: Chulú der Indio, Tonkass. ( )

Lyckhage geb. Schneider, Christa-Maria, Gemeindesekretärin; Mårdgatan 20, S-42171 V. Frölunda, Tel. (031) 291318 (Seifersdorf, Kr. Bunzlau 5.10.20).
Ue: Schw.
Ue: Bo Giertz: Stengrunden u.d.T.: Und etliches fiel auf den Fels 52; Kampen om människan u.d.T.: Kampf um den Menschen 55; Olov Hartman: Innanför u.d.T.: Die Kreuzrose 66, Brusande våg u.d.T.: Die brausende Welle 68.

Lysohorsky, Ondra, s. Goy, Erwin.

M

M-T-U, s. Tidick-Ulveling, Mimy.

Ma Prem Pantho, s. Petersen, Karin.

Maahn, Traute *

Maar, Paul; VS 76; Brüder Grimm-Pr. 81; Schillerstr. 49, D-7447 Aichtal, Tel. (07127) 5451 (Schweinfurt 13.12.37). Jugendbuch, Kindertheater, Hörspiel.
Ue: E, Am.
V: Der tätowierte Hund 68, 7.Aufl. 82; Der verhexte Knödeltopf 70, 4.Aufl. 80; Der König und der Kiste, Bü. 71, 2.Aufl. 81; Summelsarium 73, 4.Aufl. 82; Eine Woche voller Samstage 73, 8.Aufl. 82; Andere Kinder wohnen auch bei ihren Eltern 74; Lauter Streifen 75; Onkel Florians Fliegender Flohmarkt 76, 3.Aufl. 82; Am Samstag kam das Sams zurück 80, 3.Aufl. 82; Die Eisenbahn-Oma 81; Anne will ein Zwilling werden 82; Die vergessene Tür 82, alles Jgdb.; Kikerikiste 73; Maschimaschine 78; Mützenwexel 81; Das Spielhaus 81; Freunderfinder 82; Die Reise durch das Schweigen 82, alles Theaterst. f. Kinder; Das Tier-ABC 83. — **MV:** Frühling, Spiele, Herbst und Lieder, pädg. Fachb. 81, 3.Aufl. 82; Der Mönch, Theaterst. 83.
R: Der Turm im See, Hsp. 68; zahlr. Kinderhsp.
Ue: Clement Freud: Grimpel-super-höchstbestens 73; Barbara Robinsson: The best Christmas pageant ever u.d.T.: Hilfe, die Herdmanns kommen 74; Cora Annet: Armer Esel Alf 76; M. Mahy: The boy who was followed home u.d.T.: Ein Nilpferd kommt selten allein 77; S. Kellog: The mysterious tadpole u.d.T.: Malwine 79; S. Kellog: Paß auf, Pinkerton 81; T. Hakes Noble: Der Tag, an dem Jimmys Boa die Wäsche fraß 83.

Maas, Heinz A., Stadtamtmann; Weidenstr. 30, D-4660 Gelsenkirchen (Gelsenkirchen 8.4.20). **Ue:** E.
Ue: Jonathan Craig: Lachende Unschuld - Kalter Mord 63; Harry Sinclair Drago: Blutiger Sieg 64; Philip Ketchum: Tag der Rache 64; Allan Vaughan Elston: Ein Toter taucht auf 64; Talmagne Powell: Schrei Mord, wenn du kannst 64, alles Kriminalr. ( )

Maas, Herbert, Dr., StudDir.; Kachletstr. 45, D-8500 Nürnberg, Tel. (0911) 408187 (Nürnberg 1.5.28). populär-wissenschaftliche Bücher zur Bildung u. Unterhaltung.
V: Wou di Hasen Hoosn und di Hosen Huusn haßn, Nürnberger Wörterb. 77; Von Abel bis Zwicknagel, Lex. dt. Familiennamen 64; Wörter erzählen Geschichte, exemplar. Etymologie 65; Mausgesees und Öchselschenkel, kleine nordbayer. Ortsnamenkde 69; Nürnberg, Geschichte u. Geschichten. Für jung u. alt 76.

Maas, Josianne (Ps. Susanne Maas), Krankenschwester, Hausfrau, Stadt-verordnete; VS 71; Weidenstr. 30, D-4660 Gelsenkirchen, Tel. (0209) 584263 (Paderborn 10.1.21). Roman, Kurzprosa, Lyrik.
V: Du gehörst zu mir 64; Was du mir gabst 64; Die besten Jahre ihres Lebens 64 (auch fläm.); Nie werd' ich dich vergessen 64; Last der Vergangenheit 64 (auch niederländ.); Liebe überwindet alle Hindernisse 64; Meine kleine Prinzessin 65 (auch niederländ.); Am Rande des Abgrunds 65; Ein Herz kehrt heim 65; Der Schritt vom Wege 66; D-Zug nach Basel 67; Das siebente Jahr 67; Vergiß deine Angst 67 (auch franz., finn.); Glück kannst du nicht kaufen 68 (auch schwed., fläm.); Und immer kommt ein neuer Morgen 70; Begegnung in Paris 70; Nach jener Nacht der Tränen 72; Im Schatten seiner ersten Frau 74; Eva ist an allem schuld 75; Notruf für Dr. Eggers 75, alles R.
MA: Beispiele, Beispiele, Anth. 69; Frieden für Vietnam, G. 70; Schrauben haben Rechtsgewinde, Anth. 71; Lesen, Darstellen, Begreifen, Lese- und Arbeitsbuch 71; Geschichten, Berichte, Gedichte, Lesebuch 71; Revier heute, Anth. 71; Für eine andere Deutsch-stunde, Anth. 72; themen und texte, Lesebuch 73; drucksachen, Lesebuch 74; Texte aus der Arbeitswelt seit 1961, Anth. 74; Deutsches Lesebuch 75; texte deutsch, Leseb. 76; schwarz auf weiß, Leseb. 77; Sie schreiben in Gelsen-kirchen, Anth. 77; Sprache d. Statistik, Arbeitsb. 78; Stadtansichten Gelsen-kirchen, Dok. 78; Soziales Lernen im Unterricht, Lesewerk u. Arbeitsb. 78;

Geradeaus, Leseb. mit Begleitheft u.
Übungsb. 79; Lesen 1, Leseb. 79; Kontakt
1, Lese- u. Übungsb. 79; Meiner
Meinung nach 1, Lese- u. Übungsb. 79, 2
80; literatur zur unterhaltung — texte,
gegentexte und materialien zum
produktiven lesen 80; Sprache und
Beruf 3 81; Leserunde, Lese- u. Arbeitsb.
81; Erkundungen in einem unbekannten
Land, Sozialreportagen von 1945 bis
heute, Anth. 81.
R: Fluchtversuch, Mitarb. an Fernsehfeuilleton 72.

Maas, Susanne, s. Maas, Josianne.

Maasch, Erik, c/o C. Bertelsmann-
Verl., München.
V: Los, gieß die Palmen, heit. R. 83. ( )

Maass, Max-Peter, Dr. rer. pol., Kunst
u. Theaterkritiker; Johann-Heinrich-
Merck-Ehrung d. Stadt Darmstadt 64;
Pützerstr. 1, D-6100 Darmstadt, Tel.
(06151) 20264 (Itzehoe/Holst. 3.3.04).
Drama, Lyrik, Novelle, Essay, Hörspiel.
V: Das Apokalyptische in der mod.
Kunst, Ess. 65; Dellweg-Seggn, plattdt.
N. 75; Stine buten Dieks, plattdt. Kom.
75; Wenn dat sooo is, heitere plattdt.
Balln. 76.
R: Schüsse auf St. Pauli, Hsp. 31.

Maass, Siegfried; Leninring 26, DDR-
3260 Staßfurt.
V: Ins Paradies kommt nie ein
Karussell 76, 80; Lindenstraße 28 80, 82.
( )

Maaßen, Hanns, Steinbildhauer,
Publizist; SV-DDR 58; Heinrich-Mann-
Preis 58, Kunstpreis d. Stadt Leipzig 60
(Lübeck 26.12.08). Roman, Novelle,
Essay.
V: Die Messe des Barcelo, R. 57, 77;
Die Söhne des Tschapajew 60, 61; Die
Kreuzertaufe, Erzn. 63; Das
Maskottchen, Erzn. 65; Spanien, Reise-
beschr. 66; Potsdam, Bildbd. 70; In der
Stunde der Gefahr 71; Vom Heuberg
weht ein scharfer Wind, Erzn. 78, 81.
MA: Rote Zitadellen, Anth. 61;
Frühlingssonate, Anth. 61.
H: Lieder und Gedichte des Wider-
standskampfes 53; Brigada
internacional ist unser Ehrenname
74. — **MH:** Odio y amor, Anth. 66, 67. ( )

Macdonald-Ross, Erika, Lehrerin,
Dolmetscherin; VG Wort 82;
Gemeindeplatz 9, D-4620 Castrop-
Rauxel, Tel. (02367) 8397 (Castrop-
Rauxel 19.7.25). Lyrik.
V: Brennesseln, G. 81.

Machat, Egon, ObStudR. i.R.; Vors. Dt.
Literaturkr. in Schäßburg/

Siebenbürgen 60 — 75; Berliner Weg 11,
D-8192 Geretsried, Tel. (08171) 31907
(Hermannstadt/Siebenbürgen 21.4.14).
Kurzgeschichte, Drama, Übers.
Ue: Rum.
V: Humoristische Erzählungen aus
Schäßburg in Siebenbürgen,
Kurzgeschn. 81.
Lit: Volk und Kultur, Zs. in dt. Spr.,
Bukarest 11/70.

Macheiner, Dorothea, mag.theol.;
GAV 81, IGÖA; Thumeggerstr. 29a, A-
5020 Salzburg, Tel. (0662) 471644 (Linz/
Donau 21.3.43). Drama, Lyrik, Roman,
Essay, Hörspiel.
V: Splitter, G. 81; Puppenspiele, R. 82.
R: Meine Freundin und ich 78;
Grünes Land 79; Reviere 79; Rufe in die
Wüste 80; Kind, mein Kind 81, 82; Die
Selbstmörderin 82, alles Hsp.

Mack, Lorenz, Prof. h. c., Schrift-
steller; Vorstandsmitgl. I.A.K.V., Präs. d.
Kärntner S.V., P.E.N., SÖS, IADM;
Theodor-Körner-Literaturpreis 64, 3.
Preis b. Hörspielpreis d. ORF 68, Öst.
Ehrenkr. f. Wiss. u. Kunst 81; Karl
Wagner Platz 3, A-9300 St. Veit/Glan,
Tel. (04212) 2938 (Ferlach 19.6.17).
Roman, Novelle, Hörspiel, Kurzge-
schichte.
V: Das Glück wohnt in den Wäldern,
R. 52; Das gottlose Dorf, R. 53; Die Saat
des Meeres, R. 53; Räuberhauptmann
Fridolin Schneck, Schelmenb. 54; Auf
den Straßen des Windes, R. 55; Die
Brücke, R. 58; Sohn der Erde, R. 59;
Hiob und die Ratten (auch bulgar.,
ungar., slow.) 61; Die Weihnachtslegende
63; Peter und Anna leben in Österreich
63; Kärnten für Anfänger; An jenem
Samstag 65; Der Herr auf Weyer, R. 69;
Das Jahr von Siebenhirten, R. 70;
Martin Tallmann und seine Söhne, R.
71; Die Hunnenbrunner, R.; Der Tod im
Forsthaus, R. 76; Der Fall Bergmoser, R.
78; Das Jahr des Kutscher Josef, Erz. 80;
Treibholz, Erz. 81; Der Tod des Krämers,
R. 82.
MA: Rasthaus 54; Erzählungen der
Gegenwart 50 — 60, III, IV; Ein Baum
wächst aus dem Herzen 65; Die
Weihnachtsballade 65; Frohes Herz geht
nicht unter; Prosa von heute,
Begegnung 66; Gestern, heute und
morgen, Prosa aus unserem Jh. 69;
Hüben und Drüben 70.
H: Dichtung aus Kärnten, Anth. 71;
Bier am Montag morgen ...; Das Brot der
Jahre.
R: Zurück ins Leben, Hsp. 56; Ein
Mann der Drau, Hsp. 60; Das

trügerische Glück des Amtsdieners
Josef 69; Die Traditionsträger 70; Hiob
und die Ratten 71; Die Botschaft der
Vögel 68; Die weiße Schwalbe 71; Die
Trompete, Fsf. 69; Träume im Regen,
Hsp.; Treibholz, Hsp.; Im Clinch, Hsp.;
Josef und Anna, Hsp.; Die Trompete, Fs.
Lit: Interpretationen moderner Prosa.

Mack, Otto F., Verleger, Redakteur;
Ö.S.V., G.dr.S.u.K., IGdA; Ehrenkr. f. d.
Verd. Republ. Öst., Förderungspreis d.
Ges. f. Musiktheater, 1. Preis b. Short-
Story Wettbewerb, 1. Preis d. Hsp.
Wettbewerbs d. ORF, 1. Preis d. Lyrik-
wettbewerbs d. IGdA, weitere 10 Lit.Pr;
Vorstandsmitgl. d. Ges. f. Musiktheater,
Mitgl. d. Int. Theater-Inst. (UNESCO);
Rüdengasse 13/21, A-1030 Wien, Tel.
(0222) 732212 (Hromitz/ČSR 8.11.18).
Drama, Roman, Essay, Film, Hörspiel,
Lyrik.
V: Daniel und die Katastrophe 41;
Zwischen Staub und Sternen 42; Die
Brücke; D. abmontierte Regenbogen; Es
muß alles anders werden; D. Mensch-
heit u. ihre Zukunft; Der Kasperl und
das Wunschglöckerl, Bü.; Heilige Nacht;
Ein Fremder kam ins Dorf.
F: Madonna im Gebirge; Botschaft
des Friedens; Zeugen für Lauriacum.
R: Für eine Million Liebe; Liebe
contra Ehe; Ein Mann fällt vom
Himmel; Jeremias fliegt einfach weg;
Josef Fröhlich, 51, Angestellter; Tod
unter Birken; Flöte des Todes; Ernst
Fröhlich, Angestellter 48; RD, der Planet
des Schreckens, alles Hsp. bzw. Fsp.
S: Ernst Fröhlich, 48, Angestellter;
Zeugen für Lauriacum; Leere Hände.

Mackedanz, Hubert, Krankenpfleger
i.R.; VS Hessen; Bismarckstr. 17a, D-
6100 Darmstadt, Tel. (06151) 20235
(Köln-Mülheim 9.4.20).
V: Stückgut, Kleine Geschn. u. Aphor.
75; Kleingeschriebenes, Erzn. u. G. 75;
Der Flursegler, R. 78; Auf dem Wege zur
Vernunft gibt's kein Gedränge, Aphor.
79; Zuletzt nach Manching, Aufzeich-
nungen eines ehem. Wehrpflichtigen 80;
Prüfstand Erde, Weltanschauung 82.
MA: Aufschlüsse 78; Wort-Gewalt 80.

Mackensen, Helga, c/o Brinkhaus-
Verl., Rossdorf.
V: Kein unbeschriebenes Blatt,
Samml. v. ungewöhnl. G. u. Kurzgeschn.
82. ( )

Maczey, Gisela; Forststr. 14, D-1000
Berlin 28, Tel. (030) 4041088 (Berlin
13.3.23). Lyrik, Aphorismen.

V: auch heute ..., Aphor., G., Tagebuch-
notizen 74, 83.
MA: Versch. Anth.; Das Boot, Bll. f.
Lyr.

Mader, Ernst, Lehrer; An der Säge 2,
D-8951 Blöcktach (Obergünzburg
13.8.53). Lyrik, Erzählungen,
Dokumentation, Feature.
V: Nach der Zerstörung der Laube,
Lyr., Prosa 81; Das Geheimnis der
Quelle, Kdb. 81, 3. Aufl. 83; Allgäuer
Ansichten, Lyr. 82, 2. Aufl. 83; Das
erzwungene Sterben..., Dok. 82; Braune
Flecken auf der schwarzen Seele, Dorf-
gesch. 83.

Mader, Julius, Dipl.rer.oec., Dr.rer.pol.,
Dr.sc.jur.; SV-DDR 77; Gold. Feder d.
Verb. d. Journalisten d. DDR 78;
Französische Str. 9-12/S.1, DDR-1080
Berlin (Radzie 7.10.28).
V: Gangster in Aktion 59, 2.Aufl. 61;
Die graue Hand — E. Abrechnung m. d.
Bonner Geheimdienst 61; Die Killer
lauern, Dok.-Ber. 61; Jagd nach dem
Narbengesicht 62, 2.Aufl. 63; Geheimnis
von Huntsville 63; Der Banditenschatz,
Dok.-Ber. 65, 3.Aufl. 73; Nicht länger
geheim, wiss. Abh. 66; Who's who in
CIA? 68; Hitlers Spionagegenerale sagen
aus, Dok.-Ber. 70, 11.Aufl. 83; Los nuevos
Conquistadores, Dok. 71; Instruction 37/
57, Tatsachen und Hintergründe des
Putsches in Chile 1973 74; La OTAN y la
Junta Pinochet 77; The NATO
Conspiracy with the South African
Racists 79; NATO Backing for Southern
Rhodesias Racists 79; Neo-Colonialist
Practices of the FRG in Relation of
Namibia 79; CIA in Europa (1979-1982)
82. — **MV:** Dr. Sorge funkt aus Tokyo,
Dok.-Ber. m. H. Pehnert, G. Stuchlik 66,
6. Aufl. 76; Nicht länger geheim, m.
Albrecht Charisius, 4.Aufl. 80; Rote
Kapelle gegen Hitler, m. Alexander
Blank.
H: Partisan der Berge. Lebenskampf
eines österr. Arbeiters 71.

Maderner, Josef, Dr. phil. et rer. pol.,
Prof., Univ.Lektor, ABG z. österr.
Nationalrat, ABG zur Parlamentar.
Versamml. d. Europarates, Hofrat;
Theodor-Körner-Preis 57; Tristang. 36,
A-9020 Klagenfurt, Tel. (04222) 23717
(Wien 26.9.15). Roman, Reiseerzählung,
wiss. Publikationen.
V: Das Gemeinschaftsleben der
Eskimo 39; Europa, ein Problem der
Geschichtsdarstellung 48; Der blühende
Garten 48; Europasommer 56; Das
Andere Europa 59; Europa, ein Zelt u. 75
Pferde 61; Gegenwartsgeschichte

Kärntens 65; Zeitgeschichte 68; Die
Führungsschichten Klagenfurts 70; Die
Integration von Unterrichtsfächern 72;
Die Politik u. wir 75; Bildungspolitik
jenseits der Standesinteressen 79.

R: Europa im Werden 53; Europasommer 54; Sommer ohne Nacht 55; Das
andere Europa 57; Utopia, drittes Mille-
nium 60; Gegenwartsgeschichte
Kärntens 63; Zum Problem der
Geschichtsdarstellung 67; Mit dem Auto
nach Moskau 68; Die Führungsschichten Klagenfurts 69; Nicht alle
Österreicher sprechen deutsch 71; Die
Eiche u. die Linde 75; 1000 Jahre
Kärntens 76, alles Hfn.

Madjderey, Abdolreza, Dr. med.,
Nervenarzt; BDSÄ, FDA, RSGI; Obere
Remscheider Str. 32, D-5632 Wermels-
kirchen 1, Tel. (02196) 82686 (Maschhad/
Iran 14.7.40). Lyrik.
V: Wüstenkuss, Lyr.bd 79; Sorude
Pendar, G. 82; Traumcondor, G. 83.
MA: Synkope, Anth. 80.

Maedel, Karl-Ernst, Ingenieur;
Frankfurter Str. 93, D-6054 Rodgau 3,
Tel. (06106) 71137 (Halle 2.9.19). Essay,
Erzählung.
V: Geliebte Dampflok, Aufs. u. Erzn.
60, 69; Giganten der Schiene 62, 71;
Bekenntnisse eines Eisenbahnnarren,
Erzn. 64; Unvergessene Dampf-
lokomotiven 65, 68; Weite Welt des
Schienenstranges 65, 69; Dampf überm
Schienenstrang, Aufs. u. Erzn. 70; Im
Führerstand 76, 82; Erinnerungen an die
Dampfeisenbahn 82. — **MV:** Zauber der
Schiene, m. Hartmann 61.
Ue: Cattin: Rat-Blanc et son chauffeur
u.d.T.: Lokführer auf Pazifik 231 68.

Mäder, Helen, s. Mäder-Stampfli,
Helen.

Mäder, Rolf, Dr.phil.I, Gymnasial-
lehrer; Be. S.V. 81; Liebefeldstr. 85, CH-
3097 Liebefeld, Tel. (031) 590808
(Mühleberg BE 3.10.39). Kurz-
geschichten, Lyrik, Übers.
V: Mit eignen u. mit fremden Federn,
G. u. Übertrag. 78; Der Dinosaurier im
Liebefeld, Kurzgeschn. 79; zahlr. Lehr-
u. Sachb. — **MV:** La barzellettissima, m.
Saro Marretta, Witze u. Erzn. 78, 83.

Mäder, Ueli, Soziologe, Sekretär e.
Entwicklungsorganisation; Missionsstr.
23, CH-4055 Basel, Tel. (061) 253803
(Beinwil a. See 18.5.51). Roma,
Sachbuch.
V: Fluchthelfer Tourismus: Wärme in
der Ferne 82; Sepp — ein
Männerbericht, R. 83.

Mäder-Stampfli, Helen (Ps. Helen
Mäder), Hausfrau; Dorfstr. 71, CH-8802
Kilchberg/Zürichsee, Tel. (01) 7153364
(Rapperswil 21.5.25). Kinderbücher.
V: Die Säuniggel oder die verflixte
Sauberkeit, Kdb. 81; Der krumme
Spiegel oder das lustige Haus, Kdb. 82;
Spuk um Mitternacht, Kdb. 83.

Mändli, Jakob, Kaufmann; Auszeichn.
1.Rang Schweiz. Eisenbahner-Schriftst.
81; Schweizer. Verein. d. Eisenbahner
Maler, Bildhauer u. Schriftsteller 76;
Guetliweg 12, CH-8245 Feuerthalen, Tel.
(053) 42960 (Laufen-Uhwiesen 17.3.09).
Prosa, Gedicht.
V: Der Rheinfallschiffer, Romanze 65,
3. Aufl. 77; Licht und Schatten, G. 65;
Spätlese, G. 79; Geissbub am Kohlfirst,
Prosa 81.

Mänss, Gisela (Ps. Gisela Menz),
Lektorin; v. Kettelerweg 12, D-5870
Hemer, Tel. (02372) 14255 (Rippin/
Westpr. 13.3.43). Roman, Novelle,
Kinder- u. Jgdb.
V: Gitte und ihr Esel Grissy, Kinderb.
68, 71; Das gequälte Herz, R. 72; Wirf
keinen Blick zurück, R. 72. u.a.

Märker, Friedrich (Ps. Nikolaus Haug,
Fjodor Ukrainow); P.E.N. 31;
Essayistenpreis d. Stift. z. Förderung d.
Schrifttums 58, Gr. Bundesverdienst-
kreuz 59; Seewiesstr. 43, D-8133
Feldafing/Starnberger See, Tel. (08157)
422 (Augsburg 7.3.93). Novelle, Essay,
Drama, Hörspiel.
V: Lebensgefühl und Weltgefühl 20;
Zur Literatur der Gegenwart 22;
Pansymbolismus 23; Höhenheimkehr,
G. 23; Typen 30; Autokraten und
Demokraten 30; Die Heilung des Don
Quijote, Kom. 43; Der Ackermann und
der Tod, Zwiegespr. 46; Die heilige
Allianz, Sch. 50; Sinn und Gesetze des
Lebens 38, 48; Wandlungen der abend-
ländischen Seele 53; Weltbild 61.
Goethezeit 61; Das Menschenbild des
Abendlandes 63; Junge Rebellen — alte
Tyrannen 69; Die Kunst, aus dem
Gesicht zu lesen 71 (auch ital. 72); Der
Neue Mensch — Eine Alternative 77.
MA: Federlese in: P.E.N.-Almanach
67.
H: Lavaters physiognomische Frag-
mente 48.
R: Der Ackermann und der Tod 46, 50;
Abschied in Taganrog 53, alles Hsp.

Märker geb. Willinsky, Margarete (Ps.
Grete Willinsky), Dr. phil.; Seewiesstr.
43, D-8133 Feldafing/Starnberger See,
Tel. (08157) 422 (Libau 22.7.06). Kurz-

geschichte, Feuilleton, Kulinaria. Ue: E, F, R.

V: Die Kulinarische Weltreise 61, 68; Kulinarischer Feuerzauber 65; Die Mittelmeerküche 74; Aus russischen Küchen 75; Gemüse International 76; Kochbuch der Büchergilde 82.

Ue: H: Suwjetrußland in der Satire, Samml. 38; Schlaf schneller, Genosse! 40, 74; Der redliche Zeitgenosse 47, 58; Der russische Alltag 50; Moments Mausicals 57, 82; Der Rettungsanker 59; Bleib Mensch Genosse 70.

Maeß, Dagmar, Hausfrau; Josef-Klose-Str. 18, DDR-6902 Jena-Lobeda, Tel. (0791) 35041 (Gera 12.5.28). Erzählung, Anthologie.

V: Lachen, Weinen und Vertrauen, Erzn. 72, 76; Gott hat die Welt so schön gemacht, Kinderg. 73, 74; Salto ohne Netz, Erzn. 77, 80; Gottes ABC, Kdb. 80, 82.

H: Die große Hoffnung, Anth. 73, 76; Der Ernstfall vorwiegend heiter betrachtet, Anth. 74, 76; Geliebtes kleines Angesicht, Anth. 72, 83.

Maetz, Max, s. Wiesinger, Karl.

Mager, Hasso, Jurist; SV-DDR 62; Martin-Andersen-Nexö-Kunstpreis d. Stadt Dresden 65; Robert-Sterl-Str. 5b, DDR-8020 Dresden, Tel. (051) 470814 (Chemnitz 15.5.20). Roman, Novelle, Essay.

V: Goethe in Gefangenschaft, Erz. 62; Freitags zwischen drei und sechs, R. 64, 67 (auch poln.); Krimi und crimen, Ess. 69; Der Unbekannte bin ich, R. 72, 79; Bartuschek ist nicht mehr da, R. 73, 79 (auch russ.); Personalien oder das Glück zu zweit, R. 76, 80 (auch slow.); Mord im Hotel, R. 78; Gier, R. 83. — **MV:** Kolumbus in der Tatra, Text-Bild-Band, m. K. Kallay 79; Tschechoslowakei, Text-Bild-Bd, m. F. Němec 80, 82.

Lit: Annemarie Reinhard: Porträt eines jungen Autors, in NDL 2 65.

Magerl, Emil (Ps. Emil Magerl-Wusleben), Journalist; Verb. Egerländer Kulturschaffender 74; Goldene Ehrennadel d. Heimatkreises Tachau 70, Adalbert Stifter Medaille durch Bundesverb. d. Sudetendeutschen Landsmannschaft 73; Offenhausener Dichterstein 65; Hohlweiler 17, D-8533 Scheinfeld, Tel. (09162) 251 (Wusleben/Egerland 9.3.12). Lyrik, Essay, Roman, Novelle.

V: Heimat und Welt, G. 62; Sua schäin singt koan Vüagherl, G. 62; O Land,

mein Land, Verse 70; Borkum, Gedichte eines Sommers an d. Waterkant 72; So lange noch die Sonne scheint, G. 79; Skandinavische Reise, G. 80; Zur Religion der Sonnenkinder, G. 81; Ist das nich wunderbar, G. 82.

MA: Heimat, meine Erde, G. 49; Eine Sprache, viel Zungen, Mda.G. 66; Egerländer Heimatdichter 34; Egerländer Anthologie.

S: Sua schäin singt koan Vüagherl 60.

Magerl-Wusleben, Emil, s. Magerl, Emil.

Magyari, Kriemhild (Ps. Kriemhild Hildebrandt), Journalistin; Schriftst. in Schlesw.-Holst. e.V. 73; Reisestip. VS 74, Preisträgerin im achten Hsp.- u. Erzählerwettbewerb d. Ostdt. Kulturrats 76; Kaiserstr. 2, D-3200 Hildesheim, Tel. (05121) 33130 (Rathenow/Havel 28.5.39). Novelle, Roman, Funkerzählung.

V: Ohne Visum und Visier, Erzählbd 78; 5 Heftromane 81-83. — **MV:** Ums liebe Geld, Erzn. 66; Deutschland — Das harte Paradies, Hsp., Erzn., schöngeist. Lit. 77.

MA: Zahlr. Erzn. i. d. Kulturpolit. Korrespondenz Bonn 69-83; Schriftsteller in Schleswig-Holstein — heute, Anth. 80.

R: Das gekaufte Weihnachtsfest, Hörfunkerz. 76; Das geschenkte Lächeln, Hörfunkerz. 77.

Mahlau, Anne Lotte, s. Trapp, Else.

Mahlow, Erika (Ps.); Schriftsteller in Schleswig-Holstein u. Eutiner Kreis 47, ADA; Kreis der Freunde; Heinrichstr. 75, D-6400 Fulda u. Hofholzallee 102, D-2300 Kiel 1, Tel. (0661) 21503 (Alt-Döbern 20.10.09). Lyrik, Roman, Novelle, Feuilleton.

V: Ein Mann namens Schmidt, R. 54; Haltung, Anjuna, R. 56; Schlag deine Schatten, G. 60; Unter dem großen Wagen, Lyr. 61; Gedicht im Brief Nr. 4 u. 18 77; Moderne Märchen 77; Kirschblütenschnee, G. 77; Viele Grüße, kleiner Schnee, Kinderkrimi 80; Steinschlag, Legn. u. Erzn. 80; In den Tag gegangen, Lyr. 80; Der gestohlene Himmel. Ein Weihnachtsb. 83; Unwahrscheinliche Wahrscheinlichkeiten, Geschn. u. G. 84.

MA: Weihnacht, Erzn. 62; Friede auf Erden, Erzn. 63; Und das Licht scheinet.., Erzn. 64; Das unzerreißbare Netz 68, Jung ist, wer zu lieben weiß 74, Lieben, glauben und vertrauen 76, Stille 77, Zwischen 19 und 90 78, Und Ihr werdet die Sterne finden 78, alles Anth.;

Weihnachtsgeschichten aus Branden-
burg 81; Bayrischer Nordgautag 80;
Unser Boot heißt Europa; Silbern steigt
der Mond.
Lit: 52 Wochen Autoren im Kieler
Kulturtelefon 79; Lichtband-Autoren-
Bild-Lex. Bd 17, 22.

Mahn, Klaus (Ps. Kurt Mahr), Dipl.-
Phys.; Science Fiction Writers of
America; 380 Hiawatha Way, Melbourne
Beach, Florida 32951/USA, Tel. (305)
7296338 (Frankfurt a.M. 8.3.34). Science
Fiction, Übers. **Ue:** E.
V: Bluff der Jahrtausende 63; Projekt
Ranger 63; Die Ratten 63; Die Plasma-
Hölle 63; Das Rätsel des Universums 63
II; Abt. III greift ein 63; Der Götze von
Passa 63; Die Wunderblume von Utik 63;
Der Tod des Lordadmirals 64; Zwischen
den Milchstraßen 64; Das Versteck in
der Zukunft 64; Die Bestien der
Unterwelt 64; Station der Unsichtbaren
64; Die Dunkelwolke 64; Das letzte
Raumschiff 64; Der Fremde von Royale
64; Der große Denker von Gol 64; Hinter
der Zeitmauer 64; Die Sklaven von
Nowhere 64; Die Spiegel des Grauens
64; Im Labyrinth von Eysal 64; Spione
von der Erde 64; Treffpunkt Zukunft 64;
Vulkan contra Erde 64; Die Union der
2000 Welten 64; Im Banne der roten
Zwerge 64; Planet der Gespenster 64;
Die Sternentöter 64; Das Gestirn der
Einsamen 64; Diktator von Tittakat 64;
Drei von den galaktischen Abwehr 65;
Soldaten für Kahalo 65; Die heimliche
Invasion 65; Der Sturz des Stern-
diktators 65; Die Schrecken der
Hohlwelt 65; Sternstation im Nichts 65;
Sternkolonie Troja 65; Der Kampf um
die Pyramiden 65; Teleporter Achtung!
65; Der Nebel frißt sie alle 65;
Rendezvous im Weltall 65; Das System
der Verlorenen 66; Zeit wie Sand 66;
Baumeister des Kosmos 66; Die
Fremden aus dem Mikro-Nebel 66; Das
tödliche Paradies 66; Atom-Alarm 66;
Die Venusbasis 66; Mutanten im Einsatz
66; Die Geister von Gol 66; Planet der
sterbenden Sonne 66; Venus in Gefahr
66; Der Mann aus dem Nichts 76; Der
letzte Kurier 76; Signale auf Kanal acht
78; Der Fall Oberon 78; Geisterschiff
Crest IV 79; Das Sonnenkraftwerk 79;
Söhne der Liga 80, u.a.
Ue: Arthur C. Clarke: Fahrstuhl zu
den Sternen 79; Poul Anderson:
Geheimagent von Terra 80; Walter
Tevis: Mockingbird u.d.T.: Die Letzten
der Menschheit 81.

Mahnkopf, Kuno; Ostpreussenstr. 4,
D-3450 Holzminden.
V: Vorfälle aus H. und umliegenden
Orten, Kurzgeschn. 81. ( )

Mahnsfeld, Eugen, s. Klatt, Conrad.

Mahr, Kurt, s. Mahn, Klaus.

Mai, Gottfried, Dr.phil., Dr.theol.,
Pfarrer; AWMM-Buchpr. 83; Harlinger
Weg 2, D-2948 Grafschaft, Tel. (04423)
7287 (Finsterwalde N/L, Brandenb.
11.5.40). Novelle, Essay, Film, Reisebeschreibung, Erzählung.
V: Die Geschichte der Stadt Finsterwalde und ihrer Sänger, Heimatchronik
79; Der Überfall des Tigers, Erzn. f. Kd.
82.
MA: Auswanderermission in Bremen
und Nordamerika, Aufs. 73; Der Prozeß
gegen Petrus Friedrich Detry, Aufs. 76;
Jb. der Hermannsburger Mission, Ess.
76, 77/78, 79; Gustav-Adolf-Kinderkal.
78; Gottes Volk in vielen Ländern,
Leseb. 81; Energie zum Einschränken
81; Soldatenjahrbuch 83; Die Bundeswehr 82/83; Die Marine 82/83, alles Ess.
u. Erzn.; Ad memoriam Karl Hustedt,
Ess. 83; Factum, Zs. 82/83; Ethos, Zs. 82/
83.
H: Das dt. Bundesheer (1837–42),
Uniformkal. 82; Das dt. Bundesheer
(1837–47), Uniformkal. 83.
R: Der Mil-Geist, Fs. 82.

Mai, Manfred, s. Maier, Manfred.

Mai, Richard, Dr., Verleger;
Esterbergstr. 33, D-8130 Starnberg-
Söcking, Tel. (08151) 7413 (Aachen
18.7.00).
V: Auslanddeutsche Quellenkunde 36;
Ostdeutsches Anekdoten- und
Historienbuch 56. — **MV:** Deutsche über
Land und Meer, m. Wagner 42.

Maibach, Eduard, c/o Schweizer
Autoren-Verlag, Schaffhausen.
V: Mona Lisas Schweizerreise, R. 82.
( )

Maier, Bernhard, Dr. phil.,
Kulturreferent; Im Münchtal 104, D-
7630 Lahr/Schwarzw., Tel. (07821) 25720
(Lahr 17.8.33). Feuilleton, Essay.
V: Alt-Lahr in Bildern 78; Liebes
Lahr, m. Aquarellen v. H. Jäger 80. —
MV: Badische Städte 73.
R: Stern der Ungeborenen, Der
unbekannte Mystiker Franz Werfel 65.

Maier, Gerhard, Pfarrer i.R.;
Lerchenweg 5, D-7321 Schlat, Tel.
(07161) 813342 (Vordersteinenberg
12.4.14). Lyrik.

V: Aus meinem Bilderbuch, G. 59; Der
Blumenvagabund, G. 61; Das große
Staunen, G. 83.

Maier, Hans Helmut *

Maier, Manfred (Ps. Manfred Mai),
Realschullehrer; VS 82; 2. Lyrikpr. im
Mundart-Wettbew. d. Ldes Bad.-Württ.
81, Förderstip. d. Förderkr. Dt. Schrift-
steller 83; Otto-Butz-Str. 12, D-7472
Winterlingen (Winterlingen 15.5.49).
Lyrik, Roman, Kurzgeschichte, Hör-
spiel.
V: ...und brennt wie Feuer, Jgd-R. 80;
Suchmeldung — Gedichte zum An-
fassen 15.Aufl. 83; Do kaasch nemme, G.
in schwäb. Mda. 80, 6.Aufl. 82; Hinter der
Wolke keine Sonne, R. 81; S ischt älls a
Weile schee, Schwäb. G. u. Geschn. 82;
So weit kommts noh — Gereimtes und
Ungereimtes von der Schwäbischen Alb
82; Du gehörst dazu, Patricia, Erz. 83;
Ohne Garantie, G. für später 83.
H: Keine Angst vor d. Angst,
Kurzgeschn. 80; Geschenk-Geschichten
83.
R: Umgehungsstraße, Hsp. in schwäb.
Mda.; Die Fahrgemeinschaft, Hsp. in
schwäb. Mda.

Maier, Mathilde, Dr.rer.nat.; Fazenda
Jaù C.P. 26, 86600 Rolândia PR./Bras.,
Tel. (0432) 562499 (Dinslaken 14.7.96).
V: Alle Gärten meines Lebens 78
(auch engl., bras.); Die Geschichten des
Wunderrabbi von Michelstadt 82.

Maier, Peter, Industriekaufmann;
Dürerstr. 7, D-7141 Freiberg a.N., Tel.
(07141) 74406 (Stuttgart 9.10.57). Lyrik.
V: Manchmal wünscht ich, ich wär ein
Vogel, Lyr. 82.

Maier-Dorn, Emil, Schriftsteller;
Schadeck, D-6251 Runkel 8 (Kaufbeuren
26.9.08). Lyrik.
V: Gedicht aus den Jahren 1927 - 1967
67; Dr. Dr. Heinemann — Geschichte u.
Geschichten 71; Deutschland von
Rußlands Gnaden 72; Welt der
Täuschung u. Lüge 74; Die Deutschen
ein Volk v. Selbst-Zerstörern 77;
Alleinkriegsschuld — Unkenntnis oder
Feigheit 78; Magische Macht Mammon
79; Anmerkungen zu Sebastian Haffner
81.

Maier-Krafft, Josef, Dr.,
Rechtsanwalt; Regensburger
Schriftstellergruppe 69; Kulturpreis
Ostbayern 76, Anerkennungspr. f. Lit d.
Ldkr. Freising 83; Obere Hauptstr. 20,
D-8309 Au i. d. Hallertau, Tel. (08752) 338
(Großkoellnbach 30.4.06). Roman,
Kurzgeschichte, Drama.

V: Altbairische Geschichten, Erzn. 70,
79; Lieber Gott, was nun?, Religionskrit.
Betrachtungen 70; Bitterer Hopfen, R.
75; Die Großmutter von Finkenzell, Erz.
79.

Mairinger, Dieter, Mag., Lehrer;
Publikums-Jurypr. Literaturwettbew. d.
o.ö. Arbeiterkammer Linz 76, Dr. Ernst
Koref-Pr. 79, Mundartprosapr. d.
Stelzhamerbundes 82; Am Damm 253,
A-4222 St. Georgen/Gusen, Tel. (07237)
2502 (Linz/D. 12.4.43). Drama, Lyrik,
Satire, Hörspiel, Fernsehspiel.
V: Waunn ih so schau, Dialekttexte 76;
Herrgott-Meditationen in der
Umgangssprache, Dialektmeditat. 79; Es
is a Gfrett, Dialekttexte 79; Demnächst
in diesem Theater, Sat. 80; So wie bei
Sonnenuhren, Lyr. 80; Wehrgraben/
Dokumentation — Vision, Texte in
Dialekt zu Bildern von Friedrich
Gradisnik 81; Onkel Ferdinand,
Monodram 82; In Bethlehem im Stall,
Dialekttexte 82.
MA: Max und Moritz,
Dialektübertrag. 82; Allerhand so
Gschichten für d'Ofenbänk,
Dialektprosa 83.
R: Da Bauer kommt, Kurzsf. 77.

Maiwald, Peter, Schriftsteller; VS 75;
Annostr. 29, D-4040 Neuss, Tel. (02101)
541922 (Krötzingen/Krs. Nördlingen
8.11.46). Lyrik, Essay.
V: Geschichten vom Arbeiter B., G. 75;
Antwort hierzulande, G. 76; Die Leute
von der Annostraße, G. 79.
S: Peter, Paul und Barmbek 75 75;
Fasia 76; Der Fuchs 76; Die Steinstadt-
Suite 78; Die Leute von der Annostraße
79; N. A. Huber: Lieder 79; Rauch-
zeichen 79; Feuerball 79; Koslowsky 80;
Manchmal wächst aus mir der Tag 81;
Das Lied von der Erde 82; Faaterland
83.
Lit: Manfred Bosch/Klaus Konjetzky:
Für wen schreibt er eigentlich? 73.

Majo, s. Maurer, Joseph.

Makosch, Ulrich; Gold. Feder 83
(Wittenberge 17.3.33).
V: Heute in Japan 59; Zwischen
Fudschijama und Himalaja 62; Paradies
im Ozean 66; Jahre in Asien 70, alles
Reiseber.; Das Mädchen vom Sambesi
75; Das Gebet in der Zitadelle; Reisen
auf d. Philippinen 78; Viva Cuba 80.
MA: Asien 64; Salam Fatima! Frauen
der erwachenden Welt 72, 2. Aufl. 75;
Hanoi, Manila, Pjöngjang 78; Mexiko 82.

Malan, Thomas Michael, s. Soik,
Helmut Maria.

von Malchus, Leila, s. von Wandau,
Luise Elisabeth.

Malcolm, Elisabeth; Naabstr. 7, D-
8200 Rosenheim, Obb.
V: Ich möchte die Wüste grün machen
66, 70; Der bedrohte Mond 68; Schöne
Mädchen habens schwer, R. 70, 75;
Einfach so verschwinden, R. 74; Gleich
morgen fängt die Zukunft an, Jgdb. 76,
79, Tb. 81; Alle Bilder die ich sehe, Jgdb.
76 u. 77; Immer wieder Anfang 77;
Gegenwind 78; Ein paar Blumen für
morgen 78, Tb. 80; Ehe es tagt, singen
die Vögel 78; Ein Sommer voller Ferien
80; Kein Tag ist wie der andere 80. ( )

von Malfer, Albert, Dr. med.,
Nervenarzt; Freiheitsstr. 65, I-39100
Bozen, Tel. (0471) 34166 (Lang/Steiermk
8.10.14). Lyrik.
V: Splitter u. Späne, G. 66.

Malkowski, Rainer; Förderpr. d.
Bayer. Staates 76, Hermann-Hesse-
Förderpr. 77, Leonce- u.-Lena-Pr. 79,
Villa-Massimo-Stipendium für 80;
Bahnhofstr. 10, D-8204 Brannenburg,
Tel. (08034) 7430 (Berlin 26.12.39). Lyrik,
Prosa.
V: Was für ein Morgen, G. 75;
Einladung ins Freie, G. 77; Vom Rätsel
ein Stück, G. 80. − **MV:** Die Nase, Kdb.
81 (auch franz., span.).
MA: diverse.
H: Das Insel-Buch zur Mitternacht 81.

Mallek, Erhard, c/o Verlag Neues
Leben, Berlin (Ost).
V: Der General hat nicht geschrieben
80. ( )

Mallepell, Joseph *

Maller, Martin, s. Winkelhog,
Christian.

von Mallinckrodt, Gerd *

Mally, Anita, Schriftstellerin, Schau-
spielerin, Hotelkaufmann; Förderpr. f.
Lit. d. Sudetendt. Landsmannschaft 80,
Drehbuchpr. d. Bayer. Filmförd. 82;
Pienzenauer Str. 8, D-8000 München 80,
Tel. (089) 986275 (Bad Steben 10.12.48).
Roman, Drehbuch, Kurzgeschichte.
V: Premiere, R. 80, Tb. 81; Mehr als
ein Leben, R. 82.

Mally, Leo Hans, Dr. phil., Redakteur;
Förderpr. d. dt. Ges. d. Wiss. u. Künste in
Prag 24/25, Adalbert-Stifter-Preis 41/42,
Sudetendt. Anerkenn.pr. 64, Kulturpr. d.
Stadt Passau 66, Adalbert-Stifter-Med.
71; Hafnerweg 12, D-8360 Deggendorf,
Tel. (0991) 5571 (Hammern, Böhmerw.
18.6.01). Lyrik, Roman, Novelle, Essay.

V: Gedichte 28; Der alte Böhmerwald,
Erz. 40, 61; Geschichten um ein Wald-
dorf 41, 44; Die abendfarbene Schale, N.
41, 44; Die Meister v. Prag, N. 41; Die
zwölf Nächte von Prag, R. 42, 49; Prag,
G. 42; Eine Handvoll Lustiges, Erz. 44;
Oberammergau, Text z. Bildbd. 60;
Unter den Türmen v. Prag, G. 64; Briefe
aus Prag u. d. Böhmerwald, G. 80. −
MV: Wildwuchs, Anekdn. 79.
MH: Des Waldes Widerhall, Anth. 74.

Malter, Wilhelm (Ps. W. M., Helwala),
Staatsbank-Amtmann i.R.; V.F.S. 64;
Pegnesischer Blumenorden 50;
Schönweißstr. 10, D-8500 Nürnberg, Tel.
(0911) 447935 (Nürnberg 7.3.00). Lyrik,
Roman, Glosse, Mundartgedichte,
Wanderführer, Freilichtspiele.
V: Das Reichswaldwanderbuch 39, 40;
A Unteranander, G. 41; Hinaus in die
Nähe 58; Pöiterlasdeitsch 62;
Altnürnberger Weihnacht 62; Rangau-
Führer 63; Altmühltalführer 64;
Nürnberger Auto-Wanderbuch 64;
Oberfranken-West 65; Oberfranken-Ost
66; 's Joahr göiht rum 70; Rangau-
Franken, Markgrafenland und Reichs-
städte 74; Mittelfranken, Nürnberger
Umland 74.
MA: Fränkisches Wanderbuch 30;
Eichstätt u. Altmühltal, m. August
Sieghardt 63; Die lachende Noris 63;
Nürnberg, Stadt u. Umgebung 65;
Nürnberger Luginsland 69.
S: nürnberger gwerch 71.

Mand, Andreas, c/o Nautilus/Nemo
Press, Hamburg.
V: Haut ab. E. Schulaufsatz 82. ( )

Mander, Matthias, s. Mandl, Harald.

Manderscheid, Roger,
Hauptinspektor im Kulturmin.; P.E.N.
70; Rue Astrid 20, L-1143 Luxemburg,
Tel. (0352) 440530 (Itzig/Luxemb. 1.3.33).
Hörspiel, Roman, Film, Lyrik, Drama.
V: Der taube Johannes, Erzn. 63; Die
Glaswand, Hsp. 66; Statisten, 3 Hsp. 70;
Die Dromedare, R. 73; Rote Nelken für
Herkul Grün 74, 83; Stille Tage in
Luxemburg, Drehb. 75; Schrott, Hsp. 78;
Leerläufe, Prosa 78; Ananas, Hsp. 83;
Ikarus, sat. Epos 83.
R: Die Glaswand, Hsp. 66; Ananas,
Hsp. 71; Schrott, Hsp. 72; Stille Tage in
Luxemburg, Fsf. 73.
Lit: Anne Weis: Die literarische
Technik bei Roger Manderscheid, lit.
Diss. 71; Robert Steffen: Der Schrift-
steller in Luxemburg am Beispiel Roger
Manderscheid, lit. Diss. 80.

Mandl, Harald (Ps. Matthias Mander),
Kaufm. Angest.; P.E.N.-Club Wien 80;
Anton-Wildgans-Pr., Förder.pr. z. Peter-
Rosegger-Pr., 1. Pr. f. Lit. Jugendkultur-
woche Öst. Innsbruck; Karl Suschitz-
Gasse 3, A-2201 Gerasdorf, Tel. (02246)
3327 (Graz 2.8.33). Roman, Novelle.
V: Summa Bachzelt, Erzn. 66; Der
Kasuar, R. 79, 80; Das Tuch der Geiger,
Erzn. 80.
MA: Das Buch v. d. Steiermark 68.
Lit: R. U. Klaus: Matthias Mander u.
sein Roman "Der Kasuar" in: Lit. u.
Kritik 80.

Mandl-Weilen, Helene, s. Weilen,
Helene.

von Manger, Jürgen, Schauspieler,
Kabarettist, Schriftsteller; 2 Goldene
Schallplatten; Hölkeskampring 184, D-
4690 Herne I, Tel. (02323) 30711 (Koblenz
6.3.23). Kurzgeschichten, Szenen.
V: Bleibense Mensch!, Kurzgeschn. 66,
79.
R: Bleibense Mensch! sagt Tegtmeier,
8 Fsf.
S: Stegreifgeschichten 62, 63; Mensch
bleiben! 65; Neues von Tegtmeier 67;
Tegtmeier "Leif" 69; Meine Rübe -
Deine Rübe 71; Tegtmeiers Knüller 72;
Cowboys mit Spinat 75; Also ääährlich
77; Tegtmeier für Millionen 78;
Gestatten, Tegtmeier — is angenehm!
81.
Lit: Joachim Stave: Der Ruhrdeutsche
68; Hans Dietrer Heistrüvers: Jürgen v.
Mangers Ruhrdeutsch als Mittel der
Einführung in die Stilanalyse und
Umgangssprache 70; Franz Pietzcker:
Der Manger-Deutsche 70; Doris Mathias
u. Hans-Dieter Fischer: Bleibense
Mensch! — spricht Adolf Tegtmeier
restringiert? in: Muttersprache 87. Jg.
77.

Mangold, Christoph, Journalist; P.E.N.
65, Gruppe Olten 70; Basler
Literaturkredit 67, Stiftung Pro Helvetia
70; Dammerkirchstr. 34, CH-4000 Basel,
Tel. (061) 578423 (Basel 17.3.39). Roman,
Lyrik, Kurzprosa, Glosse. **Ue:** E.
V: Manöver, R. 62; Sei's drum, G. 68;
Konzert für Papagei und Schiffer-
klavier, R. 69; Christoph Mangolds
Agenda, Kurztexte 70; Das Gegenteil
von allem, G. u. Gesch. 75; Rückkehr aus
der Antarktis, R. 77; Gras anmalen, G.
80; Zdenka, R. 80; Keine Angst, wir
werden bewacht, G. 82.
MA: Texte, Prosa junger Schweizer
Autoren 64; Modernes Schweizer
Theater 64; Drucksachen, Prosa junger
dt. Autoren 65; Tintenfisch 70, 71; Dieses

Buch ist gratis 71; Beispielsätze 72;
Erkundungen 74; Taschenb. d. Gruppe
Olten 74; Fortschreiben 77; Basel u.
seine Autoren 78; Lesezeichen 78;
Vaduzer Predigten 79; Ich hab im
Traum die Schweiz gesehn 80, 82.
R: Stationen, Hsp. 64, 65; Mi Namme
isch Matter, Dialekt-Hsp. 63, 66; Polizeistunde; Die Besetzung, beides Fsp. 72.
Lit: T. Gross, M. Kohli: Die Wirklichkeit der Literatur. Zur Soziologie des
schweizerischen Gegenwartsromans 67;
W. Schiltknecht: Aspects du roman
contemporain en Suisse allemande
entre 1959 et 1973 75.

Mangold, Heinz, Texter; Parkstr. 2, D-
7910 Neu-Ulm, Tel. (0731) 85588 (Ulm
20.7.40). Roman, Erzählung.
V: Keine Tür für Jonathan, Erz. 68;
Miteinander – Füreinander, R. 68; Frei-
zeitspiele, R. 71.

Mankopf, Pia *

Mann, Golo, Dr. phil., Prof.; Fontane-
Preis 62, Schiller-Preis der Stadt
Mannheim 65, Büchner-Preis 68,
Gottfried Keller-Preis, Zürich 69,
Lit.preis dt. Freimaurer 72, Gr. Bayer.
Verdienstkreuz 72, Dr.h.c. Univers.
Nantes 73, Pour le Mérite 73, Bayer.
Verdienstorden 74, Bayer. Maximilians-
Orden 82; Dt. Akademie f. Sprache u.
Dicht., Darmstadt, Bayer. Akad.
Schönen Künste 67, American Acad. of
Arts and Sciences 77; Alte Landstr. 39,
CH-8802 Kilchberg/Zürichsee. Essay,
Geschichte.
V: Friedrich von Gentz - Geschichte
eines europäischen Staatsmannes 47;
Vom Geist Amerikas 54, 61; Deutsche
Geschichte des 19. und 20. Jahrhunderts
58; Geschichte und Geschichten, Ess. 62;
Wallenstein, Biogr. 71; Wallenstein,
Bildbd. 73; Zwölf Versuche, Ess. 73;
Zeiten und Figuren, Ess. 79. —
MV: Außenpolitik, m. Harry Pross 58.
H: Propyläen Weltgeschichte 60 — 65
XII. — **MH:** Neue Rundschau seit 63.
s. a. Kürschners GK.

Mann, Matthias, s. Heinemann, Erich.

Mann, Monika, Feuilletonistin; Villa
Monacone, I-80073 Capri/Napoli
(München 7.6.10). Lyrik, Novelle, Essay.
V: Vergangenes und Gegenwärtiges
56 (auch engl.) Der Start, Tageb. eines
Musikers 60; Tupfen im All, Prosa u. G.
63; Wunder der Kindheit, Bilder u.
Impressionen 66; Die Jacke, Aphor. aus
dem Alltag 66; Thomas Mann, Klaus
Mann (Artikel in: Merkur, Neue Dt.
Hefte) 75. ( )

Mannale, Sigrid, s. Schwörer, Sigrid Ida.

Manser-Kupp, Gretel; Geerlisbergstr. 447, CH-8303 Bassersdorf, Tel. (01) 8365391.
V: S lieb Müetti verzellt 43; Mir säged uf 44; Unseren kleinen Leseratten 44; Chumm Chindli, los! 46; Rund um das Rebenhaus 62; Auf 2 × 2 Beinen 63; De Purzel I 69, II 81; D Gretel Manser verzellt vo Bölehuse 74; D Monets-Ritschuel 79.
S: De Purzel I 76, II 77; Bölehuse 78 II; D Monets-Ritschuel 79; Versli + Liedli für jedes Fäscht 80; S lieb Müetti verzellt 80; Chumm mit eus is Märliland 81; Juhui, ich gahn id Schuel 82; De Päiass 83.

Mansfeld, Helmut, Industrie-kaufmann; Brandvorwerkstr. 62, DDR-7030 Leipzig, Tel. (041) 315978 (Ahlsdorf, Kr. Eisleben 10.11.20). Roman, Erzählung, Kurz-Prosa.
V: Der Treck, R. 78, 2. Aufl. 80; An der Ecke und anderswo, Geschn. 81.

Manson, Judy, s. Schulz, Helga.

Mantel, Felix, s. Kusche, Lothar.

Manthey, Jutta, s. Meyer, Jutta.

v. Manthey, Paul, s. Knaak, Lothar.

Many Terzok, s. Trezak, Manfred.

Manz, Hans, Lehrer; Gruppe Olten 73; Werkjahr d. Kt. Zürich, Pr. d. Schillerstift. Schweiz, Auswahlliste Dt. Jugendbuchpr. 71, 74, 76, 79, Werkjahr d. PRO HELVETIA 78, Ehrengabe d. Stadt Zürich 81; Hardturmstr. 316, CH-8005 Zürich, Tel. (01) 449776 (Wila/Zch 16.7.31). Lyrik, Novelle, Film, Roman.
Ue: E.
V: Lügenverse 67; Dreißig Hüte 68, beides Lyrik f. Kinder; Konrad 70; Eins, zwei, drei 72, beides Erz. f. Kinder; Worte kann man drehen, Sprachsp. 74; Ess- u. Trinkgeschichten, Fabeln 75; Adam hinter dem Mond, Erzn. 76; Helen Oxenburys ABC, Kinderreime 77; Kopfstehen macht stark, Sprachsp. 78; Grund zur Freude, R. 81; Ueberall und niene, Mda.-Lyr. 83.
MA: Kinderballaden 68.
H: Der schwarze Wasserbutz, Schweizer Sagen.
R: Das fliegende Haus, Fs.-Trickf. 77.
Ue: Sendak: Die Nachtküche; Sendak: Die Minibibliothek; Ungerer: Monsieur Racine; Ungerer: Der Zauberlehrling; Gorey: Er war da und sass im Garten.

Marazzi, Elvira, kfm. Angest.; Langackerstr. 9, CH-8952 Schlieren, Tel.

(01) 7307452 (Zürich 27.1.53). Lyrik, Essay
V: Tauwetter 81.

Marcellus, Antonius, s. Reimers, Emil.

Marchi, Otto, Dr. phil., Publizist, Schriftsteller, Historiker; Gruppe Olten 79; Weinmarkt 18, CH-6004 Luzern, Tel. (041) 512282 (Luzern 13.4.42). Roman, Essay.
V: Schweizer Geschichte für Ketzer, hist.-lit. Arb. 71, 81; Rückfälle, R. 78; Sehschule, R. 83.
MA: Fortschreiben, 98 Autoren d. dt. Schweiz, Anth. 77; Ich hab im Traum die Schweiz gesehn, Anth. 80.

Marcks, Marie, Graphikerin, Karikaturistin; VS 74; Handschuhsheimer Landstr. 94, D-6900 Heidelberg, Tel. (06221) 480166 (Berlin 25.8.22). Politische und sozial-politische Karikatur.
V: Weißt du daß du schön bist? 74-79, Ich habe meine Bezugsperson verloren 74-79, Immer ich! 75, 79, Alle dürfen, bloß ich nicht! 76, 79, Krümm dich beizeiten! 77-79, Euch gehts zu gut! 78, 79, Vatermutterkind 78, 79, Die paar Pfennige 79, Reinbeker Bilderbogen 80, alles Karikaturen, Texte; Sachzwänge 80; 4 Kleine Menschenbücher: Sichelmond und Sterne, Es war einmal ein Mädchen, Nudeln und Tomatensoße, Wie Hans groß und stark wurde 81; Roll doch das Ding, Blödmann 82; Darf ich zwischen euch? 82; Wer hat dich du schöner Wald? 83.
F: City — life, Zeichenfilm u. Text 68; Genie und Vogel, Zeichenfilm u. Text 68; Schülerexpress, Zeichenfilm u. Liedertexte 77, 78.

Marcus Karger, s. Karger, Markus.

Marczik, Edeltrud (Ps. Trude Marzik), Angestellte i.R.; Theobaldg. 5, A-1060 Wien, Tel. (0222) 5640225 (Wien 6.6.23). vorwiegend Lyrik.
V: Aus der Kuchlkredenz, G. 71; A bissl Schwarz A bissl Weiss 72; Parallelgedichte 73; Trude Marziks Wunschbüchl 74; Zimmer Kuchl Kabinett, G. u. Prosa 76; Das g'wisse Alter, Lyrik 79; A Jahr is bald um, G. 81. — **MV:** Wenn Sie mich fragen, m. Fritz Muliar 72.
S: zahlr. Texte für Lieder u. Chansons.

Marder, Eva; Kaiserstr. 36, D-8000 München 23, Tel. (089) 347632 (Königsberg/Ostpr. 10.8.16). Jugendliteratur, Funk, Fernsehen.
V: Diogenes und der ganz schwarze Tom 63; Der himmelblaue Elefant 65,

alles Kinderb.; Die Nibelungen sind an allem schuld 66; Der kleine Straßenkehrer 67, 79, Tb. 82; Eine Wärmflasche für den Wassermann 68; Der alte Drehorgelmann 69; Ein Bahnhof zieht um 70; Der Igelspiegel 71; Der Bär auf dem fliegenden Teppich 71; Tausche Bären gegen Hund 72; Taxifahrer Seehund 74; Sandro, der Landstreicher 76, Tb. 81; Heute nacht 77; Kindergeschichten aus England, Anth. 77; Tim u. die Kinder aus der Dachstraße 78; Die Taschen voller Luftballons 78; Otto ist der größte 80; Und das war erst der Anfang 81; Die Kanalratten 81. ( )

Marder, Jürgen, Redakteur; BJV seit 47; Bdesverd.kreuz 82; Gartenstr. 17, D-8042 Schleissheim vor München, Tel. (089) 3150506 (17.8.21). Feuilleton, Erzählung, Satire.
V: Nur kein Neid auf München, Feuilletons 79; Der aufgeschnauzelte Schnauzl, Glossen 83.
MA: Publizistik, Festschrift f. Otto Groth 65; Ludwig-Maximilians-Universität München, Gesch., Gegenwart, Ausblick 72; Wegzeichen, Zum 65. Geburtstag von Hugo Maser 77.
MH: Evangelisches Leben in Würzburg, Bildband 63.

Maresch, Lotte, c/o Heimatland Verlag, Wien, Öst.
V: Wegwarten, G. 80. ( )

Marg, Gerhard, Pfarrer i. R.; Hohelandstr. 70, D-2400 Lübeck, Tel. (0451) 795922 (Arnswalde, Nm. 28.6.02). Roman, Drama, Lyrik.
V: Was töricht ist vor der Welt - Briefe eines jungen Römers 55; Gespräche in Augsburg 56; Demetrius 62.
MA: Glaube und Dienen 64; Die Tür ist aufgetan 64.

Marginter, Peter, Dr. jur. et rer. pol., Diplomat; P.E.N. 68; Maria-Theresienstr. 22/11, A-1010 Wien, Tel. (0222) 3113662 (Wien 26.10.34). Roman, Kurzprosa, Film, Übers. **Ue:** E.
V: Der Baron u. d. Fische, R. 66, 81; Der tote Onkel, R. 67, 81; Leichenschmaus, Erzn. 69; Der Sammlersammler, Erz. 71; Die göttliche Rosl, Erz. 72; Königrufen, R. 73; Pim, Jgdb. 73; Wolkenreiter & Sohn, Jgdb. 75; Zu den schönsten Aussichten, R. 78, 81 (Tb.); Die drei Botschafter, M. 80; Das Rettungslos, R. 83.
R: Die Mäusefrage 72; Olympische Spiele 74; Schallaburg 81, alles Hsp.; Der tote Onkel, Fsf. 82.

Ue: Toole: Ignaz o. Die Verschwörung der Idioten 82; Robert Graves: Seven Days in New Crete u.d.T.: Sieben Tage Milch und Honig 83.

Margolius, Hans, Dr. phil., Bibliothekar; P.E.N.; Amer. Philos. Assoc., Schopenhauer-Ges.; 1506 S.W. 23. Street, Miami, FL 33145/USA, Tel. (305) 85601115 (Krotoschin/Posen 12.9.02). Essay, Aphorismus.
V: Ethische Studien, Ess. 32; Vom Wesen des Guten, Ess. 34; Grundlegung zur Ethik, Ess. 36; Ideal und Leben, Philosophische Gespräche 36; Kräfte des Guten, Aphor. 54; Aphorismen zur Ethik 57; Thoughts on Ethics 62; Wachstum der Liebe, Aphor. 63; System der Ethik, Ess. 67; Das Gute im Menschen, Aphor. 70; Values of Life, Ess. and Notes 71; Werte u. Wege, Aphor. zur Ethik 77; Einsicht und Ausblick 77; Betrachtungen 78; Notizen zur Ethik 80; Gedanken zur Ethik 82.
H: Deutsche Aphorismen 53; Was wir suchen ist alles, Aphor. der Weltliteratur 58; Der lächelnde Philosoph, Anekdn. 63. — **MH:** Besinnung und Einsicht, Aphor. d. 19. u. 20. Jhs 81.
Lit: Hugo Marcus: Hans Margolius - Wachstum der Liebe - Aphorismen zur Ethik in: Philos. Lit. Anzeiger 4/16; Sigmund Graff: Die Aphorismen von Hans Margolius in: Werte und Wege 77.

Margreiter, Berta, Angestellte, Hausfrau; Turmbund Innsbruck; Sonnbichl 4, A-6235 Reith i. Alpbachtal, Tel. (05337) 2133 (Niederau-Wildschönau/Tir. 7.12.24). Mundart-Lyrik, Sagenforschung, Erzählung, Essay, Roman.
V: Sagen aus Reith und Umgebung 66; Fein is's unterm Dach, Mda.G. 71; Einilosen ins Land, Mda.-G. 79.
MA: Ein Stübele voll Sonnenschein, Mda.G. 72; Wie weise muß man sein, um immer gut zu sein, öst. Frauenlyrik d. Gegenw. 72; Erdachtes - Geschautes, Prosa-Anth. 75; Stillere Weihnacht, Erz. u. G. öst. Autoren 74; Lebendiges Wort, Öst. Mda.dichtg. 76; Quer, Anth. 74; Der Mensch spricht mit Gott, Anth. 82.
R: Erzählungen u. Mda.G.

Marian, Bert, s. Henke, Adalbert.

Marianne, s. Würth, Heidy.

Mark, Nina, c/o Verlag Greiner, Goch.
V: In besten Kreisen, R. 82; Eisen, Lumpen, Papier, R. 83. ( )

Mark, Paul J., Eidg. dipl. Buchhalter; Unsterbl. Rose 81; Buchholzstr. 119, CH-8053 Zürich (Sur Kt. Graubünden

11.10.31). Lyrik, Novelle, Erzählung.
Ue: E, F, S.
  V: Randsteine, G. 68; Amethyst, G. 78;
Obsidian, G. 81; Flugsand, G. 83; Ofen-
rauch, Erzn 83.
  H: Ondra Lysohorsky: Der Tag des
Lebens, G. 71. — **MH:** Die Familie
Pasternak, Erinnerungen, Ber. (auch
engl., franz.) 75; Boris Pasternak: Lyrik
aus acht Büchern 77.

Mark, William, s. Kann, Albrecht
Peter.

Mark, Wolfgang *

Markert, Hans-Günter (Ps. Joy
Markert), Autor; VS 76; Drehbuch-
prämie BMI 75, Drehbuchstip. BMI 77,
Filmstip. Senat Berlin 78; NGL 76, B.A.F.
Arb.kr. Film Berlin 76; Bredowstr. 33, D-
1000 Berlin 21, Tel. (030) 3964444
(Tuttlingen/Württ. 8.5.42). Film, Hörspiel,
Prosa, Lyrik.
  V: Salmakis, Verszykl. 83.
  MA: Die Hälfte der Stadt 82.
  F: Hochzeit der Einzelkämpfer, Kurzf.
70; Henriette Suffragette, Kurzf. 71;
Küss mich, Fremder 72; Harlis 73; Der
letzte Schrei 75; Belcanto 77; Das
andere Lächeln 78; Auch der Herbst hat
schöne Tage, m. Helga Krauss 79; Ich
fühle was, was du nicht fühlst, m. ders.
82.
  R: Der Goldmacher 76; Venedig — ein
Traum 76; Vielleicht wird er Bürgermeister 77; Geschnetzelte Freitage 77;
Reglement für eine Witwe 77; Exekution
eines Handkusses 77; Das Dinosaurier-
mädchen 78; Ein Mädchen oder Weibchen, m. Helga Krauss 79; Ultimo 79; D.
Hippiebeamte 79; Etwas Hitler,
Stuyvesant u. Hollywood 79/80; Einge-
flippt 79/80; Kinderleben 79/80; D. Frau
aus besseren Kreisen 79/80; Der
Hofnarr, m. Monika Jung 80; Sterilisation 80; Das Hasardspiel 80; Der
Sonntag ist unaufhaltsam 82; Die Sonne
errötet am Morgen 82; Der Azteke 82;
Einzelkämpfer 83; Salmakis 83;
Abschied, Berührung, m. Monika Jung
83, alles Hsp.

Markert, Joy, s. Markert, Hans-
Günter.

Marks, Anna (Ps. Anna Elisabeth
Marks), Lehrerin; Rushaimerstr. 53a, D-
8000 München 21, Tel. (089) 561043
(Lemberg 6.1.30). Roman, Hörspiel.
  V: Tausend Meilen, R. 80.
  R: 1 Hörbild 82.

Marks, Anna Elisabeth, s. Marks,
Anna.

Markstein, Heinz, Schriftsteller,
freiberufl. Journalist; Literar-Mechana
75 L.V.G. 75, IGÖA 82; 1. Pr. ORF Hsp.-
Ausschreib. 82, Kinderbuchpr. d. Stadt
Wien 82; Erzherzog Karl Str. 65/6, A-
1220 Wien, Tel. (0222) 2227032 (Wien
9.4.24). Roman, Novelle, Essay, Hörspiel.
  V: Also gut, sagte Anna, Kdb. 73;
Salud, Pampa mía, Jgd.-R. 78; Heißer
Boden Mittelamerika, Rep. 80.
  MA: Mädchen dürfen pfeifen, Buben
dürfen weinen, Kdb. 81.
  R: Sonntagmorgen mit Frühstück,
Hsp. 73; Meister Torrelli, Fs.-Puppensp.
73; Das kalte Dorf, Fs.-Bilderb. 74; Solo
mit Finale con Brio, Hsp. 82.

Markus, Urs, s. Heftrich, Eckard.

Markwalder, Marga, s. Corrodi-
Horber, Margrit.

Marlin, Carola, s. Pusch, Edith.

Marmont, Rolf-Frieder, Verlagslektor;
Valea Călugărească 8, Bl. 7, sc.B, ap. 29,
Bukarest/Rumänien (Kronstadt/Brașov
4.12.44). Lyrik. **Ue:** Rum, E, S.
  V: Fünfte Jahreszeit, G. 74.
  R: Martin Opitz in Siebenbürgen, Fs.-
Kulturf. 78. ( )

Marnau, Alfred; 120, Eyre Court,
London NW 8/Engl. (Preßburg 24.4.18).
Lyrik, Roman. **Ue:** E, U.
  V: Gesammelte Gedichte 48; Der
steinerne Gang, R. 48; Das Verlangen
nach der Hölle 52, 56 (auch engl., ital.);
Räuber Requiem, G. 61.
  H: Jesse Thoor: Die Sonette und
Lieder, Nachlaß 56.
  Ue: John Webster: Die Herzogin von
Amalfi, Dr. 48.

Maron, Monika Eva, Dipl.-Theater-
wissenschaftlerin; Eintrachtstr. 3, DDR-
1100 Berlin, Tel. 4829827 (Berlin 3.6.41).
Roman, Erzählung, Drama.
  V: Flugasche, R. 81,82; Das Mißverständnis, vier Erzn. u. ein Stück 82.

Maronde, Curt, Werbeberater;
Bronzemedaille der Gastronomischen
Akad. Dtschlds (GAD) 68;
Schliemannstr. 7, D-2000 Hamburg 52
(Stettin 7.4.06). Roman, Novelle,
Kurzgeschichte.
  V: Schiffer Nettelbeck, R. 36, 54; Der
Pedant, R. 37; Abwarten und
Teetrinken, Sachb. 63; Rund um den
Tee, Sachb. 67, 82; Rund um das Bier,
Sachb. 69; Rund um den Tabak, Sachb.
76; Rund um den Schlaf 77; Rund um
den Kaffee, Sachb. 78; Rund um den
Fisch 78; Über den Tee 80; Heißgeliebter
Tee 81. ( )

Marquardt, Alfred, c/o Süddeutscher Rundfunk, Neckarstr. 230, D-7000 Stuttgart.
V: Ein Pudding für den Zaren. Gerichte mit Vergangenheit 82; Über Kommissar Maigret 83. — **MV:** Der Frauenarzt von Bischofsbrück, m. Herbert Börlinghaus, R. 82-83 IV. ( )

Marquardt, Manfred; Spannhagenstr. 45, D-3000 Hannover 51.
V: Spiegelungen, G. 79. ( )

Marretta, Saro (Ps. Saraccio), Lic. phil., Gymnasiallehrer; Be. S.V. 76, Schweizer Schriftsteller-Verein 80; Lit.nationalpr. Carlo Goldoni Venedig 72, Nationalpr. f. d. Lyrik in Piacenza 78; Albitweg 17, CH-3028 Spiegel, Tel. (031) 593523 (Ribera/Ital. 4.11.40). Roman, Lyrik. **Ue:** I.
V: Piccoli italini in Svizzera, R. 68, 79; Oliven wachsen nicht im Norden, R. 70; Popò tatà pipì, Erzn. 72; Das Spaghettibuch 73, 79; Allegro Svizzero, Erz. 76, 83; Chi è l'assassino?, Krim.-Geschn. 82; AGLI/Knoblech/Knoblauch, G. 82. — **MV:** La barzellettissima, m. Rolf Mäder, Witze u. Erzn. 78, 83.
MA: Il pane degli altri, Erzn. 72; Die Familie auf dem Schrank, Geschn. 75.
R: Agli, Rdfk 83.
S: AGLI/Knoblauch, Schallpl. u. Tonkass. 82.

Marsal, Una, s. Lixfeld, Ursula.

Marsal, Una, c/o Neuthor-Verl., Michelstadt.
V: Traumvogelfedern, G. u. Zeichn. 82. ( )

Marschall, Marietheres, s. Grunenberg, Dorothea.

Martell, Jupp, s. Gaulke, Heinz-Bruno.

Martell, Wolfgang; GEMA, Dt. Textdichter-Verb.; Uhlandstr. 153, D-1000 Berlin 15, Tel. (030) 8822282 (Hamburg 12.6.20). Lyrik, Film, Kabarett. **Ue:** E, F.
V: Lieder und Chansons; Stufen knarren in der Nacht, R. 58.
R: Dr. Uhland, Rechtsanwalt; Rund um den Hund; Geburtstagskabarett, alles Hsp.

Martens, Anneliese *

Martens, Bernd, Ingenieur; Hellkamp 1, D-2000 Hamburg, Tel. (040) 497314 (Wentorf/Stormarn 2.4.44). Lyrik, Novelle.
V: Ich schrubb von unten, G. 82.
B: Birgit Rabisch: Jammerlürik 81; Frank Dohl: Der verlorene Sohn 81. — **MA:** Seit du weg bist 82; Erste unver-

meidliche Hamburger Annäherung 82; Wo liegt Eurer Lächeln begraben 83.
R: Laßt Eure Texte herunterflattern..., Dok.-F. (Kommentar u. Textteil) 81.

von Martens-Goetz, Valérie, s. Goetz, Valerie.

Marti, Kurt, reform. Pfarrer, Dr. theol. h. c.; Be.S.V. 61, SSV 64, Gruppe Olten 70, Dt. schweiz. P.E.N.-Zentr. 79; Literaturpreis des Kantons Bern 59, 62, 70, 75, Literaturpr. der Stadt Bern 67, 79, 81, Pr. der Schweiz. Schillerstiftung 67, J.-P.-Hebel-Pr. des Landes Baden-Württemberg 72, Großer Literaturpr. des Kantons Bern 72, Lyrikpr. Dt. Verb. Ev. Büchereien 82; Kuhnweg 2, CH-3006 Bern, Tel. (031) 444617 (Bern 31.1.21). Lyrik, Prosa, Essay.
V: Boulevard Bikini, G. 59; republikanische gedichte 59; Dorfgeschichten 1960 60; gedichte am rand 63; Wohnen zeitaus - Geschichten zwischen Dorf und Stadt 65; Die Schweiz und ihre Schriftsteller - Die Schriftsteller und ihre Schweiz 66; Gedichte, Alfabeete und Cymbalklang, G. 66; Trainingstexte 67; Rosa Loui, G. 67; Das Markus-Evangelium 67; Leichenreden, G. 69 (holl. 82); Das Aufgebot zum Frieden 69; Heil-Vetia, G. 71; Abratzky oder Die kleine Brockhütte 71; Paraburi - eine Sprachtraube 72; Bundesgenosse Gott 72; Zum Beispiel: Bern 1972 73; Undereinisch, G. 73; Die Riesin 75 (schwed. 78); Meergedichte Alpengedichte 75; Nancy Neujahr & Co., G. 76; Grenzverkehr - ein Christ im Umgang mit Kultur, Literatur u. Kunst 76; Zärtlichkeit und Schmerz, Notizen 79; abendland, G. 80; Bürgerliche Geschichten 81; Widerspruch für Gott und Menschen 82; Gottesbefragung 82. — **MV:** Moderne Literatur, Malerei und Musik - drei Entwürfe zu einer Begegnung zwischen Glauben und Kunst, m. Kurt Lüthi u. Kurt v. Fischer 63; Tschechoslowakei 1968 mit P. Bichsel, F. Dürrenmatt, M. Frisch, G. Grass 68; Theologie im Angriff 69; Der Mensch ist nicht für das Christentum da, Streitgespräch m. Robert Mächler 77.
H: Stimmen vor Tag - Anth. moderner religiöser Lyrik 65; Almanach f. Literatur und Theologie 67 — 70; Der du bist im Exil, G. zwischen Rev. u. Christentum aus 16 lat.am. Ländern 69; Hans Morgenthaler: Totenjodel 70; Politische Gottesdienste in der Schweiz 71; Natur ist häufig eine Ansichtskarte -

Stimmen zur Schweiz 76; Wort und
Antwort, Meditationstexte 77.
S: Rosa Loui 71.
Lit: Horst Schwebel: Glaubwürdig.
Fünf Gespräche m. J. Beuys, H. Böll, H.
Falken, K. Marti, D. Wellershoff 79;
Elsbeth Pulver: Kurt Marti in: Krit. Lex.
z. dt.spr. Gegenwartslit. 80.

Marti, René, Direktionsadjunkt d.
Kunstgewerbeschule Zürich; ehem.
Vorstandsmitgl. ZSV 67, SSV 71, ehem.
stellvertr. Vors. IGdA 67, Verein d.
Schweizer Presse 72, RSG 72, Deutsch-
schweiz. P.E.N.-Zentr. 80; Kr. d. Freunde
Dülmen 80, Turmbund 81, Intern.
Bodenseeclub 82, 4 Jahre Redaktions-
beirat der "Publikation"; Haldenstr. 5,
Haus am Herterberg, CH-8500
Frauenfeld, Tel. (054) 74374 (Frauenfeld
7.11.26). Lyrik, Novelle, Essay,
Erzählung.
V: Das unauslöschliche Licht, N. 54, 76
(auch franz.); Dom des Herzens, G. 67;
Der unsichtbare Kreis, Erzn. 71; Weg an
Weg, G. 79; Stationen, Erzn. 83. —
MV: Die fünf Unbekannten, Erzn. u. G.
70; D. ferne Galerie, Erzn. 81.
MA: Ins Licht gerückt, G. 68; Mit
einer Schreibmaschine fing es an, G. 69;
Quer, G. 75; Diagonalen, Erzn. 77; Karls-
ruher Jahrbuch Dt. Dicht., Erzn. 77, 78,
79, 80, 81, 83; Anth. fremdspr. G. d. RSG
79; Lyr.-Anth. 78, 79, 80, 81, 82; Festschr.
f. d. Bayer. Nordgautag 80, 82; Gaukes
Jb. 82; Siegburger Pegasus Jb. 82; An
der Pforte; Offene Lyrikschublade der
deutschen Schweiz; Bild-Lex. Nr. 22;
Studio Intern. der Regensb. Schriftst. m.
Übers. ins Engl., Franz. u. Russ.
MH: Der Idealist 54/55; Leben und
Umwelt seit 58; Schweizer Frauen-
Korrespondenz seit 59; Neue Presse
Agentur.
R: Lit. Mitarb. Radio Vorarlberg/
Radio Tirol (bis zur Verstaatlichung).
Lit: Begegnung mit dem Frauenfelder
Dichter René Marti in: Thurgauer Leu
81.

Martig, Sina, s. Bachmann-Martig,
Sina.

Martin, Adrian Wolfgang; Be.S.V. 50,
P.E.N.-Club Liechtenstein seit 78;
Literaturpreis d. Stadt Bern 54,
Literaturpreis d. Stadt St. Gallen 62,
Anerkennungspreis d. Stadt St. Gallen
75, Premio Sicilia 80; EM Accad.
Tiburina Rom, EM U.Popolare Filippese
80; "Kaufhaus", CH-9213 Hauptwil, Tel.
(071) 812042 (St. Gallen 29.4.29). Lyrik,
Novelle, Roman, Drama, Essay.

V: Apollinische Sonette 50; Sänge der
Liebenden 52; Die Apokalyptischen
Reiter, G. 52; Zwischen zwei Welten, G.
53; Phoenix, G. 55; Requiem für den
Verlorenen Sohn, R. 60; Janus von
Neapel, R. 66, 69 (auch ital.); Gedichte
1957 — 1966, G. 67; Salina, R. 77.
MA: Berner Lyrik, Anth. 56; Der
goldene Griffel, Anth. 57; Bestand und
Versuch, Anth. 64.
H: Hermann Kopf: Gedichte 54,
Lieder aus grauen Gärten 55; Vera
Bodmer: Wiegendes Wort, G. 54; Peter
Lehner: rot grün, G. 55; Peter Hegg:
Gedichte, aus d. Nachl. 56; Jörg Steiner:
Episoden aus Rabenland, G. 56;
Emanuel Stickelberger, Festgabez. 75.
Geburtstag 59.
Lit: J. U. Marbach: Lyrik von Adrian
Wolfgang Martin 62; Dominik Jost:
Adrian Wolfgang Martin Gedichte 1957
— 1966 68; Iso Baumer: Tradition im
Wandel 66; Elena Croce: Napoli vista da
uno Svizzero 67.

Martin, Bernhard (Ps. Thomas
Bergner), Dr. phil., Schriftleiter a.D.;
Stift-Str. 35, D-6100 Darmstadt, Tel.
(06151) 41136 (Frankfurt/M. 3.6.00).
V: Christian Morgensterns
Dichtungen nach ihren mystischen
Elementen 31; Karl Thylmann, Mensch
und Werk 37; Die zwölf Monate 42;
Kleine Tierfabeln 49; Goethe und
Christiane 49; Goethe und Charlotte von
Stein 49; Schiller und Goethe 49;
Denken und Tun, Aphor. 55; Von der
Anthroposophie zur Kirche 50, u.a.
H: Unter dem Sternenhimmel 49. —
MH: Neue Schau, Mschr.

Martin, Brigitte, Dipl.-Ing.oec.,
Malerin, freischaff. Schriftstellerin,
Keramikerin; Storchennest, DDR-2091
Arnimswalde (Königs Wusterhausen
8.6.39). Erzählung, Feature.
V: Der rote Ballon, Geschn. um Brigge
Bem 77, 82 (tschech. 82); Nach Freude
anstehen, Erz. 81, 83.
MA: Miniaturen 81; Das erste Haus
am Platz 83.
R: Ermutigung 79, 80, III; Das Elixier
des Lebens, Portrait eines Brunnen-
bauers; Wir brauchen unseren Frieden,
von Postbotengeschichten, Achim von
Arnim und anderen; Dienen, ohne im
mindesten biegsam zu sein,
Geschichten um Prenzlau, den
Hofmaler Philipp Hackert, Goethes
Antriebe zu Schöpferischem und ...;
Traum aus Betonteilen; Tradition, alles
Features.
Lit: Bestandsaufnahme 2 81.

Martin, Cilli, Hausfrau; 1. Pr.
Mundartdichter-Wettbew. d. Heimat-
vereins Alt-Köln 72, EM Lit. Ges.,
Freunde der Stadtbücherei 79, Gruppe
Rhein. Mda.-Schriftsteller e.V.;
Landsbergstr. 17 a, D-5000 Köln 1, Tel.
(0221) 312746 (Köln 9.3.10). Lyrik,
Erzählung, Kölner Mundart.
V: Kölsche Rusinge, Rümcher un
Verzällcher 78; Me'm Höhnerkläuche 80.
MA: Kölsche Fraulücksverzäll 76;
Kölsche schrieve 77; Rheinische Mund-
art Anth. 79; Beispielsweise Köln 80.
R: Luustert ens, Rümcher un
Verzällcher, Rdfk-Send..

Martin, E., s. Rosenbach, Detlev.

Martin, Franziska, s. Sivkovich,
Gisela.

Martin, Gunther, Autor und Lit.
Übersetzer; Altmannsdorferstr. 164/12/
17, A-1232 Wien u. Höglwörthweg 55, A-
5020 Salzburg, Tel. (0222) 6728013
(Rodaun bei Wien 12.12.28). Essay,
Feuilleton, Sachbuch. **Ue:** E, H.
V: Das Silberne Vlies — Die österr.
Krupps, Mon. 71, 78; Wo Scharfes sich
und Mildes paaren oder Brevier von den
edlen Schnäpsen, Sachb. 71; Werkstatt
Niederöst., Sachb. 79; Zu Gast in Wien,
Sachb. 80; Schloß Laxenburg, Monogr.
81; Das ist Österreichs Militärmusik,
Sachb. 82. — **MV:** Du Dampfross mit
rauchendem Schlote, Eisenbahn-
Brevier 75 (holl. 76).
B: Otfried v. Hanstein, Im Reiche des
Goldenen Drachen, Jgdb. 79. —
MA: Geliebtes Land, Alm. 55; Das
Salzburger Jahr 64/65 64; Das Buch von
Niederösterreich 70; Niederösterreich —
neu entdeckt, Anth. 78; Das Größere
Österreich, Sachb. 82; Zeit-Bild, Sachb.-
Serie seit 76.
H: Peter Altenberg: Reporter der
Seele, Anth. 60; Franz Karl Ginzkey:
Laute und stille Gassen, Anth. 62. —
MH: Ferdinand Sauter: ... und das Glück
lag in der Mitten, Anth. 58.
R: ca. 500 Sendemanuskripte (Hörbild,
Essay, Feuilleton, Reportage); mehrere
TV-Sendungen.
Ue: Norman Lucas: The Great Spy
Ring u.d.T.: Die Sowjetspionage 66;
Stephen Vizinczey: In Praise of Older
Women u.d.T.: Frauen zum Pflücken 67;
Robin Moore: The Country Team u.d.T.:
Mission in Mituyan 68; George Bailey/
Seymour Freidin: Die Experten 68;
Robert S. McNamara: The Essence of
Security u.d.T.: Die Sicherheit des
Westens 69; Washington Irving: Rip van
Winkle und fünf andere Erzählungen

70; James Pope-Hennessy: Sins of the
Fathers u.d.T.: Geschäft mit schwarzer
Haut 70; Robin Moore: The Green
Berets' Court Martial u.d.T.: Die
Versuchung der Grünen Teufel 71; Gay
Talese: Honor Thy Father u.d.T.: Ehre
Deinen Vater 72; James Mills: Report to
the Commissioner u.d.T.: Der einsame
Job 73; Fletcher Knebel: Dark Horse
u.d.T.: Der Aussenseiter 74; Duško
Popov: Spy-Counterspy u.d.T.:
Superspion 75; Robin Moore: The Fifth
Estate u.d.T.: Das Syndikat 76; Martin
Page: Great Trains u.d.T.: Die Grossen
Express-Züge 76; Thomas Keneally:
Moses the Lawgiver u.d.T.: Moses,
Gottes erster Rebell 76; Richard Rickett:
Music and Musicians in Vienna u.d.T.:
Die Großen der Wiener Musik 77;
Terence Wise: Military Flags of the
World u.d.T.: Flaggen und Standarten
78; Dorothy McGuigan: Metternich and
the Duchess u.d.T.: Metternich,
Napoleon und die Herzogin von Sagan
79; William Hoffer: Saved u.d.T.: Andrea
Doria 79; Olwen Hufton: Europe,
Privilege and Protest 1730-1789 u.d.T.:
Aufstand und Reaktion 82. —
MUe: James A. Michener: Chesapeake
u.d.T.: Die Bucht 79; George Rudé:
Revolutionary Europe 1783-1815 u.d.T.:
Europa im Umbruch 81.

Martin, Hansjörg, Autor; VS
Hamburg, Stadtteilschreiber in
Hamburg — St. Georg; Haidbrook 71, D-
2000 Wedel/Holst., Tel. (04103) 3152
(Leipzig 1.11.20). Jugendbuch, Kriminal-
roman, Funk, Fernsehen.
V: Toms und Tobbys tolle Trampfahrt,
Jgdb. 51; Till mit dem Bauchladen, Jgdb.
52; Der Sieg der Sieben, Jgdb. 53;
Johann der 13., Jgdb. 55; Jenny und
Jochen, Jgdb. 59; Ich heiße Flaps 63;
Gefährliche Neugier, Krim.-R. 65, 82;
Ping-Pong bleibt die Spucke weg 65;
Kein Schnaps für Tamara, Krim.-R. 66,
82 (auch finn., dän., holl., tschech.,
amerik.); Einer fehlt beim Kurzkonzert,
Krim.-R. 66, 82, (auch dän., tschech.,
u.a.); Bilanz mit Blutflecken 68, 82 (auch
dän., tschech., u.a.); Cordes ist nicht
totzukriegen, Krim.-R. 68, 80; Meine
schöne Mörderin, Krim.-R. 69, 82;
Rechts hinter dem Henker, Krim.-R. 69,
82; Vier vermummte Gestalten 69; Blut
ist dunkler als rote Tinte, Krim.-R. 70,
81; Einer flieht vor gestern nacht,
Krim.-R. 71, 82; Tod im Dutzend, Krim.-
Stories 72, 75; Feuer auf mein Haupt,
Krim.-R. 72, 82; Überfall am Okee-
schobee, Jgdb. 72, 81; Mallorca sehen

und dann sterben, Krim.-R. 73, 82; Ein
buntes Auto u. ein schwarzes Schwein,
Jgdb. 73, 74; Spiele auf Spiekeroog, Jgdb.
73, 81; Bei Westwind hört man keinen
Schuß, Krim.-R. 74, 82; Schwarzlay und
die Folgen, Krim.-R. 74, 80; Blut an der
Manschette, Krim.-R. 75, 81; Geiselspiel,
Krim.-R. 75, 82; Wotan weint u. weiß von
nichts, Krim.-R. 76, 82; KO und OK,
Jgdb. 75; Die große, lange Wut, Krim.-
Stories 76, 83; Spiel ohne drei 78, 81; Der
Kammgarnkiller 79, 82; Dein Mord in
Gottes Ohr 79, 82, alles Krim.-R.; Die
Sache im Supermarkt, Jgdb. 79, 82; Bei
Lehmanns ist was los, Jgdb. 79, Tb. 81;
Das Gespenst von Altona, 2 Kinderb. 79,
82; Dreck am Stecken, Krimistor. 79, 82;
Sieben Tage St. Georg, Stadtteil-Ess.;
Der Verweigerer, R. 80, 82; Kein Platz
für Tarzan, Kinderb. 80; Herzschlag, R.
80; Betriebsausflug ins Jenseits, Krim.-
R. 80, 82; Bille, Gülle, Kalle u. Co. I (Für
fünfzig Pfennig Verdacht) 81, II
(Klipperklapper gewinnt) 81, III (Das
Schmetterlingsgeheimnis) 81; Das
Zittern der Tenöre, Krim.-R. 81, 82; Ein
Menschenfischer 81; "Macht doch mal
selber Literatur...!" 81; Der Schluckauf
81; Frust, Schule lebenslänglich...? 82;
Die grünen Witwen von Rothenfelde,
Krim.-R. 82; Die Sache im Stadtpark,
Krim.-Gesch. 82. — **MV:** Susanne sieht
die See, m. Irene Schreiber 62. — **MV** u.
H: Bommi ist tot und Timm hat
Geburtstag, Anth. Jgdb. 76 u.d.T.: Das
Krimi-Kabinett 77, 82; Herzklopfen,
Anth./Jgdb. 79, 81; Zwölf krumme
Sachen, Krim.-Geschn.samml. 82.
  F: Der barmherzige Samariter 74; Bei
Westwind hört man keinen Schuß 76.
  R: 48 Schulfunkfeatures und -
hörspiele 60 — 76; Bei Lehmanns ist was
los, Hörfunkserie 76, 77.
  S: Ist der Mars aus Marzipan?, LP 75;
Überfall am Okeechobee, LP 76; Bei
Lehmanns ist was los, LP 78. ( )

  Martin, Jacques; Rue de Ferrière 10,
B-1488 Bousval.
  V: Der zornige Gott 74; Iorix der
Große 74; Die Tiara des Oribal 76; Die
schwarze Kralle 76; Der Sohn des Nils
79. ( )

  Martin, Matthias, s. Fröba, Klaus.

  Martini, Maja, s. Stephani-
Nussbächer, Brigitte.

  Martini, Peter, s. Stephani, Claus.

  Marton, George *

  Martz, Georg, Dipl.-Ing., Prof.,
Fachhochschullehrer; Kg 79, VS 80;
Heiligkreuzweg 85, D-6500 Mainz, Tel.

(06131) 85955 (Lodz 10.2.23). Kurzprosa,
Märchen.
  V: Fabeln u. Florabeln, Vierzeiler 79;
Am Donnerstag jeder Woche, Kurzprosa
83.
  MA: Begegnungen und Erkundungen,
Anth. 82; Beitr. in Zss., Ztgn u. Jbb.;
Kulturtelefon.
  s. a. Kürschners GK.

  Martz, Margarete, Dr. phil., Lyrikerin;
Kg. 78, Förderkr. VS Rh.-Pf. 80;
Heiligenkreuzweg 85, D-6500 Mainz-
Weisenau, Tel. (06131) 85955 (Lukac,
Jugoslawien 11.11.25). Lyrik, Kinder-
erzählung, Märchen.
  V: Was den Tag trägt, Lyr. 76; Stock-
werke nach innen, Lyr. 79; Vom Hoch-
haus zum Monddach, Lyr. 83;
Schnecken-Geduld, Lyr. 83.
  MA: G. in Anth., u.a.: Echos, dt.-franz.
Anth. 82, Begegnungen und Erkun-
dungen 82; G. u.a Beitr. in versch. Zss. u.
Ztgn, Rdfk u. Kulturtelefon.

  Marwig, Detlef, freier Journalist und
Schriftsteller; Arb.stip. d. Ldes NRW 76;
Lit. Werkstatt Gelsenkirchen 68;
Leithestr. 132, D-4650 Gelsenkirchen,
Tel. (0209) 206562 (Gelsenkirchen
28.1.31).
  V: Freiheit kleingeschrieben, R. 77.
  MA: Zahlr. Ztgn, Zss., Schulb. u.
Samml.
  R: Ein kurzer Tag oder alle Tage
wieder, Hsp. 70.

  von der Marwitz, Christa, Hausfrau,
Dolmetscherin; Europa-Union, Vizepräs.
Steuben-Schurz-Ges.; Seitersweg 21, D-
6100 Darmstadt, Tel. (06151) 75193
(Frankfurt/Main 23.12.18). Essay. **Ue:** E.
  V: Spielzeug aus Frankfurter
Familienbesitz 65; Der kleinen Kinder
Zeitvertreib 67; Eine Krippe aus dem
Münsterland 79.
  H: Darmstädter Kinder- u. Märchen-
Buch, 30 neue Erz. u. Märchen f. d.
Jugend, Neu-hrsg. nach d. Erstausg. bei
Alexander Koch Darmstadt 1907 78.
  Ue: Mary Hillier: Puppen und
Puppenmacher 71.

  Marx, Josef, städt. ObInsp. a.D.; VS 70,
Omnibus-Rundbrief-Korrespondenz 60;
Lyrikpreis des Karlsruher Boten 64;
Stiftsbogen 74, D-8000 München 70, Tel.
(089) 7102428 (München 2.9.01). Lyrik,
Erzählung, Drama, Mundartdichtung.
  Ue: L, F, E.
  V: Gedichte 26; Ja, so san's, G. 59;
Unterm Weihnachtsstern, G. 61;
Versuchungen, G. 65; Boarische Köpf, G.
67; Französische Meister, G. 68; Das

goldene Münchner Herz 71; Boarischa
Totntanz, G. 73; David und Abischag, Dr.
73; Franziskusleben, Zyklus 73;
Meleager, Tr. 74; Sawitri, Dr. 74;
Mädchen, Erzn. 74; Rundumadum, G. 75;
Balladen und Legenden 76.
MA: Spuren der Zeit 64, 69; Um den
Schlaf gebracht, Zeitg. 64; Unser Herz
singt tausend Lieder 64; Die gute Welt,
G. 65; Zyklische Dichtungen der Gegen-
wart 65; Du, unsere Zeit, G. 65; Oden
und Elegien unserer Zeit 66; Weiß-blau
und heiter, Anth. 67, 75; Tannenduft und
Lichterglanz, Erzn. 67, 73; Der Stern im
Brunnen, Anth. 67; Liebe in Baiern 68,
75; Ma derf moana ... 72; Wenige wissen
das Geheimnis der Liebe 73;
Bayerischer Psalter 75; Sagst wasd
magst 75 u.a., alles Anth.-MB:; Die
Rumplhanni, Volksstück nach Lena
Christ, m. Max Neal.

Marx, Karl T. (Ps. Peter Flinspach),
Dr.h.c., Vice-Präs. Masch. Fabrik i.R.,
Gastdozent US Colleges Deutsch-ameri-
kanischer National Kongress, Polit.
Kommentator, Steuben News, Steuben
Soc. of America; Germ. Soc. of
Pennsylvania, Soc. for Germ.-American
Studies, Gründer-Mitgl. Verb.
dt.sprachiger Autoren in Amerika;
Medal of Honor 65, Ehrenurkunde der
Soc. for German-American Studies 75;
Delta Phi Alpha, Steuben-Ges.; 11374 —
68th Avenue North, Largo, FL 33542/
USA, Tel. (813) 3916395 (Bad Cannstatt
2.2.02). Kurzgeschichte, Aphorismus,
Hörspiel, Kulturfilm. **Ue:** E.
V: Der Feigling u.a. Geschn. 42;
Nachdenkliches, Aphor. 43 — 44 III;
Gereimtes und Ungereimtes, Aphor. 56;
General F. W. von Steuben; Victor
Herbert, irisch-schwäb.-amer.
Komponist; Intermezzo; Und Gott
wandte sein Antlitz ab; Dreißig Aufs.
über dt. Leben in USA, in d. New Yorker
Staatszeitung.
F: Eine Reise durch Deutsch-
Pennsylvanien.
R: Der Frieder und die Schlafzwerge;
Ephrata Legende; Das Ferkel - eine
Hamstergeschichte; Der Feigling; Die
Puppe; Random Thoughts.
Lit: Vortrag von Prof. Dr. Erich A.
Albrecht: Karl T. Marx, a contemporary
German-American Poet 72.

Marx-Lindner, Lo, s. Höcker,
Charlotte.

Marx-Mechler, Gerhard, Dr. phil.;
Neue Str. 67, D-7300 Eßlingen am
Neckar-Liebersbronn, Tel. (0711) 373351

(Grünthal/Erzgeb. 6.9.19). Roman,
Erzählung, Hörspiel, Essay.
V: Mittelmeerreise für Liebhaber 60;
Von beiden Seiten gesehen, Erzn. 60;
Der Mann unter dem Emailschild, Erzn.
65; Kitsch-Texte, Ess. 72; Bild-
betrachtung - Schule verpaßter oder
genutzter Gelegenheit, Ess. 74; Künstle-
rische Eigenarten und Gesetzmäßig-
keiten in den Novellen aus Österreich
Ferdinand von Saars, Ess. 74; Ent-
stehung eines moderne Romans - Am
Beispiel von Rauenfels "Im
Halbdunkel", Ess. 75; Novellen im
Unterricht, Ess. 77; Nordlandreise, Ess.
81; Seltsame Verhältnisse oder Auf-
bruch in Marienbad, R. 82; Begeg-
nungen, Mem. 83.
H: Jane, das Mädchen und der
Zigeuner, Sch.R. f. Dt. Sprache u. Lit.
seit 72; Dr. Trojan, Sappho.
R: Die Insel, Hsp.; Herr Tschann auf
Geschäftsreise, Hsp.; Vor der Pforte der
Unsterblichkeit — Versuch über Jean
Cocteau, Hb.; Der Traum von der
Kolonie, Hb.; Abendgesellschaft bei
André Maurois, Hb.; Zaubermittel
Poesie, Christopher Frys Theaterkunst,
Hb.; Eine versunkene Epoche, Roger
Martin du Gards Kunst, Hb.

Marzik, Trude, s. Marczik, Edeltrud.

Marzinek, Wilhelm (Ps. Jeff Briester,
Jeff O'Brien), Baubilanzbuchhalter,
Baukaufmann; D.A.V. 55; Theodor-Otte-
Str. 57, D-4650 Gelsenkirchen-Buer-
Sutum (Gelsenkirchen-Buer 23.4.24).
Roman.
V: Verlorenes Spiel, Krim.-R. 53;
Gnadenloser Trail, R.; Auf Rio-Wert, R.;
Die Verlorenen, R.; Es war kein Bluff,
Corby!, R.; Hallo ... Cowboy!, R.;
Mavericks, R. 56; Shooty-Larry, R. 56;
Colt ... sein Gesetz, R. 56; So long ...
Cowboy, R. 56; Kein Eisen im Halter, R.
56; Teufels-Trail, R. 57; Ein Sattel zuviel,
R. 57; Allein in der Nacht; Alle Zehne;
Diamanten des Satans, alles Detektiv-
R.; Weiße Pest; Hinter gleißenden
Fassaden; ... mit mir macht man das
nicht; Glatt wie ein Igel; Gutes Geld für
schlechte Menschen, u. etwa 45 weitere
Krim.- u. Wildwest-R..

Marzinowski, Edith (Ps. Eris Drawen
Marzinowski), Sekretärin; VS 75;
Kurzgeschnpr. d. Interessengem. dt.-spr.
Autoren 69; Kreis der Freunde, Arbeits-
kreis Düsseldorfer Buch; Am Potekamp
22, D-4030 Ratingen 4, Tel. (02102) 36306
(Schillfelde/Ostpreußen 2.6.25). Lyrik,
Roman, Essay, Erzählung.

V: Omphalos, Lyrik 77. –
MV: reflektionen, Lyrik 72; Meine Welt
im knappen Wort, Anth. 76; Nehmt mir
die Freunde nicht, Anth. 76; Im
Lichtbereich der Ethik Albert
Schweitzers 77; Der Spiegel deiner
Selbst 78; Die Welt in der wir leben 78,
und div. Anth.
Lit: Düsseldorf creativ.

Marzinowski, Eris Drawen,
s. Marzinowski, Edith.

Maschlanka, Annemarie (Ps.
Annemarie Krapp), Kinderspielautorin,
Hausfrau; Ehrenpr. d. dt.
Kriegsgräberfürsorge 52; Von-Behring-
Str. 8, D-6660 Zweibrücken, Tel. (06332)
43878 (Neuenbürg an der Enz 3.6.24).
Kinderspiel.
V: Der Teufelsspiegel, Handpuppensp.
49; Fiddiwau, Volksst. 49, 54; Ma-Liu,
Die Pfirsichblüte, Sp. 51, 56; Die goldene
Gans, Sp. 49, 79; Die sieben Raben, Sp.
51; Drei mal schwarzer Kater, Sp. 51;
Macht hoch die Tür, Sp. 51, 55; Doktor
Ching und seine Base, Sp. 52; Ein Quell
aus vielen Tränen, Sp. 51; Peter und der
Pfefferkuchenmann, Sp. 52; Kommt in
unsere Mitte, Sp. 52; Äpfel, Birnen,
Pflaumen, Sp. 52; Kommt, wir spielen
Vater-Mutter, Sp. 52; Der kleine Mohr
und die Goldprinzessin, Sp. 52;
Schneeglöckchen, Sp. 52; Der vierte
König, Sp. 52; Die Warze, Sp. 53; Die
Maus, Sp. 53; Fängt Dein Liebster einen
Vogel, Sp. 54; Pfeffernüsse und
Brummeisen, Sp. 54; Pechvogel und
Glückskind, Sp. 55; Die Weih-
nachtsgeschichte Sp. 56; Brüderchen
und Schwesterchen, Sp. 56; Fröhlich soll
mein Herze springen, Sp. 56; Die
Ohrringe, Sp. 57; Die Geschichte von
dem Mäuschen, dem Vögelchen und der
Bratwurst, Sp. 57; Das Lumpengesindel,
Sp. 57; Thomas auf der Suche, Erz. 59;
Das schönste Weihnachtsgeschenk, Erz.
60; Die Geschichte v. klein. Frank, Laisp.
60; Matz, der Gassenjunge von
Bethlehem, Kindersp. 75; Geht es hier
nach Bethlehem?, Kindersp. 75; Schluß
mit Schmuddelbuddel-Schmutzikus,
Kindersp. 75; Und wer froh ist, ist ein
König!, Kindersp. 76; Gauner und
Obergauner, Kindersp. 76; Sorgen-
kinder, Kinderweihnachtssp. 76; Die
Spitzbuben von Bethlehem 76; Die
zugemauerte Kirche, Weihnachtssp. 77;
Der listige Schuster, fröhl. Kindersp. 77;
Stallweihnacht der Kinder 78; Das
chinesische Zauberfaß 78; Benjamin
von Bethlehem, Weihnachtssp. 78; Die
Warze, ein Schwank 78;

Schlemmermeier trimmt sich fit,
Kindersp. 79; Hat Gott Hände?,
Glaubenssp. 79; Die verhexte Lehrerin
79; Verwandelt euch!, Weihnachtssp. 79;
Im Buchstabenland, Rechtschreibsp. 80;
Frau Glück u. Herr Geld 80; Sieben auf
einen Streich, Kindersp. 81; Hans Großmaul, Schulsp. 81; Ist ja alles schon bezahlt, Schelmenst. 81; Der Engel der
Weihnacht, Sp. 81; Wer hat den
schönsten Weihnachtsbaum?; Der
kleine Muck, Schulsp. nach Hauff;
Heblebeb, fröhl. Kind.-Kreissp. 82; Jeder
soll sich freuen, Kinder-Weihnachtssp.
82; Wer führt sich auf wie Rumpel-
stilzchen? 83; Schlauköpfe und Dumm-
köpfe, zwei kl. Kindersp. 83.
B: Die Zauberzwiebel nach
Dostojewski 79; Familie Himmelblau
nach Volkmann Leander 79; Fängt Dein
Liebster einen Vogel nach Volkmann
Leander 79; Spiel vom großen u. vom kl.
Klaus nach H.Chr. Andersen 79, u. viele
andere Märchenbearbeit.
R: Otto und das Besondere,
Kinderfunk-R.
Lit: Aufs. w. Kurzbiogr. in Spiel und
Theater zum 50. Geb. 74.

Maser-Friedrich, Maria, s. Friedrich,
Maria.

Mason, Tex, s. Grossmann, Hans H..

Massler-Colombo, Maria (Ps. Maria
Colombo), Schriftstellerin, Journalistin;
Anerkenn.pr. Lit.Komm. d. Stadt Zürich
77; Schützenstr. 19, CH-8702 Zollikon,
Tel. 653468 (Pontresina/Engadin/
Schweiz 5.2.28). Roman.
V: Die Borgeser sind da, R. 77.

Masson, s. Stecher, Reinhold G..

Masson, Irmalotte, Dr. rer. pol., Dipl.-
Volkswirt; ZSV 60; Idastr. 1, CH-8003
Zürich, Tel. (01) 354869 (Danzig 25.7.09).
Roman. **Ue:** E.
V: Der Traum vom großen Glück 42;
Madame sans Peur 48; Frau ohne Geld
in New York 50; Geld stört nie 63; Der
Silberne Vogel 71, 72 (auch franz.);
Sonnenschein kann man nicht essen 77,
alles R. – **MV:** Levi Strauss Saga 78;
Die gestohlene Sonne 81, beide m. U. v.
Wiese.
Ue: Jan Mackersey: Im Nebel ver-
schollen 57; Pat Kilmer: Mein Mann, der
Teig und ich 58; Katherine Pinkerton:
Das Jahr der Erfüllung 58; May Sarton:
Kleiner Herr im Pelz 59; Margaret Maze
Craig: Teenager-Party 60; Beth Hiller
wird 16 61, u.a.

Mateen, Gabbo (Ps. f. Robert Müller),
StuddR.; VS 71; Pr d. Stadt Bocholt f.

junge Autoren 71, Kulturförderpr. d.
Stadt Erlangen 80; Hutweide 66, D-8520
Erlangen-Buckenhof, Tel. (09131) 51495
(Haßlach b. Teuschnitz 14.12.46). Lyrik,
Kurzprosa, Hörspiel.

V: Kunststoff, G. 77; Schädelbruch, G.
77; Rückschläge, Kurzprosa 78. —
MV: minimalerzählungen, m. Friederike
Roth 70.

R: Die Übung vom guten Tod, Hsp. 74.
( )

Matheis, Max, ObLehrer a.D.; Preis d.
Stadt Wuppertal, Bdesverdienstkr. am
Bande 60, Kulturpreis Ostbayern 69,
Preis d. Bayer. Ministerpräs. 70, Ehren-
bürger d. Stadt Passau 67, Marktgem.
Obernzell 72; Regensburger
Schriftstellergruppe 63; Sturmbergweg
13, D-8390 Passau-Hacklberg, Tel. (0851)
51193 (Triftern/Ndb. 28.6.94). Roman,
Erzählung, Lyrik, Novelle.

V: Bayerisches Bauernbrot, G. 38;
Nachbarn, R. 43; Der Zinken Zacherl,
Erz. 49; Die Falkin, R. 50; Ihm ward ein
Kranz gereicht, N. 54; Sankt Englmar
und der Knecht, Leg. 56; Das stärkere
Gebot u. andere Erzn. 59; Spiegel einer
Heimat, G. 65; Dem Abend zu, Erz. 65;
Bsondere Leut, G. u. Erzn. 68.

MA: Der Wald 43; Der Speicher 51;
Erzählungen deutscher Lehrer 67; Liebe
in Bayern 75; Waldlerische Weihnacht
74; Weiss-blau und heiter 74; Bschoad
80; Historische Erzählungen aus dem
bayer. Wald 81; Land ohne Wein und
Nachtigallen 82, u.a.

Lit: Ostbairische Grenzmarken, Jahr-
buch f. Geschichte, Kunst und Volkskde
Bd 8; Niederbayern II; Schönere
Heimat, Vjzs.

Mathis-Zilcher, Klaus, s. Eimüller,
Hermann-Josef.

Matray, Maria; VS 68; Fernsehpreis d.
DAG, zus. m. Answald Krüger 65, 66, 69;
Lindenstr. 13 a, D-8000 München 9, Tel.
(089) 648235 (Berlin). Drama, Film,
Fernsehspiel, Sachbuch.

MV: Farben und Lacke, Stück 59; Die
Abendgesellschaft, Stück 61, beide m.
Answald Krüger: Der Akrobat, Sch. m.
A. Krüger 63; Der Tod d. Kaiserin
Elisabeth v. Österreich oder Die Tat d.
Anarchisten Lucheni, m. A. Krüger,
Sachb. 70; Die Liaison, R. 73; Die
Liebenden, R. 77, beide m. A. Krüger.

B: Molière: George Dandin.

F: (MA:) Frau im besten Mannesalter;
Die schöne Lügnerin, beide m. A.
Krüger.

R: Abschiedsvorstellung, Fsp., Hsp.;
Waldhausstr. 20; Der Prozeß Carl v. O.;

Ein langer Tag; Der Fall Harry Domela;
Klaus Fuchs; Oberst Wennerström;
Bernhard Lichtenberg; Der Senator;
Maximilian v. Mexiko; Die Affäre
Dreyfus; Standgericht; Der Schwarze
Freitag u.a., alles Fsp. m. A. Krüger; Auf
Schusters Rappen, Fsp. 81; Winter auf
Mallorca, Fsp. 83.

Matre, Hero, s. Mayer-Trees,
Hildegard.

Matsubara, Hisako, B.A., M.A., Dr.
phil; P.E.N.-Zentrum Bdesrep. Dtld 71;
Merit Award 82; Amer. Art. Dir. Club;
Brauweiler Weg 32, D-5000 Köln 41, Tel.
(0221) 486152 (Kyoto/Japan 21.5.35).
Roman, Essay.

V: Blick aus Mandelaugen, Ess. 68, 80;
Kleine Weltausstellung, Erz. 70;
Brokatrausch, R. 78; Glückspforte, R. 80;
Abendkranich, R. 81; Viele Wege führen
zum Gipfel, Hist. 83. — **MV:** Blickpunkt
Deutschland, Ess. 70; Ansichten üb.
Dtld, Ess. 72; Wir wissen dass wir
sterben müssen, Erz. 75; Wie war das
mit dem lieben Gott, Lyr. 76.

Ue: Die Geschichte vom
Bambussammler 68.

von Matt, Josef, Buchhändler,
Verleger; ISV 59; Radiopreis d.
Innerschweiz. Radiogen. 61; Im Weidli,
CH-6370 Stans, Kt. Nidwalden, Tel. (041)
619916 (Stans 23.9.01). Novelle, Drama,
Lyrik, Hörspiel.

V: Der Wilderer, Volkssch. 31; Wilde
Wasser, Kaldendergeschn. 50;
Nidwaldnerchost, Mundartlyrik 65;
z'Nidwalde drheime, Mundartlyrik 79.
( )

Matthes, Dorothea, Schriftstellerin;
Zwinglistr. 11, DDR-8020 Dresden
(Dresden 2.2.92). Lyrik, Prosa.

V: Dein ist die Zeit, Prosa u. G. 67;
Alles hat seinen Sinn, G. 74.

MA: B: Anthologien; Ernte und Saat;
Kreuzkalender, u.a.

H: MH: Dein ist die Zeit, Alles hat
seinen Sinn.

S: Vertonte Gedichte.

Lit: Versch. Buchbesprechungen u.
Kritiken.

Matthes, Günter, Redakt., Ressortleit.;
Theodor-Wolff-Pr. 66; Machnower Str.
58, D-1000 Berlin 37, Tel. (030) 8025850
(Leipzig 31.12.20).

V: Am Rande bemerkt ... nicht nur für
Berliner, Glossen 60, 63; Berliner
Spitzen, Glossen 76, 77, II 80.

MA: Wie objektiv sind die Medien?, Tb. 82.
R: Petruschat stört den Städtebau, Fsp. 75.

Matthes, Sonja; Friedrich-Bödecker-Kreis; In den Eichen 57, D-6780 Pirmasens, Tel. (06331) 63848 (Rodenkirchen/Weser 18.1.30). Kind-Buch-Sprache, Erwachsenenbildung.
V: Welt der Geister, Kinderb. 74; Kurzbuch, Lyrik 75; Kinder sehen ihre Stadt 77; Tee-Brevier 80.
MA: Geh u. spiel m. d. Riesen 71; Gott im Gedicht 72; Am Montag fängt die Woche an 73; Auf der ganzen Welt gibt's Kinder 76; Nichts und doch alles haben 77; Ein Lattenzaun... 78; Gedanken über das Gute, Glück, Blumen 75, 78; Zenta Maurina — Stille ... 77, u.a. Schulbücher. ( )

Mattheus, Bernd (Ps. Elena Kapralik, Eike Hühnermann, Franz Loechler); Wacholderweg 26, D-3500 Kassel. Essay, Aphorismen, Biographie, Übers. **Ue:** F.
V: Jede wahre Sprache ist unverständlich. Über Antonin Artaud und andere Texte zur Sprache veränderten Bewußtseins, Ess. 77; Antonin Artaud. Leben und Werk des Schauspielers, Dichters und Regisseurs, Biogr. 77; Die Augen öffnen sich im Unklaren und schließen sich im Verdunkelten, Aphor. 80. — **MV:** Briefe über die Sprache, m. Karl Kollmann, Korresp., Ess., Aphor. 78.
Ue: Antonin Artaud: Van Gogh, der Selbstmörder durch die Gesellschaft 77; Antonin Artaud: Briefe aus Rodez 79; Antonin Artaud: Schluß mit dem Gottesgericht. Das Theater der Grausamkeit. Letzte Schriften zum Theater 80; Laure: Schriften 80; E.M. Cioran: Gevierteilt 82; Antonin Artaud: Frühe Schriften 83.

Matthias, Klaus, Dr. phil., Studiendirektor am Inst. f. Literaturwiss. Univ. Kiel; Konsulweg 5, D-2409 Scharbeutz/Ostsee, Tel. (04503) 72130 (Lübeck 1.6.29). Essay, Lyrik.
V: Studien zum Werk Thomas Manns, Ess. 67; Thomas Mann u. Skandinavien, Ess. 69.
MA: Der Wagen. E. lübeck. Jb., Lyrik 54 — 62; Notizen zur Neuen Musik, Ess. 61; Das Vermächtnis Hermann Hesses, Ess. 62/63; Das Werk Gustav Hillards, Ess. 66, 70; Die Dramen von Max Frisch, Ess. 70, 76; Heinrich Mann 1871/1971 73; Stefan Zweig im Exil, Ess. 73; Theodor Fontane — Skepsis u. Güte, Ess. 73; "Renée Mauperin" u. "Buddenbrooks",

Ess. 75; "Lübeck ist mein Faubourg St. Germain" — Über d. Bindungen Thomas Manns an s. Vaterstadt, Ess. 75; Die Großen der Weltgeschichte VII 76; Das Meer als Urerlebnis Thomas Manns, Ess. 77; Thomas Mann in d. Forsch., Ess. 78; Fs. f. Ch. Jolles 79; Kerr u. die Folgen. Analyse d. Sudermann-Kritik als Perspektive einer Neubewertung v. S.-Dramen, Ess. 80; 800 Jahre Musik in Lübeck 82; Tradition als anregende Kraft. Lyr. Texte v. Geibel in Liedkomposit. v. Schumann, Brahms u. Wolf, Ess. 82.
H: Heinrich Mann 1871/1971. Bestandsaufnahme u. Untersuchg. 73.

Matthies, Frank-Wolf, freischaffender Schriftsteller; Stip. Villa Massimo Rom 83-84; Zwinglistr. 39, D-1000 Berlin 21, Tel. (030) 3928618 (Berlin 4.10.51). Lyrik, Novelle, Essay, Publizistik, Nachdichtungen. **Ue:** R, Balt (Litau), F.
V: MORGEN, Lyr. u. Prosa 79; Unbewohnter Raum mit Möbeln, Prosa 80; Für Patricia im Winter, Lyr. u. Manifeste 81. — **MV:** Exil, Briefwechsel m. Werner Lansburgh 83.
Ue: Ch. Dobzynski, M. Deguy, B. Noel in: Franz. Lyr. d. Gegw., Anth. 79.
Lit: Franz Fühmann: Neues von Sneewittchen in: Sinn u. Form 76.

Matthies, Horst, Bergmann; SV-DDR 74; Hörspielpr. d. Rundfunks d. DDR 79, Förderungspr. d. Mitteldt. Verl. u. d. Inst. f. Lit. Johannes R. Becher 80; Postfach 286, DDR-2401 Hohen Viecheln (Radebeul 4.3.39). Drama, Hörspiel, Erzählung.
V: Der goldene Fisch, Erzn. 80, 3. Aufl. 81; Boruschka, Kdb. 81, 2. Aufl. 83. — **MV:** Abenteuer Trasse, Reportagebd 78.
R: Traumposten 78; Wölfe im Lager 78; Männer-Rock und tanzende Kamele oder Das Gesetz der Kausalität 80.

Matthiesen, Hinrich, Schriftsteller; VS 78; Uasterjen, D-2280 Morsum/Sylt, Tel. (04654) 610 (Westerland/Sylt 29.1.28). Roman, Erzählung.
V: Minou, R. 69; Blinde Schuld, R. 70; Tage, die aus dem Kalender fallen, R. 72; Der Skorpion, R. 74; Acapulco Royal, R. 76; Tombola, R. 77; Die Variante, R. 78 (auch holl.) 80; Der Mestize, R. 79; Verschlungene Pfade, R. 79; Brandspuren, R. 81; Die Ibiza-Spur, R. 81; Mit dem Herzen einer Löwin, R. 83; Die Barcelona-Affäre, R. 83.
MA: Reise ans Ende der Angst 80; Reifezeit, Erz. 81; Unter dem Mond von Veracruz, Erz. 83.

Matthiesen, Oskar; Feldstr. 120, D-
2300 Kiel, Tel. (0431) 82536
(Brunsbüttelkoog/Holst. 15.1.94). Drama,
Lyrik, Roman, Novelle.
V: De Regentrud, Sp.-Oper 26; Vor
dem Morgenrot, Dr. 37; Der Diener
seiner Mutter 38; Regen in Usambara,
Sch. 39; Zwischen den Weiden, R. 46;
Der Esel von Rotterdam, N. 49; Nur eine
halbe Stunde, Erz. 74; Regenbogentage,
die sieben Bücher d. Schöpfungsgesch.
einer Liebe 80.

Matulla, Oskar, Prof., akad. Maler und
Graphiker, Essayist; Vizepräs. d. Wiener
Secession, Kg. Esslingen (Malerei u.
Dichtung) 70; Hörsp.Pr. d. Landes Nord-
rhein-Westfalen 63, Kulturpr. d. Landes
NdÖst., Premio internazionale Amicizia
Europeia 65, Silbermedaille d. Stadt
Gorizia 75, Silb. Ehrenzeichen d. Stadt
Wr. Neustadt 76, 1. Hsp.Preis d. Minist. f.
Soziales u. Arbeit 70, Ehrensiegel d.
Stadt Passau 79; Löwenzahngasse 17 A,
A-1220 Wien 22, Tel. (0222) 2219255
(Wien 4.11.00). Essay, Hörspiel,
Kulturpolit. Arbeiten.
V: Die Donauwaldgruppe, Ess. 69; Nur
eine Lerche 72; D. archetypische
Verhältnis d. Menschen z. Stein 72; Die
Kieslagerstätte Bernstein 73; Holz-
schnitt i. Niederösterreich 72; Malerei in
Niederösterreich 75; 80 Jahre Wiener
Secession 76; Die Donauwaldgruppe u.
d. Gründung 76; Die Malerin Inge
Vavra-Aspetsberger (auch ital.) 76; D.
Wr. Secession u. d. poln. Maler um 1900
(auch poln.); Franz Kaindl, Ess. 76;
Architektur in landwirtschaftlicher
Landschaft (auch ital.); Probleme des
Hörspieles (auch ital. u. franz.). —
MV: Die Gruppe 64, Ess. 67.
MA: Österr. biograph. Lex. d.
Akademie d. Wissenschaften Wien,
Kulturberichte aus NdÖst.
R: Wo ist Alexandra 70; Ess.
kultureller Arzt f. Österr. Rdfk; Nur eine
Lerche, Hsp. 76.
Lit: Thieme Becker Künstlerlex.;
Vollmer Internat.-Künstler-Lex.; Österr.
Lexikon; Prominente Österreicher 62;
Kürschners Graphikerlex. 59, 73;
Monogramm-Lex. 64; H. F. Prokop:
Österr. Lit. Handb. 73; Kaindl, Zettl:
Matulla 79; O. M. z. 80. Geb. 80. ( )

Matuszewski, Reinhard, Arbeiter;
Hammer Str. 37, D-4400 Münster/Westf.,
Tel. (0251) 47816 (Recklinghausen i.W.
30.7.51). Lyrik.
V: Aus dem Krankenhaus 77.

Matzdorff, Karl; Berliner Str. 10, c/o
Dr. Fritz Matzdorff, D-6350 Bad
Nauheim.
V: Aus dem Skizzenbuch eines
Kassenarztes: Berlin-Wedding m. viel
Herz 77, Berlin-Wedding nicht kleinzu-
kriegen 77.

Matzen, Raymond, Doz.; Inst. f.
Volkskunst u. Brauchtum im Elsaß,
Elsaß-lothring. Schriftstellerverb.; Med.
d'argent des Sciences, Arts et Lettres
Paris 58, Pr. d. elsaß-lothring.
Schriftstellerverb. 62, Joseph-Lefftz-Pr.
U. Unnsbruck 65, René Schickele-Pr. 80,
Hebel-Dank 81; rue Geiler 18, F-67000
Strasbourg, Tel. (088) 615197 (Straßburg
21.2.22). Lyrik, Essay, Anthologie, Übers.
Ue: F.
V: Hansens Witzbüchlein 62; Dichte
isch bichte, G. in Straßburger Mda. 80, 2.
Aufl. 82; Bilder und Klänge aus
Sesenheim, G. 82; Goethe, Friederike
und Sesenheim 82.
H: Sebastian Brant: Das Narrenschiff
77; Georges Zink: Sichelte 78; Adrien
Finck: Mülmüsik, G. in elsass. Mda. 80;
Karl Kurrus: Vu Gott un d'r Welt,
alemann. G. 81; Marguerite Haeusser:
Klänge aus de Häämet. Gedichtle u.
Gschichtle uf Weißeburcher Deitsch 82.

Matzker, Wolf (Ps. Safran), Stud. Ref.
f. Lehramt an Gymnasien; Tiedgestr. 5,
D-3000 Hannover 1, Tel. (0511) 817995
(Jever 15.10.51). Drama, Lyrik, Roman.
Ue: E.
V: Wahrheitswahn, Lyr. 76;
Zerstörung, R. 76; Maqam, Lyr. 77; Das
gelbe Fenster, Lyr. 78; Nagual, R. 79. ( )

Mauch, Hansrudolf, Dipl.-Bauing.;
Winkel, CH-4814 Bottenwil, Tel. (064)
811125 (Zofingen 20.10.13).
Humoristische Poesie.
V: Biologisch gezogene Verse fürs
Gemüt, G. 80; Mein Haus- und Garten-
biotop, Verse fürs Gemüt, G.

Mauch, Heike, Auszubild. zum
Industriekaufmann; Hengnau 52 1/4, D-
8992 Wasserburg, Bodensee, Tel. (08382)
21693 (Nonnenhorn 5.11.66). Jugendroman.
V: Pretty Boy — das Araberfohlen,
Jgd.-R. 82.

Mauersberger, Uta, c/o Verl. Neues
Leben, Berlin (Ost).
V: Balladen, Lieder, Gedichte 83. ( )

Maurer, Elisabeth, Sport-Kaufmann;
AKL; Kulturgem. Der Kreis; Franz-
Josefs-Platz 15, A-4810 Gmunden, Tel.
(07612) 4804 (Seewalchen a. Attersee
1.3.14). Lyrik.

V: Ein würziger Duft, G. 77; Laß uns von der Liebe singen, G. u. Kurzprosa 78; Nach der Traun, G. in ObÖst. Mundart 79; O kostbar' Leben, G. u. Haiku 81; Allein das Herz macht uns arm oder reich, Aphor. u. Sinnspr. 82. **MA:** Mehrere Anth.

Maurer, Gretl, Journalistin, Schriftstellerin; Dorfstr. 3, D-8201 Nußdorf a. Inn (München 15.8.25). Feuilleton, Jugendliteratur. **Ue:** E.
V: Keine Zeit für Heimweh 64; Der kleine Brummbär 64; Freie Bahn für Conny 65; Der Nächste bitte! Eva in der Praxis 66; Juppi entdeckt Oberbayern 67, 68; Abenteuer inbegriffen 67; Veronika hat Schwung 67, 71; Die Freundin aus Paris 68; Steffis frecher Dackel 68; Tonias gewagte Wette 69, 71; Meine Freundin in Holland 71; Fröhliche Tage im Waldhaus 72; Anja denk an Istanbul 73; Theresas heimliches Spiel 73; Lore braucht einen Freund 74; Warum denn streiten, Lore 74; Wunder dauern etwas länger 75; Die Mädchen vom Dachboden 76.
Ue: F. und M. Kanin: Reporter der Liebe 59.

Maurer, Harald *

Maurer, Joseph (Ps. Majo), Dr. phil., Prof., Mittelschulrektor i.R.; 1. Pr. f. Ess., Camerino 81; Accad. Culturale d'Europa seit 75, Stefan-Zweig-Ges. Wien seit 64, Erwin-Kolbenheyer-Ges. Nürnberg seit 78, Hölderlin-Ges. Tübingen seit 79, Accad. del Buonconsiglio, Trento 80, Accad. degli Agiati, Rovereto 81, Intern. Burckhardt-Akad. St. Gallen u. Rom 82; Villa Aglaja 39, I-39022 Algund bei Meran, Tel. (0473) 48607 (Bozen 10.4.14). Lyrik, Essay. **Ue:** I.
V: Gedichte 42; Natur u. Geist, Lyr. G. 49, 2. Aufl. 79; Lebende italienische Dichter, Anth.; Ritratto di Giovanni Segantini, Monogr. üb. den Alpenmaler 58, ital. u. dt.; Paradoxe Splitter, Aph. 79; Skeptische Epigramme 79; Hexen und Teufel 79; Aphorismen und Epigramme 83; Italienische Lyrik aus acht Jahrhunderten von Franz v. Assisi bis Pasolini, 60 Dichter in 150 Übertrag. 83.
MA: 2 Anth. öst. Lyr. 83; M.V. Rubatscher: Leben und Werk in: Der Schlern 81; Lyrik der Welt — Italien 83.
H: Maria Veronika Rubatscher: Luzio und Zingarella 81; Alt-Grödner Geschichten 81; Liebeslied aus Meran 82; Die Tragik der Option 1939. Ein Zeugnis zur Geschichte Südtirols 83.
R: Vortr. dt. u. ital. im Rdfk.

Ue: Poetische Versionen 49; Neue Versionen 50; Manfrini-Calliano: Italienische Lyr. aus sieben Jh. von Dante bis Quasimodo 78; aus den italienischen Lyrikern: Dante, Petrarca, Michelangelo, Tansillo, Tasso, Bruno, Campanella, Salvator Rosa, Baretti, Parini, Alfieri, Foscolo, Manzoni, Leopardi, Carducci, Pascoli, D'Annunzio, Chiesa, Pastonchi, Saba, Govoni, Palazzeschi, Cardarelli, Valeri, Ungaretti, Ugo Betti, Luigi Bartolini, Montale, Quasimodo und viele andere.

Maurer geb. Zagler, Maria Luise, Lehrerin; ENAL-Provinzialwettbewerb Bozen 60, 61, 62, Lit.pr. La Mole, Turin 81, Lit.pr. Mede 81, Lit.pr. La Montagna 81, Lit.pr. Aischylos-Akad. Gela, Siz. 82, Lit.pr. Prometeo, Bassano Romano 82; Socio dell'Accad. Culturale d'Europa di Bassano Romano, Intern. Burckhardt-Akad. St. Gallen und Rom; Villa Aglaja 39, I-39022 Algund bei Meran, Tel. (0473) 48607 (Meran 12.1.33). Erzählungen, Novellen, Mundartliches.
V: Erzählungen aus Südtirol 79, 5. erweit. Aufl. 83 (auch ital., franz., engl., holl., span., ladin.); Wenn der Berg zum Schicksal wird, N. aus Sulden 79; Du bist in meinem Herzen, G. 83 (5spr.).
MA: Luzio und Zingarella 81; Alt-Grödner Geschichten 81.

Maurer, Monika, Sekretärin; PODIUM 70, Der Kreis, Anifer Kulturkreis; Neu-Anif 105a, A-5081 Anif, Tel. (06246) 38903 (Offenbach 22.1.48). Lyrik.
V: Gedichte 78; Wetterhahn, Lyr. 79; Pegasus, Lyr. 81.
MA: Gauke's Jb. 81; div. Zss.

Maurer, Stephan-Christian *

Maurits, Micheline, s. Schöffler, Rosemarie.

Maus, Hansjörg, Rdfkjournalist; Hochstr. 19/V, D-8000 München 80, Tel. (089) 483735 (Villingen/Schwarzwald 13.3.37). Arbeiten zu geschichtl. Themen.
V: Barbarossa, Kaiser des Abendlandes 79; Faust, e. dt. Legende 80. — **MV:** Alles Gold gehört Venedig, m. W. zu Mondfeld 78.

Mauthe, Jörg; Günthergasse 1, A-1090 Wien.
V: Die große Hitze oder Die Errettung Österreichs durch den Legationsrat Dr. Tuzzi, R. 74, Tb. 80; Wiener Knigge 75, 83; Nachdenkbuch für Österreicher 75; Die Vielgeliebte, R. 79; Wien, Spaziergang durch e. Stadt 79. ( )

Mautz, Heide *

Mautz, Kurt, Dr. phil., Schriftsteller;
VS Hessen 71; Verdistr. 7, D-6200
Wiesbaden, Tel. (06121) 528307
(Montigny-lès-Metz 1.6.11). Visuelle
Poesie, Erzählung, Essay.
V: Mythologie und Gesellschaft im
Expressionismus, Ess. 61, 72; Schreib-
maschinenpoesie, Visuelle Texte 77;
Augentest, Visuelle Poesie 79; Gute
Nacht, Adam Riese!, Visuelle Poesie 82;
Passiver Widerstand, Erz. 82.
MA: Prosa heute, Anth. 75; Literatur
aus Rheinland-Pfalz, Anth. 76; Schön ist
die Jugend bei guten Zeiten, VS-Anth.
80; Friedens-Fibel 82.

Mawatani, Nanata, s. Alten, Ingrid.

Maximovič, Gerd, StudR.; VS seit 75;
Erop. Science-Fiction Pr. 80; Am Wall
183, D-2800 Bremen, Tel. (0421) 325880
(Langenau, ČSSR 29.8.44).
Kurzgeschichte, Hörspiel.
V: Die Erforschung des Omega-
Planeten 79.

May, Friedrich, Dr., c/o Bläschke-
Verl., St. Michael, Öst.
V: Hoffnung dornengeborene 74;
Wachtraum, G. 81. ( )

von Maydell, Bodo Freiherr, Lehrer
i.R.; Stadt Au 34, D-8360 Deggendorf,
Tel. (0991) 5226 (Dorpat/Estland 2.11.09).
Lyrik und Essay.
V: Die Stieglitz aus Arolsen — Ihre
Vorfahren und Nachkommen, Familien-
geschichte 56, Nachtr. 60; Judäas Gott u.
Hellas' ew'ges Schöne, Sprüche 72;
Lehren aus jüd. Schrifttum u.
Schrifttum üb. d. Judentum in Sprüchen
I 74, II 76; D. Volk d. Völker — Lehren
aus jüd. u. christl. Schrifttum 76; Im
Banne des Tikkun — Ein
wiedergewonnenes geistiges Erbe 79;
Der Flamme Trabant Gespräche in
Versen 79; Botschaft aus dem unsicht-
baren Ghetto 83. — **MV:** Verse der
Lebenden, Anth. zeitgenössischer Lyr.
74; Jbb. des Karlsruher Boten seit 76.
MA: Judaica, m. Lyr. u. Ess. seit 58;
Quäker seit 51.
Lit: Heinrich Schnee: Die Hoffinanz
u. d. mod. Staat; Hilde Ahemm: Ein
deutscher Jude u. ein jüdisch
denkender Deutscher, dargest. aufgrund
ihrer Veröff. 77.

von Mayenburg, Ruth, s. Dichtl, Ruth.

Mayer, Christian, s. Amery, Carl.

Mayer, Elisabeth, s. Petuchowski,
Elizabeth.

Mayer, Hannelore (Ps. Hannelore
Valencak), Dr. phil.; St.S.B. 54, P.E.N. 68;

Ehrengabe z. Georg-Trakl-Preis 54,
Lyrikförderungspreis d. Stadt Graz 56,
Staatl. Förderungspreis f. Roman v.
österr. Bdesminist. f. Unterr. 57„
Literaturförderungspreis der
Steirischen Landesregierung 63 u. 64,
Peter Rosegger Lit.Pr. d. Steier. Landes-
regierung 66„ Förderungspreis d. Stadt
Wien 68, Jugendbuchpreis d. Stadt Wien
75, Österr. Kinderbuchpr. 77, Kinder-
buchpr. d. Stadt Wien 77, Prix d' Amade
(Monaco) 78, Ehrenliste zum Hans-
Christian-Andersen-Pr. 78;
Schwarzspanierstr. 15/II/8, A-1090 Wien,
Tel. (0222) 4240224 (Donawitz 23.1.29).
Lyrik, Roman, Erzählungen, Jugend-
bücher.
V: Morgen werden wir es wissen,
Erzn. 61; Die Höhlen Noahs, R. 61, 75;
Ein fremder Garten, R. 64, 75; Nur
dieses eine Leben, Lyr. 66; Zuflucht
hinter der Zeit, R. 67, Neuausg. u.d.T.:
Das Fenster zum Sommer 77; Montag-
früh ist nicht das Leben, R. 70; Vorhof
der Wirklichkeit, R. 72; Erzählungen 73;
Ich bin Barbara, R. 74 (auch am., span.);
Meine schwererziehbare Tante, R. 75;
Regenzauber, Kinderb. 76 (auch am.);
Das Treueversprechen, Jgd-R. 78; Das
magische Tagebuch, R. 81; Wanderwege
rund um Wien 82. — **MV:** Vier junge
Kapfenberger, Lyrik 54.

Mayer, Hans, Dr., Dr., o. UProf.;
P.E.N.-Club 48; Nat.preis f. Wiss. u.
Kunst d. DDR 55, Lit.Pr. d. Verb. dt.
Kritiker 66, Lit.pr. d. Stadt Köln 80; EM
Goethe-Ges. 67, Dr. phil. h. c. U. Brüssel
69, Dr. phil. h. c. U. of Wisconsin 72,
Vorst.mitgl. dt Schiller-Ges. s. 54, Akad.
Künste 64, Dir. Abt. Lit. 71; Neckarhalde
41, D-7400 Tübingen, Tel. (07071) 24227
(Köln 19.3.07). Essay, Kritik. **Ue:** F.
V: Georg Büchner u.s. Zeit 46, 50;
Frankreich zw. d. Weltkriegen 1919 bis
1939, Ess. 48; Lit. d. Übergangszeit, Ess.
49; Thomas Mann 50; Studien z. dt.
Lit.gesch. 54; Dt. Lit. u. Weltlit. 57;
Richard Wagner 59; Von Lessing bis
Thomas Mann 59; Bertolt Brecht u. die
Tradition, Ess. 61; Heinrich v. Kleist,
Ess. 62; Zur dt. Klassik u. Romantik 63;
Anmerkungen zu Brecht 65;
Anmerkungen zu Richard Wagner 67;
Gerahrt Hauptmann 67; Das Geschehen
u. das Schweigen, Aspekte d. Lit. 69; Der
Repräsentant u. d. Märtyrer.
Konstellationen d. Lit. 71; Brecht in der
Geschichte 71; Goethe. Ein Versuch
über den Erfolg 73; Außenseiter 75
(span. 76, ital. 77, serbokroat. 81, am. 82);
Richard Wagner in Bayreuth 76; Nach

Jahr u. Tag. Reden 78; Richard Wagner. Mitwelt u. Nachwelt 78; Dr. Faust u. Don Juan 79; Versuche über die Oper 81; Ein Deutscher auf Widerruf, Erinnerungen I 82. — **MV:** Ansichten über Schriftsteller u. Bücher, Ess. m. St. Hermlin 47.

H: Spiegelungen Goethes in unserer Zeit 49; Meisterwerke dt. Lit.-kritik I 54, 62, II 56; Gerhart Hauptmann: Ausgew. Prosa IV 56; Dt. Lit.kritik im 20. JH. 66; Dt. Lit.kritik d. Gegenwart I 71; Heinrich Heine Beitr. z. dt. Ideologie 71. — **MH:** Max Frisch, Gesammelte Werke I.-VI, m. Walter Schmitz 76; Deutsche Literaturkritik 1 - 4 78.

Ue: Aragon: Die Reisenden d. Oberklasse 52, Die Karwoche 61; Jean Paul Sartre: Die Wörter 65.

Lit: Walter Jens, Fritz J. Raddatz: Hans Mayer z. 60. Geb. E. Festschrift 67; Inge Jens: Über Hans Mayer 77; Hans Mayer zu Ehren 77.

s. a. Kürschners GK.

Mayer, Hansjörg *

Mayer, Magdalena (Ps. Lene Mayer-Skumanz), Mittelschullehrerin; Österr. Staatspreis f. Jgd.Lit. 65, 81, 82, Ehrenliste z. Preis d. Stadt Wien 65, 67, Ehrenliste z. österr. Staatspreis 67, Förderungspreis d. Österr. Bundesverlages 67, Pr. d. Stadt Wien 81, 82, Dt. Kath. Kinderbuchpr. 81, Ehrenliste zum Hans Christian Andersen-Pr. 82; Lampig 15/12, A-1020 Wien, Tel. (0222) 3395724 (Wien 7.11.39). Kinder- und Jugendliteratur.

V: Ein Engel für Monika 65, 67; Mein Onkel, der Zauberer 67; Die Wette 70, alles Jgdb.; Der Stern, Weihn.sp. 71; Der kleine Pater - sämtl. Abenteuer 76; Märchenreise um die Welt 76; Der himmelblaue Karpfen 77; ... weil sie mich nicht lassen 78; Anatol der Theaterkater 78; Geschichten vom Bruder Franz 80; Gibt Florian auf? 80; Jakob und Katharina 81; Der Bernsteinmond oder Das geheimnisvolle Mädchen 82. — **MV:** Das Sprachbastelbuch; Damals war ich vierzehn; Das Kindernest 79; Der König der Antilopen 82.

H: Hoffentlich bald 83.

Mayer, Mechthild, Malerin u. Lyrikerin; Dipl. di Merito f. Lit. U. delle Arti 82; Lit. Ges. e.V. (früher: Scheffelbund) 74-83; Allensteiner Str. 16, D-7500 Karlsruhe 1, Tel. (0721) 684500 (Ellwangen-I. 9.1.18). Lyrik.

V: Der Sonnenspeicher, G. 72; Schierling oder Die Beschaffenheit des ganz einfachen Tages, G. u. Zeichn. 74; Die Blume Begriffenezeit, G. 76; M. M. — Ölbilder, Aquarelle, Zeichnungen, Bildbd m. Lyr. 78.

MA: Das Bildgedicht II 81; Einkreisung, Anth. 82.

Mayer, Renate, s. Zaky, Renate.

Mayer, Rosa; Bachstr. 9, A-8753 Fohnsdorf.

V: Net vazogn, G. in obersteir. Mda. 77; A bißl süaß, a bißl hanti, G. in obersteir. Mda. 80.

Mayer, Ruth, Spracharbeiterin und Bücherherausgeberin; Ehrengabe des Kantons Zürich 77; Postfach 116, CH-8029 Zürich, Tel. (01) 532367 (St. Gallen 24.3.43). Aphorismen, Texte. **Ue:** E, F.

V: Die Winkel, G. 65; Endloses Wandern, G. 68; Wohn-Porträts Texte 75 (auch engl. u. franz.); Ansichtsseiten, Aphor. 76, 79. — **MV:** Die fünf Unbekannten, G. u. Kurzprosa 70.

B: Dokumente visueller Gestaltung 69; Geschichte der visuellen Kommunikation, Kunstb. 71; Geschichte des Plakates, Kunstb. 71 u.a. — **MA:** (Auswahl) Das unzerreissbare Netz, Lyrikanth. 68; drehpunkt 68-79; Gott im Gedicht, Anth. 72, 76; Nichts und doch alles haben, Lyrikanth. 77; Diagonalen, Kurzprosa-Anth. 77; neue treffende Pointen, satirische Geistesblitze des 20. Jh. 78; 11 J. Schweizer Literatur, Anth. 80; Der Mensch und sein Arzt, 3000 treffende Zitate, Aphor., Meinungen, Definitionen, Fragen und Antworten 80.

H: Bewegte Frauen, Lyrik und Prosa zeitgenössischer Autorinnen 77; Anfällig sein, Texte von Frauen 78; Im Beunruhigenden, Frauentextsammlung 80; Frauen erfahren Frauen 82.

Ue: B: Das moderne Sitzmöbel von 1850 bis heute, Kunstb. 70; Algarve, Foto-Textbuch 73; Phothographie in der Schweiz von 1840 bis heute, Fotob. 74.

Mayer, Walter, Dr. phil., ObStudR. i. R.; St.S.B. 54; Ehrenpr. d. Marktgemeinde Arnfels 74; EM Dt. Kulturwerkes Europ. Geistes 70, Dt. Akad. f. Bildung u. Kultur; Petzoldgasse 5, A-3600 Bruck/M., Tel. (03862) 51245 (Wien 27.11.03). Lyrik, Drama, Roman, Erzählung, Märchen, Kurzgeschichte.

V: Licht und Schatten, Lyrik 57; Aus steirischem Land, Lyrik 65; Traum und Sicht, Lyrik 71; Andacht, Lyrik 71; Der Brückenbogen 76; Gestern Heute Morgen, Lyr. 79; Zum andren Ufer, Lyr. 80; Seiten des Lebens, Erzn. 80.

MA: In dieser Minute 54; Steirische
Lehrerdichter der Gegenwart 55; Quer,
Anth. dt.spr. Lyrik d. Gegenwart 74; Mit
deinem Wort hast du mich wunderbar
verwandelt ..., Dichterhandschrr. 80;
Begegnung mit Max Mell 82.

Mayer, Wolfgang (Ps. Wolfgang Mayer
König), Industriedir., LBeauftr. H. f.
künstler. u. industr. Gestalt. Linz, vorm.
Sekretär d. öst. Bundeskanzlers; Ö.S.V.
seit 76; Theodor-Körner-Pr. f. Literatur
73, Förderungspr. aus d. Wiener
Kunstfonds 75; Verleih. d. Öst.
Ehrenkreuzes f. Wiss. u. Kunst f.
hervorrag. Leistungen auf schriftstell.
Gebiet durch d. Bundespräs. d. Republ.
Öst. 76, o.Mitgl. Accad. Tiberina Rom 81,
o.Mitgl. Burckhardt Akad. St. Gallen -
Rom, o.Mitgl. Accad. Culturale d'Europa,
Bassano Romano; Hernalser Gürtel 41,
A-1170 Wien, Tel. (0222) 4258362 (Wien
28.3.46). Lyrik, Novelle, Essay.

V: Sichtbare Pavillons, G. 69;
Stichmarken, long poems 69; Z. Psychol.
d. Literatursprache 74; Texte u. Bilder
76; Sprache-Politik-Aggression 78; Karl
Kraus als Theaterkritiker 78; Johann
Caspar Goethes "Viaggio per l'Italia" u.
Johann Wolfgang Goethes "Italienische
Reise", Ein Vergleich 78; Robert Musils
Möglichkeitsstil 79; In den Armen
unseres Wärters 79; Vorläufige Ver-
sagung, G. 83.

B: Die Zukunft v. Wiss. u. Technik in
Öst. 72. — **MA:** Zeit und Ewigkeit, 1000
Jahre österr. Lyr. 78; Claasen Jb. d. Lyr.
79, 80, 81; Verlassener Horizont, Anth.
2.Aufl. 83; Einkreisung, Ausw. neuer dt.
Lyr. 82.

H: LOG, Intern. Lit.zs. seit 79.

Lit: Kindlers Lit.gesch. d. Gegenwart.
Die zeitgen. Lit. Öst. 76; Kurt Adel: Aufbruch und Tradition, Einf. i. d. öst. Lit.
seit 1945 82.

Mayer König, Wolfgang, s. Mayer,
Wolfgang.

Mayer-(Limberg), Josef, N.Ö. Landesbeamter i.R.; Öst. P.E.N.-Klub, Podium;
Kulturpr. f. Lit. d. Ldes Niederöst. 83;
Wichtelgasse 10/11, A-1160 Wien, Tel.
(0222) 46640222 (Limberg 15.2.11). Lyrik.

V: Fon de Hausmasda und de Möada,
Gedichda aus Oddagring; Eilodung zu
de Hausmasda; Neuche Gedichda aus
Oddagring.

Mayer-Skumanz, Lene, s. Mayer,
Magdalena.

Mayer-Trees, Hildegard (Ps. Hero
Matre), Dolmetscherin; FDA 80, VS 82;
Neue Avantgarde des Surrealismus;

Nordstr. 31, D-4290 Bocholt, Tel. (02871)
6381 (Frankfurt a.M. 21.1.18). Lyrik,
Roman, Novelle, Essay, Drama, Film.
Ue: F, E.

V: Augenauf blühende Erde, Lyr. 78;
Sternsystem NCC 4565, R. 80; Papst &
Pudel, Lyr. 81; Bitterer Sekt, R. 81; Das
zerschnittene Ölbild, R. 83.

Maync, Susy, s. Langhans-Maync,
Susy.

Mayr, Ulrich, Beamter;
Weggensteinstr. 17a, I-39100 Bozen.
V: Wechselbäder, G. 81. ( )

Mayröcker, Friederike, Englisch-
lehrerin; Forum Stadtpark, Graz 70,
Arbeitskr. österr. Lit.produz. 71, Grazer
Autorenversammlung 72; Körner-
Förderungspr. 63, L.v.Ficker-Stip. 64,
Hörsp.Pr. d. Kriegsblinden 69, Österr.
Würdigungspr. f. Literatur 75, Pr. der
Stadt Wien 76, Georg-Trakl-Pr. 77,
Anton-Wildgans-Pr. 82, Großer Öst.
Staatspr. f. Lit. 82, Roswitha-von-
Gandersheim-Pr. 82; Akad. d. Künste,
Berlin, Öst. Kunstsenat 82; Zentagasse
16/40, A-1050 Wien, Tel. (0222) 5570485
(Wien 20.12.24). Lyrik, Kurzprosa,
Drama, Film, Hörspiel, Erzählung,
Roman, Kinderbuch. **Ue:** E.

V: Larifari, Pr. 56; Metaphorisch, G.
65; Texte, G. 66; Tod durch Musen, G. 66;
Sägespäne f. mein Herzbluten, G. 67, 73;
Minimonsters Traumlexikon, Pr. 68;
Fantom Fan, Pr. 71; Sinclair Sofokles
der Babysaurier, Kinderb. 71; Arie auf
tönernen Füßen, Pr. 72; Blaue Erleuch-
tungen, G. 72; je ein umwölkter gipfel,
Erz. 73; In langsamen Blitzen, G. 74;
Augen wie Schaljapin bevor er starb, Pr.
74; meine träume ein flügelkleid,
Kinderb. 74; Das Licht in der Land-
schaft, Pr. 75; schriftungen oder
gerüchte aus d. jenseits, Pr. 75; Drei
Hörspiele 75;; Fast ein Frühling des
Markus M., Pr. 76; heiße hunde, Pr. 77;
rot ist unten, Pr. 77; Heiligenanstalt, Pr.
78; Schwarmgesang, Hsp. 78; jardin pour
F.M., Materialienbuch 78; Tochter der
Bahn, Pr. 79; Ausgewählte Gedichte
1944 - 78, G. 79; Ein Lesebuch (Reader),
G., Pr., Hsp., Zeichnungen 79; Pegas das
Pferd, Kinderb. 80; Die Abschiede, Pr.
80; schwarze Romanzen, G. 81; Treppen/
Akt, eine Treppe hinabsteigend — nach
Duchamp, Pr. 81; ich, der Rabe und der
Mond, Kdb. 81; Gute Nacht, guten
Morgen, G. 82; Magische Blätter, Pr. 83;
Das Anheben der Arme bei Feuersglut,
G., Pr., Hsp. 83.

R: Traube, Fs.film 71; Mövenpink 68;
Arie auf tönernen Füßen 69; Bot-

schaften v. Pitt 69; Land Art 70; Die
Hymnen 70; Für vier 71; Tischordnung
71; Gefälle 71, alles Hsp.; Fünf Mann
Menschen 67; Der Gigant 67;
Spaltungen 69; Gemeins. Kindheit 69,
alles Hsp. m. Ernst Jandl; Schwarm-
gesang 72; Ein Schatten am Weg zur
Erde 74; Der Tod und das Mädchen 76;
Bocca della Verita 77; So ein Schatten
ist der Mensch 82/83, alles Hsp.

S: Fünf Mann Menschen, m. E. Jandl;
Sprechklavier, LP 75; Pick mich auf
mein Flügel, Kass. 79; Bocca della
Veritá, Kass. 81; Dichter lesen in der
daadgalerie, Sprechpl. 82.

Ue: Maude Hutchins: Der Lift 62.
Lit: Andreas Okopenko: Wort i.d. Zeit
65; E. Gomringer: Vorw. z. "Tod durch
Musen" 66; M. Bense: Nachw. z. Mini-
monsters Traumles. 68; Gisela
Lindemann: Vorwort zu "Ein Lesebuch".

McNeal, Timothy, Anglist; IGdA 81,
ADA 82, c/o Verlag J. G. Bläschke,
Feistritz 31, A-9143 St. Michael. Lyrik,
Kurzgeschichten. **Ue:** E.

V: Von Erewhon nach Xanadu.
Versuche in Versen 81.
MA: Gauke's Jb. 82, 83; Lyrik heute
81; Einkreisung 82.

Mebs, Gudrun, Schauspielerin; 2. Pr.
La Vache qui lit 82, Die Eule des
Monats, Bull. Jugend u. Lit. 82,
Literaturstip. vom Dt. Literaturfonds
e.V. 82-83; Schleißheimer Str. 64, D-8000
München 40, Tel. (089) 527652 (Bad
Mergentheim 8.1.44). Roman, Hörspiel,
Erzählung.

V: Geh nur, vielleicht triffst Du einen
Bären 81; Birgit — eine Geschichte vom
Sterben 82.
R: Alles für die Katz, Hsp. 83; mehrere
Kurzhsp.

Mechler, Ulrich, s. Fielitz, Hans Paul.

Mechnig, Elfriede, Bühnenverlegerin;
Niedstr. 5, D-1000 Berlin 41, Tel. (030)
8511907 (Berlin 7.11.01). Drama,
Hörspiel. **Ue:** E, I.

Ue: Paolo Levi: Der Traum, Ausweg-
lose Straße, Als ob man in einen Spiegel
sähe ..., Straßenkreuzung; Nicola
Manzari: Partie zu viert; Collins: Die
Reise mit dem Adler. — **MUe:** Edoardo
de Filippo: Filomena Marturano, Kom.,
Die inneren Stimmen, Kom., m. Ettore
Cella, alles Hsp.

von Mechow, Brigitte, Bibliothekarin,
Verlagsbuchhändlerin; Bingener Weg 8,
D-7000 Stuttgart 80, Tel. (0711) 725407
(München 23.6.33). **Ue:** E, F.

B: Rieger: Sag ja. Glauben — leben —
hoffen 82.
Ue: Blyton: Aufregung in St. Rollo 60;
Garland: Das Geheimnis der Nebel-
bucht 60; David Young: Streng geheim
61; Brunhoff: Babars Abenteuer 61;
Gunn: Das verdächtige Blockhaus 61;
Varnac: Die Gespenterinsel 62;
Edwards: Der Reißer 62; Cooper: Der
unheimliche Mr. Marcquick 63;
Leclercq: Sausewind 63; Cannam: Nick
und die wilde Stute 63; Saint-Marcoux:
Jener Sommer 63; Brothers: Ein Leben
mit Delphinen 64; Burton: Heldin im
Verborgenen 64.

Mechtel, Angelika, Schriftstellerin;
VS 70, Gruppe 61 65, PEN, Gedok,
Förderkr. Dt. Schriftsteller in Bayern;
Förderungspr. f. Lit. d. Stadt Nürnberg
70, Förder.pr. f. Lit. d. Kulturkr. i.
Bundesverb. d. dt. Industrie 71, Tukan-
Lit.pr. d. Stadt München 71; Goethestr.
43, c/o Paul List Verlag, D-8000
München 2 (Dresden 26.8.43). Roman,
Erzählung, Hörspiel, Reportagen, Lyrik,
Dokumentation, Fernsehfeature,
Fernsehspiel.

V: Gegen Eis u. Flut, G. 63; Lach-
schärpe, G. 66; Die feinen Totengräber,
Erz. 68; Kaputte Spiele, R. 70 (auch
franz., poln.); Hochhausgeschichten, Erz.
71; Friß Vogel, R. 72; Alte Schriftsteller i.
d. Bundesrep. — Gespräche u.
Dokumente 72; Das gläserne Paradies,
R. 73 (auch poln.); Die Blindgängerin, R.
74; Ein Plädoyer für uns, Dokumen-
tation ü. d. Frauen v. Strafgefangenen
75; Hallo Vivi, Jgdb. 75; Die Träume der
Füchsin, Erz. 76 (auch schwed., am.);
Kitty Brombeere, Jgdb. 76; Keep
Smiling, Erz. 76; Wir sind arm, wir sind
reich, R. 77; Kitty u. Kay, Kinderb. 78;
Die andere Hälfte der Welt oder
Frühstücksgespräche mit Paula, R. 80
(auch russ., slow.); Maxie Möchtegern,
Jgdb. 81; Gott oder die Liedermacherin,
R. 83.

MA: Relief, Aspekte, Impulse, Simpli-
cissimus, alles Zss.
H: Dokumentat. z. Lage älterer
Schriftsteller i.d. Bundesrep. 72. —
MH: Publikation, Zs.; Es geht, es geht...
Zeitgenöss. Schriftsteller u. ihr Beitr.
zum Frieden — Grenzen und Möglich-
keiten, Dokum. 82.
R: Die Belagerung d. gläsernen Turms
68; Die Puppe in m. Kopf 69; Komm,
Elisa, Laß' dich beißen 70; Die
Niederlage e. Ungehorsamen 71;
Hochhausgeschn. I u. II 71, alles Hsp.;
Das Leben ist schreiben - alte

Schriftsteller i.d. Bundesrep; Strafe
ohne Urteil, m. E. Itzenplitz, Fsp. 79.
Ue: Eva Jones Thirteen, R.
Lit: Gesch. d. deutschen Lit. aus
Methoden — Westdeutsche Lit. v. 45-71,
III 72; Basis, Jahrbuch f. dt. Gegen-
wartslit. V 75; F. Kron — Schriftsteller
u. Schriftstellerverbände 76; German
Women Writers of the Twentieth
Century 78, Krit. Lex. z. dt.spr. Gegen-
wartslit., 2. Nachlief. 79; Neue Literatur
der Frauen 80; Loccumer Protokolle —
Loccumer Autorentag. m. Angelika
Mechtel 79, u.a.

Mechtel, Manuela, Puppenspielerin;
Preysingstr. 33, D-8000 München 80, Tel.
(089) 4801967 (München 15.6.51). Lieder,
Kindertheater.
V: Es lebt ein Krokodil am Nil, Neue
Kinderlieder z. Singen u. Spielen 80.
R: 9 Kinderlieder im Rdfk 78. ( )

Meck, Barbara *

Meckel, Christoph, Graphiker,
Schriftsteller; VS, Berufsverb. bild.
Künstler; Förderpreis d. Immermann-
preises 59, Villa Massimo-Stipendium
61, Rilkepr. 78; Kulmbacherstr. 3, D-1000
Berlin30, Tel. (030) 244181 (Berlin
12.6.35). Lyrik, Erzählung, Prosa,
Hörspiel.
V: Tarnkappe, G. 56; Hotel für Schlaf-
wandler, G. 58; Nebelhörner, G. 59;
Manifest der Toten 60; Im Land der
Umbramauten 60; Wildnisse, G. 62;
Gedichtbilderbuch 64; Tullipan, Erz. 65;
Bockshorn, R. 73; Allgemeine Erklärung
der Menschenrechte, Illustration 74;
Nachtessen, G. 76; Licht, Erz. 78; Säure,
G. 79; Suchbild, Erz. 80; Nachricht für
Baratynski, Erz. 81; Der wahre Muftoni,
Erz. 82; Ein roter Faden, Ges.Erz. 83;
Anabasis, Graphiken 83.
H: Georg Heym: Gedichte 68.
R: Der Wind, der dich weckt 67; Eine
Seite aus dem Paradiesbuch 68; Fliegen
im Bernstein 70, alles Hsp.
S: Christoph Meckel liest Prosa 71.

Mede-Flock, Hanne, cand.jur., freie
Schriftstellerin; Nordbahnstr. 2, D-1000
Berlin 65 (Schleswig 13.2.51). Drama,
Roman, Novelle. **Ue:** T, E.
V: Im Schatten der Mondsichel, R. 82.

Meeker, Jason, s. Kurowski, Franz.

von Meerwald, Istrid, Lehrerin;
Hermann-Voland-Str. 5, D-7744
Königsfeld/Schwarzw. (Chemnitz/
Sachsen 9.5.31). Lyrik, Gedankenlyrik,
Haiku, Erzählung, Anthologie, Bilder-
buch, Märchen.
V: Morgendämmerung, G. 83.

MA: Haiku 80.
H: Kräht der Hahn auf dem Mist ...,
Bauernregeln-Samml. und zwölf Haiku
82.

Mees, Heinz, Rektor; VS 80; Danziger
Str. 19, D-6090 Rüsselsheim, Tel. (06142)
42855 (Trebur 11.5.48). Lyrik, Kurz-
geschichte, Roman, Erzählung.
V: Augen-Blicke, Erzn. 79; Mit ihr und
anderen, G. u. Sprüche 80.
MH: Die falsche Richtung: Startbahn
West, ein Leseb. 82.

Meeß, Ernst, Brauereiprokurist i.R.;
Graf-Werderstr. 2, D-6630 Saarlouis, Tel.
(06831) 42868 (Dudweiler/Saar 28.1.18).
Lyrik, Novelle, Hörspiel.
V: Der Talisman, N. 41; Wille und
Wort, G. 41; Überfahrt, Nn. 48; Der
Warner, Opernlibr. 41; Hegelbarths
Mordversuch, N. 52 (Ztg).
MA: Saarländische Anthologie 58;
Saarheimet, kulturelle Mschr.
R: Kranz, Son. 47; Jahrbüchlein, G. 48;
Zwei Stunden bis Bethlehem, Hsp. 54.

Megla, Gerhard, c/o Christians-Verl.,
Hamburg.
V: Achilles-Verse, G. 82. ( )

Meh, Karen, s. Meyer, Ilse.

von der Mehden, Heilwig, s. Ahlers,
Heilwig.

Mehl, Hans, Verw.Amtsrat a.D.;
Goerdelerstr. 22, D-8500 Nürnberg 70,
Tel. (0911) 612602 (Nürnberg 15.10.14).
Mundartdichtung, Lyrik, Prosa.
V: Des derf mer doch nu sogn, G. 69,
6.Aufl. 81; Gäih zou, bleib dou, G. 76,
4.Aufl. 82; Fränkische Weihnacht 79,
2.Aufl. 80.
MA: Nürnberger Luginsland, Anth. 69;
Auf gut Nürnbergerisch, Anth. 71.
S: Nürnberger Gwärch 71; Weihnacht
in Franken, beides Mda. u. Volksmusik
75.

Mehler, Friederike (Ps. Friederike
Hübner), Sängerin; Sudetendt. Kulturpr.
81; Zieglerstr. 22, D-8120 Weilheim/Obb.
Tel. (0881) 7756 (Prag 2.5.18). Roman,
Kurzgeschichte.
V: Knoblauch, Kunst und Kindheit in
Prag, Erinnerungen 76, 4.Aufl. 81;
Enzian für Nepomuk, Erinnerungen 79;
Von Prag bis Hugefing, Kurzgeschn. 82.

Mehlhardt, Dieter, Verlags-
buchhändler; Leninallee 69, DDR-1532
Kleinmachnow b. Berlin (Berlin 12.8.27).
Tiergeschichte, Naturschilderung,
Novelle, Heimatkunde, Kirchen-
geschichte.

V: Buntes Lied des Herbstes 45;
Reitender König der Nacht, Tier-
Geschn. 46; Der Dachs 47; Märkische
Dorfkirchen 75/80; Unser Potsdamer
Land 75/80.
H: Kulturspiegel 55 — 60; Potsdamer
Land 58 — 63. ( )

Mehling geb. Wünzer, Marianne (Ps.
Agnes Hofmüller), Dr.; Maximilianstr. 2,
D-8100 Garmisch-Partenkirchen, Tel.
(08821) 2391. Kinderbücher, Essays,
Sachbuch, Übersetzungen.
V: van Gogh 67; Vorhang auf für
Kasperle 68; Kasperles neue Abenteuer
69; Wir basteln für Weihnachten 78;
Vierundzwanzig Tage vor Weihnachten
79; Die schönsten Weihnachtsbräuche
80; Frohe Weihnacht 81. — **MV:** Das
kleine Osterbuch, m. F. Mehling 74;
Weihnachten in der Familie, m. F.
Mehling 76; Schönheit will gelernt sein,
m. C. Margraf 72.
MA: Knaurs Kulturführer in Farbe:
Österreich 77, Italien 78, Spanien 80,
Griechenland 82.
H: D. schönsten Weihnachtsgeschich-
ten 77; Knaurs Kulturführer in Farbe:
Franken 82, Südtirol 82, Oberbayern 82,
Florenz und Toskana 83, Tal der Loire
83, Schleswig-Holstein 83, Kärnten 83;
365 Gute-Nacht-Geschichten 83. —
MH: Richard Strauss, Ein Leben in
Briefen 67.

Mehnert, Günter; VFF d. DDR;
Heinrich-Greif-Pr. 75, Nationalpr. 79,
Kunstpr. d. DTSB 83, DDR-1501
Ferch Enten III (Helmsdorf b. Pirna
11.7.30).
V: Der Neue aus der Stadt, Erz. 62;
Der Hussitenhauptmann 66, 71; Der
Vorsitzende, Drehb. 70; Jung zu sein ist
schön, Text 74; Flucht nach vorn, Drehb.
80.
F: Das Geheimnis der 17 63; Die
Suche nach dem wunderbaren
Vögelchen, n. F. Fühmann 64; Der
Revolver des Corporals 67; Im Himmel
ist doch Jahrmarkt 69; Euch werd ich's
zeigen 72; Verdammt, ich bin erwachsen
74; Am Ende der Welt 75; Achillesferse
78; Die Schüsse d. Arche Noah, n. P.
Abraham 83, alles Fs.-Szenarien.

Mehr, Mariella, Schriftstellerin,
Publizistin; SSV; Werkjahr d. Schweiz.
Stift. Pro Helvetia 80, Lit.pr. d. Kantons
Zürich 81, Lit.pr. d. Kantons Bern 81;
Neubrückstr. 19, CH-3012 Bern, Tel.
(031) 237803 (Zürich 27.12.47). Lyrik,
Roman, Essay.
V: Steinzeit, R. 81, 3.Aufl. 83; In diesen
Traum wandert ein roter Findling, G. 83.

Mehren, Günther (Ps. Peter Pesel), lic.
phil., Schriftsteller; VS Baden-Württ. 58;
Hopfenkamp 31a, D-3384 Liebenburg 1,
Tel. (05346) 1650 (Stuttgart 26.3.28).
Essay, Lyrik, Kurzgeschichte.
V: Angst vertreiben, G. 77. —
MV: Zyklen beispielsweise 57; Lyrik aus
dieser Zeit 63; Lyrik aus dieser Zeit 65.
R: Der gute Mensch von Assisi 82.

Meichsner, Dieter, Hauptabt.-leiter
Fsp. NDR; Schiller-Gedächtnis-Pr. 59,
Ernst-Reuter-Pr. 60, Jakob-Kaiser-Pr.
66, 68, DAG-Fernseh-Pr. in Silber 67, - in
Gold 69, Adolf-Grimme-Pr. in Silber 67,
Alexander-Zinn-Pr. 70; Rögenweg 31, D-
2000 Hamburg 67, Tel. (040) 6039019
(Berlin 14.2.28). Roman, Hörspiel,
Fernsehspiel.
V: Versucht's noch mal mit uns!,
Bericht 48; Weißt Du, warum?, R. 52; Die
Studenten v. Berlin, R. 54. —
MV: Fehlmeldung, in: 1945. Ein Jahr in
Dichtung u. Bericht 65; Theodor
Fontane u. Berlin, v. Duvenstedter
Brook aus betrachtet, in: Theodor
Fontane u. Berlin 1969 70.
R: Besuch aus der Zone 56; Ein Leben
58; An der Strecke nach D. 58; Das
Riekchen aus Preetz 59; Arbeitsgruppe:
Der Mensch 60; Morgengebet 62;
Variationen über e. Thema 64; Die Hatz
v. Vodúbiče oder Wenn Bären sprechen
könnten 67, alles Hsp.; Nachwuchs auf
Jürgen Trahnke 61; Nach Ladenschluß
64; Preis d. Freiheit 66; Das
Arrangement 67; Wie ein Hirschberger
Dänisch lernte 68; Novemberverbrecher
68; Der große Tag d. Berta Laube 69;
Alma Mater 69; Kennen Sie Georg
Linke? 71; Eintausend Milliarden 74;
Rentenspiel 76; Schwarz Rot Gold 82;
Bergpredigt 83, alles Fsp.

Meidinger geb. Geise, Ingeborg (Ps.
Inge Meidinger-Geise), Dr. phil., freie
Schriftstellerin; VS 68, P.E.N. 71, Die
Kogge 57; Willibald-Pirkheimer-
Medaille 56, Kunstpr. d. Stadt Erlangen
72, Kogge-Ehrenring d. Stadt Minden 73,
Hans-Sachs-Bühnenpr. 76, Max-
Dauthendey-Plakette 79, Intern. Mölle-
Literatur-Pr. 79, Hugo-Carl-Jüngst-Med.
82; Ges. f. dt. Spr. 48, Pirkheimer
Kuratorium 56, Bodensee-Klub 72;
Schoberweg 1a, D-8520 Erlangen u.
Kaiserstr. 23, D-4802 Halle/Westf., Tel.
(09131) 41307 (Berlin 16.3.23). Lyrik,
Roman, Novelle, Essay, Hörspiel,
Bühnendichtung.
V: Helle Nacht, G. 55; Welterlebnis in
dt. Gegenwartsdichtg. 56; Kath. Dichtg.
in Dt. 58; Die Freilassung, R. 58; Das

Amt schließt um fünf, Erzn. 60; Saat im Sand, G. 63; Der Mond v. gestern, R. 63; Nie-Land, Erzn. 64; Gegensumme, G. 70; Nouvel Âge, G. (dt.-frz.) 71; Die Fallgrube, Erzn. 71; Nichts ist geschehen, Erzn. 73; Menschen und Feste, Erzn. 75; Quersumme, G. 75; Ordentliche Leute, Erzn. 76; Erlanger Topographien, Ess. 76; Kleinkost u. Gemischtfarben, Sat. 78; Framtidskrönika/Zukunftschronik (schwed.-deutsch), G. 78; Europa/Kontrapunkte, G. 78; Zwischen Stein u. Licht, G. 79; Letzte Notizen für K., G. 79; Ich schenke mir ein Jahr, Prosa 80; Ich bin geblieben wo du warst, G. 81; Heimkehr zu uns beiden, G. 81; Jenseits der Wortmarken, G. 82; Tee im Parterre, Erzn. 82; Alle Katzen sind nicht grau, Erzn. 82; Erlanger Kalenderblätter, Prosa 83; Was sich abspielt, G. 83.

MA: Die Frau in unserer Zeit 54; Das Gedicht, Jb. zeitgen. Lyrik 56; Mitten im Strom, Lyrik-Anth. 57; Das Buch d. Kogge 58; Sehet dies Wunder 59; Keine Zeit f. Liebe, Lyrik-Anth. 64; Deutsche Teilung 66; Das unzerreißbare Netz 68; Auch Deutsche lachen 69; Fränk. Städte 70; Fränk. Klassiker 71; Grenzüberschreitungen 73; bundes deutsch 74; Stimmen zur Schweiz 76; Fränk. Dichter erzählen 76; Wie war das mit dem lieben Gott 76; Nichts und doch alles haben 77; In der Weihnachtsstadt, Prosa-Anth. 78; 20 Annäherungsversuche ans Glück, Lyrik-Anth. 78; Psalmen vom Expr. bis z. Gegenwart, Lyrik 78; Östlich v. Insterburg, Prosa-Anth. 79; Rufe, Lyrik-Anth. I 79, II 81; Fränk. Mosaik 80; Plädoyer für den Hymnus 81; Ihr werdet finden, Lyr. 82; Sag nicht morgen wirst du weinen... 82; Wo liegt euer Lächeln begraben 83.

H: Margarete Windthorst: Erde, die uns trägt, Nachlaß-R. 64, Der Krähenbusch, Nachlaß-Erzn. 71; Wege und Wanderungen. Nachlaß-Naturstudien 75; Grete Nickel-Forst: Mit einem Mund voll Zukunft 76; Wer ist mein Nächster? 77; Prisma Minden 78; Humor unterm Brennglas 78; Margarete Windhost: Doch daß dann alles weitergeht (Briefe) 78; Komm, süßer Tod 82; Elisabeth Engelhardt: Zwischen 6 und 6 83. — **H u. MA:** Texte aus Franken 68, 70; Ohne Denkmalschutz 70; Generationen 71; Erlangen 1950-1980, Lit.Leseb. 82; Jakob und der Andere 82. — **MH, MA:** Signaturen-Prosa 70; Kurznachrichten 73; Hiob kommt nach Himmerod 74; Kontakte europäisch 74.

R: Die Schlucht v. Savojeda 65; Von Wand zu Wand 66, beides Hsp.

Lit: Gisbert Kranz: Christl. Dichtung heute 75; Sie schreiben zw. Paderborn u. Münster 77; Carl Heinz Kurz: Quersummen 77; Gisbert Kranz: Lex. christl. Weltlit. 78; Franz Lennartz: Dt. Schriftsteller d. Gegenwart, 11.erw.Aufl. 78; Paul Konrad Kurz: Über mod. Lit. VII 80; Hdb. d. alternativen dt.spr. Lit. 80/81.

Meidinger-Geise, Inge, s. Meidinger, Ingeborg.

Meienberg, Niklaus; 17, Avenue Matignon, c/o Rédaction "stern", F-75008 Paris 8ᵉ, Tel. (01) 2777658 (St. Gallen 11.5.40).

V: Reportagen aus d. Schweiz 75; Das Schmettern d. gallischen Hahns, Repn. aus Frankreich 76; Die Erschießung d. Landesverräters Ernst S. 77; Es ist kalt in Brandenburg 80; Die Erweiterung der Pupillen beim Eintritt ins Hochgebirge, Poesie 1966-1981 81; Vorspiegelung wahrer Tatsachen 83.

MA: Schweiz heute 76; Fortschreiben 77.

F: Die Erschießung d. Landesverräters Ernst S., Textb.

Meier, Gerhard, Schriftsteller; Gruppe Olten 71; Lit.-Pr. Kt. Bern 64, 68, 71, 75, Pr. d. Schweiz. Schillerstiftung 70, Lit. Werkauftr. d. Stiftung Pro Helvetia 70, Gr. Literaturpr. d. Stadt Bern 78, Peter Handke gibt die Hälfte d. Kafka-Pr. an G. M. weiter 79, Gr. Literaturpr. d. Kantons Bern 81, Petrarca-Pr. 83; Lehnweg 17, CH-4704 Niederbipp, Tel. (065) 731556 (Niederbipp 20.6.17). Lyrik, Texte, Prosa.

V: Das Gras grünt, G. 64; Im Schatten der Sonnenblumen, G. 67; Kübelpalmen träumen von Oasen, Skizzen 69; Es regnet in meinem Dorf, Texte 71; Einige Häuser nebenan, ausgew. G. 73; Der andere Tag, Prosa 74; Papierrosen, gesammelte Prosaskizzen 76; Der Besuch, R. 76; Der schnurgerade Kanal, R. 77, 82; Toteninsel, R. 79, 83; Borodino, R. 82.

MA: Schweiz heute 65; Gut zum Druck 72; Fortschreiben 77; Schweizer Lyrik des 20. Jh. 77; Klagenfurter Texte 77; Belege 78; Gegengewichte 78; Ich hab im Traum die Schweiz gesehn 80, 82.

Lit: Werner Weber: Forderungen 70; Dieter Fringeli: Von Spitteler zu Muschg 75; Gerda Zeltner: Das Ich ohne Gewähr 80; Fernand Hoffmann: Heimkehr ins Reich der Wörter, Versuch über den Schweizer Schriftsteller G.M. 82.

Meier, Hans; Undeloher Str. 9, D-2800
Bremen 41 (26.8.14).
V: Kolonie Raffgier, 10 Erzn. 76.

Meier, Heinrich-Christian *

Meier, Herbert, Dr. phil.; Kogge 68,
Gruppe Olten 70; Bremer Literatur-Pr.
55, Preis der Schillerstiftung 63,
Willibald-Pirkheimer-Medaille 64, C.-F.-
Meyer-Preis 64, Welti-Pr. f. d. Dr. 70,
Solothurner Kunstpr. 75; Ges. Schweiz.
Dram. 60, Pirkheimer-Kuratorium 64,
Humboldt-Ges. Mannheim 64;
Mühlhalde 21, CH-8032 Zürich, Tel. (01)
539556 (Solothurn/Schweiz 29.8.28).
Drama, Lyrik, Roman, Essay, Hörspiel.
Ue: F, I.
V: Ejiawanoko, 3 Südsee-M. 53; Die
Barke von Gawdos, Dr. 54; Sieben-
gestirn, G. 56; Dem unbekannten Gott,
Orat. 56; Ende September, R. 59; Jonas
und der Nerz, Sch. 62; Verwandt-
schaften, R. 63; Der verborgene Gott.
Stud. zu Barlachs Dramen 63;
Sequenzen, G. 69; Der neue Mensch ...
Manifest u. Reden 69; Stiefelchen. Ein
Fall, R. 70; Rabenspiele, Theaterstück
71; Anatomische Geschichten 73;
Stauffer-Bern, Theaterst. 74; Dunant,
Theaterst. 76; Der Visitator, Einakter 77;
Carlotta, Kaiserin, Einakter 77; Bräker,
Kom. 77; Die Göttlichen, Theaterst. 79;
Florentiner Komödie, Theaterst. 80.
R: Kallondi. Eine afrik. Kom.; Die
randlose Brille; Skorpione, Hsp. u. Fsp.
64.
Ue: Georges Schehadé: Die
Geschichte von Vasco, Bü. 57; Paul
Claudel: Das Mädchen Violaine 60; Jean
Giraudoux: Elektra 61. ( )

Meier, Hugo, Dr.phil.; Hügelstr. 14,
CH-8002 Zürich, Tel. (01) 2015663
(Zürich 18.5.28). Lyrik, Novelle, Essay,
Übers. **Ue:** F, E.
V: Aufzeichnungen, Kurzprosa 69. —
MV: Im Heute wohnen, m. J.
Ehrensperger, H.U. Müller, Lyr. 65.
Ue: Victor Hugo: Die Elenden; Balzac:
Die Herzensqualen einer englischen
Katze; Zola: Das Katzenparadies;
Gautier: Meine Hausmenagerie, alle in:
Katzen 82.

Meier, Karl Gerhard (Ps. Jan
Ulenbrook), Lehrer a.D.; Am Zollerwald
19, D-6936 Schönbrunn/Baden-Allemühl
(Burg b. Magdeburg 15.12.09). Essay.
Ue: Ch, J.
V: Nur siebzehn Silben 69; Einige
Übereinstimmungen zwischen dem
Chinesischen u. dem Indogermanischen
67; Zum chinesischen Wort "hüe" für

Blut 68; I-Djing-Interpretationen 68/69;
Zum chinesischen Wort "ti" 70; Einige
Bemerkungen zu einem chinesischen
Schriftzeichen 70; Über die Bedeutung
der Nord-Süd-Richtung im alten China
71; Über die altchinesische Dämonen-
maske des "T'ao T'ie" 71; Etwas Grund-
sätzliches zu "The Alphabet and the
Ancient Calendar Signs" von Hugh A.
Moran u. David H. Kelley 75; Auf der
Tschötscher Heide bei Brixen 82; Zu
einigen Felszeichnungen bei Brixen 83.
Ue: Der Wind brach einen Blüten-
zweig, Chin. G. 59; Haiku, Japan.
Dreizeiler 60, 79; Lau Dse: Dau Dö Djing
62, 80; Pflaumenblüte und verschneiter
Bambus, chin. G. 69.

Meier, Klaus, Posthauptsekretär; Am
Landgraben 19, D-7890 Waldshut-
Tiengen 1, Tel. (07741) 5401 (Brenden
28.2.39). Alemannische Mundartgedichte.
V: Wa meinsch Du? 81; Nümm mi mit,
wenn lache wit 82, bds. alem. Mda.-G.

Meier, Peter, Kaufmann, Florist,
Verleger; Mohnstr. 3, D-8011
Vaterstetten, Tel. (08106) 8032/4996
(München 10.9.42). Lyrik, Roman,
Hörspiel, Übers.
V: Vastehst, G. 79; Peter Meier
Gedichte 80; Herzlichst Peter Meier 81.
S: Gedanken und Verse 80.

Meier, Siegfried, Dr.-Ing., Dr.sc.techn.,
Vermessungsingenieur; Am
Schillerplatz 7, DDR-8500
Bischofswerda, Tel. (0523) 6180 (Vielau b.
Zwickau 21.4.37).
V: 450 Tage in Antarktika,
Expeditionsbeschreib. 75, 2. Aufl. 77; Die
küstennahe Eisdecke des westlichen
Enderby-Landes, Antarktis 77; Reise
zum Kontinent der Eiszeit, Jgdb. 81. —
MV: Bewährung in Antarktika,
Expeditionsbeschreib. 82.

Meier-Lenz, Dieter Paul, StudR.,
Redakteur; VS 63; Förderpr. f. Lit. d.
nieders. Kunstpr. 68, Auslandsreisestip.
d. Außenmin. d. BRD 66, Kurzgeschichtenpr. d. Jungen Stimme 71,
Alfred-Kerr-Pr. f. Literaturkritik 80
(zus. m. d. horen-Redaktionsteam);
Scheffelstr. 2, D-3000 Hannover, Tel.
(0511) 714322 (Magdeburg 24.1.30). Lyrik,
Kurzgeschichte, Roman, Essay.
V: Gefälle in Oktaven, Lyr. 68; Kleine
nackte Männer im Gehirn, Kurzgesch.
68; Fischgründe, Lyr. 72; Erlaubte u.
unerlaubte Lieder, Lyr. 75; Heinrich
Heine — Wolf Biermann: Deutschland.
Zwei Wintermärchen, Ein Werkver-

gleich 77, 2. Aufl. 79; Der Tatort ist in
meinem Kopf, Lyr. 83.
MA: Die Horen, Lit. Zs. seit 68.
H: Wolf Biermann u. die Tradition,
von der Bibel bis Ernst Bloch 81. —
MH: Niedersachsen literarisch, 77; 100
Autorenporträts Niedersachsen 81; 25
Jahre Schriftstellerverband in Nieders.
83.
Lit: Friedrich Rasche: Kleine nackte
Männer im Gehirn 64; Claus Harms:
Begegnung mit D.P. Meier-Lenz 64; E.
Jürgens: Unheimliches mit einem
Augenzwinkern 64; W.C. Schmidt: Zu
Besuch bei D.P. Meier-Lenz 69; Wilhelm
Beuermann: Literatur in Hannover;
Kurt Morawietz: niedersachsen
literarisch 81.

Meilhamer, Hanns, Student;
Römerstr. 17, D-8000 München 40
(Passau 19.11.51). Gedichte u. Lieder in
bayerischer Sprache.
V: Auf'n Bugl vun an großßen Stiern,
G. u. Illustrationen 76; Geschichten, die
nur so heraussprudeln 80; Die Füße
schlenkern im Wald, Geschn. 81. ( )

Meinck, Willi, Schriftsetzer, Lehrer;
SV-DDR 53; Jgdb.-Preise d. Min. f.
Kultur d. DDR 53, 56, 61, 64, Alex-
Wedding-Preis d. Akad. d. Künste d.
DDR 68, Nationalpr. III 79; Am
Burgmühlgraben 7, DDR-8800 Zittau
(Dessau 1.4.14). Roman, Film. **Ue:** H.
V: Das Geheimnis der finnischen
Birke, Erz. 50, 58 (auch chines.); Kuddel
u. Fietje, Erz. 58, 75 (auch chines.,
tschech., russ.); Die seltsamen Aben-
teuer d. Marco Polo, R. I 55, 76 (auch
bulg., ungar., russ., slowak., estnisch,
georgisch); II 56, 76; Die rote Perle, chin.
Märchen 58, 60; Hatifa, Erz. 58, 76 (auch
tschech.); Das verborgene Licht, R. 59,
61; Das zweite Leben, R. 61; Salvi Fünf
oder Der zerrissene Faden, Erz. 66, 76
(auch russ.); Untergang d. Jaguarkrieger
68, 74 (auch tschech., russ.); Warten auf
den lautlosen Augenblick, Erz. 81; Die
Blumenwiese am Auge des Himmels,
Detektivgesch. f. Kinder 83.
H: Der Pfefferschotenhändler, aztek.
Märchen 69, 74; Die gefangene Sonne -
Indische Impressionen, Report 71, 76;
Die schöne Madana, ind. Märchen 74, 76;
Tödliche Stille, R. 75, 76; Ramayana,
Nacherz. 76.
F: Hatifa 59.
Ue: Die schöne Madana 77.
Lit: Werner Liersch: Anmerkungen zu
Willi Meinck in: Beiträge zur Kinder- u.
Jugendliteratur, H. 35/75; Weimarer
Beitr. 3 82; GDR Bulletin. Newsletter for

Literature and Culture in the German
Dem. Republic 1 82.

Meinck-Goedecke, Ilse; GEDOK 77,
ADA 81, FDA 82; Lyrikpr. d. Zs. Das
Boot u. d. Bildhauers Urban 76; Intern.
Bodenseeklub 60, Kr. d. Freunde
Dülmen 67, LU 75; Talmatten 30, D-7889
Grenzach-Wyhlen 1, Tel. (07624) 5514
(Berlin 19.6.07). Lyrik.
V: Terzinen 47; Lyrikbände 53, 77, 82.
MA: Zahlr. Anth. d. In- u. Auslandes,
lit. Zss. u. Ztgn.

Meinert, Anneliese, s. Penkala, Alice.

Meinhardt, Ernst August, Ind.-Kfm.;
D.A.V. 64; Obere Str. 25, D-3354 Dassel a.
Solling (Dassel a. Solling, Kr. Einbeck
21.2.24). Lyrik.
V: Streifzug, G. 75; Postkarten-Poeme
79; Aphorismen 80.
MA: Getäuscht, G. 75 in: Rosen f. Eva-
Maria, Anth. ( )

Meinhardt, Günther, Dr. phil.,
Historiker; Nds. Autorenhilfe seit 76,
B.A. seit 77, Präs. Prussia-Ges. 83; Über
den Höfen 12, D-3401 Waake, Tel. (05507)
463 (Blankenburg/Harz 22.1.25).
Historische Anekdoten, Erzählungen im
Göttinger Dialekt, Tiergeschichten,
Jugendbücher.
V: Göttinger Originale 63, 4.Aufl. 82;
Bullerjahn, Alt-Göttinger Studenten-
Anekdn 74; Bine Gaßmann. Neue
Streiche der Göttinger Originale 76; Der
Admiral der Hanse 77.
MA: Kalender Göttinger Jahresbll.
seit 78; Peiner Heimatkal. seit 81.

Meinhold, Gottfried, c/o Hinstorff
Verl., Rostock, DDR.
V: Molt oder der Untergang der
Meltaker 82. ( )

Meinwerk, Christian, s. Strätling,
Barthold.

Meise, Konrad, Werkzeugmacher, c/o
J. G. Bläschke Verl., St. Michael, Öst.
(Zwesten 22.3.55).
V: Und verfluchte die Jahre, Erzn. 80.
( )

Meisel, Hans *

Meiselmann, Peter *

Meising, Heinz, Schriftsteller;
Schillerstr. 16, D-1000 Berlin 45, Tel.
(030) 7728230 (Berlin 20.4.20). Theater,
Hörspiel, Fernsehspiel.
V: Unser Sohn d. Doktor, Sch. 76.
R: Suchkind 2314; Metternich Schach
dem Kaiser; Im Namen des Glückes von
Morgen; Der Hengst Lorbaß;
Rembrandt; Ein Haus an der Grenze;
Die Asche aller Träume; Rückkehr aus

Gleiwitz, alles Hsp.; Das Großstadtpony;
Die Promotionsfeier; Der ungerade Tag,
alles Fsp; La Peccadille, Hsp.; Villa F
vermieten, Fsp. 82.

Meisner, Michael (Ps. Heinz Gnade,
Christian Berthier), Oberbürgermeister
a.D., Ehrenlandrat v. Würzburg, RA.;
Berner Str. 2, Main-Post, D-8700
Würzburg-Heuchelhof, Tel. (0931)
6001200 (Würzburg 5.11.04). Drama,
Roman, Film.
V: Quissel und Quassel, Kindergesch.
51, 2. Aufl. 75; Kaust, R. 58;
Heringsbärtchen, R.; Burschen in Sonne
und Wind, R; 30 Jahre danach, Biogr. 75,
2. Aufl. 76; Mit Weinverstand durchs
Frankenland, Sachb. 76, 4.Aufl. 83;
Würzburg, Sachb., Bildbd 75, 3.Aufl. 82;
Die zerbrochenen Hände — Tilman
Riemenschneider und seine Zeit, Biogr.
78, 2.Aufl. 83; Martin Luther — Heiliger
oder Rebell, Biogr. 81, 2.Aufl. 83, Tb. 82.
F: Staatsanwältin Corda 52.

Meissel, Wilhelm Josef, Prof.,
Bibliothekar, Verleger; ÖSV 54, PEN-
Club; Förderungspreis d. Öst. Staats-
preises f. Lit., Theodor-Körner-Preis 60,
Ehrenliste d. Öst. Staatspreises f.
Jugendlit. 63, 72, Ehrenliste d. Preises d.
Stadt Wien f. Jugendlit. 63, 71, 72, 73, 76,
Pr. d. St. Wien f. Jgdlit. 69, Österr.
Staatspr. f. Jgdlit. 70; Hadikgasse 102, A-
1140 Wien, Tel. (0222) 8240965 (Wien
21.1.22). Roman, Lyrik, Hörspiel. **Ue:** E.
V: Die Hochloderwand 54; Der große
Kiongozi, Biogr. H. M. Stanleys 62;
Querpaß - Schuß - Tor!, R. 64; Held ohne
Gewalt, Nansen-Biogr. 66; Der Waggon
auf Gleis 7, Jgdb. 66; Träume auf der
Zugbrücke, G. 68; Die Spur führt in die
Höhle, R. 69 (auch dän., ital., holländ.,
africaans); Der Weg über die Grenze, R.
71; Der Überhang, R. 72 (africaans);
Tante Tintengrün greift ein, Jgdb. 73;
Besondere Kennzeichen: keine, R. 76;
Onkel Seidelstroh, Jgdb. 77; Stefan, R.
79; Der namenlose Klub, Erz. 82; Das
Geheimnis des blauen Hauses, R. 82;
Das steinerne Echo, G. 82; Die Klette, R.
83.
MA: Neue Wege 1950 - 1960, Lyrik,
Kunstkritik, Kurzgeschn.; Welt von A -
Z, Jgdlex. 52; Wien von A - Z, Geschn.
53; Stimmen der Gegenwart, Anth., Nn.,
Lyrik 53, 56; Die Barke, Lehrerjb. 57;
Zeitbilder, Sozialist. Beitr. z. Dicht. d.
Gegenwart. 58; Widewau, Sp. f. Kinder
62; Die Propellerkinder, Jgdb. 71; Der
Eisstoß, N. 72; Podium 77, 79; Im
Fliederbusch, Jgdb. 77; Weisheit der
Heiterkeit, Für Ernst Schönwiese, Lit.

Gobelin 78; Damals war ich vierzehn,
Berichte und Erinnerungen 78; Weite
Welt 81, 82, 83; Ich kenne da jemanden,
Ber. u. Erinner. 81.
MH: Wiener Bücherbriefe, Kult.zs. u.
krit. Bücherschau d. städt. Büchereien;
Literarisches Österr., Mitt. d. Ö.S.V.
R: Wir sind die Jugend; Der Schrei 56;
Die Bürger von El M'Dou 59; Henry
Dunant 60, alles Hsp.
Ue: Mark Twain: Tom Sawyers
Abenteuer 56.

Meissner, Hans-Otto, Dr. jur., Konsul
I. Kl. a.D., Oberstleutnant d. Reserve;
Deutschordensherr, EM Europ.
Bildungsgemeinschaft, Explorer Club
New York; Widenmayerstr. 50, D-8000
München 22 u. Hof Siebenschlaf, D-8218
Unterwössen, Tel. (089) 224215
(Straßburg 4.6.09). Reisebericht, Roman,
Sachbuch, Jugendbuch, Film, Jagd-
berichte.
V: Man benimmt sich wieder 50; So
schnell schlägt Deutschlands Herz 51;
So schnell dreht sich die Welt 51; Auch
Lawinen sind nur Schnee, R. 51; Dr.
Holl, R. 52; Der Weg nach oben 53; Der
Fall Sorge, R. 54; Ich ging allein 54;
Tigerjagd in Siam, Jgdb. 55; Gorilla
greift an, Jgdb. 55; Hassans schwarze
Fracht, Jgdb. 55; Man benimmt sich
auch im Ausland, Sachb. 55; Das
Geheimnis der Tuareg, Jgdb. 55; Als die
Kronen fielen 56; Im Geistertal von
Sumatra, Jgdb. 57; Schillerndes Fernost
57; Jagd auf weisse Bären, Jgdb. 58;
Unbekanntes Europa 59; Insel der
Drachen, Jgdb. 60; Hochzeitsreise mit
Ursula, R. 62; Blasse Sonne, R. 64;
Alatna, Duell in der Wildnis, R. 64;
Überlistete Wildnis 67; Captain zu ver-
kaufen, R. 68; 30.Januar '33 76; Magda
Goebbels 78; Reisebücher: Bezaubernde
Wildnis 63; Das fünfte Paradies 65;
Traumland Südwest 66; Wildes rauhes
Land 67; Das Wunder der Aufgehenden
Sonne 69; Im Zauber des Nordlichts 72;
Herrlich wie am Ersten Tag, Bildbd 73;
Abenteuer Persien 75; Der Stern von
Kalifornien 76; Es war mir nie zu weit
77; Gemsen vor meiner Tür 77; Inseln
der Südsee 79; Eisenbahn-Safari 80; Der
kalte Süden 82; 12 Bände Abenteuer der
Weltentdeckung: Kundschafter am
St.Lorenzstrom 66; Alleingang zum
Mississippi 66; Louisiana für meinen
König 66; Noch 1000 Meilen zum Pazifik
66; In Alaska bin ich Zar 67; Ich fand
kein Gold in Arizona 67; Der Kaiser
schenkt mir Florida 67; Durch die
sengende Glut der Sahara 67; Der

Kongo gibt sein Geheimnis preis 68; An den Quellen des Nils 69; Meine Hand auf Mexiko 70; Mein Leben für die weisse Wildnis 71. — **MV:** Gute Manieren stets gefragt. Takt, Benehmen, Etikette, m. Isabella Burkhard 62; Spähtrupp durch die Rocky Mountains, m. Werner Egli 79.
F: Dr. Holl 51; Wer sind Sie, Dr. Sorge 61.

Meissner, Martin, c/o Kinderbuch-verl., Berlin (Ost).
V: Allein über den Fluß 82. ( )

Meister, Heinz Georg Wilhelm, Buch-händler; Literarischer Verein d. Pfalz 74; Jean Paul-Gesellschaft 63, Goethe-Gesellschaft 77, Lichtenberg-Ges. 78; Konrad Adenauer-Promenade 24, D-6330 Wetzlar, Tel. (06441) 45101 (Bad Hersfeld 17.6.27). Lyrik, Erzählung, Essay.
V: Ein Lächeln lang, G. 68; Jean Paul, Aufs. 68; Wanderung, G. 69; Der Laternenmann, Erz. 72; Irgendwo ist immer Licht, Erz. 75; Flüchtige Spur, G. 76; Hinter der Jalousie, Erz. 80. ( )

Meister, Karl, Komponist, Kapellmeister, GProf.; Lit. Union, GEMA, FDA; Lindwurmstr. 55, D-8000 München 2 (Augsburg 25.6.03). Lyrik, Essay.
V: Gastweise, G. I 65, 67; Werksver-zeichnis, heit. Biogr. 67; Stiegenhausbe-leuchtung. G. II 68; Musik gereimt (anekdoten nach noten) I 68, 71; II 71; Das Heft vom Hex 71; Medicusse, Medicusse 77; Rücklicht und Scheiben-wischer 83.
Lit: K. M., Bio- und Bibliografisches 67.

Meiswinkel, Hans-Martin, Autor; Weißdornstr. 3, D-5620 Velbert, Tel. (02124) 59028 (Velbert 1.10.52). Drama, Lyrik, Roman, Film. **Ue:** E.
V: Orchidee und Aldebaran, G. 78. ( )

Melchers, Maria *

Melchers, Ursula Helene, Mitbegründerin d. Ökumen. Seminars d. Intern. Ökum. Centrum Frankfurt, Leiterin des Seminars für Orthodoxe Liturgie u. Spiritualität; Bundenweg 4, D-6000 Frankfurt a.M. 1, Tel. (0611) 561145 (Coburg 2.10.16). Jugendbuch, Roman, Hörspiel.
V: Bim in China, Jgdb. 54, 56 (auch engl.); Raku-san, Jgdb. 54; Renate und Bill in Schanghai 55; Dem "Geisterberg" entkommen 56 (auch ital.); Mei-Mei, die kleine Schwester, Jgdb. 57 (auch ital.);

Ich sehe einen Weg, Jgdb. 58; Soviel in dir die Liebe wächst, R. 64.
R: Das freiwillige soziale Jahr - Gedanken eines Vaters, Hsp. 66; Tagebuch einer Landtagskandidatin, Hsp. 67. ( )

Melchinger, Siegfried, Dr. phil., em. Prof. Staatl. H. f. Musik u. Darst. Kunst; P.E.N. 62; Sigmund-Freud-Pr. f. wiss. Prosa 78, D-7821 Höchenschwand, Strittberg, Tel. (07755) 410 (Stuttgart 22.11.06). Essay, Kritik, Theorie und Geschichte des Theaters.
V: Dramaturgie des Sturms und Drangs 29; Theater der Gegenwart 56; Modernes Welttheater 56; Drama zwischen Shaw und Brecht 57, 63; Keine Maßstäbe? Kritik der Kritik 59; Sphären und Tage (Städte, Spiele, Musik) 62; Shakespeare auf dem modernen Welt-theater 64; Schauspieler 65; Sophokles 66, 76; Euripides 67, 76; Hochmuth 67; Tschechow 68, 76; Geschichte des politischen Theaters 71; Das Theater der Tragödie: Aischylos, Sophokles, Euripides auf der Bühne ihrer Zeit 74; Die Welt als Tragödie: I Aischylos, Sophokles, II Euripides 79/80. —
MV: Gründgens/Faust, m. Gustaf Gründgens 59; Harlekin, Bilderbuch der Spaßmacher, m. Willy Jäggi 59; Musik-theater, m. Walter Felsenstein 61; Gründgens - Schauspieler, Regisseur, Theaterleiter 63.
MH: Welttheater, m. Henning Rischbieter 62; Theater heute, m. Erhard Friedrich u. Henning Risch-bieter 63-70.
s. a. Kürschners GK.

Mellenthin, Horst, Architekt; Dornbergstr. 21, D-8000 München 80, Tel. (089) 439723 (Berlin 19.6.32). Lyrik, Hörspiel.
V: Testflug, Lyrik 74. ( )

Melles, Hermann, Lehrer; Schwalbenweg 14, D-2947 Friedeburg 2, Tel. (04453) 2557 (Wittmund/Ostfriesl. 27.1.37). Kinderlyrik, Tierbuch, Hörspiel und Theaterspiel für Kinder.
V: Der kleine Igel; Wo die Tiere wohnen; Warum ...?; Was macht ...?, alles Kinderb. 72; Tiere unserer Heimat, Kinderb. 79; Im Zaunkönigreich, 9 x 9 Tierg. f. Kinder 82; Wenn die Tiere Hochzeit machen, Liedtexte 83.
R: Der Seekrebs von Mohrin, Hsp.
S: Der Seekrebs von Mohrin 76; Der Hasenkalender 77.

Mellina, Gloria, s. Kurowski, Franz.

Melter, Adolf *

Mence, Sigrid, s. Brügel, Sigrid.

Mendelsohn, Jakob Isaak,
s. Hindemitt-Blum, Peter.

Mendelssohn (-Wilson), Eva; 44
Fitzalan Road, London, N3 3PD.
V: Zwischenzeit, R. 79.

Mendheim, Gertrud Magdalena,
Heilpraktikerin; VS 69; Roscherstr. 1, D-
1000 Berlin 12, Tel. (030) 3234179
(Straßburg 12.2.07). Lyrik, Roman,
Novelle.
V: Der helle Klang, G. 55; Iris - das
Auge, R. 62.
MA: Olympischer Winter 64; Kolko, N.

Mendt, Dietrich, Superintendent;
Pfarrstr. 14, DDR-8800 Zittau
(Niederwiesa 4.11.26). Roman, Satire,
Kabarett, Chanson, Essay.
V: Das Lückendorfer Weihnachtsspiel
62, 64; Abgekanzelt, Sat. 64, 67; Fünf
Minuten Kirchenkunde 66, 77; Die
Leviten gelesen 67; Aller guten Dinge
sind vier, R. 68, 69; Umfrage wegen eines
Pfarrers 77, 79; Gute Nachricht von der
Kirche 77, 80; Vater hat schlechte Laune
76, 80; Unter der Stehlampe, M. 82; Eine
kleine Pause für Gott 82. − **MV:** Bibl.
Sing- und Spielstücke 70, 76;
Assoziationen 80; Weihnachten und
Jahreswechsel 80.
MA: Ernte und Saat seit 65; Christ-
licher Hauskalender seit 73; Christlicher
Kinderkalender seit 73. - **H. u. MA:**
Partnerschaft: Von den Chancen
synodaler Arbeit heute 76.
MH: Der Laie in Gemeinde u. Kirche
79.
S: Choräle, Songs und neue Lieder 63;
Der Teufel, geistl. Chansons 64; Kennst
du den Vater Abraham, in: Gott meint
es gut mit dir 64.

Menelaus, s. Lausberg, Hermann.

Meng, Brigitte, Hausfrau; ZSV seit 68,
SSV Zürich seit 70, Deutschschweiz.
P.E.N.-Club seit 79; Pr. f. d. Drama: Denn
seine Stunde hat das Gericht, Atelier-
Theater Bern 57, Auszeichn. d.
Einakters "Ins Ohr geflüstert" v.
Studententheater Zürich 61, Literatur-
kreditpr. in Basel u. Zürich 65;
Pfirsichstr. 8, CH-8006 Zürich, Tel. (01)
283303 (Frankfurt a.M. 19.2.32). Drama,
Lyrik, Novelle, Hörspiel.
V: Spürst du die Schatten?, Lyr. 66;
Die Leuchtschrift, Lyr. u. Prosa 67; Die
Rabenfeder, Dialoge 70; Ein Fingerhut
voll Einsamkeit, G. u. Texte 78; Die
Fische sind meine Brüder, G. u. lyr.
Prosa, 2.Aufl. 82. − **MV:** Pack Deine
Sachen in einen Container und komm,

Sieben Schweizer Autoren begegnen
Israel 79.
R: Der König, Hsp.; Die Dame, Hsp.

Menge, Wolfgang; VS 59; Jakob
Kaiser Preis 68, 70, Adolf Grimme Preis
70, Prix Italia, Drehbuchprämien d.
Bdesmin. d. Innern 64, 65, Goldener
Bildschirm 73, Deutsche Akademie der
bildenden Künste 73, Bambi 74, DAG Pr.
74, Prix Futura 76, Ernst-Schneider-Pr.
79; Klopstockstr. 19, D-1000 Berlin 37,
Tel. (030) 8015972 (10.4.24). Fernsehfilm,
Film.
V: Ganz einfach − chinesisch, Sachb.
69, 83; Der verkaufte Käufer, Sachb. 71;
Ein Herz und eine Seele 74.
F: Strafbataillon 999; Polizeirevier
Davidswache; Ich bin ein Elefant,
Madame; Villa Tannenberg.
R: Zeitvertreib; Eines schönen Tages;
Der Mitbürger; Verhör am Nachmittag;
Siedlung Arkadien; Der Deutsche
Meister; Die Dubrow-Krise; Sessel
zwischen Stühlen; Begründung eines
Urteils; Rebellion der Verlorenen; Das
Millionenspiel; Fragestunde; Kressin
stoppt den Nordexpress; Kressin und
der Laster nach Lüttich; Kressin und
der tote Mann im Fleet; Smog; Vier
gegen die Bank; Was wären wir ohne
uns; Grüß Gott, ich komm' von drüben;
Der Mann von gestern, alles Fsp.; Ein
Herz und eine Seele, Fs.-Serie.

von Mengershausen, Joachim, c/o
Verl. Köln 78, Köln.
V: Das Töten überleben, e. moral.
Gesch. 81. ( )

Menninger, Hans, c/o Betzel-Verl.,
Frankfurt a.M..
V: Lebenszeichen, Lyrik 81. ( )

Mensching, Gerhard, Dr.phil.,
AkadOR.; Am Langen Seil 95g, D-4630
Bochum, Tel. (0234) 771036 (Riga
11.10.32).
V: Löwe in Aspik, R. 82.
R: Ein Tod für Herrn Krotta; Die
Mütze auf dem falschen Kopf.

Meny, Theodor, Dr. med., Arzt f. inn.
Krankheiten; BDSÄ seit 71, FDA 80;
Lindenallee 2, D-6482 Bad Orb, Tel.
(06052) 2582 (Schluchtern 9.11.15). Lyrik.
V: Gereift in Stille, Lyr.-G.bd 78.
MA: Anth. dt.sprachiger Lyrik d.
Gegenwart: Quer 74; Dialekt-Lyr. dt.
Ärzte 76; Anth. dt. Schriftsteller-Ärzte
Heilende Worte 77; Anth. dt.
Schriftsteller-Ärzte Heile Gedanken 79;
Lyrische Texte, G. zeitgenöss. Autoren
82.

Menz, Abi, s. Köster-Ljung, Hanna.

Menz, Gisela, s. Mänss, Gisela.

Menz, Maria; VS; Hebelpr. 82,
Drostepr. 82; Intern. Bodenseeclub;
Kronenstr. 11, D-7951 Oberessendorf,
Tel. (07355) 219 (Oberessendorf 19.6.03).
Lyrik, Kurzgeschichten, Mundart.
V: Innenwelt, G. 68; Anmutungen, G.
69; Oberland, G. Mundart 79; Werkaus-
gabe, G. 81 III.
MA: Freizeitbeschäftigung Gedicht,
Anth. 72; O ihr Tiere, Anth. 79; Wem
gehört die Welt, Anth. 83.
R: Mda.-G. u. Dialog, Rdfk 54, 60.

Menzel, Hans *

Menzel, Herbert, c/o Verlag Mohr,
Wien, Öst.
V: Wanderungen über den Regen-
bogen, Gedanken, G. 80. ( )

Menzel, Roderich (Ps. Clemens
Parma, Michael Morawa), Schriftsteller;
Kg. 48, S.D.S. 62 - 72, FDA Bayern 72,
Vors. 76, Vizepräs. 79, Die Kogge 68; Dr.-
Pr. d. Adalbert-Stifter-Ver. 50, Jugendb.-
Pr. d. Vertriebenenministeriums 62,
Gustav-Leutelt-Medaille 70,
Anerkennungs-Pr. d. Sudet. dt. Lands-
mannsch. 71, Liebig-Medaille 72, A.-
Stifter- u. Lodgman-Medaillen 77, 78,
Pforten-Preis 79, Certificate of Merit,
London 74; Ges. z. Pflege d. europ.
Märchengutes 65, Fr.-Bödecker-Kr. 67,
Knut-Hamsun-Ges.; Gartenstr. 12, D-
8120 Weilheim/Obb., Tel. (0881) 49418
(Reichenberg/Böhmen 13.4.07). Drama,
Lyrik, Novelle, Roman, Essay, Märchen,
Biographie, Humoreske.
V: Zwischen Mensch und Gott, G. 37;
Geliebte Tennispartnerin 40, 57;
Gesänge u. Balladen 46, 54; Abenteuer,
Geheimnis und große Fahrt, Expedit.-
Ber. 51; Wunder geschehen jeden Tag
55; Lied am Brunnenrand, G. 56; Die
Männersind so wankelmütig, Hum. 58;
Vom Jungen, der die Zeit verstellte, M.
59; Abenteuer auf Sizilien 60; Tischlein-
deck-dich, Versm. 60; Der Rattenfänger
v. Hameln, Ball. 61; Hänsel u. Gretl,
Versm. 61; Till Eulenspiegel, Ball. 61, 63;
Im Land d. Perlentaucher 61; Geheimer
Treffpunkt: Waldhütte 62; Pitt u. das
verzauberte Fahrrad 62; Der wandernde
Schuh 63; Das Wunderauto 64; Ruhm
war ihr Begleiter 64; Neue Rübezahl-
geschichten 65; Wie Kasperle die
Prinzessin bekam 65; Peter u. die
Turmuhr 66; Wie Tom den Krieg
abschaffte 66; Mario u. Grissy 66; Zotti,
der Bär 66; Leo, der Löwe 66; Kitty, das
Kätzchen 66; Juri, das Zauberpony 66,
alles M.; Sie haben die Welt verzaubert,

Biogr. 67; Thomas, großer Fußballheld,
M. 68; Sabu spielt die Hirtenflöte, M. 68;
Adam schuf die Erde neu 68; 7 mal 7
Weltwunder 68; Die besten 11 Torhüter
69; Die beste 11 Skiläufer 70; Bis ans
Ende d. Welt 71; Liebe zu Böhmen,
Lebenserinnerungen 71; Die besten 11
Torjäger 73; Die besten 11 Fußballer 75,
2. aktualis. Ausg. 81; Der Vogelkönig, M.
72; Stärker als 1000 Pferde, Sachb. 72;
Als Böhmen noch bei Österreich war, R.
74; Der Pulverturm, R. 77; Mit Glanz
und Gloria 77; Österreichische Märchen
78; Schlesische Märchen 79; Wo die
Kinder wohnen 79; Tennis-Brevier 80;
Tennis-Lex. 80; Die besten Fußballstars
80; Die Sieger, R. 80; Er war der Größte
80; Die Großen des Sports: Sepp Maier
80, Karlheinz Rummenigge 81, Reinhold
Messner 81, Paul Breitner 82, Luis
Trenker 82, Toni Schumacher 83; Die
neuen Fußballgrößen 81; Fußball-
Fußball, Spieler Trainer, Meister-
schaften 82.
MA: Das dunkle Du, G.-Anth.; Der
gute Kamerade 63; Humor - Lachen -
Heiterkeit 65; Wir Jungen 64, 71;
Heiteres u. Ernstes 68; Signaturen,
Prosa 70; Schriftsteller erzählen v. d.
Gewalt 71; Weinheimer Lesebuch 3 68;
Du Land meiner Kindheit 68; Ums liebe
Geld 66; Freunde - Helfer - Brüder,
Biogr. 66.
R: Silberpfeil siegt im Handgalopp,
Fsp.; Peter u. die Turmuhr, Fsp.; Wie der
Hofnarr Minister wurde, Hsp.; Pitt u.
das verzauberte Fahrrad 71; Rettung
durch den Geheimgang 67.
S: Rübezahls Wiederkehr 68.
Lit: Sudetenland 64, 67. ( )

Meran, Philipp Karl, ObAmtsR. d.
Stmk. Ldesreg., Leiter d. Steir. Jagd-
museums; Literaturpr. d. Conseil intern.
de la Chasse 77; Elisabethstr. 41, A-8010
Graz, Steiermark, Tel. (0316) 377205
(Csákbérény, Ungarn 12.12.26). Jagd-
prosa, Novelle.
V: Zwischen Weckruf und Strecke 74;
Und übrig blieb die Jagd ... 76; Das
Abendlicht kennt kein Verweilen 79;
Die Zeit wirft keine Schatten 82.

Merbt, Martin, s. Selber, Martin.

von Merhart, Nenna, Autorin; In der
Ulle 18, A-6080 Igls, Tel. (05222) 77283
(Obladis/Tir. 19.9.24). Erzählung, Kurz-
geschichte.
V: Rosen für Frau von Hohenheim,
Erzn. 82.

Merhart von Bernegg geb. Boell,
Karin (Ps. Karin von Merhart-Wallin),

Kindergärtnerin, Kinderkranken-
schwester, Schriftstellerin, Sprach-
dozentin; VS; Gut Bernegg, CH-8280
Kreuzlingen, Tel. (072) 721542 (Hamburg
16.1.01). Jugendbuch, Hörspiel.
Ue: Schw.
V: Die blaue Bienenburg, Erz. 49; Der
Zwitscherpark, Erz. v. Blaumeisen u.a.
Vögeln 50, 54 (auch holl.).
B: Kampf m. Trollen, M. 37; Von Sven
u. Trollen, M. 48; Nördlich der Erde, M.
48; Aschenpütz u. Mausemie, M. 49, alles
schwed. Volks-M. — **MA:** Die bunte
Kiste, Kinder-Erzn. seit 46.
R: Aschenpütz u. Mausemie, Hsp.
Ue: Gösta Knutsson: Petter
Schwanzlos 53; Bertil Almquist: Die
fröhlichen Steinzeitkinder, Bilderb. 55,
Die Steinzeitkinder in Ägypten 66; Paul
Stroyer: PP u.s. großes Horn 58.

von Merhart-Wallin, Karin,
s. Merhart von Bernegg, Karin.

Meridies, Wilhelm, Dr. phil.,
Chefredakteur a.D., Leiter d. Hermann-
Stehr-Arch.; Kg.; Wangener Kreis 59,
Kulturwerk Schlesien 64, Freundeskreis
d. Eulenspiegelmus. Schöppenstedt 62,
Andreas Gryphius-Pr. 75; Atzenberg 29,
D-7988 Wangen/Allg., Tel. (07522) 3773
(Oppeln O/S. 28.9.98). Essay.
V: Hermann Bahr, der epische
Gestalter und Kritiker der Gegenwart,
Ess. 27; Wilhelm Vershofen, Monogr. 59;
Schlesien 55, 59; Hermann Stehr. Sein
Leben u. Werk 64; Inneres Alphabet,
Ess. 74. — **MV:** Lachen um Lenbach,
Lsp. 37; Ein Mann von Bedeutung, Kom.
37.
H: Hermann Stehr. Sein Werk und
seine Welt 24; H. Stehr und Marie
Oehlke: Briefwechsel 63; Wege zu H.
Stehr, Festschr. z. 100. Geb. 64, versch.
Werke von H. Stehr in: Wangener Bei-
träge z. Stehrforschung 67, 69, 71, 72, 77,
78. ( )

von Mering, Klaus, Pfarrer; Hauptstr.
13, D-2941 Langeoog, Tel. (04972) 317
(Marburg 13.1.40). Kurzgeschichte,
Gebrauchslyrik.
V: Charly und der liebe Gott —
Gespräche zwischen Vater und Tochter
81; Daß der Sommer des Lebens gelingt,
Erzn. u. Predigten 81.
MA: Erzählende Predigten I 77, II 81;
Zum Gottesdienstbeginn 81; Biblische
Geschichten — weitererzählt 82; Gottes-
dienst 82.
H: Kirche für junge Leute, Lex. 79,
2.Aufl. 80.

Merkel, Hans Mathes, s. Merkel,
Johannes.

Merkel, Inge, Dr.phil., Gymnasial-
lehrerin; Garnisongasse 6/20A, A-1090
Wien, Tel. (0222) 435189 (Wien 1.10.22).
Roman, Novelle.
V: Das andere Gesicht, R. 82;
Zypressen, Nn. 83.

Merkel, Johannes (Ps. Hans Mathes
Merkel), Dr., Prof. Univ. Bremen;
Auswahlliste d. Dt. Jgdbpr. 79; Römerstr.
26, D-2800 Bremen (Beerbach/Lauf
13.9.42). Drama, Roman.
V: Oma Stingl auf Safari 76; Oma
Stingl schwimmt in Geld 77, beides
Kinderst.; Das gute Recht des Räubers
Angelo Duca 77; Das Märchen vom
starken Hans 77; Oma Stingl macht
krumme Touren, Kinderst. 79; Ich kann
euch was erzählen, Erz.geschn. 81; Ein
Nashorn dreht durch, Erz.geschn. 82;
Die verrückten Klamotten, Geschn. 82;
Der Kasten, Jgdb. 82.
R: Käse u. der schöne Peter 73;
Bonbons umsonst 74, beides Kinderfsp.

Merker, Egon, s. Schneider, Hugo.

Merkle, Ludwig, Dr. phil.; Perlacher
Bahnhofstr. 9, D-8000 München 83, Tel.
(089) 671370 (München 28.3.28). Satire,
Sachbuch, Essay, Bavarica.
V: u.H: Museen sehen, Ess. 61; Dr.
Ludwig Merkles Trost & Rad, Sat. 67;
Anleitung zu Glück und Gesundheit,
Sat. 69; Meier heißt nicht jeder; Müller
heißt nicht jeder; Schmidt heißt nicht
jeder; Schulze heißt nicht jeder; Briefe,
die zu Herzen gehen, Sat. 71; Freude mit
dem Schlauchboot 71; Breißn dratzn,
Sat. 71; Polyglott-Sprachführer:
Bairisch für Nichtbayern; München
damals 72; Sonntagssegeln; Bayerisch
auf deutsch 73; Bairische Grammatik;
Himmlisches Blumengärtlein, Anth. 75;
Das große Hausbuch des Humors, Anth.
76; Die Kunst des Jodelns 77;
Motorbootfahren — so fängt's an; Gans,
du hast den Fuchs gestohlen, Anth. 77;
Ludwig Steub, Alpenreisen; In dene Dag
had da Jesus gsagd; Dees brauchts doch
need, Sat. 78; Der bayerische Schwan;
Für d Muadda, Anth. 79; In den Bergen
wohnt die Freiheit, Sat. 80; Vornamen in
Bayern 81.

Merl, Dorothea; Turmbund 53; Preise
d. Öst. College/Collegemeinschaft 53
— 57; Goethestr. 13, A-6020 Innsbruck,
Tel. (05222) 29072 (Innsbruck 19.7.20).
Lyrik, Kurzgeschichte, Essay.
V: Der Paradiesvogel, G. 71; Bis an die
Rosenwolke, G. 73; Weiße Segel —

Schwarze Segel, G. 77; Am Schlehdorn-
hag, G. 80.
MA: Uns leuchtet ein Stern/Tiroler
Krippenbuch, G. 54; Musenalmanach, G.
60; Schöpferisches Tirol III G. u. P. 63;
Spuren der Zeit II 64, III 68; Brenn-
punkte I 65, VII 71; Quer, G. 75;
Erdachtes-Geschautes, P.-Anthol. österr.
Frauen 75; ensemble 9, G. 78; Luft-
juwelen-Steingeröll/Südtirol erzählt, G.
u. P.-Anth. 79; Intern. Jb. f. Lit., G. 78;
Nachrichten aus Südtirol 83.
MH: Luftjuwelen-Steingeröll/Südtirol
erzählt, P.- u. G.-Anth. 79.
Lit: O. Sailer: Schöpferisches Tirol I
53; V. Parschalk: Der Paradiesvogel
(Kulturber. a. Tirol 211/212 26) 72; J.
Jonas-Lichtenwallner: Heimatland,
Schrifttum a. Österr. 18/21 73; W.
Bortenschlager: Brennpunkte XIV,
Schrifttum d. Gegenwart 75; P. Wimmer:
Wegweiser durch die Literatur Tirols
1945 - 1975; Zu einer neuen Südtirol-
Anth. (Luftjuwelen-Steingeröll/Südt.
erz.): Dolomiten 79.

Mers, Rika, s. Lammers, Erika.

Mersmann, Heinrich, Dr. phil.,
Publizist; Wilhelm-Busch-Str. 4, D-3300
Braunschweig, Tel. (0531) 75508 (Kiel
28.12.16). Lyrik, Essay, Theater- und
Kunstkritik.
V: Worte sind Gleichnis, G. 40; Gesang
unter Sternen, G. 47; Wandrer im
Morgenlicht, G. 48; Schönes Nieder-
sachsen, Ess. 61; Niedersachsen, Ess. 68;
Harro Siegels Marionetten, Ess. 82. —
MV: Schleswig-Holstein und Hamburg
in: Westermanns Deutschlandbuch, Ess.
61; 1916, Jahr und Jahrgang, Ess. 66.
H: Braunschweig, Jb. 57-73.

Merten, Addi, s. Merten, Adolf.

Merten, Adolf (Ps. Addi Merten), Ing.
(grad); Novalisstr. 19, D-5500 Trier, Tel.
(0651) 32823 (Trier 11.1.20).
Mundartdichtung.
V: Arme klaane Fösch, G. in Trierer
Mundart 79; De Mäddi 83.
MA: Gruppe Rhein. Mundartschrift-
steller, Anth. 83.
MH: Trierer Weinbuch 82.
R: Regelmäßige Mda.-Beitr.

Mertens, Axel, c/o Verlag Breitschopf,
München.
V: Achtung, Zwillinge! 77; Martina
greift ein 77; SOS ... Martina 78. ( )

Mertens, Friedrich, s. Rüggeberg,
Uwe.

Mertens, Heinrich A., Dr. phil.; Kurzer
Weg 4, D-4710 Lüdinghausen, Tel.

(02591) 3330 (Düsseldorf 14.1.11). **Ue:** F,
H.
V: Die Magd des Herrn, Ess. 47; Vom
heiligen Nikolaus, Ess. u. Erzn. 48; Beruf
auf Trümmern 48; Geschichten v. Gottes
Brot 51, 66; Das Sterntalerkind u.a. Erzn.
52, 59; Katechismus des häuslichen
Lebens, rel. Päd. 53, 63; Wie Beppi Papst
wurde, R.-Biogr. 55; Tausend Kinder
reisen nach Jerusalem, Erz. 57; Unsere
Kirche, re. Päd. 61; Immerwährender
Advent 61; Thomas 63; Ich bin Josef,
euer Bruder 63; Jakob Steinhardt.
Propheten, Ess. 63; Tischgebete f. alle
Tage d. Jahres; Johannes 65; Hdb. d.
Bibelkde 66; Markus, Biogr. 67; Messias-
trompete, Erz. 68; Kl. Hdb. d. Bibelkde
69; Brot in deiner Hand, Erz. 72;
Religionen in Ost und West 72; Spar-
kasse des Kreises Lüdinghausen (1848
— 1973) 73; Freude hat viele Gesichter,
Erzn. 74; Aus der Geschichte des
Kreises Lüdinghausen (1803 — 1974) 74;
Das Wunder hat viele Gesichter, Erzn.
76; Der Heilige Nikolaus, Erzn. 77.
H: Das Fabelbuch 49.
Ue: Paul Claudel: J'aime la Bible
u.d.T.: Ich liebe das Wort 56; Dick
Ouwendijk: Het benen voorhoofd, u.d.T.:
Das Totenhaus 58; B. J. Bickel: Religion
et sport, u.d.T.: Sport und Religion 60; D.
Coppes: Totdat Hij terugkomt, u.d.T.: Bis
er wiederkommt 62; Emile Eche:
Euthymia. La soeur universelle, u.d.T.:
Maria Euthymia ... Ich diente und mein
Leben ist Frieden 65; Heggen/Marlet:
Samenzijn in liefde, u.d.T.: Gemein-
schaft in Liebe 67; Evert Jurgens: Gaat
u mee aapjes eten? u.d.T.: Essen Sie
Affenfleisch? 67; Cornelis Trimbos:
Gehuwd en ongehuwd, u.d.T.: Leben mit
der Liebe 69; Piet Schoonenberg: De
Interpretatie van het dogma, u.d.T.: Die
Interpretation des Dogmas 69; Piet
Schoonenberg: Hij is een God van
Mensen, u.d.T.: Ein Gott der Menschen
69. — **MUe:** Antwoord, Gestalten van
geloof in de wereld van vu, u.d.T.:
Antworten: ein Vergleich der großen
Weltreligionen in Wort und Bild, m.
Edmund Labonte 77.

Mertens, Irene, s. von Schaller, Irene.

Mertens-Apitzsch, Irmgard,
Grafikerin; Salvatorstr. 36, D-5100
Aachen, Tel. (0241) 151850 (Aachen
18.3.34). Lyrik.
V: Wer schert sich darum, G. u.
Gedanken 81.

Mertz, B.A., s. Mertz, Bernd Arnulf.

Mertz, Bernd Arnulf (Ps. B.A. Mertz),
Schriftsteller, Theaterautor; Weimarer
Str. 24, D-6000 Frankfurt a.M. 56, Tel.
(0611) 5075700 (Berlin 10.7.24).
Fachbücher, Komödien, Kinderstücke.
V: Astrologie verständlich. Buch u.
Zeit 75; Falkenhandb. d. Astrologie 79;
Psycholog. Astrologie I-III 79-82;
Astrologie und Tarot 81; Das Horoskop.
Seine Deutung und Bedeutung 81; Das
Du und Ich in der Astrologie 82; Was
sagt uns das Horoskop? 83.
R: Freitag dienstbereit Passage-
Apotheke, Keine Spürhunde für den
Fiskus, Alleinvermietung Gabriele
Conradi, alles Fsf.; Die Aufgabe des Dr.
med. Graefe, Fsp. 82.

Mertz, Henri, Lehrer i.R.; Gatterweg 1,
F-67400 Illkirch-Graffenstaden, Tel. (88)
663635 (4.10.19). Lyrik, satirische
Gedichte.
V: Üs minem arme Elsaßländel 46;
Kuddelmuddel üs 'em Elsaß 75; 's
Weschpelnescht 76; De Roraff 80.
MA: Beitr. in mehreren Anth., insbes.
in: Elsassisch reda; Nachr. a. d. Elsaß, 2.
Band; Nachr. a. d. Alemannischen.

Merz, Klaus, Schriftsteller; Schweizer
Autoren Gruppe Olten 76; Werkjahr f.
Literatur d. Kuratoriums f. d. Förd. d.
kulturellen Lebens Kt. Aargau 76, 81, Pr.
d. Schweiz. Schillerstift. 79; Neudorf 798,
CH-5726 Unterkulm, Tel. (064) 462429
(Aarau 3.10.45). Lyrik, Erzählung,
Hörspiel, Theater.
V: Mit gesammelter Blindheit, G. 67;
Vier Vorwände ergeben kein Haus, G.
72; Obligatorische Übung, Kurzprosa 75;
Zschokke-Kalender, Polit-Volksst. 76;
Latentes Material, Erzn. 78; Landleben,
G. 82; Der Entwurf, Erz. 82.
R: Bruder Montgolfier, Hsp. 77;
S'Füdli schwänke im Tote Meer, Hsp.
schweiz. Mda. 82.

Merz, Konrad, s. Lehmann, Kurt.

Merz, Konrad, Physiotherapeut;
Schipperslaan 7, Purmerend/Niederl.,
Tel. (02990) 23752 (Berlin 2.4.08). Drama,
Lyrik, Roman, Novelle, Essay. **Ue:** H.
V: Ein Mensch fällt aus Deutschland
36, 79; Der Mann der Hitler nicht
erschossen hat 76, 79; Glücksmaschine
Mensch 82 (auch holl.); Tristan &
Knoblauch, Kom. e. Trag. 82.
MA: Fremd im eigenen Land 80; Dort
wo man Bücher verbrennt 83.

Merz, Michael, s. Plum, Werner.

Meschke, Hildegard (Ps. Hilde
Ahemm); VS 51; Forststr. 91, D-7000

Stuttgart, Tel. (0711) 613176 (Berlin
18.7.08). Novelle.
V: Kleine Strophe im ewigen Lied, N.
39; Begegnung zwischen Traum und
Tag, Kindheitsgeschn. 40, 45; Die
hungrigen Augen, N. 46; Florian, R. 47;
Das verschwenderische Herz, R. 52;
Tates Wahltochter, Erz. 76.

Messinger, Esther Marie, Lyrikerin,
Texterin; Bebelstr. 83, D-6520 Worms,
Tel. (06241) 54287 (Ronneburg/Thür.
30.5.05). Lyrik, Novelle.
MV: Helmut Lange: Filmmanuskripte
u. Filmideen 35.
R: Lied der Frauen. ( )

Messner, Reinhold, freiberufl.
Alpinist, Bergführer, Vortragsredner,
Leiter Alpinschule Südtirol; Primi
Monti 68, Ordine del Cardo 70, Premio
ITAS 75, Sachbuchpr. d. DAV 76, 78, 80,
I-39040 St. Magdalena in Villnöss, Tel.
(0472) 40149 (Brixen 17.9.44). Erzählung,
Bildberichte, alpine Literatur, Filme.
Ue: I.
V: Zurück in die Berge, Bergb. 70, 77
(auch ital.); Die rote Rakete am Nanga
Parbat, Bergb. 71; Aufbruch ins
Abenteuer, Erzn. 72, 78 (auch ital.,
japan.); Sturm am Manaslu, Bergb. 73
(auch ital., japan.); Der 7. Grad, Bergb.
73, 81 (auch ital., franz., span., engl.,
japan.); Klettersteige 1: Dolomiten 74, 80
(auch ital.); Bergvölker der Erde, Ethn.
75, 80 (auch ital.); Arena der Einsamkeit
76, 80 (auch ital.); Die Herausforderung,
Bergb. 76, 80 (auch ital., franz., engl.,
japan., span.); Die großen Wände, Bergb.
77 (auch ital., japan., franz., engl., span.);
Grenzbereich Todeszone 78; Everest —
Expedition zum Endpunkt, Bergb. 78
(auch ital., japan., franz., engl., span.,
schwed., dän., finn., norweg., holländ.,
jugoslaw.); Klettersteige 2: Ostalpen 78,
80 (auch ital.); Alleingang Nanga Parbat,
Bergb. 79, 80 (auch ital., japan., franz.,
engl., span.); K2 — Berg der Berge,
Bergb. 80; Die Alpen, Bergb. 79
(dreispr.); Der gläserne Horizont, Bergb.
82; Mein Weg, Bergb. 82; Alle meine
Gipfel, Bergb. 82. — **MV:** Die Extremen,
alp. Gesch. 74 (auch ital.).
R: Zurück in die Berge 71 (auch ital.);
Zwei und ein Achttausender, Fs. 75;
Everest unmasked, Fs. 80 (auch dt.,
franz.); Der Handstreich am K2, Fs. 80;
Der heilige Berg 80; Tibet 82 II; Berg-
steigen mit Reinhold Messner, 6teil. Fs.-
Serie.
Lit: La Montagna, Anth. 76.

Methfessel, Inge; Gerhart-
Hauptmann-Str. 4, D-5810 Witten, Tel.

(02302) 73857 (Kreibitz/ČSSR 22.9.24).
Lyrik, Hörspiel, Erzählung, Essay.
V: Küstenlandschaft, Lyr. 80.
R: Die Rede des Generals, Hsp. 82.

Metka, Dietrich, Regierungsbeamter;
NGL seit 76; Machnower Str. 12, D-1000
Berlin 37 (Zwickau/Sa. 16.2.34). Lyrik,
Roman, Novelle auf d. Gebiet d. Kinder-
literatur.
V: Don Pepito, Kinderb. 73. —
MV: Mein Pferd kann fliegen, Anth. 75.

Mettler, Artur, Dr. phil., Ev. Pfarrer;
Klusstr. 9, CH-9000 St. Gallen (St. Gallen
11.4.01). Drama, Lyrik, Novelle, Essay.
V: 2 Lyrikbände: Armentrost 57;
Schnitt der Rebe 59 u. weitere
Bändchen. — **MV:** Max Weber und die
philosophische Problematik in unserer
Zeit in: Stud. u. Bibliogr. zur Gegen-
wartsphilosophie 34; Zwischen d. Zeilen,
m. H. Waldheim 76; Religiöse
Sozialisten 76.

Metz, Jakob *

Metz, Kurt C. (Ps. Alexander
Calhoun); Kiedricher Str., D-6200
Wiesbaden.
V: John Hawkins, der Verräter 79;
Duell zwischen den Fronten 80; Purpur
über Comanchenland 80; Rodeo der
Giganten 81. ( )

Metze, Anna *

Metzger geb. Hirt, Erika, Ph.D., Prof.;
Assoc. of German Writers in America
72; Goethe Essay Pr. Cornell U. 59;
Modern Language Assoc. seit 60, Intern.
Vereinig. f. German. Sprach- u. Lit.wiss.
(IVG) seit 71, Intern. Arbeitskr. f. dt.
Barocklit. Wolfenbüttel seit 72;
Department of Modern Languages and
Literatures 910 Clemens Hall, State
Univ. of New York at Buffalo, Buffalo,
N.Y. 14261/USA, Tel. (716) 6362191
(Berlin 8.4.33). Lyrik, Anthologien,
Textbücher. **Ue:** E.
V: diatonisch-doppelt-erfahrenes, Lyr.
77; licht-bilder 80. — **MV:** Paul Klee m.
Michael M. Metzger 67; Clara u. Robert
Schumann, m. dems. 67; Stefan George,
m. dems. 72.
H: Hans Aßmann Freiherr v.
Abschatz. Poet. Übers. u. G. 70; Hans
Aßmann von Abschatz, G. 73. —
MH: Lyr. u. Prosa 72-76; Klingsor seit
76; Herrn v. Hoffmannswaldau u.
anderer Deutschen ..., G. III, IV, V 70, 75,
81; Aegidius Albertinus Hof-Schul 79.

Metzger, Helmut, Amtsrat a.D.;
versch. Preis b. Mundartdichter-Wettbe-
werben; Hans-Koller-Str. 12, D-6702 Bad
Dürkheim/Pf., Tel. (06322) 2531 (Bad

Dürkheim 6.7.17). Hörspiel, Mundart-
dichtung, Volksstück.
V: Trotz allem: Pälzer Humor, G. 47;
Mit Wei(n) gedaaft - Mit Wei(n)
begrawe, G. 53; Er war Beamter, G. 59;
Mer sin halt wie mer sin!, G. 61; Die
Pälzer Rass - viel Wei(n), viel Spaß, G.
64; Ebbes, G. 71; Die Pälzisch
Wei(n)gschicht, G. 75; Noch Ebbes, G. 77;
Der heitere Adolar, G. 79; Viechereie, G.
80; Ur-Pälzisch, G. 82; Das Karl-Räder-
Buch, Michelsberg-Auslese.
MA: Zum Lobe des Weines, G. 52; So
spricht das Herz sich aus, G. 54; Bild-
band Alt-Dürkheim 79; Muddersprooch,
G. I 78, II 80, III 81; Typisch pfälzisch, G.
81; 17 Autoren, G. 82; Gedichteltes, G. 82.
R: Rund um den Dürkheimer Wurst-
markt; Der Feuerwehrball; Uff de
Hochzisch; Der Hitzkopp-Flori, alles
Hsp.
S: Die fröhliche Pfalz, G. 70; Ebbes
von und mit Helmut Metzger am
Stammtisch 81; Pfälzer Stammtisch 82.

Metzger, Herbert, Zahnarzt; Am
Stangenacker 5, D-7530 Pforzheim, Tel.
(07231) 22215 (Eppingen-Sinsheim
22.1.24). Lyrik, Essay.
V: Rund um den Zahn 80; Poetisches
Tagebuch 1945-1976 81; Von Mensch zu
Mensch 81.

Metzger, Stephan, Dr., ObStudDir.;
Kreuzhofstr. 31, D-8000 München 71,
Tel. (089) 756462 (München 18.12.19).
Lyrik.
V: Staad - lustig, Altbayer. Mda.G. 75.
MA: Sagst wasd magst. Mda.dicht.
heute aus Baiern u. Österreich 75;
Bayerischer Psalter. Gebete u. religiöse
Gedichte aus zwölf Jahrh. 75; Weiteres
Weiß-blau-Heiteres 78. ( )

Metzkes, Achim; SV-DDR 80;
Förderungspr. d. Inst. f. Lit. u. d. Mittel-
deutschen Verl. Halle 78; Bruno-Plache-
Str. 8/413, DDR-7039 Leipzig (Marburg/
Lahn 12.6.26). Roman.
V: Land hinter Walhall, R. 78, 4.Aufl.
81; Das Haus des Vaters, R. 80, 3.Aufl. 81;
Die durchsichtige Mauer, Erz. 82.
MA: Ehrlich fährt am schnellsten,
Kdb. 74; Die Räuber gehen baden, Kdb.
77, 2.Aufl. 81; Ich bin aber noch nicht
müde, Kdb. 82.
R: Das Gewissen des Larry McTobber,
Jgdhsp. 62.

Metzner, Käthe, s. Kreutzer,
Catherine.

Meussling, Gisela, Redakteurin; DJV
64; Friedrich-Breuer-Str. 77, D-5300
Bonn 3, Tel. (0228) 466347 (Bergen/

Rügen 24.8.35). Liedertext, Essay, Kurz-
geschichte, Recherche.
V: dornröschen ist glatt abgehau'n,
Lyr. 78; Hexenlieder 80. — **MV:** Der
singende Gummibaum 81.
H: Josefine Schreier: Göttinnen — Ihr
Einfluß von der Urzeit bis zur Gegen-
wart 78, 2.Aufl. 82; Alte Hexenlieder 82.

Meves, Christa, Kinder- und
Jugendlichenpsychotherapeutin;
Bölsche-Med., Prix-AMADE; Christl.
Autorinnengruppe; Albertstr. 14, D-3110
Uelzen (Neumünster 4.3.25). Essay.
V: Manipulierte Maßlosigkeit, Ess. 71,
23. Aufl. 82; Ehealphabet, Ess. 73, 20.
Aufl. 83; Ich reise für die Zukunft, Ess.
73, 4. Aufl. 82; Ermutigung zum Leben,
Ess. 74, 8. Aufl. 81; Lange Schatten —
helles Licht, Ess. 76, 5. Aufl. 83; So ihr
nicht werdet wie die Kinder, Ess. 79, 3.
Aufl. 83; Ich will mich ändern, R. 81, 2.
Aufl. 82, u.a. — **MV:** Anima, m. Jutta
Schmidt, Ess. 76; Denen im Dunkeln
Trost, m. E. von Buddenbrock, Lyr. 79;
Unterwegs, m. Joachim Illies, Ess. 80, 2.
Aufl. 81; Dienstanweisungen für
Oberteufel, m. dems., Ess. 81, 4. Aufl. 82,
u.a.
R: Das große Fragezeichen, Hsp.; Die
Affen und wir, m.a., Fs.
S: Lob des Alters.

Mews, Sibylle, Lehrerin; Ainmillerstr.
33, D-8000 München 40, Tel. (089) 391825
(Clausthal 17.5.27). Kinderbuch, -
hörspiel.
V: Wer spielt mit mir? 67;
Flüsterkuchen 67; Toni geht verloren 67;
Apfel im Schlafrock 68; Das glückliche
Schwein 69; Das kluge Schweinchen 69;
Das Haus mit den vielen Fenstern 72;
Was das Gurkenfaß nachts macht 73, 75;
Kennst du Dominikus Munk? 75; Otto
kommt mit allem klar 77; Das Schwein,
das radeln konnte 79; Ein Daheim für
Tiere 80; Zwitsch 81; Verrückte Ferien
mit Fräulein Spargel 81; Du bist zu dick,
Isabella 82; Tschilp — eine Spatzen-
geschichte 82, alles Kinderb.
MA: Zahlr. Anth. 70-81.
R: Der Pavillon im Mond, Hsp. 68; 10
Schweinegeschichten, Fsp. 68; Der
Schatz des Sultans, Hsp. 69; 10 Bären-
geschichten, Fsp. 69; Die Abenteuer des
Robin O'Connor, Hsp. 70; 10 Giraffen-
geschichten, Fsp. 70; Die Drachen im
Brunnen 71; Die Geister im Mango-
baum 71; Der Bambuswald 72; Die
Antilopenmädchen 73; Abdullahs Pan-
toffeln 73; Das Geschenk der Trollhexen
74; Im Garten der Orangen 75;
Hiawathas Zaubersack, alles Hsp.

Mey, Frederik, s. Mey, Reinhard.

Mey, Reinhard (Ps. Frederik Mey),
Komponist, Textdichter, D-1000
Berlin 28 (Berlin 21.12.42). Lyrik. Ue: F.
V: Ich wollte wie Orpheus singen,
Lyrik 67 — 71; Reinhard Mey - Alte und
neue Chansons, Lyrik 63 bis 75.
S: Ich wollte wie Orpheus singen 67;
Ankomme Freitag den 13.! 68; Aus
meinem Tagebuch 69; Ich bin aus jenem
Holze 71; Mein achtel Lorbeerblatt 72; Wie vor Jahr und
Tag 74; Ikarus 75; Reinhard Mey - 20
Uhr (Live) 75; Frédérik Mey, vol. 1 bis 4,
4 LSP zw. 67 bis 76; F. Mey à l'Olympia,
live 75; Daddy Blue/Alles ist gut; Ist mir
das peinlich/Mein erstes graues Haar;
Hab' Erdöl im Garten/Ich bin Klempner
von Beruf; Es gibt Tage, da wünscht' ich,
ich wär' mein Hund/ Es bleibt eine
Narbe zurück; Mann aus Alemania/
Über den Wolken; Annabelle, ach
Annabelle/ Bevor ich mit den Wölfen
heule; Die heiße Schlacht am kalten
Buffet/ Neun und vorbei; Der Mörder ist
immer der Gärtner/Längst geschlossen
sind die Läden; Diplomatenjagd/Komm
gieß mein Glas noch einmal ein, u.a. ( )

Meyer, Conny Hannes, Regisseur,
Theaterleiter, Schriftsteller;
Kainzmedaille der Stadt Wien, Preis f.
Wiss. u. Kunst 79; Die Komödianten im
Künstlerhaus, Karlsplatz 5, A-1010 Wien
(Wien 18.6.31). Drama, Lyrik, Novelle,
Prosa.
V: Die Sache mit Dornröschen; Jahre
des Schweigens; Aus der Matratzen-
gruft; Die schlesische Nachtigall; Des
Kaisers treue Jakobiner; Der Alptraum
ein Leben; Angelo Soliman oder die
schwarze Bekanntschaft; Karl ist krank,
alles Stx; Den Mund von Schlehen bitter,
Lyr.; Abseits der Wunder, Pr.; Jakob
Taubers langer Brief, Pr.
B: Rose Berndt; Schiller: Fiesco.
R: Des Kaisers treue Jakobiner; Aus
der Matratzengruft; Der Alptraum ein
Leben; Bettler, Bauern u. Balladen;
Rose Berndt, alles Fsf.

Meyer, Detlev, Dipl. Bibl., Nacht-
portier; Literatur-Stip. d. Kultur-
senators Berlin 80; Blankenbergstr. 1,
D-1000 Berlin 41, Tel. (030) 8512240
(Berlin 12.2.50). Lyrik.
V: Heute nacht im Dschungel 81.
MA: Literarischer März? Lyrik
unserer Zeit 81; Claassen Lyrik-Jb. 2, 3
80/81 u.a.
S: Meyer pfeift Goethe, Tonkass. 82.

Meyer, E. Y., s. Meyer, Peter.

Meyer, Elisabeth; Lindenstr. 8, D-5483
Bad Neuenahr (Köln 30.9.95). Roman,
Lyrik, Hörspiel, Essay.
V: Bärbel, Sch. 30; Die himmlische
Ohrfeige, Kinderb. 54; In der goldenen
Kutsche, R. 58, 76; Die Kratzdistel; Rike
im Kinderhaus; Das Zornkästchen, alles
Kinderb.; Der Bund mit Gott, Jung-
Stilling-Biogr. 68.
R: Die glückliche Sieben, Hsp. 54; Die
Vorwitz-Falle, Fsp. 55; Die Lügenbrücke,
Fsp. 56; Kasperle im Zauberwald, Fsp.
56; Der Schlappekrieg, Hsp. 60; Das
Weinaltärchen, Hsp. 64.

Meyer, Hans Bernhard, Dr.,
Museumsdir. i.R.; Memeler Weg 12, D-
2057 Reinbek, Tel. 7224836 (Danzig
20.8.98). Lyrik, Novelle, Aphorismus,
Roman.
V: Schaffende Hand, kämpfendes
Land, Erzn. u. G. 37; Möwen umkreisen
das Krantor, Erzn. u. G. 54; Mosaik des
Lebens, Aphor. 58; Herz über dem
Abgrund, Erzn. 65. ( )

Meyer, Hansgeorg, Dipl. Journalist;
SV-DDR 63; Kinderbuchpr. d. Min. f.
Kultur d. DDR (m. Helga M.) 66, 71,
Kunstpr. d. FDGB 72, Kuba-Preis d.
Bezirks Karl-Marx-Stadt 74, Edwin-
Hoernle-Preis f. Kinderbuchkritik u. -
theorie 78, Theodor-Neubauer-Medaille
79; Albert-Jentzsch-Str. 65, DDR-9061
Karl-Marx-Stadt, Tel. (071) 741766
(Berlin-Charlottenburg 19.5.30). Kinder-
u. Jugendbuch, Hörspiel, Lit.kritik,
Essay.
V: Anekdoten 58; Pionierleben im
Kinderbuch, Ess. 62; Die deutsche
Kinderliteratur 1933 bis 1945, Ess. 75;
Bücher, Leser, Bibliotheken, Kinderb.
76, 79; Der Kaisermörder v. Bodensee,
Kinderb. 78, 79; Die Zeitungsschmuggler
81. — **MV:** Jettchen und die Ver-
schwörer, Kinderb. 62; Der Sperling mit
dem Fußball, Kinderb. 66, 76; Keine
Blumen für die Helden, Jgdb. 71, 76;
MZ-Geschichten, Kinderb. 72, 77;
Straßen, Plätze, große Namen, Kinderb.
73, 79; Kartoffelpuffer, Kinderb. 73, 77;
Vom Bärchen und der schönen Angara,
Kinderb. 77, 79; Was kostet die Sonne 79,
alle m. Helga Meyer; Ich leb so gern, Ein
Friedensbuch für Kinder 82.
MA: Von Anton bis Zylinder — Das
Lexikon f. Kinder 67, 77; Der Märchen-
sputnik, Kinderb. 72, 78; Das Gesetz der
Partisanen, Jgdb. 72, 74; Rot Front,
Teddy 76, 79; Die Katze sitzt im Flieder-
baum 77; Kaleidoskop III 78, IV 82;
Martin und die Sonne im Schrank 78.

H: Patty Frank: Die Indianerschlacht
am Little Big Horn, Jgdb. 69, 75;
Merkwürdige Umstände eines Auto-
diebstahls, Jgdb. 74, 78; Ebereschentage,
Jgdb. 77; Edwin Hoernle: Oculi 80. —
MH: Lied der Zeitungsjungen 81.
R: (MV): Was ist denn heut bei
Findings los? Hsp.reihe 59 — 65; Das
Verhör, m. Helga M., Fernsehsp. 67;
Neumann, zweimal klingeln, Hsp.reihe
68 — 71.

Meyer, Helga, Dipl.-Journalistin; SV-
DDR 64; Kinderb.preis d. Min. f. Kultur
d. DDR (m. Hansgeorg M.) 66, 71, Kunst-
pr. d. FDGB 72, Kuba-Preis d. Bezirks
Karl-Marx-Stadt 76, Theodor-Neubauer-
Medaille 79; Albert-Jentzsch-Str. 65,
DDR-9061 Karl-Marx-Stadt, Tel. (071)
741766 (Chemnitz 30.9.29). Erzählung,
Kinderbuch.
V: Katja und der Regen 71; Brot fällt
nicht vom Himmel 73, 76; Ein Kater
geht an Bord 74, 77; Katja aus der
Pappelallee 75, 76; Der Streit um den
Wald, 75, 76; Ein Kater auf großer Fahrt
78, alles Kinderb. — **MV:** Jettchen und
die Verschwörer, m. Hansgeorg Meyer,
Kinderb. 62; Dachs und Dufte, m. Karl
Sattler, Kinderb. 63, 64; Der Omnibus im
Seifenladen, Kurzschn. 65; Die rubin-
rote Schale, Märchen 65; Der Sperling
mit dem Fußball, m. Hansgeorg Meyer,
Erzn. 66; Keine Blumen für die Helden,
m. Hansgeorg Meyer,Jgdb. 71, 76; MZ-
Geschichten, Kinderb. 72, 77; Straßen,
Plätze, große Namen, Kinderb. 73, 79;
Kartoffelpuffer, Kinderb. 73, 77; Vom
Bärchen und der schönen Angara,
Kinderb. 77, 79; Was kostet die Sonne,
alle m. Hansgeorg Meyer; Mit Kirschen
nach Afrika 82; Ich leb so gern, Ein
Friedensbuch für Kinder 82; Der gestohlene Regen 82.
MA: Fahren in ein neues Land 71;
Der Märchensputnik 72, 75; Das Gesetz
der Partisanen 72, 74; Die Räuber gehen
baden, 77, alles Kinderb; Der Franz mit
dem roten Schlips, Erzn. 79.
F: Drei Wünsche, Trickfilm 66.
R: (MV): Serie v. Funkerzn.: Kommt
herbei, gebt alle acht, was Ingrid für
euch ausgedacht 60 — 63; Kommt her
und hört euch allemann vom Kinderfunk ein Märchen an 60 — 63; Das
Verhör, m. Hansgeorg M., Fernsehsp. 67.

Meyer geb. Hock, Ilse (Ps. Katarina
Hock, Karen Meh); Sierichstr. 54, D-2000
Hamburg 60, Tel. (0402) 791140 (29.10.32).
Jugendstück. **Ue:** E, F, S.
V: Peter Rothut, Msp. 59.

Ue: Alfred de Musset: Lorenzaccio 57;
Luis Alberto Heiremans: Moscas sobre
el marmol u.d.T.: Treibjagd 60, El
palomar en oscuras u.d.T.: Eine Art
Maskerade 61, Versos de ciego u.d.T.:
Ein blinder Mann singt 61,
Buenaventura 61 II; Jacinto Benavente:
Zwei Wege, die sich scheiden 61; Ronald
Kirkbride: Der arglose Liebhaber 61;
Alfrrd Fabre-Luce: de Gaulle 61; D. A. F.
de Sade: Das Mißgeschick der Tugend
62, Erzählungen und Schwänke 62; Luis
A. Heiremans: Der dunkle Teil 64; Jean
Genet: Die Neger 65. ( )

Meyer, Inge, c/o Greifenverl.,
Rudolfstadt, DDR.
V: Die alte Frau am Fenster, Krim.-
Erz. 82; Vernehmung der Zeugen, Krim.-
Erz. 83. ( )

Meyer, Jutta (Ps. Jutta Manthey, Jutta
Schreiber), Religionspädagogin;
Bestliste z. dt. Jugendbuchpr. 70;
Keferloherstr. 106, D-8000 München 40
(Düsseldorf 16.1.34). Jugendbuch,
Roman, Anthologie. **Ue:** E.
V: Ein Dieb ist der Stadt 68; Peter
findet eine Spur 69. — **MV:** Und der
Himmel lacht dazu 67; Die Eroberung
der Berge 69; Vom Experiment zum
Erfolg 69, 75, alle m. Hermann
Schreiber. ( )

Meyer, Klaus; Groten Enn 27, DDR-
2520 Rostock 22..
V: Weiße Wolke Carolin 80;
Zuckerkauken un Koem 82, 83;
Petroleum-Jonny 82. ( )

Meyer, Lothar, Dr. phil., OStudR.;
Schützenstr. 1, D-3392 Clausthal-
Zellerfeld, Tel. (05323) 2080 (Verden/
Aller 26.1.24). Erzählung.
V: Fichtengrün und Schieferblau 67;
Begegnung in Jerusalem 67; Die
Mathematik der Liebe 68; Der schönste
Stern im All 68; Haus Hubertus -
Zimmer frei 69, alles Erzn.; Einführung
in die Geologie des Westharzes,
populärwiss. Schrift 70, 72; Einführung
in die Kunstgeschichte des Westharzes
70; Einführung in die Geschichte der
Bergstadt Clausthal-Zellerfeld 72;
Einführung in die Geologie d. Nieder-
sächs. Berglandes 73; Einführung in die
Geologie Niedersachsens 73;
Gesammelte Erzählungen 73; Der Altar
des Meisters Andreas Duder in der
Clausthaler Marktkirche 73; Die Stab-
kirche in Hahnenklee 74; Die Marktkirche zum Heiligen Geist in Clausthal
75; Die St.-Salvatoris-Kirche in Zellerfeld 75; Die St.-Nikolai-Kirche in

Altenau 76; Die Marktkirche in Goslar
78, alles populärwissenschaftl. Schr.;
Goetheberg, Erz. 77.

Meyer, Margret, Bibliothekarin;
Auwaldstr. 7 III, D-7800 Freiburg i.Br.,
Tel. (0761) 16951 (Goch/Ndrrh 22.11.24).
Erzählung, Essay.
V: Ich horche und gehorche, Ess. 68.
MA: Deutsches Literatur-Lexikon 69.

Meyer, Michael, c/o Verlag Neues
Leben, Berlin (Ost).
V: Das Regenmädchen 78, 80. ( )

Meyer, Paul Michael; Schweiz. Autor.
Gruppe Olten; Lyrikpr. d. Stadt Biel 68,
Förder.- u. Lit.pr. v. Stadt u. Kt. Bern 69,
71, 73, eidg. Werkjahr 80/81; Schulhaus,
CH-3249 Gurbrü, Tel. (031) 956540 (Thun
17.10.46).
V: Ergon, d. Stadt m. fünf Buchstaben,
Kurzr. 69; Demokratische Schule —
Schule d. Demokratie 79; Typisch
chinesisch, G. u. Geschn. 72; Schule
Bächlen 72; Mallorca bei Bern,
Mda.kom. 76.
MA: Wi's isch u. wi's albe isch gsi 77.
R: Schtellebewärbig, Hsp. 76; Das
Ganze ist immer 100%, Fs. 80.

Meyer, Peter (Ps. E. Y. Meyer);
Gruppe Olten 73, Deutsch-schweiz.
P.E.N.-Zentrum; Buchpr. d. Stadt u. d.
Kt. Bern, Lit.pr. d. Kt. Baselland 76;
Sonnenbergrain 21, CH-3013 Bern
(Liestal, Kt. Baselland 11.10.46). Roman,
Erzählung, Essay, Hörspiel, Fernseh-
spiel.
V: Ein Reisender in Sachen Umsturz,
Erzn. 72; In Trubschachen, R. 73; Eine
entfernte Ähnlichkeit, Erzn. 75; Die
Rückfahrt, R. 77; Die Hälfte der
Erfahrung, Ess. u. Reden 80; Plädoyer.
Für d. Erhaltung d. Vielfalt d. Natur
bzw. f. deren Verteidigung gegen d. ihr
drohende Vernichtung durch d. Einfalt
des Menschen 82.
R: Spitzberg, Hsp. 72; Eine entfernte
Aehnlichkeit, Hsp. 75; Herabsetzung des
Personalbestandes, Fsp. 76.
Ue: Gerhard Aberle: Ich heiße
Podrazek, u.d.T.: I heiße Bärger, Übers.
u. Bearb. f. Schweizer Verhältn., Hsp. 77.
Lit: Beatrice Matt: E.Y. Meyer 82.

Meyer, Rudolf, Pfarrer d. Christengemeinschaft; Burghaldenweg 23, D-
7263 Bad Liebenzell 3 (Hannover
13.2.96). Lyrik, Essay.
V: Das Kind 26, 74; Vom Schicksal der
Toten 34, 69; Die Weisheit der deutschen
Volksmärchen 35, 81; Goethe, der Heide
und der Christ 36, 65; Der Auferstandene und die Erdenzukunft 38, 53;

Novalis, das Christuserlebnis 39, 72;
Gottesfreundschaft, G. 36, 67; Aussaat,
G. 36; Kalewala, das Geisteserbe Finn-
lands 40, 64; Christ u. Antichrist, Fr.
Nietzsches Erleuchtung u. Verfinste-
rung 45; Franziskus v. Assisi 51, 56;
Weltenherz 54; Der Gral u. s. Hüter 56,
58; Das Gebet als Lebensmacht 57, 57;
Christian Morgenstern in Berlin 59; Die
christlichen Lebensideale 60; Mensch-
heitslegenden 61; Wer war Rudolf
Steiner?, Biogr. 61, 4. Aufl. 78 u.d.T.:
Rudolf Steiner. Anthroposophie,
Herausforderung im 20. Jh; Die Wieder-
gewinnung des Johannesevangelium 62;
Albert Steffen - Künstler und Christ 63;
Elias, oder die Zielsetzung der Erde 64;
Franziskus von Assisi 52; Nordische
Apokalypse 67; Die Überwinder 69; Zur
Erlösung der Tierwelt 70; Den Toten zur
Feier 73. ( )

Meyer, Theo, Dr.phil.habil., UProf.;
Hessenstr. 72, D-8700 Würzburg, Tel.
(0931) 23963 (Solingen 8.11.32). Roman,
Lyrik.
V: Der Gelähmte, R. 80.

Meyer, Werner, Regisseur u. Autor
von Fernseh- u. Kinofilmen; VG Wort,
VG-Bild-Kunst; Homburger Str. 8, D-
1000 Berlin 33, Tel. (030) 8215466
(Kronberg/Ts. 28.2.48). Film (über-
wiegend f. Kinder), wissenschaftl.
Artikel über Massenmedien, Erzählung,
Roman.
MV: Boris und Lila, Erz. 76; Bevor die
Eltern kamen, R. 76, beide m. Usch
Barthelmeß-Weller.
F: Die Kinder aus No: 67 oder Heil
Hitler, ich hätt gern 'n paar Pferdeäppel.
R: Bonbons umsonst; Thomas und
Sven, beides Spielf. f. Kinder.

Meyer, Wolfgang *

Meyer-Abich, Siever Johanna;
Elbchaussee 460, D-2000 Hamburg-
Blankenese, Tel. (040) 865636 (Oldeborg/
Ostfriesl. 10.8.95). Roman. **Ue:** E, F, S.
V: Foelke Kampana, R.-Epos 43, 66;
Forsetesland, R. 50.
H: Jann Berghaus erzählt, Lebens-
erinn. 67.
Ue: Walter Scott: Kenilworth, R. 28,
Die Braut von Lammermoor, R. 28;
Balzac: Vater Goriot, R. 28, Eugénie
Grandet, R. 28, Oberst Chabert, R. 28,
Die Frau von dreißig Jahren, R. 28;
Avila: Hymne ohne Vaterland 53. ( )

Meyer-Bothling, Erika; Himmelsstieg
15, D-3400 Göttingen.
V: Sanduhr, G. 77. ( )

Meyer-Clason, Curt, freier Schrift-
steller u. Übersetzer; VS M. 70, PEN-
Zentrum BRD; Goldmed. Machado de
Assis, Offizier d. Cruzeiro do Sul 65,
Bundesverdienstkreuz 1. Klasse; Korr.
Mitgl. Acad. Brasileira de Letras, Rio de
Janeiro; Lucile-Grahnstr. 48/8, D-8000
München 80, Tel. (089) 472931
(Ludwigsburg 19.9.10). Essay, Erzählung,
Hörspiel. **Ue:** E, F, Port, S, I.
V: Erstens die Freihheit, Tageb. e.
Reise durch Argentinien u. Brasilien 78;
Portugiesische Tagebücher 79.
H: u. **Ue:** Die Reiher u.a. bras. Erzn.
67; Der schwarze Sturm u.a. arg. Erzn.
69; Der Gott und der Seefahrer u.a. port.
Erzn. 72; Carlos Drummond de Andrade:
Poesie 65; João Cabral de Melo Neto:
Ausgew. G. 69, Der Hund ohne Federn,
G. 70; Robert Lowell: Für die Toten der
Union, G. 69; Meistererzählungen des
Machado de Assis 64; Brasilianische
Poesie des 20. Jahrh. 75; Gabriel García
Márquez: Das Leichenbegräbnis der
Grossen Mama, Erzn. 74.
R: Das Morgengrauen, Fsf. 64; Jorge
Luis Borges in Buenos Aires, Fsf. 79.
Ue: João Grimarães Rosa: Grande
Sertão 64, Corps de Ballet 66; Das dritte
Ufer des Flusses 68; Jorge Amado: Die
Abenteuer des Kapitäns Vasco Moscoso
64, Die drei Tode des Jochen Wasser-
brüller 64, Nächte in Bahia 65, Dona
Flor und ihre zwei Ehemänner 68;
Adonias Filho: Corpo Vivo 66, Das Fort
69; Gerardo Mello Mourão: Pikbube 63;
Clarice Lispector: Der Apfel im Dunkeln
64, Nachahmung der Rose 66; Antonio
Di Benedetto: Stille 68; H. A. Murena:
Gesetze der Nacht 68; Gabriel García
Márquez: Hundert Jahre Einsamkeit 70;
Marco Denevi: Rosaura kam um zehn
61; Sean Hignett: Liverpool 8 68; Henry
Roth: Nenne es Schlaf 70; Brendan
Behan: Borstal Boy 63; Vladimir
Nabokov: Pnin, Puin 60; Alphonse
Boudard: Die Metamorphose der Keller-
asseln 66; Garrett Mattingly: Die
Armada 60; Jorge Luis Borges: Lob des
Schattens 71; David Brodies Bericht 72;
Augusto Roa Bastos: Menschensohn 62;
Eça de Queirós: Stadt und Gebirg 60;
Fernando Namora: Spreu und Weizen
63; Almeida Faria: Passionstag 68; José
Cardoso Pires: Der Dauphin 72; Elie
Wiesel: Die Nacht zu begraben Elischa
62, Gezeiten des Schweigens 64; Die
Pforten des Waldes 66; Alberto Moravia:
Indienreise 63; Pablo Neruda: Ich
bekenne ich habe gelebt 74; Liebes-
briefe an Albertina Rosa 75; João Cabral
de Melo Neto: Tod und Leben des

Severino, G. 75; Gabriel García
Márquez: Laubsturm, R. 75; Der Oberst
hat niemand der ihm schreibt, R. 76;
Juan Carlos Onetti: Die Werft, R. 76;
José Lezama Lima: Paradiso, R. 77;
Juan Carlos Onetti: Das kurze Leben, R.
78; Gabriel García Márquez: Die böse
Stunde, R. 79, Die Nacht der Rohr-
dommeln, Erz. 80, Chronik eines ange-
kündigten Todes, R. 81, Bericht eines
Schiffbrüchigen, Erz. 82, Augen eines
blauen Hundes, Erz. 82; Rubén Darío:
Gedichte 83, Port.: João Ubaldo Ribeiro:
Sergeant Getúlio, R. 83; Ignácio Loyola
Brandão: Null, R. 79; Machado de Assis:
Der Irrenarzt, N. 79, José Cândido de
Carvalho, R. 79; João Guimarães Rosa:
Mein Onkel der Jaguar, N. 81, Sagarana,
R. 82; Mário de Andrade: Macunaíma, R.
82; Carlos Drummond de Andrade: Neue
Gedichte 82; Clarice Lispector: Die
Nachahmung der Rose, Neue Erzn. 82;
In Jahresring 82/83: Im Mittelpunkt
Portugal 82.

Meyer-Hermann, Ernst *

Meyer-Marwitz, Bernhard, Verleger,
Publizist; Hallerstr. 1a, D-2000
Hamburg 13, Tel. (040) 442900 (24.6.13).
Roman, Feuilleton, Sachbücher, Film.
V: Zwischen zwei Ufern, R. 36; Das
niederdeutsche Bühnenspiel der Gegen-
wart 39; Brücke ins Leben, Erz. 40; Ebbo
und das Abenteuer, R. 41; Die letzte
Geschichte der "Margret Holm",
Erz. 43; Die Straße der Jugend, Erzn. 46;
Wolfgang Borchert, Biogr. 49; 50 Jahre
Richard-Ohnsorg-Theater, Chronik 52;
Weltstadt Hamburg 54; Hamburg 1945
bis 1955 55; Hamburgs Weg zum Welt-
hafen, Monogr. 60; Flughafen Hamburg-
Fuhlsbüttel 62; Hamburger 63; Großer
Hamburg-Spiegel 79; Das Hamburg-
Buch 81. — **MV:** Kl. Hamburg-Spiegel 63
— 77.
H: Hamburg, Heimat am Strom 46;
Norddeutsche Originale 46; Männer,
Schiffe, Meere 47; Geliebter Strom 49;
Wolfgang Borchert: Das Gesamtwerk 49;
So lebt, so lacht man an Alster
und Elbe, Anth. 56; Merkur, Neptun und
Hammonia, Anth. 62. — **MH:** Unter
Hamburgs Türmen 49.
F: Indien 52; Geheimnisse am Rio
Purus 54; Hamburg - Hafen ohne Feier-
abend 67. ( )

Meyer-Quast, Else, Hausfrau;
Heisterbacher Str. 242a, D-5330
Königswinter 1/Oberdollendorf, Tel.
(02223) 24323 (Koblenz 22.2.32).

V: Durchblick, Sachb. 77; Selten soviel
Schwein gehabt, Kd.-Jgdb. 81; Eltern im
Drogenproblem, Sachb. 83.
MA: Brennpunkte der Bildungs- und
Erziehungsberatung in der Schule 81.

Meyer-Runge, Elisabeth, Hausfrau;
Schriftsteller in Schlesw.-Holst. u.
Eutiner Kreis 77, Hamburger Autoren-
verein. 79; Freudenthal-Pr. 78,
Hamburger Lit.pr. f. Kurzprosa 82,
Lyr.pr. AWMM lux. 83 abgelehnt; Nddt.
Autoren u. Wiss.-Tagung Bevensen Tag.
e.V. 74, 1. Vorsitz. 77-80; Oelixdorfer Str.
103, D-2210 Itzehoe, Tel. (04821) 92256
(Kiel 21.4.29). Drama, Lyrik, Kurzprosa,
Hörspiel, sowie niederdt. u. hochdt.
kurze Geschichten u. Betrachtungen f.
Ztgn. u. Zss.
V: Dem Traum vom Menschen
nachgegangen, Lyr. 79; Einsichtig, G. 79;
In diesem Land, G. 80; Wenn Kassandra
wiederkehrte, G. 81.
MA: Mauern 78; Festschr. Hermann
Claudius 78; Galerie-Edition Xylos 79,
81; Edition Leu 80, 81; 5th World
Congress San Francisco 81; Heimat-
bewußtsein 81; Gauke Jb. 82, 83; Sieg-
burger Pegasus 82; Wilhelm Lehmann
1882-1982, Bemerkungen einer heutigen
Lyrikerin, Die Heimat 5 82.
R: Besöök in't Huus 72; Leev dör'm
Draht 75; Levwnshölp 78, alles nddt.
Hsp.
Lit: Laudatio in: Freudenthal-Ges.:
Preisträger d. Jahre 1969 — 1978;
Fernand Hoffmann: Elisabeth Meyer-
Runge: Auf keinen Fall zwischen zwei
Stühlen: in Quickborn 2 82.

Meyer-Wehlack, Benno,
Schriftsteller; VS 56; Hsp.pr. d. Kriegs-
blinden 57, Fördergabe d. Schiller-
Gedächtnispr. 59; Mommsenstr. 56, D-
1000 Berlin 12, Tel. (030) 3245955 (Stettin
17.1.28). Kurzgeschichte, Hörspiel,
Fernsehspiel.
V: Die Versuchung, 2 Hsp. 58; Zwei
Hörszenen 58; Modderkrebse. Stück üb.
e. Bau 71; Die Sonne des fremden
Himmels, Ihre Pauline Golisch, 2 Hsp.
78; Pflastermusik, Erz. 82.
R: Nachbarskinder; Stück für Stück;
Randbezirk; Im Kreis; Ein Vogel bin ich
nicht; Herlemanns Traum; Artur, Peter
und der Eskimo; Ulla oder die Flucht;
Regina, alles Fsp.; Kreidestriche ins
Ungewisse; Die Grenze; Das Goldene
Rad; Die Versuchung; Der Aufbruch;
Neun Monate; In diesem Augenblick;
Das Bild; Die Sonne des fremden

Himmels; Der Johannisbrotbaum; Jörg
Ratgeb; Die Frau in Blau, alles Hsp.
Lit: Heinz Schwitzke: Das Hörspiel 63,
Reclams Hörspielführer 69. ( )

Meyers, Antonia *

Meylan, Elisabeth, Dr. phil.; Gruppe
Olten 73; Werkauftr. d. Stift. Pro
Helvetia 73, Werkjahr d. Stadt Zürich 75,
Pr. d. Schweiz. Schillerstift. 76; 2, rue
Saint Laurent, CH-1207 Genf, Tel. (022)
357037 (Basel 14.6.37). Lyrik, Roman,
Novelle.
V: Räume, unmöbliert, Erzn. 72;
Entwurf zu einer Ebene, G. 73; Die
Dauer der Fassaden, R. 75 (polnisch 79);
Im Verlauf eines einzigen Tage, G. 78.
Lit: Elisabeth Pulver: Leben als
Zuschauen. Zu Elisabeth Meylan
(Schweizer Mhefte 4) 76. ( )

Meyner, Ernst, Handelsschullehrer,
Redaktor, Journalist; Hulfteggstr. 23,
CH-8400 Winterthur, Tel. (052) 295654
(Winterthur 18.2.37). Lyrik.
V: Aus Staub und Zeit, G. u. Grafiken
72; Unterwegs, G. 80.

Michael, D., s. Rosenbach, Detlev.

Michael, Friedrich, Dr. phil.; P.E.N.;
Parkstr. 8, D-6200 Wiesbaden, Tel.
(06121) 379862 (Ilmenau 30.10.92).
V: Die Anfänge der Theaterkritik in
Deutschland 18; Deutsches Theater 23;
Attentat, Erz. 29; Die gut empfohlene
Frau, R. 32; Flucht nach Madras, R. 34;
Kleine Reise nach England, Ess. 37;
Freunde in der Schweiz, Ess. 39; Blume
im All, G. 40; Silvia und die Freier, R. 42;
Der blaue Strohhut, Lsp. 42; Große Welt,
Kom. 43; Ausflug mit Damen, Kom. 44;
In kleinstem Kreis, Erz. 47; Welt-
literatur, Ess. 52; Dank ans Theater, Ess.
52; So müßte man sein, Lsp. 61;
Wiesbadener Nebenstunden, Ess. 62;
Von der Gelassenheit, Ess. 65;
Erinnerungen an Anton Kippenberg 66;
Gastliches Haus, Ess. u. Erinn. 67;
Geschichte des deutschen Theaters 69;
Causerien am Kochbrunnen, Ess. 72; So
ernst wie heiter, Ess. u. Erinn. 83; Der
Leser als Entdecker, Ess. 83. − **MV:** Das
deutsche Drama, m. Robert F. Arnold
u.a. 25.
H: Wustmann: Als der Großvater die
Großmutter nahm 22; Hölderlin: Werke
23; H. von Kleist: Werke 26, Briefe 27; H.
Heine: Tragödien, Reisebilder, Prosa-
dichtungen 29; Jahrhundertmitte, dt. G.
d. Gegenw. 55.

Michael, Manfred, s. Winterfeld,
Henry.

Michael, Martin, s. Zettner, Andreas.

Michaelsen, Hermann W., Pensionär;
Traversa Lo Pozzo 14, I-80071 Anacapri/
Isola di Capri, Tel. 8371752 (Hamburg
27.3.07). **Ue:** E, H.
Ue: Ammers-Küller: Tapfere kleine
Helga 32, Karin und Lilo 32; Coolen: Das
Dorf am Fluß 36; Nauwelaerts:
Petroleum Macht der Erde 36; Rustam
Khan Urf: Tagebuch eines Sklaven 38;
Corsari: Heimkehr zu Thera 38; Van der
Geest: Margareet 38; Boudier-Bakker:
Das Spiegelchen 39; Roothaert: Dr.
Vlimmen 40, Die Wendeltreppe 50;
Dallin: Das wirkliche Sowjet-Rußland
48; Upton Sinclair: Co - Op 48; Martin:
Alles auf eine Karte 54 ; Swanenburg:
Der Kunstführer 55; David Howarth:
Einer, der nicht sterben wollte 59.

Michal, Karel, s. Buksa, Pavel.

von Michalewsky, Nikolai (Ps. Victor
Karelin), freier Schriftsteller, Regisseur;
Dorfstr., D-2351 Bissee/Post Brügge, Tel.
(04322) 1357 (Dahlewitz, Krs. Teltow
17.1.31). Roman, Kurzgeschichte,
Jugendbuch, Hörspiel, Dokumentarfilm.
Ue: R.
V: Der Dynamitfahrer von Algier,
Jgdr. 58; Heiße Erde Kenia, Jgdr. 58;
Allahs verlorene Söhne, Jgdr. 59; Mann
am Volant, Jgdr. 60; Ruhm der
Sterblichen, R. 60; ... und alle gingen
vorüber, Jgdr. 61; Vieler Männer
Tränen, R. 61; Der Mann aus einem
anderen Land, Jgdr. 62; Das Kreuz der
Verlorenen, R. 62; Hölle auf See, Jgdr.
63; Fackeln in der Nacht, Jgdr. 63;
Hasard um eine Seele, R. 64; Duell auf
sizilianisch, R. 64; Das Wrack in der
Tiefe, Jgdr. 64; MS Josephine ruft
Nordwind, Jgdr. 64; Hetzjagd im
Atlantik, R. 65; Das Geheimnis der
Santa Lucia, Jgdr. 66; Das letzte Schiff,
Jgdr. 66; Harte Grenze, R. 66; Adieu
Sonne, R. 67; ... und niemals verzweifeln,
Jgdr. 67; Banditenehre, Jgdr. 67; Feuer-
salamander, Jgdr. 68; Korallenjäger,
Jgdr. 71; Aufstand der Matrosen, Jgdb.
72; Das letzte Schiff, Jgdb. 73; Schatz-
taucher, Jgdb. 74; Wintersturm ... in
Böen 13, Jgdb. 75; Der längste Marsch,
Jgdb. 76; Tödliche Bergung, Jgdb. 77;
Keine Spuren im Sand, R. 78; Damals in
Budapest, Jgdb. 82. − **MV:** Als die
Sterne fielen 65.
MA: Schriftsteller erzählen aus aller
Welt 73.
F: Zahlr. Dok.filme üb. Seefahrt u.
Fischerei.
R: Zahlr. Sendungen.
Ue: G. P. Danilewsky: Brennendes
Moskau 58.

Micharelli, Leni, s. Wüst, Leni.

Michel, Detlef, Dr.phil., Schriftsteller; VS 73; Kantstr. 125, D-1000 Berlin 12, Tel. (030) 3121431 (Türkheim 26.5.44). Drama, Essay, Film.

MV: Das hältste ja im Kopf nicht aus 77; Die schönste Zeit im Leben 79; Eine linke Geschichte 80; Alles Plastik 82, alle m. V. Ludwig.

R: Der unanständige Profit 77; Ein fliegender Berg 81; Ein kurzes Leben lang 82, alles Fsp.

Michel, Markus, Schriftsteller; Gruppe Olten 75; Dramenausschreib. d. Stadttheaters St.Gallen: Hälfte d. 1. Pr. f. "Tanz der Krähen" 80, Prix Suisse, Schweiz. Radio-Pr. f. d. Hsp. "Jean und die Andern" 81; Chutzenstr. 27, CH-3007 Bern, Tel. (031) 460027 (Liebefeld/Bern 18.9.50). Drama, Hörspiel, Kurzgeschichten, Roman, Lyrik.

V: Abgestürzt, Erzn. 72.

R: Am Strassenrand abgelegte Träume 77/78; Immer nur lächeln 79; Das grosse Haus 80; Aus den Eingängen schauen Köpfe von Schäferhunden 80; Jean und die Andern 81; Hilde Brienz 82; Die Büglerin 83.

Michel, Peter, s. Seydewitz, Max.

Michell, Jan, s. Geiger, Erich.

Michels, Peter *

Michels, Tilde, Schriftstellerin; VS 70; Friedrich-Bödeckerkreis 73; Weizenfeldstr. 3, D-8000 München 40, Tel. (089) 3612536 (Frankfurt/M. 3.2.20). Kinderbücher, Hörspiele. **Ue:** E, F.

V: Karlines Ente, Bilderb. 60, 75 (auch engl., span.); Ohne Mumba geht es nicht, Bilderb. 61; Mit Herrn Lämmlein ist was los, Erz. 61, 72 (auch japan.); Ein Zirkuspferd für Isabell, Bilderb. 63; Die Jagd nach dem Zauberglas, Sch. 64, Erz. 66, m. n. T.: Gerris Freunde als Detektive 80; Versteck in den Bergen, Erz. 66, 78; Die Storchenmühle, Bilderb. 66; Neun Zahlen suchen die Null, Bilderb. 67; Die Jonaskinder, Erz. 67; Ferien mit den Jonaskindern, Erz. 68; Pitt auf der Rakete, Erz. 68; Kleiner König Kalle Wirsch, Erz. 69, 76; Ein Traum - ein Traum, Bilderb. 70; Von zwei bis vier auf Sumatra, Erz. 71; Anja unterm Regenbogen, Erz. 71, 76; Ich und der Garraga, Erz. 72; Wenn d. Bärenkinder groß sind, Bilderb. 73 (auch franz., norweg., holl.); Das alles ist Weihnachten, Erz. u. Sachg. 74; Xandi und das Ungeheuer, Bilderb. 74, 84 (auch engl., franz.); Sieben suchen sieben Sachen, Bilderb. 74; Gespenster zu kaufen

gesucht. Erz. 75; Kalle Wirsch und d. Wilden Utze, Erz. 75 (auch holl.); Gustav Bär erzählt Gute-Nacht-Geschichten 80; Als Gustav Bär klein war 81; Hereinspaziert, Bilderb. 82; Frühlingszeit Osterzeit 83; Gustav Bär auf Wanderschaft 83; Geschwistergeschichten 83; So war der Ritter Eisenkorn 84. —

MV: Das verhexte Federkissen, Bilderb. 76; Die Sonne, der Wind und der Mann im roten Mantel, Bilderb. 76; Gockelhahn und Wasserhahn, Bilderb. 77.

R: Kleiner König Kalle Wirsch, Fsp.; Die Jagd nach dem Zauberglas, Hsp.; Ich und der Garraga, Fsp.

S: Kleiner König Kalle Wirsch 70; Kalle Wirsch und die Wilden Utze 74; Kalle Wirsch und die Uralte Meerfrau 75; Das alles ist Weihnachten 79.

Ue: Tomi Ungerer: Die drei Räuber 61, 63; Beatrice Schenk de Regniers: Pasteten im Schnee 61; Edward Ardizzone: Johnny der Uhrmacher 61; E. Luzzati: Ali Baba und die vierzig Räuber 70; St. Kellog: Martin wünscht sich einen Freund, Bilderb. 73; Abenteuer mit dem Schwarzen Büffel, erz. Sachb. 78.

Lit: Lex. d. Kinder- u. Jugendlit.; Das gute Jugendb. 4 78.

Michelsberg, Hans, s. Stephani, Claus.

Micic, Marina, s. Raether, Marina.

Mickel, Karl, Dipl.-Wirtschaftler; Heinrich-Mann-Pr. d. Akad. d. Künste d. DDR 78; Karl-Liebknecht-Str. 9C 08/06, DDR-1020 Berlin (Dresden 12.8.35). Dramatik, Lyrik, Essay, Prosa. **Ue:** R.

V: Die Einverstandenen 60; Lobverse und Beschimpfungen, G. 63; Vita nova mea, G. 66, 67; Nausikaa 68; Einstein 74; Eisenzeit, G. 75, 2. Aufl. 77; Die Gelehrtenrepublik 76; Odysseus in Ithaka, G. 76; Karl Mickel (Poesiealbum 161) 81.

MH: In diesem bessern Land, m. Adolf Endler, G. 66. ( )

Micovich, Jo, s. Mitzkéwitz, Jo.

Middell, Eike, Dr. phil.; Str. 50 Nr. 5 B, DDR-1199 Berlin (Königsberg 27.3.37).

V: Thomas Mann. Einführung in Leben und Werk 65, 3. Aufl. 75; Hermann Hesse. Bilderwelt seines Lebens, Biogr. 72, 4. Aufl. 82; Friedrich Schiller. Leben u. Werk 80.

H: F. Schlegel: Lucinde. F. Schleiermacher: Vertraute Briefe über Schlegels Lucinde 70; Th. Mann: Dt. Hörer 71; F. Schiller: Gedichte 72; F. Grillparzer: Der arme Spielmann. Das Kloster bei Sendomir 72; E. Waugh: Tod in

Hollywood 73. — **MH:** Faust. Eine
Anthologie, m. H. Henning 67. ( )

Midos, s. Dosch, Michael.

Miehe, Ulf, Lektor, Schriftsteller,
Regisseur; VS 65, P.E.N. 74; Literatur-
förderungspr. d. Bayer. Akad. d.
Schönen Künste 73, Bundesfilmpr. 75,
D-8024 Kreuzpullach Nr. 5, Tel. (089)
6133273 (Wusterhausen/Dosse 11.5.40).
Lyrik, Erzählung, Roman, Drehbuch,
Liedtext. **Ue: E.**
V: Die Zeit in W und anderswo, Erzn.
68; Ich hab noch einen Toten in Berlin,
R. 73, 81 (auch schwed., ital., engl., span.,
holl., türk., am., finn., dän.); Puma, R. 76,
82 (auch am., engl., holl., port.); Lilli
Berlin, R. 81, 83.
H: Thema Frieden. Zeitgen. dt. G.
67. — **MH:** Panorama moderner Lyrik
deutschsprechender Länder von der
Jahrhundertwende bis zur jüngsten
Gegenwart, m. Wolfgang Hädecke 66.
F: Joker 70; John Glückstadt 75; So
hat jeder seine Freiheit 79; Nichts
Neues unter der Sonne, m. Klaus
Richter 80. - **MV:** Jaider. Der einsame
Jäger 71; Die Jaider-gang trifft Doc
Holliday 71; Verflucht, dies Amerika 73,
alle m. Volker Vogeler.
R: Einmal ist keinmal, Fsp. 83.
S: Complicated Ladies, Schallpl.: 3
Liedtexte: Radio on, Einmal nur, Ver-
gessenes Lachen 82.

Mielke, Franz (Ps. Franz Fabian);
SDA 50, SV-DDR 53; Dt. Schiller-Ges. 54,
Hölderlin-Ges. 55; Am Stinthorn 29,
DDR-1501 Neufahrland üb. Potsdam
(Arnswalde 17.2.22). Roman, Novelle,
Film, Essay. **Ue: E.**
V: Der Rat der Götter, R. 50 (auch
poln., slow., tschech., ung., jap., chin.,
franz.); Feder und Degen - Carl von
Clausewitz und seine Zeit 54 (auch
russ.) u.d.T.: Clausewitz - Leben und
Werk 57; Im Lande des Marabu, Erz. 56,
65 (auch ung., russ., armen.); Heute noch
wirst Du sterben, Krim.-R. 59; Die
Schlacht von Monmouth — F. W. v.
Steuben in Amerika, Biogr. 61, 75;
Potsdam — Gesicht und Geschichte
einer Stadt, Monogr. 66; Modernes
Spinnangeln, Monogr. 69, 77; Land an
der Havel, Rep. 72; Schriftsteller des
Bezirkes Potsdam, Bibliogr. 74; Solange
mein Herz schlägt, Erz. 79. — **MV:** Vom
Inselsberg zum Achterwasser, Rep. 74;
Farbige Impressionen aus der
Deutschen Demokratischen Republik,
Monogr. 74; Fünf geben Auskunft,
Lit.Portr. 76.

H: Das verlorene Gewissen, Krim.-
Erz. d. Weltlit. 53, 59; Stärker als das
Leben, Liebesgeschn. d. 19. u. 20. Jh. 54,
60; Der erste Schuß u.a. Geschn. amer.
Erzähler 54; Der Atem des Meeres,
Geschn. 55, 60; Tier-Geschichten,
Märchen, Fabeln und Gedichte aus der
deutschen Literatur 55, 65; Schiller in
unserer Zeit 55; Der Vampyr von Sussex
u.a. unheimliche Geschichten 57, 58; Die
Königin von Persien u.a. Berliner
Geschichten 58; Das reelle Unter-
nehmen u.a. heitere Geschichten 59; Die
Sonntagspredigt u.a. Geschn. 61; Der
Räuberkater u.a. Katzengeschn. 66;
Tiergeschichten aus anderen Ländern
67; Meine Landschaft - Prosa und Lyrik
75; Diese Welt muß unser sein, Lit.
Portr. 75.
F: Kennen Sie Rheinsberg? 77.
Ue: David Martin: Die Steine von
Bombay, R. 54; Mark Twain: Tom
Sawyer, der Detektiv, Erz. 55, 66, Tom
Sawyer im Ausland 60, 66.

Mielke, Hans, Rektor; Wendlandzeile
12, D-1000 Berlin 41, Tel. (030) 8551179
(Berlin 22.8.20). Roman, Novelle,
Schauspiel, Laienspiel, Jugendbuch.
V: Der Schloßvogt und die fünf Jahr-
hunderte, R. 55; Das Ewige Gleichnis,
Sch. 55; Das Lied des Helios, N. 56; Sie
haben kein Dach, Laienspiel 58; Wege,
Straßen, Autobahnen, Jgdb. 61. ( )

Mielke, Thomas R.P.,
Werbefachmann; World SF - The Intern.
Science Fiction Association of
Professionals; Am Sandwerder 8 B, D-
1000 Berlin 39, Tel. (030) 8037308
(Detmold 12.3.40). Roman.
V: Grand Orientale 3001, SF 80; Der
Pflanzen Heiland, SF 81; Das
Sakriversum, SF 83.

Mierau, Fritz (Ps. Boris Tscherski);
P.E.N.-Zentr. d. DDR (Breslau 15.5.34).
V: Revolution und Lyrik 72; Konzepte,
zur Herausgabe sowjet. Literatur 79;
Leben und Schriften des Franz Jung
80. — **MV:** Russische sowjetische
Literatur im Überblick 70.
MA: Zahlr. Nachworte; Geschichte
der russischen Sowjetliteratur 73.
H: W. Majakowski: Vorwärts die Zeit!
64; S. Jessenin: Gedichte 65; Mitter-
nachtstrolleybus. Neue sowj. Lyrik 65;
Maxim Gorki 66; I. Babel: Die Reiterarmee, M. Dok. u. Aufs. 68, Ein Abend
bei der Kaiserin 69; A. Blok: Schnee-
gesicht 70; Sprache und Stil Lenins 70;
Links! Links! Links! E. Chronik in Vers
u. Plakat 1917 — 1921 70; I. Babel: Werke
in zwei Bänden 73; Frühe sowjetische

Prosa 78 II. — **MH:** Sternenflug und Apfelblüte, Russ. Lyrik v. 1917 bis 1962 63; Franz Jung: Werke I, Feinde ringsum 80.

Ue: W. Sacharow: Aufstand in Manthausen 62; A. Puschkin: Aufsätze und Tagebücher 65, Briefe 65, Kleine Tragödien 72; I. Babel: Maria 67, Sonnenuntergang 67; Links! Links! Links! E. Chronik in Vers u. Plakat 1917 — 1921 70. ( )

Mierisch, Helene; Grahamstr. 16, D-6900 Heidelberg, Tel. (06221) 480967 (Einsiedel 25.12.96). Erlebnisbuch.
V: Kamerad Schwester, Kriegstageb. 1914 — 1918 34; Ein Griff ins Leben, Erlebnisb. 53; Ärzte, Schwestern und Soldaten. Erlebtes aus zwei Weltkriegen 57.

Miersch, Alfred; VS 81; Kulturpreis Wuppertaler Bürger 81; Klingelholl 53, D-5600 Wuppertal 2, Tel. (0202) 511089 (Köln-Nippes 15.12.51). Lyrik, Prosa, Dialoge.
V: Lauter Helden, G. 81.
S: Lauter Helden, Tonkass. 81.

Miersch geb. Hoppe, Waldtraut (Ps. Waldtraut Miersch-Hoppe); Dammstr. 12, D-3510 Hann. Münden 1, Tel. (05541) 8984 (Hann. Münden 15.7.21). Lyrik.
V: u.H: Vorwiegend Besinnliches, G. 73; Sensible Gedanken, G. u. Aphor. 78; Gelebtes Leben, G. u. Aphor. 80.

Miersch-Hoppe, Waldtraut, s. Miersch, Waldtraut.

Miess, Eva (Ps. Eva Lubinger), Schriftsteller, Journalist, Hausfrau; Kunstförderungspr. d. Stadt Innsbruck f. Lyr. 63, f. Dramatik 70; Lindenbühelweg 16, A-6020 Innsbruck, Tel. (05222) 812734 (Steyr 3.2.30). Lyrik, Roman, Novelle, Essay, Hörspiel.
V: Paradies m. kleinen Fehlern, e. heit. Familienchronik 75; Gespenster in Sir Edwards Haus, R. 75; Verlieb dich nicht in Marc Aurel, e. ital. Reise 76; Ein Körnchen Salz, zwei Löffel Liebe, Ess. 79; Paradies, bewölkt bis heiter, R. 80; Pflücke den Wind, G. 82; Der Hund, der Nonnen frißt, Nn. 83.
R: Tamar 79; Der Sessel der Contessa 82.

Miethke, Helmuth *

Migdal geb. Wittenberg, Ulrike, Dr., Dozentin; Frauenlobstr. 48, D-4630 Bochum 4, Tel. (0234) 852443 (Herford 10.6.48). Drama, Lyrik, Kurzgeschichte, Essay. **Ue:** E.
V: Gezeiten des Atems, Lyr. 80. —
MV: Nicht mit den Wölfen heulen, Ein

lit. Bilderb., Lyr. 79; Sie schreiben in Bochum, Lyr. 80.
S: Chopin 75. ( )

Mihaly, Jo (Ps. f. Elfriede Steckel); ISDS 45; Ehrengaben d. Stadt Zürich 48, 58, 60, Ehrengabe der Stadt Ascona 80; Freie dt. Kulturges. Ffm. 45 — 49, Kulturdezernat d. Stadt Ffm. 45 — 46; Via Baraggie 11, CH-6612 Ascona, Tel. (093) 354306 (Schneidemühl 25.4.02). Roman, Lyrik, Novelle, Schauspiel, Hörspiel.
V: Ballade vom Elend, G. 29; Kasperltheater u.a. Geschn. 29; Michael Arpad und sein Kind, Jgd.-R. 30, 49; Hüter des Bruders, R. 38 (auch holl., schwed., dän., tschech., poln.), u.d.T.: Gesucht — Stepan Varesku, R. 71; Die Steine, R. 46; Das Leben ist hart, Nn. 54; Der weiße Zug, Tier-N. 57; Weihnachten auf der Hallig, Kurz-Gesch. 57; Bedenke Mensch, Epos 58; Eine Handvoll Vertrauen, Sch. 59; Von Tier und Mensch, Anth.; Was die alte Anna Petrowna erzählt, N. 70; Gib mir noch Zeit zu lieben, N. 70; Der verzauberte Hase, N. 71; Vierzig Soldaten, R. 71; Ein Tagebuch auf grobem Papier 71; Der genagelte Weihnachtsbaum 72; Stellt ihn in die Ecke! 73, alles R.; ... da gibts ein Wiedersehen ... 82. — **MV:** Wir verstummen nicht!, G. m. Stephan Hermlin u. Laisar Aychenrand 45.
R: Novellen, Dichterlesung; Ein unansehnlicher kleiner Herr.
Lit: W. Mittenzwei: Exil in der Schweiz.

Miksch, Hans, c/o Roetzer-Verl., Eisenstadt, Öst.
V: Pannonische Geschichten 82. ( )

Miksch, Willy, Pensionist; ÖSV 55; Silb. Ehrenz. d. Stadt Wien 79, Josef Luitpold-Stern-Pr. 82; Unterfeldweg 53, A-1226 Wien, Tel. (0222) 2247132 (Wien 26.2.04). Lyrik, Jugendbuch, Spiel.
V: Von euch vielen bin ich einer, G. 37; Einst und jetzt 49; Fahr mit 51; Österreichische Erfinder und Entdecker 56; Vertraut mit Schloten, Werken und Maschinen, G. 64.
MA: Österreich, schöpferisch, schaffend, feiernd 52; Das große Abenteuer; Wie es wirklich war; Die Jugend berühmter Männer und Frauen 61.
R: Der Alltag singt, Hsp. 36; Den Toten der Arbeit, Hsp. 37.

Mikura, Gertrud (Ps. Vera Ferra-Mikura); Ö.S.V. 45, J. u. S.V. Concordia; Förderungspreis d. Stadt Wien 51, Lyr.-

Preis d. Zs. "Neue Wege" 51,
Förderungspreis d. Theodor-Körner-
Stift. 56, Jgdb.-Preis d. Stadt Wien 56,
Österr. Staatspreis f. Kleinkinderbücher
u. Kinderbuchpreis d. Stadt Wien 62, 63
u. 64; Geblergasse 44/15/16, A-1170 Wien
(Wien 14.2.23). Lyrik, Roman, Jugend- u.
Kinderbuch, Kurzgeschichte, Hörspiel.
V: Der Märchenwebstuhl, M. 46, 57;
Der Käferspiegel, Kinder-Verse 47, 48;
Die Sackgasse, R. 48; Melodie am
Morgen, G. 48; Riki, Mädelb. 51, 55;
Bürgermeister Petersil, Kinderb. 52;
Kinder von Rabenberg, Kinderb. 53;
Wien - Gansdorf 40 km, Kinderb. 54; Der
Teppich der schönen Träume, Kinderb.
55; Zaubermeister Opequeh, Kinderb.
56; Der seltsame Herr Sauerampfer,
Kinderb. 57; Willi Einhorn auf fremden
Straßen, Kinderb. 58; Die Lektion, N. 59;
Die gute Familie Stengel, Kinderb. 59;
Meine Freundin Rosine, Mädchenb. 61;
12 Leute sind kein Dutzend 62; Zeit ist
mit Uhren nicht meßbar, Lyrik 62;
Peppi und die doppelte Welt 63; Der alte
und der junge und der kleine Stanislaus
62; Unsere drei Stanisläuse 63; Besuch
bei den drei Stanisläusen 64; Lustig
singt die Regentonne 64; Das Luftschloß
des Herrn Wuschelkopf 65; Der nette
König Mandolin 65; Die Mäuse der drei
Stanisläuse 65; Tante Rübchen zieht um
66; Gute Fahrt, Herr Pfefferkorn! 67;
Opa Heidelbeer gähnt nicht mehr 68;
Lieber Freund Tulli 69; Valentin pfeift
auf dem Grashalm 70; Plusterflaum
erlebt etwas 70; Literarische Luft-
nummer, Kurzgeschn. 70; Ein Vormittag
mit Trallala 71; Sigismund hat einen
Zaun 73; Mein lieber Teddy 74, alles
Kinderb.; Meine Kuh trägt himmelblaue
Socken, G. f. Kinder 75; Und
übermorgen bin ich 13, Erzn. 77; Simon
und Sabine von der Burgruine,
Liliputanerbuch 78; Mein grüngestreif-
tes Geisterbuch, Kdb. 80; Die Oma gibt
dem Meer die Hand, Kdb. 82; Horoskop
für den Löwen, Kurzgesch. 82.
MA: Tür an Tür, Anth.; Stimmen der
Gegenwart, Anth.; Ernstes kleines Lesebuch, Anth.

Milberts, Jürgen, s. Winkler, Hans-
Jürgen.

Mildenberger, Wolfgang Ernst, Dr.
phil., Gymnasiallehrer; SSV 72, ZSV 73,
FDA 82; Literar. Anerkennungsgabe
Stadt Zürich 76; Präs. Literarischer
Club Zürich seit 74; Wieslacher 9, CH-
8053 Zürich, Tel. (01) 535744 (Freiburg
i.Br. 14.1.23). Drama, Lyrik, Roman,
Novelle, Hörspiel.

V: Der Hauptmann vom Wald, R. 54;
Drei Fetzen blauer Himmel, R. 76;
Ungereimtes gereimt, satir. G;
Herrscher im härenen Hemd (Heinrich
IV.), R. 83.
R: Ein Besucher, der hinkt; Der Halb-
gott; Weh dem, der nicht lügt; Nacht-
manöver in Las Delmas; Schäfchen-
wolken, alles Hsp.

Mildner, Theodor (Ps. Martin Minor
Thener), Schriftsteller; Canadastr. 5, D-
8221 Traunwalchen-Hörzing, Tel. (08669)
6420 (Frankfurt/M. 14.7.02). Roman,
Novelle, Kurzgeschichte, kultur- u.
medizinhist. Studien.
V: Peter Miles. Die Geschichte eines
tapferen Lebens, R. 39; Jost Drubeck.
Die Geschichte eines unsteten Lebens,
R. 52; Die höhere Macht, 7 Erzn. 53; Die
Liebe der Agnes von Koenen, N. 54; Das
gewisse Etwas 55; Chirurgie und Wund-
behandlung vor Troja 58; De abortu in
Cogitatione (Abtreibung) 58; Vitrum est
fortuna 59; Vom Armenhospital zum
Krankenhaus 60; Soranus, der große
Frauenarzt des Altertums 60; De
sectione caesarea (Kaiserschnitt) 62; De
infantis curatione (Kinderernährung)
64; Curatio corporis 65; Causa minima -
effecta maxima 66; Beständigkeit im
Wandel der Zeiten 68; Die Nackten von
Paris, R. 70; Vivat Eros 70; Barbara und
der Erzbischof, R. 70; Ich bin der Doktor
Eisenbarth 76.

Miletits, Johann *

Militz, Wolfgang, Verleger, Buch-
händler; Rohrackerstr. 333, D-7000
Stuttgart 61, Tel. (0711) 246401
(Schönlanke/Netzekreis 26.4.25). Lyrik.
V: Friedrich Schiller - ein Weg zum
Geist, Biogr. 59, 74. ( )

Milius, Erich, LdR. i. R.; Ehrenplak. d.
Ldkr. Friedberg 72, Ehrenschild der
Stadt Friedberg 77; Höhenweg 7 1/10, D-
6350 Bad Nauheim, Tel. (06032) 2802
(Friedberg/Hess. 27.12.07). Kurzgeschichte, Essay.
V: Der Pfad, G. 46; Kreis und Kreisstadt Friedberg, Ess. 66; Liebes freund-
liches Friedberg, Anekdn. 68; Das
Städtepaar Friedberg—Bad Nauheim,
Ess. 72; Das Besondere an Bad Nauheim, Ess. 72; Das Besondere an Stein-
furth, Ess. 74; Mein Wetterauer Anekdotenbuch, Anekdn. 82.
H: Der hessische Landkreis Friedberg, Hdb. 66; Heimat Wetterau. Gesch.
e. Ldsch. 71.

Milka, Sony, s. Burkhard, Jörg.

Miller, Arthur, ObLehrer i.R.; Halber
R.-Preis d. Dt. Buchgem. 54, Bundes-
verdienstkreuz 1. Kl. 60, Ehrenring des
Ldkr. Sonthofen 62, Prämie des
Deutschen Jugendbuchpreises 56,
Bayerischer Poetentaler 67, Bürger-
medaille des Marktes Oberstdorf 71,
Ehrenbürgerrecht der Stadt
Mindelheim 71, Verdienstmedaille des
Bezirks Schwaben 75, Komturritter-
kreuz des Sylvesterordens 75, Ehren-
nadel des Mindelheimer Freundes-
kreises 76, Förderpreis für Dichtung der
Bayerischen Volksstiftung; Haus
Bonatz, D-8980 Oberstdorf-Kornau/Allg.,
Tel. (08322) 1349 (Mindelheim/Schwab.
16.6.01). Drama, Lyrik, Roman,
Erzählung, Novelle, Essay, Hörspiel,
Mundartdrama.

V: Herr Jörg von Frundsberg, Volksb.
28; Jungfer Josephe und Meister
Balthassar Degenhart, Erz. 29; Das Jahr
der Reife, R. 31; Der jüngste Tag, Orat.
32; Ein Spiel von Christi Geburt 32;
Schwäbische Gedichte 32, 54; Martin
und Marlene, Erz. 35; Ursula von
Mindelberg, Erz. 36; Klaus von der Flue,
Erz. 36; Das Mindelheimer Weihnachts-
spiel 36; Blitze breche ich, Erz. 37; Die
Brüder, Erz. 38; Die Hammerschmiede,
R. 38; Der Steigbachsee, Erz. 40; Das
Menschenbild, N. 41; Der Engel des
Tales, Erz. 43; Burkard Zink, Volksb. 47;
Die Botin, Erz. 48; Die Glaskugel, M. 49;
Der Dunkelstern, Erz. 49; Die
glücklichen Meister, Erz. 49; Agath,
Volksstück 50; Die Kelter Gottes, R. 50;
Fortis est ut mors dilectio, Ess. 51;
Hymnen an Ottobeuren, G. 52; Das Dorf
ohne Kirchturm, N. 55; Die Pogger-
mühle, Erz. 55; Die Glückshaube, R. 55;
Der Affe des Bischofs, N. 57; Der Herr
mit den drei Ringen, R. 59, 77; Der
Becher der Gestirne, G. 59; Der
glückliche Hannibal, R. 60; Die
Abenteuer des Fuhrmanns Jeremias,
Jgdb. 60; Das Augsburger Weihnachts-
spiel 61; Der Übergang über den Jabbok,
Ess. 62; Schwäbische Weihnacht, Epos
62; Bist du es?, R. 63; Fidelis Bentele,
Bildbd. m. Ess. 64; Das Christkind im
Glasschrein, Erz. 65; Cresentia von
Kaufbeuren, Biogr. 68, 76; Schwäbische
Bauernbibel 69; Das schwäbische Jahr
70, alles Mundart; Geigenspiel am
Abend, G. 71; Das Haus meiner
Kindheit, Biogr. 72; Schwäbische Sinn-
sprüche, Mundart 73; Die Voraus-
gegangenen, Biogr. 73; Das Vesperbild,
Briefe 74; Silberglanz, Erz. 73; Spiel der
Schatten, Scherenschnittb. 74; Mei'
Pilgerfahrt durchs Schwabeländle,

Mundart 75; Die wachen Stunden der
Nacht 76; Der Gral, dram. Dichtg. 76;
Briefwechsel der Freundschaft mit
Gertrud v. le Fort, Briefe 76; Der
Sternenbaum, R. 77; Aus meinem
Skizzenbuch, Bildb. 77; Allgäuer Dorf im
Jahresreigen, Bildb. 79; Ottobeurer
Chorgestühl, Bildb. 80; Adolf Adamer,
Bildb. 81; Mein altes Mindelheim 81;
Jösses, der Herrgott isch g'stohle,
Volksst. 82.

H: Weltenwerden u. Johannesapo-
kalypse 76.

R: Sebastian Kneipp; Das große
Hirtenspiel aus Schwaben; Die heiligen
drei Könige in Oberschwaben; Das
letzte Bekenntnis des Jörg Knopf;
Joseph Freiberger; Der Schlauberger;
Doktor Phrastikus; Romfahrt der
Mindelheimer Gäbelestecken, alles Hsp.

S: Schwäbische Weihnacht 70; Die
Schöpfung der Welt. Der Sündenfall 72.

Miller, Franz R., Chefredakteur;
Sulzerstr. 18, D-8900 Augsburg, Tel.
(0821) 571970 (Augsburg 7.5.26). Drama,
Roman, Essay, Hörspiel, Hörbild.

V: Einbruch in die Pose, Kurzgeschn.
79; Begegnungen in und mit Schwaben,
Erzn. 80; Heilignacht-Geschichten, Erzn.
81; Der schwäbische Peppone, R. 82; Die
Ottobeurer Schöpfung, Erz. 82.

MA: Bairisch Herz 73; Die B 3 Story
81.

R: Rauch über der Reichsstadt; Der
schwarze Bebbo; Die lange Nacht an
Pfingsten.

Miller, Gabrielle, s. Müller, Gabriele.

Miller, Johanna; VS Bayern 70;
Ainmillerstr. 10, D-8000 München 13,
Tel. (089) 346356. Drama, Roman,
Fernsehspiel.

V: So viel Zärtlichkeit, Krim.-R. 61, 62;
Wie heißer Wind so schön, R. 62; Am
Ende des Stricks, R. 62; Ich wünsche
mir ein Gewitter, R. 63; Keine Zeit für
Tränen, R. 66; Bettina, Kom. 66; Sanft
Entschlafen, Theaterst.; Der Häßliche
und die Leidenschaften, R. 69; Engel
haben blonde Haare 73; Das Tausend-
Mark-Mädchen 74; Sein hobby war
blond 75; Der Mörder, der kein Alibi
braucht 75; Mord vor dem Konzert 76,
alles Krim.-Nov; Nenn mich nicht Vater,
R. 79.

R: Rosa Spitzentücher, Fsp. 60; Treffpunkt Bosquet D'Or, Fsp. II.

Miller, Marion, s. Hartung, Marie-
Antoinette.

Millet, Petra, s. Stendebach, Petra.

Milletich, Helmut, Prof.; Öst. PEN-
Club 73; Lit.pr. d. Landes Burgenland 77,
Pr. d. Burgenl. Karall-Stift. 80; Franz-
Lisztstr. 16, A-7092 Winden am See, Tel.
(02160) 677 (Winden am See 21.11.43).
Roman, Erzählung, Hörspiel, Lyrik,
Libretto. **Ue:** L, U.
V: Protokolle zur Steinigung, G. 72;
Träume steten Wachens, G. 74; Dorf-
meister, R. 80; Fehringer Messe, Textb.
82; Sankt Margarethner Messe, Textb.
82.
H: Kreise, Reihen, Protokolle 72. –
MH: Dichtung aus dem Burgenland,
Anth. 70.
R: Die Heimkehr des Ignatius
Aurelius 71; Die Reise in den Tod 72;
Niemand will sie jetzt 72; Das Turiner
Oratorium 73; Der Trinker 74; Die späte
Erkenntnis über den Totschlag des
Adam Urban 79.
S: Die Oberwarter Messe 71.
MUe: Magister Rogerius: Carmen
miserabile 79; Franz Faludi: Gedichte.

Millotat, Paula, Dr. phil.; Hauptstr. 51,
D-6501 Jugenheim, Tel. (06130) 1834
(Mainz 5.8.15). Jugendbuch.
V: Katrins neue Schwester 68 (auch
ital.); Blumenkinder 69; Bettina und
Chantal 69; Flamme im Wind, Jgdb. 74,
75; Gewinnt Britta?, Jgdb. 77; Daniela ist
ganz anders, Jgdb. 81; Die Neue in
Katrins Klasse, Jgdb. 82.

Minden, Berte-Eve, s. Hümpel, Elke.

Minden, Heinrich *

Minkowski, Helmut, Dr. phil.; Kant-
Preis d. U. Königsberg 29 u. 30;
Eggepfad 32, D-1000 Berlin 37, Tel. (030)
8133236 (Duisburg 19.9.08). Sachbuch,
Feuilleton. **Ue:** E, F, L.
V: Der Turm zu Babel, Ikonogr. 60;
Das Ringen im Grüblein, Kulturgesch.
63; Das größte Insekt ist der Elefant,
Hum. 65, 82. – **MV:** Carola Baumgardt:
Kepler. Leben und Briefe, Biogr. 53;
Mystik und Wissenschaft, m. David
Baumgardt 63.
MH: Horizons of a philosopher. Ess.
in honor of David Baumgardt 63.
Ue: J. C. Smuts: Holism and evolution.
Die holistische Welt 38; C. Baumgardt:
Kepler, life and letters 53.

Minnemann, Joachim, StudR.; VS 75;
Literaturzentrum Hamburg 76;
Eulenstr. 81, D-2000 Hamburg 50, Tel.
(040) 3900507 (Hamburg 30.7.49). Lyrik,
Essay, Kurzprosa, Kinderbuch, Übers.
Ue: E, F.

V: Gute aussicht aus meinem fenster,
G. 76; Der friede ist eine frau, G. 78;
Kleines kinderbuch 78; Sehnsüchte
stark wie gewißheit, G. 79; Der
tagtägliche tag, peom. 81; Ich unterhalte
mich gern über den frieden, G. 82;
Weiße wiese, Liebesg. 1965-1983 83. –
MV: Der atlas, m. Roland Hunger, G. 80.
MA: Für Portugal, G., Lieder, Dok. 75;
z.B. Chile. Lit. u. int. Solidarität, Ess. 75;
Wir kommen, Lyr. 76; Berufsverbot. Ein
bundesdt. Lesebuch 76; Frieden &
Abrüstung. Ein bundesdt. Lesebuch 77;
... und ruhig fließet der Rhein, Lyr. 79;
Friedenserklärung, Lyr. 82; Frieden:
Mehr als ein Wort, Lyr. 81, 2. Aufl. 82;
Nur ich bin für die Jahreszeit zu kühl,
Lyr. 81; Seit du weg bist, Lyr. 82;
Sammlung 3.

Minor, Jutta, Verwaltungsangestellte;
Neuer Weg 10, D-5408 Winden, Rhein-
Lahn-Kr., Tel. (02604) 1902 (Bad Ems
27.6.58). Lyrik.
V: Gedanken und Gedichte eines
Durchschnittsmenschen, Lyr. 82.

Minter, Ingeborg, s. Traumann,
Ingeborg.

-minu, s. Hammel, Hanspeter.

Minwegen, Hiltrud, Dr. phil.; Via
Delfini 16, I-00100 Rom, Tel. (06) 6790970
(Essen 2.6.29). Jugendbuch, Roman.
V: Die Macht der schwarzen Bande
68; Der Ritter mit der Angst 74; Im Netz
der Schmuggler 79; Tschau Roma 81;
Sizilianischer Sommer 83; Mario 83. –
MV: Besuch in Rom, u.a. Gesch. 66;
Wohin, Herr?, Gebete in die Zukunft 71.

Mirajkar, Rosemarie, Fachlehrerin f.
Musik u. Kunst; Josef Lennéstr. 27, D-
4300 Essen 1 (Dahl-Ennepe/Ruhr 1.6.50).
Roman, Novelle.
V: Pamma aus Indien, R. 78; Mein
Freund Balu, N. 79; Jennys Abenteuer,
R. 80; Wir Kinder aus dem Kinderhaus
81. ( )

Mirus, Ilse; VS 58, VdÜ(VS);
Maxhofstr. 76, D-8000 München 71, Tel.
(089) 7556453 (Plauen 1.4.10). **Ue:** R, E, F.
MA: Kindlers Lexikon der Welt-
literatur 63.
H: u. Ue: Geschichten aus dem alten
und neuen Rußland 58; Hufschlag
erklang. Pferdegeschn. aus Rußland 60;
Michail Sostschenko: Das Himmel-
blaubuch 66; Wladimir Tendrjakow:
Fjodor sucht die Wahrheit 66; Die Fahrt
des Afanassij Nikitin über drei Meere.
Russ. Chronik a.d. 15. Jh. 66; Viktor
Konezkij: Wer in die Wolken schaut 69.

Ue: Michail Prischwin: Ginseng 60,
Ruf der Taiga; Konstantin Paustowskij:
Schwarze Netze 61; Wie Staub aus der
Steppe 73; Schach mit Karpov 77;
Efraim Sevela: Warum es keinen
Himmel auf Erden gibt 81.

Mirus, Ludmilla *

Misch, Jürgen, M.A.; Talstr. 12, D-6255
Dornburg-Thalheim, Tel. (06436) 7318
(Stettin 17.5.37). Historische Bücher.
V: Der letzte Kriegspfad, Der Schick-
salskampf der Sioux u. Apachen 70, Tb.
76; Die Langobarden, Das große Finale
der Völkerwanderung 77, Tb. 79 (auch
ital. 79); Die Elite Gottes, Heilige
zwischen Wahn u. Heldentum 78.

Mischwitzky, Holger (Ps. Rosa von
Praunheim), Filmregisseur; Konstanzer
Str. 56, D-1000 Berlin 15, Tel. (030)
8835496 (Riga 25.11.42). Novelle, Essay,
Film.
V: Männer, Rauschgift u. d. Tod — Die
Leidenschaften d. Rosa v. Praunheim
67; Oh Muvie, Foto-R. 68; Sex u.
Karriere 77, 80; Armee der Liebenden
od. Aufstand der Perversen 79; Rote
Liebe. E. Gespräch m. Helga Götze 82.
H: Gibt es Sex nach dem Tode? 81.
F: zahlr. Filme, s. Filmographie in:
Sex u. Karriere 77, 78.
R: Wassilissa Malegyna, Hsp.; Frauen-
stücke, Hsp. ( )

Mishal, Hannelore, Hausfrau;
Thüringerweg 15, D-3450 Holzminden,
Tel. (05531) 7282 (Mülheim/Ruhr 9.10.24).
Kinderbücher.
V: Wir vom Fasanenflug, Kdb. 81;
Fritzchen und die Flaschengeister, Kdb.
82.

Misikus, Seufzlinde, s. Jörgensen,
Gerhard.

Misselwitz, Anna (Ps. Nina Wostall),
Pharmazeutin; Gedok, Kg.; Bat'a Pr. f. d.
beste Arbeitslied 36; Feuerwehrheimstr.
19, D-8232 Bayerisch Gmain, Tel. (08651)
1785 (Mährisch-Rothwasser/Öst. 30.5.01).
Lyrik, Erzählung, Hörspiel, Novelle.
Ue: Tsch, P, Slow.
V: Liebeslieder, G. 35; Der Weg ins
Unendliche, Liebesg. 36; Goralen, G.
64. — **MV:** Sudetendeutsches Balladen-
buch 37; Die wundersame Stadt. Prager
Geschichten 42; Die Heimat erzählt,
Kurzgeschn. 64.
MA: Mein Beskidenland, Zs.;
Beskidenkalender, Sudetendt. Kalender;
Auf meiner Straße, Anth. heimatvertr.
Dichterinnen 75; Alle Mütter dieser
Welt, Anth. ostdt. Autorinnen d. Gegen-

wart 79; Begegnungen und
Erkundungen, Anth. 82.
R: Das Ölsaland im Wandel der
Zeiten, Hsp. 39. 40.

Missfeldt, Jochen, freier Schrift-
steller; VS 80; Förderpr. d. Friedrich-
Hebbel-Stift. 80; Lauacker 10, D-2262
Stadum, Tel. (04662) 2568 (Satrup
26.1.41). Lyrik, Prosa.
V: Gesammelte Ängste, Lyr. 75; Mein
Vater war Schneevogt, Lyr. 79;
Zwischen Oben, zwischen Unten, Prosa
82.
R: Überflug, Fsf. 77.

Misteli, Hermann (Ps. Mistelli), Dr.
phil.; Solothurn.S.V. 60; Fichtenweg 2,
CH-4528 Zuchwil, Tel. (065) 255504
(Ökingen/Soloth. 27.1.04). Lyrik.
V: Eisen und Herz 57; Wintergedichte
62; Auf Flügeln 64; Im Zwielicht 72;
Fahrt ins Abseits 80.

Mistelli, s. Misteli, Hermann.

Mitgutsch, Ali; Türkenstr. 54, D-8000
München 40, Tel. (089) 282494.
V: Bei uns im Dorf 72, 83; Die Hexe
und die sieben Fexe 71; In Bayern leben
69; Komm mit ans Wasser 72, 82; Rund-
herum in meiner Stadt 72, 81; Strom
und Straße 69; Vom Erz zum Löffel 72;
Vom Gras zur Butter 72, 81; Vom Sand
zum Glas 72; Von der Rübe zum Zucker
72, 81; Wir bauen ein Auto 73; Wir bauen
ein Haus 73; Hänsel und Gretel 70; Rotkäppchen 70; Schneewittchen 70;
Warum macht Herr Kringel nicht mit?
74, 83; Der Wolf und die sieben Geislein
70; Was ich schon kann 71, 81; Den Fluß
entlang 75, 80; Rund ums Rad 75, 80; Der
Kraxenflori 75; Vom Erdöl zum Benzin
75; Vom Kakao zur Schokolade 75; Vom
Lehm zum Ziegel 75; Von der Blüte zum
Honig 75, 81; Rund ums Schiff, 3. Aufl.
80; Hier in den Bergen 79, 81; Vom
Zement zur Brücke 79; Ich hab eine
Pirateninsel, hast du auch eine? 78; Von
der Milch zum Speiseeis 79; Das Riesen-
bilderbuch 80; Laufen und Springen 80,
81; Vom Graphit zum Bleistift 80; Vom
Kautschuksaft zum Reifen 80; Vom
Baum zum Tisch 81; Vom Obst zur
Marmelade 81; Vom Schaf zum Schal 81;
Weinen und Lachen 81; Vom Kern zur
Birne 81; Vom Korn zum Brot 81; Vom
Holz zum Papier 82; Vom Meer zum
Salz 82. ( )

Mitringer, Albert; Dornbacher Str. 86/
7, A-1170 Wien.
V: Ein Mann vom Lande oder
namenlose Zwillingsbrüder, Prosa 79. ( )

Mitsch, Werner, Schriftsetzer; Obere Waiblinger Str. 136, D-7000 Stuttgart 50, Tel. (0711) 525152 (Stuttgart 23.2.36). Deutsche Aphorismen, Sprüche.
V: Spinnen, die nicht spinnen, spinnen, Aphor. Sprüche 78, 4.Aufl. 81; Fische, die bellen, beißen nicht, Aphor., Sprüche 79, 3.Aufl. 82; Pferde, die arbeiten, nennt man Esel, Aphor. Sprüche 80, 3.Aufl. 83; Hunde, die schielen, beißen daneben, Aphor. Sprüche 81, 2.Aufl. 82; Bienen, die nur wohnen, heißen Drohnen, Aphor. Sprüche 82.

Mittelstaedt, Lore, s. Bücking, Laura.

Mitterer verh. Petrowsky, Erika; P.E.N., Ö.S.V.; Preis d. Stadt Wien f. Dichtkunst 48, Handel-Mazzetti-Preis 71; Rainergasse 3, A-1040 Wien, Tel. (0222) 655197 (Wien 30.3.06). Roman, Lyrik, Bühnendichtung. **Ue:** E, F.
V: Dank des Lebens, G. 30; Charlotte Corday, Dr. 32; Höhensonne, Erz. 33; Gesang der Wandernden, G. 35; Der Fürst der Welt, R. 40, 64; Begegnung im Süden, Erz. 41; Die Seherin, Erz. 42; Wir sind allein, R. 45; Zwölf Gedichte 1933 — 45 46; Die nackte Wahrheit, R. 51; Wasser des Lebens, R. 53; Kleine Damengröße, R. 53; Gesammelte Gedichte, G. 56; Tauschzentrale, R. 58; Die Welt ist reich und voll Gefahr, Auswahlbd. 64; Weihnacht der Einsamen, Erz. u. G. 68; Klopfsignale, G. 70; Entsühnung des Kain, G. 74; Alle unsere Spiele, R. 77. — **MV:** Aus Rainer Maria Rilkes Nachlaß. Briefwechsel in G., m. Erika Mitterer 50.

Mitterer, Felix; GAV; Sternwartestr. 4c, A-6020 Innsbruck, Tel. (05222) 85335 (Achenkirch/Tirol 6.2.48). Erzählung, Drama.
V: Superhenne Hanna, Kdb. 77, 82; Kein Platz für Idioten, Volksst. 79; An den Rand des Dorfes, Erz. 81; Der Narr von Wien, Drehb. 82; Stigma, Volksst. 83.
R: Schießen; Der Narr von Wien; Die 5. Jahreszeit; Erdsegen, alles Fsf.; Kein Platz für Idioten; Veränderungen; Stigma, alles Fs.-Aufzeichn. v. Theaterst.

Mitterhuber, Willy, Geschäftsführer; RSG; Kneippstr. 5/I, D-8480 Weiden/ Opf., Tel. (0961) 36577 (Kraiburg/Inn 10.3.27). Lyrik.
V: Die Stille tönt, G. 57; Reif und Blüte, G. 65; Begegnungen, Erzn. 65; Beglänzte Spur, G. 75; Puls der Steine, G. 82.

Mittermann, Josef; Rossakgasse 47, A-1230 Wien (Wien 20.11.55). Lyrik, Novelle, Hörspiel, Drama.
V: Wie ein Schakal, Lyr. 82.

Mittmann, Wolfgang, c/o Verlag Neues Leben, Berlin (Ost).
V: Der Tod in den Dünen, Krim.-Erz. 71; Tatverdacht, Krim.-R. 80. ( )

Mitzkéwitz, Jo (Ps. Jo Micovich), Schriftstellerin, Puppenspielerin; VS NRW 75; Förderungspr. d. Hauni-Stift. Hamburg 77, Arb.stip. d. Kultusmin. NRW 76; Breslauer Str. 111, D-5600 Wuppertal 2, Tel. (0202) 643254 (Wuppertal 9.5.26). Drama, Lyrik, Roman, Novelle, Essay.
V: Das 1 x 1 des Handpuppenspiels. Theaterbericht, Hdb. f. Pädagogen 77; Lücke in d. Schallwand, G. 79; Die unbekannte Schweiz, Prosa 80.
MA: Almanach 5 71, 7 73, 8 74, 9 75, 10 76; bundesdeutsch 74; Werkbuch Angst 75; Stimmen zur Schweiz 76; die horen 111 78, 113 79, 116 79; Kürbiskern 3 78; Kaktus 9 79, 11 80, 12 80; Jb. f. Lyrik 79; Die Kribbe 17/18 80; Lesebuch 80; Café der Poeten 80; Stolberger Matineen, Literaturbüro Aachen 81; Politische Lyrik 81; Laßt mich bloß in Frieden 81; Literatur im Wuppertal 81; Schreiben vom Schreiben, Lyrik Werkstatt Düsseldorf 81.
H: Friederike Zelesko: Wolkenbruch, Lyr. 82; Dorothea Müller: Netz über dem Abgrund 83. — **MH:** Lesebuch 80.
Lit: Stolberger Matineen 81; Literatur im Tal 81.

Mock, Bernhard, Chemiker, Lyriker; IGdA; Lyrikwettbewerb zum Thema "Zwei Menschen", Pr. d. Anerkennung der Jury, Zweiter Pr. Ode "Westminster Abbey" in der Anthologie "Dome im Gedicht", bei Dr. Gisbert Kranz; Das Boot, Lit. Union; 13315 Blythe Street, North Hollywood, Calif. 91605/USA, Tel. (213) 9891286 (Köln 3.3.03). Lyrik, Kurzprosa. **Ue:** E.
V: Prosa-Kunstbetrachtungen für Collage; Gebende Hände; Indianerland (Arizona); Deutsch-Amerikanische Literatur, Beitr. in Gedichten u. in Prosa; Beitr. zu "Ds Lit. Wort", Lyrik; Lyrik u. auch Prosa (Kurzgeschichte); Lyrische Beitr. f. Actuell (IGdA); Lyrica Germanica: Altweibersommer, Satyrentanz, Rokoko; Lyrikband, Ausgew. G. Buenos Aires, Argentinien in 52; Heimatblatt, Amerikanische Bilder, Pr.
MA: Silhouette seit 80; Dietrichsblatt, Zs.; An den Ufern der Hippokrene.

Model, Anna-Katharina *

Modena, Maria, s. Kreis, Erna.

Moder, Josef, ObLehrer i.R.; Verb. Fränk. Schriftsteller, RSG, Eßlinger Kg.; Adalbert-Stifter-Medaille der Sudetendeutschen Landsmannschaft; Goethestr. 44, D-8752 Kleinostheim b. Aschaffenburg, Tel. (06027) 8436 (Graslitz/Sudetenland 7.7.09). Lyrik, Prosa, Erzählung, Jugendbuch.
V: Aus bunten Stunden, G. 28; Gereimtes und Abgefeimtes, G. 29; Orgel des Lebens, G. 34; Der Faust des Erzgebirges, Jgdb. 35; Im Tal der Zeit, G. 39; Der irdische Kreis, G. 43; Das Orakel von Elfi, Erzn. 46; Der böse Räuber Ohnegnad, Jgdb. 46; Der Waldschmied, Jgdb. 47; Der schlimme Muck, Jgdb. 48; Heitere Heimat, G. u. Erzn. 49; Immer greifen wir nach neuen Sternen, G. 53; Weihnacht der Heimat, G. u. Erzn. 54; Sankt Nepomuk auf Reisen, Erzn. 56; Unser Graslitz, Mda.-G.61; Der Meisterschuß, Erzn. 62; Die Logikstunde, Erzn. 63; MeinFreund, der Kirschbaum, Erzn. 65; Drei Könige im Spessart, Krippensp. 69; Weihnachtsgeschichten, Erzn. 71; Der Kaiser am Main, Erzn., G. 73; Der starke Veit, Jgdb. 80; Menschliches Mysterium, G. 81.
MA: Quer, Lyrik-Anth. 74; Fränkische Dichter erzählen, Prosa-Anth. 76; Tauche ich in deinen Schatten, Lyr.-Anth. 77; Fränkisches Mosaik, Prosa-Anth. 80; Der große Hunger heißt Liebe, Lyr.-Anth. 81.
H: u. MV: Stimmen einer Stadt, Erzn. 77; Der König und der Kapuziner, Erzn. 81.
S: Josef Moder spricht Mundartgedichte 73.
Lit: Dr. Josef Suchy: Die Mundartdichtung Josef Moders 65; Hdlex. Dt. Lit. in Böhmen, Mähren u. Schlesien 76.

Modes, Joachim, M.A., Psychotherapeut, Psychol., Soziol.; Im Hofergärtle 6, D-7763 Wangen am Bodensee, Tel. (07735) 2388 (Neuhaus/ Obb. 2.1.52). Lyrik, Novelle, Film. **Ue:** E.
V: A big hand for ... Robert Zimmermann, Lyr. 76, 2.Aufl. 79 (engl.); still mit einem wort. zuwendung ohne inhalt ist sinnlos, Lyr. 78 (engl./dt.); Der Gedanke des Kinematographen, Prosa G. 82 (dt./ engl.).

Modesta, s. Dichtl, Ruth.

Modlmayr, Hans-Jörg (Ps. H. M. Gard, Akakij Mokjewitsch Bulgaroff), M. A. Cantab., Lektor; Lit. Union, Saarbrücken 66, VS Baden-Wttgb 71;

Graf-Landsberg-Str. 4, D-4280 Borken-Gemen, Tel. (02861) 2173 (Füssen 6.3.40). Lyrik, Prosa, Essay, Kritik. **Ue:** E.
V: Blech-Konserven-Romantik, G. 68; Heidelberger Protokolle, Pr.-Sat. 70; König Lear auf Patmos, G. (dt. u. engl.) 72; Fritz Möser, Ess. 72; Fritz-Möser-Kal., G. 73 u. 74; Raimondo Puccinelli, Ess. 79.
MA: Proteuskalender 73 u. 74; Brennpunkte X, Jb. f. Lyrik 79 — 80.
MH: Proteus, Einblattzs. seit 69.
R: Lyrik heute, Funksend. 69; Lyrik im Spiegel 72; Avantgarde 74.

Modoi, Juliana, Studentin; RSG 76; Lit.pr. RSG 80; Piatra Mare 117, R-2200 Braşov, Tel. (921) 41468 (Braşov/ Kronstadt 8.7.62). Lyrik.
MA: Anthologie 3 79; Efeuranken, Rum.-dt. Frauenlyr. 79; Heimat 80; Anthologie 3 RSG 80; Dietrichsblatt 23, Dietrichskarte 3 81; An den Ufern der Hippokrene 82; Kleine Anth. zum 24. Bayer. Nordgautag 82; Bild-Lexikon 82; World Poetry 2 82.

Modrow, Willi, Fachschuloberlehrer; Friedrich-Hölderlin-Ges. 43; Im Tannach 32, D-8972 Sonthofen/Allg. 1, Tel. (08321) 2595 (Berlin 27.8.09). Laienspiel, Lyrik.
V: Der rechte Barbier, Laiensp. 50, 65; Bilder und Gestalten, G. 59.
MA: verschied. Anth. 55 - 80; Dichtungen deutscher Lehrer der Gegenwart 65, 69; Spuren der Zeit 69, 80; Zs. Das Boot 69 - 83.

Möckel, Klaus, Dr. phil., Schriftsteller, Herausgeber; SV-DDR 66; Wisbyer Str. 28, DDR-1071 Berlin, Tel. 4482744 (Kirchberg/Sa. 4.8.34). Roman, Erzählung, Essay, Lyrik. **Ue:** F, S, I.
V: Ohne Lizenz des Königs, Histor. R. 73, 74; Die Einladung, Erz. 76, 81; Drei Flaschen Tokaier, Krim.-R. 76, 81, auch Bdesrep. (auch tschech., slowak.); Die Gläserne Stadt, Phant. Erzn. 80, 81; Die Nackende Ursula, Sat. G. 80; Tischlein Deck Dich, Märchensat. 80, 82; Haß, Krim.-R. 81; Kopfstand der Farben, Sat. G. 82; Hoffnung für Dan, R. 83. —
MV: G. u. Erzn. in Anth.
H: Paul Eluard: Tod Liebe Leben, G. 62; Französische Erkundungen, Erzn. 68; Französische Dramen 68; Jean Cocteau: I: Gedichte, Stücke 71, II: Prosa 71; Blaise Cendrars: Gold, Erzn. 74; André Stil: Versehentlich auch Blumen, Erzn. 76; Ein Verlangen nach Unschuld, H. u. Sat. aus Fr. 80; Der Alabastergarten, Phant. Erzn. aus Fr., I., Sp. 80.

Ue: Pablo Neruda: Glanz und Tod des Joaquin Murieta, Dr. 74; Bernard B. Dadié: Légendes et Poèmes, u.d.T.: Das Krokodil und der Königsfischer 75; Marcel Marceau: Bip träumt, G. 81; Nachdichtn. v. Eluard, Aragon, Apollinaire, Cocteau, Prévert, Rimbaud, Quasimodo, Jewtuschenko u.a. in Sammelbden. — **MUe:** Jewgeni Jewtuschenko: Mutter und die Neutronenbombe, m. Aljonna Möckel, Poem 83.

Möhle, Ursula, Chefarztsekretärin, D-2332 Büstorf, Tel. (04355) 721 (Hannover 11.7.52). Lyrik.
V: Gedichte für Eingeweihte 79.
MA: Gauke Jb. 81-83; Einkreisung 82; Autoren stellen sich vor, Lyr. I 83.

Möking, Bernhard, Dr. phil., Stadtoberbibliotheksrat; Muntpratstr. 2, D-7750 Konstanz, Tel. (07531) 23378 (Konstanz 5.2.01). Volks- u. Heimatkunde.
V: Die Sprache des Reichenauer Fischers 34; Sagen und Schwänke vom Bodensee 38, 64; Erasmus von Rotterdam und der Konstanzer Humanistenkreis 62.

Möllenkamp, Friedrich-Werner, Dr.-Ing.; Grefstr. 42 B, D-7000 Stuttgart31, Tel. (0711) 837820 (Düsseldorf 24.5.21). Lyrik, Roman.
V: Die letzte Nacht muß man wachen, R. 57, 58; Wanderer - Wohin?, Lyr. Pr. 59; Regen über Gerechte und Ungerechte, R. 70; Die Cassassa-Story, R. 77.

Möller, Inge, Dr.rer.pol.; VG Wort; Altensteinstr. 62/6, D-1000 Berlin 33, Tel. (030) 8326564 (Berlin 19.4.10). Lyrik, Hörspiel.
V: Hinter den Spiegel greifen, Lyr. 81.
MA: Autorenwerkstatt I 82.
R: Zahlr. Hsp., Hf., Szenen, Senderreihen.

Möller geb. Krambeer, Ingrid, Dr. phil., Kunsthistorikerin; SV-DDR 82; Dorfstr. 14, DDR-2711 Seehof, Tel. (098497) 581 (Rostock 12.10.34). Roman, Essay.
V: Der Bauer in d. Kunst, Ess. 73; Das Haus an d. Voldersgracht, e. Vermeer-R. 77, 3. Aufl. 80 (ung. 83); Meister Bertram, Künstler-R. 81, 2. Aufl. 82. — **MV:** Lex. d. Kunst, Band I-V, 86 Artikel 68-78; Augsburger Kupferstichspiel von IMF, Kommentar z. Neudruck 79 (auch engl.); La-Fontaine-Tarock, Teilkommentar z. Neudruck 80 (auch engl.); Das Kupfer-

stichspiel des Virgil Solis, Kommentar 81 (auch engl.).
B: Ausstell.kat., bes. d. Staatl. Museums Schwerin.

Moeller, Joachim (Ps. Michael Kraneis), Staatl. gepr. Hochbau-Techniker, Maurer, Gartenarchitekt; VS 77; Grundweg 17, D-3502 Vellmar I, Tel. (0561) 827350 (Rückingen 13.8.44). Lyrik, Kurzprosa, Roman.
V: Lichttücher, Lyr.-Fotogr. 76; Spurrillen, G. 77; Indien, Portrait einer Reise 80; Im Gras der gemeinsamen Wüste, Erz., G. 82.
MA: Tage wie Tau, G. 81; Poetisch rebellieren 82; Lyrik und Kurzprosa Kasseler Autoren 77; Wortgewalt — Lyr. u. Prosa hess. Autoren 80.

Moelzer, Hermine; Hohenfeld 3, A-9330 Treibach, Tel. (04262) 2531 (Klagenfurt 27.3.20). Lyrik, Essay.
V: Gedichte aus zwei Jahrzehnten 60; Gedichte in Kärntner Mundart 61.

Mönkemeyer, Heinz, Verwaltungsangestellter; EM Hoffmann-von-Fallersleben-Ges.; Twierweg 21, D-3470 Höxter-Stahle, Tel. (05531) 3211 (Stahle 30.3.28). Lyrik.
V: Mehr bedarf es nicht 74; Des Lebens Brücke 78; Über den Kirchturm hinaus 80, alles G.

Mönnich, Horst; VS, P.E.N.-Zentrum Bundesrepubl.; Hörspielpreis Norddt. Rundfunk, Ernst-Reuter-Pr. 67, 70; Gruppe 47; Wolfsbergerstr. 25, D-8211 Breitbrunn/Chiemsee, Tel. (08054) 309 (Senftenberg/L. 8.11.18). Roman, Reportage, Erzählung, Hörspiel, Fernsehspiel.
V: Die Autostadt, R. 51, 60 (auch schwed., jap.); Der Kuckucksruf, Erzn. 52; Das Land ohne Träume, Reise durch d. dt. Wirklichkeit 54, 69; Von Menschen und Städten, Reiseber. 55; Erst die Toten haben ausgelernt, R. 56; Guten Morgen, alte Erde, Anth. 58; In sieben Städten. Ein Gang durch Straßen und Zeiten 59; Reise durch Rußland. Ohne Plan im Land der Pläne 61; Der vierte Platz, Chronik einer westpreußischen Familie 62, 82; Wiederbegegnung. Deutschlands Mitte, Deutschlands Osten 65; Hiob im Moor, Hsp. 66; Einreisegenehmigung. Ein Dt. fährt nach Dtschld. 67, 69; Aufbruch ins Revier, Aufbruch nach Europa. Gesch. d. Ruhrgeb. 71; Quarantäne im Niemandsland, Hsp. 71; Ein Dortmunder Agent. Der Mann, der Karlchen Richter hieß 74; Labyrinthe der Macht. Stinnes,

Thyssen, Flick 75; Reise in eine neue Welt. Eine pädag. Idee verändert unser Leben, Reportage 78, 3. Aufl. 79; Am Ende des Regenbogens, Hsp. 80. — **MV:** Die schönsten Städte Bayerns 62; Jahr und Jahrgang 1918 68.
MA: Hörspielbuch 60; Bestandsaufnahme 62; Sechzehn deutsche Hörspiele 62; Warum bleibe ich in der Kirche? 71; Die Alpen 72; Meine eigene Welt 74; Was heißt hier Gesellschaft? 75.
H: Nur die Liebe, Texte aus zwei Jahrtausenden 82.
F: Drei Tage im Elsaß.
R: Herr Boltenhoff kann nicht kommen 48; Gobsch 52; Hiob im Moor 54; Kaprun 55; Prozeßakte Vampir 55; Die Furcht hat große Augen 56; Schulausflug 57; Kopfgeld 58, auch Fsp. 59; Die Jubiläumsschrift 59; Ohne Plan im Land der Pläne 61; Der vierte Platz 61; Am Ende des Regenbogens 63; Einreisegenehmigung 67; Quarantäne 70; Ein Dank des Vaterlandes, Feature 72; Die Reise zum Futapass 72; Ich verweigere den Kriegsdienst, Feat. 73; Labyrinthe der Macht. Drei Gesch. vom Kapital 75, alles Hsp.; Kopfgeld; Der vierte Platz; Ahnenerbe, alles Fsp.; Als der Friede noch zu retten war. Die europäische Initiative des Gustav Stresemann, Feature 79.
Lit: Heinz Schwitzke: Einführ. zu den Hörsp. Horst Mönnichs in "Am Ende des Regenbogens" 80.

Mönnichfeld, Marion, s. Reiners, Rita.

Mörschel, Rolf, freischaff. Schriftsteller; LU Beckingen, IGdA Fulda; Hugo-Heckers-Siedl. 13, D-4060 Viersen 12, Tel. (02162) 7684 (Hamburg 7.2.24). Roman, Erzähl., Lyrik, Schauspiel.
V: Der Mann im Tunnel, Erz. 69; Lyrische Städtefahrt, G. 69, 76; Mit Sex Dingen und so, G. 71; Der Schmied von Pirutz, R. 74; Gott ist in uns, G. 75; Moorgang, Erz. 75; Wie Hänsel, wie Gretel, wie Hex', G. 76; Politik in feuchter Asche, Erz. 76; Bevor er den Wagen schieben durfte, Erz. 76; ... und sind am Ende am Beginn, G. 77; Plusminusnull und die Befehler, Erz. 77; Die Verschwörung findet nicht statt, Dr. 77; Aus den Papieren eines Irrenhäuslers, Erz. 79; Mord im Glaspalast, R. 80; Die Frau von unten, Erz. 80.

Moes, Eberhard (Ps. Eberhard Monorby); Am Gautor 1, D-6500 Mainz, Tel. (06131) 28610 (Waldenburg/Schles. 21.11.03). Roman, Erzählung.

V: Lockton der Fremde, R. 42; Land an der Biskaya, Ess. 42; Die Dame Mercedes, R. 43; Hundert Gesichter hat die Frau, Erz. 43; Eramun, Sch. 43; Einen Tag sollst du reich sein, Erzn. 47.

Mog, Jan, s. Hassenstein, Dieter.

Mohar, Ákos (Ps. Jean Apatride), Diplomübersetzer, Gymnasiallehrer; lit. Pr. German. Abt. U.München 81; Dammweg 13, D-6900 Heidelberg 1, Tel. (06221) 833005 (Budapest 29.4.37). Lyrik, Kurzprosa, Aphorismen, Tagebuch, Übers. **Ue:** U, F.
V: Die Schneide der Axt wurde stumpf, G., Kurztexte, Aphor. 82.
MA: Jb. f. Lyr. I 79; Hoffnungsgeschichten 79; Als Fremder in Deutschland 82; Gauke's Jb. 83.

Mohler, Armin, Dr. phil., Geschäftsführer Carl-Friedrich-v.-Siemens-Stift.; Adenauer-Preis f. Publiz. 67; Liebigstr. 3, D-8000 München 22, Tel. (089) 222883 (Basel 12.4.20). **Ue:** F.
V: Die Schleife, Dokumente z. Weg v. Ernst Jünger, m. Ess. 55; Was die Deutschen fürchten, Ess. 65; Vergangenheitsbewältigung. V. d. Läuterung z. Manipulation 68, erw. Neuausg. 80; Sex und Politik, Ess. 72; Von rechts gesehen, Ess. (mit Bibliogr.) 74; Tendenzwende für Fortgeschrittene, Ess. 78; Wider die All-Gemeinheiten, Ess. 81. — **MV:** Friedrich Georg Jünger zum 60. Geburtstag, m. Benno v. Wiese, Festschr. 58; Beitr. Charles de Gaulle 1890 - 1970 in: Politiker des 20. Jh. hrsg. von Hans Maier; Ernst Niekisch zwischen allen Fronten, m. Uwe Sauermann, Ess. 80.
H: Ernst Jünger. Eine Ausw. 62; Ernst Jünger: Capriccios, Anth. m. Nachw. u. Bibliogr. 53; Freundschaftliche Begegnungen. Festschr. f. Ernst Jünger z. 60. Geb. 55; Friedrich Georg Jünger: Der weise Hase, Erz. m. Nachw. u. Bibliogr. 55; Georg Britting: Der Eisläufer, Erz. m. Nachw. u. Bibliogr. 56. — **MH:** Schriften der C.F. v. Siemens Stift. seit 79.
Lit: Max Rychner: Sphären der Bücherwelt 52; Martin Greiffenhagen: Das Dilemma des Konservatiums in Deutschland 71.

Mohler, Hans, Sekundarlehrer; SSV 45, P.E.N. 55; Literaturpreis Basel-Land 63; Gempenweg, CH-4108 Witterswil, Tel. (061) 734993 (Thusis/Schweiz 25.10.19). Lyrik, Roman, Hörspiel, Erzählung. **Ue:** Schw.

V: Kleine Sternreise, G. 43; Ein Hirtensommer, Erz. 44, 79; Am Rand des Tages, R. 44; Ritt durch den Herbst, R. 45; Zwei Erzählungen 47; Prätigauer Festspiel 49; Offenbarung und Untergang. Georg Trakls galizischer Aufenthalt, Erz. 50; Serafino, Erz. 52; Das kleine Dorftheater 55; Rezept für Sieger, Erz. 60; Der Kampf mit dem Drachen, Jenatsch-R. 61; Regimentsspiel, R. 69. — **MV:** Graubünden erzählt 64.
R: Königin Kristina von Schweden, Hsp. 45; Das alte Jahr geht nun zu Ende, Hsp. 49; Direktor Midas, Hsp. 71; Regimentsspiel, Hsp.-R. 72. ( )

Mohnnau, Ralph Günther, s. Philipps, Günther.

Mohr, Lotte Herbert, s. von Weber, Charlotte.

Mohr, Steffen, Diplom-Theaterwissenschaftler u. Schriftsteller; SV-DDR 75; Liechtensteinstr. 25, DDR-7030 Leipzig, Tel. (041) 313406 (Leipzig 24.7.42). Roman, Erzählung, Trickfilm, Lied, Kinderbuch.
V: Am Anfang dieser Reise, R. 75; Andi, gib den Ton uns an!, Kinderb. 75; Ein Tag voll Musik, Beschäftigungsb. f. Vorschulkinder 76; Die merkwürdigen Fälle d. Hauptmann Merks, Krim.-Erzn. 80; Blumen von der Himmelswiese, R. 83.
F: 5 Trickf. d. Serien: Vater und Sohn; Mäxchen Pfiffig 69 — 73.

Mohr, Ulrich, Dr. phil., Journalist, D-2077 Großensee (Kiel 5.10.10). **Ue:** E, F, J.
V: Indien, Märchenland zwischen gestern und morgen 52; Reitersmann und Ross 58; Das Bildnis der Eva 59; Atlantis 60; Elektrizität auf Yachten 73; Sicherheit auf See 74; Bootsurlaub im Mittelmeer 75.
H: Lexikon in Farbe 70; Bilderbrehm in Farbe 73, Seemannschaft.

Mohrbacher, Ludwig, pens. Kriminal-Oberkommissar; GEMA 72; Ehrung als Pfälz. Heimatdichter d. Landrates in Kaiserslautern 81; Honeggerstr. 8, D-6200 Wiesbaden, Tel. (06121) 526100 (Kindsbach/Pfalz 19.1.08). Lyrik.
V: Gedichtcher, Geschichtcher u. Liedcher uff Pälzisch 81.
S: Betzenberg-Lied, Schallpl. 78.
Lit: Wort u. Landschaft 81.

Mohrenschildt, Anneliese; Latschach, A-9064 Pischeldorf.
V: Susi und Martin oder in Latschach ist alles möglich 78; Die kleinen Latschacher, 2. Aufl. 79; Nun erzähle ich Euch 79, alles Kdb. ( )

Mohs, Friedrich Karl, Architekt; Förderkr. dt. Schriftsteller in Baden-Württemberg; Mendelssohnstr. 82, D-7000 Stuttgart 75, Tel. (0711) 473528 (Neiße in Oberschlesien 27.4.00). Lyrik, Drama, Roman.
V: Gedichte · Sonette · Übertragungen 79; Der Teich, Dichtung in Terzinen 80.
MA: G. in: Frühjahrsboten 80, 81; Herbstboten 80.

Moka, Hans, s. Mokka, Hans.

Mokka, Hans (Ps. Hans Moka), Kammersänger; Dt. Schriftstellerkreis Timişoara, S.V. d. RSR 70, Uniunea Scriitorilor RSR, Literaturkreis Adam Müller-Guttenbrunn, Ady-Kör., Die Kogge 80, Pr. d. Harsona 28, 29, Kampfpr. d. Jugend 30, Preis d. Neuen Wegs 53; Internationale Gutenberg-Gesellschaft, Mainz, Freundeskreis Till Eulenspiegel E.V., Internationales Dialekt Institut; Str. Griviţa Roşie 14, Timişoara/Rumänien (Timişoara 16.5.12). Drama, Lyrik, Prosa. **Ue:** U, Rum.
V: Stille Jugendtage, G. 38; Improvisation, G. 41; Krach um einen Engel; Fußballfreunde; Hochzeitsreise; Goldfrosch, alles Theaterst.; Die Hahnenfeder 67; Das Traumboot 71, beides Jgdb.; Nur ein kleines Päckchen; Licht im Dorf; Durchgangszimmer; Spitzbuben; Wahlsensation; Urlaubsfreuden; Columbus Christoph entdeckt Temeswar; Falschspieler; Arznei ohne Arzt; Telephondienst, alles Theaterst.; In memoriam Ion Tuculescu; In memoriam Constantin Brâncuşi; Banater Pastelle; Innere Landschaft; In Memoriam Romul Ladea; Marc Chagall: Glasfenster in Jerusalem u. St. Stephans-Kirche Mainz; J.S. Bach, Akrostichon; Profane Psalmen; Peter Jecza, alles G.; Menschen u. Manuskripte 73; Die entschwundene Stadt, G., Prosa; Märchen, Sitten u. Gebräuche in Temesvarer Mda. 76; Menschen und Musik 80; Árnyképek 82; September in Siebenbürgen 83.
MA: Lirica Timişoreană; Monumentul iubirii, Infrăţiţi, slăvim; Deutsche Dichter der RVR, Anth. 52; Deutsche Prosaschriftsteller der RVR, Anth.; Friede und Aufbau, Anth; Jahrb. deutscher Lyrik 78, 79; Bildnisse der Heimat 79; Märchen Sagen, Schwänke 79; Pflastersteine 79; Magazinul Literar 82; Jb. der Neuen Lit. 83; Omagiu 83.
H: Briefwechsel m. Norbert Petri; Architekt Matthias Hubert.

R: Spitzbuben, Hsp.; Begegnung mit George Enescu; 4 Fsf. über Temeswar; Theaterbrand in Temeswar.

Ue: Aus d. Ung. Gedichte v. Ady Endre, Tóth Árpád, Ormos Iván, Létay Lajos, Endre Károly, Lászlóffy Aladár, Mandics György, Hervai Sizella, Kiss András, Majtényi Erik, Eszteró István, Boér Jenö; Pongrácz P. Mária: Abschied von den Inseln, R.; Aus d. Rum. Gedichte v. Eminescu, St. O. Iosif, Veronica Porumbacu, Emil Botta, Petre Stoica, Alexandru Jebeleanu, Anghel Dumbrăveanu, Damian Ureche, Ion Maxim, Nora Iuga; George Almosnino, Ion Alexandru, A. E. Baconsky, Mihai Beniuc, Ana Blandiana, Geo Bogza; Constanţa Buzea, Nina Cassian, Crišu Dacălu, St. A. Doinaş, Geo Dumitrescu, Victor Felea, Dorian Grozdan, Eugen Jebeleanu; Ion Horea, Traian Iancu, Nicolae Labiş, Darie Novăceanu, Eduard Pamfil, Duşan Petrovici, Adrian Popescu, Petru Sfetca; Nichita Stănescu, Corneliu Sturzu, Horia Zilieru, Eugen Dorcescu, Marin Preda, Antoaneta C. Iordache.

Lit: Lenau braucht den schöpferischen Sänger; Heine im Lied; Eminescu gesungen; Erinnerung an Irene Mokka 1973-83.

Molander, Michael, s. Bauer, Herbert.

Molden, Fritz P., freier Journalist u. Schriftsteller; Öst. P.E.N. Club 60; Schreiberhäusl, A-6236 Alpbach (Wien 8.4.24). Sachbuch u. Roman.

V: Austria in Facts and Figures 49; Ungarischer Freiheitskampf 56; Fepolinski & Waschlapski auf dem berstenden Stern 76, Tb. 80; Besetzer, Toren, Biedermänner 80, Tb. 82; Der Konkurs 84.

Molitoris, Renate, s. Pilder-Klein, Hermine.

Moll, Manfred, M.A., Theologe; Luitpoldstr. 23, D-1000 Berlin 30, Tel. (030) 2113646 (Kassel 26.12.51). Lyrik.

V: Quadrille, Sarabande oder Garotte, G. 81.

Molsner, Michael, freier Autor; Jägersberg Hof 5, D-8975 Fischen 2, Tel. (08322) 6537 (Stuttgart 23.4.39). Roman, Essay, Film, Hörspiel.

V: Und dann hab ich geschossen, Krim.-R. 68, 79; Harakiri einer Führungskraft, Krim.-R. 69, 82; Rote Messe, Krim.-R. 73, 80; Auf der Suche nach dem Südland, Jgd.-Sachb. 79; Das zweite Geständnis d. Leo Koczyk, Krim.-R. 79; Eine kleine Kraft, R. 80;

Tote brauchen keine Wohnung, Krim.-R. 80; Wie eine rießende Bestie, Krim.-Erzn. 81; Die Schattenrose, Krim.-R. 82; Ausstieg eine Dealers, Krim.-R. 83.

MA: Bommi ist tot ... 76; VS vertraulich 79; Krimi-Jahresbd 81, 83; Klassenlektüre 82.

R: Gold unterm Sakko; Wie eine reißende Bestie; Ein bisschen Spaß; Der weiße Kittel; Das zweite Geständnis des Leo Koczyk; Mit unvorstellbarer Brutalität; Etwas ganz Schlimmes, alles Hsp.; Das zweite Geständnis; Tote brauchen keine Wohnung, beides Tatort-Fsf.

Lit: Politische Didaktik, Zs. f. Theorie u. Praxis d. Unterr. 81.

Molter, Günter *

Molzen, Gerty, Kabarettistin, Schauspielerin; Fördestr. 17, D-2392 Glücksburg, Tel. (04631) 8038 (Flensburg 30.1.06).

V: Das Gerty-Molzen-Buch 76.

Momberg, Hans-Jürgen, Forstingenieur, Forstmeister; Über dem Dorfe, DDR-5503 Ellrich-Ost (Werna, Harz 11.5.32). Novelle, Erzählung.

V: Auf grünen Pfaden, Erzn. 68, 71; Die Wolfsjagd, Erz. 70, 80; Gefährten der Wildmark, N. 71, 81; Der Adler vom Hohneklimp, Erz. 72, 76; Von Pirschen und Strecken, Erzn. 73; Der Ausreißer, Erz. 83.

Mommertz, Paul, Schriftsteller; VS 73; Pr. Autorenwettbew. d. Münchner Kammerspiele 62, Tukanpr. d. Stadt München 65; Werner-Friedmann-Bogen 18, D-8000 München 50, Tel. (089) 1491290 (Aachen 5.2.30). Drama, Film, Fernsehspiel, Hörspiel.

V: Aktion T 4, Dr. 63.

R: Aktion T 4 63; Wo ist Ruth? 67; Elektra 74; Hamsun 83, alles Hsp.; Aktion T 4 63; Walther Rathenau — Anatomie eines Attentats 67; L.D. Trotzki — Tod im Exil 67; Der Pedell (Geschwister Scholl) 71; Kriminalobermeisterin E. R. 73; Reinhard Heydrich — Manager des Todes 77; Der Überläufer. Der Fall Wlassow 77; Fluchthelfer gesucht 79; Grenzfälle 80; Wannseekonferenz 83, alles Fsp.

Mon, Franz (Ps. f. Franz Löffelholz), Dr. phil., Lektor; Karl Sczuka-Preis 71, 82; Reinhardstr. 12, D-6000 Frankfurt a.M., Tel. (0611) 523906 (Frankfurt/M. 6.5.26). Lyrik, Prosa, Drama, Essay, Hörtexte.

V: artikulationen, G. u. Ess. 59; sehgesänge, G. 64; ainmal nur das alphabet

gebrauchen, G. 67; Lesebuch, Lyrik,
Prosa, Drama 67; herzzero, Prosa 68; das
gras wies wächst 69; blaiberg funeral 69;
bringen um zu kommen 70, alles Hsp.;
Texte über Texte, Ess. 70; ich bin der ich
bin die, Hsp. 71; pinco pallino in
verletzlicher umwelt, Hsp. 72; da du der
bist, Hsp. 73; hören und sehen vergehen,
Hsp. 76/77; fallen stellen, G. u. Prosa 81;
wenn zum beispiel nur einer in einem
raum ist, Hsp. 82; hören ohne aufzu-
hören, G., Prosa, Ess. 82. —
MV: protokoll an der kette, G. 60/61;
verläufe 62; rückblick auf isaac newton,
Prosa 65.
MH: movens dokumente u. analysen
z. dichtung, bild. kunst, musik, archit. 60.
R: herzzero 68.

zu Mondfeld, Wolfram, s. Löwenstein-
Wertheim-Freudenberg, Wolfram.

Monorby, Eberhard, s. Moes,
Eberhard.

de Montléart, Alexander, Intendant;
VS 65; Dram. Ges. 66; Stadttheater, D-
2120 Lüneburg, Tel. (04131) 47047 (Berlin
9.10.37). Drama, Lyrik, Essay. **Ue:** I, F, S,
E.
V: Klippen. Tristas campanas, Lyrik
66, 67; Goethe 82 82; Der kleine Muck 82;
Die Freiheit, die ich meine ... 83.
F: Ein sardischer Alltag 64.
R: Mit Deiner Kraft nur trotze ich den
Winden 78.
Ue: Lope de Vega: Die Angel der
Kurtisane 70, Dorf in Flammen; Octave
Mirbeau: Geschäft ist Geschäft 72; Luigi
Lunari: Aber warum gerade ich? 75;
Eugene Labiche: Das Sparschwein 76;
Isaac Chocron: O.K. 76; Alberto
Adellach: Der verletzte Vogel 77; Emil
Augier: Der Pelikan 79; Goldoni: Die
übermütigen Frauen 79; Sophokles:
Antigone 82.

Monto, Carle, s. Kanis, Carl.

Moor, Ernestine, s. Morkepütz-Roos,
Erna.

Moos, Beatrix, Dipl.-Theologin;
Bahnhofstr. 26, D-8038 Gröbenzell, Tel.
(08142) 5628 (Augsburg 1.9.30). Kinder- u.
Jugendliteratur, Fachliteratur.
V: Meine Erstkommunion, Kinderlit.
77, 7.Aufl. 82. — **MV:** Maria — Der
Glaube hat viele Gesichter 76, 78;
Gewissen — Anruf u. Antw. haben vile
Gesichter 77; Das Glück hat viele
Gesichter 80, alle m. Köninger.

Moos, Hannes; Langenhoffstr. 11, D-
6227 Oestrich-Winkel.
V: Mosaik d. Stille 79; Im Netz des
Endlichen, Lyrik 81. ( )

Moosbach, Thea, s. Friebel-Röhring,
Gisela.

Moosdorf, Johanna; P.E.N.; Thomas-
Mann-Förderungspr. 50, Zuckmayer-
Preis 52, Kulturpreis d. Stadt Dortmund
(Nelly-Sachs-Preis) 63; Kastanienallee
27, D-1000 Berlin 19, Tel. (030) 3022931
(Leipzig 12.7.11). Roman, Lyrik, Novelle,
Drama, Hörspiel.
V: Brennendes Leben, G. 46, 47;
Zwischen zwei Welten, Nn. 47; Flucht
nach Afrika, R. 52 (auch amer., engl.,
franz., schwed.); Die Nachtigallen
schlagen im Schnee, R. 53; Der Himmel
brennt, R. 55; Schneestrum in
Worotschau, N. 56; Nebenan, R. 61 (auch
amer., engl.,schwed., poln., jugosl.); Die
lange Nacht, Erz. 63; Fahrt nach Matern,
Sp. 64; Die Andermanns, R. 69; Die
Freundinnen, R. 77; Sieben Jahr Sieben
Tag, G. 79; Neue Gedichte 83.
R: Ein blinder Spiegel, Hsp.;
Christian, Hsp.
Lit: Mechthild Andreae: Dortmunder
Vortr., R. B, H. 5: Gespräch mit Johanna
Moosdorf 64; Fritz Hüser: Dichter und
Denker unserer Zeit 65.

Moosmann, Gerd, Dr. med., Arzt;
Turnseestr. 4 a, D-7800 Freiburg i.Br.,
Tel. (0761) 700736 (Schramberg 4.8.46).
Roman.
V: Das Abitur oder die Leiden des
M.M., R. 77. ( )

Moosmann, Josef, c/o Styria-Verl.,
Graz, Öst.
V: Nur eine Taube, R. 83. ( )

Mor, Charlo, s. von Weber, Charlotte.

Mor, Charlot, s. von Weber, Charlotte.

Mora, Hedwig, s. Morawetz, Hedwig.

de Morales, Luis, s. Gosewitz, Ludwig.

Morawa, Michael, s. Menzel, Roderich.

Morawetz, Hedwig (Ps. Hedwig Mora),
Schriftstellerin; Drusenbergstr. 129, D-
4630 Bochum, Tel. (0234) 301287
(München 28.4.06). Roman, Novelle.
V: Privatklinik Dr. Gruber, R. 54; Die
schöne Witwe vom Seehof, R. 54; Das
Mädchen mit den Opalaugen, R. 54; Ich
bin dein Sohn, R. 54; Schatten der
Vergangenheit, R. 54; Welt ohne Klang,
R. 54; Heimat im Loisachtal, R. 55; Im
Schatten der großen Schwester, R. 56;
Die Rache der Rivalin 59; Die Ausge-
stossene 60; Wiedersehen auf Birkenau
63; Wie ein Sturm im Frühling 64;
Wohin treibst du, stolze Ruth 65;
Kleines Schloß im Loisachgrund 66;
Sabines tapfere Lüge 67; Verhängnis-
volles Schweigen 69; Nach langem Irr-

weg ein Licht 71; Blumen auf ein fremdes Grab 74; Briefe ohne Unterschrift 75; Als ihre Träume zerschellten 76; Wohin treibst du? 78, alles R.

Morawietz, Annemarie; Brunnenstr. 35, D-6696 Otzenhausen.
V: Emil Plusterdicks luftige Europareise 80. ( )

Morawietz, Kurt, Stadtangst. (Kulturamt), Redakteur; VS Nds. 59, 2. Vors. 75-81, P.E.N. 81; Ausldsstip. d. AA 63, Lyr.-Pr. Junge Dichtung Nieders. 71, Alfred-Kerr-Pr. (für die Horen) 80, Künstlerstip. f. Lit. d. Ldes Nds. 82; Junger Lit.-Kr. 51-64, Gründ.mitgl. Karl-May-Ges. 69, Mitgl. Heimatbund Nds. 70 (Red.: Autoren in Nds. s. 79), Dt. Schiller-Ges. 72, Sprecher d. Beirats Lit. i. Hann.Künstler-Ver. 73, Förd.-Kr. Dt. Schriftst. in Nds. u. Bremen 74, Vors. 82, Beirat Lit. i. Dt.-Ital. Ges. 78, Organis. Literanover, Lyrik-Telefon s.78, Autoren in Aegi s.80 (Kulturamt); Letterstr. 9, D-3000 Hannover Herrenhausen, Tel. (0511) 168-2563, Kulturamt (Hannover 11.5.30). Lyrik, Roman, Novelle, Hörspiel, Erzählung, Essay, Biographie, Kritik, Dokumentation.
V: Nkajala, R. 49; Droben in den Bergen, N. 52; Die Ihr noch atmet - Gedichte aus 13 Jahren 58; Gottfried Wilhelm Leibniz - Herrenhausen - Weimar, Ess. 62; Requiem für Deutschland, Beatnik-Song 64; Aufsätze aus zehn Jahrg. der Horen, Ess. 67; Ostwärts Westwärts, G. u. Kurzprosa 72; Quetzalcoatl, Poetry and Prose (dt.-engl.), SH 74; Jahrgang 30, G. 75, 78 (3.Aufl.); "Mich aber schone, Tod" — Gerrit Engelke 1890-1918, Biogr. 79; Gerrit Engelke, Dok. 80; Herrenhausen, Chronik einer Welfenresidenz und ihrer Gärten 1636-1980 81; Xylos-Kalender 1982, G. 81.
B: Lyrik im geteilten Deutschland (nach: Deutsche Teilung, Lyrik-Leseb.) 68, 69. — **MA:** Wegweisende Hände, Anth. 57; Junge Lyrik, Anth. 60; Schlagzeug und Flöte, Anth. 61; Große Niedersachsen, Samml. 61; 300 Jahre Herrenhausen, Samml. 63; machangel-reihe, Samml. jg. Autoren 64; Vierzig Jahre Goethe-Ges. Hannover, Festschr. 65; Deutsche Teilung, Anth. 66; In die Zeit gesprochen, Anth. 67; Das weite Tor, Leseb. 67; Feierabend-Anthologie 67; Kunstförderung Kunstsammlung, 125 Jahre HKV, Festg. 68; Das weite Tor, Leseb. 68; Das unzerreißbare Netz, Anth. 68; Almanach f. Literatur u. Theologie 3 69; Deutschland, Deutsch-

land, Dok.-Samml. 69; Klipp und klar, dt.-schwed. Leseb. 70, 72 (5. Aufl.); Brennpunkte, Anth. 71; Underground Scenen Reader, Samml. 71; Politische Lyrik, Leseb. 72, 80 (3. Aufl.); dialogi (serbokroat.), Samml. 72; Junge Dichtung in Niedersachsen, Anth. 73; Dichter, Schriftsteller, Verteller, Nds-Anth. 73; Landesbühne Hannover — 20 Jahre Herrenhausen, Festschr. 73; kreatives literaturlexikon, Samml. 74; Gegendarstellungen, lyr. Parodien, Anth. 74; Politische Lyrik, Schulb. 74; Postwar German culture in perspective, Samml. 74; l'allemand en classe terminale, Samml. 74; bundes deutsch, Anth. 74; Am Hohen Ufer, Kal. 75; Gegengesänge Parodien Variationen, Samml. 75; Sassafras-Blätter XV 75; Prosa heute, Anth. 75; Spektrum des Geistes, Kal. 76; Mein Land ist eine feste Burg, Anth. 76; Handschrift, Samml. 76; Lit. in Hannover - Hannover in der Lit., Katalog 76; Fünf Jahre Kleine Dach-Galerie, Festschr. 77; Festliches Herrenhausen, Samml. 77; Science Fiction Story-Reader Bd. 9 78; Liebe will Liebe sein, Anth. 78; Poesie-Telefon Basel 78; Lyrik-Telefon Hannover seit 78; Literanover — Lit. in und aus Hannover seit 78; Jahrbuch für Lyrik I 79; Die Zeit verweht im Mondlaub, Rengas 4 79; Über alle Grenzen hin, Anth. (dt.-schwed.) 79; Glanzvolles Herrenhausen, Samml. 80; Macht und Gewalt, Anth. 80; Heimatkunde, Samml. 80; Über Karl May, Samml. 80; Laßt mich bloß in Frieden, Leseb. 81; Jb. dt. Dichtung 81; KLV-Lager 1940-1945, Dok. 81; Frieden: Mehr als ein Wort 81, 5.Aufl. 82; Heimatbuch (Land Hannover), Samml. 82; Straßengedichte, Anth. 82; Friedenszeichen Lebenszeichen, Leseb. 82.
H: Am Lagerfeuer, Karl-May-Mschr. 53; Schlagzeug u. Flöte, Lyrik-Anth. 61; Die Königlichen Gärten — 300 Jahre Herrenhausen, Sammelbd. 63; Deutsche Teilung — Lyrik-Leseb. aus Ost und West, Dok.-Samml. 66; Festliches Herrenhausen — Musik und Theater im Königlichen Garten 1666-1977, Dok.-Samml. 77; Glanzvolles Herrenhausen — Geschichte einer Welfenresidenz und ihrer Gärten 1636-1980, Samml. 80; Die Horen, Zs. f. Lit., Grafik u. Kritik seit 55. — **MH:** machangel-reihe junger autoren 64; grafiker der horen, Katalog 76; Lob und Preis & Schimpf und Schande, Dok. Gerrit-Engelke-Preis 80; Niedersachsen literarisch — Biobibliographien, Texte u. Fotos von Autoren

aus Niedersachsen, 1. Bd. 78, 2. Bd. 81;
Lateinamerika, Sammlungen, 5 Horen-
Bde 76-83.
R: (MV): Der Unwiderstehliche, Karl-
May-Hb. 50; Go ahead, Hf. üb. die
Besiedlung u. Eroberung Nordamerikas
53.
S: Lyrik Hannover (gespr. u. vertonte
Texte) 79; Es wa(h)r einmal, gespr. und
vertonte Texte 80.
Lit: F. Lennartz: Dt. Schriftsteller der
Gegenwart, 11.Aufl. 78; K. Krolow:
Junge Lyrik in Niedersachsen 73; W.
Christian Schmitt: Leben von und mit
Gegensätzen 74; J.K. King: Zeitschriften
1945-70, Realien zur Literatur 74; W.
Gerlach: Die Horen-Story, Katalog der
Minipressen 76, 78; Rudolf Lange:
Inkommodieren durch Wort und Bild
76; D.P. Meier-Lenz: Zur gegenwärtigen
Literaturszene, in: Eine Heimat für
unsere Zukunft, Dok.-Samml d. Nds.
Heimatbundes 77.

Mordi, Sigrid, Vorschullehrerin,
Kindergärtnerin; Dept. of Management,
University of Nigeria, Enugu/Nigeria
(Merseburg 24.5.42). pädagogisches
Fachbuch, Kinderbuch.
V: Roland mag nicht 74; Dreckigsein
ist schön 75; Mini und Maxi 77, alles
Geschn. f. Kinder. — **MV:** Vorschulzeit,
Hdb. f. Eltern u. Erzieher 72. ( )

Morell, Juana, s. Gymnich, Heinz.

Morell, Max *

Morf, Doris, Schriftstellerin, National-
rätin; Gr. Olten 71; Jub.pr. d. Schweiz.
Lyz.clubs 64, Ausz. d. Stadt Zürich 66;
Möhrlistr. 120, CH-8006 Zürich, Tel. (01)
3635454 (Zürich 17.9.27). Roman, Fern-
sehspiel, Kurzgeschichte.
V: Das Haus mit dem Magnolien-
baum, R. 64; Die Entgolder, R. 66;
Vexierbilder, illustr. Kurzgesch. 68; Die
Katzen geh'n nach Wallisellen, R. 69;
Pfungg und Trix, Kinderb. 69; Zürcher
Vexierbilder, illustr. Kurzgesch. 76;
Zürichsee-Kalender 79.
B: Jack London: Westwärts 65. —
MA: Das Geburtstagebuch 67; Er-
fahrungen 70; Zürcher Album 70;
Menschereien 73; Zwischensaison 75;
Schweiz heute — ein Leseb. 76; Bewegte
Frauen 77; Fortschreiben 77; Anfällig-
sein 78; Wortzirkus Bramarbasani 79;
1984 82, alles Anth.
H: Das Geburtstagebuch, Anth. 67;
Geschichten von der Menschenwürde
68; Eine Schweizerin ist, wenn man,
Anth. 70.

R: Beni und Claudia, Fsp. 72; Die
Einbürgerung, Fsp. 76; Les Gogo-Girls
82.

Morgen, Jörg, s. Decker-Voigt, Hans-
Helmut.

Morgen, Jürgen, s. Decker-Voigt,
Hans-Helmut.

Morgen, Keith, s. Fürstauer, Johanna.

Morgenstern, Beate, Germanist; SV-
DDR 80; Hosemannstr. 6, DDR-1055
Berlin, Tel. 3655394 (Cuxhaven 15.4.46).
Prosa, Drama.
V: Jenseits der Allee, Erzn. 79, 81.
R: Pellkartoffel, m. S. Hentschel, Hsp.
u. Theaterst.

Morgental, Michael,
Geschichtenerfinder, Erzähler; VS 80,
VFS 80, ao. Mitgl. Japan P.E.N. Club 82;
Praterweg 10, D-8510 Fürth (Neisse/
Nissa a. d. Neiße, Schles. 30.5.43). Lyrik,
Roman, Novelle, Essay, Übers. **Ue:** J, E,
Esp, Chongono.
V: Kolektitaj metodoj de s-ro
Kanguruo: Kiel (mal) venkigi
Esperanton, Sat. auf Esperanto, seit 68
mehrere Aufl., auch in USA u. Japan;
Die Bibliothek des Wendelin Bramlitzer,
Erzn. 80; Garten zwischen
Lebensbäumen, phantast. Erzn. 83;
Grassamen, Senfkörner, Staub, G. 83.
H: Paul Dorninger: Die Erzählungen
des alten Gorfud, M. u. Gleichnisse 80;
Auch im dunklen Raum..., Haiku-Anth.
82.
Ue: Shinichi Hoshi: Ein hinterlistiger
Planet, SF-Kurzgeschn. 82; Taku
Mayumura: Der lange Weg zurück zur
Erde, SF-Erzn. 83 (auch Hrsg.).
Lit: Friedrich Quiel: Das Morgental
79.

Morgner, Irmtraud, Schriftstellerin;
SV-DDR 63; Heinrich-Mann-Pr. d. Akad.
d. Künste d. DDR 75, Nationalpr. 77; Am
Tierpark 52, DDR-1136 Berlin, Tel.
5256971 (Chemnitz 22.8.33). Roman,
Erzählung.
V: Das Signal steht auf Fahrt, Erz. 59;
Ein Haus am Rand der Stadt, R. 62, 64;
Hochzeit in Konstantinopel, R. 68, 79;
Die wundersamen Reisen Gustavs des
Weltfahrers, R. 72, 78; Gauklerlegende,
Erz. 70, 71; Leben und Abenteuer der
Trobadora Beatriz nach Zeugnissen
ihrer Spielfrau Laura, R. in 13 Büchern
u. 2 Intermezzos 74, 77; Amanda, Hexen-
R. 83.
Lit: Annemarie Auer: Trobadora
unterwegs oder Schulung im Realismus,
Ess. in: Erleben, erfahren, schreiben -

Werkprozeß i. Kunstverstand, Ess.-
Reihe 72. ( )

Morin, Michel, s. Riegel, Wilhelm
Michael.

Moritz, Cordula, s. Bölling-Moritz,
Cordula.

Moritzen, Hans; FDA 75; Dresdener
Str. 30, D-2214 Hohenlockstedt, Tel.
(04826) 5416 (Nordhastedt/Dithmarschen
15.11.11). Lyrik, Novelle, Essay.
V: Hand an' Ploog, ndt. Erzn. 38;
Friech-Monarch, Erz. 65; Morgen
schient de Sünn, ndt. G. 76; Menschen,
Erzn. 78; Das Papierschiff u. a. Erzn. 80;
Barfüsse am Bach, Erzn. 81.
Lit: Steinburger Jb. 78. ( )

Morkepütz-Roos, Erna (Ps. Ernestine
Moor); Königstr. 56, D-4050
Mönchengladbach 2, Tel. (02166) 40184
(Rheydt 26.2.24). Roman, Sachbuch.
V: Das Papierschiff, R. 57. — **MV:** Der
Augenblick der Brombeeren, in: Auf
den Spuren der Zeit, Anth. 59.

Morper, Hans *

Morris, Claude, s. Ilmer, Walther.

Morrisson, Henry, s. Bothe-Pelzer,
Heinz.

Morsbach, Emil Wilhelm, Kaufmann,
selbst. Handelsvertreter, Gesellschafter
d. Willi Morsbach oHG; Herichhauser
Str. 17, D-5600 Wuppertal 12
(Cronenberg), Tel. (0202) 473560
(Wuppertal/Cronenberg 6.3.15).
V: Wo die Wälder noch rauschen, R.
47, 5. Aufl. 61; Wo d. Amboss erklingt, R.
48; Die Antwort aus d. Sturm, R. 79; Das
eigene Gewissen, R. 83.

Morscher, Inge (Ps. Dapunt); Grazer
Autorenversamml. 74; Kapellenweg 3, A-
5162 Obertrum bei Salzburg, Tel. (06219)
607 (Zams/Tirol 13.5.43).
V: Vom Schtädtle und vom Ländle: Im
Bludazr Dialäkt (Mundart-Texte) 74.
MA: u.a.: Innsbruck 67;
Konfigurationen 69; Neue Texte aus
Vorarlberg 77; Dialekt — Wieder-
entdeckung des Selbstverständlichen 77.
R: Zu zweit, Hsp. 70; Vergebliche Ver-
suche einer Kontaktaufnahme mit
Umwelt und Mitmenschen, Hsp. 71;
Wellawääg guat tenglat gsii, Mda-Hsp. u.
Fsp. 75, 77.

Morshäuser, Bodo; Nürnberger Str.
18, D-1000 Berlin 30, Tel. (030) 2137623
(Berlin 28.2.53).
V: Alle Tage, G. 79; Die Berliner
Simulation, Erz. 83.

MH: Die Ungeduld auf dem Papier
und andere Lebenszeichen, m. Jürgen
Wellbrock 78.

Mortimer, Jack, s. Baumgartner,
Alfred.

Mortimer, Philipp, s. Brand, Kurt.

Morweiser, Fanny; Sperberweg 6, D-
6950 Mosbach/Neckar 2, Tel. (06261)
5261.
V: Lalu, Lalula, arme kleine Ophelia,
Liebesgesch. 71; La Vie en rose 73;
Indianer Leo, Erzn. 77; Ein Sommer in
Davids Haus, R. 78; Die Kürbisdame,
Erzn. 80; O Rosa, R. 83.

Morzfeld, Erwin (Ps. Robert Blayn),
RealschulDir.; Lit.pr. d. Stadt Watten-
scheid 48; Eppendorfer Str. 69, D-4630
Bochum-Wattenscheid, Tel. (02327)
73743 (Wattenscheid 1.10.23). Roman,
Lyrik, Essay.
V: Ich weiß nichts von dem Mord, R.
53; Er flog an meiner Seite, R. 57, 80.
MA: Kindler Alm. 61. ( )

Mosberger, Cathérine, s. Mosberger,
Katharina.

Mosberger, Elisabeta (Ps. Regine
Dadois), Englischlehrerin, Malerin;
St.S.B. 63; Roseggerförd.pr. f.
Kurzgeschn. 64; Ölzeltg. 1 b, A-1030
Wien u. Rosegger. 25, A-8700 Leoben,
Tel. (022) 756036 (Terlan/Ital. 27.5.24).
Lyrik, Drama, Erzählung. **Ue:** E.
V: Ein Sonntagskind 69; Grenz-
bereiche, Erzn. 79. — **MV:** Dichtung aus
der Steiermark 71; Anthologie österr.
Frauenlyrik der Gegenw. 72; Erdachtes -
Geschautes, Prosa-Anth. 75; Quer,
Lyrik-Anth. 76.
Ue: Marion Anderson: O Herr, welch
ein Morgen! 58.

Mosberger, Katharina (Ps. Cathérine
Mosberger), Schriftstellerin, Dr.phil.h.c.;
Lit. U. 67; apartado de Correos, Puerto
de Andraitx/Mallorca/Spanien (Muttenz
b. Basel/Schweiz 1.1.40). Lyrik, Roman,
Novelle.
V: Die Schatten folgen, G. 67; Wie
Jakobli unmoralisch wurde, Erzn. 68;
Die Nachtäugigen, R. 68, 84; Mit Dir und
mir, G. 71; Die Bewährung, N. 84.

Mosblech, Berndt, Verlagslektor; VS
seit 73, Die Kogge seit 75; Malkasten
Lit.pr. 73; Beecker Str. 154, D-4100
Duisburg 11, Tel. (0203) 557107
(Duisburg 1.9.50). Lyr. Prosa, Erzählung,
Essay, Literatur- u. Kunstkritik.
V: Ich erinnere ..., Erz. 73; Wo enden
eigentlich die Schlafgrenzen 73;
Gedanken an einen einzigen Sommer

(auch engl.) 74; Die Aufzeichnungen
eines Tages im unersättlichen Leben
des Morandinus Morandin 74; Ikarus
(auch franz.) 75; Der Wind hat sich
gelassen gedreht 76; Der Tag hat keine
Eile 76; Zwischen Abschied und Wiederbegegnung 77, alles lyr. Prosa; Wir
treffen uns bei Rimbaud 78; Nephelos
80. — MV: Olimpi, Erz. 75; Landschaft
zwischen den Zeilen, Ess. 75.
MA: in div. Zeitschriften und
Anthologien.
H: Lit-Laden 73; Der Morgen ist aus
Glas 73; Per Exempel 74; Leben ohne
Liebe ohne Leben leben 74; Entgegen-
gesetzt 74; Keine Zeit für Träumer 74;
Schwäne im Fallwind 74; Zeitloser Tag
74; Kreis und Quadrat sind unbestechlich 74; Im Bereich der Waage 75;
New Yorker Notizen 75; Für die Gegenwart bestimmt 75; Eine Wimper fällt
durch den Abend 76; Schiller ist tot,
Goethe ist tot, und ich fühle mich auch
schon ganz elend 76; Noch ist Raum 76;
Die Stunden des Wachens 76; Doppelspiel 77; Mit einem Mund voll Zukunft
77; Mitten im Strom 77; Aschensommer
78; Mutterland 78; Kurz vor Mitternacht
79; In der Kürze liegt die Bitternis 79;
Ein Stück weiter 79; Ein Wort gesagt zu
haben 80; Einverständnis 80; Dialogik
ins Ohr 80; Wendezeit 82; Bittschrift in
den Wind 83. — MH: Rose Ausländer -
Gesammelte G. 76; Gesichts-Punkte 83.
Lit: Neue Tendenz zur Subjektivität
in Neues Rheinld 74; Zu B. M.s
Gedanken an einen einzigen Sommer in
lobbi 7 74; J. P. Wallmann: Nachwort in:
B. M.: D. Aufzeichn. eines Tages im
unersättl. Leben d. Morandinus
Morandin 75; K. Marti: Nachwort in B.
M. Ikarus 75; Inge Meidinger-Geise: Zu
B. M.s: Der Wind hat sich gelassen
gedreht in lobbi 9 76; Martin Goppels-
röder: Über B.M. in Duisburger J. 5/79.

Moschko, Edmund Vincent, Dr.;
Großenstr. 28, D-2800 Bremen 1
(Dünenfeld/Oberschlesien 25.8.08).
V: Unvergessene Heimat Annaberg,
OS. 75; Zu Dünenfeld/Cisowa fing mein
Trauern an, Anthropol. angelegte Auto-
biogr. 77; Schwarzer und Weißer Adler
über Dünenfeld/Cisowa, Beitr. zur
Gesch. eines oberschles. Dorfes 79.

Mosebach, Martin, c/o Hoffmann und
Campe Verlag, Hamburg.
V: Das Bett, R. 83. ( )

Moser, Annemarie; Literar-Mechana;
1. Pr. im Profil-Autorenwettbew. 80,
Förd.pr. d. Landes Niederöst. 80, Otto-
Stoessl-Pr. d. Stoessl-Ges. 82; Podium

74, Literaturkr. Wr.Neustadt 77;
Pernerstorferstr. 21/2, A-2700 Wiener
Neustadt (Wiener Neustadt 17.8.41).
Lyrik, Roman, Hörspiel.
V: Anreden, G. 79; Türme, R. 81;
Vergitterte Zuflucht, R. 82.
R: Die Nova aus der Kindheit, Hsp. 81.
Lit: Hilde Schmölzer: Frau sein &
schreiben.

Moser, Bruno, Chefredakteur;
Prinzenstr. 51, D-8000 München 19, Tel.
(089) 1781832 (Oberkirch/Bad. 26.3.09).
Essay, Übers. Ue: F, I, Port.
V: Die Schwarze Mutter von Sao
Paulo — Brasilien heute und morgen,
Ess. 66; Die Sache mit dem Schicksal —
Sechzehn Kapitel, das Leben besser zu
verstehen, Ess. 76.
H: Das christliche Universum 81;
Große Gestalten des Glaubens 82; Das
Papsttum — Epochen, Gestalten,
Wirkungen 83.

Moser, Emil, ehem. Kfm.; Ehren-
urkunde d. Sudetendt. Landsmann-
schaft; Niedergirmeserweg 36, D-6330
Wetzlar, Tel. (06441) 33337 (Spieglitz/
Sud. 28.7.01). Novelle, Kurzgeschichte
(auch in Mda.), Gedichte.
V: Der "Wilde Bones", hist. Erz. 82.
MA: Nordmähr. Heimatbuch; üb. 200
Kurzgeschn. u. G.

Moser, Erwin, Schriftsetzer;
Eslarngasse 8/38, A-1030 Wien, Tel.
(0222) 7517665 (Wien 23.1.54). Roman,
Erzählung.
V: Jenseits der großen Sümpfe, Kd.-R.
80; Großvaters Geschichten oder das
Bett mit den fliegenden Bäumen, Kd.-R.
81; Das Haus auf dem fliegenden Felsen,
Geschn. 81; Die Geschichte von Philip
Schnauze, Bilderb. 82; Ein Käfer wie
ich, Kd.-R. 82; Der Mond hinter den
Scheunen, R. 82; Ich und der Wasser-
mann, Erzn. 83; Der glückliche Biber,
Bilderb. 83.

Moser, Heide *

Moser, Helga *

Moser, Jürg *

Moser, Stephan, Schriftsteller;
Förderungsbeitr. d. Aargauischen
Kuratoriums z. Förderung d. kulturellen
Lebens 79, Anerkennungspr. d. Kultur-
stift. pro Argovia 79; Rainstr. 33, CH-
5024 Küttigen, Tel. (064) 371967 (Zürich
16.8.59). Kurztexte, Erzählung.
V: Das Testament von Leopold dem
Selbstmöder, Prosa 79. ( )

Moser, Tilmann, c/o Verlag
Suhrkamp, Frankfurt a.M.

V: Lehrjahre auf der Couch 74, 76; Gottesvergiftung 76, 80; Grammatik der Gefühle 79, 82; Stufen der Nähe 81, 83; Familienkrieg 82; Eine fast normale Familie 82. ( )

Moshage, Julius *

Mosler, Peter, Schriftsteller; Dorfstr. 13, D-6484 Birstein-Wettges, Tel. (06668) 1367 (München 1.1.44). Prosa.
V: Was wir wollten, was wir wurden. Studentenrevolte — zehn Jahre danach 77, 5.Aufl. 82; Die vielen Dinge machen arm 81.

Mostler, Karl, Hauptschullehrer i.R.; Verb. d. Geistig Schaffenden; Hochsteing. 130, A-8030 Graz, Tel. (0316) 618554 (Graz 28.1.96).
V: Ohne Brücke, G. 76.

Motram, Peter, s. Seckleman, Peter.

Motschmann, Klaus, Dr., Prof.; Vorstandsmitgl. d. Berliner Autorenvereinig. 78; Ahrweilerstr. 12, D-1000 Berlin 33, Tel. (030) 8215324 (Berlin 4.3.34).
V: Evangelische Kirche und preußischer Staat in den Anfangsjahren der Weimar Republik 69; Sozialismus — Das Geschäft mit der Lüge 77; Oskar Brüsewitz: Sein Protest — Sein Tod — Seine Mahnung 77; Sozialismus und Nation 79; Zwischen Anpassung u. Widerstand. Positionen d. ev. Kirche zum Totalitarismus 79; Herrschaft der Minderheit 83.
MA: Wohin treibt Deutschland?, Sachb. 73; Rotbuch Kirche, Sachb. 76; Das Neue Rotbuch Kirche 78; Kreativität des Handelns. Festschr. f. Ludwig Eckes 78.
H: Flucht aus der Freiheit 82. — **MH:** Konservativ - heute, Zs. seit 69 (seit 72 Schriftl.).
s. a. Kürschners GK.

von Motten, Friede, s. Hofbauer, Elfriede.

von Moy, Johannes Graf, Dr. phil., Dr. phil. h. c., Gutsbesitzer; Schloß, A-5081 Anif, Tel. (06246) 2349 (Reichenau-Payerbach/NdÖst. 12.7.02). Novelle, Essay.
V: Das Kugelspiel, Erzn. 40, 47. — **MV:** Im Laufe der Zeit 40; Michajlowskoje in: Solange Dichter leben - Puschkin-Studien 49; Das Vermächtnis, Erz. in: Der Pegasus, Salzburger Dichteralm. 52; Phantastische Abenteuererzählungen, hrsg. v. Rudolf Hagelstange 61; Als

Diplomat am Zarenhof, mit Carl Graf Moy 71.
H: u.MV: Barock in Salzburg, Festschr. Hans Sedlmayr 77. ( )

M.P., s. Pflagner, Margit.

Mrasek, Karl Norbert, Direktionsrat i.P.; Kg. Eßlingen; Mähr. Dichterpreis, Anerkenn.pr. d. Sud.dt. Ldsmannsch. 67, Kulturpr. d. BRUNA 67, Joh. Heinr. Merck-Ehr. d. Stadt Darmstadt 67; Frankfurter Str. 2, D-6100 Darmstadt, Tel. (06151) 28543 (Brünn 9.5.92). Roman, Novelle, Lyrik. **Ue:** Tsch.
V: Sankt Georg mit dem Drachen, Nn. 16; Der Schönheitssucher, R. 23; Midasgold, R. 23; Norne, Nn. 24; Vom Erleben, G. 24; Histörchen aus dem alten Brünn, Nn. 28, 54; Die Säumerglocke, R. 32; Meister Inkognito, Nn. 34; Der Raub im Blick, N. 42; Aschenglut, Sp.; Barocke Sonette 47; Brünner Humoresken 51; Geschichten von daheim, Nn. 55; Aus innerer Schau, G. 56; Der Zaubergraf, N. 56; Mähren - Schlesien, Bildbd. 60; Ein Tor fiel zu, Nn. 61; Kein Meister fällt vom Himmel, R. 62; Erlebtes und Erdachtes, Nn. 62; Der 13. Hochzeitstag, Hum. 63; Balthasar und die Bischöfe, R. 66; Episoden und Burlesken, Erzn. 67; Zu Ende geht das Spiel, R. 72.
H: Ferdinand von Saar: Böhmisch-mährische Novellen 36.
R: Der Fang; Jubiläums; Das Duell, u.a. Hsp. ( )

Mrázek, Edith (Ps. Edith Sommer), Dr.phil; IG Autoren 82, Autorenverb. i. Verb. Geistig Schaffender 83, Verb. kath. Schriftsteller Öst. 83, Öst. Schriftstellerverb. 83; Pr. Lyr.- u. Prosawettbew. "Junge öst. Dichtung" 53; KÖLA 82, Kreis 82; Tallesbrunngasse 6/2, A-1190 Wien, Tel. (0222) 2347343 (Wien 28.1.27). Lyrik, Roman, Kurzprosa, Hörspiel.
V: Immer noch Hoffnung, G. 83.
R: Der Dichter 52, 54; Der Tag der Tage 53; Hokuspokus oder Cembyrek u. das Familienglück 53, 54.

Mrotzek, Siegfried, freiberufl. Übersetzer u. Autor; VS 72; Goethestr. 1, D-5804 Herdecke, Ruhr, Tel. (02330) 3000 (Stolp/Pommern 29.3.30). Lyrik, Roman, Epigramme. **Ue:** Ndl, E.
V: Kleinholz, Epigramme 79.
MA: Sie schreiben zw. Moers u. Hamm, Anth. 74; Geht dir da nicht ein Auge auf, Anth. 74; Mein Feierabend ist fünf Biere breit, Anth. 76; Neue Stories, Anth. 77; Frieden u. Abrüstung, Anth.

77; Das Ziel sieht anders aus, Anth. 82;
Nachwehen, Anth. 82.
H: Niederld. Bibliothek, R.-Reihe 79-
84. — **MH:** Mein Feierabend ist fünf
Biere breit, Anth. 76; Graue Hefte.
Ue: Jan Wolkers: Türkische Früchte,
R. 75; Miep Diekmann: De dagen van
Olim u.d.T.: Zwei Zeiten d. Lebens, Jgdb.
76; Paul Snoek: Auswahl aus versch.
Werken, Gedicht m. Stille geschrieben,
G. 76; Karel Verleyen: Bertus u. d.
Rufvogel, Jgdb. 76; Hester Albach: het
debuut u. een gezonde relatie u.d.T.: Das
Debut, R. 77; Jan Wolkers: Zurück nach
Oegstgeest, R. 79; Miep Diekmann:
Erzählt mal!, Jgdb. 80; Mies Bouhuys:
Ein Boot im Kornfeld, Jgdb. 80; Harry
Mulisch: Zwei Frauen, R. 80; Ward
Ruyslinck: Golden Ophelia, R. 80;
Clifford Wells: Abenteuer in Atalan,
Jgdb. 80; Jean Merrill: Der Krieg der
fliegenden Händler, Jgdb. 81.

Mrsic, Wilhelm, s. Mrsich, Wilhelm.

Mrsich, Wilhelm (Ps. Wilhelm Mrsic),
Dr. phil., Privatgelehrter; Salzstr. 9c,
Murnau/Obb. Berggeist 21, Tel. (08841)
9246 u. (089) 334208 (München 26.10.96).
Roman, Märchen, Lyrik.
V: Mächte. Vierzehn Gleichnisse vom
Sinn und Widersinn der Welt. M. 31; Die
Himmelsleiter. Der Aufstieg zur
chymischen Hochzeit, Epos 61; Ant-
worten auf Religionsfragen 65; Cyclus,
Der Wesen Sinn, Sonette 82.

Mucke, Dieter, freischffender Schriftsteller; SV-DDR 73; Str. der Aktivisten
28, DDR-4020 Halle (Saale) (Leipzig
14.1.36). Lyrik, Erzählung, Satire,
Kinderbuch.
V: Wetterhahn und Nachtigall, Lyr. 74,
76; Laterna magica — Bilder einer
Kindheit, Prosa 75, 80; Freche Vögel,
Lyr. 77, 82; Der Kuckuck und die Katze,
M. 77, 81; Ich blase auf dem Kamm, Lyr.
77, 82 (tsch. 80); Die Sorgen des Teufels,
sat. M. u. Geschn 79, 81; Die Erfindung
82, 83; Gute Zähne 82, 83; Das Nilpferd u.
das Heupferd u. das Seepferd 83, alles
Kdb.; Kammwanderung, Lyr. 83; Die
Lichtmühle, Lyr. 84.

Mucker, Gerda (Ps. Johanna Schilli),
Dipl.-Kaufmann, Bankangestellte; Lit.
Zirkel d. Bildungsver. Ternitz, NdÖst.
64; Grillparzergasse 11, A-2620
Neunkirchen, Tel. (02635) 35423 (Wien
15.10.36). Novelle, Lyrik.
V: Die Alm in Tirol, Romanette 77. —
MV: Erlebt — Erlauscht — Erdacht 69;
Gedanken am Feierabend 70; 20 Jahre
Lit. Zirkel 74; Blumenstrauß aus

Phantasie 78; Das silberne Jahr d. Lit.
Zirkel 79, alles Lyrik. ( )

Mudrich, Eva Maria, Schriftstellerin;
Pr. b. Science-Fiction-Hsp.-Wettbew. d.
Süddt. Rdfks u. d. WDR 72; Nußbaumstr.
10, D-6601 Saarbrücken-Schafbrücke
(Berlin 13.6.27). Hörspiel.
V: Das Glück von Ferida, SF.-R. 76.
R: Das Experiment; Das Glück von
Ferida; Abschied von Jeanette Claude;
Frankfurt; Wo blieb der 631. Tag?; Das
Haus am Meer; Röschen und die Vor-
ahnung; Kein Tag wie der andere,
Familien-Serie 26 Folgen; Das Ver-
mächtnis der Moorvögel; Die kalte Welt
des Gabriel; Der Musik-man; Anita; Das
Anschauungs-Objekt, alles Hsp. ( )

Mühe, Werner (Ps. Peter Dammann),
Chefredakteur i.R.; DJV (vorher Reichs-
verband d. Dt. Presse seit 32); Salzstr. 9c,
D-7737 Bad Dürrheim, Tel. (07726) 8515
(Dörpe, Kr. Hameln 9.1.06). Roman,
Tatsachenbericht, Jugenderzählung.
V: Das Gebot der Pflicht, R. 40; Der
Bund der Sieben, Jgdb. 50; Sieben auf
Ferienfahrt, Jgdb. 51; Die Abenteuer
einer Ferienreise, Jgdb. 72.

Mühl, Hermann (Ps. Gereon Bronoff),
Pfarrer; Rittlehnstr. 10, D-6400 Fulda
(Lampertheim 10.10.25). Erzählung.
V: Spessarträuber mögen kein Salz,
Erz. 81.

Mühl, Karl Otto, Export-Abteilungs-
leiter; Von der Heydt-Preis d. Stadt
Wuppertal 76; Rostocker Str. 12, D-5600
Wuppertal 1, Tel. (0202) 760061
(Nürnberg 16.2.23). Drama, Roman,
Fernsehfilm, Hörspiel.
V: Rheinpromenade, St. 73 (auch
niederl., franz., engl., dän., tschech.,
Schwyzerdütsch, Mundart-Übers.);
Rosenmontag, St. 74; Siebenschläfer, R.
75, Tb. 77; Kur in Bad Wiessee, St. 76;
Wanderlust, St. 77; Hoffmanns Ge-
schenke, St. 78; Die Reise der alten
Männer, St. 80; Kellermanns Prozeß, St.
82; Trumpeners Irrtum, R. 81.
R: Kur in Travemünde, Fsf.; Rhein-
promenade; Rosenmontag; Wanderlust;
Hoffmanns Geschenke; Kellermanns
Prozeß, alles Fsf. bzw. Bühnenauf-
zeichn.; Die Reise der alten Männer
(Africaans); Rheinpromenade (auch
engl., niederl. u.a.); Rosenmontag; Kur
in Bad Wiessee (auch dän., ital.);
Wanderlust; Hoffmanns Geschenke;
Morgenluft; Grabrede auf Siephacke;
Geh aus mein Herz; Tanzstunde; Keller-
manns Prozeß, alles Hsp.

Mühlbach, Renate, s. Tetzlaff, Irene.

Mühlberger, Josef, Dr.phil., Prof.;
Herder-Preis 38; Adalbert-Stifter-Preis
51, Andreas-Gryphius-Pr. 67, Ostdt.
Kulturpr. 68, Eichendorff-Lit.-Pr. 73;
Zellerstr. 25, D-7332 Eislingen-Fils, Tel.
(07161) 82668 (Trautenau/Böhmen
3.4.03). Drama, Lyrik, Roman. **Ue:** E, F,
Tsch.

V: Die Teufelsbibel, Leg. 25; Das
schwarze Buch, Ball. 25; Gedichte 26;
Aus dem Riesengebirge, Nn. u. Erzn. 29;
Singende Welt 29; Die Dichtung der
Sudetendeutschen in den letzten fünfzig
Jahren 29; Alle Tage trugen Silber-
reifen, G. 31; Fest des Lebens, Nn. 31;
Hus im Konzil, R. 31; Die Knaben und
der Fluß, Erz. 34; Wallenstein, Sch. 34;
Die große Glut, R. 35; Der goldene
Klang, Traumsp. 35; Schelm im
Weinberg, Kom. 36; Die purpurne Hand-
schrift, Nn. 47; Der Regenbogen,
Kurzgeschn. 47; Türkische Novelle 48;
Gedichte 48; Der Schatz, N. 49;
Pastorale, R. 50; Im Schatten des
Schicksals, R. 50; Geist und Wort des
deutschen Ostens, Ess. 50; Requiem, Dr.
51; Der Galgen im Weinberg, Erz. 51;
Verhängnis und Verheißung, R. 52; Die
Brücke, Nn. 53; Hofmansthal - Kafka,
Ess. 53; Buch der Tröstungen, Erzn. 53;
Die schwarze Perle, N. 54; Der Friedens-
tag, Dr. 55; Die Vertreibung, Erzn. 55;
Märchen und Märchenhaftes, Erzn. 55;
Das gestohlene Dorf, Dr. 55; Licht über
den Bergen, R. 56; Ich wollt, daß ich
daheime wär, Erzn. 59; Eine Kindheit in
Böhmen, Erzn. 60; Griechischer
Oktober, Ess. 60; Lavendelstraße, G. 62;
Ex corde lux, Ess. 62; Herbstblätter,
Erzn. 63; Das Ereignis der 3000 Jahre,
Ess. 64; Lesende Mönche, Erz. 65; Auf-
stieg, Höhe, Ende der Staufer, Ess. 65;
Adalbert Stifter, Ess. 66; Tal der
Träume, R. 66; Jahreskranz, Ess. 66; Das
hunderttürmige Prag im Spiegel dt.
Dichtung 69; Tschechische Literatur-
geschichte 69; Der Scherbenberg, Erzn.
71; Zwei Völker in Böhmen, Ess. 73;
Denkwürdigkeiten des aufrechten
Demokraten Aloys Hasenörl, R. 74;
Lebensweg und Schicksale der
staufischen Frauen, Ess. 77; Berühmte
und berüchtigte Frauen, Ess. 79; Notizen
einer Reise nach Regensburg, Ess. 79;
Bogumil, R. 80; Geschichte der
deutschen Literatur in Böhmen, Ess. 81;
Konradin von Hohenstaufen, Ess. 82;
Das Paradies des Herzens, Erzn. 82; Wo
ich daheim war, Erzn. 83.

H: Witiko, Zs. f. Kunst u. Dicht. 28 bis
30; Das hunderttürmige Prag im Spiegel
dt. Dichtung 69; Erzählungen der
Sudetendeutschen 74; Sudetendeutscher
Schicksalsweg, Quellen u. Urkunden 76.
Ue: Linde und Mohn, tschech. Lyrik
64; Jan Neruda: Kleinseitner Geschichten 65; Božena Němcová: Großmutter
69; Jiří Wolker: Gast ins Haus 69.

Mühldorfer, Albert, Lehrer; Sternstr.
14, D-8401 Alteglofsheim, Tel. (09453)
1515 (Regensburg 14.10.52). Lyrik,
Erzählung, Drama, Kurzhörszenen.

V: Ned blos Indiana, Mundartlyr. 78;
Vaheirat, Mundartszenen u. -lyrik 81.

MA: Kapfhammer: Oberpf. Lesebuch,
vom Barock bis zur Gegenwart 77;
Eichenseer: Zammglaabt, Oberpf.
Mda.dichtung heute 77; Eichenseer:
Oberpf. Weihnacht, ein Hausbuch vo
Kathrein bis Drei Kine 78; Merkle: Für
d' Muadda, Bair. G. 79; Schön:
Regensburger Lesebuch, Anth. Regens-
burger Autoren d. Gegenwart 79.

R: Zahlr. Mundart-Hörszenen seit 81.

S: Oberpfälzer Mundartdichtung —
Junge Autoren stellen sich vor, Mundartlyr. 79.

Mühleip, s. Müller, Heinz.

Mühlenfeld, Ulrich, s. Hauschild,
Reinhard.

Mühlenhaupt, Kurt, freischaffender
Künstler; Sakrower Kirchweg 15, D-
1000 Berlin 22 (Klein-Ziescht, Kr.
Jüterborg 19.1.21). Kinderbuch, Jugendbuch, Erzählung.

V: Sabine und ihre Puppe; Fische
Rüben Eierkuchen; Ringelblumen, Jgdb.
72; Haus Blücher Straße; Berliner Blau
81; Die lustige Tierschau von Kladau
82. — **MV:** Das Märchen vom kleinen
Herrn Moritz, m. Wolf Biermann. ( )

Mühlensiepen, Wilfried, Dr. phil.,
Stud.Dir. i. R.; Tonstr. 35, D-4100
Duisburg 1, Tel. (0203) 335433
(Düsseldorf 22.2.22).

V: Lehrer gezaust und gezeichnet 65.
( )

Mühlethaler, Hans, Lehrer; Gr. Olten
71; Lit.pr. d. Kts. Bern 68; Halen 43, CH-
3037 Stuckishaus, Tel. (031) 236617
(Zollbrück/Schweiz 9.7.30). Drama,
Lyrik, Novelle, Hörspiel.

V: Zutreffendes ankreuzen, G. 67;
Außer Amseln gibt es noch andere
Vögel, 10 Geschn. 69; Die Fowlersche
Lösung, R. 78.

R: Osterpredigt, Hsp.

Mühlfelder, Gottfried, Dr. phil., Dipl.-
Bibliothekar i.R.; Jahnstr. 18, D-6050
Offenbach a.M.-Bürgel, Tel. (0611)
862429 (Hanau 2.3.06). Drama, Lyrik,
Roman, Kurzgeschichte, Essay.

V: Der Abschied von der Welt, R. 30;
Kall un Madda, Dialekt-Kom. 49;
Naguliäsch, sat. G. 71.
MA: Humor-Box 59; Weltmelodie,
Anth. 68; Beitr. z. Offenbach heute u.
morgen, Aphoristik, Reimsprüche u.
Lyrik seit 73; Blumen haben Zeit zum
Blühen, Anth. 82; Aus der Sicht des
Bibliothekars 82.
S: Die Sache mit Laokoon (u.a.
Flausen) 71; Egbert u. Wanda (u.a.
Flausen) 72; Naguliäsch (u.a. Flausen)
76.

Mühlhofer, Inge od. Ingeborg,
s. Purner, Inge.

Mühlschlegel, Adelbert, Dr. med.,
prakt. Arzt i.R. (Berlin 16.6.97). Lyrik.
Ue: Arab, Per.
V: Gedichte, Lyr. 77.
Ue: Verborgene Worte 48; Sieben
Täler 63; Vier Täler 63; Das Buch d.
Gewißheit 69. ( )

Mühlstädt, Herbert, freischaff.
Schriftsteller; SV-DDR 68; Saßnitzer
Str. 24, DDR-2520 Rostock 22, Tel. (081)
711182 (Leisnig 6.10.19). Histor.
Belletristik.
V: Der Geschichtslehrer erzählt 61, 82
IV; Ebbo wehrt sich, Hist. Erz. 65, 83;
Radko läutet Sturm, hist. R. 69, 82;
Andres. Beiboot d. Lemme Pors, hist. R.
70, 76; Andres. Freund d. Likedeeler,
hist. R. 71, 83; Hans Warnke — ein
Kommunist, hist.-biogr. Erz. 72, 75; 172
Tage aus dem Leben des Lehrers Egon
Schultz, hist.-biogr. Erz. 73, 75; Die
Goldene für Fahrmaat B., Solo f. Schau-
spieler 76; Der Geschichtslehrer erzählt,
neue Fass. I: Von den Anfängen der Ur-
gesellschaft bis zum Ende des West-
römischen Reiches 80, II: Von den An-
fängen des Frankenreiches bis zum
Vorabend der deutschen frühbürger-
lichen Revolution 83. — **MV:** Die
Geschichte vom Heiner und der
Bohnensuppe, m. Maria Wissmann, Hist.
Erzn. 55, 58; Die unsere Welt verändern
halfen, m. Erich Rackwitz u.a., Biogr.
Erzn. 71; Jung sind die Linden, m. Claus
Hammel, Uwe Berger u.a., Anth. Berl.
Grenzsoldaten 71.

Mühringer, Doris, freischaff. Schriftstellerin; V.D.Ü. 66, P.E.N. 69, Ö.S.V. 70,
VS 71; Georg-Trakl-Preis 54, Lyrikpreis
d. Neuen Dt. Hefte 56, Förderungspreis
d. Stadt Wien 61, Gerhard-Fritsch-Stip.
71, Literaturförderungspr. des Landes
Steiermark 73, Öst. Staatsstipendium f.
Literatur 76/77, Silb. Ehrenmedaille d.
Stadt Wien 81; Goldeggasse 1, A-1040

Wien, Tel. (0222) 6530405 (Graz 18.9.20).
Lyrik, Kurzprosa. **Ue:** E.
V: Gedichte 57, Gedichte II 69; Staub
öffnet das Auge, G. III 76; Dorf und
Stadt, Kinderg. 60; Wald und Wiese,
Kinderg. 60; Das Märchen von den
Sandmännlein, Kinderbilderb. 61, 65;
Ein Schwan auf dem See, Spielbilderb. f.
Kinder 80; Vögel, die ohne Schlaf sind,
G. IV 84. — **MV:** Mein Tag — mein Jahr,
m. H. Valencak, Lyr.-Photob. 83.
Ue: Jade Snow Wong: Fifth chinese
daughter u.d.T.: Ein Chinesenmädchen
in Frisco 54; George Bruce: Ein Haus
voller Kinder 62; Walt Disney
Productions: Die Aristocats 71; Carl
Sandburg: Rootabaga Stories u.d.T.:
Zwei Hüte für Schnu Fu 74; Vivian
Pulle: Sie nannten ihn Jesusmann 75;
Alison Uttley: Little Grey Rabbit's
Storybook u.d.T.: Häschens
Geschichtenbuch 78.
Lit: Adalbert Schmidt: Zur Lyrik von
Doris Mühringer 59; Roman Rocek (Lit.
u. Krit. 52) 71; Karl H. Van D'Elden
(Podium 22) 76; Koppensteiner-
Bjorklund: Dunkel ist Licht genug, Zur
Lyrik von Doris Mühringer (Modern
Austrian Literature) 79; Bjorklund: The
Face Behind the Face, Interview with
Doris Mühringer in: The Literary
Review 82.

Mühsam-Levi, Else; Wangener Kreis
69, Kg. 70, ISDS 70; Max Lippmann-
Walter Meckauer-Gedenkmed. 71;
Gottfried v. Herder-Weg 2, D-7750
Konstanz, Tel. (07531) 64384 (Görlitz
8.5.10).
MA: Mein Vater Paul Mühsam
(Israel-Forum 11) 66; Paul Mühsam, Ein
jüdisch-schlesisches Dichterschicksal
(Schlesien III) 69.
H: ... seit der Schöpfung wurde
gehämmert an deinem Haus, Ausw. a.d.
Werk v. Paul Mühsam 70; Paul Mühsam:
Tao, der Sinn des Lebens 70; Paul
Mühsam: Der Ewige Jude 75; Paul Müh-
sam: Mein Weg zu mir. Aus Tage-
büchern 78; Paul Mühsam: Glaubensbe-
kenntnis 78; Paul Mühsam: Sonette an
den Tod 80; Paul Mühsam: Spiegelbild
eines Welterlebens 81.

Mülder, Friedrich, Dipl.-Designer,
Innenarchitekt; Schriftsteller in
Schleswig-Holstein u. Eutiner Kreis
e.V.; Albatrosstr. 8, D-2300 Kiel-
Schilksee, Tel. (0431) 391605 (Gildehaus,
Kr. Grafschaft Bentheim 2.7.32). Lyrik,
Kurzgeschichte, Novelle.
V: In Antennenwäldern hausen, Lyr.
78; Korrekte Zeitnahme, Lyr. 83.

Mülhause geb. Vogeler, Therese (Ps. Therese Mülhause-Vogeler), ehem. Lehrerin, Graphologin; VS 47, Arbeitskr. f. Dt. Dichtung 57; Am Ebelfeld 268, D-6000 Frankfurt a.M. 90, Tel. (0611) 762739 (Berlin 15.3.93). Romane, Drama, Essay, Lyrik, Novelle, Hörspiel.

V: Galathea, N. 21; Flucht in den Tod, Dr. 24; Freie Lebensgestaltung, Ess. 26; Lebensrhythmus, Ess. 27; Der Prozeßmüller, R. 42, 43; Stunde zwischen Tag und Traum, G. 61; Herr Walther v.d. Vogelweide, R. 71; Geschaut, empfunden, gestaltet, G. u. kl. Prosa 75.

R: Feierabend, Hsp.

Mülhause-Vogeler, Therese, s. Mülhause, Therese.

Müller, Alfred (Ps. Alfred Müller-Felsenburg), Schriftsteller, Lehrer i.R.; Autorenkreis "Ruhr-Mark", Hagen 62, VS in IG Druck und Papier 66; Vorschlagsliste des Intern. Büros "BICE", Paris 63/64, 3. Lyrikpr. zu Plastiken Karlheinz Urbans u. "Das Boot" 74, 2. Lyrikpr. beim Wettbewerb "Dome im Gedicht" d. Dr. G. Kranz 75, 2. Lyrikpr. b. Wettbew. "Zwei Menschen" v. Karlheinz Urban u. "Das Boot" 76, Hugo-Carl-Jüngst-Med. f. fortschrittl. Lit. d. Galerie u. d. Verlages Gey, Hagen 79, Arbeitsstip. d. Kultusmin. NRW 79, 2. Lyrikpr. Wettbew. "Unsterbliche Rose" v. Karlheinz Urban 81; Arbeitskreis "Das gute Jugendbuch", Essen 63, Literaten-Kr. Hagen 83; Lahnstr. 10, D-5800 Hagen, Tel. (02331) 86601 (Bochum 26.12.26). Roman, Lyrik, Essay, Erzählung, Kurzgeschichte, Jugendliteratur, Literaturkritik, Kurzspiel, wissenschaftlicher Bericht, Biographie, Seriendarstellung, Science-fiction-Stoff, religiöse Literatur, Liedtexte, Vortrag, Lesung.

V: Witt-Witt u. die Knallbonbons, Kinderb. 58; Die Verfolgten, Jgdb. 59, 61, Nachdr. in Serienform 70, 81/82 (auch in Blindenschrift); Die Abenteuer der Heiligen, Biogr. 64; Einmal noch nach Babylon, R. 65 (auch fläm.); Gott & Co., Gebete eines renitenten Laien, rel. Lyrik. 66 (auch fläm., ital., port.); Sie verändern die Welt, biogr. Berichte u. Erzn. 67; Ihr Erbe lebt, biogr. Berichte 68 (auch Blindenschrift 74); Du hast mich lieb. — Mein erstes Gebetbuch 67 (auch fläm., ökumenische Ausg. 69, 80 (franz. 80, z.T. vertont 71); Menschen im roten Netz, JgdR. 69; Aus dem Ärmel geschüttelt. Notizen eines dicken Mannes, der nicht Hamlet heißt, Ess. 69; Herr Seewind und Fräulein Regen-

wolke, Kdb. 70; Mündige Kinder — Mündige Kirche, Rel.-päd. Bericht 71;; Rauchen nicht gestattet! Science-fiction-Story 75; Jubiläumsschr. 1975 — Ortsverein Hagen des Deutschen Faktorenbundes e.V. besteht seit 21 Jahren 75; Kämpfer für die Menschlichkeit, Biogr. 77; Wasserdichtes Alibi, Short-Stories 77; Geheimbund der Drei, Jgdb. 78; Im Netz der Gewalt, Jgdkrimi 80; Große Christen, Biogr. I 80, II, III 81, IV 82; Ich will nicht zum lieben Gott — Probleme der religiösen Erziehung im Elternhaus, wiss. Arb. 82; Fröhliche Legende vom Christkind, der Maus und dem Hirtenknaben, Erz. 80; Römische Bilder, Versuch eines lyrischen Bogens oder: Impressionen einer Sightseeing-Tour, G. 81; Querfeldein, Texte der ErFAHRung und GeFÄHRdung, G. u. Kurztexte 81; Sand blüht auf, Lieder u. G. 82; Das Tagebuch des Fabian Molitor, Jgdb. 82.

MA: Arena-Taschenkalender 61; Christus lebt in Dir, Erzn. 65, 67; D. Bernsteinanhänger, Biogr. 71; Ruhrtangente - Jahrb. f. Lit. i. Nordrh.-Westf., Lyrik, Ess. 72/73; Lesestücke f. d. kath. Religionsunterr., Biogr. 71; Sie schreiben zwischen Moers und Hamm, Lyrik, biogr. u. bibliogr. Daten 74; Handschriften dt. Dichter, Lyrik 74; Werkbuch Thema Angst, Lyrik 75; Das betroffene Metall. Plastiken v. Karlheinz Urban, Lyrik 75; Dome im Gedicht, Lyrik 75; Heiligenlob mod. Dichter, Lyrik 75; Meinem Gott gehört die Welt, Gebete 75; Marienkalender St. Benno, Lyrik, Erzn. 70, 74; Hagener Heimatkalender, Lyrik, Erzn., Ber., Ess., Biogr. 71-84; Ansätze 3, Rezensionen 76; Nichts haben und doch alles haben, Lyrik 76/77; Kontakte, Gebete 76; Das Taschenbuch im Unterricht, päd. Bericht 77; Spiegelbild — Autorenkreis "Ruhr-Mark", Erz., Lyrik, bio-bibliogr. Texte 78; Liebe will Liebe sein, Lyrik 78; Loewes Detektivmagazin, Kurzgesch. 79; Das dritte Jahr, Lyrik 79; Begegnungen mit Gustav Regler, Essay 78; Die heilige Elisabeth. Das Leben der Landgräfin von Thüringen, Lyrik 79; 100 Jahre Kath. Gemeindeleben Halver, Biogr., Lyr. 80; Religiöse Spiele 2 für Gottesdienst und Gruppen, Kurzsp. 81; Mit Kindern reden — Mit Kindern beten, Gebete 80; 90 Jahre SGV Abteilung Hagen, Biogr. 81; Im Goldgrund des Seins, Lyr. 81; Hagen einst und jetzt, Biogr., G. 81; Hohenlimburger Heimatblätter, Lied 82; Doch die Rose ist mehr, Lyr. 82; Mutig werden —

Schritte wagen, Gebete 82/83; Haspe —
Eine Stadt im Wandel, Biogr. 82;
Pegasus 1982, Lyr. 82; Erzählbuch zum
Glauben — Die zehn Gebote, Erzn. 83;
Gesandt in eine Welt, Plakattexte 83.
H: u. MH: Geschichten I 74; Bis zum
Ende der Welt II, III 75; Advents- und
Weihnachtsspiele 78.
S: Warum versteht ihr mich nicht,
Hörbild/Erz. auf Kass. 79; Gespräch mit
Gott, Kass. (aus: Gott & Co.) 81; Gott gibt
Kraft, Kass. (aus: Gott & Co.) 81; Überall
ist Golgotha, Tonbild, Österliches
Morgengebet, Hb. (aus: Gott & Co.) 81.
Lit: Dr. W. Holzhauer: Ein
Kompagnon Gottes - Alfred Müller-
Felsenburg u. d. Engagement d. Schrift-
stellers 66; Lex. d. Jugendschriftsteller
in dt. Sprache 68; Hefte 1, Westf. Lit.-
Archiv 68; Siegfried Prinz: Strahlen der
Läuterung durcheilen das All. Zu d.
Gedichten v. A. Müller-Felsenburg 69;
Richard Althaus: Das Engagement d.
Schriftstellers A. Müller-Felsenburg 69;
Hermann Multhaupt: A. Müller-Felsen-
burg 72; Friedrich-Bödecker-Kreis:
Schriftsteller lesen vor Schülern — Vor-
schläge 75; Dr. W. M. Wegener: Ein
Autor sucht d. Auseinandersetzung 76;
"Die Schülerbücherei": A. Müller-
Felsenburg erhielt dritten Preis 75;
Gisbert Kranz: Christl. Dichtg. heute 75;
Hagen-Impuls: Alfred Müller-Felsen-
burg 79; Karin Bottländer in Magazin
R.: Sie schreiben im Pott, Alfred Müller-
Felsenburg 82, u.v.a.

Müller, Amei-Angelika, Hausfrau;
Andreästr. 15, D-7000 Stuttgart 50, Tel.
(0711) 565504 (Neutomischel, Polen
6.2.30). Roman.
V: Wilhelm Busch das Fernsehen und
ich 74, 8. Aufl. 78; Pfarrers Kinder,
Müllers Vieh, Memoiren einer unvollkommenen Pfarrfrau, R. 78, 80, Tb. 82,
83; Ich und du, Müllers Kuh. Die unvollkommene Pfarrfrau in d. Stadt 80;
Sieben auf einen Streich 82. ( )

Müller, André, Schriftsteller, Theater-
kritiker; P.E.N. 65, VS; Vorgebirgstr. 13,
D-5000 Köln 1, Tel. (0221) 318423 (Köln
8.3.25). Drama, Essay, Kritik, Roman,
Erzählung, Kinderbuch.
V: Kreuzung gegen Brecht 62; Der
Regisseur Benno Besson 67; Lesarten
zu Shakespeare 69; Anekdotisches
Spektakulum 70; Das letzte Paradies,
Kom. 70; Der Spiegelfechter, Kom. 71;
Friedrich Ludwig Jahn - Ein Festsp.,
Kom. 73; Halten Sie den Kopf hin, Marx
Anekdoten 77; Über das Unglück geist-
reich zu sein 78; Dalli, der Haifisch 78;

Felix, der Pinguin 79; Daphnis und Cloe,
Libr. 82; Den ganzen Fortschritt, den ich
sehe... Hacks-Anekdn. 83. —
MV: Geschichten vom Herrn B., 99
Brecht-Anekdn. 67, 80; Geschichten vom
Herrn B., 100 neue Brecht-Anekdn. 68;
aus beiden: 111 Brecht-Anekdoten 68, 80
(auch tschech.), alle m. G. Semmer; Der
Schauspieler Fred Düren, m. Karl-
Heinz Müller.
B: Doktor Ox, Libr. 80.

Müller, Armin; SV-DDR 48; Erich-
Weinert-Preis 59, Literaturpreis d. Stadt
Weimar 60, Heinrich-Heine-Preis 61,
Kunstpreis d. DDR 68, Nationalpreis 69;
Windmühlenstr. 26, DDR-53 Weimar,
Tel. 2114 (Schweidnitz 25.10.28). Lyrik,
Roman, Novelle, Schauspiel, Fernseh-
spiel, Hörspiel.
V: Hallo, Bruder aus Krakau!, G. 49;
Kirmes, Erz. 52; Sommerliche Reise ins
Nachbarland, Rep. 53; Seit jenem Mai,
G. 53; In den Hütten der Hoffnung, Rep.
55; Der Pirol und das Mädchen, Erz. 58,
62; Schwarze Asche - weiße Vögel, G. 59,
60; Reise in die Rhön, Rep. 59; Das
weiße Schiff, G. 59; Poem 59, G. 59, 60;
Du wirst dir den Hals brechen, R. 61, 63;
Reise nach S., G. 65; Der Maler und das
Mädchen, Erz. 66, 67; Franziska Lesser
71 (auch russ., bulg., rumän.); Sieben
Wünsche 74 (auch poln., slowak.); Der
goldene Vogel 75, alles Schausp.; Meine
verschiedenen Leben, Erz. 78, 83; Der
Magdalenenbaum, R. 79, 82; Taube aus
Papier, Erz. 81, 82; Ich habe den Thun-
fisch gegessen, G. 82.
R: Elstern, Fsp. 61; Der tanzende
Stein, Fsp. 63; Am dritten Montag, Hsp.
64, Fsp. 65; Am besten die Wahrheit,
Fsp. 65; Goldgräber, Hsp. 65; Fünf Tage
meines Lebens, Fsp. 66; Menschliches
Versagen, Hsp. 66; Wendeleit ist wieder
da, Fsp. 67; Geheimcode B 13, Fsp. 67;
Der schwarze Reiter, Fsp. 67; Die blaue
Muschel, Hsp. 67; Gesichter, Hsp. 68;
Jede Stunde deines Lebens, Fsp. 69;
Schwalben, Hsp. 70; Auskunft über
Franziska Lesser, zwanzig, Hsp. 70;
Junger Mann, Fsp. 71; Der Tod in der
Flasche, Fsp. 73; Mädchen mit Taube,
Hsp. 75.
Lit: Peter Reichel: Dauer im Wechsel,
Bemerkungen über Armin Müller,
Weimarer Beiträge 6/75; Rolf Rohmer:
Armin Müller, Theater d. Zeit, 6/75.

Müller, Artur (Ps. Arnolt Brecht,
Reinhold Georg); Südwestdt. Literatur-
preis, Adolf Grimme Preis m. Heinz
Huber; Parkstr. 18, D-8038 Gröbenzell,
Tel. (08142) 9395 (München 26.10.09).

Roman, Drama, Novelle, Film, Hörspiel, Fernsehspiel.

V: Das östliche Fenster, R. 36 (auch holl.); Traumherz, R. 38; Am Rande einer Nacht, R. 40; Fessel und Schwinge, ges. Dr. 42 (König und Gott, Tr. 35, Oliver Cromwell, Tr. 36, Didos Tod, Tr. 37, Demetrius, Tr. 38, Fessel und Schwinge, Sch. 39); Die wahrhaft Geliebte, N. 43; Im Namen der Freiheit, Sch. 49; Wacht auf, Verdammte dieser Erde, Sch. 50; Die verlorenen Paradiese, R. 50; Admiral Canaris, Sch. 52; Das vielbegehrte Sesselchen, R. 49; François Cenodoxus, Doktor von Paris, Sch. 54; Die letzte Patrouille?, Sch.; Das Dritte Reich, m. H. Huber 64 II (auch ital. u. span.); Die Sonne, die nicht aufging, Schuld u. Schicksal Leo Trotzkis 59; Gespräche zur Weltgeschichte 65; Die sieben Weltwunder 66 (auch engl. u. amerik.); Die Deutschen: Ihre Klassenkämpfe, Aufstände, Staatsstreiche und Revolutionen 72.

H: Dramen d. Naturalismus 62, 80. — **MH:** Dramen der Zeit, m. Hellmut Schlien seit 53.

R: Lucrezia Borgia (nach V. Hugo) 39; Die Kinder des Hauses 39; Soldat Karrer 47; Der Tod des Louis Capet 55; Revolution in Westminster 55, alles Hsp.; Der Volksfeind, Fsp. nach Ibsen 55; Die letzte Patrouille?, Fsp. 56; Das Grabtuch von Turin 58; Religion und Macht - Karl V. 58; Nicolas Chamfort berichtet 59; Louis Capet 59; Die Börse 60; Von Petersburg bis Kronstadt 60; Das dritte Reich (14 Folgen, m. Heinz Huber); Ignatius von Loyola 61; Wilhelm II. 62; Ich, Old Shatterhand und Kara ben Nemsi 62; Der Fall Shakespeare 62; Gerhart Hauptmann 62; Kaspar Hauser 63; Ich, der König 63; El Escorial 64; Sie nannte sich Mata Hari; Die sieben Weltwunder, 8 Folgen 64; Auf den Spuren Casanovas, 6 Folgen 67; Die Akte Giacomo Casanova, 2 Teile 68; Abracadabra, 10 Folgen 71; Santa Teresa de Jesus 72; Karl Marx 74; Der Vatikan, m. W. Bittorf, alles Fsp.

Lit: Franz Lennartz: Dt. Dichter u. Schriftsteller unserer Zeit 74; Wolfgang Petzet: Theater D. Münchner Kammerspiele 73.

Müller, Christa; Lennestr. 13, DDR-1500 Potsdam (Leipzig 8.3.36). Lyrik, Erzählung.

V: Vertreibung aus d. Paradies, Erzn. 79, 81. — **MV:** Kieselsteine, Lyr. 75. ( )

Müller, Detlef, Schriftsteller; Dramatiker-Union; Berg 12, D-8157

Dietramszell, Tel. (08176) 7176 (Halberstadt 1.5.29). Drama, Hörspiel, Kabarett, Fernsehspiel.

V: Moral im Gehäuse, Lsp. 55. — **MV:** Schieß mich, Tell, Musical 56; Völker, hört die Skandale 63; Kleiner Mann, was tun! 64; Bonn Quichote 64, alles Kabarett.

R: Das Merkwürdige in Herrn Huber; Ich, die Hauptperson; Der bürgerliche Kaiser; Der Geist von Nummer 17; Räuber und Prinzessin; Amphitryon 61; Autogramm aus dem Kittchen; Otto - oder der Dank des Vaterlandes ist ihm gewiß; Bericht über Zyskar; Klicke-Klacke; Ein Seehund geht durchs Nadelöhr, alles Hsp.; Unser Pauker (20 Folgen); Die Hupe (6 Folgen); Schlagzeilen über einen Mord; Drei Tage bis Allerseelen; Herr Soldan hat keine Vergangenheit; Euro-Gang (5 Folgen); Pfarrer in Kreuzberg (6 Folgen); Diamanten-Party; Geschichten zwischen Kiez und Kudamm I, II; Heinrich Zille; Myriam und der Lord vom Rummelplatz (6 Folgen); Wo die Liebe hinfällt; Der Alte (25 Folgen); Die geschiedene Frau (2 Folgen); Tatort (1 Folge), alles Fsp.

Müller geb. **Drenckhan**, Dorothee, s. Dhan, Dorothee.

Müller, Edmund, Oberforstmeister; Lindenstr. 42, D-6781 Merzalben/Pfalz, Tel. (06395) 585 (Wegscheidel/Allg. 2.2.02). Erzählung.

V: In Stunden der Stille, Erz. 63; Unter grünen Kronen, Erz. 64; Pirsch am Abend, Erz. 73; Im späten Herbst, Erz. 80. — **MV:** Auf Pirsch, Erz. 69. ( )

Müller, Edzard (Ps. Edzard Müller-Delmenhorst), ObStudR.; Edgar-Roß-Str. 11, D-2000 Hamburg 20, Tel. (040) 476330 (Delmenhorst 25.11.37). Geschichten.

V: Ein Pfarrer boxt fürs Federvieh, Gesch. 81.

Müller, Egbert-Hans (Ps. Reinhard Gröper), Leitender MinR.; Werfmershalde 6, D-7000 Stuttgart 1, Tel. (0711) 264752 (Bunzlau/Schlesien 23.2.29). Roman, Erzählung, Essay.

V: Limfjordmuscheln, R. 79.
MA: Versuch Walter Münch hochleben zu lassen.

Müller, Erich (Ps. Traudi); Thomas-Morus-Weg 35, D-4400 Münster/Westf., Tel. (0251) 270301.

V: Lachen, Witz und gute Laune 58; Tolle Sachen, zum Schmunzeln und zum Lachen 60; Die große Lachparade

64; Helau und Alaaf 72; Damen in der
Bütt 74; Heitere Vorträge 80.

Müller, Ernst, Werbefachmann; VS 82,
Europ. Autorenverein. Kogge 83;
Ernestinestr. 4, D-4630 Bochum, Tel.
(02325) 372540 (Bochum 27.1.35). Lyrik,
Roman, Kurzprosa, Essay.
V: Traumwüsten, R. 82.

Müller, Ewald (Ps. Jorg Lix), Dr.,
Chefredakreur; Auf dem Klemberg 19,
D-5000 Köln 50 Weiß, Tel. (02236) 66668
(Bauerwitz 20.12.33). Lyrik.
V: Elegien aus dem Büro 78.

Müller, Filip *

Müller, Gabriele (Ps. Gabrielle
Miller); Sprollstr.89, D-7000 Stuttgart 70.
V: Denk nichts Schlechtes über Tote,
Krim.-R. 82. ( )

Müller, Gerd-Gustl *

Müller, Gerhard Kassian (Ps. Gert
Müller), Redakteur; Turmbund, Bruder
Willrambund 52; Kravoglstr. 4, A-6020
Innsbruck, Tel. (05222) 467253
(Innsbruck 16.12.31). Lyrik, Roman,
Essay, Hörspiel, Film.
V: Und der Wind, den ich überall mit-
nehmen muß, Reiseerz. 67; Von
Menschen und Steinen, Erzn. u.
Kurzgeschn. 75; Die Beichte des Orazio,
Erzn. u. Kurzgeschn. 82.
MA: Brennpunkte 73; Das Fenster 77,
82; Tiroler Almanach 70-83; Ärztl. Reise
& Kultur Journal 79-83.
H: Das Auge des Pan. Lyrik v. Sepp
Weidacher 68.
F: Badgastein, zauberhafte Wirklich-
keit.
R: Ignazio ist kein Räuber; In den
Gassen der Medina; Indische Feigen;
Heisser Granit; Zwei Geschichten; Sand
aus der Sahara; Vernissage; Die
Sandrose; Planet der Automenschen;
Traum von der Lotosblüte; Die Beichte
des Orazio; Das Osterlicht; Eine Fiesta
in Cargèse; Vom einfachen Leben und
vom Kino; Die alte Frau und der
Garten; Wie Sand im Licht des Mondes;
Denis Brook und die Geschworene.
Lit: Wilh. Bortenschlager: Geschichte
der Spirituellen Poesie 76; Das Fenster
77.

Müller, Gert, s. Müller, Gerhard
Kassian.

Müller, Gottfried (Ps. Paulus Herzog),
Dr., Pfarrer; A.-Puschkin-Pl. 2, DDR-
6900 Jena, Tel. (0791) 24398 (Schweina
16.8.34).
V: Wer sich die Musik erkiest. Aus d.
Leben Thür. Kantoren 62; Das Feuer

brennt. Ber. ü. M. Luther 63, 65; Das
Rosenwunder, Sagen 67, 73; Der
Trompetenengel 68, 70; Links und
rechts der Autobahn 70, 72; Der Bischof
und sein Hirt, Sagen 70, 76; Das
Geschenk des Mönchs, Sagen 72, 75;
Romantische Reise 72, 75; (Paulus
Herzog:) Der Einsiedler, R. 74, 75; Wo
Jesus zu Hause war 75; Jerusalem und
sein Tempel 75; Jesus in Jerusalem 75;
Der heilige Brunnen, Sagen u. Bilder 77,
79; Die Glocke vom Adlersberg 78, 80;
Vom Olymp nach Korinth 79, 82; Unter
dem Christus vom Corcovado 81.
H: Nachdenken mit Gott 73, 74; Die
ersten Jahrzehnte, d. Neue Testament
m. Bildern u. Fakten aus seiner Umwelt
76, 83.

Müller, Günter; VS Nds. 67; USA-
Stipendium 76, Fördergabe zum Georg-
Mackensen-Literaturpr. 79, Niedersächs.
Nachwuchsstip. 80; Davenstedter Holz
57, D-3000 Hannover - Davenstedt, Tel.
(0511) 406867 (Bad Gandersheim 13.7.44).
Prosa, Lyrik, Hörspiel, Theater, Roman.
V: Impressionen und Ganzkurz-
geschichten, Lyrik 69; Am schwarzen
Brett, Lyr. u. Pr. 77; Die toten Fische
sind die Vorboten des stummen
Frühlings, Prosa 79.
MA: Das unzerreißbare Netz, Lyrik
68; Schaden spenden, Pr. 72; Stories für
uns, Pr. 73; Geht dir da nicht ein Auge
auf, Lyr. 74; bundesdeutsch, Lyr. 74; Der
rote Großvater erzählt, Pr. 74; Göttinger
Musenalmanach, Lyr. 75; Epigramme
Volksausgabe, Lyr. 75; Tagtäglich, Lyr.
76; Leseladen, Pr. 77; Tintenfisch 12,
Lyr. u. Pr. 77; Der fliegende Robert, Lyr.
u. Pr. 77; Niedersachsen literarisch, Lyr.
u. Pr. 78, 81; Kindheitsgeschichten, Pr.
79; Die Reise ans Ende der Angst, Lyr.
u. Pr. 80; Bilder der Hoffnung, Pr. 80;
Poesiekiste, Lyr. 81; Friedenszeichen/
Lebenszeichen, Lyr. u. Pr. 82; Die
Horen, Lyr. u. Pr. 126 82.
R: morgen, Morgen, MORGEN 73; Es
geht ums Köpfchen 74; Die toten Fische
sind die Vorboten des stummen
Frühlings 75; Wehe dem der sich
seitlich in die Büsche schlägt 76; Nicht
alle verlieren ihren Arbeitsplatz 77; Die
einfachste Sache von der Welt oder ein
Fachmann kommt 80; Von der Notwendigkeit zu leben 81; Die Schwimmer
83.
Lit: Heiko Postma in: Profile, Impulse
81.

Müller, Gustav Emil, Dr. phil., em.
UProf.; SSV; Luzerna-Preis 37;
Ehrenmitgl. Mark Twain Society u.

Eugene Field Society; Dufourstr. 15, CH-3005 Bern (Bern 12.5.98). Lyrik, Drama, Novelle, Essay. **Ue:** E.
V: Parazelsus, Dr. 25; Ein Zyklus in Arabesken 25; Sonette um Odysseus 31; Der Ruf in die Wüste, Dr. 31; Sinnbilder 36; Abseits 46; Indien. Drei Kreise 48; Lese 51; Der Augenblick 55; Der Verzicht, Erz.; Heimkehr, Erz.; Der Eselsritt, Erz.; Strohfeuer, Erz.; Die verscherzte Braut, Erz.; Eine Bubengeschichte, Erz.; Hegel. Denkgeschichten eines Lebendigen 59; Querschnitt, Lyrik 64; Nachlese, Lyrik 74; Zwischen Welten. 15 Erzn. 76; Schwimmer im Licht, Lyr. 82.
R: Die Heimkehr, Hsp.
Ue: Encyclopedia of Hegel 59.
s. a. Kürschners GK.

Mueller, H. C., s. Müller, Kurt.

Müller, Hannes E., Lehrer; ISV; Talackerhalde 19, CH-6010 Kriens, Tel. (041) 416359 (16.8.34). Jugendbuch, Kalenderredaktion.
V: Buschi, Erlebnisse eines Eichhörnchens 74; Treffpunkt Bauernhaus,Jgdkrimi 75; Schnurrli, Erlebnisse eines Kätzchens 76; Aktion U, Umweltschutzbuch 77; Was ist mit Tarzan los? 78. ( )

Müller, Hanswerner, Dr. jur. Bundesrichter i.R.; Im Druseltal 12, D-3500 Kassel, Tel. (0561) 304244 (Minden/Westf. 7.7.99). Fabeln.
V: Tierfabeln 78.

Müller, Harald; Roseggerstr. 12, DDR-1500 Potsdam.
V: Der Freiheit eine Gasse 75; Von Rastatt bis Versailles 77; Angeklagt und freigesprochen 78; Es begann auf dem Montmartre 82. ( )

Mueller, Harald Waldemar, Schriftsteller, Dramaturg; VS 72; Gerhart-Hauptmann-Förderpr. 69, Suhrkamp-Dramatiker-Stip. 69/70; Borkumer Str. 18, D-1000 Berlin 33, Tel. (030) 8244120 (Memel 18.5.34). Drama, Film, Hörspiel. **Ue:** E.
V: Großer Wolf; Halbdeutsch, zwei St. 70; Stille Nacht, ein St. 74; Strandgut, ein St. 74; Winterreise, ein St. 76; Henkersnachtmahl, ein St. 77; Frankfurter Kreuz, ein St. 78; Die Trasse, ein St. 80; Kohlhaas, ein St. 81; Der tolle Bomberg, ein St. 82.
F: (MV): Der plötzliche Reichtum der armen Leute von Kombach; Die Moral der Ruth Halbfass, beide m. Volker Schlöndorff.

R: Ein seltsamer Kampf um die Stadt Samarkand, Hsp.; Rosel, Hsp; Stille Nacht, Hsp; Strandgut, Hsp.; Winterreise, Hsp.; Der Zögling, Hsp.; Henkersnachtmahl, Hsp.; Das bunte Leben und der schwarze Tod von Walddorf, Hsp.; Stille Nacht, Fsp.; Der tolle Bomberg, Hsp.; Kohlhaas, Hsp.
Ue: Shaw: Pygmalion 70, Overruled u.d.T.: Es hat nicht sollen sein, Ländliche Werbung, Widower's Houses u.d.T.: Die Häuser des Herrn Sartorius, Androkulus und der Löwe, Der Mann des Schicksals; Seabrook/O'Neill: Life Price u.d.T.: Preisgegeben; Shaw: Man kann nie wissen; Bond: Die See; Modisane: Sitting Duck u.d.T.: Die Schießbudenfigur; Leave well alone u.d.T.: Immer schön in Ruhe lassen.

Müller, Heide Annemarie, c/o Ted-Siera-Verl., Hamburg.
V: Von Riesiggroß bis Klitzeklein, Tiergesch. 82. ( )

Müller, Heiner; Kissingenplatz 12, DDR-110 Berlin (Eppendorf 9.1.29).
V: Der Bau, Dr. 65; Philoktet. - Herakles 66; Texte, Samml. 74; Stücke, Samml. 75; Die Schlacht. Traktor. Leben Gundlings Friedrich von Preußen Lessings Schlaf Traum Schrei, Samml. 77, 2. Aufl. 81; Texte 77; Der Auftrag. Erinn. an e. Revolution 80; Quartett 80; Rotwelsch 82; Macbeth (nach Shakespeare) 82; Germania Tod in Berlin. Der Auftrag 83.
MA: Die Korrektur, Der Lohndrücker, beide m. J. Müller in: Der Weg zum wir 60.
H: Sophocles: Ödipus, Tyrann.
R: Die Korrektur, Hsp. m. J. Müller 57. ( )

Müller, Heinz; Hermann-Bruse-Platz 3, W. 138, DDR-3035 Magdeburg.
V: Zwei Fäuste Freundlichkeit, G. 81. ( )

Müller, Heinz (Ps. Mühleip), Maler, Zeichner; Rückerttalweg 41, Jagdhaus, D-6653 Blieskastel (Blickweiler/Saar 15.9.33). Fabeldichter, Epigrammatiker.
V: Mit Herz und Hand, Sinnsprüche, Aphor. 79.
Lit: Saarländ. Rdf., Lit.abt.. ( )

Müller, Heinz (Ps. Heinz R. Müller), Fürsorger; Johanneshaus, D-7532 Niefern-Öschelbronn, Tel. (07233) 67360 (Brätz 24.1.18). Poesie, Aphorismen, Erzählungen, Märchen-Übersetzungen. **Ue:** Serbokroat.
V: Nur wer sich wandelt, G. u. Gedanken 68; Die unbekannten Könige

des Herzens, Erzn. 72; Am Scheideweg,
G. 82.
Ue: Wege ins Andere Land, Serb. M. u.
Legn. m. e. sinndeutenden Anhang
versehen m. Ruža Cvetkov 72.

Müller, Heinz Ph., Kaufmann,
Verleger; Große Friedberger Str. 24-26,
D-6000 Frankfurt a.M. 1, Tel. (0611)
281791 u. 281970 (Frankfurt a.M. 4.5.20).
Heitere Frankfurt-Bücher, heitere
Lyrik.
V: Frankforter Ebbelwei-Bichelche 68,
76; Frohes Frankfurt-Bichelche 71;
Frankfurter Küch und Sprüch 75, 76;
Frankfurt fröhlich Tag für Tag 76. Lach-
hannes, Frankforter Verscher un
Bildercher 74, 76, 2 75, 76, 3 76;
Frankfurter Winterbichelche 77;
Sonniges Frankfurt 78. –
MV: Frankfurter Leut – Fröhliche
Menschen 79.

Müller, Heinz R., s. Müller, Heinz.

Müller, Helene; Fasanenweg 7, D-7311
Dettingen, unter Teck. Jugendbuch.
V: Das Kuckucksei, Erz. 54, 75; Wo
wirst du landen, Brigitte? 54, 78; Die
Fahrt ins Blaue, Jungengesch. 55, m. e.
weit. Erz. 65, 69; Die Flucht in die Freiheit 59; Schäfermärtes großes Erlebnis;
Reise zum Arlberg 61, 82; So geht's nicht
weiter; Zwei finden zusammen 61; Die
Abrechnung 62; Das bessere Erbteil 62,
81; Die seltsame Werbung 62; Die Flucht
in den Wald 62; Ein Fußball hüpft
durchs Treppenhaus. Eine Familiengesch. 64; Ein Mann fällt vom Himmel
64; Was der Mensch sät 65, 81; Lisbeth,
die Klassennull 65; Im Doktorhaus
geht's rund 65, 80; Hilfe für Bruno 65;
Vier freuen sich auf Weihnachten 65;
Eulenfels - Amerika und zurück 66, 80;
Juttas wunderlicher Weg 66; Barbara,
benimm dich 67 u. d. T.: Schock mich
nicht dauernd, Barbara 81, 82; Rolfs
große Mutprobe 67, 75; Die ungleichen
Zwillinge 68; Aufruhr in Klasse 1 70, 80;
Die gelbe Bernsteinkette 71; Auf Sand
gebaut 74; Traude, was nun? 75;
Unwetter über Siebenstein 75, 78;
Wirbel um ein Blatt Papier 76. –
MV: Ein Stück Wegs. 6 Spuren auf
hellem Grund, Erzn. 62.
MA: Wegblumen, Erz.-Reihe. ( )

Müller, Helga *

Müller, Helmut, Dr., Wiss. Bedien-
steter d. Inst. f. Jugendbuchforsch. d.
Univ.; Teplitz-Schönauer-Str. 7, D-6000
Frankfurt a.M., Tel. (0611) 639549
(Pirmasens/Pfalz 6.4.24). Kinderbuch,
Hörspiel. **Ue:** F.

V: Udo Strupps und Huckebein,
Kinderb. 66.
MH: Das Bilderbuch. Geschichte u.
Entwicklung des Bilderbuchs in
Deutschland von den Anfängen bis zur
Gegenwart 73, 2. Aufl. 75.
R: Der Käsedieb 65; Das Schloß-
gespenst 65; Der Wettkampf mit dem
Teufel 65; Das Geburtstagsgeschenk 65;
Die Gipfelstürmer 65; Die Weltraum-
fahrer 65; Seppel als Nikolaus 65; Ein
Christbaum, ein Weihnachtsstollen und
ein kleiner Ausreißer 65; Abu Hassan
66; Abfahrtslauf in Bratwursthausen 66;
Der räuberische Wilddieb 66; Löwen-
jagd in Bratwursthausen 66; Seppel
kombiniert 66; Kasper und Seppel im
Zoo 66; Die Flaschenpost 66; Abenteuer
in Venezuela 67; Kasper in Wild-West
67; Der vergeßliche Osterhase 67; Die
alte Seppelhose 67; Kirchweih in
Bratwursthausen 67; Der verlorene
Totenschein 67; Mit Schnorchel und
Harpune 67; Jubiläumsspiel beim FC
Bratwursthausen 67; Hilferuf aus
Niemandsland 67; Der Schaukelstuhl 68;
Das Riesenosterei 68; Besuch bei
Kasper Larifari 68; Der alte Staub-
sauger 68; Der Talisman 68; Das
Insektarium 68; Der Pfingstausflug 68;
Die Zeitmaschine 68; Die verrückte
Gitarre, alles Hsp.

Müller, Horst, Inhaber einer
Computerfirma; Mühlenfeld 4, D-3005
Hemmingen 1, Tel. (0511) 420021
(Wilhelmshaven 30.12.25).
V: Eingeschlossen in Lorient, Kriegs-
tagebuch eines Steuermannsgefreiten
78.

Müller, Horst H. W. *

Müller, Ingeborg *

Müller, Jonny, Lehrer; Schönebecker
Heidberg 35, D-2820 Bremen 70, Tel.
(0421) 665880 (Bremen). Lyrik.
V: ... die Sonne aber ... 76. ( )

Müller, Josef *

Müller, Josef; August-Bebel-Str. 40,
D-7500 Karlsruhe 21, Tel. (0721) 72916.
V: Großvadder, schwimm! Aus d.
Erinn. e. Karlsruhers 79.

Müller, Jupp (Josef); Literaturpr. d.
FDGB 59; Prenzlauer Promenade 155 D,
DDR-1100 Berlin, Tel. 4721574 (Weipert
28.12.21).
V: Auf den Spuren unsrer Siege, Rep.
59; Im Auftrag meiner Klasse, G. 59; Die
kontrollierte Sommerliebe, Sch. 65; Blas
heller die Welt, G. 71; Rauhreif und
Böhmischer Wind, G. 75; Hinter den
Spiegel zu stecken, Aphor. 75; Poetische

Hürdenläufe, G., Epigramme 77;
Pfennigwahrheiten u. Groschensprüche,
Aphor. 80; Gespitzt und gepfiffen, G. u.
Epigr. 82; Pfeffer- und Pfifferlinge,
Aphor. 83.
H: Das uns Gemäße 70; Wer bist du,
der du schreibst? 72, beides Anth.
schreibender Arbeiter.

Müller, Karlhans, Journalist;
Habichtweg 1, D-6072 Dreieich-
Buchschlag, Tel. (06103) 63595 u. (0611)
6905351 (Frankfurt/M. 16.2.38).
Sachbücher.
V: Airport der Zukunft/Airport of the
Future 72; Flughafen - Tor zur Welt,
Jgdsachb. 74, 76; Cockpit-Tower-Sicher-
heit, Luftfahrt in der Jumbo-Jet 78, 79;
Jagd nach Energie — Kohle, Öl und
Schnelle Brüter 79; Verkehrsarchitektur
in der Bundesrepublik Deutschland 80;
Das komplette Buch vom Fliegen 81;
Presse, Funk u. Fernsehen 82. ( )

Müller, Karlheinz; Holtenauer Str.
225, D-2300 Kiel.
V: Polizeiknüller, Geschn. u. Verse
über Wachtmeister Putz u. a. Polizisten
80. ( )

Müller, Katharina (Ps. Katharina
Hess), Bibliothekarin; SSV, Solothurner
Schriftstellerverb.; AWMM Lit.pr.;
Seidengut 15, CH-7000 Chur, Tel. (081)
227268 (Solothurn/Schweiz 22.10.35).
Romane, Erzählungen.
V: Nebel im November, R. 66; Wer ist
Alexander Hirt?, R. 70; Einer von uns,
Erzn. 71; Die Gegenspieler, R. 75; Ein
herbes Kraut, Erzn. 78. — **MV:** Das
große Bündner Wanderbuch, Bildb. 80;
Bahnerlebnis Graubünden, Bildb. 82.

Müller, Klaus (Ps. Stephan
Gräffshagen), Leit. Redakteur, Fern-
sehen, Bayer. Rdfk; 1. Lyrikpreis d.
schles. H. 44, Pr. d. Stadt u. Provinz
Viterbo 72; Pflegerstr. 3, D-8000
München 60, Tel. (089) 8114337 (Glatz
5.12.22). Lyrik, Novelle, Laienspiel,
Hörspiel, Jugendbuch, Film. **Ue:** E.
V: Der Falschspieler, N. 47. Das Spiel
von der Brudersuche, Laiensp. 47, 58;
Die Gralsucher, G.-Zyklus 47; Requiem,
G. 48; Der innerste Klang, Ess. 48; Am
Rande geschehen, Erz. 51; Der Schild
des Achilles, Jgdb. 52; Mit klarem Blick,
Jgdb. 53; 3 ernste Kurzspiele 56; Treff-
punkt Korea, Laiensp. 57, 60; Die Aben-
teuer Gottes 58; Bis um neun wird viel
geschehen, Jgdb. 66.
MA: u. **H:** Gespielt und Aufge-
nommen, Laiensp.-Fotob. 53; Das
Abenteuerbuch, Jgdb. 54, 59.

F: Nach wem du greifst ... 58.
R: Cliffie, Hsp. 54; SOS-Hedda, Hsp.
57; ca. 35 Fs.-Dok.filme 61-79.

Müller, Kurt (Ps. Hermann
Hilgendorff, Jack Fenton, William H. C.
Collins, H. C. Mueller), freier
Schriftsteller; Bahnhofstr. 58, D-6270
Idstein, Tel. (06126) 1634 (Schwerin/
Mecklenb. 29.9.95). Roman.
V: etwa 300 Bücher (u.a. Jack-Kelly-,
Percy-Brook-, William-Tex-Reihe) 20 —
45; Verwegenes Spiel; Menschen ohne
Gesicht; Schatten an der Grenze; Der
heimliche Bandit; Die Macht im
Dunkeln; Strolch aus Germany; Ein
Mann im Hintergrund; Der Tote auf
Urlaub; Ein Schuß fiel; Reise ohne
Wiederkehr; Der Ankäger; Chikagos
Steinschluchten schweigen; Gejagter
Mörder, Die Schlange; Im Schatten
Dartmoors, Kalt bis ans Herz; Treppen
ohne Hoffnung; Dunkle Hafengassen;
Der lächelnde Henker; Zelle 777; Harte
Fäuste ... heiße Colts; Gefangene der
Grenze; Und der Colt schweigt; Wo
Pferdehufe donnern ...; Blutige Sporen;
12 gegen Einen; Würfelbecher des
Grauens; Die schwarze Gräfin; Le Bean,
der Töter; Teehaus in Chinatown; Das
Schicksal straft; Auf wen der Tod
wartet; Schachspiel mit dem Henker; Es
begann in San Francisco; Gefährliche
Tante Betsy; Die große Angst; Panik im
Flugzeug; Schüsse in dunkler Nacht; Im
Kreuzverhör; Sümpfe des Vergessens;
Sein größter Trick; Der geheimnisvolle
Auftrag; 6 Finger Jonny; Unter dem
Todesstern; Niemand entgeht Scotland
Yard; Um ein Menschenleben; Des
Mörders Ende; Gefährliche Macht; Der
Totenvogel; Das Attentat; Wohnung des
Todes; Todesursache unbekannt;
Mörderspiel; Maske gegen Maske; Ich
oder ich?; Die Toten von Glenstedt; Die
Unterirdischen; Um eine Million; Der
Todeskutter; Nacht ohne Gnade; Satans
Söhne; Einer singt immer; Wer
ermordete Lady Catskil?; Mörder im
Haus; Frau ohne Gewissen; Der
zärtliche Henker; 12 Stunden Angst, alle
seit 45, u. etwa 200 weitere R. ( )

Müller, Margarete (Ps. Margarete
Müller-Henning), Dipl.-Dolmetscherin,
Fremdsprachensekretärin; RSGI 75;
Boessnerstr. 3 d, D-8400 Regensburg,
Tel. (0941) 23287 (Kiew 8.7.24). Lyrik,
Kurzprosa, Übers. **Ue:** R, E.
V: Am Hang, G., Prosa, Übers. 74;
Anfang des Kreises, G. 80.

Müller geb. Gögler, Maria (Ps. Maria
Müller-Gögler), Dr. phil.; VS, Bodensee-

klub; Nn.-Preis d. Bertelsmann-Verlages
55, Kulturpreis d. Städte Ravensburg u.
Weingarten 78; Meisterhofstr. 10, D-7987
Weingarten/Württ., Tel. (0751) 44466
(Leutkirch 28.5.00). Roman, Novelle,
Lyrik, Memoiren.

V: Laiensp. 24-26; Die Magd Juditha,
R. 35, 50; Doris und Herma, R. 37;
Beatrix von Schwaben, R. 42, 71; Karl
Erb. Das Leben eines Sängers, Biogr. 47;
Gedichte 47; Die Brautgasse, Erz. 48; Die
Flucht der Lessandra Fedéle, Erzn. 48;
Ritt in den Tag, Erzn. 50; Gedichte, N. F.
54; Der heimliche Friede, R. 55; Der
Schlüssel, N. 56; Lieder und Gesänge 60;
Täubchen, ihr Täubchen ..., R. 63; Wer
gibt mir Flügel, R. 65; Die Truchsessin,
R. 69; Bevor die Stürme kamen, Kindh.
erinn. 70; Die Frau am Zaun, Erzn. 70;
Hinter blinden Fenstern, Erinn. 73; Das
arme Fräulein, Erinn. 76; Der Schlüssel.
Vergriffene u. neue Erzn. u. Nn. 79; Der
Pavillon, R. 80; Werkausgabe in 9 Bdn
80; Athalie, R. 83.

Lit: Maria Müller-Gögler. Die Autorin
und ihr Werk 80.

Müller, Marlise; Rechbergstr. 14, D-
7067 Urbach/Rems (Urach, Kr.
Reutlingen 31.1.24). Novelle, Jugendbuch.

V: Der Weg nach Arles, Jgdb. 56; Sei
tapfer Maj 57; Zwölf Monate und ein
Licht 60; Schönstes Kindlein in dem
Stalle, Krippensp. 62, 78; Puig de l'Ofre,
d. Gesch. v. Ivar, d. keiner liebhatte 77;
Immer was Besonderes und Am
Kalfamer 78; Michel und die Ferien und
der Kampf bei der Hexenküche 78;
Tausend Mark für Angela u. e. weit. Erz.
80. — **MV:** Am ewigen Quell 56; Ein
Stück Wegs 62; Spur 15 63.

MA: senior (Red.) seit 70; Wegblumen,
Erz.-Reihe.

H: Enkel schreibt man nicht mit g 78,
81; Gute Gefährten in Fell und Federkleid 81. — **MH:** Man nehme eine Handvoll Heiterkeit 76; Stern über dunklem
Tal 77; Mit herzlichen Grüßen 78; Rauhe
Schale, guter Kern 79.

S: Die Davidsgeschichte 70; Die große
Sünderin 78; Jakob, der Gottesstreiter
78; Der Auferstandene am See Tiberias
79; Daniel und Belsazer 79; Der Rang-
streit der Jünger 79; Naboths Weinberg.
( )

Müller, Martin *

Müller, Norbert (Ps. Thorsten
Bergfeld); Marienbader Str. 24, D-8000
München 45, Tel. (089) 3111145
(Swinemünde 17.11.41). Roman, Satire,
Fernsehen.

V: Nachmittagssonne, R. 80.
R: Transit Muc, Fsf. 81.

Müller, Paul Emanuel, Dr. phil.,
Kantonsschulprof.; SSV; Prix du
Domaine de l'Ameillaud-Cairanne 80;
Seidengut 15, CH-7000 Chur, Tel. (081)
227268 (Olten 23.1.27). Drama, Lyrik,
Essay.

V: Kleines Weihnachtsspiel 60; Prin-
zessin Pimperlein 61; Auferstehung 61;
Andi 63; Heilige Nacht, szen.
Weihn.kant. 67; Der Hirt i der
Wiehnachtsnacht 67, alles Bühnensp.;
Wandlungen über Bleibendem 67; Der
Kampf um den Hochsitz, Erz. 69;
Geliebtes Land Graubünden 70, 75;
Leuchtendes Engadin 72; Die Regen-
harfe 72, alles Lyrik; Ich habe dich beim
Namen gerufen 72; Dichter erleben
Graubünden, Ess. 72; Passfahrten in
Graubünden 73, 74; Ich habe dich beim
Namen gerufen, Bühnensp. 73; Grau-
bünden — Land d. ungezählten Seen 74;
Wunderbares Immenland Graubünden
76; Gedichte 77; Bündner Haus —
Bündner Dorf 78; Vielgestaltiges Grau-
bünden 79; Das große Bündner Wander-
buch 80; Bahnerlebnis Graubünden
82. — **MV:** Am Fluß und in den Wäldern
66; Graubündens Schlösser und Paläste
I 69, II 74; Splügen 72.

MA: Wort um Wort 83.

R: Kleines Weihnachtsspiel; Heilige
Nacht; Der Hirt i der Wiehnachtsnacht;
Heiterkeit, güldene, komm 77; Alles
Große geschieht unter den Bäumen 78;
Die Melodie der Eisenbahn 79; Sie
sprechen mit dir von der Liebe 80; In
der Stunde X werde ich dennoch sagen
81; Wer soll dir Mut machen am Abend
82.

Müller, Peter, Journalist,
Schriftsteller; Ehrenl. d. Öst. Staatspr. f.
Kleinkinderb., Kinder- u. Jgd.lit. 63,
Österreich. Staatspr. f. Publizistik im
Interesse von Wissenschaft u.
Forschung 79; Brühlegg 8, A-2371
Hinterbrühl, Tel. (02236) 83185 (Wien
10.2.26). Biographien, Sachbücher.

V: Die Straße der silbernen Vögel,
Fliegerb. 61; Nadelstich ins Weltall,
Raumfahrtb. 63; Flugplatz über den
Wolken, Jgdb. 63; Ferdinand Porsche,
Biogr. 64; Detektive mit dem Skalpell 67;
Jumbo-Jets 70; Männer ohne Waffen 71;
An der Front der Menschlichkeit 72;
Straße der Sicherheit 73; Das große
Buch der Polizei 74; Das große Buch der
Feuerwehr 75; Atome-Zellen-Isotope,
die Seibersdorf-Story 77; Energie 78;
Austria-Innovativ 79; DC-9 Super 81 80;

Unser tägliches Brot 82; Airbus, der
flüsternde Europäer 83.

Müller, Rainer (Ps. Reiner Knüller),
Maler, Musiker; Gartenstr. 20, D-7320
Göppingen, Tel. (07161) 69311 (Stadtilm/
Thür. 16.1.52). Humor, Satire,
Aphorismen.
V: Banale Grande, Hum. 80.

Müller, Robert, s. Mateen, Gabbo.

Müller, Rudolf, Schulpsychologe;
Gritznerstr. 50, D-1000 Berlin 41, Tel.
(030) 8214954 (Berlin 14.5.29). Kinder-
literatur.
V: Kalle, Mücke, Otto und ich I (Aben-
teuer im alten Haus) 80, Tb. u.d.T.:
Tommi, Tina, Jan und ich 82, II
(Abenteuer in Schweinsbach) 81.

Müller, Siegfried (Ps. Felix Ponti),
Sonderklassenlehrer, c/o Sauerländer
AG, Aarau, Schweiz (Zürich).
V: Begegnung im Schatten, Prosa 76;
Die Holosophische Gesellschaft, Prosa
77; Spiralig einwärts ..., Poesie 80. ( )

Müller, Ulrich Friedrich (Ps.
Friedrich Bralitz, Fritz Waldeck), Dipl.-
Dolmetscher; Rößlstr. 17, D-8026
Ebenhausen, Isartal, Tel. (08178) 4111
(Hamburg 27.5.32). **Ue:** F, S, E.
V: Taschenbuch für Frankreichfahrer
54; Hundert Steckbriefe auf berühmte
Leute 59; Hundert Steckbriefe für Fort-
geschrittene 63; Zweihundertfünfzig
Steckbriefe 71.
H: Französische Reden 57;
Französische Gedichte 60, 82; Die
Französische Revolution 61;
Reportagen-Vorlesebuch 65.
R: Der Prozeß der Jeanne d'Arc 67;
Napoleons Weg vom Konsul zum Kaiser
67.
Ue: Stendhal: Blätter aus den Reise-
tagebüchern 55; Jean Giraudoux: Erzäh-
lungen 56; Gustave Flaubert: Sankt
Julian der Gastfreundliche 56; André
Gide: Aus dem Schwurgericht 56;
Vicente Blasco-Ibañez: Geschichten von
armen Leuten 57; Georges Simenon:
Maigret und der brummige Inspektor
58; Jean Froissart: Die Bürger von
Calais 58; Maupassant: Ausgewählte
Novellen 58; Cervantes: Ecklein und
Schnittel 58; Jean Giono: Die Garben
fallen 59; Moderne englische Kurzge-
schichten 60; Balzac: Napoleon 60;
Georges Courteline: Der häusliche
Friede 61; Jacinto Benavente: Kleine
Ursachen ... 61; Jules Roy: Schicksal
Algerien 61; Charles Perrault: Die
Märchen 62; Moderne französische
Erzählungen 63; Zeitgenössische

französische Erzählungen 64;
Klassische französische Erzählungen
64; Vercors: Die Druckerei von Verdun
64; Jules Roy: Der Fall von Dien Bien
Phu 64; Alphonse de Lamartine:
Gestalten der Revolution 65; Voltaire:
Philosophisches Taschenwörterbuch 66;
Französische Witze 67; Bernard Clavel:
Malataverne 67; Jean Marabini: Der
rote Oktober 67; Pierre-Henri Simon:
Woran ich glaube 67; Faits Divers 68;
Furet/Richet: Die Französische
Revolution 68; Alexandre Dumas:
Leckerbissen 69; Baltasar Gracián: Aus
dem Handorakel 70; Jean Anouilh:
Fabeln 70; François de Closets: Vorsicht,
Fortschritt! 71; Molière: George Dandin
71; Charles Baudelaire: Zwanzig
Gedichte in Prosa 73; Emile Zola: Wie
man heiratet und wie man stirbt 74; P.
Bonnecarrère u. J. Hemingway: Unter-
nehmen Rosebud 74; André Malraux:
Das Haupt aus Obsidian 75; Ch. u. M.
Lamb: Shakespeare nacherzählt 75/76
II; Stendhal: Rosa und Grün 77; Anatole
France: Der Fall Crainquebille 77;
Honoré de Balzac: Der Rekrut und der
Henker 77; André Malraux: Gäste im
Vorübergehen 78; Jules Verne: Ein
Drama in den Lüften 79; Rosenstiel-
Shoham: Der Sieg des Opfers 80; André
Malraux: Lazarus 80; Françoise Sagan:
Ein Traum vom Senegal 81; André
Malraux: Krieg und Brüderlichkeit 82;
Raymond Cartier: Vom Ersten zum
Zweiten Weltkrieg 82; Französische
Meistererzählungen 83.

Müller, W., s. Körner, Heinz.

Müller, Werner, c/o Goldmann-Verl.,
München.
V: Gold für tausend Jahre, R. 82. ( )

Müller, Winfried, Dr. med. habil.,
Prof., Augenarzt; Bechsteinst. 5 a, DDR-
5000 Erfurt (Schulzendorf/Kr. Teltow
28.11.32). Erzählung.
V: Briefe an dich, mein Kind 60, 68;
namenlos 60; Der Gärtner 60; Ohn-
händer-Variation 71; Hallo Engel 74; Die
Spur des K. Engel 78. — **MV:** Ein Stück
vom Ufer 60, 61.
s. a. Kürschners GK. ( )

Müller, Wolfgang *

Müller, Wolfgang, Maschinist f.
Schiffsmaschinen, Kranführer; VFF 75,
SV-DDR, ausgeschlossen 77;
Trachtenbrodtstr. 19, DDR-1055 Berlin,
Tel. 3664816 (Waren/Müritz 18.8.41).
Roman, Novelle, Film, Hörspiel.
V: Flußgeschichten, Erzn. 74, 82; Kein
Fall für sie, Inspektor, Krim.-R. 75, 77.

F: Feuer unter Deck, Spielf. 79.
R: Laßt das mal d. Wölfi machen,
Hsp.; Drei Hände Wasser aus dem Fluß;
Die Spur des Helfried Pappelmann,
beide Hsp. u. Fsf.

Müller, Wolfgang (Ps. Klaus Laufer,
Claudia Schandt), Grafiker; Willibald-
Alexisstr. 12, D-1000 Berlin 61, Tel. (030)
6927381 (Wolfsburg 24.10.57). Essay,
Film, Hörspiel.
MH: Geniale Dilletanten, Ess. 82.
F: Sabine — aus meinem Tagebuch
81; Material für die Nachkriegszeit 80-
82; fliegt schnell — laut summend;
Biotop Graupelbeerhuhn u.v.a., alle F.
80-83.
R: Doris und Inge, Hsp. 82; Doris vars
par en stigfinnaresträffande..., Hsp. 83;
Doris musicienne, Hsp. 82; Das Natur-
katastrophenballett u. Das Naturkata-
strophenkonzert, beides Fsf. 83.
S: Die Tödliche Doris: Der
siebenköpfige Informator, Tonkass. 80;
Die Tödliche Doris: Das typische Ding,
Tonkass. 81; Die Tödliche Doris: Die 7
tödlichen Unfälle im Haushalt, Schallp.
81; Die Tödliche Doris, Schallp. 82.

Müller, Wolfram (Ps. Wolfram
Ursprung), Dr., Geologe; VS 71;
Lothringerstr. 56, D-3000 Hannover-
Kirchrode, Tel. (0511) 527616
(Wuppertal-Barmen 7.10.21).
Jugendbuch.
V: Allahs Sonne ist heiß 57; Aben-
teuer unter Hellas' Sonne 59; Tamtam
im Urwald 62.

Müller-Beckedorff, Erich *

Müller-Beeck, Edith, s. Bergner,
Edith.

Müller-Bohn, Jost, Schriftsteller;
Charlottenstr. 111, D-7410 Reutlingen 1,
Tel. (07121) 42608 (Berlin 23.5.32).
Roman, Biografien.
V: Stunde d. Weltversuchung 68; Ein
neues Herz — besiegter Tod 69; Die aus
d. Osten kamen 70, 80; Entscheidende
Jahrhundertwende 72; Das Wunder v.
Lengede 75; Der König u. s. General 76;
Rettendes Ufer 76; SOS — Sturmflut 78;
Spurgeon — ein Mensch v. Gott gesandt
78; Von Ihm getröstet 79; Bleib du im
ew'gen Leben 1 80; Aus dem Feuer
gerissen 80; Mein guter Kamerad II 81;
Der Mensch Martin Luther 82; Auf dem
Lamm ruht meine Seele 82; Das geist-
liche Leben eines deutschen Malers,
Ludwig Richter 83; Denn ihrer ist das
Himmelreich 83 II.

Müller-Dechent, Gustl, Redakteur;
Dr. Joseph-E.-Drexel-Preis 65;

Ulmenweg 7, D-6368 Bad Vilbel, Tel.
(06193) 85978 (München 4.6.15). Lyrik,
Roman.
V: Wenn die Toaka ruft, Erz. 46; Die
Marktbärbel, Erz. 48; Schmalfilme -
mein Hobby 61; Filmen Perfekt 75;
Fotografieren Perfekt 76, alles Fachb.

Müller-Delmenhorst, Edzard,
s. Müller, Edzard.

Müller-Fehn, Gert *

Müller-Felsenburg, Alfred, s. Müller,
Alfred.

Müller-Garnn, Ruth, Hausfrau;
Biberweg 9, D-8878 Bibertal, Tel. (08226)
309 (Neisse/Oberschl. 10.12.27). Autobiographische Aufzeichnungen.
V: ... und halte dich an meiner Hand
77, 8.Aufl. 81; Das Morgenrot ist weit 80,
2.Aufl. 82; Wie man durchs Leben
stolpert 82.

Müller-Gögler, Maria, s. Müller,
Maria.

Müller-Härlin, Wolfgang, s. Thomas,
Manuel.

Müller-Henning, Margarete, s. Müller,
Margarete.

Müller-Indra, Maria, Striftstellerin,
Rezitatorin; Kg. 49; Hohenbühlweg 50,
D-7300 Eßlingen am Neckar, Tel. (0711)
379016 (Brünn/Mähren 25.12.99). Lyrik,
Erzählung, Märchen.
V: Sieh die Welt - das Licht ist groß,
G. 66; Wir überlebten, G. 70; Diese
unsere Tage, G.-band 77; Wege, G. 82.
MA: Auf meiner Straße, Anth. 75; Das
Mädchen Rosa und ihr Soldat, Erz.;
Autoren reisen, Anth. 76; Auf der
Schattenseite, Erz.; Die Versuchung des
Judas, Erz.; Johann der Gute, Erz.;
Tragödie eines Buchhalters, Erz.; Das
Tal der Treue, Erz.; Im Rosengässel,
Erz.; Zwei alte Leutchen, Erz.; Falter-
tanz, Erz.; Die Hauswurz, Erz.; Der
vierte König, Leg. nach e. R. v. Edzard
Schaper, gekürzt u. umgearb. f.
Rezitation u. Vertonung; Missa San
Michaeli, Komp. m. G. v. M. M.-I.; Alle
Mütter dieser Welt, Anth. 78

Müller-Jungbluth, Ulrich (Ps. Ulrich
Herbert Jungbluth),
Industriekaufmann; 1. Pr. Gedicht-
Wettbew. Arjupust; Ostpreußenstr. 5, D-
2322 Hohwacht, Tel. (04381) 458 (Küstrin
2.4.11). Lyrik, Roman, Novelle, Essay.
V: Basil R. 77; Probleme bei d. Tigern,
Fabuletten 78; Rektor Böttcher, R. 82;
Holdes Erinnerungen an Ostpreußen 82;
Meine Welt, Lyr. 83. ( )

Müller-Mees, Elke, s. Stawowy, Elke.

Müller-Platow, s. Albers, Herbert.

Müller-Ramelsloh, Otthinrich, RA.; Kant Plakette 79, Fritz-Reuter-Medaille 79, Johannes Gillhoff Pr. 80, Till Eulenspiegel Med. 80, Bismarck Bd Verdienstmed. 82, Gold. Ehrenring f. Lit. 82, Gold. Ehrennadel Landsmannsch. Mecklenburg 83; Dt. Akad. f. Bildung u. Kultur München ab 70, Arbeitskr. f. Dt. Dicht. Göttingen, Sokrat. Ges., Humboldt Ges. f. Kunst u. Wiss.; Bahnsenallee 46, D-2057 Reinbek, Tel. (040) 7224050 (Greifswald, Pommern 6.10.04). Drama, Essay, Lyrik, Kurzroman, Kurzgeschichte.

V: Lyrische Gedichte 68; Der Mensch im freiheitlichen Selbstvollzug seines Wesens 69; Der Neue Mensch; Der Antimonod, Ess. 70; Martin Luther 70; Giodano Bruno 71; Heinrich Schliemann, Ein Kampf um Troja 72; König Knut 72; Heinrich d. Loewe u. Friedrich Rotbart 73; Ludwig der Bayer 74; Karl V. 75; Dreipeldeiurns, niederdt. G. u. Kuzrgeschn. 76; Die Verantwortlichen, Kurzroman 76; Der Neue Mensch, Ess. 76; Tallyrand und Napoleon 77; Würfelspiele des Lebens, Lyrik, Kurzgesch. 78; Gedichte Geschichten Gedanken 78; Bismarck, Drama 79; Lichtinsel im Weltengrund, Ess. 79; Das Volk der Äonen, Ess. 80; Die letzte Schildunge, R.; Auf dem Jahrmarkt der Kunst u. des Geistes, Lyr., Kurzgesch. 82; Europa i. d. Krise u. der einzige Ausweg, Ess. 83.

Müller-Roland, Harald, s. Hauschild, Reinhard.

Müller-Schöll, Albrecht, Dr.rer.nat., Hon. Prof.; Felix-Dahn-Str. 66, D-7000 Stuttgart 70.

V: Pfeifen orgeln nicht nur sonntags, Geschn. z. Schmunzeln 76.
s. a. Kürschners GK. ( )

Müller-Stahl, Armin, Schauspieler; Bismarckstr. 30, D-1000 Berlin 39, Tel. (030) 8032305 (Tilsit 17.12.30). Roman.

V: Verordneter Sonntag 81.

Müller-Sternberg, Robert *

Müller-Tannewitz, Anna (Ps. Stine Holm, Anna Jürgen); VS; 1. dt. Jugendbuchpr., Kinderb. Verl. Berlin 79; An den Thermen 2, App. 226, D-7432 Urach 1, Tel. (07125) 7562 (Immekeppel/Rhl. 18.8.99). Kinder- und Jugendbuch, Roman.

V: Alut und der Zauberer, Eskimo-Erz. f. Kinder 48, 49; Pocahontas, Indianer-Erz. 49; Blauvogel, Indianer-Erz. 49, Tb. 10. Aufl. 79 (auch verfilmt) 79; Das Indianerspiel 52, u.d.T.: Ulla und

Klaus im Indianerland 59; Kleine Sonne Schonela 54, 79; Die weißen Kundschafter 55, 79; Die rote Lady, Indianer-Erz. 58, 79; Marys neue Schwestern 63, 79; Kleiner Bär und Prärieblume 65, 80; Der kleine Hase Mänäbusch 67; Das neugierige Stinktier u.a. Indianerm. 70, 71; Tochter der Prärie 70, 78; Avija, das Mädchen aus Grönland 71, 79; Akis Wunschring 74; Olga und ihr Pony 76; Hasengeschichten 77, 79.

MA: Besinnliche Stunden 48; Freundin aus der Fremde 63; Die Welt des roten Mannes 68; Abenteuergeschichten Arena 1 - 30 78; Helveticus 77, 78, 79, 80.

Müller-Wagner, Martina, Filialleiter; Pr. d. Volkshochschule Oberhausen 74; Hauptbahnhofstr. 20, D-8720 Schweinfurt, Tel. (09721) 84742.

V: Flüsterdeutsch 76; Ein krankes Wort, Prosa 81.

Münch, Karl, Dramaturg, Filmkaufmann; Kreuznacher Str. 6, D-7000 Stuttgart 50, Tel. (0711) 560119 (Berlin 29.2.16). Roman, Film, Hörspiel.

Ue: F.

V: Nous L'avons échappé..., Kriegstagebuch 47; Im Krieg u. in d. Liebe..., R. 78. ( )

Münchow, Heinz (Ps. Torsten Kösselin), Schriftsteller, Regisseur; VS 70; Ausldsstip. d. AA 72, Förderpr. d. Ldes Bad.-Württ. 78; Burgviertel 9, hist. Blauer Turm, D-7107 Bad Wimpfen, Tel. (07063) 8928 (Dramburg/Pommern 26.5.29). Hörspiel, Fernsehfilm, Jugendroman, Anthologie.

V: Ein Junge mit Pfiff 69; Mücke, der Lausbub 70; Mücke und der alte Kapitän 70; Ricky Rotruchs und sein Club 71; Unser Boß heißt Kalle 71; Mücke als Detektiv 71; Mücke und sein bester Freund 71; Dirk und das runde Leder 73; Dirk, Artist im Fußballtor 73; Schwimmas Bertchen Bangbüx 73; Pfifferling und Schummelmeier 75; Eine Klasse geht auf Tour 79; Das geheimnisvolle Fernglas, Jgdb. 80; Das Geheimnis der sieben Siegelringe, Jgdb. 80; Das fliegende Wunderrad, Jgdb. 80; Hypochonder Balduin, R. 83; Hugo Kümmerlings Schokoladentag, Bü. 83. — **MV:** Städtebrevier Rhl.-Pf. 72; Galina, greif die bunten Träume 73; Begegnung i. der Schwibbogengasse, R. 78; Das untere Neckartal, R. 78.

B: Hein Schlotterbüx 68; Flucht nach Costa Rica 68.

F: Türmereien aus Bad Wimpfen, m.a. 79.

R: Der ideale Ehemann, Hsp. 63; John
D. Rockefeller, Hsp. 63; Der Taxifahrer
63; Rund um den Funkturm, Hsp.;
König Lehrling, Fsdokumentation 64;
Ehepaar ohne Kind sucht Wohnung,
Fsp. 64; Die Kaiserpfalz, M. aus d. Oden-
wald 82; Mein Freund Heinz Wunder-
lich 82.
S: Sperrmüll, m.a. 82; Der Dichter vom
Porte da Mar 82.

Münchow, Vera (Ps. Vera Anders),
Schriftstellerin; VS 70; Ausldsstip. d. AA
72, Förderpr. d. Ldes Bad.-Württ.;
Burgviertel 9, hist. Blauer Turm, D-7107
Bad Wimpfen, Tel. (07063) 8928
(Königsberg/Ostpr. 27.12.43). Jugend-
roman, Anthologie, Schauspiel.
V: Unsere Freundin Sonny 69; Ulf hat
Köpfchen 69; Drei Mädel im Forst 70;
Die jungen Vier vom Waldrevier 70; Alle
halten zu Patsy 71; Keine schaffts wie
Sandra 71; Marlis und die Oldtimer 71;
Roswitha löst den Fall 75; Kleine Bärbel
ganz groß, Jgdb. 75; Man hat es nicht
leicht mit 17 78; Abenteuer im Land-
schulheim, Jgdb.; Haltet den Dieb,
Kindertheater; Der Heise Hahn 78;
Spektakel um den Vogelweidler, Sch. 81;
Gerichtstag zu Heuchlingen, Sch. 83. —
MV: Galina, greif die bunten Träume 73;
Begegnung in der Schwibbogengasse, R.
77; Das untere Neckartal, R. 78.
S: Sperrmüll, m.a. 82; Wär' ich der
König dieser Welt 83.

Münster, Clemens (Ps. Markus
Schröder), Dr. phil., Prof., Fernsehdir.
a.D.; Salzstr. 1, D-8229 Ainring, Tel.
(08654) 59423 (Cochem/Mosel 15.1.06).
Roman, Erzählung, Essay, Fernsehspiel.
V: Das Reich der Bilder 49; Mengen,
Massen, Kollektive 52; Scherben, die
Aufzeichnungen des Georg C., R. 64;
Aufstand der Physiker, Erzn. 68.
H: Die Bundesrepublik heute 65. —
MH: Ingeborg Bachmann Werke 78.
R: Bericht von den Inseln 63; Rette
sich wer kann oder Dummheit siegt
überall 66; Der Zeuge 71, alles Fs.

Münster, Gudrun, freie Schrift-
stellerin; Freudenthal-Preis d. Freuden-
thal-Ges. 70, Förderpr. d. Hebbel-Stift. in
Schlesw.-Holst. 72; Eggerstedtsberg 42,
D-2082 Uetersen, Tel. (04122) 2031
(Uetersen 30.1.28). Lyrik, Erzählung,
Hörspiel, Kurzprosa - ndt. u. hochdt.
V: Ünner de Wega, ndt. G. 71; Nöt
sammeln, ndt. Kurzprosa 73; Vun'n
Lannen na de Stadt, ndt. Erzn. 77;
Wiehnachtsmann sien Huus, ndt. Weih-
nachtserzählungen 80; Legend vun de
Christroos, Bü. 74, 81.

MA: Minschen ut uns' Tiet;
Wiehnachtstied is Wunnertied;
Fruenstimmen; Dar is keen Antwoort
70; Niederdt. Lyrik 68; Spraak, du singst,
Kl. Lyr.-Anth. 70; Musik, Leseb.
schlesw.-holst. Autoren 80.
R: Lütte Reis na Hogenäs, ndt. Hsp.
58; Üm Gott sien Gaav, ndt. Hsp. 60; De
blaue Bloom, ndt. M. 73; Dat Slott in'n
Bullensee, ndt. u. hdt. Send. üb. d. Kr.
Rothenburg/Wümme 74; Meerwief u.
Klabautermann, ndt. Sagen 78; Ndt.
Erzn. 78/79; Theoterspeelen, Bi'n Buern,
Een Winterdag, Dat letzte Fest up
Haslhoff; Glückstadt, Hsp. ndt. 78; Na
günt Siet, ndt. Hsp. 79; Bishorst, ndt.
Hsp. 80; To Besöök up Island, ndt.
Reiseber. 82; De Jäger un sien Hund,
ndt. N. 83.
S: Vun Lüüd, de plattdütsch snackt 80.
Lit: Günter Harte: Platt mit spitzer
Feder 78.

Münster, Hans Hinrich, Verwaltungs-
angest.; VS 55; Stormarnstr. 20, D-2208
Glückstadt, Tel. (04124) 4446 (Glückstadt
19.9.21). Drama, Hörspiel, Kurz-
geschichte.
V: Korl Piper sien Kniper, Lsp. 47;
Spektakel um Kassen Dutt, Lsp. nach
Julius Pohl 48; De dröge Hinnerk, Kom.
49; Snieder Wibbel, Kom. nach Hans
Müller-Schlösser 49; Käppen Braß sien
dullen Törn, Seemannsgarn op'n
Schippergillendag 49; Stint maakt Wind,
Lsp. 49; De söte Deern, Lsp. 51; De
Peperkur, Lsp. 51; In Dübels Köök, Lsp.
56; Twölf is de Klock, Lsp. 56; De erste
Mann an de Sprütt 56; Paula Suhr ehr
Rheumakur; Wat'n Tostand in'n
Ehestand; De Düsenjäger; Wenn de
Froo nich to Huus is 65; Kur in Bad
Krötenbach 71; Kur in Bad Krötenbeek
71; Kuniberts Tante 71; Op Hasenjagd
nah de Reeperbahn 71; De verdreihte
Ehemann 71; So'n Hund as mien
Hannibal 71; 500000 Eier, Schwank 79;
De Rentenjäger, Schwank 79;
Fiefuntwintig Jahr nah de Hochtiet,
Lsp. 79; Familie Voss, plattdt. Lsp. 83.
B: De Reis' noh'n Hamborger Dom
(nach Theodor Piening); De ol Mann, de
wedder noh Schol geiht (nach Wilhelm
Wisser); All mien Geld (nach Molière)
63, 82; Mal to Huus, Komödie (nach
John Murphey) 82.
R: Hein Butendörp sien Bestmann
(nach Ferdinand Oesau); Klaas Kalfater
sien Tierntheater; Snuten un Poten;
Dremal wat vun Leev; Den Herrn
Pastor sien Koh 71, alles Hsp.

Münster, Thomas, Dipl.-Ing.; Heßstr.
38, D-8000 München 13
(Mönchengladbach 24.9.12). Roman,
Essay, Novelle. **Ue:** E, F, H, I.
V: Sprich gut von Sardinien, Ess. 58;
Die Sardische Hirtin, R. 60; Kreta hat
andere Sterne 60; Reise nach Europa,
Jgdb. 61; So ein verrückter Hund, Jgdr.
61; Des Kaisers arme Zigeuner, R. 62;
Partisanenstory, R. 63; Jugoslawien, Ess.
66; Zigeunersaga 69; Arpad der
Zigeuner, Jgdr. 73, 76 (auch holl. u.
schwed.); Arpad reitet weiter, Jgdr. 74,
76 (auch holl. u. schwed.); Einladung
nach Kreta, Ess. 75, 76; Süditalien, Ess.
78, Tb. 81; Peloponnes für Kenner, Ess.
80, u.d.T.: Peloponnes, Tb. 82; Des
Kaisers verfluchte Zigeuner 80; Kreta
für Kenner 81.
F: Begegnung in Salzburg 64; Die
Affäre Walrawe 80.
R: Scirocco, Hsp. 54; Ein Taxi für den
Frieden 65; Der Gürtel 66; Ein Haus für
Perjapaskero 72; Arpad der Zigeuner,
Serien 73, 74; Bitte laut klopfen 75, alles
Fsp.
Ue: Leon Garfield: Das Geheimnis des
schwarzen Engels 68; N. Ph. Davis: Die
Bombe war ihr Schicksal 71; Wunder-
bare Welt, Jgdb.-Serie I — VI 69/70 (mit
Benjamin Britten, Imogen Holst, Ronald
Jessup, Lancelot Hogben, Julian
Huxley); Alain Arvel: Vorstadtsommer
79; Mary White: Dominik 80 u. d. T.:
Poloponnes, Tb. 82. ( )

Münster, Tonio, s. Richter, Georg.

Müntefering, Gert K., Fernseh-
Redakteur; Kasparstr. 18, D-5030 Hürth,
Tel. (02233) 66722 (Neheim-Hüsten
28.11.35). Roman, Essay, Film.
V: Liebe Eltern, liebe Kinder, Lach- u.
Sachgeschn. z. Kinderfernsehen 74;
Kanalligator 82.
F: Kanalligator, Zeichentrickf.; Als die
Igel größer wurden, Zeichentrickf.

Münzberg, Olav, Religions-,
Philosophie-, Kunstwissenschaftler,
Schriftsteller; Wilmersdorfer Str. 106, D-
1000 Berlin 12, Tel. (030) 3242341
(Gleiwitz 25.10.38). Lyrik, Prosa, Essay,
Rezension, ästhetische Theorie.
V: Rezeptivität u. Spontaneität 74;
Eingänge — Ausgänge, 1962 u. zehn
Jahre danach, G. und Kommentier., e.
Experiment 75; Ich schließe d. Tür u.
fange zu leben an, Prosa 83. — **MV:** Die
Schwierigkeit Kunst zu machen —
Antriebe zu ihrer Vergesellschaftung,
über ihr Selbstverständnis und über die
Bedingung ihrer Tätigkeit in der
kapitalistischen Gesellschaft, m. H.

Pfütze, H. Kutzner, L. Wilkens 73; Mexi-
kanische Wandmalerei d. XX. Jahr-
hunderts 83/84 VI.
MA: Jose Clemente Orozco 1883-1949
81.
H: Gewalt ist Armut, G. v. Elisabeth
Münzberg 82. — **MH:** Aufmerksamkeit
— Klaus Heinrich z. 50. Geb. 79.

Muenzer, Paul, Dipl.-Ing.,
Entzifferungsexperte; Prosa-Pr. vom
Alemann. Gesprächskreis, Freiburg 76;
Erzgiessereistr. 26, D-8000 München 2
(Kehl a.Rh. 18.12.28). Lyrik, Essay.
V: Dichten und Denken, Blitze aus
heiterem Himmel, G. 80; Die
Viereckschanzen in Baden-
Württemberg und Bayern, die heiligen
Haine der Kelten, Lyr. u. zusammenfass.
Beschreib. 80; Spiralförm. Inschriften
auf Scheiben u. Schalen v. König Minos
bis Knut dem Großen 81.
R: Diese unsere Welt, Hörfk-Serie 79;
Alles rollt, Die spiralförmig beschrie-
benen Scheiben der Antike 79.

Müschner, Gerhard, Dr.med., Arzt f.
Allgemeinmed.; BDSÄ; Hinterbergstr. 8,
D-6200 Wiesbaden-Igstadt, Tel. (06121)
501701 (Tranitz, Kr. Cottbus 17.11.19).
Heitere Lyrik.
V: Lebenswahrheiten, G. 79.
MA: Jb. dt. Dichtung 80, 81;
Dichterhandschriften unserer Zeit.

Müssle, Hans Peter, Dr. phil., Doz.;
FDA 78; Turmbund 72; Heinleinstr. 33,
D-8000 München 71, Tel. (089) 7915153
(Ingolstadt 22.12.27). Lyrik, Erzählung,
Essay. **Ue:** J.
V: Vor Tag und Nacht, G. 66; Vivendi
ars moriendi, G. 71; Weltgrundgedicht
73; Confessio poetica oder Dichtung als
Zeit, Ess. 78; Sonnenstillstand, Poet.
Texte, Erzn. 81.
MH: Bayern - Ein Land verändert
sein Gesicht 56.

Muhr, Caroline, s. Puhl, Charlotte.

Muhrmann, Wilhelm (Ps. Pit van
Loon, Willem van Yzeren-Loon,
Eberhard Muri, Wolfgang Förster, Jutta
Steiner, Aja Berg, Alrun von Berneck, R.
A. Dieschen, Arlette Antibes, Daisy
Osterburg), Journalist; Westfalenstr. 48,
D-5860 Iserlohn, Tel. (02371) 67787
(Iserlohn 23.11.06). Roman, Kurz-
geschichte, Satire, Lyrik, Tierge-
schichten.
V: 143 Krim.- u. Unterhaltungs-R.;
Pennälergeschichten; Und Gott ging
ausser Landes, polit. R.

Mulac, Marlies, Hausfrau; Ges. d.
Freunde dt.spr. Lyr. 82,

Kulturgemeinschaft Der Kreis 82,
ARGE Literatur 82; Grundackergasse 3/
3, A-2630 Ternitz, Tel. (02630) 8197
(Düsseldorf 19.8.21). Lyrik, Novelle.
V: Wirklichkeiten — Träume —
Wünsche, Lyr. 82.
H: Blumenstrauß aus Poesie 74; Das
Silberne Jahr des Literarischen Zirkels
im Bildungsverein Ternitz 79, beides
Anth.

Muliar, Fritz, Prof., Burgschauspieler;
P.E.N. Österr. 81; Roseggerstr. 16, A-2301
Großenzersdorf (Wien 12.12.19). Roman,
Novelle, Essay.
V: Damit ich nicht vergess 67; Streng
indiskret 70; Wenn Sie mich fragen 72;
Die Reise nach Tripstrill und zurück;
Österreich wohin du schaust 83.
R: (MA): 5 Muliar-Shows f. Fs.; 30
Send. Jidd. Gesch.; Schwejk, 13 Folgen;
Karl der Gerechte, 10 Folgen, beides
Bearb.
S: F. Muliar erzählt jüdische Witze; F.
Muliar erzählt wieder jüdische Witze;
Damit ich nicht vergeß, Phonogr.; F.
Muliar - Ein Portät; F. Muliar - Peter
Wehle, eine Reise; 6 Kleinpl.

Mullère, Lisette, s. Seidel, Georg.

Multer, Rita, Hauptlehrerin; Am
Gellert 2, D-8077 Winden am Aign, Tel.
(08453) 8163 (Larsbach 21.1.30). Roman.
V: Liebe mich mit treuem Sinn, Hist.
R. aus d. 15. Jh. 80; Die Landshuter
Fürstenhochzeit, Hist. R. um d. Hochzeit
Hezog Georgs d. Reichen aus d. 15. Jh.
83.

Multhaupt, Hermann, Redakteur; JV
65, VS 75; 2. Preis im Lyrik-Wettbew. d.
Lit.-Zs. Das Boot 76, Förder-Stipendium
des Ldes NRW 78, Hugo-Karl-Jüngst-
Med. f. fortschr. Lit. 80, 1. Pr. Lyrik-
Wettbew. d. Lit.-Zs. Das Boot 81, Kath.
Journalistenpr. 81; Württemberger Weg
27, D-4790 Paderborn, Tel. (05251) 48124
(Beverungen 7.4.37). Erzählung, Roman,
Novelle, Reportage, Lyrik.
V: Bilder im Brunnen, G. 68; Der Floh
im Zoo, G. 69; Pavel Pock und die
Wunderschreibmaschine, Erz. 72; Feuer-
alarm, Jgdb. 73; Kreisel ich bin, G. 73;
Singst du noch einmal, Orpheus?, G. 73;
Die Entscheidung des Konstantin O.
Masurek, Erzn. 73; Der Fall Rotlicht,
Jgdb. 74; Das Gespenst im Schottenrock,
Jgdb. 74; Wer kennt Kunterbuntien?,
Jgdb. 74; Schnaufpauline spielt verrückt,
Jgdb. 74/75; 13 unbeliebte Balladen, G.
75; Das muntere Kleeblatt, Jgdb. 75; Der
geplatzte Coup, Dr. 75; Napoleon - oder
die Schlacht bei Waterloo, Dr. 75; Weg

ins Zwielicht, R. 75; Es war Heidelbeer-
zeit, R. 76; 13 unbeliebte Balladen, Zeit-
bilder77; Menschen in meiner Straße,
Tageb. 78; Das Gespenst von Helimoor,
Jgdb. 78; Die silbernen Ballschuhe,
Jgdb. 78; Meine Hand streicht über den
Globus, Zeitbilder 79; Zeitweise recht
freundlich, Erz. 79; Glaubensspuren,
Meditationen 80; Zwischenfall in der
Bucht, Jgdb. 80; Der gezähmte Löwe 81;
Für alle Fälle Herz 81; Füreinander —
miteinander, Behinderungen i. u. Zeit
81; Es gibt einen Schlüssel — Liebe,
Kreuzwegmeditation 81; Portugiesische
Palette, G. 81; Advents- und Weih-
nachtsspiele 82; Argentinisches Tage-
buch 83; Begrenzung auf meine Zeit,
Kunstbetracht., Bild-Textbd zu Arb. v. A.
Hesse 83. — **MV:** Weil du das sagst,
Erzn. m. Bungert 74; Die aus dem
Dunkeln kommen, Interviews mit Spät-
aussiedlern, m. Kewitsch 76; Jugend
sieht soziale Not, Sachb. 78; Mein Glück
ist ein Stehplatz im Paradies, m. Nolden
79; Daß Ihr uns erkennt, Zeitbilder m.
Dinota 80; Kreuzweg, m. H.G. Bücker 82.

Mumenthaler, Max, Reklameberater;
SSV; Stettbacher Str. 175, CH-8011
Zürich 11/51 (Olten 13.6.10). Lyrik,
Roman, Novelle.
V: Vom schwachen Fleisch, G. 35; Auf
der Spur der Unkultur, G. 38, 40; Eidge-
nössische Protokolle, G. 39; Moritaten,
Kurzverse u. G. 40; Kamerad an meiner
Seite, Soldatenlieder 41; Hans und die
Laute, N. 42; Der letzte Zornegger, N. 43;
Vorwiegend heiter, G. 43; Hundstage in
der Geisterkammer, R. 44; Der Maler
und die Geister, die er rief, Sp. 44; Wind-
gedichte 45; Monika, der Mannequin, G.
46; Pipifax, Verse m. Pfeffer u. Salz 47;
Das unheimliche Nachtmahl, N. 47;
Wilde Wasser, starke Mauern! 60; Bitte
weitersagen, 100 Sprüche aus dem
Nebelspalter 65; Die Liebe von der
Katze stammt, Katzeng. 65; Es pfeift der
Spatz, satir. Verse 65; Ein gutes Wort
zur rechten Zeit 67; Wie reimt sich das?
69; Mit freundlichem Gruss!, Hum. G. u.
Sprüche 74. ( )

Mundschau, Herbert,
Industriekaufmann; Sprachwerkstatt
Nürnberg seit 74, Gruppe 78 seit 78;
Denisstr. 17, D-8500 Nürnberg, Tel.
(0911) 269101 (Frankenthal/Pfalz 16.6.54).
Lyrik, Roman.
V: Bahnhof M. u.a., Lyr. u. Prosa 74;
Nichts ohne weiteres, Lyr. u. Prosa
79. — **MV:** 5 Jahre Sprachwerkstatt 77;
u.v.a..)

Mundstock, Karl, Metallfräser; SDA 46, SV-DDR 53, Dt. P.E.N.-Zentrum 65; 1. Preis d. Min. f. Kultur d. DDR 57; Wolfshagener Str. 75, DDR-1100 Berlin-Pankow, Tel. 4829293 (Berlin 26.3.15). Roman, Novelle, Reportage.
V: Der Messerkopf, Erz. 50; Tod in der Wüste, N. 51; Helle Nächte, R. 52, 61; Ali und die Bande vom Lauseplatz 55, 12.Aufl. 83 (ung. 60, bulg. 61, poln. 66); Bis zum letzten Mann, Erzn. 56, 60 (ukrain. 58, ung. 58, bulg. 58, chin. 59, tschech. 61, poln. 64, amer. 64, slowak. 72, japan. 74, russ. 75); Die Stunde des Dietrich Conradi, N. 58; Sonne in der Mitternacht, N. 59, 60; Die alten Karten stimmen nicht mehr, Rep. 59; Gespenster-Edes Tod und Auferstehung 62, 7.Aufl. 81; Tod an der Grenze 69; Wo der Regenbogen steigt, Skizzen 70; Poesiealbum 29 70; Frech & frei, G. 70, 74; Meine tausend Jahre Jugend I 81.
MA: Menschen und Werke, Anth. 52; Hammer und Feder, Autobiogr. Samml. 55; Deutsche Stimmen 1956, Anth. 56; Auch dort erzählt Deutschland 60; Gespenster-Edes Tod und Auferstehung, Kinderb. 62, 63.

Mundt, Hans Josef, Dr. phil., geschäftsführ. Vorstandsmitgl. der VG Wort, lit. Berater; Dt. P.E.N.-Zentrum d. BRD 65; Kolbergerstr. 11, D-8000 München 80, Tel. (089) 539541 (Siegburg b. Köln 13.3.14). Lyrik, Novelle, Essay, Sachbücher. **Ue:** E.
V: Im Draht, Unter Fahnen und Galgen, G. 46.
H: Theodor Fontane: Werke 54. —
MH: Modelle für eine neue Welt, m. Robert Jungk 54 — 66 V.

Mundt, Liselotte, ObStudR. i.R.; Eschersheimer Landstr. 12, D-6000 Frankfurt a.M., Tel. (0611) 551903 (Baden-Baden 9.9.08). Roman, Novelle.
V: Michaels Geschenk. Erz. 82.

Munro, C.R., s. Brand, Kurt.

Munro, Sigrid; Brackenhill, Alness, Ross-Shire/Schottland (Gleiwitz 28.5.26). Kurzgeschichten, Jugendbücher. **Ue:** E.
V: Der kleine gelbe Wagen, Kinderb. 61; Schottische Freundschaft, Jgdb. 62; Die drei Wünsche von Cornwall, Kinderb. 63; Loch Ness, Jgdb. 67; Plitsch und Platsch, Kinderb. 74.
Ue: Konrad Guenther: Natur und Offenbarung 60; Georg Selden: Die Abenteuer der Grille Chester 70, Die neuen Abenteuer der Grille Chester in Connecticut 72. ( )

von Muralt, Inka, Journalistin, Lektorin; VS 71, c/o Verl. Herder GmbH & Co. KG, Freiburg i.Br. (Berlin 23.9.19). Roman, Jugendbuch, Feuilleton. **Ue:** E.
V: Versunkener Sommer, N. 49; Und dann kam alles anders, Jgd.-R. 64, 71 (auch afrikaans); Jeder Baum wirft seinen Schatten, Jgd.-R. 70; Der Mond steht kopf 71; Tage wie Wind 72; Die Sonne brennt auf Curradarra 73; Kein weisses Haar am schwarzen Schafen 74; Das Haus unterm Coolibahbaum 75; Als die Sterne dunkel wurden 77, Tb. 80, alles Jgd.-R.; Sie nannten ihn Tracy 82.
B: Cleves: Bella siegt 68; Rébuffat: Ein Bergführer erzählt 68; Bradburry: Nina und ihr Johnny. — **MA:** Borer: Die Küche in der Schweiz 71.
Ue: Bawden: Hörst du, es ist ganz nah 76. ( )

Murat, Rolf, s. Grasmück, Jürgen.

Muri, Alois, Verlagspressechef; Ceresstr. 1, CH-8008 Zürich, Tel. (01) 556693 u. (01) 349134 (Cham/Schweiz 4.6.19). Roman, Hörfolge, Libretto.
V: Mensch, Stern und Charakter 54; Das Büchermosaik 57; Florian 58; Die Narrenkappe 59; Praterträume 59; Geheimnisvolles Tibet 60; Mozarts Glück und Enttäuschung in Mannheim 64; Stille Nacht ... Auf den Spuren des berühmten Weihnachtsliedes 64; Land der Wunder und Geheimnisse 70/71. —
MV: Höweler: Der Musikführer 62.
MH: Pahlen: Oper der Welt 63.
R: Fahrt ins Blaue. 11 Hf. 55 — 56; Perlen 61, u.a. ( )

Muri, Eberhard, s. Muhrmann, Wilhelm.

Murken, Barbara, c/o Verlag der Landbote, München.
V: Ikarus, Lyr. 82. ( )

Murr, Kater, s. Birnbaum, Ernst.

Murr, Katja, s. Thomas, Ingelux.

Murr, Stefan, s. Horstmann, Bernhard.

Muschg, Adolf, Dr. phil.; VS, Gr. Olten 70; Förderungspr. d. Landes Nds. 66, Hamb. Leserpr. 67, Georg-Mackensen-Lit.pr. 67, Conrad-Ferdinand-Meyer-Pr. 68, Hermann-Hesse-Pr. 74; o. Mitgl. d. Akad. d. Künste Bln., korresp. Mitgl. d. Mainzer Akad. für Wissenschaften u. Literatur, Deutsche Akad. f. Sprache u. Dichtung Darmstadt; Vorbühlstr. 7, CH-8802 Kilchberg/Zürichsee/ZH, Tel. (01) 7155561 (Zürich 13.5.34). Roman, Drama, Essay, Erzählung, Hör- u. Fernsehspiel.
Ue: Am.

V: Im Sommer des Hasen, R. 65, 69,
Tb. 75; Gegenzauber, R. 67, Tb. 81;
Fremdkörper, Erzn. 68; Rumpelstilz, E.
kleinbürgerl. Tr. 68; Das Kerbelgericht,
Hsp. 69; Mitgespielt, R. 69; Papierwände,
Ess. 70; Die Aufgeregten von Goethe, Dr.
71; Liebesgeschichten, Erzn. 72, Tb. 73;
High Fidelity, Fsp. 73; Albissers Grund,
R. 74, Tb. 76; Kellers Abend, Dr. 75; Ent-
fernte Bekannte, Erzn. 76, Tb. 79;
Gottfried Keller, Monogr. 77, Tb. 80;
Noch ein Wunsch, Erz. 78, Tb. 81;
Besprechungen 1961 - 1979, Ess. 78;
Baiyun oder die Freundschaftsgesell-
schaft, R. 80; Literatur als Therapie? 81;
Die Tücke des verbesserten Objekts 81;
Leib und Leben, Erzn. 81; Übersee, 3.
Hsp.
H: Fritz Zorn: Mars, Erz. 77.
R: Wüthrich im Studio 62; Rumpel-
stilz 69; Das Kerbelgericht 69, 70;
Verkauft 71; High Fidelity 73.
MUe: Donald Barthelme: Unsägliche
Praktiken, Unnatürliche Akte 69. ( )

Muschg, Hanna Margarete (Ps.
Hanna Johansen); Gruppe Olten 79;
Vorbühlstr. 7, CH-8802 Kilchberg/
Zürichsee, Tel. (01) 7155561 (Bremen
17.6.39). Roman. Ue: Am.
V: Die stehende Uhr, R. 78; Trocadero,
R. 80; Die Analphabetin, Erz. 82; Auf
dem Lande, Hsp. 82; Bruder Bär und
Schwester Bär, Kdb. 83.
Ue: Donald Barthelme: Unsägliche
Praktiken, unnatürliche Akte 69; Grace
Paley: The Little Disturbances of Man
u.d.T.: Fleischvögel 71; Walker Percy:
Liebe in Ruinen 74.

Musil, Liselott, s. Musil-Fichtel,
Liselott.

Musil-Fichtel, Liselott (Ps. Liselott
Musil, Sacimata), esoter. Astrologin,
Kunstmalerin; Reisingerstr. 32/I, D-8900
Augsburg, Tel. (0821) 577775
(Odelzhausen 30.4.27). Lyrik, Essay,
Kindergeschichten. **Ue:** E.
V: Am siebzigsten Mai fliegt etwas
vorbei, Kdb. 80; So ein Kasperl, Kdb. 81;
Namaste, Myst. Lyr. 81.
H: Guten Morgen — Gut Nacht?,
Kurzgeschn. 70; Es war so lange Tag ...
71; Bin der Kasperl da und dort 71; Die
Sterne im Birnbaum, Geschn. u. G. 72;
Schlupf unter die Deck!, Geschn. 72;
Halb so schlimm!, Geschn. 74; Komm,
lach doch wieder!, Geschn. 81 (b. allen
auch Mitverf. u. Bearb.).
R: Zahlr. Send.

Muskatewitz, Willi Erich,
Werbeberater; Stammheimer Str. 8, D-

5000 Köln 60 (Köln 25.6.32). Drama,
Roman, Novelle, Hörspiel, Fernsehspiel.
V: Ein Spritzer Gosse, R. 72, 73; Die
Liebesreise, R. 78.

Muske, Irmgard, Verlagslektorin; VS
71; Kanalstr. 1A, D-6400 Fulda, Tel.
(0661) 21408 (Berlin 29.5.12). Novelle,
Roman, Jugendbuch. **Ue:** E, F, I, H.
V: Miralago, Jgdb. 49; Bob und seine
Bande, Jgsb. 51; Gib mir dein blaues
Hemd, Jgdb. 51; Das Jungenlager am
kalten See, Jgdb. 53; Wie Brigitte zwei-
mal in die Zeitung kam, Jgdb. 57; Aus
Johburg kommt keiner zurück, R. 60;
Die Spur im Sand, Jgdb. 61; Der
Flammenbaum, R. 64; Nirgends krähen
die Hähne so laut, R. 65 (engl. 68); Die
schwarzen Pagen, Jgdb. 65; Die
Hungrigen und die Satten, R. 67 (engl.
70); Ferien auf einer Farm in Afrika,
Jgdb. 68, u.d.T.: Ferien im Zululand 76;
Indische Weihnacht, R. 69; Claudia hat's
geschafft, Jgdb. 70; Driekas Geheimnis,
Jgdb. 70; Die Nacht der Elefanten 76;
Ein gefährliches Spiel 78; Das Haus an
der Küste, Jgdb. 82.
MA: Der Klub der Harmlosen, Jgdb.
49.
Ue: Lee Kingman: The best Christmas
u.d.T.: Erkkis schönstes Weihnachtsfest
52; Robert Farelly: Weihnachts-
geschichten aus Frankreich 54; W. G.
van de Hulst: Het Kerstfeest van twee
domme Kinderties u.d.T.: Kees und das
Prinzeßchen 58; F. u. M. Down: Unsere
Freunde - die Kopfjäger 62; Keith
Miller: Arbeitsbuch 71; Edith Schaeffer:
L'Abri 71; Betty Carlson: The Unhurried
Chase 72; Reuel L. Howe: Menschen
müssen miteinander reden 67; Lydia
Heermann: Gefährdetes Glück 73; C.M.
Anderson: Noch zu früh für die Pan-
toffeln 73; G.R. Collins: Heißer Draht
zum (Über)Nächsten? 73; George
Lazenby: Abenteuer in den Alpen 73;
Paul White: Von Affen, Giraffen u.
anderen Tieren 73; Angus Kinnear:
Watchman Nee 74; Edith Schaeffer: Mit
Phantasie und Liebe 74; Overton
Stephens: So wurde meine Praxis neu
74; Bob Friedman: Wie kann man nur?
74; Jean A. Rees: Zu allem guten Werk
(un)geschickt 74; Kathleen M. Duncan:
Nickys Geheimplatz 74; Sylvia Connon:
Gordons Geheimnis 74;; Vera Schlamm:
Bewahrt zum Glauben 75; Bill McDee:
Auf neuem Kurs 75; E. und M. Wold:
Jetzt lebe ich erst wirklich 75; Scott
Mackay: Auf Schloß Glenhill stimmt
was nicht 75; Myrna Grant: Gib nicht
auf, Wanja! 76; Nicky Cruz: Die großen

Verführer 76; Richard Taylor: Muß
Ordnung sein? 76; Ruth I. Johnson: Tip
für heute 76; Eleanor Watkins: Ein Kind
aus der Stadt 76; Chris Wood:
Schmuggler im alten Gaswerk 78.

Muster, Wilhelm; Radetzkystr. 16/III,
A-8010 Graz.
V: Der Tod kommt ohne Trommel 80;
Die Hochzeit der Einhörner 81. ( )

Muth, Karl Wolfgang *

von Mutius, Dagmar, Schriftstellerin,
Buchhändlerin; Kg. 53, VS 70, Gedok;
Eichendorff-Lit.pr. 63, Ehreng. z.
Andreas-Gryphius-Pr. 65, Pr. d.
Hermann Sudermann Stiftg. 67, Pr. des
Hörspiel- u. Erzählerwettbewerb d.
ostdt. Kulturrates 73; Wangener Kreis
63; Klingenhüttenweg 10, D-6900
Heidelberg 1, Tel. (06221) 803763 (Oslo,
Norwegen 17.10.19). Roman, Novelle,
Essay, Funkerzählung.
V: Wetterleuchten, R. 61, 64; Grenz-
wege, Erz. 64; Wandel des Spiels, R. 67;
Versteck ohne Anschlag, Erz. 75; Ein-
ladung in ein altes Haus, Erzn. 80;
Verwandlungen, Erz. 81.
MA: Nun geht ein Freuen durch die
Welt, Erzn. 54; Was lieben heißt, Erzn.
54; Aber das Herz hängt daran, Erzn. 55;
Ziel und Bleibe, Erzn. 68; So gingen sie
fort, Erzn. 70; Schöpferisches Schlesien
70; Grenzüberschreitungen, Erzn. 73;
Auf meiner Straße, Erzn. 75; Daheim in
einer anderen Welt, Erzn. 75; Lachen,
das nie verweht, Erzn. 76; Letzte Tage in
Schlesien 81.
MH: Schriftzeichen, Anth. 75.
R: Das Schattenrad; Tradition -
Freiheit oder Fessel 68; Herrgotts-
ländchen; Lob der kleinen Stadt;
Schicksale ostdeutscher Land-
bevölkerung; Heimat in der veränderten
Welt; Versteck ohne Anschlag 70;

Heimat als Bild 70; G. v. Mutius 72;
Querköpfe 72; Einladung in ein altes
Haus 74; Kubischewskis Ende zur
rechten Zeit 76; Büchergespräche 72, 74,
75, 77, 79; vicia villosa 81.

MW, s. Wankmüller, Manfred.

Myrakis, Sandro , s. Slark, Dittker.

Myß, Walter, Dr. phil., Prof. h.c.,
Verlagsleiter; Kg. 62, SÖS 62, P.E.N.-
Club 76; Literaturpreis d. Stadt
Innsbruck 59, Georg-Dehio-Preis d. Kg
69; Lindenbühelweg 16, A-6020
Innsbruck, Tel. (05222) 812734
(Kronstadt, Siebenbürg. 22.9.20). Lyrik,
Drama, Essay, Hörspiel, Sachbuch,
Novellen.
V: Doch Liebe wiegt mehr, G. 60;
Sankt Paulus auf der Schaukel, Lyrik u.
Ess. 63; Bildwelt als Weltbild, Ess. 65, 3.
Aufl. 80; Die vorgotischen Fresken
Tirols 66; Fazit nach achthundert
Jahren, Ess. 68; Fuchsjagd in
Buckinghamshire, N. 71; Geburt des
Menschenbildes 71; Kaiser, Künstler,
Kathedralen, R. 72; Kein Tschiripik ist
unschuldig, N. 73, 2.Aufl. 79; Innsbruck
und Nordtirol, ein kunstgeschichtl.
Führer, Sachb. 77; 800 Jahre junges
Innsbruck, Sachb. 80; Kunst und Kultur
Europas von Daidalos bis Picasso I:
Kreta, Mykene, Wiege unserer Kultur
81, II: Die Antike, Mysterium der Schön-
heit 81, III: Abendland der Bilder,
Mittelalter, Neuzeit 83, IV: Bildwelt als
Weltbild 84.
H: Max Spielmann, ein Künstler
unserer Zeit, Sachb. 76; Die Bildhauerin
Ilse Glaninger, Sachb. 80; Max Spiel-
mann, Russische Impressionen, Sachb.
82. — **MH:** Tyrol through the ages, Ess.
73; Die Donau in alten Reisebildern,
Ess. 75.

N

Nadolny, Isabella; VDÜ 63;
Tukanpreis f. Lit. 66, Ernst Hoferichter-
Preis 75; Chiemseering 20, D-8224
Chieming, Tel. (08664) 265 (München
26.5.17). Roman. Ue: E.
V: Liebenswertes an den Männern,
Feuill. 58; Ein Baum wächst übers Dach,
R. 59; Seehamer Tagebuch 61; Ver-
gangen wie ein Rauch 64; Allerlei Leute
auch zwei Königinnen 67; Der schönste
Tag 80.
Ue: Han Suyin: A many splendoured
thing u.d.T.: Alle Herrlichkeit auf Erden
53; Louis Fischer: Mahatma Gandhi,
sein Leben und seine Botschaft an die
Welt 54; Jane u. Barney Crile: Treasure
diving holydays u.d.T.: Ferien unter
Wasser 55; Jan Carew: Schwarzer Midas
59, Die wilde Küste 61, Moskau ist nicht
mein Mekka 65; Arthur J. Roth: Die
trotzigen Söhne Irlands 60; Elizabeth
Spencer: Ein Licht auf der Piazza 61;
Stephen Wendt: Adieu Danielle 63;
Townsend Miller: Schlösser und eine
Krone 66; BusterLloyd-Jones: Alle Tiere
kamen 67; Joyce Carol Oates: Ein
Garten irdischer Freuden 70; Eugenia
Wasilewska: Die silberne Madonna 70;
Erich Segal: Love Story 71; Maria
Fagyas: Der Leutnant und sein Richter
71; Ellen Bromfield-Geld: Wildes Land
am Mato Grosso 72, Ein Tal in Ohio 73,
Ein Paradies auf dem Vulkan 76;
Charlton Ogburn: Wettlauf zu den
Zauberbäumen 75; Elizabeth
Sutherland: Zeit der Wahrheit 76; Frank
Trippett: AMaomanta 78; Theresa de
Kerpely: Arabeske 78; Erma Bombeck:
Nur der Pudding hört mein Seufzen 79;
J. B. Priestley: eine sehr englische
Liebesgeschichte 79; Willy Breinholst:
Hallo, da bin ich 80; Erich Segal: Ein
Mann, eine Frau, ein Kind 80. –
MUe: Yehudi Menuhin: Unvollendete
Reise 76.

Nadolny, Sten, Dr.phil., Aufnahme-
leiter b. Film u. Fernsehen; Ingeborg-
Bachmann-Pr. 80; Kollatzstr. 19, D-1000
Berlin 19 (Zehdenick, Kr. Templin
29.7.42). Roman, Film.
V: Netzkarte, R. 81, 2.Aufl. 82.
MA: Klagenfurter Texte 80.

Naef, Adrian *

Naef, Robert; Elisabethenstr. 28, CH-
8004 Zürich.
V: Bassano und die Auskunftsperson,
Krim.-N. 81. ( )

Naegele, Robert, Schauspieler;
Wilhelmine-Lübke-Pr. 79; Falkenstr.
38a, D-8000 München 90, Tel. (089)
652528 (Nattenhausen/Schwaben
23.6.25). Hörspiel.
V: Schwäbische Lausbubenge-
schichten 74; Damals in unserem
schwäbischen Dorf 78; Schwäbische
Weihnachtsgeschichten 81.
R: Wer hilft Frau Schräubele, Hsp. 74;
Eigene Wände, Hsp. 77; Alt und Jung,
Hsp. 79; Der Mamaler, Hsp. 80; Geschäft
und Zauberflöten 82; Wer hilft Frau
Schräubele oder Herzversagen, Fsp. 82.
S: Abenteuer der sieben Schwaben,
Volksb. 82.

Nägeli, Ernst; Ehrengabe d. Kt.
Thurgau 71, Ehrengabe d. Kt. Zürich 76;
Talackerstr. 57, CH-8500 Frauenfeld
(Mattwil TG 13.12.08).
V: Ostschweizer Reben, Ostschweizer
Wein 66; Tuusig Aamer Kartüüser,
Thurg. Geschn. 68; Rose u. Törn, Thurg.
Geschn. 74; Bechtelistag, Portr.
prominenter Frauenfelder 76; Most u.
Saft, Thurg. Anekdn. 77; Wasser, Wein
und Himmelbett 79; Trischelebere 82.
MA: Schweizer Dialekte 65; Thurgau
gestern, heute, morgen 66.

Nägeli, Ernst, Journalist; BeSV; Lit.pr.
d. Stadt Bern; Chalet Schlupfli, CH-6082
Hohfluh-Hasliberg (Hasliberg 9.3.19).
V: Ruf d. Scholle, Erzn. 38; Mark im
Bauernholz, R. 40; Wie sich das Glück
suchen, Erz. 42; Schicksalshof, R. 43;
Acker des Lebens, G. 45; Erde u.
Menschen, R. 46; Die Heimwehkinder,
Erzn. 49; Die Frauen vom Moorhof, R.
49; Die Straße üb. d. Paß, Erz. 51;
Kristall, R. 53; Balthasar Amweg u.
seine Töchter, R. 55; Kreuzzug von
morgen, R. 56; Aufruhr um Evelin, R. 59;
Bravo Mutzli, Jgdb. 61; Lebensfuhrleute,
Erzn. 62; Die Schicksalskette, R. 66;
Über sonnige Gipfel, Bergfahrten 74;
Immer noch locken die Berge 76;
Hasliberg 82. ( )

Nähring, Christiane, Verwaltungs-
Ang.; Am Rahmedequell 6, D-5880

Lüdenscheid, Tel. (02351) 13543
(Sulingen/Grafsch. Diepholz 10.4.59).
Jugendbuch.
V: Wilde Mähne, sanfter Blick 82;
Überfall auf die Wildpferd-Ranch 83;
Black Royal, der schwarze Hengst 83,
alles Jgdb.

Nagel, Herbert Christian (Ps. H. C.
Hollister, Steve C. Harding, Jesse C.
Vandenberg); Beckeradstr. 5, D-4660
Gelsenkirchen-Buer, Tel. (0209) 32892
(Oberhausen-Sterkrade 3.11.24). Roman,
Erzählung.
V: Zahlr. R. seit 56, u.a.: Wild Frontier
56; Gefährliche Schatten 57; Brennende
Hügel 58; Unter dem Horizont 58; Die
weiße Feder 59; Bluebird 60, 61; Hinter
dem Regenbogen 60, 61; Der harte
Befehl 60, 61; Windward-Passage 60;
Reiter ohne Ziel 60; Verloschene
Fährten 60; Gesetzlose Straße 60; Die
letzte Grenze 61; Dämonen der Nacht
61; Das Kreuz am Moonlight-Paß 61;
Rauhwasser-Legende 61; Chinook 62;
Der Stern der Vergänglichkeit 63; Die
endlose Nacht 63; Der Weg nach Norden
63; Der stumme Befehl 64; Die Ehre der
Fairlaines 64; Der Brigant 65; Die Einsamen 65; Wind-
River-Legende 66; Der Regenbogen-
jäger 67; Wispernde Schatten 67; Jagd
ohne Gnade 68; Red Sundown 69;
Comanchen-Mond 69; Der Desperado
70; Outlaw Trail 70; Der Bastard 71;
Rebellenstolz 72; Der Fregattvogel 72;
Die Greyback-Fehde 73; Shannon 73;
Gunlight 74; Ein Kämpfer von Format
75.
MA: Western-Expreß; Top-Western,
R.-Reihen seit 65.

Nagel, Hildegard, Dr. med., Ärztin für
Allgemeinmedizin; BDSÄ; Görlitzerstr.
53, D-3400 Göttingen, Tel. (0551) 72290
(Stettin 17.9.09). Lyrik, Kurzgeschichte.
V: Die menschliche Unzulänglichkeit,
Kurzgeschn. u. G. 75; Und ab und an ein
Möwenschrei, G. 82.
MA: Göttinger Gedichte 76; Schein
und Wirklichkeit, Kurzgeschn. dt. Ärzte
77; Almanach dt. Schriftsteller-Ärzte 78,
79, 80, 81.

Nagel, Jörg, Dr., Zahnarzt; Vom-Stein-
Str. 32, D-4660 Gelsenkirchen-Buer
(Gelsenkirchen-Buer 3.10.46).
Jugendbuch, Erzählung.
V: Der fröhliche Holzschuh, Jgdb. 65;
Jockel der Ausreißer, Jgdb. 68. ( )

Nagel, Sonja, Fremdsprachensekretärin; Mühlenstr. 45, D-4800

Bielefeld 1, Tel. (0521) 1063502
(Lippstadt 31.12.53). Lyrik.
V: Sprung in den Spiegel, Lyr. 82.

Nagel-Schaumann, Heidi *

Nagl, Marianne (Ps. Marianne Nagl-
Exner), Journalistin i.R.; E.G.
Kolbenheyer-Ges. 52, Josef-Weinheber-
Ges. 55; Fürstenallee 9/22, A-5020
Salzburg, Tel. (0662) 418454 (Altstadt bei
Tetschen/Elbe 7.8.12). Lyrik, Novelle,
Drama.
V: Soll ih oder soll ih net?, Lyr. 77;
Venezianischer Bilderbogen, Lyr. 79;
Die Weihnachtsstraße in der Lagune, N.
82.
R: Die Weihnachtsstraße in der
Lagune, Fsf. 81, 82.

Nagl-Exner, Marianne, s. Nagl,
Marianne.

Namgalies, Ursula, Schriftstellerin,
Malerin; Künstlergilde 74; Goldmed. u.
Dipl. de Maîtrise "Recherche de la
Qualité" des Ordens St. Fortunat;
Fédération Intern. des Assoc.
Culturelles Féminines, Siège Paris 78;
Coupiac, Brissac, F-34190
Ganges (Hérault), Tel. (067) 737272
(Berlin 15.6.15). Roman, Kurzgeschichte,
Reisebericht, Jugendbuch.
V: Der junge Bwana, Erz. 55; Afrika-
nische Weihnachtsgeschichten 57, 58
(auch holl.); Sei gegrüßt, du großes
Rindvieh, Jgdb. 58; Schwarzer Bruder in
Tanganjika, Reiseber. 60; Wolken über
Afrikas Steppen, Kurzgesch. 60;
Weihnacht in Nord und Süd 61, 71;
Freiheit am Kilimanjaro, Jgdb. 64; Auf
der Brücke von Avignon, R. 61; Süd-
afrika zwischen Weiß und Schwarz 63;
Anweisung zum glücklichen Leben 70;
Das Geheimnis von Kilimani-Gedi, R.
79.

Nanine; Hohlweg 6, D-7763
Öhningen-Wangen, Bodensee.
V: Der dreifache Regenbogen, G. 80;
Als du geing, war es noch Sommer ...,
Tageb. für e. Tochter 80. ( )

Naoum, Jusuf, Masseur; VS 75; NGL
75; Adalbertstr. 16, D-1000 Berlin 36
(Tripolis, Libanon 25.2.41). Lyrik,
Roman, Erzählung, Hörspiel. Ue: Arab.
V: Der rote Hahn, Erz. 74, 79; Der
Scharfschütze, Erzn. 83.
MA: Angst, Prosa u. Lyrik 74; Liebe
und Revolution, Prosa u. Lyrik 74; Die
Stadt, Prosa u. Lyrik 75.
R: Erzählung des Fischers Sidaoui,
Hsp.; So einen Chef mußt du haben,
Hsp. ( )

Narciß, Georg Adolf, Dr. phil., Stadt-
bibliotheksrat a.D.; Rich.-Wagner-Str. 4,
D-8012 Ottobrunn, Tel. (089) 6095210
(Schney bei Lichtenfels 15.5.01).
Germanistik, Kulturgeschichte, Essay.
V: Studien zu den Frauenzimmer-
gesprächsspielen Georg Philipp Hars-
dörfers (1607 — 1658) 28; Es liegt in der
Hand. Geheimnisse und Tatsachen
64. — **MV:** Weltliteratur der Gegenwart
1890 — 1931 31. - **MV** u. **MH:** Hdwb. des
dt. Volksbildungswesens 32; Das große
Buch d. Gesundheit m. Dr. Ch. Narciß
70, 82.
H: Hermann Kurz: Der Sonnenwirt,
R. 39; Reichsstädtische Erzählungen 44;
Märchen und Geschichten aus dem
Morgenland 60, 66; Lügenmärchen aus
alter und neuer Zeit 62; Bibliothek
klassischer Reiseberichte seit 62; Bernal
Diaz del Castillo: Wahrhafte Geschichte
der Entdeckung und Eroberung von
Mexiko (1519) 65, 80; Äpfel aus dem
Paradies, Legn. aus aller Welt 65; Trink-
und Trostbüchlein 68; Wahrhafter und
Eigentlicher Jahrmarkt der Welt
berühmtesten Messen 69; Vereint in
Freud und Leid. E. Ehespiegel v. H.
Daumier 69; Dank an die Mutter. D. Bild
d. Mutter durch d. Jhe 69; Von Hinter-
indien bis Surabaja. Forscher und
Abenteurer in Südostasien 77; Im
Fernen Osten. Forscher und Entdecker
in Tibet, China, Japan u. Korea 78.

Narwada, Taja, s. Gut, Taja.

Naryt, Truk T., s. Tyrann, Kurt.

Nasarski, Brita; Hoheluftchaussee 36,
c/o Agentur Action Press, D-2000
Hamburg 20.
V: Knubbel, der kleine Riese 77; Das
Fest in d. alten Truhe 78; Das unge-
duldige Herz, M. 82. ( )

Nasarski, Peter, Chefredakteur; Kg.
Fachgr. Schrifttum 55, Verein. Europ.
Journalisten 65; Georg-Dehio-Pr. 73,
Bdesverd.kreuz I.Kl. 80; Weisser Str. 66,
D-5000 Köln 50, Tel. (0221) 391711
(Teschen, OS. 1.8.14). Novelle, Essay,
Hörspiel. **Ue:** P.
B: Auf den Spuren der Schwarzen
Walnuß. Deutsche Auswanderer heute
73. — **MA:** ... wissen, daß auch sie Lieder
singen, Begegnungen jenseits der
Grenze, Erzn. dt. u. slaw. Autoren I;
Sehnsucht nach Europa, Erzn. dt. u.
slaw. Autoren II 61, 64; Wege zum Nach-
barn 74; Nachbarn seit tausend Jahren
76; Deutschland — Traum oder
Wirklichkeit? Auswanderer erzählen 78;

Lodz — die Stadt der Völkerbegegnung
79.
H: Sprache als Heimat, Erz.-Anth. 79;
Und das Leuchten blieb, Erz.-Anth. 81;
Wege und Wandlungen/Die Deutschen
in der Welt heute I (Europa u. UdSSR)
82, II (Übersee) 83.
Ue: Michael Zeuger: Gefangene sind
wir alle 66; Roman Orwid-Bulicz: Der
Preis des Sieges 67.

Naschitz, Fritz, Generalkonsul von
Island; Verb. dt.spr. Schriftsteller in
Israel, Isr. P.E.N.-Zentrum, Intern.
P.E.N.-Zentrum dt.spr. Autoren im
Ausland; Lit. Nordau-Pr. 62, Lit. Herzl-
Pr. 80; 45. Dr. Ruppin Str., 63457 Tel-
Aviv/Israel, Tel. (03) 223439 (Wien
21.5.00). Lyrik, Essay, Übers. **Ue:** E, F,
Hebr, U, Rum.
V: Erfühltes und Erfülltes, G. 80;
Lyrisches aus 5 Weltteilen 80 (ung.).
MA: Stimmen aus Israel, Anth. 79;
Nachrichten aus Israel, Anth. 81.

Nastali, Wolfgang, Diplomsoziologe;
VS 79; Glacisweg 19, D-6503 Mainz-
Kastel (Mainz 29.4.51). Lyrik, Roman,
Novelle, Essay.
V: Die Trauer der Dolmetscher, Lyr.
80.

Nathorff geb. Einstein, Hertha, Dr.
med., Ärztin u. Psychol.; Pr. Harvard U.
40, Award d. Soc. f. German-Amer.
Studies, Cleveland/Ohio, Lit.pr. The Soc.
f. German-Amer. Studies 69; Kreis der
Freunde, Dt. Lit. Verein New York; 30
West 70th Street, New York, N.Y. 10023/
USA, Tel. (212) 8736659 (Laupheim b.
Ulm/D. 5.6.95). Lyrik, Roman, Novelle,
Kurzgeschichte.
V: Stimmen der Stille, G. 66, 79; Er-
ich, Liederb. einer Ehe 82.
MA: Alm., Anth., Zss., Ztgn seit 58 u.a.
in: Lichtbandreihe Buch 17; Autoren-
Bild-Lex.; Dt. Lyrik aus Amerika; In her
Mother's Tongue (zweispr.).

Natus, Uwe, Schriftsteller, Puppen-
spieler, Lehrer; Förderstip. d. Ldes
NRW; Fixberg 18a, D-4790 Paderborn-
Wewer.
V: Ist Olympia noch zu retten? Sport
in d. heut. Gesellschaft 76; Alle Kirschen
sind rot, Erzn., Szenen, Ber. 78; Kater
Schnurrzeputz 79; Wir Kinder vom
Hochhaus 80; Kopflos, R. 81; König
Bonbon, Kdb. 81.
H: Startschuß, Sporterzn.

Naumann, Jürgen, StudR.; VS 79;
Förderpr. f. Lit. d. Stadt Erlangen 76;
NGL Erlangen 76; Anlagenstr. 7, D-8520
Erlangen, Tel. (09131) 24669 (Erfurt/

Thür. 19.5.47). Lyrik, Roman, Novelle,
Essay.
V: Physiognomien, Lyr. 75; Der
Schulterklopfer, Lyr. u. Kurzprosa 76.

Naumann, Margot (Ps. Peggy
Norman), Dr. phil., Verlagsvertreterin;
Ortsstr. 4, D-8079 Schernfeld-Schönau,
Tel. (08422) 559 (Frankfurt/M. 22.1.29).
Jugendbuch. **Ue:** E.
V: Der kleine Gaucho und die
Orchideenprinzessin, M. 60; Das Klee-
blatt und das Nachtgespenst, Jgdb. 61,
63 (auch span. u. niederl.); Das Kleeblatt
und der Juwelendieb, Jgdb. 63, 65; Das
flotte Partybuch, Mädchen-Sachb. 64, 66
(auch niederl.); Mieke Rotkopf und die
Räuber, Jgdb. 66; Das gestohlene K,
Jgdb. 68; Guten Abend, Kdb. 78, 82; Gute
Nacht, Kdb. 78, 81; Gespenster, Diebe
und drei Mädchen 79. — **MV:** Alle
Abenteuer dieser Welt, hrsg. Georg
Andrees, Kurzgeschn. 65.
H: Der rotkarierte Omnibus, Jgdb. 67.
Ue: William Buchanan: Das Geisterschiff von Dagger Bay 65, Eagles'
Paradise u.d.T.: Rätsel um Haus Adler-
horst 65.

Naundorf, Peter, s. Daschkowski, Otto.

Nauschütz, Joachim; Puschkinstr.
23 a, DDR-1200 Frankfurt/Oder.
V: Urlaub in Sachen Familie, Erz. 75;
Die Unterbrechung, R. 77.
H: Dies Land — Wärme und Licht,
Anth. 78; Traum und Gestalt — nun eins
80; Zeugnisausgabe 80. ( )

Naval, Frederik, s. Brustat, Fritz.

Navky, Günter, Student; VS 81; Im
Heiliggraben 35, D-6607 Quierschied,
Tel. (06897) 63153 (Quierschied 8.9.56).
Erzählung, Roman, Lyrik.
V: Das Zimmer, Erzn. 81.

Nawrath, Marta *

Neander, Irene, Dr. phil., ULektorin;
Iglerslohstaffel 7, D-7400 Tübingen, Tel.
(07071) 21750 (Moskau 2.10.06). **Ue:** R.
Ue: Leskov: Der verzauberte Pilger 48,
Am Rande der Welt 49.

Nebehay, Renée (Ps. Renée King); Dt.
Jgdb.-Preis 71; Annagasse 18, A-1010
Wien, Tel. (0222) 521801 (Sheffield/Engl.
15.5.16). Musik- und Theaterkritik,
Kinderbücher. **Ue:** E.
V: Mrs. Beestons Tierklinik, Kinderb.
70, 73; Knips das war der Knipserich,
Kinderb. 73; Petersilie Suppenkraut,
Jgdb. 79. ( )

Nebel, Caspar, s. Orthofer, Peter.

Necker, Wilhelm *

zur Nedden, Otto C. A., Dr. phil.,
UProf.; VS, Dram.-Un.; Gyrhofstr. 4, D-
5000 Köln 41, Tel. (0221) 418936 (Trier
18.4.02). Drama.
V: Vanina Vanini, Sch. 34, 48;
Ephialtes, Dr. 34; Der Stier geht los,
Kom. 38; Das Strohkehren, Lsp. 41;
Stärker als der Tod, Kammersp. 42;
Manuel und Mario, Kammersp. 43; Das
Testament des Friedens, Sch. 47; Das
andere Urteil, Sch. 48; Sieger über Tod
und Leben (Phaethon - Michelangelo), 2
Einakter 49; Die Stunde der Entschei-
dung, Sch. 51; T. E. Lawrence (Lawrence
von Arabien), Bü.-Leg. 54; Der letzte
Ferientag, Lsp. 55; Hadrian und Anti-
noos, Sch. 60; Eros und Thanatos, 3
Kammersp. 61; Der Engel des Abgrunds,
Apokalypt. Phantasie 64; Europäische
Akzente. Ansprachen u. Ess. 68, neue F.
82; Island-Reise. Strukturkrise e. Ehe,
Sch. 69; Eleusis — der Unsterblichkeits-
gedanke bei den Griechen 70; Die
Hohenstaufen, Sch. 71; Griechische
Reise, dram. Phantasie 75; Die Aben-
teuer des Herakles 74; Die Kunst der
Fuge des Theaters, 12 Präludien u.
Fugen f. d. Bü. 82. — **MV:** Reclams
Schauspielführer, m. K.H. Ruppel 60,
15.Aufl. 81.
H: Beiträge zur Duisburger Theater-
geschichte.
F: Hochzeitsnacht 41.
Lit: Eike Pies: Otto C. A. zur Nedden,
Festg. m. Bibliogr. 70; ders.:
Dokumentation der Bühnentexte 77.
s. a. Kürschners GK.

Neefe, Hildegart; Südergeest 38, D-
2252 St. Peter-Ording II, Tel. (04863)
2049 (Charlottenburg 4.1.96).
V: Mitten in der Nacht 78. ( )

Nef, Heidi; Förderpr. d. Kantons Bern
79, Förderpr. d. Stadt Bern 80, Buchpr. d.
Kantons Bern 81, CH-Bern. Prosa,
Roman.
V: Spiele vor Hintergrund, Prosa 76;
Zerspiegelungen, Erzn. 78;
Zusammensetzspiele gehen nicht
immer auf, R. 79; Straßen führen hin
und zurück, R. 81; Aus manchen
Labyrinthen finde man nicht zurück, R.
83.

Neidlos, Michael-Christian, s. Habel,
Walter.

Neie, Rosemarie; Kogge 83; Pagen-
stecherstr. 19, D-5600 Wuppertal-
Elberfeld, Tel. (0202) 713829.
V: Philine und der Backenzahn 68, 72;
Wassermänner bringen Glück, Bilderb.
69; Philine und die Flaschenpost 72; Viel

Gerumpel um Frau Pumpel, Wortspielb.
72; Maximilian 74; Augenblicke von
Wirklichkeit, G. 81.
MA: Die Stadt der Kinder 69; Es war
so lange Tag ... 71; Frieden aufs Brot 72;
Ruhrtangente 73; Jeder kann nicht alles
wissen 79.
Ue: Ulf Löfgren: Eins, zwei, drei 73.

Neigemont, Olga, s. Künzel, Helga.

Neith, Reinhard, Schriftsteller;
Heinrich-Sträter-Str. 16, D-4600
Dortmund 50, Tel. (0231) 732079
(Wuppertal 27.11.06). Roman.
V: Das Puzzlespiel 74; Die
Weihnachtsinsel, R. 76.

Neitzel, Renate, Sekretärin;
Grünewaldstr. 37, D-7440 Nürtingen, Tel.
(07022) 42567 (Reutlingen 3.2.47).
Mundart-Lyrik.
V: ed schempfa — blooß bruddla 80,
2.Aufl. 83.
MA: Horch, edds pfeifd a andrar
Weed, Anth. 80.

Nelken, Dinah, s. Nelken-
Ohlenmacher, Dinah.

Nelken-Ohlenmacher, Dinah (Ps.
Dinah Nelken); VS 20, P.E.N. 54; Lit.Pr.
d. Min. f. Kultur DDR 54; Communità
degli scrittori europei; Berliner Str. 19,
D-1000 Berlin 31, Tel. (030) 879712
(Berlin 16.5.00). Roman, Novelle, Film,
Essay, Lyrik, Fernsehspiel, Hörspiel.
V: Eineinhalb-Zimmer-Wohnung, R.
32; ich an Dich, R. 38, 65; ich an mich,
ein Tageb., R. 51; Spring über deinen
Schatten, spring!, R. 54, Neufass. u.d.T.:
Geständnis einer Leidenschaft, R. 63;
addio amore ..., R. 57; Von ganzem
Herzen, R. 65; Das angstvolle Helden-
leben einer gewissen Fleur Lafontaine,
R. 71; Die ganze Zeit meines Lebens,
Geschn., G., Ber. 77; Lyrischer Lebens-
lauf einer dichtenden Dame, R.
F: Eine Frau wie Du; Das Abenteuer
geht weiter; Stärker als Paragraphen;
Mutter; Der junge Graf; Hilde Petersen
postlagernd; Tagebuch einer Verliebten;
Liebe ohne Illusion; Corinna Schmidt, n.
Th. Fontane: Frau Jenny Treibel 53;
Fleur Lafontaine.
R: Coprifuoco, Hsp. 59; Engel küssen
keine fremden Herren, Fsp. 60, auch a.
Bühnenfass.; Der Engel mit dem
Schießgewehr.

Nellessen, Bernhard, Journalist;
Aufenthaltsstip. des Berliner Senats im
lit. Coll. Berlin 81; An der Dreispitz 8, D-
6500 Mainz, Tel. (06131) 31309 (Bad Ems
13.12.58). Lyrik, Essay.

V: An den Wassern von Rhein und
Ruhr, G. 81.
MA: ensemble 10, intern. Jb. f. Lit. 79;
Jb. f. Lyrik 2 80.

Nels, Maria, Kunstgewerblerin;
Fürstenweg 14, D-5430 Montabaur, Tel.
(02602) 5351 (Siegburg 4.7.94). Lyrik.
V: Es führt ein Weg nach oben, Verse
und Gedanken 57 — 62; So viel hab ich
zu danken 62; Zündet Lichter an 71; Das
kleine Buch der Hoffnung 71; Immer
leuchtet ein Licht; Heilende Kräfte;
Großmutterland; Da stand ein Kind am
Wege; Glaub nur, der Tag wird gut;
Dank für jeden Tag im Jahr; Nimm eine
Handvoll Morgenröte; Unterm Abendstern 77; So viel geschenktes Leben 78;
Tage im Krankenhaus 79; Erkenntnisse
eines langen Lebens 81. — **MV:** Weißt
du noch?, G. 67.
H: Kal. u. Schriftkarten.

Nemetz, Josef *

Nentwig, Max, Rechtsanwalt u. Notar,
Fachanwalt für Steuerrecht;
Weyerbergstr. 23, D-2800 Bremen 33,
Tel. (0421) 236269 (Lähn/NS 30.10.08).
Anekdote.
V: Rechtsanwälte in Karikatur und
Anekdote 77, 3.Aufl. 80; Richter in
Karikatur und Anekdote 81.

Nenzel, Walter; Lyrikpreis d. Südverl.
47; Höfener Str. 103, D-7815 Kirchzarten,
Tel. (07661) 4451 (Posen 26.9.07). Lyrik,
Drama, Novelle, Hörspiel, Essay,
Aphorismen.
V: Nachtgesänge 28; Der grüne Berg,
E. Lobgesang 37; Frucht d. Freund-
schaft, G. 38; Dank und Deutung, G. zu
Gemälden C. D. Friedrichs 41; Heinrich
der Löwe, Tr. 42; Sterne über Stachel-
draht, G. 45; Aus allen Wolken, Lsp. 46;
Die goldenen Schwingen, Tr. 47; Der
Armenhof, Hsp. 48; Die Nacht des Heils,
Laiensp. 50; Thomas Münzer, Tr. 53; Die
grössere Liebe, N. 55; Arme Hunde, Tr.
56; Wen die Allernächsten lieben, Tr. 57;
Seneca, Tr. 62; Einzelgänger, Tr. 63; Ver-
stümmelte Botschaft, E. Büchnerdr. 65;
Saat u. Ernte, G. 66; Herz im Herbst, G.
67; Der einsame Brunnen, G. 68; Lieder-
buch eines armseligen Christen 68;
Lerchenlied und Adlerflug, G. 69;
Aphorismen 70; Der Alte im Walde, E.
Bismarckb. 71; Hat Lyrik noch Lebens-
berechtigung?, Ess. 71; Ehe die Nacht sich
neigt, G. 72; Das Wohl und das Heil, Ess.
73; Balladen 73; Muschelrauschen, G. 74;
Kinder Gottes in der Welt, G. 75;
Spruchgestöber, G. 76;
Morgendämmerung, Kindheit auf dem

Lande, Jugendjahre, Autobiogr. 77 - 79;
Täglicher Zuspruch, G. 78; Erdenzeit
und Ewigkeit, G. 79; Bismarcks
Unsterblichkeit, Dr. 80; Biblische
Balladen 80; Spruch und Widerspruch,
G. 81; Der unterworfene Geist, Ess. 81;
Der Pilger, G. 82; Turmgeläut, G. 82;
Bericht einer Gefangenschaft 83.

Nerlich, Günter; Heinrich-Greif-Pr.
61, 63, Franz-Mehring-Med. 65, E.-M.-
Arndt-Med. 71, Goldener Lorbeer d.
DDR-Fernsehens 71, 78, 82; Kohlisstr.
45, DDR-1150 Berlin (Berlin 7.1.26).
   V: 20 000 Kilometer durch Indien 57;
Und weiter fließt der Ganges, Repn. 60;
Sibirien 62; Goldgräber und Diamanten-
sucher, Repn. 65; Land der Pyramiden
68; Maghreb 71; Die verschleierten
Männer, Kinderb. 73; Arabien.
Impressionen zwischen Bagdad u. Aden
74; Begegnungen mit Japan 78; Indien
— Antlitz eines Subkontinents 83. —
   MV: Salam Fatima! Frauen der
erwachenden Welt 72.
   R: Sibirien heute; Arabien im Wandel;
Afrika im Aufbruch; Blickpunkt Asien,
alles Fs.-Serien.

Nerth, Hans (Ps. f. Ottokar Fritze),
Dipl.-Ing.; B.A.; Feature-Pr. 62; Ernst-
Schneider-Pr. 78; Sächsische Str. 63 a,
D-1000 Berlin 31, Tel. (030) 8614176
(Lübben/Spreewald 18.2.31). Roman,
Erzählung, Feuilleton, Essay, Funk-
Feature, Hörspiel.
   V: Hurra General, R. 63; Polfahrt, R.
65.
   F: Technik von heute - Welt von
morgen, Kulturf. 57.
   R: Rd. 100 Features u. Hsp., u.a.:
Fremdes Land; Das Kind; Flug nach
Barisal; Jo und Joe; Hunger; Nacht-
schicht; Guevara ist tot; Ich suche
Amerika; Manaus ist kein Paradies;
Europatrip; Hinter den Maske.

Neske, Brigitte (Ps. Brigitte Gayler);
Klosterstr. 28, D-7417 Pfullingen/Württ.
(Pfullingen 7.11.24). Lyrik, Novelle.
   V: Sternengang, Erz. 55; Zeichen im
Staub, G. 59; Erde mein Teil, G. 67.
   H: Der Mond in der deutschen
Dichtung, G. u. Prosa 58. ( )

Nessbach, Peter, s. Scheible, Max-
Kurt.

Nester, Marcus, Redaktor; Rheingasse
48, CH-4000 Basel (Basel 30.5.47).
Roman, Film.
   V: Das leise Gift, Krim.-R. 82. —
MV: Die Migros-Erpressung, Krim.-R.
78, Tb. 80.

H: Photographie in der Medizin,
Sachb. 79 (auch Mitverf.).
   F: Home, sweet home 67; Bedienung
inbegriffen 68; Ballonbremser 71, alles
Kurzspielf.

Nestler, Maria, D-8137 Berg, Starnb.
See, Tel. (08151) 5847 (Klagenfurt/Öst.
14.4.20). Lyrik.
   V: Zeit worte wort zeiten 69.

Netsch, Günter *

Nette, Herbert, Dr. jur., Verlagslektor;
P.E.N. 55 - 77, Deutsch-Schweizer P.E.N.
79; Park Rosenhöhe, D-6100 Darmstadt,
Tel. (06151) 74465 (Oberhausen-
Sterkrade 14.3.02). Essay.
   V: Grundstock einer Bibliothek 28;
Wort und Sinn. Von den Elementen der
Sprache 46; Adieu, Les Belles Choses. E.
Samml. letzter Worte 71; Friedrich II.
von Hohenstaufen 75; Jeanne d'Arc 77;
Karl V 79; Elisabeth I 82.
   H: Die großen Deutschen in Italien.
Dichtung, Briefe, Berichte 38; Goethe im
Gespräch 47; Wilhelm von Humboldt:
Über die Verschiedenheit des mensch-
lichen Sprachbaues 49; Wilhelm u.
Caroline v. Humboldt: Ein Leben in
Briefen 56; Goethe: Tagebücher 57;
Lichtenberg: Aphorismen, Briefe,
Satiren 62.

Nettesheim, Josefine, Dr. phil., Prof.;
VS seit 48, FDA 74; Bodensee-Klub 50,
Droste-Ges. 51, Görres-Ges. 52,
Hölderlin-Ges. 52, Verein f. Gesch. u.
Altertumskde 54, Bodensee-Klub, Abt.
Lit. 55, E.-T.-A.-Hoffmann-Ges. 62, EM
Eur.-Amer. Forsch.- u. Kulturwerk
"Eurafok" 70, Reinhold-Schneider-Ges.
74, Stifter-Ges.,Wien 72, Histor. Komm. f.
Westfalen 72; Kanalstr. 12, D-4400
Münster/Westf., Tel. (0251) 277198 (Köln
28.6.95). Lyrik, Essay, Literarhistor.-
philos. Werke.
   V: Heiliges Spanien, Terzinen 46;
Sonette an Christus; Rufe zu Gott 46;
Christoph Bernhard Schlüter, eine
Gestalt des dt. Biedermeier 60; Luise
Hensel und Christoph Bernhard
Schlüter. Briefe aus dem deutschen
Biedermeier 1832 — 1876 62; Wilhelm
Junkmann und Annette von Droste-
Hülshoff 64; Die geistige Welt der
Dichterin Anette Droste zu Hülshoff 67;
Wilhelm Junkmann, Dichter, Lehrer,
Politiker, Historiker 1811 — 1886 69;
Begegnungen, Lyrik 69; O Erde ..., Lyrik
71; Ich lasse dich nicht, Lyrik 71;
Annette von Droste-Hülshoff, Natur-
wissenschaftl. Lexikon, Lyrik u. Epik 73;
Poeta Doctus oder Die Poetisierung der

Wissenschaft von Musäus bis Benn 76;
Christoph Bernhard Schlüter an Wilhelm Junkmann, Briefe aus dem dt.
Biedermeier 1834 - 1883 76; Der Himmel
ist noch da ..., Lyr. 79. — **MV:** Festgabe
zum 60. Geb. v. Prof. Rob. Mühlher.
MA: Droste-Jahrbuch 47 bis 62;
Antaios III, 4; Dt. Vjschr. f. Lit.wiss. u.
Geistesgesch. 58, 79; Lit.wiss. Jb. d.
Görres-Ges. 30 (repr. 75) 60, 62, 67, 69, 70,
72, 75; Jb. d. Wiener Goethev. 68 64 u. 66;
Arch. f. Gesch. d. Philos. 44, 3; Zs. f.
Philos. Forschg. XVI, 2; Histor. Jb. d.
Görres-Ges. 63; Bonner Gesch.-blätter
15 61 u. 66; Das Boot 69; Archiv 2/219.
H: Annette von Droste-Hülshoff:
Mevrouw van Ginkel, Erz. 51; Schlüter
und die Droste, Dokumente einer
Freundschaft, Briefe Chr. B. Schlüters
an u. üb. A. v. Droste-Hülshoff 56;
Freiheit und Knechtschaft. Vorles. v.
Chr. Bernh. Schlüter (1837) 71.
Lit: Bibliogr. z. 75. Geb. (Jb. d. Droste-Ges.) 71; Sie schreiben zwischen
Paderborn und Münster 77.
s. a. Kürschners GK.

Netzband, Georg, Kunstmaler,
Graphiker, ObStudR.; Baumeister-Specht-Str. 38, D-8998 Lindenberg i.
Allg., Tel. (08381) 2837 (Berlin 30.7.00).
Bildbericht, Erzählung.
V: Ein lustiges Zoobuch 38; Zu zweien,
Bildber. einer jungen Ehe 39; Peterchen
im Walde, Kinderb. 42; Kastanienmännchens Wanderung 48; Das kleine
Wunder 48.
F: Winnetou und Kasper 32; Eintagskünstler 33.

Netzer, Hans-Joachim, Redakteur;
Herthastr. 38, D-8000 München 19, Tel.
(089) 174177 (Berlin 19.2.23). Essay,
Erzählung, Übers. **Ue:** E.
V: Alle Straßen enden am Meer, Erzn.
74, 2.Aufl. 75, Tb. 81; Wie der Zaunkönig
der König der Vögel wurde, Erzn. 81;
Sieben Säcke voll Gold, Erzn. 82.
MA: Sünden an der Natur 63; Die
Gesellschaft der nächsten Generation
66; Preussen — Porträt einer pol. Kultur
68.
H: Deutschland von außen gesehen
63; Adenauer und die Folgen 65; So
sehen sie sich 67.

Neubacher, Hedwig (Ps. Hedwig
Neubacher-Klaus); ÖSV 47, A.K.M. 48,
L.V.G. 48, SÖS 60, V.S.u.K., V.G.S.;
Wiener Frauenklub; An den langen
Lussen 11, A-1190 Wien, Tel. (0222)
321407 (Wien 21.8.24). Drama, Lyrik,
Film, Hörspiel, Fernsehspiel.

V: Märchentraum im Wienerwald, M.
46; Kasperl und Kasperle, M. 51; Das
klagende Lied, Festsp.; Besiegter
Schnee 57; Der Rosenstock, Orat 70;
Vielleicht bist du der glücklichste
Mensch, G. 73; Ein Strahl fällt ein, Lyr.
81; Besinnlicher Advent 82.
R: Nachtnebel und Morgentau, Hsp.;
Lerne lachen, Hsp.; Der Igel und die
kleine Maus, Fsp.

Neubacher-Klaus, Hedwig,
s. Neubacher, Hedwig.

Neubauer, Hans, Dr., RA.; Hans
Wölfel Str. 14, D-8600 Bamberg, Tel.
(0951) 53325 (Bamberg 13.11.29). Lyrik,
Novelle, Essay.
V: Ortswechsel, Erz. 80, 2.Aufl. 82;
Flötentöne, Prosa, Lyr. 82.
R: Du ländlich freie Stadt, Fsf.
S: Spaziergang in Bamberg 73.

Neubauer, Hans, ObSchulR.,
Volksschuldir. i.R.; ARGE d. Lit. 47;
Würdigungspr. f. Lit. d. Ldes
Burgenland 79; Rohrbrunn 139, A-7572
Dt. Kaltenbrunn, Tel. (03383) 388 (Oberschützen, Bez. Oberwart/Bgld 7.8.26).
Volksstücke, Geschichten und Gedichte
in südburgenländischer Mundart.
V: D' Huamat is stiarker!, Volksst. 53;
Mia Heanznleut, Mda.-Erzn. 62; Die
büllige Martinigaons, Einakter 63; Die
Hundsveigerl, Volksst. 74; 100 Jahre
Volksschule Rohrbrunn 74; Holm und
Ähran, G. u. Geschn. in Mda. 80; D'
Noarrnkoppn, Volksst. 82.
MA: Burgenland, Bildband 80.
R: Am Sunnta, Hsp. 56; D' Huamat is
stiarker, Hsp. 68.

Neubauer, Josef, Dr., Kommerzialrat,
Pensionist; Versorgungsheimstr. 29, A-1130 Wien, Tel. (0222) 845571 (St. Aegyd
a.N. 19.3.11). Lyrik.
V: Aufstieg, G. 38; Feuilles d'Antan, G.
75; Im Zeichen der Fische, G. 79; Die
Krähen, R. 81.

Neubauer, Wilfried, Theologe i.R.;
Schafgasse 4, D-3509 Spangenberg, Tel.
(05663) 1366 (Komotau 13.1.20). Roman,
Novelle, Essay, Reisebericht.
V: ... um der Versöhnung willen,
Reisetageb. 81; Spielzeug Gottes?, R. 83.

Neuber, Hermann, Kapitänleutnant;
Henri-Dunant-Allee 16, D-2300
Kronshagen, Tel. (0431) 541684
(Schlierbach/über Wächtersbach
23.8.38). Thema Schiffahrt, Küste, Meer.
V: Start frei für Pedro 33 69, 76; SOS
für Jumbo 50 71, 75; Die fliegenden
Retter 72, 76; Sturmnacht in der
Deutschen Bucht 76; Über uns der

Himmel und unter uns die See 77;
Schiffbruch und Strandung 79.

Neubert, Heinz, Dr. phil.,
Sozialstatistiker; Venusbergweg 13, D-
5300 Bonn, Tel. (0228) 549240
(Mannheim-Neckarau 23.9.26). Essay,
Roman.
V: Der Bunte Tanz, Ess. üb. d.
Aquarellmalen u. d. Ges.; Die geheim-
nisvolle Reise gegen den Unfall,
Zukunftsr. 80.

Neubert, Horst; Sonnenstr. 14, DDR-
9159 Lugau/Erzgeb..
V: Perle Pfiffikus, Erz. 75, 5.Aufl. 83;
Wir sind doch keine lahmen Enten, Erz.
78, 4.Aufl. 82; Rekord unter Tage, Erz.
83. — **MV:** Nichts als Scherereien, m.
Rudi Kunz 67, 69.

Neuburg, Mary, s. Haslwanter, Mary.

Neuburger, Kurt (Ps. Kew
Rubugener), Dramaturg u. Regisseur,
Dozent; VS, GDBA; Wieland-Pr. 64,
Arbeitsstipendium v. Senator f. Kunst u.
Wiss. Berlin 65; Dram. Ges., Gr. Lit.
Werkstatt Kreuzberg; Solmsstr. 40, D-
1000 Berlin 61, Tel. (030) 6936329 (Berlin
1.11.02). Drama, Lyrik, Roman, Novelle,
Essay, Erzählung, Hörspiel, Das
"Ritning".
V: Junge Lieder auf alten Saiten 20;
Die Leute von Turakarki 66; Der Tod
des Herrn Tarantel 67; Landschaft oh-
ne pocahontas 67; Das Tor zum Garten
von Adam und Eva 69; Allerliebste
Schulreformfarm 71; Pusteblumen 71;
Lesebuch. Gerüchte vom herzlichen
Leben, Prosa 77; Wer füttert im Winter
die Fliege im Bernstein, Lyr. 77; Der
Wasserbüffel ließ sich nicht den Leit-
strick durch die Nase ziehn, Ost-
asiatische Tagebuchblätter 83;
Gespräche vorm Ertrinken, G. 83. —
MV: Rötelskizze, Einf. 79.
MA: Guten Morgen Vauo 62; Centaur,
Alm. d. Galerie im Centre, Lyr. u. Prosa
63/64; Berlin zum Beispiel, Eine gesamt-
berliner Anth. mit Beitr. aus Lyr., Prosa
u. Graphik 64; Die Meisengeige 64, Tb.
68; Eulengelächter, Prosa 65; Agenda-
Vormerk-Schreibtafeln 67; Der streit-
bare Pegasus 67; Berlin-Buch der
Neuen Rabenpresse 68; Der Seel ein
Küchel 74; Lyrik non stop, NGL-
Jahresg. 1 75; Alm. f. Lit. u. Theologie,
DIE STADT 75; Unartige Bräuche 76;
Verhör eines Karatekämpfers und
andere Aussagen zur Person 77; Die
Stimme in der Weihnachtsnacht 78;
Günter Bruno Fuchs, Ausstellungskat.

79; Schreiben wie wir leben wollen,
NGL-Alm. 81; Berlin-Zulage 82.
H: u. **MA:** Vers und Prosa 68;
Eidechsenspiele 68. — **MH:** u. **MA:**
Siegmundshofer Texte 67.
R: Lyrik, Prosa 71, 77, 81, 82.
Lit: Günter G. Sendel: Bericht aus
Berlin in: Ja und nein 65; Baedekers
Berlin — Kreuzberg 77; Nur nicht alt
werden, Fs.-Send. 79; Ingeborg Drewitz
in: Zeit-Verdichtung, Essays, Kritiken,
Portaits 80; Vorgänge 82.

Neudorfer, Franz, Bezirksschul-
inspektor; Graben 37, A-4870
Vöcklamarkt, Tel. (07682) 6264 (Attnang-
Puchheim 4.2.27). Mundart-Lyrik.
V: Beim Honangarten 78; Auf da
Hoangartenbänk 79; Um d'Weihnachtn
81; Nach da Arbeit 82, alles Mda.-G. —
MV: Geschichte von Vöcklamarkt 75;
Der Bezirk Vöcklabruck 81.
B: Das Frankenburger Würfelspiel,
Festsp. 55.

Neufang geb. Klebe, Jutta (Ps. Jutta
Klebe), Dr. med., Fachärztin f. Inn. Med.;
In der Lüttmecke 1, D-5790 Brilon-Wald
(Berlin 27.9.20). Tierbuch, zeitkritische
u.a. Feuilletons.
V: Drei Jahre mit Taps 61, 64; Taps
und seine Welt 63; Gespräch. Dialog
über ein heikles Thema 63; Taps und
Puck am Meer 65.

Neufeld, Ingrid, Erzieherin;
Egidienstr. 30, D-8520 Erlangen, Tel.
(09131) 602076 (Lauenstein, Ofr. 31.7.56).
Kinder- u. Jugendliteratur.
V: Das Geheimnis der Pioniere, Kdb.
82; Der Ratgeber des Pharaos, Jgdb. 83;
Der Bengel aus dem Kinderheim, Kdb.
84.

Neugart, Georg *

Neugebauer, Peter (Ps. Zeus
Weinstein); Klosterstern 10, D-2000
Hamburg 13.
V: Lexikon der Erotik, Bd. 1 69, 75;
Zeus Weinsteins Abenteuer 70;
Neugebauers Neurosen 80.
H: Sherlock Holmes, die Wahrheit
über Ludwig II 78. ( )

Neuhäusler, Anton, s. Ringseis, Franz.

Neuhaus geb. Kurzer, Barbara
(Reichenstein 29.10.24).
V: Hexen im Luch, R. 68; Schritte im
Regen, Krim.-R. 69; Wenn der Häher
schreit, Erz. 70; 26 Bahnsteige, Krim.-R.
72; Tatmotiv Angst 76, 3. Aufl. 82. —
MV: Kampf gegen Sternlauf, Erz. m. W.
Neuhaus 68.
R: Fritz Schmenkel, Fsp. m. H. Bürger
69. ( )

Neuhausen, Wolfgang, freischaffender Künstler; Kronenstr. 2, D-4000 Düsseldorf 1, Tel. (0211) 382336 (Düsseldorf 7.4.49). Lyrik.
V: Bilder aus dem Niemandsland, Lyr. 77, 2. Aufl. 77; Zertretene Masken, Lyr. 79.

Neuhauser, F., s. Josch, Wilfried.

Neuhauser, Maria, s. Loibl-Neuhauser, Maria.

Neuhauser-Körber, Margret, s. Körber, Margret.

Neumann, C. F., s. Franck-Neumann, Anne.

Neumann, Frida, akad. Schulmusiklehrerin i.R.; Rauchstr. 6, D-2000 Hamburg 70, Tel. (040) 6563383 (Breslau 14.9.93). Lyrik.
V: Die Brockensammlung, G. 81.

Neumann, Gerhard; Thälmannplatz 12, DDR-4020 Halle (Saale).
V: Die Reussische Gemme, Krim.-R. 78, 83; Waterloo, Krim.-R. 80, 82. ( )

Neumann, Gerhard Walter Chr.; A.L.A.V. 58; Lit.Pr. des Kulturkreises im Bundesverb. d. Deutschen Industrie 58, Stipendium d. Dt. Akad. Villa Massimo Rom 59, Förderungspreis zum Ostdt. Lit. Preis 61; Köpenicker Str. 3, D-6200 Wiesbaden-Erbenheim, Tel. (06121) 761820 (Rostock 16.10.28). Lyrik, Erzählung, Essay.
V: Wind auf der Haut, G. 56; Salziger Mond, G. 58; Reporte, Prosa 80; Kick, Prosa 82/83.
MA: Das Gedicht, Jb. zeitgenöss. Lyrik 55; Mein Gedicht ist mein Messer, Lyriker zu ihren Gedichten 55; Junge Lyrik, Anth. 56; Transit, Anth. 56; Deutsche Lyrik und Prosa nach 1945 57; Lyrische Handschrift unserer Zeit, 50 G.-Hss. dt. Lyriker d. Gegenwart 58; Expeditionen, Anth. 59; Triffst du nur das Zauberwort, Stimmen v. heute zur dt. Lyrik 61; Lyrik aus dieser Zeit 61; Contemporary German Poetry, An Anth. 62, 64; Neue dt. Erzählgedichte 64; Panorama moderner Lyrik deutschsprechender Länder 65; Blick auf Rom, Neue Variationen über ein altes Thema 68; Deutsche Großstadtlyrik vom Naturalismus bis zur Gegenwart 73; 27 Geschichten 79.
Lit: Alexander Hildebrand: Autoren Autoren 74, 79.

Neumann, Gert, s. Härtl, Gert.

Neumann, Günter, c/o Battert-Verl., Baden-Baden.
V: Tobias Knopp auf Brautschau, Lsp. frei nach W. Busch 83. ( )

Neumann, Hans, s. Neumann, Johann Bernhard.

Neumann, Horst, Industriekaufmann; P.O.Box 11112, Southernwood, East London/Südafrika, Tel. (0431) 53373 (Hannover 20.9.41). Roman.
V: Aus Liebe zu seinem Hund, R. 81.

Neumann, Johann Bernhard (Ps. Hans Neumann), Lehrer; Ludwig-Beck-Str. 9, D-2800 Bremen 41, Tel. (0421) 471143 (Bremen 6.7.10). Kurzgeschichte.
V: Begegnungen im Badeort und anderswo, Kurzgeschn. 81.

Neumann, Karl, Lehrer; SV-DDR; Alex-Wedding-Preis d. Dt. Akad. Künste zu Berlin 69, Theodor-Fontane-Preis d. Bez. Potsdam 76; Ziegelei, DDR-1801 Brielow ü. Brandenburg (Ellenburg 30.7.16). Roman, Erzählung.
V: Frank, R. 58, 78, auch Sch. 61; Das Geheimnis im Schwarzen Berg, Erz. 61, 63; Sebastian und die Blindschleiche Laura, Erz. 61, 66; Sebastian, der Raketenflieger, Erz. 61, 65; Frank und Irene, R. 64, 77; Das Mädchen hieß Gesine 66, 76; Ulrike, R. 74, 77; Frank bleibt Kapitän, Erz. 82.
F: Gesine, Sz.

Neumann, Lonny, Lehrerin; Kandidatin SV-DDR; Otto-Meier-Str. 28, DDR-1500 Potsdam (Prenzlau 27.6.34). Roman, Hörspiel.
V: Vier Stationen hinter d. Stadt 76; Tina entdeckt das Meer 80. —
MV: Zeitzeichen; Rose f. Katharina; Begegnung, alles Anth.
R: Aufenthalt in Strasburg — od.: Sprung üb. d. Hofmauer aus Kindheitstagen, Feature; Der Wald. ( )

Neumann, Margarete, Fürsorgerin; SV-DDR 56; Silbermedaille i. lit. Wettbewerb d. V. Weltfestspiele d. Jgd. u. Studenten, Warschau 55, Heinrich-Mann-Preis 57, Fritz-Reuter-Pr. 64, 74, Lit.pr. DFD 77; Broda Holz, DDR-20 Neubrandenburg, Tel. 3940 (Pyritz/Pomm. 19.2.17). Lyrik, Roman, Novelle, Kinderbuch.
V: Der Weg über den Acker, R. 55; Lene Bastians Geschichte, Skizzen u. Nn. 56; Der lange Weg 58; Der Zaunkönig 59; Brot auf hölzerner Schale, G. 59; Haustierkinder, Kinderb. 59; Steig ein, Kinderb. 59; Der Wasserträger 60; Der wilde Apfelbaum 60; Der Wunderbaum, Kinderb. 60; Elisabeth 60; Der

Spiegel, Erzn. 61; Das Aprikosen-
bäumchen, Kinderb. 61; Die Abenteuer
des Obristen Hendrygk 63; Der Toten-
gräber 63; Und sie liebten sich doch, R.
66, 70; Die Liebenden, R. 70; Der grüne
Salon, R. 72, 81; Am Abend vor der
Heimreise, Erzn. 74; Die Webers, R. 76;
Orenburger Tagebuch, Tageb. 77;
Blätter, G. 77; Windflöte und a.
Geschichten, Erz. 78, 82; Der Wunder-
baum, Kdb. 82. — **MV:** Geliebtes Land,
m. L. Ludwig u. G. Deicke, G. 54.
F: Stacheltier 54; Das Aprikosen-
bäumchen, Trickf. 61.
R: Rumpelstilzchen, Hsp. 60; Das
Glück der Marie A., Fsp. 64; Tagebuch
Trasse 81; Meine alten Briefe 82, beides
Features.

Neumann, Roland; Waldstr. 12, DDR-
1509 Michendorf.
V: Empfangskonzert 76; Entdeckungsfahrt 81. ( )

Neumann, Ronnith, c/o Ted-Siera-
Buchverl., Hamburg.
V: Und sind doch alles nur Worte, G.
81. ( )

Neumann, Rudolf, Schauspieler;
Ernsdorfer Str. 69, D-8210 Prien/
Chiemsee, Tel. (08051) 5399 (Berlin
6.5.26). Kinderbuch, Hörspiel.
V: Die höchst bemerklichen Exempel
der Fauna von Gondwanien 58; Der Hut
im Apfelbaum 59, 72; Das ganz besondere Tier 61, 71; Wenn das Wörtchen
"wenn" nicht wär! ... 63; Der böse Bär 64,
65; Kathrinchen, Opa und der
Apothekenlöwe 71; Fräulein Stin und
Fräulein Trin 72; Jeden Tag was
anderes 73; Da nahm die Hex den
Zauberstab 74; Zweierlei Zauber 74.
MA: Kinderland Zauberland 67; Die
Stadt der Kinder 69; Das nette Krokodil
70; Guten Morgen — gute Nacht! 70; Es
war so lange Tag ... 71; Geh und spiel
mit dem Riesen 71; Schnick Schnack
Schabernack 73; Am Montag fängt die
Woche an 73; Halb so schlimm 74; Der
fliegende Robert 77; Riesen-Rätsel-
Rennmobil 78; Flog ein Vogel federlos
80; Das Sonntagsweckerbuch 80; Komm,
lach doch wieder! 81.
R: Der Schatten des Herrn Alexander,
Hsp.

Neumann, Walter, Dipl. Bibl.-Lektor;
VS 64, P.E.N. 73; Andreas-Gryphius-Pr.
81; Am Mühlenberg 17, D-4800
Bielefeld 1, Tel. (0521) 104641 (Riga
23.6.26). Lyrik, Erzählung, Hörspiel,
Essay, Bibliographie, Kritik.

V: Shakespeare, Bibliogr. 64;
Biographie in Bilderschrift, G. 69;
Klares Wasser, G. 70; 10 Jahre Autoren-
lesungen im Bunker Ulmenwall, Ess. u.
Bibligr. v. 87 Aut. 71; Grenzen, G. 72;
Schlüsselworte, G. (dt. u. franz.) 73;
Jenseits der Worte, G. 76; Lehrgedicht
zur Geschichte, G. 77; Mitten im
Frieden, G. 84. — **MV:** Deutsche
Literatur im 20. Jh., Bibliogr. 61; Die
deutsch-baltische Literatur, Ess. 74;
Stadtplan, Erz. 74.
MA: Ohne Visum 64; Tuchfühlung 65;
Panorama moderner Lyrik 65; Thema
Frieden 67; Jahresring 68/69, 73/74, 75/
76; Deutsche Gedichte seit 1960 72; Neue
Expeditionen 75, alles Anth. u.a.
H: Im Bunker, Anth. 74, II 79; Grenz-
überschreitungen, Anth. 82. — **MH:** Sie
schreiben zwischen Paderborn und
Münster, Anth. 77.
R: Das Spiel des Jahres, Fksz. 69; Ein
Fußbreit Leben, Hsp.; Schreien, Fkerz.
74.

Neumann-Gundrum, Elisabeth (Ps.
Ihsa Neumann-Gundrum, Saiwala), Dr.
phil., Doz.; Albrecht Dürer-Ring 65; Am
Rabenstein 19, D-3550 Marburg, Tel.
(06421) 23818 (Gelsenkirchen-Buer).
Lyrik, Essay.
V: Verschiebung des Erlebnisses
"Wirklichkeit" in mittl. u. spät.
Dichtungen R. M. Rilkes 38; Der Fähr-
mann 60; Zwei Augen 73, beides Lyrik;
Europas Kultur der Groß-Skulpturen
81. — **MV:** Philos. Wörterbuch.

Neumann-Gundrum, Ihsa,
s. Neumann-Gundrum, Elisabeth.

Neumann-Ortens, Gertrud (Ps. Gerda
Ortens), Schriftstellerin; Silb. Ehrenz. d.
Stadt Graz 79; Mucharg. 10/VI./29, A-
8010 Graz, Tel. (0316) 61248 (Graz
13.10.08). Lyrik, Roman, Novelle, Essay,
Hörspiel.
V: Die Märchenfee, M. 46; Lebedamen
haben es schwerer, R. 80; Rhythmische
Gedanken 80; Nicht alles war für die
Katz, Autobiogr. R. 81.
R: Die Märchenfee, 17 Radio-M. 46/47,
48, 49.
Lit: Wiss. u. Kunst in d. dt. Ostmark
38; Kunst u. Künstler in der Steiermark
77.

Neumayr, Ernst *

Neumeister, Wolf (Ps. Ulenspiegel);
VS; Widenmayerstr. 47, D-8000
München 22, Tel. (089) 220276 (Dresden
10.5.97). Film, Fernsehspiel, Roman.
V: Von Kerlen, Gäulen und
Kameraden, Erzn. 36; Rico muß sich

verstecken 70; Ein Affe geistert durch
die Stadt 75; Großes Ehrenwort, Julia!
75; Dem Geisteraffen auf der Spur 76;
Lippo hält dicht 75; Der vergrabene
Piratenschatz 76; Onkel Bennos Affe 77.
MA: Alle machen Musik, Fsp.

F: Königstiger; Kater Lampe; Die
Entführung; Kellnerin Anna; Der Floh
im Ohr; Ein Mädel vom Ballett; Frauen
für Golden Hill; Ball im Metropol; D III
88; Fuchs von Glenarvon; Der Tag nach
der Scheidung; Der Streit um den
Knaben Jo; Ein Amerikaner in
Salzburg; Dr. Crippen lebt; Man ist nur
zweimal jung; Immer die Radfahrer!;
Der Mann der sich verkaufte; Juanito;
Kein Mann zum Heiraten; Vater, Mutter
und neun Kinder; Drei Mann in einem
Boot; So nicht, meine Herren!; Die
Geierwally; Pastor mit der Jazz-
trompete, u. zahlr. a.

R: Die Karte mit dem Luchskopf,
Fsp.; 13 F. Jester und Jo, Mit Charme
und Apostel; Apostel unter dem
Dach, Fsp; Lifti, das Stinktier 69; An der
falschen Adresse 77. ( )

Neumeyer, Hermann *

Neuneier, Peter, Kaufmann; VS 71;
Lit.stip. d. Kultusmin. v. NRW 75;
Werkkr. Lit. d. Arbeitswelt 70,
Produktion Ruhrkampf 71; Leppestr. 81,
D-5277 Marienheide, Tel. (02264) 8682
(Köln 30.7.26). Roman, Kurzgeschichte,
Gedicht.

V: Akkord ist Mord, R. 71, 76; Lack-
fresser, R. 77; Durch Harlem und East-
Village, Reiserep. 79.

MA: Ihr aber tragt das Risiko 71;
Schlagt zurück 71; Lauter Arbeitgeber
71; Anthologie deutscher Arbeiterliteratur 73; Sie schreiben zwischen
Goch und Bonn 75.

R: Beißt die Hunde 70; Machen Sie
mehr aus Ihrem Geld 73; Akkord ist
Mord 74; Literatur im Klassenkampf,
Fsf. 73; Die Verlegung, Hsp. 79; Und das
nicht nur zum Zeitvertreib, Hsp. 83.

Lit: Abriß einer Geschichte der
deutschen Arbeiterliteratur 73; Arbeitswelt und Literatur 73; Martin Walser:
Wovon und wie handelt Literatur 71.

Neunzig, Hans Adolf,
Verlagsbuchhändler; Landsberger Str. 9,
D-8919 Utting am Ammersee, Tel.
(08806) 7798 (Meißen 18.3.32). Essay,
Biographie. **Ue:** F.

V: Johannes Brahms in Selbstzeugnissen und Bilddokumenten, Ess. 72, 83;
Johannes Brahms, Der Komponist des
deutschen Bürgertums, Biogr. 76;

Johannes Brahms-Symphonische
Sommer, Bild/Text-Bd 83.

H: Pegasus lächelt. Heitere und
heiter-melancholische Geschn.
deutscher Sprache aus drei Jahr-
hunderten 66, 78; Pegasus pichelt.
Gesch. v. Trinken a.d. Probierstube dtsp.
Dicht. 68; Das illustrierte Moritaten-
Lesebuch 79; Theodor Storm,
Gesammelte Werke 81; Die besten
Kurzgeschichten der Welt 82. –

MH: Frühlingssinfonie, Clara Wieck –
Robert Schumann, Die Geschichte einer
Leidenschaft in Dokumenten 83.

F: Frühlingssinfonie, Ein Schumann-
Film, m. Peter Schamoni 83.

R: Der sinnliche Schiller, Portrait im
Gegenlicht 81; Der religiöse Wagner, 100
Jahre Parsifal, Ess. 82; u.a.

Ue: Bernard Avenel: La Valeur
absolue u.d.T.: Die Abgestürzten 61;
André Maurois: Don Juan oder Das
Leben Byrons 69.

Neureiter, Ferdinand; Niederalm Nr.
271, A-5081 Anif, Tel. (06246) 2964.
V: Geschichte der Kaschubischen
Literatur 78 (poln. 82).
H: Kaschubische Anthologie 73; Weiß-
russische Anthologie 83.

Neuss, Wolfgang, c/o Rowohlt Verlag,
Reinbek (Breslau 3.12.23).
V: Das jüngste Gerücht, Sat. 65, 67;
Neuss-Testament 66; Neuss' Zeitalter
83. – **MV:** Da habt ihr es! Stücke u.
Lieder.
S: Das jüngste Gerücht 65; Neuss-
Testament 66, 68; Wolf Biermann, Ost,
zu Gast bei Wolfgang Neuss, West 66;
Asyl im Domizil 68. ( )

Neustädter, Erwin, Dr. phil., StudR.
a.D.; Kg. 69; Siebenbürg.-Sächs. Kultur-
pr. 81; Arb.kreis f. dt. Dichtung 72, Wilh.
Kotzde-Kottenrodt-Gemeinde 74; von-
Colln-Str. 14, D-8950 Kaufbeuren, Tel.
(08341) 4463 (Tartlau/Siebenb. 1.7.97).
Lyrik, Roman, Novelle.
V: Der Jüngling im Panzer, R. 38, 44;
Mohn im Ährenfeld, R. 43, Neuaufl. 74;
Dem Dunkel nur entblühen Sterne,
G.ausw. 76.
Lit: Südostdt. Heimatbll. 57; Südostdt.
Vjbll. 72, 75, 76, 77, 82; Kulturpolit.
Korrespondenz 71; Arb.kreis f. dt.
Dichtung: Freundesg. z. 85. Geb. 82; Der
Schweiger Erwin Neustädter in: Hans
Bergel: Gestalten und Gewalten 82.

Neutsch, Erik, Dipl.-Journalist; SV-
DDR 60; Literaturpreis d. FDGB 61, 62,
74, Nationalpreis f. Kunst u. Lit. 64,
Verd.med. d. DDR 69, Heinrich-Mann-

Pr. d. Dt. Akad. Künste 71, Kunstpreis
der Stadt Halle 71, Händelpreis 73,
Vaterländ. Verdienstorden in Gold 74;
Akad. d. Künste d. DDR 74, Goethe-Ges.
Weimar 74; Spechtweg 15 Heide, DDR-
402 Halle (Saale) (Schönebeck/Elbe
21.6.31). Roman, Novelle, Lyrik, Drama,
Musiktheater, Film, Essay.

V: Die Regengeschichte, Erz. 60, 69;
Die zweite Begegnung, N. 61; Bitterfelder Geschichten, Erzn. 61, 76; Spur
der Steine, R. 64, 80; Die Prüfung, F. 67;
Die anderen und ich, N. 70, 76; Haut
oder Hemd, Sch. 71, 72; Karin Lenz, Op.-
Libr. 71; Olaf und der gelbe Vogel,
Kderb. 72, 75; Tage unseres Lebens,
Erzn. 73, 79; Auf der Suche nach Gatt, R.
73, 82; Der Friede im Osten, 1. Buch, R.
74, 81, 2. Buch 78, 82; Heldenberichte,
Erzn. u. Nn. 76, 81; Der Hirt, Erz. 78; Fast
die Wahrheit, Ess. 79; (übersetzt in
zahlr. Spr.); Akte Nora S. und Drei Tage
unseres Lebens, Erzn. 78; Zwei leere
Stühle, N. 79, 82; Forster in Paris, Erz.
81, 82.

MA: Uns bläst der Wind nicht ins
Gesicht, Erzn. u. Nn. 60; An den Tag
gebracht, Erzn. 61; Die zweite
Begegnung und andere Geschichten 61,
alles Anth.; Arnold Zweig, Alm. 62; A
Pair of Mittens, Short Stories 62;
Auftakt 63, Lyrik-Anth. 63;
Erkenntnisse und Bekenntnisse, Ess. 64;
Liebe - Menschgewordenes Licht 64; Im
Licht des Jahrhunderts. Erzn. 64, 65;
Nachrichten aus Deutschland 67; Licht
des großen Oktober 67; Welt und
Wirkung eines Romans, Ess. 67; Das
Windrad, G. f. Kinder 67; Vietnam in
dieser Stunde 68; Manuskripte 69;
Erfahrungen 69; Die die Träume
vollenden 69; Die die Reportagen 69;
Kritik in der Zeit 70; Der erste Augen-
blick der Freiheit 70; Dreimal Himmel
70, alles Anth.; Fahrt mit der S-Bahn,
Erzn. 71, 75; 19 Erzähler der DDR, Erzn.
71; Das Paar, Erzn. 71; Fünfzig Erzähler
der DDR, Erzn. 73, 76; Erzähler aus der
DDR, Erzn. 73; Menschen in diesem
Land, Portr. 74; DDR-Porträts 74; Wir
Enkel fechten's besser aus, Lyrik u.
Prosa 75; Die Werkzeugfahne, Erzn. 75,
alles Anth.; Über Anna Seghers, Alm. 75;
Meine Landschaft, Prosa u. Lyrik 76;
Frauen in der DDR, Erzn. 76; Zeit-
geschehen 1900 — 1970 in dt.spr.
Literatur 76, alles Anth.

H: Chile - Gesang und Bericht,
Dokumente und Dichtungen 75.

F: Spur der Steine 66; Die Prüfung 67;
Akte Nora S. 75; Auf der Suche nach
Gatt 76.

R: Haut oder Hemd, Hsp. 71; Wo es
keine leeren Flächen gibt, Funk-Porträt
üb. d. Maler Willi Sitte 73; Der Neue,
Hsp. 75.

Lit: Junge Prosa der DDR 64; Mittel-
deutsche Erzähler 65; Literatur im
Blickpunkt 65; Liebes- und andere
Erklärungen, Schriftsteller über Schrift-
steller 72; Lit. d. DDR in Einzeldarst. 74;
Auskünfte, Werkstattgespräche mit
DDR-Autoren 74, 76; Künstlerisches
Schaffen im Sozialismus 75; Die
deutsche Literatur - Gegenwart 75;
Dialektische Dynamik, Kulturpolitik
und Ästhetik im Gegenwartsroman der
DDR 76; Geschichte der deutschen
Literatur, Bd. 11 76; u.a. ( )

Neuweiler-Witte, Magda *

Neuwirth, Walther, Dr. phil., Prof. i.R.,
Redakteur i.R., Archivar d. Wiener
Künstlerhauses i.R.; Ö.S.V. 65;
Marktplatz 3, A-2380 Perchtoldsdorf,
Tel. (0222) 8610233 (Wien 4.7.96). Lyrik,
Roman, Novelle, kunsthistorische
Bücher.

V: Das Erwachen d. Heimat, G. 21;
Helden, R. der Isonzo — u. Piavekämpfe
33 (auch ital.); Kindersang schafft frohe
Herzen, Lieder 37; Der lachende
Tierkreis, G.-Zyklus 37; Das Firmament,
G. 64; Die Hälfte d. Mantels, G. 66; Georg
Pevetz und die Zwanzigerjahre 66;
Kleine Kunstgeschichte der öster-
reichischen Briefmarke 68; Versunken
die bitteren Worte, G. 70; Die geistige
Brücke, G. 74; Träume, Verklärungen,
Abstraktionen, G. 77; Otto Zeiller, Leben
und Werk 78; Mensch, Seele, Gott, G. 79;
Im Schatten und Glanz des "Goldenen
Apfels", rhythm. Prosa 82.

Neven du Mont, Dietlind, s. Goltz,
Dietlind.

Ney, Norbert, freier Autor u.
Journalist, Übersetzer; VS Bad.-Württ.
74, AGAV e.V. 75; Käthnerort 59, D-2000
Hamburg 76, Tel. (040) 2997242 (Eutin/
Schlesw.-Holst. 30.6.51). Lyrik, Roman,
Erzählung, Essay, Feature, Satire,
Glosse, Kabarett, Kolumne. **Ue:** E, F, T.

V: Tendenzwendgedichte, Lyr., Prosa,
Satire u. Collagen 76, 4. Aufl. 80; Danke,
man lebt!, Lyr. u. Collagen 78;
Sterilisation des Mannes — das geringste
Übel, Sachb. 78, 4. Aufl. 80;
Nichtsdestotrotz, Lyr., Aphor. u.
Collagen, Fotomontagen 79, 2. Aufl. 80;
ich bin sterilisiert, Sachb. 81; Liebe,
Laster, Leid & Lust 83.

MA: Freiheit auch f. Sackgassen, G. u.
Grafik 78; Karlsruher Alm. f. Lit. 1977,

G., Prosa, Satire 77; Künstlerhaus
Karlsruhe, Dok. 79; Zehn junge
Schriftsteller — Das junge Karlsruhe,
Lyr., Prosa, Satire 79; Trauer, Lyr.,
Prosa, R.-Ausz., Satire etc. 79; Das
Kinderhaus-Buch 81; Friedensfibel 82;
Krimireader 82; Goethe Live! 82; Der
blutige Ernst 82; Mein heimliches Auge
82; Satire-Kal. 82; Crimi-Reader 82;
Heilig Abend zusammen. Ein garstiges
Allerlei 82; 100 Hamburger Gedichte 83;
Unbändig männlich — Leseb. f. halb-
starke Väter & Söhne 83.
H: WM '78 — Argentina/Das and.
Weltmeisterschaftsb. 78; Sie haben mich
zu einem Ausländer gemacht — ich bin
einer geworden. Ausländer schreiben v.
Leben bei uns 83. — **MH:** Laßt mich
bloß in Frieden 81; Benefiz 82; Nicht mit
Dir — und nicht ohne Dich. Leseb. f.
schlaflose Nächte 83.
R: Verhütung — einmal anders,
Hörfeat. 78.
S: Druckknöpfe — Rock, Rockmusik,
Reggae, Blues, m. dt. Texten 80;
Klaudiabolo: Lampenfieber 82; Druck-
knöpfe: Fahnenflucht 82, beides Rock m.
dt. Texten.
Ue: Nâzim Hikmet: Menschenland-
schaften I 78, 79, II 79, III 80, IV 81, V 81;
Yilmaz Güney: Sürü/Die Herde 81; War
— and an Irish Town 83; Lady Killers
83.
Lit: Junge Schriftsteller — Das junge
Karlsruhe 79; SPOTlit Nr. 3/Ney-
Special, Zs. 80.

Nick, Dagmar, s. Braun, Dagmar.

Nickel geb. Kähler, Ingrid, Hausfrau;
Buschblick 84, D-2300 Kiel 17, Tel. (0431)
391487 (Kiel 22.7.35). Lyrik.
V: Fenster an Fenster gestapelt
gereiht, Lyr. 82.

Nickel, Ruth (Ps. Ruth Noorden, Bob
Svenson), Journalistin; Margaretenstr.
2 b, D-1000 Berlin 33, Tel. (030) 8916328
(Leipzig 9.8.10). Roman, Novelle.
V: Wieder mit Vollgas weiter; Immer
ruft Dich Wind und Welle; Diese Frau
ist gefährlich 56.

Nickel-Forst, Grete; VS, Kogge 70,
Aut.kreis Ruhr-Mark 65; Unterberg 14,
D-5653 Leichlingen 1, Tel. (02175) 3962
(Burscheid b. Köln 18.1.13). Lyrik, Kurz-
geschichte, Essay, Übersetzung.
V: Ohne Maske, G. 65; Wendepunkte,
G. 66; The Imp II, Texte 68; Bonner
Fragebogen, G. 70; Mit einem Mund voll
Zukunft, G. 76; Atem des Abends, G. 79;
Am Zaun der Welt, G. 80; Bergisches,
Erzn. 82.

MA: Das unzerreißbare Netz, Anth.
68; World Anth. of Poetry by Women 73;
Sie schreiben zwischen Goch und Bonn,
Anth. 75; Hiob kommt nach Himmerod,
Anth. 74; Kontakte Europäisch, Anth. 74;
Spiegelbild, Anth. 78; Rheinisch-
Bergischer Kal., Lyr., Erzn., Ber., Ess.,
Biogr. 61 - 83; Heimatkal. Land an
Wupper u. Rhein, Lyr., Erzn., Ber., Ess.,
Biogr. 61 - 74; Westf. Heimatkal. 80; Ent-
leert ist mein Herz, Haiku-Anth. 80;
Jacob und der Andere, Anth. 82; Sieg-
burger Pegasus, Jb. 82; Nur im Schatten
des Mondes, Renga-Anth. 82; Hagener
Heimatkalender, Lyr. 83.
MH: Ruhrtangente, Anth. 72.
Ue: O. Waegeman; Kamiano 74; Mais-
körner der Liebe, Erz. 78; Kern aller
Dinge, Ess. 79. — **MUe:** K. Lannoy,
Olympiade, Erz. 80.

Nickl, Peter; Akilindastr. 35, D-8032
Gräfelfing, Tel. (089) 855299 (Wien
14.6.40). Kinderbücher.
V: Ratatatam, die seltsame Geschichte
einer kleinen Lok 73, 83 (auch holl.,
franz., engl., dän., schwed., japan., irisch,
walis.); Krokodil, Krokodil 75 (auch holl.,
franz., engl., canad., japan.); Die
Geschichte vom guten Wolf 82, 83 (auch
engl., franz.); Das träumende Haus, G.
82; Tuffa und das Bein vom Schwein 83;
Tuffa und ihre Freunde 83; Tuffa und
das Picknick 83; Tuffa und die Enten 83;
Tuffa im Schnee 83.
B: Die wunderbaren Reisen und
Abenteuer des Baron Münchhausen 77
(auch holl., engl., franz., finn., jap.,
norw.).

Nicklisch, Hans; VS; Mommsenstr. 66,
D-1000 Berlin 12, Tel. (030) 8838639
(21.3.12). Roman, Film, Hörspiel. **Ue:** F,
E.
V: Vater, unser bestes Stück, R. 55, 82;
Ohne Mutter geht es nicht, R. 57, 82;
Einesteils der Liebe wegen, R. 61; Ein
Haus in Italien müßte man haben, R. 64,
83; Opas Zeiten, R. 74, 83; Duett zu dritt,
R. 75, 81; Zärtlich ist der Marabu, R. 78,
82; Familienalbum, R. 79, 81; Meine Frau
ist ein Engel 81.
MH: Der Phönix, ein Almanach für
junge Menschen, m. Walther G.
Oschilewski 47.
F: Ohne Mutter geht es nicht; Die
schwarze Kapelle; Denn das Weib ist
schwach; Tagebuch eines Frauenarztes.
R: Kleine Liebe in der großen Stadt,
Hsp.
Ue: Anne Golon: Angélique, die
Rebellin, R. 62; Angélique und ihre
Liebe, R. 63; Juliette Benzoni: Il suffit

d'un amour u.d.T.: Cathérine, R. 64, Belle Cathérine u.d.T.: Unbezwingliche Cathérine, R. 65, Piège pour Cathérine u.d.T.: Cathérine im Sturm, R. 74, Le gerfaut des brumes u.d.T.: Der Nebelfalke, R. 77; Anne Golon: Anglique u. die Dämonin, R. 72; Anne Golon: Angélique und Joffrey, R. 67; Anne Golon: Angélique und die Versuchung, R. 69; Juliette Benzoni: Ein Halsband für den Teufel, R. 80. ( )

Nicolaou, Thomas, Dipl.-Journalist; SV-DDR, DDR-2711 Drispeth u. Odos Megha Alexandrou 48, Cardizza, Griechenland (Ambelico/Griech. 7.7.37). Bücher f. Erwachsene und f. Kinder.
Ue: G.
V: Nachts kamen die Barbaren, R. 68, 73; Puputa, Kinderb. 66; Nicos und der Mondfisch, Kinderb. 72, 75; Petros, Jgdb. 77; Sternchen, Kinderb. 73, 75; Der Reiter in der Nacht, Kinderb. 73, 75; Die Schwanenfeder, Kinderb. 77, 80.
H: Diese Landschaft ist hart wie das Schweigen, Neugriech. Lyrik 72. - **H** u.
Ue: Alkizei: Wildkatze unter Glas, Kinderb. 73; Kostas Kotsias: Dunkle Schächte, R. 74; Samarakis: Der Fehler, R. 76; Griechische Erkundungen, Erzn. 77;; Alkizei: Mit Dreizehn ein Mann, Kinderb. 77. ( )

Nieboj geb. Preuss, Grete (Ps. Grete Nieboj-Preuss); VS Rheinld.-Pf., Kg.; Am Rodelberg 53, D-6500 Mainz 1 (Seitenberg/Schles. 27.11.00). Jugendbuch, Novelle, Roman, Legende, Erzählung, Märchen, Kurzgeschichte.
V: Der Berggeist Rübezahl, M. 28; Gläsernes Wunder, Jgd.-Erzn. 49; Rübezahl - einmal ganz anders, Jgd.-Erzn. 52; Unsere Lix, Mädchen-Erz. 61.
MA: Der Jugendgarten 54; Keiner kennt die Grenze 56; Vermächtnis der Lebenden, I 60, II 62; Volkskal. für Schlesier 1960 — 1972; Meine liebe Heimat Du 66, 67; Sudetendeutscher Kalender 71; Auf meiner Straße, Anth. 75; Alle Mütter dieser Welt, Anth. ostdt. Autorinnen d. Gegenw. 78.

Nieboj-Preuss, Grete, s. Nieboj, Grete.

Niebuhr, Walter *

zur Nieden, Eckart, Rundfunkjournalist; Leuner Str. 20, D-6336 Solms-Niederbiel, Tel. (06442) 8375.
V: Kolumbus macht eine Entdeckung, Kdb. 67; Nächte an der Grenze, Kdb. 73 (auch norweg.); Die Kajüte, R. 78; Mit anderen Worten 78; Fachwerk, R. 79 (auch finn.); Mein Name ist ..., 80; Ich

war Augenzeuge 82; Trauer schmilzt wie der Schnee 83.
S: Dur und Moll 78.

Niederehe, Joseph, Verlagslektor i.R.; Schinkelstr. 49, D-4300 Essen 1, Tel. (0201) 284214 (Essen 8.3.04). **Ue:** E, F, H, I, S.
Ue: William Roper: Thomas Morus 35; Louis Baudin: Die Inka von Peru 47; François Mauriac: Leid und Glück des Christen 48; Louis Gillet: Dante 48; James Norman Hall: Fern ist mein Land 54; Jean de Pange: Die Mühlen Gottes 54; Jacques Loew: Wüßtet ihr, was Gnade ist 61; Clement Francis Kelley: Der Geist der Liebe 63; Hamman/ Richter: Arm und Reich in der Urkirche 64; Calvez/Perrin: Kirche und Wirtschaftsgesellschaft 65; Baraúna/ Schurr: Die Kirche in der Welt von heute 67; Pierre Grimal: Mythen der Völker 67; Marc Oraison: Psychologie des ehelosen Lebens 69. ( )

Niedergesäß, Siegfried (Ps. K. E. Siegfried, henry s. eve, Jo Burger), freier Journalist (Detmold 5.5.45). Lyrik, Roman.
V: i.c.h., Lyrik 70; Die Beatles, Biogr. 76, 77; Krautrock, Biogr. 76; Die heißesten Top-Stars der Welt 80; Die neue Deutsche Rock-Szene, Biogr. 82; Rolling Stones, Biogr. 82; Pop Musik 81, 83; Stars aus Film und TV 82; Nastassja Kinski, Biogr. 83; Die Beatles, Biogr. 83; Louis de Funés, Biogr. 83.
MA: Primanerlyrik - Primanerprosa, Lyrik 65; Liv og Digt, Lyrik 68; Mal was andres, Lyrik 74; Im Bunker, Lyrik 74; Eastside, Prosa 75.

Niederhagen, Heinz-Rudolf, c/o Engelbert-Verl., Balve.
V: Alarm im Club 83. ( )

Niederhauser, Rolf, lic. rer. pol.; Gruppe Olten 77; Werkjahr des Kantons Solothurn 77; Bleichestr. 15, CH-4056 Basel, Tel. (061) 262264 (25.10.51). Drama, Lyrik, Roman.
V: Mann im Überkleid, ein Rapport 76; Das Ende der blossen Vermutung 78; Kältere Tage 80.
R: Spielraum, Telearena zum Jahr des Kindes, Fernsehtheater 79.

Niedermeier, Hans (Ps. John Cray), Senatspräs. a. D.; Jagdhornstr. 24, D-8000 München 82, Tel. (089) 4305582 (München 22.6.10). Roman, Essay.
V: Der tödliche Haß, Krim.-R. 59.

Niederreuther, Thomas, Dr. rer. pol., Kaufm. u. Maler; VS 49; Nibelungenstr. 58, D-8000 München 19, Tel. (089) 171355

(München 1.7.09). Roman, Novelle,
Essay.
V: Jakob Kienast, R. 48, 50;
Aphorismen 50; Die Söhne, R. 51; Wer
hat schon Mitleid mit einem Krokodil,
Aphor. 67; Über die Kunst,
verhältnismäßig bösartige
Betrachtungen aus der Sicht eines
Malers 67; Gymnasiastenhochzeit, R.
68; Die vollautomatische Großmutter -
Parodie auf die Zukunft der Vergangen-
heit 71; Napoleon hat in meinem Bett
geschlafen 75; Kruzitürkennagerl und
Revolvergockel 75; Hinter dem Rücken
der Bavaria 79.
Lit: Erh. Göpel: Th. N.; Galerie R. P.
Hartmann: Th. N., Das graphische Werk.

Niedrig, Kurt-Heinz (Ps. Hilar
Humilis), Dr. phil.; Schifflerweg 20, D-
5427 Bad Ems, Tel. (02603) 12655
(Schneidemühl 3.4.18). Roman,
Erzählung, Schauspiel, Komödie.
V: Die Revolutionäre, R. 73;
Konjunkturritter und -knappen, R. 77;
Das Komitee, R. 82.

Niehaus, Werner (Ps. Frank
Sommers), Journalist; Quellenhof, D-
5760 Arnsberg 2 - Rumbeck (Arnsberg/
Westf.). Zeitgeschichte.
V: Die Radarschlacht 1939-1945 77;
Die Nachrichtentruppe 80; Endkampf
zwischen Rhein und Weser; Nordwest-
deutschland 1945.

Niehörster, Thomas *

Nieke, Gert, Staatl. geprüfter Werbe-
wirt; VS Berlin 75; NGL 74; Bautzener
Str. 11, D-1000 Berlin 62, Tel. (030)
7825621 (Hamburg 17.2.49). Lyrik,
Roman, Hörspiel.
V: Wo man noch Schlangen Brillen
verschreibt, Lyrik 75.

†Niekrawietz, Hans, Schriftsteller; VS
Bayern, Kg., D.U. 68; Schles. Lit.Pr. 37,
Ehrenplakette d. Stadt Oppeln 38,
Eichendorff-Lit.Pr. 65, ObSchles.
Kulturpr. 68, AWMM-Buch-Pr. 78,
Bdesverd.kreuz 80; Kulturwerk
Schlesien 50, Wangener Kreis 51;
Atzenberg 25, D-7988 Wangen/Allg.
(Oppeln 8.2.96). Lyrik, Roman,
Erzählung, Hörfolge.
V: Strophen von heut, G. 32; Kantate
OS., G. 35, erw. Neuausg. 65; Oderlieder,
G. 36, 49; Bauern- und Bergmanns-
gesänge, G. 36; Im Wandel des Jahres, G.
38; Unter Schlesiens Himmel, G. 42; Das
magische Land, G. u. Erzn. um OS. 43;
Wo ist der Mensch?, G. 49; Östliche
Melodie, G. 57; Der goldene Schlüssel,
Geschn. u. G. 58; Wind weht von der

Oder, R. 61, 76; Unvergessenes Schlesien
61, 65; Schlesien, Bildbd 61, jedes Jahr
weit. Aufl.; Wie weit die Wege sind, G.
76; An den Ufern der Oder, Erz. 81.
MA: schlesische Landschaft, Ess. 42;
Wir Schlesier, Ess. u. G. 49; Die Oder/
Ein deutscher Strom, G. 57; Wir tragen
ein Licht durch die Nacht, G. 61;
Wiederbegegnung, Ess. 65; Erbe und
Auftrag, G. 65; Meine schlesischen
Jahre, Ess. 65; Deutsche Heimat Ober-
schlesien, Erz. u. G. 68; Der Pfarrherr
von Gieraltowitz, Erz. 69; Oder, Erz. 70;
Anklage und Botschaft, G. 69; Schwarze
Solidarität, G. 74; Alles Werdende, Erz.
74; Schriftzeichen, Erz. 76; Die Reise ins
Schlesierland 77, 79; Vermächtnis der
Lebenden 79; Schlesien, Städte und
Landschaften 79; Brieger Gänse fliegen
nicht 82; Begegnungen und Er-
kundungen 82; 100 Jahre Bergarbeiter-
dichtung 82; Oder V 81; u.a. Anth.
R: Fahrt in die Sonne; Johann
Christian Günther; Oberschlesien -
Land der schwarzen Diamanten 54; Die
steinerne Orgel 57; Beseelte Glaskunst
59; Schlesien - Zehnfach interessantes
Land 59; Rauchgeflaggt ist der östliche
Himmel 63; Das Oberschlesische
Zentralrevier 64, u.a. alles Hsp.
Lit: Gesch. d. Lit. Schlesiens II 67;
Schlesische Studien. Laud. a. H. N. 70.

Niels, Oliver, s. Keppner, Gerhard.

Nielsen, Frederic W., Schriftsteller;
Sudgauallee 19, D-7800 Freiburg i.Br.,
Tel. (0761) 81415 (Stuttgart 21.9.03).
Lyrik, Essay, Übers., Dokumentation.
Ue: Tsch.
V: Kleiner Zyklus Deutschland, G. 35;
Peter Bohnenstroh 35; Kniha v
plamenech (Buch in Flammen) 36; Ernte
1936, G. 37; Dank dem Geiste Masaryks
37; Apell an die Welt 38; Contergan 63;
Kleine Stadt Wozu? 64; Nachlese 1933-
1939, G. 71; Eleonore Duse 74; Emigrant
für Deutschland 77; Protest gegen einen
Buchmord, Dok. 78; Reminiszenzen
1934-1979 80; Krieg dem Mord, Vier
Wort-Porträts 83; Rückblick, G. 83;
Eleonora Duse/Josef Kainz 83.
S: Eleonora Duse, Ihr Leben und ihr
Werk 80.
Ue: Jan Neruda, Nachdichtungen 36;
Karel Havlíček: Tiroler Elegien 36; Jan
Herben: Masaryks Familienleben 37.
Lit: Jiří Veselý: Ein Deutscher unter
uns 77, ders.: Fritz Walter Nielsen, Exil
und Asyl 1933-1938 81.

Niemann, Peter, Wiss. Mitarb.; Straße
der Genossenschaft Block II b, DDR-

7203 Deutzen, Tel. (0404) 3454 (Lodz 25.7.45). Novelle, Essay.
V: Späte Rechnung, Krim.-Erz. 81.

Nigg, Walter, Lic. theol., Dr. theol. h. c., UProf. Zürich; Im Rain, CH-8114 Dänikon/ZH (6.1.03).
V: Große Heilige 46, 62; Religiöse Denker 48, 52; Das Buch der Ketzer 49, 62; Maler des Ewigen 51, II 61; Vom Geheimnis der Mönche 53; Das ewige Reich 67; Des Pilgers Wiederkehr 54, 66; Der christliche Narr 56, u.d.T.: Philipp Neri, der Spaßvogel Gottes 78; Prophetische Denker 57; Heimliche Weisheit 59, 75; Von Heiligen und Gottesnarren 60; Nikolaus von der Flüe 62; Glanz der Legende 64 gekürzt u. d. T.: Die stille Kraft der Legende 82; Vier große Heilige 64; Wallfahrt zur Dichtung 66; daraus: Glanz der ewigen Schönheit 68; Der exemplarische Mensch 67, 80; Botschafter des Glaubens 68; Buch der Büsser 70; Der verborgene Glanz oder Die paradoxe Lobpreisung 71; Die Heiligen kommen wieder 75, 82; Heilige im Alltag 76; Don Bosco 77, 82; Heilige ohne Heiligenschein 78, 82; Thomas Morus 78, 81; Die Antwort der Heiligen 80; Katharina von Siena 80; Benedikt von Nursia 80, u.d.T.: Benedikt 80; Große Unheilige 80; Antonius von Padua 81; Lehrmeister der Christenheit in verwirrter Zeit 81; Theresia von Avila 81; Heilige und Dichter 82; Mary Ward. E. Frau gibt nicht auf 83. — **MV:** Bleibt, ihr Engel, bleibt bei mir, m. Karl Gröning 78.
MA: Maximilian Kolbe 80, 82.
H: Gebete der Christenheit 50, 65; Elisabeth von Thüringen 63, 67; Mönchsväter des Ostens im frühen Mittelalter 64; Unvergängliche Legende 66; Gott ist gegenwärtig 67; Lesebuch für Christen 78, 81; Nikolaus von Flüe 80; Sie lebten Gott Botschaft neu 81. s. a. Kürschners GK. ( )

Nikolaus, Georg, s. Poche, Klaus.

Niss, Hanspeter *

Nitschke, Horst, Dr.; Kammgasse 12, D-1000 Berlin 28 (Breslau 25.10.23). Story, Essay, Lyrik. **Ue:** Hebr, G (Agr).
V: Da pries ich die Freude (Umdichtung und Bebilderung des Predigers Salomo) 65; Herr, du bist da 67; Gott wird gebraucht 71; Jesus: Ihr seid meine Freunde 77; Jesus: Ihr sollt einander lieben 77.
H: Und alle wunderten sich, Weihnachtserz. u. G. 64, 67; Auch eine Antwort, Erz. d. Gegw. 65; Wo ist Gott?,

Pr., Lyrik, Sz. mod. Lit. 67, 69; Ich suche Menschen, Erz. u. Sz. mod. Lit. 71; Worte zum Tage 73; was fällt ihnen zu weihnachten ein 74, 77; wir wissen, daß wir sterben müssen 75; Wie war das mit dem lieben Gott? 76; Worte für mich 78; Rufe, Relig. Lyr. d. Ggw. 79, II 81 — **H** u.
MV: Sei bei mir, Erz. u. Bilder von Liebe und Ehe, 63, 66; Kurs Leben, Jgdb. 66, 68.
S: Das Hohe Lied 64.
Ue: Das Hohe Lied in: Sei bei mir; Da pries ich die Freude; Herr, du bist da; Gott wird gebraucht.

Nitzsche, Klaus (Ps. Ralph Nitzsche); Hohe Str. 57, DDR-8027 Dresden, Tel. (051) 472070.
V: Dornen für Asklepios, R. 68, 70; Gift im Blut, Kdb. 70, 3.Aufl. 84; Cola di Rienzi, histor. R. 75, 4.Aufl. 82; Eine Prise für Oranien, Jgd.-R. 78, 2.Aufl. 79, Schweiz u.d.T.: Treffpunkt schwarzer Drache 80 (schwed. 83). — **MV:** Kämpfer gegen Tod und Teufel 65.

Nitzsche, Rainar, c/o Gauke-Verl., Hann. Münden.
V: Wir ... Menschen der Erde, Lyrik 82.
( )

Nitzsche, Ralph, s. Nitzsche, Klaus.

Nix, Knut *

Nizon, Paul, Dr. phil., Kunsthistoriker; Gruppe Olten 71, Deutsch-Schweiz. P.E.N.-Zentr. 80; C.-F.-Meyer-Pr. 72, Bremer Lit.Pr. 76, div. Lit.Pr. Stadt u. Kanton Zürich u. Bern, Dt. Kritiker-Pr. 82; 19, rue Labat, F-75018 Paris, Tel. (01) 2580069 (Bern 19.12.29). Roman, Essay, Prosa.
V: Die gleitenden Plätze, Prosa 59; Canto, R. 63, 76; Diskurs in der Enge, Ess. Samml. 70, 73; Im Hause enden die Geschichten, Prosa 71, 78; Swiss made, Portraits, Hommages, Curricula, Ess. 71; Untertauchen, Erz. 72, 78; Stolz, R. 75, 78 (franz. 76); Das Jahr der Liebe, R. 81; Aber wo ist das Leben, Prosa-Leseb. 83.
H: Van Gogh im Wort, Ausw. aus seinen Briefen m. Einleit. 58; Van Gogh in seinen Briefen kommentierte Briefauswahl m. Essay 77; Zürcher Almanach I 68, II 71.
Lit: Texte. Prosa junger Schweizer Aut. 64; Schweizer Schriftsteller im Gespräch 71; D. Fringeli: Von Spitteler bis Muschg 75; Kritisches Lex. f. dt. spr. Gegenwartslit.

Noack, Barbara, Schriftstellerin; VS 69, P.E.N. 79; Almeidaweg 19, D-8130 Starnberg, Tel. (08151) 7187 (Berlin 28. 9.). Roman, Novelle, Film, Fernsehen.

V: Die Zürcher Verlobung, R. 55, 64; Valentine heißt man nicht, R. 56, 64; Italienreise - Liebe inbegriffen, R. 57, 64; Ein gewisser Herr Ypsilon, R. 61, 64; Geliebtes Scheusal, R. 63, 64; Danziger Liebesgeschichte, N. 64, 65; Was halten Sie vom Mondschein?, N. 66; ... und flogen achtkantig aus dem Paradies, R. 69; Eines Knaben Phantasie hat meistens schwarze Knie 71; Der Bastian, R. 74; Ferien sind schöner 74; Das kommt davon, wenn man verreist 77; Auf einmal sind sie keine Kinder mehr 78; Flöhe hüten ist leichter, Kurzgesch. 80; Eine Handvoll Glück, R. 82; Drei sind einer zuviel, R. 82.
F: Die Zürcher Verlobung, u.a.
R: Drei sind einer zuviel, Fs.-Serie; Kann ich noch ein bißchen bleiben, Fs.-Kom.; Der Bastian, Fs.-Serie.

Noack, Gitta, s. Ströbele, Gitta.

Noack, Hans-Georg; VS 62, V.D.Ü. 64, P.E.N. 77; Dt. Jgdb.pr., gem. m. Elliott 70, gem. m. B. Wersba 73, Auswahlliste z. Dt. Jgdb.pr. 71, 74, Ehrenliste z. Öst. Staatspr. f. Jgdlit. 70, Ehrenliste Hans-Christian-Andersen-Pr. 76, Gr. Pr. d. Dt. Akad. f. Kinder- u. Jugendlit. 78; Friedrich-Bödecker-Kreis 61; Am Gemeindeweg 18, D-8702 Eisingen üb. Würzburg, Tel. (09306) 506 (Burg 12.2.26). Roman, Erzählung, Jugendbuch, Feuilleton. **Ue:** E, F, H.
V: Jürg, die Geschichte eines Sängerknaben, Jgdb. 55; Der Schloßgeist, Jgdb. 56, 70; Mutter am Gerichtstag, Erzn. 60; Das große Lager, Jgdb. 60, 80 (auch engl.); Hautfarbe Nebensache, Jgdb. 60, 74 (auch engl., dän., schwed.); Fahrerflucht zu Gott, Erzn. 61; Stern über der Mauer, Jgdb. 62, 80 (auch franz.); Vier Geschichten zum Advent, Erzn. 62, 64; Jungen, Pferde, Hindernisse, Jgdb. 63, 80; Streiter — Erben — Hüter, Jgdb. 64; Geschichten auf buntem Papier, Jgdb. 64; Der gewaltlose Aufstand, R. 65, 69 (auch franz., schwed.); Die Milchbar zur bunten Kuh 66, 76 (auch tschech.); Einmaleins der Freiheit, Ess. 67; Extremisten, Schlafmützen, Demokraten, Ess. 69; Rolltreppe abwärts, Jgdb. 70, 80 (auch franz., schwed., niederl.); Trip, Jgdb. 71, 80; Abschlußfeier 72, 77; Benvenuto heißt willkommen 73, 80; Suche Lehrstelle, biete ... 76; Lesungen 76, alles Jgdb. —
MV: David und Dorothee, m. Ingeborg Berger 77 (auch franz., engl., norw., niederl.).
B: Frage 7 63; Pilgerreise 68; China 74. — **MA:** ... der jungen Leser wegen 65;

Als die Sterne fielen 65; Wozu leben wir? 68; Mutter 68; Schriftsteller erzählen von der Gewalt 70; Harte Jugend 70, u. zahlr. Anth. f. d. Schulgebrauch; Schulgeschichten unserer Zeit 74.
H: Wie wir es sehen; dabei 72; Wir sprechen noch darüber 74; Die großen Helfer 83.
R: Hautfarbe Nebensache 70; Rolltreppe abwärts, Hsp. 74; David und Dorothee, Fsp.
S: Hans-Georg Noack liest seine Legende vom Hüterbuben 66; Rolltreppe abwärts 80; Benvenuto heißt willkommen 80; David und Dorothee 81.
Ue: Seit 56 155 Übers. u.a. v. Arthur Catherall, Mavic Thorpe Clark, Martin Luther King, Ivan Southall, David Wilkerson, Barbara Wersba, Susanne Hinton.
Lit: Malte Dahrendorf: Der Schriftsteller Hans-Georg Noack, in: Lesungen, Baden-Baden 76; H.-G. N., Ein Verzeichn. s. Bücher, Beitr. in Sammelw. u. Übersetzungen 76; Das gute Jugendbuch 76; Doderer, Lex. d. Jugendlit. II 77.

Noack, Paul Robert Karl, Dr. phil., o. Prof. f. Politikwiss. U.München; Albert-Schweitzer-Str. 13, D-8034 Germering, Tel. (089) 842869 (Hagen/Westf. 28.9.25). Essay, Kinderbuch, Sachbuch. **Ue:** F.
V: Die Intellektuellen, Ess. 60; Tobias reist nach Kanada, Jgdb. 63; Der Park ohne Namen, Jgdb. 64; Der Bund der Unbekannten, Jgdb. 66; Was ist Politik 76; Die manipulierte Revolution 78; Das grosse Buch der Politik 79; Ist die Demokratie noch regierbar? 80, alles Sachb. — **MV:** Literatur zwischen links und rechts 64.
MUe: Schriftwechsel André - Paul Valéry, m. Hella Noack 59; Bernard Gorsky: Reise zu den letzten Inseln, m. Hella Noack 65; Guilleaume Apollinaire: Der ermordete Poet, m. Hella Noack 66.
s. a. Kürschners GK. ( )

Noack, Werner, s. Fielitz, Hans Paul.

Noack-Ströbele, Gitta, s. Ströbele, Gitta.

Nöhbauer, Hans F., Dr. phil., Schriftsteller, Journalist; Medaille: "München leuchtet"; Schleißheimerstr. 110, D-8000 München 40, Tel. (089) 188381 (Dietersburg/Ndb. 28.10.29).
V: Von A — Z im Kinderland 70; Die Bajuwaren 76; Die Wittelsbacher 79; Wittelsbach und Bayern 80; München 82; Die Parks und Gärten in Bayern

83. — **MV:** Tendenzen der deutschen Literatur seit 1945 71; Die großen Dynastien 78.
H: Das große bayerische Geschichtenbuch 79; Adalbert von Bayern: Die Wittelsbacher 79.

Nölle, Fritz; Buckesfelderkopf 22, D-5880 Lüdenscheid (Lüdenscheid 19.5.99).
V: Das Haus der Väter, R. 33; Die jungen Leute, R. 35; Das hinkende Jahrzehnt, R. 37; Der Mantel Gottes, R. 38; Das verschlossene Herz, Kurzgeschn. 40; Die gläserne Wand, R. 40; Der Weg nach Hause, N. 41; Dr. Eisenbart vor Gericht, N. 41; Die Auferstehung des Kandidaten Jobs, N. 42; Das junge Leben, R. 42; Sickingens Ring, N. 42; Die Getreuen, R. 43; Herrn Kesperleins seltsame Reise, R. 43; Junge Magelone, R. 48; Amtmann Pütt, R. 49; Kasperle und Tausendschön, M. 49; Stropp, R. 50; Liebe auf dem Lande, R. 50; König Hirschjäger, M. 50; Lüdenscheider Anekdoten 59. ( )

Noelle, Hermann, s. Stellrecht, Helmut.

Nösner, Friedrich, s. Csallner, Alfred.

Nösner-Nußbaumer, Friedrich, s. Csallner, Alfred.

Nöstlinger, Christine; Friedrich-Bödecker-Preis 72, Dt. Jgdb.-Pr. 73; Ottakringer Str. 167/3/4, A-1160 Wien.
V: Die feuerrote Friederike 70, 80; Die Kinder aus dem Kinderkeller 71, 82; Mr. Bats Meisterstück oder die total verjüngte Oma: Ein Science-fiction-Märchen f. größere Kinder 71, 83; Der kleine Herr greift ein 73, 78, Tb. 81; Die drei Posträuber 71; Sim-Sala-Bim 73, Tb. 82; Wir pfeifen auf d. Gurkenkönig 73, 83; Achtung, Vranek sieht ganz harmlos aus 74, 82; Ilse Janda 14 74, 76; Maikäfer, flieg! 74, 82; Der Spatz in der Hand, Erz. 74, 78 u.d.T.: Der Spatz in der Hand ist besser als die Taube auf dem Dach 76, 82; Konrad oder das Kind aus der Konservenbüchse 75, 79; Der liebe Herr Teufel 75, 82; Stundenplan, R. 75, 79; Rüb-rüb-hurra! 75, 77; Der schwarze Mann und der große Hund 75, 81; Das Leben der Tomanis 76, Tb. 80, 81; Ein Mann für Mama 78, 82; Die unteren sieben Achtel des Eisbergs, R. 78, 79; Die Geschichten von der Geschichte vom Pinguin 78, Tb. 80; Lollipop, Kinder-R. 78, 80; Lukilive 78; Pelinka und Satlasch 78; Iba de gaunz oaman Kinda, G. 74, 82; Rosa Riedl, Schutzgespenst 79, 82; Pfui Spinne!, R. 80; Dschi-Dsche-i Dschunior 1. u. 2. Aufl. 80, u.d.T.: Liebe Freunde u.

Kollegen! 81; Einer, Bilderb. 80, 82; Rosalinde hat Gedanken im Kopf 81; Der Denker greift ein 81; Zwei Wochen im Mai 81; Gretchen Sackmeier 81; Das Austauschkind 82. ( )

Noethlichs, Richard *

Noetzel, Joachim David, Germanist; FDA Berlin 73 — 76, Berliner Autorenverein. i. B.A. 76; Hermann-Sudermann-Pr. 73; Grolmanstr. 23, Aufgang B, D-1000 Berlin 12, Tel. (030) 3125602 (Berlin 13.8.44). Lyrik, Essay. **Ue:** R.
V: Die Geschichten vom Schneemann Naserot u. d. Dackel Nasenweiß, Kinderb. 67.
MA: Himmel meiner Welt, Lyrikanth. 66; Siegburger Pegasus, Jb. 82 u. 83; Lyrik und Prosa dtspr. Autoren 82; Beschriebene Blätter, Lyrik-Reihe 83; G. in Zss. seit 82.
H: Kuno Felchner: Der Hof in Masuren, R. 76, Carmina Domestica, G. 77; Ilse Molzahn: Spuren und Strukturen eines literarischen Lebens, Gedenkschr. 82. — **MH:** Verpflichtung des Gewissens, Festschr. z. 80. Geb. v. Kuno Felchner 80; Paul Joecks: Gedichte aus d. Nachlaß 80.

Nötzoldt, Fritz, Journalist, Kabarettist, Rdfk.-Reporter; Schillerplak. d. Stadt Mannheim; Hausackerweg 35, D-6900 Heidelberg, Tel. (06221) 22210 (Nöschenrode 7.1.08). Roman, Lyrik, Jugendbuch.
V: Der Pulverwagen, Kurzgeschn. 37, 40; Menschen unterm Brocken, N. 38, 40; Die Gefangene aus Liebe, N. 39; Die kleine Stadt, G. 39; Viele Käuze leben im Harzer Wald 40, 42; Der Bergmann vom Rauhen Lande, R. 41, 42; Die Gauklerblume, G. 46; Torsten und der Seestern, Jgd.-Schr. 46; Benno muß geholfen werden, Erz. 47, 49; Das Lügenhaus, Erz. 47; Am Mikrophon: Hein Schneidewind, Jgd.-Erz. 48; Stolperchen, Jgd.-Erz. 49, 50; Hugo und die Elefanten, Jgd.-Erz. 50; Till gewinnt das Preisausschreiben, Jgd.-Erz. 52, 53; Der Walfisch Jan fährt Eisenbahn, Jgd.-Erz. 53; Elefanten! Elefanten!, Jgd.-Erz. 54, 56; Gerdas großes Geheimnis, Jgd.-Erz. 55, 56; Alle für Jochen, Jgd.-R. 55; Lachlexikon 58, 60; Heidelberger Anekdoten 60, 79; Geschichten aus dem Harz 64; Liebe zu Mannheim 65, 67; Knöllchen in Heidelberg 69; Peter von Peter fünf! Kommen! 70; Wenn der Fernsehkrimi läuft 71; Geschichte unserer Stadt: Mannheim 71; Irene 71; Geschichten aus einer lieben Stadt am Harz 76; Heidelberger Allerlei 79.

MA: Die Moritat vom Bänkelsang, m.
Elsbeth Janda 59, 76; Warum weinst du
holde Gärtnersfrau, m. Elsbeth Janda
65.
H: Schöne alte Märchen 46, 49; Wenn
im Wald die Büchse knallt, Jägerlied. 62;
Das Panoptikum der Technik, G. 62;
Johanna gewappnet mit bannendem
Blick, G. 64; Wie einst im Mai -
Schmachtfetzen 67; Krokodilstränen,
Parod. 66, 70; Mein Weib ist futsch.
Wiener Couplets 69.
S: Leute, höret die Geschichte.

Nötzoldt-Janda, Elsbeth Irene (Ps.
Elsbeth Janda), Kabarettistin;
Hausackerweg 35, D-6900 Heidelberg,
Tel. (06221) 22210 (Mannheim 27.12.23).
Internationales Liedgut, Essay.
V: Humor unserer Stadt: Heidelberg
71; Humor unserer Heimat: Kurpfalz
72. — **MV:** Die Moritat vom Bänkelsang,
m. Fritz Nötzoldt 59, 76; Warum weinst
du holde Gärtnersfrau, m. Fritz Nötzoldt
65.
MA: Mudderschprooch I 78, II 79, III
81; Kleine Bettlektüre für lebensfrohe
Badener 79.
H: Der lachende Pfälzer 78. —
MH: Lieder aus dem Ghetto, m. Max
Sprecher 62.
S: Pfälzer Leut. Elsbeth von der Pfalz
I 75, II 80; Die pfälzisch Weltg'schicht 75;
Singende klingende Pfalz: Guguck 76.

Noffke, Arthur, Dr., Propst i.R.; D.A.V.
75, D-2216 Oldenborstel, Tel. (04892) 889
(Wittbeck, Kr. Stolp/Pommern 23.9.13).
Erzählung, Geistl. Meditationen.
V: Unvergessenes Pommern, Erz. 75;
Heilkraft des Glaubens, Nachdenkl. 77.
( )

Nohl, Andreas *

Noll, Dieter; SV-DDR 54;
Literaturpreis d. FDGB 55, Heinrich-
Mann-Preis 61; Schwanenweg 1, DDR-
1251 Ziegenhals (Riesa 31.12.27).
Reportage, Roman.
V: Neues vom lieben närrischen Nest,
Rep. 52; Die Dame Perlon u. a. Rep. 53;
Sonne über den Seen 54; Mutter der
Tauben, Erz. 55; Die Abenteuer des
Werner Holt, R. I 60, 82, II 63, 82;
Kippenberg, R. 79, 5. Aufl. 82.
MH: Kitsch-Kalender, m. F. C.
Weiskopf 55.
F: (MV): Alter Kahn und junge Liebe
56. ( )

Noll-Werdenberg, Heidi (Ps. Heidi
Werdenberg), Journalistin, Hausfrau;
Ba. S.V.; Präm. Kurzgesch.-Wettbew. d.
Neuen Schweiz. Bibliothek 71;

Allmendstr. 12, CH-4123 Allschwil (BL),
Tel. (061) 630271 (Basel 17.4.46). Roman,
Novelle, Hörspiel.
V: Der Einarmige, Roman 76. —
MV: Basler Texte, m. Ingeborg Kaiser
78; Behaust und befangen 81; Die
Baumgeschichte 82.
MA: Junge Schweizer erzählen, Anth.
71; Und es wird Montag werden, Anth.
80; Gauke's Jb. 82, Anth. 81; Siegburger
Pegasus, Anth. 82.
R: Die Reise zu der Fischfrau, Radio-
Erz. 82.

Nolte, Friedrich *

Nolte, Jost, Journalist; P.E.N.; Großer
Kamp 3, D-2071 Kuddewörde, Tel.
(04154) 2872 (Kiel 29.8.27). Drama,
Roman, Essay.
V: Grenzgänge. Ber. üb. Lit. 72; Eva
Krohn oder Erkundigungen nach einem
Modell, R. 76; Clubgeschichten, St. in 3
Akten 77; Schädliche Neigungen, R. 78;
Es ist Dein Leben, Anna — Briefe eines
Vaters an seine Tochter 83.

Nolte, Margaretha, Chemielaborantin,
kaufm. Angestellte, Altenpflegerin; Dipl.
f. Lit. U.Salsomaggiore, Ital. 82;
Mühlenberg 47, D-5760 Arnsberg 1, Tel.
(02932) 32385 (Voßwinkel, Kr. Arnsberg
27.7.34). Drama, Filmdrehbuch, Theaterstück, Erzählung, Kinderbuch, prä-
historischer Roman.
V: Der Sohn des Mörders meines
Vaters, Dr. 67; Atlanta die letzte Königin
von Atlantis, prähist. R. 83.
MA: Zss., Ztgn 67, 68.
Lit: Intern. Literaturgesch., hrsg.
Akad. Italien 82.

Nolting-Hauff, Wilhelm (Ps. Ernst
Barnewold), Dr. jur., Sen.; Marcusallee
26, D-2800 Bremen, Tel. (0421) 236284
(Naumburg a.d. Saale 22.4.02). Drama,
Lyrik, Roman.
V: Imis, Chronik e. Verbann. 46;
Lebenssymphonie, G. 56; Dramen I: Dr.
Kundt. Entselbstete, Katharina II.,
Friedrich II. von Hohenstaufen 53; II:
Prometheus, Ariadne, Frithjoff,
Alexander, Baphomet, Der Staatsstreich
des Prinzgemahls 53; III: Promethiden,
Bernhard von Weimar, Prinz Louis
Ferdinand, Moriskos, Maria Theresia,
Admiral Holmgreen 56; IV: Struensee,
Erneuerer, Ulrich von Jungingen 69;
Abenteuer der Freiheit, R. 63;
Zusammensturz, G. 64; Hinter dem
Nichts, R. 66; Sucherin nach Voll-
kommenheit, R. 74; Ernst Barnewolds
tragisches Unternehmen 74.

Nondorf, Markus, Student; VFS 80;
Königswarterstr. 76, D-8510 Fürth, Tel.
(0911) 706360 (Fürth 20.12.59). Lyrik,
Essay, Hörspiel.
V: Unruhe, Lyr. 80; Ein Zimmertraum,
Ess. 81.
R: Widerstände postlagernd, Hsp. 80.

Nonnenmann, Klaus, freier
Schriftsteller; VS 70, P.E.N. 71;
Förder.preis f. Dt. Lit. d. Südwestfks 64;
Theodor-Heuss-Str. 52, D-7530
Pforzheim, Tel. (07231) 74588 (Pforzheim
9.8.22). Roman, Novelle, Drama, Essay,
Hörspiel.
V: Die Sieben Briefe des Doktor
Wambach, R. 59; Vertraulicher
Geschäftsbericht - 11 Geschn. u. 1 Sp.
61; Teddy Flesh oder Die Belagerung
von Sagunt, R. 64, Tb. 67; Herbst, Erzn.
77.
H: Schriftsteller der Gegenwart.
Deutsche Literatur, 53 Portraits 63.

Noorden, Ruth, s. Nickel, Ruth.

Norden, Adalbert, s. Schultz-Norden,
Adalbert.

Norden geb. Stammer, Annemarie,
Dipl.-Kaufm.; VS Hamburg 65; Am
Luisenhof 7 d, D-2000 Hamburg 72, Tel.
(040) 6435003 (Oranienburg b. Berlin
27.11.10). Kinderbuch, Hörspiel, Schul-
funk.
V: Der rote Möbelwagen, Jgdb. 54, 60;
Der Mann mit dem Grashüpfer, Jgdb.
57, 71 (auch finn.); Keine Zeit für Mona,
Jgdb. 60; Onkel Fritz aus Pernambuco,
Jgdb. 63, 81 (auch franz.); Die Nacht bei
Killekopp, Jgdb. 64, 82 (auch franz.,
engl.); Franziska Struwwelkopf,
Kinderb. 67, 72 (auch engl.); Mehr von
Franziska Struwwelkopf 71, 72; Als Tom
und Tina verloren gingen 74; Bitte nicht
stören! 76; Was hättet ihr getan? 77, 79;
Der Junge aus dem Gebüsch 78, 81; Was
man mit den Sachen so alles machen
kann 79; Die Meckerpause 82.
MA: Mutter, Anth. 68, 74; Schrift-
steller erzählen von der Gewalt, Anth.
70, 76.
R: Der rote Möbelwagen, Hsp.; Onkel
Fritz aus Pernambuco, Hsp.; Die Nacht
bei Killekopp, Hsp.; Spinat für
Straßburg, Hsp.; Der Mann mit dem
Grashüpfer, Hsp.

Norden, Peter, freier Schriftsteller;
DJV; Dt. Publ. Rel. Ges.; Laplacestr. 2,
D-8000 München 80, Tel. (089) 988820
(Hannover 2.7.22). Roman, Zeit-
geschichte. **Ue:** E.
V: Dreimal scheint die Sonne durch
49; Tiere sehen dich an, Tatsachenber.

54; Zahnarzt Dr. Müller, Tatsachenber.
57; Fliegender Sand, R. 61; Ehrlich fährt
am längsten, DM-Killer, R. 64; Mord
ohne Mörder, R. 66; Spitzenhöschen, R.
67; Militärregierung, hist. Ber. 67; Offen-
barungseid, R. 67; Mein Glück in Deinen
Händen 67; Zwei Girls vom Roten Stern,
R. 68; Das zweite Attentat, Dok. 68; Prag,
21. August ..., Dok. 68, erweit. 77; Honig
am Nachmittag, R. 69; Unfallstation, R.
70; Deutschland — Deine Demokratie,
Sachb. 70; Bekenntnis zur Gerechtigkeit, Report 70; Geheime Reichssache —
Salon Kitty, Report 70; Der Tag wird
kommen, R. 71; PITT — die 26 Leben
des Robert R. Seeger, Report 71; Das
Recht der Frau auf zwei Männer, Dok.
74; Männer, Mächte und Konzerne, dok.
R. 75; Die letzten Windjammer, Dok. 76;
Im Namen des Führers, R. 76; La
Grande Maitresse (Natalia — Geliebte
der Macht) 76; Oetker — Anatomie
einer Fahndung, Dok. 77; Der Kanzlator,
R. 79; Im Namen der Sowjets, R. 79;
Salon Kitty — heute, Dok. 81; Spinnen-
Netz, Report 82; Der Kanzler 83;
Tatsachenber. u. R. in Zss. u. Ztgn: Das
war unser Rommel, Tatsachenber. 52; 12
Uhr mittags, R. 53; Ungeschminkt-Un-
zensiert, Tatsachenber. 59; Der Fall
Maria Rohrbach, Tatsachenber. 60; Die
Kehrseite der Medaille, Ber. 60; Der
Abgrund, R. 61; Krebsarzt Dr. Issels,
Ber. 61; Das Tagebuch der Vera Brühne,
Ber. 62; Gottes Mühlen mahlen langsam,
R. 63; Ein Schiff wird kommen, Ber. 63;
Frauen im Schatten, Ber. 67. — **MV:** Wie
Deutschlands Städte starben, Ber. 62;
Die Pocken sind unter uns, Ber. 62.
MA: Alle Autos dieser Welt, Enzykl.
71-86.
F: Arzt ohne Gewissen 60; DM-Killer;
Zwei Girls vom roten Stern; Fliegender
Sand; Salon Kitty 76; Spinnennetz 82.
R: Wiedersehn macht Freude, Fs.-F.;
Schwabing - ein Zustand; Spitzen-
höschen; Krebs in der Publikation;
Mischa und der Zirkus; Haben die
Pfandhäuser ausgedient.

Nordhäuser, Peter, s. Kuhlemann,
Peter.

Nordmeyer, Barbara, Pfarrer in der
Christengemeinschaft; Hohenstein 16,
D-7157 Murrhardt, Tel. (07192) 3384
(Düsseldorf 5.6.20). Essay.
V: Erde — Stern des Christus, Ess. 65;
Zeitgewissen 66, 80; Fragen an das
Schicksal 68, 79; Profile d. Jahrhunderts.
Durchblicke 70, 80; Lebenskrisen und
ihre Bewältigung 75; Mitten hindurch,
Schicksalsbilder aus der Gralssage 73,

74; Das Ich in der Verantwortung für
die Welt 77, 80; Leben mit Christus 81.
H: Licht im Aufgang, ein Weihnachtsbuch 64.

Noretta, s. Wurmbrand, Irmgard-
Barbara.

Norma, Nicola, s. Greven, Helga.

Norman, Peggy, s. Naumann, Margot.

Norweg, Margarete *

von Nostitz, Oswalt, s. von Nostitz-
Wallwitz, Oswalt.

von Nostitz-Wallwitz, Oswalt (Ps.
Oswalt von Nostitz), Ass.; Vors. B.A. 78-
83; Ehrenrat d. Hugo von
Hofmannsthalges. 68, Willibald
Pirkheimer-Kurat. 70, Vorst.mitgl.
Rilke-Ges. 82; Hirtenstr. 5, D-8131
Bernried, Tel. (08158) 8184 (Dresden
4.4.08). Essay, Hörbild. **Ue:** E, F, I.
V: Georges Bernanos. Leben und
Werk, biogr. Ess. 51, 54; Präsenzen. Krit.
Beitr. z. europ. Geistesgesch. 67; Ein
Preusse im Umbruch der Zeit. Hans
Schwarz. Ausw. d. Werke u. Biogr. 80.
MA: Otto Mann: Christliche Dichter
im 20. Jh. Beitr. z. europ. Lit. 68; Für
Rudolf Hirsch: Zur Interpretation von
Hofmannsthals Münchener Rede 75; Jb.
d. Freien Dt. Hochstifts: Hugo von
Hofmannsthal u. Edward Gordon Craig
75; C. v. Schrenck-Notzing: Konservative
Köpfe. Hugo von Hofmannsthal. Arthur
Moeller van der Bruck 78; Gerd-Klaus
Kalterbrunner: Rechtfertigung der
Elite. Der Adel-Relikt oder fortwirkende
Kraft? 79.
H: Antoine de Saint-Exupéry: Gebete
der Einsamkeit 54, Weisheit der Wüste
55, 56; Rilke und Rodin 56; Hugo von
Hofmannsthal - Helene von Nostitz,
Briefwechsel 65; Rainer Maria Rilke -
Helene von Nostitz, Briefwechsel 76;
Helene von Nostitz: Aus dem alten
Europa 78, 82; Charles Péguy: Im
Schweigen des Lichtes, Einl. u. Auswahl
d. Dichtungen 82.
R: Der unbequeme Christ (Georges
Bernanos) 56; Teresa von Avila. Ein Tag
aus d. Leben d. Heiligen 56, alles Hb.
Ue: Antoine de Saint-Exupéry:
Citadelle u.d.T.: Die Stadt in der Wüste
51, 53, Lettres de jeunesse u.d.T.: Briefe
an Rinette 55, Briefe an seine Mutter 56;
Charles Péguy: Le porche du mystère de
la deuxième vertu u.d.T.: Das Mysterium
der Hoffnung 51, Le mystère de la
charité de Jeanne d'Arc u.d.T.: Das
Mysterium der Erbarmung 54, Das
Mysterium der Unschuldigen Kinder 58,
Die letzten großen Dichtungen,

Auswahl, m. Friedhelm Kemp 65;
Marcelle Auclair: Das Leben der
heiligen Teresa von Avila 53; Graham
Greene: Die verlorene Kindheit u.a. Ess.
53; Anne de Trouville: Der große
Jabadao 53; Henry Miller: Rimbaud
u.d.T.: Vom großen Aufstand 54; D. H.
Lawrence: Etruscan places u.d.T.:
Landschaft und Geheimnis der
Etrusker 55; Michelle Lorraine: Schloß
im Meer 56; Italo Calvino: Der geteilte
Visconte 57, Der Baron auf den Bäumen
60, Der Ritter, den es nicht gab 63;
Claude Tresmontant: Paulus 59; Ivan
Gobry: Franz von Assisi 58; Jean Paris:
Shakespeare 58, 72; Henri Daniel-Rops
(H): Die apokryphen Evangelien des
Neuen Testamentes 56, Die apokryphe
Bibel am Rande des Alten Testamentes
59; Guillaume Apollinaire: Die Maler
des Kubismus 56, 74; Cesare Pavese:
Das große Feuer 62; Jean Paul de
Dadelsen: Jonas 64; Jules Roy: Passion
und Tod Saint-Exupérys 65; Pie
Duployé: Rhetorik und Gotteswort 57,
Die religiöse Botschaft Charles Péguys
70, u.a.

Nottebohm, Rudolf, Freischaffender
Autor; VG WORT; Am Glockenbach 5/II,
D-8000 München 5, Tel. (089) 2604932
(Düsseldorf 25.8.39). Roman, Fernseh-
film, Film.
V: Per Anruf ins Nirwana 82.
R: Bilder aus dem Engadin, 6 F.; Ein
Fall für Stein, 3 F.; Der Bürgermeister, 3
F.; Beim Bund, 4 F.; Der Trotzkopf, 4 F.
nach Romanvorl., alles Fsp. u. Fsf.; Hans
Leinberger, Dokumentarf.

Nottke-Axt, Maria (Ps. Maria Axt),
Schauspielerin; Am Hirschsprung 5, D-
1000 Berlin 33, Tel. (030) 8326178.
Kinderroman, Hörspiel.
V: Rote Socken 81; Krähenwinkel 13
82; Zimmer 777 83; Die unheimliche
Stimme 84.
R: Püppis Kleiderkiste 79; Hände weg
von Oma Hanna 79; Der große
Pöhlmann und der kleine Herr Bugse
79; Robert und der Affe 80, alles Hsp.
S: Pille, Pulle und die Negerkuß-
schrippe 79.

Novak, Helga M., s. Karlsdottir, Maria.

Nowak, Claus; Block 431/7, Haus 8,
DDR-4090 Halle-Neustadt.
V: Zahl bar, wenn du kannst, R. 78, 3.
Aufl. 80; Zugzwang, R. 79, 81; Warte
nicht auf einen Orden, R. 80, 81; Besuch
im Glashaus, Reise-Tagebücher 82. ( )

Nowak, Ernst, Dr. phil.; Lagergasse 2/
10, A-1030 Wien, Tel. (0222) 7307443

(Wien 13.3.44). Lyrik, Roman, Novelle,
Hörspiel.
V: Kopflicht, Erzn. 74; Die Unterkunft,
R. 75; Entzifferung der Bilderschrift, G.
77; Das Versteck, R. 78.
R: hoeren spielen 72, Entwurf einer
Aufführung 79, beides Hsp. ( )

Nowak, Josef, Dr. phil.; D.A.V.;
Bischof-Gerhard-Str. 31, D-3200
Hildesheim, Tel. (05121) 43257 (Stuttgart
14.11.01). Drama, Geschichte.
V: Menschwerdung, Sch. 31; Eine
Frau und drei Mädchen, Sch. 41; Spuren
im Schnee, Kom. 42; Die Dame mit dem
Weißfuchspelz, Sch. 44; Felix der
Unglückliche, Kom. 46; Johanna in
Rouen, Sch. 47; Die Freifrau von Ithaka,
Kom. 48; Nacht an der Newa, Sch. 50;
Herren in den besten Jahren, Kom. 51;
Mensch auf den Acker gesät - Kriegs-
gefangen in der Heimat, Erlebn.-Ber. 56;
Hildesheim, Impressionen u. Profile 58,
76; Würzburg, Impressionen u. Profile
59; Das Land Niedersachsen 71; Mehr
als 1000 Jahre, Lebensbilder aus d.
Gesch. d. Kirche v. Hildesheim 74;
Oliver Plunkett, Biogr. 75; Johannes
Arnoldi, Biogr. 78; Lachender Landtag.
Jugendjahre des Parlaments 78;
Friedland. Lager der Barmherzigkeit 79;
Niels Stensen 80; Der Lettner des
Hildesheimer Domes 80; Sankt Gott-
hard, Bischof von Hildesheim 81;
Hildesheim in Anekdoten und alten
Bildern 81; Bernward, Bischof von
Hildesheim 82; Altfrid von Hildesheim,
Gründer von Essen 83. — **MV:** Nieder-
sachsen-Lexikon 69; Das Bistum
Hildesheim 1933 - 1945, Dok. 71; Für die
Menschen bestellt: Texte u. Bilder aus
dem Bistum Hildesheim 78.

Nowak, Kurt Ludwig, Dr. sc. theol.,
Kirchenhistoriker; SV-DDR; August-
Bebel-Str. 51, DDR-7030 Leipzig, Tel.
(041) 320544 (Leipzig 28.10.42). Roman,
Kinderbuch, Erzählung.
V: Eintreffe heute abend, R. 71; Der
Tod des Studenten Lothar Dahl, R. 74,
82 (slowak. 78); Ballon ahoi, Kderb. 77,
79; Stechow oder ein Fluchtversuch, R.
78; Schöner Übermut des Herbstes, R.
82.
MA: Bestandsaufnahme. Literarische
Steckbriefe, Anth. 76; Parallelen, G. u.
Geschn. 79.

Nowak, Walter (Ps. Walter Nowak-
Nordheim), Publizist; Lipizzanerstr. 31,
D-8156 Otterfing, Tel. (08024) 4719 (Saaz
31.5.30). Sachbuch, Rundfunk-
Unterhaltungssend.

V: Sport international 70, 72 II;
Grüner Humor 73, 6.Aufl. 82;
Jägerwitze... 75, 4.Aufl. 82; Schützen auf
geht's 77; Jagd im Wandel der Zeit 77;
Das jagerische Jahr 80, 3.Aufl. 82; Vom
jagerischen Leben 82; Freude am
Bauerngarten 82; Jägerlatein 82; Mein
erstes Buch vom Wald 83.
R: 4 kulturhistor. Rdfk-Sdgn üb. Jagd-
u. jagdl. Volksmusik.

Nowak-Nordheim, Walter, s. Nowak,
Walter.

Nowotny, Joachim, Doz.; SV-DDR 64;
Pr. d. Min. f. Kultur d. DDR z. Förder. d.
soz. Kinder- u. Jugendlit. 64, Kunstpr. d.
Stadt Leipzig, Alex-Wedding-Pr. d.
Akad. Künste d. DDR 71, Heinrich-
Mann-Pr. d. Akad. d. Künste d. DDR 77,
Nationalpr. 79; Pösnaerstr. 5, DDR-7027
Leipzig, Tel. (041) 83174 (Rietschen O/L
16.6.33). Erzählung, Kurzgeschichte,
Roman, Hörspiel, Fernsehfilm.
V: Hochwasser im Dorf 63, 72; Jagd in
Kaupitz 64, 74; Jakob läßt mich sitz 65,
76; Hexenfeuer 65, 74; Labyrinth ohne
Schrecken 67, 68 (auch engl.); Der Riese
im Paradies, R. 69, 76 (auch russ.,
armen.); Sonntag unter Leuten 70, 72;
Ein gewisser Robel, R. 76, 79 (auch russ.,
ung., tschech.); Die Gudrunsage,
Nacherz. 76; Ein seltener Fall von Liebe
78, 79; Abschiedsdisco 81, 82; Letzter
Auftritt der Komparsen, N. 81.
F: Galgenbergstory, Fsp. 74;
Verdammt ich bin erwachsen, Defa-F.
74; Ein altes Modell, m. U. Thein, Fsf. 76.
R: Abstecher mit Rührung, Hsp. 68;
Fünf Frauen eines Sonntags, Hsp. 71;
Kuglers Birken, Hsp. 73; Das alte
Modell, Hsp. 75; Brot und Salz, Hsp. 77;
xy Anett, Hsp. 81.

Nowotny, Walther, Prof.; Mitbegr. u.
Präs. d. Kärntner Schriftstellerverb. 70,
Öst. P.E.N.-Club 73, Präs. Kärntner
P.E.N.-Club; Kulturpr. f. Lit. d. Clubs d.
Abgeordneten im Kärntner Landtag 81,
Ehrenmed. d. Kammer d. Gewerbl. 81,
Robert-Musil-Med. d. Stadt Klagenfurt
81, Literaturpr. f. Kurzdrama 83;
August-Jaksch-Str. 3/I, A-9010
Klagenfurt, Tel. (04222) 55934 (Wien
29.2.24). Lyrik, Drama, Novelle, Hörspiel,
Essay.
V: Liebling der Frauen, Kom.;
Traumschatten, Dr.; Der Postmeister,
Dr. nach Puschkin; Tausche das Gras,
aber lebe, Kurzdr.
MA: Anth. u. Lit.zss.
R: Nur eine Kindertrompete;
Traumschatten; Der Traumhund ist von
der Kette, alles Hsp.

Noxius, Fried, s. Schädlich, Gottfried.

Nübel, Hans Ulrich, Dr.theol., Prof., Pfarrer; Fürstenbergstr. 8, D-7800 Freiburg i.Br., Tel. (0761) 72795 (Stuttgart 15.5.33). Lyrik, Essay. **Ue:** G, Hebr.

V: Der Regenbogen hat nie getrogen, Balladen nach der Bibel 81; Lernprozeß Frieden 83.

MA: Schulbibel 64; Gute Nachricht für Sie — NT 68; Die Apokryphen nach der deutschen Übersetzung Martin Luthers 71; Das Neue Testament nach der Übersetzung Martin Luthers 75.

Nüesch, Bernhard, Pfarrer; B.S.V. 64; Lit.Preis des Kantons Bern 63; Finkenweg 3, CH-3400 Burgdorf, Tel. (034) 220482 (Krattigen/Be 10.8.11). Erzählung.

V: Der Kreuzbauer und sein Klavier, Erzn. 58, 60; Der Stern ist echt!, Weihnachtserz. 59; Der Kuß des Polizeidirektors 62; Die Männer, die den Baum bestiegen 64; Als ich ein Kind war 70; Geld und Geist; Sonntagsgedanken, u.a. regelm. Kurzartikel in Ztgen.

MA: Die Ernte, Schweiz. Jahrb. 60, 63, 65.

R: Der Kreuzbauer und sein Klavier; Der Kuß des Polizeidirektors; Der Stern ist echt. ( )

Nussbächer, Brigitte, s. Stephani-Nussbächer, Brigitte.

Nussbaum, William *

Nussbaumer, Stephan (Ps. S.N. Volker), Unternehmer; SBVV; Via Miravalle 23, c/o Athenaeum Verlag AG, CH-6900 Lugano-Massagno, Tel. (091) 571536 (Liesberg/Schweiz 26.12.31). Roman.

V: Das Erfolgsprinzip 76, 3. Aufl. 78; Handstreich im Südatlantik 80. ( )

Nyáry, Josef; Sierichstr. 138, D-2000 Hamburg 60, Tel. (040) 486226 (Teupitz 27.6.44). Roman.

V: Ich, Aras, habe erlebt ..., R. 82, 3.Aufl. 83; Die Gladiatoren, Sachb. 82.

Nyncke, Gerlinde, Dr. med.; BDSÄ 76; Feldbergstr. 15, D-6240 Königstein/Ts. 2, Tel. (06174) 5066 (Berlin 9.10.25). Lyrik, Aphorismen.

V: Kalenderblätter, G. 77, 79. —

MV: Liebe Last 79.

MA: Heilende Worte 78; Almanach Dt. Schriftstellerärzte 78; Heile Gedanken 79. ( )

Nyssen, Ernst Wilhelm, s. Hellwig, Ernst.

O

Oberauer, Marie-Anne (Ps. Oberauer-Schobert), Lehrerin a.D.; Pezoltgasse 6, A-5020 Salzburg (Wattens/Tirol 22.1.21). Mundartlyrik.
V: Alls hat sei Stund, Mda.-Lyr. 80.

Oberauer-Schobert, s. Oberauer, Marie-Anne.

Obereder, Ingeborg, Mag., Dipl.-Kaufm.; Mich.-Hainischstr. 11/13, A-4040 Linz/D., Tel. (0732) 2363073 (Wien 16.12.40). Hagiographie für Kinder.
V: Theresee — eine Freundin für immer, Kdb. 82.
S: Therese heute. Der kleine Weg der Therese Martin aus Lisieux, Tonkass. 74.

Oberhollenzer-Hegnitz, Dora; Elvaserstr. 103, Haus Sonnleiten, Brixen (Frankenburg/ObÖst. 18.7.01). Novelle.
V: Hochland, Erzn. 46.
MA: Versch. Anth. u. Kalender.

Oberländer, Gerhard, Kunstmaler, Graphiker, Illustrator; Wilhelmstr. 23, D-8000 München 40, Tel. (089) 342567 (Berlin 12.9.07). Kinderbuch, Buchillustration, Fernsehspiel.
V: Pingo und Pinga 53; Pienchen, die Geschichte einer ungezogenen Biene 54; Krählinde, die Aufgeplusterte 56; Das Märchen von den 3 Apfelbäumen 56; Was ist das? Leporello 58; Pingo und Pinga bauen ein Haus 62; Die Schnake Schnack 63; Die verzauberte Krähe 72; Die Welt der Bienen 73; Pingo, Pinga & Co. 74; Die Welt der Ameisen 76; Die Welt der Frösche 79; Die Welt der Schnecken 81.
R: Krakie und Kraxe; Mathilde, beides Fs.-Bildgesch.

Oberlin, Urs, Dr. med. dent., Zahnarzt; SSV 63; Lit.-Pr. d. Kantons Bern f. Lyrik 52, f. d. R. 70; Hofwiesenstr. 330, CH-8050 Zürich, Tel. (01) 3121380 (Bern 30.3.19). Lyrik, Roman, Drama, Fernsehspiele.
Ue: F, I. Rät.
V: Tagmond über Sizilien, Reiseerlebnis 50; Feuererde, R. 52; AEA, dt. u. frz. G. 58; Gedichte 61; Zuwürfe, G. 64; Kalibaba oder die Elternlosen, R. 69; Alle sind niemand, G. 72. — **MV:** u. **B:** Die Tempel Agrigents', m. Antonio Arancio 61.
MA: Zürcher Lyrik 55; Sieben mal Sieben, G. 55.
Ue: A. Peer: Gedichte u.d.T.: Sgrafiti 59; C. Pavese: Gedichte 62.

Obermayer, Inge, Journalistin; VS 83; NGL Erlangen 81; Niendorfstr. 25, D-8520 Erlangen, Tel. (09131) 55106 (Berlin 10.11.28). Lyrik.
V: Wortschatten, G. 76; Eine Brennessel auf Deiner Haut, G. 80.
MA: Erlangen 1950-1980, Anth. 82; Wie viele Wohnungen besitzt das Haus 82.

Obermeier, Kurt Walter; Sebastian Fischer Weg 22, D-7900 Ulm/D..
V: Der Schneider von Ulm. Das Leben des Albrecht Ludwig Berblinger 78; Wegmarken, G. 1955-1975 79. ( )

Obermeier, Siegfried (Ps. Carl de Scott); Hirschplanallee 7, D-8042 Oberschleißheim (München 21.1.36). Roman, Biographie, Erzählung, Essay.
V: Lago Maggiore, Comer See, Luganer See 72, 78; Kärnten 75, 80; Münchens Goldene Jahre 76; Kreuz und Adler, R. 78; Walther v. d. Vogelweide — Der Spielmann des Reiches, Biogr. 80; Richard Löwenherz, Biogr. 82; Starb Jesus in Kaschmir? 83; Die roten Handschuhe, R. 84.
MA: Die Kunst 72.

Obermüller, Hermann, Mag., Mittelschulprof.; Theodor-Körner-Pr. 77, Niederöst. Romanpr. 81, Land Niederöst. Walter-Buchebner-Pr. 81, Großer Landeskulturpr. d. Ldes Oberöst. 82; Künstlervereinig. MAERZ; Gstocket 32, A-4070 Eferding, Tel. (07272) 688 (Öpping/Oberöst. 17.12.46). Roman, Novelle, Erzählung, Lyrik, Drama.
V: Ameisen-Erzählungen 79; Ein verlorener Sohn, R. 82.
R: Schallauerstraße/Ödgasse, Hörtext 78.

Obermüller, Klara, Dr. phil., Publizistin; Gruppe Olten 76; Bahnhofstr. 43, CH-8702 Zollikon, Tel. (01) 3915845 (St. Gallen 11.4.40). Jugendbuch, Hörspiel, Übersetzung.
Ue: F.

V: Gehn wir. Der Tag beginnt, Jgd.-R. 76; Nebel über dem Ried, Jgd.-R. 78; Gaby S., Jgd.-R. 79; 18 und schon am Ende.

R: Für Glück gibt es keine Garantie, Hsp. 78; Ganz nah und weit weg, Hsp. 82.

Ue: Christine de Rivoyre: Boy 75; Jean Ziegler: Eine Schweiz — über jeden Verdacht erhaben 76; Etienne Barilier: Lechien Tristan u.d.T.: Nachtgespräche 79.

Oberneder, Marzell, ObStadtschulR. i.R.; o. Bachstr. 44, D-8440 Straubing (Kelheim/Don. 3.6.91). Lyrik, Novelle, Essay, Kunstkritik.

V: Straubinger Kirchen 48; Sonniges Grenzland 50; Miniaturen, Ess. 51; Wir waren in Kreuznach 54; Immer war das Herz dabei, Kurzgeschn. 58; Bayerische Salzfibel; Melodie des Jahres, Ess. 62; Der große Beter von Regensburg, Biogr. 63; Die Enkelin Alice, G. 64; Straubing, Ess. 65; Schönes Gestern, Ess. 68; Julia, die Plapperschlange, G. 70; Das Meisterwerk 70; Chronik der Barmherzigen Brüder 70; Im Austragstüberl, G. 74; Der Guckkasten, G. 75; Als der Großvater noch lebte, Ess. 76, II 77, III 78. — **MV:** Bayern, ein Land verändert sein Gesicht 56.

MA: Straubing, Bildbd 76.

Obernosterer, Engelbert, Hauptschullehrer; Kärntner S.V. 75; Lit.-Förderungspr. d. Ldes Kärnten; Podlanig 12, A-9620 Hermagor, Kärnten, Tel. (04282) 25073 (St. Lorenzen im Lesachtal 28.12.36). Roman.

V: Ortsbestimmung, R. 75; Der senkrechte Kilometer, R. 80.

Oberon, s. Link, Erich.

Obieglo, Agatha, Büroangestellte; Meranierring 28, D-8580 Bayreuth, Tel. (0921) 43508 (Sprottau/Schles. 25.3.32).

V: Geschichten aus Hinterschrullenreuth, Kdb. 82.

O'Brien, Jeff, s. Marzinek, Wilhelm.

Obrist-Streng, Sibylle (Ps. Sibylle Severus), Geigenbauerin; Gladiolenweg 5, CH-8048 Zürich, Tel. (01) 526762 (Mittenwald/Obb. 2.8.37). Roman, Novelle, Essay.

V: Zum Mond laufen, R. 81.

Ochs, Armin (Ps. Och Armin), Lektor, Verl.assist.; Heerenschürlistr. 32, CH-8051 Zürich, Tel. (01) 416632 (Kilchberg/Zürich 2.6.34). Roman.

V: Mit Blut und Tränen, R. 67; Die langen Tage und der kurze Morgen 69; Die Flucht und der lange Weg zurück

71; Polizeiassistentin Jutta Bader, R. 76; Zürich Paradeplatz, R. 76; Die Diplomaten, R. 78 (span. 82); Der Don von Zürich, R. 80; Die Zürich Affäre, R. 84.

Ochs, Gerhard, Privatlehrer; Literaturstip. d. Stadt Bremen 79; Muder 10, D-2875 Ganderkesee 2 (Ettlingen b. Karlsruhe 23.3.44). Lyrik, Kurzgeschichten, Kindergeschichten.

V: Bis zur Bestimmung, G. 79.

Ochwadt, Curd, Wiss. Mitarbeiter des Leibniz-Archivs Hannover; Am Tiergarten 60, D-3000 Hannover 73 (Hannover 27.3.23). Essay. **Ue:** F.

V: Ein kleiner Väinämöinen, Ess. u. Erz. 62; Voltaire und die Grafen zu Schaumburg-Lippe, Bremen und Wolfenbüttel 77; Wilhelmstein u. Wilhelmsteiner Feld.

H: Wilhelm Graf zu Schaumburg-Lippe, Schriften und Briefe I 76, II 77, III 83; Martin Heidegger: Hölderlins Hymne "Andenken" 82. — **MH:** Das Maß des Verborgenen, Heinrich Ochsner zum Gedächtnis 81.

Ue: Arthur Rimbaud: Briefe u. Dokumente 61, 64; Isabelle Rimbaud: Rimbauds letzte Reise, Vitalie Rimbaud: In London 1874 64; Martin Heidegger: Vier Seminare 77.

Ocker, Anne, Studentin, vormals Lehrerin; VS 81; Königsworther Str. 33, D-3000 Hannover 1, Tel. (0511) 320810 (Hannover 21.1.34). Lyrik, Novelle.

V: Loslösen, G. 81.

MA: Laßt mich bloß in Frieden 81; Unbeschreiblich weiblich 81; Nach dem Brennen zu singen 82.

Oczipka, Michael, Dr.phil., Doz.; Merowingerstr. 5, D-5000 Köln 1, Tel. (0221) 311314 (Burglengenfeld/Oberpf. 12.4.45). Lyrik, Erzählung, Roman.

V: Die Rückkehr aus dem Totenland, Lyr. 78; Reisen im verblassend Himmelsblau, Lyr. 81.

Odeman, Robert T., Schriftsteller, Kabarettist; Humboldtstr. 30, D-1000 Berlin 33, Tel. (030) 8917216 (Hamburg 30.11.14). Lyrik, Essay, Hörspiel, Novelle, Fernsehspiel.

V: Der kleine Zauberberg, R. in Versen 48, 71; Frechdachsereien eines Junggesellen, G. 53, 71; Kein Blatt vorm Mund, G. 55, 71; Unkraut vergeht nicht, G. 58, 71; Aus der Reihe getanzt, G. 60, 65; Ins Fettnäpfchen getreten, G. 63, 66; Im Vertrauen gesagt, G. 67; Unter uns Pastorentöchtern, G. 70; Das große Robert T. Odeman-Buch, G. 74; Ihr

werdet lachen, mir ist es ernst, G. 76;
Alles bebt vor Onkel Hagen, Parod. R. in
Versen 77; ... und das alles in sechs
Tagen, Eine heitere Schöpfungsgesch.,
R. in Versen 77; ... den Teufel an die
Wand gemalt, Neue Gedichte aus der
Pfeffermühle, G. 79; Im Vertrauen ge-
sagt, G. 81. — **MV:** Heiterkeit in vielen
Versen 65; Heiterkeit aus aller Welt 68;
Die zehnte Muse; Berlin, wie es schreibt
und ißt; Berliner Cocktail; Du kannst
mir mal fürn Sechser.
R: Aufgang nur für Herrschaften; Von
Uhren, Amouren und anderen Touren;
Kritik der kleinen Vernunft; Rund um
die Schminke; Pampelmusenküsse;
Schneewittchen und die Schönheits-
königin; St. Nikolaus geht um; Es hat
geklingelt; Wenn ich das gewußt hätte;
Das Brett vor dem Kopf; Alles wegen
Kaiser Hadrian; Der Alltag ist nicht
grau, alles Hsp.; Mensch, bist du ein
Affe 70; Flug-Knigge 70; Salon
imaginaire 70; Romanze im Grünen,
alles Fsf.
S: Robert T. Odeman spricht Robert
T. Odeman; Damen bitte weghören; Der
Alltag ist nicht grau; Bleiben wir zu
Hause; Ungeschminkt bei feinen
Leuten; In flagranti; Dunkler Anzug
erbeten; Reden wir nicht darüber; Ganz
unter uns; Kein Blatt vorm Mund; Unter
uns Pastorentöchtern; Verse eines
dreisten Zeitgenossen; Robert T.
Odeman: Ein Portrait.

O'Dorna, Sean L. G., s. Grigorowitsch,
Lucian.

v. Oechelhaeuser, Justus-Wilhelm,
Großhandelskaufmann; Sophienstr. 21,
D-4505 Bad Iburg, Tel. (05403) 798
(Frankfurt/Oder 24.11.22). Novelle,
Essay, Erzählung, Roman.
V: Wir zogen in das Feld 59, 62, Tb. 83;
Adelheit es ist soweit 81, Tb. 83.

Oedemann, Georg (Ps. Georg Artur);
VS 51; Dichterpreis d. Stadt Schneeberg
37; Abstr. 107, D-7410 Reutlingen, Tel.
(07121) 41421 (Hohenstein-Ernstthal
24.2.01). Jugendbuch, Erzählung.
V: Glückauf Kumpel, R. 38; Der Spiel-
zeugschnitzer, Jgdb. 54; Steinschlag auf
Sohle 5, Jgdb. 55; Die Stadt der
Maschinen, Jgdb. 55; Der Wolf der
Meere, Jgdb. 57; Goldstraße vom
Nombre de Dios, Jgdb. 58; Kinder der
silbernen Berge, Jgdb. 59; Unternehmen
Atlantik, Jgdb. 59; Fabrik auf der
Sonnenseite, Jgdb. 60; Richards
Geheimnis, Jgdb. 61; Sie sind das Herz
Berlins 64; Pirat im Dienst der Königin!
66.

Oehler, Ilva, Dr.med.; SSV 74, ZSV 75,
Die Kogge 77; Im Grünenhof 11, CH-
8625 Gossau/ZH, Tel. (01) 9352722 (Essen
21.6.19). Lyrik, Essay, Roman.
V: In den Wind gesprochen, G. 74; Vor
dem Erblinden der Spiegel, G.; Eisvogel-
tage, G.; Des Lebens bessere Hälfte —
Frauen nach 40 79.
MA: Lyrik 1 79.

Oehninger, Robert Hch., ref. Pfarrer;
SSV 71; Preis d. städt. Lit.komm. Zürich
66; St. Georgenstr. 5, CH-8400
Winterthur (Zürich 27.2.20). Drama,
Roman, Novelle, Hörspiel.
V: Die Bestattung des Oskar Lieber-
herr, R. 66; Kriechspur, R. 82.
R: Wir haben seinen Stern gesehen
59; Barabbas 60; Die Heimkehr des
Aksjonow 61; Hiob geht es gut 62, alles
Hsp.; Wir haben seinen Stern gesehen
58; Die Bestattung des Oskar Lieberherr
70, alles Fsp. ( )

Oehring, Jutta, s. Hübinger, Jutta.

Oelbermann, Hannelie, s. Tackmann-
Oelbermann, Hannelie.

Oerley, Wilhelm Anton, Journalist; 1.
Pr. R.-Preisausschreiben "Neues Öst."
50, Ehrenmedaille d. Bdeshauptstadt
Wien in Silber 79; Hasselbrunnerstr.
19 a, A-1236 Wien, Tel. (0222) 8843112
(Langenzersdorf-Wien 14.8.03). Roman,
Novelle, Essay, Hörspiel. **Ue:** E, F.
V: Die Amnestie, Erz. 48; Die unsicht-
bare Schwelle, R. 52. — **MV:** Verheiratet
leben - glücklicher leben 55, 56.
H: Der sprechende Pflug 62; Llano
Grande 62; Die Pforte des Glücks 63;
Der weiße Sturm 64. — **MH:** Weltschau,
Jb. 54, 55; 1 × 1 des glücklichen Lebens
56; So wird dein Leben erfolgreich 59;
Die Reise zum wonnigen Fisch 60; Der
Vampyr 61; Der Tod des großen Ochsen
62; Eine Rose oder zwei 63; Das Antlitz
des Kriegers 64.
R: Sonderbare Fahrt, Hsp.; Menschen
wie du und ich, Hsp.-F.
Ue: Bhabani Bhattascharya: A Godess
called Gold u.d.T.: Alle warten auf das
Wunder 64, 65; Jean Lartégny: Les
Baladins de la Margeride u.d.T.: Glück
mit leeren Taschen 67. — **MUe:** Kate
O'Brien: Jene Dame, R. m. E. Th. Kauer
49; Frank Rooney: Shadow of God u.d.T.:
Gottes eigene Hölle, m. E. Wagner u. Th.
Knust 69.

Oertel, Ferdinand, Dr. phil.,
Chefredakteur; 3 Pr. Catholic Press
Newspaper Award Phoenix, USA 82;
Ges. Kath. Publ. 48, Arb.gem. Kath.
Presse 54; Sperberweg 30, D-5100

Aachen, Tel. (02408) 8825 (Leverkusen 24.10.27). Roman, Erzählungen, Sachbücher, Funk-Feature.
V: Jugend im Feuerofen, R. 60; Geburt einer neuen Welt, Sachb. 62; Eine Tochter namens Regina, Erz. 64; Weit war der Weg, R. 65 (auch franz.); Dabeisein ist alles, Erz. 67; Miss-Erfolge, Erz. 69 (auch ital.); Pfarrgemeinderat ernstgenommen 70; Dialogforum Kirchenpresse, Sachb. 72; Herr im Haus sind unsere Kinder, Erz. 75; Kleiner Mann wächst heran, Erz. 80; Ach, du liebe Familie, Erz. 83. —
MV: Lebendiger Dom, Sachb. 48; Das 21. Konzil, Sachb. 62.
MA: Das christliche Universum 81; Das Papsttum 83.
F: Wir werden niemals auseinandergehn 66; Tradition ohne Zukunft? 68.
S: Junge Menschen - junge Liebe, Jeder träumt von Liebe, Früh gefreit - nie gereut, 3 Schpl.-Hsp. 70.

Oertel, Hans Joachim (Ps. Hajo Ortil), Dr. phil., ObStudR.; VS; Auszeichnung d. Jahresgeneralvers. d. Intern. Naturisten-Föderation 60; Deutsches Jugendschriftwerk, Frankfurt/M.; Hartwig-Str. 11, D-2800 Bremen, Tel. (0421) 342331 (Neustadt/Orla 10.1.05).
Jugenderzählungen, Reiseschriftstellerei.
V: Erste Stufen, G. 26; George Berkeley und die Englische Literatur 34; Amazonen in Sonne und Baltenwind 54; Das Waldriff im Meer 55; Es brausen Bura und Maestral 56; Wir schwingen übern Sonnenhang 57; Olympiafahrt 58; Noch sprudeln die Quellen Arkadiens 58; Hellas ewig unsre Liebe 59; Hundert nackte Wilde; Wild und weit ist Korsika; Holland olé 61; Zu den Inseln des Feuers 62; Hinein in die Boote! Jugend ahoi 63; Und Pan lebt doch 64 (auch engl.); Gäste des Odysseus 67; Tom und Tanja in Finnland 68 (auch engl.); Jugend am Start 69; Nackte Rebellen 70 (auch engl.); Auf Barbarossas Spuren 72; Jungs sind Jungs 72, alles Jgd.-Reiseerzn. — **MV:** Jugend und Sexualität. Ein Gespräch junger Menschen 60; Ziel und Weg der deutschen Freikörperkultur 64; Boys International 71.
Lit: Georg Pfitzner: Der Naturismus in Deutschland, Österreich und der Schweiz I 64; Hinrich Jantzen: Namen u. Werke IV.

Oertgen, Elke, Assessorin d. höheren Lehramts; VS 79; Nahestr. 24, D-4100

Duisburg 1, Tel. (0203) 333070 (Koblenz 18.1.36). Lyrik, Novelle.
V: Vogelstunden, G. 75; Rutengänge, G. u. lyr. Prosa 78.

Oertwig, Bernd; Johann Ewald-Weg 5, D-1000 Berlin 22.
V: Großstadtwölfe. Gladows Bande — d. Schrecken von Berlin 81. ( )

Oesch, Felix, Dr. med.; Mayweg 8, CH-3007 Bern.
V: Die Schwester der Mona Lisa und andere Erzählungen 82. ( )

Oesterreich, Hans-Günther, Autor, Regisseur; RFFU 59, VG WORT 76; Lüder-von-Bentheim-Str. 43, D-2800 Bremen 1, Tel. (0421) 342131 (Charlottenburg 29.7.10). Roman, Essay, Satire, Film, Hörspiel, Übers. **Ue:** E.
V: Die Familie Meierdierks, Erz. 53, 2.Aufl. 81; Geschichte und Geschichten, Erzn. 58.
F: Irgendwann begegnen wir uns 55; Die Schlacht 73.
R: Unser kurzes Leben 46; Akte G 19 50; Felix und das Lager in Bayern 50, alles Hsp.; Dialog mit Puppen, Fsp. 74; Zufälle in Zaltbomel, Fsp. 74; Expedition n. Germanistan, Fs-Sat. 76.

Österreich, Tina, s. Suckert, Dagmar.

Oestmann, Hans, Stadtamtsinsp.; D.A.V. 50; Hasporter Damm 182, D-2870 Delmenhorst, Tel. (04221) 60576 (Delmenhorst 28.4.26). Drama, Hörspiel.
MV: Jonny ist an allem schuld, Lustsp. 52; Lüüs in'n Pelz, ndt. Lustsp. 66.
R: Hans Gradedurch, M.-Hsp. 51.

von Oettingen, Hans; Sültstr. 30, DDR-1055 Berlin, Tel. 3656052 (Heidelberg 28.1.19).
V: Rührt euch, wenn ihr könnt 56; Kleines Hotel mit Herz, R. 58; Nachts kamen die Ratten, R. 59; Hilfe dringend erforderlich 65; Auf der Flucht nach Hause 67; Die unsichtbare Front 68; Abenteuer aus zwanzig Jahren 69; Rostiger Ruhm, R. 69; Das Skalpell, R. 71; Bitte sterben zu dürfen 73; Abenteuer meines Lebens, Biogr. 81.
MA: Das neue Abenteuer, seit 65.
R: Ein Löffel Mut, Fsp. 59; Die seidene Front 59; Das Manöver 60; Tanzmädchen für Istanbul 61; Die Schwelle 61; Geheime Fronten durchbrochen 62; Spielbank 62; Mord AG 62; Bevor der Tag beginnt 63; Der hintergründige Max 63; Unter schwarzen Fahnen 63; Aktion Glücksschwein 64; Gaudeamus igitur ... 64; Top secret 64, alles Fsp.; Kurs Tampico, Hsp. 69; Der

Mann aus Kanada, Fsp. 69; Abenteuer auf dem Atlantik, Hsp. 69; Die Liebe ist die Wurzel der Arznei, Hsp. 70.

Offergeld, Friedhelm (Ps. Michael Innsbrucker); VS 74, dju 80, FDA 84; Lyrik-Pr. d. Avantgarde d. Gegenrealismus Schwandorf 78; Lichtstr. 26, D-4000 Düsseldorf 1 (Duisburg 8.12.29). Lyrik, Roman, Essay.
V: Unterm Sofa lacht die Faust 74; Spiegelhorizonte, R. 75; Alltagsschatten, R. 76; Windgejammer, R. 77; Heulendes Zähneknirschen, R. 78; Den Alpträumen entronnen, Lyrik im Surrealismus 80; Eine Faust voll Hoffnung, Lyrik 81; Landarzt Dr. Bach, Serie 82; Berge, R. 83; Rebellen deutscher Geschichte 84.
MA: Hoffnungsgeschichten 79; Schatten im Kalk 80; 33 Phantastische Geschichten 81; Die eisige Liebesfracht 84, alles Anth.; Der Literat 74-84 (ständ. Mitarb.).

O'Guenther, John, s. Thebis, Hansgünter.

Ohff, Heinz (Ps. N. Wendevogel), Feuilletonredakteur; PEN-Club, Verb. dt. Kritiker, Ass. Intern. des Critiques d'Art (AICA); Medallio d'Oro (Premio Giornalistico) 60; Riehmers Hofgarten, Großbeerenstr. 57a, D-1000 Berlin 61, Tel. (030) 7866465 (Eutin 12.5.22). Biographie, Essay, Kurzgeschichte.
Ue: E.
V: Vielgeliebtes Heidelberg, Ess. 53; Pop und die Folgen, Ess. 68; Hannah Höch, Biogr. 69; Werkstatt Rixdorfer Drucke, Monogr. 70; Galerie der neuen Künste, Ess. 71; Kunst ist Utopie, Ess. 72; Anti-Kunst 73; Fritz Köthe, Biogr. 76; Auch sie waren Preußen, Ess. 79; Karl Friedrich Schinkel, Biogr. 80; Fürst Hermann Pückler, Biogr. 82; Von Krokodilen und anderen Künstlern, Ess. 82; Joseph Freiherr von Eichendorff, Biogr. 83; Auf Reisen bin ich Mensch 83.
MA: Berlin auf den zweiten Blick 80.
H: Reihe Preußische Köpfe seit 81. —
MH: Vöglein singe mir was Schönes vor, Dok. aus Kindertagen 65; Eine Sprache, viele Zungen, Dt. Mda. 66; Berlin auf den zweiten Blick, Ess. 80.
Ue: Walter Blair: Tall Tales u.d.T.: Das große Lügengarn 56, Tb. 62.
Lit: Laudatio von Eberhard Roters in: Von Krokodilen und anderen Künstlern.

Ohl, Hans, s. †Kusenberg, Kurt.

Ohles, Christa-Maria, Organistin; VS Nds. 71; Middenkamp 49, D-4500 Osnabrück 1, Tel. (0541) 596381 (Breslau

1.10.29). Kinder-, Jugend- und Erwachsenenbuch.
V: Thomas und seine kleine Welt 63; 2 Mädchen und 1 Affe 64, 71; Alles kommt von Gott 76; Ob groß, ob klein, wir sind dein, Textunterl. zu Bilderbogen 76; Das Unerwünschte Paperback, Erz. f. Erwachsene 80; Das unerwünschte Kind 82. — **MV:** Wir Gotteskinder 59, 62; Wir bleiben treu 61; Geschichten für unsere Kleinen 61; Unsere kleinen Freunde 68; Wir bleiben auf der Spur 72, 75 (port. 80); Drei Mädchen um Markus 76; Die stillen Brückenbauer, Erz.-H. f. Erwachsene 77; Erweist euch in der Sendung 83, alle m. Eva-Johanna Hajak; Kinder Israels, Theol. f. Kinder 77; Belauschtes Leben, Erz. f. Erwachsene 78; Bei uns geht's rund, Theol. f. Kinder 79.
MA: Kommt und laßt uns Christum ehren 81.
MH: Wir lesen, basteln, spielen, Hausb. 76; E.-J. Hajak: Der Florian ist mein Freund, Der Singvogel.
S: Mit uns ist Christus 71.

Ohly, Vera; Bonner-Talweg 119, D-5300 Bonn, Tel. (0228) 212619 (Bonn 20.11.09). Roman.
V: Zwillingsbrüder 50; Die Frau des Anderen 52; Wohin führt Dein Weg 53; Nur Du 54; Liebe fragt nicht nach Jahren 55; Gefährliches Schweigen 57; Verbotene Träume 58; Das Bildnis seiner eigenen Frau 58; Die langersehnte Reise 58; Begegnung am Gartentor 59; Am Abend vor der Hochzeit 59; Gefährdetes Glück 60; Herz, entscheide dich 61; Das Mädchen aus der Fremde 61; Auf der Suche nach Dir 62; Sag mir, wer Du bist 62; Die bittere Stunde 63; Platz an der Sonne 64; Liebe im Zwielicht 65; Kein Recht auf Liebe 66; Abends wenn die Lichter glühen 67; Liebessommer auf Heidenau 67; Reise ohne Wiederkehr 68, alles R.

Ohm, Irmela (Ps. Irmela Ohm-Dening), Lehrerin; Louis-Seegelken-Str. 98, D-2800 Bremen 77, Tel. (0421) 635116 (Bremen 12.6.25). Lyrik.
V: Sondern ein Atemzug, Lyr. 80.

Ohm-Dening, Irmela, s. Ohm, Irmela.

Ohnemus, Günter, Verleger; Daiserstr. 49, D-8000 München 70, Tel. (089) 766343 (Passau 29.1.46). **Ue:** E.
V: Zähneputzen in Helsinki, Geschn. 82.
MH: Ein Parkplatz für Johnny Weissmuller, Kinogeschn. 83.

Ue: Richard Brautigan: Die Rache des Rasens, Geschn. 1962-1970 78; Die Pille gegen das Grubenunglück von Springhill 80. — **MUe:** Richard Brautigan: Die Abtreibung: Eine hist. Romanze 1966 78; Ein konföderierter General aus Big Sur 79; Willard und seine Bowlingtrophäen 81; Träume von Babylon: Ein Detektivr. 1942 83; Gailyn Saroyan: Strawberry, Strawberry 79.

Ohnewald, Fred *

Ohrtmann, Fritz, Dr. phil., StudR.; Rathensdorfer Weg 9, D-2320 Plön, Tel. (04522) 2937 (Flensburg 27.3.25). Roman, Erzählung, Lyrik. **Ue:** E, T.
V: Bunte Gläser, R. 53; Tee mit Rum, Erzn. u. G. 59, 79.
MA: Das Gedicht, Jb. zeitgenöss. Lyrik 54 — 55; Wechselnde Pfade, Erzn. 54; Was Lieben heißt, Erzn. 54; Liebe in unserer Zeit 61; Deutsche Erzählungen 65; Eine Stunde Aufenthalt 67; Troja, Ephesus, Milet 66; Über die Brücke 68. ( )

Ohsam, Bernhard, Redakteur; Kg. 58; 1. Preis im Erzähler-Wettbew. d. Göttinger Arbeitskreises 55, Ostdeutscher Jugendbuchpreis 64, Preis Hörspiel- u. Erzählerwettbewerb. d. ostdt. Kulturrates Bonn u. d. nordrh.-westf. Min. f. Arbeit ... 72, Andreas Gryphius-Pr. 75; Lindenallee 86, D-5000 Köln 51, Tel. (0221) 375617 (Braller/Siebenbürgen 5.6.26). Roman, Essay, Kurzgeschichte.
V: Eine Handvoll Machorka, R. 58, 70; Eine seltsame Reise, Erzn. 65; Europatransit, Jgdb. 65; Miriam und das lila Köfferchen, Erz. 73; Die Maus im Bierglas, Touristengeschn. rund um die Welt 83.
MA: Keiner kennt die Grenze 56; Erzählungen deutscher Dichter 58; Der Strahl 60; Erbe und Auftrag 61; Der leuchtende Bogen 61; Ostdeutsche Erzähler der Gegenwart 64; Ziel und Bleibe 68; Der grosse Käfig Welt 70; Die Allerschönste 74; Die Kehrseite des Mondes 75; Autores reisen 76; Zueinander 76, alles Anth.

Oker, Eugen, s. Gebhardt, Friedrich Johann.

Okopenko, Andreas, Schriftsteller; Grazer Autorenversammlung 73; Öst. Staatspr. f. Literatur (Würdigungspreis) 77; Autokaderstr. 3/3/7, A-1210 Wien, Tel. (0222) 3818275 (Košice, Tschechoslowakei 15.3.30). Lyrik, Erzählung, Essay, Roman, Chanson, Hörspiel, Feature.

V: Grüner November, G. 57; Seltsame Tage, G. 63; Die Belege des Michael Cetus, Erzn. 67; Warum sind die Latrinen so traurig?, Spleengesänge 69; Lexikon-Roman 70; Orte wechselnden Unbehagens, G. 71; Der Akazienfresser, Parod./Hommagen/Wellenritte 73; Warnung vor Ypsilon, Thrillgesch. 74; Meteoriten, R. 76; Vier Aufsätze, Ortsbestimmung einer Einsamkeit 79; Ges. Lyrik 80; Graben Sie nicht eigenmächtig, drei Hsp. 80; Johanna, Hsp. 82.
MH: Hertha Kräftner: Warum Hier? Warum Heute?, m. Otto Breicha, G., Skizzen, Tagebücher 63, Neuausg. u.d.T.: Das Werk 77, Ausw. u.d.T.: Das blaue Licht 81.
R: Johanna; Kafkagasse 4; Der Tisch ist rund; Der Kindergarten; Das Folterspiel; Der Programmierer und der Affe; Das Mädchen von Mount Palomar; Die Überlebenden; Ein Erwachen; Bericht für einen Aufsichtsrat, m. Bernd Grashoff, alles Hsp.; Der Meister, Fsp.

Olbrich, Hiltrud; VS; Winnender Str. 55, D-7057 Leutenbach/Württ. (Herten/Westf. 29.3.37). Kinder- und Jugendbuch.
V: Solche Strolche 72; SOS für Nic 72; Trixi führt die Clique an 72; Alarm für Trixis Clique 73; Trixis Clique und die Fahrraddiebe 74; Trixis Clique und das große Abenteuer 74; Die Clique braucht Trixi; Ein Freund für Pfiffi 75; Im Netz der vier Freunde 75; Trixi setzt sich durch 79. ( )

Old, Broderick, s. Unger, Gerhard.

Oldenbürger, Maria, StudR.; Karl-Härle-Str. 1-5 A72, D-5400 Koblenz 1, Tel. (0261) 43078 (Wanne-Eickel 3.5.05). Lyrik, Zeitgeschichte, Geistesgeschichte, Hagiographie.
V: Bischof Meinwerk von Paderborn, Geschichtl. Studie 36; Anima Christi, Meditat. 72; Momente einer Kindheit 80; Tau und Träne 80; Dein Lächeln bleibt, Lyr. 81; Lose Blätter — Menschenleben 1942-1945 82.
MA: Seele 60-62.
Lit: Der Überblick 1 81; Bonifatiusblatt 1 81; Sonne ins Leben 81.

Oldenburg, John M. *

Oldenburg, Julika; Hugo-Preuß-Str. 47, D-3500 Kassel-Wilhelmshöhe, Tel. (0561) 311369 (Nossin/Ostpomm. 15.5.40). Roman.
V: ... über alles in der Welt, R. 81.
S: ... über alles in der Welt, 11 Tonkass. 82.

Olma, Karl (Ps. Michael Zöllner),
Redakteur; Heidemannstr. 10, D-8070
Ingolstadt, Tel. (0841) 82710 (Alzen/
Beskiden 24.6.14). Lyrik, Aphorismen,
Roman, Novelle. **Ue:** P.
V: Pflüger im Nebel, Tatsachen-R. 60,
63; Ostschlesisches Credo, G. 63;
Kolenden, 25 poln. Weihnachtslieder 65;
Mensch bleiben in dieser Zeit, Aph. 78;
Nennt sie Erbsünde, G. 81; Hahnen-
schreie, Aph. 82; Heimat Alzen, Chronik
83.
Ue: Kolendy i Pastoralki; Kolenden,
25 poln. Weihnachtslieder 65.

Olschak verw. Schneiter, Blanche
Christine, Dr.rer.pol., Prof., Wiss.
Autorin u. Korresp.; Neptunstr. 16, CH-
8032 Zürich 7, Tel. (01) 2515257 (Wien
24.7.13). **Ue:** Tibet.
V: Tibet - Erde der Götter 60; Die
Heiterkeit der Seele 61; Sikkim 65;
Perlen alttibetischer Literatur 67, 70;
Bhutan - Land der verborgenen Schätze
69 (auch engl.); Mystik und Kunst Alt-
tibets 72 (auch engl.); Ancient Bhutan. A
Study on Early Buddhism in the
Himâlayas 79.
H: Lexikon der Frau 53 u. 54 II.
MUe: Wegführer zur Juweleninsel -
Guide to the Jewelisland 73 (tibet./engl./
dt.).
Lit: Kurzbiogr. mit Laudatio in:
Bodhibaum 1 82.

Omm, Peter; Riesenkopfstr. 4, D-8204
Brannenburg, Tel. (08034) 7763 (Berlin
1.8.04). Roman.
V: Kulissenkönige, R. 33, 49; Buddha
mit den Fischen 34, 49; Das
Kuriositätenbuch 54, 55; Erfolge aus
dem Nichts. Der goldene Lorbeer 56;
Freude am Sammeln. Kuriose Kulturgesch. d. Hobbies 56; Meßkunst ordnet
die Welt 59; Das zweite Kuriositätenbuch 61; Steuern zahlt keiner gern 61;
Kurioses Tierbuch 61; Grill, Gin und
Gose. E. Kulturgesch. d. Essens und
Trinkens 69; Altes Bauernhaus zu
verkaufen 70; Mut zum Erfolg 75; Nütz-
liches Lesebuch für Gartenfreunde 81.
R: Der Gartenfreund, 24 Fs.-Sdg.

van Ooyen, Hans, freier Schriftsteller,
Germanist; VS 80; Pr. d. Kunstvereins f.
Rheinlande u. Westf. 67, 69, Sonderpr. d.
Stadt Moers 71, Auszeichnung d. Werk-
kreises Lit. d. Arbeitswelt 74, Auszeich.
im Georg-Weerth-Pr. 78, Stip. d. Kultusmin. von NRW 80, 1. Pr. d. Bulgar. Rdf.
Sofia 80, Auszeichn. d. Rundfunks d.
CSSR 81, Auszeichn. im Jugend-
theaterpr. d. bad. Landesbühnen 81; In
den Kämpen 5, D-4370 Marl, Tel. (02365)

32507 (Duisburg-Homberg 23.2.54).
Hörspiel, Prosa, Lyrik, Sachbuch.
V: Die Schrift an der Wand 81; Der
Reagan-Report 82; Heute gehört uns
Deutschland ... 83.
H: Fritz Seibert: Zu den Sternen —
wohin sonst? 82. — **MH:** Wer früh stirbt,
ist länger tot, Anth. 82; Damit der Vogel
singen kann, Anth. 82; Das lila
Lesebuch, Anth. 81.
R: Der letzte Fall 79; Die blutige Erika
80; Der freie Tod 81; Wölfe 82; Hinter
dem Zaun 83, alles Hsp.

Opel, Adolf, Schriftsteller, Regisseur;
Dram.-Un., P.E.N., Verb. d. Film-
regisseure Öst.; "Goldene Nike", 7.
Intern. Filmfestival Thessaloniki 78,
Sonderpr. 3. Intern. Kurzfilmfestival
Linz 78, 1. Pr. Rassegna Int. del Film
didattico, Rom 79, "Danzante de
Bronze", VII. Intern. Filmfestival
Huesca 79, Filmpr. d. Wiener
Kunstfonds 79, Theodor-Körner-Pr. 81;
Seidengasse 43/7, A-1070 Wien, Tel.
(0222) 9230352 (Wien 12.6.35). Theater,
Musical, Film, Essay.
V: Durst vor dem Kampf, Dr. 55, 70
(auch engl., franz., span., port., ital., holl.,
pers.); Hochzeit in Chicago, Dr. 56 (auch
engl., franz., holl.); Auf dem Wege der
Besserung, Dr. 56 (auch engl., franz.,
holl.); Die glücklichen Begegnungen, Dr.
60; Wilhelm Voigt, genannt Hauptmann
von Köpenick, Musical 77; Roaring
Twenties, Musical 79. — **MV:** The
Sacred Spring: The Arts in Vienna 1898
— 1918 74.
H: An Anthology of Modern Austrian
Literature, Intern. P.E.N. Books 80;
Schriften von Adolf Loos: Ins Leere gesprochen 81; Trotzdem 82; Die
Potemkin'sche Stadt 83.
F: Todesfuge 77; Auferstehung der
Worte 78; Arielse 79; Ewig jung bleibt
nur die Phantasie (Elisabeth Bergner)
81; Die Macht des Geistes über den
Stoff 83.
Ue: Griselda Gambaro, El Campo, Dr.
77.

Opfermann, Hans-Carl (Ps. Ferdinand
Aruba), Filmsachverständiger,
Chemiker; Dt. Ges. f. Photogr.;
Winzererstr. 31, D-8000 München 40, Tel.
(089) 188665 (Altdorf/Bay. 26.4.07). Film,
Biographie. **Ue:** E, F.
V: Atomgefahren. Was stimmt? Was
kommt? Was tun? 62; Detektiv Nobody,
Jgd.-Krim.-R. 65; Ich ritt Maestoso
Austria, Biogr. 71; 10 Sachb. üb. Photo u.
Film 36 — 71 (Übers. d. Bücher in 9
Fremdspr.: engl. franz., ital., span., holl.,

dän., norw., schwed., ung.); Die Neue
Schmalfilmschule Bd. 1: Ein Weg zum
Meisterfilmer, Bd. 2: Vom Drehbuch
zum Filmkunstwerk 77; Die Neue
Schachschule 75, 77; Schacheröffnungen
meisterhaft gespielt 76; Die Spielge-
heimnisse der großen Schachkämpfer
78; Schach-Computer. Wie sie denken.
Was sie lehren. Wie sie besiegt werden
80; Die Spielerfolge der großen Schach-
denker 81; H.C. Opfermanns Filmkurs
82.

H: Veit Harlan: Im Schatten meiner
Filme, Selbstbiogr., m. krit Kommentar
v. H.-C. Opfermann 66.

F: Das Atom 50; Des Feuers Macht 54;
Keiner lebt für sich allein 54; Vom
Handwerk des Farbfilms; Der zündende
Funke 55; Der zerbrochene Krug,
Neufass. 53; Münchhausen, Neufass. 53;
Diesel, Neufass. 54; Sie helfen sich
selbst, Neufass. 71.

R: Lerne kämpfen ohne zu töten, Fsf.
in 5 Forts. üb. Forsch.ergebn. d.
Verhaltensforschers Prof. Dr. Konrad
Lorenz 65/66; Stendahl: Rot und
schwarz; Lawrence Sterne: Das Leben
und die Meinungen des Herrn Tristan
Shandy; Thomas à Kampis: Die Nachfolge Christi; Claude Tillier: Mein Onkel
ein Radio-Scherz; W. Langhoff: Die
Moorsoldaten, sowie weitere zahlr.
Rdfk.-Send. üb. nat.wiss., geisteswiss. u.
zeitgesch. Themen.

Opfermann, Rohland; Schuhstr. 45, D-
8520 Erlangen, Tel. (09131) 25763
(Erlangen 25.5.50). Lyrik, Roman.

V: Teutsch oder die Häßlichkeit einer
Sprache in diesem Roman, R. 79.

Lit: Opfermann's Leiden in: Merkur
80.

Opitz, Christian, s. Scholz, Guenter.

Opitz, Elisabeth; Striepenweg 40/9, D-
2104 Hamburg 92.

V: Horch in das Dunkel, e. Ber. üb. e.
Depression 79, Tb. 81. ( )

Opitz, Hellmuth, Student; Am
Ellerbrockshof 40, D-4800 Bielefeld 13
(Bielefeld 6.1.59). Lyrik.

V: An unseren Lippengrenzen, Lyr. 82.

Opitz, Karlludwig, Schriftsteller; PEN
56, ab 80 Deutschschweizer. PEN, DJV
69; Rehrstieg 46, D-2104 Hamburg 92,
Tel. (040) 7965671 (Stadthof 19.2.14).
Drama, Roman, Fernsehspiel, Hörspiel.

V: Der Barras 53, DDR 54 (engl. 54,
dän. 54, niederl. 55, 84, franz. 55, schwed.
55, russ. 56, poln. 59, tsch. 66, ital. 69);
Mein General 55, DDR 55 (engl. 56,
franz. 56, am. 56, poln. 57, ung. 57, russ.

57, ital. 59, dän. 59, tsch. 60, slowak. 64);
Meine Süsse 56, u.d.T.: Bolsche Vita 66,
DDR u.d.T.: Im Tornister ein Marschall-
stab 59, u.d.T.: O du mein Deutschland
60 (tsch. 60, russ. 61, slowak. 62, ung. 65,
engl. 62); Deutsche Küchenfibel 83.

R: O Mensch gib acht!; Der Saubär;
Ist doch kein Wunder.

von Oppeln-Bronikowski, Rosemarie
(Ps. Rosemarie Bronikowski); VS 77; St.-
Gallen-Str. 9, D-7801 Ebringen, Tel.
(07664) 7693 (Sande 2.5.22). Lyrik, Kurzprosa, Hörspiel, Erfahrungsberichte.

V: Ein Strafgefangener und eine
bürgerliche Familie —
Auseinandersetzung mit Ernst S.
Steffen, Dok. 74, 2. Aufl. 76; Notsignale
aus Orten mit gesunder Luft, G. 76;
Sicherungsversuche in einer
Schießbude, G. 80; Turmbesteigung,
Kurzgeschn. 80.

R: Die abgeschobene Generation,
Feature 71.

S: Kooperative Wort u. Jazz 80.

Oppenberg, Ferdinand, Verlagsleiter;
Gneisenaustr. 262, D-4100 Duisburg, Tel.
(0203) 350351 (Duisburg 24.10.08). Lyrik,
Novelle, Essay.

V: Im Kugelglas der Welt, G. 31; Die
Großstadt brennt, G. 32; Sirenenton und
Sichelklang, G. 35; Die Saat ging auf, G.
37; Der Freiheit altes Lied, hist. Ball. 37;
Das ewige Feuer, Erz. 40; Erst Kleider
machen Laune, G. 55; Der Baum des
Lebens, M. 56; Grüner Wald ruft graue
Stadt, Erzn. 56; Das Waldjahr, G. 59;
Gespenster im Moor, Ball. 60; Der Wald
in deutscher Dichtung, Abh. 61; Im Flug
über den Niederrhein 65; Am schönen
Niederrhein 68; Landschaften des
Niederrheins 68; Unser Niederrhein
farbig, Schild. 73, 76; Der Naturpark
Hohe Mark, Schild. 74, 76; Bedrohte
Zuflucht, Ausw. a. Ges. Werk 77; Anno
dazumal am Niederrhein 80; Siegel des
Lebens, G. 80; Daheim am Niederrhein
80.

H: Wald, Wild und Wir, Alm. 54; Uns
ruft der Wald, Alm. 54. — **MH:** u. **MV:**
Erlebtes Land - unser Revier. D. Ruhrgebiet in Lit., Grafik und Malerei.

R: Der Ruf der Erde, Hsp. 34; Wir
binden die Garben, Hsp. 36.

Lit: Franz Lennartz in: Die Dichter
unserer Zeit 38; Walter Linden in:
Deutsche Dichtung am Rhein 44; C.
Enders, Walter Linden in: Dichtung und
Geistesgeschichte um den Rhein 57; Der
Niederrhein 73; Malkastenblätter 11/73.

Oppenheim-Jonas, Edith,
Kunstmalerin; Literar. Ges. Baden 59;

Rütenenweg 1, CH-5400 Ennetbaden,
Tel. (056) 225482 (Baden/Schweiz
11.11.07). Bildgeschichten für Kinder.
V: Papa Moll I 67, 71, II 70, 71, III 75,
IV 77; Bill und Beth I 76, beides Bild-
gesch. m. Versen. ( )

Oppitz, Hertha Maria (Ps. Hertha
Maria Straszl-Fluck), Fachlehrerin;
Ehrenmitgl. d. Eurafok 74; Würthgasse
3/II/11, A-1190 Wien, Tel. (0222) 3650005
(Marburg/Drau 5.3.10). Lyrik, Novelle,
Essay. **Ue:** E, I.
V: Nachtigall Gottes 70; Alpenblumen
Wunder der Berge 75; Wertet uns nur
nach Menschlichkeit 78; Die Schätze
meiner Krüge 80; Traumrad der Tage
80; Atemzüge 82.
MA: Anth.

Oppler, Wolfgang; Implerstr. 29, D-
8000 München 70, Tel. (089) 773834
(Rosenheim 18.1.56). Lyrik in
bayerischer Mundart.
V: Vaschdeggsdal, G. in bayer. Mda.
76, 3.Aufl. 81; Fangamandl, G. in bayer.
Mda. 79, 2.Aufl. 81.

Oprei, Peter; Route de Florissant 53,
CH-1206 Genf, Tel. (022) 479142 (Aachen
14.8.29). Lyrik.
V: Zwischenzeiten, Lyr. 82; Bedenk-
liches – Unbedenkliches, Aphor. 83.
MA: 12 lyr. G. zu Holzschnitten von
Martin Thönen in: Transparenzen 78.

Oprescu, Elga, Übersetzerin; SV-DDR
64; Sonnenleite 7, DDR-8212 Freital 5
(Riga 26.6.08). Ue: F, Rum, Balt (Lett).
Ue: Dumitru Almas: Ein Mann reist
um die Welt 60; Emil Girleanu: Der
Nußbaum des Odobac 63; Panait Istrati:
Kyra Kyralina 63; Mateiu I. Caragiale:
Die Ritter vom Alten Hof 63; Ion Marin
Sadoveanu: Jahrhundertwende in
Bukarest 64; Janis Ezerins: Die Regen-
bögen und der Fischzug 63; Gala
Galaction: Roxana 69; George Călinescu:
Rendezvous und Audienzen 69; Mihail
Diaconescu: Die Farben des Blutes 76.
( )

Opunzius, s. Knaak, Lothar.

Ordemann, Conrad *

Orloff, Till, s. Sprenger, Werner-Till.

Orloff, Wolf, s. Buresch, Wolfgang.

Orlowitz, Hubert, s. Edel, Gottfried.

Ortens, Gerda, s. Neumann-Ortens,
Gertrud.

Ortheil, Hanns-Josef, c/o S. Fischer-
Verl., Frankfurt a.M..

V: Fermer, R. 79, 83; Mozart – Im
Innern seiner Sprache 82; Hecke, Erz.
83. ( )

Orthofer, Peter (Ps. Jan Hagel, Caspar
Nebel), Schriftsteller; G.dr.S.u.K.,
Vereinig. hauptberufl. Schriftst., I.A.K.V.,
P.E.N.; Mollardg. 77, A-1060 Wien, Tel.
(0222) 5210384 (Berlin 17.6.40). Drama,
Lyrik, Roman, Essay, Fernsehen,
Rundfunk. **Ue:** E.
V: Österreich hat immer Saison 66;
Lieben und Liebenlassen, Lyrik 66; Als
wär's ein Stück von ihm, Parod. 67;
James Bond 006, Parod. 67; Das
Wandern ist des Deutschen Lust, Lyrik
68; Liebe unter 6 Augen 68, akt. Tb.-
Ausg. 83; Make Love 69, beides Sat.;
Mensch ärgere dich doch, Kurzgesch.
71; Flügeljahre, Theaterst. 78; Kleiner
Ratgeber für gesellige Singles 79;
Kleiner Ratgeber für efrauzipierte
Männer 79; Uns bleibt auch nichts er-
spart – eine respektlose Chronik österr.
Geschichte 79. – **MV:** Wigl-Wogl 64;
Humor am Rand der Notenlinie; Die
Liebesuniversität.
R: Zahlr. Rdfk.- u. Fs.ser.
Ue: John White: Veronica, Musical;
Evviva Amico, Musical 77; Mayflower,
Musical 78. ( )

Ortil, Hajo, s. Oertel, Hans Joachim.

Ortinau, Gerhard, Student; Johann-
Georg-Str. 6, c/o Pinzhoffer, D-1000
Berlin 31 (Borcea, Rum. 18.3.53). Lyrik,
Novelle, Kurzgeschichte, Roman, Übers.
V: Verteidigung d. Kugelblitzes, Kurz-
prosa 76. – **MV:** Beitr. in Anth. u.
Lit.zss., u.a. in: Akzente. ( )

Ortmann, Edwin, Schriftsteller,
Journalist, Übersetzer; VS Bayern,
Förderkreis dt. Schriftsteller in Bayern;
Jahresstip. d. Dt. Literaturfonds 81-82;
Steinsdorfstr. 4, D-8000 München 22, Tel.
(089) 296176 (München 5.3.41). Roman,
Erzählung, Essay, Hörspiel, Lyrik,
Übers. **Ue:** E, F, S.
V: Phönix, Erzn. 81, Tb. 83.
B: Gail Sheehy: In der Mitte des
Lebens 76; Bruno Bettelheim:
Erziehung zum Überleben 80.
Ue: Claude Julien: Das amerikanische
Imperium 69; B. Skinner: Wissenschaft
und menschliches Verhalten 73; Regis
Debray: Der Außenseiter 76; Bruno
Bettelheim: Die Geburt des Selbst 77;
Lawrence Durrell: Griechische Inseln
78, u.a.

Ortner, Eduard F. *

Orzechowski, Christel, Sozialpädagogin, Missionarin; Kilstetter Str.

68, D-1000 Berlin 37, Tel. (030) 8116647
(Lyck/Ostpr. 4.9.43). Tagebücher über 3.
Welt.
V: Mache meine Augen hell, Bolivien-
tageb. 76, 3.Aufl. 81. — **MV:** Komm ich
zeige Dir, wo wir leben, m. Bernhardine
Schulte, Kdb. 77, 2.Aufl. 81.
R: Mache meine Augen hell, Hsp.;
Mache meine Augen hell; Komm ich
zeige Dir, wo wir leben, beides Tonbild-
ser.

Orzechowski, Peter (Ps. Peter
Drozza), Schriftsteller; VS 81;
Briennerstr. 51, D-8000 München 2, Tel.
(089) 5309341 (Lohr/Main 24.7.52).
Roman, Sachbuch, Hörspiel. **Ue:** E.
V: Die Siedler, hist. R. 82; Die Kanzler,
Sachb. 84.
MA: Der Papst in Deutschland 80;
Naturraum Bergwelt 84.
H: Sanfter Orchideenhauch, Fernöstl.
Gedanken u. G. üb. d. Liebe 82.
R: Die Kinder von nebenan, Hsp.-
Reihe seit 81.

Oschilewski, Walther G. (Ps. Walther
Gosch, Peter Hartberg), Chefredakteur
i.R., Prof. e. h.; VS 25; Ehrenbürger New
Orleans 56, Fidicin-Med. 72, Ernst-
Reuter-Plak. 79; EMitgl. Freie Volks-
bühne Berlin 72, EMitgl. Verein f. d.
Gesch. Berlins 78; Am Fischtal 19, D-
1000 Berlin 37, Tel. (030) 8131789 (Berlin
22.7.04). Lyrik, Novelle, Essay, Bio-
graphie.
V: Auf flammender Brücke, G. 24;
Sturz in die Äcker, G. 31; Gorgias
Baldus; Selbstmord des Dichters
Protruschkow, Erz. 32; Gesang der
Sterne, G. 35; Der Buchdrucker Brauch
und Gewohnheit 35, 55; Eugen
Diederichs und sein Werk, Biogr. 36;
Eugen Diederichs und die deutsche
Buchkunst 36; Eugen Diederichs, ein
Beitrag zur Geschichte der neueren
Buchkunst 41; Max Thalmann, ein
deutscher Buchkünstler 41; Über Lulu
von Strauß und Torney 44; Über
Richard Benz 44; 1848 — Die Märztage
in Berlin 48; Kämpfer und Gestalter,
Künstlerporträts 53; Gustav Dahrendorf
55; Über Helene Voigt-Diederichs 55;
"Auff vnser gnedigs erfordern vnd
begeren". Hans Weiß - Berlins erster
Buchdrucker 55; Große Sozialisten in
Berlin 56; Berlins älteste Zeitung 56;
Goethe und die bildende Kunst 57; 10
Jahre Theater am Kurfürstendamm 60;
E. R. Weiß 60; Über Karl Bröger 61;
Heinrich Kaufmann 61; Honoré
Daumier 62; Am Hebelwerk der
Geschichte. Kurt Schumacher 62; Lotto-

Totto-Lotterien 1763 — 1963 63; Berlin
64; Die Mark Brandenburg 64; Siegfried
Nestriepke 64; Lebensspuren 64; Freie
Volksbühne Berlin 65; Kreuzberg 65;
Steglitz 68; Zeitungen in Berlin 76; Im
Strom der Zeit 2, 76; Heinrich-Zille-
Bibliographie 79; Junge Menschen 81,
82; Stimme des neuen Jugendwillens,
Walter Hammer, Leben und Werk 83;
Auf den Flügeln der Freiheit 83. —
MV: Zahlr. Biogr.
H: Zahlr. Editn. seit 24, u.a.: Kurt
Schumacher 53; Briefe der Mensch-
lichkeit 57; Gedichte auf Berlin 58;
August Bebel: Aus meinem Leben 58,
76; Frauen in Berlin 59, 83; Wirkendes,
sorgendes Dasein. Begegnungen m.
Adolf Grimme 59; Der Tiergarten in
Berlin 60; Berlin amüsiert sich 61;
Stimmen der Menschlichkeit. Künster
mahnen 61; Berühmte Deutsche in
Berlin 65; Jb. d. Ver. d. Gesch. Berlins 52
- 74.
Lit: Arno Scholz, Paul Löbe u.
Richard Mattheus: Walther G.
Oschilewski 54; Bibl. Walther G.
Oschilewski 64; Mittels Tun ein Mensch
werden, Bibl. 65; Bibl. Walther G.
Oschilewski 79.

Oser, Kurt; Bergtaidingweg 21/45/26,
A-1010 Wien.
V: Das wäre doch gelacht, Lyr. 80. ( )

Osiander, Gerhard *

Osric, s. Bütow, Hans.

Ossowski, Leonie, Autorin; VS Berlin
70, P.E.N. 78; Jugendbuchpr. d. Stadt
Oldenburg 77, Buxtehuder Bulle 78,
Adolf-Grimme-Pr. in Silber 80, Kulturpr. Schlesien d. Ldes Niedersachsen 81,
Schillerpr. d. Stadt Mannheim 82;
Hubertusallee 46, D-1000 Berlin 33, Tel.
(030) 8911598 (Röhrsdorf/Ndschles.
15.8.25). Drama, Roman, Film, Hörspiel.
V: Stern ohne Himmel, R. 56, 78; Stern
ohne Himmel, Theaterst. 58; Wer
fürchtet sich vorm schwarzen Mann, R.
67; Zur Bewährung ausgesetzt, Dok. 72;
Mannheimer Erzählungen, Kurzgeschn.
74; Weichselkirschen, R. 76, 77; Die
große Flatter, Jgd.-R. 77; Blumen für
Magritte, Erzn. 78; Liebe ist kein
Argument, R. 81; Wilhelm Meisters
Abschied, Jgd.-R. 82.
F: Zwei Mütter, Spielf. 56; Stern ohne
Himmel 80.
R: Autoknacker, Hsp. 71; Auf offner
Straße, Fsp. 71; Zur Bewährung ausge-
setzt, Dok.f. 72; Die große Flatter, 3-tlg.
Fsf. 79; Weichselkirschen, Fsf. 80.

Ost, Elja, s. Bork-Jacobi, Elfriede.

Ost, Frederick, Ing. Arch.; 32
Williamson Ave. Belmont, Auckland 9/
Neuseeland, Tel. (09) 459611. Drama,
Lyrik, Erzählung, Essay. **Ue:** Tsch.
V: Um ein wenig Liebe, Lyr. u. Dr. 29/
30; Milka, Erz. 30/31; Asphalt, Lyr. 31;
Asfalt (tsch.) 32; Masken des Alltags,
Erzn. 32; Zerstörte Jugend, Dr. 32;
Sensationen des Tages 33; Alkohol, Dr.;
Dagmar Lieder, Lyr. 35; Schwalben 40/
41; Three Essays 45; Vier Stimmen aus
der Großstadt, Lyr. 83; Schwalbenbuch,
M. ohne Worte 83.
Ue: V. Nezval: Depesche auf
Räderchen; F.X. Šalda: Schach dem Tod
34; F.X. Šalda: Franziska 35; Čapek-
Chod: Gewinn & Verlust 35; J. & M.
Toman: Freundin 36; J. Vrchlicky: Eine
Nacht auf dem Karlsstein 37/38.

Ost, Heinrich Hermann; VS 64;
Griegstr. 31, D-8000 München 40, Tel.
(089) 3592073 (Oelde/Westf. 11.3.35).
Drama, Lyrik, Essay, Roman. **Ue:** E.
V: Wind wäre angenehm, G. 60;
Zwischen den großen Straßen, Ess. 69;
Bevölkerte Schatten - Zaludnione
cienie, G. dt.-poln. 75; Santuperanos!,
Libr. 77.
MA: Lotblei 62; Aussichten 66;
Tamarack Review 67; Ensemble 5, 77;
Das große Rabenbuch 77; Merkur 222,
235; Zwischen Ems u. Lippe 71-83;
S!A!U! 1-9, 78-80.
R: Der unwürdige Liebhaber, m.
Selma Urfer, Fsp. 80.
MUe: Jossif Brodskij: Ausgewählte
Gedichte, m. Alexander Kaempfe 66;
Alexander Twardowski: Heimat und
Fremde, m. Alexander Kaempfe 72.

Osten, Franziska, s. Köster-Ljung,
Hanna.

Osten, Peter, s. Görz, Heinz.

von der Osten-Sacken, Klaus Baron
(Ps. Klaus Wolff); Solothurner Str. 6, D-
8000 München 71, Tel. (089) 753967
(Schwerin/Mecklenbg. 18.2.19). Roman.
V: Alle Wasser laufen ins Meer, R. 58,
64; Ente gut - alles gut, R. 60; Blick
zurück - ohne Zorn, Chronik 60, 63; Das
Bismarck-Denkmal, R. 64; Ritter Fritz,
der große Held, Kinderb. 65; Andrea und
das Schloßgespenst, Kinderb. 66, 70.
R: Romantik, Ritter, Rheumatismus.
Hochblüte d. Rittertums. Gespenster,
Geister, Gänsehäute. Wahre
Gespenster-Gesch. III; Der Sassen-
burgsche auf Eichenort. Geschn. um e.
Ostpr.; Zwischen Mythos u. Methode.
Scotland Yard in R. u. Wirklichk. III;
Laßt Hörner und Trompeten klingen.

Kulturgesch. d. eur. Marschmusik III;
Herzeleid und Lenzeswonnen. Üb. d.
Kitsch in d. dt. Lit.; Der Herr vom alten
Turm. S. v. Vegesack u. s. Welt; Mein
Fürst, der Hammel ist geschlachtet. E.
Schah besucht d. dt. Reich II; Ja, das
mit der Liebe. Liebesbr. u. Liebesg. a.
zwei Jahrtaus. abendld. Gesch.; Wagner,
weh' deiner Wütenden Walten. D. "Ring
d. Nibel." strafrechtl. betrachtet II;
Unternehmen Salomo — Ein Abenteuer
in Afrika III; "... aber was ist dann
'Frankreich'?"; Ein Freund, ein guter
Freund — Gedanken u. Beitr. zu einem
schwierigen Thema, alles Ltbilder.

Osterburg, Daisy, s. Muhrmann,
Wilhelm.

Osterhazy, Fridolin, s. Hauser, Fritz.

Osterhoff, Alexander (Ps. Michael
Sortoff), versch. Arbeiter- u.
Angestelltenberufe; Lit. Ges. Köln
Freunde der Stadtbibliothek e.V.; Am
Sommerberg 29, D-5064 Rösrath 3, Tel.
(02205) 81849 (Weidenau 13.2.12). Drama,
Lyrik, Roman, Kurzgeschichten.
V: Insges. 14 Bücher, u.a.: Unter uns,
G. 53; Caracalla, Trauersp. 71; Admet,
Trauersp. 76; Jeanine, Trauersp.; Harald
Torquist, Trauersp.; Henning Moor-
mann, Trauersp.; Der blaue Himmel, G.
77; Von Mitternacht bis 6, G.; Die ver-
gessene Straße, R. III.
R: Filme sind Bilder von Menschen,
Theaterstücke werden nicht von
Bildern, sondern von Menschen
dargestellt.

Osterwalder, Josef, lic. theol.,
Theologe; Sonnenstr. 19, CH-9000 St.
Gallen, Tel. (071) 253415 (St. Gallen
23.12.40). Gebete, Relig. Kurz-
geschichten, Berichte zu kirchl.
Geschehen.
V: Stille die spricht, Gedanken u.
Gebete 75; Von Senf- und Samen-
körnern, 25 fast biblische Gesch. 77;
Das Bethaus, Kindergebete 77; Brot des
Lebens 79; Wir wollen eine Geschichte
80; Beten wie mir zu Mute ist 81.
S: Iddaheimer Kindermesse 79.

Ostfeld, Jonah, Lehrer; 1. Pr. Wettbew.
zur Erlang. mod. Jugendtheaterst. von d.
Schweizer. Arbeitsgem. f. d. darst. Spiel
76; Quartierstr. 2, CH-5430 Wettingen,
Tel. (056) 260069 (Haifa/Israel 9.4.51).
Drama.
V: Die Zeit 76, 4.Aufl. 82; Vater, du
rauchst auch! 80, 3.Aufl. 82; Die Reise
hinter die Wand 81, 2.Aufl. 82; Bei Tisch
wird nicht gesprochen ... und später

schon gar nicht 82, alles Jugend-
theaterh.

Ott, Elfriede, Schauspielerin u.
Diseuse; Barmhartstalstr. 55, A-2344
Maria Enzersdorf (Wien). Prosa,
Chanson.
V: Phantasie in ö-Dur, Autobiogr.,
Arbeitsber.; Wenn man in Wien zur Welt
kommt, Feuill.

Ott, Inge, s. Linke, Inge.

Ott, Max, Dr.rer.pol., Ass., Dipl.-Kfm.,
Wirtschaftsprüfer, Steuerberater;
Literaturbüro Nordrhein-Westf. e.V. 82;
Graf-Recke-Str. 63, D-4000 Düsseldorf
1, Tel. (0211) 686364 (Würzburg 23.2.17).
Drama, Lyrik, Novelle.
V: Stimmungen, G. 82.

Ott, Peter, s. Vethake, Kurt.

Ott, Wolfgang, c/o Verlag Langen-
Müller, München (Pforzheim 23.6.23).
Roman.
V: Haie u. kleine Fische, R. 56, Tb. 79,
81; Die Männer u. d. Seejungfrau, R. 60,
65; Villa K., R. 62; Das Mannequin,
Krim.-R. 80; Ein Schloß in Preußen, R.
81.
F: Haie u. kleine Fische. ( )

Ott-Kluge, Heidelore (Ps. Heidelore
Kluge); Am Damm 18, D-2802
Ottersberg, Tel. (04205) 683 (Sehnsen/Kr.
Nienburg 20.6.49). Science Fiction und
Fantasy, Sachbücher.
V: Kleine grüne Blätter, Lyrik 67;
Grausliche Geschichten, Kurzprosa 76;
Mitmenschenkompaß, Sachb. 80; Gib
dem Glück eine Chance, Sachb. 80;
Schönheit durch Naturkosmetik von A
bis Z, Sachb. 81.
MA: Zahlr. Lyr.- u. SF-Anth.

Otta, Stephan, c/o Herbig-Verlag,
München.
V: Nur ein Seitensprung, R. 79, Tb. 80.
( )

Otten, Angelika; Hagenbuttenweg 25,
D-3000 Hannover 1.
V: Rolli, der freche Wellensittich 81;
Annika, die kleine Tierfreundin 82. ( )

Otten, Rudolf, s. Braun, Otto Rudolf.

Ottendorff, Walther (Ps. Walther
Ottendorff-Simrock), Dr. jur., Dr. rer.
pol., Bürgermeister a.D.; VS 55; Ges. f.
Rhein. Geschichtskunde 62; Burgweg 2,
D-5483 Bad Neuenahr, Tel. (02641) 26962
(Duisburg 8.5.02). Erzählung, Essay,
Legende, Lyrik, Biographie. **Ue:** F, E.
V: Das Haus Simrock. E. Beitr. z.
Gesch. d. kulturtrag. Fam. d. Rheinldes,
Ess. 42, 54; Die Legende von den
Heiligen Drei Königen 48; Sagen vom

Mittelrhein 49; Rheinsagen 52, 70; Die
Ahr, Ansichten aus alter Zeit, Ess. 56;
Die Stimme des Rheins. E. rhein. Lese-
u. Bilderb. 56; Burgen am Rhein 60; Die
Eifel 60; Struwwelpeter im Heilbad, G.
61; Der Rhein 61; Land an der Ahr 62;
Zwischen Rhein und Nürburg 62, 69;
Siebengebirge 68; Rheinisches Wein-
land 69; Von Otto Hahn bis Max Lieber-
mann, Begegn. 70; Der Maikäferbund. E.
Dichterkr. im biedermeierl. Bonn 71;
Vom Hylligen Born zum Lilienbad.
Heilbäder u. Kurorte in d. Dicht. 74. —
MV: Auf Du und Du mit Bad Neuenahr,
m. H. M. Lux, Ess. 58; Kunst am Rhein,
m. W. Jüttner 63.
H: Es geht die Zeit zur Ewigkeit. E.
Begegn. m. E. Thrasolt, Biogr. 59; Die
Grimms und die Simrocks in Briefen 66;
Ruf und Antwort. E. Gruß der Freunde
an Hanns Maria Lux, d. Erzähler 62.
Erzieher 65; Heimatchronik des Kreises
Ahrweiler 69; Oberwesel, die Stadt der
Türme und des Weines. E. Heimat- u.
Erinner.buch 69; Vom freien Geist.
Bekenntnis zu Theodor Seidenfaden 71;
Briefe an Sibylle Mertens-Schaaff-
hausen, m. Th. Clasen; Dr. Dr. Erich
Rütten-Festschr. z. 70. Geb. 74; Dr. Josef
Kreutzberg. Blick nach innen, G. u. Erz.
76.
R: Es geht die Zeit zur Ewigkeit. E.
Begegn. m. Thrasolt, m. H. M. Lux, Hsp.
60; Johannes Brahms im Ahrtal 65.
Lit: Theodor Seidenfaden: Der
Brückenschlag. Verpflichtendes Erbe.
Walther Ottendorff-Simrock z. 70. Geb.,
Festschr. 72.

Ottendorff-Simrock, Walther,
s. Ottendorff, Walther.

Ottersleben, Ossip, s. Kühne, Norbert.

Otto, Ernst, Kfz-Meister; AGAV;
Förderpr. Bad.-Württ. 79;
Herzogenriedstr. 111, Vollzugsanstalt, D-
6800 Mannheim (Erfurt 21.2.31). Lyrik,
Roman, Hörspiel.
V: Der falsche Weg 78; Das Haus der
unreinen Geister 79; Ich bin schon
lange tot aber trotzdem lebe ich weiter,
Lyr. 82.
R: Strafkammerverhandlung 77, Ich
komme wieder 77, Zwei Flugkarten bitte
80, alles Hsp.

Otto, Georg Josef (Ps. Gg. Otto Fetze),
Geschäftsführer; Jugendbuchpr. d.
AWMM-Arbeitsgem. 76; Karwendelstr.
11, D-8150 Holzkirchen, Tel. (08153) 8141

(Heidelberg 5.1.20). Jugendbuch, Sachbuch.
V: Jus jurandum 47; Der Seitensprung 48; Die Schnaken 76; Die Mücken 83.

Otto, Helmut, s. Spatz, Otto.

Otto, Herbert, Dramaturg; SV-DDR 56; Fontane-Preis Potsdam 56 und 61, Heinrich Mann-Preis 71, Kunstpr. d. Gewerkschaft 74, Nationalpr. 78; Eichenweg 24, DDR-1532 Kleinmachnow b. Berlin, Tel. 22675 (Breslau 15.3.25). Roman, Novelle, Film, Reportage.
V: Die Lüge, R. 56, 76; "Republik der Leidenschaft", Rep. üb. Kuba 61, 64; Griechische Hochzeit, N. 64, 65; Zeit der Störche, Erz. 66, 13. Aufl. 81, Bdesrep. Dtld 81 (auch ung., tschech., poln., russ., engl., arab., bulg., lett., lit., slowak.); Zum Beispiel Josef, R. 70, 7. Aufl. 81 (auch bulg., poln., tschech.); Die Sache mit Maria, R. 76, 5. Aufl. 82. – **MV:** Stundenholz und Minarett, Rep. 58, 61; Minarett und Mangobaum, Rep. 59, 61, beide m. Konrad Schmidt.
F: Septemberliebe 61; Zeit der Störche 70; Zum Beispiel Josef 74. ( )

Otto, Hermann (Ps. Hermann O. Lauterbach), Doz.; SV-DDR 60; 2. Preis u. Silbermedaille Weltfestspiele d. Jgd. u. Studenten Warschau 55; Blumenweg 22, DDR-1502 Potsdam-Babelsberg, Tel. 77289 (Lauterbach, Hess. 11.11.26). Roman, Lyrik, Film. **Ue:** E, R.
V: Der Stein rollt, R. 58, 61; Zeuge Robert Wedemann, R. 62, 65; Ein gewisser Herr D., Erz. 70; Die schöne Marion, R. 75, 78.

MA: Du, unsere Liebe, Anth. 69; Vor meinen Augen, hinter sieben Bergen, Anth. 77; Sieh, das ist unsere Zeit, Anth. 77, 79.
F: Der Frühling braucht Zeit 65. ( )

Otto, Uwe, Dr.phil., Autor, Lektor; Bamberger Str. 6, D-1000 Berlin 30, Tel. (030) 2137161 (Leba 27.12.43). Roman, Film, Hörspiel.
V: Lessings Verhältnis zur französischen Darstellungstheorie 76; Das Nilpferd Titine, Kdb. 79; Die Laurents, R. 81.
H: Schattenriß von Berlin 1788 I 74, II 75; Chr.G.D. Stein: Reise in Berlin 1827 76; J.G. Rhode: Beitr. zur Charakteristik der Einwohner Berlins 77; J. v.Voß: Merkwürdiger Briefwechsel der blonden Caroline ... 78; Fr. Schulze: Standrede am Grab der Madame Schuwitz 79; A.B. König: Leben und Thaten J.P. Freiherrn von Gundlings 80; v.d.Gröben: Guineische Reisebeschreib. 81, u.a.
R: Die Sache mit meinem Vater; Die Laurents; Die blonde Caroline; Der Spinner, alles Fsf. u.v.a.

Owen, Jessica, s. Schiede, Gerty.

Ozana, Anna, Dr. phil., freie Schriftstellerin; Herzogstr. 84, D-8000 München 40, Tel. (089) 3009382 (Oderberg 16.5.20). Roman.
V: Antworten für Jara, R. 68; Simon Gruber, R. 79.
MA: u. **R:** Kritiken u. Ess. im Rdfk, in Ztgn u. Zss.

P

Paal, Peter, s. Paasche, Otto.

Paar, Carl Egmont (Ps. Carl Paar-Charles), Prof., Verleger Buch- u. Kunstverlag "Weilburg"; Ö.S.V.; Ehrennadel d. Stadt Baden f. Verdienste um das Verlagswesen in Baden 75, Silberne Ehrenzeichen f. Verdienste um die Rep. Öst. 76; Am Fischertor 5, A-2500 Baden b. Wien, Tel. (02252) 88987 (Wien 14.8.14). Roman, Lyrik, Novelle.
V: Scholle und Schwert, G. u. Balln. 37; Das kämpferische Herz, G. 42; Gewalt, R. 46; Clarissa und der Teufel, R. 48; Kavalier der Liebe, N. 48, 51; Gioconda und die Versuchung, R. 50; Löwentritt und Pfauenschrei, G. 69; Die Weise vom Leben und Tod des Gefreiten Christoph Rilke 77. —
MV: Lyrik 1965, Anth. öst. Dichtung.
H: Die Zeit ist reif, G. 62; Lyrik-Taschen-Reihe seit 64; Lyrik 1965; Verschlüsselt und versiegelt, G. 68.
Lit: Pichler - Giebisch - Vancsa: Kleines öst. Literaturlexikon 48; Die Prominenz d. Republ. Öst. im Bild 62; Hans F. Prokop: Öst. Literaturhdb. 74; Wer im Werk den Lohn gefunden, Dokum. üb. 60 Dichter u. 35 Komponisten 76.

Paar-Charles, Carl, s. Paar, Carl Egmont.

Paasche, Otto (Ps. Peter Paal), Dr., Journalist, Schriftsteller; Mahlbergweg 6, D-7505 Ettlingen, Tel. (07243) 78817 (Freiberg in Sa. 29.10.07). Lyrik, Novelle, Essay.
V: Das Glück, ganz anders zu leben, Vortr. u. Aufs. 64, 2.Aufl. 65; Erfüllter Tag. Brevier für alle Tage des Jahres 65, 4.Aufl. 83; Die Frau, von der ich träume, Feuill. 67; Die Wunderbare Kraft der Gedanken — Wege zur Lebenshilfe 83.

Pachelhofer, Anton, Dr. phil.; Sudetendt. Preis 74; Bürgermeister-Scharl-Str. 17, D-8060 Dachau (Prachatitz 12.1.04). Prosa, Lyrik.
V: Moderne Fabeln, Parabeln und andere Geschichten 37; Die kleine Hand, G. 58; Aus dem Autoklaven, G. 60; Silbenthalam, G. 62; Wortwabe, G. 64; Geigengarn, G. 67; Rast ohne Gewähr, G. 72, (auch jap.); Gesiebte Zeit, G. 77.

Pachman, Ludek, internationaler Schachgroßmeister, Journalist, Schriftsteller; P.E.N.-Klub Int.-Zentrum f. Exilschriftsteller; Aunhamer Weg 45, D-8399 Griesbach i. Rottal, Tel. (08532) 8499 (Bela pod Bezdezem 11.5.24). Politische Publizistik, Schachbücher.
V: Jetzt kann ich sprechen 74; Gott läßt sich nicht verbannen 75, 77; Laßt die Hoffnung nicht sterben 76; Was in Prag wirklich geschah 78; Zug um Zug 82, u.a. — 21 Schachbücher 47-82.
Lit: Jetzt kann ich sprechen, Autobiogr. 74.

Paegelow, Paul-Christian, Dr. phil., ObStudR.; Fritz-Reuter-Plakette; Bevensen-Kreis f. nd. Sprache u. Dicht.; Jean-Philipp-Anl. 20, D-6078 Neu-Isenburg, Tel. (06102) 23982 (Hohen-Viecheln/Mecklenb. 9.8.15). Novelle, Erzählung.
V: Dat Herrgottskind, niederdt. Dicht. 53; Bildende Kunst und evangelische Erziehung 57. — **MV:** Dissen Dag un all de Daag, niederdt. Andachtsb. 76.
Lit: G. Böhmer: Mecklenburger im Rheinland und in Westfalen.

Paepcke, Lotte; Klosestr. 27, D-7500 Karlsruhe, Tel. (0721) 32019 (Freiburg/Br. 28.6.10). Autobiogr. Roman, Novelle, Gedichte.
V: Unter einem fremden Stern, R. 52, Tb. u.d.T.: Ich wurde vergessen 79; Ein kleiner Händler der mein Vater war, N. 72, Tb. 78; Hier und Fort, G. 80.

Paetow, Karl (Ps. Karl Stratow), Dr. phil., Museumsdir.; Kogge 53; Bestes Jgdb. d. Jahres 65, 6. Sonderpreis d. Kogge 65, 77, Bdesverd.kreuz 81; Ges. z. Pflege d. Märchengutes d. Europ. Völker 55, Brüder-Grimm-Ges. 65; Im Flachsiek 46, D-4970 Bad Oeynhausen-Lohe, Tel. (05731) 93224 (Fürstenwalde/Spree 19.3.03). Kurzgeschichte, Essay, Märchen.
V: Klassizismus und Romantik auf Wilhelmshöhe 28; Weihnachtsmann, sieh mich an 48; Frau Holle, M. u. Sagen 52; Die Wittekindsage 60; Das große Buch vom Rübezahl 65; Die schönsten Wesersagen 61; Weihnachtsgeschichten aus über 1000 Jahren 67, 77; Bünde, meine kleine Stadt erzählt 82.

H: Das goldene Auto, Liederb. — u.
MA: Bünde im Widukindsland 53; Frau
Holles Weg in deine Seele. M. u. Legn.
55.
Lit: Inge Meidinger-Geise: Was
bedeutet uns Frau Holle? Biogr. Deut.
(Schauen und Bilden) 60; Festschr. z. 80.
Geb. 83.
s. a. Kürschners GK.

Pätsch, Stefan, s. Reich, Konrad.

Paetzmann, Erna *

Paff, Friedrich G., c/o Brinkhaus-Verl.,
Rossdorf.
V: Die Hexe von Bacharach 83. ( )

Paheri, s. Richter, Paul Heinrich.

Pahl, Jochim, s. Puhle, Joachim.

Pahlen, Henry, c/o Hestia Verlag
GmbH, Bayreuth.
V: Begegnung in Tiflis 76; Liebe auf d.
Pulverfaß 76, 77; In den Klauen d.
Löwen 76; Der Gefangene d. Wüste 76;
Schlüsselspiele f. drei Paare 76;
Schwarzer Nerz auf zarter Haut 78, alles
R. ( )

Pahlen, Kurt, Dr. phil., UProf.,
Dirigent, Komponist, Schriftsteller;
Großes Ehrenzeichen d. Rep. Österr.,
Ehrenkreuz f. Kunst u. Wissenschaften
I. Klasse d. Rep. Österr., Ehrenzeichen d.
Ldes Salzburg u.a., CH-8708 Männedorf/
Zürich, Tel. (01) 9203274 (Wien 26.5.07).
Musikbuch, Roman, Hörspiel, Jugend-
buch, Biographie. **Ue:** S.
V: Musikgeschichte der Welt 46, 58 (in
10 Spr. übers.); Ins Wunderland der
Musik 47, 56 (in 13 Sprachen übers.);
Südamerika, eine Neue Welt 49, 63 (auch
span. u.a. Spr.); Musiklexikon der Welt
52, 57 (in 2 Spr. übers.); Musik, eine
Einführung 52, 64 (in 5 Spr. übers.),
Neufass. u.d.T.: Das ist Musik 80;
Pedritos Heimfahrt, Kinderb. 54;
Manuel de Falla und die Musik in
Spanien 55 (in 3 Spr. übers.);
Tschaikowsky 56 (in 2 Spr. übers.);
Verworfen und auserwählt, R. 56 (in 3
Spr. übers.); Johann Strauß, der Walzer-
könig, Jgdb. 62 (in 6 Spr. übers.); Oper
der Welt 64 (in 5 Spr. übers.) Sinfonie
der Welt 66, 68 (in 4 Spr. übers.); Wunder
aus toten Händen 68; Große Meister der
Musik 69; Das Mozart-Buch 69; Musik
hören - Musik verstehen 70, 76; Musik-
therapie 73; Mensch u. Musik 73;
Johann Strauss 75; Sintesis del Saber,
Musical 70; Große Sänger unserer Zeit
71; Denn es ist kein Land wie dieses 71;
Neue Musikgeschichte der Welt 77, 78;
Reihe: Opern der Welt seit 78; Kinder
der Welt und ihre Lieder 79;
Wunderland der Musik 79;
Tschaikowski, e. Lebensbild 81; Die
schönsten Kinderlieder aus der ganzen
Welt 79.
H: Opern der Welt, Reihe seit 78;
Mein Engel, mein Alles mein Ich 80.
R: Zahlr. Fsf. u. Rdfk.-Send. üb. Musik
u. Südamerika.
S: Para mis amiguitos, Kinderlieder
(span.) 65, 66; Para los mas pequenos 68;
Die Prinzessin 68; Pinocchio, beides
Kindermusicals.
Ue: Kleines Südamerikabuch, Anth.
südamer. Prosa u. Lyrik 55. ( )

Pálffy, László, Mag.Arch., Dr.rer.pol.,
Innenarchitekt; Wiedner Hauptstr. 17,
A-1040 Wien, Tel. (0222) 653279
(Dunakiliti/Ung. 22.6.21). Novelle.
V: Narren im Paradies, Nn. 81.

Palfrader, Magdalena; Beethovenstr.
9, D-6000 Frankfurt a.M. 1.
V: Das Diplom 81. ( )

Pallot, Peter, s. Richter, Paul
Heinrich.

Palm, Erwin Max; Brüder-Grimm-Str.
12, D-3014 Laatzen 3, Tel. (085102) 3957
(Berlin 9.11.03). Roman, Novelle, Drama.
V: Das Werk, N. 23; Umweg der
Herzen, R. 32; Die Giesebrechts und
ihre Stadt, R. 37; Kabarett Hintertreppe,
R. 39; v. Eynem, Sch. 51; Streng
vertraulich!, Kom. 52; Artistengepäck,
Kom. 59.

Palm, Rolf; VS 76; Mainzer Str. 13, D-
8000 München 40 u. Le Millefiori, Monte
Carlo, Monaco (Köln 24.5.32). Roman,
Übers. **Ue:** F, E.
V: Worte des Bett-Triebs-
Vorsitzenden Oswalt K., Sat. 68;
Deutschland Deine Töchter, Sachb. 69;
Nijinsky - das Pferd des Jahrhunderts,
Sachb. 73, 77; Ich schenk' dir Monte
Carlo, R. 74, Tb. 77; Die Sarazenen,
Sachb. 78, Tb. 80; Party für meinen
Mörder, R. 78; Ein Toter muß nicht
mehr zum TÜV, R. 80; Liebe geht
seltsame Wege 81; Flucht mit der
Titanic, R. 82.
Ue: Octave Mirbeau: Der Garten der
Foltern 68; René Barjavel: La Nuit des
Temps, u.d.T.: Elea 69; Gwen Davis: The
Pretenders, u.d.T.: Spiele 70; Budd
Schulberg: Sanctuary Five, u.d.T.:
Asylhölle 71; Kathleen Woodiwiss:
Shanna 78; Desmond Bagley: Flyaway,
u.d.T.: Atemlos 79; Desmond Bagley: The
Enemy, u.d.T.: Der Feind 80. ( )

Palmer, Lilli; La Loma, CH-8638
Goldingen.

V: Dicke Lilli, gutes Kind 76, 79; Der rote Rabe 77, 79; Umarmen hat seine Zeit, R. 79, Tb. 81; Nachtmusik, R. 81; Eine Frau bleibt eine Frau 82; Um eine Nasenlänge, R. 84. ( )

Pampel geb. Link, Martha, Organistin; Verd.urkunde U. delle Arti 82; Lortzingstr. 9, D-3423 Bad Sachsa 1, Tel. (05523) 1559 (Mühlheim/Ruhr 4.4.13).
V: Die Tür steht offen 65, 76; Also hat Gott die Welt geliebt 66, 70; Frau Ohlsen wird gebraucht 69, 72; Denn sie sollen nach Hause kommen 71; Er hilft in aller Not 73; Wenn die Not am größten 74; Land der dunklen Wälder 75, 77; Heilige mit kleinen Fehlern 77; Wer in der Liebe bleibt 78; Ein Streiter vor dem Herrn 79, 82; Und weiter geht die Uhr 80, 83; Wie Kinder fromm und fröhlich sein 83; Das Freuen lernen 83, alles Erzn.

Pangels, Charlotte; Calle Limeras 46, La Matanza de Acentejo/Teneriffa/ Spanien u. Irschenhauser Str. 8, D-8021 Icking/Isartal.
V: Königskinder im Rokoko 76; Die kleine Ti und die blauen Berge 78; Friedrich der Große 79; Die Kinder Maria Theresias 80, 83; Eugen d'Albert, Biogr. 81. ( )

Panitz, Eberhard; SV-DDR 58; Heinrich-Mann-Preis der Akad. der Künste zu Berlin 75, Nationalpr. d. DDR f. Kunst u. Literatur; Leninplatz 28, DDR-1017 Berlin (Dresden 16.4.32).
V: Käte, Erz. 55, 80; In drei Teufels Namen 58, 59; Die Feuer sinken, R. 60, 80; Die Verhaftung, Erzn. 60; Cristobal und die Insel, 5 Nn. 63, 75; Die kleine Reise, Rep. 65; Der siebente Sommer, Rep. 67; Absage an Albert Lachmuth, Erz. 70; Die sieben Affären der Dona Juanita, R. 73, 80; Der Weg zum Rio Grande, ein biogr. Ber. üb. Tamara Bunke 73, 79; Die unheilige Sophia, R. 75, 79; Absage an Viktoria, Erz. 75, 76; Die Moral der Nixe, Erz. 78, 79; Gesichter Vietnams, Erzn. u. Repn. 78, 79; Die verlorene Tochter, Erzn. u. Rep. 79; Meines Vaters Straßenbahn, Erz. 79; Mein lieber Onkel Hans, R. 82; Eiszeit, Erz. 83.
H: Deutsche Meistererzählungen des 19. Jahrhunderts 54.
F: Der Revolver des Corporals 67; Netzwerk 70; Der Dritte 72; Die sieben Affären der Dona Juanita, 4 T. 73; Die unheilige Sophia, 2 T. 74; Absage an Viktoria 77.
R: Senor Santes, Hsp. 63; Der Stein der Weisen, Hsp. 65; Karl-Heinz Martini,

Fs.-Porträt 70; Meines Vaters Straßenbahn, Fsf. 80; Die Heimkehr der Madonna, Fsf. 81.

Pank, Werner, s. Greiner, Franz.

Panka, Heinz, Dr. jur.; Masenkamp 56, D-2000 Hamburg 62, Tel. (040) 5315116 (Osterode/Ostpr. 8.12.15). Roman, Erzählung.
V: An Liebe ist nicht zu denken, R. 55; Ein Windhund, R. 56; Auf der Brücke, Erzn. 57. — **MV:** Heitere Stremel von Weichsel und Memel 59; Die Auslese 59, 63; Sie werden schmunzeln 59; Ostdeutsche Erzähler der Gegenwart 64; Das Hausbuch des ostpreußischen Humors, Erzn. 65.
MA: Der Regenschirm 60; Die Gloria-Hose 66; Verlobung mit Baldrian 69; Und Petrulla lacht 71; Erinnerungen an Ostpreußen 1890 — 1945 71; Eine Prise Fröhlichkeit 76, alles Erz. in Anth.

Pannen, H. Dieter *

Pantenburg, Lieselotte *

Pantenburg, Vitalis, Dipl.-Ing., Wirtschaftsgeograph; Poste Restante, Capdepera/Mallorca/Spanien (Wittlich/ Reg.-Bez. Trier). Expeditionsbericht, Reisebuch, Hörspiel. **Ue:** E, D, N, Schw.
V: Rußlands Griff um Nordeuropa 38 (auch finn., schwed., norw.); Nordland jenseits der Eisbarre, ein Expedit. in arkt. Urland 40, 42 (auch finn., franz., holl., norw.); Finnland, jüngstes Reich im Norden 41, 43 (auch tschech.); Zum Dach Europas, eine Langfahrt in d. Eismeer-Lande 48; Wild-Ren, Jagdfahrten auf nordischer Hoch-Steppe 49 (auch franz.); Arktis, Erdteil der Zukunft 49 (auch franz.); Die schnellsten Straßen kreuzen den Pol, Jgdb. 51; Eirik, der Jungfänger, Jgdb. 51, 60 (auch tschech., holl.); Da fängt die Welt noch einml an. Auf Kanadas neuen Strßen 54, 59; Die Trapper und die große Straße, Jgdb. 53 (auch schwed., holl., engl.; Unternehmen Kitimat, Ingenieure glänzen wilde Wasser 60 (auch holl.); Die Arktis ruft 64, 67; Ein Gigant erwacht - Kanada 66; Werner von Siemens, Abenteuer der Elektrizität 66; Expedition heute. Wissenschaft unterwegs 67; Abenteuer ohne Waffen, Jgdb. 67; Überfluß spendet die Erde 68; Die Mosel 69; Rettet das Wasser 69; Verfahrenstechnik, gewußt wie 69; Das Porträt der Erde 70; Landschaft aus Menschenhand 75; Seestraßen durch das große Eis 76. — **MV:** Am Nordpol gibt es nicht nur Eis 67.

B: Wally Herbert: Eskimos, Menschen im Land des langen Tals 76 (auch Übers.). — **MA:** Nur Neues unter der Sonne 59.
R: Die schnellsten Strßen kreuzen den Pol; Teufelsinsel funkt SOS; Wetterfunker um den Pol; Erz. aus Nordschweden; Expedition in neuentdecktes Land; Kanada blickt polwärts; Alaska, Achillesverse der Neuen Welt; Wo es nur Süden gibt; Wettlauf zum 6. Kontinent; Straßen machen Weltgeschichte; Das arktische Dach der Neuen Welt; Das Kreuz auf dem Eisschild (A. Wegeners letzte Fahrt); Eisen vom Polarkreis; H. B. C. (Hudsons's Bay Company); Luftkreuz Nordpol, u.a. Hsp.; Fs.-Dok.-Ber.: Arktis - Erdteil der Zukunft, Brennpunkt der Weltpolitik; Hier fängt die Welt noch einmal an (Nord-Kanada); Am Nordpol gibt es nicht nur Eis.
Ue: Håkan Mörne: Winter der Ehre 42; Viljo Saraja: Waffenbrüder 42; Hj. Siilasvuo: Suomussalmi, Kampf und Sieg in nordfinnischer Wildmark 42.

Paolo, Peter Maria, s. Bernard, Karl.

Pape, Josef, c/o Verlag Grobbel, Fredeburg.
V: Ins Herz getroffen, Erzn. 81. ( )

Papst Satyrikus I, s. Zimmerschied, Siegfried.

Paquin, Wolfgang; Gebauerstr. 4, D-3200 Hildesheim, Tel. (05121) 56996.
V: Die Erde ist des Herrn, ein Mose-Versdr. 71; Von Zeit und Ewigkeit, Erlebtes, Erzn. Legn. 75; Im Dunkel und doch im Licht, Lebensbild 78; Blindenhund Nora, Erlebnisber. 82; Auf dem Bauernhof, Tierg. f. Kinder 83; Schönheit, Weisheit, Harmonie, Altöstl. u. abendl. Weisheiten in Reime gesetzt 83; Schaut mit Herz und Geist, heit. u. besinnl. Gedanken in Reime gesetzt 83; Jesu Erdenleben, eine Evangelienharmonie für Kinder aller christl. Konfessionen 83.

Parasie, Eva-Maria, s. Bautz, Eva-Maria.

Paretti, Sandra (Ps. f. Irmgard Schneeberger), Dr.; Bölstr. 4, CH-8704 Herrliberg.
V: Rose und Schwert, R. 67, 69; Lerche und Löwe, R. 69; Purpur und Diamant, R. 71; Die Pächter der Erde, R. 73; Der Winter, der ein Sommer war, R. 75; Der Wunschbaum, R. 75, 76; Das Zauberschiff, R. 77; Maria Canossa, R. 79; Das Echo deiner Stimme, R. 80. ( )

Parigi geb. Boettlin, Ingrid, Journalistin; Verb. ausländ. Journalisten Mailand 69; Bundesverdienstkreuz 1. Kl.; Via Broseta 102, I-24100 Bergamo, Tel. (035) 252042 (Windhuk, Südafrika 21.6.07). **Ue:** I.
V: Die Sowjetdeutschen zwischen Moskau und Workuta 65; Studienführer Moskau und Sagorsk 71, 79 (ital. 80); Studienführer Leningrad und die Schlösser der Umgebung 76 (ital. 80); Studienführer Der goldene Ring und Nowgorod 76 (ital. 80); Sibirien und Zentralasien 78, 82; Südrussland 79; Ungarn 82 (ital. 82).
Ue: Dino Buzzati: Der Hund, der Gott gesehen hatte 56, Das alte Hotel 58, Aufgeben oder Verdoppeln 60, 75, Die Lektion des Jahres 1980 62, Schlachtschiff Tod 64, Amore 64, Eine Frau von Welt 66, Die Mauern der Stadt Anagoor 68; Indro Montanelli: Wenn ich so meine lieben Landsleute betrachte 54, 69, Rom 59, Italienische Zeitgenossen 63, Garibaldi 64.

Parin, Paul, Dr. med., Psychoanalytiker; Utoquai 41, CH-8008 Zürich, Tel. (01) 2526334 (Polzela 20.9.16). Novelle.
V: Untrügliche Zeichen v. Veränderung, Jahre in Slowenien, Erzn. 80.

Paris, Ernst-Günter, Buchautor, Regisseur; Goldmed. d. Akad. d. Künste u. d. Arbeit, Ital. 81; Akad. d. Künste u. d. Arbeit, Ital. 81; Riesenfeldstr. 12, D-8000 München 40, Tel. (089) 355643 (Braunschweig 10.9.14). Buch, Film, Fernsehen. **Ue:** E.
V: Propheten, Priester, Professoren 57; Der Schlüssel zum Horoskop, I 79, II 80; Das Horoskop der Menschheit 81.
F: Verliebt in Berlin; Impressionen an der Spree; Metropole am Main; Wenn Steine reden; A long way together u.a.
R: Der Mann im Fahrstuhl, Fs.-Krimi; Zu Gast in Flensburg; Zu Gast in Düsseldorf; Zu Gast in Konstanz; Frohe Klänge aus dem Harz; Frohe Klänge aus dem Grödnertal; Ja, ja, ja, ist traurig, aber wahr; Das Schleswiger Fördenland, alles musikal. Fs.-Unterh.filme.
Ue: Richard Lortz: Die Anderen 68.

Parisius, Theodor, Dr., ehem. preuss. Landrat u. Präs. d. Klosterkammer Hannover; Pfingstanger 17, D-3015 Wennigsen/Deister, Tel. (05103) 427 (Eisdorf 7.9.96). Unterhaltungsliteratur.
V: Der lachende Amtsschimmel, fröhl. Anekdn. u. Erlebn. e. alten Verwaltungs-

beamten 77; Bürokraten, Würdenträger und sonstige Sterbliche, fröhl. Anekn. u. Erlebn. e. alten Verwaltungsbeamten 82; Der Verseschmied, kleiner Leitf. für Hobbydichter 82.

Parker, Teddy, s. Vethake, Kurt.

Parlach, Alexander, s. Kuby, Erich.

Parma, Clemens, s. Menzel, Roderich.

Parzeller, Margarete, Bibliothekarin a.D.; Kranichsteiner Str. 71, D-6100 Darmstadt (Essen 6.12.12). Essay, Übers. Ue: F.
V: Spuren, G. 83.
MA: Schiller und die Musik; Die Sprache bei Schiller, beide in: Jb. d. Goethe-Ges. Weimar 56, 63.
H: Richard Benz: Dem Geiste ein Haus 77; Richard Benz: Wanderer zwischen den Zeiten 83.
Ue: J.-J. Kihm: 65 Poèmes d'Amour 78.

Paschiller, Doris, c/o Buchverlag Der Morgen, Berlin (Ost).
V: Die Würde, Erz. 80. ( )

Paschke, Erika, c/o Verl. Tribüne, Berlin (Ost) (Dresden 14.6.30). Erzählung, Hörspiel.
V: Martin, Erz. 61; Des Fliegers Frau, Erz. 62; Der große Start, Kinderb. 63; Der Entschluß, R. 83.
H: E. Stadtkus: Ein Himmel blaut, ein unerschöpflich freier 66.
R: Träume, Fsp. 70; Einer fiel vom Denkmal, Hsp. 71; Vor der Hochzeit, Hsp. 72; Glücksläufer, Hsp. 73. ( )

Paschke, Juergen *

Paschke, Robert, Dr. med., Arzt für Allgemeinmedizin i.R.; BDSÄ 69, EM 75; Union mondiale des écrivains medicins 69, RSG 69; Joseph-Haydn-Str. 3, D-8535 Emskirchen, Tel. (09104) 780 (Bamberg/ Ofr. 3.10.05). Lyrik, Drama, Roman.
V: Alter, Krankheit und Tod, G. eines alten Arztes 71; Die Verhaftung des Sokrates, Tragikom. 74; Wenn die Blätter fallen ..., G. 77; Martin Sucher. E. nachdenkl. Studentengesch. 84.
MA: Verschiedene Anthologien; Äskulap und Pegasus in: Bayer. Ärztebl. seit 70.
Lit: Bayer. Ärzteblatt 8 75, 2 76; Einst und Jetzt, Festg. z. 70. Geb. 76; Prof. Franz Schmid: Dr. R.P. z. 75. Geb. in: Bayer. Ärzteblatt 10 80.

Pasdeloup, Jean-Marie, s. Durben, Wolfgang.

Pasetti-Swoboda, Marianne, Lektorin, Autorin, Übersetzerin; VdÜ 71; Feilitzschstr. 34, D-8000 München 40,

Tel. (089) 346281 (Prag/CSSR 30.10.27). Jugenbuch, Film, Übers. Ue: Tsch, E.
V: Katja geht ihren Weg, Jgdb. 81.
Ue: Vladimir Neff: Trampoty pana Humbla u.d.T.: Die Wetterfahne 72; Eduard Petiska: Richter Knorr 73; Ota Filip: Poskvrnene Poceti u.d.T.: Mai-andacht 76; Ota Filip: Wallenstein und Lucretia 78; Jan Trefulka: Der verliebte Narr 78; Jiri Grusa: Dotaznik u.d.T.: Der 16. Fragebogen 78; Pearl S. Buck: Der Regenbogen 75; Eva, Kanturková: Verbotene Bürger, Frauen d. Charta 77, 82; Frederick Sands: Charlie and Oona u.d.T.: Herr und Frau Chaplin 77; Ira Lewis: Der Sponsor 80; Milan Kundera: Jacub a pán u.d.T.: Jacques und sein Herr 80.

Passarge, Edgar, Dr.; Zur guten Hoffnung 62, D-2102 Hamburg 93.
V: Lästermedizin 77.

Passecker, Hanns, Wissen. Mitarbeiter; Conte-Corti-Str. 6, A-3021 Preßbaum b. Wien-Pfalzau, Tel. (02233) 33005 (Tetschen/Sudetenland 7.6.27). Tier- u. Naturbuch, Lyrik.
V: Wildwasser — Wasserwild, Naturb. 52; Komm, mein Hund, Tierb. 55, 60; Die Pfalzauer Gedichte, Lyr. 79. ( )

Pasterny, Udo, freier Schriftsteller, Übersetzer; Hohenzollernstr. 15, D-4600 Dortmund 1 (Kiel 23.8.47). Prosa, Erzählung, Essay. Ue: Am, E.
V: Buch, Prosa 69; Buch + Anmerkungen, Prosa 70; Ein Monument für e.l. und sein Monument, Ess. 72; Stilleben nach Wouwerman, Erz. 82.
MH: Dt.spr. Bibliogr. d. Gegenkultur — Bücher u. Zss. von 1950-1980 82.
Ue: Tuli Kupferberg: Listen to the mockingbird — why don't we do it in the bed? 82.

Pastior, Oskar, Schriftsteller; Kg. e.V. 69, VS 70, Europäische Autorenvereini-gung Die Kogge e.V. 74; Literaturpr. d. Zs. Neue Literatur Rum. 65, Lyrikpr. d. Schriftstellerverb. d. Sozialist. Republ. Rum. 67, Andreas-Gryphius-Förder.pr. 69, Berliner Kunstpr. 76 (Stip.), Förderpr. d. Kulturkreises im Bdesverb. der Dt. Industrie 78, Marburger Förderpr. f. Lit. 80, Villa Massimo Ehrengast-Stip. 80; Clausewitzstr. 2, D-1000 Berlin 12, Tel. (030) 8811194 (Sibiu-Hermannstadt, Rum. 20.10.27). Lyrik, Hörspiel. Ue: Rum.
V: Offne Worte, Lyrik 64; Gedichte 66; Vom Sichersten ins Tausendste, G. 69; Gedichtgedichte 73; Höricht, G. 75; Fleischeslust, G. 76; An die Neue

Aubergine/Zeichen und Plunder, G. u.
Graphik 76; Ein Tangopoem und andere
Texte 78; Der krimgotische Fächer, G. u.
Graphik 78; Wechselbalg, G. 80; Gedicht-
gedichte/Höricht/Fleischeslust, G. 82,
Tb.; Oskar Pastior/Francesco Petravca:
33 G., zweispr. 83.
MA: 17 Ich - 1 Wir, Lyrikanth. 65;
Hammers Anthologien 2, Thema
Frieden. Zeitgen. dt. G. 67; Grenzgänge -
Deutsche Dichtung aus Rumänien 69;
Weltbilder 49, Beschreibungen 70;
Andreas-Gryphius-Preisträger 68/69,
Lyrik u. Prosa 71; Windbericht. Land-
schaften u. Städte in Gedichten 71;
Nachrichten aus Rumänien. Rumänien-
deutsche Lit. 76; Berliner Malerpoeten.
Pittori Poeti Berlinesi, zw.spr. 77;
Deutsche Unsinnspoesie 78; Lyrik-
Katalog Bundesrepublik 78; Prisma
Minden 78; Nürnberger Blätter für
Literatur 4, Sonderbd. Poesie 78; Jb. f.
Lyr. 2 80, 3 81; bielefelder colloquium
neue poesie 80; Berlin, ach Berlin 81;
Lyrik — von allen Seiten 81; Aus
Wörtern eine Welt. Zu Helmut Heißen-
büttel 81; claassen Jb. d. Lyr. 3 81;
Straßengedichte 82; Literatur im techn.
Zeitalter, ein Jb. 82; New York — Die
Welt noch einmal 82; Autoren im Haus.
20 Jahre LCB 82.
R: Beiß nicht in die Birne 71; Reise
um den Münd in achzig Feldern 71; Die
Sauna von Samarkand 76, alles Hsp.
S: (G. in d. anthol. Schallplatte:)
Deutsch für Deutsche. Ein Sprachkurs f.
Zeitgenossen v. Ludwig Harig &
Michael Krüger 75; Sarah Kirsch liest
Gedichte (Anth.) 78; Dichter lesen in der
daadgalerie, m. Karin Kiwus, Friederike
Mayröcker, Ernst Jandl; Höricht/
Gedichtgedichte, Tonb. u. Cassette.
Akustische Lit. hrsg. v. Nicolaus
Einhorn u. Michael Köhler 76;
Summatorium, Tonb. u. Cass. Nr. 59 —
60, ebendort 77; Der krimgotische
Fächer, Cass.Nr. 71, ebendort 79; Tango
Emer Denn Porren, Cass.Nr. 60, eben-
dort 79.
Ue: Panait Istrati: Kyra Kyralina, Die
Disteln des Baragan, R.e 63, 66; Mihail
Eminescu: Der Prinz aus der Träne, M.
63; Tudor Arghezi: Im Bienengrund,
Lyrik 63, Schreibe, Feder ..., Prosa 64;
Lucian Blaga: Gedichte 67, Chronik und
Lied der Lebenszeiten, Memoiren 68;
Marin Sorescu: Jonas, Hsp. 71; Iulia
Petrescu: Die Abrechnung, Hsp. 73;
Marin Sorescu: Aberglaube, G. 74; Das
Flußbett, Schausp. 74; Noah, ich will dir
was sagen, G. 75; Petre Stoica: Und
nirgends ein Schiff aus Attika, G. 77. —

Ue + H: Urmuz: Das gesamte Werk.
Frühe Texte der Moderne, hrsg. v. Jörg
Drews, Hartmut Geerken u. Klaus
Ramm 76. — **MUe:** Panait Istrati: Die
Disteln des Baragan, m. Walter Zitzen-
bacher 69; Fische und Vögel. Junge rum.
Lyrik 69; Doina, doina ..., E. Anth. rum.
Lit. aus Vergangenheit und Gegenwart
69; Velimir Chlebnikov: Werke 1 72.
Lit: Dierk Rodewald: Vorsichtige An-
näherung, in: Frankfurter Hefte 74;
Wulf Segebrecht: J. W. Goethe "Über
allen Gipfeln ist Ruh", Texte,
Materialien, Kommentar 78; Ludwig
Harig: Spielen und wandeln, eine Ein-
führung in Oskar Pastior in: "Salz",
Salzburger Lit.-Ztg. 78; Harald Hartung:
Das Rauschen der Sprache im Exil —
Annäherungen an die Dichtung Oskar
Pastiors in: Merkur 82.

Pataki, s. Pataki, Heidi.

Pataki verh. Geyrhofer, Heidi (Ps.
Pataki), Schriftstellerin, Redakteurin;
Lit.-Pr. des Wiener Kunstfonds 66, Lit.-
Pr. des Theodor-Körner-Stiftungsfonds
z. Förder. v. Wiss. u. Kunst 69, Österr.
Staatsstip. f. Lit. 73; Grazer Autoren-
versammlung; Traungasse 7/22, A-1030
Wien (Wien 2.11.40). Lyrik, Essay.
Ue: Serbokroat, E, U.
V: Schlagzeilen, G. 68; Fluchtmodelle.
Zur Emanzipation der Frau, Ess. 72;
Wendepunkt, G. 77; Stille Post, G. 78.
Ue: Miladin Životić: Proletarischer
Humanismus. Studien über Mensch,
Wert und Freiheit 72. ( )

Patemann, Reinhard, c/o Verl. E.
Weiss, München.
V: Zeit die ich bin, G. 81, 82. ( )

Patera, Herbert Viktor, Dr. jur., Prof.,
Rdf.–Lektor, Dramaturg; Ö.S.V. 59;
Jugendpreis d. Stadt Wien 60, Prof. 74;
Dittesgasse 16, A-1180 Wien, Tel. (0222)
3407514 (Wien 7.7.00). Roman, Novelle,
Kurzgeschichte, Drama, Hörspiel.
V: Bwana Sakkarani, Leben und
Taten des Hauptmannes Tom von
Prince, Biogr. 33; Der weiße Herr,
Tatsachen-R. 39; Für die schöne, blaue
Flagge, R. 39; Der Tote in der Seilbahn,
R. 40; Das Geheimnis der kleinen Farm,
R. 40; Marios Fahrt ins Abentteuer, Jgd.-
R. 48; Gedah, die Stadt im Urwald, Jgd.-
R. 49; Die Oase der verlorenen Vögel,
Jgd.-R. 50; Kumbuku, Massa Mario!,
Jgd.-R. 54; Zauberfeuer auf Haiti, Jgd.-
R. 55; Noch einmal ritten die Sioux,
Jgd.-R. 56; Der Goldschatz des Iduna,
Jgdr. 65; Goldene Patronen, Jgdr. 65;
Der Pavianexpreß, Jgdr. 65; Die

verschollene Safari, Jgdr. 65; Vier
Jungen und ein Schiff, Jgdr. 66; Das
Geheimnis der brennenden Wasser,
Jgdr. 66; Little Big Horn 73. —
MV: Straßen, Brücken, Eisenbahnen, m.
Gerta Hartl 60; Der Lebensroman Dr.
Karl Ghegas, m. Gerta Hartl 60; Unter
Österreichs Fahnen. Kulturgesch. d.
kaiserl. Armee 1550 — 1964 66.

R: Awa Juju, Stimme vom Baum 35,
36; Die gleißende Spur 47; Strafprozeß
Brauner 48; SOS im Urwald 49; Das ist
mein Österreich seit 49; Erdöl in Hagenbach 54; Anatols Heimkehr 55; Oberst
Redl 55; Sarajewo 56; Der Feldzeug-
meister (Benedek) 56; Der Admiral
(Tegetthoff) 56; Von St. Germain zum
Belvedere 56; Melodie vom Schienenstrang 56; Die Festung 61, alles Hsp.

Patzelt, Hannelore (Ps. Hannelore
Patzelt-Hennig), Schriftstellerin; An der
Windmühle 7, D-2807 Achim b. Bremen,
Tel. (04202) 81173 (Tilsit/Ostpr. 20.3.37).
Erzählung, Gedicht, Roman.
V: Ländliche Geschichten aus Ost-
preußen 75; In den Stuben überall,
Weihnachtsgesch. 78; Melodie des
Lebens, G. 79; Ehekrise, R. 79; Ein
anonymer Veilchenstrauß, Liebesgesch.
80; Durch alle Zeit, G. 82.
MA: Am Memelstrom und Ostfluß 67;
Die letzten Stunden daheim 72; Das
Bekenntnis von Köln 76; Das alte Lied
79; Ich erzähle Euch alles, was am
Ostersonntag geschah 79; Auf ihn will
ich vertrauen 81; 84 Kalender-Jb. seit 61.

Patzelt-Hennig, Hannelore, s. Patzelt,
Hannelore.

Paul, Ingeborg (Ps. Ingeborg Sawade),
Musikpädagogin, Pharmazeutin;
Königsberger Str. 7c, D-2057 Reinbek,
Tel. (040) 7104004 (Dresden 15.1.45).
Lyrik.
V: Tauchen zum Grunde der Seele,
Lyr. 82.

Paul, Johannes, Mag. phil., Freischaff.
Schriftsteller; Podium 72; Stip. NdÖst.
Landesreg. 76, Pr. der Arbeiterkammer
NdÖst. 76, Lyrikpr. d. Sudetendeutschen
77, Körnerstip. 78, Stip. NdÖst.
Landesreg. 79, Förderpr. d. Ldes NdÖst.
81, Morgen-Lit.pr. 82, Lit. Förderpr. d.
Stadt Baden 83, Ehrenkr. d. Stiftes
Lilienfeld 83, A-3743 Röschitz 165, Tel.
(02984) 2186 (Bad Vöslau/NdÖst. 20.3.49).
Lyrik, Hörspiel, Roman, Essay, Kinder-
u. Jugendbücher.
V: Der Baum des Verräters, Jugendb.
77; Mein unverbesserlicher Papa,
Kinderb. 78; In den Scheren des

Krebses, Lyr. 78; Neues von meinem
unverbesserlichen Papa, Kinderb. 79;
Abt Ebros Schatz, Jgdb. 81; Unser Giro
d'Italia 82; Papa, wen hast du lieber? 83.
Ue: Lyrik v. W.H. Auden 58-73.

Paul, Karl-Heinz, c/o Haller-Verl.,
Passau.
V: Das erste leise Regnen, G. 83. ( )

Paul, Wolfgang, Schriftsteller; VS 46,
Die Kogge 73, P.E.N. 71; Premio giornal.
intern. "Città di Roma" 65, Kurat.
Sudermannstift. 69, Gerhart-
Hauptmann- Ges. 69, Vors. Gerhart
Hauptmannges. 73; Bismarckallee 14, D-
1000 Berlin 33, Tel. (030) 8928302 (Berlin
8.12.18). Lyrik, Roman, Novelle, Essay,
Geschichte, Zeitgeschichte, Hörspiel,
Fernsehspiel. **Ue:** F.
V: Dresden 1953, R. 53; Televisionen,
Ess. 58; Rund ums Buch, Ess. 58; Mauer
der Schande 61; Phantastische Augen-
blicke, Erzn. 62; Kampf um Berlin 62;
Deutschland in den sechziger Jahren 62;
Berlin - Glanz und Elend der deutschen
Hauptstadt 1900 — 1962 62; Sie sollen
nach Berlin kommen 63; ... zum Beispiel
Dresden - Schicksal einer Stadt 64;
Glück auf Sylt 66; Einladung ins andere
Deutschland 67; Die letzte Nacht 68;
Deutschland in den siebziger Jahren 72;
Die deutsche Trilogie: Entscheidung im
September — Das Wunder an der
Marne 1914 74; Erfrorener Sieg — Die
Schlacht um Moskau 1941/42 75, 76,
(franz. 77, finn. 82); Der Endkampf um
Deutschland 45 76, 78 (franz. 78); Brenn-
punkte. Geschichte der 6. Panzer-
division 1937 — 45 77; Erspieltes Glück
— 500 Jahre Geschichte der Lotterien
und des Lotto 78; Das Feldlager —
Jugend zwischen Langemarck und
Stalingrad 78, 79; Der Heimatkrieg 1939
bis 1945 80; Das Potsdamer Infanterie-
Regiment 9 (1918-1945) Preußische
Tradition in Krieg und Frieden 83.
MA: Freier Geist zwischen Oder und
Elbe, G. u. Prosa 53; Land unserer Liebe,
ostdt. G. 53; Das dunkle Du, relig.
Dichtn. 53; Die Probe, Kurzgeschn. 55;
Diese Zeit habe ich gar lieb, Erz. 58;
Mosaik der Welt 58; Humor-Box, Erz. 59;
Schriftsteller der Gegenwart - Deutsche
Lit. 63; Hier schreibt Berlin heute, Erz.
63; Deutsche Mitte 64; 1945 — Ein Jahr
in Dichtung und Bericht 65; Anmut des
Leibes 65; - mehrere Anth. seit 66; Als
ich fünfzehn war, Erz. 69; Das Jahr 45,
Ber. 70; Fünf Ringe, Erz. 71, u.a. Anth.;
Die Elbe 79; Wege und Wandlungen —
Die Deutschen in der Welt heute 83.

R: Die Legende vom Esel zu Bethlehem; Wunderbarer Drache Sin-Fu; Die Luftballonverkäufer, alles Hsp.; Lyrik der Welt, 13 Fsf. 70.
Ue: Baron v. Pöllnitz: La Saxe galante u.d.T.: Der verschwenderische Liebhaber 64.

Pauli, Konrad, Volksschullehrer; Scheibenstr. 31, CH-3014 Bern, Tel. (031) 429386 (Aarberg 28.8.44). Roman.
V: Vorgefühl, Kurzr. 77; Sperrsitz, R. 84.

Paulot, Bruno, Prof., Hochschullehrer; Buchrainweg 7, D-6050 Offenbach a.M., Tel. (0611) 843471 (Mainz 1.5.39). Konkrete Poesie, Essays, Künstlerbuch.
V: Jedes Wort zählt = 3, Konkrete Poesie 77; Die Leiter, Kurzprosa 78; Buchseiten, Konkr. Poesie 79; Biografisches, Foto u. Text 80; IF, Konkr. Poesie 83. – **MV:** Kontakte 80.
H: Ein Bild u. mehr als 1000 Worte, Prosa 82.

Paulsen, Anna, Dr. theol., Dr. h. c.; Chemnitzstr. 55, D-2380 Schleswig, Tel. (04621) 24107 (Hoirup, Kr. Hadersleben 29.3.93). Essay, Biographie. **Ue:** D.
V: Sören Kierkegaard, Deuter unserer Existenz 55; Geschlecht und Person. Ges. Essays 60; Aufbruch der Frauen, Ess. 64; Mensch sein heute – Analysen aus Reden Sören Kierkegaards 73; Der Mensch von heute vor der Gottesfrage 81.
H: Der Glaube kann nicht schweigen, christl. Lyrik d. Gegenw. 48, 49; Alle Liebe ist Kraft, Gesammelte Reden u. Aufs. v. Elly Heuss-Knapp m. ausführl. biogr. Einleit. 65. - **H** u. **Ue:** Sören Kierkegaard: Der Pfahl im Fleisch, ges. Reden 62. ( )

Paulsen geb. Martensen, Gundel; Westerwungweg 9, D-2250 Husum/ Nords., Tel. (04841) 2644 (Borby b. Eckernförde 9.10.26).
H: Weihnachtsgeschichten aus Schleswig-Holstein 1 75, 6.Aufl. 82, 2 79, 2.Aufl. 81, aus Hamburg 76, 3.Aufl. 81, aus Bremen 77, 3.Aufl. 81, aus Niedersachsen 77, 3.Aufl. 80, aus Westfalen 78, 2.Aufl. 80, aus Pommern 78, 3.Aufl. 81, aus Ostpreußen 79, 4.Aufl. 82, vom Niederrhein 79, 2.Aufl. 82, aus Hessen 80, 2.Aufl. 81, aus Köln 80, aus Mecklenburg 80, 2.Aufl. 81, aus Berlin 81, 2.Aufl. 82, aus Brandenburg 81, aus Oberschlesien 82, aus dem Rheinland 82, aus Schlesien 82, Kindheitserinnerungen aus Hamburg 82, aus Schleswig-

Holstein 83, aus Westfalen 83, meist m. Nachw.

Paulsen, Robert, s. Gluchowski, Bruno.

Paulus, Herbert (Ps. Hermann Ludwig), Dr. phil., et theol., Theologe, Kunsthistoriker, Redakteur, VHDir.; Verd.orden d. Ital. Rep. m. d. Grad d. Cavaliere, Ehrenmitgl. der Academia Gentium pro Pace, Rom, Vatikanstadt 78, Albert-Schweitzer-Plakette 79, Bürgermedaille d. Stadt Erlangen 80, Ehrenmitgl. Accad. Italia delle Arti u. Med. d'Oro 82; Haagstr. 7, D-8520 Erlangen, Tel. (09131) 24480 (Starnberg 23.4.13). Schauspiel, Lyrik, Kurzgeschichte, Kunstgeschichte, Theologie, Erwachsenenbildung.
V: Ein Stern in der Nacht oder Der Seelen Zwiegespräch, Epos 40; Jubelnder Morgen, G. 42; Gesch. der Kunst am bayer. Hofe bis zum Ende des 18. Jh. 43; Der Gesinnungscharakter des merowing. westfränk. Basilikenbaues 44; Die Starnberger Fragmente 45; Das Wachsen unseres christlichen Zweckbaues 47; Zur Ikonographie des Gekreuzigten im Mittelalter 48; Evangelische Dogmatik - Merkstoff 49, 71; Die ikonographischen Besonderheiten in der spätmittelalterlichen Passionsdarstellung Frankens 52; Goya, Italien. Skizzenbuch 58; Beiträge zur Erwachsenenbildung 68; Fritz Heidingsfeld, Monogr. 68; Sammlung Familie Prof. Dr. Klein - Düsseldorf 74; Über herrnhutische Einflüsse in der Dichtung Gerhart Hauptmanns 77. – **MV:** Die Erlanger Landschaft 56; Erlangen, Bildbd. 63.
H: Beiträge zur Erwachsenenbildung an der Volkshochschule Erlangen 60.

Paulus, Martha, s. Schnell, Martha.

Pauly, Heinrich (Ps. Henry Gottfried Coradeo), ObStudDir. i.R.; Untere Bachstr. 3a, D-6251 Selters 4-Haintchen, Tel. (06475) 8478 (Weimar 3.7.06). Essay.
V: Kleine Natur- und Geistesschau, Ess. 38-43; Auf dem Heimweg. Metaphys. Lichter u. Signale vom u. zum Jenseits 78.
Lit: Würdigung in: Wort Werkstatt 6 80.

Pauquet, Peter Paul, Dr. phil., Chefredakteur; Fürvelser Str. 4, D-5000 Köln-Dellbrück (Köln 1.10.11). Roman, Essay.
V: Die Helpertsjungen, Erz. 42; Vom Wort zur Tat, Sch. 46; Nun aber bleiben ..., Sch. 46; Pilger zwischen Staub und

Stern 48; Die Fahrt über den Strom, Erz.
48; Gottes Engel 48; Geplänkel mit
meinem Sohn, Erz. 53; Der heimliche
König, R. 53; Gesäusel mit meiner
Tochter, Erz. 54; Binzheini, Draht und
ich, Erz. 56; Ich bin der Vater 57; Laßt
mich nicht allein 59; Ein Leben mit
Linda, R. 63, u.a. ( )

Pausch, Birgit; VS 77; Via Della
Colonna 27, I-50121 Firenze u.
Schleiermacherweg 25, D-5090
Leverkusen-Steinbüchel (Breslau 7.2.42).
Roman, Novelle.
V: Die Verweigerungen der Johanna
Glauflügel, Erz. 77, 79; Bildnis der
Jakobina Vöcker, Erz. 80; Die Schiff-
schaukel, N. 82.
MA: Texte zum Anfassen, Frauen-
leseb. 78, 79; Frauen, die pfeifen. Ver-
ständigungstexte 78, 80.

Pausch, Karl Ferdinand, Dr. phil.,
ObStudDir. a.D.; Kolpingstr. 19, D-7967
Bad Waldsee, Tel. (07524) 8719 (München
24.5.24). Lyrik, Essay, Roman.
V: Wir machen alle mit, Hausb. 57; Die
listigen Weiber, Erzn. 59; Wie helfe ich
meinem Kind für die Schule, Ess. 59;
Wie kommt der Floh ins Ohr?, Heitere
G. 75; Kunibert Knall, Jgdb. 77; Eine
Luftfahrt, die ist lustig, Kinderb. 78;
Grenzalarm Pußta, Jgdb. 79. —
MV: Fröhliche Geschichten von Jägern
u. Schützen, Ess. 53.
H: Briefe an meine Tochter, Anth. 56.
Lit: Spektrum des Geistes 78.

Pausch-Samper, Elena; Radstädter
Str. 7, D-8000 München 21.
V: Mutterworte, G. 81. ( )

Pause, Walter, Schriftsteller; D.S.V. 50,
D-8026 Irschenhausen/Isartal
(Heidelberg 23.7.07). Roman, Novelle,
alpine Literatur.
V: Mit glücklichen Augen, Wander-
prosa 48, 66; Der Tod als Seilgefährte 50,
77; Die Schule der Gefahr, Erzn. 50;
Schöne Bergwelt, Ess. 52, 65; Helen
Keller. Das Leben triumphiert, R. 56, 63
(3. Spr.); Bergsteiger-Seemännchen, Ess.
56; Skispuren — Glücksspuren 59, 62;
Berg Heil 58, 79; Heim nach Maß, Ess. 59
(2 Spr.); Wandern — bergab 59, 77; Im
schweren Fels 59, 77; Abseits der Piste
60, 66; Segen der Berge 60, 64; Von Hütte
zu Hütte 61, 75; Kolumbus auf Rädern,
Reiseb. 63, 64; Im Eisgestein und Urge-
stein 64, 65; Im Kalkfels der Alpen 66;
Im extremen Fels 70; Wandern im
Bayernwald 70, 76; Wer viel geht, fährt

gut, 66 — 71 IV; Lebenslänglich alpin 74;
Im leichten Fels 77.
H: Ski- und Bergkalender seit 50. ( )

Pausewang, Gudrun, s. Wilcke-
Pausewang, Gudrun.

Paust geb. Friedrich, Ingerose,
Finanzök.; Schillerstr. 28, DDR-9112
Burgstädt/Sa., Tel. (0724) 2674
(Kuhnern/NS. 22.5.29). Erzählung,
Novelle, Roman.
V: Die Heimsuchung, Erz. 56, 66; Das
Mädchen aus dem Gerkenshof, N. 58, 68;
Ich sage dennoch, R. 60, 78; Am Strom,
Erzn. 62, 65; Bei uns im Forsthaus, Erz.
63, 75; Herz im Sturm, R. 64, 82; Der
schwarze Reiter, R. 66, 68; Der Berg
Ararat, Erzn. 69, 71; Der Bischof der
Schwarzen Berge, R. 69, 74; Wem Gott
will rechte Gunst erweisen, Erz. 72, 79;
Auszug der Achthundert, R. 72, 78; Seid
allezeit fröhlich, Erz. 75; Tage der Ent-
scheidung, N. 74, 82; Sommerfreuden,
Erz. 75; O Tannenbaum, Erz. 79, 81;
Manege der Lebenslust, Erz. 79; Grünes
Licht, Erz. 80; Willkommen, Erz. 80; ...
den schickt er in die weite Welt, Erz. 81;
Gottes Liebe ist wie die Sonne, Erz. 83;
Land der Königspalmen, Erz. 83.
MA: Begegnung unter Tage; Zu Fest
und Feier; Von Rennfahrern ...; Das
kommt in den besten Familien vor;
Mein Freund Jan; Der Fächer; Tante
Lieschens Besuch; Die Einreibung; Eine
Prise Fröhlichkeit; Geschenkter Tag;
Als Stern uns aufgegangen; Lockruf
zum Leben.

Pawelzik, Fritz, CVJM Auslands-
sekretär; P.O. Box 738 - YMCA, Accra/
Ghana (Herne/Ruhrgeb. 2.12.27). Lyrik,
Roman, Kurzgeschichte.
V: Ich liege auf meiner Matte und
bete, Lyrik 60, 65 (auch engl., franz.,
finn., schwed.); Tom Ojo trommelt
seinen Psalm, R. 62, 63 (auch engl.,
finn.); Ich singe dein Lob durch den Tag,
G. 65, 66 (auch engl., finn., schwed.);
Afrikanische Skizzen, Erzn. 66; Mit
Bibel, Ball und Badehose 75; Bwana
Jesus am Kilimandscharo 77; Die Sonne
brennt meine Haut, Gebete u. G. 78;
Karin u. Kaminski 79; Wachira, Janne
und der Kokosnußkopf 81. —
MV: Signale im Alltag, Vorleseb.
H: Ich werfe meine Freude an den
Himmel 77. ( )

Pawlik, Detlev, Verleger; Zum
Stoentor 7, D-3411 Berka-Katlenburg,
Tel. (05552) 1494 (Berka 14.11.50). Lyrik,
Essay.
B: Das große Krone Spielebuch 76.

H: ICON, Zs. f. neue Lit. seit 72;
LIBRICON, Samml. lit. Texte seit 74;
Göttinger Autoren, Reihe seit 74;
Germania, Buchers illustrierte
Geschichte in Balladen und Gedichten
77; Hiero Itzo, Göttinger Kulturmagazin,
seit 77; Uns plattdüütsch Vaderland
79. — **MH:** Die KAZ Story, Strategien
städtischer Kulturpolitik 76. ( )

Pawlu, Erich, StudDir.; Die Künstler-
gilde 68; Förderungspr. f. Erzn. d. Ostdt.
Kulturrats 68, Geldpr. f. d. Hsp. Aber
Mariella ist tot d. Ostdt. Kulturrats u. d.
Arbeits- u. Sozialmin. von Nordrhein-
Westf. 69; Hackenbergstr. 5, D-8880
Dillingen/Donau-Donaualtheim, Tel.
(09071) 2151 (Frankstadt 24.2.34).
Erzählung, Satire, Glosse, Hörspiel,
Sketche und Kabarettszenen für den
Hörfunk, Kritiken, skurrile
Geschichten, Kinderfunk-Beiträge,
Gedichte.
V: Lehrdichtung, Literaturanal. 78;
Literaturkritik, Textsamml. f. päd.
Zwecke 80; Gestörte Spiele oder Das
umgedrehte Hitlerbild, Erzn. 81; Ein
kleines bißchen Reife, Erzn. 82.
MA: Hdb. zur mod. Lit. im Deutsch-
unterr. 65, 7.Aufl. 81; Literatur 1 —
Fiktionale und nichtfiktionale Texte 70,
11.Aufl. 82; Literatur 2 — Analytische
Texte 70, 11.Aufl. 82; Das neue
Fünfzehn-Minuten-Theater 82.
R: Zahlr. Dialoge, Sketche u.
kabarettist. Texte f. "Die Zeitbrille";
Sieben Lyr.-Send. in d. Reihe "Fröhliche
Stunde aus Heidelberg"; Beitr. f. d.
Kdfk-Send. "Der Sonntagswecker";
Schulfk-Sendereihe "Literaturkritik".
Lit: Herbert Bögl: Erich Pawlu:
Spiegel für Zeiten und Menschen in:
Das Gymnasium in Bayern 10/82.

Paysan, Angela, Graphikerin;
Bubenhaldenstr. 90, D-7000 Stuttgart 30
(20.11.36). Kinderbuch, Reiseessay.
V: Lucky und Snob, Kinderb. 59;
Pferdenärrisches Skizzenbuch 59;
Hundenärrisches Skizzenbuch 60;
Katzennärrisches Skizzenbuch 60;
Autonärrisches Skizzenbuch 61; Das
Fest des Lamido, Reiseess. 69; Mit
Pferden unterwegs, Sachb. 74; Pferde-
reisen heute, Sachb. 76. ( )

Pech, Heinz; J.-R.-Becher-Med. 79;
Rudolf-Breitscheid-Str. 5, DDR-8302
Bad Gottleuba (Bad Gottleuba 4.9.27).
Lyrik, Funkdrama, Kurzprosa.
V: Blaue Ernte, G. 75; Die Bienen-
königin, Hsp. 78; Zwei auf einem Dach,
Hsp. 79; Lyrikanth. 79.

MA: Spuren im Spiegellicht, Anth. 82;
Wegzeichen, Anth. 82; Vogelbühne,
Anth. 83; Leningrader und Dresdner
Autoren 83.

Pech, Kristian, c/o Verlag Hinstorff,
Rostock, DDR.
V: Die Mützentransaktion, Geschn. 81,
82. ( )

Pecher, Ingeborg; Richard-Arntz-Str.
31, D-3470 Höxter 1.
V: Ferienabenteuer mit Tieren 82. ( )

Pechhold, Rudolf, c/o Orion-
Heimreiter-Verlag, Heusenstamm.
V: Stimme aus dem Weltraum,
Zukunfts-R. 80. ( )

Pedretti, Erica; Gruppe Olten, P.E.N.
79; Buchpr. der schweizer. Schiller-Stift.
70, Gastpr. des Kantons Bern 73, Pr. des
Zürcher Clubs Soeuroptimistes 75, Lite-
raturpr. d. Kantons Bern 77; Stip. Pro
Arte 75/76; 5, rue du Collège, CH-2520 La
Neuveville, Tel. (038) 513561.
V: Harmloses, bitte 70, 79; Heiliger
Sebastian, R. 73; Trais Sudos, Bilderb.
71; Veränderung, R. 77.
MA: Aller Lüste Anfang, Anth. 71;
Zwischensaison, Anth. 75; Schweiz
heute, Ein Leseb. 76; Literatur aus der
Schweiz, Anth. 78; Heimat zwischen
Traum u. Wirklichkeit 78; Klagenfurter
Texte 78; Der Elefant im Butterfaß,
Kindergesch. 77; Vaduzer Predigten,
Ess. 79; Im Jahrhundert der Frau, Anth.
80; Ich hab die Schweiz im Traum
gesehn, Anth. 80.
R: Badekur 70 (als Kassette 74);
Kaninchen 71; Catch as Katz can,
Stereomonolog 72; Gang in ein Institut,
Hsp.-Collage 72; Februar, Hsp.-Collage
72; ART 4/73 oder Soviel Kunst kann es
gar nicht geben, Hsp.-Collage 73; Steine,
Monolog 76.
S: Schwiizer, Worte über d. Schweiz
75.
Lit: Gerda Zeltner: Das Sch ohne
Gewähr, Gegenwartsautoren a. d.
Schweiz 80.

Peer, Andri, Dr. phil., Gymn. Prof.,
Doz. u. Lehrbeauftr. U. Zürich; SSV 53,
P.E.N. 59, Schweiz. UNESCO-Komm.,
Vizepräs.; Buchpreis d. Schweiz.
Schillerstift. 53, Anerkennungspreis d.
RegR. d. Kt. Zürich 56, Preis f. d. Kurz-
gesch. d. Schweiz. Feuilleton-Dienstes
63, Ehrengabe d. RegR. d. Kt. Zürich 65,
Hsp.pr. d. Schweiz. Radios 67, 1. Lyrikpr.
d. Uniun da script. rumantschs 69,
Anerk.pr. d. Schweiz. Schillerstift. 71,
Ehrengabe d. RgR. d. Kt. Zürich 75;
Rütihofstr. 42, CH-8400 Winterthur, Tel.

Peer

906

(052) 231460 (Sent/Engadin 19.12.21).
Lyrik, Hörspiel, Essay, Novelle, Drama.
Ue: E, F, I, Rät, S.
V: Sgrafits, G. 59; Beiträge zur
Kenntnis des Bauernhauses in
Romanisch-Bünden 60, 63; Weihnachten
in Carolina, 4 Erz. 66, 71; Erzählungen
68; Halt in der Schlucht, Erz. 70; Arosa,
ein Schaubuch 72, 77; Jener Nachmittag
in Poschiavo, Erz. 74; L'Alba, G. ital.-
rätorom. 75; Der Aktivdienst, d. Jahre d.
nat. Bewährung Dok. Bd. 75; Furnatsch.
Huit poésies, franz.-rätorom. 77; Eu nun
ha oter, G.rätorom.-ital. 79; Refügi, G.
rom.-dt. 80; 28 Gedichte rom.-dt. 77. —
MV: ensemble. Ein Schweiz. Beitrag zur
zeitgenöss. Lyrik 58; Panorama Schweiz
63; Das Buch der Expo 64; Der Weg der
Schweiz 64; Forum alpinum, Sammel-
werk üb. d. schweiz. Bergbevölkerung
65; Das Geburtstagsbuch, Erz. 67; Swiss
Men of Letters, Ess. 70; Die 40er Jahre,
Dok. Bd. 76; Schweiz heute, e. Leseb. 76;
Schweizer Lyrik des 20. Jh., G. aus vier
Sprachregionen 77; Landi — Schweiz.
Ldesausstlg. 1939, Dok.Bd. 79;
Rumantscheia, eine romanisch-
deutsche Anthologie 79.
F: Schellenursli 64; Schützender Wald
65; Donat von Vaz 70.
R: Beichtvater wider Willen, Hsp. 69.
S: Documents et traditions. Schweiz.
Ldesausstell. 1964 8 u. 12.
Ue: Cla Biert: Bei den Teichen, N. 50,
62; Giorgio Orelli: Ampelio in: Ital. Erz.
d. Gegenw. 64.
Lit: Bestand u. Versuch. Schweizer
Schrifttum der Gegenwart 64; Books
abroad, an international literary
quaterly 70; Iso Camartin:
Rätoromanische Gegenwartsliteratur 76.
( )

Peer, Oscar, Mittelschullehrer;
Berggasse 56, CH-7000 Chur, Tel. (081)
228136 (Lavin 23.4.28). Drama, Roman,
Novelle. **Ue:** Romanisch.
V: Dicziunari 62; Eine Hochzeit im
Winter, Kurzr. 72; Hannes, Bericht aus
der Haft, R. 78; Accord (romanisch),
Novelle 78; Eva (romanisch), Novelle 80;
Viadi sur cunfin (romanisch), R. 81;
Gärten über Strom, Erzn. 83.

Peet, Georgia (Ps. Georgia Peet-
Tanewa); SV-DDR 53; Friedrichstr. 129,
Bl. C 3, DDR-1040 Berlin 4, Tel. 2829175
(Malko-Trnovo/Bulgarien 1.8.23).
Ue: Bulg, P, R, E.

Ue: Jewgenij Petrow: Insel des
Friedens, Sch. 47; Boris Tschirskow: Die
Sieger, Sch. 47; Ilja Ehrenburg: Löwe
auf dem Marktplatz, Sch. 48; Adolf

Rudnicki: Das Pferd, N. 50; Tadeusz
Konwicki: Die neue Strecke, R. 51;
Saltschak Toka: Das Wort des Araten, R.
51; Stanislaw Wygodzki: Erzählungen
53; Jerzy Putrament: Wirklichkeit, R. 53;
B. Hamera: Die ersten Tage 53; Stefania
Grodzienska: Im Gänsemarsch, Hum.
56; Bernard Mark: Der Aufstand im
Warschauer Ghetto, Hist. 57; Jordan
Iowkoff: Balkanlegenden 60; Slawomir
Mrózek: Der Elefant, Erz. 61; Z.
Lengren: Ratgeber in allen Lebenslagen
64; versch. Kinderbücher; Tenessee
Williams: Die Flüchtigen, Sch. 74; Roger
Moore: Elizabeth I, F. 74; A. D. Lewis:
Clute, Filmdrehb.; Dschingis Aitmatow:
Die Schwiegertochter, F. 75; Calder
Willingham: Der große kleine Mann, F.
75; Maxim Gorki: The Foolish Lad (ins
engl.) 76; Felicia Langer: Dies sind
meine Brüder 80.

Peet-Tanewa, Georgia, s. Peet,
Georgia.

Peikert-Flaspöhler, Christa,
Schriftstellerin u. Hausfrau; Lönsweg
25, D-4500 Osnabrück, Tel. (0541) 46875
(Nieder-Salzbrunn/Schles. 29.12.27).
Lyrik, Kurzprosa, Meditationen, Drama.
V: Zu den Wassern d. Freude, G. 79,
83; Stellenangebot, G. 80, 82; Wie kann
ich dich finden?, G. u. Kurzprosa 81; Aus
dem Tunnel hast du mich geführt, G. u.
Medit. 82; Füße hast du u. Flügel, G. 82;
Zwischen-Landung Ninive (Singspiele z.
Buche Jona) 83.
MA: Rufe, Relig. Lyrik d. Gegenwart
2, Anth. 81; Ostern ist immer, Texte v.
Leben, Anth. G. 81; Das Rassepferd,
Anth. z. Xylos. Lyrikwettbewerb 81, G.
82; Frieden u. noch viel mehr,
Weihnachten i. Gedicht, Anth. 82.
S: Zwischen-Landung Ninive,
Singspiel z. Buche Jona 83.

Peinemann, Bernhard (Ps. Steve B.
Peinemann), Lehrer f. Deutsch als
Fremdspr., Journalist; Mittelweg 24 A,
D-2000 Hamburg 13, Tel. (040) 458638
(Helmstedt/Nds. 30.4.48). Lyrik u. Songs
(a. Übers. u. Bearb.), Essay, Gespräche.
Ue: E.
V: Wohngemeinschaft — Problem od.
Lösung?, Ess. u. Gespr. I. 74, I. II. in 1 Bd
77; Die Herrschaft d. Krokodile —
Flugblattg., Liebeserklär. u.a. neue
Texte, Lyrik, a. Übers., 2 Ess. 78; Hinter
all den Postern, Gespr. 1 Ess. 79; Die
Wut, die du im Bauch hast, Polit. Rock-
musik: Interviews, Erfahrungen, Ess. u.
Gespr. 80.

Peinemann, Steve B., s. Peinemann, Bernhard.

Peis, Günter (Ps. Günter Alexander), Journalist; "Goldene Rakete" von Rom; Heigelstr. 4, D-8000 München 90 (Leoben/Steiermark 23.7.27). Drehbuch, Jugendbuch, Reprotage.
V: The Man who started the War 60, 67; Mario 64, 71; Mario auf frischer Spur 64, 71; Marios abenteuerliche Ferien 65; Mario hat einen Plan 65; So ging Deutschland in die Falle 76; The Mirror of Deception 77, Tb. 81 (dt.). — **MV:** Der Fall Pastorius 53; They spied on England 58.
H: Die schönsten Kurorte und Heilbäder 66.
F: Mario, 12 Filme 63, 65; Der Skilehrer; Der Skilift; Die Madonna; Der Sturzhelm; Die Leiter; Die Höhle, alle 65; Innsbruck Melody 68.
R: Dokumentation für "Der Attentäter".
Lit: Schrift. d. Bibl. f. Zeitgeschichte, Bernard & Graefe Verlag f. Wehrwesen, Heft 7, 68. Prof. Trevor-Roper über G. Peis in "True Magazine", USA, Mai 1970; A. Clarke üb. G. Peis in "Telegraph Magazine" 70. ( )

Peisker, Horst, Speditionskaufmann, Lehrer; VS 77; Wurmbachstr. 10, D-6000 Frankfurt a.M. (Mittelsinn 26.11.39). Lyrik, Roman, Novelle, Übers. **Ue:** Am.
V: Maniac, Autobiogr. 80.
R: Erzn. aus: Das Ballhaus, Rdfk-Send.
S: Tagesbefehl 73, Neuaufl. 83.
Ue: Sieben Titel aus d. Amerikan.

Peithner v. Lichtenfels, Elisabeth Baronin, Hausfrau; Podium 70 Salzburg 61, Die Kogge 76; Pr. d. Silbernen Rose 62, Ehrenplak. Podium 70 Salzburg 76, J. A. Luxpreis d. Luxges. Salzburg 70; RSG 74; Dr.-Petter-Str. 10, A-5020 Salzburg, Tel. (0662) 206892 (Teplitz-Schönau 29.4.25). Lyrik, Essay, Kinderliteratur.
V: Traumgarten, Lyrik 62; Stimme aus Nacht und Gewissen, Lyrik 63; Glasträume, Lyrik 63; Vipernbisse, Lyrik 71; Hinter den Toren der Ferne, Lyrik 76; Dreißig Meilen vor dem Morgen, Lyrik 77. ( )

Peitz, Marietta, Dr.phil.; P.E.N.-Zentr. Bdesrep. Dtld 79; Riedern 23 1/2, D-8176 Waakirchen, Tel. (08021) 7147.
V: Wenn wir weiterleben wollen, Weltbekenntnisse antworten auf Probl. d. Zeit 72; Kirche auf neuen Wegen, Die Arbeiterpriester von Dünkirchen 72; Das Risiko ein Christ zu sein 73; Von der Freude, ein Christ zu sein 75, 81; Die Hoffnung der Völker, Ber. u. Portraits aus der Kirche in Asien 76; Weltmission 77; Von einem, der auszog. Der Fall Anderman 77; Grün wie lieb ich dich grün, Garten-Gedanken 78; Die bunte Wirrnis der Dinge 80; Ein fremdes Herz im Schwarm 81; Rufus oder Ballade vom Zwischenmenschen 82.
R: Rd 100 Fs.-Dok., überw. zu Themen d. Dritten Welt.

Pellert, Wilhelm, Dr. phil., Schriftsteller, Regisseur; P.E.N.-Club; Theodor-Körner-Pr. f. Lit. 73, Stip. f. dramat. Autoren 79/80, Arb.stip. f. Lit. d. Stadt Wien 79, 82; Erzbischofgasse 25 — 29/10/5, A-1130 Wien, Tel. (0222) 8257833 (Wien 26.1.50). Drama, Film, Hörspiel, Roman, Lyrik, Essay.
V: Roter Vorhang — Rotes Tuch, Das neue Theater in der Scala 1948-1956 79; Vom Leben u. Sterben, d. Taten u. Reisen des Narren u. Weisen Till Ulenspiegel, Dr. 77. — **MV:** Jesus von Ottakring, Wiener Volksst. m. Helmut Korherr 80; Sein Spielzeug, Sch. nach der gleichnam. N. v. Ludwig Anzengruber, m. Helmut Korherr 82.
F: MV: Die ersten Tage, Drehb. 71; Jesus von Ottakring, Drehb. 75.
R: MV: Die Nachtgeher 73; Dr. Tschicker u. Herr Heut 73; Letzte Hilfe 75, alles Hsp.
S: Adi Stassler: Des Lebn is a Ringelspü 74; Jesus von Ottakring 76.

Pelz, Monika, Dr.phil.; Öst. Schriftstellerverb. 82; Drehbuchpr. öst. Filmproduzenten 68, Jugendbuchpr. d. Stadt Oldenburg 79, Ehrenliste zum Öst. Jugendbuchpr. 80, Ehrenliste zum Jugendbuchpr. d. Stadt Wien 80; Schallergasse 6/22, A-1120 Wien, Tel. (0222) 8538955 (Wien 6.2.44). Roman, Erzählung.
V: Anna im anderen Land, Kdb. 79; Pippo ist schrecklich, Kdb. 81; Der sentimentale Schotte, Jgdb. 84.
B: Mein Traum ein Pferd, Sachb. 80. — **MA:** Ich verstehe die Trommel nicht mehr, Kd.- u. Jgdb. 79; Da kenne ich jemanden, Jgdb. 81; Hoffentlich bald!, Jgdb. 83; Ihr seid groß, und wir sind klein, Kdb. 83; Fünf Tage hat die Woche, Jgdb. 83.
R: Am 35. Mai muß der Mensch auf das Äußerste gefaßt sein, Fsf. 74; Das gute Beispiel, Fs.-Serie 74-75.
Lit: Den Kindern geben, anstatt von ihnen zu fordern... in: Jugend und Buch 3 80.

Pelzer, Karlheinz *

Penk, Hans Ewald *

Penkala, Alice (Ps. Anneliese Meinert), Dr. jur., F-06 Tourettes-sur-Loup, Tel. (093) 593117 (Wien 8.2.02). Roman, Novelle.

V: Madame Leroux, Handlungsreisende 59; Heimweh nach anderswo 60; Die Liebenden von Cagnes 62,75; Vielgeliebte Therese 65; Die silberne Maske 66; Anna und die Windmühlen 67; Sommer in Saint-Tropez 68, 70; Das Haus der Siebenschläfer 70; Paris um zwanzig Murmeln 71; Urlaub auf Rezept verschrieben 74; Gespenst auf Urlaub 77; Die hölzerne Madonna 78.

Pentland, Frank, s. Habisreutinger, Rudolf.

Peper, Werner *

Pepin, F., s. Fröschl, Josef G..

Per Plex, s. Lüddeke, Erwin.

von Percha, Igor, s. Šentjurc, Igor.

Pereira, Alfonso; Stolze Str. 1a, D-5000 Köln 1, Tel. (0221) 443041.

V: Jugend mit Gott, Gedanken u. Gebete 78.

Perfahl, Irmgard, freie Schriftstellerin; VS 74; Theodor-Körner-Förderungspr. 55, Kultur-Förderungspr. des Landes ObÖst. 61; Am Stadtgraben 23, D-7400 Tübingen, Tel. (07071) 21526 (Birkfeld/Öst. 19.11.21). Lyrik, Novelle.

V: Fahren aber niemals ankommen, G., Kurzprosa 77, 2. Aufl. 79; Fortbewegungen, G. 78; Anscheinend unverletzt, Erzn. 80; Guten Tag Freiheit, Projektionen 81; Senegalesische Impressionen 83.

Perlach, Mark, s. Conrads, Dietrich.

Perschon, Dorothea; 7943-48 Ave. N.W., Calgary, Alberta, T3B 2A7/Kanada, Tel. (403) 2884074 (Berlin 14.1.23). Lyrik.

V: Die einsame Straße, G. 80.

Pertramer, Elfie; Mechthildenstr. 26, D-8000 München 19, Tel. (089) 173474.

V: Die magische Insel, Geschn. aus Sardinien 78; Elfie Pertramer erzählt über Gott und die Welt 81.

Pertrup, Bert, s. Ruppert, Walter.

Pervin, Alice, s. List, Anneliese.

Peschina, Helmut, Schriftsteller; Grazer Autorenversammlung 80; Förderungspr. d. Landes Niederöst. 78, Förderungspr. f. Hsp. d. Bundesmin. f. Unterr. u. Kunst 79, Förderungspr. d. Stadt Wien 82; Literaturkreis Podium 75; Blumenstockgasse 5/12, A-1010 Wien, Tel. (0222) 5230983 (Klosterneuburg/NÖ 7.1.43). Drama, Hörspiel, Fernsehspiel.

V: Palmenhaus, 4 Hsp. 80; Du wirst schon sehen, Hsp. 81; Ich doch nicht 82; Du wirst schon sehen 83; Stehbeisel 83; Arbeitsverhältnis; Blätter, alles Bü.

R: Fasselrutschen; Arbeitsverhältnis; Weil sie einmal schreiben daß sie kommen; Achter mit Steuermann; Palmenhaus; Sonderangebote; Du wirst schon sehen; Ich doch nicht, alles Hsp.; Die Kovacic; Binder und Eckel, beides Fsp.

S: Du wirst schon sehen, Tonkass. 81.

Peschler, Eric A., Publizist, Redakteur d. Schweizer Fernsehen; SSV, P.E.N.; Sternenhaldenstr. 13, CH-8712 Stäfa, Tel. (01) 9266133 (Kimratshofen/Allg. 7.8.22). Essay, Feuilleton, Hörspiel, Fernsehstück.

V: Privat in Moskau. Begegnungen m. Kunst u. Künstlern 66.

H: Wider die trägen Herzen 54; Das kalte Paradies - Emigration, Integration, Konfrontation 72.

R: Der Fall Pjotr Sawrasow, u.a.

Pesel, Peter, s. Mehren, Günther.

Pestum, Jo (Ps. f. Johannes Stumpe), freier Schriftsteller; P.E.N., VS, Mitgl. Bdesvorst. 76-83, Sprecher d. Ausschusses f. Kinder- u. Jgdb.autoren; Bestliste z. Dt. Jgdb.Pr. 70, 77, Buch d. Monats Akad. Volkach u. Ju-Bu-Crew 76, 79; Langenhorst 28, D-4425 Billerbeck, Tel. (02543) 7830 (Essen 29.12.36). Roman, Essay, Fernsehfilm, Kinderbuch, Jugendroman, Satire, Lyrik, Hörfunk, Spielfilm.

V: Bücherwurm und Leseratte 69; Der Kater jagt die grünen Hunde, Jgd.-R. 70, 76; Der Kater spielt Pik-As, Jgd.-R. 70, 79; Der Kater und die rote Katze, Jgd.-R. 70, 80; Schöner leben mit Maschinen, Sat. u. Karikat. 70; Wer schießt auf den Kater? Jgd.-R. 71, 77; Image, Sat. u. Karikat. 71; Der Kater zeigt die Krallen, Jgd.-R. 72, 79; Die Piratenbande 72; Die Gespensternacht 72, beides Kinderb.; Der Kater und der Tag des Tigers, Jgd.-R. 73, 75; Fünf Asse im Spiel, R. 73; Der Nachtfalter, Krim.-R. 73; Der Astronaut vom Zwillingsstern, Kinderb. 74, 82; Drei schwarze Kreuze für den Kater, Jgd.-R. 74, 80; Duell im heißen Wind, Jgd.-R. 75, 77; Der Kater und der Ruf im Nebel, Jgd.-R. 75, 80; 13 Minuten nach Mitternacht, Kinderb. 75, 76; Der Spuk von Billerbeck, Kinderb. 76, 77; Das Rätsel der Bananenfresser, Kinderb. 76; Zeit der Träume, R. 76, 83; Die Spur der blauen Drachen, Kinderb. 77; Der Kater und die Nacht der Jäger, Jgd.-R. 77; Leg deine Hand auf mein Gesicht, Lyr. 77,

80; Die Insel des Glücks, Jgd.-R. 77, 83;
Lange Schatten in d. Nacht, Kinderb. 78;
Ein Wassermann funkt SOS, Kinderb.
78; Auf einem weißen Pferd nach Süden,
Jgd.-R. 78, 83; Der Schrei im Schilf,
Kinderb. 79; Wenn die Teufelsmaske
lacht, Kinderb. 79; Der Kater und die
kalten Herzen, Jgd.-R. 79; Ein Indianer
namens Heinrich, Kinderb. 80; Fang
niemals einen Stern, Jgd.-R. 80; Eine
Falle für den Fuchs, Kinderb. 80;
Cowboys weinen nicht, Kinderb. 81; Die
unsichtbare Hütte, Kinderb. 81; Die
Murmelmann-Weltreisen-Traum-
Maschine, Kinderb. 82; Das Weiß der
Schwäne, Jgd.-R. 83; Komm, wir helfen
Bonzo, Kinderb. 83. –
MV: Astronautenlatein, m. A. Oehlen 70,
72; Vatergeschichten, Erz. 81; So ein
irrer Nachmittag, Erz. 81; Martin Luther
– Rebell gegen Kaiser und Kirche 83.
MA: zahlr. Anth.
H: Neue Texte für junge Leute, Bd 1:
Die Stunden mit dir 76; Bd 2: Morgen
beginnt mein Leben, 77; Bd 3: Einsam-
keit hat viele Namen 78; Bd 4:
Anfangen, glücklich zu sein 79; Bd 5: Ich
singe gegen die Angst 80; Auf der
ganzen Welt gibt's Kinder, Hausb. 76;
Das große Zittern 79, 83; Kreidepfeile
und Klopfzeichen, Lyr. 81; Nicht mehr
allein sein 83; Edition Pestum seit 80. –
MH: Adler zwischen 50 Sternen, amer.
Lyrik 73.
F: zwei Drehb. für Kinderfilme 76;
Schimmi 80.
R: Jugend im Kongo, Fsf. 66; Unser
gemeinsames Leben. Das Künstlerehe-
paar Pankok, Fsf. 68; Der grüne Punkt
Hörfk: Serie; zahlr. Hsp.; mehrere Fsf. f.
d. Serien: Neues aus Uhlenbusch,
Morgen-Schon 82, 83.
Lit: Lex f. Jgdlit. Bd III 80.

Peter geb. Jürgens, Alice (Ps. Helke
Jürgensen), Tanzregisseurin; 2. Pr. im
Bühnenwettbewerb Verl. Fr. Dietz;
Waldstr. 3, D-2850 Bremerhaven 1
(Geestemünde 8.4.05). Roman, Lyrik,
Essay, Hörspiel.
V: Adoptivkinder, R. 41; Irene, R. 42;
Bei Nacht und Mond und Wind, R. 43;
Der schwarze Reiter von der Rieth 49;
Prinz Lachemund, Msp. 68.
R: Der Mönch von St. Jürgen; Aus
meines Vaters Seemannskiste 57, Hsp.
Lit: R. Lämmel: D. moderne Tanz. ( )

Peter, Brigitte; Kleinkinderbuchpr. d.
Stadt Wien 73, Österr. Kinderbuchpr. 73,
Kinderbuchpr. d. Stadt Wien 76, Österr.
Förderungspr. für das Kind- und
Jugendgemäße Sachbuch 76, Jugend-

buchpr. der Stadt Wien 78; Hainfelder
Str. 47, A-3040 Neulengbach-Haag, Tel.
(02772) 2752.
V: Reise nach Rimbimbim 72; Das
Sommerboot 72; Zeig mir das Buch und
die Bilder 70; Setzt die Segel für die
weite Reise 72; Onkel Willi weiß die
Wahrheit 73; Rimbimbim auf Rädern 73;
Im Dschungel der Gargar 75; Der
schlafende Bumerang 78; Ich –
Mutbenret, Schwester der Nofretete
82. – **MV:** Lollobien, m. A. Kaufmann
73. ( )

Peter, Charlotte, Dr. phil. I, Chef-
redakteurin d. Jean Frey-Gruppe; SSV
57; Preis d. Feuilletondienstes 65; 26
Resedastr., CH-8008 Zürich, Tel. (01)
2077171 (11.6.28). Roman,
Kurzgeschichte, Reisebericht, Jugend-
buch.
V: Die weite Welt, das große Aben-
teuer, Reiseber. 57; Der Kaiser und der
Goldfisch, Nn. 58; Alexj Progress und
das neue Babylon, R. 59; Kurs 502-
Fernost, Jgdb. 65, 66; Reproter in Afrika,
Jgdb. 66; America for Tourists 66; Visit
USA, Reiseb. 66; Ein Job für Martin,
Jgdb. 69; Ceylon: Sri Lanka 74; Ferner
Osten 74; Markttag. – **MV:** New York
75.
MA: Die Zürcher Windrose, Nn. 57;
Der blühende Zweig, Nn. 63.

Peter, Rita; Hürnen 57, CH-8706
Meilen, Tel. (01) 9231233.
V: Claudio im Tessin, Erz. 73; Groß-
vaters Schiff, Erz. 77; Efeulegende 79;
Der Heimweg der Weisen, Leg. 81;
Hirtenlegende; Die Amseln und die
Wolken, Kinderg. 83.

Peter, Sonja *

Peter, Willy, Landwirt, Gemeinderats-
schreiber; Kulturförderungspr. d.
Regierungsrates d. Kantons Zürich 80;
Oberwil, CH-8479 Rutschwil-Dägerlen,
Tel. (052) 391336 (Dägerlen-Winterthur
16.2.23). Lyrik.
V: Land und Lüüt, Zwiegespr. in
Versen 72, 5.Aufl. 82; Landuuf, landaab,
Zwiegespr. in Versen 76, 3.Aufl. 83;
Liecht und Schatte, Zwiegespr. in
Versen 82, 2.Aufl. 83.

Peterhans, Robert; Brungasse 44, CH-
3011 Bern.
V: Schneller werdender Blues 81. ( )

Peterich, Werner, Verlagslektor;
V.D.Ü. 53, VS, P.E.N.; Holzen 34, D-2121
Reinstorf, Tel. (04137) 548 (Hamburg
10.2.29). **Ue:** E, F, I.
Ue: T. S. Eliot: Old Possums Katzen-
buch 52; Daphne du Maurier: The apple-

tree u.d.T.: Küß mich noch einmal,
Fremder 53; Hammond Innes:
Campbell's Königreich 53, Maddon's
Rock u.d.T.: Schiff im Felsen 55, Der
Schiffbruch der Mary Deare 58; Mazo
de la Roche: Whiteoak Harvest u.d.T.:
Ernte auf Jalna 57; Sloan Wilson: A
Sense of Values u.d.T.: Am Tisch des
Lebens 62; Henry James: Die goldene
Schale 63; Iris Murdoch: Flucht vor dem
Zauber 64; Jean Cau: Bei uns zu Lande
65; D. R. Sherman: The Old Man and the
Boy u.d.T.: Das Tellereisen 65; Ronald
Firbank: Concerning the Eccentricities
of Cardinal Pirelli u.d.T.: Die
Exzentrizitäten des Kardinal Pirelli
betreffend 70; Marilyn Durham: The
Man Who Loved Cat Dancing u.d.T.: Die
Cat-Dancing-Story 72; Norman Mailer,
Marilyn Monroe 73; Lawrence Sanders,
The First Deadly Sin u.d.T.: Die erste
Todsünde 74; Thomas Thompson:
Hearts u.d.T.: Griff nach dem Herzen;
Trevanian: The Eiger Sanction u.d.T.:
Im Auftrag des Drachen 74; V.S.
Naipaul: The Suffrage of Elvira u.d.T.:
Wahlkampf auf Karibisch 75;
Trevanian: The Loo Sanction u.d.T.: Der
Experte 75; Angus Wilson: As If by
Magic u.d.T.: Wie durch Magie 75; Mark
Arnold Forster: The World at War u.d.T.:
Die Welt im Krieg 75; Elia Kazan: The
Understudy u.d.T.: Der Schlussakt 76;
James Clavell: Shogun 76; Robert L.
Duncan: Dragons at the Gate u.d.T.:
Fudschi-Order 77; Morris L. West: The
Navigator u.d.T.: Insel der Seefahrer 77;
Paul Theroux: The Great Railway-
Bazaar u.d.T.: Abenteuer Eisenbahn,
Auf Schienen durch die halbe Welt 77;
Henry James: The Spoils of Poynton
u.d.T.: Die Schätze von Poynton 77;
William Safire: Full Disclosure u.d.T.:
Der Anschlag 78; Philip Roth: Professor
der Begierde 78; John Dyson: Heiße
Arktis 79; John Franklin Bardin: The
Deadly Percheron u.d.T.: Das Teufelsrad
79; Herman Wouk: War and
Remembrance I, II u.d.T.: Der Krieg 79
u. Weltsturm 80; Evelyn Waugh: Sword
of Honour u.d.T.: Ohne Furcht und
Tadel 79; Philip Roth: Der Ghost Writer
80; Gary Jennings: Der Azteke 81; Dee
Brown: Creek Mary's Blood u.d.T.: Du
folgtest dem Falken Amayi 81; John
Franklin Bardin: The Last of Philip
Banter u.d.T.: Geständnis auf Raten 80;
Angus Wilson: Setting the World on Fire
u.d.T.: Brüchiges Eis 82; John Franklin
Bardin: Devil Take the Blue-Tail Fly
u.d.T.: Die Bärengrube 81; Barbara
Chase-Riboud: Sally Hemings u.d.T.: Die

Frau aus Virginia 82; Han Suyin: Bis
der Tag erwacht 83; Bette Bao-Lord:
Frühlingsmond 83.

Petermann, A. G., s. Rank, Heiner.

Peters, A. F., s. Unger, Gerhard.

Peters, Carsten, s. Schneider, Karl-
Hermann.

Peters, Claus, s. Basner, Gerhard.

Peters, Elsa; Stiftstr. 52, D-2240 Heide,
Holst., Tel. (0481) 5745.
V: Sünnschien un Regen 75, 82; Wo de
Wind vun Westen weiht 76, 82; Platt-
dütsche Fabeln 77; Wiehnachtstiet bi
uns to Huus 77, 78; Grootvadders
Lüttenheid 78, 82; Dreih di ni um 79;
Kopp oder Tall 81; Dör't hele Johr 81.
MA: Vun Lüüd, de plattdütsch snackt,
Anth. 78.

Peters, Evelyn, s. Joost, Evelyn.

Peters, Gabriele *

Peters, Theodor, Rektor a.D.;
Kirkevänget 4, DK-6340 Krusaa, Tel. (04)
678528 (Bargen, Kr. Schleswig 22.3.00).
Plattdeutsche Erzählungen.
V: Uns Dörp, Dorfgeschn. 79.

Peters, Wolfgang A., Dr. phil.,
Dramaturg, Theaterkritiker, Redakteur;
Herchenbachstr. 8, D-7570 Baden-
Baden, Tel. (07221) 22648 (Mannheim
31.1.13). Novelle, Essay. **Ue:** F.
MV: Zwischen Disteln reift die
Ananas, Geschn. 63; Feuerzauber,
Gesch. 65; Was ist Spaß?, Geschn. 71.
H: Fische schreien nicht 80. – **H** u.
Ue: Paul Valéry: Briefe 54; Rainer Maria
Rilke – André Gide: Briefwechsel 57. –
MH: Nachwort zu Paul Valéry: Mein
Faust 63.
Ue: Micheline Maurel: Kein Ort für
Tränen. Ber. aus einem Frauenlager 60;
Marcel Proust: Briefe zum Werk I 64;
André Maurois: Reine Tatsachen 64. ( )

Petersen, Asmus, Dipl.-Kfm.,
Dr.rer.pol.; VS 79; Wallmodenstr. 52, D-
3000 Hannover 61, Tel. (0511) 553789
(Hannover 13.4.28). Satire, Lyrik,
Roman.
V: Ihr erzählt alle gar nichts von euch.
Gedichte mit Menschen, Frauen, Tieren,
Geistern und Geld, Lyr. 77.
MA: Zahlr. Veröff. in Lit.zss., u.a.
TransAtlantik, Kursb.

Petersen, Bernhard, s. Lüth, Erich.

Petersen, Carol, Prof.; Modern
Language Association, USA; Chevalier
de l'Ordre des Palmes Académiques de
France 65; Apt. 43, 1904 Chicago Street,

Valparaiso, IN 46383/USA, Tel. 4643747 (Bukarest 23.2.14). Lyrik, Essay. **Ue:** F, E.
V: Mensch der Stille. Bildnis Ernst Wiecherts 47; Hans Carossa 50; Alber Camus, Biogr. 61 (auch amerik. 68); Max Frisch, Ess. 66 (auch amerik. 72); André Gide, Ess. 69; John Steinbeck, Ess. 72; Tennessee Williams, Ess. 74; Eugène Jonesco, Ess. 76; Stefan George 80.
MA: Christliche Dichter der Gegenwart 55; Expressionismus 56; Ernst Wiechert. In: Christl. Dichter im 20. Jhdt. 68; Ernst Toller. In: Expressionismus als Literatur 69.

Petersen, Erika, s. Schwartz, Erika.

Petersen, Hans, Dr. phil. (Münster 8.10.32).
MA: zahlr. Nachworte.
H: St. Crane: Das rote Siegel 62; Sea Tales of the Seven Seas 62; J. Ch. Harris: Geschichten von Onkel Remus 64; J. Steinbeck: Die Perle 65; E. Caldwell: Die Tabakstraße u. ausgew. Kurzgeschn. 66; Moderne amerikanische Prosa 66; W. Whitman: Lyrik und Prosa 66; H. MacDiarmid: Ein Wind sprang auf 68; Erkundungen. 23 engl. Erzähler 71; Amerikanische Stücke 73; Erkundungen. 31 austr. Erzähler 76, 80; Unser weißer Hirsch, Kurzgeschn. 78; Erkundungen. 30 irische Erzähler 79, 81. — **MH:** Feuer und Rhythmus. G. aus Afrika 63; Raumschiff ahoi! Utop. Kurzgeschn. 69.
Ue: St. Crane: Das rote Siegel 62; R. Segal: Der Tokolosch 63; J. Ch. Harris: Geschichten von Onkel Remus 64; John Steinbeck: Die Perle 65; L. Krantz, U. Löfgren: Spaß im Wasser 66; E. Caldwell: Molly Baumwollschwänzchen 68; J. L. Mitchell: Ein schottisches Buch I: Der lange Weg durchs Ginstermoor 70, II: Wolken über der Ebene 72, III: Flamme in grauem Granit 74; C. Connor: Des Rattenkönigs Tochter 72. ( )

Petersen, Jürgen, Dr. phil.; P.E.N. 54; Keltenstr. 18, D-5000 Köln 50, Tel. (0221) 352179 (Wiesbaden 2.4.09). Essay.
V: Die Hochzeit des Figaro 65.
H: Triffst du nur das Zauberwort. Stimmen von heute zur deutschen Lyrik 61.

Petersen, Karin (Ps. Ma Prem Pantho), Redakteurin, Autorin; Von-Luck-Str. 53, D-1000 Berlin 38, Tel. (030) 8037643 (Bodenwerder 27.9.50). Lyrik, Roman, Essay.
V: Das fette Jahr, R. 78, 80; Ich will nicht mehr von Dir, als Du mir geben magst, Monate in Poona und Oregon 83.

MA: Rotstrumpf I 75; Künstlerinnen international 1877-1977, Kat. 77; Dornröschen und der Frosch, Erzn. 77; Frauen die pfeifen 78; Wie ich anfing. 24 Autoren berichten über ihre ersten Schreibversuche 79; Die Überwindung der Sprachlosigkeit. Texte aus der neuen Frauenbewegung 79; Unter dem Pflaster liegt der Strand VI 79; Neue Literatur der Frauen, Deutschspr. Autorinnen d. Gegenwart 80; Trau keinem über 30, Eine Generation zwischen besetzten Stühlen 82.

Petersen, Margarete *

Peterson, Ingo, s. Porsch, F. E..

Petri, Walther, Theatermaler, Lehrer; SV-DDR 78; Pr. d. Preisausschr. z. Förd. d. sozialist. Kinder- u. Jugendlit. 76; Naunhofer Str. 54, DDR-7027 Leipzig (Leipzig 11.4.40). Lyrik, kurze Prosa, Kinderbuch, Dokumentarfilm, Nachdichtung.
V: Das Geschmeide des Harlekins, G. 74, 2.Aufl. 76; Die Güterlok aus Jüterbog, Bilderb.-Gesch. 78, 2.Aufl. 79; Humbug ist eine Bahnstation, G. 78, 4.Aufl. 82; Ein Telegramm aus Sanssouci, G. 80.
F: Wenn du an Chile denkst; Dawids Tagebuch, beides Dokumentarf.

Petri-Sutermeister, Bolette, Journalistin, Übersetzerin, Leiterin vom Svalbard Museum Spitzbergen; Ahlefeldtsgade 18, DK-1359 Kopenhagen K, Tel. (01) 150180 (Kriens b. Luzern 23.10.20). Übersetzungen, Artikel, Feuilletons. **Ue:** D.
V: Eisblumen, Begegnungen auf Spitzbergen 82.
Ue: Hakon Mielche: Mallorca im Handgepäck 64; Hakon Mielche: Rom im Handgepäck 66; Susanne: Dänisches Kochen 63; Astrid Slebsager: Mit Dänen in der Küche 78; Karen Berg: Gebäck aus Dänemark 78.

Petrick, Erika; Hardbergstr. 23, D-7570 Baden-Baden.
V: Zwischen Zeit und Ewigkeit, G. 68; Brautfahrt der Läuterung, R. 75; Es brannte unser Herz, R. 76; Und müssen's eben leiden?, R. 79. ( )

Petroni geb. Foradori, Thilde; Künstlerbund Bozen, Turmbund 79; Garibaldistr. 6/59, Bozen/Ital., Tel. (0471) 23871 (Bozen 19.4.08). Lyrik. **Ue:** I.
V: je 1 Band Gedichte 50, 53, 81.
MA: Schlern 50-53; Welt und Wort 55; Prisma 59-60; Arunda 77-78; versch. Ztgn.
R: Rdfk-Send. 55, 63.

Petrowsky, Erika, s. Mitterer, Erika.

Petry, Marte, Hausfrau; Ehrenring dem Deutschen Gedicht 64; Elsa-Brandström-Str. 10, D-3440 Eschwege, Tel. (05651) 2777 (Wanfried/Werra 12.4.14). Lyrik, Erzählung, Essay, Anthologien.
V: Ernte vieler Jahre, Lyr. 65; Dunkler Weg — Heller Stern, Erz. 66; Filigrane Schatten, Lyr. 71; Erinnern will ich mich, Lyr. 71; Wunder der Blüte, Lyr. 73.

Petscher, Hans (Ps. Kalchbartl), Kleinbauer; Ehrennadel Silber f. Volksbild. 72, Ehrennadel Gold f. Verd. um d. Erwachsenenb. d. Kärntner Bildungswerks 80; Haidenbach 6, A-9563 Gnesau, Tel. (04278) 340 (Haidenbach 7.12.21). Lyrik, Hörspiel.
V: Was der Kalchbartl erzählt, Poesie 64, 67; G'reimte Erzählungen vom Kalchbartl, Poesie 82.

Petschner, Raimund, Schriftsteller; VS 80; NGL 81; Ohlauer Str. 44, D-1000 Berlin 36, Tel. (030) 6182533 (Bad Vilbel 17.11.48). Roman, Kurzprosa, Lyrik.
V: Einbrechen, Lyr. 79; Zu spät um Angst zu haben, Kurzprosa u. Lyr. 81; Glückstatt, R. 82. — **MV:** The Silvertongued Devil, m. Albertine M., Tageb. 78.
MH: Nachtausgabe 79; Die Liebe zu den großen Städten 80; Bei zunehmender Kälte 81; Unterschwarz 82, alles Anth.

Petuchowski, Elizabeth (Ps. Elisabeth Mayer), Dr., Lehrauftrag; 7836 Greenland Place, Cincinnati, Ohio 45237/USA, Tel. (513) 7615850. Essay.
V: Ein Rabbi kommt selten allein. Rabbinergeschn. aus Frankfurt und anderswo 82.

Petz, Christian, s. Petzold, Günther.

Petzel, Ulf, Kapitän; Waldemar-Bonsels-Weg 124, D-2070 Ahrensburg, Tel. (04102) 58514 (Kiel 14.9.35). Erzählung, Erlebnisberichte.
V: Kommissar Peter, Jugendb. 79.

Petzet, Heinrich-Wiegand, Dr. phil., Schriftsteller; Schwarzwaldstr. 228, D-7800 Freiburg i.Br., Tel. (0761) 69569 (Bremen 21.7.09). Essay, Biographie, Kunst-Feuilleton.
V: Das Bildnis des Dichters, Paula Becker-Modersohn und Rilke 57, erweiterte veränderte Ausgabe 76; Von Worpswede nach Moskau, Heinrich Vogeler 72, 74; Heinrich Vogeler - Zeichnungen 76, 77; Heidegger, Begegnungen und Gespräche 1929 bis 1976 83.
H: Gerhard Stroomann: Aus meinem roten Notizbuch 59; Heinrich Vogeler:

DIR 73. — **MH:** R.M. Rilke: Cézanne-briefe, mit Clara Rilke / Neuausgabe 77, veränd. Tb.ausg. 83; Hertha Koenig: Meine Erinnerungen an Rilke 77.

Petzet, Wolfgang, Dr. phil., Dramaturg, Spielleiter, Kunstkritiker; VS; Med. München leuchtet, Tukan-Preis, Bundesverdienstkreuz; Pentenrieder Str. 17, D-8033 Krailling Post Planegg, Tel. (089) 8577478 (München 4.7.96). Drama, Lyrik, Erzählung, Essay.
V: Der Vorläufer, G. 24; Lassalles Begegnung, Kom. 25; Der Indianerbrunnen, Kom 26; Soziologie des Physiokratismus 29; Clarence und die Nutznießer, Kom. 30; Verbotene Filme, Streitschr. 31; Begebenheiten 32; Des Simplicius Simplizissimus Jugend, Text z. Oper v. K. A. Hartmann 35; Inselliebe, N. 43; Otto Falckenberg, Mein Leben, mein Theater, nach Gespr. u. Dokumenten aufgezeichnet 44; Die drei goldenen Haare des Teufels, Msp. 46; Die Sonette des Satans 46; Willi Geiger 60; Georg Brenninger 63; 12 Einakter 66; 3 Sommerfestspiele 69; Geschichte der Münchner Kammerspiele 73. —
MV: Künstlerleben 63.
B: Chr. D. Grabbe: Marius und Sulla, Fragment 36; Kaiser Heinrich VI., Tr. 42; Reinhold Schneider: Der große Verzicht 54.
H: Die Paulskirche, Schr.-R. 23.
R: Die elf Scharfrichter 46; Hannibal und Scipio 54; Alea jacta est, Hsp. 55; Münchner Galerien, Dialog-Folge 65 - 75. ( )

Petzold, Günther (Ps. Christian Petz), freier Journalist u. Schriftsteller; Südwestdt. Journalistenverb. 51, VS 78; Alte Weinsteige 16 B, D-7000 Stuttgart 1, Tel. (0711) 647646 (Breslau 6.7.20). Lyrik, Novelle, Essay, Dokumentation, Reisebericht.
V: am ende eines kreises, Lyr. u. Aphor. 77; Shavei Zion 78; Beiderseits des Zauns, Gedankenpakete 80. ( )

Petzold-Heinz, Irma *

Petzoldt, Marianne (Ps. Marianne Graefe), Germanistin, Übersetzerin, Schriftstellerin; DSV 47-53; Gutshofstr. 13, DDR-7152 Böhlitz-Ehrenberg, Tel. (041) 2512938. Lyrik, Essay. **Ue:** E, F.
MV: Die Frau als nachschaffende Musikerin in: Die Frau, Enzykl. 9. Aufl. 71.
MA: Din don deine, Lieder der Völker Europas 78.
H: Schubert und seine Dichter, Anth. 53.

Ue: Nancy Bush: The pressgang u.d.T.: Die Werberbande, Jgd.-Oper 53; Spell unbound u.d.T.: Gelöster Zauber, Jgd.-Oper 56; Die Männer von Blackmoor 59; Im Kinderland, ung. Lieder u. Reigen 55; Hebräische Gesänge 56; H. Melville: Bartleby 59; Die verzauberten Inseln 59; Barrie Stavis: Joe Hill, der Mann, der niemals starb, Oper 70; Mädchen- u. Frauenchöre (Béla Bartók) 71; Ranky: Peter Musikus, Jgd.-Oper 71 u.a.

Peuckert, Fritz, pens. Lehrer; Leonberger Ring 33, D-1000 Berlin 47, Tel. (030) 6041367 (Berlin 6.12.22). Lyrik.
V: Rinnsal der Hoffnung im Meer der Gewalt, Verse u. Texte 80; Fernweh, Kleine Weltreise in Versen 82.
MA: Dichtungen dt. Lehrer d. Gegenwart 65; Lehrer-Autoren d. Gegenwart 69; Lyrik und Prosa vom Hohen Ufer II 82.

Peukert, Kurt Werner, Dr. phil., Prof.; Silberdistelweg 11, D-7410 Reutlingen 2 (Reichenberg/CSSR 12.9.31). Kinderbuch, Essay.
V: Sprachspiele für Kinder 73, 81; Kinderlesebuch 74, Tb. 76; Lesen ist Sehen. zweites Kinderleseb. 75.
s. a. Kürschners GK. ( )

Peuster, Axel, Gymnasiallehrer; Realschulstr. 21, D-4100 Duisburg 1, Tel. (0203) 24377 (Köln 22.8.44). Lyrik.
V: Rheinische Wakas, Lyr. 81; Ortsbeschreibungen 82.

Pevny, Wilhelm; Loquaiplatz 11/23, A-1060 Wien, Tel. (0222) 570236.
V: Nur der Krieg macht es möglich 72; Zack-Zack oder Da hat doch einer dran gedreht, Rock-Musical. — **MV:** Der Dorfschullehrer 75; Alpensaga, m. Peter Turrini 80 III.
R: Nachrichten richten nach 71; RAIS 72; Satisfaction 74; Theaterleben 75; Alpensaga 76-81; Junge Leute brauchen Liebe 80.

Peyer, Rudolf, Reallehrer; Werkauftr. d. Stift. PRO HELVETIA 72, Werkbeitr. d. Emil Bührle-Stift. f. d. Schweiz. Schrifttum 72, Werkpr. d. Kt. Solothurn 76, Werkjahrbeitr. d. Kantons Solothurn 80, Werkbeitr. d. Eidgenöss. Dep. d. Innern 81; Tulpenweg 19, CH-4153 Reinach, Tel. (061) 762892 (Olten/SO 2.3.29). Gedicht, Prosagedicht, Kurzgeschichte, Essay, Kurzprosa. **Ue:** S.
V: Erdzeit, G. u. lyrische Prosa 73; Gleich nebenan, Geschn. 74; Bis unter die Haut, Mexikan. Notizen 76; Windstriche, G. u. lyr. Prosa 79; Steinschrift, G. u. lyr. Prosa 83. — **MV:** Un

Domingo en los Remedios, Kurzprosa m. Heinz Schlicht (span.) 64.
MA: documenta poetica, Panorama mod. Lyrik dtspr. Länder, Ars poetica, Gedichte auf Bilder, Gut zum Druck, Fortschreiben, Belege.
H: Mexiko erzählt, Von den Maya und Azteken bis zur Gegenwart, Erzählung, Roman, Chronik, Lyrik, Theater, Essay 78.
Lit: Zahlr. Artikel in versch. Zss., u.a.: Neue Dt. Hefte, Schweizer Feuilleton-Dienst, Civitas, Westermanns Monatshefte; Schweizer Monatshefte, Humboldt, Books abroad.

Pfaeffli, Carina (Ps. Carina Tauscheck); Worbstr. 153, CH-3073 Gümligen, Tel. 523091 (Nürnberg 21.12.08). Kinderbuch, Lyrik, Jugendbuch, Essay, Kurzgeschichte, Hörspiel.
V: Hoppelbein und Flinkzufuß, Hasengesch. 48; Peters Himmelsreise, Gesch. 48; Sankt Nikolaus kommt, Gesch. 48.
R: Hoppelbei u Tiffigs'fuess 54; Der Samichlaus chunnt 61; e Gschicht vo brave Chinder und eme Lusbueb vo Carina Pfaeffli, alles Hsp.

Pfändler, Marcel, s. Renold, Martin.

Pfaff-Giesberg, Robert, Dr. phil., Konservator, Museumsdir. i.R.; Schiller-plakette der Stadt Mannheim; Bergstr. 53, D-6901 Wilhelmsfeld, Tel. (06220) 1663 (Offenburg/Bad. 25.11.99). Erzählung, Essay, Roman. **Ue:** F.
V: Die Sklaverei 35; Das Hexenschiff, Erzn. 44; Das Ende des feurigen Mannes, Geschn. 44; Der Ritt zu Magdalena, R. 49; Der schwarze Tod, Erzn. 50; Das Land der Sehnsucht, Ess. 53; Das Lied der Nachtigall, Erzn. 54; Die Geschichte der Sklaverei 55; Die völkerkundlichen Sammlungen der Stadt Mannheim 64.
MA: Zum 300 Todest. v. J. J. Ch. v. Grimmelshausen in: Zs. Badische Heimat.
H: Pfälzer Heimatbuch 73; Pfälzer Weihnachtsbuch, Essays, Reiseberichte 74.
R: J. J. Ch. v. Grimmelshausen 76.

Pfaffenbichler, Margaretha, Hausfrau; ARGE Literatur, A-3710 Rohrbach 67, Tel. (02956) 2543 (Gutenbrunn 19.10.34). Lyrik, kurze Prosatexte.
V: Gedichte in ndöst. Mda. 81.

Pfandler, Helmut, Autor, Film-regisseur u. Produzent (Gmünd NÖ. 5.9.29). Lyrik, Roman, Film.

V: Am Rand des Planeten, Gedichte 74; Rauch über dem Land, G. 83.
F: Österreich in Dur und Moll 61; Das Schlüsselkind 67; Neurotika 68; Abenteuer eines Sommers 73; Tod im November 76.
R: Der Hauptmann Fsp. (Bearb.) 70; St. Peters Regenschirm Fsp. Bearb. 71; Defraudanten, Fsp. Bearb. nach Polgar 72; Rainer Maria Rilke, Fs.Dok. 75; Adalbert Stifters Hochwald, Fs.Dok. 80; Peter Roseggers Waldheimat, Fs.Dok. 81; Von Hexen, Heiligen und Harlekinen, Helmut Kies, Fs.Dok. 81; Josef Weinhebers Wien wörtlich, Fs.Dok. 82.

Pfandler, Josef, Prof. h. c., Schulrat i.R.; Ö.S.V. 65; Förderungspreis d. Tiroler Landesreg. 49, Kulturpreis d. Ldes NdÖst. 69, Prof. h. c. verl. v. Bundespräs. Öst. 71, Ehrenkreuz f. Wissenschaft u. Kunst 1. Klasse Österreich 77; A.-Baumgartner-Str. 44, B/3/052, A-1232 Wien, Tel. (0222) 6782772 (Böhmzeil 3.7.00). Lyrik, Erzählung, Laienspiel, Volkskunde.
V: Gokulorum, Laisp. 48; Der Hehmann, 4 Erzn. 50; Walpurga, Ball. in Prosa 52; Schrift im Granit, G. 55; Dämonie und Magie, Erzn. 58; Die große Sehnsucht, Rahmen-Erz. 61; Wenzel Wiskočil, G. 65; Die Goldmacher, 3 Erzn. 68; Vor zyklopischen Mauern, G. 71; Inbilder 75.
MA: Geliebtes Land 55; Die Barke 56, 69, 72; Das Buch von Niederösterreich 70; Fährten, Anth. 72; Das immergrüne Ordensband 79.
H: Dichtungen österreichischer Lehrer, Anth. 35; Deutsche Lyrik aus Österreich, Anth. 36; Dichtung aus Niederösterreich, Bd. 1: Lyrik, Anth. 69, Bd. 3: Prosa, Anth. 72.
R: Gokulorum, der Waldviertler Bauernzauberer, 69; Frau Saga in Niederösterreich 69.
Lit: Adalbert Schmidt: Dichtung und Dichter Öst. im 19. u. 20. Jh. 58; Kurt Adel: Geist und Wirklichkeit 67; Heinz Rieder: Josef Pfandler in: Die Goldmacher 69; Herbert Cysarz: Josef Pfandlers Prosa und Lyrik, in: Inbilder 75; Elisabeth Schicht: Wer im Werk den Lohn gefunden 76.

Pfannebecker, Justus, c/o R. G. Fischer-Verl., Frankfurt a.M.
V: Regen in der Kandel, G. 83. ( )

Pfannmüller, Walter, Dr. phil., StudR. i.R.; Reichenbergerstr. 46, D-5340 Bad Honnef, Tel. (02224) 75319 (Arolsen 14.8.13). Lyrik.

V: Der Nachlaß Peter Hilles 40; Nun lob ich wieder, Natur-G. 43; Gedichte 50.
H: Lyrische Flugblätter 72 ff. —
MH: Comenius, Orbis pictus 64.

Pfannschmidt, Ewald, Redakteur; Lindenstr. 3, D-5778 Meschede, Tel. (0291) 6702 (Dortmund 6.9.02). Roman, Novelle, Essay.
V: Der singende Bauer, R. 41; Forsthaus Ruhland, R. 51.

Pfaus, Walter G., c/o Bastei-Verlag Lübbe, Bergisch Gladbach.
V: Das ideale Mörderpaar, 2. Aufl. 79; Der Teufel hat die Hand im Spiel 81; Blindekuh 81; Das Ende einer Musterfrau 82, alles Krim.-R. ( )

Pfeffer, Alla, Sprachheilpädagogin; Förderstip. f. Lit. des Landes NRW 77; Kunstbeirat (Lit.) d. Landeshauptstadt Düsseldorf; Feldstr. 11, D-4000 Düsseldorf, Tel. (0211) 483653 (Odessa 25.5.35). Kurzgeschichte, Roman, Lyrik, Film.
V: Sprich ohne Angst, Kurzgesch. 77; Füttere mich, Kurzgesch. 79. —
MV: Literarische Patenschaften, Kurzgeschn. 77.
F: Lit. Beteiligung am Kulturfilm Die andere Seite.
R: Lit. Beteiligung am Fsf. Die Gretchenfrage.
Lit: Lore Schaumann: Die tägliche Mutprobe in: Düsseldorfer Hefte 77; Rolfrafael Schröer in: Düsseldorf. ( )

Pfeffer, Werner, Dipl.-Ing.; L.V.G.; Hauptstr. 39a, A-4040 Linz/D. (Linz 17.9.51). Lyrik, Roman, Liedtexte.
V: Finderlohn — poetische Zuversichten, Lyr.-Kurzgeschn. 81.
S: Linzer Szene 81; Roter Engel 82; Versch. Produkt.

Pfeifer, Tadeus; Gruppe Olten 74; Mittlere Str. 64, CH-4056 Basel, Tel. (061) 251450 (Freiburg i.Br. 5.4.49). Drama, Lyrik, Novelle, Hörspiel.
V: Trauer, Kurzprosa 74; Das Feuer des Steins, Erzn. 81; Ich ahne was ich weiß, G. 82; Die schönen Seiten des Lebens, R. 84.
B: Buddenbrooks, Sch. nach d. R. v. Th. Mann 76. — **MA:** Groß und rot stehn immer noch die Münstertürme 75; Zwischensaison 2 76; haltla 78; Moderne deutsche Liebesgedichte 80; Redewechsel 81; Letztes Jahr in Basel 82; Der Himmel voller Wunden (Ue) 82; Geräusche 83.
H: POESIE, Lit.zs.
R: Häxebanner, Dialekthsp. 71; Vogel Gryff, Fs. 83.

Pfeiff, Karl Arno, Dr.phil., Studien-
direktor i.R.; An der Luhs 32, D-5330
Königswinter 1-Oberdollendorf, Tel.
(02223) 26112 (Ober-Leschen 15.7.09).
Ue: G (Agr).
V: Apollon, Die Wandlung seines
Bildes in der griechischen Kunst 43.
Ue: Aischylos: Prometheus, m. Nachw.
64; Sophokles: König Ödipus, m. Einleit.
69.

Pfeiffer, Elisabeth; Sadowastr. 25, D-
5600 Wuppertal 1.
V: Abschiedsmeer, G. 80. ( )

Pfeiffer, Ernst, Dr.phil.h.c., wiss.
Schriftsteller; Am Feuerschanzen-
graben 3, D-3400 Göttingen, Tel. (0551)
72487 (Trettin b. Frkf./O. 8.6.93).
MA: Rilke und die Psychoanalyse in:
Literaturwiss. Jb. 76; Zugang zu Rilke
in: Literaturwiss. Jb. 77.
H: Lou Andreas-Salomé: Lebens-
rückblick 51, 68; Rainer Maria Rilke -
Lou Andreas-Salomé: Briefwechsel 52,
75; Lou Andreas-Salomé: In der Schule
bei Freud, Tageb. 58, 65; Paul Rabbow:
Paidagogia. Die Grundleg. d. abendld.
Erzhgs.kunst in der Sokratik 60;
Sigmund Freund - Lou Andreas Salomé:
Briefwechsel 66; Friedrich Nietzsche ,
Paul Rée, Lou von Salomé: Die
Dokumente ihrer Begegnung 70; Lou
Andreas-Salomé: Amor, Jutta; Die Tarn-
kappe 60; Lou Andreas-Salomé: Ein-
tragungen, Letzte Jahre 82; Lou
Andreas-Salomé: Fenitschka; Eine Aus-
schweifung, 2 Erzn. 83.

Pfeiffer, Gisela, Schriftstellerin,
Journalistin, Gärtnerin; VS 73; 1. Pr. Jb.
Dt. Dichtung 79, Förderpr. d. Landes-
hauptstadt München 81; Haidhauser
Werkstatt München 81; Wörthstr. 8, D-
8000 München 80, Tel. (089) 4484091
(Wustrewe/Altmark). Lyrik, Roman,
Novelle.
V: Das Geschrei der Fische 63;
Attacke der Hähne 68; Tod sitzt im
Auge 71; Das Spiel 72, alles Lyr.;
Abschiedsparty, R. 77; Zu bauen eine
Kathedrale in der Wüste, Lyr. 80; Old
Willi oder der Rattenkönig, Kurzprosa
82.
S: Der General.

Pfeiffer, Hans, Dipl.-Philosoph, Prof. a.
Inst. f. Lit. Leipzig; SV-DDR 57;
Kunstpreis d. Stadt Leipzig 65, 71, Th.-
Körner-Pr. 80, Nationalpr. f. Kunst u.
Lit. 80; Str. des 18. Oktober 15, DDR-701
Leipzig, Tel. 313421 (Schweidnitz
22.2.25). Drama, Essay, Roman, Hörspiel,
Fernsehspiel.

V: Nachtlogis, Dr. 55; Laternenfest, Dr.
57, 61; Ein Abschied, Dr. 57, 58; Die
Höhle von Babie Doly, N. 57; Hamlet in
Heidelberg, Dr. 58; Begriff und Bild, Ess.
58; Das Restaurant in Shanghai, Lehrst.
59; Sperrzone, N. 59; Zwei Ärzte, Sch. 59;
Die Mumie im Glassarg 60; Schuld sind
die andern, Sch. 61; Schüsse am
Hochmoor, Krim.-Geschn. 61; Sieben
Tote brauchen einen Mörder, Krim.-R.
64; Mord ohne Motiv, Krim.-R. 65;
Begegnung mit Herkules, Kom. 66; Die
Sprache der Toten, Krim.-Tats.ber. 68,
71; Plädoyers, Krim.-Tats.ber. 71; Tote
Strombahnen, Krim.-R. 74; Thomas
Müntzer, Sch. 75; Thomas Müntzer, R.
75; Die Spuren der Toten,
Kriminaltats.ber. 77; Die eine Seite des
Dreiecks, Krim.-R. 80. – **MV:** Wolodja,
Alexei und ich, Sch. 67; Münchhausen
auf Artemis, Kom. 71; Kleine Gärten,
große Leute, Kom. 71; Salut an alle.
Marx, Dok.-St. 76; Heines letzte Liebe,
Dok.-St. 77; Marx-Engels – Stationen
ihres Lebens, Dok.Fsp.-Serie 79, 80.
B: Das schwedische Zündholz (n.
Tschechow), Krim.-Kom. 62.
H: Stevenson: Der Leichenschnapper,
Krim.-Erzn. 61; Mordfälle aus dem
Neuen Pitaval 63.
R: Schüsse am Hochmoor; Das
schwedische Zündholz; Salto mortale;
Sieben Tote brauchen einen Mörder,
alles Hsp.; Die haarsträubenden
Abenteuer des Privatdetektivs Dick
Dickson, Hsp.-R., Hsp.-F. T. 7 – 10 66, T.
11 – 13 68; Teufel im Paradies, Fsp. 62;
Leichenschnapper, Fsp. 63; Die heiligen
drei Könige, Fsp. 64; § 51, Hsp. 65; Wem
die Glocke schlägt, Fsp. 66; Zeugen, Fsp.
66; Zielansprache, Fsp. 67; Dort unten in
Alabama, Hsp. 68; Rechnung mit
Unbekannten, Fsp. 68; Identifizierung
eines unbekannten Toten, Hsp. 70; Denn
ich sah eine neue Erde, Fsp. 70;
Geheimprozeß Grusinius und andere,
Fsp. 74; Der Sandener Kindesmord-
prozeß, Fsp. 74; Sensationsprozeß
Lafarge, Fsp. 75; Scharnhorst, Fsp-Serie
78; Das Komplott, Fsp. 79; Clausewitz.
Ein Lebensbild, Fsp. 80; Joh. Paul
Schroth, Fsp. 81; Paris, noch einmal,
Hsp. 83; Kopf und Herz, Fsp. 83.
S: Salut an alle. Marx 79.
Lit: H. Herting: Zum Schaffen Hans
Pfeiffers in: Weimarer Beiträge 3 81.

Pfeiffer, Herbert Oscar; Dram.-Un. 56;
Bachemer Str. 156, D-5000 Köln-
Lindenthal (Köln 16.1.02). Drama, Lyrik,
Novelle, Hörspiel.

V: Frühe Ernte, G. 20; Waldhochzeit, G. 21; Die stille Insel, R. 23; Pygmalion wird kuriert, Kom. 46; Ein Mann kehrt heim, Sch. 47; Krakeel em Olymp, Kom. 47; Der Brief des Urias, Sch. 56; Trojanische Helena, Sch. 66; De Hunne kumme, Kom. 69; "Pro & Contra", Aphor. 71; Kölsche Carmen, Kom. 71; Dä Freischmitz, Kom. 74; Ketzereien Kölner Köpfe, Aphor. 78; Dr. Strofesel 80.

Pfeiffer, Mimi; Geisinger Steig 13, D-8080 Fürstenfeldbruck (Schlaggenwald b. Karlsbad 14.5.14). Heiterer Roman.
V: Den Chef heirate ich, R. 69, 71.

Pfeiffer, Ottilie, Dipl.-Bibliothekarin, Hausfrau; Europäische Autorenvereinigung Die Kogge e.V. 74, VS 75; Arbeitsstip. d. Landes NRW 77; In der Schlage 7 a, D-5804 Herdecke, Ruhr, Tel. (02330) 3550 (Wesel 29.7.31). Lyrik, Erzählung, Jugendbuch.
V: Widerworte aus der Küche, Lyr. Kurztexte 72, 3. Aufl. 79; Machen wir mal einen Sandsturm, Kinderb. 76; Zähl bis 100, Kinderb. 78; Pascha-Pony, Kinderb. 78; Träume stehen im Stundenplan, Kinderb. 78; So klein mit Hut, Kinderb. 78; Zeit, die durch die Sanduhr läuft, Jugendr. 79; Kleine Schritte, Lyr. Kurztexte 79; Die kleine Fee, Kinderb. 80; Ich und du und die andern noch dazu, Kinderb. 80; Anita Dreckspatz, Kinderb. 81; Ein spannendes Buch, Kinderb. 81; Der große Olaf und die kleinen Knüpse, Kinderb. 81; Einer zuviel im Klassenbuch, Jgdb. 82; Ein Spatz auf dem Roten Platz, Reiseber. 82.
MA: In dieser Haut, in: Schallück, m. Neumann, Lyr. Kurztexte II 74.
R: Widerworte aus der Küche, Hsp. 73; Der Job 75, Hausfrau 76, Das Straußenei oder jeder hat das Recht zu brüten 77, Funkerzn.
Lit: Leopold Hoffmann in: Die Warte 72, 78; Hugo Ernst Käufer: Die Wahrheiten, die es zu finden gilt 72; Walter Helmut Fritz in: Neue Deutsche Hefte, Jahrg. 20, H. 3 73; Philipp Rehbirsch in: Neues Rheinland, Jg. 16, H. 11 73.

Pfeiffer, Otto, Pfarrer i.R.; Neudorf 30, D-8762 Amorbach, Tel. (09373) 1742 (Uehlfeld 26.8.98). Autobiographie, Tiererzählung, kirchliche Presse, Lyrik.
V: Ein Deutscher wird Christ, Autobiogr. 37; Poldi. Ein Philosoph auf vier Beinen, Tiergesch. 60; Weg im Helldunkel, Autobiogr. 61; Der lachende Kauz, Pln. 65; Der stillvergnügte Vogel-

freund, Tiererzn. 67; Der Schalk im Kirchenrock, Anekd. 75; Stilles Leuchten, Geistl.-Weltl., G. 82.

Pfeiffer-Belli, Erich (Ps. Andreas Heldt), Journalist; PEN-Zentrum Bdesrep. Dtld; Simeonistr. 13, D-8000 München 19, Tel. (089) 1575358 (Heidelberg 18.8.01). Novelle, Essay, Lit.-, Theater-, Kunstkritik.
V: Silvia, Erz. 36; Die Reise nach Chur, Nn. 41, 48; Das Hauskonzert, Nn. 48; Besuch bei mir selbst. Episteln u. Betrachtungen 49; Oberbayern 58; Klee. Eine Bildbiogr. 64; Rundgang durch die Alte Pinakothek, Kunstb. 69. —
MV: 1901 — Jahr und Jahrgang, m. P. Sethe, H.E. Nossack, Ess. 66; Gabriele Münter. Zeichnungen u. Aquarelle, m. Sabine Helms, Ess. 79.
H: Bücher der Welt seit 60; R. Kassner: Geistige Welten 58; R.M. Rilke: Gedichte. Eine Auswahl 59; Europäische Museen seit 69.

Pfeil, Moritz, s. Augstein, Rudolf.

Pfennig, Jörn; Allacherstr. 107, D-8000 München 50, Tel. (089) 144463.
V: Grundlos zärtlich, G. 79, 82; Hand auf's Hirn, G. 81; Abschied von der Männlichkeit, R. 82.

Pfenninger, Kasper, Bildhauer, Chauffeur; Zeughausstr. 55, c/o Sensor Druck, CH-8004 Zürich, Tel. (01) 2416463 (Wädenswil 17.4.56). Theater, Lyrik, Experimente sprachlich/politischer Art.
V: Der goldene Käfig, Lyr. 80; König Konstantin wollte sich erschießen 81; Die kleine blaue Gassenbibel, polit-Comic 1. u. 2. Aufl. 82; Schweizer Gemüse-Happy Show, Kunst-Comic 83. — **MV:** Aufruf zur Gewalt, m. Eva Baum, Lyr. 1.-3. Aufl. 82.
MA: Freiheit auch für Sackgassen 78; Romannzen 79; Reisen in ferne Oktobernebel 80.

Pfenninger, Oskar, c/o Arche Verlag, Zürich, Schweiz.
V: Das Monster, Erz. 79. ( )

Pfister, Max, Chefredakteur; Schweiz. Presseverr. 61; Tobelmühlestr. 5, CH-7270 Davos Platz, Tel. (083) 36309 (Zürich 28.8.17). Landschaftschilderung, Lyrik, Erzählung, Essay, Hörspiel. **Ue:** F, I.
V: Der Zürichsee, Natur und Kultur 55; Bielersee und St. Petersinsel 59, alles Ldsch.schild.; Schreite gegen Morgen zu, Lyrik 60; Der Zürichsee, Natur, Gesch. u. Kultur, Ldsch.schild. u. Ess. 70; Tessin zwischen gestern und morgen 72; Tessinführer 76; Landschaft Davos 78; Sonnenstube Tessin 77; Phillip

Bauknecht, deutscher Expressionist 77; Graubündenführer I u. II 79; Davoser Persönlichkeiten 81; Parsenn 82. — **MV:** Christian Schenk, ein Lebensbild, Biogr. 56; Langnau, Herz der Oberemmentals 63; Der Hohgant, Krone des Emmentals 64; Schweizer Dörfer und Städtchen 82, alles Ldsch.schild. **H:** Erlebte Berge 46. — **MH:** Junge Schweizer erzählen 71. **R:** Mechanikus Christian Schenk, Hsp. 56. **Ue:** André Renaud: Schweizer Gletscher 49; Marcel Rosset: Der Genfersee 58, u.a.

Pfisterer, Helmut, ObStudR., Berufsschullehrer; VS 80; Herweghstr. 1, D-7000 Stuttgart 1, Tel. (0711) 635800 (Leonberg 7.2.31). Lyrik, Essay, Hörspiel, Funkerzählung, Hörbild. **V:** Die Liebe des Muezzin, Erz. 71; Formaja, Lyr. 76; Bildreihen Metall 75; Der Übertan, Lyr. 79; Weltsprache Schwäbisch, Lyr. 80; Komm gang mir weg, Lyr. 81; Dialectos Schwäbisch 82; Nacht trinkt Sonnenblumen, Lyr. 82. **H:** Geschichten des Mullah Nasruddin 69. **R:** Beweggründe; Panik in der Nacht; Nomaden; Kabul; Unter den Granatäpfeln, u.a. Hörbilder; Psalm vom Fort schritt, u.a. Dicht.

Pflagner, Margit (Ps. Margit Schneider, M.P.), Prof., Verlagslektorin, Journalistin, freie Mitarb. ORF; V.S.J.u.S. 58, Literar-Mechana 77; Anerkennungspr. f. Jgdb. Öst. Bdesverl. Wien 65, Pr.träger Burgenland-Kantate Bgld. Ldesreg. Eisenstadt 71, Würdig.pr. f. Lit. d. Ldes Burgenland Eisenstadt 75, Lit. Ehrenpr. AWMM Brügge 83; Wiss. Beirat d. Intern. Lenau-Ges. 65, Josef-Weinheber-Ges. Wien 66, Intern. Inst. f. Kinder-, Jgd- u. Volkslit. Wien 65, Vorstmitgl. d. Josef-Marschall-Kr. Eisenstadt 66, d. Josef-Reichl-Bdes Güssing 74; Rosentalweg Nr. 1, A-7000 Eisenstadt, Tel. (02682) 52165 (Bielitz, Polen 13.9.14). Jugendbuch, Reisebuch, Kurzprosa, Essay, Hörspiel, Lyrik. **Ue:** F. **V:** Till Eulenspiegel, Jgdb. 61; Findling im Schilf 66; Burgenland, lit. Reiseführer 70; Streifzüge durch Westungarn, Feuilletonsamml. 78; Hans Diplich, Monogr. 82. — **MV:** Karl Kromer: Von frühem Eisen u. reichen Salzherren. Die Hallstattkultur in Öst. 64; Der Neue Elmayer. Gutes Benehmen immer gefragt 69. **B:** Harrer: Sieben Jahre in Tibet 52; Schwab: Sagen d. klass. Altertums 61;

Grimms Märchen, Jubiläumsausg. 62; H. Schweiger: Moderne Türkei 66; M. Nitsch: Eine Träne..., Lenau-R. 67, u.a. **H:** Die goldene Brücke, M. dreier Völker 67; Begegnung m. d. Burgenld, Lit. Anth. 71; Josef Marschall: Agnes Rosner. R.fragm. aus d. Nachlaß 72. — **MH:** Mein Heimatvolk — mein Heimatland, Volksb. 51. **R:** Burgenländ. Passion 58; Grenzbahnhof 72; Findling im Schilf, M. 78. **Ue:** A. Prévost: Manon Lescaut 48; J.-J. Gautier: Der Brunnen z. dreifachen Wahrheit 62; J. Monteaux: L'ogre de papier u.d.T.: Kein Beruf für eine Frau 63.

Pflanz, Dieter; Auswahlliste zum Dt. Jugendbuchpr.; Oeynhauser Str. 23, D-4973 Vlotho, Tel. (05733) 5940 (Witten/ Ruhr 10.8.34). Roman, Novelle, Essay, Kinder- u. Jugendbuch. **V:** Auf südfranz. Wildflüssen 62; Vierzehn 72 (auch dän.); Die Kinder vom Östenshus 73; Ein Mädchen und drei Jungen 74; Ein Nordlandsommer 76; Probeläufer 79 (auch niederländ.); Micha, laß dir nichts gefallen 82. **MA:** Geh und spiel mit dem Riesen 71; Am Montag fängt die Woche an 73; Der Geschichtenbaum 73, alles Anth. *Lit:* in Jugend und Buch, 4/79.

Pflanz, Elisabeth (Ps. Sarah Camp), Dr.phil., Autorin, Kabarettistin, Schauspielerin, Regisseurin; VS; tz-Rosenstrauß 77, AZ Stern 77, 1. Förderpreis der Münchner Abendzeitung 77, Ernst-Hoferichter-Pr. 81; Im Wismat 14, D-8000 München 60, Tel. (089) 8115590 (Rosenheim 11.12.46). Lyrik. **V:** Hymne an einen Neger. Gewidmet dem schwarzen G. I. und seinen Frauen, Lyriksamml. 72; Sexualität u. Sexualideologie des Ich-Erzählers in Günter Grass' Roman "Die Blechtrommel" 76; Baukasten, Eine bayr. Sat. auf das Weihnachtsgeschäft 77; Das rasende Kirchenjahr 79; Kreuzweg, Eine Leidensgeschichte in 14 Stationen 80 (Rdfk 83); Wozu das ganze Theater?, Zwei Einakter 80; Wie man sich bettet, so stirbt man, Zwei Einakter 81; Es darf geweint werden, Polit. Kabarett 81. **MA:** Frieden: Mehr als ein Wort 81; Kürbiskern 1 82, 3 82, 2 83.

Pflanz, Hermann Manfried, c/o Brinkhaus-Verl., Rossdorf. **V:** Suchet nach dem neuen Morgen, G. 83. ( )

Pflumm, Maria; Kaindlstr. 71, D-7000
Stuttgart-Büsnau.
V: Obere Gasse, Dok. in R.-Form 75. ( )

Pförtner, Karl (Ps. Lukas Schramm),
Psychologe; Koberger Str. 47, D-8500
Nürnberg 10, Tel. (0911) 351227
(Neuburg, Donau 19.3.48). Lyrik, Roman,
Essay.
V: goris. Eine Geschichte, R. 75;
keiner hat dich gesehen, Lyr. u.
Kurzprosa 77. — **MV:** ...und viele andere.
5 Jahre Sprachwerkstatt Nürnberg 78.
MH: Lit. Arbeitsjournal. Vjschr. f. Lit.,
Malerei u. Photographie. ( )

Pfrenger, Egon, Textdichter,
Komponist; VGWort 60; Klopstockstr. 2,
D-1000 Berlin 21 (Zella-Mehlis, Thür.
19.11.28). Lyrik, Texte f. Chorwerke.
V: Durch's Loch gesehen, G. 60.
R: Exposé u. red. Betreuung der Fs.
Serien: Im Krug zum Grünen Kranze 69
— 78; Opas Hitparade 70 — 72; Mit Sang
und Klang 72; Show um sechs 72 — 73.

Pfretzschner, Herbert (Ps. Herbert
Kyllburg), Dr. jur., Bundesrichter;
Wattkopfweg 3, D-7505 Ettlingen, Tel.
(07243) 3491 (Köln 23.4.10).
Kurzgeschichte.
V: Bengt, Moses und der Chef, Jgd.-
Erz. 55, Neuaufl. u.d.T.: Wir keilen Bengt
82.

Philipps, Günther (Ps. Ralph Günther
Mohnnau), Dr. jur., RA.; August-Siebert-
Str. 9, c/o Alpha Literatur Verlag, D-6000
Frankfurt a.M. (Bad Kreuznach 13.5.37).
Drama, Lyrik.
V: Rote Blutkörperchen, G. 64;
Antikörper, G. 69; Sokrates oder das
Ärgernis der Philosophie, Dr. 74;
Gammastrahlen, G. 75; Mein Gedicht ist
mein Messer, G. 77; Und da bin ich ab-
gehauen, Kinderstück 79; Heroin/die
regenbogenspringer, Rock-Oper 82.

Pichler, Ernst (Ps. Saharien, Johann
Nepomuk Runkel), Regisseur; Am Berg
18, A-2801 Katzelsdorf (Graz 4.6.30).
Drama, Roman, Hörspiel.
V: Schusterkönig, Jgdstücke 75;
Siebenschön, Jgd-Stücke 78; Der
gestiefelte Kater, Jgdstück n.
Tieck'schen Motiven 81; Cagliostro,
Opernlibr. 78. — **MV:** Wasser f. d. Wüste
74 (franz. 76); Kraft aus d. Sonne 77.
R: Li Ping Piao u. d. grosze Potlatsch,
Hsp.; Schusterkönig, Fs.-Stück; Dr.
Knallkopfs Supermarkt, Fsp.; Der
gestiefelte Kater, Fs. 81; Die Weiße Frau,
Fsp. 81; Der Gefangene, Fsp. 83.

Pick, Arnold Karl; Behringstr. 56, D-
2000 Hamburg 50, Tel. (040) 8807663

(Hamburg 7.4.15). Ortsgeschichtl. u.
heimatkundl. Abhandlungen, Plattdt.
Unterhaltung.
V: Altona + Ottensen 70; Hamburg,
deine Altonaer 74. ( )

von Pidoll zu Quintenbach, Gabriele
Freiin, Dr., pens. Mittelschullehrerin;
Künstlerbund Südtirol; Proefingerweg
3, I- Meran (Prov. Bozen) (Meran 2.5.08).
Lyrik. **Ue:** Rät.
V: Gedichte 63; Öl für die Lampen 70;
Raetischer Mohn 75; Die helle Einsam-
keit, G. 77; Hört ihr die Oboe noch? G.
82.
MA: Bekenntnis zum Schlern 71.
R: Edelkastanie im Südtiroler Herbst
72; Masken in Burgeis 72; Eine Grödner
Künstlerin 73; Geheimnisvolles Fanes
77; Berg ohne Schatten 77; Ladinische
Landschaft 79.

Piechota, Ulrike, Schriftstellerin,
Musikerin; VS 82; Haberstr. 44, D-5090
Leverkusen 1, Tel. (0214) 49058 (Zeitz/
Pro. Sa. 25.3.42). Roman, Satire, Kinder-
u. Jugendbuch.
V: Traumkonzert, R. 80, Tb. 81; Keine
Angst vor Brennesseln, Kdb. 81;
Springen Sie ruhig, Herr Bischof, Sat.
82; Warum darf ich den Rhein nicht
sehen, Kdb. 82; Wenn Mauern kleiner
werden, Jgdb. 83.
R: Bleiben Sie ruhig, Herr Bischof,
Hsp. 82.

Piechotta, Johannes (Ps. Hans Piett);
VS 70; Köbener Str. 6, D-4010 Hilden,
Tel. (02103) 45072. Kurzgeschichte,
Glosse.
V: Aus dem Leben eines Glücksritters
od. Vorgesch. e. Romans 76.
R: Der Fall Livington, Hsp. 68.

Piehl, Kurt, c/o Extrabuch-Verl.,
Frankfurt a.M.
V: Latscher, Pimpfe und Gestapo, R.
83. ( )

Pielicke, Karl, Ingenieur; Leibnizstr.
13, D-3200 Hildesheim, Tel. (05121) 38673
(New York 3.9.04). Roman. **Ue:** E.
V: Daß wir uns einen Namen machen,
R. 80.

Pielow, Winfried, Dr., Prof.; VS;
Ludgerusstr. 6, D-4419 Laer, Tel. (02554)
8183 (Gescher 19.5.24). Lyrik, Erzählung,
Theaterstück.
V: Hallo David — Hau ab, David!, Bü.;
Gift, Profit und Antiane, Bü.;
Verhältniswörter, G. 73; Deutscher
Schwindel, Erzn. 82.
s. a. Kürschners GK.

Pieper, Ingrid, Dr.med., Fachärztin f.
Psychiatrie u. Neurologie; BDSÄ;

Forststr. 30, D-6209 Ramschied, Tel.
(06124) 3465 (Königsberg 8.5.38). Lyrik.
V: Worte gegen den Stein, Lyr. 82;
Glasharfe, Lyr. 83.

Pieper, Josef, Dr.phil., Dr.theol.h.c.,
em.o.UProf.; Aquinas Medal 68, Paulus-
Plak. d. Stadt Münster 80, Romano
Guardini Pr. 81, Balzan-Pr. 82; Dt. Akad.
f. Spr. u. Dicht. 48, Rhein.-Westf.
Akademie d. Wiss. 54; Malmedyweg 10,
D-4400 Münster/Westf., Tel. (0251) 81224
(Elte/Westf. 4.5.04). Essay, Fernsehspiel.
Ue: L, E.
V: Vom Sinn der Tapferkeit 34, 63;
Was heißt Philosophieren? 48, 67; Muße
und Kult 48, 65; Über das Schweigen
Goethes 51, 62; Begeisterung und
Göttlicher Wahnsinn 62; Kümmert euch
nicht um Sokrates, 3 Fsp. 66; Über-
lieferung. Begriff und Anspruch 70;
Missbrauch der Sprache - Missbrauch
der Macht 70; Über die Liebe 72; Über
die Schwierigkeit, heute zu glauben 74;
Was heißt Glauben? 74; Noch wußte es
niemand, autobiogr. Aufzn. 1904 – 1945
76; Über den Begriff der Sünde 77; Noch
nicht aller Tage Abend, autobiogr. Auf-
zeichnungen 45 - 64 79; Buchstabier-
Übungen 80.
R: Kümmert euch nicht um Sokrates,
Fsp. 62, 64; Platons "Gastmahl", Fsp. 65,
66; Der Tod des Sokrates, Fsp. 67, 69
(auch als Hsp. 66, 67, 68).
S: Das Experiment mit der Blindheit
61; Der Verderb des Wortes und die
Macht 65; glauben, hoffen, lieben 81.
Ue: C. S. Lewis: Über den Schmerz, m.
Hildegard Pieper 54, 66.
Lit: Karl Thieme: Ein Anwalt der
Wirklichkeit (Hochland 42) 50; Reinhold
Schneider: Zwischen Schöpfung und
Neuschöpfung (Das literarische
Deutschland 2) 51; Helmuth Kuhn: Die
Weisheit d. Alten in unserer Zeit 74;
Paul Breitholz: Josef Piepers Schriften,
Verz. 74; C. Dominici: La filosofia di
Josef Pieper 80.
s. a. Kürschners GK.

Pieper, Katrin, Verlagslektor;
Heinrich Mannstr. 4, DDR-1254
Schöneiche b. Berlin (Berlin 10.6.36).
Prosaerzählung.
V: Die große Reise des kleinen Jonas,
Bilderb. Erz. 62, 64; Jonas und die
Flunder Fanny 67; Das ABC-Mädchen
80.
H: Um 6 Uhr steh ich auf 79, Bdesrep.
Dtld 80; Kinder 79. ( )

Pieper, Willi H., Architekt; VS;
Feuerweg 62, D-2859 Nordholz
(Eberswalde 4.4.04). Roman.

V: Wie sich die Bilder gleichen, R. 51;
Liebe ist Trunkenheit, R. 71; Bildband:
Bad Sachsa, Textteil 79; Braunlage,
Textteil 80. ( )

†Pieritz, Hildegard, Dipl.-
Bibliothekarin; GEDOK seit 71, VS seit
74, Neue Ges. f. Literatur; Segitzdamm
42/44, D-1000 Berlin 61 (Neuendorf Kr.
Teltow 27.6.99). Lyrik, Roman, Novelle.
V: Frau Arne Flamm, R. 48, 49; Der
Totenweiher, Nn. 48; Zwei Fäuste
Schnee, G. 70, 76; Paradiese, G. 76;
Ausgesetzt auf diesem Planeten, Lyr. 77;
Luftwurzeln, G. 78; 60 Sprachbilder zu
Collagen von Max Ernst, G. 78; Der
weißgewaschene Mensch, G. 80; Und
wenn du mich morgen suchst, R. 80;
Wenn der Lack springt, Nn. 81; Ein
geordneter Mensch und andere
Erzählungen 82.
MA: Versch. Anth.
Lit: Neue Dt. Hefte 2 70, 3 76, 2 78.

Piers, Petra, s. Hoffmann, Hans.

Pies, Eike (Ps. W. van der Horst), Dr.,
Verleger, Schriftsteller; Mettberg 18, D-
4322 Sprockhövel-Herzkamp (Duisburg-
Hamborn 22.3.42). Kulturgeschichte,
Medizingeschichte, Kunst, Theater-
geschichte.
V: Das Theater in Schleswig 1618 –
1839 70; Das Röderhaus 71; Richter und
Knochenflicker 1372 – 1971 72;
Prinzipale - Zur Genealogie des
deutschsprachigen Berufstheaters vom
17. bis 19. Jahrhundert 73; Einem
hocherfreuten Publikum - Kleine
Chronik des Theaterzettels 73; Goethe
auf Reisen 77; Ich bin der Doktor Eisen-
barth 77; Aus dem Jenseits zurück 78;
Willem Piso (1611 - 1678), Begründer der
Tropenmedizin 81; Wickeren und
Gravenhorst bei Uedem, E. Beitr. zur
niederrh. Hofesgeschichte 82; Waldeck
im Hunsrück, Geschichte der
Herrschaft, der Burg und des Schlosses
im Baybachtal 83. – **MV:** Hanns Kurth:
Rezepte berühmter Ärzte aus 5000
Jahren 74; Hanns Kurth: Lex. d. Traum-
symbole 76.
H: Festschrift Otto C. A. zur Nedden
70; Ars vivendi, 26 Holzschnitte v.
Wolfgang vom Schemm 73; Ismail
Coban: Œuvre-Katalog 80; Otto C.A. zur
Nedden: Dokumentation zum 80. Geb.
82. – **MH:** Bühnentexte von Otto C. A.
zur Nedden 77; Zum Beispiel, Kunst-
mappe m. 10 Farbradier. v. Ismail Coban
76; Das Lied vom Roten Fluß, 7 Farbholzschn. v. Ismail Coban; Hommage à

Pablo Neruda, Mappe mit 3
Radierungen v. Ismail Coban.
R: Der Mordfall René Descartes, Fs.
83.

Pieske, Manfred, Buchhändler; SV-
DDR 80; Niehofer Str. 18, DDR-1125
Berlin, Tel. 3767591 (Bernau 2.8.37).
Prosa, Film.
V: Luftschlösser, Erz. 75, 82; Biene zur
Sonne, Erz. 76, 83; Schnauzer, R. 80, 81;
Vom viel zu kleinen Glückspfennig, M. f.
Erw. 81, 83; Orpheus in Bärnau — Drei
Künstlergeschichten 83.

Piet vom Schloss, s. von Rantzau,
Heino.

Pietraß, Richard (Ps. Georg
Lichtenstein), Dipl.-Psych.,
Verlagslektor, Metallhüttenwerker; SV-
DDR 81; Oderberger Str. 18, DDR-1058
Berlin (Lichtenstein/Sa. 11.6.46). Lyrik,
Essay, Nachdichtung. **Ue:** E, Schw, R, F.
V: Poesiealbum 82, G. 74; Notausgang,
G. 80; Freiheitsmuseum, G. 82.
MA: Auswahl 74, G. 74; Don Juan
überm Sund, G. 75; Vor meinen Augen,
hinter sieben Bergen, G. 77;
Zwiebelmarkt, G. 78; Goethe eines
Nachmittags, G. 79; Veränderte
Landschaft, G. 79; Jb. d. Lyr. 1, G. 79.
H: Poesiealbum Keller 77;
Poesiealbum Gryphius, Greßmann,
Ginsberg, Aleixandre, Toller 78;
Poesiealbum Lessing, Celan, Tkaczyk,
Vallejo, Lorenc, Stadler 79; Poesiealbum
Wedekind 80; Uwe Greßmann:
Lebenskünstler, Ausw. 82. —
MH: Auswahl 76, G. 76.
MUe: Werke von: G. von Auden, T.
Hughes, Gustafsson, Tranströmer,
Zwetajewa, Sabolozki, Jewtuschenko,
Wosnessenski, Samoilow, Kochanowski,
Przyboś, József, Weöres, Illyés, Éluard,
Montale u.a.

Pietruschinski, Horst (Ps. Ben
Harder), Lektor; Rathenowerstr. 77, D-
1000 Berlin 21, Tel. (030) 3951992
(13.6.13). Roman, Novelle,
Kurzgeschichte, Hörspiel, Fernsehspiel.
V: Tempel der Vergeltung, R. 53; Die
Juwelen des Monsieur Kostafu, R. 54;
Perlen, Kraken, Haie, Erz. 55; Grünes
Gold am Majamu, Erz. 58, 68; Elf rote
Teufel, Erz. 58, 68; Abschied vom
schiefen Turm, R. 61; Bunter Klee für
Engelchen, R. 64; Bundesliga, Sport-
almanach 63 — 65; Die Deutsche
Bundesliga 1966 — 76; Concha, ein
Mädchen aus Martinique 64; Pepe und
das Indio-Mädchen 66; Der Schatz in
der Schublade 67; Jagd ohne Gnade 69;

Fußballweltmeisterschaft aktuell 70;
Peggy erlebt die Welt 70; Aufbruch in El
Paso 71; Der lachende Fußball 71; Es
geschah an einem Mittwoch 74; Ein un-
vergeßlicher Sommer 76; Verliebt in
Sonne und Sommerwind 76; Fußball
international 77; Kurioses um den Fuß-
ball 77; Die besten elf Fußballclubs 78;
Heißer Tip: Flohmarkt 82.
R: Tor der Tränen, Hsp.

Pietrzik, Angela, Kunsterzieherin;
Hamburger Autorenvereinigung 81; II.
Pr. für Kurzprosa d. Hamburger
Autorenvereinigung 81; Saalkamp 19, D-
2000 Hamburg 65, Tel. (040) 6071122
(Plauen i.V. 30.3.36). Lyrik, Kurzprosa.
V: Wo bin ich eigentlich 82.
MA: Wo liegt euer Lächeln begraben
82; Erste unvermeidliche Annäherung
82.

Pietsch geb. Linde-Klinder, Gerti,
Journalistin, Schriftstellerin; FDA 82;
Freiberger Str. 96, D-7120 Bietigheim-
Bissingen, Tel. (07142) 54369 (Berlin
25.2.27). Lyrik, Prosa.
V: Mit Mücken und anderen Tieren,
G. 70; Rund um das Auto, G. 72; Kleine
Bosheiten, G. 73; Sersheimer Be-
trachtungen, G. 80; Spätsommer eines
Lebens, G. 82.
MA: Ihr aber steht im Licht, Anth. 62;
Du, unsere Zeit, Anth. 65; Das ist mein
Land, Anth. 66; Wenn man's bedenkt -
Verse und Aphor. 65; Würzbüchlein 68;
Diagonalen Anth. 77; Sersheimer Wand-
kalender 80, 81; St. Franziskus-Kalender
81.
H: Mütter und Kinder, Anth. 72.
R: Umgangssprache der Kraftfahrer
62; Was wir aus der Seemannssprache
in die Gemeinsprache übernommen
haben, m. H. Küpper 62; Das Geschäft
mit der Gesundheit 72, u.a. Kurzbei-
träge; Aberglauben 80.
Lit: Bortenschlager: Zwischen Stille
und Lärm 79.

Piett, Hans, s. Piechotta, Johannes.

Pietzonka, Dietrich, Sped.Kfm.;
Schildescher Str. 43a, D-4800 Bielefeld 1,
Tel. (0521) 60437. Lyrik, Roman.
V: Nichtigkeiten oder wie jemand das
Leben entdeckt, Lyr. 81/82.

Pigge, Karl Rudolf (Ps. Frank Arlig);
VS 71; Zum Feldberg 8, D-6384
Schmitten/Ts. 1, Tel. (06084) 3670
(Pirmasens 15.9.32). Lyrik, Prosa, Funk-
text, Bühne.
V: Die Welt der Tsamassen 68; Tante
Nuttchens Erzählungen 68;

Gegenwärtige Zukunft — Lyrik-Dia-Show 77; Zungenrede 83.
MA: Schreibende Schwule 79; Reise ans Ende der Angst 80; Schön ist die Jugend bei guten Zeiten 80; Flax 81; Die falsche Richtung: Startbahn West 82, u.
MH: Käfig-Situationen, Erlebnis, Darstellung 76.
MH: Friedens-Fibel 82.

Pijet, Georg W.; SDS 31, SV-DDR 54; Kinderhörspielpr. d. Dt. Demokr. Rdfk. 60, Johannes R. Becher-Med. in Gold; Brennerstr. 34, DDR-1100 Berlin-Pankow, Tel. 4723117 (Berlin 14.2.07). Jugendbuch, Drama, Hörspiel, Laienspiel, Fernsehspiel, Kurzgeschichte, Anekdote.
V: Kreuzer unter Rot, Dr. 27; Schlacht im Turm, Dr. 28; Die Kumpels, Dr. 28; D-Zug CK 3, 28; Das Mandat, Kom. 28; Der Empörer, Dr. 29; Die Zermalmten, Tr. 29; Die Straße der Hosenmätze, Erzn. 29; Wiener Barrikaden, Erzn. 29; Verrat in der Nacht, Dr. 31; Jagd auf Gespenster, Jgdb. 35; Karl und die Opernsänger, Jgdb. 36; Struppi, Kinder-R. 37, 60; Schrei aus dem Nebel, Jgdb. 38, 58; Der Herr Generaldirektor, Grot. 39; Knurps in der Falle, Jgdb. 46; Tauwetter, Lsp. 46; Das Märchen vom Vogelscheuchenmann, Msp. 46; Kamerad Prinz Dabby, Tiererz. 46; Stachelwanst, Tiergesch. 49; Ehrliche Finder-GMBH, Jgdb. 49; Abenteuer im Kattegatt, Jgdb. 56; Hundert Doppelgeschichten; Unter der Räuberstandarte, Erz. 58; Der stumme Zeuge, Kom. 60; Proviantkolonne, Erz. 63; Der Verdacht, R. 63; Die Bastschuhe und die Diplomaten 70; Eine Tüte voll Kirschen, Erzn. 70; Die Bombe unterm Bett 72; Prozeß für Lenin, Anekdn. u. Episoden 74; Duell mit der Vergangenheit, Anekd. u. Episoden 76.
H: Freundschaft mit Tieren, Samml. v. Tiergeschn. 46 IV.
R: Treibjagd 31, 82, 83; Das Zahngebiß 32; Kameraden der Berge 32; Konzert um Mitternacht 33, 34; Der Zauberkasten 34; Zottels Junge dürfen nicht sterben 35; Abenteuer eines Zehnmarkscheins 50; Wer gewinnt die Wette? 51; Die Geschäfte der Herren Krupp 51; Das Licht besiegt das Dunkel; Helga macht Karriere; Das Geheimnis der Zahlen; Der stumme Zeuge; Pferdejunge Krischan; Der 31. September, u.a. Hsp.; Die Reise nach Berlin, Fsp. 55; Die Geister des Hallasan, Fsp. 56, auch Hsp. 56; Die sprechende Matte 57; Ich will nicht still sein 58; Vor der Entscheidung 59; Alles für die Meisterschaft 59; Der

Musikant von Lichtental 60; Liebesheirat 60; Büchner-Hsp. 61; Bronzener Partisan 63, alles Hsp.; Till Eulenspiegel in Berlin, Fsp. 64; Schmied und Kalif, Fsp. 65; Donaulotse 65; Mietskaserne 65, 78, 83; Mohrenfest in Gualan 65; Das verlorene Geschenk 66, alles Hsp.; Till Eulenspiegel in Berlin, Kinder-Fsp. 69; Das Bild des Vaters, Kinder-Hsp. 69; Der Prozeß um den Knoblauch, Kinder-Fsp. 70; Slawas bester Freund, Kinder-Fsp. 70. - **MV:** Der Beweis, m. H. Kahlow, Fsp. 57; Tilla und der Landvogt, Fsp. 76, als Oper 77.
Lit: Dt. sozialist. Lit., Gesch. d. Arbeiterlit. 72; Im Auftrag der Klasse, Weg und Leistung der dt. Arbeiterschriftsteller 72; Vorwärts und nicht vergessen, Ein Lesebuch, Klassenkämpfe in der Weimarer Republik 73; Texte der prol.revol. Lit. Deutschlands 1919-1933 74; Frühe sozialist. Hörspiele 82; Frühe Hörspiele von Wolf bis Pijet 83.

Pilchowski, Robert; Anton-Roth-Str. 26, D-8170 Bad Tölz, Tel. (08041) 8653 (Luzern 7.4.09). Roman, Novelle, Fernsehspiel.
V: Hadidjah, N. 41; Westmonsun, N. 49; Geliebte Corinna, R. 51, 65; Daddy und Do, R. 51, 64; Der seltsame Herr Klett, R. 51; Geheimnis um Berenice, R. 54; Manuela, R. 55, 65; Hör auf dein Herz - Memsahib, R. 55; Geständnis einer Sechsehnjährigen, R. 56, 67; Kein Talent zur großen Dame, R. 61; Nachsaison in Liebe, R. 66; Die Verirrung des Wolfgang Klett, R. 67.
MA: Menschen im Spiegel, Anth. 50; Im Rasthaus, Anth. 54.
F: Daddy und Do; Geliebte Corinna; Geständnis einer Sechzehnjährigen.
R: Der romantische Teufel, Hsp.; Piet und der Delphin 65; Frau Dr. Meissner 65; Der Mann aus Australien 65; Finderlohn ganz groß 65; Sternschnuppen im Mai 66, alles Fsp. ( )

Pilder-Klein, Hermine (Ps. Renate Molitoris), Dr. phil.; Kulturpr. d. Landsmannsch. d. Siebenbürger Sachsen 81; Neuenheimer Landstr. 10, D-6900 Heidelberg, Tel. (06221) 473555 (Albesti-Bistrita, Rum. 3.1.01). **Ue:** Rum, U.
V: Die Mundart von Bistritz verglichen m. d. Sprachatlas des Dt. Reichs 27.
Ue: Liviu Rebreanu: Die Einfältigen, Erz. 42, Alle Beide, R. 43; Mihail Sadoveanu: Sommersonnenwende, N. 43, Der Wunderwald, M. 51, Kriegserzählungen 52, 53, Prinz Mazarean, M.

54, Der Stieglitz, M. 54, Die Wolfsinsel,
R. u.a. Nn. u. Erzn. 57, 62, Drei Novellen
57, Das Leben Stefans des Großen 57,
Bojarensünde u.a. Erzn. 58, Die Armen
halten Gericht, Erz., Der verzauberte
Janosch, Erz., Ankutzas Herberge und
andere Erzählungen 62, Johannisnächte,
R. 67; Ion Luca Caragiale: Novellen und
Skizzen 48, 53, Eine stürmische Nacht,
Lsp. 53, Herr Leonida, Sch. 53;
Alexandru Sahia: Das lebendige Werk,
Juniregen, Erzn. 49; Petru Dumitriu:
Wolfsjagd, N. 50, Familienschmuck, N.
51, Saat und Ernte, Nn. 52; Ieronim
Cerbu: Liebesgeschichte, Erz. 51; A. G.
Vaida: Der rote Schüler, Erz. 51; Larian
Vîntu: Die fünfte A, Erz. 51; András
Sütö: Die Siebente, Erz. 54, Ein ganzer
Kerl, Erz. 55, Die neuen Opanken, Erz.
55; Ion Creanga: Das Beutelchen mit
den zwei Batzen, M. 55, Die Nadel und
der Schmiedehammer, M. 56, Kindheits-
erinnerungen 56, 59, Das Märchen vom
Harap Alb 58; Emil Gîrleanu:
Erzählungen 55; Barbu Delavrancea:
Novellen und Erzählungen 55; Marin
Preda: Aufbruch, R. 55; Dumitru Mircea:
Weißes Brot, R. 55; Cezar Petrescu:
Fram, der Eisbär, R. 57, 67; Titus
Popovici: Der Fremdling, R. 57; G.
Kubanski: Klawa, Erz.; Stefan
Bănulescu: Die Trappe, N. 68; Camil
Petrescu: Letzte Liebesnacht, erste
Kriegsnacht, R. 70, 75; Jonel
Teodoreanu, Gasse meine Kindheit, R.
71. — MUe: Ion Luca Caragiale: Ein
Brief ging verloren, Sch. m. Ernst
Ossorowitz 52, 53, Werke 62; Alexandru
Mitru: Legenden der Weltliteratur. 69;
Mihail Sadoveanu: Das Liebeslied, Nn.
81.

Pilgrim, s. Scheuber, Josef Konrad.

Pillau, Horst; D.U., VGWort;
Bundesfilmprämie f. "Dr. Reuter reist
nach Rom" 63, Film- u. Fs.preis d.
Hartmannbundes 67; Johann-Hackl-
Ring 88, D-8011 Neukeferloh b.
München, Tel. (089) 465290 (Wien
21.7.32). Theater, Hörspiel, Fernsehspiel,
Roman.
V: Der Kaiser vom Alexanderplatz 64;
Wie Anno 46 65; Die letzte Reise 65; Ein
praktischer Arzt 66; 100000 Taler,
Neufass. 68; Fernsehquiz 69; Braut-
werbung 71; Länderkampf 71; Sohn
gegen Vater 71; Polizisten sind auch
Menschen 75; Und Buddha lacht 80,
alles St.; Familien-Bande, R. 82; Die
Geisterbehörde, R. 83. — **MV:** Das
Fenster zum Flur, mit C. Flatow, St. 59.

R: Berlin, Schönhauser Allee; Reise
ohne Passierschein; Der Trainings-
anzug, alles Hsp; Der Kaiser vom
Alexanderplatz; Der Dokter; Spätsommer; Kudammgeschichten; Zerfall
einer Großfamilie; Der Haupttreffer;
Geisterbehörde; Ein Fall von Zuneigung; Familien-Bande, alles Fsp.

Pille, Hans; VS; Viersener Str. 76, D-
4060 Viersen 11, Tel. (02162) 56924
(Handorf/O. 12.3.16). Roman, Novelle,
Hörspiel, Kurzgeschichte.
V: Sein letztes Gesicht, Nn. 47; Treff-
punkt alte Ziegelei, Jgdb. 60, Tb. 66, 70;
Die Bande O. N., Jgdb. 61, Tb. 68, 70; Die
Nacht als der Regen kam, Jgd.-R. 65;
Nur nicht unterkriegen lassen, R. für
junge Leute 78 (dän. 81); Die Familie
Catalani, R. 80; Die Überraschung um
Mitternacht, Jgdb. 81; 2 Millionen für
Ottavio, Jgdb. 81; Die Frau aus Moskau,
R. 82.
Lit: Walter Scherf: H. Pille: Treff-
punkt alte Ziegelei (Jugendlit. 5) 63.

Piller, Vera; Gruppe Olten 80;
Frankengasse 15, CH-8001 Zürich, Tel.
(01) 475582 (Wiesbaden 31.12.49). Drama,
Lyrik, Hörspiel.
V: Kaputtmacher AG & Co., Lyr. 78;
Aus meinen großen Schmerzen mach
ich kleine Lieder, Lieder 80; Künstler —
aber wie leben?, Bü. 81.
R: Goldfische, Rdfk 81.
S: Holde und Unholde, Tonkass. 80.
Lit: Vorwort v. Werner Bucher in:
Kinderlieder.

Piltz, Georg; SV-DDR 56; Thulestr. 5,
DDR-1100 Berlin, Tel. 4895478
(Frankfurt/M. 18.3.25).
V: Sanssouci 54; Magdeburg 55; Erfurt
55; Franken 58, alles Bildmonogr.;
Deutsche Baukunst 59; Die Kunst
Nordostdeutschlands 61; Deutsche
Bildhauerkunst 62; Die Wartburg 62;
Schlösser und Gärten um Dessau 64,
beides Bildmonogr.; Deutsche Malerei
64; Bauwerke - Baustile 66; In Parks
und Gärten 66; Deutsche Grafik 68;
Kunstführer durch die DDR 69, 79;
Schlösser und Gärten um Berlin 68; Mit
der Kunst auf du und du 71; Görlitz,
Bildmonogr. 71; Streifzüge durch die
deutsche Baukunst, Kinderb. 72; In
alten und neuen Städten 76; Geschichte
der europäischen Karikatur 76;
Stralsund, Bildmonogr. 77; Schlösser
sah ich und Türme 80; Parks und
Gärten, Bildmonogr. 80; Burgen und
Festungen 81; Burgen und Schlösser,
Bildmonogr. 81; Daher bin ich, Luther-

stätten 83. — **MV:** Sozialistische
deutsche Karikatur 1848-1978 79.
  H: James Gillray 70; Paul Garvavni
71; Dmitri Moor 74; Honoré Daumier 74;
Albert Weisgerber 76; Kukryniksy 77;
Rußland wird rot, Sat. Plakate 1918-1922
77; Ein Sack voll Ablaß 83; William
Hogarth 83.

Pilz, Rolf (Ps. Rolf Lennar), ObLehrer;
Rühmann-Filmpreis f. "Der unge-
fährliche Dritte" 39; Am Waldspitz 28,
D-8000 München 70, Tel. (089) 703397
(Leipzig 9.7.11). Drama, Roman, Film.
  V: Der Ehekandidat, R. 41 (auch
span.); Der ungefährliche Dritte, R. 51
(auch span.); Tante Nelly aus Amerika,
R. 52; Der Treubruch, Dr. 53; Die
Mustergattin, Dr. 71 (auch span.);
Klassenlehrer Pilz greift ein, Kinder-
stück 78. — **MV:** Die zwei Naseweise,
Weihnachtsm. 49.
  R: König bin ich; Der Eselskauf; Die
Himmelsreise; Der Fliegenpilz als
Regenschirm; Der Rabenonkel, alles
Hsp. 38.

Pilz-Schottelius, Albert; Hahnenkleer
Str. 25, D-3394 Langelsheim 2, Tel.
(05325) 4195 (Lautenthal im Harz
22.7.02).
  V: Bei uns gieht's lustig zu, Kurzgesch. 61, 76; Uns allen ein fröhliches
Herz, Anekdoten 62, 75; Wie schön
leucht' uns der Morgenstern, Erz. 68;
Ein Kinderherz ist leicht verletzlich,
Erz. 74; Im Banne des Wilderers, Roman
75; Lautenthal — Eine Wanderung, Erz.
79; Durch manches tiefe Tal, Stationen
eines Lebens 82.

Pinkpank, Ernst G., Dr. phil., Pfarrer;
SV-DDR 51; Fritz-Reuter-Preis f. Kunst
u. Lit. 64, DDR-2051 Behren-Lübchin
(Kreien 2.3.19). Lyrik, Roman, Novelle,
Erzählung.
  V: Das Bienenjahr 54, 61.
  MA: Bauern-Jahrbuch, Erzn. 51, 52;
Fritz Reuter - Zur 80. Wiederkehr seines
Todestages 54; Ernte und Saat, Erzn. 58,
62; Jahrbuch 1965 des Inst. f.
Volkskunstforsch. Leipzig, Erzn.
  H: Karl Immermann: Der Oberhof 55,
61. — **MH:** Neue Mecklenburgische
Monatshefte 56 — 57.

Pinner, Erna; VS 34, P.E.N. 53; 3, Cleve
House, Cleve Rd., London NW 63RN, Tel.
(01) 6244361 (Frankfurt/M. 27.1.96).
  V: (alle m. Illustr.) Das Schweinebuch
21; Tierskizzen aus dem Frankfurter
Zoo 27; Eine Dame in Griechenland,
Reiseb. 27; Ich reise durch die Welt,
Reiseb. 31; Wunder der Wirklichkeit,

Kuriositäten d. Tierreichs 55; Panorama
des Lebens 61; Unglaublich und doch
wahr. Merkwürdiges a. d. Tierreich 64.

Piontek, Heinz; P.E.N. 65; Preis d.
Jungen Generation Berlin 57, Andreas-
Gryphius-Preis 57, Münchner Literatur-
preis 67, Eichendorff-Preis 71, Alma-
Johanna-Koenig-Preis 72, Literaturpr. d.
Kultur-Kreises im BDI 74, Georg-
Büchner-Preis 76, Werner-Egk-Pr. 81;
Bayer. Akad. Schönen Künste 68;
Akad. f. Spr. u. Dicht. 69; Dülferstr. 97,
D-8000 München 50 (Kreuzburg/OS.
15.11.25). Lyrik, Erzählung, Roman,
Essay, Hörspiel.
  V: Die Furt, G. 52; Die Rauchfahne, G.
53, 56; Vor Augen, Erzn. 55; Wasser-
marken, G. 57; Mit einer Kranichfeder, G. 62;
Kastanien aus dem Feuer, Erzn. 63;
Windrichtungen, Reisebilder 63;
Klartext, G. 66; Die mittleren Jahre, R.
67; Liebeserklärungen in Prosa 69;
Männer, die Gedichte machen, Ess. 70;
Tot oder lebendig, G. 71; Die
Erzählungen, Ges. Erzn. 71; Helle Tage
anderswo. Reisebilder 73; Gesammelte
Gedichte 75; Leben mit Wörtern, Ess. 75;
Dichterleben, R. 76; Wintertage,
Sommernächte, Ges. Erzn. 77; Das
Schweigen überbrücken. Ausw. 77;
Träumen, Wachen, Widerstehen. Auf-
zeichn. 78; Dunkelkammerspiel. Szenen,
Spiele und ein Stück 78; Wie sich Musik
durchschlug, G. 78; Das Handwerk des
Lesens, Ess. 79; Juttas Neffe, R. 79; Vor-
kriegszeit, G. 80; Was mich nicht losläßt,
G. 81; Werke in sechs Bänden III: Die
Münchner Romane, I: Die Gedichte.
Gedichte aus fremden Sprachen.
  H: Aus meines Herzens Grunde, Ev.
Lyrik aus 4 Jh. 59; Neue deutsche
Erzählgedichte 64; Augenblicke unter-
wegs, Dt. Reiseprosa unserer Zeit 68;
Deutsche Gedichte seit 1960 72; Lieb,
Leid und Zeit und Ewigkeit, Deutsche
Gedichte aus tausend Jahren 81; Ja,
mein Engel. Die besten deutschen Kurz-
geschichten 81; Münchner Edition XXII
Bde seit 80. — **MH:** Ensemble. Jahrb. f.
intern. Lit. 69-79.
  R: Licht über der Küste; Weißer
Panther; Fremde in Sodom; Damals in
den Weinbergen; Die Zwischenlandung;
Vor Robinsons Insel; Dunkelkammer-
spiel; Doppeltes Spiel; Seespuk; Im
Winter wenn es schneit, alles Hsp. - Die
Lieder des Georg von der Vring, Fsp. 66.
  Ue: John Keats: Gedichte 60. —
MUe: William Butler Yeats: Die
Gedichte 71.

Lit: C. Hohoff, K. A. Wolken, K.
Krolow, R. Exner, H. E. Holthusen, H.
Politzer: Über Heinz Piontek 66; K. A.
Wolken, G. Neumann, W. H. Fritz, R.
Exner, M. Gregor-Dellin, E. G. Bleisch,
R. Kunze, H. Lenz, E. Horst: Leben m.
Wörtern, m. Bibliogr. 75.

Pirkhoff, Hans, s. Skalnyk, Johannes.

Piron, Johannes; ISDS 63, VdÜ 69;
Martinus-Nijhoff-Preis f. d. beste Über-
setzung a. d. Niederländ. in e. Fremdspr.
63, Dt. Jugendbuchpr. 76; Fredericiastr.
13, D-1000 Berlin 19 (Frankfurt/M.
23.6.23). Lyrik. **Ue:** E, F, H, I, S.
V: Farbenspiele, G. 53.
Ue: Zahlr. Übers. seit 54, u.a.: Ruskin
Bond: The Room on the Roof u.d.T.: Die
Straße zum Bazar 57; Peter Sourian:
Miri 57; Jean Cocteau: Tagebuch eines
Unbekannten 57, Hahn und Harlekin 58;
Albert Lamorisse: Der rote Luftballon
57; Alverto Denti di Pirajno: Das
Mädchen auf dem Delphin 57; Bertus
Aafjes: Für dich, toller Dienstag 57, Der
blinde Harfner, Ausw. altägypt. G. 58,
Arenlezer achter de maaiers u.d.T.:
Abend am Nil 61; Adriaan Morrien:
Alissa und Adrienne 57, Ein besonders
schönes Bein 57, Laß dir Zeit 60,
Muscheln der Tieflande, niederländ. G.-
Anth. 57, England über alles, Anekdn.
58; Simon Carmiggelt: Hohe Schule 58,
Einfach unerhört 59; C. K. Chesterton:
Lunacy and Letters u.d.T.: Der Spiegel
59, In Davids Laube, isr. Erzn. 59; J. B.
Priestley: Self-selected Essays u.d.T.:
Ironische Spiegelbilder 59, Köstlich,
köstlich 61; Ed van der Elsken: Bagara
u.d.T.: Das echte Afrika 59; Ben van
Eysselstein: Harte Erde 59; Evan S.
Conell: Liebenswerte Mrs. Bridge 60;
Heinr. Zimmer: The King and the
Corpse u.d.T.: Abenteuer und Fahrten
der Seele 61; William Campbell Gault:
Komm stirb mit mir 62, The convertible
hearse u.d.T.: Die Todeslimousine 62,
Vein of Violence u.d.T.: Geld und Gewalt
63; Nick Quarry: Till it hurts u.d.T.: Wer
andern eine Grube gräbt; Jean-Jacques
Thierry: Die Versuchung des Kardinals
62; Gavin Maxwell: God Protect me
from my Friends u.d.T.: Wer erschoß
Salvatore Giuliano? 63; Hugues
Panassié: Die Geschichte des echten
Jazz; Timothy Robinson: When Scolars
fall u.d.T.: Tödliche Logik 64; Martin W.
Duyzings: Mafia 64; A. den Doolaard: De
Verwildering u.d.T.: Am Fuße des
Himmels; Harry Mulisch: Strafsache 61/
54 (Eichmann) 64; Bruce Lowery: Die
Narbe 65; M. Spagnol u. G. Dossena:

Avventure e Viaggi di Mare u.d.T.:
Logbuch 65; Paul Werrie: Liebe auf
Spanisch 65; Winslow: How to be a
Husband u.d.T.: Die Kunst, die Hosen
anzubehalten 66; Henri Troyat: Les
Eygletière 66; Jacques Borel: Die
Anbetung 66; Claude Roy: Léone 68,
Régis Debray: Die Grenze, Ein
gewiefter Bursche 68; Ben van
Eysselstein: Der König im Frauenturm
68; Gaston Leroux: Das Phantom der
Oper 69; Jan Cremer: Made in USA 69;
Simon Carmiggelt: Die Kunst, Groß-
vater zu sein; Fernando Arrabal: Selbst-
darstellung 69; Thomas Berger: Der
letzte Held 70; Patrick Skene Catlin:
Freddy Hill. Die Geschichte eines
modernen Freudenjünglings 70;
Heeresma Inc.: Zu guter letzt in Dublin
70; Simon Carmiggelt: Die Kunst, still-
vergnügt zu sein 70; Alain Labrousse:
Die Tupamaros. Stadtguerilla in
Uruguay 71; J. P. Donleavy: Die
bestialischen Seligkeiten des Balthasar
B., 71; Maurice Chevalier: Mein glück-
liches Leben 72; Damon Knight's
Collection 2 72; Frederik Pohl: Tod den
Unsterblichen 72; José Luis de
Vilallonga: Gold-Gotha (m.a.) 72;
Esteban López: Liebe und Tarock 72;
Curt Siodmak: Das dritte Ohr 73; Michel
Lamberti und Catherine Lamour: Die
Opium-Mafia 73; John Christopher: Die
Wächter 75; Peter Dickinson: Der
Geisterjäger 80; K.M. Peyton: Ruth
kauft Peters Pony 80; Renate Rubin-
stein: Nichts zu verlieren und dennoch
Angst 80; Jorge Semprun: Was für ein
schöner Sonntag! 81; Pierre Schürer:
Flucht im Tretboot 82; Cherry Wilder:
Das Glück von Brins Fünf 82, Das
Feuer, das am nächsten liegt 82; Eric
Daguillon: Der große Spurt 83.

Pirwitz, Horst (Ps. Rainer Schreiber),
Werbekaufm.; Brahmsstr. 9, D-6904
Heidelberg-Eppelheim, Tel. (06221)
60408 (Berlin 19.3.19). Jugendbuch,
Kurzgeschichte.
V: Tai-Mo, der Rikschajunge, Jgdb. 50,
53; Die Reise nach Kanton, Jgdb. 54; Die
Pferde von Luckhill, Jgderz. 57. —
MV: Besinnliche Stunden, Jgdb. 48.

Piscini, Ingrid (Ps. Ina Fritsch), M.A.,
Schriftstellerin; VG-Wort 72; Via
Debussy 9, I-20100 Mailand, Tel. (02)
4080018 (Göppingen 13.8.44). Hörspiele f.
Kinder, Kinderbuch, Erzählung.
V: Wo wird Olli bleiben, Kd.-R. 81.
R: 41 Kd.-Hsp. f. d. Grünen Punkt seit
73, u.a.: Hosenträger, Düsenjäger 77; Die
Kaugummimonster 77; Mutter-, Vater-,

Kindertag 77; Herr Rossi im Kirschbaum 80; Die Geschichte vom
Lupatscho 81; Katzenveilchen 80; Nie
wieder spiel ich mit Karoline 82.

Pitschmann, Siegfried; SV-DDR 59;
FDGB Literaturpreis 61, Heinrich-
Mann-Pr. 76; Stockholmer Str. 4, DDR-
2520 Rostock 22 (Grünberg 12.1.30).
Drama, Roman, Novelle, Film, Hörspiel.
V: Wunderliche Verlobung eines
Karrenmannes, Erzn. 62; Kontrapunkte
68; Männer mit Frauen, Erzn. 74; Er und
Sie, 3 Studien f. Schausp. u. Publikum
75; Auszug des verlorenen Sohnes, Erzn.
82.
H: Im Schritt unserer Zeit, Anth.
schreibender Arbeiter 62.
F: Leben mit Uwe, m. L. Warnecke 74.
R: Ein Mann steht vor der Tür, Hsp.
60; Sieben Scheffel Salz, Hsp. 60; Die
Frau am Pranger, Fsp. 62, alle m.
Brigitte Reimann; Der Direktor, Funk-
Erz. 67; Der glückliche Zimpel, die Frau
und die Flugzeuge, Hsp. 74. ( )

Pivonas, Viktoras, Geschäftsführer;
Birkenwaldstr. 35, D-6053 Obertshausen,
Kr. Offenbach, Tel. (06104) 73147
(Kibarty, Litauen 23.6.33). Roman, Hör-
spiel.
V: Das Ende der Suche nach dem
verlorenen Samowar, R. 76;
Verbesserung des Klimas, R. 79.
R: Für die linke Hand, Hsp.

Piwitt, Hermann-Peter; VS; Pr. der
jungen Generation Berlin 68, Pr. der
Villa Massimo Rom 71/72; Goebenstr. 9,
D-2000 Hamburg 20, Tel. (040) 495719
(Hamburg 28.1.35). Roman, Novelle,
Essay.
V: Herdenreiche Landschaften, Erzn.
65; Das Bein des Bergmanns Wu, Ess.
71; Rothschilds, R. 72; Boccherini und
andere Bürgerpflichten, Ess. 76; Die
Gärten im März, R. 79; Deutschland —
Versuch einer Heimkehr, R.-Ess. —
MV: Das Gästehaus, R.
MH: Jugoslawische Erzähler der
Gegenwart, Anth. 62; Die Siebente
Reise, Utopische Erzn. 78.
Ue: Miodrag Bulatovic: Die Lieben-
den, Der rote Hahn fliegt himmelwärts
60, Der Schwarze 63.

Pixner, Brigitte, Dr. jur., freie Autorin;
Ö.S.V. 78, P.E.N. 80; Wattmanng.
93, A-1130 Wien, Tel. (0222) 8489145
(Wien 25.11.42). Lyrik, Erzählung,
Roman, Hörspiel.
V: Zeitflocken, Lyr. 78; Blau-Säure-
Bilder, Lyr. 80; posthuman, Prosa 81.

MA: Mörikes Lüfte sind vergiftet 81;
Mitteilungen 81; Lyrik 81; Spätlese 82;
Nach dem Brennen zu singen 82;
Liebesgeschichten — Verständigungs-
texte 82; Die Paradiese in unseren
Köpfen 83.
MH: Bakschisch, vierteljährl. Zs. f.
humorvolle u. skurrile Texte.
R: Blau-Säure-Bilder, Lyr. 80;
Literatur am Freitag, Lyr. 82.

Plancherel, Roswitha, Journalistin;
Anteil am Dt. Jgdb.preis f. d. Übersetz.
"Insel d. blauen Delphine" 63; Plattenstr.
68, CH-8032 Zürich, Tel. (01) 2519663
(Rickenbach, Kt. Solothurn 17.4.20)).
Ue: E, F.
MV: Otto Walter: Dr. Ernst Feigen-
winter 44; Der Stern, der vom Himmel
fiel 78.
B: John Steinbeck: Amerika und die
Amerikaner 66.
H: Silja Walter: Das Kloster am
Rande der Stadt 71. — **MH:** Silja Walter:
Jan der Verrückte 78.
Ue: Louis de Wohl: Die seltsame
Tochter 46, Ich bin Dr. Zodiac 49;
Michael de la Bedoyère: Katharina, die
Heilige von Siena 52; Berthe Bernage:
Der Roman des Mädchens Elisabeth 53-
60 V; Pierre Daninos: Les carnets du
Major Thompson u.d.T.: Major
Thompson entdeckt die Franzosen 55,
Ferien um jeden Preis 59, Ein gewisser
Monsieur Blot 61, Bla-Bla, 1000 Worte
für Cocktailparties 64, Snobissimo 66,
Die schwarze Couch 68; Paul Horgan:
The common Heart u.d.T.: Das Haus der
Sonne 57, Give me Possession u.d.T.: Die
zweite Heimkehr 59; Edith Saunders:
König der eleganten Welt 57; Honoré de
Balzac: Die Kunst (zu spät) nach Hause
zu kommen 59; Gerald Hanley: Without
Love u.d.T.: Noch bleibt das Erbarmen
59; Georges Bernanos: Von der Einsam-
keit des modernen Menschen 61; Scott
O'Dell: Insel der blauen Delphine 63;
Laurie Lee: Lob des Neugeborenen —
Lob der jungen Mutter 66; Die schwarze
Perle 70; Das dunkle Kanu 71; Louis de
Wohl: Helena, Prinzessin aus
Britannien 63; Ben Shahn: Love and Joy
about Letters; Jessica Mitford: Der Tod
als Geschäft 65; Nicholas Stuart Gray:
Der seltsame Gast im Keller 66; Marcel
Pagnol: Vom lieben Gott, der aus dem
Weinberg kam 71; Henry Bergson: Das
Lachen 71; Georges Simenon: Maigrets
erste Untersuchung 78; Maigrets
Memoiren 78; Madame Maigrets
Freundin 79; Maigret kämpft um den
Kopf eines Mannes 79; Maigret und der

verstorbene Monsieur Gallet 80; Scott
O'Dell: Geh heim, Navaho-Mädchen 73;
Sarah Ferguson: Die Stimme und das
Schweigen 79; Bruce Marshall: The last
ditch u.d.T.: Zu guter Letzt 80; Charles
Tazewell: Der Kleine Graue 81;
Simenon: Maigrets Geständnis 82. –
MUe: Charles-Albert Cingria: Unter-
wegs 79.

Plaschke, Horst, Schriftsteller;
Schulz-Domburgk Pr. 42; Preußerstr. 5,
D-2350 Neumünster (Schkeuditz 8.5.21).
Roman, Novelle, Erzählung, Kurz-
geschichte.
V: Gastspiel in Sachen Ehe 70; Das
funkelnagelneue Fräulein 71; Ein Mann
spielt Hasard, R. 73. – **MV:** Herz ohne
Gnade 55; Verlorene Träume 56; Alles
für den Kater, m. Brigitte v. Streit, R. 73.
R: M 9, Hsp.

Plaschke, Irmgard, Oberlehrerin i.R.;
FDA 83; Preußerstr. 5, D-2350
Neumünster, Tel. (04321) 36919
(Wolfratshausen 11.9.24). Tierbuch,
Kinderbuch.
V: Alles wegen Teddi, Tierb. 81; Birgit,
Polly und das Karussell, Kdb. 82.

Plass, Marie; Waldstr. 15a, D-6349
Mittenaar 4.
V: Das Dorle, R. 81. ( )

Plat, Wolfgang, Dr.jur., Autor,
Dokumentarfilmer; VS; Humboldtstr. 90,
D-2000 Hamburg 76, Tel. (040) 2295782
(Hamburg 11.9.23). Kurzgeschichten.
V: Begegnung mit den anderen
Deutschen 69; Die Familie in der DDR
72; Polnische Gegenwart 73; Deutsche
und Polen 80; Deutsche Träume oder
Der Schrecken der Freiheit 81;
Attentate 82, alles Sachb.; Fliegende
Kühe überm Alsterdampfer,
Kurzgeschn. 83.
R: Zahlr. Dokumentarfilme.

Plate, Herbert, Schriftsteller; VS 67;
Friedrich-Gerstäcker-Preis 65; Waldhof,
D-5220 Waldbröl- Drinhausen, Tel.
(02296) 525 (Hardenberg 15.4.18). Roman,
Tierbuch, Reisebuch, Erzählung,
Fernsehspiel, Hörspiel.
V: Karuna, Erz. 56, 70; Der Clan der
schwarzen Ochsen, R. 56 u.d.T.: Männer
der Steppe 76; Abdullah, der Bandit, R.
56 u.d.T.: Die Flucht nach Karatschi 75;
Jägerfahrt durch den Orient, Reiseber.
56, u.d.T.: Mit dem Drilling durch
Vorderasien 68; Männer der Wüste , Erz.
57, u.d.T.: Wüstensöhne 70; Reiten im
roten Rock, Pferdeb. 57, 62, u.d.T.: Halla
- Weltmeisterin und Olympiasiegerin 68;
Straße der sausenden Peitschen, Erz. 58,

u.d.T.: Der Herr der Karawanserei 72;
Schicksale der Gefährten, Tierb. 58, 61,
u.d.T.: Pferde geliebt und berühmt 76;
Die in der Tiefe leben, Tierb. 59; Vom
Leben treuer Hunde, Tierb. 59; Das soll
der Mensch nicht scheiden, R. 60, 65;
Und plötzlich ist es Gummi, Sachb. 61,
64; Yilmas der Tapfere, Erz. 61, 65, u.d.T.:
Die Spur führt in die Wälder 70; Der aus
dem Dschungel kam, Erz. 63, 68;
PuChan, Erz. 64, u.d.T.: Auf den Pfaden
der Elefanten 73; Der Ring, R. 64, 70; Ist
Gott Brasilianer?, Reiseb. 65; Das Beste
aber ist das Wasser, Sachb. 66, 73;
Brennende Dschungel, Erz. 67, 70;
Pferde in des Pfarrers Stall, R. 68, u.d.T.:
Acht Pferde und ein Stall 77; Erdöl
verwandelt die Wüste, Sachb. 69; Jonny
und Jörn I 70, u.d.T.: Sommersprossen-
Jörn, ein Sparschwein für einen kleinen
Hund 76; II: Die Reise in die weite Welt
70, u.d.T.: Sommersprossen-Jörn, eine
folgenschwere Funknachricht 76; III:
Büffel, Schätze, Indianer 71, u.d.T.:
Sommersprossen-Jörn, das Geheimnis
des roten Anoraks 77, alles Kinderb.;
Narren und Knöpfemacher, R. 70;
Gebrüllt, gebellt, gewiehert und
gepfiffen, Tierb. 70, u.d.T.: Von kleinen
und großen Tieren 77; Zeit der Pferde,
Jgd.-Sachb. 71; Verklingender Hufschlag, Kulturgesch. d. Pferde 71; Über
die Ketten der Lutingbrücke, Jgd.-
Sachb. 74; Was steckt dahinter, M. 75;
Attila, Sachb. 74; Dschingis Chan,
Sachb. 76; Ponnys, Tier-Sachb. 76;
Unsere Freunde 1: Hunde 71, 2: Katzen
71, 3: Pferde 72, 4: Kamele 72, 5: Esel 73,
6: Elefanten, alles Jugendsachb.; Der
wildgewordene Gummibaum, Kinderb.
78; Zwei hauen ab, Kinderb. 79;
Abenteuer Natur, Sachb. 79; Es ist
übrigens Herbst, Erzn. 80; Forsthaus
Wolfsgrund 80; Wilderer in Wolfsgrund
81; Spuren in Wolfsgrund 82; Abenteuer
in Wolfsgrund 83, alles Kdb.; Die große
Herbstjagd, R. 83. – **MV:** Das Land der
Türken, Bildb. 57.
H: Unterm Hufschlag klingt die Welt,
G. 76.
R: Gerti und Puck machen eine Reise,
Gsp. 63; Hassan ibn Sabbah, Fsp. 63; Der
aus dem Dschungel kam, Fsp. 64;
Brennende Dschungel 70; Käpten Jonny
und Sommersprossen Jörn 77, Hspe f.
Kinder- u. Jugendfk.

Platzdasch, Ralf; Mörfelder Landstr.
240, D-6000 Frankfurt a.M.
V: Streiflichter, G., 2. erw. Aufl. 81. ( )

von Plawenn-Salvini, Oswald *

Plecha, Darius, s. Zischka, Anton.

Plenzdorf, Ulrich, Film-Szenarist a. d. Film-H. Potsdam; Heinrich-Greif-Pr. 71, Heinrich-Mann-Pr. 73, c/o Hinstorff Verl., Rostock, DDR (Berlin 26.10.34). Erzählung, Theater, Film.
V: Die neuen Leiden des jungen W., Erz. 73, 80, Bdesrep. Dtld 73, 83 (auch als Theaterst.); Die Legende von Paul und Paula 74, 77; Karla. Der alte Mann, das Pferd, die Straße, Texte z. Filmen 78, Bdesrep. Dtld 80; Legende vom Glück ohne Ende 79, 82, Bdesrep. Dtld 81.
F: Mir nach Canaillen 64; Weite Straßen stille Liebe 69; Kennen Sie Urban? 71; Die Legende von Paul und Paula 73. ( )

Plepelić, Zvonko, Bibliothekar; Joachim-Friedrich-Str. 13, D-1000 Berlin 31, Tel. (030) 8913262 (Pleso/ Jugosl. 1.1.46). Lyrik.
V: Jedem das Seine oder auch nicht, G. 78; Du kommen um sieben, G. 80; Niti ovdje niti tamo, G. 81.

Pless, E.W., s. Voss, Willi.

Plessen, Elisabeth Gräfin, Dr., Schriftstellerin; Stuttgarter Platz 22, D-1000 Berlin 12 (Neustadt/Holstein 15.3.44). Lyrik, Erzählung, Essay, Fernsehdramatisierung, Reisebericht.
Ue: E.
V: Fakten und Erfindungen. Zeitgenöss. Epik im Grenzgebiet zw. fiktion u. nonfiction 71; Mitteilung an den Adel 76; Kohlhaas 79; Zu machen daß ein gebraten Huhn aus der Schüssel laufe 81.
MH: Katia Mann: Meine ungeschriebenen Memoiren 74.
F: Katia Mann erzählt, I, II.
R: Der Zauberberg, Fsp. n. Thomas Mann; Der Idiot, Fsp. n. Dostojewski.
MUe: Ernest Hemingway: Die fünfte Kolonne, Sch. 68, 49 Depeschen, Zt.-Ber. 69, Inseln im Strom, R. 71; Robert Lowell: Prometheus am Pranger, Sch. 70, alle m. Ernst Schnabel.

Pleßl, Rupert; Förderungspreis d. Landes NdÖst. 62, A-3753 Dallein 25, Post Hötzelsdorf, Tel. (02913) 276 (Trautmannsdorf b. Geras 15.5.13). Roman, Novelle, Laienspiel, Hörspiel.
V: Heinerl, R. 54, 57; Sonntagsglocken, R. 56, 58; Das Dorfübel, R. 56; Der Steinhauser Klaus, R. 58; Der zerbrochene Haussegen, R. 60, 69; Friedl und Marianne, R. 61; Am Weg zur Freude, R. 71; Schicksal zwischen Rädern, R. 72; Der langhaarige Valentin, Lsp. 72; Das eifersüchtige Weiberregiment, Lsp. 73; Ein Muttertag beim Ebner, Laisp. 74;

Liebe auf den ersten Blick, Lsp. 74; Kriecherl in Bad Frauenbrunn, Hsp. 75; Spiel mit dem Feuer, R. 76; Zeichen am Himmel, R. 78; Antonia, R. 79; Unerfüllbare Wünsche, R. 80; Der Pechvogel, R. 83.

Pleticha, Heinrich, Dr. phil., ObStudDir.; P.E.N. 80; Prämie Dt. Jgdb.-Preis 67, Kulturpreis d. Stadt Würzburg 76; Dt. Akad. f. Kinder- u. Jugendlit. 77, Sud. Akad. d. Wiss. u. Künste 82; Walther-von-der-Vogelweide Str. 20, D-8700 Würzburg, Tel. (0931) 73471 (Warnsdorf/ČSR 9.9.24). Erzählung, Jugendbuch, historisches Sachbuch.
V: Ritter, Burgen und Turniere, Jgdb. 61, 77 (auch jap.); Römisches 64; Ihnen ging es auch nicht besser, Jgdb. 65, 67, 77; Bürger, Bauer, Bettelmann 71, 76 (auch jap.); Landsknecht, Söldner 74 (auch jap.); Weltgeschichte in Zinn 76; Abenteuerlexikon 78. — **MV**: Zwischen Ruhm und Untergang 66; Lettern, Bücher, Leser 70.
MA: Die Großen der Welt, Jgdb. 55, 76, 78; Die Mächtigen der Erde, Jgdb. 57, 64.
H: Der Weg ins Unbekannte 53; Wir leben seit fünf Sekunden, Jgdb. 58, 59; Nur Neues unter der Sonne, Jgsb. 59, 63; Geschichte aus erster Hand 61, 71, 79; Kulturgeschichte aus erster Hand 62, 65; Julius Cäsar 65; Das große Buch der Wikinger 65; Der Mahdiaufstand in Augenzeugenberichten 67; Italien aus erster Hand 69; Auf der Spur des Roten Mannes 75; Lese-Erlebnisse 78; Überall ist Abenteuer 81; Deutsche Geschichte I-XII seit 81. — **MH**: Zeitgeschichte aus erster Hand 68, 70, 79; Entdeckungsgeschichte aus erster Hand 69, 70; Panorama der Weltgeschichte 76; Die Römer 77.

Plönges, Karl; Nordstr. 10, D-4290 Bocholt.
V: Hundenächte 76, 78; Das Brandmal 80. ( )

Plötze, Hasso (Ps. Hasso Hecht, Jens Falkenhain); D.A.V. 55; Paul-Keller Weg 2, D-5200 Waldbröl, Tel. (02291) 2197 (Hannover 19.9.21). Roman, Shortstory, Hörspiel, Fernsehspiel.
V: Galgenvögel zwitschern nicht 65; Dreizehn Stufen bis zum Galgen 66; Auf die Hörner genommen 67; Arzt und Dämon 68; Skalpell für den Teufel 69; Pest an Bord 69; Waidmannsheil, Herr Kommissar 70; Tod an fremder Küste 71; Doppelt gestorben 71; Polizeiarzt Dr. Brent 72; Arzt im Teufelskreis 72; Im Bannkreis des Todes 73; Mord in der Klinik 73; Insel der Verlorenen 73; Wer

hat schon ein Alibi 74; Bis der Mord euch scheidet 74; Fluchtweg 79; Die kalte Hand 79; Die Tätowierung 79; 220 Volt 80; Gift und Gewalt 80; Zyangas 80; Eine Geisel zuviel 80; Lupara 81; Formel für Mord 81; Rufmord 81; Mord hat keine Zunge 82.

R: Blinde sehen mehr 59; Vier Jahre danach 68; Freundschaft verpflichtet 70; Ritter Blaubart 71; Perlen bedeuten Tränen 71; Der Prügelknabe 71, alles Hsp.; TATORT Kassensturz 76; The Outsiders (2 Epis.) 77; Soko 51/13 (19 Epis.) 77, alles Fsp.

Ploog, Ilse (Ps. Ilse Windmüller), Lektorin; Varnhagenstr. 18, DDR-1071 Berlin, Tel. 4498877 (Bad Driburg 2.8.06). Kinderbuch, Novelle.

V: Ist das ein Löwe? 50; Wir fahren aufs Land 51; Er heißt Jakob 51, 61; Lusi, Erz. 63.

H: Die Zaubertruhe, Alm. f. jg. Mädchen 55-74 XX; Erster Kuß mit Schnee 77. — **MH:** Für Kinder geschrieben 79.

Ploog, Jürgen, Pilot; Friedrichstr. 60, D-6000 Frankfurt a.M. 1, Tel. (0611) 725700 (München 9.1.35). Prosa. **Ue:** E.

V: Cola-Hinterland, R. 69; Sternzeit 23, Kurzprosa 75; RadarOrient, Prosa 76; Pacific Boulevard, Prosa 78; Motel USA, Amerikanisches Tagebuch 79; Nächte in Amnesien, Stories 80.

MA: Cut up, Anth. 69; P. C. A. Projekte, Concepte u. Actionen 71.

H: Fernseh Tuberkulose 69; Gasolin 23, Zs. — **MH:** Amok Koma, Anth. 80.

R: Die letzten Worte des Dutch Schultz, m. C. Weissner 70.

Pluch, Thomas, Redakteur; Grazer Autorenversamml.; Daringergasse 20/10, A-1190 Wien, Tel. (0222) 3219503 (Klagenfurt 25.7.34). Drama, Fernsehspiel, Essay.

V: Akzente: Theaterstücke: Hans Gyr, Der Hauptplatz, Der Unfall; Die Entmündigung.

R: Das Jahrhundert der Chirurgen, Gute Genesung, Ach Himmel, es ist verspielt, Ein Frieden für die armen Seelen, Das Dorf an der Grenze, 3 T., Feuer!, Pendelschläge, alles Fsf.

Pludra, Benno, Seemann, Schriftsteller; SDA 53, SV-DDR 55; Lerchensteig 4, DDR-1500 Potsdam-Nedlitz, Tel. (033) 22424 (Mückenberg 1.10.25). Kinderbuch, Erzählung, Roman.

V: Ein Mädchen, fünf Jungen und sechs Traktoren, Kinderb. 51; Die Jungen von Zelt 13 52, 75; Gustel, Trapp

und die andern 53, 55; In Wiepershagen krähn die Hähne 54, 60; Vor großer Fahrt 55, 62; Wenn die Heringe ziehn 55; Sheriff Teddy 56, 75; Haik und Paul 56, 71; Jakob sucht Liebe 58; Bootsmann auf der Scholle 59, 81; Popp muß sich entscheiden 59; Lütt Matten und die weiße Muschel 63, 81; Tambari 69, 81; Die Reise nach Sundevit 65, 79; Sundus und der hafergelbe Hund 75; Wie ich nach Swanetien reisen wollte 75, 78; Trauermantel und Birke 78, 81; Insel der Schwäne 80, 82; Drinnen schläft die Zaubermaus 80, 82; Ein Mädchen fand einen Stein 81; Wie die Windmühle zu den Wolken flog 81, 82. — **MV:** Heiner und seine Hähnchen, m. Ingeborg Meyer-Rey 62, 64; Unser Schiff kommt von Kukkeia, m. Kurt Klamann 62.

F: Ein Sommertag macht keine Liebe 61; Lütt Matten und die weiße Muschel 63; Die Reise nach Sundevit 66; Tambari 77; Insel der Schwäne 83.

R: Karin, Fs.-Erz. 62; Lütt Matten und die weiße Muschel, Hsp. 63; Die Reise nach Sundevit, Hsp. 64; Tambari, Hsp. 70; Insel der Schwäne 83.

Plum, Werner (Ps. Michael Merz), Jurist; Meisenweg 18, D-3208 Giesen, Tel. (05121) 770114 (Frankfurt/Oder 20.5.43). Lyrik.

V: Ballungen, G. 79; Als in Babel der Zement erfunden wurde, Samml. 79. ( )

Plunderbaum, Max, s. Roth, Dieter.

Poche, Klaus (Ps. Nikolaus Lennert, Georg Nikolaus); Ostring 4, D-5024 Pulheim, Tel. (02238) 7561 (Halle/S. 18.11.27).

V: Der Zug hält nicht im Wartesaal, R. 65, 77; Atemnot, R. 78. — **MV:** Das OKW gibt nichts mehr bekannt, Ber. m. H. Oliva 61.

B: Wenn ein Marquis schon Pläne macht, Krim.-R. n. J. Becker 65.

F: Jahrgang 45 65; Mein lieber Robinson 71.

R: Der Mensch neben dir: Die Verantwortung, Fsf. 67; Der Mensch neben dir: Die Berufung, Fsf. 67; Rottenknechte, m. H. Stueber, F. Beyer 70; Der Mann und das Mädchen, Fsf. 72; Camping-Camping 75; Geschlossene Gesellschaft 78; Befragung Anna O 77; Collin, nach d. R. v. Stefan Heym 81; Die zweite Haut 81; Der kleine Bruder 81; Hanna von 8 bis 8 83, alles Fsf.

Podehl, Heinz Georg, Maler, Graphiker, Lyriker, Schriftsteller; Kg. 68, VS 75; Arbeitsstipendium LC-Philipp v. Viermundt 78, Ehreng. z. Andreas-

Gryphius-Pr. 80; Böckmannstr. 1, D-4600
Dortmund 41, Tel. (0231) 456355 (Rasten-
burg/Ostpr. 30.3.19). Lyrik, Chronik,
Sage, Märchen, Erzählung.
　V: Stadt ohne Ende, Lyrik 69; Grüner
Abend, Lyrik 70; Abgegriffenes Licht,
Lyrik 74; Salzwind über Breitengrade,
Lyr. Ber. 75; Unter Kaddig und
Kruschken, Erzählgedichte 76;
Fingerhüte für Gartenzwerge, Lyrik 78;
Prussen, Enkel & Erben, Chronik 81;
Prußische Geschichten, Sagen u. M. 83.
B: Eine Dokumentation 80. —
MA: Zeitgedichte 73; Übergänge, Lyrik
75; Aus Deutschlands Mitte 75; Daheim
in einer anderen Welt 75; Widerspiele in
Bild und Text 76; Autoren reisen, Prosa
und Lyrik 76; Almanach 77; Schuld-
schein bis morgen 78; Weh' dem, der
keine Heimat hat 81; Almanach 81;
Dortmund, eine Stadt in Briefen u. Mss.
82; Begegnungen u. Erkundungen 82.

　Podesser, Hanni; Abensstr. 15, D-8423
Abensberg.
　V: Abensberger Gschichtn 78. ( )

　Pöggeler, Franz (Ps. Daniel West), Dr.
phil., o. UProf.; Kogge; Eichendorffweg
7, D-5100 Aachen, Tel. (0241) 803571
(Letmathe/Westf. 23.12.26). Lyrik,
Novelle, Essay.
　V: Der Befehl, N. 55; Der Direktor
kam, N. 56; Alarm des Laubes, G. 58;
Aerogramm, G. 80 u.a.
s. a. Kürschners GK.

　Pölking, Hermann-Joseph;
Großbeerenstr. 56c, D-1000 Berlin 61.
　V: Piele Mucker und die Dinger 81. ( )

　von Poellnitz geb. von Haas, Marion
(Ps. Marion Einwächter), Redakteurin;
St.-Leonhard Str. 70, D-7770 Überlingen/
Bodensee (Smyrna/Türkei 8.12.08).
Lebensbericht.
　V: Du bist mir nah, Lebensber. 50.

　von Pölnitz, Albrecht Frhr., Dr. rer.
pol.; 1. Preis d. UFA 40; Franz-Joseph-
Str. 33/6, D-8000 München 40, Tel. (089)
347509 (München 18.6.99). Roman,
Reisebuch. **Ue:** E.
　V: Buenos Aires und zurück, Reise-
skizzen 30; Berlin - Sahara mit 100 PS
34; Kaffepflanzer in Deutsch-Ost 39, 40;
Verliebt in Afrika, R. 60.
　MA: C. J. Burckhardt: Richelieu 66 III;
Knaurs Konversations-Lexikon.
　Ue: R. M. Gatheru: Kind zweier
Welten 66. ( )

　Pönnighaus, Jörg, Dr.med., Arzt;
Lepra P.O. Box 46, Chilumba, Malawi/

Afrika (Mennighüffen/Westf. 31.10.47).
Lyrik, Kurzgeschichten.
　V: Erzählungen, siebzig Gedichte 81.

　Pörksen, Uwe, Dr., Prof.; Erwinstr. 28,
D-7800 Freiburg i.Br., Tel. (0761) 73985
(Breklum 13.3.35). Roman, Lyrik,
Erzählung.
　V: Aufgeräumt, G. 77; Weißer
Jahrgang, R. 79.
　MH: Nemt, frouwe, disen kranz, G. 82.
s. a. Kürschners GK.

　Pörtner, Marlis; Südstr. 80, CH-8008
Zürich, Tel. (01) 553126 (Zürich 19.8.33).
Ue: E, F.
　Ue: Blaise Cenrars: Gold, R. 59, 60;
Gertrude Stein: Drei Leben, 3 Erzn. 60;
Sergei Eisenstein: Vom Theater zum
Film 60; Sally Watson: Wir bauen ein
Land 61; Henry Miller: Reise nach New
York, Erz. 62; Jean Genet: Alberto
Giacometti, Ess. 62; M. Talmadge u. I.
Gilmore: Pony Express, Kinderb. 62; A.
u. E. Johnson: Das schwarze Zeichen,
Jgdb. 63; Marcel Aymé: Der Zwerg,
Erzn. 64; Ursula Williams: Balthasar,
Kinderb. 60; Margery Sharp: Bianca I
und II, Kinderb. 63, 67; Barbara L.
Picard: Der Wald der Geächteten, Jgdb.
64; Elizabeth Coatsworth: Janet muß
warten, Jgdb. 65; Rumer Godden: Das
verbotene Haus, Kinderb. 67; Annabel
und Edgar Johnson: Die goldene Hand,
Jgdb. 67, Lauf David lauf, Jgdb. 68; Sally
Watson: Wir aus dem Kibbutz, Jgdb. 68;
Federica de Cesco: Der Türkisvogel,
Jgdb. 67, Der Berg des großen Adlers,
Jgdb. 70, Was wißt ihr von uns, Jgdb. 71;
Emily Smith: Emily, Kinderb. 70;
Marilyn Sachs: Das Bärenhaus und ich,
Kinderb. 76. — **MUe:** Alfred Jarry:
König Ubu 59, Ubu in Ketten 59, Ubu
Hahnrei 59; Jean Tardieu: Der Raum
und die Flöte, G. 59, Kammertheater 60;
Samuel Beckett: Proust, Ess. 60; André
Frénaud: Quelle der Quellen, G. 62, alle
m. Paul Pörtner.

　Pörtner, Paul; Diefenbachstr. 19, D-
8000 München 71 (Elberfeld/Wuppertal
25.1.25). Drama, Lyrik, Essay, Hörspiel.
Ue: F.
　V: Lebenszeichen, G. 56; Sternbild
Selbstbild, G. 58; Schattensteine, G. 58;
Mensch Meier oder das Glücksrad,
Stück 59; Wurzelwerk, G. 60; Experi-
ment Theater, Chronik u. Dokumente
60; Variationen für zwei Schauspieler,
Stück 60; Sophie Imperator, Sch. 61;
Tobias Immergrün, R. 62; Scheren-
schnitt, Sp. 63; Gestern, R. 65;
Entscheiden Sie sich!, Sp. 65; Umrisse,
Erz. 67; Was sagen Sie zu Erwin Mauss?,

Sp. 68; Einkreisung eines dicken
Mannes, Erz. 68; Spontanes Theater,
Konzepte u. Erfahrungen 72; Polizei-
stunde, Sp. 74.

H: Jakob van Hoddis: Weltende, ges.
Werke 58; Literatur-Revolution 1910 —
25, Dokumente, Manifeste, Programme,
seit 60 II; Modernes Deutsches Theater
61 I.

R: Mensch Meier, Hsp. 61; Die
Sprechstunde, Hsp. 63; Schallplatten-
studie I, Hsp. 63; Schallplattenstudie II,
Hsp. 64; Kreisverkehr, Hsp. 64; Dialog
mit einer verschlossenen Tür, Hsp. 65;
Evokationen, Hsp. 66; Was sagen Sie zu
Erwin Mauss?, Hsp. 68; Test, Hsp. 68;
Einmal im Jahr, Hsp. 68; Treffpunkte,
Hsp. 69; Alea, Schallsp. 69; Ich spreche
ich höre, Hsp. 69; Börsenspiel, Hsp. 69;
Einkreisung eines dicken Mannes, Fsp.
70; Transfer, Schallsp. 70; Scherben
bringen Glück, Hsp. 70; Kontakt-
programm, Hsp. 71; Inventur, Hsp. 71;
Interaktionen, Hsp. 71; Hieronymus im
Gehäuse, Hsp. 71; Weltende, Hsp. 73;
Polizeistunde, Hsp. 73; Gew et Sengen
dran, Hsp. 73; Ludi Basiliensis, Hsp. 73;
Ermittlung in eigener Sache, Hsp. 74;
Die Euphorie, Hsp. 74; Was haben Sie
gehört?, Hsp. 74; Schaltwerk, Hsp. 74;
Die menschliche Stimme, Hsp. 74;
Dadaphon, Hsp. 75; Spiel für sieben,
Hsp. 75; Das Tierspiel, Hsp. 75; Hörer-
spiele I, 75; Hörerspiele II, 77;
Comeback, Hsp. 76; Ich, du, er, sie, es,
Hsp. 76; Einmischung erbeten, Hsp. 78;
Blitzlicht, Hsp. 80.

Ue: André Frénaud: Die Herberge im
Heiligtum, G. 59; Unteilbares Teil, G.
60. — **MUe:** Alfred Jarry: König Ubu 59;
Jean Tardieu: Der Raum und die Flöte,
G. 59, Kammertheater 60; Samuel
Beckett: Proust, Ess. 60; André Frénaud:
Quelle der Quellen, G. 62, alle m. Marlis
Pörtner.

Pörtner, Rudolf; Ceram Preis 74;
Rubensstr. 17, D-5300 Bonn-Bad
Godesberg, Tel. (0228) 378817 (Bad
Oeynhausen 30.4.12). Sachbuch.
V: Mit dem Fahrstuhl in die Römer-
zeit 59; Bevor die Römer kamen 61; Die
Erben Roms 64; Das Römerreich der
Deutschen 67; Die Wikinger-Saga 71;
Alte Kulturen - ans Licht gebracht 75;
Operation Heiliges Grab 77; Alte
Kulturen der Neuen Welt 80; Das
Schutzhaus der deutschen Geschichte
82.

Pössiger, Günter (Ps. Hermann von
Altenburg), Soziologe; Heßstr. 32, D-8000
München 40, Tel. (089) 2723256

(Altenburg/Thür. 20.10.30). Essay,
Erzählung, Roman, Lyrik. **Ue:** I, E, F.
V: Doppelter Frühling, Erz. 52; Der
große Heyne Opernführer 67; Die
großen Sänger und Dirigenten, Biogr.
68; Traumbuch — Psychologie des
Träumens, Sachb. 74, 83; PSI — Rätselhafte Kräfte des Menschen?, Sachb. 74,
83; Die 20er Jahre — Chronologie eines
turbulenten Jahrzehnts 74, 77; Angst
erkennen — Angst überwinden, Sachb.
75, 83 (auch holl. u. portug.); Taschen-
buch der Astrologie, Sachb. 77, 83;
Wörterbuch der Psychologie, Sachb. 77,
83. — **MV:** Ich hab's gewagt, Szenen u.
Episoden aus d. Leben Ulrich v.
Huttens, m. Klaus Herrmann 52; Das
Volk steht auf, der Sturm bricht los,
Szenen u. Episoden aus d. Zeit d. Dt.
Befreiungskriege, m. Klaus Herrmann
53; Stadt in der Steppe, R. a. d. Russ. v.
Alexander S. Serafimowitsch, dt. Fass. u.
Nachw. 53; Grundzüge der Musikent-
wicklung von der Frühzeit bis zur
Gegenwart 78.
H: Fritz Weichelt: Mann in blauer
Bluse, G. e. dt. Arbeiters 53; Die
Volksschatztruhe, Erzn. 54 — 55 IV; Der
deutsche Liederschatz, dt. Volkslieder
75, 83; Die schönsten dt. Volkslieder 77,
83; Die schönsten dt. Kinderlieder 77, 83;
Die schönsten Mundharmonikalieder
77, 83; Die schönsten Wander- u.
Fahrtenlieder 79, 83; Die schönsten
Trink- u. Stimmungslieder 79, 83; Die
schönsten dt. Liebeslieder 80; Die
schönsten Jagdgeschichten der Welt 82.
Ue: zahlr. kunstgesch. Werke, u.a.:
Chagall 76; Max Ernst 76; Colin Eisler:
Zeichnungen großer Meister vom
Mittelalter bis zur Gegenwart 76, 82;
Giorgio de Chirico 79, 82.

Poethen, Johannes, Redakteur; VS 67,
P.E.N. 70; Hugo-Jacobi-Dichterpreis 59,
Förderpreis d. Stadt Köln 62, Förder-
preis z. Immermann-Preis d. Stadt
Düsseldorf 67, Bundesverdienst-Kreuz
76; Zur Schillereiche 23, D-7000
Stuttgart 1, Tel. (0711) 288/2507
(Wickrath-Ndrh. 13.9.28). Lyrik, Essay,
Prosa.
V: Lorbeer über gestirntem Haupt, G.
52; Risse des Himmels, G. 56; Stille im
trockenen Dorn, G. 58; Ankunft und
Echo, G. u. Pr.-G. 61; Gedichte 61; Wohn-
stadt zwischen den Atemzügen, Lyrik
66, 79; Im Namen der Trauer, Lyrik 69;
Aus der unendlichen Kälte, Lyrik 70;
Gedichte 1946 — 1971 73; Rattenfest im
Jammertal, Gedichte 1972 — 1975 76;

Ach Erde du alte, Gedichte 1976 - 1980
81.
MA: Mein Gedicht ist mein Messer 55,
61; Transit, Lyrikb. d. Jh.-Mitte 56; Das
Gedicht, Jb. zeitgenöss. Lyrik 56, u.
zahlr. Anth.
MH: Lyrik aus dieser Zeit 1965/66, 67/
68.
Lit: Kurt Leonhard: Innerer Dialog in:
Silbe, Bild und Wirklichkeit 57; Peter
Härtling: Sternbahn in: Zeilen zuhaus
57; R. N. Maier: Paradies der Welt-
losigkeit 64; J. P. Wallmann: Argumente
68, Der Lyriker Johannes Poethen und
sein Werk in der deutschen Lyrik der
Gegenwart (Universitas) 71; Paul
Konrad Kurz: Die Neuentdeckung des
Poetischen 75.

Poetschke, Maria; Brauerstr. 26,
DDR-4407 Oranienbaum.
V: Die Reise nach Pella 79. ( )

Pöttinger, Wolfgang, Konsulent d. oö.
Ldesreg., Schlossermeister, Kunst-
schlosser, Kunstschmied, Metall-
plastiker, Lyriker; Autorenkreis Linz 78;
Zaunegger Str. 9, A-4710 Grieskirchen,
Tel. (07248) 2481 (Grieskirchen, ObÖst.
22.6.32). Lyrik, Essay, kleine Novellen.
V: Lyrik u. Schmiedeeisen 75;
Geformtes Schmiedeeisen 77;
Geformtes Wort – Geformter Stahl,
Lyr. 78; Heiterkeit 81; Mit Herz und
Hammer, Lyr. – **MV:** Schönheit d.
Schöpfung, Meditationen 80.

Pohl, Frank, Dipl.-Physiker;
Wasserturmstr. 17, D-8046 Garching
(Konstanz/Bodensee 1.12.32).
Krippenspiel.
V: Der Engel lebt unter uns; Die
Verheißung des Jesaja, beides
Krippensp; Andrea findet das große
Licht, Sp. 78; Herodes und die drei
Weisen, Weihnachtssp. 79. ( )

Pohl, Horst, c/o Gauke-Verl., Hann.
Münden.
V: Verrückte Geschichten aus
Griechenland 82. ( )

Pohl, Ilse, Hausfrau; Albert-
Schweitzer-Str. 20, D-6072 Dreieich, Tel.
(06103) 84804 (Berlin 7.5.07). Erzählung.
V: Aufregende Sommertage, zwei
Erzn. 76; Das Kuckucksei, Erz. 77; 3 x
Spiekeroog hin und zurück, Erz. für
junge Menschen 78.
MA: Kurzgeschn. in Anth. u. Zss.

Pohl, Klaus, Schauspieler, c/o Verl. d.
Autoren, Frankfurt a.M.
V: Da nahm der Himmel auch die
Frau, Bü. 79; Das Alte Land, Bü. 84. ( )

Pohl, Peter *

Pohly, Burkhard *

Pokorny, Wolf, s. Schrader, Hermann.

Polder, Markus, s. Krüss, James.

Poldys, Carol, s. Radwaner, Leopold.

Pollack, Inge, med.-techn. Assistentin;
Leninring 117, DDR-6000 Suhl (Halle
16.5.36).
V: Komm mit zu den Indianern 75, 82.
( )

Pollak, David (Ps. Paul Christoph), Dr.
jur., Redakteur, Lektor; Ö.S.V. 45, FDA
74; Windmühlg. 15, A-1060 Wien VI, Tel.
(0222) 562972 (Czernowitz 18.2.96).
Novelle, Erzählung, Essay, Kurz-
geschichte, Historiographie. **Ue:** F.
V: La question autrichienne 45; Neue
Lohnregelung, Ess. 46; Maria Theresia
und Marie Antoinette. Ihr geheimer
Briefwechsel 52, 58, 66, 80 (dän.);
Königin Marie Antoinette 52; Die
letzten Briefe Marie Antoinettes 53;
Dokumente zum Drama von Mayerling,
Ess. 55; Das Mädchen von Domremy, N.
56; Großherzogtum Toskana, Ess. 57;
Marie Antoinette, N. 59. –
MV: Lebendige Stadt, lit. Alman. d.
Stadt Wien 55; Mitteilungen d. öst.
Staatsarchivs IX 56, XVII 65; Große
Österreicher X 57.
H: Maria Theresia und Marie
Antoinette. Briefwechsel 52, 58, 80; Die
letzten Briefe Marie Antoinettes 53.
Ue: Vialar: Ein Schatten 48; Natanson:
Gegenfeuer 48; Garnier: Eleonore 48.
Lit: Lebendige Stadt, Alm. X 63. ( )

Polley, Otto Maria, Dr. phil.;
Wulfengasse 11, A-9010 Klagenfurt/
Kärnten, Tel. (04222) 31368
(Feldkirchen/Kärnten 30.5.10). Lyrik,
Roman, Novelle, Essay. **Ue:** Rät (Friaul),
I.
V: Das Abenteuer im Blut, R. 34; Das
neue Haus, R. 35; Der Wald, Erzn. 43;
Gast bei den Göttern, Erzn. 47; Sieben
Tage, Kärnten, Erz. eines Landes 47, 58;
Klagenfurt, die Stadt am Wörther See,
Ess. 59; Morgengesang, Gedichte der
Jugend 77.
MH: Das ist Kärnten / Geschichte,
Bestand, Entwicklung, Sammelwerk der
Kärntner Landesregierung 70.
Ue: Giani Stuparich: Nacht über dem
Hafen, Erzn. 48; Lea d'Orlandi: Onkel
Basilis Himmelfahrt, mus. M. 54.

Pollmann, Elisabeth; Rilkestr. 27, D-
2970 Emden.
V: Dat Hamerke, eernsthaftige un
lüstige Geschn. u. G. 70; Dag um Dagen
79. ( )

Pollmer, Karl Hans; Postschließfach 15, DDR-9416 Zschorlau/Erzgeb..
V: Erzgebirgische Kalendergeschichten 72; Unter den Orgelpfeifen 71; Was der Wald erzählt 73; Der Bannkreis, Erz. 74; Hände Gottes, ein Leben für andere 74, 76; Auf des Vogtlands Hügeln, Wanderb. 76; Gloria, Gloria Gott in der Höh 76, 82; Was der Wald erzählt 76; Berglegende, Erz. 77; Der Pfarrer von St. Barbara 78; Rund um den Geisingberg 79; Die mit uns auf dem Wege sind 80. ( )

Polo, Georg, s. Polomski, Georg.

Polomski, Georg (Ps. Georg Polo), Schauspieler; Töpferweg 10, D-7570 Baden-Baden, Tel. (07221) 64470 (Antonin, Kr. Schildberg 23.3.20). Gedicht, Kurzgeschichte, Roman, Fernsehspiel, Drama.
V: Der goldene Weizenacker, M. 72; Rosen für Liebende, G. 73; Referend Ben Barker; Sonja — Frost in der Frühlingsnacht; Vom Haß verblendet; Das letzte Duell; Bittere Heimkehr; Todfeinde; Mit Colt und Feder, alles R.; Der falsche Schwiegersohn, Schwank; Frechdachs Willibald, Lsp.; Weihnachtslegende, Dr.; Solange wir zwei uns lieben, G.; Auf deinem Gesicht ein Lächeln, G.; Das heilende Wort, Kurzgeschn.; Elsa, Kurzgeschn., alle 82/83. — MV: Weiße Kragen — falsche Dollars; Mach dein Testament, Schwester ...; Der Doppelgänger; Lockvogel in Blond; Wer ist der Boß?; LSD; Morton greift an; Schwarze Diamanten, alles Krim.-R. m. R. Köhler.
R: Grossvater kauft ein Auto, Hsp. 57, Fsp. 60.

Polt, Robert, Dr., Verlagsleiter i.R.; Hockegasse 85, A-1180 Wien XVIII, Tel. (0222) 4729544 (Königsbrunn/NdÖst. 2.9.15). Ue: E.
V: Der Farmer vom Sacramento, Jgd.-R. 53, 83. — MV: Was die Menschheit erlebte, Kl. Weltgesch. f. Kinder, m. Josef Achleitner 53, 60; Vom Höhlenmenschen zum Weltraumforscher, m. Herbert Klauser 55, 64; Kleine Weltgeschichte für die Jugend 79; Der dritte Kreis oder Pensionistenbrevier, Ess. 82.
Ue: Daniel Defoe: Robinson Crusoe 50, 60; Robert Louis Stevenson: Die Schatzinsel 55, 65; Edgar Allan Poe: Der Goldkäfer u.a. Nr. 55.

Polzin, Silja (Ps. Silja); VS Bad.-Württ. 80; Gotenstr. 19, D-1000 Berlin 62 (Heidelberg 23.6.60). Gedichte, Prosa-

texte, Lyrik, Kinderhörspiele, Kindertexte.
V: Phantastische Geschichten 72; Lyrikplakate 76; Noch frühstücke ich als Schüler, Prosatexte 77. — MV: Das große Erzähl- u. Vorlesebuch; Neue Texte II; Braun Jb. 1; Frauenlyrik 74-78.
R: Die Entführung; Die Autogrammjäger; Die Onkelberatungsstelle; Die Goldene Hochzeit; Was hat der Tip denn nur, alles Kinderhsp.

Ponader, Hans *

Pongratz, Adalbert, Redakteur; Anton-Pech-Str. 23, D-8372 Zwiesel, Tel. (09922) 2303 (Langenhettenbach 29.2.28). Lyrik, Novellen, Geschichten, Erzählungen.
V: Waldlerisches Lesebuch 77.

Ponitka, Lota, c/o Bläschke-Verlag, St. Michael.
V: Ich hab gedacht, du bindest mir die Katze auf den Kopf, aber dann sah ich sie da fliegen 77; Kellervögel 80. ( )

Ponti, Felix, s. Müller, Siegfried.

Ponzauner, Wigg, s. Gruber, Ludwig.

Pool, Bill, s. Puhl, Wilfried Ernst.

van Poortvliet, Barbara (Ps. Barbara Specht), Verlagsangestellte; VS 71; Birkerstr. 3, D-8000 München 19, Tel. (089) 1903537 (Halle/Saale 24.3.43). Roman, Kinderbuch, Film.
V: Auf Wiedersehn, Sir Archibald, Kinderb. 68; Goldregen und Sterne, R. 68, Tb. u.d.T.: Schalom Katrin! 71; Bettina am Zwirnsfaden, Kinderb. 71, Tb. 78; Schwarzwaldsommer, leicht gewittrig, Kinderb. 72, 73; Blut aus den Blumen, R. 73; Die Party ist vorbei 73, Tb. 79; Nicht die richtige Jahreszeit 74, 77; Verlobe dich selten 75; Ein ausgezeichneter sechster Platz 76; Studie üb. Felicitas 77; Reifezeit 79; Erstens kommt es anders 79.
MA: Das große Heyne-Jubiläumsbuch für die Jugend 80.
R: Ein Paradies auf Erden?, Fs.; Wer soll denn das bezahlen?, Fs. 80.

Pope, Ina, Schauspielerin; VS, Bundessparte Übersetzer; Lustkandlgasse 28, A-1090 Wien, Tel. (0222) 347138 (Wien 4.12.40). Lyrik, Roman. Ue: E, I.
V: Im Zug, G. 70; Der stumme Schrei, R. 79.

Popp, Baldur, Dr.rer.pol., Sozialwiss.; Arndtstr. 3, D-8500 Nürnberg 90, Tel. (0911) 339831 (Gotha 1941). Lyrik, Roman, Sachbuch.

V: Der lautlose Schrei, Lyr. 81; Ossiris, R. 81; Das Experiment Mensch, Sachb. 81.

Popp, Gisela *

Porges, Friedrich *

Porkert, Hans *

Porsch, F. E. (Ps. Ingo Peterson), c/o K. W. Schütz Verlag KG, Preußisch Oldendorf.
V: Baska und ihre Männer 75; SS-Sturmbataillon 500 am Feind 76; Die Waldwölfe 76. ( )

Porst, Herbert, Konrektor a.D.; Flensburger Str. 3, D-2240 Heide, Holst., Tel. (0481) 71846 (Goldap, Ostpr. 11.6.98).
V: Die Geburt der Liebe, Krippensp. 53, 71; Vom Englein, das vom Himmel fiel 53, 74; Um Mitternacht auf dem Weihnachtsmarkt 54, 56; Engleins Erdenfahrt 55, 76; Wie Klaus und John Freunde wurden 59, 65; Knecht Ruprechts Wunderhorn 60; Der verlorene Schlüssel 61, alles Weihnachtssp.; Der Zauberer der sieben Monde; Fritz schwänzt die Schule, beides Puppensp.

Porter, R. E., s. Dillenburger, Helmut.

Portisch, Gertraude (Ps. Traudi Reich); Ehrenliste b. öst. Staatspr., Bestliste b. Dt. Jgdb.pr., Ehrenliste d. Öst. Unterr.min.; Gölsdorfg. 2, A-1010 Wien, Tel. (0222) 633135 (Wien 25.2.20). Lyrik, Roman, Kinderbuch. **Ue:** E.
V: Ich u. Du 60; Hänschen klein 65; Innocence Outraged 74; Die Reise zu d. Sternen 75; Die Hunde v. Benevento 79; Wer bist Du? 79; Panda oder die Flucht aus dem Zoo 80.
Ue: Wer bist Du 79. ( )

Poscharnigg, Werner, Mag., Dr., Prof.; Berliner Ring 73/7/32, A-8000 Graz, Tel. (0316) 372924 (Graz 28.1.54). Drama, Lyrik, Roman, Hörspiel.
V: Mehrwertsteuerbiedermeier, G., Ministories 83.

Posern, Günther; Sudetenstr. 28, D-6301 Biebertal 1.
V: Jeder Mensch hat seinen Preis, R. 78.

di Positano, Rico, s. Liehr, Heinz.

Posselt, Marianne; Weissensteinerstr. 158, D-7070 Schwäbisch Gmünd.
V: Krisen um Laura 75; Zwielicht, R. 75, u.d.T.: Ich bin sechzehn und muß mich entscheiden 81; Zeit der Entscheidung 76; Jenny ist unschlagbar 76; Mascha und Pepe werden Geschwister 80; Ich werde siebzehn und kenne meinen Weg 81. ( )

Possiel, Manfred, Dipl.-Chem., Dr.rer.nat., Chemiker; Göttingstr. 14, D-3300 Braunschweig, Tel. (0531) 343324 (Westerholz 18.6.49). Lyrik.
V: Schwarze Steine, Lyr. 81.

Poth, Chlodwig, c/o Krüger-Verlag, Frankfurt a.M.
V: Mein progressiver Alltag, Tb. 75; Kontaktperson, R. 75, Tb. 77; Ihr nervt mich! Alltag m. 14, Bildgeschn. 76; Elternalltag 77; Unser täglich Frust, Mein progr. Alltag II Tb. 78; Taktik d. Ehekrieges 78; Die Vereinigung v. Körper u. Geist m. Richards Hilfe, heit. Liebesr. 80; Katastrophenbuch 82; Das waren Zeiten. — **MV:** Comic-Kal. '79, m. A. Krause 78.
MA: Lachend in d. achtziger Jahre?, polit. Satn. 76.

Pothast, Ulrich, Dr. phil., Prof.; Kleine Pfahlstr. 1, D-3000 Hannover 1 (Steinau 29.9.39). Roman.
V: Die Reise nach Las Vegas, R. 77.
F: Was heißt wiederherstellen? 70.
s. a. Kürschners GK.

Pothorn, Herbert, Schriftsteller, Maler; Bruckmannstr. 3, D-8000 München 19, Tel. (089) 175976 (Karlsbad 4.8.11). Essay, Erzählung, Jugendbuch, Sachbuch.
V: Der Kinderbaum, Erz. 48; Knaurs Kinderbuch, Sachb. 61, 71 (Übers. in 11 Sprachen); Das Pferd Adalbert, Erz. 67; Bunte Völkerschau, Sachb. 66 (auch span., griech.); Tiere bauen Staaten, Sachb. 68 (auch holl.); Baustile, Sachb. 68 (auch engl.); Die Affenfrage 69; Knaurs Tierbuch, Sachb. 71; Reizvolle deutsche Kleinstadt, Sachb. 80; Das große Buch der Baustile, Sachb. 81, 83 (auch holl., engl., ital.).
R: Texte zu gezeichneten Kurzgeschichten 54, 56; Pedro war ein Seeräuber, Die verlorene Zeit, Siebenundzwanzig Kamele, Geschwindigkeit, Das Wochenende bei Professor Pfärdli, Himmlisches Riesenrad; Die Geschichte vom Kompaß; Der gütige Graf; Der Frühling kommt; Der Engel und die Könige; Reiselust; Aus der Legenda Aurea.

Pototschnig, Heinz, Dr. med. univ., Prof.; prakt. Arzt; S.Ö.S. 64, P.E.N.; Buchpreis d. Bdesminist. f. Unterr. im Lit.-Wettbewerb d. öst. Jgd. 46, Erzählerpreis d. "Wiener Revue" 47, Kurzgesch.-preis d. Peter-Rosegger-Preises d. Steiermärk. Ldesreg. 64, Theodor-Körner-Pr. 65, 71, Ludwig-Ficker-Stipendium 67, Dramtikerpr. d. Stadttheaters Baden-Baden 68, Peter-Rosegger-Pr. d. Ldes Steiermark 69, Bundesbuchprämie des B.M.f.U.u.K. Wien 74, 76; Maria Gail, Anton Tuderstr. 28, A-9500 Villach, Tel. (04242) 28020 (Graz 30.6.23). Lyrik, Roman, Novelle, Essay, Hörspiel, Drama.

V: Schatten schrägen ins Licht, Lyrik 61; Nachtkupfer, Lyrik 62; Den Rest teilen die Sterne, Lyrik 63; Lotungen. Lyrische Legende für Stimmen 65; Das Ohr des Erhabenen, Hsp. 66; Der Himmel war lila, Erzn. 67; Die grünen Schnäbel. Zehn Gesch. üb. Kinder 69; In alten Maßen, G. 73; Lyrik, Auswahl 73; Die Grenze, R. 74 (auch holl. u. span.); Die Wanderung, R. 76; Der Sommer mit den Enten, R. 77. — **MV:** Unter dem Kreuz der Begabung, G. 63; Lyrik der Landschaft Kärnten, 64; Sakrale Kunst in Kärnten, Lyrik-Bildb. 67; Welt im Wort 1 und 2, Pr. 68; Brennpunkte IV, Ess. 69, VII, Lyrik 71.

MA: Salzburg — Lob eines Landes, Lyrikanth. 70; Aeskulap dichtet 62; Jb. der Künstlergemeinschaft "Der Pflug" 65; Dichtung aus Kärnten 72; Kärnten — Melodie einer Landschaft 72; Lyrische Anthologie österr. Ärzte 72; Ärzte Lyrik Heute 75; Kärnten 76; Wortgewichte 78; Zeit und Ewigkeit, Tausend J. öst. Lyr. 78.

H: Der Bogen, Dokumente neuer Dichtg 62 — 65.

R: Ludwig Uhland 51; Wenn es sein muß, meine Dame 66; Begegnung im Sand 67; Lotungen 69, alles Hsp.

Lit: Kurt Adel: Heinz Pototschnig und "Der Bogen" (Öst. in Gesch. u. Lit. 7) 68; Victor Suchy: Heinz Pototschnig. Portrait eines Dichters, Rdfksend. 66, Zum Werk des Lyrikers und Erzählers Heinz Pototschnig (Die Furche 38) 68; Kurt Adel: Der Erzähler Heinz Pototschnig, Heimatland 18/73, Folge 3/4; Kurt Adel: Spiel und Umspiel (Interpret. von Heinz Pototschnigs "In alten Maßen", Brennpunkte Bd X, S. 11 — 27) 73; Helmut Scharf: Heinz Pototschnig - Eine literarische Grenzüberschreitung in "Die BRÜCKE", Heft 2 — 3, 76; Johann Holzner: Idyllische Konstellationen in der zeitgenössischen Literatur — Heinz Pototschnig — Peter O. Chotjewitz — Barbara Frischmuth in "Die Zeit im Buch" H. 4/78; Kurt Adel: Alles ist anders. Nur die Stunde lebt: gestern, heute, morgen, H.P. z. 60. Geb. in: Fidibus 2 83; Walther Nowotny: Zu einem Tag wie jeder andere in: Fidibus 2 83.

Potter, Paulus, s. Horn, Walter.

Potter, Ronald, s. Leopold, Günther.

Potthoff, Margot (Ps. Kai Lundberg); VS; Dohlenweg 19, D-4000 Düsseldorf 30, Tel. (0211) 429965 (21.7.34). Kinder- und Jugendbuch.

V: Die lustigen Geschwister 71, 76; Die neugierigen Knallfrösche 71; Li und Lo feiern Geburtstag 72; Tschiwipp rettet den Ponyhof 72, Neuaufl. u.d.T.: Hauptgewinn ein Pony 78; Vier Kinder suchen eine Mutter 74; Schabernack mit zwei Gespenstern 75; Willst du Kaugummi, Cäsar? 76; Mein dicker Freund der Drache Kuno 77 (auch franz.); Hallo, ich heiße Mischi 79; Die Bilimbis kommen im Galopp 79; Entscheidung am Ulmenweg 79; Nachts auf der Mondscheinallee 79; Eine geheimnisvolle Botschaft 80; Ich möchte keine Welle sein 80; Ein gefährlicher Plan 81; Sommerwolke 81; Lavendelblauer Traum 82; Isabell — ein anderes Leben 82; Der seltsame Pferdedieb 82; Kai-Otto, der Hundefreund 82; Das Erbe des Herrn Buchner 83.

Poupin, Barbara (Ps. Barbara Hoffmann), Psychologin; Cheyssiol, F-19500 Meyssac, Tel. (055) 254711 (Stuttgart 20.1.42). Lyrik, Übers. **Ue:** F.

V: Treibhausblüten, G. 82.

Povysil, Paul, Dr. med. univ., Arzt; Krankenhaus, NdÖst., Gymnasiumstr. 10, A-3580 Horn (Wien 27.10.22).

V: Tote, die atmen, Tats.-Ber. 56. ( )

Pozorny, Reinhard, Publizist; Kg. Eßlingen; Kulturpreis d. Heimatverb. Bruna 70, Medaille Brigadeiro Conto Vieira de Magalläes d. Brasilian. Geogr. Ges. 67, Sudetendt. Volkstumspreis 74, Goldener Ehrenring d. Dt. Kulturwerks Europ. Geistes 76, Dichterschild Offenhausen 77; Dt. Akad. f. Bild. u. Kult. in München, Ges. f. Freie Publizistik, Dt. Kulturwerk Europ. Geistes; Schleißheimer Str. 266, D-8000 München 40, Tel. (089) 3086813 (16.2.08). Lyrik, Novelle, Essay, und hist. Erzählungen.

V: Pilsen in Wort und Bild 44; Sudetenland, Mähren und Schlesien 55; Finale in Agnetendorf, Erzn. 57; Wir suchten die Freiheit, R. 59; Vom Spielberg und seinem Land, Erzn. 52; Wiener Begegnung, Erzn. 64; Mährische Pfade, Erzn. 69, Mährische Essays, Erzn. 71; Erlebtes Land, Erzn. 73; Pferdeschicksal — Menschenschuld, R. 74; Grüß Dich aus Herzensgrund, Erzn. 75; Erzählte Geschichte, Erzn. 76; Bilder der Vergangenheit, Erzn. 79; Österreichisch-

Schlesien, Erzn. 79; Hoffmann von Fallersleben und seine Zeit, R. 80; Der Sudetenland-Anschluß, Bildb. 81. — **MV:** Sudetenland, Bildbd. 58, 64.

H: Hohe Nacht, Anth. 54; Mutter wir grüßen dich, Anth. 55, 4. März 1919, Anth. 57; Deutscher Almanach 80-83.

Lit: Viktor Karell in: Sudeten- deutscher Kulturalm. VII 70.

p.p., s. Zahl, Peter-Paul.

Pracht-Fitzell, Ilse, Lehrerin; IGdA 70; 1. Pr. Lyrikwettbew. IGdA 76, 2. Pr. Lyrikwettbew.: Dome im Gedicht 75, 2. Pr. Lyrikwettbew.: Zwei Menschen 76, 2. Pr. Lyrikwettb. Bestes Haiku 82; National Honor Society for German Studies Kappa Chapter of Delta Phi Alpha 60, Haiku Soc. of America 82, Poetry Soc. of Japan 82; 46 Ridgeview Rd, Jamesburg, NJ 08831/USA (Köln-Lindenthal 2.6.26). Lyrik, Erzählung, Essay, Kritik. **Ue:** E.

V: Gedichte, eine Auswahl 73; Die Glasbrücke, Erzn. 80; Springwurzeln, Lyr. 81; The Whistling Beechtree, Lyr. 81. — **MV:** Obsessed / Besessen, Lyr. dt., jap. 83.

MA: Dome im Gedicht, Lyrik 75; Diagonalen, Erzn. 76; Jb. dt. Dichtung, Lyrik 76, 77, 78, 79, 80, 81, 82; Ein Dezennium IGdA, Lyrik 77; Lyrik 78, 79, 81; Lebendiges Fundament, Lyrik 78; Anthologie der dt. Haiku, Lyrik 79; Anthologie der Welt Haiku 78, Lyrik 79; Aber es schweigt das Dunkel, Lyrik 79; Reisegepäck Sprache, Lyrik und Erzn. 79; Unser Boot heißt Europa, Erzn. 80; In Literis, Lyr. 80; Heimat, Lyr. 80; Plesselesungen, Lyr., Erz. 80; Protokoll einer Ehrung, Lyr., Erzn. 80; Herrmann Sudermann. Werk und Wirkung, Ess. 80; Lessing Heute, Ess. 81; Vor dem Schattenbaum, Lyr. 82; Das Rassepferd, Lyr. 82; Auch im dunklen Raum, Lyr. 82; Haiku 9, Lyr. (jap.) 82; Ezonijik kasen Lyrik (jap.) 82; In Her Mother's Tongue, Lyr., Erzn. 83.

Lit: in: Das Literarische Wort I 74; Lyrica Germanica Vol. 9 No. I 74; German-American Studies Vol. 8 74.

Prager, Hans Georg (Ps. Wilm Carsten, Gunter Franz), Chefredakteur, Lektor, Schiffahrts-Konsulent, Fregattenkapitän d.R.; Dt. Jugendbuchpreis 66; Vors. d. Kultur. Film- u. Vortragsges. Urania, DJV; Rembrandtstr. 18, D-2100 Hamburg 90, Tel. (040) 7631351 (Leipzig 3.7.25). Monographie, Reportagesachbuch, Dokumentarfilm. **Ue:** E, H.

V: Orkan in Höhe Bäreninsel 53, 58; Abstich elf Uhr 54, 58; 1000 Meter unter Tage 55, 58; Kurs Persergolf 57, 61; Schleppzug ankerauf 60, 61; Florian 14: Achter Alarm! 65, 78; Klar vorn und achtern! 67, 69; Retter ohne Ruhm 70, 78; Zu Schiff durch Europa 71; F. Laeisz - Vom Frachtsegler bis zum Bulk Carrier 74, 77; DDG Hansa - Vom Liniendienst bis zur Spezialschiffahrt 76; Blohm + Voss - Schiffe u. Maschinen f. d. Welt 77; Panzerschiff Deutschland/Schwerer Kreuzer Lützow, Ein Schiffs-Schicksal vor den Hintergründen seiner Zeit 81, 83; Kurs Afrika, Unter drei Flaggen zum Schwarzen Kontinent 83. — **MV:** Komm mit an Bord 55, 59; Männer - Trawler - Meere 61; Das große Buch der Windjammer 76, 82; In Stürmen zu Hause, Bergungsschlepper Seefalke und seine Gefährten 80; Fließende Straßen — lebendige Ströme 81.

B: Männer - Schiffe - Abenteuer 66; Die Bremer Esel, Kaufherrn, Kaper und Kraweelen 73; Seestraßen durch das große Eis 76; Der Untergang der Niobe 76; Rebellen an Bord 76; Master next God, Das Buch der Kapitäne 79; Vom Kap Hoorn zum Silberband, Ein Leben im Banne der Seefahrt 81; Die Flottille 82; Vom Kanal zum Kaukasus u.a.m.

F: Schwimmende Welt 58; Ein Schiff, das Deutschland hieß 82.

R: Oasen im Atlantik; Fangfahrt im Nordmeer; In Vulkans Schmiede; Höhle der Feuerdrachen; Abstich elf Uhr; Junger Staat auf altem Boden (Libanon); Biblisches Land im Wetterwinkel (Jordanien); Kurs Schwarzes Meer; Peniche mit Order Paris; Das Herz des blauen Netzes; Zwischen Basel und Straßburg; Schleppzug ankerauf; Tor zum Südosten; Großprojekt Rhein - Main - Donau; Europas Herzschlagader, u.a. Hb.; Ein Zuckerschlecken war es nie; Requiem für Sven Hedin; Große Mutter allen Wassers; Shinto-Schrein und Superexpress; Rourkela; Grüne Fracht aus Ecuador; Schwedenerz für Weserport; Oasen im Atlantik; Die Wurster Deiche sind bedroht; Großalarm Waldbrand; In Vulkans Götterschmiede; Schußwaffen im Dienste der Menschlichkeit; Ein Job für ganze Kerle; Großeinsatz bei der Mellumplate; Wattläufer vermißt!; Blindflug zu Schiff u. 35 weitere Hb./Hsp.; Fs.-Dok.: Aus Seenot gerettet 66; Notruf SAR 71; Kurs Danzig 74; Westwärts um Kap Hoorn 76; Flug in die Vergangenheit 77; Auf den Spuren der Wikinger 78.

Ue: Komm mit an Bord 55, 65.
Lit: Bamberger: Das Jugendbuch und
sein Autor 64.

Pragua, Heinz Werner; Kurhausstr.
48, D-3500 Kassel.
V: Soeur Savie — die Nonne von
Garvotte 80. ( )

Pramesberger, Christian; St. Agatha
49, A-4823 Steeg a.H. (Bad Goisern
25.12.98).
V: Stürzende Felsen 67; Grenzwasser
71; Bruderzwist, R. 75; Das harte Brot
der Berge, R. 78; Die Hermin vom Sonn-
leitnerhof 81.

Prantmiller, Guido, s. Berner, Hans.

Pratschke, Gottfried, Anstalts-
direktor; Ö.S.V. 47, V.S.J. u. S., S.Ö.S. 59;
Hirschengasse 9/3a, A-1060 Wien, Tel.
(0222) 5657145 (Wien 10.7.23). Lyrik,
Roman, Novelle, Essay, Kurzgeschichte,
Fachbuch.
V: Denken und Nachdenken, G. 46, 47;
Genesung in Gmunden, R. 50; Nur
sieben Noten, Krim.-R. 52; Die
Genesung R. 53; Gott, Mensch, Teufel, G.
60; Alles Glück, nach dem ihr fragt, G.
62; Und was bleibt, ist die Ehe, R. 66;
Seid mit Worten nicht bescheiden, G. 69;
Aber den Feind sollte er lieben, R. 69;
Kain rettet Abel, R. 73; Wenn die
Hoffnung nicht wäre, R. 75; Erziehung
fürs Leben, Ess. 76. — **MV:** Wieder ist
Weihnacht, Anth. 64.
H: Licht vor dem Dunkel der Angst,
Anth. 63; Liebe, menschgewordenes
Licht, Anth. 64; Du, unsere Zeit, Anth.
65; Gottes Mond steht hoch am Himmel,
Lyrik v. J. Kalkbrenner 65; Das ist mein
Land, Anth. 66; Ein Wort ins Herz der
Welt, Anth. 67; Alle Wunder dieser Welt,
Anth. 68; Aber den Feind sollte er
lieben, Anth. 69; Und dennoch müssen
wir leben, Anth. 70; Der Friede, nach
dem wir uns sehnen, Anth. 71; Nur die
Freude läßt uns hoffen, Anth. 72;
Wahrheit wollen wir ergründen, Anth.
73; Jung ist, wer ta lieben weiß, Anth.
74; Die sonderbaren Menschen, Anth.
75; Das rechte Maß, Anth. 76; Heilende
Worte, Anth. 77; Ernte des Lebens, Anth.
80; Das ernste Wort, Anth. 80; Die
Stillen im Lande, Buch-R. (bish. 1.012
Titel).

von Praunheim, Rosa, s. Mischwitzky,
Holger.

Prause, Gerhard (Ps. Tratschke, Gerd
P. Ehestorf), Dr. phil., Reporter;
Hohlredder 14, D-2107 Rosengarten, Kr.
Harburg-Ehestorf, Tel. (040) 7962528
(Hamburg 16.5.26). Essay, Hörspiel,

Sachbuch, Kritik, Rezension, Fernsehfilm.
V: Geschichte der Menschheit,
berichtet im Stil einer Zeitung 59, 67;
Niemand hat Kolumbus ausgelacht,
Fälschungen u. Legn. d. Gesch. richtig-
gestl. 66, 76; Die Großen, wie sie keiner
kennt 67; Tratschke fragt: Wer war's? 69,
74; Wer raucht liebt besser. Oder das
harte Los des Nichtrauchers 70;
Tratschke fragt: Wer war's? 70;
Tratschke fragt: Wer war's diesmal? 72,
75; Tratschke fragt: Wer war's denn
nun? 74; Tratschke fragt weiter: Wer
war's? 76; Genies in der Schule. Legende
und Wahrheit über den Erfolg im
Leben, 74, 79; Genies ganz privat.
Tratschkes aktuelle Weltgeschichte 75;
Herodes d. Gr. König der Juden 77; Der
goldene Tratschke. Die 125 schönsten
und neuesten Geschichtsrätsel 79; Die
kleine Welt des Jesus Christus, Was
Theologen, Philologen, Historiker u.
Archäologen erforschten 81; Wiederum
fragt Tratschke: Wer war's? 83.
R: Damals, Hsp.-R. v. 8 F. 61/62;
Panoptikum des Monats, Hsp.-R. v. 6 F.
62/63; Spuren eines Prominenten, Fsf.-
R. v. 18 F. 70/71; Zeitzünder, Fsf.-R. v. 7
F. 72.

Prautzsch, Hans, Superintendent i.R.;
Mariental 42a, DDR-5900 Eisenach.
V: Heimkehr 67; Die Oberkirche in
Arnstadt, kunsthistor. Führer 62, 71;
Geschichte des Gottesdienstes 51; Der
Gottesdienst (Gottesdienstlehre) 50, 51;
Das evangelische Kirchengesangbuch
als Beitrag zur Erneuerung der
Kirchenmusik 54.
MA: Am Webstuhl des Lebens 60;
Gott grüße dich 61; Des Herren Name
steht uns bei 61; Die Welt eine Brücke
62; Von Haus zu Haus 62.
H: Christus, der ist mein Leben,
Gedenkbuch für Friedrich Behr,
Marienstift Arnstadt 62. —
MH: Domine, dirige me in verbo tuo,
Mitzenheim-Festschrift 61. ( )

Prechter-Kahle, Lotte; Lange Str. 98,
D-8897 Pöttmes.
V: Die Schimmelpeterkinder 80;
Großmuttergeschichten 81. ( )

Preis, Elisabeth., s. Kaut, Ellis

Preis, Ellis, s. Kaut, Ellis.

Preis, Kurt, Journalist; Bayer. J.V. 67,
PresseClub München; Hsp.-Preis d.
Bayer. Rdfk. 56; Dr. Böttcherstr. 23, D-
8000 München 60, Tel. (089) 832531
(München 23.9.13). Roman, Hörspiel,
Kurzgeschichte.

V: Münchener Wurzgarten, Kurz-
gesch. 42; Filmsterne über Achterting,
R. 49; München baut für 1972 72;
München unterm Hakenkreuz 80.
   MA: Das Übernatürliche Weibsbild 40;
Die fröhliche Stunde 48; Bairisch Herz
73; Das weiß-blaue Kopfkissenbuch 74,
u.a.
   R: Alarm im ersten Stock; Regen-
wolken über Achterting; Zum Sterben
begnadigt; Der verlorene Franzl; Das
Schundheftl, alles Hsp.

   Preißler, Helmut, Lehrer; SV-DDR 58;
Erich-Weinert-Preis 60, Literaturpreise
d. FDGB 61 u. d. Bez. Frankfurt/O. 61;
Str. d. Komsomol 62, DDR-122
Eisenhüttenstadt (Cottbus 16.12.25).
Lyrik.
   V: Stimmen der Toten 57; Stimmen
der Lebenden 58, 60; Berichte der
Delegierten 59; Stimmen aus den
Brigaden der sozialistischen Arbeit 60;
Wer - Wen? 60; Stimmen der Nach-
geborenen 61, alles G., Stimmen der
Toten. Stimmen der Lebenden.
Stimmen der Nachgeborenen 62;
Zwischen Gräsern und Sternen 63;
Redet ein menschliches Wort. Eine
weltl. Predigt 64; Wege und Begeg-
nungen 66; Sommertage 68; Kleine
Galerie, Poesiealbum 9, G. 68; Glück soll
dauern, G. 71; Wer, wenn nicht wir. Zum
100. Geburtstag Lenins, G. u. Songs 70;
Farbiger Traum, G. 72; Himmelblau und
Fröhlichsein, Kinderb. 73; Gedichte
1957-1972 73, veränd. 1957-1975 77, 81;
Meine Sehnsucht, der Mensch, G. 76;
Erträumte Ufer, G. 79, 92; Da sagte Fips,
das war nicht schlecht, Kdb. 79; Taten
und Träume 80.
   H: Das Windrad, Kindergedichte aus
2 Jahrzehnten. Zus.getragen u. geordnet
67, 69; Du unsere Liebe, hrsg. u. eingel.
69; Grüne Leuchtkugeln, ausgew. u.
hrsg. 69; Sieh, das ist unsere Zeit, Lyrik
78. — **MH:** Deutsche Liebesgedichte von
Walther von der Vogelweide bis zur
Gegenwart, m. Walter Lewrenz 63, 64.
   R: Ich aber lieb euch alle, Funk-Erz.
63; Die Maxime des Kaissyn Kulijew,
Feature 73; Der Weg nach Wuschewirt,
Feature m. C. Rüdiger 73.
   S: Stimme der Lebenden 59. ( )

   Presley, Petra, Kunstmalerin, Buchautorin; Am Talacker 21, D-7700
Villingen-Schwenningen, Tel. (07721)
22147. Lyrik.
   V: Mit Gedichten durch das Jahr, Lyr.
81.

   Press, Hans Jürgen, Karikaturist;
Wolferskamp 38, D-2000 Hamburg 56,

Tel. (040) 814511 (Klein-Konopken/
Masuren 15.5.26). Kinder- u. Jugendbuch, Humor, Populäres Wissen.
   V: Spiel — das Wissen schafft 64, 68
(auch amer., lett., afr., dän., engl., holl.,
schwed., israel., franz., span., ital.,
norweg., finn. jugosl.); Der Natur auf der
Spur 72, 79 (auch israel., holl., engl., dän.,
ital., finn., jugosl., span.); Geheimnisse
des Alltags 77, 83 (auch israel., holl., dän.,
ital., schwed., span., afr., franz.); Die
Abenteuer der 'schwarzen hand' 65
(auch engl., amer., span.); Mein kleiner
Freund Jakob 67 (auch span.); Der
kleine Herr Jakob 81; Der kleine Herr
Jakob — ohne Worte 83; Ravensburger
Spiel- und Spaßbücher, 13 Titel 66, 67,
70, 72, 74, 82 u.a.

   Presser, Helmut, Dr. phil., Dir. d.
Gutenberg-Museum zu Mainz a.D.;
Bdesverdienstkreuz 1. Klasse;
Gutenberg-Ges., EM Grolier Club New
York, EM Dt. Faktorenbund; Carlo-
Mierendorff-Str. 22, D-6500 Mainz-
Gonsenheim, Tel. (06131) 41985 (Passau
28.8.14). Essay, Buchgeschichte.
   V: Der Wundermann, Kinderb. 33; Das
Wort im Urteil der Dichter 40; Von der
Pflanze, die wandern wollte, M. 48;
Schicksalsbüchlein 50; Vom Berge ver-
schlungen, in Büchern bewahrt 56, 63
(auch ital.); Die alte Druckschrift, Erz.
60; Petermann, G. 60; Gepriesenes
Mainz 61; Das Buch vom Buch 62 (auch
jap.); Weltmuseum der Druckkunst 63,
78; Bücher haben ihre Schicksale 67;
Johannes Gutenberg, Monogr. 67, 79;
Die Druckkunst verändert die Welt 68
(in acht Sprachen); Anekdoten aus dem
Gutenberg-Museum 70; Papiermacher
und Drucker in der Frühdruckzeit 71;
Die Gutenberg-Bibel 73; Buch und
Druck 74; Das irdische Paradies des
Silvanus u. a. Dtgn. 74; Das Buch vom
Buch 78; Offene Tore zum Paradies 79;
Mit Büchern leben 79; Die Krone des
Menschen 80.
   MA: Danach war Europa anders 81.
   H: Ansichten europäischer Städte 63;
Physica Sacra 65; Petrarca: Von
Bücherschreibern und Büchersammlern
67; Abraham a Santa Clara: Von
Papieren, Schreibern, Kupferstechern,
Schriftgießern, Buchdruckern und
Buchbindern 69; Ein Stammbuch der
Goethezeit 79.
   R: Deutsche Bibeln vor Luther 74;
Kritische Gedanken zur Buchdrucker-
kunst 74; Peter und Philipp Apian 75;
Erhardt Ratdolt 76; Bernhard von
Breidenbach 76; Anton Koberger 76.

Lit: R. Adolph: H. P., Skizze für ein Porträt, Arch. f. Druck u. Papier 4 61; A. F. Pelle: Seinen Beruf gibt es nur einmal, Vom Papier 9 69; H. P.: Ein Leben für das Buch 74.
s. a. Kürschners GK.

Pressler, Mirjam; Oldenburger Kinder- u. Jugendbuchpr. 80, Zürcher Kinderbuchpr. 81; Menzinger Str. 142, D-8000 München 50, Tel. (089) 8113428 (Darmstadt 18.6.40). Kinder- und Jugendbücher.
V: Bitterschokolade, Jgd.-R. 80; Stolperschritte, Jgd.-R. 81; Nund red doch endlich, Kd.-R. 81; Kratzer im Lack, Jgd.-R. 81; Novemberkatzen, Kd.-R. 82; Zeit am Stiel, Jgd.-R. 82.

de Pretis, Carlo, s. David, Linus.

Preuß, Gunter, Schriftsteller; SV-DDR; Preis d. Min. f. Kultur z. Preisausschreiben z. Förder. d. Sozial. Kinder- u. Jugendlit. 74, Erich-Weinert-Med., 2 Förder.pr. zu Preisausschreiben, Kunstpreis der Stadt Leipzig 79; Lademannstr. 69, DDR-7144 Schkeuditz, Tel. (0424) 2756 (Leipzig 15.9.40). Drama, Roman, Novelle, Film, Hörspiel.
V: Jo spannt den Wagen an, Kinderb. 71, 77; Die Grasnelke, Erzn. 73, 76; Die großen bunten Wiesen, Erzn. 76; Julia, R. 77 (tschech. 82); Der hölzerne Kuckuck, Kinderb. 77; Die verflixte Kiste, Kinderb. 78; Muzelkopp, Schauspiel 77; Komm über die Brücke, Kinderb. 80; Tschomolungma, Kdb. 81; Auswahl aus: Grasnelke; Die großen bunten Wiesen u.d.T.: Die Nacht vor dem Gewitter, Erzn. 82; Große Liebe gesucht, R. 83.
MA: Parallelen, Anth. 79.
R: Ein Tag aus dem Leben des Ulli Ferch 75; Ich sage die Wahrheit 76; Robbes Kampf um Vineta 76, alles Hsp.; Ein verdammt wunderschöner Tag, Fsf. 76; Hochzeitsreise, FS-Film 79; Tschomolungma, Hsp. 82; Mein Name ist Heinz Guckack, Hsp. 82.

Preuss, Heinrich Wilhelm, Pfarrer i.R.; Roonstr. 18, D-6900 Heidelberg, Tel. (06221) 45276 (Berlin 15.2.10). Roman, Erzählung.
V: Der leuchtende Kreis, Legn. u. Erzn. 50; Tine Kunkel und die Tiere, Geschn. 50; Pfad zwischen den Wipfeln, R. 52, 53; Sie sind auch nicht besser. Autobiogr. 57; Ich sah, daß es ein Mensch war, R. 58; Er macht meine Finsternis licht, Betracht. 64, Segelfoss rettet eine Liebe, Erz. 67; Die Ehe der Lenny Amrain, R. 76; Erste Liebe zu Bergenhohl, R. 79; Ein Herz gibt nicht auf, R. 82.

Preuß, Werner *

Preuss-Morsey, Edith; Adalbert-Stifter-Str. 5, D-6350 Bad Nauheim 3.
V: Jossi u. Petra, d. Gesch. e. guten Freundschaft 75.

Preußen, Louis Ferdinand Prinz von, Dr. phil.; Koenigsallee 9, D-1000 Berlin 33 u. Wümmehof, D-2800 Bremen-Borgfeld (Potsdam 9.11.07).
V: Als Kaiserenkel durch die Welt 52, 66, u.d.T.: Die Geschichte meines Lebens 68.
S: Prinz Louis Ferdinand v. Preußen - Ein Komponistenportrait 64; Prinz Louis Ferdinand v. Preußen, 18 Lieder 82.

Preusser, Werner *

Preußler, Otfried; 2. Preis f. Junge Dramatik d. Adalbert-Stifter-Ver. 50, Dt. Jugendbuchpreis: Kinderbuchpreis 63, 72, Sonderpreis 57 u. 61, Auswahlliste 58, 59, 63, 67, 69, 70, 71, 72, Förderpr. b. Sudeten-dt. Kulturpreis 60, Kulturpreis d. Stadt Rosenheim 71, Dt. Jugendbuchpr. 72, Prädikat "Höchste Empfehlung" beim Intern. Hans-Christian-Andersen-Pr. 72, Europ. Jugendbuchpr. 72, Silberner Griffel v. Rotterdam 72, 73, Gold. Schallpl. 73 u. 75, Sudetendt. Kulturpr. 79, Gustav-Leutelt-Medaille 79; Hist. Kinderbuchges., Dt. Akad. f. Kinder- u. Jugend-Lit., P.E.N., Sudetendt. Akad. d. Wissensch. u. Künste; Rübezahlweg 11, D-8209 Stephanskirchen, Tel. (08036) 434 (Reichenberg/Böhmen 20.10.23). Drama, Lyrik, Roman, Kinderbuch, Kindertheater, Hörspiel, Fernsehspiel. **Ue:** E, Tsch.
V: Mensch Nr. 23-0-1, Sch. 53; Der kleine Wassermann, Kinderb. 56; Die kleine Hexe, Kinderb. 58, Kindertheat. 73; Bei uns in Schilda, Kinderb. 58; Thomas Vogelschreck, Kinderb. 59; Der Räuber Hotzenplotz, Kinderb. 62, Kindertheat. 69; Das kleine Gespenst, Kinderb. 66; Die Abenteuer des starken Wanja, Jugendb. 68; Neues vom Räuber Hotzenplotz, Kinderb. 69, Kindertheat. 70; Krabat, R. 71; Die dumme Augustine, Bilderb. 72; Jahrmarkt in Rummelsbach, Bilderb. 73; Hotzenplotz 3, Kinderb. 73, Kindertheat. 74; Das Märchen vom Einhorn, Bilderb. 75; Der goldene Brunnen, Märchensp. 75; Die Glocke von grünem Erz, Bilderb. 76; Die Flucht nach Ägypten, Kgl. böhmischer Teil, R. 78; Pumphutt und die Bettelkinder, Bilderb.

81; Hörbe mit dem großen Hut, Kinderb.
81 — Zahlr. Aufl., rd 80 fremdspr. Ausg.
R: Die vier heiligen Dreikönige;
Wetter nach Wunsch; Das leicht
verhexte Schützenfest; Reineke Fuchs
u.v.a. Hsp. f. Kinder; **FS:** Die Abenteuer
des starken Wanja 67; Die kleine Hexe
68; Das kleine Gespenst 69, alles
Puppenf. m. Albrecht Roser.
S: Der Räuber Hotzenplotz 70; Neues
vom Räuber Hotzenplotz (3 Platt.) 72;
Die kleine Hexe (4 Platt.) 72 ff.; Das
kleine Gespenst 72; Hotzenplotz ist
wieder da (3 Platt.) 74, alle bearb. v.
Egon L. Frauenberger; Der kleine
Wassermann 73; Die Abenteuer des
starken Wanja 74, beide bearb.
v. Antje Becker; Bei uns in Schilda (2
Platt.) 73; Thomas Vogelschreck (2
Platt.) 73; Der goldene Brunnen 77.
Ue: u. **B:** Josef Lada: Kater Mikesch I,
62; Z. K. Slabý u.a.: Das Geheimnis der
orangenfarbenen Katze 68; Josef Kolář:
Kater Schnurr mit den blauen Augen
69; Lloyd Alexander: Taran und das
Zauberschwein 69, Taran und der
Zauberkessel 70.
Lit: Heinrich Pleticha u. a.: O. P. z. 50.
Geb. 73; Dino Larese: O. P.,
Anmerkungen zu Herkunft, Biogr. u.
Werk (m. ausf. Bibliogr. bis 75) 75.

Preute, Michael; Hauzenberger Str.
20/164, D-8000 München 21.
V: Magnetfeld des Bösen, R. 70; Der
Reporter, R. 71; Mord-Schmitt 75. —
MV: Deutschlands Kriminalfall Nr. 1,
Vera Brühne, m. Gabriele Preute 79;
Elvis Presley, Tb. 77. ( )

Priemel, Gero, Dr., Spielleiter;
Waidmannstr. 27, D-6000
Frankfurt a.M. 70, Tel. (0611) 636463
(27.10.13). Film.
F: (MA): Himmlisches Orchester; Das
Schatzkästlein; Am Rande der Ewigkeit;
Rana; Eine brasilianische Rhapsodie;
Herbstlied; Eine wunderbare Welt; Eine
kleine Lebensgeschichte; Inge entdeckt
eine Stadt; Willkommen an Bord; ... und
im Schwarzwald scheint die Sonne;
Geprüfte Zuverlässigkeit; Für Heute
und Morgen; Der Sonne nah, dem Alltag
fern; Zwischen Landung und Start; Die
Wunderquelle; Im nie verlorenen
Paradies; Kunststudentin Ursula;
Lebendige Vergangenheit am Neckar;
Verliebt in die Schwäbische Alb;
Styling; Das ist Stuttgart; Landschafts-
melodie Oberschwaben; Ein neuer
Start; Burgen, Wein und stille Wälder;
Die Welt in der wir leben; Winter-
märchen; GT; Lebensfreude; Ski und

Rodel gut; Programm; Schwarz wald
ABC; Urlaub der 1000 Möglichkeiten; Zu
Laudenburg nit weit vom Rhein;
Projekt D; Unentdeckte Schönheit;
Fließfertigung; Eine Stadt lässt grüssen;
Weinland, Wanderland; Stirling Moss
Test; Sidings; Kleine Schulbuchschule;
Design; Produktionsentwicklung -
Konstruktion; Die Thermen im
Schwarzwald; Ferien am Hochrhein;
Stapellauf; Für Ihre Sicherheit; ... und
geh' hinaus auf's Land; Die Waffe in
unserer Hand; Die Rattenfängerstadt;
Goldene Au; Märchenstraße u.a., alle m.
Erni Priemel.

Prien, Hans; Rosenfelder Ring 94,
DDR-1136 Berlin.
V: Eulenspiegels Abenteur, Vers-
geschichten 75, 3. Aufl. 82. ( )

Priesner, Rudolf, Dr. phil., Apotheker;
V.F.S. 63; Dauthendey-Plak. 70;
Hofapotheke, Postfach 363, D-8630
Coburg, Tel. (09561) 7702 (Coburg
3.11.06). Roman, Novelle, Essay.
V: Plennyfibel, Kriegsgefangenenb. m.
Lyrik u. Prosa 52; Im Schimmer früher
Tage, Romanze eines Coburger Prinzen
65; Das Coburger Königsbuch, Ausklang
europ. Größe, Erz. 72; Glück und Unter-
gang der Coburger Braganza in
Portugal, die letzten Stunden der
Könige, Erz. 74; Artist in Russland,
Plennys Abschied 74; Herzog Carl
Eduard zwischen Deutschland und
England. Eine tragische Auseinander-
setzung, Erz. 77; König Leopold I., der
Große Coburger 80; Das neue
Alexanderlied 81.
Lit: Coburg mitten im Reich 56; 100
Jahre Familie Heil-Priesner 64; 425
Jahre Hofapotheke Coburg 68.

Priessnitz, Reinhard *

Prietz, Adolf, Schriftsteller; ISDS; EM
f. lit. Verd. d. Eur.-Amer. Forsch.- u.
Kulturwerks; Podbielskistr. 10, D-3000
Hannover, Tel. (0511) 623191 (Stettin
11.4.99). Lyrik.
V: Der Landfremde, G. 29; Einsam
und zeitlos, G. 30; Lied der Freiheit,
Sprechchor 30; O Mensch, sei gut, G. 49;
Jetzt brennt das Herz an jeder Stelle, G.
57; Vom Zaubermond der Gong schlägt
an, G. 61; Ich wog die Fahne über
meinem Haupte, G. 63; Mir soviel, G. 69;
Im hellsten Kreis, G. 70; Umleuchtet, G.
72; Ich ging der Sonne nach, G. 74; Kein
Größeres, woran ich glaubte, G. 83.
MA: Licht vor dem Dunkel der Angst,
Anth. 63; Liebe, menschgewordenes
Licht, Anth. 64; Spuren der Zeit, Anth.

64; Du, unsere Zeit, Anth. 65; Das ist
mein Land, Anth. 66; Ein Wort ins Herz
der Welt, Anth. 67; Alle Wunder dieser
Welt, Anth. 68; Aber den Feind sollten
wir lieben, Anth. 69; Und dennoch
müssen wir lieben, Anth. 70; Der Friede,
nach dem wir uns sehnen, Anth. 71.

Priewe, Joachim *

Priewe, Karl-Heinz; Kunstpr. d.
FDGB (kollektiv) 70, Pr. f. künstler.
Volksschaffen 1. Kl. 71; Karl-Marx-Str.
52, DDR-2500 Rostock 1, Tel. (081) 29546.
Kurzprosa, Lyrik.
V: Der zweieinhalbfache Salto, Erz. 75,
77.
MA: Zwischenprüfung für Turandot
70; Ehrlich fährt am schnellsten 73;
Küstenreport 80.

Prillinger, Elfriede, Kustos a.
Museum; S.Ö.S. 63, Autorenkreis 73,
P.E.N. 76; Adalbert-Stifter-Förderpreis f.
Lit. d. Ldes Öst. 67, Ehrenstip. d.
Bdesmin. f. Unterr., Öst. 61;
Salzamtsgasse 1, A-4810 Gmunden
(Gmunden 5.6.22). Lyrik, Prosa, Essay.
V: Gedichte 60; In der Biegung des
Abschieds, G. 61; Eine Handvoll Gras, G.
75; Grüße aus Gmunden, lok.hist. Ess.
79; Zülow in Gmunden, kunsthist. Ess.
80.
MA: Stillere Heimat 55 — 69; Und
senden ihr Lied aus. Lyrik öst.
Dichterinnen 64; Facetten 70, 76, alles
Anth.
Lit: Neue Deutsche Hefte 91 63; o.ö.
Kulturbericht 67, 9 82.

Prinz, Aloisia *

Prion, Hilmar, Dr. med. dent.,
Zahnarzt i.R.; BDSÄ 72; Im Falkenstein
1, D-7813 Staufen/Breisgau, Tel. (07633)
7822 (Uitkomst/Südwestafrika 22.1.15).
Lyrik, Essay, gesellschaftskritisch-
philosophierende Betrachtung.
V: Zwischen fernen Ufern, G. u.
Gedanken 77. ( )

Pritz, Rudolf *

Privat, Roger, s. Schlegel, Willhart.

Probst, Anneliese (Ps. f. Anneliese
Seidler), Hausfrau, Schriftstellerin; SV-
DDR 51; Pfarrhaus, DDR-4101
Beesenstedt (Düsseldorf 23.3.26). Roman,
Erzählung, Film, Hörspiel, Drama.
V: Der unsterbliche Kaschtschej 49;
Steinerne Blume 49; Afrikanische
Märchen 50; Zauberkorn 50; Zauber-
fisch 50; Schnurz 51, 56 (auch chin. 57);
Sommertage 54; Schulgeschichten 54, 62
(auch tschuwasch.); Der Steinerne
Mühlmann 55, Sch. 58; Sagen und

Märchen aus dem Harz 55, 59;
Gespenstergeschichten 55, 59; Sagen
und Märchen aus Thüringen 57;
Sommer mit Susanne 57; Begegnung
am Meer, Jgdb. 57; Einsteigen bitte! Aus
d. Tageb. einer Oberschülerin 58, 59;
Nein, diese Hanne 60, 63; Geschichten
aus der 3a 60, 61; Ich .. und Du, Erz. 60,
63; Sabine und Martin 60; Wir brauchen
Euch beide 61, 64 (auch bulg. 73); Altweibersommer 64; Die fröhliche Insel
64, 81; Reifeprüfung 65 (auch
tschuwasch.); Schatten 65; Menschen in
der Heiligen Nacht 65, 81, alles Erzn.;
Der Zauberring, Sch. 65; Die verborgene
Schuld, R. 66, 69; Die Pause, R. 68, 70;
Das Wiedersehen, Erzn. 69, 81; Die
letzten großen Ferien, Erz. 68, 70; Die
schöne Kuline, M. 70/71; Träumen mit
der Feder, Erzn. 71; Das Fräulein vom
Hochhaus, Erz. 72, 75; Ein Zelt-Schein
für Dierhagen, Erz. 72; Vergiß die
kleinen Schritte nicht, R. 74, 77; Die fünf
aus Nr. 19, Erz. 74, 76; Die Christvesper
oder das Weihnachtsläuten von St.
Martin, Erzn. 75, 79; Daß weiße
Porzellanpferd, R. 76, 82; Die unent-
wegte Großmutter 78; Karlchen oder die
Geschichte von der Eisernen Hochzeit,
Erz. 79; Nenni kündigt nicht 80, 82; Die
Legende vom Engel Ambrosio, Erz. 81;
Unterwegs nach Gutwill, Erz. 82.
F: Der Teufel vom Mühlenberg 54.
R: Der Roßknecht 58; Das Katapult
58; Die verlorene Jacke 59; Das Hals-
tuch 59; Der faule Fritz 59; Der große
Freund 59; Barbara 61. ( )

Prochaska, Heinrich, Dr. phil.,
Mittelschulprof.; Ö.S.V., S.Ö.S.;
Leitermayerstr. 33, A-1180 Wien, Tel.
(0222) 4258032 (Bad Ischl/ObÖst. 20.8.96).
Novelle, Essay, Hörspiel.
V: Geschichte des Badeortes Ischl 24;
Das geistige Leben im Stifte Krems-
münster 27; Absamer Denkwürdig-
keiten 47; Saxa loquuntur. Gesch. dreier
Wien. Krichen 48; Miniaturen aus
Österreich 49, 50; Die Endstation, R.
66. — **MV:** Kulturgeschichte des inneren
Salzkammergutes mit Binna 33.
H: Ober-Österreich und die Ober-
Österreicher 28.
R: Prinzessin Nikotris; Alkibiades der
Liebling des Perikles; Das goldene
Haus; Der reisende Imperator; Soldat
Florian marschiert; Kaiser Probus; St.
Wolfgang; Bernardus Noricus; Herbst-
liches Pittental; Burgenland; Kleine
Stadt am Inn; Jakob Steiner, der Geiger
von Absam; Innsbrucker Hochzeit;

Antiquitätenzauber; Statist an der
Wiener Oper, u.a. Hsp. ( )

Prochaska, Wolfgang, Schriftsteller;
Bodenehrstr. 20, D-8000 München 70,
Tel. (089) 7601235 (Frankfurt a.M.
28.3.52). Lyrik, Roman, Drama.
V: Blau und hell ist die Nacht, Lyr. 82.

Procurator, s. Kempner, Robert M. W..

Prodöhl, Günter; SV-DDR 55;
Strubenrauchstr. 4, DDR-1502 Potsdam-
Babelsberg II (Berlin 29.5.20). Roman,
Theaterstück, Tatsachenbericht,
Fernsehspiel.
V: Die im Dunkeln 57, 59; Der tod-
sichere Tip 58, 60; Solange die Spur
warm ist 60, 62; Kriminalfälle ohne
Beispiel 60, 62 II, 65 III; IV 65, 68, V 69,
alles Krim.-Lsp.; Das perfekte Alibi und
andere Kriminalgeschichten 62; Mord in
der Laubenkolonie 62; Das Haus in der
West Princes Street 63; Die Brillanten
der Kaiserin 67; Der lieblose Tod d.
Bordellkönigs, Verbrechen, d. Schlag-
zeilen machten, 2. A. 79; Der Todesengel
von Krähenwinkel, Krim.-Erz. 80;
Freispruch nach der Hinrichtung, Ausw.
82.
F: Der Fall Dora M. 57; Der Bankraub
62; Der Dieb von San Marengo, m. M.
Janowski 64.
R: Kippentütchen 60; Das perfekte
Alibi 60; Ein gewisser Herr Hügi 60;
Waggon 627 144 60; Die Butterhexe 60;
Kindermörder 60; Splitter 60; Gardez 61;
Brandnacht 61; Antiquitäten 61; Die
Meute 61; Das Gitter 62; In 24 Stunden
63; Wunder wiederholen sich nicht 63;
Freizügigkeitsverkehr 64; Auftrag Mord
65; Ein Mann zuviel 66; Der vierte Mann
67; Leichenfund im Jagen 14 68; Tod
eines Millionärs 71; Der Fall Brühne/
Ferbach 72. ( )

Proffen, Beate; Tulpenweg 4, D-5308
Rheinbach.
V: Ein Pony zum Verlieben 79; Tobias
Plüschohr 79.

Prokop, Gert; Dimitroffstr. 138, DDR-
1055 Berlin.
V: Der Tod des Reporters 73, 75; Der
Drache mit den veilchenblauen Augen
und andere Märchen 74, 6.Aufl. 82; Einer
muß die Leiche sein, Kriminalr. 76, 82;
Der kleine Riese u.a. Märchen 76, 83;
Wer stiehlt schon Unterschenkel? SF-
Kriminal-erzn. 77, 6.Aufl. 83, Bdesrep.
u.d.T.: Der Tod der Unsterblichen 81;
Die Sprache der Fotografie, ein Foto-
Lese-Buch 78; Die Maus im Fenster u.a.
Märchen 80, 81; Detektiv Pinky,

Kriminalerzn. f. Kinder 82, 83; Der
Samenbankraub, SF-Kriminalerzn. 83.
MA: Der Weltkutscher 73; Der Mann
vom Anti 75; Die Rettung des
Saragossameeres 76; Die Räuber gehen
baden 77; Die Tarnkappe 78; Von einem
anderen Stern 81; Das erste Haus am
Platz 82.
R: Der Drache mit den veilchen-
blauen Augen, Hsp. 78; Der kleine Riese,
Hsp. 80; Das allerschönste Mädchen,
Hsp. 80.
S: Der Nachtigallenkönig 76; Die
Wolke, die nicht regnen wollte 76.

Proll, Thorwald, Buchhändler; VS 78;
Lornsenplatz 1, D-2000 Hamburg 50
(Kassel 22.7.41). Lyrik.
V: Sicherheit u. (M)Ordnung 72; Keine
Nacht f. Niemand 75; Den Taten auf d.
Spur 77, alles Lyr.; Einmaliges aus der
alten Welt, G. 79.
S: Bananenrepublik 79.

Prollius, Helga, Journalistin f. Rdfk u.
Ferns.; Journalistenverb.; Meerweinstr.
19i, D-2000 Hamburg 60, Tel. (040)
2700583 (Herford 4.11.10).
Dokumentation, Fernsehfilm, Hörfunk-
Feature.
V: Die Angst liegt hinter mir, Sachb.
79, 2. Aufl. 81; Flucht aus Prag 1945 80;
Ich stell mich in die Mitte ... Bilder einer
Kindheit 82.

Pross, Harry, Dr., o. Prof.; Dt. P.E.N.
59; Weissen 4, D-8999 Weiler/Allg., Tel.
(08387) 2529 (Karlsruhe 2.9.23). Essay.
V: Bracke, G. 45; Der Osten und die
Welt, Ess. 52; Georg Weerth und
Friedrich Engels, Ess. 56; Vor und nach
Hitler, Ess. 62, Literatur und Politik,
Ess. 63; Dialektik der Restauration, Ess.
65; Söhne der Kassandra, Ess. 71;
Protest-Versuch über das Verhältnis
von Form und Prinzip, Ess. 71; Kurt
Tucholsky, Ess. 73; Gustav Landauer,
Ess. 74; Proben auf Fortsetzung (Böll),
Ess. 75; Literaten an der Wand, Ess. 76;
Erziehung zur Kritik, Ess. 77; Vauo und
die großen Zeiten, Ess. 77; Zwänge, Ess.
81.
H: Georg Weerth: Die ersten Gedichte
der Arbeiterbewegung 56; Friedens-
stimmen 83. — **MH:** Guten Morgen
Vauo 63; Neue Rundschau 63 — 69.
s. a. Kürschners GK.

Pross-Weerth, Heddy, Dr. phil.; V.d.Ü.
67, VS; Erbacherstr. 41, D-6120
Michelstadt, Tel. (06061) 71498 (Detmold
1.9.17). Essay. **Ue:** R, E.

V: Prag und die Tschechoslowakei 67,
83; Moskau. Von der Siedlung im Walde
zur Metropole 80.

H: Vom rasenden Kalafat und
anderen Gestalten der sowjetischen
Literatur 52. - **H** u. **Ue:** B. Pasternak:
Briefe nach Georgien. - **H** u. **MUe:** I.
Babel: Ein Abend bei der Kaiserin 70.
Ue: G. Baklanow: Ein Fußbreit Erde
60; I. Babel: Sonnenuntergang 61; L.
Leonow: Die Dachse 63; P. Jakir:
Kindheit in Gefangenschaft 72; B.
Pasternak: Geschichte einer Kontra-
Oktave 75; W. Tendrjakow: Die Nacht
nach der Entlassung 75; W.
Woinowitsch: Brieffreundschaften 76; L.
Kopelew: Aufbewahren für alle Zeit 76;
Kawerin: Das offene Buch 77; O.
Iwinshaja: Lara. Meine Zeit mit
Pasternak 78; L. Kopelow: ... und schuf
mir einen Götzen 79; D.
Schostakowitsch: Zeugenaussage 79;
Rilke — Marina Zwetajew — Boris
Pasternak: Briefwechsel 1926 83. —
MUe: B. Pasternak: Gedichte, Erzählun-
gen, Sicheres Geleit 59; I. Babel:
Budjonnys Reiterarmee und anderes 60.

Prost, Rolf P., freier Schriftsteller;
Tilsiter Str. 2, D-5100 Aachen, Tel. (0241)
525990 (Stolberg/Rhld. 28.5.49). Jugendbuch, Roman.
V: Der Terrorist, R. 79.

Prunkl, Erwin, Lehrer; Goethestr. 19,
D-8411 Lappersdorf, Tel. (0941) 81455
(Zichydorf/Jug. 23.10.24). Erzählung,
Lyrik.
V: Ahnen und Erbe 62; Dingo ist der
Beste 73. ( )

Pruszak, Hans-Joachim *

Pschorn, Margareta (Ps. Margit
Egerer), Schriftstellerin; Kg. 53,
Verband d. heimatvertriebenen Kultur-
schaffenden, RSG 60, EM FDA.; EM Dt.
Kulturwerkes Eur. Geistes, EM Dt.
Akad. f. Bild. u. Kultur München,
Adalbert-Stifter-Med. m. Urkunde 79,
Ehrendipl. d. Kunst U.Salsomaggiore-
Terme, It. 82, Buchpr. AWMM Luxem-
burg 83; Nürnbergerstr. 47, D-8802
Heilsbronn, Tel. (09872) 1294 (Rodisfort,
Kr. Karlsbad 6.6.22). Lyrik,
Kurzgeschichte, Erzählung, Mundart-
dichtung, Hörbild.
V: Brennende Kerzen, G. 56; Erdver-
wurzelt, Mda.-G. 58; Und Wolkendrüber
G. u. Prosa 60; Heimweg nach Böhmen
und Mähren. Weihesp. 61; Als ich noch
das Schulränzel trug, Erz. 61; Im abend-
milden Schimmer, Lyrik 63; Aber sie
fanden nach Haus, Erz. 64;

Ministranten-Geschichten, Erz. 64;
Pfarrer Schwaighofers aufregendes
Jahr, Erz. u. G. 68; Frauenminne und
Frauenleid, Liebeslyrik 68; Damals in
Bethlehem, Weihnachtsleg. 69; Geh ein
Stück des Wegs mit mir, G. 74;
Hetschapetsch (G. u. Pr. in Egerländer
Mundart) 75; Im Stundenschlag 78;
Mein Ich — dein Spiegelbild, G. 79;
Heimat, eine kostbare Perle, G. u. Prosa
83.
MA: 77 Anth. u. Taschenb.
R: Singende Saiten - Klingendes Erz;
Heimat auf dem Erzgebirgskamm 61;
Das Duppauer Land im Wandel der
Zeiten 61; Dort tief im Böhmerwald 62,
alles Hbilder; Versch. Beitr.:
Weihnachten, Volkstümliches, Lyrik.
S: (MV): Glockenhell springt ein
Quell, Mundart-Lieder 63; Lied kling
auf, Lieder d. Vertriebenen; So klingt's
bei uns. Musik u. Bräuche aus Markdoaf
79.
Lit: Autoren Bildlexikon 61; Handlex.:
Dt. Lit. in Böhmen-Mähren-Schlesien
76; V. Karell, J. A. Blaha, H.
Schauwecker, E. Frank, Josef Bernklau:
über Marg. Pschorn 72; Toni Herget,
Franz Liebl u.a.: Über M. Pschorn.

Puchner, Günter, Schriftsteller; VG
Wort 75; Nikolaiplatz 1, D-8000
München 40, Tel. (089) 349447 (München
27.2.36). Lyrik.
V: Ein Flitterfinkchen mit sieben
Zinkchen 74; Kundenschall, das
Gekasper der Kirschenpflücker im
Winter 74; Sprechen Sie Rotwelsch 75;
Kundenschall 76; Ein Arm voll
Schmonzes, Lyr. 83.
MH: Aspekte/Impulse, Zs. f. Lit. u.
Grafik 63 — 66.

Puda, Jiri, Dr.jur., Anwalt; dg 80;
Dallbregen 70, D-2000 Hamburg 54, Tel.
(040) 576330 (Mistek/Mähren 26.5.17).
Drama, Roman, Novelle, Lyrik.
V: Rex Orang-Utan, Sch. 82.

Pudor, Fritz *

Pühringer, Traude (Ps. Traude
Seidelmann), Bibliothekarin; P.E.N. 75
(Imst in Tirol 15.11.20). Lyrik, Novelle,
Hörspiel.
V: O du herbes Licht, G.; Die Erdbeer-
straße, Geschn.; Das Glashündchen, Erz.
R: Familie im Advent; Die Perle; Das
Mädchen von Arles; Der große Jabadao,
alles Hsp. f. Kinder. ( )

Püllmann, Holger, Journalist; Dt.
Autorenverb., Dt. Journalistenverb.;

Zobeltitzstr. 49, D-1000 Berlin 51, Tel.
(030) 4123042 (Dortmund 5.4.50). Lyrik.
V: Gibt es das nicht tausendmal,
Prosa, Lyr. 78; Spiegel, Lyr. 79.

Pültz, Wilhelm, stellv. Rektor i.R.;
Sonnenstr. 37, D-8227 Siegsdorf/Obb.,
Tel. (08662) 7736 (Bayreuth 12.12.01).
Roman, Novelle, Erzählung, Reisebuch,
Almanach.
V: Der Väter Erbe, R. 31; Die letzte
Marquise, R. 34; Der alte und der junge
König, R. 35; Der Heidehof, R. 35; Reiter
im Morgenrot, R. 36; Mutter des Volks,
R. 38; Die Geburt der deutschen Oper, R.
39; Das weiße Haus, R. 40; Die
Holkschen Jäger, Erz. 40; Unter dem
Machangelbaum, R. 41; Die Wasser-
spiele der Villa d'Este, Erz. 41, 56; Das
Schloß in der Champagne, R. 42; Der
Tag von Stadtlohn, Erz. 43; Die Liebe
einer Markgräfin, R. 43; Licht am
Hölderlinsturm, N. 49; Das Idyll von
Sesenheim, Erz. 49, 59; Abenteuer in
weißer Perücke, R. 49; Das Lächeln der
schönen Dorette, R. 51; Die Nacht der
Entscheidung, R. 53; Sonne über Waller-
stein, Erz. 54; Die Wälder von Lubowitz,
N. 55; Scherzo mit dem Bläsle, Erz. 55;
Der Hugenottenbrunnen, Erz. 55;
Premiere in Prag, N. 56, 61; An der
Romantischen Straße, Erz. 56; Madonna
im Lindenholz, Erz. 56, 59; Der Turm-
hahn von Cleversulzbach, N. 57;
Altmühl-Romanze, Erz. 57; Fest in
Nymphenburg, Erz. 58; Das Grabmal in
Franken, Erz. 58; Bayerische Liebesfahrt, Erz. 58; Die graue Stadt am Meer,
N. 58; Unter den Bäumen der Mark-
gräfin, Autobiogr. 59; Valentin im
Weinberg, Erz. 59; Der rote Hahn, Erz.
59, Sp. 65; Meersburger Sonate, Erz. 60;
Die Tänzerin des Königs, Erz. 60; Im
Schatten Ossians, Erz. 60; Begegnung
mit Antonia, Erz. 60; Trost aus der Rollwenzelei, N. 61; Wenn der Holunder
blüht, Erz. 61; Die Biedersteiner Hochzeit, Erz. 61; Die Reise nach Rügen, N.
61; Hinter den sieben Bergen, Erz. 61;
Konzert in Schwetzingen, Erz. 61; Land
unterm Regenbogen, Erz. 62; Das Dorf
unter der Gottesackerwand, N. 62;
Orlamund, Erz. 62; Weinsberger Phantasien, Biogr. 63; Der alte Garten, Erz.
63; Symphonie in H-Moll, N. 63; Die
letzte Nacht, N. 63; In der Sonne Catulls,
Reiseb. 63; Der Maler des Schwarz-
walds, Biogr. 64; Provencalische
Legenden, Erz. 64; Die Gefangene von
Schwaningen, Erz. 64; Pfingstfahrt nach
Wien, Reiseb. 64; Sixtus Ambruggers
Brautgang, N. 65; Chiemgauer

Weihnacht, Alm. 65; Spiel in der
Eremitage, R. 65; Ferientage in Paris,
Reiseb. 65; Staufische Tragödie, Erz. 66;
Die Apotheke Zum Goldenen Mond, N.
66, Erz. 67; Urlaub am Comersee, Reiseb.
66; Der Weg ins Wunderbare, Alm. 66;
Liebfrauengesänge vom Main, Alm. 67;
Das Glück der Romantiker, Alm. 67;
Rose-Marie, Biogr. 67; Unter den Pinien
Roms, Reiseb. 67; In den Gärten der
Musik, Alm. 67; Für Dich Mutter, N. 67;
Lieder hohen Lebens, Biogr. 68; Reise
zur Insel Napoleons, Reiseb. 68; Historie
und Dichtung vom Dr. Johannes Faust,
Biogr. 68; Genesung im Schwarzwald,
Reiseb. 68; Die Insel der glücklichen
Menschen, Erz. 68; Unter fränkischen
Winden und Wolken, Alm. 68; Der große
Sturm, R. 68; Traubenkur in Meran,
Reiseber. 69; Madrigal in einer kleinen
Stadt, Erz. 69; Der Maestro Torre del
Lago, Biogr. 69; Wetterleuchten, R. 69;
Kurpfalz in Gloria, Reiseber. 69; Auf
schwäbischen Bergen, Biogr. 69; Salz-
burger Tagebuch, Reiseber. 70; Stunde
in Immensee, Biogr. 70; Der Mann von
Weimar, Biogr. 70; Unter dem Himmel
des Chiemgaus, Reiseber. 70; Verklärte
Welt, Biogr. 70; Der Geiger von Cranach,
Erz. 70; Das Dorf mit den Sonnen-
blumen, Biogr. 70; Traum in den Herbst,
Erz. 71; Gute Tage im Bayerischen
Wald, Reiseber. 71; Galerie der Frauen-
anmut, Biogr. 71; Lobgesang des Weins,
Alm. 71; Besuch bei der Droste, Biogr.
71; Kultur in Pfaffenwinkel, Reiseber.
72; Die Herrin von Bayreuth, Erz. 72;
Die Chronik von Heimenhofen, Erz. 72;
Griechisches Saitenspiel, Biogr. 72;
Wenn die Dolomiten glühen, Erz. 72;
Der treue Johannes, Biogr. 73; Genius
aus Marbach, Biogr. 73; Das Erlebnis
Venedig, Reiseb. 73; Die letzte
Prinzessin, Erz. 73; Fränkisches
Capriccio, Erz. 73; Der Hof von
St.Kathrein, Erz. 73; Schönes, helles
Bodenseeland, Reiseb. 73; Stimmen des
Herzens, Lyr. 74; Nächte in Sils-Maria,
Biogr. 74; Die Weise vom Leben u. v.
Tod, Alm. 74; Das markgräfl. Welt-
theater 74; Dank an die Heimat 74; Im
Zauber von Florenz, Reiseb. 74; Via
Appia Antica, Erz. 74; Der Titan vom
Schwarzspanierhaus, Biogr. 74;
Südtiroler Sommertage, Reiseb. 75; Die
Wanderer-Phantasie, Biogr. 75; Der
steirische Waldbauenpoet, Biogr. 75; Die
Pagode der guten Träume, Erz. 75;
Besuch im Ries, Reiseb. 76; Gr. Liebe zu
ein. still. Landschaft, Reiseb. 76; Die
Herzogin von Tirol, Biogr. 76; Der Quell
des Vergessens, Erz. 76; Es muß ein

Wunderbares sein, Biogr. 76; Kleine
Reise nach Mainfranken, Reiseb. 76;
Herrn Walthers Minnelied, Biogr. 77;
Das Landhaus in Saint-Cloud, Erz. 77;
Urlaubsparadies Salzkammergut,
Reiseb. 77; Kleine Nachtmusik, Biogr.
77; Poeten am Tegernsee, Reiseb. 78;
Beglückende Albfahrt, Reiseb. 78; Hüter
des Festspielhügels, Biogr. 78; Das
Mädchen aus den Bergen, Erz. 78; Frau
Uta von Naumburg, Erz. 79; Jagd im
Odinswald, Erz. 79; Träumerei, Biogr. 79;
Gute, alte Reichsstadt Nürnberg, Reiseb.
79; Abenteurer in weißer Perücke, R. 79;
Hieronymus im Gehäus, Alm. 80;
Auffordg. zum Tanz, Biogr. 80; Blumen
für Chariklee, Alm. 80; Aufzeichnungen
ein. Vereinsamten, Alm. 80; Bezaubern-
des Elsaß, Reiseber. 80; Spuk im Schloß,
Erz. 80; Frühling im Pustertal, Reiseber.
81; Musischer Traum im Rokoko, Biogr.
81; Der große König, Biogr. 81; Dichter
auf Reisen, Alm. 81; Das goldene Klee-
blatt, Erz. 81; Die Eichen von Lütte-
geloh, Erz. 82; Romantische Rheinfahrt,
Reiseber. 82; Letzte Reise in die Heimat,
Reiseber. 82; Der graue, alte Kater,
Biogr. 82; Jolander im Paradies, Alm. 82;
Stätten einer geistigen Welt, Alm. 83;
Schlesisches Credo, Biogr. 83; Sissys
Reise ins Glück, Biogr. 83; Frau Irmin-
gard, Erz. 83; Mutter Stines Heimat, Erz.
83; Melancholie, Biogr. 84; Straße der
Träume, Reiseber. 84; Kl. Philosophie
des Glücks, Alm. 84; Jens und
Margretjen, Erz. 84; Traumwelt eines
Königs, Biogr. 84.
    H: J. von Eichendorff: Erzählungen
48.

Püschel, Ursula, Dr.phil.; SV-DDR 76;
Zur Nachtheide 23, DDR-1170 Berlin,
Tel. 6573075 (Töpchin 1.6.30). Prosa,
Essay.
    V: Bettina von Arnims
Polenbroschüre 54; Kernbauer, Prosa
74; Unterwegs in meinen Dörfern, Prosa
80, 82; Mit allen Sinnen, Ess. 80, 82. –
MV: Faust-Gespräche, m. Gerhard
Scholz 63, 67; Über prakt. und theoret.
Theatererfahrungen beim Entwickeln u.
Erproben einer Dramaturgie des
Positiven, m. Hans Dieter Mäde 73.
    R: In Damaskus, Hsp.; Spaß an
Goethe, Fsf.

Püschel, Walter (Ps. Walter Schell),
freischaffender Schriftsteller, Lehrer,
Verlagslektor; SV-DDR 59; Woelckpromenade 7, DDR-1120 Berlin, Tel.
3656237 (Einsiedel 3.2.27). Roman,
Erzählung, Film, Hörspiel, Fernsehspiel.

    V: Der Sänger der schwarzen
Freischar, biogr. Erz. 54; Die Nacht in
der Mühle, Erz. 58; Die Verurteilung des
Hauptmanns Mack 59; Osceola, Erz. 60;
Hahn mit fremden Federn, Erz. 62;
Robin und die Häuptlingstochter, R. 64;
Das Vermächtnis des Kundschafters, R.
68; Die Hochzeit von Angostura, R. 70;
Die Trommel des Mahdi, R. 73; Mamas
dritter Mann, Erz. 76; Crazy Horse, R.
79; Das Schulschwein, Erz. 81.
    H: Auf kühnen Wegen 60; Die Sklavin
Selinde 62; Der Sündfloh 64; Kennst du
das Land, wo die Kanonen blühen? 67;
Jungfer Lotty 82. – **MH:** Deutsche
Balladen 56; Die Schaubude 64; Das
große Balladenbuch 65.
    F: Osceola 73.
    R: Wen der Hafer sticht ..., Fsp.; Der
Krieg der Dakotas, Hsp.-F. 79; Rache für
Groß-Beeren, Hsp. 80; Die Flaschenpost,
Hsp. 81; Kaddisch für Liebermann, Hsp.
82; Strohhut-Emil, Hsp. 82.

Pütz, Albert, Amtsrichter;
Mühlwiesenstr., D-6580 Kirschweiler/
Nahe, Tel. (06781) 31330 (Saarburg
15.3.32). Roman, Erzählung, Essay.
    V: Das unbotmäßige Leben des
Nikolaus Haffner, Erz. 76; Das Wirtshaus im Hunsrück, Erzn. 77; Glashaus
mit Steinen, R. 79; Der Therapeut oder
die Irren auf der Bastion, Erz. 82.
    MA: Autorengruppe Nahe: alles fließt
79; Literatur aus Rheinland-Pfalz, Anth.
II 81; Echos, Anth. Rheinland-Pfalz
Burgund 82; Illusion und Realität 83.
    Lit: Volker Panzer: Der Schriftsteller
A.P., Fs. 80; Theo Schneider: Ein Porträt
des Autors A.P. 82.

Pütz, Rose Maria, Doz. an d. Freien
Kunst-Studienstätte Otterberg; D.A.V.
63; Am Wiestebruch 66, D-2802
Ottersberg, Tel. (04205) 596
(Mönchengladbach). Lyrik, Roman,
Novelle, Hörspiel, Essay.
    V: Die auf der Schattenseite stehen,
Tageb.notizen aus der Industrie 69, 76;
David. Ruth Frommleben, Erzn. 81;
Kunsttherapie – eine Alternative zur
Regeneration der Gesellschaft 82.

Puganigg, Ingrid, s. Roth-Kapeller,
Ingrid.

Puhl, Charlotte (Ps. Caroline Muhr),
Dr. phil.; Wiedemannstr. 30, D-5300
Bonn-Bad Godesberg (Essen 20.5.25).
Roman, Hörspiel, Lyrik.
    V: Depressionen, Tageb. e. Krankheit
70, 76, Tb. 78, 82; Freundinnen, R. 74, 76,
Tb. 76, 79; Huberts Reise oder kein Übel
ist größer als die Angst davor 78, Tb.

80. — **MV:** Zum Haaresträuben. Protest- u. Spottlieder f. d. neue Frauen- bewegung 75.
R: Luja und Felix, Kurzhsp.-Serie 75 — 77. ( )

Puhl, Fritz (Ps. Richard Friedrich); Grimme-Preis 63 u. 73; UNO Offical, CH-1291 Commugny/Vaud, Tel. (022) 763258 (Göttingen 30.6.21). Probleme der Dritten Welt.
V: Tribunal 1982, Materialien zu e. kommenden Prozeß 72; Zwei Welten im Zeugenstand 72; Das große Buch der Dritten Welt 78.
MA: Unser Walter, Fsf. 76; Die weiße Rose, Fsf.; Dokumentarfilme u. Rund- funksendungen.
R: Fernsehser.: Tribunal 1982 72; Der Anwalt 78; Gesundheitspolitik in Asien und Afrika 80.

Puhl, Wilfried Ernst (Ps. Willie Ernst, Bill Ernest, Bill Pool), Werkzeug- mechaniker; Seidelstr. 39, D-1000 Berlin 27 (Meissen/Elbe 24.9.40). Roman, Kurzgeschichten, Hörspiel.
V: Western-, Kriminal- u. Liebes- romane, auch in Tb.- u. Heftform. ( )

Puhle, Joachim (Ps. Jochim Pahl, G. Sandow), Redakteur, Schriftsteller; Zehntwiesenstr. 40, D-7505 Ettlingen, Tel. (07243) 3314 (Berlin 31.10.29). Roman, Sachbuch.
V: Sternen-Ingenieure, Die Schatten- losen, Die Überlebenden, Wunder in ferner Welt, Projekt Orion u.a. R. 66/68; Sternenmenschen sind unter uns 71 (auch holl., dän.); Grauen über Andorra 75; Verbrannte Seelen 75; Am Ende aller Tage 76; Die genetische Zeitbombe 76; Eiszeit 76; Neutronenschock auf Witch 77; Urlaubsfahrt ins Glück (auch belg.); Kometenfalle 77; Metamorphose 77; Reise ohne Wiederkehr 78; Leben ohne Hoffnung 78; Planet auf Kollisionskurs 79; Erben der Menschheit 79; Die zweite Menschheit 80.

Pukall, Hans-Heinz (Ps. Johannes H. Pukall), Historiker; FDA, Vorsitz. Bdes- Ehrenrat seit 79, EMitgl. u. EVorsitz. d. LV Hamburg d. FDA; Weg beim Jäger 79, D-2000 Hamburg 61, Tel. (040) 5204227 (Hamburg 24.5.28). Lyrik, Essay, Aufsatz, Novelle, Erzählung.
V: Der Gralssucher, G. u. Aufs. 46; Stab und Kranz, G. 48; Meditieren und träumen, G. 49; Ungarische Romanze, N. 52; Angelice, N. 54; Luftwaffenhelfer, Betracht. 55; Der Hesychasmus, Ess. 61; Frühes Christentum in Transalbingien, Aufs. 65; Gedichte 66; Strukturen zeit-

gemäßer Führungs- und Truppen- psychologie, Ess. 69; Kleine Kampf- gruppen im subversiven Krieg, Ess. 70; Gedanken und Reflexionen zur Lage, Ess. 70; Das Bewußtmachen reaktionärer Strukturen, Ess. 71.
MA: Spuren der Zeit II 64, IV 69; Steinburger Jahrbuch 70, 71; Bismarck: Politik als Schachspiel in: Vorwärts, Sonderausg. 78.

Pukall, Johannes H., s. Pukall, Hans- Heinz.

Pullar, Leni *

Puls, Dierk (Ps. Dierk Gerhard), Dr. phil.; Schriftsteller in Schlesw.-Holst. u. Eutiner Kreis 82; Klaus-Groth-Ges. 60; von-der-Goltz-Allee 61, D-2300 Kiel, Tel. (0431) 683954 (Warder, Kr. Segeberg 11.11.13). Drama, Lyrik, Roman, Novelle, Essay, Hörspiel.
V: Der Ehedoktor, Ess. 50, 60; Schleswig-Holsteins Dichter erzählen, Erzn. 58; Kiel und seine Förde, Ess. 61; Dichter und Dichtung in Kiel, Ess. 62; Is ja rein to dull, Döntjes 75; Besuch auf Emkendorf, Erzn. 76; Dierk Puls vertellt lüttje Döntjes vun Flensborg bit Hamborg 78; Am Nordseestrand un Ost- seekant, G. Erzn. 79; Arnes Reisen mit Nis Puk über Schleswig und Holstein, Erz. 81.
MA: Gundel Paulsen: Weihnachts- geschichten aus Schleswig-Holstein 75.
S: Snack un Snurren 80.
Lit: Geerd Spanjer: Zum 60. Geb. v. Dr. Dierk Puls (Die Heimat) 11/73; Geerd Spanjer: Ein Schriftsteller und Interpret in Kiel — Dierk Puls wir 65 Jahre alt (Schleswig-Holstein) 11/78.

Puntsch, Eberhard, Dr. phil., Schrift- steller; Prinzenhöhe 4, D-8036 Herrsching, Tel. (08152) 1242 (Dresden 7.5.26). Anthologie, Anekdote. **Ue:** E.
V: Ärzte lachen 70; Juristen lachen 70; Manager lachen 70, 71; Verkäufer lachen 71; Sekretärinnen lachen 71.
MA: Zitatenhandbuch 65, 74, 78, 81; Handbuch der Witze, Fabeln und Anek- doten 68, 76, 81; Auf der Suche nach dem Glück zu zweit 70.
Ue: Rod Laver: Gewinnen im Tennis 66.

Purner, Inge (Ps. Inge od. Ingeborg Mühlhofer), Hausfrau; Lyrikpr. d. Stadt Innsbruck 52; Claudiastr. 6/II, A-6020 Innsbruck, Tel. (05222) 292104 (Werfen b. Salzburg 13.7.18).
V: Nur Ingeborg 40; Der Räuberschatz 52; Der Edelstein des Marrano 54; Der zerbrochene Globus 58, alles Kinderb.;

Ein Genie muß es sein, Jgdb. 68; Wenn die Mutter mit den Söhnen 75.

Purrmann, Christel G. (Ps. Christel Dorpat); VS 83, GEDOK 83; Blücherstr. 33, D-1000 Berlin 61, Tel. (030) 6932983 (Abschwangen/Ostpr. 23.4.30). Roman, Drama, Kurzgeschichte.
V: Welche Frau wird so geliebt wie Du, R. 82, 2.Aufl. 83.

Purschke, Hans Richard, Dr. jur.; Hadrianstr. 3, D-6000 Frankfurt a.M. 50, Tel. (0611) 571890 (Olmütz 29.7.11). Puppenspiel.
V: Kasperl 48, 56; ABC des Handpuppenspiels 51; Puppenspiel in Deutschland 57 (auch engl., franz., ital. u. span.); Liebenswerte Puppenwelt. Dt. Puppenspielkunst heute, Bildbd. 62; Das deutsche Puppentheater heute 79 (auch engl., franz., ital., span.); Die Anfänge der Puppenspielformen und ihre vermutlichen Ursprünge 79; Puppenspiel und verwandte Künste in der Freien Reichs-Stadt Frankfurt am Main 80; Die Entwicklung des Puppenspiels in Europas klassischen Ursprungsländern 83.
MA: Das allerzierlichste Theater. Alte u. neue Gesch. v. Puppenspiel, Anth. 68.
H: Perlicko-Perlacko, Bll. f. Puppensp. seit 50; Das Puppenspiel, Monatsbl. 48; Harro Siegel Marionetten 63; Vielgeliebtes Puppenspiel, G-Anth. I 65, II 72; Kleines Brevier für Puppenspieler, Anth. 66; Bibliogr. des deutschen Puppenspiels I 69, II 71; Puppenspiel in der Therapie 70 II; Puppenspiel in Witz und Karikatur 71; Puppenspiel in Graphik und Malerei: Italien 74, Deutschland-Österreich I 75, II 77, Frankreich I 76; Frankreich II 77; Arch. f. Puppentheatergesch., Schr.-Reihe seit 81.
Lit: Über das Puppenspiel und seine Geschichte. Querschnitt durch d. lit. Schaffen d. Puppenspieltheoretikers u. Historikers H.R.P. 83.

Pusch, Dorle, Hausfrau; Münchner Str. 34, D-8225 Traunreut, Tel. (08669) 2844 (Hohenwalde, Kr. Marienburg 23.3.46). Erzählung.

V: Wir Missionarskinder erzählen, Jgdb. 77; Wir Missionarskinder unterwegs, Jgdb. 81.

Pusch, Edgar B.; Roemer- u. Pelizaeus-Museum, Am Steine 1, D-3200 Hildesheim.
V: Der kleine Gilgamesch 78; Das Senet-Brettspiel im alten Ägypten 79; Schen-Nufe und Hotepi, Kdb. 79. ( )

Pusch, Edith (Ps. Barbara Busch, Maria Linz, Barbi Bach, Carola Marlin, Judith Janka, Michaela Dornberg), Schriftstellerin, Lektorin; Hohenzollernstr. 13/V, D-8000 München 40 (Brünn). Roman, Kurzgeschichte.
V: In den Herzen der Frauen 55; Unschuldig — Schuldig 62; Nacht des Schicksals 64, 80; Die Vielgeliebte 65; Nur in deinen Armen 65; Katharina Jodok; Zärtliche Verlockung; Geliebte Feindin; Meine Kinder bleiben dir; Fürstenhochzeit; Ihre Liebe war wie Gift; Die Fremde, alles B. u. Tb.; rd. 300 Heftr. Kurzgeschn. u. Fortsetzungr. ( )

Pusch, Helga (Ps. Helga Pusch-Michaelias), Lehrerin i.R.; V.G.S. 78; NdÖst. Bild.- u. Heimatwerk, Akad. ARGE Lit. 77; Trauttmandsorffg. 34/36, A-1130 Wien, Tel. (0222) 828195 (Wiener-Neustadt 28.1.23). Lyrik, Roman, Novelle.
V: Nachtwache, G. 73; Tausend Funken im Kristall, R. 77.
MA: Intern. Samml. zeitgenöss. Poesie II., Anth. 75; Das immergrüne Ordensband, Anth. 79. ( )

Pusch-Michaelias, Helga, s. Pusch, Helga.

von Puttkamer, Annemarie *

Puttner, Mario *

Puvak, Josef, Chef-Ing.; B-dul Ilie Pintilie 35, scara B.ap.1, Bukarest/Rumänien (Reschitza 31.7.13). Erzählung, Novelle.
V: Auf Bären in den Karpaten, Erzn. 64; Halali, Jagderzn. 68; Bärensaga, Jagderzn. 74; Die Flucht 76; Tigri die Wildkatze, Tier u. Jagdgesch. 79. ( )

Puyn, Alois *

Q

Quade, Traute, Kunstmalerin u.
Schriftstellerin; ADA 82; Pfalzstr. 29, D-
4000 Düsseldorf, Tel. (0211) 4981303
(Düsseldorf 2.1.21). Lyrik, Roman,
Novelle.
V: Durch das geöffnete Tor, G. 46, u.a.

Quadflieg, Josef, ObSchulR.;
Weinbergstr. 23, D-5503 Konz
(Herzogenrath 19.6.24). Kinderbuch,
katechetisches Schrifttum.
V: Das Buch von den heiligen
Namenspatronen, Erzn. 54, 65; Das Buch
von den zwölf Aposteln, Erz. 57, 61;
Katechetismus, Beiheft zum Aachener
Sakramentsbüchlein "Das Gotteskind"
58; Fromme Geschichten für kleine
Leute, Erzn. 58, 79; Neue fromme
Geschichten, Erzn. 62, 79; Das große
Buch von den heiligen Namenspatronen
62, 79; Aus dem Leben der Muttergottes,
Erz. 63; Aus dem Leben des heiligen
Franz von Assisi 63; Wir Kinder beten
63; Handbuch zum Glaubensbuch f. d. 1.
Schuljahr 63, 65; Lese-, Spiel- und
Arbeitsheft zum Glaubensbuch f. d. 2.
Schuljahr 63; Was soll im Rel.unterricht
f. d. 2. Schuljahr auswendig gelernt
werden? 63; Aus dem Leben des
heiligen Antonius von Padua, Erz. 64;
Aus dem Leben des heiligen Paulus,
Erz. 64; Aus dem Leben des heiligen
Martin; Laßt uns erheben Herz und
Stimme 64; Beichtbüchlein für Kinder
64, 80; Das Buch von den heiligen
Engeln, Erzn. 64; Komm, heiliger Geist,
katech. Arbeitsb. 64; Jesus, führ uns
zum Vater, katech. Arbeitsb. 64, 65; Aus
dem Leben des heiligen Nikolaus, Erz.
65; Immer bei Jesus, katech. Arbeitsb.
65; Der Liebe Gott und die Kinder, Erzn.
65; Pony Plüsdrücken 66; Abenteuer m.
d. Roten Acht 68; Fünfzig Vorlese-
geschichten 74, 80; Theologie in Kinder-
köpfen? 74, 82; Fünfzig neue Vorlese-
geschichten 76, 80; Geschichten von der
heiligen Messe 81; Mit Maria durch das
Jahr 82. — **MV:** Bilderbibel 60, 64; Das
Kinderbuch vom Kirchenjahr, Erzn. 59,
64; Kindergebetbuch 61, 66; Der Herr ist
mein Hirte 64, 65; Mein Spiel- und
Werkblatt 64; Was soll aus Karl-

Hermann werden? Elternrecht u.
Bekenntnisschule 67.
H: Hundert Gebete für Kinder 70, 79.
( )

Qualtinger, Helmut, Schauspieler,
Schriftsteller; Daringergasse 12a, A-1190
Wien (Wien 8.10.28).
V: Der Mörder und andere Leut' 75,
77; Im Prater blühn wieder die Bäume,
Sat. 77; Das letzte Lokal, Sat. 78; Die rot-
weiß-rote Rasse, neue Satn. 79; Drei
Viertel ohne Takt 80, Tb. 82; Über Ärzte
und Patienten. Der Nächstbeste, bitte
80, Tb. 83; Halbwelttheater 82. —
MV: Blattl vor'm Mund 59; Der Herr
Karl 62, 78; Alles gerettet 63; Die Hin-
richtung, Theaterstück 65; An der lauen
Donau, Szenen u. Sp. 65, Tb. 82;
Qualtingers beste Satiren 75, 79, alle m.
Carl Merz; Kommen Sie nach Wien, sie
werden schon sehen, neue Prosa m. L.
Qualtinger 80.
R: Der Herr Karl; Alles gerettet; Die
Hinrichtung, alles Fsp.
S: Rhapsodie in Halbstark; Der Herr
Karl, Sat.; Moritaten oder Das Morden
höret nimmer auf; Qualtinger in Linz;
Wer die Wahl hat, hat den Qualtinger;
Der Qualtinger — Ein kabarettistisches
Porträt; Der Mörder und andere Leut';
Ka Stadt zum Leben, ka Stadt zum
Sterben; Die rotweißrote Rasse;
Schwarze Wiener Messe. — **MV:**
Kinderverzahrer und andere Wiener;
Travniceks gesammelte Werke. ( )

Qualtinger, Leomarie; Daringerstr.
12 a, Stg. 5, A-1190 Wien.
V: Ping-Boeing 1, 1, 1 73; Der
vornehme Eisenbahnwaggon 74;
Biedermeier-Morde 79; K. u. K. Krimis
80. — **MV:** Kommen Sie nach Wien, sie
werden schon sehen, neue Prosa m. H.
Qualtinger 80. ( )

Quednau, Werner; VS Nds. 64; 4
Literaturpreise z. Schaff. einer neuen
Kinder- u. Jgd.-Lit. v. Min. f. Kultur d.
DDR 53 — 55; Kamp 12, D-3300
Braunschweig, Tel. (0531) 874683
(Rastenburg 17.2.13). Roman, Drama,
Hörspiel, Film, Fernsehspiel.
V: Drei Jungen schlagen Alarm 50;
Rufa und ihre Schwestern, 53, 54;
Robert Koch 54, 66 (auch tschech.,

afrik.); Die Gefangenen von Murano 54,
62 (auch rum., holl.); Clara Schumann 55,
61 (auch tschech., afrik., jap., ital.); Die
Schwestern der goldenen Stadt 56, 61;
Der schwarze Graben, Erz. 57, 60 (auch
poln., afrik.); Die Ärztin Dorothea
Christiana 60, 70; Alarm in Bärwald 60,
63; Maria Sibylla Merian 61, 67; Die
große Sinfonie 63; Antitoxin 64; Fieber-
hölle Panama 66; Heilsames Gift 73.

R: Im Kampf mit dem Tod, Hsp. 55;
Die Sache mit dem Fernglas 61; Eine
dumme Sache, Fsp. 63; Treffpunkt
Texaskeller, Fsp. 64; Die Gefangenen
von Murano, Fsp. 66; Die rote Geldbörse,
Fsp. 66; Antitoxin 67; An einem

Wochenende 67; Grünes Licht für helle
Köpfe, 8 Verkehrsquizsend. Fs. 67.

Quiel, Friedrich, Amtmann
Städelsches Kunstinst. Frankfurt a.M.;
Rilke-Ges. Basel; Holzgasse 17, D-7753
Allensbach, Tel. (07533) 5809 (Neisse
21.6.06). Drama, Roman, Novelle, Essay.

V: Der Abendberg, Erz. 62; Rilkes
Vermächtnis/Das Geheimnis von Raron,
Ess. 72; Das Morgental, Erz. 75; Das
Meersburger Erotikon, R. 80.

Quiess, Helga; Küstriner Str. 6, D-
5483 Bad Neuenahr.

V: Bajazzo schließt Frieden mit Gott
82. ( )

R

Raab, Fritz; RFFU 53, VS 70;
Helbingstr. 32, D-2000 Hamburg 70, Tel.
(040) 6934973 u. CH-6611 Mergoscia
671606 (Siegen/Westf. 2.4.25). Roman,
Hörspiel, Fernsehspiel, Film, Drama.
   V: Betty und die zwölftausend Schafe,
Jdb. 57 (auch span.); Wenn der Frosch
quakt ..., Kinderb. 58; Dirk, der Klingen-
schmied, Lesesp. 59, 62; Das macht Olaf,
Jgdst. 70; Nix zu Weihnachten, Kinderst.
75; Besuch bei Ruth, Krim.-St. 76; Taró,
Comic, Zeichn. v. F. W. Richter-Johnsen
77; Ab mit dir ins Vaterland, Jgdb. 77;
Das Denkmal 79.
   F: (MV): Straßen der Vernunft; Heute
für morgen; Robinson im Wattenmeer.
   R: Kellerassel, Hsp. u. Fsf.; Kleiner
Grenzverkehr, Hsp.; Das garstig Lied,
Fsp.; Das Staatsgeheimnis, Hsp. (auch
holl.); Aus Prinzip, Hsp.; Die Prüfung,
Fsf.; Jörn Drescher, 19 Jahre, Fsf. u.a.
   S: Taró 66; Ralph 72; Der liebe Löwe
Leo 73.

Raab, Karl, Theaterschriftsteller;
Dramatikerstip. 79; Rückertgasse 21/29,
c/o Internationaler Lyrik Verlag, A-1160
Wien, Tel. (0222) 464385 (Wien 17.12.49).
Lyrik, Film, Theater.
   V: Gedankensplitter 82; Ordnung ist
alles, Bü. 81; Die Reise zum
unbekannten Stern, Bü. 82; Fips, das
Theatergespenst, Bü. 83; Dann kam
Papa, Kom.

Raabe, Paul, Dr. phil., Dir. d. Herzog-
August-Bibl. Wolfenbüttel; Lessingstr.
11, D-3340 Wolfenbüttel, Tel. (05331) 5081
(Oldenburg 21.2.27). Essay.
   V: Alfred Kubin. Leben, Werk,
Wirkung 57; Ein Schatzhaus voller
Bücher 71; Der alten Stadt eine Zukunft
75; Wolfenbüttel. Bilder aus der
Lessingstadt 78; Erinnerung u. Gegen-
wart. Das Lessinghaus in Wolfenbüttel
79.
   H: Expressionismus. Aufzeichnungen
u. Erinnerungen d. Zeitgenossen 65;
Expressionismus. Der Kampf um eine
literarische Bewegung 65; Gottfried
Benn: Den Traum alleine tragen. Neue
Texte, Briefe, Dokumente 66; Franz
Kafka: Sämtl. Erzählungen 70, 81; K. J.
Hirsch, Kaiserwetter 71; Knigge, Die
Reise nach Braunschweig 71; J. R.
Becher, Gedichte 73.
   s. a. Kürschners GK. ( )

Raaflaub, Hans, Seminarlehrer;
Berner S.V. 65; Literaturpr. d. Kant.
Bern 72 u. 74; Blinzernstr. 39, CH-3098
Köniz (Gstaad 15.5.28). Hörspiel, Roman.
   V: Uli Siebenthal, Erz. 56, 57, Gstaad.
R. 62, 83; Der Betrug R. 70; Der Fuß-
gängerstreifen, Erz.
   B: Meier Helmbrecht, Bühnenfass. 66.
   R: Die Nadeltürme, Hsp. 65.

Raaflaub, Walter, Arzt; Förderpr. d.
Stadt Bern 78; Längweiherstr. 14, CH-
6014 Littau, Tel. (041) 221609 (Saanen,
Kt. Bern 8.11.41). Lyrik, Roman.
   V: Müüsch u Schtei, Vier Totze
saanetütschi Gedicht 76; Nimm dir Zeit,
G. 80; Gestohlenes Gestern. Tageb. e.
Entwickl.helfers 81.

Raasch geb. Bianchi, Marion;
Machandelweg 9, D-2820 Bremen, Tel.
(0421) 667622 (Groß-Ottersleben 5.1.39).
Kinderbuch.
   V: Kobold Witsch 74; Pim und Max
und Schattenfax 76; Wir haben uns lieb
77; Zu weit geht alles besser 77, alles
Kinderb.

Rabais, Carl, s. Riepenhausen,
Carlheinz.

Rabe, Hanns-Gerd, Realschullehrer;
Lit. Gruppe Osnabrück 50; Weißen-
burgerstr. 11, D-4500 Osnabrück, Tel.
(0541) 47141 (Osnabrück 24.4.95). Roman,
Novelle, Essay.
   V: versch. Sachb., u.a.: Französische
Miniaturen 51; Sommerreise durch
Belgien 52; Remarque und Osnabrück
70; Der goldene Sankt Michael, Nn. 74;
Romanze in Flandern, R. 79.
   Lit: Namen u. Werke, Biogr. z.
Jugendbeweg. 72.

Rabensteiner, Konrad, Dr., Mittel-
schullehrer; Mölle Literaturpr. 81;
Brennerstr. 28/C/86, I-39100 Bozen, Tel.
(0471) 21174 (Villanders, Südtirol
22.11.40). Lyrik, Drama, Hörspiel. **Ue:** I.
   V: Der gestiefelte Kater, Libr. 75;
Zwischen den Rädern, G. 76;
Bruchlinien, G. 82.

MA: Wort im Gebirge 70; Jahresring
78-79 78; Jb. für Lyrik 79; Lyrik 79 79;
Brennpunkte VI; Gauke's Jb. 83 82.
R: Lyrik und Lyriker der
Weltliteratur, Sendereihe.

Rabisch, Birgit; VS-Hamburg 83;
Hellkamp 1, D-2000 Hamburg 19
(Hamburg 9.1.53). Lyrik, Roman,
Hörspiel.
V: Jammerlürik, Lyr. 80, 2.Aufl. 81.
B: Thomas Damson: Mein Gang unter
d. Leute 81; Frank Dohl: Der verlorene
Sohn 81; Bernd Martens: Ich schrubb
von unten 82; Angela Pietrzik: Wo bin
ich eigentlich 82. — **MA:** Im
Beunruhigenden 80; Unbeschreiblich
weiblich 81; Laßt mich bloß in Frieden
81; Wer nicht begehrt lebt verkehrt 82;
Laufen lernen 82; Hautfunkeln 82; Wo
liegt Euer Lächeln begraben? 83.

Rabitsch geb. von Schürr, Thekla,
s. Schürr, Thekla Maria.

Rabsch, Udo, c/o Konkursbuchverl.,
Tübingen.
V: Der Hauptmann von Stuttgart, R.
81; Julius oder der schwarze Sommer 83.
( )

Rachel, Bernd; Harzstr. 17, D-3400
Göttingen, Tel. (0551) 94135 (Lauda,
Baden 1.2.49). Novelle, Hörspiel, Lyrik,
Fernsehspiel, lit. Feature.
V: Den dritten Preis zu gewinnen, N.
76.
MA: Beitr. in Anth..
R: Stoße nie an Automaten, sonst
mußt du es schwer bezahlen 73, Pictures
78, Die Intervention 79; Schlußbericht
80; Wie ein Baum 82, alles Hsp.; Wenn
wir noch den Hofer hätten 76;
Schutzhäftling Nr. 562 77; Holen Sie
sich 77; Freigesetzt 78; Die Pflicht und
die Schuldigkeit 78; Für Elise 80; Geld
oder Leben, m. R. Kremer , Fsf. 81.

Rachmanowa, Alja (Ps. f. Galina von
Hoyer); Zürcher S.V.; 1. Preis d. Intern.
Preisausschreibens d. Acad. d'Education
et d'Entr'aide Sociales, Paris 36,
Ehrengabe d. Regierungsrats d. Kant.
Zürich f. d. Gesamtwerk 76, CH-8355
Ettenhausen b. Aadorf/Thurgau, Tel.
(052) 471618 (Ural/Rußland 27.6.98).
Tagebuch, Biographie, Roman, Erzn.,
Hsp.
V: Studenten, Liebe, Tscheka und
Tod, Tageb. 31, 78; Ehen im roten Sturm,
Tageb. 32, 78; Milchfrau in Ottakring,
Tageb. 33, 79; Geheimnisse um Tataren
und Götzen, Tageb. 33, 49; Fabrik des
Neuen Menschen, R. 35, 55; Tragödie
einer Ehe (Tolstoj), Biogr. 37, 55; Jurka,

Tageb. einer Mutter 38; Wera
Fedorowna (Roman e. russ. Schau-
spielerin), R. 39; Einer von Vielen.
Familiengesch., bes. d. Leben Jurkas 45
II; Das Leben eines großen Sünders,
eine Dostojewski Biogr. 47 – 48 II;
Sonja Kowalewski. Leben u. Liebe einer
gelehrten Frau 50; Jurka erlebt Wien,
Tageb. 51; Die Liebe eines Lebens,
Turgenjew u. Pauline Viardot, R. 52; Die
Falsche Zarin. Prinzessin Elisabeth,
Rivalin Katharinas d. Großen, R. 54; Im
Schatten des Zarenhofes, die Ehe A.
Puschkins, R. 57; Ssonja Tolstoj, Biogr.
58; Meine russischen Tagebücher 60;
Ein kurzer Tag, d. Leben d. Arztes u.
Schriftstellers A. P. Tschechow, Biogr.
61; Tiere begleiten mein Leben, Tageb.
62; Die Verbannten, Frauenschicksale in
Sibirien, z. Z. Nikolajs I., Biogr. 64;
Tschaikowskij. Schicksal u. Schaffen,
Biogr. 72; Erzn. u. Aufsätze; Das geschah
vor 30 Jahren. Aus dem Manuskript:
Meine Schweizer Tagebücher 76 (alle
Werke in etwa 20 Spr. übers.).
R: A. P. Tschechow 62; In sibirischer
Verbannung. Das Schicksal d. Fürstin
Jekaterina Trubetzkaja 65.
Lit: Hermann Kästle: A. R. Leben
unter d. Kreuz; Zahlreiche
Würdigungen durch Klaus Ammann,
Augst Ott, Hans Baumann, Alexander
Novy, Irmgard Locher, Fritz Hess, Ernst
Albert, Ute Fischbach, Anneliese Dernpf
78 - 80.

Racker, Mathias, s. Utermann,
Wilhelm.

Racker, Mathias, c/o Marion von
Schröder Verlag, Düsseldorf.
V: Eisblumen und Rosmarin, R. 80;
Der Badenweiler Marsch, R. 81; Und
immer bleibt ein Lächeln, Geschn. 82. ( )

Rackwitz, Erich, Schriftsteller; SV-
DDR 54; 1. Preis im Jugendb.-Preis-
ausschreiben d. Min. d. Kultur d. DDR
60; Frühlingstr. 20, DDR-1634
Rangsdorf b. Berlin (Berlin 13.11.08).
Erzählung, Reportage.
V: Reisen und Abenteuer im Zeppelin,
literar. Rep. 55, 60 (auch poln.); Das
große Wagnis, Erz. 57, 60; Fremde Pfade
- Unbekannte Meere, Erz. 59, 11.Aufl. 80
(auch tschech., slowak., kroat., russ.);
Versunkene Welten - ferne Gestade 64,
76 (auch tschech., slowak.); Geheimnis
um Vineta 70, 76; Unbekannte Meere -
ferne Gestade, Wagnis u. Abenteuer der
großen Entdeckungen, Gesamtausg.
84. — **MV:** Asphalt, Tempo, Silberpfeile,
R. m. Hans Oliva 53; Reise im Raketen-

tempo 67; Die unsere Welt verändern
halfen 71.
H: Sowjetunion von A — Z, Lex. 57;
Die unsere Welt verändern halfen. 500 J.
Gesch. in Geschn. 30 Erzn. üb. gr.
Persönlichk. 71; Die eisernen Pferde, 15
Erzn. 73.
Lit: Hansgeorg Meyer: Einiges über
den emotionalen Aspekt popularwissen-
schaftlicher Literatur in: Beitr. z.
Kinder- u. Jgd.lit. 67.

Raddatz, Fritz-Joachim, Dr. phil.
habil., Prof., Feuilleton-Chef "Die Zeit";
P.E.N., VS; Grimme-Preis 67; Vors. Kurt-
Tucholsky-Stift.; Agnesstr. 32, D-2000
Hamburg 60 (Berlin 3.9.31). Essay,
Literaturkritik, Fernsehfilm. **Ue:** E.
V: Kurt Tucholsky, Biogr. 61;
Traditionen und Tendenzen. Materi-
alien z. Lit. d. DDR 71; Verwerfungen.
Sechs lit. Essays 71; Erfolg oder
Wirkung? Schicksale pol. Publizisten in
Dtschld, Ess. 72; Georg Lukacs, e.
Monogr. 72; Paul Wunderlich 74; Karl
Marx. Eine politische Biographie 75, 77;
Correspondenzen — Paul Wunderlich/
Karin Szekessy 77; Heine, Ess. 77;
Revolte und Melancholie, Ess. 79; Eros
und Tod, Ess. 80; Die Nachgeborenen,
Leseerfahrungen mit zeitgenöss. Lit.
83. — **MV:** Almanach der Gruppe 47 62,
67; Bestandsaufnahme 62; Ohne Visum
64; Federlese, e. PEN-Alm. 67; Die
Grenzen literarischer Freiheit 67;
Interview mit der Presse 67; Die
deutsche Literatur der Gegenwart 71.
MA: Zeit — Gespräche 78.
H: Henri Barbusse: Die Kraft, Nn. 55;
Die Stimme Amerikas, am. Kurzgeschn.
56; Kurt Tucholsky: Ausgewählte Werke
i. 5 Bdn. 56 — 58, Gesammelte Werke i. 3
Bdn. 60 — 61; Charles Dickens: Leben
und Abenteuer des Martin Chuzzlewit
58; rororo-aktuell Taschenb.-R. 61 — 70;
Egon Erwin Kisch: Marktplatz der
Sensationen 62; Kurt Tucholsky:
Ausgewählte Briefe 62; Ausgewählte
Werke 65 I — II; Summa Iniuria oder
durfte der Papst schweigen? 63;
Marxismus und Literatur 69 III; Franz
Mehring, Werkauswahl 74/75 IV; Warum
ich Marxist bin 77; Mohr und General.
Marx und Engels in ihrem Briefwechsel
80; Die ZEIT — Bibliothek der 100
Bücher 80; Kurt Tucholsky: Unser
ungeliebtes Leben, Briefe an Mary
82. — **MH:** Amerikanische Erzähler des
19. Jahrhunderts 58; Die Alternative
oder brauchen wir eine neue
Regierung? 61.

R: Kurt Tucholsky; Paul Wunderlich;
Sprache Ost - Sprache West; Erich
Mühsam; Ezra Pound; Louis Aragon,
alles Fsp.
Ue: Thomas Wolfe: ... und Company
56; Langston Hughes: Armer kleiner
Schwarzer 56; Ring W. Lardner:
Fröhliche Weihnachten 56; Howard
Fast: Der Spitzel 56; Rabindranath
Tagore: Der Postmeister 57, Des Kindes
Wiederkehr 57; Longfellow: Martin
Franc und der Mönch von St. Anthony
58.

Raddatz, Hilke; Sömmeringstr. 6, D-
6000 Frankfurt a.M. 1.
V: Die Warner von Bockenheim 80;
Helmut das Erdferkel 80; Der Erpresser
von Bockenheim 82; Turnen mit Franz
82. ( )

Radebrecht, F., s. Fienhold, Wolfgang.

Radel, Jutta, s. Radel-Auslaender,
Jutta.

Radel-Auslaender, Jutta (Ps. Jutta
Radel), Lektorin; Silbermed. d.
Gastronom. Ges. Dtlds 76; Thesenacher
8, CH-8126 Zumikon, Tel. (01) 9182602
(Hamburg 25.10.41). Kochbücher,
Beschäftigungsliteratur, Psychologie.
V: Hamburg u. Schleswig-Holstein,
Reiseführer 74; Suppen, die man nicht
vergißt, Kochb. 75 (auch niederl.); Heut
zeig ich dir Schlaraffenland, Kochb. 77;
Erstes Turnen und Spielen, Beschäft.lit.
80 (auch niederl., span.). — **MV:** Kinder
sind wir alle, Psychologie 82.
H: Ein Lattenzaun m. Zwischenraum
hindurchzuschaun, Erzn. 78; Liebe
Mutter Liebe Tochter, Briefe 80; Das
große Buch v. kleinen Bären, Erzn. 80.

Radelsbeck, Karl, KFZ-
Mechanikermeister; Höll 56, A-2870
Aspang, Tel. (02641) 461 (Wien 15.10.33).
Roman, Novelle, Essay, Feuilleton.
V: Satirische Erinnerungen,
Kurzgeschn. 82.

Rademacher, Gerhard, Dr.phil.habil.,
Hochschullehrer; Schlehenweg 3, D-
4750 Unna, Tel. (02303) 4287 (Köln-
Mülheim 13.10.35). Lyrik, Prosa, Essay,
Wiss. Abhandlung, Kritik. **Ue:** I, L, G
(Agr), E.
V: Truhe hat ihn eingefangen, G. 58;
Requiem für einen Künstler, G. 59; Die
Flamme im Totenfeld, Vier Gedicht-
zyklen 60; Taubenflug, G. 67; Weide am
Betonufer, G. 70; Technik u. industrielle
Arbeitswelt in d. dt. Lyrik d. 19. u. 20.
Jhs. 76; Fragmentarische Summe, G. 79;
Das Technik-Motiv in der Lit. u. seine
didaktische Relevanz 81.

MA: Weggefährten 62; Lyrik in unserer Zeit 64; Der Bogen, F. 14 – 19 64 – 68; Unter Tage - über Tage 66; Das unzerreißbare Netz 68; Brennpunkte VII, Zur spirituellen Poesie 71; Gott im Gedicht 72; Sie schreiben zwischen Moers und Hamm 74; bundesdeutsch, lyrik zur sache grammatik 74; Texte f. d. Primarstufe 72 - 81 VI; Ansätze 2, Jugendliteratur als Motivation 75; Ansätze 3, Aufsätze u. Rezensionen z. Jugendliteratur 70 – 75, 76; Nichts u. doch alles haben 76; Triviallit. in d. Bücherei 82; Frieden 83.
H: u. **MA:** Poesia italiana, Übertr. zeitgen. ital. Lyrik 62; Die Kranichspur, Dt. Kurzgedichte zeitgen. Autoren 63; Distelstern, G., Vertonung, Grafik 71; Kinder- u. Jugendliteratur 72, 73; Das Taschenbuch im Unterricht 2 77, 2. Aufl. 78; Texte für die Primarstufe 78 - 80 III; Taschentexte für die Sek. I 78-82 V; Bll. für meinen Kalender, G. für Kinder 80; Becker-Bender-Böll u.a. 80; Lesen und lernen 82 III.
Ue: Poesia italiana 62; Zeitgennöss. italien. Lyrik, Horen 76/77 68; Zeitgenöss. irische Lyrik, Horen 103 76.

Radetz, Walter, s. Hradetzky, Walter.

von Radetzky, Robert, Dipl.-Volkswirt, Bez.Stadtrat a.D.; Mohriner Allee 55, D-1000 Berlin 47, Tel. (030) 7037565 (Moskau 11.10.99). Lyrik, Roman, Novelle. **Ue:** F, R.
V: Am Rande des Bürgersteigs, R. 31; An die toten Freunde, G. 48; Ausgewählte Gedichte 54; Salz und Brot, G. 57; Unter dem Siegel der Sonnenuhr, G. 60; Tag- und Nachtgleiche, G. 63; Fließende Fährte, G. 67; Fluß unter dem Eise, G. 78; Im Ausgedinge, G. 80; Ehe denn das Rad zerbreche, G. 82.
MA: MH: Dichterbühne 1950, G. 50.
Lit: W. Bortenschlager: Gesch. d. spirituellen Poesie 76.

Radke, Horst-Dieter (Ps. Atti Roßmann), kaufm. Angestellter, Student; Kr. d. Freunde 77, c/o Falken Verlag, Niedernhausen (Bockum-Hövel 15.10.53). Lyrik, Novelle, Kurzgeschichte, Essay, Sachbuch.
V: Workshop Fingerpicking Gitarre, Sachb. 79; Zwei Tage u. eine halbe Nacht, Lyrik 79; Gitarre Spielen, leicht gemacht, Sachb. 80. – **MV:** Der Spiegel Deinerselbst, Anth. 78; Im Lichtbereich d. Ethik Albert Schweitzers, Anth. 77; MAUERN, Anth. 78; MS-LYRIK-79, Anth. 79. ( )

Radßat, Richard, Schriftsteller; Literarische Gruppe Osnabrück 77, Intern. Autoren- u. Lesergemeinsch. 78; Hindenburgstr. 22, D-4504 Georgsmarienhütte, Tel. (05401) 2596 (Rauducken, Kr. Insterburg 11.3.07). Lyrik, Balladen, Kurzgeschichten, Aufsätze.
V: Nichts ist tiefer, Lyr. 79; Wo die Worte verstummen, Lyr. 80; Madonna mit dem Wegelagerer, Kurz-R. 82; Augurenreport, SF-Texte u.a. 83.
MA: SF Story Reader 9 78, 15 81, 19 83; Sag ja und du darfst bei mir sein 78; Schreibfreiheit 79; Schritte der Jahre 79; Walten, Verwalten, Gewalt 80, 81; Autoren-Bild-Lex. 80; Haiku Sammelband a.d. dt. Sprachraum 80; Spuren d. Zeit 80; Wie es sich ergab 81; Gauke's Jb. 81, 82, 83; Mein literar. Konterfei 82; Einkreisung 82; Der Mensch spricht mit Gott 82; div. G. u. Prosabeitr. in Mzs. der freien Glaubensgemeinschaften 53-70; 23 Beitr. Prosa u. Dichtung in Mzs: Der Freireligiöse 71-73; 18 Beitr. G. u. Prosa in Mzs: Der Humanist 74-82; 2-Mzs: Unitarische Blätter 11/12 82.
R: Religion am Scheidewege 68, Das Schulderleben des Menschen 70, Sühne der Schuld 70, Moral und Sittlichkeit 71, Der Glaube 72, Selbstverleugnung – Selbstentfaltung 73, § 218 – warum überhaupt? 74, Mensch und Angst 75, alles Rdfk-Send.

Radtke, Bärbel, Beamtin; Poststr. 38, D-4600 Dortmund 1, Tel. (0231) 142512 (Attendorn 14.2.47). Lyrik.
V: Kennst Du das? Lyr. 81.

Radtke, Günter; VS 67, Kogge 70; Kurzgeschichtenpreis 71, Georg-Mackensen-Lit.Preis 73, Preis "Der erste Roman" 75, Lit. Preis der märkischen Kulturkonferenz 79; Tukankreis 68; Hubertusstr. 21, D-8182 Wiessee-Abwinkl (Berlin 23.4.25). Lyrik, Roman, Erzählung, Kurzgeschichte, Essay.
V: Fluchtlinien, G. 66; Die Kreidestimmen sind verbraucht, G. 67; Davon kommst du nicht los, G. 71; Die dünne Haut der Luftballons, R. 75, 78; Der Krug auf dem Weg zum Wasser, Erz. 77; Glück aus Mangel an Beweisen, G. 79; Suchen wer wir sind, G. 80.
S: Der Krug auf dem Weg zum Wasser, Erz. 80; Dann höre ich nur zu, G., Erz. 82.

Radtke, Günter; Joh.-R.-Becher-Str. 15, DDR-6500 Gera (Stettin 4.5.27). Kriminalroman, -erzählung.

V: Gespensterjagd, Erz. 61;
Froschmann in der Oder, R. 62; Neuer
Treffpunkt Autobahn, Erz. 63; Die
Brilliantenhexe, R. 65; Das vergessene
Familiengrab, Erz. 66; Die Tätowierten,
R. 70, 79; Das Versteck in der Bärenaue,
Erz. 71; Der vergessene Mord, Krim.-R.
77; Kriminalistenpunsch, Krim.-R. 81,
83. ( )

Radusch, Hilde, Angestellte,
Redakteurin, Arbeiterin, staatl. gepr.
Kinderhortnerin u.a.; VS; Eisenacher
Str. 14, D-1000 Berlin 30, Tel. (030)
2111596 (Stettin 6.11.03). Lyrik.
V: Weisser Kristall,
Viergroschenbogen, Lyr. 67;
Zusammengeharktes, Lyr. 78. —
MV: Beitr. in Anth. ( )

Radvanyi geb. **Reiling**, Netty,
s. †Seghers, Anna.

Radwaner, Leopold (Ps. Carol Poldys),
Bankangestellter i.R.; Verband dt.spr.
Schriftsteller in Israel; Hana-Senesh 15,
Haifa, Kiriat-Motzkin/Israel (Sulina/
Rum. 1897). Roman, Novelle.
V: Seelen im Sturm, R. u. Nn. 71;
Israelische Novellen 81.

Radzioch, Walter, Dr.phil.,
ObStudDir.; Auf der Idar 23, D-6580
Idar-Oberstein I, Tel. (06781) 25351
(Ratibor/ObSchles. 20.3.09). Lyrik,
Erzählung.
V: Rufe aus der Festung Breslau, Erz.
80; Das Gittertor, Erz. 81; Reise und
Fracht, Lyr. 82; Protokolle, Epik 82.

Radziwill, Konstanze; VS 79;
Nachwuchsstip. f. Lit. d. Ldes Nieders.
81; Würzburger Str. 47, D-2800 Bremen,
Tel. (0421) 357375 (Dangast i. Oldenburg
7.9.47). Roman, Erzählung, Lyrik.
V: Eine Art v. Verwandtschaft, R. 79.
MA: Frauen die pfeifen,
Verständigungstexte 78, 4.Aufl. 81.

Räber, Hans; Im Römergarten 7, CH-
4106 Therwil (15.5.17).
V: Der junge Tuwan, R. 43, 55;
Postlagernd Elsa 666, R. 44; Tilla und
der Neunerklub, R. 48, 60; Tabu und die
Roten Geier, R. 50, 52; Ein Totentanz, N.
53; Basilea Curiosa, Glossen über eine
Stadt 55; Der Tod trägt Handschuhe, R.
56; 2000 Jahre Basel 56; Roti Räbbli, N.
57; Der Tod hat Verspätung, N. 58, 59;
Morgen bin ich tot, Geschn. 81. —
MV: 36000 Kilometer unterwegs, R.-
Fass. eines Reiseber. v. Adolf Höring 49.
MA: Vo Liebi, Laid und Larve, Nn. 59.
R: Tilla und der Neunerklub 64. ( )

Raeber, Kuno, Dr. phil., freier Schriftsteller; VS 69; Poet in Residence in

Oberlin College, Oberlin, Ohio 67 — 68,
Ehreng. d. Bayer. Akad. Schönen
Künste 68, Tukanpreis der Stadt
München 73, Luzerner Literaturpreis
80; Ainmillerstr. 1, D-8000 München 13,
Tel. (089) 393351 (Klingnau/Schweiz
20.5.22). Lyrik, Essay, Erzählung,
Hörspiel. **Ue:** F.
V: Gesicht im Mittag, G. 50; Die
verwandelten Schiffe, G. 57; Die Lügner
sind ehrlich, R. 60; Gedichte 60;
Calabria, Reiseskizzen 61; Flußufer, G.
63; Mißverständnisse. 33 Kap., Prosa 68;
Alexius unter der Treppe oder
Geständnisse vor einer Katze, R. 73;
Reduktionen, G. 81; Das Ei, R. 81.
MA: Jahresring 1956/57, 58/59;
Transit, Lyrikb. d. Jh.-Mitte 56; Lyrische
Expeditionen 60; Lyrik aus dieser Zeit
61; Bechtle Lyrikanthologie 63, 66; Karl
Ude: Besondere Kennzeichen.
Selbstport. zeitgenöss. Autoren 64; Hugo
Leber: Prosa junger Schweizer Autoren
64, außerdem versch. Lyr.-Anth.
F: Ein Traum 64.
R: Der Brand, Hsp. 65.
Ue: Yves Berger: Der Süden 64.

Rähmer, Joachim, Dipl.-Phil.,
freiberufl. Schriftsteller; SV-DDR;
Händelpreis des Bezirkes Halle; Victor-
Klemperer-Str. 29, DDR-4030
Halle (Saale) (Dessau 17.4.33). Lyrik,
Hörspiel, Fernsehspiel. **Ue:** R,
Serbokroat, Bulg, U.
MA: Auftakt 63; Reimereien 63, 64;
Die Zaubertruhe IX 63; Auswahl 64;
Sonnenpferde und Astronauten 64;
Musenkuß und Pferdefuß 64, 65;
Deutsche Teilung 64, Lyrik 65; Licht des
Großen Oktober 67; Du unsere Liebe 69;
Wenn die Neugier nicht wär ... 70; Mit
dir - für dich 73; Landschaft unserer
Liebe 74; Der Ochse und das Harfen-
spiel 74, alles Lyrik; Seid euch bewußt
der Macht, Prosa 74; Kritik 80 81;
Russische Lyrik 81 (auch übers.).
F: Fahrradtour, Fsf. 75.
R: Besuchszeit, Hsp. 64; Fahrradtour,
Hsp. 68, Oktobernacht, Fsp. 68;
Praktikum, Hsp. 72; In meines Vaters
Hause, Hsp. 73; So ist Wolodja, Hsp. 75.

Räppel, Karl-Heinz; Karl-Marx-Allee
60, DDR-1017 Berlin (Weißenfels 10.3.30).
V: Hanne, die JAWA und ich, Erz. 57;
Andreas und die Lausbubenkompanie
59, bearb. 73, 78; Purzel setzt sich durch
62; Zwischenfall am Kiebitzteich 63;
Ferien für ein schwarzes Schaf 66;
Grenzpfade 74, 75; Der Weg zu Kolja 75;

Wer kennt Weigeler? 78; Treffpunkt
Hofpause 82.
MA: Die sieben Brüder, Kinderb. 74.
( )

Raestrup, Carl *

Raether, Marina (Ps. Marina Micic),
freischaffende Schriftstellerin;
Bogenstr. 45, D-4250 Bottrop, Tel. (02041)
25391 (Beograd/Jugosl. 9.10.55). Lyrik,
Kurzprosa, Übers. **Ue:** Serbokroat, E.
V: Traumspuren, Lyr. 80; Instinkte,
Lyr. 81.
MA: Zuhause in der Fremde, Lyr. 82;
Bottroper Anth., Lyr./Kurzprosa 82.

Rafalski, Monika, Dipl.-Psych.;
Florian-Geyer-Str. 17, D-7000
Stuttgart 31, Tel. (0711) 883302
(Schwäbisch Hall 7.3.43). Lyrik, Essay.
V: Epona in den Städten, G. 83.

Rahn, Karlheinz, Dramaturg,
Schriftsteller; Karl-Kunger-Str. 19/20,
DDR-1193 Berlin-Treptow, Tel. 2724603
(Brunshaupten/Ostsee 30.3.20). Drama,
Novelle, Fernsehspiel, Opernlibretto.
V: Canossa 45, Erz. 68; Stunde der
Umkehr, Erzn. 71; Erzählgeschichten v.
gestern u. heute von Hiddensee u. v.
anderswo 76/80; Mordsache Stagnelius,
Krim.-Schausp. 68; Robin Hood,
Freilichtbühnen-Schausp. 69; Ein Held
d. Berge (Djuro Janosik), Freilichtbühnen-Schausp. 73; Der verlegene
Magistrat, Opernlibretto n. Nn. d. Heinr.
v. Kleist 78.
R: Die Barrikade, Fsp. 55; Die Nacht
an d. Brücke, Fsp. 56; Till Eulenspiegel,
3teil. Fs.-Reihe 57; Der grüne Rock (Karl
Stülpner) 57; Der Dachs auf Lichtmess
58; Prager Frühling 58; Wiedergutmachung 58; Schüsse in d. Wüste 59,
alles Fspe.; Nasr-ed-din, 3tel. Fs.-Reihe
59.

Rainer, George, s. Greenburger,
Ingrid.

Rait, Rita, s. Blinckmann, Rita.

Rakette, Egon H., Schriftsteller,
Ehrenpräs. West-Ost-Kulturwerk; VS,
Kg.; Ausland dt. Literaturpreis 42,
Ehrenbecher d. Stadt Ratibor 44, Silb.
Eichendorff-Med. d. Dt. Eichendorff-
Mus., Gold. Eichendorff-Plak. d. Kultur-
werks d. Vertriebenen Dt., Vertr.-Film-
Preis 57, Paul-Barsch-Preis 63, Eichen-
dorff-Literaturpreis 64, Preis Hörspiel-
und Erzählerwettbewerb d. ostdt.
Kulturrates Bonn u. d. nordrh.-westf.
Min. f. Arbeit ... 72, Eichendorrf-Lit.pr.
64, Ehrengabe Andreas-Gryphius-Preis
74, Erzählerwettbewerb Ostdt. Kulturrat
73, 75, Bundesverdienstkreuz 74,

Goldene Eichendorff-Med. 59, 1. Preis
Vertriebenen-Dok.F. 57, Gold.
Humanitas-Medaille 79; Ehrenvors.
Wangener Kr. schles. Künstler,
Ehrenpräs. d. west-ost Kulturwerks;
Hainbuchenweg 4, D-5486 Remagen-
Oberwinter, Tel. (02221) 280 (Ratibor/OS.
10.5.09). Roman, Novelle.
V: Gedichte 35; Drei Söhne, R. 39;
Planwagen, R. 40, Anka, R. 42, 59; Heim-
kehrer, R. 48; Mit vierundzwanzig liegt
das Leben noch vor uns, Nn. 52; Gifhorn
und die Freiheit, N. 63; Rauch aus den
Herbergen, G. 64; Schymanowitz oder
die ganze Seligkeit, R. 65; Republik der
Heimatlosen, Erzn. 69; Hier und
Anderswo, G. 69; Die Bürgerfabrik, R.
70; Der Brunnen von Sychar, G. 71;
Bauhausfest mit Truxa, R. 73; Rand-
bemerkungen, Aphor. 74; Zeichen-
gebungen, G. 75; Sie alle sind wie wir,
Erzn. 76; Der Andere bist Du, Erzn. 78;
Häuser haben viele Fenster, Erzn. 79;
Binsenwahrheiten, Aphorismen 79;
Widmungen, G. 82; Der Junge von Bern,
Erz. 82.
MA: Kleines Reiterbrevier 38; Von
den Pferden 39; Abschied und
Begegnung, Erzn. 54; Unter dem Wort
64; Windbericht 71; Schles. Balladen-
buch 73; Sommer gab es nur in
Schlesien 72; Autoren reisen 76;
Kehrseite d. Mondes 75; Fremd i.
Deutschld. 73; Daheim i. ein. and. Welt
75; Schriftzeichen 75; Gryphius-
Preisträger 76; Neue Texte 76; Literatur
aus Rheinl. Pfalz 76, u.a.
H: Schlesische Reihe: Walter Stanietz,
Gerhart Hauptmann 37; Abschied und
Begegnung, Erzn. v. 15 dt. Autoren aus
Schles. 54; Max Tau 57; Arnold Ulitz 58;
Freunde, Anth. Schles. Autoren 60; Drei
Preisträger 64; Forum 65; Grenzüber-
schreitungen 73; Ernte u. Aussaat 73;
Jeder Mensch kann das seine tun 75; Im
Dienste d. Menschen 75; Grenzüber-
schreitungen - zueinander 76; Max Tau
u. s. Freunde 77; Max Tau — Der
Freund der Freunde 78.
R: Straßen, Hsp. 36.
Lit: Ernst Alker: Das Werk Egon H.
Rakettes 59; A. Lubos: Linien u.
Deutungen 63; Lennartz: Dtsch. Dicht. u.
Schriftst. uns. Zeit 74; Ernst Alker:
Deutsche Literatur v. 1914 bis 1970 77; v.
Wilpert: Lex. d. Weltlit. 75.

Rakusa, Ilma, s. Ingold, Ilma.

Raml, Maria, s. Weissengruber, Maria.

Ramos, Senta, s. Geyer, Dietmar.

Rampold, Josef, Dr. phil., Schrift-
steller; Kulturpr. Walther von der Vogel-
weide, Kulturwerk für Südtirol 73,
Bayer. Verdienstorden f. lit. u. publizist.
Schaffen 80; Claudia-de-Medici-Str. 17,
I-39100 Bozen, Tel. (0471) 37237
(Innsbruck 18.1.25). Essay, Alpines u.
Landeskunde.
   V: Südtiroler Wanderbuch 65, 6. Aufl.
80; Von Südtirol zum Gardasee 68;
Eisacktal 69, 4. Aufl. 80; Bozen und
Umgebung 70, 3. Aufl. 79; Vinschgau 71,
4. Aufl. 80; Pustertal 72, 4. Aufl. 80; An
Eisack, Etsch und Rienz, Ess. 81. –
MV: Südtirol, Land der Bergbauern 71,
4. Aufl. 82 (ital. 78); Südtiroler Bergseen
74, 3. Aufl. 82; Zauber d. Natur 75;
Südtiroler Bergtouren 76, 3. Aufl. 82.
   B: H. Delago: Dolomiten Wanderbuch
7.-11. Aufl. 63, 13. Aufl. 79.

   Ramsay, Tamara, Schriftstellerin; VS;
Teilhard de Chardin-Ges.;
Schickhardtstr. 53, D-7000 Stuttgart 1
(Kiew, Rußld. 15.9.95). Essay, Roman,
Jugendbuch, Hörspiel, Biographie.
Ue: D.
   V: Die goldene Kugel, M. 31;
Wunderbare Fahrten und Abenteuer
der kleinen Dott, Jgdb. I 38, 60 II u. III
51, Gesamtausg. 62, 71 (auch holl.);
Annette von Droste-Hülshoff, Biogr. 38,
44; Eliwagar, Jdb. 39; Kel. Bei den
Eiszeitjägern, Jdb. 58.
   H: Annette von Droste-Hülshoff: Ihr
Leben in ihrer Dichtung, Ausw. 48; A. v.
Droste-Hülshoff: Gedichte, Ausw. 48.
   R: Wunderbare Fahrten und
Abenteuer der kleinen Dott, Hf. 63, Tb.
Ue: H. C. Andersen: Märchen 52, 66.
   Lit: Waltraud Bender üb. T. R. in:
Bücherei und Bildung H. 9 52; Otfried
Preussler üb. T. R. in: Jugendliteratur
58. ( )

   Ramus, Hans, s. Astel, Arnfrid.

   van Randenborgh, Elisabet, Dr. phil.;
Detmolder Str. 130a, D-4800 Bielefeld,
Tel. (0521) 21206 (26.12.93). Roman,
Erzählung.
   V: Neu ward mein Tagewerk, R. 33, 77;
Die harte Herrlichkeit, R. 34, 77 (auch
norw., schwed., dän., holl.); Amries
Vermächtnis, Erz. 35, 62; Einbruch in
ein Paradies, Erz. 35; Johann Heinrich
Vokening, Lebensbild 37; Justus und
Regine, N. 39, 58; Die Frauen von
Vislede, R. 40; Der neue junge Tag, Erz.
48; Dem Ruf gehorsam, Erz. 48; Größer
als unser Herz, Erz. 48; Im Schatten
deines Angesichts, R. 50, 64; Arme und
Reiche begegnen einander, R. 52; Die
Reise der Fürstin, N. 53; Gebeugt zu

deiner Spur, R. 56; Heitere
Begegnungen im Pfarrhaus, Erz. 59;
Anna Dorothee, N. 60; Laß die Jahre
reden, R. 64, 67; Wie Rauch aus allen
Dächern, Lebensbild 66; Geschlossen ist
der Kreis, R. 72; Wachsende Ringe,
Lebensbild 78. – **MV**: Von der Ordnung
der Ehe, m. Gottfried von Randenborgh,
bibl. Stud. 38.

   Randow, Norbert, Übersetzer u.
Herausgeber; Achtermannstr. 61, DDR-
1100 Berlin, Tel. 4891452 (Strelitz
27.11.29). Übersetzung. **Ue**: Altslaw, Bulg,
R, Weißruss.
   H: Bulgarische Erzähler 61; Störche
über den Sümpfen. Belorussische Erz.
71; Die Pannonischen Legenden, Das
Leben der Slawenapostel Kyrill und
Method 72, 77; Aleko Konstantinow, Bai
Ganju, der Rosenölhändler 74; Atanas
Daltschew, G. 75; Christo Smirnenski,
Feuriger Weg, G. u. kl. Prosa 76; Mach
dich nicht zum Gürtel fremder Hosen,
Ein bulgarischer Spruchbeutel 78;
Alexander Gerow: Poesiealbum (157), G.
80; Atanas Daltschew: Fragmente 80, 82.
   Ue: Iwan Wasow: Unter dem Joch 57,
67; Svetoslav Minkov: Die Dame mit den
Röntgenaugen, Sat. Erzn. 59; Alexander
Gerow: Phantastische Novellen 68;
Sofroni von Wraza: Leben und Leiden
des sündigen Sofroni 72, 79; Iwan
Wasow: Die brennenden Garben,
Ausgew. Erzn. 78; Ossip Mandelstam:
Gespräch üb. Dante 83, u.a. –
MUe: Iwailo Petrow: Nonkas Liebe, m.
H. Bereska 60, 62; Bulgarische Dramen
74; Anatol Kudrawez: Totengedenken,
m. W. u. G. Tschepego 83, u.a.

   Range, Hans-Peter; Eichenweg 3, D-
7840 Britzingen, Tel. (07631) 5243
(Neustrelitz/Meckl. 18.7.26). Essay.
   V: Die Konzertpianisten der Gegenwart 64, 66; Von Beethoven bis Brahms
67, 69, 76; Ins Herz geschaut 79;
Pianisten im Wandel der Zeit 82.

   Rank, Heiner (Ps. A. G. Petermann,
Heiner Heindorf), Industriekaufmann;
SV-DDR, Arbeitskreis für utopische
Literatur im SV-DDR; Geschw.-Scholl-
Allee 42, DDR-1532 Kleinmachnow, Tel.
24645 (Babelsberg 11.12.31). Kriminal-
roman, -erzählung, Roman, -erzählung.
   V: Autodiebe, R. 59 (auch tschech.);
Hexylschmuggler, Erz. 59; Museums-
raub in Kairo, Erz. 61; Der Zug geht um
Fünf, Erz. 61; Schüsse im Hafen, Erz. 64;
Nebelnacht, R. 67, 75 (auch russ.); Das
grüne Gespenst, R. (auch slowak., russ.,
grusinisch) 68; Modell Traumland, Erz.
70; Die Ohnmacht der Allmächtigen, R.

73, 80 (auch slowak., poln., littau., bulgar.); Die letzte Zeugin, R. 76, 82 (auch tschech.). — **MV:** Die Premiere fällt aus, R. 57; Mord auf dem Flugplatz, Erz. 58; Spuk in Villa Sonnenschein, R. 58; Die Hunde bellen nicht mehr, R. 59; Meineid auf Ehrenwort, R. 59, 61; Der grüne Stern, Erz. 60; Export, R. 62; Falschgeld, R. 62.
F: Mord am Montag 68; Nebelnacht 69.
R: Die Hunde bellen nicht mehr, Hsp. 59; Spuk in Villa Sonnenschein, Fsp. 59; Freitag gegen Mitternacht — Polizeiruf 110, Fsp. 73; Gespräch mit einer Fledermaus, Hsp. 78 (auch poln., ungar.). ( )

Ranke, Eckart, Fahrlehrer; Bornstr. 31, D-2000 Hamburg 13 (Kiel 31.1.37). Roman (Film). **Ue:** E.
V: Der Angreifer, R. 81; Die heiße Lady, Erzn. 81; Lehmanns viermotoriger Lästerspuk, R. 81; Pauls Schrottmuseum, R. 82.
MA: etliche Einzelveröff. in Lit.Zss. d. Inlands (u.a.: EXIT) u. Auslands, insbes. USA.

von Rantzau, Heino (Ps. Hein Büttelbars, Piet vom Schloss), Kaufmann; Alte Landstr. 7 a, D-2000 Hamburg-Barsbüttel, Tel. (040) 6700635 (Hamburg 13.6.21). Lyrik, Essay.
V: Geschichten aus dem Barsbütteler Zoo, G. mit Fabel-Charakter 78; Uns Barsbüttel, Heimat-Chronik 78.
MA: Gedichte als Glosse zum Tagesgeschehen in 2 holst. Regionalbl. 78 - 83; Jb. d. Kreises Stormarn 83.

zu Rantzau geb. v. Maltzahn, Lilly Gräfin; Burgunderstr. 26, D-7800 Freiburg i.Br., Tel. (0761) 22678 (Bromberg 11.3.95). Roman, Novelle.
V: Der Sprung üb. d. Schatten, R. 31; Das Glied in d. Kette, R. 35; Kamerad Frau, R. 37; Der weiße Esel, R. 38; Die Winterreise, R. 42; Das Herz schlägt weiter, R. 48, 78.

Rapp, G. Alessandro; ISDS; casa Landmann, CH-6611 Loco-Valle Onsernone, Tel. (093) 851342 (Stuttgart 29.1.93). Lyrik. **Ue:** I, F.
V: Von Gestern zu Morgen, Lyr. 78; Anth. sämtl. dichter. Arb. I: Lyrik 83, II: Gnomik, Sentenzen, Kritik, Aphor. 83, III: Skurrilia, Spott u. Humor 83, IV: Prosa, Ess., N., M. 83, V: Religion, Lyr. u. Prosa 83.
Ue: Leo XIII 51; Menschen begegnen Christus 52; Christliche Kultur 52; Jb. Bad. Heimat 75; Herder Anz. 79.

Rappenstein, Uta, c/o Gauke-Verl., Hann. Münden.
V: Wer bringt mich über den Sonntag?, Erz. 82. ( )

Rappl, Erich (Ps. Wafner), Musikkritiker u. Redakteur; Bayer. Journalisten-Verb. 55; Kulturpr. d. Stadt Bayreuth 80, Kulturpr. d. oberfränk. Wirtschaft 81; Rheingold-Str. 7, D-8580 Bayreuth, Tel. (0921) 20710 (Bayreuth 14.6.25). Erzählung, Essay.
V: Bayreuther Kunterbunt, Sat. u. Kurzgeschn. 55; Wafners Kulmbacher Panoptikum, Geschn. 60; Wagner-Opern-führer 66, 73; Mir unter uns, Sat. u. Gesch. 72, 74, 77; Bayreuth von A - Z, Sprüche, Wörter u. Sat. 75; Dahaam is dahaam, Sat. u. Geschn. 76, 78; Obd' as glabt oda net, Sat. u. Gesch. 78; Uns konn's ja worscht saa, Sat. u. Geschn. 79; Unheimlich menschlich, Geschn. u. Sat. 80; Bayreuther Stundenfläschla, Geschn. u. Sat. 81. — **MV:** Bayreuth-Brevier 70; Merian-Band: Bayreuth 76; Fränkische Schweiz — Zauber einer Landschaft 82.
H: Richard Wagner, sein Gesamtwerk 54 — 55 III. — **MH:** Richard Wagner: Die Hauptschriften 56.

Rarisch, Klaus M.; Gruppe der Vier + 4 57; Hsp. d. Monats 79; Tessenowstr. 42, D-1000 Berlin 26, Tel. (030) 4142716 (Berlin 17.1.36). Lyrik, Essay, Hörspiel, Nachlaßverwalter Arno Holz.
V: Not, Zucht und Ordnung, G. 63; Der Tod ein Traum, G. 77; Das Ende der Mafia, G. 81; Das gerettete Abendland, G. 82.
MA: Aussichten, Anth. 66; Deutsche Teilung, Anth. 66; Lyrik aus dieser Zeit 1967/68 67; Deutschland Deutschland, Anth. 69; Das Christentum im Urteil seiner Gegner II, Ess. Samml. 71; Geständnisse - Heine im Bewußtsein heutiger Autoren, Ess. Samml. 72; IG Papier & Schreibmaschine, Ess. Samml. 73; Kreatives Literaturlexikon 74; Bundes Deutsch, Anth. 74; Rampenscheinwelt, Anth. 78; Lyrik-Katalog Bundesrepublik 78; Die Ungeduld auf dem Papier, Ess.Samml. 78; Jb. f. Lyrik 1 79, 3 81; Narren und Clowns, Anth. 82.
H: Manfred A. Knorr: In Ewigkeit martert kein Kreuz, G. 61; Arno Holz: Kennst du das Land, G. 77. - **MV:** Ultimistischer Almanach, Anth. 65.
R: Die Blechschmiede, Hsp. 79.

S: Der längste Satz der Weltliteratur, Lit. Tonband 74.

Ue: F.T. Marinetti: Die Futuristische Küche 83.

Rasch, Carlos, Dreher, Redakteur; Leninallee 85, DDR-1540 Falkensee (Curitiba, Bras. 6.4.32). Roman, Erzählung, Hörspiel, Fernsehspiel.

V: Asteroidenjäger, utop. Erz. 61, 77; Der blaue Planet, utop. R. 63, 68; Im Schatten der Tiefsee, utop. R. 65; Die Umkehr der Meridian, utop. Erz. 67, 69; Mobbi Weißbauch, Kinderb. 67, 74; Der Untergang der Astron, utop. E. 63, 73; Das unirdische Raumschiff, utop. E. 67, 74; Die Mondstaubbarriere, utop. Erz. 68, 74; Krakentang, utop. Erz. 68, 73; Rekordflug im Jetorkan, utop. Erz. 68, 73; Polar-Öl, utop. Erz. 68, 73; Die Verliebten von Luna Gor, utop. Erz. 71, 73; Verlobung im Orbit, utop. Erz. 73; Raumschlepper Herkules, utop. Erz. 73, 76; Magma am Himmel, utop. R. 75, 81.

R: Die Umkehr der Meridian 64; Asteroidenjäger 65, Mobbi Weißbauch 65, Überfall der Kraken 68, alles Hörsp.; Prüfungsflug prekär 73; Verwirrung im Orbit 75; Raumnot 77; Die Quarantäne der Nucleonic 77; Aktion Meteorstopp 77, alles Fernsehsp. ( )

Raschke, Ulrich, Schriftsteller; VS Hessen 67; Brühlstr. 7, D-7412 Eningen/ Achalm, Tel. (07121) 87607 (Frankfurt/M. 24.2.43). Lyrik, Kurzgeschichte, Hörspiel.

V: Kadaver 65; Ausgesetzt 66; Lebenslügen 67; Nächstenliebe 67; Karneval 67, alles G.; Zungenreden, R. 68; Spielfelder, Fußballgesch. 70; Gedichte auf Lochkarten 70; Spielfelder, Fußballgesch. 78; Ich dachte, heute Nacht, Liebesgesch. 79; Am Affentorplatz, G. 80; Die hängenden Gärten, G. 83.

MA: Geviert 65; Lyrik aus dieser Zeit 65; Aussichten 66; Lyrik aus dieser Zeit 67; Poeten beten 69; Kämpfer im Dress 69; Eremitage 69; Weltbilder 70; Dein Leib ist mein Gedicht 70; Schaden spenden 72; Wirklichkeiten 72; Deutsches Lesebuch 72; Netzer kam aus der Tiefe des Raumes 74; Der Brunnen 74; Der Seel ein Küchel 74; Neue Expeditionen 75; Literatur Werkstatt 78; Ansichten 79; Bilder der Hoffnung 80; Kinderwunsch 82, alles Anth.

H: Das große Eierbuch 70.

R: Alpdrücken, Hsp. 70; Selbstlaute, Hsp. 71; Eduard und Kunigunde 72; Straßenbahn 72; Rätsel 73; Jahrmarkt; Krokodile 73; Tanz auf fremden Hochzeiten 74; Fremdenverkehrt 75; Das gebrannte Kind 75; Pedro Paramo 76; Hallo hören Sie! 76; In einer Nußschale 77; In mein' Verein bin ich hineingetreten 77; Disco-Fieber 79; Wie man Wünsche beim Schwanz packt 80; Die hängenden Gärten 83, alles Hsp.

Raschle, Otto, s. Stauffer-Würzbach, Robert.

Rase, Charlotte *

Rasmus-Braune, Joachim; Mittelweg 5, D-3205 Bockenem 5.

V: Barbara findet die Spur 81. ( )

Rasp, Renate, s. Rasp-Budzinski, Renate.

Rasp-Budzinski, Renate (Ps. Renate Rasp); P.E.N. 71; Hamburger Leserpreis 68; Schellingstr. 101/Rg., D-8000 München 40, Tel. (089) 5233262 (Berlin 3.1.35). Lyrik, Roman, Novelle, Sachbuch.

V: Ein ungeratener Sohn, R. 67; Eine Rennstrecke, G. 69; Chinchilla, Leitfaden zur praktischen Ausübung, Sachb. 73; Junges Deutschland, Lyrik; Zick Zack, R.

MA: Wochenende, Anth. 67.

R: Keltisches Quartett 82.

Rasp-Nuri, Grace, Schriftstellerin; VS 70; Türk. Staats.-Stip. 61; Ges. f. Dt. Spr. 52, Bödecker-Kreis 68, c/o Alfred Wengenroth Verl., Eltville (Nicosia/ Cypern 25.4.99). Erzählung, Roman, Reiseschilderung, Jugendbuch, Kurzgeschichte.

V: Insel zwischen Welten, R. 44, 48; Die Schlangenhaut, Erz. 44, 48; Licht in der Nacht, Erzn. 45; Jussuf, der Türkenjunge, Jgdb. 54, 56 (auch amer., engl., holl., dän., norw., portug.); Sylvia, die Geschichte einer seltsamen Freundschaft, Mädchenb. 56 (auch holl., dän., schwed.); Alima, ein Mädchen aus Anatolien 58 (auch holl., dän., finn., schwed., türk.); Brücke in die Fremde, Jgd.-R. 66, 69; Das Mädchen Rose Pon-Pon, Jgdb. 69 (auch ital.) 71; Siegfried oder die Zerstörung eines Lebens, R. 70; Sylvias neues Glück 77.

MA: Schriftsteller erzählen von der Mutter 69; Schriftsteller erzählen von der Gewalt 70; Aus fernen Ländern 71, alles Anth. ( )

Rath, Otto, c/o Pendragon-Verl., Bielefeld.

V: Der Weinachtsmann vom Planungsamt, Sat. 83. ( )

Rath, Wolfgang, Doktorand; Luise-Henriette-Str. 1-2, D-1000 Berlin 42, Tel. (030) 7525587 (Rottweil 11.7.53). Prosa.

V: Wünsche an einen andern Tag, Erz.
79.
MA: Hans-Ulrich Müller-Schwefe:
Männersachen, Verständigungstexte 79.

Rathenow, Lutz, Dichter; Verb. d.
Theaterschaffenden d. DDR 78; Versch.
Förderpr.; Thaerstr. 34, DDR-1034
Berlin, Tel. 4399733 (Jena 22.9.52). Lyrik,
Prosa, Dramatik, Essay, Hörspiel.
V: Mit dem Schlimmsten wurde schon
gerechnet, Prosa 80, Tb. 82; Zangen-
geburt, G. 82; Im Lande d. Kohls, N. 82.
MA: mehrere Anth.
R: Boden 411, Hsp. 80; Mensch-
Ärgere-Dich-Nicht, Kurzhsp. 81;
Bertram, Hsp. 82; Der Knoten, Kurzhsp.
83; weitere Kinderhspe. u. Kurzhspe.

Rathert, Helmut; Im alten Breidt 2, D-
5204 Lohmar 1.
V: Von einem der auszog, das
Rauchen zu lassen 79; Flieg, Großvater,
flieg! 80. ( )

Rathsam, Berta, Kriminalkommissa-
rin a.D.; Sedanstr. 6/0, D-8400
Regensburg, Tel. (0941) 561907
(Schweinfurth/M. 20.2.01). Lyrik,
Novelle, Essay, Roman, Feuilleton,
Bühnendichtung, Kriminalist. Fach-
literatur.
V: Lilofee, Laiensp. 24; Die Dorfhexe,
R. 25; Der Narr, Sp. v. d. Treue 28; Der
rachitische Rosenkranz, R. 32; Ein
Nordgaustrauß, Ess. 54; Domspatz und
Museum, Ess. 55, 57; Dr. Max Stefl. Eine
Geburtstagsgabe 58; Wege, Ess. 59, 63;
Ludwig Kolmer, sein Leben, Dichten u.
Sterben 64; Reisen, Ess. 65; Der große
Irrtum bezüglich Frauendemonstration
1945 und Domprediger Dr. Johannes
Maier 79; Fortsetzungsreihe Bewälti-
gung der Vergangenheit 80.
MA: Ein frohes Jahr, G. u. Prosa 21;
Die Vierzehn, G. u. Prosa 50; Im Banne
einer alten Stadt, G. u. Prosa 51;
Kranwitt, G. 51.
H: Golddistel, G. u. Ess. seit 51; M.
Herbert: Gedichte, Ausw. u. Biogr. 61. ( )

Rattelmüller, Paul Ernst,
Bezirksheimatpfleger von Oberbayern;
Bayerischer Poetentaler der Münchner
Turmschreiber 71, Bdesverd.kreuz am
Bande 82; Wangenerstr. 73, D-8131
Leutstetten, Post Starnberg, Tel. (08151)
8671 (Regensburg 27.3.24). Essay,
Hörbilder.
V: Festliches Jahr 53; Bayerische
Trachten 55; Vor unsrer Tür. Ein
Spaziergang üb. d. alten südl. Friedhof
in München 57; Die Uniformierung der
Salzbergknappen von Berchtesgaden;

Von Sitt und Brauch im Jahreslauf 61;
Ein Bairisch Jahr. Volksbrauch in Ober-
bayern 62; Bauerntrachten aus Ober-
bayern 1800 — 1840; Oberammergauer
Spielzeug; Der Marstall zu München 67;
Das Wappen von Bayern 69; Ich zier
mein Haus nach meinem Will 69; Das
Bayerische Bürgermilitär 69; Die
Bayerischen Gebirgsschützen 70, 77;
Zinnfiguren 71; Schlösser König Ludwig
II. 71; Matthäus Klostermeier vulgo Bay.
Iliasl 71; In Treue fest, Ess. 73; Der
Bauern-Shakespeare. Das Kiefers-
feldener Volkstheater u. s. Ritterstücke
73; Pompe Funebre 74; Auf
Weihnachten zua 76; Glückauf 81, u.a.
H: Die Fußreise Seiner Majestät 58;
Per Post und zu Fuß durch Oberbayern
68; Gustav Wilhelm Krauss 68; Dirndl,
Janker, Lederhosen. Die ersten
Schilderungen oberbay. Trachten 70;
Die Nationalkostüme des Königreiches
Bayern 71; Trachten aus Niederbayern,
nach den statist. Aufschlüssen über das
Herzogtum Baiern von Josv. Hazzi 1801
— 1806 71; München im Jahreslauf 72;
Das große Leben Christi, gezeigt an der
Jahreskrippe des Fürstbischofs von
Brixen 75; Dirndl wo hast denn dein
Schatz juchhee. Bay. Soldatenlieder u.
vaterländ. Gesänge aus d. 19. Jh. 77;
Jagdromantik 77; W. v. Diez: Unterm
Raupenhelm 79; L. v. Gaisberg: Eine
Reise nach München 79; A. Schöppner:
Sagen aus Bayern, Oberbayern 78,
Niederbayern u. Oberpfalz 79,
Schwaben 80, Oberfranken-
Mittelfranken 81, Unterfranken 82.
R: zahlr. Hörbilder seit 55.

Rauch, Bernhard *

Rauch, Fred, Funkautor, Textdichter;
VG Wort 70, GEMA 50; Herzogweg 6, D-
8184 Gmund a. Tegernsee, Tel. (08022)
7329 (Wien 28.9.09). Funk, U.Musik,
Lyrik.
V: Tausend Sachen z. Schmunzeln u.
Lachen 70; Trinksprüche aus drei
Jahrtausenden 70; Mit dem Gongschlag
ist es 6 Mark 30 80, Tb. 82; Scherzfragen
aus meinem Wunschkonzert 80;
Gongschlag No. 2 81. — **MV:** Lachend
durchs Jahr, m. E. Vierlinger 78, Tb. 80.
S: Einige hundert Schallpl 50-80. ( )

Rauch, Lydia (Ps. Athe Hell), Prof.,
Geschäftsführerin d. Club-Galerie i.
Linz; Ö.S.V. 67, SÖS 67; Förderungspreis
der Stadt Wien für Literatur 69; Ver. z.
Förder. Öst. Kunst 69, Präs. d. Dr.-Ernst-
Koref-Stiftung 71; Himmelbergerstr. 5,
A-4020 Linz/D./Donau, Tel. (0732) 437095

(Wien 20.5.26). Lyrik, Essay, Hörspiel, Komödie.
V: Noyade, Kom. 68; Lyrik 74/75. —
MV: Tür an Tür G. 70; Um die Freiheit der Kunst.
MA: Zeitströmungen, Texte 77; Facetten, Lit. Jb. 82.
H: Schriftenreihe des Vereins zur Förderung zeitgen. Kunst 73, 74.
R: Plus und Minus, Hsp.; Flimmerkiste, Hf. (Feature).

Rauchfuss, Hildegard Maria; SV-DDR 50, VDJ 75; Kunstpreis d. Stadt Leipzig 63, Lorbeer des Deutschen Fernsehfunks 69, Joh.-R.-Becher-Medaille 73, Verdienstmedaille d. DDR 75, Vaterländischer Verdienstorden 79; Pistorisstr. 28, DDR-7031 Leipzig, Tel. (041) 485735 (Breslau 22.2.18). Lyrik, Erzählung, Roman, Chanson, Hörspiel, Fernsehspiel, Kabarett.
V: Jahrmarkt, Nn. 49; Das schilfgrüne Kleid, Nn. 49; Gewitter überm Großen Fluß, Nn. 52, 56; Wem die Steine Antwort geben, R. 53, 61; Besiegte Schatten, R. 54, 57; Das Fräulein Rosenzeh, M. 59; So anders fällt das Licht, G. 59; Die weißen und die schwarzen Lämmer, R. 60, 61; Die grünen Straßen, R. 61, 67; Schlesisches Himmelreich, R. 68, 76; Versuch es mit der kleinen Liebe, G., Lieder, Chansons 69; Kopfbälle, Feuilletons 73, 76; War ich zu taktlos, Felix?, R. 76; Fische auf den Zweigen, R. 80. — **MV:** Chansons nebenan 70.
MA: 30-40 Anth.
R: Assistenzarzt Dr. Feil 60; Die weißen und die schwarzen Lämmer 61; Die drei Klugen 68; Der Nachtigallenwald 69; Falsch verbunden 77.
S: Gisela May singt Chansons 66; Gisela May: Die spezielle Note 69; City: Am Fenster 78, u.a.

Rauner, Liselotte; VS Nordrh.-Westf. 71, Die Kogge 74; Preisträgerin im Reportagewettbewerb d. Werkkr. Lit. d. Arb.welt 70, Josef Dietzgen-Pr. 82; Stresemannstr. 48, D-4630 Bochum 6, Tel. (02327) 86064 (Bernburg 21.2.20). Lyrik, Prosa, Songs.
V: Der Wechsel ist fällig, G. 70; Wenn der Volksmund mündig wird, Slogans, Songs u. Epigramme 73; Man tut was man kann, Sonette u. Epigramme 80; Schleifspuren, G., Epigramme, Sonette 80; Zeitgedichte 4 80.
MA: Beispiele - Beispiele; Ein ganz gewöhnlicher Tag; agit prop; Versuche 1; Anklage und Botschaft; 25 Jahre danach; Ein Baukran stürzt um; Linkes

Lesebuch; Soll ich gehn in die Armee?; Freunde der Ofen ist noch nicht aus; Urbs 70; Politische Lieder 70/71; Schrauben haben Rechtsgewinde; Tod in der Gesellschaft; Für eine andere Deutschstunde; Revier heute; Revolution und Liebe - Liebe und Revolution; Sassafras; Was hab ich von der Mitbestimmung; Hab Sonne im Herzen; Chile lebt; Texte die wir mögen; Arbeiter-Songbuch; Geht dir da nicht ein Auge auf 74; Denkzettel 74; kreatives literatur lexikon 74; Gegendarstellungen 74; bundes deutsch 74; Sie schreiben zwischen Moers und Hamm 74; Angst 74; Die eine Welt 75; Epigramme-Volksausgabe 75; Die Stadt 75; Hierzulande - heutzutage 75; Deutsch in der Sekundar-Stufe 1 76; Länder und Menschen 76; Stationen; Tagtäglich; Frieden & Abrüstung; Nachrichten vom Zustand des Landes; Kritische Lieder der 70er Jahre; Für Dich geschrieben; Heute und die 30 Jahre davor; WM '78 Argentina; Satire — Jb. 78; Kein schöner Land?; ... und ruhig fließet der Rhein; Keiner schiebt uns weg; Deutsche Sonette; Nicht mit den Wölfen heulen; Wir Frauen 79; Wir Frauen 80; Frieden; Lieder der Arbeiterbewegung; Straßengedichte; Im Morgengrauen; Her mit dem Leben 80; Dorn im Ohr 82.
S: Klopfzeichen 1 70; Klopfzeichen 2 71; Lehrlinge halten zusammen 71; Reihe Curriculum Musik. Schulfunk a. musikdidakt. Sem. 71; Lieder aus der Großstadt 71; Wenn Sie mich fragen ..., Chansons 77.

Rauprich, Nina; Jugendbuch d. Monats 81; Am Burgfeld 61, D-5042 Erftstadt-Lechenich, Tel. (02235) 5955 (Bielefeld 20.2.38). Kinder- und Jugendbuch.
V: Die Abenteuer eines Großstadtindianers 78; Sven und Svenja, Kinderb. 79; Ich heiße Sokham, Jgdb. 81. — **MV:** Jesus: für heute geboren, Kurzgesch. 79.

Raus, Michel, Dr.phil., Rundfunkredakteur, Mitbegründer u. Organisator d. Internat. Mondorfer Dichterbiennale (Luxembourg), Lektor; P.E.N. 72; Allée des Sorbiers, 6, Bridel/Luxembourg, Tel. (0352) 339615 (2.1.39). Lyrik, Essay, Hörspiel. **Ue:** F.
V: Oktav der Spaziergänger, Feuilletons 67; Das Licht der Schatten, Biogr. Versuch üb. d. Maler Nico Klopp 74; Verse für einen Gefolterten, G. (Holzschnitt HAP Grieshaber) 76.

MA: 20 × Europa 72; Deutschspr.
Literatur aus Luxemburg 79; Festschr.
für Horst Bienek 80; Das ist
Luxemburg; Entgrenzung, Lit. im
Trierer, Saarbrücker und Luxemburger
Grenzraum.
Ue: Maurice Joly: Dialogues aux
Enfers entre Macchiavel et
Montesquieu, Hörfunk-Fass. 70; Petite
Anthologie de la Poésie en Langue
Allemande au Luxembourg in: Rev.
Européenne de Poésie Chez Vodaine 79.

Rausch geb. Hüger, Annegret (Ps.
Annegret Rausch-Hüger, A. R. Hüger);
Ohl Dörp 64, D-2270 Wrixum auf Föhr
(Wesel/Rh. 22.9.06). Jugenderzählung,
Roman. **Ue:** D.
V: Blende auf!, Jgd.-Erz. 53, 55; Die
Wilden vom roten Kliff, Jgd.-Erz. 55; Die
Glückspilze, Jgd.-R. 55, 69; Jenseits d.
goldenen Tür 66 u.d.T.: Ein Sommer-
traum 78; Abenteuer am Roten Kliff 67,
79; Der Held der Klasse 6 76.
Ue: H. C. Andersen: Eventyr og
Historier u.d.T.: Märchen, Ausw. f.
Erwachsene 46; J. P. Jacobsen: Mogens
u. a. Nn. 46. ( )

Rausch, Jürgen, Dr. phil., em. o.Prof.;
Literaturpreis d. Kulturkr. im Bundes-
verb. d. Dt. Industrie 55; Rhöndorfer Str.
103, D-5340 Rhöndorf/Rhein, Tel. (02224)
5211 (Bremen 12.4.10). Lyrik, Essay,
Roman.
V: Nachtwanderung, R. 49; Ernst
Jüngers Optik, Ess. 51; In einer Stunde
wie dieser, Tageb. d. Gefangenschaft 53;
Der Mensch als Märtyrer und
Monstrum, Ess. 57; Die Sünde wider die
Zeit, Ess. 57; Reise zwischen den Zeiten.
Aufzeichn. in Sizilien 65; Die Heiligen
Drei Könige auf der Reise, Verserz. 69;
Lob der Ebene, G. 74; Die Stille in Crero,
Ein Bett im Schnee, G. 76; Gedichte 78;
Der Eindringling, Erz. 78; Requiem für
die Malerin Erika Roessing, G. 78. —
MV: Ordnung des Tages, Ess. 57;
Wirklichkeit heute 58; Kritik an der
Kirche 58; Menschenbild und Lebens-
führung, Ess. 63; Unsere Freiheit
morgen, Ess. 63; Städte 1945 70; Was der
Mensch bracht, Ess. 77; Kunst in dieser
Zeit, Ess 78.
s. a. Kürschners GK.

Rausch, Theo *

Rausch-Hüger, Annegret, s. Rausch,
Annegret.

Rauschning, Erika, Modegraphikerin;
Die Kogge 77; Hugo-Carl-Jüngst-Med.
81/82; Am Süntelbach 9, D-4500

Osnabrück, Tel. (0541) 14215 (Stralsund
9.8.23). Lyrik.
V: Unter Handzeichen stehen, Lyr. 77;
Selbstbehauptungen, Lyr. 80; Tage im
Mai, Lyr. 81; Wege die wir gehen, Lyr.
81; Der Stand der Dinge, Lyr. 82; Die
Lebensbrücke, Lyr. 82.
MA: Viele von uns denken noch sie
kämen durch, Lyr. 78; Prisma Minden
78; Im Gewitter der Geraden 81; Komm
süßer Tod 82; Einkreisung 82; Das
Rassepferd 82; Wenn das Eis geht 83.
R: Tatorte, Lyr. 82.

Rauschning, Hans (Ps. Hans Err),
Verlagsleiter; Simrockstr. 3, D-3000
Hannover 1, Tel. (0511) 888881 (Berlin
23.4.26).
V: 1000 Farben - und deine! 72; Hoch
und niedrig - groß und klein 73; Kleckse
machen Geschichten 74.
H: Georg Heym: Gedichte und Prosa
62; Ernst Stadler: Gedichte und Prosa
63; Das Jahr '45 70; Für Dich. Collage
d'amour 77.

Rautenbach, Otfried *

Rauter, Ernst, Schriftsteller; VG Wort;
Drosselweg 1, D-8027 Neuried, Kr.
München (Klagenfurt/Kärnten 27.4.29).
Essay, Reisereportage, Roman, Hörspiel,
Drama. **Ue:** S, E.
V: Seit 1446 Tagen die Mauer in
Berlin, Sch. 65; Folter-Lexikon. Kunst
der verzögerten Humanschlachtung von
Nero bis Westmoreland 69; Wie eine
Meinung im Kopf entsteht, Pamphlet 71,
82; Du sollst mich mal kennenlernen,
Kindererzn. 72; Vom Faustkeil zur
Fabrik, Kurze Gesch d. Menschheit, 76,
82; Vom Umgang mit Wörtern, Sprach-
kritik f. Journalisten 78, 80; Kunerma —
Der Ort, wo niemand wohnt, lit. Reise-
rep. 78; Die kunstvolle Arbeit der Ver-
führung, R. 81.
MA: Zahlr. Anth.

Rauth, Rainer, s. Lettenmair, Josef.

Ravensberg, Michael, s. Holmsten,
Georg.

Reben, Johannes *

Rebensburg, Reinhard, s. Hymmen,
Friedrich Wilhelm.

Rebner-Christian, Doris (Ps. Doris
Christian, Christa Kirchmayr,
Christiane v. Torris); VS; Reinekestr.
15a, D-8000 München 90, Tel. (089)
649544 (Klagenfurt). Roman, Jugend-
buch, allg. Belletristik. **Ue:** E.
V: Herbsüßer Inselsommer, R. 61;
Verschenkte Sehnsucht 63; Andrea,
Schnörkel und ein Tandem 63;

Geschichte einer Mädchenfreundschaft
67; Die Höhlenforscher v. Belmonte,
Jgdb. 70 u. 75; zahlr. Frauenromane u.
Heimatromane in Illustrierten u.
Taschenh.
MUe: Jess Shelton: Brut des Zorns 60.

Rech, Ernst, s. Rechenmacher, Ernst.

Rech, Géza, em. Hochschulprof.,
Generalsekretär der Intern. Stiftung
Mozarteum; Rettenpacher Str. 1, A-5020
Salzburg, Tel. (0662) 206553 (Wien
25.6.10).
V: Mozart, Lebensweg in Bildern 55;
Das Salzburger Mozart-Buch 64. –
MV: Salzburg-Buch, m. Hans Liska 60;
Die Salzburger Szene, m. Rolf
Thomasberger 77; Mozart 80.
H: Mozart-Jb..
s. a. Kürschners GK.

Recheis, Käthe, Schriftstellerin;
Interessengemeinschaft öst. Schriftst.,
P.E.N.-Club; Öst. Staatspreis f. Kinderlit.
61, 63, 64, 67, 71, 72, 75, 76, 79, , 80,
Kinderbuchpreis d. Stadt Wien 64, 68, 71,
72, 74, 75, 76, 79,, Ehrenliste Hans
Christian-Andersen-Pr. 80;
Rembrandtstr. 1/28, A-1020 Wien, Tel.
(0222) 3546915 (Engelhartszell/ObÖst.
11.3.28). Kinderliteratur. **Ue:** E.
V: Pablito 62; Der kleine Biber und
seine Freunde 63; Sinopah und das
Pony 63; Nikel, der Fuchs 68; Martin
und die Regengeister 71; Fallensteller
am Bibersee 72; Professor, du siehst
Gespenster; Kleiner Bruder Watomi;
London, 13. Juli; Martys irischer
Sommer; Der weite Weg des Nataiyu 78;
Wo die Wölfe glücklich sind 79.; Der
Weiße Wolf 82; Geh heim und vergiß
alles 82; 99 Minutenmärchen 76, 333
Märchenminuten 81, beide m. Friedl
Hofbauer
MA: Sprachbastelbuch; Damals war
ich vierzehn; Kindernest, alles Anth.,
u.a.
Ue: Stevenson: Die Entführung 67;
Mark Twain: Prinz und Bettelknabe 68.

Rechenmacher, Ernst (Ps. Ernst
Rech), stud. phil.; Sonderpr. f. Prosa im
Lit. Wettbew. d. Südtiroler
Künstlerbundes 77, c/o Athesia Verlag,
Bozen, Italien (Schlanders/Südtirol
10.1.54). Lyrik, Prosa, Novelle.
V: Der Sonnenreigen, Lyr. 79; Ölbaum
und Doppelgestirn, N. 79. – **MV:** Bildnis
einer Generation, Ess. 79. ( )

Rechlin, Eva, s. Bartoschek, Eva.

Recht, Hans, Journalist; Vogesenstr.
49, D-7607 Neuried, Ortenau Kr.-

Altenheim, Tel. (07807) 2838
(Reichenberg/Böhmen 20.3.30). Roman.
V: Die gute Absicht des Herrn S., sat.
Krim.-R. 75, Tb. u. d. T.: Verbrecher
zahlen sich aus 81.

Reckmann, Kurt, Dr. phil., ObStudR.;
A.I.J.P. 71; Fliederweg 2, D-3402
Dransfeld (Wesel/Rhein 26.1.31). Lyrik,
Kinderbuch, Schulbuch, Rezensionen.
Ue: E.
V: Die sieben Sieben-Grote, Kinderb.
63; Salamisische Wanderungen, G. 82.
H: Werke engl. u. franz. Autoren.
Ue: T. S. Eliot, H. W. Longfellow, G. E.
Junghanns.

Recknagel, Rolf, Dr. phil., Lit.Doz.;
Heinrich-Heine-Preis 70, 1. Lit.preis d.
"World Student News" Prag 57,
Wilhelm-Bracke-Preis in Silber 72,
Kunstpreis d. Stadt Leipzig 77,
Friedrich-Schiller-Preis d. Akademie d.
Künste West-Berlin 78; Waldstr. 67,
DDR-7010 Leipzig (Steinbach-
Hallenberg 2.2.18). Novelle, Essay,
Biographie.
V: B. Traven, Biogr. 60, 82; Ein Bayer
in Amerika. O. M. Graf, Biogr. 74, 83;
Leben u. Werk eines Rebellen. Jack
London, Biogr. 75, 76, 78.
H: Der Ziegelbrenner. Faksimiledruck
d. v. Ret Marut hrsg. Periodikums 1917 -
21; O. M. Graf, Reise nach Sowjet-
rußland 1934. Mit Kommentaren u.
Nachw. 77, 79; B. Traven/Ret Marut, Das
Frühwerk. Mit Vorw., Kommentaren u.
Bibliographie 77; LITERATEN AN DER
WAND. Die Münchner Räterepublik u.
d. Schriftsteller. Mit Beitrag Ret Marut
u. Kommentaren O. M. Graf, G.
Landauer 76; BT (B. Traven).
Mitteilungen No. 1 - 36. Mit Leitfaden 78;
Ret Marut/B. Traven, Khundar. Mit
Nachw. u. Kommentaren 67, 78; Jack
London, Fahrt d. Snark; Eiserne Ferse;
John Barleycorn oder Alkohol. Mit
Nachw. 72, 73, 76; Mark Twain, Yankee
an König Artus' Hof mit Nachw. u. Zeit-
tafel 74; William Markepeace
Thackeray, Memoiren d. Mr. C. J.
Yellowplush mit Nachw. 76; Tobias
Smollett, Abenteuer Roderich Randoms
mit Nachw. 78; Diego Yiga, Lose v. San
Bartolomeit u. Würdigung f. Diego
Vigas Leben u. Werk 77; B. Traven/Ret
Marut, Zeitrechnung 83.

Redeker, Walter, Apotheker;
Kuhlenkamp 36, D-3380 Goslar 1, Tel.
(05321) 26496 (Stolp 30.4.04). Roman,
Novelle, Hörspiel.

V: Die letzte Fahrt der Arizona, R. 58, 59; Die stillen Tage sind vorüber, R. 75; Das Dohlennest u. andere Erzn. 77.
R: Kupanda Scharo, Hsp. 33. ( )

Reding, Josef; VS 58, Kogge 58, Gruppe 61 61, P.E.N. 73; Jugendbuchpr. d. gruppe junger autoren 52, Förderpr. d. Landes Nordrh.-Westf. 58, Rompr. Villa Massimo 61, Annette von Droste-Hülshoff-Pr. 69, Kogge-Literaturpr. 69, Pr. f. d. beste dt. Kurzgesch. beim Internat. Kurzgeschichten-Kolloquium 81; Kruckelerstr. 2a, D-4600 Dortmund 50, Tel. (0231) 733315 (Castrop-Rauxel 20.3.29). Roman, Chronik, Jugendbuch, Tagebuch, Kurzgeschichte, Hörspiel, Lyrik, Fernsehfilm. **Ue:** E, F.
V: Silberspeer und Roter Reiher, Jgdb. 52, 77; Trommler Ricardo, Jgdb. 54, 78; Der spanische Winter, N. 55, 82; Friedland, Chronik der großen Heimkehr, R. 56, 60; Nennt mich nicht Nigger, Kurzgeschn. 57, 83; Höllenpfuhl Sargasso, Jgdb. 58; Wer betet für Judas?, Kurzgeschn. 59, 72; Allein in Baylon, Kurzgeschn. 61, 73; Zwischen den Schranken, Kurzgeschn. 62; Papierschiffe gegen den Strom, Ess. 63, 84; Erfindungen für die Regierung, Sat. 63, 83; Reservate des Hungers, Tageb. 64, 83; Wir lassen ihre Wunden offen, Tageb. 65, 83; Leih mir dein Ohr, kleiner Prinz, Hspe 66; Ein Scharfmacher kommt, Kurzgeschn. 67, 83; Menschen im Ruhrgebiet, Ess. 74, 84; Gutentagtexte, Jgdb. 75, 81; Ach-und-Krach-Texte, Jgdb. 78, 84; Schonzeit für Pappkameraden, Kurzgeschn. 77, 84; Krippenrede für die siebziger Jahre, G. 78; Kein Platz in kostbaren Krippen, Kurzgeschn. 79, 84; Gold, Rauhreif und Möhren, Kurzgesch. 80, 84; Sprengt den Eisberg, Kurzgeschn. 81; Nennt sie beim Namen - Asphaltgebete, G. 82, 84; Friedenstage sind gezählt, Kurzgeschn. 83, 84; Menschen im Müll, Tageb. 83.
MA: Im Strom 63; Weltmacht Hunger 68; Links der Lippe - Rechts der Ruhr 69; Lateinamerika, ein Kontinent erwacht 73; Frieden u. Abrüstung 77; Lesebuch Dritte Welt 81; Ich will dir vom Frieden erzählen 82; Meine Heimat Ruhrgebiet 82; Was meinem Leben Richtung gab 82, alles Anth.
R: Jugend zwischen Zechen und Domen 53; Berg der Favelados 63; Haus der Sterbenden in Kalkutta 63; Missionsstraße Amazonas 64; Hongkong - Insel der Wartenden 64; Ärztin in Karachi - Ruth Pfau 64; Wenn einer den

Weg sieht 66; Mensch plus Auto gleich Verbrecher? 66; Leben im Beton 77; Jeden Tag ein Brief aus Windworth 79, alles Fsf; Nur ein Stück Seife 56; Kratzer am Lack 61; Kranker Hafen Soledad 62; Konferenz des Dr. Bracke 63, Amen der Partisanen 65; Pahlhusener Vogelkunde 73; Für Goethe bis nach Akureyri 77; Zdenkos Haus ist soweit 80; Schonzeit für Pappkameraden 83, alles Hsp.
S: Der Tod auf der Straße 60; Wenn ich am Tresen schluck 71; Das gibt's bei uns zuhause nicht 79; Liebe ist Pflicht 80; Ich hasse den Krieg 83.
Ue: Edward F. Murphy: Mademoiselle Lavallière 59; Alma Houston: Nuki 60; Sulamith Ish-Kishor: Der Rote Sabbath 65.
Lit: W. Holzhauer: Der Erzähler Josef Reding; Titomanlio Manzella: Die liebenswürdige Unbestechlichkeit bei Josef Reding; Friedhelm Baukloh: Hautnah und visionär - Heimat und Welt in J. Redings Prosa; Otto Königsberger: Josef Redings Welterfahrung für das Revier; Harro Zimmermann: Josef Reding; Karl Ude: Josef Reding – Liebe zum geringsten Bruder; Hedwig Gunnemann: Josef Reding - Fünf Jahrzehnte Leben - Drei Jahrzehnte schreiben; Albing Lenhard: Literatur einer Region im Deutschunterricht; Manfred Durzak: Erzählte Zeit; Manfred Durzak: Die dt. Kurzgeschichte der Gegenwart.

Reding, Paul, Schriftsteller, Maler; VS 79; Mühlenstr. 60, D-4355 Waltrop/Westf., Tel. (02309) 2821 (Castrop-Rauxel 16.11.39). Lyrik, Prosa.
V: Nebenan ist Jericho, Lyr. 76; Unterwegs an diesem Tag, Lyr. 77; Warten u. Hoffen, Lyr., Prosa 78; Kein Weg zurück, Lyr. 79; Federn fallen leise, Prosa 79; Mit eigenen Worten sagen, Kurztexte 80; Freund Regenbogen, Lyr. 82.

Reedwisch, Robert *

von Rees, Alexander, s. von Steinmeister, Alexander.

Regber, Johann Karl, Amtsrat, Zollbeamter; Öst. Autorenverb., Perchtoldsdorfer Autorenrunde, Verband der Geistig Schaffenden Österreichs, Verein der Schriftstellerinnen und Künstlerinnen; Kulturgemeinschaft Der Kreis; Arbeitergasse 42/10, A-1050 Wien V, Tel. (0222) 5559264 (Wien 24.4.32). Lyrik.

V: Wanderer nach dem Glück, Lyr. 75;
Seit zum Worte ward die Welt, Lyr.
77. — **MV:** Es war in Petersdorf, Lyr. 76.

Regele, Herbert, Lehrer; VG Wort;
Am Englischen Garten 1, D-8910
Landsberg/Lech, Tel. (08191) 3159
(München 5.3.25). Hyrik, Hörspiel.
V: An Friedn für alle, Lyr. 79.
R: I gib mi in deine Händ, Passion,
Funkbearb. 79; An Friedn für alle,
Funkbearb. 79. ( )

Regenass, René, Freier Schriftsteller
u. Publizist; Schweizer Autoren Gruppe
Olten 70; Lyrikpr. d. Kt. Basellandschaft
72, Pr. im Kurzgeschn.wettbew. d. Kt.
Basellandschaft 75, Förderpr. d. Kt.
Basel-Stadt 74, Werkauftr. d. Stift. PRO
HELVETIA 76, Pr. d. Schweizer
Schillerstift. 79; Bläsiring 17, CH-4057
Basel, Tel. (061) 327167 (Basel 15.5.35).
Roman, Erzählung, Lyrik, Drama, Hör-
spiel.
V: Der Besuch blieb meist über Nacht,
Erzn. 69; Wir haben das Pulver nicht
erfunden, uns gehören nur die
Fabriken, Prosa 71; Alle Wege bodenlos,
Erzn. 72; Die Macher, St. 72; Wer Wahl-
plakate beschmiert, beschädigt fremdes
Eigentum, R. 73; Ausflug Flucht, Erz. 74;
Die Sitzung, St. 74; Triumph ist eine
Marke, Prosa u. Lyrik 75; Aufbruch
nach Urbino, Erz. 76; Ein Schlagbaum
treibt keine Blätter, R. 76; Der
Anschneider, St. 76; In aller Stille, Erzn.
77; Mord-Steine, Prosa 78; Porträt eines
Portiers, Erzn. 79; Damit die Zunge
nichts Falsches sagt, Lyrik 79; Die Kälte
des Äquators, R. 82.
MA: Behaust und befangen, Prosa 81;
Letztes Jahr in Basel, Prosa 82.
H: Groß und rot stehen immer noch
die Münstertürme, Prosa 75.
R: Wer kennt den Mann?, Hsp. 69; Un-
erwartet rasch heimgegangen, Hsp. 79;
Auto-Stop, Hsp. 79.

Regnier, Charles, Schauspieler,
Regisseur, D-8194 Ambach/Starnberger
See (Freiburg/Br. 22.7.14). Film,
Hörspiel. **Ue:** E, F.
F: Die Hochstaplerin (nach Jaques
Deval).
R: (B): Marquise von Arcis, Hsp. nach
Diderot.
Ue: Jean Giraudoux: Apollo von
Bellac, Kom., Das Lied der Lieder, Kom.;
Jean Cocteau: Bacchus, Tragikom., Die
Ritter der Tafelrunde, Sch.; Colette:
Chéri, Kom.; Jean Sarment: Wir waren
Drei, Kom.; Roger Ferdinand: Drei
Jungen, ein Mädchen, Kom., Sie trafen
sich wieder, Kom., Mein Mann merkt

sowas nicht, Kom., Françoise, Kom., Der
Präsident und die schöne Nachbarin,
Kom.; Eugène Labiche: Ein Tag in
Paris, Kom., Ich, ich, ich …; Jean de
Letraz: Meine Frau Jacqueline, Kom.; S.
N. Behrmann u. Somerset Maugham:
Jane, Kom.; Agatha Christie: Zeugin der
Anklage, Krim.-Stück; François
Mauriac: Asmodee, Sch., alle 49 — 56;
Georges Feydeau: Herzliches Beileid,
Porzellan und Elefanten; Georges
Simenon: Maigret hat Zweifel; S. N.
Behrmann: Lord Pengo, Kom.; Barillet
u. Gredy: Kaktusblüte, Kom., Vierzig
Karat, Eine Rose zum Frühstück, Du
bist ein Biest, Die Zierpflanze, Kom.,
Der Favorit, Kom., Amanda, Kom.;
Emmanuel Roblès: Plädoyer für einen
Rebellen, Sch.; Georges Feydeau:
Kümmere dich um Amalie, Kom., Einer
muß der Dumme sein, Hotel zum Freien
Wechselkurs, Der Nächste bitte, Der
Klotz am Bein; Yves Yamiaque: Unser
Pflaumenbaum, Sch.; Die achte Tod-
sünde, Sch., Acapulco, Madame, Kom.,
Lea, Kom.; Francoise Dorin: Der
Wendepunkt, Der Hit, Walzer in die
Vergangenheit, Mein Ein und Alles,
Kom.; Edouard Bourdet: Exclusiv;
Georges Michel: Ein Platz an der Sonne,
Sch.; Jean Poiret: Der Narrenkäfig,
Kom., Frohe Ostern, Kom.; Camoletti:
Happy Birthday, Kom. ( )

Reher, Manfred; Ekhofstr. 39, D-2000
Hamburg 76.
V: Paul und Peter, Gesch. 81. ( )

Rehmann, Ruth, s. Schonauer, Ruth.

Reiböck, Elisabeth, s. Fischer, Ilse.

Reich, Armund *

Reich, Konrad (Ps. Stefan Pätsch),
Buchhändler, Verleger; SV-DDR 62;
Kulturpr. d. Stadt Rostock; Grüne
Straße 53, DDR-2383 Prerow, Tel.
(008283) 449 (Magdeburg 29.6.28).
Reportage, maritime belletristische
Literatur, Schauspiel, Hörspiel, Biographische Literatur.
V: Bilder aus Finnland, Text-Bildbd.
59, 63; Brücke übers Meer, Rep. 60; Hat
die Maus den Mond gestohlen, Kinderb.
71, 76, 78; Einesteils der Liebe wegen
oder Versuch mit Ypsilon, Kom. 72;
Ehm Welk — Stationen eines Lebens,
erz. Biogr. 76, 80. — **MV:** Himmelsbesen
über weißen Hunden. Wörter u. Redensarten, Geschn. u. Anekdn. — ein Leseb.
f. Halbmänner u. erwachsene Leute, die
sich vom Schiffsvolk u. d. Seewesen
deutl. Begriffe verschaffen wollen, m.
Martin Pagel 82 (Bdesrep. 82).

B: Ehm Welk: Das silberne Schiff, Kinderb. 65, 67, Gespensternächte, Kinderb. 65, 67, Lügenkönig Krischan 65, 67, Der Pudel Simson, Geschn. u. Anekdn. um Menschen u. Tiere 71, 74; Spökkram un so oder Das zweite Gesicht. Die Geschn. d. Paul Kohl 81 (Bdesrep. 83); Grünes Land und blaue Wellen. Geschn. u. M. v. Land u. Meer. Nach Heinrich Smidt 82 (Bdesrep. 83).
H: Ehm Welk: Grand oder Das große Spiel, Erzn., G., Rep. aus d. Nachlaß 71, 73. — **MH:** Kurt Batt: Widerspruch u. Übereinkunft 78, 80; Land u. Meer, Kalender.
F: Die Gerechten von Kummerow, Film-Szenarium 82.
R: Kabelkran und Blauer Peter, Fsf. nach Franz Fühmann 62.

Reich, Thomas K., c/o Verlag Das Neue Berlin, Berlin (Ost).
V: Sinobara, utop. Erz. 82. ( )

Reich, Traudi, s. Portisch, Gertraude.

Reich, Wolfgang, ObStudDir., Schulleiter; VS Rhld-Pf. 76; Gimmeldinger Str. 23b, D-6730 Neustadt/Weinstr. 13, Tel. (06321) 855203 (Eilenburg 13.3.22). Aphorismus, Lyrik, Erzählung, Geschichte.
V: Greift nur hinein, G. 77; Wider die Finsternis, Aphor. 81; Eine Handvoll Hoffnung, G. 82.
MA: Junge Lyrik Graphik Pfalz 81.

Reich-Ranicki, Marcel, Dr. phil. h. c., Hon.Prof. U. Tübingen, leit. Redakteur der FAZ; P.E.N. 64, V.d.Kr. 71; Heine-Plakette 76, Ricarda-Huch-Pr. 81; Gustav-Freytag-Str. 36, D-6000 Frankfurt a.M., Tel. (0611) 561062 (Wloclawek, Pol. 2.6.20). Essay, Kritik.
V: Deutsche Literatur in West und Ost, Ess. 63, 83; Literarisches Leben in Deutschland, Komm. u. Pamphl. 65; Wer schreibt, provoziert, Komm. u. Pamphl. 66; Literatur der kleinen Schritte, Ess. 67, 72; Die Ungeliebten — Sieben Emigranten, Ess. 68; Lauter Verrisse, Ess. 70, 73; Über Ruhestörer — Juden in der deutschen Literatur, Ess. 73, 77; Zur Literatur der DDR, Ess. 74; Nachprüfung — Aufsätze über deutsche Schriftsteller von gestern, Ess. 77, 80; Entgegnung — Zur deutschen Literatur der siebziger Jahre, Ess. 79, 81. —
MV: Definitionen, Lit.-Ess. 63.
H: Auch dort erzählt Deutschland 60; Sechzehn Polnische Erzähler 62, 64; Erfundene Wahrheit, Dt. Geschn. seit 1945, 65, 82; Notwendige Geschichten 1933-1945 67, 82; In Sachen Böll, An-

sichten und Einsichten, Ess. 68, 80; Gesichtete Zeit, Dt. Geschn. 1918-1933 69, 80; Anbruch der Gegenwart, Dt. Geschn. 1900-1918 71, 80; Verteidigung der Zukunft, Dt. Geschn. seit 1960 72, 82; Ludwig Börne: Spiegelbild des Lebens — Aufsätze zur Literatur 77; Frankfurter Anthologie, Gedichte und Interpretationen 76-83 VII; Wolfgang Koeppen: Die elenden Skribenten, Ess. 81 83; Meine Schulzeit im Dritten Reich — Erinnerungen dt. Schriftsteller 82; Alfred Polgar: Kleine Schriften 82, 83 II. — **MH:** Klagenfurter Texte zum Ingeborg-Bachmann-Preis 1977 - 79 79.
Lit: Walter Jens: Aufklärung und Polemik — Laudatio auf M. R.-R. in: Heine-Jb. 77; Walter Jens: Literatur und Kritik 80.

Reiche, Dietlof, Freier Schriftsteller; VS 78, Friedrich-Bödecker-Kreis 78; Oldenburger Kinder- und Jugendbuchpreis 77, Dt. Jgdb.pr. 78; Hermannstr. 17, D-6000 Frankfurt a.M., Tel. (0611) 596119 (Dresden 31.3.41). Roman, Jugendbuch.
V: Der Bleisiegelfälscher, R. 77; Der verlorene Frühling. Die Geschichte von Louise Coith und dem Lokomotivheizer Hannes Bühn, der zum Barrikadenbauer wurde. Frankfurt 1848, R. 79; Wie Spreu vor dem Wind, R. 81.
MA: Das neue Sagenbuch 80.
R: Schulfunksend.
Lit: Lex. d. Kinder- u. Jugendlit. 79.

Reichel, Gisela, Dr. phil.; Pistorisstr. 37, DDR-7031 Leipzig (Zwickau 22.6.21). Roman, Kurzgeschichte, Essay. **Ue:** E.
V: Hakons Lied, R. 62, 64.
Ue: Charles u. Mary Lamb: Shakespeare-Gestalten 56; Elisabeth Cleghorn Gaskell: Cranford 59, 74; Mark Twain: Das Tagebuch von Adam und Eva 64, 68, 78 (Nachdruck Deutsche Zentralbücherei für Blinde zu Leipzig); Jane Austen: Die Liebe der Anne Elliot 68, 71; Walter Scott: Waverley 72, 80, Bdesrep. 82.

Reichelt, Ernst, Verwaltungs-Angesteller; IGdA 70, LU 70, RSG 72; Postfach 566, D-8832 Weißenburg i. Bayern, Tel. (09144) 485 (Rosenbaude, NS 28.12.27). Lyrik, Essay. Hörspiel.
V: Dank sei dir, Ehebüchlein 73; Alles ist Gnade, Zeitenbüchlein 75.
H: u.B: Solange ihr das Licht habt, Lyr.-Anth. 77; Heimat, Lyr.-Anth. 80. ( )

Reichert, Carl-Ludwig (Ps. Benno Höllteuffel); VS 71; St. Martinstr. 1, c/o Dimpfl, D-8000 München 90, Tel. (089)

6923389 (Ingolstadt 17.6.46). Lyrik, Prosa, Film, Hörspiel, Schallplatte. **Ue:** E, L.
V: alte und neue kinderspiele für brave und böse Kinder 69; Ein walroß macht noch keinen spätherbst 70, alles Pr; Red Power. Indianisches Sein u. Bewußtsein heute 74. — **MV:** Grobian Gans; Die Ducks. Psychogramm einer Sippe, Wissenschaftssat. 70; friß wos i sog, Mda-G. 71; ois midnand, Texte 80.
MA: Literaturmagazin 5 76; Rocksession 77, 78; Kursbuch 65 81; Rockmusik 82; Dt. Schriftsteller im Porträt: Jahrhundertwende 83.
H: Fans, Gangs, Bands 81. —
MH: Sylvia Darbosen: malbuch 1, antiautoritäre Kinderb. 71; mario, ein buch für gastarbeiterkinder. — **MUe:** Vine Deloria jr.: Nur Stämme werden überleben 76; Rocksession 79, 80, 81; Eurorock 81.
F: Das haus in lemgo, die kunst des schizofrenen 70.
R: spielverderber unerwünscht 70; bas auf da depp heat zua 73.
S: friß wos i sog 71; Sparifankal — Bayern Rock 76; Sparifankal-Huraxdax Drudnhax 79; Sparifankal-Negamusi 81; Dullijöh 82.
Lit: F. Hoffmann — J. Berlinger: Die neue deutsche Mundartdichtung 78.

Reichert, Georg, Landwirt; V.F.S.; Vogtsreichenbach 19, D-8501 Cadolzburg, Tel. (09103) 1460 (Vogtsreichenbach 15.11.19). Mundartlyrik.
V: Af der Wält is oalles mögli 67; Där Härrgott woar doch nit su dumm 72; Alles — blos ka Paradies 76; A Psychiater muß heit här 79; Ich sogs wie's is! 82.

Reichert, Hans-Dieter; Ludwigsburger Str. 16, D-7015 Korntal-Münchingen 1.
V: Manege frei für Danny 81. ( )

Reichert, Julia *

Reichert, Klaus, Dr. phil., UProf.; Trustee d. Intern. James Joyce Found. 73; Stettenstr. 54, D-6000 Frankfurt a.M. 1, Tel. (0611) 599403 (Fulda 22.5.38). Essay. **Ue:** E, H.
V: Alice und der große rote Löwe, Kinderb. 72.
H: The Best of H. C. Artmann 70, 75; Paul Celan: Ausgewählte Gedichte 70; H. C. Artmann: Der aeronautische Sindtbart 72, 75; Grammatik der Rosen, Prosa 79. — **MH:** James Joyce: Werke, Frankf. Ausg. 69-81 VIII.

Ue: Robert Creeley: The Gold Diggers, u.d.T.: Mr. Blue 64; Charles Olson: Gedichte, Ausw. 65; Lewis Carroll: Briefe an kleine Mädchen 66, 76; Paul van Ostaijen: Gedichte, Ausw. 66; Edward Bond: Gerettet 67; Robert Creeley: Gedichte, Ausw. 67; James Joyce: Verbannte 68, 74; James Joyce: Giacomo Joyce 68, 74; Lewis Carroll: Die Jagd nach dem Schnark 68, 82; Robert Creeley: Numbers 68; Charles Olson: West 69; William Shakespeare: Timon von Athen 71; James Joyce: Stephen der Held 72, 76; James Joyce: Ein Porträt des Künstlers als junger Mann 72, 76; William Shakespeare: Maß für Maß 75, 82; Der Kaufmann von Venedig 80, 81; John Cage: Ein Alphabet 81.

Reichmann, Monika, s. Kreiner-Reichmann, Monika.

Reicke, Ilse, s. von Hülsen, Ilse.

Reif geb. Stauber, Irene (Ps. Cecil J. Hoop), Schriftstellerin, Kritikerin; VS 57, V.F.S. 72, Bayer. J.Verb. 72, Kogge 73; 1. Pr. Sie schreiben mit im SWF 60-62, Pr. Das kleine Fernsehspiel 61, Prädikat d. Dt. Gastronom. Akad., Verd.kreuz. am Bande d. Verd.ordens d. BRD 73; Karl-Hertel-Str. 48, D-8500 Nürnberg (Nürnberg 14.6.31). Roman, Essay, Lyrik, Kinder- und Jugendbuch, feuilletonistisches Sachbuch, Theater- und Literaturkritik, Hörbilder.
V: Bekenntnis eines Verlorenen, R. 59; Siebenmal verfluchte - siebenmal gesegnete Erde, R. 59; Alles was der Sommer gab, R. 60; Insel ohne Hoffnung, R. 61; Von Liebe war nicht die Rede, R. 61; Nächte in Donelly, R. 61; Marie Perrier, R. 62; Die Söhne der Paula Michaelis; Fangt die Füchse; Sangria; Anatomie einer Ehe; Wie still est ist; Morgendämmerung; Wer in der Liebe bleibt; Engel sterben nicht; Nach seinem Bild erschaffen; Die Morandells, alles R. 62 — 69; Amata, R. 63; Die Anderen, R. 63; Schatten am Mittag, R. 64; Drei erleben Sommerferien; Drei reisen in den Winter; Drei halten zusammen; Bibi findet eine Mutter; Adelinchen, alles Kinderb. 64 — 67; Geliebter Tyrann, R. 65; Aprilwind; Dankeschön Vanessa; Mistral; Martini um halb fünf; Hey Fans!, alles Jgdb. 69 — 71; Reisen und Kochen in Franken 71; Fränkischer Wochenendführer 72; Novellen f. "Madame" u.a. Illustr.; Wochenende in Franken; Fränkisch wie es nicht im Wörterbuch steht; Die Frankenalb; Der Frankenwald; Die Rhön; Der Steigerwald; Karle Donner-

wetter und die Bande vom Schwarzen
Fluß; Nina Schwalbe und Ulli Büffel,
beides Jgdb.; Karle Donnerwetter und
die geheimnisvolle Schatzsuche, Jgdb.
80; Fichtelgebirge; Ein Hund für Nina
Schwalbe 82.
MA: Vorw. zu: dixi 70; Der
Nürnberger Christkindlesmarkt; Kleine
Städte am Main; Göttinger Musen-
almanach; Plural IV; Vornamen;
Fränkische Bücher.
R: (MV): Drei rote Nelken, Fsp. 59;
Markgraf in Gold u. blaue Forelle;
Lukullusland im Herzen Dtschlds.;
Mater Franconiae u. ihre Kinder; Der
Hirsch über der Haderischbrücke; Ein
Balkon üb. dem Loquitztal;
Maiglöckchen u. Kuehkaes; Weißenburg
die Bürgerstadt; Die Stille bittet um
Ruhe. ( )

Reif, Marbeth, c/o Sauerländer AG
Verlag, Aarau, Schweiz.
V: Die Geschichte von Benno Beinlein
u. seiner lachenden Badewanne 78;
Ehrenwort, ich beiße nicht 80, Tb. 82;
Der kleine rote Kater 80, 82. ( )

Reiff, H.-Volker (Ps. Terry Cane); Im
Riedbusch 20, D-4044 Kaarst 2.
V: Angriff der Praitaner 82; Kampf
auf dem Planeten Prait 82; Rettung der
Basis Imperial 82; Unbekannte
Dimension 82; Der falsche Commander
83; Flugechsen im Fadenkreuz 83. ( )

Reiher, Rolf, c/o Bastei-Verlag Lübbe,
Bergisch Gladbach.
V: Nichts ist so fein gesponnen ...,
Krim.-R. 82. ( )

Reimann, Andreas; Förderungspr. d.
Mitteldt. Verl. Halle u. d. Inst. f. Lit.
Johannes R. Becher Leipzig 76; Karlstr.
7, DDR-7010 Leipzig (Leipzig 11.11.46).
Lyrik, Essay, Drama. **Ue:** R, F, Port.
V: Kleine Tiere essen gern, Lyrik 74,
10. Aufl. 83 (auch franz., ung., schwed.,
slowak. u.a.); Die Weisheit des Fleischs,
Lyrik 75, 81; Das ganze halbe Leben, G.
79, 81; Der Drachen Drax, Obernlibr.
83. — **MV:** Erlebtes Hier 67; Auswahl 66
67; Aussichten 67; Über die großen
Städte 68; Auswahl 74 74; Landschaft
unserer Liebe 74, u.a. Lyrik; Menschen
in diesem Land, Porträts 74.
S: Spiegelbild 81.

Reimann, Marion, Journalistin; Verb.
d. Journalisten d. DDR 71, c/o Prisma-
Verlag, Leipzig, DDR (Dresden 28.6.30).
Roman.
V: Schach dem Kaiser, kulturgesch. R.
75; Das Urteil von Ingelheim,
Kulturgesch. R. 80. ( )

Reimann, Wilfried *

Reimer, Walter, Schriftsteller u.
Vortragender; EM Verb. d. Kulturträger;
Müllnerg. 20/4, A-1090 Wien, Tel. (0222)
3144843 (Karlsbad C.S.R. 16.7.21). Lyrik,
Märchen u. Sagen.
V: Die Zaubergeige u. a. M. 77;
Melodien in Dur und Moll, Lyr.
R: Das Salzmännlein, Rdfk. 51.

Reimers, Dietrich (Ps. Jean Dietrich),
Dr.med., Lungenarzt, Chefarzt e. Fach-
klinik f. Lungen- u. Bronchialheilkde.;
Vizepräs. BDSÄ; Gillicher Str. 47, D-
5650 Solingen 11 (Berlin 27.11.20). Lyrik,
Novelle, Essay.
V: C'est tout, Lyr. 76; Die Sicht der
Dinge, Lyr., Prosa, Bilder 83.
MA: Anthologien, u.a.: Lyr. dtspr.
Ärzte d. Gegenw. 71; Quer 74; Alm. dt.
Schriftsteller-Ärzte 1975-1983; Wort-
gewichte 78; mehrere Ess. üb. G. Benn u.
üb. Krankheit u. Kunst in: die waage u.
Dt. Ärztebl.
Lit: Dt. Ärztebl. 48 82; Der Kassenarzt
22 82; Praxis Kurier 3 83.

Reimers, Emil (Ps. Fred Timber,
Antonius Marcellus, Yamakaze Takeko,
Fred Bird), Schriftsteller u. Journalist;
VS 64; Großer Preis der Nation (Indien),
Förderpreis der Stadt Nanking (China)
79, Grand Maitre de Roti, Mexiko 68;
Mitgl. der Ernährungsakademie
Bangkok, Mitgl. der Ges. für Meeres- u.
Fischereiforschung, Tokio, Mitgl. des
Algenforschungsinstitut Okakura
(Japan); Reichenbachstr. 13, D-4410
Warendorf, Tel. (02581) 1289
(Dreimastbark Thetis, gemeldet 1912
Emden/Ostfriesld 2.6.12). Philosophie
des fernen Ostens, soziale Probleme.
V: Meditationen über fernöstliche
Symbole 64; Die Echte japanische
Küche 65; Mir kann nichts mehr
passieren 66; ABC der Feinkost 66; Die
Kulturgeschichte der Küche; Die
rustikale Küche 67; Japanische Koch-
kunst 67; Kulturgeschichte des Spargels
mit praktischen Rezepten 67; Köstliches
aus Fluß und Meer 68; Der Kalten
Küche Köstlichkeiten 68 und zahlreiche
Kochbücher 68 - 74; The Bakers Shop,
Dr. 74; The Shipwreck, R. 73; Der
dumme Mann 77; Das Licht aus dem
fernen Osten 77; India Mother Cultur
80; Köstliches aus der Pilzküche 82.
MA: Leben im Münsterland 79 Far
East Journeys 79; Life in Sri Lanka 79.
Lit: Life and Work of Emil Reimers
80.

Reimeva, Esther, s. Hajak, Eva-Johanna.

Rein, Else (Ps. Else Bleier), Journalistin; Straße des Roten Kreuzes 8b, D-7500 Karlsruhe 41, Tel. (06721) 472789 (1.6.14). Lyrik, Essay, Legende, Märchen.
V: Vulkane ruhen lange, Lyrik 57; Von einer Insel, Lyrik 58; Vom Esel und vom wundersamen Kinde, Lgn. 61; Der Traumbaum, G. f. Kinder 64; Die Sonne ist krank, Lyrik; Die Nikolausfahrt, Erzn.; Die Flöte fällt, G. ( )

Rein, Heinz, Schriftsteller u. Journalist; Quettigstr. 15, D-7570 Baden-Baden, Tel. (07221) 31440 (Berlin 9.3.06). Roman, Novelle, Feuilleton, Kabarettexte.
V: Mädchen auf der Brücke, Nn. 46; Berlin 1932, R. 46; Klopfzeichen, N. 47; Februartag, N. 47; Finale Berlin, R. 47, 80 (auch engl., russ., poln.); Die neue Literatur, Ess. 50; In einer Winternacht, Erz. 51, 82; Die Sintflut hat sich nicht verlaufen, R. 83. — **MV:** Freundschat mit Hamilton, Erzn. 62; Ohne Visum, Erzn. 64, 72; Mitternachtsgeschichten, Erzn. 69; Gegenüber wartet jemand, Erzn. 70; Der Elternabend 72.
H: Unterm Notdach, Erzn. 48.
S: Die Stachelschweine 60.

Reinecker, Herbert; Bdesfilmpreis 52 u. 55; D-8136 Kempfenhausen b. Starnberg (Hagen/Westf. 24.12.14). Schauspiel, Roman, Novelle, Film, Hörspiel.
V: Das Dorf bei Odessa, Sch. 42; Kinder, Mütter und ein General, R. 53; Der Mann mit der Geige, R.; Taiga, R. 54; Nachtzug, Sch. 62; Unser Doktor, Gesch. e. Landarztes 66; Der Kommissar, R. 70; Mädchen von Hongkong, R. 74; Feuer am Ende des Tunnels, R. 75; Das stärkere Geschlecht, R. 77; Derrick junior, Jgd.-R.-Serie 77; Tb-Serie Fortsetz. Der Kommissar 77; Ein bißchen Halleluja, Geschn. 81; Kinder, Mütter und ein General, R. 82; Ich hab' vergessen, Blumen zu besorgen, Geschn. 82. — **MV:** Karussell zu verkaufen, m. Christian Bock 64.
F: Vater braucht eine Frau 52; Ich und du 53; Canaris 54; Kinder, Mütter und ein General 54; Der Himmel ist nie ausverkauft 55; Alibi 55; Gripsholm 64; Rheinsberg 65; Anastasia 65; Der Hexer 68.
R: Der Teufel fährt dritter Klasse; Vater braucht eine Frau; Karussells werden im Himmel gemacht; Karussell zu verkaufen, m. Christian Bock, alles Hsp.; Der Tod läuft hinterher 67;

Babeck 68; 11 Uhr 20 69, alles Fsp., Der Kommissar, Fsp.-Serie 69 — 76; Derrick, Fsp.-Serie 75 — 78. ( )

Reinehr, Wilfried *

Reiner, H. G., s. Greiner-Mai, Herbert.

Reiners, Rita (Ps. Marion Mönnichfeld); VS; Westparkstr. 50, D-4150 Krefeld, Tel. (02151) 758188 (1.4.11). Lyrik.
V: Glückhafte Schau, G. 46; Die leisen Stimmen 47; Der schmale Pfad 48; Discordia Concors 49; Fülle des Lebens, G. 52; Das Mädchen von Zöldrar, Erzn. 54; Der Jubel wird nicht schweigen, G. 55; Irdisches Paradies, Tiergeschn. 56; Peter und Purzel, Katzengesch. 58; Einsame Fährte, G. 58; Hirngespinste, sat. G. 58, 66, Neuaufl. 79; Traumwirklichkeit, G. 60; Leuchtspur der Träume, Anth. 60; Tempel von Epidauros, R. 63; Schnittpunkte, G. 63; Der Dornbusch, G. 66; Schwarze Spiegel, G. 69; Die Achillesferse, sat. G. 70; Das Wespennest, sat. G. 71; Stegreifkomödie, G. 75; Archaische Vision, Bildband 75; Gipfelblick, G. 77; Venus im Schatten Saturns, Biogr. 80; Reise ins Ungewisse, Anth. 80.

Reinert, Werner, Dr. phil., Reg.-Dir. a.D.; VS 70, P.E.N. 79; Rue de Château, Castillon-du-Gard, F-30210 Remoulins (Saarbrücken 25.4.22). Lyrik, Prosa.
V: Knaut, Prosa 63; Halte den Tag an das Ohr, G. 66; im Handumdrehen, Kinderv. 70; Saarland, Bildbd. 71, 76; Luft, Prosa 71; Ansichtskarten, Prosa 72; In den Sand geschrieben, Kinderl. 72; Schrei, Mensch, schrei, Prosa 73; Steinkreis, G. 79; Der Dicke muß weg, R. 80.
MA: Saarl. Anthologie 58; Nelly Sachs zu Ehren 61, 66; Keine Zeit für Liebe? 64; Tuchfühlung 66; Spektr. d. Geistes 68; Wer ist der König der Tiere? 73; dpa-Zeitmesser 75.
Lit: A. Astell: Knaut in: N. Dt. H. 95 63; D. Hasselblatt: Lyrik heute; A. Hildebrand: Zur Lyrik Werner Reinerts in: Welt u. Wort 12 66; P. Jokostra: Mit Händen voller Licht. Werner Reinerts Steinkreis in: Westerm. Monatsh. 80.

Reinfrank, Arno, Schriftsteller; P.E.N. 57, ISDS 60, GEMA 69; Kurt-Tucholsky-Buchpreis 57, Kurt-Tucholsky-Prämie 64, Förderpreis d. Stadt Ludwigshafen/Rh 64, Lit.-Preis d. Pfalz 68, Lit.-Förderpreis Land Rhld.-Pfalz 73, Staatl. Lit.Förderpr. Villa Massimo 78; 10 Pattison Road, London N.W. 22 HH, Tel. (01) 4351460 (Mannheim 9.7.34). Lyrik,

Essay, Drama, Film, Libretto, Hörspiel.
Ue: E, F.
V: Vor der Universität, G. 59; Pfennig-
weisheiten, G. u. Fabeln 59; Fleisch-
licher Erlaß, G. u. Kommentar 61;
Vorübergehende Siege, G. 63; Auf
unserem Stern, G. 64; Die David-
schleuder, G. 66; Deutschlandlieder z.
Leierkasten, G. 69; Rauchrichtung, G. 70;
Ein Nebbich singt, G. 71; Geschichten
aus Ithopien 71; Für ein neues Deutsch-
land, G. 71; Mutationen, G. 73; Die
Totgesagten, G. 73; Der weiße Kater, G.
74; Kopfstand der Pyramide, G. 74;
Fernsehabend, G. 75; Plutonium hat keinen
Geruch, Dr. 78; Zwei Pfälzer in Paris,
Erz. 76; Das Manöver findet bei Straubs
auf der Veranda statt, Dr. 76; Feuer-
befragung, G. 77; Plutonium hat keinen
Geruch, Dr. 78; Zwei Pfälzer in Paris,
Erzn. 80; Mach de Babbe net
struwwlich, Erzn. 81; Der erotische Otto,
Erz. 83; Kernanalyse. Poesie d. Fakten
IV 83. — **MV:** Wisdom, Wit u. Wine, m. K.
Reinfrank, hum. Wb. 82.
MA: Üb. 40 Lyrik-Anth.
MH: Intern. P.E.N. Unsere Mitglieder
82; Intern. P.E.N. 50 Years Writing in
German Abroad 83.
F: Wienski Les 61; Das Manöver 77,
u.a.
R: Pryscilla und der Columbus 64;
Zwei Lilien 64; Eine Stunde vor Tagan-
fang 65; Die Heidelbeer-Deserteure 67;
Semesterferien 70; Küchensorgen 71,
alles Hsp; So lang die Fackel brennt, Fs.
83.
S: Deutschlandlieder 69; Pfalzton 76;
Ballade vom Kopfstand der Pyramide
81.
Lit: Arno Reinfrank — Poet in
London, Dok.-Film 68; Poet der Fakten,
Dok.-Film 74; G. Stern, Science and
Literature: A.R. as a Pet of Facts in:
Proleme der Komparatistik 78; E.
George, Scientist through the Poet's
Garden: The New Lyricism of A.R. in:
Paideia 6 79; J. Glenn, A.R. — Satirist,
Holocaust Poet, and Poet of Facts in:
Colloquia Germanica 1 81.

Reinhard-Hamadani, Roswitha, Dr.
phil., Angestellte; GAV 76, Gruppe Olten
82; Paula-von-Preradović-Pr. 78;
Schaffhauserstr. 21, CH-8006 Zürich,
Tel. (01) 3636138 (Graz 7.8.44). Lyrik,
Roman, Novelle, Hörspiel.
V: Zeitbomben, Lyr. 79; Ein Mann
kauft einen Sessel, R. 81.
R: Die Straßn; Sonntag nach der
Meß'; Inventur; Wenn das Versorgungs-
system defekt ist ..., alles Hsp.

Reinhardt, Friedrich (Ps. Fritz
Reinhardt), Redakteur; Äußere
Bruckerstr. 104, D-8520 Erlangen, Tel.
(09131) 39206 (Wilsdruff b. Dresden
30.4.05). Roman, Jugendbuch, Tierbuch,
Drama, Lyrik, Novelle, Hörspiel.
V: Der unfruchtbare Hof, R. 41, 44;
Hansel Knopfauges Abenteuer, Tier-
Jgdb. 55, 78 (engl. 58); ... ich lebe wieder
..., R. 59; Kobold Tschirri, der
sprechende Wellensittich, Tierb. m.
Schallplatte 64.
MA: Junge Menschen, Lyrik-Anth. 32;
Ruf der Arbeit, Anth. 42.

Reinhardt, Fritz, s. Reinhardt,
Friedrich.

Reinhardt, Gert, Prokurist,
Speditionskaufmann; Königsallee 31, D-
1000 Berlin 33, Tel. (030) 8914342
(Seefelden, Ostpr. 11.12.41).
Kurzgeschichte, Lyrik, Roman.
V: Aufruhr in der Spielkiste, Erzn. 76.

Reinhardt, Heinz Rainer, Dr. phil.,
Prof.; B.A. 81; Schubart-Lit.-preis d.
Stadt Aalen 64; Hölderlin-Ges. 48;
Kapellenberg, D-7031 Grafenau/Württ.,
Tel. (07033) 44511 (Stuttgart 17.9.13).
Drama, Roman, Novelle, Essay.
V: Die Dichtungstheorie der soge-
nannten Poetischen Realisten, Abh. 39;
Dichter und Herzog, Sch. 51; Johann
Friedrich Flattich, Kom. 52; Das Bild,
Kom. 54; Im Namen Gottes - im Namen
des Volkes, Sch. 56; Das Nordlicht, Erz.
57; Schiff ohne Sicht, R. 59 (auch
schwed.); Roter Fuchs im gelben Haus,
Erzn. 61; Ein Schritt vor der Hölle, R. 62
(auch holl.); Der Erde Hoffnung, R. 63
(auch holl.); Ich, Schubart, ein Genie,
Erz. 64; Punktlichter, Ess. 66; Die
Sintflut war nicht schuld, R. 70;
Schwabenspiegeleien, 1. Teil 79; Ein
Erbfall oder Einer zählt nicht, aber
Einer zählt immer, Tragikom. 82. —
MV: Schwabenspiegeleien 66.
B: Grimms Märchen 57; Märchen aus
1001 Nacht 57; L. Wallace: Ben Hur
57. — **MA:** Geruhsam war's im Lande
nie 80.
R: 28 Sendef. üb. d. Schwäb. Mund-
artdicht. 68 — 70.
Lit: Schwäb. Heimatkalender 76.

Reinhardt, Sabine *

Reinhart, Josef, s. Zerlik, Otto.

Reinhold, Fritz, s. Grömmer, Helmut.

Reinig, Christa, Kunsthistorikerin;
Rudolf-Alexander-Schröder-Preis 64,
Hörspielpreis der Kriegsblinden 68,
Tukanpreis 69, Rompreis 65/66 (Villa
Massimo), Berliner Kritikerpreis 76;

Mitgl. d. bayerischen Akad. d. Schönen Künste 77; Bertholdstr. 11, D-8000 München 13, Tel. (089) 3512505 (Berlin 6.8.26). Lyrik, Novelle, Roman, Hörspiel.

V: Die Steine von Finisterre, G. 60; Der Traum meiner Verkommenheit, Gesch. 61; Gedichte 63; Drei Schiffe, Prosa 65; Orion trat aus dem Haus, Prosa 68; Das Große Bechterew-Tantra, Prosa 70; Papantscha, G. 71; Die himmlische u. d. irdische Geometrie, Prosa 75; Entmannung, Prosa 76; Müßiggang ist aller Liebe Anfang, G. 79; Der Wolf und die Witwen, Prosa 80; Die ewige Schule, Prosa 82.

MA: zahlr. Anth.

R: Kleine Chronik der Osterwoche 65; Der Teufel, der stumm bleiben wollte; Tenakeh; Das Aquarium; Wisper.

Reinoß, Herbert, Verlagslektor; Bertels Weg 29, D-4830 Gütersloh 1, Tel. (05241) 56974 (Schwarzberge/Ostpr. 7.1.35). Roman, Novelle, Essay, Drama.

Ue: E.

V: Ein altes Lied, Erz. 63; Die Wölfe. Zwei Szenen a. e. Sch. 65; Eine konventionelle Liebesgeschichte, Erz. 66; Erst wenn du das Stadt verlassen hast, R. 69; Eine fast alltägliche Begegnung, Erz. 70; Über A. Paul Weber, Ess. 73; Leben u. Werk Knut Hamsuns, Ess. 74; Frag den Wind u. d. Sterne, R. 76; Wie in alten Liebesliedern, R. 78; Zeugen unserer Vergangenheit erzählen die deutsche Geschichte, Sachb. 78; Tante Marie, Erz. 80.

B: Tausendundeine Nacht. Die schönsten Geschn. 68. — **MA:** Junge Liebe, Erzn. 63.

H: Junge Liebe, Erzn. 63; Das neue Zille-Buch 69; Bilder aus dem "Simplicissimus" 70; Hermann Sudermann: Die Reise nach Tilsit, Prosa u. Dr. 71; Fazit, Erzähler einer Generation 72; Ostpreußen, Porträt einer Heimat 80; Goethe: Werke 82 II. — **MH:** Ruhm und Ehre. Die Nobelpreistr. f. Lit. 70; Die großen Ereignisse d. Weltgeschichte 73; Holland 74; Wir haben es erlebt 75; Unser 20. Jahrhundert 78.

Ue: Blandena Lee: Amerikaner zweiter Klasse 67.

Reinowski, Max, Lehrer; Heidlohstr. 112, D-2000 Hamburg 61, Tel. (040) 5508888 (Bernburg 7.6.07). Laienspiel, Roman, Jugendbuch.

V: Die drei Wünsche 48, 53; Die Sternsinger 52, 57; Heinerle, dir laufen ja die Gänse nach 55, 61; Der Gänsezauber 55, 64; Troll Dundergubbe kommt ins Tal 56; Großer Tag bei den Owambos 56,

alles Laiensp.; Die Crew, R. 56; Tai Ping, der Richter von Kuan Tschu, Sp. 60; Das gefundene Schiff, R. 64, 66; Im Seesack nach Norwegen, Jgdb. 65, 68; Wo der Wind nach Salz schmeckt 71, 73; Wal, Wal!, R. 73; Die goldene Gans, Sp. 75.

Reinshagen, Gerlind; VS, P.E.N. 70; Schiller Förderpreis 74, Mülheimer Dramatikerpr. 77, Nieders. Künstlerstip. 81; Eichenallee 33 A, D-1000 Berlin 19. Drama, Hörspiel, Film.

V: Doppelkopf, Leben und Tod der Marilyn Monroe, 2 Stücke 71; Das Frühlingsfest, Stück 80; Himmel und Erde, Stück 81; Rovinato, R. 81. —

MV: Deutsche Theater der Gegenwart II 67; Westdeutsche Dramatik, Stücke 70; Spectaculum 25: Sonntagskinder; Spectaculum 36: Eisenherz.

F: Doppelkopf; Sonntagskinder.

R: 11 Hörspiele; Himmel und Erde.

Reinshagen, Helmhold; Holzheimerstr. 11, D-4040 Neuss.

V: Ich habe kein Vaterland, Lyr. 81. ( )

Reiprich, Elisabeth Sophie; Kg. 67, GEDOK 73, ADA 82; Lyrikpreis "Dem dtsch. Gedicht" 74; 2. Preis "Dome im Gedicht" 75, Int. Buchpr. AWMM 82, Int. Lyrikpr. AWMM 82; Wangener Kreis 69, Dt. Akad. f. Bild. u. Kultur 71, Die Räuber '77 78; Frankenweg 3, D-6901 Dossenheim, Tel. (06221) 869020 (Heidelberg 14.12.22). Lyrik, Erzählung, Märchen.

V: Der schmale Steg, G. 61; Signale und Träume, G. 64; In des Himmels Freiwilligkeit, G. 72; Im windgepflügten Smog, G. 72; Vor den Altären des Bewußtseins, G. 75; Von Klippe zu Klippe, G. 80. — **MV:** In den dunklen Nächten, Prosa u. G. 78; Die Kleinbahn hat Verspätung, Geschn. 81.

MA: Der silberne Kelch, G. 58; Boje im Sturm, G. 58; Amaryllis, G. 59, II 63; Das tägliche Leben, G. 60; Das Licht der Welt, G. 61; Danach ist alles wüst und leer, G. 62; Spuren der Zeit, G. 62, 80; Licht vor dem Dunkel der Angst, G. 63; Liebe, menschgewordenes Licht, G. 64; Du unsere Zeit, G. 65; Das ist mein Land, G. 66; Gefährten, G. u. Prosa 68; Das Jahr ist ein Atemzug Gottes, G. 71; Dome im Gedicht, G. 75; Fritz Möser Kunstkalender 76; Tauche ich in deinen Schatten, Prosa u. G. 77; Schuldschein bis morgen, G. 78; Liebe will Liebe sein, G. 78; Mauern, G. 78; Alle Mütter dieser Welt, G. u. Prosa 78; Muddersprooch, Prosa u. G. 78; Wie mer redde un schwätze, Prosa u. G. 79; Landuff, landab, Prosa u. G. 81; Sekunden zur

Ewigkeit, Renga 81; Gauke's Jb. 82, 83;
Deutscher Almanach, Prosa u. G. 82; Vor
dem Schattenbaum, Haiku 82;
Begegnungen und Erkundungen, Prosa
u. G. 82; Brieger Gänse fliegen nicht,
Prosa u. G. 82; Lyrische Texte, G. 82.
R: Lyrik 75, 79.

Reiprich, Walter, Eisenbahn-Haupt-
Sekretär; Kg. 61; 3. Preis Dt. Kurzgesch.
60, Anerkennungspreis b. 3. Erzähler-
wettbewerb 71, 2. Preis "Dome im
Gedicht" 75, Intern. Buchpr. AWMM 82;
Wangener Kreis 61, Dt. Akad. f. Bild. u.
Kultur 71, Eichendorff-Ges. 72, Die
Räuber '77 78; Frankenweg 3, D-6901
Dossenheim, Tel. (06221) 869020
(Leutmannsdorf, Kr. Schweidnitz
10.10.24). Drama, Lyrik, Novelle, Roman,
Erzählung, Märchen, Essay, Hörfolge.
V: ... und eine Stimme rief in der
Nacht, zeitkrit. G. 56; Die Quelle, G. 60;
Ueber allem Gold, Kurzgesch. 61; Noch
im Staub rufe ich Deinen Namen, G. 61;
Rufe an das schlummernde Gewissen,
G. 63; Der Kindertraum, Sp. 63; Auf den
Stufen der Jahre, G. 66; Eichendorff in
Heidelberg, Ess. 68, 71; Es weiß und rät
es doch keiner, Ess. 70; Gedanken zur
50. Wiederkehr der Abstimmung in O.S.,
Abh. 71; Im Fangnetz der Träume, G. 74;
Hedwig von Andechs, Biogr. 74; Die
dienende Herrscherin, Sp. 74; Zwischen
Zobten und Herrleinberg, Erzn. 76;
Wiedersehen mit Schlesien, Tagebuch
79. — **MV:** In den dunklen Nächten,
Prosa u. G. 78; Die Kleinbahn hat
Verspätung, Geschn. 81.
MA: Boje im Sturm, G. 58; Der
silberne Kelch, G. 58, Lob und Dank, G.
59; Bunter Schneeballen 59; Heimweh
nach dem Nächsten, G. 61; Spuren der
Zeit, G. 62, 80; Freunde 62; Danach ist
alles wüst und leer, G. 62; Licht vor dem
Dunkel der Angst 63; Liebe, mensch-
gewordenes Licht, G. 64; Du, unsere
Zeit, G. 65; Das ist mein Land, G. 66;
Schlesisches Panorama, Prosa 66;
Gefährten, G. u. Prosa 68; Windbericht,
G. 71; Die Allerschönste, Erzn. 72; Alles
Werdende verlangt nach dem Segen der
Stille, Erzn. 74; Die Kehrseite des
Mondes, G. u. Prosa 75; Dome im
Gedicht, G. 75; Fritz Möser Kunst-
kalender 76; Zueinander, Erzn. 76;
Tauche ich in deinen Schatten, Prosa u.
G. 77; Schuldschein bis morgen, G. 78;
Liebe will Liebe sein, G. 78; Mauern, G.
78; Schlesien — Städte u. Landschaften,
Prosa 79; Ostdeutsche Weihnacht, Prosa
u. G. 79; Deutscher Almanach, Prosa u.
G. 81, 83; Stimmen verklingen im Nichts,

Renga 81; Unter welkem Blatt, Haiku
81; Silbern steigt der Mond, Haiku 82;
Gauke's Jb., Prosa u. G. 82, 83;
Begegnungen und Erkundungen, Prosa
u. G. 82; Brieger Gänse fliegen nicht,
Prosa u. G. 82; Lyrische Texte, G. 82.
MH: Heimweh nach dem Nächsten,
Jahrb. d. Karlsr. Boten 61.
R: Das Eulengebirge 63, 65; Das
Neiderland 64, 65; Besuch eiber der
Auder 65; Im Weberland 66; Auf den
Spuren Eichendorffs 69, 70; Das neue
Eichendorff-Museum in Wangen 70;
Unter der Hohen Eule 71; Zwischen
Grünberg und Militsch 71; Die HD-
Eichendorff-Stuben 72; Robert Grabski
72; St. Barbara 72, 73; Die heilige
Hedwig 74; Besuch in Trebnitz 80;
Eichendorff in Heidelberg und
Rohrbach 82.
Lit: A. Lubos: Sechs Porträts
schlesischer Lyriker 62; J. Hoffbauer:
Das Zauberwort, Schlesische Dichter-
porträts 70.

Reisch, Max, Dr. rer. pol., Geograph;
P.E.N. 53; Prof. h. c. 71, 1. Preis f.
Reiselit. d. Wiener Zt., 1. Preis f.
Jugendlit. Wien; Thierbergweg 18, A-
6330 Kufstein/Tirol, Tel. (05372) 2344
(Kufstein 2.10.12). Reisebeschreibung,
Reiseroman, Hörspiel.
V: Transasien 39, 44; Indien -
Lockende Ferne 50; 2 Mann und 32 PS
50; Im Auto um die Erde 52; Im Auto
nach Kuweit 53; König im Morgenland
54; Mit 6 PS in die Wüste 56; Auf nach
Afrika! 57; Siwa-Sinai-Sid; Die Straße
der Zehntausend 63; Die Straße des
Glaubens 65; Karawanenstrassen
Asiens 74; Gedanken über das Reisen
79; Gedanken aus dem Orient 83.
R: zahlr. Hsp. 38 — 56.

Reisenleitner, Gudula *

Reiser, Rudolf, Dr.; Johann-Theodor-
Str. 4, D-8045 Ismaning.
V: Löb- und lästerliches, ein kleiner
Bayernspiegel 76; Adeliges Stadtleben
69; Löb- und Lästerliches 76; Agilolf
oder Die Herkunft der Bayern 77;
Regensburg, Stadt mit Vergangenheit
77; Alte Häuser — Große Namen 78; Die
Wittelsbacher in Bayern 78, 80; Die
Wittelsbacher, 1180-1918 79; München —
Spuren in die Römerzeit 80; Bayerische
Gesellschaft 81. ( )

Reiser, Werner; Augustinergasse 11,
CH-4051 Basel.
V: Der Geburtstag von Adam und Eva,
Legn. u. Parabeln 78. — **MV:** Drei

Weihnachtsstücke 79; Das Angebot, vier Weihnachtsgeschn. 81. ( )

Reisfeld, Bert, Schriftsteller, Komponist, Journalist; Amer. Soc. of Composers, Authors a. Publishers (ASCAP) 39, Writers Guild West 55, GEMA 60; P.O. Box 390, Beverly Hills, Calif. 90213/USA, Tel. (213) 2743476 (Wien 12.12.06). Lyrik, Essay, Film.
V: Für Sie wedeln wir mit dem Schwanz, Glossen 81, Tb. 83.

Reisner, Stefan, Autor; Neue Kreisstr. 45, D-1000 Berlin 39, Tel. (030) 8053132 (Berlin 20.1.42). Lyrik, Roman, Theater.
Ue: E, F.
V: Die Reiskornfrage, Erz. 60; Der Koordinator, R. 62; Ruhe im Karton 73, Mensch, Mädchen 75, beides Theaterst.; Die Drei im Turm, R. 81; 29 Pfund Schlafsahne, Erz. 83. — **MV:** Ruckzuckmaschine 74; Kannst du zaubern Opa 75; Monopoly 74; Wasser im Einer 78; Die Erbschaft 81, alles Theaterst., übers. in 9 Spr.
MA: So einfach ist Theater 79; Jb. der Lyrik 79; Stadtfront Westberlin 82.
H: Soldatenfibel, Anth. 63; Briefe an Rudi D., Anth. 68.
F: zahlreiche Kurzfilme u. Hörspiele.
R: Chrash, Hsp. 81; Aussenseiter, Fs. 78; Wunschvater, Fs. 79; Westbesuch, Hsp. 81.
S: Mensch Mädchen, Theaterst. 77.
Ue: Jules Verne, Sartre, Russell u.a.
Lit: Jost Hermand; Petras Mondfahrt in: Brecht-Jahrbuch 76; Jack Zipes: Political Plays for Children 76; Kolneder u.a.: Das Grips-Theater 79; Karl W. Bauer: Emanzipator. Kindertheater 80.

Reiße, Hermann (Ps. Hermann Bur), selbst. Kaufmann; Nüßstr. 14, D-7032 Sindelfingen (Dagobertshausen, Kr. Melsungen 29.9.09). Lyrik.
V: Gefährlich wächst die große Stadt, G. 72; In uns das Reich, Dt. Balln. u. G. 77; Welt im Wort, G. 80; Das Eine in allem 82. ( )

Reißenweber, Arno; Heumannstr. 1, D-8600 Bamberg, Tel. (0951) 27085 (Weidach üb. Coburg 25.11.04). Roman, Erzählung, Lyrik.
V: Das erste Lied, G. 26; Von Minne und Gott, G. 28; Der Minnesänger, R. 28; Im Waldwinkel, R. 29; Schild, Jgdb. 36; Florian Geyer, Jgdb. 37; Rebell für das Reich, Erz. 38; Die Horde am See, R. 38; Dem Vaterland will gedienet sein!, Erz. 38; Loki, der Jäger, Hundegesch. 38 (auch holl.); Das Jahr des Reifens, R. 39;

Ritt nach Deutschland, Jgdb. 39; Der Einzelgänger, Tier-R. 40 (auch holl.).
B: Cooper: Der letzte Mohikaner 50.
H: Am murmelnden Quell, M. 28; Grimmelshausen: Der abenteuerliche Simplizissimus 38; Die Göttersagen und Heldenlieder der Edda (urtextgetreue Nachdicht.) 36; Germanische Göttersagen 51; Ausgewählte Rittersagen 53; Deutsche Burgensagen 54; Deutsche Volkssagen 56.

Reissner, Alexander, Doz. i.R.; Royal Soc. of Lit. London 46, Fellow Inst. of Ling.; 632, Chelsea Cloisters, Sloane Avenue, London S.W.3 (Berlin 6.11.16). Roman, Biographie, Novelle.
V: Peace in Rapallo 54/56; Return to Katsa 58/59; The Belfry of Bruges 62/63; Die Blauen Fenster 63/64; Berlin 1675-1945. The Rise and Fall of a Metropolis 84.

Reitböck, Ilse, s. Fischer, Ilse.

Reiter, Ludwig *

Reiter, Nanna, s. Schmitz, Nanna.

Reiter, Robert-Michael (Ps. Franz Liebhard), Journalist, Dramaturg; SSV d. SR Rumäniens, Schriftstellervereinig. Temeswar; Arb.orden 1. u. 3. Kl. d. SRR, Pr. d. Staatskom. f. Kultur u. Kunst 70, Sonderpr. d. Rum. SV 77, Int. Lenau-Ges.; str. Ofcea 3, 1900 Timişoara/ Rumänien, Tel. 77394 (Temeswar 6.6.99). Lyrik, Belletristik, Essays, Lit.- u. Kunstkritik. **Ue:** F, Rum, U.
V: Franz Ferch, ein Banater Maler, Monogr. 40; Schwäbische Chronik, G. 52; Der Türkenschatz, Erz. 58; Glück auf!, G. 59; Die schönsten Gedichte 64; Menschen u. Zeiten, Ess. 70; Miniaturen aus vier Jahrzehnten, G. 72; Das Gold der Höhn, G. (rum.) 75; Banater Mosaik I, Ess. 76; Temeswarer Abendgespräch, Prosa 78.
MA: Literatur und Gesellschaft. Zur Sozialgeschichte der Lit. seit der Jh.wende, 73.
Ue: 30 Gedichte von József Méliusz 65.
Lit: Franz Liebhard — Ein Schriftstellerleben, zweispr. illustr. Jub.bd. z. 80 Geb. zusammengest. von Nikolaus Berwanger 79. ( )

Reithler, Joseph (Ps. Josef Bergel), Hilfsschullehrer, Dir. e. Hilfsschule i.R.; Hauptstr. 22, St.-Pierre-Bois, F-67220 Villé, Tel. (088) 856036 (Sankt Petersholz/Unterelsaß 15.3.07). Lyrik.
V: Lieder der Heimkehr 69; Falter u. Blüte vor heiterem Himmel 71; Gotische Schriftkarten; Lob der Heimat, Lieder 71; Das Gebet der Tiere 74; Griesele das

alte Haus 75; Rund um den Aegidiberg 76; Der Ring 78; Elsässische Heimat, Got. Schriftkarten in Buchform, Gesamtausg. 79; Die Schwalben auf der Heimreise 80; Mein Vogelbuch 80; Lieber Wald 81; Unkraut 81; Unsere Kinderjahre 82; Rhapsodien aus dem Elsaß 82.

H: u. Mitarb.: Els. Lothr. Dichter d. Gegenwart 69, 72, 74; Elsäss. Dichter d. Gegenwart 78, 80, 82, alles Anth.

S: Neue Lieder aus dem Elsaß, Schallpl.

Lit: Université des sciences humaines, Strasbourg: Recherches germaniques 76.

Reitmann, Erwin, Redakteur; Schweizer Str. 33, D-4100 Duisburg, Tel. (0203) 331767 (13.10.09). Roman.

V: Mein guter Onkel Ben 63, 72; Das Ypsilon am Bahndamm 64, 70; Coco darf nicht sterben 67; Fips und die Clique 66, 69; Wenn die großen Schiffe kommen 70, 71; Alle nennen mich Pille 72; Wenn die Wale kommen 74; Die geheimnisvolle Kiste 76; Ingas glücklicher Sommer 76; Das verschwundene Rennpferd 77; Fabians Herz gehört den Tieren 77; Der Trick mit der Brieftaube 78; Die Ellermannkinder und ihre Pferde 79; Die sportlichen Ellermannkinder 80, alles Jgdb.; Auf Rhodos scheint nicht nur die Sonne, R. 75; Tahiti ohne Ende, R. 78; Eine Insel, ein Pony und ein Surfbrett 82; Tommy, ein Junge mit Spürsinn 82; Supermann Jerry und seine Tiger 83, alles Jgdb.

Reitz, Inge (Ps. Inge Reitz-Sbresny); VS Rhld-Pfalz 78; 2. Pr. SWF Mundartdichter-Wettbew. Sparte Hsp. 61, 1. Pr. Mundartwettbew. d. Stadt Mainz, Sparte Lyr. 80, Pr. d. Emichsburg — Bockenheim/Weinstr. 81; Hindenburgstr. 43, D-6500 Mainz, Tel. (06131) 674788 (Mainz 20.6.27). Lyrik, Erzählung, Hörspiel.

V: Määnzer Geschwätz 55; Mainzer Gebabbel 64; Uff määnzerisch 78, 2.Aufl. 81; De Kaugummi 79; De Holzworm 80, alles Erzn. in Mainzer Mda.; Besser als wie nix, G. in Mainzer Mda. 82.

MA: Literatur aus Rhld-Pfalz, Anth. 76; Neue Texte aus Rhld-Pfalz, Mda. heute 77, 81; Das rhein. Kinderbuch, Mda. 80; Echos 82.

R: Fahrt ins Blaue 61; Sancho, das Auto 62; Der Versuch 62; Die Beunruhigung 79, alles Hspe.; rd 10 Mda.hspe.

Reitz-Sbresny, Inge, s. Reitz, Inge.

Reitze, Elvira, Filmkritikerin; Dalandweg 7, D-1000 Berlin 41, Tel. (030) 7715924 (Bad Doberan 31.3.25).

V: Ein Wunder kommt selten allein 78; Ein Mann für einen Sommer 79; Einfach Lamprecht 82; Petersilie im Brautbukett 82. — **MV:** Marika Rökk — Herz mit Paprika 74.

Reliwette, Hartmut, s. Tettweiler, Hartmut.

Rellstab, Felix, Direktor d. Schauspiel-Akademie Zürich; Rigistr. 26, CH-8006 Zürich, Tel. (01) 266148 (Wädenswil 14.7.24). Erzählung, Hörspiel, Sachbuch.

V: Kreiselfahrt, Erzn. 59; Sprechtechnik-Übungen 62, 74; Stanislawski-Buch 76; Schauspieler — ein Traumberuf? 78.

H: Spektrum, Vjzs. f. Dichtung u. Originalgraphik (seit 58).

R: Die Fahrt ins Land der blauen Hasen, Hsp. 56. ( )

Remané geb. Claussen, Lieselotte; SV-DDR 55; Gorkipr. d. UdSSR 72, Nationalpr. 3. Kl. d. DDR 73, Pr. d. Kinderbuchverlages (DDR) 79; Bachstr. 1, DDR-1147 Berlin-Mahlsdorf, Tel. 5276272 (Hamburg 16.6.14). **Ue:** E, R.

B: Jugoslaw. Märchen 68.

H: Fürstin Maria Wolkonskaja: Erinnerungen 71.

Ue: K. Paustowski: Das eiserne Ringlein, Erz. 49; Sergei Michalkow: Der kleine Hase Gernegroß, M. 55; Lektion des Lachens, Erzn. sowjet. Autoren 55; J. Tscharuschin: Nikitka und seine Freunde, Tiererzn. 55; Vierzig Lügen, turkmen. Volks-M. 55; Menowstschikow: Tiermärchen aus der Arktis 54; N. Kabirow: Die Stadt der tauben Ohren 57; K. Stanjukowitsch: Der Junge vom Sklavenschiff 58; N. Nossow: Nimmerklug im Knirpsenland 59, Nimmerklug in Sonnenstadt 60; L. Pantelejew: Schkid, die Republik der Strolche 59; Ljonka 59, Koska und das Mädchenbild 60; Prokofjew: Peter und der Wolf 60; J. Gorelik: Das Versprechen 60; Nekrassowa: Die gestohlene Puppe 62; G. Markow: Das Salz der Erde 62; Boris Polewoi: Am wilden Ufer, R. 64; Jewgeni Permjak: In allen Regenbogenfarben, Kinderb. 64; L. Carroll: Alice im Wunderland 67; Die Räubernachtigall, beloruss. M. 69; S. Malyschkin: Sewastopol 67; D. Granin: Vier Wochen mit den Beinen nach oben 68; K. Boruta: Die Mühle des Baltaragis 70; S. Sartakow: Der Stein der Weisen 71; A. Ananjew: Meilen der Liebe 74; W.

Krapiwin: Kondor und Fregatte 74; J.
Schwarz: Märchen von der verlorenen
Zeit 74; D. Granin: Der Namensvetter
76; L. Carroll: Alice im Spiegelland 76; A.
Schamilow: Die drei Glatzköpfe 77; M.
Rolnikaite: Gewöhn dich ans Licht 77;
G. Baklanow: Zwei Freunde 78; A.
Alimshanow: Die Pfeile des Mahambet;
W. Krapiwin: Der Schatten der
Karavelle 78; E. Uspenski: Land am
Zauberfluß; A. Puschkin: Die
Hauptmannstochter 78; S. Salygin: Die
südamerikanische Variante 80; W.
Astafjew: Ferne Tage der Kindheit 80;
D. Grantin: Das Gemälde 81; V. Katajew:
Meine Diamantenkrone 82; W.
Krapiwin: Ein Wiegenlied für meinen
Bruder 83.

Remané, Martin; SDA 46 − 53, SV-
DDR 54; Bachstr. 1, DDR-1147 Berlin-
Mahlsdorf, Tel. 5276272 (Berlin 23.3.01).
Lyrik, Film. **Ue:** F, P, R, U.
  V: Zwischenrufe, G. 49.
  MA: Eulenspiegel und der Bäcker von
Braunschweig; Frau Holle; Aladin mit
der Wunderlampe (nach Obraszow);
Unter dem Rauschen deiner Wimpern
(nach Obraszow), alles Puppentrickfilm-
texte.
  S: Das Katzenhaus 60, 77; La
Fontaine, Fabeln 75.
  Ue: I. A. Krylow: Fabeln 52; Peter
Jerschow: Gorbunok, das Wunder-
pferdchen, Vers.-M. 53, 80; Adam
Mickiewicz: Krim.-Sonette 53, 79;
Samuil Marschak: Das Tierhäuschen,
Vers.-M. 53, Das Katzenhaus, Vers.-M.
57, 82; Sergei Michalkow: Der Löwe und
der Hase, Fabeln 54; Jean de La
Fontaine: Fabeln 55, 63/64; Ignacy
Krasicki: Fabeln 56, Legende vom
Wasserbüffel, M. u. Legn. aus Vietnam
58; Der Wunderrubel; Petöfi: Held Janos
58, 80; J. Slowacki: Gedichte 59;
Bérlanger: Chansons 59 - 80; François
Villon: Gesamtwerk 62 - 78; Omar
Chajjam: Sinnsprüche 62; Aristide
Bruant: Chansons I, II 65, 66; Georges
Brassens: Chansons 65; N. A. Nkrassow:
Gedichte und Poeme 65 II; A. S.
Puschkin: Gedichte und Poeme 66, 73;
Anthologie Persischer Lyrik 67; Sándor
Petöfi: Gedichte 70-78 u. 81; J. A.
Jewtuschenko: Die Universität von
Kasan, Lit. Rep. 73; Puschkin: Liebes-
gedichte 74, Dekabristen 75; G. Carol:
Alice 67, 76 II; Milew: September Poem
73, 75; Polnische Lyrik 75, 77; Ungar.
Dichtung 70; Ungar. Älteste Dichtung
78; Liebesg. 76; Smirnenski: Gedichte
76; Alexander Block: Stücke 78; Nisami:

Die 7 Prinzessinnen, Persische Verserz.
80, 82; Arany: Gedichte 82.

Remberg, Erika; Thierschplatz 4, D-
8000 München 22.
  V: Steckbriefe, R. 81. ( )

Remmler, Hans; Georg-Friedr.-
Händel-Str. 5, DDR-6000 Suhl.
  V: Weißzack und andere Tier-
geschichten 80, 83. ( )

Rémy, Illa, s. Collignon, Ilse.

René, s. Stecher, Reinhold G..

Renfranz, Hans Peter, Fernseh-
redakteur ZDF; KOGGE 76, VS 77,
P.E.N. 81; Förderpr. d. Ldes Rhl.-Pf. 75,
Mainzer Theaterpr. 78; An der
Hasenquelle 81, D-6500 Mainz, Tel.
(06131) 682575 (Posen 19.6.41). Drama,
Roman, Novelle, Hörspiel.
  V: Macht. 5 Einakter 75; Warum ist
Blixer so böse, St. f. Kinder 75; Ein-
ladung an einen Helden, Erzn. 79; Das
Dorf, R. 78; Das Miraculum, Theater-
stück 79; Das Haus meines Vaters, R. 80;
Die Stadt, R. 81.
  R: Trotzdem..., Fsp 83.

Renger, Hanns, s. Renger, Johann.

Renger, Johann (Ps. Hanns Renger),
freier Schriftsteller; Kärntner SV 69,
Intern. P.E.N.-Club 77; Theodor-Körner-
Pr. 74, Würdigungspr. d. Ldes Kärnten
81; Ges. d. Freunde dt.spr. Lyrik 82;
Himmelbergerstr. 5, A-9560
Feldkirchen/Kärnten, Tel. (04276) 3637
(Wolfsberg, Kärnten 24.2.16). Drama,
Lyrik, Roman, Essay, Hörspiel.
  V: Der Bogen 7-14, 16, Monogr.; Eine
Nuß voll Pfauenblau, G. 63; Wo die
Wolken fließen, ist d. Regen jung, G. 65;
Hymnus an Charon, e. Zyklus 78.
  MA: Die Eisenrose, G. 65; Unter dem
Kreuz der Begabung, Anth. 66; Sakrale
Kunst in Kärnten 67; Begegnungen 68
(auch slow.); Kärnten im Wort 71;
Dichtung aus Kärnten, Anth. 72; Die
Brücke, Kulturztg 81, 82; Der Tropfen
82, 83; Fidibus, Lit.zs. 82.
  R: Kärntner Autoren;
Kulturstammtisch, Lyriksend.; Lit. am
Nachmittag 82.

Renker, Erich *

Renner, Carl Oskar, Dr., Gymnasial-
lehrer; Sudetendtsch. Literaturpreis 76;
Münchner Trumschreiber 77;
Rumfordstr. 22, D-8000 München, Tel.
(089) 227293 (Eichwald 21.6.08).
  V: Briefe an Otto, von der
Freundschaft 37; Veron Kienesberger,
R. 38; Es geht um Henriette, R. 50; Im
Fadenkreuz der Zeit 69; Der Müllner-

Peter von Sachrang, R. 71, 83; Der Hof-
u. Leibschiffmeister Johann Rieder, R.
73; Weißblaue Galerie, Erz. 73; Als
Bayern Königreich wurde 75; Wo der
böhmische Wind weht, Erz. 76; Der
Ochsengalopp, Erz. 77; Das Christkind
reist durchs Bayernland, Leg. 77; Das
Luisle von Munderkingen, R. 77; Der
Rebeller, R. 78; Das Glück liegt in dir,
Ess. 78; Das Christkind reist durchs
Schwabenland, Leg. 79; Der Raubbritter
Heinz vom Stein, R. 79; Lieutenant
Maximiliane Baronesse von Leithorst,
R. 80; Bilder aus Bayerns Geschichte,
Jgdb. 80; Der Hexer von Rottenbusch, R.
81; Der sündige Bürgermeister, Erz. 82;
Wie in einer Mausefalle, Erz. 82;
Sebastiano und seine Frauen, R. 83.

MA: Das Münchner
Turmschreiberbuch 78; Der Turm-
schreiberkalender 83.

R: Der blaue Churfürst 57; Herzog
Christoph 58; Der Krönungsfeldzug 59;
Nach tausend Jahren stillgelegt 60; Das
Lied der Moldau 61; Die „künischen"
Freibauern im Wald Hwozd 62, alles
Hsp.

Lit: Sudetenland 76/2.

Renner, Felix (Ps. Beat Läufer),
Dr.iur., wiss. Mitarb. Staatskanzlei
Kanton Zug; Hänibüel 6, CH-6300 Zug,
Tel. (042) 221112 (Zug 5.12.35).
Aphorismus.

V: Aphoristische Schwalben, Aphor.-
Samml. 80. — **MV:** Schreiben und
zeichnen Sie auch?, m. Walter Heitler,
Hans Potthof u.a. 76.

MA: Aphor. in versch. Ztgn u. Zss.

Lit: Wolfgang Mieder: Eine aphorist.
Schwalbe macht schon einen halben
Gedankensommer in: Sprachspiegel 38
82.

Rennert, Jürgen Reinhart; SV-DDR
74; Heinrich-Heine-Preis 79; Emmastr.
5, DDR-1406 Hohen Neuendorf (Berlin-
Neukölln 12.3.43). Lyrik, essayistische
Prosa, Nachdichtung. Ue: Jidd, R, Tsch.

V: Poesiealbum 75; Kinderged. 73;
Märkische Depeschen, G. 76, 78;
Ungereimte Prosa 77; Wie der Elefant
entstand 80; Emma, die Kuh 81.

H: Mark Razumny: Auch im Herbst
blühen die Bäume, Novelletten 79.

Ue: Alexander Twardowski: Gedichte
dieser Jahre 75; František Hrubí:
Romanze für ein Flügelhorn 78; Agnija
Barto: Ich hab eine Laterne 76; Scholem
Alejchem: Schir-ha-Schirim 81.

Lit: Hanuš Karlach in "Světova
literatura" 4/73; Dorothea von Törne in
"neue deutsche literatur" 9/76; Franz

Hodjak in: Neue Literatur 8/76; Hans
Ester in: Deutsche Bücher, Amsterdam
2/77; Günther Wirth in: ndl 4/78; Paul
Wiens in: ndl 3/80; Konrad Franke: Die
Literatur der Deutschen
Demokratischen Republik. ( )

Rennollet, Gertrud, Dramaturgin,
Regieassistentin, Hausautorin der
Kammerspiele Hamm; VS Nordrh.-
Westf. 81; Windthorststr. 11, D-4700
Hamm, Westf., Tel. (02381) 12103
(Hüttersdorf-Schmelz 5.5.34). Drama,
Lyrik.

V: Ihr habt mir den Himmel
vergittert, Lyr. 81; Der Zug hält nicht in
Xdorf; Der gestiefelte Kater 82; Der
Fröschkönig 83, alles Bü.

Renold, Martin (Ps. f. Marcel
Pfändler) (Ps. Taccio); Anerkenn.pr. d.
Stadt St. Gallen 54, c/o AT-Verlag,
Aarau, Schweiz (St. Gallen 5.3.27). Ue: H.

V: Auch ich war dabei, Erz. 50; Angelo,
Jgdb. 50; Gedichte 51; In Leinen gebunden, Ess. 53; Das Leben geht weiter,
Angelo, Jgdb. 58; Fantlis Abenteuer,
Jgdb. 60; Vermißt wird, Jgdb. 63; Alle
meine Packer. Beinahe ein Schelmenroman 75; Switzerland 83.

H: Rolf Gloor: Olukori — Kinder in
Afrika 82.

Ue: B. A. Willems: Karl Barth. Einführ. in sein Denken; Hendrik Berkhof:
Die Katholizität d. Kirche. — Die
Rassenfrage 63; Betty Smith: Der Engel
der "Grünen Hölle", Biogr. ( )

Renschler, Regula, Dr. phil.;
Davidsbodenstr. 25, CH-4056 Basel, Tel.
(061) 447507.

V: Die Linkspresse Zürichs im 19. Jh.
67; In Afrika unterwegs. Tagebuchblätter e. Journalistin 69; Wer sagt denn,
daß ich nicht weine. Geschn. üb. Kinder
in Afrika, Asien u. Lateinamerika (und
bei uns) 77, 6. überarb. Aufl. 80.

H: Das Gift der frühen Jahre.
Rassismus in der Jugendlit. 81; Unser
täglicher Rassismus. Erklärung von
Bern 81.

Rentsch, Helga (Ps. Helga Rentsch-
Sady), Hauptschuloberlehrerin; VFS 72,
Künstlergilde 73; 1. Pr. f. Prosa LU 77, 2.
Pr. f. Lyr. d. Zs. "Das Boot" 81; Thorner
Str. 24, D-8500 Nürnberg 20, Tel. (0911)
512483 (Mährisch-Ostrau 14.3.30). Lyrik,
Kurzprosa, Novelle, Essay, Roman.
Ue: Tsch, F.

MA: Monolog für morgen, Anth. 78;
Mauern, Kurzprosa-Anth. 78; Mauern,
Lyr.-Anth. 78; Der große Hunger heißt
Liebe, Lyr.-Anth. 81; Lyrik-Reader 81;

33 phantastische Geschichten 81; Doch
die Rose ist mehr, Lyr. 81; Lyrik-Anth.
82/83; Literaturtelefon Nürnberg im
Febr./März 83.

Rentsch, Peter O., Publizist; SSV 80;
Leimenweg 11, CH-4411 Lupsingen u.
Casenzano, CH-6575 San Nazzaro, Tel.
(061) 960746 (Basel 28.5.47). Lyrik,
Roman, Novelle.
V: Epos Budapest N., Lyr. 70; Walti
Tell – eine sagenhafte Chronik, Sat. 74;
Pojana. Stationen einer Wanderung,
Erz. 76; Der Tod des
Kopaniekommandanten, N. 77; Hänsel
u. Gretel im Wald, Sat. 81.
MA: Ich lebe anders, Anth. 80.

Rentsch, Verena, Dr. rer. pol.;
Militärstr. 17, CH-4410 Liestal, Tel.
912165 (Basel 17.10.13). Lyrik, Erzählung.
V: Und immer noch wächst der Mond,
G. 67; Wüstenrose, G. 71; Kaum
merkliche Übergänge, Erz. 72; Anflug
von Grün, G. 74; Sinai, ein Ur, Ess. 77;
Ins Wort gefaßt, G. 77.

Rentsch-Sady, Helga, s. Rentsch,
Helga.

Rentzow, Britta, s. Sachs-Collignon,
Jetta.

Renz, Peter, MA., Wiss. Assist. f.
Theoret. Sprachwiss.; VS 75; Bodensee
Literaturpr. 81; Maiertal 17, D-7981
Waldburg, Tel. (07529) 7484 (Weingarten
8.6.46). Roman, Essay, Novelle, Drama.
V: Vorläufige Beruhigung, R. 80; Die
Glückshaut, R. 82. – **MV:** Garten der
Wünsche, m. Siege Schock, Erzn. u.
Bilder 83.
H: Fern, doch deutlich dem Aug',
Neue Prosa u. Lyr. 83. – **MH:** Entwürfe
1: R. Holzberger: Linke Wölfe im alter-
nativen Schafspelz 83; Entwürfe 2: W.
Leupolz: Der lange Marsch zum
kollektiven Leben 83.

Renzi, Guido, s. Hurtmanns, Wilhelm
August.

von Repkow, Eike, s. Kempner,
Robert M. W.

Resch, Roswitha (Ps. Barbara), Akad.
Diplom Graphikerin; Staatspreis "Die
schönsten Bücher Österreichs" 71,
Ehrenliste z. österr. Staatspreis 71,
Ehrenliste z. Preis d. Stadt Wien 71,
Illustrationspreis d. Stadt Wien 77,
Ehrenliste zu den Öst. Kinder- u.
Jgdb.preisen 77, Ehrende Anerkenn. der
Int. Buchkunst-Ausstell. Leipzig 77,
Ehrenliste Kinder- u. Jugendbuchpr. d.
Stadt Wien; Sieveringstr. 34 A, A-1190
Wien u. Freiherr-v.-Steinstr. 9, D-6000
Frankfurt, Tel. (0222) 321174 u. (0611)
726963 (Wien 28.3.39).
V: Ein Elefant mit rosaroten Ohren,
Kinderb. 71 (auch engl.); Das kleine
Haus 72; Lauter liebe Leute 75. –
MV: 99 Berge und ein Berg 73; Der
Vogel singt der König springt 76 (auch
engl.); Fridolin der Mann, der zuhören
kann, Kdb. 80; Und übermorgen bin ich
13, Jgdb. 77; Die Oma gibt dem Meer die
Hand, Jgdb. 82.
R: Ein Elefant mit rosaroten Ohren;
Der Vogel singt der König springt, beide
f. d. Ferns. bearb.

Reschke, Karin, Angestellte; VS 79;
FAZ-Pr. f. Lit. 82; Pfalzburger Str. 10a,
D-1000 Berlin 15, Tel. (030) 8835463
(Krakau 17.9.40). Roman, Novelle,
Hörspiel.
V: Memoiren eines Kindes 80, 2.Aufl.
82; Verfolgte d. Glücks. Findebuch d.
Henriette Vogel 82, 4.Aufl. 83.
MA: versch. Beitr. in: "Kursbuch" u. in
Anthologien.
H: Texte zum Anfassen. Frauen-
lesebuch, Anth. 78.

Reschke, Willi; Überberger Weg 33, D-
7272 Altensteig.
V: Wir sind im Kampfe Tag u. Nacht
55, 81; Entscheidung im Dunkeln, Erz.
65; Steigende Fluten 65, 83; Die drei
gefährlichen Nächte, Erz. 66; Spuk im
Jagen 33 68; Nur gut, daß er mich holte
75; Feuer vom Himmel 77, 80; Die Bande
vom schiefen Turm 78, 82; Er hat die
Fäden in der Hand 79; Signale zwischen
Hamburg und Haifa 80; Gestoppt am
Abgrund 81; Rotes x 82.
H: Ordnen, stützen, befähigen, Eine
Darstellung ev. Jugendsozialarbeit 67. ( )

Ressler, Otto, Dir., Geschf.; SSB, Steir.
Werkkreis Lit. d. Arbeitswelt;
Grottenhofstr. 32/5/21, A-8053 Graz, Tel.
(0316) 2954692 (Knittelfeld 12.11.48).
Novelle.
V: Das Spiel, Erzn. 76; Serenade f. ein
verlorenes Wort, Erzn. 80.

Rethav-Wasmuth, Musa; Uhlandstr.
43, D-2800 Bremen 1.
V: Rosen in Bad Kissingen, R. 82. ( )

Rettenbacher, August, Prof.; SÖS 59,
A-5722 Niedernsill 55, Tel. (06548) 363
(St. Koloman 30.9.11). Kurzgeschichte,
Roman, Hörspiel.
V: Der Pilger Koloman, Laiensp. 57;
Der Glockenhof ruft, Heimatr. 59; Ba ins
herobm 67; Mein Berghoamat 71;
Stunde auf dem Hirtenfeld 73; Ausn
tiafn Brunn 74; Hirten erst kund-
gemacht 75; Der Esel Justus,

Weihnachtsleg. 76; Va Sunnawendn bis Kathrein 77; Ba ins in der Taugl 80. – **MV:** Chronik von Niedernsill 78; Lippei, steh auf! 80; Chronik von St. Koloman in der Taugl 82.
R: Die Stunde auf dem Hirtenfeld 57; Salzburger Mundartroas, Reihe 83.

Rettich, Margret, Grafikerin; Dt. Jugendliteraturpr. 81, Ehrenliste Öst. Kinderbuchpr. 81; Bödecker-Kreis Hannover, Bund Dt. Buchkünstler; Waldweg 13, D-3171 Vordorf, Kr. Gifhorn, Tel. (05304) 733 (Stettin 23.7.26). Kinderbuch, Bilderbuch.
V: Zinnober in der grauen Stadt 73-76; Die Geschichte vom Wasserfall 75-78; Jan und Julia seit 73 VIII; Hast du Worte 73; Was ist hier los 74; Kennst du Robert 76; Wirklich wahre Weihnachtsgeschichten 76; Schrecklich schöne Schauergeschichten 77; Die Rabenschwarze 78; Extrapost f. Kati 78; Tierpraxis Dr. Schimmel 79; Eilbriefe an Onkel Felix 79; Neues von Hase und Igel 79; Gesagt ist gesagt 80; Die Reise mit der Jolle 80; Erzähl mal, wie es früher war 82; Kleine Märchen 83; Von ruppigen struppigen Seeräubern 83. – **MV:** Hast du Worte, Was ist hier los, Kennst du Robert, Radieschen II, alle m. Rolf Rettich 73 – 76; Ich wäre gern auf einem Stern, Neues von Hase u. Igel.
Lit: Lex. d. Kinder- u. Jugendlit.

Reubel-Ciani, Theo (Ps. Inspektor Collins, Carlo Rovali), Schriftsteller; Pegnesischer Blumenorden v. 1644 Nürnberg 68, Gold. Med. d. Centro Lirico Verona 71; Reuthwiesenstr. 13, D-8500 Nürnberg, Tel. (0911) 343822 (Nürnberg 12.6.21). Roman, Sachbuch, Jugendbuch, Übersetzungen.
V: Inspektor-Collins-Krim.-R. (41 Titel) 56 – 69; Aufruhr am Rio Yalde, Abenteuer-R. 55; Umweltschutzfibel 71; Die Bergwelt 76; Der Wald 76; Der Zirkus 77, alles Sachb.; Annika, d. Eskimomädchen 75; Peter u. s. Freunde 75; Entdeckungen im Wald 75; Abenteuer in d. Bergen 75; Fröhliche Pirsch in Amerika 77; Lustige Safari in Afrika 77; Geheimnisvoller Dschungel 77; Spaß mit Tieren im australischen Busch 77; In freier Natur 77; 36 neue Märchen 83; Zauberhaftes Märchenjahr 83, alles Jugendb. – **MV:** Der Wiederaufbau des Germ. Nationalmus. in Nürnberg 77; Die großen Flüsse der Welt VI, Sachb. 79, 80; Spiel u. Spaß mit Enid Blyton 79.
H: Classicomics 76, 77, 78.
Ue: Kingo Superschlau 75; Moby Dick 76; Oliver Twist 76; Der Schwarze Pfeil

76; In 80 Tagen um die Erde 76; Der Sohn des Davy Crockett 76; Die Schatzinsel 77; Die Kinder d. Kapitän Grant 77; Sindbad d. Seefahrer 77; Im Tal d. Schlangen 77; Die Schlümpfe u. die Zauberflöte 77; Lockendes Gold 77; Die drei Musketiere 78; Der Kurier des Zaren 78.

Reubeni, Meir, s. Faerber, Meir.

Reuschel, Reinhold (Ps. Meerfried Steinbach), Pädagoge, Kulturschriftsteller; VS Hamburg 48; Gründer d. Eckehart-Bundes f. Jugend- u. Volkserz. 21; Schönkirchener Str. 35, D-2300 Kiel 14, Tel. (0431) 203113 (Priedemost/ Nd.Schles. 27.3.92). Drama, Lyrik, Essay, Aphorismen.
V: Luther, Sch. 18; Ein Reformator, Tragikom. 22; Absalom, Tr. 25, 75; Buddha, Lyr. 25, 76; Die Alpenfahrt eines Dichters, Prosa 26; Dramatisches Skizzenbuch der ersten Lutherzeit: Von der Klosterzelle nach Wartburg, Dr. 28, 74; Um Saatgrund und Ährengold, Dichterbiogr. I 30; Um Deine Seele, Prosa 30; Katharina Kepler, Dr. 34, 75; Die Sternenbotschaft, Dr. 36, 75; Der nie vergessene Traum, Lyr. 36; Klios Geißel, Lyr. 45; Meine Tafelrunde, G. u. Balladen 50; Das Neue Hohelied der Liebenden, G. u. Aphor. 62, 76; Die Jahreszeiten im Musengeleit, Lyr. 62; Meereslieder, Lyr., Auswahl 64, Gesamtausg. 78; Unter den Strahlen Apolls, Lyr. 65; Sonnenlichter durchglänzen den Schwarzwald, Lyr. 69; Vom lebendigen Gott, Lyr. 72; Jesus. Der Gottmensch und Seelenerwecker, Lyr. 73; Michelangelo, Lyr. 73; Ein Monsterprozeß um Grundrechte im deutschen Rechtsstaat, Lit. Spiegelbild 74, 77; Der Idealist von Friedheide, kulturpol. Erz. 76; Es ruft dich zu dir! Brevier für Herz und Geist, Gesamtausg. 79; Empor, mein Herz und sei getrost, G. u. Aphor. 83; Beethoven, Lyr. 83; Schriften d. Eckehart-Bundes: Der Einzelne u. d. Masse, Gemeinschaft – von innen gesehen; Erleben wir d. Untergang des Abendlandes?, Wer erzieht im demokratischen Staat wen – wozu?, u.v.a.

Reuschle-Rühlemann, Sophie; S.V. "Die Feder" 20 – 30; Dorotheenstr. 11, D-4800 Bielefeld (Neuenstein, Kr. Oehringen/Württ. 8.3.91). Erzählung, Märchen, Lyrik.
V: Der wundersame Garten, M. 19; Die Kinder aus dem Röslihaus, Erz. 20; Das schwäbische Herz, Erz. 20; Der wartende Acker, Tageb.-R. 20; Sein, G. 20; Der Seele Wanderflug, G. 20; Klin-

Klang, Kinderlieder 20; Kinderzeit, Erz. 21; Peter Träumerleins Himmelfahrt, Erz. 21; Marienlieder, G. 21; Weben und Leben, M. 22; Das Mädchen mit dem goldenen Herzen, M. 22; Aus dem Tagebuch eines seltsamen Heiligen, Tageb.-R. 22; Die goldene Harfe, M. 24; Der bunte Kranz, Erzn. 48; Schneeglöckchen läutet, G. 49; Pichelhubers Weihnacht, Erz. 50; Das Wunder der heiligen Nacht, Erz. 51; Gedichte 64; Bambusgeflüster 65; Im Wandern bin ich Wind, G., Lyrik 78; Gang im Regen — Wohin? — Zeitnot — Aufwind Verschiedene Sichten, Anth. 79.
MA: Für alte Augen 48 — 57; Unser Herz singt tausend Lieder, Anth. 65; Alle Wunder dieser Welt 65; Spuren der Zeit 66; Das ist mein Land 66; Ein Wort ins Herz der Welt 67; Aber den Feind sollten wir lieben 69; Und dennoch müssen wir leben 70, alles Anth. ( )

Reuss, Peter; Waltherstr. 28, D-8000 München 2, Tel. (089) 534596 (New York 19.11.42). Prosa, Drama, Hör- u. Fernsehspiel, Filmskripten, Lyrik.
V: Papiertiger, Hsp., Fsp., Sch. u. Filmskripten 72; Kein Wetter für Anfänger, Hsp. 76; Kochen mit Wildpflanzen 79.
MA: Der Martin Greif Bote, Zs. f. Lit. u. Kunst 76.

Reuter, Dieter, c/o Edition Schlot, Gießen.
V: Man muß manchmal Leck mich am Arsch sagen können, R. 75, 79. ( )

Reuter, Johannes; Berliner Str. 15, D-3340 Wolfenbüttel.
V: Eine Handvoll Zufriedenheit, R. 66; Die Klasse, R. 77; Der Autofriedhof, R. 79. ( )

Reuter, Klaus, Künstlerischer Betriebsdirektor des Thalia Theaters; VS; Raboisen 67, D-2000 Hamburg 1, Tel. (040) 321936 (Memel/Ostpr. 11.6.23). Jugendbuch, Sachbuch, Jugendstück (Theater).
V: Ankje u. das Buddelschiff, Jgd.Krim.-R. u. Bühnenst. 66, 67; Pepermintje u. die WA 123, Jgdb. 67; Ankje u. der gestohlene Hals, Jgd.Krim.-R. 67; Alle gegen Jurgis 70; Snutje u. die himmelblaue Emma 69, beides Jgdb.; Sie kamen nie an, Sachb. 70; Alarm, himmelblaue Emma geklaut 73; Taifune, Driften, Geisterschiffe, Sachb. 77.
B: Die Schatzinsel (nach Stevenson); Die Höhle von Steefoll (nach Hauff); Andries; Der lange Schatten; Wer heißt schon Möschepiep?.

R: Ankje und das Buddelschiff (auch plattdt., fläm.); Pepermintje und die WA 123, Lesung (auch plattdt.); Jurgis, Lesung; Ankje und das Buddelschiff, Fs.aufzeichnung.

Reutimann, Hans, Schriftsteller; C. F. Meyer-Preis 62, Schweizer Jugendbuchpreis 72; Kappelweidstr. 4, CH-8707 Uetikon am See, Tel. (01) 9201289 (Bassersdorf/ZH 15.3.23). Roman, Erzählung, Jugendbuch. **Ue:** E.
V: Peru, Reich der Sonne 55; Aber in Spanien … 56; Inka Runa, N. 58; Birbal, der Trommler, Jgdb. 60; Bedingung des Glaubens, Ess. 63; Haus der Bilder, R. 63; Theodor Heuss, Ess. 64; Im Bann der Verknüpfung, R. 66; Bantam führt Gespräche, R. 68; Das Drachenfest, Jgdb. 70; Östliche Ziele, Reiseb. 79; Dilpasand, Jgdb. 82.
H: Fritz Deringer - Maler u. Zeichner 75.
Ue: Der kluge Papagei. Indische Märchen, auch u.d.T.: Der tapfere Dhobi, M. 65.

Reutin, Georg, s. Frank, Peter.

Rex, Hartlib; VS 79, Gruppe Olten 79; Hoher Berg 6, D-2000 Hamburg 73, Tel. (040) 6472053 (Hamburg 6.5.36). Lyrik, Essay, Kurzgeschichte, Aphorismus.
V: Antworten aus d. Fadenkreuz, Collagen-G. 79.
H: Der Krieg genießt seinen Frieden, G., Aphor., Collagen 83 (auch Mitverf.).

Rexhausen, Felix, Dr. rer. pol., Journalist; Hansastr. 38, D-2000 Hamburg 13, Tel. (040) 449978 (Köln 31.12.32). Prosa, Satire.
V: Mit deutscher Tinte, Briefe u. Ansprachen f. alle Wechselfälle d. Lebens 65, 68; Lavendelschwert. Dok. e. seltsamen Revolution 66, 78; Gedichte an Bülbül 68, 72; Von großen Deutschen. Satiren 69; Die Sache. 21 Variationen 68, 71; Germania unter der Gürtellinie. 69 Beisp. 70, 72; Wie es so geht — Gutenachtgeschichten 74; So und so, 30 × 30 Geschichten 76; Die Lavendeltreppee — Verschwiegene Lyrik der Völker 79; In Harvestehude — Aufzeichnungen eines Hamburger Stadtteilschreibers 79;...über Wahlkampf — Ein Leitfaden für das zahlende Publikum 80; Beste Fahrt! — Ein Albernach für Fahrradfans 81; Die Märchenklappe — Allerlei Zwischenmännlichkeiten 82.
H: Mit Bayern leben. Briefe auf eine Glosse 63.

Rezac, Karl, Sachbuchautor u. Erzähler; SV-DDR 76; Förderungspr. f.

populärwiss. Kinderlit. 82; Dimitroffstr.
164, DDR-1055 Berlin, Tel. 4391702
(Berlin 10.12.24).
V: Abenteuer mit Archimedes, Jgdb.
63; Die Welt im Zauberkasten, Jgdb. 63;
Marine-Akte sub/B 68; Der verrückte
Erfinder, Jgdb. 73; Der rätselhafte Stein,
Jgdb. 73; E-Lok, Stellwerk, Zahnrad-
bahn, Jgdb. 74; Radar, Flugzeug, Test-
pilot, Jgdb. 75; Sputnik, Raumfahrt,
Kosmonaut, Jgdb. 77; Rund um die
großen Erfindungen, Jgdb. 79. —
MV: Von Anton bis Zylinder — das
Lexikon für Kinder, Jgdb. 69.

von Reznicek, Felicitas (Ps. Paul
Felix); ISDS 55; Postfach 15, CH-6390
Engelberg, Tel. (041) 941200 (Berlin
18.1.04). Roman, Lyrik, Essay, Film,
Hörspiel, Drama. **Ue:** E.
V: Paula auf der Spur, Kinderb. 31;
Spuk auf dem Ocean, Kinderb. 32;
Michael gewidmet, R. 35, 36; Eva und ihr
Sohn, Kurzgeschn. 41; Lachende Liebe,
Kurzgeschn. u. Aphor. 41; Taubenschlag,
R. 42; Die Frau am Rande, R. 42; Welt-
fahrt im Kriege, Reiseb. 42; Ein Zug
fährt ab, R. 43; Shiwa und die Nacht der
12, Krim.-R. 43; Berliner Zwischenspiel,
R. 50; Die Erde trägt uns. Gartenidylle
in Hexametern 54; So ist die Liebe,
Aphor. u. Kurzgeschn. 56; Gegen den
Strom, Biogr. E. N. von Reznicek 60;
Engelberg 64; Von der Krinoline zum
sechsten Grad, Gesch. d. Frauen-
alpinismus; Der schiefe Himmel.
Ernstes u. Heiteres aus Bergdörfern u.
Alpentälern, u.a.
B: Hugh Tuite: Der Pottleton-Bridge
Club.
F: Nacht der 12; Ein Zug fährt ab.
R: Der Weg nach Sarnen 65.
Ue: Reilly: Sturz aus dem Fenster 60;
Szigeti: Zwischen den Saiten; Gaston
Rébuffat: Zwischen Erde und Himmel,
u.a.

von Rezzori d'Arezzo, Gregor;
Fontanepreis 59; Santa Maddalena, I-
Domini/Firenze (Czernowitz/Bukowina
13.5.14). Roman, Hörspiel, Film. **Ue:** E, I.
V: Maghrebinische Geschichten,
Anekdn.-Samml. 52, 83; Ödipus siegt bei
Stalingrad, R. 53, 79; Männerfibel 54, 65;
Ein Hermelin in Tschernopol, R. 58, 66;
Idiotenführer durch die deutsche
Gesellschaft I (Hochadel), II (Adel), III
(Schickeria), IV (Prominenz) 60 — 64;
Die Toten auf ihre Plätze, Tageb. 66, 77;
1001 Jahr Maghrebinien 67, u.d.T.: Neue
maghrebinische Geschichten 78, 80; Die
schönsten maghrebinischen
Geschichten 74, 82; Der Tod meines

Bruders Abel, R. 76; In gehobenen
Kreisen 78, Tb. 81; Greif zur Geige, Frau
Vergangenheit, R. 78, 82; Memoiren
eines Antisemiten, R. in 5 Erzn. 79, Tb.
81; Sherrytime 78, Tb. 80; Der arbeits-
lose König, maghrebin. M. 81.
F: Mamitschka; Labyrinth.
R: Atlanta, Sechsteil. Serie über
Nationalsozialismus 47 Die Sprache als
politischer Faktor, Jagdsendung; Die
Jagd von Kalydon, Hsp.; Der Bogen des
Eros, Hsp.
S: Maghrebinische Geschichten 59.
MUe: Nabokov: Lolita. ( )

R.G., s. Gerhardt, Rudolf.

Rhein, Eduard (Ps. Hans Ulrich
Horster, Klaus Hellborn, Klaus Hellmer,
Adrian Hülsen), Physiker; Großes
Verdienstkreuz d. Bundesrepubl.,
Ehrenkreuz d. Dt. Roten Kreuzes;
Chalet Souleiadou, CH-3780 Gstaad
(Königswinter/Rh. 23.8.00). Populärwiss.
Darstellung, Roman, Operettenlibretto,
Kinderbuch.
V: Das mechanische Hirn, R. 28;
Wunder der Wellen, populärwiss.
Darstell. 37; Die Jagd nach der Stimme,
R. 38; Du und die Elektrizität, populär-
wiss. Darstell. 40; Traumland,
Operettenlibretto 43; Ein Herz spielt
falsch, R. 50, 77, Tb. 80; Die Toteninsel,
R. 51, Tb. 80; Der Rote Rausch, R. 52, Tb.
80; Mecki im Schlaraffenland, Kinderb.
52, 79; Der Engel mit den Flammen-
schwert, R. 53, 77, Tb. 81; Mecki bei den
Sieben Zwergen, Kinderb. 53, 79; Wie
ein Sturmwind, R. 54, Tb. 80; Mecki bei
den Eskimos, Kinderb. 54, 79; Suchkind
312, R. 55, 78; Mecki bei den Chinesen,
Kinderb. 55, 79; Verlorene Träume, R. 56,
Tb. 81; Herz ohne Gnade, R. 56, Tb. 79;
Mecki bei den Indianern, Kinderb. 56;
Robinson schläft 50 Jahre, u.d.T.: Ein
Augenblick der Ewigkeit, R. 57, Tb. 79;
Mecki bei den Negerlein, Kinderb. 57;
Mecki bei Prinz Aladin, Kinderb. 58; Ein
Student ging vorbei, R. 59, 78;
Verschattete Heimkehr (Eine Frau für
tot erklärt), R. 60, Tb. 81; Mecki und die
40 Räuber, Kinderb. 60; Ehe-Institut
Aurora, R. 61; Mecki bei Harun al
Raschid, Kinderb. 61; Mecki bei
Sindbad, Kinderb. 62; Mecki bei Zwerg
Nase, Kinderb. 63; Karussell der Liebe,
R. 64, 80; Mecki bei Frau Holle, Kinderb.
64; Klon-Kind Uli, R. 81; Haus der
Hoffnung, R. 82.
F: Ein Herz spielt falsch; Die Toten-
insel; Der Rote Rausch; Der Engel mit
dem Flammenschwert; Wie ein Sturm-
wind; Suchkind 312; Herz ohne Gnade;

Ein Student ging vorbei; Ehe-Institut Aurora.
S: Traumland, Melodienfolge 44, 61. ( )
vom Rhein, Hanns, s. Schütz, Hanns.

Rheinsberg, Anna, Studentin d. Germanistik u. Volkskde; VS 80; Wehrdaer Weg 43a, D-3550 Marburg 1 (Berlin (West) 24.9.56). Lyrik, Novelle, Essay.
V: Marlene in den Gassen, G. 79, 3.Aufl. 82; Bella Donna, G. 81; Hannah. Liebesgeschn., Nn. 82; Alles Trutschen! Geschn. üb. Mädchen in e. Kleinstadt, Erzn. 83.
MH: Hdb. d. dtspr. altern. Lit. 80; Unbeschreiblich weiblich — Texte an junge Frauen 81.
F: Anna, m. Linda Christanell 82, 83.

Rheude, Ludwig, s. Wien, Ludwig.

Rhode, Wolfgang, c/o R. G. Fischer-Verl., Frankfurt a.M..
V: An der Grenze, G. 83. ( )

Rhode-Jüchtern, Ursula, Realschullehrerin; Am Mühlenberg 26, D-4800 Bielefeld 1 (Bad Lauchstädt 28.2.22). Jugendliteratur.
V: Ich bin ein kleiner Sonnenstrahl 55; Cornelia gewinnt den Preis 59; Das Kind und der Millionär 57. ( )

Riccard, Ernest, s. †Schöler, Ellen.

Richardi, Hans-Günter, Redakteur, Schriftsteller; Deutscher Preis für Denkmalschutz 78, Bayerische Denkmalschutzmedaille 78; Obere Moosschwaigestr. 6d, D-8060 Dachau, Tel. (08131) 14608 (Berlin 26.10.39). Alpinismus, bayerische Geschichte, Sagen, Archäologie, Denkmalpflege, Kunstgeschichte, Burgenkunde, Wanderliteratur, Geschichte des Konzentrationslagers Dachau.
V: Martin macht das Rennen, Jgdb., Krim.-Erz. 68; München neu entdeckt, 25 Stadtrundgänge 72; Münchner S-Bahn-Wanderungen 73; Burgen in Bayern. Ein romant. Wegw. z. 60 Burgen 73; Archäologie. Entdeckte Vergangenheit 74; Die schönsten Gärten u. Parks. Ein Reiseführer d. Dtschl. 75; Unheimliche Plätze in Bayern 77; Der große Augenbl. in d. Archäologie 77; Burgen, Schlösser u. Klöster in Bayern m. Zusatzbd. Wanderungen u. Ausflüge 78; Dachau-Führer durch die Altstadt, die Künstlerkolonie und die KZ-Gedenkstätte 79; Schule der Gewalt. Die Anfänge des Konzentrationslagers Dachau 1933/34 83, alles Sachb. —
MV: Wände, Grate, Gipfel. Das Abenteuer d. Alpinismus; Münchner

Radlbuch, Radeln zw. Isar, Amper u. Würm, beide m. Hans Ullrich 70 u. 71; Ludwig Thoma u. d. Dachauer Lokalbahn. Gesch. u. Jubiläum einer bayer. Nebenstrecke, m. Gerhard Winkler 74.

Richards, David H., Heileurythmist; Postf. 301237, D-6072 Dreieich 3, Tel. (06103) 65917 (New Haven/Conn., USA 24.7.50). Lyrik.
V: Des Herzens Kerze 79, 2.Aufl. 81; In einem Erdenland 82.

Richarz, Ann *

Richling, Mathias, Kabarettist; Dt. Kleinkunstpr. 1978 79; Hölzleswiesen 35, D-7000 Stuttgart 75, Tel. (0711) 446044 (Offenbach/M. 24.3.53). Roman, Erzählungen, kabarettist. Stücke.
V: Du bist so treibend wahnesblöd. Wahrmögliche Geschn. 81, 2.Aufl. 82.
R: Die kleine Heimat, m.a., Fs.-Ser. 79/ 80; Zuerst mal die Zugaben 80, 81; Mathias Richling u. Günter Verdin 81; Mathias Richling: Ich habe nie gesagt 82, 83, alles Fs.-Sdgn; Kunterfunk, m.a., Hörfunk 14tägl. seit 80; Ansichten eines Dauerfernsehers, Rdfk-Sdgn 14tägl. seit Jan. 82; Schaufenster, Hörfunk 82.
S: Du bist ich bin's gar nicht 83.

Richter, Arthur, Geschäftsführer; Oisseler Str. 44, D-3000 Hannover 73 / Anderten (Bentschen, Prov. Posen 24.12.08). Essay.
V: Auf der Suche nach Freiheit 58, 71; Prozeß gegen Gott 61, 70 (auch holl.); Die des Weges sind 61, 62; Was glaubt der Christ? 63; Christen sind anders 63, 67; Leben aus erster Hand 67, 70; Stationen 75; Krisis der Religion; Jesus der große Unbekannte; Stationen; Krisis der Religion; Christ in der Versuchung: Mit Wundern Leben; Glauben — die treibende Kraft; Lebenszeichen; Segnen; Der neue Mensch u. die neue Gesellschaft; Gebote Gottes; Die letzten Dinge; Ich glaube an den Heiligen Geist; Gedanken zur Bergpredigt 81; Unsere stille Zeit 81.

Richter, Egon, Redakteur; SV-DDR; Kunst- u. Literaturpreis d. Ostseebezirkes, Johannes-R.-Becher-Medaille in Silber u. Gold, Orden Banner d. Arbeit, Polnischer Orden Gryf Pomorski in Gold, Verdienstmedaille der Stadt Szczecin, Heinrich-Heine-Preis; Ernst-Thälmann Str. 15, DDR-2253 Seebad Bansin, Tel. 670 (Seebad Bansin 12.12.32). Erzählungen, Romane, literarische Publizistik.
V: Ferien am Feuer 66, 76 (auch polnisch, russisch); Zeugnis zu dritt 68,

81; Sehnsucht nach Sonne 72, 77; Abflug der Prinzessin 74, 75; Der goldene Schlüssel von Mangaseja 75, 76; Eine Stadt u. zehn Gesichter 76 (auch polnisch); Der Lügner und die Bombe 79, 82; Der Tod des alten Mannes 83. – MV: Blick auf Irdisches 69.
MA: Städte u. Stationen 69; Der erste Augenblick der Freiheit 70 (auch russisch); Liebes- und andere Erklärungen 72; Häfen und Schiffe 74; Tage für Jahre 74; Wo ich Freunde hab 77; Der Franz mit dem roten Schlips 79.

Richter, Elfriede (Ps. Elfriede Richter-Feldmann); Franz-Werfel-Str. 58, D-6500 Mainz, Tel. (06131) 31131 (Hilden, Rh. 23.1.27). Übers. Ue: F.
V: Wenn Sie einmal heiraten 57, 59 (auch span.).
Ue: Pierre Pelot: Verlorenes Brot 77, Sternsuche 78, Kuckucksschnee 78, Je suis la mauvaise herbe u.d.T.: Junikäfer 79, Le pantin immobile u.d.T.: Der Zug endet hier 80; Jean Coué: Pierre lebt 79; Le soleil glacé u.d.T.: Eine Sonne aus Stroh 80; Christian Grenier: Le moulin de la colère u.d.T.: Aufruhr in der Mühle 81.

Richter, Elisabeth (Ps. Lise Gast), Landwirtschaftslehrerin i.R., Schriftstellerin; VS 59; Götzental 59, D-7073 Lorch, Württ., Tel. (07172) 5222 (Leipzig 2.1.08). Roman, Jugend- u. Kinderbuch. **Ue:** H, E.
V: Junge Mutter Randi, R. 39, 56; Das zaudernde Herz, R. 39; Kamerad fürs Leben, R. 40; Die heimliche Last, R. 40; Der stärkere Ruf, R. 40; Die Kinder von Wienhagen, Jgdb. 40, 48; Peter der Spielzeugbär, Jgdb. 40, 53; Eine Frau allein, R. 48, 64; Ange und die Pferde, Jgdb. 48, 59; Christoph, Kind des Segens, Jgdb. 49; Geliebtes Heim am Berge 49; Die Haimonskinder, Jgdb. 50, 56; Geliebtes Heim am Berge, Jgdb. 49, 56; Helmi und ihr größter Wunsch, Jgdb. 51; Christiane und die kleinen Brüder, Jgdb. 51; Christiane und die großen Brüder, Jgdb. 52; Große Schwester Schimmel, Jgdb. 52; Meine schönste Weihnacht 52; Geliebtes Doktorhaus, Jgdb. 52; 2 × 2 = II, Jgdb. 52; Wohin, Christiane?, Erz. 53; Was wird aus Regine?, Jgdb. 53; Sommer der Entscheidungen, Jgdb. 53; Bernis Glück im Pech, Jgdb. 53; Weihnachtsgäste, Jgdb. 53; Ein Mädchen zwischen Tau und Tag, Jgdb. 54; Die Kälberweide, N. 54; Große Schwester, kleiner Bruder 54; Die Mücke und der Bücherwurm, Jgdb. 55; Das Träumerlein, Jgdb. 55, 56; Die

Erlenhofzwillinge, Jgdb. 56; Junges Herz im Sattel, R. 56; Meine Tochter hats nicht leicht, Jgdb. 56; Das Leben findet heute statt, R. 58; Jungsein ist schwer 58; Was wird aus Wienhagen, Jgdb. 58; Unsere Ponies und wir, Jgdb. 58; Zum Lieben ist keiner zu alt, R. 59; Wunder im Schnee, Nn. 59; Randi und das halbe Dutzend, R. 60; Junger Wind in alte Gassen, Jgdb. 60; Brüder machen manchmal Kummer 60; Ange im Turnier, Jgdb. 61; Auch Du wirst mal siebzehn, Jgdb. 61; Die Reise nach Ascona 61; Sommer ohne Mutter 62; Ponyglück bei Lise Gast 62; Glück in kleinen Dosen 63; Das Haus der offenen Türen 63, 64; Das nächtliche Wunder 63; Der alte Trostdoktor 64; Das nächtliche Wunder 64; Die unsichtbare Tür 65; Ritt in den Morgen 65; Ponys am Meer 66; Ponyscheck Hansl 66; Besuch am Heilig Abend 66; Hochzeitmachen, das ist wunderschön 66; Morgen oder übermorgen 67; Ein Jahr auf Probe 67; Unser Eselchen Jan 67; Kleiner Bruder Ben 67; Eine Sache, die man Liebe nennt 69; Wuschi, der Waschbär 69; Ferienfahrt mit Zwillingsbrüdern 69; Der kleine Hirtenkönig 69; Geliebter Sohn 69; Sommer mit Tieren 70; Gottes Boten 70; Drei Dackel im Versteck 70; Bettine und das alte Schloß 70; Tante Brittas Reise 70; In den Schnee geschrieben 71; Wenn das Haus steht 71; Männer sind Gänseblümchen 71; Weil wir uns lieben 71; Zeit der Bewährung 72; Alles ändert sich 72; Wisky stellt alles auf den Kopf 72; In Liebe Deine Randi 73; Das Familienkind, R. 74; Penny Wirbelwind 74; Anja hat nur einen Wunsch 74; Wirf dein Herz über die Hürde 74; Tiergeschichten vom Ponyhof 75; Reiterpension Heidehof 75; Aufgesessen, Anja 75; Anja u. der Reitverein 76; Bittersüß wie Schlehenduft 77; Die Klassenfeier 77; Mit Büchern unterwegs 77; Neues vom alten Trostdoktor 77; Das große Lise-Gast-Buch 78; Die Schänke zur ewigen Liebe 78; Das Waldhorn 78; Anja und Petra zu Pferde; Ferien mit Anja und Petra; Anja und Petra im Turnier, alle 77 - 79; Hundsvieh, geliebtes 79; Heiteres und Ernstes aus meinem Leben 79; Gäste in meinem Haus 79; Josi und die anderen 79; Der kleine Ausreißer 79; Die Himmelsbräute 80; Kleines Licht im Dunkeln 80; Wolken und Licht 82; Trotzdem, mein Glück war groß 83; Herbstreise 83.
Ue: Dick Laan: Pünkelchen 55 – 66 XII; Vier Hufe und ein Zeichenstift; Die lachende Lady.

Richter, Erich A., Mag., AHS-Lehrer;
GAV 75; Förderungspr. f. Lyr. Bdesmin.
f. Unterr. u. Kunst 76, Literaturpr. d.
Stadt Wien 78, Pr. d. Zentralsparkasse
78, Dramatikerstip. 78, TV-Stip. 78,
Fernsehpr. d. öst. Volksbildung 81,
Förderungspr. d. Ldes Niederöst. 82,
Literaturstip. 82/83; Rueppgasse 19/18,
A-1020 Wien, Tel. (0222) 2497843
(Tulbing/NÖ. 1.4.41). Lyrik, Film,
Hörspiel, Erzählung, Drama.
V: Jetzt bist aufgwocht, Mda.-G. 73;
Friede den Männern, G. 82.
F: Die Erben 82.
R: Eingfahrn, Hsp. 78; Im Büro kannst
a vom Sessel falln, Fsf.; Folgen eines
Hörspiels, Hsp 81.

Richter geb. Schoch, Eva (Ps. Eva
Richter-Schoch), Bibliotheksangest.;
B.S.V. bis 52, S.D.S. 53, V.D.B.S. 53 — 58,
VS 69; 2. Preis d. RIAS-Preis-
ausschreibens "Berlin 48" 49; Dram. Ges.
55 (Dessau). Drama, Hörspiel, Roman,
Novelle, Film, Fernsehspiel.
V: Und erstens kommt es anders ..., R.
44; Jeder fängt von neuem an ..., Volksst.
50.
R: Die großen Worte 48, 49; Wir
fangen noch einmal von neuem an ... 48;
Der Pflegesohn 50; Vom Bauern, der
gern ein Edelmann sein wollte, Msp. 50,
53; Der Ring 50, 53; Der Irrtum 50, 53;
Das Gewitter 51, 55; Wer trägt die
Schuld? 52, 53; Kampf um Kinder 52, 53;
Der Weihnachtsmann aus Marzipan 52;
Die Geschichte vom Wind 53; Borg' mir
doch mal ... 53; Der Ewigjunge 53; Das
gläserne Haus 53, 56; Jeder fängt von
neuem an ... 53, 54; Von einer Minute zur
andern, alles Hsp. ( )

Richter, Franz, Dipl. Chem., Dr. phil.,
Prof.; Generalsekretär d. Österr. P.E.N.-
Zentrums 76, Delegierter zur
"besonderen Vertretung der Kunst" i. d.
"Hörer- u. Sehervertretung" d. Österr.
Rundfunks 76; Theodor-Körner-Preis
67, Preis d. Stadt Wien f. Lit. 67,
Ehrenkreuz f. Kunst u. Wiss. 81;
Lienfeldergasse 35, A-1160 Wien (Wien
16.1.20). Lyrik, Roman, Novelle, Fabel,
Parabel, Essay, Hörspiel.
V: Wir, die an den Grenzen wohnen,
G. 57; Anbruch der Vergangenheit, G. 64;
Diogenes - ultraviolett, R. 64; Wir leben
chemisch 67; Keine Sintflut für Noah.
Zwei Spiele zw. Glauben u. Zweifel 68;
Humanimales, Fabeln 69;
Kosmorhythmik, G. 73; Im Wendekreis
d. Blume, Pflanzenästhetik 75; Tafeln
und Blätter, Lyrik; Trockengebiet, G. 80;
Kein Pardon für Genies, 12

Charakterbilder 82. — **MV:** Tür zu Tür,
Lyrik.
MA: Der Eisstoß 72; Apropos Wien 72;
Bekenntnisse eines Taubstummen;
Stimmen der Gegenwart 56; Der
verlorene Sohn; "Fährten" 72; Hoch-
zeitsreise ins All; Dichtung aus Nieder-
österr. 74; Das verlorene Maß,
Festschrift für Rudolf Henz 77; Zeit und
Ewigkeit, Lyrik-Anth. 78.
H: Gesicht des Menschen, Festgabe
für Rudolf Felmayer 68. —
MH: Österreich im Spiegel des Essays
78; Kleinbuchreihe "Profile und
Facetten" XV; Weisheit der Heiterkeit,
Festschrift für Ernst Schönwiese 78.
R: Keine Sintflut für Noah 69; Die
Reifeprüfung mit der Sphinx 72, beides
Hsp.
Lit: Kurt Adel: Franz Richter oder die
Formel, das Wort und der Klang,
Schrifttum a. Österr. 76; Gertrud
Fussenegger: Tropismus und noch
etwas mehr, Schrifttum aus Österr. 78;
Roman Rocek: Wiener Bücherbriefe Nr.
6/79; Ernst Schönwiese: Poet der Stille;
Die Furche 80.

Richter, Georg (Ps. Tonio Münster),
Hauptschriftleiter; Mozartstr. 5, D-7500
Karlsruhe, Tel. (0721) 843294
(Fallersleben 21.11.14). Drama, Lyrik,
Novelle, Hörspiel, Landeskunde.
V: Hermann Hesse, der Dichter und
Mensch, Ess. 46; Novembergeschichte
48, 49; Der Ehrenbürger wider Willen,
Tragikom. 55; Erwachendes Land 57;
Karlsruhe, das neue Antlitz einer alten
Residenz 65; Eine kleine Tafelrunde,
Erzn. 66; Im Schwarzwald zu Gast mit
Abstechern ins Elsaß, 4. Aufl. 80; Am
Bodensee zu Gast mit Oberschwaben
und Ostschweiz, 2. Aufl 77; Zu Gast an
Neckar, Main und Tauber 75; Die Reise
nach Frankfurt, Erz. 77; In der Reihe
"Deutsche Landeskunde" Schwarzwald
mit Hochrhein, Oberrheinebene und
Kraichgau 68; Oberschwaben, Donau,
Iller und Bodensee 74; Elsaß Vogesen
und Burgundische Pforte 72; Der
Bodenseeraum mit Hegau und
Bregenzerwald 78; Kleines Paradies
Bregenzerwald, Ged. und Aquarelle 75;
Das Blinzeln des Sirius, Erzn. und Sat.
79; Kulinarische Streifzüge durch
Baden 81; Kulinarische Streifzüge
durch's Elsaß 83; Bei einem Wirt zu
Gast 83; Im Oberelsaaß 83; Die ober-
rheinischen Weinstraßen 83.
MA: Blick aus dem Fenster, Nn. 48;
Vom Main zum Bodensee. D. Landsch.
Badens 64; Das Elsaß - L'Alsace 63;

Strom der Mitte 72; Strom zum Meer 73; Stauferburgen am Oberrhein 77; Mit Goethe am Oberrhein 82; Liebstes, bestes Clärchen, Briefe von Goethes Nichte Lúlú Schlosser 82; Oberrheinische Texte: Abraham a Saneta Clara; Konrad Pfeffel; Briefe der Liselotte von der Pfalz 82.

H: Land der Burgen und Wälder. Mosbach u. d. kleinen Pfalz 64; Baden-Württemberg, Südwestdeutsche Zs. für Kultur-Wirtschaft-Fremdenverkehr. — **MH:** Schlösser v. Main zum Bodensee 63; Regionen am Oberrhein 78 ff; Karlsruhe, einst Barock-Residenz... 82.

R: Zauberin meines Lebens, Hsp. 54; Bitte, gehen Sie nach Champsalut!, Funkerz. 65; Das Briefchen, Funkerz. 65; Strahler der Surselva, Fsf. 68; Der Rhein, Achse Europas, 6-tlg. Fsf. 70/71.

Richter, Gisela *

Richter, Götz, Lehrer, Seemann; SV-DDR 56; Jugendbuchpreise d. Min. f. Kultur d. DDR 55 — 58, 64; Leninstr. 12, Fach 100, DDR-1242 Bad Saaarow (Kleinröhrsdorf b. Radeberg/Sa. 1.8.23). Roman, Novelle, Kinder- u. Jugendbuch.

V: Najok der Perlentaucher, Erzn. 52, 67; Savvy, der Reis-Shopper, Kinder-R. 56, 65; Schiffe, Menschen, fernes Land, R. 56, 67 (auch russ.); Jonas oder Der Untergang der "Marie Henriette", Erz. 57, 61 (auch franz.); Die Höhle der fliegenden Teufel, Kinder-R. 58, 65; Segel in Sonne und Sturm, Rep. 58, 61; Abenteuer im Urwald und auf See, Erzn. 59, 77; Hanna und Jörg, R. 62, 69; Kamau, der Afrikaner, R. 62, 82; Trommeln der Freiheit, Kinder-R. 63, 65; Kimani, Erz. 63, 65; Die Falle, Erz. 66; Sado u. Apii, M. 67; Die Löwen kommen 69; Kimani in Nairobi, Kinderb. 74, 77; Die Nacht auf der Wananchi-Farm 76, 81; Die Hütte am Milin Kamak 78; Msuri im Land der Antilope 79; Tropengewitter 80. ( )

Richter, Hans Peter, Dr.rer.pol., Prof. f. Wissenschaftsmethoden u. Soziologie; Sebaldus-Jgdb.-Preis 61, Bestliste 62, Cité Intern. des Arts 65 u. 66, Woodward School Book Award 71, Mildred Batchelder Book Award 71; Franz-Werfel-Str. 58, D-6500 Mainz, Tel. (06131) 31131 (Köln 28.4.25). Roman, Essay, Hörfolge, Fernsehdokumentation, Erzählung, Kindergeschichte. **Ue:** F, E.

V: Karussell und Luftballon, Kindergeschn. 58 (auch engl.); Das Pferd Max, Kindergeschn. 59 (auch engl.); Der heilige Martin, Jgdb. 59; Nikolaus der Gute, Jgdb. 60, u.d.T.: Nikolaus 65;

Immer ist etwas los, Kindergeschn. 61, u.d.T.: Sibille 74; Damals war es Friedrich, Jgdb. 61, 18.Aufl. 83 (auch engl., amer., franz., span., katal., holl., dän., schwed., norw., hebr., jap.); Wir waren dabei 62, 73, 79 (auch engl., dän., schwed., norw., span., franz.) Das war eine Reise, Jgdb. 62, u.d.T.: Kunibert im Schlafanzug 73; Jagd auf Gereon 67; Die Zeit der jungen Soldaten 67, 83 (auch engl., dän., norw.); Ich war kein braves Kind 67, 74; Der Hundemord 68, u.d.T.: Einschreiben vom Anwalt 74; Katzen haben Vorfahrt, Erzn. 72, Saint-Just u. d. Französische Revolution 75; Gut und Böse, Sachb. 80; Gott — was ist das? Sachb. 80; Wissenschaft von der Wissenschaft, Sachb. 81.

MA: Literatur aus Rheinland-Pfalz 81; Helveticus 79, 81; Jahrb. Lese- u. Schulb.

H: Der jungen Leser wegen ... 65; Schriftsteller antworten jungen Menschen auf die Frage: Wozu leben wir? 68; Schriftsteller erzählen von ihrer Mutter 68, 74; Schriftsteller erzählen von der Gewalt 70, 76; Harte Jugend 70; Schriftsteller erzählen aus aller Welt 73; Schriftsteller erzählen v. d. Gerechtigkeit 77 (insges. üb. 40 Titel).

R: Zahlr. Hörfunk- u. Fernsehsendungen, u.a.: Das Geheimnis der Mischung; Die Gänse des Hl. Martin; Ein Apfel; Ich weiß nicht ..., alles Hsp.; Das Chanson in Frankreich, Feature-Reihe; Jagd auf Gereon; Ein Brief aus Mainz; Gefährliches Wasser; Einschreiben vom Anwalt, alles Fsp.

Ue: Franz. Chansons.

Lit: Wege zum guten Jugendbuch 61; Das gute Jugendbuch 18 H. 2 68; Spektrum des Geistes 76.

Richter, Hans Werner, Dr.h.c., Prof. e.h.; P.E.N. 52, Gruppe 47; Fontane-Preis d. Stadt Berlin 51, René-Schickele-Preis 52, Kulturpreis des DGB 72, Ehrengabe d. Kulturkreises d. dt. Industrie 82; Floßmannstr. 13, D-8000 München 60, Tel. (089) 880486 (Bansin/Usedom 12.11.08). Roman.

V: Die Geschlagenen, R. 49; Sie fielen aus Gottes Hand, R. 51; Spuren im Sand, R. 53, 62; Du sollst nicht töten, R. 55, 62; Linus Fleck oder der Verlust der Würde, R. 58; Die Mauer oder der 13. August 61, 63; Menschen in freundlicher Umgebung 65; Euterpe vor den Ufern der Neva oder Die Ehrung Anna Achmatowas in Taormina, Ber. 65; Karl Marx in Samarkand 67; Blinder Alarm, Gesch. a. Bansin 70; Deutschland - Deine Pommern 70, 74; Rose weiß, Rose

rot 71; Briefe an einen jungen
Sozialisten 74; Die Flucht nach Abanon
80; Die Stunde der falschen Triumpfe,
R. 81; Ein Julitag, R. 82.
  H: Deine Söhne Europa, Kriegs-
gefangenenlyrik 47; Bestandsaufnahme.
Eine dt. Bilanz 1962 62; Plädoyer für
eine neue Regierung oder Keine Alter-
native 65; Berlich, ach Berlin 78. —
  MH: Almanach der Gruppe 47, m.
Walter Mannzen 62; Briefe an einen
jungen Sozialisten 74.

  Richter, Helmut, Maschinenschlosser;
SV-DDR 69; Kunstpr. d. Stadt Leipzig
(Kollektiv); Fritz-Seger-Str. 19, DDR-
7022 Leipzig, Tel. 53420 (Freudenthal
30.11.33). Drama, Lyrik, Roman, Film,
Hörspiel.
  V: Land fährt vorbei, G. 67; Schnee
auf dem Schornstein, Lit. Rep. 69;
Scheidungsprozeß, R. 71, 75; Der
Schlüssel zur Welt, Erz. 75. — **MV:** Mein
anderes Land, Lit. Rep. m. Rolf Floß 76.
  MH: Chile - Gesang und Bericht,
Anth. 75.
  R: Scheidungsprozeß, Fsf. 73; Sie hieß
Tinh, Tinh heißt Liebe, Hsp. 73; Mein
lieber Emmes, Hsp. 73; Kommst du mit
nach Madras, Kom. 73; Scheidungsprozeß, Fsf. 73; Schornsteinbauer, Hsp.
74; Alfons Köhler, Hsp. 76; Das Herz der
Dinge, Fsf. 77; Über sieben Brücken
mußt du gehn, Fsf. 78. ( )

  Richter, Jutta; VS 75; Bestenliste z. dt.
Jgdb.pr. 75, Reisestip. d. Auswärtigen
Amtes 75; Schloß Westerwinkel, D-4715
Ascheberg, Holst.-Herbern, Tel. (02599)
1643 (Burgsteinfurt 30.9.55).
Jungendbuch, Roman, Kurzgeschichte.
  Ue: E.
  V: Popcorn und Sternenbanner,
Tageb. e. Austauschschülerin, Jgdb. 75,
76; Die Puppenmutter, JgdR. 80; Das
Geraniengefängnis, R. 80; Himmel,
Hölle, Fegefeuer, R. 82. — **MV:** Morgen
beginnt mein Leben, Jgdb. 77; Sie
schreiben zwischen Paderborn und
Münster, Anth. 77.
  Ue: Barbara Cocoran: Schlag die Tür
nicht zu, wenn du gehst 77.

  Richter, Manfred, Schriftsteller; SV-
DDR 59; Preis f. Jugendlit. v. Min. f.
Kultur d. DDR 54, 1. Preis f. Bühnen-
dramatik 74; Lisa-Krause-Str. 14, DDR-
4500 Dessau (Dresden 16.10.29). Drama,
Film.
  V: Das Zauberfaß, Kinderst. 54; Kom-
mando von links 58; Die Insel Gottes 59;
Die Familie der guten Leute; Ehren-
gericht 62; Der Eisriese 74, alles Bü.;

Das Ei in der Trompete, R. 80; Der
vertauschte Vati 81.
  F: Als Martin 14 war 64; Reife
Kirschen 72; Der Untergang der Emma
75.
  R: Joi, Mama!, Fsp. 66.
  Ue: Pawel Maljarewski: Rübchen,
Kinderst. 61. ( )

  Richter, Paul Heinrich (Ps. Peter
Pallot, Paheri), Chefredakteur,
Graphologe; Diesterwegstr. 20, D-6000
Frankfurt a.M. 70, Tel. (0611) 618494
(Raddusch, Kr. Calau 3.4.08). Drama,
Roman, Film, Essay.
  V: Deutsche Heimat, G. 32; Die Rose
und ihr Theater 36; Berliner Kalender
36; Prominente und Obskuranten 50;
Menschen ohne Maske 52; Was die
Handschrift offenbart 62; Kleines
grapholog. Lex. 75; Die Handschrift
verrät es 76.
  B: Höcker: Sonne und Seele; Altpeter:
Werde Menschenkenner.
  F: Manchmal kommt es anders 36;
Sein Testament 36; Herz mit Schnauze
55.

  Richter, Rosemarie (Ps. Renate
Sprung); Alte Neckarsulmer Str. 12, D-
7107 Bad Friedrichshall-Kochendorf.
  V: Es war mitten unter uns 65; Gott
wohnt in Polen, Erz. 68; Die Versuchung, Erz. 69; Grillermann sucht sich
einen Sohn 70; Gefängnis ohne Mauern
77, 80; Der alte Bockelmann; Es gibt
immer einen Weg; Licht in den Nacht
76; Die Krippe war leer; Die Kinder
kommen 76; Der alte Doktor, 2 Erzn. 77;
Kinder, Eltern, Großeltern, Erzn. 79.
  MA: R: Zahlr. Erz., Report., Hf. ( )

  Richter, Werner, Schuhmacher-
Meister; Hebelstr. 6, D-7889 Grenzach-
Wyhlen, Tel. (07624) 5965 (Grenzach
10.2.29). Lyrik, Hörspiel.
  V: Hornfelsewind, G. u. Geschn. in
schriftdt. u. alemann. 75; Erdgun, G. u.
Gesch. in alemann. u. schriftdt. 78; E
Armvoll Freud, alemann. G.; Heiter bis
bewölkt, Geschn. alemann. u. schriftdt.
  R: Entlassung 76; E Bauplatz 77,
beides Hsp. in alemann. Mda.

  Richter, Wolfgang (Ps. Roman Wolf),
Redakteur; Middeldorfstr. 3A, D-5100
Aachen, Tel. (0241) 61648 (Aachen
28.12.25). Drama, Roman, Erzählung,
Lyrik, Sachbuch, Kritik. **Ue:** Ndl.
  V: Der Mann im Mond 53; Spion im
Weltraumschiff 57; Mister Monroes
Millionen 57; Zahn um Zahn in
Merryville 58; König in Spanien 59; In
den Nächten stirbt der Haß 59; Die Jagd

des Gejagten 60; Alle guten Geister
Seiner Lordschaft 60; Hand aufs Herz,
Hannibal 61; Nacht im Tal der Könige
62, alles R; Aachen in 60 Sekunden 74;
Aachener Brunnen und Denkmäler 75,
82; Aachen in zweimal 60 Sekunden 76;
Kunststadt Aachen 77; Aachen 80, 81,
alles Sachb.
MA: Mario, Das Jahrbuch der
modernen Jugend 58.

Richter-Feldmann, Elfriede,
s. Richter, Elfriede.

Richter-Schoch, Eva, s. Richter, Eva.

†von Richthofen, Bolko Frhr. (Ps.
William Hewett Elk), Dr. phil., UProf.;
Kg. 56; Honorary Member Columbian
Academy 54, Socio Onorario d. Bibl.
Partenopea Ernesto Palumbo, EM
Tolstoi-Found. in Dtschld, Korr. Mitgl.
Leopoldina, Kur.mitgl. d. Schweiz.-Dt.
Ges. f. Ostforsch., Intern. Grotius-Stift. z.
Verbreit. d. Völkerrechts, Ostdt. Kultur-
rates u. d. Experten-Kom. Kultur d.
Intern. Forsch.ges. z. Stud. d. Welt-
flüchtl.probl., Kulturwerk Schlesien, EM
Rumänisch-Deutsche Studiengruppe 75;
Seniorenheim d. Bayer. Roten Kreuzes,
D-8110 Murnau/Obb. (Mertschütz, Kr.
Liegnitz/Schles. 13.9.99). Lyrik, Essay.
Ue: A Afr, Alban, D, E, F, G, H, I, Kat, Kelt
(Gäl), N, P, Port, R, Rum, S, Schw, Slow,
Tsch, U, Ukr.
V: A Schtickla Heemte, Mda.-G. 53;
Aus fünf Erdteilen, G. 55; Heimat im
Herzen, G. 56; Dank an Bayern, G. 56;
Allerlei Fröhliches aus Niederschlesien
56; Vergangenheit u. Zukunft im
Dichterwort 73; Heimat u. Freiheit in
der Dichtung der Welt 75. —
MV: Spuren der Zeit, Anth. 60, 71; Anth.
Europ. Verlag Wien seit 68.
Ue: Nino Caradonna: Ausgewählte
Gedichte 56; zahlr. Nachdicht. in:
Omnibus; The Ajax; Das Boot, u.a.
Lit: Der Oberschlesier, Zs. 29.
s. a. Kürschners GK.

Rick, Josef, ehem. Pressechef d. WDR
Köln, freier Journalist; Rhein-.Westfäl.
Journalistenverb., Ges. kathol.
Publizisten; Anton-Heinen-Str. 57, D-
5140 Erkelenz, Tel. (02431) 2350
(Düsseldorf 17.4.12). Novelle, Essay, Hör-
spiel.
V: Der Rudergänger, Erz. 39, 40.
H: Der feuerrote Ball, Jgdb. 37, 39;
Bücherei der Jugend 46 — 50 X. —
MH: Das helle Segel, Jgdb. 36, 38; Die
Wacht, Jgdb. 46, 47 II; Gesang im
Feuerofen 47, 4.Aufl. 80; Verbrannte
Erde 49; Jahrbücher des Westdeutschen

Rundfunks I — VI (Red.); Erkelenz. Ein
Bildbd. Rev. 80.
R: Das westliche Fenster, Hsp. 46;
Hörspielb. WDR ab 62; Fernsehspielb.
WDR halbjährl. seit 64; Fernsehspielb.
ARD vierteljährl. seit 75.

Ricke, Edeltraut (Ps. Clara Herken);
D.A.V. 56; Dammannstr. 84, D-4300
Essen 1, Tel. (0201) 287018 (Essen
14.6.20). Jugendbuch, Roman.
V: Resi und das Kinderhaus, Mäd-
chenb. 50, 53; Trubel um Tilla, Mäd-
chenb. 53; Die himmelblaue Märchen-
wolke, Jgdb. 56; Kurzromane 66, 71;
Wenn eine Frau zu einsam ist, R. 78; Ihr
schönster Sommer, R. 78; versch.
Unterh.-R. 79-82.
MA: Signaturen, Lyr.-Anth. 81;
Ansichtssachen, Anth. 83.

Riebeling, Werner, Dr. med. dent.,
Zahnarzt i.R.; BDSÄ 70; Praetoriusweg
6, D-3500 Kassel, Tel. (0561) 32629
(Kassel 11.12.11). Lyrik, Novelle, illustr.
Kinderbuch.
V: Blick über den Zaun, Prosa, Nov.,
Lyr. 75; Wie Grossmutter das Fliegen
lernte, Kinderb. u. Illustr. 77;
Bommelchen, Kinderb. u. Illustr. 79.
MA: Alm. dt. Schriftstellerärzte 76, 79,
80-83.

Rieble, Egon, Kulturreferent; VS 80;
Württemberger Str. 39, D-7210 Rottweil-
Göllsdorf (Rottweil 20.5.25). Lyrik,
Reiseliteratur, Kunstbetrachtung.
V: Albert Birkle — Glasbilder u. krit.
Zeichn., Künstler. Einführ. 70; em
Jesule isch es langweilig — Heilige
amol anderscht, Mda.-G. 79; Dr oane
geit's dr Herr im Schlof — Heilige amol
anderscht, 2. T., Mda.-G. 80; Sehen u.
entdecken — Kunst- u. Reiseführer
durch d. Kr. Rottweil 80. —
MV: Inkarnationen d. Lichts — Albert
Birkle 63; Land am oberen Neckar —
Reise- u. Landschaftsb. 71; Deutsche
Großstadtlyrik v. Naturalismus b. z.
Gegw., Anth. 73; Unter Tage — Über
Tage, G. a. d. Arbeitswelt unserer Tage
66; Vom Abrand z. Schwarzwald —
Blick in d. Landkr. Rottweil 76.
Lit: G. Just: Reflexionen z. dt. Lit. d.
sechziger Jahre 72.

Rieck, Max (Ps. Peter Svedin),
Schriftwerker hochdt., ndt.; VS 69;
Arb.kr. f. ndt. Spr. u. Dicht. Bevensen 67,,
c/o J. G. Bläschke Verlag, St. Michael,
Öst. (Nutteln, Kr. Steinberg 16.3.18).
Lyrik, Roman.
V: Ein Windlied, G. 81.

Rieckhoff, Peter Jürgen, Dr.phil.,
ObStudR. i.R.; VS Hessen 77; Rotenberg
10, D-3550 Marburg, Tel. (06421) 24616
(Stettin 24.5.23). Lyrik, Erzählung, Essay.
Ue: G (Ngr).

V: Bewohnte Zeit, G. 75; Scherben
unterm Hibiskus, G. 78; Dialog mit der
Zeit, G. 79.

MA: Die Übertretung, Erz. in:
Grenzüberschreitungen 73; Lyrik heute
II 73, III 74, IV 78; Sassafras-Blätter 51-
56 81.

Ue: Nikos Gatsos: Amorgos, Lyr.
Dicht. 72.

Ried, Bernarda, s. Brocker, Hildegard.

Ried, Franziska, s. Greither, Margit.

Riedel, Gerhard, Journalist; Kg. 54;
Ehrenmedaille der Stadt Böblingen,
Gustav-Leutelt-Medaille, 1. Lyrikpreis
der Rassegna Internazionale di Arte
Contemporanea b. d. Festspielen
Spoleto/Italien 79, Spezialpr. Premio
Umbria 80, Premio Bosone, Gubbio 80,
Spezialpr. Premio San Valentino, Terni
81 u.a., Adalbert-Stifter-Med. 81;
Schwibbogenplatz 2b, D-8900 Augsburg,
Tel. (0821) 559314 (Warnsdorf/Sudeten
20.7.32). Lyrik, Erzählung, Essay,
Kinderbuch, Lit. Reportage, Funk-
Skript, Literaturkritik.

V: Der herzliche Kreis, G. 52; Die
reine Gestalt, G. 53; Wilder Flieder, G.
54; Das dritte Jahr, Erzn. 56, 63;
Schweige und sieh ..., G. aus 5 Jahren 56;
Werdende Mütter, G. 57; Kleiner
Robinson, Erz. 57; Stehe, Herr in
unserer Zeit 58; Der große bunte
Adventkalender, Kinderb. 60; Jugend-
dorf - Klinge - Kreuzweg, Jgdb. 62; Der
Erlösung entgegen, Pfingstgeist erfüllt
die Erde, Wie schön leuchtet uns der
Morgenstern, Kinderb.-Trilogie 62, 63;
Der Junge vom Nebo, Erzn., G., Report
65; Tage so bunt wie Luftballons,
Kinderb. 66; Da-Sein. Sätze aus einem
Briefwechsel 71; Mohn, G. 75; ... und der
Mond wird größer, G. 77; Stunde des
Mohns, G. 78; Das Schneehaus, G. u. Erz.
78; Maße des Menschseins, G. aus 30 J.
80, u.a.

MA: Land unserer Liebe, Anth. 54;
Aber das Herz hängt daran, Anth. 55;
Erbe und Auftrag, Alm. d. Kg. 60; Antlitz
und Seele, Festalm. d. Martin-Verl. 60;
Der leuchtende Bogen, Anth. 61;
Brücken u. Zeichen, Anth. 61; Schlag-
zeug und Flöte, Anth. 61; thema
weihnachten, Anth. 66; Wo ist Weih-
nachten, Anth. 67; Lob der Heimat,
Anth. 68; Tauwetter und vereiste
Spuren, Anth. 68; Auf dem Weg ins

Licht, Kindb.-Anth. 69; Der große Käfig
Welt, Anth. der Kg. 70; Die Allerschönste, Anth. 71; Schwäbisches Lesebuch, Anth. 74; Alles Werdende verlangt
nach dem Segen der Stille, Anth. 74; Die
Kehrseite des Mondes, Anth. d. Kg. 75;
Dome im Gedicht, Anth. 75; Autoren
reisen, Anth. d. Kg. 76; Tauche ich in
deinen Schatten, Anth. d. Kg. 77; Das
große Rabenbuch, Anth. 77; Die Schön-
heit eines Dorfes, Anth. 77; Schuld-
schein bis morgen, Anth. d. Kg. 78;
Liebe will Liebe sein, Anth. 78;
Hommage à Regensburg, Ausst.-Kat. 79;
Ostdeutsche Weihnacht, Anth. 79; Jeder
kann nicht alles wissen, Kinderged.-
Anth. 79; Ostdeutsche Weihnacht,
Kultur. Arbeitsh. 79; Spuren der Zeit V,
Anth. 80; Begegnungen, Kat. 80; DIECI
E.., Antol. (Ital.) 80; Incontri D'ottobre,
Antol. (Ital.) 80; Weh' dem, der keine
Heimat hat, Anth. 81; Gaukes Jb. '82 81;
Transform, Kat. 82; Sechs Chorsätze,
preisgekr. Beitr. zum 1. Komponisten-
wettbew. der Zentralstelle f. d. dt. Chor-
gesang i. d. Welt 82; Begegnungen und
Erkundungen, Anth. 82; Kunst-
Landschaften der Sudetendeutschen,
Anth. 82.

H: Abseits der Straße, Anth. jüngster
dt.-spr. Lyrik 56; Worte: Sebastian
Kneipp (Kneipp-Zitate) 70; ... meinte
Sebastian Kneipp (Erweiterte Neuaus-
gabe Kneipp-Zitate) 79. − **MH:** Junge
Lyrik, Anth. junger dt. Lyrik 56.

Riedel, Jürgen, c/o R. G. Fischer-Verl.,
Frankfurt a.M..

V: Wortbilder, G. u. Erzn. 83. ( )

Riedel, Kurt, Pädagoge, Graphiker;
Stettiner Str. 8, D-6374 Steinbach, Tel.
(06171) 72476 (Altenburg/Thür. 20.8.06).
Lyrik, Essay.

V: Verwehte Spuren, G. 75;
Spurensicherung, G. 82, 2. Aufl. 83. −
MV: Marginal, m. Jochen Dietz
(Monotypien), G. 82.

Riedel, Otto, Pfarrer i. R.; SV-DDR 55;
Wartburg-Medaille 54, Joh.-R.-Becher-
Medaille Silber 78; Meisenheimer Kreis
47, Dt. Dante-Ges. 55, Vizepräs. h.c.,
Barlach-Ges. 58, Droste-Ges. 69, R.-A.-
Schröder-Ges. 79, Inklings; Diazstr. 13,
DDR-9500 Zwickau, Tel. 781248
(Zwickau 10.7.08). Essay, Lyrik, Roman,
Kurzgeschichte. **Ue:** H, P, Tsch.

V: Fürchte dich nicht, G. 39; Ein
Gottesjahr, G. 40; Der Bildschnitzer von
Zwickau, R. 44, 57; Der Baumeister, R.
49, 53; Hilfe in Not, Erzn. 51; Im
Schatten Gottes, G. 51; Kleiner Reigen,
G. 52; Habt ihr's schon vernommen?,

Advents- und Weihnachtslieder 54; Das
Leben ist erschienen, Erzn. u. G. 57, 61;
Auf Tod und Leben, Erzn. u. G. 59; Im
Spiegel, Erzn. 59; Es schließt sich der
Ring, G. 61; Gewissensnot, R. 64, 68;
Verrat aus Liebe, Studie 66; Der
geborgene Zweifler u.a. Erzn. 66; König
und Papst, Erzn. 67; Überraschungen 68;
Die Flut, Erzn. 69; Alles ist nur
Übergang, G.; Vom alten Wort u. neuen
Lied d. Kirche, Ess. u. eigene Lieder;
Des Dichters Amt am Lied d. Kirche,
Ess.; Der Zukunft verschworen, R. 75, 76
(holl.); Siehe, welch ein Mensch, R. 78;
Einkehr — späte Gedichte, G. 78; Der
Mensch, Gedichte zu Holzsymbolen von
E. v. Nahmmacher 80. — **MV:** Vom
göttlichen und vom menschlichen Wort,
Ess. 52; Vom Worte Gottes und den
Künsten, Ess. 52; Vom Menschenwerk
65, 66; Von der Schönheit des Wassers
67; Von der Weisheit des Glaubens 70;
Christliche Dichtung heute 75; Licht-
band-Autoren-Lexikon 80.
B: Die Reise nach Wertheim, Erzn.
66. — **MA:** Sag ja und du darfst bei mir
sein, Lyrik 78; Christl. ABC heute und
morgen 79; O ihr Tiere, Anth., Lyrik 79;
Über alle Grenzen hin — Gränslost,
Anth. 79; Und wie ein dunkler Schatten,
Anth. 79; Reichtum der Jahresringe 82;
Spuren im Spiegellicht.
H: Härtensdorfer Choralbüchlein I 40,
II 41; Vom göttlichen und vom
menschlichen Wort 52; Vom Worte
Gottes und den Künsten 52; Kleine
Anthologie christlicher Lyrik 55;
Besinnung, Erzn. u. G. 65, u.a.; Kleines
Weistumsbrevier für Herz und Geist 66;
Die einsame Straße, Erzn. 66.
Lit: H. J. Vogel: Aus dem Reichtum
einer großen Armut. Gedanken um den
Dichterpfarrer Otto Riedel in: Neubau
52; E. Toock: Ein religiöser Verkünder
von heute. Eine Würdigung d. Dichters
Otto Riedel in: Welt im Gespräch 54; E.
Kanduth: Gedanken an O. R. in: Mitt.bl.
d. DDG 78.

Riedel, Wilhelm, Lehrer; Arb.kreis f.
lit.-künstler. Auseinandersetz. b. Kultur-
bund d. DGB Darmstadt; Memelstr. 4,
D-6112 Groß-Zimmern, Tel. (06071) 4518
(Darmstadt 18.12.33). Lyrik.
V: Krieg in den Wörtern, G. 77;
Versöhnung, Lyr. 81; Traumtänzer, G.
83. — **MV:** Skizzen aus d. Arbeitswelt 78,
II: Was Kinder erfahren 81.
MA: Forum moderner Poesie u. Prosa
77, 82.
H: Aus der Sicht d. Mäuse. Berichte u.
Gedichte v. Schülern u. Lehrern 79.

Rieder, Heinz, Prof. Dr. phil., Bibl.dir.;
P.E.N., Ö.S.V.; Leidesdorfgasse 4a/8, A-
1190 Wien, Tel. (0222) 3247405 (Mödling
b. Wien 26.8.11). Roman, Jugendbuch,
Hörspiel, Essay, Histor. Biographie.
V: Meier Helmbrecht, R. 36; Libera-
lismus als Lebensform in der deutschen
Prosaepik des 19. Jahrhunderts 39; Zwei
Tiergeschichten, Jgdb. 47; Mira, das
abenteuerliche Leben einer Schiffs-
katze, Jgdb. 49; Napoleon III.,
Abenteurer u. Imperator, Biogr. 56; Der
Pirat Gottes, Erz. 57; Wiener Vormärz,
Ess. 59; Salzburg, Ess. 59; Geburt der
Moderne, Ess. 64; Schiller, Religion und
Menschenbild, Ess. 66; Wallenstein,
Biogr. 67; Österreichische Moderne, Ess.
68; Wenzel, ein unwürdiger König,
Biogr. 70; Der magische Realismus, Ess.
70; Maria Theresia, Biogr. 71; Arthur
Schnitzler, Ess. 73; Kaiser-Franz-Josef-
Anekdoten 79; Kaiser Karl, Biogr. 81;
Tödliche Spiele, R. 82.
H: Marie von Ebner-Eschenbach:
Aphorismen 48, Bei meinen Lands-
leuten (Nachl.-Bd. I) 48; Meine Er-
innerungen an Grillparzer 55; Weisheit
des Herzens 58; Märchen aus der weiten
Welt, ausgew. u. nacherz. 50; Brevier zur
Nacht, Aphor.-Anth. 51; Adalbert Stifter:
Katzensilber 55; Ludwig Anzengruber:
Unrecht Gut 56; Robert Hamerling:
Ahasver in Rom 59; Kürnberger:
Literarische Herzenssachen 59;
Märchen aus Europa, ausgew. u.
nacherz. 60; Ferdinand von Saar: Die
Steinklopfer, Tambi 62; Franz
Grillparzer: Libussa 64; Nikolaus Lenau:
Gedichte 65; Franz Theodor Csokor:
Alexander 69; Möllhausen: Das
Geheimnis des Wracks 78.
R: Gespräch mit einem Griechen 53;
Der Pirat 55, beides Hsp.

Riediger, Günter, ObStudR.; VS 81;
Bergstr. 30a, D-4250 Bottrop, Tel. (02041)
25761 (Düsseldorf 24.12.31). Kinderbuch,
Jugendbuch.
V: Wir Kinder schwarz und gelb und
weiß und rot, Kinderb. 73, 84; gib uns
allen deinen geist — Jungen und
Mädchen in unserer Zeit, Jgdb. 75, 82;
Wenn beide zärtlich sind — Liebe und
Partnerschaft, Jgdb. 78, 80; Gott unser
Freund — Geschichten und Gebete für
Mädchen und Jungen, Jgdb. 79, 81;
Wenn alle sich besser verstehen —
Partnerschaft im Elternhaus, Jgdb. 80;
Nur Mut — Junge Menschen wagen das
Leben, Jgdb. 84.

Riedl, Franz Xaver, Rektor e. Volksschule; Fichtenstr. 2b, D-8901 Merching,

Tel. (08233) 92796 (Berching/Ob-Pf.
16.4.35). Mundartprosa, Mundartlyrik,
Schulspiel.
V: Bildergeschichten 3/4 79, 3.Aufl. 81;
Bildergeschichten 1/2 81, 2.Aufl. 82; A
Liachtfleck fallt rein 80; Seif'nblas'n
fliang rundum 82; Schulspiele,
Theaterst. 82; Erzählen-Spielen-
Schreiben 82.

Riedl, Herta, Hausfrau; Jörgerstr. 39,
A-1170 Wien, Tel. (0222) 433194 (Wien
21.12.14). Geschichten.
V: Kunterbunt 81; Erinnerung 82.

Riedt, Heinz (Ps. Pan Rova), Lektor,
Publizist, Übersetzer; VS, DU, VG Wort;
Übersetzerpreis d. Reg. d. DDR 56,
Übersetzerpr. d. ital. Aussenmin. 79,
Premio Montecchio 81, Wieland-Pr. 81;
Elisabethstr. 48, D-8000 München 40,
Tel. (089) 2719506 (Berlin 20.8.19).
Belletristik, Theater. **Ue:** F, I.
V: Carlo Goldoni 67, 76 (engl.).
B: Landpartie à la mode,
Zusammenfass. v. 3 Theaterst. v. Carlo
Goldoni 83.
H: Carlo Goldoni: Ausgewählte
Komödien 57; Carlo Goldoni: Komödien
65, 76.
R: Eine Causerie über Goldoni, Hsp.
65; Pinocchios Abenteuer, Hsp. 69/76.
Ue: Carlo Collodi: Pinocchios
Abenteuer 54, 82; Alessandro Manzoni:
Die Nonne von Monza 56, 66; Denis
Diderot: Mystifikation 56, 66; Vasco
Pratolini: Die Mädchen von Sanfrediano
57; Luigi Pirandello: Liolà 58; Carlo
Goldoni: Viel Lärm in Chiozza, Das
Kaffeehaus, Der Lügner, Der Diener
zweier Herren, Mirandolina, Der
herzensgute Unwirsch, Herren im Haus,
Der Fächer, Argentina die brillante
Kammerzofe, Abschied vom Karneval,
Die Zwillinge aus Venedig, Die
gehorsame Tochter, Diese Komödianten
57, 74; Primo Levi: Ist das ein Mensch?
58, 79; Giovanni Testori: Arialda 61;
Rodolfo Celletti: Im Schatten der Scala
61; Angelo Beolco gen. Ruzante: Des
Ruzante Rede so er vom Schlachtfeld
kommen 61; Franco Brusati: Die Lästige
63; Mario Fratti: Erwartung, "A", Die
Akademie 63; Terron/De Rojas:
Celestina 63; Angelo Beolco gen.
Ruzante: Die Paduanerin 63; Italo
Calvino: Der Tag eines Wahlhelfers 63;
Aldo Nicolaj: Das Pendel 63; Francesco
Della Corte: Athen im Jahre Null 64;
Italo Calvino: Wo Spinnen ihre Nester
bauen 65, 81; Carlo Emilio Gadda:
Erzählungen 65; Fortunato Pasqualino:
Mein Vater Adam, Der Widder auf den

Wolken 65; Italo Calvino: Marcovaldo 67;
Levi-Marchè: Ist das ein Mensch? 68;
Angelo Beolco gen. Ruzante: Bilora 68;
Beppe Fenoglio: Eine Privatsache 68;
Primo Levi: Die Verdoppelung einer
schönen Dame 68/75; Spiro dalla Porta
Xidias: Berge, mein Leben 68; Italo
Calvino: Kosmokomische Geschichten
69; Pier Paolo Pasolini: Teorema oder
die nackten Füsse 69, 80; Massimo
Dursi: Das ruchlose Leben des edlen
Herrn Gilles de Rais genannt Blaubart
69; Alessandro Fersen: Die Gleichung
69; Mario Fratti: Kühlschränke 69;
Oriana Fallaci: Wir, Engel und Bestien
71; Giovanni Arpino: Ein ungleiches
Paar 69; Pier Paolo Pasolini:
Affabulazione oder der Königsmord 71;
Beppe Fenoglio: Eine feine Methode 71;
Tonino Guerra: Der Parallelmensch 72;
Carlo Gozzi: König Hirsch 72; Luigi
Pirandello: Novellen für ein Jahr 73;
Sabatino Moscati: Unbekanntes Italien
74; Renato Barilli: Symbolismus 75;
Maria Luisa Rizzatti: Leonardo 76;
Oriana Fallaci: Brief an ein nie
geborenes Kind 77; Italo Calvino: Die
unsichtbaren Städte 77, 79; Das Schloß,
darin sich Schicksale kreuzen 78;
Gavino Ledda: Padre Padrone Mein
Vater, mein Herr 78; Mario Soldati: Die
amerikanische Braut 79; Leonardo
Sciascia: Candido oder ein Traum in
Sizilien 79, 81; Gavino Ledda: Die
Sprache der Sichel 80; Alvise Zorzi:
Venedig, eine Stadt, eine Republik, ein
Weltreich 81; Carlo Goldoni: Reisefieber,
Die Landpartie, Die Rückkehr 82.
Lit: I. Wilske: Italo Calvinos Erstlings-
werk 'Il sentiero dei nidi di ragno' und
seine deutsche Übersetzung 68; B.
Eichhorn: Carlo Collodi Le avventure di
Pinocchio, eine Kritik der deutschen
Übersetzungen 68; R. Billaudelle: Primo
Levi 'Se questo è un uomo', eine Über-
setzungskritik 70, alles Dipl.-Arb.

Riedweg, Franz *

Riegel, Wilhelm Michael (Ps. Michel
Morin), Journalist, Übersetzer;
Germaniastr. 33, D-8000 München 40,
Tel. (089) 363938 (Landsberg/Lech 7.7.32).
Roman, Novelle, Erzählung, Kinder-
buch, Hörspiel. **Ue:** E, F.
V: Der Zwanzig-Pengö-Schein, N. 55;
Die Rufmord-GmbH, Tatsachenber. 60;
Kollege Mörder, Tatsachenber. 60;
Ziemlich netter junger Mann, R. 61;
Protokoll eines Zufalls, R. 63 (auch holl.,
dän.); Der Panorz, Kinderb. 69. —
MV: Liebe 1963, Anth. 63; Vertraulich-
keiten, Anth. 68; Große Liebe, Anth. 68;

Ein glücklicher Abend, Anth. 69;
Ekstasen, Anth. 69; Es spricht Dieter
Gütt, Anth. 69.
B: Lütgenhorst: Der Koloß, Rep. üb. d.
Ruhrgebiet 69.
MH: Bücher der Liebe, Taschenbuch-
Reihe 1 — 54, 67 — 69.
R: Der Maler, Hsp. 63.
Ue: M. E. Endrèbe: Mordmartre 65;
Joseph Kessel: Glühendes Land, Land
der Verheißung 66; Hillary Waugh: Ein
Mädchen muß flüchten 67; Welt-
geschichte der Kriege 66 — 67; Dan J.
Marlowe: Tödliche Rache 67; David
Robinson: The Confession of Andrew
Clare, u.d.T.: Morgen werde ich
ermordet 67.

Rieger, Eleonore, s. Hrdlička,
Eleonore.

Rieger, Franz, Prof.,
Volksbibliothekar; GAV 77; Förder.pr. f.
Lit. d. Ldes ObÖst. 66, Förder.pr. z.
Staatspr. 72 f. R., Landeskulturpr. f. Lit.
d. Ldes ObÖst., Rauriser Lit.pr. 79;
Verleih. d. Tit. Prof. 79; Freiling 38, A-
4064 Oftering, Tel. (07221) 2450 (Riedau/
ObÖst. 23.1.23). Lyrik, Roman, Novelle,
Hörspiel.
V: Ein Zweikampf, Erzn. 64; Paß, R.
73; Die Landauer, R. 74; Feldwege, R. 76;
Der Kalfakter, R. 78; Zwischenzeit
Karman, R. 79; Vierfrauenhaus, R. 81.
R: Der Landvermesser, Hsp.; Beispiel
e. Rebellion, Hsp; Ich kann warten, Hsp;
Der Blockwärter, Hsp.
Lit: P. Kraft: Prosa unter freiem
Himmel in: Linz aktiv 70 79; A.
Zirknitzer: Franz Rieger, Porträt eines
Schriftstellers in: Universitätsbibl.
Salzburg 81; N. Mecklenburg:
Kalkulierte Unbestimmtheit. Franz
Riegers Roman "Die Landauer" in:
Sprachkunst 82.

Rieger, Jonny, c/o Buntbuch-Verl.,
Hamburg.
V: Mein Leben gehört mir, R. 82. ( )

Riegler, Theo *

Riehl, Matthias, s. Wolff, Dietrich.

Riemann, Marianne, Lehrerin; NGL;
Eosanderstr. 17, D-1000 Berlin 10, Tel.
(030) 3421971 (Berlin 21.1.37). Hörspiel,
Kinderbücher.
V: Holger, genannt Trompete 77;
Krumme Str. 8 80; Luise, wir ziehen um
81; Der Schwindelschlemihl 81, alles
Kdb.
R: Ganz einfach — Sie wird umge-
tauscht 76; Die Zauberangel 77;; Die
Neue 78; Das grüne Fahrrad 79; Das
Mädchen im Stadtpark 77; Kleiner

Krümel — ganz groß 80; Schinkel hat
Geburtstag 81, alles Hsp.

Riemschneider, Margarete, freiberufl.
Schriftstellerin (Königsberg 17.8.99).
Hist. Romane.
V: Der Schwur des Espaini 66, 68; Das
Wunder von Jerusalem 67; Keine Stadt
ist vor den Räubern sicher 68, 69;
Unrast und Einkehr 69; Im Garten
Claudias 70; Die Wege des Trajan 73;
Die Gewißheit des Herrn Pascal 74; Der
Maler von Toledo 76. ( )

Riepenhausen, Carlheinz (Ps. Carl
Rabais), Regisseur, Dramaturg;
Troppauer Str. 28a, D-1000 Berlin 45 u.
Rathausstr. 6, D-3548 Arolsen, Tel. (030)
8117113 (Göttingen 17.11.05). Hörspiel.
Ue: F.
R: Die Muschel der Kalypso; Der
Ausgelöschte (nach Kipling); Vom guten
alten Flattich (nach Schwarz);
Klassische Besucher in Berlin, u.a. Hsp.
Ue: Roussin u. Gray: Helena oder Die
Lust zu leben, Kom. 53; Jean Levitte: Le
souvenir éternel u.d.T.: Begegnung mit
Gestern, Bü. 54; Roger Ferdinand: La
foire aux sentiments u.d.T.: Gemischte
Gefühle, Kom. 57; Christine Arnothy:
Ein Kind wartet, Hsp. 61; Papa soll
Venedig retten, Hsp. 64.

Ries, Hubert *

Riess, Curt, freier Schriftsteller;
P.E.N. 64, CH-8127 Scheuren a. d. Forch,
Kt. Zürich, Tel. 9800393 (Würzburg
21.6.02). Roman, Novelle, Essay. **Ue:** E, F.
V: Der Kampf seines Lebens, Nn. 31;
Hollywood Inconnu 36; Total Espionage.
Hitlers Geheimagenten waren überall
41; Underground Europe. Der Kampf
der Partisanen i. d. besetzten Ländern
42; High Stakes, Spionage. 42; The Self-
Betrayed. Der Kampf der deutschen
Generale gegen Hitler 43; The Invasion
of Germany. Warum der Krieg so lange
dauerte 43; Die Nazis go Underground.
Die Pläne Himmlers für die Welt nach
dem Krieg 43; Die Entscheidung, Dr. 46;
They were there. Geschichte des
Krieges, erz. von amer. Bericht-
erstattern, Anth. 44; George 9 — 4 — 3 —
3, R. 46; Joseph Goebbels, Biogr. 48;
Stalin starb um vier Uhr morgens, utop.
Satire 50; Berlin - Berlin 1945 — 1953 53;
Zwischenlandung in Paris, R. 53; Furtwängler, Biogr. 53; Der 17. Juni 54; Sie
haben es noch einmal geschafft 55; Das
gab's nur einmal, Gesch. d. Films 56;
Monsieur Anatole oder Des Kaisers
neue Kleider, R. 57; Das gibts nur
einmal. D. dt. Film seit 54 57; Ueb immer

Treu und Redlichkeit, R. 57; Auf Leben und Tod. Wunderleistungen der modernen Medizin 58; Duttweiler, Biogr. 58; Bestseller. Bücher, die Millionen lesen 60; Sein oder Nichtsein. Roman eines Theaters 63; Zehn Jahre und ein Tag. Das Leben der Jacqueline Kennedy 64; Ascona - Geschichte des seltsamsten Dorfes der Welt 64; Der Mann in der Schwarzen Robe 65; Gustaf Gründgens, Biogr. 65; Erotica! Erotica! 68; Alle Straßen führen nach Berlin 68; Erotisches Lesebuch 69; Theaterdämmerung 70; Allein vor Millionen Augen 70; Kein Traum blieb ungeträumt 75; Nostalgie 77; Das waren Zeiten 76; Liebermann 77; Geburt der Illusion 80; Auch du, Cäsar 81.
F: Roman eines Frauenarztes 54; Zwischenland. in Paris 54; Hanussen 55. ( )

Riewerts, Cornelius, Ltd. Redakteur; Adolf-Wentrup-Weg 29, D-4400 Münster/Westf., Tel. (02501) 7481 (Münster 2.9.40). Kurzgeschichten.
V: Touren mit Töchtern, Kurzgesch. 81.
H: Ich will Ergebnisse, keine Entschuldigungen, Festschr. 78.

Riha, Antonia, Schneiderin; Der Turmbund 81, Ges. d. Freunde dt.spr. Lyr. 82; Andechsstr. 59, A-6020 Innsbruck, Tel. (05222) 466242 (Hall i.T. 1.6.43). Lyrik, Kurzprosa.
V: Gedankenflüge, Lyr. 81.

Riha, Karl (Ps. Agno Stowitsch, Hans Wald), Hochschullehrer, Literaturkritiker; Lit. Colloquium Berlin 71; Eichlingsborn 2, D-5900 Siegen 21, Tel. (0271) 76498 (Krummau/Moldau 3.6.35). Lyrik, Roman, Essay.
V: Moritat, Song, Bänkelsang 65; Zok, Roarr, Wumm, Comics 70; Moritat, Bänkelsong, Protestballade 75, 2. erw. Aufl. 79; Wurst aus Westf., Bilder u. Texte 77; alles zielt auf einen punkt, bilder-texte 77; Wissenschaftsprosa, Parodie 77; Kleiner Berlin-Roman (nach Fr. Nicolai) 78; Da Dada da war ist Dada da 80; gom/rin/ger, Konstellationen 80; Nicht alle Fische sind Vögel, G. u. Gedichtg. 81.
H: Patio-Magazin Fußball 68; Patio-Magazin Fernsehen 69; Zweizeiler, Anth. 71; Raoul Hausmann: Am Anfang war Dada 72, 2. Aufl. 80; Johannes Baader Oberdada, Werke u. Taten 77; Dada-Berlin 77; Dreizeiler, Anth. 78. —
MH: Kasperletheater f. Erwachsene 78; Das Moritatenbuch 81; Fußball

literarisch 82; da-da-Gedichte 82, Stadtleben 83.

Riha, Susanne; Hafnergasse 5/11, A-1020 Wien, Tel. (0222) 2670102 (Wien 18.6.54). Kinderbuch.
V: Alice u. Anatol 82; Meine Freundin Alice 83.
Lit: Die Barke 82.

Rikart, H., s. Schulze-Berka, Kurt.

Rilz, René (Ps. Friedrich Einbeck), Verlagslektor; Paul-Gerhardt-Str. 3a, D-8080 Fürstenfeldbruck, Tel. (08141) 10648 (Einbeck 11.5.45). Lyrik, Prosa, Herausgabe, Kinderliteratur.
V: Zurückkommen heißt Gehen, Prosa 67. — **MV:** Primanerlyrik/Primanerprosa, Lyrik 65; Wir Kinder von Marx u. Coca-Cola, Lyrik 71; Die Straße, in der ich spiele, Prosa 74.
H: Das nette Krokodil 70; Brüder Grimm: König Drosselbart u.a. schöne Märchen 72; Brüder Grimm: Der Berggeist. 101 Sagen 72; Kunterbunt heißt unser Hund, Anth. 72; Kunterbunt heißt Kunterbunt 74; Kunterbunter Liedergarten 77; Kunterbunte Kinderreime 78; Brüder Grimm: Märchenschatz 78; Franz Graf von Pocci: Lustige Gesellschaft 78; Mein erstes Rätselbuch 79; Kunterbuntes Weihnachtsbuch 79; Kunterbunter Jahresreigen 80; Mein erstes Fabelbuch 80; Heinrich Seidel: Der Hexenmeister u.a. seltsame Geschichten 81; Geschichten aus alter Zeit 82; Mütter, Mütter. Briefe, Erz., G. u. Erinn. 83; Johann Peter Hebel: Seltsamer Spazierritt. Schwänke, Schnurren u. Erz. a. d. "Schatzkästlein" 83.

Rimau, Rolf, s. Braun, Otto Rudolf.

Rimek, Falk, s. Albrecht, Fritz Kurt.

Rimmel, Maximilian *

Rindgen, Bernhard *

Ringel, Gustav Kilian, Dipl.-Ing. Arch. Dr. jur., Leit. d. Inst. f. Baurecht Stuttgart; Wacholderweg 1, D-7031 Grafenau/Württ. 1, Tel. (07033) 41000 (Warnsdorf/Sudeten 2.12.12). Prosa, Lyrik.
V: Der große Hausbau-Ratgeber 65, 12. Aufl. 80; Freundesgabe, G. 1930 — 1970 72. — **MV:** Braunauer Land 71.

Ringelband, Ulrike, Hausfrau; Stadtgartenring 49, D-4630 Bochum 6, Tel. (02327) 88662 (Straubing/Ndb. 12.11.44). Tierfabeln, Kinderbücher.
V: Glitzis Abenteuer I 81.

Ringgenberg, Fritz *

Ringo, Johnny, s. Basner, Gerhard.

Ringseis, Franz (Ps. f. Anton
Neuhäusler), Dr., UProf.; Denningerstr.
202, D-8000 München 81, Tel. (089)
934421 (München 20.2.19). Mundart-
Lyrik u. Prosa.

V: A Wassafoi mechat i sei 68, 76;
Durchd Wand spuit a Klavier 69, 71; I
konn koane Engal mehr seng 70, 73; A
Handvoi 71; Aufm bayerischn Olymp 72;
Vom Leem, Sterm und danooch 73; Wos
Grüabigs, wos Grimmigs 76; Meine
Versln san wias Leem 78; Augnstern, ich
hab di gern 80; A bißl Zeit für d
Ewigkeit 80; Mir nackatn Affn 81;
Schneeflocken — Blütnflockn 82; Daß i
net lach 82, alles Mundartg.; Der
bayerische Witz, Anth. bayer. Witze 71,
78. — **MV:** In der Au, um d Au, um d Au
rum 79; S Bairisch Paradies 80 (beides
Gedichte zu Bildern); Nachrichten aus
Nechnüm 61.

S: Da Wassafoi 78.

s. a. Kürschners GK.

Rinke, Hans-Peter, Lehrer;
Michaelisstr. 25, D-2990 Papenburg, Tel.
(04961) 71752 (Castrop-Rauxel 10.8.40).
Drama, Lyrik, Roman, Erzählung.

V: Gezeiten od. d. Strom d.
Leidenschaft, R. 78; Begegnungen, Erzn.
79; Wenn die Sehnsucht sich erfüllt, Lyr.
83; Der Träumer, R. 83 (engl. 83).

Rinser, Luise; VS, P.E.N.; René-
Schickele-Pr. 52, Bundesverdienstkreuz
77, Ehrenbürger-Urkunde der
koreanischen Stadt Gwang-ju 76,
Roswitha-von-Gandersheim-Pr. 79,
premio mediterraneo 79, Premio
Europeo 80; Dt. Akad. Künste zu Berlin;
Via di Marino, I-00040 Rocca di Papa,
Roma, Tel. (06) 949087 (Pitzling/Obb.
30.4.11). Roman, Novelle, Essay.

V: Die gläsernen Ringe, Erz. 40, 50;
Gefängnistagebuch, Erlebn.-Ber. 46; Jan
Lobel aus Warschau, Erz. 48;
Hochebene, R. 48, 54; Martins Reise,
Kinderb. 49; Mitte des Lebens, R. 50;
Daniela, R. 52; Die Wahrheit über
Konnersreuth, Unters. 54; Sündenbock,
R. 55; Ein Bündel weißer Narzissen, ges.
Erzn. 56; Abenteuer der Tugend, R. 58
(zus. mit Mitte des Lebens u.d.T.: Nina
61); Geh fort wenn du kannst, N. 59;
Schwerpunkt, Ess. 60; Die vollkommene
Freude, R. 62; Ich weiß deinen Namen
63; Vom Sinn der Traurigkeit 63; Die
Kraft zu leben 64; Septembertag, Erz.
64; Hochzeitliches Tryptichon 64;
Tobias, R. 68; Fragen und Antworten 68
— 70 III; Baustelle, Tageb. 70; Unterent-
wickeltes Land Frau, Ess. 71; Philemon,
Bü. 73; Hochzeit der Widersprüche,

Briefantworten an Leser 73; Grenzüber-
gänge, Tageb. 74; Dem Tode geweiht,
Reiseber. v. einer Lepra-Insel 74;
Bruder Feuer, Jgdb. 74; Wie wenn wir
ärmer würden 75, 82; Der schwarze Esel,
R. 75; Wenn die Wale kämpfen,
Reiseber. über Korea 76; Leiden,
Sterben, Auferstehen, Aufs. 76; Der
verwundete Drache, Biogr. d. korean.
Komponisten Isang Yun 77;
Kriegsspielzeug, Tageb. 78; Khomeini
und der islamische Gottesstaat 79; Den
Wolf umarmen, Autobiogr. 81; Mein
Lesebuch 81; Winterfrühling, Tageb. 82
— Übers. d. Bücher in 21 Fremdspr.

R: Martha, Hsp.; Der Sündenbock,
Fsp. 64; Prinz Mandalay; Sie zogen mit
dem Stern; Ohlstadter Weihnachtsspiel,
alles f. Kinder; Kardinal Galen,
Dok.spielf. 71; Un anno come gli altri,
Hsp. f. RAI 76; Nordkorean. Reisetageb.
1. T. 80, 2. T. 83; Kinder unseres Volkes,
Fsf. 83.

S: David 61; Ein alter Mann stirbt, Ein
Bündel weißer Narzissen, aus: Ein
Bündel weißer Narzissen.

Lit: Festschrift z. 60. Geb.; Doktor-
arbeiten in franz., finn., schwed., ital.,
engl.

Ripke, Thomas; Lutherstr. 38, D-6900
Heidelberg.

V: Herabsetzende Äußerungen, Erz.
80. ( )

Ripkens, Martin *

Rismondo, Piero, Theaterkritiker;
P.E.N. Öst., Ö.S.V.; Grillparzer Ring,
Österr. Staatspr. f. Kulturpublizistik 79
(Triest 15.2.05). Drama, Essay. **Ue:** I.

V: Raimund, Bü. 37; Der Herr Hofrat,
Bü. 47; Dietro la Maschera, Bü. 48;
Michaelerplatz, Bü. 66; Einfälle und
Ausfälle, Ess. 79; Leopold Rudolf, Biogr.
82. — **MV:** Das unsichtbare Volk, m.
Alexander Sacher-Masoch, Sch. 47.

B: Klabund: Kreidekreis 53.

Ue: Italo Svevo: La coscienza di Zeno
u.d.T.: Zeno Cosini, R. 28, Senilità u.d.T.:
Ein Mann wird älter, R. 60, Ein Leben,
R. 62, Kurze sentimentale Reise, Erzn.
67; Alberto Moravia: Die Verachtung, R.
63, Ich und er, R. 71; Paolo Volponi:
Memoriale u.d.T.: Ich, der Unter-
zeichnete, R. 64; Luigi Pirandello: Einer,
Keiner und hunderttausend, R. 69. —
MUe: Alberto Moravia: Ein anderes
Leben, m. Peter A. Rismondo, Erzn.

Risse, Heinz, Dr. phil., Wirtschaftsprüfer; Immermannpreis 56, Kulturpreis
der Stadt Solingen 74; Postfach 190428,
D-5650 Solingen 19, Tel. (02122) 311088

(Düsseldorf 30.3.98). Roman, Novelle,
Essay. **Ue: E.**

V: Irrfahrer, N. 48; Das letzte Kapitel
der Welt, Ess 49; Wenn die Erde bebt, R.
50 (ach amer., engl., holl., ital.); So frei
von Schuld, R. 51; Fledermäuse, Erz. 51
(auch jap.); Schlangen in Genf, Erz. 51;
Die Fackel des Prometheus, Ess. 52;
Dann kam der Tag, R. 53 (auch holl.);
Belohne dich selbst, Fabeln 53; Die
Grille, Erzn. 53; Simson und die kleinen
Leute, Erz. 54; Sören der Lump, R. 55;
Fördert die Kultur, Ess. 55; Große Fahrt
und falsches Spiel, R. 56 (auch franz.);
Wuchernde Lianen, Erz. 56; Einer zuviel,
R. 57 (auch poln.); Gestein der Weisen,
Ess. 57; Paul Cezanne und Gottfried
Benn, Ess. 57; Die Stadt ohne Wurzeln,
Erz. 57; Buchhalter Gottes, Erz. 58; Die
Insel der Seligen, Ess. 58; Die Schiff-
schaukel, Erz. 59; Fort geht's wie auf
Samt, Erzn. 62; Ringelreihen, R. 63;
Feiner Unfug auf Staatskosten, Ess. 63;
Macht und Schicksal einer Leiche, Erzn.
68; Solingen, so wie es war 75; Skepsis
ohne Trauerflor 80.

R: Public Relations, 2 Hsp. 64.

Rißmann, Charlotte, s. Stühlen,
Charlotte.

Ritsch, Claus, s. Wiesinger, Karl.

Ritschel, Jürgen, DDR-8321
Kleingießhübel Nr. 33.

V: Barackencarlos, R. 81. ( )

Ritschel, Karl Heinz, Dr. phil., Prof.,
Chefredakteur; P.E.N.-Zentr. Öst.,
Vizepräs. d. österr. Schriftsteller- u.
Journalistenverb. Concordia; Theodor-
Körner-Pr. 61, 67, Karl-Renner-Pr. f.
Publizistik 67, Leopold-Kunschak-Pr. f.
Publizistik 70, Preis d. Fédération
Internat. des Rèdacteurs en Chef Paris
70, Öst. Ehrenkreuz f. Wiss. u. Kunst I.
Kl. 78, Ring d. Stadt Salzburg 80;
Heuberg 144, A-5023 Salzburg, Tel.
(0662) 77591/311 (Oberaltstadt, Bez.
Trautenau, CSR 20.1.30). Prosa, Essay,
erzählte Geschichte, Biographie.

V: Eine Stadt erzählt: Venedig —
Königin der Adria 69, 80; Eine Stadt
erzählt: Salzburg — Anmut und Macht
70, 74, 80; Kreisky - Der Pragmatiker 72,
73; Standpunkte - Kommentare u.
Reportagen 73; Unbekanntes Italien -
Le Marche, die Marken 74; China - eine
Momentaufnahme, Reiseber. 74; Julius
Raab - der Staatsvertragskanzler 75;
Walter Scheel u. Maria Alm/Hinterthal
75; Maltesische Tage, Landschaftsess.
77; Auch ich bin der Meinung —
Facetten eines Österreichbildes 78;

Bruno Buchwieser, Biogr. 77; Steirische
Wege, Biogr. Ess. 78; Salzburg, Ess. 79
(auch ital.); Österreich ist frei! Der Weg
zum Staatsvertrag 1945-1955 80;
Österreich — Schlösser, Burgen,
Klöster, m. Ess. 81; Plädoyer für das
Konservative 81; Leitartikel u. Aufsätze.

Ritter, Christiane, Illustratorin;
Gösserstr. 9, A-8700 Leoben/Steierm. u.
Leopold-Steiner-Gasse 52, A-1190 Wien,
Tel. (03842) 3878 u. (0222) 3236023
(Karlsbad 13.7.97). Erlebnisbericht.

V: Eine Frau erlebt die Polarnacht 39,
67, Tb. 79, Tonkass. 79 (auch in anderen
Spr.).

Ritter, Felix, s. Krüss, James.

Ritter, Franz, Werbetexter; Theodor
Körner-Pr. 79; Ginselberg 12, A-3272
Scheibbs, Tel. (07482) 2412 (Wien 3.1.47).
Lyrik, Novelle, Hörspiel.

V: Stört denn der große Regen die
Klarheit des Himmels?, Lyr. 81.

S: Stört denn der große Regen die
Klarheit des Himmels?, G., M. 82.

Ritter, Frederick, Univ. Prof. i. R., D-
8201 Parnsberg b. Söllhuben, Tel. (08036)
7730 (20.5.96). Roman, Essay.

V: Julia oder der Traum vom vollkommenen Luxus, Erz. 47; Hofmannsthal und Österreich 67; Schlomoh oder
die Absurdität des Schönen, R. 76; Die
Tode des Bankkassierers, R. 83.

Ritter, Heinz (Ps. Heinz Ritter/
Schaumburg), Dr. phil.; VS Nds. 66; Am
Rittereck 1, D-3260 Rinteln 11/
Schaumburg, Tel. (05152) 2212
(Greifswald 3.6.02). Lyrik, Drama, Essay,
Kinderspiel.

V: Die Wind- und Sonnenlieder eines
Wandervogels 27; Novalis' Hymnen an
die Nacht 30, 74; Liebe Erde, Kinder-G.
33, 5. Aufl. 82; Lebensquellen, G. 49;
zahlr. Laiensp. 51 — 70, u.a.: Die fünf
Gesellen; Die Sterntaler, Das kleine St.-
Martinsspiel; Wir heiligen drei Könige;
Maria durch ein' Dornwald ging; Wenn
der Hammer schallt, Singspiel vom
Schlängelein; Der Kampf mit dem
Untier; Ich will ein Ritter sein, Parcival-
spiel; Die goldene Kugel. - Der goldene
Wagen, G. 53; Das Maulwurf-Igelchen.
Heitere u. besinnl. Verse zu allerlei
Klecksografien 54; Am Waldrandrasen,
Kinderbilderb. 56, 64; Die schönsten
Sagen (n. ältesten Quellen) 59, 65; Ich
ging in Stille durch die Erdenräume, G.
63; Blauer Turm, G. 64; Der unbekannte
Novalis 66; Der Zug der Niflungen nach
Soest 66; Welche Kraft war es?
Gedanken um Christus, G. u. Prosa-

Anhang 72; Soester Kammergräber u. Frauen der Thidrekssaga 72; Sagen der Völker 76, 79; Das Königsgrab zu Enzen 78; Die Heimat der Niflungen 78; Königsburgen der Thidrekssaga 79; Didrik von Bern in Osning und Rimslowald 80; Die Nebelungen zogen nordwärts 81, 3. Aufl. 83, auch Tb.; Der Traum vom Gralsfelsen, Erzn. 82; Dietrich von Bern — König zu Bonn 82; Ursprache lebt 83.

H: Eins und alles, Kinder-G. 37, 79; Das Oberufer Christgeburt- und Hirtenspiel 50; Das Oberufer Dreikönigsspiel 50; Das Oberufer Paradeisspiel 51. — **MH:** Novalis: Schriften I 60.

Lit: Heinz Ritter, hrsg. Hinrich Jantzen 63.

Ritter, Julian, s. Hocke, Gustav René.

Ritter, Karl Friedrich *

Ritter, Karl Heinz, s. Doerner, Hans.

Ritter, Robert, s. Albrecht, Fritz.

Ritter, Roman, Redakteur, Lektor, Schriftsteller; VS; Hohenzollernstr. 81, Autoren Edition im Athenäum-Verlag, D-8000 München 40 (Stuttgart 2.4.43). Lyrik, Kurzgeschichte, Essay, Rezension.

V: Vorlesungen 68; Lyrisches Tagebuch 75; Einen Fremden im Postamt umarmen 75, alles Lyrik.

MH: Literarische Hefte, Lit.-Zs.; Auf Anhieb Mord, Kurzkrimis 75; Die siebente Reise, utop. Erzn. 78; Vom deutschen Herbst zum bleichen deutschen Winter, polit. Ess. 81.

Lit: Ursula Reinhold: Herausforderung Literatur 76.

Ritter, Rudolf, s. Kessler, Klaus.

Ritter, Vera C. (Ps. CV. Blachstädt, Cäcilie Schultz), Schriftstellerin; VS Bad.-Württ.; Kauteräckerweg 28, D-7900 Ulm/D., Tel. (0731) 383920 (Blachstädt 17.3.18). Kinder- u. Jugendbücher.

V: Mondjunge und Himmelhund 68; Cäcilie und die Zwillinge 68; Cäcilie und die Zwillinge, Neue Überraschungen 70; Evi und Christiane-Reihe: Das gestohlene Fahrrad 75; Gefährliche Floßfahrt 76; Li-Li, das Mädchen aus Hongkong 76; Das gefährliche Geheimnis 77; Die falschen Perlen 77; Axel ist der "GRÖßTE" 78; Überraschungen auf der Klausenalm 78; Die rätselhafte Spur 78; Ein neuer Frühling 79. ( )

Ritter/Schaumburg, Heinz, s. Ritter, Heinz.

Rittershaus, Daisy, Malerin u. Schriftstellerin; ISDS 78; Lindauer Str. 26, D-7750 Konstanz 15, Tel. (07531) 32394 (Rheydt/Rhld. 16.11.01). Lyrik, Film.

V: Reziprok — magische Gedichte 69; Heroin-chiffrierte Briefe 68, Gestern war heute morgen 74, 2. erweit. Aufl. 82, alles Lyr.; Der Gott Federschlange und sein Reich 82; Mond im zwölften Haus, Autobiogr. 83.

MA: Gedichte im Almanach d. Karlsruher Boten.

F: Ein Farb-Ton-Film zu 16 meiner Gedichte 77.

Ritz, Hans, s. Erckenbrecht, Ulrich.

Robeck, Anna, Journalistin, Illustratorin; Kronthaler Str. 23, D-6240 Königstein/Ts., Tel. (06173) 5706 (Frankfurt a.M. 23.11.36).

V: Von den Brüdern Grimm - und wie sie Geschichten für kleine und große Kinder sammelten ..., Kinderb. 75; Die Geschichte vom rechten und vom linken Füßchen 76.

MA: Das Lumpengesindel, Theaterst. f. Kinder 81.

F: Von den Brüdern Grimm, Drehb. 80; ...durch die Schwalm zur Eder 82; ...vom hohen Meißner zur Weser 82; Gartenstuhl und Übertopf 82; Wächtersbacher Steingut im Jugendstil 82.

Lit: Doderer, Klaus: Das Bilderbuch 75, Lex. d. Kinder- u. Jugendliteratur Bd. II.

Roberg, Dietmar; Beerenstr. 5, D-1000 Berlin 37.

V: Martha, die letzte Wandertaube, Bü. 75, 80; Neues von den Bremer Stadtmusikanten oder keine Macht für niemand, Musical 80. ( )

Roberts, H. G., s. Bajog, Günther.

Roberts, L. R., s. Jung, Robert.

Robertson, Dick R., s. Hardt, Heinz.

Robinson, s. Kruse, Werner.

Robo, s. Bott, Robert.

Robrahn, Karl Heinz; DSV 54; Häktweg 7, DDR-2500 Rostock 1 (Warnemünde 20.8.13). Lyrik.

V: Herz in Gott, G. 56, 57; Gesang des Lebens G. 60; Ich möchte Liebes tun und sagen, G. 63; Gedichtauslese aus dreißig Jahren, G. 78; Stimme im Herbst, G. 80; Gedichtauslese aus den Jahren 48 - 78.

MA: Anthologien in den Jahren 50-81.

Rocafuerte, José Maria, s. Kauter, Kurt.

Roček, Roman, Dr. phil.,
Hauptabt.leiter "Kulturelles Wort" b.
Österr. Rdfk.; ÖSV 71, Vorst.mitgl.
Österr. P.E.N.-Zentr. 67; Förderungspr.
d. Stadt Wien 69, Ehrenkreuz für
Wissenschaft u. Kunst 78; Am Platen-
grund 8f, A-2345 Brunn am Gebirge, Tel.
(02236) 2166 (Wien 31.1.35). Lyrik,
Roman, Essay, Funkessay, Fernsehfilm.
   V: Mediengefahr. Mißverständnisse,
Analysen, Wirkungen, Ess. 74.
   MA: Junge Lyrik, Lyrik 57; Innsbruck,
Ess. 65; Fällt Gott aus allen Wolken, Ess.
71; Erinnerungen an Heimito von
Doderer, Ess. 72; Österreich 1985. So
leben wir morgen, Ess. 76; Die Pest-
säule. In Memoriam Reinhard Feder-
mann, Ess. 77; Duda. Anth. d. NdÖ.
P.E.N.-Clubs, Ess. 77; Österreich im
Spiegel des Essays, Ess. 78; Öffentliche
Meinung in der Geschichte Österreichs,
Ess. 79; Der Mann ohne Eigenschaften
— Ein Roman ohne Ende?, Sonderh. d.
Musil-Forum, Ess. 81; Das große kleine
Dorf, aus dem wir stammen. Für Milo
Dor, Ess. 83.
   MH: Philosophische Anthropologie
heute, Ess. 72; Weisheit der Heiterkeit.
Für Ernst Schönwiese, Lyr. Ess. 78.
   R: Hegel heute 70; Der Wiener Kreis
72; Idee und Wirklichkeit 74, alles Fsf.;
über 250 Funkess.

Rock, C. V., s. Roecken, Kurt.

Rockford, Erika B., s. Blaas, Erika.

Rockstroh, Ernst; Schulstr. 7, D-8821
Weidenbach, Mittelfr..
   V: Altbayerische Schmunzel-
geschichten 80. ( )

Roden, Hans, Journalist; Böcklin-Str.
18, D-6800 Mannheim 25, Tel. (0621)
413968 (Krotoschin/Posen 14.4.04).
   V: Polizei greift ein 34; Deutsche
Soldaten 35; Widerstand 38; Feuer. Die
großen Brände der Weltgeschichte 62;
Deutschland steckt voller Merkwürdigkeiten, Reiseführer 63; Schatzsucher.
Chronik d. versunkenen u. vergrabenen
Schätze u. der zu ihrer Bergung angestellten Versuche 63 (auch schwed.,
engl., amer., ital.), auch Taschenb.-Ausg.
63; Attentat. Von Cäsar bis Kennedy in
zeitgenöss. Berichten u. Bildern 66.

Rodigast, Hermann, Dramaturg; SV-
DDR 55; Literaturpreis d. FDGB, Kunstpreis d. DDR, Nationalpreis; Sterndamm
24, DDR-1197 Berlin, Tel. 6355303 (Jena
6.3.15). Fernsehspiel, Hörspiel, Film.
   V: Der letzte Tag 50; Spiel mit, Erika
51; So dumm ist der Konrad nicht 51,
alles Laisp.

F: Damals in Paris 56.
   R: Der letzte Tag, Hsp. 49; Morgendämmerung, Fsp. 54; Die Entscheidung
des Tilman Riemenschneider 54; Du
sollst nicht töten 57; Papas neue
Freundin 60; Vielgeliebtes Sternchen 61;
Oh, diese Jugend 62; Die Allerschönste
65; Baron Münchhausens Tochter 68;
Gib acht auf Susi 68; Seltsame Liebesbriefe 69; Nächtliche Mutprobe 70; Aber
Vati! 74 III; Schwester Agnes 75; So ein
Bienchen 76; Aber Vati 79 IV; Benno
macht Geschichten 82 II, alles Fsp.

Rodos, Hans, s. Stitz-Ulrici, Rolf.

Rodrian, Fred, Chefredakteur; SV-
DDR 58; Preise d. Min. f. Kultur d. DDR
58, 59, c/o Kinderbuchverlag, Berlin
(Ost) (Berlin 14.7.26). Kinderbuch u. -
film.
   V: Das Wolkenschaf 58, 64; Der
Märchenschimmel 59, 66; Das Enten-
liesel 59, 61; Felix und das Täubchen
Turr 60, 65; Der Hirsch Heinrich 60, 65;
Die Schwalbenchristine 62, 65; Die
Rakete von Bummelsburg 63, 64; Minni
und die Kuh Mariken 66, alles Kinderb.;
Wir gehen mal zu Fridolin 71, 75; Die
Hasen und der Wilddieb Waldemar 74,
76; Paul und Janni finden Teddy 78; Der
Prinz mit den schwarzen Füßen, Samml.
79; Pantommel malt das Meer, Kdb. 80;
Die Weihnachtsfrau u. a. Erzn. 81; Onkel
Walter, kauf ein Krokodil 82. — **MV:** Wir
haben keinen Löwen, m. W. Klemtze 69.
   H: Die Kastanien von Zodel, Anth. 71.
   F: (MV): Das Feuerzeug (n. Andersen)
59; Das Wolkenschaf 60; Der Märchen-
schimmel 61; Christine und die Störche
62; Treffpunkt Erfurt 62; Hirsch
Heinrich 65.
   S: Das Wolkenschaf 64. ( )

Rodrian, Helga *

Rodrian, Irene; Edgar-Wallace-Preis
67, Jugendbuch-Bestliste 70;
Theresienstr. 46, D-8000 München 2, Tel.
(089) 283937 (Berlin 12.11.37). Kinder- u.
Jugendbuch, Kriminalroman, Fernsehspiel.
   V: Prima prima Detektive; Diebe
mögen keine Sonne; Gute Freunde, tolle
Abenteuer; Das Geheimnis der Insel-
festung; Eine kunterbunte Reise; Biggi
von der Tankstelle, alles Kinderb. 63 —
68; Tod in St. Pauli; Bis morgen,
Mörder!; Wer barfuß über Scherben
geht; Finderlohn, alles Krim.-R. 68 — 72;
Die Welt in meiner Hand; Das
Abenteuer mit der rosaroten 7; Ein
Zeuge zuviel; Der Mann im Schatten,
alle 69 — 72; Viel Glück mein Kind;

Blöd, wenn der Typ draufgeht, beides Kinderb.; Ein Küßchen für den Totengräber; Ein bißchen Föhn und du bist tot; Du lebst auf Zeit am Zuckerhut 76; Die netten Mörder von Schwabing; Der Tod hat hitzefrei; Tote Katze, alles Krim.-R., alle 73 — 77; Unglaubliche Abenteuer mit dem kleinsten Seeräuber...; Phantastische Abenteuer...; Fabelhafte Abenteuer...; Mein Vater ist ein Supermann; Pfeffermarmelade, alles Kinderb. 77-83; Trägt Anstaltskleidung und ist bewaffnet, Krim.-R. 78; Hausfrieden, R. 81; Schlaf, Bübchen, schlaf 80; Vielliebchen 82; Schlagschatten 83, alles Krim.-R.
R: Unendlich tief unten, Fsp.; Der Mord von nebenan, Hsp.; Hamburg Transit; Die Melchiors; Die schöne Marianne; Onkel Bräsig; Zivilkammer; Der Bürgermeister; Ein Fall für zwei, alle Fernseh-Serien; Ein typischer Fall; Mitternacht, od. kurz danach; Das Lederherz, alles Fsp.
S: Der kleine Seeräuber. ( )

Roecken, Kurt (Ps. C. V. Rock); Bayer.J.V.; Postfach 66, D-8103 Oberammergau, Tel. (08822) 6259 (Essen 18.6.06). Roman, Novelle, Tatsachenbericht, Film.
V: Üb. 120 Titel Unterhaltungsliteratur; Berufe von Morgen 69; Wer hilft mir wenn... 73; Fernunterricht 73; Geldverdienen mit Musik 73, 83; Geldverdienen mit Schreiben 74, 83; Alarm im Weltraum Bde 1 — 5 74 — 77; Berufe ohne Stress 76; Was nun? 79; Berufe mit Zukunft 79; Detektiv-Lexikon 79; Luna-Quartett 82-83 IV; Zukunftsberufe — Mangelberufe 82.
H: Drei-Stern-Reihe; Meister-Kriminalromane; Kriminal-Bild; Kriminal-Welt.
F: Alarm; Kennwort: Machin; Sturmmusik; St. Pauli - Herbertstraße; Das Glück wohnt nebenan; Kronjuwelen; Der nächste Herr ...; Der Fluch der grünen Augen; zahlreiche Kulturfilme.
R: Arbeiter im Frack, Das ist Stern schnuppe!, Irrtum vorbehalten!, alles Fsp.

Röder, Ernst *

Röder, Ingo, ev.-luth. Pastor; Hauptstr. 239a, D-3066 Niedernwöhren, Tel. (05721) 4801 (Göttingen 8.12.43). Laienspiel.
V: Die zweite Stunde der Heiligen Nacht 77; Wer darf zur Krippe? 79; Malchus kann hören 80; Das Wieder-

sehen an der Krippe 80; Der Bumerang 82.

Röder, Karlheinz, Dr. med. vet., Tierarzt; Hofwiesenweg 19, D-8959 Hohenschwangau, Tel. (08362) 81139 (München 28.10.31). Novelle, Kinderbuch.
V: ... und die Ulrike 72; Aus meiner Praxis 72; Ein Schuh vom Hansl 74, alles Kinderb.

Roeder-Gnadeberg, Käthe, s. Feurstein, Käte.

Rödern, Ruth, s. Wendt, Ingeborg.

Roegele, Otto B., Dr. phil., Dr. med., Dr. phil. et litt. h. c., o.Prof.; Ges. kath. Publ. 47; Hasselsheider Weg 35, D-5060 Bergisch Gladbach 4, Tel. (02207) 1307 (Heidelberg 6.8.20). Essay, Roman.
V: Erbe und Verantwortung, Ess. 46; Europäische Voraussetzungen, Ess. 47; Die Botschaft des Vergil, Ess. 47; Der Ritter von Hohenbaden, R. 51, 58; Bruchsal wie es war, Bildb. m. hist. Einf. 58, 76, 77; Was geht uns Christen Europa an? 64; Krise oder Wachstum? 70; Die Zukunft der Massenmedien, Ess. 70; Medienpolitik und wie man sie macht, Ess. 73, 74; Was wird aus dem gedruckten Wort? 77; Neugier als Laster und Tugend 82.
H: "Dialogos", Schr.-R. —
MH: Christenheit in Bewegung 64; Presse-Reform u. Fernsehstreit 65; Rheinischer Merkur; Intern. kath. Zs. (Communio); Die Freiheit des Westens 67; Das Dritte Alter 74.

Roegner, Elisabeth, Sekretärin Regierungsangestellte; Raupelsweg 9, D-6500 Mainz, Tel. (06131) 676019 (Mainz 21.11.35). Novelle, Essay, Lyrik.
V: Gratwanderung, Nn. 80; Die Alternative, Erz. 81; Ist die blaue Adria grün, Ess. u. G. 82.

Röhl, Ernst, c/o Eulenspiegel-Verlag, Berlin (Ost).
V: Der Fuchs mit den blauen Augen 82. ( )

Röhl, Hansulrich, Volksbüchereidir. a. D.; Rosengarten 28b, D-2000 Wedel/Holst., Tel. (04103) 4370 (Bütow/Pomm. 17.12.03). Hörspiel, Bühnendichtung, Lyrik, Erzählung, Feuilleton.
V: Draußen im Dorf, G. u. Geschn. 38; Brachacker, Sch. 44; Der große Irrtum, Kom. 47; Leuchtturm VII, Sch. 52.
R: Stine 33, 51; Vineta 33; An der Weichsel gegen Osten 36; Der brennende Wald 37; Strandgut 37; Eisgang 38; Der Postmeister 47, 48; Stern im Nebel (Leuchtturm VII) 50, 52;

Verschüttete Liebesbriefe 52; Ich half
mir selbst 53; Der Schiedsmann 63, 71;
Geld für die Schule 63, 70; Polizeiposten
Waldhagen 64, 68; Die Vogelplage 64, 69;
Wer spendet Blut? 64, 70; Ärger mit der
Zeitung 67, 71, alles Hsp.

Röhl, Klaus Rainer, Journalist;
Ferdinands Höh 10, D-2000 Hamburg 55
(Danzig 1.12.28).
V: Fünf Finger sind keine Faust, R.
74; Die Genossin, R. 75; Lustobjekt, e.
kleiner Irrtum u. seine fatalen Folgen
80; Aufstand der Amazonen, Gesch. e.
Legende 82.
Ue: 491 64; Jan Cremer: Ich, Jan
Cremer 65. ( )

Roehler, Klaus; Viktoriastr. 76, D-6100
Darmstadt, Tel. (06151) 291688
(Königsee/Thür. 25.10.29). Erzählung,
Essay, Rundfunk.
V: Die Würde der Nacht, Erzn. 58
(auch engl., amer., ung., tschech., bulg.);
Ein angeschwärzter Mann, Erzn. 66; Ein
Blick in die Zukunft jetzt gleich, im
Oktober 78. – **MV:** Triboll. Lebenslauf
eines erstaunlichen Mannes, - Gisela
Elsner 56.
H: Geschichten aus der Geschichte
der Bundesrepublik Deutschland 1949-
1979 80; Das Autobuch, Gesch. u.
Ansichten 83. – **MH:** Luchterhands
Loseblatt, Lyrik 66 – 69; Klassenbuch.
Ein Lesebuch zu den Klassenkämpfen
in Deutschland 1756 – 1971, 3 Bd. 72.

Röhner, Regina; Hauptstr. 6, DDR-
9271 Rüsdorf.
V: Holunderzeit, Erzn. 82. ( )

Röhnisch geb. Taege, Erna (Ps. Erna
Taege-Röhnisch); Allg. S.V. 29 - 34,
Reichsverb. Dt. Schriftst. 3 34 - 45, SV
der DDR 48; Literaturpreis aus d. Stift.
z. Förder. d. Kurmärk. Schrifttums 38,
Ehrenplakette d. Stadt Wuppertal 38,
Brandenburg. Künstlerbund 43 - 45;
Wilhelm-Pieck-Str. 58, DDR-2090
Templin/Uckermark (Bebersee, Kr.
Templin 12.1.09). Erzählung, Lyrik,
Essay, Mundartdichtung.
V: De Handorgel, Erzn. u. G. 38; Weg
in die Stille, G. 40; Wind ümt Huus,
Erzn. u. G. 42; Wind över de Heid, Erzn.,
G. u. Lieder 55; Templin Stadt und
Landschaft, G. u. Prosa 70; Unsere
schönen sieben Sachen, Bilderb. 67, 6.
Aufl. 77 (franz.); Thomas und der
Gartenschlauch, Bilderb. 69, 3. Aufl. 74.
MA: De Brügg, Sammelb. plattdt.
Dichter 55; Bunte Kuh, plattdt. Leseb.
60; Das unbekannte Niederdeutschland
35; Gedanken im Oktober 67; Wi austen

unsen Weiten 73; Up platt is ok hüt noch
wat 80; Weihnachtsgeschichten aus
Brandenburg 81.

Roehricht, Karl Hermann,
Schriftsteller, Maler u. Grafiker; SV-
DDR 76; Schönerlinder Weg 74, DDR-
1116 Berlin-Karow, Tel. 3677557 (Leipzig
12.10.28). Drama, Roman, Erzählung,
Lyrik, Märchen.
V: Familie Birnchen, Kom. 74; Meine
Privatgalerie, Monologe 75, 2. erweit.
Aufl. 80 (poln. 83); Puddelruß, Bilderb.
75, 76; Aus Weinlaub eine Krone, Lieder
u. Balln. 75; Jahrmarkt, Gesch. 76;
Friedas letzter Vormittag, sächs.
Tragigrot. 76; Feldblumen in
Biedermeiervase, Geschn. 77;
Vorstandkindheit, R. 79, 2. Aufl. 80,
Bdesrep. 81, Tb. 83; Großstadtmittag, R.
80; Weinstock u. Kletterrose, Lieder u.
Balln. 80; Die unzufriedenen Wörter, M.
80; Waldsommerjahre, R. 81, 2. Aufl. 82;
Die verlorenen Eltern, R. 82.
MA: Auskunft, Prosa 74, 77; Das letzte
Mahl mit der Geliebten, G. 75; Vor
meinen Augen, hinter sieben Bergen, G.
77; Die Räuber gehen baden, Gesch. 77;
Zwiebelmarkt, G. 78; Die Tarnkappe,
Geschn. 78; Auskunft II, Prosa 78;
Schriftsteller üb. Weltlit., Ess. 79;
Historie bez tytulu, Prosa 78; Antologia
popwiadań pisarzy, Erzn. 80; Die
Verbesserung des Menschen, M. 82.
R: Private Galerie, Hsp. 72, 74, in: Die
merkwürd. Verwandl. d. Jenny K., Anth.
76; Familie Birnchen, Fsp. 82.
Lit: Günther Rücker: Dieser Maler
aus Leutzsch in: Mir scheint, der Kerl
lasiert 79, Meine Privatgalerie 75
(Vorw.); Vorw. zu Ausstell.kat.: Eva
Strittmatter: Staatliches Mus. Schwerin
71; G. Pommeranz-Liedtke: Kunsthalle
Weimar 73; P. Romanus: Orangerie Gera
77; Detlev E. Otto: Vorstadtkindheit in:
Ideen-Kontroverse-Kritik 81; E.O.
Luthardt: Märchen mit Parabase in:
Deutsche Literatur 82; Vorw. zu
Ausstell.-kat.: Dr. Klaus Hammer:
Galerie im Cranachhaus, Weimar 82.

Röhrig, Tilman, Schriftsteller, Schau-
spieler, Regisseur; VS 70; Buxtehuder
Bulle (Jugendbuchpr.) 74; Vors. der LAG
Jugend u. Literatur, Stellv. Vors. der
LKJ, Vorstand des Bödeckerkreises;
Dorfstr. 37, D-5030 Sielsdorf-Hürth, Tel.
(02233) 32728 (Hennweiler/Hunsrück
28.3.45). Roman, Film, Hörspiel. **Ue:** E.
V: Die Hochzeit des Schornsteins 72;
Thoms Bericht 73; Langes Zwielicht 75;
Die Kinder in der Kugel 75; Mathias
Weber, genannt der Fetzer 75; Der

Sklave Calvisius 79; Herr Simsalo zaubert nur am Samstag 78; Frederik Faber 80; Dank gebührt Hannibal 81; Freunde kann man nicht zaubern 81; Der angebundene Traum 82; Wenn Tina brüllt 83. – **MV:** Männer übers Meer verweht.

MA: Die Straße, in der ich spiele. Lit. aus Rhld-Pfalz; Phantasie- und Zaubergeschichten. Die Familie auf dem Schrank; Das große Sagenbuch; Die großen Helfer; Entführt – Kidnapping.

F: Entführt – Kidnapping.

R: Der Specia (commisair), Serie; Der Sklave Calvisius, Serie; Neues aus Uhlenbusch; Auf Hanibals Spuren; Mein Vater, der Hitlerjunge; Aufstand in Klein-Diamantenland; Das Mädchen, Farbstraßen und die Kugel; Blumen im Erfinderland; Die Diktatur der Sonnenblume; Die Rehabilitierung des Ochsen; Löwenzahn, Serie; Miteinander sprechen, Serie; Sprechen und Handeln, Serie; So ein Theater, Serie.

Ue: Prescoff: Duggie the Digger and his friends, u.d.T.: Bertram Bus und Buggie Bagger; Byars: The TV-Kid, u.d.T.: Flimmertraum und Klapperschlange; Benedict: Good Luck Arizona Man, u.d.T.: Apachengold.

Roell, Werner P., Oberstleutnant a.D.; von-Herder-Haus, CH-8268 Salenstein TG, Tel. (072) 642173 (Aillysur-Noye, F 8.2.14).
V: Flug in d. Erinnerung, Gedanken u. Erlebnisse e. Stuka-Fliegers 76, 79.

Römbell, Manfred, Rechtspfleger; VS; Kurt Magnus Preis d. ARD 69; Grumbachtalweg 1, D-6600 Saarbrücken, Tel. (0681) 893130 (Bildstock/Saar 3.12.41). Kurzprosa, Lyrik, Roman, Hörspiel, Fernsehfilm.
V: Kaltluft, Prosa 71; Kurze Prozesse, Texte 73; Richtig lebendig wird es auf dem Friedhof im Herbst, Kurzprosa 76; Brennen mit Licht, Prosa 77; Das nächste Fest soll noch größer werden, Prosa 80; Saarbrücker Stadt und Land, Text- u. Bildbd 81; Durchsichtig ist das Land, G. 82.
R: Gesamtdeutsche Gespräche, Hsp. 68; Friedrichsthal 73, Fsf.

Roemer, Christiane; Bührerstr. 18, D-7140 Ludwigsburg, Tel. (07141) 53774 (Frankfurt a.M. 15.10.28). Erzählung.
V: Eine "reizende" Familie, 38 Erzn. 78, 83.

Römer, Rolf, Verleger; Hofstr. 134, CH-8044 Zürich (4.5.09). **Ue:** F.

Ue: Marie Mauron: Le royaume errant u.d.T.: Aqué memoun! 53, L'ombre portée u.d.T.: Saragan 55; Camara Laye: L'enfant noir u.d.T.: Einer aus Kurussa 54, Der Blick des Königs 63, Dramouss; Gaston Cauvin: Les flambeurs u.d.T.: Rue du Miel 56, La montagne aux chimères u.d.T.: Ein ander Lied 62; Mouloud Mammeri: Verlorener Hügel 57; Arthur Conte: La vigne sous le rempart u.d.T.: Meine Menschen, meine Reben 58; Marie Susini: Plein soleil u.d.T.: Vanina 58, Die Fiera 60, Der erste Blick; François Bernadi: La rue du soleil u.d.T.: Taio 59, Mondwein 61; Aké Loba: Kocoumbo, ein schwarzer Student in Paris 61.

Rönckendorff, Edda, s. Janus, Edda.

Rörig, Elfriede, Dr. med., Augenärztin; Emil Stetterstr. 10, D-6967 Buchen/Odenw., Tel. (06281) 2341 (Hannover 19.1.16). Kindererzählung.
V: Heiner auf dem Berg, Erz. 50; Annes Zauberpfennig, Erz. 52.
R: Annes Zauberpfennig, Hsp. 54. ( )

Rösener, Inge (Ps. Ilona Déry), Schriftstellerin; Schutzverband der Schriftsteller Bayern; Ortlindestr. 6, D-8000 München 81, Tel. (089) 914926 (Chemnitz 21.11.17). Romane, Feuilletons, Filmdrehbuch. **Ue:** E.
V: Dany, bitte schreiben Sie; Einen Mann für Mama; Herz ohne Leine; Christina und die Stute Jo; Alle lieben Lord; Eine alleinstehende Frau; Liebling wir lassen uns scheiden; Liebling, wir werden älter; Die Pony-Familie; u.a. div. Jgdb.
F: Dany, bitte schreiben Sie, Drehb..

Rösler, K. Herbert, s. Wolf, Alexander.

Rößler, Angelika *

Roessler, Carrie, s. Schwimann, Elfriede.

Rößler, Herbert, ObStudR. i.R.; Im Rheinblick 8, D-6530 Bingen/Rh., Tel. (06721) 12121 (Oberfriedersdorf/Sa. 25.7.11). Lyrik.
V: Sternbildwege 65; Windsamen 71; Nebelschnee 80; Weiße Schnüre d. Stille 82.

Rössler, Max; Frankfurterstr. 99, D-8700 Würzburg.
V: Schweigen und Gespräch 72; Ein kleines Lied 76; Hausrezepte für den Ruhestand 76, 4. Aufl.; Gute Besserung 13. Aufl.; Dennoch heiter 79; Liebe, das Ja zum Leben 80; Rückblick auf jene, die Antwort wußten 81. ( )

Rötzer, Hans Gerd, Dr. phil., o. Prof.,
U. Gießen; Ernst-Ludwig-Str. 30, D-6140
Bensheim, Tel. (06251) 3570 (Hattingen
15.7.33). Vergl. Lit.-Wiss., Lit.-Soziologie
und Lit.-Didaktik.
V: Gyges und sein Ring 65; Wege der
span. Lit. 69; Picaro-Landtstörtzer-
Simplicius 72; Roman des Barock 72;
Traditionalität und Modernität in der
europäischen Literatur 79; Märchen 82;
Sage 82.
MA: Utopie u. Gegenutopie, Stimmen
der Zeit 64; La literatura alemana desde
1945, Nuestro Tiempo 67; Arcadia 75;
GRM Sonderh. 79; Enzyklopädie des
Märchens 77; Kindlers Lit.-Gesch. d.
Gegenwart V 77; Hdb. d. dt. Romans 83.
H: R. J. Sorge, Werke III Bde 62/67;
Begriffsbestimmung des literar.
Expressionismus 76; Europäische Lehr-
dichtung 81; Texte zur Geschichte der
Poetik 82.
Ue: Xavier Zubiri: Vom Wesen 68.
s. a. Kürschners GK.

Rogge, Heinrich *

Roggendorf, Heinrich, freiberufl.
Schriftsteller; GEMA 56; Kallendresser-
orden für Kölnische Lese 73; Evergerstr.
26, D-5000 Köln 80, Tel. (0221) 664855
(Leverkusen 7.4.26). Ballett, Opern-
libretto, Drama, Hörspiel, Novelle,
Märchen, Kinderlied, Lyrik.
V: Der Dom, G. 48; Kuckucksnest,
Kinderlieder 57, erw. Neuaufl. 72; Missa
ad pontes gratiae, G. 60 , 64; Motive, G.
62, 76; Kölnische Lese, G. 67, 77; Mittel-
terrasse, G. 70; Die Spieluhr gegen alle
Not, M. 71; Zeit vor Zielen, G. 72;
Weihrauch über Rautenfeldern, G. 74,
75; Wein u. Wesen, G. 77; Fiebriger
Morgen, Erz(n). 78; Auch leichter Tau ist
Niederschlag, G. 80; Stammheimer
Wallfahrt, G. 83. — **MV:** Durch Zeit u.
Landschaft, G. 71; ... doch können wir
uns wirklich ganz erklären?, G. 74.
MA: So viele Tage wie das Jahr hat,
Kinderlieder 59; Sonniges Jugendland,
Kinderlieder 69; Nichts und doch alles
haben, G. 77; Schon treibt mein Leben
auf den Abend zu, G. 79.
H: Der goldene Strom, M. Fabeln u.
Legn. rhein. Dichter 50; Strom u. Ufer,
Reihe f. Dicht. u. Bildende Kunst, I:
Elisabeth Emundts-Draeger: Unend-
liches Herz, G. 70; VI: Walter Hoffmann:
Sie werden nicht anders, Geschn. 74;
VII: Karl Greifenstein: Geborgte Augen-
blicke, G. 75; VIII: Gisbert Kranz: Dome
im Gedicht, Anth. 75; Elisabeth
Emundts-Draeger: Am Abend eine
Harfe, G. 78.

R: Der Arme u. der Reiche 60; Das
Kinderjahr im Kuckucksnest 60;
Achmed u. Suleika 61; Der beste Freund
61; David u. sein Orgelchen 61; Macht
eure Türen auf, ihr Herrn 61, alles Hsp.
oder Hbild.
Lit: Paul Gabrisch in: Kölnische Lese
67, 77; Die Spieluhr gegen alle Not 71;
Gisbert Kranz in: 27 Gedichte interpretiert 72; Gerlindis Schneegaß:
Heinrich Roggendorf, ein Lyriker
unserer Zeit, Staatsexamensarbeit,
München 74; Paul Gabrisch in: Motive
76; Gerlindis Schneegaß: Im Spektrum
moderner Lyrik: Heinrich Roggendorf
in: Schwarz auf weiss, XI/1 79; Paul
Gabrisch in: Auch leichter Tau ist
Niederschlag 80.

Roggersdorf, Wilhelm, s. Utermann,
Wilhelm.

Rohbra, Kurt Karl, Dipl.-Architekt;
Lothringer Str. 30, D-2400 Lübeck, Tel.
(0451) 63923.
V: Rund um Maakt, eines Liebeserklärung 65, 80; Rund um Maakt, e.
neue Liebeserklärung 72. ( )

Rohde, Friedrich, Realschullehrer i.R.;
Hölderlin-Ges., Vizepräs. Senryu-
Zentrum; Gelißstr. 30, D-4230 Wesel 1,
Tel. (0281) 51130 (Selm i. W. 20.5.22).
Lyrik.
V: Wenn der Wind es will; Haiku u. a.
G. 75; Zu zweit, Haiku 83; Meiner Füße
Spur, Haiku 83.
MA: Anth., Zss. u. dgl.

Rohdich, Walther, Prokurist;
Königsbergerstr. 154, D-4400 Münster/
Westf., Tel. (0251) 248635 (Münster
26.3.30). Roman.
V: Der Tod eines Wilderers, R. 68;
Hochsitztragödie, R. 69; Allerlei am Weg
ich fand, Bildbd. 71, 73; Letzte Stunden
im Revier, Bildbd. 72; Leben für
Preußen, Biogr. 81; Das große 6x6-Buch,
Sachb. 82.

Rohmann, Karlwalther, Schriftsteller;
Jasperallee 60, D-3300 Braunschweig,
Tel. (0531) 332549 (Offenbach a.M. 8.4.00).
Lyrik, Essay.
V: Braunschweig wie es war, 2.Aufl.
76; Ich gehe u. mein Herz bleibt hier.
Briefe aus 4 Jhn 71; Im Treibsand d.
Erinnerungen. Die Lebeserinn. d.
Marie Huch 78; Braunschweiger
Butzenscheibenlyrik 70, 2.Aufl. 80;
Begegnungen in Braunschweigs
Mauern 79.

Rohner-Radegast, Wolfgang, Dr.phil.,
Doz. i.R.; VS 68; Am Vogelherd 1, D-8034
Germering-Unterpfaffenhofen, Tel. (089)

843870 (Rehna/Kr. Schönberg 11.3.20).
Roman, Lyrik, Kurzprosa, Essay.
V: Franz Kafka, Biogr. 67; Semplicità,
R. 82.
MA: Aus Wörtern eine Welt. Helmut
Heißenbüttel-Festschr. 81; Mein
heimliches Auge, Sammelbd 82.

Rohr, Helmut, Verleger; Dürrstr. 5, D-
7140 Ludwigsburg, Tel. (07141) 29080
(Leipzig 21.12.19). Drama, Lyrik, Roman.
V: Lyrik 81; Aphorismen 81 II.

Rohrer, Fritz, Referent; Nesenstr. 4,
D-6000 Frankfurt a.M., Tel. (0611) 553410
(Domnau/Ostpr. 4.10.34). Drama, Essay.
V: Gesellschaft - Gesellschaftsspiel 70;
Planspiele 73; Feste feiern 73; Wie's geht
— Spielregeln, H. 1 - 4 74; Spielstücke
75; Mitteilspiele 77; Spielen, Gestalten,
Theatermachen 78; Spielen auf Straßen
und Plätzen 80; Anspiele — Antexte
82. — **MV:** Pax — wo bist du? 69;
Spielen mit Kindern — Theater mit
Kindern 72; Kreativer Gottesdienst 73;
Körperlernen 74; Konfliktbewältigung
durch Spiel 74; Spiel = Arbeit? 76;
Spielstücke f. Gruppen 77; Bewegung in
der Gruppe 77; Biblische Geschichten
erleben 79; Weihnachten suchen 79;
Leiden und Leben 82.
H: Spielfelder 1. Straße 70.

Roland, Berthold, Dr. phil., Leitender
MinR. u. Kunstreferent im Kultusmin. v.
Rh.-Pf. in Mainz; Bodenstedtstr. 3, D-
6200 Wiesbaden u. Prinz-Luitpold-Str. 9,
D-6720 Speyer, Tel. (06121) 300901 u.
(06232) 24648 (Landau i.d. Pfalz 24.2.28).
Essay.
V: Speyer. Bilder a. d. Vergangenh.,
Ess. 61; Mannheim. Gesch., Kunst u.
Kultur d. freundl. u. lebendigen Stadt an
Rhein u. Neckar, Ess. 66; Die Pfalz, Der
Garten Dtld. Ein geliebtes Land, Ess. 70.
B: M. Saalfeld: Pfälz. Ldschaft, Lyr.
(m. Nachw.) 77; Abschied v. Carl
Zuckmayer (m. Beitr.) 77; W. vom
Scheidt: Gelebt u. geliebt (m. Nachw.)
79. — **MA:** So sahen sie Mannheim, Ess.
74; Pfälzer unter sich üb. sich, Ess. 74;
Personen u. Wirkungen, Biogr. Ess. 79;
In Sachen Lit., Ess. 80.
MH: Lit. a. Rhld.-Pf., Anth. 76, 81;
Junge Lyrik Graphik Pfalz 80; Lina
Staab: Gedichte 81.

Roland, Hanns, s. Gäpel, Robert.

Roland, Otto (Ps. f. Otto Lechle),
Regisseur, Schauspieler, Schriftsteller;
Julian-Marchlewskistr. 22, DDR-7024
Leipzig, Tel. (041) 2313639 (Wien 29.2.04).
Roman.

V: Zwielicht über der Donau, R. 75;
Blick aus dem Riesenrad, R. 75; Nacht
über Österreich, R. 82; Das Geheimnis
des Kaspar Brandhofer, R.

Roland, Ursula Gertrud (Ps. Ursula
Manon Roland), Stud. Journalistik u.
Lit., freie Schriftstellerin; DAV 79;
Arb.zuschuß d. Nds. Min. f. Wiss. u.
Kunst 81; Grenzweg 20, D-3014 Laatzen,
Tel. (0511) 825203 (Halle/S. 5.3.31). Lyrik,
Roman, Novelle, Kurzgeschichte.
V: Am Rande, Lyr. 81.
MA: Lyrik u. Prosa vom Hohen Ufer,
Anth. 79; Der Menschheit Würde ist in
eure Hand gegeben, bewahret sie ...;
Signaturen, Lyrikanth. d. DAV 81.
Lit: Kulturring, Zs. d. Kulturver. in
Hannover, Jan. 83.

Roland, Ursula Manon, s. Roland,
Ursula Gertrud.

Roleba, s. Baraniecki, Robert Leo.

Rolf, Ewald (Ps. Erwin Flor), Kfm.
Angestellter; Verb. d. Freunde von
Kunst u. Kultur im Bergbau, Bochum,
seit 49, Autorenkreis Ruhr-Mark 61, VS
62; 1. Pr. für Texte und Zeichn. 36, 1. u. 3.
Pr. für bergm. Erzählungen 53, 2. Lit.pr.
f. Gedichte Herm.-Gerhard-Beer-Verlag
62, 1. Pr. Sachpr. Essen 72; Emmichstr.
30 I, D-4650 Gelsenkirchen-Horst, Tel.
(0209) 52885 (Essen 8.9.01). Erzählung,
Kurzgeschichte, Glosse, Gedicht, Reportage.
MA: Beitr. in: Humor um Kohle und
Stahl; Handleder, Schuh u. Kappe; Neue
bergm. Dichtung; Wir tragen ein Licht
durch die Nacht I 60, II 61; Lob des
Bergbaus 51; Kumpel, Kerle,
Kameraden 56; Weggefährten 62; Du,
unsere Zeit; Mining Lore 69; Das ist
mein Land 66; Unser Hobby/Wir 66;
Untertage/Übertage 67; Ein Wort ins
Herz der Welt 67; Jahreskalender 55, 62,
63, 66; Alle Wunder dieser Welt 68; Nach
Feierabend 67; Aber den Feind sollen
wir lieben 70; Pegasus 68; Und dennoch
müssen wir leben 70; Arbeiterdichtung
73; Der Friede n. d. wir uns sehnen 71;
Ruhrtangente 72/73; Sie schreiben in
Gelsenkirchen 77; Spiegelbild 78. ( )

Rolfs, Rudolf, Schriftsteller, Schau-
spieler, Theaterleiter; VS 70, D-6074
Waldacker, Tel. (06074) 90979 (Stettin
4.8.20). Satire, Roman, Glosse, lit.
Kabarett.
V: Die Schmiere, das schlechteste
Theater der Welt, Sat. Taschenbuch 55
— 62 IX; Happy-End?, R. 59, 63; Die
Hand des Jodef König, R. 60; Die
Hosenträger, Sat. 61; Tagebuch eines

Nichtschläfers, Gloss. 62; Rot, Erz. 62;
Voller Bauch auf Barrikaden, Sat. 64;
Stolperdraht für Arglose, Sat. 65;
Pamphlete, Sat. 65. - Satirisches
Theater: Für Menschen und Rindvieh
50; Windbeutel mit Senf 50; Das müßte
verboten werden! 51; Vorsicht, Ameisen
51; Kinder zahlen das Doppelte! 51;
Unter Ausschluß der Öffentlichkeit 51;
Warum hustet der Wurm? 51; Das ABC
der hohlen Zähne 52; Dornröschen im
Mistbeet 52; Der kleine Zeiger ist
krumm! 52; Enten müssen baden! 53; ...
hängt an der Wand 53; Teufel in rosa
Hemdchen 54; Erwachsene sind auch
Menschen 55; Hier können Familien
Kaffee kochen 55; Die Rinnstein-
tragödie 56; Lila Käfer im Bart 56; Die
tote Ratte in der Limonadenflasche 57;
Papperlapapp 57; Zehn Jahre dümmer
59; Herr Kortikum ißt seine Suppe nur
mit einem rostfreien Messer 60;
Juchheißa, wir atmen 60; Die Nase am
Hinterkopf 61; Die Eierkisten-Revue 62;
Darf ich Sie darauf aufmerksam
machen, daß Sie einen Knopf offen
haben? 63; Fohrsicht, Druckveler! 64;
Sie sind ein Ferkel, Exzellenz! 65; Die
Katze tritt die Treppe krumm! 66, alles
sat. Sch.; Ich, ein Buhmann, Sat. 67;
Schlag nach bei Rolfs, Aphor. 67; Das
Bein und zwar das linke, Aphor. 70;
Radikale Prosa, Stories 71; nackt,
Stories 73; Pfui!, Sat. 75; Inventur eines
Hirns, Aphor. 76; Schlag nach, Aphor.
Neufassung 76; Mensch in Aspik 67; Sie
nennen das Mädchen einfach: Paul 68;
Emil Knoll's Totlachschau 69; ... und 5
weitere Vorfälle! 70; Was trägt das
aufgeklärte Huhn 71; Salz auf den
Schwanz 72; Bitte, gehen Sie von
meinem Pudding 'runter! 73;
PPFFUUII!! Applaus dem Pfiff! 74; Die
Denk-Show 75; Pssssssst! Gummi-
bärchen beissen!! 76; Der Mann mit der
kugelsicheren Weste 78; Nackt im Floh-
zirkus 78; Wer pinkelt durch's
Schlüsselloch? 79; Salz auf den
Schwanz! Pfui? 79; Die Nacht hat Flügel
80, alles Bü.; Wundervolle Scheiß-Liebe,
Kurzprosa 78/79; Ich mal Ich
(Lintussaari), R. 80; Fragen Sie August
Pi, Dialoge 80; Sperrmüll in Himbeer-
Eis 80; Als Leiche lacht man nicht! 80;
Menschen im Nebel 81; Haben Sie auch
einen kleinen Pi im Ohr? 81; Mal ein
wirklich netter Abend! 81; Juckt Sie
nicht das "B"? 82; Mein Goldhamster hat
kalte Füße und schwärmt für Mozart 83,
alles Bü.; Körper — Die Intelligenz der
gegenständlichen Liebe, R. 81;

Fahndungsbuch, Sat., Stories 82; Feuer,
R. u. Lyr. 83.
   MA: International Theatre Annual 59;
Deutsches Kabarett 62; Gegen den Tod
64; Soweit die scharfe Zunge reicht 64;
Scherz beiseite 66; Der unbrauchbar
gewordene Krieg 67; Vietnam in dieser
Stunde 68; Pax, wo bist du? 69; Das
große Handbuch geflügelter
Definitionen 70; Lachend in die 80er! 76;
Schlagfertige Definitionen 76; Friedens-
fibel 82; Wege zum Frieden 82.
   R: Die Schmiere 54 — 56; Budzinski,
Pfeffer ins Getriebe 82.
   Lit: Klaus Budzinski: Die Muse mit
der scharfen Zunge 61, Die öffentlichen
Spaßmacher 66; Jan Kalina: Svet
Kabaretu 66; Kaiser: Protest-Fibel 68;
Vorsicht, die Mandoline ist geladen 70;
Greul: Bretter, die die Zeit bedeuten 71;
Rudolf Hösch: Kabarett v. gestern u.
heute 72; Anth.: Mit spitzer Feder gegen
Kaiser u. Reich 72; Nebhut: Oh, dieses
Frankfurt 74; Revue svetovej literatúry
68; Tb. d. Unterhaltungskunst 75; Rainer
Otto: Rösler-Kabarettgeschichte 79.

   Rolfson, Rolf (Ps. f. Hans-Rolf Anton);
VS; Yorckstr. 63, D-7500 Karlsruhe.
   V: aufzeichnungen der bewegung
eines muskels, Lyr. 73.
   MA: Lit. Zss.; Anth.

   Rollman, Heidi, Autorin;
Wiedenhubstr. 5, CH-4410 Liestal, Tel.
(061) 916367 (Basel 11.8.52). Roman,
Novelle, Hörspiel.
   V: Erowina, zwei Jahre mit Heroin 81,
3.Aufl. 82.

   Roltsch, Siegfried, freier Schrift-
steller; Literaturpreis d. CDU 56; Käthe-
Kollwitz-Str. 1c, DDR-5500 Nordhausen
(Bollinken b. Stettin 18.5.05). Roman,
Novelle, Erzählung.
   V: Von der Kraft des Dritten, Erzn. 49;
Was wird aus Dirk?, Jgd.-Erz. 50;
Gehorsam segnet Gott, Erz. 50; Die
indische Wallfahrt, Erz. 50, 81; Kela, die
Tochter des Häuptlings, Erz. 51, 78;
Omai, Erz. 54, 55; Der neue Weg, Erz. 54,
55; Das verlorene Angesicht, Erzn. 55;
Nach innerem Befehl 58; Das Unbe-
greifliche, Erzn. 59, 60; Wir sind gerufen,
Erzn. 61, 68; Herzen in Unruhe, Erzn. 66,
68; Der goldene Lorbeerkranz u. a. Erzn.
70, 75.
   MA: Der unsichtbare Partner 62, 67,
u.a. ( )

   Roman, Friedrich, s. Roschmann,
Kurt.

   Romann, Ernst, Volksschullehrer;
Rohnhof, CH-8416 Flaach, Tel. (052)

421495 (Winterthur/Schweiz 9.4.24).
Roman.
V: Die Jugend fand nicht statt, R. 81.

Romay, Frida Ingeborg,
s. Laußermayer, Frida Ingeborg.

Romay, Roman, s. Laußermayer,
Roman.

†Rombach, Otto, Prof.; P.E.N.;
Schwäb. Dichterpreis, Gr. Bundes-
verdienstkr., Ehrenbürger d. Stadt
Bietigheim 64, Schongau-Preis d.
Académie d'Alsace, Colmar 76; Dt. Akad.
f. Spr. u. Dicht., EM d. Acad.
Berichonne/Bourges 65; Freiberger Str.
11, D-7120 Bietigheim-Bissingen, Tel.
(07142) 51129 (Heilbronn/N. 22.7.04).
Roman, Schauspiel, Reise-Essays.
V: Gazettenlyrik, G. 28; Der Brand im
Affenhaus, N. 28; Apostel, Sch. 28; Der
heilige Krieg, Sch. 28; Völkerbund vis-à-
vis, Sch. 29; Transit muß fallen, Sch. 31;
Der feige Patriot, Sch. 32; Der Münster-
sprung, Sch. 34; Andreas Schlüter, Sch.
35; Ewige Wanderung, R. 35; Der Ikarus
von Ulm, R. 35; Adrian, der Tulpendieb,
R. 36, 79 (auch holl., norw., tschech.); Der
standhafte Geometer, R. 38; Der junge
Herr Alexius, R. 40, 74 (auch finn.);
Taraskonischer Liebestraum, Sch. 42;
Vittorino oder Die Schleier der Welt, R.
47; Der Jüngling und die Pilgerin, R. 49;
Der Sternsaphir, R. 49; Gordian und der
Reichtum des Lebens, R. 52; Tillmann
und das andere Leben, R. 56; Ägyptische
Reise 57; Anna von Oranien, R. 60 (auch
holl.); Alte Liebe zu Frankreich, Reise-
Ess. 62, 71; Der Gute König René, R. 64,
67; Italienische Reisen 67; Deutsch-
französische Vignetten 69; Atem des
Neckars, heimatl. Reiseb. 71; Peter der
Taxasgraf, R. 72; Wieder in Frankreich,
Reise-Ess. 73; Vorwärts rückwärts
meine Spur. Geschn. aus meinem Leben
74; Glückliches Land am Bodensee und
Neckar, Heimatl. Reiseb. 77; Vaihingen
an der Enz 79. Das was dich trägt, ruht
in dir selbst 79.
F: Adrian, der Tulpendieb, Fsp. 65, 69;
FS-Porträt 74, 75.
R: Paganini in Berlin; Chronik des
Pizarro 32; Caliban 50, alles Hsp.

Romberg, Hans, s. Sobczyk, Rudolf.

Rommel, Alberta; FDA Baden-Württ.
74; Prämie i. Rahmen d. dt. Jgdb.-
Preises f. d. schönste Mädchenb.;
Gänswaldweg 27, D-7000 Stuttgart 1, Tel.
(0711) 240676 (Stuttgart 5.5.12). Jugendbuch, Erzählung, Laienspiel, Hist.
Roman.

V: Sommerfahrt zu dritt, Mädchenb.
42, 53; Das Haus am Hang, Jgdb. 50;
Lonni und Sonni, Mädchenb. 51, 54; Ein
Maispiel, Laiensp. 52; Die Nacht in der
Burgruine, Jgdb. 53, 54; Christl u. die
Vagabunden, Jgdb. 53, 54; Jungfrau
Maleen, Laiensp. 54; Lonni und Sonni
am See, Mädchenb. 54, 71; Kapitän
Ursula, Mädchenb. 54, 58; Die Stern-
singer, Jgdb. 54; Der goldene Schleier,
Mädchen-R. 55, 81 (auch japan.); Ursula
und der weiße "Pirat", Mädchenb. 56;
Der Koffergeist, Mädchenb. 57, 67; Mit
Corinna kannst Du was erleben,
Mädchenb. 59; Der rätselhafte Veit,
Jgdb. 60; Verwandlung am Bodensee,
Mädchenr. 60; Hochzeit in Florenz, Erz.
61, 63; Mein Leben für Florenz, R. 62;
Lucrezia und der Fremde, Erz. 63; Allein
gegen die Welt, R. 64, 67 (auch franz.);
Der junge Michelangelo, Jgdr. 65; Die
gläserne Barke, Mädchen-R. 66; Feuer-
zeichen am Berg, Kinderb. 66; Party im
Ferienhaus, Mädchenb. 68; Ein Fremder
kam nach Mantua, Jgdr. 69; Unser Beat-
Freund, Mädchenb. 69; Anita und der
rote Pirat, Mädchenb. 70; Ein paar
Schritte vorwärts, Jgd.-R. 72; Petronella
und die Nebelmänner, Kinderb. 74;
Glückliches Haus, Erz. 74; Das
Geheimnis des Baron Oudewater, Hist.
R. 75 (auch holl.); Der Bruder des
Weißen Gottes, Jgdr. 78; Die Detektive
von der Drachenburg, Jgdb. 78; Es
begann im Alpenexpress, Jgdb. 78; Der
Sarazene des Kaisers, Jgdr. 80.
Ue: B: J. F. Cooper: Der rote
Freibeuter 52.

Rommel, Kurt, Pfarrer u. Redakteur;
Daiberweg 8, D-7000 Stuttgart 50, Tel.
(0711) 542392 (Kirchheim/Teck 20.12.26).
Drama, Lyrik, christliche Gemeinde-
literatur.
V: Das Licht aus der Krippe 52; Die
Entscheidung fällt täglich 55; Wege zum
Glauben 67; Bild-Text-Heft 69-79; Die
Liebe hat viele Gesichter, Freude, die
keine Grenzen kennt, Ich steh an deiner
Krippen hier, Das Alter, die hohe Zeit d.
Lebens, Am Abend beginnt e. neuer
Tag, Mut z. Trauern, Gedanken u.
Gebete zu Tagesnachrichten, Einladung
z. Gebet, Fröhlich soll mein Herze
springen; 7 Verteilhefte 70 — 80; Ich
möchte heute fromm sein 77; Anruf u.
Zuspruch 78; Leitplanken im Leben 80;
Anker, Bibel, Christuszeichen 81. —
MV: Schalom, Ökumen. Liederb. 2. Auf.
75; Weihnachtszeit im Kindergarten, 2.
Aufl. 75; Familien im Gottesdienst 73;
Kinder- u. Familiengottesdienst-Bde 74-

77; Unser Tag und unser Abend,
Altenliederb. 75.
H: ABC d. Glaubens 76; In der Schule
d. Glaubens 77; Handlungsfelder d.
Glaubens 78; Bekenntnisse d. Glaubens
80; Dein Friede kehre bei mir ein 80;
Unser Abendgebet steige auf zu Dir,
Herr! 80; Auch im Alter bist du da 81;
Verdirb den Segen nicht! Geschn. 82. ( )

Ronacher, Arnold, Oberschulrat,
Hauptschuldirektor i.R., A-9620
Hermagor291, Tel. (04282) 2040 (Villach
25.6.21). Lyrik.
V: Von da Anizn bis zen Zepin, G. in
Gailtaler Mda. 78, 2. Aufl. 79; Achkatzlan
gaschtern — zuapatn giahn 79; In
Gailtal obn 81; Greimts und Ungreimts
ausn Gailtal 83.

Ronchetti, Lilly, Bankkaufmann; ZSV
73, SSV 76, Die Kogge 75; Egabe d. Kt.
Zürich 72, Egabe Stift. Pro Arte Bern 76,
Bodenseeklub; Waldeggweg 25, CH-8400
Winterthur, Tel. (052) 294863 (Brugg/
Aargau 2.11.28). Lyrik, Novelle,
Reiseskizzen, Kurzgeschichte, Übers.
Ue: F.
V: Lutetia Parisiorum, Prosa 69;
Aufblättern das Schweigen, G. 72; Zur
Flucht nicht geeignet, G. 75; Zwischen-
dinge, G. 80; Atemruf, G. 81; Im Zeitalter
der Axt, Erzn. 84.
Ue: G. Mützenberg: Der Gefangene v.
Innsbruck 77.
Lit: Beatrice Eichmann-Leutenegger:
...in der Schwingung des Lichts
ankommen 83.

Roneck, Eleonore, s. Brückner,
Eleonore.

Ronelt, Erwin, Journalist; Ö.S.V. 46;
Favoritenstr. 2, A-1040 Wien 4, Tel.
(0222) 6562005 (Wien 16.10.20).
V: Bilderreigen aus Österreich, Bildb.,
Texte 54; Glück am Volant, Das Auto in
Anekdoten 78.
B: 6000 Jahr ÖAMTC, Eine heitere
Chronik für motorisierte 59; 2. Hilfe
Humor, 27 unfehlbare Rezepte für
Kraftfahrer 60; Heiteres Horoskop, Für
Kraftfahrer, die ihren Sternen
mißtrauen 61; Reiseroulette für
Alltagsmüde, Automassensicheres
System, sich trotzdem zu erholen 62.

Ronner, Emil Ernst, Redakteur u.
Schriftsteller; SSV 30, Be.S.V., Schweiz.
S.V., Berner S.Verein; Preis d. Schweiz.
Schillerstift. 52, Literaturpreis d. Stadt
Bern 53 u. 56, Schweiz. Odd Fellow Pr.
68; Sulgenauweg 47, CH-3007 Bern, Tel.
(031) 454019 (St. Gallen 11.9.03). Roman,
Novelle, Essay, Hörspiel. **Ue:** E, F.

V: Im Märchenwald, M. 27; Florens
der Pfadfinder, Jgdb. 28, 51; Jacky
Hutson, Jgdb. 28; Das Paradies am
Blütenfluß, Jgd.-Erz. 33; Der Stern-
gucker und die sieben guten Geister,
Jgdb. 34; Christseelchen, Weihnachtssp.
35; Hubert findet seinen Weg, Jgd.-Erz.
37, 54; Aufstand in Schloß Schweigen,
Jgd.-Erz. 38, 58; Föhnsturm, R. 39, 53; Ino
erobert die Welt, Jgd.-Erz. 40, 60; Peterli
im Meisennest, Jgd.-Erz. 41, 59; Thomy
fährt nach Afrika, Kinder-Erz. 42; Stille
Nacht, heilige Nacht, Weihnachtserz. 42;
Kasperli im Zauberland, Kinder-Erz. 43;
Peter findet eine Heimat, Jgd.-Erz. 45,
53; Die lieben alten Weihnachtslieder,
Weihnachtserz. 51, 60; Friedberg, N. 52;
Der Mann mit der Laterne. Das Leben
d. Thomas John Barnardo 55, 82; Die
heiligste der Nächte, Weihnachtserz. 56,
81; Sie haben seinen Stern gesehen, Erz.
61; In dulci jubilo, Weihnachtserz. 63;
Marie Durand, das Leben einer Huge-
nottin, R. 63, 80; Jochem Glaser, Roman
unter jungen Menschen 65; Krone des
Lebens. Das Leben der Hugenottin
Blanche Gamond 66, 81; Der vierte
Weise aus dem Morgenland, Erz. 67;
Hell strahlt der Weihnachtsstern,
Weihn.erz. 70; Barnados kleine Strolche,
Erz. 71; Die Kerze aus den Katakomben,
Weihnachtserz. 75; Thomy Buschi und
Yolvado, Kinder-Erz. 83.
H: B: Christoph von Schmid:
Anselmo, Jgd.-Erz. 49, Der kleine
Robinson u.a. Jgd.-Erzn. 51; Madeleine
Secretan: Billy bleibt immer Billy 58; B.
de Saint Pierre: Paul und Virginie 59;
Arnold Brémond: Land im Licht,
Weihnachtserz. 63, 83.
R: Christseelchen 34, 36; Peter findet
eine Heimat 43 — 44; Heimatlos (nach
Hector Malot) 47, 50 alles Hsp.
Ue: Jules Verne: Reisen um die Erde
in 80 Tagen 44, 60; Hector Malot:
Heimatlos 45, 69; Daheim 46, 58; Fr.
Marryat, Sigismund Rüstig 47, 60; Jon.
Swift: Gullivers Reisen 49, 60.

Ronner, Markus M., Publizist; SSV;
Frauentalweg 117, CH-8045 Zürich, Tel.
(01) 4627780 (Bern 21.6.38). Satire.
V: Aktive Außenpolitik, Ess. z. Politik
d. Eidgenossensch. 67; Die treffende
Pointe, zeitgen.-satir. Zitatenhandb. 74,
3.Aufl. 80; Satiren, Burlesken u.
Sarkasmen 75; Elegien, Eskapaden,
Kapriolen, Humoresken 77; Neue
treffende Pointen, zeitgen.-satir.
Zitatenhandb. 78; Moment mal! Aphor.-
Samml. 78; Auch das noch, Glossen-
Samml. 79; Imaginäre Interviews.

Begegn. mit lebender u. überlebter
Prominenz 80.
MA: Heinrich Böll, Freies Geleit für
Ulrike Meinhof. Ein Artikel und seine
Folgen 72; Heinrich Böll, Werke.
Interviews I 1961-1978.
R: Das darf nicht wahr sein!; Intern.
Spätschoppen; Imaginäre Interviews,
Satir. Hsp.-Collagen; Wetten, daß ...? 82/
83; Menschen '82 83, beides Fs.-Sdgn
(Texte, red. Mitarb., Berat.).
Lit: R. v. Normann: 1000 Ratgeber 75.

Roos, Peter, M.A. (USA),
freischaffender Schriftsteller; VS 73;
Königallee 59, D-4630 Bochum 1, Tel.
(0234) 309470 (Ludwigshafen/Rhein
30.6.50). Drama, Roman, Prosa, Lyrik,
Essay, Reportage. **Ue:** E.
V: Literatur in Tübingen, Ess. u.
Gespr. 77; Genius Loci — Gespräche
über Literatur und Tübingen 78; Von
der Abschaffung des Tageslichtes —
Letzter Versuch, die Welt zu verändern
81; Kaputte Gespräche — wem nützt der
Jugend-Dialog 82. — **MV:** Félicien Rops
— Der weibliche Körper, der männliche
Blick, m. Friedericke Hassauer 83.
MA: Jahrbuch der Lyrik 79; Sie
schreiben in Bochum 80; Der Maler
Peter Weiss — Bochum 80; Die Horen;
Der Rabe; Text u. Kritik; Der Monat;
L'80; Literatur u. Erfahrung; Litfaß;
Literaturbetrieb in Dtld 81; New York
New York 82.
H: Exil — Die Ausbürgerung Wolf
Biermanns aus der DDR, Eine
Dokumentation 77; Trau keinem über 30
— Eine Generation zwischen besetzten
Stühlen 80, Tb. 82. — **MH:** Exil.
Materialien u. Dok. z. Ausbürgerung
Wolf Biermanns, m. Günther Wallraff
77; Anna Seghers. Materialienb. 77;
Notizbuch — VerRückte Rede, Gibt es
eine weibliche Ästhetik 80; Kinder-
wunsch — Ideen und Gegenreden 82;
Die Frauen mit Flügeln — die Männer
mit Blei? Eine Atempause — Texte zur
Frauen- u. Männer-Befindlichkeit 83;
Penthesileia — Ein Frauenbervier für
männerfeindliche Stunden 82.
R: Jahrgang 50 — 33 Entwürfe zur
Trauerarbeit, Hsp.-F. 79/80; Udo fährt
nach Köln 76; Die Gruppe 47 war kein
Papiertiger 77; Schiller, Goethe,
Sauerkraut 77; Im Schatten Hölderlins
79; Wenn ich schon den Namen
Studienrath höre, eckelt mirs schon —
Über Wilhelm Waiblinger 81; Snoopy
schreibt ein Buch — Schülertraum/
Autorenleben — Über Leben und Arbeit
in der Kulturindustrie, alles Rdfk.;

Einmal Bonn und zurück —
Jugendliche sollen mit Bundeskanzler
Schmidt diskutieren, Dok.-F. 82.

Roosen, Eva-Maria, s. Sirowatka, Eva-
Maria.

-rops-, s. de Jong Posthumus, Roelof.

Roschmann, Kurt (Ps. Friedrich
Roman), Journalist; VS 51, DJV;
Buchenhofstaffel 9, D-7000 Stuttgart 1,
Tel. (0711) 655932 (Stuttgart 13.10.00).
Lyrik, Roman, Novelle, Essay.
V: Ist's das Blut, das rauscht, G. u. Nn.
39; Kalonder oder Die Gerechtigkeit, R.
47.
R: Funkkomm. u. Hf. ( )

Rose, Hans, Buchhändler;
Eichenhang 16, D-3454 Bevern, Kr.
Holzminden, Tel. (05531) 8672
(Holzminden 14.6.20). Roman.
V: Die Anklage, R. 50.

Rose, Lore (Ps. Lorose Keller),
Schauspielerin, Malerin; Hansaring 88,
D-5000 Köln 1, Tel. (0221) 121997
(Iserlohn/Westf. 28.7.32). Lyrik, Roman,
Hörspiel.
V: Vom Flüstern lauter als Schreien,
Lyr. 82; Deutsch-Deutsches Verhör, R.
83.
MA: Lyrikanthologien.
R: Abschied von Philemon und
Baucis, Hsp.; Wiederbelebung, Hsp.

Rose, Ruth (Ps. Ruth Willke);
Eichenhang 16, D-3454 Bevern, Kr.
Holzminden, Tel. (05531) 8672 (Bremen
30.4.31). Jugendbuch.
V: Lisabella, Erz. 59; Lisabella und die
Schatzgräber von Ponzano, Erz. 61.

Rosei, Peter, Dr.; Hildebrandg. 24/14-
15, A-1180 Wien, Tel. (0222) 4320865.
V: Landstriche, Erzn. 72, Tb. 75; Bei
schwebendem Verfahren, R. 73, Tb. 76;
Wege, Erzn. 74, Tb. 76; Entwurf f. eine
Welt ohne Menschen. Entwurf z. einer
Reise ohne Ziel, 75, Tb. 80; Klotz spricht
m. seinem Anwalt 75; Der Fluß der
Gedanken durch den Kopf, Logbücher
76, Tb. 79; Wer war Edgar Allan?, R. 77,
Tb. 79 (holl. 79, ital. 80, serbokroat. 82,
ung. 82); Nennt mich Tommy 78; Von
hier nach dort, R. 78, Tb. 80 (franz. 80,
schwed. 80, serbokroat. 82, holl. 82, russ.
82); Alben 79; Chronik der Versuche, ein
Märchenerzähler zu werden, Erzn. 79;
Regentagstheorie, G. 79; Das Lächeln
des Jungen, G. 79; Das schnelle Glück,
R. 80, Tb. 83; Frühe Prosa 81; Die
Milchstraße, 7 Bücher 81; Versuch, die
Natur zu kritisieren, Ess. 82; Reise ohne
Ende, Aufzeichnungsbücher 83. —
MV: Innenhof, m. Johann Kräftner 79.

von Rosen, Erica, s. von Treyer, Erica.

v. Rosen, W., s. Scheurer, Wolfgang.

Rosenbach, Detlev (Ps. E. Martin, D. Michael), Kunsthändler; Walderseestr. 24, D-3000 Hannover, Tel. (0511) 669348 (Hannover 3.1.28). Ue: E.
V: Im Zauberreich des Alkohols, Pl. rund um d. Alkohol 53; Spanier, Gold und Indios. Die Entdeckung d. Neuen Welt 54; Weites Land im Westen, Jgdb. 65; Hans Thoma, Monogr. 74; E. Heckel: Die Studie 78; Jawlensky, Leben und graphisches Werk 83.
H: Chr. Morgenstern: Der Spiegelgeist 60; Haarmann, eine graphische Suite; Bargheer: Das graphische Werk; Bremer: Das graphische Werk 71.
Ue: Stevenson: Die Schatzinsel 51; Kuh: Die Kunst hat viele Gesichter.

Rosenbaum, Ludwig (Ps. Ludwig Bernhard), Journalist; IGdA; Weidestr. 111c, D-2000 Hamburg 76 (Weinböhla-Dresden 4.12.02). Roman, Novelle, Essay.
V: Luise von Toskana, Trag. 28; Weib und Dichter, R. 28; Sing-Sing, Dr.; Tragödie, Orat. 29 (in einem Bd.); Eisen-Blut 1:0, Zs.; Graphische Volkskunst 30; Die Lichtradierung 30; Dresden - ein europäisches Märchen, Monogr. 69.

Rosenberg, Alfons, Schriftsteller; Lessingstr. 49, CH-8002 Zürich, Tel. (01) 2026144 (München 6.1.02).
V: Chagall träumt Gott 66; Engel und Dämonen 67; Don Giovanni 68; Das Experiment Christentum 69; Das Experiment Christentum 69; Durchbruch zur Zukunft 56-71; Die Seelenreise 71; Oberlin − Bleibstätten der Toten 75; Die Zauberflöte 71, 72; Christliche Bildmeditation 75; Kreuzmeditation 76; Christliche Lebensregeln 77; W. A. Mozart, der verborgene Abgrund 76; Joachim von Fiore, das Zeitalter des Hl. Geistes 79; Verborgene Worte Jesu 81; Die Welt im Feuer 83.
MA: Hus u. Wiclif: Die Wahrheit der Ketzer 68; Eutonie: Der geistige Ort der Eutonie 77; Mein Judentum 78; Wer war Mozart? 79.
H: Der babylonische Turm 75; Leben nach dem Sterben 76.
s. a. Kürschners GK.

Rosenberg, Gill, s. Köstler, Gisela.

Rosenberg, Klara, Masseuse; Rua Piratininga 578, São Paulo/Brasilien (Alayund/Türkei 3.10.99). Novelle.
V: Erleben − Joschi der Zigeuner 75; Ilka und Alamani 76. ( )

Rosenberger, Ludwig; Säbenerstr. 10, D-8000 München 90, Tel. (089) 668230 (Passau 25.8.94). Erzählung.
V: Das Ei des Kolumbus 37; Die Frauenkirche 47; Adalbert Stifter und die Lackenhäuser 48; Bavaria Sancta, bayer. Heiligenleg. 48; Geisterseher. Merkwürdige Erlebn. berühmter Persönlichkeiten 52; Adalbert-Stifter-Anekdoten 53; Die Beterin an der Mariensäule 55; Ad. Stifter und der Bayer. Wald 68; Wanderungen zu Alfred Kubin, Briefwechsel 69; Ad. Stifter, Sagen und Legenden aus dem Böhmerwald 70; Lenormand, Lebensgesch. 71; Könige und Mätressen 72; Passauer Erinnerungen 74; Reise nach Ostpreußen i. J. 1937 75; Der Doppelgänger von St. Quentin 79; Die Geschichte vom Scheibentoni, Erz. 79; Der Zauberer Virgilius 80; Narrenkabinett 80; Dr. Faustus 81; Passauer Bilderbogen 81/82; Reisen in den Bayerischen und Böhmerwald 82.

Rosendorfer, Herbert, Richter am Amtsgericht; P.E.N. 73; Bayer. Förder.preis f. Lit. 70, Literatur-Förder.preis d. Stadt München f. Lit. 71; Romanstr. 16, c/o Nymphenburger Verlagshandlung, D-8000 München 19 (Bozen 19.2.34). Roman, Erzählung, Theaterstück, Hörspiel, Fernsehspiel.
V: Die Glasglocke, Erz. 66; Bayreuth, für Anfänger 69; Der Ruinenbaumeister, R. 69; Der stillgelegte Mensch, Erzn. 70; Über das Küssen der Erde, Erzn. 71; Rosendorfers ächtes Münchner Olympiabuch 71; Herbstliche Verwandlungen, Erzn. 72; Deutsche Suite, R. 72; Skaumo, Erz. 76; Großes Solo für Anton, R. 76; Stephanie u. das vorige Leben, R. 77; Der Prinz von Homburg, Biogr. 78; Eichkatzlried, Erz. 79; Das Messingherz, R. 79; Ball bei Thod u. and. Erzählungen 80; Ballmanns Leiden oder Lehrbuch für Konkursrecht, R. 81; Vorstadt-Miniaturen, Szenen 82; Das Zwergenschloß, Erzn. 82; Briefe in die chinesische Vergangenheit, R. 83.
F: (MA): Apokal.
R: Der Gebrochene 70; Urlappi 71; Weißblaue Turnschuhe 73; Wohnheim Westendstraße 76; Rubens' letzte Runde 77; Zeugenaussagen 78; Eine große Familie 79.
Lit: Bruno Weder: H. R. − Sein erzählerisches Werk 78; Françoise Sopha: Die Romanwelt des Dichters H. R. − Utopie oder Groteske.

Rosenfeld, Friedrich (Ps. Friedrich Feld), Schriftsteller; P.E.N. 53, VS 72; 7,

First Ave, Bexhill/Sussex/Engl., Tel.
(0424) 214817 (Wien 5.12.02). Drama,
Roman, Hörspiel, Kurzgeschichte,
Kinderbuch. Ue: E, Tsch.

V: Mitsanobu, Leg. 29; Die goldene
Galeere, R. 30; Tirilin reist um die Welt,
Kinderb. 31, 51; Der Goldfasan, Leg. 33;
Der Regenbogen fährt nach Masagara,
Kinderb. 37, 71; Das glückliche Ende,
Kom. 42; Der Flug ins Karfunkelland,
Kinderb. 58, 55; Der silberne Stern,
Weihnachtssp. 48, 50; Die Zaubergeige,
Weihnachtssp. 48; Es war einmal ein
Esel, Kinderb. 48; 1414 geht auf Urlaub -
Eine Uhr steht still, Erzn. 48, 63; Der
gefrorene Wasserfall, Kinderb. 49, 54;
Amir, der Riese, Kinderb. 49, 68; Der
weiße Wald, Weihnachtssp. 49; Die
Rettung, Sp. 50; Der Kaiser und der
Komödiant, dram. Leg. 50; Kolibri und
Farinari, 3 Sp. 50; Der musikalische
Regenschirm, Kinderb. 50, 74; Echo auf
Reisen, Kinderb. 50, 65; Ein Mann und
sein Schatten, Sch. 51; Die magischen
Streichhölzer, Kinderb. 51, 72; Die Stadt
Wan-Lin, Sp. 51; Der Kirschblütenzweig,
dram. Leg. 52, 65; Der verlorene
Schlüssel, Weihnachtssp. 52, 63; Treib-
sand, Sch. 53; Ein Land, so klein wie ein
Beistrich, Kinderb. 52; Der fliegende
Igel, Kinderb. 53; Suche nach Simba,
Kinderb. 53, 65; Nona und die 33
Drillinge, Kinderb. 53, 67; Der
schweigsame Flamingo, Kinderb. 53;
Das unsichtbare Orchester, Kinderb. 53,
62; Der Brunnen von Almazar, Kinderb.
53; Die verlorenen Schuhe, Kinderb. 53;
Geburtstagsfeier wie noch nie, Kinderb.
54, 65; Das Meer schwemmt einen
Schatz an Land, Kinderb. 54; Die häß-
lichen Mädchen von Bagdad, Laisp. 54;
Das große Preisausschreiben, Kinderb.
55; Ridvan, der Radschläger, Kinderb.
55; Der Reiter auf der Wolke, Kinderb.
56, 77; Die Autos der Tante Klementine,
Kinderb. 56; Wer doch zaubern könnte,
Kinderb. 56; Plumps dreht einen Film,
Kinderb. 57; Wo liegt Marapola,
Kinderb. 57; Die Katze, die alle
Sprachen konnte, Kinderb. 57, 62; Der
Wettstreit der Winde, Kinderb. 59; Herr
Platt braucht einen Löwen, Kinderb. 59,
76; Der fliegende Pflug, Leseszene 59, 64;
Der Papagei von Isfahan, Kinderb. 60,
63; Das goldene Pferd, Kinderb. 60; Des
Kaisers Widerspruch, Leseszene 61, 63;
Herr Hicks kauft einen Zirkus, Kinderb.
62; Im Schatten der Bastille, Leseszene
62, 65; Der Schlosser von Versailles,
Leseszene 62; Der Richter und die
Gerichteten, Leseszene 62; Die Welt aus
Marzipan, Kinderb. 63; Wenn ihre Haut

auch schwarz ist, Leseszene 63, 65;
Aufbruch um Mitternacht, Kinderb. 64;
Der Prügelknabe von Osterbrück,
Kinderb. 64; Vor dem goldenen Tor,
Weihn.legende 64; Gericht über
Kolumbus, Sp. 64; Der Mann im Käfig,
Sp 65; Spuk im Berghotel, Kinderb. 65,
81; Der Schrecken von Miebau, Kinderb.
65; Der Schiffsjunge der Santa Maria,
Kinderb. 66; Der Mann mit der gelben
Krawatte, Kinderb. 66, 77; Der Meister
von Mainz 67; Das Testament des
Eusebius Silberfuchs 67, 69; Der Fall
Orlando 68; Akte Diana - streng geheim
68, 75; Herr Kniebusch sieht Gespenster
69; Die Geistermühle von Haselheim 69;
Aufruhr um Ohaschihu 69; Die Pfauen-
feder 69; Vom Kätzchen, das seinen
Schatten verlor 69, 71; Der Frosch mit
der Trompete 70; Ein Gespenst greift
ein 70; Es spukte auf der Überfahrt 71;
Warum es im Zoo keine Drachen gibt
71; Der Schuß ins Dunkle 73; Herr
Klapp schafft den Lärm ab 73; Von
Hexen und Zauberern 74; Was geht im
Haus Nr. 14 vor? 76; Funkstreife im
Einsatz 77; Rendevous mit Sebastian 77;
Das Pony mit den vielen Namen 79;
Johannes Gutenberg 79; Gespenster auf
Burg Rotenstein 80; Michaela und das
wundersame Haus 82.

R: Das Licht und der Schatten 34; Der
Freier vor dem Tor 36; Die gläserne
Katze 36; Die Stimme 39; Der Kaiser
und der Komödiant 40; Die Erde bebt
45; Der Pfau 46; Der Kirschblütenzweig
47; Der heilige Pflug 48; Das Amulett 49;
Prozeß Dr. Edwards 49; Die Rettung 49;
Der Rächer 49; Der Adler 50; Der Herr
des Großen Berges 51; Wendelin auf
Wanderschaft 58; Die träumende Uhr
60; Musik am Hauptbahnhof 61; Der
Frosch mit der Trompete 63; Der
Kletteralex 64; Der Dieb von
Samarkand 64; Die Pfauenfeder 64; Vom
Kätzchen, das seinen Schatten verlor 65;
Der Herzog von Pfifferling 65; Herr Dott
blickt in die Zukunft; Der lanenhafte
Adrian 73; Flug 412 wird vermißt 75;
Zweimal zwei macht fünf oder Der vier-
eckige Kreis 77; Unfallstation 78, alles
Hsp.

S: Lok 1414 geht auf Urlaub 58;
Melusine, das furchtsame Feuerwehr-
auto 59; Kleines Schiff auf großer Fahrt
61; Der Rattenfänger von Hameln 65;
Lok 1414 hat Geburtstag 68; Lok 1414 im
Wilden Westen 68; Lok 1414 u. die
Geistermühle 79; Lok 1414 u. die Schatzhöhle 79; Lok 1414 u. das Wunderkind
79; Lok 1414 u. das wildgewordene Nashorn 79.

Rosenlöcher, Thomas, c/o Mittel-
deutscher Verl., Halle, DDR.
V: Ich lag im Garten bei
Kleinzschachwitz, G. u. 2 Notate 82. ( )

Rosenstock, Wolf (Ps. W. Roxan),
ObStudR. a.D., RA.; Blumenthalstr. 16,
D-4000 Düsseldorf 30, Tel. (0211) 483882
(Sniátyn 8.7.09). Essay, Aphorismen,
philos. Schriften.
V: Kants geniale Kritik d. reinen
Vernunft. Ein Mythos 73; Philosophen
— des Teufels Anwälte 73; Zionismus,
Israel u. d. Palästinenser 78; Des Lebens
Güter höchstes..., Aphor. u. Ess. 80.

Rosenthal, Werner, Geschf.;
Flensburger Str. 9A, D-3000 Hannover 1,
Tel. (0511) 3501287 (Treptow/Rega
14.9.24). Roman, Erzählung, Novelle,
Essay.
V: Seiltänzer, Erz., Kurzprosa 80;
Widerreden, Erzn. 81.

Rosenthal-Kamarinea, Isidora, Dr.
phil., UProf. f. byzant. u. neugriech.
Philol. Bochum, HonProf. f. neuere
griech. Lit. Marburg; VS; Auszeichn. f. d.
Buch "Neugriech. Erzähler" durch d.
Darmstädter Jury 58; Am Dornbusch 28,
D-4630 Bochum, Tel. (0234) 350098
(Piräus, Griechenld. 12.4.18). Lyrik,
Essay, Literaturkritik. **Ue:** G (Ngr).
MV: Griechenland, m. P. Kamarineas
65 II.
H: Redaktion hellenika, Zs. seit 66,
seit 73 Jb.; H. Folia Neohellenica, Zs. seit
75 u. Studien zur Neugriech. u. Byzant.
Philologie, Schr.-R. 75. — **Ue:** Neu-
griechische Erzähler, Anth. 58, 61;
Griechenland erzählt 65; Nikos
Kasantzakis: Zauber der griechischen
Landschaft 66; Jannis Ritsos: Mit dem
Maßstab der Freiheit 71; Nikiforos
Vrettakos: Jenseits der Furcht 73;
Petros Charis: Die letzte Nacht der Erde
80; Die kleinen Menschen u. die großen
Tage, Anth. 81; Rita Blumi-Papa: Zwölf
Gedichte an die Freiheit, Anth. 82.
R: Kinderraub in Mani, Hsp. 55.
Ue: Elias Venesis: Boten der Ver-
söhnung, Erzn. 58; Spyros Melas: Der
König und der Hund, Kom. 58; Papa
wird erzogen, Kom. 59; Katina Papa:
Unter dem Maulbeerbaum, Erz. 59;
Panajotis Kanellopulos: Fünf Athener
Dialoge 61; P. Prevelakis: Die Sonne des
Todes 62; Das Haupt der Medusa 64; I.
M. Panajotopulos: Die Siebenschläfer
62; Nikos Kasantzakis: Rechenschaft
vor El Greco I 64, II 67, 78; Nikos
Kasantzakis: Alexis Sorbas 81.

Roser, Hans, Pfarrer; VFS; Kirchplatz
3, D-8542 Roth b. Nbg., Tel. (09171) 4081
(Claffheim b. Ansbach 7.3.31). Erzählung,
Essay.
V: Polit. Gebete 76, 78; Im Dorf
daheim 77, 81; Bewußter leben — nach
einem Herzinfarkt 78; Protestanten u.
Europa 79; Hahnenkamm. Entdeckung
e. Landschaft 80; Zum Leben erlöst 82.
R: Franken als europ. Landschaft I, II
u. III, Rdfk-Sdgn.

Roser, Helmut, Pfarrer;
Stelzhamerstr. 17, A-4810 Gmunden, Tel.
(07612) 4166 (Wiesbaden 14.11.20).
V: Jahrgang 1920 80.

Roser, Wiltrud, Grafikerin; VS 70;
Frühlingstr. 1, D-8490 Cham/Opf., Tel.
(09971) 2761 (Cham 8.9.24). Kinderbuch.
V: Die Pimpelmaus 58, 83; Schnick
und Schnack 59; Tante Fannys Tiere 59,
62 (auch jap.); 1000 Mark für Waldemar
60; Das Hündchen Benjamin 60; Herr
Kracks oder die schönen Träume des
schwarzen Heiner 63; Alles über
Osterhasen 64, 83 (auch engl.);
Unglaubliche Mekel Geschichten 67, 79;
Die Prinzessin und das Krokodil 76;
Julia oder ein Geschenk für Mutter 82.
Lit: B. Hürlimann: Europäische
Kinderbücher, Die Welt im Bilderbuch,
Sieben Häuser; Juliane Metzger: ABC
der Kinderbücher; Lex. d. Jugend-
schriftsteller.

Rosin, Robert, Bauleiter; Theodor-
Brugsch-Str. 42, DDR-1115 Berlin
(Berlin 9.2.32). Kinderliteratur.
V: Der letzte Ferientag, Erz. 72, 76;
Hans und Hoffi, Erz. 77; Das gerettete
Kiefernbäumchen, Bilderb. 79, 80; Janot
oder der Freund meiner Mutter, Erz. 83.
MA: Die Zaubertruhe, Anth. 71;
Ehrlich fährt am schnellsten, Anth. 73;
Der Eismann ist kein Schneemann,
Jahrb. 76; Der blaue Schmetterling,
Gute-Nacht-Geschn. 79, 81; Das
Ahörnchen, Anth. 80; Ich lieb so gern,
Friedensb. 82.

Rosowsky, Norbert, ObStudR.;
Künstlergilde 78; Am Fichtenhain 8, D-
5358 Bad Münstereifel, Tel. (02253) 8545
(Worbis, Kr. Erfurt 12.8.28). Lyrik, Kurz-
prosa. **Ue:** E, F.
V: Adern, Lyr. 65; Spinnweben, Lyr.;
Bäume kommen in mein Zimmer 82.
MA: Stuttgarter Zeitung; lit. Zss. wie:
NDH, Merkur, Horen.

Ross, Günter *

Ross, Thomas, Dr., Journalist; VS 78
(Berlin 3.6.27). Roman.

V: Osteuropa kehrt zurück, Sachb. 65;
Auf dem Vulkan, R. 73, Tb. 80;
Erpressung, R. 75; Es ist mir leid um
dich, mein Bruder Jonathan, R. 79. ( )

Ross-Rahte, Renate, Dr.; Thorhof, A-
3192 Hohenberg, Tel. (02767) 245.
V: Stefan und die Tiere 75; Ich
wünsche mir ein Tier 78; Martina oder
der Traum vom Leben auf dem Land 82.

Rossa, Kurt, Oberstadtdirektor von
Köln; Decksteiner Str. 40, D-5000 Köln 1,
Tel. (0221) 2212054 (Gelsenkirchen
13.2.30). Jugendbuch, Sachbuch, Lyrik.
Ue: E.
V: Vier auf einem Superflitzer,
Jugendb. 77, 3. Aufl. 79, Tb. 82;
Todesstrafen — Ihre Wirklichkeit in
drei Jahrtausenden 67, Neuaufl. 79;
Nette Früchtchen 69, 4. Aufl. 79; Zum
Piepen 70, heitere B; Arthur der Bären-
starke, Kdb. 81.

Rossbacher, Heinrich, Dr. phil.,
Bühnenschriftsteller; Pr.
Oldenburgisches Staatstheater 56;
Domeierstr. 3, D-3352 Einbeck
(Erlangen 20.3.00). Bühnenwerke,
Jugendbuch, Gedichte.
V: Söhne 46; Roter Mohn 52; Das
Warenhaus 53; Die Spieluhr 55; Tulpen
aus Holland 56; Der Weg nach Crèzy 57,
alles aufgeführte Bühnenwerke; Der
Jesus von Dachau, Die Revolution kam
doch noch nach Myscheblochka,
Holland in Not, Spanisches Intermezzo,
06, 07, 08, 09, Gockelkomödie, Halloh
Berlin 1910, Der Tisch der
Barmherzigkeit, Die Mittagspause, Der
Karl Marx, alles Bühnenst. I-V 79, 80, 82;
Die wundersame Spieluhr der Frau
Schnickschnack, Die Märchenkur,
Beschreibung eines Sohnes, alles Jgdst.
79, 80; Leben, Taten und Missetaten des
ersten Weltraumtouristen, Jgdb. 79; des
armen heinrich buch vom fröhlichen
sterben, vom vaterland, Hamburgisches
Notizbuch einer Liebe, In Deutschland
an der Elbe, alles G. I-III 79, 80.

Rosser, G., s. Grosser, Karl-Heinz.

Rossiwall, Theodor *

Roßmann, Atti, s. Radke, Horst-
Dieter.

Rost, Dietmar, Grundschul-Rektor;
VS 82; In der Weist 20, D-5768 Sundern/
Sauerld 4, Tel. (02933) 3569 (Arnsberg/
Westf. 18.3.39). Kinderbuch, Jugendbuch,
Sachbuch.
V: Aktuelle Erziehungstips,
Praktisches f. d. Alltag 73; Vom ersten
Tag an. Geschlechtserziehung im Vor-
schulalter 73 (auch span.); Wer spielt

mit? So lernen Kinder spielen 74; Ich
gehe zur Schule. Ein guter Start ent-
scheidet 75; Freizeit. 224 Einfälle und
Anregungen zur Freizeitgestaltung 76;
Was macht unsere Kinder heute krank?
79; Unserm Kind zuliebe 82; Der gute
Hirt 82; Wir sind eingeladen 83; Meine
Firmung 83. — **MV:** Gottesdienste mit
Kindern, Sachb. 1 72, 76, 2 73, 76; Du bist
bei mir. Kinder beten und fragen 74, 77;
Gottesdienste mit Kindern im Kirchenjahr 77; Wir feiern Jesus 79 (auch franz.,
ital.); Gute Besserung 83.
H: rissel, rassel, rüssel, Kinderreime,
Rätselverse, Abzählreime 76;
Weihnachten zu Hause, Geschn., Lieder
u. G. z. Weihnachtszeit 76; In allen vier
Ecken soll Liebe drin stecken, Sprüche
aus dem Poesiealbum 77; Meine Tiere
— deine Tiere, Geschn. u. Verse f.
Kinder 77; Singspiele für das Kinder-
garten- und Grundschulalter 81, 82. —
MH: Unterwegs, Texte u. Gebete f.
junge Menschen 77, 81; Zukunft wagen
79, 82; Ein Kind ist ein Glück 79, 82;
Miteinander unterwegs 81; Freude an
jedem Tag 81; Liebe verändert die Welt
82; Meine Erstkommunion 83; Wo
Himmel und Erde sich berühren 83;
Kommt herbei, singt dem Herrn 83.

Rostock, Rainer Maria, s. Schröder,
Rainer M..

von Roten, Iris *

Rotenberg, Stella; International
P.E.N.-Club Zentrum deutschsprachiger
Autoren im Ausland 79; 38 The Drive,
Alwoodley, Leeds 17/Engl. (Wien 27.3.16).
Lyrik.
V: Gedichte 72; Die wir übrig sind, G.
78.
MA: G. in dt. u. dt.spr. amerikan. Publ.
Lit: Strelka in Colloquia Germanica
10 76-77; Strelka in: Dt. Lyr. von 1945-
1975; H. Zohn in: Modern Austrian
Literature 6, 1-2 73.

von Rotenburg, W., s. Körner, Heinz.

Roth, Christian (Ps. Brdlbrmpft),
Grafiker, Schriftsetzer, Liebesbrief-
steller; Eggental 2, CH-5607 Hägglingen,
Tel. (057) 243718 (Pagig/Kt. Kraubünden
27.6.45). Lyrik, Roman, Musiktexte.
V: Die fünf Unbekannten, Lyr. 70;
Christopher Rotta, R. 75; Der Chink, R.
77.
Lit: Karussell 78; DRS aktuell 82;
Samschtig am achti; Was bin ich? 83,
alles Fs-Sdgn in d. Schweiz, Bdesrep.
Dtld u. Öst.; ebda versch. Rdfk-Sdgn.

Roth, Claus, s. Schleinitz, Egon
Gustav.

Roth, Dieter (Ps. Otto Hase, Max Plunderbaum, Fax Hundetraum); Brunaveg 12, Reykjavik/Island (Hannover 21.4.30). Ue: F, E, Isl.
V: gesammelte werke 57 — 79 XL; essay 71 — 72 VI; das tränenmeer 73 II; Das Wähnen 74; Die Die DIE gesamte Scheiße 74; Die d. d. d. verdammte gesamte Kacke 75; Neo Nix und Neo Mix 75; Das Wähnen 75, 78; Unterm Plunderbaum 79. — **MV:** Frühe Schriften und typische Scheisse, m. Oswald Wiener 75.
MA: futura 66.
S: Autofahrt 79. ( )

Roth, Edgar, Dr. theol., Prof., Doz.; Romanpreis d. Zwingli-Verl. 57; Hernalser Hauptstr. 45 - 23, A-1170 Wien, Tel. (0222) 4357165 (9.6.27). Drama, Roman, Lyrik, Novelle, Hörspiel.
V: Auf daß wir Frieden hätten, R. 57, 58; Bis es keine Feinde mehr gibt, R. 58, 59; Hinabgestiegen in das Reich des Todes, R. 80.
R: Jochen Klepper 69; Kafka - schweigt der Gott der Väter 70, beides Rdfk.-Send.

Roth, Erich, Dr., Pfarrer i.R.; Alte Straßburger Str. 3, D-7600 Offenburg, Tel. (0781) 72325 (Karlsruhe 25.7.05). Lyrik, Laienspiel, Erzählung.
V: Der Glockengießer von Heiligenhall, ein Weihespiel 52; Der wallende Vorhang, Erzn. 78; Vor den Kulissen, Erzn. 82; Jeder Tag ein Dank 83. — **MV:** Das Erbe der Heilika, ein Festspiel in: 700 JahreLahrer Spital und Stiftskirche 60.

Roth, Friederike; Leonce-u.-Lena-Pr. m. Anno F. Leven 77, Villa Massimo 81, Stuttgarter Lit.pr. 82; Jahnstr. 46, D-7000 Stuttgart 70.
V: Tollkirschenhochzeit, G. 78, 79; Ordnungsträume, Erz. 79; Schieres Glück, G. 80; Klavierspiele, Stück 80, 81; Der Ritt auf die Wartburg 81.
F: Augenblicke, Drehb. 73.
R: Wenn d'Thea nalangt, no gibts a Stick 77; Mr sen et heimlich uf dr Welt 78; Klavierspiele 80; Der Kopf, das Seil, die Wirklichkeit 81; Ritt auf die Wartburg 81, alles Hsp. ( )

Roth, Gerhard, freier Schriftsteller; Forum Stadtpark Graz 62; Österr. Staatsstipendium für Literatur, Literatur-Preis d. Landes Steiermark, Preis des Lit.magazins den Südwest-funks 78, Stip. d. Stadt Hamburg 79-80; Geidorfgürtel 16, A-8010 Graz, Tel. 31533 (Graz 24.6.42). Roman, Novelle, Drama.

V: die autobiographie des albert einstein, R. 72, Tb. 81 (ndl. 73); Der Ausbruch des 1. Weltkrieges, Künstel, How to be a detective, 3 Kurz-R. 72 (ndl. 75); Der Wille zur Krankheit, R. 73; Lichtenberg, Dr. 74; Der große Hozizont, R. 74, 79, Tb. 78, 81; Ein neuer Morgen, R. 76, 79, Tb. 80; Herr Mantel und Herr Hemd, Kinderb. 75; Sehnsucht, Dr. 77; Dämmerung, Dr. 77; Winterreise, R. 78, Tb. 79 (auch engl., franz., ndl.); Menschen, Bilder, Marionetten, Samml. 79; Der Stille Ozean, R. 80; Circus Saluti 81; Lichtenberg, Sehnsucht u. a. Stücke 83.
MA: Wie ich anfing.
F: Menschen in Österreich 79.
R: In Grönland, Hsp. 78.
Lit: F. Voit in: Krit. Lex. z. dt.spr. Gegw.lit. ( )

Roth, Heinz, RA.; Irschenhausen, Wieshang 5, D-8026 Ebenhausen, Isartal, Tel. (08178) 3759 (München 7.9.06). Laienspiel.
V: Der Engel Barbara 50; Das Ickinger Weihnachtsspiel. Ein Sp. im Sp. 50.

Roth, Jürgen, Schriftsteller, Journalist; VS 72; Hermannstr. 8, D-6000 Frankfurt a.M. 1, Tel. (0611) 594968 (Frankfurt a.M. 4.11.45). Roman, Sachbuch.
V: Armut in der Bundesrepublik, Sachb. I 71, II 74, 4. Aufl. 78, III 79, 3. Aufl. 80; Ist die BRD ein Polizeistaat?, Sachb. 72; Heimkinder, Sachb. 73, 2. Aufl. 75; z. B. Frankfurt: Die Zerstörung einer Stadt, Sachbuch 75; Eltern erziehen Kinder — Kinder erziehen Eltern, Sachb. 76; Aufstand im wilden Kurdistan, R. 77; Es ist halt so... Reportagen aus dem alltäglichen Elend, Sachb. 82. — **MV:** Partner Türkei oder Foltern für die Freiheit des Westens, Sachb. 73; Wie soll man hier leben? Wohnungsnot in der Bundesrepublik, Sachb. 81; Die Türkei. Republik unter Wölfen, Sachb. 81; Am Tor der Hölle. Strategien der Verführung zum Atomkrieg, Sachb. 82.
H: Geographie der Unterdrückten — die Kurden, Sachb.-R. 78.

Roth, Otto *

Roth, Robert, Rentner; Be. S.V. 76; Tellplatz 3, CH-3014 Bern, Tel. (031) 417832 (Langenthal 23.10.19). Erzählung, Märchen.
V: D'Langete churrt 75, Neuaufl. 78 (hochdt.); Mehlsuppenkongressliches und Grindelhaftes 76; Unterwegs zum

Horizont 77; Die Flucht 78;
Toggenburger Erzählungen 79; Der
Wolkensegler, vier Märchen und eine
Legende 81; Versuch einer Karriere, 83,
alles Erzn.

Roth, Susanne, s. Greither, Margit.

Roth, Walther, c/o Bundes-Verl.,
Witten.
V: Stefanie, Jgdb. 82. ( )

Roth-Kapeller, Ingrid (Ps. Ingrid
Puganigg); Grazer Autorengemeinsch.
75, Vorarlberger Autorenverb. seit 81;
Staatsstip. f. Lit. Bdesmin. Wien 78, Pr.
d. Jury Klagenfurt Ingeborg Bachmann
80, Ehrengabe d. Ldes Vorarlberg 81, 4
Arb.stipendien v. Bdesmin. f. Unterr. u.
Kunst Wien; Ges. f. Dt. Spr., St. Gallern
79, Ges. f. Kultur, Wien 81; Holderbaum
10, A-6973 Hoechst/Vorarlberg, Tel.
(05578) 5032 (Gassen/Kärnten 22.1.47).
Drama, Lyrik, Roman, Essay, Hörspiel.
V: Es ist die Brombeerzeit, G. 79;
Fasnacht, R. 81.
R: Ein Mann läuft, Hsp. 74; Der
Versuch, Hsp. 81.

Rothen, Hans, s. Feigel, Hans-Dieter.

Rothenberg, Friedrich Samuel,
Pfarrer; Eisenberger Weg 11, D-3540
Korbach, Tel. (05631) 2251 (Solingen-
Gräfrath 1.9.10).
V: Bitte schreiben Sie mir! 65; Theo-
logische Fremdwörter 65; Vor den
Herausforderungen d. modernen
Theologie 66; Credo 66; Christsein,
Kurztexte 82.
H: Lob aus der Tiefe. Junge geistl.
Dichtung 46, 48; Das Junge Lied 49; Der
Fragekasten 54; Christsein heute, Hdb.
d. Probleme 64; Bibl. Taschen-Lexikon
65 I − III; Der helle dunkle Tag 67. −
MH: Das Junge Chorlied 61; Kinderlob
68; Singe, Christenheit! 69; Christen-
lieder heute 71.

Rothenberger, Manfred; Siemensstr.
35, D-8510 Fürth, Tel. (0911) 720532
(Nürnberg 20.6.60). Lyrik, Prosa.
V: Der Atem eines Winters, Lyr. 79.

Rother, Hans-Jörg, Dr.phil.; SV-DDR
82; Hasselwerderstr. 7, DDR-1190 Berlin
(Weimar 17.9.41). Lyrik, Essay, Film,
Nachdichtung.
V: Poesiealbum 39, G. 70; Unter dem
einen Himmel, G. 81.

Rother, Thomas, Redakteur; VS 77;
Luise-Rinser-Pr. 81; Schäferstr. 36, D-
4300 Essen, Tel. (0201) 232571
(Frankfurt/O. 6.5.37). Lyrik (vorw. Songs
u. Lieder), Erzählung, Roman.

V: Arschleder zwickt, krit. Lieder-
texte, ostwestdt. Abzählverse u. Ruhr-
gebietskinderreime, Lyrik 68; Teufels-
zacken - Texte f. Menschen u. f.
Christenmenschen. Lyrik u. Kurzprosa
71; Essen und das Ruhrgebiet, Texte u.
Grafik 76; Wenn der Krummstab blüht,
Märchen neu erzählt 76; Das plötzliche
Verstummen des Wilhelm W., R. 81;
Erde − mein Mutter- und mein
Vaterland, Lyr. u. Kurzprosa 83; Die
Großstadt im Jahr des Unheils 1933,
Dok. 83. − **MV:** PONG, m. Rainer
Goernemann, Kinderst. m. Musik 76.
MA: Für eine andere Deutschstunde,
Erzn., Lyrik, Reportagen 72; Schwarze
Solidarität, Kämpferische Bergarbeiter-
dichtg. 74; Die Stunden mit dir, Texte f.
jg. Leute, Erzn. 76; Morgen beginnt
mein Leben, Texte f. jg. Leute, Erzn. 77;
Ich singe gegen die Angst 79; Das
Revier, Dok. 81; Meine Heimat
Ruhrgebiet, Dok. 82.
H: Schrauben haben Rechtsgewinde,
eine Lesebuch fragender Arbeiter f.
Arb.nehmer u. Arbeitgeber sowie deren
Kinder, Erzn., Lyr., Rep. 71.
S: Was aber werden wir sagen 69;
Hab' einen Traum 70; Ein anderes Ihr -
Kinderlein-kommet 71; Gitarre vorm
Bauch 71; Kattong - Stiehl dem Volk die
Geduld 72; Kattong - Rotes Liebeslied
71, u.a.

Rott-Illfeld, Sybille A., Redakteurin;
V.d.Ü. 72; St.-Veit-Str. 70, D-8000
München 80, Tel. (089) 492747 (Prešov,
CSSR 3.6.38). Ue: F.
Ue: Micheline Maurel: Les Contes
d'Agate u.d.T.: Himlico 62, Der Triumph
der Geschwindigkeit 68; Robert
Sabatier: Le Chinois d'Afrique u.d.T.:
Ein Mann in Paris 69, Die schwedischen
Zündhölzer 70; Manz'ie: Steckbrief 70;
Ange Bastiani: Die Cote d'Azur höchst
intim 71; Christiane Collange: Madame
und ihr Management 71; Françoise
Xenakis: Elle me dirait dans l'Ile u.d.T.:
Das Inselgespräch 72; Christiane
Collange: Madame und das wahre Glück
73; Ismail Kadaré: Der General der
toten Armee 73, Die letzten
Geheimnisse unserer Welt 77; Roger
Peyrefitte: Herzbube 79; Der junge
Alexander 80; Robert Sabatier: Kinder
des Sommers 81; Französisch lernen
leichtgemacht 81; Auf der Suche nach
der Vergangenheit 82; Roger Peyrefitte:
Alexander der Eroberer 82. −
MUe: Zauber und Schönheit eines alten
Kontinents 75; Grosse Flüsse der Welt
77; Die schönsten Burgen und Schlösser

Frankreichs 79; Die Naturwunder der
Erde 79; Schatzkammer Europa 81.

Rotter, Albert, Mittelschullehrer i.R.;
Wimmer 27, D-3583 Wabern, Hess., Tel.
(05683) 1832 (Deutsch Liebau/Sudetenld.
19.9.04). Lyrik, Erzählung, Essay.
V: Auf stillen Wegen, G. u. Erzn. 63;
Helmut Winkler, Monogr. 63; Es brennt
ein Licht, G. u. Erzn. 71; Im Sturm, Erzn.
74; Im Wirrsal der Zeit, G. 74; Kein
schöner Land, G. 75; An ewigen Quellen,
G. 76; Zwischen gestern und heut', G. u.
Erzn. 77; Im Schleier der Vergangenheit,
Balladen 78; Stoßseufzer, Aphor. 80;
Schläft ein Lied in allen Dingen, G. 80;
Licht und Schatten, G. 81; Abseits vom
Wege, G. 82; Heiteres aus dem Altvater-
land, Anekd. u. Wi. 82. –
MV: Nordmährisches Heimatb., Jahrb.
seit 54.
MA: Heimat im Teßtal, Anth. 66; Stadt
und Kreis Mähr. Schönberg 68; Kleine
Chronik von Geppersdorf 79; Die blaue
Blume, Anth. 81.
Lit: Dr. Richard Zimprich: Albert
Rotter - 70 Jahre; Herbert Gröger: A.
Rotter – ein Lebensbild.

Rottler, Alfred, 1. Vizepräs. BDSÄ,
Generalsekretär Un. Moniale D.
Écrivains Médécins; RSG, Kr. d.
Freunde; Virchowstr. 7, D-8500
Nürnberg, Tel. (0911) 511212 (Nürnberg
25.5.12).
V: Den Sternen verschwistert 66;
Brautzug nach Kärnten 74; Charakter-
und Landschaftsbilder 75; Hoch-Zeit
des Staufers 77; Windstille Sommertage
78; Federn im Herbstwind 79; Ich der
Tor 82.
MA: Der Verband 71; Das Boot 72;
Prosa Deutscher Arzt-Schriftsteller 74;
Weihnachtsgeschichten deutscher Ärzte
76; Dialektlyrik deutscher Ärzte 76;
Lyrik deutschsprachiger Ärzte der
Gegenwart 71; Quer, Anth. dt.-spr. Lyrik
d. Gegenwart; Der Mensch spricht mit
Gott, G. u. Meditat. 82; Jb. dt. Dichtung
82, u. 6. a. Anth.

Rottschalk, Gerda, Kinderbuchautor;
Waldstr. 191, DDR-1603 Eichwalde, Tel.
6858253 (Berlin 26.6.20).
V: Das Feuertier 69, 77; Die
Wildpferdjäger 70, 77; Die Kinder
Sumuts 71, 77; Der Tempelschreiber 72,
77; Die Mutprobe 73; Der Panzer-
kommandant 74; Die ersten Indianer 77;
Die Schlangentänzer 78; Im Land der
Großen Sonne 80; Vom Feuertier zum
Wildpferdjäger 80, alles Kinder-Erzn.;
Die große Sonne 80; Kampf am

Wounded Knee 81, Bdesrep. Dtld 81; Ein
Garten für Amytis 82. ( )

Rotzetter, Anton, Dr., theol., Dozent,
Kapuziner; Herrengasse 33, CH-6430
Schwyz, Tel. (043) 212260 (Basel 3.1.39).
Legenden, lyrische Meditationstexte,
Übers. **Ue:** L, I.
V: Die Funktionen d. franziskan.
Bewegung in d. Kirche. E. pastoraltheol.
Interpr. d. grundlegenden franzis-
kanischen Texte 76. – **MV:** Franz von
Assisi – ein Anfang und was davon
bleibt, m. W.C. van Dijk, T. Matura 80, 81
(auch franz., ital., span., engl., holl., port.).
B: Bist Du es, der den Steinen die
Härte nimmt, Legn. 78; Den Gedanken
eine Treppe, den Füßen ein Weg 79.
H: Geist wird Leib. Theol. u.
anthropol. Voraussetz. d. geistl. Lebens
79; Geist und Geistesgaben, Die
Erscheinungsformen des geistl. Lebens
in ihrer Einheit und Vielfalt 80; Geist
und Welt, Polit. Aspekte des geistl.
Lebens 81; Geist und Kommunikation,
Versuch einer Didaktik des geistl.
Lebens 82.
R: Gott gebe dir den Frieden, Rdfk. 76.
S: Wenn Du beten lernen willst... Eine
Meditation 81.
Ue: F. v. Assisi: Die Demut Gottes 76,
77; Aegidius v. Assisi: Die Weisheit d.
Einfachen 80.

Routschek, Helmut (Ps. Alexander
Kröger), Dr.-Ing., Markscheider,
Faching. f. Datenverarb.; SV-DDR 74;
Pr. d. Min. f. Kultur f. Jugendlit. 69;
Behrenstr. 40/41, c/o Verlag Neues
Leben, DDR-1080 Berlin (Zarch/CSR
25.9.34). Roman, Kurzgeschichte.
V: Sieben fielen vom Himmel, R. 69,
76; Antarktis 2020 73, 75; Expedition
Mikro 75, 80; Die Kristallwelt der
Robina Crux 77, 82; Die Marsfrau 79, 81;
Das Kosmodrom im Krater Bond 81;
Energie für Centaur 83, alles
wiss.phantast. R.

Rouzade, Beate (Ps. Beate Tauber
Rouzade), freischaffende Künstlerin u.
Hausfrau; ADA 83; Desire & Gegen-
realismus 82; Ave. Thierry "les
Pervenches" TAMARIS, F-83500 La
Seyne sur Mer, Tel. (094) 879627
(Hausham 27.12.53). Lyrik, Kinder-
bücher.
V: Minutenzauber, Lyr. 82.

Rova, Pan, s. Riedt, Heinz.

Rovali, Carlo, s. Reubel-Ciani, Theo.

Rovinaru, Traian, s. Emilian, Ion.

Roxan, W., s. Rosenstock, Wolf.

Roy-Seifert, Utta, s. Seifert, Utta.

Rozumek, Angela, Dr. phil.; Prinz-Eugen-Str. 1, D-7800 Freiburg i.Br., Tel. (0761) 74560 (Bigge-Olsberg/Westf. 19.10.04). **Ue: E, F, L**, Mhd.
V: Hildegard von Bingen 36; Vergessene Menschen 51; Eine Mutter wie keine andere. Luise von Marillac 60; In der Vorhut des Konzils. Franz Fritsch. Lebensbild eines schles. Priesters 75.
MA: Helfende Liebe im Dorf. Bilder aus d. Dorfcaritas 39; Der erhöhte Herr. Festbrief f. d. österl. Zeit 40; An der Aufgabe gewachsen, Festschr. 57; Jahrbuch f. Caritaswissenschaft 59/60, 64; Gefolge d. Lammes. Hausb. d. Caritas II 60, III 61; Die Heiligen, Biogr. 75; Handbuch f. Sozialerziehung II 63.
H: O Freude über Freude. Ein weihnachtl. Lese- und Singeb. aus Schles. 51.
Ue: Vom inwendigen Reichtum. Texte unbekannter Mystiker aus d. Kr. Meister Eckharts 37; Jean Calvet: Luise von Marillac 62; Henri-Charles Chéry, Sainte Catherine: Ein brennendes Herz, Katharina von Siena 67.

Rubatscher, Maria Veronika, Lehrerin i. R.; Gold. Ehrenzeichen d. Ldes Tirol, Ehrendipl. d. Stadt Brixen; Accad. degli Agiati, Rovereto 82; Bürgerheim, Mozartallee, I-39042 Brixen/Südtirol (Hall/Tirol 23.1.00). Lyrik, Roman, Novelle, Essay. **Ue:** I.
V: Maria Ward, Biogr. 27, 53; Unter dem Regenbogen, Biogr. 27; Agnes, N. 28, 81; Der Lusenberger, R. 30, 80; Sonnwend, R. 31, 47; Perle Christi, R. 32, u.d.T.: Margarita von Cortona 35 (auch ital., slowak.); Tiroler Legende, Biogr. 35; Wie der König seine Soldaten warb, Erzn. u.d.T.: Und sie folgten ihm nach 47; Die Schmerzensreiche von Capriana 35, u.d.T.: Passion in Tirol 47, u.d.T.: Konnersreuth in Südtirol 56; Meraner Mär, R. 35, u.d.T.: Liebeslied aus Meran 49, 82; Luzio und Zingarella, N. 35, 81; Das Lutherische Joggele, R. 35; Altgrödner Geschichten 35, 81; Lob sei dir, Fraue 36; Der Ritt in die Liebe, N. 46; Dunkle Wege ins Licht, Biogr. 47; Segel im Sturm, Biogr. 47, 53; Die Thurnwalder Mutter, R. 50; Bei Gemma Galgani, Biogr. 50, 56; Lino von Parma, Biogr. 52; Genie der Liebe - Bodelschwingh, Biogr. 54; Es war einmal ein Schützenfest 59; Die Tragödie der Option 83 (auch ital.).
H: Maria Buol: Früchte der Heimat, Geschn. 49.

Lit: Joseph Maurer: M.V.R.: Vita e opera 81; ders.: M.V.R.: Leben und Werk in: Der Schlern 10 81.

Ruben, David, s. Zadek, Walter.

Rubin, Sep, s. Barth, Oskar.

Rubinstein, Hilde (Ps. Katarina Brendel, Leonard Lundström, Hilde B. Winrich); 1. Preis im Roman-Wettbew. d. Stockholmer Verl. Folket i. Bild 52; Mudrastr. 35, D-1000 Berlin 46, Tel. (030) 7759681 (Augsburg 7.4.04). Drama, Lyrik, Roman, Novelle, Essay, Hörspiel. **Ue:** Schw.
V: Atomskymning, R. 53 (schwed.), dt.: Atomdämmerung, R. 60; Lobet den Zorn eurer Söhne und Töchter, G. 77; Tellurische Nachrichten, G. u. Ber. 83.
MA: Zahlr. G., Erzn., Reiseber., Ess. u. Kritiken in Zss. u. Sammelw. seit 54.
R: Features, zahlr. Ess. u. Rezens. im Hörfunk.
Ue: C. J. J. Love Almquist: Amorina, Bü. 56; August Strindberg: Das Rote Zimmer 63, 77.

Rubugener, Kew, s. Neuburger, Kurt.

Ruck, Hermann, Prof., Komponist; Interessenvertret. Bad.-Württ. Autoren; Arbeitskreis für deutsche Dichtung; Im Himmelsberg 10, D-7000 Stuttgart 1, Tel. (0711) 297195 (Sulzbach 9.9.97). Lyrik, Musiwissenschaftliche Arbeiten.
V: Späte Ernte, G. 76, 2.Aufl. 83; Nachklänge 82.

Ruck-Pauquèt, Gina; VS; Intern. Preis d. "Citta di Caorle", Ehrenliste z. Hans Chr. Andersen Preis, Ehrenliste z. Öst. Staatspreis, alles f. d. Buch "Joschko"; Buchberg, D-8170 Bad Tölz (Köln 17.10.31). Kinderbuch, -Lieder, Gedichte, Fernsehen, Funk, Musicals, Song- u. Schlagertexte.
V: Der kleine Igel 58, 76; Gespenster essen kein Sauerkraut 59, 82; Der Floh im Sauerkraut 60; Das Lämmlein und die Wolke 60; Pony 61; Zweiundzwanzig kleine Katzen 61, 81; Hubert malt nur dicke Leute 61; Mit Spargel schießt man keine Hasen 61, 81; Aljoscha 61; Vierzehn höllenschwarze Kisten 61, 81; Joschko 61, 76; Die Tante und der Seehund 66; Sandmännchen erzählt von seinen kleinen Freunden 68, 82; Sandmännchen erzählt von neuen kleine Freunden 69, 82; Die bezaubernsten Kinder der Welt 69, 81; Wenn der Mond auf dem Dach sitzt 69; Katzenmusik 69; Paprika für ein Eselchen 69; Der Junge mit der goldenen Trompete 69; Tipsy macht den Goldfisch glücklich 69; Während du schläfst 69; Senja und der

Räuberprinz 69; Wa-tawah 69; Sand-
männchens Geschichtenbuch 70, 83;
Drei kleine Nikoläuse 70; In jedem Wald
ist eine Maus, die Geige spielt 70, 82;
Wolfsnase 71; Niko mit den vielen
Namen 71, 81; Opa, Kläff und Jonki 71;
Das kleine Faultier 71; Katzerlapapp,
sagte der Kater 72; Der eine Sommer 72,
80; Ein Esel ist genug 73; Um fünf Uhr
brennt die Knödelklösschensuppe an 73;
Haus der 44 Beine 73; Zwei kleine Igel
74; Oliver hat einen Löwen 74, 79; Die
Sonne gehört uns allen 74, 82; Eine
Badewanne voll Geschichten 74; Nachts
sind Raben bunt 74; Bim aus der
Schlauchgasse 74, 81; Skipper und die
Maus im Haus 74, 81; Die Ringerkönigin
75; Tag und Traum Geschichtenbuch 76,
80; Ginas Zoo 76, 82; Leselöwen Katzengeschichten 76; Tippitip 77, 79; Das
Schnurzelbum 77, 81; Großer Bär und
kleine Maus 78; Ich sage ja nicht, daß
ihr leben sollt wie ich 78, 82; Wie in
einer Seifenblase 78, 80; Das Große
Buch von Gina Ruck-Pauquèt 78; Kralle
79, 82; Murmelbär 79; Fu, der Fuchs 79;
Eine Handvoll Katze 79, 82; Muni und
die Tiere 79; Wir sind drei 79; Gewitter-
geschichten für einen Hund 80, 81;
Zirkus Belloni 80; Alle Igel heißen
Mäxchen 81; Kai-to, der Elefant, der
sang 81; Gina Ruck-Pauquèt's Unsinns-
buch 81; Krok 83, u.a.
R: Sandmännchen- und Märchenerz.
( )

Ruckdäschel, Erika (Ps. Erika
Taubert), Journalistin; VS 77;
Reportagepr. der Gruppe 61 69,
Förderpr. der Freien Wohlfahrtspflege
79; Hohenzollernstr. 99, D-8000
München 40 (Ohrdruf/Thür. 15.3.39).
Hörspiel, Erzählung, Lyrik, Filmkritik.
V: Ich frage ja nur, G. u. Prosa 77;
Wie's geht, wie's steht, G. 81.
MA: Beitr. in: Ein Baukran stürzt um
70, Lauter Angeber 71, Für eine andere
Deutschstunde 72, Lesebuch 4 74, Neue
Expeditionen 75, Kursbuch für
Mädchen 78, Manche glauben noch, daß
sie unauffällig durchkämen... 78.
MH: Menschen nach seinem Bild 79.
R: Auf der Warteliste, Kontakte, Hsp..
Lit: Hans-Wolf Jäger in: Beschreiben,
um zu verändern, Jb. bür Intern.
Germanistik, Jg. III/I.

Ruckstuhl, Josef, Schuhkaufmann;
ISV; Viktoriastr. 8, CH-3084 Wabern/
Bern, Tel. (031) 542606 (Zürich 11.8.08).
Lyrik, Erzählung.
V: Kamerad, Lied und Leier, G. 42;
Landschaften der Schweiz, G. 62.

MA: Biberger/Kuprian: Anthologie
deutschsprachiger Lyrik d. Gegenwart;
Innerschweizer Schriftsteller, Texte u.
Lex. 77; Innerschweizer Lyriktexte
"Schlehdorn" 79.
H: Landschaften der Schweiz 62.
Lit: Schweiz. SV.: Schriftsteller der
Gegenwart 78.

Ruda, Kurt Maria (Ps. Viktor
Hradschin), Ing.; VS 64; Zillertalstr. 34/
III, D-8000 München 70, Tel. (089)
7607797 (Prag 5.9.17). Lyrik, Novelle,
Essay, Hörspiel. **Ue:** F, Tsch.
V: Die griechische Antike, Ess. 41; Die
wunderbaren Abenteuer des Magnus
Freiherr von Münchhausen, Erzn. 66;
Die Lyrik der Tschechen, Ess. 67; Witz,
Weisheit und Satire aus der
Tschechoslowakei, Ess. 67; Gesammelte
Vorträge 72.
R: Der verlorene Groschen, Fsp., u.a.
Ue: Rudolf Ströbinger: A-54, stopa
vede k Renému u.d.T.: Der Spion mit
den drei Gesichtern 66; P. Pollák: Die
Auswanderung in die Sowjetunion in
den zwanziger Jahren 69; P. Pitter:
Unter dem Rad der Geschichte 70; R.
Turek: Böhmen im Morgengrauen der
Geschichte 72, 74; J. Firt: Erinnerungen
an die Arbeit der tschechoslowakischen
Exilregierung in London 75; Mirko
Novák: Die moderne tschechische
Selbstreflexion 76. ( )

Ruddies, Günther, Dipl.-Psychologe,
Dr.; Pr. Hörsp.- u. Erzählerwettbew. d.
Ostdt. Kulturrates 80; Werfmershalde 8,
D-7000 Stuttgart 1, Tel. (0711) 264596
(Insterburg/Ostpreussen 1.2.28).
Erzählung, Satire.
V: Psychotraining 73, 76 (span. 82, ital.
82); Psychostudio 74, 76; Aktiv
Fernsehen 76; Testhilfe 77, 82, alles
Sachb.; Bärenfang unter dem Bundes-
adler, Erz. 77; Mit Ameisen ist kein
Staat zu machen, Sat. 77; Fallschirm-
seide aus der Rominter Heide, Erzn. 78,
80; Trakehner Blut im Heiratsgut, Erzn.
80; Nie wieder Prüfungsängste, Sachb.
80; Wie kam das Auto auf den Apfel-
baum, Sat. 81; Die Seelenhelfer, Sachb.
83.
MA: Großes heiteres Familienbuch,
Erzn. 82; Begegnungen und
Erkundungen, Erzn. 82.

Rudnigger, Wilhelm, Prof., Finanzangest. i.R.; SÖS, Kärntner S.V.;
Ehrenplakette d. öst. Rdfks 65, Prof. e.
h.; Friedelstr. 12/II/7, A-9020 Klagenfurt/
Kärnten, Tel. (04222) 21589 (Klagenfurt
9.5.21). Lyrik, Hörspiel, Mundartdichtung.

V: Gesetzt den Fall ..., G. 52; Frisch
von der Feder weg, Vortragsst. u. G. 53;
Gedichtlan seind Gloggn, G. 54; In
jeglichem Dunkel lebt Licht, G. 54; Wia
a Joahr is das Leben, G. 59; Gedichte
mit doppeltem Boden, G. 62; Silvester
Skurillo, Groteskg. 63; Mein
Schildkrötenschlittn, G. 64; A Mensch
ohne Lachn is a Schlaf ohne Tram, G.
64, 65; Gebete aus dem Garten Gottes, G.
64, 65; Kumm guat ham, G. 65; Liebesgedichte, G. 65; Denn Bethlehem ist
überall 65; Unser täglicher Zirkus, G. 66;
Auf meiner Narrenkappn klimpern die
Stern, G. 67; Aber nur dem Namen nach,
G. 68; Ein Baum voll Nachtigallen, G. 69;
Verse und Formen, G. 71; Zünd's Feuer
an, G. 71; A herzhaftes Lachn is die
beste Arznei, G. 71; Am bestn redt ma,
das is gwiß, wia an da Schnabl gwachsn
is, G. 71; A Schmunzlwanderung durchs
Jahr, G. 73; Die Welt is a Tjata, G. 73;
Die Flasche war bei vielen leer, G. 74;
Am Gashahn dreh' zu keiner Frist, es
sei denn, daß es Lachgas ist, G. 74;
Träne mit Gipsverband, G. 75; Lach-
tabletten, G. 76; In die Stern gschaut, G.
76; Beim Wort genommen, G. 76; Sachn
zum Lachn, G. 78; Clown in Zivil, G. u.
eig. Zeichn. 81.
MA: Sonniges Alpenland; Land und
Leute, Anth. 52; Dichterbühne, Anth. 53;
Gesang aus Kärnten, Anth. 53; Johannes
Hauer: Am Quell der Muttersprache,
Anth. 55; Unter dem Kreuz der
Begabung, Anth. 64; Lyrik der
Landschaft, Anth. 65; Bemalte Bauern-
truhe, Anth. 65; Zahlr. Veröff. in:
Simplizissimus.
R: Träume sind Schäume, Hsp.; Ein
Stern ist niederg'fallen, Kantate;
Herodes, der Fallot; Die Genickschüssel;
Heitere Halbheiten; Das kleine Wild-
brettl; Die Mondfahrt, alles Hsp., u.a.
S: Silvester Skurillo 63; Lustige
Viechereien 65; Kärnten Kirtag 65; Die
bunte Bauerntruhe 65; Kumm guat ham
65; Viecher und Urviecher 70; A paar
Sachn zan Lachn 70; Lustige Lausbuabn
71; A Schmunzlwanderung durch Jahr
73; Beim Elfe-Läutn 74; Fröhliche
Weihnacht 75; Lachtabletten 76; Lachn
ist lustig 78; Blumengebete 79.

Rudolph, Christine,
Verwaltungsangestellte; Hooghe Weg 2a,
D-4152 Kempen 1, Tel. (02152) 2893
(Apolda/Thür. 23.11.24). Lyrik, Kurz-
geschichten.

V: Die spiegelverkehrte Lüge,
Kurzgeschn. u. G. 81.
MA: Autoren-Werkstatt I. Kurz-
geschn. u. G., Anth. 82.

Rudolph, Fritz, Kameramann; SV-
DDR 55; Heinrich-Greif-Preis I. Stufe
51; Mellenseestr. 13, DDR-1136 Berlin,
Tel. 5081045 (Bonn-Beuel 28.9.13).
Erzählung, Hörspiel, Fernsehspiel, Film.
V: "Himalaya-Tigers". Der Kampf um
d. Dach der Welt, Erz. 55, 64; Mein Zelt
stand am Matterhorn 58; Gipfel ohne
Götter, Erz. 59, 63; Kakteen, Indios,
Andengipfel 63, 64; Die großen Tage der
Anden, Erz. 66; Chomolungma und ihre
Kinder 78. — **MV:** Kawkas - querdurch!,
Liter. Reportage, m. Percy Stuls u.
Henry Lewenstein 61; Zu den Gipfeln
Turkestans, Rep. 67; Jambo, Afrika, Rep.
70.
F: Neues Leben 48; Treffpunkt Buda-
pest 49; Für unseren Tisch 51.
R: Monsun. Die Tragödie am Nanga
Parbat, Hsp. 56; Es rufen die Berge, Hsp.
57; Empor zum Dach der Welt, Fsp. 57;
Zwischen Santiago und Kap Horn, Fsf.
62; DDR-Expedition in Chile, Fs.-Ber.
62; Zum letzten Winkel der Erde, Fsp.
62; Venceremos 63; Oasen, Gletscher
und Moscheen, Fsp. 66; 20 000 km
zwischen Kongo und Sansibar, Fs.-Ber.
69 — 70.

Rudolph, Wolfgang, Dr. phil., Wiss.
Arbeitsleiter, Schiffsführer; Bahnhofstr.
10, DDR-1413 Schildow b. Berlin, Tel.
627 (Breslau 11.7.23).
V: Kutterbrigade Deutschland, Jgdb.
53, 54; Die Insel Rügen 53, 58; Die Insel
der Schiffer 62; Handbuch der volks-
tümlichen Boote im östlichen Niederdeutschland 66; Segelboote der
deutschen Ostseeküste 69; Boote Flöße
Schiffe 74 (auch engl.75); Inshore
fishing craft of the Southern Baltic 74;
Die Hafenstadt 79.
H: Max Dreyer: Das Sympathiemittel,
N. 56; Ernst Weitendorf: Aus dem
Logbuch meines Lebens 56, 70; Max
Dreyer: Gestrandet 57. ( )

Rudorf, Günter; Dram.-Un. 56, VS 70;
Flötnerweg 8, D-8000 München-Solln,
Tel. (089) 796201 (Essen 11.11.21). Drama,
Lyrik, Roman, Novelle, Fernsehspiel,
Hörspiel.
V: Schwarz schreit die Sonne, G. 47;
Die Stunde der Unschuldigen, Sch. 56;
Rosenblumendelle, Sch. 68; Fräulein
Sherlock Holmes, R. 75; Die Spaghetti-
Bande, R. 77; Die 4 1/2 Lehmänner, R.
78; Drei Mädchen und der Katzendieb,
R. 79; Mord per Rohrpost, R. 80; Bittere

Sünde, R. 80; Ein Floßfahrt, die ist
lustig, R. 82.
R: Die Straße von Formosa, Hsp. 56;
Ein kleiner trauriger Fluß, Hsp. 60; Die
vielen Lichter, Hsp. 61; Die erste Lehre,
Fsp. 60; Ich mal dir einen Regenbogen,
Fsp. 61; Nicht heute und nicht morgen,
Fsp. 65; Der Fremdenführer, Fsp. 65;
Tagsüber - abends, Fsp. 73; Schwarze
Rosen, Fsp 83; Do — Do 3, Hsp.-Ser. 83.

Rudtke, Claudia, Stud. phil.;
Bismarckstr. 24, D-8500 Nürnberg 20,
Tel. (0911) 592688 (Würzburg 19.5.56).
V: u. H: Sabine, Lyr. u. Prosa 78. ( )

Rübenach, Bernhard *

Rüber, Johannes, freier Schriftsteller;
Förderungspr. f. Lit., Freistaat Bayern
65; Booksoc. London Fiction Choice 58;
Widenmayerstr. 8, D-8000 München 22,
Tel. (089) 294067 (Braunschweig 18.1.28).
Roman, Lyrik, Novelle, Essay.
V: Das Mädchen Amaryll, R. 53, 73;
Die Heiligsprechung des Johann
Sebastian Bach. Eine Papst-Leg. 54, 61;
Bleibe meine Welt, R. 55; Dunkles Rom,
R. 62; Der Landesteg, N. 63; Das
verdorbene Paradies, R. 63; Malapa'
Malapa', das Leben des sterbenden
Malaparte, R. 72; Wer zählt die Tage, R.
74; Die Messingstadt, R. 76; Ein Feuer
für Goethe, R. 78; Das Tal der Tauben
und Oliven, Aufzeichn. auf den
Kykladen 79. — **MV:** Das Land der
Staufer 77; Münster, Stadt und Land 77.
Lit: Paul Konrad Kurz: Die Neuent-
deckung des Poetischen 75; Paul
Konrad Kurz: Über moderne Literatur
Bd. VI 79; Heinz Piontek: Das Hand-
werk des Lesens 79.

Rübesamen, Hans Eckart, Dr. phil.;
VS Bayern 70; Ludwig-Werder-Weg 9,
D-8000 München 71, Tel. (089) 798260
(Finsterwalde 19.9.27). Feature, Essay,
Feuilleton, Reisereportage, Reiseführer,
Sachbuch. **Ue:** F.
V: Weihnachten mit Onkel Hunebald,
Kinderb. 60; Onkel Hunebald greift ein,
Kinderb. 61; Junggesellen habens
schwer, Feuilletonbd. 61; Italienische
Adria 69; Costa Brava 70; Man sage
nicht, Lehrer hätten kein Herz 71;
Korsika 72; Kenia 73; Paris 75; Istanbul
76; Das Trüffelschwein 79; Französische
Atlantikküste 79; Trentino und
Gardasee 81; Venedig 83. — **MV:** Wo ißt
man gut in Deutschland? 72; Die besten
Restaurants in Deutschland 79/80, 80/81;
Die schönsten Wirtshäuser in Bayern, 2.
Aufl. 83.

H: Die Reisen des Venezianers Marco
Polo 62; Gesta Romanorum 62; Cyrano
de Bergerac: Die Reise zu den Mond-
staaten und Sonnenreichen 62; Georg
Forster: Weltumseglung mit Kapitän
Cook 63; Ferien für Individualisten 69;
Lachobst 71; Anthologien-Reihe "Alles
Gute für …"; Rast auf Reisen.
Ue: Brillat-Savarin: Die Physiologie
des Geschmacks 62; Crespelle: Fauves
und Expressionisten 63.

Rück, Solfrid, Kinderkranken-
schwester, Hausfrau; Auswahlliste z.
Zürcher Jgdb.pr. (Kinderbuch) 79;
Westring 46, D-7521 Ubstadt-Weiher 2,
Tel. (07251) 63983 (Königslutter/Elm
13.4.48). Jugendroman.
V: Weglaufen gilt nicht, Jgd.-R. 79;
Billa auf Stelzen, Jgd.-R. 82.

Rücker, Felicitas, Rentnerin;
Hanröderstr. 13, D-3436 Hessisch
Lichtenau, Tel. (05602) 3177.
V: Lammfrommes Pferd für
Großmama gesucht 69, 2.Aufl. 81; Pst!
Stallgeheimnisse 76.

Rücker, Günther; SV-DDR 54;
Nationalpreis d. DDR 56, c/o Reclam
Verlag, Leipzig, DDR (Liberec/ČSSR
2.2.24). Hörspiel, Film.
V: Der Herr Schmidt. Ein dt. Spek-
takel m. Polizei u. Musik 70; Sieben
Takte Tango, Der Platz am Fenster, Der
Platz am Fenster gegenüber, Erz. e.
Stiefsohns u. a., 11 Hsp. u. 1 Kom. 79; Bis
daß der Tod euch scheidet, Film-
szenarium 79; Geschichte begreifen,
Dok. 80.
F: (MV): Du und mancher Kamerad;
Der Fall Gleiwitz: Unternehmen Teu-
tonenschwert; Der schweigende Stern;
Die besten Jahre 65; Der Dritte 72; Wolz.
Leben u. Verklärung eines dt.
Anarchisten 74.
R: Dorie; Begegnung im Dschungel;
Pierrot und Colombine; Drachen über
den Zelten; Bericht Nr. 1; Bericht Nr. 2;
Der Platz am Fenster; Die Geschichte
vom Herrn Sire; Alle meine Bräute;
Private Galerie; Sieben Takte Tango,
alles Hsp. ( )

Rüdiger, Anneliese, Hausfrau u.
Malerin; GeDOK 60-74, Dt.-Ital. Ges.
(DIG) 75, Dt.-Ev. Frauenbund (DEF) 82;
Gilsastr. 1, D-3500 Kassel, Tel. (0561)
34369 (Kassel 29.3.20). Lyrik, Essay.
V: Wir wollen nicht untergehen, Lyr.,
Ess., Zeichn. 81.

Rüdiger, Horst, Prof., Dr. phil., UProf.;
P.E.N. 65; Ehrenkreuz I. Kl. für Wiss. u.
Kunst der Republ. Österreich 79,

Winckelmann-Med. 81; Dt. Akad. f. Spr.
u. Dicht. 61, Ehrenvors. d. Dt. Ges. f. Allg.
u. Vergleich. Lit.wiss. 75, I-39020
Partschins/BZ, Tel. (0473) 97194
(Geringswalde, Sa. 20.9.08). Essay. **Ue:** G,
L, I.

V: Wesen und Wandlung des
Humanismus, Ess. 37, 66; Sokrates ist
nicht Sokrates, klass. Trug- u. Fang-
schlüsse, Ess. 38, 75; Italien ganz privat,
Ess. 60; Literarisches Klischee und
lebendige Erfahrung. Üb. d. Bild. d.
Deutschen in d. ital. Lit. u. d. Italieners
in d. dt. Lit., Ess. 71. — **MV:** Studien
über Petrarca, Boccaccio und Ariost in
der deutschen Literatur 76.

MA: Griechische Gedichte 36, 72;
Lateinische Gedichte 37, 72; Italienische
Gedichte 38, 58; Briefe des Altertums
41,65; Winckelmanns Tod — Die
Orginalberichte 59; Ariost: Der rasende
Roland 80 II.

MH: Kleines literarisches Lexikon I
— IV 66 — 71.

Ue: Theophrast: Charakterskizzen 38,
74; Briefe des Altertums 41, 65; Grie-
chische Lyriker 49, 70; Qu. Horatius
Flaccus: Die Dichtkunst 61; Gian
Lodovico Bianconi: Briefe über die
Merkwürdigkeiten Bayerns 64.

Lit: Teilnahme und Spiegelung,
Festschr. f. H. R. 75.

Rüdiger, Kurt, Angestellter;
Friedenstr. 16, D-7500 Karlsruhe
(Frankfurt/Oder 29.9.13). Lyrik, Roman,
Novelle, Essay. **Ue:** E, F, I, S.

V: Von den Toten und den Liebenden
38; In einem hellen Reif 39; Die
Schwester 40; Das Thema heißt Liebe
50; Psälterlein 58; A und O 58; Gärtlein
58; Lieder für Helene 59; Der Knabe
und der Wind 59; Knabenreich 59; Der
Abgrund aus Liebe 59; Dämon, starker
Engel 60; Sonette für Simone 61; Stern
überm Haupte 62; Zyklen 63; Unus Unae
65; Unus Unae II 68; Soliloquien 71, alles
G; Ährenlese I-VI, XI seit 76; Zu dichten
wenn Hitler kommt, G. 83. — **MV:** Frühe
Ernte 39; Die Lyra des Orpheus, m.
Felix Braun 52; Wunderbar verwundet.
Dt. Dichterhandschrr., m. Karin
Breither 80.

H: Pegasus in Franken 50; Menschheitszug 52; Der große Herzgedanke 53;
Rose und Stern 53; Die Lerche der Welt
53; Die Osterharfe, Anth. österl. Dichtg.
54; Mit unseren Kindern 55; Wortgeleit
56; Brücke aus Hauch 56; Die
Landschaft Gottes 56; Requiem 57;
Orpheus 57; Mütter und Blumen 58; Der
Gotterkorene 57; Liebende, ein Alm. a. d.

Jahr 58; Der silberne Kelch 58; Lob und
Dank 58; Gesichte der Frühe 58; Bunter
Schneeballen 59; Amaryllis, neue
Frauenlyrik 59, 64; De Profundis 59;
Erwartung, junge Lyrik 60; Haus der
Kindheit 60 II; Heimweh nach dem
Nächsten 61; Das tägl. Leben, Großstadtlyrik 61; Das Licht der Welt 61;
Tristan und Isolde 62; Die vier Jahreszeiten 62; Ich brenn im Feuer der Liebe
63; Jedem Tag sein Licht, G. 63; Um den
Schlaf gebracht, Zeitg. 64; Unser Herz
singt tausend Lieder 64; Zyklische
Dichtungen der Gegenwart 65; Märchen
deutscher Dichterinnen 65; Zeit in
deinen Händen, junge Lyrik 65; Die
gute Welt. G. in Übertr. v. Marx, Passera
u.a. 65; Kurz und gut, Sprüche u. Kurzged. 66; Besinnung, G. 66; Die Frühling-
feier 66; Freundschaft 67; Frohsinn 67;
Mütter und Blumen, neue Auswahl 67;
Tempel geordneten Seins 67; Frieden
67; Die Geburt der Venus (Graphik v.
Möser) 67; Ich bin dein, G. 68; Sonette
einer Runde 68; Oden und Elegien
unserer Zeit 69; Deutscher Gesang, den
Manen Hölderlins 70; Geliebtes Herz,
ein Buch vom Du 70; Quellen des
Lebens 70; Der Götterfunken, den
Manen Beethovens 70; Ernte eines
Jahres 71; Der Karlsruher Bote, Lit.zs. 1
- 75 seit 50. — Nachgelassene Werke
von: Wilhelm Albrecht, Elli Otto, Paul
Wegner; Die Gärten, die Küsse, die
Tränen 72; Mein liebstes Gedicht, Anth.
zeitgen. Lyrik 73; Wenige wissen das
Geheimnis der Liebe 73; Gedichte toter
Freunde 74; Hans Dumrese: Briefe
eines Schulmeisters I 80, II 81, III 82;
Jahrbuch Deutscher Dichtung seit 75;
Else Lunkenheimer: Im Netz des
Leides, Briefe an den Karlsruher Boten
83.

Ue: P. B. Shelley: Alastor 59; Alte
englische und schottische Balladen 59;
Max Jacob: Blutroter Mond, G. 59;
Basilisk und Lilie, acht M. a. Afrika 59;
Wurzel des Menschen. Liebeslyrik d.
Welt 60; Marcel Jouhandeau: Ximenes
60, Die fensterlose Kammer 60;
Dominique Rolin: Spielplatz der Un-
schuldigen 60; Pierre Jean Jouve: Die
Wüste Welt 64; Wipfel des Menschen.
Religiöse Gedichte aus aller Welt 64; Die
roten Hosen und andere Geschichten
aus Frankreich 64; Das Spinnjahr,
Frauendicht. d. Welt 65; Die gute Welt,
Lyr. 65; Das schwarze Pferd und andere
Geschichten aus Frankreich 65;
Goldener Ginster, ein neues Hausbuch
67; Les Charmes, franz. Liebesgedichte
72; I love you, engl. Dichtg. aus 500

Jahren in Übertragung 72; Brennende Frauen, Frauenlyrik der Welt m. Graphik v. Klaus Manns und Klaus Wrage 75.

Rüdiger, Wolf (Ps. Joachim Gessner, Ludwig Fensch), Redakteur; RFFU; Henri-Dunant-Str. 12, D-5060 Bergisch Gladbach 1, Tel. (02204) 51486 (Forst/ Lausitz 10.8.13). Roman, Kurzgeschichte, Drehbücher, Filme (Regie).
V: Insel unter d. Horizont, R. 54, 79; Zahlr. Kurzgeschn. 45-55.
R: 500 Fsf., 40 Drehbücher. ( )

Rüegg, Kathrin, s. Schmid, Doris.

Ruef, Karl, Oberst; Rudolfstr. 12a, A-6060 Solbad Hall in Tirol (Oberhofen, Tirol 7.10.16).
V: Der Dienst im Bundesheer 67; Gebirgsjäger zwischen Kreta und Murmansk 70; Felix Kuen - auf den Gipfeln der Welt 72; Hohe Tapferkeitsauszeichnungen für Tiroler im Zweiten Weltkrieg 75; Odyssee einer Gebirgsdivision 76.

Rügenau, Albert Hans *

Ruegg, Erika *

Rüggeberg geb. Böer, Annelies (Ps. Annelies Böer); DSV bis 57; Wittingerstr. 92, D-3100 Celle, Tel. (05141) 31257 (Groß-Wartenberg/NS. 8.8.26). Kinder- u. Jugendbuch.
V: Der Satz an der Tafel, Kinderb. 55; Von Beruf Oberschüler, Mädchenb. 58.

Rüggeberg, Uwe (Ps. Friedrich Mertens), Bibliothekar; Wittinger Str. 92, D-3100 Celle, Tel. (05141) 31257 (Celle 7.3.27). Lyrik.
V: Kleine Lieder, Deutsche Haiku 81.

Rühle, Jürgen, Fernsehredakteur; Adolf-Grimme-Pr. in Silber; Krohstr. 2, D-5000 Köln, Tel. (0221) 387426 (Berlin 5.11.24). Essay.
V: Das gefesselte Theater 57; Literatur und Revolution 60, 63 (auch erweit. engl. Aufl.) 69; Theater und Revolution 63; 13. August — Die Mauer von Berlin 81. — **MV:** Welttheater, m. S. Melchinger 62; Das Atlantisbuch des Theaters, m. M. Hürlimann 66.
H: Der Prozeß beginnt. Neue russ. Erzähler 60.

Rühlicke, Horst, Ing. oec., Technologe; Ernst-Thälmann-Str. 23, DDR-4600 Wittenberg Lutherstadt (Trebitz, Elbe 10.6.32). Erzählung, Kurzgeschichte.
V: Das elfte Jahr, Erzn. 64.
MA: Fahndungen. 22 Autoren über sich selbst 75.

Rühm, Gerhard, freier Schriftsteller, Prof. an der Hochschule f. bildende Künste Hamburg; Österr. Würdigungspr. f. Literatur 77; Präs. d. Grazer Autorenversammlung; Lochnerstr. 1, D-5000 Köln 1, Tel. (0221) 213496 (Wien 12.2.30). Theater, Lyrik, Prosa, Hörspiel. **Ue:** F, E.
V: konstellationen 61; farbengedicht 65; betrachtung des horizonts, lyr. Prosa 65; lehrsätze über das weltall, lyr. Prosa 65; daheim, 10 text- und fotomontagen 67; rhythmus r, lyr. Prosa 68; thusnelda-romanzen 68; fenster, prosatexte 68; DA - eine buchstabengeschichte f. Kinder 70; knochenspielzeug. märchen u. fabeln 70; gesammelte gedichte und visuelle texte 70; die frösche u. a. prosatexte 71; ophelia und die wörter, gesamm. Theaterst. 72; mann und frau 72; wahnsinn - litaneien 73; comic 75; der einäugige könig 76; adelaides locken 79. — **MV:** hosn rosn baa, wiener dialektg. m. achleitner u. artmann 59. - Mehrere Anth., u.a.: die meisengeige; eulengelächter; drucksachen; fleckerlteppich; lyrik aus dieser zeit; die wiener gruppe 67.
H: die pegnitzschäfer, Barock-Anth. 64; der sechste sinn 66; die wiener gruppe 67; konrad bayer, das gesamtwerk 77; franz richard behrens, blutblüte, die gesam. gedichte 77.
R: sie werden mir zum rätsel, mein vater, m. konrad bayer; ophelia und die wörter, Hsp.fass.; rhythmus r, auditive Fass.; diotima hat ihre lektüre gewechselt; räuberhauptmann grasel; AUA 231, m. Urs Widmer, alles Hsp.; ophelia und die wörter, Fsf.fass.; 3 kinematografische texte, Fs.-Sdg. 69/70; blaubart vor der krummen lanke, Hsp.; von welt zu welt, Hsp.; wintermärchen, Hsp.
S: ich küsse heiß den warmen sitz. gerhard rühm spielt und singt eigene chansons nach texten von rühm, bayer und wiener 70; da camera song sm 95022 70; Beitr. in: phonetische poesie 71; ophelia und die wörter 73; Beitr. in: gott schütze österreich durch uns 74; Tonbänder (editionen): abhandlung über das weltall 72; litaneien 1 75; wiener dialektgedichte 77.
Ue: charles baudelaire: die reise nach cythera, 10 umdichtn. v. g. rühm 71. ( )

Rühmkorf, Peter, freier Schriftsteller; VS 61, P.E.N. 73; Hugo-Jacobi-Preis 58, Stadtschreiber Bergen-Enkheim 76, Johann Heinrich-Merck-Preis 76, Erich-Kästner-Preis 79, Anette-von-Droste-

Hülshoff-Preis 79, Alexander-Zinn-
Preis 79, Bremer Literatur-Preis 80;
Oevelgönne 50, D-2000 Hamburg 52, Tel.
(040) 8804347 (25.10.29). Lyrik, Essay.

V: Irdisches Vergnügen in g, G. 59;
Wolfgang Borchert, Biogr. 61, 76; Kunst-
stücke, 50 G. 62, 68; Über das Volks-
vermögen. Exkurse in den literarischen
Untergrund 67, 70; Was heißt hier
Volsinii? Bewegte Szenen aus dem
klass. Wirtschaftsleben 69; Lombard
gibt den Letzten 71; Die Jahre, die Ihr
kennt 72; Die Handwerker kommen 74;
Walther von der Vogelweide, Klopstock
und ich 75; Gesammelte Gedichte 76;
Strömungslehre I (Poesie) 78; Haltbar
bis Ende 1999 79; Auf Wiedersehen in
Kenilworth 80; agar agar zaurzaurim —
Zur Naturgeschichte des Reims 81;
Kleine Fleckenkunde 82; Der Hüter des
Misthaufens 83. — **MV:** Heiße Lyrik, m.
Werner Riegel 56.

H: Wolfgang Borchert: Die traurigen
Geranien 62; 131 expressionistische
Gedichte 76.

S: Im Vollbesitz meiner Zweifel 62;
Lyrik und Jazz. G. aus: Kunststücke,
Irdisches Vergnügen in g; Der Ziegenbock im Unterrock 73; Kein Apollo-
programm für Lyrik 76; Phönix voran!
78.

Rüpke, Rolf, Kaufmann; Max-Eyth-
Str. 51, D-3000 Hannover 1, Tel. (0511)
814311 (Hannover 15.2.25). Märchen,
Erzählungen.

V: Das Märchen vom Dammgraben 74,
5.Aufl. 80; Das Wunder vom Bruchberg,
M. 78, 3.Aufl. 80, beide zus. u.d.T.: Das
grüne Harzmärchenbuch 80; Die
Sekundanerin, Erz. 81, 2.Aufl. 82; Die
heimliche Insel, Erz. 83.

Rütimann, Hansheinrich,
Seminarlehrer; SSV; Chrummacher,
CH-7220 Schiers, Tel. 531392 (Zürich
16.3.27). Roman.

V: Der wahre Pfad, R. 69; Das Kastell
Savurniano oder: Die kleine Vogel-
predigt, Lyrik 72; La Verna - das letzte
Gleichnis, Lyrik 77.

MA: Wort um Wort, G.-Sammel. 83.

Rütt, Ursula; VS 54; Kiesstr. 42, D-6100
Darmstadt u. F-8400 Avignon (Oppeln
4.12.14). Lyrik,, Roman, Novelle,
Biographie.

V: In Sachen Mensch, R. 55; Der
schwarze Regen, N. 58; Nachtgesell-
schaft, R. 59; Von Pappenheim nach
Paris, Balzacs deutscher Freund Georg
Jacob Strunz, Biogr. 72.

MA: Der Oberschlesier, G. 34; Aufschlüsse, G. 78.

Ruettenauer, Isabella *

Rütting, Barbara, s. von Einsiedel,
Waltraut.

Ruf, Adam, s. Braun, Reinhold.

Ruf, Norbert, Dr. Dr.; Im Dorf 16, D-
7801 Horben, Tel. (0761) 29222
(Karlsruhe 11.4.33).

V: Und dachte über die Worte nach 75.
MA: Die Weihnachtsbotschaft 69; Die
Botschaft des Advent 69.

Rufer, Wilfried, s. Bühnemann,
Hermann.

Ruge, Klaus, Dr.; Eichgraben 42, D-
7142 Marbach/Neckar, Tel. (07144) 5741.

V: Tiere der Steppe 74; Vögel auf der
Reise 76; Tierkinder Europas 72; Tierkinder afrikas 72; Tierkinder Ozeaniens
73; Tierkinder Amerikas 73; Tierkinder
Asiens 73; Tiere, wie sie wirklich sind
76; Der Schwarzspecht und seine Verwandten 81; Helft den bedrohten Vögeln
82. — **MV:** Wie sich Tiere tarnen 76; Wie
Alpentiere leben 76; Wie Vögel ihre
Nester bauen 77; Dinosaurier —
Geschöpfe der Urzeit 78; Das Schuh-
plattlerhuhn 80; Taschenbuch für Vogelschutz 80.

B: Vögel in der Brutzeit 74; Das große
Buch d. Vögel 76; Gibt es das wirklich?
100 Fragen an die Wissenschaft 76;
Vögel beobachten 79.

H: Schr. R. Vogelschutz, Naturschutz
79, 80.

S: Sprache der Spechte 75; Sprache
der Delphine 76.

Ruge, Simon, s. Kummert, Wolfgang.

Ruhl, Ralf, Student; Sternstr. 12, D-
3400 Göttingen, Tel. (0551) 703617
(Kassel 2.10.57). Lyrik, Kurzgeschichten,
Film, Hörspiel.

V: Der Fuß unter dem Autoreifen, G.
voll ersticker Luft 77.

F: Thomas Müntzer, Mitarb.
Drehbuch 79; Lond it luck — aus der
Geschichte des Allgäuer Bauernkrieges
1525, Mitarb. Drehb. 79. ( )

Ruhla, Frank, s. Dopp, Werner.

Ruhrmann, Hanns (Ps. Manfred H.
Ruhrmann), P. SDS; Ruhr-Mark-
Autoren 62, Kreis der Freunde Dülmen;
Hauptstr. 47, D-5510 Saarburg, Tel.
(06581) 3577 (Sundern-Stockum/
Sauerland 6.2.10). Drama, Lyrik, Roman,
Novelle, Kurzgeschichte, Essay.

V: Deutscher Totentanz, Sp. 48, 49;
Das Geiheimnis, Sp. 51; Auferstehung,
G. 51, Neuaufl. u.d.T.: Die
apokalyptischen Reiter 83; Kleiner
Liebeskalender, G. 55, 57; Von unseren

Müttern, G. 58; Das Herz inmitten, G. 68;
Sommernde Hoffnung, G. 70;
Unvergängliches Antlitz, G., Bildbd. 74;
Schritte, G., Aphorismen 77; Marien
Heiligtum Saarburg-Beurig, Pilgerheft
77.

MA: Festliches Jahr 51 — 65; Der
bunte Strauß 52; Das dunkle Du, G. 53;
Das gekrönte Jahr 53 — 56; Musen-
almanach 60, 61; Autoren-Bildlex. 61;
Weggefährten 62; Hagener Heimat-
kalender 64, 65; Ein Wort ins Herz der
Welt 67; Alle Wunder dieser Welt 68;
Aber den Feind sollten wir lieben 69;
Und dennoch müssen wir leben 70; Der
Friede, nach dem wir uns sehnen 71; Jb.
Kreis Trier-Saarburg 71; Ruhrtangente
72/73; Nachlese 77; Spiegelbild 78;
Lichtbd. Autoren-Bildlex. 80, 82.

H: Tagebuch einer Gefangenschaft,
Bericht 77; Tageb. einer Gefangenschaft
u. Freundschaft 78.

Ruhrmann, Manfred H., s. Ruhrmann,
Hanns.

Ruhs, Emil, kfm. Angestellter; Von-
Weber-Str. 44, D-6700 Ludwigshafen am
Rhein, Tel. (0621) 563975 (Ludwigshafen
a. Rh. 26.5.12). Erzählung, Roman.

V: Am Strom geboren, Erzn. 73; Da
capo in Ascona, R. 83. — **MV:** Süßes
Hoffen/Bittre Wahrheit, Lyr. u. Prosa 82.

Ruhsam-Huss, Werner,
Verlagsvertreter; Neureutherstr. 26, D-
8000 München 40, Tel. (089) 2717749
(München 25.3.44). Lyrik, Film, Hörspiel.

V: Teilansichten - Kommt meine
Mutter von der Arbeit, lyr. Prosa 71.

MA: B: IG Papier und Schreibmaschine 73; Almanach 74.

R: über P. Schneider 75; über C.
Bukowski 75; über fetrinelli 75; Über
Sigmund Freud 77; über Walter Serner
81.

Ruika-Franz, Viktoria, Dr.;
Rembrandtstr. 63, DDR-1150 Berlin-
Mahlsdorf.

V: Das weiße Sternchen u. a. Märchen
68, 75; Für das Großsein hab' ich Pläne
70; Ich bin Kolumbus, Jgdb. 75; Der
Recke im Tigerfell, Prosa 76; Auf den
Spuren der Kupferfee 80; Auf den
Spuren der gelben Diamanten 82. ( )

Ruland, Josef, Dr. phil., Landes-
verwaltungsdir.; Eifel-Literaturpr. 64,
Lit.preis Europäische Vereinigung Eifel
u. Ardennen 78; Kurfürstenstr. 19, D-
5300 Bonn 1, Tel. (0228) 216456
(Ahrweiler 21.9.20). Essay.

V: Nachbarschaft und Gemeinschaft
in Stadt und Land 63; Echo tönt von

sieben Bergen 70; Rheinland. Landschaft, Städte, Kunst 72; Weihnachten in
Deutschland 78; Ein Dichter, ein Denkmal u. ein General 79; Herztöne der Ahr
83. — **MV:** Nordrhein-Westfalen. Landschaft, Städte, Kunst 73.

B: Ferdinand Freiligrath 1876/1976 76.
H: Festschrift für Franz Graf Wolff
Metternich. Jb. d. Rhein. Ver. f.
Denkmalpflege u. Landschaftsschutz
1974 73; Ferdinand Freiligrath 1876/1976
76; Erhalten und gestalten. 75 Jahre
Rhein. Verein für Denkmalpflege und
Landschaftsschutz 81; 25 Jahre Europ.
Vereinigung Bildener Künstler aus Eifel
und Ardennen 82. — **MH:** Brücken-
schlag am Niederrhein 65; Erstes
Bonner Lesebuch 80.

Rumburg, Trudka, s. Endler, Adolf
Edmond.

Rummel, Felicitas (Ps. Felicitas
Estermann); Waldstr. 90, D-5300 Bonn 2,
Tel. (0228) 313534 (Bad Waldsee 17.1.31).
Lyrik, Prosa.

V: Wortbrot, G. 72; Jede Blume ist ein
Dach, G. 77; Konzert der Augenblicke,
G. 81. — **MV:** In der ewigen Stadt,
Gedanken, Notizen, Bilder 81.

MA: Im Land Jesu — Notizen 78;
Festschr. f. St.-E. Szydzik 80; heilen 1 80,
1-4 81, 1-4 82.

Rumpf-Demmer, Änne *

Rumpff, Heinrich (Ps. Lutz W. Ibach);
Nr. 65, Haus Zweilinden, D-8101
Wallgau, Tel. (08825) 1274 (Hannover
14.12.97). Roman, Novelle, Film,
Hörspiel.

V: Ein Mann und hunderttausend
Mark, R. 38, 49; Die Fürstin Volescu, R.
30, 38; Die goldenen Schlüssel, R. 32;
Generaldirektor Bergson privat, R. 33;
Duell mit Diamanten, R. 33, 52;
Nachtexpreß, R. 34; Lena und die
Zauberstadt, R. 42, 52; John Gills letzte
Stunde 49; Zur frohen Rast, N. 42, 49;
Kommissar Hansen öffnet den Akten-
schrank 55, 63; Gestern ist nie vorbei, R.
58; Die dritte Frau, R. 68; Darum war es
am Rhein so schön, R. 76.

F: Blauer Stern des Südens 52, u.a.
R: Die letzten Grüße von Marie, Hsp.
48, Fsp. 62; 100 m über'm Asphalt, Hsp.
70, u.a.

Runck, Gerd; Böchinger Str. 39, D-
6740 Landau i.d. Pfalz.

V: E bissel mol gucke, Mda.-G. 80. ( )

Runge, Erika, Dr. phil., Autorin,
Regisseurin; VS, P.E.N.-Club, Akad. f.
Darstellende Künste; Förderungspr. f.
Lit. d. Stadt München 70, Ernst-Reuter-

Pr. 71, 6 Film- u. Fernsehpreise;
Lohmeyerstr. 10, D-1000 Berlin 10, Tel.
(030) 3419310 (Halle/Saale 22.1.39). Film,
Hörspiel, Roman.

V: Bottroper Protokolle 68, 77; Frauen
- Versuche zur Emanzipation 70, 76;
Eine Reise nach Rostock, DDR 71, 72;
Südafrika - Rassendiktatur zwischen
Elend und Widerstand 74, 76, alles
Dok.lit.

MA: Div. Beitr. in Anth.

R: Warum ist Frau B. glücklich? 68;
Frauen an der Spitze - auf dem Wege
zur Emanzipation 69; Ich heiße Erwin
und bin 17 Jahre 70; Ich bin Bürger der
DDR 73; Michael oder die Schwierigkeiten mit dem Glück 75; Opa Schulz 76;
Lisa und Tshepo, eine Liebesgesch. 81.

S: Streik bei Mannesmann 76.

Lit: Raoul Hübner: Trivialdokumen-
tation von der Scheinemanzipation? 73;
Katrin Pallowski: die dokumentarische
Mode in: Literaturwissenschaft u.
Sozialwissenschaften 71.

Runge, Frieda, c/o Titania-Verl.,
Stuttgart.

V: Die letzte Begierde, R. 71; Treue, du
hast vier Beine 71; Im Isarwinkel, R. 72;
Die Moni von der Riss, R. 72, 2. Aufl. 83;
Brautfahrt ins Jägerdorf, R. 73; Die
Hirschbacher-Kinder, R. 74; Der
Kastenschreiner von Wackersberg, R.
74; Heimat in der Jachenau, R. 75;
Inmitten der Wälder, R. 76; Fünf Söhne
und kein Bauer, R. 80; Die Erben vom
Mooshof; Föhn über Brauneck, Die
Geächtete vom Hochmoor; Die Magd
vom Blomberg; Die Vergeltung der
Bruckhoferin; Die drei Sonnenhöfe,
alles R. ( )

Runkel, Johann Nepomuk, s. Pichler,
Ernst.

Ruoff, Vera *

Ruperti, Marga, Klavierpädagogin; VS
54 (V.D.Ü. 63); Lohengrinstr. 15/17, D-
1000 Berlin 39, Tel. (030) 8036575 (Berlin
19.7.05). Roman, Kurzgeschichte,
Tierbuch. **Ue:** E, F.

V: Frau im Feuer, Erz. 32; Urlaub vom
Alltag, R. 40; Claudia Memhard, R. 42;
Der Deutsche Boxer 58; Pinscher und
Schnauzer 62. — **MV:** Schöne Hunde 53,
N.F. 54; Leben mit Bengo 56; Junger
Hund, was nun? 56, 5. Aufl. 78; Hunde
erziehen macht Spaß! 76, 2. Aufl. 79.

Ue: Era Zistel: A Treasury of Cat
Stories u.d.T.: Liebe zu Katzen 56;
Chandoha/Suehsdorf: Schöne Katzen
57; Charles Lagus: The Zoo Quest Bear
u.d.T.: Benjamin, das Bärenbaby 58;

Morris Frank u. Blake Clark: First Lady
of Seeing Eye u.d.T.: Buddys Augen
sehen für mich 58; James Douglas: The
Bunch-Book u.d.T.: Geliebter Pitt 59;
Walter Farley: The Black Stallion
returns u.d.T.: Blitz kehrt heim 59, Blitz
schickt seinen Sohn 60, Blitz und
Vulkan 61; Arthur Holmann: Mein
Freund Rex 60; Katherine Pinkerton:
Tomorrow-Island u.d.T.: Das Inselhaus
60, Steer North! u.d.T.: Lockruf des
Meeres 62; Eric Collier: Three against
the Wilderness u.d.T.: Das neugeschaf-
fene Paradies; Farley: Blitz bricht aus
62; Blitz legt los 63; Louis L. Vine: Dogs
in my life u.d.T.: Hunde, meine liebsten
Freunde 63; Stanley Dangerfield: Vom
richtigen Umgang mit Hunden 63;
Charles Elliott Perkins: Pinto, der
Schecke 63; Barbara Jefferies: Das
Findelkatze 62; Derek Tangye: Die
Katze im Fenster 62; Howard
Schulberg: Deine Katze und Du 63;
Farley: Blitz sucht seinen Vater 64; Joan
Winifred Taylor: Joans Ark u.d.T.:
Tiermama in Afrika 64; Logan Forster:
Voran! Voran! 65; Farley: Blitz und der
Brandfuchs 65; Judith Campbell: Die
Königin reitet 65; Farley: Blitz und
Feuerteufel 65; May und Henry Larsen:
Durch Gottes Zoo 66; Ralph Moody: Von
Sieg zu Sieg 66; Lloyd Alexander: Ein
Mann u. tausend Tiere 67; Jacqueline
Susann: Geliebte Josephine! 66; Monica
Edwards: Alle meine Katzen 67;
Dorothy Clewes: Bella siegt 68; Farley:
Der Hengst der Blauen Insel 68; Doreen
Tovey: Esel, Pferd und Katzenvolk 69;
Farley: Blitz in Gefahr 69; Die Rache
des roten Hengstes; William Corbin:
Christoph und sein Hund 69; Farley:
Rotes Pferd mit schwarzer Mähne 72;
Dr. M. W. Fox: Versteh Deinen Hund! 74.
( )

Ruppert, Walter (Ps. Bert Pertrup),
Schriftsteller und Verleger; Postf. 1341,
Freybergstr. 6, D-8958 Füssen (München
1.7.13). Roman, Lyrik, Märchen aus
fernen Ländern.

V: Mandelblüte, R. 67; Der Banjo-
spieler, R. 67; Verwandlung im Zwielicht, R. 69; Karibische Passion, R. 79;
Hundert Jahre und ein Tag, R. 81.

H: Sukulapa. Märchen aus fernen
Ländern 68, 69 (auch baskisch); Der
verkaufte Traum. Märchen aus fernen
Ländern 71.

Rupprecht, Imme, ObStudR.,
Lehrerin, Malerin; VS 81; Arb.stip. d.
Ldes NRW 82; Mozartstr. 16, D-5060
Bergisch Gladbach 1, Tel. (02204) 66527

(Feuchtwangen/Bay. 29.9.43). Lyrik,
Novelle, Essay, Drama.

V: Thola versuchte sich auf Lisa zu
freuen, bei Lisa wußte man nie ..., Texte,
G. 81; Der Himalaya ist eine Frau,
Reiseber. u. Medit. 82.

Rupprecht, Susanne, Gymnasiastin;
Große Hakenstr. 21A, D-5600
Wuppertal 2, Tel. (0202) 557340
(München 8.3.71). Abenteuerromane für
Kinder.

V: Der Sechserclub, Kd-R. 81.

Ruprecht, Günther, Verleger;
Albrechtstr. 5, D-3400 Göttingen, Tel.
(0551) 57455 (Göttingen 17.2.98). **Ue:** D, N,
Schw.

Ue: Eivind Berggrav: Die Seele des
Gefangenen 28; A. G. Joelsson: Sven
vom Tannenkamp 38; Sven vom
Tannenkamp bei Martin Luther 49; Bo
Giertz: Tron allena u.d.T.: Das Herz aller
Dinge 46, Die große Lüge und die große
Wahrheit 47, Mit eigenen Augen 49;
Sendschreiben an die evangelische
Christenheit, Kirche Christi 53. —
MUe: William Heinesen: Noatun, m. J.
Sandmeier u. S. Angermann 39; E.
Berggrav: Es sehnen sich die Kirchen
53.

Ruroh-no-Ohkami, s. Gugl, Wolfgang.

Rusche, Christian-Udo (Ps. Christian
Saalberg), Dr. jur., RA, Notar; Am Holm
26, D-2300 Kronshagen, Tel. (0431)
588177 (Hirschberg, Riesengeb. 10.12.26).
Lyrik.

V: Die schöne Gärtnerin, G. 63; Das
Land der Ferne, G. 68; Der Tag als
Voyageur, G. 71; Das Schloß vor Husum
74; Das Blaue vom Himmel 76; Nach
dem Besuch der Sirenen, G. 78; Königin
der Schrecken, G. 80; Als ich jüngst auf
Erden weilte, G. 82; Der Abschied der
Vogelmenschen, G. 83; Auf den Fächer
einer Rose, G. 84.

H: Rudolf Ihering: Der Kampf ums
Recht, Ausgew. Werke 65.

Russo, Adrian, Arzt; BDSÄ; Enkircher
Str. 4, D-1000 Berlin 28, Tel. (030)
4012340 (Berlin/Charlottenburg 30.4.20).
Lyrik.

V: Requiem f. e. Mutter, Lyr. 52;
Oratorium Christi, Lyr. 63; Versuche z.
Völkerschutz, Lyr. 80. — **MV:** Dt.
Schriftstellerärzte z. Jahr d. Kindes;
Liebe Last, Lyr. 79. ( )

Rustamek, Kurt, s. Kutter, Markus.

Ruthe, Reinhold, Psychotherapeut für
Kinder u. Jugendliche, Eheberater; Am
Ringelbusch 28, D-5600 Wuppertal 1, Tel.
(0202) 721038 (Löhne/Kr. Herford 5.6.27).

Psychologie, Pädagogik, Theologie,
Romane.

V: Ich will dich mit meinen Augen
leiten 64; Medien, Magier, Mächte 68;
Die schwarze Krawatte, Erzn. 68; Hölle
über Hawaii, R. 71, 81, u.d.T.: Überfall
auf Pearl Harbour 73; Seelsorge, wie
macht man das? 74; Faulheit ist heilbar,
Sachb. 75, 83; Krankheit muß kein
Schicksal sein, Sachb. 75; Zum Teufel
mit der Eifersucht, Sachb. 76, 79; Streß
muß sein, Sachb. 77; Freude am Leben
und Lernen, Sachb. 78, 80; Berührungs-
feld Familie, Sachb. 78; Die zehn
Gebote, Sachb. 78; Das Vaterunser,
Sachb. 78; Formen der Partnerschaft,
Sachb. 79; Fräulein Tochter und Herr
Sohn 80; Ich frage Jesus 81; Lügen die
Sterne? 81; So stell' ich mir die Liebe
vor 82; Duett statt Duell 83. ( )

Rutkowski, Dieter, Pastor; Karl-
Marx-Str. 8, DDR-9230 Brand-Erbisdorf
(Rittigkeitschen/Ostpr. 10.9.44). Drama,
Lyrik, Kurzerzählungen.

V: Der Heiland ist geboren,
Verkündigungssp. 76, 2. Aufl. 80.

MA: Christlicher Kinderkalender seit
77.

Rutt, Theodor, Dr. phil., oö. Prof. d.
Päd. Hochsch. Rheinland, LBeauftr.
UKöln; Autorenverb. Düsseldorf 63;
Korr. Mitgl. Ad. Stifter-Inst. d. Ldes
ObÖst.; Werthmannstr. 13, D-5000
Köln 41, Tel. (0221) 433814 (Köln 5.5.11).
Essay, Aphorismus, Lyrik.

V: Wege des Wortes, Ess. 55; Bild und
Wort, Ess. 55; Vom Wesen der Sprache,
Ess. 57; Oberbergisches Land 58; Land
an Sieg und Rhein 60; Buch und Jugend
60; Taggestirn, G. 61; Stimme der
Sprache, Aphor. 61; Münsterfibel, Lyr.
64; Adalbert Stifter - Der Erzieher 70;
Rösrath im Wandel der Geschichte 70;
Heimatchronik des Rheinisch-
Bergischen Kreises 71; Overath-
Geschichte der Gemeinde 80.
Lit: J. Tymister: Festschr. zur Voll-
endung d. 60. Lebensjahres v. Theodor
Rutt (m. vollst. Bibliogr.) in: Beiträge
zur Didaktik u. Erzieh.wiss. 71; H.
Hömig: Th. Rutt, in: Criticon Nr. 20/73.
s. a. Kürschners GK. ( )

Rutte-Diehn, Rosmarie, s. Diehn,
Rosmarie.

Ruttmann, Irene, Dr.phil.; Garten-
feldstr. 65, D-6380 Bad
Homburg v.d.Höhe, Tel. (06172) 32561

(Dresden 30.7.33). Kinder- u. Jugendbuch.
V: Titus kommt nicht alle Tage, Kdb.
80; Der Goldmacher, Kdb. 82.

Ryssel, Fritz Heinrich, Dr. phil., Redakteur; Raimundstr. 68, D-6000
Frankfurt a.M.-Ginnheim (Berlin
24.4.14). Essay, Erzählung, Hörspiel.
V: Von des Herzens Dingen, Ess. 48;
Der kleine Herr Jobi, Erz. 48, 70; Einer
kommt zurück, Erz. 52; Meine Lieblings-
tochter, Erz. 57; Leben will gelernt sein
62; Thomas Wolfe 63; Auf dem Oliven-
hügel. Von Agape nach Riesi, Ber. 67;
Große Kranke 75; Frankfurter Spaziergänge 79, u.a.
MA: Mit offenen Augen, Reiseb. d.
Dichter 54; Über den Tag hinaus 60;

Zehn Fragen an die Kirche, Anth. 69.
H: Unser täglich Leben, Anth. 47; Aus
der Nähe gesehen, mus. Medaillons 54;
Der Christ in der neuen Wirklichkeit 64;
Überm Stall ein Stern, Weihnachts-
gesch. aus aller Welt 65; Ein Licht
leuchtet allen, christl. Feste, Anth. 67, 70;
Solange wir noch Zeit haben 76; Überall
wird Weihnachten sein 77.
R: Damals im Park, Hsp. 55; Einer
kam zurück, Hsp. 61; Der Gedenktag,
Hsp. 67. ( )

Rzehak, Wolfgang; Finkenweg 5, D-
7951 Warthausen-Birkenhard (Tübingen
12.9.53). Lyrik.
V: Wechselhaft u. Kühler, G. 79; Auf-
klarend 82.

S

Saalberg, Christian, s. Rusche, Christian-Udo.

Sachs, Walter, Prof., Schulrat; Ö.S.V.; Julius-Reich-Preis 35, Kulturpreis d. Ldes Niederöst. 63, Theodor-Körner-Preis 67; Postfach 22, A-3160 Traisen (Traisen 9.12.01). Lyrik, Betrachtung, Erzählung.
V: Zwischen Wäldern und Schloten, G. 33; Unter den schweigenden Sternen, G. 43; Der Wintergast, G. 56; Bewahrte Landschaft, Betr. 57; Der Karneol, G. 60; Erdrauch, Betr. 62; Schlehdorn, G. 64; Der Sammler, Erzn. 65; Die Freude zu blühen, G. 68; Spätherbst, G. 69; Wald vor dem Haus, Betr. u. Erzn. 72; Brückenbogen, G. 76; Winterwirklichkeit, Betracht. 80; Pinselstriche, G. 81, u.a. — **MV:** Heimatkunde des Bezirkes Lilienfeld 60 — 65 71; Marschgepäck Menschlichkeit 68; Unser Wien 69.
MA: Die Gruppe 1932, Die Gruppe 1935, beides Lyrik-Anthologien.
Lit: Friedrich Sacher: Die neue Lyrik in Österreich 32; Kurt Adel: Gibt es eine verbindliche Interpretation von Gedichten? in: Gesch. u. Lit. 7. Jg. H. 5 63; Norbert Langer: Dichter aus Österreich V 67; Kurt Adel: Geist und Wirklichkeit 67; Franz Richter, Der Professor und seine Ziege 73; Walter Sachs 76; W.S. zum 80. Geb. 81.

Sachs-Collignon, Jetta (Ps. Julia von Brencken, Britta Rentzow), Schriftstellerin; Gerauer Str. 69 b, D-6000 Frankfurt a.M. 71, Tel. (0611) 675623 (Berlin 15.3.23). Romane, Reit-Fachbücher.
V: u.a.: Solang die Hufe traben 79; Anna u. Seydlitz; Der Reiterhof; Lisa von der Tankstelle; Leocadie, R.trilogie 81, 82, 83.

Sachse, Günter; Fr.-Bödecker-Kr. 73; Ruhstrathöhe 2 B, D-3400 Göttingen, Tel. (0551) 795354 (Hannover 23.8.16). Jugendbuch. **Ue:** Am.
V: Die Meuterei auf der Bounty 59, 80; Und wo ist des Indianers Land 61, 63; Neuausg. Der Weiße Wilde 76, 79; Wikingerzeit 77, 81; Wikinger zw. Hammer u. Kreuz, Jgdb. 79, 81; Hinter den Bergen d. Freiheit, Jgdb. 81.

B: Daniel Defoe: Robinson Crusoe 59, 78; nach Gustav Schwab: Die schönsten Sagen der Griechen 71, 77; Deutsche Heldensagen 72, 79; Das Bunte Buch der Schwänke 73, 75, sämtl. Jgdb.
Ue: Jack London: Ruf der Wildnis 70, 78; The Cruise of the Dazzler u.d.T.: Piraten in der Frisco-Bay 70, 72.
Lit: Anneliese Bodensohn: G.S.: ... und wo ist des Indianers Land? in: Abenteuer: Rothaut u. Bleichgesicht 67; Horst Schaller: G.S. u. sein jugendlit. Werk in: Jugendbuchmagazin 4 81.

Sacimata, s. Musil-Fichtel, Liselott.

Sackser, Dietfried H. E., Lehrer; Ottweilerstr. 14, D-5090 Leverkusen 1, Tel. (0214) 53625 (Ratibor/Obschles. 14.2.39). Lyrik.
V: Durch Traum u. Tag, Lyrik T. I: Liebe 81, T. II: Zeiten 81, T. III: Nachlese 83.

Saeger, Uwe, c/o Verlag Hinstorff, Rostock, DDR.
V: Nöhr, R. 80, 81; Warten auf Schnee 81, 83; Sinon oder die gefällige Lüge, Erz. 83. ( )

Sämann, Wolfgang, c/o Hinstorff-Verlag, Rostock.
V: Das Haus d. Dr. Pondabel, 5 Erzn. 79, 83. ( )

Sänger, Peter, Verlagslektor; Wilhelmsmühlenweg 170/420-06, DDR-1147 Berlin-Mahlsdorf (Berlin-Charlottenburg 16.5.34). Lyrik, Erzählung, Essay.
V: Besuch in Hohen-Vietz, Erz. 82; Spiegelbild, Ess. 83.
H: Der Unvergleichliche. Karl Barth üb. Wolfg. A. Mozart, Ess. 74, 83.

Safran, s. Matzker, Wolf.

Sagert, Gerhard, Puppenspieler, Schriftsteller; VS Niedersachsen; Pfarrstr. 29a, D-3000 Hannover 91, Tel. (0511) 423429 (Landsberg/Warthe 20.5.11). Heimatkundl. Schriften, Puppenspiele.
V: Fischdampfer Hannover - Kurs Grönland 61; Ozean-Schiffe stranden vor Cuxhaven 62, 70; Am Wattenmeer erlebt 63; Harte Männer am großen Fisch 64; Urgewalten vor Cuxhavens Küste 65; Wattenmeer-Insel Neuwerk

67; Vorhang auf fürs Puppenspiel 68;
Nordsee-Küstenland um Cuxhaven 69;
Nordsee-Insel Helgoland 71;
Cuxhavener Wattenmeer 73; Dünen-
Insel Scharhörn 76; Mein Freund — der
Seehund Kasper 77; Puppen stellen sich
vor, im 1. Nds. Puppenmus. in
Cuxhaven-Duhnen 79.

Saharien, s. Pichler, Ernst.

Sahdas, Gerd, s. Doll, Herbert
Gerhard.

Saher, Purvezji J. *

Sahl, Hans, Dr. phil.; P.E.N., ISDS,
V.dt.K.; Bundesverdienstkreuz 1. Kl.,
Thornton-Wilder-Prize for
Distinguished Translation of American
Literature 79; Dt. Akad. f. Spr. u. Dicht.;
800, Westend Ave., New York, NY 10025/
USA (Dresden 20.5.02). Lyrik, Hörspiel,
Essay, Roman, Novelle, Film. **Ue:** E.
V: Jemand. Passion eines Menschen,
Orat. 38; Die hellen Nächte, G. 42; Die
wenigen und die vielen, R. 59; Wir sind
die letzten, G. 76; Hausmusik, Bü. 79.
MA: Das Wort der Verfolgten 49; An
den Wind geschrieben 62; Interview mit
Amerika 62; Ich lebe nicht in der
Bundesrepublik 63; Der Ruf 62; Theater
der Welt 62; Verbannung 65; Atlantis-
Buch des Theaters 66; Zwanzigstes
Jahrbuch d. Freien Akademie Hamburg
68; Um uns die Fremde 68; Gedichte aus
der Emigration 69; Welch Wort in die
Kälte gerufen 69; Re-Creations 70;
P.E.N. Neue Texte 71; Aufbau 72.
H: George Grosz: Zeichnungen 66.
F: Die Vier im Jeep, m. Richard
Schweizer 51.
R: Urlaub vom Tod 42.
Ue: Alfred Kazin: Der amerikanische
Roman 46; Thornton Wilder: Unsere
kleine Stadt 54, The skin of our teeth
u.d.T.: Wir sind noch einmal davon-
gekommen 54, Die Heiratsvermittlerin
55, In den Windeln 61, Kindheit 61,
Theophilus North 74; Maxwell
Anderson: Winterwende 54, Barfuß in
Athen 55; Alfred Hayes: Desperate
hours u.d.T.: An einem Tag wie jeder
andere 55; Tennessee Williams: Die
Katze auf dem heißen Blechdach 56, 27
Waggons Baumwolle, 11 Einakter,
Orpheus steigt herab 57, Süßer Vogel
Jugend 58, Plötzlich letzten Sommer 59,
Moony's Kindchen weint nicht, Die
letzte meiner echt goldenen Uhren 59,
Der Milchzug hält hier nicht mehr 64,
Die Verstümmelte 67; John Osborne:
Blick zurück im Zorn 56, Der Enter-
tainer 57, Epitaph für George Dillon 58;

Millard Lampell: Die Mauer 61; William
Gibson: Spiel zu zweit 61; Frank D.
Gilroy: Wer rettet unsern Ackerknecht?
62, Ein Rosenstrauß 65; Arthur Miller:
Nach dem Sündenfall 65, Zwischenfall
in Vichy 65, Der Preis 68; Die
Erschaffung der Welt und andere
Geschichten 70; Arthur L. Kopit: Oh
Vater, armer Vater, Mutter hängt dich
in den Schrank und ich bin ganz krank
63, 4 Einakter; Indianer 69. ( )

Sahmann, Otto Christian, Kaufm.
Angestellter; Kulturpr. d. Obfränk.
Wirtsch. 81; Postfach 16 01, Postamt 11,
D-8670 Hof/Saale 1 (Naila, Oberfr.
3.5.35). Roman, Erzählung, Lyrik, Kurz-
prosa, Aphorismen.
V: Korn streifte rauschend an den
Mauern, G. 76; Kaskaden d. Stille u. d.
Schreis, Prosa u. G. 81; Seller Schteech,
wu feddert, Prosa u. G. in fränk. Mda. 81;
Sieben Wochen, sieben Jahre, G. 83;
Sieben Wochen Ewigkeit, G. 84.
MA: Du, unsere Zeit 65; Aussichten
66; Das ist mein Land 66; Texte aus
Franken 67; Thema Frieden 67; Alle
Wunder dieser Welt 68; Spuren d. Zeit
69; Giovani poeti tedeschi 69; Aber den
Feind sollten wir lieben 69; Brenn-
punkte VII 71; Kurznachrichten 73;
Lebendiges Fundament 78; Jahrbuch f.
Lyrik I 79; ensemle, intern. Jb. f. Lyr. X
79; Weil mir aa wer senn 80; Autoren-
werkstatt 3 83.
R: 12 Lyrik-Sdgn 69-82.

Sahner, Paul, Journalist, c/o
Ferenczy-Presseagentur, Portlängerstr.
37, D-8000 München-Grünwald
(Bockum-Hövel, Kr. Lüdinghausen
21.6.44). Lyrik, Roman, Essay.
V: Unkenspiele, Kurzgeschn. 71; Bee
Gees 79. — **MV:** Rod Stewart, m. G.
Röckl 79; Pink Floyd 80, 81; The Who 80,
beide m. Th. Veszelits. ( )

Saihoku, s. Hülsmann, Harald K..

Sailer, Alois, Landwirt,
Kreisheimatpfleger d. Lkr. Dillingen/D.;
Schutzverb. Dt. Schriftst. e.V. München
69, FDA 75; Wertinger Str. 9, D-8851
Lauterbach, Zusam, Tel. (08274) 1200
(Lauterbach, Zusam 5.1.36).
Bühnenstücke, Lyrik, Erzählungen in
Mundart u. Schriftdeutsch.
V: Passionstext für d. Passionsspiele
Waal bei Buchloe 69; Der Wasserbirnen-
baum, Erzn. u. Lyr. 69; Wallfahrt und
Doaraschleah, Schwäb. Mda.gedichte 77,
2. Aufl. 81.

MA: Mundartgedichte in Schulbb. u. Gedicht- u. Liedersamml.
R: Mitarb. b. Rdfk- u. Fs.-Anstalten, auch in Öst.

Sailer, Anton, Redakteur; ISDS 68; Schwabinger Kunstpreis f. Lit. 68, Verd.kr. a.B. 68, Tukan-Preis 69, Bayr. Verd.orden 73, Ernst-Hoferichter-Preis 77; Tukan-Kreis 60; Schneckenburger Str. 21, D-8000 München 8, Tel. (089) 472969 (München 14.2.03). Roman, Novelle, Essay, Biographie, Bildkunst.
V: Anton Sailer's Tier-Abc, G. 38; Münchner Spectaculum, Kuriose Zeiten, Menschen und Begebenheiten 55; Laternenbilder aus China, Ess. 55; Leibl, ein Maler- und Jägerleben, R.-Biogr. 59, 75; Menschen und andere Leute, Satiren 59; Bayerns Märchenkönig Ludwig II., Biogr. 61, 83; Der Maler Franz S. Gebhardt-Westerbuchberg, Biogr. 64; Das Plakat 65, 71; Passion 64, Ess. 65; Deutschland, wie es einmal war, Ess. 67; Das private Kunstkabinett, Kunstbd 67; Foto-Expo, Zwanzig Jahre Zeitgeschehen, Ess. 68; Die Karikatur in der Werbung 69; Jugenstil-Illustration in München, Ess. 69; Franz von Stuck, Biogr. 69; Bunter Graphik-Almanach, Ess. 70; Dieses München. Geschn. u. Bilder 72, 82; Goldene Zeiten, die Salonmalerei, Kunstb. 75; Der Maler Oswald Malura, Biogr. Kunstb. 76; Die Bildhauerin Marianne Lüdicke, Biogr. Kunstb. 76; Münchner Aufzeichnungen 76; Richard Seewald, Monogr. Kunstb. 77; Meister d. Aquarells. Hermann Böcker, Monogr. 81. – **MV:** Peter Kreuder: Schön war die Zeit 55; Eugen Skasa-Weiss u. Carl Amery: Gott hat mich benachteiligt 67.
B: Hans von Faber du Faur: Sein Leben, seine Bilder, Kunstb. 76. – **MA:** Denk ich an München 66; Weissblau und heiter 67; Einladung nach München 67; Der König, Beiträge zur Ludwig II.-Forschg. 67; Geliebtes Schwabing 61, 70; Von Wahnmoching bis zur Traumstadt; Die schöne Münchnerin 69; Deutsche Künstlerkolonien, Kunstb. 76; Bunter Graphik-Almanach 81; Malerwelt, Kunstb. 82.
R: Vom Glaspalast zum Haus der Kunst 58.

Sailer, Oswald, Dr. phil., ObStudDir.; S.K.B. 46; Talfergrieß 18, I-39000 Bozen (Görz/Italien 20.7.10). Lyrik, Roman, Novelle, Essay. **Ue:** I.
V: Antlitz der Etsch, Erzn. 53; Erika und der Fischdieb, Erzn. 56.
MA: Schöpferisches Tirol 53.

H: Wort in der Zeit, Sonderschr. Südtirol 56. – **MH:** Südtiroler Jahrbuch für Schrifttum und Graphik 54. ( )

de Saint Privat, Roger, s. Schlegel, Willhart.

Saiwala, s. Neumann-Gundrum, Elisabeth.

Sakowski, Helmut; Lessingpr. d. Min. f. Kultur d. DDR 63, Nationalpr. f. Kunst u. Lit. d. DDR 68; Bürgerhorststr. 11, DDR-2080 Neustrelitz, Tel. (0991) 3860 (Jüterbog 1.6.24).
V: Zwei Frauen, Erzn. 59; Die Entscheidung der Lene Mattke 65, 67; Sommer in Heidkau, Volksst. 67; Wege übers Land, R. 69; Zwei Zentner Leichtigkeit, Geschn. 70; Daniel Druskat, R. 76; Verflucht u. geliebt, R. 76.
B: Steine im Weg, Volksst. 65, 67.
R: Die Entscheidung der Lene Mattke, Fsp. 58, Hsp. 59; Die Säge im Langenmoor, Fsp.; Eine Frau kommt ins Dorf, Hsp. 59; Verlorenes Land, Hsp. 60; Steine im Weg, Fsp. 60; Weiberzwist und Liebeslist, Fsp. 61; Eine Nacht und kein Morgen, Fsp. 62; Sommer in Heidkau, Fsp. 64; Wege übers Land, Fs.-R. 68; Die Verschworenen, Fsp. 71, 72; Daniel Druskat, 5tlg. Fsf.; Verflucht u. geliebt, 5tlg. Fs.-Ser. 76.

Salamon, Alfred, Diplomlehrer; SV-DDR 82; Luise-Brachmann-Str. 66, DDR-4850 Weißenfels (Weißenfels 15.1.36). Erzählung.
V: Auch mit vierzehn hat man Ärger 81. – **MV:** Die vierte Schicht 79; Das Rum-Schiff 81.

Salar, Herwig, Dr., prakt. Arzt u. Chefarzt; Kärntner Schriftstellerverb. seit 50; Steinwandstr. 4 a, A-9500 Villach, Tel. (04242) 26186 (Villach 13.2.15). Lyrik, Kurzgeschichten.
V: Die letzten Zikaden tragen die Flöte kaum vor das Haus, Lyrikbd. 79.
MA: Der Bogen, Dok. neuer Dicht. 1961 bis 1965; Dichtung aus Kärnten, Anthol.; Kärnten im Wort; Die Brücke, Kärntner Kultur-Zs. 8 82; Tropfen, Schrr. e. Dichterkreises Feldkirchen/Kärnten 82/83.

Salewski, Wilhelm, Rektor; Lit. Ges. in Marburg/L. seit 78; Am Holderstrauch 6, D-3575 Kirchhain, Tel. (06422) 1522 (Ahlen/Westf. 27.1.15). Lyrik, Roman, Novelle.
V: Sprich, damit ich dich sehe, Lyrikbd. 79. ( )

Salinger, H., s. Alexandrowicz, Eva.

Salis, Richard, Techn. Angest. im
Außendienst f. e. Graph. Kunstanst.; VS
70; Goethestr. 3, D-7417 Pfullingen/
Württ., Tel. (07121) 74530 (Stettin 7.3.31).
Lyrik, Essayistisches.
V: Lyrik für Eingeweihte 56; Striche
durch deine Existenz, G. 57. —
MV: Fenster und Weg, m. G.B. Fuchs
und D. Kirsch, G. 55.
H: reutlinger drucke, lit. Zs. seit 66;
Motive, Selbstdarstellungen deutscher
Autoren m. 70 Porträtfotos 71. —
MH: VISUM, lit. Zs. 57 — 58; alternative,
lit. Zs. 58 — 60; Respektlose Lieder 70.

Sallmann, Michael, c/o Nishen-Verl.,
Berlin (West).
V: Nichts Besonderes, G. u. Texte 83.
( )

Salm, Hedwig; Hebel-Gedenkplakette
65; Neumattenstr. 19, D-7800
Freiburg i.Br., Tel. (0761) 26156
(Neuenweg/Schönau 14.9.89).
Alemannische Lyrik, alem. Mundart-
spiel, Spruchdichtung.
V: Brunnen am Weg, G. u. Sprüche 54;
Aus des Herzens Fülle, Sprüche; Rosen
im Heimatgarten, Alemann. G. 68;
D'Politur, alem. Erz. - Alemann.
Mundartspiele; Wege und Brücken,
Alemann. G. 77; Erlebter Hochschwarz-
wald, G. 79.
MA: S'lebig Wort, Alemannische
Erzähler.
R: Das Forellenquintett, alem. Erz. ( )

Salomon, Alfred, Pfarrer; Am
Weitgarten 49, D-5300 Bonn 3, Tel. (0228)
440208 (Dirschau/Westpr. 27.12.10).
Roman, Kurzgeschichten, Übers. **Ue:** E.
V: Die letzte Fahrt d. Greif, R. 55, 2./3.
Aufl. 56; Und wir in seinen Händen,
Kurzgeschn./Bildbd 73, 3. Aufl. 78;
Berufen u. verworfen, R. 74; David u.
Jerusalem, R. 76; Von Gott will ich nicht
lassen, Autobiogr. 77; Du führst mich
durch die Zeiten, Kurzgeschn. 80; Ich
gebe dir ein weises Herz, R. 82; Bleib
sein Kind, Biogr. 83.
S: Kleiner Mann ganz groß, Tonkass.
82; Die neuen Lieder aus dem ev.
Gesangbuch f. Soldaten Nr. 7, 8, Tonbd
u. Schallpl.
Ue: P. Brand u. Ph. Yancey: Du hast
mich wunderbar gemacht 83.

Salomon, Peter, Rechtsanwalt; VS 74;
New York-Stip. d. Kunststift. Bad.-
Württ. 80; Postfach 52 51, D-7750
Konstanz, Tel. (07531) 26267 u. 22680
(Berlin 4.9.47). Lyrik, Kurzprosa, Essay,
Rezensionen.

V: Kaufhausgedichte - 42 Stück zu 9
Mark 50, Lyrik 75; Abgang Juhnkuhns -
40 Geschichten, Kurzprosa 77;
Gegenfrost, Lyr. 79.
MA: Tintenfisch 12, Anth. 77;
Literaturwerkstatt 1, Anth. 77; Mein
Land ist eine feste Burg, Anth. 76;
Tintenfisch 9, Anth. 76; Literatur-
magazin 4, Anth. 75; Literaturmagazin 3,
Anth. 75; Neue Expeditionen, Anth. 75;
Lyrische Selbstportaits, Anth. 75;
Claassen Jb. d. Lyrik 1, Anth. 79;
Mundartliteratur — Texte & Mat. z.
Lit.unterr., Anth. 79; Hohmann's
LESEBUCH, Anth. 79; In diesem Lande
leben wir, Anth. 79; Tintenfisch 14 78, 15
78; ensemble 9, Anth. 78; Anders als die
Blumenkinder 80; Frieden: Mehr als ein
Wort 81; Im Gewitter der Geraden 81;
Enstelle Engel 83, u.a.
H: Lit. im alemann. Raum —
Regionalismus u. Dialekt, Anth. 78.

Salomon-Daniger, Margot, s. Daniger,
Margot.

Salpeter, Wolfgang, Leit. Berufsberater i.R.; FDA 73; Dipl. di Merito d. U.
delle Arti, Parma 82; Accad. Ital. 82;
Brunnenstr. 44a, D-4930 Detmold, Tel.
(05231) 23266 (Berlin 1.2.20). Lyrik,
zeitgemäße Epigramme.
V: Achilles-V(F)erse 66; Seiten-Stiche
68; Gedanken-Sprünge 70; Lei(d)t-
Motive 72; Achtung! Selbst-Sch(l)uesse
74, alles Epigr.; Die Sache m. Netz u.
Haken, Heitere Verse 78; Vorsicht!
Denk-Anstöße, Epigramme 79; Kleine
Prominenzyklopädie, Sat. Verse 80;
Nicht viel Federlesens 80; Pardon wird
nicht gegeben 82, beides Epigr.; Quintessenzen, Epigr.-Sammelbd 83.

Salquin, Trudi, Fürsorgerin,
Hausbeamtin, Korrektorin; Egelgasse
74, CH-3006 Bern, Tel. (031) 445354
(Bischofszell 3.4.13). Lyrik.
V: Buch-Reihe: I: Es singt und klingt,
G.; II: Es singt und klingt, G.; III: Folge
dem Ruf; IV: Das grosse Ja; V: Liebe
ohne Grenzen; VI: Sakura.

Salvatore, Gaston; Gerhart-Haupt-
mann-Preis der freien Volksbühne 72;
Zattere 51, I-30100 Venedig (Valparaiso/
Chile 29.9.41). Drama, Lyrik, Roman,
Essay, Film, Hörspiel.
V: Der langwierige Weg in die
Wohnung der Natascha Ungeheuer, G.
71; Büchners Tod, Sch. 72; Wolfgang
Neuß, Ein faltenreiches Kind 74;
Fossilien, Bü. 76; Freibrief, Bü. 77;
Tauroggen, Bü. 79; Der Kaiser von
China, Prosa 80; Waldemar Müller. Ein

dt. Schicksal, Prosa 82. −
MV: Intellektuelle und Sozialismus, m.
Paul Baran u. Erich Fried 68.
MH: Transatlantik, Mts-Zs. 80.
F: Zattere 51 80.

Salzinger, Helmut (Ps. Jonas
Überohr), Dr. phil.; P.E.N.-Zentr.
Bdesrep. Dtld. seit 72, D-2179 Odisheim,
Tel. (04756) 394 (Essen 27.12.35). Lyrik,
Roman, Essay. **Ue:** E.
V: Rock Power oder Wie musikalisch
ist d. Revolution, Ess. 72; Swinging
Benjamin, Ess. 73; Jonas Überohr Live,
Ess. 76; Gehen, Schritte, Texte u. Bilder
79; Die Freundlichkeit d. Kraft, G. 80;
Rock um d. Uhr, Ess. 82; Das lange
Gedicht, G. 82; Irdische Heimat, G. 83. −
MV: Super Garde. Prosa d. Beat- u. Pop-
Generation 69.
B: Vorspann "This is Kino" zu: Dennis
Timm, Die Wirklichkeit u. der Wissende.
E. Studie zu Carlos Castaneda 77.

Salzl, Margarete, c/o Verl. Lassleben,
Kallmünz.
V: Uhr am Abend, G. 82. ( )

Salzwedel, M., s. Kemptner, Marlies.

Samson, Horst (Ps. Harry Simon),
Lehrer, Dipl.-Journalist; Pr. des Zk. des
VKJ 77, 78, Pr. d. SV-DDR 81, Pr. d.
Adam Müller-Guttenbrunn-Lit.kreises
82; Ad. Müller-Guttenbrunn-Lit.kr.;
Calea Aradului Nr. 25 Sc. B, Ap. 13 Et.
III, Temeswar/Rumänien, Tel. (961)
46217 (Salcîmi, Kr. Ialomiţa, Rum.
4.6.54). Lyrik, Kurzprosa, Theater-
chronik, Literaturkritik, Übers.
Ue: Rum.
V: der blaue wasserjunge, G. 78; tief-
flug, G. 81; reibfläche, G. 82; lebraum, G.
83. − **MV:** u. **MA:** Fechsung, Mda.Lyr.
79; im brennpunkt stehn, Lyr. 79;
Claassen Jb. d. Lyr. 3: Zw. zwei Nächten
81; Pflastersteine, Lyr. 82; Jb. d. Neuen
Lit., Lyr. u. Prosa 83.
MH: Pflastersteine, Lyr. u. Prosa 82.
S: Junge dt. Dichter aus d. Banat 82.

Sand, Albert, s. von Schill, Claudia
Beate.

Sandberg, Peter *

Sander, Irma Carola *

Sander, Karla, s. Schneider, Karla.

Sander, Rudolf, Filmautor u. -
regisseur, Filmproduktionsleiter; Am
Pfeilshof 14, D-2000 Hamburg 65, Tel.
(040) 6402710 (Danzig-Langfuhr 28.12.27).
Roman, Kinderbuch. **Ue:** E.
V: Das große Geheimnis des kleinen
Bobo, Kinderb. 68; Auch im Keller
scheint die Sonne, R. 68; Mahntje und

Nummel, Kinderb. 70; Auf eigene Faust
ins Abenteuer 78; Flunkie Isnichwar 80.
B: u. **Ue:** Robert Vavra: Blumentiger
70.
F: Rd 50 Dok.- u. Kurzf. sowie Fs.ber.

Sanders, Evelyn, s. Stitz, Evelyn.

Sanders, Ricardo, s. Sanders, Richard.

Sanders, Richard (Ps. Ricardo
Sanders), Dr. phil., Hochschulprof.;
ISDS seit 58, P.E.N. do Brasil seit 62;
Ostpreuß. Erzählerpreis 14; Rua Ronald
de Carvalho 55, ap. 602, Rio de Janeiro,
22021/Bras., Tel. (021) 5415372
(Bommelsvitte, Kr. Memel/Ostpr.
18.6.97). Lyrik, Roman, Novelle,
Kurzgeschichte, Reisebuch.
V: Lustige Erlebnisse eines Kriegs-
freiwilligen 15; Der Andarin. Lieder
eines Globetrotters 39, 64; Schelmen-
geschichten aus Südamerika 47, 60; Der
Mann, der kein Gold wollte, R. 56, 66;
Abenteuer im Sonnenland, Kurzgesch.
58, 66; Alice Anderson's Tagebuch, N. 64,
68; Gemini. Ein Gauner geht nach Südamerika, R. 72; Smaragde aus den
Minen von Muzo, AbenteuerR. 75; Der
Mensch u. d. zehn Schelme, G. 80.

Sanders, Suzette, s. Herder, Edeltraut.

Sanders-Brahms, Helma; Gieselerstr.
28, D-1000 Berlin 31.
V: Deutschland, bleiche Mutter, Film-
Erz. 80, 81. ( )

Sandfuchs, Wilhelm, Dr. phil.,
Redakteur; Kath. Dt. Journalistenpr. 78;
Richard-Strauß-Str. 145, D-8000
München 80, Tel. (089) 984104 (Wolfach/
Schwarzw. 25.6.13).
V: Papst Pius XII., Biogr. 49, 56; Paul
VI. − Papst d. Dialogs u. d. Friedens 78;
R. Rupert Mayer, Biogr. 81, 82.
H: Die leibl. Werke der
Barmherzigkeit 58; Die Werke der
Barmherzigkeit 62; Die Außenminister
der Päpste 62; Papst Paul VI. In nomine
Domini 63, 64; Bücher der Entscheidung
64 (ital. 68); Das Wort der Päpste 65;
Bayerische Bistumspatrone 66; Minute
der Besinnung I 65, 76, II 67, 70, III 69,
70, IV 71, V 74, VI 78; Das neue Volk
Gottes 66, 67 (holl. 68, span. 70); Die
Kirche in der Welt von heute 66; Die
Kirche und das Wort Gottes 67; Wege
aus der Krise? 70; Gestalter der Welt 71;
Ich glaube 75, 76 (span. 77, franz. 78, ital.
78); Die 10 Gebote 76, 78 (ital. 78); Die
Gaben d. Geistes 77; Die Kirche 78.

Sandler, Klaus, Hauptschullehrer;
Öst. Staatsstip. f. Lit. 78/79, Förderpr. f.
Dichtkunst 79; Kremserg. 41, A-3100 St.
Pölten, Tel. (02742) 38005 (Plagwitz/

Polen 11.1.45). Roman, Kurzprosa, Essay, Hörspiel.

V: Tom macht den Sprung a. d. Fenster rückgängig, R. 74; Anatomie e. Flucht, R. 77; Friedliche Anarchie, R. 80; Das vorläufige Leben, R. 83.

MH: das pult, Literatur-Kunst-Kritik seit 68; Anth. Sammlung I 71, Sammlung II 74; Dokumentation: Die andere Kultur 79.

R: Muschelgespräche, 74; Ein ganz gewühnlicher Regen 76; Oh Lord, don't let the rain come down 77; Heimo in 8 Bildern 77; Rosemarie 80, alles Hsp..

S: Gegenwart absolut windstill, m. H. Scherner, G. u. Musik, Schallpl. 82.

Sandor, Andreas, Dipl.-Arch.; Schweiz. Schriftstellerverein 81; Am Oeschbrig 29, CH-8053 Zürich, Tel. (01) 530621 (Budapest 14.11.32). Drama, Lyrik, Essay, Übers. **Ue:** U, E.

V: Wolf(e) ist noch da, Lyr. u. Prosa 81.

Sandow, G., s. Puhle, Joachim.

Sandrach, Ilja, s. Böck, Emmi.

Sandweg, Kurt, Bildhauer, Leiter d. Bildhauerklasse an d. U. Duisburg; Poln. Orden "Merite culturel" 80; Wittgatt 88, D-4000 Düsseldorf 31, Tel. (0211) 404455 (17.10.27).

V: Kants f. Kat. üb. Kunst u. f. afrikan. alte Kunst sowie üb. präkulumbische Kunst u. Architektur u.a.: Inka Mauern in Peru 68; Peru gestern — Südamerika heute 70; Kreis u. Quadrat sind unbestechlich 74.

MA: u. **B:** Pablo Picasso. Tagebuchnotizen u. Protokolle 82.

F: Das gemachte Ding, Drehb.

Saner, Hans, Dr. phil., Publizist; Herrmann Hesse Pr. 68; Wanderstr. 10, CH-4054 Basel, Tel. (061) 397240 (Grosshöchstetten 3.12.34). Essay.

V: Kants Weg vom Krieg zum Frieden I: Widerstreit und Einheit, Wege zu Kants politischem Denken 67; Karl Jaspers in Selbstzeugnissen und Bilddokumenten 76, 83; Zwischen Politik und Getto. Über das Verhältnis des Lehrers zur Gesellschaft 77; Geburt u. Phantasie 79; Hoffnung und Gewalt. Zur Ferne des Friedens 82; Die Herde d. Heiligen Kühe und ihre Hirten 83.

MA: Soldat in Zivil? Militärdienst. Militärdienstverweigerung. Zivieldienst. Militärjustiz 70; Das Werden des Menschen 77; Studia Philosophica, Jb. d. Schweiz. Philos. Ges. 30/31, 35, 36 seit 70.

H: Karl Jaspers in der Diskussion 73; Karl Jaspers: Notizen zu Martin Heidegger 78; Die großen Philosophen,

Nachlaßbd I u. II 81; Weltgeschichte der Philosophie, Einleitung 82. —

MH: Euthanasie. Zur Frage von Leben-und Sterbenlassen, m. H. Holzhey 76; Erinnerungen an Karls Jaspers, m. Klaus Piper 74; Gewalt. Grundlagenprobleme in d. Diskussion d. Gewaltphänomene, m. Kurt Röttgers 78.

Santner-Cyrus, Inge *

Sapira, Irina (Ps. Zaharesch), Mag. phil., Eiskunstlauftrainerin, Tänzerin; Turmbund seit 74, Kreis d. Freunde seit 79, IGdA seit 78; Kaufmannstr. 42, A-6020 Innsbruck (Bukarest 14.11.44). Drama, Lyrik, Film, Kurzprosa.

V: Zeitportrait, Kurzdramen 79; Die ungeliebten Kinder, Lyr. u. Kurzprosa 80; Fortschritt, Bü. (Uraufführ. in engl. Übers. 81).

H: Turmbund — Gesellschaft f. Literatur u. Kunst — Innsbruck.

Saraccio, s. Marretta, Saro.

Sarnitz, Manuela (Ps. Manuela Sarnitz-Miebach), Schauspielerin u. Schriftstellerin; Ulmenstr. 54-56, A-1140 Wien, Tel. (0222) 9450382 (Düsseldorf 27.1.50). Lyrik.

V: Spitze Zungen, G. 80.

S: Die Lampen an, die Lampen aus; Du kleine weiße Friedenstaube, beides Schlagertexte 83.

Sarnitz-Miebach, Manuela, s. Sarnitz, Manuela.

Sartori, Eva Maria, Schriftstellerin; FDA Bayern 80; Intern. Biograph. Assoc. 80; Kirchenstr. 32, D-8261 Stammham/Inn, Tel. (08678) 679 (Subotica/Jugosl. 15.5.). Roman, Novelle, Presse.

V: Pierre, mon amour, R. 67; Wie eine Palme im Wind, R. 68; Oh, diese Erbschaft, R. 69, 75; Thelma Adams' Puppen, R. 70; Das Glück wohnt nebenan, R. 71, 73; Karriere ist Silber, Heiraten Gold, R. 77, 80; Christina von Hall, R. 77; Die Spur führt nach Benares, R. 79; Die Rheinhagens, R. 80, 81; Damals in Dahlem, R. 82.

von Sass, Otto Frhr, s. Walden, Matthias.

von Sass geb. v. Gizycki, Vera Baronin (Ps. Ira von Heim), Geschäftsf. d. Dt. balt. Kulturwerks (Carl Schirren-Ges.); Kg. 65; Munstermannskamp 16, D-2120 Lüneburg, Tel. (04131) 43126 (Riga 26.1.06). Lyrik, Novelle, Essay.

V: Weißt Du noch? 63; Brot und Wein, G. 79. — **MV:** Die Marienburg, Jb. d. Nordostdt. Kulturwerks 52, 53; Jb. d. baltischen Deutschtums 64 — 72. - **MV** u.

H: Der Springbrunnen, Anth. balt.
Schriftsteller der Gegenwart 53.

Sasse, Carl Hans, Dr. med., Augenarzt;
Jung-Stilling-Med. 61; Ärztl. Schriftst.-
Literar. u. Biblioph. Ges., Ver. schriftst.
Ärzte; Luxemburger Str. 293, D-5000
Köln-Klettenberg, Tel. (0221) 416625
(Köln 8.8.01). Lyrik, Novelle, Essay.
V: Geschichte der Augenheilkunde 47;
Ein Doktor reitet durch den Schnee,
Erinnerungen an ein sauerländisches
Arzthaus 60; Grabmal einer großen
Liebe, Ess. 63; Nie im Alltag aufzugehn
... Arzt unter Schriftstellern, Dichtern
und Künstlern 67. — **MV:** Aeskulap
dichtet, Anth. 65; Klinischer Sommer in:
Dr. H. Graupner: Ärztespiegel 62; Die
berühmten Ärzte 66; Weite Welt auf
kleinem Grund. Erinn. e. alten Schiffs-
arztes in: Rh.-Berg. Kal. 73.
MA: Köln. Ztg (Lit.-Geist d. Gegen-
wart); Allg. Köln. Rdsch.; Westermanns
Mh.e, Volk u. Welt; Sitzungsberichte,
Rh.-Westf. Augenärzte: Dichter
kämpfen um ihr Augenlicht, Das augen-
ärztl. Wirken Jung-Stillings in neuerer
Sicht; Frühe Bücher der Augenheil-
kunde; Zum 100. Todestag Albrecht v.
Graefes am 20. Juli 1970; 100 Jahre
Mendelsche Regeln; Memorial f. Geh.
Rat. Prof. Dr. med. Albert Peters,
Rostock-ein sauerländ. Lebensbild;
Heimkehr in d. Wiesengrund. Das
naturverbundene Leben d. Essener
Chirurgen Prof. Dr. med. Wilhelm
Keppler Balve in Westf. ( )

Sasse, Erich-Günther; Alter Weg 11,
DDR-3402 Leitzkau.
V: Und hinter der Tür eine Kette,
Erzn. 76; Amerikaheinrichs Rückkehr
77, 2.Aufl. 81; Der Brunnen, R. 80, 3.Aufl.
83; Die Fremden, Erzn. 84.
MA: Fünfundsiebzig Erzähler d. DDR
81; Das Huhn d. Kolumbus 81; Alfons
auf d. Dach 82; Erntefest, Dorfgeschn.
nach 1945 82.

Satter, Heinrich; VS 69, Öst. P.E.N. 75;
Wilhelmine Lübke-Pr. 78; Schleiß-
heimerstr. 276/X, D-8000 München 40,
Tel. (089) 3002117 (Berlin 27.9.08).
Roman, Biographie. **Ue:** F.
V: Anton Wildgans, Biogr. 49;
Deutschland ohne Feigenblatt, Probl. d.
Demoskopie 56; Angelica Catalani, R. 58,
62; Paul Ehrlich, Biogr. 62, 63; Weder
Engel noch Teufel — Ida Orloff, Biogr.
66; Emil v. Behring, Biogr. 68; Modell
Nächstenliebe — Beispiel Bethel 73;
Das Leben beginnt mit sechzig, Probl.
der Gerontologie 75, 76; Bergwandern

für Senioren 79; Familien wandern in
Südtirol 82.
H: Dostojewski/Turgenjew: Prosa-
werke m. Einleit. 48.

Sattlberger, Margret (Ps. Margret
Czerni, Margret Czerni-Salberg,
Margret Czerni-Sattlberger),
Bibliothekarin; Publikumspr. Lit. z.
Arbeitswelt 79, Anerkenn.pr. d. Dr.-
Ernst-Koref-Stift. 79; Linzer Autoren-
kreis 76, Innviertler Künstlergilde (IKG)
77; Schubertstr. 7, A-4020 Linz/D., Tel.
(0732) 75656 (Wien 27.12.26). Lyrik,
Erzählungen, Hörspiele, Features,
Märchenhörspiele.
V: Oktopus u. Oktopa, Bilderb. f.
Kinder im Vorschulalter 79; Ein Weg
zum Du, Lyr. 79; Kleinkariert, e. satir.
Erz. 82.
MA: Facetten, Jb. d. IKG 82; Rezens.
ebda 82 u. in Ztgn.
R: zahlr. Märchen- u. Hsp. f. Kinder
seit 47; zahlr. Hsp.bearb. 47-55; Texte f.
Hörbilder u. Anth., haupts. f. d.
Familienfunk; Buchbespr.

Sattler geb. König, Jenny (Ps. Jenny
Sattler-König), Dr. phil.; VS Nordrh.-
Westf. 71; Wallrafstr. 22, D-4040 Neuss,
Tel. (02101) 82584 (Dresden 16.7.03).
Roman, Novelle, Kurzgeschichte,
Hörspiel, Fernsehspiel.
V: Weit ist der Weg zueinander, R. 32;
Spiel des Schicksals, R. 38; Adrienne
heiratet, R. 38; Das Mädchen Elin wird
geküßt, R. 39; Das Geheimnis der
silbernen Uhr, Jgdb. 59; Lawine am
Spätnachmittag, R. 74.
H: Frauen sprechen zu Frauen 51.

Sattler, Ralph Michael; Ochsenweg 11,
D-7031 Mötzingen (Tübingen 28.10.58).
V: Aus meinem Tagebuch, G. 80;
Hoffnung wird zu Staub, G. 83.

Sattler-König, Jenny, s. Sattler,
Jenny.

Sattmann, Peter; Stadtgartenring 29,
D-4630 Bochum 6.
V: Der Erzbischof ist da, Bü. 81; Der
Fallschirmspringer, Bü. 82. ( )

Sauer, Albert, Pfarrer; Haus Maria
Frieden, D-8999 Schönau, Allg., Post
Grünenbach (Münster 30.4.11). Lyrik.
V: Die Hohe Heide, G. 49; Klagelieder,
Zeit-G. 50; Zum Gedenken an Adolf
Kardinal Bertaum 50; Vinzenz
Prießnitz 50; In Altvaters Märchenreich
54; Du liebes, schönes Altvaterland 55;
Und in dem Schneegebirge ... 56; Die
rufende Heimat, Zeit-G. u. Heimatlieder
57; Unvergessene Heimat Freiwaldau
68; Unvergessene Heimat Zuckmantel

74. — **MV:** Der Dompropst von Breslau 50.

H: Der Altvaterbote, Kulturwerk f. d. schles. Altvaterland 48-83 VIII; In Memoriam Erzpriester Vinzenz Brauner 53.

Sauer, Jutta, Autorin; VS Nds. 83; Lyrik-Pr. "Die Rose" 81; Tukan-Kreis München 65, Lit. Gr. Osnabrück 78; Frankensteiner Str. 23, D-4507 Hasbergen, Tel. (05405) 2923 (Schönlanke/Pomm. 19.3.44). Lyrik, Kurzprosa. Essay.

V: Abgeschminkt, Lyr. 82.

MA: u.a.: Schreibfreiheit, Lyr. u. Prosa 79; Spuren d. Zeit, Dicht. d. Gegenw. 80; Osnabrück-Künstler u. ihre Stadt 80; Doch die Rose ist mehr, Lyr. 81; Frieden (Gauke's Jb. 1983) 82; Lyrik 81, 82; Nachwehen, Verständ.texte 82.

Lit: Hugo E. Käufer: Wenn Sonne Traumflügel verbrennt in: Abgeschminkt, G. 82.

Sauer, Karl Adolf, Dr. phil., Verlagslektor, Volksbildner; Federburgstr. 121, D-7980 Ravensburg, Tel. (0751) 23447 (Köln 14.5.09). Lyrik, Roman, Betrachtung, Hörspiel, Essay.

V: Der Aphorismus bei Theodor Fontane 35; Berge u. Meere. Wanderfahrt ins Reich d. Fjorde 37; Die Sonate. Ein Jahr der Liebe u. Reife, R. 49; Wächter zw. Gott u. Satan. Priestergestalten aus d. Dicht. 52; Gnaden u. Freuden — Lob u. Leitbild d. Menschseins 55; Stundenglas u. Flügel, G. 61; Stern u. Stirn, Einsichten u. Aussagen 74; Abendliches Geleit, G. u. Erzn. 79. — **MV:** Lehren u. Hören, Beitr. z. Erwachsenenbildung 64.

R: Agnes Bernauers Opfertod, Hsp. 36; Anmut und Würde der Mütter, Hsp. 39.

Sauer, Lothar, Philologe; Engelsteinstr. 120, D-5240 Betzdorf, Tel. (02741) 22479 (Essen 10.9.30). Jugendbuch. **Ue:** F, E.

V: Die Chronik des Staates Neulati, Jgdb. 60, Neuausg. u.d.T.: Gefahr für Neulati 71 (auch holl., franz.), u.d.T.: Die Jungen v. Neulati 78.

H: MV, B u. MUe: Die Geisterkogge. Elf ernsthafte Gruselgeschichten zum Schmökern und Vorlesen 70, 81; Die Satansschüler, 12 Grusel- und Geistergeschichten 72, 82; Die Hexeneiche, 10 ernsthafte Gruselgeschichten 75, 80; Der Todesbote, 12 ernsth. Gruselgeschn. 78, 79; Der Mord auf d. Wendeltreppe, 40 Sketche 79, 81 (Hrsg.); Der Sensenmann,

Gruselgeschn. aus jungen Federn 80 (Hrsg.).

Ue: Henry de Montherlant: La ville dont le prince est un enfant u.d.T.: Die Stadt, deren König ein Kind ist, Dreiakter in: Fünf Theaterstücke 62.

Sauer, Rosa, c/o Francke-Verl., Marburg/L.

V: Der Schatz im Acker 82. ( )

Sauerborn, Martin; Flaunserstr. 11, D-7800 Freiburg i.Br.

V: Das Haus der Brüder, Gesch. 80. ( )

Saul, Carl Theodor, Dr. phil., Stud.Dir. i.R.; Vor dem Berge 22, D-2000 Hamburg 63, Tel. (040) 592694 (Leer/Ostfriesl. 30.1.03). Erzählung, Anekdote, Lyrik. **Ue:** H (Fläm).

V: Liebe kleine Stadt, Erinn. an Leer um die Jh.-Wende 54, 71; Lachendes Ostfriesland, Anekdn 56, 6.Aufl. 80. — **MV:** Leer Gestern Heute Morgen 73.

MA: Niederdeutsche Tage in Hamburg 79.

MH: Zs. Quickborn, Plattdütsch Land un Waterkannt, Ostfriesland.

Ue: Rudolf Steinmetz: Verlorene Jahre 54.

Saul, Hans Günter, Prof., Pfarrer; Bergisch Born 62, D-5630 Remscheid 11, Tel. (02191) 62271 (Hennef/Sieg 29.3.27). Jungendbuch, Lyrik.

V: Denn sie warten auf Dich, Jgdb. 60; Abenteuer Freizeit, Jgdb. 62; Die Straße der Gaslaternen, G. 80; Wasserzeichen, G. 80; Unter der Rose gesagt, G. 81; Am dritten Ufer, G. 83.

MA: St. Genovefa in Mendig, Bild- u. Textbd 81.

Saurer, Friedrich Martin; Weekendweg 16, CH-3646 Einigen, Tel. (033) 545917 (Bern 20.10.53). Lyrik.

V: Elemente, G. 79; Ahasver, G. 81.

Sauter, Fritz; Fischerhäuserstr. 28, CH-8200 Schaffhausen.

V: Und irgendwo ein wenig Leben, G. u. kleine Ketzereien 81. ( )

Sawade, Ingeborg, s. Paul, Ingeborg.

Saxegaard, Annik (Ps. Berte Bratt), Schriftstellerin; Jgdb.-Preis d. Franz-Schneider-Verlages 54, Novellepreis Oslo 54, Verfasserstip. Oslo 62; Wehdenweg 56, D-2300 Kiel-Wellingdorf (Stavanger/Norwegen 21.5.05). Jugend- u. Kinderbuch.

V: Meine Tochter Lisbeth, Jgdb.-R. 50; Ein Mädchen von 17 Jahren, Jgd.-R. 52; Zwei glückliche Sommer, Jgd.-R. 54; Das Leben wird schöner, Anne, Jgd.-R. 54; Gewagt — gewonnen, Jgd.-R. 54, 80;

Anne und Jess, Jgd.-R. 55; Mein großer
Bruder, R. 55; Das kleine Reise-
andenken, Jgdb. 55, 77; Meine Frau, die
Seelenärztin, R. 56; Anne, der beste
Lebenskamerad, Jgd.-R. 57; Unsere
Claudia; Bleib bei uns, Beate; Hab Mut,
Kathrin; Sei klug, Regina u.d.T. Regina
schafft es doch 75; Alle nennen mich
Pony; Das Herz auf dem rechten Fleck;
Zwei Briefe für Britta; Marions
glücklicher Entschluß; Nina, so gefällst
du mir; Moni träumt vom großen Glück;
Meine Träume ziehen nach Süden;
Nicole, ein Herz voll Liebe; Die Glücks-
leiter hat viele Sprossen; Umwege zum
Glück; Mettes Umweg zum Glück, alles
Mädchenb.; Schwester Lise; Elisabeth
geht ihren Weg; Und dann begann das
Leben, alles R.; Unser Kätzchen Pussy;
Fella, das Fohlen vom Nordhof; Meine
Herrin und ich; Unser Foxel Burre, alles
Kinderb.; Ein Mann für Mette, R. 75, 80;
Ein tüchtiges Mädchen, R. 73, 80; Ich
zähl die Tage im Kalender 75, Tb. 80;
Ein Mädchen von siebzehn Jahren 75;
Das Ziel heißt Glück 75, Tb. 79; Der
schönste Tag meines Lebens 76; Wir
schaffen es gemeinsam! 76; Machst du
mit, Senta? 77; Umwege zum Glück 78;
Mein großer Bruder 79; Kleiner Hund
und große Liebe, R. 80; Alles kam ganz
anders, R. 81; Das Herz auf dem rechten
Fleck 81. ( )

von Sazenhofen, s. von Schiefner,
Alexandra.

von Sazenhofen, Carl-Josef,
Konstrukteur; Herwarthstr. 8, D-8172
Lenggries, Tel. (08042) 2628 (Lenggries
26.4.40). Jugendbuch, Roman, Sachbuch.
V: Spuk in der Mondscheinburg, Jgdb.
61; Das Bootshaus am Elchsee, Jgdb. 62;
Gerätefibel — Bauernküche, Sachb. 79;
Gerätefibel — Feld u. Garten, Sachb. 80;
Handwerksfibel — Flößerei u. Trift,
Sachb. 80; Die Gespensterburg v.
Wolkenstein, Jgdb. 80; Stephanie u. d.
Kronjuwelen, R. 80; Die Insel der
Unsichtbaren 81; Achtung, Pferdediebe!
81; Spuk im Gästehaus 81; Ein
schwieriger Fall 81; Ein schwerer Ver-
dacht 81; Der Geisterturm 81; Geheim-
nis um Wendelin 81; Die Mädchen vom
Pferdekeller 82; Das Geheimnis d. Grab-
kammer 82; Es spukt im alten Pfarrhaus
83; Schatzfieber 83; Das verbotene
Zimmer 83, alles Jgdb. — MV: Wett-
streit d. Meistergeister, Jgdb. 82.
H: Geister, Spuk und Aberglaube -
Begebenheiten aus dem Isarwinkel,
Erzn. 67.

Sazenhofen, Irmengard; Dorotheergs.
12, A-1010 Wien u. Kleeblattg. 7/7, A-
1010 Wien (Linz/D.). Roman, Novelle,
Essay.
V: Weg in Ackerstiefeln, R. 48;
Christine, R. 48; Zweikampf der Träume,
N. 48; Die Galathea auf dem Muschel-
wagen, N.R. 53.

Scapa, Ted; Gerechtigkeitsgasse 6,
CH-3011 Bern, Tel. (031) 228866. Humor-
u. Kinderbücher.
V: Die große Reise mit Opa und
Stiefel 72; November in Venedig 79;
Bäume 79.

Scappini, Gérard, freier Schriftsteller;
VS-Hessen 82; Hochheimer Str. 3, D-
6503 Kastel, Tel. (06134) 6671 (Toulon
17.4.47). Lyrik, Prosa.
V: Bauchgedichte 79; Worte haben
keine Besitzer, G. 82.
MA: Lesebuch 1980 80; Sag morgen
wirst du weinen, wenn du nach dem
Lachen suchst 82; Exit 4. Das Goethe-
buch 82.

Schaad, Hans P., Grafiker; Schweiz.
Jugendbuchpreis 71; Eigenstr. 20, CH-
8193 Eglisau, Tel. (01) 8674200 (Zürich
20.3.28). Kinderbücher.
V: Der Pulverturm 66; Die Rhein-
piraten 68; s'Chly Mandli 69; Vogel-
hochzeit 71; Das Krippenspiel 72.

Schaaf, Hanni, Industrie-Kaufmann,
z.Zt. stud. päd.; VS 79; Jgdb.pr. d. Stadt
Oldenburg 77, Lit.-Förderpr. d. Stadt
Köln 83; Lit. Ges. Köln 79; Oderweg 588,
D-5000 Köln 80, Tel. (0221) 604451 (Köln
11.11.33). Kurzgeschichte, Roman.
V: Plötzlich war es geschehen, Erz. f.
Jugendl. u. Erwachs. 77, 3.Aufl. 83, Tb. 80
(auch ital.); Aktion Löwenzahn, Erz. f.
Jugendl. u. Erwachsene 81.
MA: Kurzgeschn. f. div. Anth..

Schaaff, Martin, ev. Pfarrer;
Mühlenfeldstr. 91, D-1000 Berlin 28, Tel.
(030) 4045620 (Berlin 11.7.10). Novelle.
V: Die bunten Wagen, Kinderb. 65.
MA: Zirkus Circus Cirque, Renz,
Schumann, Busch, ein Kapitel Berliner
Circusgesch. 78.
H: Abendmahlsgebete d. preuß.
Königs Friedrich Wilhelms IV. 64.

Schaake, Erich (Ps. Peter Brock);
Paul Callede, F-33163 Lacanau-Ocean.
V: Der blonde Khan, R. 81; Der Bulle,
R. 82. ( )

Schaake, Ursula, s. Cordes, Alexandra.

Schaarschmidt, Fritz, Realschullehrer
i.R.; Bismarckstr. 84, D-5650 Solingen,
Tel. (02122) 41450 (Leipzig 27.3.07). Lyrik.
V: Du weißt nicht, wer du bist!, G. u.
Gedanken 78. ( )

Schaarschmidt, Siegfried, Kritiker,
Übersetzer; Dornholzhäuser Str. 25, D-
6370 Oberursel, Ts. 4 (Pleissa/Sachsen
21.8.25). Jugendbuch, Erzählung, Lyrik,
Kritik. **Ue:** J.
V: Tuti Nameh, Jgdb. 59.
Ue: Fuyuhiko Kitagawa: Im Bauch
des Riesen, Hsp. 65; Rieko Nakagawa:
Der Nein-Nein-Kindergarten, Jgdb. 68;
Yasunari Kawabata: Ein Kirschbaum
im Winter, R. 69; Satoru Sato: Die
fliegende Großmutter, Jgdb. 70;
Shuntaro Tanikawa: Ken im Glück,
Jgdb. 71; Kobo Abe: Der Mann der zum
Stock wurde, Dr. 71; Kenzaburo Oe:
Eine persönliche Erfahrung, R. 72;
Yasunari Kawabata: Träume im
Kristall, Erzn 74; Kobo Abe: Die vierte
Zwischeneiszeit, R. 75; Yasushi Inoue:
Eroberungszüge, G. 79; Ogai Mori: Vita
sexualis, Erz. 83. — **MUe:** Kim Chi-ha:
Die gelbe Erde u. a. Gedichte, G. 83.

Schaarwächter, Hans, Schriftsteller;
VS 69; Preis der Dt. Filmkritik;
Petersbergstr. 85, D-5000 Köln 41, Tel.
(0221) 461921 (Barmen 22.2.01). Drama,
Komödie, Roman, Hörspiel, Essay. **Ue:** I.
V: Petra und das Modell, Kom. 40; Der
ehrliche Einbruch, Kom. 41; Der Max,
Kom. 41 (auch tsch.); Ich lieb' den Hans,
R. 41, 42; Lebendes Spielzeug, Lustsp.
42; Die Trauer der Altäa, Tr. 46; Das
Hochzeitsbett, Kom. 52; Im Bad dein
Heil, Ess. 59; Am Kraterrand, Cosmical
75; Kalidasa, Dr. 77; Allerheiligste Gina!,
Kom. 78; Und dennoch sag' ich's, Ess. 79;
Reise d. Seepferdchens, R. 82. —
MV: Zimbello, m. Ernst Geis, Kom. 66.
R: Robinson Crusoe, Hsp. 69.

Schab, Günter, Dr.phil., Musik- u.
Theaterkritiker; P.E.N. 63; Haus Lörick,
Grevenbroicher Weg 70, D-4000
Düsseldorf-Oberkassel, Tel. (0211)
5992382 (26.6.98). Erzählung, Essay.
V: Strandfoto 531, R. 36; Aus den
Papieren des Dr. Zimmermann, R. 48.
H: Heinrich Heine: Lese 46, Aus
meinen großen Schmerzen, G. 46;
Adalbert Stifter: Lese 47; Kasimir
Edschmid, ein Buch der Freunde 50.

Schabacker, Lotte, Med.-techn.
Assistentin; Alte Darscheider Str. 2a, D-
5568 Daun/Eifel, Tel. (06592) 3143
(Krefeld 18.4.15). Erzählung, Feuilleton,

Kurz-, Kriminal- u. Tiergeschichten,
Lyrik.
V: Zu nah am Himmel, Erzn. 82.
MA: langjähr. Mitarb. b. Zss. u. Ztgn,
u.a.: Neues Rheinland/Köln, Reiter
Revue intern./Düsseldorf; bisher rd 260
Veröff. in ca. 850 Bll. aller Art u. b. Rdfk.

Schaber, Will; P.E.N., ISDS; Overseas
Press Club of America; Apt. C-55, 106
Pinehurst Ave., New York, NY 10033/
USA, Tel. (212) 5687528 (Heilbronn/N.
1.5.05). Essay. **Ue:** E.
V: Thomas Mann, zu seinem
sechzigsten Geburtstag 35; Kolonial-
ware macht Weltgeschichte 36; Welt-
bürger - Bürgen der Welt 38; Koloß im
Wandel, Amerika-Ber. 58; B. F. Dolbin -
Der Zeichner als Reporter 76; Benedikt
F. Dolbin. Eine Rede 80; Der Grat-
gänger. Welt u. Werk Erich Schairers
81. — **MV:** Erich Schairer z. Gedächtnis
67.
H: Weinberg der Freiheit 46; Die vier
Freiheiten 46; Perspektiven und Profile
(Schrr. von Veit Valentin) 65; Aufbau.
Dokumente einer Kultur im Exil 72. —
MH: Leitartikel bewegen die Welt 64.
Ue: Albert Einstein: Über den Frieden
- Weltordnung oder Weltuntergang? 75.

Schachenmeier, Hanna (Ps. Hanna
Kißner); GEDOK 50; Jahnstr. 12, D-7500
Karlsruhe, Tel. (0721) 28485 (Frankfurt
a.M. 20.4.94). Kinder- u. Jugendliteratur,
Lyrik.
V: Wir gehen in ein Bauernhaus 37;
Kommt mit zum Handwerksmann 46;
Rate her — rate hin, rate, rate, was ist
drin 47; Komm, wir fahren Karussell 49;
Braver Jackel 64; Alles fliegt 66; Bravo,
Kügelchen! 68; Katti u. der Außenseiter
77.
R: 28 Hsp. 46-68; 1 Fsp. 69; Fröhlicher
Jahrmarkt, Kinderkantate 60; Tolle
Tage bei Maler Malermann, Singsp. 70;
versch. Kantatentexte u. Gedichte 73-78.

Schaching, Matthias, s. Fink, Alois.

Schachner, Walter (Ps. Peter Klaun),
Dr.phil., StudDir. a.D.; Keltenstr. 4, D-
8620 Lichtenfels, Tel. (09571) 6655.
V: Nächtliche Kahnfahrt 80; An den
Wind gesprochen 84.

Schacht, Ulrich, Bäcker, Stud. d.
Theol., Philos. u. Politik; VS 79,
Hamburger Autorenverein. i. B. A. 80;
Förder.pr. z. Andreas-Gryphius-Pr. d.
Künstlergilde e.V. 81, Joh.-Gillhoff-Pr. d.
Kulturkreises Mecklenburg 82,
Alexander-Zinn-Pr.-Stip. d. Hamburger
Senats 82; Stip. d. Dt. Lit.fonds e.V. (6
Monate) 82; Ekhofstr. 41, D-2000

Hamburg 76, Tel. (040) 2207506 (Stollberg/Sa. 9.3.51). Lyrik, Novelle, Essay.

V: Traumgefahr, G. 81; Scherbenspur, G. 83.

H: Hohenecker Protokolle. Aussagen z. Gesch. d. polit. Verfolg. v. Frauen in d. DDR 83.

Schachtner, Hans, Monsignore, kath. Geistlicher; Herzogspitalstr. 13, D-8000 München 2, Tel. (089) 263588 (München 17.2.30).

V: Wolfgang, Erz. 64; Werkheft zum Firmunterricht 65; Bibel, Glaube, Kirche, Jugendlex. 66 (auch ital.).

MH: Kollegs für junge Leute 69.

von Schack, Alard, Dr. jur., Publizist; Autorenforum u. Lyr. Studio Bonn 66; Schwalbenweg 6, D-5300 Bonn-Duisdorf, Tel. (02221) 624811 (Berlin 4.2.14). Lyrik, Erzählung, Essay.

V: Ruinen und Paläste, G. 41; Trank des Lebens, G. 43; Frühe Begegnung, Erz. 44; Wie die Taube zur Sprecherin der Erde wurde, Erz. 47; Rechenschaft, G. 56; Alles in Ordnung?, G. 76; In Buddhas eigenem Land 81.

MA: Versch. Anth.

R: Das merkwürdige Leben des Grafen Adolf Friedrich von Schack, Ess. 66. ( )

Schade, Ronald, c/o Harrisfeldwegpresse, München.

V: Wolkenfelder, G. 82. ( )

Schadek, Peter, s. Kalmuczak, Rolf.

Schadewinkel, Klaus, Dipl.-Bibliothekar; VS Nds.; Schillerstr. 4, D-2178 Otterndorf, Tel. (04751) 2915 (Allenburg 13.10.42). Lyrik, Prosa.

V: Horizonte, G. 68; Namen aufs Pflaster, Texte 73; Zwei Stellen nach dem Komma, G. 78; Dein Gesicht ist meine Landschaft, G. 78.

Schädelin, Klaus; Münzrain 1, CH-3000 Bern.

V: Mein Name ist Eugen 67, 81. ( )

Schädlich, Gottfried (Ps. Fried Noxius), Lektor, Schriftsteller; Friedrich-Bödecker-Kreis; Kastanienweg 16, D-5042 Erftstadt-Liblar, Tel. (02235) 2176 (Kirchberg/Sachsen 20.3.17). Roman, Hörspiel, Fernsehspiel, Jugendbuch, Kinderbuch, Schulbuch.

V: 30 Gutenachtmärchen 53; Gefährliches Geheimnis; Der große Ring 57; Der verlorene Schatten 59; Freiheit für Jacki 61; Der Geschichtenpeter 63; Das Trojanische Pferd 65; Der Geisterpfad, Jgdb.; Gute-Nacht-

Geschichten für kleine Leute; Der Riese Nimmersatt, Kinder-Geschn.; Die Zwiebelprinzessin, Kindergeschn. 68; Kennwort Schwarzer Brummer, Jgdb. 68; Herr Plum und der Papagei, Erz. f. d. Jgd. 69; Aktion Hilfe für Oliver, Jgdb. 70; Giraffe mit Knoten, Kindergeschn. 70; Spuk im Lindenhof, Erzn. f. d. Jgd. 71; Ein Ball rollt auf die Straße, Verkehrsgeschichten 72; Der verkaufte Regenbogen, Kindergeschn. 72; Gefährliches Geheimnis, Jgdb. 72; Gefahr am Platz der Gaukler, Jgdb. 74; Im Netz der Schmuggler, Jgdb. 74; Der Trick des Herrn van Loo, Jgdb. 76; Jonathan und der Geistervogel, Jgdb. 77; Texte z. Verkehrserzieh. 77; Zwei Augen zuviel 78; Jonathan u. d. goldene Krake, Jgdb. 79; Ein falscher Zug, Anth. 79; Kennwort Gelbe Schaukel, Anth. 80. —

MV: Verkehrstraining, Schulb.

R: Das perfekte Alibi; Unternehmen Laubfrosch; Das Rätsel im Fluß; Freitag über coeur; Schachmatt 61; Das Sorgenfaß; Die Pfeifsprache; Die Windliese, alles Fsp.; Der verräterische Splitter 58; Der sonderbare Gast 61; Die Entführung, Kennwort Schwarzer Brummer, alles Hsp.

S: Kennwort Schwarzer Brummer 69.

Schädlich, Hans Joachim, Dr.phil.; P.E.N.-Zentr. Bdesrep. Dtld 78; Rauriser Lit.preis 77, Förder.pr. z. Andreas-Gryphius-Pr. 79; Berlichingenstr. 2, D-1000 Berlin 21, Tel. (030) 3916844 (Reichenbach/Vogtld 8.10.35). Roman, Novelle, Essay, Übersetzung. **Ue:** Ndl.

V: Phonologie d. Ostvogtländischen 66; Phonolog. Studien z. Sprachschicht. 73; Versuchte Nähe, Prosa 77, 80; Der Sprachabschneider, Kdb. 80. — **MV:** A Model of Standard German Intonation 70.

H: Gedichte aus Belgien u. den Niederlanden 77; Marc Braet: Mein endlos beflaggtes Schiff, G. 80.

Ue: Paul Biegel: Die Gärten von Dorr, Kdb. 73; Ngugi wa Thiongo: Morgen um diese Zeit; Kuldip Sondhi: Unter Vorbehalt, in: Stücke Afrikas 74; Jaap ter Haar: Het wereldje van Beer Ligthart u.d.T.: Behalt das Leben lieb, Kdb. 76, Lizenzausg. u.d.T.: Ich spür die Sonne auf meinem Gesicht, Kdb. 77; Maurice Roelants: Der Jazzmusiker; Jan Walravens: Wie Porzellan zerbricht; Roger van de Velde: Schlimm für d. Kind, in: Erkundungen; 21 Erzähler aus Belgien u. d. Niederlanden 76, 2.Aufl. 77; Paul van Ostaijen, Gerrit Achterberg, Hugo Claus: Gedichte in: Gedichte aus

Belgien u. d. Niederlanden 77; Marc
Braet: Gedichte in: Mein endlos
beflaggtes Schiff 80.
Lit: Theo Buck: Personen- u. Werk-
beschreibung, in: Krit. Lex. z. dt.spr.
Gegenwartslit.

Schäfer, Amanda, Schriftstellerin; VS
Bayern, Gedok; Barke, Dt. Lyceumclub
München; Bismarckstr. 22, D-8000
München 23 (Frankfurt a.M. 23.4.94).
Lyrik, Novelle, Erzählung, Legende,
Roman, Aphorismus.
V: Franz Wolter, Biogr. 40; Begegnung
mit heiligen Frauen, G.; Das rufende
Gesicht, Nn. 49; Unterm Himmel, Jgd.-
Erzn. 50; Zeichen am Wege, G. 58, 62;
Rosenstrauchmaria, Erz. 59; Teppich-
bilder Legn. 61; Ruf in den Morgen, G.
62; Bunte Fracht, Erzn. 63; Beate auf
dem Schiff der Kindheit, Erz. 64; Das
Herz der Carissa Betun, R. 65; Wald-
Sabine, M. 66; Johannes Abenteuer,
Jgd.-Erz. 67; Die Tochter des Fremden,
Erz. 68; Von mir zu Dir, Aphor. 69;
Matthias der Marionettenspieler, Erz.
70; 3 Gemen, Erz. 70; Weißt Du es?,
Aphor. 71; Unterwegs 76; Horizonte, G.,
Leg., M. 77; Dagmar, die Silbermöwe, M.
79. ( )

Schaefer, Bruno Hermann Friedrich
(Ps. Friedrich Hans Schaefer), ObStudR.
a. D.; Hans Böttcher-Pr. 80; Yorckallee 5,
D-2070 Ahrensburg, Tel. (04102) 32314
(Rostock 24.3.08). Niederdeutsche Hör-
spiele, Theaterstücke, Übersetzungen.
V: Knieperkaat 64; Piratenstück 74;
Max un Moritz 75; Söben op enen Slag
75; De Engel Claudia 79; Ilsebill in
Nordostersiel, hochdt. u. u. ndt. Fass. 80;
De vlaamsche Ulenspegel 81; Dat Speel
vun Dokter Faust 83, alles Bü.; — ins
Ndt. übertr.: De Reis na de Jungmöhl 76;
Ulenspegel, de arme Narr 77; Röver
Hotzenpoltz 78; Dat Johrmarktsfest to
Plundershagen 78; Reinke Voß 79;
Bötjer Basch 80; Överall is Kreienhörn
80; De blaue Pekinees 80; De Mit-
schülligen 81, alles Bü.; De Holsteensche
Faust 74; François Villon: Balladen un
Leeder 77; Astr. Lindgren: Pippi Lang-
strump 79; De mit dat Teken, Hsp.,
Verse u. Geschn. 81; Dat Speel vun
Dokter Faust 83.
R: De Weg torügg 66; De mit dat
Teken 67; De Narr 68; Mit frömde
Papiern 69; Hans Nüms 69; En Mann
keem na Sülversand 71; Op de Ledder
72; Verloren Drööm 72; Blauen Dunst
73; Kaffefohrt 74; Gesellenstück 75;
Wenn du wat hest, geiht di dat allmal
beter, Hörfolge m. Proben einer ndt.

Übers. d. Balladen des François Villon
75; En Knüppel liggt verdwass 77; Ohm
Asmus 77; De Holsteensche Faust 78;
Frollein Claudia 78; De Döör stunn apen
80; Petra DNS 12/2000 81; Gröpelgraben
sößunveertig 82.
S: Wenn du wat hest, geiht di dat
allmal beter, Verse aus d. ndt. Villon-
Nachdicht. 82.
Ue: versch. Bü. ins Ndt.
Lit: Niederdeutsches Autorenbuch.

Schaefer, Camillo, Versicherungs-
kaufmann; GAV 80; Wiener Kunst-
fondspr. 68, 78, Theodor-Körner-Pr. 79,
Staatsstip. f. Lit. 81, Förder.pr. d. Stadt
Wien 81; Kaiserstr. 80/Parterre 6, A-1070
Wien, Tel. (0222) 9339082 (Wien 21.9.43).
Essay, Roman, Film.
V: nachtmähr, Prosa 69/70, 78; Peter
Altenberg, biogr. Ess. 79; Die Erfindung
der Angst, R. 80; Das letzte Leben, R.. —
MV: Geschichten nach '68, Anth. 78.
F: Die tätowierte Frau.

Schäfer, Emil Georg, Redakteur; FDA;
Am Hang 4, D-5900 Siegen 1, Tel. (0271)
57120 (Bern 16.11.12). Drama, Roman,
Novelle, Essay.
V: Walter Flex, Biogr. 40, 42; Der
Freßnapf, Geschn. 47; Der modische Stil,
Kulturgeschichte 48; Die
Programmatiker, Lsp. 48; Seitensprung
mit Carla, R. 49; Haus Profit Paris, R. 49;
Das Lied der Treue, R. 53; Krach um
Kathi, Jgdb. 55; Kathi gründet 2 × 7,
Jgdb. 55; Man spricht von Kathi, Jgdb.
55; Mutti hat keine Zeit, Jgdb. 55; Ein
Mädel erobert die Welt, Jgdb. 57, 61,
u.d.T.: Rose fährt um die Welt 70;
Hoppla, jetzt kommt Gulla, Jgdb. 60,
u.d.T.: Gulla und die "Harte Nuß" 65;
Heike wird überrumpelt, Jgdb. 64, 67,
u.d.T.: Heike entdeckt ihr Herz 76.
H: Schräge Musik 44.

Schäfer geb. Luther, Eva (Ps. Eva
Schäfer-Luther); Frankreichstr. 19/c, D-
7570 Baden-Baden (Moskau 26.7.04).
Kinder- u. Jugendbuch. **Ue:** R.
V: Verschied. Kinderb. in Versen 34 —
43. - Wilde Hummel Barbara 64; Elke
zahlt Lehrgeld 67; Kristins verwegene
Reise 68; Immer diese Greta 68.
Ue: Leo Tolstoi: Kindheit 25, Schnee-
sturm, u.a. Novellen; Alexej Tolstoi:
Familie d. Vampir 25; Aksakow:
Familienchronik 66. ( )

Schaefer, Friedrich Hans, s. Schaefer,
Bruno Hermann Friedrich.

Schäfer, Gottfried, Zuchtleiter,
Landwirt; Hegauweg 6, D-7950

Biberach/Riß, Tel. (07351) 72475
(Stuttgart 18.4.35). Lyrik, Novelle, Essay.
V: Besichtigung, Lyr. 77.

Schäfer, Hans Dieter, Dr., AkadR. U.
Regensburg; Lit.förderpr. d. Freistaates
Bayern 75; Klenzestr. 20, D-8400
Regensburg, Tel. (0941) 95436 (Berlin
7.9.39). Lyrik, Essay.
V: Fiktive Erinnerungen, G. 68;
Wilhelm Lehmann. Stud. zu. s. Leben u.
Werk, Abh. 69; Das Familienmuseum,
Prosaged. 70; Holubek, Prosaged. 72;
Strawberries in December, G. 76;
Kältezonen, G. 78; Sechs Gedichte 79;
Das gespaltene Bewußtsein. Üb. dt.
Kultur u. Lebenswirklichk. 1933-1945,
Ess.-Samml. 81, 82; Dem Leben ganz
nah, G. 82.
H: Peter Altenberg: Sonnenuntergang
im Prater. 55 Prosast. 68, 76; Horst
Lange: Tagebücher aus d. Zweiten
Weltkrieg 79; Wilh. Lehmann: Ges.
Werke VIII, I: Sämtl. Gedichte 82.

Schäfer, Hans-Jürgen, Pfarrer; Am
Kohlenkämpchen 2, D-4300 Essen 1, Tel.
(0201) 413915 (Essen 3.8.28). Christliche
Scherzdichtung.
V: Mensch Adam, Bibl. Urgesch. in
Reimen 77.

Schäfer, Heinz, Verlagsdir.;
Senefelderstr. 109, D-7000 Stuttgart 1,
Tel. (0711) 221301 (Lahr 23.11.25). Rel.
Jugendbuch.
V: Nebel rings um Ursula, Jgdb. 56, 76;
Zweimal oder dreimal, Jgdb. 62, 78; Die
doppelte Mutprobe, Jgdb. 64, 76.
H: Hört ein Gleichnis 71, 77; Mach ein
Fenster dran! 76.

Schäfer, Irmtraud, Bankkauffrau;
Weidenpfad 44a, D-6131 Laubenheim/
Nahe, Tel. (06704) 1059 (Laubenheim
31.12.46). Lyrik.
V: Es lebt der Mensch 79.

Schäfer, Karl Friedrich *

Schäfer, Max, Dr., StudDir.; Auswahl-
liste z. Dt. Jgdb.pr. 77, 79, 80; Tilsiter Str.
5, D-8560 Lauf/Pegn., Tel. (09123) 2380
(Coburg 28.2.24). Sachbuch, Jugendbuch.
V: Die Mächtigen der Wirtschaft,
Sachbuch 72; Handbuch f. Abenteuer-
reisen, Sachb. 79; Alaska, Sachb. —
MV: H: Spiel mit dem Risiko 74; Wo die
Welt noch wild ist 76; Durch Strudel u.
wilde Wasser 78, alles Jgdsachb.
MA: Georg Popp: Die Großen der
Welt, Altertum u. MA., Sachb. 76, ders.:
Große Frauen d. Welt, Sachb. 80; Die
Großen d. 20. Jh., Sachb. 78; Hans-Georg
Noack: Die großen Helfer, Sachb. 83.

Schaefer, Oda, s. Lange, Oda.

Schäfer, Paul Friedrich, Ingenieur
(grad.), c/o Verlag Bläschke, Feistritz 31,
A-9143 St. Michael (Hürben 10.9.45).
Lyrik, Essay, Roman, Erzählung.
V: Zwischenbilanz, Lyr. u. Ess. 77; Die
Aufzeichnungen od.: Elend u.
Zeitvertreib e. Willens, d. bezweifelt, frei
zu sein, R. 77; Der Berg hat aufgehört zu
schwingen, Reiseerz. üb. Indien 77. ( )

Schäfer, Paul Kanut, Redakteur; SV-
DDR seit 56; Preis für die Gegenwartsschaffen in der DDR 57, 3. Preis im 2.
Preisausschreiben zur Förder. d.
populärwiss. Lit. 64; Crusemarkstr. 20,
DDR-110 Berlin, Tel. 4827818 (Dresden
16.4.22). Roman, Erzählung, Fernsehspiel, Film.
V: Von Liebe und Zeit, Erz. 57, 58; Ein
Junge segelt um die Welt, biogr. Erz. 61,
80; Entdeckungsfahrt mit der "Beagle",
biogr. Erz. 63, 81 (rum. 71); Die Wege
der Mörder, Erz. 64; Das lautlose Abenteuer, R. 66, 68; Brand im Lustgarten,
Erz. 69; Du bist tot, mein Engel, Krim.-
R. 73, 79 (ung. 78, tschech. 79); Jadup. Die
Höllenfahrt e. Helden unserer Tage, R.
75. — **MV:** Bergmann hat verloren,
biogr. Erz. 63, 65.
H: Die Wiederentdeckung Amerikas.
Alexander v. Humboldt-Reisen, für
Kinder bearbeitet und m. e. Vorw. eingl.
60, 79.

Schäfer, Paul-Walther, Pfarrer;
Usastr. 7, D-6350 Bad Nauheim, Tel.
(06032) 31775.
V: Und Gott redet. Jona' 70, 73; Dein
Gott ist mein Gott 73, 77; Also sollt ihr
beten 75; Schritte zum Kreuz 77;
Missionarisch denken, leben, reden 81;
Erinnerungen, Erfahrungen, Erkennt-
nisse 82; Allerlei Bäume 82; Kleine
Schritte — Großes Ziel 83; Aufbruch im
Glauben — Aufbruch z. Glück 83.

Schäfer, Peter, Werbetexter a.D.;
Geisbergstr. 29, D-1000 Berlin 30, Tel.
(030) 2132862 (Wüstegiersdorf/Schles.
14.4.44). Kurzgeschichten, Lyrik,
Hörspiel, Film.
V: Meine Bäume, Kurze Geschn. 82.

Schäfer, Tilly (Tilli); Kapersburgstr.
32, D-6383 Friedrichsdorf/Ts.-Köppern.
V: Wo ist Rex? 77; Ein Vogelnest in
Margas Garten 79; Sissi und ihr süßes
Kätzchen, 2. Aufl. 81. ( )

Schäfer, Willi, selbständ.
Raumausstattermeister; Seewiesstr. 29a,
D-8133 Feldafing/Starnberger See, Tel.
(08157) 8301 (Schreckenstein/Elbe

29.8.37). Surrealist. Kurzgeschichten,
Lyrik.
V: Man müßte in die Gehirne
springen können 82.

Schäfer, Wolfgang, Handelsfachwirt;
Warendorpstr. 12, D-2400 Lübeck, Tel.
(0451) 475667 (Bamberg 9.5.53). Lyrik.
V: Gedanken eines Einsamen im
Lichte d. Hoffnung 82.

Schäfer-Luther, Eva, s. Schäfer, Eva.

Schäfers, Gottfried, Stadtamtmann;
VS 77; Schmüllingstr. 66, D-4400
Münster/Westf., Tel. (0251) 211562
(Münster 8.11.38). Jugendbuch, Kinder-
buch, Sachbuch, Hörspiel.
V: Straße frei für die Feuerwehr,
Jgdb. 71, 73; Unterwegs mit den weißen
Mäusen, Jgdb. 72; Kommissar Computer
ermittelt, Jgdb. 74; Als unser Münster
sich wieder machte — Erinn. an d.
Wiederaufbau, Sachb. 79, 83; Münster —
Wir entdecken e. Stadt, Jgdb. 82;
Münsters Originale, Sachb. 82, 83; Stadt-
viertel-Geschichten, Sachb. 83. —
MV: Du und Dein Leben - Jugend sucht
ihren Weg, Jgdb. 68; So leben wir, Jgdb.
73; Auf der ganzen Welt gibt's Kinder,
Jgdb. 76; Einsamkeit hat viele Namen,
Jgdb. 78.
B: Kennen Sie Münster? Führer
durch das alte und neue Münster 76. —
MA: Leben im Münsterland, Anth. 78;
Diese Alltage überleben, Anth. 82.

Schäfertöns, Anne; DAV, Sekt. Hann./
Nds. 80; Pr. b. Lit. Wettbewerb d.
Lit.kreis Wolfsburg 73; Waldesruh 8, D-
3170 Gifhorn, Tel. (05371) 2753 (Detmold/
Lippe, Westf. 24.1.27). Lyrik, Roman,
Novelle.
V: Alte u. neue Bauwerke zw. Ise u.
Aller, Lachte u. Schunter, heimatgesch.
Bild-Textbd 80, 3. Aufl. 82; Wenn ich üb.
die Heide geh' ..., Erzn. u. Lyr. 81;
Schäfer Jo's wundersame Wanderung,
Sagen u. M. 81; Alte u. neue Handwerke,
Bild-Textbd 82.

Schaeff, Georg Harro (Ps. G. Harro
Schaeff-Scheefen), Privatgelehrter,
Publizist, VHDoz.; V.F.S. 64, EM;
Plakette d. Max-Dauthendey-Ges. 62,
Medaille d. Max-Dauthendey-Ges. in
Silber 68, in Gold 83, Bdesverdienst-
kreuz 74, Gold. Ehren-Ring d. Stadt
Kirchberg 77; Gründer d. Fränk.
Autoren-Kreises 62, EM Max-Dauthen-
dey-Ges. 62, D-7184 Kirchberg/Jagst,
Tel. (07954) 243 (Ansbach 12.2.03). Lyrik,
Hörspiel, Erzählung, Kurzgeschichte,
Kunstwiss., Genealogie, Volkskunde,
Geschichte, Heimatforschung.

V: Kitzinger Schützenwesen 31;
Kirchberg a. d. Jagst 36; Trommler und
Heiliger, ein Vorsp. z. dt. Bauern-
befreiung 36; Ruf aus dem Kreis, G. 36;
Heinrich Toppler, der große Würfler, R.
37; Geliebte in Franken, Erz. 40, 51; Das
Sommerhaus, Erz. 41; Liebesfahrt im
Taubergrund, Erz. 49; Rothenburg o. d.
Tauber, Schicksal einer dt. Landschaft
50, 58; Schwäbisch Hall 51; Wertheim 60;
Bad Mergentheim 61; Das Bunte Tal,
Erzn. 50, 60; Dinkelsbühl 53, 64;
Rothenburg o. d. T. 52, 64 (auch franz.);
Nördlingen 58, 64; Erlebnis und
Deutung (T. Riemenschneider) 59, 64;
Kirche zu Lendsiedel 74.
MA: Fränk. Dichter erzählen 65/75.
H: Die Unbekannten, junge fränk.
Dicht. 35 — 37 II.
R: u.a.: Trommler und Heiliger;
Heinrich Toppler, der große Würfler;
Der Meistertrunk von Rothenburg, u.a.
Hsp. — Der verlorene Sohn 48; Hiob 49;
Es leuchtet ein Licht 49; Kirchberger
Heimatspiel 52.

Schaeff-Scheefen, G. Harro,
s. Schaeff, Georg Harro.

Schaeffer geb. Westphal, Jutta (Ps.
Jutta Westphal), Schriftstellerin;
Storchenfleth 17, D-2208 Glückstadt, Tel.
(04124) 1305 (Kiel 15.7.30). Roman.
V: Haltung, mein liebes Kind,
autobiogr. R. 76; Und keiner wollte ihn
haben. Gesch. e. Adoption 78.

Schäffer, Kurt, Prof.; Am
Hirschgraben 24, D-4000 Düsseldorf 12,
Tel. (0211) 279961 (Wuppertal 27.5.13).
Lyrik.
V: BAS TIM ein Blitzableiter in
Versen u. Bildern 78.

Schaeffer, Louis Edouard; Ehrenpräs.
Els. u. Lothr. S.V., RSG; Chevalier de
l'Ordre des Arts et des Lettres,
Chevalier de l'Ordre National du Mérite,
Bdesverdienstkreuz 1. Kl., Medaille d.
Europarates, Els. Lit.pr. 79, Oberrh.
Kulturpr. 80, Med. d. Europ. Parlaments;
Acad. d'Alsace, Vizepräs. Strassbg.
Europ. Volkshochschule, Ehrenvors.
Strassbg. Journalistensyndikat;
Blaurosenhof, F- Kriegsheim/Brumath,
Tel. (088) 511040 (Oberehnheim/Elsaß
19.5.02). Lyrik, Märchen, Novelle, Essay,
Reisebuch.
V: Elsässer Weihnachtsbüchlein, M. u.
Geschn. 31; Leid 21; Decem, G. 24;
Stubenhansel, M. u. Geschn. 25; Soli auf
dem Cello 34; Die Ostender Symphonie
39; Capriccio, Schweizerreise zwischen
Frühjahr und Sommer 45; Welten-

bürger, Porträts v. Meistern u. Freunden 50; Ecrivains alsaciens médiateurs entre la pensée allemande et la pensée française 62; Les Poètes Albert et Adolphe Matthis, Quelques souvenirs 74; Gedichte 74; Ausgew. Werke, Bd I: Schaeffers M. u. Geschn. 77, Bd II: Trilogie d. Westens 79, Bd III: Man kann doch nicht immer ein Engel sein, Persiflagen 81. — MV: Dem Elsass ins Herz geschaut, Zwanzig els. Dichter der Gegenwart 75.

MA: Anthologie els. Dichter d. Gegenw. 72, 74, 78; Holderith, Unsere Dichter u. Erzähler 78; Dichtung im Elsass seit 1945, 79.

R: L.E. Schaeffer erzählt aus seinem Leben 82; Vier Begegnungen mit d. els. Dialekt 83.

Lit: Lee van Dovski: L.E.S. in: Genie und Eros III 52; Gustave Degen: L.E.S., Poète de la contemplation alsacienne 76; Christiane Muller: Werk u. Wirken d. els. Schriftstellers L.E.S., Magisterarb. U. Strassburg 79; Heinz Tüffers: Der Weltbürger vom Blaurosenhof in: Rheinpfalz 11 79; Raymond Matzen: Laudatio zu Ehren v. L.E.S. in: Festschr. Oberrhein. Kulturpr. 79-80; Adrien Finck: Verwurzelung u. Weltbürgertum, Das Werk d. els. Dichters L.E.S. 80; Lucien Maurer: L.E.S. achtzigjährig in: Jb. 1982 d. Société d'Histoire de Dambach-la-Ville, Barr, Obernai.

Schaeffer, Max Pierre; Waldeslust 28, D-8000 München 55.

V: Das Mörderspiel, Krim.-R. 61, 77, Tb. 80; Vier Schlüssel, Krim.-R. 62, 77, Tb. 80; Morgen bist du mehr 64; Der Henker und die Frauen 65; Liebespoker, R. 68, Tb. 80; Immer ein Mann zuviel, in: Der goldene Liebeskrimi IV 69; Die letzten beißen die Hunde, R. 69, 81; So werden sie erfolgreich 69; Die Todesparty. Bob Martin u. Ellen Kennt 69; Der Fall Vera Brühne 79; Zum Nachtisch Zyankali 81; Mörder aus gutem Haus 82. ( )

Schäke, Gerhard; VS 47; Riesenkopfstr. 4, D-8204 Brannenburg, Tel. (08034) 7763 (Düsseldorf 21.1.04). Roman, Novelle, Drama, Essay. **Ue:** F.

V: Ehe, Einakter 22; Die Begum von Audh, R. 24; Napoleon trinkt Schokolade, Einakter 27; Liebeskomödie, Dr. 27; Ironiedlichkeiten 25; Ich bin Gott, Szene 26; So ist das Leben 26; Kleine Porträts 31; Oktobernovelle 46; Aus meinem Notizbuch; Ein Schriftsteller-Brevier, Anth.; Gloria und Simone, Kom.; Ein Balzac-Brevier; 100 franzö-

sische Dichter; George Bernard Shaw, Biogr. 51; Neuer Narziß, Dr. 51; Ein Mann von vierzig Jahren, R. 51.

H: Das große Hörspiel-Buch; Schauspieler-Bildnisse; Deutsche Essays; Mein ungeteiltes Herz hinübertragen ..., Frauenbrevier.

R: Untergang der Titanic; Immer wieder wird der Himmel blau; Balzacs Stunde, alles Hsp.

Ue: La Rochefoucauld: Maximes.

Schaeppi, Mary; Säumerstr. 60, CH-8800 Thalwil.

V: Der Mohrenkopf u.a. Geschn. 64; Das Gut Kalinowo 67; Das Märchen von der Wunderbrezel 68; Die schöne Wassilissa 71; Die Zauberblume 72; Die Wundertannen 74; Die gute Stiefmutter 75; Der sonderbare Schirm 77; O Leben, Leben, wunderliche Zeit 77; Die abenteuerliche Reise der Schnecke Didi, M. 80. ( )

Schärding, Karol, s. Hennicke, Karl-August.

Schärer, Gunther, Schriftsteller; Be.S.V. 60, SSV 60; Kantonal bern. Lit.-Preis 50, Kulturpreis d. Stadt Biel 57; Reuchenettestr. 23, CH-2502 Biel, Tel. (032) 425667 (Bern 19.10.07). Roman, Novelle, Drama.

V: Die Insel im hohen Norden, Jgderz. 50; Irrweg im Ginster, R. 52; Der richtige Engel, N. 55; Wir sind nicht klug genug, R. 57; Die weiße Schwalbe, M.-Kom. 58; Glashänsel, Erz. 61; Der Abtrünnige, R. 62; Schwester Barbara und die Knaben, Erz. 76; Der pralle Otto, R. 76; Chapell mit dem Hütchen, R. 79; Kuser od. Das Ungenügen v. Goldfisch u. Traube, R. 80; Wer in den Nebel ruft ..., R. 84.

Schäuffele, Fritz *

Schäuffelen, Konrad Balder, Dr. med., Facharzt f. Psychiatrie u. Neurol.; VS 71; Schwabinger Kunstpr. 79; Ainmillerstr. 33, D-8000 München 40 (Ulm/D. 16.6.29). Konkrete u. visuelle Poesie, experiment. Texte, Hörräume, Sprach-Objekte. **Ue:** E, F, Tsch.

V: en gros et en detail, konkr. u.a. Poesie 65; Bilderspiegel m. e. Spiegel von Jiří Kolář 66; E 635. Von Tulln nach Tabor, Reisekass. 66; raus mit der sprache, Textsamml. 69; deus ex skatola, Lotterie R. 75; sprache ist fuer wen ein koerper, Katalog d. Sprach-Objekte 76; Gegen Stände Sätze 79.

H: u. Ue: Folgende Folge aus dem Tschechischen, tschech. Anth. 69; Jiří Kolár: Das sprechende Bild, Poeme-

Collagen-Poeme 71; Thomas Mann:
gladius dei, Lotterie R. 75.
R: Tafelrunde (lectio ad mensam) 71.
Ue: Jirí Kolár: Unser täglich Brot,
Komödie keiner Irrung 66; Milan
Nápravník: Kassiber 69; Věra
Linhartová: Haus weit 70; Ladislav
Novák: Gedichte für bewegliche
Rezitation 70; Bohumila Grögerová:
Zivilisationsschemata 70 (meist. zus. m.
Tamara Kafková übers.). ( )

Schaffarczyk, Emanuel Bernhard,
Schlosser; Walkmühlenweg 6, D-4600
Dortmund 18, Tel. (0231) 313649
(Kattowitz 20.8.14). Erzählungen u.
Jugendroman.
V: Nicht nur Hasen in den Schlingen,
Erzn. 74; Als Fußlapp in der Klemme
saß, Jgdb. 75; Uli Potter muß
verschwinden, Jgdb. 77.

Schaffer, Charlie, c/o Schweizer-
Autoren-Verlag, Schaffhausen.
V: Ich hab' mich ins Büro gesetzt, sat.
Büro- u. a. Geschn. 81. ( )

Schaffer, Ulrich, Doz.; 7320 Ridge Dr.,
Burnaby 2, B.C/Kanada, Tel. (0604)
2944366 (Dolgen b. Dramburg, Pomm.
17.12.42). Lyrik, Erzählung. **Ue:** E.
V: im gegenwind, G. u. Graphiken 64;
gurluana, G. u. Graphiken 65; trotz
meiner schuld, Gedanken u. Gebete 71;
kreise schlagen, Gedanken u. Gebete 73;
ich will dich lieben, Med. 74;
umkehrungen, Gedanken u. Gebete 75;
jesus, ich bin traurig froh, Gedanken u.
Gebete 76; gott, was willst du, Psalmen-
übertr. 76; Im Aufwind, Meditationen u.
Fotografien 77; wachsende liebe, medit.
z. ehe 78; Siljas geheimer Plan, Kinder-
Bilderb. 78; Der Turm, Gleichnisse 79;
Überrascht vom Licht, Medit. u. Farbfotogr. 80; mit kindern wachsen, Medit.
80; Das Schweigen dieser unendlichen
Räume, Erz. 81; Wurzeln schlagen,
Medit. u. Fotogr. 81; journal, Tageb.eintr.
82; das zarte lieben, Medit. u. Farbfotogr.
82.
MA: Ich brenn' im Feuer der Liebe,
Lyr. 63; Um den Schlaf gebracht, Lyr. 64;
Unser Herz singt tausend Lieder, Lyr.
64; Zeit in Deinen Händen, Lyr. 64;
Nichts u. doch alles haben, Lyr. 77; Rufe,
Relig. Lyr. I 79, II 81.
Ue: Das Lied der Wale, R. 82.

Schairer-Engelhardt, Rosl, Hausfrau;
Ganzhornstr. 111, D-7107 Neckarsulm,
Tel. (07132) 2108 (Nürnberg 6.1.19). Lyrik.
V: Leise Quellen, Lyr. 82.

Schalcher-Müller, Maria Magdalena,
Hausfrau, Leit. v. Elternschul.kursen; 1.

Preis d. lit. Wettbew. d. Vereinigung
"Schule u. Elternhaus" 58; Wartstr. 266,
CH-8408 Winterthur, Tel. (052) 252317
(Winterthur 29.4.17). Roman, Sachbuch.
V: Euer Weg ist nicht unser Weg 59;
Barbara 62; Das Kind zwischen Eltern-
haus und Umwelt 63; So weit die
Wolken ziehen 68; Erste Lebensjahre 70;
Schulzeit 71. — **MV:** Schulnöte aus der
Sicht des Kindes, der Eltern und des
Lehrers.

Schall, Paul (Ps. Bruno Kray),
Journalist; Gartenstr. 32, D-7500
Karlsruhe, Tel. (0721) 21293 (15.6.98).
V: Eamon de Valera und der Kampf
Irlands um seine Freiheit 64; Zauber-
medizin im alten China 65; Naturpfade-
Wanderungen II 67; Europa gegen, ohne,
mit England 69; Elsass gestern, heute
und morgen? Eine Richtigstellung u. ein
Ausblick 76, 78; Rätsel Irland, Ein Volk
im Zwiespalt 79. ( )

von Schaller, Irene (Ps. Irene
Mertens), ObStudR. i.R.; Posener Weg 8,
D-5880 Lüdenscheid, Tel. (02351) 81779
(Essen 27.8.08). Betrachtung, Novelle,
Reisebeschreibung.
V: Eine Deutsche erlebt Paris 38, 44.
MH: Friedrich Mankowski: Herz,
steig in den Morgen, m. Georg von
Schaller 46.

Schaller, Stephan, P.O.S.B., Dr. phil.,
Präs. d. Bayer. Benediktinerakad.;
Bayer. Poetentaler 75; Kaiser-Ludwig-
Pl. 1, D-8107 Ettal, Tel. (08822) 831
(Augsburg 26.11.10). Drama. **Ue:** G, L, I.
V: Segen der Jahrhunderte, Sp. 47;
Tag des Feuers, Sp. 50; Das Passions-
spiel von Oberammergau 1634 — 1950
50; Eisenhans und Goldener, M.-Oper
52; Alles ist Gegenwart, Sp. 54;
Gertrudisspiel 56; Klasse im Zwielicht,
Dr. 62; Frühe Morgenröte, Dr. 63; Nach
Bethlehem, beinahe ein Hirtensp. 64;
Die lykischen Frösche, szen. Moritat 66;
Vestigia Patrum, Reflexionen über
Tagungen 68; Ettaler Liebfrauenmesse
70; Sankt-Mang-Messe 71; Kreuz und
Auferstehung, szen. Med. 76; Der
unbekannte Heilige, Willebold-Sp. 80;
Ferd. Rosner. Leben u. Werke 84.
B: Hans Adler: Des Esels Schatten 64.
H: Ferdinand Rosner: Passio nova
von 1750 74.
S: Ettaler Liebfrauenmesse 70.
Ue: Ferdinand Rosner: Ruhmwürdige
Rache oder Fronto, König von Spanien,
Sch. 40, Celsus, Sch. 41, Adams Fall, Sp.
50, Triumph der Bruderliebe, Sch. 55;
Glorreiche Freiheit, Sch. 60; Aischylos:
Die Orestie 51; Jakob Bidermann:

Cenodoxus u.d.T.: Der Doktor von Paris, Sch. 53, Cosmarchia u.d.T.: Das Reich der Erdenbürger, Kom. 56; Placidus Widl: Apollo und Hyanzinthus, Oper 56; Luigi Santucci: Der Engel des Kain, Sch. 58; Aristophanes: Die Wolken 63; ders.: Der Reichtum 72.

Schaller, Toni, Dr. phil., Gymnasiallehrer; Gruppe Olten seit 75; Kurzgesch.-Pr. d. Neuen Schweizer Bibl. 71, Jubiläums-Medaille, Econ-Verlag 75; Reinhold-Schneider-Ges.; Schnyderstr. 45, CH-6210 Sursee, Tel. (045) 212434 (Schüpfheim/Schweiz 24.1.35). Drama, Lyrik, Roman, Novelle, Hörspiel.
V: Onkel Friedrich, Prosabd. 73; Verlorene Fakten, G. 74; Chömid cho luege, Mod. Mundart/Prosa 75; Die Schulden d. Schule, Ess. 78. –
MV: Junge Schweizer erzählen 71; Nachrichten aus dem Alemannischen 79.
R: Sinfonetta studiosa, Hsp. 75.

Schallweg, Paul, Geschäftsführer; Streitbergstr. 49, D-8000 München-Neuaubing (München 16.11.14). Roman, Hörspiel, Drama.
V: Pharisäer und Zöllner, R. 54; Der Querschuß 62; Vom fliagadn Holländer zum Lohengrin von Wolfratshausen, Opernballaden auf bayr. 77; Vom Urbaaz bis z. Sündenfall, Schöpfungsgesch. auf bayr. 78; Die Meistersinger v. Miesbach, Opern auf bayr. 79; Huif Himme, 33 Nothelfer f. Leib u. Seel 82. – **MV:** Festliche Oper. Gesch. u. Wiederaufbau d. Nationaltheaters in München 64.
H: Die Münchner Theater 58.
R: Haberer 60 63; Der Querschuß 62.

Schalmey, Peter; Förder.pr. f. Lit. d. St. München 79; Erich-Kästner-Str. 11, D-8000 München 40 (Frankfurt/M. 1949). Roman. **Ue:** E.
V: Meine Schwester u. Ich, R. 77, Tb. 79; Die Bewährung psychoanalyt. Hypothesen 77; Versuchte Liebe, R. 79, Tb. 81. – **MV:** Klagenfurter Texte 1977 77. ( )

Schalper, s. Liebermann, Berta.

Schamoni, Wilhelm, Pfarrvikar; VS 64, D-5787 Olsberg 1 - Helmeringhausen, Tel. (02962) 1076 (Hamm/Westf. 4.1.05). Biographie. **Ue:** E, F, I, L, S.
V: Die Nachtwache, Erz. 46; Wie sie Gott wiederfanden, Zeugn. aus 15 Jahrhunderten 60; Das wahre Gesicht der Heiligen 38, 67 (auch engl., franz., holl., span.); Wunder sind Tatsachen. Eine

Dokumentation aus Heiligsprechungsakten 76, 79.
MH: Heilige der ungeteilt. Christenheit, dargest. v. d. Zeugen ihres Lebens, m. W. Nigg 63, 69.
Lit: M. Lentz u. U. Schamoni: Der Vikar v. Helmeringhausen, Fsf. 82.
s. a. Kürschners GK.

Schandt, Claudia, s. Müller, Wolfgang.

Schanovsky, Hugo, Prof., Angestellter, Vizebürgermeister von Linz/D.; P.E.N.-Club, Sekt. Öst. seit 70, Autorenring Linz/D. seit 69; Kunstförder.pr. d. Stadt Linz 67, Luitpold-Stern-Pr. d. ÖGB 69; Verleih. d. Berufstitels Prof. durch d. Öst. Bdespräs. 77; Urbanskistr. 6, A-4020 Linz/D., Tel. (0732) 347154 (Steyr, ObÖst. 29.11.27). Lyrik, Prosa, Erzählungen, Kurzgeschichten.
V: Das Reich der Armen, G. 53; Die Weltkarte, G. 60; Anmerkungen, Zeitgedichte 65; Gast im leeren Haus, Erz. 67; Abgesang auf die Menschenrechte, Zeitgedichte 70; Aufzeichnungen, Aufs. u. G. 72; Dohlen im Steinbruch, Gesch. 74; biddscheen, Laud lesn Dialektpredikt 75; weida lesn strengschns ealaubd, Neue Dialektpredikt 76; Ein Strand für Nichtschwimmer, Prosa 77; Lerdln, lesds eich zaum, Dialektpredikt 78; Tunesia, Impressionen 78; Belgrad, das Gäßchen hinunter, Reisebilder 79; Schlaumbbad gschriim, gean glesn, neue Dialekt-G. 80; Heiteres Nachtkastlbuch 81.
R: Ballade zwischen Strom u. Wald, Kantate/Fs.-Sdg..
Lit: Zu H. Sch. 50. Geb., OÖ. Kulturbericht 77. ( )

Schapiro, Boris, Dr.rer.nat., Physiker; Talstr. 5, Weilheim, D-7400 Tübingen 1, Tel. (07071) 73518 (Moskau 21.4.44). Lyrik.
V: Metamorphosenkorn, Lyr. 81.

Scharang, Michael, Dr. phil., Schriftsteller; Grazer Autorenversammlung; Förderungspr. d. Stadt Wien, Preis d. Stadt Klagenfurt; Walter-Lindenbaum-G. 4/102/12, A-1100 Wien, Tel. (0222) 685156 (Kapfenberg/Österr. 3.2.41). Prosa, Essay, Hörspiel, Film.
V: Verfahren eines Verfahren 69; Schluß mit dem Erzählen und andere Erzählungen 70; Zur Emanzipation der Kunst 71; Charly Traktor, R. 73; Einer muß immer parieren 73; Bericht an das Stadtteilkomitee 74; Der Sohn eines Landarbeiters, R. 76; Der Lebemann, R. 79; Das doppelte Leben, Drehb. 81.

MA: Neues Hörspiel O-Ton; Auf Anhieb Mord; Der gewöhnliche Schrecken; Engagement und Provokation.
H: Über Peter Handke.
R: Hörspiel zum Schauen, Hsp.; Ansprache eines Entschlossenen an seine Unentschlossenheit, Hsp.; Fragestunde; Ein Verantwortlicher entläßt einen Unverantwortlichen, Fernsehfilm; Das Glück ist ein Vogerl; Einer muß immer parieren; Anschlag; Woran ich denke, wenn ich das höre; Warum die kluge Else, die kluge Gretel und das Katherlieschen vorderhand Lesbierinnen sein wollen; Was gibt es hier zu reden; Der Beruf des Vaters; Was passieren kann, wenn man den Prinz Eugen zum Leben erweckt; Die einen stehen im blühenden Alter, die andern im blühenden Geschäft, alles Hsp; Der Sohn eines Landarbeiters wird Bauarbeiter und baut sich ein Haus, Fernseh- u. Kinofilm (Kinotitel: Totstellen); Der Lebemann, Fsf; Das doppelte Leben, Fsf. 81; Die Kameraden d. Koloman Wallisch, Fsf. 83.

Scharbuch, Vicky, s. Walter, Dieter.

Scharf, Hardy *

Scharf, Helmut, Prof.; P.E.N., Ö.S.V.; Lit.förder.preis der Stadt Klagenfurt 54, Förder.preis d. Theodor-Körner-Stiftung 70, Ehrenring d. Marktgemeinde Velden 75; Parkstr. 3, A-9220 Velden/Wörther See, Tel. (04274) 2897 (Villach 28.11.15). Lyrik, Hörspiel, Erzählung, Essay.
V: Als Toter leben, G. 56; Saumpfad, G. 63; Kärntner Literaturspiegel, G. 66; Das Haus zu den drei Löwen, Jgdb. 66; Wären auch Worte wie Gras, G. 66; Über Grenzen und Jahre, G. 71; Dichter und Bücher aus Kärnten (Literaturspiegel II), Ess. 71; Der Mittelmäßige, R. 73; Beseda, ki bosa potuje, G. 73 (Ausw. in slow. Spr.); Tschebon — Trauer um ein Dorf, G. 78; Lebenszeichen, G. 80; Seitensprünge eines Fußgängers, G. 80. — **MV:** Uns atmen die Hügel, G. m. Andreas Fischer, Egon Geier und Volkmar Haselbach 51; Wolke aus Ankora, G. m. V. Haselbach u. J. Hopfgartner 66; In ihren Stimmen ist Kärnten (Der Madrigalchor Klagenfurt) 78; Blick auf Kärnten, Beschr. 78; Steige, steige, verwunschene Kraft (Erinn. an Christine Lavant) Ess. 78.
B: Wir feiern und gedenken (10. Oktober 1920 — 1970), Hinweise und Texte zur Feiergestaltung 70. —
MA: Das Land in uns, G. 60; Tür an Tür 1970, Anth. 70; Kärnten im Wort, Anth. 71; Fährten, G. 72; Dichtung aus Kärnten, G. u. Erzn. 72; Weisheit d. Heiterkeit (f. E. Schönwiese) 78; Österreich im Spiegel d. Ess. 79; Betroffensein. Texte zu Kärnten im Herbst 1980, Anth. 80; Neue Gedichte aus Österr., Anth. 82.
F: Erweckung eines Dichters (Josef Friedrich Perkonig) 68; Dies Land ist Musik (Der Madrigalchor in Klagenfurt) 70.
R: Die Prüfung, Hsp. 53; Geruch unverläßlich, Hsp. 61; Die Messe in Monrupino 61.
Ue: Kras, Carso, Karst, G. u. Grafik 79.

Scharfenberg, Horst, Journalist; Intern. Kulinar. Weltbuchpr.; Reinhold-Schneider-Str. 14, D-7570 Baden-Baden, Tel. (07221) 24073 (Frankfurt/Main 20.8.19). Roman, Kurzgeschichte, Fernsehfilm, Hörfolge, Sachbuch, Kochbuch.
V: Projekt Wadi Tharthar, R.; Nautilus 90 Grad Nord (auch afrik., dän., ital.); Horst Scharfenberg bittet zum Herd; Zu neuen Horizonten; Kochbuch für die Hausfrau von heute (auch holl.); Kulinarische Reiseskizzen; Die Kunst des Kochens; Reader's Digest Schlemmerreise um die Welt; Scharfenbergs Spezialitäten; Leckere Fondus (auch holl.); Leckerbissen aus aller Welt (auch holl.); Kurzgebratene Leckerbissen (auch holl.); Karl-May-Kochbuch; So schmeckt's an Bord; Das prakt. Buch v. Wein; Die dt. Küche 80; Köstl. Kräuterküche 81; Armagnac.
R: (MV): Der Sanddorn kommt; Die Sonne der Schimpansen; Geheimnisvolles Hadramauth; Ilanga Jolia; Schatten über Südtirol, alles Fsp.; Die Altweibermühle; Ein Sommertag mit Isabell, beides Hsp.; Öloase Kuweit; Baden-Baden-Bagdad-Basra; Der große Öltreck; Westpoint; Die Fahrt der Nautilus; Die 6. Flotte; Automation - Drohung oder Hoffnung; Elektronenrechner als Arzthelfer; Der letzte Weltkrieg (48 Filme), alles Filme, u.a.

Scharff, Erich (Ps. F. Frasche), Rektor i.R.; Rosenhof II/L 201, D-2070 Großhansdorf, Tel. (04102) 63911 (Hamburg 8.12.99). Drama, Lyrik, Essay, Hörspiel.
V: Doktor Faust, Volkssch. 23, 52; Durchkreuzungen, Sp. 27, 52; Der Bürgergeneral, Lsp. nach Goethe 28, 52; Der Flug nach Simplizia, Sp. 30; Wandlungen, G. 32, 79; Der Schneider im Himmel, Kindersp. 33; Handbuch für

das Laienspiel 33; Der Krämerkorb, Fastnachtsp. nach Hans Sachs 36, 52; Jeppe vom Berge, Kom. nach Holberg 36; Rutsch durch den Regenbogen, Rev.; Dat Rosenfest, ndt. Lsp. 53; Neue Theaterliteratur 62; Hamburger Limericks 81.

H: Norddeutsche Laienspiele, 29 Sp. seit 27; Norddeutsche Kinderspiele 28 Sp. seit 28; Spielgedichte, Samml. f. Kinder 30; Arbeit schlingt das Bruderband, G. u. Gedanken 34; Grüß Gott, Frau Musika, G. u. Gedanken 34; Heinrich Heine: Die Harzreise 47; Frohes Lernen, 9 H. 48 — 50; Lebendiger Unterricht, 3 H. 50; Die Volksbühne, Mschr. 50/70; Kleiner Musenalmanach, G., 5 H. 51 — 54 u. 62; Kaleidoskop des Theaters. Erinnerungen aus drei Jahrhunderten 74; Der Wandsbecker Bote 81. — **MH:** Der Brunnen, Jgd.-Schr. 5 H. 49.

R: Häusliche Gewitter, Hsp.; Der Bock als Gärtner, Hsp.; Flim und Flum auf der Walze, Hsp; Musikalische Rätsel. Lit. Ber. u. Interviews.

Scharmann, Christian, Student; Luxemburger Str. 34, D-1000 Berlin 65 (Unna/Westf. 31.5.57). Lyrik, Drama, Roman.
V: Tripelkonzert, G. 82.

Scharnagl, Wilfried; von-Behring-Str. 4, D-8051 Allershausen.
V: Japan. Die konzertierte Aggresion 69; Das Groschenimperium. Gewerkschaften als Unternehmer 70; Der Dreck, in dem wir leben oder Ein Nachruf auf unsere Umwelt 71; Konzern Europa, Wunsch u. Wirklichkeit 72; Zweimal Bayern 75; Das große Petra-Moll-Buch 81. — **MV:** München, Traumstadt im Winter, m. Petra Moll 76, 81. ( )

Scharnowski, Emil, Grubensteiger; Autorenkreis Ruhrmark 71, Arbeitskr. f. Kunst u. Lit. Hartenrod; 1. Preis v. Verb. d. Sozialversicherten Dtld. e.V. Ortsverb. Florstadt; Steinbergstr. 23, D-3551 Bad Endbach-Schlierbach, Tel. (02776) 7527 (Herten, Kr. Recklinghausen 17.6.09).
V: Ruhrlandjugend 29; Arbeiterliteratur 72.
MA: Stories für uns, Anth. 3. Aufl. 75; Neue Dt. Arbeiterlit., Anth.; Spiegelbild, Anth. 78; Würde am Werktag, Anth. 80.
H: Menschen die am Stadtrand leben, Anth. 74.
R: Rentensache Frau Schramm; Unterschiede, beides Kurzszenen f. Rdfk.
Lit: E.S. Von einem, der sich nie bücken wollte, Fsf. 82.

Scharpenberg, Margot (Ps. f. Margot Wellmann), Dipl.-Bibliothekarin; P.E.N. 74; Georg-Mackensen-Lit.-preis 68, Ida-Dehmel-Lit.-Pr. 75; 240 E 27th St., Apt. 23-F, New York, N.Y. 10016/USA, Tel. (212) 6865849 (Köln 18.12.24). Lyrik, Kurzgeschichte.
V: Gefährliche Übung, G. 57; Spiegelschriften, Neue G. 61; Brandbaum, G. 65; Schwarzweiß, G. 66; Vermeintliche Wandstille, G. 68; Ein Todeskandidat und andere Erzn. 70; Einladung nach New York, lit. Reiseber. 72; Mit Sprachund Fingerspitzen, G. 70; Spielraum, G. 72; Spuren, G. 73; Bildgespräche mit Zillis, G. 74; Fröhliche Weihnachten und andere Lebensläufe, Erzn. 74; Neue Spuren, G. 75; Veränderung eines Auftrags, G. 76; Fundfigur, G. 77; Bildgespräche in Aachen, G. 78; Fundort Köln, G. 79; Domgespräch, G. 80; Moderne Kunst im Bildgespräch, G. 82; Fallende Farben, G. 83.
S: (MA): Deutsche Dichtung - Eine klingende Anthologie. Der Mond in der deutschen Dichtung.

Scharping, Karl, Dr., Verleger; Heilholtkamp 32, D-2000 Hamburg 60, Tel. (040) 518823 (Kallies/Pomm. 13.7.08).
V: Schwedisch-Pommern im Wandel der Zeit von 1806-1820 33; Kleine Begebenheiten einer großen Sache, kurmärk. Skizzenbuch 35; Der letzte pommersche Herzog 37; Das Sprachrohr, Berliner Führer für Eilige 37 u. 38; In russischer Gefangenschaft, die kulturellen u. wirtschftlichen Leistungen der deutschen Kriegsgefangenen in Rußland dargestellt nach den Akten des Elsa Brändström Archivs u. des Archivs u. Museums der Kriegsgefangenschaft 39. — **MV:** Der Lagerführer im FAD. Erfahrungen und Berichte aus dem ersten deutschen Führerschulungslager f. d. freiwilligen Arbeitsdienst 32.
H: Deutschlands Olympia-Kämpfer 1928 28; Wir erinnern uns ... Britenpolitik vor 25 Jahren u. heute, von Graf E. Reventlow 39; Wie im Weltkrieg ... England u. die Neutralen, von Graf E. Reventlow 40; Die Neutralität der USA, von Graf E. Reventlow 41.

Schattauer, Walter K., techn. Konsulent, Schriftsteller; Anerkenn.pr. d. Ndöst. Ldesreg. 82; Fassziemergasse 7/2/8, A-1070 Wien, Tel. (0222) 930670 (Wien 1.11.56). Roman, Kurzgeschichten, Lyrik.
V: Liebe auf Seitenwegen 82.

Schattschneider, Peter, Dipl.-Ing.,
Mag. rer.nat., Dr.techn., Physiker;
Schlöglgasse 15/2, A-1120 Wien (Wien
7.3.50). Erzählungen, Roman.
V: Zeitstopp, SF-Erzn. 82.

Schatz, Hedda (Ps. Sibylle Simon),
Journalistin; Falkenweg 50, D-5000
Köln 50, Tel. (02233) 22615 (Wien 14.7.47).
Kinderbücher, Hörspiele f. Kinder,
Fernsehprogramme (Familienprog.).
MV: Achtung Sendung, Blaue Eule
hört mit 72; Was sagst Du dazu?,
Sammelbd. 74; Wem gehört der goldene
Schatz? 76; In den Händen stehts
geschrieben, alles Kinderb. m. Iris
Schatz.
R: versch. Hsp., u.a.: Der Schatz im U-
Bahnschacht in Serie: Inkognito; Was
sagst Du dazu?; Schlagzeile; Ruf mich
an; **MV:** Alpha 5. Eine Computerspiele-
Show f. Kinder; Schau zu, mach mit,
alles Fs.-Serien; Stadt — Land — Name
— Fluß, Hb.-Reihe; rd. 300 Hsp., Rdfk-
Dok. u. Fs-beitr. m. Iris Schatz.

Schatz, Iris (Ps. Sibylle Simon),
Journalistin, Redakteurin; Falkenweg
50, D-5000 Köln 50, Tel. (02233) 22615
(Herborn, Dillkr. 1.6.51). Kinderbücher,
Hörspiele f. Kinder, Fernsehprogramme
(Familienprogr.).
MV: Achtung Sendung, Blaue Eule
hört mit 72; Was sagst Du dazu? 74;
Wem gehört der goldene Schatz? 76; In
den Händen stehts geschrieben, alles
Kinderb., m. H. Schatz.
R: versch. Hsp., u.a.: Der Schatz im U-
Bahnschacht in Serie: Inkognito; Was
sagst Du dazu?; Schlagzeile; Ruf mich
an, alles Fs.-Serie; rd. 300 Hsp., Rdfk-
Dok. u. Fsbeitr. m. Hedda Schatz.

Schatzmann, Jürg, Dr. med.,
Buchhändler; Lindenhofstr. 17, CH-8001
Zürich, Tel. (01) 2113690 (Zürich 16.6.40).
Roman, Kinder- u. Jugendbücher.
V: Richard Semon u. seine
Mnemetheorie 68; Heldentaten, R. 79.
MA: Die beste aller möglichen Welten
75; Leseladen 77; Ein Lattenzaun mit
Zwischenraum hindurchzuschaun 78.

Schaub, Franz, Schriftsteller,
Journalist; DJV; Mehr. Journalisten- u.
Lit.pr., D-8750 Aschaffenburg. Drama,
Roman, Lyrik, Novelle, Essay, Hörspiel,
Feature.
V: Freundschaft mit Angelika, Erz. 42;
Das Magdalenenspiel, Sch. 48; Geliebte
kleine Stadt, Ess. 50; Der große Friede
von Krassnikowa, Erz. 58 (auch engl.);
Gandria, Insel der Stille am Luganer
See, Reisetageb. 59; Es geschah in

Agadir, Sch. 60; Jenseits der Grenze,
Sch. 61; Aschaffenburg, Bildbd. 64;
Spessart, Bildbd. 65; Ruf der Amseln, G.
65; Zwischen Odenwald, Rheingau und
Werra, Reiseb. 71; Franken wie es lacht,
Anth. 73; Spessart und Rhön, Reiseb. 74;
Die Rhön, Bildbd. 74; Das Wirtshaus im
Spessart - Wahrheit und Legende 75;
Die Geschichte von Maria Goretti, R. 76;
Erinnerung an Alt-Aschaffenburg,
Fotobildbd. 78; Vom Main zu Donau u.
Rhein, Gesch. d. Mainschiffahrt 79;
Frankfurt am Main 79; Spessartreise,
Ess. 80; Offenbach am Main 80; Räuber-
ballade, R. 80; An den Ufern des Mains
81; Ihr glücklichen Augen. Goethe u.
Franken 82; Hanau 82; Spessart-Wan-
derungen 82; Der Spessart, Bildbd. 82.
MA: Deine Söhne Europa, Lyrik-
Anth. 48; Fränkische Dichter sehen die
Welt 65; Deutsche Teilung 66; Texte aus
Franken 67; Ohne Denkmalschutz 70;
Poetisches Franken 71; Kleine Städte
am Main, Anth. 75; Stimmen einer Stadt
77.
H: Fränk. Mosaik 80; Gespenster-
geschichten 82 (auch engl.).
R: Zahlr. Rundfunksendungen u.
Fernseharbeiten.

Schaub, Hanns, Kaufmann; P.E.N.;
Sonnenhofring 10, CH-4153 Reinach/BL,
Tel. (061) 763959 (Basel 25.7.43). Lyrik,
Prosa, Essay.
V: John Henry Mackay, Ess. 70;
Tödliche Euphorien, G. 73; Unser
Lebenslied, G. 80.
MA: Basel u. seine Autoren, Anth. 78;
NDH 157 78; Gegenkultur heute, Anth.
79.
H: Stimmen, Blätter f. Dichtung 74-77;
Gegengewichte, Anth. 78.

Schaube, Werner, Religionslehrer;
Buschstr. 31, D-5800 Hagen 1, Tel.
(02331) 67681 (Hagen 8.3.47). Lyrik,
Essay, Satire.
V: Freizeit - Problem nach Feier-
abend 69; Das Ende vom falschen Ich
70; Gebetsversuche 70; Über Gott und
die Welt 73, 76; Anders gesagt 74;
Betrifft: Jesus Christus 76; Neue Tisch-
gebete 76; Junge Leute beten 76;
Jugendgebet heute 77; Herr, sind wir
noch zu retten? Gebetstexte 79; Neue
Bußgebete 79; Lebenspuzzle 81;
Weihnachtspuzzle 82; Generationen-
puzzle 83.
H: Ins Gespräch kommen 77; Damit d.
Glück bleibt 82; Mit anderen Worten.
Texte v. Literaten u. Liedermachern 83;
Gottlob, daß du da bist 83; Und der Trost

heißt Leben 83. — **MH:** Kontakte, Lese-
u. Arbeitsb. 72, 76.

R: Vorwiegend kirchliche ... Das
Hagener Kabarett "die kniekranken" 70;
"Ich habe auch meine Kritik" - Berufs-
schüler antworten auf religiöse
Zwischenfragen 75; Damit d. Glück
bleibt 82; Gottlob, daß du da bist 83.
S: Generationspuzzle. 16 Lieder 83.

Schauber, Karl, Malermeister;
Verdiensturkunde d. Universita delle
Arti d. Accad. Italia f. bedeut.volle
Arbeit i. Ber. Literatur; Barbelsenstr. 46,
D-7406 Mössingen 2, Tel. (07473) 5952
(Belsen 9.10.26). Lyrik.
  V: Zwischen Asche und Gestirn, G. 73;
Bildhauer Prof. Eugen Gauss. Biogr. u.
Würdig. e. schwäb. Künstlers in den
USA 82; Belsen u. Bad Sebastiansweiler
in alten Ansichten 82.
  MA: Streben zum Licht, Anth. 59;
Schwäbischer Heimatkalender.
  R: Das Alt-Belsener Neujahrs-
ansingen.
  S: Belsener Lieder.
  Lit: Karl Götz in: Schwäbischer
Heimatkalender 74.

Schauder, Karlheinz, Beamter; VS 80;
Franz-Kafka-Ges. 82, Gertrud v. le Fort-
Ges. 82; Berliner Str. 30, D-6790
Landstuhl, Tel. (06371) 6597 (Mannheim
22.9.31). Drama, Essay, Fernsehen,
Hörspiel, Kunst- u. Literaturkritik.
  V: Daniel in der Löwengrube, Sprech-
motette 60, 68; Manfred Hausmann,
Monogr. 63, 79. — **MV:** Freundesgabe
zur Vollendung des 70. Lebensjahres
von Manfred Hausmann 68.
  B: Manfred Hausmann. Festschr. zu
seinem 70. Geburtstag 68.
  H: Manfred Hausmann: So beginnt
das Licht 64, 70; Max Frisch: Unfaßbar
ist der Mensch 70; Wort u. Landschaft
81.
  R: Kafka und Kierkegaard; Wandlungen des Kriminalromans; Manfred
Hausmann, Fsf.

Schaudinn geb. Loerzer, Elisabeth;
Gartenstr. 8, D-8399 Neustift, Donau,
Tel. (0851) 88074 (Königsberg/Ostpr.
20.2.12). Roman, Erzählung, Laienspiel.
  V: Das Spiel von der Barmherzigkeit
48, 50; Das Jahr des Herrn, 4 Laiensp. 48,
52; Zwischenspiel in Ruhstädt, R. 52;
Passauer Glockenspiel, Laisp. 55; Die
Hagenbuben und der Unbekannte, Jgdb.
59; Christophoros verkauft sein Fähr-
haus, Laisp.
  MA: Fernes weites Land 59; Macht
hoch die Tür, Weihnachtsgesch. aus

Ostpr. 60; Spann deine Flügel weit, Lyr.-
Anth. ostpr. G. 63.

Schauer, Georg Kurt, Dr. phil.,
HonProf. TH. Darmstadt; Plakette, Dem
Förderer des Dt. Buches 64, Ehrenurk.
der Maximilian Ges. Hamburg 74, Bdes-
verdienstkreuz, Ehrenplakette d. Stadt
Frankfurt a.M.; Freiheit 2, D-6370
Oberursel, Ts., Tel. (06171) 57429
(Frankfurt/M. 2.8.99). **Ue:** H.
  V: Der Einzelne und die Gemein-
schaft 23; Rosen und Tulipan, Lilien und
Safran 43, 48; Der Wohltemperierte
Leser 64; Herbergen des Geistes 77.
  MH: Alles Lebendige meinet den
Menschen. Für Max Niehans 72.
  Ue: Simon Vestdijk: Die Fahrt nach
Jamaika 41, 49, Irische Nächte 44;
Antoon Coolen: Der Mann mit dem
Kasperletheater 42; Ehe 49.
  s. a. Kürschners GK.

Schauer, Herbert (Ps. Bert Bauer);
Silberner Lorbeer d. DDR-Fernsehens
66 (Striegau 1.1.24).
  V: Die Rechnung ging nicht auf, Erz.
70; Die Jagd der Gejagten, R. 77, 80;
Begegnung in Zürich, Krim.-R. 80, 83;
Die Stadt, die der Teufel schuf, Krim.-R.
81. — **MV:** Schatten über Notre-Dame,
Krim.-R. 67; Rächer, Retter und
Rapiere, Abenteuer-R. 69, 77; Über ganz
Spanien wolkenloser Himmel, Aben-
teuer-R. 71, 78; Das unsichtbare Visier I:
Kennwort "Vergißmeinnicht" 75, 83, II:
Das Geheimnis der Maske 76, 83, III:
Depot im Skagerrak 77, 79, IV: Sieben
Augen hat der Pfau 80, 83, alle m. O.
Bonhoff.
  R: Schatten über Notre-Dame, Fsf. 66;
Telegramme aus Übersee, Fsp. 66; Der
Anwalt, Fsp. m. W. Baumert 67; Über
ganz Spanien wolkenloser Himmel, Fsf.
71; Das unsichtbare Visier, Fsf. 73, alles
m. O. Bonhoff. ( )

Schaufelberger, Hildegard
(Schaufelberger-Bachmann), M.A., Doz.
f. Jugendlit.; Peterbergstr. 19, D-7800
Freiburg i.Br.-Kappel, Tel. (0761) 65467
(Berlin 14.8.29). Kurzgeschichte, Lyrik,
Glosse, Rezensionen u. Fachartikel in
Ztgn. u. Zss.
  V: Willkommen, Uli, Kinderb. 68.

Schauff, Karin, Farmerin; Fazenda
Sta. Cruz, Caixa Postal 63, BR-86600
Rolândia PR/Bras. u. Via Vanga 49/33, I-
39100 Bolzano, Ital.. Novelle, Essay.
  V: Brasilianischer Garten 71, 80; Ein
Sack voll Ananas 74; Das Klingelband
79. ( )

von Schaukal, Lotte, Dr. phil., Angest.,
Übersetzerin; Cobenzlgasse 42, A-1190
Wien, Tel. (0222) 3229732 (Wien 12.10.08).
Ue: F, H, E.

MH: Richard von Schaukal: Ausgewählte Werke I 60, II 61, III − IV 65, V
66, VI 67.

Ue: Elisabeth Barbier: Les gens de
Mogador u.d.T.: Verzaubert 52; Jan de
Hartog: Gottes Trabanten 52 − 53 II;
Antoine Giacometti: Der verdorrte
Feigenbaum 57; H. F. M. Prescott: Felix
Fabris Reise nach Jerusalem 60;
Elisabeth Goudge: Das Testament des
Mr. Adam 64, Das Erbe der Miss
Lindsay 65; Jacques Leclerq: P. Vincent
Lebbe 65; Anton van Duinkerken:
Bernhard von Clairvaux 66; André
Frossard: Gott existiert. Ich bin ihm
begegnet 70; Elisabeth Goudge: Das
Mädchen vom Meer 71; André Miquel:
Warum mußt du gehen? 73; Michel de
Saint-Pierre: Der Pfarrer von Ars 75;
Oliver Clément: Das Meer in der
Muschel 77; André Frossard: Es gibt
eine andere Welt 77; Max Bergerre: Ich
erlebte vier Päpste 79. ( )

Schaurer, Franz; Eichenstr. 54, D-8000
München 70.

V: Der fidele Hansl, Schw. 70; Der verliebte Spion, Schw. 73; Die Spitzbuam-
jagd, bäuerl. Grot. 75; Opa will heiraten,
Schw. 76; Einmaleins d. Liebe, Volksst.
77; Die Rache d. verschmähten Jungfrau, Kom. 78; Der beliebte Grobian, Sp.
79; Der Herr im Haus bin i, Kom. 81. ( )

Schaus, Emile, Minister a.D.;
Freundeskreis 34; Val-Ste-Croix, 188,
Luxemburg, Tel. 444810 (Reimberg/
Luxemburg 12.2.03). Roman, Novelle,
Essay.

V: Familienpolitik, Ess. 45; Schne'g,
Katzengesch. 45; Aus dem Memoiren
eines Douaniers, Erzn. u. Anekd. 48;
Rougette, Tiergesch. 54; Paul und Zorro,
Tiergesch. 67; Ursprung und Leistung
einer Partei - Rechtspartei und
Christlich-Soziale Volkspartei 74; Wéi
schwätzt de Préizerdauler? Wie spricht
d. Pratzertaler? Burkels Marianne:
Tagebuchnotizen 78; Lisa Timesch, R.
79; Rëmmerecher Duerftypen 80;
Marianne Bourkels, R. 81; Auf der
Galere, R. 82.

Schedel-Schauwecker, Erika,
Kunstmalerin; Quinta Loreto Casa 11,
San Miguel de Allende/Gto. Mexico
(Regensburg 26.5.97). Erzählung, Roman,
Drama, Kurzgeschichte.

V: Kopf hoch, Fritz!, Erz. 39, 44.

Schedereit, Karl; Kellerweg 48, D-6524
Guntersblum.

V: Juan will das Meer sehen 82. ( )

Schedlberger, Maria (Ps. Maria
Schedlberger-Durnwalder), ehem.
Kontoristin; V.G.S.; Dichterstein
Offenhausen 67-80, Der Kreis,
Heimatland; Wegererstr. 40, A-4400
Steyr, Tel. (07252) 228655 (Kufstein/Tirol
5.9.02). Drama, Lyrik, Roman, Novelle,
Essay, Hörspiel.

V: Heimat, Lyr. 52; Kleine Kreise,
Skizzen, Ess. 55; Beseeltes Blühen, lyr.
Blumeng. 57; Septemberliebe, Liebesg.
58; Werndl, R. 67; Schlernbraut, Nn. 68;
Schöpferischer Lebensabend 79; Die
Drei Gelsenkause 80. − **MV:** Wie
weise…; Wieder ist Weihnacht; Späte
Ernte 78; Das immer-grüne Ordensband
79. ( )

Schedlberger-Durnwalder, Maria,
s. Schedlberger, Maria.

Schedler, Melchior, Schriftsteller und
Designer; VS 74; Uhlandstr. 50, D-8012
Ottobrunn, Tel. (089) 6015036
(Oberammergau 24.4.36). Essay, Drama.

V: Kindertheater - Geschichte,
Modelle, Projekte 72; Schlachtet die
blauen Elefanten! Bemerkungen über
das Kinderstück 73; Lazarillo oder Wie
man Kaiser wird, Stück 76; ICH ECH
OCH, Stück 80; Eulenpfingsten, Stück
80; König Kupferkopf, R. 80; Das Fort d.
Roten Büffel, R. 81. − **MV:** Du Dackel,
Stück, m. Ingrid Greisenegger 76;
Robinson-Der berühmte Inselbewohner
u. d. Gesch. seiner Gesch. 78.

H: Mannomann! 6 × exempl. Kindertheater 73; Kinderfernsehen anders -
Entwürfe zu e. emanzipat. Fernsehen 75.

R: Glotzmusik, 4-teilige Serie 74;
Brennendes Wasser, Hsp. 80; Das ist
nicht v. Eugen Roth, Hsp. 82; Reden wir
v. Unheil, Hsp. 83; Tollhausgeschäfte,
Hsp. 83; Cordoba od. Die Kunst d.
Badens, Hsp. 83.

Scheel, Longa, Kauffrau;
Patroklusweg 36, D-4600 Dortmund 50,
Tel. (0231) 736279 (Dortmund 16.2.15).
Lyrik, Novelle.

V: Darüber spannt sich hell der
Himmel, Lyr. 82.

MA: Liebesgeschichten, Anth. 82.

Scheel, Marianne, s. Graef, Marianne.

Scheer, Goetz, Dramaturg; Allgem.
Ges. f. Philos. in Dtschld; Schloß Pillnitz,
DDR-8057 Dresden (Hinterhermsdorf
5.8.03). Kunsttheorie.

V: Bruder Lustig, Chronik 32; Szene und Wandlung 34; Norm u. Trieb 50; Schädel u. Maske.
H: Horst-Schulze: Kunst u. Geist 36.

Scheer, Karl-Herbert (Ps. Pierre de Chalon, Roger Kersten); An den 30 Morgen 34, D-6382 Friedrichsdorf/Ts., Tel. (06172) 5583 (Harheim/Hess. 19.6.28). Roman.
V: Zahlr. R. seit 53, u.a.: Bezugspunkt Atlantis 75; Zur besonderen Verwendung 76; Galaxis ohne Menschheit 76; Revolte der Toten 76; Ausgezählt 77; Die lange Reise 77; Grenzen der Macht 78; Vorposten Jupitermond 78; Der gelbe Block 78; Hölle auf Erden 79; Sprung ins All 79; Kampf um den Mond 79; Piraten zwischen Mars und Erde 79.
MA: R.-Reihen: Perry Rhodan; Terra.

Scheffler, Albert, z. Zt. Student d. Relig.wiss. u. Verleger; Am Mehrdrusch 9, D-3551 Lahntal 3 (Großfelden), Tel. (06423) 1622 (Kaiserslautern 28.12.54). Lyrik, (Kinder-) Romane.
V: Am Leben bleiben, lyr. Texte u. Bildbd 81; Banküberfall am Donnerstag. Krim.gesch. (bes. f. Kinder) 82; Kein Anruf mehr am Donnerstag. Krim.gesch. (bes. f. Kinder) 82.
MA: Gauke's Jb. 83. Zum Thema "Frieden" 82; Siegburger Pegasus, Lyrik u. Prosa 83.

Scheffler geb. Regelein, Ursel, M.A.; Diekkamp 47, D-2000 Hamburg 67, Tel. (040) 6037101 (Nürnberg 29.7.38). Kinderbuch, Hörspiel, Kurzgeschichte.
V: Die Zauberbesen 72; Pepe der Mexikanerjunge und andere Geschichten von Freunden aus fremden Ländern 73; Das rotgetupfte Wildschwein, Tiergeschn. 74; Das Regenwetterbuch 75; Kennwort: Tomate, Bilderb. 75; Das Reisekofferbuch 76; Töpfe, Tassen, Teller vom Giebel bis zum Keller, Bilderb. 76; Kindergeburtstag leichtgemacht 77; Ein Bett voll Geschn. 78; Molly Colt: Abenteuer am Adlerfels 79; Abendgebete m. Kindern 79; Conny Fux: Alarm im Hafen 79; Zirkus, Bilderb. 79 (auch franz.); F.X. Mücke: Das Geheimnis d. kleinen Pharao 79; Molly Colt: Der Schatz im alten Bergwerk 79; Die Kiste, Bilderb. 80; Molly Colt: Der Schwarze Reiter 80; F.X. Mücke: Das Geheimnis der roten Eule 80; F.X. Mücke: Das Geheimnis des flüsternden Turmes 80; Leselöwen-Zirkusgeschn. 80; Auf dem Markt, Sachbilderb. 80; Der Flöwe Murxel 80;

Kinder wie du 81; Die sprechende Wand 81; Eine Leiche hustet nicht 81; Donner, Blitz u. Regenbogen 81; Basti, der kleine Mäuserich 81; Kommissar Kugelblitz: I (Die rote Socke), II (Die orange Maske), III (Der gelbe Koffer), IV (Der grüne Papagei), alle 82; V (Das blaue Zimmer), VI (Der lila Leierkasten), beide 83; Das Geheimnis d. Mühle im Moor 82; Der Hasenfranz, Bilderb. 82; Freunde, Bildtextheft 82; Ein Geschenk für d. Nikolaus, Bilderb. 83; Bei uns im Haus, Sachbilderb. 83; Leselöwen, Weihn.geschn. 83; Gute Nacht, kleine Maus, Kurzgeschn. 83.
MA: Elisabeth Hutter: Gott hört uns, Kindergebete 70, 76; In allen Häusern wo Kinder sind 75; Das achte Weltwunder 79; Das neue Sagenbuch 80; Quatschbuch f. Eumelfans 80.
S: Die Traummühle I: Sieben Gute-Nachtgeschichten für Kinder 71; Die Traummühle II: Die unzufriedene Hexe, Hsp., III: Der kleine dicke Zauberer, Hsp. 73.

Scheib, Asta Agnes, Journalistin, Redakteurin; VS München 82; Krüner Str. 107, D-8000 München 70, Tel. (089) 718108 (Bergneustadt/Rhld. 27.7.39). Lyrik, Roman.
V: Langsame Tage, R. 81; Schwere Reiter, R. 82.
R: Angst vor der Angst, Erz., Vorlage f. d. Fsf. gl. Titels 74.

Scheible, Max-Kurt (Ps. Peter Nessbach), kaufm. Angestellter; Am Dönberg 2, D-5600 Wuppertal 1, Tel. (0202) 77825 (Stuttgart 18.6.26). Prosa, Kurzgeschichten, Glossen, Satire.
V: Der Zauberwürfel, Kdb. 81.

Scheibler, Peter; Hochwinkl 29, D-8396 Wegscheid, Tel. (08592) 645 (Berlin 27.11.41). Fernsehspiele (-filme), Jugendbücher.
V: Schülergeschichten, Jgdb. 81, 2. Aufl. 82; Der rätselhafte Tunnel, Jgdb. 82; Tränen im Kakao, Jgdb. 83.
R: Anpassung an e. zerstörte Illusion, Fsp. 77; Unabhängig u. nur d. Gesetz unterworfen, Fsp. 79; Kein Kinderspiel, Krim.F. 80; Schülergeschichten, Fs.-ser. in 6 F. 80; Nebengeschäfte, Krim.-F. 81; Mit Gewissenhaftigkeit u. Würde, Fsf. 81; Blinde Wut, Krim.F. 82; Tränen im Kakao, Fsf. in 2 T. 82; Angst vor d. Leben, Fsf. m. H. Mueller-Stahl 83.

Scheibler, Susanne, Chefredakteur;
Scheidtbachstr. 12, D-5050 Bergisch
Gladbach 2, Tel. (02202) 31946.

V: Tanja, R. 76; Tanja u. d. Zarin, R.
79; Ewig fließen die Wasser d. Nil, R. 82.

Scheibner, Hans Karl Adolf, Verlags-
kaufmann, Journalist, Texter; VS 73;
Auf dem Kamp 9a, D-2000 Tangstedt/
Rade (Hamburg 27.8.36). Lyrik, Novelle,
Satire.

V: Herr ES, stark auf sein Innen
achtend; Wenn die Nachtigall zuschlägt;
Spott zum Gruße; Im Tal, wo die Tret-
mühlen stehn 77; Spott ist allmächtig,
Lästerlyrik 77, 79; Höhenflüge über der
Blechlawine, Geschn. 78; Darf der das?
80; Keine Angst vorm Feuer, wir
löschen mit Benzin 82; ... scheibnerweise
82.

S: Wenn die Nachtigall zuschlägt;
Scheußlich, wie die Drossel singt; Was
in Achterndiek in der Nacht geschieht;
Herzlose Lieder; Heiliger Marx!; Das
macht doch nichts, das merkt doch
keiner!; Darf der das? ... scheibnerweise;
Hans Scheibner live.

Scheid, Kurt (Ps. André K. Vollmar),
Redakteur i.R.; Badwaldweg 7, Villa
Anna, D-7615 Zell a. Harmersbach, Tel.
(07835) 8514 (Straßburg i. E. 7.4.07).
Novelle, Erzählung, Hörspiel, Lyrik,
Städtebilder, Historische Aufsätze.

V: Als sie wiederkam, Gesch. 48; Reise
in den Oktober, Erz. 49; Der verhängte
Himmel, R. 77; Murstetter Geschichten,
Erz. 78; Die Eisenwand, R. 80; Schwerer
fallen die Schatten d. Zeit, Lyrik aus
vier Jahrzehnten 81; Pariser Zwischenspiel, R. 83.

MA: Badische Erzähler 50; Badisches
Städtebrevier 71; Otto Flake: Die Ver-
urteilung des Sokrates, Nachw.
Kurzbiogr. u. Erinner. an O. Flake 70.

R: Heimkehr und Ende (Hölderlin);
Baron Kükh und sein Hanauer Gold-
kanal; Der närrische Maler von
Haslach; Straßburg in der Großen
Revolution; Der Staatsstreich; Karl
Spindler, Bestseller des Biedermeier;
Der Menschenfreund aus dem Steintal
(Oberlin), u.a. Hsp.

Lit: Heinz Bischof: K. Scheid, ein
Porträt des Lyrikers und Novellisten
(Bad. Heimat) 44 Jg. H. 3/4 64.

Scheidgen, Ilka; Am Birkenhang 9, D-
5276 Wiehl 3.

V: Wenn ein immerwährender Regen
auf das Land fällt, G. 81. ( )

Scheidl, Gerda Marie; VS, Ö.S.V.; Am
Leher Tor 1 c, D-2850 Bremerhaven-
Lehe, Tel. (0471) 46825 (Bremerhaven-
Geestemünde). Bilderbücher, Kinder-
bücher, Kinderfunk, Fernsehen-
Kinderprogramm, Zeitung- Kinderseite,
Theaterstücke f. Kinder.

V: Das kunterbunte Königreich; Das
Mondgesicht 70, 75 (auch span., japan.);
Mumpischell, beides Bilderb.; Das
himmelblaue Holzpferdchen 75; Michas
Laterne, Kinderb. 78; Tschibi u. d. große
Meer, Bilderb. 79 (auch engl., franz., afr.,
irländ.); Ein Freund f. Thomas 81. —
MV: Wir bauen eine kunterbunte Welt,
m. H. Hanisch 74.

MA: Kinderland-Zauberland 67; Stadt
der Kinder 68; Die Kinderfähre 72;
Bilder u. G. f. Kinder 72, alles Anth.

vom Scheidt, Jürgen (Ps. Thomas
Landfinder), Dr. phil., Dipl.-Psychologe;
Seestr. 8, D-8000 München 40, Tel. (089)
395472 (Leipzig 7.2.40). Kurzgeschichte,
Roman, Sachbuch.

V: Freud und das Kokain, Monogr. 73
(auch brasil.); Innenwelt-
Verschmutzung, Sachb. 73; Rätsel
Mensch, Sachb. 75; Der geworfene Stein,
R. 75; Der falsche Weg zum Selbst,
Monogr. 76; Yoga für Europäer, Sachb.
76; Wie schütze ich mich vor Leistungs-
druck, Sachb. 77; Rückkehr zur Erde, R.
77; Singles — Alleinsein als Chance,
Sachb. 79, 5.Aufl. 81; Hilfen f. das
Unbewußte, Sachb. 80; Wiedergeburt —
Geheimnis d. Jahrtausende, Sachb.
82. — **MV:** Handbuch der Rausch-
drogen, m.W. Schmidbauer 72, 6.Aufl.
81.

H: Das Monster im Park, Anth. 70, 79;
Liebe 2002, Anth. 71; Drogenabhängig-
keit, wiss. Anth. 72; Die Behandlung
Drogenabhängiger, wiss. Anth. 74; Der
unbekannte Freud, wiss. Anth. 74;
Psychoanalyse, wiss. Anth. 75; Welt
ohne Horizont, Anth. 75; Guten Morgen
Übermorgen, Anth. 75.

R: Die Psychologie im 20. Jahrhundert, 3teil. Feat. 77; Kokain, Feat.;
Esoterische Wege der Selbsterfahrung,
7teil. Feat. 79; Bewußtseins-
erweiterungen, 7teil. Feat. 79; Homo
futurus, 6teil. Feat. 80.

Schekatz, Ernst, Betriebsleiter;
Ulmenweg 5, D-4970 Bad
Oeynhausen 11, Tel. (05731) 91709
(Kelchen/Ostpr. 9.1.21). Evangelistisches
Schrifttum.

V: Rastplätze zum Ziel 75; Lichter d.
Heimat 78.

H: (Schriftleit.) Friedens-Boten, Mbl.

Scheliga, Hans (Ps. Hans Schellbach),
Schauspieler; VS; Bullenhorst, D-2411

Sandesneben, Tel. (04536) 8153 (Karf/OS.
28.6.25). Roman.
V: Pieron wo bist du ...?, R. 80, 2. Aufl.
83; Die Leute von Karf ... und Gott
weint, R. 81, 2. Aufl. 82; Die Leute von
Karf ... und Gott zürnt, R. 82.

Schell, H., s. Seeger, Horst.

Schell, Hildegard, s. Knef, Hildegard.

Schell, Walter, s. Püschel, Walter.

Schellbach, Hans, s. Scheliga, Hans.

Schellenberg, s. Götz, Hans.

Scheller, Nikolaus, s. Frank, Peter.

Schelzig, Alfred; VS (V.d.Ü.) 64; Ges. f.
Theatergesch., Freies Dt. Hochstift,
Hölderlin-Ges., Kleist-Ges., Ges. d.
Freunde der Stiftsruine Bad Hersfeld
65; Schlierbergstr. 31, D-7800
Freiburg i.Br., Tel. (0761) 402958 (Berlin
3.7.98). Essay, Lyrik, Novelle, Drama,
Hörspiel. **Ue:** E, F.
V: Theaterwende, Ess. 31; Beim
heiligen Brunnen, G. 78.
B: Der bezwungene Mars 50.
H: Der zerbrochene Krug. Kleist's
Lustspiel u. d. Dichtungen seiner
schweizer. Freunde 22.
R: Macht und Glaube; Erbe und
Anteil; Der Mord in der Rue Morgue;
Die schwarze Spinne 49; Phosphorus
und Isis 51; Die Geschichten des weisen
Papageien 56; Peter Paul Rubens 64, u.a.
Hsp.
Ue: Jean Boisset: Das Christentum,
eine geoffenbarte Religion 48; Charles
Baudelaire: Lettres inédites aux siens
u.d.T.: Jugendbriefe 69; Paul Th.
Miersch: Of Pit and Podium: Nachhall
und Anklang. Erinn. eines Cellisten 80.

Schenck, Burkhard, s. Bierschenck,
Burkhard Peter.

Schenck, Peter, Dipl.-Ing.;
Laehr'scher Jagdweg 23, D-1000
Berlin 37, Tel. (030) 8155523 (Berlin
12.12.25). Homosexuelle Belletristik,
Sozialhist. Dokumentation.
V: Berliner Boys, Erzn. 81.
MA: Keine Zeit f. gute Freunde,
Homosexuelle in Dtld 33-69 82;
Entstellte Engel. Homosexuelle
schreiben 83.

Schenck, Sibylle, s. Beckmann, Maria.

von Schenckendorff, C. E., s. Carroll,
Carla-Elisabeth.

Schenk, Dieter, Drehbuchautor u.
Regisseur e. Jugendkabaretts;
Freseniusstr. 33, D-6200 Wiesbaden, Tel.
(06121) 522136 (Frankfurt/M. 14.3.37).
Roman, Fernsehfilm, Hörspiel.

V: Der Durchläufer, R. 68.
R: Monopoly 76, Teufelskreis 79,
beides Hsp. f. Rdfk.; SOKO 5113, 38-teil.
Fs.-Serie (nach d. R. "Der Durchläufer")
seit 77; Saulus, Hsp. 81.

Schenk, Herrad, Dr. rer. pol., freie
Autorin; VS 80; Förderpr. d. Georg-
Mackensen-Lit.preises 79;
Meckenheimer Allee 131, D-5300 Bonn 1
(Detmold 5.1.48). Roman, Erzählung,
Sachbuch.
V: Abrechnung, R. 79; Unmöglich, ein
Haus in der Gegenw. zu bauen, R. 80;
Die feminist. Herausforderung 80;
Frauen kommen ohne Waffen 83, beides
Sachb.
MA: Frauen, die pfeifen, Text-Anthol.
78 u. 79.

Schenk, Johannes, Seemann; P.E.N.;
Dresdener Str. 117, Fabrik I. Etg., D-1000
Berlin 36, Tel. (030) 651247 (Berlin 2.6.41).
Gedichte, Stücke, Prosa.
V: Fisch aus Holz, Sp. 67; Bilanzen
und Ziegenkäse, G. 68; Zwiebeln und
Präsidenten, G. 69; Transportarbeiter
Jakob Kuhn, St. 72; Die Genossin
Utopie, G. 73; Das Schiff, Sch. in 24
Szenen 74; Jona, Poem 76; Zittern, G. 77;
Die Stadt im Meer, Prosa 77; Der
Schiffskopf, Prosa 78; Für die Freunde
an den Wasserstellen, G. 80; Gesang d.
bremischen Privatmanns Joh. Jakob
Daniel Meyer, Poem 82.

Schenkel, Elmar, wiss. Angestellter;
Fördergabe z. Georg-Mackensen-Pr. f.
Kurzgesch. 80; Powys Society 77;
Wilhelmsstr. 50, D-7400 Tübingen
(Hovestadt 28.8.53). Erzählung, Essay,
Aphorismen. **Ue:** E, F, J.
V: Die andere Reise, Prosa 80.
MUe: David Jones: Anathemata, Lyr.
83.

Schenker, Walter, Dr. phil., Prof.
Hochschullehrer; Mattener Str. 1, D-
5500 Trier, Tel. (0651) 10309 (Solothurn,
Schweiz 16.7.43).
V: Leider. Solothurner Geschichten
69; Professor Gifter, R. 79; Anaxagoras
od. Der Nord-Süd-Konflikt, R. 81; Soleil.
E. Gesch. zw. Tag u. Traum 81 (franz.
82); Eifel, R. 82.

Schepelmann, Margarete (Ps.
Katharina Thörner), Bildhauerin;
Hirschstr. 6, D-7474 Bitz, Tel. (07431)
8445 (Bitz/Württ. 7.7.07). Novelle.
V: Späte Begegnung, N. 77; Die Bank
unter den Platanen 79; Moritz Siebenrock 81.

Schepper, Rainer Wilhelm Maria,
Publizist, Rezitator; Zeppelinstr. 5, D-

4400 Münster/Westf., Tel. (0251) 273105
(Münster 23.3.27). Lyrik, Essay, Hörspiel,
Übersetzung. **Ue:** E.

V: Kleine Lektion über westfälischen
Humor 71, 79; Begegnungen m. Wibbelt
78; Das Zweite Gesicht in Volksglaube,
Dicht. u. Forsch. 81.

MA: Der Kreis Recklinghausen 79;
Das Sagenbuch 80.

H: Erich Nörrenberg: Zur nieder-
deutschen Philologie 69; Augustin
Wibbelt: Der versunkene Garten 69, 79,
Aobend-Klocken 71, 78, Drüke-Möhne
73, 79, De Kiepenkäärl 75, 77, Wildrups
Hoaff 76, 79, Hus Dahlen 76,
Katechismus d. Münsterländer 77;
Typisch westfälisch, Anth. 77; Westfalen
unter sich über sich, Anth. 78; Wilh.
Busch: Ut ôler Welt 81; Augustin
Wibbelt: Einst u. jetzt 82; In treuer
Freundschaft Ihr Augustin Wibbelt.
Briefwechsel zw. Augustin Wibbelt u.
Erich Nörrenberg 1931-1945 83; Mäten-
Gaitlink 83, Pastroaten-Gaoren 83,
Heimat 84.

R: Säß Jaohr un eene Stunn; De
Seelenwanderung; Blinne Marie; Lauhn
för de Straofe; Straofe mott sien - Mott
Straofe sien?, alles Hsp.

S: Augustin Wibbelt: Mamsell up
Reisen u. a. Geschn., Aobend-Klocken,
De Miärgelkuhl — Marjänne, De
Kiepenkäärl, Wiehnachten; Karl
Wagenfeld: Von de Leiwe — Ut de
Kinnertied — Usse Krippken; Jans
Baunenkamps Höllenfahrt; R. S. liest
Wilhelm Busch; Plattdt. Märchen d.
Brüder Grimm.

Ue: B: Wo kuemmt de kleinen Kinner
hiär? 76.

Scherb, Lore; Neunstetter-Str. 26, D-
8801 Herrieden, Tel. (09825) 5235
(Herrieden/Bay. 26.3.24). Lyrik,
Märchen.

V: Fränkisches Mosaik, G. 80.

MA: Herrieden, Stadt an der Altmühl.

Scherenhof, Ulla *

Scherer, Bruno Stephan, O.S.B., Dr.
phil., GProf., Seelsorger; ISV 66, Präs.
73-79, EM 79, SSV 71, Die Kogge 74, ZSV
75; Lyrik-Preis v. Radio Basel 57,
Kulturpreis der 1200-Jahr-Feier
Schönenwerd/Gretzenbach 78; Mitbegr.
d. Reinhold-Schneider-Ges. 70 u. Vorst.-
Mitgl. bis 75; Grosswiesenstr. 132, CH-
8051 Zürich, Tel. (01) 412963
(Gretzenbach 20.3.29). Lyrik, Essay,
Erzählung, Literaturkritik.

V: Vom Geheimnis des Kindes, Lyr.
Text 59; Die dritte Stunde, G. 60;
Sommer und Winter - ein Jahr, G. 66;

Tragik vor dem Kreuz. Leben und
Geisteswelt Reinhold Schneiders 66; Die
gläserne Kathedrale, G. 69; Silbergraue
Welt Musik, G. 70; Bild und Gleichnis.
Verse zu Kunst und Musik 71; Stern-
glanz Freude, G. 73; Alle Schönheit der
Erde, G. 73; Gärten der Welt, G. 73; Ich
werde wieder kommen, Traumgesch. 75;
Gebete für Liebende. Damit ihr die
Freude habt, G. 76; Klettgaufahrt mit
Ruth Blum, Essay 76, 78; Die Pforte,
Frühe G. 77; Begegnung mit Arnold
Kübler, Essay 78; Leben in Freude, Orat.
78; Weil ER lebt, R. Schneiders rel. Weg
78; R. Schneider — der Künstler in d.
Kirche 79; Raum für d. Licht (R.
Schneider) 79; Neugeborner Weltball
meiner Gedanken, G. (m. Werkverz.)
81. — **MV:** Reinhold Schneider. Leben u.
Werk in Dokumenten, m. Franz A.
Schmitt 69, 73; Ernst Alker, m. Ed.
Studer 74; Innerschweizer Schriftsteller.
Texte u. Lex. 77; R. Schneider. Leben u.
Werk im Bild 77; 1200 Jahre Schönen-
werd-Gretzenbach 78.

MA: Ich bin dein 68; Quellen des
Lebens 69; Der Götterfunken 71; Jede
Hand ist schön 71; Brennpunkte X
(Spirituelle Poesie) 73; Quer 74;
Gedichte auf Bilder 75, Deutsche Bild-
werke im deutschen Gedicht 75, Dome
im Gedicht 75, Bildmeditation der
Dichter 76; Nichts u. doch alles haben
77; 20 Annährungsversuche ans Glück
78; Rufe, rel. Lyrik d. Gegenw. 1 78, 2 81;
Unter welkem Blatt 81; Seismogramme
81, 82 (= Das Wort ins Gebt nehmen 81);
Wege unterm Kreuz 82; Silbern steigt
der Mond 82, alles G.-Anth.; Ernte u.
Aussaat 73; Jesus u. die Sinnfrage 73;
Texte üb. d. Sinn d. Lebens 77; texte u.
impulse 78; Der Weg nach Absam 81;
Gedanken über Uri 82.

H: Textheft Lyrik 75; R. Schneider:
Das Unzerstörbare. Rel. Schrr. Bd. 9 d.
Ges. Werke 78; Literar. Reihen d. ISV:
Innerschweizer Lyriktexte, Bd 1-8 79-83;
Innerschweizer Prosatexte, Bd 1-4 79-83,
u. **MA:** Uri — blaugrüner Kristall. Urner
Lyrik 71; Sonderhefte 'Mariastein': Die
Freude 71, Reinhold Schneider 73, Wer
ist Jesus Christus für mich 74, Der
Künstler in der Kirche I-IX 75-83;
Schlehdorn, G. u. Prosa 79.

Lit: Paul K. Kurz: Die Neuentdeckung
des Poetischen 75; W. Bortenschlager:
Geschichte der spirituellen Poesie 76.

Scherer, Hans Walter, Lehrer;
Gehnbachstr. 126, D-6670 St. Ingbert,
Tel. (06894) 36179 (Bildstock/Saar
13.6.49). Lyrik, Fabeln u. Parabeln,

Kurzgeschichten, Satiren, Essays,
Romane.
V: Selbstgespräche, G. 81.

Scherf, Dagmar (Ps. Dagmar Scherf-
Deskau, Dagmar Deskau), Dr. phil.;
Buchenweg 5, D-6382 Friedrichsdorf/Ts.,
Tel. (06172) 78417 (Danzig 21.6.42). Lyrik,
Kurzgeschichten, Filmdrehbuch (Fern-
sehen), Kinderlit., -hörspiele.
V: Der aufgelöste Widerspruch.
"Engagement" u. "Dunkelheit" in d.
Lyrik Joh. Bobrowskis 75; Unsagbar mit
Zeit-Worten, G. u. Fotos 78.
MA: Frauen, die pfeifen, Lyr. 78; Aber
besoffen bin ich von dir, Liebeslyr. 79;
Die Liederkutsche, Kinderliedtexte 80;
Sach- u. Machbuch, Kindertexte 80; Das
neue Sagenbuch 80; Frieden — mehr als
ein Wort, Prosa 81; Unbeschreiblich
weiblich, Prosa 81; Friedensfibel, Prosa
82; Frauen erfahren Frauen, Prosa 82;
Seit du weg bist, Lyr. 82; Wo liegt euer
Lächeln begraben? Lyr. 83.
R: Die Hexe Lauteklau 1-4, Schulfunk
83; Das Gespenst bin ich, Kinderfunk
83; Die Nacht im Freien (in d. Ser.:
Neues aus Uhlenbusch) Fsf. 80.
S: Musik zum mitmachen, Kinderlied-
Text 79 Teldec.

Scherf, Walter (Ps. Tejo),
Bibliotheksdir. i.R., LBeauftr.
U.München; Dt. Jgdb.pr. 60, Zlatou Med.
Československá Společnost pro
Mežinárodní Styky 64, John Greene
Chandler Med. 71, Universitas Studii
Paduani 75, Bdesverd.kr. am Bande 75,
Gr. Pr. Dt. Akad. f. Kinder- u. Jgdlit.
Volkach 76, Omnis libro scientia in
omni-Med. Madrid 76, 6. Premio Europ.
di Letteratura Giovanile Provincia di
Trento-Med. 76, Čestnú plaketu BIB
1977; Dt. Akad. f. Kinder- u. Jugendlit.,
Intern. Kuratorium d. Biennale d.
Kinderbuchillustration Bratislava,
Erich-Kästner-Ges. 76; Glonnweg 15, D-
8067 Petershausen, Tel. (08137) 7615
(Mainz 11.6.20). Lyrik, Lied, Erzählung,
Sachbuch, Essay, Kinderb. **Ue:** D, E, F,
N, Schw, H.
V: Großfahrt, Jgdsachb. 49, 79; In Tipi,
Zelt und Kohte, Jgdsachb. 49, 79; Die
Heimrunde, Jgdsachb. 50, 79; Heijo 1950.
Tb. f. Jungen 49, 1953 52, 1957 56, 1958 57;
Lautlos wandert der große Bär.
Jgdsachb. 52, 82; Der Musterknabe,
Jgdsachb. 53, 65; Das große Lagerbuch.
Jgdsachb. 54, 68; Flossenschwimmer
vom rostigen Rittersee, Jgdb. 54;
Schwedenfahrt, Jgdb. 55, 76; Schweden,
Sachb. 55, 63; Sybille, Sabine und ein
Roller namens Muck, Motorrad-Sachb.

55; Zeltpostille, Erzn. u. Lieder 56, 79;
Keki 1957. Tb. f. Mädchen 56, 1958 57;
Kindermärchen in dieser Zeit?, Ess. 61;
Muschelhorn und Kiefernwurzel,
Bilderb.-Verserzn. 62; Politische Bildung
durch das Jugendbuch?, Krit. Übersicht
63; Preisgekrönte Kinderbücher.
Children's prize books, Katalog. Dok. 69;
Die Besten der Besten. The best of the
best. Katalog. Dokumentation 71, 76;
Projection, identification and critical
participation, Ess. 74; Volksbuch und
Jugendliteratur, Ess. 76; Zauber-
märchentypen, Übersicht 77; Flüchtig
wie Rauch, G. 78; Strukturanalyse d.
Kinder- u. Jgdlit., Ess. 78; Handling og
spaending, Ess. 78; Räuber- u. Lands-
knechtslieder. Biogr. u. Lieder 81;
Bedeutung u. Funktion d. Märchens,
Ess. 82; Räuber u. Landsknechte im
Spiegel ihrer Lieder, Ess. 82; Lexikon d.
Zaubermärchens, Ess. 82. — **MV:** Weiße
Straßen, Lieder m. Heinz Schwarz 50,
66; Tolle Spiele, m. Kajus Roller 49, 79.
H: Das bunte Fenster 57, Ein
Geschn.b. 57; Lisa Tetzner: Vom Zauber-
garten der Volksmärchen, Samml. 60;
Ludwig Bechstein: Sämtliche Märchen
65; Zs. f. Jugendlit. (Schriftleitung) 67 —
68; Hermann Leopold Köster: Gesch. d.
dt. Jugendlit. 68, 72; Sybille von Olfers:
Etwas von den Wurzelkindern 70, 79;
Carlo Collodi: Pinocchio 72, 76; Frances
Hodgson Burnett: Der kleine Lord 75;
Ludwig Nüdling, Maria Altheimer:
Eisenbahn-Bilderbuch 76; Gerda
Neumann: Das Porträt der Frau 77;
Wilhelm Hey/Otto Speckter: Fünfzig
Fabeln f. Kinder 78, Noch fünfzig Fbn. f.
Kinder 78; J. W. v. Goethe/Wilhelm v.
Kaulbach: Reinecke Fuchs 78; Die
Jahreszeiten 79; Vergiß mein nicht 79;
Jacob Grimm/Wilhelm Grimm: Zauber-
märchen 79; Ludwig Bechstein: Zauber-
märchen 79; James Fenimore Cooper:
Der Wildtöter; Jacques Henri Bernardin
de Saint-Pierre: Paul u. Virginie 81.
F: Kein schöner Land 57.
Ue: John Ronald Reuel Tolkien: Der
Hobbit 57, 80; Elizabeth Foreman Lewis:
Schanghai 41, 63, 70; Olle Mattson: Die
Brigg Drei Lilien 64, 67; Charles
Perrault: Märchen aus vergangener Zeit
65, 72; Virginia Allen Jensen: Peters
Fahrrad 70, 77; Jonathan Swift: Gullivers
Reisen 70, 77; Robert Louis Stevenson:
Die Schatzinsel 70, 79; Charles Perrault:
Der gestiefelte Kater 71; Daniel Defoe:
Robinson Crusoe 73, 76; Hermann Bote:
Till Eulenspiegel aus dem Lande Braun-
schweig 74; Elsa Beskow: Hänschen im
Blaubeerenwald 74, 80; Mark Twain:

Tom Sawyer 77; Mark Twain: Prinz u.
Bettelknabe 78.
Lit: Vladimir Anikin: Psichodrama ili
drama? (Detskaja Literatura. Moskva 4)
76; Alfred C. Baumgärtner: Laudatio
(Das gute Jugendbuch 1) 77; Igor P.
Motjašov: Na meždunarodnoj detskoj
volne in: Avtoritet debrogo slova 75;
Dietrich Segebrecht: Es war ein Traum-
beruf. Interview in: Buch u. Bibliothek
Jg. 34 H.6 82.

Scherf-Clavel, Anneliese; Leipziger
Str. 10, D-7090 Ellwangen/Jagst, Tel.
(07962) 3507.
V: Man nehme einen Sonnenstrahl 69,
70; Ich wollt, ich wär ein Kakadu 71; Ich
schenke Dir ein Blütenblatt, G. 78; Ein
kleines Lächeln tut so gut 82.

Scherf-Deskau, Dagmar, s. Scherf,
Dagmar.

Scherfling, Gerhard, freischaff.
Schriftsteller; Siedlerstr. 1, DDR-1261
Lichtenow, Tel. (037394) 613 (Alt-
Landsberg 18.2.19). Kriminalliteratur.
V: Die Zeigungsnotiz, Krim.-R. 73, 78;
Ein blondes Haar, Krim.-R. 76 (auch
ung. u. russ.); Konzeption f. einen Mord,
Krim.-R. 80, 83; Der goldene Schuß,
Krim.-R. 83.

Scherg, Georg, HDoz., Leit. d. Dt.
LStuhls an d. Philos. Fak. Hermann-
stadt; Rumän. Schriftst.verb. 54, Die
Kogge 77; Prosa-Pr. 68, Ue-Pr. 76,
Prosapr. 81; Schriftst.-Vereinig. Sibiu/
Hermannstadt (Süd-Siebenbürgen),
Leiter Dt. Lit. Kr., Hermannstadt 70,
Kurat. Intern. Robert-Musil-Ges. Wien
79; Str. Cîrlova 11, R-2400 Sibiu/
Rumänien, Tel. (0924) 13224 (Kronstadt/
Siebenbürgen 19.1.17). Drama, Lyrik,
Roman, Novelle, Essay; Übertr. v.
Siebenbürg.-Sächs. Lit. **Ue:** Rum.
V: Giordano Bruno, Tr. 54 (auch rum.)
56; Ovid, Tr. 55; Da keiner Herr und
keiner Knecht, R. 57, 68 (u.d.T.: Sturm
über den Karpaten 57); Die
Erzählungen des Peter Merthes, Nn. I
69, II 77, III 83; Das Zünglein an der
Waage, R. 68; Der Mantel des Darius, R.
68 (auch rum.); Die Silberdistel, G. 69;
Penelope ist anderer Meinung, R. 71;
Baß und Binsen, R. 73; Die Spiegel-
kammer, R. 74 (auch rum.); Paraskiv
Paraskiv, R. 76 (rum. 83); Die Axt im
Haus, Erzn. 79; Der Sandkasten, R. 81.
MA: Deutsche Erzähler der RVR 55;
Neue Literatur, Zs. seit 57; Die Literatur
d. Siebenbürger Sachsen in d. Jahren
1849 — 1918, Beitr. z. Gesch. d.
rumäniendt. Dichtung 79.

H: Hermann Kurz: Schillers Heimat-
jahre u.d.T.: Die Wanderungen des
Heinrich Roller, R. 48; Adolf Meschen-
dörfer: Gedichte 69; Adalbert von
Chamisso: Gedichte, Peter Schlemihl,
Reiseaufzeichnungen 71. — **MH:** Gewalt
und Recht, Ausgew. Schrr. 63.
Ue: Ivasiuc Alexandru: Vestibul u.d.T.:
Im Vorhof der Hölle, R. 71; Breban
Nicolae: Animale bolnave u.d.T.: Kranke
Tiere, R. 73; Caraion Ion: Cîntecul rămas
în fluer u.d.T.: Lied das in der Flöte
blieb, G. 74; Ivasiuc Alexandru: Păsările
u.d.T.: Die Vögel, R. 75; Preda Marin:
Marele singuratec u.d.T.: Der Einsame,
R. 76. — **MUe:** Alexandru Toma: Cîntul
vietii u.d.T.: Gesang des Lebens, G. 56;
Michael Königes: Gedichte; Laurenţiu
Fulga: Doamna străină u.d.T.: Die
Fremde, Nn. 70; Es sang ein klein Wald-
vögelein, Siebenbürg. Volkslieder
sächsisch u. deutsch 73; Mihai
Eminescu: Gedichte 73.
Lit: Fromm Walter: Zur Prosa Georg
Schergs, Neue Lit., H. 9 u. 10 76.

Scheriau, Herbert (Ps. Herbert
Flattner), Beamter; IGDA 71, Kärntner
S.V. 75; Sonderpr. d. ARJUPUST 71; Ges.
d. Freunde dt.spr. Lyrik 83, Arbeitskr. f.
Lit. im Kärntner Bild.werk 83;
Anzengruberstr. 40/II, A-9020
Klagenfurt, Tel. (04222) 248622
(Klagenfurt 18.2.33). Lyrik, Lieder,
Aphorismus, Essay, Märchen, Kurz-
geschichte, Erzählungen, Hörspiel.
V: Gurktaler Gschichtn, Erzn. 78; Viel
Brünnlan u. Weg, G. 79.
MA: Alle Wunder dieser Welt, Lyrik
68; Aber den Feind sollten wir lieben,
Lyrik 69; Anthologien I — VII (Beer-
Verlag) Lyrik u. Prosa 66 — 69; Und
dennoch müssen wir leben, Lyrik 70;
Literarisches Spektrum, Lyrik 71, Lyrik
u. Prosa 72; Kärntner Grenzland-Jahr-
buch, Lyrik u. Prosa 73 — 77; Quer,
Lyrik 74; Kurt Schmidt — Ein Maler
und seine Stadt, Biogr. 75; Ein
Dezenium IGDA, Prosa 77; Mauern, Lyr.
78; Tropfen (Schrr. e. Dichterkreises) I-
VII, Lyr. u. Prosa 79-83; Unser Boot
heißt Europa, Lyr. 80.
R: Lyrik, Prosa, Mundart.
Lit: Tedd Ursus in: Ins Licht gerückt
68; Kärntner Grenzland-Jb. 74; Herbert
Scheriau - Herbert Flattner, ein Klagen-
furter Dichter; Die Kärntner Lands-
mannschaft 74, 76; Unvergängliches
Kärnten, Sonderdruck aus: Die
Kärntner Ldsmannsch. 76; Jean
Philippon in: L'Espace Culturel Franco
— Allemand 81; Walther Nowotny: Kein

Autor lauter Töne. H.F. z. 50. Geb. in: Die Brücke 1 83; Günter Kanzian: An den Quellen d. Sprache. H.F. z. 50. Geb. in: Fidibus 1 83.

Scherm, Gerd (Ps. Brian Carlos), Werbetexter, Werbeberater; VS; Förderungspreis d. Stadt Fürth f. Literatur 72, Auslandsstip. d. AA. d. BRD 74; Friedrich-Ebert-Str. 21, D-8672 Selb, Tel. (09287) 1852 (Fürth 21.10.50). Drama, Lyrik, Prosa, Essay.
V: 112 überlegungen in verschiedenen räumen, Prosa 69; spiegeleien, Prosa 71; der clan, Drama 72; zeichen, visuelle Lyrik 75. — **MV:** conception music to be, experiment. Lit., m. Günter Guben 73; Handlungen, Aktionen, m. Niggl, Below, Albrecht D. u.a. 76.
H: Militante Literatur, Lyrik-Anth. 73.
Lit: Eugen Gomringer: Scherms Zeichensprache in Zeichen 75. ( )

Schernikau, Ronald M.; VS 80; Nds. Nachwuchsstip. 81; Dickhardtstr. 42, D-1000 Berlin 41, Tel. (030) 8524115 (11.7.60). Erzählungen, Gedichte.
V: Kleinstadtnovelle 80.

Schertenleib, Hansjörg, Schriftsetzer, freier Autor; SSV 79; Förderpr. SSV 80, Lit.pr. v. Ascona 81, Werkjahresbeitr. d. Kts Zürich 81, Werkj.beitr. Stadt Zürich 82, Werkj.beitr. Bund 82; Krummgasse 8, CH-5623 Boswil (Zürich 4.11.57). Lyrik, Prosa. Roman, Hörspiel.
V: Zeitzünder, G. II 81; Grip, 3 Erzn. 82; Die Ferienlandschaft, R. 83. —
MV: Die Zürcher Unruhe 80.
R: Grip, Hsp. 82.
Lit: Schweizer Schriftsteller persönlich. Gespr. v. Benita Cantienei 83.

Schertz, Walter (Ps. Schertz-Parey), Dr. phil., WissObR.; Hochreiter Weg 21, D-8019 Aßling (Berlin 27.3.21). Lyrik, Roman, Essay, Jugendbuch. Ue: An, Ahd, Mhd, L, G.
V: Nordische Sagen, Jgdb. 56, 70; Wikinger Sagen, Jgdb. 57, 70; Römische Sagen, Jgdb. 57, 78; Eine analytisch-psychologische Deutung der Gestalten der Tetralogie "Der Ring des Nibelungen" von Richard Wagner.
H: Grimmelshausen: Die Abenteuer des Simplicius Simplicissimus 56, 69. Wolfram von Eschenbach: Parzival, Lohengrin 57, 69; Brüder Grimm: Märchen nach der Urfassung der Kinder- und Hausmärchen ausgew. u. bearb. 57, 69.

Schertz-Parey, s. Schertz, Walter.

Schesswendter, Rudolf (Ps. Rolf Schwendter), Dr. jur., Dr. rer. pol., Dr. phil., Prof. f. Devianzforsch. GH. Kassel; GAV 76, im Vorst. seit 79; 3. Pr. d. Wiener Dramaturgie 68; Heinrich-Plett-Str. 40, GHK, FB 04, D-3500 Kassel u. Hasnerstr. 6/33, A-1160 Wien (Wien 13.8.39). Lied, Essay, Sachbuch, Lyrik, Drama. **Ue:** E.
V: Modelle z. Radikaldemokratie 70; Theorie d. Subkultur 71, 78; Ich bin noch immer unbefriedigt, Liedtexte 80; Zur Geschichte d. Zukunft 82.
F: Am Rande 61; Subkultour, auch u.d.T.: Dr. Dr. Dr. Rolf Schwendter 70; Sympathy for the Devil 70; Elsas Liebe 79.
S: Lieder zur Kindertrommel 70; Liedermacher 72; Ingelheim-Festival 74.
Lit: Thomas Rothschild: Liedermacher 80.

Scheuber, Josef Konrad (Ps. Pilgrim), Kath. Geistlicher; SSV 40, ISV 42, Ehrenpräs. seit 73; 1. Preis im Wettbewerb f. Bdesfeierspiele 33 u. 59, im Wettbew. f. Jgderzählungen 50, Innerschweizer Radiopreis 63, Innerschweizer Kulturpreis 68, Ehrenbürger d. Tellendorfes Bürglen 59, d. Kt. Uri 60; Gründer d. TELL-Museums Uri/Bürglen 5 56 — 77; Brückenhaus, CH-6468 Attinghausen, Tel. (044) 21442 (Ennetbürgen, Kt. Nidwalden 29.9.05). Jugendbuch, Volksbuch, Lyrik, Festspiel, Hörspiel, Hörfolge, Feierspiel, Weihespiel, histor. Gedenkspiel, Mundartplauderei, Erzählung.
V: Waldbuben, Jgdb. 33; Trotzli der Lausbub, Jgdb. 36, 68; Trotzli mit dem grünen Käppi, Jgdb. 39, 55; Gewehr von der Wand, Gedenk-Tageb. 40; Trotzli der Dörflibub, Jgdb. 42; Trotzli begegnet dem Bruder Klaus, Jgdb. 46; Jugend im Chor, Sprechchöre u. Sp. 38; Der Geißbub vom Etzlital, Jgdb. 51; Franz Odermatt, der Schwyzer Pfarrer, Biogr. 52; Singendes Land, G. 55; Josef Wipfli, ein Urner Volkspoet, Biogr. 56; Tarcisius, Jgdb. 57, 68; De läbig Bund, Bundesfeiersp. 59; Bruder Konrad Scheuber, Biogr. 59; Trotzli der Student, Jgdb. 61, 68; Ein Urschweizer erzählt, Heimatb. 65, 70; 10 Bde Radioansprachen 'Zum neuen Tag' 66 — 75; Keiner braucht allein zu sein 76; Weihnachten m. Herz 77; Danke schön, Mutter! 78; Mit Mut u. Lebensfreude in den Tag 79; Liebe überstrahlt d. Haus am See 80; Grenzstationen d. Lebens 81.
F: Waldbuben 37.

R: Trotzli, der Lausbub, 3 Sp. 55; Du stilles Gelände am See, Rütlisp. 55; Es Huis, es lacht vil Läbe druis, Hsp. 55; Bruder Konrad Scheuber, 1481 — 1559, Hsp. 59; Ein Haus der helfenden Liebe, Hsp. 59; Bauernkalender: Mund- artplaud. 54 — 73; Zum neuen Tag, Morgenplaud. 54 — 75.

Lit: Es stellt sich vor: Josef Konrad Scheuber in: Das neue Buch 49; Stanser Student 65; Borromäer Stimmen 66.

von Scheuer, Grete (Garzarolli), Schriftstellerin, Journalistin; Ö.S.V., St.S.B., S.Ö.S., P.E.N.; Lyrik-Preis d. Stadt Graz 58, Ehrenpreis z. Rosegger- Pr. d. Steiermark 70, Würdigungspr. d. Stadt Graz 79, Lit.pr. d. Ldes Steiermark 79; Oberer Plattenweg 60, A-8043 Graz, Tel. (0316) 35572 (Aflenz-Steierm. 6.6.00). Roman, Novelle, Essay, Lyrik, Legende.

V: Filmkomparsin Maria Weidman, R. 33; Zerbrochene Posaunen, R. 35; Erb- arbeiter 40; Einer ohne Vater, R. 42; Die lange Nacht, N. 46; Die kleine Nacht- sonate, N. 46; Der Patriarch, N. 51; Die Reise zu den Laubenvögeln, Jgdb. 54; Balthasar, Leg. 55; Der Kirschbaum, G. 57; Johann von Österreich im Licht der Presse 59; Der Kirschbaum, L. 67; Fahrt im Dunkel, R. 72; Ja und Nein, L. 77; Raum u. Zeit, Ess. 79; 20 Jahre Lebenshilfe Steiermark, Festschr. 80. —

MV: Die Maschinenbauer von Andritz, Festschr. m. Mirko Jelusich 52; 10 Jahre Reiner Kreis 82.

H: Kulturalmanach 58, 59, 60; Schnitt einer Aussicht, Anth. 74.

Scheufgen, Hermann *

Scheumann, Gerhard, Regisseur; Verb. d. Film- u. Fernsehschaff. d. DDR 67; Heinr.-Greif-Pr. I. Kl. 65, Nationalpr. f. Kunst u. Lit. d. DDR II. Kl. 66, 69, I. Kl. 80, Goldmedaille "Joliot Curie" des Welt- friedenrates 67, Egon-Erwin-Kisch-Pr. d. OIRT 67, Kunst-Pr. d. FDGB 74, Joh.- R.-Becher-Med. 74, 40 Preise intern. Filmfestivals; Akad. d. Künste d. DDR; Kronenstr. 10, DDR-1086 Berlin (Ortelsburg 25.12.30). Dokumentarfilm, -literatur.

MV: Der lachende Mann 65 (auch russ., poln., tschech., ungar., jugosl.) Kannibalen 67; Der Fall Bernd K. 68 (auch russ.); Piloten im Pyjama 68 (auch russ., poln.); Der Präsident im Exil/Der Mann ohne Vergangenheit 70 (auch russ.); Bye-bye Wheelus 71; Anflug auf Chacabuco 74; Operación Silencio 74 (auch russ., japan., ungar.), beide auch m. P. Hellmich; Filmen in Vietnam 76; Die Teufelsinsel 77 (auch russ.); Phoenix

80; Die Kugelweste 80, alle m. Walter Heynowski.

MH: Briefe an die Exzellenz 80.

F: Reihe "Gedanken um ein Bild" 60; Reportagen u. soziolog. Untersuchungen 60-62; Der lachende Mann 66; PS zum 'lachenden Mann' 66; 400 cm^3 66; Heimweh nach der Zukunft 67; Geister- stunde 67; Der Zeuge 67; Mit vorzügl. Hochachtung, auch m. P. Voigt 67; Der Fall Bernd K. 67; Piloten im Pyjama 68 IV; Der Präsident im Exil 69; Der Mann ohne Vergangenheit 70; Bye-bye Wheelus 71; 100, auch m. P. Voigt 71; Remington Cal. 12 72; Mitbürger! 74; Der Krieg der Mumien 74; Psalm 18 74; Ich war, ich bin, ich werde sein 74; Der Weiße Putsch 75; Geldsorgen 75; Meiers Nachlaß 75; Eine Minute Dunkel macht uns nicht blind 76; Die Teufelsinsel 76; Eintritt kostenlos 76; Der erste Reis danach 76; "Ich bereue aufrichtig" 77; Die eiserne Festung 77; Die Toten schweigen nicht 78; Am Wassergraben 78; Im Feuer bestanden 78; Ein Vietnamflüchtling 79; Die fernen Freunde nah 79; Phoenix 79; Kampuchea. Sterben u. Auferstehn 80; Fliege, roter Schmetterling 80; Exercises 81; Die Angkar 81; Der Dschungelkrieg 82, seit 66 alle m. Walter Heynowski.

R: Begründer und Herausg. d. Fernsehperiodikums "Prisma".

S: Der lachende Mann 66.

Lit: Arbeitshefte d. Akad. d. Künste d. DDR: H. 18 — Der Krieg der Mumien. Werkstattber. ... 74, H. 27 — Dokument u. Kunst 77; H. 34 — Figur d. Kurzfilms 79; Michel: Werkstatt Studio H & S 76; H & S im Gespräch 77; Möglichkeiten d. Dok.films, Retrosp. Oberhausen 79.

Scheurer, Wolfgang (Ps. W. v. Rosen, Hugo C. Welfers-Gran), Kaufmann; Muettersproch-Ges. seit 70, Hebelbund Lörrach seit 76, Burte-Ges. seit 79; Blauenstr. 31, D-7850 Lörrach- Brombach, Tel. (07621) 53219 (Frankfurt a.M. 4.5.38). Gedichte, Theaterstücke, Er- zählungen, Romane.

V: O Welt, wie bisch!? 77, 2. Aufl. 79; Dr März isch kei Mai 79; Sunnestrahl 82.

MA: S lebig Wort, Anth. 78; Nachrichten aus d. Alemannischen, Anth. 79.

Scheutzow, Jürgen W., Lektor; Heinrichstr. 26, D-2000 Hamburg 50, Tel. (040) 453980.

V: Hamburg kennen u. lieben 70, 73; Ibiza kennen u. lieben 71, 82; Mallorca kennen u. lieben 71, 82; Hamburg —

Ansichtssache 72; Rom kennen u. lieben
72, 82; Madeira kennen u. lieben 73, 82;
Ihre Heimat ist das Meer 75; Südamerika 80, 81.

Schewe, Heinz, Auslandskorresp.;
Hohe Warte 7A, A-1190 Wien (Hagen-
Holthausen, Westf.). Reportage, polit.
Biographie. **Ue:** E, R.
V: Moskau - Weltstadt des Ostens 59;
Die Schnurren des Nikita, G. 65;
Borschtsch und wilde Brombeeren 66;
Berichte aus Moskau 68; Report aus
Israel 70; Verliebt in Hamburg 71;
Meine liebsten Reportagen 73; Aus dem
Ärmel geschüttelt, von Hamburg bis
Haifa 72; Pasternak privat 74;
Jahregang 1921. Waren das die besten
Jahre? 75; Darf ich für Dich die Harfe
sein? 76; Vergnügt in Hamburg 77;
Moskau und Leningrad kennen und
lieben 77; Gesucht, Berlin 78; Unter den
Schönen war sie die Schönste. Wiener
G'schichten anno '80 80; Liebe in der
Puszta u. a. Erzn. 81; Gedanken in Moll
82. – **MV:** Moskau - Peking 65. ( )

Schick, Paul, Lehrer; Peterstaler Str.
83a, D-6904 Ziegelhausen (Heidelberg
13.5.28). Hörspiel.
V: Prinz Wegda und der Schornsteinfeger 73.
B: Münchhausens Abenteuer. Nacherzählt 64.
H: Karl Kraus 65, 81; Enne Denne
Dorz 79.
R: Der stumme Manuel 64; Die
gestohlenen Glocken, Erz. 64; Der Löwe
von Handschuhsheim 65; Der reiche
Gazzar 65; Der Silvesternarr 65;
Hölzerlips 66; Freiballon "Adler"
verschollen 66; Abenteuer im Berghaus
66. ( )

Schick, Wilhelm *

Schickel, Joachim, Redakteur NDR;
Hochallee 46, D-2000 Hamburg
(Hamburg 6.10.24). Essay, Lyrik. **Ue:** Ch,
G (Agr).
V: Sieben Tage Chinesisch 63; Große
Mauer, Große Methode. Annäherungen
an China, Ess. 68; China: Die Revolution
der Literatur, Ess. 69; Spiegelbilder
(Sappho, Ovid, Wittgenstein, Canetti,
Marx, Piranesi), Ess. 75; Große
Unordnung, große Ordnung 78; Im
Schatten Mao Tse-Tungs 82. –
MV: Chinesische Gedichte aus drei
Jahrtausenden (Darin Übersetzungen
aus dem Shih-ching) 65; Gespräch mit
Elias Canetti in: Elias Canetti: Die
gespaltene Zukunft.

B: Mircea Eliade: Nächte in Seram-
pore.
H: Weltbetrachtung 10 Uhr abends.
Neunzehnmal Nachtprogramm, Radio-
Ess. 62; Terra incognita. Der Mensch
und seine Landschaft, Radio-Ess. 65;
Minima philosophica, Radio-Ess. 67;
Über Hans Magnus Enzensberger 70;
China – Deutschlands Partner? Politik
Kultur Wirtschaft, Ess. 74; Konfuzius.
Materialien zu einer Jahrhundert-
Debatte 76; Grenzenbeschreibung 80;
Philosophie als Beruf 82. – **MH:** Vom
Geist der Naturwissenschaft m. H. H.
Holz, Ess. 69; Kunst in der Zeit, m. H. H.
Holz, Ess. 69.
Ue: Mao chu-hsi, Shih tz'u san-shih-
ch'i shou u.d.T.: Vorsitzender Mao, 37
Gedichte und Lieder, m. einem pol.lit.
Essay erläutert 65, 78. ( )

Schiede, Gerty (Ps. Jessica Owen,
Patricia Vandenberg, Andrea
Hardenberg, Katrin Kastell), Autorin;
VS 72; Andechsstr. 3, D-8035 Gauting,
Tel. (089) 8502951 (Dessau 11.8.21).
Roman.
V: Liebe auf Privatstation 67;
Geheimnis hinter weißen Türen 67;
Frauenklinik 68, alles Arzt-R.; Der beste
Mann für Mama 73; Ihr größter Wunsch
73; Sommer mit Hannibal 74; Prinzessin
Rubinchen 74, alles Unterhaltungs-R.,
Rd 400 R. u. Kurzr. d. Trivialllit. 63 – 76,
u.a. Arzt-Serie "Dr. Holl" u. "Dr.
Norden"; Familienserie "Die Auerbachs"
bis 80.

Schiefele, Hans, Sportredakteur;
Verein Münch. Sportpresse 48;
Journalistenpreis 51; St. Martinstr. 44,
D-8000 München 90, Tel. (089) 6911748
(Babenhausen, Schwaben 1.10.19). Sport.
V: Rund um den Fußball 63; Fußball-
ABC 64.
MA: (Ghost-writer): Franz Becken-
bauer: Gentleman am Ball 68.
MH: Sepp Maier 75.

Schiefer, Hermann, s. Ayren, Armin.

von Schiefner, Alexandra (Ps. von
Sazenhofen); V.G.S.; Dorotheegasse 10/
II, A-1010 Wien (Eger 4.6.00). Roman,
Novelle, Essay, Drehbuch.
V: Der Fall der Schwestern Freyrich,
R. 35; Sylvia wird gesucht, R. 36 (auch
ital.); Morgen fahren wir, R. 38, 41; Die
Brücke von Berber, R. 51; Junge Liebe,
N.; Konzert in Dur, R. 59, u.a. ( )

Schierenbeck, Anne Maria;
Osterdeich 108b, D-2800 Bremen
(Blankenburg a. Harz). Tierbuch.

V: Die uns am meisten lieben. Ein
Lebensweg m. Hunden, Tier-R. 63;
Puma, die gelbe Perserin, Liebesgeschn.
um e. schöne Katze, Tier-R. 66.

Schiering, Helmut *

Schiff, Hans Bernhard (Ps. Wolfgang
Geyse), Lehrer; VS Saar seit 59; Aleko-
Pr. 72; Ottstr. 2, D-6600 Saarbrücken 1,
Tel. (0681) 77386 (Berlin 20.3.15). Lyrik,
Novelle, Essay, Radio-Essay, Sachbuch,
Übers. **Ue:** F, E.
V: Du bist nicht etwa frei geboren,
Lyr. 56; Wölkchen, Erz. 56; Odysseus,
Hsp. gedr. 56; Die Rothaarigen, Sachb.
60; Gerecht ist die Erde, Lyr. 62;
Marsyas, Opern-Libretto 65; Abstraktes
Lesebuch — August Clüsserath 67; Erde
wo ich lebe, Lyr. 77; Pifferjakob u.
Trommelsepp, Sagen d. Saar 78; Don
Quichote u. d. Kinder, Jgdb. 82; Pausen-
geschichten 82.
MA: Saarländ. Anthologie, Lyr. 56;
Almanach 1974/75 75; Begegnung mit
Gustav Regler 78; Robert Musil in: Saar-
brücker Hefte 82.
H: Saarländ. Alm. 65, 68, 72; Johannes
Kirschweng: Erzählte Welt 70; Mit
Kirschweng durch d. Jahr 83.
R: Benjamin Constant, Die Thibaults,
Der Technokrat u. d. Volkstribun, Jean
Cocteau, alles Rdfk-Ess.; Emily
Dickinson 82.
Ue: Emily Brontë: Stürmische Höhen
58; Edna St. Vincent-Millay: Sonette
77. — **MUe:** Neue Poesie aus Georgien
78.

Schiff, Michael, Journalist,
Schriftsteller; VS Bayern, c/o
Lichtenberg Verlag, München (Kassel
29.9.25). Kurzgeschichte, Satire, Sach-
buch.
V: Mach Dein Hobby selbst 59; Ist das
eine Wirtschaft 60; Geld wie Heu 62;
Von Abs bis Zwiebelmuster 63, 69;
Hochverehrte Mitesser, Bunderdeutsche
Tischreden 71; Bundesdeutsche Fauna
und Flora 72, alles Satiren. —
MV: Tendenz heiter. Rund um den
Bankschalter 61; So blühen die
Geschäfte. Das Geheimnis der
Wohlfahrtsformel 61; Redetraining,
Lehrb., erweit. Neuausg. 80.
H: Radio Eriwan antwortet 69, 78;
Radio Eriwans Auslandsprogramm. —
MH: Neues von Radio Eriwan 70.

Schiffer, Fritz (Ps. Gottfried Walter),
Uhrmacher u. Juwelier; Buchpr. AWMM

80; Kölnstr. 13, D-5160 Düren, Tel.
(02421) 14138 (Düren 12.3.01).
V: Sein u. Werden, Lebensbeschreib.
79.

Schiffer, Wolfgang, M.A., Autor; VS 76;
Hörfunkpr. d. Bdesarb.gem. d. Freien
Wohlfahrtspflege 77, Förderpr. f. Lit. d.
Ldes NRW 78; Eiserweg 41, D-5064
Rösrath-Kleineichen, Tel. (02205) 7707
(Nettetal-Lobberich 5.5.46). Lyrik,
Roman, Hörspiel.
V: Die Befragung des Otto B., R. 74;
Ohne Titel, Fotos u. G. m. W. Ehlert
79. — **MV:** Sprechstörungen, Hsp. 80; Es
ist schwer durch diesen Zuckerberg
hindurchzukommen, Bü. m. Charles
Dürr 80.
MA: Jb. d. Lyrik 79; Jb. f. Lyrik 80.
R: Ein schlechtes Gewissen hat schon
manchen gebissen, Kinderhsp.;
Verurteilt — Christa Palms Briefe in
den Knast; Der andere geigt, der
nächste frißt Gras — Gertrud;
Überschuß od. 5 Tage im Leben d.
Akademikers Peter Bachmann, alles
Hsp. m. Charles Dürr; Adrian od. Arten
der Liebe, Hsp. ( )

Schiffers, Winfrid (Ps. Wyn van Aken),
Pfarrer (Aachen 11.2.31).
Jugenderzählung, Essay, Drama, Lyrik.
Ue: N.
V: Die Schmugglerhütte, Jungen-Erz.
55; Jungen, Gott und 8 PS, Jungen-
Erz. 56; Das große Geschenk, Ess., G. u.
Kurzgeschn. 57; Nun sehet den Stern,
Weihnachtssp. 58; Marhabba, Reise-Erz.
59; Besser zu zweit, Ess. 60; Das Stein-
heimer Kreuzsp., Laiensp. 61; Olga
Lepeschinskaja, Dr. 64; Du hast die
Antwort längst, G. 65; Das Konzil
kommt in ein Dorf, R. 67; Freiheit für
Onesimus, Bü. 76; Aqaba, R. 78; Du hast
d. Antwort längst. Psalmen f. uns. Zeit
82; Man glaubt es kaum. Mit e. Priester
unterwegs 83.

Schild, Kurt (Ps. Franz Josephstadt),
Geschäftsführer; Heinrich-Bingemer-
Weg 33, D-6000 Frankfurt a.M. 60, Tel.
(06194) 21784 (Wien 26.12.26).
V: Soziale Demokratie ohne Freiheit,
Zeitkritik 73.

Schildger, Ernst, Rektor; Neue Lit.
Ges. Marburg, Intern. Dialekt-Inst.
Wien; Weidenweg 10, D-6369 Schöneck,
Tel. (06187) 7466 (Düdelsheim/Wetterau-
Kr. 23.3.27). Dialektlyrik.
V: uff jeden fall baß uff. dialekt
dialektisch, G. u. Sprüche in main-hess.
Umgangsspr. 81. — **MV:** Hessisch
Herzkloppe, Mda. aus Hessen 79; Kleine

Bettlektüre für Leut, die e hessisch
Herz uff de Zung habbe 81.

von Schill, Claudia Beate (Ps. Albert
Sand, Claudia J. B. Schill, Solange Stein,
Claudia von Schill-Heine), VH Dozent,
Übersetzerin, Lit.-Kritikerin; VS Bad.-
Württ. 80; Anerkenn.pr. d. Zs. "Under-
ground" 68, Robert-Walser-Förderpr. d.
Fürstentums Liechtenstein 73, Jahres-
stip. d. Stadt Straßburg 73/74, 1. Lit.pr. f.
Kurzgeschn. d. Lit.vereins Kreuzingen
75, Friedrich-Hölderlinpr. d. Fürstentums Liechtenstein 77, 1. Lyrikpr. d.
Heidelberger Lit.vereins "Freies Forum"
78; Shakespeare a. Company/Paris &
London 75, "Gaza"-Kellerclub f. Künst-
ler im Schloß zu Darmstadt 76, Kunst-
initiative "Neruda", Darmstadt 78, Ges. f.
Kunst aller Art zu Schloß Babstadt
(GKB) 79, Société Ruée, Paris 79, Intern.
Kunst-Kern, Sylt 80; Im Heckengarten
17, D-6902 Sandhausen b. Heidelberg u.
83, Rue de la Tombe-Issoire (Atelier A-
2), F-75014 Paris, Tel. (06224) 4259 u. (01)
327-1909 (Tübingen 17.11.52). Literatur-
kritiken, Gedichte, Essays, philos.
Abhandl., Romane, Drehbücher,
Märchen, Erzählungen, Sachbücher.
Ue: E, F.

V: Das Spiel beginnt, Prosa m.
Sprechrollen 67; Rettungsanker f.
Gerechtigkeit erbeten, Erz. 68; Das Los
wurde erfolglos verlost, Prosa u. G. 68;
Die Hölle befindet sich auf Erden, G. 68;
Man pflücke d. Früchte d. Illusion, G. 68;
Melancholie verzweifelter Hoffnung,
Erz. 69; Schönheit voll Schmerz, G. 69;
Worte sagten schon zuviel od. d. aufge-
wärmte Suppe, G. 69; Babylon. Sprach-
wirbelsturm, Prosa u. G. 70; Menschen
mit Maulkörben, R. 70; Die ungebändig-
ten Verse, Prosa u. G. 70; Musikalität in
Sprache getaucht, G. 70; Irdisches Fege-
feuer, Prosa 71; Der Wunsch e. Neu-
beginns, philos. Prosa 71; Luthers u.
Fausts kreisende Kreise, Erz. 71; Das
rebellierende Gedächtnis, Lyr. u. Prosa
71; Eine ausweglose Situation, G. 71;
Reisnägel mit Reis im Magen, Erz. 72;
Die hüpfenden Sätze, Prosa 72; Von
wegen Plauderton, G. 72; Hexe Wanda
Warzenbuckel, M. 72; Immer werden wir
Fremdlinge sein, G. 72; Geplauder im
Hölderlinturm, M. 73; Die magische
Kerze d. Herrn Zündholz, R. 73; Revolte
im Jenseits, Erz. 73; Die Ungenießbaren,
Erz. 73; Der leere Stuhl, Erz. 74 (auch
engl.); Lieder e. verzauberten Fee, M. 74;
Aus der Tiefe d. Seelenmeeres, Erz. 74;
Der Sturz in d. Tiefe, Erz. 74; Lilaner
Spiegel mit Siegel, Erz. 74; Sonne im

Skorpion u. e. auswegslose Situation,
Erz. 74; Auferstehung aus d. Asche, Erz.
74; Die verlorenen Seelen, Erz. 74; Leit-
fäden ziehen Leid zusammen 74; Das
Tor d. Abendsterns, Erz. 76 (auch engl.);
Die verhexten Verführungen, Erz. 76
(auch engl.); Der Weg d. Sinnlosigkeit,
philos. Prosa 76; Der Käfig soll sich
öffnen, gesellsch.krit. M. 76; Treue tötet
Treue durch Treue, Erz. 76; Die sanften
Ungeliebten, Erz. 77; Besonnene
Möglichkeiten, G. u. Prosa 77; Der
gehörnte Vollmond, M. 77; Die rot-
bäuchige Hummel, M. 77; Das schwache
Licht d. Verstandes nimmt ab, Erz. 77;
Der Entschluß bekam einen Hexenschuß, Bü. 77; Am Ende aller Weisheit,
Erz. 77; "Revolution" in Zeilen od. Suche
nach d. verlorenen Paradies, G. 78,
Sonderexpl. 82; Der Flammenprinz, M.
78; Die Welt ist verdreht, sodaß sie
vergeht, G. 78; Der bankrotte Schlaf od.
das immerzu schlafende Bett, gesell-
sch.krit. Kurzerzn. u. G. 78; Das heilige
Land brachte ihm Glück — als sie sich
fanden — wollte er nicht mehr zurück,
Erz. 78; Die Verrücktheit tut mir
langsam leid, G. 79; Der tragische Spaß,
G. 79; Im Lande d. Magie-Würfel d.   •
Unverstands 80; Wölfe im Schafpelz,
beides gesellsch.kritische M./Kurzprosa
80; Deutschland — ein Eisalptraum —
höflich behandelte Gedankenblitze 81
IX; Am Ende war alles vergebens, R. 83;
Partita d. Wahnsinns in D-Moll, R. 83;
Engel d. Elegie, G. 84; macht Macht
machtlos, R. 84.

MA: Bekenntnis d. an sich Schuldlosen 73; Gezackte Schicksalsmühlen 73;
Menschen fristen im Gefängnis ihr
Dasein 73; Wohin führt unser Weg 74;
Die verseuchten Machenschaften 75;
Klage e. Dulders üb. sein Elend 75;
Kinder im Kibbuz 75; Dt. Juden u. jüd.
denkende Deutsche 75; Schattenmario-
netten u. Sonnennixen 76; Philos.
Gedanken z. jüd. Glauben 76; Die Groß-
mut rechnet das Wollen 77; Das unsterbliche Papier 77; Das Vermächtnis
der Toten 77; Abschied v. Jean Améry
77; Im Grabesschweigen spielten Geigen
78; Endlich Frieden mit Ägypten? 78;
Virginia Woolf: Seiltänzerin zw.
'Genialität' u. 'Irrsinn' 78; Es grünt so
grün auf Dtlds Parteiwiesen 78; Der
Wald d. Harmonie, Neopathet. Cabaret
78; Aus Gründen u. Abgründen,
Neopathet. Cabaret 78; Gesichts-
spiegelung im Teich, Neopathet. Cabaret
78; Der defekte Blitzableiter, Neopathet.
Cabaret 79; Der Späher 79; Gewaltige
Risse 79; Spiegel u. Zerrspiegel 80;

Wenn Hinkelschindel d. Krieg nicht gekriegt hätte ... 80; Du darfst mich ruhig genießen, Drehb. 80; Traumwelle-Syndikat 80; Gedanken — Einsichten — Meditationen 80; An alle heimatlosen Traumtänzer 80; Heidelberger Manifest — Bsp. Haverbeck 81; Kennzeichen Schwalbe 81; Der Widerstand lebt in Chile 82; Gedanken z. Übersetzbarkeit v. Lyrik 82; Der Baum soll Friedens-früchte tragen 82; Wieviel Wohnungen besitzt d. Haus 82; Korrespondenz — Ostdt. Kulturrat 82; Gestern u. Heute 83.
F: L' odyssée et un enfant; Poor cow; We are all plumbers by trade 78.
R: Das heilige Land brachte ihm Glück — als sie sich fanden — wollte er nicht mehr zurück, m. Kevin Henty, Fsf. 79; Wölfe im Schafspelz. Für Green-peace, gesellschaftskrit. M., Rdfk-Sdg 82; Osten od. "Wilder Westen", m. Wolf Deinert, spontane Dispute, Rdfk-Sdg 83; 1 Rdfk-Sdg in Dänemark.
Ue: André Breton: Herablassende Bekenntnisse, 4 Aufs. 81.
Lit: Théophile Barbu: üb. Claudia v. Schill. Ed. Soleil, Paris 82.

Schill, Claudia J. B., s. von Schill, Claudia Beate.

von Schill-Heine, Claudia, s. von Schill, Claudia Beate.

Schillbeil, Ark, s. Lieblich, Karl.

Schilli, Johanna, s. Mucker, Gerda.

Schilliger, Josef-Karl-Xaver, kath. Pfarrer; 10, rue Violet, F-75015 Paris, Tel. (01) 5750972 (Weggis b. Luzern 3.11.18). Biographie, Jugend-Erzählung, Hörspiel.
V: Der Heilige der Atombombe, biogr. Jgd.-Erz. 53, 60 (auch engl., ital., kroat., slow.); Der Millionär auf d. Henker-karren, biogr. Jgd.-Erz. 55; Rebell auf d. Grünen Insel, Biogr. 83.
R: Wie Josef Lopahong zum Caritas-apostel wurde, Hsp. 55.

†Schilling, Helmut, Dr. phil.; SSV, Be.S.V., Schweizer P.E.N. 80, D.U.; Lit.pr. der Stadt Bern 46, 67; Präs. Ges. Schweiz. Dramatiker 57; Jubiläumstr. 53, CH-3005 Bern (Bern 28.8.06). Drama, Lyrik, Roman, Novelle, Film, Hörspiel.
Ue: E, F.
V: Der Franzose im deutschen Drama 31; Die siebente Brücke, Nn. 39; Das letzte Gespräch 41; Das wandernde Lied, Erzn. 41; Das Friedensspiel 42; Der Quell, G. 43; Die blinden Augen, Erz. 47; Die Würfel sind gefallen, Sch. 49; Passagier sieben, Sch. 51; Die Zwillings-brüder, Erz. 52; Dromo, der schlaue

Knecht, Sp. 53; Maske Mirabeau, Sch. 55; Das kleine Narrenspiel 56; Die Flucht, Einakter; Grad dä, Dialekt-Ein-akter 57; Begegnung mit Mak, R. 57; Das Balsthaler Weihnachtsspiel 58; Peter Struwwel lebt, Sp. 62; Der Uftrag, Dialekt-Sch. 63; Experiment René, Sch. 65; Die Kartenlegerin, N. 68; Erbschaft, Kom. 70; Sprich mit Elza Knersc, Monodr. 71; Carico der Clown, Monodr. 71; Marco Polo, Monodr. 72; Aufbruch z. Gericht, Monodr. 72; Mein Sohn, Monodr. 73; Kleiner Bote, N. 76; Palette, Erzn. 77; Der Herr in Schwarz, N. 77; Die Sternsinger, Sp. 81. — **MV:** Bern-Buch, m. F. A. Roedelberger 54.
R: Die wiederholte Hochzeitsreise 60; Die Braut des armen Heinrich 61, alles Hsp.
Ue: Kenneth Gandar Dower: Der gefleckte Löwe 43.

Schilling geb. Kollmann, Martha Elisabeth; Unterm Buchberg 6, D-8636 Creidlitz, Tel. (0961) 10453 (Sandow/ Mark Brandenburg 11.3.04). Erzählung, Essay.
V: Das Jahr an der Laske, Erz. 49, 55; Von Ufer zu Ufer, Erz. 55, auch u.d.T.: Christophs neuer Freund 60.
MA: Volkskundl. Aufsätze in versch. Jahreskalendern u. Zt.
R: Luther in Coburg 61; Aus Ludwig Richters Frankenfahrten 65.

Schimanek, Jürgen; Lettenstr. 3, D-7841 Auggen, Tel. (07631) 12292 (Münster/Westf. 8.8.39). Roman.
V: Na, komm! Babetts schwerer Weg ins Glück 69; Negerweiss, Entwickl.roman 79; Die Staatssekretärin, R. aus Bonn 81.

Schimansky, Gerd, Dr. phil., Dir.; Zum Mühlenberg 11, D-5845 Villigst, Tel. (02304) 70451 (Düsseldorf 24.8.12). Roman, Novelle, Jugendliteratur.
V: Die neue Erde, R. 51; Der falsche Sohn, Erz. 51; Die Befreiung, Erz. 52; Die Galgenfrist, Erz. 53; Gerufene sind wir, G. 54; Die Nacht wird nicht dunkel bleiben, Erz. 54; Kein Herz ohne Maske, Erz. 56; Sternenbeichte, R. 58; Dein Weg in die Welt. Ein Buch f. junge Menschen 58, 59 (auch norw.); Im Zorn der Sonne, Erz. 64; Die Toten leben, Swedenborgs Jenseitsvisionen 73; Das Unheimliche, ein Psi-Report 75 (auch finn.); Was halten Sie vom Bösen? 76; Zwiesprache m. dem Glück 78; Gottesvergnügen 79; Abschied vom Ärger 80; Sebastian Franck 80; Der Christ u. die para-normalen Phänomene 81; Der Himmel ist unterwegs 81; Licht-Blicke 82;

Immer neue Friedensschlüsse — in Liebe, Ehe u. Erzieh. 82; Mut z. Weitermachen 83, alles Sachb.; Ich lüge mich an die Wahrheit heran, Erz. 83.

MA: Schaut den Stern, Erzn. 52; Die Teufelsfalle, Erzn. 53; Du bist nicht allein, Erzn. 53; Wem die Christnacht leuchtet, Erzn. 53; Nun geht ein Freuen durch die Welt, Erzn. 54; Einen Schritt vor der Freiheit, Erzn. 55; Vom Licht der Welt, Erzn. 55; Ostergruß, Erz. 55; Unendlich mehr die Liebe, Erzn. 56; Das halbe Brot, Erz.; Wegweisende Hände, G. 57; Bis an der Welt Ende, Erzn. u. G. 58; Weggefährten, Erz. 62; Christl. ABC heute u. morgen seit 78.

Schimmang, Jochen, c/o Suhrkamp-Verlag, Frankfurt a.M.

V: Der schöne Vogel Phönix, Erinn. e. Dreißigjährigen 79; Das Ende d. Berührbarkeit, Erz. 81.

MA: Rutschky: Errungenschaften 82; ders.: 1982. Ein Jahresber. 83.

MH: Liebesgeschichten. Verständig.texte 82.

Schimmel, Annemaria, Dr. phil. et sc. rel., UProf. Harvard Univ.; Friedrich-Rückert-Preis d. Stadt Schweinfurt 66, Gold. Hammer-Purgstall-Med. 74, D. Litt. h.c. Univ. of Sind 75, quaid-i Azam Univ. 76, Univ. Peshavar 78, Voss-Pr. 80, Bdesverdienstkreuz 1. Kl. 81, Hilal-i Imtiyaz 82; Foreign. Member Royal Acad. Netherlands; Lennéstr. 42, D-5300 Bonn, Tel. (0228) 223197 (Erfurt 7.4.22). Lyrik. **Ue:** Arab, Per, T, Ind (Sindhi, Urdu).

V: Lied der Rohrflöte, Ghaselen 48; Pakistan. Ein Schloß mit tausend Toren, Reiseber. 65; Türkische Lyrik vom 13. — 20. Jahrhundert 74; Zeitgenössische Arabische Lyrik 75; Mystical Dimensions of Islam 75; Pain and Grace 76; Islamic Calligraphy 70; Sindhi Lit. 74; Classical Urdu Lit. 75; The Triumphal Sun 78; Mirror of Eastern Moon 78; A Dance of Sparks 79; Islam in the Indian Subcontinent 80; As through a Veil. Mystical Poetry in Islam 82; Die oriental. Katze 83.

H: Orientalische Dichtungen in Übersetzungen Friedrich Rückerts 63. — **MH:** Lyrik des Ostens 52, 65; Hammer-Purgstall: Zwei Abh. zur Mystik u. Magie d. Islam 74; Anvari's Divan. A Pocket Book f. Akbar.

Ue: Yakup Kadri: Flamme und Falter 48; Muhammad Iqbal: Buch der Ewigkeit 57, Botschaft des Ostens 63, Persischer Psalter 68; Maulana Dschelaladdin Rumi: Aus dem Divan 64;

al-Halladsch: Märtyrer der Gottesliebe 68; John Donne: Nacktes denkendes Herz 69; Mirza Ghalib: Woge der Rose, Woge des Weins 71; Gärten d. Erkenntnis 82; Unendliche Suche (Schah Abdul Latif) 83. — **MUe:** O. Spies: Das Geisterhaus 49.

s. a. Kürschners GK.

Schimmel, Heinz, Eurythmist, Leiter d. Schule f. Eurythm. Kunst Hannover; Ostermeierstr. 5, D-3000 Hannover 72, Tel. (0511) 520026 (Goslar 23.3.45).

V: Der TANZ im Wandel d. Zeiten u. d. neue Kunst d. EURYTHMIE 77, 4. überarb. Aufl. 81; Unterwegs, G. 80.

Schinagl, Helmut, Dr. phil.; Öst. P.E.N.-Club, Ö.S.V.; 1. Literaturpreis f. Lyrik u. Prosa d. Öst. College 52, 1. Literaturpr. f. Lyrik d. Öst. College 54, 1. Lyrikpr. d. Stadt Innsbruck 55, Kunstförderungspr. f. Prosa d. Ldeshauptstadt Innsbruck 64, Jgdb.-Sonderpr. d. Öst. Bundesverl. Wien 66, Theodor-Körner-Preis 69, DR.-Koref-Pr. Linz f. dram. Dichtung; Turmbund; Kapellenweg 3, A-6460 Imst/Tirol, Tel. (05412) 29813 (Innsbruck 24.1.31). Roman, Novelle, Kurzgeschichte, Lyrik, Hörspiel.

V: Die Jungfrau und das Tier, N. 58; Judas in der Mühle, R. 62; Höllenmaschinen schreien nicht Mama - und andere Surreatesken 65; Der blaue Kristall. Der Lebensroman d. Malers Franz Marc 66; Fallendes Feuer, Lyrik 67; Die dunklen Flöten des Herbstes. Der Lebensroman des Dichters Georg Trakl 71; matutin auf kap kennedy, Lyrik 72; Die Älpler und ihre Lustbarkeiten, Sat. 74; Neues vom Grafen D., Surreatesken 75; Das Lama Balthasar, Erzn. 76; Plüsch, Barock und Milchrahmstrudel, Sat. 76; Sonderbarer Heiligenkal. 79; Berenice od. Die Möbiusschleife, R. 82; Aufruf z. Widerstand, Lyr. 83.

MA: G. in mehr. Anth.; Kurzgeschn. in zahlr. Zss.

R: Jobal und die vier Reiter 64; Mittelstation 67; Nächtlicher Dialog 69; Der grüne Vorhang 69; Requiem für Manon 70; Das Licht leuchtet 70; Der Wunderbaum 71, u.a.

Lit: Hugo Bonatti: Ein Dreiklang aus Poesie, Musik u. Malerei in: Begegnungen 69; Bortenschlager: Geschichte der Spirituellen Poesie; ders.: Tiroler Drama im 20. Jh.; Paul Wimmer: Lit.gesch. Tirols.

Schindler, Edith; Peter Acher 2, CH-8126 Zumikon.

V: Wenn ich großen Hunger hab, fang ich an zu kochen 74, 79; Das Regentier kommt 76; Schlaf gut, träume schön, Gesch. 82; Koch mich — iss mich, Kinderkochb. 82. — **MV:** Pecos Bill, die umwerfende Geschichte vom größten Cowboy aller Zeiten, m. F. Hetmann 75. ( )

Schindler, Eva, akad. gepr. Übersetzerin; Pfettenstr. 7, D-8000 München 60, Tel. (089) 8112170 (München 12.5.30). Roman.
V: Das Gasthaus am Gries, R. 79.

Schindler, Karl, Dr. phil., StudDir. a.D.; Kg.; Eichendorff-Ges., Wangener Kreis; Säbener Str. 194, D-8000 München 90, Tel. (089) 646622 (Mährisch-Weißkirchen 1.11.05). Essay.
V: Das Leben d. Anna Bernard, Ess. 69; So war ihr Leben, Bedeutende Grafschafter aus vier Jh., Ess. 75; Die Entstehung der Eichendorff-Gilden, Ess. 78.
H: Des Angelus Silesius Cherubin. Wandersmann 28; Gottinnige Frömmigkeit. E. Angelus-Silesius-Büchlein 48; Zu Gast im Herrgottsländchen. Erlebn.ber. u. Erinn.bilder aus d. Glatzer Bergland 80. — **MH:** Hertha Pohl: Ich bin der Betroffene, Nn. 54.

Schindler, Kurt, Former, Journalist; Berliner Str. 11, D-6340 Dillenburg 1, Tel. (02771) 22145 (Trautenau/ Tschechosl. 2.6.39). Roman, Essay, Erzählung.
V: Hibiskusblüten u. Kannibalen, Erz. 78; Hoa-Sen — Lotosblume aus Vietnam, Erz. 80; Der Edelstein v. Babylon, R. 83.

Schindler, Regine, Dr.phil.; Be.S.V. 82; Waldhöheweg 29, CH-3013 Bern, Tel. (031) 416777 (Berlin 26.5.35). Erzählungen, Gedichte. Gebete für Kinder. **Ue:** F.
V: Grosse Gott — singsch Du im Wind?, Gebete 73, 8. Aufl. 83; Auf d. Strasse nach Weihnachten, Erzn. 76, 3. Aufl. 83; Pele u. d. neue Leben, Kdb. 81; Hannah an d. Krippe, Kdb. 81, 2. Aufl. 82; Gott, ich kann mit dir reden, Gebete 82; Der Weihnachtsclown, Erzn. 82.
H: Weihnachten ist nahe, Anth. u. Sachb. 81.

Schinnerer-Kamler, Lorle (Ps. Klaus Valentin); Ö.S.V. 48; Mosenthalweg 6, A-1180 Wien, Tel. (0222) 441179 (Konstantinopel 25.9.06). Roman, Biographie, Novelle, Essay, Film, Kurzgeschichte.

V: Dagny Servaes, Biogr.; Maria Eis, Biogr. 61. — **MV:** Burgtheater Almanach 65/66, 67/68.
H: Franz Servaes: Grüße an Wien 48, Jahr der Wandlung, R. 49.

Schinzel, Antonio *

Schinzer, Walter, Referent i.R.; Waldecker Str. 12 A, D-3500 Kassel-Harleshausen, Tel. (0561) 88958 (Kassel 31.7.06). Jugendbuch.
V: Hurra wir fliegen!, Jgdb. 34; Blechschuster, Jgdb. 35; Die Faltbootpiraten, Jgdb. 36; Ritterschaft unter dem Kreuz, Bekenntnisb. 37; Zwei Jungen und ihr Sturmvogel, Jgdb. 37; Abenteuer am Bodensee 38, 50; Der Reformator, Lutherbiogr. 39; Zwirbel die Stift und sein Geheimnis, Lehrlingsgesch. 39, 51; Gipfelstürmer, Jgdb. 40, 70; Notsignal für FD 7007, Jgdb. 46, 58; Hunger nach Leben!, Tageb. eines Heimgekehrten 47; Das große Jahr der schwarzen Panther, Jgdb. 52; Gefährliche Strahlen, Jgdb. 53; Die goldene Freiheit, Jgdb. 54; Die Insel des Komikau 56; Robby und die roten Rebellen 63; Livingstone 63; Panthertatze und der Jaguar 64; Die seltsamen Abenteuer des K. A. F. W. Schulze; Spielen - Raten - Lachen; Die Bombenbuben von Karstedt, Jgb. 68; Zwei Jungen auf See vermißt 75, u.a. — **MV:** Mutig voran. Hdb. f. Jungschararb. 65; 24 kurze und noch kürzere Geschichten, Jgdb. 68.
MA: Der Silberfaden, Weihnachtsgeschn. 38; Jungschararbeit, wie macht man das? 77; Die Weihnachtsgeige, Jgdb. 77; Bingo auf der Fährte, Jgdb. 78; Schatzsucher am Rubinhorn, Jgdb. 78; Im Tal der tausend Türme, Jgdb. 78.
H: Jungscharkalender 56 — 77; Jungschar-Jahresrüste 57 — 77.

Schiprowski, Alex *

Schirk, Heinz, Drehbuchautor, Regisseur; Im Hasengrund 36, D-6101 Bickenbach/Bergstr., Tel. (06257) 2973 (Danzig 22.12.31). Film, Fernsehspiel, Roman.
V: Der Sohn d. Bullen, R. 80; Rubecks Traum, R. 82.
R: O, süße Geborgenheit; Der Mann aus London (n. Simenon); Autos; Die Rache (n. Mnacko); Das Kind; Ein Wagen voll Madonnen; Der Heiligenschein; Waffen f. Amerika (n. Feuchtwanger); Der Mix; Betti, die Tochter; Rubecks Traum; Der Sohn d. Bullen, alles Fsf.

Schirmann, Li, s. Gebert, Li.

Schirmbeck, Heinrich, Erzähler,
Kultur- u. Wissenschaftsphilosoph; VS
50, P.E.N. 59; Großer Lit.Pr. d. Akad. d.
Wiss. u. Lit. Mainz 50, Förderpreis z.
Immermann-Pr. d. Stadt Düsseldorf 61;
Dt. Akad. f. Sprache u. Dichtung
Darmstadt seit 62, Akad. d. Wiss. u. d.
Lit. Mainz seit 64, Akd. R. d. Humboldt-
Ges. 69; Park Rosenhöhe 13, D-6100
Darmstadt, Tel. (06151) 712583
(Recklinghausen 23.2.15). Roman,
Novelle, Erzählung, Essay, Kurz-
geschichte, Sachbuch, Radio-Essay,
Feature. **Ue:** E, F.
V: Die Fechtbrüder, Nn. 44;
Gefährliche Täuschungen, Erz. 47; Das
Spiegellabyrinth, Erzn. 48; Ärgert dich
dein rechtes Auge, R. 57 (auch engl.,
amer.); Der junge Leutnant Nikolai, R.
58, 69; Die Nacht vor dem Duell, Erzn.
64; Die Formel und die Sinnlichkeit -
Bausteine zu einer Poetik im Atom-
zeitalter, Ess. 64; Ihr werdet sein wie
Götter - Der Mensch in der biologischen
Revolution, Futuris. Anthropologie 66
(auch franz., niederl., span.); Vom Elend
der Literatur im Zeitalter der Wissen-
schaft, Ess. 67; Träume und Kristalle,
Erzn. 68; Aurora, Erzn. 69; Die moderne
Literatur und die Erziehung zum
Frieden, Ess. 70; Tänze und Ekstasen,
Erz. 73; Schönheit und Schrecken - Zum
Humanismusproblem in der modernen
Literatur, Ess. 77; Die Pirouette des
Elektrons, Erzn. 80; Franz Nauen.
Porträt e. Pädagogen der Weimarer Zeit,
Biogr. Abh. 80.
MA: Peter Suhrkamp: Taschenbuch
für junge Menschen 46; Hermann Fried-
mann u. Otto Mann: Christliche Dichter
der Gegenwart: 55, 60; Gunthar Lehner:
Im Brennpunkt: Der neue Mensch 61,
u.a.
MH: Albert Theile: Kunst in Afrika
61; Gustav Schenk: Der Mensch 61.
R: Rd 400 Funkessays.
Ue: O. Henry: Straßen des Schicksals,
Erz. 48.
Lit: F. Lennartz: Dt. Dichter u.
Schriftsteller unserer Zeit; Handbuch d.
dt. Gegenw.lit.; Hermann Pongs:
Romanschaffen im Umbruch d. Zeit 63;
K. A. Horst u. F. Usinger (Hrsg.): Lit. u.
Wiss. Das Werk H. Sch.'s 68; W. Burg-
hardt: H. Sch., ein großer Erzähler der
Gegenwart, 71; R. M. Albérès:
Geschichte des modernen Romans 64;
K. A. Horst: Der Erzähler H. Sch.,
Sonderdr. aus: Tänze und Ekstasen 73;
Hermann Pongs: Das Bild in der
Dichtung, Bd III u. IV 73; H. D. Schäfer:
Die nichtfaschist. Literatur d. 'jungen

Generation' im nat.sozialist. Dtld. In: H.
Denkler u. K. Prümm: Die dt. Lit. im
Dritten Reich 76; Volker Ketteler:
Soziale Erfahrung u. Erzählen 79;
Robert Jungk: Seine Zukunft hat erst
begonnen in: scala (dt., engl., franz.,
span. u. port.) 80; ders.: Orpheus im
Laboratorium. Nachw. zu: Die Pirouette
d. Elektrons, Erzn. 80.

Schirmer, Bernd, Dipl.-Germanist,
Dramaturg; SV-DDR 69; Hans-
Marchwitza-Pr. 77, Hörsp.pr. (Pr. d.
Hörer) 81; Dimitroffstr. 127, DDR-1055
Berlin, Tel. 4366423 (Leipzig 23.2.40).
Roman, Erzählung, Hörspiel, Fernseh-
spiel, Film. **Ue:** F, E.
V: Wo Moths wohnt, Erzn. 73, 76 (estn.
76); Doktorspiel, Erz. 76, 83 (tschech. 79);
Sindbads Mütze, Erzn. 80, 81.
H: Erkundungen. 22 algerische
Erzähler 73, 75; Brot u. Salz. 15 Hsp. aus
d. siebziger Jahren 82.
F: Nach Jahr u. Tag 78; Der schönste
Tag meines Lebens 82.
R: Windstärke 13 66; Dienstfahrt 67;
Christian Kleeberg 70; Mitten in der
Woche 74; Disko mit Einlage 75; Der
Patentschlüssel 76; Ein Stuhl bleibt leer
77; Der schönste Tag meines Lebens 79;
Der kleine König 81.
Ue: Armand Lanoux: Der Hüter der
Bienen, in: Hörspiele 10 70; A. Benzine
und Mohammed Dib, Erzählungen, in:
Sonne unter Waffen 73; Assia Djebar/
Walid Gern: Rouge l'Aube, Morgenröte,
in: Stücke Afrikas 74; Claude Prin:
Cérémonial pour un combat,
Zeremoniell um einen Kampf, Pierre
Joffroy: 3,1416 oder die Strafe, in:
Politische Stücke 75; Ahmed Akkache:
Der Ausbruch 78; Michel Vinaver:
Kammertheater 80. –
MUe: Abdelhamid Benhedouga:
Südwind 77; Raymond Dutherque: La
surface de réparation u.d.T.: Im
Strafraum 78; Vladimir Pozner: Abstieg
in d. Hölle 82.
Lit: Christel Berger, in: Weimarer
Beiträge 12 76.

Schirmer, Michael; Pfeuferstr. 37, D-
8000 München 70.
V: Tagtraum 81. ( )

Schirmer geb. Imhoff, Ruth, Dr. phil.;
Joachim Str. 16, D-5300 Bonn 1, Tel.
(0228) 214365 (Ludwigshafen/Rh.
10.11.19). Roman, Essay. **Ue:** F (Af), E
(Me).
V: "Unsere liebe kleine Freundin"
Amalie von Imhoff 52; Lancelot und
Ginevra, ein Liebes-R. am Artushof 61,
80; Berlin, dritter Akt, R. 65; Lillan, R.

68; Der Roman von Tristan und Isolde 69, 79.

H: u. **Ue:** Jeanne d'Arc. Dokumente ihrer Verurteilung und Rechtfertigung 56, 78; S. Richardson: Clarissa Harlowe 66; Katherine Mansfield: Erzählungen und Tagebücher 74. − **MH:** u. **MUe:** Thomas Morus privat, Dokumente seines Lebens in Briefen 71, 83; Chaucer: Troilus and Criseyde 74; Marie de France: Novellen u. Fabeln 77.

von Schirnding, Albert, StudDir.; Ehrengabe d. Bayer. Akad. d. Schönen Künste 80, Schwabinger Kunstpr. f. Lit. 82, Johann-Heinr.-Merck-Pr. 82; Agnes-Bernauer-Str. 109, D-8000 München 21, Tel. (089) 583655 (Regensburg 9.4.35). Lyrik, Essay, Übers. **Ue:** G.

V: Falterzug, G. 56; Blüte u. Verhängnis, G. 58; Bedenkzeit, G. u. Prosa 77; Am Anfang war das Staunen. Üb. d. Ursprung d. Philos. b. d. Griechen 78; Die Weisheit d. Bilder. Erfahr. mit d. griech. Mythos 79; Durchs Labyrinth d. Zeit, Aufs., Ess., Reflexionen 79; Linien d. Lesens, Ess. 82.

B: G. E. Lessing: Werke VI: Kunsttheor. u. kunsthist. Schrr. 74.

Ue: Hesiod: Werke und Tage 66; Lukian: Charon od. Die Betrachtung d. Welt 77.

Schister, Joseph, Schriftsteller; B.St.H.; Quergasse 12, A-8047 Graz-Ragnitz 304 (Hartberg 18.8.21). Mundart, Roman, Erzählung, Hörspiel.

V: Der Waldpoet, N. 50; Das Felsenglöckerl, N. 50; Die Hammerl vom Steinerhof, N. 50; Ja, die Liebe auf den Bergen, N. 50; 's Berglüfterl, G. 51; Der Weg zum Glück, R. 51; Der Blinde von St. Ruprecht, R. 51; Ein starkes Herz zerbricht, R. 55; Heckenrosen, Erzn. 57; Das zerschlagene Glück, R. 57; Dahoam auf da Hausbounk, Mundarterzn. 60; Aufruhr in Kirchdorf, Jgd.-R. 61; Schwarzes Brot, Erz. 66; Steirische Blätter. 4 Mundartbrosch. 69; Vielen Dank, Herr Chef, Hsp. 71; Im hintern Stübl, Mundarterzn. 76.

H: Hasenhüttl: Grazer Sonette; F. Fauland: Maria von Straßengel, u.a.

R: Das zweite Boot 68.

Schlabach, Rudolf, ObStudDir., Leiter e. Gymnas.; VS seit 77; Peukingerweg 78, D-4750 Unna, Tel. (02303) 15126 (Dresel, Kr. Lüdenscheid 7.3.24). Drama, Hörspiel, Erzählung, Lyrik.

V: Glänzende Aussichten od. Die Erziehung zum Gehorsam, Szenen 77. − **MV:** Der erste Tag, Erz. 74; Mehr von Charly 75; Papa, Charly hat gesagt,

Gespräche 79; Schulgeschichten, Erz. 77 Rufe, Lyr. 79; Kein schöner Land? Prosa u. Lyr. 79.

R: Der Weg durch d. Jahre; Ein Angebot, das man nicht ausschlagen kann; Eis essen; Aufstiegsfeier; Sich engagieren; Kinderlehre; Glänzende Examen; Zukunftshoffnungen; Davon reden; Der Deutschaufsatz; Bedenkzeit; Amsterdam; Es schaffen. ( )

Schlack, Peter, Sozialarbeiter; VS Bad.-Württ. seit 77; Meisenweg 3, D-7000 Stuttgart 80, Tel. (0711) 7801469 (Stuttgart 16.9.43). Mundartlyrik, Mundartkurzgeschichten.

V: Urlaut. Texte in schwäb. Mundart 73, 5. Aufl. 78; Von Sacha ond Leut. Texte in schwäb. Mundart 75, 4. Auf. 78; Schbruchbeidl. Gedichte u. Sprüche in schwäb. Mundart 77, 5.Aufl. 82; Mundartpostkarten − fir jedn äbbas, 8 Postkarten m. G. 77, 4. Aufl. 79; Bisda älle Hosa voll hosch. Sprüche auf schwäb. 79; Wenn dr Wend sich drääd, Liebesg. auf schwäb. 80; liabe ond baesse schbrich zom vrschigga, 8 Mda.-postkarten m. G. 80; Urlaut von Scha ond Leut, Texte in schwäb. Mda. 83.

H: Wilhelm König: A Gosch wia Schwärt, G. u. Gesch. in schwäb. Mundart 76; Werner Panzer: Stillstand, G. 77; Ronald Fair: Rufus, afroamer. G. 78; Willi Habermann: Wia där Hond beisst 79; ders.: S'Leba bisch Lompadock du 83, beides G. in schwäb. Mda.

S: Bittersüss wie Stuttgart, Stadtschallplatte; En maenr Schdross, vertontes G.

Schlag, Evelyn; Gut Gmerkt, Pichl 7, A-3335 Weyer.

V: Nachhilfe, Erz. 81. ( )

Schlageter, Jeanne, s. Dünky-Schlageter, Johanna.

Schlarbaum, Hedwig Theodora (Ps. Heide oder Hedi Götz), Sekretärin (Köln 5.2.28). Jugendroman, Jugenliteratur im allgemeinen.

V: Liebe oder so ähnlich, Jugend-R. 70; Das Wasser lockt die schmalen Boote, Jgdb. 73. ( )

Schlaupitz, Katharina, Jugendleiterin a.D.; Kr. d. Freunde Dülmen 72; Am Wieden 11, D-8113 Kochel a. See, Tel. (08851) 5806 (Polsnitz/Nieder-Schlesien 1.2.11). Lyrik, Novelle.

V: Unter einem guten Dach, Lyrik 68; Auch Schatten singen, Erzn. 71; Grenzkind, Erz. 75; Der Sohn, Erz. 78;

Vers am Abend, G. 79; Im Gletscher-
wind, Erzn. 81.

Schlechta, Karl (Ps. Franz
Zöchbauer), Dr. phil., UProf.; Am
Mühlberg 33, D-6105 Ober-Ramstadt,
Tel. (06154) 4610 (Wien 23.1.04). Drama,
Roman, Novelle.
V: Wegsteine und Bildstöcke, R. 51;
Der Traum von Gestern, R. 56; Herr
Pfandler oder das künstliche Kripperl,
N. 58; Nietzsche-Index. Zu d. Werken in
3 Bden 65; Worte ins Ungewisse, R.
69. — **MV:** Friedrich Nietzsche, Von d.
verborgenen Anfängen seines Philo-
sophierens, m. A. Anders 62; Nietzsche-
Chronik 75.
H: Darmstädter Gespräch. Angst und
Hoffnung in unserer Zeit 65; Der
Mensch und seine Zukunft 66.
s. a. Kürschners GK.

Schleckat geb. Bliedung, Ulrike (Ps.
Ulrike Beumer, Ulrike Bliedung), med.
techn. Assistentin, Illustratiorin;
Johannisberger Str. 67/70, D-1000
Berlin 33, Tel. (030) 8221528 (Greifswald
18.8.21). Kinderbuch.
V: Unsere Freunde Poldy und
Paulinchen 72; Nachts, wenn die
Hamster wandern 75; Meine erste Katze
78; Das Rätsel des Rosenhügels 79;
Aufregung um Tortoi 79; Pusemang 79;
Wo bleibt Wulipop? 80; Der alte Pavillon
80. — **MV:** Wir Mädchen 73;
Puppenspiele z. Verkehrserziehung 79.

Schleef, Einar; Oldenburger Kinder-
u. Jgdb.pr. 81, Förderpr. d. Jürgen-
Ponto-Stift. 81, Andreas-Gryphius-
Förderpr. 82, Stadthauspr. b. Ingeborg
Bachmann-Wettbew. 82; Nußbaumallee
24, D-1000 Berlin 19, Tel. (030) 3054424
(Sangerhausen/Harz 17.1.44).
V: Der Fischer u. seine Frau,
Kindertheaterst. 75; Gertrud, R. 80;
Zuhause, Fototextbd 81; Die Bande,
Erzn. 82; Wezel. E. Stück mit zeitgenöss.
Ber. 83.
MA: Ausgeträumt, Anth. 78.
R: mehrere Hörfunktexte u. Hspe.

Schlegel, Christa *

Schlegel, Elfriede *

Schlegel, Werner, c/o Verlag Roter
Funke, Bremen.
V: Die Sympathisanten, 9999. F., Lyr.
u. Prosa 79; Nur jetzt kein Aufsehen! 80.
()

Schlegel, Willhart (Ps. Roger de Saint
Privat, Roger Privat), Dr.med., Arzt;
FDA 74; Husumerstr. 4/I, D-2000
Hamburg 13 u. Mainblick 15, D-6242
Kronberg, Tel. (040) 445202 (Bad Soden

13.8.12). Konstitutions- u.
Verhaltensforschung, Lyrik, Drama,
Erzählung.
V: Körper und Seele 57; Die Sexual-
Instinkte des Menschen 62; Sexuelle
Partnerschaft 65, 69.

Schleich, Franz Th. (Ps. Thomas
Felder), Diplomgermanist, Journalist;
Die Kogge 78; Adam-Müller-
Guttenbrunn-Lit.kr. Temeswar 70; Calea
Torontalului nr. 12, ap. 25, Timişoara/
Rumänien (Triebswetter/Tomnatic
1.1.48). Lyrik, Übers. **Ue:** Rum.
V: Spät im Jahr, Lyr. 78;
Vereinbarungen durch Handschlag, Lyr.
80; Die Spur im Stein, Lyr. 82.
MA: Wortmeldungen, Lyr. 72; Prisma
Minden, Lyr. 78; Erschti Fechsung, Lyr.
79; im brennpunkt stehn, Lyr. 79;
Lépssök, Lyr. 81; Plesse-Lesungen 1979,
Lyr. 79; Im Chor trauernder Winde, Lyr.
80; NBZ-Volkskalenderl 1980, Lyr. 80;
Jb. dt. Dichtung 1980, Lyr. 80; Gaukes
Jb. '83 (Frieden), Lyr. 83.
H: Jb. 1980 d. Adam-Müller-
Guttenbrunn-Lit.kreises 80.

Schleich, Hanne, freie
Schriftstellerin; FDA 81, ADA 82;
Autorenkr. Ruhr-Mark 81, Kreis d.
Freunde 82; Am Neheimer Kopf 9, D-
5760 Arnsberg 1, Tel. (02932) 35141 (Köln
29.4.16). Roman, Lyrik, Essay, Novelle,
Übers., Kölsche Lautschrift. **Ue:** Ndl.
V: Hauptsächlich Schnürriemen od.
des Menschen Würde, R. 80.

Schleinitz, Egon Gustav (Ps. Claus
Roth), Journalist; Zugspitzstr. 30, D-8120
Weilheim/Obb., Tel. (0881) 7207 (Wehlen/
Sa. 20.5.12). Jugend- und Reisebuch.
V: Zwei Jungens fahren in die Welt 36
(auch holl.); Zehn Mädel im Schnee 38,
55; Die abenteuerliche Fahrt des Karl-
Heinz Strobel 38, 56; Zehn Mädel fahren
durch nordisches Land 41, 44 (auch
tschech.); Das Antlitz der Menschheit,
Bildbd. 55; Zauber der Ferne, Bildbd. 56;
Mallorca, Bildbd 57 (auch engl., franz.,
span.); Italienische Riviera 58; Tunesien,
Bildbd 60 (auch engl., franz.); Südafrika,
Bildbd 64; Ischia, Bildbd 64; 100 Tage
Afrika 68; Safari-Abc 68; Das Erlebnis
Israel 69; Der Riese von Sambesi 71; Der
Hund wedelte, was sein Schwanz
hergab 72; Weltrevolution der Vernunft
74. — **MV:** Nach Hause kommst Du nie
56 (auch engl., franz., dän., span., holl.);
Toller Hecht auf krummer Tour 59;
Länger und gesünder leben 72;
Biologisch leben — biol. heilen 78.

F: Wochenend im Walsertal 50; Toller Hecht auf krummer Tour 60.
R: Der fremde Onkel; Wasser!; Old Shatterhand, alles Hsp. 34 − 39.

Schleker, Martin, Schriftsteller; Pr. im Mda.-Wettbew. Südwestfunk Tübingen 78, Ldespr. f. Volkstheaterst. Stuttgart 79; Karl-Truchsess-Weg 2, D-7421 Hayingen, Tel. (07386) 286 (Ehingen/D. 5.1.08). Roman, Schauspiel, Lustspiel, Komödie, Hörspiel.
V: Die Orgelmacher, Sch. 49; Der Klausner von St. Anna, Sch. 50; Der Schäfer von Hayingen, R. 50; Am Brunnen vor dem Tore, Singsp. 51; Ratssitzung in Schwabenhausen, Lsp. 51; Eintracht und Liebe, Singsp. 51; Die Tochter des Zunftmeisters, Sch. 52; Der Amtmann von Blaubeuren, Sch. 52; Professor Kiebele, Lsp. 53; Sylvesternacht, Sch. 53; D'r Mesner von Dissa, Lsp. 54; Wenn alle Brünnlein fließen, Singsp. 54; Gesprengte Fesseln, Sch. 55; Und mit so was ist man verwandt, Lsp. 56; Hie gut Wirtemberg, Sch. 57; Es zogen drei Burschen, Singsp. 58; Des Schicksals Würfelspiel, Sch. 58; Flitterwochen, Singsp. 59; Amtsbesprechung in Zweifalten, Lsp. 59; Der Malefizschenk von Dischingen, Sch. 60; Der Sänger von Dingsdorf, Singsp. 61; Schicksal am Ulmerweg, Sch. 61; 990 Gulden und 1 Dieb 62; Der Kellermeister von Sasbach, Kom. 63; Belagerung von Munderkingen, Kom. 64; Ägypter und Pharaonen, Sch. 64; Der Vagabund, Lsp. 66; Onkel Florian, Lsp. 67; Weiberlist, Lsp. 68; Mohrenwäsche, Kom. 69; Der Schultheiß von Justingen, Sch. 70; Martinimarkt, Kom. 71; Muckaspritzer, Lsp. 72; Großmutter aus USA, Lsp. 73; Sühneverhandlung, Lsp. 74; Nochbersleit, Lsp. 74; Uf dr Schwätzade, Lsp. 75; Als der Bere noch ein Lausbub war, Geschn. 77; Vom Müllerknecht z. Abgeordneten, Geschn. 78; s Medaillönle, Lsp. 78.
R: Der hochwohllöbliche Gemeinderat wolle genehmigen 51; D'r Mesner von Dissa 52; Vor 150 Jahren Säkularisation 53; Die zwölf heiligen Nächte 54, alles Hsp. ( )

Schlender, Bertram, Verleger u. Buchhändler; Auf der Wessel 53, D-3400 Göttingen, Tel. (0551) 792659 (Köln 21.2.41). Lyrik, Jugendbuch, Sachbuch.
Ue: E, R.
MA: B. Oltiman (Hrsg.): Göttinger Gedichte 76.
MH: Die KAZ-Story − Strategien städtischer Kulturpolitik am Beispiel 76; Germania − Buchers illustr. Geschichte in Balladen u. Gedichten 77; Libricon − Eine Sammlung literarischer Texte, Buch-R.; Uns plattdüütsch Vaderland, Leder un Riemels 79; Biblicon. Ein literar. Raritätenkabinett, Buch-R. seit 81; Bibliothek d. Entdeckungen, Buch-R. seit 82.

Schlepegrell geb. Gräfin Schönfeldt, Sybil, Dr. phil., Journalistin; Dt. Jugendbuchpreis 68, Wilhelmine-Lübke-Preis 72, Gr. Pr. d. Akad. f. Kinder- u. Jgdlit. 78, Europ. Jugendb.pr. 80; Vors. Arbeitskreis f. Jugendlit. 81; Agnesstr. 42, D-2000 Hamburg 60, Tel. (040) 4601561.
V: Kulturgeschichte des Herrn 65, 69; Mutti, was soll ich lesen 71; Das Buch vom Baby 72; Die Großmutter 75; Fleischküche 78; Sonderappell 79; Feste u. Bräuche 80; Der vegetar. Feinschmecker 81; Von Riesen u. Zwergen 81; Hängt die Kinder in d. Kamin 83. −
MV: Das Ravensburger Weihnachtsbuch 72, 76.
H: Geschichten, Geschichten 71, 75; Bunt wie ein Pfau 75; Blickwechsel 74, 75; Augenblicke der Liebe 78; Als Gott den lieben Mond erschuf 79.
Ue: 72 belletr. Titel.

Schlesak, Dieter, Schriftsteller, Journalist; VS 71, P.E.N.-Zentr. Bdesrep. Dtld 81, Die Kogge 82; Förderpr. d. Ldes NRW 73, Andreas-Gryphius-Pr. 80, Stip. d. Dt. Lit.fond 82; Tizianweg 8, D-7000 Stuttgart 1, Tel. (0711) 815835 (Schäßburg/Rum. 7.8.34). Lyrik, Essay, Übersetzung, politisches Reisebuch, Rundfunkfeature, Hörspiel. **Ue:** Rum, I.
V: Grenzstreifen, G. 68; Visa. Ost West Lektionen, Ess. 70; Geschäfte mit Odysseus, Reisebuch 72; Weiße Gegend. Fühlt d. Gewalt in diesem Traum, G. 81.
MA: 17 Ich - Ein Wir, Lyr.-Anth. 66; Thema Frieden, Lyrik-Anth. 67; Fische und Vögel. Junge rum. Lyrik, Anth. 69; Grenzgänge. Deutsche Dichtung aus Rumänien, Anth. 69; Deutsche Gedichte aus Rumänien, Anth. 70; Loseblatt-Lyrik; Kritisches Lesen 3, Leseb. f. d. 7. Schulj. 75; Sozialisation d. Ausgeschlossenen. Praxis e. neuen Psychiatrie, Ess. 75; R. Kunze, Materialien u. Dok. 77; Briefe üb. d. Grenze, G. 78; A. Conti, Im Irrenhaus, Ess. 79; G. Kunert (Hrsg.): Jb. f. Lyrik 3, G. 81; Friedensfibel, G. 82.
H: Michael Albert: Ausgewählte Schriften 66; Proză austriacă modernă (Moderne österr. Prosa), Anth. 68 II

(auch rum.); Schiller: Gedichte, Lyrik-
auswahl 67; Rainer Maria Rilke:
Gedichte, Lyrikauswahl 69.
R: Königin, die Welt ist narr, Hsp. 80;
Vaterlandstage, Feature 80; Vaterlands-
tage, R.-Fragm. 82; Parolen sind e. Zaun
vor dem Tod, Feature 82; B. Fondane,
Rdfk-Ess. 83.
Ue: Francisc Munteanu: Der Himmel
beginnt beim dritten Stockwerk 64;
Nichita Stănescu: 11 Elegien 69.
Lit: Walter Neumann: Dieter Schlesak
- ein rumäniendeutscher Autor in: Die
Horen, 14. Jg. H. 78, 69; Günther Schulz:
Verabredung mit der Sprache in: Neue
Literatur, H. 2 69; Eugen Mahler:
Prognosen und Entscheidungen in:
Psyche 23. Jg. H. 9; Gert Peter Merk:
Freund Partisan, Frankf. H. 26. Jg. H. 5
71; In: H. Stiehler, Paul Celan, Oscar
Walter Cisek 78; Peter Motzan: Die
rumäniendt. Lyrik nach 1944 80; Jürgen
Serke: Blick vom toskan. Berg, in: Die
verbannten Dichter 82.

Schlesinger, Bettina (Ps. Bettina
Wegner), Sängerin; Kandidat im SV-
DDR 76, Mitgl. bis 79; Leipziger Nr. 55,
DDR-1080 Berlin, Tel. 2080552 (Berlin
4.11.47). Lyrik, Nachdichtungen. **Ue:** F,
Tsch, S.
V: Wenn meine Lieder nicht mehr
stimmen 79; Traurig bin ich sowieso 82;
Weine nicht — aber schrei 82.
S: Lied in den neuen Tag 76; Sind so
kleine Hände 79; Wenn meine Lieder
nicht mehr stimmen 80; Traurig bin ich
sowieso 81; Weine nicht — aber schrei
83.

Schlesinger, Klaus; SV-DDR,
Ausschluß 79; Preis d. Neuen Lit. Ges.
Hamburg f. d. 1. Roman 72; Leipziger
Str. 55, DDR-1080 Berlin u. Witzlebenstr.
37, D-1000 Berlin 19, Tel. (030) 3227480
(Berlin 9.1.37). Roman, Erzählung,
Reportage, Film.
V: Michael, R. 71, 78, i d. Schweiz
u.d.T.: Capellos Trommel (auch russ.);
Hotel oder Hospital, Reportage 73, 75, i.
d. Schweiz "Südstadtkrankenhaus
Rostock"; Ikarus, Film-Szenarium 75;
Alte Filme, Erz. 75, 79; Berliner Traum,
Erzn. 77; Leben im Winter, Erz. 80.
MA: Begegnung, Anth. 69; DDR
Reportagen, Anth. 74; Auskunft-Neue
Prosa aus der DDR 74; Neue Erzähler
der DDR 75; Verteidigung der Zukunft -
Deutsche Geschichten seit 1960 75;
Auskunft II, Neueste Prosa aus d. DDR,

78; Geschichten aus der DDR 79; Das
Mauerbuch 82.
F: Ikarus 75; Kotte 79; Leben im
Winter 82.

Schlett, Christa; Bernadottestr. 10, D-
6000 Frankfurt a.M./Nordweststt..
V: ... Krüppel sein, dagegen sehr 70;
Babs, eine Mutter entscheidet sich für
ihr behindertes Kind 75, 78; Ich will mitspielen 78.

Schlezak, Otto *

Schlierf, Werner; Münchner
Turmschreiber; Hausnerstr. 23, D-8011
Kirchheim b. München, Tel. (089)
9035218 (München 17.5.36). Drama,
Lyrik, Roman.
V: Randstein-Notizen, G. 68;
Rachmann, Sch. 69; Isartränen, R. 73;
Graafe, Sch. 74; Münchner Trilogie, 3
Sch. 75; Münchner Skizzen, Erzn 76;
König von Helgoland, Sch. 76; Aschen-
kinder, Sch. 76; Gefangene dieser Erde,
Sch. 76; Pralinenzauber, Kom. 77;
Tassilo III, Sch. 77; Die Verblendeten,
Sch. 78; Kehrum-Serum, Kom. 78; Idylle,
Sch. 79; Distelsträußerl, G. 80;
Zwischmoizeit, G. 80; Hallo Majestät!,
Kom. 80; Happy End, Hsp. 80; Zwei
Schwestern, Hsp. 80; Geschichten aus e.
schadhaften Zeit, Erzn. 80; Herzkini, G.
81; Traumfetzn, Hsp. 81; Chewing Gum
u. Chesterfield, Sch. 82; Schnupftabak u.
Charivari, Erzn. 82; Sagt da Lenz ..., G.
83.
B: Die beiden Blinden (v. Jacques
Offenbach) Operetten-Neufass. 83. —
MA: Gedicht-Prosa u. Szenenbeitr. in 12
Anth.

Schließer, Emil *

Schließer, Karl-Heinz, Sprachmittler;
Liblarer Weg 3, D-5030 Hürth 1, Tel.
(02233) 76827 (Moritzburg b. Dresden
28.3.13). Lyrik.
V: Wälder, Wege u. d. Wort, Lyr. 74;
Regen, Wind u. letzter Mond, Lyr. 80.

Schlieter, Siegfried (Ps. Harry
Grindel), Zahntechniker; Pfälzerstr. 14/
16, D-7809 Denzlingen, Tel. (07666) 2042
(Staßfurt 8.5.24). Legende, Jugendbuch,
Novelle, Erzählung, Roman.
V: Der Hellseher, N. 51; Flug ohne
Landung, Erz. 55; Der Unsichtbare und
die Trommel, Jgdb. 56, 67; Ich bin bei
Euch, Christuslegn. 58; Absprung ins
Morgengrauen, R. 62, 82; Wir tauchten
in der Juwelenbucht, Jgdb. 66, 82 (auch
finn., holl.); Piraten auf dem Meeres-
grund, Jgdb. 67, 70 (auch holl.); Bis die
Haie kamen, R. 68, 80 (auch holl.).
MA: Ich finde meinen Weg, Jgdb. 79 I.

Schliwka, Dieter, Lehrer, Konrektor a. Lehrerseminar; VS; 1. Pr. im Franckh-Jugendbuchautorenpr. 74, 2. Pr. "Hans im Glück-Pr." 79; Meraner Str. 19/b, D-4352 Herten, Tel. (02366) 6211 (Gelsenkirchen 29.12.39). Kinder- u. Jugendliteratur, Romane, Kurzprosa.
V: Thomas, Tarzan und die Mutprobe 74, Tb. 78; Der Fluch des Käpt'n Korby 79 (span. 81); Sag was, Alex 80; Den eigenen Weg gehen 81, Tb. 83; Gitarrenklang u. Hammerschlag 81; Sherlock Holmes Junior: Haus d. Schatten 82, Ruf d. Nachtvogels 83, Treffer aus dem Abseits 83.
MA: Kurzromane in: Durch die weite Welt, Jgdjb.: Perpetuum mobile 75; Welt im Okular 76; Schatten über Eden 77; Flöz Mausegatt 78; Im Netz d. Spinne 79; Wie Spreu im Wind 80; Tanz d. schwarzen Vögel 81; Wege ins Abseits 82; Spuren d. Angst 83.

Schlögl, Gottfried, Musiker; Haidhauser Werkstatt München 81; Breisacher Str. 30, D-8000 München 80, Tel. (089) 4483169 (München 8.1.50). Drama, Lyrik, Kurzgeschichte.
V: lyrics 2 78, 2.Aufl. 81; Kopf, Herz, Hand und Bauch, Lyr., Chansons, Kurzgeschn 81.
S: Wahrheiten 78; Als ich noch fliegen konnte 80; Spiele 82, alles Schallpl.

Schlöpke, Ernst-Otto, Pharmaberater; Freudenthal-Pr. 63, Förderpr. d. Hebbel-Stift., Kiel 66, Hans Böttcher-Pr. d. Stift. F.V.S. zu Hamburg f. d. Hsp.-Schaffen 70; Robert Bunsen-Str. 43, D-2800 Bremen 33, Tel. (0421) 255548 (Neustadt/Holst. 12.8.22). Hörspiel, Verse.
V: Tieden sünd dat ... 63; De Welt steiht kopp 77; Twee Ohren hett de Minsch 78; Uns leben is en Sommerdroom 81.
R: üb. 20 Hspe, u.a.: De swarte Punkt; Dat Schüttenbild; Elpiso; Liebe deinen Nächsten; Telefon; Utwussen Elefanten; Dingsdag — halvig söss; De arme Gerhard; Heinerich.

Schlösser, Manfred, Verleger; Jahrespr. f. Lit. d. Stift. d. Schweizer Bankvereins (f. hervorrag. Leist. als Hrsg.) 67; Präsidialsekretär d. Akad. d. Künste Berlin; Hanseatenweg 10, D-1000 Berlin 21, Tel. (030) 3911031 (Darmstadt 6.12.34). Lyrik, Essay. Ue: E, I.
V: Karl Wolfskehl, Leben und Werk 69, Bibliographie 71; Arbeitsrat für Kunst 1918-21 80.
H: An den Wind geschrieben, Lyr.-Anth. 1933-1945 60, 4.Aufl. 83; Ludwig

Tieck: William Lovell; Max Rychner: Bedachte und bezeugte Welt; Carl Gustav Carus: Denkwürdigkeiten aus Europa; Margarete Susman: Vom Geheimnis der Freiheit; Auf gespaltenem Pfad, Festschr. f. M. Susman; Dichtungen von Hans Schiebelhuth II; Begegnungen mit Eduard Erdmann (zum Gedenken) 66; Das Volk braucht Licht, Frauenbriefe der Goethezeit 70; Nelly Sachs: Briefe (komm. Ausg.) 74; Der zerstückte Traum. E. Arendt z. 75. Geb. 78; Heinz Tiessen 1887-1971 79; Paul Gurk: Berlin, R. 80; ders.: Tresoreinbruch, R. 81. —
MH: Lit.wiss. Schr.-R. CANON seit 75.

Schlorhaufer, Walter, Dr.med., UProf.; Anich-Str. 35, Universitäts-Klinik, A-6010 Innsbruck, Tel. (05222) 26711 (Innsbruck 14.10.20). Drama, Lyrik, Roman, Novelle, Essay.
V: Die Liebesstationen des Leonhard Dignös 48; Tag der Steine 56.
MA: Die Sammlung, junge Lyrik aus Öst. 47; Wort im Gebirge, Schrifttum aus Tirol II 49; VII 56, VIII/IX 59; Stimmen der Gegenwart 52, 53; Weg und Bekenntnis 54; Tür an Tür 55; Uroboros, Libr. 56.
R: Jacques der Fatalist, Kunz von der Rosen, beides Hsp.
s. a. Kürschners GK.

Schlossarek, Erich, c/o Verl. Neues Leben, Berlin (Ost) (Spremberg 22.4.28).
V: Regine, Opernlibr. 66; Sommer in Sanssouci, Kant. 68; In Bedrängnis, R. 83.
MA: Hörspiel 9 69.
R: Der erlauchte Gast, Fsp. 60; Ein glücklicher Tag, Hsp. 67; Risiko, Hsp. 68; Vorfrühling, Rep. 68; Das Mädchen ganz oben, Hsp. 69; Der Prüfungsaufsatz, Hsp. 70; Die drei, Fsp. 70; Eine Stelle hinterm Komma 71; Elternbesuch, Hsp. 71; Zwischen vierzig und fünfzig, Fsf. 74. ()

Schlote, Wilhelm, Illustrator, Cartoonist, Kinderbuchautor; Deutscher Jugendbuchpreis 76; 23, Quai de la Tournelle, F- 75005 Paris 13, Tel. (01) 6332576 (Lüdenscheid 4.3.46). Kinder- und Bilderbuch.
V: Bunthals und der Vogelfänger 70; Die fliegende Schildkröte 71; Schorsch, Lisa und ich ... und Walther 71; Na, Du? 73; Superdaniel 73; Fenstergeschichten 73; Die Geschichte vom offenen Fenster 74; Das Elefantenbuch 74, 82; Heute wünsch ich mir ein Nilpferd 75; Uaaaahhh 77; Die Zeichenstunde 77; Briefe an Sarah 78; Paul u. Sarah 79;

Notizen 79; Les elephants du paradis 79;
Postkarten 79; Der Bär im Boot 80, 83;
Fenstercartoons oder wie man sich
Geburtstage einfacher merkt 82; In
Sarah's Schreibheft ist der Teufel los 82.
( )

Schlothauer, Reinhold; Rethfelder
Str. 84, D-2200 Elmshorn.
V: Credo, G. 80; Auch in der Nacht
leuchtet die Sonne, Erzn. 82. ( )

Schlott, Jutta, s. Kolbe, Jutta.

Schlüter geb. Schulz, Christa,
Prokuristin, Hausfrau; Petristr. 16, D-
7057 Winnenden, Tel. (07195) 2224
(Halle/S. 17.11.22).
V: Große Kinder - kleine Sorgen 69;
Spielraum für die Freiheit 70; Das
Leben teilen; Unbekannte Weihnachts-
gäste. — **MV:** Alltags-Helden (zusätzl. 1
Heft m. päd. Komment. v. M. Horten-
stein u. 2 Tonbandkass.) 81.

Schlüter, Herbert; VS, P.E.N.;
Tukanpr. 77, Ehrengabe d. Bayer. Akad.
d. Schönen Künste 81; Steinhauser Str.
31, D-8000 München 80, Tel. (089)
4704854 (Berlin 16.5.06). Novelle, Roman.
Ue: E, I, F.
V: Das späte Fest, Nn. 27; Die Rück-
kehr der verlorenen Tochter, R. 32;
Nach fünf Jahren, R. 47, 72; Im Schatten
der Liebe, Nn. 48; Signor Anselmo, drei
Erzn. m. Vorw. v. H. Draws-Tychsen 57;
Nacht über Italien, Erz. 60.
MA: Anthologie jüngster Lyrik 27;
Junge deutsche Lyrik 28; Junge
deutsche Dichtung 30; Klaus Mann z.
Gedächtnis 50; Hier schreibt München
61; Europa heute 64.
Ue: u.a. Mario Soldati: Briefe aus
Capri 55; Guido Piovene: 18 mal Italien
59, Madame la France 68; Giorgio
Bassani: Die Gärten der Finzi-Contini
63, Ferrareser Geschichten 64, Hinter
der Tür 67, Der Reiher 70; Margaret
Laurence: Der steinern Engel 65; Alain
Bosquet: La confession Mexicaine u.d.T.:
Die Sonne ist weiß ... 67; Maurice Sachs:
Der Sabbat 67; Mary Lavin: Unter
irischem Himmel 69; Alberto Bevilacqa:
Das Auge der Katze 70; Bianchi
Bandinelli u. A. Giuliano: Etrusker u.
Italiker vor d. röm. Herrschaft 74; C.
Fruttero u. F. Lucentini: Die
Sonntagsfrau 74; Aldous Huxley: Eine
Gesellschaft auf d. Lande (m. Nachw.)
77; C. Fruttero u. F. Lucentini: Wie weit
ist d. Nacht 81.
Lit: H. Hennecke: Ein Geburts-
tagsbrief in: Neue Deutsche Hefte Nr.
150.

Schlüter, Marguerite, Verlegerin;
Romanstr. 16, D-8000 München 19, Tel.
(089) 162051 (Wiesbaden 23.4.28). **Ue:** E,
F.
H: Briefe an einen Verleger. Max
Niedermayer zum 60. Geb. 65. —
MH: Lyrik des expressionistischen
Jahrzehnts 55; Ausgew. Briefe von Gott-
fried Benn 57, 59; Gottfried Benn:
Primäre Tage 58, Leben ist Brücken-
schlagen, Ausw. 65; Das Gottfried-Benn-
Buch 68, 82; Lyrik u. Prosa, Briefe u.
Dokumente, Ausw. 71; Jacques
Lacarrière: Promenades dans la Grèce
antique u.d.T.: ... als die Säulen noch
standen. Spaziergänge m. Pausanias in
Griechenland 79.
Ue: A. Foldes: Wege zum Klavier 52,
63; S. Chotzinoff: Toscanini 56; W. B.
Lowrey: Watch Night u.d.T.: Im Spiegel
dieser Nacht 58; A. Freed: Komm,
hübsche Puss 62; A. Foldes: Bartók,
Kodály in: Gibt es einen zeitgenöss.
Beethovenstil 63; R. Pernoud/D. Grivot:
Die hl. 3 Könige d. Gislebertus 64; G.
Keynes: William Blake 65; M. Hutchins:
The Elevator u.d.T.: Mein Liebster
kommt 65; R.-G. Dienst: Selbstzeugnisse
aus: Pop-Art 65; M. Hutchins: Honig im
Mond 67; S. Graham/G. Frank: Beloved
Infidel u.d.T.: Die furchtlosen Memoiren
der Sheilah Graham 68; Ch. Bermant:
Tagebuch eines alten Mannes 69; A.
Freed: Diamonds und Minx u.d.T.: Nerz-
häschen 70; H. Moore: Plastiken 1922-
1980 81. — **MUe:** Truman Capote: Lokal-
kolorit, m. Hansi Bochow-Blüthgen 60,
Haus auf den Höhen 61; G. R. Hocke:
Anthol. europ. Tagebücher 63; C. Aiken:
Fremder Mond; Truman Capote: Wenn
die Hunde bellen 74.

Schlund, Hans Hermann, Konrektor;
Stetten 26, D-8820 Gunzenhausen, Tel.
(09836) 406 (Nürnberg 21.8.26).
Sagensammlungen, Lyrik, Volkskunde.
V: Gunzenhäuser Sagen 72, 73; Fränk.
Altmühl. Sagen u. Legn. 81; Zenngrund,
Bibert u. Aurach-Sagen u. Legn. 83; Ma
sachd ja blouß, Mda.-G. 83; Ein Dorf
zwischen Altmühl und Hahnenkamm
83.
MH: Was ihr noch seid, bin ich
gewesen, Grabinschr. 83.

Schlunk geb. Elsässer, Hildegard,
Jugendleiterin; Lindenstr. 6, D-6400
Fulda (Rosenfeld/Neckar 30.12.09).
V: Alles unter einem Dach 59, 69;
Fremder Stern überm Haus 59; Helle
Welt - dunkle Welt 61; Die Sibylle 64. ( )

Schmalbrock, Gerd, Journalist;
Mendelssohnstr. 10, D-4390 Gladbeck,

Tel. (02043) 51832 (Essen 18.4.30). Essay,
Hörspiel.
V: Zum Nachtisch Mord,
Krim.Groteske 65; Ferienabenteuer,
Parodie 65; Der Chef vom Dienst,
Parodie 65; Bewußtseinsbildung f.
rechte u. linke Deutsche, Sachb. 72;
Allen Widerstand d. Widerstandslosen,
Biogr. 73; Und führten uns in
Versuchung, Sachb. 73/74 II; Schlag- u.
Schimpfwörterbuch, Sachb. 74; Spuren
zu unserem Lied 74; Vor der Krise,
Sachb. 75; Schon Genosse oder noch
Herr? Sachb. 75; Die polit. Falschspieler,
Sachb. 76/80 V; Ran an den Freund,
Satiren 77; Wir koexistieren noch,
Satiren 78; Der Nächste bitte! Satiren
79; Harte Sachen, Satiren 80; Die
Wahrheit kann nicht schaden, Sachb.
81; Unterdrücktes, Satiren 81;
Nationalvergiftung, Sachb. 82;
Beschwerungen, Ess. 82.
R: Der liebe Verstorbene; Der letzte
Zug; Zum Nachtisch Mord; Die
chinesische Vase; Das wandlungsfähige
Zwischending; Impromptu oder d.
Vielheit d. Herrn Rot; Impromptu Nr. s,
alles Hspe.

Schmaltz, Kurt Bernhard, Redakteur,
Regisseur; Gottfried Schwalbachstr. 23,
D-6500 Mainz 32 (Halle/Saale 3.1.31).
Roman.
V: Der Kindermönch, Jgd.-R. 83.
MH: Schüler-Express, Tb.-Reihe seit
82.
R: Abenteuer verboten 78; Anuruddha
81; Lydon 82, alles Fsf.

Schmandt, Edgar, Kunstmaler,
Schriftsteller; Sternwarte A 4, 6, D-6800
Mannheim 1, Tel. (0621) 26675 (Berlin
12.1.29). Lyrik.
V: Ich, Sat. 55; man-du-ich-es, Lyrik
66; Der Krebs läuft rückwärts, Sat. 69;
Hosen aus Glas, Versprosa 72. —
MV: Über die Grenzen, Lyrik 72; Kunst
d. Rhein-Neckar-Raumes, Kat. Beitr. 79
u. 82.

Schmatz, Ferdinand *

Schmauch, Jochen, Dr.; Ringstraße 62,
D-6500 Mainz, Tel. (06131) 504765.
V: Er aber lacht, der in den Himmel
wohnt 70; David oder eine Flöte macht
Geschichte 73; Ich will mit euch
zusammen alt werden 83.

Schmeda, Astrid, c/o Buntbuch-Verl.,
Hamburg.
V: Wenn die Schluchten weichen 82.
( )

Schmeer, Gisela, Dr.med., Dipl.-
Psychol., Psychotherapeutin; Jensenstr.

8, D-8000 München 80, Tel. (089) 893240
(Berlin 25.4.26). Roman.
V: Taranteltanz, R. 80; Der singende
Wolf, R. 81.

Schmelmer, Helmut, Buchhändler;
Landgraben 121, D-5305 Alfter, Tel.
(02222) 60853 (Hamburg 21.5.35). Lyrik,
Kurzprosa.
V: Sonaten zum Toast, G. 81.
R: Wer bist du, Genosse, Hsp 68.

Schmetzer geb. Wertheim, Maria,
Direktionssekr. i.R.; A.K.M. 45, Wagner-
Schönkirch-Gemeinde 45, EM bis
Auflös., V.G.S. 65, S.Ö.S. 65; Anton-
Wildgans-Ges.; Hermanngasse 19/4/20,
A-1070 Wien (Wien 26.7.99). Lyrik.
V: Wünsche, Träume, Wirklichkeiten,
G. 47; St. Pöltener Lyrikbogen 76; 30
Jahre Weihnachten 77.
MA: Das immergrüne Lautenband. ( )

Schmezer, Guido (Ps. Ueli der
Schreiber), Dr. phil.; Literaturpreis der
Stadt Bern 62; Willadingweg 27, CH-3006
Bern, Tel. (031) 441126 (28.12.24).
V: Ein Berner namens ..., Verse aus
dem "Nebelspalter" 1. Bd. 61; Bern für
Anfänger. Das Drum, Dran und Drin der
schweiz. Hauptstadt 62, 73; Ein Berner
namens ... 2. Bd. 65, 3. Bd. 67; Lob der
Langsamkeit. Leitfaden zur Lebens-
kunst 69; Ein Berner namens ... 4. Bd. 70;
100mal Bärner Platte. Prosabeiträge aus
dem "Nebelspalter" 72; Ein Berner
namens ... 5. Bd. 73, 6. Bd. 76, 7. Bd. 80. —
MV: Bern - Die Stadt in ihrer
Landschaft. Bildband mit Aufsätzen 72;
Bernerland. Bildbd. m. Aufs. 78.
MA: Heitere Schweiz. Anthologie 76.
Ue: Rund um den Galgenwald.
Jugendbuch 46 (Engl. Original "Rick
afire" von David Severn).

Schmid, Alfred, Angestellter;
Reindlstr. 10, D-8068
Pfaffenhofen a.d.Ilm (Pfaffenhofen
21.6.28).
V: Hände hoch, Miß Kitty, Krim.-St.
62; Hand in Hand, Volksst. 63.
R: Der Hopfenzupfer-Wiggerl, Hsp.

Schmid, Clarita, Sr. Lehrerin; 2. Preis
bei e. Wettbew. f. Kurzgesch. 54,
Luzerner Lit.pr. 82; Club Hrotsvit/Kunst
u. Frau seit 54, ISV seit 61; Sonnhalde,
CH-6283 Baldegg, Tel. (041) 883161
(Kriens bei Luzern 27.6.06). Lyrik,
Erzählungen.
V: Erlebnisse mit Tieren, Erz. 61;
Gedichte 65, 2. Aufl. 66; In den Zungen
meiner Zeit, Lyr. 82.
MA: Quer, Anth. dtspr. Lyr. d.
Gegenw. 74; Nichts und doch alles

haben 77; Rufe, Rel. Lyr. d. Gegenw. 79;
zahlr. Beitr. in Zss. u. Zeit.: Lyrik u. Erz.
H: Im Erfahrbaren Gott begegnen,
Medit. 76.
R: Mitarb. b. Rdfk..
Lit: Veröff. in: Schweizer Rdsch. 66 u.
a. Zss..

Schmid, Doris (Ps. Kathrin Rüegg),
Innendekorateurin, Bäuerin; La Motta,
CH-6611 Gerra Verzasca, Tel. (093)
901284 (Malix/Kt. Graubünden 7.3.30).
V: Kleine Welt im Tessin 74, 81; Dies
ist mein Tal — dies ist mein Dorf, R. 76,
81; Mit herzlichen Tessiner Grüßen, R.
77, 82; Nach jedem Winter kommt ein
Sommer, R. 78, 82; Von Lämmern u.
Leuten in Froda 79, 81; Grosser Stall —
kleines Haus, R. 80; Mit meinen Augen,
R. 81; Ein Dach überm Kopf, R. 82.
R: Entwicklungshilfe im eigenen
Land 76; Winter im Verzascatal 77;
Katzen-, Hund-, Schaf- u. Eselgeschn.
79; Was die Großmutter noch wußte, Fs.-
Serie 82, 83; Eine Frau, die ihre Träume
lebt.
S: Tiergeschichten für große u. kleine
Kinder 81; Neue Tiergeschichten 82,
beides Schallpl.

Schmid, Eleonore, Grafikerin,
Illustratorin; Wasserwerkstr. 27, CH-
8006 Zürich, Tel. (01) 603471 (Luzern
15.3.39). Bilderbücher.
V: Der Baum 67; Horns everywhere
68; Tonia 70; Das schwarze Schaf 75;
Mein Kätzchen Sebastian 78, alle
Bücher in versch. Spr. übers., u.a. amer.

Schmid, Georg (Ps. Bureš), Dr. phil.
habil., UDoz.; GAV seit 78;
Reichenhallerstr. 12, A-5020 Salzburg,
Tel. (0662) 45064 (Wien 5.4.44). Roman,
Essay.
V: Roman trouvé, R. 78; Doderer
lesen, Ess. 78; Friedhof der Namenlosen,
R. 82; Die Figuren d. Kaleidoskops. Üb.
Geschichte(n) im Film, Ess. 83.

Schmid, Harald, Verleger; Pr. d.
Werkkr. f. Lit. d. Arbeitswelt 70;
Röntgenstr. 7, D-1000 Berlin 10, Tel.
(030) 3427874 (Tittmoning/Oberbayern
22.10.46). Aphorismus, Epigramm,
Gedicht, Szene, Mundarttext.
V: Dees gibt ma z denga, bair. Texte
76, 78; Ansätze, pointierte Gedanken 77;
Sätze, pointierte Gedanken 78;
Nachsätze, pointierte Gedanken 79; Bin
i a Kaschbal, bair. Texte 82.
MA: Ihr aber tragt das Risiko, Report.
aus d. Arbeitswelt 71; Gruppe 61 z.
10jähr. Bestehen 71; Projekt Deutschunterricht. Spr. u. Realität 73; Katalog

Stahl, Stein, Wort 74/75; Sagsd wasd
magst, Mda.dicht. heute 75; Tintenfisch,
Jb. f. Lit. 75; Lyrik u. Prosa, Anth. 78;
Haxn u. Pinkel, Mda.anth. 78; Bayern,
Kal. 80; Narren u. Clowns — Aus Jux u.
Tollerei, Anth. 82.
H: Pegasusreihe, Reihe f. Lit. seit 76
üb. 20 Bde.

Schmid, Karl (Ps. Karl Schmid-
Tannwald), Dr., Prof.; Bergweg 2, D-7321
Hohenstaufen, Tel. (07165) 8027
(Laupheim 30.1.10). Reisebericht,
Hörspiel.
V: Eisgipfel unter Tropensonne 50, 53;
Wunderwelt der Anden 53; Lutz bei den
Indianern, Jgdb. 54; Der Gletscher
brennt, Jgdb. 55 (auch afrik.); Pozuzo -
vergessen im Urwald 57, 59 (auch holl.);
Reisen mit Stock und Hut, R. 67; Unter-
wegs mit Stock und Hut, R. 70.
MA: Columbus ist noch nicht
gestorben 61.

Schmid, Ludwig, Pensionär, Uffz. a.D.;
Ziegelweg 15, D7637 Ettenheim, Tel.
(07822) 9635 (Lützenhardt 28.2.25). Lyrik.
V: Zu neuen Ufern, Lyr. 82; Horizonte,
Lyr. 83.

Schmid, Peter, Schriftsteller;
Schoferstr. 1, D-7800 Freiburg i.Br., Tel.
(0761) 2188500 (Ravensburg 29.11.44).
Epik.
V: Schattenwälder od. Tag ohne
Abend, Erz. 77; Der Haderquell, Erz. 78;
Der verbotene Traum, Erz. 79.

Schmid, Walter, a. Direktor; Be.S.V.;
Laubeggstr. 39, CH-3006 Bern, Tel. (031)
441894 (Frauenfeld, Schweiz 16.11.03).
Berg- u. Reisebücher.
V: Komm mit mir ins Wallis 46, 78;
Glückliche Tage auf hohen Bergen 52,
68; Selbander zum Kilimandscharo 59,
62; Zermatt in Sommer und Winter 62,
78; Menschen am Matterhorn 64, 76, Tb.
80; Fünfzig Sommer in den Bergen 70,
72; Zermatt. Vergangenheit und
Gegenwart eines Walliser Bergdorfes
72; Wege u. Umwege, Begegn. m. Tieren
u. Menschen 78.
H: Romantische Schweiz. Orbis
Pictus Reihe Bd. 12, 52, 67; Wer die
Berge liebt. Kleine alpine Trilogie 48, 70.
()

Schmid-Tannwald, Karl, s. Schmid,
Karl.

Schmid-Wildy, Ludwig *

Schmidli, Werner, freier
Schriftsteller; Gr. Olten 70; Pr. d.
Schweiz. Schillerstift. 68, Werkjahr d.
Stadt Basel 67, Werkjahr d. 'Pro
Helvetia" 69 u. 82; Hegenheimerstr. 195,

CH-4055 Basel, Tel. (061) 449596 (Basel 30.9.39). Lyrik, Drama, Roman, Novelle, Film, Hörspiel.

V: Gespräch um nichts, Einakter 64; Der Junge und die toten Fische, Erzn. 66; Meinetwegen soll es doch schneien, R. 67; Der alte Mann, das Bier, die Uhr und andere Geschichten 68; Das Schattenhaus, R. 69; Gebet eines Kindes vor dem Spielen, G. 70; Margots Leiden, Erz. 70; Sagen sie nicht: beim Geld hört der Spaß auf, Prosa 71; Mir hört keiner zu, Hsp. 71; Fundplätze, R. 74; Gustavs Untaten, Erzn. 76; Zellers Geflecht, R. 79; Die Freiheiten e. Reisenden, Erzn. 80; Ganz gewöhnl. Tage, R. 81.

F: u. R: Erich Niehans. Ber. e. Unterlegenen 71.

R: Gespräch um nichts 65; Die Geschichte des Mathias 67; Auseinandersetzungen für zwei und mehrere Personen 69, 70; Rekonstruktionen 71, alles Hsp.; Mitmache 71; Familieobe 72; Der aufdringliche Herr Walser 74, alles Fsp.

Lit: Schweizer Schriftsteller im Gespräch 70; Le roman contemporain en Suisse allemande 74.

Schmidt, Adalbert, Dr. phil. habil., o. UProf., em. Vorst. UInst. f. dt. Sprache u. Lit.; Adalbert Stifter-Inst. d. Ldes ObÖst.; Gstöttengutstr. 7, A-5020 Salzburg, Tel. (0662) 32588 (Wien 12.7.06). Literatur- u. Geistesgesch.

V: Deutsche Dichtung in Österreich, eine Literaturgeschichte der Gegenwart 35, 37; Zur Kunstform des Gegenwartsromans 36; Die sudetendeutsche Dichtung der Gegenwart 38; Helferich Peter Sturz 39; Wege und Wandlungen moderner Dichtung 57, erw. 59; Dichtung und Dichter Österreichs im 19. und 20. Jahrhundert II 64; Literaturgeschichte unserer Zeit 68. —

MV: Deutsche Literatur, in: E. Frauwallner u.a.: Die Weltliteratur 51 — 54 III, 1. Erg.bd. 68, 2. Erg.bd. 70; Beitr. in: Wilpert: Lex. d. Weltlit. II 68; Beitr. in: Neue Deutsche Biogr. seit 66, Österr. biogr. Lex. seit 57, Brockhaus Enzykl. Bd. 14 71.

H: Lebend. Dicht. 34 — 36; Hermann Bahr: Briefwechsel mit dem Vater; Um Macht und Recht. Die Bauernkriege i. d. Lit. 76.

Lit: Peripherie u. Zentrum, Festschr. f. A. Sch., m. Bibliogr. 71; Festschr. f. A. Sch. zum 70. Geb. 76.

s. a. Kürschners GK.

Schmidt, Alfred Paul; Österr. Staatsstip. f. Lit. 74; Hüttenbrennerg. 52/14, A-8010 Graz.

V: Bester jagt Spengler, Prosa 71; Als die Sprache noch stumm war, Prosa 74; Das Kommen d. Johnnie Ray, R. 76; Geschäfte mit Charlie, Erzn. 77; Fünf Finger in den Wind, R. 78; Der Sonntagsvogel, R. 82. ( )

Schmidt, DH, s. Schmidt, Diedrich Heinrich.

Schmidt, Diedrich Heinrich (Ps. DH Schmidt), Schulassist.; VS Nds. 65; Förderpreis z. Niedersächs. Kunstpr. f. Lit. 69, Prosapreis "Junge Dichtung Niedersachsen" 71, Fritz-Reuter-Preis d. Stift. F.V.S. 72; Bullenkamp 13, D-2950 Leer/Ostfriesld., Tel. (0491) 61870 (Leer/Ostfriesld 26.6.33). Kurzgeschichte, Novelle, Hörspiel, Roman.

V: Gele Rosen, Kurzgesch. u. Erzn. 70.

MA: W. Lindow: Dar is keen Antwoort 70; A. Cammann: Die Welt der niederdeutschen Kinderspiele 70; Josef Grütter: Dichter, Schriftsteller, Verteller 73; Hannoverscher Künstlerverein: Junge Dichtung in Niedersachsen 73.

R: De Möhlen, Hsp. 68, 72; Bahndamm, Hsp. 70.

Schmidt, Dieter (Ps. Hans Dieter Baroth), Journalist; Oberbilker Allee 287, D-4000 Düsseldorf 1, Tel. (0211) 774484 (Oer-Erkenschwick 12.2.37). Roman.

V: Aber es waren schöne Zeiten, R. 78; Streuselkuchen in Ickern, R. 80, Tb. 83; Gebeutelt aber nicht gebeugt, Gesch. 81. — **MV:** Mit Politik und Porno, Sachb. 2. Aufl. 74; Pressefreiheit u. Mitbestimmung 77; Die überflüssige Generation 79.

H: Schriftsteller testen Politikertexte 67.

R: Frauen, eine Mehrheit, die wie eine Minderheit behandelt wird, 4-teil. Filmserie 72; Anpassung 74; Eine Früh-Ehe 75; Im Pott — eine proletar. Familiengesch. 78, alles Fsfilme. ( )

Schmidt, Dietrich, Rektor; Fritz-Reuter-Allee 164, D-1000 Berlin 47 (Haifa, Palästina 9.2.28). Jugenderzählung.

V: Ein Fall für Dok, Jgd.erz. 64. ( )

Schmidt, Dorothea Maria, s. Jannausch, Doris.

Schmidt, Eberhard, Schriftsteller, Maler u. Grafiker; The Intern. Acad. of Poets, Cambridge/Engl. 76; St. Wendeler Str. 1a, D-6695 Tholey, Tel. (06853) 4602

(Dranske/Rügen 7.10.37). Lyrik, Roman, Erzählung, Essay.

V: Durch die Wildnis, Erz. 73; Inselleben, Erz. 73; Zwanzigmal Lyrik, G. 73; Absichten, G. 74; Maske u. Spiegel, G. 74; Leuchtbojen I, Erz. 75; Bilder u. Texte, G. u. Grafiken 79; Notwendige Unterbrechung, G. 80. — **MV:** Texte durch Drei, G. u. Kurzprosa 74.

MA: rd 35 Anthologien.

Schmidt, Eckhart; Agnesstr. 6, D-8000 München 40.

V: Fan, Tageb. einer Sechzehnjährigen 82; Das Gold der Liebe 82; Die Story 84. ( )

Schmidt, Egon, Dr.sc.phil., Prof. Päd. H.; SV-DDR 65; Kinder- u. Jgd.-Buchpreise d. Min. f. Kultur d. DDR, Preis fü. Literaturkritik 76, Fritz-Reuter-Kunstpreis 76; Mitgl. d. Kuratoriums sozial. Kinderlit. d. DDR; Plauer Str. 73, DDR-2600 Güstrow (Kleinpriesen/ČSSR 2.11.27). Kinderbuch.

V: Feuer auf der Insel 58, 68; Drei Jungen im Eis 60, 82; Familie Franke, Schinkelstr. 8 60, 61; Der Storch von Landow 61, 82; Das Schildkrötenmädchen 61, 74; Sozialist. Kinderliteratur: Weg u. Wert 69; Die Partisanenwiese 72, 74, alles Kinderb.; Die deutsche Kinder- und Jugendlit. von der Mitte des 18. Jh. bis zum Anfang des 19. Jh. 74; Entdeckungen im kulturellen Erbe 78.

MA: Der Baum 69, 70; Die Kastanien von Zodel 70, 71; Die Zaubertruhe 74; Der gewöhnliche Faschismus 77 u.a., alles Anth. f. Kinder u. Jugendl.

H: Die Dichter sind des Sturmes Möwen, Anth. 55; Nowikow-Priboj: Die salzige Taufe 62; W. Rudolph: Die Insel der Schiffer 62; Jenny Lind und die grüne Flanelljacke, Mecklbg. Satiren a. d. Jahren 1844 — 49 70; Literatur f. Kinder u. Jugendliche in d. DDR 82.

Lit: Laudatio f. Egon Schmidt 77.

Schmidt, Erich (Ps. Erich Schmidt-Schell), Postbeamter; Kunstverein d. DBP 68; An der Tränke 1, D-6422 Herbstein-Steinfurth, Tel. (06643) 525 (Steinfurt 2.4.35). Novelle, Essay.

V: Und dennoch Freude, N. 70, 73; Licht fällt in verpfuschtes Leben, N. 70; Peter ein feiner Kerl, N. 73; Ihr schönstes Weihnachtsfest, Ess. 73; Heidi, du hast bestanden, N. 74; Karin, wohin führt den Weg?, N. 75; Rudi, du bist nicht vergessen, N. 75, 79; Johann Friedrich Flattich, Biogr. 79; Hanna, der Engel vom Elendstal, Biogr. 80; Dennoch frohe Weihnacht, N. 80; Freue dich, o

Christenheit, Biogr. 82; Gottes Liebe geht durch Hamburgs Straßen, Biogr. 82.

B: Geschenktes Leben, R. 73.

Schmidt, Erna, Sekretärin, Sachbearbeiterin i.R.; 3. Pr. f. Lit. Kulturwettbew. Ternitz 54, 1. Pr. f. Niederöst. b. Ausschreibung d. ORF-Fernsehen für "Geschichten aus Öst." 78; ARGE Literatur 76, Der Kreis 80, Ges. d. Freunde dt.spr. Lyr.; Wechselstr. 49, A-2633 Pottschach, Tel. (02630) 770774 (Ternitz 2.4.25). Drama, Lyrik, Roman, Novelle, Hörspiel, Mundartgedichte.

MA: 10 Jahre Literarischer Zirkel 64; Gedanken am Feierabend 66; Erlebt — Erlauscht — Erdacht 69; 20 Jahre Literarischer Zirkel 74; Blumenstrauß aus Poesie, Gebrauchslyr. 78; Das Silberne Jahr des Literarischen Zirkels Ternitz 79, alles Anth.

R: Liebe Tante Mutz, Hsp. 81, 82.

Schmidt, Ernst Walter *

Schmidt, Eva-Maria; Preis d. Ju-Bu-Crew Göttingen 77; Elsa-Brandström-Str. 44, D-8720 Schweinfurt, Tel. (09721) 32649.

V: Mädchen mit Taube 77, Tb. 80; Die Unvergleichliche 78; Ein unscheinbares Mädchen 79 (auch holl.); Ein einziger Sommer 79, Tb. 81; Jenseits d. Brücke 80, Tb. 83; Entscheidung in Kanada 82; Ein kleines Lächeln 83.

Schmidt, Friedrich Wilhelm (Ps. Rainer Siegenland), Chemiedir. i.R.; VS, V.F.S.; NGL Erlangen; Barthelmeßstr. 44, D-8520 Erlangen, Tel. (09131) 42292 (Marktschorgast/Bez. Kulmbach). Lyrik, Novelle, Chanson, Tanzlied, Fachbuch.

V: Man denke sich, heit. Lyrik 65; Bootsfahrt, Lyrik 68; Leitfaden durch d. Lebensmittelrecht, Fachb. 71; Auf die Hörner genommen, Aphor., Nonsens, heit. Lyrik 77.

MA: Ich bin dein 68; Requiem 68; Quellen des Lebens 69; Geliebtes Herz 69; Den Manen Hölderlins 70; Götterfunken 70; Ernte eines Jahres 71; Die Gärten, die Küsse, die Tränen 72; Wenige wissen das Geheimnis d. Liebe 73, alles Lyrik; Monolog f. morgen, Prosa 78; Der große Hunger heißt Liebe, Lyr.-Anth. 81.

Schmidt, Georg (Ps. Georg Schmidt-Scheeder), Journalist; Emil-Trinkler-Str. 18, D-2800 Bremen, Tel. (0421) 237454 (Berlin 26.2.13). Roman.

V: Reporter d. Hölle — Die Propaganda-Kompanien im 2.

Weltkrieg. Erlebnis u. Dok. 77; Borgward — Carl F.W. Borgward u. s. Autos. Biogr. u. Dok. 79, 3.Aufl. 82; Bremen nach der Stunde Null 83.

Schmidt, Gerhard, c/o Verlag Neues Leben, Berlin (Ost).
V: Der Narrenkanzler 79, 80; Auftrag Hochverrat 82. ( )

Schmidt, Gertrud (Ps. Bradatsch), Dipl.-Germanistin; SV-DDR 73; Neue Blumenstr. 4/10, DDR-1020 Berlin, Tel. 2752984 (Aussig, ČSSR 1.2.26). Prosa. **Ue:** Tsch.
V: Spiegelmacher, Erzn. 71, 75; Sommerreise, R. 76, 3.Aufl. 82; Immer alt u. immer neu, Prager Impressionen 80, 3.Aufl. 83.

Schmidt, Hans Dieter, Gymn.Prof.; Fördergabe d. Georg Mackensen Literaturpr. f. d. beste dt. Kurzgeschichte 73, Dauthendey Plakette 78, Kulturpr. v. Wertheim 80, Bdesverdienstkreuz 82; Am Reinhardshof 51, D-6980 Wertheim/Main (Adelsheim 29.9.30). Lyrik, Kurzgeschichte, Erzählung, Roman, Drama, Funkhörbilder, Essay, Rezension.
V: Möglichkeiten, G. 71; Schattenveränderung, G. 72; Probezeit, Erzn. 75; Der kurze Sommer des Hans Beheim, Drama 76; Keine Insel für Robinson, G. 77; Das Bildnis der Luise E., Erz. 78; Gesichter d. Ferne, Reiseerzn. 80; Melusine u. schwarze Wasser, Prosa 80; Den schönen Fluß hinunter, Prosa 83. — **MV:** Kleine Städte am Main, Reiseprosa 75.
R: Der Aufstand der armen Leute, Hörbild 71; Umrisse eines Augenblicks, Funkerz. 72; Erinnerungen an E. L., Funkerz. 73; Abseits der großen Strassen, Hörbild 75; Die Sprache der Schatten, Hörbild 76; Musik aus dem Odenwald: Joseph Martin Kraus, Hörbild 77.

Schmidt, Hans Martin, Dr. jur., RA., Verleger; Morbacher Str. 53, D-5000 Köln 41 (Sülz), Tel. (0221) 373021 (Wuppertal-Barmen 4.8.29). Essay, Karikatur.
MV: Juristen sind gar nicht so, m. W. Hanel 62, 82; Frauen haben immer Recht, m. W. Hanel 64, 79; Karte des Steuerlandes, m. W. Raquet seit 68.
H: Juristen-Spiegel 59, 60.

Schmidt, Hans Max, Verlagsangestellter; Letzter Hasenpfad 23, D-6000 Frankfurt a.M. 70, Tel. (0611) 612295 (Magdeburg 25.11.14). Lyrik.

V: Zweisamkeit. Ein Tageb., Lyr. 81.
MA: Keine Zeit für gute Freunde 82; Entstellte Engel 83 (Tb.).

Schmidt, Hans-Dieter *

Schmidt, Heidemarie (Ps. Heidemarie Gast-Schmidt), Krankengymnastin; Hermannstr. 30, D-7060 Schorndorf/Württ., Tel. (07181) 65131 (Oelsnitz/Vogtl. 21.1.40). Roman.
V: Ich bin nicht so wie du, Roman f. d. Jugend 78. ( )

Schmidt, Heidi, grad. Grafikerin; Leonrodstr. 61, D-8000 München 19 (Dortmund 1.1.52). Lyrik, Tagebücher, Radiosendungen.
V: Die Art zu Leben, Tageb. 75, 80; Tagträume, G. u. Erz. 75, 3. Aufl. 78; Anfälle, Tageb. 77; Das Akrobatenbuch, 54 Zeichn. zu e. Gesch. 79.
R: In d. Nacht gesprochen; 4 Musik-Lit. Sendungen, davon 5 Pop Sunday-Send. 76, 77, 78, alles Rdfk-Sdg. ( )

Schmidt, Heinrich (Am Henry Smith), Schriftsteller; VS NRW 71; Parkstr. 7, D-5000 Köln-Wahn, Tel. (02203) 63242 (Duisburg-Meiderich 15.9.98). Reportagen, Kurzgeschichten, Romane, Jugenderzählungen.
V: Der Hinterhalt 70; Lö> für Andra 70; Der Robinson von Coral Key 70; Rätselhafte Botschaften 70; Marshal, wo ist mein Junge? 71; Der Aufbruch 71; Hinterhalt am Schienenstrag 71; Geier über der Schlucht 71; Verfolgungsjagd in den Mountains 71; Omer Pascha 72; Zwischen Räubern und Rebellen 72; Argumente und Fahrradketten 72; Elfmeter für die "Lahmen Enten" 72; Kleinstadtbahnhof 72; Keiner will Sheriff sein 72, alles Jgdb. ( )

Schmidt, Heinrich Adolf (Ps. Heinrich Schmidt-Barrien), Dramaturg; VS Nds.; Rufolf-Alexander-Schröder-Pr. Bremen 54, Hsp.pr. d. Stift. FVS Hamb. 60, Fritz-Reuter-Pr. d. Stift. VVS Hamb. 69, Med. f. Kunst u. Wiss. zu Bremen 72, Ehrengast d. Villa Massimo, Rom 65; Eutiner Dichterkr., Arb.kr. nddt. Schriftsteller in Bevensen, D-2860 Frankenburg, Tel. (04298) 4334 (Uhtlede 19.1.02). Drama, Hörspiel, Novelle, Roman. **Ue:** H.
V: Ihr Kleinmütigen, R. 43; Der Mann ohne Gesicht, N. 50; Tanzgeschichten 54; Babuschka, Sch. 55; Und der Herr sprach, bibl. Geschn. 57; 17 Tage Hurrikan, Erz. 63; Lessing im Walde, N. 66; Und bauen den Bienen ein Haus, Erz.; Geliebte Biene, Tageb. 68; De Moorkeerl, N. 68; Standgut, R. 80; Werke

V Bde. — **MV:** Niederdeutsches Hörspielbuch 61.
R: De frömde Fro; Dat Rosenbeet; Wi
armen Armen¦ De Moorkeerl; Passpeer
82.
Lit: J. D. Bellmann u. Wolfg. Lindow:
Plattdeutsche Erzähler der Gegenwart
68; Klaus-Groth-Jahrbuch 70, 72; Ulf
Bichel: Niederdt. Stimmen: Schmidt-
Barrien in: Quickborn, Zs. f. plattdt. Spr.
u. Dicht. 82.

Schmidt, Jürgen (Ps. Friedrich Jäger),
ObStudR., Gymnasiallehrer; Oederweg
43, D-6000 Frankfurt a.M. 1 (Mannheim
17.1.43). Lyrik, Kurzprosa, Erzählungen.
V: Trojanisches Pferd, G. 81;
Hiawatha. E. indian. Legende n.
Motiven a. d. Versepos "The Song of
Hiawatha" v. H.W. Longfellow 83. —
MV: Verstopf deine Ohren mit Wachs,
m. U. Breth, G. 77.

Schmidt, Konrad, Gesellschafts-
wissenschaftler; SV-DDR 61; Machaweg
4, DDR-1532 Kleinmachnow, Tel. 22749
(Döbeln 27. 5.26). Fsp., Reiseber.
V: Auf der Suche nach Aphrodite.
Gesch. einer Zypernreise 62, 66;
Makarios - Kirchenfürst und Volks-
führer 65; Pässe, Pipelines, Pyramiden.
Quer durch den Orient I 67, 70; Wüsten,
Wadis, Wasserräder. Quer durch den
Orient II 68, 71; Ostern im Heiligen
Land, Erz. 69; Entdeckungen auf Rügen
und Hiddensee, Rep. 73, 78; Über Wien
nach Österreich, Reiseber. 77, 80; Wien
83. — **MV:** Stundenholz und Minarett.
Ber. einer Orientreise I 58, 62; Minarett
und Mangobaum. Ber. einer Orientreise
II 59, 62, beide m. Herbert Otto; Salaam
Fatima, Erzn. 72, 75, m. U. Makosch, O.
Marquardt, G. Nerlich.
H: Feuilleton der roten Presse 60;
Zwischen Rübchen und Reglern, Anth.
76. — **MH:** Puschkin - Ein Lesebuch für
unsere Zeit 55, 62; Körnchen Gold, Anth.
69.
R: (MV): Eine Chance für Cagliostro,
Fsp. 63; Wie sag ich's meinem Vater?,
Fsp. 64, beide m. Kurt Zimmermann;
Heimkehr ins Gestern, Fernseh. 76.

Schmidt, Kurt Oskar, s. Buchner, Kurt
Oskar.

Schmidt, Lothar, Dr. jur., Dipl.-
Volksw., UProf.; Hardtwaldallee 13, D-
6382 Friedrichsdorf/Ts. 4, Tel. (06172)
78172 (Frühbuß, Kr. Neudek, Sudetenld.
10.12.22). Aphorismus, politische
Aphoristik, Essay. **Ue:** E, F, I.
V: Rotarische Aphorismen 75. —
MV: H: Hochverrat ist eine Frage des

Datums. Definitionen - Aphorismen -
Maximen 66, 67; Das Große Handbuch
geflügelter Definitionen 71, 73; Schlagfertige Definitionen. Von Aberglaube
bis Zynismus 74, 82; Aphorismen von A-
Z 84.

Schmidt, Manfred, Pressezeichner,
Journalist; Goldener Wiener Rathaus-
mann gestift. v. Loyalty-Club 65, D-8194
Ambach/Starnberger See, Tel. (08177)
207 (Bad Harzburg 15.4.13). Essay,
Reportage, Drehbuch.
V: Alles halb so schlimm 56; Hab'
Sonne im Koffer 60; Und begibt sich
weiter fort 62; Zwölfmal hin und zurück
63; Zwischen Dur und Müll 64; Weiteres
Heiteres 65; Der Reiselustwecker 66;
Reise-ABC 67; Das Beste 68; Alles Gute
69; Nick Knatterton 70.
R: Die dümmste Show der Welt; Ein
bißchen Gift im Zeichenstift; Tower,
Themse und Tussaud; Ein Morgen, ein
Mittag, ein Abend in Kitz; Schmidt's
Reise-ABC, alles Fsf.

Schmidt, Marianne, Dr. phil., Prof.,
Doz.; SV-DDR 60; Machaweg 4, DDR-
1532 Kleinmachnow, Tel. 22749 (Berlin
30.6.29). Essay.
V: Wolfgang Borchert. Analysen u.
Aspekte, Ess. 70, 74. —
MV: Schriftsteller d. Gegw. Erwin
Strittmatter. Analysen, Erörterungen,
Gespräche 77.
MA: 500 J. Buchstadt Leipzig 81.
H: Großstadtperipherie, ausgew. G. v.
Walter Dehmel 63, 72; Das Huhn des
Kolumbus 82. — **MH:** Puschkin. Ein
Leseb. f. uns. Zeit 54 — 62; Körnchen
Gold, Anth. 69.

Schmidt, Markus, Student d. Philos.,
Germanistik u. Kunstgesch.; Jöttenweg
5, D-4400 Münster/Westf., Tel. (0251)
80656 (Erlangen 6.6.56). Lyrik, Roman,
Erzählung.
V: Die Klopfzeichen, Erz. 82.

Schmidt, Natalia (Ps. Natalia
Schmidt-Kulick); VS 77; Titurelstr. 9/II,
D-8000 München 81, Tel. (089) 980084
(Dnjepropetrowsk 28.1.38).
Kinderbücher.
V: Maxl, der Wirbelwind 78. ( )

Schmidt, Otto, Dr. jur., Staatsmin.
a.D.; Bonner Str. 62 VII, D-5480
Remagen/Rolandseck (Wuppertal 1.8.02).
Reisebeschreibung, Lyrik.
V: Zwischen Woge u. Wind, Lyr. 65;
Impressionen e. Südostasienreise,
Reisebeschreib. 72; Afrika im Aufbruch,
Reisebeschreibung 79.

Schmidt, Paul Gustav Hermann *

Schmidt, Paul Karl (Ps. Paul Carell),
Dr., Gesandter a. D.; Harvestehuder Weg
27, D-2000 Hamburg 13, Tel. (040) 443056
(Kelbra a. Kyffhäuser 2.11.11). Sachbuch.
V: Die Wüstenfüchse 58, 75 (12
Übers.); Sie kommen 60, 75 (12 Übers.);
Unternehmen Barbarossa 63, 76 (14
Übers.); Verbrannte Erde 66, 76 (11
Übers.); Der Rußlandkrieg. Fotografiert
v. Soldaten 67, 75; Der tabuierte Ernst-
fall Krieg 79. — **MV:** Der Lebenskampf
beginnt in Sexta 62; Die Gefangenen 80.
H: "Revolution im Mittelmeer" (1940).

Schmidt, Peter; VS 81; Förderpr. f. Lit.
d. Stadt Gelsenkirchen 79, Arb.stip. f.
Lit. d. Ldes Nordrhein-Westf. 81;
Schinkelstr. 21, D-4650 Gelsenkirchen,
Tel. (0209) 495502 (Gescher, Kr. Coesfeld
11.8.44). Roman, Erzählung, Satire,
Hörspiel, Film.
V: Mehnerts Fall 81; Die Trophäe 82;
Augenschein 83, alles Polit.-Thriller;
Das vom Himmel gefallene Kind u.a.
Sat., Erzn. 83; Eiszeit f. Maulhelden,
Krim.-R. 84.
MA: Literar. Versuchung 80;
Mittendrin 81; Nachwehen 82, alles
Anth.

Schmidt, Rainer, Pfarrer u. Propst,
Chefredakteur; Steinbergweg 33, D-6100
Darmstadt (Wiesbaden 18.9.22). Essay.
V: Müssen Christen so sein? 55; Buch
der Einkehr 64; Liebe Lichter, Betrach-
tungen 66; Reformation heute. 4
Vorträge 67.
H: Sehet, was hat Gott gegeben 66;
Die Bedeutung der Reformation für die
Welt von morgen 67; Frieden, konkret
69.
R: Morgenfeiern, Vorträge, Zur guten
Besserung, Zuspruch am Morgen. ( )

Schmidt, Regina *

Schmidt, Renate (Ps. Renate Schmidt-
V.), Lehrerin; 2. Pr. Lyriker-Wettbew.
"Die Rose"; Autorenkreis Ruhr-Mark 79;
Körnerstr. 51, D-5820 Gevelsberg, Tel.
(02332) 10630 (Remscheid 31.5.43). Lyrik,
Erzählungen, Roman, Kurzspiel,
Kindergeschichten, Übers. **Ue:** E.
V: Überall in die Dunkelheit,
Kurzgeschn. 80; Im Spülsaum der Flut,
G. 81.
MA: Lyrik 79; Spuren der Zeit 80;
Doch die Rose ist mehr 81, alles Anth.

Schmidt, Rudolf; Beethovenweg 18, D-
7170 Schwäbisch Hall, Tel. (0791) 53260.
V: Der Mensch im Spiegel der dt.
Sprache 74; Tierisches in unserer
Muttersprache; Die Sprache lebt. ( )

Schmidt, Uve (Ps. Istvan Schwenda,
Göran Göranson, Hans von Wittenberg),
Schriftsteller; VS; Stip. d. A. A. 65; Paul-
Ehrlich-Str. 27, D-6000
Frankfurt a.M. 70, Tel. (0611) 637604
(Wittenberg 14.11.39). Lyrik, Roman,
Novelle, Essay, Film, Hörspiel.
V: Mit Rattenflöten, Lyr. 60;
Pupenpalmarum, Lyr. 61; Spielgebein,
Prosa 61; Die Eier, Prosa 61; Schöne
Gegend mit Figuren, Lyr. 65;
Frankfurter Buchmessbuch, Lyr. 78;
Ende einer Ehe, Prosa 78; Danach,
Prosa 79; Die Russen kommen, Roman
82; Dt. Nachkriegssagen, Prosa 83;
Schwanengesang, Leg. 84. —
MV: Paranoirama, m. Evelyn Schwark
82.
H: Innenflächen 60; Einmaleins für
zwei 69; Made in Sweden 70; Oldtimer
71; Pornovision 72; Die ungebührliche
Müllerin 77. — **MH:** Mein heiml. Auge I
82, II 83.
R: Üb. 20 Hsp.
Ue: James LaMont Johnson: Poems/
Schwarzer Zweifel 60; Jim Morrison:
The Lords, G., Gesichte u. Gedanken 77.

Schmidt, Wolfgang *

Schmidt, Wolfgang, Dr. phil.; Kogge
70, VS 78; Greifswalder Weg 10, D-4152
Kempen I, Tel. (02152) 52709 (Parchim/
Mecklenburg 20.3.22). Lyrik.
V: Brennender Tag 67; In der Pupille
des Sperbers 70; Wer sich freispricht 75;
Unzuverlässig die sicheren Sätze 77;
Das weite flache Land od. Erkennungs-
schwierigkeiten, Lyrik 80;
Assoziationen, Lyr. 81.
H: Zu Pferd! Zu Pferd! 66; Zwei Falter
sah ich fliegen 69; Zähl die heitren
Stunden nur 70, alles Lyrik-Motiv-Anth.

Schmidt-Arget, Wolf; Drosselweg 7,
D-8029 Sauerlach.
V: S'Leben is a Wissnschaft, G. u.
Kurzgeschn. 81. ( )

Schmidt-Barrien, Heinrich,
s. Schmidt, Heinrich Adolf.

Schmidt-Bleibtreu, Ellen (Ps. Ellen
Conradi, Ellen Conradi-Bleibtreu),
Schriftstellerin, Übersetzerin;
Conseillère regional Europe, Arts et
Lettres, Paris, Gedok 67, VS NRW 70,
Die Kogge 73; Lyrikpreis "Zwei
Menschen" 76, Ehrengabe Prosa-
Wettbew. "Mauern" 77, Companion of
West. Europe Diploma, Cambridge 80,
Medaille Lyr.wettbewerb 81, Verdienst-
urkunde d. U. delle Arti, Parma/Ital. 81;
Pregelstr. 5, D-5300 Bonn-Ippendorf, Tel.
(0228) 283017 (Heidelberg 11.6.29). Lyrik,

Essay, Novelle, Erzählung, Roman.
Ue: E, S.
V: Jahre m. F. J., Ged. 51; Kraniche,
Lyrik 70; Fragmente, Lyrik 73; Ruhe-
störung, Erzn. 75; Unter dem Windsegel,
Lyrik 78; Autorinnen d. BRD 1950 —
1978 79, Bibl. 80; Im Schatten d. Genius.
Schillers Familie ..., Prosa 81; Zeit-
zeichen, Lyr. 83. — **MV:** Autor. d. BRD
1950 — 1975, Weltbibliographie 76.
MA: Gott im Gedicht, Lyrik-Anth. 72;
Ruhrtangente 72; anth. de la poésie
féminine mondiale 73; Westermann, Erz.
73; Lehrb. Univ. Ibadan, Nigeria, Erz. 78;
Mauern, Erz. 78; Prisma Minden, Kogge-
Anth., Erz. 78; Heimat, Lyr. 80; Side by
Side. Kurzgeschn., Weltanth. 80; Im
Chor trauernder Winde, Renga 80;
Freundschaft zw. Schiller u. Goethe, Das
geist. Band — Charlotte v. Schiller,
Prosa 81; Das Bildgedicht 81; Gauke's
Jb., Lyr. 82.
Lit: Sie schreiben zw. Goch u. Bonn,
Autoren in NRW 75; Autorinnen der
BRD; Gisbert Kranz: Literatur u. Leben
81.

Schmidt-Dannert, Christa *

Schmidt-Elgers, Paul (Ps. Paul
Elgers); SV-DDR 52; Lit.-Preis d.
Gewerkschaften 61; Unterm Hain 3,
DDR-682 Rudolstadt (Berlin 23.3.15).
Roman, Novelle.
V: Gold im Urwald, Erz. 53, 61;
Eldorado, Erz. 55; Alarm im Hafen, Erz.
58; Es begann im Sommer, R. 60, 61;
Einer zuviel im Geschäft, R. 62, 69; Die
Marquise von Brinvilliers, R. 64, 70;
Jungfrau Johanna, R. 72, 80; Die Katze
mit den blauen Augen, Krim.-R. 75, 76;
Der Fall Kaspar Trümpy, R. 76; Der
Unbekannte v. Collegno, hist. Erzn. 82;
Ein Giftpilz f. d. Kaiserin 83.
H: Der tote Chaussee-Einnehmer 65.
( )

Schmidt-Fellner, Carola;
Praunheimer Weg 127, D-6000
Frankfurt a.M. 50.
V: Angelika aus USA 75. ( )

Schmidt-Freksa, G., s. Freksa,
Gertrud.

Schmidt-Freytag, Carl-Günther (Ps.
Peter Brock, Harald Hollm, Ronald
Erskin), Verleger; VS 50; Zahnstr. 44, D-
4130 Moers, Tel. (02841) 22128 (Torgau/
Elbe 12.7.24). Roman, Jugendbuch,
Biographie. **Ue:** E.
V: Pitt, die Segelflieger, Jgdb. 51, 56;
Pitt und Ali, die Wolkenstürmer, Jgdb.
52, 57; Hals- und Beinbruch, Pitt, Jgdb.
53, 57; Düsenversuchspilot Caesar II, R.

53, 57; Atomraumschiff V 10 startklar!,
R. 53, 57; Im Schlepptau des Hub-
schraubers, Jgdb. 54, u.d.T.: Hub-
schrauber im Einsatz 66; Flossenschwimmer auf Unterwasserjagd, Jgdb.
55, 57; Die Macht des Unsichtbaren, R.
55, 57; Bremsklötze weg - wir fliegen
wieder, Jgdb. 55; Pitt fliegt als Werk-
pilot, Jgdb. 55, 57; Pitt bezwingt den
Schall, Erz. 59; Pitt der Wolkenstürmer,
Jgdb. 55, 57; Pitt bezwingt den
Schall, Erz. 59; Pitt der Wolkenstürmer,
verkehrs 63; Aufruhr am Südpol 71;
Achtung, Werkspione 71. —
MV: Propeller, Düsen und Raketen, m.
August Scherl 69.
MA: Segelflug durch Wind und
Wolken, Jgdb. 55, 57; Uns aber gehört
der Himmel, Biogr. 56.
Ue: Mayne Reid: Die Skalpjäger 51;
Swift: Gullivers Reisen 52, 55; Cooper:
Der Schmugglerkapitän.

Schmidt-Holländer, Christa;
Schildescher Str. 103, D-4800 Bielefeld 1.
V: Alt und jung paßt gut zusammen
69.
MH: Mit den Kindern dieser Erde 69.

Schmidt-Kaspar, Herbert, StudDir.;
Förderpr. z. sudetendt. Kulturpr. 58,
Förderpr. z. Andreas-Gryphiuspr. 59,
Förderpr. d. Freistaates Bayern 68,
Georg-Mackensen-Lit.Pr. 75;
Staudingerstr. 55/X, D-8000 München 83,
Tel. (089) 6708248 (Reichenberg/Böhmen
25.4.29). Roman, Kurzgeschichte, Er-
zählung, Lyrik, Essay.
V: Wie Rauch vor starken Winden, R.
58; Schnee im Oktober, Erz. 60; Die
Erkenntnisse Ajuts des Bären, Verse 61;
Der Herr Ziem, Kurzroman 64; Der
Mord an Daniel, R. 68; Die Nachbarn
hinter der Wand, Satiren 77; Das
Geschenk, Erz. 78.

Schmidt-König, Fritz; Baseler Str. 16,
D-1000 Berlin 45, Tel. (030) 8334391
(Wokellen 5.10.06). Lyrik,
Kurzgeschichte, Roman, Laienspiel.
V: Feldblümlein, G. 27; Unser Sonnenschein, G. 32, 40; Vom heiligen Land, G.
32, 41; Dennoch, G. 32; Heimaterde, G.
36; Junge Saat, G. 36; Die Seele fand, G.
39; Gruß und Wunsch, G. 39; Weih-
nachtswege, G. 39; Der Schatz, Erzn. 39;
Blühende Erde, G. 46; Das Ew'ge Licht
geht da herein, G. 49; Lichtstrahlen im
Alltagsdunkel, G. 49; Die hohen Feste
als liebe Gäste, Sp. 54; Laßt uns gehen
nach Bethlehem, Sp. 55; Eduard Graf
von Pückler, Biogr. 55; Hermann Menge,
Biogr. 56; Es leucht't wohl mitten in der
Nacht, Erzn. 56; Loben - Lieben - Leiden
- Leuchten, G. 56; Frau Käthe Luther,

Biogr. 57, 64; Geliebte Mutter, G. u. Erz.
58; Es wird nicht dunkel bleiben, G. u.
Erz. 60; Das große Heimweh, Erz. 60;
Fritz Woike, Biogr. 65; Mutter und Kind,
G. u. Erzn. 65; Vom Gesegneten Alter, G.
u. Erz. 65; Ernst J. Christoffel, Biogr. 68;
Gib acht auf diesen hellen Schein, Erz.
71; Neu ward dein Tag, G. u. Erz. 71;
Waldweihnacht, Erz. 73; Bei Kellers
brennt noch Licht, Erz. 74; Ein Licht
leuchtet immer, Erz. 75; Abfahrt 19,11
Uhr, Erz. 76; Christrosenzeit, Erz. 76;
Getroster Weg, Erz. 76; Der Christbaum
d. Gen.Dir., Erz. 77; Weihnacht feiern ...,
Erz. 78; Als der Wald brannte, Erz. 78;
Heilige Nacht-Nacht d. unendl. Liebe,
Erz. 79; Von den Tagen Gottes, G. 79;
Wege durchs Jahr, G. 80; Christtags-
freude, G. u. Erz. 80; Immer wenn die
Rosen blühn, Erz. 80; Fröhlicher
Asphalt, Erz. 80; Herz, es ist Herbst, Erz.
82.
H: Ewigkeit in die Zeit, Kalender 34
— 38, 56; Am klaren Quell, Zs. 36 — 37;
Das gute Wort, Zs. seit 55; Ein immer
fröhl. Herz, Kalender seit 67.

Schmidt-Kulick, Natalia, s. Schmidt,
Natalia.

Schmidt-Mâcon, Klaus F., Schrift-
steller, Literaturdozent; VS 76; EM e.
Anne-Frank-Stiftung, Amsterdam 75;
von-Hees-Str. 5, D-6148 Heppenheim,
Tel. (06252) 72167 (Mannheim 18.3.36).
Lyrik, Novelle, Essay, Satire, Drama.
V: Zwischenräume, Lyrik 75; Fort-
schrittsbäuche, Lyr. 81; Steinzeichen,
Lyr. 82.
MA: Jaaresverslag 74; aufschlüsse 78;
Schön ist die Jugend bei guten Zeiten
80; Liebesgedichte 80; wortgewalt 80; Jb.
f. Lyrik 3 81; rufe 81; Friedensfibel 82;
Inseln im Alltag 83.

Schmidt-Piller, Katja,
Schriftstellerin; GAV 80; Staatsstip. f.
Lit. 79/80, Förder.pr. f. Publizistik durch
die Burgenlandstift.-Theodor Kery 80;
Berggasse 16, A-7083 Purbach, Tel.
(02683) 56983 (Breitenbrunn 31.3.41).
Lyrik, Novelle, Essay, Hörspiel, Roman,
Treatment u.a.
V: Ich habe mir die Narrenkappe
aufgesetzt, Lyr. 78; Guldani Beringa,
Erzn. 79; In der Kampagne, Erzn. 81.
MA: 21 Autoren nehmen Stellung 79;
Hat Heimat Zukunft 81; Aufschreiben
81; Kein schöner Land 81; Literatur 81
81.
R: Und niemand versteht, warum,
Hsp.; Im Kanal, Hsp. 82.

Schmidt-Raven, Jürgen Fritz Heinz,
Werbefachmann, Werbetexter; Forstweg
25, D-2116 Ollsen/Nordheide, Tel. (04184)
567 (Hamburg 20.10.34). Roman.
V: Schweigen, zahlen und leben,
Krim.-R. 73.

Schmidt-Scheeder, Georg, s. Schmidt,
Georg.

Schmidt-Schell, Erich, s. Schmidt,
Erich.

Schmidt-V., Renate, s. Schmidt,
Renate.

Schmied, Wieland, Dr. jur., Dir. d.
Berliner Künstlerprogramms; P.E.N.-
Club; Lyr.-Preis d. SDR 55, Förderungs-
preis d. Stadt Wien 58, Öst. Theodor-
Körner-Preis 59; Giesebrechtstr. 12, D-
1000 Berlin 12, Tel. (030) 8835344
(Frankfurt 5.2.29). Lyrik, Essay, Kunst-
kritik. **Ue:** E.
V: Von den Chinesen zu den Kindern.
Notizen zur Malerei, Ess. 57; Landkarte
des Windes, G. 57; Das Poetische in der
Kunst, Ess. 60; Fenster ins Unsichtbare.
Zur Kunst der Christen, Ess. 60; Links
und rechts die Nacht. Prosa, Ess., Kritik
61; Der Wein von den Gräbern, G. 61, 62;
Seefahrerwind, G. 63; Worte für Worte,
G. 64; Richard Oelze 65; Mark Tobey 66;
Wegbereiter zur modernen Kunst 66;
Alfred Kubin 67; Neue Sachlichkeit und
magischer Realismus 69; Rudolf
Hausner 70; Zweihundert Jahre
phantastische Malerei 73, Tb. 79 II; C. D.
Friedrich 75; Malerei nach 1945 75;
Wilhelm Thöny 76; Werner Heldt 76;
Nach Klimt. Schr. z. österr. Kunst 79. —
MV: Giorgio de Chirico 80, 82.
H: Oswald von Wolkenstein: Der mit
dem einen Auge. Ausw. u. Übertr. seiner
G. 60; Christine Lavant: Wirf ab den
Lehm, G. u. Prosa 61; Giorgio de Chirico:
Wir Metaphysiker, Ges. Schrr. 73, u.a.
MUe: No - vom Genius Japans, m. W.
L. Fischer u. E. Kottmaier 63.

Schmiedehaus, Walter (Ps. Alex
West), Kaufm., Konsul a. D.; Historische
Ges. von Chihuahua seit 38, Sociedad
Mexicana de Geografia y Estadistica
seit 48; Hidalgo No. 62, Cuauhtemoc,
Chih. 31500, CD/Mexico (Essen-
Rüttenscheidt 28.8.01). Lyrik, Roman,
Novelle, Essay, Erzählung.
V: Ein feste Burg ist unser Gott; Jagd
in Mexiko, Erzn. 54, 55; Mexiko 60; Die
Lichtmenschen 70; Der Eroberer; Die
Altkolonier-Mennoniten in Mexiko
82. — **MV:** Chihuahua, Ciudad Procer 59.

Schmieder, Arnold, Dr., M.A., AkadR.;
Fliegender Robert (lit. Vereinig.) 79;

Wiesenbach 7, D-4515 Bad Essen 1, Tel.
(05472) 2137 (Wuppertal-Beyenburg
16.6.47). Kurzprosa.
V: Die Alleinunterhalter, Kurzprosa
81. — **MV:** Human macht d. Zweifel, d.
Verzweiflung kaputt, m. Klaus Hansen,
G. u. Prosa 80.

Schmieder, Meike; Heinz-Steyer-Ring
18, DDR-4500 Dessau.
V: Ich habe einen Mord gesehen 81,
Bdesrep. Dtld Tb. 82. ( )

Schmiele, Walter, Dr. phil.; P.E.N. 55;
Lyrikpreis d. Südverlages, Konstanz 48,
Johann-Heinrich-Merck-Ehrung der
Stadt Darmstadt 79; Prinz-Christians-
Weg 19, D-6100 Darmstadt, Tel. (06151)
44850 (Swinemünde 12.4.09). Lyrik,
Essay, Literaturkritik. **Ue:** E.
V: Henry Miller, Biogr. 61, 75 (ital. 63,
japan. 67, franz. 70, holl. 76, dän. 80);
Zwei Ess. z. lit. Lage 63.
H: Englische Geisteswelt. Von Bacon
bis Eliot 53; Skandinavische Geistes-
welt. Von Swedenborg bis Niels Bohr 54;
Dichter über Dichtung in Briefen,
Tageb. u. Ess. 55; Romeo and Julia.
Wirklichkeiten einer Tragödie 63; König
Lear. Deutung und Dokumentation 66;
Huxley. Kontrapunkt des Lebens 71;
Poesie d. Welt: England 81.
Ue: Thomas de Quincey:
Bekenntnisse eines englischen
Opiumessers, R. 46, 62; John Keats:
Hyperion, Epos 48; Englische Dichtung
deutsch (Blake, Wordsworth, Keats,
Coleridge, Shelley, Morris, Swinburne,
Rossetti, Yeats) 49; Lawrence
Ferlinghetti: Sie 63.

Schmitt, Friedrich, Landwirt i.R.;
Goethestr. 38, D-6945 Leutershausen/
Bergstr., Tel. (06201) 52136
(Leutershausen 29.3.03). Gedichte.
V: Spitze Heiterkeiten aus dem Land-
leben 64; Heitere Pillen wider Gram und
Grillen 66; Murre fröhlich, Zeitgenosse!
67; Pflügt ein Neues 70; Heiter gehts
weiter 71; Werdet nüchtern, Zeit-
genossen! Krit. Reime gegen allerlei
Träume 74.
MA: Rolf Italiaander: Ade Madame
Muh.

Schmitt, Fritz, Schriftsteller,
Redakteur; Bayer.J.V. 47; Düppeler Str.
20, D-8000 München 81, Tel. (089) 931830
(Reichersdorf/Landau a. d. Isar 20.9.05).
Novelle, Essay, Hörbild.
V: Der Kederbacher, Bergführr. 35, 59;
Brettlhupfer und Schwartlingritter,
Anekd. 37; Mensch, Berg und Tod, Nn.
38; Der Berg ist Trumpf, Bergführr. 38;

Das Buch vom Wilden Kaiser, Monogr.
43, 65, völlig neu bearb. 82; München -
wie es war, Ess. 46; Weihnachtslegende,
Lyrik 47; Unterwegs, Lyrik 48; Begeg-
nungen mit Bergtieren, Ess. 48; Berg-
blumen, Ess. 48; Alpine Gefahren,
Sachb. 60, 75; Parodie auf Berg u. Ski,
Lyrik 79; Wetterstein, Monogr. 79;
Parodie auf Berg u. Ski 78; Alpin-
monografie Wetterstein 79; Erlebt u.
belauscht. Tiere uns. Berge 80.
B: Willy Merkl - ein Weg zum Nanga
Parbat, Biogr. 38; Das Matterhorn,
Monogr. 38; Paradies Arlberg, Monogr.
77.
H: Matterhorn-Geschichten 83. —
MH: Die Dolomiten. Hans Fischer,
Monogr. 43.
R: Zahlr. Hb.

Schmitt, Heinz O., Dipl.-Ing.; Holzstr.
174, D-4630 Bochum 6.
V: Bergleute, gezaust u. gezeichnet 77.
MA: 100 Jahre Bergarbeiterdichtung
82.

Schmitt, Mélie (Ps. Eve Brion); versch.
Wettbewerbspreise u.a. Radio
Strasbourg, Le Bretzel d'or 79; Soc. d.
Auteurs e. Compositeurs dram. 38, Soc.
d. Ecrivains d'Als. e. d. Lorr. 39, Scheffel-
bund 55; 5 Rue Cuvier, F-67 Strasbourg-
Robertsau (Strasbourg 15.11.00).
Hörspiel, Novelle, Lyrik, Theater. **Ue:** F.
V: Versch. Theaterst. (auch franz.). —
MV: Wege und Umwege, Lyrik 77.
MA: Dem Elsaß in's Herz geschaut.
Elsäss. Dichter der Gegenwart, Anth. 76;
Elsäss. Dichter d. Gegw., 5. Anth. 80.
R: Rd 100 Hsp. ( )

Schmitt, Ossi; Scharrerstr. 32, D-8500
Nürnberg.
V: Ver-rückt. Little tips for happy
days 73, u.d.T.: Mut zu dir selbst 76, 81.
( )

Schmitt, Theodor, Rentner; Edward-
Schröder-Str. 1, D-3430 Witzenhausen
(Straßburg 21.1.13). Drama, Lyrik, Kurz-
geschichte, Fabel.
V: Kassel poetisch, G. 55; Du wunder-
schönes Lenzbachland, G. 56; Brief-
marken-Poesie 63; Witzereien, G. 70; Die
heitere Fastenkur, G. 71; Aus dem
Tagebuch eines Spötters 76; Witzen-
hausen. Zum Jubiläum 75; Kirschen u.
Rosen 82.
MA: versch. Anth.

Schmitt, W. Christian, freier
Journalist, Inhaber u. Bureauleit. d.
Redaktionsstube Schmitts Töchter;
Kahlertstr. 13, D-6100 Darmstadt, Tel.

(06151) 22631 (Guhrau/Schles. 9.7.44).
Erzählung, Reportage.
V: Klitzekleine Bertelsmänner -
literarisch-publizistische Alternativen
1965 — 1973 74; Das Circus-Buch 84.
MA: IG Papier & Schreibmaschine,
Anth.; Von Darmstadt nach Darmstadt,
Anth.
H: Reise ans Ende der Angst —
Erlebn. m. d. Todesangst 80; Von der
Lust, mit d. Bahn zu reisen 82; Der
Deutschen Lesebuch — Das Beste der
Büchnerpreisträger 84.

Schmitt, Wilkar (Ps. Wim-Wim), Dr.,
Doz., Schriftsteller; Ikenstr. 43,
Unterhaus, D-4000 Düsseldorf-
Gerresheim, Tel. (0211) 287768
(Düsseldorf 7.7.97). Sonett, Erzählung,
Film, Hörspiel. **Ue:** F, E.
V: Psychologische Politik, Skizze 24;
Das Hündchen, Skizzen 27; Edelweiß,
Dichtg. 27; Professor Pünktchens Ver-
wandlung, N. 27; Gedichte 27, 54; Erd-
beeren, d. Leidensgesch. e. idealist.
Friedenshelden, N. 31, 69; Sonette 43, 78;
Wir werden ..., orat. G.werk 39.
Lit: Possberg: Ranken und Reben 33.

Schmitt, Willi (Ps. Will Smit), Schrift-
steller; IGDA 69, VG Wort 74, FDA 80;
Buchpreis v. Lde Öst.-Stmk 69,
Certificate of Merit London 76,
Certificate of Award Zürich 79,
Friedensehrendipl. d. Welt, Salso-
maggiore/Ital. 81, AWMM-Buchpr. 83,
Persönlichk. d. Jahres, Weltpr. d. Kultur,
Salsomaggiore/Ital. 84; Kurt-
Schumacher-Allee 137, D-6630
Saarlouis-Steinrausch, Tel. (06831) 88403
(Saarlouis 21.7.29). Roman, Tatsachen-
bericht, Erzähl., Betracht., dramat.
Kindergesch.
V: Ereignisse des Lebens 75;
Phrenesie, ein Psycho-R. 77; Sein letzter
Roman. Sucht! 83.
MA: Almanach d. VS.-Saar 75 u. 80;
Querschnitt durch 5, Anthol. 76; Profile
77; Ein Dezennium IGDA 78.

Schmitt-Böhle, Lis (Ps. Lis Böhle);
Johannisstr. 72/80, D-5000 Köln 1, Tel.
(0221) 121606 (Köln 31.7.01). Hörspiel,
Film, Erz., Lyrik.
V: Himmel un Äd 35; Schwatz op
Wieß 36, 43; Zwesche Rhing un Ring 47;
Skizzierte Erinnerungen 47; Jeck op
Kölle 55; Kölsche Saison 63; Kölle ming
Welt 79; Levve un levve loße!.
R: Versch. Hsp. in kölnischer Mund-
art.

Schmitt-Mix, Walter (Ps. Walter
Liederschmitt), Gymnas.-Lehrer;

Neuwiese 7, D-5500 Trier (Trier 24.4.49).
Lyrik u. Lied, Sachtexte. **Ue:** E.
V: Bob Dylan halb u. halb I:
Lonesome Sparrow/der einsame
Dreckspatz 1960-66, II: Mighty Mocking-
Bird/die große Spottdrossel 1967-78,
Aktueller Nachtr. 1979-80 78, 3. Aufl. 80.
S: Die kromm Musel/Liedcher on
Verzeelches, hochdt. u. Dialektlieder;
vice vino 79. ( )

Schmitter, Elke, Studentin d. Philos.;
VS Bayern 83; Fraunhoferstr. 25, c/o
Murašow, D-8000 München 5, Tel. (089)
267365 (Krefeld 25.1.61). Lyrik, Roman.
V: Windschatten im Konjunktiv 82.

Schmitthenner, Hansjörg, ehem.
Abteilungsleiter (Hörsp.abt.) am Bayr.
Rundfunk, freier Schriftsteller; VS 48,
P.E.N.-Club 79; Welt-Story-Preis d. N. Y.
Herald Tribune 50; Akad. d. darst.
Künste 62; Hiltenspergerstr. 7, D-8000
München 40, Tel. (089) 2718324 (Colmar/
Els. 20.11.08). Roman, Novelle, Lyrik,
Drama, Hörspiel, Fernsehspiel, Essay,
Film, Feature. **Ue:** E, F.
V: Ein jeder von uns, Sch. 47;
Zwischen Dom und Moschee, R. 48;
Nastenka, Dr. 50; Die Luftfahrer,
Geschichte des Ballonflugs 56; Die
Bürger von X, dr. Parabel 60; Rilke im
Wallis, Ess. 65; Blume d. Nacht — Traum
u. Wirklichkeit d. Romantik.
B: Kurt Held, Giuseppe u. Maria 67. —
MA: Von der gelassenen Heiterkeit 53;
Expeditionen, Dt. Lyrik seit 1945; Hier
schreibt München 61; Gegen den Tod
64; Hörspielbuch 64; München im
Gedicht 66; Ernst Jandl: Materialien-
buch 82.
H: Die Weltliteratur, Lesewerk seit 48
XVII; Die schönsten Gutenacht-
Geschichten I 51, II 59 (auch dän., engl.,
franz., ital., jugosl., holl., schwed., span.);
Dreizehn europ. Hsp. 61; 16 D. Hsp. 63; 8
Fernsehsp. 66; Jean Paul: Der Luft-
schiffer Gianozzo 76; Konkrete Poesie
deutschsprachiger Autoren 69; Maler
der deutschen Romantik 71; 50 Jahre
deutscher Rundfunk 74; Erinnerungen
an Mathias Claudius 78; Hören, Lesen,
Sehen (Mon, Gerz, Kriwet) 83, vier Aus-
stellungskataloge. — **MH:** Das Nestroy-
Seemännchen 54.
R: Ein jeder von uns, Hsp.; 50 Jahre
Hörspiel, Sendereihe in 8 Folgen; Der
schwarze Stein auf dem Rücken der
Schildkröte, Feat. 76; Im Ballon, Feat.
77; Djati Luwiti — schönes Land, Feat.
79; Columbia — Utopien werden
Wirklichkeit, Weltraumkolonisation,
Feat. 80; Weiße Nächte, Fsp. 64; Spiel-

zeug d. Winde. Geschn. aus d. Ballonfahrt, Fsp. 82.

Schmitz, Fred, Werbetexter, Über-
setzer; Elisabethstr. 16, D-8000
München 40, Tel. (089) 2719013 (Köln
11.1.19). **Ue: E, F.**
V: Konga und das Geheimnis der
Schlangen, Jgdb. 77.
R: Der kleine Herr Kniggedu, Hsp. 61.
Ue: Versch. historische Werke, Sach-
bücher u. Jugend-Sachbücher.

Schmitz, Hermann James, Maler; VS
Ndrh. 80; Am Stadtpark 26, D-4100
Duisburg 12, Tel. (0203) 443232
(Duisburg 16.6.36). Lyrik, Kurz-
geschichte, Texte.
V: Für die Gegenwart bestimmt, G. 75/
76; UdSSR mit eigenen u. fremden
Augen 82; Asanga Blatt I: Für Zeit-
genossen 81; Asanga Bl. II: Sätze 82. –
MV: löffelvoll Texte, G. 80; Für d.
Gegenwart bestimmt, G. 82.
   MA: 5 Anthologien.

Schmitz, Ida Magdalena (Ps. Magda
Finck-Schmitz), freie Schriftstellerin;
Intern. Buchpr. 82; Schluchter Heide 3,
D-5000 Köln 80, Tel. (0221) 686468
(Berlin 27.1.21). Lyrik, Essay.
V: Vielleicht sind wir Kommende, Lyr.
77; Auf der Treppe, Lyr. 78; Le petit
baron, 20 Kurzstories; Weit über Dich
hinaus, Lyr. 79; Tröstliches Licht, Lyr.
84.
   MA: Gewichtungen 80; Lyrik heute
81; Einkreisung 82; Autoren stellen sich
vor IV 84, alles Anth.

Schmitz, Karlchen, s. Gerboth, Hans-
Joachim.

Schmitz geb. Reiter, Nanna (Ps.
Nanna Reiter), Schauspielerin;
Forsthaus 1, D-8421 Painten, Tel. (04621)
21264 (Bochum 19.2.32). Roman, Essay,
Hörspiel.
V: Der Seehund mit der silbernen
Trompete 67; Pilon und die blaue Kugel
69; Ein Bär für Bimbi 70; Der kleine
Prinz, Sch. f. Kinder nach Exupéry
79. – **MV:** Der rotkarierte Omnibus,
Anth. 67; Weihnachten in der Familie,
Anth. 71.
   MA: Die schönsten Weihnachts-
geschichten, Anth. 77; Frohe Weihnacht,
Anth. 81.
   R: Der kleine Trommler; Der Vaga-
bund und die Glocke; Neues von Jimmy
aus der Darkness-Street; Der Narr, das
Huhn und die Ziege, u.a.
   Lit: Autoren-Portrait (ORF).

Schmitz, Siegfried, Dr. phil.; VS 70;
Wettersteinstr. 8, D-8039 Puchheim, Tel.

(089) 802362 (Borschemich/Rhld. 5.2.31).
Essay, Sachbuch. **Ue:** E, Am.
V: 6 Jugendsachbücher 71 – 76; Tiere
kennen u. verstehen 74; Goldhamster 76;
Wellensittiche 76; Schnecken- u.
Muschelsammlung 76; Aquarienfische
77; Kanarienvögel 79; Große Entdecker
u. Forschungsreisende 83. – **MV:** Das
neue Heimtierlex. 71.
   H: Lyrik der englischen Romantik 67;
Da sprach der Fuchs zu Hasen,
Tieranth. 68; Geliebte Pferde 76; Lord
Byron: Sämtl. Werke 77 – 78 III;
Freundschaft m. Katzen 78; Erlebnisse
mit Tierkindern 80; Charles – ein
Leben 82. – **H** u. **Ue:** Laurence Sterne:
Briefe u. Dokumente 65.
   Ue: Elizabeth Bowen: Ein Abschied
58; Rhys Davies: Der Junge mit der
Trompete 60; O. Henry: Frühling à la
carte 61; Laurence Sterne: Tristram
Shandy 63, Eine empfindsame Reise 63;
Roar Hauglid: Norwegische Volkskunst
67; Washington Irving: Das Skizzenbuch
68; Sigvard Berggren: Mein Tier-
paradies 69; Oscar Wilde: Sämtliche
Theaterstücke 71; Trevor Ling: Die
Universalität der Religion 71; Theodore
Besterman: Voltaire 71; Oscar Wilde:
Dorian Gray 72; F. Woolham: Vögel für
Käfig u. Voliere 74; E. A. Poe: Morde in
der Rue Morgue, zweispr. 74; H. Loxton:
Katzenrassen der Welt 75; H. H. Ben-
Sasson: Geschichte d. jüd. Volkes I 78;
Knaurs Tierleben seit 78 VIII; Robin
Baker: Tierwanderungen 80; Desmond
Morris: Mein Leben mit Tieren 81;
Jocelyn Murray: Afrika 81; Eric Juffey:
Naturparks in Europa 82.

Schmitz, Thomas, Verlagslektor;
Luisenstr. 122, D-4000 Düsseldorf 1, Tel.
(0211) 382447 (Recklinghausen 30.6.53).
Aphorismus, Lyrik.
V: Sackgassen, Aphor. 80.

Schmitz, Walter (Ps. Walter Faber),
Verlags-Geschf.; Lindwurmstr. 75, D-
8000 München 2, Tel. (089) 537828
(Kleve/Ndrh. 28.6.23). Roman.
V: Der große Manager 59; Roulette 78;
Die Spielbank-Mafia 80; Mammon 81.

Schmitz-Bunse, Waltraut; An-Groß-
St. Martin 4, D-5000 Köln 1.
V: Anna L., 43 oder: Niemandes Schlaf
zu sein, Erz. 81. ( )

Schmitz-Mayr-Harting, Elisabeth, Dr.
phil., Sozialarb., Bdesvors. d.
Katastrophenhilfe öst. Frauen; Ö.S.V.;
Gr. goldenes EZeichen f. Verd. um d.
Republ. Öst., Gr. goldenes EZeichen f.
bes. Verd. um d. Bdesland NÖ., Burgen-

land u. Steiermark; Öst. Ges. f. Lit.,
Gerhard-Fritsch-Stift., Intern. Inst. f.
Kinder- u. Jgdlit., Grillparzer-Forum
Forchtenstein, Hofmannsthal-Ges.,
Friedrich-Boedecker-Kr. Hannover;
Gustav Tschermak-Gasse 3/2, A-1180
Wien, Tel. (0222) 343333 (Wien 22.6.29).
Lyrik, Essay. Ue: Am, E, F.
V: Das irische Nationaltheater, Ess.;
10 Jahre Katastrophenhilfe
Österreichischer Frauen - Sozialarbeit
aus Gewissensgründen 75; Brigitte, die
Geschichte vom kleinen Mädchen, das
sich nicht waschen wollte 66; Andrea,
die Geschichte vom kleinen Mädchen,
das immer soo müde war 67; Michel und
Moni 68; Bärbel und der liebe Gott 69.
MH: Dichtung aus Österreich 66 – 77
IV; Grillparzer-Forum Forchenstein 65
– 68 IV; Wir tragen Verantwortung f. d.
Welt v. Morgen – Energie u. Umwelt im
Sonnenzeitalter. 1. Intern. Atomgegner-
sympos., Wien 78.
R: Brigitte, die Geschichte vom
kleinen Mädchen, das sich nicht
waschen wollte, Fs.-Kinderf.; Andrea,
die Geschichte vom kleinen Mädchen,
das immer sooo müde war; das irische
Nationaltheater.
S: Brigitte, die Geschichte vom
kleinen Mädchen, das sich nicht
waschen wollte 66; Andrea, die
Geschichte vom kleinen Mädchen, das
immer soo müde war 67.
Ue: Mircea Eliade und Joseph M.
Kitagawa: The History of Religions
u.d.T.: Grundfragen der Religions-
wissenschaft 63; Gordon C. Zahn: Die
deutschen Katholiken und Hitlers
Kriege 65; - Mehr. Art. in: Kath. Soz.lex.
64; Kåre Langvik-Johannessen: Im
Namen kaiserlicher Majestät - Die
innere Handlung in Grillparzers
"Bruderzwist" 73.

Schmohl, Kurt, Bibliothekar, Doz.
VH.; Tölzer Str. 9, D-1000 Berlin 33, Tel.
(030) 8243456 (Berlin 26.8.09).
Reiseberichte.
V: Zauberhafte fernöstliche Inselwelt.
E. Reise nach Thailand, Malaysia,
Singapur, Indonesien, d. Philippinen u.
Hongkong 80; Von d. Gletscherwelt z.
Tropenzone. E. Flug-See-Weltreise nach
Kanada, Alaska, Japan, China, Hong-
kong, Singapur u. Bangkok 82.

Schmoll, Werner (Ps. Jean Taureau),
Maschinenschlosser, Jurist; SV 62;
FDGB-Lit.preis 63, Kunstpr. d. Stadt
Leipzig 74; Nibelungenring 2, DDR-7030
Leipzig, Tel. 320267 (Leipzig 11.12.26).
Roman, Erzählung.

V: Mit 17 ist man noch kein Held, R.
62, 69; Die Detektive vom Wenzelsplatz,
Erz. 63, 64; Löwen, Sultaninen und ein
Detektiv, Erz. 65, 66; Eine Wolke aus
Blech oder Meine verrückten
Geschichten, R. 73, 77; Zufällig
Stephanie 77; Der zweite Tod 80. –
MV: Monsieur bleibt im Schatten 71.

Schnabel, Ernst; Fontane-Preis 57,
Prix d. Droits de L'Homme (UNESCO)
58, Heinrich-Stahl-Preis 59;
Knesebeckstr. 16, D-1000 Berlin 12
(Zittau/OL. 26.9.13). Roman, Novelle,
Essay, Film, Fernsehen, Hörspiel. **Ue:** E.
V: Die Reise nach Savannah, R. 39;
Nachtwind, R. 41, 47; Schiffe und Sterne,
R. 43; Thomas Wolfe, Ess. 47; Sie sehen
den Marmor nicht, 13 Geschn. 49;
Interview mit einem Stern, R. eines
Flugs um d. Erde 51; Großes Tamtam,
Ber. 53; Die Erde hat viele Namen, Ber.
55; Der sechste Gesang, R. 56; Anne
Frank – Spur eines Kindes, Ber. 58, 81;
Ich und die Könige, R. 58; Fremde ohne
Souvenir, Geschn. 61; Das Floß der
Medusa 69; Ein Tag wie morgen 71; Auf
der Höhe d. Messingstadt, Erzn. 73.
MA: Beitr. zu zahlr. Anth. u. Zss.
H: Ernest Hemingway: 49 Depeschen
69.
F: (MV): In jenen Tagen, m. Helmut
Käuter 47.
R: Der 29. Januar 47; Am Abend vor
dem anderen Tag 49; Die grüne Grube
49; Entdeckungen in Großbritannien 49;
Europa-Berichte 50; Ein Tag wie
morgen 50; Interview mit einem Stern
51; Großes Tamtam 53; Gesang 56; Dr.
Schiwago 59; Ich und die Könige 60; Das
schweigende Dorf 61.
S: Hörfassung von Gustav Gründgens
spricht: Franz Kafka - Der Prozeß 67;
Das Floß der Medusa, Libr. z. Orat. v.
Hans Werner Henze 69.
MUe: Hermann Melville: Moby Dick,
m. Thesi Mutzenbecher 45, 46; Ernest
Hemingway: Die Fünfte Kolonne 69, 49
Depeschen 69, Inseln im Strom 71;
Robert Lowell: Prometheus am Pranger
70, alle m. Elisabeth Plessen.
Lit: Ilse Aichinger: Die Sicht der Ent-
fremdung in: Frankfurter Hefte 54;
Nino Erné: Die Kunst der Novelle 56;
Elisabeth Plessen: Fakten und
Erfindungen 71. ( )

Schnabl, Friederike; Ö.S.V. 72, Gedok
68, FDA 74, A.K.M.; Bodensee-Klub 54,
Der Kreis 68, Josef-Weinheber-Ges. 71;
Sebastianplatz 4, 1. Stiege, T. 3, A-1030
Wien (Wien 18.8.94). Drama, Lyrik, Vers-
Erzählung.

V: Gedichte 52; Neue Gedichte und zwei Spiele 54; Lyrische, epische und dramatische Dichtungen 56; Die Verkleidung in Gedicht, Erz. u. Dr. 59; Gedichte 67; Erzählungen 70; Dramen, Opern und Kantaten I 71, II 72. ( )

Schnack, Elisabeth, Dr. h. c., Übersetzerin; Lit.pr. d. Kt. Zürich 65, d. Stadt Zürich 66, Lit.pr. d. Bayer. Akad. d. Schönen Künste 68, Lit.pr. d. Kt. Zürich 72, Lit.pr. d. Max-Geilinger Stiftung 75; Beustweg 3, CH-8032 Zürich, Tel. (01) 473987 (Joachimsthal/Uckermark 23.12.99). Essay. **Ue:** Am, E.

V: Die Welt meiner Autoren, Essay und Gedichte 75; Liam und die Seehunde 77; Blick aus dem Zug, G. 77; Grotesken, Komödchen + Tragödchen 79.

H: Ue: Irische Erzähler 52, D. H. Lawrence: Meisternovellen 53; Irische Meister der Erzählung 55; Die Gabe der Weisen, Weihnachts-Erzn. 55; Amerikanische Erzähler I (Irving-Parker) 57, II (Fitzgerald-Goyen) 57; Story-Bibliothek, irisch-amer. Reihe; O'Connor: Erzählungen, 2 Bde. 58, 59; Der Baum mit den bitteren Feigen, Erz. 59; O'Faolain: Sünden und Sänger, Erz. 60; Australische Erzähler 61; Grüne Insel, Erz. 61; O'Flaherty: Silbervogel, Erz. 61; Bitterer Whisky 62; Der Trunkenbold, Erz. 62; Das grüne Gnu, Erz. 62 Goyen: Der Steppenwolf, Erz. 62; George Moore: Stadt und Land, Erz. 64; O'Flaherty: Der Stromer, Erz.; Lawrence: Zwei blaue Vögel, Erz. 65; Dreißig irische Erzähler 65; William Faulkner: Die Stadt; Das Haus; Der Springer greift an; Die Spitzbuben; Der große Wald; Faulkner I; William Goyen: Geist und Fleisch; Zamour; Im fernsten Land; Der Steppenwolf; S. O. Jewett: Das Land der spitzen Tannen; Willa Cather: Sapphira; Schatten auf dem Fels; Lucy Gayheart; Das Haus des Professors; Eine alte Geschichte; Traum vergangener Zeit; Nach dem Frühstück; Carson McCullers: Ballade v. traurig. Café; Uhr ohne Zeiger; Eudora Welty: Mein Onkel Daniel; Die Hochzeit; Jean Stafford: Das Geschwister; Das Katharinen-Rad; Ein Wintermärchen; Klapperschlangenzeit; Gertrude Stein: Alice B. Tohlas; Flannery O'Connor: Ein Kreis im Feuer; J. F. Powers: Fürst der Finsternis; Ol' Man River; Die Streitaxt; Am späten Abend; J. D. Salinger: Für Esmé; Sean O'Faolain: Komm heim nach Irland; Der Einzelgänger; Der erste Kuß; Sünder und Sänger; Irische Erzähler, Anth.;

Irische Meister der Erzählung; Die grüne Insel, Anth.; Irische Erzähler d. Gegenwart; Frank O'Connor: Er hat die Hosen an, Und Freitags Fisch, Die lange Straße, Bitterer Whisky, Der Trunkenbold, Die Reise nach Dublin, Einziges Kind; Liam O'Flaherty: Das Zicklein; Die Landung; Silbervogel; Der Stromer; Somerville and Ross: Die wahre Charlotte; Lord Dunsany: Jorkens borgt sich einen Whisky; Francis McManus: Der Bischof von Dunmore; George Moore: Stadt und Land; Anthony C. West: Wo der Strom endet; D. H. Lawrence: Meistererzählungen; Zwei blaue Vögel; Thomas Hardy: Die Rückkehr; William Thackeray: Jahrmarkt der Eitelkeit; Evelyn Waugh: Die große Meldung; Neues Leben; Muriel Spark: Ballade von Peckham Rye; Die Junggesellen; Edna O'Brien, Erzählungen 71; Goyen: Erzählungen 74; Gerhardie: Vergeblichkeit, R. 75; D.H. Lawrence, Erzn. 75; G. Cable: Die Grandissimes, R. 76; Bierce: Mitten im Leben 77; F. Mowat: Die Innuit, Erzn. 77; McGahern: Die Polizeiküche, R. 78; G. Moore: Drama in Musselin, R. 78; D.H. Lawrence: Briefe 79; O'Flaherty: Tiergeschichten 79; O'Faolain: Lügner u. Liebhaber, Erz. 80.

Ue: Zahlr. Werke, ca. 150 Romane u. Erz.bde, einige Dramen, u. a. von D. H. Lawrence, S. O. Faolain, P. Abrahams, F. O'Connor, E. Waugh, Th. Hardy, W. Goyen, G. Stein, S. Maugham, W. Faulkner, T. Capote, u.a.; J. P. Bishop: Und jeder tötet, was er liebt 71; E. O'Brien: Das Liebesobjekt 71; B. Friel: Das Strohwitwensystem 71; W. Faulkner: Meistererzählungen, drei Bände 71; D. H. Lawrence: Pornographie u. Obszönität 72; Z. Fitzgerald: Darf ich um den Walzer bitten 72; E. O'Brien: X, Y und Zee 72; Eileen O'Faolain: Die schöne Moreen 72; F. Stuart: Der weisse Hase 72; E. Bowen: Seine einzige Tochter 73; W. Goyen: Mein Buch von Jesus 73; Lafcadio Hearn: Kwaidan 73; Mark Steadman: Schwarze Chronik 74; D. H. Lawrence: Der Mann, der gestorben war 75; B. Moore: Insel des Glaubens 75; W. Gerhardie: Vergeblichkeit 75; O'Connor: 5 Bände mit Erzählungen 76; C. Cable: Die Grandissimes 76; O'Faolain: Ausgew. Erzählungen I 76, II u. III 80; Mowat: Innuit 77; G. Moore: Drama in Musselin 77; A. Bierce: Erzählungen 77; Wie der Hauch d. Büffels im Winter. Indian. Selbstzeugnisse 79; K. Mansfield: Sämtl. Erzählungen 80; Synge: Aran-Inseln 80;

Messy: Fürstenhöfe 80; Jack London: Erzählungen (Manesse-Bibl.) 80; W. Cable: Madame Delphine 81; Oates: Bellefleur 82; Stockton: Die Lady 82; Kinderbücher.

Schnack, Ingeborg, Dr. phil., Stellvertr. Bibliotheksdir. i. R.; Dürerstr. 31, D-3550 Marburg, Tel. (06421) 67490 (Hanikenfähr, Kreis Lingen-Ems 9.7.96).
V: Rilkes Leben und Werk im Bild 66; Rainer Maria Rilke. Leben und Werk im Bild, Mit einer biogr. Einführ. u. einer Zeittafel 77; Rainer Maria Rilke. Chronik seines Lebens und seines Werkes 75 II; Rilke in Ragaz. 1920-1926 70, 2.Aufl. 81; Marburg. Bild einer alten Stadt. Impressionen und Profile 75. –
MV: P. Swiridoff: Marburg 76; W.A. Nagel: Hessen, wo es am schönsten ist 78 (Texte).
H: Rainer Maria Rilke: Die Briefe an Gräfin Sizzo 77; Aus Rainer Maria Rilkes Nachlaß, 1. bis 4. Folge 50. –
MH: Hugo v. Hofmannsthal/Rainer Maria Rilke: Briefwechsel 78.
s. a. Kürschners GK.

Schneeberger, Irmgard, s. Paretti, Sandra.

Schneeweiß, Heinz-Heinrich Gebhard, Übersetzer, Bibliothekar, Redakteur; Niederländ. Schriftst.verb. (VVL) 64, Maatschappij der Nederlandse Letteren 78; Preisausschr. d. Jugenddienst-Verl., Wuppertal, z. Thema Frieden 67; Toulonselaan 22-24, Dordrecht/Niederl., Tel. (078) 147513 (Bregenz/Österr. 21.2.30). Lyrik, Kurzgeschichte, Übersetzungen. **Ue:** H (Fläm), Afr.
V: Auf meiner Zunge der Kobold, Lyrik 64; Memorandum eines Antipoden, Lyrik 68; So und nicht anders, Lyrik 74; Heute mich, morgen dich, eine Gesch. m. Scherenschnitten v. Jean Hilary Knapton 76.
H: Land und Leute, Gestern-Heute. Ein Mosaik d. Bdesrep. Dtld, Compact-Cassetten m. Textb. 79.
Ue: Sybren Polet: Organon, Lyrikausw. 64; zwischen augen und atem, zweispr. Anth. ndl. mod. Lyrik 64; Lied zwischen den Zähnen, sechs junge ndl. u. fläm. Lyriker 72; Gerrit Kouwenaar: Ohne Namen, Lyrikausw. 72; Cees Buddingh: Reptilien wieder erhältlich, Lyrikausw. 73; Gerben Hellinga: Kees der Junge, Schausp. m. Astrid Fischer-Windorff 74; Simon Vinkenoog: Ist dir das Leben die Freiheit noch wert?, Lyrik 75; Willem M.

Roggeman: Die Arbeit d. Dichters, zweispr. G.ausw., fläm./dt. 80. ( )

Schneider, Adolf, RegObR.; Mülhausener Str. 4, D-6200 Wiesbaden, Tel. (06121) 600306 (Frankfurt/M. 12.9.23). Drama, Roman, Essay, Lyrik, hist. Sachbuch.
V: Junggesellen in Gefahr, Ess. 59, u.d.T.: Hilfe, ich werde geheiratet 62; Geschichte der Stadt St. Goarshausen 62; Mein Freund Theodor, R. 77; Feuerstein, R. 79; Die Auskunft, R. 80; Junggesellen in Gefahr, Ess. 81; Die Pyramide d. St. Bürokratius, Ess. 83.
R: Verhängnisvolle Reise, Kurzgesch. 66; Mein Freund Theodor (Auszug) 78.

Schneider, Andrea *

Schneider, Edmund, Verleger, Archivar Stadtarchiv Spandau; Jänickestr. 35, c/o Schnitter-Verlag, D-1000 Berlin 37 (Zehlendorf) (Berlin 5.12.08). Geschichte, Zeitgeschichte.
V: ... und Recht u. Freiheit, Justiz u. Justizskandale unserer Tage 65; Fernsehen...Vorsicht! Lebensgefahr! 70; Krieg in Europa I – Nord-Irland 73; Hermannsthal, e. Heimat-R. 80; Havel-Fischer, e. heimatgesch. R. a. d. 17. Jh. 80.
H: Der Schnitter, Zs. f. Kunst u. Wiss.; Volk u. Vaterld. ( )

Schneider, Gerd, Journalist, Angestellter; Löwenburgstr. 28, D-5216 Niederkassel-Rheidt, Tel. (02208) 6661 (Breslau 2.10.42). Erzählung, Roman, Kinderbuch, Jugendbuch.
V: Baden verboten, Atmen erschwert, Jgdb. 82.

Schneider, Hanna, c/o Titania-Verlag Ferdinand Schroll, Stuttgart (Annaberg/Erzgeb. 28.10.98). Roman.
V: Zahlr. R. seit 25, u.a.: Dein Herz ist meine Heimat, R. 36; Im Frauengrund regiert die Liebe, R. 37; Über allen leuchtet die Liebe, R. 37; Hella zerbricht ein Glashaus, R. 37; Das Schicksal setzt den Hobel an, R. 37; Der Verlobungshof, R. 38; Kampf um Christa, R. 38, 65; Jahr der Bewährung, R. 49 II; Der Umweg des Ludwig Bruck, R. 58; Wir alle suchen das Glück, R. 58; Bei dir ist meine Ruh, R. 59; Reifende Herzen, R. 59; Das unverschlossene Herz, R. 59; Die Liebesbrücke, R. 59; Das Glück im Birkengrund, R. 59; Herzenskämpfe, R. 59; Mit den Augen der Liebe, R. 60; Kommst du, Erdmute?, R. 60; Schicksal zwischen Bergen, R. 60; Du und die Heimat, R. 60; Nichts mehr steht zwischen uns, R. 60; Wenn das Schicksal

spricht, R. 61; Zaungast der Liebe, R. 61;
Mit deinem ganzen Herzen, R. 61; Drei
Worte nur, R. 62; Fremdes Mädchen im
richtigen Land, R. 62; Um dich hab ich
gelitten, R. 62; Verwirrung um Angela,
R. 62; Begegnung des Herzens, R. 63;
Wer um Liebe weiß, R. 63; Trotzige
Liebe, R. 63; In der Heimat blüht die
Liebe, R. 63; Das Leben ruft dich, R. 63;
Zukunft ohne Schatten, R. 63; Über
allem leuchtet die Liebe, R. 63; Ein
Hauch von Glück, R. 63; Du, meines
Lebens Freude, R. 63; Zwischen Liebe
und Heimat, R. 63; Geliebter Kamerad,
R. 63; Liebeslied des Lebens, R. 63; Ein
Wintermärchen, R. 63; Die Liebe ist das
Segel, R. 63; Frieden - den die Heimat
schenkt, R. 63; Ich liebe dich, wie du
mich, R. 63; Die das Leben bejahren, R.
63; Denn das Herz braucht Liebe, R. 64;
Johanne Sophie, R. 64; Im Gasthof "Zum
weißen Rössl", R. 64; Die zärtliche
Macht, R. 64; Eines Tages wird alles
anders sein, R. 64; Ich fand mein Glück
mit dir, R. 64; Du bist mein anderes Ich,
R. 64; Die neue Mamsell, R. 64; Wir sind
gewillt, beieinander zu stehn, R. 64;
Menschen auf Siebenlinden, R. 64; Das
verflogene Vögelein, R. 64; Verbündete
der Liebe, R. 65; Spuk auf Lichtenstein,
R. 65; Ein Frühling wie dieser, R. 65;
Verlockung in Luzern, R. 65; Schloß
Schweigen, R. 65; Gerda will nicht
heiraten, R. 65; Meine große Liebe bist
du, R. 66; Die Reise an den Bodensee, R.
66; Das Jahr der Ilse Hallstätten, R. 67;
Um der Liebe willen, R. 67; Solange wir
und lieben, R. 67; Liebe verweht nicht
wie Wind, R. 68; Mit Willen dein eigen,
R. 68; Die Töchter vom Waldhof, R. 68;
Wiedersehen mit Franziska, R. 68; Du
sollst glücklich sein, R. 69; Liebe,
wunderbare Liebe, R. 69; Sag ja zu mir,
R. 70; Mein Weg an deiner Seite, R. 70;
Die Frau, die dich liebt, R. 72; Liebe auf
den zweiten Blick, R. 72; Beieinander,
ein Leben lang, R. 73; Vielleicht ist es
Liebe, R. 74; Das Mädchen, das ich fand
75; Wohin gehörst du, Corinna? 76; Das
Glück, dich zu lieben 77; Dem Herzen
am nächsten 78; Liebe geht nie verloren
79; Nicht nur für einen Sommer, R. 80.
( )

Schneider, Hans, Jurist; SV-DDR 60;
Carl-Blechen-Preis 69; Leninstr. 43,
DDR-2085 Rechlin, Tel. (0283) 1475
(Langburkersdorf/Neustadt Sa. 15.3.27).
Erzählung, Roman, Drama.
  V: Gefährlicher Anfang, Erz. 62;
Havarie, Erzn. 63; Seilfahrt, Dr. 63; Wind
und Spreu, R. 64; Tote schweigen nicht,

Krim.-R. 65, 79; Nacht ohne Alibi, Krim.-
R. 66, 82 (auch tschech., russ., litauisch);
Abenteuerliche Heimkehr, R. 69, 70;
Kreuzweg am Abgrund, Erz. 71;
Schlüssel am Tatort, Krim.-Erz. 72; Der
Egoist, Erz. 73; Polizeigewalt, Krim.-R.
72, 74; Hochzeit mit dem Tod, R. 74, 83;
Das Verbrechen des Kapitäns Nau, R.
75, 76; Der letzte Fall, Krim.-R. 75, 80
(auch Bdesrep. Dtld); Flucht ins Ver-
brechen, Krim.-R. 76, 82; Das Mädchen
vom Stamme der Charatá, Kinderb. 78,
83 (auch norw.); Manhá — das ist zu
spät für heute, R. 79, 81; Tatort Centrum,
Krim.-R. 80; Der Weiße Wind, R. 82;
Tarak, Kdb. 83; Obduktion e. Mordfalles,
Krim.-R. 83.
  R: Seilfahrt, Hsp. u. Sch. 64; Der
Unbekannte u. d. Wurst 80; Spuk vor
dem Gemeindeamt 81; Die Königskobra
83; Der Betrug 83; Ein Tiger mischt sich
ein 83; Der Bettlerboß 83; Ganges-
schiffer Joginder Singh 83, alles
Kinderhsp.

Schneider, Hans C., c/o Saalbau-
Verlag, Offenbach.
  V: Hautnah am Leben, G. 81. ( )

Schneider, Hansjörg, Dr. phil.; Gruppe
Olten; Mittlere Str. 74, CH-4056 Basel,
Tel. (061) 443260 (Aarau 27.3.38). Drama,
Roman, Film, Hörspiel.
  V: Leköb, Erzn. 70; Die Ansichtskarte,
Erz. 72; Sennentuntschi, Dr. 72; Die
Schlummermutter, Erz. 73; Der
Erfinder, Dr. 73; Brod und Wein, Dr. 73;
Robinson lernt tanzen, Dr. 74; Der
Brand von Uster, Dr. 75; Der Schütze
Tell, Dr. 75; Die Schlummermutter, Dr.
76; Der Bub, R. 76; Das Kalbsfell, Dr. 78;
Der liebe Augustin, Dr. 79; Lieber Leo,
R. 80; Ein anderes Land 82.
  R: Die Schlummermutter, Hsp. 71;
Der Schützenkönig, Fernsehsp. 76.

Schneider, Heinrich, Schriftsteller;
Prälatenstr. 7 a, D-8918 Dießen am
Ammersee, Tel. (08807) 5456
(Weißenstadt 18.7.05). Roman, Novelle,
Essay, Kurzgeschichte.
  V: Der Forstaufseher Moosbichler 61,
71; Freundschaft mit Waldtieren 63, 69;
Waldtiere unsere Freunde 77.
  MA: Wild und Hund; Die Pirsch; Der
Deutsche Jäger; Der Anblick; Auf
Pirsch 69; Die Welt der Tiere 70.

Schneider, Herbert, Pfarrer i.R.;
Lindach 3, D-8263 Burghausen
(Kefferhausen/Eichsfeld 20.9.08).
Novelle, Essay.
  V: Sinn und Erfüllung des Lebens 48;
Unvergängliche Romfahrt 49; Du wirst

nicht sterben in Ewigkeit 62; Laß mich
deine Sorgen tragen 65; Licht aus dem
Osten 65; Wenn due die Liebe nicht
hast, N. 66; Nur dafür lohnt es sich zu
leben 66; Gott ist aller Dinge Ende 66;
Du wanderst nicht im Dunkel 70; Neues
Leben im Heiligen Geist 73; Um der
Liebe willen, N. 80. ( )

Schneider, Herbert, Redakteur; Pr. z.
Förd. d. Lit. München 62, Ludwig-
Thoma-Medaille 70; Candid-Huber-Str.
17, D-8019 Ebersberg, Obb. (München
8.10.22). Lyrik, Prosa.
V: D'Münchner Rass', G. 56, 79; Kinder
der Bavaria, G. 58; Geliebter Spektakel,
G. 61; Suibababierl, G. 70, 78; Bairisches
Federspiel, Verse u. Prosa 71; Die
Nibelungen in Bayern, Prosa 74;
Vabluahte Rosn, G. 75, 79; Almarausch
und Wadlstrumpf, Prosa u. G. 76, 78;
Maxl und Muschi 78; Herbert
Schneiders Münchner Gschichten,
Prosa 80; Herbert Schneiders Haus-
bibliothek, Prosa u. G. 81; Langläufer
lachen länger, Prosa 81; Was geschah im
Kopf der Bavaria, Prosa 82; Balladen &
Co., G. 82. — **MV:** Küchen-Bayrisch,
Prosa u. G. 75, 4.Aufl. 82.

Schneider, Hugo (Ps. Egon Merker),
Dr. med., Arzt f. Allgemeinmed.,
Redakteur d. ZFA — Zs. f. Allg.med.;
BDSÄ seit 69, Union mondiale des
Ecrivains Med. seit 69, Med. Fach- u.
Standespresse seit 76; Hanweiler Str. 46,
D-7054 Korb i.R., Tel. (07151) 33343
(Friedenstal/Bessarabien 14.10.14).
Lyrik, Essay, Kurzrzgesch.
V: Lauter Werktage, Prosa, Erz.,
Erinn., Ess. 74 u. 77; Vorwiegend
bedeckt, G. 77; Kostspieliges Leben, 79.
MA: Lyrik dtspr. Ärzte d. Gegenw.,
Anthol. 71; Antologia poetica Europea —
G. (dt.-ital.).

Schneider, Ilse, em. StudR. im Hoch-
schuldienst; Am Treptower Park 38,
DDR-1193 Berlin-Treptow, Tel. 2725071
(Leipzig 15.6.11). Ue: L (ML).
H: Ue: Gesta Romanorum, Ausw. 68;
Caesarius. Dialogus miraculorum, u.d.T.:
Die wundersamen Geschichten des
Caesarius von Heisterbach, Ausw. 72;
Von Chlodwig zu Karl dem Großen,
Histor. Erzn. u. Nn. a. d. frühen Mittel-
alter 76, alle m. Johannes Schneider.

Schneider, Johann (Ps. Hans
Schneider-Tobsdorf), Musiklehrer; Kg.
49; Haddorfer Weg 31, D-2161 Hammah-
Mittelsdorf, Tel. (04141) 82177 (Tobsdorf/
Siebenbürgen 23.11.12). Drama, Lyrik,
Roman, Novelle.

V: Verborg. Quell, D. Volksdicht. 50;
Die letzten Stunden, R. 52; Aus Zeit u.
Raum, G. 78; Perspektiven, Dr. 79.
MA: Kehrseite d. Mondes, Anth. 75;
Begegnungen, Anth. 82.

Schneider, Johannes, Dr. phil. habil.,
em. Doz.; Am Treptower Park 38, DDR-
1193 Berlin-Treptow, Tel. 2725071
(Dresden 26.3.10). Ue: L (ML).
H: Ue: Gesta Romanorum, Ausw. 68;
Caesarius, Dialogus miraculorum, u.d.T.:
Die wundersamen Geschichten des
Caesarius von Heisterbach, Ausw. 72;
Von Chlodwig zu Karl dem Großen,
Histor. Erzn. u. Nn. a. d. frühen Mittel-
alter 76, alle m. Ilse Schneider.

Schneider, Karl-Hermann (Ps.
Carsten Peters), Finanzbeamter z. Z.
i.R.; VS, IGdA, FDA Hessen, Gründer d.
Kasseler Autorengr. 76, jetzt: VKA; Med.
d. Stadt Frankfurt/M. 73, Certificate of
Merit, Cambridge, Certific. of Award,
Zürich, Dipl. di Merito, Ital.; Blücherstr.
3, D-3500 Kassel 1, Tel. (0561) 53755
(Kassel 3.3.48). Rätsel u. Quiz, Lyrik,
Kurz-Prosa, Roman (f. Kinder u.
Jugendliche), Reportage, Reisebericht.
V: Rätselspaß für kluge Köpfe, Rätsel
u. Quiz f. Kinder 73; Freud und Leid,
Lyrik 74; Rätselspaß für große Leute 75;
134 Gebete der Fürbitte 76; Biblische
Rätsel 78; Pfadfinder-Abenteuer 80; Wer
sagt's zuerst? 80; Die Zelt-Evange-
lisation 81; Kunterbuntes Allerlei im
Mädelzeltlager 81; Die Last d. Dieter
Hanser 81; Rätselspiele, Quiz- u. Scherz-
fragen f. gesellige Stunden 81.
MA: Querschnitt durch 5, Prosa- u.
Lyrik-Anth. 76; Querschnitt, Prosa- u.
Lyr.-Anth. 78; weitere zahlr. Anth.

Schneider, Karla (Ps. Karla Sander),
Hausfrau; Berghauser Str. 71c, D-5600
Wuppertal 12, Tel. (0202) 476815
(Niederpoyritz 14.11.38). Roman,
Feuilleton.
V: Die Brauerei auf dem Kissen, satir.
Krim.-R. 74.

Schneider, Lothar K., Dir. Amt f.
Öffentlichk.arbeit Stadt Ludwigshafen/
Rh.; Münchbuschweg 71, D-6700
Ludwigshafen am Rhein, Tel. (0621)
665855 (Bruchmühlbach 22.7.24). Roman,
Hörspiel.
V: Keiner lebt für sich allein, R. 72;
Kursonne-Kurschatten, R., Die Lords, R.
R: Rangierer "Du", Hsp. 49.

Schneider, Margit, s. Pflagner, Margit.

Schneider, Max; Blumröderstr. 25, D-
8500 Nürnberg, Tel. (0911) 571106.
V: Die Glocke die zum Himmel läutet,
G. 75. ( )

Schneider, Michael, Dr.phil.,
Schriftsteller; VS 70; Aspekte-Lit.pr. 80,
Pr. z. Förder. d. kulturellen Lebens d.
Stadt Wiesbaden 81, Ein-Jahresstip. d.
Dt. Lit.fonds e.V. Darmstadt 82;
Walluferstr. 10, D-6200 Wiesbaden, Tel.
(06121) 443669 (Königsberg/Ostpr. 4.4.43).
Prosa, Essyaistik u. Dramatik.
V: Neurose u. Klassenkampf, Abh. 73,
77; Die lange Wut zum langen Marsch,
Aufs. z. sozialist. Pol. u. Lit. 75; Das
Spiegelkabinett, N. 80, Tb. 83; Den Kopf
verkehrt aufgesetzt od. Die melanchol.
Linke, Essay-Samml. 81, 2. Aufl. 82; Der
Fall E. heute, Szenen, Sogs u. Texte z.
Radikalenerlaß 76; Die
Wiedergutmachung. Die westdt.
Restauration 77; Eine glatte Million,
Songspiel n. d. gleichn. R. v. Nathanel
West 78; Luftschloß unter Tage 82, alles
Bü.
Lit: Stephan Reinhard üb. M. S. in:
Krit. Lex. d. Gegenwartslit. 83.

Schneider, Peter; Xantener Str. 9, D-
1000 Berlin 15.
V: Ansprachen 70, 81; Lenz 74; Schon
bist du ein Verfassungsfeind 75; Atempause 77; Die Wette 78; Messer im Kopf
79; Die Botschaft des Pferdekopfs u. a.
Ess. aus einem friedlichen Jahrzehnt 81;
Der Mauerspringer, Erz. 82.
F: Messer im Kopf 78; Der Mann auf
der Mauer 82. ( )

Schneider, Peter M., Dr. agr., Dipl.-
Ing. f. Milchtechnologie, Opern-Sänger;
Kandidat d. SV-DDR seit 74; Freilig-
rathstr. 13, DDR-2500 Rostock (Sachsen-
hausen 19.10.36). Drama, Lyrik, Kurze
Prosa.
MA: Zwischenprüfung für Turandot,
Anth. 70; Wer bist du, der du schreibst,
Anth. 72; Zeit-Spar-Buch, Anth. 74; Die
drei Musketiere 80.
F: Der Tod des Archimedes, eine
Ermittlung 67; Opa Päule, Monolog 74.
R: Mörder ohne Tote, Fsp. 74; Opa
Päule, Monolog 75. ( )

Schneider, Ralph, Fachschriftsteller
u. -journalist; VS Nds. 64-79, VJN 80;
Obere Wiesen 4, D-3400 Göttingen, Tel.
(0551) 2826 (Berlin 2.1.32). Erzählung,
Glosse, Satire.
V: Blumen vor dem Fenster 62;
Männer können so reizend sein 63;
Hauptsache modern 64; Tausend kleine
Abenteuer 65; Souvenirs, Souvenirs 66,

alles Erzn.; Etwas außerhalb der
Literatur 67; Von einem, der auszog,
Werbung zu treiben 69; Kaufhaus der
tausend Wünsche 69, alles Glossen u.
Sat.; Fertig zur Messe, Glossen 74;
Durch und durch durch, Sprachglossen
75; Betriebsleute — gezaust u. ge-
zeichnet, Glossen 80; Wer immer
strebend sich bemüht, Glossen 82;
Investitionsgüter-Werbung. Fakten u.
Impulse, Sachb. 82.
H: Dichter, Schriftsteller, Verteller 73;
Manager, gezaust und gezeichnet,
Glossen u. Sat. 77.

Schneider, Rolf, Dipl.-Germanist;
Lessing-Preis 62; Wittstockstr. 11, DDR-
1254 Schöneiche b. Berlin (Chemnitz
17.4.32). Drama, Roman, Hörspiel. **Ue:** E.
V: Aus zweiter Hand, Parodien 58;
Das Gefängnis von Pont-l'Évêque, R. 60,
64; Godefroids, Sch. 61; Brücken und
Gitter. Ein Vorspruch und 7
Geschichten 65; Die Tage in W., R. 65, 76,
Bdesrep. Dtld 81 (auch engl.); Prozeß in
Nürnberg, Dokumentarstück 68; Dieb
und König, Kom. 69; Der Tod des
Nibelungen 70; Stücke, Teilsamml. 70;
Stimmen danach, Hsp.-Samml. 70;
Einzug ins Schloß, Kom. 72; Nekrolog,
unernste Geschn. 73, 80 (Teilsamml.);
Die Reise nach Jaroslaw 74, 81, Bdesrep.
Dtld 75, 82; Von Paris nach Frankreich,
Reisenotizen 75, 77; Das Glück 76, 82;
Orphée oder ich reise 77; Die Abenteuer
des Herakles 78; November, R., Bdesrep.
Dtld 79, 81; Unerwartete Veränderung,
Erzn. 80, 81; Annäherungen & Ankunft
82.
R: Das Gefängnis von Pont-l'Évêque
56; Widerstand 57; Der König und sein
Dieb 58; Einer zuviel 59; Zimmer 112 59;
Der dritte Kreuzzug 60; Verliebt - in
Mozart 60; Affairen 60; Costa de Piedra
61; Prozeß Richard Waverly 61;
Abschied von Sundheim 61; Herrn
Krönleins Häuser 61; Der Tag des
Ludger Snoerrebrod 61; Entlassung 62;
Besuch gegen zehn 63; Ein Sommer-
abend am Meer 64; Ankunft in Weilstedt
64; Zwielicht 66; Television 67;
Krankenbesuch 69; Porträt Nr. 1, u.a.
Hsp. u. Fsp.
Ue: Mao Tse-tung: Gedichte (nach
engl. Ausg.) 58. ( )

Schneider, Theo, M.A.; VS 78;
Auslandsreisestip. d. Auswärt. Amtes 81;
Lit. Ver. d. Pfalz 71, Autorengr. Kaisers-
lautern 75, D-6751 Sulzbachtal 2
(Untersulzbach 6.6.52). Lyrik, Prosa,
Essay, Feature, Reportage, Kritik.
V: Liebeslied d. Staatsanwalts, G. 79.

H: Kaiserslautern schreibt: Autoren-
gruppe Kaiserslautern, Schr.-R. 77; Die
Tiefe der Haut, Liebeslyr., Anth. 83.
Lit: E. Damian: Junge Pfälz. Dichtung,
in: Stimme d. Pfalz 31, H. 1; Michel
Raus: Diese kalten Tage im Sommer, in:
D' Letzeburger Land, Luxemburg, 27/1
80.

Schneider, Walter (Ps. Fred Gontard),
Journalist; DJV 50, VS 76;
Winkelwiesweg 6, D-8201 Nußdorf a.
Inn, Tel. (08034) 2994 (Frankfurt-
Sossenheim 21.1.24). Jugendbuch,
Roman, Sage, Kurzgeschichte, Film,
Hörspiel.
V: In allen Schlachten siegt d. Tod,
Laisp. 62; Tiere bei uns daheim, Sachb.
66; Olli Knuff auf Räuberjagd, Jgdb. 67;
Ferien in Kanada, Jgdb. 68; Die Arche
Noah vor d. Tür 68; Ihr bester Freund,
Jgdb. 71; Buffallo Bill, biogr. R. 72;
König Arthur, Jgdb. 74. — **MV:** Signale
aus d. Jenseits 74, 79; Atlas f. Kinder,
Jgdb. 74, 79; Was Kinder wissen wollen,
Bd. 2 Jgdb. 76; Was die Isar erzählt 79;
Mein erstes Buch v. Bauernhof, Jgdb. 80.
H: Die Sendereihe, Schulfk — Textb.,
Schr.-R. 50 — 52. — **MH:** u. **Mv:** Die
schönsten Sagen des Abendlandes,
Anth. 70, 74; Sagen aus dem Morgen-
land, Anth. 70, 75; Die schönsten Sagen
des Morgenlandes, Anth. 71, 75; Die
schönsten Sagen aus der Neuen Welt,
Anth. 72; Die schönsten Volkssagen
Europas, Anth. 73, 76; Die schönsten
Tiersagen d. Welt, Anth. 78; Die
schönsten Tiermärchen d. Welt, Anth.
80.
F: Bagnolo rosso 65; Menschen 67.
R: Keiner fragt warum 49; Ohne
Heimat und Hoffnung 51.
Ue: u. **B:** Die Welt d. jungen Tiere 76;
Das große Buch d. Hunde 78. — **MUe:** u.
MBearb.: Mein erstes Tier- u.
Pflanzenbuch, Jgdb. 77; Mein erstes
Buch d. Tierkinder, Jgdb. 78.

Schneider, Wolfgang, Dipl.-Historiker,
Kunstwissenschaftler; SV-DDR 82; Lit.-
u. Kunstpr. d. Stadt Weimar 75; Schlossgasse 4, DDR-5300 Weimar u.
Rochlitzstr. 19, DDR-7031 Leipzig, Tel.
2353 (Stolp 21.3.38). Kulturgesch. Essays
u. Herausgaben literaturwiss. Publikat.,
lit. Biographien.
V: Weimar. Gesch. e. Stadt in Bildern
70; Zwiebelmarkt in Weimar. Sein
Werden u. Wachsen v. d. Anfängen bis z.
Gegw. 70, 77; Arzt der Kinder. Aus d.
Leben Jussuf Ibrahims 71, 78; Kunst
hinter Stacheldraht. Ein Beitr. z. Gesch.
d. antifaschist. Widerstandskampfes 73,

76; Apolda. Stadt d. Strick- u. Wirk-
waren u. d. Glocken 74; Weimar. Histor.
Überblick 75, 81; Lebenswille hinter
Stacheldraht 75; Hundert Jahre Theater
Eisenach. Rückschau u. Ausblick 78;
Berlin. E. Kulturgesch. in Bildern u.
Dok. 80, 83; Erfurt. Bezirk zw. Harz u.
Thüringer Wald 83 (auch russ., engl.,
franz., poln., tschech., ungar.). —
MV: Zwischen Harz u. Thüringer Wald.
Erfurt — ein Bezirk d. Dt. Demokrat.
Rep. 73, 74; Reiseführer Bezirk Erfurt
73, 78 (auch russ., engl., franz., poln.,
tschech., ungar.); Gedenkstätten d.
Arbeiterbewegung. Bezirk Erfurt 81.
B: Geschichte d. Stadt Weimar 75, 76.
H: Denkwürdigkeiten d. Herrn v.H.
83. — **MH:** Weimar im Urteil d. Welt.
Stimmen aus drei Jh. 75, 77.

Schneider-DiMeo, Anna Maria,
Sprachlehrerin, Übersetzerin; Förderpr.
d. Stadt Bern 78; Kappelenring 42a, CH-
3032 Hinterkappelen, Tel. (031) 360062
(Pescara/Ital. 5.2.43). Lyrik.
V: Lyrik 77.

Schneider-Tobsdorf, Hans,
s. Schneider, Johann.

Schneidrzik, Willy (Ps. Peter
Sebastian, Dr. Fabian Hafner), Dr. med.,
Arzt; Rhein.-Westf. J.V. 71;
Kunibertskloster 5, D-5000 Köln 1, Tel.
(0221) 122564 (Berlin 10.9.15). Roman,
Essay.
V: Kaserne Krankenhaus, R. 56, 79;
Das Wunder bist du, Kinderb. 57; Der
Chefarzt, R. 59, 79; Operation gegen Ver-
zweiflung, Ess. 64, 68; Dr. Thomas
Bruckner, Taschenb.-Reihe 64-83; Als
die letzte Maske fiel 68, 81; Sprech-
stunde bei Dr. med. Fabian, Ess. 69;
Kosmetische Chirurgie — Sinn und
Unsinn 70, 79; Hoffnung für Millionen,
Ess. 73, 76; Schwester Carola, R. 81, 82;
Stop, Doktor v. Menasse, R. 81. —
MV: Ballettgeflüster, m. Lothar Höfgen
65; Vorsicht Medizin, Ess. 75;
Weihnachtsgeschichten deutscher
Ärzte, Nn. 76; Schein u. Wirklichkeit 77;
Wortgewichte 78.

Schneider, Blanche Christine,
s. Olschak, Blanche Christine.

Schneiter, Erwin; EZentralpräs. d.
Schweiz. Verein. Schule und Elternhaus,
Be.S.V., SSV 56; Pr. d. Schweiz. Schiller-
stift. 44, Lit.Pr. d. Stadt Bern 44, 57,
Ehreng. d. Stift. f. Schweiz. Schrifttum
44; Buchholzstr. 22, CH-3066 Stettlen,
Tel. (031) 514262 (Basel 19.11.17). Lyrik.
V: Aus meinen Stunden, G. 42, 57; Ich
suche Dich, G. 44, 57; An stillen Ufern,

G. 55, 71; Aufklang u. Übergang, G. 67, 71.

B: Der Heiwwäg. Nachlaß d. Lyrik v. Albert Streich, G.

Schnell, Franz, EG-Beamter, Redakteur EG-Kommiss.; 40 rue de l'Equateur, B-1180 Brüssel, Tel. (02) 3746275 (Bergisch Gladbach 8.11.19). Roman, Essay, Jugendbuch, Feature. **V:** 3 × P und rotes Kanu, Jgdb. 68; Europa Herr im eig. Hause, Sachb. 72. **MA:** Rd. 150 Art. in: Personalkurier der EG-Kommiss.; Monogr. üb. d. Funktion d. EG-Ministerrats. **R:** Rd. 100 Feature-Send. zur EG-Thematik; 3 × P und rotes Kanu. ( )

Schnell geb. Paulus, Martha (Ps. Martha Paulus), Dr. phil.; Am Blauberg, D-8999 Scheidegg, Tel. (08381) 2592 (Mülhausen/Els. 15.11.03). Biographie. **Ue:** F. **V:** Barbe Acarie, Biogr. 49; Edith Stein. Aus Leben und Werk 60, 61; Hermann Cohen: Künstler und Konvertit, Biogr. 60. **H:** Worte der Besinnung aus dem Werk von Reinhold Schneider 48; Die reife Garbe, Anth. moderner Dicht. 56. **Ue:** François de Sainte Marie: Johannes vom Kreuz. Leben und Werk 51.

Schnell, Robert Wolfgang, Regisseur, Kunstmaler; VS Berlin 67, P.E.N. 70; von der Heydt-Pr. d. Stadt Wuppertal 70; Stülpnagelstr. 3, D-1000 Berlin 19, Tel. (030) 3016652 (Barmen 8.3.16). Drama, Lyrik, Roman, Novelle, Film, Hörspiel. **Ue:** E, H. **V:** Wahre Wiedergabe der Welt 61; Mief, Erz. 63; Geisterbahn, R. 64; Muzes Flöte, G. u. Erzn. 66; Erziehung durch Dienstmädchen, R. 68; Das Leben ist gesichert, Erz. 68; Borromäusgasse, Dr. 68; Der Laster geringstes, Dr. 69; Die Farce von den Riesenbrüsten, Erz. 69; Pulle und Pummi, Kinder-R. 69; Bonko, Kinderb. 70; Junggesellen-Weihnacht, Erz. 70; Vier Väter, Erz. 73; Das verwandelte Testament, Erz. 73; Des Försters tolle Uhr, Kinder-R. 73; Holger wohnt im Zoo, Kinder-R. 74; Ein Eisbär in Berlin, Dr. 74; Eine Tüte Himbeerbonbons, Erz. 76; Von der schönen Freiheit u. Gleichheit, Erz. 78; Sind die Bären glücklicher geworden?, Erzn. 83. **B:** Hanswurstiaden, Dr. nach Goethe; Frauenvolksversammlung, n. Aristophanes. **F:** (MV): Am Siel, m. Peter Nestler; Algerische Partisanen, m. Dirk Alvermann; Memorial, nach Weisenborn.

R: Frühe Geschäfte; Der Fleck auf dem Schuh, beides Hsp.; Der trojanische Sessel; Auf den Spuren der Anarchisten: Ravachol; Ein Fall für Goron; Ein fröhliches Dasein; Um zwei Erfahrungen reicher; Der lange Weg d. Freiheit; Rosenmontag ist kein Feiertag, alles Fsp.; Achtung Zoll, 5 Fsp.; Rom ist in d. kleinsten Hütte, 10 Folgen 82. **S:** Vier Berliner Autoren; Nachrichten aus Berlin. **Ue:** Lionni: Das größte Haus der Welt 69, Alexander und die Aufziehmaus 71, Im Kaninchenparadies 75. *Lit:* Anton Bouvier: Muzes Flöte und Kleists Pistole in: Kürbiskern; Kurt Batt: Kleists Pistole in: Sinn und Form.

Schnetz, Wolf Peter (Ps. Florian Winterstein), Dr. phil., Kulturdezernent; VS 64, D. Kogge 76, Freundeskr. P.E.N.-Zentrum Bdesrep. Dtld. 78; Ehrenpr. im Rahmen d. Schwabinger Kunstpreise 66; Neue Ges. f. Lit. 75, Ges. z. Förder. d. Lit. aus Afrika, Asien u. Lateinamerika 80; Wassergasse 16, D-8521 Marloffstein, Tel. (09131) 57533 (Regensburg 27.9.39). Lyrik. **V:** Geometrie der Stille 62, 63; Traisa 63; Variationen um Orfeus 64, alles Lyrik; Oskar Loerke, Biogr. 67; 10 Texte zum Mitnehmen, Lyrik 68; Erotische Landschaften, Lyrik 71; Der Läufer, Lyrik 72; Reisen in die Vergangenheit, Lyrik 74; Länder, Plakatged. 75; Regensburger Kalendergeschichten, Schilderungen 78; In diesem Garten d. Lüste. Lust- u. Unlustgedichte 80; Leguane in Bayern, Erz. 81; Und Gott wurde sterblich, polit. Lyr. 81; Fast e. Liebesgeschichte, Lyr. 82; Zeit-Gedichte, Lyr. 83. — **MV:** Politische Flugschrift, m. Guntram Vesper u. Ludwig Meidner, Lyrik 64; Geviert, m. Achternbusch, Eberle, Raschke, Lyrik u. Prosa 65; Mut zur Meinung 80. **B:** Blütenrembrandt, Workshop f. Lit. 76; Jeder schreibt wie er lebt, Workshop f. Lit. 77; Behausungen, Workshop f. Lit. 78; Werkstatt Schreiben, Workshop f. Lit. 78; Erlanger Lesebuch 82. **H:** Reihe Maistraßenpresse, 12 Titel 64 – 65; Peter Lipman-Wulf: Skulpturen 65; Otto Nebel: 7 Trübsinnscheuchen, Nn. 65; Das VII. Buch Moses - Mosis magische Geisterkunst 68; Junge rumänische Lyrik, Anth. 70; Deutsche Dichtkunst aus Rumänien, Anth. 70; Junge Lyrik aus Jugoslawien, Anth. 72; Über das Spiel hinaus - Freizeitträume der Zukunft, Dok. 73; Erlangen - in Bildern d. Lit. 77; Reihe "Literaturwerk-

statt", seit 77; Textwerkstatt 82. —
MH: Relief 62 — 64; Reihe "Texte z.
Zeit" seit 82.
Lit: Iven G. Heilbut: W. P. Schnetz in:
Polit. Flugschrift 64; I. Meidinger-Geise:
Für d. Freiheit d. Herzens. Der Autor
W.P.S. in: Das neue Erlangen 82.

Schnetzler, Kaspar, Dr.phil.; SSV 75;
Anerkenn.pr. d. Schweiz. Schillerstift.
77; Mühlestalden, CH-8821
Schönenberg, Tel. (01) 7881728 (Zürich
29.5.42). Roman, Erzählungen, Drama.
V: Der Fall Bruder, R. 75; Briefe an
Jakob 77; Unter uns Chinesen, Geschn.
u. Sat. 79; Lieber Jakob, Briefe 81.
MA: Männerleben, Erzn. 78; Ein
Lattenzaun mit Zwischenraum hin-
durchzuschaun, Geschn. 78.

Schneyder, Werner; Riedenburger Str.
8, A-5020 Salzburg.
V: Till bevor er hing, Sch. 63; Die Vermeidung v. Rückschlägen, Aphor., Epigramme, G. 76; Die Unternehmungen
des Herrn Hans, R. 76, 78; Vom Nach-
lassen a. Schlagkraft, Aphor., Epigr.,
Betracht. 79; Über Sport. Dabeisein ist
gar nichs 80, Tb. 82; Gelächter vor dem
Aus, Aphor., Epigr. 80, Tb. 82; Erich
Kästner. E. brauchbarer Autor 82. ( )

Schnitzler, Jürgen; Arb.stip. d. St.
Hamburg 80; Karolinenstr. 26, Haus 3,
D-2000 Hamburg 6, Tel. (040) 4392308
(Remscheid 8.1.44). Erzählung, Kurz-
prosa.
V: Der Faule, Erz. 82.

Schnobel, Erna (Ps. Erna Lange),
Hausfrau; Bahnhofstr. 18, D-3280 Bad
Pyrmont (Kolberg, Pommern 26.7.02).
Roman, Novelle, Essay.
V: 1914 — 1918 auf der Schulbank 32;
Die große Wandlung 37; Villa Zweite
Heimat 49; Unvergessliches-Kolberg 53;
Als wir noch zu Hause waren 62; Die
Welt ist kein Paradies, R. 80; Auf d.
gelben Wagen, Geschn. aus d. alten Zeit
80; Nie wieder zum Mond, Erz. 80; Es ist
nicht immer Sonntag, heit. R. 81; Das
Leben ist kein Traum, Erzn. 81; Denkst
du noch daran?, Erzn. u. G. 82.

Schnööf, Kuddl, s. Steffen, Jochen.

im Schnoor, Franziskus, s. Schulz,
Richard.

Schnorr, Robert; P.E.N. 57; Kaiserstr.
73a, D-5040 Brühl, Tel. (02232) 26865
(Leipzig 18.5.22). **Ue:** E, F, I, S, H.
Ue: M. C. Hutton: Turn to page two
u.d.T.: Vater aller Dinge, Dr. 52; Jan de
Hartog: The ark at rest u.d.T.: Land in
Sicht, Dr. 53; Christopher Fry: Thor mit
Engeln, Dr. 54, Das Dunkel ist licht

genug, Dr. 55, Der Hirt mit dem Karren,
Dr. 57, König Kurzrock, Dr. 61; William
Faulkner: Requiem für eine Nonne, Dr.
55, auch R. 56; Henry de Montherlant:
Port-Royal, Dr. 55, 56; Der Kardinal von
Spanien, Dr. 60; J. B. Priestley: The
Scandalous affair of Mr. Kettle and Mrs.
Moon u.d.T.: Und das am Montag-
morgen, Dr. 55; Arthur Miller: Blick von
der Brücke, Dr. 56, A memory of two
mondays u.d.T.: Zwei Montage, Dr. 56;
Goodrich u. Hackett: Das Tagebuch der
Anne Frank, Dr. 56; Sean O'Casey: Rote
Rosen für mich, Dr. 56; F. u. M. Kanin:
Rashomon, Dr. 58; Eugene O'Neill:
Unterm karibischen Mond, Dr. 59,
Kaiser Jones, Dr. 59; Giovanni Testori:
Maria Brasca, Dr. 60; Jean Giraudoux:
Amphitryon 38, Dr. 60, Intermezzo, Dr.
60, Der Apoll von Bellac, Dr. 60;
Lawrence Durell: Actis, Dr. 61; Ronald
Duncan: Satans Ende, Dr. 62; Jean-
Philippe Rameau: Platée u.d.T.: Die
Hochzeit der Platäa, Oper 64; Emilio
Carballido: Medusa, Dr. 66; Arthur
Kopit: Schwingen, Dr. 79; David Mamet:
American Buffalo, Dr. 80; Francis Odida:
Lawino u. Ocol, Hsp. 80; — Zahlr.
Hörspiele 69 — 80. — **MUe:** Robert
Frost: Gesammelte Gedichte 52; Jean
Giraudoux: Pour Lucrèce, Dr. m. H.-J.
Weitz 60.

Schnurbus, Marlen, Hausfrau,
Industrie-Kfm.; RSG 78; Kirchsteig 7, D-
8591 Nagel, Tel. (09236) 329 (Nagel
12.5.40). Lyrik.
V: Gott, ein Knüller, Lyr. 78.

Schnurr, Kurt Heinrich, Techn.
Angestellter; IGdA 74, Die Kogge 75, VS;
2. Pr. im Bildgedicht-Wettbew. d. Lit.zs.
"das Boot" 74 u. 76, Silberner Federkiel
f. Lyrik d. IGdA 74, f. Prosa 77, Pr. f.
Kurzprosa d. LU 78, 1. Pr. im Lit.-Wett-
bewerb, Thema "Mannheim" 80; Kreis
der Freunde 75, Die Räuber 77, Werk-
kreis Lit. d. Arb.welt; Braustr. 26, D-6800
Mannheim 31, Tel. (0621) 737246
(Mannheim 17.2.28). Lyrik, Novelle,
Erzählung, Roman.
V: Mitten im Strom, Lyrik 76; Im
Drahtwald, Lyr. 81.
MA: Spuren der Zeit, Lyrik-Anth. III
66, IV 69; Das betroffene Metall, Dok.
eines lit. Wettbew. 75; Nehmt mir die
Freunde nicht, Lyrik-Anth. 76; Deine
Welt in knappen Worten, Aphorismen-
Anth. 76; Nichts und doch alles haben,
Lyrik-Anth. 76; Im Lichtbereich d. Ethik
Albert Schweitzers, Lyrik-Anth. 77; Ein
Dezenium d. IGdA, Lyrik u. Prosa —
Anth. 77; Der Spiegel Deinerselbst,

Lyrik-Anth. 78; Die Welt in d. wir leben,
Aphor.-Anth. 78; Liebe will Liebe sein,
Dok. e. lit. Wettbewerbs 78; Prisma
Minden, Autoren d. Kogge u. d. Stadt 78;
Mauern, Lyrik — Anth. 78; Mauern,
Prosa — Anth. 78; Schön ist d. Jugend b.
guten Zeiten 80; Gauke Jbb. 81, 82, 83.
 Lit: lobbi 9/76.

Schnurre, Marina, Grafikerin; VG
Bild/Kunst 76; Prinz-Friedrich-
Leopoldstr. 33 a, D-1000 Berlin 38, Tel.
(030) 8035347 (Riga). Kinderbuch.
 V: Ein Schneemann für den großen
Bruder, Kinderb. 68; Gocko, Kinderb.
69. — **MV:** Die Sache mit dem Meerschweinchen 70; Immer mehr Meerschweinchen 71; Wie der Meerschweinchen-
dieb 71; Wie der Coalabär wieder lachen
lernte 71, alles Kinderb.

Schnurre, Wolfdietrich; Preis Junge
Generation 58, Immermann-Preis 59,
Georg-Mackensen-Erzählerpreis 60; Dt.
Akad. f. Sprache u. Dicht.; Prinz-
Friedrich-Leopoldstr. 33a, D-1000
Berlin38, Tel. (030) 8035347 (Frankfurt/
M. 22.8.20). Erzählung, Roman, Hörspiel,
Novelle, Lyrik, Fernsehspiel.
 V: Die Rohrdommel ruft jeden Tag,
Erzn. 51; Rettung des Deutschen Films,
Ess. 51; Sternstaub und Sänfte, aus d.
Tageb. d. Pudels Ali 53, Tb. 80 (auch
dän.); Die Blumen des Herrn Albin 55;
Kassiber, G. 56; Abendländler G. 57;
Protest im Parterre, Fabeln 57; Eine
Rechnung, die nicht aufgeht, Erzn. 58
(auch engl., ital., holl., poln., jap.); Als
Vaters Bart noch rot war, R. 58, 80 (auch
engl., tschech., poln., jap.);
Anaximanders Ende, Kammeroper 58;
Steppenkopp, Erz. 58; Barfußgeschöpfe,
Parabeln 58; Das Los unserer Stadt —
Eine Chronik 59, Tb. 80 (auch franz.);
Man sollte dagegen sein, Erzn. 60 (auch
dän.); Die Flucht nach Ägypten, Erzn.
60; Jenö war mein Freund, Gesch. 60;
Berlin - Eine Stadt wird geteilt,
Dokumentarbd. 61; Ein Fall für Herrn
Schmidt, Erzn. 61, 82; Funke im Reisig,
Erzn. 63; Schreibtisch unter freiem
Himmel, Ess. 64; Kalünz ist keine Insel,
Erz. 64; Ohne Einsatz kein Spiel, Erzn.
64 u.d.T.: Manche gehen lieber in den
Wald, Tb. 79; Kassiber — Neue Gedichte
64; Die Erzählungen 66; Die Zwengel,
Kinderb. 66, 72; Was ich für mein Leben
gern tue 67, Tb. 80; Spreezimmer
möbliert, 4 Hsp. 67; Rapport des Ver-
schonten, Erzn. 68; Richard kehrt
zurück, Kurz-R. 69; Schnurre heiter,
Erzn. 70; Der Spatz in der Hand, Fabeln,
sat. G. 71; Auf Tauchstation, Erzn. 72;

Ein Schneemann für den großen Bruder
67; Die Sache mit den Meerschweinchen
69; Gocko 70; Die Wandlung des
Hippipotamos 70; Immer mehr Meerschweinchen 71; Wie der Coalabär
wieder lachen lernte 71; Der Meer-
schweinchendieb 72, alles Kinderb.; Ich
frag ja bloß, Dialoge 73, 80; Der wahre
Noah, Sat. 74, erw. Tb. 80; Schnurren
und Murren, Kinderb. 74; Eine
schwierige Reparatur, Erz. 76; Ich
brauch Dich, Erzn. 76, 80; Der Schatten-
fotograf, Aufzeichnungen 78, Tb. 81;
Kassiber u. Neue Gedichte 79, Tb. 82;
Ein Unglücksfall, R. 80. — **MV:** Canaima,
Zeichnungen einer Reise 56.
 F: Reusenheben 65; Jagomirs
Heimkehr 77.
 R: Man sollte dagegen sein; Stimmen
über dem Fluß; Das Haus am See;
Nächtliche Begegnung; Die Reise zur
Babuschka; Kranichzug; Spreezimmer
möbliert; Krähenkolonie; Eine gut
befestigte Stadt; Ein Fall für Herrn
Schmidt; Eine Chance für Humbsch;
Der Fleck an der Wand; Alle Vögel, alle;
Das Efeublatt; Das Schwein, das
zurückkam 60; Die Gläsernen 60; Eine
Begegnung 64, alles Hsp.; Der Fleck an
der Wand 59; Ein Mord 64; Die Leihgabe
66; An einem Tag im September 68;
Eine Rechnung, die nicht aufgeht 68;
Die Auferstehung 69; Die Flucht nach
Ägypten 69; Eine seltsame Reise 70; Die
menschliche Pyramide 70; Sein Schutz-
engel 71; Ein Fall für Herrn Schmidt 72,
alles Fsp.; Ich brauche Dich 76; Ssäh la
wieh 76; Der Verräter 77; Bis daß der
Tod 77; Im Schoß der Familie 77, alles
Hsp.; Karl, der Gerechte, 11-teil. Fsp.-
Serie 76, 77.
 S: Schnurre liest Schnurre 66. ( )

Schnurrer, Achim, Sozialpädagoge;
Prix Viennes d. Zs. Comic-Forum, Wien
82; NGL Erlangen 81; Friedensstr. 8, D-
8551 Heroldsbach, Tel. (09190) 1205
(Bergisch-Gladbach 13.11.51). Novelle,
Erzählung, Hörspiel, Lyrik, Übers.
Ue: E, Am.
 V: Der Narr oder die Auflösung der
Chronologie des Liedes, Prosa m.
Grafiken 77; Notizen aus dem
Nachtbuch, Lyr. 81; Erich Ohser —
e.o.plauen, Zeichnungen — Karikaturen
— Vater und Sohn, populärwiss. Ess 82.
 B: Bilderfrauen — Frauenbilder, m.
Andreas C. Knigge, populärwiss. Ess. 78.
 MH: Die Kinder des Fliegenden
Robert, populärwiss. Ess. 79.
 R: Dichter der Dunkelheit, Hsp. 82.

S: ran an die Millionen! Jede Bank ist
voll davon..., Cass. 83.
Ue: Will Eisner: Life on another
planet u.d.T.: Signale aus einer anderen
Welt 83.

Schnyder, Bruno, Schriftsteller; Gr.
Olten 79; Pr. d. Kts Aargau Bund, Pr. d.
Kts Bern, Anerkenn.pr. d. Stadt Zürich
80; Quellenstr. 36, CH-8005 Zürich, Tel.
(01) 424332 (Jonen, Kt. Aargau 4.1.54).
Lyrik, Roman.
V: Durchbruch zum Abschied, G. 77;
Albino, R. 80; Aufstand d. Träume, G. 80;
Drüben, R. 81.

Schober, August, c/o Europäischer
Verl., Wien, Öst.
V: Reis auf der Straße, G., Erzn.,
Aphor. 81. ( )

Schober, Hermann (Ps. Stephan
Kilian), Verkaufspsychol.; Meisenweg 5,
D-8033 Krailling (München 16.6.18).
Roman, Essay.
V: Liebe Asoka, R. 69.
MA: Ess. in versch. Zss. ( )

Schoblocher, Stefan, ehem. Lehrer,
freiberuflicher Schriftsteller; SV-DDR
78; Leo-Sachse-Str. 75, DDR-6900 Jena,
Tel. (078) 22037 (Vaskut/Ungarn 6.11.37).
Roman, Erzählung.
V: Semester f. Jürgen, R. 77, 2.Aufl. 81;
Rückkehr nach S., R. 78, 2.Aufl. 82 (russ.
81). – **MV:** Voranmeldung 4, Anth. 76;
Geschn. a. d. Bataillon, Anth. 76; Arsenal
3, Anth. 80.
MA: Bestandsaufnahme 2 81.

Schoch, Brigitte, Unternehmerin
(Sägemühle); Zur Talmühle, CH-8226
Schleitheim, Tel. (053) 64931
(Schaffhausen/Schweiz 25.10.34).
Roman, Kurzgeschichten.
V: Reiher am Himmel, Flüchtling im
Tal. Jugendjahre an d. Schaffhauser
Grenze 1944/45, R. 1. u. 2. Aufl. 81.

Schöfer, Erasmus, Dr. phil.; VS 70,
Werkkr. Lit. d. Arb.welt 70; Kurt-
Magnus-Pr. d. ARD 64, Arb.stip. d. Ldes
NRW 74, 77; Trajanstr. 5, D-5000 Köln,
Tel. (0221) 312343 (Altlandsberg bei
Berlin 4.6.31). Drama, Lyrik, Erzählung,
Essay, Hörspiel.
V: Die Sprache Heideggers, wiss.
Unters. 62; Texte, 3 Stücke 78; Machen
wir heute was morgen erst schön wird, 3
Stücke 79; Erzn. v. Kämpfen,
Zärtlichkeit u. Zukunft 79; Der Sturm,
Erz. 81; Zeitgedichte 82.
MA: Hörspielbuch 64; Hörspiele 9 69;
Geht dir da nicht ein Auge auf, G. 74;
Mein Vaterland ist intern., Erzn. 76;
Liebesgeschichten, Erzn. 76; Neue

Stories, Erzn. 77; Wir lassen uns nicht
verschaukeln, Kurz-R. 78; und ruhig
fließt d. Rhein, Erzn. 79; Im Morgen-
grauen, Erzn. 83; Die stillenden Väter,
Erzn. 83.
H: Der rote Großvater erzählt, Erzn.
74, 6.Aufl. 79; Die Kinder des roten
Großvaters erzählen, Erzn. 76. –
MH: Ein Baukran stürzt um, Ber. 70, 4.
Aufl. 73; Dieser Betrieb wird bestreikt,
Ber. 74; Betriebsräte berichten, Ber. 77.
R: Der Pikadon 63; Denkmal Pfeiffer
68; Kollegin Zander greift ein 72;
Machen wir heute was morgen erst
schön wird 74, alles Hsp.; Bittere Pillen,
Fsp. 75; Verfolgung, Fsp. 77; Swedenborg
od. d. Formen d. Wahrheit, Hsp. 79; Der
Versager, Fsp. 82; Abstiegsrunde; Die
griech. Kassette, Hsp. 82 u.a.

von Schöfer, Wolfgang;
Habsburgerstr. 2, D-8000 München 40,
Tel. (089) 391668 (München 6.3.20). Essay.
Ue: F, S.
V: Was geht uns Noah an? Aus dem
Unbewußten der Sprache, Ess. 68.
Ue: Georges Bernanos: Die großen
Friedhöfe unter dem Mond 49; Jules
Roy: Le navigateur u.d.T.: Der Über-
lebende 56, Die Ungetreue 57; Jacques
Remy: Si tous les gars du monde u.d.T.:
TKX antwortet nicht 56.

Schöffler, Rosemarie (Ps. Micheline
Maurits), Dolmetscherin; Soderstr. 36,
D-6100 Darmstadt, Tel. (06151) 49624
(Leipzig 23.6.25). **Ue:** E, F.
MV: Erste Internationale der
Zeichnung 64.
Ue: Das Mädchen auf dem Holzpferd
u.a. franz. Erzn. 55; Guy de Maupassant:
Hochzeitsreise u.a. unveröffentl. Nn. 57,
61; John Wain: Blick auf Morgen 58; Sir
Sidney Smith: Meistens Mord - Aus den
Erinnerungen des Gerichtsarztes 61;
Max-Pol Fouchet: Tempelplastik der
Inder 61; Ludovic Kennedy: Rillington
Place Nr. 10 61; Sheila Burnford: Die
unglaubliche Reise 62; Pati Hill: Mein
fremdes Haus 63, u.a. – **MUe:** David
Duff: Die Enkel der Queen, m.
Rosemarie Heyd 68.

†**Schöler**, Ellen (Ps. Jella Karras,
Ernest Riccard, Eva Wittmund, Wimm
Willborg); Am Kirchert 6, D-7440
Nürtingen-Roßdorf (Berlin 16.6.03).
Jugendbuch, Roman. **Ue:** E.
V: Das "verrückte" Adelinum, Jgdb.
54; Stippke und das Geheimfach, Jgdb.
54; Ihr Weg ging durch die Traumfabrik,
Jgd.-R. 54; Der Spuk auf dem Ringhof,
Jgdb. 55, 73; Minnie und Löle in USA,
Jgdb. 55; Oma Bemm, R. 55; Das

Mädchen und die Caballeros, Jgd.-R. 55;
Jo und die seltene Köchin, Jgdb. 55;
Reiselustige Annett', wohin?, Jgd.-R. 56,
61; Fines großer Ausflug, Jgdb. 57;
Unruhe um Katinka, Jgd.-R. 58; Stunden
unter uns, Erz. 58, 61; Bewegtes Jahr mit
Barbara, R. 59, 60; Der Barbarazweig,
Erzn. 59, 68; Schottische Romanze, R. 60,
62; Gott kommt zu dir, Erzn. 61, 68; Das
Bettpferd und das Schnarchgespenst 62;
Gefühle auf Raten, R. 62; Der Mann mit
dem Januskopf, R. 62; Treffpunkt Rue
de Rivoli, R. 62; Das Muschelbett 64; Der
Weihnachtsapfel und andere
Geschichten für die Advents- und Weih-
nachtszeit 64, 70; Herrn Brölles seltsame
Reisen, Jgdb. 64; Gast aus der
Vergangenheit, R. 65; Der goldene Korb
65; Stunden unter uns 65; Bakuku will
nicht zum Mond, Jgdb. 65; Tanz auf dem
Eis, Jgd.-R. 66; Das Mädchen mit dem
Bärenblick, Erzn. 66; Herr Platsch ist
kein Fisch, Jgdb. 69; Familienanschluß
inbegriffen, R. 70; Zwischen Mitternacht
und Hahnenschrei 73; Donnernde Hufe,
Pferdegeschn. 75; Freunde auf schnellen
Pfoten 77; Der Geisterzug vom
Marshall-Pass 78; Spuren verwehen im
Sand 80. – **MV:** Georg Popp: Die
Großen der Welt, Erzn. u. Biogr. 55, 70;
Die Großen der Kirche, Erzn. u. Biogr.
56, 68; Die Mächtigen der Erde, Erzn. u.
Biogr. 57, 70; Morgen gehören uns die
Sterne, m. Kurt Becker, Ess. u. Erzn. 60;
Georg Andrees: Alle Abenteuer dieser
Welt, Erzn. 66, 71; Margot Naumann: Der
rotkarierte Omnibus, Erzn. 67, 71; Georg
Popp: Die Großen des 20. Jahrhunderts,
Biogr. 70, 71; Die Mächtigen des 20.
Jahrhunderts, Biogr. 71; Hermann
Schreiber: Professor Schreibers
Horrorkiste, Erz. IV 71.
Ue: Ann Sheldon: Linda und die
Diamantenschmuggler, Jgdb. 68.

Schoeller, Harold Wolfgang, Dr. Ing.,
Freischaffender Künstler; Waldpark-
damm 4, D-6800 Mannheim (Mülheim-
Ruhr 7.12.94). Lyrik, Novelle, Essay.
V: Ein holprig Lied, Lyr. u. Prosa 74.
( )

Schölly, Karl, Beamter i. R.; Hardung-
Str. 25, CH-9011 St. Gallen (St. Gallen
12.4.02). Erzählung, Novelle, Roman,
Kurzgeschichte, Lyrik.
V: Neuweimar. Aus dem Nachlaß von
Max Jünger, R. 38, 50; Besinnliche
Geschichten 40; Der Bund von St.
Martin, R. 41; Ruhe auf der Flucht, Erzn.
42; Trostblätter, G. 42; Der ewige
Wächter, N. 43; Die Scholle, Erz. 44; Der
Tod von Arles, Erz. 45; Der Auserwählte,

Erz. 46; Der ewige Wächter, 9 Geschn.
46; Das verratene Brot, Erz. 47; Die
Brücke, Erz. 49; Das Werk lobt den
Meister, Erz. 53; Stab und Stern, Erzn.
60; Der Test, Erz. 61; Gedichte 63; Das
Schloss, Erz. 69; Besuch in Leuchten-
berg, Erz. 72; Bildersäle, Erz. 77.
MH: St. Gallisches Jahrbuch 42; Fritz
Deringer, Monogr. 75.

Schölnast, Christian, Pensionist;
Lit.pr. d. Stadt Leibnitz 79; B.St.H., A-
8333 Riegersburg (Aschbach, Bez.
Fürstenfals 30.3.04). Volkskunde,
Geschichte.
V: Stärker als alle Waffen, volkskdl. R.
71; Warum sih der Hansl nit
niedergsetzt hot, Mda.prosa 75; Das
Leben unserer Vorältesten, volkskdl.
Sachb. 80.

Schön-Wrann, Margarethe (Ps.
Michele Wrann), Dr.; Ödön-von-
Horvath-Preis 71, Lit.pr. d. Stadt
Innsbruck f. Epik u. Dramatik 79;
Turmbund, Verein d. Österr. Aka-
demikerinnen; Detreggerstr. 12, A-6020
Innsbruck (Villach/Kärnten 25.1.05).
Lyrik, Epik, Dramatik.
V: Blondel; Der unbequeme Flücht-
ling; Die gelbe Seidenjacke, alles Sch.;
LAHOL, G. aus Lappland 73;
Schöpferisches Tirol, 3 Ess. IX 73; Alle
Vögel dieser Welt, Sch., Schöpferisches
Tirol X 76; Der Käfig d. Besinnung, Sch.;
Smirran u. Lina, d. Gesch. zweier
Füchse, Erz. 77; Zwielicht, 3 Hsp. 79.
MA: Wort im Gebirge XI 68; Brenn-
punkte X 73; Quer, Lyrik-Anth. 74.
R: Bernstein im Sand, Kurzhsp. 65;
Die Begegnung, Kurzhsp. 66, 68; Blinde
Fenster, Kurzhsp. 73; Zwielicht,
Kurzhsp. 75; Glück muß man haben,
Herr Mendel, Hsp. 76; Notlandung,
Kurzhsp. 77; Baum im Blumentopf,
Kurzhsp. 79, Erzn. 69, 71, 72, 73, 78, 79.
Lit: W. Bortenschlager: Geschichte
der spirituellen Poesie, Brennpunkte
XIV 76; Kreativ-Lexikon 76. ( )

Schönbeck, s. Kleiner-Schönbeck,
Marianne.

Schönberg, Willi, ObRechnR. i.R.,
Prof.; Literar-Mechana, L.V.G.; Prof.-
Titel v. Bdespräs. verliehen 79;
Rottendorfer Str. 20, A-9560
Feldkirchen/Kärnten, Tel. (04276) 2827
(Tarvisio 14.9.05). Lyrik u.
Kurzgeschichten in Kärntner Mundart.
V: Tschedra u. Tschutra, G. u. Prosa in
Kärntner Mda. 52; Feldwegalan 60;
Spinnradl, spinn 63; Blattlan u. Blüah
65; Wenkate Welt 67; Vier Vierling voll

70; Greimt gschriebn u. gedruckt 75;
Ziemli zünftig 76; Engalan u. Bengalan
79; Zsommschobach 81; Aus da Sur u.
aus da Selch 83, alles G. in Kärtner Mda.
R: 135 Unterhaltungsend. in Lyrik u.
Prosa d. K.Mda. 50-70.

Schönberger, Inge-Katrin (Ps. Katrin
Dillenburger), Studentin; Am Graben 4,
D-6840 Lampertheim (Gütersloh/Westf.
9.12.57). Jugendbuch, Freizeit-
journalismus.
V: Midi - wir reiten! 76, 77. ( )

Schöndube, Claus, österr. Prof. 77,
Redakteur; VS 70; Niedenau 80, D-6000
Frankfurt a.M., Tel. (0611) 721407
(Frankfurt/M. 23.12.27). Politik, Feature,
Jugendbuch.
V: Grundsatzfragen der europäischen
Integration 68; Europa. Die eur.
Integrat. 68; Das neue Europa-Hand-
buch 69; Europa-Taschenbuch 70, 80;
Europa-Gesetze u. Verträge 72, 82;
Nationale Minderheiten in Westeuropa
75; Parlamentarismus u. europ.
Integration 75; Die Parlamente d. neun
EG-Staaten 77; Direktwahl d. Europ.
Parlaments 77. — **MV:** Eine Idee setzt
sich durch 64, 65; Der schwierige Weg
nach Europa 82.
MA: Das Europa der Siebzehn 74;
Hdb. d. europ. Integration 1980 81 u.
1981 82.
H: Bei uns anderen 59; Hier und
anderswo 60; Denn wir leben für ein-
ander 61; Wir sind alle Nachbarn 62; Der
täglich sie erobern muß 63, alles Jgdb.;
Trostbüchlein für Europäer 64.
F: Jetzt hat d. Bürger das Wort —
Hessen wählt Europa 79; Europa wird
volljährig — Bad.-Württ. wählt Europa
79; Europa: Hessen ist dabei 81; Europa:
Schleswig Holstein ist dabei 82.

Schöndube, Otto, Kaufmann; D.A.V.
56; Adam-Müller-Str. 1, D-6780
Pirmasens (Frose/Harz 16.7.03). Roman,
Novelle, Reisebericht.
V: Fonoti der Samoaner, Erz. 55;
Marokkanisches Abenteuer, Jgdb. 57;
Schiffsjunge Helga, Jgdb. 57, 60;
Freiheit, Berge und Indianer ..., Jgdb. 63;
Talofa, Jgdb. 64; Ums nackte Leben, R.
64; Unter fremder Flagge, Jgdb. 65; Ein
Boot fährt auf ein Riff, Erz.; Feuer-
zeichen über Marokko, Jgdb.; Einer, der
auszog Seemann zu werden ..., Erz. 76;
Mein indianischer Bruder, Jgdb. 77; Auf
falschem Kurs, christl. R. 82.

Schöne, Joachim, Landespfarrer,
Leiter d. Kunstdienstes; Voglerstr. 12,

DDR-8021 Dresden (Glauchau/Sa.
16.1.33). Roman, Novelle, Laienspiel.
V: Tyrann in Ketten, Laisp. 54; Das
schwere Bündel, Erz. 57, 58; Die Stunde
des Jäbes, Erz. 59; Die Geschichte von
Till und Kuno, Kindererz. 59; Aus der
Kirche geplaudert 61, 67; Der Tag ist
nicht mehr fern 61; Auf weitem Raum
64, 65; Die wundersamen Wege des
Tobias Schremm, R. 67, 69; Zwei Christ-
spiele, Laisp. 70. — **MV:** In Windeln
gewickelt, Geschn. 61, 70.
H: Unser Leben - Ein Kampf, sechs
Lebensbilder 70; Gespräche mit Gott,
Gebetb. 77, 78; Ehe der Tag vergeht,
Gebetb. 79. — **MH:** Ein Stück vom Ufer,
Erzn. 60, 61; Begegnung unter Tage,
Erzn. 62, 63.

Schöne, Lothar, Redakteur; Draiser
Str. 5, D-6500 Mainz, Tel. (06131) 364210
(Herrnhut/Sachs. 16.7.49). Drama,
Novelle, Hörspiel.
V: Einzelkämpfer. Eine Erz. in 21
Bildern 80; Leffeb od. The Big Shit, Bü.
79; Byrons Tod, Dr. 80.
MA: Jb. f. Kultur u. Kommunikat. 80;
Aeropag 1981, Anth.; Kurzgeschn. u. G.
in versch. Lit.zss.
H: Leben in Europa. 12 Schriftsteller
variieren e. Thema (EG-Mag.) 82.
R: Die Frau im Spiegel von Brigittes
Eltern oder: Wie versaue ich mein Kind,
m. Michael Bauer, sat. Hörfunk-Revue
79.
Lit: Susanne Armbruster üb. L.S. im
SWF; Gert Ueding in: ZDF-aspekte.

Schönenberger, Elisabeth, s. Hasler-
Schönenberger, Elisabeth.

Schönert, Hans-Jürgen,
Falkenmeister; Hauptstr. 21, D-8180
Tegernsee, Tel. (08022) 4318 (Herford
28.12.41). Roman, Novelle.
V: Glückliche Tiere, Tiergeschn 80;
Okan und sein Adler, Jgd.-R. 83.

Schönfelder, Gerd, Dr. sc. phil., Prof.,
Musikwissenschaftler; Pfotenhauerstr.
18 — 901, DDR-8019 Dresden, Tel. 690769
(Köttewitz, Kreis Pirna 27.4.36). Satire.
Ue: Ch.
V: Herr Apfelstädt wird Künstler
sowie Kursächsischer Kapellspuk, Eine
unterhaltsame Reiselektüre f. Leute,
denen d. Musik zu schaffen macht, sat.
Erzn. 76.
R: Das echte und das falsche Siegel,
Jgd.-Hsp. üb. e. chin. Erz. ( )

Schöngruber, Mundl; Pichl 29, A-4580
Windischgarsten.
V: Fastnachtbecher, N. 48; Die verun-
treute Erde, R. 77.

Schönherr, Dietmar; Hauptstr. 77,
CH-8434 Kaiserstuhl.
V: Kuckuck u. d. Feuerwehrmann 77;
Ruzzitu 78.
S: Kuckuck u. d. Feuerwehrmann 78.
( )

Schöning, Kurt, Schriftsteller,
Werbeberater, Grafiker; Bäumlstr. 14,
D-8031 Puchheim, Tel. (089) 803407
(Schwerin i.M. 11.10.21).
V: München Weltstadt mit Herz,
Stadtführer 63; Mit viel Gefühl; Bayern
i. Spiegel d. Gartenlauben - Zeit,
Nostalg. Bildbd m. ausf. Einleitungstext
65; Anzeigenwerbung 75; Schnupf-
taback-Brevier, Gesch. u. Dok. 75; Gott
mit dir, du Land der Bayern - Die
Gesch. e. freien Volkes 76; Kleine bayer.
Geschichte 79; ... u. wieder ist d. Holz-
wurm los! 80. — **MV:** Der Holzwurm läßt
schön grüßen 67; Opas Knigge ist tot 68;
Geogra-Viechereien 69; Lord Chester
der Horrorige, Lyrik 70; München
narrisch. Geschichte d. Faschings u.
Gebrauchsanweisung, wie man ihn
begeht 73.

von Schönthan, Gaby; Penzinger Str.
66, A-1140 Wien.
V: Angenehme Müdigkeit 65, 68,
u.d.T.: So nah der Liebe 80; Die Rosen
von Malmaison 66, 80; Geliebte des
Königs 67, 78; Madame Casanova 68, 77;
Die Löwin von San Marco 72, 78; Das
Herrenhaus 77, 79; Zwei ungleiche
Schwestern 80, 82; Wie viele Stunden
hat die Nacht 82, alles R. —
MV: Konditorei Zauner, m. J.
Grumbach-Palme 82. ( )

Schönweger, Matthias, Mittelschul-
prof.; Otto-Huber-Str. 3, I-39012 Meran
(Partschins 17.1.49). Konkrete Poesie,
Drama.
V: Mann u. Frau, Texte u.
Zeichnungen 76; Generalprobe, Dr. 77.
( )

Schönwiese, Ernst, Dr., Prof. h. c.;
Präs. d. österr. P.E.N. 72-78, EM P.E.N. u.
Ö.S.V.; Julius-Reich-Pr. 37, Öst. Ehren-
kreuz f. Wiss. u. Kunst I. Kl. 63, Pr. d.
Stadt Wien f. Dichtkunst 65, EZeichen f.
Wiss. u. Kunst (Kurie f. Kunst) 77,
EMed. d. Bdeshauptstadt Wien in Gold
80; Korr. Mitgl. Dt. Akad. f. Spr. u. Dicht.
56, Vizepräs. Intern. Robert-Musil-Ges.;
Nothartgasse 42, A-1130 Wien, Tel. (0222)
826669 (Wien 6.1.05). Lyrik, Roman,
Novelle, Essay, Hörspiel. **Ue:** E, F, H, S,
U.
V: Der siebenfarbige Bogen, G. 47;
Ausfahrt und Wiederkehr, G. 47; Nacht

und Verheißung, G. 50; Das Bleibende,
G. 50; Das Unverlorene Paradies, G. 51;
Requiem in Versen, G. 53; Stufen des
Herzens, G. 56; Der alte und der junge
Chronos, G. 57; Traum und Verwand-
lung, G., Erz., Aphor. 61; Baum und
Träne, G. 62; Geheimnisvolles Ballspiel,
G. 65; Odysseus und der Alchimist, G.
68; Der Schriftsteller u. d. Probleme
seiner Zeit, Ess. 75; Literatur in Wien
zw. 1930 u. 1980, Ess. 80.
MA: Kompaß für morgen, Ess. 33; Zur
Klärung der Begriffe, Ess. 47; Austriaca,
Festschr. f. Heinz Politzer 75; Literatur
als Dialog, Festschr. f. Karl Tober 79;
Das große kleine Dorf, aus d. wir
stammen, Festschr. Milo Dor 83.
H: Patmos, lyr. Sammelb. 35; Lenz
Grabner: Ausgewählte Gedichte 35; Das
Silberboot, Zs. f. Lit. 35 — 37, 46 — 52;
Silberboot-Almanach 47; Hermann
Grab: Hochzeit in Brooklyn, Erz. 57;
Hermann Broch: Nur das Herz ist das
Wirkliche, Ausw. 59; Österreichische
Lyrik nach 1945, Ausw. 60; Hermann
Broch: Die unbekannte Größe, Gesamt-
ausg. 61 X; Die Entsühnung, Sch. 61;
Ernst Waldinger: Gesang vor dem
Abgrund, Ausw. 61; Alexander Lernet-
Holenia: Die nächtliche Hochzeit, R. 62;
Johannes Urzidil: Geschenke des
Lebens, Ausw. 62; Franz Blei: Zwischen
Orpheus und Don Juan 65; Franz
Werfel: In einer Nacht 66; Isaac
Schreyer: Das Gold der Väter, G. 69. —
MH: Die Fähre, Alm. 47; Das zeitlose
Wort, Anth. 64.
F: Auf den Spuren von Hermann
Broch 71.
R: Eduard und die Mädchen (nach
Hugo von Hofmannsthal) 45; Fiorenza
(nach Thomas Mann) 48; Die ver-
tauschten Köpfe (nach Thomas Mann)
61; Nach dem Feuerwerk (nach Aldous
Huxley) 63, u.a. Hsp.
Ue: Herwig Hensen: Die andere
Jeanne, Sch. 65; Juan Ramón Jiménez:
Falter aus Licht, G. 79; Herwig Hensen:
Zwischen Verzweiflung u. Entzücken, G.
80; D.H. Lawrence: Der Atem d. Lebens,
G. 81.
Lit: Joseph Strelka: Rilke - Benn -
Schönwiese und die Entwicklung der
modernen Lyrik 60; Aufruf zur Wende,
Festschr. 60, Geb. 65; Weisheit der
Heiterkeit, Festschr. f. E. S. 78; Gudrun
Mauch: E.S. in: Die dt. Lyrik 1945-1975
81.

Schöpf, Alois, Schriftsteller; Preis d.
Molden R.-Wettbew. 72, Pr. d. Stadt
Bologna 77; Nr. 12, A-6072 Lans/Tirol,

Tel. (05222) 7387 (Lans 5.10.50). Roman,
Novelle, Film, Kinderbuch, Sagen-
neufassungen.
V: Ritter, Tod und Teufel 73; Die
Wunderbare Sonntagsfahrt 76;
Deutscher Sagenschatz 77; Zemanek od.
eine Karriere 79.
MH: Der Luftballon, Satirenmag.
R: (MA): Planquadrat, Geschichten
aus Österreich, Sendereihen; Der Berg
als Seelenlandschaft 82.

Schöpfer, Hans, Dr. theol.; ISV;
Zähringerstr. 101, CH-1700 Fribourg,
Tel. (037) 222091 (Schüpfheim 24.7.40).
V: Laienfrömmigkeit im Licht d.
zweiten Vatikanums 69; Proben zur
Meditation, G. 74; Mit Psalmen beten, G.
76; Theologie d. Gesellschaft 77; Nacht-
wache, Texte f. unruhige Zeiten 79;
Lateinamer. Befreiungstheologie 79. –
MV: Kurzwaren 76; Innerschweizer
Schriftsteller 77.

Schoepke, Helmut *

Schörkmayr, Josef (Ps. Josef B.
Schörkmayr), Mag. (Musikstud.),
freischaff. Künstler; Literar Mechana,
Akm, LVG; Hauptplatz 256, A-8950
Stainach, Tel. (03682) 2256 (Salzburg
14.10.54). Roman, Lyrik, Erzählungen,
Film.
V: Anekdoten aus d. Leben Igor
Rozols 82.
R: Bergbachbadezeit, Fs.-Kurznovelle
82.

Schörkmayr, Josef B., s. Schörkmayr,
Josef.

Schoettes, Hedwig, Hausfrau; Lyrikpr.
"Zwei Menschen" d. Lit.zs. Das Boot 76;
Kreis der Freunde; Auf der Klippe 35,
D-5810 Witten, Tel. (02302) 60880
(Neunkirchen/Saar 22.9.19).
MA: Lichtbandreihe 5 76, 12 77, 14 78,
16 79, 17 80; Frauenlyrik zwischen 19
und 91 76; Haiku, Halbe Bogen Reihe
80; Haiku, Samml. aus dt. Sprachraum
80. ( )

Schöttle, Rosemarie *

Schötz, Herbert (Ps. Georg-Marte),
ehem. Werbeberater; Wittener Str. 83,
D-5820 Gevelsberg, Tel. (02332) 10839
(Leipzig/Sa. 17.10.01). Lyrik, Roman,
Novelle, utop. Roman, Visionen,
Impressionen.
V: Wiedersehen in Paris,
Liebesgeschn. 80; Die Rügenwanderung
– mehr als eine Romanze, e. N. aus
"Der bessere Weg – das Neue Europa"
80; Der Frischwasser-Eimer; Es geht
auch andersrum. Erlebnisse e.
Kriegsgefangenen, 2 Geschn. 81; Ein

Fingerzeig aus dem Weltall. Der bessere
Weg – das Neue Eruopa in e.
befriedeten Welt! Zukunftsr. 83.
MA: Autorenwerkstatt 2, Anth. 83.

Schollak, Sigmar; SV-DDR 68-82, VS
82; Wichmannstr. 11, D-1000 Berlin 30,
Tel. (030) 2613486 (Berlin 2.5.30).
Jugendbuch, Kinderbuch, Satiren,
Geschichten.
V: Der gefürchtete Held, sat. Geschn.
62; Mord in Detroit, Kinderb. 69, 78;
Enkel der Sklaven, Kinderb. 71, 79; Der
Gejagte, Kinderb. 72, 80; Der Davids-
bündler, Kinderb. 71, 76; Getötete Angst,
Kinderb. 73, 77; Sturm auf Harpers
Ferry, Kinderb. 75, 79; Thaddäus und
der verhexte Tag, Kinderb. 76, 80; Das
Mädchen aus Harrys Straße, Kinderb.
77, 80; Der Neue aus d. 106, Schüler-R.
79; Des Teufels Fest, Kdb. 82.
MA: Der Weisheit letzter Schuß,
Aphor. 80.
R: Mord in Detroit, Fsp. 71.

Scholz, Bernd P.M., Student;
Sandhofer Str. 20, D-8601 Oberhaid, Tel.
(09503) 7122 (Bamberg 20.11.58). Lyrik,
Short-story.
V: Schöne Aussichten, sadoprosaische
G. 80.
S: Alles beim Alten, G. u. Lieder,
Tonkass. 82.

Scholz, Christian; Meidlinger
Hauptstr. 84/36, c/o Poseidon Press
Verlag, A-1120 Wien.
V: Flamingo, Prosa 80. ( )

Scholz, Dietmar, Lehrer; VS, Kg.; 1.
Pr. f. Bildgedicht 74, 2. Pr. f. Bildgedicht
76, Förderpr. z. Andreas-Gryphius-Pr.
78, 2. Pr. f. Bildgedicht 80; Wangener
Kreis, Kreis der Freunde; Mainstr. 5, D-
7410 Reutlingen 25, Tel. (07121) 670331
(Kunitz, Krs. Liegnitz 15.10.33). Lyrik,
Prosa, Hörspiel.
V: zwischen den steinen, G. 74, 75;
nahtstellen, G. 75; in den mittag der
dinge, G. 78; Ein Mädchen gewinnt,
Jgdb. 78; wendepunkte, G. 80; Kai u. d.
Jungen vom See, Jgdb. 81; Pavel u. d.
Clique, Jgdb. 82; Geschichten aus d.
Spielzeugkiste, Kdb. 83; Mit dem Wort
in d. Sprache, Ess. 83.
MA: 20 Anth.

Scholz, Guenter (Ps. Christian Opitz),
Verlagsleiter; Literaturpr. d. Neuen
Literarischen Ges. Hamburg 81;
Trichtenhauser Str. 43, CH-8125
Zollikerberg, Tel. (01) 3917312
(Hirschberg/Schles. 5.8.24).

V: Sonntags Schlesisches Himmelreich, R. 80; Kraut und Rüben, R. 81
(auch holl.).

Scholz, Hans, Prof.e.h., Maler, Schriftsteller; Fontane-Pr. 56, Heinrich-Stahl-
Pr. 60, Prof.e.h. 81; Akad. d. Künste 63,
Dt. Akad. f. Spr. u. Dicht. 68; Herbartstr.
15, D-1000 Berlin 19, Tel. (030) 3218581
(Berlin 20.2.11). Roman, Novelle, Essay,
Film, Hörspiel, Feuilleton.
V: Am grünen Strand der Spree, R. 55,
56; Schkola, N. 58; Berlin, jetzt freue
dich!, Skizzenb. 60; Berlin für Anfänger
61; An Havel, Spree und Oder, 5 Hörbilder 62; Der Prinz Kaspar Hauser.
Protok. e. Sage 64; Süd-Ost hin und
zurück. Luftreiseführer z. östl. Mittel-
meer 70; Theodor Fontane, liter. Portr.
78; Wanderungen und Fahrten in die
Mark Brandenburg IX. —
MV: Autobiogr. Essay in: Jahr und
Jahrgang 1911 66.
MH: Vöglein, singe mir was Schönes
vor, m. Heinz Ohff 65; Eine Sprache -
viele Zungen. Autoren d. Gegenw.
schreiben in dt. Mundarten, m. Heinz
Ohff 66.
R: Am grünen Strand der Spree, Hsp.
u. Fsp.; Kaspar Hauser; Briefe aus
Israel; Remontons le Kurfürstendamm;
Geschichte des Brandenburger Tores;
Geschichte der Stadt Potsdam;
Geschichte der Stadt Frankfurt a/O;
Geschichte des Tempelhofer Feldes;
Rund um Krolls Etablissement; Martin
Luther; Fontane; Albrecht Dürer; Reise
durch Bildungslücken; Aus dem Leben
eines bunten Vogels, Autobiogr., m. G.
Westphal, alles Hsp.; 24 "Berlinische
Veduten", Kurzess.; Berlin vor 100
Jahren 61; 40 Jahre Rundfunk — 10
Jahre Fernsehen; E. O. Plauen; Le Salon
imaginaire, alles Fernsehsendungen;
Berlin-Museum kauft 30 Aquarelle.

Scholz, Herbert Carl (Ps. Floscenti
Carlo), Dr., Prof., Wirtschaftsprüfer;
Falckweg 11, D-2000 Hamburg 52, Tel.
(040) 8804671 (Waldenburg/Schles.
12.1.21). Drama, Musical, Film, Roman.
V: Doctor Fäustchen, Zeitbild in
Drama-Form 75; Emanzipiert, Textbuch
f. Musical 76; Sehnsucht nach d. Hölle,
zeitgesch. R. —
MV: Betriebswirtschaftliche Planung 65.

Scholz, Hugo (Ps. Urli Hofer); Kg. 62;
Lit.Pr. d. Bundes d. Deutschen i.
Böhmen 27, Dramenpr. d. Ges. f. Kunst
u. Wiss. d. ČSR 30, Sudetendt. Anerkennungspr. f. Dichtkunst 63, Land-
schaftspr. Polzen-Neiße-Niederland 68,
Adalbert-Stifter-Med. 71, Prießnitz-Med.

79, Joseph Hiess-Gedenkpr. d. Ver.
Dichterstein Offenhausen 83; EM d.
Heimatkreises Braunau f. d. lit. Werk 65,
Ges. f. Phytother. e.V. 80, EM Heimatkr.
Riengeb. 82, D-8959 Seeg, Tel. (08364) 433
(Ottendorf 27.7.96). Roman, Novelle,
Drama.
V: Taldorfheimat, Geschn. 23; Die
Brunnbacherleute, R. 24, 43; Der ver-
sunkene Pflug, R. 25; Die Dörfler,
Menschen und Bräuche 26; Noch steht
ein Mann, R. 27, 57; Die verbotene
Heirat, Volksst. 28; Menschen an der
Grenze, Erz. 59; Bauernpredigten, Schr.-
R. 29 — 35; Hof ohne Erben, Sch. 30;
Bauerngeschichten 31; Bauernland
Siebenbürgen, Reiseb. 33; Anland, Sch.
35; Meine Islandfahrt, Reiseb. 35; Welt
der Bauern, Bauernfibel 36; Landsturm,
Gesch. 37, 82; Deutsche Bauern- und
Volkskunst 37; Heiliger Brand, Sch. 39;
Krone im Acker, R. 39, u.d.T.: Das neue
Leben 43; Tochter der Erde, R. 41, 54;
Dolf, der Grenzlandjunge, Jgdb. 43,
u.d.T.: Hinter den böhmischen Wäldern
56; Die weiße Wolke, R. 42, 83; Zwischen
hüben und drüben, Geschn. 45;
Braunauer Felsenländchen, ein wunderliches Stücklein Welt und seine
Menschen 50; Das nie Verlorene, R. 52;
Die goldene Spange, N. 52; Der Kegel-
bart, Erz. 53; Nur das nackte Leben, R.
54; Heilendes Wasser, R. 56; Das Dorf
der 1000 Pferde, R. 60; Unter der Felsen-
krone, Bildw. 60; Hochzeit ohne Wein, N.
61; Herr seiner Welt, R. 61; Der Fasten-
doktor von Lindewiese, Erz. 61; Der Ostwind hat es gebracht, Erz. 63; Wo die
Berge raunen, Sagen 63; Tal der Väter,
Erz. 65; Ein Jackett für den Gefangenen,
Sch. 68; Der Sohn des Handwebers,
Jgdb. 68; Zuflucht bei Johann Schroth.
Die große Heilung, R. 70; Lesebogen,
Jgd.schr.-R. 60 — 71; So grün wie
daheim, Erz. 72; Erbe und Geheimnis
des Naturarztes Johann Schroth, R. 73;
Wies einstens war bei uns daheim, Erz.
75; Porsche, auf allen Straßen der Erde,
R. 75; Abends bei d. Petroleumlampe,
Erz. 78; Lebendige Heimat, Erz. 81; Die
Hochzeit v. Schönau, Sch. 82; Segen d.
Stille, Erz. u. G. 83.
H: Scholle, Wbl. 21 — 38; Das neue
Dorf, Mschr. 28 — 38; Franz Spina als
Politiker, Wissenschaftler und Mensch,
Lebensbild 30; Ackerbotschaft, Bauern-
kalender 30 — 37; Menschen im Schutt,
Anth. 71.
R: Die goldene Spange; Hof ohne
Erben, alles Hsp.
Lit: Wilhelm Formann: Sudeten-
deutsche Dichtung heute 61; Wilhelm

Meridies: Schlesien 71; Reinhard
Pozorny: Sudetendeutsche 71; Hugo
Herrman: Sudetenland 77; Erhard
Meissner: Braunauer Land 77; Heimat
u. Welt im Werk v. H. S. 78.

Scholz, Rudolf; SV-DDR 82; Förderpr.
Mitteldt. Verlag 79; Reinickstr. 1, DDR-
8019 Dresden (Plagwitz, Kr. Löwenberg/
Polen 29.1.39). Prosa, Lyrik.
V: Damals in Belvedere, R. 78, 2.Aufl.
81; Mein lieber alter Lukowski, R. 81,
3.Aufl. 82.

Schomerus-Gernböck, Lotte (Ps.
Lotte Gernböck), Dr. phil., Ethnologin,
Hochschullehrer; Theodor-Körner-Pr.
63 u. 65, Dr. Adolf-Schärf-Pr., Wien 65;
Am Büchenberge 14, D-3000
Hannover 91, Tel. (0511) 480850
(Salzburg 16.12.27).
V: Im unerforschten Madagaskar 66;
Die Mahafaly, e. ethn. Gruppe im Süd-
Westen Madagaskars 81. — **MV:** Die
Völker Afrikas und ihre traditionellen
Kulturen 75; Das Weltbild d. Afrikaner
heute 80.
F: Österreichische Forscher berichten
aus Madagaskar I 68, II 78; Tsimihety
Bestellen eines Reisfeldes, Bara
Krokodilspiel, Mahafaly Flechten einer
Matte, Filmbegleittexte u. Kurzfilme 75.
R: Das unbekannte Madagaskar 62;
Die Wilden sind nicht gar so wild 62;
Nur die Vergessenen sind die
wirklichen Toten 62; Das Geheimnis der
rätselhaften Vazimba 64; Ein Jahr im
unerforschten Süden Madagaskars 66;
Tsiambena feiert Hochzeit 67, alles Hsp.

Schonauer, Franz, Dr. phil., wiss.
Mitarb. Inst. f. Publizistik d. Freien U.;
P.E.N. 69, Berliner Kritiker Verband;
Clausewitzstr. 2, D-1000 Berlin 12, Tel.
(030) 8836881 (Hahnenhardt 19.2.20).
Essay, Literaturkritik.
V: Stefan George, Biogr. 60, 82;
Literatur im Dritten Reich, krit. Ess. 61;
Walter Max von der Grün, Biogr. 78. ( )

Schonauer, Ruth (Ps. Ruth Rehmann),
Schriftstellerin; VS Bayern 70, VGWort,
P.E.N.; Förderungspr. der Stadt
Hannover 62, 1. Pr. im Wettbewerb: Der
Bauer in der Industrieges. 67, Kurz-
geschichten-Preis von Westermanns
Monatsheften 75; Mühlstr. 6, D-8226
Altenmarkt a. d. Alz, Tel. (08621) 2361
(Siegburg 1.6.22). Roman, Hörspiel,
Funkerzählung, Kurzgeschichte.
V: Illusionen, R. 59; Die Leute im Tal,
R. 68; Paare, Erzn. 78, Tb.; Der Mann auf
d. Kanzel, R. 79, Tb. 81, DDR 82; Paare,
Erzn. 83. — **MV:** Dichter erzählen

Kindern 66; Geh' und spiel mit dem
Riesen, Jb. 71; Morgen im Garten Eden,
Erz. 78.
R: Ein ruhiges Haus, Hsp. 60; Alte
Männer, Funkerz. 62; Flieder aus
Malchien, Hsp. 64; Ein Projekt stirbt ab,
Report. 69; Ich mag deine Freunde, Hsp.
70; Schreibende Frauen 71; Frau Violets
Haus 74; Gehörbildung oder ein
exemplarischer Reinfall 76; Drei
Gespräche über einen Mann 77; Herr
Selinger geht zu weit 77, alles Hsp; Herr
Selinger geht zu weit, Fsp. 78.
Ue: Morris E. West: Der Botschafter.
( )

Schondorff, Joachim, Dr., Publizist;
Öst. P.E.N.; Literaturpreis d. S.W.A.V. 49,
österr. Prof. 78; Arnulfstr. 277a, D-8000
München 19, Tel. (089) 173523
(Magdeburg 15.11.12). Essay.
V: Österreich I (Salzburg, Ober-
österreich, Tirol, Vorarlberg) 75, II
(Kärnten, Steiermark, Burgenland,
Niederösterreich) 77; Land am Ober-
rhein 80; Ein Bündel Modellfälle. Streif-
züge durch Lit. u. Gesch. 81.
H: 1848 — Dokumente der Zeit 51;
Französische Geisteswelt 52;
Französisches Theater des 20. Jahr-
hunderts 60; Russisches Theater des 20.
Jahrhunderts 60; Karl Varnhagen von
Ense - Friedrich Fürst Schwarzenberg:
Europäische Zeitenwende 60;
Französisches Theater der Avantgarde
61; Junges deutsches Theater von heute
61; Österreichisches Theater des 20.
Jahrhunderts 61; Dt. Theater des
Expressionismus 62; Medea, Orest,
Orpheus und Eurydike 63; Die heilige
Johanna, Herakles, Amphitryon 64;
Elektra 65; Antigone, Iphigenie 66;
Ignaz Franz Castelli: Memoiren meines
Lebens 68; 50 seltsame Geschichten 73;
Acht Jahrhunderte österreichischer
Lyrik 78; Aufklärung auf wienerisch 80;
Zeit u. Ewigkeit. Tausend Jahre öst.
Lyrik, 2. völlig neu bearb. Aufl. 80.

Schoon, Greta, Erzieherin; VS 72; Nds.
Künstlerstip. 79, Freudenthal-Pr. f. ndt.
Lyrik 80, Klaus Groth-Pr. f. ndt. Lyrik
81; Logaer Weg 83, D-2950 Leer/
Ostfriesld., Tel. (0491) 14686
(Spetzerfehn/Ostfriesld. 11.7.09). Lyrik,
Prosa.
V: Kuckuckssömmer, G. in ostfries.
Mda. 77; Dat wi överleven, G. u. Prosa in
ostfries. Mda. 83.
MA: Riemels, Radels, Rummelpott 69;
Ostfr. plattdt. Dichterbuch 69; Fries.
Gedichte 73; Profile, Impulse, Niders.

Künstlerstipendiaten 79-81; niedersachsen literarisch 81.

Schopff, Elisabeth; Sonnenhalde 20, D-7156 Wüstenrot.
V: Er ist's, der dir Kräfte gibt, e. Familiengesch. 77.

Schoppmann, Reinhold, Dr.med.dent., Zahnarzt; BDSÄ; Freckenhorster Str. 51, D-4410 Warendorf 1, Tel. (02581) 1550 (Warendorf 22.11.47). Lyrik.
V: In den Morgen geschaut, Lyr. 81.

Schoß, Egon, Dr., G.Prof.; Anerkennungspreis d. Sudetendt. Kulturpr. f. Dicht. u. Schrifttum; NdÖst. Bildungs- u. Heimatwerk 70; Weykerstorffergasse 9, A-3580 Horn (Friedeberg/Sudeten 22.5.11). Roman, Novelle, Essay. **Ue:** F.
V: Echo im Spätherbst. Ein Pastorale von gestern, R. 65, 76; Der Wind war mit im Spiel. Sardische Episode, N. 66, 68; Zwischen Traum und Tag, N. 68; Passion, e. Erz. aus dem Beaujolais, R. 72; Zu den Ufern der Engel 81. —
MV: André Noché, S. H.: Le vrai visage d'un curé de campagne. L'abbé Auguste Augagneur, Curé de La Chapelle-sous-Dun 1876 — 1953 55; Dichtung aus Niederöst. III 72.
Ue: Bartomeu Ferra: Chopin und George Sand auf Mallorca 36.
Lit: André Noché: Le vrai visage d'un curé de campagne. L'abbé Auguste Augagneur, Curé de La Chapelle-sous-Dun 1876 — 1953 55; Hanns Martin Elster: Ich stelle einen neuen Dichter vor: Egon Schoß (lipress 245), Der Wind war mit im Spiel. Sardische Episode von Egon Schoß (lipress 233); Hans Schlögl: Wanderer zwischen zwei Welten in: Altvater, Zs. d. mähr.-schles. Sudeten-Gebirgs-Vereins 2 71; Herbert Cysarz: Egon Schoß in: Sudetenland, Kunst, Literatur, Volkstum, Wissenschaft 2/74; Elisabeth Schicht in: Wer im Werk den Lohn gefunden 75. ( )

Schostack, Renate, s. Kühnert-Schostack, Renate.

Schoth, Willi, Pensionär; Lyrikpr. d. "Diakon. Werk's" EKD. Stuttgart 80, 1. Preis b. NASS. Mda.-Wettbewerb Bad Ems (1979), 80 u. 81; Anlageweg 21, D-6254 Elz/Westerw., Tel. (06431) 52105 (Tilist 7.10.17). Lyrik, Novelle, Mundart.
V: Der rote Läusert (Lausbub) u. Herzog Adolph-Geschn. aus Alt-Nassau 81.

Schott, Harald, Regisseur; Bgm. Schmidt-Str. 36, D-5093 Burscheid, Tel. (02174) 5687 (Köln 17.9.37).

Jugendroman, Filmdokumentation, Fernsehspiel.
V: Angeklagt: Torsten S., 14 Jahre, Jgd.-R. 82.
F: Morgen beginnt ein neuer Tag.
R: Mit 15 am Ende 78; Wie Neşat betet 80; Echt öde 81; Angeklagt 82, alles Fsf.

Schott, Simon, c/o Verl. Ensslin u. Laiblin, Reutlingen.
V: Marazum will Freude machen und andere Geschichten und Gedichte 83. ( )

Schotte, Paulus, s. Elbogen, Paul.

Schrader, Hermann (Ps. Werner Ingenhag, Wolf Pokorny); VS 70; Am Weißenhof 48, D-7000 Stuttgart, Tel. (0711) 255316 (Diedenhofen/Lothr. 29.5.09). Roman, Funk. **Ue:** E, F, R.
V: Die Reise nach Lissabon, R. 38, 41.
H: Liebesgeschichten aus 1001 Nacht 58; Boccacio: Decamerone 58; Balzac: Tolldreiste Geschichten 59; Altitalienische Liebesnovellen 60; Märchen aus 1001 Nacht, Jgdb. 65.
Ue: Flaubert: Madame Bovary 59; Stevenson: Die Schatzinsel 60; Choderlos de Laclos: Gefährliche Liebschaften 60; Maupassant: Novellen 61; L. Tolstoi: Kreutzersonate 61, Die Kosaken 61; Dostojewski: Der Spieler 62, u.a.

Schrader, Margarete, Hausfrau; GEDOK, Fachgr. Lit. 76, VS NRW 77, Freundeskreis RSGI 80, Die Kogge 82; Lyrikpr. Bildg. Karlheinz Urban "Zwei Menschen" 76, Lyrikpr. d. Invandrarnas Kulturcentrums, Stockholm 78, Lyrikpr. Bildg. Karlheinz Urban "Doch d. Rose ist mehr" 81, Arb.Stip. d. Kult. Min. Düsseld. 82, Verd. Urkd. Univ. delle Arti Salsomaggiore/Parma u. Aufn. i. d. "Int. Lit. Gesch." d. Accad. Italia 82; Lit. Gruppe Osnabrück e.V. 75, Acad. of Poets, Cambridge 80; Emmastr. 6, D-4790 Paderborn, Tel. (05251) 71525 (Paderborn 7.4.15). Lyrik, Essay, Erzählung, Kritik.
V: Paderborn zw. Pfauenauge u. Hochschulsiegel, Prosa u. Lyr. 72; Wir suchen dich, Christus, Prosa u. Lyr. 76; Menschen heute. Perspektiven, G. 82.
MA: Neues Brevier z. Inneren Leben, Prosa 2. A. 64; Ruhrtangente, Jb. f. Lit. 1972/73 72; QUER, Anth. dt.spr. Lyr. d. Gegw. 74; Ein Dezennium IGDA. E. Samml. lit. Texte 77; Liebe will Liebe sein, Lyr. 78; Schreibfreiheit, Lyr. u. Prosa 79; Gottes Wort im Kirchenjahr 1980, Lesejahr C 2 Bd. 80; Spuren d. Zeit, Sammelbd. f. Dicht. d. Gegenwart 80; Im Chor trauernder Winde, Pocket-Print-Renga R. 7 80; Gaukes Jahrb. 80, 81; Die

Luftangriffe auf Paderborn 1939-1945,
Prosa 80; Doch die Rose ist mehr, Dok.
e. lit. Wettbew. 82; Unter welken Blatt,
Haiku-Anth. 82; Silbern steigt d. Mond,
Haiku R. 3 82.

Lit: F. Kienecker in: Paderborner
Studien IV 77; R. Bohne in: Frankfurter
Hefte 7 77; Paul Hübner in: Christ in d.
Geg.w. 3 78.

Schrader, Marie (Ps. Maria Schrader-
Diedrichs), Lektorin; Erich-Lodemann-
Str. 39, DDR-1193 Berlin (Görzhausen,
Kr. Malchin/Mecklenb. 8.1.34). Roman.
V: Du mußt tanzen, mein Kind. Bilder
e. Lebens 81, 2. Aufl. 83.

Schrader, Werner, Lehrer; Friedrich-
Bödecker-Kreis e.V. seit 72; Am
Becketal 34, D-2820 Bremen 70, Tel.
(0421) 663200 (Bremen 6.2.28). Kinder- u.
Jugendbuch, Drama, Hörspiel, Lyrik.
Ue: E.

V: Der verflixte Bahnhofsbau 65, 77;
Pico-Pikis große Reise 68, 79; Käpten
Snieders groß Fahrt 71, 78; Knasterbax
und Siebenschütz 71, 78; Karl der Dicke
und Genossen 72, 79, alles Kinderbb.;
Jan Tabak geht aufs Ganze, Jugendb. 72,
77; In Schinkenbüttel ist der Affe los 73,
79; Knasterbax als Burggespenst 73, 78;
Die Kinder vom Teufelsmoor 74, 78;
Karl der Dicke beißt sich durch 75, 77;
Schabernackel 76, 77, alles Kinderbb.;
Zwei auf Achse, Jugendb. 77; Billo
Knief, der Mann mit d. schnellen
Messern 78; Gespenster-Spektakel 79;
Mischa u. seine Tiere 80; Sieben in
einem Auto 81; Die Hexe Backa Racka
83, alles Kinderbb.

R: Die Maschine wächst; Segg de
Wohrheit, Käpten!; Der Räuber Henner
Blau; Nur nicht flunkern, Käpten!;
Pico-Pikis Abenteuer; Andreas u. d.
Fuchsschwanzbande; Die Insel d.
seltsamen Vögel; Wir raten
Seemannslieder; Der Aufstand d.
Roboter; Peter guckt in fremde Töpfe;
Knasterbax u. Siebenschütz;
Knasterbax als Burggespenst; Die
Weltverbesserer; Mein Gott heit Mawu;
Der Affe ist los; Ratet Kleider, Märchen,
Lieder; Schabernackel; Schabernackels
neue Streiche; Was rattert und knattert
um uns herum?; Anderswo da spielt
man so; Begegnung mit nettem Herrn;
Fasching im Funk; Fabu Lantus als
Rundfunkreporter; Gefährlicher Orion;
Billo Knief, der Mann mit den schnellen
Messern; Neues von Billo Knief, alles
Hsp.
S: Pico-Pikis große Reise 78; Billo
Knief, der Mann mit d. schnellen

Messern 77; Schabernackel 76;
Knasterbax u. Siebenschütz 75;
Knasterbax als Burggespenst 75.
Ue: Jellinek/Molnar: Georgina u. der
Drache 80.

Schrader-Diedrichs, Maria,
s. Schrader, Marie.

Schrag, Paul J. *

Schramm, Godehard, freier Schrift-
steller; Kogge 68-75, VS 70-81, P.E.N. 78;
Förd.preis d. Stadt Nürnb. 71, Forsch.-
stip. d. DFG f. 1971/72 f. Moskau,
Förderpr. d. Freistaates Bayern 81;
Schweppermannstr. 41, D-8500
Nürnberg, Tel. (0911) 354548 u. (09102)
642 (Konstanz 24.12.43). Lyrik, Roman,
Hörspiel, Essay, Feature, Spielfilm.
Ue: R, P, Tsch, Serbokroat, I.
V: Im Schein des Augenblicks, G. 64;
Schneewege, G. 66; Lieber rot als rot,
Texte 70; Nürnberger Bilderbuch, Lyrik
u. Kurzprosa 70; Lokalanzeigen, Prosa
73; Meine Lust ist größer als mein
Schmerz, G. 75; Das große u. d. kleine
Europa, Ldsch.prosa 77; Augenblicke, 7
Texte zu 7 Radier. v. C. P. Wrede 77;
Nachts durch die Biscaya, 16 Stücke f.
Ldschaften u. Personen 78; Friedrich
Hagen — Leben in zwei Ländern,
Monogr. 78; Feuer in den Kaktushecken,
Sardinienb. 79; Mit glühender Geduld,
G. 80; Holland. Erkundungen in e. Nach-
barld, Reiseb. 81; Fürth — die kleinere,
schönere Schwester, Stadtporträt 81;
Heimweh nach Deutschland, Leseb. 81;
Ein Dorf auf d. Frankenhöhe 81; Kopf
mit Quitten, Erz. 81; Sardinien, Reiseb.
83; Der Traumpilot, R. 83. — **MV:** Peter
Wörfel, der Zeichner, Kat. 82; Der Land-
kreis Kronach 81.
MA: Zeit in deinen Händen, Anth. 65;
Frühlingsfeier, Anth., G. 66; Das ist
mein Land, Anth., G. 66; Texte aus
Franken 67, 70; Gegen den Krieg in
Vietnam 68; Anklage und Botschaft 69;
Thema Weihnachten 70; Ohne
Denkmalschutz 70; Junge Poesie 2 70;
Richard-Wagner-Stunden-lecker 70;
Tintenfisch 4 71; Begegnungen mit Dr.
Drexel 71; Poetisches Franken 71;
Albrecht Dürer zu Ehren 71; Signal I 71;
Ortstermin Bayreuth 71; Revier heute
71; Fränkische Klassiker 71; Geständ-
nisse 72; Hierzulande — heutzutage 75;
Dt. Unsinnspoesie 72; Denkzettel 74; Für
eine andere Deutschstunde 72; Picasso
dessins 72; Bild + Text/Text + Bild 76;
Tagtäglich 76; Und ich bewege mich
doch 78; Tintenfisch 9 76; Dt. Bestseller
— Dt. Ideologie 75; Grundzüge d. Lit.- u.
Sprachwiss. Bd. 1 Lit.wiss. 73; Bundes-

deutsch 74; Kein schöner Land 79; Wer
ist mein Nächster 77; Leseladen I —
Orte innen u. außen 77; Das achte Welt-
wunder 79; Kontext 2 78; Klagenfurter
Texte I 77; Die siebente Reise 78;
Lyrikkat. Bdesrep. 78; Nachrichten v.
Zustand des Landes 78; Menschen u.
Zeiten 79; W cieniu Lorelei 78; Jb. f.
Lyrik 1 79; Literarischer März 79; Das
neue Sagenb. 80; Hommage à Hermann
Kesten 80; Jb. f. Lyrik I 79, II 80; Frankfurter Anthologie V 80; Gedichte f. Anfänger 80; Weil mir aa wer sen 80; Das
neue Narrenschiff 80; ensemble XI 80;
Abdrücke I 80; L'espace culturel franco-
allemand 81; Gerhard Wendland —
Retrospektive, Kat. 81; Frieden: mehr
als nur ein Wort 81; Erlangen 1950-1980
82; Frankenbund Jb. 82; Wieviele
Wohnungen besitzt d. Haus 82; Komm
süßer Tod 82; Mein Gedicht ist d. Welt
82; Die stillenden Väter 83; ensemble 14
83; Kopfjäger aus Amsterdam. Jörg
Remé, Kat. 83.

H: umdruck, blätter f. intern. lit., Zs.
70-72; Sowjet. Literatur in d. Bdesrep.
Dtld, Akzente 6 74; August Graf v.
Platen: Der große Traum Italien.
Tagebb. 83. — **MH:** Sozialist. Realismuskonzeptionen. Dok. z. 1. Allunionskongr.
d. Sowjetschriftsteller 74; Geht dir da
nicht ein Auge auf, G. d. Werkkr. Lit. d.
Arbeitswelt 74.

R: Hier wohnt Krappmann 71; Hausmusik 74; Volksmusik 75; Oppermann
70; Hans Rosenplüt u. Hans Folz 70;
Münnerstadt 71; Forchheim 72; Heideck
72; Portwein 75; Bevor es mich
umbringt, wehrt sich noch einmal
meine Phantasie 75; Hier wird nie ein
Flugzeug landen 75; Amorbach 76;
Autorenmusik 76; Viktor Schklovskij 76;
Jean Paul 77; Hinter dem Tannenberg
beginnt d. Paradies 77; Eine Nacht am
Main 77; Kleist in Würzburg 77; Mit d.
Stichbahn i. d. Dschungel 78; Leer wäre
d. Haus 78; Helga wird nicht ausgelacht
78; Bad König 78; Meine Landschaft ist
wie e. Gedicht 78; Friedrich Hagen 79;
12mal Hausen 79; Paul Léautaud 79;
Scheinfeld 79; Kronach 79; Fürth 80;
Eine Nacht als Papagei 80; Mitten i. d.
Provinz 80; D. Modell v. T. Riemen-
schneider 80; Strichvögel 80; Wo Bayern
allmählich aufhört 80; Das Fahrrad m. d.
Flügeln (Neues aus Uhlenbusch) 80;
Unscheinbarer Ort 81; Wie ein offener
Sack — Landkr. Kronach 81; Ebern 81;
Die Schlösser im Zenngrund 81; In den
Nestern d. schwarzen Brüder —
Augustiner i. Bayern 82; Dostojewskij-

Passagen 83; Von d. Offenheit d. Tagebuchs 83.

Ue: Zdenek Barborka: Urteil 70;
Nadeschada Mandelstam: Generation
ohne Tränen 75; Viktor Schtanko: Die
Hauptsache 76; Josif Gummer: Zweimal
gelebte Jugend 77.

Schramm, Hanna; ISDS 50; 41, rue
Lecourbe, F- Paris XVe (Berlin 7.4.96).
Jugendbuch.
V: Der Bund der Tiere und Kinder
53. — **MV:** Menschen in Gurs — Erinn.
an e. franz. Internierungslager (1940 —
1941) 77 (franz. 79). ( )

Schramm, Heinz-Eugen, Dr. phil.;
FDA; Brunsstr. 22, D-7400 Tübingen,
Tel. (07071) 24538 (Ulm 22.12.16).
Mundartlyrik, Limericks, volksk. Anth.,
Hör- und Laienspiel, Essay.
V: Mariele, komm!, G. 56; Das
Rotmäntele, mundartl. Sp. 60; Ein
schwäbischer Gruß, G. 63; Maultasche',
G. 66; Magscht mi?, G. 68; Moinscht,
mögscht Mooscht?, G. 69; Jockele sperr!,
G. 69; Wenn der Mumpitz Eier legt,
Limericks 69; Wia mr's nemmt, G. 76;
Kaum zu glauben, Limericks 80.
H: u. **MA:** ... in Tübingen Student 54;
Tübinger Gogen-Witze 59; L.m.i.A. Die
Fensterrede des Ritters Götz von Berli-
chingen 60; Schwaben wie es lacht 70;
Der Witz der Schwaben 71; Mit dem
schwäbischen Gruß durch die Welt -
Intern. Götz-Sprachenführer 71;
Schwäbische Musenküsse 72; Schwaben
unter sich über sich 76; Schwäbisch f.
Reingeschmeckte 77; Typisch
schwäbisch 83; Schwäb. Heimat-
kalender seit 83. — **MH:** Michel Buck-
Bagenga, G. 52; Michel Buck Brevier 81.
R: Das Rotmäntele vom Spitzberg,
Hsp. 54.
S: Tübinger Gogen-Witze, 5 Schallpl.
u. Tonkass. 73, 74, 76, 80, 81.

Schramm, Josef *

Schramm, Lukas, s. Pförtner, Karl.

Schramm, Werner; Eckenerweg 8, D-
2210 Itzehoe, Tel. (04821) 2319
(Hohenlockstedt 28.4.26). Essay, Roman.
V: Stefan Zweig, Ess. 61; Im Malstrom
der Zeit - Eine Darstellung d. dicht.
Lebenswerkes v. Lee van Dovski 76;
Hugo Wolfgang Philipp im Spiegel d.
Nachwelt — Philipp als Romancier 79;
Das antike Drama 'Die Bacchantinnen'
in d. Neugestalt. durch H. Wolfg. Philipp
80; Hugo Wolfg. Philipps Tragikomödie
'Der Clown Gottes' 83.

†**von Schramm**, Wilhelm Ritter, Dr.
phil., Doz. i. R.; FDA 73; Reifenstr. 7, D-

8214 Bernau/Chiemsee (Hersbruck/Mfr.
20.4.98). Drama, Bericht, Roman,
Novelle, Essay, Wehrpolitik, Zeit-
geschichte, Lyrik.
V: Gefallene, Stimmen der Toten an
die Lebendigen, Nn. 19; Vorposten-
gefecht, Nn. 29; Die Allgäuer-Botschaft,
Epos 30; Radikale Politik 32; Die Roten
Tage, R. 33; Das Weiße Feuer, Sch. 33;
Die Ohrfeige im Graben, Erzn. 34;
Ostwärts, von Tarnopol, R. 39; Rommel,
Schicksal eines Deutschen 49; Der 20.
Juli in Paris, Ber. 53 (auch engl., franz.,
span., holl.); Staatskunst und bewaffnete
Macht 57; Aufstand der Generale 64;
Verrat im zweiten Weltkrieg 67; Der
Geheimdienst in Europa 74; Clausewitz.
Leben und Werk 77; Die Bücherkiste,
Erinn. 79; Hitler u. die Franzosen 81. —
MV: Krieg und Krieger, m. Ernst Jünger
30.
H: Jean Paul: Die politischen
Schriften 37; Beck u. Goerdeler: Denk-
schriften f. d. Frieden 62; Clausewitz:
Vom Kriege 63, 78.
R: Du kleine, aber liebe Stadt, Hsp. 33.
s. a. Kürschners GK.

Schreck, Joachim, s. Bechtle-
Bechtinger, Joachim.

Schreckenbach, Wolfgang,
Volksbibliothekar i.R.; Leipziger
Dichterpr. 38; Bahnhofstr. 43, D-7972
Isny, Tel. (07562) 8355 (Klitzschen b.
Torgau 12.3.04). Roman, Erzählung,
Drama, Laienspiel.
V: Mutter und Kind, Sp. 35; Die
Stedinger, R. 36; Die Hexe von Oster-
hagen, Erz. 37; Gudrun, Sch. 38.

Schreeb, Hans Dieter, Autor u.
Regisseur; Gottfried-Kinkel-Str. 1, D-
6200 Wiesbaden, Tel. (06121) 87438
(Wiesbaden 23.7.38).
MV: Kurier d. Kaiserin 70; Johannes
81, beide m. H.G. Thiemt, Roman n. d.
gleichn. Fs.-Ser.; Ich mach' mir keine
Sorgen mehr, m. dems., Bü. 78.
R: D. Abschlußtag, Fsp. 78;
Geldsorgen, Fsp. 80; D. Reise nach
Schlangenbad, Fsp. 81, alle m. H.G.
Thiemt; mehrere Fspe f. d. Reihe
"Tatort", u.a.: Tote reisen nicht umsonst,
m. dems. 80; D. Bürgermeister 81;
Patienten gibt's 83; Frankfurter Kreuz
83; Ich, Christian Hahn 83; D. Schenke
am Domplatz 83; Adam u. Eva 84, alle m.
H.G. Thiemt, Fs.-Serien.
Lit: Fernsehen in Dtld — Macht u.
Ohnmacht der Autoren 73; E.
Netenjakob: Anatomie d. Fernseh-
Serien 76.

Schreiber, Georg, Dr. phil., GProf. i.R.;
ÖSV seit 65; Jgdb.-Preis d. Stadt Wien
55, Österr. Staatspr. f. Jugendlit. 62, 68,
Kulturpr. d. Stadt Baden b. W. 66, Österr.
Ehrenkreuz f. Wiss. u. Kunst;
Steinbüchlweg 13, A-1190 Wien, Tel.
(0222) 371279 (Wiener Neustadt 12.6.22).
Roman, Jugendbuch. **Ue:** F, I, G, L, E.
V: Der Weg des Bruders, Jgd.-R. 54,
Bordfunker gesucht, Jgd.-R. 55; Die
zehnte Legion, Jgd.-R. 57, 59; Aquileia
im Hunnensturm, Jgd.-R. 59, 62; Fahr
mit nach Italien, Reiseb. 61; Fahr mit
nach Griechenland, Reiseb. 62; Schwert
ohne Krone, R. 62, 64; Fahr mit nach
Jugoslawien, Reiseb. 63; Segelschiffe
aus Phokaia, Jgd.-R. 64; Ritt ins
Hunnenland, Jgd.-R. 64; Fahrt zur
hohen Pforte, R. 65; Wokkio, König der
Noriker, Jgd.-R. 66, 83; Die Tyrannen
von Athen, Jgd.-R. 67; Des Kaisers
Reiterei 67; König Pyrrhos in Tarent,
Jgd.-R. 68; Reiter-Brevier 71, 79; Balkan
aus erster Hand 71; Lösegeld für
Löwenherz, Jgd.-R. 73; Husaren vor
Berlin, R. 74; Im Schatten des Kaisers,
Histor. R. 77; Die Römer in Österreich
74; Sipahi 75; Der Krone Glanz u. Last
78; Auf den Spuren der Türken 80.
MH: Versunkene Städte 55; Mysten,
Maurer u. Mormonen 56; Throne unter
Schutt u. Sand 57; Die schönsten
Heldensagen der Welt 58, 70, alle m.
Hermann Schreiber.

Schreiber, Hermann (Ps. Ludwig
Bühnau, Ludwig Berneck, Ludwig
Barring, Lujo Bassermann), Dr. phil.,
Prof., freier Schriftsteller; P.E.N. 46,
Ö.S.V. 46 — 60, VS 70; Prof.tit. v. Öst.
Bdespräs. 68, Kulturpr. d. Stadt Baden d.
Wien 83; Schleissheimerstr. 274, D-8000
München 40, Tel. (089) 307911 (Wiener
Neustadt 4.5.20). Roman, Essay, Novelle,
Sachbuch. **Ue:** F, E.
V: Gerhart Hauptmann und das
Irrationale, Abh. 46; Sturz in die Nacht,
R. 51, 54; Die Glut im Rücken, R. 52; Ein
Schloß in der Touraine, R. 53; Einbruch
ins Paradies, R. 54, 56; Versunkene
Städte 55; Auf den Flügeln des Windes
58, 60; Land im Osten 61, 80; An den
Quellen der Nacht, Nn. 65; Paris, Biogr.
e. Weltstadt 67, 81; Von Thule bis Mada-
gaskar, Jgdb. 68; Drei Jungfrauen aus
Pisa, R. 69; Die Stuarts 70; Provence,
Zauber des Südens 74, 81; Normandie
76; Loire 76; Die Hunnen, Abh. 76;
Kaiserwalzer, R. 76; Auf den Spuren der
Goten, Abh. 77; Der verkommene
Regent, R. 77; Die Bastionen d. Ruhms,
R. 78; Das Schiff aus Stein, Venedig u. d.

Venezianer, Abh. 79; Der verratene
Traum, R. 79; Die Vandalen, Abh. 79;
Mein Sarg bleibt leer, Erzn. 80;
Halbmond über Granada, Abh. 80;
August der Starke, Biogr. 81. −
MV: Zwischen Ruhm und Untergang,
Biogr. m. H. Pleticha 66; Professor
Schreibers Horrorkiste, Gesch. 71 IV;
Frankreich aus erster Hand, Reiseb. 70.
H: Die schönsten Heldensagen der
Welt 58, 70.
Ue: Courtade: Jimmy 52; Hervé Bazin:
Steh auf und geh 53; Christian Mégret:
Danae 54; Antonina Vallentin: Goya 55,
u.v.a.
Lit: G. Steinböck: H.S. Schriftsteller
und Lebenskünstler 59; Werner Riemer-
schmid: H.S. 65; W. Leppmann: H.S. 60
Jahre 80.

Schreiber, Hermann, Journalist;
Theodor-Wolff-Preis 66; Innocentiastr.
58, D-2000 Hamburg 13 (Ludwigshafen
9.8.29).
V: Zwischenzeit. So leben wir 64; So
leben wir heute. Das Provisorium 66;
Midlife Crisis. Die Krise in d. Mitte d.
Lebens 77, 78; Singles. Allein leben.
Besser als zu zweit? 78. − **MV:** Gustav
Heinemann. Bundespräs., m. Fr.
Sommer 69; Willy Brandt. Anatomie e.
Veränder., m. S. Simon 70; Willy Brandt,
m. K. R. Müller 78.
R: Stress in Bonn, Fsf.; div. Fs.-
Features 76-80; Lebensläufe, Dialoge im
Fs. 82.

Schreiber, Josef, Schriftleiter a.D.;
Auf dem Kamm 8, D-5060 Bergisch
Gladbach 3, Tel. (02204) 63241 (Köln
26.6.03). Kurzgeschichte.
V: Das kleine Buch vom guten
Menschen, Kurzgeschn. u. Erlebn.ber.
66; Im ganzen gut, Kurzgeschn. u.
Erlebn.ber. 78.
S: Lieber alter Herr, sehr geehrte alte
Dame 70; ... und nie allein 71. ( )

Schreiber, Jutta, s. Meyer, Jutta.

Schreiber, Mathias, Dr. phil.,
Redakteur; VS 71; Im Burghof, D-6367
Karben 1, Tel. (06039) 5737 (Berlin
19.2.43). Lyrik, Essay, Kritik.
V: Ein Steinbock steht im Zimmer,
Lyr. 67; Die unvorstellbare Kunst,
Unters. 70; Kunst zwischen Askese und
Exhibitionismus 74; Der Maulschellen-
baum 74; Gänseblume auf der Nord-
Süd-Fahrt, Lyr. 82.
MA: Essays in: Anton Grabner-
Haider: Gott 70; Gedichte in: Hans Peter

Keller u. Günter Lanser: Satzbau,
Poesie u. Prosa aus Nordrh.-Westf. 72.
S: Milestones, 5 Chansontexte 70.

Schreiber, Monika (Ps. Monika
Schreiber-Loch), Hausfrau; 2. Pr. f.
Poesie i. Wettbew. "Junge Mundart" d.
Alemann. Gespr.kreises, Freiburg i. Br.
76, 1. Pr. f. kurze Mda.-Theaterst. i.
Wettbew. d. Alemann. Gespr.kreises f.
Mda.-Theaterst. 78; Mühlestr. 39, D-7850
Lörrach-Tumringen, Tel. (07621) 87242
(Lörrach 11.9.41). Alemann. Dialekt-
Poesie, Prosa u. Theaterstücke in d.
alemann. Mda.
V: Chleini Chinder, großi Lüt, G. u.
Geschn. in Tumringer (alemann.) Mda.
80.

Schreiber, Rainer, s. Pirwitz, Horst.

Schreiber geb. Rack, Ursula,
Arzthelferin; Neuwerker Str. 225a, D-
4060 Viersen 1, Tel. (02162) 23328 (Bad
Nauheim 20.12.44). Lyrik, Roman,
Kurzgeschichten.
V: Konflikte, R. 82; Dialog ohne Worte
83.

Schreiber, Uwe, cand.jur.; Friedrich-
Ebert-Str. 33, D-3000 Hannover 91
(Hannover 26.3.56). Lyrik.
V: schwarz auf weiß. ausgew. gedichte
78-81, 1. u. 2. (erw. u. erg.) Aufl. 81.

Schreiber-Loch, Monika, s. Schreiber,
Monika.

Schreiegg, Anton, Realschuldir.,
MinBeauftr. a.D.; Kulturpr. Bayer.
Nordgautag 62, Gold. Helm d. Stadt
Landshut 78; RSG 50; Seestetten,
Sattlerweg 10, D-8359 Sandbach/Ndbay.,
Tel. (08548) 671 (Waldsassen/Opf. 14.8.13).
Drama, Lyrik, Erzählung, Essay.
V: Brunnenlieder, Zyklus 41;
Soldatenspiel, Singsp. 38; Mitauer
Hirtenspiel, Bü. 49; Kranwitt, Samml.
opf. egerl. Lyrik 51; Eisenwerk, Kantate
56; J.A. Schmeller, Leben u. Werk 61;
Anthologie I 63; Frühe Gedichte 63;
Schulpädagogik und Rotes Kreuz 65;
Die Sternsinger aus dem Böhmerwald
67, 81; Winterlieder 81. −
MV: Lehrbücher f. Deutsch u.
Geschichte 56 − 68.
MA: In 18 Anth.
H: Violinkonzert von Max Jobst 58;
Willi Geiger - Der offene Horizont,
Lebenserinnerungen eines Malers 77.
Lit: Winkler: Lit.gesch. d. obpf. u. d.
egerder Stammes; Karell: Die Dicht. d.
Oberpfalz; J. Hemmerle üb. A.S. in:
Sudetendt. Mhe 72.

Schreiner, Kurt, Gym.Prof.; VS 70,
V.F.S.; Lenaustr., D-7110 Öhringen, Tel.

(07941) 33680 (Gummersbach/Rhld.
23.11.40). Kinder- und Jugendbuch,
Roman.
V: Die Ritter vom Krahenstein, Jgdb.
64; Seeräuber an Bord, Jgdb. 70; Den
Pumas auf der Spur, Jgdb. 73; Schall-
plattenstar Daniela, Jgdb. 76; Drei geben
nicht auf, Jgdb. 76; Ferienträume, Jgdb.
77; Flucht in Sibirien, Jgdb. 78; Das Gold
der Indios, Jgdb. 79; Ölfieber in Texas,
Jgdb. 81, u. Sachlit.

Schreiter, Friedemann, Schriftsteller;
SV-DDR 82; Otto-Winzer-Str. 19, DDR-
1142 Berlin (Jahnsbach/Erzgeb. 12.1.51).
Roman, Erzählung, Hörspiel.
V: Billeschak, R. 82, 2. Aufl 83.
R: Katzenbergers Badereise (nach
Jean Paul), Hsp. 80; Lachen wie aus
Blut. Hsp. 82.
Lit: Neue Dt. Lit. 11 82; Weimarer
Beiträge 2 83.

Schreiter, Helfried; SV-DDR; Pr. d.
Min. f. Kultur z. Förder. d. sozialist.
Kinder- u. Jugendlit. 68, Kunstpr. d.
FDGB 68, Heinrich-Greif-Pr. 71;
Thürnagelstr. 21, DDR-1170 Berlin, Tel.
6561788 (Lomnitz 12.6.35).
V: Michael Buder oder Versuch einer
Antwort, Erz. 68; Ich spiele Dir die Welt
durch, Sch. 71; Frau am Fenster, R. 73,
82 (tschech. 77); Compagneros, Sch. 74;
Einer bezahlt eine 75, 81; Werfen Sie
das Handtuch, Herr Staatsanwalt, R. 77,
80; Ich fange mit dem Anfang an 77, 80;
Aufruhr der Engel, Theaterst. 78.
MA: Poesiealbum 7 68.
F: Im Spannungsfeld, Fszen. m. S.
Kühn u. W. Ebeling 70; Liebeserklärung
an G. T., Fszen. 71; Januskopf, Fszen. 72.
R: Bönisch gegen Bönisch, Fsp. 65;
SOS Thetis, Fsp. 67; Kennen Sie MOPS,
Fk.-Feature 68; Unsere Klasse - große
Klasse, Fsp. 70; Freunde, Fsp. 71;
Zauberformel, Hsp. 71; Compagneros,
Hsp. 73; Immer wieder, Hsp. 74; Der
Gutenmorgensager, Hsp. 74; La Galea,
Hsp. 75. ( )

Schreiweis-Mayer, Erika, Dipl.-
Bibliothekarin; Kirchgasse 6, D-8803
Rothenburg o.d.T., Tel. (09861) 6755
(München 12.12.16). Laien- u. Volksspiel,
Lyrik, Erzählung, Jugendbuch, Kinder-
buch.
V: Die Räuberbraut, Moritat 50, 64;
Der Ritterschlag, Sp. 51, 64; Tod und
Verderben, Sp. 51; Der Zylinder, Kurzsp.
52, 63; Schmalzküchle, Sp. 52, 63; Der
Kasperl geht auf Fasenacht, 3 Sp. 52, 63;
Brummeisen und Pfeffernüsse, Sp. 52,
63; Wer vertritt den Osterhasen, Sp. 52;
Hakim der Bucklige, Volkssp. 53; Das

Gegengeschenk, Volkssp. 53; Guter Rat
ist billig, Volkssp. 55, 64; Till wartet auf
den Weihnachtsmann, Volkssp. 56, 60, u.
u.d.T.: Das rote Fahrrad 71; Pantoffeln
für Mutter Hollenbeck 56, 72; Der
Zaubermantel, Sp. 61, 63; Die Spielzeugkiste, Sp. 61, 65; Gelegenheitskauf, Sp.
66, 72; Besuch von Margarete, Kom. 67,
72; Das Licht geht aus in Tudichum, Sp.
67, 75; Weihnachten für Henkelmanns
Kinder, Sp. 69, 72.
MA: Die Spieltruhc, 6 Sp. 49, 65; Der
bunte Strauß, G. u. Szenen 54; Neue
Kasperlspiele 59.
Ue: Beverly Cleary: Henry Huggins,
Kinderb. 68, Henry und sein Fahrrad 70;
Roberta Elliott: Hundertfünfzig
Escudos, Kb. 72; Aufregung in der Via
Pandolfini 73; Dorothy Clewes: Am Tag,
als der Sturm kam, Jgdb. 77. - **Ue u. B:**
Persif. Wilde: Ein merkwürdiger
Weihnachtsabend, Sp. 69; Dt. Lieder-
texte zu Lundström Moen: Der
Schokoladenautomat, Musical f. Kinder;
Frank Sladen-Smith: Schuhe machen
Bräute 75; Der Aussichtspunkt 75; Der
Theaterbesuch 75; Der Abendkurs 75;
Die Rarität 75; Das Gemälde 75; Ein
gewisser Charlie 75.

Schremmer, Bernd Georg, Lehrer;
Nidecksteig 2, DDR-1546 Staaken
(Roßlau 6.3.44). Drama, Erzählung,
Roman.
V: Ein sonderbarer Entschluß, Erzn.
78; Pekunius und seine Kinder, Kom. 78;
Scharmentke od. Wenn man einen
Hügel besteigt, Kom. 80; Napoleon od.
Das Schweigen des Soldaten, Tragikom.
in: NDL 6 81; Die Sache Luther od.
Nicht alle Wege führen nach Rom, Sch.,
auch in: NDL 12 82.
R: Das Gerücht, Fsp. 81.

Schremmer, Ernst, Dr. phil.,
Stellvertr. Vors. d. Kg, Vizepräs. d. Ostdt.
Kulturrats; Adalbert-Stifter-Ver.
München 48; Gerhart-Hauptmann-
Plakette d. Kulturwerks Schlesien 71,
Adalbert-Stifter-Med. 76, EPlak. d. Stadt
Eßlingen; Sudetendt. Akad. d. Wiss. u.
Künste, München 79, Rilke-Ges. Ragaz
80, Schiller-Ges. Marbach 81; Auchtweg
24, D-7300 Eßlingen am Neckar, Tel.
(0711) 359129 (Troppau 12.6.16). Essay,
Erzählung, Hörfolge. **Ue:** Tsch.
V: Herbert Volwahsen, Monogr. e.
Bildh. 63; Ernst Mollenhauer, Monogr. e.
Malers 68; Ida Kerkovius, Monogr. e.
Malerin 69; Wolf Röhricht, Bilder u.
Aquarelle 79; Ostdeutsche Galerie
Regensburg (museum); Troppau, Schles.
Hauptstadt 83.

MA: Stifter Jahrbuch 52; Die
Deutschen in Böhmen und Mähren 52;
Eßlinger Begegnungen 54; Sudeten-
deutsche Kulturalmanache 57 — 74; Die
Vertriebenen in Westdeutschland 59;
Ostdeutsche Theater 62; Ziel und Bleibe,
Anth. 66; Die Deutschen und ihre
östlichen Nachbarn 67; Schöpferisches
Schlesien 70; Völkerwanderung heute.
Z. 70. Geb. v. P. P. Nahm 71; Profile der
Zeit 72; Fruchtbares Erbe 74; Oder II 74,
IV 79; Aus Trümmern wurden
Fundamente 79; W. v. Websky: Bilder u.
Texte 80; Kunst-Landschaften d.
Sudetendeutschen 82.
H: Stimmen aus dem Schatten 59;
Reihe: bildende Kunst, bis 71 XVIII. —
MH: Erbe und Auftrag. E. ostdt. Alm. 60;
Schr.-R. der Künstlergilde 62 — 77; Ziel
und Bleibe, Anth. d. Künstlergilde 66,
alle m. Hanns Gottschalk; zahlr. Kunst-
u. Theaterkat.
R: Stimmen aus dem Schatten 58; Die
Prager Schule 59; Schloß Grätz 62; Adolf
Menzel 65; Die Künstlergilde, u.a. Hf.

Schreyer, Roland, StudR.; Am
Fuhrenkampe 37, D-3000 Hannover 21,
Tel. (0511) 710337 (Stötten, Kr.
Göppingen 9.4.43). Erzählung, Roman.
V: Dazwischen Unruhe, Erz. 81.
MA: Lyrik u. Prosa vom Hohen Ufer,
Erzn. 79.

Schreyer, Wolfgang; SV-DDR 52,
P.E.N. 74; Heinrich-Mann-Pr. 56, Pr. d.
Min. f. Kultur d. DDR 57; Birkenweg 24,
DDR-3010 Magdeburg (Magdeburg
20.11.27). Roman, Hörspiel.
V: Großgarage Südwest, Krim.-R. 52,
60; Mit Kräuterschnaps und Gott-
vertrauen, R. 53; Unternehmen
Thunderstorm, R. 54, 71; Die Banknote,
Krim.-R. 55, 56; Der Traum des Haupt-
mann Loy, Tatsachen-R. 56, 66; Der
grüne Papst, R. 59, 61; Alaskafüchse,
Erz. 59, 70; Tempel des Satans, R. 60, 67;
Die Piratenchronik 61, u.d.T.: Augen am
Himmel 67, 68; Preludio 11, R. 64, 68;
Fremder im Paradies, R. Kom. 66, 71;
Der gelbe Hai, R. 69, 73; Der Adjutant, R.
70; Der Resident, R. 73; Schwarzer
Dezember, R. 77; Die Entführung, Erz.
79; Der Reporter, R. 80; Die Suche, R. 81;
Eiskalt im Paradies, R. 82; Die fünf
Leben d. Dr. Gundlach, R. 82. —
MV: Vampire, Tyrannen, Rebellen,
Tatsachenber. 63; Aufstand des
Sisyphos 69, 71.
F: Der Traum des Hauptmanns Loy 6
61; Preludio 11 63.

R: Der Befehl, Hsp. 56; Das Attentat,
Hsp. 57; Tempel des Satans, Fsp. 62; Der
Adjutant, Fsp. 73.

Schreyögg geb. Sach, Ellinor,
GewerbeObLehrerin a.D.; Östliche
Ringstr. 15, D-8070 Ingolstadt, Tel. (0841)
34384 (Königsberg/Ostpr. 5.12.06).
Jugend-Romane, Kurzgeschichten,
Gedichte.
V: Familie Fröhlich baut ein Haus,
Jgd.-Erz. 50.

Schriber, Margrit, freie Schrift-
stellerin; Autorengruppe Olten 76,
P.E.N.-Club Schweiz; Pr. d. Schweiz.
Schillerstift., Gastpr. d. Stadt Luzern;
Fuchsweidweg 6, CH-4852 Rothrist, Tel.
(062) 442237 (Luzern 4.6.39). Roman,
Erzählung, Drama.
V: Aussicht gerahmt, R. 76; Ausser
Saison, Erzn. 77; Kartenhaus, R. 78;
Vogel flieg, R. 80; Luftwurzeln, Erzn.
81. — **MV:** Rotstrumpf, Mädchenb. 75;
Schweiz heute, Leseb. 76; Fortschreiben,
Leseb. 77; Heimat zw. Traum u. Wirk-
lichkeit, Schultheater 78; Texte f. d.
Theaterwerkstatt, H. 4.
R: Mein Platz am Seitenpodest 78; An
einem solchen Tag 80; Tambourinschlag
82.

Schrobsdorff, Angelika; Pullacher Pl.
7, D-8000 München 25 (Freiburg i.Br.
24.12.28). Roman, Erzählung.
V: Die Herren, R. 61, 77, Tb. 81; Der
Geliebte, R. 64, 78; Diese Männer, Erzn.
66, 73; Spuren, R. 68, Tb. 81; Die kurze
Stunde zwischen Tag und Nacht, R. 78,
Tb. 80. ( )

Schrocke, Heinz (Ps. Heinz Eberhard
Schrocke), Lyriker, Schriftsteller,
Texter; Lindenstr. 3 a, Postf. 4428, D-
2900 Oldenburg/O. (Berlin 27.11.41).
Lyrik, sachkrit. Bücher, Sammler von
neuen Dichtern zur Herstell. von
Anthol.
V: Neue Deutsche Gedichte 79; Die
Blumenelese, Lyr. 79; O.-wie es lebt,
liebt und leidet, Anthropol. Ausein-
andersetz. 80; Die Blumenelese II, Lyr.- u.
Photo-Bd 80; Liebling — halt' mich fest,
ges. Gesch. 80.
MA: zahlr. Anthol.
S: Moderne Liedertexte. ( )

Schrocke, Heinz Eberhard,
s. Schrocke, Heinz.

Schroeder, Binette, Graphikerin,
Illustratorin; Akilindastr. 35, D-8032
Gräfelfing, Tel. (089) 855299 (Hamburg
5.12.39). Kinderbilderbücher.
V: Lupinchen 69, 81; Archibald und
sein kleines Rot 70, 75; Florian und

Traktor Max 71, 82; Lelebum 72, alles meist auch in mehreren europ. u. außereurop. Spr. übers.

Schröder, Claus B., Journalist; SV-DDR 75, DDR-2401 Dambeck üb. Wismar (Schwerin 10.6.39). Roman.
V: Winter eines Lords, R. 70, 79; Barfuß durch die Wiese, R. 75, 82; In meines Großvaters Kinderwald, Rep. 78, 82; Mehr als ein Haufen Steine, Reiseber. 81.
R: Ein richtiges Leben, Hsp. 80, 82.

Schroeder, Edith, s. Anderson, Edith.

Schröder, Günther (Ps. Günther Karl Schröder), Dipl.-Bibliothekar; Peter-Coryllis-Nadel; Washingtonallee 71 c, II r., D-2000 Hamburg 74, Tel. (040) 6515996 (Rostock 10.9.21). Lyrik.
V: Wo Suren am Herdrauch nisten 79, 2. u. erw. Ausg. 81; Rißstellen 80; Lichtung im Schilfwald 80; Ineinanderklang u. Stimmen 81; Leuchtfeuer an dunkelnden Küsten 82; Über allem weht Flugsand 83.
MA: Anth. u. Zss.

Schröder, Günther Karl, s. Schröder, Günther.

Schröder, Jörg, Verleger; VS 74; Präs. Karl-Philipp-Moritz-Ges., Berlin; Altenschlirferstr. 33, D-6422 Herbstein-Schlechtenwegen, Tel. (06647) 1211 (Berlin 24.10.38). Roman, Essay, Film.
V: Siegfried 72, 21.Aufl. 82; Cosmic 82.
B: Peter Kuper: Hamlet 80, 3.Aufl. 82.
H: Bernward Vesper: Die Reise 80, 20.Aufl. 82.
R: Immobilien, Fsf. 72.

Schröder, Jorg, Dr. phil. habil.; P. Warschow-Str. 52, DDR-2200 Greifswald (1936).
V: Aus meinem Moskauer Tagebuch, Chorliedkant. 74; Findling und Flut, G. u. Aphor. 78.
MA: Körnchen Gold 69; Das uns Gemäße 70; Wer bist du, der du schreibst 72; Zeitsparbuch 74, alles Anth.; Geschichte der sowjetischen Kinderliteratur 74; Handbuch der Sowjetliteratur 75; Gedanken in meiner Glashütte 76; Händedruck d. Freude (in russ. Spr.) 79; Rostocker Mosaik (in russ. Spr.) 80; Bestandsaufnahme 2 81; Kein Blatt vorm Mund 82.
MUe: Die vierte Schicht 79.

Schroeder, Margot, Schriftstellerin; VS; Stadtteilschreiberin f. Hamburg-Barmbek 80, Stip. d. Dt. Lit. Fonds e.V. 82/83; Literaturzentr. e.V., Hamburg; Wrangelstr. 20, D-2000 Hamburg 20, Tel.

(040) 4201006 (Hamburg 29.4.37). Lyrik, Roman, Hörspiel.
V: Ich stehe meine Frau, R. 75; Der Schlachter empfiehlt noch immer Herz, R. 76, 80; Die Angst ist baden gegangen, Poem 76, 82; Wiederkäuer, Kurzprosa u. Lyr. 77; Das kannst du laut sagen, Hannes, Jgd-R. 78, 81; Und die Kneipe gleich nebenan, Prosa, Stadtteilarb. üb. Barmbek 80; Nichts fällt nach oben, Poem 81; Die Vogelspinne. R. e. Trinkerin 82; Ganz schön abgerissen, Jgd.-R. 83.
R: Ehebefragung 72; Die Prestigelücke 72, beides Rdfk-Sdgn.
Lit: Hermand in: Jb. f. Dt. Gegenwartslit.

Schröder, Markus, s. Münster, Clemens.

Schröder, Mathias, Dr. med., Prakt. Arzt; Bayr. Förderpr. f. Lit. 77; Böcklinstr. 1, D-8000 München 19 (Kassel 28.9.41). Drama, Lyrik, Roman, Erzählung.
V: Der Krähenbaum, R. 76; Linda, R., zu beid. auch Filmdrehb.; Der Sturz d. Seiltänzers, Erzn.

Schröder, Peer, Student; Ruhstrathöhe 28, D-3400 Göttingen (Kassel 8.8.56). Gedichte.
V: Eine Nasenlänge d. Kopf voraus, G. 78; Wo ich aufhöre in d. Gedichten ist d. Himmel voraus fast klar, G. 79; Wie die Dinge anderer Dinge. Highkühe 81; Guten Tag in dieser Nacht, G. 82.

Schröder, Rainer M. (Ps. Rainer Maria Rostock, Ashley Carrington), Schriftsteller; VS 77, Western Writers of America 81; "Dogwood-Farm" Route 1, Box 351-A, Wirtz, Virginia 24184/USA u. Moosstr. 10A, D-8039 Puchheim-Bhf, Tel. (703) 7213643 (Rostock 3.1.51). Roman, Sachbuch, Hörspiel, Reise-Essay, Übersetzung.
V: Unheimliche Gegner d. vierten Art, SF 78; Unheimliche Gegner d. fünften Art, SF 79; Unheimliche Gegner d. sechsten Art, SF 79; Goldrausch in Kalifornien. John Sutter, ein abenteuerl. Leben 79; Sir Francis Drake — Pirat d. Sieben Meere 80, 82; Dschingis Khan — König d. Steppe, Herrscher der Mongolen 81, alles hist. Jugend-R.; Rock made in Germany. D. Entwickl. d. dt. Rockmusik, Musik-Sachb. 80; Scorpions — Deutschlands erfolgreichste Rockgruppe, Musik-Sachb. 80; Die Galgeninsel, hist. Jgdr. 80; Den Münzräubern auf d. Spur, Jgdr. 81; Die letzte Fahrt d. Captain Kidd, Tatsachen-R. 81; Kaliforn.

Abenteuer, Mädchen-R. 81; Kampf in den Wolken, Flieger-R. 81; Kommissar Klicker: Unternehmen Bratpfanne 80; Kommissar Klicker: Jagd auf blaue Blüten 81; Kommissar Klicker: Die Heringsfalle 81; Kommissar Klicker: Geheimsache Pustekuchen 82; Kommissar Klicker: Käptn Ketchup dreht ein Ding 83, alles Krim.-Kom.; Privatdetektiv Mike McCoy: Die Mafia läßt grüßen 83; Privatdetektiv Mike McCoy: Die Millionen-Sinfonie 83; Privatdetektiv Mike McCoy: Heißes Eis; Privatdetektiv Mike McCoy: Fahrkarte ins Jenseits 83; Privatdetektiv Mike McCoy: Wüstenschnee 83, alles Krim.-R.; **Herrin auf Hickory Hill, hist. R. 83. — MV:** Amerika per Wohnmobil. Trips f. Unternehmungslustige, m. Thomas Jeier, Reiseführer 83.

    R: Kurzhörspiele f. d. Schulfunk; Reise- u. Abenteuerber. f. d. Rdfk 80-83.

    S: Tanz d. Götter (Flaming Bess), Fantasy-Story 79.

    Ue: Avengers: Fighting Men u.d.T.: Mit Schirm, Charme u. Melone. John Steed u. d. Grünen Teufel 78; Jackson Flynn: Cheyenne Vengeance u.d.T.: Die zwei Leben d. Daniel Shay 78; Robert E. Howard: The Vultures u.d.T.: Im Schatten der Geier 82; Lee Hoffman: Trouble Valley u.d.T.: Zwei Männer aus Texas 83; Ray Hogan: Doomsday Posse u.d.T.: Aufgebot d. Todes 83.

Schroeder, Rudolf *

    Schröder, Wolf Christian, M.A., freier Schriftsteller; Wittelsbacher Str. 26, D-1000 Berlin 31 (Bremen 6.12.47). Roman, Drama, Fernsehspiel, Übers. **Ue:** R.

    V: Traummörder, Dr. 79; Dronte, e. Gesch. aus d. Freizeit, R. 80.

    R: Traummörder, Hsp.; Die Superspinne, Fsp.; Elisabeths Kind, Fsp.

    Lit: Reinhard G. Wittmann: Die Imagination d. Städte in: Stadt u. Literatur 83.

    Schröder-Schiffhauer, Maria, Dr. phil., Redakteurin; IGdA 70 — 72, VS Rhl.-Pf. 72; Anerkennungspr. zum Preisausschreiben Kampf dem Vorurteil 62, 1. Pr. f. Prosa d. IGDA 70; Berliner Allee 17, D-5500 Trier, Tel. (0651) 88722 (Konz b. Trier 7.4.11). Lyrik, Kurzprosa, Reisebericht.

    V: Trier, das Erlebnis einer Stadt, lyr. Feuilleton 59; Seit gestern blüht die Koralle, G. 66; Trierische Erde, Impression einer Landschaft, G. 74; Hört die Flöte des Pan, Erinnerung an griechische Sommer, Prosa 75; Das Eckhaus, Erzn. 77; Die gläserne Brücke, R.

78; Gesicht im Wind, G. 79; Der Vergessene Lorbeer, d. Gesch. d. J. G. G. Schmitt, Domorganist zu Trier, biogr. R. 80 II; Die Heimkehr, biogr. R. 83.

    MA: Paulinus-Kalender 80-83; Trierer Jb. 81-83; zahlr. Art. in Feuilletons üb. d. Wirken d. Kompon. Georg Schmitt †.

    R: Trierer Lied 74.

    S: (MA): In Trier reden nicht nur die Steine 72; Wolken und Luftballons, Erzn. 74; Trierer Jahrbuch 74 — 80; Neue Texte II (Zum Jahr d. Frau), Anth. 74; Neue Texte III (Städte u. Landschaften), Anth. 76.

    Schröer, Rolf (Ps. Rolfrafael Schröer), Schriftsteller, Kulturarbeiter; VS; Arb.stip. d. Ldes NRW. 71, Arb.stip. d. Stadt Düsseldorf, Förderpr. d. Ldes Ndrh.-Westf. 74, EGast Villa Massimo, Rom 78; Gründer d. 1. Lit.büros in d. Bdesrep. Dtld; Fürstenwall 157, D-4000 Düsseldorf, Tel. (0211) 377636 (Dresden 4.12.28). Lyrik, Prosa, Hörfunk, Drama.

    V: Nebeneinander, Lyr. 61; Was Raum wächst stirbt Zeit, G. 63; Mosaik für Leonce, R. 65; Schaufelschnulzen, G. 69; Aufzeichnungen eines Vaterschlächters, Prosa 74; Sibirischer Tango, Ironische Lyrik z. Collagen v. J. Poensgen 76; Die Furcht des Kopfes vor den Händen, G. 75; 8 nonsensische Suppenlieder zu 8 Spoerri-Suppen 77; Traurig lacht das Radio, G. 82; Alma u. Berta, Bü. 82.

    MA: zahlr. dt. u. ausld. Anth.

    H: SASSAFRASBLÄTTER u. - BÜCHER I — XXVI; Autorenpatenschaften II. — **MH:** Sie schreiben zwischen Goch und Bonn, Anth.; Schlegelkeller, Künstlerbuch 83.

    R: Schaufelschnulzen, m. Mus. v. Hansgeorg Koch 71; Trauerschnulzen, m. Mus. v. Hansgeorg Koch 73; Erfahrungen m. Musik u. Musikern 75; Traurig lacht das Radio, Radio-Ess. 78; Der Ehrengast, Funk-Soiree 80; Röm. Lamento, G. f. 4 Stimmen, Rdfk-Sdg 80; Bitte f. Dienstag einen Dichter z. Anfassen, Funk-Soirée 81.

    Lit: Rudij Bergmann: Portraitsendung üb. R.R.S., Rdfk 82.

    Schröer, Rolfrafael, s. Schröer, Rolf.

    Schröpfer, Landfried, Dipl.-Phys., Schriftsteller; Alte Schefflenzer Steige 11, D-6950 Mosbach/Neckar, Tel. (06261) 12594 (Erfurt 27.3.40). Lyrik, Prosa.

    V: Beschleunigung, Lyrik 73.

    H: Ich-Programme, Lyrik, Prosa u. Ess. 74.

    R: Das Spiel, auf das wir alle gewartet haben, Hsp. 77.

Schröter, Hans, Assessor, freier
Schriftsteller; VS 77; Am Hofgraben 42,
D-6741 Bornheim b. Landau, Tel. (06348)
1836 (Gotha/Sa. 25.6.35). Erzählung,
Drama, Hörspiel, Fernsehfilm.
V: Das Hambacher Fest, Dok.sp. 72;
Pflanzet die Freiheit, Bild-Textbd 82;
Kein Alibi f. König, Erzn. 83.
R: Der Deutschen Mai 73; Der ferne
Lazarus 75; Schön ist's in Friedenau 79,
alles Hsp.; Das Hambacher Fest. E. dt.
Feiertag 82; Von Mensch zu Mensch 83,
beides Fsf.

Schröter, Hans Robert, Berufschul-
lehrer; Friedrich-Ebert-Str. 7, DDR-7404
Meuselwitz (Meuselwitz 27.9.12).
Jugendbuch.
V: Dreißig Jungen und ein Tagebau,
Jgdb. 53; Kurfürst, Ritter und Küchen-
knecht, Erz. 54, 74; Der Wunderdoktor
Eisenbart, Erz. 55, 74; Jakob Baumharts
Rache, Erz. 56, 57; Lämmchen, der
Widersacher, Erz. 56, 58; Das Mädchen
Hansi, Erz. 58, 62; Die Bewährung, Erz.
60; Der schwarze Georg, Erz. 65.
R: Der Wunderdoktor Eisenbart; Kur-
fürst, Ritter und Küchenknecht; Der
beste Beitrag; Lämmchen, der Wider-
sacher.

Schröter, Heinrich, Redakteur; WAV
47, VS 65; L.U. 71, Ges. Hess. Literatur-
freunde 74; Dambachtal 44, D-6200
Wiesbaden, Tel. (06121) 523519 (Hütte/
Kr. Elbing 23.3.17). Lyrik, Kurzprosa,
Aphorismen, Epigramme, Satire,
Feature, Sachbuch.
V: Katharsis, Lyrik 73; Peni-Vagi,
Lyrik 74; Von Neujahr bis Silvester,
Kurzpr. 75; Ha, welche Lust, Zitat zu
sein, Kurzpr. 77; Ecce homo, Lyr. 79;
Seilgang üb. d. Abgrund, Lyr. 81; Haupt-
sätze, Aphor. 83.
MA: zahlr. Bde: Epigr., Lyrik, Satire,
Kurzprosa, Feature 63-83.

Schröter, Klaus, Dr. phil., Prof., f. dt. u.
vgl. Lit.; P.E.N. Bdesrep. Dtld 79;
Goethe-Gesellschaft in Weimar 64,
Germanistic Society of America 70;
Abendrothsweg 26, D-2000 Hamburg 20,
Tel. (040) 463646 (Königsberg 3.7.31).
Essay, Lit.kritik, Deutsche Literatur-
geschichte.
V: Thomas Mann, Biogr. 64, 83 (ital. 66,
schwed. 68, holl. 79, jap. 82); Anfänge
Heinrich Manns 65; Heinrich Mann,
Biogr. 67, 83; Literatur und Zeit-
geschichte, Ess. 70; Heinrich Mann, Ess.
71; Alfred Döblin, Biogr. 78; Böll, Biogr.
82.
H: Thomas Mann im Urteil seiner
Zeit, Ess. 69. — **MH:** Goethe-Biblio-

graphie 65, 68 II; Klopstock-
Bibliographie 74; Goethe-Lex. 83.

von Schroeter, Susanne, Realschul-
lehrerin; Hans-Holbein-Str. 6, D-4006
Erkrath/Düsseldorf, Tel. (0211) 243395
(Saarbrücken 13.6.39). Kinder- und
Jugendliteratur.
V: Wer heißt schon Serafina?,
Jugendb. 72; Das Geheimnis des
verschlossenen Koffers, Jugendb. 75;
Ein Freund für Georgios, Kinderb. 76;
Zweimal Geburtstag, Kinderb. 77. —
MV: Gelber Drachen, Rufende Flöte, m.
Rüdiger Müller, Jugendb. 77.
R: Der rote Schneemann; Wer heißt
schon Serafina; Das Diktat; Das
Gedicht; Die blaue Puppenmütze; Nur
ein Lied, alles Erzn. über Gastarbeiter-
kinder; Die Osterhasenverlosung; Eine
Glasscherbe für Michael; Wer ist Harrys
Freund?; Der Müllfischer; Die Kokos-
nuß; Schulfest mit Buzukiklängen; Zwei
Hamster f. Maik; Zweimal Geburtstag,
alles Kinder- u. Jgderzn.
Lit: Düsseldorfer Hefte 21/75.

Schrott, Karin, Dr. rer. pol., Buchhändler (Freiburg/Br. 11.12.12). Novelle.
V: Gärtnerin aus Liebe, N. 49. ( )

Schrott-Bingel, Rosemarie, Autorin,
staatl. gepr. Übersetzerin; IGdA satt 73,
RSGI (RSG) 78; Silberner Federkiel f.
Lyrik 77; Billtalstr. 44, D-6231 Sulzbach/
Ts, Tel. (06196) 72302 (Bonndorf/
Schwarzw. 19.3.29). Lyrik, Kurzgesch.,
Reiseberichte.
V: Gedichte 79, 3.Aufl. 82.
MA: in diversen Anth.

Schroubek, Barbara (Ps. Barbara
Brendler), Lektorin; Waldpromenade 44,
D-8035 Gauting, Tel. (089) 8506844
(München 30.7.19). Lyrik.
MA: Transit 56; Jahresring 57, 58; Das
Gedicht 58; Botschaften der Liebe 60;
Irdene Schale 60; Kadenz der Zeit 60, 64;
Gedichte gegen den Krieg 61, 62; Die
Fackel 61; An mein Kind 62; Lyrik aus
dieser Zeit 61, 63; Keine Zeit für Liebe
64; Panorama moderner Lyrik deutsch
sprechender Länder. V. d. Jh.wende b. z.
jüngst. Geg.wart 66; Hammers
Anthologien. Lyrik 2 67, alles Lyrik-
Anth.; Lesebuch für Schulen, Ausw. 68;
prisma 4. Texte f. d. Deutschunterricht
69.

Schrümpf, Erna (Ps. Erna Schrümpf-
Brenner), Hausfrau; Salzburger
Bildungswerk 73; Förder.beitr. d.
Salzburger Ldesreg. 75; Salzburger
Mda.dichter 72, Stelzhamerbund 76;
Alois-Stockinger-Str. 11/2, A-5020

Salzburg, Tel. (06222) 319218 (Lochen/
ObÖst. 3.11.22). Lyrik, Mundartgedichte
u. Kurzgeschichten, Stubenspiele.
V: Kannst du die Sonne bitten?, Lyr.
76; Frucht an dornigen Zweigen, Lyr. 76.
( )

Schrümpf-Brenner, Erna,
s. Schrümpf, Erna.

Schubart, Gertrud, Hausfrau; Fritz-
Huhn-Str. 4, D-8803 Rothenburg o.d.T.,
Tel. (09861) 2015 (10.11.26). Mundart-
dichtung, Prosa in Mundart, Heimat-
kundliches.
V: Sou re-ide mir, Mundartdicht. 67;
Die schönsten Sagen aus dem Rothen-
burger Land 71; Untern Rätlestuere,
Rothenburger Mda.wb. 73; Die
Taubaresel, Ro. Anekdoten 78; Alte
Kindergassenreime 79; Durch Butze-
scheiwe g'schaut, Mdadicht. 82.
R: 50 Rdfksend., u.a.: Kulturgesch.
Beitr.; Kleine Erzählungen in Mundart
in d. Reihe: Lebende Mundartdichter 70.
S: E Roetheburcher im Himmel 75.

Schubert, Dieter, Kunstschmied; SV-
DDR ausgeschl. 79; Hans-Marchwitza-
Pr. d. Akad. d. Künste; Friedrichstr. 129,
DDR-104 Berlin, Tel. 2828155 (Görlitz
15.5.29).
V: Acht Unzen Träume 67, 81; Tante
und der alte Joe 69, 76; Der Wüsten-
könig von Brandenburg 71, 83; Sabine
72, 77; Kleider machen Bräute 73, 80, in
d. BRD u.d.T.: Papierblume 79; Die
eiserne Rose 76, 83, Bdesrep. 77 (auch
ungar., poln., russ., usbek.); O Donna
Clara 81, Bdesrep. 82; Die lahme
Tänzerin 82, 83, Bdesrep. 81 (auch holl.).
MA: Eine Rose für Katharina, Ebereschentage, Auskunft 2.
F: Der Wüstenkönig von Brandenburg; Die eiserne Rose; Flugversuche;
Olle Nenry 83.
R: Olle Henry.

Schubert, Günter *

Schubert, Helga, s. Helm, Helga.

Schubert, Johannes *

Schubert, Karl Leopold, Dr. phil., Prof.
h. c., VHSDoz.; A.K.M., L.V.G., SÖS;
Förderungspreis d. Nd. Öst. Landesreg.
f. d. Freilichtspiel. "Der Petersdorfer
Jedermann" 60; Schuberthaus, A-2380
Perchtoldsdorf (Wien 4.12.93). Drama,
Lyrik, Epos.
V: Aus Fried und Fehde, G. 19; Ein
Mensch, Sp. 23; Heim zur Erde, Sp. 24;
Das ewige Wien, Festsp. 26; Wiener
Xenien 27; 's Everl, Lsp. 27; Simson und
Delila, Sch. 28; Siehe, ich bin eine Magd
des Herrn, Sp. 29, 81; Nausikaa, Idyll 31,

80; Junker Jörgs Kampf mit dem Teufel,
Sp. 32; Rax, Epos 33; Perchtolsdorf,
Festsp. 33; Perchtolsdorfer Elegien 49;
Das Barbaraspiel 51; Österreichisches
Balladenbuch 53; Das Spiel vom
Bergmann und vom Tod 54; Das
steirische Ständespiel 55; Das Blei-
berger Knappenspiel 56; Das
Schwibbogenspiel 57; Goethe in
Ilmenau 58; Der Petersdorfer Jeder-
mann 58, verb. Aufl. 80; St. Barbara vor
den Stollen 61; Das ewige Kalendarium
61; Unter und über Tag 63; Ewig ragen
die Säulen, Griech. Eleg. 64; St.
Christoph, R.; Das Marienzeller
Legendenbüchlein 71; Am schönen
Brunnen. G. aus 5 Jahrzehnten 74;
Franz Schubert auf d. Reise nach Graz
u. and. Schubertiana 80; Jesus geht
durch d. Zeiten, G. 80; Jesus geht durch
die Zeiten 81.
MA: Lob des Bergbaus 51; Geliebtes
Land, Anth. 55; Das immergrüne
Ordensband, Lyr. Anth. 55.
H: Öst. Berg- und Hütten-Kal. seit
55. — **MH:** Otto Wohlgemuth: Gedichte
eines Ruhrkohlenbergmanns 56.
R: Waldheimat, Kantate 53.
Ue: Nordland, Saga-Samml. aus d.
Isländ. 42; Neidhart von Reuental im
Tullnerfeld, aus d. Mhd. 42; Die Märe
vom Feldbauer, aus d. Mhd. 55; Der
Schwazer Bergreim, aus d. Ahd. 56; Jan
Kopeky: Komedie o. ůmuceni ... Jezise
Krista, dt. Nachdicht. 67.
Lit: Karl Leopold Schubert. Entwurf
eines geistigen Bildnisses. Zur Voll-
endung seines 70. Lebensjahres i. Öst.
Berg- u. Hütten-Kal. 64; Karl Leopold
Schubert in: Wer im Werk den Lohn
gefunden 75. ( )

Schubiger, Jürg; Rychenbergstr. 44,
CH-8400 Winterthur.
V: Dieser Hund heißt Himmel, Tag- u.
Nachtgeschn. 78; Unerwartet grün 83. —
MV: Haus der Nonna 80.
H: Und dänn? Und de? Und dernoo?
83.
S: De Chlaus und de Saalvador,
Schallpl.; Dieser Hund heißt Himmel,
Schallpl. 79. ( )

Schuchter, Johanna; Arenbergstr. 17/
19, A-5020 Salzburg, Tel. (0662) 73132
(Zell a. See/Öst. 2.3.84). Übers., Essay,
Kurzgeschichte. **Ue:** I.
V: So war es in Salzburg. Aus e.
Famil.chronik 76, 77, 80; So erlebte ich
Südtirol. Aus Kindheit u. Jugend 78.
Ue: A. Manzoni: Die Verlobten. E.
Mailänder Gesch. a. d. 17. Jh. I u. II 23.

Schuder, Rosemarie, s. Hirsch, Rosemarie.

Schübel, Theodor; Gerhart-Hauptmann-Pr. 57, DAG-Fspr. in Gold 77, 82, Jakob-Kaiser-Pr. 82; Neue Gasse 4, D-8676 Schwarzenbach a.d.Saale, Tel. (09284) 425 (Schwarzenbach 18.6.25). Drama, Epik, Fernsehspiel, Hörspiel.
Ue: F, E.
V: Der Kürassier Sebastian und sein Sohn, Dr. 57; Karl Sand, Dr. 62; Wo liegt Jena?, Dr. 64; Der Wohltäter, Dr. 68; Karneval, Dr. 78; Kellerjahre, R. 82; Damals im August, R. 83.
B: Die drei Musketiere (nach Dumas) 75.
R: Spielsalon 60; Besuch am Nachmittag 61; Kennen Sie Herberlein? 64; Endkampf 66, alles Fsp.; Drachensaat, Hsp. 68; Einfach sterben ..., Fsp. 71; *Bearb:* Anton Tschechow: Die Rache 61; Der jähzornige junge Mann 61; Die Nacht der Schrecken 61; Gerechtigkeit in Worowogorsk 62; Der Seitensprung 62; Pflicht ist Pflicht 63; Im Schatten 74; Neugierig wie ein Kind 74; Fusion 74; Der Opportunist 75; Die Münze 79; Alles umsonst 79; Die Grenze 81; Martin Luther 83; Die Matrosen von Kronstadt 83, alles Fsp.
Ue: Molière: Georg Dandin 63, Der Geizige 71; Balzac: Die Geschäfte des Herrn Mercadet 63; Shakespeare: König Heinrich IV, Neufass. 71.

Schüler, Hanne, Lehrerin; Auswahlliste z. Dt. Jugendbuchpr. 78; Vizelinstr. 45, D-2000 Hamburg 54, Tel. (040) 5603253 (Hamburg 22.12.45). Kinderbuch
V: u. H: Geschichten ab 3, Kinderb. 77, 7. Aufl. 82; Neue Geschichten ab 3, Kinderb. 81, 2. Aufl. 82; Weißnäschen u. ihre Freunde, Kinderb. 83.
MA: Der Sandmann packt aus, Kinderb. 81.
R: Schwarzpfötchen u. Weißnäschen, 6 F. Kinderfk 82.
S: Geschichten ab 3 77.

Schüler, Sonja, s. Spender, Sonja.

Schülke, Heinz W.; Wittener Str. 104, D-4630 Bochum 1, Tel. (0234) 330179 (Klein-Konitz, Westpr. 28.7.22). Roman.
V: Weg ohne Wiederkehr, R. 72; Und die Asche wird verwehen, R. 80.

Schümann, Horst, ObStudR.; Rudolf-Diesel-Weg 13, D-2308 Preetz, Tel. (04342) 83670 (Itzehoe 1.12.38). Lyrik.
V: Lichtgetragen wortverloren, Gedichtzyklus 82.

Schünemann, Peter, Verlagsbuchhändler; Kurt-Magnus-Pr. 66; Goethe-Ges.; Schumannstr. 7, D-8000 München 80, Tel. (089) 473173 (Hamburg 25.4.30). Novelle, Essay, Hörspiel.
V: Gottfried Benn, Monogr. 77; Gegengedächtnis, Erzn. 80; Der Medikamentenakzessist, Erdachte Szenen aus Trakls Biogr. 81; Der Magister, Erdachte Szenen aus Hölderlins Biogr. 82; Zwieland, Zwei Schicksale 1837/1944 84.
R: Morgen ist die Vergangenheit 63; Chiffre im Rauch 64; Falle der Dämmerung 64; Kontur einer Botschaft 65; Tropfen 65; Schattenprotokoll 66; Eisenmanns Zeit oder Die Methode der Phantasie 66; Ein Tod für Orpheus 66; Ithaka oder die Finsternis 67; Nachricht aus Kimmerien 68; Ein labyrinthisches Asyl 68; Lähmung 68/69; Wildnis der Zeiger 69; Gegenstimme 72; Herbst der Cimber oder Colins Gespinst 72; Biographie aus dem Niemandsland 73; Palubang od. Das Ziel d. Götter 74; Vernehmung einer Landschaft 74; Anton Reiser 74; Boa Boa od. Die Brücke nach Osten 75; Die Laute Die Wand 75, alles Hsp.
MUe: Faulkner: Als ich im Sterben lag, m.a. 61.

Schüppel, Hem, Prof.; stellv. Vors. d. Ehrenrates FDA; Präs. d. Künstlerbdes Taunus; An der Schnepfenburg 6, D-6382 Friedrichsdorf/Ts., Tel. (06172) 5607 (Plauen/Vogtl. 6.5.23). Lyrik.
V: Zeichen, geritzt an die Wände d. Zeit 78; Zur Antizipation des Alters 79; Rufzeichen in taubenblau 80; Kreative Freizeit 80; Ästhetik u. ihre Relevanz für den alternden Menschen 82; Im Lächeln d. homburger Frühlings 82.
MA: Ihr aber steht im Licht 71; Frieden 82.
R: Versch. Hsp.

Schürch-Schmidt, Béatrice, Hausfrau; Be.S.V. 82; Maygutstr., CH-3084 Wabern/Bern, Tel. (031) 542071 (Bern 23.5.16). Lyrik, Hörspiel
V: Vom Anneli, Kindergeschn. in Berndeutscher Mda. 44; Wüsst dihr wär znacht am beschte wach?, Kinderverse Mda. 71; Samichlous, was hesch im Sack?, Kinderverse, Mda. 73, 3.Aufl. 83; E Chettehund, Tierschutzg. Mda. 75; So mängs isch mängisch anders, Kurzgeschn. Mda. 78; Porridge, Pudding und e strube Baschter, Kurzgeschn 81.
R: Ds Trineli, Hsp. 57; Feriefröid — Hundeleid oder wi's em Taps ergangen

isch, Hsp.; jährl. eine Tiergesch. f. d.
Kinderstunde.

Schürenberg, Walter, Dr. phil., vorm.
Redakteur SFB; P.E.N.; Hasselfelder
Weg 2, D-1000 Berlin 45, Tel. (030)
7721174 (Mönchen-Gladbach 20.9.07).
Ue: E, Am, F.
H: Georg Büchner: Dichtungen und
Briefe 47.
Ue: E. M. Forster: Ansichten des
Romans 49; F. Scott Fitzgerald: Der
große Gatsby 53, Stories 54, Der letzte
Taikun 62; Rose Macaulay: The Towers
of Trebizond u.d.T.: Tante Dot, das
Kamel und ich 57; Joseph Conrad: Sieg
62, Der goldene Pfeil 66; Carlo Coccioli:
Soleil 66; Jean Schlumberger: Unruhige
Vaterschaft 68; Patrick Modiano: Villa
Triste 77; Aidan Higgins: Balcony of
Europe u.d.T.: Ein Ire an d. Sonnenküste
79.

Schürmann, Petra, s. Freund-
Schürmann, Petra.

Schürr, Thekla Maria (Ps. f. Thekla
Rabitsch geb. von Schürr),
Schriftstellerin; zes. z. Förderung des
Werkes v. Hans Friedrich Blunck 62,
Josef-Weinheber-Ges. 69, Humboldt-
Ges. f. Wiss., Kunst u. Bildung 78;
Eppensteinerstr. 6/Tür 1, A-9020
Klagenfurt, Tel. (04222) 57439 (Gut
Auenhof/Wörthersee 24.2.97). Lyrik,
Roman, Novelle, Essay, Märchen, Hörsp.
V: Im Hexenkreis, G. 57; Antlitz der
Erde, G. 62; Doch in der goldenen
Schale, G. 66; Leben ist nur, wenn die
Seele schwingt, G. 81; O Mensch,
erwache!, G. 82; Balladen, Romanzen,
Epen 84.
MA: Liebe, Mensch gewordenes Licht,
Anth. 64; Du, unsere Zeit, Anth. 65; Das
ist mein Land, Anth. 66; Ein Wort ins
Herz der Welt, Anth. 67; Alle Wunder
dieser Welt, Anth. 68; Aber den Feind
sollten wir lieben, Anth. 69; Und
dennoch müssen wir leben, Anth. 70;
Der Friede, den wir ersehnen, Anth. 71;
Nur die Freude läßt uns hoffen, Anth.
72; Wahrheit wollen wir ergründen,
Anth. 73; Jung ist, wer zu lieben weiß,
Anth. 74; Die sonderbaren Menschen,
Anth. 76; Das rechte Maß, Anth. 77; Die
Brücke 12 80.
R: Die Ehekrise 54; Der Weg der
Seide 55, beides Hsp.; Ewige Schönheit,
Hf. 48; päd. Frauenfunkvortr. 46 – 62.

Schürrer, Hermann *

Schürrer, Ute, s. Erb, Ute.

Schütt, Bodo, Dr. med., Arzt; Löns-
Preis 44, D-2285 Kampen/Sylt/Sylt, Tel.

(04651) 41143 u. 22368 (Kiel 10.2.06).
Lyrik.
V: Gestirn des Krieges, G. 41; Stern
im Grenzenlosen, G. 43; Geist und
Gestalt, G. 44; Wandlung und Bewah-
rung, G. 44; Lieder am Strand, G. 52;
Jahr der Insel, G. 68; Zwischenzeit u.
Ballade vom Tag nach der Zeit 73; Sylt
ist mein Haus 74; Nördliche Küste, G.
79. ( )

Schütt, Christa Luzie, freiberufl.
Schriftstellerin; Große Str. 10, D-3031
Ahlden/Aller (Pinneberg 26.12.48).
Jugendbuch.
V: Das Jahr mit Sassa 71, 81; Ferien
— aber nicht für Pferde 72; Wirbel um
Winnetou 74, 79; Ein Pferdesommer 74;
Wer die Pferde liebt 75; Wir sind doch
Freunde 76, alles Jgdb.; Maren, Micha u.
d. Pferdekind, Kderb. 76; Rund um die
Reitstunde, Jgdb. 77; Es muß aber ein
Pferd sein, Kinderb. 77; Wenn man an
Wunder glaubt, Jgdb. 78; Paradies mit
kleinen Fehlern, Jgdb. 78; Pferde fallen
nicht vom Himmel, Jgdb. 79; Reiter-
geschichten am Lagerfeuer 81; Tobias
oder: die Sache mit dem Hund 81, 82;
Corinna probt die Freiheit 82; Reiterferien dreimal anders 83.
H: Ensslin Reitertb. Jugendl. u. Erwachs. Jg. 80. ( )

Schütt, Peter, Dr., Schriftsteller; VS,
Werkkreis Lit. d. Arbeitswelt, Demokrat.
Kulturbund; Auszeichn. "60 Years of
Struggle" v. d. Kommunist. Partei d.
USA 79, Ehrendipl. d. sibir. BAM-
Arbeiter 81; Eppendorfer Landstr. 102,
D-2000 Hamburg 20, Tel. (040) 461915
(Basbeck/Ndelbe 10.12.39). Lyrik, Essay,
Erzähl., Reportage.
V: Sicher in die Siebzigerjahre, Lyr. u.
Prosa 69; Faustregeln für
Klassenkämpfer, Lyr. u. Prosa 70;
Dortmund — Friedensangebote, Lyr. u.
Kurzprosa 71; Hamburg — Vietnam —
30 Tage danach, Rep. 73; Dortmund —
40 Pfennig mehr oder d. Stapellauf fällt
ins Wasser, Volksst. 74; Zur Lage d.
Nation, G. u. Gesch. 74; Mein
Niederelbebuch, Prosa 76; Für wen? Für
uns!, G. 77; Beziehungen, G. 78; Zwei
Kontinente, G. 79; Ab nach Sibirien,
Rep. 77; Die Muttermilchpumpe, Bilder
aus d. anderen Amerika, Rep. 80;
Klarstellung, Faustregeln u.
Friedensangebote, Lyr. u. Prosa 78;
Zwischen Traum und Alltag, G. 81; Der
Mohr hat seine Schuldigkeit getan. Eine
Streitschr. geg. Rassismus u. Ausländer-
feindlichkeit 81; Entrüstet Euch,
Friedens-G. 82; Let's go East. Ein alter-

nativer Reiseber. 82; Black Poems 83;
Die Schlange vor dem Asylamt, G. 83. –
MV: Aktion Roter Punkt, Rep. 69.
H: Linkes Lesebuch 69; Zu Gast bei
Freunden. Schriftsteller üb. d. Sowjet-
union 72. – **MH:** Frieden u. Abrüstung,
e. bdesdt. Leseb. 77; Malibongwe, Frei-
heits-G. südafrik. Frauen 81.
S: Garstige Weihnachtslieder m. a. 71;
Daß sich die Furcht verwandeln wird in
Widerstand. Künstler gegen
Berufsverbot 78.
Lit: U. Reinhold: Herausforderung Lit.
76; Reinhard Hacke: Nachwort zu P.S.:
Klarstellung 78; Rüdiger Bernhardt: P.
S., literar. Parteiarbeiter (ich schreibe 2)
79; U. Reinhold: Tendenzen u. Autoren.
Z. Lit. d. Siebzigerjahre 82.

Schütt, Rolf F., Computer-
Programmier; Verdener Str. 10, D-2800
Bremen 1, Tel. (0421) 447410
(Bremerhaven-Wesermünde 20.8.41).
Lyrik, Roman, Novelle, Essay, Hörspiel.
V: Das Verbrechen, über Bäume zu
sprechen, Lyr. 75; Haßt du Angst vor
deinem Haß?, Lyr. 80.
R: Ehe 79; Der Antrag; Das wahre
Leben; Der Gelassene; Sicherheit, alles
Hsp.

Schütte, Renate, Krankenschwester;
An den Gärten 16, D-3130 Lüchow 1, Tel.
(05841) 2049 (Küstrin 14.7.37). Lyrik.
V: Der Wind schlägt um, G. 77, 2. Aufl.
78.
MA: Dt. Almanach 81, 82, 83.

Schütz, Hanns (Ps. Hanns vom
Rhein), Organisationsleiter e.
Reisebüros; Schwarzwaldstr. 165, D-7800
Freiburg i.Br., Tel. (0761) 23175 (Neuss
a.Rh. 7.9.24). Heitere Lyrik.
V: Vorder- und Hintergründiges 76, 2.
Aufl. 77; Eine Prise Humor gefällig? 77;
Frei von der Leber 78; Leicht lädiert
und dennoch heiter 79; Frisch
geplaudert aus der Schule 81; Weil wir
keine Engel sind ... 83.
S: Herz verzage nicht, heitere Verse
77.

Schütz, Hans J., c/o Schwarzwurzel-
Verlag, Reutlingen.
V: Die grüne Hand oder Meise will im
Stadtwald nisten 76; Die grüne Hand,
Jgd.-R. 82. ( )

Schütz, Helga; SV-DDR; H. Mann-Pr.
Akad. d. Künste, DDR 73, Theodor
Fontane-Pr. 74; Franz-Mett-Str. 12/8,
DDR-1136 Berlin (Falkenhain 2.10.37).
Prosa, Film.
V: Vorgeschichten od. Schöne Gegend
Probstein, R. 71; Das Erdbeben b.

Sangershausen, Erz. 72; Fest-
beleuchtung, R. 75, 76, Bdesrep. Dtld 82;
Jette in Dresden, R. 77, Tb. 81, Bdesrep.
Dtld u.d.T.: Mädchenrätsel 78, Tb. 80;
Julia oder Erziehung zum Chorgesang
80, 82, Bdesrep. Dtld u.d.T.: Erziehung z.
Chorgesang 81.
F: Die Schlüssel 74; Die Leiden des
jungen Werthers 76; Ursula 77. ( )

Schütz, Paul, Dr. theol., Dr. phil., D. h.
c., em. HProf.; VS; Prinz-Karl-Str. 20, D-
8135 Söcking, Tel. (08151) 3259 (Berlin
23.1.91). Reisebericht, Essay.
V: Zwischen Nil und Kaukasus,
Reiseber. 30, 53; Der Antichrist 33;
Warum ich noch ein Christ bin 38, 81;
Das Evangelium 40, 63; Das Mysterium
der Geschichte 50; Parusia 60,
Stud.ausg. 61; Im Erblicken des
Unschaubaren, Ess. 60; Charisma
Hoffnung 62; Die Kunst des Bibellesens
64; Das Wagnis des Menschen im
Offenen d. Freiheit 66; Die Glaub-
würdigkeit des Absurden 70;
Gesammelte Werke 63 – 71 I – IV; Was
heißt - "Wiederkunft Christi"? 72; Wie
ist Glaube möglich? 74; Widerstand u.
Wagnis 82.
H: Köbi: Selbstbiographie des Dr.
med. h. c. Jakob Künzler 51, 53.
Lit: Partisan der Hoffnung 81.
s. a. Kürschners GK.

Schütz, Stefan, Schauspieler; Gerhart-
Hauptmann-Pr. 79 (Memel 19.4.44).
Drama.
V: Dramen 77, 78, 79; Laokoon, Dr. 80;
Sappa. Die Schweine, Dr. 81.
R: Majakowski, Hsp. 80.

Schütz, Wilhelm Wolfgang, Dr. phil.;
P.E.N. 36; Dorf 5, CH-9053 Teufen, Tel.
(071) 333536 (Bamberg 14.10.11). Essay,
Drama.
V: Reform der Deutschlandpolitik,
Ess. 65; Deutschlandmemorandum. E.
Denkschr. u. ihre Folgen, Ess. 67; Anti-
politik, Ess. 69; Der Fall Sokrates, Dr. 70;
Die Fahndung, Dr. 71; Gebrauchs-
anweisung für einen Reichsverweser,
Dr. 72; Galopp rechts, Dr. 75; Tamerlan
der Große, Dr. 75; Vom freien Leben
träumt Jan Hus, Dr. 77; Die Schuhart-
Story, Dr. 77; Narrenfreiheit wird
bestraft, Dr. 79; Nur ein Egoist od. die
Heldenfabrik, Dr. 80; Zwielicht, Dr. 80;
Das einfache Leben des Robert W., Dr.
83.
R: Berlin und kein Ende 70; Die
Wehrfrage 76; Die Reichen u. d. Armen
in Europa 79; Angst u. Hoffnung der
Polen 83; Das Tessin – eine Ur- u.

Kultur-Region Europas 83, beides
Hsp.feat.

Schützbach, Rupert, Zollbeamter;
RSG 67; 2. Pr. b. Lyrikwettbew. z.
Thema: Zwei Menschen der Lit.zs. Das
Boot 76, Egabe f. Lyr. b. Wettbew.
"Mauern" d. LU 77, 2. Pr. b. Lyrik-
wettbew. z. Thema: Die Rose v. K. Urban
in d. Lit.zs. Das Boot 81; LU 71; Dr.-
Mayerhausen-Str. 2, D-8390 Passau, Tel.
(0851) 41591 (Hals 4.12.33). Lyrik, kurze
Prosa, Aphorismen.

V: Für Straßenbahnpassagiere, G. 65;
Die Einsamkeit ist unverkäuflich, G. 66;
Cocktails aus Illusionen, G. 68; Markt-
bericht, G. 70; Nach Judas kräht kein
Hahn, G. 73; Nachschläge u. a.
Epigramme 78; Ich griff nach dem Wind,
ges. Natur-G. 80; Spottgeld, Aphor. 81,
3.Aufl. 83. – **MV:** Passauer
Impressionen, Lyrik, Federzeichn.,
Essay 77; Bad Füssing – heiße u.
heilende Wasser 79; Dreierlei Maß,
G.–Epigramme–Aphor. 83.

MA: Versch. Anth.

Lit: G. Kranz: Christliche Dichtung
heute 75; Hans-Jürgen Schlütter: Lyrik
– 25 Jahre Bd. 1 75

Schütze, Wolfgang (Ps. tz), Dipl.-Ing.;
Robert-Koch-Str. 34, D-3392 Clausthal-
Zellerfeld, Tel. (05323) 7037 (Lamspringe
2.7.31). Humoristische Gedichte.

V: Unsere kleine Hochschulstadt; Auf
den Helgoländer Wellen; Auf Oberharzer soll man nicht schießen; Oberharzer laßt Euch sagen; Viele liebe
Grüße Dein Aadje; Gedichte m. Moral;
Hier in unsrer Samtgemeinde, alles
humor. G. – **MV:** Grubenlampen
leuchten, bergmänn. Liederb. m. R.
Bürger.

Schuhböck, Gebhard; VS 48;
Matthias-Claudius-Med. 65; Eglsee 2, D-
8224 Chieming (Chieming 29.9.22). Lyrik,
Drama, Roman, Erzählung.

V: Der Weg hinauf, Sch. 48; Heimat
und Fremde, G. 54; Im Nachtwind der
Welt, G. 59 (zus. m. Heimat u. Fremde
engl. u.d.T.: Call to life 80); Credo in heil-
loser Zeit, G. 66.

Schuhholz, Anneliese *

Schuldt, s. Schuldt, Herbert.

Schuldt, Herbert (Ps. Schuldt); VG
Wort 82; 437 Washington St., New York,
NY 10013/USA, Tel. (212) 4318445
(Hamburg 19.7.41). Lyrik, Essay, Hör-
spiel, Film, Übers. **Ue:** E, Am, F, H
(Fläm).

V: Steinigung der Nacht, Dicht. 60;
Blut des Metronoms, Dicht. 65; Zweifel,

Ess. 67; Picabia, Ess. 80; A Likely Lad,
Ess. 80; Stühle aus Stahl, Ess. 80; In
Togo dunkel 81; Leben und Sterben in
China 83.

R: Deutschland aufsagen, Deutschland nachsagen 70; Innen/Aussen 70;
Hamlet Montage 70, alles Hsp.; Trinités
Vivantes, Fs.-Send. 73; Deutsch von
außen, Hsp. 82.

S: Deutschland aufsagen, Deutschland
nachsagen, Tonbd u. Cassette 72.

Schulenburg, Bodo, Regisseur,
Schriftsteller; SV-DDR; Erich-Weinert-
Med. 71, Kunstpr. d. DDR; Frauenlobstr.
10, DDR-1195 Berlin, Tel. 6326577
(Potsdam 28.2.34).

V: Der doppelte Theo 66; Unternehmen Geisterwald 68; Mondhörnchen
70; Wir verschenken Bammel 70;
Fliegergeschichten 71; Geschichten vom
Pflaumengarten 73; Schlip-Schlap d.
Eierkuchenkoch 77; Peter u. d. blaue
Riese 78; Der Sternenbär 79; Wenn ich
ein Riese wär' 80; Tanja 81; Das
dreieckige Kaninchen 81. – **MV:** Der
fliegende Dino, Bilderb., m. Lauretta Rix
71.

R: Deutsche in Moskau, Fsf. 69; Es
gibt eine solche Partei, Fsf. 70; Der
Nachtigallenstern, Kinder-Hsp. 70;
Onkel Wanja 70; Die Märchen des
lustigen Teufelchen 72, beides Kinder-
Hsp.; Bauherren, Fsf. 72; Zaubern müßte
man können, Kinder-Hsp. 73; Der
Kinderbaum, Kinder-Hsp. 73; Das
Panzergeheimnis, Fsf. 73; Die Falle, Fsf
75; Tischler u. Präsident 76; Die
Märchen der armen Märchen, Kinder-
Hsp. 76 – 78; Die Farnblüte, Kinder-
Hsp. 79; Hadelumpumpump„ Kinder-
Hsp. 79; Übriggeblieben ist allein Tanja,
Kinder-Hsp. 80. ( )

Schuler, Margrit, Dipl.-Päd., Akad.
ORätin; Berliner Str. 19, D-7148
Remseck 2 (Aldingen), Tel. (07146) 7928
(Stuttgart 13.3.35). Erzählungen für
Kinder.

V: Martins großes Erlebnis u.
Gebrochene Pfeiler, Erzn. 76; Dein Sohn
lebt u. Kein Ausweg mehr, Erzn. 77;
Auch d. Mut bracht s. Zeit, Erz. 77;
Segeln am Ammersee, Erz. 78. –
MV: Audiovisuelle Medien im
Math.unterr. 76; Treffpunkt
Mathematik, 5. Schulj. 79, Lehrerbd 81,
6. Schulj. 80, Lehrerbd 82.

Schuller, Hans, Journalist; Lyrikpr. d.
Verb. d. Kommunistischen Jugend 68;
Livada Poştei 1, Braşov (Sighisoara-
Schässburg 25.10.34). Lyrik, Prosa.

V: Bekenntnis, Lyrik 57; Weil in mir
das Leben singt, Lyrik 62; Wenn ich vor
dir stehe, Lyrik 66; Berichtigung, Lyr.
79. — **MV:** 17 ich - 1 wir, Lyrik 64, 66;
vorläufige Protokolle, Lyr. 76.
H: u. **MA:** Zeitgenössisches Blätter 64;
Sequenzen 66, beides Prosa u. Lyrik. ( )

Schuller, Victor; Hoisdorfer Landstr.
105, D-2070 Großhansdorf.
V: Mit Eichenlaub und Schwertern
ging eine Welt zugrunde, R. 81. ( )

Schult, Friedrich *

Schult, Peter, Journalist u.
Schriftsteller; Dt. Journalisten Union, c/
o Bruno Gmünder Verlag, Berlin (West)
(Berlin 17.6.28). Lyrik, Essay. **Ue:** F, E.
V: Besuche in Sackgassen, Autobiogr.
78, 82; Gefallene Engel, Erzn.-Ess.-
Streitschrr. 82.
MA: Wo Dornenlippen dich küssen 82;
Schrei deine Worte nicht in den Wind
82; Keine Zeit f. gute Freunde 82;
Drachen mit tausend Köpfen 82.
H: Ein Buch wird verboten;
Zigeunerleben; Normalvollzug; Mein
Lesebuch; Stadtbuch für München 1976/
1977, 1978/1979, 1980/1981.
Lit: Joachim S. Hohmann: Der
heimliche Sexus.

Schulte, Anton, Evangelist; Am Born
19, D-5231 Wölmersen, Tel. (02681) 1776
(Bottrop 20.8.25). Evangelistische
Literatur, Kinderbuch.
V: Familie Gutermut; Elke und Heinz
Gutermut; Bei Gutermuts ist immer was
los; Familie Gutermut diskutiert, alles
Kinderb.; Lohnt es sich zu leben 76; Das
habe ich mit Gott erlebt 77; Leben ist
Freude 61; Es gibt einen Weg zu Gott 63;
Christsein, die große Chance 72; Ein
Stück Himmel auf Erden 77;
Evangelisation praktisch 78; Gewißheit
macht froh 79; Nur ein kleiner Dicker
82.

Schulte, Michael; Förderpr. d. Ldes
NRW 71, Stip. d. Freien u. Hansestadt
Hamburg 82; 298 NE 7th St., Baco Raton,
FL/USA (München 22.4.41). Prosa,
Rundfunksendung. **Ue:** E.
V: Karl Valentin, Monogr. 68, 70; Die
Dame, die Schweinsohren nur im
Liegen aß, Geschn. 70, 82; Drei Nonnen
gekentert, Prosa 72, 82; Goethes Reise
nach Australien, Erzn. 76; Elvis Tod,
Szenen aus meinem Leben, R. 80, 83;
Geschichten von unterwegs, Geschn. 81;
Karl Valentin, Biogr. 82; Bambus, Coca
Cola, Bambus, Reisebeschr. 82.
H: Literarische Nasen 69; Karl

Valentin: Sturzflüge im Zuschauerraum.
Der ges. Werke zweiter Teil 69; Das
große Karl Valentin Buch 73, 80; Das
große Christian Morgenstern Buch 77;
Die Hunde beheulen den Tod des
Herzogs. Der andere Löns 81.
R: Was Groucho Marx sagte und das
Hörspiel im Hörspiel, Hsp.
Ue: K. Vonnegut: Slapstick 77.

Schulte Berge, Erich, Rechtspfleger;
Im Lohenfeld 2, D-4370 Marl, Tel. (02365)
14162 (Einen, Kr. Warendorf 13.9.27).
Lyrik.
V: Ein kluges Wort zur rechten Zeit.
Lebensweisheit d. Völker in Vers u.
Reim gebracht 71-83 XIII; Der Pförtner
mit Abitur, Sch. m. Musik 80; Jahreszeit
und Festlichkeit, Lieder u. Lieder ohne
Worte 78-81 IX; Erdball und Weltall,
wiss. Schrr. 78-82 XII; The Origin of
Atoms and the Controlled Fusion of
Hydrogen Atoms 82; The Deluge in
10.468 B.C. 82; The Origin of the World
83.

Schulte-Tigges, Friede, Malerin u.
Schriftstellerin; Jagdhaus am Graubad,
D-6392 Neu-Anspach 1, Tel. (06081) 6708
(Beesenstedt b. Halle/Saale 10.12.16).
Lyrik, Roman.
V: Die sieben Worte am Kreuz,
Legende 47; Leuchtende Feuer in
Urwald und Steppe, Afrika-R. 75.
MA: Mit Deinem Wort hast Du mich
wunderbar verwundet, Dichterhss. aus
unserer Zeit 81; Vor dem Schattenbaum,
Haiku-Anth. 82.
H: Seidenfäden spinnt die Zeit, Dicht.
aus d. Usinger Land, Anth. 82.

Schulte-Willekes, Hans; Brahmsallee
83, D-2000 Hamburg 13.
V: Schlagzeile, e. Zeitungsreporter
berichtet 77, 81. ( )

Schultes-Piccon, Helga, ehem.
Lehrerin, Hausfrau; Verb. Fränk.
Schriftsteller e.V. seit 73, Europ.
Autorenverein. "Die Kogge" seit 76;
Beruf. z. Lyrikforum d. Dt.
Katholikentages, Berlin 80, Anteil d.
aufgeteilt. Pr. f. relig. Lyr. (ausges. v. d.
Salzburger Hochschulwochen) 81;
Unnersdorf 85, D-8623 Staffelstein, Tel.
(09573) 1303 (Bamberg 15.5.42). Lyrik,
Kurzprosa, auch Mundart.
V: proben das neue jerusalem, G. 75;
Ich mache dir ein Zelt, G. 81;
Halbschatten, G. 83.
MA: PURAL 4. Kurznachrichten, 73;
Hiob kommt nach Himmerod 74;
Werkbuch Thema Angst 75; Nichts
haben und doch alles haben 77;
Ausschau nach Gott 78; Psalmen 78;

Unser aller Leben 78; 20 Annäherungsversuche ans Glück 78; Rufe 1 — rel.
Lyr. d. Gegenw. 79; Rufe 2 — rel. Lyr. d.
Gegenw. 81; Unter welkem Blatt 81; Der
große Hunger heißt Liebe 81; Silbern
steigt der Mond 82; Frieden u. noch viel
mehr 82; Weizenkorn, H. C 3 83, alles
Gedichtanthol. u. -werkbücher.
　R: Diäh (fränk. Mda.), Szene i. Rdfk
83.

Schultz, Cäcilie, s. Ritter, Vera C..

　Schultz, Eva-Luise (Ps. Eva Schultz-
Kersten), Dipl.-Bibliothekarin; DAV 79,
GEDOK 83; Körnerstr. 28, D-3000
Hannover 1, Tel. (0511) 322346 (Groß
Schierstedt, Kr. Quedlinburg 9.5.22).
Fiktive Texte in freier Diktion,
experimentelle Texte, konkrete Kurz-
Prosa, Hörspiel.
　V: Historia, Fiktive Texte freier
Diktion u. Gedankenlyrik 76; Kon-
frontationen, autobiogr. Texte 82. —
　MV: Die lêre von der kocherie 69; Sie
glauben die Gewalten zu gestalten, Bild-
Text-Leporello 80.
　MA: Signaturen 81; Am Hohen Ufer II
82; Frieden, Gauke's Jb. 83; Ansichts-
sachen 83.

　Schultz, Hans Jürgen, Chefred. Kultur
im Süddt. Rdfk.; VS, P.E.N.; Auf dem
Haigst 3B, D-7000 Stuttgart 1, Tel. (0711)
600828 (Hamburg 19.9.28). Essay,
Biographie.
　V: Konversion zur Welt, Ess. 64, 66;
Jenseits des Weihrauchs, Ess. 66; Anstiftung zum Christentum, Ess. 74; Liebhaber des Lebens, Biogr. 75, u.a.m.
　H: Der Friede und die Unruhestifter
73; Psychologie für Nichtpsychologen
75; Was der Mensch braucht 77; Mein
Judentum 78; Einsamkeit 80; Journalisten über Journalisten 81; Frauen 81;
Vatersein 82; Liebhaber des Friedens
82; Letzte Tage 83; Luther kontrovers 83,
u.a.m.

　Schultz, Helma (Ps. Helma
Fehrmann), Schauspielerin, Autorin;
Hans-im-Glück Pr. 80, Auswahlliste f. d.
Dt. Jgdb.pr. 80; Glogauer Str. 9, D-1000
Berlin 36, Tel. (030) 6121788 (Damgarten/
Pommern 3.2.44). Theaterstücke f.
Kinder u. Jugendliche, Erzählung.
　MV: (bzw. MA): Darüber spricht man
nicht, Kindertheater-Mitspielstück 73, 5.
Aufl. 80; Was heißt hier Liebe?, m. H.
Franke, J. Flügge, G. Brombacher, Jgd-
theater 77, 6. Aufl. 80; Und plötzlich
willste mehr, m. P. Weismann, Erz. f.
Jgdl. 79; Mensch ich lieb dich doch, m.

H. Franke 80, 2. Aufl. 81, alles Stücke d.
Kinder u. Jugendtheaters "Rote Grütze".
　F: Was heißt hier Liebe.
　R: (MA:) Mensch, ich lieb dich doch,
Rdfk-Sdg 82.
　S: (MA:) Darüber spricht man nicht
74, Was heißt hier Liebe 78, beides Kass.
u. Pl.

　Schultz, Isolde (Ps. Isolde Schultz-
Osterwald), Lehrerin i.R.; Rosenstr. 16,
D-4904 Enger/Westf., Tel. (05224) 2818
(Enger 16.5.20). Erzählungen.
　V: Für fünf Pfennig Freude, Erzn. 82.

　Schultz, Margarete; Richteberg 2,
DDR-5630 Heilbad Heiligenstadt.
　V: Ein Hochzeitstag u. a. Erzn. 72,
veränd. u. erg. 79; Der Unbekannte und
andere Erzählungen 74; Die Begegnung
u. a. Erzn. 78, 79; Die Winterfahrt, Erzn.
81, 82. ( )

Schultz-Kersten, Eva, s. Schultz, Eva-
Luise.

　Schultz-Norden, Adalbert (Ps.
Adalbert Norden); Waltroper Platz 10,
App. 10, D-1000 Berlin 45, Tel. (030)
7121323 (Königsberg/Ostpr. 30.6.01).
Roman, Essay, Funk, Fernsehspiel.
　V: Flügel am Horizont, R. 39; Welt-
rekord!, Rep. 40. — **MV:** Berlin wie es
schreibt und ißt 67.

　Schultz-Osterwald, Isolde, s. Schultz,
Isolde.

　Schultze, Bernard; Riehler Str. 53, D-
5000 Köln, Tel. (0221) 725982.
　V: Die zerschlagenen Schalen eines
Gesprächs mit sich selbst 66; Migof-
Reden 71; Sperriger Zaun aus Zeit.
Neue Migof-Reden u. Offsetlitographien
76. ( )

　Schultze, Hermann, Dr. phil.,
Dramaturg, Regisseur, Doz.; EM Verb.
dt. Freilichtbühnen 80; Lambregts-Vos-
kamp-Pokal 72, Bdesverd.kr. am Bde 76,
Gold. Ehrenzeichen d. Gemeinsch. dt.
Bühnenangehöriger 80, Gold. Ehren-
nadel d. Bdes dt. Amateurtheater 82;
Kreuzbrede 7, D-4990 Lübbecke 3 u.
Güstrower Str. 41, D-4500 Osnabrück,
Tel. (05741) 6754 u. (0541) 64870
(Bielefeld 6.9.05). Bühnendichtung,
Essay, Hörspiel. **Ue:** E.
　V: Der Schmied Wölung, Sch. 35;
Landschaftstheater 36; Till Ulenspegler,
Kom. 37; Die Schildbürger, Kom. 38; Das
große Marktspiel, Sch. 38; Die Schätze
der Hexe, Msp. 39; Das Spiel vom
klugen und tapferen Schneiderlein,
Puppensp. 40; Frau Rumpentrumpen,
Msp. 41; Der Kaiser und die Banditen,
Schw. 42; Der Diamant, Schw. 42; Das

Brautopfer, Sch. 42; Die Sonnenuhr,
Schw. 43; Till auf dem Karren, Schw. 43;
Die jüngste Schwester, Msp. 43; Die
vergessene Braut, Msp. 44; Dietrich und
der große Zwerg, Kom. 44; Suleikas
Traum, Grot. 44; Telemachos bei Kirke,
Kom. 48; Spuk in der Pyramide, Grot.
50; Das Auge des grünen Buddha,
Krim.-Grot. 50; Bocca della verità, Kom.
50; Theater aus der Improvisation 52;
Das deutsche Jugendtheater 60; Die
grüne Szene I 61, II 80; Nettelstedt. E.
westfäl. Freilichtbühne 63; Die letzte
Hexe oder Die Wiederaufnahme, Sch.
66; Dämon und Ordnung 68; Die Schöne
und der Heilige, Kom. 68; Der kleine
Totentanz, Pantomime 68; Der tolle
Bomberg, Kom. 70; Till Eulenspiegel,
Kom. 71; Die Tafelrunde des großen
Sonntag, Krim.-Kom. 72; Liebe will
nicht Rosen und Kastelle, Kom. 72;
Haselünner Spielchronik 72; Der flatter-
hafte Prinz (Biribinker), Kom. 75; Sechs
Stücke f. Bühne u. Freilichttheater 79;
Die Türkenketten v. Merzen, heit. Spiel-
episoden 80; Die Blue River Story,
Westernparodie 81. – **MV:** Das
Wirtshaus im Spessart, m. Wanner 66.
B: Chr. D. Grabbe: Hermannsschlacht
37; Schiller: Jungfrau von Orleans 53,
Die Räuber 54, Wilhelm Tell 55;
Shakespeare: Ein Sommernachtstraum
53, Die lustigen Weiber von Windsor 55;
Kleist: Kätchen von Heilbronn 54;
Gerhart Hauptmann: Florian Geyer 56;
Raimund: Der Bauer als Millionär 56; H.
Kyser: Rembrandt vor Gericht 56;
Goldoni: Der Diener zweier Herren,
Kom. 59; Der kluge Herr Pathelin, Kom.
59; Nestroy: Die Heiratslustigen, Kom.
60; Lippl: Die Pfingstorgel 61;
Zuckmayer: Der Hauptmann von
Köpenick 62; Shakespeare: Viel Lärm
um nichts 63; Fechter: Der Zauberer
Gottes 64; Zuckmayer: Der fröhliche
Weinberg 67; Müller-Schlösser:
Schneider Wibbel 68; Goetz: Das Haus
in Montevideo 69; Brod/Reimann:
Schwejk, der brave Soldat 70; Bunje:
Der Jungfernkrieg 71; Goetz: Hokus-
pokus 72; Polgar: Ehrenmänner ...
Defraudanten 73; Home: Junger Herr
für Jenny 74; Camoletti: Boeing –
Boeing 75; Kästner-Neuner: Das lebens-
längliche Kind 76; Forster: Robinson
soll nicht sterben 77; Spoerl: Der Maul-
korb 78; Wilde: Das Gespenst von
Canterville 79; Kästner: Emil und die
Detektive 80; Mark Twain: Der Prinz u.
d. Betteljunge.
R: Nettelstedt 34; Und so gespensterst
du ... 35; Das Spiel vom klugen und

tapferen Schneiderlein 41; König Hetels
Brautfahrt 60; Die Kleider des Herrn
Pathelin 60; Der dicke Pastetenbäcker
61, alles Hsp.
Ue: Russel Braddon: Insel der
Verdammnis, Sch.

Schultze, Lothar, Pastor; Schleptruper
Str. 49, D-4550 Bramsche, Tel. (05461)
1535 (Riesenburg, Westpr. 20.8.20).
V: Wir reisen ins Land der Bibel 54,
75.

Schultzen, Peter, StudR.; IGdA 80;
Wingertstr. 1, D-6470 Büdingen 1, Tel.
(06042) 7501 (Gießen 19.4.41). Satiri-
scher Bericht, Erzählung, Lyrik, Kinder- und
Jugendliteratur.
V: Unterrichtsversuch, Sat. Ber. 80;
Das Geheimnis des Maya-Tempels, Jgd-
Abenteuerb. 80; Pucki, das
Ameisenkind, Erz. 80; Ein Versuch über
Pädagogik aus tiefenpsychologischer
Sicht, Ess. 81.

Schulz geb. Tischer, Annelies; SV-
DDR 80; Balatonstr. 7, DDR-1136 Berlin,
Tel. 5293339 (Oppach/Krs. Löbau 16.4.34).
Roman, Fernsehspiel, Hörspiel,
Reportage.
V: Bist du dabei?, Reportagebd 63; Die
Geschichte vom faulen Wolkenzwerg,
Kinderb. 66, 2.Aufl. 66; Anne, R. 67,
2.Aufl. 67; Leiermilchjahre, R. 79, 2.Aufl.
80.
R: Der vergessene Weihnachtsbaum,
Hsp. 80, 82; Die Gäste der Mathilde
Lautenschläger, Fsp. 81; Der Frosch und
die Grasmücke, Kinderhsp. 83.

Schulz, Bernhard; Ludwig-Bäte-Str. 4,
D-4500 Osnabrück, Tel. (0541) 41922
(Lindlar, Bez. Köln 24.4.13). Roman,
Feuilleton.
V: Im Westen, Erzn. 42; Die Straße der
Väter, R. 44; Wendeltreppe zum Glück,
R. 56; Picknick am Mittelmeer, Reise-
Feuill. 61; Die Krähen von Maklaki,
Erzn. 67; Die blaue Stunde, Erzn. 69; Bei
Kerzenlicht erzählt, Erzn. 73; Das
Gurren der Tauben in der Sommerzeit,
Erzn. 76; Damals auf dem Dorf, Erzn. 76;
Abend m. Zimtsternen, Erzn. 77; Mister
Walroß, Erzn. 79.

Schulz, Elisabeth (Ps. Elisabeth
Schulz-Semrau), Lehrerin; SV-DDR 75;
Förderungspr. d. Mitteldt. Verl. 75,
Kunstpr. d. Stadt Leipzig 81; Manetstr.
18, DDR-7022 Leipzig, Tel. 51870
(Königsberg/Pr. 14.7.31). Lyrik, Roman.
V: Jedes Leben hat seine Zeit, Erz. 74,
5.Aufl. 83; Ausstellung einer Prinzessin,
R. 77, 6.Aufl. 82; Axel u. d. Maler Sim,

Kinderb. 79, 3.Aufl. 82; Die Beurteilung,
R. 81.

MA: Ihr erster Wagen, Lyrik 67; Wo
das Glück sicher wohnt 69; Kontakte 69;
Menschen in diesem Land 75; Twerski
Boulevard 76; Bestandsaufnahme 76;
Auf der Straße nach Klodawa 77;
Kinder 79; Parallelen 79; Das Malven-
haus, Geschn. a. d. Kindh., Kinderb. 83,
alles Anth.

Schulz, Friedhelm, Maler, Hausmann;
Uhlandstr. 51, D-8726 Gochsheim, Tel.
(09721) 62123 (Allstedt 10.9.52). Lyrik,
Roman, Erzählung, Kurzgesch.
V: Wie sie leben, was sie fühlen, Lyr.
81.

Schulz, Gerhard, Verwalt.angestellter;
IGdA 73; Stader Str. 44, D-2150
Buxtehude-Altkloster, Tel. (04161) 82817
(Altkloster/Kr. Stade 12.1.25).
Kurzgeschichte, Erzählung.
V: Gerhard Schulz aus Buxtehude
erzählt 82.
MA: Moderne Dichtung 77; Gedichte
auch f. Dich II; Die heitere Seite d.
Medaille.

Schulz, Hans (Ps. Hans Schulz-
Fielbrandt), StudDir. i. R.; Gründer u. 1.
Vors. Autorenkreis "Ruhr-Mark" e.V.;
Finkenstr. 16, D-5820 Gevelsberg, Tel.
(02332) 10614 (Ossowo/Westpr. 12.9.12).
Lyrik, Essay, Kurzgeschichte.
V: Hinter der Wand wird gelacht,
Lyrik u. Prosa 70; Durch meine Brille
gesehen, Lyr. u. Prosa 80; Kalender-
sprüche, Kurz-G. 82.
H: Weggefährten aus dem Ruhr-
Wupper-Raum. Zeitgenöss. Autoren,
Anth. 62; Die "Bunten Weggefährten-
Bücher" seit 66; Spiegelbild, Anth. 78. —
MH: Jugend setzt sich mit neuer Lyrik
auseinander 64; Ruhrtangente, Anth. 72.

Schulz, Helga (Ps. Judy Manson);
Thedinghauserstr. 48, D-2800 Bremen.
V: Das Stinchen auf dem Dach 69;
Mylady, im Schrank liegt eine Leiche
71; Pippo kann einfach alles 75; Ein
Pferd kommt zum Geburtstag 76; Hexe
Trulle lernt zaubern 76; So frech kann
nur ein Kobold sein 78; Immer Wirbel in
der Hundepension 81; Ein Kobold stellt
alles auf den Kopf 81.
S: So frech kann nur ein Kobold sein
79. ( )

Schulz, Helmut Hermann, Retuschör;
SV-DDR 78; Heinr.-Mann-Pr. 83; Hentig
Str. 39, DDR-1157 Berlin, Tel. 5276993
(Berlin 26.4.31). Roman, Novelle,
Hörspiel.

V: Der Fremde u. d. Dorf, Erz. 63;
Jahre mit Camilla, R. 69; Abschied vom
Kietz, R. 72, 4. Aufl. 84; Der Springer, R.
73; Alltag im Paradies, Erzn. 74, 2. Aufl.
75; Spätsommer, Erzn. 76, 2. Aufl. 77;
Das Erbe, R. 81, 2. Aufl. 82; Dame in
Weiß, R. 82, 2. Aufl. 83; Drei
Erzählungen, Nachaufl., Ausw. aus Erzn.
82.
R: Nicht nur ein Maler (Courbet) 66;
Die Weihe der Kraft (Luther) 83, beides
Rdfk-Sdgn.

Schulz, Henrich Walter *

Schulz, Ingo A., selbst.
Unternehmensberater; Postf. 138,
Eichenweg 4, D-8630 Coburg, Tel. (09561)
68678 (Breslau 24.12.40). Satire.
V: Mensch Otto. Aus d. Leben e.
Außenseiters, Satire 81; Typisch Mensch
— Menschliches Allerlei, Satiren 82.

Schulz, Jo; SDA 52, SV-DDR 56,
P.E.N.-Zentr. DDR 82; Heinrich-Heine-
Pr. 69, Erich-Weinert-Med., Kunstpr. d.
FDJ 71; Hertzstr. 47, DDR-1106 Berlin-
Wilhelmsruh, Tel. 4834149 (Bautzen
31.3.20). Lyrik, Epik, Heiteres Musik-
theater, humoristisch-satirische Kurz-
form, Essay.
V: Abrechnung, G. 59; Messeschlager
Gisela, Libr. 60; Berlin intim, heit. Prosa
u. G. 62; Mein schöner Benjamino, Libr.
63; Musical am Müggelsee, Libr. 63;
Zirkus Mensch, Kabarettb. 66; Zwischen
Frühling und Frost, G. 68, 83; Poesie und
Purzelbaum, Verse, Lieder u. Geschn. 71,
83; Laufen ohne Vordermann, R. 76, 82;
Hammelweisheit, G. 79, 80; Leben üben
od. Die Emanzipation d. Mannes, G. 79,
81. — **MV:** Vom Hoppelrei zum Beat,
Tanzgesch. 73.
MA: Ca. 60 Anthol. 57-83.
H: Lachen und lachen lassen,
Vortragsb. 57, 82; Poesiealbum Morgen-
stern 71, 73.
F: Berliner in Pankow 78.
R: Messeschlager Gisela, Fs.-Neufass.
64.
S: Berlin intim 62.
Ue: Mittsommernachtstraum, Libr. 81;
Die drei Musketiere, Libr. 83. —
MUe: Warschau, abends halb zehn, G.
79.

Schulz, Joh., s. Kurowski, Franz.

Schulz, Klaus-Peter (Ps. Jan Peter
Berkandt), Dr. med., Schriftsteller, Arzt,
Hrsg. d. Vjzs. "Alarm"; FDA 73 — 77;
Wettbew. Hundert Jahre
Sozialdemokratische Partei Deutsch-
lands d. Otto-Wels-Ges. 63; Eichkampstr.
16, D-1000 Berlin 19, Tel. (030) 3021024

(Berlin 2.4.15). Drama, Lyrik, Essay,
Fernsehfilm, Hörspiel. **Ue:** F.

V: Die Insel der Freiheit 48; Sorge um
die deutsche Linke 54; Luther und Marx
56; Opposition als politisches Schicksal?
58; Tucholsky-Monographie 59, 76;
Berlin zwischen Freiheit und Diktatur
61; Proletarier, Klassenkämpfer, Staats-
bürger 63; Die Gästebücher von Sesen-
heim 65; Auftakt zum Kalten Krieg 65;
Der Reichstag gestern - morgen 69; Ich
warne 72; Die ehrbaren Erpresser 76;
Der verwegene Menschenschlag 77; Die
Liebe ist der Sinn, Dramen 80. —
MV: Was ist heute links? 63; Deutsch-
land und die Welt 64; Die rebellischen
Studenten 68.
R: Die Stunde Null, Fsf. 65; Mit 5 PS
(Kurt Tucholsky) Fsf. 70; So endete die
Weimarer Republik, 4 Hsp. 53; rd 60
Hörfolgen dok., ess., belletr., biogr. u.
polit. Charakters 50 — 71.
Ue: Raymond Aron: Opium für
Intellektuelle 57.

Schulz, Max Walter, Prof., Lehrer, Dir.
d. Inst. f. Lit. "Johann R. Becher"
Leipzig; SV-DDR 60; Nationalpr. d. DDR
64; Akad. d. Künste d. DDR 69; Manetstr.
18, DDR-7022 Leipzig (Scheibenberg/
Erzgeb. 31.10.21). Roman, Essay.
V: Wir sind nicht Staub im Wind, R.
62, 82; Stegreif und Sattel, Ess. 67, 69;
Triptychon mit sieben Brücken, R. 74,
76; Pinocchio und kein Ende, Notizen z.
Lit. 78, 80; Der Soldat und die Frau, N.
78, 81, Tb. 81, Bdesrep. Dtld 79; Das
kleine Mädchen und der fliegende
Fisch, Bilderb. 78; Die Fliegerin oder
Aufhebung einer stummen Legende 81.
H: Kontakte, Lit. Porträts 67;
Twerskoi-Boulevard-Tauchnitzstraße,
Ess. 75. ( )

Schulz, Peter-Torsten, Autor;
Hubertushöhe 8, D-4330 Mülheim/Ruhr,
Tel. (0208) 52183 (Friedeck/Mähren
5.3.44). Lyrik.
V: Schindel-Schwinger oder der
Kampf um Flohheim, Comic-Serie 75/76
IV; Der olle Hansen u. seine
Stimmungen, Bildtafeln u. G. 77; Anna
u. Ben; Rapunzel, Lieder u. G. 78;
Schönen Gruß, Gedichtpostkarten 78;
Der Esel, Bilder u. G. 79; Gulliver;
Berühren ist alles.

Schulz, Richard (Ps. Franziskus im
Schnoor, Rikardo Šulco), ObStudR. a.D.;
AWMM-Buchpr. d. Arbeitsgem. f.
Werbung, Markt- u. Meinungsforsch.
Lugano 77, Freundeskreis Till Eulen-
spiegel e.V. seit 72, Ges. f. christl.-jüd.
Zus.arb. seit 71; Weserstr. 8, D-4950

Minden, Tel. (0571) 26345 (Hamburg
12.7.06). Lyrik, Essay, Rezens.
V: Aus des Kopffüßlers Reich, 25
Antes-Karikat. v. Franziskus im
Schnoor 72; Kosmogenet. Aggregate von
Franziskus im Schnoor, 12 Tusche-
zeichn. 72; Mein geliebtes Esperanto 76,
2. Aufl. 78; 'ne ältere Dame aus Preetz,
333 Limericks 77; Europ. Hochsprache
od. Sprachimperialismus 79; Das
wundersame Leben d. armen Doktor
Lazarus 82.

Schulz, Rolf (Ps. Hans Herzog),
Schriftsteller; VS 69; Wilhelm-Waldeyer-
Str. 12, D-5000 Köln 41 u. Hölderlinstr.
13, D-1000 Berlin 19, Tel. (030) 3025818
(Gera 5.11.21). Film, Fernsehspiel,
Theater.
V: Michel u. Micaela; Adjüß; Tante
Emma; Mamsell Betty; Laubenkolonie;
Es geht um die Wurst, alles Bü.
F: Verführung am Meer; Dynamit in
grüner Seide; Todesschüsse am Broad-
way; Die Peitsche; Südrouten.
R: Landarzt Dr. Brock; Finke und Co.;
Keine Zeit für Abenteuer; Drüben bei
Lehmanns; Arbeitsgericht; Zu Gast in
unserem Land; 9. Kommissariat; Die
Buschspringer; Die Koblanks; Café
Wernicke; Erben will gelernt sein;
Kintopp-Kintopp, alles Fernsehserien.
— (MV): Jedermannstr. 11; Pater Brown;
Rund um die Uhr; Somerset Maugham;
Kontakt bitte, alles Fernsehserien.

Schulz-Fielbrandt, Hans, s. Schulz,
Hans.

Schulz-Semrau, Elisabeth, s. Schulz,
Elisabeth.

Schulze, Axel, Dreher; SV-DDR 65;
Förderungspreis f. junge Lit. 68;
Heinrich-Rau-Str. 196, DDR-1140 Berlin
(Frose b. Aschersleben 10.11.43).
Erzählung, Hörspiel, Lyrik, Dramatik,
Reportage.
V: Nachrichten von einem Sommer, G.
67; Ortsdurchsage, G. 68; Zu ebener
Erde, G. 73; Das Gastmahl Balthasars,
Geschn. 73; Poesiealbum 68, G. 73;
Winterfahrplan, G. 77; Der Kramladen,
Parodien 79; Kirschenzeit, G. 81. —
MV: Sonnenpferde und Astronauten, G.
64; Saison für Lyrik, G. 69; Zeit für
Zaubersprüche, m. R. Delau, Rep. 73.
MA: Anregung, Sch.rev. 68;
Olympische Spiele, G. 71; Anti-Geister-
bahn, Geschn. 71; Landschaft unserer
Liebe, G. 74; Neue Erzähler der DDR,
Geschn. 75; Bekanntschaften, Rep. 76;
Don Juan überm Sund, G. 76; Kritik 78-
82; Goethe eines Nachmittags 79; Das

Herz auf der Zunge 79; Alfons auf dem Dach 82; Im hohen Grase der Geschlechter 83; Die Schublade 83; Das Malvenhaus 83.
R: Antwort auf einen Bericht, Hsp. 65; Briefe aus M., Fs.-Rep. 75.

Schulze, Bernhard (Ps. Bernhard Schulze-Holthus), Dr. jur., Orientalist, Übersetzer, D-6337 Bissenberg (Mühldorf, Kr. Glatz/Schlesien 13.5.95). Kurzgeschichte. **Ue:** R, Per, T.
V: Der bunte Teppich. Anekd. aus dem Vorderen Orient. — **MV:** Frührot in Iran, m. Paul Weymar (auch engl., pers.).
Ue: W. Schischlow: Taiga, R. 33, Pilger, Priester und Schamanen 39; Krassnow: Der endlose Haß, R. 38, Der Zarenmörder, R. 39.

Schulze geb. Gerlach, Christine (Ps. Tine Schulze Gerlach), Arzthilfe; Karl-Liebknecht-Str. 2, DDR-8122 Radebeul 2 (Hellerau b. Dresden 21.4.20). Lyrik, Roman, Kurzgeschichte.
V: Kreuzotter und Lerche, R. 63; Mit goldenen Händen, R. 66; Erinnerung an Maurice, R. 69, 74; Die Puppe Sulimai, Erz. 71; Die Nacht bei grünem Tee 73, 75; Die Flaschenpost und andere Erzählungen 74, 77 (Teilsamml.); Der Hügel vor der Stadt, Erz. 76; Uli träumt von Samarkand, 2. Aufl. 76; Bürgschaft für ein Jahr, R. 78, 82; Das Rauchsignal, Erzn. 80. ( )

Schulze, Hans J., c/o Weichert Verl., Hannover.
V: Der Schwarze Falke 83. ( )

Schulze, Harry Paul (Ps. Harry Wilde, H. S. Hegner), Schriftsteller; VS 47 (Zwickau/Sa. 16.7.99). Geschichte, Biographie. **Ue:** H.
V: Sozialpsychologische Erfahrung aus dem Lagerleben 46; Die Reichskanzlei 59; China. Schicksal uns. Kinder 63; Der Politische Mord 65; Theodor Plivier. Nullpunkt d. Freiheit, Biogr. 65; Politische Morde unserer Zeit. Gandhi, Jean Jaures, Trotzki 66; Theodor Plivier. Vom Proletarier z. Staatsbürger 67; Das Schicksal der Verfemten, Streitschr. 69; leo Trotzki, Monogr. 70, 81; Rosa Luxemburg, Biogr. 70; Walther Rathenau, Monogr. — **MV:** Die Machtergreifung, m. H.-O. Meissner 58.

B: Eugen Lennhoff: Politische Geheimbünde, Neuberarb. 67.
Lit: Zum 70. Geburtstag (Buch der Freunde) 69. ( )

Schulze, Julius; Rhadener Weg 10, D-3006 Burgwedel 1.
V: Der Reporter, R. 81. ( )

Schulze, Peter H., Unterabt.leiter; FDA 76; Naheweg 2, D-5300 Bonn 1, Tel. (02221) 232654 (Leipzig 14.12.19).
V: Herrin beider Länder — Hatschepsut 76, 79; Auf den Schwingen d. Horusfalken, Die Geburt d. ägypt. Hochkultur 80; Der Sturz des göttlichen Falken — Revolution in Altägypten.

Schulze-Berka, Kurt (Ps. Michael Berka, H. Rikart), Journalist u. Schriftsteller; DJV 49; Postfach 2, D-2422 Bosau-Hutzfeld, Tel. (04527) 1565 (Berlin 8.2.09). Jugendschriften, Romane, Hörspiele, Fernsehspiele.
V: 8 Jgdb. u. a.: Ursel u. d. Tertia; Ein Mädel fliegt üb. Dtld., Romane u. a.: Eine Generation; Gwendolyn; Die letzte Hoffnung; Lyrik: Ein Tag Glück, alles 29–34; Die Macht a. d. Dunkel, R. 50; Die Mädel d. Dr. Sintius, Jgdschrift 53; Es tut sich was um Barbara, Jgdschr. 54; Zauberschuhe, Zauberschuhe..., Lyr. M. 58; Hilfe für den Kommissar 79; Treffpunkt Seeufer 79; Achtung Falle 79; Das Rätsel der blauen Zeichen 79, alles Jgdb.; Achtung Aufnahme 80; Das Spukschloß am See, Jgdb. 80; Der Engel unter dem Kreuz des Südens 80; Die Spur führt zum Zirkus 81; Coco, der Meisterdieb 81; Die "Katze" schlägt zu 81; Jagd auf die Pulli-Bande 81; Der Einzelgänger 81; Ein gewagtes Spiel 81; Der Mann mit der Narbe 81; Das Gespenst um Mitternacht 81; Die Entführung 81; Das Millionending 81; Der rätselhafte Unfall 82; Ein seltsames Geständnis 82, alles Jgdb.; Geradeaus nach Süden 82; Das Krimi-Team auf Erfolgskurs 82; Die jungen Detektive und ihre Geheimwaffe 82; Harte Nüsse für das Krimi-Team 82, alles Jgdb.; Eine Kiste mit Rauschgift, Jgdb. 83; Das Wunderding 83; Verwechslung mit Folgen 83; Polizeistreife 6 ... bitte melden, Jgdb. 84; Leben und leben lassen 84.
R: Geliebtes Berlin 56; rd 25 Hsp. 56–63; rd 60 Fsp.

Schulze Gerlach, Tine, s. Schulze, Christine.

Schulze-Holthus, Bernhard, s. Schulze, Bernhard.

Schulze Mönking, Hubert, RA. u. Notar; Schützenstr. 9, D-4400 Münster/Westf..

V: Dönkes 79.
MA: Vertellsels 79. ( )

Schulze-Wegener, Günther (Ps.
Günther S. Wegener), Direktor d. Ev.
Presseverbandes; Berliner Str. 19, D-
3501 Zierenberg, Tel. (05606) 3996
(Radungen/Schles. 8.4.25). Sachbuch,
Erzählung.
V: 6000 Jahre und ein Buch, Gesch. d.
Bibel 58, 9.Aufl. 78; Die Kirche lebt 61,
3.Aufl. 78; Konferenz der Kirchen 62;
John Mott, Biogr. 65; Gustav Adolf,
Biogr. 66; Anhaltspunkte — ein Buch
für junge Menschen, Betracht., Erzn. 69;
Die Glocken von Andalsnes, Erzn. 70;
Das dreifache Urteil des Paris, Sat.
81. — **MV:** Credo in Stein, m.
Bezzenberger, Bildb. 80.
MH: Im Pfarrhaus brennt noch Licht,
Geschn. 82.

Schumacher, Ernst, Dr. phil.,
Germanist; P.E.N.; Johannes-R.-Becher-
Medaille 72 (Ursprung 12.9.21). Lyrik,
Essay.
V: Sozialistisches Lehrstück, Dr. 47;
Die dramatischen Versuche Bertolt
Brechts von 1918 bis 1933 55, 77;
Eurasische Gedichte 57; Lotosblüten
und Turbinen, Rep. 58; Theater der Zeit
- Zeit des Theaters 60; Roter Oktober, G.
60; Der Fall Galilei 64; Drama und
Geschichte. Bertolt Brechts Leben des
Galilei u.a. Stücke 65; Brecht, Theater
und Gesellschaft im 20. Jahrhundert 73,
75; Berliner Kritiken, I, II: e. Theater-
Dezennium 1964-1974 75, III: 1974-79 82;
Brecht-Kritiken 77; Schriften zur dar-
stellenden Kunst 78. — **MV:** Leben
Brechts, m. Renate Schumacher 78, 81.
MA: Der Anfang, Lyr.-Anth. 47; Die
Dichter des sozialistischen Realismus
60. ( )

Schumacher, Hans, Dr. phil.,
Journalist; P.E.N., SSV, Zürcher Presse-
Verein; Lit.-Pr. d. Conrad-Ferdinand-
Meyer-Stift., Zürich 43, Pr. d. Schweiz.
Schillerstift. 59, Egabe Martin-Bodmer-
Stift. Zürich 79, Lit.-Pr. d. Stadt Zürich
82; Lehenstr. 74, CH-8037 Zürich, Tel.
(01) 426045 (Zürich 2.3.10). Lyrik, Essay,
Erzählung, Roman.
V: In Erwartung des Herbstes, G. 39;
Brunnen der Zeit, G. 41; Schatten im
Licht, G. 46; Kreis des Kalenders, G. 46;
Der Wegknecht, Erz. 46; Der Horizont,
G. 50; Kleine Geschichten von schönen
Gedichten 50; Zum Ruhme Zürichs, G.
51; Glück, Idylle und Melancholie, erz.
Anth. 54; Zürich, die schöne Stadt 54;
Zürich 55; Meridiane, G. 59; Rost und
Grünspan, Erinn. e. Soldat. 64; ABC der

Tiere, G. 65; Saure Wochen - Frohe
Feste. Texte über d. Mühen u. Freuden
der Arbeit 67; In der Rechnung ein
Fehler. 24 Kurze Geschn. 68; Zürich
überhaupt ...! E. Stadt im Spiegel d. Lit.
70; Folgerungen. Drei kurze Ber. 71;
Nachtkurs. Neue G. 71; Der Bildhauer
Josef Bisa 72; Die grünen Pfade der
Erinnerung, Autobiogr. 75, 78; Ein Gang
durch den Grünen Heinrich, Interpret.
76; Die armen Stiefgeschwister des
Menschen. Das Tier in d. dt. Lit. 77; Ein
Drache träumt und zählt bis zehn, G.,
Kinderb. 80; Ich bin die Kröte
Gernegroß, G., Kinderb. 81; Die Stunde
der Gaukler, R. e. Rückvorschau 81.
H: Theodor Storm: Gesammelte
Werke 46 VI; Die Schildbürger oder Das
Narren- und Lalenbuch 47; Adalbert
Stifter: Briefe 47; Friedrich Hölderlin:
Briefe 47; Schweizer Erzähler des 19.
Jahrhunderts 48; Narrheiten und Wahr-
heiten 54; Späße und Weisheiten,
Busch-Anth. 57; Gottfried Keller. Ges.
Werke 60 III; Adalbert Stifter: Briefe 66;
Karl Friedrich Schinkel, Reisen. Aus
Tageb. u. Briefen 80.
Lit: E. Max Bräm: Dichterporträts aus
dem heutigen Schweizer Schrifttum 63.

Schumacher, Hildegard, Lehrerin;
SV-DDR 66; Kunstpr. d. Rates d. Bez.
Frankfurt/Oder 69, Kunstpr. d. FDJ 79,
Alex-Wedding-Pr. 80; Sonnenburger Str.
13, DDR-131 Bad Freienwalde, Tel. 2567
(Eberswalde 10.9.25). Kinderbuch,
Jugendbuch.
MV: Ramme sucht Beweise, Erz. 65, 3.
Aufl. 78; Die Geburtsstraße 67, 6.
Aufl. 78; Entscheidung in der
Schlangenbucht 68, 2. Aufl. 69; Der
Zauberlöwe 69, 5. Aufl. 78; Reini und
sein Freund, der Funker 69; Unser
Ferkel Eduard 70, 3. Aufl. 80; Sommer-
insel 71, 4. Aufl. 78 (auch poln.); Die
Riesenwelle 73, 5. Aufl. 82; Andy, Chef
der Familie 75, 5. Aufl. 82; Pfeif auf'ne
Perücke 78, 4. Aufl. 81 (auszugsw. russ.);
Kirschenkosten 78, 3. Aufl. 81; Der
Junge mit dem großen schwarzen Hund
80, 2. Aufl. 81; Der Brillenindianer 82.
MA: Kastanien von Zodeln 70, 2. Aufl.
71; Im Walde haust das Märchen-
schwein 78; Der blaue Schmetterling 79,
2. Aufl. 81; Der Räuber schwingt das
Buttermesser 80; Die Hexe bürstet
ihren Drachen 82; Mit Kirschen nach
Afrika 82; Ich leb so gern 82.

Schumacher, Siegfried, Lehrer; SV-
DDR 66; Kunstpr. d. FDJ 79, Alex-
Wedding-Pr. 80, Kunstpr. d. Rates d.
Bezirks Frankfurt/Oder 69; Sonnen-

burger Str. 13, DDR-1310 Bad
Freienwalde (Oderberg/Mark 9.8.26).
Kinderbuch, Jugendbuch.
MV: Ramme sucht Beweise, Erz. 65, 3.
Aufl. 78; Die Geburtstagsstraße 67, 6.
Aufl. 76; Entscheidung in der
Schlangenbucht 68, 2. Aufl. 69; Der
Zauberlöwe 79, 5. Aufl. 78; Reini und
sein Freund, der Funker 69; Unser
Ferkel Eduard 70, 3. Aufl. 80; Sommer-
insel 71, 4. Aufl. 78 (auch poln.); Die
Riesenwelle 73, 5. Aufl. 82; Andy, Chef
der Familie 75, 5. Aufl. 82; Pfeif auf 'ne
Perücke 78, 4. Aufl. 81 (auszugsw. russ.);
Kirschenkosten 78, 3. Aufl. 81; Der
Junge mit dem großen schwarzen Hund
80, 2. Aufl. 81; Der Brillenindianer 82.
MA: Kastanien von Zodeln 70, 2. Aufl.
71; Im Walde haust ein Märchenschwein
78; Der blaue Schmetterling 79, 2. Aufl.
81; Der Räuber schwingt das Buttermesser 80; Die Hexe bürstet ihren
Drachen 82; Mit Kirschen nach Afrika
82; Ich leb so gern 82.

Schumacher, Thomas; Bredowstr. 11,
D-1000 Berlin 21.
V: Unter widrigen Umständen,
Epigramme u. G. u. Poligramme 78; Die
Eisbären-Geschichte 79. ( )

Schumann, Anneliese (Ps. Annelie
Weiden, Annelise Schumann, Steffi von
Berg), Schriftstellerin; VS 67;
Scharnhorststr. 15, D-4970 Bad
Oeynhausen (Bischofshagen 7.4.19).
Roman.
V: Sturmwind über dem Moore 65;
Wenn dich die Mutter vergißt 65; Dem
Tod entrissen 66; Ich möchte Mutti
wieder sehen 66; Du trägst dein Kreuz
66; Der Schritt in die Vergangenheit 69;
Du bist meine Sehnsucht 69; Mischa,
der Zigeunerjunge 69; Kurarzt Dr.
Bergwald 69; Die mit der Lüge leben 69;
Ich liebe den Mann meiner Schwester
70; Was wird aus meinem Kind 70;
Wenn Haß dem Haß begegnet; Maria
Magdalena; Sie litten durch die Schuld
anderer; Nur einen Sommer lang; Ich
habe die Hoffnung verloren; Der Graf
und die Waise; Stolz ließ sie schweigen,
sowie ca. 120 weitere Romane. ( )

Schumann, Annelise, s. Schumann,
Anneliese.

Schumann, Gerhard, Verleger, Geschf.
d. Hohenstaufen-Verlags; GEMA 33, VS
64, FDA 73; Schwäb. Dichterpreis 35,
Lyr.-Preis d. Dame 35, Nat. Buchpreis
36, Lyrik-Ehrenring d. Dt. Kulturwerks
71, Dichtersteinschild 74, Ulrich v.
Hutten-Pr. 81, Schiller-Pr. d. dt. Volkes

83; Akad. Rat. d. Humboldt-Ges. 63,
Akad. f. Bildung u. Kultur 70, Dt.
Autorenrat 77; Im Gries 17, D-7762
Bodman-Ludwigshafen, Tel. (07773) 5616
(Eßlingen 14.2.11). Lyrik, Drama,
Novelle, Essay, Hörspiel, Auto-
biographie.
V: Ein Weg führt ins Ganze, G. 32;
Fahne und Stern, G. 34; Das Reich, Dr.
34; Die Lieder vom Reich, G. 35; Wir
aber sind das Korn, G. 36; Liebe übers
Kreuz, Posse 36, auch Laiensp. 52; Wir
dürfen dienen, G. 37; Herr Aberndörfer,
Satiren 37; Schau und Tat 38; Ent-
scheidung, Dr. 39, Neuausg. 80; Be-
währung, G. 40; Die Lieder vom Krieg,
G. 41; Ruf und Berufung, Aufs. 43;
Gesetz wird zu Gesang, G. 43; Gudruns
Tod, Tr. 43, 63; Es war eine Insel, N. 44;
Die große Prüfung, G. 53; Freundliche
Bosheiten, G. 55; Die Tiefe trägt, G. 57;
Stachel-Beeren-Auslese, G. 60; Leises
Lied, G. 62; Ein Weihnachtsmärchen,
Vers-Dicht. 63; Der Segen bleibt, G. 68;
Hölderlin-Dank und Bekenntnis, Rede
70; Besinnung, Ess. und Aut.-Biogr. 74;
Bewahrung und Bewährung, G. 76;
Gerhard Schumann Spruchbuch, G. 81.
R: Tod und Leben; Größe der
Schöpfung; Siegendes Leben, alles Hsp.
S: Gerhard Schumann liest heiter-
besinnliche Verse 64.
Lit: Persönlichkeiten Europas,
Deutschland I 76; Hans Heinz Dum in:
Hier steht ein Denkmal; D. Slark in:
Literarisches Kaleidoskop.

Schumann, Hans-Gerd (Ps. Johann
Gerhardt), Dr. phil.; Hofrat-Steiner-Weg
3, D-6114 Groß-Umstadt, Tel. (06078)
3565 (Essen 30.5.27). Erzählung.
V: Evelyn, Erz. 48.

Schumann, Karl, Dr. phil., Prof.,
Gen.sekr. d. Bayer. Akad. d. Schönen
Künste; Kritikerpr. d. Stadt Salzburg 79;
Zillertalstr. 53, D-8000 München 70, Tel.
(089) 294622 (München 24.10.25). Essay,
Kritik.
V: Das kleine Richard-Strauss-Buch
70; Das kleine Mahler-Buch 72; Das
kleine Liszt-Buch 74.
B: Opern- u. Konzertführer b.
Droemer-Knaur seit 70.

Schumann, Marta, Heil-Pädagogin
i.R.; Untere Burgstr. 4, D-7307
Aichwald 1, Tel. (0711) 361524
(Haiterbach/Calw 3.3.18). Lyrik.
V: Leben im Licht, Lyr. 82; Sein und
Werden, Lyr. 83.

Schumann, Thomas B.,
Literaturwissenschaftler, Publizist,

Schriftsteller; Kulturförderpr. d. St.
Hürth f. d. J. 1980, 81; EM Lit. Ges./
Freunde d. Stadtbücherei Köln;
Kiefernweg 11, D-5030 Hürth-Efferen,
Tel. (02233) 67282 (Köln-Lindenthal
6.2.50). Essay, Kritik, lit. Aufsätze.
V: Hans Bütow, Bio-Bibl. 74;
Plädoyers gegen d. Vergessen, Essays
üb. vergessene Autoren 79;
Asphaltliteratur, Essay üb. i. Dritten
Reich verfemte u. verfolgte Autoren 83;
Entdeckungen. Nachworte, Aufs. u.
Rezens. 84.
MA: (Nachw.) H. Kesser: Das Ver-
brechen d. Elise Geitler u. a. Erzn. 81;
(Nachw.) M. Scharpenberg: Mod. Kunst
im Bildgespräch, G. zu Kunstwerken 82;
Mitarb. an zahlr. Ztgn, wie: FAZ, Die
Zeit, Die Welt, Die Presse, Tagesspiegel
Berlin u.a.
H: Ernst Blass: Die Straßen komme
ich entlang geweht. Sämtl. G. (m.
Nachw. v. Th. B. Schumann) 80.
Lit: Erika Kip: Hinter d. Dinge
schauen in: Neues Rhld 24 Nr. 3 81.

Schumann, Werner *

Schuncke, Michael, Werbeberater u.
Dozent; Gesellschaft für deutsche
Sprache; Im Tal 109, D-4320
Hattingen 16, Tel. (02324) 40483
(Dresden-Blasewitz 8.5.29). Kurz-
erzählung, musikgesch. Arbeiten,
Firmengeschichte, Erforschung d.
Sprachwirksamkeit v. Texten.
V: Wanderer zwischen zwei Welten 75;
Sprecht die Sprache der Adressaten 83.
MA: Sammelbände d. Robert-
Schumann-Gesellschaft, Leipzig I u. II;
Zwischenräume u. Stationen, ein
Verpackungskonzern in seiner Zeit; seit
77 sprachwiss. Unters. v. Texten auf
Gesamt-, Satz- u. Wortwirkung.

Schunk, Horst, Fotograf u.
Fahrlehrer; Kasernenstr. 22, D-8630
Coburg, Tel. (09561) 94285 (Coburg
25.11.48). Lyrik, Kurzgeschichten (in
Verbind. m. Fotografie).
V: Über die Natur, Lyr. m. Fotografien
83. — **MV:** Alles was bleibt, Lyr. m.
Fotos u. Zeichn. 81.

Schupp, Otto; Spitalmühlweg 6, D-
6740 Landau i.d. Pfalz.
V: Sehnsucht nach dem Lied der
Lerche, Skizzen u. Erzn. 80. ( )

Schurig, Gertrud Agnes Anna,
Realschullehrerin a. D.; Lit.pr. d. dt.
Kulturwerkes Europ. Geistes 80;
Gesellschaft zur Pflege d. Märchengutes
d. europ. Völker; Körnerstr. 10/I., D-2400
Lübeck, Tel. (0451) 51917 (Lübeck 8.6.22).

Drama, Lyrik, Hörspiel, Märchen,
Aphorismen, Satire, Erlebniserzählung,
Rätsel.
V: Freveltroll, Naturschutzfibel 61;
Freunde am Wege 61; Zwiesprache 71;
Straße des Lebens 72; Samen im Wind
75, alles Lyrik; Der Pilzkönig und
andere Märchen, M.bd 75; Licht und
Schatten 80; Sonne in Dir 82; Erfüllter
Tag 82, alles Lyrik; Unsere Nothelfer 82;
Empfindung und Gedanke, Lyrik 83. —
10 Kindersp.hefte, u.a.: Die Fliegenfalle;
Die Reise nach Afrika.
MA: G. u. Prosa in Anth. u. Zss.

Schuster, Emil, Lehrer; Am Mönchhof
43, D-6707 Schifferstadt, Tel. (06235) 5646
(Schifferstadt 4.2.21). Roman, Hörspiel.
V: Die Staffel, R. 58, 59; Randfiguren,
R. 60; Drei Frauen, Erzn. 82.
R: Der Heimweg; Der Schrank; Der
Fremde; Das Lehrerzimmer, alles Hsp.

Schuster, Gaby, Redakteurin;
Jägerweg 29, D-8011 Egmating, Tel.
(08095) 1254 (Unterthingau/Kr. Ostallgäu
9.10.48). Roman, Novelle, Kinderbuch,
Übers. **Ue:** E.
V: Der Schatten mit den scharfen
Krallen 80; Krankenschwester
Christine: Der Tag, der alles veränderte
80, Alarm auf der Station III 81. ( )

Schuster-Ittlinger, Emilie *

Schuster-Schmah, Sigrid, Dipl.-
Bibliothekarin; VG Wort 77, VS 78;
Auswahlliste z. Dt. Jgdb.pr. 79, Aus-
zeichn. bei Autorenwettbew., Aufn. in
Auswahlverz.; Arbeitskr. f. Jugendlit. 76,
Lit.-Zentrum Rhein-Neckar 78;
Theodor-Storm-Str. 6, D-6800
Mannheim 51, Tel. (0621) 796639
(Breslau 31.3.33). Jugendbuch, Hörspiel,
Rezension.
V: Mädchen heiraten ja doch,
Mädchenb. 75; Staatsangehörigkeit:
griechisch, Jgd-R. 78 (auch dän.), Fsf 80;
Der Leserattenfänger, Bilderb. 79; Ich
laß' von mir hören, Jgd.-R. 81.
R: Die Gleichberechtigung von Mann
und Frau 69.
Lit: Gerda Neumann: Das Porträt d.
Frau in d. zeitgenöss. Jgdlit. 77; Malte
Dahrendorf in: Lex. d. Kind.- u. Jgd-Lit.
Bd. II 77, Das Mädchenbuch u. seine
Leserin 3. Aufl. 78; Praxis Deutsch,
Sonderh. 80.

Schutting, Jutta, Dr. phil.,
Gymn.lehrer; P.E.N. 73, GAV 79;
Förderungspr. z. Staatspr. (Sparte
Lyrik) 72, Förderungspr. d. Ldes Nieder-
österr. 73, Förderungspr. d. Stadt Wien f.
Lit. 74, Würdigungspr. 81; Saarplatz 2/30,

A-1190 Wien (Amstetten/NÖ. 25.10.37).
Lyrik, Erzählung, Prosatext, Essay, Hörspiel.
V: Baum in O, Prosatexte u. Erzn. 73;
In der Sprache der Inseln, Lyrik 73;
Tauchübungen, Prosa 74; Parkmord,
Erzn. 75, 77; Lichtungen, Lyrik 76;
Sistiana, Erzn. 77; Steckenpferde,
poetolog. Texte 78; Am Morgen vor der
Reise, R. 78; Der Vater, Erz. 80; Der
Wasserbüffel, Erzn. 81; Liebesgedichte
82; Liebesroman 83.
MA: Daheim ist daheim, Anth. 73; Da
nahm der Koch den Löffel, Anth. 74;
Winterspiele, Anth. 76; Dt. Erzählungen
aus drei Jahrzehnten, Anth. 77;
Glückliches Österreich, Anth. 77; Kindheitsgeschichten, Anth. 79.; Karol
Sauerland: J. S. in: Krit. Lit.gesch.
R: Turmbesteigung 74; Neuhaus 75,
beides Hsp.
Lit: Sigrid Schmid, Möglichkeiten
(Zur Prosa von Jutta Schutting):
Stuttgarter Arbeiten zur Germanistik 4
76; Karl-Heinz Rossbacher, Zur
Rezeption Adalbert Stifters bei Jutta
Schutting.

Schwaar, Hans Ulrich, Schriftsteller;
Be.S.V. 79; Lit.pr. d. Kt. Bern 82 (f. d.
Übers. v. "Aline"); Dorfberg, CH-3550
Langnau, Tel. (035) 22924 (Sumiswald
31.1.20). Kurzgeschichten, Lyrik. **Ue:** F.
V: C. F. Ramuz u. seine Welt aus d.
Sicht seiner Illustratoren, Ess. 78;
Aemmegrien, Mda.geschn. 79, 3. Aufl. 83;
Zw. Nacht u. Tag, Geschn. u. Ber. 80;
Ghoblets u. Unghoblets, Mda.geschn. 82.
Ue: C. F. Ramuz: Ds Dörfli, Lyr. 77, 2.
Aufl. 78; Jean-Luc persécuté u. d. T.:
Hans-Jogg 78; Aline u. d. T.: Lineli 81; Di
grossi Angscht i de Bärge 82.

Schwab, Günther, Prof., Forstverwalter a.D.; ÖSV 48, SÖS; Filmpreis
Bambi f.: Förster vom Silberwald 56; Dt.
Akad. f. Bild. u. Kunst 71;
Hinterholzerkai 32, A-5033 Salzburg
(Prag 7.10.04). Roman, Novelle, Essay,
Film, Hörspiel. **Ue:** F.
V: Abenteuer am Strom, R. 35, 82; Der
Wind über den Feldern. E. Buch v. Erde,
Weite und Himmel 37, 71; Kamerad mit
dem haarigen Gesicht, Gesch. e. Hundes
41, 79; Das Glück am Rande. Buch v.
Tieren, Bergen u. Einsamkeit 49, 69;
Land voller Gnade. Von Wäldern,
Wassern u. Wildnis 52, 68; Der Förster
vom Silberwald, R. 56, 79; Wer die
Heimat liebt, R. 58; Herz auf vier
Beinen, R. 59; Der Tanz mit dem Teufel,
R. 58, 82 (auch holl., span., schwed., finn.,
franz., engl., tschech.); Des Teufels

Küche, R. 59 (auch franz., ital.); Trost bei
Tieren, R. 60; Der Toni und seine Berge,
R. 60, 66; Die grüne Glückseligkeit, R. 60;
O könnt ich jagen in Ewigkeit, R. 63; 7
Dackel und Marisa, R. 65, 82; Des
Teufels sanfte Bombe, R. 67, 80 (auch
franz.); Die Leute von Arauli, R. 76;
Schicksal in deiner Hand, R. 73; Heute
kann man darüber lachen ..., R. 79; Das
Leben ist groß 79; Schwer ein Mensch
zu sein 80.
F: Der Förster vom Silberwald 55; Wo
die alten Wälder rauschen 56; Das
heilige Erbe 57; Wer die Heimat liebt 59.
R: Natur oder Mensch, wer ist
stärker?, Dezernat Lärm 59; Der Angriff
auf das Leben 60; Interview mit dem
Teufel 60.
Ue: Dominique Dunois: Georgette
Garou u.d.T.: Ein starkes Herz 37.

Schwab, Manfred, M.A., Soziologe;
Werkkr. Lit. d. Arbeitswelt seit 72;
Neusles 4, D-8554 Gräfenberg, Tel.
(09192) 7203 (Coburg 13.10.37). Lyrik.
V: z.B.-Zum Ballspiel, Lyr. 74; Literar.
Karikaturen, Lyr. 75;
Naherholungsräume, Lyr. 78.
H: & viele andere, Texte u.
Materialien aus d. Sprachwerkstatt
1972-1977 78; Blaue Zipfel, G. aus d.
Sprachwerkstatt 1972-1982 83; Nürnberger Leseb. aus d. Arbeitswelt 83.

Schwabe, Hansrudolf, Dr. rer. pol.,
Verleger; P.E.N. 56; Benkenstr. 79, CH-
4054 Basel (Basel 2.2.24). Essay, Lyrik,
Satire. **Ue:** H, F, E.
V: Die eiserne Straße 47; Die Niederlande, Zwischen Meer und Heide 52;
Das Schaffende Basel 57; Schweizer
Bahnen damals 74; Städte und Berge
der alten Schweiz 75; Schweizer
Straßenbahnen damals 76; Basel-Bâle
76.
MH: Scheik Ibrahim (Johann Ludwig
Burckhardt): Briefe an Eltern und
Geschwister, m. C. Burckhardt-Sarason
56.
Ue: B. Wilhelm: Isabeau mein Rößlein
61; Aliki: Wilhelm Tell 62, u.a.

Schwacke, Peter, c/o Suhrkamp-Verl.,
Frankfurt a.M..
V: Carte blanche, Erzn. 83. ( )

Schwärzer, Hans, s. Schwärzer,
Johann.

Schwärzer, Johann (Ps. Hans
Schwärzer), Dr., Architekt; Südtiroler
Autorenvereinig. 80; 1. Pr. f. Einakter, 3.
Pr. f. Kurzprosa, Lit. Wettbewerb Kreis
für Lit. im Südtiroler Künstlerbund 78;
Untergasse 18, I-39030 Gais, Tel. (0474)

54256 (Gais/Südtirol, Ital. 19.12.52).
Drama, Kabarett, Lyrik, Kurzprosa,
Hörspiel.
V: Trinken. Kein ländliches Lustspiel,
Dr. 81.
R: Die Leit redn, Hsp m.a. 76; Das
Büchergeschäft, Sketch 81; Sell dersch
net sogn, Ander, Sketch 83.
Lit: Wilhelm Bortenschlager: Tiroler
Drama und Dramatiker im 20. Jh. 82.

Schwaiger, Brigitte; P.E.N. Club 77;
Schottenfeldgasse 55/6, A-1070 Wien
(Freistadt/Oberösterr. 6.4.49). Roman,
Theaterstück, Hörspiel, Übers. **Ue:** S.
V: Nestwärme 76; Steirerkostüm,
Büroklammern, Kleines Kammerspiel,
Liebesversuche 77 — 80, alles Einakter;
Wie kommt das Salz ins Meer, R. 77;
Mein spanisches Dorf, Erzn. 78; Lange
Abwesenheit, Erz. 80. — **MV:** u. **H.:** Die
Galizianerin, m. E. Deutsch 82.
R: Murmeltiere; Die Böck, die Kinder
u. die Fisch, beides Hsp.
Ue: Ricardo Talesnik, La fiaca u.d.T.:
Unser täglich Sandwich 76 u.a.

Schwalm, Jürgen, Dr. med.,
Dermatologe; BDSÄ 75, FDA 76;
Thomas-Mann-Ges. 76, Kr. d. Freunde
77; Sandstr. 16, D-2400 Lübeck 1, Tel.
(0451) 77267 (Leipzig 29.1.32). Lyrik,
Novelle, Essay.
V: Aus Nimmermehr ein Immermehr,
G. 77; Drehzeit, Prosa-Lyr. 78;
Archaische Träume, Lyr. u. Prosa 80;
Terminverschiebung, Erz. 81; Farb-
wechsel, Lyr. u. Prosa 82. — **MV:** Aus
den Gebirgen der Schwermut ins große
Crescendo, G. m. Antwortg. v. Marianne
Junghans 77.
Lit: Dietmar Schultheis: Das Gestein
d. Worte u. Bilder aufbrechen in:
Deutsches Ärzteblatt 80; Literat in
Lübeck: J. S. in: Lübecker Altstadt-J. 83.

Schwamberger, Paula (Ps. Paula
Schwamberger-Mildner),
Rundfunkschriftstellerin, Pensionistin;
Der Kreis 71; Neusiedlerstr. 30, A-2340
Mödling, Tel. (02236) 2539 (Mödling b.
Wien 10.12.02). Drama, Lyrik, Roman,
Novelle, Hörspiel.
V: Licht u. Schatten, Lyr. 71;
Huckepucks Abenteuer u.
Schelmereien, Kinderb. 72; König
Bumm, Kinderb. 74; Zwei Dutzend
kunterbunte Kleinigkeiten, Kurzgeschn.
75; Die goldene Schaukel, Geschn., M.,
Sagen etc. 76.
R: 52 Hsp. u. Sketche seit 47; u. a.:
Lachen ist b. Strafe verboten 56; Das
hüpfende Dorf 57, 62.

Schwamberger-Mildner, Paula,
s. Schwamberger, Paula.

Schwanda, Hilde, Kaufm. Angestellte;
Kg., GEMA, VG Wort; Anerkenn.
Lyrikwettbew. d. Zs. "Das Boot" 76,
Ernster Lyrik Kr., Katakombe, Littera
e.V. 83; Postf. 140609, D-8000 München 5
u. Wieskirchstr. 2, D-8000 München 90,
Tel. (089) 6908914 (Oderberg/Sudetenld.
5.4.35). Lyrik, Novelle, Hörspiel.
V: Tausend Masken, kein Gesicht,
Satire u. Lyr. 76.
R: Klänge, Hsp. im Musicalstil 76 u.
78, Auszüge aus d. Buch "Tausend
Masken, kein Gesicht" in 4 Rdfk-Sdg 77;
Liedertexte m. Musik b. dt. Rdfk 74, 79,
81, b. öst. Fs. 77.

Schwantge, Andreas, Evangelist;
Robert-Mayer-Str. 11, D-7117 Bretzfeld,
Tel. (07946) 2927 (Halle/S. 28.3.53).
Erzählungen, Kurzgeschichte, Hörspiel,
Kinderbuch.
V: Unter Sklavenhändlern, Erzn. f.
Kinder 82; Susannes Vermächtnis 81;
Das Geheimnis d. Falkenburg 82; Der
unheimliche Erpresser 82; Der
Feuerteufel 82, alles Erzn. f. Kinder.
R: Am Abgrund, Hsp. 81.
S: Am Abgrund, Kass. 83.

Schwartz, Erika (Ps. Erika Petersen),
D-2077 Hohenfelde 9, Tel. (04154) 5249
(Borby, Eckernförde 1.11.13). Roman.
V: Die Herren auf Moorburg 77,
5.Aufl. 83, Tb. 80, 81; Die Erben von
Moorburg 78, 4.Aufl. 81, Tb. 81; Die
Frauen auf Moorburg 79, 3.Aufl. 83, Tb.
83, alles Familien-R.; Amor und der
Klabautermann, R., Tb. 82.

Schwarz, Alexandra, s. Schwindt,
Edeltraut.

Schwarz, Alice, s. Gardos, Alice.

Schwarz, Annelies, Lehrerin,
Batikerin; Auswahlliste Dt.
Jugendliteraturpr. 82, Tb. d. Monats 81;
Mainstr. 62, D-2800 Bremen 1, Tel. (0421)
502264 (Trautenau 20.10.38).
Jugendliteratur.
V: Wir werden uns wiederfinden 81,
3.Aufl. 83.

Schwarz, Annemarie, Schriftstellerin;
Am Schloßgarten, D-2900 Oldenburg/O.,
Tel. (0441) 504587 (Berlin 3.8.13). Lyrik,
Essay.
V: Kratzende Wolle, G. 77.
MA: Lyrische Texte 82.

Schwarz, Egon, Rosa May
Distinguished UProf. in the Humanities;
1036 Oakland Ave., St. Louis, Mo. 63122/

USA, Tel. (314) 9666436 (Wien 8.8.22).
Essay, Übersetzung. **Ue:** S.
V: Keine Zeit f. Eichendorff, Chronik
unfreiwill. Wanderjahre, Autobiogr.
80. — **MV:** On Four Modern Humanists
70.
s. a. Kürschners GK.

Schwarz, Elke, s. Schwarz-Fritz, Elke.

Schwarz, Erica, s. Zimmermann-
Schwarz, Erica.

Schwarz, Eumel, s. Gruber, Christa-
Ruth.

Schwarz, Eva, Bäuerin; Nr. 7, D-8531
Buchheim 7, Tel. (09847) 723 (Frankfurt/
M. 28.6.21). Lyrik.
V: Fang deinen Tag mit Gedanken an
78, 2. Aufl. 79. ( )

Schwarz, Fritz (Ps. Manfred Schwarz),
Redakteur, Dramaturg; Gr. Olten 70;
Zürcher Radio-Pr., Förder.beitr. d.
RegR. d. Kantons Solothurn,
Anerkennungspr. d. RegR. d. Kantons
Zürich; Schönhaldenstr. 31, CH-8708
Männedorf (Gerlafingen/SO 4.3.32).
Drama, Hörspiel, Fernseh,spiel, Prosa.
V: Eine Handvoll Menschen 60; Wer
schrie? 70; Helvetisches und anderes 71;
Der Mann des Möglichen, Bst. 72; Duell
im Park, Bst. 73; Entlassung, Bst. 74;
Freut Euch des Lebens, Bst. 75; Schulde
bringe Glück, musikal. Lsp. 77;
Montagspassion, Bü. 79.
R: Das andere Gericht, Hsp.; In den
Letzten Tagen des Herodes, Hsp.; Die
Hetze, Hsp.; Der Mann des Möglichen,
Hsp.; Kollergang, Fsp.; Wer schrie:
Kreuzige ihn!?, Hsp.; Iigschribni Brief,
Hsp.; Demokratie, Hsp.; Hetzjagd, Fsp.;
Treue, Fsp. 79; Helvetisches und
anderes, Rdfk.

Schwarz, Georg; VS Bayern; Kunstpr.
d. Stadt München f. Lit. 49, Tukanpr. d.
Stadt München 64, Pr. f. Lyrik d. Stift. z.
Förder. d. Schrifttums 68; Krennerweg
26, D-8000 München 71, Tel. (089) 794670
(Nürtingen/N. 16.7.02). Roman,
Erzählung, Lyrik, Essay, Hörspiel.
Ue: Schw.
V: Jörg Ratgeb, R. 37, 39; Pfeffer von
Stetten, R. 38; Tage und Stunden, R. 40;
Froher Gast am Tisch der Welt, G. 40;
Seltsame Gäste, Erz. 42; Die Heimkehr
des Melchior Hoffmann, Erz. 44; Die
ewige Spur, Ess. 46; Der Ring der
Peregrina, Erz. 47; In der Kelter Gottes,
Erz. 47; Rund um den Weinberg, Erz. 47;
Hans Holbein und sein Gast, Sp. 48;
Unter einem Baum, G. 49; Makarius, R.
49; Unterm Hundsstern, Erz.; Die Venus
von Milo, Erz.; Die Liebeskranke, G. 58;

Der Feuerreiter, Erz. 59; Tätowierte
Geschichten, Erz. 64; Das Sommerschiff,
G. 67; Goldstaub, Erz. 70; Geschichten
aus dem Unterholz, Erz. 70; Sizilien ist
mehr als eine Insel; Die Apfelranke, G.
H: Ludwig Uhland: Gedichte 42;
Christian Wagner: Der große Feier-
abend, G.-Ausw. 48; Wilhelm Waiblinger:
Gedichte 48; Eduard Mörike: Gedichte
49, Ausgewählte Werke 49 III; Wilhelm
Busch: Der Schmetterling 58; Carl
Michael Bellmann: Das trunkene Lied,
G. 53.
R: Sintelmann kommt; Merlin lacht
überall; Der weiße Adler; Die Tochter
der Wildnis, alles Hsp.
Ue: C. M. Bellmann: Gedichte. ( )

Schwarz, Günther Emil (Ps. John),
Oberst a. D., Verleger, Schriftsteller, D-
8101 Krün, Tel. (08825) 1366 (Elbing/
Ostpr. 25.7.95). Lebensweisheit, Mystik,
Geistige Heilung.
V: Die sieben Lebensbücher; Und
dann geschah das Wunder; Auf dem
Wege zum vollkommenen Leben.
S: John spricht mit dir; Ein sicherer
Weg zum glücklichen Leben wird dir
gezeigt!; Worte der Versenkung, alles
Tbkass.

Schwarz, Hans-Erich, ehem. leit.
Angest. in d. Industrie; Die Kogge seit
73; Auszeichn. durch d. Zs. "Polen" 63,
Mitbegr. d. Weilburger Kreises;
Heisterstr. 39, D-8500 Nürnberg, Tel.
(0911) 429341 (Nürnberg 10.10.11). Lyrik,
Essay, Novellen.
V: Südlich d. Sterne 73; Im
Windschatten d. Wortes 75; Griech.
Reise 77, alles G.; Tag der Sibylle,
Kurzgesch. 80; Endstation Jericho, G. 80;
Wege und Trittsteine, G. 83.
MA: Beitr. zu: Europa-Indien zwei
Welten in Briefen 61; Geschichte d. russ.
Kriegsgefangenschaft 62; Oskar
Kreibich: Profile d. Zeit 72; Lyrik
Anthologie 77; Prisma Minden 78; Die
Zeit verweht im Mondlaub 79; Haiku
(pocket-print-Reihe) 80; Haiku-Samml.
80; Unter dem Saumpfad 80; Träume
teilt der Wind 80; Auch im dunklen
Raum 82; Begegnungen und Erkun-
dungen 82; Der Mensch spricht mit Gott
82; Gaukes Jahrbuch 81-83; 4 Jahre
Mitarb. an: Bücherkommentare.
MH: Welt im Gespräch (Zs.) 62-64.
Lit: W. Bortenschlager: Dt. Lit. Gesch.,
Vom 1. Weltkrieg bis z. Gegenw. 78,
Erg.bd 81.

Schwarz, Hedwig; VS 52; Dt.
Shakespeare-Ges. 52; Hafflücke 18, D-
2391 Westerholz b. Langballig-

Dollerupholz (Hamburg 2.3.98).
Kurzgeschichte, Gedicht. **Ue:** E.

V: Variationen über das Thema "Sah
ein Knab ein Röslein stehn" im Stil von
35 deutschen Dichtern.

Ue: Shakespeare: Das Wintermärchen, Ein Sommernachtstraum, Die
Zähmung der Widerspenstigen, Maß für
Maß, Macbeth 37, 38; Der Sturm,
Komödie der Irrungen, Ende gut - Alles
gut, Verlorene Liebesmüh; Othello,
König Lear, Romeo und Julia, Coriolan,
Antonius und Cleopatra, Der Kaufmann
von Venedig, Was ihr wollt, Wie es euch
gefällt, Viel Lärm um nichts, Pericles
(von Tyrus), z. T. Nachdichtg; Sie weiß
ihn zu nehmen, Ue. u. teilw. Nachdichtg.
von: Oliver Goldsmith: She stoops to
conquer, u.a.; Mutter Gürtens Nadel,
Volkskom. 51. ( )

Schwarz, Helmut, Dr. phil., o. Prof.;
P.E.N., G.dr.S.u.K. 55; Dramatiker-
Förderungspr. d. ObÖst. Ldesreg. 55,
Dramatiker-Förderungspr. d. Stadt
Wien 57; Saliterg. 26, A-2380
Perchtoldsdorf, Tel. (0222) 868176 (Wien
31.5.28). Drama, Hörspiel, Fernsehspiel.

V: Das sind wir, Zeitrev. 48; Ein Mann
fällt aus den Wolken, Rev. 49; Menschen
in Not, Sch. 51; Seine letzte Berufung,
Sch. 52; Arbeiterpriester, Sch. 54; Das
Aushängeschild, Sch. 58; Die
Beförderung, Sch. 61, 63; Im Aschen-
regen, Sch. 61; Regie. Idee u. Praxis
mod. Theaterarb. 65; Das Fehlurteil,
Sch. 65; Auftrag Gerechtigkeit, Dr.-Bd.
71; Max Reinhardt u. d. Wiener Seminar
73; François, der Henker wartet, Sch. 76;
Das Narrenfest, Sch. 82.

R: Arbeiterpriester; Irgendwo zur
selben Stunde; Albinos, Umbruch; Der
Hund des Millionärs; Folgen eines Frei-
spruchs; Das Freundschaftsspiel; Die
Affen d. Kaisers; Flug nach Rio 82, u.a.
Hsp.; Die Enthüllung, Fsf.

Lit: Die Beförderung, Ausw.bd m.
Einleit. v. H. Gerstinger.

Schwarz, Ingrid Charlotte, Dr. phil.,
Elektrotechnik; V.G.S. 75; Mönchsberg
31, A-5020 Salzburg, Tel. (0662) 41371
(Aachen 5.1.37). Drama, Novelle, Essay.

V: Der Traum Wolfdietrichs,
Freilichtsp. 78; Mönchsbergblätter. Eine
Collage 80; Streifzüge. Salzburger
Spaziergänge, Feuilletonsamml. 83.

Schwarz, J. C., s. Schwarz, Joachim.

Schwarz, Joachim (Ps. J. C. Schwarz,
Carl-Jacob Danziger); SV-DDR seit 51;
Lit.pr. des FDGB 60; Postfach, c/o Büro
Erb im Ullstein-Taschenbuchverlag, D-

1000 Berlin 11 (Berlin 7.11.09). Roman,
lit. Reportage.

V: Der Befreiungskampf d. jüd.
Volkes, lit. Rep. 50; Der neue Direktor,
R. 61; Ungewöhnliche Kirmes, R. 61; Die
Jubiläumsuhr, R. 62; Das gespaltene
Herz, R. 62; Die sechste Kolonne, R. 63;
Die Partei hat immer Recht, autobiogr.
R. 76, Tb. 80; Falscher Salut, autobiogr.
R. 77, Tb. 80; Kein Talent für Israel,
autobiogr. R. 80. ( )

Schwarz, Karl, c/o Schweizer
Autoren-Verlag, Schaffhausen, Schweiz.

V: Ein Dorf will leben, R. 81; Palmen
und ein Cheminée mit Olivenholz, Erz.
82. ( )

Schwarz, Lieselotte, Malerin; Grand
Prix auf d. Biennale Illustration
Bratislava 73; Maximilian Ges.
Hamburg, Bund Dt. Buchkünstler
Offenbach; Solmsstr. 4, D-6200
Wiesbaden, Tel. (06121) 307318 (Liegnitz
6.10.30). Bilderbuch.

V: Leiermann dreht goldene Sterne
59; Der Rattenfänger 70; Der Traum-
macher 72; Zauber 74; zahlr. andere
Bilderbücher, u.a.: Ich bin der König
Liebel.

Lit: Klaus Doderer/Helmut Müller:
Das Bilderbuch 73.

Schwarz, Manfred, s. Schwarz, Fritz.

Schwarz, Margot; P.E.N.;
Zürichbergstr. 46, CH-8044 Zürich
(Lenzburg/Schweiz 6.2.07). Roman,
Novelle, Essay, Reisebericht. **Ue:** F.

V: Der Engel schwieg, R. 41; Clair-
champ, R. 50; Die Geschichte meiner
Freundin u.a. Erzn. 48; Begegnung mit
Pan, R. 51; Spanien, Reiseb. 51; Die Flut,
N. 52; Tobias, N. 56; Reisen in Südfrank-
reich 57; Armes reiches Ostasien, Reise-
skizzen 61; 11 kochlustige Leute 77
Rezepte 74. — **MV:** New York, m. Victor
Surbeck 61.

Ue: Louis Gaulis: Anton oder der vollkommene Diener 66. ( )

Schwarz, Maria-Gabriele, Hausfrau;
Rodigallee 31, D-2000 Hamburg 70
(Hamburg 17.8.25). Lyrik, Roman,
Novelle.

V: Lach mal, s-teifes Hamburg!,
heitere Alltagsgesch. 76. ( )

Schwarz, Marta, Redakteurin a.D.;
Friedenstr. 8a, D-7600 Offenburg, Tel.
(0781) 37302 (Gengenbach/Schw. 8.10.09).
Lyrik.

V: Poetischer Imperativ, G. 82.

Schwarz, Stefan, Dipl.-Ing., Journalist;
Träger d. Bayer. Verdienstordens 69,
Bdesverd.kr. I. Kl. 73, Bürgermed. d.

Stadt Straubing 79; Mitgl. d. Beirats d.
Akad. f. Polit. Bild., FSK 77;
Gabelsberger Str. 16, D-8440 Straubing,
Tel. (09421) 31930 (Krenau/OS 12.10.10).
Roman, Novelle. **Ue:** Tsch, P.

V: Thomas G. Masaryk 49; Die Juden
in Bayern im Wandel d. Zeiten 63; Sage
nie, du gehst den letzten Weg, R. 71;
Synagoge in Floss/Opf. 72; Aus der
Geschichte der Juden in Straubing 68;
Rothenburg ob der Tauber 74.

MA: Jewish Frontier 46, 48; Von
Juden in München 59; Die jüdische
Gedenkstätte in Dachau 72.

R: Schatten über Dachau 70.

Schwarz, Winfried, Dipl.-Soziologe,
Dr.phil.; Markgrafenstr. 13, D-6000
Frankfurt a.M. 90, Tel. (0611) 778261
(Mainaschaff b. Aschaffenburg 9.2.48).
Roman.

V: Aufbruch. Aus d. Leben d. Karl
Marx, R. 82.

Schwarz, Wolfgang, Dr. phil. habil.,
Schriftsteller; VS 53, Kogge, Kg.;
Schillerpreis 54, Goethering 54, Thomas-
Mann-Ehrengabe 55, Friedlandpr. d.
Heimkehrer 60, Lit. Pr. d. Pfalz 60, Stip.
d. Villa Massimo 62, Andreas-Gryphius-
Pr. (Ehreng.) 63, Herm.-Sinsheimer-Pr.
83; Lit.Ges. d. Pf., Dt. Akad. f. Schöne
Künste Rom; Bölckestr. 13, D-6740
Landau i.d. Pfalz, Tel. (06341) 7109
(Tarnowitz/OS. 15.5.16). Drama, Lyrik,
Roman, Essay, Hörspiel. **Ue:** R, I, E.

V: Die Komödie des Satans, G. 54; Des
Ostwinds eisiger Psalm, R. 55;
Lubljanka-Ballade, Dr. 56; Die unsicht-
bare Brücke, R. 58; Der arme Odysseus,
Dr. 59; An der Schwelle, Ess. 61; Kreuz-
weg der Karawanen, R. 63; Abschied
von Ithaka, G. 63; Sonette aus Athen, G.
65; Von Kaim nach Karuba, Erzn. 66;
Die unheiligen zwei Könige 67;
Gespräch über die Dummheit 69; Die
Kultur der deutschen Kriegsgefangenen
in der Sowjetunion 70; Die sieben
Geschichten, Erz. 72; Kosaken, R. 76;
Das Leben d. Willibald Ganger, Erz. 78.

H: Dies Land ist weit. Briefe russ.
Menschen 59; Indien - Europa. Zwei
Welten in Briefen 61; Die Flucht und
Vertreibung aus Oberschlesien 65; Ihre
Züge haben keinen Fahrplan, Hsp. u.
Funkerz. 71.

R: So blind sind wir Menschen 59;
Dichter sterben auf dem Bahnhof 61.

Ue: Die zerbrochene Leier des Ostens,
Lyr. Dokumente aus Sowjetrußland 55;
Salvatore Quasimodo: Anita Ekberg 66.

Lit: Windfried Scholz: Der Lyriker
Wolfgang Schwarz 67; Wolfgang

Schlegel: Der Dichter Wolfgang
Schwarz 76.

Schwarz-Fritz, Elke (Ps. Elke
Schwarz), Verlegerin u.
Industriekaufmann; Am Altenberg 7, D-
7570 Baden-Baden-Neuweier, Tel.
(07223) 6923 (Lahr/Schwarzw. 16.4.52).
Lyrik, Roman.

V: Die Natur ruft, Lyr. 74.

Schwarzbauer, Helga; St.S.B. 65;
Lit.förder.pr. d. Stadt Graz 80;
Naglergasse 69, A-8010 Graz, Tel. (0316)
79877 (Graz 24.8.19). Lyrik, Novelle,
Hörspiel.

V: Stufen zum Ich, G. 66; Wermut,
Sekt u. Tränen, Erz. 78.

MA: Dichtung aus der Steiermark 71;
Wie weise muß man sein, um immer gut
zu sein, G. 72; Erdachtes - Geschautes,
N. 75; Schnitt einer Aussicht, G., N. 75;
Sag nicht morgen wirst du weinen,
wenn du nach dem Lachen suchst, G. 82.

Schwarzbauer, Heribert, Dr. phil.,
Redakteur; Gold. Ehrenzeichen d. Ldeshauptstadt Graz 82; Naglergasse 69, A-
8010 Graz, Tel. (0316) 79877 (Graz
13.1.22). Roman, Novelle, Essay.

V: Menschen ohne Angesicht, R. 50;
Reisehandbuch Steiermark, Ess. 62. —

MV: Heilige Heimat - Lebendige
Kirche, Ess. 57; 850 Jahre Stadt Graz,
Ess. 77.

H: Bruno Ertler: Das klingende
Fenster, Ausw. 57; Friedrich Sacher:
Leben, das dank ich dir, Anth. z. 80. Geb.
79.

Schwarzberg, Hans; Gutsstr. 10, D-
6446 Nentershausen/Hess. 1, Tel. (06627)
776 (Rheinberg 25.3.11). Gedicht.

V: Zuspruch. G. u. Reflexionen 78;
Begrenzter Aufenthalt, G. 82.

Schwarze, Dieter, Fernsehregisseur;
P.E.N. 70; Förder.pr. f. Lit. d. Ldes NRW
57, Sonderpr. f. Drehb. u. Regie
Montreux 78; Anterskofen 3, D-8386
Reisbach/Vils, Tel. (08731) 8482 u. 3779
(Münster/Westf. 30.8.26). Lyrik,
Erzählung, Bühnen- u. Filmbearbeitung.

V: Flügel aus Glas, Verse 55; Clowns,
Verse 56; Tröste, blasse Straße, Verse 56;
Der Stiefel ist vergiftet, Prosa 59;
Heimweh nach d. Weiten, Prosa 60;
Jeder ist Columbus, Verse u. Prosa 65;
sterben üben — was sonst, Epigramme
73; Memoriermurmeln, Verse 80; Die
Brandebusemanns, Erzn. 80; Ludwig
Leiserer, R. 81; Mein lieber Wilhelm,
Prosa 82; Busch, Wilhelm, 55, erreicht
sich selbst, Szenen 82; Caspar Clan,
Verse 83; Vom ungeheuren Appetit,

Leseber. üb. Ringelnatz 83. — **MV:** Peter Hilles ausgewählte Werke 60; M.v.d. Grün: Feierabend 69; G. Schwarze: Münster (G.zyklus) 75.

R: Sag mir wenn ich sterben muß 73; Entscheidung im Zirkus 73; Westfälische Schelme 76, alles Fsf.; Busch, Wilhelm, 55, erreicht sich selbst 82; Meersburg 83, beides Hsp.

Lit: S. Kienzle Dok.f. üb. d. Theaterarb. in Castrop-Rauxel.

Schwarzenau, Paul, Dr. theol., Prof., Hochschullehrer; Lübecker Str. 28, D-4600 Dortmund 1, Tel. (0231) 524736 (Hörde 19.9.23). Lyrik.

V: Schichtungen. Gesänge v. Christus, Lyr. 73.

MA: Beitr. in: Das unzerreißbare Netz 68; Gott im Gedicht 72; Nichts und doch alles haben 77, alles Lyr.-Anth.; Psalmen vom Expressionismus bis zur Gegenw., Lyr. 78; Frieden und noch viel mehr 82.

Schwarzenberg, Adolf, Pfarrer a.D., freier Schriftsteller, Puppenspieler; Ehrenpr. d. Univ. d. Chile 66; Soc. de Escrit. de Valparaiso, Soc. de Aut. Teatr. d. Chile; Casilla 970, Viña del Mar/Chile, Tel. 63611 (Valdivia 23.3.09). Gedicht, Novelle, Erzählung, Bühnenspiel. **Ue:** S.

V: Quintrala, Puppensp.; Im Nebel der Kugelsterne; Don Illan, Großmeister von Toledo, u.a. Puppensp.; Die Heimatsuche, N. 70; Der Richter, religiöses Marionettensp.; Unter neuen Sternen, G.; El carretonero, N.; Simplemente vida, G.

R: Vagabunden, u.a. Hsp. u. Fsp.

Schwarzenberger, Ingeborg; Fürstenstr. 13, D-8960 Kempten, Allg.. **V:** Der Albatros, G. 82. ( )

von Schwarzenfeld, Gertrude, s. de Alencar, Gertrude.

Schwauß, Maria, Schriftstellerin; SV-DDR; Pillnitzer Landstr. 15, DDR-8054 Dresden, Tel. (051) 36086 (Bautzen 11.4.89). Roman, Novelle. **Ue:** S (Lateinam).

V: Tropenspiegel, Tageb. einer dt. Frau in Guatemala 40, 49; Im Banne der Vulkane, Erzn. 42; Lateinamerikanisches Sprachgut I: Wörterb. d. regionalen Umgangsspr. in Lateinamerika, Amerikaspanisch Deutsch 76/77, II: Wörterb. d. Flora u. Fauna in Lateinamerika, Amerikaspanisch Deutsch 70/71.

Ue: Atlantik-Buchreihe 48 — 49 IV; Ciro Alegria: La serpiente de oro u.d.T.: Menschen am Marañon, R. 53; Hungernde Hunde, R. 57; Pablo Neruda:

Jose Venturelli, Lebensbild 56; Fallas: Mamita Yunai u.d.T.: Die grüne Hölle, R. 53; Frida Kahlo: Diegos Bildnis, Ess. 61; Diego Rivera: José Guadalupe Posada, Ess. 62; Antonio Rodriguez: Der Mensch in Flammen. Die Wandmalerei in Mexiko von d. vorspan. Epoche bis z. Gegenwart 67 II; Ramón Gómez de la Serna: El Greco, der hellwache Träumer 82.

Schwebell, Gertrude Clorius, Schriftstellerin, Übersetzerin; VS (VDU); Am. Translators Ass., c/o Dt. Taschenbuch Verlag, München (Diller/Nebraska, USA).

MA: versch. am. Enzyklopädien, Anth. u. Zss.

H: Die Geburt des modernen Japans 70, 81 (m. Einl.).

Ue: Wm. Carlos Williams: New Places - Neue Orte, G. 66; John Berryman: Huldigung für Mistress Bradstreet 67, weitere Übers. in USA. ( )

Schwede, Alfred Otto, Pfarrer, freier Schriftsteller; Übers.-Pr. Volk u. Welt 78, Theodor-Fontane-Pr. 78; Fr.-Engels-Str. 33, DDR-1406 Hohen Neuendorf (Haynburg 16.4.15). Roman, Erzählung, Reisebuch, Biographie. **Ue:** Schw, N, D, E, F, Fin.

V: Laestadius, der Lappenprophet, R. 53, 59; Kinder eines Vaters, Erz. 53, 66; Freundschaft mit Silvester, Jgdb. 54, 55; Neue Wege mit Silvester, Jgdb. 56, 57; Jungs, Deerns und Pastor Poggenkamp, Jgdb. 56, 57; Meister Olof im Korbe, R. 57, 58; Ein Mann ohne Furcht, R. 58, 59; Unterwegs zu fernen Brüdern, Reiseb. 59; Eines aber fehlt dir, R. 59, 60; Ist er nicht der Zimmermann, Erz. 60, 65; Sie kamen aus dem Torne-Tal, Erz. 61; Traianu und die Bärin, Erz. 61, 65; Abdi, der Kameltreiber, R. 62, 66; Die den Erdkreis erregten, Erz. 62, 66; Die Sünde des Bischofs Nikola, Erz. 62, 63; Zum Leben hindurchgedrungen, Erz. 64; Die Padres von San Blas, Erz. 64; Auf fremden Straßen, Reiseber. 64; Einer von des Rabbis Söhnen, R. 65; Im dritten Examen, Erz. 65; Voller Freud ohne Zeit, Erz. 65; Glory, glory, hallelujah, R. 66; Ein Mönch ging nach Hause, R. 66; Kubanisches Tagebuch, Reiseb. 67; Nathan Söderblom, Biogr. 67, 69; Geglaubt von der Welt 67; Zum Schaffen freigekauft, R. 68, 70; Karelische Legende, Erz. 68, 71; Bis hinauf zum Schneehuhnberg, Reiseb. 70; Die Väter aßen saure Trauben, R. 70, 71; Das Leben des Kaj Munk, Biogr. 70, 71; Der Swimmingpool, Erz. 70; Die

Abraham Lincoln Story, R. 71; Sendbote der Freiheit, R. 73; Im Schatten der Macht, Erz. 73; Noah und die Arche, Erz. 73; Lappländisches Tagebuch, Reiseb. 73; Der Widersacher, R. 74; Geliebte fremde Mutter, R. 74; Schuster von Jerusalem, Erz. 74; Die Tagung, R. 75; Um Werk und Gnade, Erz. 76; Mässfall, Erz. 77; Der geerbte Esel, Erz. 77; Runenstein und Kreuzesfahne, Reiseb. 77; Insel mit runden Kirchen, Reiseb. 78; Gustav II. Adolf v. Schweden, Biogr. 80; Carl von Linné, der Blumenkönig des Nordens, R. 80; Der Bruder des Erwählten, R. 81; Abenteuer der Hoffnung, Erz. 82; Ich war des Sternenjunkers Narr, Erz. 83.

Ue: Artur Lundkvist: Indiabrand 53, Negerland u.d.T.: Begegnung mit Afrika 54, Der Verwandelte Drache 55, Vulkanischer Kontinent 57, Eine Windrose für Island, G. 62, Lockruf der Wildnis 62; Eivind Berggrav: Land der Spannung 59; Axel Hambraeus: Der Pfarrer in Uddarbo 60, Marit 62; Per Olof Ekström: Falter und Flamme; Liv Balstad: Ich lebte auf Svalbard 63; Björnson: Auf Gottes Wegen 63; Wassing: Die Spuren der Kindheit 64; W. Heinesen: Die verzauberte Licht 66; Lie: Ein Mahlstrom; Livsslaven: Sklave des Lebens 66; Blicher: Geschichten aus Jütland 66; Omre: Die Flucht 67; Wassing: Die Freistatt im Walde 68; Lidman: Gespräche in Hanoi 67, Ich und mein Sohn 69; Dahl: Adlerauge 70; Lidman: Mit fünf Diamanten 71; Sjören: Die Inseln vor dem Wind 71; Linna: Unbekannter Soldat 71; Hambraeus: Herbstlied aus Dalarna 71; Stig Hellsten: Dem Menschen nahe 72; Sara Lidman: Marta 72; Thor Heyerdahl: Ra-Expedition 73; Andreas Labba: Anta 73; Bengt Sjögren: Trümmer eines Kontinents 73; Leif Panduro: Die Fenster 73; Martin A. Hansen: Septembernebel 74; Bo Balderson: Der Minister und der Tod 74; Veijo Meri: Das Garnisonstädtchen 74; Olov Svedelid: Als vermißt gemeldet 75; Axel Hambraeus: Aino 76; William Heinesen: Erzählungen 77; Bengt Sjögren: Dunkles Afrika 77; Martin A. Hansen: Der Lügner 77; Kerstin Ekman: Bannkreise 77; Vic Suneson: Gegen Mitternacht 77; Lars Gyllensten: Im Schatten Don Juans 79; Stig Hellsten: Kirche im Aufbruch 79; Stig Dagermann: Gebranntes Kind 83. — **MUe:** Johan Borgen: Erzählungen 74; Norwegische Erkundungen 74; H. Scherfig: Der

verlorene Affe 75; Jaakko hat das Wort. Begegn. in Schweden, Repn. 79.

Schweden, Heinz; Lannesdorferstr. 10, D-5307 Wachtberg-Ließem, Tel. (0228) 342639.
V: Leev Tante Billa I 58, II 66, III 75.

Schwedhelm, Karl, Lektor; VS, P.E.N. 58; Akad. d. Wiss. u. d. Lit. Mainz; Im Bonich 74, D-7176 Braunsbach-Steinkirchen, Tel. (07906) 8284 (Berlin 14.8.15). Lyrik, Essay, Hörspiel. **Ue:** E, F.
V: Dichtungen der Marceline Desbordes-Valmore, G. 47; Fährte der Fische, G. 55; Woher jeder kommt u. wohin niemand zurück kann: Kindheit 78.
MA: Nelly Sachs zu Ehren 61; Unsere Freiheit morgen 63.
H: Verschollene u. Vergessene: John Henry Mackay 80. — u. **MA:** Propheten des Nationalismus 69. — **MH:** Lyrik aus dieser Zeit, m. Kurt Leonhard, Jahrb. 61, 63.
R: Gott der Schänken und Lieder (Carl Michael Bellman), u.a. Hsp.
Ue: Dennis J. Enright: Die lachende Hyäne 56; Edouard Glissant: Carthago 64; Dichtung der Touareg 76; Edouard Glissant: Gabelles 79.
Lit: F. Lennartz: Deutsche Dichter und Schriftsteller unserer Zeit 59; H. Kunisch: Hdb. d. dt. Gegenwartslit. 65.

Schweem, Chardy, s. Schweem, Richard.

Schweem, Richard (Ps. Chardy Schweem), Inhaber e. Speditionsfirma; Verb. Fränk. Schriftsteller 73; Edition Svenn Förderpr. 80; Hans Böcklerstr. 33, D-8709 Rimpar, Tel. (09365) 1544 (Bremen 3.3.14). Lyrik, Roman, Novelle, Essay.
V: Schwemm Globetrotter Serie 1973: I: Radio Ponte Touristico, Lyr. Glosse; II: die Lebensbeichte ..., R.; III: Brasilien — heute, poet.-lyr. Reiseskizzen, IV: Europa-Brasilien-Rezept: Ordnung zu machen, Krim.-kom., V: Hanseat. Liebesmahl; Samisdatschni, lyr. Glosse 81.

Schweer, Michael, c/o Scherz-Verl., Bern, Schweiz.
V: Wie kommt die Kuh aufs Dach, heiter-besinnl. Dorfgeschn. 83. ( )

Schweickert, Walter, freier Schriftsteller; SV-DDR 50; Vaterländ. Verdienstorden in Bronze als Mitgl. d. Kollektivs z. Entwickl. d. Hörspiels 61, Internationaler Hörspielpreis 61; Mozartstr. 4, DDR-7113 Markkleeberg, Tel. (041) 314205 (Freiburg/Br. 26.8.08).

Roman, Kurzgeschichte, Hörspiel,
Fernsehspiel, Laienspiel.
V: Es hat einer roten Wein verlangt
53, 65 (auch rum., lett., estn.); Der Ochse
von Kulm 53, 56 (auch slowak.); Die
Akte Hackenberger, R. 59, 60; Groteske
Geschichten 60; Tatort Lehrerzimmer,
R. 60, 63 (auch slowak., bulg.); Der Senor
und die Punkte, Denksportb. 62; In
letzter Sekunde, Kinderb. 63; Der Mann,
der spurlos verschwand, Kinderb. 63;
Frauen wollen erobert werden 63, 64;
Fragezeichen und dergleichen, Denk-
sportb. 64; Kriminalkommissar K.
erzählt, Kinderb. 65, 66; Ich tat es für
Jim, R. 65, 66; Hochzeit mit Hinder-
nissen, Kurzgesch. 66; Verwegenes Spiel
am Atlantik, Kinderb. 67; Der Mann, der
Karate kannte 68. — **MV:** Guten Tag,
Herr von Knigge, m. Bert Hold 57,
21.Aufl. 72.
F: Der Ochse von Kulm, Spielf. 55;
Blinder Alarm, Puppentrickf. 55; Letztes
Fach unten rechts; Stacheltiere, u.a.
R: Herhören, hier spricht Hacken-
berger! (poln., tschech., mongol.); Der
Ochse von Kulm; Liebe, Medizin und
eine kleine Wohnung; Pickhuhns
Geburtstag; Der Weihnachtsmann lebt
hinterm Mond, alles Hsp.; Die letzte
Nacht (nach Rheinsperger); Nebel;
Truthahnstory; Ein gemütlicher Abend;
Woanders lacht man anders, alles Fsp.
S: Herhören, hier spricht Hacken-
berger 57.

Schweier, Gerhard, Stadtkämmerer;
Teckstr. 31, D-7920
Heidenheim a.d.Brenz, Tel. (07321)
327253 (Heidenheim 23.3.28). Heimat-
geschichte.
V: Namhafte Heidenheimer I 68.
H: Heidenheimer Chronik 1911 bis
1960 62; Heidenheimer Schäferlauf 74.

Schweiger, Harald, Dr. phil., Prof.,
wirkl. Hofrat, Naturschutzdir. v. Nd.-
Öst., ObMuseumsR., Geologe, Zoologe;
Fachgr. soz. Journalisten u. Schriftst. im
BSA 52; Theodor-Körner-Preis 64;
Michtnergasse 6, A-1014 Wien 21 (Wien
2.6.27). Essay, Novelle, Reisebericht,
Kulturfilm, Fernsehsendung, Jugend-
buch.
V: Moderne Türkei - osmanisches
Erbe, Reiseber., Erzn. 66; levend türkije,
Reiseber. 68; Land unter dem Regen-
bogen, Jgdb., Erzn. u. orient. Sagen 69;
Das kleine Käferbuch 73. — **MV:** Führer
durch die NÖ Landesausstellung 78.
H: Die Donauauen. ( )

Schweiggert, Alfons, Sonderschullehrer; Bestliste Dt. Jgdb.pr. 76;

Gstallerweg 6, D-8032 Lochham, Kr.
München u. Köferingerstr. 17a, D-8000
München 60, Tel. (089) 879549
(Altomünster 11.5.47). Kinder- u.
Jugendbuch, Lehrerhandbücher,
Gedichte in bayrischer Mundart,
Bavarica, Cartoons, Satire.
V: Schwarzer Mann 71; Teddybär u.
Junikäfer 74; Alfi, d. Superpiep 74;
Zauber-Carlo 74; Da Himmi is blau 74;
Nasenbohrer 75; D'Karwoch 75; D'Liab
is rot 76; Gauner, Gangster und
Ganoven 78; Die Kindheit Jesu 78;
Grantlhuaba 78; Tobis Turm 79; Mein
Dauerkalender 79; Das Badewannen-
buch 79; Das Löcherbuch 80; Eva
bekommt einen Goldhamster 80;
Simsalabimbam 80; Was Neu's vom
Grantlhuaba 81; Schritt für Schritt —
Von Zeit zu Zeit 81; Es war einmal ein
Märchenkönig 81; Alfons Schweiggerts
Geschichtenbuch 81; Tarzan kommt von
irgendwo 82; Märchenreise durch
Bayern 82; Standpunkte-Schwank-
punkte 82; Alles über den Wolpertinger
82; Ich schenk Dir was 83. — **MV:** Wer
viel fragt, kriegt viel gesagt 74; Das
Klabauterlottchen 75; Straßenbahn 1.
Klasse 75; Auch ein Elefant fängt klein
an 75; Zwiesel, Zwiedel, Poliwar 75; Zoo-
geschichte 76; Schwarzweiße
Geschichten 76; Kreuz und quer und
wer ist wer 76; Seht, wie die Zeit vergeht 76; Kinder erleben das Jahr 76;
Allerlei Beine 77; Das Affodil 78; Im
Zirkus Mikemakemaunz 78; Der blaue
Löwe u. unsere Heimat 78; Wir spielen
Geschichten 78 III; Deutschunterricht
— In der Praxis erprobt 78 II; Bilder-
geschichten — Neu 79/81 II; Sachunter-
richt — In der Praxis erprobt 80/82 II;
Ich bin da — Arbeitsheft f. Religion 80/
81 II; Mit dem Blauen Löwen sicher
durch den Straßenverkehr 80; A Liachtfleck fallt rein 80; Merchinger Hirten-
weihnacht 81; Tanz, Zottelbär, tanz 81;
Fit und gesund mit dem Blauen Löwen
81; Sonntag im Zoo 82; Seifnblasn fliang
rundum 82; Erzählen-Spielen-
Schreiben, Aufsatzerziehung 82; Mein
Weg in die Welt 82/83 IV.
MA: Am Montag fängt d. Woche an 73;
Die Straße, in der ich spiele 74; Werk-
stattbau — Alm. z. Kinderbuchszene
74; Die beste aller möglichen Welten 75;
Menschengeschichten 75; Sagst, wasd
magst 75; Neues vom Rumpelstilzchen
76; Sieh mal einer guck 77; Der
fliegende Robert 77; Das achte Weltwunder 79; Das Huhu 79; Teuflische
Jahre 76 — 80 VI; Das bayrische Kinderbuch 79; Gedichte f. Anfänger 80; Das

Schülerbuch 80; Das neue Sagenbuch 80; Der Sandmann packt aus 81; Wie man Berge versetzt 81; Mentor-Kalender 81/82; Frieden: mehr als ein Wort 81. — Textbeitr. in ca. 35 Schulb.
R: Schwarzer Mann 72; Badewasser kann recht nützlich sein 73; u.a.
Lit: Buchhändler heute 12 74; Bewältigung der Gegenwart? 74; Struwwelpeter u. Krümelmonster 74; Buchmarkt 3 75; Medien + Erziehung 2 77; Bull. Jugend u. Lit. 3 81; Lex. d. Kinder- u. Jgdlit. IV 82.

Schweizer, Barbara, s. Grün, Gertrud.

Schweizer, Edwin, Postbeamter; IGdA 78; Bockhornstr. 77, CH-8047 Zürich (Weinfelden/Thurg. 17.2.33).
Erzählungen, Kurzgeschichten, Feuilleton.
V: Der Wahnsinn geht zu Fuss, Erzn. 81.

Schweizer, Frank, s. Lukas, Josef.

Schwemer-Uhlhorn, Erna; am Försterland 36, D-2105 Seevetal 2-Fleestedt, Tel. (04105) 3620 (Rüstringen/Oldbg. 30.12.15). Belletristik, Jugendbuch.
V: Viel Vergnügen mit 'meinen' Pferden 59; Königreich Lasum 61; Zwei silberne Dosen 69; Ponyferien auf der Schlattenburg 72; Der Fluß der Zeit steht niemals still 74; Katrin und Fella 76; Rhapsodie in blue, Zt. 75/76; Zum Erfolg verurteilt 81. — **MV:** Ferien mit Pferden, Bildbd. 66.

Schwemmle, Annemarie (Ps. Annemarie Herleth); Enzring 30, D-7540 Neuenbürg/Württ., Tel. (07082) 1330 (Budapest 24.8.18). Lyrik, Erzählung, Schauspiel.
V: Zehn Gedichte 40; Auf einer Insel, G. 46; Das Neuenbürger heimatgeschichtliche Szenenspiel 77.
MA: Unsterblich schöne Schwestern, Frauenlyrik aus drei Jahrtausenden, Anth. 56; L'Espace culturel Franco-Allemand, Réception de la littérature française 81; Lyrische Texte, Anth. 82.
H: Das fremde Kind, 5 M. dt. Dichter 48.
Lit: R. Piper: Nachmittag, Erinnerungen 50.

Schwenda, Istvan, s. Schmidt, Uve.

Schwendter, Rolf, s. Schesswendter, Rudolf.

Schwenger, Hannes, Dr. phil.; dju 65, VS 71, Vors. VS Berlin 73 — 78; Pommerschestr. 12a, D-1000 Berlin 31,

Tel. (030) 8612611 (26.12.41). Essay, Feature, Prosa.
V: Das Weltbild des katholischen Vulgärschrifttums 66; Antisexuelle Propaganda. Sexualpolitik i. d. Kirche 69, 71 (auch ital., span.); Für eine IG Kultur. Die Gewerkschaftsfrage eine Bündnisfrage 71; Das Ende der Unbescheidenheit - Intellektuelle auf dem Weg zur Gewerkschaft 74; Schriftsteller und Gewerkschaft 74; Literaturproduktion zw. Selbstverwirklichung u. Vergesellschaftung 79; Untergang des Abendlandes durch Spinat 82. —
MV: Literaturproduzenten!, m. F. Benseler u. H. May 70; Einblicke, m. R. Kalbe 71; Die Ente vom 12. Julei, m. W. Hilsing 81 (auch dän.).
MA: Krit. Lex. z. dtspr. Gegw.lit. seit 78; Hdwb. z. polit. Kultur d. Bdesrep. Dtld 81; Kulturpolit. Wb. d. Bdesrep. Dtld u. d. Dt. Demokr. Rep. 83.
H: Berlin zum Beispiel. Lyrik, Prosa, Graphik aus beiden Teilen d. Stadt 64; Berlin im Widerstand 65; Worte des Regierenden Klaus 68; Berliner Wort-Führer 70; Autorenausbildung 73, 75; Solidarität m. Rudolf Bahro 78 (auch dän.); C. F. Treber, Sächsische Kindheit 80. — **MH:** Schreiben wie wir leben wollen 81; Die Stunde Eins 82.
R: Auszug aus dem Musentempel 75; Noch zehn Jahre bis zur Mediengewerkschaft? 75; Dichter oder Wortproduzent - Zum Berufsbild des Schriftstellers 76; Qualität ist, was ins Museum kommt 76; Nachhilfe in Sachen Kultur? Animator, ein neuer Beruf m. Problemen 79, alles Funk-Feature.

Schwenger, Wilhelm, Schriftsteller; D.A.V. 47; Löhberg 6, D-4330 Mülheim/Ruhr, Tel. (0208) 478246 (Essen 19.8.00). Roman, Reiseerzählung, Jugendbuch.
V: Im Schneesturm und Sonnenglanz, Reiseerz. 49, 54; Die unheimliche Kiste, Jgdb. 53, 73 (auch engl., jap.).

Schwenke, Holger; Wilsnackerstr. 33, D-1000 Berlin 21, Tel. (030) 3945697 (Gross-Ilsede 2.3.58). Lyrik.
V: Pik Bube, Lyr. 80.
MA: Einkreisung, Lyr.-Anth. 82.

Schwenn, Günther (Ps. f. Günther Franzke), Beirat Dram. U., Aufsichtsr. GEMA, EM 82, EM V. D. Textdichter; Gold. Nadel Dram. U., Ering GEMA, Richard Strauss-Med. 83; 8, Place du Marché, CH-1820 Montreux, Tel. (021) 632330 (Berlin 18.3.03).
V: Der Komödiant, Dramolett 23; Gesänge gegen bar, Chansons u. G. 31; Himmeldonnerwetter, Rep. 45; Das

Plagiat in Titel und Text, Ess. 59;
Zwischen sämtlichen Musen, Espresso-
Elegien 64. — **MV:** Da habt ihr den Sinn,
ein Schwanengesang 25; Hanne Sobek,
ein Leben für den Fußball; Herr Amor
persönlich, mus. Schw. 31; Ein reizender
Mensch, mus. Lsp. 32; Zehn Minuten
Glück, Optte. 33; Straßenmusik, mus.
Lsp. 34; Lauf ins Glück, Optte. 34; Der
Hochtourist, mus. Schw. 35; Ball der
Nationen, Optte. 35; Die Frau im
Spiegel, Lsp.-Optte. 35; Weisheit schützt
vor Liebe nicht, Kom. 35; Alles für die
Frau, Lsp.; Kleines Fräulein Unbekannt,
mus. Lsp. 36; Auf großer Fahrt, Optte.
36; Marielu, Optte. 36; Güldana, Optte.
37; Maske in Blau, Optte. 37; Viola,
Optte. 37; Paprika, Optte. 38; Melodie
der Nacht, Optte. 38; Der arme
Jonathan, Optte. 39; Die oder keine,
Optte. 39; Frauen im Metropol, Optte. 40;
Drei Paar Schuhe, Volksst. 40;
Heimkehr nach Mittenwald, Optte. 41;
Hochzeitsnacht im Paradies, Optte. 42;
Der goldene Käfig, Optte. 43; Wieder-
sehn macht Freude, Rev. 44; Nächte in
Shanghai, Optte. 47; Chanel No. 5, Optte.
48; Konfetti, Optte. 48; Fest in
Casablanca, Optte. 49; Premiere in
Mailand, Optte. 50; Versuchung der
Antonia, Optte. 50; Die Große Welt,
Optte. 51; Das Bad auf der Tenne, Sp.-
Oper 54; Die Jungfrau von Paris, Optte
69; Fanny Hill, Musical 72; Götter auf
Urlaub, Musical 72; Moral, Musical 74;
Wir spielen heute Robinson soll nicht
sterben, Musical 75; Wedding Mary, Rev.
76; Das Wirtshaus im Spessart, Musik.
Räuberpistole 77; Wie wird man
Minister, Musicalette 80.
R: Werk und Bildnis Heinrich
Schliemanns, Hsp.
MUe: Serenade in Texas, Optte. 51;
Fanny, Musical 55.

Schwenzen, Per; Greifensteinstr. 6, D-
8000 München 90 (Moss/Norwegen
3.2.99). Komödie, Novelle, Film, Hörspiel.
Ue: D, N, Schw.
V: Am Himmel Europas, Kom. 33; Jan
und die Schwindlerin, Kom. 36; So
kann's nicht bleiben, Kom. 37; Die weite
Reise, Kom. 43; Karthagische Komödie
48.
F: 13 Stühle; Die schwedische Nachtigall; Ich denke oft an Piroschka, u.a.
S: Die Tollheit der Schildbürger.
Ue: Knut Hamsun: Munken Vendt,
u.a. ( )

Schweppenhäuser, Hermann *

Schwerbrock, Wolfgang, Dr. phil.,
Redakteur; Isartalstr. 12, D-8000

München 2, Tel. (089) 331147 (Düsseldorf
16.12.19). Novelle, Erzählung, Essay.
V: Verlorene Insel, Erz. 43; Klüfte
Schründe, Labyrinthe, Erz. 54; Eine
Geschichte der dt. Literatur, Ess. 63;
Taucher im Höhlengrund (Neufass. d.
Erz. Klüfte, Schründe, Labyrinthe) 65;
Spionage im Atomzentrum, Erz. 68;
Proteste der Jugend, Ess. 68.
MA: Das andere Leben, Bücher d.
neuen Linie 43; Der Speicher, kl. Leseb.
49, 53.
H: Karl Marx privat. Unbekannte
Briefe 63.

Schwerla, Carl Borro; Gold. Med.
Bayer. Rdfk 76, Bdesverd.kr. 77, Tukan-
Lit.pr. 81, Ernst Hoferichterpr. 83;
Schraudolphstr. 13, D-8000 München 40,
Tel. (089) 2722831 (München 2.4.03).
V: Kanada im Faltboot, Reiseschild.
30; Punkt 6 der Tagesordnung, Kom. 35;
Der ewige Lausbub, Jgdb. 37; Mit'm
Schwerla quer durchs Münchner Herz,
Fundialoge 37; Sohlen u. Absätze,
Volksst. 37; Englisch in zehn Stunden,
Lsp. 39; Herzensnot in Wiesenrain, R.
39; Wastl in der Wand, R. 39; Graf
Schorschi, Lsp. 41; Das Engerl Mariandl,
Volksst. 46; Fliegen aus Ohio, R. 59; Die
Erbschaft aus dem 4. Stock, R. 61;
Märchen aus den Bergen, Kinderb. 62;
Ein langes Wochenende, Volksst. 69; Die
letzten Bayern, Erz. 70; Love-in, Kom.
71; Das weißblaue Kopfkissenbuch 71;
D. Erinnerg. d. Maria Lockenstösser, R.
72; Urlaub im Gebirge, Lyr. 75; Der
Adam u. das Everl, Lyr. 78; Thaddäus
Knopf — ein abenteuerl. Leben, R. 82.
F: Achtung Kurve 36; Das Paradies
der Zelte 54; Ihr habt uns vergessen 56.
R: Punkt 6 der Tagesordnung; Graf
Schorschi; Sohlen und Absätze: Was
sagen die Götter dazu?; Mr. D. verläßt
die Erde; Die Entwicklungshilfe; Die
Stadt der 13 Kisten; Die Mieterhöhung,
alles Hsp. u. Fsp.

Schwertschlager, Maria, Dir.-
Stellvertr. Realschule i.R.; Simmerer
Str. 7a, D-5000 Köln 41, Tel. (0221) 434574
(Trogen/Schweiz 5.3.17). **Ue:** E, F.
Ue: Marthe Meyer: Le pain de chaque
nuit u.d.T.: Das nächtliche Brot 49;
Alphonse Daudet: Le petit chose u.d.T.:
Der kleine Herr Dingsda 49, 54.

Schwieger, Heinz Gerhard, Schrift-
steller, Verleger; FDA 74; Gluckstr. 12,
D-6200 Wiesbaden, Tel. (06121) 520030
(Berlin 10.3.13). Essay, Sachbücher.
V: Des Menschen Engel ist die Zeit 58;
Der Brief ein Geschenk 60; Das Glück
unserer Tage 62; Lebenswerte, liebens-

werte Jahre 64; Pflicht ward Freude 66;
Die Kunst der Muße 67; Gefährten eines
Lebens 68; Mütter sind unsterblich 69;
Die Sonne scheint für alle 70; Der Kreis
der Sehnsucht 71; Das Leben will
geliebt sein 72; Eines Freundes Freund
zu sein 73; Jeder Tag ein neues Leben
74; Tagebuch der Freude 75; Anders als
die Träume 76; Leben heißt hoffen 77;
Und ewig bleibt das Staunen 80; Jahres-
zeiten eines Lebens 83; Das ABC guter
Gedanken 83, alles Ess.; Breviere für
motorisierte Lebenskünstler: I, Süd-
Deutschland 56, 76; II, Nord-Deutschl.
57, 76; Berlin 63; Schweiz 64; Brevier der
internationalen Gastfreundschaft, Tore
des Wohlwollens 65; Kleine Papierfibel
39, 52; Mein Papier, du bist ein herrlich
Sach 60; Kleinodien auf der Briefmarke
— Papier, Schrift, Druck 70; Feuer und
Feuerwehr auf der Briefmarke 71,
Sachbb.; Leben heißt hoffen, Ess.;
Papier-Praktikum, T. I u. II 78. —
MV: Es lebe was Auf Erden 63; Pferde
und Reiter 64.
F: MA: Eiweiß eine Lebensfrage 47;
Das Papier 50.

Schwimann, Elfriede (Ps. Ebba
Schwimann-Pichler, Carrie Roessler),
Schriftstellerin; Literar. Mechana 66;
Lannerstr. 5, A-1190 Wien (Wien 25.2.30).
Roman, Kinderbücher, Rundfunk,
Fernsehen.
V: Ein Garten für Veronika, Kinderb.
69; Lausbub Matz, Kinderb. 70; Bixi und
Stoppel, Kinderb. 75 II; Das Mädchen
Micha, Mädchenb. 75; Versteh mich
doch, Chris, Mädchenb. 76; Gefährliche
Ferien, Kinderb. 76; Fünf unter einem
Hut, Mädchenb. 77; Karins große
Entscheidung 77; Daniela erbt ein Pferd
77; Die unzertrennlichen Fünf 78;
Daniela sucht ihr Glück 79; Karin geht
ihren Weg 80; Martinas größter Sieg 81;
Familie Blumenfeld 81; Ein Sommer für
Karin 82.
R: Marionettenspiele, Schattenspiele.
( )

Schwimann-Pichler, Ebba,
s. Schwimann, Elfriede.

Schwimmer, Helmut, Dr.phil.,
Stud.Dir.; Schlörstr. 3, D-8000
München 19, Tel. (089) 133794 (München
16.7.31). Lyrik, Essay.
V: Homo futurus 69; Interpretation zu
Alfred Döblin: Berlin Alexanderplatz 70,
2. Aufl. 75; Interpretation zu Bertolt
Brecht: Kalendergeschichten 6. Aufl. 76;
Synthet. Köpfe Ludwig Gebhards 74;
Karl Valentin. E. Analyse s. Werkes 77;

Realitätsprotokolle 78; mia san mia,
bair. G. 81.
MA: Kommentar z. Leseb. "fragen" 62;
Interpretation zu Lyrik v. Bertolt Brecht
71; Sagst wasd magst 75; In dene Dag
had da Jesus gsagd 78; Für d'Muadda 79.
MH: Interpretationen, Buch-R., bisher
13 Titel; Analysen z. dt. Spr. u. Lit.,
Buch-R., bisher 17 Titel.

Schwindt, Barbara, s. Schwindt,
Edeltraut.

Schwindt, Edeltraut (Ps. Barbara
Schwindt, Alexandra Schwarz),
Pianistin, Schriftstellerin; VS Hamburg
66; Preis d. Stadt Bologna, c/o Otto
Maier Verlag GmbH, Ravensburg
(Hamburg 14.12.14). Jugendroman,
Kinderbuch, Hörspiel, Drama, Kurz-
geschichte, Kinderkrimi, Schulfunk.
V: Die Mädchen vom Dachboden,
Mädchen-R. 57, 76; Sommer auf
Hoogensand, Mädchen-R. 57, 77; Die
fremden Kinder, Jgdb.-R. 59, 62; Ein
Mädchen in der Fremde 63, 73; Die
Anderssonkinder, Kinderb. 64, 78;
Auftakt für Jessika, Mädchen-R. 65; Die
Anderssonkinder und ihre Freunde 65,
78; Zu Besuch bei den Andersson-
kindern 66, 79; Die Pudelmütze u.a.
Gesch.; Katja, Jgd.-R. 72, 74; Spaghetti,
Spaghetti 74, 81 (auch franz.); Ein
Freund für Viktoria 74, 81; Die Zeit mit
Axel 75, 76; Rotes Haar und Sommer-
sprossen 76; Für Kost, Logis und
Taschengeld 77; Wie mag das wohl
weitergehen? 77, 82; Ende gut ...?,
Schulfunkgeschn. 77, 81; Wer ist
Caroline Cross? 77; Stephanie probt die
Freiheit 75 (u. Ps. Alexandra Schwarz);
Ein Hund für Annette 77; Hochzeit im
September 78; Daniela, keine Zeit für
Träume 78; Daniela, Träume werden
Wirklichkeit 79, beides Jgd.-R. (auch
holl.); Diebstahl im Internat 78, 81; Alle
sagen Dicki! 78; Und was passiert jetzt?
79; Weihnachtsspiel; Julys abenteuer-
liche Reise 81; Geschichten zum Weiter-
spielen 81; Manchmal passiert ein
Wunder 81; Geburtstagsgeschichten 82;
Weglaufen hilft nicht, Geschn. 82; Wer
weiß weiter?, Geschn. 82.
R: 130 Hsp., Schulfunkgeschn. ( )

Schwing, Heinrich; Mozartstr. 17, D-
7000 Stuttgart 1.
V: Idyllen zum Ende des Tages, G. 80.
( )

Schwingshackl, Anton, Wallfahrts-
kaplan; St. Lorenzen, I-39030 Maria
Saalen, Bozen (Taisten/Pustertal

11.6.01). Naturschilderung, Essay,
Roman.
V: Heilkräuter Südtirols 47, 65; Süd-
tiroler Hausgärten 52; Führer durch d.
Pragser-Dolomiten 69; Ritter u. Hirte, R.
73; Mosaik d. Berge, Seen, Wanderb. 74;
Bergkapellen 78; Nikolaus Cusanus, R.
79; Der Einsiedler v. Maria Saalen 80;
Sohn des Jägers, R. 81; Kapellen u.
Heiligtümer an den Straßen u. Wegen
Südtirols 82.

Schwinn, Florian.

Schwitzke, Heinz, Dr. phil.; Birkenau
5, D-2420 Eutin, Tel. (04521) 5432 (Helbra
13.2.08). **Ue:** G, L.
V: Scarrons Schatten, Sch. 35;
Schwedischer Winter, R. 36; Das Hör-
spiel. Dramaturgie und Gesch., Ess. 63;
Evangelium der Gefangenen 78; Das ein
undzwanzigste Kapitel, R. 80.
H: u. **MA:** Sprich, damit ich dich sehe,
Hsp.-Anth. 60; Vier Fernsehspiele 61;
Günter Eich, Werke, Bd. 2 u. 3.
F: Zwischen Himmel und Erde, m.
Harald Braun 40; Der Posaunist 43.
Ue: Irrfahrt und Heimkehr, m.
eigener Einleitungserz. 60.

Schwoerbel, Wolfgang, Dr. rer. nat.,
Gymnasialprof.; Bodelschwinghstr. 4, D-
7950 Biberach/Riß, Tel. (07351) 9329
(Duisburg 27.11.26). Biologie.
V: Die Riesen mit dem Augenzwinkern 64, 66; Geheimnisvolle Tiefsee
65; Evolution — Strategie des Lebens 78
(holl. 79); Zwischen Wolken und Tiefsee
76 (holl. 78); Nerven, Sinne, Hormone 80;
Biologiekolleg 82. — **MV:** Das große
Reader's Digest Buch der Ozeane 70.

Schwörer, Sigrid Ida (Ps. Sigrid
Mannale), Hausfrau; Trützschlerstr. 4,
D-6800 Mannheim 23, Tel. (0621) 816486
(Mannheim 16.8.41). Kinder- und
Jugendbuch.
V: Im Land der bunten Riesenkugeln
73; Oh, diese Roboter 75; Jonathan,
Jonathan 76; Hier wird ein tolles Ding
gedreht 77; Musikschuppen, Jgdb. 79;
Von wegen verliebt, Jgdb. 79; Ein Pudel
namens Wölkchen, Detektivgesch. 80;
Mit mir nicht, Jgdb. 80; Spätzündung,
Jgdb. 81; Die Campingdetektive 82; Halb
so wild, Jgdb. 82.
MA: Das große Geistertreffen.

Schymanietz, Peter, Dipl.-Volksw.,
Schriftsteller; Allerheiligenstr., D-7100
Heilbronn/N. (Teschen/Ob.Schles.
11.5.44). Roman.
V: Rauh, aber herzlich. Oberschles.
Erlebnisse, Heimatr. 82; Rauh, aber

herzlich. Sudetendt. Erlebnisse,
Heimatr. 83.

Scope, Colin, s. Wilken, Uwe Hans.

de Scott, Carl, s. Obermeier, Siegfried.

Scrobogna-Binder, Cata; Lainzerstr.
109a, A-1130 Wien.
V: Weiße Nomadin, R. 82. ( )

Sebastian, s. Berendt, Gerd.

Sebastian, Klaus, s. Zenner, Klaus.

Sebastian, Peter, s. Schneidrzik, Willy.

Sebestyén, György, Ethnograph; Öst.
P.E.N. 65; Theodor Körner Preis, Preis d.
Stadt Wien, Csokor Preis, Wildgans
Preis, Bacchus-Pr.; Auersperstr. 19/1/
13, A-1080 Wien u. Ballgasse 4/1/1/10, A-
1010 Wien (Budapest 30.10.30). Roman,
Novelle, Essay. **Ue:** U.
V: Die Türen schließen sich, R. 57; Der
Mann im Sattel oder Ein langer
Sonntag, R. 61; Die Schule der Verfüh-
rung, R. 64; Flötenspieler und Phan-
tome, Reiseber. 65; Lob der Venusbrust,
Aufzeichn. 66; Anatomie eines Sieges,
Reiseber. 67; Thennberg oder Versuch
einer Heimkehr, N. 69; Der Mann mit
dem Blumenkopf, M. 70; Ungarn,
Legende und Wirklichkeit, Ess. 70;
Berengar und Berenice, Fab. 71; Agnes
und Johanna, Sch. 72; Der Faun im
Park, N. 72; Unterwegs im Burgenland,
Reiseber. 73; Der Wiener Naschmarkt,
Ess. 74; Das Leben als schöne Kunst,
Aufzeichn. 75; Behausungen, Ess. 75;
Das Ohr, Hsp. 75; Burgtheatergalerie,
Ess. 76; Burgenländisches Concerto, Ess.
76; Burgenland, wo sich d. Wege
kreuzen, Reiseber. 77; Parole Wider-
stand, Ess. 77; Maria Theresia, Ess. 80;
Studien z. Lit., Ess. 80.
H: Beispiele, Anth. 67; Die schöne
Wienerin, Anth. 71; Das große österr.
Weinlex. 78; Beschreibung einer
Landschaft 80.
R: Einen Apfelbaum fällen 65;
Draußen bin Hahnenhof 66;
Rendezvous in der Knochenschale 66;
Parmenion 68; Das Ohr 68; Das Hörspiel
69; Kapitän Landolfi 69; Lady Annabel
Lee 71; Die Ballade vom Schwarzen
Ochsen 71; Gesang der Böcke 72, alles
Hsp.; Die Auferstehung des Stefan
Stefanow, Fsp. 71; Verurteilt 1910, Fsp.
74; Maria Theresia, Fsp. 80.
Ue: Miklós Domahidy: Die Tasse mit
dem Sprung, R. 62; Miklós Hubay: Was
ist Liebe? 65; Miklós Mészöly: Der Tod
des Athleten, R. 66; Gyula Krúdy: Die
rote Postkutsche, R. 66; Gyula Illyés: Die
schönen alten Jahre, R. 75; Franz
Molnár: Alles Komödie, Sch. 76. —

MUe: Alexander Wampilow: Letzter Sommer in Čulimsk, Sch. m. Xaver Schaffgotsch 76.
Lit: Herbert Eisenreich: G. Sebestyén oder die Lust am Konkreten in: Wort in d. Zeit 64; Alfred Focke: G. Sebestyén, ein Autor des Eros in: Agnes und Johanna, Nachw. 72. ( )

Seckleman, Peter (Ps. Peter Motram), Schriftsteller, Journalist; SSV., P.E.N. London; Aesch, Wollerauerstr. 39, CH-8834 Schindellegi SZ, Tel. (01) 7847563 (Berlin 27.3.02). Roman, Essay. **Ue:** E.
V: Eva und die zwei Teufel, R. 32; Der Tag, der nicht im Kalender stand, R. 67; Myron, R. 73; Dione, R. 77.
Ue: de Wohl: Die Zitadelle Gottes 59; Ian Stuart: Die schwarze Hornisse 64; J. H. Roberts: Die Februar-Verschwörung 67; Irwin Shaw: Ende in Antibes 77.

Secretan-Blum, Esther, Hausfrau; 1. Preis v. Radio DRS Zürich f. Kinderhsp.; Mittelstr. 49, CH-8008 Zürich, Tel. (01) 2519659 (Wald/Zch. 2.8.25). Kinder- und Jugendbuch, Hörspiel.
V: Die Reise ans Meer, Kinderb. 69, 74 (franz. 71); Susi hat Geheimnisse 70, 74 (franz. 73); Im shop-ville fing es an 73, 5. Aufl. 82; Es isch emal 74 (schweizerdt.); Mir singed u. danked 77 (schweizerdt.); Ich bin Petrus 78; Tiefer als d. Westentasche 78.
R: Rd 30 Hsp. (franz.) 70/71; monatl. Kindersend.
S: Noah 61; Annette, Klaus und Sabine 70, u.a.; Gschicht vom chline Maa, S'gross Gwitter; S'Schlimmscht, S'Schönscht wo passiert isch; Vier Gleichnisse; De Wägwyser, Vom Bätte; De Fischer, De Gärtner; Schwarz oder wyss, S'Orcheschter; Die schönscht Perle, Wie wird me en Bürger?; De Wasserbüffel, de Hund, sEidächsli; De Thailänder Cho; Es Königskind, Aengel, Soldate Gottes; Karfritig, Oschtere; De Noah; Pfingschte; S'Läbeshuus; Mir singed und danked, Lieder; Us em Läbe vom Paulus; Wienacht; De Underschiid zwüsched Mänsch und Tier, Vo Chopf bis Fuess, alles Kass. seit 72.

Sedding, Erwin; Urbanstr. 178, D-7300 Eßlingen am Neckar (Hasenpoth/Kurland 26.8.00). Roman, Novelle, Lyrik.
V: Jazzyn, R. 27; Ghil trainiert Ehe, R. 27; Tango, R. 28; Gift aus Ceylon, R. 29; Lanny, die Geschichte einer Liebe, R. 43; Cornelia, die große Hoffnung, R. 43.
H: Die Zinnen, Nn. 26.

Sedlak, Erich, Papiergroßhändler; Literar Mechana seit 78; Lit.stip. d. Ldes NdÖst. 75, Pr. d. Arbeiterkammer 76, Anerkenn.pr. d. Ldes NdÖst. 81; Literaturkreis d. Autoren seit 73; Martinsgasse 7, A-2700 Wiener Neustadt, Tel. (02622) 2806 (Wien 8.1.47). Drama, Lyrik, Roman, Hörspiel, Fernsehtheater, Satiren, Kabarett.
V: Ordonnanz, satir. Bundesheerroman 75; Denn was sind schon Worte, Lyr. 73; Einzelschicksale, satir. Lyr. 74; Die Schlaraffenland Ges.m.b.H., Sat. 82.
MA: Am Weg vorbei, Lyr. 71; Unsichtbare Brücken, Prosa 72; Medaillons, Prosa 73; Kratzig und..., Lyr. 74; Im Grunde ist nichts geschehen, Prosa 75; Zeit u. Ewigkeit, Lyr. 78; Wiener Neustädter Lesebuch, Prosa 80; Kopfporträt, Prosa 82; Dialekt-Anth., Prosa 82; Wiener Neustädter Anth., Prosa 83, alles Anth.
R: Berührungspunkte 74; Ferdl 75; Vereinsmeier 75; Vater-Sohn-Gespräche 75; Storno 76, alles Hsp.; Untermieter, Funkerz. 76; Triangel, Hsp. 76; Der Unverbesserliche, Neufass. nach Bachmann, Fsf. 77; Mörder ABC, Funkerz. 78; Geschichten über..., Fskabarett 78; Kuriositätenkabinett, Funkerz. 78; Protokolle v. Außerirdischen, Funkerz. 78; Der liebe Herr Zwinz, Fsf. 80; Satirische Schreibmaschine, Funkerz. 82.
S: Wiener Chansons 78; Da war doch etwas..., Musikkassette m. 3 Chansons.

See, Wolfgang, Pfarrer, Schriftsteller; VS; Tropfsteinweg 54, D-1000 Berlin 47, Tel. (030) 7413087 (Berlin 14.7.30). Roman, Erzählung, HF-Feature, Hörspiel.
V: Ein Rest wird umkehren, Erz. 57; Asche und ein Licht, Reiseber. 63; Himmlische Karriere, R. 64; Maifeier - und anderes aus einer Stadt, Erz. 66; Brot-Zeiten, R. 68; Nun büßt mal schön — Szenen aus dem Strafvollzug 80; Dein Volk ist mein Volk — deutsche Grenzgänge 82; Adieu, Israel — Themen u. Geschn. von Abraham bis Arafat 83. —
MV: Spiele für Stimmen, m. A. Juhre 65; Eulengelächter, m. W. Karsch 65; Porträts, m. W. Karsch, Erzn. 67; Kämpfer im Dress, m. H. Kulas, Sportgesch. 69; Schlesien - gestern und heute, m. A. Baehr 70.
R: Versch. Funk-Erzn., Features, Hörspiele.

Seebacher-Mesaritsch, Alfred, Prof., Redakteur; B.St.H. 56, St.S.B. 74, P.E.N. 74; Polen-Preis 63, Dramatikerpr. d.

Arnfelser Schloßspiele 74, Lit.-
Förderungspr. d. Stadt Graz 76; Fölling,
Kollerweg 20, A-8044 Graz-Mariatrost,
Tel. (0316) 746093 (Großlobming/Öst.
23.8.25). Roman, Novelle, Lyrik, Essay,
Schauspiel.
V: Das neunte Gebot, R. 56; Hexen-
Report, Gesch. 72; Gold in steirischen
Bergen, Landsch.b. 74; Requiem für
Anna, Tr. 74; Der Bürgermeister, hist.
Dr. 74; Hausspruch, Sch. (Festg.) 75;
Bärnbach — Das Werden e. Stadt,
Gesch. 78; Trofaîach — Heimatb. z.
Stadterhebung, Gesch. 79; Festlicher
Sprechchor z. Feier d. Wappen-
verleihung an d. Gemeinde Weinitzen,
Festg. 80; Bad Gams — Geschichte u.
Landschaft, Gesch. 80; Das Styralied,
Festg. z. 800-Jahr-Feier des Landes
Steiermark 80.
MA: Lob auf St. Barbara, G. 57; Unter
Tage - Über Tage, G. 66; Bürger, Staat,
Welt. Das steir. Jungbürgerb., Ess. 71;
Dichtung aus der Steiermark, N. 71.
H: Edi Krainer: Wal 's woahr is!,
Mda.-G. 75; Berta Liebmann: Apoll
spielt auch die Felberwispl, Mda.-G. 76;
Willi Weiß: Jagadeutsch u. Jägerlatein,
Mda.-G. 77, 78; Hans Fraungruber: Land
u. Leut — G. aus d. steir. Salzkammer-
gut, Mda.-G. 79.

Seebauer, Traudl (Ps. Traude Hingst),
Dr. med., Ärztin; Voitstr. 4, D-8000
München 19, Tel. (089) 153476 (Trostberg
21.8.19). Lyrik.
V: Durch Tage und Nächte ersehn
ich Dich, G. 48. ( )

Seeberger, Kurt, Dr. phil., Redakteur
a.D.; Schwabinger Lit.pr. d. Stadt
München 75, Tukanpr. d. Stadt
München 79; Viktoriastr. 30/III, D-8000
München 40, Tel. (089) 393810
(Rockenhausen/Rh-Pf. 8.3.13). Essay.
V: Das sind Zeiten — od. Sittenbilder
v. heute 61; Reise nach Lipizza —
Impressionen e. Liebhabers edler
Pferde 66; Tausend Götter u. e. Himmel
— Die Geburt d. Religion in d. Mythen
d. Völker 68; München — 1945 bis heute,
Chronik e. Aufstiegs 70; Die schönste
Stadt d. Welt, 6. Aufl. 81; München —
Ein Bildband v. Paul Swiridoff 71; Das
grosse Heimweh — Ein Ausflug ins
Glück d. Romantik 75; Jean Jacques
Rousseau od. d. Rückkehr ins Paradies,
Biogr. I: Der Weg zum Ruhm 78;
Schwabing, Ein abenteuerl. Weltteil 80.
H: Die letzten hundert Jahre — Eine
Senderrrreihe d. Bayer. Rdfks 61; Südwest-
Bibliothek 68-70.

Seefeld, Aline, s. Keller, Lili.

Seeger, Bernhard, Lehrer; SV-DDR
52; Theodor-Fontane-Preis 56, Erich-
Weinert-Medaille 60, Heinrich Mann-Pr.
62, Nationalpr. 63, 67; Akad. d. Künste d.
DDR 69, DDR-1501 Stücken ü. Potsdam
(Roßlau/Elbe 6.10.27). Lyrik, Spiel,
Roman.
V: Sturm aus Bambushütten, Rep. 56,
60; Millionenreich und Hellerstück,
Geschn. in Versen 56; Wo der Habicht
schießt, Erzn. 57; Wie Jasgulla zu
seinem Recht kam, Geschn. u. Verse 60;
Herbstrauch, R. 61, 80; Vater Batti singt
wieder 72, 82; Menschenwege I 74, 80;
Der Harmonikaspieler, R. 81, 2. Aufl. 81.
R: Wo die Nebel weichen; Der Auf-
trag; Paradies im Krähenwinkel;
Unterm Wind der Jahre, Hsp. in 3
Teilen: Von Kindheit an ..., Unterwegs ...,
Wege, ihr weiten ...; Wolodja, Fsf. 67;
Erben des Manifests, 3teil. Fsf. 66;
Hannes Torstberg, 3teil. Fsf. 67; Fiete
Stein, Fsf. 70. ( )

Seeger, Elvira, s. Seeger-Laux, Elvira.

Seeger, Fred, Dipl. Journalist;
Verlagspr. d. Verl. Junge Welt;
Paracelsusstr. 42, DDR-1100 Berlin, Tel.
4834888 (Berlin 26.6.35). Feuilleton-
Reportage, Kinderbuch, Populär.Sach-
buch, Funkdramatik, Dok.Film.
V: Wir gehen ins Theater 76; Kleine
Leute, kleine Leute, Feuill. 80, 82;
Müritzer Pferdeäpfel, Kinderreiseb. 81,
83; Menschen, Tiere, Sensatiönchen,
Feuill. 83.
F: G. Semper 79; Dresden-Neustadt
80, beides Dok.F..
R: Berlin-Friedrichsgracht 80; Ehm
Welk in Biesenbrow 82, beides Feature.

Seeger, Horst (Ps. H. Schell), Dr. phil.;
Lessing-Pr. 72 (Erkner 6.11.26).
V: W. A. Mozart, Monogr. 56; Kleines
Musiklexikon 58; Joseph Haydn,
Monogr. 61; Spanische Tugenden,
Opernlibr. 64; Musik-Lexikon 66 II; Wir
und die Musik, Text-Bildbd. 68; Musik-
stadt Berlin, Text-Bildbd. 74; Opern-
lexikon 78; Musiklexikon I 82. —
MV: Wie stark ist nicht dein Zauberton,
m. U. Bökel 74; Holde Flöte, durch dein
Spielen, m. M. Rank 83; Barockkonzert,
m. M. Rank, Opernlibr. 83.
B: Neufass. der Texte zu: Verdi:
Rigoletto 61; Offenbach: Ritter Blaubart,
m. Felsenstein 63; Weber: Oberon 66;
Mozart: Don Giovanni, m. F. Felsenstein
66; Tschaikoswki: Pique Dame, m.
Ebermann/Koerth 67; Buzko: Weiße
Nächte 73; Puccini: Tosca.
H: A. C. Dies: Biographische Nach-
richten von Joseph Haydn 59; Jahrbuch

der Komischen Oper Berlin 60 — 72;
Der kritische Musikus. Musikkritiken
aus zwei Jh. 63; Musikbühne, Jb. seit 74,
u.d.T.: Oper heute seit 78.

Seeger-Laux, Elvira (Ps. Elvira
Seeger), Dipl.-Phys., Lyrikerin, Fein-
mechanikerin; Wasserturmstr. 44, D-
6901 Eppelheim (Chemnitz 3.5.31). Lyrik,
Schriftsteller-Anekdoten.
   V: Mahagoni, Lyr. I 76, II 81. ( )

Seegers, Aenne (Ps. Capriola),
Schriftstellerin; Sennieweg 17, D-3005
Hemmingen-Westerfeld, Tel. (0511)
425377 (Straßfurt 23.1.01). Novelle,
Roman, Lyrik, Hörspiel, Kinderbuch.
   V: Das goldene Herz, M.-Tanzsp. 50;
Auf einem persischen Markt; Die
unartige Prinzessin; Der Drache und
die Prinzessin; Die Prinzessin, die nicht
lachen konnte; Krippenspiel mit
Vorspiel; Waldmärchen; Ungarisch
Paprika; Der Giftpilz, alles Kinder-
theatersp.
   MA: Im bunten Zeitenwirbel 33.

Seehafer, Klaus, Dipl.-Bibliothekar;
VS 77; Friedrichstr. 44, D-2840 Diepholz,
Tel. (05441) 2318 (Alsfeld/Hessen 17.4.47).
Jugendliteratur, lit. Herausgaben, Essay,
Rezension.
   V: Schloß, Leporello-Text 75; Da
kommt man fremd in eine kleine
Stadt..., Ess. 80; Naturpark Dümmer.
Reiseb.; Geschichten aus Angst, Lyrik,
Erzn. 82.
   MA: M wie Mädchen 77; Leseladen:
Orte innen und außen 77; Omnibus 1 79;
sub tua platano, Gedenkschr. 81.
   H: Samuel Christian Pape: Werke 75;
Das verschluckte Gespenst 77, Neuausg.
81; Die Nachtigall im Flieder niest 80.

Seehase geb. Grüber, Charlotte;
Bahnhofstr. 8, D-5885 Schalksmühle,
Tel. (02355) 7986 (Schalksmühle/Westf.
28.1.07). Lyrik, Lied, Mundarterzählung.
   V: Ein Jahresring, Lieder 41; Junge
Mutter, Lieder u. G. 43, 54; Weihnachts-
zeit, Lieder 41, 49; Menschen. Gedanken,
G. u. Gesänge 55; Kräutlein Glück,
Lieder 58.
   MA: G. in: Schalksmühle-Dahler-
brück 57; Der Ahnritt. Heimatb. Hül-
scheid-Schalksmühle 65; Wittgenstein
65 II.

Seeliger, Renate, 1. Stellvertr. d.
Bdesvors. d. Katastrophenhilfe Österr.
Frauen; ÖSV 65; Haymogasse 51, A-1238
Wien-Mauer, Tel. (0222) 883225 (Wien
29.6.22). Jugendbuch, Kinderbuch,
Roman, Lyrik.

   V: Haus der Zuflucht, R. 56; Du
verstehst mich nicht, Jgd.-R. 56; Der
Stein am Wege 57; Wer ein solches Kind
aufnimmt ... 59 (auch franz.); Ein Platz
bleibt leer, R. 62, 65; SOS - Das kühnste
Abenteuer, Jgd.-R. 65; Der rote Alois,
Kinderb. 67; Der Kampf m. d. Dunkel 68;
Der Mann, der dem Feuer d. Schrecken
nahm 69; Der Mann, der dem Himmel
den Blitz entriß 69; Kampf ohne Waffen
70; Zentorio Kinderschreck, Kinderb. 71.
   MA: Mariza, Mädchenb. 69, 70; Tür an
Tür, Anth. 70; Zahlr. Prosa- u. Lyrik-
beitr. in Zss., u.a.: Neue Wege, Neues
Österreich, Barke, Jb. VI d. Öst. Buch-
klubs d. Jgd.
   R: Versch. Kindergeschichten im
Rdfk.

Seeliger, Rolf, Journalist; DJU;
Gernotstr. 4, D-8000 München 40, Tel.
(089) 3086918 (München 29.7.25).
Erzählung, politisches Sachbuch, Essay.
   V: Der goldene Fisch, G. 50; Braune
Universität 64 — 68 VI; Die außer-
parlamentarische Opposition 68.
   MA: Anthologie 56, G. 56.
   H: Komma-Reihe junger Autoren 58/
59; Schriftenreihe zur Mobilisierung der
Sozialdemokratie 69 — 83.

Seelmann, Kurt *

Seelmann-Eggebert, Ulrich (Ps. Carl
J. Becher), Redakteur; ISDS 65, P.E.N.-
Center of German-speaking Writers
Abroad, London 72; Reuchlin-Medaille
d. Stadt Pforzheim 55, Grande Medaille
de l'Exposition Universelle, Bruxelles 58,
Ehrengabe f. Lit. d. Kantons Zürich 77;
Steinachring 16, D-7293 Pfalzgrafen-
weiler, Tel. (07445) 1240 (Königsberg/
Ostpr. 5.6.19). Roman, Essay. Ue: F, I.
   V: Käthe Kollwitz - Der Mensch, das
Werk, der Geist 48; Theaterstadt
Stuttgart 1912 — 1962 62.
   MA: Der Theater-Almanach 47;
Christliche Dichter der Gegenwart, Ess.
55, 68; Ruf und Reich 59; Stuttgart, die
Stadt im Grünen 61; Die Deutsche
Exilliteratur 1933 — 1945 73.
   R: Habima — Geschichte eines
Theaters, Hsp.-F. 65.
   Ue: Alfred de Musset: Die Launen der
Marianne, Kom. 62. — **MUe:** Eugène
Ionesco: Die Stühle, Sch. 52; Arthur
Adamov: Wir sind, wie wir waren, Sch.
53; M. de Ghelderode: Abgang eines
Schauspielers 66, alle m. Jacqueline
Seelmann-Eggebert.

Seemann, Charlotte; Metzerstr. 55,
CH-4056 Basel.
V: Hört ihr Leut' und laßt euch sagen,
Aphor. 78. ( )

Seemann, Karl; Die Kogge 59;
Nordring 41, D-4444 Bad Bentheim, Tel.
(05922) 2176 (Rheine/Westf. 19.8.28).
Lyrik, Prosa.
V: Im Antlitz der Nacht, G. 56;
Impression eines Sommers, G. 57;
Stufen und Anker, G. 63.
MA: Alphabet 56; Antlitz und Seele
60; Tau im Drahtgeflecht 61; Lyrik in
unserer Zeit 64; Deutsche Teilung 65;
Das unzerreißbare Netz 69; Deutschl.
Pol. G. v. Vormärz bis z. Gegenw.
70; Autumnus, G. im Herbst 67; Unartige
Bräuche 76; Das große Rabenbuch 78;
Prisma Minden 78; Das Boot heißt
Europa, Lyr. 80; Ein Hort den tausend
Träumen, Renga 81; Niedersachsen
literarisch 81; Auch im dunklen Raum,
Haiku 82, alles Anth.

Seewald, Heinrich, Dr. phil., Verleger;
P.E.N.-Club Liechtenstein; Obere
Weinsteige 44, D-7000 Stuttgart-
Degerloch (Kassel 10.6.18). Lyrik, Essay.
V: Traumgesicht, G. 47.

Segebrecht, Dietrich, Dipl.-
Bibliothekar, Redakteur; W.-Rathenau-
Str. 35, D-7410 Reutlingen (Neuruppin
16.12.34). Hörspiel, Feature, Prosa,
Literaturkritik.
V: Clowns oder Lacht kaputt, was
euch kaputt macht. Ein Stück Theater
83. — **MV:** Zwischenräume, 8mal G. 63;
Literarische Messe 1968. Handpressen,
Flugblätter, Zeitschriften der Avantgarde 68.
H: Buchstapfen. Buch u. Bibliothek —
etwas außerhalb 82.
R: Straßenbahn. Ein Dampfradiostück
um u. f. d. Elektrische 72; Rätsel, Hsp.
73; Hallo, hören Sie? Hsp.-Collage zum
100 Geburtstag d. Telefons 76; In mein'
Verein bin ich hineingetreten, Feature
77.

Segelcke, Johann Peter, s. Günther,
Hans.

†**Seghers**, Anna (Ps. f. Netty Radvanyi
geb. Reiling); SV-DDR, P.E.N., COMES;
Kleist-Preis 28, Büchner-Preis 47,
National-Preis d. DDR 51, 59, 71; Akad.
d. Künste; Französische Str. 32, DDR-
1080 Berlin (Mainz 19.11.00). Roman,
Novelle, Hörspiel.
V: Aufstand der Fischer von St.
Barbara, Erz. 28, 68; Auf dem Wege zur
Amerikanischen Botschaft 30; Die
Gefährten, R. 32, 55; Der Weg durch den

Februar, R. 35; Die Rettung, R. 37, 76;
Das siebte Kreuz, R. 42, 75; Transit, R.
41, 76; Der Ausflug der toten Mädchen,
Erz. 46; Die Toten bleiben jung, R. 49, 76;
Crisanta 51; Der Mann und sein Name
52; Der Bienenstock, Nn. 53, 63 III; Die
Entscheidung, R. 59; Das Licht auf dem
Galgen 61, 68; Die Hochzeit von Haiti,
Erz. 61; Karibische Geschichten 62;
Über Tolstoj. Über Dostojewski 63;
Erzählungen 64 II; Die Kraft der
Schwachen, 9 Erzn. 65, 66; Sagen von
Artemis 65; Wiedereinführung der
Sklaverei in Guadeloupe, Erz. 66;
Geschichten von heute und gestern 66;
Das wirkliche Blau, Gesch. 67, 70; Das
Vertrauen, R. 68, 75; Ausgew. Erzäh-
lungen 69, 71; Das Schilfrohr 69;
Aufstellen eines Maschinengewehrs im
Wohnzimmer der Frau Kamptschik,
Erzn. 70, 71; Die Tochter des Delegierten,
Erzn. 70; Über Kunstwerk und Wirklich-
keit 71 III; Überfahrt, Liebesgesch. 71;
Sonderbare Begegnungen, Erzn. 73; Der
Räuber Woynok, Sagen u. Legn. 75; Ges.
Werke in Einzelausg. XII: Aufstand der
Fischer von St. Barbara. Die Gefährten,
R. 75; Die Entscheidung, R. 75; Der
Kopflohn. Der Weg durch den Februar,
R. 76; Die Rettung, R. 76; Erzählungen
1926 — 1944 77, 1945 — 1951 77, 1952 —
1962 77, 1963 — 1977 77; Steinzeit.
Wiederbegegnung, 2 Erzn. 77; Das
Argonautenschiff 78 (auch ungar.); Die
Macht der Worte, Reden, Schrr., Briefe
79; Drei Frauen aus Haiti 80. —
MV: Vorwort zu: Tolstoj. Bibliogr. d.
Erstausg. dtspr. Übers. u. d. seit 1945 in
Deutschland, Öst. u. d. Schweiz in dt.
Spr. ersch. Werke 58.
F: Das siebte Kreuz, Aufstand der
Fischer.
R: Der Prozeß der Janne d'Arc zu
Rouen 1431, Hsp. 37.
Lit: Heinz Neugebauer: Anna
Seghers, bearb. Paul Günter Krohn;
Friedrich Albrecht: Die Erzählerin
Anna Seghers 1926 — 1932 65; Inge
Diersen: Seghers-Studien 65; Kurt Batt:
Anna Seghers 73; Über Anna Seghers,
Alm. 75; Frank Wagner: ... der Kurs auf
die Realität 75.

Sehmsdorf, Marion *

Seib, Ellen (Ps. Ellen Seib-Schaefer);
GEDOK 76, IGdA 81-82; 2. Pr. Lyrik-
Wettbew. "Die Rose"; Kreis der Freunde
81; Bierstadter Str. 3, D-6200 Wiesbaden,
Tel. (06121) 302139 (Bad Münster a. Stein
5.9.06). Lyrik.
V: Saat für die Lauschenden, G. 80;
Goldpirol u. Drachenvogel, Haiku 81.

Seib-Schaefer, Ellen, s. Seib, Ellen.

Seibel, Werner (Ps. René Lebiés), Lehrer; IGdA 72, ADA; Silberner Federkiel f. Lyrik d. IGdA 73; Lit. Union 71; Am Wolfsgraben 6, D-3501 Niestetal (Waldeck/Hess. 8.11.46). Lyrik, Kurzprosa.

V: Der Himmel ist rot wie ein Regenbogen, Lyrik 73; Warum es wichtig ist Strawinsky zu kennen, Kurzprosa 75; Das war das Paradies, Kurzprosa 76; Aus dem Tagebuch eines Skorpions, Kurzprosa 76; Philosophie eines Tages oder unsentimentale Geschichten über eine Frau, Prosa 76; Frühere Trennung, G. 81; Mondbleiche, G. 81; Ausflug über Land, G. 82; Das langsame Sterben einer Legende, G.; Winterlaub, G. 83.

MA: Publik. in Zss. u. Anth., u.a.: Gauke's Jb. 83.

Lit: Das literarische Wort 1 75; adagio 1, 2 83.

Seidat, Oskar, Musiklehrer (Kaunas/ Litauen 16.1.02). Volksspiel, Jugendtheater, Sketch, Theater- u. Konzertreportage. **Ue:** F, R.

V: Jahrmarktsrummel 29, 49; Die Schmiede ihres Glücks 34, 50; Herrn Hinkehahns Hochzeit 38, 50; Der geläuterte Esel 40, 50; Der tägliche Gast 49; Die Vertriebenen 49; Der Pomeranzendieb 50; Inkognito 52; Revolution in Krähwinkel 53; Arzt in Liebessachen 55; Mein ist die Rache 56; Zwischen Nacht und Morgen 58; Der Herr Direktor kann alles 58; Kassierer gesucht 61; Hier Polizeirevier Nummer acht 63; Man kann nie wissen 71; Frohes Fest wünscht ... 75.

B: Sp. v.: Hans Sachs, Goldoni, Molière u. Nestroy.

H: Sp.-Reihe: Das Volksspiel; Die Volksbühne; Das kleine Volksspiel. ( )

Seide, Adam, Kunstkritiker; VS Hessen 80; 1. Stadtschreiber v. Unna/ Westf. 82/83; Am Dornbusch 6, D-6000 Frankfurt a.M. 1, Tel. (0611) 566134 (Hannover 2.7.29). Lyrik, Roman, Novelle, Essay, Hörspiel.

V: Da war einmal, M. 51; Wanderungen, Geschn. 54; Versuche, exp. G. 56; Martin Schultz, G. etc. 64; BauKunstBau, üb. Architektur u. Kunst 68; ABC d. Lähmungen, Miniaturen 79; Im Zustand wie gesehen, R. 80.

H: Schrr. z. gegenwärt. Kunst 58-62, 18 Ausg.; Yardbird 1-6, 58-62; Egoist 7-18; Was da ist, Kunst u. Lit. in Frankfurt 63; A. Schulze Vellinghausen: Kunstkritiken 63; John A. Thwaites: Kunstkritiken 68; Der neue Egosit, 2

Ausg. 75-76. — **MH:** Friedensfibel 82; Aus e. halben Jh. Kunst u. Lit. in Frankf. 83.

R: Fürchtet Euch nicht, m. J. Roth, Hsp. 70; Künstler u. Sozialpolitik, Fs.feature 70; Kindergeburtstag, Fsp. 72; Das Warenhaus, Hsp. 72; Eine Sekunde, eine Minute d. Gedenkens für e. abgerissenes Haus, Hsp. 82; Karfreitag od. d. neue Zeitalter d. Angst, Hsp. 83.

Seidel, Georg (Ps. Christian Ferber, Lisette Mullère), Journalist; Gr. 47 51, P.E.N. 70; Freie Akad. d. Künste 62, c/o Dt. Verlags-Anstalt GmbH, Stuttgart (Eberswalde 31.10.19). Roman, Satire, Hörspiel. **Ue:** E.

V: Das Netz, R. 51; Die schwachen Punkte, R. 53; Jeder wie er kann, N. 56; Liebe und noch etwas mehr, Ess. 59; Bonner Patiencen, Sat. 63; Christian Ferbers Flohmarkt, Ess. 63; Hamburg für Anfänger, Ess. 64; Das war's, Sat. 65; Die Moritat vom Eigenheim, Ess. 67; Die Seidels 79, Tb. 82.

B: Hundert Jahre Ullstein IV: Ein Bilderbuch m. Randbemerk. 77. —

MA: Deutsche Stimmen, Anth. 56; Sechzehn deutsche Hörspiele 62; Herrliches Hemburg, Anth. 57; Teenager, Anth. 58; Almanach der Gruppe 47 62; Neunzehn deutsche Erzählungen 63; Deutsche erleben ihre Zeit, Anth. 63; Beschreibung einer Stadt 63; Im Zeichen des Bären, Anth. 64.

H: Pirandello: Dramen 60; Merian: Die schönsten Städte Niedersachsens 64; Merian: Die schönsten Städte zwischen Königsberg und Helmstedt 65.

R: Das Lied von Hans und Grete; Mitwisser; Der Chef kommt um sechs; Co. muß sterben; Der letzte Tag; Partisanen; Der Weg nach Grenoble; Jeder wie er kann; Du kannst jederzeit gehen; Der Kommandant; Gäste aus Deutschland; Gerade zur Teezeit; Neujahrsansprachen; Es war alles ganz anders; Die Leute im Schrank, 5teil. Fs.-Folge.

S: Courths-Mahler-Report 65.

Ue: Anita Loos: Blondinen bevorzugt 65; Muriel Spark: In den Augen der Öffentlichkeit 69. ( )

Seidelmann, Traude, s. Pühringer, Traude.

Seidemann, Maria; Lennéstr. 1, DDR-1500 Potsdam.

V: Der Tag, an dem Sir Henry starb, Geschn. 80, 81. ( )

Seidenzahl, Edith, Heilpädagogin; Scharhörnstr. 15, D-2000 Wedel/Holst.,

Tel. (04103) 88424 (Wedel/Holst. 30.6.34).
Lyrik.
V: Gestrüpp u. Sterne, Lyr. 81;
spracheinwärts, Lyr. 82.

Seidler, Anneliese, s. Probst,
Anneliese.

Seidlhofer, Waltraud, s. Lepka,
Waltraud.

Seifert, Arndt; Kessenicher Str. 92, D-
5300 Bonn.
V: Abschieds-Sehnsucht, G. 80. ( )

Seifert, Michael J.; Im Betzig 14, D-
6732 Edenkoben.
V: Ich will den Konjunktiv streicheln,
G. 81. ( )

Seifert, Utta (Ps. Utta Roy-Seifert);
Vors. Interessengem. v. Übers. lit. u.
wiss. Werke; Czartoryskigasse 9/3/3, A-
1180 Wien, Tel. (0222) 476453 (Breslau
13.9.26). **Ue:** E.
Ue: Jon Godden: The City and the
Wave u.d.T.: Des Lebens goldner Baum
55; Fritz Peters: Die Welt nebenan 56;
Rumer Godden: An Episode of
Sparrows u.d.T.: Die blauen Blumen der
Catstreet 56; Esther Warner: Seven
Days to Lomaland u.d.T.: Die Reise zum
großen Teufel 57, The Silk-Cotton Tree
u.d.T.: Die dunkle und die lichte
Schwester 59; Egon Hostovsky: Der
Mitternachtspatient 58; Siegfried
Stander: Das Pferd 69; Desmond
Lowden: Bandersnatch u.d.T.: Gestern
noch ein Held 71; James Aldridge: A
Sporting Proposition u.d.T.: Ein Pony
für Zwei 74, Der wunderbare Mongole
75, One Last Glimpse u.d.T.: Das Turnier
d. Singvögel 77. — **MUe:** H. G. Wells
Edition u.d.T.: Das Kristall-Ei, Erzn. 79.

Seiffert, Dietrich; Breslauer Str. 35, D-
3578 Schwalmstadt 1.
V: Verlier nicht dein Gesicht, R. 80;
Einer war Kisselbach, Jgd.-R. 80, 83;
Zitterfritz 83. ( )

Seiler, Alexander J., Dr. phil.,
Filmautor u. -regisseur, Publizist;
Gruppe Olten 76; Tannsberg, CH-8627
Grüningen, Tel. (01) 9353834 (Zürich
6.8.28). Film, Fernsehspiel, Essay, Übers.
Ue: F, E.
V: Casals 56; Siamo italiani/Die
Italiener 65. — **MV:** Film in d. Schweiz
78; Francesco Rosi 83.
F: Siamo italiani/Die Italiener 65;
Musikwettbewerb 67; Fifteen 68; Unser
Lehrer 71; Die Früchte d. Arbeit 77; Der
Handkuss 80; Männersache 81; Ludwig
Hohl — ein Film in Fragmenten 82.
Ue: J.P. Donleavy: New Yorker
Geschichten 61, The Ginger Man u.d.T.:

Der Feuerkopf 62; Vitrac: Le Loup-
Garou u.d.T.: Wolf im Korb 61; W.C.
Williams: Ein Traum v. Liebe 63.
Lit: Gregor: Gesch. d. Films ab 1960
78; Roth: Der Dokumentarfilm seit 1960
82.

Seiler, Robert Hermann *

Seipolt, Adalbert, P., Benediktiner,
ObStudR.; Benediktinerabtei, D-8354
Metten, Tel. (0991) 7880 (Breslau 11.8.29).
Roman, Erzählung, Spiel.
V: Alle Wege führen nach Rom, Erz.
58, 70; Die Ente seiner Eminenz, Erzn.
59, 70; Der aufgeweckte Siebenschläfer,
R. 62, 69; Die Zeche zahlt einer, Erz. 65,
69; Zwei Hauben und ein Posaune, Erzn.
u. Sp. 65, 71; Mäßigheilige und Heilig-
mäßige, Sp. 67; David, Isais jüngster
Sohn, R. 70, 71; Der verkaufte Vatikan,
Erzn. 72; Der Esel Habakuk, Sp. 73,
Erzn. 83; Gauner, Gräber und Geprellte,
Sp. 74; Keine Angst vor großen Tieren,
Sp. 74; Schnups, der arme Wohlstands-
knabe, R. 74; Der Ölscheich v.
Christiansreuth, R. 77, 79; Die römische
Himmelfahrt, Erz. 80; Verifax oder der
ehrliche Bildschirm, Erzn. 82; Asterix
im Wilden Westen, Sp. 82. — **MV:** Das
verrückte Hotel 69.
R: Machtprobe der Ohnmacht, Hsp.
70.

Seipp, Bettina, Schriftstellerin;
Funkerstr. 8, D-8000 München 19
(Nienburg/Weser). Reiseerlebnis, Essay.
Ue: I.
V: Neapel und Sizilien als Land der
Griechen erlebt 38, 40; Michelangelo.
Sibyllen und Propheten der Sixtina 39;
Römisches Tagebuch 50; Rom - gestern
und heute 61; Ungehobener Schatz
Kalabrien 66; Die Äolischen Inseln 69;
Sizilien - Insel des Sonnengottes 71.
Ue: Giovanni Verga: Nedda, Cavalleria
rusticana, Ieli il pastore u.d.T.:
Sizilianische Geschichten 40, 52, la Lupa
48; Massimo Bontempelli: Fahrt der
Europa 56.
Lit: Gertrud von le Fort: Zu Bettina
Seipps Römischem Tagebuch in:
Aufzeichnungen und Erinnerungen.

Seiser, Bruno, Journalist; Hameaustr.
19, A-1190 Wien, Tel. (0222) 4419815
(Wien 24.6.38). Drama, Novelle, Lyrik,
Hörspiel.
V: Wie es halt so spielt das Leben,
Erzn.; Am Wendepunkt die Wirklichkeit
78; Wien, wie es stirbt und lacht,
Skurrilers 79; Der Tod von nebenan 79.
MA: Wenn das Eis geht, G.-Anth. 83.
S: Der Tod von Nebenan.

Seiter, Emil, Rektor a.D.; Lukas-Moserstr. 12, D-7530 Pforzheim (Büchenbronn/Baden 17.2.92). Lyrik.

V: Des Ringes eine Hälfte, G. 71; Wie lieblich blickt dein Antlitz, Lyrik 77. ( )

Seithe, Angelica; Anneröder Weg 56, D-6300 Gießen 1.

V: Schilflichtung, G. 81. ( )

Seitz, Fritz Peter, Lehrer; LU 78, IGdA 81; Ehrengabe f. Prosa d. LU 77; Römerweg 110, D-7033 Herrenberg, Tel. (07032) 31980 (Stuttgart 15.10.40). Drama, Lyrik, Roman, Novelle, Essay.

V: Überm Wellenschlag, Lyr. 78; Sommerschnee u. Winterblüte, R. 82.

MA: Mauern, Lyr.-Anth. 78; Mauern, Kurzprosa-Anth. 78; Jb. dt. Dichtung, Lyr. + Prosa 80, 81, 82; Gauke's Jb., Lyr. u. Prosa 81, 82; Lyrik '80, Anth. 81; Lyrik '81, Anth. 82; An den Ufern d. Hippokrene, Lyr.-Anth. 82.

R: Schwäb. Geschichten 82; Versch. Beitr. z. Funkkabarett "Die Zeitbrille" 82, 83.

Seitz, Helmut, Dipl.-Kfm., Journalist; Ernst-Schneider-Pr. 74, 79, 82, Wilhelmine-Lübke-Pr. 80; Josef-Weigl-Str. 11, D-8024 Deisenhofen b. München, Tel. (089) 6131758 (Konstanz 19.6.31). Feuilleton.

V: Laßt uns albern sein, Feuill. 60; Wer träumt, hat mehr vom Leben, Feuill. 64; Mach's gut!, Feuill. 68; Zuschauen strengstens gestattet, Feuill. 69; Wie werde ich ein echter Münchner?, Feuill. 70; Wir machen alles!, Feuill. 70; Da ham wir den Salat!, Feuill. 72; Die Knirpse von Knirpsheim, Kinderb. 71, 72 III; Grüß Gott! - über den Umgang mit Münchnern, Feuill. 73; Bastlers Lust und Leid, Feuill. 74; Höher geht's nimmer, Feuill. 75; Wanderungen mit der Bergbahn 76; Bergwandern im Winter 77; Angebote unter ... 78; Ins Wochenend von München aus 78; Der Papa wird's schon richten, Feuill. 79; Entdeckungsfahrten in Bayern — Techn. Raritäten v. Anatomie bis Zahnradbahn 80; Ich sag's wie's ist. Heit. Reime auf eine ungereimte Welt 81; Kennen Sie München? 82; Die weißblaue Flotte 83.

MA: Der Schleier der Aphrodite 59; Die Humorbox 59; Alpenländische Nachbarschaft 62; Ich hab nichts anzuziehen, Feuill. 63; In aller Ruhe, Feuill. 70; München im Gedicht, G. 66; Zur Dämmerstunde, Feuill. 70; Wir lesen - Sachleseb. Bd. 3 69; Schwarz auf weiß, Leseb. 73; Man nehme eine Handvoll Heiterkeit, Feuill. 76; Wir Jungen 77 —

80; Linguistik f. d. Deutschunterricht 77; In dene Dag had da Jesus gsagd — Neues Testament Bairisch 78; Für d'Muadda, Bayr. Gedichte 79.

Selber, Martin (Ps. f. Martin Merbt), Buchhalter; SDA 48 — 52, SV-DDR 52; Preis des Min. f. Kultur d. DDR 55, Preise f. Kinderlit. 55, 59, Kunstpreis des Bezirkes Magdeburg und des Kreises Wanzleben; Mitschurinstr. 16, DDR-3101 Domersleben üb. Magdeburg 1, Tel. (09189) 333 (Dresden 27.2.24). Roman, Novelle, Kinderbuch. Dramatik.

V: Das Werk, Laiensp. 49; Mit Spulen, Draht und Morsetaste, Kinderb. 53, 65 (auch ungar.); Das Trommelmädchen, Sch. 55; ... und das Eis bleibt stumm, R. 55, 81 (auch ungar., dän., norw.); Mit Radio, Röhren und Lautsprechern, Kinderb. 56, 63; Die Knechtschronik, Nn. 56, 60; Käpt'n Hartwig, Erz. 56, 58; Deine Augen, liebes Kind, R. 57, 59; Gold im Bärengrund, Jgd.-Erz. 57; Eldorado, R. 57, 81; Vier Räder und ein Zelt, Kinderb. 58, 67; Der karibische Feuerofen, R. 59, 66; Mit Logbuch, Call und Funkstation, Kinderb. 59, 64; Sommergewitter, R. 61; Krieg unter Palmen, R. 62, 63; Wo der Sand die Spuren deckt, R. 64, 66; Schiffbruch vor Feuerland, Erz. 66; Kalli fährt zum großen Treff, Kinderb. 66; DX-Pedition Geiser-Riff, Erz. 69; Die Sklavenhändler 68, 81; Atlantisches Rätsel 69; Das Klippergespenst 70, 82; Er kam mit dem Herbstwind, Erz. 70, 72; Er kam mit dem Herbstwind, Fsp. 68; Ein Schiff fährt nach Rangoon, Jgd.-Erz. 71, 78 (auch bulg.); Die Flucht ins Tal der Schwalben, Jgd.-Erz. 72, 74; Die Grashütte (Geheimkurier A) Jgd.-Erz. 68, 81; Faustrecht, Jgd.-Erz. 73, 81; Auch alte Uhren messen neue Zeit, Erz. 74, 75; Hendrik Witbooi, Jgd.-Erz. 74, 79; Verflucht, Sarmiento, R. 76, 77; König Lustick und sein Bauer, R. 76, 78; Timm, der Landfahrer, Jgd.-Erz. 76, 80; Salz und Brot und gute Laune, Erz. 77, 79; Unter Robbenfängern und Weltumseglern, Jgd.-Erz. 78, 79; Die Geschichte der Clarissa S., R. 80, 82; Mien Dorpspaijel, Erz. 81; Hanna u. Elisabeth, Jgd.-Erz. 82, 83.

MA: Bombe steigt um auf Elektronik in: Die Kastanien von Zodel, Anth. 71; Das Strohführen-Gastspiel in: Fortsetzung folgt, Anth.; Blätter im Wind in: Die Zaubertruhe, Anth. 68.

Selinger, Natascha, s. Selinger, Rotraud.

Selinger, Rotraud (Ps. Natascha Selinger), Dr. phil.; Kirchstr. 20, D-2941

Langeoog, Tel. (04972) 443 (Remscheid
14.11.38). Roman.
V: Karlchen Kummer oder Wie man
ein blaues Kamel zähmt, Jgdb. 77. ( )

Selinko, Annemarie, s. Selinko
Kristiansen, Annemarie.

Selinko Kristiansen, Annemarie (Ps.
Annemarie Selinko); Vorst. Dän.
Schriftstellerverein, Dän. P.E.N. 56, EM
Engl. P.E.N. 57; Granhøjen 4, DK-
Kopenhagen (Wien 1.9.14). Roman,
Novelle.
V: Ich war ein häßliches Mädchen, R.
37, 76; Morgen ist alles besser, R. 38;
Heute heiratet mein Mann, R. 40, 71;
Desirée, R. 51, 63.
F: Morgen ist alles besser 40; Désirée
53; Heute heiratet mein Mann 55.

Selk, Paul, Hauptlehrer a.D.; Schriftst.
in Schlesw.-Holst.; Quickbornpr. 60,
Lornsenkette d. SHHB 73, Kulturpr. der
Stadt Flensburg 77; EM Heimat. Ver. d.
Landschaft Angeln 74, EM Quickborn
83; Buschkoppel 33, D-2300 Kiel 14, Tel.
(0431) 713359 (Oehe, Kr. Schlesw.-
Flensburg 24.2.03). Volkskunde.
V: Volksschwänke und Anekdoten aus
Angeln 49; Sagen aus Schleswig-
Holstein 57, 5. Aufl. 82; Schwänke aus
Schleswig-Holstein 61, 4. Aufl. 81;
Flensburger Anekdoten 78, 2. Aufl. 82;
Sprichwörter u. Redensarten aus Schl.-
Holst. 80, 2. Aufl. 83; Lügengeschichten
aus Schl.-Holst. 82.
H: Hans Anton Schütt: Die Quelle 61;
Plattdütsche Kinnerriemels ut Sleswig-
Holsteen 68. – **MH:** Schleswig-
Holsteins Dichter erzählen 58; Friedrich
Ernst Peters, Baasdörper Krönk, m.
Wolfgang Lindow 76.
Lit: Schleswig-Holstein, Zs. Feb. 73 u.
Feb. 83; Die Heimat, Feb. 83.

Selk-Harder, Irmgard (Ps. Irmgard
Harder), Rdfk.-Redakteurin; VS 69;
Buschkoppel 33, D-2300 Kiel 14, Tel.
(0431) 713359 (Hamburg 20.8.22).
Betrachtungen, Glossen, Erzählung
(plattdt.).
V: So is dat aver ok 59; Dat Glück
kümmt mit 'n Bummeltog 71, 82; Gustav
un ick un anner Lüd 73, 81; Wedder mal
Wiehnachten 74, 82; Bloots en Fru ... 76,
80; Mit de besten Afsichten 78, 83;
Allens okay ...? 80; Blots mal eben 82.
MA: Hör mal'n beten to 66;
Wiehnachtstiet is Wunnertiet 71;
Fruenstimmen 74; Weihnachts-
geschichten aus Schleswig-Holstein 75;
Dat lustige plattdütsche Leesbook 77;
Platt mit spitzer Feder 78; Vun Lüd, de

plattdütsch snackt 78; Schleswig-
Holsteiner unter sich und über sich 79;
Kieler Kulturtelefon 79; Eutiner
Almanach 80; Wo de Wind vun Westen
weiht 80; In de Wiehnachatiet 83.
R: Fernseh-Kurzfilme f.
"Drehscheibe"; Hör mal'n beten to,
plattdt. Sende-R.; Features (hoch- und
plattdt.).
S: Hör mal'n beten to 77; Blots en Fru
... 77.

Sell, Hans Joachim, Dr. phil., freier
Schriftsteller; P.E.N. 65; Kogge-
Literaturpr. d. Stadt Minden 73,
Förderungspr. f. Mod. Lit. d. Verein. Öst.
Schriftsteller u. Journalisten Concordia,
Wien 74, Charles-Péguy-Pr. 77, Georg
Mackensen-Lit.pr. 80; Schwaighofstr. 12,
D-7800 Freiburg i.Br., Tel. (0761) 72570
(Neustettin 25.7.20). Roman, Essay,
Erzählung, Lyrik, Hörspiel.
V: Chantal, R. 53; Der schlimme Tod
bei den Völkern Indonesiens 55;
partisan, R. 61; Verlockung Spanien,
Erfahrung und Erlebnis 63; Das Drama
Unamuno, Vortr. 65 (auch span.); An
Spaniens Fell zerren Dämonen.
Aufzeichn. aus e. Lde d. begrenzten
Möglichkeiten 68; Auf der Fährte eines
Sohnes, R. 70 (auch poln., span.);
Zerstörung eines Parks, Erz. 73;
Thekengespräche, Dialoge 75; Chantal,
R. 75; Verlockung Spanien – Erfahrung
u. Erlebnis 76; Der rote Priester. E. span.
Erfahrung, Collage 76; Briefe einer
Jüdin aus Cuzco, Eine dok. Erz. aus d.
heutigen Peru 78; Eisfarben, Erzn. 79;
Die portugiesische Einladung, Lyr. 80;
Monarchie der Armut. Ein Reisetageb.
aus Peru 83.
MA: Neue Texte deutscher Autoren,
P.E.N.-Anth. 71; Generationen, Dreissig
Deutsche Jahre 72; Wer ist mein
Nächster?, 70 Autoren antw. auf e. zeit-
gemässe Frage 77; Komm, süßer Tod;
Thema Freitod: Antw. zeitgenöss.
Autoren 82.
R: Die Auffahrt, Hsp. 57; Auf den
Stufen der Dämmerung, Hsp. 68; Die
Portiers der Präsidenten, Hsp. 74; Die
Rekonstruktion e. Hauses. Eine preuss.
Erinn. 79; Die langsamen Pfeile, Hsp. 82.

Sellin, Gerhard, Dr., PDoz.; Lange Str.
76, D-4400 Münster/Westf., Tel. (02501)
6481 (Ratzeburg 5.10.43). Lyrik.
V: Klopfkopf, Lyr. 81.

Sellner, Gustav Rudolf, GenIntendant
a.D., Regisseur; Dt. P.E.N.-Zentr. d. BR,
D-7744 Königsfeld/Schwarzw.-Burgberg,
Tel. (07725) 7674 (Traunstein/Obb.
25.5.05). Essay, Theater.

MV: Theatralische Landschaft, m.
Werner Wien 62. - Zahlr. Aufs. in Zss.
Lit: Hermann Kaiser: Vom Zeit-
theater zur Sellner-Bühne 61; Georg
Hensel: Ein Jahrzehnt Sellner-Theater
62. ( )

Sellwig, Franziska; VS 80; Kirchberg
9, D-8911 Schwifting, Tel. (08191) 12101
(Hannover 10.2.20). Lyrik, Prosa.
V: Orangen auf dem Gefängnishof,
Prosa 79; Ich bin eine Negerin, weiß,
Lyr. 80.
MH: Viele von uns denken noch, sie
kämen durch, wenn sie ganz ruhig
bleiben, dt.spr. Gegenwartslyr. v. Frauen
78.

Selow, Lotar, s. Loos, Walter.

Semadeni-Bezzola, Sina, Hausfrau;
Eberliswies, CH-9436 Balgach, Tel. (071)
721825 (Zürich 12.12.32). Lyrik, Märchen,
Kindergeschichte, Biografie, Essay.
V: Der Kuckuck mit den Pantoffeln,
Kindergesch. 73; Puschlaver Märchen.
Solltest du wandern im Puschlav 74;
Waldhaus Flims. Gesch. u. Geschn. e.
Kurhotels 76; Ivo und die Monster.
Abenteuerliche Erlebnisse im Reich der
Insekten, Ess. f. Kinder u. Erwachsene
79; Flimser Märchen 81.
R: Ivo und d'Monschter 78.

Sembdner, Wolfgang, Schauspieler,
Kabarettist; Wörthstr. 22, D-8000
München 80, Tel. (089) 4481492 (Büsum/
Holst. 28.1.47). Lit. Parodie, Kabarettist.
Texte. **Ue:** E.
V: Grimmskrams. Parodist. Hänse-
leien, lit. Parodien 77, 4. erw. Aufl. 81;
Schwindelfrei erfunden 80.
R: Play Grimm. W. S. parodiert
Hänsel u. Gretel, Fs.-Sdg.; Schwindelfrei
erfunden, Fs.-Sdg.

Senft, Fritz, Lehrer; SSV, ZSV;
Förderpreis d. Stadt Zürich, Preis d. GF-
Stiftung, Ehrenliste d. Hans-Christian-
Andersen-Pr.; Dorfstr. 52, CH-8954
Geroldswil/ZH, Tel. (01) 7480221
(Wettingen/AG 11.5.22). Lyrik, Novelle,
Kindergedichte.
V: Aufblick, G. 52; Der Teppich-
knüpfer, G. 57; Lichtes Geleit, G. 61; Am
Wendekreis, Erz. 63; Kreiselspiel, G. 65;
Aeifach es Chind, Theatersp. 67; Die
Bücherkatze, Betracht. 75; Drittes
Wettinger Sternsingerspiel 79;
Straucheln, Erz. 80; Grashüpfer und
Falterfee, Bilderb. 80; Unverlierbare
Zeichen, G. 82.
MA: Sieben mal Sieben, G. 65; Sieben
Schaffhauser Erzähler, Erz. 64; Begeg-
nung mit der Zukunft 69; Lehrer-

Autoren der Gegenwart 70; Tabak und
Pflaumenkuchen, Jgdb. 73; Ein Hund
auf dem Dach, Jgdb. 75; Es sitzen vier
Hasen 79; Da hockt's im Moos zwei
Spannen groß 80.
H: Welch Geheimnis ist ein Kind,
Anth. 60; Schmetterlinge, leicht
beschwingt und farbenfroh, Anth. 70; Im
Zauber des Lichtes, Anth. 71; Eule du,
Eule ich Schweizer M. 76; Raben-
schnabelschnupfen, Anth. 77; Die
Nidelgret, Schweizer M. 80; Underem
Wienachtsstärn, Anth. 82.

Senft, Willibald, Dr., Dir., Landes-
kammer f. Land- u. Forstwirtsch.
Steiermark; Luigi Kasimirgasse 20, A-
8045 Graz, Tel. (0316) 643702 (Weiz
22.12.29). Bergwandern in allen
Kontinenten.
V: Bergwandern in Nepal 76, 78; Berg-
wandern in Ostafrika 78; Bhutan —
Ladakh — Sikkim 79; Bergwandern in
Südamerika 81. — **MV:** Erlebnis
Julische Alpen 80; Erlebnis Dachstein-
Tauern 81. ( )

Senge, Stephan Reimund, Kath.
Priester u. Mönch; Die Kogge; P.
Großlittgen, Abtei, D-5561 Himmerod,
Tel. (06575) 4110 (Hannover 29.3.34).
Lyrik, Kurzprosa.
V: Geglitten aus Botschaften, G. 73, 74;
Graben nach deinem Gesicht,
Kurzgeschn. 73; Grenzgängig, G. 75;
Ausgeritten du Späher 77; Ausschlagen
mein Pendel Liebe, Kurzgeschn. 77;
Vorhut des Preisens, Kurzgeschn. 79;
Wider die Fürchtemaschine, G. 80; Von
Birke und Wind, Kurzgeschn. 81, 82. —
MV: Himmeroder Skizzenbuch, Texte u.
Skizzen 79.
MA: Almanach 2 für Literatur und
Theologie; Literatur aus Rheinland-
Pfalz; Brennpunkte II u. III; Wer ist
mein Nächster 77; Nichts und doch alles
haben 77; Die Stimme in d. Weihnachts-
nacht; 20 Annäherungsversuche ans
Glück 78; Rufe 79; Über alle Grenzen
hin — Gränslöst 79; Alm. 13 f. Lit. u.
Theol; Rufe 2 81; Frieden: Mehr als ein
Wort 81; Jakob und der Andere 82.
MH: Hiob kommt nach Himmerod,
Leseb. 74; Unverhofft, Text- u. Liederb.
78.

Sengstack, Henning *

Senkbeil, Heinz; Theodor-Körner-
Kunstpr. 71, c/o Militärverlag d. Dt.
Demokrat. Rep., Berlin (Berlin 25.1.34).
Erzählung, Roman.
V: Die Nacht am Fluß, Erz. 59; Drittes
Geschütz Feuer!, Erz. 64; Die Liebe des

Soldaten Fred, R. 64; Olaf oder Die Wandlung der vier 69; Jonny Bachmann kehrt heim 77; Das Vorkommando 81, 82. ( )

Senocak, Zafer, Student; Haidhauser Werkstatt 80; Stephingerberg 1, D-8900 Augsburg (Ankara 25.5.61). Lyrik, Prosa, Übers. **Ue:** T.
V: Elektrisches Blau, G. 83; Verkauf der Morgenstimmungen am Markt, G. 83. — **MV:** Hauptweg und Nebenwege, G., Zeichn., Photos 80; Wer stirbt denn dort, G., Zeichn., Photos 81.

Šentjurc, Igor (Ps. Igor von Percha); Grubmühle 2, D-8155 Valley/Obb., Tel. (08095) 1821 (Slovenjgradec/Jugosl. 31.1.27). Roman.
V: Der Teufel braucht Liebe, R. 57; Bumerang, R. 59 (auch holl.); Gebet für den Mörder, R. 58 (auch amer., engl., franz.); Der unstillbare Strom, R. 60, 63; Stammtischbrüder oder nach Hofkirch verirrt sich ein Fremder nur selten, R. 71; Christina Maria, R. Trilogie 63; Veruschka, R. 68; Charlotta v. Potsdam R. 70; Die Rote Prinzessin, R. 70; Der König soll sterben, R. 73; Vergangen ist der Traum, R. 75; Im Auftrag der Königin, R. 76; Der lächelnde Dämon, R. 77; Gottes zornige Hand, R. 83; Übers. d. Werke u.a. in Engl., Amerik., Franz., Holl., Finn., Dän., Ital., Isr., Südafr., Port.

Senz, Josef Volkmar (Ps. Josef Abthausen, Josef Volkmar), Schulrat a.D., Schriftleiter; Heinrich-Schwicker-Preis 57, Donauschwäb. Kulturpr. d. Ldes Bad.-Württ. 81, A. Müller-Guttenbrunn-Plak. 82, Prinz-Eugen-Med. 82; Dr. Heiß-Str. 38, D-8440 Straubing, Tel. (09421) 62468 (Apatin/Batscher Ld 22.2.12). Essay, Heimatschrifttum. **Ue:** Serbokroat.
V: Apatin und die Apatiner 49; Apatiner Sagen 49; Unsere Volksdichtung 66; Apatiner Heimatbuch 66; Bei Apatiner Landsleuten in Amerika 67; Wir bleiben dem Strom verbunden 77.
H: Apatiner Heimatblätter seit 49; Donauschwäbische Lehrerblätter seit 55; Donauschwäbisches Archiv — Apatiner Beiträge bis 83 21 Hefte. — **MH:** Donauschwäbischer Lesebogen für Schule und Haus 58; Heimatbuch der Donauschwaben 59.
Lit: Michael Lehmann: Der Donauschwabe und sein geistiges Profil 69; Peter Paul Nahm: Nach zwei Jahrzehnten; Gg. Wildmann: Entwickl. u. Erbe des donauschwäb. Volksstammes.

Festschr. f. J.V.S. 82; Anton Tafferner: Am Werke erkennt man den Meister 82.

Serke, Jürgen, Journalist; Hoisdorfer Landstr. 124, D-2070 Großhansdorf, Tel. (04102) 62590 (Landsberg/Warthe 19.4.38). Essay, Psychogramm, Porträt, Prosa.
V: Strafverteidiger in Deutschland, Acht Porträts 76; Die verbrannten Dichter 77, 4. Aufl. 79; Nach Hause, E. Heimat-Kunde, Prosa 79; Frauen schreiben. E. neues Kap. dtsp. Lit., 33 Porträts u. e. Ess. 79, 2. Aufl. 79; Die verbannten Dichter. Ber. u. Bilder von e. neuen Vertreibung 82.
H: Jakob Haringer: Das Schnarchen Gottes u. a. G. 79; Selma Meerbaum-Eisinger: Ich bin in Sehnsucht eingehüllt. G. e. jüd. Mädchens an s. Freund 80, 2. Aufl. 80.

Serlath, Josef, Bauernpensionist; Plosdorf Nr. 7, A-3071 Böheimkirchen (Plosdorf 5.2.04). Lyrik.
V: Dalebt, daheart ..., G. i. nd.öst. Mda. 81.

Servais, Jakob, Reg.Amtmann i.R.; Wiesenweg 29, D-5300 Bonn 1, Tel. (0228) 628109 (Aachen 21.1.06). Lyrik.
V: Sonnenseite d. Lebens, Lyr. 48; Dir gilt mein Lied, lyr. G. 79.

Servatius, Victor, s. Bernard, Frits.

Servos, Norbert, Journalist; VS 75; dg 78; Ernststr. 26, D-5200 Siegburg, Tel. (02241) 69410 (Troisdorf 30.5.56). Lyrik, Roman, Essay, Kurzgeschichte, Sachbuch Tanz, Tanzpublizistik.
V: Bilder bei Gegenlicht, Lyrik 75; Het danstheater van Pina Bausch, Tanzsachb. 82. — **MV:** Pina Bausch — Wuppertaler Tanztheater, Tanzsachb. 79.
F: Geschichte im Dreivierteltakt, Drehb. 83.

Sessler, Thomas (Ps. Gabriel Thomas), Verleger, Journalist; P.E.N. Austria 46, Bayer.J.V., D-8341 Dietersburg, Tel. (08564) 421 (Berlin 14.12.15). Lyrik, Roman, Hörspiel. **Ue:** E, F, I.
V: Fünf gegen eine ganze Stadt, Jgdb. 46; Bienenlegende, G. 46; Die Unendlichkeit wird bleiben, G. 70; Im Zeichen der Ratte, Dr. 70.
B: Onkel Toms Hütte, Jgdb. 50.
Ue: Deval, Salacrou, Nicolaj, Hernadi, Bethencourth u.a.

Sestendrup, Manfred, StudR.; Bahnhofstr. 50, D-4401 Altenberge, Tel. (02505) 1833 (Altenberge 16.9.52). Satire, Lyrik.

V: Das Medaillonkupfer u. d.
Textillustrat. d. sog. "Barock-Simplicissimus" v. Grimmelshausen, wiss. Arb.
77; Wie du mir, so "E" dir, Satiren 78, 2.
Aufl. 79; Ruhig mal ein bißchen, G. 81, 3.
vermehrte Aufl. 82; Vom Dichter
gewollt. Grimmelshausens Barock-
Simplicissimus u. s. 20 Textillustr., wiss.
Arb. 83. — **MV:** Simplicius
Simplicissimus — Grimmelshausen u.
seine Zeit, Kat. d. gleichnam. Austell. im
Westf. Ldesmus. f. Kunst u. Kulturgesch.
in Münster 76; Die Textillustrationen d.
Barock-Simplicissimus (1671) — Erläut.
z. Kat. d. Grimmelshausen-Ausstell. im
Dt. Goldschmiedehaus Hanau 77.
   H: Leben u. Wandel Lazaril von
Tormes. Und Beschreibung, was
derselbe für Unglück und
Widerwärtigkeit ausgestanden hat.
Verdeutscht 1614 79.

Settgast-Brockmüller geb.
Brockmüller, Ann-Charlott; SV-DDR 50;
Fritz-Reuter-Kunstpreis 61; Goethe-
Ges. 52; Goethestr. 10, DDR-2700
Schwerin Mecklenb., Tel. 812832
(Neustrelitz/Mecklenb. 25.9.21). Hörspiel,
Jugendbuch, Roman.
   V: Klaus und seine Freunde, Jgdb. 48,
49; Martin Höst - Bauernbub, Erz. 49, 50;
Das Regenbogenfähnlein, Erz. 52;
Meister der schwarzen Kunst, Erz. 54,
64; Schuhmacher und Poet dazu ..., R. 55,
65; Weisheit - Narrheit - Gold, R. 56, 66;
Miteinander, Erz. 57; Ein Junge aus
Berlin, Erz. 58, 60; Mit Jakobsstab und
Enterbeil, R. 59, 63; Zirkuskinder, Jgdb.
59, 65; Käpt'n Ahlbrügg und seine
Janmaaten, Erz. 61; Nächte am Orinoco,
Erz. 64, 71; Wagnis einer Frau, R. 67, 68;
Brandstifter, Jgdb. 74; Die Nacht der
Doktorin Erxleben, biogr. R. 77, 79;
Micha und der Klabautermann,
Kinderb. 78, 80; Der Mann in
Tranquebar, biogr. R. 82; Ut de Seekist,
plattdt. Erz. 83.
   MA: De Brügg, Samml. plattdt. Dicht.
55; Laß das Geheimnis zu dir ein.
Erzählungen, 64; Begegnungen mit
Bach, Erz. 64; Der unsichtbare Partner,
Erz. 65; Stafette der Freude, Anth. 78;
Die Uhr des Baltus Kern, Anth. 79; Up
Platt is ook hüt noch wat, Anth. 80.
   R: De Seisen gahn! 50; Un wenn ok
hunnert Johr vergahn 50; Pingelsdörp
51; Frühjohr in Uhlenbrauk 51; Johann
Gutenberg 56; Tilman Riemenschneider
56; Der Arzt Paracelsus; Hans Sachs;
Johannes Kepler; Die Kunstuhr, u.a.
Hsp.

Setz, Karl, Dr. jur., ObAmtsrichter i.R.,
D-7086 Neresheim (Bad Schussenried,
Kr. Biberach/Riß 5.11.96). Novelle,
Erzählung, Anekdote, Schelmenroman,
Monographie.
   V: Martin Knoller malt in Neresheim,
N. 53, 63; Balthasar Neumann baut in
Neresheim, N. 54, 61; Dodeldum, Anekd.
56, 68; Der Zaunigel, Anekd. 61; Martin
Knoller, Leben und Werk 61; Umweg
über die Narrenfahrt, R. 66; Neresheim,
Gottesburg üb. Wäldern und Zeiten,
Monogr. 66; Balthasar Neumanns Archi-
tektur in Neresheim, Monogr. 69. ( )

Setzwein, Bernhard; VS 81;
Schellingstr. 20/VI, D-8000 München 40,
Tel. (089) 2800613 (München 29.4.60).
Lyrik, Roman, Hörspiel.
   V: vareck, bairische Lyr. u. Kurzprosa
78; Hobdz mi gern, Haß- u. Liebesg. 80;
Brandwunden, Kurz-R. 81.
   MA: Schüler 80; Münchner Erfahrun-
gen, Bürger schreiben üb. ihre Stadt 82;
Der Vater. Über die Beziehung v.
Söhnen zu ihren Vätern 83.
   R: vareck, bair. Texte in d. Reihe Pop
Sunday, Rdfk-Sdg. 79; Dienst am
Nächsten, Hsp. 80.

Seuberlich, H. Grit, s. Hebsaker, Grit.

Seuberlich, Hans-Erich (Ps. Han-
Erich), Oberst a.D., Pressereferent
Kyffhäuserbund, Vizepräs. EUROMIL,
Publizist; Ö.S.V. 47-57, S.D.S. 52-58;
Bundesverdienstkreuz am Bande 78,
Gesamteurop. Studienwerk, Vlotho seit
65, Carl-Schirren-Ges. seit 55; Mehlemer
Weg 21, D-5309 Meckenheim b. Bonn,
Tel. (02225) 2439 (Riga 8.9.20). Roman,
Jugendbuch, Erzählung, Reportage,
Reisebericht, Studien, Sachbuch.
   V: Morgen vergessen, R. 48; Robbi u.
Reni 49; u.d.T.: Reni u. Robbi 50, 52;
Robbi, d. Rennfahrer 49, u.d.T.: Reni u.
Robby die Rennfahrer 50, 52; Reni und
Robbi, der Tormann 50, u.d.T.: Reni u.
Robbi der Torwart 50, 52; Reni u. d.
Robbenklub 51; Bettina, wo sind deine
Zöpfe? 51, 58 u.d.T.: Wirbel um Bettina,
Sammelbd 75; Bettina, das Vespa-Mädel
51, 59 u.d.T.: Bettina; was nun?
Sammelbd 76; Geli, die Fremde 51, 57
u.d.T.: Geli, ein Mädchen aus der
Fremde, Sammelbd 64, 68 u.d.T.: Kleine
tapfere Geli, Sammelbd 1-5 73 u.d.T.:
Geli, die Neue in der Klasse; Ulli oder
Ike? 51, 52; Ulrikes sonderbare Reise 51,
52; Bettina knipst 51, 59 u.d.T.: Bettina
weiß, was sie will, Sammelbd 77;
Bettina, die rasende Reporterin 51, 58,
Sammelbd 77; Bettinas große
Entdeckung 52, 59 u.d.T.: Bettinas

großes Geheimnis, Sammelbd 78; Bettina hat keine Zeit 52, 57, Sammelbd 77; Geli unterwegs 52, 57, Sammelbd 64, 68, 73; Nicht so stürmisch, Ulrike! 52, 54; So viele Sorgen, Ulrike? 52, 53; Wirbel um Bettina 53, 57, Sammelbd 75; Nur so weiter, Bettina 53, 59, Sammelbd 76; Viele Fragen um Geli 54, 57 u.d.T.: Gelis neue Heimat, Sammelbd 65, 68, 73; Ist das noch Bettina? 54, 57 u.d.T.: Aufregung um Bettina, Sammelbd 79; Freude mit Geli 54, 57, Sammelbde 65, 68, 73; Wir hören Geli 55, 57, Sammelbde 65, 68, 73; Alles wird anders, Ulrike! 55; Ein Mädel wie du 55; Hallo, Bettina! 56, 59, 73, Sammelbd 79; Ferien unterm Halbmond 56, 57; Weißes Mädel, schwarze Freundin 56 (auch holl.), u.d.T.: Bekenntnis zu Bessi 63, 67; Tina u. das Wunder-Pony 80, Doppelbd 81; Tina reitet gegen Toni 80, Doppelbd 81; Tinas Shetty-Jahr 80, Doppelbd 82; Tinas Reiter-Rallye 81, Doppelbd 82; Tinas heimliches Tagebuch 81; Überraschung für Tina 82, alles Jugendbb., "Geli"-Bde auch port., z.T. in Blindenschrift; "Bettina"-Bde z.T. auch holl. u. schwed.).
MA: Jahrbuch des Heeres 67; Jahrbuch des Heeres 69; Die Personalstruktur d. Streitkräfte 71; Jahrbuch des Heeres 77; Bdeswehr u. Gesellschaft 77; Jahrbuch des Heeres 79; Betriebswirtschaftlehre u. Streitkräfte 80; Initiative 44 81; Heere international 83; Das strapazierte Rückgrat 83.
R: Geli-Bände als Fs.-Serie in Brasilien.
Lit: K. Langosch: Stud. z. Jugenlit. 55; G. Haas: Kinder- u. Jugendlit., Zur Typologie u. Funktion e. lit. Gattung 76; M. Dahrendorf in: Lex. d. Kinder- u. Jgd.lit. III 79.

Seufert, Karl Rolf; Friedrich-Gerstäckerpreis 62, Junior Book Award f. d. beliebteste Buch d. Jahres 64, Bestliste z. Dt. Jugendbuchpreis 65, 67, 75, Kurt-Lütgen-Sachbuchpr. 74; Marktplatz 10, D-6227 Oestrich-Winkel-Winkel, Tel. (06723) 2144 (Frankfurt/M. 1.12.23). Roman, Erzählung, Sachbuch.
V: Die Karawane der weißen Männer, R. 61, 79; Die Türme von Mekka, R. 63, 78; Die vergessenen Buddhas, Erzn. 65, 69; Das Jahr in der Steppe, R. 67, 77; Einmal China und zurück, Erzn. 71; Und morgen nach Nimrud, Erz. 71; Abenteuer Afrika 71; Durch den Schwarzen Kontinent 72; Die Schätze von Copan 72; Ihr Ritt nach Lhasa 73; Das Geheimnis des Lualaba 74; Neunzig

Tage bis Harrar 74; 3000 Jahre Afrika 74; Vorstoß zum Reich der Mitte 75; Die Abenteuer sind noch nicht zu Ende 77; Die Straße der wilden Abenteuer 78; Unterwegs auf vielen Straßen, Erzn. 79; Pfad der Tränen 80; Und morgen woanders, Erz. 81; Das Rätsel der großen Steine 83. — **MV:** Mutter. Schriftsteller erzählen von ihrer Mutter, Erz. 72; Signal, Jb. f. junge Menschen, Erz. 66/67, 68/69; Schriftsteller erzählen aus aller Welt, Erz. 73; Wir sprechen noch darüber 72, 75; Abenteuergeschichten unserer Zeit 73; Mädchengeschichten unserer Zeit 74; Die Großen der Welt 76, 77; Kalendergeschichten 76.
Lit: Horst Künnemann: Mehr als nur Abenteuer. Die Bücher von K. Seufert (Zs. f. Jgd.lit. 5) 68; Abenteuer Lex. 79; Abenteuer! Abenteuer?; Jgdschriftsteller Dt. Sprache 80; Karl H. Klimmer: Forschern auf d. Spur in: Jgdb.magazin 2 80; Lex. d. Kinder- u. Jgd.lit. III.

Seufert, Friederike, SchulR., V.-Hauptlehrer i.R.; Stelzhamerbund der Freunde oö. Mundartdichtung im oö. Volksbild.werk 70, Ges. d. Freunde zeitgen. Dicht. im oö. Volksbild.werk 83; Mitterstoder 167, A-4573 Hinterstoder, Tel. (07564) 5209 (Spital a. Pyhrn 4.4.08). Lyrik, Mundartgedichte.
V: So wird d. Dunkel uns zum Licht, G. 80.

Seufert, Gitta, s. von Cetto, Brigitta.

Seunig-Strobelhof, Waldemar, Oberst a.D.; Klingsorstr. 10, D-8000 München 61 (Treffen/Krain 8.8.87). Roman, Essay.
V: Olympische Reiterspiele in Paris 24; Von der Koppel bis zur Kapriole 42, 80 (auch amer., engl., russ.); Essays und Aphorismen 45; Reitlehre von heute 56, 78; Frauen, Pferde, Bücher 55; Im Sattel zählt' ich keine Zeit, R. 58; Treffpunkt Boxe vier 59; Meister der Reitkunst, Ess. 60, 81; Marginalien zu Roß und Reiter. Ernst und heiter 61; Am Pulsschlag der Reitkunst, Ess. 61; Nur zu meinem Vergnügen 64; Reitergedanken am langen Zügel, Ess. u. Aphor. 65. —
MV: Theoretisch gewußt ... ( )

Seuren, Günter; Förderungspreis zum Großen Kunstpreis d. Landes NRW. 63, Bundesdrehbuchprämie f. d. Film "Schonzeit für Füchse", Georg-Mackensen-Preis 67; Bodenacherstr. 55, CH-8121 Benglen (Wickrath/Rhl. 18.6.32). Lyrik, Erzählung, Film, Roman.
V: Winterklavier für Hunde, G. 61; Das Gatter, R. 64; Lebeck, R. 66, 69, beide R. auch poln., russ., franz.,

schwed.; Das Kannibalenfest, R. 68;
Rede an die Nation 69; Der Abdecker 70;
Der Jagdherr liegt im Sterben, G. 74;
Die fünfte Jahreszeit, R. 79, DDR 80;
Abschied von einem Mörder 80; Der
Angriff, Erz. 82.

MA: Junge Lyrik 58; Das Alphabet;
Jahresring 60/61; Ich bringe Dreck ins
Haus, Erz. 62; Morgen im Garten Eden,
Erz. 77.

F: Schonzeit für Füchse 66.

R: König Lasar, Hsp. 67; Lebeck, Fsf.
67; Goldfliegen, Hsp. 68; Herrenabend,
Hsp. 69; Ich töte, Fsf. 70; Am Morgen
meines Todes, Fsf. 74; Überlebens-
training, Fsf. 77. ( )

Seutter von Lötzen, Wilhelm *

Severus, Sibylle, s. Obrist-Streng,
Sibylle.

Sewart, Karl; Förderungspr. d. Inst. f.
Lit. "Johannes R. Becher" 72; Hauptstr.
77, DDR-9362 Drebach/Erzgeb.
(Annaberg 27.12.33). Erzählung,
Hörspiel.

V: Gambit, Erzn. 72; 99 Ehen und eine
Scheidung 78, 4. Aufl. 83.

MA: Mit Ehrwürden fing alles an 70;
Wie der Kraftfahrer Karli Birnbaum
seinen Chef erkannte 71; Mit
Ehrwürden geht alles weiter 73; Berlin/
Ein Reiseverführer, Anth. 80; Das Huhn
des Kolumbus, Anth. 81.

F: Ich zwing' dich zu leben, nach d.
Erz.: Gambit, Spielf. 78 (Mitarb.).

R: Die Kündigung, nach d. gleichnam.
Erz. in: Gambit, m. B. Bernert, Fsf.-
Szenarium 83; Heitere Ehegeschichten,
Fs.-Szenarium 83.

Sexl, Gerhard *

Seybold, Heiner, Verkehrsdirektor;
Halderstr. 12, c/o Geschäftsstelle
Verkehrsverein, D-8900 Augsburg, Tel.
(0821) 483752 (Augsburg 26.11.09).
Novelle, Essay, Stadtgeschichte.

V: Kleines Buch einer großen Stadt
53, 79 (engl. 66); Kleiner Führer durch
eine große Stadt 53, 76; Augsburg - Stadt
des Pyrs und Reichsadlers 67, 77; Die
vielen Himmel über Augsburg 69.

Lit: Literarischer Führer. ( )

Seydel, Jürgen; Hattsteiner Allee 26,
D-6390 Usingen/Ts., Tel. (06081) 2558
(Düren, Rhld. 12.9.17).

V: Die verlassenen Schächte 51, 74;
Karate — das große Lehrb. d. mod.
Selbstverteidigung 61.

Ue: Karate-Do / Dynamic Karate 68.

Seydewitz, Max (Ps. Peter Michel),
Prof., GenDir. i.R.; SV-DDR 55; Lit.pr. d.
Stadt Dresden 56, Nationalpr. 60,

Martin-Andersen-Nexö-Preis d. Stadt
Dresden 75; Heideflügel 18, DDR-8051
Dresden (Forst/Lausitz 19.12.92).
Publizistik, Politik, Kulturpolitik,
Geschichte.

V: Stalin oder Trotzki 37 (auch
tschech.) 58; Hakenkreuz über Europa
40; Den tyska hemmafronten 44; Civil
Life in Wartime Germany 45; Es geht
um Deutschland 49 (auch tschech.) 50;
Wo blieben unsere Männer 54; Die
unbesiegbare Stadt 55, verb. 62, erw. 82;
Niemicka Republicka Demokratyczna
55; Mezi odrou a Rýnem 57; Deutschland zwischen Oder und Rhein 58, 60
(auch russ.) 60; Die große Kraft 61;
Goethe und der General Winter 62;
Dresden, Musen und Menschen 71, 76;
Es hat sich gelohnt zu Leben I 76, 78, II
78. — **MV:** Todesstrahlen und andere
neue Kriegswaffen, m. Kurt Doberer 36;
Der Antisemitismus in Westdeutschland
56 (auch engl., franz., holl., schwed.); Das
Dresdner Galeriebuch 58, 64, Die
Dresdner Kunstschätze 60, 64 (beide
auch russ. in e. Bd.) 65; Die Dame mit
dem Hermelin 63 (auch tschech., ung.,
poln., russ.) 64, 66; Der verschenkte
Herkules 69/70, 76 (auch russ., tsch.);
Das Mädchen mit der Perle (auch russ.,
tschech., poln.); Das Märchen vom
Schwanengott 80, 83, alle m. Ruth
Seydewitz.

MA: Die Sowjetarmee als Retter
deutschen Kulturgutes, in: Waffen-
brüder. Zum 40. Jahrestag d. Sowjet-
armee 58; Es hat sich gelohnt, Opfer zu
bringen, in: Wir sind die Kraft 59;
Vorwort zu: Dresden, Bildbd. 62, 64;
Vorwort zu: Kriegsverluste der
Dresdener Gemäldegalerie 63; Der
unermüdliche Mahner, in: Walter
Ulbricht 63; In eigener Sache. Briefe v.
Künstlern u. Schriftstellern 64; Vorwort,
Zur Geschichte der Staatlichen Kunst-
sammlungen, in: Weltstädte der Kunst
II (Dresden) 65 (auch franz., engl.).

Seydewitz, Ruth; SV-DDR 55; Martin-
Andersen-Nexö-Kunstpreis d. Stadt
Dresden 62; Heideflügel 18, DDR-8051
Dresden (Oppeln 26.6.05). Reportage,
Essay, Kunst- u. Kulturpolitik,
Publizistik.

V: Wo das Leben ist 56; Das neue
Dresden 59, 61; Dresden - geliebte Stadt
60; Der Klasse treuer Kämpfer. Aus d.
Leben v. Otto Buchwitz 61; Wenn die
Madonna reden könnte 62, 77; Wir
warten auf Deinen Vater 65 (auch ung.);
Liebe durch die Jahrhunderte 70, 75;
Alle Menschen haben Träume 76, 80. —

MV: Der Antisemitismus in Westdeutschland 56 (auch engl., franz., holl.,
schwed.); Das Dresdener Galeriebuch
58, 64, Die Dresdener Kunstschätze 60,
64 (beide auch russ. in e. Bd.) 65; Die
Dame mit dem Hermelin 63 (auch
tschech., ung., poln. russ.); Der
verschenkte Herkules 69, 76 (auch russ.,
tschech., poln.); Das Mädchen mit der
Perle (auch russ., tschech., poln.); Das
Märchen vom Schwanengott 80, 83, alle
m. Max Seydewitz.
MA: Die Heimkehr der Sixtinischen
Madonna, in: Der Rote Oktober und
seine Söhne 58, engl. in: Yesterday and
Today 67; Wir warten auf Deinen Vater,
in: Die Zeit trägt einen roten Stern 58;
Meine Freunde Natalia u. Alexander, in:
Im Zeichen des roten Sterns 74;
Arbeiterklasse u. Künstler, in: ... einer
anderen Zeit 81.

Seyffarth, Ursula, s. Knöller, Ursula.

Seymour, Henry, s. Hartmann,
Helmut.

Seyppel, Joachim, Dr. phil.; VS 56,
Kogge 71, SV-DDR 74 — 79, P.E.N. 75;
Forschungstipendium Am. Philos. Soc.
60, Guggenheim Fellow 62, Literaturstip.
Senat Berlin 63, 65, Ehrengabe Kultur-
kr. im Bdesverb. d. dt. Ind.; Spreestr. 21,
D-2000 Hamburg 53, Tel. (040) 834705
(Berlin 3.11.19). Drama, Roman,
Erzählung, Essay. **Ue:** E.
V: Flugsand der Tage, R. 47; Wo wir
sterblich sind, Dr. 47; Ferdinands abso-
luter Standpunkt, N. 48; Dekadenz oder
Fortschritt, Studie 51; William Faulkner,
Ess. 62; Gerhart Hauptmann, Ess. 62; T.
S. Elliot, Ess. 63; Abendlandfahrt, R. 63;
colubus bluejeans oder Das Reich der
falschen Bilder, R. 65; Als der Führer
den Krieg gewann, Sat. 65; Geburt einer
Tyrannis, Rep. 68; Torso Conny der
Große, 69; Griechisches Mosaik, Rep.
70; Ein Yankee in der Mark, Wand. n.
Fontane, Rep. 70, 71; Umwege nach
Haus, Tageb. 74; Abschied von Europa,
R. 75; Gesang zweier Taschenk., Erz. 76;
Die Unperson od. Schwitzbad u. Tod
Majakowskis, Sch. 79; Die Mauer od.
Das Café am Hackeschen Markt, R. 81;
Ich bin ein kaputter Typ, Rep. 82.
H: Texte deutscher Mystik des 16.
Jahrhunderts, Anth. 63.
Ue: Franz Molnár: Lebwohl, mein
Herz, R. 50; James Baldwin: Amen
Corner, Sch. 71.

Seyr, Kuno, Dr. phil., Abt.-Leiter
Programmabt. Fernsehen, RAI-Sender
Bozen; Südtiroler Künstlerbd 79;
Dreiheiligengasse 27, I-39100 Bozen, Tel.
(0471) 38351 (Meran 9.2.38). Drama,
Lyrik, Hörspiel.
V: Gedichte für mein Land, Lyr. 78. —
MV: Südtiroler Initiative, 5 Theaterst.
80.
R: Alpha, Hsp. 75; Die Blase, Hsp. 78.
( )

Shalev, Aurel, s. Friedmann, Aurel.

Shannon, Mark, s. Grossmann, Hans
H.

Shaw, Elizabeth, Grafikerin; Kunstpr.
d. DDR 75, Käthe-Kollwitz-Pr. d. Akad.
d. Künste DDR 81; Treskowstr. 5, DDR-
1110 Berlin, Tel. 4892010. Kinderbuch,
Reisereportage.
V: Der kleine Angsthase 63; Gittis
Tomatenpflanze 64; Die Schildkröte hat
Geburtstag 65; Wie Putzi einen Pokal
gewann 67; Bella Belehaud und ihre
Papageien 70; Bettina Bummelt 71; Zilli,
Billi und Willi 71; Das Bärenhaus 72,
alles Kdb.; Ein Jeder am Meeresstrand,
Reiserep. 72; Als Robert verschwand 75;
Die Schöne und das Ungeheuer 83,
beides Kdb.

Sheriff Ben, s. Jeier, Thomas.

Shocker, Dan, s. Grasmück, Jürgen.

Sibbers, Mathilde, ObLehrerin; VS 70;
Förderpr. d. Hamburger Autorenschule
IfS 75; Fritz-Graef-Weg 7, D-2390
Flensburg, Tel. (0461) 59156 (Arnis a. d.
Schlei 13.2.20). Kinderbuch, Lyrik,
Erzählung.
V: Komm wieder, kleine Sonni!,
Kinderb. 63; Sundewittchen sticht in
See, Kinderb. 72; Wo ist das Deich-
böllchen?, Kinderb. 74; Kuddel ist nicht
echt, Kinderb. 75; Oder sehen Sie das
anders?, Erzn. 83.
MA: Kind u. Welt I, III 49;
Erzählungen deutscher Lehrer der
Gegenwart 67; Sei uns willkommen,
schöner Stern 69; Unser Kind, Zs. 71 —
74; Flensburg in Geschichte und Gegen-
wart 72; Gute Gefährten in Fell und
Federkleid, Erzn. 81.
R: Der gerettete Mond, Fs.-Bilder-
gesch. 67; Das Deichböllchen, Fs.-Bilder-
gesch. 69.

Sichelschmidt, Gustav, Dr., ObBiblio-
theksrat a.D.; Schwachhauser Heerstr.
109, D-2800 Bremen 1, Tel. (0421) 440763
(Remscheid 31.1.13). Lyrik, Essay,
Biographie.
V: Bergische Gestalten, Biogr. 52;
Kunterbunte Welt, Kinder-G. 56; Hinter
der Wolga, G. 57; Hedwig Courths-
Mahler. Lit.soz. Studie 67; Liebe, Mord
und Abenteuer. Gesch. d. dt.

Unterhalt.lit. 69; Verblöden die
Deutschen. Anal. u. Bilanz e. Niveau-
abstiegs 69; Friedrich Nicolai, Biogr. 71;
So schrieb Berlin. Berliner Lit.gesch. 71;
Wie im alten Rom. Dekadenzerschei-
nungen damals u. heute 71; Kleine
Stadtrundfahrt. Berlin-G. 71; Große
Berlinerinnen, Biogr. Porträts 72; Verrat
der Menschenwürde 72; Kleine
Apokalypse. G. zum Nachdenken 73;
Berühmte Berliner. Biogr. Miniaturen
73; Berliner Originale. Ein Dutzend
berlinischer Porträts 74; Berlin in alten
Ansichtskarten 75; Goethe heute. Ein
Brevier für Unbehauste 76; Grenz-
gänger. Moderne Autoren als Führer zu
einem lebendigen Christentum 76;
Potsdam in alten Ansichten 76;
Charlottenburg in alten Ansichten 76;
Spandau in alten Ansichten 76; Tiergarten in alten Ansichten 76; Ostberlin
in alten Ansichten 77; Nordberlin in
alten Ansichten 77; Steglitz und Zehlendorf in alten Ansichten 77; Schöneberg
und Wilmersdorf in alten Ansichten 77;
Kreuzberg, Neukölln und Tempelhof in
alten Ansichten 77; Berlin 1900. Die
Reichshauptstadt in Stahlstichen 77;
Berliner Leben. Ein Fotoalbum d. Jahrhundertwende 77; Die Mark Brandenburg in alten Ansichten 77; Die Berliner
u. ihr Witz 78; Weihnachten im alten
Berlin 78; Berliner Lokale in alten Ansichten 79; Berliner Verkehr in alten
Ansichten 79; Berliner Denkmäler in
alten Ansichten 79; Berliner Kirchen in
alten Ansichten 79; Lessing in Berlin 79;
Die Wüste wächst. Die Zerstörung d.
inneren Welt 79; Große Preußen 81;
Ernst Moritz Arndt 81; Nach uns die
Sintflut 81; Preußen — die immer junge
Idee 81; Deutschland in Gefahr 81;
Anmerkungen zu Goethe 82; Bankrott
der Literatur 82; Der deutsche Prophet.
Versuch üb. Luther 83.
H: Du kannst mir mal für'n Sechser.
Heitere Berliner Verse 70; Herrliche
Zeiten. Das Wilhelminische Berlin in
Ansichtskarten 70; Die gespiegelte
Stadt. G. üb. Berlin 71; Berlin — Berlin,
Prosa-Anth. 80.

Sichelschmidt-Rüdiger, Grete *

v. Sickingen, E., s. Wildberger, Erich.

Sidjanskij, Dimitrij, s. Damjan,
Mischa.

Siebe, Hans; Falkenberger Str. 45,
DDR-112 Berlin.
V: Nahtlose Strümpfe, Krim.-R. 66, 70;
Koberlinks Schatten 67, 72; Ein klarer
Fall. Hauptwachtmeister Schmidt

erzählt 68; Variante zwei 71; Der Feuer-
sprung 72; Bahnschranke Kienbusch 72;
Ferien am See 73; Gartenzwerge und
Pistolen. Kriminalmeister Schmidt
erzählt 71; Gepäckfach 19, Krim.-Erz. 72;
Keine Chance für Unke 73; Eines
Nachtwächters Auferstehung, Krim.-
Erz. 74; Tod des Siebenschläfers 73; Die
Tote von Schwarzheide, Krim.-Erz. 75;
Alte Rechnungen, Krim.-Erz. 76;
Kopfgeld 76, 4. Aufl. 82; Der Tod des
Reinhard Kunelka 78; Tödliche Intrige
78; Der Tote im Strandbad, Krim.-Erz.
79; Kunsträuber I (Die Bande) 81. —
MV: Die gläserne Spinne, Krim.-R. m.
H. Girra 73.
MA: Blaulicht, seit 64; Das neue
Abenteuer, seit 65.
R: Zahlr. Hsp., u.a.: Die letzte Reise 63;
Doppelter Boden 64; Spuren im Sand 66;
Weiße Persianer 67; Der Mitternachts-
lift 69; Simmkats Hut 70; Bahnschranke
Kienbusch 71; Tod des Siebenschläfers
72; Kleiner Mann gesucht 73. ( )

Siebeck, Fred C., Schauspieler,
Regisseur, Doz. f. d. Sprache d. Massen-
medien an d. Staatl. H. f. Musik u. darst.
Kunst in Stuttgart; VS, V.D.B.S.,
Journalisten-Verb.; Dramatikerpreis d.
Josef Keller Verlages, Starnberg 54,
Weltpr.träger d. PATA 80; Landhaus Im
Täle, D-7154 Waldenweiler, Tel. (07183)
7983 (Magdeburg 3.9.25). Drama,
Hörspiel, Novelle, Roman, Essay.
V: Vögel sterben im Sand, Dr. 54; Der
Wechselgesang, Dr. 56; Harfe und
Kleeblatt, Irisches Tagebuch, Ess. 66;
Ein Festmahl für 10 Finger, irische
Gesch. 69; Mein Inselbuch, Reise-Ess.
71; Betrachtungen zu neun Fotos 71. —
MV: Letzte Paradiese 80; Die
Philippinen 81.
F: Rote Steppe Mongolei; Karibu; Der
Rote; Haia Safari; 48 Stunden Irland;
Wolf unter Wasser; Die Feder.
R: Begegnung am Brenner 52; Der
dreifache Jacques 52; Das Eis brennt 52;
Bettin contra Bettin 52; Es wurde
dunkel vor dem Abend 53; Das Beicht-
geheimnis 53; Zwischen zwei Tagen 54;
Der Verlierer 54; Die schwarze Weste
56; Ein Heldenbild 56; Das befohlene
Konzert 60; Dezemberfrühling 61; Mord
in Moll 61, alles Hsp. — Von Liebe,
Verrat, Treue 51; Briefe von jenseits 52;
Menschen unter dem Vorhang 52;
Leticia und Domenico 53; Das Ende
davon 54, alles Funk-Nn.; Plato im April,
Erz. 63; Insel der Königin, Ess. 65; Harfe
und Kleeblatt, Hb. 65; Irische Perlen,
Feuill. 66; Das Gesicht und wie man es

verliert, Grot. 66; Die unsichtbaren
Diktatoren, Dokumentation 66; Das
irische Kreuz, Funk-N. 66; Wunder über
Wunder, Funk-Musical 66; Die Reise in
die Vergangenheit, Science Fiction f.
Kinder, 12-teil. Funk-R. 71.

S: Üb. 50 ethnogr. Tonkass. 78-83.

Siebeck, Wolfram, Schriftsteller,
Zeichner, D-8913 Schondorf/Obb., Tel.
(08192) 1224 (Duisburg 19.9.28).
Feuilleton, Satire, Parodie.

V: Gewusst wie, ges. Sat. 70; Lady
Chatterleys Füße u.a., Zeichn. 61;
Klappe zu, Affe tot, ges. Sat. 73; Wolfram
Siebecks Kochschule für Anspruchs-
volle, Kochb. 75; Beste Geschichten, ges.
Sat. 77; Kulinarische Notizen 80;
Sonntag in deutschen Töpfen 82;
Kochen bis aufs Messer 82.

Siebecke, Evemarie, s. Siebecke-
Giese, Evemarie.

Siebecke-Giese, Evemarie (Ps. Ilse
Bode, Evemarie Siebecke), Dr.med.,
Ärztin, freie Wissenschaftlerin;
Kaiserstr. 92, D-6050 Offenbach a.M.
(Magdeburg 22.1.19). Erzählungen in
Sprechdeutsch.

V: Diotima u. Garibaldi, Erz. 79; Bibbi,
e. kleiner Hund u. ich, Erz. 82.

MA: Autorenwerkstatt 1 82.

Siebenbrodt, Dorothee, s. Fangk,
Dorothea.

Siebenpunkt, Amadeus,
s. Doerrschuck, Hubert.

Siebenschön, Leona, Schriftstellerin;
Dt. P.E.N.; Groß-Flottbeker-Str. 17, D-
2000 Hamburg 52, Tel. (040) 8993745.

V: Ehe zwischen Trieb und Trott 68,
70; Die Unfähigkeit zu lieben 76; Im
Kreidekreis 79; nacht leben 83; Der
Mama-Mann 83.

MA: Was fällt ihnen zu Weihnachten
ein 74; Wir wissen daß wir sterben
müssen 75; Wie war das mit dem lieben
Gott? 76; Keiner schöner Land 79; Im
Beunruhigenden 80; Frieden: Mehr als
ein Wort 81; Glück ist, keine Angst zu
haben 81; Heilig Abend zusammen 82.

Siebenstädt, Ingeburg (Ps. Tom
Wittgen), Dipl.-Germanistin; SV-DDR
75; Krausnickstr. 16, DDR-1040 Berlin,
Tel. 2826866 (Wittgensdorf 26.4.32).
Roman.

V: Der zweite Ring 70, 74; Intimsphäre
73, 79; Das sanfte Mädchen 75, 78;
Tiefenprüfung 78, 79; Herbstzeitlose 81;
Die falsche Madonna 82; Das Schwarze-
Peter-Spiel 83, alles Krim.-R.;
Rumpelfahrt nach Hammelspring, Kdb.
74; Die singende Taube, Abenteuer-R.

76, 82; Die zerrissene Jacke, Kdb. 78;
Eismeerdrift, Hist. R. 79, 82; Die Brüder
d. Sheriffs, Krim. R. f. Kinder 79, 81;
Borstel u. d. alte Kiefer, Kdb. 80.

Siebert, Ilse, s. Langner, Ilse.

Siebert, Rüdiger, Journalist; DJV, VG
Wort; Keltenstr. 3, D-5354 Weilerswist-
Metternich, Tel. (02254) 2263 (Chemnitz
17.1.44). Sachbuch, Reportage.

V: Afrika schwarz, weiß, Reise-
beschreib. 74; Roter Reis im Paradies,
Reisebeschreib. 76; Alltag unter Palmen,
Kurzgeschn. 78; Tod auf Mactan,
Spurensuche im Fall Magellan gegen
Lapulapu, hist. Sachb. 82.

Siebrands, Uwe, Repetitor; ADA 82;
Lindenstr. 29, D-6400 Fulda, Tel. (0661)
71053 (Kiel 28.11.40). Kinder- u. Jugendbücher, Lyrik, Essay, Feuilleton, wiss.
Arbeiten.

V: Warum schweigst du, Großer Bär?,
Kinderb. 66.

MA: Strafvollzug u. Öffentlichkeit 79;
Unser Boot heißt Europa 81.

H: adagio, Zs.

Sieburger, Hildegard Ursula Christli;
Birkhahnstr. 16, D-7050 Waiblingen
(Kavelstorf b. Rostock/Meckl. 2.9.14).
Jugend- u. Kinderliteratur.

V: Kommissar Hartmanns uner-
ledigter Fall 76; Strubbelkopf 76; Chris,
ein Mädchen von Heute 76, alles Jgdbb.

R: Gute-Nacht-Geschichten 72 — 76.

Siedel, Fritz; Posener Str. 18, D-2945
Sande, Kr. Friesld., Tel. (04422) 623
(Sehlen 31.10.13). Tier- u. Natur-
beschreibung.

V: Gefiederte Ritter der Luft 36, 43;
Bunte Tiergeschichten 39, 43; Wildtiere
unter Menschen 51, 53; Elfi und
Schmalzmann 57; Auf Fotopirsch 58;
Schwanensang und Möwenschrei 62;
Wunder im Winzigen 64; Vögel am Meer
66; Das Patronenbuch 77.

R: Ferien in Friesland 70.

Siedler, Wolf Jobst, Verleger; Dt.
Werkbund 60, P.E.N. 62; Falkenried 6, D-
1000 Berlin 33 (Berlin 17.1.26). Essay.

Ue: D, E.

V: Die gemordete Stadt, Ess. 64, 65;
Behauptungen, Ess. 65; Weder Maas
noch Memel. Ansichten vom beschä-
digten Deutschland 82, 83. — **MV:** Die
Mauer, Anth. 61, 63; Hier schreibt
Berlin, Anth. 63; Bauen seit 1900 63;
Bäume, Ess. m. Ernst Jünger 77.

MH: Dichtung und Wirklichkeit, m. H.
Schwab-Felisch seit 62 XV.

R: Die gemordete Stadt, Fs.
Ue: Charles Jackson: The outer edges
u.d.T.: Gezählt - gewogen, R. 54. ( )

Siefkes, Wilhelmine (Ps. Wilmke
Anners), Lehrerin i.R.; VS Nds. 62;
Johann-Hinrich-Fehrs-Preis 40, Bdes-
verd.kr. a. Bd. 60, Ubbo-Emmius-
Medaille 68, Quickborn-Preis 70, Ehren-
bürgerrecht d. Stadt Leer/Ostfr. 70;
Großer Oldekamp 2, D-2950 Leer/
Ostfriesld., Tel. (0491) 12711 (Leer 4.1.90).
Drama, Lyrik, Roman, Novelle, Jugend-
erzählung, Hörspiel, Sagen, Märchen.
V: Uda van der Mölen, R. 20; Hör
eenzig Eegen, N. 22, 68; Dor was ins mal,
M. 23, 65; Sneewittje u.a. Msp. 35 — 39;
Gudrun, Laiensp. 39; Keerlke, R. 41, 72;
Brörs, Kom. 49; Alte ostfriesische Sagen,
Schulausg. 47, 51; Van lüttje un grote
Knevels, Erzn. 50, 61; Der Gestiefelte
Kater, Laiensp. 50; Kasjen und Amke, R.
52, 74 (auch holl.); Um ein Weihnachts-
geschenk, Laiensp. 54; Rena im Königs-
moor, Jgd.-Erz. 55, 61; Uke setzt sich
durch, Erz. 57; Tüschen Saat un Seise,
G. 59, 71; Van de Padd of, R. 61; Ost-
friesische Sagen 63, Gr. Ausg. 63, 68;
Tant' Remda in Tirol un anner Ver-
tellsels, Erzn. 64, 72; Tant' Remda fahrt
na Genua, Erzn. 69; Erinnerungen 80.
MA: Friesische Märchen 20, 21;
Ostfries. pl. Dichterbuch 22, 69;
Gespräche mit plattdt. Autoren 64;
Niederdt. Lyrik 68; Scharp un Sööt von
Alma Rogge 70; Friesische Gedichte 73.
R: De Fahrt na't Witte Aaland; Alleen
laten; Brörs; Stiefkoppen; Keerlelske;
Freerk Ulenga, alles Hsp.
S: Tant' Remda in Tirol; Auszüge aus
"Keerlke" u. Gedichte, Märchen.

Sieg, Wolfgang, ObStudR.; VS 68;
Hans Böttcher-Pr. d. Stift. F.V.S. 74; LIT
e.V.; Offenau 51, D-2201 Bokholt-
Hanredder, Tel. (04121) 83553 (Hamburg
22.10.36). Roman, Kurzgeschichte,
Hörspiel.
V: Der Mann in der Anschlagsäule, R.
67; Säurekopf, R. 68; Die Geheim-
organisation, Kinder-R. 74; Siegfrieds
Tarnkappe, Kinder-R. 74; Wahnungen,
Kortgeschn. 74; Blutfleck auffe Häkel-
decke, Missingschgeschn. 77; Der
wahnsinnige Rhabarber, Kurzgeschn.
80; Schön leise sein bei'n Hilfeschrei'n,
Kurzgeschn. 78; ... un hool dat Muul vun
Politik, Kortgeschn. 82.
MA: Platt mit spitzer Feder 78; Heilig
Abend zusammen 82.
R: Dre Dage vör Sünte Valentin 66;
De Hex 70, 71, De Sarg mit sieben
Pulsters 71; So as dat hört 71; Söken 73;

Dat blaue Licht 74; Dienstleistungen 74;
Snacken 75; Dörbieten 75; Up de Brügg
76; De ole Niermann 77; Hilli
Franziskus sien Kinner 77, alles Hsp.

Siegel, Gerhard, ObIng.;
Pötschenerstr. 3, D-8035 Gauting, Tel.
(089) 8504612 (Neustadt/OS. 22.4.12).
Lyrik, Roman, Novelle, Essay, Hörspiel,
Jugendbuch.
V: Wind kommt auf, Jgdb. 36, 42;
Geheimnis um zwei Segelkisten, Jgdb.
38, 50; Flug über die Grenzen, Jgdb. 39;
Krachbums, die tolle Segelkiste, Jgdb.
39, 42.
R: Die Zerreißprobe, Hsp.

Siegel, Paul, Dr. phil., StudR i.R.;
Fritz-Schneider-Str. 22, DDR-9800
Reichenbach (Bremen 14.9.96).
V: Hans-Henning geht d. geraden
Weg, Jgdb. 56, 2. Aufl. 56 u.d.T.: Henning
geht d. geraden Weg 58; Drei in d.
Klemme, Jgdb. 60; Das innere Licht 63;
Der goldene Schnitt 67; Der verlorene
Bruder 70; Einmal ist keinmal u. a.
Geschn., Jgdb. 78; Wer war der Dieb?,
Jgdb. 78; Sven unter Sklaven und
Piraten, Jgdb. 84.
MA: Erzn. in zahlr. Anth.
R: Sechs Punkte lösten d. Problem;
Hundert Jahre Göltzschtalbrücke.

Siegemund, Paul; Weißerdstr. 40, D-
6277 Camberg.
V: Erlebnisse und Begegnungen der
Gans Grete, Geschn. 81. ( )

Siegenland, Rainer, s. Schmidt,
Friedrich Wilhelm.

Siegentaler, Peter, s. Hoffmann, Hans.

Siegfried, K. E., s. Niedergesäß,
Siegfried.

Siegfried, Werner, s. Baumgartner,
Alfred.

Siemers-Feyerabend, Ellin,
Buchhändlerin; Walddörfer Str. 6, D-
2000 Hamburg 70 (Solingen 27.2.24).
Jugendbuch.
V: Sabine aus der Regentonne, Jgdb.
50.

Sieper, Bernhard; Lyrikpr. Wettbew.
Das betroffene Metall 75, Dome im
Gedicht 75, Silberner Federkiel, IGdA
75, Liebe will Liebe sein 76; Kaiserstr.
59, D-5608 Radevormwald, Tel. (02195)
2337 (Radevormwald 21.1.09). Novelle,
Biographie, Lyrik.
V: Das Lebenslied des Schiffsjungen
Hein 36; Herz überm Amboß, Lersch-
Biogr. 39; Sterne über der Heimat, G. u.
Aufs. 41; Der Ruf der Strahlen,
Röntgen-Biogr. 46; Paul Verlaine, biogr.

Erz. 57; Radevormwald in alten Ansichten, Album 76-82 VII; Damals u.
heute, Album.
MA: Das betroffene Metall 75; Dome
im Gedicht 75; Lieben, glauben u. vertrauen 76; Liebe will Liebe sein 76.
H: Eine kleine Blütenlese der Weltlyrik 46.
Lit: Sie schreiben zwischen Soest und
Münster 77; Lyrik - skurril 77.

Sievers, Edgar, Drucktechn. Berater;
Lysstr. 111, Rietondale/Pretoria/Südafr.
u. P.O. Box 1953, 0001 Pretoria/Südafr.,
Tel. (012) 706867 (Lüderitzbucht,
Südwestafr. 29.11.16). Drama, Lyrik,
Essay. **Ue:** E, Afr.
V: Nur e. Kurznachricht aus d.
Kaokoveld, Schausp. 72; Kurse, die sie
in die Meere schreiben, Lyr. I 81; An die
Denkenden in dieser Zeit, Ess. zur geist.
Grundleg. e. Umschwungs 81.
H: Humanitas-Almanach 1948. Schön-
geistiges u. Aufs. dt. Schriftsteller aus u.
z. Nachkriegssituation 48.

Sievers, Leopold, freier Schriftsteller;
Novellen-Pr. d. C. Bertelsmann-Verlages
55, Julius-Campe-Pr. d. Hoffmann &
Campe Verlages 61; Elbchaussee 193a,
D-2000 Hamburg 52, Tel. (040) 8805878
(Hamburg-Bergedorf 8.4.17). Lyrik,
Roman, Novelle, geschichtl.
Darstellungen.
V: Serpentinen, N. 55; Die Nixe, Erz.
56, 59; Onyx, R. 61; Juden in Dtld, Gesch.
Darst. 77, 82; Revolution in Dtld, Gesch.
d. Bauernkriege 78, 81; Deutsche u.
Russen, Gesch. Darst. 80, 82, Tb. 83; Der
Bauernkrieg 82 (Tb.). — **MV:** Die Probe
55; Schmunzelgeschichten 56; In Pajala
stechen die Mücken 57; Netz d.
Himmels 63; Tuchfühlung 65.

Siewert, Michaela *

Sigel, Kurt, freier Schriftsteller; VS
60, Kogge, P.E.N.; Förderpreis z. Kogge-
Lit.preis 66, Stip. Dt. Lit.fonds 82;
Fallerslebenstr. 16, D-6000
Frankfurt a.M., Tel. (0611) 567312
(Frankfurt/M. 3.8.31). Lyrik, Novelle,
Hörspiel.
V: Traum und Speise, G. 58; Sperr-
zonen, G. 60; Flammen und Gelächter,
G. 65; Kurswechsel, Erzn. 68; Feuer, de
Maa brennt, Dialektg. 68; Knigge ver-
kehrt, Sat. u. Parodien 70; Lieder &
Anschläge, G. 70; Kannibalisches,
schwarze Spr. 72; Zuschdänd in
Frankfort un annerswo, Dialektg. 75; Uff
Deiwelkommraus, Dialektg. 75; Kotilow
oder Salto mortale nach innen, R. 77;
Gegenreden/Quergebabbel, Dialekt-

sprüche u. -G. 78; Krumm de Schnawwel
— grad de Kerl, Dialektgeschn. u. -G. 80;
Verse gegen taube Ohren, G. in zwei
Fassungen 83. — **MV:** Deutsche Teilung,
G. aus dem dt. Sprachraum, m. Kurt
Morawietz.
MA: Prosa- u. Lyrikbeitr. in üb. 60
Anth.
R: Kannibalische Biographie; Waren
Sie schon mal im Kittchen; Narren-
spiegel, alles Kurzhsp.
S: Zieh Pudel, Dappes, de Maa brennt,
Dialekt-LP 72.
Lit: in: Lennartz: Deutsche Dichter u.
Schriftsteller unserer Zeit; E. Endres:
Autorenlexikon; Krüger: Das Gorgonen-
haupt.

Sigismund, Ursula; freie Mitarb. am
Hörfunk; VS; Dt. Erzählerpreis 63;
Zimmerstr. 7, D-6100 Darmstadt, Tel.
(06151) 24990 (Danzig 9.7.12). Roman,
Novelle, Essay.
V: Grenzgänger, R. 70; Immer gerade-
aus, Madame, Reiseerz. 71; Gepäck-
aufbewahrung, Erzn. 75; Zarathustras
Sippschaft, R. 77; Montmartre. Das
Leben d. Mutter Utrillos, R. 81.
MA: Aufschlüsse, Begegnungen
Darmstädter Autoren 79.

Sigl, Albert, M.A.; Am Ring 7, D-8307
Mirskofen (Landshut 8.4.53). Roman,
Kurzprosa, Lyrik.
V: Kopfham, R. 82.

Signifer, Theo, s. Bannert, Karl Josef
Theodor.

Sigrist, Arnold, Grafiker; Gruppe
Olten 79; Präs. Verein Schweiz.
Lit.Freunde Basel 74; Hohestr. 207, CH-
4104 Oberwil, Tel. (061) 300581 (Sigriswil
13.3.46). Roman, Novelle, Essay.
V: Die Schatten sind wir, Prosa 78.

Silja, s. Polzin, Silja.

Silló-Seidl, Georg, Dr. med., Arzt; VS,
BDSÄ, FDA; 1, 2, 3. Pr. d. Ungar.
Nationaltheater f. Dramaturgie 42-44;
Thorwaldsenstr. 19, D-6000
Frankfurt a.M., Tel. (0611) 636917
(Budapest 19.1.25). Essay, Medizin-
geschichte.
V: Die Wahrheit üb. Semmelweis,
Gesch. d. Med. 78; Ärzte ohne Nobelpr.,
Gesch. d. Med. 78; Des Chirurgen 6.
Sinn, Ess. 79; Ärzte, die Millionen
geholfen haben, Gesch. d. Med. 80;
Meine interessantesten Fälle, Ess. 81; 25
Geburten, Ess. 82.
F: Semmelweis, Dok.-F. 83.

Silvester, Claus, s. Dörner, Claus.

Simader, Willi, Reisebürokaufmann;
Schmiedstr. 2, D-8120 Weilheim/Obb.,
Tel. (0881) 3009 (Weilheim 3.4.17).
Gedichte, Roman.
V: Schmunzelalphabeth, G. 71; Ein
Schüppl Gamsbarthaar, Mundartged. I
75, 82, II 76, 77, III 78, IV 82.

Simberger, Gert, Journalist; Zum
Huchtinger Bahnhof 52, D-2800
Bremen 66, Tel. (0421) 582102 (Essen
27.1.48). Roman.
V: Flugsicherung, R. 81.
S: Flugsicherung, Blindenhörb. 81.

Simmel, Johannes Mario; VS, The
Authors Guild 69, Öst. P.E.N.; Preis d.
Nationaltheaters Mannheim f. "Der
Schulfreund" 58, Kulturpr. d. Dt. Frei-
maurer 80 (Wien 7.4.24). Roman, Novelle,
Film, Drama.
V: Begegnung im Nebel, Nn. 47, 76;
Mich wundert, daß ich so fröhlich bin,
R. 49, 76; Das geheime Brot, R. 50, 75;
Ein Autobus, groß wie die Welt,
Kinderb. 50, 77; Meine Mutter darf es
nie erfahren, Kinderb. 51, 77; Weinen
streng verboten, Kinderb. 51, 77; Ich
gestehe Alles, R. 53, 76; Gott schützt die
Liebenden 56, 76; Affäre Nina B., R. 58,
76; Der Schulfreund, Sch. 58, 76; Es muß
nicht immer Kaviar sein, R. 60, 75; Bis
zur bitteren Neige, R. 62, 76; Liebe ist
nur ein Wort, R. 63, 76; Lieb Vaterland
magst ruhig sein, R. 65, 76; Alle
Menschen werden Brüder. R. 67, 76; Und
Jimmy ging zum Regenbogen, R. 70, 76;
Der Stoff aus dem die Träume sind, R.
71, 75; Die Antwort kennt nur der Wind,
R. 73, 75; Niemand ist eine Insel, R. 75;
Hurra, wir leben noch, R. 78; 22 Zenti-
meter Zärtlichkeit, Erz. 79; Wir heißen
euch hoffen, R. 80; Bitte, lasst die
Blumen leben, R. 83. – Übers. in 26 Spr.
F: (MA): Die anderen Tage 50; Wien
tanzt 51; Es geschehen noch Wunder;
Tagebuch einer Verliebten; Raub der
Sabinerinnen; Hotel Adlon; Weg in die
Vergangenheit; Kitty und die große
Welt; Liebe, die den Kopf verliert;
Dunja; Robinson soll nicht sterben;
Unter Achtzehn; Stefanie; Der Schul-
freund; Affäre Nina B; Es muß nicht
immer Kaviar sein u. 36 weit.
R: Der Schulfreund, Fsp.; Mich
wundert, daß ich so fröhlich bin, Fsp; Es
muß nicht immer Kaviar sein, Fsp.-
Serie; Begegnung im Nebel, Fsp.;
Anorak, kamelhaarfarben.

S: Ein Autobus, groß wie die Welt 75;
Meine Mutter darf es nie erfahren 76;
Weinen streng verboten 77.
Lit: Albrecht Weber: Das Phänomen
Simmel 77, u.a.

Simmen, Maria, Sekundarlehrerin;
ISV 63, SV 77; Preis der SAFFA 58,
Werkpr. Kt. u. Stadt Luzern 81, Wilhel-
mine Lübke-Pr. 81; Rhynauer Str. 8,
CH-6000 Luzern, Tel. (041) 412313
(Zürich 6.7.00). Novelle, Hörspiel,
Kindergeschichte.
V: Um die Heimat, Nn. 45, 47; Ich bin
ganz gerne alt, Ber. aus d. Fülle später
Jahre 80, 3. Aufl. 82; Herbstblätter, Erz.
80; Wohnt die Treue in der Milch-
strasse? 83.
MA: Das kleine Müetti u.a. Geschn.
47; Frühlingsanth. d. ISV, u.a. – **MH:**
Innerschweizer Texte, Schriftsteller-
Lex.
R: Der Vetter aus Amerika 58; S
schwarz Schoof; Kleines Spektrum
Liebe; Fahr wohl, Familie Treiber; Nur
e Mönsch; O du fröhliche ...; Em Lääbe
zlieb 73; Kathaura 78; E ganz e
bsundere Wiehnachtsobe 79, u.a. Radiosend.

Simmerling, Rudolf, Kaufmann i. R.;
Mozartstr. 17b, D-4902 Bad Salzuflen,
Tel. (05222) 57219 (Zeulenroda/Thür.
8.9.01). Lyrik, Novelle, Essay.
V: Quelle Strom und Meer, Lyrik 73;
Meine Zeit m. meinen Augen, G. u. Erzn.
80.

Simon, Erik, Dipl.-Phys., Verlags-
lektor; Bischofsweg 74, DDR-8060
Dresden (Dresden 30.12.50).
Humoristisch-satirische Verse, Science-
fiction-Erzählungen, Essays, Heraus-
gaben, Übers. Ue: R, P, Tsch, Bulg, E,
Ndl.
V: Fremde Sterne, phantast. Geschn.
79, 3.Aufl. 82; Wenn im Traum der
Siebenschläfer lacht, Nacht- u. Nebel-
Verse 80. – **MV:** Die ersten Zeitreisen.
Beilage z. Lehrb. d. Grundlagen der
Temporalistik v. Dr. temp. Kassandra
Smith ..., m. R. Heinrich 77, 2.Aufl. 83;
Science-fiction. Personalia zu einem
Genre in d. DDR, m. O.R. Spittel 82.
H: Kontaktversuche. E. Anth. bulg.
phantast. Erzn. 78; Maschinen-
menschen. Science-fiction aus Groß-
britannien u. d. USA 80; Die Rekon-
struktion des Menschen, phantast.
Geschn. 80, 2.Aufl. 82.

Simon, Gerd, Verlagslektor;
Nymphenburgerstr. 166, D-8000
München 19, Tel. (089) 1689014 (Kronach

31.7.48). Lyrik, Roman, Novelle, Essay, Kinderbuch. **Ue:** E.
V: Banya aus Thailand schreibt Briefe an die Kinder in Dtld, Kdb. 2. Aufl. 81.

Simon, Gert Micha, s. Traston, Simon.

Simon, Harry, s. Samson, Horst.

Simon, Heiner, Redakteur; Lerchenfeld 7, D-3170 Gifhorn, Tel. (05371) 2309 (Raguhn/Kr. Dessau 6.5.22). Roman.
V: Das Lied der Wolga, R. e. Flucht aus russ. Kriegsgefangenschaft 82. — **MV:** Heinrich Nordhoff, m. K. A. Schenzinger, biogr. R. 69.

Simon, Karin, c/o Hinstorff-Verl., Rostock, DDR.
V: Drei Häute aus Eis, Erzn. 83. ( )

Simon, Karl Günter, Dr.phil., Journalist; VG Wort 61; Postfach 9, D-6903 Dilsberg, Tel. (06223) 1351 (Ludwigshafen 9.2.23). Essay, Reportage, Film, Hörspiel. **Ue:** F, E, S, Port.
V: Jean Cocteau oder die Poesie im Film, Ess. 58; Das Absurde lacht sich tot, Ess. 58; Pantomime, Ess. 60; Avantgarde. Theater aus Frankreich, modern od. Mode 62; Sammy Molcho, Meister der Pantomime 65, 66; Die Kronprinzen. Eine Generation auf d. Wege z. Macht 69; Millionendiener, die neuen Karrieren 73.
R: Spaziergang mit Don Quijote; Gesang vom Seeräuber Leonardo; Land aus Sand und Limonade u.a.; Überleins Karriere; High-Heidelberg, beide m. S. Simon u.a., alles Rdfk; Millionendiener; Der Erfolgsvermittler; Simons Zeitgenossen u.a., alles Fs.
Ue: Georges Schéhadé: Die Veilchen 60. — **MUe:** Theater im S. Fischer-Verlag I 62.

Simon, Katja, s. Hamann, Bärbel.

Simon, Klaus (Ps. Nik Simon), Dr. med., Fachjournalist; Argelsrieder Str. 3A, D-8000 München 71, Tel. (089) 756026 (München 16.11.23). Lyrik, historische Romane, Übersetzungen. **Ue:** E, F, I, S.
V: November Liebe, Midlife Crisis in drei Dutzend Briefen, Lyr. 80; zahlr. Fachb.

Simon, Nik, s. Simon, Klaus.

Simon, Sibylle, s. Schatz, Hedda.

Simon, Sibylle, s. Schatz, Iris.

Simson, Gerhard, Dr.jur., Dr.h.c., Dr.h.c., MinR. in Schwed. Justizmin. a.D., Dt. Leit. RegDir. a.D.; Stormästarvägen 14, S-18140 Stockholm-Lidingö, Tel. (08) 7650972 (Berlin 16.3.02). Essay. **Ue:** Schw.

V: Fünf Kämpfer für Gerechtigkeit, biogr. Ess. 51 u.d.T.: Einer gegen Alle 60, erw. 72 (auch schwed.); Schicksal im Schatten, Ess. 62, 70; Die Suizidtat 76; Genie und Irrsinn 82. — **MV:** Sexualität und Verbrechen 65; Suizid und Euthanasie 76.
s. a. Kürschners GK.

Sing, Alfred Hermann; DAV 72; Verd.urk. u. Ehrendipl. Univ. Salsomaggiore, Italien 82; Hermann-Hesse-Str. 10, D-7070 Schwäbisch Gmünd Rechberg, Tel. (07171) 41210 (Eislingen-Fils/Württ. 3.12.10). Bühnenwerk, Roman, Drama.
V: Arator, Sch. 31; Der Fremdling, R. 32; Der Herr von Lendlingen, R. 33; Götzen, R. 47.

Singer, Herta, s. Blaukopf, Herta.

Sinhuber, Bartel F., c/o Verlagsgruppe Langen Müller/Herbig, München.
V: Das selbstverständliche Geschick als Jungfrau gescheit zu sein 81; Das gemeinsinnvolle Glück im Seelenleben des Krebses 81; Der unwiderstehliche Charme des Löwen beim Brüllen 81; Die liebenswerte Art als Schütze ins Schwarze zu treffen 81; Wie man als Skorpion seinen Prinzipien treu bleibt 81; Das schöne Gefühl als Steinbock anbetungswürdig zu sein 81; Die solide Art als Stier erfolgreich zu werden 81; Die schöne Kunst sich als Waage durchs Leben zu schaukeln 81; Das kurzweilige Abenteuer ein Widder zu sein 81; Das abwechslungsreiche Leben sich als Zwilling zu unterhalten 81; Wie man als gewandter Fisch die Hürden des Lebens umschwimmt 82; Das bewundernswerte Talent als Wassermann über die Welt zu schweben 82, alles heit. Geschn. — **MV:** Drei sind einer zuviel, m. Barbara Noack, R. 82.
H: Hier lebe ich 78; Werner Finck: Stich-Worte zum Vor-, Nach- und Zuschlagen 82. ( )

Sinister, s. Link, Erich.

Sinn, Dieter, Dr. phil., Schriftsteller; VS 71; Richard-Wagner-Str. 86, D-6800 Mannheim 1, Tel. (0621) 406786 (Mannheim 19.9.31). Roman, Sachbuch, Biographie.
V: Ausgestoßen, R. 70; Besondere Kennzeichen — Augen katzengrün, R. 75, Tb. 77, 81; Illegal — Das große Verbrecher-Lexikon 76; Mona Lisa — La Gioconda, R. 76, Tb. 82 (tsch. 82); Rom zu meinen Füßen — Cesare Borgia. Ein Roman der Macht 77, Tb. 81; Kernkraftwerke — eine Lösung f. d.

Zukunft?, Jgdsachb. 78; Sascha — der Vielgeliebte, R. 78, Tb. 81; 5 Künstler-biogr. 78-82.

Sinn, Else *

Sinn, Ingeborg, s. Sinning, Ingeborg.

Sinning, Ingeborg (Ps. Ingeborg Sinn), Verwaltungsangestellte; Grundstr. 26a, D-6507 Ingelheim/Rh., Tel. (06132) 7247 (Mainz 26.7.30). Jugendbuch, Roman.
V: Die Kleine mit den großen Plänen, Jgdb. 79; Primadonna im Haus, R. 81; Junge Reiter mit Herz und Mut, Jgdb. 83.

Sinz, Herbert, Dr. phil., Wirtschafts-historiker, Schriftsteller; VS; Ehren-nadel des Dt. Handwerks; Siegfriedstr. 7, D-5030 Hermülheim, Tel. (02233) 72591 (Dortmund 23.2.13). Roman, Biographie, Kinderbuch, Monographie.
V: Wie sie wurden, Biogr. aus 6 Jh. 37; Marokkanische Skizzen, Reisebeschr. 44; Die Humorspritze, Lararettgesch. 44; Auf den Straßen des Südens, Reise-beschr. 54; Auf großer Europafahrt, Jgdb. 55; Der begnadete Rebell, R. 55; Die großen Vorbilder, Biogr. 55; Aqua mirabilis, R. 57; Math. Stinnes, Biogr. 57; Meister fallen nicht vom Himmel, Biogr. 60; Das Volksbuch vom deutschen Handwerk, Monogr. 60; Die Reise ins Ungewisse, Jgdb. 69; Geheimnisvolles Marokko, Jgdb. 69; Der junge Porsche, Jgdb. 68; Autos - seine Leidenschaft, R. 68; 1000 Jahre Kölsch Bier, Monogr. 71; Jahresringe, Biogr. 71; Kölnisch Wasser - Geschichte und Geheimnis, Monogr. 72; Die künstliche Geburt 72; Das Leben als Aufgabe, Monogr. 73; Brot für Köln, Monogr. 73; Von der Römerzeit bis heute, Monogr. 75; Das Handwerk - Geschichte, Bedeutung und Zukunft 77; Auf der grünen Wiese, Monogr. 78; Das geteilte Risiko, Monogr. 79.
R: Der Ketzer mit dem Geigenspiel; Der Mann aus Partschins; Josef Madersperger.

Sirch, Anton, Pater Bernhard, Dr., Mitgl. d. Benediktinerordens, Verlagsdir. u. Internatsleiter, D-8917 St. Ottilien/Obb., Tel. (08193) 71294 (Günzburg 26.4.43).
V: Der Ursprung der bischöflichen Mirra und päpstlichen Tiara 75; Mein Marienalbum 77; Mein Jesusalbum 78.

Sirowatka, Eva-Maria (Ps. Eva-Maria Wiesemann, Eva-Maria Roosen), Schriftstellerin; Kg. 69, VS; Auslandsstip. d. Ldes Rhld-Pf. VS 69;

Ringstr. 15, D-5401 Emmelshausen, Tel. (06747) 6176 (Krausen, Kr. Röhsel/OPr. 21.6.17). Lyrik, Roman, Kinder- und Jugendbuch, Erzählung, Kinder-gedichte.
V: Mein Freund, der kleine Kater 68; Katjas schwedischer Sommer 68; Das geheimnisvolle Blockhaus 68; Anja und ihr Dackel Nicki 69; Ein Wunsch geht in Erfüllung 71; Zeit der Kontraste, G. 71; Ein Jahr hat viele Feste 71; Heller Stern über dem Wald 71; Onkelchens Braut-schau, masurische Schmunzelgeschn. 72, 82; Anja und ihre neuen Freunde 72; Tilli Tulla Firlefax 72; Ein Haus voller Tiere, R. 72; Weihnachtsreise in das Land der Jugend 72; Reginas schönster Sommer 73; Verschließt nicht die Tür, Erz. 72; Das alte Haus in der Birken-straße 73; Die Dorfhochzeit, neue masur. Schmunzelgeschn. 73; Zwischenstation Erde, G. 74; Schwedischer Sommer 74; Sabine u. d. Spieluhr 74; Die tollen Abenteuer eines Pudels; Ich weiß ein Land 75, 81; De deur zonder grendel 75; Sommerferien auf Bornholm 76; Ein lieber Gast 76; Frühstück mit Herrn Schulrat 77; Hexen will gelernt sein 77; Die Kraniche kehren wieder 78; Flips der kecke Osterhase 78; Angeline Siebenschön 78; Das Hasenhochzeits-fest 78; Ein neuer Anfang f. Martina 78; Anjas Freunde sind die Tiere 79; Ein Tor öffnet sich 80; Zeit der Bewährung 80; Frühe Gedichte 81; Man kann nicht alles haben 81; Der wundersame Stern 82. — **MV:** Im Garten unserer Jugend 66; So gingen wir fort 70; Mein liebstes Geschichtenbuch; Licht und Schatten über Woreinen, R.; Traum im Herbst, R; Ostpreußischer Sommer heute 75.
MA: Autoren reisen 76; Auf meiner Straße 76; Neue Texte aus Rhld. Pfalz 75; Neue Texte Rhld. Pfalz 76; Luntrus u. Marjellchen 74; Zwischen Mitternacht u. Morgengrauen 76; Schriftsteller erzählen von der Gerechtigkeit 77; Spuren die der Wind nicht verweht 77; Ostpreuß. Schriftsteller heute 77; Alle Mütter dieser Welt 78; Das alte Lied 78; Die schönste Geschichte d. Welt 79; Weihnachtsgeschichten aus Ostpreußen 79; Begegnungen; Verlorener Augen-blick; Unter dem Schieferdach u.a.
R: Menschen zwischen Seen und Wälder 64; In jener bitterkalten Winter-nacht 65; Masurische Geschichten 74; Darum ist es am Rhein so schön; Nach-barn sind auch Menschen; Frühstück mit Herrn Schulrat; Weihnachtsreise in das Land der Jugend; Tilli Tulla Firele-fax; Die Schatztruhe, u.a.m.

S: Masurische Schmunzelgeschichten 75.
Lit: Spectrum d. Geistes 79.

Sittauer, Hans Leo (Johannes), StudDir. i.R., ObIng., Doz. Ing.schulen; SV-DDR 56; Adalbert-Stifter-Preis 42, Gellert-Ehrenplakette d. Stadt Hainichen 66, G.-Keller-Med. 75; Darwinstr. 2, DDR-7400 Altenburg, Bez. Leipzig, Tel. 4967 (Elhotten bei Mies/Böhmen 17.7.11). Lyrik, Erzählung, Novelle, Roman, Essay, Biographie.
V: Verlorene Klänge, G. 35; Blut und Erde, N. 36; Sang der Sehnsucht, G. 37; Aus meinem Frühlingsgarten, G. 39; Der große Waldbrand, Erzn. 49, 50; Der rauhe Wald, N. 52; Eine Handvoll Kirschen, Erzn. 52, 54; Um die gerechte Sach', Erz. 60; Diesel - eine Erfindung erobert die Welt, Biogr. 61; Waldfrühling, Erinn. aus meiner Kindheit 62, 65; Gebändigte Explosionen - Nicolaus August Otto und sein Motor, Biogr. 72, 73; Altenburg, Ess. 76, 80; Durch ein Wespennest/Leben und Werk des Erfinders Fr. G. Keller, R.-Biogr. 77; Nicolaus August Otto — Rudolf Diesel, Doppel-Biogr. 77, 82; Der Papiermüller v. Kühnhaide, Erz. 80, 83; James Watt, Biogr. 80; Friedrich Gottlob Keller, Biogr. 82.
MA: u. **MV:** Ackerbotschaft 37; Deutsches Leben, Anth. 39; Begegnung und Heimkehr, Adalbert-Stifter-Preisb. 43; Der innere Quell, Lyrik-Anth. 46; Musenalmanach 61; Greifenalmanach 61; Schritt über die Schwelle, Anth. 62; Im Tale der Miesa, Erlebnis einer Landschaft, in: Der bunte Strauß 66.
Lit: Ein Lehrer- und Dichterleben. Hans Leo Sittauer z. 50. Geb. (Der Webschütze) 61; Rückschau auf ein halbes Jahrhundert (Kulturspiegel) 61; Herkunft und Schaffen (Kulturspiegel) 67; Sepp Skalitzky: H. L. S. 65 Jahre (Der Egerländer) 76; A. Herzig: Dem Dichter, Schriftsteller u. Forscher H. L. S. z. 70. Geb. (Land an der Miesa) 81; Chr. Foerster: Seine Themen: Erfinder und ihre Erfindungen, dem Biogr. H. L. S. z. 70. Geb. (Leipziger Volk) 81.

Sitte, Fritz, Journalist; Österr. Journalistengewerksch., Verein. Europ. Journalisten; Dr. Karl Renner Preis f. Publizistik 73; Oswaldibergstr. 34, A-9500 Villach, Tel. (04242) 32300 (Krems/Donau NÖ 30.8.24). Erlebnisbericht, Report, Polit. Sachbuch.
V: Flammenherd Angola 72; Brennpunkt Jemen 73; Panikzone Panama 74; Dreckiges Öl 75; Schwarze Götter 76;

Inferno Schwarzafrika 77; Abenteuer in uns. Zeit 78; Perlen Schmuggler Abenteuer 78; Rebellenstaat im Burma-Dschungel 79; Ich war bei den Kurden 80; Flug in die Angola-Hölle 81; Die Roten Khmer 82; Schicksalsfrage Namibia 83, alles Erlebnisberichte, Report, Polit. Sachbb.
R: Fs-Dok.filme über: Jemen, Südsudan, Tschad, Angola, Supertanker, Eisbrecher Finnland; Mit US-Coast-Guard-Eisbrecher in d. Antarktis, Illegal in Kurdistan (Iran); Bei den Roten Khmer.

Sivkovich, Gisela (Ps. Franziska Martin, Ziska Brücken), Journalistin; Bergstr. 9, D-6471 Himbach, Tel. (06048) 421 (Berlin 27.7.26). Reportagen, Feuilleton, Glossen, Features.
V: Madame und ihr Auto 60; Meine bessere Hälfte, R. 61; Agathe heißt unsere Schildkröte 74.

Sjöberg, Arne, s. Brinkmann, Jürgen.

Skala, Karl, Dreher; Verb. d. geistig Schaffenden Öst. seit 75; Buchpr. f. Lr. d. AWMM in Luxemburg 78, Dichterpr. d. "Umwelt Verlages" Wien 78, Gold. Ehrenzeichen f. Verdienste um d. Bdld Stmk 80, Ehrenring d. Gemeinde Wartberg 80, Dichtersteinschild 81, Gold. Ehrennadel f. hervorrag. Verdienste um d. Auslandsösterreichertum 82, Ehrenkrug d. Dichtersteingemeinsch. Zammelsberg 82; Roseggerbund seit 60, Bund steir. Heimatdichter seit 65; Haus Nr. 171, A-8661 Wartberg i. Mürztal/Stmk, Tel. (03858) 2898 (Wartberg/Mürztal 3.2.24). Lyrik u. Erzählungen.
V: Feierabend-Andacht, Lyr. 56; Und ringsum ist Heimat, Lyr. 57; Wia's holt so geht, Erzn. u. G. 66; Gefährte Mensch u. Zeitgenoss', Erzn. u. G. 68; Unterwegs durch Zeit u. Leben, Lyr. 76.

Skalitzky, Sepp, ObLehrer a.D.; Kg. 61; Förderpr. d. Dt. Ges. d. Wiss. u. Künste in Prag 23, 28, Kulturpreis d. Stadt Passau 63, Anerkennungspreis d. Sudetendt. Ldsmannsch. 68, Adalbert-Stifter-Med. 71, Bdesverd.kr. a. Bde. 76, Stadtsiegel v. Memmingen 81; Buxheimer Str. 89, D-8940 Memmingen, Tel. (08331) 63846 (Rothenbaum/Böhmen 30.1.01). Lyrik, Roman, Novelle, Erzählung, Essay.
V: An Deine Seele, Son. 21; Von Heimat und Minne, Lyr. u. G. 22; Waldheimat, Skizzen 23; Holzäpfel, Schw. 26; Das Robinsonspiel, Jgdb. 34; Menschen im Walde, Erzn. 36; Der heimatlose Heiland, Leg. 50; Ihr sollt wissen, daß

die Deutschen freie Menschen sind, Sp. 53; Wallenstein-Sommer in Memmingen, R. 57, 79; Zwischen Nacht und Tag, G. 59; Das Kind mit dem Schlüssel, N. 61; Dornenkrone der Heimat, Erzn. 61; Die Buben aus dem Böhmerwald, Jgdb. 63; Die mich geliebt und geärgert haben, Erzn. 64, 74; Das Schelmenstück des Thomas Heidelberger, Erzn. 65; Freut euch ..., G. u. Geschn. 66, 76; Frühlingsfahrt ins Heilige Land 68; Kohlrabi, Schmunzelgesch. 69; Es ist so tröstlich, wenn die Blätter fallen, G. 71; Die große Ehrfurcht, Erzn. 73; Da begann der Wald zu brausen, R. 76; Vom Böhmerwald ins Schwabenland, Erzn. 80.

MA: Sudetendt. Balladenbuch 37; Große Sudetendeutsche 57; Bayerisches Lesebuch "Wir lesen" 58; Damit Erde zur Heimat wird, G. 59; Antlitz und Seele, Festalm. 60; Der Glöckelkrieg, Erz. 61; Dichtungen deutscher Lehrer, G. 65; Wege, G. 65; Der große Käfig Welt, Erzn. 70; Daheim in einer anderen Welt 75; Autoren reisen 76; Die Schönheit eines Dorfes 77; Magisches Quadrat, Erzn. 79; Sudetenland wie es lachte 79; Begegnungen u. Erkundungen 82, u.a. Anth.

H: Herzschlag des Waldes, Böhmerwald-Anth. 50. — **MH:** Des Waldes Widerhall, m. L. H. Mally 73; Wildwuchs, Anekd. um Hans Watzlik, m. L. H. Mally 79.

R: Der vergessene Brauttanz, Hsp.

S: Sepp Skalitzky liest Heiter-Besinnliches aus seinen Werken 71; Vom Böhmerwald ins Schwabenland 77.

Lit: Wilhelm Formann: Sudetendeutscher Kulturalmanach VI; Leo Hans Mally: Sudetenld 69 II; Fritz Pimmer: Die Aula 5 71; Walter Berger: Das schöne Allgäu 2 76; Alois Harasko: Glaube u. Heimat 1 81.

Skalnyk, Johannes (Ps. Hans Pirkhoff), Dr. jur., pens. Krankenkassendir.; Theresianumg. 13, A-1040 Wien, Tel. (0222) 657869 (Wien 1.12.96).

V: Vom Leben u. Sterben, G.; Brand in Europa, Tatsachen-R.; Not kennt kein Gebot, R.; Der ewige Lächler (Spötter).

Skasa-Weiß, Ruprecht, Feuilletonredakteur; DJV, VS 75; Joseph Drexel-Pr. 77; Dt. Ges. f. Photogr. 67; Breitlingstr. 27, D-7000 Stuttgart 1, Tel. (0711) 233218 (Nürnberg 12.7.36). Essay, Kulturkritik, Feuilleton, Funkessay (Film) kultur. Fernseh-Beitr.

MV: Stuttgart wie es schreibt und ißt, Anth. 65; Venus international, Bildbd 70;

Das ist Fotografie, Bildbd 73; Schwäbische Wünschelrutengänge, Anth. 76; Kleine Bettlektüre, Anth. 77-83; Das Schöne als Ziel, Bildbd 81; Wohlfeil und köstlich, Bildbd 82; Graffiti, Bildbd 82; Deutsche Literaturkritik, Anth. 82, 83.

B: Immer zu zweit, Memoiren 70; Ruhe im Karton, Memoiren 73.

H: Gereimt ist alles möglich 74.

F: Saintes Maries de la Mer; Naturparke in Europa.

R: Egon Erwin Kisch; Bildpresse in Deutschland; Die Ehre aus Blech; Asterix unter der Lupe, alles Hörbilder.

Ue: Amerika, hist. Großbd. 75. — **MUe:** Luzifer läßt grüßen, Anth. 76.

Skeib, Günter, Dr. rer. nat., Meteorologe; Sonnenlandstr. 28, DDR-1500 Potsdam (Berlin 16.9.19). Reisebeschreibung, populärwissensch. Literatur.

V: Orkane über Antarktika, Reiseber. 61, 63; Weiße Welt der Antarktis, Bildber. 63; Antarktika - Kontinent im Brennpunkt der Forschung 65, 66 (auch ung.) 67. — **MV:** Zelte im Gletschereis, m. Dittrich, Reiseber. 60 (auch tschech.) 62.

von Skerst, Herman, Pfarrer in der Christengemeinschaft; Zeppelinstr. 4, D-6900 Heidelberg, Tel. (06221) 473831 (Radom/Polen 27.1.01). Geschichte, Volksdichtung, Essay.

V: Ursprung Rußlands 61; Der unbekannte Gott 67; Altrussische Kulturstätten 75; Ur-Christentum im Kaukasus, Armenien u. Georgien 80.

Ue: Zehn alte russ. Heldenlieder in: Ursprung Rußlands II 61.

Lit: Fritz Götte: Gottesmutter, Mutter feuchte Erde! in: Die Drei I 62; Frieda Margarete Reuschle: Das Licht von Eleusis, in: Die Christengemeinschaft XII 67; Erdmuth Grosse: Altrussische Kulturstätten (Das Goetheanum Dornach/Schweiz 13) 76. ( )

Skirecki, Hans, Dipl.-Philologe, Übersetzer; SV-DDR 71; Am Friedrichshain 4, DDR-1055 Berlin, Tel. 4391753 (Siegersdorf 18.4.35). Kurze Prosa. **Ue:** U.

V: Ein Löwe war im Park, Geschn. 73, 80; Altmännersommer, Geschn. 76, 81; Warum hängt die Oma am Küchenfenster, Dialoge 77, 82; Ferien, mit Fischen, Geschn. 82, 83. — **MV:** Die Rettung des Saragossameeres, M. 76; Die Tarnkappe 78; Das erste Haus am Platz, Erzn.

H: Der entschlossene Löwe, Ungar. Sat. 76; Der gespaltene Direktor,

Ungar. Humorgeschn. 76; István Csurka:
Wer setzt schon auf Fortuna, Erz. 82.

Ue: Lajos Nagy: Der Schüler 73;
György Moldova: Unter den Gas-
laternen 71; Barna Sipkay: Und auf dem
Hals das Leben 75; Sándor Somogyi
Tóth: Mancher wird zweimal geboren
77; Tibor Déry: Erdachter Report über
ein amerikanisches Pop-Festival 74;
Iván Mándy: Kino alter Zeiten 75;
Andor Endre Gelléri: Zauberer, hilf 79;
György Maldova: Vierzig Prediger 77;
Gyula Krúdy: Schlemmergeschichten
78; Gábor Thurzó: Kein Tuch vor dem
Spiegel 79; István Csurka: Wer setzt
schon auf Fortuna, Erz. 82; József
Balázs: Tausend Jahre wie ein Tag 80;
Iván Mándy: Arnold der Walfischfänger
82; Miklós Mészöly: Hohe Schule 81;
Frigyes Karinthy: Faremido/Capillaria
83; Tibor Déry: Kein Urteil 83.

Sklenka, Johann, c/o Verlag Bläschke,
St. Michael, Öst..
V: Glaubwürdiges und Unglaub-
würdiges aus dem Alltag, Erzn. 80; Mein
Installateur der Bundeskanzler, Ber. a.
d. J. 2001 80; Die Nacht ist lang, Pr. 81. ( )

Skorpil, Robert (Ps. Roger Bellarmin),
Dr. jur., LGPräs.; Literaturförderungs-
preis d. Stadt Innsbruck 55, Hsp.-Preis
d. Radio Tirol 56; Turmbund 60;
Innerkoflerstr. 18, A-6020 Innsbruck
(Innsbruck 30.9.94). Roman, Drama,
Kurzgeschichte, Essa, Hörspiel.
V: Pasubio, R. 33, Neudr. 74; Sturm in
die neue Zeit, Ess. 35; Alban springt ins
Abenteuer, Jgdb.-R. 35; Schlichte
Geschichten von schlichten Leuten 35;
Flixel, Kinderb. 36; Meine Rache ist
anders, R. 55; Die heilige Notburga,
Lebensbild 56.
R: Der Zwerg ist verschwunden, Hsp.
56. ( )

Skriver, Ansgar, Dipl.-Volskwirt, polit.
Redakteur, z.Z. Hörfunkkorrespondent
f. UNO,, New York und Kanada; P.E.N.;
Theodor-Wolff-Preis 63, Deutscher
Journalisten-Preis 66, Joseph.-E.-
Drexel-Preis 68, Journalistenpreis Ent-
wicklungspolitik 76; Luttersiefen 32, D-
5253 Lindlar u. 320 East 46th Str., Apt.
12A, New York, N.Y. 10017, USA, Tel.
(02207) 2414 (Ockholm 4.6.34).
Dokumentation, Kommentare u.
Feature im Hörfunk, Literaturkritik,
Sachbuch.
V: Gotteslästerung? 62; Aktion Sühne-
zeichen 62; Soldaten gegen Demokraten
(Griechenland) 68 (auch holl.) 68;
Schreiben und schreiben lassen. Innere
Pressefreiheit, Redaktionsstatute 70;

Das Konzept der Hilfe ist falsch. Entwicklung in Abhängigkeit 77.
H: Berlin und keine Illusion 62.

Skrzypczak, Henryk (Ps. Henryk
Eska), Dr. phil., Sektionsleiter, Wiss.
OR.; Lyrik-Preis d. Jungsozialisten
"bilanz" 63; Wismarer Str. 10, D-1000
Berlin 45, Tel. (030) 7123030 (Berlin
3.5.26). Lyrik.
V: Randloser Tag, G. 69.

Skwara, Erich Wolfgang, Dr. phil.,
Univ.Lektor, freier Schriftsteller; Öst.
P.E.N.-Club 77, VS 78; Lyrikpr. f. Junge
Poesie d. Stadt Karlsruhe 72; Carl
Adrianstr. 18, A-5020 Salzburg, Tel.
(0662) 360832 (Salzburg 4.11.48). Lyrik,
Roman, Novelle, Essay, Übers., Drama.
Ue: E, F.
V: Am Feuer deines Lachens, G. 71;
lotverschlossen, G. 73; schlage mich aus,
G. 73; blindheit schwester, G. 75; Pest in
Siena, R. 76, bearb. Tb. 83; Schwarze
Segelschiffe, R. 79; Der Totenengel,
Gesch. 81; Kleiner Aufstand gegen den
Herbst, Prosa 84; Wiederholung des
Unwiederholbaren, G. 84.
MA: Zahlr. Anth., Lit.zss., Ztgn.
Ue: Tennessee Williams: Acht Damen,
besessen u. sterblich, Geschn. 77.

Slabik, Hanns, Prokurist; Autoren-
Kreis Ruhr-Mark 61, VS 63; Kampstr.
39, D-5820 Gevelsberg, Tel. (02332) 3910
(Gevelsberg 15.7.13). Lyrik, Novelle,
Roman, Hörspiel, Drama.
V: Liebe - stärker als der Haß 57, 59;
Gesang des Lebens, G. 58; Der Weg
zurück, Erz. 61; Nach Jahr und Tag, G.
63; Licht überm Abgrund, G. 63; Auf-
bruch vor Dämmerung, Zyklus 64; Bald
wird kommen ein Tag, G. 67; Herz
überm Amboß, Erz. 71; Was kommt
danach, G. 74; Gedicht im Brief, G. 79;
Im Wandel der Zeit, Prosa u. G. 80.
MA: Weggefährten, Anth. 62; Jedem
Tag sein Licht, G. 63; Ich brenn im
Feuer der Liebe, G. 64; Um den Schlaf
gebracht, G. 65; Spuren der Zeit II u. III;
Licht vor dem Abgrund der Angst, Anth.
63; Unser Herz singt tausend Lieder,
Anth. 64; Du, unsere Zeit, Anth. 65;
Liebe menschgewordenes Licht, Anth.
64; Ein Wort ins Herz der Welt, Anth. 67;
Lesen u. Lauschen, Schul-Leseb. 69;
Ruhrtangente, Anth. 72/73; Spiegelbild
78; Die Welt in d. wir leben 78; Der
Spiegel Deiner selbst 78; Sag JA u. Du
darfst bei mir sein 78; Schritte der
Jahre 79; Autoren-Lex. 80; Lyrik Al'Leu,
G. 80; Wie es sich ergab, Anth. 81.

Slade, Jack, s. Wasser, Karl.

Slark, Dittker, Buchhändler, Matarbeiter d. Dt. Bibl.; FDA 73, ADA 82; "Autor d. Jahres 76" d. Galerie Monika Beck, Homburg/Saar-Schwarzenacker, Medaille "studiosis humanitatis" d. LU 82, Dipl. di Merito d. Univ. delle Arti, Salsomaggiore Terme/Ital. 83; Ludwig-Finck-Freundeskreis 59, Arbeitskr. f. dt. Dichtung 67, LU 77; Artilleriestr. 4, D-6100 Darmstadt, Tel. (0611) 7566263 (Chemnitz/Sa. 13.10.32). Lyrik, Essay, Erzählung, Biographie, Reiseber.

V: Wolken am Himmel, Lyrik, 67; Der Rhein von den Quellen bis zur Mündung, Lyrik-Zyklus 71; Walther Jantzen. Ein Leben für die Dichtung und die Jugend, Mon. 72; Diotima, Lyrik-Zyklus m. Serigr. v. LeRoy 73; Am Kamin, Lyrik 75; Lyrische Landschaften, m. Serigr. v. LeRoy 78; Sehnsucht nach Liebe, Lyr. 81; Literar. Kaleidoskop, Biogr. — Begegnungen — Briefgespr. 82; Regen löscht die Glut, Sandrinen 82; Rund um Darmstadt, Wanderungen an d. Stadtgrenze 83.

MA: Peter Croy 75; Erich Wilker 75; Moede-Jansen 75; Bernd Rosenheim 75; LeRoy 76; Winand Victor 76; Florian Franke 76, alles Kunstmappen m. Lyrik; Deine Welt im knappen Wort, Aph. Anth. 76; Nehmt mir die Freunde nicht, Lyrik-Anth. 76; Atemlos, Kleinst-Anth. 76; Im Windschatten, Anth. 77; Die Bäume d. Wilh. Bobring, Anth. 77; Literatur zw. Tradition u. Avantgarde 77; Mauern, Lyrik-Anth. 78; Liebe will Liebe sein, Anth. 78; Spiegelungen, Anth. 79; J. Jonas-Lichtenwallner: Haiku, Samml. aus d. dt. Sprachraum 80.

H: Kamillo Slark: Bekenntnis u. Erlebnis, m. e. Vorw. v. D. Slark.

Slavik, Peter, Dramaturg, Regisseur; Schillerstr. 24, D-2300 Kiel (Wien 2.9.39). Drama.

V: Halali, Das Protokoll, Die Glocke, Einakter 70; Amo Amas Amat, Bü. 72, 73; Türkischer Honig, Bü. 73; Nägel 73; Agonie od. Das Sterben der Rosa B. 80; Die Lügner 80; Raumleben 80, alles Bü.

R: Halali, Die Glocke, Das Protokoll, Fs.-Aufzeichn 70; Amo Amas Amat, Hsp. 72, Fs.-Aufzeichn. 78.

Lit: Die zeitgenöss. Lit. Öst., Kindlers Lit.gesch. d. Gegw. 76. ( )

Slopianka, Jürgen, Schriftsteller, Musiker; Ver. z. Förder. d. künstler. Tätigkeiten — editions treves seit 79; Eilte Nr. 90, D-3031 Ahlden/Aller, Tel. (05164) 8400 (Walsrode 13.1.53). Lyrik, Chansontext, Essay.

V: Wenn man einmal trotzig war, ... Satiren, G., Lyr., Chansontexte, Ess. 79.

S: Herbstlieder 77; Farben 79, beides Schallpl. ( )

Smasek, Emil *

de Smit, Peer, Schauspieler, Kunsttherapeut; DAV 82; Johanniterstr. 11, CH-4056 Basel (Mannheim 15.6.53). Lyrik, Novelle, Essay, Roman.

V: Wort um Wort, G. aus 12 Jahren 81; Schaffendes Auge, Lyr. 82.

Smit, Will, s. Schmitt, Willi.

Smith, Henry, s. Schmidt, Heinrich.

Snieh, Ekh. C., s. Heinschke, Horst.

Sobczyk, Rudolf (Ps. Hans Romberg), Lehrer; VS 70; Heerstr. 44, D-1000 Berlin 19, Tel. (030) 3058585 (Berlin 16.11.16). Jugendbuch.

V: Die Sache mit dem gestohlenen Fisch, Jgdb. 56; Muck oder der ehrliche Dieb, Jgdb. 59, 61; Das entscheidende Jahr, Jungmädchenb. 61; Nummern-schloß 7-1-7, Jgdb. 62; Der Hund in der Pauke, Jgdb. 63; Abschied von den Träumen, Jungmädchenb. 64; Hoch-hauskinder stehlen nicht, Jgdb. 64; Kathie wagt den großen Sprung, Jung-mädchenb. 65; Harry Hopper jagt den schwarzen Gott 65; Roter Bus mit 30 Mädchen 65; Kulle Jack wird Detektiv 66; Harry Hopper und die Großmütter 66; Kulle Jack und der Fall Florentin 66; Kulle Jack und die verschwundene Uhr 67; Kulle Jack und der Tiger 67; Sechs Mädchen und ihr Klub 67; Klassen-bücher stiehlt man nicht 68; Der sehr gescheite Minibutz 69; 1000 Mark in fremder Weste 71, alles Jgdb.

Sobota, Heinz, c/o Kiepenhauer u. Witsch-Verlag, Köln.

V: Der Minus-Mann, Romanber. 78, Tb. 79, 82. ( )

Sochatzy, Klaus, Dr. phil., Prof.; Wiesenau 50, D-6000 Frankfurt a.M. 1, Tel. (0611) 722864 (Alzey 30.12.29). Lyrik.

V: Adnotationen, Gegenreden geg. Reden u. Gerede, Aphor. 79. — **MV:** Ost-West-Monologe, Aphor. 81.

MA: Kennwort Schwalbe 81.

R: Neuer Kurs u. alte Lotsen, Fs. 69.

Soeder, Michael (Ps. Achim Anderer), Dr. med., Nervenarzt; BDSÄ 70; Zu den drei Buchen 1a, D-5648 Schmallenberg 2, Tel. (02974) 6262 (Darmstadt 15.12.21). Lyrik, Drama, Roman.

V: Die bittere Arznei der Zeit, R.-Tril., I: Ohne Rücksicht auf Verluste 70, II: Studentenkompanie 71, III: Gras zwischen Trümmern 72; Auf der Reise geschüttelt, Schüttelreime 74; ... denn wir sind reisende, G. 79; Monette, G. 82.

MA: Lyrik deutschsprachiger Ärzte 71; Prosa deutscher Ärzte der Gegenwart 74; Weihnachtsgeschichten deutscher Ärzte 76; Schein u. Wirklichkeit, Kurzgeschn. 77.

Söderberg geb. Weixlgärtner, Elisabeth, Akad. Malerin v. Wand-Relief-Emails, bes. f. Kirchen, Seminarlehrer f. Kunst; Bögatan 8, S-412 72 Göteborg, Tel. (031) 403586 (Wien 21.1.12). Drama, Lyrik, Essay.

V: Euthanasie-Ökumene, Ess. 69; Otto Habsburg, ein Spiel 75; Ballade, ein Spiel 75; Lyrische Worte, Lyrik 75; Nicht Publikumbeschimpfung, krit. Kulturgespr. 75; Der Teufel u. d. Atombombe, e. unrealist. Spiel 77; Liebeslieder für St. Stephan, lyr. G. 82; Die Rache an dem Zeitungskritiker, Ess. 82; Gedanken über Werther, Ess. 82.

Soeding geb. Liebe-Harkort, Ellen; In der Hampe 7, D-5800 Hagen-Ambrock (Düsseldorf 10.8.04). Roman, Erzählung, Familiengeschichte.

V: Sybille, Erz. 36; Umweg zum Frieden, R. 38; Das Höfchen, Erz. 39; Der Adler fliegt, Erz. 40; Freunde in der Not, Erz. 41; Die Harkorts, Familiengesch. 56; Hagen. Impressionen u. Profile 57; 100 Jahre Proll u. Lohmann, Firmengesch. 60; 180 Jahre Södling-Stahl, Firmengesch. 63; Wenige Jahre der Freundschaft mit Hans Grimm 65. ( )

Söhler, Karl-Heinz, Versicherungsmakler, Pressesprecher im VDVM; Buchpr. der AWMM Luxemburg 79; Albertiweg 5, D-2000 Hamburg 52, Tel. (040) 829090 (Hamburg 23.9.23). Lyrik, Philosophie m. Humor, Artikel, Kurzgeschichte.

V: Gedichte ohne Namen 72, 77; Nach oben fallen wir nur schwer, Rdfk-G. 77; Wir sind doch ganz erträglich 82, 2. Aufl. 82.

Söhn, Gerhart, Kaufm., Kunsthändler; Lessing-Akad. 71, Vors. Heinr.-Heine-Ges. 60 — 73; Robert-Reinick-Str. 2, D-4000 Düsseldorf-Stockum, Tel. (0211) 432126 (Düsseldorf 24.12.21). Biographie, Essay, Lyrik.

V: Von Mokka bis Espresso 57; Heinrich Heine in seiner Vaterstadt Düsseldorf 65; In ein Gewand, G. 66; Literaten hinter Masken 74; Heinrich Heine in d. Tradition d. lit. Kunstbetrachtung 78; Moissey Kogan 80. —

MV: Spuren der Zeit, G. 66; Ein Wort ins Herz der Welt, G. 67.

H: Conrad Felixmüller: Das Graphische Werk 74; Conrad Felixmüller von ihm — üb. ihn 77.

Söll, Georg, Dr. theol., Prof. Päpstl. U. d. Salesianer Don Bosco (SDB) in Rom; Görres-Ges.; Phil.-Theol. Hochschule SDB, D-8174 Benediktbeuern, Tel. (08857) 88270 (6.10.13).

V: Der moderne Mensch und der religiöse Glaube 62; Feierabend des Lebens 63; Dogma und Dogmenentwicklung 71; Mariologie 77; Ursache unserer Freude 81. — **MV:** Kampf ohne Waffen. Helfer der Menschen II 67; Sport im Blickpunkt der Wissenschaften (The Scientific View of Sport) 72. Wie human ist der Sport? 75; Sport ohne Ethos? 79. ( )

Sölle (Steffensky-Sölle), Dorothee, Dr. phil., Prof.; P.E.N.-Club 71; Meersburger Droste-Pr. f. Lyrik 82; Prov. Utrechts Genootschap van Kunsten en Wetnschapen; Roosens Weg 7, D-2000 Hamburg 52 (Köln 30.9.29). Theologischer Essay, Fernsehspiel, Lyrik.

V: Untersuchungen zur Struktur der Nachtwachen von Bonaventura 59; Stellvertretung 65, 70; Atheistisch an Gott glauben 68, 69; Die Wahrheit ist konkret 67, 69; Phantasie und Gehorsam 68, 70; Politische Theologie 71; Das Recht, ein anderer zu werden 71; meditationen & gebrauchstexte 68; Leiden 72; Die Hinreise 75; Revolutionäre Geduld 74; Sympathie 78; Fliegen lernen 79; Wählt das Leben 80; Spiel doch von brot und rosen, G. 81; Im Hause des Menschenfressers, Texte z. Frieden 81; Aufrüstung tötet auch ohne Krieg 82. — **MV:** Nicht nur Ja und Amen, m. F. Steffensky 83.

MH: Politisches Nachtgebet in Köln, m. F. Steffensky 69, 70.

R: Wie Vögel unter dem Himmerl 67; Fragen zur Bergpredigt Jesu 67.

Lit: Gerhard Schmolze: Informationen üb. Dorothee Sölle (Kirche in der Zeit) 66.

Soellner, Hedda; Isabellastr. 30, D-8000 München 40, Tel. (089) 7212649 (München 1.11.21). Ue: E, F.

MA: André Breton: Anthologie des Schwarzen Humors 71.

Ue: Wright Morris: The Deep Sleep u.d.T.: Die gläserne Insel 57, The Huge Season u.d.T.: Die maßlose Zeit 58, Liebe unter Kannibalen 59; George Garrett: King of the Mountain u.d.T.: Die Rivalen

60; William Humphrey: Home from the Hills u.d.T.: Die Schuld der Väter 60; Ezra Pound: Patria mia 60; Pham Van Ky: Die zornigen Augen 60; Wright Morris: Unterwegs nach Lone Tree 63; Maud Hutchins: Georgiana 63; John E. Espey: Ezra Pound, ein Versuch in der Tonsetzung 63; Wright Morris: What a Way to Go u.d.T.: Miss Nausikaa 64; Richard Kim: Die Märtyrer 65; Oscar Wilde: Oscar Wilde Briefe 66; T. S. Eliot: Gesammelte Gedichte 72. –

MUe: Roger Vailland: Das Liebesfest 61; Alston Anderson: Lover Man 61; Armand Salacrou: Der Archipel Lenoir 63; Mary McCarthey: Sie und die Anderen 65; J. M. G. Le Clézio: Das Protokoll 65; Albertine Sarrazin: Der Astragal 66; Henri Troyat: Le geste d'Eve u.d.T.: Der Apfel Evas 67; J. M. Le Clézio: Die Sintflut 68; Salvador Dali: Journal d'un génie u.d.T.: Dali sagt ... 68; A. Robbe-Grillet: La maison de rendez-vous u.d.T.: Die blaue Villa in Hongkong 69; J. M. Le Clézio: Terra Amata 70; Albertine Sarrazin: La Traversière u.d.T.: Stufen 70; A. Robbe-Grillet: Projekt für eine Revolution in New York 71; Pierre Bourgeade: New York Party 71; J. M. Le Clézio: Das Fieber 71; Jean Duché: Pécus u.d.T.: Du bist Pecus der Fels 71; J.-M. Le Clézio: Der Krieg 72; de Sade: Die Philosophie im Boudoir 72; Michel Tournier: Robinson 73; John le Carré: Dame, König, As, Spion 74; Jean Stubbs: Liebe Laura 74; Lucien Bodard: Der Konsul 75; F. Forsyth: Der Lotse 75; Jean Stubbs: Das gemalte Gesicht 76; Deforges/Réage: Die O hat mir erzählt 76; Margot Fonteyn: Die zertanzten Schuhe 76; Lucien Bodard: Der Sohn des Konsuls 77; John le Carré: The Honourable Schoolboy u.d.T.: Eine Art Held 77, Smiley's People u.d.T.: Agent in eigener Sache 80; Norman Mailer: Of Women and their Elegance u.d.T.: Ich, Marilyn Monroe 81; Jean Renoir: Le Coeur à l'aise u.d.T.: Leicht ums Herz 81; Frederick Forsyth: No Comebacks u.d.T.: In Irland gibt es keine Schlangen 82; Mahatma Gandhi: Ausgew. Texte 83, alle m. R. Soellner.

Soellner, Rolf, Dr. phil.; 1, rue de Messine, F-75 Paris 8ᵉ (München 5.2.23). **Ue:** E, F.

Ue: Simone de Beauvior: In den besten Jahren 63. – **MUe:** Roger Vailland: Das Liebesfest 61; Alston Anderson: Lover Man 61; Armand Salacrou: Der Archipel Lenoir 63; Mary McCarthey: Sie und die Anderen 65; J.

M. G. Le Clézio: Das Protokoll 65; Albertine Sarrazin: Der Astragal 66; Henri Troyat: Le geste d'Eve u.d.T.: Der Apfel Evas 67; J. M. Le Clézio: Die Sintflut 68; Salvador Dali: Journal d'un génie u.d.T.: Dali sagt ... 68; A. Robbe-Grillet: La maison de rendez-vous u.d.T.: Die blaue Villa in Hongkong 69; J. M. Le Clézio: Terra Amata 70; Albertine Sarrazin: La Traversière u.d.T.: Stufen 70; A. Robbe-Grillet: Projekt für eine Revolution in New York 71; Pierre Bourgeade: New York Party 71; J. M. Le Clézio: Das Fieber 71; Jean Duché: Pécus u.d.T.: Du bist Pecus der Fels 71; J.-M. Le Clézio: Der Krieg 72; de Sade: Die Philosophie im Boudoir 72; Michel Tournier: Robinson 73; John le Carré: Dame, König, As, Spion 74; Jean Stubbs: Liebe Laura 74; Lucien Bodard: Der Konsul 75; F. Forsyth: Der Lotse 75; Jean Stubbs: Das gemalte Gesicht 76; Deforges/Réage: Die O hat mir erzählt 76; Margot Fonteyn: Die zertanzten Schuhe 76; Lucien Bodard: Der Sohn des Konsuls 77; John le Larré: The Honourable Schoolboy u.d.T.: Eine Art Held 77, Smiley's People u.d.T.: Agent in eigener Sache 80; Norman Mailer: Of Women and their Elegance u.d.T.: Ich, Marilyn Monroe 81; Jean Renoir: Le Coeur à l'aise u.d.T.: Leicht ums Herz 81; Frederick Forsyth: No Comebacks u.d.T.: In Irland gibt es keine Schlangen 82; Mahatma Gandhi: Ausgew. Texte 83, alle m. Hedda Soellner. ( )

Söllner, Werner *

Sölm, Oly, s. Winkler-Sölm, Oly.

Sölter, Arno, Dipl.-Kfm, Institutsdir. a.D.; Robert-Blum-Str. 13, D-5000 Köln 41, Tel. (0221) 433939 (Niederbeksen-Bruch 6.9.11). **V:** Konkurrenten, Kartelliten, Kontrolleure, kommentiert u. karikiert 71; Nun kooperiert mal schön! Eine Kooperationsfibel in Lernzitaten mit Humorzutaten 73; Der Verbandsmanager, Eine Verbandsfibel in Zitaten, Aphorismen, Bonmots 76; Kartelliaden, 20 Jahre dt. Wettbewerbsgesetz 77; Das Pferd, das den Karren zieht. Der Unternehmer, wertvollstes Kapital d. Volkswirtschaft, 3. Aufl. 80; Ökonokomik. Die Lehre v. d. heiteren Seiten d. Wirtsch.wiss. 82.

Soentgerath, Olly (Ps. Olly Komenda-Soentgerath), Immobilien-Maklerin; Malmedyer Str. 17, D-5000 Köln 41, Tel. (0221) 492597 (Prag 23.10.23). Lyrik, Übers. **Ue:** Tsch.

V: Das andere Ufer, G. 79; Wasserfall
der Zeit, G. 81; Das schläft mir nachts
unter den Lidern, G. 81; Mit weniger
kann ich nicht leben 83.
Ue: Jaroslav Seifert: G. aus: Halleyova
kometa, Destnik z Piccadilly, Morovy
sloup, Koncert na ostrove u.d.T.: Im
Spiegel hat er das Dunkel.

Sörensen, s. Bauer, Levke.

Sohre, Helmut, Redakteur; Föhrenstr.
10, D-7600 Offenburg, Tel. (0781) 26607
(Zwönitz/Erzgeb. 21.5.15). Roman,
Novelle, Essay.
V: Gustl Berauer 48; Max Schmeling.
Zwei Fäuste erobern die Welt 40;
Alaska-Joe 57; Im weißen Overall.
Gesch. u. Geschicke d. Großen im Auto-
Rennsport 62; Weltmacht Fußball 64, 69;
Bis zur letzten Runde. Schicksale dt.
Faustkämpfer 64; Schicksalsstunden
berühmter Sportler 64; Eine Skispur
führt zum Ruhm 64; Dem Pferde ver-
schworen 65, 70; Auf schnellen Brettern
65; Sekunden zwischen Leben und Tod
65; Sportler erzählen 65; Vergnüge dich
gesund 65; Kampf um Meter und
Sekunden 66, 68; Bundesliga intim 66;
Das goldene Buch vom Sport 66, 68;
Autosport 67; Meisterschwimmer und
Wasserratten 68; Schlank und fit 68;
Sporttaschenbuch 68; Fußballkanonen,
Fußballasse 69, 70; Fußball für Millionen
70; Vollgas 71; Die besten elf Rennfahrer; Leichtathletik 72; Die Besten Elf
Reiter 72; Gut Freund mit Pferden 73;
Hetzjagd durch 5 Kontinente 73; Die
großen Boxer 73; Alles über Fußball 74;
Gut Freund mit Hunden 74; Die Männer
auf den heißen Öfen 75; Gefahr über
den Wolken 76; Gespielen des Windes
78; Triumphe der Technik 79; Lockende
Gipfel — Tödliche Wände 80; Fußball
total 82; Die siegreiche Elf 82; Fußball-
zauber 83. — **MV:** Hans Hermann: Ich
habe überlebt 71.
H: Fußball-Kalender 82.

Soik, Helmut Maria (Ps. Thomas
Michael Malan), freier Schriftsteller;
D.A.V. 50; Förderungspreis d. nieder-
sächs. Landesreg. 52; Nordwall 58, D-
3100 Celle, Tel. (05141) 26228
(Schwenningen/N. 12.7.11). Lyrik,
Novelle, Essay, Literaturkritik. **Ue:** E, F.
V: Gesänge, G. 32; Die Botschaft, G.
35; Oswald von Wolkenstein, Ess. 39;
Jean Artur Rimbaud, Ess. 39; Die zer-
brochene Balalaika, G. 50; Oktoberlaub
hat tausend Augen, G. 57; Rimbaud
unterm Stahlhelm, G. dt.-amer. 76;
Exkurs üb. d. mögliche Existens d.
Hölle, Longpoems 80.

MA: Münchner Autoren, lyr. Anth. 34;
Die Erde ruft, lyr. Anth. 35; Lyrik
unserer Zeit, Anth. 57; Unsichtbare
Stadt, lyr. Anth. 76; In diesem Lande
leben wir, Dt. G. d. Gegw. 78; Jb. d. Lyrik
1 79.

Sokop, Hans Werner, Dr.jur.,
Magistratsbeamter; KÖLA 77;
Taubergasse 5-7/2/13, A-1170 Wien, Tel.
(0222) 4607835 (Wien 13.1.42). Lyrik,
insbes. Mundartgedichte, Übers. **Ue:** I.
V: Wienerisch is aa a Sproch, wiener.
Mda.gedichte 79.
Ue: Dante Alighieri: Die göttliche
Komödie, dt. Terzinenfass.: inferno 82,
purgatorio paradiso, Erläuterungen 83.

Solf, Judith (Ps. Stella Solf),
Kunstmalerin; Beethovenstr. 4, D-7703
Rielasingen, Tel. (07731) 22937 (Peterstal
b. Heidelberg 7.7.24). Jugendroman.
V: Der blaue Stein, Jgdr. 82; Prüfung
bestanden, Jgdr. 82.

Solf, Reinhild, c/o Verlag Molden - S.
Seewald, München.
V: Leberwurst, Käsebrot, ein dt.-dt.
Mädchen 80. ( )

Solf, Stella, s. Solf, Judith.

Soltikow, Michael Graf, Dr. jur.,
Schriftsteller; Avenue des Caroubiers,
F-06 Villefranche sur mer/Alp.Mar., Tel.
(093) 808515 (Potsdam 17.11.02). Drama,
Roman, Film, Hörspiel, Lyrik, Novelle,
Essay. **Ue:** E, F.
V: Nie war die Nacht so hell 53;
Remagen - Brücke der Entscheidung 53;
Rittmeister Sosnowski 54; Eine Frau
genügt nicht? 55; Die Katze 56 (auch
engl., franz., holl., norw., dän., schwed.,
israelit., span.); Empfang um Mitter-
nacht 56; SOS-Thetis 57; Der gelbe
Sturm 58; Geheimagentin Nicole 59;
Mord bei Nizza 60, 65; Der Fall
Drummond-Dominici 61; Ein Arzt
schöpft Verdacht 62; Der Autobahn-
mörder 63; Die Bevölkerung hatte
Verluste; Ich war mittendrin 80; Die
ersten 80 Jahre meines Lebens.

Sombart, Nicolaus, Dr. phil.; P.E.N.; 1,
rue du Temple Neuf, F-67050
Strasbourg, Tel. (088) 320878 (Berlin
10.5.23). Roman, Essay.
V: Capricccio Nr. 1, R. 48; Krise und
Planung 66; Karibische Kreuzfahrt 73;
Nachdenken üb. Dtld 80.

Sommer, Angela, s. Sommer-
Bodenburg, Angela.

Sommer, Edith, s. Mrázek, Edith.

Sommer, Ernst, c/o Verlag Europäische Ideen, Berlin (West).
V: Revolte der Heiligen, R. 79. ( )

Sommer, Esther Vera, Lehrer (Zell a. See 3.2.48). Lyrik, Essay.
V: Schattenspiele der Liebe, Lyrik 75. ( )

Sommer, Harald, Autor; Dramatiker-Pr. d. Steirischen Herbst 68, c/o Verlag der Autoren, Frankfurt a. M. (Graz 12.12.35). Drama, Roman, Film, Hörspiel.
V: Ein unheimlich starker Abgang 74; Scheiss Napoleon 75; Ich betone, daß ich nicht das geringste an der Regierung auszusetzen habe, Bü. 81.
F: Ein unheimlich starker Abgang 74.
R: Die Leit 69/70; Ein unheimlich starker Abgang 70/74; Der Sommer am Neusiedlersee 73; Das Stück mit dem Hammer; Ich betone, daß ich nicht das geringste an der Regierung auszusetzen habe. ( )

Sommer, Nick *

Sommer, Siegfried (Ps. Blasius der Spaziergänger), Journalist; Bayer.J.V. 45; Bayer. Verd.orden, Werner-Friedmann-Pr., Bayr. Poetentaler, Schwabinger Kulturpreis, Valentin-Orden, Goldene Ehrennadel Bayer. J.V., Ernst-Hoferichter-Pr. 83, u.a.; Wurzerstr. 17, D-8000 München 2 (München 23.8.14). Roman, Kurzgeschichte.
V: Blasius geht durch die Stadt, Kurzgeschn. 50 — 53 IV; Das Beste von Blasius, Kurzgeschn. 53; Und keiner weint mir nacht, R. 54; Das Letzte von Blasius, Kurzgeschn. 55; Meine 99 Bräute, R. 56; Blasius der letzte Fußgänger, Geschn. 60; München für Anfänger 62; Farbiges München 65; Marile Kosemund, ein Vorstadtstück 70; Wanderer kommst du nach München, Kurzgeschn.; Bummel durch München, Kurzgeschn.; Das kommt nie wieder. Ein Münchner Erinnerungsb. 76; Ja wo kemma eigentlich de kloana Schrazerl her? 76; Der Wildschütz Jennerwein 76; Das gabs nur einmal 78; Das ist zu schön um wahr zu sein 79; Also sprach Blasius 80.
F: Meine 99 Stories 58.

Sommer-Bodenburg, Angela (Ps. Angela Sommer), Studienrätin; VS seit 76; Bergstedter Chaussee 225, D-2000 Hamburg 65, Tel. (040) 6040611 (Reinbek b. Hamburg 18.12.48). Lyrik, Erzählung, Kinderbuch.
V: Sarah bei den Wölfen, G. 79; Der kleine Vampir, Kinderb. 79; Der kleine Vampir zieht um 80; Das Biest, das im

Regen kam 81; Der kleine Vampir verreist 82; Ich lieb dich trotzdem immer, G. 82; Der kleine Vampir auf dem Bauernhof 83. — **MV:** Tobias Totz 82.
Ue: Lionni: Was machen wir heute 82.

Sommerauer, Adolf, Pfarrer; Isegrimstr. 25, D-8000 München 83 (München 6.12.09). Novelle, Hörspiel.
V: Das Bekenntnis, Erzn. 51 (auch schwed.); Experimente mit Gott 59, 3. Aufl.; Liebe für junge Leute, 5 Hsp. 61, 66; Das könnte Ihr Schicksal sein 61; Innen ist das Leben anders, Tageb. eines alltägl. Lebens 63; Von Woche zu Woche. Das Bild z. Sonntag 64; Allerlei über Liebelei und Liebe 71; Es geschah vor unseren Augen 71; Das Handwerk der Predigt 73 (auch port.); Trost für Kranke 73; Umgang mit Menschen 73; Adolf Sommerauer antwortet 75; Diesseits u. Jenseits — Training f. mehr Leben 79; Mehr Leben. Ein Lichtblick für jeden Tag 80; Christlich Bayerisches Kochbuch, Rezepte f. Leib u. Seele 80. — **MV:** Warum nur, warum? Das Phänomen Udo Jürgens 71; Was meinem Leben Richtung gab 82; Jedes Wort kann ein Anfang sein 82.
R: Das liebe Ehetheater, Sende-Reihe; Adam findet sich rätselhaft; Ein Leben, fast wie jedes andere, Sende-Reihe.
S: Der unbekannte Heilige.

Sommers, Frank, s. Niehaus, Werner.

Somplatzki, Herbert, freier Schriftsteller; VS 73; Silbermed. d. Intern. Sportfilmtage Duisburg 68, Hörspielpr. d. ARD f. Minutenhsp. 72, Arb.stip. d. Kultusmin. d. Ldes NRW 73, 77, 1. Preis im Autorenwettbew. dt. Verb. dt. Freilichtbühnen 76, Arb.stip. d. Kultusmin. d. Ldes NRW 81, Arb.stip. d. Dt. Lit.fonds 82; Laurahöhe 3, D-4300 Essen, Tel. (0201) 579196 (Groß Piwnitz, Ostpr. 19.12.34). Schauspiel, Roman, Hörspiel, Film, Sachbuch, Short-Story, Lyrik.
V: Muskelschrott, R. 74; Der Olympische Weihnachtsmann, Sat. 76; Körpertraining u. Bewegungsgestaltung im darstell. Spiel, Sachb. 76; Schrumpfstories, Kurzerzn. 78; Literaturförderung in Essen, Konzeption 79; Zeit der Pilze, Kurzerzn. 79; Schocksekunde, R. 81; Nimm dein Fahrrad und hau ab, R. 81; Blitzgespräch, Kurzerzn. 82; Mit Riesen lachen, Sachen machen, Kdb. 82; Zwei Mädchen im Land der Bären, R. 83.
MA: zahlr. Anth.
H: Spuren, Anth. 78. — **MH:** Texte 4 — mittendrin, Anth. 81; Zwischenstationen zum Nachtasyl, Anth. 82.

F: Sechs Tage - vier F - und eine halbe Stadt 68; Strogoff gegen Kingkong 82; Klon 83.
R: Ein junges Spiel — ein wenig um den Sport, Fsp. 67; Lernprozesse, Hsp. 72.

Somplatzki, Werner, Lehrer (Grund-u. Hauptschulen); LU 76; Hausnr. 40, D-8831 Trommetsheim, Tel. (09146) 473 (Trommetsheim b. Weißenburg 31.10.50). Lyrik, Kurzprosa.
V: Eine winzige Chance noch ..., Lyr. 82.

Sonnemann, Ulrich, Dr. phil., Schriftsteller; VS 68, P.E.N. 71; Ludwig-Thoma-Med. d. Stadt München 69; Buschstr. 4, D-3505 Gudensberg b. Kassel, Tel. (05603) 3544 (Berlin 3.2.12). Essay, Roman, Theater. **Ue:** E.
V: Existence and Therapy 55; Das Land der unbegrenzten Zumutbarkeiten, Ess. 63; Die Dickichte und die Zeichen, R. 63; Die Einübung des Ungehorsams in Deutschland, Ess. 64; Institutionalismus und studentische Opposition 68; Negative Anthropologie. Vorstud. z. Sabotage d. Schicksals 69, 81; Die Schulen der Sprachlosigkeit. Deutschunterr. in d. Bundesrepublik 70.
MA: Information oder Herrschen die Souffleure? 64; Keine Alternative. Plädoyer f. e. neue Regierung 65; Mose oder Die Zukunft der Autorität. Club Voltaire II 65; Das Tagebuch und der moderne Autor 65; Ogden Nash. Nachdichtungen 65; Marx oder Die Kanalisierung der Zukunft. Club Voltaire III 67; Über Theodor W. Adorno 68; In Sachen Böll 68; Th. W. Adorno z. Gedächtnis 71; Geständnisse; Heine im Urteil heutiger Autoren 72; Der Mythos vom Aggressionstrieb 74; Das Elend der Psychoanalyse-Kritik 74; Alarmierende Botschaften 74; Materialien zu Walter Benjamins Thesen über den Begriff der Geschichte 75; Die Großen der Weltgeschichte VI 75; Die Sprache d. Großen Bruders 77; Kämpfen f. d. sanfte Republik 80; Literatur des Exils 81; Stadtbesichtigung 82.
H: Lord Dennings Report zum Fall Profumo oder Die funktionierende Demokratie 64; Wie frei sind unsere Politiker? 68; Wie frei ist unsere Justiz? 69; Der kritische Wachtraum. Frühe dt. Revolutionslit. 71; Der misshandelte Rechtsstaat 77.

Ue: MacBird: Von Barbara Garson 67; Ogden Nash: Ich bin leider hier auch fremd, G. 69.
Lit: Sabotage des Schicksals, Festschr. 82.

von Sonnenberg, Jutta, s. Liebermann von Sonnenberg, Jutta.

Sonntag, s. Wiegand, Ursula.

Sonsalla, Edmund, Schriftsteller, Illustrator; Kniprodestr. 135, D-2940 Wilhelmshaven 31 (Beuthen/OS 18.10.34). Lyrik, Roman, Hörspiel, Drama.
V: Pablito im Nebelwald, Kinderb. 70; Coćo aus dem Zylinderhut 74; Dag u. d. Streichholzkönig, Kinderb. 74; Tante Peggys Zaubergarten, Kinderb. 75; Die kleine Nixe Melanie, Kinderb. 76; Eine Hochzeitsnacht ohne Braut, story 79; Das Mädchen im Rollstuhl, Story 80; Nach der Klaue malt man den Löwen, R. 80; Hörst du, wie d. Satyr lacht!, G. u. Graph. 80.
R: Pablito im Nebelwald; Die kleine Nixe Melanie; Coćo aus dem Zylinderhut, auch Hsp. 79, alles Fs., jeweils 3-teilig; Eine Geschichte im Schnee, Fernseh-Erz. in farb. Bildern 77; Abdullah u. d. blinde Flötenspieler, Hsp. 78; Lapislazuli, Fs.Gesch. in farb. Bildern 80. ( )

Sorba, Antal, s. Zischka, Anton.

Sorg, Margarete, Schriftstellerin; Kg.; Christl. Autorinnengruppe, Carl Zuckmyer-Ges.; Rheinallee 12, D-6500 Mainz 1, Tel. (06131) 611602 (Bochum 4.7.37). Lyrik.
V: Streiflichter, Lyr. 83.
MA: Versch. Lit.Zss. u. Anth.

Sorge, Brigit, s. Heidemann, Magdalene.

Sortoff, Michael, s. Osterhoff, Alexander.

Soumagne, Ludwig, selbständiger Bäckermeister; VS Ndrh.-Westf. 71, Kogge 72, P.E.N. 79; Auslands-Reise-Stip. d. Kulturmin. NRW 72, Förderpr. f. Lit. d. Ldes NRW 75, Rheinlandtaler 79, Förderpr. f. Mda.-Lit. d. Gemeinde Bockenheim/Weinstr.; Gruppe Rhein. Mundartschriftst. 57, Niederdt. Rat 70; Bahnstr. 38, D-4041 Neuss 21 (Norf/b. Neuss 11.6.27). Lyrik, Hörspiel.
V: Ech an mech, G. 66; Onger ungs gesait, G. 67; Minsche! Minsche?, G. 70; Dat kalde Büffee, G. 72, 3. Aufl. 77; Sargnääl möt Köpp, G. 74, 3. Aufl. 80; Möt angere Wöert 76; usjesproche nävebee bemerk, G. 79.

R: et roch schon no Äppel un Nöss 79; möt angere Wöert 80.

Lit: Richard Gäng: Mundart im Aufbruch; Mathias Schreiber: Brot und Lyrik; Josef Reding: Gesellschafts- und Selbstkritik als Merkmal der Mundart - Literatur 1.S; Hans H. Reich: aus sprachlichem Rohstoff; Jörg Splett: Provinz als Weltmodell. ( )

Soupault geb. Niemeyer, Ré; 11 rue Chanez, F-75016 Paris (29.10.01). Ue: F, Kelt (Breton).
H: u. Ue: Bretonische Märchen 64, 82; Französische Märchen 65, 79.
F: Kandinsky, Naissance de l'art abstrait (Entstehung der abstrakten Kunst), m. Philippe Soupault.
R: Die Geopolitik des Hungers 69; Die Belagerung von Paris 1870-71 71; Paris unter der Kommune 18.3.-20.5.1871 71; Die Bartholomäusnacht 24.8.1572 72, 80; Porträt eines freien Gewissens, Louis Rossel, Kriegsdelegierter der Kommune 72; Paris, Bilder aus der Geschichte einer Weltstadt 73; Das Problem des Bösen bei Lautréamont 73; Die Entstehung des Surrealismus 74; Jeanne d'Arc, die unmögliche Tatsache 75, 81; Paris unter der Erde 77, 80; Frauen im Mittelalter 77, 79; Die Musik des Friedens, Romain Rolland, ein freier Geist zwischen den Völkern 80, 82; Die Welt der Kelten, eine Zivilisation und ihr Ende 82, alles Radio-Ess.
Ue: Romain Rolland: Mémoires u.d.T.: Aus meinem Leben 49, Journal des années de guerre 1914-19 u.d.T.: Zwischen den Völkern 54, 55 II; Lautréamont: Gesamtwerk 54, 63; Die Gesänge des Maldoror 76, 81; Philippe Soupault: Der Neger 67, 82, Die letzten Nächte von Paris 82, Ein grosser Mann 83; A. Breton u. Ph. Soupault: Die magnetischen Felder 81.

Sous, Dietmar; Förderstip. d. Dt. Literaturfonds Darmstadt; Im Pannes 1, B-4728 Hergenrath (Stolberg/Rheinl. 30.1.54). Roman, Erzählung, Drehbuch, Hörfunk.
V: Glasdreck, R. 81, 2.Aufl. 82; Moll, Erz. 82.

Sowka, Gerd, Angestellter; VS 71; Förderpreis d. Nordrh.-Westf. Kultusministerium; 2. Arb.stip. d. Ldes NRW; Werkkr. Literatur d. Arbeitswelt 70 — 75; Jüchener Weg 47, D-4000 Düsseldorf 11, Tel. (0211) 591425 (Klausberg, Oberschles. 10.9.23). Drama, Roman, Essay, Hörspiel.
V: Im Mittelpunkt steht der Mensch, Lesedrama 73; Schlagt zurück, Kurz-

gesch. 72; Im Mittelpunkt steht der Mensch, Theaterstück 71; Die Aufzeichnungen eines Arbeiters, Kurzgeschn.; Werkstatt-Heft 1971, Kurzgeschn; Der Nachfolger von Walter Fisch, Erz. (auch russ., franz.).
MA: Die Hundesöhne 75; Ein Nachtarbeiter 72; Für eine andere Deutschstunde; Lohnabhängige sehen ihre Chefs 71; Nix zu machen 72; Ein anderes Deutschland.
R: Im Mittelpunkt steht der Mensch, Hsp. u. Fsp.
Lit: Hans Lorbeer: Ein Leben lang. ( )

Späh, Marianne; Aimerbachstr., D-7073 Lorch, Württ..
V: Meckerklecker 78; Jockels kleine Hasen 80; Tina Stummelschwanz 82. ( )

Späth, Bernd, c/o Marion von Schröder Verlag, Düsseldorf.
V: Seitenstechen, R. 81, 83. ( )

Spaeth, Eva M.; Berckstr. 16a, D-2800 Bremen.
V: Der Palast meiner Traurigkeit, G. 77; Komm, ich zeig dir Bremen 80. —
MV: Mainseliges Weinfranken, m. E. Frese 78. ( )

Späth, Gerold; Gruppe Olten; Conrad Ferdinand Meyer-Preis 70, Werkjahr d. Stadt Zürich 70, Werkauftrag d. Stift. Pro Helvetia 72, Werkjahr d. Stift. d. Schweiz. Ldesausstell. 1939 f. Kunst u. Forsch. 73, Werkjahr d. Kantons Zürich 75, Anerkenn.gabe d. Stadt Zürich 77, Alfred-Döblin-Pr. 79, Stip. DAAD Künstlerprogr. Berlin 80, Stip. Ist. Svizzero Rom 80-82; Sternengraben, CH-8640 Rapperswil (Rapperswil 16.10.39).
V: Unschlecht, R. 70 (auch amer., ital.); Stimmgänge, R. 72; Zwölf Geschichten 73; Die heile Hölle, R. 74; Balzzapf oder Als Ich Auftauchte, R. 77; Phönix — Die Reise in d. Tag, Erzn. 78; Ende d. Nacht, Erzn.; Commedia 80; Von Rom bis Kotzebue, 15 Reisebilder 82; Sacramento, 9 Geschn. 83.
B: Mda.-Übertrag. f. Bühne u. Fs.: Marieluise Fleisser, Der starke Stamm/ De schtarch Schtamm; Hauptmann: Schluck und Jau; Zuckmayer: De frölich Wiiberg; Sperr: Jagdszeene; Mitterer: Kän Platz für Idiote; Schwarz: 5 gwöönlich Wunder; Ibsen: En Volksfind.
R: Heisser Sonntag, Hsp. 71; Mein Oktober: Höllisch, Hsp. 73; Grund-Riss eines grossen Hauses, Hsp. 74; Schattentanz, Hsp. 76; Morgenprozession, Hsp. 77; Heiße Sunntig, Hsp. 78; Lange Leitung, Hsp. 78; In d. Ferne

eine Stadt, Hsp. 79; Kalter Tag, Hsp. 80;
Masken, Hsp. 81; Eine alte Geschichte,
Hsp. 82.
Lit: W. Schiltknecht: Aspects du
roman contemporain en Suisse
allemande entre 1959 et 1973, Diss.

Spang, Günter (Ps. Nikolaus
Zinzendorf), freier Schriftsteller; VS 56;
Tunkanpreis 69; Friedrich Bödecker-
Kreis 69; Wendl Dietrich Str. 12, D-8000
München 19, Tel. (089) 162774
(Mannheim 10.5.26). Satire, Kinderbuch.
 V: Der Millionär in der Seifenblase,
Jgdb. 53, 68; Lohengrin schwant etwas,
Jgdb. 54; ich und Elisabeth, R. 55; Ein
Pferd geht ins Hotel, Jgdb. 56; Kleiner
König - ganz groß 59; Theodolinde, das
Känguruh 60; Williwack 61, 68; Die
kleine Straßenbahn 61; Amadeus, der
Floh 61; Das Haus in der Sonnen-
blumenstraße 62; Gockelgockel 62, 67;
Der gute Onkel Fabian 62; Felicitas und
das Gespenst 62; Kapitän Bommel und
die Seeschlange 62; Clelia und die
kleine Wassernixe 62; Sabine und die
Schmetterlinge 63; Zwölf heitere Kurz-
geschichten 63, 76; Heut' spielt Gottlieb
Fabelhaft 63; Das Mädchen von der
Litfaßsäule 63; Der starke Jonathan 64;
Herr Flupp und seine sieben Enten 64,
68; Die wundersamen Abenteuer des
kleinen Mädchens mit der Tante 65;
Linda, das Känguruh 67; Hokus Pokus
Pinguin 68; Ferdi und Ferdinand 68;
Markus und Kathrinchen 69, alles
Kinderb.; Blindekuh, R. 70; Ein Teufel
namens Fidibus 70, 75; Der Hahn und
sein Herr Theobald 71; Der kleine
Tatzelwurm 71, alles Kinderb.; Kalinka.
Vom Huhn, das goldene Eier legte 72;
Der gläserne Heinrich 72; Herr Groß
kommt in die Stadt 73; Wer Wasser
klaut, fällt selbst hinein 73; Die wunderbare Ferienreise 74; Mein Onkel
Theodor oder: Der Sohn einer
männlichen Hausfrau 74; Eins und Eins
74; Kossik. Die kleine Gemse 74; Ochs
und Esel 75; Wolfskinder 75; Herr Blau
aus Blaubeuren macht blau 76;
Franzikus und der Wolf 76; Das
Krokodil in der Flasche 76; Das Pferd in
der Schule 78; Wer braucht wen? 79;
Wummauwam ist in d. Stadt 80; Ein
schönes Durcheinander 80; Du hast
August so verwirrt, daß er sich schon
wieder irrt 82; Die geträumte Maus 83,
alles Kderb. — **MV:** u. **MA:** Die lustige
Blätterwiese, Anth. 56; Die Kummervollen u.a. Schmunzelgeschn. 58;
Moderne Erzähler, Anth. 59, 71; Der
Regenschirm u.a. heitere Geschn. 60; O

Tannenbaum, Anth. 62; Das Netz des
Himmels, Anth. 63; Weihnachtsgeschichten für Kinder 64; Thienemanns Neues Schatzkästlein, Anth. 65;
Heiterer Alltag 66; Kinderland - Zauberland 67; Signal-Jahrbuch 69; Die Stadt
der Kinder 69; Der Stern im Brunnen
69; Das schönste Fest 70; Guten Morgen
- Gut Nacht 70; Das nette Krokodil 70;
Wilde Tiere - Zahme Tiere 70; Das ganz
besondere Tier 71; Von Schneemädchen
und wilden Piraten 71; Geh und Spiel
mit dem Riesen 71; Am Montag fängt
die Woche an 73; Da kommt ein Mann
mit großen Füßen 73; Halb so schlimm
73; Kindern erzählt 73; Der Geschichtenbaum 74; Wo wir Menschen
sind 74; Jodok läßt grüßen u.a. Geschn.
75; Die schönsten Weihnachtsgeschichten 77; Kindergeschichten aus
Dtld 80; Das Sonntagsweckerbuch 80;
Siebenschläferträume 80; Komm, lach
doch wieder 81; Kindern Geschichten
erzählt 81; Der Sandmann packt aus 81;
Gedichte f. Anfänger 81.
 F: Mein Onkel Theodor oder: wie man
viel Geld im Schlaf verdient 75.
 R: Der Millionär in der Seifenblase,
Hsp., 5-teil. Fsf. 69; Lohengrin schwant
etwas, Hsp.; Theodolinde, das Känguruh
70; Hokus Pokus Pinguin 71; Die
wunderbare Ferienreise 75; Herr Groß
kommt in die Stadt 76, u.a. Fsp.
 S: Mein Onkel Theodor 76.
Lit: Karl Heinz Klimmer: Phantasie
und Wirklichkeit - über Günter Spang
(Das gute Jugendbuch) 72; Günter
Spang: Ein Kinderbuchautor über sich
selbst (Welt und Wort 3) 72.

Spangenberg, Christa, Verlegerin;
Buchpr. d. Dt. Gartenbauges. 76;
Bäumlstr. 6, D-8000 München 19, Tel.
(089) 171423 (München 30.5.28).
Kinderbuch.
 V: Praktisches Balkon- u. Zimmer-
pflanzenlex. 67, 78; Die grüne Uhr,
Kinderb. 74, 80; Die Garten-Uhr,
Kinderb. 80. — **MV:** Elly Petersens
praktisches Gartenlex. 64, 80.
 H: Die schönsten Kindermärchen d.
Brüder Grimm 70, 78; Hopp hopp hopp,
Pferdchen lauf Galopp, Bilderb. 78, 80.

Spangenberg, Peter, Pastor; Süderstr.
6, D-2262 Leck/Nordfriesld, Tel. (04662)
4297 (Unseburg 3.11.34). Kurzgeschichte,
Drama, Lyrik, Fabeln, Theologie.
 V: Theologie u. Glaube bei Spurgeon
69; Mit Gott reden 71; Szenische
Gottesdienste 75; Der Stein d.
tanzenden Fische 76; Den Glauben
leben 79; Mit Gott reden 79; Ihr kleinen

schwarzen Schweine 80; Feuerball u.
Regenbogen 81.
MA: Laß uns dir vertrauen 78; Rufe,
Religiöse Lyrik d. Gegenw. 79.

Spanier, Patricia, Lehrerin;
Saarbrücker Str. 36, D-6618 Wadern-
Nunkirchen, Tel. (06874) 6008
(Manchester/Engld 18.4.47). Lyrik.
V: Für das Leben leben, Lyr. 81.

Spanjer, Geerd, s. Spanjer, Gerhard.

Spanjer, Gerhard (Ps. Geerd Spanjer),
Realschullehrer a.D.; VS Schlesw.-
Holst.; Schlesw.-Holst.-Med. 80;
Gallberghöhe 13, D-2380 Schleswig, Tel.
(04621) 24613 (Witten/Ruhr 7.8.05). Lyrik,
Novelle, Roman, Legende.
V: Fragmente, G. 27; Die Leute vom
Massenhof, Erz. 37; Heimweh nach
Holstein, G. 38; Steh grade deinem
Schicksal, Erzn. 39; Die Reise zum
Glockenguß, N. 44, 49; Das Spitzen-
häubchen, Erz. 50; Von Heimat und
Weite, G. 53; Aquarelle der Landschaft,
G. 61; Der Teufel und die Blaue
Madonna, Legn. 76; Vom Schauen
trunken, G. 78; Es ist das alte Licht,
weihnachtl. Erzn. u. G. 80.
MA: Aren en Heulbloemen. Duitsche
Poesie (ins Flämische übersetzt) 43;
Hemmingstedt 50; Schl.-Holsteins
Dichter erzählen 58; Städte in Schl.-
Holstein 72; Künstler sehen Schl.-
Holstein 76; Weihnachtsgeschichten aus
Westfalen 78; Weihnachtsgeschichten
aus Schl.-Holstein II 79; Schriftsteller in
Schleswig-Holst. heute 80; Musik. Ein
Leseb. schlesw.-holst. Autoren 80; H.
Jansen: D. norddt. Landschaft in
Pastellmalerei (Einführung).
H: Heinrich Hornig: Heimat wi blievt
di tru, Ausw. 40.
Lit: Gerhard Jörgensen: Eigene
Welten gebaut: G. Sp. 70 Jahre (Schl.-
Holst. Heimatkal.) 76; Dierk Puls: G. Sp.
— 70 Jahre alt (Schl.-Holstein) 75; Fritz
Köhncke: Dem Botaniker u. Schrift-
steller G. Sp. z. 65. Geb. (Die Heimat) 70;
Dierk Puls: Es ist der Geist, der alles
hier bedeutet: G. Sp. zum 75. Geb. (Schl.-
Holst. Heimatkal. 1980) 79.

Spann, Käthe *

Sparenborg, Margot, Bibliotheks-
helferin; Ferdinand-Sommer-Str. 14,
DDR-9903 Jocketa (Purley b. London
26.6.14). Lyrik, Kurzgeschichte, Betrachtung.
V: Rhythmen des Herzens, G. 37.
MA: Vom Wirken unserer Unbekannten, Anth. 33.

Sparmann, Rolf, c/o Burgdorf-Verl.,
Göttingen.
V: Lähmung, G. 80. ( )

Sparre, Sulamith; Gregor-Mendel-Str.
9, D-8708 Gerbrunn (Kassel 16.1.59).
Lyrik, Aphorismus, Erzählung, Roman,
Essay, Kurzgeschichte.
V: Die Sterblichkeit d. Worte, Aphor.
81; Die Weigerung, Erz. 83.
MA: Literar. März 81; Komm, süsser
Tod 82.

Spatschek, Anton, Mgr.phil., Prof.; ul.
P. Findera 33/18, P-43400 Bielsko-Biala
(Bielsko-Biala/Bielitz 28.12.10). Lyrik.
V: Rhythm. Frühlese, Lyr. 32;
Promethiden u. Pygmäen, Sonette; Lyr.
Mosaik 70; Die Windrose 82.
MA: ständige Mitarb. (lyr. Beitr.): Das
Boot, Bll. f. Lyr. d. Gegenw.; Spuren d.
Zeit, Sammelbde zeitgenöss. Dicht.
Lit: Gottfried Prazschke: Geleitwort
zu Lyrisches Mosaik 70.

Spatz, Otto (Ps. Helmut Otto),
Verleger; Holzkirchnerstr. 2, D-8000
München 90, Tel. (089) 645536 (München
1.7.00). Roman.
V: Volk in Gefahr 33, 39; Wiederge-
wonnenes deutsches Land 41, 42; Liebe
u. Kattun 78; Ahnenbilder der Familie
Spatz-Lehmann 82.
H: Julie Spatz: Vom Mädchen zur
Frau, Tageb. um d. Jh.wende 1882-1903
79; Deutsche Mutter im Krieg, Tageb.
aus dem Ersten Weltkrieg 1914-1918 81.

Specht, Barbara, s. van Poortvliet,
Barbara.

Specht, Joachim, Schlossermeister;
SV-DDR 68; Siedlung Lindenplatz 9,
DDR- Dessau (Weinböhla/Kr. Meißen
6.1.31). Novelle, Roman, Fernsehspiel.
V: Peterborough Story, Erz. 63, 77;
Australisches Abenteuer, Taschenb. 65,
67; Die Gejagten, R. 67, 70; Stippvisite,
Erzn. 68; Jemenitisches Abenteuer 70;
Der Fünfer, R. 71; Blütenhölle in
Banusta, R. 71, 73; Wasser für die Roten
Wölfe, R. 72, 74; Buschbrand, R. 74, 75;
Perpetuum mobile, R. 75, 77; Leucht-
feuer Eastern Reef, R. 76, 77; Der
Einzelgänger, R. 78, 79; Korallen-Joe,
Erzn. 81; Wunder dauern etwas länger,
R. 81; Das Camp am Burdekinfluß, Erz.
82.
MA: Johannes Scharf, Fs.-Reihe 64.
R: Der Sheriff, Fs.-Reihe 65.

Speer, Hans, Senior Supervisor i.P.;
Verb. dt.spr. Schriftsteller in Israel 75;
Hankin Street 33, P.O.B. 2645, 58127
Holon/Israel, Tel. (03) 844883 (Wien
25.6.20). Kurzgeschichten, Roman.

V: Die Generation der Entwurzelten, Ztgs.-R. (Israel-Nachrichten) 81.
MA: Stimmen aus Israel 79; Nachrichten aus Israel 81; Heimat Anderswo 83; zahlr. Ztgn u. Zss.
Lit: Leben u. Werk der dt.spr. Schriftsteller in Israel.

Speier, Michael, Dr.phil.; Lit.stip. d. Berliner Senats 80; NGL, Berlin; Taubertstr. 4, D-1000 Berlin 33 (1950). Lyrik, Essay, Kurzprosa. Ue: F.
V: Gedichte 75; Traumschaum, Lyr. 79; Jean Pauls Ästhetik, wiss. Ess. 79; Kaum Uhren irgend 81; En un toujours autre lieu 83; Gedichte 83, alles Lyr.
S: Gedichte, Kass.
Ue: Franz. Lyr. d. Gegenwart (versch. Autoren, u.a.: Debuy, Gravereaux).

Speitel, Ulrich, DDR-1831 Ohnewitz üb. Rathenow (Zeidel, Kr. Militsch 20.12.26).
V: Puter Blurr, Kdb. 69; Onkel Jule und sein Auto, Erzn. 73; Christian, Kdb. 74; Die Liebesschule auf unserer Klitsche 80, 82; Der Schatz an der Jossel, Geschn. 82. ( )

Spender, Sonja (Ps. Sonja Schüler), Kulturwissenschaftler; Kandidat d. SV-DDR; Friedrich-Ebert-Str. 48, DDR-1500 Potsdam, Tel. 21365 (Meißen 22.11.50). Lyrik.
V: Poesiealbum 50 71; Zwischen Donnerstag u. März 75; Schimmel werden schwarz geboren 82.

Spender, Waldemar; Meistersingerstr. 3, DDR-1500 Potsdam.
V: Annegret u. Christian 64; Als Flups kleiner wurde 72; Wie Filip Treumel einen Freund erfand 78; Die Eisenbahn hat Stiefel an 79. — **MV:** Florian u. das Mimami, m. K. Golz 72 (russ. 75); Kuno, d. fliegende Elefant, m. T. Schleusing 72 (span. 77); Frau Klein liebt Maximilian, Herr Groß liebt Minimalchen, m. H. Parschau 75; Bobo Kowalski will nicht mehr, m. R. Flieger 77; Das Auto frißt die Straße auf, m. R. Flieger 78 (poln. 79). ( )

Spengler, Werner; Seebener Str. 131, DDR-4022 Halle (Saale).
V: Der Leichenraub von Saint-Ponoir 76, 81; Der Höhenflug des Udo H., Gesch. 81, 82. ( )

†**Sperber**, Manès, Verlagsdir.; Intern. Remembrance Award 67, Lit.preis d. Bayer. Akad. d. Schönen Künste 71, Hansischer Goethe-Preis 73, Dichtungspreis Wien 74, Georg Büchner-Preis 75, Grosser Öst. Staatspreis f. Lit. 77, Prix Europ. de l'Ess. Charles Veillon Genf 79,

Friedenspr. d. Dt. Buchhandels 83; 83, rue N.D. des Champs, F-75006 Paris (Zablotow 12.12.05). Roman, Essay.
V: Alfred Adler. Der Mensch u. s. Lehre 26; Zur Analyse der Tyrannis, Ess. 38, 77; Der verbrannte Dornbusch, R. 49; Tiefer als der Abgrund, R. 51; Die verlorene Bucht, R. 55; Die Achillesferse, Ess. 60; Wie eine Träne im Ozean, R.-Trilogie 61; Zur täglichen Weltgeschichte 67; Alfred Adler oder das Elend der Psychologie 70; Dostojewski und wir 72; Leben in dieser Zeit; Sieben Fragen zur Gewalt 72; Wasserträger Gottes, Autobiogr. 74; Die vergebliche Warnung, Autobiogr. 75; Bis man mir Scherben auf die Augen legt, Autobiogr. 77; Individuum u. Gemeinschaft 78; Churban od. Die unfassbare Gewissheit 79; Nur eine Brücke zwischen Gestern und Heute, Autobiogr. 80; Essays zur täglichen Weltgeschichte 81.
F: Wie eine Träne im Ozean, 3 Fsf.: Die nutzlose Reise, Abfall, Niederlage 70, u.d.T.: Une larme dans l'Océan, franz. Farbf. 71; Lebensgeschichte als Zeitgeschichte, Film-Porträt 74.

Sperlich, Martin, Dr., Prof.; Bismarckstr. 69, D-1000 Berlin 39.
V: Gedichte 80, 2. erweit. Aufl. 81.
s. a. Kürschners GK. ( )

Sperner, Wolfgang, Prof., Chefredakteur-Stellvertr.; Josef-Scheu-Weg 32, A-4020 Linz/D., Tel. (07222) 53195 (Alt-Rothwasser 28.12.24).
V: Linz, Porträt e. Stadt 70, 76; Auf Entdeckungsreise zw. Böhmerwald u. Dachstein, Ausflugsziele in ObÖst.; Österreich im Spiegel s. Briefmarken.
R: Johannes Kepler, Hsp. 69.

Sperr, Martin, Schauspieler; Förderpreis d. Schiller-Gedächtnispr., Preis f. junge Theaterleute d. Zs. "Theater heute", Förderpreis d. Gerhart-Hauptmann-Pr., Preis d. Stadt München, Ernst-Hoferichter-Pr. 76, Mülheimer Dramatikerpr. 78 (14.9.44). Drama, Novelle, Film, Hörspiel, Theaterbearb.
V: Mathias Kneißl, Drehb. 71; Jagd auf Außenseiter, Erz. 71; Kunst der Zähmung (nach Shakespeare) 71; Jagdszenen aus Niederbayern, Landshuter Erzählungen, Münchner Freiheit, bayr. Trilogie 72; Die Spitzeder 77; Willst du Giraffen ohrfeigen, mußt du ihr Niveau haben, Lyrik u. Erzn. 79.
MH: Herr Berthold Brecht sagt, Kinderb.

F: Mathias Kneißl; Adele Spitzeder, Drehb. 72.
R: Bruder der Braut, Bearb. in bayr. Dialekt.

Sperr, Monika, Autorin; VS; Ainmillerstr. 29, D-8000 München 40, Tel. (089) 346017 (Berlin 27.8.41).
Kinderbuch, Biographie, Roman, Essay.
V: Was wir von unseren Eltern halten, Sechs- bis Sechzigjährige sagen ihre Meinung 71; Die Dressierten Eltern, Ess. 72; Therese Giehse — Ich hab nichts zum Sagen, Biogr. e. Schauspielerin 73, erw. 75, 82; Raus mit dem Köter, Kinder-R. 75; Das Große Schlagerbuch, Dt. Schlager 1800 bis heute 78; Hundegeschichten, Kinder-Erzn. 80; Die Freundin, R. 80, Tb. 83; Treffpunkt Froschweiher oder die Sache mit dem Fahrrad 82.
MA: Kein schöner Land 79.
MH: Herr Bertolt Brecht sagt, m. Martin Sperr 70, 75.
Ue: T. Egner: Klettermaus und die anderen Tiere im Hackebackewald, Kinderst. 68; Susan Griffin: Voices, ein Frauenst. 78. ( )

Spiegel, Sigrid; Heilbronner Str. 1, D-1000 Berlin 31.
V: Unter dem Lebensbaum, G. 83. ( )

Spiel verh. Flesch von Brunningen, Hilde, Dr. phil., Prof.; P.E.N. 37, ÖSV, Verb. d. Ausldspresse; Julius-Reich-Preis 34, Salzburger Kritiker-Preis 70, Ehrenkreuz f. Kunst u. Wiss. 72, Preis der Stadt Wien 76, Joh. Heinr. Merck-Pr. 81, Roswitha-Med. v. Gandersheim 81, Donauland-Pr. 81; Dt. Akad. f. Spr. u. Dicht. 72; Cottagegasse 65/2/3, A-1190 Wien u. Haus am Bach, A-5360 St. Wolfgang, Tel. (0222) 366197 (19.10.11).
Roman, Novelle, Essay, hist. Biographie.
Ue: E.
V: Kati auf der Brücke, R. 33; Verwirrung am Wolfgangsee, R. 35, u.d.T.: Sommer am Wolfgangsee 61; Flöte und Trommeln, R. 48, 49 (auch engl.); Der Park und die Wildnis, Ess. 53; Welt im Widerschein, Ess. 60; Fanny von Arnstein oder Die Emanzipation, Biogr. 62; Lisas Zimmer, R. 65, 82 (auch engl., ital., holl., slow.); Rückkehr nach Wien, Tagebuch 68; Städte und Menschen, Beitr. 71; Kleine Schritte, Prosa 76; Mirko u. Franca, Erz. 80; Die Früchte des Wohlstands, R. 81; In meinem Garten schlendernd, Ess. 81. — **MV:** London: Stadt, Menschen, Augenblicke, m. Elisabeth Niggemeyer 56; Verliebt in Döbling, Die Dörfer unter dem Himmel, m. Franz Vogler 65. - **MV** u. **H:** Wien.

Spektrum einer Stadt, Monogr. 71; Die zeitgenössische Literatur Österreichs 76.
H: u. **MUe:** England erzählt, Kurzgeschn. 60; Shakespeare: König Richard III, Dichtung u. Wirklichkeit 64; Der Wiener Kongreß in Augenzeugenberichten 65.
R: Verborgene Wirklichkeit (Virginia Woolf); Der große Augenblick (Lord Byron, Bernard Shaw); Albtraum und Engelsschwinge (William Blake); Mirko und Franca, Fst. 79.
Ue: Peter de Mendelssohn: Festung in den Wolken, R. 46; Rumer Godden: Black Narcissus u.d.T.: Uralt der Wind vom Himalaja, R. 52; Emlyn Williams: Die leichten Herzens sind, u.a. Dr. 52 bis 56; Nigel Balchin: Elf Jahre und ein Tag 52; Elizabeth Bowen: Eine Welt der Liebe, R. 58; Angus Wilson: Short Stories u.d.T.: Welch reizende Vögel, N. 58; James Saunders: Sämtl. Dramen ab 64; Joe Orton: Seid nett zu Mr. Sloane, Dr. 65; Tom Stoppard: Akrobaten u. Travesties; Night and Day u. alle folg. Dramen.

Spies, Erwin, Bäcker; Diedrichsblatt 1980, Köla 81, Ehrenmitgl. Reingard Heider Ges. Baden b. Wien; Riedgasse 8, A-6850 Dornbirn, Tel. (05572) 660642 (Altneudörfl, Bez. Radkersburg/Stmk 9.5.56). Lyrik, Roman.
V: Zwischen Kokons & Blütenstaub, Lyr. 82.

Spies-Neufert, Alice; Lärchenhof, D-8191 Schlederloh 15.
V: Mirko-Atsistamokon I (Die Geschichte eines jungen Indianers) 79, II (Häuptling der Oglala) 80, III (Heimkehr nach Tschewan) 81. ( )

Spieser, Friedrich (Ps. Friedrich Hünenburg), Dr. phil., lic-ès-lettres, Verleger; Burg Stettenfels, D-7101 Untergruppenbach, Tel. (07131) 70408 (Waldhambach/Elsaß 1.10.02).
Biographie, Lyrik, Essay, Roman.
V: Das Leben des Volkslieds in einem Lothringer Dorf 32; Tausend Brücken, Erz. 52, 72; Und dennoch rauscht der Wald, 50 Son. 53; Volkslied in Stein, Rundgang durch eine Burg 54, u.a. —
MV: Frau Nachtigall, m. Carl Reyß, Volkslieder-Samml. 28.
H: Straßburger Monatshefte 37 — 44; Hünenburg-Kalender 57, u.a.

Spillner, Wolfgang; Box 17, DDR-2401 Wendisch Rambow (Herzberg, Westharz 30.5.36).

V: Der Wald der großen Vögel, Sachb. 69, 75; Land unter dem Wind 71; Das Vogeljahr der Küste, Text-Bildbd. 73, 78; Der Wald der kleinen Vögel 76; Gänse überm Reiherberg 77 (russ. in: Malinki Wolschebnik i bolschaja 2 81); Der Bachstelzenorden, Erzn. 79; Wildgänse überm Moor 81; Die Baumräuber 82; Der Riese von Storvalen 83; Die Hexe mit der Mundharmonika 83.
MA: Das ist meine Welt, Kinderb. 74; Eine Welt gewinnen 81; Ich leb so gern 82.

Spinner, Esther; Rosenbergstr. 32, CH-8304 Wallisellen.
V: Die Spinnerin, R. 81. ( )

Spitzer, Jürgen; Mühlsdorfer Weg 12, DDR-3401 Jütrichau.
V: Frühling ohne Carolin, Erz. 80. ( )

Spitzler, Marianne, Redakteurin; Agnes-Bernauer-Str. 71/7, D-8000 München 21, Tel. (089) 566383 (München 13.4.01). Lyrik, Kurzerzählung, Essay, Novelle, Hörspiel.
V: Eine Seele redet mit Gott 48; Unheimliche Geschichten, Erzn. 48; Kreuzwegbuch 49.
H: Wege und Ziele 38; Zum Freuen und Lachen 38; Der Mutter ein Kranz 49; Das Schönste von Andersen 49; Deine Welt, Kinder-Jb.; Mariza, Mädchen-Jb. 52 — 62; Birgitt, Mädchen-Jb. 55 — 57; Isabell 57; Der kath. Schulwegweiser 63; Plus 65.

Spix, Hermann-Christian, Lehrer; VS 71; Arbeitsstip. d. Ldes Nordrh.-Westf. 75, Auslandsstip. 80; Werkkr. Literatur der Arbeitswelt 73, Fischer Taschenbuchverlag, Frankfurt (Düsseldorf 23.5.46). Lyrik, Roman, Kritik.
V: undurchsichtige durchsichtigkeiten, Lyrik 70; fünf texte, Visuelle Texte 72; bilderbuch, Visuelle Texte 73; Elephtoria oder die Reise ins Paradies, R. 75 (griech. 81).
MA: Lit. Bll. d. PH.Neuss 70, 74, 75; Scene Reader 72; Ruhrtangente 72; Drehpunkt 72; Lesarten 6 73; Geht dir da nicht ein Auge auf 74; per Exempel 74; Sie schreiben zwischen Goch und Bonn 75; Sassafrass-Hefte 18 75; Hierzulande Heutzutage 75; Schulgeschichten 76; Dazu gehört Mut 76; Wir lassen uns nicht verschaukeln 78; Recht auf Arbeit 78; Kriminalgeschichten 78; Geschichten aus der Kindheit 78; Das Faustpfand 78; Widerstand gegen Flick und Florian 78; Stimmen aus ihrer Welt 79; Das Ruhrgebiet 80; Was auf den Nägeln brennt 80; Arbeiterlesebuch 80;

Autorenportraits 81; Landfriedensbruch 81; Politische Lyrik 81; Mit-Sprache 83, alles Anth. — Literaturtel. Düsseldorf 82.
MH: Kein Dach überm Leben 82.
R: Der Werkkreis Lit d. Arbeitswelt 74 (Mitverf.); Elephteria oder die Reise ins Paradies 75; Mein Sonntag in Vorst 81.
Lit: P. Fischbach, M. Meier-Puschner: Der Betriebsroman von Hermann Spix 'Elephtoria oder die Reise ins Paradies' in: Der Deutsche Roman im 20. Jahrhundert, Hrsg. M. Brauneck II 76; J. Clausen: Der Roman 'Elephtoria oder die Reise ins Paradies' v. H. S. als Bsp. e. dokumentar. Betriebsromans 76; V. Stechenski: Inostrannaja Literatura 4 76; L. Schaumann: Düsseldorf schreibt 81.

Splett, Jörg, Dr., Prof., Hochschullehrer; Isenburgring 7, D-6050 Offenbach a.M., Tel. (0611) 831931 (Magdeburg 29.8.36). Essay.
V: Er ist das Ja 64; Sakrament der Wirklichkeit. Vorüberleg. zu e. weltl. Begriff des Heiligen 68; Lernziel Menschlichkeit. Philos. Grundperspektiven 74, 2. Aufl. 81; Wagnis der Freude. Meditationen zu Worten der Schrift u. Zeichen der Kunst 75; Geburtstag. Eine philosophische Meditation 77; Der Mensch ist Person. Zur christl. Rechtfertigung d. Menschseins 78; Der Mensch: Mann und Frau. Perspektiven christl. Philos. 80. — **MV:** Meditation der Gemeinsamkeit. Aspekte e. ehel. Anthropol., m. I. Splett 70, 2. Aufl. 81.
H: Wie frei ist der Mensch? Zum Dauerkonflikt zw. Freiheitsidee u. Lebenswirklichkeit 80. — **MH:** Wissenschaft — Technik — Humanität. Beitr. zu einer konkreten Ethik 82.
s. a. Kürschners GK.

Splitter, Eva, s. Splitter-Dilberović, Vera.

Splitter-Dilberović, Vera (Ps. Eva Splitter), Dr.phil., Slavistin; Mondrauteweg 21, D-7750 Konstanz, Tel. (07531) 882838 (Subotica/Jugosl. 23.6.35). Lyrik.
V: Die Berührung wagen, Lyr. 82.

Spoecker, Christina; VS 70; 1. Pr. Lit.-Wettbew. Berlin 73, Pr. Kehlheimer Werkstatt 78; Waldsiedlung 15, D-8024 Deisenhofen b. München, Tel. (089) 61311420 (München 15.5.27). Stücke, Lyrik, Roman, Hörspiel.
V: Das Geldmensch 72.

F: Eine unautoritäre Frau, Kameraf.
71.
R: Zivilisation, Hsp. 70; Psychocouch,
Hsp. 71; Hinrichtung e. Arbeiterin 77. ( )

Spohn, Jürgen, Prof., Autor u.
Illustrator; Dt. Jugendlit.pr.
(Kinderbuch) 81; Tapiauer Allee 21, D-
1000 Berlin 19, Tel. (030) 3040366
(Leipzig 10.6.34). Verse, Prosa,
Kurzgeschichten, Fabeln, Metapher,
Parabeln.
V: Der Spielbaum 66; Eledil &
Krokofant 67; Das Riesenroß 68; Der
Mini-Mini-Düsenzwerg 71; Ein Raub-
tier, das ein Raubtier sah ... 73; Nanu 75;
Der Papperlapapp-Apparat 78; Der
große Spielbaum 79; Drunter & Drüber
80; Ach so, Ganzkurzgeschn u.
Wünschelbilder 82; Bleib noch ein
Weilchen 83; Ja, ja, Verse, Geschn u.
Bilder 83, alles Kinderbb.; Herzlich
grüßt ... 82; Ich, dein Bär 82; Vom
Kochen 83; Kommen und Gehen 83; Oh,
Manhatten 83, alles biblioph. Tbb.;
Illustrat. zu e. Jandl-Bd 83.
S: Spohn's Sprüche "Süß & Sauer".
Für- u. Widerlieder 77, Schallpl.

Spohn, Michael, Journalist; VS 78;
Thaddäus-Troll-Pr. 82, Arbeitshilfen d.
Förderkr. dt. Schriftsteller in Bad.-
Württ., Stip. d. Kunststift. Bad.-Württ.
83; Taborweg 23, D-7750 Konstanz, Tel.
(07531) 53349 (Stuttgart 26.6.42). Lyrik,
Roman, Essay, Mundart, Comics.
V: Schwäbische Comics 77; Wenn s
leidet, mach e nemme auf!, schwäb. G.
78; Stuttgarter Comics 80; Wenn s leidet,
mach e nemme auf u. nommóól äbbas,
schwäb. G. u. Geschn. 81; Max ond
Moritz, a Buabagschicht en siiba
Schdroech vom Wilhem Busch, ens
Schwäbische iberdraaga 82; Bodensee
'83 — Gegensätze in Wort und Bild 83.
MA: Kreidepfeile und Klopfzeichen
81; Wilhelm Busch, Max u. Moritz 82.

Sponsel, Heinz, Journalist u. Autor;
Schiller-Preis d. Schiller-Stift.,
Nürnberg 42, Literaturpreis d. Ernst-
Preczang-Stift. 52; Freseniusstr. 60, D-
8000 München 60, Tel. (089) 8119615
(Heimstetten/Obb. 25.8.13). Roman,
Hörspiel. **Ue:** E.
V: Goldner Sommer Avignon, R. 47,
50; Das wunderbare Jahr, R. 47; Stille
Insel Angelika, R. 48; Columbus, Biogr.
48; Kopernikus, Biogr. 49, 61;
Magallanes, Biogr. 50; Sango und die
Inkagötter 50, 59; Liebesbriefe an mein
Auto, N. 51; Der Hüter der wilden Stiere
52, Tb. 74; Pyrenäenhöhle funkt SOS 53;
Porsche, Biogr. 53; Das Gewissen der

Welt 53; Piccard, Biogr. 54; Made in
Germany 56; Macht euch die Erde
untertan! Die Gesch. u. Entdeckung d.
Welt 58; Verliebt in Frankreich 60;
Deutschland vom Flugzeug aus 61; Die
Spur von 100 000 Jahren 62, 68; Die
Heilkräfte der Natur, e. Hdb. 74; Das
größte Wunder, dein Herz 74; Die Ärzte
der Großen 76; Damit das Leben weiter-
geht 80; Heilkräuter sammeln 82.
MA: Weltwunder der Natur 80; Natur-
paradies Alpen 81.
R: Der Abenteurer der Liebe;
Bekämpfer des Todes; Der Weise vom
Menlopark: Das Nürnbergisch Ei; Von
Mensch zu Mensch; Das Gewissen der
Welt; Die Straße der Liebe; Via Appia;
Unter den Linden, alles Hsp.
Ue: Partick O'Brian: Die Straße nach
Samarkand 56.

Sporer, Maria, Geschäftsführerin,
Vertreterin u. Mitinhaberin der Fa. S.
Sporer; Kr. d. Freunde; Marktgasse 3, D-
8078 Eichstätt, Tel. (08421) 1538 (Kaldorf
31.5.25). Lyrik.
V: Geh zum Menschen 77. —
MV: Deine Welt im knappen Wort 76;
Und du wirst die Sterne finden ... 77. ( )

Sporhan, Lore (Ps. Lore Sporhan-
Krempel), Dr. phil.; Stossäckerstr. 15, D-
7000 Stuttgart 80 (Vaihingen), Tel. (0711)
7351749 (Stuttgart 19.4.08). Historische
Schriften, Roman, Jugendbuch, Drama.
V: Lagerkameradinnen, Jgdb. 34; Um
die Plakette vom St. Jergen, Jgdb. 37;
Das Erbe im Blut, Jgdb. 39; Ein Mädel
zwischen zwei Welten, Mädelb. 42; Die
Hexe von Nördlingen, R. 49, auch Dr. 54,
Neuaufl. 78; Eine Handvoll Glück, Pl. 58;
Nürnberg als Nachrichtenzentrum zw.
1400 u. 1700, wiss. Abhdl. 68. — **MV:** Die
Kette 62; Wer ist Claudia 63; Der Flügel
der Salome 65, alle m. U. Keppler u. Ps.:
I. A. Loruth.
MA: Süddt. Rdfk, Bayer. Rdfk, Arch. f.
Gesch. d. Buchwesens.

Sporhan-Krempel, Lore, s. Sporhan,
Lore.

Spranger, Günter, freiberufl.; SV-
DDR 52; Literaturpreis d. LDPD 62,
Kunstpreis d. Bezirks Karl-Marx-Stadt
63; Frankenberger Str. 114, DDR-9075
Karl-Marx-Stadt (Chemnitz 3.5.21).
Roman, Erzählung, Kurzgeschichte.
V: Der Tod zwischen den Schlachten,
Erz. 49; Er war mein Freund, Erzn. 57;
Stützpunkt Rokitno, R. 57, 63; Das
Schloß in der Rhön, R. 59; Mord ohne
Sühne, Erz. 60; Stützpunkt Rokitno,
Mord ohne Sühne, Der Fall Hans-

Joachim Bork, R. u. 2 Erzn. 61; Der Weg in die Festung, R. 63, 7. Aufl. 80; Höhe 334, Erz. 64; Am Stichdamm, Erz. 65; Die Reise nach Wien, R. 66, 69; Mord in der Stunde Null, Erz. 67; Lager Freckenfeld, Erz. 69; Treffpunkt Bern, Krim.-R. 70, 4. Aufl. 78; Die Ärztin, Erz. 70; An der schönen blauen Donau, Krim.-R. 72, 4. Aufl. 79; In den Felsen des Javorník, Erz. 73; Die Bernsteinbrosche, Krim.-R. 75, 2. Aufl. 77; Die Kemters und der General, Erz. 76; Die ferne Wahrheit, R. 77, 2. Aufl. 79; Das Lügenspiel, dok. Krim.-R. 80, 2. Aufl. 82; Sebaldusstraße 19, Heit. R. 81; Der zerbrochene Spiegel, Krim.-R. 83.
MA: Erste Ernte, Anth. 55; Greifenalmanach 59 — 62; Dabeisein - Mitgestalten, Anth. 60; Wer ist schuld? Die dt. Kriminalerz. v. Schiller bis zur Gegenwart, Anth. 69, 73; Die heiteren Seiten, Anth. 74.
R: Mord ohne Sühne 61, 63; Zur Fahndung ausgeschrieben: Sabine Gobbin 74, 75; Auf der Klippe, Krim.-Hsp. 78; An einem Abend im September, Krim.-Hsp. 80; Der Strick, an dem du hängen wirst, Krim.-Hsp. 80.
Lit: Günter Spranger. Monogr. d. Bezirkskunstzentrums Karl-Marx-Stadt 79.

Spratte, Johann, Redakt.-Archivar; D.A.V. 64; Blumenmorgen 20, D-4500 Osnabrück, Tel. (0541) 61440 (Hagen a. T. 14.3.01). Lyrik, Erzählung, Essay.
V: Treibholz, G. 70; Zeit der Schwalben, G. 75; Kindheit in Holzschuhen, Erz. 76; Zeit hat keine Bleibe, Erz. 77; Das Kirchenjahr, Mda. 79; Plattd. Wörterbuch 79.
MA: versch. überreg. Anth.

Spree, Lothar; Am Staffel 109, D-6000 Frankfurt a.M. Seckbach.
V: Der Freiheit Aber, G. u. Poems 81. ( )

Sprenger, Anna Theresia (Schw. Maria Benigna), OSR, Hauptschuldirektorin; Anerkennungspr. d. Tiroler Arbeiterkammer; Turmbund; Unterer Stadtplatz 14, A-6060 Solbad Hall in Tirol (Kufstein/Tirol). Lyrik, Prosa, Hörspiel.
V: Heimweg auf Mondstraße 73; Der Mohn ist verbrannt 75; Windschatten 76, alles Lyrik; Die Waldschwestern im Halltal, R. 77; Südtirol-Gedichte 77; Zu spät aufgezeichnet 77; Das Bild meiner Mutter 77, beides Prosa; Weihnachtsbuch, Prosa, Spiele, G. 78 II, III 81; Roswitha weiß d. Weg 78; Die verdunkelte Botschaft, Lyrik 79; Maria

Hueber 79; Der Smaragd 79; Zwischen Stern u. Asphalt, Lyrik 79; Der Ruf aus den Wäldern 81; Und die Söhne werden ihren Vätern gleichen 82.
MA: Quer, Brennpunkte; neues lesen, Tiroler Leseb. 1, 2, 3.
R: Ein Hörsp., Rdfksendungen m. Lyrik.
Lit: W. Bortenschlager: Brennpunkte XIV (Zur Geschichte der spirituellen Poesie); P. Wimmer: Wegweiser durch d. Lit. Tirols seit 1945; W. Pfaundler: das Fenster Nr. 15; W. Bortenschlager: Dt. Lit.gesch. 78; D. Merl/Lippe: Südtirol erzählt 79. ( )

Sprenger, Christiane Ursula, Dr., freier Journalist; Kurt-Magnus-Pr. 75; Hardtstr. 2, D-5000 Köln 41 (Königsberg/Pr.). Kinderhörspiel, Kinderbuch.
V: Weil Nina eine Macke hat 75; Liebe Schwester — blöde Kuh 77, Tb. 82.
R: Kinderhörspiele f. d. Grünen Punkt. ( )

Sprenger, Irmgard, Journalistin; Haselhain 1, D-2000 Hamburg 90, Tel. (040) 7905284 (Hamburg 1.6.14). Roman, Novelle, Jugendbuch.
V: Kleines Tagebuch für Stefan, N. 43; Und ich fahr mit, R. 56, 65; Ein Haus für Piepmaus, Jgdb. 56, 58; Das Familienauto, Jgdb. 57, 63; Pimpchens erstes Schuljahr, Jgdb. 59, 60; Wirbel bei Petermanns, Jgdb. 61, 63; Der große Schrank, Jgdb. 62. ( )

Sprenger, Werner-Till (Ps. Till Orloff), Dir. INTA-Meditations-Zentren; VS 73, D-7801 St. Ulrich/Post Bollschweil, Tel. (07531) 53570 (Danzig 9.11.23). Roman, Lyrik, Hörspiel, Drama, Essay.
V: Suchen Sie Magdalena?, Theater 58, 60; Brauchen Hungernde denn Gedichte?, Lyr. 72, 81; Ordensunreife Gedanken, Aphorismen 72, 78; Lösch die Feuertulpen, Theater-Hsp. 73; Überprüfung e. Abschieds, R. 78, 81; Zu Oasen führen alle Wege durch die Wüste, Aphor. 78, 81; Glück aus Versehen? Unglück aus Verstehen? Prosa 78, 81; Schleichwege zum Ich I, Lyr. 79, 82, II, Prosa 79, 82; Stabile Träume u. a. Wirklichkeiten, Lyr. 79, 82; Augen-Blicke, Lyr. 80, 81; Anstiftung zum Glück, Lyr. 81, 82; Daß das Glück ganz anders ist, Prosa 81; Gedichte zum Auswendigleben, Lyr. 82; Ungelebtes Leben leben, Lyr. 83; Alles ist JETZT ist Alles, Lyr. 83; Vergiß Dein nicht, Lyr. 83; Damit das Glück Dir glückt, Lyr. 83.
MA: Sag nicht morgen wirst Du weinen 82.

R: Teilweise heiter, Hsp. 72; Tag mit ihr, Hsp. 72; Pergamon oder Der Tod ist tot, Hsp. 80; Muß sich Oma wirklich schämen?, Hsp. 81; Wie geht es mir?, Hsp. 82; Drei schwere Fälle von Nächstenliebe, Hsp. 83.

Springer, Michael, Dr. phil., Physiker; Grazer Autorenversamml. 73, VS 78; Pr. d. Theodor-Körner-Stift. 72, Nachwuchsstip. f. Lit. d.Bdesmin. f. Unterr. u. Kunst 74; Oppenhoffallee 9, D-5100 Aachen, Tel. (0241) 501101 (Salzburg 8.8.44). Prosa, Hörspiel, Essay.
V: Dübel & Dergl. Prosa, 2 Erzn. 72; Was morgen geschah, R. 79; Bronnen, R. 81. — **MV:** Modelle zur Kritik der Massenmedien, m. L. Holzinger, J. Zeller 72; Zeit im Bild - Analyse. Information im Fernsehen, Ess. m. L. Holzinger, J. Zeller 73.
R: homo homini leo 73; MASTA, SF-Hsp. 74; Der Held der Pest auf Blo, SF-Hsp. 77; Kein Platz f. zahme Tiere 78; Gespräche im Brüter 80; Was tun wir wenn sie wiederkommen?, SF-Hsp. 82.

Springorum, Ingrid, Dipl.-Sportlehrerin; Lit. Union 76, Ehrengabe der Lit. Union f. Mauern, Anth. 77; Frankfurter Str. 10, D-4650 Gelsenkirchen, Tel. (0209) 25064 (Tientsin/China 24.11.19). Lyrik, Novelle, Essay.
V: Impressionen, Lyr. 1950-1970 72; Oktoberrosen, Lyr. 79; Lit.-graph. Extrablätter.
MA: Diagonalen, Kurzprosa-Anth. 76; Sie schreiben in Gelsenkirchen 77; Mauern, Anth. 78 u. a. Anth.
MH: Grenzen überwinden, Lyr. 78; Jeder kann nicht alles wissen, G. f. Kinder 79; Das Rassepferd, Lyr. 81.

Sprung, Renate, s. Richter, Rosemarie.

Squarra, Heinz; VS 70; Odenwaldstr. 7, D-6140 Bensheim, Tel. (06251) 4446 (Leipzig 25.10.31). Roman.
V: Seifenkiste 4 gewinnt, Jgdb. 64; Fernlenk-Flugmodelle 70, 76; Abenteuer in der Ägäis, Jgdb. 81; Katjas korsische Abenteuer, Jgdb. 83.

Squentz, Peter, s. Eberle, Josef.

Ssymank, Volker, Dr.rer.nat., wiss. Assist.; Christopherusweg 14, D-3400 Göttingen, Tel. (0551) 36233 (Göttingen 21.2.45). Lyrik, Roman, Erzählung.
V: Wohin? Ber. aus e. fortgeschrittenen Gegenwart, Erz. 82.

Staab, Lina; Mannheimer Str. 184, D-6750 Kaiserslautern.
V: Gedichte 81. ( )

Stach, Angela (Ps. Angela Stachowa), Dipl.-Ingenieurökonom; SV-DDR 80; Dimitroffstr. 36/86, DDR-7010 Leipzig, Tel. 283262 (Prag 16.8.48). Kurzgeschichte, Hörspiel, Film.
V: Halo Kazek, Erzn. 74; Stunde zw. Hund u. Katz, Erzn. 76, 79; Geschichten f. Majka, Erzn. 78, 80; Annalinde und das Feuermännchen, Kdb. 81, 83.
R: Vineta, Hsp. 79; Ostern kommt die Oma, Fsp. 79.

Stache, Eicke; Erikastr. 125, D-2000 Hamburg 20 (4.10.18).
V: Und dennoch 79; Verlorene? 80.

Stachow, Hasso, Journalist, Redaktions-Direktor; Wessobrunner Str. 19, D-8035 Gauting, Tel. (089) 8506180 (Stettin 13.3.24). Roman.
V: Der kleine Quast, R. 79 (auch engl., span., finn., holl., norw., dän.); Zeit-Zünder, R. 82.

Stachowa, Angela, s. Stach, Angela.

von Stackelberg, Freda, s. Stackelberg-Treutlein, Freda.

von Stackelberg, Karl-Georg Graf, Dr. h. c., Sozialforscher; Nibelungenstr. 76, D-8000 München 19, Tel. (089) 173397 (Arensburg-Oesel 1.8.13). Novelle, Essay.
V: Alle Kreter lügen - Vorurteile üb. Menschen u. Völker 65; Gegen die Willkür der Mächtigen - 20 Staatsmänner zu d. Probl. uns. Zeit 66; Attentat auf Deutschlands Talisman - Ludwig Erhards Sturz 67; Marktstrategie ohne Geheimnisse 69; Souffleur auf politischer Bühne 75; Der Maler Botho von Gamp 76; Der ferngelenkte Mensch — Möglichk. u. Grenzen v. Propaganda, Werbung u. Soziale Kommunikation 79. —
MV: Meinungsforschung in Deutschland 50; Der Weltraum in Menschenhand 59; Baltisches Erbe 64; St. Georgs-Tag im alten Estland — Heiteres u. Besinnliches v. balt. Erzählern 70; Handbuch der Unternehmenszusammenschlüsse 72; Handwörterbuch der Absatzwirtschaft IV 74; Hdb. d. Marktforsch. 77; Das große Klingen in dir selbst — Geschichten u. Erzn. 77.
H: Jugend zwischen 15 und 24 53, 55; Wie stark sind die Halbstarken? 56; Familie und Ehe 56; Junge Menschen 64, 66; Wirtschaft im Wandel 67; Marktwirtschaft von A-Z, das wirtsch.pol. Nachschlagewerk 72. ( )

Stackelberg-Treutlein, Freda Baronin (Ps. Freda von Stackelberg, Harry Genter), Schriftstellerin, Journalistin; Edgar-Wallace-Preis f. d. besten dt.spr.

Krim.-R. 67; Crime Writers' Assoc.;
Pienzenauerstr. 5, D-8000 München 80,
Tel. (089) 986652 (Pernau 29.7.29).
Unterhaltungsroman, Kurzgeschichte.
Ue: E.
V: Mordfall am Stachus 67, außerd.
zahlr. R. u.a.

Stade, Martin; SV-DDR 70; Martin-
Luther-Str. 8 b, DDR-2572 Ostseebad
Rerik (Haarhausen, Thür. 1.9.31).
V: Der himmelblaue Zeppelin, Erzn.
70; Vetters fröhliche Fuhren, Erz. 73, 78;
Der König und sein Narr, hist. R. 75, 77,
Tb. Bdesrep. Dtld 81; Liebe im Hotel,
Erzn. u. Kurzgeschn. 76; 17 schöne
Fische, Erzn. 76; Der närrische Krieg,
histor. R., Bdesrep. Dtld 81. —
MV: Der Meister von Sanssouci, histor.
R. m. C. Back 71.
R: Der erste Urlaubstag, Fsf.-Szen. 73.
( )

Stadelmann, Leo; Lützelmattweg 6,
CH-6006 Luzern.
V: Briefe an meine verstorbene Frau
81. ( )

Stadlin, Paul *

Stadlinger, Hans, Fernmeldemeister;
Wernerweg 12, D-8500 Nürnberg 50, Tel.
(0911) 805208 (Nürnberg 29.5.23). Lyrik.
V: tröib u. heiter, Lyr. 62; Drehorgala
dreh di, Lyr. 65; Im Zeichen d. Jungfrau,
Lyr., Satire 75; Greina vur Lachn, Lyr.
81; Lach die krank nou bleibst xund,
Lyr. 82.

Stadtlaender, Christina *

Stäger, Lorenz, Dr.phil.; SSV 81;
Bahnhofstr. 8, CH-5610 Wohlen, Tel.
(057) 227914 (Muri/Kt. Aargau 23.12.42).
Roman.
V: Aber, aber Frau Potiphar!, R. 78, 15.
Aufl. 82; Liebt Ihr Bruder Fisch,
Madame? R. 80.
S: Aber, aber Frau Potiphar!
(Schweizerdt.) 79.

Stählin, Christof; VS Bad.-Württ. 75;
Dt. Kleinkunstpr. 76; Payerstr. 16, D-
7400 Tübingen, Tel. (07071) 21352
(Rothenburg o.d.T. 18.6.42). Lyrik,
Liedertexte, Geschichten. **Ue:** E, F, L.
V: Findelkinder, G. u. Prosa, Aphor.
81.
MA: Text + Kritik H. 74/75.
R: Tübinger Denkweisen, Fsf. 77;
Geistwerk, Mundwerk, Fingerwerk, Fsf.
80.
S: Privatlieder 74; Lieder f. Andere 76;
Joh. Chr. Günther, Lieder, 1. T. 77, 2. T.
79; Das Einhorn 78; Feuer, Wasser, Luft
u. Erde 81; Wie das Leben schmeckt 82,
alles Schallpl.

Stähr, Petra, Sekretärin, z.Zt.
Hausfrau; Huwelslay, D-5521 Peffingen,
Tel. (06523) 397 (Arnstadt/Thür. 12.8.45).
Kinder- u. Jugendbuch.
V: Susu Suschen, Kdb. 80; Ein
Mädchen, ein Hund u. viele Freunde,
Kdb. 81; Verrückt aber ..., Jgdb. 83.

Staemmler, Klaus, Dr. phil., Verlags-
buchhändler; VS (VdÜ); Übersetzerpr. d.
Autoren-Vereinigung ZAIKS, Warszawa
70; Rangenbergstr. 23, D-6000
Frankfurt a.M. 60, Tel. (06194) 33537
(Bromberg 4.7.21). **Ue:** P.
V: Polen aus erster Hand 75;
Polnische Literatur in dt. Übersetzung
75, 77.
H: Moderne Erzähler der Welt -
Polen.
Ue: Iwaszkiewicz: Kongreß in Florenz
58, Ruhm und Ehre 60, Die Liebenden
von Marona 62, Drei Mühlen 65,
Mephisto-Walzer 66, Die Rückkehr der
Proserpina 67, Zwei Kirchen 70, Mutter
Joanna von den Engeln 70, Drei
Erzählungen 81; St. Przybyszewski:
Erinnerungen an das literar. Berlin 65;
Z. Krasiński: Hundert Briefe an Delfina
67; A Kowalska: Große Ferien 67; M.
Nowakowski: Kopf u. and. Erzähl. 67; Z.
Greń: Das ungeschriebene Buch 68; St.
Dygat: Ich kann Jowitas Augen nicht
vergessen 68; Frühling, Sommer, Herbst
und Winter, Poln. Humoresken 69; K.
Filipowicz: Männer sind wie Kinder 69;
H. Bardijewski: Drei Strich Vier 69; J.
Krasiński: Filip mit der Wahrheit in den
Augen 69, Der Karren 70, Die Kappe
oder Tod auf Raten 70; Z. Herbert: Ein
Barbar in einem Garten II 70; J.
Putrament: Die Stiefkinder 70, Der
Keiler 71; P. Wojciechowski: Steinerne
Bienen 70, Der Schädel im Schädel 73;
K. Brandys: Der Marktplatz 71; St.
Grabiński: Das Abstellgleis 71, Dunst 74;
M. Brandys: Maria Walewska -
Napoleons große Liebe 71; J. Wittlin:
Wie man sich durchs Leben schlängelt
71, Lesen ist Silber, Schreiben ist Gold
76; A. Golubiew: Begegnung auf der
Heiligkreuzstraße 71; Ballade vom
schönen Tag, Liebesgesch. 72; St. Lem:
Die vollkommene Leere, Der Schnupfen
77; Moderne Erzähler der Welt — Polen
75; N. Szczepańska: Die Söhne der
Dakota 78, Im Auftrag des Dakota 78; W.
Maciag: Die poln. Gegenwartsliteratur
79; J. J. Szczepański: Vor dem unbe-
kannten Tribunal 79, Ikarus 80, Die
Insel 80; A. Kuśniewicz: König beider
Sizilien 81; Phantasma — Poln.
Geschichten 82; R. Bratny: Die Hunde

83, ferner Erz., Hörsp., Ess. usw. in Zss.,
Rundfunksend., Ztg., Anth. usw. sowie
Rezensionen in Presse u. Funk. —
MUe: Z. Herbert: Im Vaterland der
Mythen 73; St. Lem: Die Maske 77, die
Ratte im Labyrinth 82.

Stängle, Stefan (Ps. Stephan Zürau),
Krankenpfleger; Interessenvertr.
Baden-Württ. Autoren; Riedstr. 19, D-
7441 Wolfschlugen, Tel. (07022) 53280
(Pforzheim 21.12.54). Roman, Novelle,
Lyrik, Essay.
　V: Die Reise des Herrn Rhinozeros,
Erz. 80; Portus Stadt ohne Gesicht,
Prosa 80.

von Stärk, Barbara, s. Kühl, Barbara.

Stäuble, Eduard, Dr. phil., Prof.,
Abt.leiter Kultur u. Ges. b. Schweizer
Fs., Zürich; Im Stapfacker 24, CH-8305
Dietlikon, Tel. (01) 8332772 (St. Gallen
12.2.24). Drama, Novelle, Hörspiel, Essay.
　V: Das Gericht, N. 49, Sch. 53; Der
Narr seiner Puppen, N. 51; Oui, oui - Ja,
ja, Sp. 51; Der Kaiser und der Abt, Sp. n.
d. Ballade v. Gottfried August Bürger 51;
Die Flcuht, Nn. 52; Erfüllter Jahresraum
52, 53; Der Maientanz, Sp. 53; Die
Bürger von Schilda, Kom. 53; St. Gallen
von A bis Z 54; Max Frisch. Ein
Schweizer Dichter der Gegenwart 57,
erw. Aufl. 74; O komm, Gewalt der Stille
62; Max Frisch. Gedankliche Grundzüge
in seinen Werken 67, 70; Das Bö-Buch
75; Fernsehen — Fluch u. Segen 79.
　R: Der liebe Augustin, Hsp. nach
Horst Wolfram Geißler 49, u.a.

Stahl, Achim, s. Hahn, Rolf.

Stahl, Edith; Mühlfeldstr. 2, D-8132
Tutzing.
　V: Natur und Leben, G. 81. ( )

Stahl, Hermann, akad. Maler; VS 46,
P.E.N.; Immermann-Literaturpreis d.
Stadt Düsseldorf, Hörspielpr. München
51, Preis f. Epik München 69, Tukan-Pr.
München 81, Bdesverd.kr. 82; Dt. Akad.
f. Spr. u. Dicht. 49; Postf. 69, D-8918
Dießen am Ammersee, Tel. (08807) 354
(Dillenburg 14.4.08). Lyrik, Roman,
Erzählung, Lit.-Krit.
　V: Traum der Erde, R. 36; Vor der
angelehnten Tür, Erz. 37; Die Wurzel
unter dem Gras, Erz. 38; Die Orgel der
Wälder, R. 39; Der Läufer, N. 39; Über-
fahrt, G. 40; Die Heimkehr des
Odysseus, Erz. 40; Gras und Mohn, G. 41;
Licht im Brunnengrund, Nn. u. Erzn. 42;
Langsam steigt die Flut, R. 43; Die
Spiegeltüren, R. 51; Wohin du gehst, R.;
Wolkenspur, G.; Ewiges Echospiel -
Garten in Babylon, Erzn. u. Nn.; Wild-

taubenruf, R. 58; Jenseits der Jahre, R.
59; Tage der Schlehen, R. 60, 65; Genaue
Uhrzeit erbeten, Erzn. 61; Eine
Heimkehr u. Frühwind, Erzn. 61;
Strand, R. 63; Türen aus Wind 69;
Gedichte aus 40 Jahren 77; Pfauenrad,
R. 79.
　MA: zahlr. Anth., u.a. "Prosa 60, 62/63".
　R: Der Botengang; die Weisheit des
Peter Krafft; Gerechtigkeit auch in
Sybaris; Nausikaa und Odysseus; Zwei
Nächte und ein Leben; Wohin die Züge
fahren; Ein Denkmal wird entschleiert;
Der Freund des Mr. Lowden; Der
Doppelgänger; Die brüderlichen
Träume, Ocker; Der Gast aus Brasilien;
Mikadospiel; Kakteenwald, alles Hsp.;
Von zwölf bis zwölf, Hsp., auch Fsp.
　Lit: Hermann Pongs: Im Umbruch der
Zeit 62; J. P. Schäfer: Symbolische
Landschaft im Werk von Hermann
Stahl, Diss. Bonn 59, u.a.

Staiger, Emil, Dr.phil., Dr.h.c.,
o.UProf.; Lit.-Pr. d. Stadt Zürich 66, Pour
le mérite 67, Österr. Ehrenzeichen
Litteris et Artibus, Dr.h.c. U.Karlsruhe
83; Dt. Akad f. Sprache u. Dicht.,
Goethe-Akad. São Paulo, Vetenshaps-
Soc. Lund, Hon. Member Mod. Lang.
Assoc. of Amer., Finnische Akad.,
British Acad., Österr. Akad. d. Wiss.;
Seegartenstr. 32, CH-8810 Horgen, Tel.
(01) 7257313 (Kreuzlingen/Schw. 8.2.08).
Dt. Literaturgeschichte. **Ue:** G.
　V: Annette von Droste-Hülshoff 33;
Der Geist der Liebe und das Schicksal.
Schelling, Hegel, Hölderlin 35; Die Zeit
als Einbildungskraft des Dichters 39, 53;
Meisterwerke deutscher Sprache 43, 57,
Tb. 73; Grundbegriffe der Poetik 46, 56,
Tb. 75; Die Kunst der Interpretation 55,
74; Stilwandel 63; Geist und Zeitgeist 64;
Friedrich Schiller 67; Spätzeit. Studien
z. dt. Lit. 73; Gipfel d. Zeit: Sophocles,
Horaz, Shakespeare, Manzoni 79. —
　MV: Zum Problem der Poetik, in:
Trivium 6; Die Kunst der Interpretation,
in: Neophilologus 51, u. weit. zahlr. Aufs.
in Zss.
　H: Goethe: Werke I — IV; Zürcher
Beitr. z. dt. Lit.- u. Geistesgesch. —
　MH: Trivium 43 — 51.
　Ue: Griechische Lyrik 61; Sophokles:
Tragödien; Theokrit 70; Poliziano: Der
Triumph Cupidos 74; Torquato Tasso:
Werke u. Briefe 78; Vergil: Aeneis 81. —
　MUe: Kallimachos: Dichtungen, m.
Ernst Howald 55.
　s. a. Kürschners GK.

Stalder, Heinz, Lehrer; Gruppe Olten
75; Kl. Kunstpr. d. Stadt Luzern 75,

Dramenpr. d. zehn Schweizer Städte 78,
Welti-Pr. f. Dr. 79; Luzerner Str. 26, CH-
6010 Kriens, Tel. (041) 452991
(Allenlüften 1.7.39). Drama, Lyrik, Hör-
spiel, Übers. **Ue:** Fin.
V: ching hei si gnue, berndt. G. 69;
angu, berndt. Kurztexte 70; 96
Liebesgedichte u. 20 Pullover, G. 74; Ein
Pestalozzi, Dr. 79; Wi Unghüür us
Amerika, Dr. 80; Lerchenfeld, Dr. 81;
Das schweigende Gewicht, Erz. 81;
Chatz u Muus, Dr. 82.
R: Die Elchjagd 74; Heinz Stalders
Finnland 76.
S: ching hei si gnue 70.
Ue: Joonas Kokkonen: Die letzten
Versuchungen, fin. Oper nach e. Libr. v.
Lauri Kokkonen.

Stallinger, Anna,
Postamtsoberverwalterin i.R.;
Turmbund seit 74; Stanz 87, A-6500
Landeck, Tel. (05442) 31385 (Stanz
16.7.08). Lyrik.
V: Am Bergbrunnen, G. 79; Wie du es
sahst..., G. 79; Blaue Aster, G. 80;
Eberesche, G. 82.

Stalmann, Mine *

Stalmann, Reinhart (Ps. Stalmann-
Olivier), Dr. phil., Psychotherapeut;
Nikolaiplatz 1A, D-8000 München 40,
Tel. (089) 333328 (Schanghai 5.6.17).
Roman, Jugendbuch.
V: Staub, R. 51, 76; Die Kavaliere von
Kanada, R. 53; Die Ausbrecherkönige,
Bericht 56; Jedem das Seine, R. 58; Arzt
müßte man sein, Kurzgesch. 60; Alte
Kämpfer, R. 65; Geliebte Genossin, R.
68; Gille ist immer dabei, Jgdb. 65; Gille
und der Gammler, Jgdb. 67; Partner in
Liebe und Ehe, Kurzgesch. 70; Die
barmherzigen Schwestern, R. 72; Mein
geheimnisvoller Freund, Jgdb. 75; Die
Legionäre, R. 77; Geheimnis Psycho-
somatik, Sachb. 79.
H: Kindlers Hdb. Psycholgie 82.

Stalmann-Olivier, s. Stalmann,
Reinhart.

Stamm, Alfred, Dr. iur., Rechtsanwalt;
Heiligbergstr. 16, CH-8400 Winterthur,
Tel. (052) 225833 (Winterthur 5.9.07).
Erzählung, Essay.
V: Thalia unter Kastanien. Gesch. d.
Sommertheaters Winterthur 65; Begeg-
nungen im Spritzenhaus, Gesch. 66, 71;
Helm auf, Äskulap. Erlebnisse im
Militärspital 67; Casino-Geschichten 68;
Jambo Habari-Tagebuch einer Ost-
afrika-Reise 72; Im Zwiespalt des
Herkommens 74; Und weiche keinen

Finger breit. Eine Schelmengesch. 77;
Kleine Symphonie in Feldgrau 79.

Stammel, Heinz-Josef (Ps.
Christopher S. Hagen, T.C. Lockhart),
Doz., Journalist, Historiker, Sachver-
ständiger f. Polizei- u. Selbstver-
teidigungswaffen; Friedrich-
Gerstäcker-Preis 70; Oberer Sulzberg
15, D-7297 Alpirsbach, Tel. (07444) 2764
(Köln 1.1.26). Roman, Novelle, Essay,
Sachbuch, Fachbuch, Fernsehen, Film,
Hörspiel. **Ue:** E.
V: Feuerroß im wilden Westen 66;
Faustrecht u. Sternenbanner 67; Mr.
Colt, eine Waffe erobert Amerika 68;
Geheimauftrag, R. 69, 75; Feuerrauch
und Pulverdampf, R. 69, 75; Rebellion
der Rebellen, R. 70, 75; Hölle auf Rädern 71, 75; Das
waren noch Männer 71, 75; Kopfgeld
20000 Dollar 72, 76; Der Mustangjäger
72, 76; Stern des Gesetzes 72, 74; Der
Cowboy, Lex. von A-Z, 72, 76; Glücksritter im Goldrausch 72; Bis ans Ende
des Regenbogens 72; Aufstand der Cowboys 72; Der Whiskeymord 72; Todeskommando 73, 76; Whiskey für Canon
City 73, 76; Der Westen war ihr
Schicksal 73; Heiße Meilen 74, 76; Mit
gebremster Gewalt 74, 76; Der
Millionenritt 74, 76; Stunde des Cowboys
74, 76; Geschichten aus dem Wilden
Westen 75; Feuerwaffen der Pioniere 75,
76; Sheriffs, Outlaws und Banditen 75,
76; Der Goldrausch 76; Die Indianer-
kriege 76; Solange Gras wächst und
Wasser fließt 76; Indianer, Lex. von A-Z
76; Schützen Sie sich selbst 77;
Schützen Sie ihr Eigentum 77; Die
Texas-Rangers 77; Die Sioux, Amerika
u. seine Indianerpolitik 78; Der wilde
Westen im Bild 78; Off Road durch die
USA 82; Indianische Naturheilkunde 83;
Indianische Heilpflanzen 83. —
MV: Valley of Salt, Memories of Wine
67; Hdb. Unternehmensführung 79 II.

Stanienda, Günter, Redakteur;
Köbener Str. 27, D-4010 Hilden, Tel.
(02103) 40760 (Berlin 9.11.31).
Theaterstücke, Novelle, Roman.
V: Schalekoff, Bü. 80; Freiski und
Mitt, Bü. 80.

Stankovski, Ernst Rudolf,
Schauspieler; Wolfgang-Altendorf-Preis
74, Deutscher Kleinkunstpreis 75; Lange
Gasse 76, A-1080 Wien (Wien 16.6.28).
Literarisches Kabarett.
V: Wir haben es uns so gemütlich
gemacht, Texte eines Schauspielers 76.
H: Stankovski-Quiz 75; Literarisch-
Musikalisches Kompendium 75.

R: Viele singen von der Liebe 74; Geh zu den Gauklern 77; Singe oh Muse den Zorn 80, 82; Ich muß wieder in München sein 80, alles lit. Kabarett.

S: Es ist alles net so wichtig, (Sprechplatte) 72; Wie wirst du aussehen wenn du tot bist, Chansons 74.

Ue: François Villon: Das große Testament, m. Verton. v. 14 Ball. 81.

Stankowski, Horst, c/o Herder-Verl., Freiburg i. Br..
V: Beamtenleichen reisen billiger. Glanzstücke ital. Humors 82. ( )

Stanley, J. F., s. Fürstauer, Johanna.

Stapelfeldt, Holger, c/o Verlag Mersch, Freiburg i. Br..
V: Zwei Leben, G. 82. ( )

Starck, Inge, Studienrätin a.D.; Kerpener Str. 27, D-5000 Köln 41, Tel. (0221) 415821 (Köln 10.1.47). Chronik, Essay, Zitaten- u. Aphorismen-Bücher.
MV: Mit dem Apfel fing es an... E. Chronik z. 1. Buche Mose 78; Sokrates für Manager, Zitate 78, 2. u. 3. Aufl. 79; Je höher der Gipfel, dest dünner die Luft. Aphorismen für d. Chefetage 1. u. 2. Aufl. 79; Salomo für Manager, Zitate 80; Von einem der auszog, den Gipfel zu stürmen, Aphor. f. d. Chefetage 81; Laotse für Manager, Zitate 82, alle m. Siegfried Starck.
MA: mehrere Ess. in Zss., zahlr. Aphorismen in Ztg., alles m. S. Starck.

Starck, Siegfried, Bankdirektor; Kerpener Str. 27, D-5000 Köln 41, Tel. (0221) 415821 (Stettin/Pommern 6.7.36). Chronik, Zitaten- u. Aphorismen-Bücher, Essay.
MV: Mit dem Apfel fing es an, E. Chronik z. 1. Buch Mose 78; Sokrates f. Manager, Zitate 78, 2. u. 3. Aufl. 79; Je höher d. Gipfel, desto dünner d. Luft. Aphorismen f. d. Chefetage 1. u. 2. Aufl. 79; Salomo f. Manager, Zitate 80; Von einem der auszog, den Gipfel zu stürmen, Aphor. f. d. Chefetage 81; Laotse für Manger, Zitate 82, alle m. Inge Starck.
MA: mehrere Ess. in Zss., zahlr. Aphorismen in Ztg., alles m. I. Starck.

Starcke, Michael, Apothekerassistent; Hunscheidtstr. 98, D-4630 Bochum 1, Tel. (0234) 332077 (Erfurt 19.12.49). Lyrik.
V: Verspielt 79.
MA: Nicht mit den Wölfen heulen 79; Sie schreiben in Bochum 80; Der Frieden ist eine zarte Blume 81; Gauke's Jahrbuch '82 81, '83 82; Blumen haben Zeit zum Blühen 82.

von Starhemberg, Heinrich; Schloß Eferding, A-4070 Eferding.
V: Diegito, der Junge am Strand 74; Der dritte Tod, Laisp.; Der spanische Mantel, Bü. ( )

Stark, Bruno, Wirtschaftsprüfer, Steuerberater; Postfach 18 27, D-7400 Tübingen, Tel. (07071) 23115 (Elberfeld 31.8.03). Roman.
V: Das Los ist mir gefallen aufs Liebliche, R. 55.

Stark-Towlson, Helen; Baumgartenweg 6, CH-3063 Ittigen/Bern, Tel. (031) 583703 (Langenthal 12.11.32). Jugendbuch. **Ue:** E, F.
V: Spiel nach innen, Theater-Tageb. 71; Tochter aus gutem Hause 75; Der Dompfaff 77; Der Geschichtengurgler 82; Ich — der Discjockey 83.
MA: Helveticus 78-81; Weihnachten ist nahe 81.
Ue: Federica de Cesco: Opération chevaux u.d.T.: Das Jahr mit Kenja 62; Jean Ollivier: Les mystères de Texel u.d.T.: ... hallo Paris - hier Texel! 63.

Staub, Herta F. *

Staub, Margrit, s. Utiger-Staub, Margrit.

Staud-Weth, Auguste; Rennweg 34, A-6020 Innsbruck (Landeck/Tirol 13.2.03). Essay.
V: Freude bringen mit kleinen Dingen 34; Junges Herz erwacht. Gesch. e. ersten Liebe 56, 59.
H: Ein Tor tut sich auf 36; Das Leben weitet sich 48; Offen sei Dein Herz zur Welt 54; Ein neuer Tag bricht an 56, alles Lebensb. f. Mädchen; Liebe hat tausend Gesichter, Mädchenb. 57. —
MH: Wir feiern ein Fest 59.

Staudacher, Walther (Ps. Alexander Berda), Prof.; ÖSV 47; Zedlitzgasse 5/3, A-1010 Wien, Tel. (0222) 522750 (Stettin 8.6.11). Roman, Essay, Lyrik, Film. **Ue:** N, Schw, D.
V: Einsamer Weg, R. 36; Das Schrullengärtlein, Ess. 60; Die berühmtesten Städte der Welt: Wien 63; Blick auf Steyr, Ess. 64. — **MV:** u. **B:** Das Hochzeitsbuch 69.
R: Friederike Brion.
Ue: Eva Seeberg: Nie mehr allein 57; Folke Nystrand: Der rasende Roland 59; Brita Tornell: Das Mädchen mit dem weißen Kragen, Jgd.-R. 60; Victor Borg: Vom Leben verworfen, R. 61; Per Wästberg: Auf der schwarzen Liste, Reiseschild. 63, Verbotenes Gebiet 64.

Staudacher, Wilhelm, ObAmtsrat; Kogge 69, P.E.N. 74; Lit. Förd.-Pr. d.

Stadt Nürnberg 68, 1. Preis Mundart-lyrikwettbew. Südfunk 74; RSG 63, IDI 76; Pürckhauer Str. 9, D-8803 Rothenburg o.d.T., Tel. (09861) 4643 (Rothenburg 16.3.28). Märchen, Lyrik, Erzählung, Mundartdichtung.

V: Märchen 51; Bänkelsang der Zigeuner, G. 60; Des is aa deitsch, Mundart-G. 61, 73; Im Metall der blanken Worte, G. 63; Liebe Menschen, Verse u. Prosa 65; Eckstaa und Pfennbutze, Mda.-G. 66, 73; Über Nei-Bejter-e-Schroll, Mda.-G. 70, 71.

MA: Heimweh nach dem Nächsten, Lyrik-Anth. 61; Am Mundartquell der deutschen Sprache 62; Anthologie 1 63; Licht vor dem Dunkel der Angst 63; Die Kranichspur 63; Liebe, mensch-gewordenes Licht 64; Spuren der Zeit 64; Scherenschnitte 65; Ein Stern steigt auf aus der Nacht, hrsg. v. W. M. Dienel 66; Freundesgabe für Max Tau, hrsg. v. Bernhard Doerdelmann 67; Anthologie 2 69; Texte aus Franken 70; Fränkische Städte 70; Fränkische Klassiker 71; Ohne Denkmalschutz 71; Kleine Städte am Main 75; Warum im Dialekt 76; Quer 75 u.a.

R: Lösung Altenheim, Hsp. 72; Nagel-Leni, Hsp. 73; Marie S., Hsp. 73; Rohrbacher, Hsp. 73; Dorftheater, Hsp. 73; Betty, Hsp. 74; In Erwartung des Jüngsten, Hsp. 75; Luft, Hsp. 79; Armer Hund Adam, Hsp. 80; Von Mensch zu Mensch, Hsp. 81; Waldidylle, Hsp. 81; Klassentreffen, Hsp. 81; Der Peigeigei, Hsp. 82; Australien, Hsp. 82.

S: Mundartgedichte aus: Eckstaa und Pfennbutze 66; Über Nei-Bejter-e-Schroll 70, 71.

Lit: Cornelius Steiter: Zur Mundart-lyrik des Franken Wilhelm Staudacher (Klaus-Groth-Jb.) 70; Steffen Radlmeier: Beschaulichkeit u. Engagement 81.

Staude, Bernhard, Rektor a.D.; Jean-Paul-Med. in Gold; F.S.V. 64, Jean-Paul-Ges. 53; Neuenbergstr. 40, D-8550 Forchheim (Hof/Saale 11.12.97). Gedicht, Erzählung, Drama.

V: Kleine Welt - große Welt 62; Ich sah dich wohl 70; Festschrift zum 80jährigen Jubiläum der St.-Johannis-Kirche in Forchheim 76; Der Steiger-waldspöpel 80; Den Müttern 80. —
MV: Dichtungen deutscher Lehrer der Gegenwart 65; Erzählungen deutscher Lehrer der Gegenwart 67; Lehrer-autoren 69.

MA: Zahlr. Anth., u.a.

Stauffer, Heinz, Pfarrer; Be.S.V. 79, SSV 80; Bifangweg 3, CH-3270 Aarberg,

Tel. (032) 821155 (Wattenwil b. Thun 25.8.42). Mundartlyrik, Mundartprosa.
V: 's geit mi ja nüt a ..., Mda.-G. 78, 2. Aufl. 81; Die da obe, berndt. Geschn. 79; Zwätschgibele, Mda.-G. u. -geschn. 81; We si nid gschtorbe si, de schtärbe si no ..., M. f. Erw. 82.

Stauffer-Bellardi, Andreas *

Stauffer-Würzbach, Robert (Ps. Otto Raschle); Hsp.pr. Šlabbesz 76; Schriftstellertreffen a. Burg Karlstein 65; Asbergplatz 13/II, D-5000 Köln 41, Tel. (0221) 464847 (Bern 23.6.36). Drama, Lyrik, Roman, Novelle, Hörspiel, Essay, Feuilleton, Literaturkritik, Theater-kritik. Ue: U.

V: Lügensänger, Bü. 70. — **MV:** Lit. Kollektiv: 10 Texte 69.

MA: Materialien zur Interpretation v. H. Bölls "Fürsorgliche Belagerung" 81.

H: Wien um 1900 - Literarische und graphische Kostbarkeiten, Anth. 64. —
MH: Aufruf zur Wende - Eine Antholo-gie neuer Dichtung, Ernst Schönwiese zum 60. Geb. 65.

R: Amphitryon (n. Kleist) 61; Tristan (n. Th. Mann) 61; Das königliche Spiel (n. Bergengruen) 64; Der Tunnel (n. Dürrenmatt) 65; Das Florettband (n. Bergengruen) 65; Versuchung in Budapest (n. Körmendi) 65; Brilium 65; Lügensänger, Hsp. 66, Fsp. 69; Die Leichenschmäusler 67; Es könnte ja noch schlechter sein 75, alles H- u. Fsp; Boxerrunden 77; Ein Herr reist 1. Klasse 78; Caterpillar 79, alles Hsp.; A rose is a rose is a rose is a rose — Gertrude Stein, Feature 79; Vilma Mönckeberg, Fs.porträt 80; Jesus im Steinbruch, Feature 81 (Mitverf.); Gläubige, Kritiker, Agnostiker u. Atheisten, 14 Interviews 82.

Ue: Magda Szabó: Friedensschluß, Hsp. 66. — **MUe:** Sándor Weöres: Der von Ungern, G. 69; Neue ungarische Lyrik 71; Neue siebenbürg. Lyrik 74; Sándor Csoóri: Prophezeiung für deine Zeit, G. 82.

Stave, John (Ps. Thomas Zabel, Hans Fassdaube), Journalist, Schriftsteller; SV-DDR 74; Franz-Mehring-Ehrennadel d. Verbandes d. Journalisten 72, Goldene Feder d. Verb. d. Journalisten 79; Gubener Str. 22, DDR-1034 Berlin, Tel. 5893310 (Berlin 7.2.29).

V: Wo liegt der tote Mann? 68, 69; Der Kellner im Nachthemd 71, 72; Der barfüßige Steptänzer 75, 77; Attentat auf Heilbutt 77, alles Geschn.; Bärchens Bummelbus, Kinderb. 79; Wie ich ein Bullenkalb zur Welt brachte, Repn. 79;

Buletten f. Hektor, Geschn. 80;
Geschichten, Sammelbd. 79; Der zer-
rissene Regenwurm, Kdb. 82; Jetzt
kommt Onkel Ferdinand, Geschn. 82;
Quietschvergnügt durch alle Kurven,
Kdb. 82.
H: Mensch benimm dir!, Texte u.
Zeichn. 60; Kennen Sie den?, Vortragsb.
62; Die Abseitsfalle, Texte u. Zeichn. 63.

Stawowy, Elke (Ps. Elke Müller-Mees),
Dr., ObStudR.; Preis f. Kinderlit. b. NRW
Autorentreffen 81; Föhrenkamp 31 a, D-
4330 Mülheim/Ruhr, Tel. (0208) 489331
(Berlin 24.1.42). Roman.
V: Rätsel um Philipp, Kinderroman
79; Die schottische Distel, Kinderroman
80.

Stebler, Jakob, Postbeamter i.R.; SSV
45; verschiedene 1. u. 2. Preise b.
Mundarttheaterwettbewerben; Bantiger
Str. 49, CH-3006 Bern (Zürich-Altstetten
16.12.98). Drama, Lyrik, Roman, Glosse,
Hörspiel.
V: Rd. 80 Sch. 30 — 56; Unverblümtes
und Verblümtes, G. 45; Gereimte
Glossen 48; Niemandsland, R. 56; Stil-
blüten Glossen 70; Göpfi. Aufsätze eines
Lausbuben, Glosse 70; Bunz; Stachel-
draht; Der 3. Haftbefehl; Schiffbruch;
Betragen mittelmäßig; Das andere
Gesetz 70; Znacht am zwei 70, alles Sch.;
Aus dem Tagebuch eines Lausbuben,
Glosse 72; Die starken Männer, Sch. 72;
Bauplatz mit himmlischem Segen, Sch.
72; Die verflixten Promille, Sch. 72;
Göpfis Tagebuch 72; Das öffentliche
Aergernis, Sat. 74; Göpfis
Philosophistereien 75; Ein Teufel malt
den andern an die Wand, Aphor. 75;
Göpfis Viehlologie 76; Erfolg garantiert,
Satn. 80.
R: Mutterland; Das andere Gesetz;
Betragen mittelmäßig; Marsch auf Bern;
Bunz; Ryf werde; Muratori; Schiffbruch;
Der dritte Haftbefehl; Stacheldraht; Du
sollst nicht töten, u.a. Hsp. ( )

Stebler-Schaub, Martha; Ba.S.V. 68;
Roggenburgstr. 15, CH-4055 Basel, Tel.
(061) 434110 (Maisprach 5.12.14).
Erzählung, Hörspiel, Märchen, Roman.
V: Goldenes Märchenland 68; Kater
Kit 70; Der weiße Rabe, R. 73.
R: Chumm mit in d' Räbe, Hsp.; E'
Dröscherobe im Burehuus, Hsp.

Stebner, Gerhard (Ps. Dr. Baiolus), Dr.
phil., wiss. Bibliothekar; VS seit 71;
Intern. Soc. of Contemporary Lit. and
Theater (ISCLT) seit 75; Richard-
Wagner-Str. 87, D-6602 Saarbrücken,

Tel. (06897) 73929 (Neustettin 26.1.28).
Prosa, Lyrik, Drama, Hörspiel.
V: Aneinander vorbei, Prosa u.
konkrete Poesie 78.
MA: Alf Leegard: Die heilsame
Dreck-Apotheke 68; Zwoelf, experim.
Texte 81.
MH: (Red.): Schreib auf, was dich
freut — schreib auf, was dich quält,
Prosa, Lyr. 79; Saarbrücker Lit.werk-
statt 1-3 79-81.
R: Martin Guerre oder Der
Doppelgänger, Hsp. 70; Wer kennt
Martin Guerre? Hsp. 74.
Ue: Niki Ladaki-Philippou:
Gemetzelter Frühling 84.
Lit: Christine Weiss: Die Einheit von
Sprache, Denken u. Handeln (Die Horen
24) 79.

Stecher, Dagmar (Ps. Dagmar von
Berg); Seeblickstr. 46, D-8036
Herrsching 2, Tel. (08152) 2727 (Elspe
9.12.55).
V: Chinesische Weisheiten, Aphor. 78,
6. Aufl. 82; So lerne ich reiten, Ratg. 78;
Reiterbrevier, Anth. m. G., Anekdn.,
Erzn. Aphor. 79. ( )

Stecher, Luis Stefan, Akad. Maler u.
Konservator; Südtiroler Künstlerbund
seit 65, P.E.N.-Club Liechtenstein seit 78,
Südtiroler Autorenverein. seit 81;
Förd.pr. Walther-v.-d.-Vogelweide Bozen
68; Piavestr. 29, I-39012 Meran, Tel.
(0473) 34453 (Laas/Südtirol 7.6.37). Lyrik.
V: Korrnliadr, G. in vintschger Mda.
78; Beinahnähe, G. 80.
MA: Neue Literatur aus Südtirol 70.
R: König Ortler u. Marmorkaiser, Fsf.
78; Am dritten Tage aber ..., Meditat.
anhand d. maler. Werkes d. Autors, Fsf.
79.

Stecher, Reinhold G. (Ps. René,
Masson), Dipl.-Kfm.; Seeblickstr. 46, D-
8036 Herrsching 2, Tel. (08152) 2727
(Ansbach/Mfr. 7.3.33). Kurzgeschichte,
humor. Gedicht.
V: Olala, Humorbd. m. G., Anekdn.,
Aphor. 62, 64; Vorzimmer-Geheimnisse,
G. 63; In allen Liebeslagen, Zitate 66;
weisheit - tropfenweise, Zitate 69; Er
kocht für sie. Das (Verführ-)Kochbuch f.
Männer, die glauben nicht kochen zu
können 74; Aphorismen d. Liebe 77; Die
Welt in der Anekdote 81; Musikeranekdoten
82; Das große Hausbuch der Feste u.
Feiern 83.

Steckel, Elfriede, s. Mihaly, Jo.

Steckel, Ronald; Hohenzollernstr. 4,
D-1000 Berlin 39, Tel. (030) 8033127
(Westerland 28.3.45).
V: Bewußtseinserweiternde Drogen.
Eine Aufforderung z. Diskussion 69;
Herz der Wirklichkeit, Bilder e.
Bewegung 73.
H: Armin T. Wegner, Odyssee der
Seele 76.
R: Die Akademie, Hsp. 79; Die
Sprache ist Delphi, Hsp. 81; Das Aller-
gewöhnlichste war mir immer das Aller-
zweifelhafteste, Hsp. 81; Das Ohrenlicht,
Hsp. 83.
Ue: Gary Snyder: Schildkröteninsel
80.

Steege, Christa, Organistin,
Gemeindehelferin; Schönhauserstr. 32,
DDR-1110 Berlin, Tel. 4831106 (Stargard
22.12.26).
V: Die Glastür, Erz. 62; Anna Eriken
65, 67; Die lästigen, Geschn. 67, 69;
Verregneter Urlaub, Erz. 69; Vierzigster
Geburtstag 72, 74; Ein Haus voller
Schicksale 73, 74; Zwei unter Anderen
79.
H: u. **MA:** Beitr. u. Hrsg. zahlr. Anth.
seit 62.

Steen geb. Rosenthal, Sita Anna
Christine, Musikerzieherin;
Bugenhagenstr. 3, D-3205 Bockenem 1,
Tel. (05067) 5515 (Hamburg-Bergedorf
24.2.19). Schüttelreime.
V: Mit dem Kopfe geschüttelt,
Schüttelreime 71; Lexikon f. Schüttel-
reimer 83.

Steenfatt, Margret, s. Wendt, Margret.

Steenken, Eduard (Ps. Georg
Summermatter, Paul Laurent),
Journalist; VSJ, c/o St. Arbogast Verlag,
Muttenz, Schweiz (Emden 29.11.10).
Erzählung, Lyrik, Novelle, Roman.
Ue: F.
V: Der Hasenkönig, Erz.; Nahe Erde,
G.; So geh' ich hin, G.; Weert, Erz.;
Kleine Bilderbogen der Kindheit; Der
kleine Krug, G.; Der Bittgang, Erz.;
Erinnerung an ein Jahr, G.; Kleiner
Bilderbogen aus Frankreich; Großer
Landregen, G.; Mantel aus Schafwolle,
Erz.; Mit Laub macht man Feuer, Erz.;
Voralpe, G.; Nüsse unterm Schnee, Erz.;
Kurven Sie den Feldweg zur Rechten
hinauf; Hobelspäne, Aphor.; Das Glück
ist anderswo, Erz.; Grüne Augen
genügen nicht, Erzn. 79.
MA: Peru; Ein Blumenjahr; Die
Quelle, nach Holzschnitten v. Martin
Thönen.

H: Hans Leb: Gedichte; G. Gold-
schmidt: Garten der Rose; Betty Wehrli-
Knobel: Gedichte; Heuschele: Die
Brücke, Erz.
Ue: Péguy-Brevier; E. Peisson:
Äquator-Passage; E. Burnod: Lausanne,
Das goldene Buch des Comptoir Suisse;
René Creux: Volkskunst in der Schweiz,
u.a.
Lit: F. Weber: E. H. Steenken in:
Dichter unserer Zeit. ( )

Stefan, Verena; Egabe d. Kt. Bern 77,
c/o Verlag Frauenoffensive, Kellerstr.
39, D-8000 München 80 (Bern 3.10.47).
V: Häutungen, autobiogr. Aufzeichn.
75; Mit Füßen und Flügeln, G. 80.
MUe: Adrienne Rich: Der Traum
einer gemeinsamen Sprache, m. G.
Meixner 82; Monique Wittig, Sande
Zeig: Lesbische Völker. E. Wörterb., m.
G. Meixner 83.

Steffen, Barbara, Bücherei Ang.; VS
81; Lit.pr. Der Arme Poet Fischerhude
79; Werner-Hellweg 441, D-4630
Bochum 7, Tel. (0234) 235769 (Dortmund
21.1.44). Lyrik, Prosa.
V: Meine Zeit, Lyrik 70; Ein lyrischer
Jahreslauf, G. 71; Der Tod ist rot, G. 74;
Wo ist dieses Land, G., Prosa 79; Die
entwöhnte Frau, Prosa 82.
MA: Sie schreiben in Bochum 80;
Literatur einer Region. Dortmunder
Autoren 81.

Steffen, Jochen (Ps. Kuddl Schnööf);
Ostlandstr. 14, D-2252 St. Peter-Ording
(Kiel 19.9.22).
V: Kuddl Schnööfs Achtersinnige
Gedankens und Meinungens v. die
sozeale Revolutschon u. annere wichtige
Sachens 72, 80; Krisenmanagement od.
Politik? 74; Strukturelle Revolution, v. d.
Wertlosigkeit d. Sachen 74, Tb. 76; Nu
kommst du! Kuddl Schnööfs noie
achtersinnige Gedankens u.
Meinungens 75; Da kannst du auf ab.
Kuddl Schnööfs noieste Achtersinnige
Gedankens un Meinungens 81. —
MV: Auf zum letzten Verhör. Erkenntn.
d. verantwortl. Hofnarren d. Revolution
Karl Radek, m. A. Wiemers 77.
B: Wo komm' bloß die lütten Gören
her?, nach P. Mayle 76. ( )

Steffen, Uwe, Dompropst; Domhof 35,
D-2418 Ratzeburg, Tel. (04541) 3406
(Westerland/Sylt 12.6.28).
V: Das Mysterium von Tod und Aufer-
stehung. Formen u. Wandl. d. Jona-
Motives, Monogr. 63; Kindergeschichten
für Erwachsene 65, 83; Alltagsge-
schichten für Nachdenkliche, Kurz-

gesch. 67, 80; Kunst im Zeichen des
Jona, Künstlermonogr. 68; Feuerprobe
des Glaubens. Die drei Männer im
Feuerofen, Monogr. 69; Errette auch
mich. Bibl. Meditat. 70; Zeugen Christi
in unserer Zeit, Rdfkanspr. 71; Christliches Leben im Wandel der Zeit, Kurz-
anspr. 71, 77; Jesus — heute, Rdfkanspr.
72, 75 (auch dän. 75); Und deinen
Nächsten wie dich selbst. Variationen
über das Thema Selbstlosigkeit und
Selbstliebe 73, 77; Jona - Sinnbild
gegenwärtiger Existenz, Anth. 75; Die
schwerste Kunst, Rdfkanspr. 75; Es geht
ums Ganze, Rdfkanspr. 76; Das gott-
selige Geheimnis, Weihnachtsbetracht.
76; Die Wiederkehr d. Lazarus, Ess. 77;
Ehe — ja od. nein, Briefe an junge
Menschen 77; Die Weihnachts-
geschichte d. Lukas 78; Macht euch die
Erde untertan! Zur gegenwärtigen Krise
d. Menschheit 80; Heinrich der Löwe u.
Ratzeburg 80; Der Ratzeburger Löwe 81;
Jona und der Fisch. Der Mythos von
Tod u. Wiedergeburt 82. — **MV:** Ich
glaube an den dreieinigen Gott. E.
Ausleg. d. apost. Glaubensbekenntn. 60.
H: Alles ist Euer. Wegweis. f. junge
Menschen 68, 71; Licht auf meinem
Wege. Tägliche Andachten 77, 78;
Meines Herzens Freude u. Trost. Tägl.
Andachten 81. — **MH:** Einer trage des
andern Last 77; Zur Hoffnung berufen
79; Fürchte dich nicht 80.
R: Im Zeichen des Jona, Fsp.

Steffenhagen, Joachim; Belziger Str.
62, D-1000 Berlin 62.
V: Kippen zwischen den Gleisen, G.
81. ( )

Steffens, Elfriede (Ps. Elfriede
Szpetecki), Lehrerin i.R.; Die
Künstlergilde 77, Gedok 76, Hamburger
Autorenverein. 79; Alsterdorfer Str. 77,
D-2000 Hamburg 60, Tel. (040) 516065
(Costebrau/NdLausitz 29.10.21).
V: Gedichte 74, 2. Aufl. 80; Gedichte
75; Und alles Sein wird Lauschen, G. n.
Barlach-Plastiken 79; Bau dir ein Haus
mit Wänden aus Lächeln 81.
S: Und alles Sein wird Lauschen; Bau
dir ein Haus mit Wänden aus Lächeln,
eine Tonkass. (hrsg. v. d. Norddt.
Blindenbibl.).

Steffens, Günter; VS 76; Kolbenzeil 18,
D-6900 Heidelberg (Köln 10.8.22).
Roman, Essay, Hörspiel.
V: Der Platz, R. 65; Die Annäherung
an das Glück, R. 76; Der Rest, R. 81.
R: Mach dein altes Testament, Hsp.
75.

Stegemann, Bernd, Student; Kreuzstr.
25/27, D-4800 Bielefeld 1, Tel. (0521)
63192 (Bielefeld 8.9.56). Lyrik.
V: Ganz leise sein beim Abschied, Lyr.
81, 2. Aufl. 82.
MA: An Dich Unbekannte. Männer
schreiben Liebesgedichte 82.

Stegentritt, Erwin, Dr.phil., Wiss.
Mitarbeiter; Beim Weisenstein 6, D-6602
Dudweiler, Tel. (06897) 761445
(Saarbrücken 17.6.46). Roman, Übers.
Ue: F.
V: Daten, e. heruntergekommener R.
71, 2. Aufl. 79; Theräss, Briefe in dt. Spr.
geschr. aus d. europ. Abendld 82.
Ue: Agnès Rouzier: Briefe an einen
toten Dichter 83.

Steger, Hans-Ulrich, Kunstmaler,
Karikaturist; Gerbe, CH-8933
Maschwanden, Tel. (01) 7670492 (Zürich
21.3.23). Kinderbuch.
V: Reise nach Tripiti, Kinderb. 66;
Wenn Kubaki kommt, Kinderb. 77.

Stegmann, Tilbert Dídac, Prof., Dr.,
Hochschullehrer; Premi Isidre Bonsoms
(Cervantes-Pr.) d. Stadt Barcelona 72;
Telemannstr. 20, D-6000
Frankfurt a.M. 1, Tel. (0611) 722067
(Barcelona 1.9.41). Kurzgeschichte,
Lyrik, Essay, Übersetzung. **Ue:** Kat, S, F,
E.
V: Cervantes' Musterroman "Persiles",
Ess. 71; Bibliografía del español en el
Perú 73; Bibliografia catalana dels
Països Alemanys 83.
H: Diguem no — Sagen wir nein!
Lieder aus Katalonien 79. — **MH: MUe:**
Salvador Dalí: Unabhängigkeitser-
klärung der Phantasie u. d. Recht jedes
Menschen auf seine Verrücktheit, ges.
Schriften 74; Katalanische Kunst d. 20.
Jh. — Katalan. Wochen Berlin 78;
Merian Barcelona — Costa Brava 79;
Antoni Tàpies: Kunst contra Ästhetik
83.
R: Katalanische Erzähler 79; Gedichte
aus den Katalanischen Ländern 79.
Ue: Pere Gimferrer: Antoni Tàpies
und der Geist Kataloniens 76.
s. a. Kürschners GK.

Stegmann-Steinwachs, Ginka (Gisela)
(Ps. Ginka Steinwachs), Dr. phil.,
Schriftstellerin; VS Berlin; Literatur-
preis d. St. Erlangen 76, Hsp.pr. Unter-
rabnitz 81; Telemannstr. 20, D-6000
Frankfurt a.M. 1, Tel. (0611) 722067
(Göttingen 31.10.42). Roman, Drama,
Essay, Novelle, Übersetzung. **Ue:** F, Kat.
V: Mythologie des Surrealismus oder
Die Rückverwandlung von Kultur in

Natur, Ess. 71, 83; marylinparis, R. 75, 79;
Tränende Herzen, Dr. 78; Berliner
Trichter + Bilderbogen, R. 79; Lunagal
bei den Terraücken, Dr. 80; George Sand
— Eine Frau in Bewegung, die Frau von
Stand, Dr. 80, 83.
MA: Ausgeträumt 78; Aufmerksam-
keit 79; Manuskripte — Eine Auswahl
80; Weiblich-Männlich 80; Aus Wörtern
eine Welt 81; Erlangen 1950-1980 82;
New York — Die Welt noch einmal 82;
Das kleine Mädchen, das ich war 82 u.a.
H: Benjamin Péret: Histoire naturelle
/ Naturgeschichte, m. e. Ess. 76; André
Breton / Paul Éluard: Die unbefleckte
Empfängnis (L'Immaculée Conception),
m. e. Ess. 74 u.a.
R: Das kleine Ohrensausen 78;
Schafskopfhörer 79; Lunagal bei den
Terraüken 80; Berliner Trichter 80;
George Sand 81, alles Hsp.; Tränende
Herzen, Fsp. 80.
Ue: Benjamin Péret: Histoire
naturelle / Naturgeschichte 76.
Lit: G. Steinwachs' Romangebäude, in
marylinparis 78; M. Reichart: Vom
Schmecken u. Riechen, Hören u. Sehen,
in: Die Zeit 49 78.

Stehle, Hanns Otto; VS 59; Fürst-
Wilhelm-Str. 11/13, D-7480 Sigmaringen,
Tel. (07571) 3480 (Sigmaringen 26.6.04).
Roman, Novelle, Kurzgeschichte, Hör-
spiel.
V: Gewitter über Venedig, R. 36; Das
Bildnis der Maria Corsi, R. 40; Marion
von Clermont, N. 40; Venezianische
Novelle 40; Nachtexpreß Rom -
Budapest, Krim.-R. 40, 49; Pause nach
dem 3. Akt, Krim.-R. 40; Bankhaus
Bradac & Foscari, Krim.-R. 44; Pension
Claudius, R. 44; Das Geheimnis von
Haldenheim, R. 47; Gäste bei Dr.
Larsson, R. 48; Schatten des Schicksals,
Nn. 49; Das gefährliche Spiel, R. 56; Der
seltsame Herr Parr, R. 58; Das Zauber-
tal, R. 59; Verhängnis einer Nacht,
Krim.-R. 63.
R: Der Schein trügt 56; Pause nach
dem 3. Akt 58; Das Zaubertal 60; Das
gefährliche Spiel 61, alles Hsp.

Steidle, Josef, Städt. OVerwaltungsrat;
Siedlerstr. 16, D-8043 Unterföhring, Tel.
(089) 9503618 (München 9.11.27). Lyrik.
V: I sag's wia's is, G. in bayr. Mda. 75;
So is as Lebn, G. in bayr. Mda. 79; Leut,
laßt's Euch Zeit, G. in bayr. Mda. 83.
MA: In dene Dag had da Jesus gsagd,
G. u. Prosa in bayr. Mda. 78; Für
d'Muadda, G. in bayr. Mda. 79; Kleine

Bettlektüre für Leut, de wo no Bayrisch
kena, G. u. Prosa in bayr. Mda. 81.
S: Gruß aus Unterföhring 80.

Steidle, Luitpold *

Steiger, Bruno; Hirschmattstr. 56, CH-
6003 Luzern.
V: Der Panamakanal und der
Panamakanal, Prosa 83. ( )

Steiger, Dominik, Schriftsteller,
Grafiker, Musiker; Dannebergplatz 11,
A-1030 Wien, Tel. (0222) 738102 (Wien
18.10.40).
V: Wende, G. 61; Zyklus ökonomischer
Literatur, Scheckverkehr als lite-
rarisches ready-made 65; Im Atemholen
sind zweierlei Gnaden, Montage 65; Die
verbesserte Große Sozialistische Ok-
toberrevolution, Pros. 67, 76; Wunder-
post für Co-Piloten, Erzn. 68; Hupen
Jolly fahrt Elektroauto, Erzn. 69;
Biometrische Texte, Schriften u.
Zeichenschriften 74; Idioeidetischer
Letterfrack, Abziehbilder u. e.
broschierte Beispielsammlung m.
Variationen zu den Abziehbildern 74;
Mein fortdeutsch-heimdeutscher Radau,
Tragelaph's I. Part 78; Senza tanto
Gedichte 79; Amateurprobleme zur
Lebensüberlegung — Interessentheorie
— Die Fliege auf dem Grabdeckel,
Buchtragelaf's 2.T. 80, Dominik Steiger,
Ausst.kat. Graz 82. — **MV:** Altdeutsch
atlantisch-pazifisches Vaudeville (u.
Undationen v. Peter Weibel), Prosa 73;
Jeden jeden Mittwoch, Zwoman m.
Günter Brus, Texte u. Bilder 77.
H: Vierundachtzig Österreichische
Erzähler, Anth. 70; Nervenkritik, Zs. 76.
F: Das Kind 66; Kunstreporter, Video-
kass. 82.
R: Denkposten; Denkposten 2, beides
Video-tapes 75; Ultramundane Melodie,
Hsp. 71.
S: Wiener Lieder u. Gemischte Weisen
78; 31 Lieder m. Musik in dt., engl.,
franz., freisprachl., neugr., wienerisch,
Audiokass. 80; Es singt und spielt Zupf-
geigenhansl's Großneffe Dominik
Steiger ganz eigene Lieder, Audiokass.
82.
Lit: Wolfgang Werth: Schnürsenkel
und Spaghetti in: Monat, H. 246 69;
Reinhard Urbach: Kritisches Lexikon,
Neues Forum, H. Januar 72; Peter
Weibel: Der freie Fluss der Laute u.
Zeichen in: Parnass, H.5 82.

Steiger, Otto, Schriftsteller; SSV 43;
Anerkennungs-Pr. d. Stadt Zürich 42, 3.
Pr. d. Büchergilde Gutenberg 42, 1. Pr. d.
Büchergilde Gutenberg 54, Pr. am

Dramenwettbewerb d. Stadt Zürich 61, Pr. am Dramenwettbewerb d. Ges. Schweiz. Dramatiker 63; Regensdorfer Str. 179, CH-8049 Zürich, Tel. (01) 563933 (Uetendorf b. Thun 4.8.09). Roman, Novelle, Hörspiel. **Ue:** F.

V: Sie tun als ob sie lebten, R. 42, 45; Und endet doch alles mit Frieden, R. 49; Porträt eines angesehenen Mannes, R. 52 (auch russ., holl.); Die Brüder Twerenbold, R. 54; Die Reise am Meer, R. 59 (auch russ., holl.); Die Belagerung von X, Kom. 60; Das Jahr mit 11 Monaten, R. 61 (auch russ.); Nochmals beginnen können, R. 62; Katz und Maus, Krim.-R. 63; Auf der Treppe, Sch. 63; Das Loch in der Schallmauer, Erzn. 65; Die Tote im See, Krim.-R. 68; Geschichten vom Tag, Kurzgeschn. 73; Einen Dieb fangen, Jgdb. 75; Keiner kommt bis Indien, Jgdb. 76 (auch franz.); Alles in Ordnung, Kurzgeschn. 78 (auch bulg.); Sackgasse, R. 78 (auch franz.); Erkauftes Schweigen, Jgdb. 79; Spurlos vorhanden, R. 80; Lornac ist überall, Jgdb. 80; Ein abgekartetes Spiel, R. 81.

R: Dr. Bernard und sein Gast, Hsp. 63; Das Haus auf der Insel, Fsp. 69; Prometheus aus der Seitengasse, Fsp. 70; Karriere, Hsp. 70; In leeren Räumen, Hsp. 71; Ich bin froh ist Thomas schuld, Hsp. 75; Bretagne, Dok.send. 75; Die Lösung aller Probleme, Hsp. 76; Puzzle, Hsp. 76; Geschichten, Hsp. 80.

Stein, Erwin Walter, Dr. phil., ObStudR.; St.S.B. 45, V.G.S. 80; Förderungspreis f. Lit. v. d. Steiermärk. Ldesregier. 61; Am Lindenhof 37, A-8043 Graz-Kroisbach, Tel. (0316) 357864 (Graz 18.3.08). Lyrik, Roman, Novelle.

V: Andacht am Wege, G. 49, 79; Am Strom des Daseins, G. 51; Freu dich des Lichts, G. 52; Dreimal die Glocken, N. 61; Im Paradies des Fortschrittes, G. 63; Schwarze Schatten, G. 64; Wege und Worte, G. 67; Das Halbeglas, G. 68; Humus, G. 72; Unheimliche Bilder, G. 72; Mondlieder u. Fragen in das All, G. 72; Blick nach innen, G. 73; Schuld u. Schöpfung, G. 78; Marillus, G. 79; Alter und Tod des Marillus, G. 80; Wurzel und Krone, G. 80; Frage ohne Antwort, G. 82; Episteln aus Deutschland, G. 82; Bilanzen, G. 83. — **MV:** Auf stillen Wegen Südtirols, Bildbd m. G. 81.

Stein geb. **Courths**, Frieda, s. Birkner, Friede.

Stein, Gregor, s. Grégoire, Pierre.

Stein, Günter, Werbetexter; Im Buchrain 5, D-7000 Stuttgart 1, Tel.

(0711) 242011 (Darmstadt 10.12.33). Stories, Satiren.

V: Das hat uns gerade noch gefehlt! 77; Enthüllungen aus d. Land d. Riesenwaschkraft 78, 3. Aufl. 80; Niemand nimmt mich ernst! 78; Aus dem Werbeleben e. Taugenichts 79; Und wie war das bei Ihnen? 80.

Stein, Heinz, Holzschneider; Förder. durch d. Kultusmin. NRW "Holzschnittagebuch"; Bergmannstr. 58, D-4650 Gelsenkirchen, Tel. (0209) 25112 (27.12.34). Lyrik, Aphorismus, Tagebuch.

V: Holzschnittagebuch, Tageb. 77; In unserer Zeit, Lyr. u. Aphor. 82.

von Stein, Herbert Ritter, ObStudR. i.R.; Am Hoppenhof 14, D-2407 Bad Schwartau, Tel. (0451) 25319 (Prag 16.8.03). Roman, Essay, Erlebnisbericht.

V: Fahrt ans Ende der Welt, R. 51, 2. Aufl. 82; Naturwissenschaft und Technik in der Kultur des Abendlandes, Ess. 58; Dichtung und Musik im Werk Richard Wagners, Ess. 62.

Stein, Horst, Schriftsteller; VS 79; 2. Pr. Nachwuchswettbew. f. Journalisten 65, Intern. Dialect-Inst. Wien 78; Schuhgasse 24, D-7033 Herrenberg, Tel. (07032) 6865 (Waiblingen 7.4.38). Lyrik, Novelle, Essay, Hörspiel, Aphorismen.

V: Edds good uffwärds, Schwäb. G. 79; S isch ällas en Ordnong 79; Wase edd Leida kaa 80; Was isch ao dees fir a Zeid 80, alles schwäb. G.; Di moge hald, Liebesg. 81; Hendr de Weidabisch, Lieder 81.

MA: Visitenkarten 65, 68, 69; Feierabend Anthologie I 66, II 67, III 68; Intern. Samml. zeitgenöss. Poesie 2 75; Siegburger Pegasus 82.

Stein, Solange, s. von Schill, Claudia Beate.

Stein, Traute, Lehrerin, Übersetzerin; SV-DDR 60; Nationalpr. m. Günther Stein 73; Forstring 32, DDR-1407 Lehnitz (Fürstenau 9.12.26). **Ue:** R, Ukr.

MH: Saltykow-Stschedrin. Ein Lesebuch für unsere Zeit, m. Erich Müller u. Günther Stein 53; Der Sündenfall des Sascha M.; Der Wespenbaum 80, beide m. Günther Stein.

MUe: A. Lebedenko: Von Angesicht zu Angesicht, R. 60; B. Shitkow: Sturmböen 61; N. Dementjew: In einem fernen Hafen 62; W. Koshewnikow: Darf ich vorstellen, Balujew, m. Hilde Angarowa u. Günther Stein 62; J. Tynjanow: Puschkin 63; A. Tschakowski: Licht eines fernen Sterns 63; J. Rjasanowa: Vagabund für fünf Tage 63; W.

Schischkow: Vagabunden 64; J.
Woiskunski - J. Lukudjanow: Das
Messer des Pandit 65; A. Alexin:
Freundschaft mit Rotfuchs 67; Maxim
Gorki: Matjew Koshemjakin 67; Michail
Prischwin: Das Fuchsbrot, Erzn. 69; A.
Fadejew: Novellen, Erzählungen,
Ausw.bd. 70; P. Sewerow: Der Zeitungs-
junge aus Madrid 71; Wolodymyr
Wladko: Der violette Tod 67; Sawa
Holowaniwsky: Die Pappel am anderen
Ufer 68; Juri Schwokopljas: Der Mensch
lebt zweimal 69; J. Sbanazki: Der
Hühnergott 70; Nodar Dumbadse: Ich
sehe die Sonne 68, 70; Sadriddin Aini:
Der Tod des Wucherers 66; N. Nossow:
Die Träumer 72; A. Woinow: Fünf Tage
72; A. Zwigun: Wir kehren zurück 72; A.
Arbusow: In diesem netten alten Haus
72; B. Rabkin: Unsterbliche Patrouille
72; J. Schtscherbak: Barrieren der
Unverträglichkeit 74; Der Sündenfall
des Sascha M. - Ukrain. Sat. u. Hum. 75;
P. Andrejew: Über meinen Freund 75; J.
Muchina: Ich war erst sechzehn 76; I.
Hryhurko: Der Kanal 76; R.
Dshaparidse: Nächte am Maruchski-Paß
77, alle m. Günther Stein. ( )

Stein-Dahlem, Elisabeth Gisela,
Akad. Musiker; In den Rennäckern 2, D-
6983 Kreuzwertheim (Aschaffenburg
12.10.04). Lyrik.
    V: Über Raum und Zeit 81; Der Liebe
— Dem Leben — Der Verständigung 83.

Steinbach, Gunter, Autor; Irsengund,
D-8999 Oberreute, Tel. (08387) 2537
(Immenstadt/Allg. 30.5.38). Kinder-,
Jugend- u. Sachbuch.
    V: Eins...zwei...drei...schon kannst du
zählen 74; Black Beauty, die Geschichte
eines schwarzen Hengstes, Jgdb. 75;
Black Beauty und das weiße Pony 76;
Wunderwelt der Tiere 76; Unsere Welt,
Jgdb. 77; Ungezähmt in Wald u. Flur 78;
Das Schöpfungskarussel 79; Die Pferde
79; Der Gemüsegarten 80; Der Blumen-
garten 80; Die Welt der Eulen 80; Der
biologische Obstgarten 80; Ziergehölze
81; Die Blumen unserer Heimat 81; Matt
und Jenny 81; Unser Bauernhof 81;
Rosen 82; Der Berg lebt 82; Tiere
zeichnen 82.
    H: Zahlreiche Sachbücher.
    Ue: Mike McClintock: Eine Fliege
saust vorbei 69; J. Oppenheim: Auf der
anderen Seite des Flusses 62.

Steinbach, Meerfried, s. Reuschel,
Reinhold.

Steinbach, Peter, Autor;
Kriegsblindenpr. 82, ORF-Hörspielpr.;

Kaedebyuej 57, DK-5932 Humble, Tel.
(09) 571721 (Leipzig 10.12.38). Drama,
Lyrik, Film, Hörspiel.
    V: Kusch u. Platz, Bü. 80. — **MV:** Nür-
Uls traurige Reise ins große Fabrikland,
m. Sylvia Ulrich, Bü. 80.
    F: Stunde Null 76; Deutschland im
Herbst 77.
    R: Freddy Türkenkönig 77; Kalte
Heimat 78; Made in Germany 80/81; Das
Dorf 82, alles Fsp.; 30 Hsp. u.a.: Immer
geradeaus u. geblasen; Margarethe;
Kenau; Hell genug u. trotzdem
stockfinster; Octopus.

Steinbart, Edwin *

Steinberg, Werner (Ps. Udo Grebnitz),
freiberufl. Schriftsteller; SV-DDR 57;
Preis f. Gegenwartslit. 57, Händel-Pr. 64,
Kunstpr. d. FDGB 66, 75; Heidebrücken-
weg 10, DDR-4500 Dessau (Neurode/
Schles. 18.4.13). Lyrik, Roman, Novelle.
    V: Tizian im Fegefeuer, N. 41;
Husarenstreich der Weltgeschichte, R.
41; Das Antlitz Daniels, R. 42; Herz
unter Tag, R. 42; Die Vollendung, N. 42;
Musik in der Nacht, R. 43; Die Korallen-
schnur, N. 44; Marion Meinard, N. 44;
Gib einmal uns noch Trunkenheit, G. 44;
Es leuchtet ein Licht, G. 47; Der
Maskentanz, Erz. 48; Schwarze Blätter,
R. 53; Der Tag ist in die Nacht verliebt,
R. 55, 81; Als die Uhren stehen blieben,
R. 57, 80; Einzug der Gladiatoren, R. 58,
81; Wechsel auf die Zukunft, R. 58; Der
Prozeß um Jutta Münch. Schicksal eines
Romans, Erz. 60; Hinter dem Weltende,
R. 61; Wasser aus trockenen Brunnen,
R. 62, 78; Ohne Pauken und Trompeten,
R. 65, 79; Der Hut des Kommissars,
Krim.-R. 66, 81; Und nebenbei: Ein
Mord, Krim.-R. 68; Protokoll der
Unsterblichkeit, R. 69, 80; Der Schimmel
mit den blauen Augen, Erz. 69; Ikebana
oder Blumen für den Fremden, R. 71;
Ein Mann namens Nottrodt, Krim.-R.
72; Die Eselstreiberin, Erz. 73, 80; Die
Augen der Blinden, utop. R. 73, 81;
Pferdewechsel, R. 74, 82; Zwischen Sarg
und Ararat, utop. R. 78, 81; Der letzte
Fall des Kommissars, Krim.-R. 82;
Fahndung nach dem Untier 83.
    H: Poetische Werkstatt 68. ( )

Steinböck geb. Hermann, Grete, Dr.
jur., Lektorin, Redakteurin, Leiterin u.
Sprecherin d. Büchersendungen f. d.
Auslandsösterr. im Österr. Rundfunk;
SÖS 61; Gold. Ehrenzeichen f. Verd. u. d.
Rep. Öst. 74; Lammgasse 10, A-1080
Wien, Tel. (0222) 482613 (Wien 9.5.11).
    Ue: F, E.

Ue: Rose Franken: Alle lieben dich, Claudia!, Bewundernswerte Claudia; Jean Evely: Du selbst bist dieser Mensch; Roger Peyrefitte: Diplomaten 52; Mathilda - Ein Kinderbuch 53; 5 Bücher von Elisabeth Barbier 54 — 61; 7 Bücher von Claude Longhy 55 — 60; Mouloud Feraoun: Der Sohn des Armen 57, Die Wege hügelan 58; Margaret Summerton: Sonnenuntergang 58; Jules Bertaud: König Harlekin 59; Celia Bertin: Eine glückliche Frau 59; Banine: Ich habe das Opium gewählt 60; Elsa Triolet: Rosen auf Kredit 60; Seton — Watson: Weder Krieg noch Frieden 61; Gifford: Liebeszauber 63; Etienne: Chinas Weg zum Kommunismus 62, Das Geophysikalische Jahr 64; Guy des Cars: Eine Bar in Saigon 64; Paul Vialar: Madame de Viborne 65; Jean Evely: Selig, die da Leid tragen 63; Zahn: Er folgte seinem Gewissen 67; Davet: Das Mannequin Jacynthe 66; Pierrette Satin: Christine de Linareuil 66; René Masson: Die Gräfin und der Anarchist 68; Castillou: Die graue Eminenz 68, Madame aber liebt Fronteil 69; Zerzer: Die Schule von Fontainebleau 69; Anne Rives: Zimmer mit Blick auf den See 69; Tonybee: Auf diesen Felsen 69; Galitzin: Matiuschka 70; Germaine Beaumont: Eine Frau, die weiß, was sie will 71; Clancier: Das Haus auf der Insel 70; Lemercier: Karriere in Paris 72; Venner: Söldner ohne Sold 74; Linares: Juana und der Kongress 75; Taylor Caldwell: Wolf unter Wölfen 76; Ceremony of the Innocent 77; Mabire: Blutiger Sommer in Peking 78.

Steinborn, Tonimarie (Ps. Karin Holger, Ina Brandenfels, Patricia Gold, Hanna Eickhoff), Schriftstellerin; Rosenstr. 22, D-5300 Bonn (Oberwinter/ Rh. 8.10.01). Roman.
  V: Zahlr. R. seit 51, u.a. Gib mir dein Herz zurück 57; Anneli Meerfelds Schicksalsjahre 57; Als sich die Wege trennten 57; Der Liebe große Macht 57; Daheim weint eine Mutter 57; Kennst du das Herz Deines Kindes 58; Evi ohne Elternhaus 58; Warum schweigst Du Irene 58; Schatten über Angelikas Ehe 58; Durch Leid zum Glück 59; Liebe unter Tränen 59; Ich kann dich nie vergessen 59; Die Schande der Schwester 61; Als die andere kam 61; Eines Herzens Opfergang 61; In der Not verließ er sie 61; Eine Ärztin geht ihren Weg 61; Für Dich, Vater 62; Bittere Einsamkeit 62; Ein Kind braucht Liebe 66; Intrigen um Inge 66; Schatten der

Vergangenheit über Doris 66; Das gequälte Herz, R. 72; Wer ohne Schuld ist, R. 73; Ich vertraue dir, R. 74; Ein Anruf aus Paris, Herr Doktor, R. 75.

Steincke, Heinz, Dipl.-Volkswirt, Dr.phil., Dir. e. Unternehmens; Panoramastr. 28, D-7178 Michelbach/ Bilz, Tel. (0791) 2992 (Langenhagen 14.6.27). Lyrik.
  V: Umwege, Lyr. 77; Sprachstörungen, Lyr. 82; Wir alle sind Hüter der Sprache 83.
  MH: Die Horen, Zs. 68-71.

Steindam, H., s. Heinze, Hartmut.

Steindl, Werner Viktor, Bibliothekar; Linzerstr. 222/3/2, A-1140 Wien, Tel. (0222) 9479685 (Wien 6.5.40). Philosophische Lyrik.
  V: Menschenbaum 81; Ich liebe das Wort Liebe 81; Stufen in d. Ebene 81; Ich kam in eure Welt und schrie ... 82; Nicht mehr als Kies unter meinen Füssen 82, alles philos. Lyr. — **MV:** Zwei Sprechen — eine Welt, m. El. Lorenz, philos. Lyr. 82.

Steindorff Carrington, Ulrich *

Steinebach, Eva, s. Steinebach-Zehner, Eva-Frida.

Steinebach, Winfried, Kaufm. Angestellter; Tellstr. 7, D-4350 Recklinghausen (Recklinghausen 12.8.51). Lyrik.
  V: Herbst danach, Lyr. 80.

Steinebach-Zehner, Eva-Frida (Ps. Eva Steinebach), Sachbearb. im Forschungsinst. e. Naturschutzbehörde; Friedingstr. 31, D-4000 Düsseldorf 12 (Düsseldorf 13.7.20). Drama, Lyrik, Roman, Novelle, Essay. **Ue:** F, E.
  V: Weltinnenstunde, Anth. 75.

Steineckert, Gisela; SV-DDR 62; Heinrich-Greif-Preis I. Kl. 62, Literaturpreis d. FDGB 62, Erich-Weinert-Med. 68, Heinrich-Heine-Pr. 77, Nationalpr. 80, c/o Verlag Neues Leben, Berlin (Ost) (Berlin 13.5.31). Lyrik, Hörspiel, Film, Satire, Lied, Rezension, Feuilleton.
  V: Wie ein Waisenkind, Fernseherz. 70; Brevier für Verliebte 72, 76; Erkundung zu zweit, G., Lieder u. Chansons 74, 82; Nun leb mit mir, Weiber-G. 76, 82; Gesichter in meinem Spiegel 77, 79; Vor dem Wind sein, Lieder 80, 81; Lieber September, G. 81, 82; Mehr vom Leben, G. 83. — **MV:** Nebenan zu Gast, lit. Reiseb. über Skandinavien 61, 69.
  MA: Neue fliegende Blätter, seit 69.

H: Liebesgedichte 61; Musenkuß und Pferdefuß 63, 64; Nachricht von den Liebenden 64, 65; Wenn die Neugier nicht wär 70. − **MH:** Neun-Tage-Buch, m. J. Walther 74.

F: Auf der Sonnenseite, m. Heinz Kahlau; Leben zu zweit 68.

R: Giacchi; Der Neugierstern; Im Namen der Verteidigung; Geschenk des Windes; Belinda; Die bunten Bilder; Die letzte Seite im Tagebuch; Der erste Eindruck von Liebe; Nina, alles Hsp.; Marta, Marta, Fsp. 81.

Lit: Spuren, Vers. e. Porträts ü. G.S. 83.

Steinen, Robert, s. Wickenburg, Erik.

Steiner, Arthur, Pfarrer; Dorf 16, CH-9063 Stein, Tel. (071) 591125 (Uzwil SG 21.9.34). Lyrik, Prosa.

V: Krähen Kreisen, G. 71; Schneegrün, G. 79; Bis Grösse 48. Geschn. eines Reisenden 82.

Steiner, Ernst, Dr.phil., Seminarlehrer, Kursreferent, Sprachexperte; Be. S.V.; 1.Pr. d. philos. hist. Fak. d. U.Bern 55; Schanzeneckstr. 9, CH-3012 Bern, Tel. (031) 237859 (Zäziwil i.E. 24.2.24). Satire, Lyrik, Sprachglosse, Sprachaufsatz.

V: Siebenpunkt, M. 58; Krumpanzli, M. 60; Amtsdeutsch, Sprachglossen 71; Sache zum Lache, Mda.sat. 75, II 77; Die Lehrer, Sat. 78; Hüt isch Sitzig, Kommissionssat. 79; Auf Schulungs-Trip im Kurslokal, Erlebnisber. 81; Wie me Bärndütsch schrybt, Schreiblehrgang 82.

Steiner, Franz (Ps. Franz Seraphin Steiner), Mag. phil., Gymnasialprof. i.R.; Brunnkirchen 5, D-7607 Neuried, Ortenau Kr.-Altenheim (Krems a.d. Donau/NdÖst. 20.4.28). Lyrik, Novellen, Erzählungen.

V: Sehnsucht u. Hoffnung, Lyr. 76; Lustiges Volk − Lyr. aus d. Land 79; Michael, N. aus d. Wachau 80. −

MV: Leben − Lieben − Leiden, Synkopen, zeitgenöss. Lyrik m. A. Grünwald u. E. Huber 56; Wollen − Werden − Wirken, Synkopen, zeitgenöss. Lyrik 2 m. A. Grünwald u. E. Huber 59. ( )

Steiner, Franz Seraphin, s. Steiner, Franz.

Steiner, Friedhelm, s. Zimbrich, Walter.

Steiner, Friedrich (Ps. Fritz Steiner), Prof., Lehrer; ÖSV 73, V.G.S. 74; Förder.pr. d. Ldes NdÖst. 62, Amstettner Kulturpr. 82; Preinsbacherstr. 57, A-3300 Amstetten, Tel. (07472) 2664 (St. Georgen a. Ybbsfeld/NdÖst. 4.1.29). Lyrik, Jugendbuch, Roman, Bühnendichtung.

V: Mittagswende, G. 71; Im Namen des Windes G. 73; Erinnern an die Gleichung, G. 78; Nur eine Handvoll Mut, G. 81; Stunde der Wiederkehr, G. 83.

MH: Standorte, Lyrik u. Prosa, m. Alois Haider u. Gernot Hierhammer 76; Solange du schweigst, Lyrik, Prosa, Dramatik, m. A. Haider, G. Hierhammer u. H. Seelmann 80.

Steiner, Fritz, s. Steiner, Friedrich.

Steiner, Hans, ObSchulR., Lehrer, Volksschuldir. i.R., A-2802 Hochwolkersdorf 161, Tel. (02645) 8367 (Hochwolkersdorf 16.11.14). Lyrik, Roman.

V: Das grüne Herz, Lyr. 71; Aus dem Almanach eines Dorfschulmeisters, Lyr. u. Balladen 72; Mein Großvater war ein Markusbauer, Erinn. an Hof u. Forst 75; Der sündhafte Lorenz Gallei, Bauernr. 79.

Steiner, Joerg; Be.S.V. 60, Gr. Olten 70, VS 70; Veillon-Pr. 66, Gr. Lit.pr. d. Kt. Bern 76, G. Heinemann-Friedenspr. 82; Seevorstadt 57, CH-2500 Biel, Tel. (032) 234656/57 (Biel 26.10.30). Novelle, Lyrik, Roman, Drama, Hörspiel, Drehbuch.
Ue: F, P.

V: Feiere einen schönen Tag, G. 55; Episoden aus dem Rabenland, G. 56; Eine Stunde vor Schlaf, Erz. 58; Abendanzug zu verkaufen, Erz. 61; Strafarbeit, R.; Der schwarze Kasten, G.; Ein Messer für den ehrlichen Finder, R. 66; Auf dem Berge Sinai sitzt der Schneider Kikrikri 69; Schnee bis in die Niederungen, Erz. 72; Als es noch Grenzen gab, G. 76; Das Netz zerreissen, R. 82. − **MV:** Pele sein Bruder, ill. Kdb. 72; Der Bär, der ein Bär bleiben wollte, Bilderb. 76; Die Kanincheninsel, ill. Kdb. 77; Die Menschen im Meer, ill. Kdb. (zahlr. Bücher auch franz., poln., engl., schwed., dän., norweg., japan., übersetzt).

H: Brunie te Kock: Zwischen den Grenzen, G. 55; Walter Helmut Fritz: Achtsam sein, G. 56; Billeter/Erni: Messen und Schweben, G. 58; Kurt Marti: Boulevard Bikini, G. 59; Hektor Kuffer: Für den Tag, Lyrik.

R: Minotaurus; Das Bett; Rabio; Episode A.

Steiner, Jutta, s. Muhrmann, Wilhelm.

Steinhäuser, Gerhard R.; Ad.-Stifter-Str. 23/II/7, A-1200 Wien, Tel. (0222) 3394302 (19.9.20). Roman, Sachbuch.

V: Heimkehr zu den Göttern 71 (auch dän., franz., engl., jap., port.); Das Geheimnis der sterbenden Sterne 72; Jesus Christus — Erbe der Astronauten 73 (auch engl., span.), alles Sachb.; Unternehmen Stunde Null 1986, R. 73 (auch jap.); Der Tod u. was dahinter ist 75 (auch holl.); Die Zukunft, die gestern war 77; Unsere Heimat im All 79, alles Sachb.; Der Mann, der nach gestern ging, R. 81.

Steinhäuser, Klaus; W.-Pieck-Str. 19, DDR-5230 Sömmerda.
V: Drachenköpfe, Krim.-R. 82. ( )

Steinhardt, Edwin *

Steinhaus, Liselotte; Gustav Falkestr. 36, D-2400 Lübeck.
V: Der goldene Garten, G. 80; Letzte Lese, G. 81. ( )

Steiniger, Kurt, Bauer; SV-DDR 58; Kinderbuchpr. 66, Louis-Fürnberg-Pr. 72, Kunstpr. d. Stadt Erfurt 79; Bechsteinstr. 5, DDR-50 Erfurt, Tel. 61822 (Languegest 26.5.28). Lyrik, Novelle, Roman, Kinderbuch, Hörspiel, Feature.
V: Jahr ohne Ende, G. 56; Es öffnet sich der Kreis, G. 59; Abenteuer in Unkendorf, Erz. 59; Die Herrin, Erz. 59; Glücksnovelle 60; Guten Morgen, Annegret, Kinderb. 62; Aufgepaßt, G. 62; Ferne und Nähe, G. 65; Der Schöpfungstage sind nicht sechs, R. 65; Der unausstehliche Opa, Kinderb. 66; Brief an Rita, Libr. 71; Die Weihnachtsgans Auguste, Libr. 73; Melde mich vom Knast zurück, R. 74; Hinter sieben Bergen, R. 75; Rausch, R. 78; Die Sonnenbrüder, R. 79; Die Krämerbrücke, Feature 79; Die Drei Gleichen, Feature 80; Wo die Pfefferminze blüht, Feature 81; Siebenschläfer, R. 82.
MA: Anthologie 56 56; Dank den Jahreszeiten 59; Wir, unsere Zeit 59; Ein Lied, ein gutes Wort 60; Deutsche Lyrik auf der anderen Seite 60; Sieh, das ist unser Tag 61; Die Liebe fängt erst an 61; Neue Landpostille 61; An den Tag gebracht, Anth. 61; Reimereien 63; Deutsche Liebesgedichte 63; Mutterliebe 64; Musenkuß und Pferdefuß 64; Sieben Rosen hat der Strauch 64, Auswahl 64; Ich denke dein 66; Das Windrad 69; Du unsere Liebe 69; Menschen, liebe Menschen, laßt die Erde stehen 69; Spiegel unseres Werdens 69.
H: Auf Grenzpfaden, Anth. schreibender Soldaten 62.
R: Die verhexte Kuh, Kinderhsp. 61; Der unausstehliche Opa, Kinderhsp. 65;

Wer kennt nicht Bergemann, Hsp. 71; Nachbar in Uniform, Hsp. 72; Beate Krüger, Hsp. 74; Wie der Turm von Pisa, Hsp. 77.

Steinke, Udo, Redakteur; Bayer. Lit.pr. 80, Lit.pr. d. Stift. z. Förder. d. Schrifttums 80; Bismarckstr. 16, D-2250 Husum/Nords., Tel. (04841) 62555 (Lodz/Polen 2.5.42). Roman, Essay.
V: Ich kannte Talmann, Erzn. 80, 2. Aufl. (Tb.) 80; Die Buggenraths, R. 81; Horsky, Leo od. Die Dankbarkeit d. Mörder, R. 82.

Steinkühler, Martina; Am Mühlenteich 65, D-2407 Bad Schwartau, Tel. (0451) 25198 (Lübeck 29.5.61). Jugendbücher.
V: Wenn du ein Geheimnis hast... 78; Freundschaft mit Hindernissen 79; Gefährliche Träume 79; Teddybär u. Lippenstift 80; Das Mädchen von gegenüber 81; Wer sagt, daß Seifenblasen platzen 83, alles Jugendbb. ( )

Steinmann, Hans-Jürgen; SV-DDR 57; Literaturpreise d. FDGB 60 u. d. Min. f. Kultur d. DDR 60; Hochhaus 901/197, DDR-4090 Halle-Neustadt (Sagan 4.9.29). Roman, Novelle.
V: Brücke ins Leben, Erzn. 53; Die Fremde, Erz. 59; Die größere Liebe, R. 59, 78; Über die Grenze, N. 63; Stimmen der Jahre, Erz. 63; Analyse H. Weg e. Chemikers 68, 73; Träume und Tage 71; Zwei Schritte vor dem Glück, R. 78. —
MV: Städte machen Leute, Rep. 69; Text zu: Halle, Halle-Neustadt 79; Text zu: Merseburg 80.

Steinmann, Willi, Caritasdirektor, Diakon, c/o Verlag Wort und Werk, St. Augustin (Duisburg-Hamborn 24.1.29). Lyrik, Essay, Anthologie, Sachbuch.
V: Ich rufe dich beim Namen, Rel. Kinderb. 67, 69; Immer wieder weißer Sonntag, Kinderb. 67, 69; Ich war nie allein, G. 69, 83; Einladung, Kinderb. 71, 83; Station eines Lebens, Ess. 72, 83; Mit auf den Weg 72; Du stehst am Fenster, 77, 79; Öffne Dein Fenster, 80, 83; Ein Gedanke am Abend 81, 83.
B: Großer weißer Vogel, Jgdb. 69; Mehr als ein Abenteuer, Sachb. 72, 83.
H: Die guten Dinge unseres Landes, Anth. 67; Treffpunkt der Reporter, Jgd.-Anth. 67; Immer wieder Leben. Immer wieder Sterben 67; Immer wieder Weihnachten 69; Mit Weihnachten leben 70, 83; Schubladengeschichten aus aller Welt 70, 71; ... und weiter schlägt die Uhr 71, 83; ... solange noch Tag ist 72, 73; Du stehst am Fenster 77, 79; Da ist ein

Mensch 79, 80; Du bist nie allein 79, 80;
Das Herz ist es, das Herz 80, 83, alles
Anth.

von Steinmeister, Alexander (Ps.
Alexander von Rees), Dr. jur.; VS;
Hammer-Steindamm 114, D-2000
Hamburg 26, Tel. (040) 215225 (Bredow
1.4.99). Lyrik, Roman, Tatsachenbericht.
V: Die Silbergondel, G. 38; Stürme, R.
50; Unheimliche Indizien 61; Kripo
greift ein 64; Madame und ihr Mops.
Berühmte Hunde berühmter Frauen 65.

Steinmetz, Rudolf, Dr. phil., Prof.;
Jenaer Str. 8, D-1000 Berlin 31, Tel. (030)
8542010 (Berlin 9.2.24). Lyrik, Hörspiel.
MA: Thema Frieden, Lyrik-Anth. 67;
Bundesdeutsch, Lyrik-Anth. 74;
Göttinger Musenalmanach auf das Jahr
1975, Lyrik-Anth. 75; Die Eine Welt,
Anth. 75; Wirklichkeit in Schlagzeilen,
Anth. 80; Ethik und religiöse Erziehung,
Anth. 80; Gauke's Jahrbuch '82, Anth. 82;
Mit anderen Worten, Anth. 83.
R: Balzac, Hsp.; Frau Berger geht ein-
kaufen, Hsp.; Hallo, Sie ... jawohl, Sie!,
Monodialoge; Zirkusgedanken, Lyrik,
u.a.

Steinmüller geb. Albrecht, Angela,
Dipl.-Math.; Lychener Str. 73, DDR-1058
Berlin (Schmalkalden 15.4.41).
MV: Andymon. E. Weltraum-Utopie,
m. K. Steinmüller, wiss.-phantast. R. 82.
R: Festmahl für Außerirdische, wiss.-
phantast. Hsp. (Mitverf.) . ( )

Steinmüller, Karlheinz, Dr. phil.,
Dipl.-Physiker; Lychener Str. 73, DDR-
1058 Berlin, Tel. 4481281 (Klingenthal/
Vogtld 4.11.50). short story, Roman,
Essay.
V: Der letzte Tag auf der Venus, wiss.-
phantast. Erz. 79. — **MV:** Andymon.
Eine Weltraum-Utopie, m. A.L. Stein-
müller, wiss.-phantast. R. 82.
R: Festmahl für Außerirdische, wiss.-
phantast. Hsp. 82 (Mitverf.).

Steinwachs, Ginka, s. Stegmann-
Steinwachs, Ginka (Gisela).

Steinwede, Dietrich; Behringstr. 5, D-
5300 Bonn-Bad Godesberg, Tel. (0228)
330851.
V: Zu erzählen deine Herrlichkeit 65,
78; Das Loccumer Weihnachtsspiel 65;
Die Geschichte Josefs 66; Sie fanden
das Kind 66; Sie aßen alle 67; Allein
durch das Wort 68; Augustinus 69; Ein
Fremder ist gekommen 69; Wie die
Weihnachtsgeschichte entstand 70; Die
Passion Jesu 71; In seinem Namen sei
mein Gast 72; Jesus von Nazareth 72, 80
(auch norw., dän., holl., engl., franz.,

indones.); Von der Schöpfung 72, 80
(auch dän., holl., engl., franz.); Arbeitsbuch Religion 1/2 72/79; Von Krieg und
Frieden 73; Vorschulbuch Religion 74;
Weihnachten m. Lukas 74, 79 (auch
norw., dän., holl.); Von Gott 74, 80 (auch
franz., holl.); Paulus aus Tarsus 75, 79
(auch dän., holl.); Was ich gesehen habe
76; Ostern 77, 83 (auch holl.); Wunder 77
(auch holl.); Pfingsten 79 (auch holl.);
Himmel-Reich Gottes 80; Wie das
Gesicht eines Engels 81; Biblisches
Erzählen 81 (m. Tonkass.); Petrus 82;
Kommt und schaut die Taten Gottes 82
(dazu Diaserie m. Texth. 82); Martin
Luther in seiner Zeit, Diaserie m. Texth.
82; Reformation — Martin Luther 83
(auch amer., norw., schwed.).
H: Das Hemd des Glücklichen 76, 83;
Wie das Leben durch die Welt wanderte
79, 83; Wo die Sonne übernachtet 79, 82;
Der Vogel Glück 80; Vom Engel, der
nicht singen wollte 80, 82; Erzählbuch z.
Kirchengesch. 82; Warum die Taube das
Ölblatt nahm 82; Armut und Demut
führen zum Himmel; Von Weisheit, List
und Schelmerei 83. — **MH:** Werkbuch
Biblische Gesch. (I — III) 68, 75; Vorlese-
buch Religion (I — III) 71, 83; Vom
Glauben erzählen 81.

Stejskal, Elfie, Cineast; Engerthstr.
215/30, A-1020 Wien (Wien 28.3.48). Film,
Reisebericht.
V: Das Mädchen Robinson, Reiseber.
78; Wayapi — als Frau allein bei
Indianern, Milieustudie 81.
F: u. R: Annanee, Film z. Buch Das
Mädchen Robinson, ausschnittw. auch
in den USA; Wohin die Fährte führt,
Film z. Buch Wayapi 82, ausschnittw.
auch in Frankreich.

Stelling, Jürgen, Buchhändler; VS 76;
Arb.stip. d. Ldeskunststift. Bad.-Württ.
80; Robert-Leicht-Str. 43, D-7000
Stuttgart 80, Tel. (0711) 7351126 (Berlin
17.1.47). Lyrik.
V: Fünf Gedichte 66; Ausfahrt
freihalten! Lyr. Texte 73; Friedliche
Entwicklung, G. 78; Menschenfressende
Gäste. Ein lit. Kochb. 79; Gegenver-
ordnung, G. 82; Kopf- u. Fußnoten, G. 83.
MA: Wir Kinder von Marx u. Coco
Cola; Tintenfisch 5, 8; Ulmanach;
Menschengeschichten; Mein Land ist
eine feste Burg; Literatur im alemann.
Raum; Das achte Weltwunder; Wo liegt
Euer Lächeln begraben; Alm. f. Lit. u.
Theologie 7, 8.
H: Café der Poeten. Neue
Restaurantgedichte 80; City Lights of

Stuttgart. Lyrikkat. seit 82; Poesie-Kalender 1984 83.

Stellrecht, Helmut (Ps. Hermann Noelle), Dr. ing., Inh. e. Ing.büros; Waldeck 5, D-7325 Boll, Tel. (07164) 2273 (Wangen/Allg. 21.12.98). Roman.
V: Trotz allem!, R. 31; Der Blumennarr, R. 50, 63; Eine Göttin will ich lieben, R. 55, 63; Der Wall der tausend Türme, R. 58, 63; Geh von deinem Acker Kelte, R. 63; Das Schwert Gottes 68; Die Kelten 74; Adolf Hitler — Heil u. Unheil 74; Deutsche Demokratie 77; Die Langobarden 78.
Lit: Freundesg. d. Arb.Kr. f. Dt. Dicht. 63.

Stemmler-Morath, Carl, Dr. phil. h. c.; Weiherhofstr. 132, CH-4054 Basel.
V: Freundschaft mit Tieren 40; Schlangen 40, 68; Haltung von Tieren 46, überarb. 80; Naturschutz 49; Erlebnisse mit Tieren 51; Im Lande der roten Erde 52; Von Tieren im Zoo und im Freien 59; Das Aquarium; Affengeschichten 71; Jugenderlebnisse e. Tierfreundes 78; Meine Freunde im Zoo 79; Kinder fragen im Zoo, Kinderb. 80, u.a.
MA: Helveticus; Meine Welt; Kunterbunt 46; Zoologische Gärten der Welt 69, alles Jgdb. ( )

Stempel, Hans *

Stempel, Karl Günther, ObLandesgerichtsrat; FDA 73; Kreis d. Dichter d. Dt. Kulturwerks Europäischen Geistes 60, Dt. Akad. f. Bild. u. Kultur 70; St. Annastr. 17, D-8000 München 22, Tel. (089) 294037 (Berlin 1.3.17). Lyrik, Novelle.
V: Die Hohneklippen, Erz. 60; Holder und Diota, Lyrik 70; Glaukos u. Sybille 80.
MA: In die Zeit gesprochen. Dt. Dichtung d. Gegenwart, Anth. 66.

Stendebach, Petra (Ps. Petra Millet), kath. Diplomtheologin; Harscampstr. 70, D-5100 Aachen (Trier 29.8.58). Gedichte, Meditationen.
V: Das Lied vom Regenbogen, Gebete u. Medit. 77; Ich will aufbrechen, Medit. 78.

Stender, Hanns-Jörn, s. Stender, Hanns-Jürgen.

Stender, Hanns-Jürgen (Ps. Hanns-Jörn Stender), Erzieher; Delfsweg 1, D-2300 Kiel-Rammsee, Tel. (0431) 650294 (Schellhorn/Plön 13.11.25). Hoch- u. plattdeutsche Erzählungen u. Gedichte.
V: Nix as Grappen 78; Is jo nix passeert 79. — **MV:** Klöhnsnack 78.
Lit: Quickborn Nr. 2 79.

Stengel, Hansgeorg (Ps. Jonas Janus), Schriftsteller, Kabarettist; SV-DDR 54; Kunstpr. d. DDR; Germanenstr. 120, DDR-1185 Berlin, Tel. 6813546 (Greiz/Thür. 30.7.22). Satire, Kinderbücher.
V: Mit Schrubber und Besen, G. 50; Gelichter und Gelächter, G. 54; Matrose Ottchen, Kinderb. 59; 1 — 2 — 3, Kinderb. 60, 65; Theo und das Auto Tüt, Kinderb. 60, 63; Die neue Leier, G. 64, 73; Zirkus drunter und drüber, Bilderb. 65; Mit Stengelszungen, Epigramme 67, 79; Seegang, Satan, Sansibar, Reiseb. 68, 73; Schnurrpfeifland am Schnurrpfeifstrand, Kinderb. 69, 76; Frühling, Sommer, Herz und Kinder 70, 72; Stenglisch for you, Epigr. 71, 78; So ein Struwwelpeter, Kinderb. 71, 79; Der rettende Stengel, Epigr. 74, 76; Kleiner Vater, großer Sohn, Bilderb. 75; Die feine stenglische Art, Epigr. 76, 77; Strophe muß sein, Ged. 76, 77; Der Unschuldsstengel, Epigr. 78, 82; Als ich mal in Japan war, Reiseb. 79; Die Wortspielwiese, Kinderb. 80, 83; Mit Stengelsgeduld, Epigr. 80, 82; Gedichte u. Epigramme, Sammelbd 80, 82; Greizer Sonate 83; Poesiealbum 184 83. —
MV: Tante Mascha, m. Inge Gürtzig 72, 76.
MA: Rd 50 Anth. seit 54.
H: Fritz Bernhard: Das kann ja heiter werden!, Humn.-Samml. 56; Reimereien, sat. G. 63, 65.
S: Willi Wuschkes Geredeschuppen 79; Von u. m. H. Stengel 80; So ein Struwwelpeter 81.

Stengel von Rutkowski, Lothar, Med.-Dir., Amtsarzt i.R., Dr. med. habil.; Pommernstr. 35, D-3540 Korbach, Tel. (05631) 64358 (Hofzumberge/Kurld, Baltikum). Lyrik, Essay.
V: Spur durch die Dünen der Zeit, Lyrik 58; Die Gesichte des Einhorns 68; Vogelflug u. Seinsminute 78; Im Spiegel des Seins 83, alles Lyrik. —
MV: Toleranz, eine Grundforder.geschichtl. Existenz 60; Vom menschlichen Selbst 65.
MA: Wirklichkeit u. Wahrheit, Vjschr.; Gespräche aus der Ferne; Unitarische Bll.; Ernst Jünger als religiöser Denker; August Bier als ganzheitl. Denker 76.

Stengg, Alfred Ernst (Ps. Hans Heiling), Prof., Kunstexperte; St.S.B. 68; Prof.titel 71, Ehrenzeichen d. Stadt Graz in Silber 76, Anerkenn.urkde f. bes. Verdienst um d. Lit. 78, Gold. Ezeichen d. Ldes Steiermark 80; Haydng. 11, A-8010 Graz, Tel. (0316) 729774 u. 438815 (Graz

12.2.08). Lyrik, Novelle, Essay, Erzählung, Meditation, Kunstforschung.
V: Briefe über Religion 38; Religiöses
Brevier, Aphor. 39; Heimkehr, Erzn. 52;
Ruf in die Zeit, Ess. 56; Jahreszeiten, G.
60; Meditationen, Aphor. u. G. 63;
Muschelfunde, G. 69; Des Himmels
blasser Opferstein, Verse, Texte, Signale
70; Schwungrad der Sonnen, G. 73; An
jedem deiner Tage, Medit. u. G. 78; Ver-
wunschene Welt, G. 83. — **MV:** Erfolg
auch für dich 54, 67; Ruf in die Zeit 56;
Gesetz der Kunst 58.
MA: Lyrik der Landschaft, Anth. 59;
Dichtung aus der Steiermark 71.
Lit: Steirischer Dichter-Almanach 64;
Lex. steir. Künstlerpersönlichkeiten v.
R. List 71; Hans F. Prokop: Öst.
Literaturhdb. 74.

Stenten, Marlene, Buchhändler;
Förderungspr. d. Ldes NRW f. junge
Künstler 73; Seestr. 31a, c/o Jung, D-
7750 Konstanz (Aachen 23.1.35).
V: Großer Gelbkopf 71, 79; Baby, Erzn.
74; Puppe Else, e. lesbische N. 77, 78; Die
Brünne, Erzn. 81; Salome 89, 2 Erzn., 1
Bü. 83.
Lit: Spektrum des Geistes 75.

Stenzel, Hans Joachim, Karikaturist;
DJV 55; Gran Dipl. d'Honore,
Bordighera 57, Dattero d'argento, 2. Pr.
d. Salone Intern. dell umorismo,
Bordighera 78 (Louisville/Ky. USA
15.10.23). Roman.
V: Entspricht nicht dem Ernst der
Lage, Karik. 59; Scherz mit Schnauze,
Karik. 63; Erlebnisse eines Drücke-
bergers, R. 65; SEXundsechzig Scherze,
Karik. 68; Räuber und Gendarm 74;
Knast u. Co 76; Säulen-Bruno u. andere
78; Von Witzen m. Spritzen, Tb. 79;
Männchen im Hotel 80.
F: Berlin im Volksmund 63.
S: Ich will nicht zum Mond. ( )

Stephan, Agnes, s. Kreuter-Tränkel,
Margot.

Stephan, Dietmar, Student; Am
Liesch 17, D-5902 Netphen
(Unglinghausen 14.11.58). Lyrik,
Erzählung.
V: Sterben ohne Tod, Erz. 80.

Stephan, Klaus, Journalist;
Köllnerhofg. 2, A-1010 Wien, Tel. (0222)
476495 (Treptow a. d. Rega 27.10.27).
Drama, Roman, Essay, Hörspiel,
Fernsehspiel, Fernsehdokumentation.
Ue: E.
V: So wahr mir Gott helfe, R. 58; Reise
gegen die Zeit, Ess. 61; Tendaho, Sch.;

Ein feiner Patriot, R. 76; Südafrika -
Weg in die Tragödie, Rep. u. Sachb. 77.
MA: Die letzten hundert Jahre, Ess.
60; Internationale Politik 68/69, Ess. 72.
R: Geschichte Westafrikas, 4-teil.
Ferns.dok. 63; Oba Koso, Fsf. 64; Taiwo
Shango, Fsf. 66; Äthiopica, 4-teil.
Ferns.dok. 66; Kunst in Afrika, 5-teil.
Ferns.dok. 71.

Stephan, Martin; SV-DDR seit 76;
Kunstpr. d. Freien Dt. Gewerkschaft-
bdes d. DDR 77, Hsp.pr. d. Rdfks d. DDR
82; Am Tierpark 6, DDR-1136 Berlin
(Köthen/Anh. 10.8.45). Lyrik, Novelle,
Film, Hörspiel.
V: Schiffe gehen gelegentlich unter,
Erz. 75; Bankett für Achilles, Erz. 77;
Der verliebte Drache, Erz. 79.
H: Das erste Haus am Platz, Hotel-
anth. 82.
F: Bankett für Achilles 75.
R: Ich will nicht leise sterben, Hsp. u.
Fsf.; Ich sehe was, was du nicht siehst,
Hsp. 81, Fsf. 82.

Stephan, Peter, s. Westphal, Fritz.

Stephani, Claus (Ps. Claus Werner,
Peter Martini, Gerch Cronstätter, Hans
Buchenländer, Hans Eisenthaler, Hans
Michelsberg), Redakteur; Pr. des Rum.
SV 75, Lit.pr. d. Nationalrats d. Pioniere
78; Lit. Fonds 65, Lit. U. Saarbrücken 68,
S.V. d. Soz. Rep. Rum 70, Buk. dt. Lit.kr.
66, Dt. Poesie-Club Buk. 70; str. Sandu
Aldea 45, Bukarest 32/Rumänien
(Brasov/Kronstadt, Siebenbürgen
25.7.38). Lyrik, Novelle, Kurzprosa,
Essay. **Ue:** Rum.
V: Frage der Concha, G. 68; Das
Saurierfest, sat. Kurzpr. 70; Oben im
Wassertal. E. Zipser Chron., Erzn. 70;
Töpferkunst d. Dt. in Rumänien;
Erfragte Wege, Zipser Texte aus d. Süd-
bukowina 75; Ruf ins offene Land, Lyr.
Texte 75; Manchmal im Ostwind, Prosa
77; Die steinernen Blumen, Sächs.
Sagen u. Ortsgeschn. aus d. Burzenland
78; Tal d. stummen Geigen, Volkserzn.
aus d. Oascher u. Sathmarer Land 79;
Zipser Volkserzn. aus d. Maramuresch,
d. Südbukowina u. d. Nösnerland 81;
Zipser Ssangl aus dem Wischauer Land
und der Südbukowina 81; Monte V. V.
Lyrik 81; Das Goldene Horn, Sächs.
Sagen u. Ortsgeschn. aus d. Nösnerland
82; Eichen am Weg. Volkserzn. d.
Deutschen aus Rumänien 82; Die
Sonnenpferde. Sächs. Sagen u. Ortsgeschn. aus d. Zekescher Land 83.
H: Novum, H. d. Poesie-Clubs 70/71,
72/73; Befragung heute. Junge dt. Lyrik
aus Rumänien 73.

Stephani, Gertrud, Rentnerin; FDA
München 75; Fondul Lit. Buk. 72;
Finsterwalder Str. 21, D-8200
Rosenheim, Obb., Tel. (08031) 45671
(Neumarkt am Mieresch 13.3.14). Volks-
kundliche Aufsätze, Gedichte.
V: Eins, zwei, drei, vier Miezekätz-
chen, G. f. Kinder 69; Der Zirkus ist da,
G. f. Kinder 70; Der Vogelball, G. f.
Kinder 72.
MA: Kurzschlüsse. Dt. humor. Verse a.
Rum. 68; Deutsches Liedgut aus dem
Banat, Siebenb. u. d. Sathmarer Ld. 71;
Vorhang hoch. G., Lieder, Einakt. f. Pion.
71; Volksliederbuch aus Siebenbürgen
72; Lieder der Heimat 72; Auf meiner
Straße, Anth. 75; Jb. d. Dobrudscha-
Deutschen 76; Alle Mütter dieser Welt,
Anth. 78. — Volk u. Kultur 67-72;
Südostdt. Vjbll. 75, 77-83.

Stephani-Nussbächer, Brigitte (Ps.
Anna Conrad, Maya Czekelius, Maja
Martini, Brigitte Nussbächer, Anna
Hermannstädter), Prof., Redakteur b.
Volk u. Kultur/ Fondul Literar 72; Sector
1, str. Sandu Aldea 45, Bukarest/
Rumänien, Tel. (090) 657790 (Sibiu
14.2.42). Essay. **Ue:** Rum.
H: Emil Sigerus: Volkskundliche
Aufsätze 77.
Ue: Das Pferd mit dem goldenen Huf-
eisen, siebenb. Volksm. 69; Der
Aragonese und der Telegraph, span.
Volksanekd. 70.

Stepperger-Raila, Doris; Gedok 69;
Georgenstr. 102/III, D-8000 München 40,
Tel. (089) 2714563 (Bayreuth 24.3.14).
Kinderbuch.
V: Die Geschichte vom Pferdchen
Hopp-Hopp-Hopp, Kinderb. 40; Tierlein
im Winter, Kinderb. 56; Tagebuch einer
Jägerin 67; Wer reitet mit?, Reitfibel f.
Kinder (u. Erwachsene) 75 (auch holl.);
Hurra, wir reiten aus und springen 76
(auch holl.); Das Jugend-Reiter-
Abzeichen und der Reiterpaß 77, 80;
Heddas Ritt ins neue Leben, Jgdb. 78;
Susannes Glück hat Pferdeohren 81;
Eva und die Stute Mary 82; Ratgeber für
Pferdefans 82; Kleines Mädchen —
großes Reiterherz 83. — **MV:** Reiten a —
z. Das Lex. f. Pferdefreunde 77.

Steppuhn geb. Hoffmann, Irmgard
Maria, Violinistin; ZSV, SSV;
Oetenbachgasse 7, CH-8001 Zürich, Tel.
(01) 2116379 (Münster/Westf. 4.2.33).
Lyrik.
V: Der lange Weg 73; Die Dornenfalle
74; Lieber Augustin dreh dich nicht um
80.

Sterchi, Beat, Schriftsteller; Aspekte-
Lit.pr. 83; Kramgasse 4, CH-3011 Bern 8,
Tel. (031) 224844 (Bern 12.12.49). Roman.
V: Blösch, R. 83.

Stern, Annemarie, Publizistin; VS 73
(Hindenburg 27.5.21). Kurzgeschichte,
Hörspiel, Sprechtexte, Kabarett, Musik-
geschichte, Kulturgeschichte.
H: Lieder gegen die Bombe 62-66 IV;
Politische Lieder 67-74 VI; Lieder gegen
den Tritt 72, 78; Lieder aus dem
Schlaraffenland 76; Her mit dem Leben
80, 82; Neue Ostermarschlieder 82. —
MH: Für eine andere Deutschstunde 72,
78; Chile lebt 73; Für Portugal 75.
R: 20 Hsp.bearbeitn., 12 Literatur-
sendn.

Stern, Carl, Schriftsteller; P.O.B.
10271, Jerusalem/Geulim 91102/Israel
(Troppau/Tschechosl. 5.1.18). Lyrik,
Kurzgeschichte.
V: Die Begegnung, Genre-Bilder in
Lyr. u. Prosa 83.

Stern, Guy, Distinguished Prof. d.
dt.spr. Fak. d. Wayne State Univ.; P.E.N.-
Club 78; Begr. d. Lessingges. u. d.
Lessingjahrbuchs 70, Exekutivausschuß,
Leo-Baeck Inst. 73, d. Kurt-Weill Stift.
81, Mod. Lang. Assoc. of America;
Provost's Office, Wayne State Univ.,
Detroit, MI 48202/USA (Hildesheim
14.1.22). Lit. des 18. u. 20. Jh., Engl.-dt.
Lit.beziehung, Exilliteratur.
V: War, Weimar, and Literature 71. —
MV: Efraim Frisch: Zum Verständnis
des Geistigen 64; In Briefen erzählt 65.
MA: Festschr. f. A. von Gronicka 78,
W. Huder 82.
H: Alfred Neumann. Ausgew. Prosa u.
Gedichte 79.
MUe: Arno Reinfrank, G. 70.
s. a. Kürschners GK.

Stern, Hans, Dipl.-Ing., Stadtbaur. i.R.
d. Gemeinde Wien; Ybbsstr. 2, A-3300
Amstetten, Tel. (07472) 2801 (Amstetten
10.12.29). Lyrik, Erzählung.
V: Brüder der Schöpfung, G. üb. Tiere
78; Dem, der f. Wunder sich hält bereit,
M., Verse, u. Legn. üb. Menschen, Tiere
u. Strahlen d. Liebe 79; Mensch u. Natur
auf Gottes Spur, Irdisches u.
Überirdisches v. Mensch, Tier u. Pflanze
in Lyr. u. Prosa 79; Unserer Erde
Gewand von Natur, Kunst, Kultur und
der Seele Land. Lyr. Betracht. über
Landschaften d. Natur, Seele, Kunst u.
Kultur 83; Musik und Tanz, ihr
Ursprachen unseres Lebens.
Impressionen v. Klangmalereien und
Tanzvisionen 83.

Stern, Horst, Journalist, D-8999
Grünenbach/Allgäu (Stettin 24.10.22).
Wissenschaftsjournalismus. **Ue: E.**
V: So verdient man sich die Sporen
63, 82; Tierisch heiter 64; In Tierkunde
eine Eins 65, 67; Gesang der Regenwürmer 67; Bemerkungen über Bienen
71, 74; Bemerkungen über Hunde 71, 80;
Bemerkungen über Pferde 71, neu
bearb. 75, 80; Mit Tieren per Du 74;
Stern für Leser (Tiere u. Landschaften)
73, 75; Mut zum Widerspruch, Reden u.
Aufs. 74; Leben am seidenen Faden 75,
81. — **MV:** Lauter Viechereien 61, 64;
Rettet die Vögel 78, 82; Rettet den Wald
79; Rettet die Wildtiere 80; Tierversuche
81.
R: Vergangenheit hat keine Türen; 25
etholog. u. ökolog. Fsf. (Sterns Stunde)
70 — 79.
S: Horst Stern erzählt vom Vogelflug
und vom Winterschlaf 65. ( )

Stern, Joachim, Regisseur,
Schauspieler; Europaring 2, D-5300
Bonn 1, Tel. (0228) 645397 (Frankfurt/
Oder 10.9.28). Roman, Hörspiel, Fernseh-
spiel.
V: Und der Westen schweigt ... 76.

Stern, Monikalisa, Dr., Wiss. Ass.
HdK; Schloßstr. 9, D-1000 Berlin 19, Tel.
(030) 3214402 (Bergisch Gladbach 8.2.43).
Experimentelle Prosa, Film, Video.
V: Am weißen Sonntag trugen
Mädchen schwarze Lackschuhe 79.
F: u. R: Wie der Handkäse ins Laufen
kam 80; Unding Undine 81 (Mitverf.); Im
Ernstfall nicht verfügbar 82.

Stern, Yallmar, s. von Weber,
Charlotte.

Sternbeck, Wolfgang; Am Fort
Elisabeth 11, D-6500 Mainz 1.
V: Was nun, Thomas? 82. ( )

Sternberg geb. Isolani, Gertrud (Ps.
Gertrud Isolani, Ger Trud), Journalistin,
Schriftstellerin; P.E.N.; Neumattstr. 47,
CH-4103 Bottmingen (Dresden 7.2.99).
Roman, Novelle, Kurzgeschichte, Hör-
spiel, Drama, Essay, Film. **Ue:** E, F.
V: Malererbe. Studien zum Lebens-
werk Christian Morgensterns 19; Der
tanzende Eros, Nn. 20; Die Seelenklinik,
Erz. 30; Die letzte Havanna, Krim.-R. 44;
Stadt ohne Männer, R. 45, 79; Drehbuch
69; Der Donor, R. 49, Neuausg. 69; Nacht
aller Nächte, R. 56; Maîtressen, Hist.
Erz. 62; Der Jünger des Rabbi Jochanan,
Erz.; Die Hochzeit des Jahres findet
nicht statt, Kom. 69; Golda Meir, Israels
Mutter Courage, Biogr. 69, 74;

Schwiegermütter — Schwiegermütter
75.
H: Christian Morgenstern: Melder-
baum 20.
R: Ich — der Großstadtmensch 30;
Stadt ohne Männer 50, beides Hsp.
Ue: Tristan Bernard; Jean-Jaques
Bernard; Michel-Georges-Michel;
Mauriac; Pierre Mornand; Colette u.a.

Sternberg, Jürgen W., s. Watzke,
Helmut.

Sternberg, Werner, s. Stökl, Ignaz.

Sternberger, Dolf, Dr.phil., Dr.h.c.,
Dr.phil.h.c., o.UProf. Heidelberg;
Kritikerpr. 74, Lit.pr. d. Bayer. Akad. d.
Schönen Künste 77, Joh. Reuchlin-Pr.
80, Heinse-Med. 81; EPräs. Dt. Akad. f.
Sprache u. Dicht.; Park Rosenhöhe 35,
D-6100 Darmstadt, Tel. (06151) 75943
(Wiesbaden 28.7.07). Geschichte,
Politische Theorie, Literatur.
V: Der verstandene Tod. Eine Unter-
suchung zu Martin Heideggers Existen-
zial-Ontologie 34; Panorama oder An-
sichten vom 19. Jahrhundert 38, Tb. 74;
Figuren der Fabel, Ess. 50; Lebende
Verfassung 56; Über den Jugendstil u.a.
Ess. 56; Gefühl der Fremde 58; Begriff
des Politischen 61; Grund und Abgrund
der Macht 63; Kriterien, Ein Leseb., Ess.
65; Ich wünschte, ein Bürger zu sein 67;
Heinrich Heine und die Abschaffung
der Sünde 72, 76; Machiavellis
"Principe" und der Begriff d. Politischen
74; Gerechtigkeit für das neunzehnte
Jahrhundert, 10 Stud. 75; Schriften I:
Über den Tod 77, II: Drei Wurzeln d.
Politik 78, III: Herrschaft u. Verein-
barung 80, IV: Staatsfreundschaft 80, V:
Panorama 81, VI: Vexierbilder des
Menschen 81. — **MV:** Aus dem
Wörterbuch des Unmenschen, m. G.
Storz u. W. E. Süskind 57, 70.
H: Die Wandlung, Zs. 45 — 49; Schr.-R.
Politische Forschungen seit 63. —
MH: Die Gegenwart, Halb-Mschr. bis 58;
Politische Vierteljahresschr. seit 60;
Klassiker der Politik N.F. seit 65; Die
Wahl d. Parlamente I 69, II 78.
s. a. Kürschners GK.

Sternenfels, Berthold, s. Straub,
Dieter.

Sternhelm, Thamathin, s. Heller,
Manfred.

Stettler, Michael, Dr.sc.techn., Dr.h.c.,
Museumsdir.; Be.S.V. 63; Lit.-Pr. d. Kantons Bern 53, Lit.-Pr. d. Stadt Bern 64;
Ortbühl, CH-3612 Steffisburg/Bern, Tel.
(033) 373303 (Bern 1.1.13). Lyrik, Essay.

V: Rat der Alten, Ess. 62, 80; Berner-
lob, Ess. 63, 68; Das goldene Vließ, G. 65;
Neues Bernerlob 67; Erinnerung an
Frank, Ess. 68, 70; Begegnungen mit
dem Meister 70; Aare, Bär und Sterne,
Ess. 72; George-Triptychon 72; machs na
81; Ortbühler Skizzenbuch 83. —
MV: Stefan George im Bildnis 76.

Stettler, Simon, Betriebsdisponent;
SSV 82; Bergacker, CH-3508 Arni/BE,
Tel. (031) 902015 (Arni, Kt. Bern 2.6.44).
Lyrik, Essay.
V: Geistesblitze, G. u. Ball. 81.

Steurer, Annelore, Hausfrau;
Wielandstr. 86, D-8950 Kaufbeuren, Tel.
(08341) 5089 (Kempten/Allg. 19.4.27).
Roman, Kinderbuch.
V: Simsalabom u. einmal schwarzer
Kater, Kdb. 81; Simsalabom, der Meister
aller Geister, Kdb. 82; Sing mit uns,
Liedertextb. 78, 9. Aufl. 82.

Steven, Ralph *

Steyrer, Günther, Volksschuldir. i.R.,
A-9413 St. Gertraud 36, Tel. (052) 71753
(Spittal/Drau 3.12.31). Lyrik in kärntner
Mundart.
V: Die Lindn hat ausgeblüeht 72;
Schattnroasn 77; Aus mein
Schnecknhaus 77; Das Land in mir, 1. u.
2. Aufl. 79; Rinnt wieder der Brunn 80;
Alls hat sei Gwicht 80; Leutlan hurcht's
zua 81; Ih geh mitn Jahr 82; Zwischn
Krippn und Kreuz 83.
R: Die Wasserkur 79; Die Dichter-
lesung 80; Der Werbespruch 80; Der
Gemeindecomputer 81; Der Totozwölfer
82; Der Beweis 83; Einfaltspinseleien,
alles Hsp. in Kärtner Mda.
S: Oberkärntner Advent 76; In der
Windharfn. A guater Gedankn.

Stibill, Rudolf *

Stichling, Matthias Weikersheim
Caspar, s. Doll, Herbert Gerhard.

Stickelberger, Dietegen, Ingenieur;
Kapfsteig 44, CH-8032 Zürich, Tel. (01)
536668 (5.3.14). Roman, Novelle.
V: Fuerteventura 54.

Stiebel, Marie-Anne; Bes.
Anerkennung Intern. Schauspiel-
wettbewerb Bregenz 57, Literaturpreis
d. Stadtrates v. Zürich 60; Goldauerstr.
52, CH-8006 Zürich, Tel. (01) 3614139
(Berlin 16.8.14). Drama, Lyrik, Essay,
Hörspiel. **Ue:** Am, E.
V: Und das sind unsere Flügel, Dr. 55;
Gedichte 59. — **MV:** Nachwort zu:
Gertrude Stein, Drei Leben, Erz. 60.
R: Und das sind unsere Flügel, Hsp.
62; Gertrude Stein, Baumeisterin der

amerikanischen Literatur des 20. Jahr-
hunderts, Hb. 65.
Ue: Gertrude Stein: Was sind Meister-
werke? 62, Was ist englische Literatur,
und andere Vorlesungen in Amerika 65,
Paris Frankreich 75, Zarte Knöpfe 79.
Lit: Die Neue Rundschau 1 61; Die
Schweizer Lyrikerin Marie-Anne
Stiebel, Radiosend. 65.

Stiebler, Gisela (Ps. Gisela Tölle),
Journalistin; An der Wallburg 16, D-5060
Bergisch Gladbach 1, Tel. (02204) 64490
(Berlin 8.9.26). Sachbuch, Jugendbuch.
V: Das sanfte Regiment d. Frauen,
Erlebn. u. Gespr. in Indien 82; Lakschmi
u. Carola. Begegn. in Indien. Jgdr. 82.

Stiefl-Cermak, Maria; Ehrengabe d.
Lit.Union (f. Prosa) 77; Egonstr. 85, D-
7800 Freiburg i.Br., Tel. (0761) 275823
(Böhm. Rudoletz/Tschechosl. 26.3.40).
Lyrik, Roman, Novelle, Essay.
V: Zärtlichkeit d. Herzens, Lyr. 81;
Jemand hat mir zugelächelt, Lyr. u.
Prosa 83.

Stiehl, Hans Adolf (Ps. Hans Stilett),
Redakteur, Schriftsteller; B.D.Ü. 53, VS
75; 3. Pr. im Europ. Lyrikwettbew.
"Welcome World" Stockholm 78; Auf den
Steinen 11, Postf. 160103, D-5300 Bonn 1,
Tel. (0228) 252680 (Witzenhausen/Kassel
20.4.22). Lyrik, Erzählung, Drama, Film.
Ue: F, I, E, N.
V: Dunkelgrüne Poeme 74; Signalrote
Poeme 75; Hellgrüne Poeme 76, alles
Lyrik; In bester Verfassung, Sch. 79;
Orpheus in d. Plunderwelt, Libr. 79;
Nachtblaue Poeme, Lyr. 81; Grenzüber-
schreitender Verkehr, Erzn. 82; Die Bot-
schaft der Fassaden, Lyr. 83; Wieder-
gänger aus dem grünen Herzen, R. 83;
Das Zwischenweltenkind, parod. Faust-
Biogr. 83. — **MV:** Was uns blüht, lit.
Oper 79.
MA: Aller Lüste Anfang, Anth. 71, 73;
Frieden aufs Brot, Anth. 72; Stimmen
zur Schweiz, Anth. 76; Einblicke, Aus-
blicke, Kleist-Workshop 77; Liebe will
Liebe sein, Anth. 78; Anthologie der
Welt-Haiku 78; Anthologie d. dt. Haiku
79; Anthologie d. Welt-Haiku 79; World
Poetry Society, Anth. 80.
MUe: Issa, Lyr. 81.
Lit: Philipp Rehbiersch: Literatur als
Attacke auf Literaten (Neues Rheinland
14/1) 71; Ders.: Dem unbekannten Ich
(ebda 15/2) 72; Ders.: Ein neuer
Regionalismus? (ebda 16/10) 73.

Stiehl, Hermann, Außenlektor; VS
(V.D.Ü.); Reichsforststr. 7, D-6000

Frankfurt a.M. 71, Tel. (0611) 672235
(Frankfurt/M. 18.9.25). **Ue:** E, F, S.

Ue: William Golding: Herr der Fliegen
56, Der Felsen des zweiten Todes 60, Die
Erben 64, Der Turm der Kathedrale 66;
André Dhôtel: Das Land, in dem man
nie ankommt 57; Vincent Cronin: Der
letzte Zug der schwarzen Zelte 57;
Ricardo Fernandez de la Reguera:
Schwarze Stiere meines Zorns 58;
Meyer Levin: Zwang 58; Hans Ruesch:
Der schwarze Durst 59; Dan Jacobson:
Tanz in der Sonne 59; Mary McMinnies:
Seltsame Gäste 60; Patrick Leigh
Fermor: Mani - Reise ins unentdeckte
Griechenland 60; Nicholas Mosley:
Verdorbene Seelen 60; Wesley Ford
Davis: Die Verheißung der Wälder 60;
Rafael Morales: Das Vermächtnis des
Sonnengottes 60, Die weißen Adler 62;
James Morris: Venedig 61; Christian
Murciaux: Die Madonna der
Schutzlosen 61; Lorenz Graham: Stadt
im Süden 62; Michael Planchon:
Schatten auf dem Sand 63; Claude
David: Von Wagner bis Brecht 64; Alejo
Carpentier: Explosion in der Kathedrale
64; Michael Farrel: Unter dem Jäger-
mond 64; Georges Conchon: Wilde
Zustände 65; John Moore: Die Wasser
unter der Erde 67; William Humphrey:
Die Ordways 67, Zur Zeit von Bonnie
und Clyde 70; Simone de Beauvoir: Die
Welt der schönen Bilder 68; Arthur
Miller: Gesammelte Erzählungen 69;
Brian Moore: Ich bin Mary Dunne 70;
James Jones: Das Messer und andere
Erzählungen 71; Len Deighton: Bomber
71; Joe David Brown: Die Geschichte
von Addie Pray und Long Boy 72; Colin
Simpson: Die Lusitania 73; Erskine
Caldwell: Onkel Henrys Liebesnest 73;
Lorenz Graham: Stadt im Norden 73;
Sinclair Lewis: Gesammelte
Erzählungen 74; Robert Crichton: Die
Camerons 74; Idries Shaw: Die verblüf-
fenden Weisheiten und Späße des
unübertrefflichen Mullah Nasreddin 75;
Patrick Cauvin: Blinde Liebe 75; Alison
Lurie: Familienkrieg 76; Rene Victor
Pilhes: Panik in der Rue Oberkampf 76;
John Gardner: Der Ruhestörer 77;
Thomas Tryon: Fedora 78; James Grady:
Der Schatten des Condor 79; Henry
Miller: Von der Unmoral der Moral 79,
Mein Fahrrad und andere Freunde 82;
Mary E. Pearce: Apfelbaum, neig deine
Zweige 80; John Gardner: Oktoberlicht
80; Nacy Zaroulis: Und sie nannten das
Dunkel licht 81; Michael Pearson: Das
Warenhaus 82; Gordon A. Craig: Über
die Deutschen 82.

Stiemert, Elisabeth, Lehrerin; VS 78;
Weißer Weg 13, D-4920 Lemgo, Tel.
(05261) 5378 (Alexanderhof, Kr. Prenzlau
5.11.29). Kinderbuch.
V: Die Sammelsuse, Kurzgeschn. 74,
75; Warum der Fuchs auf Socken ging,
Spaßgeschn. 75; Angeführt! Angeführt!,
Vorlese-Bilderb. 77; Malle u. Bille die
Zungenrausstrecker, Erz. 77; Große
Klasse!, Schulgeschn. 78; Vorhang auf!,
Theatergesch. 78; Blattfische,
Kurzgeschn. 79; Gackitas Ei, Bilderb. 79;
Wunschgeschichten, Kurztexte 81; Der
Hund mit den Turnschuhen, Kurztexte
82; Spaß im Zirkus Tamtini, Erz. 82;
Damals im hellblauen Sommer, Erz.
83. – **MV:** Kater Timtetater, Bilderb.-
text 81.
MA: dtv-Lesebuch 81; Mittwoch war
der schönste Tag 82.
Ue: Es wohnt ein Elf in jeder Blüte, 3
Bde 82, 2 Bde 83.

Stierl, Johann, kaufm. Angest. i.R.;
Offenhausener Dichterkreis, Poesie,
Linz (Wermesch/Nordsiebenbürgen
15.10.12). Lyrik, Erzählung, Essay.
Ue: Rum.
V: Alle Quellen sind in dir, Lyrik 63;
Wanderer auf den Wegen, Lyrik 67; Es
geschah Denkwürdiges in Sieben-
bürgen, Österreich und anderswo.
Gesch. u. kl. Erzn. 71; Quellen sind des
Wandrers Trost, Lyr. 79; Werkmanns-
herz u. Denkerstirn, Lyr. 79.
MA: Die schönste Geschichte der
Welt 79.
H: Wermesch - ein Dorf in Sieben-
bürgen 68.
Ue: Mihai Eminescu: Gedichte. ( )

Stieve, Hedwig •

Stiff, Günter, Verlagsbuchhändler;
Postfach 76 80, D-4400 Münster/Westf.,
Tel. (0251) 615151 (Köln 23.5.16).
Jugendbuch.
V: 1000 Jugendspiele 47, 82; Das große
Fahrt- und Lagerhandbuch 48, 71;
Komm-mit-Jgd-Taschenkalender seit
49; KM-Foto-Wand-Notiz-Kalender seit
53; Komm mit, Mädchen-Kalender seit
56.
H: Omnibus-Jgd.-Heft-R. seit 47;
Junge Welt, Heft-R. seit 47; Lachen der
Jugend, Heft-Reihe seit 53; Waldläufer-
Hdb.; Lasso-Jgdvorleseb.; Junge Welt;
Postillion; Komm-mit-Jgdztg.

Stifter, Herbert *

Stilett, Hans, s. Stiehl, Hans Adolf.

Stille, Eva, Restauratorin; Töplitzstr.
7, D-6000 Frankfurt a.M. 70, Tel. (0611)

638379 (Regensburg 17.10.34). Essay,
Kulturhistorie.
V: Alter Christbaumschmuck 72;
Puppenstubenzauber, Kinderb. 74; Aus
der Küche um 1900 78; Christbaumschmuck 79; Trautes Heim Glück allein
79. — **MV:** Flohmarkt Frankfurt, Ess. 75.
( )

Stiller, Klaus, Rundfunkredakteur; VS
70, P.E.N. 77; Hermann-Hesse-Förderpr.
77; Gervinusstr. 19a, D-1000 Berlin 12,
Tel. (030) 3236419 (Augsburg 15.4.41).
Prosa, Lyrik, Hörspiel, Drama. **Ue:** I.
V: Die Absperrung, 3 Erzn. 66; H.,
Protokoll 70, 80; Tagebuch eines Weih-
bischofs 72; Die Faschisten, Ital. N. 76,
79; Traumberufe 77, 80; Weihnachten.
Als wir Kinder den Krieg verloren, R.
80, 82. — **MV:** Das Gästehaus, R. 65.
MA: Zahlr. Anth.
H: Italienische Erzählungen des 20.
Jahrhunderts, Anth. 82.
R: Symposion, Hsp. 70; Selbstverwirk-
lichung, Hsp. 78.
Ue: Luce d'Eramo: Solange der Kopf
lebt, R. 76; Eduardo De Filippo: Huh,
diese Gespenster!, Kom. 76, Der große
Zauber, Kom. 77.

Stiller, Niklas, Dr. med., Arzt; VS 74; 1.
Preis "junge Autoren lesen in Bocholt"
69, Förderpr. d. Stadt Düsseldorf f.
Literatur 76, Förderpr. d. Ldes NRW f.
Lit. 78; Kölner Str. 226E, D-4000
Düsseldorf 1, Tel. (0211) 578137
(Herrsching 19.9.47). Essay, Novelle,
Kurzgeschichte, Lyrik, Kurzprosa,
Roman, Hörspiel, Literarische
Aktionen: Litfaßliteratur, Trottoirtexte.
V: Pampelmusen, Kurzprosa 75; um
siebzehn uhr dreißig, Lyrik u. Kurz-
prosa 76, 77; Lit. Aktionen seit 74,
Litfaßlit. seit 76, Trottoirtexte seit 76;
Der Tod u. das Flugzeug, Ess. 78;
Ordnung durch Fluktuation, Interview
80; Albert Einstein 81. — **MV:** Der große
Hirnriß, m. P. Glaser 83.
MA: 44 Autorenporträts - Düsseldorf
schreibt 74; Sie schreiben zwischen
Goch u. Bonn 75; Goethe ist tot, Schiller
ist tot und ich fühl' mich auch schon
ganz elend, Jahrb. 76.
R: Zur Ansicht: Ilya Prigogine 78; Zur
Ansicht: Klaus Traube 79, beides
Fsfeature.
Lit: Lore Schaumann, Intensivstation
in: 44 Autorenporträts 74. ( )

Stimmler, Karl-Oskar, Rektor; VS
NRW 64; Wiesenbruchstr. 86, D-4132
Kamp-Lintfort, Tel. (02842) 4694
(Duisburg 8.8.28). Lyrik, Essay,

Erzählung, Kurzgeschichte, Roman,
Texte f. musikalische Werke.
V: Der zerbrochene Spiegel, G. 59;
Überstunden des Herzens, G. 60; Die
Belagerung, Das letzte Glied der Kette,
Erzn. 60. — **MV:** Indigon, G. 77;
Nekropolis, G. 79; Silenda, G. 81.
MA: Gedichte in Zss. 60-66. — Per
Exempel, Anth. 74; Gesichts-Punkte,
Anth. 82.
Lit: Berndt Mosblech: Duisburger
Autoren, Das lit. Portrait: K.-O. S. in:
Duisburger Journal 2 77.

Stimpfl, Karl (Ps. Karl J. Stym), Ing.;
St.S.B.; Goethegasse 12/6, A-8160 Weiz/
Steierm., Tel. (03172) 41962 (Köflach/
Steierm. 15.9.11). Roman, Fabel.
V: Die goldene Orgel, Tierfabel 46;
Unser Gesicht, Gesch. einer Kohlen-
grube u. ihrer Leute, R. 48, 51; Wir
standen schon vor Moskau, R. 58, 81.

Stingl, Günther, Dr. rer. pol.,
Hutmacher; Öst. Schriftstellerverb. seit
75; Lit.pr. d. Öst. Hochschülerschaft
Wien 60, NdÖst. Förder.pr. f. Dichtkunst
74; Fördergabe d. Handelskammer
NdÖst. 77 u. 83, Konzeptförd. d. Öst.
Filmförd.fonds 82, NdÖst. Lit.kreis
PODIUM seit 73, Arbeitsgem. Lit. im
NÖ. Bild.- u. Heimatwerk seit 74;
Rosegger Str. 11, A-3100 St. Pölten, Tel.
(02742) 37124 (St. Pölten 4.12.39). Roman,
Erzählungen, Hörspiele.
V: Bilanz, Prosa 73; Ausgeliefert,
Prosa-Hörspiele-Sketches 76; Der Neue,
Hörspiele 83.
MA: sammlung 1 71; Dichtung aus
NdÖst., Prosa 72, Dr. 74; Fünf Tage hat
die Woche 83, alles Anth.
R: Das Recht des Stärkeren 74;
Ausgeliefert 75; Alle meine Perlen 75;
Warum hilft ma denn kana 79; Der Neue
82; Die Hutmacher 83, alles Hsp.
Lit: E. Schicht: Wer im Werk den
Lohn gefunden 76.

Stirn-Faschon, Susanne Margarete
(Ps. Susanne Faschon), Dokumentarin;
VS 55, Vorst.mitgl. seit 60; Lit.-
Förderungspr. d. Ldes Rheinl.-Pfalz 63,
Ehrengabe d. Dt. Schiller-Stift. 63,
Reisestip. d. AA. 67, Pfalzpr. f. Lit. 78;
Danziger Allee 89, D-6203 Hochheim,
Tel. (06146) 3337 (Kaiserslautern 3.5.25).
Lyrik, Kurzgeschichte, Hörspiel.
V: Das Blumenjahr, G. 53; Kein Spiel
für Träumer, G. 59; Vom Meer zu den
Flüssen, G. 74; Korn von den Lippen, G.
76; Das Dorf der Winde, heit. Erzn. 76;
Der Traum v. Jakobsweiler, Erzn. 80;
Das Land um den Donnersberg in alten
Ansichten 82.

MA: Prosa heute 75; Jahrbuch f. Lyrik
2 80; Echos, Lyrik u. Prosa, zweispr.
rhld-pfälz./burgund. Anth. u.a.
MH: Prismen, Rheinl.-pfälz. Lyrik-
Anth. 61; In Sachen Literatur, Beitr. aus
Rhld-Pf. 79; Literatur aus Rhld-Pf. II 80.
R: Der gewaltige Herr Krämer, Hsp.
66; Behördenbesuch, Hsp. 74.

Stitz, Evelyn (Ps. Evelyn Sanders),
Hausfrau; Forlenstr. 8, D-6927 Bad
Rappenau, Tel. (07264) 7265 (Berlin
14.5.34). Roman.
V: Mit Fünfen ist man kinderreich 80,
4. Aufl. 82; Pellkartoffeln u. Popcorn 81,
2. Aufl. 82; Jeans u. große Klappe 82,
alles heitere R.

Stitz-Ulrici, Rolf (Ps. Hans Korda,
Hans Rodos), Schriftsteller, Lektor,
Dramaturg; VS 69; Dt. Jgdb.-Pr. 53,
Mädchenb.-Pr. d. Franz-Schneider-
Verlages 54, Urkunde f. Wasserwachtb.
63, Ehrenmed. Bayer. Rot. Kreuz m.
Verleihungsurkunde 65, Verbrieter
Apostol. Segen Papst Pauls VI. Vatican
63, Medaille Rerum Novarum v. Papst
Paul VI. 66, Gold. Buch d. Franz-
Schneider-Verl. 68, Ehrenbürger v.
Anguilla, portug. Buchhandelsmed. 75;
Dt.-Span. Ges. z. Förderung d. Kultur 66,
Ibero-Amerika Ver. Hamburg 66,
Kooperatives Mitgl. d. Columbusges. 66,
Mitgl. d. Intern. Inst. f. Kinder-, Jugend-
u. Volkslit. Wien; Landhaus Ursula, D-
8214 Bernau/Chiemsee (Berlin 7.3.22).
Roman, Erzählung, Jugendbuch, Essay,
Film, Hörspiel. **Ue:** Am, E, F.
V: Die Zöglinge von Abbot Castle, R.
51; Käpt'n Konny schnuppert Seeluft 54,
79; Käpt'n Konny in der Klemme 54, 79;
Käpt'n Konny und der Seeteufel 54, 79;
Steffi fährt im Straßenfloh 54, 56; Gerd
funkt auf eigener Welle 55; Die ganze
Klasse gegen Dieter 55; Käpt'n Konny
als Pirat 55, 79; Ein Mädel mit Herz 55;
Die große Jagd am See 56; Die Oder
gluckste vor Vergnügen, R. 60, u.d.T.:
Sommer, Sonne und etwas Liebe,
überarb. 77; Das Fräulein und die
Primaner, R. 61, 66; Wien, Wien, nur Du
allein, R. 66; Gespenstergeschichten 71;
Geheimer Start, Raumfahrtser. 71;
Giganto - Erdraketen-Serie 75 — 77;
Käpt'n Konny und seine Freunde
tauchen nach Öl 77; Captain Blitz, der
rote Reiter; u.a.
MA: Kasperle-Buch; Spiel-Buch 52.
F: Schlüsselkinder; Kai erobert
Brixholm, u.a.
R: Dr. med. Dampfkessel 52; Ein
Leben für die Eisenbahn 53; Reinhold
und die drei Piraten 53; Reinhold und

die Schmugglerbande 53; Käpt'n Konny
53; Die Oder gluckste vor Vergnügen 62,
64, alles Hsp.; Die Oder gluckste vor
Vergnügen, 13-teil. Fsf. 71.
S: Käpt'n Konny in der Klemme, seit
58.
Ue: Shannon Garst: Sitting Bull, der
Häuptling aller Sioux 57; Marcelle
Vérité: Voyage u.d.T.: Weltreise der
Tiere, Camargue u.d.T.: Im Land der
schwarzen Tiere, u.a.
Lit.: Die Begegnung, Jb. ( )

Stock, Hermann, Pfarrer i. R.;
Stötthamerstr. 6a, D-8224 Chieming
(Castell/Unterfr. 26.3.16). Geistliches
Spiel, Lyrik, Essay, Erzählung. **Ue:** E,
Estn, Schw, L.
V: Der Mensch Gottes, Geistl. Sp. 47;
Der Bruder im Geist, Erz. 47; Gedichte
48.
MA: Licht der Welt, Anth. 46; Lob aus
der Tiefe, Anth. 47, 50; Evangelische
Weihnacht 47; Der Glaube kann nicht
schweigen 48; Weihnachtliche Welt,
Anth. 50; Kreuzkalender 50; Herders
Hauskalender 50; Kleine Anthologie
christlicher Lyrik der Gegenwart 55;
Wegweisende Hände; Mit meinem Gott
geh ich zur Ruh 57; Überall ist deine
Spur 62.
Ue: Marie Under: Stimme aus dem
Schatten 49; Bernard Kangro: Flucht
und Bleibe. Gedichte in Auswahl 54;
Henrik Ibsen: Peer Gynt 53, 78. —
MUe: Robert Frost: Gesammelte
Gedichte 52. ( )

Stock, Rudolf, Verwalt.beamter i.R.;
Pirolweg 20, D-5650 Solingen 1, Tel.
(02122) 812437 (Wald 22.6.06). Lyrik,
Kurzgeschichte.
V: Loch im Kopf und mehr des
Betrüblichen. Verse u. Prosa 78.

Stockhausen, Elisabeth (Ps. Lisa
Stromszky); FDA 81, Vors. LV Saarl.; Pr.
d. Lit. Union z. Wettbewerb "Mauern" 77,
Buchpr. AWMM 82; Lit. Union 76;
Prälat-Subtil-Ring 1, D-6630 Saarlouis,
Tel. (06831) 2662 (Deutsch-Jahrndorf/
Öst. 1.1.21). Lyrik, Roman, Novelle,
Essay, Märchen.
V: Nimm Deinen Rest Mensch in die
brennenden Hände, Lyr. 78;
Rückantworten, Ess. in Briefform 79;
Kreise. 3 Nov. 80; Bregenz — hin und
zurück, Reisegesch. 80; Frag den
Schneebaum, mein Freund, Lyr.;
Zwischenräume, Erzn. 81; Weißt Du
nicht, daß ich Dein Schatten bin?, G. 81.
MA: Lyrik 78; Lyrik 79; Lyrik 80;
Lyrik 81, alles Anth.; Gaukes Jahrbuch
82 u. 83; Siegburger Pegasus, Jb. 82;

Literatur 81, burgenländ. Anth.; Prosa u. Poesie mit Bücherspiegel; Burgenländ. Leben; NAOS; Die Wortmühle; Vis-à-Vis; Adagio, alles Zss.
MH: Landsuche — Lothringen verstehen u. lieben seit 83.

von Stockhausen, Juliana, s. von Gatterburg, Juliana.

Stöber, Bernhard, Apotheker; VS 76; Luise Hensel Str. 6, D-4250 Bottrop, Tel. (0204) 62356 (Dortmund 30.9.26). Lyrik, Kurzprosa, Essay.
V: Im Bereich der Waage, Lyrik 75; Die Stunden des Wachens, Lyrik 75; Gedichte 1976 76; Preußische Apokalypse, G. 77; Ich löse mein Schweigen, Lyr. Zyklus 78; Vision 2000 78; Ilexblatt 3 80, 4 81.
MA: der literat, Lyrik 4 81; Gesichts-Punkte, Literatur in Duisburg, Lyrik 82; Der Diamantensucher 2 82; Gauke's Jahrbuch 81.
Lit: Lobbi 8 75; Malkastenblätter 3 77; der literat 2 79.

Stöber, Otto, Prof. h. c., Verleger, Schriftsteller, Moorforscher; ÖSV 47, L.V.G.; Silberne Ehren-Med. des Verlagshauses Minerva Medica Turin 65, Verleih. d. Prof.titels d. d. Bundespräs. 70; zahlr. Ehrungen u. Ernennungen, u.a. EM d. Acad. Medica Intern. Rom 55, Ehrensenator d. Museo civico Riva 60, wiss. Beir. d. Österr.-Inst. 62, 64, Gründungsmitgl. d. Intern. Paracelsus Ges. Salzburg 66, Ehrenpräs. d. IGM 68; Pfarrplatz 3/4, A-4010 Linz/D. u. A-4654 Moorbad Neydharting b. Lambach/ObÖst., Tel. (07222) 52198 (Hermsdorf/Böhmen 18.7.02). Roman, Drama, Lyrik, Novelle. **Ue:** Esp.
V: Der Ketzer, R. 24; Die Straße, Bü.-Satire 26; Flammen der Nacht, Bsp. 28; Vier Jahre Nacht, Bsp. 28; Die Kette, Erzn. 40; Ein deutscher Robinson 41; Till Eulenspiegels lustige Streiche 43, 44; Wundersames Glas 44, 47; Lügenbaron Münchhausen 44, 45; Unser Robinson 46; Wege zu Neydharting 45; Gutenbergs schwarze Chronik 47; Der

oberösterreichische Stöber 48, 50; Das schwarze Herz, N. 54; Die Gräfin von Neydharting 54; Die im Moor starben 56; Ewiges Moor 57; Neydhartinger Moorfibel 58; Moor-Terminologie 60; Der Kelten Größe 61; Neydhartinger-Moortrinkkur 57, 62; Das "Silberne Baon" 63; Ein Juwel in Böhmen 64; "Quinta essentia" und das "Neydhartinger Moor-Bukett" 65; Der Drudenfuß als Symbol der Etrusker; Ewiges Neydharting; Paradies am Gardasee 66, u.a. — **MV:** Moorbutter, m. A. Dieck 59, u.a.
H: **V:** Bücherwurm, Zs. 21; Afrika-Echo, Zs. 30; Karl Stöber: Die kurze Wanderschaft, Erzn. 40, 47; Christian Reuter: Schelmuffskys Reise-Abenteuer 42, 43; Boccaccio: 33 tolldreiste Liebesabenteuer 43, 44; Bücherring, Zs. 45; Heinrich Heine: Auswahl 46; Theodor Heinrich Mayer: Clown der Welt, R. 46; C. F. Meyer: Jürg Jenatsch 47; Adalbert von Chamisso: Peter Schlemihl 47; Willi Zawischa: Frühlese 47; Egid von Filek: Novellen um Grillparzer 48; Etrurien 56; Baderbüchl des Paracelsus 58; Drudenfuß 60; Moor-Bibliogr. 61; Moor-Biogr. 62; Die Österreichische Moorforschung 63; Neydhartinger Moorpost 64; Moor-Lexikon 65; Schr.-R. d. Öst. Etrurien-Ges.
Lit: Linzer Kulturhandbuch 65, Intern. Kunst-Adreßbuch, Zahlr. Kongreßschrr., Zss., u.a.

Stöckl, Hans K.; b. D. Gehmacher, Plainbergweg 21, A-5028 Salzburg-Kasern.
V: Sackgasse, R. 80. ( )

Stöckle, Frieder, Dipl.-Päd., Realschullehrer; Alte Steige 1, D-7060 Schorndorf/Württ., Tel. (07181) 63288 (Schorndorf 6.3.39). Roman, Erzählung.
V: Drauf u. dran, fünf Erzn. 78; Ich bin Susanne Häusermann, R 79; Grüne Hoffnung Kreuzfeld, R. 79; Als ob es mich nicht gäb ..., R. 80; Glashaut, R. 83; So leben wie ich will, Erz. 83.
MA: Wo wir Menschen sind 74; Die Straße, in der ich spiele 74; Drittes Jb. d. Kinderlit. 75; Vorlesebuch Religion 76; Viertes Jb. d. Kinderlit. 77; Orte innen u. außen 77; Fünftes Jb. d. Kinderlit. 79; Keine Angst vor der Angst 80; Neues Sagenbuch 80; mehrere Texte in versch. Schulbb.

Stöckli, Rainer, Dr.phil. I; Dufourstr.
97, CH-9000 St. Gallen (Gossau, Kt. St.
Gallen 19.6.43). Lyrik.
V: Land Jakobs, G. 1963-73 74; Die
Zeitmauer, die Klagemauer, G. seit 1973
76; Wurzel u. Weh, G. seit 1973 80;
Stundungen, Jährung, G. bis 1983 83.
MA: Chiselstei u. Edelstei. St. Gallen i.
Spiegel lit. Kleinkunst d. Gegenw. 78.

Stoedtner, Gerhard (Ps. Gert
Bergner), Schriftsteller u. Journalist;
Berliner Autorenverein. im Bdesverb.
Dt. Autoren; Hegauer Weg 48, D-1000
Berlin 37, Tel. (030) 8012760 (Hamburg
9.12.13). Lyrik, Essay.
V: Der Arbeiter 50; Die Russen und
wir 62; Rudolf Augstein u. d. "Spiegel"-
Affäre 64, alles polit. Ess..
MA: Ess. in: Jbb. dt. Dichtung 78.
H: Lebendiges Fundament 78; O
Leben, Du tolles Spiel 79; Denver im
Frühling 80; Glasbrücke-Lyrik 80;
Lebenswege 80, alles Lyrik d.
Gegenwart. — **MH:** Worte, G. 80. ( )

Stöger, August Karl, Prof. h. c.,
Hauptschullehrer; Gem.obö.S. 55, SÖS
63; Adalbert-Stifter-Preis 51, Verleih. d.
Prof.titels d. d. Bundespräs. 58,
Erzählerpreis "Unsere Kirche" 60, 62;
Tänzlgasse 15, A-4820 Bad Ischl, Tel.
(06132) 3739 (Bad Ischl 19.1.05). Roman,
Novelle, Erzählung, Kurzgeschichte,
Hörspiel. **Ue:** E.
V: Die Magd, Geschn. 37; Die Krane-
wittbrüder, R. 38, 80; Der Knecht Tobias,
Erz. 42, 49; Die Heimkehr, Geschn. 43;
Der Schäfer der Costa bianca, N. 44; Das
Boot ist leer, R. 50; Die Reise nach
Hallstatt, N. 52, 55; Junges Blut in kalter
Welt, R. 53; Urlaub nach dem Süden, R.
54; Wenn ein Engel vom Himmel
kommt, Erz. 56; Der Mann vom
Schattwald, R. 57; Das unheimliche
Haus, Erz. 57; Marsch ins Ungewisse,
Jgdb. 72, Tb. 80; Es ist schon alles gut
gerichtet, Erz. 74; Verschollen, Jgdb. 74;
Wüste in Flammen, Jgdb. 77.
R: Unser Bruder Istvan, Hsp. 64;
Gericht am Abend, Hsp. 66; Zigeuner-
musik, Hsp. 68.
Ue: Defoe: Robinson Crusoe 49, 77. ( )

Stöger, Hilde *

Stöhr, Kurt Reinhold (Ps. Gert
Linden); Sommerrain 2, D-7070
Schwäbisch Gmünd, Tel. (07171) 67798
(Neudorf a.d. Neiße 30.11.20). Erzählung,
Roman, Lyrik, Aufsätze.
V: Die Schöpfung, G. 81; Stine setzt
sich durch, R. 82; Liebe und Lava, R. 83.

MA: Die Erzählung 64; Gablonzer
Mundartbuch 64; Sudeten-Jb. 59;
Jeschken-Iser-Jb. 76.
Lit: Publikation 3 64, 10 66.

Stökl, Ignaz (Ps. Werner Sternberg),
Dr., StudSem.-Dir. i.R.; Baumeister-
Specht-Str. 22, D-8998 Lindenberg i.
Allg., Tel. (08381) 5644 (Passau 17.1.08).
Novelle, Film.
V: Jungen im Sturm, Erz. 38; Das
weiße Zelt, Erz. 45; Das Geheimnis des
Freundes 45.
F: Eine fröhliche Klasse 53; Das hohe
Lied 55. - (**MV**) Das Licht der Berge 52.
( )

Störig, Hans Joachim, Dr. phil., Dr.
jur., Chefredakteur; Osterwaldstr. 59, D-
8000 München 40, Tel. (089) 3613223
(Quenstedt/Harz 25.7.15). Sachbuch,
Übers., Hsg. von Nachschlagewerken.
Ue: E.
V: Kleine Weltgeschichte d.
Philosophie 50, 14. Aufl. 81 (auch ital.,
ndl., span., japan.); Kleine Welt-
geschichte d. Wissenschaft 54, 82 (auch
ital., ndl., japan.); Knaurs Buch d.
Astronomie 72, 83 (auch ital.); weit.
Sach- u. Schulbücher.
H: Das Problem des Übersetzens 63,
78; Zahlr. Lexika, Atlanten, Wörter-
bücher.
Ue: Guy Endore: König von Paris, R.
57; Umweg bei Nacht, R. 59; Eugene
Vale: Der dreizehnte Apostel, R. 61.

Stössel, Jürgen-Peter, Dr. med. vet.,
freier Medizinjournalist; VS 72;
Donnersbergerstr. 57, D-8000
München 19, Tel. (089) 132357 (Stuttgart
18.5.39). Lyrik, Roman, Kurzprosa,
Essay, Hörspiel.
V: Todesursachen sind Wirkungen
des Lebens, Kurzprosa 71; Tatworte, G.
71; Ich gestehe, daß ich bestreite 71;
Friedenserklärung, G. 73; Der Grund
zum Leben, G.erz. 77; Zwei sind nie
allein, G. 79. — 3 Fachbücher.
MA: Die stillenden Väter 83.
H: ... und ruhig fließet der Rhein,
Anth. 79. — **MH:** Auf Anhieb Mord,
Anth. 75.

Stöver, Hans Dieter, Lehrer;
Rathenaustr. 22, D-5354 Weilerswist, Tel.
(02254) 7353 (Wissen/Sieg 13.12.37). Hist.
Monographien, Biographien, Roman,
hist. Roman, Hörspiel, Satire.
V: Die Römer — Taktiker der Macht,
1.-3. Aufl. 76; Spartacus — Sklave u.
Rebell, hist. R. 1. u. 2. Aufl. 77;
Verschwörung gegen Rom 79; Der letzte
Bischof, Satire 80; C.V.T. Im Dienste der

Caesaren I: Mord auf der Via Appia 82, II: Die Frau des Senators 82, III: Ich klage an 82, IV: Skandal um Nausikaa 83, V: Alexander und die Gladiatoren 83, histor.-Krim.-R.; Christenverfolgung im Römischen Reich 83.

R: Der Aufstand des Spartakus 65; Umbau oder Neubau. Ein alter Bauernhof wird modernisiert 67; Ein Schloß für den Kurfürsten von Sachsen 67; Michelangelo in Rom 68; Ein Weingut für Stift Herford 68; Ein Eifeldorf kämpft um sein Recht (1759) 68; Reifferscheid soll französisch werden 69; Rembrandts letzte Jahre 69; An der Zonengrenze im Harz 69; Helmstedt, Stadt an der Zonengrenze 69; Ludwig von Kessenich wird Söldner in Pisa 70; Arbeiter f. Steinbrüche u. Landgüter — Sklavenwirtsch. in d. Antike 75; ...werden ihre Fesseln sprengen.... Sklaven, Hörige u. Unterprivilegierte 76; Catilinas Griff nach d. Macht 80, alles Hsp.

Stohwasser, Jörg, Graphiker; Oberbruchhausen Nr. 6, D-5203 Much, Tel. (02245) 2785 (Köln 20.2.55). Lyrik, Prosa, Essay.
V: In nächster Nähe, G. 82.

Stoiber, Rudolf Maria, Rdfk.-Journalist; 300 East 34th Street, New York, NY 10016/USA, Tel. (0212) 8891272 (Steyr/ObÖst. 29.8.25). Roman, Jugendbuch, Hörspiel, Fernsehspiel. **Ue:** E.
V: Der Krippelnarr, 2 Erzn. 49; Alle Feuer brennen, Jgd.-Erz. 50; Der Wettlauf zum Pol, Jgd.-Erz. 50, 62; Tagebuch aus Kaprun 51, 56; 220 Millionen und Einer, biogr. R. 51, 61 u.d.T.: Mann in Weiß 61; Die Harte Straße, biogr. R. 52, 59; Hunger nach Land, Jgdb. 52; Wo Sven Hedin nicht war, Tageb. 53; Das Geheimnis des Schwimmenden Hotels 54, 77; Das Geheimnis auf Kanal 6, Jgdb. 59, 77; Familie Menschheit, Ein Gespräch üb. die Vereinten Nationen.
R: Zwischen 6 und 7 52; Am Flügel: Der Komponist 58; Der Narr von Solferino 59, alles Hsp.; Nueva York P. R., Fs.-Dok. 71; Der Hauptmann, Fsf. 71; New York, New York, Fs.-Dok. 77; Drei Witwen — Drei Maler 79; Ernst Krenek Festival, Santa Barbara 79; Die Geschöpfe der Gundi Dietz 80, alles Fs.-Dok. ( )

Stoll, Heinrich Alexander, c/o Union Verlag, Berlin (Ost).
V: Begegnungen im Zuge, Erzn. 81. ( )

Stolper, Armin; Carl-Blechen-Pr. d. Bez. Cottbus 56, Staatspr. f. künstler.

Volksschaffen 64, Erich-Weinert-Med. 69, Lessing-Pr. 70, Lit.pr. d. FDGB 72, c/o Hinstorff Verlag, Rostock, DDR (Breslau 23.3.34).
V: Das Geständnis, Laisp. n. Nikolajewa 63; Zwei Physiker, Sch. n. Granin 65; Amphitryon, Kom. 67; Ruzente, Kom. n. Beole 67; Vietnamesische Schulstunde, Kant. 67; Zeitgenossen, Sch. n. Gabrilowitsch/ Raisman 69; Himmelfahrt zur Erde, St. n. Antonow 70; Klara und der Gänserich, Sch. 73; Narrenspiel will Raum 77; Der Theaterprofessor und andere Käuze 77, 80; Das Naturkind, Kom. n. Voltaire 77; Jeder Fuchs lobt seinen Schwanz 78; Concerto dramatico, n. Goethe, Voltaire u. Bulgakow 79; Die Karriere d. Seiltänzers, 9 Erzn. u. e. Stück 79, 82; Lausitzer Triologie, Samml. 80; Dienstreisende. Gespräche zw. Gubanow u. Nitotschkin, Sch.; Die Vogelscheuche oder die Heimkehr des verlorenen Sohnes, Sch. 81; Weißer Flügel Schwarzgerändert, G. 82; Poesie trägt einen weiten Mantel 82. ( )

Stolte, Ernst, Rektor; Papiergarten 8, D-3394 Langelsheim 1, Tel. (05326) 1657 (Langelsheim/Harz 26.9.12). Lyrik, Feuilleton, Roman, Heimatgeschichte.
V: Vor d. Walde in einem Tal, R. 79; Langelsheimer Sagenbüchlein 81; Langelsheim. Beitr. u. Hinweise z. Gesch. e. Harzstadt 82.
MA: Autorenwerkstatt 1, Lyr.-Anth. 82.

Stolten, Inge; VS Hamburg 70; Maria-Louisen-Stieg 15, D-2000 Hamburg 60, Tel. (040) 473743 (Hamburg 23.3.21). Roman, Fernsehspiel, Hörfunk-Feature.
V: Das Tagebuch der Jutta S', R. 70; Das alltägliche Exil — Leben zw. Hakenkreuz u. Währungsreform, Sachb. 82. — **MV:** Weder Krankheit noch Verbrechen. Plädoyer f. e. Minderh. 69; Kinderlos aus Verantwortung, Sachb. 78 (holl. 79); Der alltägliche Faschismus — Frauen im 3. Reich 81, 82.
MA: Kein schöner Land? 79; Das neue Narrenschiff 80; Frauen — Portraits aus zwei Jh. 81; Heilig Abend zusammen! 82.
H: Der Hunger nach Erfahrung — Frauen nach '45 81.
R: Der Röhm-Putsch; Erzberger/ Helfferich, Fsp; Damals u. heute, Hsp. 79; Karriere — kritisch betrachtet 80; Das Recht auf den Tod 80; Alltag 1933-1939 81; Kriegsalltag 1938-1945 82; Fronttheater 82.

Stolz, Dieter *

Stolze, Hans-Dieter, Pastor;
Friedrich-Engels-Str. 24, D-3500 Kassel,
Tel. (0561) 16595 (Bernburg/Saale 7.1.37).
Kinderbuch.
V: Ein Jahr mit Arno 66, 71; Hartmut
u. d. alte Spruch 66; Mit den Birnen fing
es an 67; Die Mittwochsschule 69; Der
Pilzkopf. Wie sich Benno durchsetzte 70;
Sei kein Feigling, Jochen! 71, 79; Die
verpfuschten Ferien 71; Unternehmen
Paulshof 72; Gefahr am Fluß 74;
Christian trampt nach Dänemark 76;
Fred braucht neue Freunde 77; Für
Jocki wird es wieder hell 78; Die
Evangelisch-methodistische Kirche 79;
Fahrt in die Vergangenheit 81; Gestern
war ich rundum glücklich 82; Aus der
Kirche geplaudert, heit. Geschn. 82; Ich
will eine Brücke bauen. E. schrecklich-
schöner Sommer 1945 83. ( )

Stolze-Neef, Loni *

Storm, Ruth; Kg.; Goldene
Ehrennadel des Wangener Kreises,
Preis im Erzählerwettbew. d. Ostdt.
Kulturrates 78; Ges. f. Lit. u. Kunst "Der
Osten", Wangener Kreis; Masuren Str. 1,
D-7988 Wangen/Allg., Tel. (07522) 3553
(Kattowitz/OS 1.6.05). Roman, Novelle,
Lyrik.
V: Ein Mann kehrt heim, Erzn. 35;
Das vorletzte Gericht, R. 53; Tausend
Jahre - ein Tag, R. 55; Ich schrieb es auf,
Tagebuchblätter 61; Der Verkleidete, R.
63; Ein Stückchen Erde, R. 65; Zeit-
geschehen aus der Perspektive eines
Kindes, Erz. 72; Wieder war die Erde
verdorben vor Gottes Augen, Erz. 77;
Odersaga, R. 79; Der Zeitenuhr unent-
rinnbarer Sand, Lyrik 83.
MA: Abschied und Begegnung 54;
Aber das Herz hängt daran 55; Keiner
kennt die Grenze 56; Erzählungen
deutscher Dichter IV 56; Große
Schlesier 57; Und die Welt hebt an zu
singen, Anth. schles. Lyrik 58;
Vermächtnis der Lebenden II, Oberschlesier erzählen 62; Schlesische
Liebesgeschichten 67; Große Deutsche
aus Schlesien 69; Grenzüber-
schreitungen 73; Auf meiner Straße 75;
Alle Mütter dieser Welt 78; Vermächtnis
der Lebenden III 79; Brieger Gänse
fliegen nicht 82.
Lit: Ostdeutsche Monatshefte 56;
Arno Lubos: Die schlesische Dichtung
im 20. Jahrhundert 61; Karl Schindler:
Heimat und Vertreibung in der schlesi-
schen Dichtung 64; Wilh. Meridies:
Chronistin schles. Schicksals in: Zs.
Schlesien III 79.

Storz verh. Bürli-Storz, Claudia, Dr.
phil. I., Englischlehrerin; Gruppe Olten;
Förderungspr. d. Kantons Aargau 77,
Rauriser Literaturpr. 78, Schillerpr. d.
Stadt Zürich 78, Werkpr. d. Kantons
Solothurn 81, C.F. Meyer-Pr. 81, u.a.;
Halde 29, CH-5000 Aarau, Tel. (064)
247572 (Zürich 13.6.48). Roman, Kurz-
geschichte, Lyrik, Essay, Hörspiel,
Wissenschaftl.
V: Jessica mit Konstruktionsfehlern,
R. 77, 79; Deliberate Ambiguity in
Advertising 80; Auf der Suche nach
Lady Gregory, R. 81, 83.
MA: Kindheitsgeschichten, Anth. 79;
Anthologie im Grossdruck 80;
Beunruhigendes, Anth. 80; Anthologie
Schweizerautoren 80; Kinderwunsch,
Anth. 82; Frauen erfahren Frauen 82.

†**Storz**, Gerhard (Ps. Georg
Leitenberger), Dr. phil., Dr. phil. h. c.,
UProf., Min. i.R.; VS, P.E.N. 57; Doctor
litterarum 65, Konrad Duden-Pr. 66,
Schiller-Gedächtnispr. d. Ldes Baden-
Württ. 71, Dr. phil. h. c. 79; Dt. Akad. f.
Spr. u. Dicht. 49, Präs. 66; Eugen-
Hegele-Weg 4, D-7250 Leonberg
(Rottenacker/Württ. 19.8.98). Essay,
Literatur- u. Sprachwissenschaft. **Ue:** F,
L.
V: Das Theater in der Gegenwart 27;
Laienbrevier über den Umgang mit der
Sprache 37; Der Lehrer, Erz. 37; Das
Drama Schillers, Ess. 38; Musik auf dem
Lande, Erz. 40; Tage vor Ostern 40;
Gedanken über die Dichtung, Poetik f.
Liebhaber 41; Einquartierung, Erz. 46;
Reise nach Frankreich, Erz. 48; Goethe-
Vigilien, Ess. 53; Italien con amore
bereist, Erz. 55; Sprache und Dichtung
57; Der Dichter Friedrich Schiller 59, 63;
Figuren und Prospekte, Ess. 63; Eduard
Mörike 67; Schwäbische Romantik 67;
Der Vers in der neueren deutschen
Dichtung 70; Heinrich Heines lyrische
Dichtung 71; Klassik und Romantik i. d.
dt. Lit. 72; Im Lauf der Jahre, Autobiogr.
73; Sprachanalyse ohne Sprache,
Bemerk. z. modern. Linguistik 75;
Zwischen Amt und Neigung, Autobiogr.
76; Das Wort als Zeichen u. Wirklichkeit,
Ess. 80; Karl Eugen. Der Fürst und das
"alte gute Recht" 81. — **MV:** Aus dem
Wörterbuch des Unmenschen, m. D.
Sternberger u. W. E. Süskind 57.
MA: Gedanken und Dichtung 42;
Schiller. Samml. d. i. Jahr 1955
gehaltenen Gedächtnisreden 55;
Religiöse Dichtung der Gegenwart 55;
Die deutsche Lyrik 56.

H: Carl Friedr. v. Rumohr: Schule der Höflichkeit f. Alt und Jung 82.

S: Der Kleeblattschnautzer u. a. schwaeb. Maulereien, Schallpl. 78.

Ue: Sallust: Die Verschwörung des Catilina 42; Bernanos: Auswahl; Maulnier: Der Prozeß der Jeanne d'Arc, Dr. 54.

s. a. Kürschners GK.

Storz, Oliver, Schriftsteller; Dt. P.E.N.-Zentr. 73; Sonderpr. d. Berliner Filmfestspiele f. d. beste Fsp. z. Thema Freiheit u. Gerechtigkeit 62, DAG-Fs.pr. 78; Bergstr. 10, D-8021 Deining/Obb. (Mannheim 30.4.29). Fersehspiel, erzählende Prosa, Essay.

V: Lokaltermin, Erzn. 62; Nachbeben, R. 77, Tb. 81. — **MV:** Unser ganzes Leben 66; Im Stadion 70; Deutsche Erzähler 70; Saisonbeginn 75; Der Sonnenbogen 76.

F: Ein Mann im schönsten Alter 63.

R: Der Schlaf der Gerechten 62; Der Fall Rouger 64; Der Trinker 67; Prüfung eines Lehrers 68; Die Niederlage 69; Die Beichte 70; Lisa — aus dem Leben einer Unentbehrlichen 74; Der Tod des Camilo Torres, oder: die Wirklichkeit hält viel aus 77; Das 1001 Jahr 79; Musik auf dem Lande 80, alles Fsp. ( )

Stosch, Hellmut, s. Weber-Stumfohl, Herta.

Stotz, Jo, s. Stotz, Paula Johanna.

Stotz, Paula Johanna (Ps. Jo Stotz), Goldschmiedemeisterin; Fleinerstr. 33, D-7100 Heilbronn/N., Tel. (07131) 81382 (Schwäbisch-Gmünd 5.10.02). Roman, Essay.

V: Der Ewige, R. 39; Mutter, G. u. Prosa 40; Innere Freiheit, G. u. Ess. 49; Heilbronn - Blüte, Untergang u. Wiederstehen einer Stadt 54, 63; Sterne, Yoga, Edelsteine 63; Der Schwarze Sternsaphir, Menschen im Strafvollzug, R. u. Dok. 65; Heilbronn. Der Pulsschlag dieser Stadt 69; Heilbronn - Alte Reichsstadt, junge Großstadt.

H: Gastmahl Gottes, Anth. 41. ( )

Stotz-Stroheker, Tina, Stud.rätin; VS 82; Stip. d. Leonce u. Lena-Pr. 81; Lit. Werkstatt Göppingen 80; Im Heimt 30, D-7332 Eislingen/Fils, Tel. (07161) 812122 (Ulm/D. 13.6.48). Lyrik, Roman.

V: Einfache Syntax d. Seele, G. 80, 2. Aufl. 81; PROVINZ od. d. zufällige Wiederentdeckung d. Mondsichel, G. 82; Weg. z. Horizont, G. (Biblioph. Ausg.) 82. — **MV:** Literar. März — Lyrik unserer Zeit, Anth. 81.

Stowitsch, Agno, s. Riha, Karl.

Straass, Frank, s. Baumann, Herbert.

Strache, Wolf (Ps. G. J. Ende), Dr. rer. pol., Bildbuch-Autor, Herausgeber; DJV; Kulturpr. d. Dt. Ges. f. Photographie 79; BFF; Landhausstr. 59, D-7000 Stuttgart 1, Tel. (0711) 433983 (Greifswald 5.10.10).

V: Was uns blieb, Erzn. a. Nachkriegsdtschld. 47; Schöpferische Kamera 55; Der Golf v. Neapel 58; Fotografische Stationen 81; Stuttgart — mit meinen Augen 82.

H: MH: Die Schönen Bücher seit 50; Das Deutsche Lichtbild, Jb. d. dt. Fotografie, dt., engl. 55-79; Japan — Fernes Land 57; Geboren im Feuer — Stahl 56 (auch engl.); Die große Ernte 61 (auch engl., span., port.); 100 Jahre Porsche — im Spiegel der Zeitgeschichte 76; versch. Bild-Bde.

Strachwitz, Maja Maria Gräfin, cand.phil., Hausfrau; Schriftst. in Schlesw.-Holst. u. Eutiner Kreis e.V., FDA; Freunde u. Förderer d. Stift. Kulturwerk Schles. e.V.; Ebertallee 11, D-2000 Hamburg 52, Tel. (040) 894140 (Kaminietz, Kr. Tost-Gleiwitz 11.5.01). Lyrik, Roman, Ballade.

V: Der Drache u. d. Ei, Balln. u. Lyr. 81; Moritz Graf Strachwitz, Dichter zw. Tradit. u. Revolut. 82.

Stracke, Theo, Rektor; Austr. 28, D-7251 Wimsheim, Tel. (07044) 42224 (Reichenberg/Sudetenland 21.5.24). Laien- u. Kinderspiel, Jugendliteratur, Lyrik.

V: Frau Holle, Sp. 52; Die Wunderflasche, Laiensp. 53; Der Krauteesel, Sp. 53; Die Roggenfrau, Sp. 53; Wir bauen ein Rathaus in unserer Stadt, Sp. 54; Die Äpfelrache, Sp. 54; Tartufoli, Sp. 55; Hans Großmaul und der Spaßmacher, Sp. 55; Das Zeitusin, Laiensp. 56; Die ganze Schule freut sich, Sp. 56; Das Mädchen mit den Schwefelhölzern, Sp. 56; Das Wunderkästchen 57; Das kleine Laternenspiel 57; Die sieben faulen Brüder 58; Der Rattenfänger 61; Das große Strafgericht, Sp. 64; Silber, Gold und Edelstein, Sp. 65; Kling, Klang und Gloria, Sp. 65; Die Geschichte vom Tannenbaum, Sp. 69; Wir essen alle mit, Sp. 70; Das goldene Tor ist aufgetan, Sp. 72; Wo bleibt nur Herr Müsli? Sp. 80; Tantchen aus Amerika, Sp. 80; Nase hoch, das ist das Beste, Sp. 80; Till Eulenspiegel und der Bäcker, Sp. 80.

H: Kinder feiern Feste 59, 65; Schule auf Fahrt 60; Spiele für Kinder 61; Fest und Feier der Volksschule 63; ... zur freundlichen Erinnerung 65.

Strätling, Barthold (Ps. Christian Meinwerk), Akad.-Doz.; Parkstr. 7a, D-8702 Rottendorf/Unterfr., Tel. (09302) 1059 (Paderborn 5.2.27). Erzählung, Roman, Sachbuch, Hörspiel. **Ue:** N, E.

V: Alarm in Alice Springs, Jgdb. 61; Der Marabut der Hoggar-Berge, Biogr. 61; Der Jungen-Trichter, Jgdb. 62; Käpt'n Kitty Flüstertüte, Jgdb. 62; So war der Wilde Westen, Jgdb. 63, 66; Entdecker am großen Strom, Jgdb. 64; Tödliche Pfeile aus dem Dschungel 65; Die Flucht nach Loschan, R. 65; Verrat am Rio Gila, Erzn. 66; Kinder fallen nicht vom Himmel, Kinderb. 70. — **MV:** Arena der Abenteuer 64; Alle Abenteuer dieser Welt 65.

F: Wir sind doch keine Kinder mehr.

R: Schautermariechen und die Hobbite 60; Das Mädchen auf dem Feuerturm 64; Der Buschdoktor von Karema 64; Das Lied vom guten Marabut 65.

Ue: M. A. M. Renes-Boldingh: Der gute Hirt 65; E. Holmelund Minarik: Kein Zank - kein Streit 65 u.a.

Strätling-Tölle, Helga, Fachpsychologin; Deutscher Jugendbuchpreis 56; Parkstr. 7a, D-8702 Rottendorf/Unterfr., Tel. (09302) 1059 (Paderborn 2.3.27). Erzählung, Roman.

V: ... ganz einfach Doko, Jgdb. 55; Jeanette Leon, R. 61; Mata und die Wölfe, Jgdb. 64.

Strahl, Rudi; SV-DDR 57, P.E.N. 81; Lessing-Pr. d. DDR 74, Goethe-Pr. d. Stadt Berlin 77, Kunstpr. d. FDGB 77, Nationalpr. d. DDR 80; Ahornallee 30, DDR-1167 Berlin, Tel. 6489401 (Stettin 14.9.31). Film, Roman, Lyrik, Dramatik, Kurzgeschichte, Kinderbuch.

V: Sturm auf Kolberg, Erz. 56; Zwischen Zapfenstreich und später, Kurzgeschn. 56; Einer schwieg nicht, Nn. 57; Moses und der Geist des Mönchs, Erz. 58; Mit der Post nach Afrika, Kinderb. 60; Souvenirs, Souvenirs, G. 61, 62; Rolli im Zoo, Kinderb. 61; Ulli kauft ein, Kinderb. 61; Meine Freundin Sibylle, Erz. 62, 67; Mit 1000 Küssen, G. 63, 66; Sandmann auf der Leuchtturminsel, Vers-Erz. 64, 65; Zirkus Tusch, Erz. 64, 66; Kein Verlaß aufs Happy-End, R. 66, 68; Der Krösus von Wölkenau 67, 69; Du und ich und Klein-Paris 68, 71; Robinson im Müggelwald 69; In Sachen Adam und Eva 70; Von Mensch zu Mensch, G. u. Kurzprosa 69; Ewig und drei Tage, G. 70, 75; Nochmal ein Ding drehen, St. 71; Sandmann sucht die neue Stadt, Kinderb. 71; Klaus reißt aus, Kinderbuch 71; Adam

und Eva und kein Ende, St. 72; Stücke 76; Von Augenblick zu Augenblick, G. 77; Kleiner Spatz im großen Zoo, Kinderb. 76; Arno Prinz v. Wolkenstein, St. 79; Er ist wieder da, St. 79; Vor aller Augen, St. 82; Der Schlips des Helden, Stücke 82; Vom ungeheuren Seeungeheuer, mittags, Kinderb. 82.

MA: Lachen und lachen lassen 58; Die von morgen träumen 59; Freitag der 13. 60; So ein Betrieb 61; Klamanns Puppentheater 61; Mimen und Micnen; Mimengalerie 63, 66; Musenkuß und Pferdefuß 64; Deutsche Balladen 65; Anekdoten; Reimereien; Gefährtinnen der Macht; alles Anth.; Das letzte Mahl mit der Geliebten 76; Zwiebelmarkt 78; Kinder 79; Die Tarnkappe 79; Das erste Haus am Platze Barby, m. P. Hacks, St. 83.

F: Der Reserveheld 65; Hände hoch oder ich schieße 66; Meine Freundin Sybille 67; Seine Hoheit Genosse Prinz 68; Wir lassen uns scheiden 69; Du und ich in Klein Paris 70; Ein irrer Duft von frischem Heu 77; Einfach Blumen aufs Dach 79.

R: Das Doppelzimmer 64; Ein gewisser Katilla, Fsp. 72; Die Trauerrede, Fsp. 76; Späte Heirat nicht ausgeschlossen 77; Alles im Lot, alles im Eimer 78; Sehr jung, sehr blond, Fsp. 80; Schöne Ferien, Fsp. 81; Endlich fliegen, Fsp. 82.

S: Satierisches, Tier-G. 65; Eine zärtliche Stimme, G. 83.

Lit: Gesch. d. Lit. d. DDR, Lex. dt.spr. Schriftsteller, u.a.

Strambowski, Anton, Schriftsteller; Karl-Philipp-Str. 8, D-5070 Bergisch Gladbach 1, Tel. (02204) 52451 (Duisburg-Hamborn 24.4.05). Drama, Hörspiel, Novelle, Biographie.

V: Freiherr vom Stein, Sch. 41; Die Herzensprobe, Kom. 41; Frauen um Napoleon, Sch. 42; Die Walewska, Sch. 48; Chopins Lebenslied, N. 49; Tolstoi in Astopowo, Sch. 65; Moses 2000, Sch. 66; Hat der Teufel die Hand im Spiel?, Kom. 75; Stafette mit einem neuen CREDO, Autobiogr. 76; Walewska-Trio, Sch. 81; Der Korse und die polnische Gräfin, Moritat m. Musik v. Carl Michalski 83.

H: Deutsches Theater - 25 Jahre Rückblick, Festschr. 76; Klaus Rohr: Theaterberufe, Analysen u. Ratschläge 83.

Strand, Raoul Henrik, s. Hrstka, Rudolf.

Stranka, Walter; SV-DDR 50; Erich-Weinert-Medaille 58, Heinrich-Heine-Preis 59, Kunst- u. Lit.pr. d. Stadt Weimar 74, Hörspielpreis 83; Dürrstr. 5, DDR-5300 Weimar, Tel. 3074 (Kaaden/Eger 30.1.20). Lyrik, Drama, Erzählung, Reportage, Hörspiel, Film.
V: Reisenotizen aus der Volksrepublik Rumänien 52; Gesänge unserer Kraft, G. 54; Heimat, ich rufe dein rastloses Herz, G. 59; Goldkind, Kom. 70; Brüder, Sch. 74.
MA: Neue Klänge, G. 51; Neue Deutsche Lyrik 51; Dichtung der jungen Generation 51; Mutter von Gori, G. 52; Wir lieben das Leben, G. 53; Sieg der Zukunft, Anth. 53; Junge Schriftsteller in Selbstdarstellungen 65; Erich Weinert: Dichter und Tribun 65.
F: Die Stunde der Töchter, Spielf. 81.
R: Jagdgesellschaft, Fsp. 66; Die Reise, Fsp. 67; An einem freien Samstag, Fsp. 68; Der Ausflug nach Wiepersdorf, Feature 71; Bettina von Arnim, Fsp. 72; Hier bin ich Mensch, Feature 75; Früher Entscheidung, Feature 77; Pépe, Hsp. 79; Tessi, Hsp.-F. 82.

Strasser, Dieter, Verlagskaufmann; Weinstr. 48, D-6741 Rhodt, Tel. (06323) 1419 (Edenkoben 28.9.52). Prosa, Lyrik.
V: Resignation ist keine Waffe, Geschn. u. G. 80.
H: ARGOS, Lit.zs.

Straszl-Fluck, Hertha Maria, s. Oppitz, Hertha Maria.

Stratenwerth geb. Jaeger, Johanna; Preis im 2. Erzählerwettbewerb d. Zs. "Unsere Kirche" 52; Parkstr. 18, D-6000 Frankfurt a.M., Tel. (0611) 552328 (Bethel/Bielefeld 20.8.08). Novelle, Erzählung, Roman.
V: Die Eitelkeit der Erde, Erzn. 56; Arma und der Reiter, Erz. 59; Gnade für Gabriele Ventor, R. 62.
MA: Das heimliche Gericht, Erzn. 52, 59; Wovon lebt der Mensch 59; Die letzte Instanz 62; Gegenüber wartet jemand 70; Vom Geheimnis des Glücks 79; Lockruf zum Leben 79; Es geht um Silentia 81, alles Erzn.; Kurzgeschichten in versch. Zss.

Stratil-Sauer, Lotte, Dr. phil.; J.-Schöffel-Gasse 3, A-3400 Klosterneuburg (Köthen/Anh. 11.5.04). Reise- u. Jugendbuch.
V: Peer, ein Schicksal im Orient 38; Iranisch-ironisches Fahrtenbuch 52; Die Kinder vom Hollatal 56. — MV: Kampf um die Wüste, m. Gustav Stratil-Sauer 34. ( )

Stratow, Karl, s. Paetow, Karl.

Straub, August, Redakteur; Goethe-Plakette d. Ldes Hessen 76; Am Gesänge 14, D-3500 Kassel-Harleshausen, Tel. (0561) 61869 (Meschede/Westf. 22.1.00). Lyrik, Anekdote, Kurzgeschichte, Roman, Hörspiel, Essay, Reisebild, Theaterkritik
V: Westerwälder Spukgeschichten 25; Sah des Mondes Silbersichel, G. 25; Die sieben Lieder von Frühling, Liebe und Tod 26; Herbstgestimmt, G. 29; Der Marienfrühling, G. 29, 30; Das schöne Nassau 30; Das Büchlein Liebemich, G., Skizzen u. Legn. 31, 33; Muttergotteslegenden 32; Marienlegenden deutscher Landschaften I 33, II 34; Das schöne alte Königstein im Taunus 33; Papa Wrangel, Anekdn. 41, 44; Goethe-Anekdoten 41, 50; Schattenrisse aus der Goethezeit 41, 50; Vom wilden Jäger, dt. Volkssagen 41, 44; Von goldenen Schlüsseln und blühenden Bechern, dt. Blumensagen 41, 50; Der Wind hat mir ein Lied erzählt, dt. Liedgeschn. 45, 51; Kleines Lexikon für Goethefreunde 46; Und sind ewiger Klang, Erzn. 56; Islandfischer, Erz. 59, 63; Märchenstätten der Brüder Grimm 63; Krone des Lebens, Ess. 65; Kunstschätze in Hessen, Ess. 66; Nordhessen, Reisebilder I 69, II 70; Dank an Hannes Tuch, Ess. 71; Burgen und Schlösser im Hessenland 75, 82, u.a. — MV: Deutscher Hauskalender 28, 84; Neues Hessisches Lesebuch 56, 64; Westfälische Geldgeschichten 64, u.a.
H: Max Dauthendey: Fernöstliche Geschichten 29; Hans Carossa: Aus dem rumänischen Tagebuch 31; Selma Lagerlöf: Jugendjahre auf Marbacka 31; Erika Bundschuh: Weiße Vögel über blauem Meer, Skizzen 31; Heinrich Leis: Der Gerichtstag, Nn. 31; Emmy Kraetke-Rumpf: Legenden um die heilige Elisabeth 31; Friedrich Schnack: Im Wunderreich der Falter 32; Hans Gäfgen: Orgel der Wiesen, G. u. Skizzen 32; Das junge Lied, Lieder 32; Der Abendsegen, Gebete u. Lieder aus 500 Jahren dt. Lyrik 34; Wilhelm Wilhelmi: Aus meinen Erdentagen 36; Das schöne Nassau, Mh. 29 bis 32; Das Literaturblatt, krit. Wochenbl. 31 — 65; Kamerad Humor, Heiteres Land an Rhein und Main 39 — 45; Alfred Brehm: Das Leben des Kuckucks 41, 44; Der heitere Goethe, Goethes Humor 41, 50; Rhein und Main in schönen Bildern 44; Goethes Stammbuchblätter 47; Schönes Hessenland, Kalender 56 — 66; Reise-Almanach, Ess. 57.

Lit: Hans Rönhild: August Straub.
Vom Weg und schriftstellerischen Werk
70; Hannes Tuch: August M. Straub.
Werk und Leben 70; Jürgen Weishaupt:
A. S. 80 Jahre 80.

Straub, Dieter (Ps. Berthold
Sternenfels), Pressereferent; VS;
Präs.mitgl. NGL Berlin 74 — 76; Lit. Ver.
d. Pfalz; Prinz-Friedrich-Leopoldstr. 27,
D-1000 Berlin 38 (Ludwigshafen/Rh.
11.7.34). Lyrik, Essay. **Ue:** G (Ngr), I, E.
V: Zorn im weissen Oleander, G. 70;
Maserungen des Schattens, G. 71;
Oszillogramme, G. 74; Ikaros fällt in das
Licht, G. 75.
H: Friedrich Gundolf: Für Natzel und
Ditzel - eine Weltgeschichte in Versen
für Kinder 68; Lyrik non Stop, Anth. 75;
Stavros Melissinos: Rybayiat, Gedichte
griech.-dt. 77; Paian, Zs. f. Dichtung. ( )

Straub, Elisabeth (Ps. Elisabeth
Lorentz), Redakteurin; Am Gesänge 14,
D-3500 Kassel-Harleshausen, Tel. (0561)
61869 (Lauterbach 19.5.05). Lyrik, Kurz-
geschichte, Roman, Essay, Reisebild,
Theaterkritik.
V: Sein und Zeit, Lyrik 76, 82; Das
Glück kehrt ein im Erlenhof, R. 83. —
MV: Neues Hessisches Lesebuch 56, 64;
Schönes Hessenland, Kalender 56 — 66;
Hessischer Volkskalender 60, 80; zahlr.
Zss. seit 50.

Straub, Heinz, Ing.; VS; Insterburger
Str. 6g, D-7500 Karlsruhe 1, Tel. (0721)
683561 (Offenburg 6.5.21). Jugendbuch,
Sachbuch.
V: Die spanische Galeone, Jgdb. 63, 71;
Die Pirateninsel, Jgdb. 67, 74; Kraft aus
Wasser und Feuer, Sachb. 67; Sie
stürmten die Maschinen, Jgdb. 69;
Gefährliches Wissen Jgdb. 69, 73; Feuer,
die nie erlöschen, Sachb. 72; O'Kelly, der
Rebell, Jgdb. 74; Die Pulverblume, Jgdb.
75; Bedrohung aus dem Weltall, Jgdb.
75; 2000 Musketen für Martinique, Jgdb.
76; Heiße Fracht aus Afrika, Jgdb. 77;
Das Geheimnis der Seekiste, Jgdb. 78;
Die unheimliche Reise, Jgdb. 78; Die
Insel der Piraten, Jgdb. 78; Der Schatz
der "San Lorenzo", Jgdb. 81; Der eiserne
Seehund, Sachb. 82; Die Sonnenbrillen-
Bande, Jgdb. 83.

Straub, Konrad, Redakteur;
Naubornerstr. 24, D-6330 Wetzlar, Tel.
(06441) 22324 (Zürich 14.5.38). Drama,
Hörspiel.
V: Kriminalfälle d. Bibel, 6 kurze bibl.
Hspe 81; Haben Sie einen "Dürer"?,
Kom. 82; Ruf aus der Nacht u. sieben
weitere Theaterexperimente, Dr. 83.

Straub, Maria Elisabeth; Carsten-
Meyn-Weg 44, D-2000 Hamburg 65, Tel.
(040) 6020392 (Pinneberg 15.11.43).
V: Grönen Aal und rode Grütt 70, 76;
Rüschen und Geranientöpfe 71, 76; Dat
du min Leevsten bist 73, 74; Wer weiß
was im Oktober ist, R. 77; Schenk dem
Mond ein Kleid, R. 82; Nun wohnt mal
schön 83.

Straub, Marlis; Zeppelinstr. 39, D-6078
Neu-Isenburg (Celle 20.3.20). Roman,
Novelle.
V: Wer nie in fremden Betten lag, R.
61, 81; Himmelbetten sehr gefragt, R. 63,
82; Liebe im Fahrpreis inbegriffen, R.
72; Insel der Kindheit, R. 79, 81. ( )

Strauß, Bernárd *

Strauß, Botho, Schriftsteller;
Hannoverscher Dramatikerpreis 74,
Lit.pr. Bayer. Akad d. Schönen Künste
81; Keithstr. 8, D-1000 Berlin 30
(Naumburg/Saale 2.12.44). Drama,
Erzählung, Drehbuch.
V: Die Hypochonder, Theaterstück 71;
Bekannte Gesichter, gemischte Gefühle,
Kom. 73, beide in 1 Bd 81; Marlenes
Schwester, Erzn. 75, Tb. 77, 80; Triologie
des Wiedersehens, Theaterstück 75; Die
Widmung, Erz. 77, Tb. 80; Groß und
Klein, Szenen 78; Rumor, R. 80, Tb. 82;
Kalldewey, Farce 81; Paare, Passanten
81; Der Park, Sch. 83.
B: Ibsen: Peer Gynt, m. Peter Stein 71;
Labiche: Das Sparschwein 73; Sommer-
gäste, nach Gorki, m. Peter Stein 75.
F: Sommergäste, nach Gorki 75.
S: Die Widmung, Ausz., Schallpl. 79. ( )

Strauss, Gerlinde (Ps. Linda Strauss);
Nadistr. 10, D-8000 München 40, Tel.
(089) 3510401 (Salzburg 17.10.33). Lyrik,
Roman, Novelle, Drehbuch.
V: Campari Bitter, R. 59, Tb. 78, zus. m.
Die Heiratsschwindlerin 83; Getanzte
Träume 68; Geliebter Schwindler 68;
Mein Nadja 69; Das große Spiel 70, alles
R. u.v.a.

Strauss, Linda, s. Strauss, Gerlinde.

Streblow, Lothar, freier Schriftsteller;
VS 60, Kg. 72, Die Kogge 75;
Ausldsreisestip. 67, Hsp.-Pr. d. Arb.gem.
d. Rdfkanst. Dtschlds 72, Dt. Jgdb.pr.-
Auswahlliste 76, Umweltschutz-Med. 78,
Studienpr. z. Kogge-Lit.pr. d. Stadt
Minden 79, Ldeskdl. Jgdb.pr. 80;
Tukankreis 68; Im Greutle 4, D-7050
Waiblingen-Hegnach, Tel. (07151) 52492
(Gera 10.10.29). Roman, Novelle, Kurz-
prosa, Essay, Hörspiel, Reise-
Impression, Jugenderzählung. **Ue:** E.

V: Der Andere, N. 61, 67 (auch franz.);
Seelen aus Plexiglas, Kurzprosa 63, 65;
Die Gierige, Erz. 65, 70; Nackte Träume,
Erz. 66, 69; Erotik-Sex-Pornographie -
Das Phänomen des Erotischen
Realismus in der neueren deutsch-
sprachigen Literatur, Ess. 68, 70; Begeg-
nungen und Gespräche auf einer Reise
in Jugoslawien, Reise-Impressionen 68;
Verkaufte Haut, R. 69, 70; Exzess, R. 70;
Drollis Abenteuer, Kinderb. 73; Die
Bewohner des grünen Planeten, Jgdb.
74, 82; Raketenreise zu den Utzebules,
Kinderb. 74; Der verdächtige Kombi,
Jgdb. 75; Schnüffi, die Geschichte eines
Igels, Tiermonogr. 75, erw. 82; Drollis
Abenteuer im Zoo, Kinderb. 75; Ziel-
planet Rondir II, Jgdb. 76, 82; Drollis
Abenteuer am Fluß, Kinderb. 76; Auf-
regende Verfolgung, Jgdb. 77; Der
Computerplanet, Jgdb. 77; Der Planet
der bunten Damen, R. 77; Das
Geheimnis des Steinbruchs, Jgdb. 77;
Bären vor dem Frühstück, Erz. 77,
Neuausg. 79; Meslan IV in Gefahr, SF-
Jgd-R. 78; Ein Eierkuchen aus Blech,
Jgdb. 78 (auch span.); Der Wasserplanet,
SF-Jgd-R. 79; Geister in der Nacht —
Nationalpark Bayerischer Wald, Erlebn.
m. Tieren 79; Ein Eierkuchen aus Blech
auf Tauchstation, Jgdb. 80; Der Schloß-
geist v. Sachsenheim, Jgdb. 80; Affen,
Autos, Abenteuer, Erzn. 80; Raum-
kreuzer Runa: Planet der weißen Wölfe,
SF-Jgd-R. 82; Spuren eines Sommers,
Tiererlebnisse im Remstal 82; Raum-
kreuzer Runa: Die Revolte der Kyborgs,
SF-Jgd-R. 83; Pinsi, die Geschichte
eines Eichhörnchens, Tiermonogr. 83.

MA: Der Greifenalmanach auf d. Jahr
62 61, a. d. Jahr 63 62; Ehebruch und
Nächstenliebe, Prosa-Anth. 69; Alter-
nativen 4: Liebe-Ehe-Elternschaft, Text-
samml. 70, 71; Theologisches Forum 6,
Textsamml. 71, 72; Verantwortliche
Sexualität, Textsamml. 71; Liebe - 33
Erzähler von heute, Prosa-Anth. 72;
Hegnach 1974, Dok. 74; Aus Deutsch-
lands Mitte, Anth. 75; Die Kehrseite des
Mondes, Anth. 75; Autoren reisen, Anth.
76; Prisma Minden, Anth. 78; Spinnen-
musik, Anth. 79; Science Fiction Story
Reader 16 81, 17 82; Skizzen einer
Kulturlandschaft, Anth. 81; Heyne
Science Fiction Magazin 2 82, 6 83; Noch
Leben auf KA III?, Anth. 83.

R: Der Stein 57; Staub auf meinen
Schuhen 57; Der Mann und der Hund
58, alles Funk-Erz.; Erotik-Sex-Pornographie, Radio-Ess. 67 (auch serbokroat.); Die Zukunft des Eros, Radio-
Ess. 68; Nicolas und die Schildkröte,

Funk-Erz. 71; Pornographie und Eroti-
scher Realismus, Radio-Ess. 71;
Raketenreise zu den Ulebules, Hsp. 71,
73; Klöster und Dichter in der
Nordmoldau, Reise-Impression 71; Die
Sache mit dem Saufatz, Funk-Erz. 71,
73; Drollis Abenteuer, Sendef. 71;
Schildkrötenjagd, Funk-Erz. 72; Besuch
von einem anderen Planeten, Hsp. 72,
73; Der Fisch, Hsp. 72, 82; Bären vor
dem Frühstück, Fk-Erz. 73;
Dalmatinische Impressionen, literar.
Reiseber. 73; Der Prospektor, Hsp. 73,
81; Bukarester Impressionen, literar.
Reiseber. 74; Höhlen und Inseln -
Impressionen von jenseits der Zivi-
lisation, literar. Reiseber. 75; Monte-
negrinische Impressionen, literar.
Reiseber. 76; Impressionen aus der
Nordmoldau, literar. Reiseber. 77;
Science Fiction — Phantastik — Utopie,
Radio-Ess. 79; Der Umweltschützer,
Kurzhsp. 79.

S: L. S. liest: Der Andere, N. 79; L. S.
liest: Intermezzo im Morgengrauen,
Erzn. 79; L. S. liest: Jugoslawische
Impressionen, Reiseber. 79; L. S. liest:
Rumänische Impressionen, Reiseber. 79;
L. S. liest aus: Bären vor dem Früh-
stück, Erlebn. m. Tieren 79; L. S. liest
aus: Geister in der Nacht, Erlebn. m.
Tieren 79; L. S. liest: Ein Eierkuchen
aus Blech, Jgderz. 80; L. S. liest: Der
Planet d. bunten Damen, Roman 80,
alles Lit.-Cassetten.

Ue: MA: (Vorwort zur dt. Ausgabe) E.
u. Ph. Kronhausen: Pornographie und
Gesetz 63.

Lit: L. S. z. 50. Geb. in: Bulletin Jgd &
Lit., H. 8 79.

Streckfuß, Lise, Konrektorin;
Silcherstr. 6, D-7401 Nehren (Tübingen
8.6.15). Jugendbuch.
V: Meinhard, wohin?, Erz. 56.

Strehblow, Barbara (Ps. Erle Bach),
Buchhändlerin; Kg. 74; Erzählerpr. d.
Ostdt. Kulturrates 74, 77; Wangener
Kreis 64; Nikolaus-Däublin-Weg 9, D-
7859 Efringen-Kirchen, Tel. (07628) 2234
(Hirschberg/Schles. 5.11.27). Erzählung,
Lyrik, lyrische Prosa, Funk-Feature,
schles. Mundart (Gedicht u. Prosa).
V: Die Knoblauchschmiede, Erz. 77;
Matka mit den blossen Füssen, Erz. 80.
MA: Magisches Quadrat; Weh' dem,
der keine Heimat hat, u.a. Anth.
H: Brieger Gänse fliegen nicht, Erz.G.
82.

Streich, Gudrun *

Streicher, Wolfgang, Dipl.-
Bibliothekar; Pliensaustr. 42, D-7300
Eßlingen am Neckar (Stuttgart 23.1.36).
V: Ohne Psychologie, Lyrik 74;
Chromatik, Lyrik 78; Rondo, Lyrik 79;
Modulationen, Lyrik 81; Konstruktion,
Prosa 82.

von Streit, Brigitte *

Streit, Elisabeth, s. Streit, Kurt W.

Streit, Jakob, Schriftsteller; Be.S.V. 52,
SSV 72; Lit.Pr. d. Stadt Bern 56; Asylstr.
12, CH-3700 Spiez, Kt. Bern, Tel. (033)
543313 (Spiez 23.9.10). Jugendbuch,
Essay, Historie.
V: Beatus Legenden 39, 68; Kindheits-
legenden 41, 80 (auch holl.); Bienenbuch
44, 79 (auch schwed., norw., holl.); Tiergeschichten 45, 79 (auch ital., engl., holl.);
Dreikönigsbuch 53, 79; Bergblumen-
märchen 55, 76; Kleine Schöpfungsgeschichte 56; Die schöne Magellone 57,
60; Die Söhne Kains 59; Von Zwergen
und Wildmannli 64, 72, alles Jgdbücher;
Das Märchen im Leben des Kindes 64/
77; Erziehung, Schule, Elternhaus, Ess.
68, 78; Rösli von Steckelberg 69, 70; Und
es ward Licht 70, 80; Milon und der
Löwe 72, 81 (auch port.), alles Jgdbücher; Der verlorene Prinz, N. 76; Der
Sternenreiter, N. 77; Kleine Biene
Sonnenstrahl, Jgdb. 77, 80; Sonne und
Kreuz, Hist. 77 (holl. 80); Ich will Dein
Bruder sein 79, 80; Puck der Zwerg 81,
82; Albertus Magnus, Biogr. 82; Ziehet
hin ins gelobte Land 83.
MA: Waldorfpädagogik in öffentl.
Schulen 75, 78 (auch jap.).
H: Therese Keller, Monogr. 74, 75.
R: Der vierte König, Hsp. 52; Beatus,
ein irischer Glaubensbote, Hsp. 52.

Streit, Kurt W. (Ps. George C. Aileron,
Elisabeth Streit, KWS, GCA), Luftfahrt-
Publizist; Wackersbergerstr. 29, D-8172
Lenggries, Tel. (08042) 8955 (Bayreuth
28.6.21). Jugendbuch, Roman, Novelle.
V: E-Avis, Feuer an Bord, Jgdb. 52;
Männer, schneller als der Schall, Jgdb.
53, 56; Alarm auf der Nordstrecke, Jgdb.
54; Gewitterflug über die Anden, Jgdb.
54; Vom Reißbrett zum Rollfeld, Jgdb.
55; YZ antwortet nicht, Jgdb. 55; Renates
erster Flug, Jgdb. 57; Renate fliegt nach
Amerika, Jgdb. 57; Kapitän Rickie's
tollster Flug, Jgdb. 57; Ein Glückstag für
Margit 58; Notlandung 58; SOS beim
Polarflug 60; Comet ruft Rom 61; Flugkapitän Brand, Jgdb. 63; SOS zwischen
Himmel und Erde 69; Geschichte der
Luftfahrt, hist. Bild-Textbd 76; Airline
Captain Brand 77; Breken Door De

Geluidsmuur 76. — **MV:** Wolfgang von
Gronau: Weltflieger 59; Monika Brass:
Überall leuchten die Sterne 57;
Hermann Homann: Wilde, weite Welt
58; Arbeitsbuch Literatur 6 70;
Universum Bd. 69, 70, 71, 72, 73, 74, 75;
Großtaten moderner Technik 71;
Deutsch 4 74; Im Strom des Lebens 76;
drucksachen 7 76; Geschichte d. Luft-
fahrt, m. Taylor 78; Caidin: The Saga of
Iron Annie 79.
H: MV: Flieger erobern die Welt,
Jgdb. 61; Über Grenzen und Meere,
Jgdb. 62.

Streit, Monica, Schriftstellerin u.
Psychotherapeutin; VS Berlin 82;
Kreuzbergstr. 71, D-1000 Berlin 61
(Hilbringen 3.1.48). Erzählungen,
Roman, Lyrik.
V: Issi Marocco, Erzn. üb. Gewalt 82;
Busy to be free — Liebe ist Ausland, G.
1979-82 83.
MA: versch. Anth.; fließpunkte, Lyr. u.
Prosa 78; Das Kopfdromedar, Lyr. u.
Prosa 80.
Lit: Ingeborg Drewitz: Vorwort "Issi
Marocco"; Anna Rheinsberg: Nachwort
"Issi Marocco".

Streiter, Cornelius, s. Doerdelmann,
Bernhard.

Streubel, Manfred; Erich-Weinert-
Med. 62, 70, Martin-Andersen-Nexö-
Kunstpr. d. Stadt Dresden 68, Heinrich-
Heine-Pr. 70, c/o Mitteldeutscher Verlag,
Halle, DDR (Leipzig 5.11.32). Lyrik,
Kinderbuch.
V: Laut und leise, G. 56; Das jüngste
Gericht von Rasselbach, Kinderst. 64;
Zehn kleine Jägerlein, Kinderb. 67;
Dresdener Botschaften, Kant. 67; Zeit-
ansage, G. 68; Loke und die Hexe Yu,
Singsp. 71; Zukunftsmusik, Kinderkant.
69; Ratcliff rechnet ab, Grusical n. H.
Heine 74; Honig holen 76; Inventur, lyr.
Tageb. 78; Wachsende Ringe, Sonette 80.
H: Mein Lausitzer Guckkasten 79, 82.
R: Unser Drache Kasimir, Kinderhsp.
66; Zehn kleine Jägerlein, Hsp. 70; Niko
im Eis, Kinderhsp. 67; Da kam ein
junger Königssohn, Kinderhsp. 68; Loke
und die Hexe Yu, Kinderhsp. 68. ( )

Strey, Monika, Realschullehrerin;
Cranachstr. 16, D-4000 Düsseldorf, Tel.
(0211) 662771 (Hamburg 1.4.35). Lyrik,
epische Lyrik, Roman.
V: spuren im sediment, G. 80; Der
traurige Clown. E. Kindheitsgesch., R.
82.

Stricker, Heinrich (Ps. Tiny Stricker),
M.A., Doz. Goethe-Inst.; Alternativbuch

des Jahres 70; Weilerstr. 59, D-7902
Blaubeuren, Tel. (07344) 4137
(Gundelfingen/Donau 23.8.49). Roman,
Satire.
V: Trip Generation, Tagebuch-R. 70,
79; Auf der Flucht vor der Flimmer-
kisten-Mafia, sat. R. 77.

Stricker, Tiny, s. Stricker, Heinrich.

Striegler, Günter; Sellinstr. 7, DDR-
1100 Berlin.
V: Siebzehn Pfund Pfifferlinge, Erzn.
80, 82. ( )

Strindberg, Friedrich *

Stripp, Peter, Schriftsteller; VS 73;
Adolf-Grimme-Pr. gold 74, DAG-Pr. 76,
Jakob-Kaiser-Pr. 78; Niebuhrstr. 64, D-
1000 Berlin 12 (Berlin 16.5.35). Märchen,
Hörspiele, Fernsehspiele.
R: Am Sonntag; Saucer Man; Vernehmung, u.a. Hsp.; Mit achtzehn; Babysitter; Zu einem Mord gehören zwei
(bearb.); Das Reservat; Streß; Nach der
Scheidung; Hilde Breitner; Tannerhütte
(bearb.); Berlin-Mitte; Auch eine Liebesgeschichte; Rote Erde, 12-tlg., u.a. Fsp. ( )

Strippel, Jutta, Dr.phil., StudR.;
Odenwaldschule, D-6148 Heppenheim 4,
Tel. (06252) 2686 (Fritzlar 14.9.44).
Roman, Erzählung, Lyrik.
V: Kreide trocknet die Haut aus, R. 82
(Tb.).

Strittmatter, Erwin; SV-DDR;
Nationalpr. d. DDR 53, 55, Lessingpr. 61;
Schulzenhof, DDR-1431 Dollgow
(Spremberg/L. 14.8.12). Bühnenwerk,
Roman, Erzählung.
V: Ochsenkutscher, R. 50, 76; Der
Wald der glücklichen Kinder, M. 51;
Eine Mauer fällt, Erzn. 52, 53; Katz-
graben, Sch. 54, mit d. Nachsp.
Katzgraben 1958 58, 61; Tinko 54, 79;
Paul und die Dame Daniel, Erz. 56; Der
Wundertäter, R. I 57, 82, II 73, 82, III 80,
82; Pony Pedro, Gesch. 59, 63; Die
Holländerbraut, Dr. 61; Ole Bienkopp, R.
63, 82 (auch engl.); Schulzenhofer Kram-
kalender 66, 80 (Teilsamml. auch ober-
sorb.); Der entminte Acker 67; Katz-
graben. — Die Holländerbraut 67; Ein
Dienstag im September 69, 81; 3/4 —
Hundert Kleingeschichten 71, 80; Die
blaue Nachtigall oder der Anfang von
etwas 73, 76 (Teilsamml.); Meine
Freundin Tina Babe, 3 Geschn. 77, 79;
Sulamith Mingedöh, der Doktor und die
Laus 77; Damals auf der Farm und
andere Geschichten 77, 80; Nachtigall-
Geschichten 81; Als ich noch Pferde-
räuber war, Geschn. 82; Selbst-
ermunterungen, 2. Aufl. 82; Wahre

Geschichten aller Ard(t). Aus
Tagebüchern 82, 83; Zirkuswind 82.
MA: Sozialistische Dramatik 68.
F: Tinko 57.
S: Wie ich meinen Großvater kennen-
lernte, Schallpl. 76.
Lit: J. Bonk: Adam Scharrer, Erwin
Strittmatter, m.a. ( )

Strittmatter, Eva, DDR-1431 Dollgow-
Schulzendorf (Neuruppin 8.2.30). Lyrik,
Kinderbuch.
V: Brüderchen Vierbein, Kinderb. 59,
72; Vom Kater, der ein Mensch sein
wollte, Kinderb. 59; Ich mach' ein Lied
aus Stille, Lyrik 73, 83; Ich schwing'
mich auf die Schaukel, Lyrik 74, 78;
Großmütterchen Gutefrau und ihre
Tiere, Kinderb. 74; Ich wart auf dich im
Abenwind, Lyrik 74; Mondschnee liegt
auf den Wiesen, G. 75, 5. Aufl. 81; Briefe
aus Schulzenhof 77, 82; Die eine Rose
überwältigt alles, G. 77, 82; Eva Strittmatter (Poesiealbum 149) 80; Zwiegespräche, G. 80, 81.
F: Tinko, m. E. Strittmatter 57. ( )

Ströbele, Gitta (Ps. Gitta Benasseni,
Gitta Noack, Gitta Noack-Ströbele),
Hausfrau; Hugo-Eckener-Str. 14, D-7024
Filderstadt 1-Bernhausen, Tel. (0711)
701921 (Stuttgart 31.8.35). Lyrik, Essay,
Kinderbuch, Märchen.
V: Ich lebe aus meinem Herzen, G. 74,
78; Der Lichtstern u. a. M. 76;
Mondfeuer, G. 77; Rüttelmann, Kinderb.
79; Die Kürze des Flugs, Lyr. 83. —
MV: Lyrik heute, Anth.

Ströbinger, Rudolf, Dr. phil.,
Journalist; Gen.sekr. Exil P.E.N.-Club d.
dt.spr. Länder; Lit.ges. Köln seit 78;
Kamillenweg 6, D-5000 Köln 40, Tel.
(0221) 481929 (Milleschitz 5.3.31).
V: Attentat von Prag 77, Tb. 79;
Unheimliche Jagd 78; Anatomie e.
Staatsstreichs 78; Kreuz u. Roter Stern
78; Verrat in Rot 78; Roter Kolonialis-
mus — Minderheiten im Ostblock 81;
Das Rätsel Wallenberg 82; Der Mord am
Generalsekretär 83.
MA: Das Wunder geschah im Advent
81.

Strohbach, Günter *

†**Strohm**, Egon, Dr. rer. oec.,
Journalist; Dahlemer Weg 128, D-1000
Berlin 37 (Trossingen/Württ. 24.10.04).
Roman, Erzählung, Essay, Hörspiel.
Ue: E, F.
V: Schmerzvolle Reise, R. 46.
B: Günter Rutenborn: Durst, Hsp.

R: Unsterblicher Eulenspiegel;
Spiegel und Spiegelung; Herzschläge
der Zeit; Oblomow, alles Hsp.
Ue: Irwin Shaw: Die jungen Löwen
52; Alexander Lake: Killers in Afrika
u.d.T.: Bestien springen dich an 53;
James A. Michener: Die Brücken von
Toko-Ri 53, Sayonara 54; Donald E.
Keyhoe: Flying saucers from outer
space u.d.T.: Der Weltraum rückt uns
näher 54; Martin Caidin: Worlds in
space u.d.T.: Wir stoßen in den Welt-
raum vor 55; Robert Ruark: Something
of value u.d.T.: Die schwarze Haut 56,
Uhuru 62, Der Honigsauger 66; John
Masters: Fern, fern der Gipfel 57;
Charles Mercer: Rachel Cade 57; Irving
Wallace: The Man u.d.T.: Der schwarze
Präsident 65; Richard Condon: Mile
High u.d.T.: Nur Geld zählt 70; Edwin
Corley: Der Jesus Faktor 71; Christine
Arnothy: Der gefangene Kardinal 65;
John Masters: Lotos und Wind 59,
Fandango Rock 60, Die Venus von
Kompara 61, Der Weg nach Mandalay
64; Gavin Lyall: Die harte Seite des
Himmels 64, Das Gefährlichste Gegen-
über 65, Juli! Pass auf 67, Venus mit
Pistole 71; Paul Scott: Der Chinesische
Liebespavillon 62; Kay Boyle:
Generation ohne Abschied 62; J. B.
Priestley: Du bist in einem alten Land
69; Ira Morris: Justin, der Sohn der
Hexe 68; Roderick Thorp: The Detective
u.d.T.: Hartnäckig 68; Monica Dickens:
Follyfoot 71; David Leitch: Der
wählerische Dieb 70; Mark Oliver: Wenn
Flamingos fallen 71; Ann Pinchot:
Männerjägerinnen 72; Peter Benchley:
Der Weisse Hai 74; Richard Adams:
Watership down u.d.T.: Unten am Fluß
75; Marvin H. Albert: The Gargoyle
Conspiracy u.d.T.: "Y", u.a.

Strohmaier, Alfred (Ps. Fred
Strohmeier), Chefredakteur,
Kleinbauer; Förder.pr. f. Jgdsp.autoren;
Ld Strmk 74, Fernsehsp.pr. Öst. Rdfk 78;
Khünegg 43, A-8093 St. Peter a. O., Tel.
(03477) 7219 (Khünegg 13.6.41). Roman,
Erzählung, Drama, Lyrik, Fernsehspiel.
V: Der Acker ist immer vorne,
Kurzspe, Lyr. 75; Zerschlagene Fesseln,
R. 77; Weil i angressen bin, Volksst. 80;
Auf der Strecke, Volksst. (Bühnenfass.
d. TV-Sp.) 81; Frühfröste, R. 82.
R: Auf der Strecke, Fsp. 80.
S: Frühfröste, R. 83 (Dt. Blinden-
Hörbücherei, Marburg).

Strohmeier, Fred, s. Strohmaier,
Alfred.

Strohschneider, Gottfried, Dr. phil.;
Prinz-Adolf-Str. 11, D-4300 Essen, Tel.
(0201) 412537 (Sebusein 27.8.20). Roman,
Novelle, Essay.
V: Fridolin, heit. Gesch. e. Lebens-
künstlers 79.

Stromberger, Robert; Dram.-Un. 76;
Goldener Bildschirm 75, Bronz.
Verd.plak. d. Stadt Darmstadt 75,
Johann-Heinrich-Merck-Ehrung d.
Stadt Darmstadt 80, Bambi 81, Goldene
Kamera 82, Ehrung Adolf Grimme Preis
83; Schumannstr. 24, D-6100 Darmstadt,
Tel. (06151) 713838 (Darmstadt 13.9.30).
Drama, Film, Fernsehspiel, Hörspiel.
MV: PS, R. nach d. gleichnam. Fs.S m.
W. Stiebeck 76.
R: Die Unverbesserlichen, 7 Fsp.; Bei
uns daheim, 25 Hsp.; Fröhliche
Weihnachten, Fsp.; PS, 12 Fsp.;
Biedermänner, Fsp.; Tod eines Schülers,
6 Fsp.; Mein Bruder und ich, Fs-Musikf.

Stromszky, Lisa, s. Stockhausen,
Elisabeth.

Stroszeck, Hauke (Ps. Lothar
Kleinlein), Dr. phil., Akad. OR.; Jahnstr.
2, D-5100 Aachen, Tel. (0241) 63135
(Schwaig b. Nürnberg 21.5.40). Lyrik,
Kurzprosa, Hörspiel.
V: Ka Gschmarri ned 71, 76; Kalde
Naunscherler und warme
Druhdscherler 74, 77; Naus afd Gass, G.
in Nürnberger Mda. 80.
R: Beddi 79.

Strub, Urs Martin, Dr. med.; P.E.N.;
Preise d. Schweiz. Schillerstift. 41, 54,
Ehrengabe d. RegR. d. Kt. Zürich 46, 70,
Ehreng. d. StadtR. v. Zürich 53, 56,
Kulturpr. d. Kt. Solothurn 76;
Wonnebergstr. 55, CH-8008 Zürich, Tel.
(01) 531950 (Olten/Schweiz 20.4.10).
Lyrik, Essay.
V: Frühe Feier, G. 30; Die 33 Gedichte
40, 41; Der Morgenritt, G. 45; Lyrik 46;
Lyrische Texte, G. 53; Die Wandelsterne,
G. 55; Zürichsee, Ess. 63; Signaturen
Klangfiguren, G. 64.
Lit: Hans Urs von Baltharsar: Die
Lyrik Urs Martin Strubs; Gerhard
Piniel: Der Lyriker Urs Martin Strub.

Strube, Wilhelm (Ps. Martin Wend-
land), Dr. phil. habil., Wiss.; SV-DDR 66;
Goethestr. 15, DDR-7245 Naunhof, Tel.
2865 (Hildesheim 26.10.25). Roman,
Jugendbuch, Reportage, wiss. u.
populärwiss. Darstellung.
V: Knallsilber — Leben und Werk
Justus von Liebigs 65, 79; Wer einem
Stern folgt 67, 76, beides Jgdb.; Pierre

und Marie — Die Entdecker des
Radiums, R. 71, 82 (auch sloven.); Das
strahlende Metall 73, 80; Wagnis und
Furcht des Nicolaus Copernicus 74, 82,
beides Jgdb.; Die Chemie und ihre
Geschichte 74; Der historische Weg der
Chemie — von der Urzeit bis zur indu-
striellen Revolution 76, 81, II 81; Dom-
herr und Astronom, R. 77, 80; Mit
falscher Münze 78; Mord ohne Motiv 79,
beides Krim.-R.; Ein vergessenes Leben,
R. 83. — **MV:** Die Entdeckung des
Unsichtbaren, Sachb. 62, 76; Den Mars
bezwing ich in acht Tagen, Jgdb. 82.
  MA: Von Adam Riese bis Max Planck
61; Von Liebig zu Laue 63, 63; Fest-
schrift Techn. Hochschule f. Chemie
Merseburg 64; Bedeutende Gelehrte in
Leipzig 65; Die Zaubertruhe 67;
Antiquitas Graeco-Romana Ac Tempora
Nostra 68; Actes Du XIᵉ Congr. Intern.
D'Histoire Des Sciences 68; Beitr. z.
Gesch. d. Univ. Erfurt 71/72; Hellenische
Poleis 73; Beitr. z. XIII Intern. Kongr. f.
Gesch. d. Wiss. 74; Kaleidoskop 74;
Merkwürdige Umstände eines Auto-
diebstahls 74, 75; Kaleidoskop 76;
Verhör ohne Auftrag 77; Wilhelm Ost-
wald 77; Einführung in d. Studium d.
Gesch. 79.
  Lit: "Der Rundblick" d. Kreise
Wurzen-Oschatz-Grimma I.

Struck, Karin; Lindenstr. 29-35, c/o
Suhrkamp Verl., D-6000 Frankfurt a.M..
Roman, Essays, Rundfunkessays.
  V: Klassenliebe, R. 73; Die Mutter, R.
75; Lieben, R. 77; Trennung, Erz. 78; Die
liebenswerte Greisin, Erz. m. Graph. v.
A. Soltau 78; Die Herberge, Erz. 81;
Kindheits Ende, Journal einer Krise 82;
Zwei Frauen, polit. Streitschrift 82.
  R: Trennung, Die Gesch. d. Anna
Wildermuth, Drehb. 79.

Strudthoff, Ingeborg, s. Krengel-
Strudthoff, Ingeborg.

Strunck, Irmgard; Holunderweg 2, D-
2400 Lübeck 1.
  V: Suchende Jahre, G. 80. ( )

Strupp, Günther (Ps. Gottlieb Tinte,
Rupprecht Thymian), Maler und
Graphiker; Pr. d. Joseph E. Drexel-Stift.
72; Vorderer Lech 20, D-8900 Augsburg,
Tel. (0821) 519606 (Johannisburg/Ostpr.
6.3.12). Novelle, Essay.
  V: Der Nachtwächter vom Holbein-
Haus 72. — **MV:** Henryk Keisch:
Struppzeug 71/72.
  Lit: Günther Strupp 60; Struppzeug
71/72.

Stuckenschmidt, Hans Heinz, Dr. phil.
h. c., em. o. Prof. f. Musikgesch. TU.;
P.E.N. 52; Akad. d. Künste Berlin, Dt.
Akad. f. Spr. u. Dicht. Darmstadt;
Winkler Str. 22, D-1000 Berlin 33, Tel.
(030) 8256343 (Straßburg 1.11.01).
Musikerbiographie, Musikgeschichte d.
Neuzeit.
  V: Arnold Schönberg, Biogr. 51, 57;
Neue Musik zwischen den beiden
Kriegen 51; Schöpfer der neuen Musik
58; Boris Blacher, Biogr. 63; Oper in
dieser Zeit, ges. Kritiken 65; Joh.
Nepomuk David, Biogr. 65; Maurice
Ravel, Biogr. 66; Ferruccio Busoni,
Biogr. 67; Musik des 20. Jahrhunderts
69; Twentieth Century Composers 70 (dt.
u.d.T.: Die großen Komponisten des
XX.Jh.71); Schoenberg, Leben, Umwelt,
Werk, Biogr. 74; Die Musik eines halben
Jahrhunderts 76; Zum Hören geboren,
Autobiogr. 79; Margot — Bildnis einer
Sängerin 81.
  H: Bernard Shaw, Musik in London
53; Spectaculum moderner Operntexte
58.
  S: Einführung in die moderne Musik
65.
  s. a. Kürschners GK.

Student, Ursula; Dt. Autorenverb.
Gruppe Hannover 77, GEDOK 78, FDA
81, RSGI 81; Kreis d. Freunde 81;
Bernh.-Uhde-Str. 64, D-3200 Hildesheim,
Tel. (05121) 41265 (Wanne-Eickel/Westf.
31.10.22). Lyrik, Prosa, Essay.
  V: Nicht geboren für Unendlichkeit,
Lyr. 77; Es mag sein, daß ich Dich
kenne, Lyr. 79; Leben ereignet sich an
jedem Tag, Lyrik u. Prosa 82.
  MA: Lyrik u. Prosa vom hohen Ufer
79; Über das Subjektive u. d. Objektive
80; Europ. Begegnungen 80; Ganz
prosaisch 81; Signaturen 81; Der
Menschheit Würde 81; Eve's Eden 81;
Sekunden zur Ewigkeit 81; Widmungen-
Einsichten-Meditationen 82; Ansichtssachen 82; Lyrik 81 82.

Studer, Margrit, c/o Gotthelf Verlag,
Zürich, Schweiz.
  V: Happy Elend und neun andere
versöhnliche Geschichten 82. ( )

Studinski, Walther (Ps. Waltharius);
Solnhofener Str. 22, D-8500 Nürnberg-
Reichelsdorf, Tel. (0911) 630946
(Marienwalde/Neumark 9.11.05). Lyrik,
Roman, Drama.
  V: Klang aus Tiefen, G. 34; Strom des
Lebens, G. 35; Ein Expreß hielt in
Ringsheim, R. 36; Sonne über den
Wäldern, G. 45; Die magischen Nächte,
G. 45; Die festlichen Gesänge, G. 45;

Liederkranz des Herzens, G. 45; Kleines
buntes Mosaik, G. 45; Meiner Heimat
stilles Leuchten 45; Preiset selig das
Jahr, G. 45; Die Jagd nach dem
Schatten, R. 52; Mystik, das letzte
Geheimnis der Welt 53, 66; Mystik, Zen
und der farbige Schatten 54; Das Große
Magisterium 56; Rückkehr nach Aziluth,
G. 59.

H: v. Sebottendorf: Die Praxis der
alten türkischen Freimaurerei 54;
Recnartus: Mystischer Glockenschlag
81.

Studniczka, Ingeborg (Ps. Ingeborg
Hecht), Schriftstellerin; Dreikönigstr. 11,
D-7800 Freiburg i.Br., Tel. (0761) 74859
(Hamburg 1.4.21). Essay, Hörspiel,
Übers., Stadtgeschichten. **Ue:** F.

V: Staufen - ein Stetlin im Brisgow 76;
In tausend Teufels Namen ..., Hexen-
wahn am Oberrhein 77; Rund um den
Waschtrog, Heiteres, Nachdenkliches,
Kurioses 77; Wie könnt ich Badenweiler
je vergessen. Von Künstlern, Katzen u.
kurenden Leuten 79; St. Peter im
Schwarzwald 80; Die Welt der Herren
von Zimmern 81; Doktor Faust — Der
Magier, der in Staufen starb, Textb. e.
Lehrst. 81; Begegnungen mit Bacchus —
Süffiges u. Pfiffiges v. e. Hanseatin in
Baden 82; Der Siechen Wandel — Die
Aussätzigen im Mittelalter u. heute 82;
Das Bilderbuch von Badenweiler — Wo
im Thal der Heilquell floss ... 83. —
MV: Frauen im Wehrdienst, Erinnerun-
gen von Ingeborg Hecht, Ruth Henry,
Christa Meves und ein aktueller
Diskussionsbeitrag von Cordula Koepke
82.

B: Josef Bader: Fahrten und
Wanderungen im Badnerland 76; Aus
der heylsamen Dreck-Apotheke,
Kuriose Hausmittel v. anno dazumal 79;
Familie anno dazumal, Wie unsere Vor-
fahren miteinander umgegangen sind.
Ein unterhaltsames Leseb. 80; Bonndorf
— Stadt auf dem Schwarzwald 80;
Wilkie Collins: Ich sage nein 83; Georges
Sand: Indiana 83. — **MA:** Heitersheim,
aus der Geschichte der Malteserstadt,
m. Karl Kraus-Manetstätter 72;
Münstertal/Schwarzwald, Geschichte
und Geschichten 74.

R: Der Freiburger Weiberkrieg,
Mundartspiel 75.

Ue: Boileau-Narcejac: Die Gesichter
des Schattens 61.

von Studnitz, Gotthilft, Dr. phil.,
oö.UProf. d. Zoologie z. Wv., Dir. Nat.
hist. Mus. Lübeck i.R.; Dt. Ornithol. Ges.
26 — 45, Dt. Zool. Ges. 33; Hamburger

Str. 2, Haus Windeck, D-2407 Bad
Schwartau, Tel. (0451) 21650 (Kiel 3.1.08).
Tiernovelle, Jagdschilderung, Natur-
beschreibung, Natur- und Umweltschutz, Genealog. Reiseerzählung.

V: Was ich sah, Tier-Nn. 28; Biologi-
sches Brevier 48; Wahn oder Wirklich-
keit? Eine Gesch. d. Naturforsch. 55; Ein
Jagdhaus in Schweden 63; Die
Studnitze im 20. Jh. Eine fortgesetzte
Gesch. d. Familie 1889 — 1979 79; Mein
Jagdbuch 82.

s. a. Kürschners GK.

Stübe, Gerhard; SV-DDR 55; Am
Treptower Park Nr. 16, D-1193 Berlin-
Treptow, Tel. 2727543 (Rostock 6.11.21).
Roman, Hörspiel, Fernsehspiel.

V: Das große Beispiel, R. 55; Rostock -
eine deutsche Seestadt, Monogr. 57;
Harakiri, Funkerz. 59; Das erste Wort,
Sp. 61. — **MV:** Unter dem Regenbogen,
Hist. Porträts 76.

MH: l'internationale, Faksimile-Ausg.
d. Autographs 76.

F: Zugvogel am Sund 79; Die letzte
Fahrt 79; Schwarzes Gold 81; Abseits 81.
R: Der Schellenmann, m. Hans Busse,
Hsp. 57 (auch tschech.); Das erste Wort,
Hsp. 58; Die Nebel steigen, Fsp. 58;
Maria Josianne 58; Episode 45, Hsp. 60;
London, Brook Street, Hsp. 60; Saidjah
und Adinda, Hsp. 61; Schüsse in Rastatt,
Hsp. 61; Das Südpoldenkmal, Hsp. 62
(auch estn.); Cicero kontra Schellhase,
Hsp. 63; Die Abenteuer des Nasreddin,
Hsp. 64; Der Liebesbrief, Hsp. 65;
Seriöser Erfinder sucht Teilhaber, Fsp.
65; Am Mozartplatz, Fsp. 66; Bummel
Benno, Fsp. 66; Meine Schwester, Fsp.
67; Elternaktiv, Hsp. 68; John Reed, Hsp.
68 III (auch tschech.); Auf der Renn-
bahn, Fsp. 69; Kapp-Putsch, Fsp. 70;
Handelsrisiko, Fsp. 71; Der illegale
Projektant, Fsp. 72; Das Gartenfest, Fsp.
74; Ohne Ansehen d. Person, Fsp. 75;
Auf der Durchreise, Fsp. 76; Der
Fensterstecher, Fsp. 76; Nach der
Scheidung, Fsp. 80; Jäckis Liebe, Fsp. 80.

Stüber, Werner (Ps. Werner Jakob
Stüber), Dr.phil., UDoz.; Jalan Sanjaya I,
No. 53, Jakarta-Kebayoran Baru/
Indonesien, Tel. 770978 (Bendorf/Rh.
27.9.52). Lyrik.
V: Oktopus, G. 83.

Stüber, Werner Jakob, s. Stüber,
Werner.

Stühlen, Charlotte (Ps. Charlotte
Rißmann); Karlsruher Str. 2a, D-1000
Berlin 31, Tel. (030) 8913446 (Schwerin/
Warthe 4.6.98). Drama, Film, Hörspiel.

V: Versprich mir nichts, Kom.; Der
Froschkönig, Msp.
F: Versprich mir nichts.
R: Zeitungen! Zeitungen!, Hsp.; Die
Feuerprobe, Hsp.; Versprich mir nichts,
Fs. u. Hsp. ( )

Stühlen, Peter, c/o Verl. Gengenbach,
Bad Liebenzell (Hagenau/Els. 12.8.00).
Roman.
V: Eltern und Kinder, R. 35; Aus den
schwarzen Wäldern, R. 36, 83; Gegen
Morgen, R. 37; Das Erbe, R. 41; Sieben
Jahre, R. 60; Die Erfolgreichen, R. 61. ( )

Stühlinger, Wilhelm; Grillparzerstr.
26, D-6100 Darmstadt.
V: Ernst und heiter und so weiter,
Poesie u. Prosa 79; Besinnliches und
Fröhliches, Poesie u. Prosa 81. ( )

Stühr, Michael, Dipl.-Ing., Verleger;
Hintergasse 2, D-6102 Pfungstadt 2, Tel.
(06157) 7311 (Solingen 6.12.51). Märchen,
Kurzerzählungen.
V: Maya 76; Morgenschritte 77, 3. Aufl.
81; Hinter d. Horizont 79; Die Größere
Reise 83.

Stümpfig, Erich, Schulleiter i.R.;
Bügelstr. 4, D-6360 Friedberg/Hess., Tel.
(06031) 13775 (Friedberg/Hess. 5.6.21).
Lyrik, Kurzgeschichte, Märchen f.
Erwachsene.
V: Der verlorene Klang, M. f. Erwachs.
51; D's Kommodche, Mda.g. in
Wetterauer Dt. 65; Zwische Dihr un
Angel, Mda.g. in Wetterauer Dt. 78, 2.
Aufl. 79; Mein Friedberger
Weihnachtsbuch, G., Kurzgeschn. 81.
H: Die Wearrera soll leawe,
Wetterauer Mda.g. aus 2 Jhn. 79. —
MH: W. K. Philipps: Ernst beiseit/Spaß
muß sein, Heitere Verse in Wetterauer
Dt. 50.
Lit: Wetterauer Gesch.bll. Bd 15 66.

von Stünzner, Günther, Pastor i.R.;
Oberförster-Feige-Weg 14, D-4934 Horn-
Bad Meinberg 2, Tel. (05234) 98721
(Namslau/Schles. 17.7.10). Drama, Lyrik.
V: Augenzeuge, G. 75; Gedichte 79; Es
gibt auch noch Heiteres, G. 81; Stimme
hinterm Stacheldraht. Sibirien 1945-
1953, G. 82.
MA: Lyrische Texte 82.

Stütz, Lucie, ObLehrerin a. D.;
Goethestr. 26, D-7070 Schwäbisch
Gmünd (Leutkirch/Allg. 18.12.94). Bio-
graphie, Roman, Novelle, Märchen,
Sage.
V: Birgitta von Schweden, Biogr. 36;
Von Geschlecht zu Geschlecht, R. 59;
Der Glückliche, Erzn. 64; Die silberne
Straße, Erzn. 70. — **MV:** Erinnerungen

an Franz Herwig, m. Agnes Herkommer
32; Heilige schreiten durch die Zeit,
Biogr. 34; Die in Deinem Hause wohnen,
Biogr. 38.
B: H: Georg Stütz: Sagen der Heimat.
( )

Stützer, Herbert Alexander (Ps.
Herbert Alexander), Dr. phil.; Braystr.
22, D-8000 München 80, Tel. (089) 478581
(Berlin 28.1.09). Jugendbuch, Roman,
Kunstgeschichte, Archäologie. **Ue:** I.
V: Fritze und sein Zirkus, Jungenb. 32,
49; Achtung! Achtung! Hier ist der
kleine Muck, Jungenb. 34, 49 (auch holl.,
jap.); Sommer eines jungen Mannes, R.
36; Mensch aus Schatten, R. 36; Lucia, N.
39; Erwin Brummlatschen, Jungenb. 39,
48 (auch holl.); Der Rotkopf, R. 40; Der
umbrische Narr, Szene 46; Herr Fridolin
erzählt die Geschichte von Gustaf
Nietnagel, Jgdb. 48; Einer von Jenen,
Jgdb. 50; Michelangelo, Biogr. 51; Die
Kunst der griechischen Antike 55; Die
Kunst der Etrusker und der römischen
Republik 56; Die Kunst des römischen
Kaiserreiches bis zum Sieg des
Christentums 57; Römische Kunst der
Spätantike im Reich der christlichen
Kaiser 61; Das alte Rom 71; Römische
Kunstgeschichte 73; Die Etrusker und
ihre Welt 75; Die ital. Renaissance 77;
Das antike Rom 79; Malerei d. ital.
Renaissance 79; Die Kunst der
römischen Katakomben 83. —
MV: Florenz m. Heidi Weidner 79.
R: Die Etrusker, 13 Fs.-Send. 65;
Kunst in Bayern, 13 Fs.-Send. 66;
Brunelleschi, Fs.-Send. 77; So lebten die
Etrusker, Fs.-Send. 80.

Stumpe, Johannes, s. Pestum, Jo.

Stumpf, Hans E., Kaufmann;
Schwabenstr. 1a, b. Einsle, D-8901
Königsbrunn, Tel. (08231) 2779 (2.12.14).
Roman, Sachbuch.
V: Nachts, als die Wölfe kamen, R. 63,
65; Es steht geschrieben, R. der Bibel 64;
Das Abenteuer der biblischen
Forschung 66; Nur eine Handbreit Erde,
R. 68. ( )

Stumpfe, Ortrud; Förderpreis d.
Heinrich-Droste-Literaturpreises 60;
Rauensteinstr. 96, D-7770 Überlingen/
Bodensee, Tel. (07551) 5867 (Berlin
31.5.09). Essay, Roman, Novelle.
V: Schmelzprozeß, R. 64; Die Symbol-
sprache der Märchen, Ess. 65, 82; Die
Heroen Griechenlands, Einübung d.
Denkens v. Theseus bis Odysseus, Ess.
78. — **MV:** Eckart-Jahrbuch, Ess. 64.

Stumpner, Waltraude (Ps. Waltraude Lechler), Hausfrau; Immenstädter Str. 34 1/2, D-8960 Kempten, Allg., Tel. (0831) 24544 (Bayreuth 10.7.27). Lyrik.
V: Also sprach Dimitri, Lyr. 80.

Stupka, York *

Stupp, Johann Adam (Ps. Johann Herold), Leiter d. Coll. Alexandrinum U. Erlangen-Nürnberg; Förderpr. d. Kulturpr. d. Donauschwaben 71, Heinrich-Zillich-Stip. d. Mozart-Pr. 71; Hauptstr. 42, D-8521 Möhrendorf, Tel. (09131) 43720 (15.5.27). Kritik, Essay, Lyrik, Sachbuch.
V: Welt am Freitag, G. 63; Georg Trakl, Biogr. 69; Medizin und Geschichte, Bibl. 74.

Stuppäck, Hermann *

Sturm, Delia, s. Leitner, Hildegard.

Sturm, Vilma, Journalistin; P.E.N. 71; Rheinischer Kulturpr. 68; Merlostr. 22, D-5000 Köln 1, Tel. (0221) 733678 (Mönchen-Gladbach 27.10.12). Feuilleton, Reportage, Essay. **Ue:** E.
V: Unterwegs 59, 61; Meine lieben Flüsse 62; Deutsche Naturparke 64, 66; Im grünen Kohlenpott 65; Aufenthalte 66; Nebenbei 69; Bonner Bürgerhäuser 76; Barfuß auf Asphalt 80; ... und um Bonn herum 80; Mühsal mit dem Frieden 81.
MA: 67 Anth.
R: 13 Kurzhsp.
Ue: F. I. Sheed: Theologie für Anfänger 64.

Sturmann, Manfred; ISDS 53, P.E.N. (Israel) 71; Lyrikpr. d. Stadt München 29; 10, Benjamin Metudela St., Jerusalem/Israel, Tel. (02) 632655 (Königsberg/Ostpr. 6.4.03). Lyrik, Novelle, Hörspiel.
V: Althebräische Lyrik, Nachdicht. 23; Der Gaukler und das Liebespaar, N. 29; Die Erben, G. 29; Die Schöpfung 31; Wunder der Erde, G. 34; Herkunft und Gesinnung, G. 35; Palästinensisches Tagebuch 37; Gedichte 41; Die Kreatur, Erz. 52; Die Sanduhr, G. 54; Abschied von Europa. Geschn. aus Israel 63; Heimkehr in die Wirklichkeit, N. 83; Das Buch der späten Jahre, Aufzeichn. 83.
R: Der Wunderhund; Die Hochzeit Sulamits; Der Tag des kleinen Mannes, alles Hsp.

Stute, Robert, ehem. Inh. einer landw. Buchstelle; 1. Vors. Kreisgruppe Ldesjagdverb. Nds., Evors. DJV-Kreisjägersch. Lüchow-Dannenberg; Marschtorstr. 33, D-3138 Dannenberg, Tel. (05861) 8510 (Rüggeberg 8.12.98).

Lyrik, Erzählung, Ballade, Heimatkunde, Jagdliteratur.
V: Verlorenes Waidmannsparadies. Märkische Jagderlebnisse 57; Tage in Gold und Grün, Jagdgeschn. 66; Waidwerk - ewig jung 71.
MA: Hans Schulz: Weggefährten 62; Horst Meyer-Brenken: Das schwarze Rehwild 70; Fritz v. Oehsen: Jäger-Einmaleins 79.

Stutzer, Dietmar, Dr.; Landmanngassl 18, D-8082 Grafrath, Tel. (08144) 281.
V: Der rätselhafte Tod des Raimund W., R. 72; Die Säkularisation 1803, Der Sturm auf Bayerns Kirchen u. Klöster 78; Wohl gewachsen, munter von Gebärden — Leben in Churbaiern 79; Wilhelm v. Eichendorff. Ein Leben zw. Zensur u. Irredenta 80; Weingüter bayerischer Prälatenklöster in Südtirol 80; Die irdische und die himmlische Wies 82. ( )

Stutzke, Peter, StudDir.; Machnower Str. 85, D-1000 Berlin 37 (Berlin 7.1.38). Lyrik, Prosa.
V: Schiff nach Avalun, G. 65; Rede an einen Fisch, G. 68; Rede unter einem Laternenhänger - Catilina, Prosa 70; Parolen - Berliner Gedichte, G. 75. —
MV: Ultra I, Lyrikanth. 60; Lyrik in unserer Zeit, Anth. 64; Lyrik aus dieser Zeit 65/66, Anth. 65; Deutsche Teilung. E. Lyrik-Leseb. a. Ost u. West, Lyrikanth. 66; Deutschland Deutschland. Polit. G. v. Vormärz b. z. Gegenw. 69, Mitarb. Neue Dt. H., Neue Rundschau, Colloquium, u.a.

Stym, Karl J., s. Stimpfl, Karl.

Suchner, Barbara, Apothekerin; Wangener Kreis 80, FDA seit 82, IGdA seit 82; Denharten 29, D-8342 Tann/Ndb., Tel. (08572) 8066 (Breslau 31.7.22). Lyrik, Erzählungen, meditative Prosa, Tagebücher.
V: Glückselig ist ..., Lyr. 74; Land der Tränen und Träume. Schles. Kindh.erinn., Erzn. 78; Du kannst, denn du sollst. Gespr. mit unseren Jugendlichen, medit. Prosa 80; Wegwarte, G. 81; Kein Engel fällt vom Himmel, Tageb. 1942/44 82; Pilgrim u. Bürger, Prosa u. Lyr. 82.
H: Mehr Licht. 366 Worte u. G. großer Denker u. Dichter 77.
Lit: H. Piontek: Nachwort zu: Kein Engel fällt v. Himmel 82.

Suchy, Viktor, Dr. phil., Prof., Funkregisseur, Präs. d. Dok.stelle f. neuere österr. Lit.; ÖSV 46, gesch.f. Vizepräs. 73, P.E.N. 64; Ehrenkreuz f. Wiss. u. Kunst

1.Kl. 78, Ehrenzeichen f. Verd. um d. Befr. Öst. 78, Ehrenmed. d. Bdeshauptstadt Wien in Silber 78; Präs. R.-Kassner-Ges. seit 80, Präs. Grillparzer-Ges. seit 83; Schanzstr. 33/II/1, A-1140 Wien, Tel. (0222) 920394 (Wien 28.11.12). Lyrik, Essay, Hörspiel.

V: Selbstbildnis und Anrufung, G. 61; Literatur in Österr. 1945 — 1970 70, 73.

MA: Geistige Strömungen der Gegenwart im Lichte des Katholizismus 47; Christentum und moderne Geisteshaltung 54; Jahrbuch der Stadt Wien 60; Jahrbuch des Wiener Goethevereins 65 bis 67; Neue Beiträge zum Grillparzer- u. Stifterbild 65; Jahrbuch der Grillparzer-Gesellschaft 3. Folge VII 69, XII 76; Marginalien zur poet. Welt. Festschr. f. Robert Mühlher 71; Deutsche Exilliteratur 1933 bis 1940 73; Literatur in der Steiermark 76; Staat und Gesellschaft in der modernen österreichischen Literatur 77; Inter arma non silent Musae 77; Literatur u. Lit.gesch. in Österr. 79; Die Andere Welt. Festschr. f. Hellmuth Himmel 79.

H: Das österreichische Wort Bd. 15 bis 125 57 — 64; Christine Busta: Das andere Schaf 59; Richard Billinger: Würfelspiel 60; Hoffnung und Erfüllung, Anth. 60; Gerhard Fritsch: Geographie der Nacht 62; Johann Gunert: Kassandra lacht 62; Karl Wawra: Quasi vom Himmel gefallen 65; Rudolf Felmayer: Repetenten des Lebens 63.

R: Hier spricht Utopia, Sende-Reihe; Gott schreibt gerade auch auf krummen Zeilen, Sende-Reihe; Ich suche mich, Sende-Reihe, u.a. Hsp.

Suckert, Dagmar (Ps. Tina Österreich), Lehrerin, Erzieherin; Kogge 79, FDA 80; Märk. Stip. f. Lit. 79; Stader Str. 3, D-2890 Nordenham 21, Tel. (04731) 38863 (Bautzen 28.2.44). Kurzgeschichten, Erzählungen, Roman.

V: Ich war RF, Erlebn.-R. 77, 4. Aufl. 78; Gleichheit, Gleichheit üb. alles, Kurzprosa 78.

MA: Gesicht zur Wand 77; Was ist deutsch?, Kurzprosa 80; Dissidenten?, Erzn. 82.

Süchting, Annemarie, Malerin; FDA; Blankenese, D-2000 Hamburg 55, Tel. (040) 862679 (Charlottenburg 8.7.95). Lyrik, Roman, Hörspiel.

V: Fröhliche Geschichten, Kinderb. 64; Meine lieben Tiere, Kinderb. 65; Die Schalen des Dschingis-Khan, R. 67; Alles fließt, G. 77; zahlr. Lieder auch in engl.

MA: Das Treppenhaus, Lyrikanth.; Das dunkle Du, Lyrikanth.; Hamburger Anthologie 66.

R: Ampel aus Güte und Schein; Die Fesseln sprengt die Wolf; es bebt Hels dunkle Welt; Ich grüße mit Gesang die Süßen; Kume, kum Geselle min; Von der Liebe zum Geschöpf, alles Hf.; rd. 50 Kinderhsp.

Sücker, Immanuel, Dipl.-Chem., Dr. rer. nat., UProf.; Seekamp 92, D-2083 Halstenbek (Wünsdorf bei Berlin 21.12.28). Essay.

V: Weltraum, Mensch und Glaube 72, 3. Aufl. 77; Angst, Furcht, Geborgenheit 76; Die Energiekrise des modernen Menschen 78, 2. Aufl. 81; Am Morgen der Schöpfung 79; Die Zukunft der Welt — Furcht oder Hoffnung? 80; Achtung — Giftalarm! 81; Der Mensch, Ursprung, Fall und Vollendung 81, 2. Aufl. 82; Atomkraft — und dann noch leben? 81; Vorsicht, Hochspannung! 82; Das Ziel ansteuern 83.

s. a. Kürschners GK.

Sürtenich, Hans, Techn. Angestellter; Rheinlandtaler v. landsch.verb. Rhld 82; Parkstr. 6, D-4047 Dormagen 5, Feste Zons, Tel. (02106) 42055 (Bonn 29.4.22). Gedichte, Prosa.

V: Vun, vör un öm Zonz, Mda. 81.

MA: H.-G. Kirchhoff: E' Hängche voll, Mda.b.

Süverkrüp, Dieter *

Suhl, Leonore (Ps. Leonore Troost-Falck), Buch-Designer; Auszeichn. d. Mainzer Akad. d. Wiss. u. Lit.; Alto da Zambujosa, P-8500 Portimao, Algarve (Elbing, Ostpr. 4.10.22). Roman.

V: Eine Kette von Sicherheitsnadeln 53; Ein Traum von Freiheit 75.

R: Märchen 46.

Šulco, Rikardo, s. Schulz, Richard.

Sulke, Franz (Ps. Kirie), Dipl.-Ing., Versicherungsdirektor i.R., gelegentl. Mitarb. d. Öst. Rdfks u. Fs.; Teinfaltstr. 3, A-1010 Wien, Tel. (0222) 632998 (Josefstadt 9.6.03). Essay, Buchbesprechung, Anekdoten, Erinnerungen.

Ue: Serbokroat.

V: Von Zwetschkenbaronen und anderen Gosponen oder Balkanbrewier 75.

Sulke, Stephan; VG Wort 82; Chemin des Ages 22, CH-2533 Evilard, Tel. (032) 228092 (Shanghai 27.12.43). Lyrik.

V: Kekse, Lyr. 82, 2.Aufl. 83.

Sulzbacher, Irm, s. Sulzbacher, Irmgard.

Sulzbacher geb. Nugent, Irmgard (Ps. Irm Sulzbacher), HauptschulDir. u. ehem. Doz. f. Literaturhistorik an d. VHS; KÖLA 76 — 80, Öst. Künstler-Union; Flötzersteig 238, A-1140 Wien, Tel. (0222) 9435684 (Wien 9.8.20). Lyrik, Roman, Novelle, Essay, Film, Hörspiel.

V: Gefahr für den Wienerwald 70; Im Namen des Pharaos 73; Flußpiraten des Mississippi (nach Gerstäcker) 68, 72; Eine Weihnachtsgeschichte 75; Liebe zw. Holocaust u. Golgotha, R. 79; Alles fließt 83.

R: Der Einäugige, Hsp. 51; Wien erhält das Stadtrecht, Hsp. 71; In Büchern erleben wir die Heimat, Ess. 72; Der Neusiedlersee 56; Und erstens kommt es anders ..., Schulsf. 74.

Sulzer, Alain Claude, c/o List-Verl., München.

V: Das Erwachsenengerüst, R. 83. ( )

Sulzer, Peter, Dr. phil., Bibliothekar; Eggenzahnstr. 1, CH-8400 Winterthur, Tel. (052) 222775 (Winterthur 10.8.17).

Ue: E, F, Afr, Port, Afrik (Sesotho).

V: Schwarze Intelligenz 55; Schwarz u. Braun in der Afrikaansliteratur 72; Zehn Komponisten um Werner Reinhart 79-83 III.

MA: Das Musikkollegium Winterthur 1837-1953, Festschr. II 59; 300 J. Stadtbibliothek Winterthur 1660-1960 60; Afrika-Handbuch 68.

H: Ue: Th. Mofolo: Chaka der Zulu 53; M. C. Nwogu: Der Elefant Goza 58; Christ erscheint am Kongo, Afrikan. Anth. 58; Glut in Afrika, Südafrikan. Anth. 61; Südafrikaner erzählen, Anth. 63; Südafrika 77; Preisgedichte u. Verse aus Südwestafrika — Namibia 81.

Summermatter, Georg, s. Steenken, Eduard.

Sundermeyer, Kurt, Dr.phil., StudDir. i.R.; Hermann-Löns-Str. 3, D-3150 Peine, Tel. (05171) 15452 (Peine 25.4.07). Lyrik, Roman, Brief, Kurzprosa.

V: Briefwechsel u. Gespräche mit Wilh. Lehmann 72; Schattenwind, G. 78; Verhangene Himmel, G. 81.

Surminski, Arno, Journalist; Die Künstlergilde; Ehrengabe Andreas-Gryphius-Preis 78, Kulturpr. d. Landsmannsch. Ostpr. 82; Schwalbenstr. 33, D-2000 Hamburg 60, Tel. (040) 6914328 (Jäglack/Ostpr. 20.8.34). Roman, Erzählungen.

V: Jokehnen oder Wie lange fährt man von Ostpreußen nach Dtld, R. 74, 78; Aus dem Nest gefallen, Erz. 76, 77; Kudenow oder An fremden Wassern

weinen, R. 78, 79; Fremdes Land oder Als die Freiheit noch zu haben war, R. 80; Wie Königsberg im Winter, Erz. 81; Damals in Poggenwalde, Kdb. 83.

Sutermeister, Peter, Dr. iur., RA., CH-3280 Altavilla ob Murten, Tel. (037) 714540 (Feuerthalen b. Schaffhausen/Schweiz 28.5.16). Drama, Roman, Hörspiel, Operntext, Biographie.

V: Niobe, Oper 46; Raskolnikoff, Oper nach Dostojewskij 48; Felix Mendelssohn Bartholdy, Leben und Reisebriefe 49, 79; Robert Schumann, Lebensbild 50, 72; Serge Derrick, R. 63; Barocke Welt 65; Pferde 66, beides Text zu Bildbd; Barockreise um den Bodensee 78; Die verlorene Dimension 79.

R: Die drei Geister, Hsp. nach Dickens 45; Dichterliebe, Hsp. um Robert u. Clara Schumann 51, 56.

Sutter-Herbert, Lia *

Svedin, Peter, s. Rieck, Max.

Svenson, Bob, s. Nickel, Ruth.

Svensson, Sven, s. Bolay, Karl-Heinz.

Swanholm, Birgit, s. Greven, Helga.

Swiderski, Siegfried, Werbefachmann; Rossertstr. 58, D-6239 Eppstein, Tel. (06198) 8908 (Hamburg 4.7.40). Lyrik.

V: Aus Nacht und Traum, Lyr. 76. —

MV: Concours Creative — Wenn Werber schreiben, wie sie schreiben möchten, Lyr. 79.

Swieca, Hans Joachim (Ps. Rolf Lasa, Joachim Lehnhoff), Journalist u. Schriftsteller; Bergmillerstr. 8, D-8918 Dießen am Ammersee, Tel. (08807) 7250 (4.9.26). Roman, Kurzgeschichte, Feature, Reise-Bericht.

V: Herz im Rucksack 54; Die Heimfahrt der U 720 56, 79 (auch engl., franz., span.); Regen im Sommer 57; Die Sieben Weltwunder der Liebe 65; Verlorene Jahre 67; Blacky 69; Pflichtfach Liebe 69; Quelle der Erotik 75; Piraten, Träumer, Schätze 78; Charles und Diana 81; Quecksilber 82. —

MV: Kaserne Krankenhaus 56; Der Chefarzt 59; Jugend und Sex 68.

von Swieten, Alexander; Lerchenstr. 6, D-6541 Dillendorf.

V: Emanationen, G. 81. ( )

von Swietochowski, Werner, Dipl.-Volkswirt, Bankangestellter; Mainzer Autorengruppe 81; Hans-Böckler-Str. 24, D-6500 Mainz-Bretzenheim, Tel. (06131) 33620 (Brünn/Mähren 29.8.42). Reiseprosa, Erzählungen.

V: Europ. Miniaturen, Reiseprosa 80; Shannon-Logbuch, Reiseprosa 82.

Swoboda, Helmut, Dr. phil., Dr. rer. pol., Schriftsteller u. freier Journalist, Prof.; P.E.N.; Öst. Staatspr. wiss. Journ. 73; Kard. Innitzer-Pr. wiss. Publ. 76, Berufstitel Prof. 77; Meidl. Hauptstr. 84, A-1120 Wien, Tel. (0222) 834357 (Wien 6.4.24). Essay, Feuilleton, Hörfunk-Feature, Sachbuch.

V: Schachkuriosa 65; Der künstliche Mensch 67; Der Griff nach dem Glück 68; Knaurs Buch d. modernen Statistik 71; Richtig entscheiden 72; Utopia 72; Die Qualität des Lebens 73; Der berechenbare Mensch 74; Der Kampf gegen d. Zukunft 78; Propheten u. Prognosen 79. — **MV:** Auswege in die Zukunft, m. Gerh. Bruckmann 74.

H: Dichter reisen zum Mond 69; Willkommen auf dem Mars 70, alles Anth.; Die Pariser Kommune 1871, Dok.samml. 71; Der Traum vom besten Staat, Anth. 72.

R: Die Zukunft von gestern, Sendereihe, u. zahlr. Hfk.-Features.

Swossil, Ingrid (Ps. Ingrid Lissow), Glasgestalterin; FDA 81; Pr. Le Meilleur Livre Loisirs Jeunes 77; Jägerstr. 93/18/1, A-1200 Wien, Tel. (0222) 3337942 (Mödling 2.9.44). Lyrik, Drama, Kindergeschichten.

V: Kunterbunter Benjamin 70; Kasimir mit der großen Laterne 72; Rhabarber Rhabarber 76; Ein Maikäfer und zwei Siebenschläfer 77.

MA: Ein Stück Brachland, eine Schrift herum. hedendaagse duitstalige lit., gebundeld 77; Gedichte f. Anfänger 80; Ihr seid groß und wir sind klein 83.

R: Das Fragezeichen, 10 Kindersendn.

Syberberg, Hans Jürgen, Dr., Regisseur; Genterstr. 15a, D-8000 München 23, Tel. (089) 3614882 (Nossendorf/Pommern 8.12.35). Film.

V: Sybergs Filbuch 76, Tb. 79; Hitler, ein Film aus Dtld 78 (franz. 80); Die freudlose Gesellschaft 81; Parsifal, Filmess. 82.

F: Fritz Kortner probt Kabale und Liebe 65; Kortner spricht Monologe für eine Schallplatte (Shylock) 66; Die Grafen Pocci 67; Scarabea - Wieviel Erde braucht der Mensch 68; Sex Business made in Pasing 69; San Domingo 70; Nach meinem Letzten Umzug (Brecht) 71; Ludwig - Requiem für einen jungfräulichen König 72; Theodor Hierneis oder Wie man ein ehemaliger Hofkoch wird 72; Karl May 74; Winifred Wagner und die Geschichte

d. Hauses Wahnfried 1914 — 1975 75; Hitler, Ein Film aus Dtld 77.

R: Romy. ( )

von Sydow, Rolf; Lichtental 27, D-7570 Baden-Baden, Tel. (07221) 31484 (Wiesbaden 18.6.24). Roman, Novelle, Film, Fernsehspiel. **Ue:** E.

V: Angst zu atmen, R. 83.

F: Wie hätten Sie's denn gern.

R: Sonny Boys; Abgehört, beides Fspe.

Sylvanus, Erwin; P.E.N.; Leo-Baeck-Preis 59, Jochen-Klepper-Medaille 60; Joseph-Winkler-Stiftg. 61; Engelsliet 16, D-4773 Möhnesee-Völlinghausen u. P.O.B. 11, Aegina, Griechenland (Soest 3.10.17). Roman, Drama, Novelle, Lyrik, Spiel. **Ue:** H.

V: Sülzhayner Elegie 38; Der Paradiesfahrer, R. 43, 48; Der Dichterkreis, Erz. 44, Die Muschel, G. 47; Das Soester Friedensspiel 52; Hirten auf unserm Felde, Sp. 57; Korczak und die Kinder, Dr. 57, Tb. 80 (auch schwed., norw., dän., franz., holl., fläm., slow., serb., tsch., poln., ital., engl., jidd., iwrith); Sieger ohne Sieg, Sp. 58; Emil Schumacher, Monogr. 59; Zwei Worte töten, Dr. 59 (auch schw.); Unterm Sternbild der Waage, Dr. 60 (auch holl., dän., tsch.); Der rote Buddha, Dr. 61; Loew, Dr. 63; Scharrett, Dr. 64; Die Treppe, Sch. 65; Jan Palach, Dr. 71 (auch dän., norw., schwed.); Sanssouci, Dr. 74; Drei Stücke 74; Familie in der Krise 74; Victor Iara, Dr. 76; Lessings Juden, Dr. 79; Vier Stücke 80.

R: Korczak und die Kinder, Hsp. u. Fsp. 58, 61; Die lex Waldmann, Hsp. 59 (auch holl.); Die nämliche Tat, Hsp. 60; Der fünfzigste Geburtstag, Fsp. 62 (auch ital., tschech.); Kafka und Prag, Fsf. 63; Divadlo, Fsf. 63; Die goldene Stadt des Rabbi Löw, Fsf. 64; Durchlöcherte Rinde, Hsp. 64; Ich heiße CV 190, Fsf. 65; Der Rabbi, Fsp. 66; Holundermütterchen, Hsp. (nach Andersen) 67; Zack-Zack, Hsp. 67; Der werfe den ersten Stein, Fsf. 68; Ulrich Bräker, Fsf. 69; Familie in der Krise, 7 Fsf. 73; Im Sprung verharrend, Fsf. 75; Brennen muß ich — Licht werden, Fsf. 77; Dieter Hirschberg, Fsf. 78.

MUe: Willem Ensink: Hier auf Erden, G. 55.

Lit: Marianne Kesting: Panorama d. zeitgenöss. Theaters. ( )

Szabo, Margit, Schriftstellerin; Kath. Schriftst.verb., Wien; Ndöst. Kultur- u. Heimatwerk, Wien; Gymnasiumstr. 16/II/9, A-2500 Baden b. Wien, Tel. (02252)

894013 (Innsbruck 15.6.41). Sozialkrit.
Kurzprosa, Lyrik, Mundartgedichte,
Hörspiele, Märchen, Kinderbücher.
V: Is's net so?, Mda.g. 81.
MA: Erdachtes — Geschautes 75; Ein
Volk gibt Auskunft.

Szabo, Wilhelm, ObSchulrat, Haupt-
schuldir. i. R., Prof.; P.E.N. 50, ÖSV 71;
Georg-Trakl-Pr. 54, Förderungspr. d.
Theodor-Körner-Stift. 57, Kultur-Pr. d.
Ldes NdÖst. 61, Würdigungs-Pr. d. Stadt
Wien f. Dichtkunst 62;
Wenckebachgasse 39, A-1190 Wien 19,
Tel. (0222) 3226853 (Wien 30.8.01). Lyrik,
Essay. **Ue:** E, R.
V: Das fremde Dorf, G. 33; Im Dunkel
der Dörfer, G. 40, 44; Das Unbefehligte,
G. 47; Herz in der Kelter, G. 54; Land-
nacht, G. 66; Schnee der vergangenen
Winter, G., Erz., Ess. 66; Schallgrenze, G.
74; Lob des Dunkels, G. 81.
B: Der große Schelm. Nachdichtg. u.
Einl. v. Liedern Neidharts von Reuen-
thal 60; Trauer der Felder.
Nachdichtung v. Gedichten Sergej
Jessenins 70. — **MA:** Die Gruppe 1932,
Lyrik-Anth. 32; Die Gruppe 1935, Lyrik-
Anth. 35; Österreich. Lyrik aus neun
Jahrhunderten, Anth. 48; Lesebuch der
Weltliteratur 49; Neue deutsche
Gedichte, Anth. 53; Ahnung und Gestalt,
Alm. 55; Das Gedicht, Lyr.-Anth. 54; An
den Wind geschrieben, Lyr. d. Freiheit,
G. d. Jahre 33 — 45 62; Neue deutsche
Erzählgedichte; Konfigurationen 70;
Deutsche Lyrik aus zwei Jahr-
tausenden, Anth. 67; Deutsche Gedichte
seit 1960, Anth. 72; Dichtung aus
Österreich, 2. Teilbd: Lyrik, Anth. 76;
Österreich heute. Ein Leseb., Anth. 78;
Verlassener Horizont. Öst. Lyrik aus
vier Jahrzehnten 81; Anth. of Modern
Austrian Lit. 81; Ort der Handlung
NdÖst., Erz. 81.
Lit: Heinz Kindermann: Wegweiser d.
d. mod. Literatur in Österr. 47; Ernst
Wurm: Wilhelm Szabo, Dichter der ano-
nymen Generation, in: Wort in der Zeit
8 57; Adalbert Schmidt: Wege u. Wand-
lungen mod. Dichtung 59; Norbert
Langer: Wilhelm Szabo, in: Dichter aus
Österreich III 58; Adalbert Schmidt:
Dichtung u. Dichter Österreichs im 19.
u. 20. Jh. 58; Friedrich Heer:
Perspektiven österr. Gegenwarts-
dichtung, in: Dt. Literatur in unserer
Zeit 59; Ernst Fischer: Österr. Lyrik d.
Gegenwart, in: Weg u. Ziel 7/8 63; Kurt
Klinger: In die Dörfer verbannt;
Wilhelm Szabo, in: Die zeitgenössische
Literatur Österreichs 76; Traute Dienel:

Wilhelm Szabo: Dichter, Dolmetsch des
Schweigens, in: Podium 21/76; Franz
Lennartz: W. S. in: Dt. Schriftsteller d.
Gegw. 78; Wendelin Schmidt-Dengler:
Zum 80. Geb. W. Szabos in: Podium 42/
81; Robert Mühlher: W. S. in: P.E.N.-
Informationen 9/82.

Szameit, Michael, c/o Verlag Neues
Leben, Berlin (Ost).
V: Alarm im Tunnel Transterra, wiss.-
phant. R. 82. ( )

Szarota, Elida Maria, Dr. phil. habil.,
o.Prof., Literaturwissenschaftlerin;
ZAIKS, Soc. d. auteurs et compos.
scéniques 47, IVG 65, P.E.N. 69;
Gottfried-von-Herder-Pr. 81;
Mianowskiego 24/27, Pl-02-044
Warschau/Polen, Tel. (022) 221432 (Paris
22.11.04). Barockforschung, Editionen.
Ue: F, P.
H: Die gelehrte Welt des 17. Jhts über
Polen 72; Lohenstein: Grossmüthiger
Feldherr Arminius 73; Das Jesuiten-
drama im dt. Sprachgebiet I: Vita
Humana u. Transzendenz 79, II: Das
Tugend- u. Sündensystem 80, III: Kon-
frontationen 83.
Ue: Stendhal: Novellen und Skizzen
59, 64; Jan Parandowski: Mittelmeer-
stunde 60, Die Sonnenuhr 65.
s. a. Kürschners GK.

Szczech, Stanislaw *

Szczesny, Gerhard, Dr. phil., freier
Schriftsteller; RFFU seit 50, P.E.N.
Zentr. Bdesrep. Dtld seit 59, VS seit 47;
Heinrich-Droste-Lit.-Pr. 57; Irmgardstr.
7, D-8000 München 71, Tel. (089) 794827
(Sallewen/Ostpr. 31.7.18). Essay.
V: Europa u. d. Anarchie der Seele,
Ess. 46; Die Zukunft d. Unglaubens, Ess.
58; Das Leben d. Galilei u. d. Fall Bertolt
Brecht, Ess. 66; Das sogen. Gute, Ess. 71;
Die Disziplinierung d. Demokratie oder
die vierte Stufe d. Freiheit, Ess. 74; Ein
Buddha f. d. Abendld, Ess. 76; Mögen
alle Sorben glücklich sein. Tageb. e.
Machtergreifung 80; Vom Unheil der
totalen Demokratie, Ess. 83. —
MV: Glaube u. Unglaube, Briefwechsel
m. Friedr. Heer 59.
H: Der Zeitgenosse u. sein Vaterland,
Ess. 56; Die Antwort d. Religionen, Ess.
64 u. 71; Club Voltaire, Jb. f. krit.
Aufklär.: I 63, 69, II 65, 69, III 67, 69, IV
70; Marxismus — ernst genommen, Ess.
75.

Szepansky, Gerda, Lehrerin; VS;
Hirzerweg 145 a, D-1000 Berlin 42, Tel.
(030) 7413135 (Berlin 6.9.25). Novelle,
Kurzgeschichte, lit. Reportage.

V: Der erste Schritt, Erzn. 78; Frauen leisten Widerstand: 1933-1945. Lebensgeschn. nach Interviews u. Dok. 83.

Szerelmes, Richard, Dr. phil., Prof., Hofrat, Bundesstaatl. Volksbildungsreferent NdÖst. i.R.; Millergasse 37, A-1060 Wien, Tel. (0222) 5648444 (Wien 27.12.08). Puppenspiel.
V: Der Basilisk von Wien, Handpuppensp. 49; Spielt Kasperltheater! 50; Leopold Teufelsbauer und das Bäuerliche Volksbildungsheim Hubertendorf 82.
H: Stifter: Der Hochwald 49; Fest und Feier in zeitgemäßer Gestaltung 52 bis 54 V.

Szillaghy, Irma, s. Hardt, Heinz.

Szpetecki, Elfriede, s. Steffens, Elfriede.

Szubert, Elisabeth, c/o Verlag Neues Leben, Berlin (Ost).
V: Barbara und die Stadt des Goldregens 81. ( )

Szyszkowitz, Gerald, Dr.phil., Fernsehspielchef d. ORF; PEN-Club; Liechtensteinstr. 18a, A-2344 Maria Enzersdorf (Graz 22.7.38). Roman, Theaterstücke.
V: Genosse Brüggemann 67; Commander Carrigan 68; Der Fladnitzer 70; Waidmannsheil 71, alles Bü.; Der Thaya, R. 81; Seitenwechsel, R. 82. —
MV: Vom Reich zu Österreich 83.

T

van Taack, Merete, s. Kurtz-Solowjew, Merete.

Tabori, George; Sybelstr. 38, D-1000 Berlin 12.
V: Son of a bitch, Erzn. 81; Unterammergau oder Die guten Deutschen 81. ( )

Tabôt, Louis, s. Tobatzsch, Stephan-Lutz.

Tabu, s. Tacke, Gerhard.

Taccio, s. Renold, Martin.

Tacke, Gerhard (Ps. Tabu), Untern.-Berater; SDS 46, GEMA 66, VG Wort 77; Parseval Str. 2, D-4330 Mülheim/Ruhr, Tel. (0208) 373505 (Hannover 22.11.15). Story, Ratespiel, Prosa, Lyrik.
V: Alpenblumen — Wunderblumen 39/40 II, 55 II; STROMschnellen 79; E... Erinnerung 81.
S: Texte zu 2 Schallpl. 67, 68.

Tackmann-Oelbermann, Hannelie (Ps. Hannelie Oelbermann), Dr. phil., Schriftstellerin; Journalisten-Verb. Hamburg 76, Hamburger Autorenvereinigung 78; Auszeichnung f. d. besten Jugendfilm "Jonny - eine Kindergeschichte" 60; Langenhegen 18, D-2000 Hamburg 52, Tel. (040) 828413 (Hamburg 13.10.22). Roman, Film.
V: Kinder — Koffer — Katastrophen, R. 73; Die ARD-Fernsehlotterie, Bilanz ihrer Geschichte u. Ausblick.
MA: Peter von Zahn, Hinter den Sternen 68; ARD-Jb. 79.
F: Drehbücher f. Kultur- u. Kinderfilme.

Taege-Röhnisch, Erna, s. Röhnisch, Erna.

Tänzer, Gerhard, StudDir.; VS 78; Keltenweg 2, D-6636 Überherrn-Berus, Tel. (06836) 1469 (Nordhausen/Thür. 18.3.37). Lyrik, Hörspiel, Drama.
V: Hier und anderswo, G. 79.
MA: Stimmen zur Schweiz 76; Poesietelefon Saar seit 79 (Red.); Jb. d. Lyr. 1 79, 3 81; Alm. des VS-Saar 74-80; Zwölf saarländische Autoren 80; Vom Aussehen der Wörter 80; Das Saarlandbuch 81.
MH: Almanach des VS-Saar 80.
R: Am Ende des Parks, Hsp. 81.

Taggert, John, s. Breucker, Oscar Herbert.

Taitl, Irene (Ps. Irene Taitl-Münzert), Lehrerin i.R.; Lahnstr. 91, D-6200 Wiesbaden-Am Kloster Klarenthal, Tel. (06121) 466154 (Wiesbaden 17.7.22). Lyrik, Essay, Roman.
V: Der Kinder Kunst davonzukommen, Ess. 73; Kleine Kritik an der großen Gesellschaft, Ess. 73; Jeder hat ein Gesicht, Ess. 76; Du fragst nach Frieden, Lyr., Aphor. 81.

Taitl-Münzert, Irene, s. Taitl, Irene.

Takeko, Yamakaze, s. Reimers, Emil.

Talis, Gerd, s. Friede, Gerhard.

Talke, Helga, s. Broza-Talke, Helga.

Tallo Tallindo, s. Wimmer, Karl.

Tamchina, Jürgen; Hofweg 49, D-2000 Hamburg 22.
V: Der Trompetenpeter. Von einem Jungen u. s. Zaubertrompete 68; Der Drache von Avignon 68. — **MV:** Daniel und die Schulbande, m. Heidrun Petrides 74. ( )

Tammen, Johann P., Schriftsteller, Redakteur; VS Nds. 69, 1. Vorsitz 81; Lyrik- u. Prosapreis "Junge Dichtung in Niedersachsen" 71/72, Reisestip. d. A.A. 76, Nachwuchsstip. f. Lit. d. Landes Nieders. 80; Wurster Str. 380, D-2850 Bremerhaven Weddewarden (Hohenkirchen/Friesld 1.2.44). Lyrik, Prosa, Essay, Hörspiel, Rezension, Feature, Funkerzählung, Dokumentation.
V: Dieses Zimmer ist kein Roman, Prosa 71; Kopf hoch kalte Wut, G. u. Texte 79. — **MV:** piano pianissimo — ein kinematografisches konzert, m. Peter Döhle, Texte 79.
MA: Eremitage oder Herzblättchens Zeitvertreib, Lyr. 69; poeten beten, Lyr. 69; Aller Lüste Anfang, Sat. 71/73; Schaden spenden, Sat. 72; Revolution und Liebe, Lyr. 73; kreatives literaturlexikon, Lyr. 74; bundes deutsch, Lyr. 74; Gegendarstellungen, Parodien 74; Epigramme — Volksausgabe 75; Strafjustiz, Epigramme 77; Frieden und Abrüstung, Lyr. 77; Jahrbuch für Lyr. 79; Am Rand der Zeit, Lyr. 79; Hoffnungsgeschichten, Lyr. 79; Gedichte für An-

1213   **Taschau**

fänger — Gedichte für Kinder 80;
Sturmfest und erdverwachsen.
Schwarze Geschn. 80; Zu Hause in der
Fremde, Report 81; Jb. f. Lyr. —
Zwischen den Nächten 81; Und es
bewegt sich doch, Lyr. 81; Mehr als ein
Wort, G. u. Geschn. f. Frieden 81;
Friedens-Erklärung, Lyr. 82; Friedens-
Fibel, Lyr. 82; Friedenszeichen Lebens-
zeichen, Lyr. 82; Wenn des Eis geht, Lyr.
83.
  MH: Literatur der Arbeitswelt, Anth.
73; Realismuskonzeptionen, Anth. 75;
Knast: Strafvollzug und
Resozialisierung, Anth. 77; Deutschland:
Heimat — Umwelt — Utopie, Anth. 79;
Amerika: Wirklichkeit und Visionen,
Anth. 79; Lateinamerika: Lit. im Kampf
und im Exil, Anth. 80; Die letzten 25
Jahre in Lit. u. Politik, Anth. 80; So
wächst d. Mauer zw. Mensch u. Mensch,
Stimmen aus d. Knast u. z. Strafvollzug,
Leseb. 80; Aspekte dt. Gegenwartslit. —
Utopie und Ästhetik, Anth. 82; Es gibt
Niederlagen, die Siege sind — Wider-
stand im Faschismus, Anth. 82;
Friedenszeichen Lebenszeichen, Pazi-
fismus zwischen Verächtlichmachung
und Rehabilitierung, E. Leseb. zur
Friedenserziehung 82.
  R: Moschusduft. Die Reise nach O.,
Hsp. 70; Landschaft mit Litaneien, eine
Poetik, Funkess. 71; Bericht der
Bundesregierung, Hsp. 72; Das große
Sterben und das lange Leben, Feature
75; Nackenschläge, Funkerz. 77; Durch
alle Niederlagen leuchtet die Hoffnung,
über Carl von Ossietzky, Funkportrait
81; Die Nadel im Kopf, Report 81; Unter
dem Dach der Worte, neue Lyr. 81;
Berühmte deutsche Pazifisten — Carl
von Ossietzky, Feature 82.
  Lit: Profile, Impulse. Nieders. Künstlerstipendiaten 1979-81 81; niedersachsen literarisch 81.

Tamsen, Alexander, Dipl.-Ing.,
Stadtbaurat a.D.; Max-von-Laue-Str. 14,
D-2870 Delmenhorst, Tel. (04221) 17333
(Windau/Kurland 28.3.10). Lyrik.
  V: Das Ventil, Lyr. 76; Gestammelte
Werke, Lyr. 78; Lyrisches Striptease 82.

Tandler, Max *

Tannen, Ursula; Margaretenstr. 27c,
D-1000 Berlin 45, Tel. (030) 8327264
(Berlin 1.3.28). Lyrik.
  V: Dies ist das Tor, Lyrik 73; Bis
Deine Schöpfung in Erbarmen flammt,
Lyrik 75. — **MV:** Du siehst mich an,
Bildmeditationen 73, 75, 76.

B: Passion, Bilder m. europ.
Dichtung. — **MA:** Wohin, Herr?, Lyrik
71.

Tanner, Illa, s. Tanner, Mathilde.

Tanner, Mathilde (Ps. Illa Tanner); Pr.
im Romanwettbew. d. Schweizer
Feuilleton-Dienstes 57, Pr. im Kurz-
geschn.-Wettbew. d. Schweiz. Feuilleton-
Dienstes 61; Gossauerstr. 18 A, CH-9100
Herisau, Tel. (071) 521208 (Frauenfeld
18.4.14). Jugendliteratur, Erzählung.
  V: Schatzgräber im Indianerland,
Jgd.-Schr. 57; Die Schiffbrüchigen von
Jamaica, Jgd.-Schr. 60, 62 (auch ital.);
Geheimnis im Orobambatal, Jgdb. 60
(auch norweg.); Die Welt meines
Großvaters, Appenzeller Familien-
geschn. 65; Im Dorf auf dem Seerücken,
Thurgauische Familiengeschn. 70; Auf
der Suche nach der sagenhaften Stadt,
R. 78.
  R: Frau und Gesellschaft, 11 Rdfk.-
Send. 71 — 76.

Tanner, Stephen, s. Habisreutinger,
Rudolf.

Tannewitz, Hans-Joachim (Ps. Harald
Hata); S.D.S. 21; Türkenstr. 19, D-1000
Berlin 65, Tel. (030) 4526643 (Meiningen/
Thür. 19.10.02). Drama, Roman, Novelle,
Lyrik, Film, Hörspiel. **Ue:** U.
  V: Brettl-Liebe, Libr. 31; Tumb
Eggetan, N. 47; In Dir die Welt, Nn. u.
Erzn. 48; Herz auf der Palette, Libr. 49.
  MA: Die Neue Märchentruhe 48;
Rufer und Hörer 53; Die Kultur 62.
  F: Das Weib des Ägypters 20;
Schützenfest und Abenteuer 25; Die
Kinderinsel 28; Großstadtspatzen 29;
Der Kreisarzt 29; Heimkehr 29; Gelübde
29; Die Weinernte 29; Berlin kommt
wieder 51.
  R: etwa 100 Hsp. 35 — 45, u.a.: Stern-
schnuppen; Tropentraum vom Wunder-
baum; Jean Baptiste Poquelin Molière;
Farben voll Leid und Leidenschaft;
Lilienthal; Des Glaubens Volk; Stille des
Glücks; Vom Himmel das Blau;
Afrikanische Trilogie; Vom seltsamen
Märchen, das gestern geschah 49; Tau-
send mal tausend kleine Federchen 56.
  Lit: Unsterblicher Film.

von Tannmark, Etta, s. Hardt, Heinz.

Tanzberg, Kris, s. Kranz, Gisbert.

Tar, Jack, s. Brustat, Fritz.

tarass, s. Kittel, Gerd.

Tarrok, Peer, s. Zwerenz, Gerhard.

Taschau, Hannelies; VS 65;
Förderungspr. d. Lds. NRW für junge
Künstler 68, Arbeitsstip. d. Lds. NRW 71,

Künstlerstip. d. Ldes Nieders. 81;
Zentral 8, D-3250 Hameln, Tel. (05151)
28519 (Hamburg 26.4.37). Lyrik, Roman,
Hörspiel.

V: Verworrene Route, Lyrik 59; Die
Kinderei, R. 60; Die Taube auf dem
Dach 67, 69; Gedichte 69; STRIP u. a.
Erzn. 74; Luft zum Atmen, G. 77;
Landfriede, R. 78; Doppelleben, Lyrik
79; Erfinder des Glücks, R. 81.

MA: Freizeit 73; Liebe 74; Weckbuch I
73, II 74, III 76; Mädchenbuch, auch f.
Jungen 75; An zwei Orten zu leben 79;
Entfernungen oder Sehnsucht im Alter
79; Jahrbuch der Lyrik I 79; Jahrbuch
für Lyrik I 79.

MH: Kindheitsgeschichten 79.

R: Sundjahr; Fremde Tote; Hinter
Schloß und Riegel; Seniorentage;
Nudelspinner; Ich bin anständig ...;
Schulter an Schulter; Normalerweise
zieht die Frau mit dem Mann; Fort-
setzung einer Biografie; Zeit zu sterben;
Verlust des Landesinneren; Echo einer
Existenz, alles Hsp.

Tatlow, Antony, Präs. Intern. Brecht
Society; University of Hong Kong, HK-
Hong Kong, Tel. (05) 877022.

V: Brechts chinesische Gedichte 73;
The Mask of Evil 77.

MH: Brecht and East Asian Theatre
82.

Tau, Theo, s. Tauchel, Theodor.

Tauber, Herbert, Dr. phil., Journalist;
An der Specki 40, CH-8053 Zürich, Tel.
(01) 532777 (Alexandrien 18.12.12).
Roman, Erzählung, Essay.

V: Franz Kafka 41 (engl. 48); Aber im
siebenten Jahr, R. 60; Die Silbermöwe,
R. 66; Hundert Jahre Schweizer Land-
maschinen: Johann Ulrich Aebi 1846-
1919 83.

MA: Zürcher Windrose 57; Von der
Menschenwürde, Erzn. 68; Burgdorfer
Jb. 82.

H: F. Kafka: Meistererzählungen 79; I.
Zangwill: Der König der Schnorrer 80.

Tauber Rouzade, Beate, s. Rouzade,
Beate.

Taubert, Erika, s. Ruckdäschel, Erika.

Taubitz, Monika, Lehrerin; Goldene
Verdienstmedaille: Benemerenti 76,
Eichendorff-Lit.preis 78, Förderpr. zum
Schlesischen Kulturpr. 80, Erzählerpr. d.
Ostdt. Kulturrates 81, Lyrikpr. AWMM
Luxemburg 82; Ges. f. Lit. u. Kunst "Der
Osten" 63, Wangener Kreis e.V., Kg. 69,
Bodenseeclub 73, West-Ost-Kulturwerk
74, Kulturwerk Schlesien 76, Acker-
mann-Gemeinde 77; Lehrenweg 23, D-

7758 Meersburg, Bodensee, Tel. (07532)
9308 (Breslau 2.9.37). Lyrik, Novelle,
Essay, Roman, Hörspiel.

V: Fallende Sterne 68; Fritz Möser-
Kalender 70, beides Lyrik; Schatten
über dem Brunnen, N. 71; Schlesien-
Tagebuch einer Reise 73; Probeflug, G.
74; Durch Lücken im Zaun, R. 77; Netze
werfend, G. 78; Gestörte Befragung, Hsp.
82; Treibgut, R. 83.

H: Bin ich einmal schlecht gelaunt,
Sammlg. hum. Aphor. 73; Annette v.
Droste-Hülshoff-Gedichte 75; Ami
Koestel - Gedichte 75. — **MH:** Das Jahr
ist ein Atemzug Gottes, Aphor. u. G. a.
mehr. Jhten 71; Schriftzeichen - Beitr. d.
Wangener Kreises zur Idee d. Friedens
75.

S: Annette von Droste-Hülshoff -
Leben, Werk, Bedeutung 72.

Tauchel, Theodor (Ps. Theo Tau),
Herausgeber d. Mzs. "der literat.";
Konrad-Brosswitz-Str. 10, D-6000
Frankfurt a.M. (Soginten/Ostpr. 22.1.08).
Roman, Novelle, Essay, Hörspiel,
Fernsehspiel.

V: Masuren, Erzn. 31; Die Rominter
Heide, Erz. 32. ( )

Taucher, Franz, Prof. h. c.; P.E.N. 47;
Peter-Rosegger-Würdig.pr. 59,
Würdig.pr. d. Stadt Wien 69; Schrutkag.
11, A-1130 Wien, Tel. (0222) 8268472
(Graz 23.11.09). Lyrik, Roman, Novelle,
Essay.

V: Die Heimat und die Welt, Ess. 47;
Weit aus der Zeit, R. 48; Von Tag zu Tag,
Ess. 48; Aller Tage Anfang, R. 53; Woher
Du kommst, R. 57; Die wirklichen
Freuden, Ess. 58; Entzauberung der
Epoche, Ess.; Schattenreise, R. 73;
Frankfurter Jahre, R. 77; Damals in
Wien, R. 81.

H: Gedichte vom Berg 35; Sonores
Saitenspiel 49, beides Anth.; Reifenberg:
Landschaften u. Gesichter, Erz. 73.

Taupitz, Eberhard *

Taureau, Jean, s. Schmoll, Werner.

Tauscheck, Carina, s. Pfaeffli, Carina.

Tauschinski, Oskar Jan, Prof., Dipl.-
Kaufm., Verlagsangest.; Ö.S.V. 49, P.E.N.
60; Anerkennungspr. d. Öst. Staats-
preises 52, Preis d. Stadt Kapfenberg 53,
Preis d. Kurt-Desch-Stift. 53, Preis d.
Theodor-Körner-Stift. 55, 61, Prämi-
ierung im Rahmen d. Dt. Jgdb.-Preises
56, Förderungspr. d. Stadt Wien 57, Ost.
Staatspr. f. Jugendliteratur 57, 62, 70, 75,
Jugendbuchpr. d. Stadt Wien 62, 69, 75;
Favoritenstr. 27, A-1040 Wien, Tel. (0222)
6552724 (Zabokruki/Galizien 8.6.14).

Roman, Novelle, Drama, Hörspiel, Essay, Jugendbuch. **Ue:** P.

V: Wer ist diese Frau, biogr. Jgdb. 55, 57 (auch schwed., holl., jap.); Zwielichtige Geschichten, Erz. 57; Die Liebenden sind stärker, biogr. Jgdb. 62; Talmi, R. 63; Frieden ist meine Botschaft, Ess. 64; Zwischen Wiental und Alserbach, Ess. 68; Der Jüngling im Baumstamm, Jgdb. 69 (auch afr.); Die Variation, R. 73 (auch poln.); Der Spiegel im Brunnen, Jgdb. 74; Die bunten Flügel, Erz. 79; Sakrileg, Erz. 83 (auch poln.).

H: Alma Johanna Koenig: Gudrun 51, 64, 73, Leidenschaft in Algier 55, Schibes 57, Gute Liebe — böse Liebe 60, Schicksale in Bilderschrift 67; Vor dem Spiegel, G. 78; Helene Lahr: Skeptisches Tagebuch 63, Der Seitenblick, G. u. Prosa 69; Marlen Haushofer: Lebenslänglich, Erzn. 66; Alfred Grünewald: Klage des Minos, G. u. Aphor. 69; Der Eisstoß, Anth. 72. — **MH:** Alma Johanna Koenig: Sonette für Jan, G. 46, Der jugendliche Gott, R. 47, 80, Sahara, N. 51.

Ue: Jerzy Andrzejewski: Die Karwoche, Erz. 48, 50, Finsternis bedeckt die Erde, R. 61, Sch. 67, Ordnung des Herzens 70; Leopold Tyrmand: Ein Hotel in Darlowo, R. 62; Jerzy Broszkiewicz: Das Ende des sechsten Buches, Sch. 64; Bohdan Drozdowski: Der Stahlharte, Kom. 65; Roma Ligocka: Übrigens Papa muß beseitigt werden, Kom. 65; Irena Tuwin: Der Schwänzer Heinz, Kinderb. 65; Leo Lipski: Piotrus, Erz. 67; Joanna Kulmowa: Hüa, Leokadia!, Kinderb. 67; Janusz Domagalik: Ich habe mich entschieden, Jgdb. 71; Grüne Kastanien, Jgdb. 79; Adam Bahdaj: Der Fall: "Schwarzer Regenschirm", Jgdb. 74; Konrad Gruda: Zwölf Uhr einundvierzig, R. 75.

Taut, Franz, s. von Tautphoeus, Franz.

von Tautphoeus, Franz Frhr. (Ps. Franz Taut); FDA (SVDS) 32; Winibaldstr. 13, D-8190 Wolfratshausen (München 6.5.08). Roman.

V: Candelaria, R. 35, 79 (auch franz., holl.); Die Ranch im Tal des Sommers, R. 35; Öl am Catatumbo, R. 35; Seemann Paul, R. 35; Die Mine Santa Isabel, R. 35; Santa Rita am Fluß, R. 35; Abenteuer im Urwald, R. 36; Der Prinz von Ibagué, N. 36; Seemann ohne Schiff, R. 37; Das Haus am Urwaldfluß, Nn. 37; Das Sklavencamp, R. 37; Smaragde am Rio Cocui, R. 37; Die nordwestliche Union, R. 37 (auch franz.); Tausend Tage Tramp, R. 38; Die Maultiertreiber, R. 38;

Flieger über Urwald und Savanne, R. 39; Verschollenes Gold, R. 43; Pedro, N. 48; Hacienda am Strom, R. 49; Glut des Südens, R. 50; Der Sohn des roten Jaguars, N. 51; Conchita und der Ingenieur, R. 51; Jenseits der grünen Hölle, R. 51; Schiffbruch der Libertad, R. 52; Flammen über Südamerika, N. 52; Kautschuk am Caqueta, R. 53; Kolumbianische Romanze, R. 53; Auf dem Maultierpfad, N. 54; Ein Ring für Carillo, R. 56; Manuel und Modestita, R. 57; Sie kam vom Don, R. 58; Kronprinzessin Cecilie, R. 58; Der Oberst ohne Ritterkreuz, R. 59; Roter Stern am Schwarzen Meer, R. 59; Befehl von oben, R. 59; Mit ihnen ritt der Tod, R. 60 (auch franz., span., ital.); Brigade der Verdammten, R. 60 (auch franz., span., ital.); Der Zeuge, R. 61; Die schweigenden Kameraden, R. 62; Verwehte Spuren, R. 63; Abendmeldung, R. 65; Ohne Panzer — ohne Strassen, R. 68; Krasnodar, R. 69; Jarú, R. 68; Mana Tara, R. 69; Pedro auf der Flucht, Erz. 72; Wo ist Moreno, General?, R. 79; Anschlag auf das Öl d. Welt, R. 80.

MA: Standgericht, R. 61 (a. holl., ital.).

Techel, Karl-Arnd, Pfarrer u. Direktor; An der Heppenmauer 19, D-6482 Bad Orb, Tel. (06052) 2706 (Wilhelmshaven 19.11.20). Christl. Literatur zum Lebenskreis, Gebets- u. Andachtsbücher. **Ue:** H.

V: Immer hat Gott den Anfang gemacht. Gespr. — Gedanken — Gebete f. e. Mutter u. ihr neugebor. Kind 68, 80; Leiden macht das Wort verständlich. Gespr. — Gedanken — Gebete f. Hinterblieb. n. d. Trauerfeier 68, 82; Mit ihm reden, Gebete für junge Menschen 77; Tummelplätze Gottes. Eine heitere Konfessionskunde 79.

H: Brot für den Tag/Das tägliche Wort, Andachten als Buch u. Wandkalender 74, 83.

Tegern, Thomas, s. Geske, Matthias.

Tegetthoff, Folke, Märchenerzähler; Köla 78; Förder.pr. f. soz.krit. Schriften 79; Belob. b. Ldespr. f. Kinder u. Jugendlit. 79; Keplerstr. 110, A-8020 Graz, Tel. (0316) 911349 (Wels 13.2.54). Kunstmärchen, Fantasieaktionen.

V: Der schöne Drache, 7 Menschen-M., Kunst-M. 79, 82; 13 und 1 Märchenbilderbuch, Kunst-M. 79, 82; Und eines Tages war es nicht mehr so wie immer 80; Die Schlabberschlops 80; Wie ein Geschenk auf flacher Hand, Liebesmärchen 1. u. 2. Aufl. 81; Die Schlabberschlops od. ein Seifenblasenmärchen

83. — **MV:** Joki und seine Freunde, Bilderb. 79.

MA: 66 Einminutengeschichten 82.

Teichert, Petra, s. Lamp, Petra.

Teichs, Adolf (Ps. Alf Teichs), Film- und Fernseh-Produzent; Preis d. Biennale Venedig, Selznick-Pr., Lubitsch-Preis, Bdesverd.kreuz am Bande, Goldene Europa; Elbchaussee 204, D-2000 Hamburg 52, Tel. (040) 8803535 (Dresden 18.12.04). Novelle, Film, Hörspiel. **Ue:** E, F.

V: Blitze aus heiterem Himmel, Bü. 35; Der Heiligenmaler, N.; Dalmatinische Novelle u.a. Nn.

F: Friedemann Bach; Quax der Bruchpilot; Rembrandt; Opernball; Große Freiheit Nr. 7; Die Feuerzangen- bowle; Berliner Ballade; Herrliche Zeiten; Haie und kleine Fische; Die Brücke; Ewig singen die Wälder; Ein Glas Wasser; Der Schimmelreiter; sowie weitere 200 Spielfilme u. 40 Fernseh- filme.

R: Gustav Adolf von Schweden; Vier- zig Mörder ohne Schuld.

Ue: Stuart: Das Mädchen Irene 34; Jeans: Kann eine Frau sich ändern?; Flers u. Caillavet: Das schöne Abenteuer 35; Pagnol: Südfrüchte 38; Priestley: Familie Conway 38, u.a.

Teichs, Alf, s. Teichs, Adolf.

Tejo, s. Scherf, Walter.

Telberg, Ursula; D.U., GEMA; Hauptstr. 34, I-39020 Marling, Bozen, Tel. (0473) 47208. Lyrik, Prosa, Dramatik.

V: Sichtbares Unsichtbares, G. 77.

R: Andreas Resch 79; Schöpferisches Denken 81; Was bedeutet klinischer Tod? 82; Ja und Nein zur Vollwertkost 83, alles Fs.; Tanz um Sylvia, Musical 60; Kultur — mehr als ein Wort, Reihe 78- 81; Wenn der Tod zum Leben wird, Hsp. 79; Die Luft ist plötzlich Wasser, Fund- erz. 80; Das erlösende Spiel, Hsp. 82.

Lit: Volkes Stimme — wessen Stimme?, Dr. in: Bortenschlager: Tiroler Drama d. 20.Jh.

Telford, Stan, s. Grossmann, Hans H..

Tell, Urs W. D., s. Dolder, Willi.

Tellenbach, Margrit, s. Haessig- Tellenbach, Margrit.

Temerarius, s. Doll, Herbert Gerhard.

Tenner, Georg, Autor; Portenlängerstr. 37, c/o Script- Buchagentur, D-8022 Grünwald, Tel. (089) 6414057 (Großröhrsdorf/Sa. 23.4.39). Drama, Roman.

V: Der Wüstenwolf, R. 82.

Terhart, Franjo, s. Terhart, Franz- Josef.

Terhart, Franz-Josef (Ps. Franjo Terhart), Student; IGDA seit 79; Literaturpr. d. Stadt Essen 82; Intern. Soc. of Lit. England seit 79, Lit. Union 79, Kreis d. Freunde seit 78, Vorsitz. Kulturtreff Schloß-Borbeck; Schölerpad 116, D-4300 Essen 1, Tel. (0201) 640602 (Essen 4.6.54). Lyrik, Roman.

V: Loof's Tagebuchaufzeichnungen,; über deinen leib gesungen, erotische Lyr. 80.

MH: Kennwort Schwalbe, Anth. 81; Ed./VRA, lit.-graf. Bl. 83.

Termeulen, Susan, s. von Tippelskirch, Wolf Dieter.

Terschak, Ricarda; Str. Patriotilor 20, Sibiu/Rumänien.

V: Katrin, Krimi 80; Die Zauberin Uhle 80. ( )

Tesch, Anne, Choreographin, Journalistin; VS 60 — 75, Gedok; Mozartstr. 18, D-6550 Bad Kreuznach, Tel. (0671) 66949 (Bad Kreuznach 14.12.02). Lyrik, Essay, Übers., Erzählung, Feuilleton. **Ue:** F.

V: Die Bildhauerfamilie Cauer, 4 Künstlergenerationen 67, 77; Wo sanfter die Wolken ziehen, Aroma einer Land- schaft 72; Der Himmel wölbt sein Amen, G. 79; Verlorener Augenblick, G. 82.

MA: Kreuznacher Frauen — Weg- bereiter sozialer Einrichtungen 79.

R: Der Talismann, Ess. 46; Gnädige Kraft, Erz. 66.

MUe: Jean George Noverre: Lettres sur la Danse (1760) 37.

Tesch, Gertrud *

Teschendorff, Martin, Verlagsleiter; Finkenstr. 2, D-8390 Passau-Neustift, Tel. (0851) 81676 (Stuhm/Westpr. 29.6.25). Erzählung.

V: Passau und die Passavia, Ess. 65; Zlatorog, Erz. 67; Passau — die schwimmende Stadt, Ess. 70, 80.

B: Tosso Herz: Der Hilger und sei Sach, Erzn. 74, 75.

H: Balthasar Kappaufs Sammel- surium. Sympathet. Mittel in versch. Krankheitsverhältnissen 73, 76.

Teske, Günter, Bautischler, Journalist; Kandidat SV-DDR 80; Hollstr. 5, DDR-1199 Berlin, Tel. 6772242 (Berlin 10.11.33). Erzählung, Hörspiel.

V: Unternehmen Marsmond, Erz. 63; Kennwort Laubenspringer, Erz. 65; Fünf dutzendmal mach mit, Sporthist.-fach. Streifzug durch Freizeitsportarten 74; Die verschwundene Mumie, utop. Erzn.

78; Telepatis, utop. Erzn. 81; Das Gelbe Trikot, Erz. 81.
R: Ein Mann wie Sherlock Holmes, Hsp. 79; Ende einer Karriere, Hsp. 82.

Teske, Hermann, Oberst a.D., OberarchivR. a.D.; Bürgermeister-Greinwald-Str. 9, D-8132 Tutzing, Tel. (08158) 8275.
V: Berlin und seine Soldaten 68; Wenn Gegenwart Geschichte wird ... 74.
B: General Ernst Köstring 66.

von Tessin, Brigitte; Seestr. 23, D-8133 Feldafing.
V: Der Bastard, R. 78, Tb. 80. ( )

Tessmer geb. Hess, Charlotte (Ps. Charlotte Tessmer-Hess); VS 46, V.D.Ü. 55; Tengstr. 32 a. Film, D-8000 München 40. **Ue:** E, F, H, I.
Ue: Yvonne de Tonnac: ... und dennoch dämmert der Morgen 49; Jan van Dorp: Les lanceurs de rails u.d.T.: Wen das Los trifft 54; Roger Frison-Roche: La piste oubliée, La montagne aux écritures u.d.T.: Das Siegel der Sahara 55; Carlo Coccioli: Das Traumbild und die Jahreszeiten 55; Robert Sabatier: Alain et le nègre u.d.T.: Montmartre und das kleine Glück 56; Mary Chubb: Nefertiti lived here u.d.T.: Nofretete und ich 56; Arjen Miedema: Gespräche mit Gabriel 56; Margreet Velsen-Quast: Nur ein Herz 57; Beverley Cross: Mars in Capricorn u.d.T.: Fracht nach Kamerun 57; Alexis Carrel: Jour après jour u.d.T.: Tagebuch eines Lebens 58; John L. Brom: Kon-Tiki Africain u.d.T.: Afrikanische Odyssee 58; Francis MacManus: American Son u.d.T.: Ein Sohn aus gutem Hause 60; Lawrence Hanson: Mountain of Victory, a biography of Paul Cézanne u.d.T.: Der Einsiedler vom Mont Sainte Victoire 62; Anna Maria dell' Aqua: Der Mann, den ich gemordet habe 62; H. C. Bailey: 7 Fälle für Mr. Fortune 63; Meredith Reed: Jedes Jahr im April 66. ( )

Tessmer, Linda; Kirchstr. 8, DDR-1422 Hennigsdorf.
V: Gefährlicher Job 77; Das Alibi bin ich 80; Lepinal 80; Ein Toter zuviel 80, alles Krim.-Erzn. ( )

Tessmer-Hess, Charlotte, s. Tessmer, Charlotte.

Tettenborn, Joachim, Dr. phil.; D.U.; Mainzer-Autorengruppe; Rheinblick 35, D-6501 Wackernheim, Tel. (06132) 57189 (Ottendorf/Thür. 26.11.18).
V: Perspektiven, Drama ohne Poesie 51; Das große Verhör, Sp. 53; Der Mann auf dem Sockel, Tragikom. 55; Hunger,

Tragikom. 59; Nur ein einziger Tag, R. 72; Die Anstalt bedauert, R. 77, Tb. u.d.T.: Das Fernsehen bedauert 82; Tilmann Riemenschneider, Ein Spiel aus seiner Zeit 81; Korruption, R. 83; Die Dornenkrone hab ich mir geflochten, Sp. m. Liedern üb. Francois Villon 82; Aktien für den Himmel, Sch. 83; Klaas Störtebeker, Piratenrevue 84.
R: Beim Teufel abonniert; Übermorgen Regen; Der schwarze Schwan; Gedanken im Kreise, alles Hsp.

Tettweiler, Hartmut (Ps. Hartmut Reliwette), Bildhauer, Strafvollzugsbeamter a.L., Doz.; Kreis der Freunde; Töpferstr. 51, D-4300 Essen 1, Tel. (0201) 253377 (Berlin-Nikolassee 10.4.43). Lyrik.
V: Wundersame Geschichten für Individualisten, Prosa, Kurzgeschn., lyr. Texte 72.
F: Zwischen Traum u. Wahrheit I.
Lit: Bildlexikon — Kreis der Freunde.

Tetzlaff, Ingeborg (Ps. f. Ingeborg Heiderich); VS; Lehmbacher Weg 22, D-5000 Köln-Brück, Tel. (0221) 843487 (Berlin 11.2.07). Lyrik, Roman, Novelle, Essay, Hörbild, Kunst-Reiseführer.
V: Dreiklang der Einsamkeit, N. 38; Das tapfere Schneiderlein, Msp. nach Gebr. Grimm 40; Die unvergängliche Stunde, Nn. 48; Unter Zobeljägern, Jgdb. 53; Einladung nach Sardinien, Lit. Reiseb. 65, 70; Die Provence, Kunst-Reiseführer 75, 83; Romanische Kapitelle in Frankreich 76, 83; Malta und Gozo, Kunst-Reiseführer 77, erweit. Neuaufl. 83; Romanische Portale in Frankreich 77, 82; Licht der Provence 78, 83; Griechische Vasenbilder 80.

Tetzlaff, Irene (Ps. Renate Mühlbach); VS Schlesw.-Holst. 48; Gorch-Fock-Str. 9, D-2330 Eckernförde, Tel. (04351) 82378 (Schneidemühl/Pomm. 7.5.09). Roman, Novelle, Biographie.
V: Der Katzenkrug, R. 62; Unter den Flügeln des Phönix, Dok. üb. d. Grafen von Saint Germain 72; Der Graf von Saint Germain, Biographie 80.
MA: Alle Mütter dieser Welt, Anth.

Tetzner, Gerti; Ferdinand-Lasalle-Str. 10, DDR-7010 Leipzig.
V: Karen W., R. 74, 82; Maxi 79. ( )

Tetzner, Reiner *

Tetzner geb. Wodick, Ruth (Ps. Ruth Hallard), Schriftstellerin; WAV/VS 59-76, GEDOK 72, FDA 74, Schriftst. in Schlesw.-Holst. (m. Eutiner Kreis u. FDA) 80; Gründung u. Leitg. der 1. "Öffentl. Autorengespräche" in Essen 64-66, Lit. Union 65-81, "Neue Literatur-

u. Kunstgespräche i. Museum Folkwang
Essen" 75, Lübecker Autorenkr. 80;
Fehlingstr. 45, D-2400 Lübeck-
Travemünde, Tel. (04502) 6497
(Flensburg 25.11.17). Hist. u. zeitgenöss.
Roman, Shortstory, Essay, Lyrik,
Hörspiel, Musical.
V: Blüten im Sturm, R. 58; Neuer
Realismus, Ess. 64; Plädoyer für einen
neuen Roman, Ess. 66; "Greta"-
Mädchenbücher 66-69, 74-79, 81;
Kassandra; Das alte Haus, Erzn. 67; Die
Kurzgeschichte als Wegbereiter, Ess. 69;
Signale, G. 74; Kreuzungen, Erzn. 78;
Neue Wege und Straßen, Tgb.Notizen u.
-G. 83.
MA: essener lesebuch 65; Hamb.
Anthologie 65; Weggefährten 62;
Anklage u. Botschaft 69; Ruhrtangente
72/73; Arbeiterdichtg. 73; Menschen, die
am Stadtrand leben 74; Spirituelle
Poesie. Wege zu neuer Lit. in: Brenn-
punkte XI/74 u. X/73; Diagonalen 76;
Lyrik 79, 80; Lübecker Lesebuch 81.
R: Fs.-Sendg. 65; Monolog-Prosa 68.
Lit: Spektrum des Geistes 76; Wilh.
Bortenschlager: Geschichte der
Spirituellen Poesie. Essener Autoren-
gespräche: Ruth Hallard.

Teuchert, Lothar, Kfm. Angestellter;
Am Butterbusch 2, D-3300
Braunschweig, Tel. (0531) 611074 (Berlin
25.12.40). Erzählung, Kurzgeschichte.
V: Der Mann am Strand, Erzn. 83.

Teuffen, Dietrich Hans, Redakteur
und Lektor; VS 60; Akazienstr. 16, D-
4800 Bielefeld 14, Tel. (0521) 487395
(Neuenstadt am Kocher 15.7.21). Roman,
Essay, Lyrik.
V: Der Rebell von Kamtschatka, R. 57
(auch ndländ.); Die östliche Welt 61
(auch span.); Herodot — Sieben und
andere Wunder der Welt 79; Gemeinsam
unterwegs, G. 82. — **MV:** Ein Kreuz und
tausend Wege 62.
MA: Wir sind aus eurem Glück
gestanzt, Anth., G. 81; Wetterlage, Anth.,
Gesch. 81; Grenzüberschreitungen oder
Literatur und Wirklichkeit, Anth., G. 82.

Teutschebein, Tonja, Erzieherin; VS
81; Birkenring 1, D-2733 Tarmstedt
(Dresden 16.9.44). Lyrik, Erzählung.
V: ... wie ein Vogel hinter Gitter-
stäben, Lyr. 81.

Tews, Lydia, freie Schriftstellerin;
Bargauer Str. 3, D-7072 Heubach, Tel.
(07173) 4831 (Neustadt a. d. Waldnaab
29.3.51). Roman, Sachbuch.
V: Werkzeuge im Haus, Sachb. 82; Sie
sind ein schlechter Bulle, gnädige Frau,

Krim.-R. 82; Landschaft im Modell,
Sachb. 83; Leichen brauchen kein
Make-up 83. — **MV:** Pioniere für den
Frieden, Jgdb. 83.

Textor, Carlotta, Schriftstellerin u.
Schaspielerin; D.U.; Käthe-Dorsch-
Heim, Tharauer Allee 15, D-1000
Berlin 19 (Berlin 14.12.07). Roman, Film,
Komödie, Fernsehen.
V: Anna Lombardi, R. 47, 48; Die
klingende Insel, R. 50, 52; Heinrich der
Wagen bricht, Kom. 55; Cornelius
Ginsterloh, R. 56; Spiel im Großen Haus,
R. 57; Vitamine — Mortamine, Kom. 60;
Die Wesenacks, Berl. Volksst. 65.
F: Jenny; Schwarzbrot und Kipferl. ( )

von Thadden, Wiebke (Ps. Wiebke
Fesefeldt), Dr.phil.; Tb. d. Monats Nov.
1982 d. dt. Akad. f. Kinder- u. Jugendlit.;
Grotefendstr. 30, D-3400 Göttingen, Tel.
(0551) 41682 (Tübingen 7.7.31).
Jugendroman.
V: Brun, Geisel im Reiche des Königs
der Franken, hist. Jgd.-R. 82.

von Thaler, Edgar *

Thalheim, Peter, Lehrer, ObStudR.;
Haidhauser Werkstatt München 82;
Bellinzonastr. 2, D-8000 München 71,
Tel. (089) 7552392 (Leipzig 17.2.48). Lyrik
(Mundart).
V: Unbandiges. Mundartiges und
Unartiges aus München, Lyr. 80, 2.Aufl.
82; Schtrumpfsoggad. Fast naggade
Tatsachn aus München, Lyr. 83.
MA: Ich denke an morgen, Lyr. 80, 2.
Aufl. 81; Gaukes Jb. '82, Lyr.

Than, Walter *

Tharau, Walter (Ps. Peter Laregh),
Autor; VS 79; Aumühlstr. 24, D-8423
Abensberg, Tel. (09443) 5266 (Berlin
17.8.21). Roman, Erzählung, Lyrik,
Essay, Glosse, Hörspiel, Film, Kritik.
V: Wehe den Siegern. Judäisches
Tageb. eines römischen Legionärs zur
Zeit Christi 55; Der violette Käfig, R. 71.
B: Mazel Tov, R. 75; Sing, Nachtigall,
sing, Biogr. 77; Soliman der Prächtige,
Sachb. 81; Deutschland, Deutschland,
alles ist vorbei: Alternative Berliner
Szene 82.
F: Die Tote von Beverly Hills 64;
Herzliche Hinrichtung 65; Die Purpur-
linie 66; Die zeitlose Spur 67; Grimms
Märchen 69; Blauer Dunst 69; Gruppen-
bild mit Köpfchen 81; Washingtoner
Artenschutzübereinkommen 82.
R: Die Chronik vom Großen Wasser;
Aus einem Bistro flattert ein Chanson;
Der Tag beginnt, alles Hsp.; Der
Freudenreiche Postillon; Regen bringt

Segen; Herr Bürger informiert sich; Der
rasende Lokalreporter; Urlaub auf dem
Bauernhof; Denk mal nach; Sprüche-
klopferei; Himmliche Begegnung, alles
Fsp. u. Serien. ( )

Tharding, Theo, s. Detering, Heinrich.

Thebis, Hansgünter (Ps. John
O'Guenther), Schriftsteller u. Fachjour-
nalist; Journ.verb. Berlin (JVB) 59;
Drakestr. 33, D-1000 Berlin 45, Tel. (030)
8334411 (Plauen/Vogtl. 29.12.25). Roman,
Jugendbuch, Funkerzählung, Fernseh-
drehbücher.
V: Zahlr. R. seit 46, u.a.: Schatten am
Kai, Krim.-R. 56; Die Venus von
Westbourne Grove, Krim.-R. 57; Der Fall
O'Rior, Krim.-R. 57; Mord am Yellow
Point, Krim.-R. 57; Zwei Mädchen
wollen keinen Mann, R. 58; Exklusiv-
bericht Mord, Krim.-R. 57; Wochenende
auf Mannor Place, Krim.-R. 58; Aktion
Funkspruch, Krim.-R. 58; Richter
Bulton, Krim.-R. 58; Vorsicht - Glas!,
Krim.-R. 58; Gefährliches Treibgut,
Krim.-R. 59; Attentat im Standesamt,
Krim.-R. 59; Blutige Amoretten, Krim.-
R. 60; Stichwort Handicap, Krim.-R. 60;
Sechster Stock links, Krim.-R. 61; Musik
um Mitternacht, Krim.-R. 61; Sie war
erst Neunzehn, Krim.-R. 61; Mord vor
der Fernsehkamera, Krim.-R. 62. —
MV: Nikolas und Nikolinchen 53; Noch
mehr von Nikolas und Nikolinchen 53.
R: Werner ist doch ein Kerl 52, 56;
Peter und der Motorpuk 52; Der Stadt-
affe auf dem Heidehof 52; Der graue
Reiher 53, 54; Bergnotsignal in der Höll-
rückwand 54, 56; Schülerlotse Ursel
Brink 54; Fünf Freunde, ein Boot und
ein Hund 55, 56; Die Sache mit dem
Auto 55, 56; Zirkus Steffani 56; Die Buh-
Bande vom Poseidonbad 56; El Hakims
Große Zauberschau 57; Die weiße Hand
am Garagentor 58, alles Funk-Erz.;
Kleines Hunde-ABC, 12 Fsf. 63-65; Axel
unter Viechern, 6 Fsf. 64; Die Brief-
marke, 22 Fsf. seit 65; Schauplätze der
Geschichte, 12 Fsf. 70; Männer mit Mut,
4 Jgd-Fsf. 70; Spanische Kochkunst, F.
70; Der kleine Gaukler Barnaby, Jgd.-F.
70; Männer des Meeres, 4 Fsf. 74; Kino
aus dem Busch, Geschichte d. austrl.
Stummfilms, F. 74; Entdeckung der
Meere, 4 Fsf. 75; Bremsversuch, Jgd.-F.
76; Vom Umgang mit Meerestieren, 2
Fsf. 80.

Theek, Bruno, Pastor, Bürgermeister
a. D.; Lit.pr. d. Christl.-Demokrat. Union
63; Klub d. Kultur- u. Geistes-
schaffenden 55, Deutscher Kulturbund,

DDR-2800 Ludwigslust, Tel. 2586 (Berlin
20.5.91). Essay, Reportage.
V: Jugend am Kreuz, Rep. 28; Kazett
Dachau, Rep. 45; Keller, Kanzel und
Kaschott 61; Meine ersten 80 Jahre 77.
MA: Christlicher Widerstand gegen
den Faschismus 55; I. Norddeutsche
Kulturtagung 62; Antifaschistischer
Widerstand in Mecklenburg; Weltbühne.
MH: Glaube und Gewissen; Land und
Leute; Standpunkt.
Lit: Glaube und Gewissen 61.

Theil, Edmund, freier Schriftsteller;
Dickswall 68, D-4330 Mülheim/Ruhr,
Tel. (0208) 32680 (Mailand 25.7.13). Reise-
erzählung, kunstgeschichtl. u.
historische Veröffentlichungen.
V: Jagd auf die Raubkarawane I (Im
Schatten der Pyramiden) 77, 81 (holl. 79),
II (Am See der Krokodile) 77, 81 (holl.
79), III (Die Sänften des Todes) 78, 81, IV
(In der Oase der Orakels) 78, 81, V (Die
Dünen der Vergeltung) 79, 82, VI (Bei
den Rittern der Wüste) 80, 82; Rommels
verheizte Armee 79; Kampf um Italien
83.

Theile, Albert, Prof.; P.E.N. 27, ISDS
58, VS 75; Friedrich-Rückert-Pr. 71;
Melchiorstr. 21, CH-3027 Bern, Tel. (031)
559009 (Dortmund-Hörde 3.7.04). Lyrik,
Essay. **Ue:** S, N, Schw, D, E, Port.
V: Außereuropäische Kunst 56 — 58
III, ill.; Kunst in Afrika 61 (auch span.,
dän., schwed., poln., franz.).
MH: Lateinamerika erzählt 62.
Ue: Schwan im Schatten, lateinamer.
Dichtg. von heute 55; Unter dem Kreuz
des Südens, Erzn. aus Mittel- u.
Südamerika 56; Spanische Erzähler 81;
Gabriele Mistral: Gedichte 58; Bebendes
Herz der Pampa, Gauchodichtg. 59; Es
tagt die Erde, Indianerdichtg. Süd-
amerikas 62, Liebesgedichte 80.

Theison, Volker, Pfarrer; Autoren-
gruppe Speyer, Lit. Ver. d. Pfalz; Am
Anger 5, D-6720 Speyer, Tel. (06232)
32500 (Karlsruhe 4.6.43). Lyrik, Essay,
Erzählung, Lesestück, Novelle.
V: Liebe wie Nebel im Wind, G. 74;
Russisches Roulette, Lesestücke 74;
Fallende Blätter, G. u. Gedanken 76;
Jedes Herz hat 2 Kammern. Steno-
gramm eines geschundenen Lebens 77;
Fragende Gedanken, G. 79; Auf der
Suche, Kurzgeschn. 81.
MA: 17 Autoren, Anth. 82.

Theiss, Mechtild, Konrektorin;
Auswahlliste d. Kath. Kinderbuchpr. 81;
Rissentalweg 15, D-7080 Aalen/Württ.-

Röthardt (Wolfegg/Württ. 21.4.38).
Kinderbuch, Erziehungsfragen.
V: Felix und Beate, Kdb. 82.

Thelen, Albert Vigoleis (Ps. Leopold
Fabrizius), Schriftsteller; VG WORT;
Fontane-Preis 54, Abit. h. c. des human.
Gymnasiums d. Stadt Viersen 54, Dr.
humoris causa 67 u. Prof. hum. c. 83 d.
Dülkener Narren-Akademie (gegr. um
1490), Ritter des Jungen Lichts der
Academia Equitans Dulceniae (gegr.
1554) 73; Mitgl. Ehrenpräsid. d. Human
Rights Intern. (UNHR) 74; Chemin
Ysabelle de Montolieu 179, CH-1010
Lausanne-Vennes (Süchteln/NdRh.
28.9.03). Als "Angewandte
Erinnerungen" romanhaft gestaltete
Memoiren, Erzählungen, Gedichte.
Ue: H, E, F, S, Port, I.
V: Schloß Pascoaes, G. 42; Die Insel
des Zweiten Gesichts, Angew. Erinn. 53
(Orig.ausg. in Holland, dt.spr.; gleichzt.
weitere Ausg. in d. Bdesrep. Dtld.,
Schweiz u. Öst.) 81, Tb. 70 u. 83;
Vigolotria, G. 54; Der Tragelaph, G. 55;
Der schwarze Herr Bahßetup, Angew.
Erinn. 56, 83, Tb. 77; Runenmund, G. 63;
Glis-Glis. E. zoo-gnost. Parabel 67; Im
Gläs der Worte, G. 79. − **MV:** Die Welt-
literatur, Biogr., lit.hist. u. bibliogr. Lex.
in Übersichten u. Stichw. 51 − 54.
S: Stimmen der Dichter 77.
Ue: Teixeira de Pascoaes: São Paulo
u.d.T.: Paulus, Der Dichter Gottes 38,
São Jerónimo e a trovoada u.d.T.:
Hieronymus, Der Dichter der Freund-
schaft 41, 42, Verbo escuro u.d.T.: Das
dunkle Wort 49.
Lit: Anna Krüger: A.V.T. in:
Schriftsteller der Gegenwart. 53 lit.
Porträts 63; Rosmarie Zeller: Die
poetischen Verfahren A. V. Thelens in:
Colloquia Germanica H. 4 79.

Thener, Martin Minor, s. Mildner,
Theodor.

Thenior, Ralf, Schriftsteller; VS seit
71; Jahrespr. d. Literarischen Hefte 74;
Schloß Westerwinkel, D-4715 Herbern,
Tel. (02599) 1643 (Bad Kudowa/Schlesien
4.6.45). Lyrik, Prosa, Essay, Hörspiel,
Feature.
V: Traurige Hurras, G. u. Kurzprosa
77, Tb. 79; Sprechmaschine Pechmarie,
Neue G. 79; Guten Morgen, Robert, ein
Brief 81; Der Abendstern, wo ist er hin,
Erz. 82.
MH: Lyrik-Katalog Bdesrepubl. m.
Jan Hans u. Uwe Herms 78.
R: Das Trauma einer Nacht, Bearb.
70; Flippermann 71; offen zu offen
verschlossen 79.

Theobald, Günther, Graphiker, Maler
u. Kunsterzieher; VS Rheinland-Pflaz;
Sonnenweg 31, D-6587 Baumholder
(Baumholder 13.10.35). Lyrik.
V: Gedichte 69; Treibsand, G. 73.
MA: Das Boot, Anth. 72-82; Luxem-
burger Quartal, G. 74, 75; Gedichte '74,
Anth. 74; neue texte aus rheinland-pfalz
'74, Anth. 74; Zwischenrufe, Anth. 75;
Formation 2, Anth. 76; Lyrik 78, Anth.
78; Cimarron Nr. 5, G. 78; Mauern, Anth.
78; alles fließt, Anth. 79; Gauke's Jb. '83,
Anth. 82; Illusion und Wirklichkeit,
Anth. 83.

Theobaldy, Jürgen, Schriftsteller; VS;
Hildegardstr. 2, D-1000 Berlin 31, Tel.
(030) 8533504 (Straßburg/Frankr. 7.3.44).
Roman, Lyrik, Essay, Buchkritik. **Ue:** E.
V: Sperrsitz, G. 73, 76; Blaue Flecken,
G. 74, 79; Zweiter Klasse, G. 76, 79;
Sonntags Kino, R. 78, 79 (franz. 80);
Drinks, G. 79; Schwere Erde, Rauch, G.
80; Spanische Wände, R. 81; Die
Sommertour, G. 83. − **MV:** Veränderung
der Lyrik. Über westdeutsche Gedichte,
m. Gustav Zürcher 76.
B: Aras Ören, Der kurze Traum aus
Kagithane. Ein Poem, aus d. Türk. v. H.
Achmed Schmiede 74.
H: Und ich bewege mich doch,
Gedichte vor und nach 1968 77.
Ue: MH: Jim Burns: Leben in
Preston, G. m. Rolf Eckart John 73; Jim
Burns: Fred Engels bei Woolworth, G.
m. dems. 77.

Theuer, Franz, Gendarmerie-Oberst;
Hauptstr. 100, A-7081 Schützen am
Gebirge, Tel. (02684) 292 (Podersdorf am
Neusiedler See 27.12.22). Lyrik, Roman,
Drama.
V: Thanatos und Hirtenflöte, Lyrik 74,
75; Verrat an der Raab, histor. R. 76, 77;
Tragödie der Magnaten, histor. R. 79;
Ritterburg Lockenhaus in Geschichte,
Sage u. Literatur 81. ( )

Theuermeister, Käthe Ella (Ps. Helga
Henning); Waldstr. 18, D-6301
Pohlheim 6, Tel. (0641) 45171 (Leipzig
21.1.12). Kinderbücher.
V: Das Mädchen mit den bunten
Augen 60; Tini und der rote Luftballon
60; Tini findet eine neue Heimat 61;
Struppi, komm! 61; Viel Wind um Kathi
62; Tini vom Sonnenhof 63; Reni im
Schwalbennest 63, Neuaufl. u.d.T.:
Hummelchen 63; Hummelchen geht in
die Schule 63; Hummelchen auf Reisen
64; Hummelchen macht eine Ent-
deckung 64; Hummelchen und Mücke
65; Hummelchen im Internat 65; Unsere
Babuz 65, Neuaufl. u.d.T.: Barbara

gehört zu uns 78; Greif, der Wolfshund 65; Das Waldhausmädel 65; Hummelchen reist nach Amerika 66; Ulrike und Simone 65; Hummelchen weiß, was sie will 67; Angelika im Sonnenland 67; Glückliche Zeit für Cornelia 67; Fröhliche kleine Monika 68; Tini und Evchen 68; Auf Hollberg ist was los 68; Uli ist pfiffig 68; Die Kinder vom Kinzingtal 69; Die tolle Klasse von Birkenried 70; Ferien auf Gut Wellin 70; Die vertauschten Töchter 71; Molli und Melli, die Zwillingsschwestern 72; Molli und Melli im neuen Haus 72; Berni und sein rotes Auto 73; In Randheim gehts rund 73; Unser lieber Augustin 73; Tobi, der kleine Racker 74; Manuelas sieben Träume 74; Jockel baut ein Haus 74; Es tut sich was um Heiner 74; Anett, die kleine Gärtnerin 74; Ferienzeit mit Nicole 75; Reni im Ferienheim 77; Zwei ungleiche Schwestern 77; Angelika 77; Sommerfest in der Waldschule 77; Thomas und Inge spielen Kaufmann 77; Eine fröhliche Woche mit Stefanie 77; Maxi, das freche Fohlen 78; Niko ist Klasse 78; Ferien mit Pferd und Wagen 80, alles Jgdb.

Theunert, Christian *

Theurer, Hermann (Ps. Theurer-Samek), Beamter; 1. Lyrikpreis des Verlages Arndt 71; Haydng. 20, A-2340 Mödling, Tel. 48202 (Mödling 7.7.28). Drama, Lyrik, Kurzprosa.
V: Bergfahrt, Lyrik 69; Ecce Homo — Der Mensch, Ballade 70, 72; Der Duden sagt ..., Lyrik 74; Widerwärtigkeiten — Wieder Wertigkeiten, Lyrik 75; Näher Dir ..., Lyrik 76; Sa-Tierisches, Lyrik 80; Florentinische Impressionen, Lyr. 81; Weihnacht der Ringstraßenhäuser, Erzn. 82; Das neue Narrenschiff, Erzn. 83.
H: Jetzt, Litzs. seit 71; Mödlinger Anthologie 83. — **MH:** Hugo Ellenberger, Reflexionen, Erinnerungen 78.
S: Interjektionen 74; Gruß aus Mödling 76.
Lit: Kreativ-Lex.-Öst. Dramatiker d. Gegenwart 76; Brennpunkte - Gesch. d. spirituellen Poesie 76.

Theurer-Samek, s. Theurer, Hermann.

Theweleit, Klaus, Dr. phil.; Staudinger Str. 5, D-7800 Freiburg i.Br. (1942).
V: Männerphantasien Bd. 1: Frauen, Fluten, Körper, Geschichte 77, Tb. 80, 81, Bd. 2: Männerkörper — zur Psychoanalyse des Weissen Terrors 78, Tb. 80.
()

Thiekötter, Friedel, Dr. phil., Lehrer; VS Nordrh.-Westf. 71, Kogge 70; Preis d. Stadt Bocholt 69, 71, Dt. Kurzgeschn.pr. d. Stadt Arnsberg 69, 73; Wienerstr. 32, D-4400 Münster/Westf., Tel. (0251) 393393 (Neheim-Hüsten 3.6.44). Roman, Kurzprosa, Drama, Lyrik. **Ue:** F.
V: Zum Beispiel Immergrün, G. 67; Vier Techniken, Einakter 71; Kunst mal wieder, Multimedia 72; Autor, Text und Leserinteresse, Unterrichtsprojekt 74; Reisebekanntschaft, Erzn. 74; Lächeln ist die List der Triebtäter, Hsp. 76; Schulzeit eines Prokuristen, R. 78; Jeden Tag Schule, R. 81.

Thiel, Hans Peter, Schriftsteller; VG Wort; Kaiserstr. 49, D-8000 München 40 (Würzburg 11.9.39). Kinderbuch.
V: Hopsi das Eichhörnchen 66; Erklär mir die Welt 72, 82; Erklär mir das Meer 73, 75; Erklär mir die Erde 73, 76; Erklär mir die Tiere 74, 76; Erklär mir die Technik 75, 77; Erklär mir die Pferde 77; Erklär mir die Pflanzen 78. — **MV:** Erklär mir die Indianer 75; Erklär mir die Entdecker 76, 83, beide m. F. Anton; Pipers Grundschülerlexikon, m. Berthold Casper 76, 77, u.d.T.: Schweizer Primarschüler-Lexikon 77, 78.
S: Erklär mir die Indianer, m. Ferdinand Anton 76.

Thiel, Josef, Dolmetscher, Journalist; Schlegelstr. 13, D-7100 Heilbronn/N., Tel. (07131) 52151 (Hagen/Westf. 12.8.09). **Ue:** Am, E, F.
H: Gruss und Dank an Hans Franke zu seinem 70. Geburtstag 63. — **MH:** und trug Frucht, Eugen Salzer Verlag 1891 — 1966.
Ue: Robb White: Candy 52, Sail away u.d.T.: Das Geheimnis der weißen Schaluppe 54, Die Jagd nach der Löwenpranke 55; Paul Hyde Bonner: Hôtel Talleyrand 54; Lois Lenski: Indien captive u.d.T.: Die Abenteuer der jungen Maisblüte 54, Cornfarm boy u.d.T.: Tapferer kleiner Dick 56; Peggy Goodin: Clementine 55; James Robert Richard: Phantom - das Geisterpferd 57; Robb White: Das Boot des Schmugglers 58; The haunted hound u.d.T.: Ein Hund, ein Junge und ein Mädchen; Michael Maegraith: Mondlandung 69. — **MUe:** Louis P. Lochner: Tycoons and Tyrant u.d.T.: Die Mächtigen und der Tyrann 55.

Thiel, Manfred, Dr. phil., freier Wissenschaftler, wissenschaftl. Herausgeber; AWMM-Buchpreis Luxembourg 80; Rohrbacherstr. 20, D-

6900 Heidelberg, Tel. (06221) 15789
(Görlitz 27.6.17). Lyrik, Essay. **Ue:** F.
V: Dichtung und Erfahrung, Lyr., Ess.,
Komödienentwurf 77; Musik des Jahres,
Heidelberger Gedichte, Lyr. 79; Auf den
Spuren Dantes 82.
Ue: Charles Baudelaire: Die Blumen
des Bösen, Lyr., Ess. 77.
Lit: Spektrum des Geistes in:
Literaturkal. 79.

Thiel, Otward, s. Dietl, Eduard.

Thiele, Marianne, Hilfsorganistin;
Schulstr. 7, DDR-8251 Taubenheim b.
Meißen, Tel. 438 (Dresden 18.1.16).
Novelle, Kurzgeschichte, Lyrik.
V: Das Kind im Felde, Erzn., G.,
Scherenschnitte 79, 2. Aufl. 81; Vater
und Mutter verlassen mich, N. 83.

Thiele, Stefan, Antiquar;
Gundeldingerstr. 65, CH-4053 Basel, Tel.
(061) 229849 (Bern 6.6.48). Roman,
Novelle.
V: Nasenbein — oder wie schreibe ich
einen Roman?, R. 80; Der lange Polter-
abend. Drei ungemütliche Geschichten,
Nn. 81.

Thiele-Malwitz, Gerda,
Schriftstellerin; Zikadenweg 5a, D-1000
Berlin 19, Tel. (030) 3025161 (Breslau
13.4.27). Roman.
V: Ausgerechnet Hannibal, R. 67; Drei
Groschen für H., R. 74, 76; Endstation
Paradies, R. 77; Pflaumenkuchen für
den Führer, R. 80.
R: Endstation Paradies, Drehb. 76.

Thiemer, Erwin, Volksschullehrer
a.D.; Kg. seit 76; Lessingstr. 16, D-8960
Kempten, Allg., Tel. (0831) 28913
(Dirschau a.d. Weichsel 19.4.09). Lyrik.
V: Drei Knoten Hoffnung, Lyr. 75;
Gespaltene Tage, Lyr. 78.
MA: Veröffentlichung von Gedichten
in Ztgn., Zss., Anth., Jbb. u. Kal.

Thiemt, Hans Georg, Autor u.
Regisseur; VS; D-6580 Idar-Oberstein-
Weierbach A 12, Tel. (06784) 6105 (Berlin
14.6.24). Fernsehspiel, Roman.
MV: Kurier d. Kaiserin 70; Johannes
81, beide m. H.D. Schreeb, Romane n. d.
gleichn. Fs.-Ser.; Ich mach' mir keine
Sorgen mehr, m. dems., Bü. 78.
R: Des Pfarrers Freude (nach R.
Dahl); Die Affäre U 2; Der Vergessene;
Der Hellseher; D. Abschußtag, Fsp. 78;
Geldsorgen, Fsp. 80; D. Reise nach
Schlangenbad, Fsp. 81, alle m. H.D.
Schreeb; mehrere Fspe f. d. Reihe
"Tatort", u.a.: Tote reisen nicht umsonst,
m. dems. 80; D. Bürgermeister 81;
Patienten gibt's 83; Frankfurter Kreuz

83; Ich, Christian Hahn 83; D. Schenke
am Domplatz 83; Adam u. Eva 84, alle m.
H.D. Schreeb, Fs.-Serien.

Thies geb. Pawlowicz, Vera, Dipl.-
Philologe; SV-DDR 68; Johannes-R.-
Becher-Med. in Silber 71, Wilhelm-
Bracke Med. in Silber 77, Verdienstmed.
d. DDR 80, Volk-und-Welt-Übersetzer-
prämie 80, A szocialista kultúráért Bp.
(f. d. sozialist. Kultur) 71, Petőfi-Gedenk-
med. 73, Verdienstorden d. Arbeit in
Silber 82; Intern. Ges. f. ungar. Philo-
logie 79; Rüdersdorferstr. 19, DDR-1017
Berlin, Tel. 5883747 (Berlin 1.11.21).
Ue: U.
H: A. Gábor: Der rote Tag rückt näher
59; Konturen 1956-1966, Anth. 66; Z.
Móricz: Sieben Kreuzer 67; T. Déry: Der
Riese 69; L. Nagy: Der ägyptische
Schreiber 70; Rokoska bläst Trompete,
Anth. 70; Z. Móricz: Die Engel von
Kiserdő 71; Siebenbürgen-Trilogie 72;
Der Kuß der Anna Szegi, Anth. 73; I.
Örkény: Der letzte Zug 73; Hecken-
rosen, Erzn. aus Ungarn 77; S. Petőfi:
Doch währt nur einen Tag mein
Leuchten 77; Z. Móricz: Himmelsvogel
79; I. Örkény: Gedanken im Keller —
Mininovellen 79; F. Molnár: Die Dampf-
säule, Erzn. 81; F. Molnár: Liliom —
Drei Stücke 82; E. Vészi: Verlorene
Gesichter 82; Ungarische Erkundungen
II, Anth. 83; M. Babits: Der Schatten des
Turmes 83.
Ue: G. Hegedüs: Der Mensch baut
Brücken 55; L. Nagy: Der ägyptische
Schreiber 70; E. Illés: Judit 71; I. Csurka:
Jede Minute ein Wunder, Hsp. 72; L.
Tabi: Nacht der Geheimnisse, Bü. 73; I.
Örkény: Der letzte Zug 73; Katzenspiel,
Bü. 74; Gy. Illyés: Der Bejubelte, Bü. 74;
M. Szabó: Pilatus 76; R. Ignác: Tierge-
richt im Urwald 76; I. Örkény: Katzen-
spiel 77; J. Erdődy: Kampf um die Meere
77; L. Nagy: Wenn man Geld hat 77,
Kellertageb. 78; M. Szabó: Das Fresko
78, Von der Bohne, die bis zum Himmel
reicht, M. 78; I. Örkény: Gedanken im
Keller — Mininov. 79; M. Szabó: Eszter
und Angela 79; E. Fejes: Grienkop, Bü.
80; I. Örkény: Rosenausstellung/Die
Lehrreiche Geschichte eines Romans zu
vier Händen, zwei R. 81; F. Molnár: Die
Dampfsäule, Erzn. 81, Liliom — Drei
Stücke 82; M. Babits: Der Schatten des
Turmes 83, u.a. — **MUe:** Konturen 1956-
1966, Anth. 66; Rokoska bläst Trompete,
Anth. 70; Der Kuß der Anna Szegi, Anth.
73; I. Örkény: Stücke 74; Heckenrosen,
Erzn. aus Ungarn 77; S. Petőfi: Doch
währt nur einen Tag mein Leuchten 77;

Auf meinen Lippen Gras und Erde,
Anth. 80; Ungarische Erkundungen II,
Anth. 83.

Thiesler, Sabine, s. Thiesler-Rumpf,
Sabine.

Thiesler-Rumpf, Sabine (Ps. Sabine
Thiesler), Schauspielerin; Werder Str.
10, D-1000 Berlin 42, Tel. (030) 7519288
(Berlin 23.4.57). Roman.
V: Da war ihr Zimmer noch lila, R. 82.

Thöne, Hanni, Schriftstellerin;
Tannackerstr. 49, CH-3073 Gümligen
(Bern 3.3.16).
V: Spiele im Haus - Spiele im Garten
69; Was Jungen basteln 70; Zeichnen,
Malen, Kleben, Drucken 72; Die Welt
um uns. Beobachtungen in der Natur 73.

Thörner, Katharina, s. Schepelmann,
Margarete.

Thom, Wilhelm u. Elfriede, c/o Verlag
Neues Leben, Berlin (Ost).
V: Rückkehr ins Leben, e. Ber. 79, 82.
( )

Thoma, Kathleen, s. Thomas-Roos,
Dalila.

Thoma, Peter, Schriftsteller, Maler,
Komponist; Gertrudstr. 1, D-8500
Nürnberg (Stadeln/Fürth 9.5.57). Lyrik,
Essay, Film, Musik, Malerei (bildene
Kunst).
V: Chinesische Verse, Lyr. 78;
Rimbaud, Briefe u. Ess. 79; Das blaue
Buch, Fragmente z. Malerei, Musik u.
Lit. 79; Das braune Buch, Zeichnungen
79.
MH: Literarisches Arbeitsjournal 79.
F: Opera 79; Bloom trifft Heidegger
im Café le Dôme 79; Le Livre 79. ( )

Thomas, Charlotte, DDR-4604
Kemberg (Halle 13.5.09). Roman,
Hörspiel.
V: Der Tanz um das Gold, R. 58, 61;
Der Zauberer, Erz. 62, 68; Das Mädchen
von Potsdam, Erz. 64, 66; Der Blitzkerl,
Erz. 65, 69; Robert Koch. R. eines Arztes
66, 9. Aufl. 82; Eine Reise um die Welt,
Erz. 67; Die Prinzipalin, Erz. 69, 74; Der
Goldmacher, Erz. 70, 3. Aufl. 82; Die
Neuberin 4. Aufl. 81.
MA: Als wir Kinder waren 73, 75; Wie
wir uns fanden 76.
R: Robert Koch 59; Justus von Liebig
59; Johann Friedrich Böttger 60; Die
Rote Kapelle 60; Die Neuberin 60; Die
Wiedertäufer von Wittenberg 61, alles
Hsp.

Thomas, Gabriel, s. Sessler, Thomas.

Thomas, Ingelux (vormals Schneider-
Thomas) (Ps. Katja Murr, Katja Lobbe),

Journalistin; Stip. AA/SDA 59, Premio a
la poesia alemana v. VI. Certamen de
Poesia en Salou 65; Verdilaan 18, Breda,
Tel. (076) 652087 (Dresden 5.4.25). Lyrik,
Roman, Novelle, Essay. **Ue:** S, H.
MA: Mitten im Strom, Anth. 54; Das
Gedicht 59/60; Hamburger Anth. 65.
Ue: Angel Maria de Lera: Fanfaren
der Angst 60, Bonchorno u.d.T.:
Glühender Mai 61, Spanische Heirat 63,
Hemos perdido el sol; Luis Romero: Die
anderen u. er, alle m. Hans Schneider,
u.a. ( )

Thomas, Kathrin, s. Amler, Irene.

Thomas, Kathrin, s. Darnstädt, Helge.

Thomas, Lydia, Sozialarbeiterin;
Korngasse 21, D-5216 Niederkassel-
Mondorf, Tel. (0228) 453207
(Königswinter-Eudenbach 24.6.50).
Lyrik, Roman.
V: Wenn Frauen Mütter werden.
MA: Laufen lernen 82; Nachwehen 82.

Thomas, M. Z., s. Zottmann, Thomas
Michael.

Thomas, Manuel (Ps. f. Wolfgang
Müller-Härlin), Schriftsteller, Zeichner,
Kritiker; Förderpr. Rheinl.-Pf. 67,
Förderungspr. f. Lit. d. Landeshaupt-
stadt München 75, Villa-Massimo-Stip.
77; Perhamerstr. 51, D-8000 München 21,
Tel. (089) 564827 (Speyer 11.7.40). Drama,
Lyrik, Roman, Erzählung.
V: Herr Mo oder Der Abstieg in den
Hades, R. 62; Ein Tag für heute, Son. 64;
Gesucht werden Tote, Libr. f. Werner
Haentjes 67; Indios, G. 68; Inane, Libr. f.
Aribert Reimann 69; Texte und
Zeichnungen 71; Die Weihnachts-
geschichte zum Vorlesen 76; Goldspur,
Libr. f. Werner Haentjes 76; Möglich-
keiten des Wiedersehens, G. 80; Die
Nabelschnur, R. 81.
MA: ensemble 4 73; Daheim — in
einer anderen Welt? Erzn., G., Ess. 5 75;
Gotteslob, Kath. Gebet- u. Gesangb. 75;
Lit. aus Rheinland-Pfalz, Anth. 76; Wer
ist mein Nächster? 77; 17 Autoren 82.
S: Inane 73.

Thomas, Mark L., s. Jeier, Thomas.

Thomas-Roos geb. Roos, Dalila (Ps. f.
Kathleen Thoma); RSGI; Peter-Coryllis-
Nadel 78, Lyrikpr. im Xylos-Lyrikwett-
bew. 79, Zenta-Maurina-Sachpr. f. Lit.
81; Leiterin Kreis der Freunde;
Tannensand 153, D-4471 Walchum/Ems,
Tel. (04963) 8612 (Wiesbaden 26.1.45).
Lyrik, Aphorismus, Kleine Prosa.

V: Bin nur eine Frau, eine Mutter 77; Hinter der Zugbrücke 77; ... aus dem Eulen-Nest 81. **MA:** Zahlr. Anth. d. In- u. Auslandes. **MH:** Mehrerer Anth. u. Einzelpubl.; Lichtband-Autoren-Bild-Lex. 80, Kreisder-Freunde-Bild-Lex. 82.

Thomczyk, Willi, Theatermacher, Schriftsteller; VS seit 79; Publikumspr., Mühlheimer Dramatiker Tage 78; Kronprinzenstr. 57, D-4690 Herne I, Tel. (02323) 450772 (Wanne-Eickel 14.10.53). Drama, Film, Hörspiel.
V: Leerlauf, Dr. 78; Feuerkarussell, Dr. 79/80; Übertage − Untertage, Dr. 82. − **MV:** Literaturmagazin 11, Ess. u. Prosa 79.
H: Der anachronistische Zug, Dok, 79, 2. Aufl. 80.
R: Über Leben, Fsp. 82/83; Übertage − Untertage, Hsp. 83.

Thomsen, Johann Wilhelm, Angestellter; Schriftsteller in Schlesw.-Holst. u. Eutiner Kreis e.V. 78; Wennemannswisch, D-2240 Norderwöhrden, Tel. (0481) 72788 (Wennemannswisch 24.6.31). Roman.
V: Unter der roten Buche, R. 78.
R: 6 F. aus Unter der roten Buche 77.

Thomson, Erik, Chefredakteur a.D.; Estnischer P.E.N., Kg.; Georg-Dehio-Preis 72; Postf. 2920, D-2120 Lüneburg, Tel. (04131) 49174 (Dorpat/Estland 12.2.15). Essay, Biographie, Novelle.
Ue: Estn.
V: Traugott Hahn. Ein Märtyrer d. balt. Kirche; Monika Hunnius. Schmerzenswege sind Segenswege 56; Hugo Hahn. Bahnbrecher d. Hereromission 56; Baltische Bibliogr. 45 bis 56 in: Ostdt. Beitr. aus d. Göttinger Arbeitskr. 5 57; Eduard von Gebhardt 57; Marion von Klot 57; Johannes Hesse 57; Samuel Keller 58; Traugott Hahn. Pastor u. Volksmissionar 58; Schlösser u. Herrensitze im Baltikum 59, 63; Paul Fleming 59; Manfred Kyber 60; Minna. Die Geschichte einer großen Treue 60; Das Ende der Freiheit im Baltikum. Tagebuchblätter aus den Jahren 40/41 60; Paul Fleming. In allen meinen Taten ... 61; Kannst Du beten? 62; Dome, Kirchen und Kloster im Baltikum 62; Baltische Bibliogr. 57 bis 61 u. Nachträge 45 − 56 in: Ostdt. Beitr. aus d. Göttinger Arbeitskr. 23 62; Die Baltischen Staaten nach d. 2. Weltkrieg 63; Sein erstes Bild. Eine Erz. um Eduard v. Gebhardts erste Kreuzigung 63; Baltikum. Eine Erinnerung 63; Jacob Kurberg (1837 − 1907), Herr auf Korps,

Muddis und Neuhof. Ein Beitrag zur Güter- u. Familiengeschichte Estlands 65; Die Großschmetterlinge Estlands 67; Geschichte der Domschule zu Reval 1319 − 1939 69; Rappijerwe, Erz. 73; So geschehen auf dem Gute Palms, Erz. 73; Estnische Literatur 73; Baltische Städte in alten Ansichten 73; Die Compagnie der Schwarzhäupter zu Riga und ihr Silberschatz 74; Die Deutsch-Balten 76; Reval/Tallinn. Porträt einer Ostseestadt 79; Das Baltikum in alten Ansichtskarten 80; Dorpat/Tartu in alten Ansichten 82.
H: Dr. Baron Georg von Manteuffel-Szoege. Festg. zu seinem 70. Geb. 59; Baltisches Erbe I 64, II 68; Sankt-Georgs-Tag im alten Estland 70; Die Allerschönste 72; Alles Werdende verlangt nach dem Segen der Stille. Ostdt. Weihnachtsbuch 74; Ich erzähle euch alles, was am Ostersonntag geschah 80; Martha Thomson: 1945. Zeiten der Not − Zeiten der Bewährung 82. − **MH:** Ostdt. Mh. 59 − 63.
Ue: August Mälk: Das blühende Meer 49; Aleksander Varma: Die histor., polit. u. rechtl. Grundlagen des Freistaates Estland 60, Die Deportationen im Baltikum 66; Gustav Ränk: Der Krug in Alt-Livland und im späten Estland 77; Leitfaden für Touristen nach Estland 80; Vello Salum: Die Kirche und das Volk 81.

Thomßen, Wolfdietrich, s. Gugl, Wolfgang.

Thormählen, Axel, Buchhändler; Holmby 3, S-24032 Flyinge, Tel. (046) 52523 (Nordenham, Nds. 11.12.45). Lyrik, Roman, Novelle.
V: Hanky, R. 78; Hanna, R. 83.

Thorwald, Jürgen (Ps. f. Heinz Bongartz); Edgar-Allan-Poe-Preis New York 66; Via Bellavista 8, CH-6977 Suvigliana (Solingen 28.10.16). Geschichtsschreibung, Sachbuch, Roman.
V: Es begann an der Weichsel 49; Das Ende an der Elbe 50, u.d.T.: Die große Flucht 79; Wen sie verderben wollen 52, u.d.T.: Die Illusion 74, alles Geschichtsschreib.; Blut der Könige 54, 75; Das Jahrhundert der Chirurgen, Sachb. 56, 66; Das Weltreich der Chirurgen, Sachb. 58, 66; Die Entlassung, Biogr. 60; Macht und Geheimnis der Frühen Ärzte, Med.-Gesch. 62; Das Jahrhundert der Detektive, Sachb. 65; Die Stunde der Detektive 66; Die Traumoase 68; Die Patienten, Med.-Gesch. 71; Das Gewürz − Die Saga der Juden in Amerika,

Geschichtsschr. 78; Der Mann auf dem Kliff, R. 80; Die Monteverdi Mission, R. 82. – **MV:** Stürmisches Leben, Biogr. 53; Udet - Mein Fliegerleben 53, 54.

Thouet, Peter M., Schriftsteller, Doz.; Platanenallee 17, D-1000 Berlin 19, Tel. (030) 3022611 (Aachen 1.4.33). Hörspiel, Roman, Fernsehspiel.
V: Wie erziehe ich meinen Vater, R. 79; Hände weg von Oma, R. 81; Wer fährt schon an den Bodensee, R. 83; Eine Klasse für sich, R. 83.
F: Die Nacht am See; Ohrfeigen; Rosi und der Herr aus Bonn; Das Geheimnis der grünen Stecknadel; Sonne, Sylt und kesse Krabben; Alter Kahn und junge Liebe; Grün ist die Heide.
R: Die Feste der Madame Sarment; Engel aus dem ersten Stock; Ringelspiel des Teufels; Lob der Freundschaft; Das Gespenst aus Studio acht; Die bösen Spiele, alles Hsp.; ... und ist Mensch geworden; Stationen; Von einem Tag zum anders; Die Gräfin vom Chamissoplatz; Im Schlaraffenland; Im Morgenwind; Spätsommertage, alles Fsf.; Sechs unter Millionen; Die Jungen von Steglitz; Timm Thaler (nach Krüss); Schicht in Weiß; Im tiefen Bilsengrunde; Jede Woche hat nur einen Sonntag; Wie erziehe ich meinen Vater; 3 Hoffmanns und fünf Cupovics; Zur letzten Instanz, alles Fs.-Serien.

Thudichum, Marina, Lektorin und Schriftstellerin; Holzbrünnlstr. 8, D-8051 Haag a.d. Amper, Tel. (08167) 410 (Tutzing/Starnberger See 15.1.06). Roman, Erzählung, Jugendbuch, Kinderbuch.
V: Mit Geige und Figurenkasten, Jgdb. 35; Usula erzieht kleine Menschen, Jgdb. 35; Kleine Schwester - Große Stadt, Jgdb. 36; König Winzigklein, Kinderb. 37; Umweg über Venedig, N. 38; Der Laden in der Glöckelgasse, Jgdb. 38; Der Weg der Treue, Jgdb. 38; Maria, Jgdb. 39; Das Haus zum Grünen Schild, Jgdb. 39; Vom Schweinchen, das sich waschen wollte, Kinderb. 41; Krabbel, der Maikäfer, Kinderb. 41; Die wundersame Stiefelreise, Kinderb. 48; Die Puppenreise nach Schweden, Kinderb. 48; Mohrle, kommst du?, Kinderb. 49; Monika die Tochter, R. 50; Platz für Zwei?, Kinderb. 52, 54; Die allein im Leben stehen, Kleinschr. 56; Im goldenen Schrein, Geschn. f. Kommunionkinder 60, 63; Der mächtige Segen, Geschn. zur Firmung 61; Kinder auf vielerlei Wegen, Erzn. 64; Was es damals alles gab, Erzn. 66, 2.

Aufl. 81; Zirkus Taps 68; Jakob Hupfherum 69; Die wundersame Stiefelreise 70; Hans Ringelstrumpf 75, alles Kinderb. – **MV:** Regentropfen und Mondgesicht, m. Barbara Thureis 64; Dolores Travaglini: ... da fällt herab ein Träumelein 67, 69; Liselott Musil: Guten Morgen - Gut Nacht 70; Es war so lange Tag ... 71.
H: Weihnachten für alle 80, 4. Aufl. 82 (auch Mitarb.); Komm her zu mir, M.-Samml. 83.

Thürer, Georg, Dr. phil., o.UProf. i.R. an d. H. St. Gallen; SSV 38, P.E.N. 47; Pr. d. Schweiz. Schillerstift. 38, 61, Gottfried-Keller-Gabe 40, Hörspielpr. d. Studios Zürich 51, Ostschweiz. Radiopr. 57, Kulturpr. d. Stadt St. Gallen, Hebeldank 78, Kulturpr. Glarus 78; Präs. d. III. Intern. Kongresses d. Schriftsteller dt. Sprache 57, CH-9053 Teufen b. St. Gallen, Tel. (071) 331323 (Reichenau-Tamins, Kt. Graubünden 26.7.08). Drama, Lyrik, Erzählung, Essay, Hörspiel. **Ue:** F, I.
V: Das Spiel von St. Gotthard 34, 51; König Drosselbart 34, 61; Kultur des alten Landes Glarus 36; Stammbuch, G. 37; Beresina 39; Mein blauer Kalender 41; Meischter Zwingli 43; Ursus, es Spyl vu Grund und Bode 43; Vrinelis Gärtli 46; Bundesspiegel 48, 64; Frau Musika, Festsp. 48; Unsere Landsgemeinden 50; Rosenkanzel 51; St. Galler Geschichte I 53, II 72; St. Galler Bundesspiel 53; Der verlorene Sohn 54; Brot über Bord, Sch. 54; Der Ahorn 55; Tobel und Brücke 56; Menschen im Feuer 60; Gloggestube, G. 60; Die Wende von Marignano 65; Rund ume Blattetisch, Mda.-Erz. 66; Marianne Thaler, Sch. 71; Die Hochschule St. Gallen 74; Bim Brunnemeischter, Mda.-Erz. 75; Zwischen den Kulturen, akad. Festschrift 78; Johanna Spyri und ihr Heidi 82; Froh und fry, alemann. G. 83.
H: Holderbluescht, Alemannisches Leseb. 62. – **MH:** Reihe schweizerische Volksspiele, 21 Laienspiele seit 34; Schwyzer Meie, Anth. 38; Wir wollen frei sein 39; Standhaft und getreu 41; Der goldene Griffel 57.
R: Brot über Bord 51; Rousseaus Tochter fordert Rechenschaft 56; Fräulein Nr. 11 59; Menschen im Feuer 60, alles Hsp.
S: Marche - Ballade 39; Appenzeller Kantate 64.
Ue: Neuenburger Weihnachtsspiel 36, 56; Reto Roedel: Leonardo da Vinci 52.
Lit: Bodensee-Zs. (Sonder-Nr. z. 50. Geb.) 58; Schwyzerlüüt, Sondernr. 63;

Dino Larese: Georg Thürer, e. Lebens-
skizze 68; Dino Larese, H. P. Tschudi,
u.a.: Dienst und Dank. Ansprachen beim
60. Geb. 68; Erker, Ansprachen u. Aufsätze zur Kultur der Ostschweiz 78 (m.
Werkverzeichn.).
s. a. Kürschners GK.

Thürk, Harry; DSV 50; Literaturpreise
d. Min. f. Kultur d. DDR 53, 57, Lite-
ratur- u. Kunstpreis d. Stadt Weimar 62,
Deutscher Nationalpreis 64 u. 77;
Windmühlenstr. 6, DDR-5300 Weimar,
Tel. 5330 (Zülz/OS. 8.3.27). Reportage,
Roman, Fernsehspiel.
V: Nacht und Morgen, Erzn. 51; In
allen Sprachen, Rep. 53; Träum von
morgen, Julcsa!, Skizzen 53; Treffpunkt
Große Freiheit, Nn. 54, 55; Die Herren
des Salzes, R. 56, 57; Täler und Gipfel
am Strom, Rep. 57; Die Stunde der toten
Augen, R. 57, 71; Der Narr und das
schwarzhaarige Mädchen, R. 58; Das Tal
der sieben Monde, R. 60; Der Wind stirbt
vor dem Dschungel, R. 61, 66; Verdorrter
Jasmin, R. 61; Su-su von der Himmels-
brücke, Kinderb. 60; Lotos auf
brennenden Teichen, R. 62, 69; Die
weißen Feuer von Hongkong, R. 64, 65;
Pearl Harbor, Dokumentation 65, 71;
Der Tod und der Regen, R. 67, 68;
Stärker als die reißenden Flüsse.
Vietnam in Geschichte u. Gegenwart 70;
Singapore 71; Der Tiger von Shangri-La,
R. 70; Straße zur Hölle, Dok. 74; Amok,
R. 74; Indonesien 65, Dok. 75; Des
Drachens grauer Atem, R. 75; Der
Gaukler, R. 78; Nachts weint die
Sampaguita, Dok. 80.
H: Boris Palotai: Am Ufer der Donau,
Erzn. 53; Begegnung und Erinnerung,
Erzn. 81.
F: For eyes only 63; Die gefrorenen
Blitze 67.
R: Die Herren des Salzes, Fsp. 60;
Bergfest, Fsp. 61; Das Mädchen aus dem
Dschungel, Fsp. 65 III; Rendezvouz mit
Unbekannt, Fs.-Serie 69; Kein Mann für
Camp Detrick, Fsp. 70; Die Istambul-
Masche, Fsf. 71; Filmemacher, Fsf. 71;
Pygmalion 12, Fsf. 71; Angebot aus
Schenectady, Fsf. 71; Die blonde Geisha,
Fsf. 79; Radio-Killer, Fsf. 81; Tod eines
Mäzens, Fsf. 82.
Ue: Alan Winnington: Der Himmel
muß warten, R. 63.

Thürkauf, Max, UProf. f. physikal.
Chemie; SSV 74; Oberer Rheinweg 63,
CH-4058 Basel, Tel. (061) 322624 (Basel
21.5.25). Essay, Erzählung, Novelle.
V: Die Tränen des Herrn Galilei.
Erlebnisse eines Nachfolgers, Erzn. 77;

Die moderne Naturwissenschaft und
ihre soziale Heilslehre — der Marxismus 80; Adams Äpfel — Giftige Früchte
vom Baum der Wissenschaft 82;
Christuswärts — Glaubenshilfe gegen
den naturwissenschaftlichen Atheismus
83.

von Thun und Hohenstein, Eleonore
Gräfin (Ps. Eleonore Thun-Hohenstein),
Dr. phil., Journalistin; Jacquingasse 6,
A-1030 Wien, Tel. (0222) 7842605
(Gutenstein 2.8.24). Roman, Lyrik.
V: Aristokraten, R. 76.

Thun-Hohenstein, Eleonore, s. von
Thun und Hohenstein, Eleonore.

Thurm, Paul Willi (Ps. Vondran,
Emmerich), Lehrer; VS 75; Schulplatz 6,
D-8951 Osterzell, Post Kaltental 1, Tel.
(08345) 473 (Bornstedt, Kr.
Sangerhausen 14.11.00). Roman.
V: Ostpreußen im Fegefeuer oder die
letzten Tage am Frischen Haff, hist. R.
74, 4. Aufl. 77; Frauenburger Passion 76.

†Thurmair, Georg (Ps. Thomas
Klausner), Chefred. a.D.; Am Waldrand
17, D-8000 München 70 (München 7.2.09).
Lyrik, Erzählung, Laienspiel, Lied,
Essay.
V: Die Herbergssuche, Laiensp. 36;
Die ersten Gedichte 38; Dem
Lebendigen geweiht, Ernz. 39; Bernhard
von Baden, Laiensp. 46; Kölner
Mysterienspiel 48; Die Berufung,
Laiensp. 48; Die purpurne Säule, Erz. 48;
Kleine Briefschule 48; Der Dom von
Altenberg, G. 53; Die unerschöpfliche
Erbarmung, Kreuzweg 56; Still, wer Gott
erkennen will, Erzn. u. G. 56; "Ein
Priester der Freude", Ludwig Wolker,
Biogr. 57; Des Menschen Zeit will Ewig-
keit, G. 79; Bairische Denklöcher, G. 79;
Aktion Patronatslieder 81; Friedens-
lieder 84. — **MV:** Liebesgespräch im
Kriege, m. M. L. Thurmair-Mumelter 46;
Familienbuch zum Katechismus 64.
H: Das Siebengestirn, Jgdb. 37;
Kirchenlied 38, 65; Pfad der Wenigen,
Jgdb. 50; Brüder ü. Sternenzelt. Leseb. ü.
Weltreligionen 69. — **MH:** Das helle
Segel, Jgdb. 36; Die Wacht, Jgdb. 46 II;
Hausbuch für die Advents- und
Weihnachtszeit 55; Weg und Werk, Die
kath. Kirche in Deutschland 60;
Singende Gemeinde, Deutsche Meß-
gesänge 61; Kirchenlied I 38, II 67;
Gesänge z. Abendmahlfeier 75.
F: Pro Mundi Vita, Dokumentarf. ü.
Eucharist. Weltkongreß 60; Lux mundi,
Dokumentarf. über Vat. Konzil 68.

Thurmair-Mumelter, Maria Luise, Dr. phil.; Am Waldrand 17, D-8000 München 70 (Bozen/Südtirol 27.9.12). Lyrik, Erzählung, Laienspiel.

V: Das Spiel vom Herbergen, Laisp. 34, 47; Das Tiroler Heimatspiel 34; Das Spiel vom Tiroler Herrgottsbund 47; Die Lieb ist stärker als der Tod, Laisp. 48; Vollendet im Glauben, Laisp. 48; Die Brautfahrt der Jungfrau Engratis, Leg. 48; Ein Rosenkranzspiel 48; Selig, ihr Armen, Laisp. 48; Im Glanz der Liebe, Erzn. 49; Sieg der Liebe, Erzn. 49; Unsre Liebe Frau vom Troste, Laisp. 50; Die Blindenlegende, Laisp. 50; Das Spiel vom Opfergang 50; Festliche Gaben zur Hochzeit, Sprüche 50; Die Gabe Gottes, Legn. 54; Fünf Paar Kinderschuhe, Erzn. 56; Was dein Herz bewegt, Erzn. 61; Mit Kindern singen, päd. Handr. 76. — **MV:** Liebesgespräch im Kriege, G. m. Georg Thurmair 46; Singende Gemeinde, Deutsche Meßgesänge 61; Hausbuch zum Katechismus 65.

S: Wir sagen euch an den lieben Advent 56, 69; Also hat Gott die Welt geliebt 56; Von diesem Baum kam Freude in die Welt 59; Maria, Mutter unseres Herrn 65; Ein Kind ist uns geboren.

Thurn, Hans, ULektor Hamburg; P.E.N.-Club, VS 55 (V.D.Ü. 57); Emil-Specht-Allee 7, D-2055 Aumühle b. Hamburg/Lauenburg (Temeschburg/ Banat 12.7.13). Erzählung, Lyrik, Novelle, Hörspiel. **Ue:** Serbokroat, Slowen, Tsch, U, G (Agr), L.

V: Die Auswanderer, Chorsp. 36; Zar Trojan, serb. Märchen 54, 58; Dva i dva, Erz. 60; Der ungetreue Knecht, Erz. 61; Der immergrüne Stein, Lyr. 73.

MA: Weihnachten aller Völker 57; Ein Kind ist uns geboren 57; Sehet dies Wunder 59; Weltweite Weihnacht 60; Der Regenschirm 60; Das Buch der Heiligen Gesänge der Ostkirche, m. Benz u. Floros.

H: Weihnachten für Kinder 65; Unter Disteln die Ananas 65.

R: Zar Trojan, Hsp. 54, 58.

Ue: Branislav Nušić: Die öffentliche Gefahr - der Verblichene, Satire 57, Karel Čapek: Die weiße Krankheit, Dr. 57, Die Reise nach Beograd, N. 59; Imre Madách: Die Tragödie des Menschen, Dr.; Ivo Andrić: Die Travniker Chronik, R. 57, Die Brücke über die Zepa, N. 57; Laza K. Lazarević: Mein erster Kirchgang, N. 57; Der Brunnen, N. 61; Josip Kozarac: Ein Vater besucht seinen Sohn, N. 57; Petar Kočić: Im Schnee-

gestöber, N. 59; Milovan Dj. Glišić: Die erste Furche, N. 60; Ivan Cankar: Ein Schälchen Kaffee, Erz. 60; Xaver Alexander Djalski: Die neuen Stiefel, N. 60; Béla Balázs: Litai-Po und der Räuber, Erz., Die Sonnenschirme, Erz. 60; Sima Matavulj: Das Kind, N., Abimelech, N. 61; Gárdonyi Géza: Mit der Nacht vertraut - Das Vaterunser des Szunyoghy, R. 61; Das Buch der Heiligen Gesänge der Ostkirche 62; Jókai Mór: Welchen von den Neunen; Desanka Milosevic: Das Jüngste Gericht 62; Damuel Gyarmathi: Affinitas lingvae hungaricae vum lingvis fennicae originis 77. — **MUe:** Carel Čapek: Die Mutter, Dr. m. Kunstmann 57.

Lit: Strahinja Kostić: Eine Studie über die dt.sprachigen Andrić Übersetzer, Festschr. z. 70. Geb. von Ivo Andrić; Sonderdr. Inst. für d. Theorie der Lit.wissenschaft u. Kunst, Jugoslawien 62; Anton Scherer: Die Literatur der Donauschwaben als Mittlerin zwischen Völkern u. Kulturen. Sonderdr. d. Lenaugesellsch. 72; Hans Scherer: H. T. 65 J. alt, der Mensch, der Dichter u. Übers. in: Südostdt. Viertelj.bl. 3 79.

Thut, Rolf, Verleger u. Publizist; SSV; Postfach, c/o Eco-Verlag, CH-8021 Zürich (Romanshorn 25.3.40). Lyrik, Essay, Übersetzungen

V: Windmark, Lyrik 70.

Ue: Diane di Prima: Revolutionäre Briefe, Lyrik 80. — **MUe:** Patti Smith: Der siebente Himmel, Lyr. 78.

Thymian, Rupprecht, s. Strupp, Günther.

Thyrow, Christiane, s. Brauns, Ilse.

Thyselius, Thora (Ps. f. Thora Behrens-Thyselius); VS; Fritz-Reuter-Preis 65; Rönnelstr. 8, D-2880 Brake/ Unterweser, Tel. (04401) 5439 (Brake 19.6.11). Drama, Roman, Hörspiel.

V: Deerns over, Dr. 40, 49; Zwischen Himmel und Hölle, R. 49; Heink Stüür, Dr. 49; De Möhl, Dr. 50; Ocko und die Königin, R. 51; Vom Quell in der Wüste, R. 52; Fischer Hartjen, Dr. 55; Dude und Gerold, Dr. 55; Schneekönigin, Dr. 55; Fräulein Maria u. Leuchtfeuer, Erzn. 56; Tant van't Siel 62; Dat Sunnenhuus 65; Kleine Herrlichkeit 65; Wille und Werk 68; Daudruppen - Tautropfen 75.

MA: In de Wiehnachtstiet, Anth. 83.

R: Water Wulken Wind, Hsp. 60; Keen Grund und Boden, Hsp. 55; Ludjen Lengenau sien grote Stunn, Hsp. 56; Guntsiet von den Tun, Hsp. 58; Allens

blots Schören, 59; Fischernetten 62;
Sophie 7 65; Die Peitsche 69; Jeder für
sich 70; Gefängnisgitter 72; nichts zu
erben 73; Die silberne Möwe 81; Von der
Liebe und von der See 83, alles Hsp.

Tichy, Anny; A.K.M.; Förderungspreis
f. Literatur d. Öst. Staatspreises 55,
Förderungspreis d. Wiener Kunstfond
61; Salmgasse 25, A-1030 Wien (Wien
12.7.14). Drama, Komödie, Hörspiel.
V: Es gibt immer zwei Möglichkeiten,
Bsp.; Die Dame kommt aus Orleans, Bü.;
Haus Niemandsland, Bü. u.a.
R: Zahlr. Hsp., u.a.: Es gibt immer
zwei Möglichkeiten; Der Mann im
Mond; Mathilde und der Deserteur; Der
Protest; Wie im Paradies; Der Vogel-
scheuch; Bravo Harlekin; Telegramm
aus Paris. - **B:** Der Horla, Hsp. nach
Maupassant. ( )

Tichy, Herbert, Dr. phil., Prof.,
Journalist, Geologe; P.E.N. Club Wien;
Jugendbuchpreis d. Stadt Wien 62, 68,
Österr. Staatspr. für Kinderlit. 66,
Österr. Staatspr. für Jugendlit. 71,
Donauld-Pr. z. Förd. d. mod. Sachb. 77;
Hockegasse 95, A-1180 Wien (Wien
1.6.12). Reisebuch, Roman, Jugendbuch.
V: Zum Heiligsten Berg der Welt 37,
62; Alaska, Paradies des Nordens 39, 51;
Afghanistan - Das Tor nach Indien 40;
Indien - Kampf und Schicksal eines
Fünftels der Menschheit 42; China ohne
Mauer 48; Weiße Wolken über Gelber
Erde 48, 80; Auf einem Hügel der
Ewigen Stadt, Erlebter Vatikan 49, 50;
Die Wandlung des Lotos 51; Flucht
durch Hindustan, Jgdb. 53, 76; Land der
namenlosen Berge 54; Cho-Oyu - Gnade
der Götter 55, 57; Die Flut der tausend
Ernten, R. 56, 59; Safari am Kamanga,
Erz. 58; Menschenwege, Götterberge,
Reiseb. 60; Hongkong, Laune des
Drachen 61, 65; Unterwegs, Jgdb. 62;
Heiße Erde, schwarze Hoffnung 64, alles
Reiseber.; Der weiße Sahib 66, 77, u.d.T.:
Das verbotene Tal 74; Keine Zeit für
Götter 67, 80; Himalaya 68, 72; Honig
vom Binungsbaum 71, 76; Zweifach
gejagt: Der Fall Mellebeck, Jgdb. 71,
u.d.T.: Großalarm 77; Tau-Tau, bei
Göttern u. Nomaden d. Sulu-See 73, Tb.
77; Auf fernen Gipfeln, Reiseber. 76; See
an der Sonne 80. ( )

Tidick, Markus Joachim, Journalist;
Wilhelm Karlisch-Preis 72; Lenhartzstr.
6, D-2000 Hamburg 20, Tel. (040) 4602844
(Königsberg 6.2.09). Roman, Essay,
Hörspiel, Kulturfilm, Jugendbuch, dok.
Fernseh- u. Hörfunksendung.

V: Auf rasender Kufe, Feuill. 36;
Schneller als der Wind 39, 65; Ein Zelt,
ein Boot und Du, R. 42, 66; Achtung, ich
werfe, Jgdb. 43; Der silberne Wimpel, R.
47; Kulle wird Kapitän, Jgdb. 50; Segeln
- das 1 x 1 von Pinne und Schot 70. -
Zeitbuch 49; Ostpreußen erzählt 51;
Ostpreußisches Panorama 68; Piet und
Petty an Bord, Jugendb. 77.
F: Für alle, Kulturf. 47.
R: Piraten 37; Kameraden von der
schnellen Kufe 38; zahlr. dok. Fs.- u.
Rdfk-Send.

Tidick-Ulveling, Mimy (Ps. M-T-U),
pens. Privatbeamtin; Inst. Grand-Ducal
des Arts et Lettres, Luxembourg
(Diekirch 14.2.92). Lyrik, Roman,
Novelle, Essay.
V: Funken der Hoffnung, Nn. 57; Im
Zeichen der Flamme, kulturhist. R. 61;
Verworrene Wege, kulturhist. R. 65;
Traum und Wirklichkeit, Nn. 68; Erlebt
und Beobachtet, Erzn. u. Nn. 64;
Gesänge des Lebens, G. u. Erzn. 74;
Abglanz, Novellen, Kurzgeschn., G. 78;
Beitr. z. Jahr d. Kindes, z. Blindenhilfe
u. z. Friedensbemühung. —
MV: Historische Miniaturen. Ehreng. an
d. Stadt Luxemburg f. ihre
Jahrtaus.feier 63. ( )

Tielsch, Ilse (Ps. Ilse Tielsch-
Felzmann), Dr. phil.; ÖSV, P.E.N., Kogge;
Förderungspr. d. Theodor-Körner-Stift.
65, Boga-Tinti-Pr. f. Lyrik 71, Ehrengabe
z. Andreas-Gryphius-Pr. 72, Erzähler-
preis des Autorenkolloquiums Neheim-
Hüsten 75, Ndöst. Landeskulturpr. f. Lit.
80, Südmähr. Kulturpr. 81; St. Michaelg.
68, A-1210 Wien (Auspitz/CSR 20.3.29).
Lyrik, Hörspiel, Prosa.
V: In meinem Orangengarten, G. 64;
Brief ohne Anschrift, 3 Erz. 66; Herbst
mein Segel, G. m. Farbholzschn. v.
Oskar Matulla 67; Südmährische Sagen
69; Anrufung des Mondes, G. 70, 74;
Begräbnis eines alten Mannes, Hsp. 70;
Begegnung in einer steirischen Jausen-
station, Erzn. 74; Regenzeit, G. 75, 81;
Erinnerung an Grossvater, Erz. 76; Ein
Elefant in unserer Strasse, Erzn. 77;
Erinnerung mit Bäumen, Erz. 79; Die
Ahnenpyramide, R. 80; Nicht beweisbar,
G. 81; Heimatsuchen, R. 82.
R: Der Zug hält nicht in Bevignon 70;
Begräbnis eines alten Mannes 71; Licht
im Nebel 71; Gespräch mit dem Lehrer
Leopold H. 76; Ein Elefant in unserer
Strasse 76, alles Hsp.

Tielsch-Felzmann, Ilse, s. Tielsch,
Ilse.

Tietz, Gunther, Stud.phil.; VS 80;
Lit.stip. im Lit. Colloquium Berlin 80;
Weserstr. 19/20, D-1000 Berlin 44, Tel.
(030) 6245267 (Adelebsen, Kr. Göttingen
24.5.61). Lyrik, Erzählung, Essay. Ue: F.
V: Die Verteidigung der
Schmetterlinge, Lyr. u. Prosa 81.
MH: Malwida von Meysenbug 83
(auch Mitverf.).

Tilger, Werner; VS Berlin 52; Stip.
Notgemeinsch. d. dt. Kunst u. d. Stadt
Berlin; Stubbichtweg 6, D-1000 Berlin 27
(Berlin 9.4.24). Kurzgeschichte, Novelle,
Roman.
MA: Freier Geist zwischen Oder und
Elbe 52; Im Rasthaus 54; Auch in Pajala
stechen die Mücken 56; "Prosa 60" 60;
"Prosa 62/63" 62.
R: Wer weiß, wo sie geblieben sind,
die Klaviere, Erz.; Eine Insel, an der ihr
euch festhalten könnt, Erz. ( )

Tilgner, Wolfgang, Dipl.-Phil.,
Chefdramaturg; SV-DDR 71; Kunstpr.
der DDR 77, Nationalpr. d. DDR 82;
Hermannstr. 4, DDR-1406 Hohen
Neuendorf, Tel. 3681 (Zobten, Schlesien
25.9.32). Lyrik, Texte f. Lied, Chanson u.
Beat. **Ue:** L, G, R, U.
V: Poesiealbum 25, G. 69; Über mein
Gesicht gehen die Tage, G. 71; Das
älteste Handwerk, G. 74, 82.; Ich denke
dein, G. 80; Liebe, G. 80; Im hohen Grase
der Geschlechter, G. 83
MA: Himmel meiner Stadt, G. 66; Auf-
forderung zum Frühlingsbeginn, G. 71,
76; Lyrik der DDR, G. 70, 76; Das letzte
Mahl mit der Geliebten, G. 75; Don Juan
überm Sund, G. 76; 123 Beat-Texte 62;
Vor meinen Augen hinter sieben
Bergen, G. 77; Zwiebelmarkt, G. 79; Das
Herz auf der Zunge, Chansontexte 79;
Aus dem kleinen Himmel meine Liebe,
G. 79; Ich denke dein, G. 80; Liebe, G. 80;
Im hohen Grase der Geschlechter, G. 83.
MH: Die Puhdys, Bildbd, Text 83.
S: Bdesrep. Dtld: Puhdys I, III 77, V
79, VII, VIII, IX 81, XI 83; Die wilden
Jahre 78; Puhdys live 79; DDR: Puhdys I
74, II 75, Puhdys live 79; Sturmvogel 76;
Die großen Erfolge 77; Perlenfischer 77;
Zehn wilde Jahre 79; Heiß wie Schnee
80; Far From Home 81; Hanna Maria
Fischer 81; Schattenreiter 82;
Computerkarriere 83.
Ue: Menander: Das Schiedsgericht,
Dr. in: Griechische Komödien 66; Catull:
Sämtliche Gedichte 67, 73; Agnieszka
Osiecka/Andrzej Zielinski: Heut spukt
es, Dr. 73; Jewgeni Jewtuschenko:
Bürger, wenn ihr hören könnt, G. 78;

Béla Szakcsi — Lakatos/Géza Csemer:
Die rote Karawane 78.

Till, s. Berendt, Gerd.

Till, Karl, s. Ipser, Karl.

Tille, Peter; Dorfstr. 48, DDR-2101
Züsedom (Leipzig 6.3.38). Lyrik,
Aphorismen, Features, Bilderbücher.
V: Landreiter, G. 80; Sommersprossen,
Aphor. 83.
MA: Floßfahrt, G. 77; Der Weisheit
letzter Schuß 80, 2.Aufl. 82.
R: Mein Stückchen Eiszeit oder
Steine wachsen nach 79; Der salzige
Regenbogen 80; Sieben Tage Schloß 80;
Außen wie Innen 80; Wenn du in ein
Gesicht siehst 81; Strohhut-Emils
Auferstehung oder Rosen für Lenz 81;
Die Lewitz 82, alles Features.

Tillmanns-Niedereder, Uta, c/o E.
Weiss-Verl., München.
V: Entlaubte Gedanken 82; Vogelfrei,
G. 83. ( )

Tilmann, Klemens, OR., Dr., Dr. h. c.;
Nürnberger Str. 54, D-8000 München 19,
Tel. (089) 156347 (Berlin 31.12.04).
Jugenderzählung.
V: Per, Gesch. eines Jungen 38, 53;
Todesverächter, Tatsachenber. 39, 49;
Reginald, Erz. 40, 50; Kinder in Gottes
weiter Welt 58, u.a. ( )

Timber, Fred, s. Reimers, Emil.

Timcke, Garleff, Dr.iur., Beamter;
Großwitzeetze Nr. 3, D-3131 Lemgow
(Emden 19.8.34). Roman, Novelle, Essay.
V: Eine große Liebe, Erz. 83.

Timlich, Karl, c/o Verlag Rogner u.
Bernhard, München.
V: Fiekchen oder die zärtlichen Briefe
81. ( )

Timm, Carsten, s. Geyer, Dietmar.

Timm, Herbert (Ps. Bert Brix), I-
Cannero/Prov. di Novara, Tel. 78287
(Bremen 14.2.16). Hörspiel, Fernsehspiel,
Film, Drama, Roman. **Ue:** E, I.
V: Der Wolf von Rothenmoor, Jgd.-R.
49.
F: (MV): Das letzte Rezept, Drehb.
R: u.a.: Herr Alektryo verliert den
Kopf; Des Teufels liebstes Kind;
Isabella von Ägypten; Das Komma;
Kurzschluß; Im Jahre Neun; Der Lokal-
redakteur; Auf offener Strecke; Die
Leiden des Herrn Ivogrün; Sopran in
der Hand; Keine eigenen Verluste;
Generalprobe; Im Auge des Zyklons;
Ein schöner Tag für die Anderen, alles
Hsp.; Im Jahre Neun; Ramon Yendias
Flucht, Fsp.; Schlüssel; Der Rollmeyer-
Effekt; Die sehr ehrenwerte Null; Der

Nachtigallenflur; Faida-Gesetz der
Raben; Fossilien; Lassen wir ihn
schlafen; Morte a Venezia; Siegfrieds
Hornruf; Luftveränderung; Und dann
und wann-ein weißer Elefant; Dreizehn
Buchstaben; Tauwetter; Pas de deux,
alles Hsp.

S: Die schönsten Märchen aus
Russland; Märchen aus Frankreich.

Ue: Mark Twain: Tom Sawyers Abenteuer 54; Macdonald Hastings: Eagle
Special Investigator u.d.T.: Wird schon
schiefgehn ... 54. ( )

Timm, Uwe Hans Heinz, Dr. phil.,
Schriftsteller; VS 70; Lit.-Förderpreis
der Stadt Bremen 79; Ried 16, D-8036
Herrsching, Tel. (08152) 8986 (Hamburg
30.3.40). Roman, Essay, Lyrik, Hörspiel.

V: Widersprüche, G. 71; Heißer
Sommer, R. 74; Wolfenbüttlerstr. 53, G.
77; Morenga, R. 78; Kerbels Flucht, R.
80; Die Zugmaus, Kdb. 81; Die
Deutschen Kolonien, Photobd 81; Die
Piratenamsel, Kdb. 83.

MH: Autoren Edition; Literarische
Hefte; Freizeit, Lesebuch 4 73; Kontext
1 76.

R: Herbert oder die Vorbereitung auf
die Olympiade 72; Die Steppensau 72;
Kerbels Flucht, Fsf. 83; Alle Wege
führen nach Roma, Fsf. 83; Morenga,
Fsf. 84.

Timm-Brandt geb. Behrmann,
Margarethe (Ps. Magreta Brandt); VS
58; Wählingsallee 28, D-2000
Hamburg 61 (Seestermühe, Kr.
Pinneberg 6.9.15). Lyrik, Prosa.

V: Ever an'n Priel 57, 77; Schüerpahl,
Lyrik 69; Cinta-Breewe an Peter, Prosa
70; Hackels ut de Reetdackkaat, Kurzgeschn. 72; Nasommer, Lyrik 77;
Harten-Lena, Erz. 80; Harvst 82. ( )

Tinschmann, Dagmar, Buchhändlerin,
Lehrerin; Brückenkopfstr. 25, D-6900
Heidelberg, Tel. (06221) 474512 (Bonn
28.4.52). Lyrik, Texte, Hörspiel.

V: Zerbrüchlich − nicht stürzen 82.

Tinschmann, Rose Marie; Elliger
Höhe 14, D-5300 Bonn-Bad Godesberg,
Tel. (0228) 322514 (Essen-Kupferdreh
18.6.23). Lyrik.

V: Geträumte Wirklichkeit, Prosa zur
Zeit 78.

Tinte, Gottlieb, s. Strupp, Günther.

von Tippelskirch, Wolf Dieter (Ps.
Susan Termeulen); VS; Sächsische Str.
70, D-1000 Berlin 15, Tel. (030) 8832645
(Gotha 21.9.20). Hörspiel, Jugendbuch,
Funkerzählung.

V: Mutzemann und sein Freund Hans
53; Renates Campingfahrt; Renate in
der Klemme 58; Renates Ausweg 59;
Renate hat's geschafft; Renates Entscheidung 60-61; Der kleine Bär Mutzemann 60, 82; Was der kleine Rolf erlebte
61; Wölfchen, Knall und Bollermann 62;
Mein Freund Pierrot 62; Jeremias
Schrumpelhut erzählt 63, 71; Jeremias
Schrumpelhut beim König Eierbatz 64;
Der kleine Winnetou 64; Knisterohr
hört alles 64; Das große Maskentreiben.
Jeremias Schrumpelhut erzählt 65;
Detektiv Knisterohr sieht alles 66;
Mutzi 68, 80; Mutzi und der Fahrraddieb
69, 80; Mutzi und der Wilderer 70; Mutzi
löst das Rätsel 70; Wenn das Sandmännchen kommt; Im Sattel, im Wagen
in 5000 Jahren 70; Palisaden, Mauern
und Bastionen 71; Der kleine Winnetou
auf dem Kriegspfad 72; Totenkopf und
Enterbeil 73; Der kleine Winnetou auf
heimlicher Fährte 76; Der kleine
Winnetou liebt seinen Schimmel 77; Die
Stunde des Roten Mannes 77; Die
Stunde der Germanen 78; Die Stunde
der Freiheit 79; Die Brüder des Wolfes
79; Sturm aus der Steppe 80.

MA: Onkel-Tobias-Kalender 1 − 10.

R: Die Lawine; Wer spricht von Mut;
Das Ballspiel; Der Schwärmer; Krox
Krokodil das Krokodil; Mops und Reh
auf Reisen; Der Wattebart; Der Wolf;
Daas Gipfelkreuz, alles Hsp.; Jeremias
Schrumpelhut erzählt; Dackel Leopold
vom Rosenhain; Geschichten vom
kleinen Sternenbären; Dr. Fäustchen
zaubert; Brigitte und ...; Wölfchen, Knall
und Bollermann; Egon Knisterohr;
Geschichten aus Rumpelstein, alles
Hsp.-Reihen. ( )

Toaspern, Paul, Dr. theol., Dr. phil.,
Hauptabteilungsleiter; Dr.-Salvador-
Allende-Str. 40, DDR-1406 Hohen
Neuendorf, Tel. 3097 (Luckenwalde
12.10.24). Lyrik, Biographie. **Ue:** E.

V: Geheimnis der Freude, Geistl. G.
65; Ich bin bei euch, Geistl. G. 67; Ancilla
Domini. Lebensbild d. Mutter Eva 68;
Christsein heißt dienen, G., Lieder,
Gebete 74; Gott ist immer für uns bereit
77. − **MV:** Ein Wort, ein Bild für jeden
freien Tag 75; Mein Herz freut sich 78,
beide m. Helmuth Wielepp.

H: Arbeiter in Gottes Ernte. Heinrich
Rendtorff. Leben und Werk 63; Weg-
helfer Gottes 73; Freude 74; Fasse
wieder Mut! 77; Wir haben geglaubt und
erkannt ... 78; Es ist alles neu geworden
79. − **MH:** Da er mit uns redete auf dem
Wege 64; Auch ungesehn 69; Geheimnis

Gebet 70; Das zuverlässige Wort 71, alle
m. Max Runge; Wer mir dienen will, m.
G. Bosinski 78.
Ue: Corrie ten Boom: In Ihm
geborgen. Meine Lebensgeschichte 66.

Tobatzsch, Stephan-Lutz (Ps. Louis
Tabôt), ObStudDir.; FDA 83; Am
Holzhauserberg 58, D-4504
Georgsmarienhütte, Tel. (05401) 1222
(Leipzig 21.12.33). Lyrik, Novelle, Essay,
Erzählung, Kurzgeschichte, Hörspiel.
V: Die Erdbevölkerung 2.Aufl. 81;
Zeit-zei-chen, G. 81; Was soll nun aus
den Kindern werden?, Ess. Erzn. u. Lyr..

†Toch, Josef; Ö.S.V. 47, P.E.N. öst.
Sekt. 67; 1. Preis d. Wiener
Buchgemeinde 52, Theodor-Körner-
Preis 62; Bauernfeldgasse 4, A-1190
Wien IV, Tel. (0222) 3620595 (Wien
10.3.08). Drama, Novelle, Essay, Hörspiel,
Film. **Ue:** E, F, S.
V: Spanischer Reigen, Bü. 48; Der
Löwe von Linsburg, Bü. 50; Juden in
dieser Zeit, Erz.-Reihe 73-77 ff. (Zs.:
Gemeinde); Anteil von Juden am Span.
Krieg 1936-39, Historiographie 76. –
MV: Vergesellschaftung in Österreich in
Wirtschaftsgeschichte; Bestands-
aufnahme Österreich.
MA: Der Kreis hat einen Anfang,
Anth. öst. Erzähler; Neue öst. Biogr.
H: Meistererzähler der Weltliteratur.
R: etwa 120 Hsp., u.a.: Eine Schnee-
flocke fällt ins Höllenfeuer; Alexander
Herzen; Der Friedenstag;
Tschernischewski; Und gib uns ein
langes Leben; J. H. Dunant: Geschichte
eines Verrats; Der Löwe von Linsburg;
Mickiewicz; Öl.
Ue: J. F. Kennedy: Zivilcourage 60, 63;
Bryan Magee: The New Radicalism
u.d.T.: Revolution des Umdenkens; J.
Nagibin: Sicht im Fenster.

Toelcke, Werner, c/o Verlag Das Neue
Berlin, Berlin (Ost) (Hamburg 12.9.30).
Kriminalroman, Fernsehen.
V: Peter Petz, Kinderm. 56; Tote reden
nicht, R. 64; Ausweg Mord, R. 66; Er ging
allein, R. 68; Die Chance 78, 83; Töten ist
so leicht 79; Die Operation 80; Das
Gesicht des Mörders 81.
R: Peter Petz, Fsp. 60; Tote reden
nicht 63; Doppelt oder nichts 64; Er ging
allein 67; Tod im Preis inbegriffen 68;
Botschafter morden nicht 70; Ein Mann,
der sterben muß 72; Rückkehr als Toter
74, alles Fsf. ( )

Tölle, Gisela, s. Stiebler, Gisela.

Tönne, Ferdinand, Rektor i. R., D-5787
Bigge-Olsberg 1, Tel. (02962) 717

(Velmede, Kr. Meschede 27.2.04).
Novelle, Jugendbuch, Lyrik.
V: Der Steinbruch, Jgdb. 44, u.d.T.:
Peters Geheimnis 49; Kasperl reißt aus,
Jgdb. 47; Gesegnete Einfalt, Ess. 48;
Wege im Morgennebel, Nn. 49; Weg
unter Sternen, G. 51; Von Holden und
Unholden, Sagen 58.
MA: Von Frühling zu Frühling, Lyrik-
Anth. 26; Wir Junglehrer, Lyrik-Anth.
29; Euch grüßt die Heimat, Anth. 41, 42;
F. W. Grimme, Ausw., Jgdb. 52; Christine
Koch, Jgdb. 54; Von Geschlecht zu
Geschlecht, Geschichtsber. 63; Meine
Heimat 64; Land und Leute 66; Das
Hochsauerland, Heimatkunde 69, alles
Jgdb.
H: Blühende Heimat, Jgdb. 40; Sagen
des oberen Sauerlandes, Jgdb. 53; F. W.
Grimme: Memoiren eines Dorfjungen,
Jgdb. 56, 57; O Täler weit, o Höhen, aus
Eichendorffs Dichtung 57; Heimatliche
Dichtung, Anth. 59.

Tönnies, Ilse, Dr. phil., wiss. u. literar.
Schriftstellerin; Vorstandsmitgl. Kant-
Ges. Berlin, Ehrenmitgl. Humboldt-
Zentrum Berlin, Mitgl. IVR;
Alemannenstr. 14b, D-1000 Berlin 38,
Tel. (030) 8036023. Essay, Aphorismus.
V: Kants Dialektik des Scheins 33;
Denen, die Menschen sind, Aphor. 47; In
den Spiegel geworfen, Aphor. 78. –
MV: Das Antlitz vor Gott, m. Heinr.
Wolfgang Seidel 42, 47.
B: Dickens, Tolstoi, Dostojewski-Ausg.
57 – 63. – **MA:** Friedrich Stieve:
Politische Gespräche 40.
MH: Europa-Bibliothek 37 – 50; Die
Arbeitswelt von Pietismus, Erweckungs-
bewegung u. Brüdergemeine 71.

Tösmann-Keller, Lotte, s. Keller,
Lotte.

Tollkamp, Helga, Lehrerin;
Achternbrede 16, D-4923 Extertal 4, Tel.
(05754) 351 (Herne 7.10.41). Lyrik,
Novelle, Roman.
V: Hinter den Gittern d. Schweigens,
Lyr. 75; Ein Wintertraum 76; Requiem f.
Tanja Nosta, R. 77.

Toman, Lore (Ps. Lore Grüner), Dr. d.
Psychol., freier Schriftsteller; Concordia
79; Buchprämie d. öst. Unterr.min. 77;
Hedenusstr. 15, D-8520 Erlangen u.
Stretmanng. 59, A-1130 Wien, Tel.
(09131) 47085 (Wien 5.3.28). Erzählung,
Essay, Rezensionen, Ausstellungs-
berichte. **Ue:** E.
V: Ein Haus aus Erde geboren 77. –
MV: Ernstes kleines Lesebuch, 26
Erzähler 55.

R: Aufsätze im Rdfk.
S: Elfriede Ott liest Märchen 65.

Toman, Walter, Dr. phil., UProf.; P.E.N.
59; Lynkeus-Preis f. Lyrik; Hedenusstr.
15, D-8520 Erlangen u. 85 Tobey Rd.,
Belmont, Mass., USA, Tel. (09131) 47085
(Wien 15.3.20). Lyrik, Novelle, Erzählung.
V: Die eigenwillige Kamera, Erz. 51;
Busse's Welttheater, Erz. 52; Distelvolk,
G. 55; Das Dorf mit dem Drachen, N. 59;
A Kindly Contagion, Kurzgesch. 59.
s. a. Kürschners GK.

Tomby, G.N., s. Boschke, Friedrich.

Tophoven, Elmar, Übersetzer; VdÜ 65,
P.E.N.-Zentrum Bdesrep. Dtld 71;
Übersetzerpr. d. Dt. Akad. f. Sprache u.
Dichtung 72; Korresp. Mitgl. d. Dt. Akad.
f. Sprache u. Dichtung; 55, Rue Saint-
Jacques, F-75005 Paris, Tel. (01) 3540430
(Straelen 6.3.23). **Ue:** F.
MA: Kultur ohne Wirtschaftswunder
70; Das Werk von Samuel Beckett 75;
Wechselrede, Festschr. z. 75. Geb. v.
Joseph Breitbach 78; Der Mensch und
seine Sprache 79; Festschr. f. Gerhart
Baumann 80; Zs. Das Parlament 81.
Ue: Jean Schlumberger: Cesaire, Bü
52; Arthur Adamov: Das Fest der
Unabhängigkeit, Hsp. 52, Die
Universalagentur, Hsp. 52, Alle gegen
alle, Bü 52; Jean Giraudoux: Nachtrag
zur Reise des Kapitän Cook, Bü 53;
Samuel Beckett: Warten auf Godot, Bü
53; Arthur Adamov: Ping-Pong, Bü 54;
Jacoba van Velde: Der grosse Saal, R.
54; Samuel Beckett: Malone stirbt, R. 55;
Armand Salacrou: Tugend um jeden
Preis, Bü. 56; Samuel Beckett: Endspiel,
Bü. 57; Alaine Robbe-Grillet: Der
Augenzeuge, R. 57; Jean Vauthier:
Kapitän Bada, Bü. 57; Samuel Beckett:
Murphy, R. 58; Alaine Robbe-Grillet:
Die Jalousie oder Die Eifersucht, R. 58;
Nathalie Sarraute: Martereau, R. 58;
Samuel Beckett: Der Namenlose, R. 59;
Nathalie Sarraute: Das Planetarium, R.
59; Petru Dumitriu: Familienschmuck,
R. 59; Arrabal: Baal Babylon, Erz. 59;
Daniel Boulanger: Der Schatten, R. 60;
Alain Robbe-Grillet: Die Niederlage von
Reichenfels, R. 60; Pierre Gascar: Das
Korallenschiff, R. 60; Claude Mauriac:
Das Abendessen in der Stadt, R. 60;
Georges Conchon: Die Asche des Sieges,
R. 60; G.-A. Astre: Hemingway in Selbst-
darstellungen, Biogr. 60; Marguerite
Duras: Damm gegen den Pazifik, Bü. 61;
Samuel Beckett: Wie es ist, R. 61; Marc
Bernard: Die Karaffe, Bü. 61; Claude
Simon: Die Strasse in Flandern, R. 61;
Samuel Beckett: Erzählungen und

Texte um Nichts 61; Nathalie Sarraute:
Porträt eines Unbekannten, R. 62; Henri
Thomas: Das Kap, R. 62; Claude
Mauriac: Die Marquise ging um fünf
Uhr aus, R. 62; Roland Dubillard: Naive
Tauben, Bü. 62; Samuel Beckett:
Cascando, Hsp. 63; Samuel Beckett:
Spiel, Bü. 63; Alain Robbe-Grillet:
Momentaufnahmen, Erzn. 63; Daniel
Boulanger: Der Verwegene, R. 63; Alain
Robbe-Grillet: Die Unsterbliche, Drehb.
64; Nathalie Sarraute: Die goldenen
Früchte, R. 64; Daniel Boulanger: Die
schwarze Tür, R. 64; Die Reise nach
Maronne, Hsp. 64; Nathalie Sarraute:
Das Schweigen, Hsp. 64; Petru
Dumitriu: Inkognito, R. 65; Claude
Mauriac: Die Vergrößerung, R. 65;
Claude Simon: Der Palast, R. 65;
Monique Wittig: Das Opoponax, R. 65,
Das Johannisfeuer, Hsp. 66; Samuel
Beckett: Eh Joe, Fsp. 66; Claude Simon:
Das Gras, R. 67; Samuel Beckett: Watt,
R. 68; Nathalie Sarraute: Das ist schön,
Hsp. 68; Claude Simon: Die Trennung,
Hsp. 68; Nathalie Sarraute: Zwischen
Leben und Tod, R. 69, Ismos, Hsp. 69;
Samuel Beckett: Losigkeit, Prosatext 69;
E.M. Cioran: Die neuen Götter, Ess. 69;
Barrault/Rabelais: Rabelais, Bü. 70;
Samuel Beckett: Erste Liebe, Erz. 71,
Mercier und Camier, R. 71, Der
Verwaiser, Erz. 72; Nathalie Sarraute:
Hören Sie das?, R. 73; Samuel Beckett:
Nicht ich, Bü. 73, Werkeausgabe 74/75,
Damals, Bü. 76, ...nur noch Gewölk, Fsp.
77, Um abermals zu enden, Prosatexte
78, Stücke und Bruchstücke, Rdf.- u.
Theaterfragmente 78; Nathalie
Sarraute: Sagen die Dummköpfe, R. 78,
Sie ist da, Hsp. 78; Geneviéve Serreau:
Das Buch, Erz. 79; Claude Noel: Ein
Leben, Erz. 79; Daniel Boulanger: Los,
Kutscher!, Erz. 79, Ein Nachtisch für
Constance, Erz. 79; Jean-Claude
Grumberg: Das Atelier, Bü. 80; Claude
Rich: Ein Rock für den Winter, Bü. 80;
Samuel Beckett: Gesellschaft, Fabel 81;
Eugéne Ionesco: Reisen zu den Toten,
Bü. 81; Samuel Beckett: Quadrat, Fsp.
81; Nathalie Sarraute: Für nichts und
wieder nichts, Hsp. 81; Marguerite
Duras: Der Mann im Flur, Erz. 82; Alain
Robbe-Grillet: Djinn oder Ein Rotes
Loch im lückenhaften Pflaster, R. 83;
Samuel Beckett: Katastrophe, Bü. 83,
Nacht und Träume, Fsp. 83. –
MUe: Samuel Beckett: Alle, die da
fallen, Hsp. 56, Das letzte Band, Bü. 59,
Aschenglut, Hsp. 59; Petru Dumitriu:
Die Freuden der Jugend, R. 61; Samuel
Beckett: Glückliche Tage, Bü. 61, Worte

u. Musik, Hsp. 63, Dante und der
Hummer, Erz. 67, Tritte, Bü. 76,
Geistertrio, Fsp. 76; Louise Weiss: An
die Ungeborenen, Manifest 80; Samuel
Beckett: Flötentöne, m. Karl Krolow,
Verse 81; ders.: Ohio Impromptu, Bü. 81,
Rockaby, Bü. 83, Ein Stück Monolog, Bü.
83, alle m. Erika Tophoven-Schönigh;
Louis René des Forêts: Der Schwätzer,
m. Friedhelm Kemp, R. 66; Samuel
Beckett: Was Wo, m. Jonas Tophoven,
Bü. 83.

Toporea, Valeriu, s. Emilian, Ion.

Toporski, Werner, Dr.phil.nat.,
Apotheker; Fohrenweg 15, D-7950
Biberach/Riß 1, Tel. (07351) 6985 (Berlin
30.4.34). Jugendbuch.
   V: Mädchen mit Stern, Jgdb. 80.

Topsch, Wilhelm, Dr.; Stieglitzweg 7,
D-4030 Ratingen Hösel, Tel. (02102)
68570.
   V: Die leiseste Klasse der Welt 71;
Mein Pony heißt Jonny 72 (schwed.) 76;
Flo mit guter Laune 73; Das Katzenfest
73; Mein Hund hat einen Kater 80;
Guten Tag, wie geht es euch? 80; Alle
Tage Burztag 82; Eine Familie voller
Geschichten 83; Die leiseste Klasse der
Welt 83.
   H: Taschentexte (Reihentitel) 79, 80.
( )

   v. Torris, Christiane, s. Rebner-
Christian, Doris.

Torsten, Thea, s. Eblé, Thea.

von Toth, Ludwig C. *

Tränkel, Margot, s. Kreuter-Tränkel,
Margot.

Tragelehn, Bernhard K.; Prenzlauer
Allee 25, DDR-1055 Berlin (Dresden
12.4.36).
   V: Nöspl, G. 1956-1981 82.
   F: Das Wintermärchen, Puppenf. nach
Shakespeare 73.
   R: Alexander und Campaspe, Hsp.
nach Lyly 63; Nackte Gewalt, Hsp. nach
Keene 68.
   Ue: B. Jonson: Volpone oder der
Fuchs 64; Molière: Scapins
Schelmenstreich 64; Shakespeare: Maß
für Maß 66, Romeo und Julia 70, Der
Sturm 78. ( )

   von Trainer-Graumann, Thea,
s. Graumann, Thea.

Tramer, Erwin, Dr. phil., Journalist u.
Schriftsteller; VS 68; Förderungspr. d.
Theodor-Körner-Stift. 65, 68; Ritter vor
Schuhplatz 11, D-8500 Nürnberg, Tel.
(0911) 451303 (Karlsbad 4.4.21). Roman,
Drama, Lyrik, Novelle, Film, Fernsehen.

   V: Damals in Karlsbad, R. 54, 56;
Radnitzky-Erzn. aus Prag u. Wien, Nn.
60; Geschichten von gestern und heute,
Nn. 64; Erlangen - Geschichte einer
Stadt 67; Der Republikanische Schutz-
bund 68; Ein lieber, guter Mensch, Kom.
73; In der Höhle des Löwen, Sch. 79;
Sonjas Tochter, Sketch.
   MA: Ohne Denkmalschutz, e. fränk.
Leseb. 70. - **MA** u. **H:** Kleine Gaben -
Neue Lyrik, Anth. 58.
   F: Kunstausstellung; Psychotherapie;
Der Clochard; Die Locke des Opern-
sängers u.a. sat. Kurzf.

Tramontanus, s. Lempp, Ferdinand.

Trampe, Wolfgang, freiberuflicher
Schriftsteller; SV-DDR 74; Bruno-Wille-
Str. 19, DDR-1162 Berlin (Berlin 1.1.39).
Lyrik, Erzählung, Roman.
   V: Biographie, G. 73; Kupferpfennig
76; Verhaltene Tage, R. 78, 80; Blicke
über das Haus, G. 79; Die Kuckucksuhr,
Erzn. 80, 82; Veränderung der höheren
Semester, R. 82. — **MV:** Neue Texte 68,
10 G. 68.
   MH: Don Juan überm Sund, G. 75;
Goethe eines Nachmittags, G. 79.
   F: Dein unbekannter Bruder (nach
Bredel).

Tranchirer, Raoul, s. Wolf, Ror.

Trapp, Else (Ps. Anne Lotte Mahlau);
Holzgraben 12, D-6000 Frankfurt a.M. 1,
Tel. (0611) 292136.
   V: Purzel 76.

Trappe, Hertha; Charles-Veillon-Preis
f. d. dt.-sp. R. 54; Graf-Adolf-Str. 10, D-
5990 Altena/Westf. (Altena/Westf.
24.3.04). Roman, Novelle, Film.
   V: Was ich wandre dort und hier 54;
Clemens u. Balbina, R. 63. ( )

Trass, Eugen, s. Berendt, Gerd.

Traston, Simon (Ps. f. Gert Micha
Simon), Postbeamter; Laubacher Str. 45,
D-1000 Berlin 33, Tel. (030) 8218735
(Berlin 9.6.29). Lyrik, Prosa, Novelle,
Essay.
   V: Lyrik und Prosa 56; Die Kralle 4 u.
7, Lyrik u. Prosa 59, 60; Der Monolog des
Mörders, N. 62; Beauty und Terror,
Lyrik u. Prosa 63; Tag, Nacht und
Traum, Lyrik u. Prosa 64, 65; Passion,
Lyrik u. Prosa 66; Spiel mit dem Tod,
Nn. 68.
   MA: Innenflächen, Anth. 60; Faltblatt
4, 5 60; pro these 2 67; Spartacus 3 69;
ZET Das Zeichenheft f. Literatur u.
Graphik 8, 9 74, 75, alles Zss.; Der Seel
ein Küchel, Anth. 74; Mein heimliches
Auge, Anth. 82.

Tratschke, s. Prause, Gerhard.

Tratzmüller, Gabriele; Dr.-Ebert-Str.
1, D-8670 Hof/Saale, Tel. (09281) 43775
(Wartenfels/Ofr. 9.12.53).
V: Die liebe Kräuterhexe 83.

Traudi, s. Müller, Erich.

Traumann, Ingeborg (Ps. Ingeborg
Minter, Ingeborg Traumann-Minter);
ADA; Wittelsbacher Str. 13, D-1000
Berlin 31, Tel. (030) 8819900 (Berlin
17.5.20). Lyrik, Erzählung, Essay,
Kinderlit. (Märchen).
V: Worte sind Brücken, G. 83.
MA: Zahlr. Beitr. in Lit.zss. 50-83;
Verborgener Quell, Anth. 50; der Literat
1, 5, 6, 8, 12 79; 1, 2, 3, 8 80; 1, 4, 5, 7, 8 81;
8, 12 82; Unter welkem Blatt, Heiku-
Anth. 81; Auch im dunklen Raum,
Haiku-Anth. 82; Gauke's Jb. 81, 82, 83;
BSP-Berliner Senioren-Post: 2, 7, 8, 9, 10
78; 6, 7, 10 79; 8 81; 7 82; VHS Lemgo:
Erinnerungen 81; VHS Hersfeld/Roten-
burg: Texte-Texte 82; Der Setzkasten,
lit. Zs. 82.

Traumann-Minter, Ingeborg,
s. Traumann, Ingeborg.

Trautloft, Hannes; Werderstr. 10, D-
7570 Baden-Baden.
V: Netzroller, Anekdn. 82. ( )

Trautwein, Martin, Regisseur
(Oberspielleiter) Schauspieler;
Weinberg 4, D-3200 Hildesheim, Tel.
(05121) 84211 (Mühlhausen/Thür. 3.6.31).
Erzählender Theaterführer, Drama-
Bearbeitung.
V: Schloß Gripsholm, für die Bühne
nacherzählt 63; Bühneneingang —
Dialoge im Hildesheimer Theater 78.
B: Bearb. des Romanes Schloß Grips-
holm von Kurt Tucholsky.
H: Bühneneingang — Dialoge im
Hildesheimer Theater.

Traxel, Heinz *

Traxler, Hans, Karikaturist;
Kronberger Str. 30, D-6000
Frankfurt a.M. 1, Tel. (0611) 726546
(Herrlich/Tschechosl. 21.5.29). Satire,
Kinderbuch.
V: Die Wahrheit über Hänsel und
Gretel 63, 78, Tb. 83; Die Reise nach
Jerusalem 78, Tb. 83; Fünf Hunde erben
1 Million 78, Tb. 81; Es war einmal ein
Mann 79; Leute von gestern 81. —
MV: Birne, das Buch zum Kanzler, m.
Peter Knorr 83.

Treblada, Ludwig, s. Balling, Ludwig.

Treguboff, Jurij A., Journalist;
Postfach 55 01 22, D-6000 Frankfurt a.M.
(St. Petersburg 4.4.13). Roman. **Ue:** R.

V: Acht Jahre in der Gewalt der
Lubjanka 57; Der letzte Ataman, R. 67;
Der Vampir, R. 71; Berlin, R. 73;
Gespenster in Frankfurt, R. 74;
Wladimirschina, R. 76; Geld, R. 79;
Notizen eines Pechvogels, R. 81; Haupt-
wache, R. 83.
Ue: F. R. von der Osten-Sacken: Fünf
Wochen im Leben von Sonja, Olja und
Marusja 77.

Treiber, Jutta, Magister d. Philos.,
Lehrer an AHS; Hauptstr. 57, A-7350
Oberpullendorf, Tel. (02612) 2323
(Oberpullendorf 10.1.49). Drama, Lyrik,
Kinderbuch, Kurzgeschichten, Hörspiel.
V: Ich will eine Geschichte schreiben,
Kurzgeschn. 79; Oli und Purzelbaum,
Kdb. 81.
F: Vanitas; Die Prüfung, beides Kurzf.
R: Betrachtet mich als nicht existent,
Hsp.; Terror Pannonicus, Hsp.; Hera,
Hera, Hsp.

Treichel, Hans-Ulrich; Markelstr. 8,
D-1000 Berlin 41, Tel. (030) 7912938
(Versmold 12.8.52). Lyrik.
V: Ein Restposten Zukunft, G. 79;
Tarantella, G. 82. — **MV:** ...Nicht ewig
auch unbelehrbar. Bilder von Carl
Timner, G. 78.
MH: Stadtansichten, G. Westberliner
Autoren 77.

Treichl, Helga, Ö.S.V. 50; Salmgasse 2,
A-1030 Wien III, Tel. (0222) 733150
(Berlin 11.4.20). **Ue:** E, F.
Ue: Françoise Sagan: 5 R. u. sämtl.
Theaterstücke; Jean-Claude Carriere:
L'Aide-Memoire; Nella Bielski: Voronej,
R.; Irwin Shaw: The gentle people, St;
Christiane Singer: La mort viennoise, R.
( )

Treichler, Rudolf, Nervenarzt;
Hölderlinges.; Friedrich Husemann-
Klinik, D-7801 Buchenbach b. Freiburg,
Tel. (07661) 833 (Schondorf/Ammersee
10.3.09). Lyrik.
V: Gedichte 46; Überall wartet das
Wort, G. 75; Rose der Jahre, G. 82.

Trenck, Peter, s. von Cziffra, Géza.

Trenker, Luis, Dipl.-Ing., Regisseur,
Schriftsteller, Schauspieler; FDA
Bayern 70; Preis d. Stadt Wien 31;
Ottostr. 9, D-8000 München 2, Tel. (089)
1554826 (St. Ulrich/Gröden, Italien
4.10.92). Roman, Novelle, Film.
V: Kameraden der Berge 31, 79; Berge
in Flammen, R. 31, 80; Der Rebell, R. 33;
Der verlorene Sohn, R. 34, 51;
Leuchtendes Land, R. 37; Sperrfort
Rocca Alta 38, 78; Der Feuerteufel, R. 39,
78; Heimat aus Gottes Hand, R. 47; Duell

in den Bergen, R. 52; Sonne über
Sorasass, R. 53; Schicksal am
Matterhorn, R. 56; Helden am Berg 56;
Wunder von Oberammergau, R. 59, 79;
Sohn ohne Heimat, R. 60; Der Kaiser
von Kalifornien, R. 61; Mein Südtirol,
Bildbd. 64; Alles gut gegangen, Lebens-
ber. 65, überarb. 79; Bergferien im
Sommer 67; Bergferien im Winter 68;
Bergwelt Wunderwelt 72, alles Bildbde;
Vom Glück eines langen Lebens, Erzn.
74; Weißbuch: Sexten darf nicht zu-
betoniert werden 79; Mutig und heiter
durchs Leben 82, u.a. — **MV:** gemeinsam
mit H. Dumler: Die höchsten Berge der
Welt und 6 Bildbände, Die schönsten
Berge und Höhenwege der Alpen 74 —
79.

F: Berge in Flammen 32; Der Rebell
33; Der verlorene Sohn 34; Der Kaiser
von Kalifornien 35; Condottieri 36; Der
Berg ruft 37; Liebesbriefe aus dem
Engadin 38; Der Feuerteufel 39; Pastor
Angelicus 42; Im Banne des Monte
Miracolo 43; Duell in den Bergen 50;
Flucht in die Dolomiten 55; Gold aus
Gletschern 56; Schicksal am Matterhorn
56; Wetterleuchten um Maria 57; Sein
bester Freund 62; Komm mit nach
Sexten 68; Winterfreuden in den
Dolomiten 69; Paradies Tirol-Meran 73;
Heimat aus Gottes Hand 79.; Sein bester
Freund 62; Liebeserklärung an Südtirol
68; Ich filmte am Matterhorn 71, alles
Fernsehen; Luis Trenker erzählt; Berge
und Geschichten; Alles gut gegangen;
insgesamt 60 Sendungen 60 — 69; Meine
Berge — meine Filme, biogr. FS-Serie
80

S: Meine Berge - meine Filme. ( )

Trenkner, Lotte (Ps. Valeska), Musikpädagogin; Kreis der Freunde;
Helmholtzstr. 11, D-4200 Oberhausen/
Rhl., Tel. (0208) 23061 (Gehren/Thür.
20.12.01). Roman, Erzählung.
V: Die Marotten des alten Dubois, Erz.
80; Muhme Mohne und andere seltsame
Geschichten, Erzn. 81; Feuerspiele, R.
83.

Trentinaglia, Ferdinand, Pfarrer;
Bärnkopf 1, A-3665 Gutenbrunn, Tel.
(02874) 20501 (Innsbruck 2.11.10).
Roman, Jugendbuch.
V: Das Geheimnis der Villa Raben-
horst, Jgdb. 52; Der Fall Klaus
Morscher, Jgdb. 53 (auch franz.); Die
Flagge von Buxtehude, Jgdb. 56; Dr.
Geier greift ein, u.a.

Trentzsch, Günter *

Treppmann, Egon, Dr. phil.; Rosenstr.
3, D-7700 Singen am Hohentwiel, Tel.
(07731) 24162 (Düren/Rhld. 27.1.28).
Erzählungen, Essay.
V: Mosel, Ess. 65 ff. (auch engl., franz.).
MA: Der Bodensee, Ess. 81; zahlr. Erz.
und Ess. in Ztgen und Zss.

Tres, L., s. Bäker, Bernhard A..

Tresko, Carl, s. Kossert, Karl.

von Treskow, Jan; Am alten
Forsthaus 14, D-5300 Bonn-Roettgen.
V: Beamtenmärchen 82. ( )

Tress, Horst, Ideenkünstler;
Rennbahnstr. 121, D-5000 Köln 60, Tel.
(0221) 746985 (Köln 14.7.50). Film,
Visuelle Poesie, Konzept-Art.
V: Angst!, Zeitkritik 71; Konzepte,
Konzept-Art 72; Neuland, Konzept-Art
u. Visuelle Poesie 73; Handarbeiten,
Visuelle Poesie 76; Der Ideendada 80;
Bürokratischer Realismus, Konzept-Art
80. — **MV:** Produktion - Kunst &
Literatur, m. Steffen Missmahl.
Lit: Josef Wintjes: Scenen Reader 71
— 73; Horst Tress, Katalog 71; C.
Schubert: Schwanengesang 72;
Diascope Jahrbuch 75; Kunstreport-
Hefte vom Künstlerbund 79; Dock(s), 7,
9, 10, 12, Frankreich 79; Hommage á
Cassel, Kunstverein Kassel 79; Mike
Crane: Objekts, Piles & Boxes,
Sacramento/USA 79; Multimedia Inter-
national, U.Sao Paulo/Brasilien 79;
Drawing Activity, Common Press,
Galevia Rysunkay Poznan/Polen 79;
Ladies, Black & White, Common Press
79; Profil Nr. 3 80; Künstlerische
Arbeitsfelder 80; Kunst im Bilker Bahn-
hof 80; Stempelkatalog 81.

von Treyer geb. von Rosen, Erica (Ps.
Erica von Rosen); Brigittenstift,
Baltenweg 3, D-3013 Barsinghausen, Tel.
(05105) 9075 (Rittergut Lückholm/
Estland 17.12.95). Lyrik, Kurzgeschichte.
V: Ein Garten irgendwo ..., G. 23;
Stromauf, G. 32.
MA: Ostfreeslandkalender seit 50. ( )

Trezak, Manfred (Ps. Many Terzok),
Student; VS 83; Wasgenstr. 75, D-1000
Berlin 38, Tel. (030) 801071, App. 63
(Essen 11.12.48). Roman, Erzählung,
Lyrik, Lieder, Reportagen.
V: Entzug in Bangkok, Erz. 82.
F: Oben Scheine — unten Steine 82
(Liedtexte).
S: Auf Wiedersehen beim Rock'n Roll
— Der Geist aus Jenseitshausen,
Schallpl. 80.

Tribus, Max *

Triebsch geb. Wagner, Anne (Ps. Anne
Wagner-Triebsch), Landwirtschafts-
oberlehrerin i.R.; ADA 80; Prosapr. d.
Kulturpol. Korrespondenz Bonn 78; Am
Walbert 21, D-4000 Düsseldorf 30, Tel.
(0211) 422249 (Posen 3.5.08). Lyrik,
Novelle, Erzählung, Kurzprosa.
V: Liebste Hero — Dein Leander 82;
Die Siedler von Hellsingen, Erz. 83.
MA: Jb. Weichsel-Warthe 80, 83;
Karlsruher Bote 66 79; Jb. dt. Dichtung
79, 80; Das Boot, Nr.: 72, 73, 75, 77, 79, 80,
81.

Trier, Karl, s. Conrath, Karl.

Tripp, Franz Joseph *

Trobisch, Ingrid; Lichtenberg 6, A-
4880 St. Georgen (Moshi/Tanzania
17.2.26).
V: Mit Freuden unterwegs 65, 3. revid.
Aufl. 69; Mit Freuden Frau sein, (auch
engl. u. franz.) I 74, 82, II m. E. Rötzer 77,
83 (engl. 82). — **MV:** Mein schönes
Gefühl 75. ( )

Trobitzsch, Jörg, Publizist; Harke-
felder Weg 3, D-2941 Ochtersum, Tel.
(04975) 1222 (Naumburg/S. 15.1.40).
V: Verschollen am Ende der Welt,
Jgdb. 67, 71; Rentierschmuggel am
Polarkreis; Jgdb. 69, 70; Norwegischer
Abenteuer Almanach, Reisehandb. 77;
Deutsche Nordseeinseln, Bildbd. 80;
Finnischer Abenteuer-Almanach,
Reisehdb. 80; Gestrandet vor der Adler-
insel, Jgdb. 80; Zwei Freunde sind ver-
schollen, Jgdb. 80; Wildes, unbekanntes
Norwegen, Bildbd 81; Schwedischer
Abenteuer-Almanach, Reisehdb. 82. —
MV: Isländischer Abenteuer-Almanach,
Reisehdb. 80.
R: Bei den Rentierlappen in
Norwegen, Fsf., zahlr. Hsp.

Tröltzsch, Monika, c/o Brinkhaus-
Verl., Rossdorf.
V: Aufstehn, Geschn. f. kleine u. große
Leute 82. ( )

Trojan, Eva, s. Boesche, Tilly.

Troost-Falck, Leonore, s. Suhl,
Leonore.

Troppmann, Artur, Arbeiterschrift-
steller; VS; Georg-Weerth-Pr. d. UZ 79;
Nibelungenstr. 7, D-8000 München 19
(München 6.6.30). Lyrik, Roman,
Erzählung.
V: Links und bündig, 48 Abreißkarten
m. 48 Texten 74; Zahltag, Werktagsg. 75;
Die Leute aus dem 30er Haus 76;
Zeitgedichte 78; Besichtigung, Gedichte
u. Fotografien 80; Die Brauhanslgäste,

Episodenr. 82; Größer als Kirchtürme,
Arbeiterpoesie 83.
MA: Strafjustiz 77; Dazu gehört Mut
77; Frieden u. Abrüstung 77; Ruhig
fließt der Rhein 79.
MH: Rote Karten, Postkarten m. polit.
Lyrik.

Trosiener, Ricky *

von Trotha, Hela Margarethe Baronin
(Ps. Hela von Dahlberg),
Agrarjournalistin, Schriftstellerin; Verb.
Dt. Agrarjournalisten 54; Ulmenstr. 6, D-
8000 München 90, Tel. (089) 646566
(Danzig). Hörspiele, Theaterstücke,
Romane, Bayerisches Schrifttum.
V: Junge Mutter weißt du schon...?
Säuglingsb. 50; 43 R. in Buchform 56-60;
Die Herren auf Greifenau 77, 80. —
MV: Fanderl Wastl: Hirankl...Horankl,
altbayer. Kinderreime 38.
R: Rd 300 Hsp., bayer. Schwänke,
Landfkspiele.

Trott-Thoben, Tilly, s. Heinken,
Mathilde.

von Trotta, Margarethe; Postfach
700480, c/o Fischer-Taschenbuch-Verlag
GmbH, Postfach 700480, D-6000
Frankfurt a.M. 70.
V: Schwestern od. die Balance d.
Glücks, e. Film 79; Die bleierne Zeit 81;
Heller Wahn 83. — **MV:** Das zweite
Erwachen d. Christa Klages, m. Luisa
Francia 80, alles Bücher nach den
gleichn. Filmen.
F: s. V u. MV.

Trud, Ger, s. Sternberg, Gertrud.

Trümmel, Ferri π, Student; Öst. Ges. f.
Kulturpolitik 78, Meidlinger Kultur-
verein 79; Reismannhof 6/5, A-1120
Wien, Tel. (0222) 8570225 (Wien 26.4.53).
Satire, Kabarett, Roman, Drama,
Hörspiel.
MV: Herr Maschinger stirbt nicht aus,
m. Wilhelm Heimbucher, Episoden-R.
80.

Trummer, Hans, Schriftsteller; Forum
Stadtpark, Grazer Autorenversammlung; Theodor-Körner-Pr., Stip.
d. Kulturamtes d. Stadt Wien,
Steirisches Lit.Stip.; Fleischmarkt 20, A-
1010 Wien, Tel. (0222) 5290825 (Bruck/
Mur 17.5.47). Roman, Erzählung.
V: Seine Verblüffung über die Veränderung in ihrem Wesen 74; Versuch,
sich am Eis zu wärmen, R. 79; Luises
Auffahrt, N. 81. ( )

Trunk, Wilhelm, D-6951 Limbach-Krumbach, Tel. (06287) 754 (Scheidental/Odenw. 26.10.07). Lyrik.
V: Ähren im Wind, G. 49; Bilder und Früchte, G. 66; Ein Leben lang, G. 82.

de Tschaschell, Hilde; Kärntner Schriftstellerverb.; Lillistr. 26/II, A-9800 Spittal (14.11.21).
V: Sommerwind 79.
MA: G. in versch. Lit.zss.

Tscheer, Rosmarie, Dr. phil., Lehrerin u. Übersetzerin; Im Hirshalm 39, CH-4125 Riehen/BS, Tel. (061) 492447 (Zürich 18.6.30). Lyrik, Lit.-Kritik. **Ue:** E, F, I, S, L, Port.
V: Ich bin, der alle Namen hat, G. 67; Gesichtslose Nächte, G. 72; Guzmán de Alfarache bei Mateo Alemán u. Juan Martí. Ein Beitrag zur Gegenüberstellung d. authentischen u. apokryphen Fortsetzung. Diss. 83.
Ue: Maurice Blin: Die veruntreute Erde 77, Stichworte, G. 79.

Tscherpel, Rudolf Maria, Dipl.-Psychologe, Dr. phil., ObStudR.; Warmbronner Weg 24, D-7250 Leonberg-Silberberg, Tel. (07152) 51226 (Schluckenau/Böhmen 20.1.21). Lyrik, Erzählung, Novelle, Roman, Anekdote, Essay, Kurzgeschichte. **Ue:** F.
V: Erwachende Ufer, G. 43; Gedichte 53.

Tscherski, Boris, s. Mierau, Fritz.

Tschmelitsch, Günther (Ps. Günther Tschmelitsch-Haidenburg); Fichtnergasse 13/I, A-1130 Wien (Wien 15.10.03). Lyrik, Essay.
V: Summe des Lebens, G. 79; La Zirona, G. 81.

Tschon, Karl Richard, Schriftsteller; VS Bayern 69; 2. Preis d. Hörspiel-Wettbewerbs d. Bayer. Rundfunks 51, Förderpreis d. Ostdt. Literaturpreises 60; Schifferlstr. 9, D-8000 München 21 (Teplitz-Schönau/Nordböhmen 9.12.23). Hörspiel, Drama, Roman, Novelle.
V: Rockefeller-Plaza, Excellenz und seine Kaninchen, Erzn. 55; Kiefern hinter der Baracke, N. 60.
R: Antrobus stirbt 51; Tod im Ring 52; Eine Handvoll Staub (nach Waugh) 53; Rockefeller-Plaza 54; Die Rettung 54; Concerto in F 54; Das Alibi 54; In jener Nacht 55; Hassans Grab 55; Schulmeister Klopfstock und seine 5 Söhne (nach Brentano) 56; Ein Mord für jeden 56; Jan und Maria 57; Cagliostro 57; Nach 10 Jahren 57; Die Frau hinter dem Schalter 58; So alt wie der Mond 58; Fahrt durch die Nacht 58; Reizender

Abend bei Severins 59; Chinesische Legende 59; Die Nacht des 17. Novembers 59; Nach dem dritten Tag 59; Mit Datum vom 24. 60; Der König 60; Der große Unbekannte 61; Umweg nach Hause 62; Begegnung am Strand 64; Claudia 64; Das zweite Motiv 64; Adamows Tod 65; Lazarus Nr. 7 (nach R. Sale) 65; Süße Trauben 65; Feuer für eine Zigarette 65; Pat 67; Ein Traum von Mäusen 67; Chronik der Sperlingsgasse (nach W. Raabe) 68; Transplantationen 69; Grenzübertritt 70; Rosenholz und Stradivari 70; Narren des Glücks (nach O. Nenry) 70; Mann im Eis 71; Friedlicher Freitagmittag 74; Rumpelstilzchen 74; Die Reise nach Omdurman 74; Die Provokation des Jürgen Plaschke 75; Neujahrsnacht 76; Haus ohne Spiegel 76; Fröhliche Weihnachten 76, alles Hsp. u. div. Funkerzn.

Tschulik, Norbert; Rudolf-Bärenhart-G. 17, A-1170 Wien.
V: Und es ward Licht, Jgd.-R. 82. ( )

Tuch, Hannes; Gleierbrück - Femhof, D-5940 Lennestadt 14, Tel. (02723) 8642 (Meschede 2.11.06). Novelle, Roman, Lyrik.
V: Das Jagdhüttenbuch 48; Gespräche mit Bäumen 51; Chronos und der Waldläufer 51; Waldläufer auf einsamen Pfaden 52; An einsamen Feuern 53; Buch der Bäume 53, 54; Schüsse im Nebel 55, 56; Der Horst der großen Vögel 55; Das Recht des Stärkeren 58; Das versunkene Schloß 58; Der graue Würger 61; Wald und Wild 62; Wein aus Österreich 63; A. Straub, Mensch und Werk 70; R. Bicher der Maler 75; Weg ist Alles, Kurzbiogr. J. Berens-Totenohl 77; Bitte des Waldes, G. 80; Mein Freund Janis Jaunsudrabins 82; Zwischen Türmen und Trümmern 83.
MA: Das Weserbergland 61; Das Sauerland 63; Westfälische Geldgesch. 64; Uns ruft der Wald 65; Der Kreis Warburg 66; Ums liebe Geld 66; 1000 Jahre Meschede 67; Sauerländer Lesebogen; A. Straub 80 Jahre 80; Natzungen u. seine Bewohner; J. Jaunsudrabins in Westfalen 82; Zahlr. Jahreskal.
F: Wo die Wege sich kreuzen 60.
Lit: August Straub: Hannes Tuch, Dichter des Waldes 65; Willem Enzinck in: Kronick der Duitse Letteren 65; A. Straub: Dank an H. T. 71; Dr. W. Jantzen in: Jugendbewegung u. Dichtung 60; J. Krause: Lennestadt im Sauerland 79; Lex. d. Jugendschriftsteller in dt. Sprache u.a.

von Tümpling, Horst; Kottmeierstr.
67, DDR-1160 Berlin.
V: Der blaue Gast, Geschn. u. Sat. 80;
Berolina, Berlin 81. ( )

Türcke, Wiebke, Hausfrau; Ahornweg
56, D-5300 Bonn-Bad Godesberg, Tel.
(02221) 321112 (Haxtum bei Aurich
4.9.19). Lyrik.
V: Gedichte, Lyr.-Band 77. ( )

Türke, Kurt *

Türmer, Tobias, s. Goldmann, Rudolf
A..

Tüshaus, Katharina Maria *

Tüvari, Tessa, s. von Einem, Charlotte.

Tuleweit, Josefine *

Tumler, Franz Ernest Aubert, Prof.;
Charles-Veillon-Preis 56, Öst. Ehren-
kreuz f. Wiss. u. Kunst 82, Gryphius-Pr.
82, Literaturpr. d. Landes Tirol 82; Akad.
d. Künste Berlin 60, Bayer. Akad. d.
Schönen Künste 60; Karlsruher Str. 7,
D-1000 Berlin 31, Tel. (030) 8911564
(Gries b. Bozen 16.1.12). Lyrik,
Erzählung.
V: Das Tal von Lausa und Duron, Erz.
35; Die Wanderung zum Strom, Erz. 37;
Der Ausführende, R. 37; Der erste Tag,
Erz. 40; Anruf, G. 41; Der alte Herr
Lorenz, Erz. 49; Heimfahrt, R. 50; Ein
Schloß in Österreich, R. 53; Der Schritt
hinüber, R. 56; Der Mantel, R. 59;
Menschen in Berlin 60; Nachprüfung
eines Abschieds, Erz. 64; Volterra, Erz.
65; Aufschreibung aus Trient, R. 65, Tb.
82; Welche Sprache ich lernte, G. 71; Pia
Faller, Erz. 73; Das Land Südtirol, Erz.
72; Sätze v. d. Donau, G. 73; Landschaft
u. Erz. 73.
MA: Album Rom, G. 83.
MH: Arunda, Festschr. 70. Geb.
Arunda Verl. 82.

Tumler, Wolfgang *

von Tunk, Eduard, GProf. i. R.; ISV 62,
EM 74; Stufenweg 1, CH-6403
Küßnacht a. Rigi, Tel. (041) 812903 (Wien
18.12.96). Erzählung.
V: Küssnachter Geschichtenbuch 58.
H: Joseph Spillmann: Der schwarze
Schumacher, R. 47; Tapfer und Treu, R.
48, 65; Um das Leben einer Königin, R.
50, 65; Ein Opfer des Beicht-
geheimnisses, R. 51, 57; Lucius Flavus,
R. 54; Das Kreuz über Japan, R. 57. —
MH: Innerschweizer Schriftsteller,
Texte, Lex. 77.
s. a. Kürschners GK.

Tunyogi-Csapo, Gabor (Ps. Gabor
Kocsis); Berliner Str. 10, D-3551 Bad
Endbach.
V: Der Engel geht nicht irre, Lyr. u.
Prosa 80. ( )

Turnwald, Erik Wilhelm, Pfarrer,
Direktor d. "Instituts f. Reformations- u.
Kirchengeschichte d. böhm. Länder";
Bundesverdienstkreuz a.B., Joh.
Mathesius-Medaille, Dr. v. Lodgman-
Plakette, Adalbert-Stifter-Med. 77; Vors.
Johannes-Mathesius-Ges.; Prof.
Kuehnestr. 32 a, D-6927 Bad
Rappenau 5, Tel. (07268) 380 (Prag
27.12.18). Lyrik, Drama, Novelle, Essay,
Hörspiel. **Ue:** Tsch, G.
V: Kirnbach in Versen 64; Wider die
falschen Propheten, dramat. Skizzen 66;
Vom unteilbaren Frieden 71.
H: Heimat und Kirche, Festschr. 63;
Erbe und Auftrag der Reformation in
den böhmischen Ländern, halbj. Jb. seit
60; Schriftenreihe "Studien und
Dokumente" seit 64; "Mathesiana"
Vierteljahreszs. seit 76.
Lit: Horizonte u. Perspektiven,
Festschr. zum 60. Geburtstag 79. ( )

Turrini, Peter, freier Schriftsteller;
Latschkagasse 9, A-1090 Wien (St.
Margarethen/Kärnten 26.9.44).
V: rozznjogd 71, 73; Zero-Zero 71;
Erlebnisse in der Mundhöhle, R. 72;
sauschlachten, ein Volksstück 72, 73;
Der tollste Tag 72, 73; Kindsmord, Bü.
73; Die Wirtin, frei nach Goldoni 74, 78;
Josef und Maria 80; Ein paar Schritte
zurück, G. 80. — **MV:** Der Dorfschul-
lehrer, m. Wilhelm Pevny 75.
R: Die Alpensaga 74 — 79; Der Bauer
und der Millionär 75; Josef und Maria
80, alles Fsf. ( )

Tusch, Herbert, Gymnasiallehrer;
Coburger Str. 216 A, D-8603 Ebern, Tel.
(09531) 8569 (Prag 29.9.49). Essay, Lyrik,
Roman.
V: Eine Metaphysik des
Materialismus, Ess. 70; Wölkensteins
Visionen, R. 75; Finsterniszerblitzung,
Lyr. 79; Der Anarchist, R. 80; Industrie,
Lyr. 80; Tarifkonflikt, Lyr. 81; Warn-
streik, Lyr. 82; Lohnangebot, Lyr. 82;
Konjunktur, Lyr. 83.

Tuschel, Karl-Heinz; Bernauer
Chaussee 5/6, DDR-1297 Schwanebeck
(23.3.28).
V: Ein Stern fliegt vorbei, wiss.-phan-
tast. R. 67, 71; Der unauffällige Mr.
McHine, phantast. Erz. 71, 80; Der
purpune Planet, wiss.-phantast. R. 71,
78; Die Insel der Roboter, wiss.-phan-

tast. R. 73, 82; Das Rätsel Sigma, wiss.-phantast. R. 74, 79; Raumflotte greift nicht an, wiss.-phantast. Erzn. 77, 79; Die blaue Sonne der Paksi, wiss.-phantast. R. 78, 80; Kommando Venus 3, utop. R. 80, 81. ( )

Twaroch, Johannes, Leiter Kulturelles Wort ORF Studio NdÖst.; Präs. Verb. kath. Schriftsteller Österr. 70, P.E.N. 73, ÖSV 79; Lit. Förderungspreis NÖ 76; Rötzergasse 3/14, A-1170 Wien, Tel. (0222) 6595865 (Weleschin 12.3.42). Lyrik, Essay, Hörspiel. **Ue:** E, H.

V: Zweiunddreißig Gedichte 62; Venezianisches Kartenspiel, Kom. 62; Recherche, Hsp. 64; Spiegel des Mondes, G. 65; Zwei Texte, Erz. 66; Mitteilung vom Zwischenreich, G. 66; Das leichte Leben des Robert N., Hsp. 71; Fedor N., Hsp. 71; Faust III, Dr. 71; 15-07, Dr. 70; I Korinther 13, R. 75; Zwischenbilanz, R. 78; Kaiserquartett, Hsp. 83; Das Haus der Kindheit, Hsp. 83.

H: Hörspieledition.

Tyrann, Kurt (Ps. Ullrich Wolterkemp, Norbert Berg, Truk T. Naryt), Dr. of Letters, Kunstpädagoge, Schriftsteller;

S.D.A. 47, VS 58; Intern. Lit.pr. IAKE, Amsterdam 78, Die Goldene Feder 79, Nationale Univ.medaille Michigan, USA 82; Dt. Sekt. d. Intern. Lit.-Förderation IAKE 78, Korresp. Mitgl. 80; Amselweg 3, D-2408 Timmendorfer Strand, Tel. (04503) 3711 (Angerapp/Ostpr. 26.9.24). Lyrik, Roman, Novelle, Hörspiel.

V: Tier u. Welt, Prosa 59; Im Brennspiegel, Erzn. u. Ess. 63; Ich glaube nicht, Lyr. 64; Geheimnisse d. Seele, Betracht. 67; Berg des Potrimpos, lyr. Dicht. 68; Pfade d. Sehnsüchte, Lyr. 77; Lichtkorn u. Geiststaub, Lyr. 80.

R: Die schmale Brücke 53; Herr Troll fährt m. d. Sechs-Uhr-Zug 54; Der Dombaumeister 56, alles Hsp.

tz, s. Schütze, Wolfgang.

Tzscheuschner, Irmtraud; V.F.S. 66, Kogge 70; Nürnberger Str. 83a, D-8800 Ansbach-Eyb, Tel. (0981) 4362 (Eichstätt/Bay. 14.1.40). Lyrik, Roman, kurze Prosa.

V: Maya und andere Texte, Lyrik u. kurze Pr. 69.

MA: Ohne Denkmalschutz 70; Monolog für morgen, Texte aus Franken 78; 33 phantast. Geschn. 81.

U

ud-, s. Ude, Karl.

Ude, Heike *

Ude, Karl (Ps. ud-), Chefredakteur i.
R.; VS 30, Bayer.J.V. 46; I. Pr. "Die
Novelle d. XX. Jhs." 41, Medaille
"München leuchtet" 66, Tukan-Pr. d.
Stadt München 68, Medaille "Patrona
Bavariae" d. Bayer. Verleger-Verb. 68,
Essay-Pr. d. Stiftung z. Förderung d.
Schrifttums 70, Ernst Hoferichter-Pr. d.
Stadt München 76, Bundesverdienstkr.
76, Schwabinger Kunstpr. 77; Tukan-Kr.
30, Präsidialmitgl. d. Intern.
Schriftst.kongr. dt. Sprache 57, Senator
d. Halkyonischen Akad. 66; Bauerstr. 9,
D-8000 München 40, Tel. (089) 2711094
(Düsseldorf 14.1.06). Roman, Novelle,
Erzählung, Hörspiel, Feuilleton, Essay.
Ue: F.

V: Das Ringen um die Franziskus-
Legende, N. 32; Hier Quack!, Frosch-R.
33; Schelme u. Hagestolze, Geschn. 40;
Die Pferde auf Elsenhöhe, Nn. 42; Die
Rettung, Erz. 43; Vierzehn Tännlein
zuviel. Weihnachtsgesch. 48; Das
Rollschuhlaufbüchlein 49; Abenteuer im
Dezember, Erz. 55; Damals als wir
Rollschuh liefen 56; Otto v. Taube, Ess.
64; Besondere Kennzeichen, Selbstport.
64; Frank Wedekind, Biogr. 66; Lothar
Dietz, Skulpturen. Monogr. 66;
Schwabing u. s. Kunstpreise 70; Maler-
idyllen, Kunstb. 75; Malerpoeten,
Kunstb. 76; Bauernromantik, Kunstb.
78; Alltagsidylle, Kunstb. 78; Künstler-
romantik, Kunstb. 79; München
leuchtet, Monogr. 79. — **MV:** Begegnung
mit Bildhauern, Münchner Kunstszene
1955-1982 82; Maler der Münchner
Kunstszene 1955-1982 82; August
Philipp Henneberger, Monogr. 82;
Goldenes München, Stadt der Lebensfreude 83.

MA: Der Ausblick, Jb. dt. Dichtg. 34;
Das fröhliche Buch dt. Dichter 41;
Vergnüglicher Stellungswechsel 42;
Evang. Weihnacht, Anth. 46, 48;
Märchen dt. Dichter 51; Die Freude ist
nah, Weihnachtsb. 52, 57; Der Strom 52;
Düsseldorf, Haus- u. Leseb. 58; Die
Seerose, Anth. 58; R. P. Bauer: Flimmer-
stars u. Fürstlichkeiten 60; Hier schreibt
München, Anth. 61; E. J. Finbert: Wir

hatten einen Hund 61; R. P. Bauer:
Unterwegs karikiert 62; Erzählungen d.
Gegenwart 65, 71; H. Kunisch: Handb. d.
dt. Gegenwartslit. 65, 70; G. v. Hatzfeld:
München, wie es schreibt und ißt 65;
Scherz beiseite, Sat. 66; Denk ich an
München 66; Freude schöner Götter-
funken 67; Begegnungen, Leseb. 67;
Leseb. für Mädchen 67; Kompaß, Ein
Lesewerk 68; A. Ott: Mark Lothar 68; A.
v. Chamisso, Auswahl 68; Deutsche
Texte aus unserer Zeit 70; H. Müller-
Schlösser: Schneider Wibbel 71; Das
Ernst-Hoferichter-Buch 77; Erwartun-
gen, Krit. Rückblicke der Kriegs-
generation 80; 1200 Jahr Schwabing 82.
H: Geistiges München, akad. u. kult.
Schriften 46 − 73; Hier schreibt
München, lit. Anth. 61; Artur Kutscher:
Wedekind, Leben u. Werk 64. −
MH: Josef Pembaur, Festschr. 40; Welt
u. Wort, lit. Mschr. XXVII, seit 51; story,
Mschr. d. mod. Erz. 52; Denk ich an
München, m. H. Proebst 66; München -
Stadt d. Büchermacher 68; Deutschspr.
Lit. heute i. d. Schweiz 69.
R: Albertus Magnus; Bismarck u.
Virchow; Die Pferde auf Elsenhöhe;
Bilderstürmer, u.a. Hsp.; Im Stechzirkel
d. Jahre, Ess.; Hebbel: Gyges u. s. Ring;
Ibsen: Die Stützen d. Gesellschaft;
Zuckmayer: Das kalte Licht, alles
Hsp.bearb.; Stadtbummel, Hörbild 78;
Der weitgereiste Schwager vom
Viktualienmarkt, Hörbild 81.
Lit: J. Klein: Gesch. d. dt. Novelle 54; I.
Beer: Der Romanführer XII 64; H.
Kunisch: Handb. d. Gegenwartslit. 65; R.
Schmitt-Sulzthal: Das Wort ist s. Welt
in: Münchner Leben I 66; U. Knöller-
Seyffarth: K. Ude als Essayist in: Welt u.
Wort I 71.

Uebe, Ingrid, Journalistin; Friedrich-
Bödecker-Kr. 79, Akad. f. Kinder- u.
Jgdlit.; Leipziger Ring 26 a, D-5042
Erftstadt-Liblar, Tel. (02235) 2705 (Essen
7.10.). Kinder- u. Jugendbücher, Hör-
spiel.

V: In einer Woche 56; Es ist alles ganz
anders 58; Bettina aus dem
Windmühlenweg Nr 7 77; Lillekille 78;
Als meine Mutter hexen konnte 79;
Wenn Julia zwölf ist.

R: Lillekille 80.
S: Bettina aus d. Windmühlenweg Nr.
7 78.

Überohr, Jonas, s. Salzinger, Helmut.

Ücker, Bernhard, leit. Red.; Münchn.
S.V. "Die Turmschreiber"; Hsp.pr. d.
Bayer. Rdfks, Bayer. Poetentaler 66,
Buchpr. d. Bayer. Clubs, Pr. d. Bayer.
Landtags 74, Ludwig-Thoma-Med. 82;
Arcisstr. 40, D-8000 München 40, Tel.
(089) 2722806 (München 29.5.21). Kurz-
geschichte, Essay, Sachbuch.
  V: Bayern — der wider; Wie Bayern
unter die Pickelhaube kam, polit. Ess.
70, 76; Das Hohe Haus in Augenhöhe,
Sachb. in Erz.form 71, 77; Endstation
1920 - Gesch. d. bayer. Staatsbahn,
Sachb. in Erz.form 72; Weißblaues
Contra, polit. Ess. 74, 76; Schwarz Rot
Liberal - weißblau kommentiert, polit.
Ess. 76; Das III. Königreich Bayern,
polit. Studie in Gespr.form 79.
  R: Das Martyrium der Scheinheiligen,
Hsp. 56, u. über 1000 Kommentare u.
Features.

Ueckert, Charlotte, s. Ueckert-Hilbert,
Charlotte.

Ueckert-Hilbert, Charlotte (Ps.
Charlotte Ueckert), M.A., Wiss. Mitarb.;
VS 83; Beerenwinkel 5, D-2000
Hamburg 67, Tel. (040) 6038362
(Oldenburg i.O. 22.7.44). Lyrik, Prosa.
  V: Als wär ich hier nicht fremd, G. 79,
2.Aufl. 83.
  MH: Nur ich bin für die Jahreszeit zu
kühl. Hamburger Lyriker zum Thema
Natur 81.

Uehlinger, Otto, Lehrer;
Muettersproch-Ges.; Riethaldenstieg 11,
CH-8200 Schaffhausen, Tel. (053) 51754
(Neunkirch 13.2.16). Mundart-Erzählung.
  V: Am Trottefüür, Mda.-Erzn. 71,
2.Aufl. 77; Bim Häidebomm, Mda.-Erzn.
79; Schaffhauser Mundart.
  R: Schaffhausen, Fsf.
  S: Volkstümliches Schaffhausen 82.

Uekötter, Ingeborg (Ps. Ingeborg
Wagner), kfm. Angest.; Würdigungspr. d.
Ges. d. Freunde dt.spr. Lyr. 81; Ges. d.
Freunde dt.spr. Lyr. 81, Der Turmbund
82; Keilfeld 4, A-6112 Wattenberg, Tel.
(05224) 3335 (Innsbruck 15.11.55). Lyrik,
Kurzprosa, Erzählung, zeit- und
gesellschaftskritische Texte.
  V: In ruhelosen Stätten, G. 82.
  MA: Die blaue Reihe, Anth. 83.

Ueli der Schreiber, s. Schmezer,
Guido.

Uhlenbrock, Josef; Schloß
Caspersbroich, D-5650 Solingen-Ohligs.
Münsterländ. Mda.-Gesch.
  V: Recht un Liäben, plattdütske
Justizgeschn. 81. — **MV:** Land un Lü 65;
Wild un Jagd. Vertellt 67; Vertellsels 79,
alle m. H. Schulze-Mönking; Plattdütske
Justizgeschichten, m. F. Zellerhoff 69.
  MA: div. mundartl. Beitr. in:
Quickborn, Zs. f. plattdt. Sprache u.
Dichtg.
  MH: Lü u. Diers, Tiergesch. 66. ( )

Uhlenbruck, Gerhard, Dr.med., Prof.,
Abteilungsleiter; BDSÄ 77; Gleueler Str.
308, D-5000 Köln 41, Tel. (0221) 433077
(Köln 17.6.29). Aphorismen, Essay, Lyrik.
  V: Nicht für immer, G. 74; Ins eigene
Netz, Aphor. 75; Ein Fachgesimpelt,
Aphor. 76; Frust-Rationen, Aphor. 79;
Keiner läßt seine Masche fallen 81; Den
Nagel auf den Daumen getroffen, Aphor.
80; Medizinische Aphorismen, Aphor.
82. — **MV:** Der Mensch und sein Arzt, m.
H.H. Skupy, Aphor. 80; Ein gebildeter
Kranker, m. H.H. Skupy, H.H. Kersten,
Aphor. 81.

Uhlenhut, Walter, Dr.jur., Sozialvers.-
Angestellter; Ö.S.V. 79; Lange Gasse 15,
A-1080 Wien, Tel. (0222) 423372 (Wien
14.3.33). Lyrik.
  V: Traum ohne Anker, G. 68; ...weil
Berührung unmöglich ist, G. 82.

Uhlhorn, Louise *

Uhlig, Eleonore, Lektorin; Auf dem
Wingert 4, D-6101 Rossdorf 1, Tel.
(06154) 9138 (Mayen 9.2.31). Essay.
  V: Der Melonenkönig, Ess. 81.

Uhlig, Helmut, Volkshochschuldir.;
Adalbert-Stifter-Ges., Soc. Yvan Goll;
Hessenallee 12, D-1000 Berlin 19, Tel.
(030) 3044222 (Chemnitz 18.5.22). Essay,
Kulturgeschichte, Völkerkunde.
  V: André Gide oder Das Abenteuer
des Geistes, Ess. 48; Gottfried Benn 61;
Wladimir Majakowski 62; Meisterwerke
der Musik auf Schallplatten 63; Fritz
Mikesch, Oeuvrekat. 69; Otto
Gleichmann 70/71; Südseeparadiese 71;
Marcel Proust 71, Indonesien hat viele
Gesichter 71; Auf den Spuren Buddhas
73; Menschen der Südsee 74; Die
Sumerer. Volk am Anfang der
Geschichte 76 (ital. japan.); Am Thron
der Götter 78; Das Bild des Buddha 79;
Bali — Insel der lebenden Götter 79
(auch ung.); Himalaya — Reich der
tausend Buddhas 80; Tantrische Kunst
des Buddhismus 81. — **MV:** Kein Platz
für "wilde" Menschen 74 (franz.).

MA: Amerikanische Lit. in: Hdb. d.
Amerikakunde 52; Christliche Dichter
der Gegenwart 55; Expressionismus 56;
Das kluge Alphabet 57.
H: Adalbert Stifter: Auswahl 50. —
MH: Yvan Goll: Dichtungen 60.

Uhlmann, Joachim; Markelstr. 54, D-
1000 Berlin 41, Tel. (030) 7921129 (Berlin
4.5.25). Lyrik. Ue: E.
V: Gemaserte Stille, G. 55; Feuer in
Würden, G. 60; Serpentinen, G. 67;
Kernzeit, G. 75.
MA: Berliner Malerpoeten, Anth. 74;
Anthologie d. dt. Haiku 78; Claassen Jb.
d. Lyrik 1 79, 3 81; Issa, Anth. 81; 10
Jahre Berliner Malerpoeten, Anth. 82;
Die Paradiese in unseren Köpfen, Anth.
83.
MH: Speichen, Jb. f. Dicht. seit 68.
Ue: Hart Crane: Weiße Bauten, G. 60;
Djuna Barnes: Eine Nacht mit den
Pferden, Erzn. 61; Samuel Johnson:
Rasselas, Erz. 64; Horace Walpole: Die
Burg von Otranto, Erz. 65; William
Blake: Kleine Prophetische Bücher, G.
69.

Uhrland, Charlotte, Dipl.-Bibl.; Lit.
Ges. Köln 80, Lit. Werkstatt Duisburg 81;
Zum Hedelsberg 48, D-5000 Köln 50, Tel.
(02236) 66148 (Köln 2.7.54). Lyrik, Kurz-
prosa, Literaturkritik.
V: Wendezeit, G. 82; Voi che sapete, e.
Weihnachtsb. 82.
MA: Gesichts-Punkte, Anth. 82;
Frauen schreiben neue Liebesgedichte,
Anth. 83; Veröff. in Lit.zss.
H: Margot Lamberty: Ausgesetzt, G.
82.
Lit: Klaus Leymann: Über das Hand-
werk (Nachwort in: Wendezeit) 82.

Uhrlandt, Hermann J., RA.; Ostwall
112/114, D-4150 Krefeld, Tel. (02151)
24150 (Berlin 1.12.04). Lyrik.
V: Fabelhafte Justiz, G. 74; 70 Jahre
Recht in Scherz und Ernst, G. 76; O
sancta justitia, G. 80.

Ujlaky, Charlotte, Journalistin,
Übersetzerin; P.E.N. 56, im Vorst. VdÜ
64/65; Short-Story-Pr. RFE 52, Reisestip.
V.d.d.S.V. 63, Übers.-Mitgewinner d.
Georg-Mackensen-Pr. 63, Übersetzer-
Verdienstmedaille d. Ung. P.E.N. 73;
Reuter-Str. 132, D-5060 Bergisch
Gladbach 2, Tel. (02202) 50849 (Budapest
13.1.20). Kurzgeschichte, Reisebericht,
Essay. Ue: U, F.
H: Sprachgekreuzt - Ungar. Lyr. i. dt.
Sprachraum 75.
Ue: Albert Wass: Die Spur verliert
sich 56; László Németh: Iszony u.d.T.:

Wie der Stein fällt 60, Die Revolution
der Qualität 62, Irgalom u.d.T.: Die Kraft
des Erbarmens 68; Tibor Déry: Der
unvollendete Satz; Rechenschaft 66;
Géza Ottlik: Die Schule an der Grenze
63; Léopold Sédar Senghor: Négritude
63; Stephan Vajda: Arena 63; János
Koldolányi: Egö csipkebokor u.d.T.: ...
und er führte sie aus Ägypten 65;
György Kardos: Hová tüntek a katonák.
u.d.T.: Zapfenstreich, Lyrikübers. i. d.
Anth. "Sprachgekreuzt", Nov. v. L. Nagy,
L. Németh, Gy. Kardos i. d. Anth.
"Ungarn" 75, u.a.

Ujvary, Liesl *

Ukelei, Martin, s. Zemke, Georg.

Ukrainow, Fjodor, s. Märker,
Friedrich.

Ulbrich, Bernd, Dipl.-Chem.; SV-DDR
80; Mahlsdorfer Str. 79, DDR-1170
Berlin, Tel. 6560397 (Berlin 20.1.43).
Prosa, Roman, Drama, Hörspiel.
V: Der unsichtbare Kreis, Erzn. 77,
4.Aufl. 82, Tb. 81; Störgröße M, Erzn. 80,
2.Aufl. 81; Abends im Park und nachts
und morgens, Erzn. 83.
R: Alarm im Kosmos, Hsp. 75; Die
Roboterfalle, Hsp. 77.

Ulbrich, Rolf, Dr. phil., Univ.Prof.;
Corneliusstr. 3, D-1000 Berlin 46, Tel.
(030) 7713255 (Gablonz 26.12.20). Ue: R,
Tsch, Slow, S, Port.
V: Tschechisch-deutsches Taschen-
wörterb. 77. — MV: Nachwort zu: N. S.
Leskow: Der Weg aus dem Dunkel 52,
53; Der alttschechische "Tkadleček" und
die anderen "Weber", Waldenserlite-
ratur in Böhmen um 1400 80.
MA: f. d. gr. Brockhaus d. Kapitel:
tschech., slowak., ober- u. nieder-
sorbische (wendische) u. weißruss.
(bjeloruss.) Sprache u. Lit. u. die
einzelnen Autoren als Stichw. 75.
Ue: L. S. Berg: Gesch. d. russ. geogr.
Entdeckungen 54; N. Tscherkassow: In
Indien 55; B. Machulka: Auf Wildpfaden
in Afrika 57, 59; Tschechische Erzähler
58; Vítězslav Hálek: Der Fuhrmann, Erz.
64, Fuhrmann Poldi 69; W. Bykow: Die
Toten haben keine Schmerzen 67;
Horácio Bento de Gouveia: Stille Wasser
von Madeira, R. 76.
s. a. Kürschners GK.

Ulbricht, Horst, Journalist; Roonstr.
17, D-8504 Stein b. Nürnberg, Tel. (0911)
261155 (Nürnberg 5.6.39). Drama, Roman,
Novelle, Hörspiel.
V: Kinderlitzchen, R. 78, 2. Aufl. 79.
MA: Literaturmagazin 9 — Der neue
Irrationalismus 78.

R: Altweibersommer, Hsp. 76, 78, 80;
Erste Liebe oder Vergangenheit mit
wenig Zukunft, Erz. 77; Memento Mori
und Carpe Diem, Hsp. 80, 83; Kinderlitzchen, Hsp. 80, 83.

Ulenbrook, Jan, s. Meier, Karl
Gerhard.

Ulenspiegel, s. Neumeister, Wolf.

Ullmann, Gerhard, Lehrer; Falkenstr.
5, D-7104 Obersulm-Affaltrach, Tel.
(07130) 9222 (Lauffen a.N. 16.2.47).
Jugendroman, Kurzgeschichte.
V: Nachtgewitter, Jgd.-R. 81;
Schwalben im Park, Jgd.-R. 83. —
MV: Der Tag, an dem der Sandmann
erwachte, m. Uta Ullmann, Jgdb. 82; Der
Riß im Beton, m. Uta Ullmann, Jgd.-R.
82.

Ullmann, Hans-Jochen, Pressefotograf; Kreuzeckweg 21, D-8104
Hammersbach/Grainau, Tel. (08821)
8600 (Dresden 27.3.25). Humoristische
Gedichte, Kinderbücher.
V: Katzen-Einmaleins 71, 73; Katzen-
Komödien 73; Typisch Boxer 74;
Typisch Dackel 75; Typisch Pudel 76,
alles Foto-Bildbd. m. G.; Kein Tag mehr
ohne Tapsi, Kinderb. 77; Spaniels 80
(holl., norw., dän. u. finn. 81, engl./am.,
schwed. u. span. 82); Pudel 82.

Ullmann, Hans-Wilhelm (Ps.
Nepomuk Ullmann); VS 77, VdsK, Sekt.
Lit. 77; Fürbringer Str. 6, D-1000
Berlin 61, Tel. (030) 6932451 (Bremen
21.3.43). Lyrik, Romane, Kurzprosa,
Theaterstücke.
V: Wo Efeu Erde zart umarmt,
Gedichte 74; Isolation, 12 lyr. Bilder in
Prosa 74, 75; Nepomuks Lesebuch, G. u.
Prosa 79; Du kennst diesen Augenblick,
Erz. 79; Denkzettel, G.
MA: Wege, Texte Kreuzberger
Künstler, G. 76; Stadtansichten 77, 80,
81.

Ullmann, Nepomuk, s. Ullmann,
Hans-Wilhelm.

Ullmann, Sieglinde, Schriftstellerin,
Pensionistin; ObÖst. K.B. 48; Coulinstr.
7, A-4020 Linz/D. (Linz/D. 9.6.14).
Märchen, Lyrik.
V: Du und Ich im Märchenland 48, 62;
In Deutschland, G. 70; Die goldene Lilie
80.
MA: Intern. Samml. zeitgenöss. Poesie
Bd 5 80.

Ullmann, Uta, Lehrerin; Falkenstr. 5,
D-7104 Obersulm-Affaltrach, Tel. (07130)
9222 (Lauffen a.N. 24.6.47). Kinder- u.
Jugendbuch.

MV: Der Tag, an dem der Sandmann
erwachte, m. Gerhard Ullmann, Jgdb. 82;
Der Riß im Beton, m. Gerhard Ullmann,
Jgd.-R. 82.

Ullrich, Fritz; Stiftstr. 2, D-6000
Frankfurt a.M. 1, Tel. (0611) 295747.
V: Schnabbschiss aus Hessen 76, 82;
Handbuch f. Sprichklobber 78, 83; Ich
glaab dir brennt die Kittel 82, 83.

Ullrich, Luise (Ps. f. Luise Gräfin zu
Castell), Schauspielerin; Hugo-Junker-
Str. 6, D-8022 Neu-Grünwald (Wien
30.10.11). Roman, Novelle.
V: Sehnsucht wohin führst Du mich?
41, 47; Ricarda, R. 55; Ferien in Zelt u.
Wohnwagen 57; Komm auf die Schaukel
Luise 73; Unterwegs zu mir 82.

Ullrich, Ursula; Tetschener Str. 25,
DDR-8020 Dresden.
V: Rolltreppenbekanntschaften,
Feuill., Geschn. 81; Hiddensee-Sehfahrt
82; Kili der Rüsselaffe, M. 82. ( )

von Ulmann, Hellmuth, Schriftsteller;
Hamburger Autorenvereinigung 78; Ges.
f. Geistesgesch. 66; Oelixdorfer Str. 103,
D-2210 Itzehoe, Tel. (04821) 92256
(Kosch/Estl. 23.6.13). Roman, Erzählung,
zeitkrit. Betrachtungen.
V: Wanderungen im Weserbergland
76; Beinahe ein König, hist. R. 80;
Wanderungen zu den Herrenhäusern im
Herzogtum Lauenburg 81; Die
veruntreute Handschrift 81; Meine
baltischen Skizzen 83.
MA: Zeitgeist der Aufklärung 73.
R: Hinter den sieben Bergen, Fsp. 63;
Beinahe ein König 64; Der Geist von
Potsdam 65; Die veruntreute Hand-
schrift 67, alles Hsp.

Ulrich, Heinz, Schriftsteller; B.A.;
Hsp.-Pr. d. Bayer. Rdfk. 50;
Senftenberger Ring 72, D-1000 Berlin 26,
Tel. (030) 4033330 (Berlin 27.2.12). Drama,
Roman, Kurzgeschichte, Feature, Hör-
spiel, Fernsehspiel.
V: Es fing damit an, Kurzgeschn. 48,
49; Manfred, R. 49; Bis das Dunkel
zerreißt, Sch. 53; Effmaria und Gertrud,
Kom. 76. — **MV:** Die rote Hand, R. 61.
R: Der Soldat mit der Puppe 51; Ein
Ring mit rotem Stein 52; Gas weg!
Blinklicht links 53; Ich wünsche mir
einen Mann 54; Liebe ist manchmal
auch nützlich 58; Nellys Papa 58; Das
Schiff von Quinquilli 58, alles Hsp;
Angst 60; Richterhaftung 61, beides
Features. ( )

Ulrich, Joachim, Pfarrer i. R.;
Dahlienstr. 22, D-5308 Rheinbach, Tel.

(02226) 6638 (Raguhn 13.6.12). Kurz-
geschichte.
V: Licht im Dunkel, Geschn. 58, 59;
Die offene Tür, Erzn. 60; Wohin geht die
Fahrt? Kleine Erz. 62, 69; Die Quelle,
Kurzgesch. 65; Das zertretene Kruzifix,
Erz. 69; Das Loch in der Tür u. andere
Begebenheiten. Erzählt 69; Die Pforte
bleibt offen, Kurzgeschichten 70; An
seiner Hand, Kurzgeschichten 73.

Ulrich, Thomas, s. Hauschild,
Reinhard.

Ulrici, Rolf., s. Stitz-Ulrici, Rolf.

Umlandt, Wolf-G. (Ps. de la motte),
Heilpraktiker; FDA 81; Grüner Weg 64,
D-6430 Bad Hersfeld (Melsungen/
Hessen 17.5.20). Lyrik u. Wissenschaft.
V: Wein und Wahrheit, Lyr. 78/79;
Diabetes und Heilfasten 81; Frieden
durch Freiheit, Lyr. 83.

Ungeheuer, Reinhard, Schriftsteller;
Zollstr. 1, D-2810 Verden/Aller, Tel.
(04231) 81286 (Lingenfeld 4.6.50). Lyrik,
Novelle.
V: Baumgeflüster, Lyr. 81.

Unger, Alfred Hermann, Dr. phil.,
Londoner Kulturreferent versch. Rund-
funkanstalten, Mitarb. BBC World Serv.;
Dram.-Un. 28, P.E.N. Brit. Centre 37,
P.E.N.-Zentrum dt.spr. Aut. im Ausland
39, Soc. of Authors, London 43, League
of British Dramatists 43, Writers Guild
of Great Britain 43, V.D.Ü. 53, VS 67,
Vors. dt.spr. Autoren im Ausland im VS
68, Intern. Writers Guild 67, Vizepräs.;
Dramatiker-Pr. 29, Schiller-Pr. 30,
Bund.verd.kr. I. Kl., Orden d. Kölner
Bürgeraussch. 67; Arts Theatre Club 50;
16 Daleham Gardens, London NW 3 u.
Myliusstr. 29, D-5000 Köln 30, Tel. (0221)
518868 (Hohensalza 20.1.02). Drama,
Roman, Essay, Film, Hörspiel, Fern-
sehspiel, Theaterkritik. **Ue:** E.
V: Die Geschichten um den großen
Nazarener, R. 26; Frauenrevolution, Sch.
28; Menschen wie du und ich, Sch. 29;
Flucht in die Ehe, Kom. 30; Disraeli, der
jüdische Lord, Sch. 31; Vorabend, Sch.
32; Die berühmte Gräfin Hatzfeld, Sch.
60; Kurz wie ein Traum, Sch. 61. —
MV: In Tyrannos (Teilwerk: Ferdinand
Lassalle u. die Gründung der Allg. Dt.
Arbeiterpartei), m. Hans J. Rehfisch 44.
F: Der Kurier des Zaren; Der letzte
Walzer; Die Frau mit dem schlechten
Ruf; Das lustige Kleeblatt; Der Spieler;
Paris goes wild; Safety curtain;
Abschiedswalzer, u.a.
R: Der Fall Winslow; Candide; Der
Pickwick-Klub; Der Mikado; Die

Piraten von Penzame; Oh, was für'n ent-
zückender Krieg; Die olle ehrliche
Beggars Opera: Es lag in der Luft; Die
lockende Tiefe; Das Abschiedsgeschenk;
Olivia; Sperrt Eure Töchter ein!, Hsp.;
Trilogie um Sigmund Freud: Der
Hunger und die Liebe, I. T.: Die Angst
vor dem Leben, II.: Die Angst vor dem
Tod, III.: Es lebe das Leben, Fsf.
Ue: Terence Rattigan: Kadett Wins-
low, Sch. 47, Zwei Ehen 49, Das
Abschiedsgeschenk, Sch., Harlekinade,
Kom., Geschichte eines Abenteurers,
Sch. 50, Parlez-Vous Francais?, Kom. 51,
Tiefe blaue See (Die lockende Tiefe),
Sch. 52, Love in idleness u.d.T.: Olivia,
Kom. 53; Hugh Mills: Operette ohne
Musik, Lsp. 50; Denis Cannan: Captain
Carvallo, Kom. 51; Benjamin Britten:
Billy Budd, Oper 51; Peter Ustinov: Ein
Augenblick der Wahrheit, Sch. 52, Blow
your own Trumpet u.d.T.: Hafen der
Illusion, Kom. 53, Der leere Stuhl, Sch.
56; Charles Morgan: The river line
u.d.T.: Die unsichtbare Kette, Sch. 53,
Das Brennglas, Sch. 54; N. C. Hunter:
Ein Tag am Meer, Sch. 55; Mary
Lunsden: The gift u.d.T.: Dr. Crossley,
Augenarzt, Sch. 53; D. G. Bellini:
Albertine by moonlight u.d.T.: Sylvia im
Mondenschein, Kom. 56, u.a. engl.
Bühnenwerke.

Unger, Franz, Mag. phil., Lehrer;
Antoni-Feld-Str. 6/I/3, A-7423 Pinkafeld
(Osterwitz b. Deutschlandsberg 2.2.47).
Roman, Erzählung, Lyrik, Hörspiel.
V: roman in fortsetzungen, R. 77; die
theorie v. d. ermordung e. germanisten,
Erz. 80.
MA: 21 Autoren nehmen Stellung. E.
Beitr. z. burgenld. Kulturoffensive 79;
literatur '81, burgenländ. leseb. 81.
R: die große wende vor d. beginn oder
fragesätze unt. anderen, Hsp. 79; das
fahrrad des pfarrers, Hsp. 81.

Unger, G. F., s. Unger, Gerhard.

Unger, Gerhard (Ps. G. F. Unger, Gert
H. F. Unger, G. F. Bucket, A. F. Peters,
Broderick Old); Pr. f. Kriminal-Hsp.
NWDR 49; Eichendorffweg 8, D-6290
Weilburg/L., Tel. (06471) 7404 (Breslau
23.3.21). Roman, Jugendgeschichte.
V: Wölfe im Sommerset; Die vier
Riesen; Pete und die Erbtante; Der
Sieben-Meilen-Ritt, u.a. Erzn. 51 — 53;
Rd. 500 Buch- od. Taschenb.-R. seit 48
(G. F. Unger-Taschenbücher, G. F.
Unger-Classics-Tabus) u.a.: Viele Hügel;
Hartes Geld; Medicine Road; Weg der
Männer; Die Starken; Cochise County;
Mann vom Big Muddy; Der andere Weg;

Die Brazos-River-Mannschaft; Union-
Pazific; Die Rechtlosen; Die bittere
Stunde; Hinter den Hügeln; Richter
David; Die Morgan-Brüder; Horse Mesa;
Gebrochener Sattel; Das Paar vom
Brazos; Die endlosen Meilen; Leben im
Sattel; Stunde des Stolzes, Missouri-
Legende; Die Kinkaids; Gesetz der
Ehre; Bitteres Erbe; Brazos; Der rote
Bannister; Das Million-Cliff-Land;
Mesa-King; Ohne Befehl; Riverbend-
City; Goldene Ernte; Die Tombstone-
Legende; Die Chisholm-Legende; Die
Ruhelosen; Die Fehde; König der
Weide; Der wilde Buck; Der Weg nach
Bozeman; Die Dundees; Silvercreek;
Seit jenem Tage; Der Ritt nach
Tombstone; Big River Jim; Büffelweide;
Pecos; Black-jack; Fort Phil Kearny;
Der Blechstern; Die Adams-Brüder; Am
Ende des Trails; Die Alamo-
Mannschaft; Sergeant Yates; Titanen-
Fehde; Der Stern im Norden; Der lange
Weg; Silberne Sporen; Mann im
Schatten; Red Kings-Valley; Verlorene
Reiter; Die Falle am Cimarron, Jgdb.;
Sycamore; Arrow-Brand; Overland-
Linie; Socorro; Golden Gulch; Die Jagd
auf mich; Sterben für Virginia;
Chattanooga-Kid; Bozeman-Patrouille;
Falken sterben stolz; Bibertal-Legende;
Sterbende Stadt; Der Zehn-Dollar-
Mann; Gekaufte Treue; Das Wolfs-
pärchen; Der letzte Ritter; Klirrender
Trab; Brandy-River-Men; River-Lady;
Goldjagd; Sieben Towns; Rainbow
River; Apachenjagd, u. viele andere.

Unger, Gert H. F., s. Unger, Gerhard.

Unger, Günter, Dr. phil.,
Rdfkredakteur; Öst. P.E.N.-Zentrum;
Ludwig-Leser-Str. 48, A-7210
Mattersburg, Tel. (02626) 2755
(Eisenstadt 17.4.41). Lyrik, Novelle,
Essay, Film, Hörspiel.
V: Schreibfrüchte, G. 1971-1978 78.
H: Wortmühle, Lit. Bll. a. d. Burgenld
seit 78.
R: Judengräber im Burgenld; Gleise
aus d. Vergangenheit; Ich lebe m. d.
Erde; Auf d. Spuren v. Joseph Haydn in
Eisenstadt; Der Bauer als Opernsänger,
Porträt von Mathias Krismanich; Die
Hörspielmühle zu Unterrabnitz; Mit
Österreich verbunden, 60 J. Burgenland;
Eisenstadt-Haydnstadt; Wenn ich mich
getötet haben werde, in memoriam
Hertha Kräftner; Original Ruster: Franz
Nemeth; Kittsee — Ein Fenster nach
dem Osten, alles Fsf.; Malwine, Hsp. 81.

Unger, Heinz Rudolf, Schriftsteller;
Grazer Autorenversamml. 73, AKM,

Austro-Mechana 71; Förderungsstip. f.
Dramatik d. Dram. Zentr. 74,
Förderungspreis f. Lit. d. Bundesmin. f.
Unterr. u. Kunst 75, Lit.-Preis d. Wiener
Kunstfonds 76, Dramatikpr. d. Arbeiter-
kammer Wien 77, Walter-Buchebner-Pr.
78, Förderpr. für Literatur der Stadt
Wien 78; Neuer Markt 14, A-1010 Wien,
Tel. (0222) 531759 (Wien 7.8.38). Drama,
Lyrik, Fernsehspiel, Hörspiel. **Ue:** E.
V: In der Stadt der Barbaren 71; Das
Lied des Skorpions 79; Verdammte
Engel — Arme Teufel 78; David und
Overkill 81.
R: Verdammte Engel 77; Spiegel-
schirm 78, beides Fsp.; zahlr. Hsp.
S: Lieder fürs Leben 75; Proleten-
Passion 77; Herbstreise 79; Die letzte
Welt 81.

Unikower, Inge; Köpenicker Landstr.
167, DDR-1195 Berlin, Tel. 6324356.
V: Suche nach dem gelobten Land,
Biogr. 78.

von Unruh, Friedrich Franz; FDA 73,
Dt. Autorenrat 73; Scheffel-Dichterpr.
42, Bundesverdienstkr. 1. Kl. 63, Oberrheinischer Kultur-Pr. 67, Humboldt-
Plakette 73, Ehrenring d. dt. Literatur
73, Großes Bundesverdienstkr. 75,
Verd.Med. d. Ldes Bad.-Württ. 83;
Akad.Rat d. Humboldt-Ges. 62; Dt. Akad.
f. Bildung u. Kultur 70; Am Mühlebuck
1, D-7802 Merzhausen, Breisgau (Berlin
16.4.93). Novelle, Erzählung, Essay.
V: Stufen der Lebensgestaltung, Ess.
28; Nationalsozialismus, Ess. 31;
Verlorener Posten, Erz. 35, 42; Hutten,
Ess. 35, 42; Der Tod und Erika Ziska,
Erz. 37, 42; Die Heimkehr, N. 38, 43; Der
innere Befehl, Erz. 39, 43; Der Verräter,
R. 41, 64; Bruderdorf, N. 42, 43; Heidrun,
N. 42, 43; Fichte, Ess. 42; Friedrich
Hölderlin, Ess. 42; Der Patriot wider
Willen, N. 44, u.d.T.: Liebe wider Willen
50; Die Sohnesmutter, Erz. 46, 48;
Vineta, N. 48, 65; Die jüngste Nacht, Erz.
48; Nach langen Jahren, Erz. 51; Der
Spiegel, Erz. 51; Tresckow, N. 52, 66; Das
Wagnis, Nn. 55; Die Apfelwiese, N. 57;
Sechs Novellen 58; Mit anderen Augen
gesehen, Ess. 60, 71; Nach langen
Jahren, Nn. u. Erzn. 60, 63; Die
Schulstunde, N. 63; Wo aber Gefahr ist,
Biogr. 65; Ehe die Stunde schlug, Biogr.
67; Die Nacht von Mantua, Erz. 68; Und
was wird mit uns?, Ess. 69; Der Besuch,
8 Gesch. 71; Tilman Riemenschneider,
Erz. 72, 82; Klage um Deutschland, Ess.
73, 74; Schlußbericht, Ess. 74; Die unerhörte Begebenheit, Ess. 76; Der Teufel
im Ruhestand, Erz. 77, 81; Liebe wider

Willen, Die schönsten Erzn. und
Novellen 79; Das Liebespaar, Vier
Novellen 79; Ermutigung, ein Appell an
die Deutschen 81; Jahrtausendwende,
Umkehr oder Untergang 83; Jahr-
tausendwende, Ess. 83.
R: Hinter verschlossenen Türen (n. d.
Novelle Tresckow) 70.
S: Friedrich Franz v. Unruh: Tres-
ckow, N. 66.
Lit: Freundesgabe d. Arb.kr. f. Dt.
Dichtung 57; Johannes Klein: Friedrich
Franz v. Unruh 60, Hermann Pongs:
Friedrich Franz v. Unruh 61; Hartmut
Fröschle: Friedrich F. v. Unruh:
Renaissance d. Novelle 62; Otto
Heuschele: Friedrich F. v. Unruh 67;
Zweite Freundesausgabe d. Arb.kr. f. Dt.
Dichtung 78, u.a.

Unruh, Karl, Buchhändler;
Eschersheimer Landstr. 286, D-6000
Frankfurt a.M. 1, Tel. (0611) 561411
(Frankfurt/M. 29.6.13). Roman, Novelle,
Erzählung, Essay.
V: Alles Fleisch ist wie Gras, R. 60, 62.

Unseld, Siegfried, Dr. phil., Dr. h. c.,
Verleger; P.E.N. 59; Hermann Hesse-
Medaille 67, Johann Heinrich-Merck-
Ehrung 75, Bundesverdienstkr. 1. Kl. 73,
Goethe Plakette d. Stadt Frankfurt 77,
L'Orde du "Mérite Culturel" der VR
Polen 78, Großes Verdienstkreuz BRD
79, Dr. h. c. der Washington U. in St.
Louis, Missouri 80, Wilhelm Leuschner-
Med. d. Ldes Hessen 81; Vizepräs. d.
Hegel-Ges; Klettenbergstr. 35, D-6000
Frankfurt a.M., Tel. (0611) 756010 (Ulm/
Donau 28.9.24). Essay.
V: Das Werk von Hermann Hesse,
Ess. 55, 57; Hermann Hesse - Eine
Werkgeschichte 73, 74; Begegnungen
mit Hermann Hesse 74; Peter
Suhrkamp. Zur Biographie eines
Verlegers 75; Der Marienbader Korb 76;
Der Autor und sein Verleger 78; Das
Tagebuch Goethes u. Rilkes Sieben
Gedichte 78.
H: Brecht: Schriften zum Theater 57,
76; Fülle des Daseins. Auslese aus dem
Werk von Rudolf Alexander Schröder
58, 59; Brecht: Dreigroschenbuch 60;
Peter Suhrkamp: Briefe an die Autoren
61, 64; Walter Benjamin: Illuminationen.
Ausgew. Schr. 61, 70; Ernst Bloch zu
Ehren. Beiträge zu seinem Werk 65;
Brecht: Über Klassiker 65, 71; Georg
Weerth: Fragment eines Romans 65;
Hesse - Suhrkamp: Briefwechsel 69, 73;
Hesse: Politische Betrachtungen 70, 75;
Hesse: Mein Glaube 71, 74; Hesse:
Eigensinn 72, 74; Wie, warum und zu

welchem Ende wurde ich Literatur-
historiker? Zum 70. Geb. von Robert
Minder 72; Zur Aktualität Walter
Benjamins 72; Deutsches Mosaik 72;
Günter Eich zum Gedächtnis 73;
Gespräche mit Ernst Bloch: Über Tod,
Unsterblichkeit, Fortdauer 78.

Unterdörfer, Gottfried, Forsting.;
Forsthaus, DDR-7701 Uhyst/Oberlausitz,
Tel. (058298) 466 (Zschornau 17.3.21).
Lyrik, Erzählung.
V: Du lebst vom Du, G. 59, 62; Dem
Holzhaus gegenüber, Erzn. 60, 63; Ich
will den Bogen setzen, G. 64; Von Abend
zu Abend, Erzn. 65, 67; Nicht die Bäume
allein, Erz. 68, 71; Regenzeit und
Reiherruf, Erz. 71; Wildtaubenruf, Erzn.
u. G. 73, 76; Jahresringe, Erzn. 81.

Unterweger, Gertraud, Bürofachkraft;
IGdA 82, VDKSÖ 83; Anerkenn. Lyrik-
wettbew. zum Thema "Die Rose" 81;
Köla 80, Kulturgemeinsch. Der Kreis 82;
Judenburgerstr. 19, A-8753 Fohnsdorf,
Tel. (03573) 2329 (Wien 26.1.42). Lyrik,
Kurzgeschichten.
V: Schritte im Gras, G. 82.

Unterweger, Jack (Ps. Julia Weger),
Schriftsteller; Literar-Mechana 80,
IGdA 81, Dachverb. d. Öst. Autoren 81;
Dramatikerstipendium d. Bdesmin. f.
Unterr. u. Kunst 82; Steiner Landstr. 4,
A-3500 Krems/D. (Judenburg/
Steiermark 16.8.50). Drama, Lyrik,
Roman, Kurztextbereich: Krimi,
Kinderstücke, Liebesgeschichten.
V: Tobendes Ich, Lyr. 82; Endstation
Zuchthaus, Bü. 82; Fegefeuer oder Die
Reise ins Zuchthaus, R. 83. –
MV: Worte als Brücke, m. Grete Wasser-
theurer, G. u. Kurzprosa 83.
Lit: Biogr., Lit. Schaffen in: NÖ-
Landzeitung 1 83; Dorothea Winkler:
Schreiben um zu überleben.

Urbach, Reinhard, Dr. phil., Leiter d.
Dramaturgie Burgtheater Wien;
Grünentorgasse 14/11, A-1090 Wien, Tel.
(0222) 53242130 (Weimar 12.11.39). Essay,
Übers. **Ue:** R, E.
V: Arthur Schnitzler 68, 77 (auch
amer.); Die Wiener Komödie und ihr
Publikum 73; Schnitzler-Kommentar zu
den erzähl. Schriften u. dramat. Werken
74.
H: Nestroy: Stich- und Schlagworte
76, 77; Arthur Schnitzler: Entworfenes
und Verworfenes. Aus dem Nachlaß 77;
Wien und Europa zwischen den
Revolutionen 1789-1848 78; Gerhard
Fritsch: Gesammelte Gedichte 78. –
MH: Arthur Schnitzler. Sein Leben.

Sein Werk. Seine Zeit 81; Arthur
Schnitzler. Materialien zur Ausstellung
der Wiener Festwochen 1981 81; Arthur
Schnitzler: Tagebuch 1909-1912 81;
Österreich zum Beispiel. Literatur,
bildende Kunst, Film und Musik seit
1968 82.
Ue: Dsiga Wertow: Aus den Tagebüchern 67.

Urban, Emma *

Urban, Karlheinz, Maler, Bildhauer,
Lyriker; VS 78; 2. Pr. im
Autorenwettbew.: Dome im Gedicht,
Aachen 75; Kronenburger Lit.kr. 75,
Autorenkr. Ruhr-Mark 79; Bleichestr.
11/Rundhaus, D-5810 Witten-Bommern,
Tel. (02302) 30409 (Schweidnitz 26.4.15).
Lyrik, Novelle, Essay.
V: Im Goldgrund des Seins, G. 81;
Unterwegssein mit dir, G. 83.
H: Liebe will Liebe sein 78; Doch die
Rose ist mehr 82.
Lit: Das betroffene Metall 75;
Archaische Vision — Zwiegespr. zw. d.
Lyrikerin Rita Reiners u. d. Bildhauer
K. Urban 75.

Urban, Peter, Verlagslektor;
Übersetzerpr. d. Dt. Akad. f. Sprache u.
Dichtung 74, Helmut M. Braem-Über-
setzerpr. 80; Falkensteinerstr. 3, D-6000
Frankfurt a.M. 1, Tel. (0611) 593818
(Berlin 16.7.41). Übers. **Ue:** R, Serbokroat
(Serb).
H: L. Tolstoj: Rede gegen den Krieg
68, 2.Aufl. 83; D. Charms: Fälle 70; V.
Chlebnikov: Werke in 2 Bänden 72; A.
Čechov: Sämtl. Dramen u. Einakter 73-
81; P. Kropotkin: Ideale u. Wirklichkeit
in d. russ. Lit. 75; A. Čechov: Prosa in 10
Bänden 76; A. Čechov: Briefe in 5
Bänden 79; Čechov-Chronik 81; A.
Čechov. Tagebücher. Notizbücher 83.
F: Anton Čechov — Ein Leben, m.
Sohrab S. Saless 81.
Ue: Brana Crnčević: Staatsexamen,
Aphor. 66; Miloš Crnjanski:
Kommentare zu "Ithaka" 67; Mirko
Kovač: Meine Schwester Elida, R. 67;
Miodrag Pavlović: Gedichte 68; Bora
Ćosić: Wie unsere Klaviere repariert
wurden, Erzn. 68; Mihailo Marković:
Dialektik der Praxis, Ess. 68; Predrag
Vranicki: Mensch und Geschichte, Ess.
69; Milan Nápravník: Berichte des
stehenden Läufers, G. 70; Daniil
Charms: Fälle, Prosa, Szenen, Dialoge
70; Velimir Chlebnikov: Werke in 2
Bänden 72; Vladimir Kazakov: Meine
Begegnungen mit Vladimir Kazakov,
Prosa, Dialoge 72; Michail Djomin: Die
Tätowierten, R. 72; Dragoslav

Mihailović: Als die Kürbisse blühten, R.
72; Tomaž Šalamun: Ein Stengel
Petersilie im Smoking, G. 72; Vladimir
Kazakov: Der Fehler der Lebenden, R.
73; Anton Čechov: Sämtliche Dramen
und Einakter 73-81; Anton Čechov:
Briefe in 5 Bänden 79; Aleksandr
Ostrovskij: Der Wald, Kom. 81; Ivan
Turgenev: Ein Monat auf dem Lande,
Kom. 81; Anton Čechov: Tagebücher.
Notizbücher 83; Anton Čechov: Das
Drama auf der Jagd, R. 83.

Urbanek, Walter (Ps. Walter Bauern-
feind), Dr. phil., GProf.; Künstlergilde
Esslingen 78; Hagrainerstr. 105, D-8300
Landshut, Tel. (0871) 25716 (Mährisch
Schönberg/ČSSR 10.9.19). Essay, Lyrik,
Publizistik. **Ue:** Tsch.
V: Edvard Munch. Lebensfries, kunst-
biogr. Ess. 53, 74; Georg Kaiser, Leben
und Werk, Abh. 53, 78; Max Mell, Der
Dichter u. s. Werk, Abh. 57; Der
Expressionismus als geistige u. literar.
Bewegung, Abh. 58, 65; Poetik des
Gedichts, wiss. Abh. 64, 81; Deutsche
Literatur. Das 19. u. 20. Jh. Epochen,
Gestalten, Gestaltungen, Lit.gesch.
Gesamtdarst. 69, 77; Anmerkungen u.
Thesen über d. mod. Kurzgeschichte,
Abh. 75; Hermann Schlittgen, Abh. 75;
Zur Hermeneutik u. Interpretation des
Gedichts, Abh. 77; Praktische Anleitung
zum Interpretieren, Abh. 77; Über
mißglückte Gedichte, Abh. 77; Versuch
über den Stein, G. 83; Im Wachraum, G.
83.
B: (MH): Die Fähre; Prisma; Spek-
trum, alles Lesebuchwerke. —
MA: Begegnungen, Anth. u. Kat. 80;
Weh' dem, der keine Heimat hat, Anth.
81; Jb. f. Lyrik 3 81; Begegnungen u.
Erkundungen, Anth. 82; Bakschisch 2
82; Schreiben & Lesen 5 82 u.a.
H: (B): Georg Kaiser, Die Bürger von
Calais, Dr. 53, 79; Deutsche Lyrik aus 12
Jhn. 56; Max Mell, Barbara Naderer, N.
57; Dichter des Expressionismus 58, 65;
Kaleidoskop, Kurzformen mod. Pr. 60,
67; Der neue Robinson 60, 69; Das
Karussel. Mod. Kurzgesch. 62, 68;
Orpheus XX. Gedichte unseres Jhs 61;
Gespräch über Lyrik. Dok. z. Poetik d.
Lyr. 61, 77; Lyrische Signaturen.
Zeichen u. Zeiten im dt. Gedicht 64, 76;
Steinmetzzeichen im Laub. Mod. dt.
Lyrik 65; Spiegelungen. Dt. Kurzpr.
nach 45 66; Begegnungen mit Gedich-
ten. 60 Interpret. 67, 77; Drei Spiele.
Variat. üb. e. Thema 71; Masken. Szenen
und Spiele 71; Erzählen heute 75; Das
Drama als Kunstform 77.

Lit: Leo Ernstberger: W.U. Kleines Resümee in: Zs. Das Gymnasium in Bayern 7 82.

Urbanus, s. Luft, Friedrich.

Ursprung, Wolfram, s. Müller, Wolfram.

Usdermark, Hans F. L., s. Lehmann, Hans Friedrich.

von Uslar, Hans, s. von Uslar-Gleichen, Hans-Melchior.

von Uslar-Gleichen, Hans-Melchior Frhr (Ps. Hans von Uslar), Dramaturg Kammerspiele München; Hermann-Aust-Str. 6b, D-8033 München-Krailling, Tel. (089) 8573928 (Berlin 9.6.10). Novelle, Roman, Essay. **Ue:** S, I.
V: Der Süden ist dem Paradiese näher, 3 Geschn. 56. — **MV:** Snoblexikon 62.
R: Funkfeatures, Theaterkritiken, u.a. (MV): Polizeianwärter, Dok. 70.
Ue: Edgar Neville: El baile u.d.T.: Geliebte Frau, Kom. 54; Victor Ruiz Iriarte: Juego de niños u.d.T.: Das ist kein Spiel mehr, Candida, Kom. 54; Alfonso Sastre: La mordaza u.d.T.: Jesaias Krappo, Sch. 55; Luisa-Maria Linares: La otra mujer u.d.T.: Nächte ohne Mond, R. 56; Luisa-Maria Linares: Leidenschaftlich untreu 58; Wie heiratet man einen Premierminister? 59; Ma Pirandello: Die Riesen vom Berge 80.

Utermann, Wilhelm (Ps. Wilhelm Roggersdorf, Mathias Racker), Schriftsteller, D-8150 Roggersdorf, Post Holzkirchen/Obb., Tel. (08024) 7535 (Annen/Westf. 3.10.12). Lustspiel, Roman, Essay, Film.
V: Verkannte Bekannte, R. 38; Der Herr Prinzipal, R. 39; Kollege kommt gleich, Lsp. 40; Der Eremit im Himmelreich, R.; Das Dementi, Lsp. 41; Neun Geschichten 41; Der Pelikan, Kom. 42;

Was habt ihr denn mit mir gemacht?, R. 50; Das seltsame Leben des Erich von Däniken 70; Eisblumen und Rosmarin, R. 80; Der Badenweiler Marsch, R. 81; Und immer bleibt ein Lächeln, Erz. 82.
B: Erich von Däniken: Erinnerungen an die Zukunft, Zurück zu den Sternen; Menninger/Gülicher: Essen wir uns krank, Wechseljahre im Beruf; Erich von Däniken: Aussaat und Kosmos, Meine Welt in Bildern, Erscheinungen, Beweise; G. D. Roth: Soll und haben; E. E. Vardiman: Nomaden; Kurt Lotz: Lebenserfahrungen, E. v. Däniken: Prophet der Vergangenheit; Hans Morawa: Mut zur Utopie; Peter Ehlebracht: "Haltet die Pyramiden fest!"; E. v. Däniken: Im Kreuzverhör 78, Reise nach Kiribati 81, Strategie der Götter 82.
H: Besucher aus dem Kosmos (E. v. Däniken).
F: Kollege kommt gleich; Das Dementi; Der Kleinstadtpoet; Liebe auf krummen Beinen; Vorsicht, Mr. Dodd; Ein tag, der nie zu ende geht; Erinnerungen an die Zukunft, Dok.f.; Tramp between the Sciences; Botschaft der Götter.

Utiger-Staub, Margrit (Ps. Margrit Staub), Volksschullehrerin; Rutistr. 15, CH-9011 St. Gallen, Tel. (071) 228964 (Zug 8.4.36). Jugendbuch.
V: Steffi, ist denn das so wichtig? 57, 58; Das vierzehnte Swissgirl 67; Das schaffen wir allein 79, alles Jgdb.

Uttendorf, Peter, Lehrer; Landstr. 12, D-5657 Haan 1, Tel. (02129) 7946 (Berlin 17.6.41). Lyrik, Essay, Kritiken.
V: Unterwegs mit dem Dunkel, Lyr. 72; Lichtzeichen, Lyr. 73; Mit dem Wort unserer menschlichen Lieben, Lyr. 75; Wenn wir nicht Angst haben zu lieben, Lyr. 77. ( )

Uweson, Ulf, s. Dufour, Louis.

V

Vahle, Fredrik, s. Vahle, Friedrich-Eckart.

Vahle, Friedrich-Eckart (Ps. Fredrik Vahle), Dr.phil., Hochschulassistent; Kinder-Medien-Pr. Roter Elefant 76, Viertel-Jahres-Pr. d. dt. Schallplatten-kritik 81; Talstr. 13, D-6304 Lollar-Salzböden, Tel. (06406) 2686 (Stendal/Altmark 24.6.42). Kinderliteratur (Lieder, Geschichten, Gedichte). Ue: S, E.
V: Ich erzähle von Pedro, Geschn., M., Lieder 80; Für Katzen streng verboten, Kinderg. 79, 2.Aufl. 81; Liederspatz, Lieder-Lese-Bilderb. 80, 2.Aufl. 82; Manuel oder die Reise zum Anfang der Welt, Geschn.-R. 81; Das Buch mit dem Friedensmaler, Lieder u. a. Texte 83. —
MV: Der Katzentatzentanz, m. Helme Heine 80, 7.Aufl. 82; Der Hühnerhof, m. dems. 81, 3.Aufl. 82; Wer gibt dem Elefant die Hand, m. Josef Wilkon 82, alles Bilderb.
S: Die Rübe; Der Fuchs; Der Spatz; Der Elefant; Der Friedensmaler, alles Kinderlieder m.a.; Frederick u. Geraldine und die Mauseflöte, Hsp. mit Liedern (nach Leo Lionni).
Ue: Leo Lionni: Geraldine und die Mauseflöte 79; Leo Lionni: Cornelius 83.

Vahle, Fritz, Prof., Maler, Dozent; Schumannstr. 11, D-6100 Darmstadt, Tel. (06151) 75121 (Bochum-Linden 1.3.13). Lyrik, Prosa.
V: Im Zwieselzweig der Wendehals, G. 69; Kalmus kauen/Zirrokumulos zählen, G., Graphik 69; Sedimente, G., Graphik 69; In Kakropo ein Afkolim, Wortspiele 70; Das Wasser kam den Fischen zuvor, Erinnerungen, Einfälle, Konzeptionen u. Zwischentexte, m. Zeichnungen 74; Zwitscherfisch im Wörternetz, Sprach u. Gedankenspiele, G. u. Prosa 79; Zoo-Logik, Neue Prosa u. Versfabeln 81; Zwanzig Märchen, Der Zeit angepaßt 83.
MH: Ein Fabelbuch 83.
Lit: Blickpunkt Pforzheim 2/75; Werner Helwigs Bücher-Tagebuch Nr. 536.

Vajda, Albert, Schriftsteller; Engl. P.E.N. 62, BJV 68, Intern. Journalisten Verb. 76; Mark Twain Soc. 76; Haidhauser Str. 3, D-8000 München 80,

Tel. (089) 471118 (Budapest 9.9.22). Roman, Film, Hörspiel.
V: Journey Round My I 62, 64; Origin of Monkeys 65; Lend Me An Eye 74; It Was Adultery, Adam 77; Um so heller die Nacht 3. Aufl. 74; Sieben Küsse f. d. Präsidenten 78; Jung bleiben, aber wie? 68; Paprika, Paprika 79; Danke, Herr Doktor 79; Remade in England 81; A Madsummer Night's Dream 82; Wer will schon gern ein Kaktus sein?! 83; üb. 20 Bücher in ungar. Spr.
F: Hungarian Roulette 80 (Kanada).
R: mehrere Hsp. in Ungarn bis 56; Afrika beginnt am Dover, Hsp. 68, 69; Die Rowdies, Hsp. 76.

Valangin, Aline (Ps. f. Aline Ducommun); Preis d. Schweiz. Schiller-stift. 39; La Villerna, CH-6612 Ascona, Tel. (093) 352832 (Vevey 9.2.89). Novelle, Roman, Lyrik. **Ue:** F, I.
V: Dictées, G. 36; Geschichten vom Tal, Nn. 37, 81; Tessiner Novellen 39, 81; L'Amande clandestine 39; Die Bargada, R. 40; Casa Conti, R. 41; Victoire oder Die letzte Rose, R. 43; Reflets 56; Aussagen 64; Tagebuch aus Israel 66; Raum ohne Kehrreim; Traumschalmei. Göttinnen. Einkehr. Der Stylit 68; Vers et revers, Lyr. 79; Die Silberflöte, Nn.; Dorf an der Grenze, R. 82.
Ue: Junge italienische Lyrik.

Valencak, Hannelore, s. Mayer, Hannelore.

Valentin, Erich, Dr., Prof.; Maillinger Str. 8, D-8202 Bad Aibling, Tel. (08061) 7991 (Straßburg 27.11.06).
V: Elly Ney. Symbol e. Generation 62; Handbuch der Musikinstrumenten-kunde, Neuf. 74; Kleine Bilder großer Meister, 55 Komponisten-Porträts 75; Die Wittelsbacher u. ihre Künstler 80; Mozart-Lexikon 83.
Lit: Festschrift 76.

Valentin, Klaus, s. Schinnerer-Kamler, Lorle.

Valentin, Rolf, Dipl.-Volkswirt, Dr. med.; Carl Valentinweg 2, D-7770 Überlingen/Bodensee, Tel. (07551) 63381. Roman, Novelle, Lyrik.
V: Die Stadt, R. 49.
MA: 10 Anth. 47, 65, 74, 76-82.

Valentin, Ursula, s. Genazino, Ursula.

Valeska, s. Trenkner, Lotte.

Valmy, Marcel; VS, GEMA, VGWort;
Bdeskulturfilmprämie 64; Schmiedweg
2, D-8031 Hechendorf am Pilsensee, Tel.
(08152) 7642 (Berlin 13.11.22). Roman,
Film, Feuilleton, Drama. Ue: F, E, I.
V: Wo die Liebe hinfällt 53; Eine
kleine Lüge 56; Dreimal dürfen Sie
raten 59, alles Bü.; Heuchlerserenade 60,
Musical 70; Der Mann, dem das Geld
nachlief 62; Nur noch Engel sind so rein
63, 66; Himmel ohne Geigen 63; Die
wundersamen Nächte des Monsieur
Lacombe 64; La Belle Alliance, Bü. 68;
Candid, Musical 71; Peter Schlemihl,
Libr. 71; Die Stunde der Venus, Kom. 74;
Hassan, musikal. Parabel 75; Die Spur
führt nach Paris, R. 77; Das Haus in La
Chapelle, R. 78; Crazy Girl Saloon, R. 78;
Mit den Waffen einer Frau, R. 78; Die
Erde — ein Selbstbedienungsladen,
Sachb. 79.
B: Die Journalisten, Bü. 57. —
MA: Das große Wahnwitz-Lex. 83.
F: Wegen Verführung Minderjähriger;
Die Bande des Schreckens; Agatha, laß
das Morden sein; Holiday am Wörther-
see; Karussell der Liebe; Der grüne
Bogenschütze; Morgen beginnt das
Leben; Frau Irene Besser; Und sowas
nennt sich Leben; 20 Minuten nach
Mitternacht; Leben mit dem Leiden;
Tribüne der Demokratie; Mehr Energie
für morgen; Für den Notfall; Dialogb. f.
üb. 400 franz., engl. u. ital. F.
R: La Belle Alliance oder Das Prinzip
der Vernunft, Hsp.; Eine kleine Lüge,
Hsp. 69; Der Trick mit dem Schlüssel,
Fsp.; Sing ein Lied mit Onkel Bill, Fs.-
Rev. 64; Inspecteur Leclerc, dt. Fs.fass.,
Valerie, dt. Fs.fass.
Ue: Jacques Deval: Ein guter Freund
63, Planung ist alles 63; Marcel Achard:
Türlütütü 63; Christopher Taylor: Die
Schwingen der Tauben 64; Salacrou:
Hart wie Disteln 62 — 73; Achard: La
débauche u.d.T.: Wenn Engel fallen 73;
Loewe/Lerner: Camelot, Musical 81.

Vandenberg, Jesse C., s. Nagel,
Herbert Christian.

Vandenberg, Patricia, s. Schiede,
Gerty.

Vandenberg, Philipp, Autor; Villa
Vandenberg, D-8157 Baiernrain
(Breslau 20.9.41). Sachbuch, Roman.
V: Der Fluch der Pharaonen 73;
Nofretete 75; Nofretete, Echnaton und
ihre Zeit 76; Ramses 77; Der vergessene
Pharao 78; Das Geheimnis der Orakel

79; Nero 81; Der Gladiator, R. 82; Das
Tal 82; Die Hetäre, R. 84.

Vandrey, Boris, s. Bögershausen,
Karl-Heinz.

Vandrey, Max, Redakteur; Dt. Journ.
Union 57; Haus Fernsicht, D-2217
Kellinghusen (Hannover 8.3.09). Satire,
Kabarett-Lyrik, Anthologie, Hörspiel.
V: Die elfte Muse, Kabarett-Lyrik 52;
Teures Bundesvaterland, polit. G. 76.
H: Am Anfang war die Presse!, Anth.
üb. d. Presse im Spiegel v. Karikatur u.
Sat. 61; Der politische Witz im Dritten
Reich, Anth. 67.
F: Bei den deutschen Bauern in
Cholm 41.
R: Varus, wo sind deine Legionen?,
Hsp. 54; Am Anfang war die Presse!,
Hsp. 58.

Varenna, Walter, s. Ziegler, Mano.

Vareschi, Volkmar, Dr. phil., UProf.,
Ordinarius f. Ökologie, Universidad
Central de Venezuela, Caracas;
Apartado 80160, Caracas/Venezuela, Tel.
9621682 (Innsbruck 25.5.06). Roman,
Hörspiel, Lyrik, Drama.
V: Und dann kam der Mensch, Erzn.
42; Heidemartina und ihre Histörchen,
R. 48; Geschichtslose Ufer, 2. Aufl. 71;
Auf den Spuren Humboldts am Orinoko,
Reiseb. 59, 71 (auch span.); Pflanzen
zwischen Meer u. Land m. Zeichnungen,
Erzn. 79 (auch span.). — **MV:** Der Berg
blüht, Erzn. 37, 70; Das ferne Venezuela
75 (auch span. u. engl.).
R: Die blaue Blume, Hsp.; Zwei
Städte; Caracas und Innsbruck, Hsp.
s. a. Kürschners GK. ( )

Vargas, Eva, Journalistin; VS Bad.-
Württ. 79; Lit.-Pr. f. Gebrauchs-Lyr. 76;
Uferstr., Trafohaus am Stauwehr-W, D-
6900 Heidelberg, Tel. (06221) 46349
(Freiburg/Br. 20.9.30). Lyrik, Kurzprosa,
Lieder.
V: Streichel-haft, G. 79, 80; Wort-
Gerichte, Kal. 80; Fried-fertig-gemacht,
G. 82.
S: Lieder aus dem 'Lumpenparadies'
65; Längs der Mohnstraße 66; Das neue
religiöse Lied 67; Fallobst vom Lieder-
baum 68; Schüsse aus dem 'Lumpen-
paradies' 70; Ich, Schmetterling 72;
Rummelplatzlied 72; Vargasmen 74;
Kille-kill den Sandmann 75; Wenn
Tristan kommt ... 77; Bis die Steine
blühn 79, alles Schallpl.
Lit: Porträt E.V., Fsf.

Vaschauner, Anna, s. Zaminer
Vaschauner, Anna.

Vasovec, Ernst, Prof., Schriftsteller;
ÖSV 69, P.E.N. 73; Öst. Staatspreis
(Förderungspreis f. Lit.) 53, Förderungs-
preis der Stadt Wien 65, Kulturpr. f.
Schrifttum d. Sudetendt. Kulturpr. 77,
Andreas Gryphius-Pr. 81; Alfred-Nobel-
Str. 47, A-1210 Wien, Tel. (0222) 3034564
(Müglitz/March, Mähren 21.9.17).
Novelle, Erzählung, Roman, Lyrik.
V: Der Weg hinab, Nn. 49, 51; Das
Unbegreifliche, N. 53; Heimweg zu
Agathe, Erz. 53; Der verwunschene
Weiher, Erzn. 53; Der silberne Leuchter,
G. 54; Die Fahnenflucht, Nn. 58; Die
göttliche Gelegenheit, Nn. 66; Der Stein
des Sisyphus, R. 69; Sodom oder Das
Vorbestimmte und das Zugefügte, R. 78;
Vom Ende der Welt, R. 81; Über den
Rand hinaus, Erz. Nn. 82.
MA: Hans Weigel: Stimmen der
Gegenwart 54, 56; Heinzel, Pluhar u.
Stelzl: Steirische Lehrerdichtung der
Gegenwart 55; A. Schärf: Zeitbilder 1956
56; Die Barke, Lehrer-Jb. 56, 57; Suchy:
Hoffnung u. Erfüllung 60; R. Felmayer:
Tür an Tür 70; Herm. Schreiber: Horror-
kiste I u. IV 70; Bartos-Höppner:
Abenteuergesch. unserer Zeit 73/74;
Roček, Richter, Strelka: Weisheit der
Heiterkeit 78.

von Vaszary, Gábor, Kunstmaler;
G.dr.S.u.K.; Via Gaggini da Bissone 16,
CH-6900 Lugano (Budapest 5.7.05).
Drama, Lyrik, Roman, Novelle, Essay,
Film, Hörspiel.
V: Monpti; Sie 67; Zwei gegen Paris;
Drei gegen Marseille; Sommerliches
Intermezzo; Der Herrgott schläft; Mit 17
beginnt das Leben; Heirate mich, Chéri
65; Wenn man Freunde hat; Mädchen in
Hosen; Der verlorene Donnerstag; Die
Sterne erbleichen; Es war einmal; Die
nächste Liebe, bitte, Kuki; Frühlings-
regen 65; Adieu, mon amour; Der Teufel
schläft nicht 65, alles R.; Ich mach Dich
glücklich, Tante Klothilde; Die vollkommene Ehe, beides Bü.; Man nannte
sie Céline 75; Wenn man Freunde hat
76.
F: Hab mich lieb!; Geliebter Schatz;
Ich mach dich glücklich; Wir werden
das Kind schon schaukeln; Mit 17
beginnt das Leben; Sie; Monpti.
R: Ich mach dich glücklich, Hsp. ( )

Vatter, Otto, Textilkaufmann i.R.;
Lange Str. 48, D-7170 Schwäbisch Hall,
Tel. (0791) 7912 (Urach/Württ. 1.4.90).
Lyrik.
V: Pfade abseits 75; Singendes Herz
76; Wandern durch Traum und Tag 78;

Ausklang 80, alles vorwieg. Lyrik;
Gedanken-Splitter 82. ( )

Vau Eff, s. Führer, Volker.

Vaubel, Hermann Otto, Dr. phil.,
ObStudR. i. R.; Schillerstr. 11, D-6300
Gießen, Tel. (0641) 34633 (Gießen 7.5.01).
Reisebeschreibung, Städte- und
Landschaftsschilderung, Essay,
Geschichte, Kunstgeschichte.
V: Wir Hessen 36; Das kleine Buch
von Gießen 38, 42; Das kleine Buch von
der Lahn 41; Was ich dort gelebt,
genossen. Goethe erzählt von Jugend
und Heimat 44; Hessenbuch. Mensch
und Landschaft zwischen Diemel und
Wetterau 55.
MA: Der Alpenfreund 25; Der
Cicerone 25; Merian "Oberhessen" 52;
Die Pädagogische Provinz 59; Festgabe
f. Christian Rauch 60.

Vaupel, Helga, Hausfrau; Am
Goddelsberg 23, D-3540 Korbach, Tel.
(05631) 7781 (Gudensberg 9.11.47). Lyrik.
V: Honigmond mit Flecken, G. u.
Texte 81.

Vegh, Heinz W.; P.E.N. 77; Pr. d.
Theodor-Kery-Stift. 78, Förderungspr. f.
Lit. d. Min. f. Unterr. u. Kunst 79;
Haydngasse 30, A-7100 Neusiedl/See,
Tel. (02167) 83252 (Meiningen 1.5.40).
Roman, Film, Hörspiel, Drama.
V: Allzeit bereit, R. 77, 78.
R: Die Niederlage; Charly, beides
Hsp.; Spätlese; Die Bräute des Kurt
Roidl; Happy End, alles Fsf.; Häschen in
der Grube, Hsp.; Was Flügel hat fliegt,
Fsf.

Veidt, Werner; Berliner Ring 45, D-
7150 Backnang, Tel. (07191) 65699.
V: I möcht amol wieder a Lausbua sei,
G. u. Geschn. 72; Oh Anna Scheufele, G.
u. Geschn. 73; Mr schlotzt sic so durchs
Ländle, G. u. Geschn. in schwäb. Mda.
77; Heiter fällt das Blatt vom Baum,
Kurzgeschn. 82.

Veil, Joachim (Ps. ebenda), Herologe,
Hermenaut; VS 81; Liebigstr. 32, D-6000
Frankfurt a.M., Tel. (0611) 722835
(Frankfurt a.M. 28.8.50).
V: Die Wiederkehr des Bumerangs 82;
Das Geräusch beim Erwachen 84.

Veit, Barbara; Drächselstr. 6, D-8000
München 90.
V: Wo geht's lang, Jule? 80; Anna und
die Insel der Dämonen 83. ( )

Veit, Peter *

Veken, Hildegard (Ps. Katharina
Kammer), Lehrerin; SV-DDR 57; Preis f.
Kinder- u. Jgd.-Buch d. Min. f. Kultur d.

DDR 57; Schloßstr. 9, DDR-9382
Augustusburg/Erzgeb. (Chemnitz
29.9.20). Novelle, Roman, Kinderbuch.
V: Nico und Anita, Kinderb. 57, 62;
Der Unterschied, Erzn. 59; Das Erbe der
Eltern, R. 69, 80. — **MV:** Die unromanti-
sche Annerose, Tageb. einer Achtzehn-
jährigen, m. Karl Veken 64, 81; Micki
Mager, Jugendb. m. Karl Veken 66, 68.
MA: Proben junger Erzähler 60, 61;
Neue Landpostille, Dorfgeschn. 61.
R: Weg ohne Wahl, Hsp.; Nico und
Anita, Hsp. in 7 Folgen. ( )

Veldtrup, Josef, ObStudR. i. R.;
Humboldtstr. 19, D-5800 Hagen, Tel.
(02331) 28539 (Heessen/Westf. 21.3.07).
Lyrik, Erzählung, Essay, Humor, Prosa
u. Gedichte. **Ue:** E, F.
V: Stimmen der Stille, G. 50; Ferner
lief: Der Pegasus, G. 57; Ach, wär' ich
Cowboy, Glossen 57; Bargunsch oder
Humpisch. Die Geheimsprache d. west-
fälischen Tiötten, eine Untersuchung 74,
2. verb. u. erg. Aufl. 81; Dat Liaben, G. in
mönsterl. Platt 77.
MA: Jb. d. Droste-Ges. 1948/50 50; 115
Jahre Humor aus München 59; Weg-
gefährten (Zeitgen. Autoren) 62.
R: Heiteres vor Mitternacht; Leichte
Muse; Lob des Lächelns.

Venohr, Wolfgang, Dr., Journalist; VS
69; Jakob-Kaiser-Preis 71;
Schemmannstr. 86, D-2000 Hamburg 67
(Berlin 15.4.25). Film, Fernsehen.
V: Der kleine Adlerfeder, Kinderb. 65;
Aufstand für die Tschechoslowakei 69;
Halb Preußen / Halb Sachsen 72;
Aufstand in der Tatra 79; Dokumente
deutschen Daseins 80; Fritz der König
81. — **MV:** Preußische Portraits 69;
Ungeliebte Deutsche 71; Brennpunkte
Dt. Gesch. 1450 — 1850 78; Preußische
Profile 80, Tb. 82; Das Wunder an der
Marne 82.
H: Europas ungelöste Fragen 71;
Große Deutsche, Tb. 78; Die dt. Einheit
kommt bestimmt 82.
F: Stauffenberg - Vorbild für ganz
Deutschland; Aufstand in der Tatra; Die
Erben der Barone; Potsdam = Alter
Fritz + Sozialismus; Henning v.
Tresckow oder der preußische Wider-
stand; Unter den Linden. ( )

Venske, Henning, c/o Satire-Verlag,
München.
V: Gestammelte Werke 72; Posa &
Damen 74; Als die Autos rückwärts
fuhren ... 76; Ist Ludwig Puhlnase ein
garstiges Ungeheuer ... 78; Das
versendet sich. Ein deutsches Medien-

schicksal 79, Tb. 82. — **MV:** Grimmige
Märchen, m. H. Hoop 78, erw. 82.
MA: Lachend in die 80er — Satire im
bürgerlichen Deutschland ... 76; Satire-
Jb. ... 78.
MH: Laßt mich bloß in Frieden 81.
S: Morddeutscher Buntfunk 74; Als
die Autos rückwärts fuhren 77; Trutz
Blanker Hohn 79; Krawumm 79, u.v.a. ( )

Venzmer, Gerhard, Dr. med. et phil.,
Arzt; Villa Letzi, FL-9490 Vaduz/
Liechtenst., Tel. (075) 21291
(Ludwigslust/Mecklenb. 1.6.93). Reise-
schilderung.
V: Aus fernem Osten 22; Jenseits des
Atlant 24; New Yorker Spaziergänge 24;
Menschen, Esel und Kamele 25;
Spaziergang in Frankreich 27; Kreuz
und Quer 28; Ein Schiffsarzt reist um
die Welt 29; Sieh dir die Menschen an
31; Wunderliche Welt 34; Das Meer der
Geschichte 38; Robert Koch 43; Krank-
heit macht Weltgeschichte 63; Genius
und Wahn 64; Alt werden und jung
bleiben 65, u.a.
H: Das neue große Gesundheitsbuch
65; 5000 Jahre Medizin 68, Tb. 74; Das
Phänomen der Hormone 76; Den
Mikroben auf der Spur 78.
s. a. Kürschners GK.

Verbeek, Helma (Ps. Helma
Cardauns); VS 75; Am Mühlenberg 7, D-
5300 Bonn-Ippendorf, Tel. (0228) 284275
(Bonn 8.7.13). Roman, Novelle, Lyrik,
Kinderdrama.
V: Die Lukasbrüder, Erz. 47; Wer ist
ärmer als ein Kind, R. 56; Kleine Kinder
- kleine Sorgen, Erz. 57; Verbrannte
Hecken, Erz. 58; Joint, Erz. 71, 82; Eis-
schollengang, G. 73; Das Sommerfest in
der Winternacht, Bü. 73; Galgenfrist, R.
80; Die Orchideenzunge, Erz. 81; Das
Haus und die Füchse, Erz. 81; Die
Wenig-Marie, Erz. 82.

Verbeek, Ludwig, OStR.; VS 71;
Arbeitsstip. f. Lit. d. Ldes NRW 81; S.
Werkkreis Bonn 59 — 63; Am
Glückshaus 20, D-5300 Bonn 2, Tel.
(0228) 346933 (Köln 24.11.38). Lyrik,
Erzählung, Essay.
V: Brechungen, G. 71; Lucide
Intervalle, G. 73; Schaubilder in
Grammatik 75; Stück und Kristall, G. 79;
Von Orpheus bis Unperson, Ausgew. G.
58-80. — **MV:** Was uns blüht, lit. Oper 79.
MA: Bundesdeutsch 74; Erstes
Bonner Lesebuch 80.
H: Die Kribbe, Rhein. Vjschr. f. Lit.,
Kunst u. Wiss.
Lit: P.N. Mennemeier: Fundfiguren
und lucide Intervalle — Zu Texten aus

der neueren rheinischen Lyrik-
produktion in: neues rheinland Jg. 22, 2
79; Modeste v. Groditz: Orpheus in Bonn
— L.V. in: ebda Jg. 24, 4 81; Ursula
Gräfin Pückler: L.V. Dichter, Heraus-
geber, Pädagoge in: Chic 9 81; P.N.
Mennemeier: Und dann sprich deutsch...
Einige Bemerkungen aus Anlaß zu L.V.s
Gedichtband "Stück u. Kristall" in:
neues rheinland Jg. 25, 8 82.

Verbeek, Paul, s. van Fisenne, Otto.

Verbeet, Albert, Unternehmer; VS 47;
Bergstr. 178, D-4200 Oberhausen/Rhl. 12,
Tel. (0208) 601304 (Oberhausen/Rhl.
24.10.16). Roman, Kriegsliteratur, Reisebericht, Tatsachenbericht.
V: Freiwillige in den Tod 53, 57; Unter
Helden, Wüstenmenschen und Rebellen
57, 61; Die Legion der Verdammten 60,
65; Die schwarzen und die weißen
Trommeln, Reiseb. 67, 68; Einer von uns
82 III; Alles ist dem möglich, der glaubt
und liebt 83; Geschichten, die das Leben
schrieb 83.

Verbelen, Robert, Schriftsteller;
Greinerg. 36/3/1, A-1190 Wien, Tel. (0222)
3729285 (Herent, Löwen/Belgien 5.4.11).
Roman, Novelle.
V: Mister Inkognito, Spionager. m.
geschichtl. Hintergr. 66; Der Kauz ruft
um Mitternacht 68, 69; Der Mond wird
weinen, Spionager. m. polit. Hinter-
grund 69; Don Juan und die Unberührte,
R. 70; Der Teufel spielt Schach,
Spionager. m. geschichtl. Hintergr. 71;
Der Tod hat weiche Hände, Spionager.
m. geschtl. Hintergr. 70; Der Affe auf
dem Galgen, Spionager. m. geschtl.
Hintergr. 72; Die Nonne und der
Partisan, R. m. geschtl. Hintergr. 74; Die
Revolution kann warten 75; Gott hat
geschlitzte Augen 76; Die stählerne
Faust 77, 80, alles Spionager. m.
geschichtl. Hinterg.; Der Kavalier des
Satans, R. m. geschichtl. Hintergr. 77. ( )

Verden, John D., s. Wunderer,
Richard.

Verhagen, Britta, c/o Grabert-Verl.,
Tübingen.
V: Rückkehr nach Atlantis, hist. R. 82.
( )

Verhoeven, Michael, Dr.med.,
Filmproduzent, Regisseur; Bdesfilmpr.
71, DAG Pr. 83; Robert-Koch-Str. 10, D-
8022 Grünwald, Tel. (089) 649126 (Berlin
13.7.38). Film, Fernsehen, Drama.
V: O.K., Bü. 70; Volpone (nach Ben
Johnson), Bü. 79; Liebe Melanie. Hintergründe zu d. ZDF-Fsf. 83. — **MV:** Die
weiße Rose. Informationen z. Film, m.

Maria Krebs 82, auch als Kpl. Drehb. z.
Film, m. dems. 83.
B: Sonntagskinder (nach d. Theaterst.
v. Gerlind Reinshagen) Filmdrehb. 81. —
MA: Kopfball 82.
F: Paarungen (nach Strindbergs
"Totentanz") 67; O.K. 70; Der Graben 71;
Ein unheimlich starker Abgang (nach
Harald Sommer) 73; Sonntagskinder
(nach Gerlind Reinshagen) 80; Die
weiße Rose, m. Mario Krebs 82.
R: Die Ursache (nach Leonhard
Frank) 80; Die Mutprobe 82; Liebe
Melanie 83, alles Fs.

Verhülsdonk, Monika, s. Leson,
Monika.

Verspohl, Cilly, Apothekerin; VS;
Offenbergstr. 19, D-4400 Münster/Westf.,
Tel. (0251) 45409 (Münster 23.8.10). Lyrik,
Satire, Roman, Essay, Hörspiel.
V: Kleine Medizin für den Alltag,
Heiteres in Versen 51, 72; Mit leichter
Feder notiert, Kurzgeschn. 59; Im
Wechsel der Stimmen, G. 60; Man hat so
seine Sorgen, Kurzgeschn. 60; Vom
glücklichen Leben, Erz. 61; Kranksein
ist kein Hobby, Prosa 62, 6. Aufl. 82; ...
Wer über sie ragt, sieht Licht, G. 63;
Liebe — Spiegelungen, G. 65; Hinterm
Mond lebt sich's gut, heit. Prosa 71; Die
Horizonte löschen langsam aus 72;
Leise, die Welt ist so laut, Poesie und
Prosa aus der Stille 83.

Vescovi, Gerhard; Postplatz 2, D-7030
Böblingen.
V: Ich schreib Dir was ..., e. Buch f.
Verliebte 77; Das Herz sieht anders aus,
Leben u. Aufzeichn. d. Anatomen
Eduard Siebenrock 79, Tb. 82.
H: u.B: Hippokrates im Heckengäu,
Aufzeichn. e. schwäb. Landarztes 75, 81.
( )

Veseken, Pola, (Ps.); VS 83;
Bundenweg 10, D-6000 Frankfurt a.M. 50
u. Entrevennes, F-04700 Oraison, Tel.
(0611) 5602549 (Berlin 7.9.21). Roman,
Essay, Novelle, Hörberichte.
V: Altweibersommer?, R. 82.
R: Mißachtung gegenüber d. demokr.
Grandordnung. Pola V. erzählt d. Gesch.
d. Hessenaufklebers, Hörber. 83.

Vesely Fernández, Sergio; VS 79;
Friedenspr. d. Gegenbuchmesse 78, 2.
Pr. Intereurop. Poesiewettbew., Stockh.
78; Mittlere Beutau 36, D-7300
Eßlingen am Neckar, Tel. (0711) 353216
(Santiago de Chile 13.11.52). Lyrik,
Lieder.

V: Jenseits der Mauern, Liederb. 78, 83; Auch wenn es Tage wie Nächte gibt, Lieder, Lyr. u. Prosa 82.
MA: an-klagen, Lyrikanth. 77, 81; Such nach M., Lyr. u. Prosa 78, 81; Xipetotec, M., Mythen, Leg. 78, 81; Puchuncaui, Erzn., Theaterst. 79.
MH: Mexico anders, Prosa 81; Länger als 1001 Nacht, Lyrikanth. 81.

Vesper, Guntram, Schriftsteller und Privatgelehrter; P.E.N. 73; Herzberger Landstr. 34 A, D-3400 Göttingen u. Katharinenstr. 7, D-6303 Steinheim (Frohburg/Sa. 28.5.41). Prosa, Lyrik, Hörspiel, Feature, Essay.
V: Arbeiten zur Sozial- u. Kriminalgesch. d. 19. Jhs; Fahrplan, G. 64; Gedichte 65; Kriegerdenkmal ganz hinten, Prosa 70, erweit. Neuausg. als Tb. 82; Nördlich der Liebe u. südlich des Hasses 79, Tb. 81; Die Illusion des Unglücks, G. 80, Tb. m. "Nordwestpassage" 82; Nordwestpassage, Ein Poem 81; Die Inseln im Landmeer, G. 82.
R: Zahlr. Hsp. u. Radioess.

Vethake, Kurt (Ps. Patrick Hampton, Teddy Parker, Axel Busch, Peter Ott), freier Schriftsteller, Schallplattenproduzent, Regisseur u. Textdichter; VGWort 70; Str. zum Löwen 14, D-1000 Berlin 39, Tel. (030) 8053694 (Müsingen b. Bückeburg 5.8.19). Bühnendichtung, Roman, Jugendbuch, Hörspiel, Fernsehspiel.
V: Ihr Geburtstagsgeschenk, Einakter 46; Die Erfindung, Einakter 46; Nur eine halbe Stunde, Einakter 46; Intermezzo am Abend, Einakter 46; Die Reise ins Märchenland, Msp. 47; Der Mann von Solferino, Biogr. 48, 51; Schiff der tausend Freuden, Krim.-R. 48; Vier kamen aus Batavia, Krim.-R. 48; Das gewaltlose Leben des Mahatma Gandhi, biogr. Erz. 51; Henri Dunant, ein Leben für die Barmherzigkeit, Biogr. 53; Glühender Bambus, Erz. 54; Das weiße Haus im Dschungel, Biogr. 54, 55; Das geheimnisvolle Licht, Biogr. 55, 58; Brücke über den East-River, Erz. 56; Sehende Hände, Erz. 56; Albert Ballin, Erz. 56; Es geht um Ihren Kopf, Senor!, Jgdb. 58; Geheime Tauchfahrt mit Nautilus, Jgdb. 59; Das Geheimnis der verbotenen Stadt, Jgdb. 60; Weltraumschiff gestartet, Jgdb. 60; Wilderer, Jgdb. 60; Abenteuer, die das Leben schrieb, Jgdb. 61; Freundschaft sieben bitte melden, Erz. 62; Zwei junge Detektive 63; Funkstreife Isar 12 I 63, II 64; Fury V — X 63 — 68; Alarm f. Hafenpolizei 64; Humboldtschule macht Geschichte(n)

64, 66; Dschungelboy 65; Der Nachtkurier meldet 65; Stunde X für Freundschaft 7 65; Mit geheimer Order 65; Das einsame Wagnis 65; In geheimem Auftrag 66; Tom Edison 67; Abenteuer zw. Pol u. Äquator 68; Axel stürmt für die 9 A 68; Mit der Apollo Rakete zum Mond 69; Flipper II 69, III 69; Bonanza III 69, IV 69;; Bwan und die Tiere des Dschungels 71, alles Jgdb.; Der Hurrikan kommt 73; Kalkutta ruft London 73; Frischer Wind in alter Schule 76; Reporter Wieland lebt gefährlich 77. — **MV:** Wilderer im Forst, m. Fritz Genschow 70.
R: Zahlr. Originalhsp. u. Rdfk-Bearb. v. Lit.werken, vornehml. Kinder- u. Jgd.lit., sowie Originalfsp. u. -Filme.
S: Rd 300 Schallplatten m. Bearb. von Lit.werken u. eigenen Hsp., vornehml. Kinder- u. Jgd.lit.

Vetter Hans, s. Gilgien, Robert.

Vetter, Roland, Dr., Dekan, ev. Pfarrer; Künstlergilde 83; Ehreng. z. Georg-Dehio-Pr. 83; Zuckmayer-Ges. 79, Südostdt. Kulturwerk 80; Kaiser-Str. 56, D-6500 Mainz 1, Tel. (06131) 228997 (Tscherwenka/heute: Crvenka, Jugosl. 24.6.28). Lyrik, Prosa.
V: Herz der Batschka — Tscherwenka, G. 76; Der pannonische Mensch, G. u. ein Ess. 78; Zwischenreim, G. 82, 2. Aufl. 83; Die Donauschwaben in Brasilien, Kunstbildbd, G. u. Betracht. 82. — **MV:** Unser Tscherwenka, Der Weg einer Batschkaddt. Großgemeinde in zwei Jhn., m. Hans Keiper 80, 2. Aufl. 83.
MA: Festschr. zum 80. Geb. Franz Hamm.
F: Daybreak (New York), Drehb.-Mitverf.

Vettermann, Karl, Reisebüromanager; Wiedner Hauptstr. 39/1/7, A-1040 Wien, Tel. (0222) 6560575 (Wien 5.6.37). Roman.
V: Barawitzka segelt nach Malta, R. 81, 2.Aufl. 82; Die Irrfahrten des Barawitzkas, R. 83; Hollingers Lagune, R. 83.

Viebahn, Fred, Schriftsteller; VS 68, Die Kogge 75, P.E.N.-Zentr. dt.spr. Autoren im Ausland 81; Buch d. Monats 69, Förderpr. 72, Massimo-Stip. 76, Honorary Fellow in Writing U. of Iowa/USA 76, Gastprof. Dept. of Germanic Lang. U. of Texas at Austin 77, 3 Mon. Mishkenot Sha'ananim Jerusalem 79, Intern. Arbeitszeit f. Autoren, Bielefeld 80, Arb.stip. d. Ldes Berlin 80; EM Lit. Ges. Köln 80; 631 West 15th St., Tempe,

Arizona 85281/USA u. Alte Burgstr. 3, D-5270 Gummersbach 1, Tel. (02261) 27508, Tel. (602) 9684610 (Gummersbach 16.4.47). Roman, Drama, Lyrik, Essay, Hörspiel, Libretto. **Ue:** E.

V: Der Ausbruchsversuch, N. 67; Erfahrungen, Prosa 68; Knopflochgesinnung, G. 68; Die schwarzen Tauben, R. 69; Das Haus Che, R. 73;; Larissa, R. 76, Tb. 82; Blutsschwestern, Dr. 76; Per un poc di pace, Libr. 78 (auch Rdfk-Sdgn 78/79); Das Naturtheater von Oklahoma, Dr. 78; Schurz, Dr. 79; Die Fesseln der Freiheit, R. 79, Tb. 81.

R: Die Aufmacherstory (gesendet u.d.T.: Es wiederholt sich alles) 70; In Treue fest 71; Kaufen Sie sich frei! 71; Das Alte hat der Gegenwart zu dienen, m. Brigitte Röttgers 74; Jerry Cotton jagt die Brüder Grimm, m. Dethardt Fissen 76, alles Hsp.

Lit: Franz Norbert Mennemeier: Zwischen Anarchie und Engagement (Neues Rheinld I) 70; Christian Wilke: Fred Viebahn in: KLG 83.

Viehmann, Eugen, Dipl.-Ing., Architekt; Autorenkreis Ruhr-Mark 77, Acad. Gentium pro Pace Rom 77; Meisenweg 20, D-5820 Gevelsberg, Tel. (02332) 80319 (Klausenburg/Rum. 7.9.30). Lyrik, Kurzgeschichte, Märchen.

V: Gedichte und Prosa, G. u. Kurzgeschn. 76; Märchen, M. u. Kurzgeschn. 79; Betrachtungen, Rel. Komment. üb. NT Texte 81; Gedichte des Alltags, G. 81; Bilderbuch, Kurzgeschn. 81. –

MV: Erste Jahr, m.a., G. 78; Dritte Jahr, m.a., G. 79.

MA: Spiegelbild, G. u. Kurzgeschn. 78; Gauke's Jb. 81.

Vierlinger, Emil; Paul-Keller-Str. 24, D-8031 Stockdorf.

V: Nockherberg-Predigten, weißblaue Blattschüsse in's Schwarze u. Rote 77; Politiker aufs Korn genommen, anläßl. d. alljährl. Salvatorprobe 79; Das fröhliche Mikrofon 79. – **MV:** Lachend durchs Jahr, m. Fred Rauch 77.

Vierlinger, Willy *

Viertel, Martin *

Vieser, Dolores, s. Aichbichler, Wilhelmine Maria.

Vieth geb. Scheffer, Ruth, freie Reisejournalistin; VS 47; Billiger Str. 91, D-5350 Euskirchen, Tel. (02251) 61667 (Köln 27.9.22). Roman, Novelle, Hörspiel.

V: Bittersüßes Gastspiel 49; Frontschwester Angelika 58; Eine Frau für alle Tage 59.

R: Der getrübte Quell, Hörszene 47; Unsterbliches Weihnachtswunder, Hörszene 47.

Viga, Diego (Ps. f. Paul Engel), Dr. med., Dr. h. c. Polit. u. soz. Wiss., Prof. h. c., em. ord. UProf.; P.E.N.-Zentr. dt.spr. Autoren im Ausland; Grupo América, ord. Mitgl. Casa de la Cultura ecuatoriana, Premio Univ. Central 66, 67, Goldene Ehrennadel f. Völkerfreundsch. 77, Goldmed. Casa de la Cultura Ecuat. 78, Ehrenmed. f. Verd. um Freundschaft d. Völker 82, Ehrenmed. des Komitees d. Antifaschist. Widerstandskämpfer der DDR 82; Mitgl. Acad. de Med. Ecuat.; Apartado 2213, Quito/Ecuador, Tel. 230188 (Wien 7.6.07). Roman, Erzählung, Essay, Theater.

V: Der Freiheitsritter, R. 55, 62 (auch tschech., rumän.); Schicksal unterm Mangobaum, R. 57, 72 (auch ung., poln.); Der geopferte Bauer, R. 59; Die Indianer, R. 60; Die sieben Leben des Wenceslao Perilla, R. 60, 74 (auch jugosl., bulg., span.); Waffen und Kakao 61; El Eterno Dilema (Der ewige Zwiespalt), Hist. Erz. 63; Die sonderbare Reise der Seemöwe, R. 64; Eva Heller, R. 66; Die Parallelen schneiden sich, R. 69, 78 (auch span.); Es Asno de oro, Sanatorio para Nerviosos (Der goldene Esel, Nervensanatorium) Kom. 67; Die Diagnóstico (Die Diagnose), Erz. 69; Los Sueños de Candido (Candidos Träume), R. 68; Las Pecas de Mamá (Mamas Sommersprossen), Erz. 70; Station in Esmeraldas, R. 73, 76 (auch span.); Die Konquistadoren, R. 75 (auch span.); Die Lose von San Bartolomé, R. 77; Nachdenken über das Lebendige, Ess. 77; Weltreise in den Urwald, R. 79, 80 (auch span.); Das verlorene Jahr, R. 80 (auch span.); Aufstieg ohne Chance, R. 82. – **MV:** Tesoros del Judaismo en Amérira (span.) 59; Welthumor 60.

R: Die man schuldig spricht, Fsp. v. Klaus Schlegel n. D. Viga: Schicksal unterm Mangobaum 63.
s. a. Kürschners GK.

Vila, s. Langhanki, Viktor.

Vilar, Esther, Dr. med., Schriftstellerin, Ärztin; VS 71, c/o Verlagsbuchhandlung F.A. Herbig, Hubertusstr. 4, D-8000 München 19 (Buenos Aires/Argentinien 16.9.35). Essay, Roman, Drama.

V: Der Sommer nach dem Tod von Picasso, e. Sp. 69; Mann und Puppe, Comic-R. 69; Der dressierte Mann, Sachb. 71; Das polygame Geschlecht, Sachb. 75; Das Ende der Dressur, Sachb.

77; Die fünf Stunden Gesellschaft,
Sachb. 78; Alt-Manifest gegen die Herrschaft der Jungen, Sachb. 80; Bitte
keinen Mozart, sat. R. 81; Helmer oder
ein Puppenheim, Theaterst. 81; Die
Antrittsrede der amerikanischen
Päpstin, Ess. 82, Bü. u.d.T.: Die amerikanische Päpstin 82.

Villain, Jean, s. Brun, Marcel.

Villaret, Waltraut, s. Henschel,
Waltraut.

Vincent, Marianne, Dr. phil.,
Übersetzerin, gel. Rundfunkautorin,
Lyrikerin; Kg, V.S.u.K.; Martinstr. 60/18,
A-1180 Wien, Tel. (0222) 4330584
(Czernowitz/Bukowina 28.12.00). Lyrik,
Übers. **Ue:** F.
V: Aus meinem Tagebuch, Lyr. 74.
MA: Licht am Abend 55; Höhe des
Lebens 64; Intern. Jb. d. Frauenlyr. 74;
Auf meiner Strasse, Anth. Ostdt.
Autorinnen 75; Alle Mütter dieser Welt
78.
R: Rd 24 Schulfksend. 58-63.
Ue: H. Duméry: Die drei
Versuchungen d. mod. Apostolats 48; G.
Breynat: Der fliegende Bischof 49; M.
Rebé Bazin: Sie lebte ihr Leben 50.

Vinke, Hermann; 12-18-A
Shiroganedai 5-chome, Minato-ku,
Tokyo 108/Japan.
V: Carl von Ossietzky 78; Gustav
Heinemann 79; Das kurze Leben der
Sophie Scholl 80, 82. ( )

Vinzent, Markus, Dipl.theol.; édition
trèves e.V. 75, Scheffelbund 78; Am
Bauert 6 (Postf.), D-6676
Mandelbachtal 1, Tel. (06893) 2605
(Saarbrücken 12.4.59). Lyrik, Filmbuch,
Theologie.
V: Der Prozeß von MV, Lyr. 75;
Straßenszenen, Lyr. 76. – **MV:** Papias
von Hierapolis und die Evangelien des
Neuen Testaments, m. J. Kürzinger 83.
MA: Diagonalen, Kurzprosa 76; Mod.
Lyr. mal skurril 77; Inseln im Alltag,
Lyr. 83.

Vio, Erich, Arzt (Chirurg); Casa da
Rampa, Malveira da Serra, Cascais,
2750/Portugal (Fiume 17.1.10). Lyrik,
Essay.
V: Afrikanische Gedichte, Lyr. 75; Die
gesenkte Fackel, Lyr. 78; Irrwege der
Freiheit, Prosa 78; O Leben du tolles
Spiel!, Lyr. 79; Reisebilder in Gedichten,
Lyr. 81; Airy Nothing, Lyr. 82; Clarion
Call, Lyr. 83.

Vitezović, Tomislav, s. von Kuehnelt-
Leddihn, Erik.

Voderholzer, Maria *

Voegeli, Max, s. West, Michael.

Völkel, Ulrich, Dipl.-Phil.; SV-DDR 68;
Fritz-Reuter-Kunstpr. d. Bez. Schwerin
69, Theodor-Körner-Pr. 79; Kurt-
Bürger-Str. 17, DDR-2510 Rostock 5, Tel.
(081) 82524 (Plauen/Vogtland 30.10.40).
Roman, Lyrik, Dramatik, Kinderlite-
ratur.
V: Kain und Abel, R. 68, 70;
Schweriner Geschichte(n), Ged. 72;
Freitags beim Angeln, Kinderb. 73, 78;
Spektakel in Seltensow, Schausp. 69;
Auf der Brücke mit Marie, R. 74, 81; Das
Schiff läuft wieder aus, R. 75, 82; Mit
Leier und Schwert, R. 83; Der Mann von
damals, Hsp. 83. – **MV:** Abenteuer
Trasse, Report 78.

Völkel, Ursula, Journalistin; VS;
Autorenkr. Ruhr-Mark; Am Rotdorn 7,
D-4150 Krefeld 1, Tel. (02151) 311270
(Pommerswitz/OS. 16.12.22). Lyrik,
Prosa, Jugend- u. Sachbuch, Essay.
V: Krefeld - Porträt einer Stadt, Kurz-
prosa 73; Schlagschatten, Lyrik 74;
Behinderte in Krefeld, Sachb. 76;
Politische Lyrik und die Gesellschaft,
Ess. 76.
MA: Quer, Anth. 74; Menschen die am
Stadtrand leben, Kurzprosa 75.
S: B: Der kleine Muck; Titanic;
Lindbergh; Scott und Amundsen; Fipps
der Affe, alle 73/74.

Völker, Friedrich (Ps. Fritz Völker),
Bäckermeister; VS 66; Verd.kreuz am
Bde d. Niedersächs. Verdienstordens 78;
Glockeneichenstr. 6, D-3118 Bad
Bevensen, Tel. (05821) 7249 (Osterlinnet/
Nordschlesw. 3.6.02). Drama, Erzählung,
Hörspiel.
V: Dat Spoorkassenbook, Kom. 40;
Grootreinmaken, Kom. 41; De Knecht
von Foldingbro, Kom. 43; Kehraus, Kom.
44; Frühling im Herbst, Kammersp. 45;
De Voßkamper, Kom. 49; De blauen
Ogen, Kom. 49; Nasommer, Kammersp.
50; Familie Pingel, Lustsp. 53; All mien
Kinner, Kom. 62; De Meister von
Wiebeck, Kom. 66; Barkmanns twete
Hochtiet, Kom 77; Zucker un Solt 77;
Bämser Geschichten 78; Keen Strom in
de Leitung 78, alles Erz.; Dat swarte
Schaap, Kom. 80.
R: Twintig Eier 36, 53; Nahsommer 46;
Uwe un Ebba 55, 63; De grote un de lütte
Jan 57, 64; Twe Iesen in't Füer 63, 64;
Olet Hart warrd wedder jung 63, 69; Dat
Argernis 69; Dat Gespann 70; Uns arme
Papa 71; De Meister von Wiebeck 72;
Keen Strom in de Leitung 73; Madamm

74; Egen Justiz 75, Hsp.-F. 74; Paster Bornemann, Hsp.-F. 75; Frünn' op veer Been, Hsp.-F. 77; De Boss 77; De Halvstarken 77; Kinner sünd ok Minschen 79; Oolt lesen 80; Bämser Geschichten 80.
S: Vun Lüüd , de plattdütsch snackt 78 — 79 II. ( )

Völker, Fritz, s. Völker, Friedrich.

Völker, Regina, Kauffrau; In der Adel 3, D-4700 Hamm, Westf.-Rhynern, Tel. (02385) 1719 (Berlin 15.10.43). Jugendbuch.
V: Steffi ist verliebt in ein Pferd 80; Hurra, wir erben Pferde 81; Steffi sattelt um 81; Steffi bleibt Robin treu 82, alles Jgdb.

Völker, Werner; Bleekerfeld 1, D-4800 Bielefeld 15, Tel. (05203) 4971.
V: Lebenslauf, Erzn. 76; Der Berufsverbieter, Erzn. zur Zeit 77; Als die Römer frech geworden ... Die Schlacht im Teutoburger Wald, hist.-lit. Sachb. 81; Ein gewisser Arminius, Vers. e. Rekonstruktion, Die Schlacht im Teutoburger Wald u. die röm. Antwort, hist. R. 82.
R: Versch. Rdfk-Beitr. u.a.: Georg Hinzpeter, der Erzieher Kaiser Wilhelms II 82.

Völkert-Marten, Jürgen, Syst.-Progr.; VS 74, Die Kogge 76; Künstlerstip. d. Stadt Gelsenkirchen 76, Arb.stip. f. Schriftst. d. Ldes NRW 78, Förderpr. z. Josef-Dietzgen-Pr. 79, Auslandsreisestip. d. Auswärt. Amtes 80; Im Busche 58, D-4650 Gelsenkirchen, Tel. (0209) 140443 (Gelsenkirchen 23.5.49). Lyrik, Prosa, Satire, Kindertexte.
V: Keine Zeit für Träumer, G. 74; Die Trommel Realität, G. 75; Möglichkeit der Entlarvung, G. 76; Unser fortgesetzter Wunsch nach Optimismus, G. 77; Rothaar, Erz. 77; CINEMA, G. 78; Hoffnung wie Schnee, G. 78; Luft - Zyklus- 80; Zick-Zack, G. 83. — **MV:** Sie schreiben in Gelsenkirchen, Bio-Bibliogr. 77.
MA: Wir Kinder von Marx und Coca-Cola, Anth. 71; Gedichte aus der Bundeswehr, Anth. 73; Assemblyline Fliessband, Anth. 73; Ulcus Molle's Scenen Reader 73/74, Anth. 74; bundes deutsch, Anth. 74; Gegendarstellungen, Anth. 74; Symposion Stahl Stein Wort in Homburg/Saar, Anth. 74; Werkbuch Thema Angst, Anth. 75; Ich bin vielleicht du, Anth. 75; Sassafras 20, Anth. 75; In Ängsten und siehe wir leben, Anth. 75; Internationales Bildhauer- und Schriftsteller-Symposion

Stahl, Stein und Wort in Homburg/Saar, Anth. 76; Mein Land ist eine feste Burg, Anth. 76; Esslinger Autorenlesungen, Anth. 76; Nachlese, Anth. 77; Sie schreiben in Gelsenkirchen, Anth. 77; Moderne Lyrik — Mal skurril, Anth. 77; Katapult-Extra 1, Anth. 78; WM '78-argentina, Anth. 78; Künstlergruppe Chamäleon und Gelsenkirchener Autoren, Kal. 78; Prisma Minden, Anth. 78; kinderREADER, Anth. 78; Der Mitmensch — satirisch, Anth. 78; ... und nachts streichel ich meinen Teddybär, Anth. 79; Aufschäumende Gedichte, Anth. 79; Gedichte für Anfänger, Anth. 80, lobbi 7 — 11, 74 — 78; Lichtband-Autoren-Bild-Lex. 80; Ein Hort den tausend Träumen, Anth. 80; Macht und Gewalt, Anth. 80; Gauke's Jb. '81, Anth. 80; Der Frieden ist eine zarte Blume, Anth. 81; Frieden: Mehr als ein Wort, Anth. 81; Internationaler Stempelworkshop Bremen, Anth. 81; Poetisch rebellieren, Anth. 81; Voices International, Anth. 82; Auch im dunklen Raum, Anth. 82; Sag nicht morgen wirst du weinen, wenn du nach dem Lachen suchst, Anth. 82; Im Angebot, Anth. 82; So weit sind wir oder Sag dem Schwein (nicht) wann es stirbt, Rev. 82; Gauke's Jb. '83 -Frieden-, Anth. 82; Wo liegt euer Lächeln begraben?, Anth. 83; Die Paradiese in unseren Köpfen, Anth. 83.
MH: Pages, Literaturperiodikum 1 — 6 74 — 76; Grenzen überwinden, Anth. 78.
R: Zunächst kein Tag wie jeder andere, m. Barbara Sombetzki, Hsp. 82.
S: Deutsche Autoren heute, Tonkass. 81.
Lit: Hans-Jörg Loskill in: Sie schreiben in Gelsenkirchen 77.

Völkl, Robert (Ps. Winfried), doct. phil., Mittelschulprof. i. R.; Öst. SV Wien, Verband der geistig Schaffenden Wien, Kulturgemeinschaft "Der Kreis" Wien; Tivoligasse 18, A-1120 Wien (Wien 13.3.00). Lyrik, Erzählung, Satire, Drama, Posse, Selbstbiographie.
V: Drei Satiren 46; Tagebuch für Ruth 46, 57; Drei Satiren 57; Himmlisches Tagebuch 73; Leidenschaft 75; Licht des Lebens, Liebesgesch. 76; Sonette an Ruth 77; Eva im Spiegel 77; Liebeserklärungen 80.
R: Der Chinese; Den Menschen ein Spott, dem Herrn ein Wohlgefallen; Hans mit der Fiedel; Sonette an Ruth, Erzn. seit 45. ( )

Vogel, Alois; ÖSV 56, SÖS, P.E.N. 69; Förderungs-Pr. d. Wiener Kunstfonds

61, Förderungs-Pr. d. Theodor-Körner-
Stiftungsfonds z. Förderung v. Wiss. u.
Kunst 62, 65, Förderungs-Pr. d. Stadt
Wien 66, Luitpold-Stern-Pr. 73,
Kulturpr. d. Ldes. Niederöst. f. Dichtung
77; Literaturkreis Podium, Kogge;
Bahnstr. 17, A-3741 Pulkau, Tel. (02946)
355 (Wien 1.1.22). Roman, Novelle, Essay,
Lyrik.
  V: Das andere Gesicht, R. 59; Jahr und
Tag Pohanka, R. 64; Zwischen Unkraut
und blühenden Bäumen, G. 64; Im
Gesang der Zikaden, G. 64; Lampe im
Nebel, G. 67; Vorläufige Grabungs-
ergebnisse, 3 Texte 70; Sprechen und
Hören, G. 71; Absender unbekannt, e. Sz.
71; Im Auge das Wissen, G. 76; Schlag-
schatten, R. 77; Landnahme, G. 79;
Totale Verdunkelung, R. 80; Das Fisch-
gericht, Erzn. 82. — **MV: MH:** Bildende
Kunst in Niederösterreich 67; Gespräch
im Steinbruch 76; 28 Bde d. Reihe Lyrik
aus Österreich 80.
  H: Konfigurationen, Jb. f. Lit. u.
Kunst seit 65; Zeit aus Zellulose. 1.
Nachlaßband v. Walter Buchebner 69;
Die weiße Wildnis, 2. Nachlaßbd v.
Walter Buchebner 74.
  R: Die Geschichtsstunde, Hsp. 73; Der
Unfall, Hsp. 76; Der große Tanz, Hsp. 83.
  Lit: Rüdiger Engerth: Stunden
fremden Lebens in: Kulturbericht aus
Niederösterreich VIII 67; Franz Richter:
Kunst als Verteidigungsstrategie und
als Angriff, Vorläufige Hommage zu A.
V.s 50. Geburtstag 72; P. Stoica: A. V. in:
Steana; K. Klinger: A. V. in: Kindler Lit.
Gesch. d. Geg.; H. H. Hahnl: Der gute
Geist der Lit. in: Nö.-Kulturber.; J.
Strelka: Zur österr. Gegenwartslit. in:
Modern Austrian Lit.; G. Stix: D. Bot-
schaft d. goldenen Fisches in: morgen;
K. Adel in: Aufbruch u. Tradition, Ein-
führung in d. öst. Lit. seit 1945.

Vogel, Christiane, Sachbearb.; SV-
DDR 60; Zetteminer Str., DDR-2041
Jürgenstorf (Gleiwitz/OS. 27.6.26).
Kinder- u. Jugendbuch, Erzählung.
  V: Das Werk des Johannis Hopf, Erz.
55, 65; Merten Beilschmidts Flucht, Erz.
56, 60; Hanna und Stenz 65. —
MV: Sumroo, das indische Abenteuer,
m. Gerhard Vogel 67; Blase und Bläs-
chen. Die Gesch. zweier Lausbuben, m.
Gerhard Vogel 63, 64; Hanna und Stenz
65.
  R: Unternehmen Langohr, m.
Gerhard Vogel, Fs. 59; Eine kleine
Nachtmusik 79; Schatzsucher 80; Täter
gesucht 80 alles Hsp. ( )

Vogel, Frank; Leuenberger Str. 16,
DDR-1125 Berlin.
  V: Der Kauz und die Kette 79, 81. ( )

Vogel, Gerhard, Lehrer; SV-DDR 61;
Zetteminer Str., DDR-2041 Jürgenstorf
(Stolzenberg/Thür. 20.6.21). Erzählung,
Kinder- u. Jugendbuch.
  V: Marlies und Gerlinde. Gesch. e.
Mädchenfreundschaft 59, 65; Das Ver-
steck im Starkasten 62. — **MV:** Sumroo,
indisches Abenteuer, m. Christiane
Vogel 57; Das Hochzeitsbier u.a. Erzn.
57; Blase u. Bläschen 63, 66; Feuer -
Wasser - Wolkenbruch 66, 68;
Unternehmen Rotauge 60, alle m.
Christiane Vogel.
  R: Unternehmen Langohr, m. Chri-
stiane Vogel, Fs. 59; Schafsköpfe 78;
Lebensretter 79; Eine brenzlige
Geschichte 79; Riesen-Spektakel 80,
alles Kinderhsp.; Augenblick noch, Hsp.
78. ( )

Vogel, Hanns, Schriftsteller,
Spielleiter u. Dramaturg, Mitarbeiter,
Kulturreferat d. Stadt München i.R.;
Bayer. Poetentaler 62, Große Silb.
Seerose der Traumstadt Schwabing,
Silb. Poetenschiff der Autoren-
vereinigung "Barke", Bayer. Verd.orden
73, Münchner Krug d. Vereinig.
"Altmonachia" 79, Med. "München
leuchtet" d. Stadt München 82; Initiator
u. Ehrenvors. seit 79 d. Münchner
Autorenvereinig. "Die Turmschreiber",
Ehrenmitgl. d. Bayer. Volksbildungs-
verb. 73; Friedenheimer Str. 43, D-8000
München 21, Tel. (089) 575948 u. (08082)
412 (München 13.8.12). Drama, Lyrik,
Epik, Essay, Hörspiel, Dialekt.
  V: Das "Bayerische Krippenspiel", Bü.
46; Der "Bayerische Herodes", Bü. 49;
Das "Feilnbacher Johanni-Spiel",
Bühnen-Kurzszenen 52; Zeit lass'n,
Leut'!, Gesch. u. G. 60; Das Spiel von den
Zwölfen 66; Net auslass'n, Leut'!, Gesch.
u. Ged. 72; Bayer. Passion, G.-Zykl. 75;
Das Spiel vom Netzflicker. Ein
Spectaculum um d. Markt Dießen 75;
Lebn u. lebn lassen!, Gesch. u. G. 78; Das
wundersame Fatschenkindl (hist. Weih-
nachtssp.) Bü. 79; Die unheilige Nacht,
weihnachtl. Zeitst. 80; Von Niklo bis
Dreikini, Bayer. Geschn. u. G. 82. —
MV: Solang da drunt am Platzl 39; Peter
Rosegger-Lesebogen, Einl. u.
Zusammenstellung 40; Leibhaftiges
München 62; München, wie es schreibt
und ißt 65; Horaz in der Lederhose 65;
150 Jahre Oktoberfest; Alpenländische
Weihnacht; Wia's is und wia's war 71;
Bairisch Herz 73; Liebe in Baiern 75;

Bairische Raritäten 78; In dene Dag had da Jesus gsagd 78; Für d'Muadda!, G. 79.
B: Und sie wanderten nach Bethlehem, Kurzfass. u. Bearb. nach Otto Falckenberg, Dt. Weihnachtsspiel 82.
H: MA: Sendling 1705 — 1955. Der Bauernaufstand 55, 65; Au, Giesing, Haidhausen - 100 Jahre bei München 54; Schwabing - vom Dorf zur Künstlerfreistatt 58; Pasing - 1200 Jahre 63; Nymphenburg - 300 Jahre 65; Ramersdorf - 100 Jahre bei München 65; Hadern - 900 Jahre 66; Neuhausen - 800 Jahre 71; Heilig-Geist-Pfarrei - 700 Jahre 71; Münchner Dom-Pfarrei — 700 Jahre 72; Allach — 1200 Jahre 75; Das Turmschreiber-Buch, Anth. 79.
R: Das Bayerische Krippenspiel; Der Bayerische Herodes; Frisch auf, du junger Wandersmann, alles Hsp.; versch. Hörszenen.
S: Bair. Advent in Dachau, Tonkass.

Vogel, Luise, Dr. phil., StudR. i. R.; Eutighofer Str. 15, D-7070 Schwäbisch Gmünd, Tel. (07171) 66296 (Eberbach/N. 28.1.97). Lyrik, Essay, Mysterienspiel. **Ue:** Mhd.
V: Alles ist Gnade, G. 65, 2. erweit. Aufl. 81; Die Heilige Elisabeth, Mysteriensp.; Der Geiger von Gmünd, Weihespiel.
MA: Prosa in: einhorn, Kulturzs. 54, 55, 60, 62, 64, 66.
Ue: Übertragungen mhdt. Lieder.

Vogel, Magdalena, Lehrerin, Redaktionsassistentin; SSV; Anerkennungsgabe d. Stift. Pro Arte Bern 77, Ehrengabe des Kantons Zürich 77, Ehrengabe d. Stadt Zürich 81; Luegete 29, CH-8053 Zürich, Tel. (01) 530025 (Zürich 6.4.32). Lyrik, Novelle, Essay, Kurzgesch. **Ue:** E.
V: Englische Prospekte, Prosaskizzen 61; Linka oder Sommer einer Magd, Erz. 64; Kringel und Raster, G. 66; Entwurf der Oase, G. 70; Zwischen Milchstraße und Sackgassen, G. 79; Zeichenlese, G. 81; Das Erwachen im Traum, kurze Geschn. u. Phantasien 82.
MA: Bestand und Versuch 64; Gut zum Druck 72; Gegengewichte 78; Belege 78; Anfällig sein 78; Im Beunruhigenden 80; Frauen erfahren Frauen.
H: Eduard Mörike, G. 57; Fluch der Scheidung 65. — **MH:** Acht englische Tage 63.
MUe: documenta poetica (auch engl./amer.) 62.

Vogel, Manfred; Concordia, P.E.N.; Spittelauerlände 7, A-1090 Wien, Tel.

(0222) 348143 (Berlin 25.1.23). Lyrik, Essay, Drama, Fernsehspiel, Roman, Novelle. **Ue:** E.
V: Herzflötensolo - Spiegelsterne, G. 40; Die letzte Liebesgeschichte, N. 40; Inselfahrt - Schädelbruch, G. 41 43; Paraphrasen, G. 45; Else Lasker-Schüler, Ess. 45; Die Feuertaufe, G. 52; So ein Theater, G. 60; Festspielereien, G. 61; Und neues Leben blüht aus den Kulissen. Theaterstreifzüge durch Deutschland u. Österreich, Ess. 63 II; Die Tasse mit dem Sprung, Dr. 64; Traum und Tag, G. 67; Die Schule der Intrige, Dr. 71; Scharlatane, Dr. 74; Totentanz der Könige, Dr. 75; Jedermann 76, Dr. 76; Der Weg nach Nea monï 6 77; Kopf oder Schrift, R. 79; Das Spiel geht weiter, Dr. 80; Weihe des Hauses, Libr. 79; Haltet den Dieb, R. 82.
H: Ariel - Almanach für Literatur, Graphik, Musik 40.
R: Totentanz der Könige, Fsp. 75.
Ue: John Gunther: Roosevelt 54, 56 II; Shakespeare: Königsdramen I — V, sowie: Zwei aus Verona; Viel Lärm um nichts; Verlorene Liebesmüh; Maß für Maß; Wintermärchen; Sturm; Wie es euch gefällt; Coriolan; Troilus und Cressida; Timon von Athen; Hamlet; Was ihr wollt; Sommernachtstraum; Die lustigen Weiber von Windsor; Wilde: Bunbury oder Ernstsein trägt Früchte.

Vogel, Manfred, freier Schriftsteller; VS Bayern seit 70; In der Finstermail 24, D-8500 Nürnberg, Tel. (0911) 504062 (Kitzingen/Main 24.10.42). Roman, Novelle, Essay, Lyrik. **Ue:** Am, E.
V: Im Schatten eines Augenblicks 77, 3. Aufl. 78; Der Berg des alten Mannes 77, 2. Aufl. 78; Aufzeichnungen eines Käfigbewohners 77, 2. Aufl. 79; Die Jahre fallen von mir ab wie reife Äpfel 78; Odysseeus' endgültige Rückkehr 78; Zwischen Mohnblumen liegen 78; Herzschläge 80; Ikarus in der Badewanne 80; Mitten in der Ägäis 81. — **MV:** Der Gigant von Pacific Palisades: Henry Miller 78; ...und viele andere 78; Aufschäumende Gedichte 79; Gegenkultur heute 79; Ernte 84 — Nachtausgabe 79.
H: Jürgen Zeh: Glück hat Flügel 78; Hermann Glungler: Vermutungen 78; Peter Thoma: Chinesische Verse 78; Rainer Wiechert: Eisige Zeit 79; Godehard Schramm: Feuer in den Kaktushecken — Ein Sardinienbuch 79; Peter Thoma/Eduard Söllner: Rimbaud 79; Godehard Schramm: Mit glühender

Geduld 80; Toni Burghart: Das ist die Dinx 80, Unvergeßlich wie die Dinx 82.
Ue: Bern Porter: Ich bin gegangen 80; Lawrence Durrell: The Plant Magic Man u.d.T.: Der Kräuterzauberer 80.

Vogelsgesang, Albrecht, Volksschullehrer; Lit. Verein d. Pfalz 71; Auf dem Kamm 42, D-6746 Hauenstein, Tel. (06392) 1720 (Landau 23.1.43). Lyrik, Essay, Erzählung.
V: Ein freundlich Wort, Lyr. u. Prosa 81.
MA: Hundert Jahre Literarischer Verein der Pfalz, Lyr. 78; 18 Autoren, Lyr. u. Prosa 80; Lenz in Landau und andere Erzählungen, Prosa 81.
H: Unser Hämet. G. von Heinrich Keller, Mda.-Lyr. 77.

Voggenberger, Resa, s. Hutzinger, Theresa.

Vogl, Walter, Student; IG Literatur 82; Manuskripte-Pr. 81, Stip. b. Ingeborg Bachmann-Pr. 82; Budinskyg. 7/9, A-1190 Wien, Tel. (0222) 365220 (Wolfsberg/Kärnten 26.12.58). Erzählung, Drama, Hörspiel, Essay.
V: Viehtrieb in Balterswil — Ein Ritual, Dialog 82; Hassler, Erzn. 83.
MA: Klagenfurter Texte '82.

Vogl-Hüger, Anna-Valeria, freie Schriftstellerin; IGdA 70, RSG 71; Silberner Federkiel f. Prosa IGdA 74; Podium 70, SSV 73, Wangener Kr. 79; Unghauser Str. 21, D-8263 Burghausen, Tel. (08677) 3288 (Neustadt/Westpr. 20.5.15). Lyrik, Novelle, Roman.
V: Worte u. Orte 67; Zwischentöne, Erzn. u. Betracht. 70; Hier u. auf fernen Bahnen, G. 71; Anklänge u. Stimmungen, Erzn. u. G. 73; Die Frau ohne Tränen, Zweipersonenstück 74; Tons Intermédiaires, Récits-Réflexions 77; Traumkäfige, Ged. 77; Durchblicke, Erzn. 79; Protest der Schweine, Sat. 81; Warten auf einen Anruf, R. 82; Fugen zwischen Wolken und Wind, G. 83.
Lit: In Brennpunkte, Bortenschlager, Gesch. d. Spirituellen Poesie XIV 76.

Vogler, Thomas, Autor; Auweg 8, D-8110 Seehausen/Staffelsee, Tel. (08841) 9512 (Freiburg i.Br. 30.5.56). Kurzgeschichte, Roman, Lyrik, Film & Fernsehen, Hörspiel.
V: Eine Flasche fehlt und noch ein paar Sachen, Kurzgeschn. 81.

Vogt, Alfred H., s. Voigt, Alfred.

Vogt, Andreas (Ps. Andreas Vogt-Leppla), Autor; VFS 76; Friedhofstr. 13, D-8720 Schweinfurt (Schweinfurt 28.4.11). Lyrik, Erzählung.

V: Grabstätten der Dichter und Schriftsteller deutscher Zunge I 81, II 82; Berühmte Leute in allen Lebenslagen, lit. Plaudereien 83.

Vogt, Friedrich E., Dr. phil.; VS 60; Gold. Bürgermed. d. Stadt Stuttg. 70, Bundesverdienstkreuz am Bande 75, I. Kl. 82; Junoweg 1, D-7000 Stuttgart 80, Tel. (0711) 742979 (Stuttgart 5.7.05). Drama, Lyrik, Rundfunkplaudereien, Volkskdl. u. Wiss. Arb.
V: Um Freiheit, Recht und Ehr!, Bühnenst. um den Bauernkrieg 53; Oberdeutsche Mundartdichtung, Anth. 68; Bsonders süffige Tröpfla, G. u. Gesch. 70; Schwäbische Spätlese — poetisch serviert 70; Schwäbisch auf deutsch, Lex. 73, 79; Schwäbisch mit Schuß!, G. u. Gesch. 74; En sich nei'horcha!, G. 75; Täätschzeit, G. 73, 78; Schwäbisch in Laut und Schrift 77, 79; So ischs!; Wemmer mih froga däät, G. 82; Schwabenfibel, Gesamtwerk 82.
R: Stuttgart und die Stuttgarter 56; Schwäbische Weinkantate 66; Posthornklang und Peitschenknall 67.
S: Dia steile Stuagerter Stäffela u.a. Stuttg.-Lieder 68; So sprachen die (württ.) Waldenser, Frankoprov. Dialektpl. 71; Typisch Schwäbisch, schwäb. Mundart gespr., ges. u. gesp. 71; Sprechende Bücher, schwäb. Mda., Tonkass. 80.

Vogt, Karin, c/o Suhrkamp-Verl., Frankfurt a.M..
V: Schnee fällt auf Thorn 83. ( )

Vogt, Peter, Dr. sc. techn., dipl. Ing.-Chem. ETH.; Conrad-Ferdinand-Meyer-Preis 72; Seestr. 810, CH-8706 Meilen, Tel. (01) 9232206 (Olten 19.8.41). Prosa.
V: Nähere Umstände, Prosatexte 72; Lebenszeichen, R. 73.
MA: Bahnhof, Lyr. u. Prosa, Anth. 78.

Vogt, Selma *

Vogt, Walter, Dr. med., Psychiater; Gruppe Olten 70, Präs. 76, P.E.N. d. dtspr. Schweiz 79, Writers-in-Residence (USC) 78; Nationale UNESCO Kommission 77; Weststr. 3, CH-3074 Muri/BE, Tel. (031) 526942 (Zürich 31.7.27). Drama, Lyrik, Roman, Novelle, Essay, Hörspiel.
V: Husten 65, 68; Wüthrich 66, 67; Melancholie 67; Der Vogel auf dem Tisch 68; Die Talpi kommen 71, 73; Schizophrenie der Kunst 71; Der Wiesbadener Kongress 72; Mein Sinai-Trip 72; Klartext 73; Briefe aus Marokko 74; Der Irre und sein Arzt 74; Die roten Tiere von Tsavo 76; Schizogorste, R. 77;

Booms Ende, Erz. 79; Vergessen und Erinnern, R. 80; Altern, R. 81.
R: Spiele der Macht, Fs. 70; Pilatus vor dem schweigenden Christus, Fs. 74; Erben, Fs. 76; Die Inquisition, Fs. 77; Amos, Der Prophet und sein Gott, Hsp. 79.
S: Acclimate 72.
Lit: Die Zeitgenössischen Literaturen der Schweiz 74.

Vogt-Leppla, Andreas, s. Vogt, Andreas.

Voigt, Alfred (Ps. Alfred H. Vogt), Schriftsteller; VS; Karl-Schurz-Str. 24, D-5040 Brühl, Tel. (02232) 48224 (Stargard/Pomm. 8.5.14). Lyrik, Roman, Erzählung, Essay.
V: Der verborgene Johannes, R. 68; Licht im Schatten, G. 72; Der Widerruf, G. 79.
MA: Erstes Bonner Lesebuch, Anth., Erz. u. G. 80; Jb. f. Lyrik 2 80, 3 81; Siegburger Pegasus, Anth., Erz. 82; Gauke Jb. 82, Anth., G. 83.

Voigt, Gudrun *

Voigt, Jo; Stefanienstr. 10, D-7553 Muggensturm.
V: Der Todfeind, Krim.-R. 82. ( )

Voigt, Karin, Pressefotografin (Schriftstellerarch.), Journalistin; VS 73; Preis im Hörspiel- u. Erzählwettbew. d. Ostdeutschen Kulturrates 73 u. 74; Leibnizstr. 3, D-6800 Mannheim 1, Tel. (0621) 443232 (Berlin 4.12.36). Lyrik, Hörspiel.
V: bewahre mich nicht, Lyrik 76; Gefahrenzone, Lyr. 80; Köpfe, Schriftstellerfotos u. Aufzeichn. 81. –
MV: Schlaglichter, Chorwerk 75.

Voigt, Karl *

Volk, Trude; Scheffelstr. 23, D-7562 Gernsbach (Zweibrücken 15.2.11). Kinder- u. Mädchenbuch, Schulfunk.
V: Ich bin Pablo - und du? 67; Der Maikäferkrieg 70; Unser Pony Karlchen 71; Good-bye Susanne 73; Tim Timpernick und die fliegenden Kinder 74; Neues von Pony Karlchen 75. –
MV: Thienemanns neues Schatzkästlein 65, 66; Von Schneemädchen und wilden Piraten 71.
R: Quiz und Interview mit Edison, Schulfksend. 71.

Volke, Ralf, Student; Grafelder Weg 3, D-3221 Almstedt, Tel. (05060) 520 (Almstedt 15.10.58). Roman, Novelle.
V: Das Erbe des Zordas, R. 83.

Volker, S.N., s. Nussbaumer, Stephan.

Volkmann, Klaus (Ps. Peter Grubbe), Publizist; Haus Seestücken, D-2073 Lütjensee, Tel. (04154) 7132 (Alleinstein 10.12.13). Fernsehdokumentarfilm, Hörspiel, Sachbuch.
V: Die auf Steinen schlafen, Sachb. 52; Die Trommeln verstummen, Sachb. 56; Wo die Zeit auf Urlaub geht, Sachb. 57 – 63; Im Schatten des Kubaners 61; Herrscher von morgen 63; Das Land der Söhne 64; Der vergessene Kontinent 67; Verschenkte Jahre 72; Was schert mich unser Staat 81, alles Sachb. –
MV: Farbiges London, Text 65.
F: Rd 40 Dok.filme, bes. Dritte Welt u. Altersproblematik.
R: Zahlr. Hörbilder u. Hsp.; Vor unserer Tür, Rdfk.kolumne.

Volkmar, Josef, s. Senz, Josef Vollkmar.

Vollbrecht, Ursula; Schieferweg 32, D-3380 Goslar, Tel. (05321) 25672 (Goslar 18.2.22). Lyrik, Volkskunde.
V: Im Jahreskreis, Lyr. 69; Harzer Jahresbrauch 70; Sagen und Geschichten aus dem Harz 71; Lieder und Tänze aus dem Harz 72; Beiträge zur Harzer Volkskunde 73; Kleine Goslarer Volkskunde 74; Ruf aus dem Harz, Lyr. 78.

Vollenweider, Ernest-François (Ps. Ernst Vollenweider), Schriftsteller; Förder.Pr., S. Fernando, Formentera Balearen/Spanien (Zürich 27.1.20). Roman, Jugendbuch, Hörspiel.
V: Der Mensch und die Lochkarte, R. 57, u.d.T.: Karte ohne Herz 59; Richtung Süden, R. 59; Roland fliegt nach Mexiko, Jgdb. 61; Die Stadt der Gerechten, R. 68; Das Gewissen rollt mit, Erz. 70; Zürich, Sachb. 72; Miguels erste Liebe JB. 77; Von Formentera flieht man nicht, Krim.-R. 78; Ein Sturm ging über Formentera, R. 79; Insel unter dem Wind, Erz. 82.
MA: Erz. in Anth.
R: Die ausgestreckte Hand 71; Umfrage über Frank Jackson (ital.) 72; Formentera, Porträt einer Insel, Hörb. 76.

Vollenweider, Ernst, s. Vollenweider, Ernest-François.

Volleth, Betty *

Vollmann, Rolf; Eduard-Haber-Str. 16, D-7400 Tübingen, Tel. (07071) 26180.
V: Das Tolle neben dem Schönen. Jean Paul, biogr. Ess. 75, 76; Winter-Wanderschaft 77; Die Reise um die Welt 80.

Vollmar, André K., s. Scheid, Kurt.

Vollmar, Eduard, Ing. chem.; Im
Marteli 10, CH-4102 Binningen, Tel.
(061) 473186 (Reutlingen 16.2.35). Lyrik.
V: Kleine Schelmenfibel, G., Balln. 76;
Blumen, G. 80; Vom Winde..., G. 83;
Schachparodien, G. 83.

Vollmar, Klausbernd, Dipl.-Psych. u.
Auslandslektor; Stipendium Canada
Cooncil, Bereich moderne Lyrik
(Remscheid 22.11.46). Roman, Lyrik.
Ue: E.
V: Landkommunen in Nordamerika,
Bericht, Ess. 75, 4. Aufl. 78; Alternative
Selbstorganisation auf dem Lande,
Bericht, Ess. 76, 2. Aufl. 78; Wo die Angst
ist geht's lang, Erfahrungsber. lit 77;
Wasserberg. Versuche in der BRD zu
leben, R. 79. — **MV:** Schubladentexte, m.
P. Rosenthal, Lyr. 73; Schulbuch, m.
Vollmar-Maek, Lyr. 73; Alternativpresse,
m. J. Wintges, Ess. 76. ( )

Vollmer, Dieter, s. Vollmer, Dietrich.

Vollmer, Dietrich (Ps. Dieter Vollmer),
Verlags-Lektor, Journalist; Schles.
Kulturpr. d. Jugend 75, AWMM- u.
VWM-Buchpreis 75; Ges. f. Freie
Publizistik 61; Faulstr. 15, D-2380
Schleswig, Tel. (04621) 29181 (Hamburg
11.11.13). Lyrik, Essay. **Ue:** E.
V: Was bleibt?, Ess. 53; Vom Wesen-
haften, Ess. 55; Du sollst leben!, Lebens-
kunde 57; Russische Elegie, Lyrische
Prosa 61; Politisches Lexikon 66 — 70
VIII; Politisches Geschehen des XX.
Jahrhunderts bis 76 VI; Nordwind,
Lyrik u. lyr. Prosa 73.

Vollmer, Klaus, Pastor; Hof Beutzen
3, D-3102 Hermannsburg (Berlin
30.12.30). Predigten, Vorträge.
V: Leben — wozu? 70; Man lebt, fragt
sich nur wozu? 71, 14. Aufl. 83 (auch
finn.); Voraussetzung z. Mitarb.schaft 71,
5 Aufl. 78; Christsein — e. Provokation
71, 3. Aufl. 75; Nachdenken, umdenken,
neu denken 72, 7. Aufl. 81; Dienst in
Wahrh. u. Vollmacht 72, 74; Chance u.
Krise d. Lebens 72, 3. Aufl. 76; Wenn der
Denkende glaubt 73, 3. Aufl. 75; Wir
stauben alte Wahrheiten ab 74; Wer
nicht glaubt, glaubt auch 74, 76; Es
müßte keiner einsam sein 75, 79; Alte
Wege neu entdeckt 75, 77; Aber Herr
Noah 77, 4. Aufl. 82. — **MV:** Was hat
denn das mit mir zu tun?, m. K. Eickhoff
u. D. Meyer 78.
B: H. Bezzel: Die Herablassung Gottes
72.
S: Voraussetzung z. Mitarbeitschaft
71; Grund ewiger Freude. Vollmer liest

u. deutet Wort u. Werk H. Bezzels 72;
Wer nicht glaubt, glaubt auch 72. ( )

Vollmer-Rupprecht, Ruth (Ps. Ruth
Geede), Redakteurin, Schriftstellerin;
Hamburger Autorenvereinig.; 1. u. 2. Pr.
d. Niederpreuß. Bühne 36, Mundart-Pr.
d. Stadt Königsberg 41; Wieddüp 24, D-
2000 Hamburg 61, Tel. (040) 583905
(Königsberg/Pr. 13.2.16). Roman,
Novelle, Hörspiel, Kinderbuch.
V: Nehrungsleute 37; Die Pflugschar
38; Ohm Willem 39; Die Magd Kathrine
40; Kinder, wir können kochen 55; Das
Karussell, Kinderjb. 51-68; De Läwens-
struuts 63; Die Lüneburger Heide
kennen und lieben 78, 2.Aufl. 83; Rote
Korallen 78; Wie Blätter im Wind, R.
81. — **MV:** Typisch ostpreußisch, m.
Ruth M. Wagner 81.
R: Rd 400 Rdfk-Send.; u.a.: Reise in
Vergangenheit und Gegenwart,
Sendereihe 80/82.

Voltz, William, c/o Moewig Verlag,
Rastatt.
V: Auf den Spuren der Antis 63; Der
Imperator und das Ungeheuer 63; Das
Grauen 63; Die Schäfer der I 5 C 63;
Geheimmission Moluk 63; Ein Freund
der Menschen 63; Quarantäne und
andere Stories 63; Nur ein Greenhorn
63; Saat des Verderbens 63; Das Psycho-
Duell 64; Mörder aus dem Hyperraum
64; Roboter, Bomben und Mutanten 64;
Für Menschen verboten 64; Die Laurins
kommen 64; Amoklauf der Maschinen
64; Eine Handvoll Leben 64; Der
Gehetzte von Aralon 64; Die Eisfalle 64;
Der Pakt mit dem Tod 64; Die 73. Eiszeit
65; Invasion der Puppen 65; Die Kriegs-
list der Akonen 65; Robot-Legende 65;
Die tote Stadt 65; Der Doppelgänger
und andere Stories 65; Tschato der
Löwe 65; Der gnadenlose Gegner 65;
Gefangen in Central-City 65; Die
Dschungel-Armee 65; Höllentanz der
Riesen 65; Die Stadt der Verfemten 65;
Aufbruch der Oldtimer 65; Verschleppt
nach Andro-Alpha 65; Die Mikro-
Festung 65; Die Rache des Mutanten 66;
Der Duplo und sein Schatten 66; Die
Kaste der Weißrüssel 66; Ich, Rhodans
Mörder 65; Die Zone des Schreckens 66;
Ins Weltall entführt 72 u.a. Romane d.
Perry-Rhodan-Reihe.
MA: Pery-Rhodan, R.-Reihe seit 64;
Terra, R.-Reihe seit 64. ( )

Vondran, s. Thurm, Paul Willi.

Vonhoff, Heinz Walter, Schuldekan;
Ammerhalde 28, D-7924 Steinheim am
Albuch, Tel. (07329) 226 (Betzdorf/Sieg

11.4.22). Erzählung, Jugendbuch, Spiel,
religiöse Literatur.
V: Herzen gegen die Not. Weltge-
schichte der Barmherzigkeit 60; Das
fünfte Rad am Wagen, Erz., Jgdb. 63;
Der doppelte Einbruch, Erzn. 63; Der
Mensch lebt vom Gebet, G. u. Betrach-
tungen 63; Aber du bleibst mein Heil.
Gebet u. Betracht. 68; Kunterbunte
Kinderwelt, G. u. Erzn. 68; Über die
Berge schreitet der Engel, Erz. u. Betr.
76; Der Schäfer, Bilderb. o. J; Fang
irgendwo an, Erz. 78; Auskunft über
Elsa Brändström 80; Vertrauen in dieser
Welt, Gedanken zu Bildern 80; Dick-
köpfe im Quadrat, Geschn. 82. —
MV: Elsa Brändström. Weg und Werk
einer großen Frau, m. Eduard Juhl,
Biogr. 62, 64; Samariter der Menschheit.
Diakonie in Gesch. u. Gegenw., m. H. J.
Hofmann 77.
H: Im Dienste des Menschen, Erzn.
59; Szenen und Anspiele 64; Wir leben
nicht allein, Erzn. 69; Der Mensch ist
kein Gerät, Texte 71. Oma und Opa sind
die Besten, Erzn. 68; Kleine und große
Gefährten, Tiergesch. 68; Der Radfahrer
u.a. Erzn. 68; Des Lebens Zeiten, G. 68;
Aus der Schmunzelapotheke, Erz. 70;
Am Rande erlebt, Erz. 71; Der Zug hält
nicht in Sybaris, Erz. 73; Im Hof stand
ein Kastanienbaum, Geschn. 82.
R: Paulus in Ephesus 63; Schuf Gott
die Welt? 64.
S: Wer bleibt ohne Schuld? 63; Der
Stern von Bethlehem 64; Paulus in
Ephesus 64; Wo ist Elia? 63; Elisa, der
Mittelsmann Gottes; Christus, die letzte
Instanz; Albert Schweitzer und sein
Lambarene; Bethel und die Bodel-
schwinghs. Miseria Siziliana.

Vorbeck, Emil, Schriftsteller;
Schlößchen, D-8832 Dettenheim, Tel.
(09142) 7662 (Aschaffenburg 13.8.99).
Roman, Essay, Spiel.
V: Der Frau Stifterin Preis, Festsp. 30;
Tu es Petrus, Laisp. 34; Ecce sacerdos
magnus, Laisp. 34; Ego sum Pastor
bonus, Laisp. 34; Stadt im Rückblick,
Erinnerungen 64.

Vordtriede, Werner, Dr., UProf.;
Goethe Akad. v. São Paolo, Guggenheim
Fellow, Bollingen Fellow; Simmernstr. 3,
D-8000 München 40, Tel. (089) 362110
(Bielefeld 18.3.15). Libretto. **Ue:** E, F.
V: Novalis und die französischen
Symbolisten 63; Der Nekromant, Text
zu e. Oper 68; Das verlassene Haus.
Tageb. aus d. amerik. Exil 1938 — 1947
75; Geheimnisse an der Lummer, R. 79;

Der Innenseiter, R. 81; Ulrichs Ulrich, R.
82.
H: Achim und Bettina in ihren
Briefen 61 II; Quirinus Kuhlman: Aus
dem Kühlpsalter 66; Bettina v. Arnims
Armenbuch 69; Heinrich Heine: Werke
mit Kommentar 70; Therese v. Bacher-
acht u. Karl Gutzkow 71.
Ue: John Donne: Metaphysische
Dichtungen 61; Dame Edith Sitwell:
Gedichte 62; Dame Edith Sitwell:
Gedichte 64; W. B. Yeats: Werke 71;
Liebesgedichte 79.
s. a. Kürschners GK.

Vortkort, Walter (Ps. Walter Kort),
Systemanalytiker; Büscherstr. 37, D-
4619 Bergkamen-Weddinghofen, Tel.
(02307) 87597 (Wanne-Eickel 12.12.35).
Jugendbuch.
V: Die Wikingerbande 79; Der schlaue
Damian 79; Die Hexe aus der Linie 7 80;
Wie die Weißen Engel die Blauen Tiger
zur Schnecke machten 81.

Voß, Hartfrid (Ps. Ernst Ludwig
Werther), Verleger, D-8026 Ebenhausen,
Isartal, Tel. (08178) 7425 (Hamburg
4.1.03).
H: Merians anmüthige Städte-
Chronik 35, 37 II; Sprache der
Liebenden, Anth. 36, 50; Hölderlin:
Gebot und Erfüllung 37, 50, Der Tod des
Empedokles 41; Die Stunde der
Bewährung 37; Schiller: Der Weg zur
Vollendung 38; Das Eherne Herz 39;
Quell der Nacht, G.-Anth. 40; Carl
Schurz: Als Amerika noch jung war 41;
Friedrich List: Kräfte und Mächte 42;
Gedanken, die sich runden in sich,
Epigramm-Anth. 43; Wilhelm von
Humboldt: Das inwendige Leben 49;
Spektrum des Geistes, Literatur-
Kalender 52 — 72; Lyrische Handschrift
unserer Zeit 58; Lyrische
Kardiogramme 60; Zur Dämmerstunde,
Anth. I 63, II — VII, IX u. X 65 — 71;
Poesie-Album 71. — **MH:** Aufstand der
Geister, Kampf der Menschheit um den
Weltfrieden 51.
R: Schwanenweiß, Hsp. nach Strind-
berg, m. F. C. Kobbe.

Voß, Helmut, Tischlermeister;
Birkenweg 13, DDR-7101 Burghausen,
Tel. 482222 (Ludwigslust, Kr. Stolp/
Pomm. 4.5.32). Roman.
V: Die Heiligen von Biedersdorf, R. 68,
69; Die Jahre dazwischen, R. 73, 77;
Familie Kern 76; Zerreißprobe, R. 79, 83.

Voß, Johann, Lehrer, Schriftsteller;
VS 78; sage & schreibe/Göttinger
Autoren-Gruppe 81; Theener Str. 56, D-

2963 Theene, Tel. (04942) 1713 (Theene
23.9.51). Lyrik.
V: Meine Mündigkeit, G. 80, 2.Aufl. 80;
Die Erde nicht mehr, Lyr. u. Prosa 83.
R: Pop und Poesie, lyr. Texte, Rdfk 78.

Voss, Karl, Dr. phil., ObStudDir. i.R.;
Chevalier dans l'Ordre des Palmes Acad.
62, Cavaliere Ufficiale dell'Ordine Al
Merito della Repubblica Italiana 64, Gr.
Verd.kr. d. Verd.ord. d. BRD 71,
Commandeur de l'Ordre de Mérite du
Grand-Duché de Luxembourg 72; 24, rue
Frantz Clement, Luxemburg, Tel. (0352)
29794 (Berlin 16.5.07). Sprachwissen-
schaft und Literatur.
V: Englisch in der Tasche 59 — 75;
Wege der franz. Literatur 65; Redens-
arten der französischen Sprache 66;
Redensarten der englischen Sprache 67;
Reiseführer für Literaturfreunde:
London 77; Reiseführer für Literatur-
freunde: Berlin 80; Auf den Spuren
Goethes in Berlin 82. —
MV: Redensarten der italienischen
Sprache 68; Deutsches Abiturienten
Lexikon Englisch 68.
H: L'Allemagne jugée par la France
59 — 72; Paul Bildt - Ein Schauspieler in
seinen Verwandlungen 63; Parliamen-
tary Government in England 64, 66.
Ue: u. **B:** Reiseführer für Literatur-
freunde: Frankreich 71; Reiseführer für
Literaturfreunde: Paris 75.

Voß, Norbert, Verw.Dir., Doz.; Mitgl. d.
Ges. f. Dt. Sprache; Bundesverdienstkreuz, Stadtorden Düsseldorf, Benedikt-
preis Mönchengladbach, Verdiensturkunde d. Kunstuniv. Salsomaggiore,
Ital. 81; Gerhart-Hauptmann-Str. 38, D-
4000 Düsseldorf, Tel. (0211) 626977
(Essen-Werden 12.3.13). Lyrik,
Erzählung, Roman, Novelle, Essay, Bio-
graphie, Hörspiel, Sachbuch.
V: Der Bannstrahl, Erz. 49; Homunkel
oder Mensch? Ess. 59, 61; Der Alte von
Müssenberg, Sagen 63; Dagg un Dau, G.
64; Das Ende der Zivilisation? Ges.kritik
64 (auch span.), 67/69; Pimpken, R. 66;
Traum und Tagwerk, Biogr. 69; Am
Anfang war das Wort, Ess. 76; Wie
gleichgültig sind wir einander, Ess. 76;
Bürger formieren sich, Ess. 77;
Pröppken, R. 78; Splitter, G. 79; Fessel
und Flut, G. 79; Zum Jahr des Kindes,
Ess. 79; Die Weltstunde, G. 83; Liebe in
Dur und Moll, Erz. 83. — **MV:** Die
Jugendmusikschule 56; Kogge-Buch 58;
Feierstunden, Erz. 64; Kalender, Fest-
schriften.
R: Die sauerländische Spinnstube 49;
Die Limmergschen Triesels 49; Unter

der Dorflinde 49; Auf der Bauerndeel 50;
Sauerländischer Abend 50; Sauerländisches Ständchen 50; Über Karl
Röttger: Wenn deine Seele einfach wird
57; Sauerländische Bilder zum Amts-
antritt v. Bundespräsident Lübke 59 —
65, alles Hsp.

Voss, Willi (Ps. E.W. Pless),
Verlagskaufmann; Große Deichstr. 21,
D-2208 Glückstadt, Tel. (04124) 1348
(Guzew 9.5.44). Roman, Erzählung,
Kurzgeschichte.
V: Geblendet, R. 79; Tränen schützen
nicht vor Mord, Krim.-R. 82; Kein Platz
an der Sonne, Krim.-R. 82. ( )

Voswinckel, Klaus, Dr. phil.,
Schriftsteller u. Filmemacher;
Siegfriedstr. 10, D-8000 München 40, Tel.
(089) 348789 (Hamburg 23.5.43). Roman,
Film.
V: Paul Celan. Verweigerte
Poetisierung der Welt. Versuch einer
Deutung, wiss. Buch 74; Lapidu. Die
Geschichte einer Reise, R. 79; Das Buch
aus der Ebene, R. 81.
MA: Stadtbesichtigung, Münchner
Anth. 82.
F: Wohl oder übel 72; Nach Antwort 3
km 72, alles Kurzfilme; Kreutzer, Spiel-
film 77.
R: Landpartie 77; Drei Tage im
Sommer 78; Bilder machen Leute
machen Bilder 78; Bootleute 79; Faust-
Geschichten 79; Piazza 80, Kreisleriana
82; Sonne, Mond 83, alles Fsf.; Heirats-
kandidaten, Fsp.

Vrabetz, Gerhard; Kapellengasse
7/3/11, A-2514 Wienersdorf (Wien
20.9.54). Lyrik.
V: Chaos, G. 81.

de Vries, Katja (Ps. Carol Eichwald),
Übersetzerin, Schriftstellerin, Malerin;
S.D.A. 60-70, FDA 70; Kurzgeschn.-Pr.
Dt. Altershilfe 82; Meyerhofstr. 8, D-2000
Hamburg 52, Tel. (040) 801258 (Kl.
Notisten Ostpr. 21.4.07). Lyrik, Roman,
Essay.
V: Traum der Nacht, kosm. G. Lyr. 77;
Die dressierte Welt, heiter-ernste gesell-
schaftskrit. Ess. 78; Glück u. Glas (ein
einfaches Leben in Masuren) 78; Die
Frau, die Seele des Staates 79; Die
Vorteile des Alters 79; Eulengelächter,
heit. Verssatn. 82.

Vujica, Peter (Ps. Peter Daniel
Wolfkind), Dr., Redakteur; Förderungspreis d. Ministeriums f. Unterr. u. Kunst
73, Prämie d. Ministeriums f. Unterr. u.
Kunst 75, Förderungspreis d. Stadt Graz

76; Grillparzerstr. 8, A-8010 Graz (Graz 7.12.37). Drama, Roman, Novelle, Film.

V: Mondnacht, Erzn. 72; Der grüne Zuzumbest, R. 73; Die Boten des Frühlings, Erzn. 75. —

MV: Phantastisches Österreich (auch franz.) 76; Text zu: Graz 78.

Lit: Steckbrief, Film v. Ferry Radax 76.

Vulpius, Günther, Dr. phil.; Jaspersstr. 2, D-6900 Heidelberg 1, Tel. (06221) 388757 (Heidelberg 28.9.04). **Ue:** E, F.

Ue: Roger Peyrefitte: Heimliche Freundschaften 50, Die Söhne des Lichts 62, Die Natur des Prinzen 63; Henri Bosco: Der Hof Théotime 53, L'âne culotte u.d.T.: Der Esel mit der Samthose 54, Malicroix u.d.T.: Das Erbe der Malicroix 55, L. Enfant et la Rivière u.d.T.: Schlafende Wasser 58; Benoist-Méchin: Mustafa Kemal 55; Anne Golon: La marquise des anges u.d.T.: Angélique 56, Angélique und der König 59, Unbezähmbare Angélique 61; Jean-Marie Caplain: Le Conquérant u.d.T.: Zauberlehrling der Liebe 58; Jean Cosmos: Der Mantel 64; Roger Chateauneu: Die Hochöfen 65; Henri Troyat: Auf ihren eigenen Wegen 67; Wie Spreu im Wind 68; Cathérine van Moppès: Drôle d'Amérique u.d.T.: Kurioses Amerika 64.

Vytrisal, Franz Ludwig, Fachjournalist; Am Geigersberg 28, D-7180 Crailsheim, Tel. (07951) 6365 (Pinke, Kr. Sternberg 21.12.29). Roman.

V: Licht in dunkler Nacht, R. 79.

W

W., Heike, s. Warnecke, Heike.

W. M., s. Malter, Wilhelm.

Waach, Wolfgang, Mag.art., Kunst-
erzieher, Maler; 2. Pr. BEWAG-
Literaturwettbew. 82; Obere Quergasse
10, A-7122 Gols (Wien 3.1.49). Lyrik,
Kurzgeschichte, Roman.
V: Gedichte aus einem leeren Raum,
Lyr. 80; Die andere Seite der Zeit —
Gedichte aus Irland 83.

Waag, Dieter; Schlossergasse 15, D-
8532 Bad Windsheim-Ickelheim.
V: Aff a Joahr, Mda.-G. 81;
Menschenskind, Poem.-Stenogr. 81;
Luftlöcher, Geschn. 81. ( )

Waalkes, Otto; Rüssel Video & Audio,
Lentföhrdener Weg 21, D-2000
Hamburg 54.
V: Das Buch Otto 80, 81. ( )

Waas, Johannes Baptist; Ehrengaben
d. Schiller-Stift. 34, 53, d. Preuß. Akad.
35, d. Westf. Landschaftsverb. 54, 60, u.a.;
Albert-Rusch-Str. 14, D-4970 Bad
Oeynhausen (München 1.4.04). Lyrik,
Drama, Roman, Novelle, Essay.
V: Das ewige Werden, G. 29; Davoser
Elegien, G. 31; Gesänge von den Tiefen
der Seele, G. 32; Ecce Homo, G. 33;
Musik der Dinge und der Kräfte, G. 34;
Gesicht in einer alten Stadt, G. 35;
Requiem für eine Frühvollendete, G. 36;
Sinnbild der Landschaft, G. 37;
Johannes und Michael, Sch. 38;
Deutsches Requiem, G. 42, 55; Ausge-
wählte Gedichte 49; Von der großen
Sehnsucht, Nn. 49; Über ein unbe-
kanntes Fragment der Zehnten
Duineser Elegie von R. M. Rilke 50;
Gesänge von Himmel und Erde - dem
Unendlichen und All-Einen, G. 53; Der
kosmische Psalter, G. 54; Sinnbild der
Landschaft, G. 55; Deutsches Requiem,
Son. 55; Musik der Dinge und der
Kräfte, G. in Prosa 57; Val Bella Davos,
Elegien 58; Im Hain der tönenden
Tafeln 61; Requiem für John Fitzgerald
Kennedy 64; Die Einsamkeit des Alters;
Gold gegen Krebs; Das elektronische
Zeitalter und sein Symptom, alles
Vorträge; Am Fenster d. großen
Promenade, G. 80.
MA: Gesicht in einer alten Stadt.

Wachter geb. Brunner, Dorothea,
Kaufmann i.P.; Allgäuerstr. 1, D-8954
Ebenhofen/Allgäu, Tel. (08342) 5991
(Bruneck, Prov. Bozen/Südtirol 27.1.12).
Roman, Novelle. **Ue:** I.
V: Maister Michel, e. Michael Pacher-
R. 76; Kaiser u. Kastelle, N. üb. Friedrich
II. v. Hohenstaufen 77; Degen u.
Krumstab, Biogr. üb. Clemens
Wenzeslaus 1739-1912 78; Sie bauten d.
Reich. Eine Historie d. Ersten Jahrtau-
sends 80; Aufstieg d. Habsburger. Das
Reich u. Europa im 13./14. Jh. 82.
Lit: Buchlandschaft Südtirol 1970-
1980.

Waco, G. F., s. Basner, Gerhard.

Wadsack, Herbert *

Waechter, Friedrich Karl, Graphiker; ·
Deutscher Jugendbuchpreis 75,
Grafikpr. in Bologna 76; Oberlindau 83,
D-6000 Frankfurt a.M., Tel. (0611) 721288
(Danzig 3.11.37). Satire, Kinderbuch,
Film, Kindertheater.
V: Der Anti-Struwwelpeter, Kinderb.
70; Tischlein deck dich und Knüppel aus
dem Sack, Kinderb. 72; Die Kronen-
klauer, Kinderb. 72; So dumm waren die
Hebräer 73; Brülle ich zum Fenster
raus, Kinderb. 73; Die Beinemacher,
Kindertheater 74; Pustekuchen, Kinder-
theater 74; Wir können noch viel zusam-
men machen, Kinderb. 74; 3 Wand-
geschichten, Kinderb. 74; Das
Ungeheuerspiel, Kinderb. 75; Schule mit
Clowns, Kindertheater 75; Der Teufel
mit den drei goldenen Haaren, Kinder-
theater 75; 3mal Kindertheater 75; Opa
Huckes Mitmachkabinett, Kinderb. 76;
Der 32. August, Kinderkalender 76; Die
Bremer Stadtmusikanten, Theaterst. 77;
Die Bauern im Brunnen, Kinderb. 78;
Wahrscheinlich guckt wieder kein
Schwein 78; Kiebich und Dutz,
Theaterst. 79; Die Reise 80; Es lebe die
Freiheit 81; Wer kommt mit auf die
Lofoten? 81; Grundgesetz 82; Männer
auf verlorenem Posten 83. — **MV:** Die
Wahrheit über Arnold Hau 66; Die Welt
im Spiegel 70; Die Schlündelgründel 76.
F: Der Klauer 70; Hier ist ein Mensch
73; Feilchen, jetzt bist du dran 76; Das
Casanova-Projekt 82.
R: Die Hau-Schau, m.a.

Wäger-Häusle, Elisabeth *

Wafner, s. Rappl, Erich.

Wagenseil, Kurt, Schriftleiter; Heinrich-Vogl-Str. 12, D-8132 Tutzing, Tel. (08158) 446 (München 26.4.04). **Ue**: E, F, S.

Ue: Prinzessin Paley: Erinnerungen aus Rußland 27; Alain Gerbault: Allein über den Atlantik 27; Paul Morand: Lewis und Irene 28; Sackville-West: Erloschenes Feuer 48; Albert Maltz: Pfeil und Kreuz 48; Niggli: Mexikanische Rhapsodie 49; George Orwell: 1984 50; Henry Miller: Plexus 55, Big Sur 58, Kunst und Provokation 60, Welt des Sexus 60, Nexus 61, Wendekreis des Krebses 62, Wendekreis des Steinbocks 64, Sexus 70; Brickhill: Zum Fliegen geboren 55; Maufrais: Abenteuer in Guayana 55; Carrington: Drei Milliarden Jahre 57; P. Feibleman: Stadt ohne Dämmerung 59; W. S. Maugham: Macht der Umstände 60; John Russel: Paris 61; Joseph Wechsberg: Plüsch und Samt 64; Richard Berczeller: Odyssee eines Arztes 65; Shelton: Die Russen im Weltraum 68; Kurt Vonnegut: Schlachthof 5; Irwin Shaw: Aller Reichtum dieser Welt 72.

Wagmuth, Wolfram (Ps. Wolfram von Wilmersdorff), Dr.phil., Kunsthistoriker, Schriftsteller, Übersetzer; VS, VDÜ 63-79, FDA 83; Böcklinstr. 4A, D-8000 München 19, Tel. (089) 156572 (Rogau 23.7.17). Lyrik, Essay. **Ue**: Am, E.

V: Stunde am südlichen Blumenberg, G. 54; Stunde am westlichen Blumenberg, G. 82; Carmina — Lyrik in vier Kreisen, G. 84.

MA: Die Große Enzyklopädie der Malerei, seit 76 VIII; Lyrik heute 81; Gauke's Jb. '82 81, '83 82; Lyrische Texte 82; Dietrichsblatt, G. 83; Autoren stellen sich vor, Lyrik 83; Im Wind wiegt sich d. Rose, Anth. 84.

Ue: Üb. 45 Sach- u. wiss. Bücher seit 62.

Wagn, Klaus, s. Wagner, Klaus.

Wagner, Alfred; V.F.S. 63, VS Bayern 68, FDA 72; Hangweg 2, D-8580 Bayreuth (Asch/Sudetenld. 25.9.40). Erzählung, Kurzgeschichte.

V: Der rettende Ruf, Erzn. 63; Jenseits der großen Straße, Erzn. 65; Uns zu versühnen, Weihn.erz. 66; Keine bleibende Statt 66; Spätherbst, Erz. 68; Vorwiegend heiter, Erzn. 69; Zwei Begegnungen, Weihn.erz. 69; Käuze, Erzn. 70; Alltagsnotizen, heit. Kurzgeschn. 71; Kursänderung, Erzn. 71; Sachen gibt's ...,

Anekdn. 72; So gut ging's uns noch nie, Sat. 73; Groß und klein, Witzesammlg. 74; Menschen dieser Zeit, Kurzgeschn. 74; Wendepunkt, Erz. 75; Von Mensch zu Mensch, Sat. 76; Die Mutprobe, Kurzgeschn. 76; Viechereien, Witzesamml. 77; Begegnungen, Erzn. 77; Am Glück vorbei, Kurzgeschn. 78; Allerhand Vierbeiner, heitere Tiergeschn. 79; Der Wetterpfarrer, aus dem Leben von "Wetterpfarrer" Braun 79; Von braven, fleißigen u. listigen Menschen, Erzn. 80; Die Rache, Erz. 81; Tierisch heiter, heitere Tiergeschn. 81; Gute Fahrt, Kurzgeschn. um d. Bahn 82.

Wagner, Bernd, Dipl.-Lehrer, Rohbaumonteur; SV-DDR 80; 3. Pr. Wettbew. f. Kinder- u. Jugendst. 71; Streustr. 4, DDR-1120 Berlin (Wurzen 30.5.48). Lyrik, erzählende Prosa, Essay, Kinderbuch, Dramatik.

V: Das Treffen, Prosa 76; Zweite Erkenntnis, Lyr. 78; G. in B., Prosa 79; Robbi Blanks und Theo Holzschuhs Meerfahrt, Kdb. 80, 82; Das neue Lumpengesindel, M. 81.

H: Die Pechbrenner, Dorf-Geschn. von Hebel bis Musil 81.

Wagner, Eberhard, Dr., wissenschaftl. Angestellter; Kulturpr. d. IHK Oberfranken 80; Maienbrunnen 24, D-8600 Bamberg, Tel. (09131) 21743 (Weimar 4.1.38). Mundartlyrik, Mundarttheater, hochsprachl. Theater, Hörspiel, Roman.

V: des gwaaf wu ma sichd oder aana duudn sau die zäh budsn, Mundartlyrik 76; Gute Nachbarn. Mundartstück 77; durchs bunda lichd gedrehd. Mundartlyrik 79; Zwischen auf und davon. Mundartstück 79; Eine Chance für zwei, Mundartstück in 6 Bildern 76; Länderspiel, Mda.st. 82; Der Dollack, R. 82; Vorstellbare Situationen, Lyr. 81.

R: Täglicher Abschied, Mundarthsp. 77; Die Auffahrt, Mundarthsp. 77; Gute Nachbarn, Fsp. 79; Eine Chance f. zwei, Mda.hsp. ; Folgen eines Unfalls, Mda.hsp. 81.

Wagner, Elfriede, Dr. phil., Verlagslektorin; Übersetzerpreis 56; Bahnhofstr. 10, A-4230 Pregarten (Pregarten 15.6.22). **Ue**: E.

Ue: Robert Nathan: The fiddler in Barly u. The woodcutter's house u.d.T.: Das Mädchen aus Barly 55; Mika Waltari: A nail merchant at nightfall u.d.T.: Vor Einbruch der Nacht 55; Erico Verissimo: Nacht 56; Ethel Mannin: At sundown the tiger u.d.T.: Der schwarzgoldene Schatten 57, Duft von Hyazinthen 61; Earl Hamner: You can't get there from here u.d.T.: Kein Weg von hier nach dort 66; W. Somerset Maugham: Der eigenartige Ehrbegriff des Herrn Sebastian und sechzehn andere eigenartige Geschichten 70; Eveline Amstutz: Caterine 70; Anne Maybury: Ride a White Dolphin 71. ( )

Wagner, Erich, Dir. u. Chefredakteur i.R.; Gr. Bdesverd.kr.; Am Büchel 108, D-5300 Bonn 2, Tel. (0228) 365191 (Lippstadt 29.6.06). Kommentar, Feature, Reisebericht, Biographie.

V: Etwas ratlos und dennoch erfolgreich, wie Jefferson sagte 52; Zakuskis oder Das eingeplante Guckloch 55; Pizarro darf nicht mehr erobern 56; Die Anatomie der Leserschaft 57; Marx gestern - Moskau heute 59; Lok ma chau, Ostasien - Enthüllung u. bleibendes Rätsel 60; Die Zukunft der Zeitung 60; Geist und Pointe, Traktat über die französischen Moralisten 64; Die Zeitung muß medienspezifisch sein 70; Unverzichtbar, diese standortgebundene lokale Zeitung 78; Theodor Wolff, höchst gegenwärtig 80; Die Zeitung kann überhaupt nicht von gestern sein 83; u.a.m. — **MV:** Politik und Massenmedien 70.

Wagner, Franz J.; Elbchaussee 240a, D-2000 Hamburg 52.
V: Das Ding, R. 78, Tb. 80; Im September, wenn ich noch lebe, R. 79, Tb. 82; Big story, R. 82. ( )

Wagner, Georg *

Wagner, Gerhard, Buchhändler; VS 76; Förderpr. f. Lit. d. Stadt Erlangen 78; Friedrichstr. 57, D-8500 Nürnberg (Bietigheim/Württ. 1.5.50). Novellen, Roman.
V: Anhäufungen, Nov. 71; Schönes Wochenende, Erzn. 75; Die Tage werden länger, Erz. 78.
H: Nürnberger Bll. seit 75.

Wagner, Gudrun, Heimerzieherin; Bottenberger Str. 9, D-5905 Freudenberg-Bottenberg, Tel. (02734) 2522 (Angelburg-Gönnern 23.7.42). Jugendliteratur, Erzählung, Übers.
Ue: E.
V: Kurs halten — Stefan!, Erz. 81; Komm zurück, Daniela, Erz. 82.
B: J. Birkenstock: Eiserne Türen zerbrechen, Erlebnisber. 79, 4.Aufl. 81; A. Silberstein: Das erschütternde Zeugnis eines Judenchristen, Autobiogr. 82; E. Bell: Schiffbrüchig, Erlebnisber. 83.
Ue: M.P. Williams: Jewel of the Light u.d.T.: Rikwe bleibt standhaft 78; Joan Eaton: Tall Chimney u.d.T.: Ferien am

Meer 80; Judith Michaels: Dare to be different u.d.T.: Mutprobe für Andreas 82; Marion Holmes: Eine Mutter für Mi-Cio 83; Eine Frau gegen das Reich 83.

Wagner, Günter (Ps. Wally Jacobs), Lehrer; VGWort 70; Schiffweiler Str. 12, D-3300 Braunschweig, Tel. (0531) 504344 (Braunschweig 27.12.25). Roman, Jugendbuch, Hörspiel.
V: Die Fahne ist mehr als der Tod ..., R. 58 (auch holl.); Gewitter über dem See, Erz. 63; Die große Flut 67; Der Sklaverei entronnen 67; Der verrückte Graf 68; Santiago - drauf 68; Wo steckt Daisy? 72; Wer fuhr das hellgraue Auto? 72; Aufruhr in Zelt drei 76, alles Jgd.-Erz.; Schnups, der Klassenhund 65; Eine Bombenelf 68; Johannys Abenteuer an Bord 68; Johnny in Afrika 69; Lieber Hund sucht ein Zuhause 76; Tim sucht Freunde 77; Ulla und ihre Affen 78; Für 5 Mark Südafrika 78; Tim gewinnt das Rennen 79; Wolle wird Chefredakteur 79; Tim und seine Freunde 80; Verdammte Rasselbande 80; Drei jagen ein Phantom 80; Mit Oma nach Indien 82; Ute setzt sich ein 82; Mohrchen soll leben 82, alles Jgdb.
R: Das Spielzeugauto, Hsp. 59; Extrablatt 66; Aufruhr in Zelt drei 67; Ingo in Nöten 69; Hansi schlägt um sich 71; Zwei Dickköpfe 73; Schlammteich oder Betonbecken 75, alles Schulfunkhsp.

Wagner, Helmut, Dr.med., Kurarzt, Chefarzt i.R.; BDSÄ 80; Am Sonnenrain 3, D-7295 Dornstetten-Hallwangen, Tel. (07443) 6744 (Stuttgart 4.5.03). Erlebnisbericht, Tiergeschichten.
V: Tiere im Doktorhaus 79, 2. wesentl. erweit. Aufl. 82; Erlebt — und überlebt, Erinn. eines Arztes 82.

Wagner, Herbert, Hauptschullehrer (Amstetten/NdÖst. 13.10.45). Lyrik.
V: Schatten d. Frühlings Lyr. 78. ( )

Wagner, Ingeborg, s. Ueskötter, Ingeborg.

Wagner, Ingeborg; Binderlandweg 21, A-4020 Linz/D. (Ried/Trk., ObÖst. 20.2.41).
V: Makabre Geschichten, 15 Kurzgeschn. 76, 81; Die Todesspur, R. 82. ( )

Wagner, Klaus (Ps. Klaus Wagn), Schriftsteller; Von Kleist-Weg 11, D-8037 Olching, Tel. (08142) 14154 (Pforzheim 22.10.37). Roman, Essay.
V: Gottesgott, Kurzgesch. 66; Eine reiche Frau, R. 69; Das LadUf-Modell, Ess. 70; Bewußtsein als eine Struktur von Zeit, Ess. 70; Entwurf einer all-

gemeinen Theorie des Bewußtseins, Ess.
71; Was Zeit ist und was nicht, Ess. 75.

Wagner, Knut; Str. 2 Nr. 3, DDR-6080
Schmalkalden.
V: Prinz Homburg und die
Schwalben, R. 81. ( )

Wagner, Richard, Journalist; Rumän.
Schriftstellerverb.; Lyrik-Pr. d. Rumän.
Schriftstellerverb. 80; Nr. 63, 1963
Periam/Judetul Timis/Rumänien
(Lowrin, Kr. Temesch/Rum. 10.4.52).
Lyrik, experimentelle Prosa.
V: Klartext, G. 73; die invasion der
uhren, G. 77; Hotel California, G. I 80, II
81; Der Anfang einer Geschichte, Prosa
80; Anna und die Uhren, Kdb. 81.

Wagner, Ruth Maria Elisabeth (Ps.
Grunewald), Journalistin DJV;
Künstlergilde Esslingen 60, VG Wort;
Brandelweg 22, D-7830
Emmendingen 12-Maleck, Tel. (07641)
41073 (Priebisch, Krs. Lissa/Posen
21.4.15). Lyrik, Novelle, Essay, Funk-
Feature.
V: Von Beetenbartsch bis Schmand-
schinken, Rezepte aus der guten ost-
preussischen Küche 72, 78. —
MV: Allensteiner Lyrik 65; Das
Hausbuch des ostpreussischen Humors
67, Tb. 77; Heimat in uns 69; Ost-
preussen, Westpreussen und Danzig,
Reise in die Gegenwart, Erinnerungen
an die Vergangenheit 79. — **MV** u. **H:** Im
Garten unsrer Jugend 66.
H: Leben was war ich dir gut, Agnes
Miegel zum Gedächtnis 66, 79; Ver-
lobung mit Baldrian 69, Tb. 78; Und
Petrulla lacht 71, Tb. 74; Erinnerungen
an Ostpreussen 1890 bis 1945 74, 79;
Königsberg in alten Ansichtskarten 78;
Ostpreussen wie es lachte 78; Ost-
preussen in alten Ansichtskarten 79;
Reihen: Ostpreussisches Mosaik seit 74,
Schlesisches Mosaik seit 78, u.a. —
MH: Ostpreußisches Panorama 68;
Typisch ostpreußisch.

Wagner, Winfried, Bankkaufmann;
D.U., Intern. Dialekt-Inst. Wien; Emil-
Mörsch-Weg 58, D-7430 Metzingen, Tel.
(07123) 60370 (Metzingen 5.4.49). Lyrik,
Hörspiel, Fernsehspiel.
V: Mir Schwoba send hald ao bloß
Menscha 80, 2.Aufl. 81; Schwäbische
Geschichta 81; Bloß guad, daß i an
Schwob ben 82.
R: Unfall mit Fahrerflucht; Bootsfahrt
mit Folgen; Oh Tannenbaum; Die neuen
Nachbarn; Irrtum nicht ausgeschlossen,
alles Hsp.; Dr. Hausma, Fsp.

Wagner, Wolfgang, ObStudR., Lehrer;
Karnaper Str. 58, D-4010 Hilden, Tel.
(02103) 60984 (Allenstein/Ostpr. 29.9.44).
Lyrik, Kurztexte.
V: Der Spiegel, G. 81.
MA: Gauke's Jahrbuch '82.

Wagner-König, Waltraud; Pfarrer-
Kraus-Str. 49, D-5400 Koblenz 1.
V: Netze aus Licht, G. 81. ( )

Wagner-Triebsch, Anne, s. Triebsch,
Anne.

Waibel, Robert H., Ing.;
Philosophenweg 28, D-7012 Fellbach,
Tel. (0711) 582989 (Stuttgart 24.9.33).
Roman.
V: An fremden Feuern, Abenteuer-R.
79.

Wais, Hildegard; Arbeitsgem. NdÖst.
Schrifttum 58, SÖS 63, Mf.Ö. 69; 1. Preis
Lyr.-Wettbewerb Öst. Lehrerztg. 56,
Goldener Ehrenring "Dem deutschen
Gedicht" 60, Silberne Ehrennadel des
Sängerbundes von NdÖst. 72, Ehren-
plakette in Silber der Stadtgemeinde
Poechlarn 75, Ehrenurkunde des N.Ö.
Bildungs- u. Heimatwerkes 80,
Anerkenn.pr. d. Ldes N.Ö. f. Lyr. 81, Silb.
Ehrenzeichen d. ndöst. Verbände f.
Trachten u. Heimatpflege 81; EM Dt.
Kulturwerk 60, Dt. Akad. f. Bild. u.
Kutur 71, Wiener Frauenklub, Mund-
artfreunde Österr. 74; Rüdigerstr. 40, A-
3380 Pöchlarn, Tel. (02757) 652 (Ornding/
Pöchlarn 30.1.09). Lyrik, Ballade, Kurz-
prosa, Bühnenspiel, Erzählung.
V: Weinberg im Morgen, G. 37; Amsel
des Herzens, G. 61; Mein Blumenbuch,
G. 62; Pilze sprechen, G. 62; St. Pöltner
Lyrik-Bogen: Nächtliche Fahrt, G. 72;
Acker voll Aechern, Mda.G. 74; Verserl-
buch, G. 75; Kindergeschichten 75; St.
Pöltner Lyrik-Bogen: Ein Rain z. Rast
81; Allerhand aus mein' Land, Mda.G.
81; Geh, Los' a weng her! Mda.G. 82;
Geliebter Herbst, G. 82; Donaumesse,
Mda.dicht. 82 (auch vertont); Baldur,
Schattentheater.

Walbert, Helmut; VS 70; Förd.preis f.
Lit. d. Stadt München 76, Fördergabe d.
Schiller-Gedächtn.pr. 80; Erhardtstr. 9,
D-8000 München 5, Tel. (089) 2015904
(Aachen 19.9.37). Prosa, Theaterstücke,
Hörspiele, Kurzgeschich., Gedichte.
V: Oder auf etwas schießen, bis es
kaputt ist, Theaterst. 70; Wenn die
Kinder nicht wären 70; Besser keine
Schule als ... 71; Um den Turm herum,
Theaterst. 72; Kami oder der lose
Zauber aus dem Stoffkopf, Kinderb. 72;
Mani das lügst du wieder, Kinderb. 73;

Berni, Kinderr. 75; Anja oder das
Märchen von den Sterntalern, Kinderb.
76; Der Riesenvogel 76; Geschäft am
Nachmittag 77 (auch schwed., franz.);
1983 78; Pornofilm 79 (auch schwed.,
fläm.); Kleine Verhältnisse 80;
Bedingungen einer schönen Frau, Bü.
81; Außer Sicht, R. 81 (auch franz.);
Kleine Stimme in d. Welt 81; Und was
ist, wenn er morgen kommt? 83; Weg in
der Wüste 83.
MA: Gedichte, Kurzgeschn.
R: Wir haben keine Spielplätze, Na
Und, dann machen wir uns welche; Das
Kuckucksei, Hsp. 76; Das Ende von
Onkel Josef, Hsp. 76; Ein bißchen
Freiheit, Hsp. 81; Immer der andere
Hund, Hsp. 82; Der Schlüssel, Hsp. 83.

Walch geb. Schmid, Elsbeth, StudAss.,
Pfarrfrau; Arndtstr. 12, D-7150
Backnang (Beutelsbach, Kr. Waiblingen
17.2.21). Erzählung, Laienspiel.
V: Ursel und ihre Freundinnen 54; Die
Tor macht weit, 3 Erzn. 55, 56; Was ist
mit Ulrike?, Jgd.-Erz. 56; Wenn du nicht
mehr weiter weißt, Sabine, Erz. 58, 64;
Die Umkehr der Barbara Hochbühler
58; Drei Häuser weiter, Erz. 62; Daß du
dich wundern wirst 69; Tante Lydia
wird schon wissen ..., Erz. 76; Zum Glück
gibt's Tante Lydia! Erz. 76; Ein
Medaillon zum Weihnachtsfest, Erz. 79;
Ausgerechnet zum Weihnachtsfest!, 2
Erzn. 80; Laß noch eine Kerze brennen!
2 Erzn. 80; Ein Weihnachtslied gehört
auch dazu, Erz. 82; Wenn's auch nicht
immer leicht war, Mutter. Erz. 82; Nette
Leute von gestern u. heute, 8 Erzn. 82.
MA: Die Spielschar seit 57.

Wald, Hans, s. Riha, Karl.

Waldbauer, Johanna; Verein d.
Schriftstellerinnen u. Künstlerinnen,
Wien; Silberne Rose d. "Podium" 70;
Podium 70, Begr. d. "Bergenkreis";
Herzog-Erich-Str. 10, A-6330 Kufstein
(Salzburg 27.1.98). Lyrik.
V: Freude, schöner Götterfunke; O
wundervolles Sein; Fruchtbare Zeit;
Brich auf in dir dein hartes Land; Ohne
Schilder und Zeichen; Die Erde ist, um
unsern Tritt zu spüren; Und leis der
Nebel fällt; Ins Haar flocht sich der
Herbst hinein; Ein Neues wird aus Geist
und Demut; Ein Künstler stirbt nicht;
Eh du geprägt wirst; Morgen blüht die
Erde; Ohne Schilder und Zeichen.
MA: in mehr. Anth.
R: mehr. Rdfk-Sdgn.

Waldeck, Fritz, s. Müller, Ulrich
Friedrich.

Waldegg, Richard, s. Wunderer,
Richard.

Waldemar, Charles, Schriftsteller, Dr.
h. c.; VS 52, SSV, COMES; Thomas-
Mann-Ehrengabe; Sonnmatt, CH-6055
Alpnach (Zürich 22.4.12). Essay, Lyrik,
Roman, Novelle, Drama, Hörspiel.
V: Rosa Mystica, G. 47; Die Vision des
Leonardo, G. 47; Das Gesicht des
Magiers, G. 47; Mensch ohne Furcht,
Sch. 50; Menschen mit und ohne
Masken 51; Himmel und Hölle sind wir,
R. 55, 80; Das Innere Paradies, Gesänge,
Hymnen u. Visionen 55; Jung und
gesund durch Yoga 59, 80 (auch span.,
holl.); Liebe, Ruhm und Leidenschaft, R.
d. N. Paganini 59, 65 (auch poln.,
jugoslaw.); Das Kleinod des Lao-Tse,
Erz. 59, 80; Magie der Geschlechter 59,
77; Erfolg durch Menschenkenntnis 60,
77; Der Schlüssel zur Urkraft 61, 77;
Höllenfahrt des Marquis de Sade, R. 63,
65; Goethe spielt Orest, Erz.; Verstöße
ins Innere - Geheimnisvolle Geschichten 64; Die Liebeshungrigen 65,
66; Der große psychologische Ratgeber
66; Die verführerische Ehe 68, 77;
Erkenn den sechsten Sinn 69; Wilde
Venus, phant.-unheiml. Geschn. 69;
Lock: Potenz bis ins hohe Alter 70, 77;
Siegreich durch Yoga 70; Die Toten
leben weiter — unheimliche Abenteuer
d. Körpers u. d. Seele 77; Der Genius ist
in Dir, Dichtungen 77; Selbstvertrauen
durch Yoga 77, 83; Meister der Mensch-
heit — Genie und Schicksal 77;
Handbuch der Elektro-Akupunktur 78;
E.Akupunktur-Syst. Waldemar für 175
Indikationen 78, 80; Großer Akupunktur
Bildatlas für 300 Indikationen 79, 80, 8.
Aufl. 83; Begehrenswert ab 50. Liebe u.
Geborgenheit in d. 2. Lebenshälfte, 2
Aufl. 83; Magie d. Strahlen. Erdstrahlen
in ihrer Macht 83; Bio-Kraft. Wie
blockierte Energie frei wird. Waldemar-
Akupunktur 83; Der Genius ist in Dir.
Die goldene Arche d. Einweihung 83;
Heilerfolge mit Elektro-Akupunktur 83;
Zell-Impuls 82.
H: Paracelsus - Philosoph und Arzt
59, 65; Vision und Ekstase - Leben u.
Lehre Swedenborgs 60; Angelus
Silesius: Der cherubin. Wandersmann
60, 63; Jakob Böhme: Der schlesische
Mystiker 60; Nestroy: Lumpazi-
vagabundus 62; Goethe: Das Schönste
aus seinem Werk 60, 65; Schiller: Das
Schönste aus seinem Werk 60, 65;
Shakespeare: Das Schönste aus seinem
Werk 64, 66.
R: Der Schauspieler, N. 65.

S: 12 Psycho-Suggestionsschallplatten u. Tonbänder 79, 80.
Lit: Lee van Dovski: Eros der Gegenwart III 57.

Walden, Matthias (Ps. f. Otto Frhr von Sass), Journalist; Jakob-Kaiser-Preis 61, Heinrich-Stahl-Preis der jüd. Gemeinde Berlin 63, Bdesverd.kr. 68, Konrad-Adenauer-Preis 71, Goldene Kamera 76, Verdienstmedaille f. Verdienste um d. dt. Osten u. das Selbstbestimmungsrecht 79; Kochstr. 50, c/o Axel-Springer-Verlag, D-1000 Berlin 61 (Dresden 16.5.27).
V: ostblind - westblind 63; Politik im Visier 65; Kassandra-Rufe 75; die fütterung der krokodile 80; Wenn Deutschland rot wird 83.
R: Die schönsten Jahre meines Lebens 60; Ich rufe Dresden, Hsp. u. Fsp. 60, 65; Schwarz-Rot-Gold in Übersee, Dokumentation 60; Die Mauer 61; Stacheldraht 61; Vor unserer eigenen Tür, polit. Feature 62; Berlin 63 63; Weg durch die Mauer 63; Die kleinen Freiheiten 64; Publicity 65; Polierte Gesellschaft 66; "Einige Tage im Leben des ...". Franz Josef Strauß, Kurt Georg Kiesinger, Willy Brandt, Helmut Schmidt, Rainer Barzel, Johannes Steinhoff, Rudolf August Oetker, Kriminalkommissar Fritz Böhl, Fs.-R. 67 — 71; Die alten Tugenden, Fs.-Feature 70.

Waldhoff, Werner; Branichstr. 68, D-6905 Schriesheim.
V: Punkt für Punkt, G. u. Erz. 79. ( )

Waldner, Oswald *

Waldneudörfer, Hans, s. Wurtz, Johannes.

Waldschmidt, Hildegard, Schriftstellerin; Med. d. Hist. Gemeinschaft Waldeck 71; Enserstr. 27, D-3540 Korbach, Tel. (05631) 7305 (Posen 27.2.95). Lyrik, Roman, Essay, Schauspiel, Erzählung.
V: Mutter- und Kinderland, G. 27; Die Padberger Fehde, Sch. 35; Heilige Heimat, Erz. 55; Die Herren von Twiste 60; Der Igel v. Fürstenberg 61; Spinnstuben 61, alles Sch.

Waldthausen, Sebastian, s. Best, Walter.

Walendy geb. Brandts, Paula, Schriftstellerin; VS NRW 48, Kogge 56, FDA 74; Roermonder Str. 279, D-4050 Mönchengladbach, Tel. (02161) 52790 (Mönchen-Gladbach 4.10.02). Jugendbuch, Kinderbuch, Kindervolkstum, Kinder-Hör- u. Fernsehspiel.

V: Der Sonne Lauf (Kinder feiern Jahresfeste) 36; Die Spatzenfamilie, Kinderb. 37; Babette und Herr Wichtigmann 49; Dreimal schwarzer Kater, Ein buntes Zauberb. f. große u. kleine Kinder 51; Adventskalender 52/56; Die kleine Zauberschule 53; Der Liederbaum 57, 60; Das Siebenstiegen Rätselhaus, Sachbuch in Bilderbuchform 79; Klein Kleckersdorf, 3 Geschn./Bilderb. 80.
MA: Kinderseite "Trarira" in: Düsseldorfer Nachrichten 52/56.
H: Ins Märchenland mit Moritz von Schwind, Jgdb. 35; Lirum larum Löffelstiel, alte Volkskinderreime 38, 53; Die Rätselstiege, volkskundl. Rätselsamml. fürs Kind 39, 54; Die Herold-Spielkiste, volkstüml. Kindersp. 39, 51; Die kleine Naturkunde für's Kind (sieben Bde) 43/44; Zwille wille wick, Handwerkerreime u. -lieder fürs Kind 49; Pitsche, patsche, Peter, Volkskinderreime 51; Schnurrpfeiffereien 52; Auerbachs Kinder-Kalender 54, 55.
R: König Wichtel der Erste; Die Mär des Wappen vom Schulzenhof; Columbus; Die Winterriesen; Wie der April den März besuchte; Am Lagerfeuer im Somaliland, u.a. Hsp.; Der Riese und der kleine Pitt; Pottenkiekers und Knöllchens; Ri-ra-rate; Hokus pokus fidibus; Wir bekommen Besuch, u.a. Fsp.

Walker, Rolf, Dr.theol., Dekan; Marktstr. 19, D-7440 Nürtingen, Tel. (07022) 2677 (Marbach 10.1.32).
Erbauliche Geschichten.
V: Schwäbische Lilien, Hintergründige Geschn. von Gott u. Welt 81; Das Kind in Windeln gewickelt, heit. Weihnachtsleg. um die Krippe 81.

von der Wall, Heinz, Pädagoge; Schrieverkring 54, VS Nds. 64, FDA 73; Freudenthal-Literaturpreis f. niederdt. Dichtung 76, Hans-Böttcher-Hörspielpr. d. Stiftung FVS 77, Fördergabe d. Landschaft des ehemal. Fürstbistums Osnabrück 78, 2. Pr. im Wettbewerb für ein ndd. Kindertheaterstück, Oldenburg 79, Stadtschreiber in Soltau 81; Druckhorner Str. 18, D-4554 Ankum, Tel. (05462) 792 (Oldenburg i. O. 12.5.23).
Prosa, Lyrik, Hörspiel.
V: De Straten geiht liekut, nddt. Erzn. 71; Blaumen för Kottmann, niederdt. Geschn. u. G. 72; Hemmelte u. sein Sportver. 73; ... dann kunnst du di fragen, niederdt. Texte 77; Dat Spill van den Jungen, den Clown un de Deerter ut 'n Wald 80; De Wartesaal 80; Noch

schmetterten Siegesfanfaren, Tageb.aufzeichn. 81; Das Projekt 83; Avend ahne Krimi 83.

MA: Niederdt. Hörspielb. II 71; plattdeutsche Erzähler u. plattdeutsche Erzählungen d. Gegenwart 68; Dar is keen Antwort 70; Quer — Anthologie dt. Lyrik der Gegenwart 74; Wi schnackt Platt, Leseb. 77; Platt mit spitzer Feder, Anth. 78; Heimat, Anth. 80; Preisträger 82, u.a.

R: Van den Avend un van de Nacht, nddt. Hsp. 69, 71, 72, 75, 81; Dat stille Kind, nddt. Hsp. 77; Kinner hebbt ehr eegen Welt, nddt. Hörfolge 77; De Frau an 'n Tuun, nddt. Hsp. 77, 78, 82; Eine Kindheit, Hörfolge 79; Dat Ledder ist rund, nddt. Hörfolge 79; Judenskat, nddt. Hörspiel 79; Dat Zimmer, m. S. M. Neuhoff, nddt. Hsp. 80, u.a; KLV-Lager. Gedanken zu meinem Tagebuch 80; De Freestunn 80; De Stadtrat un de Stadtsuldat, nddt. Hsp. 81; So een Dag, nddt. Hsp. 82.

Lit: W. Eggers: H.v.d.W., een Dichter ut uns' Tiet 77; Heinrich Schmidt-Barrien: Laudatio anläßlich der Verleihung des Hans-Böttcher-Preises 77; F. W. Michelsen: H.v.d.W.: Erzähler, Hörspielautor u. Lyriker in "Quickborn" 1/78.

Walldorf, Hans, s. Loest, Erich.

Wallhäuser, Udo, s. Bergien, Oskar.

Wallhof, Hans, Redakteur; Kathol. Journalistenpr. 76; Wiesbadener Str. 1, D-6250 Limburg/Lahn 1, Tel. (06431) 401249 (Krummöls/Schlesien 28.7.31). Lyrik, Essay.

V: Wer liebt, ist voller Freude, Ess. 75; Bei Dir zuhause, Lyrik 76; Jürgen Marcus: Musik in mir, Ess. 76; Aus der Zsterne, Lyrik 77; Der liebe Gott hat Phantasie, Ess. 74; Der liebe Gott schaut uns an, Ess. 74; Der liebe Gott hat ein dickes Fell, Ess. 74; Dem lieben Gott einen Sonnengesang, Ess. 75; Wir klopfen an beim lieben Gott, Ess. 75; Zärtlichkeit - eine Antwort, Ess. 76; Gebete auf dem Bahnhof, Ess. 76; Schweigen, Ess. 76; Lachen macht menschlich, Ess. 77; Das Lied der Liebe, Ess. 77; Wer bin ich?, Ess. 77; Und gingen zu Jesus, Ess. 78; Danke, Ess. 78; Älterwerden, Ess. 79; Ehe ohne Trauschein, Ess. 79; Licht aus Zillis, Ess. 79; Trost an Gräbern, Ess. 80; Heil aus Zillis, Ess. 80; Wunder aus Zillis, Ess. 81; Schwester Sonne — Mutter Erde, Ess. 81; Einfach gut sein, Ess. 81; Homeland, Ess. 82; Botschaft aus Betlehem, Ess. 82; Kleine Wunderwerke, Ess. 81; Kinder —

Boten des Glücks, Ess. 82; Weil ich dich mag, Ess. 82; Toleranz, Brücke zum andern, Ess. 83; Ich bin ich, Ess. 83.

H: Am Strom gefunden, Erzn. 72; Manuelo und die Fischer, Erz. 74; Ein Licht ist angezündet, Ess. 81.

Wallisfurth, Rainer Maria (Ps. Douglas Baacon), Rechtsbeistand; Lyrik-Preis d. U. Bonn 47; Friedrichsgaberweg 550, D-2000 Norderstedt 1, Tel. (040) 5224128 (Essen 3.11.19). Jugendbuch, Roman, Lyrik, Sachbuch.

V: Das Geheimnis der Höllenschlucht, Jgdb. 48, 57; Um den großen Preis, Jgdb. 49, 57; SOS — Fliegende Untertassen, R. 49, 52; Der Mann vom Trömbollfjord, Jgdb. 50; Der Götze mit der Trommel, R. 51; Sowjetunion, kurz belichtet, Bildbd 55; Rußlands Weg zum Mond, Sachb. 64; Meine Sachversicherungen, Sachb. 70; Meine Personenversicherungen, Sachb. 71.

Wallmann, Jürgen, Schriftsteller, Literaturkritiker; VS 70, Intern. P.E.N.-Club 76; Eugen-Müller-Str. 20, D-4400 Münster/Westf., Tel. (0251) 36796 (Essen/Ruhr 15.7.39). Essay, Kritik.

V: Gottfried Benn, Monogr. 65; Else Lasker-Schüler, Monogr. 66; Argumente, Ess. u. Krit. 68; Zum Beispiel, Ess. u. Rez. 75; Malgré tout, Ess. z. 1. Todestag v. HAP Grieshaber 82. — **MV:** Der Autor ist immer noch versteckt, m. Heinr. Böll, Gespräch 81.

MA: Nelly Sachs zu Ehren 66; Margarete Hannsmann, Maquis im Nirgendwo, G. 67; Hans-Jürgen Heise: Küstenwind, G. 69; Else Lasker-Schüler. E. Buch z. 100. Geb. d. Dichterin 69; Siegfried Kessemeier: Gloipe inner Dör, G. 71; Über Karl Krolow 71; Walter Neumann: Grenzen, G. 72; Über H. C. Artmann 72; Der Friede u. d. Unruhestifter 73; Günter Eich z. Gedächtn. 73; Kayper-Mensah: Damifra, G. 75; Berndt Mosblech: Die Aufzeichnungen e. Tages im unersättl. Leben des Morandinus Morandin, Lyr.Prosa 75; Texte f. d. Sekundarstufe 76; Der Schriftsteller Heinrich Böll 77; Sie schreiben zw. Paderborn und Münster 77; Wir erinnern. Jahresquerschnitt e. Sendereihe 78; Rose Ausländer:Aschensommer, Ausgew. G. 78; Textbücher Deutsch, Brief 78; Reiner Kunze: Die wunderbaren Jahre, Lyr., Prosa, Dok. 78; Wirkungsgeschichte v. Christa Wolfs 'Nachdenken üb. Christa T.' 78; Heimat, Region u. Ferne 78; Im Bunker. 50 x Lit. unter der Erde II 79; Peter Härtling:

Materialienbuch 79; Fischer Almanach
d. Literaturkritik 79 u. 80/81; VS
Vertraulich IV 80; Textbücher Deutsch:
Journalist. Textformen 80; Neue
Literatur d. Frauen: Dt.spr. Autorinnen
d. Gegenw. 80; Lyrik — von allen Seiten,
G. u. Aufs. d. ersten Lyrikertreffens in
Münster 81; Üb. Hermann Lenz,
Dokumente seiner Rezeption (1947-
1979) u. autobiogr. Texte 81; Thomas
Bernhard: Werkgeschichte 81; Lex. d.
dt.spr. Gegenwartslit. 81; Das
Erscheinen eines jeden in d. Menge,
Lyr. aus d. Bdesrep. Dtld u. West-Berlin
seit 1970 83.

H: Après Aprèslude, G. auf Gottfried
Benn 67; Das Neueste Gedicht, Bd 41-46
70; Peter Hille: Ein Spielzeug strenger
Himmel, Lyr., Prosa, Aphor. 70; Von den
Nachgeborenen, Dicht. auf Bertolt
Brecht 70; Johannes Poeten: G. 1946-
1971 73; Reiner Kunze/Materialien u.
Dok. 77; J. Bobrowski: Ja, ich sprech in
den Wind, Lyr. u. Prosa 78; Das
Gottfried Benn-Brevier, Aphor.,
Reflexionen, Maximen 79; Christl.
Dichtung v. Barock bis z. Gegenw., Anth
81.
Lit: Franz Lennartz: Dt. Schriftsteller
d. Gegenw. 11. Aufl. 78; H.E. Käufer u.
Walter Neumann: Sie schreiben zw.
Paderborn u. Münster 79; Walter
Helmut Fritz: Üb. Jürgen P. Wallmann
"Zum Beispiel" in: Lit. u. Krit., H. 94, 75.

Wallner, Christian (Ps. Johannes
Winkler), freier Journalist; Vorst.mitgl.
GAV 78, Gewerksch. Kunst u. Freie
Berufe/Sekt. Journalisten, Literar-
Mechana, L.V.G.; Georg-Trakl-Pr. f.
Lyrik d. Ldes Salzburg 73, Förder.pr. d.
Ldes ObÖst. 74, Förder.pr. z. Staatspr.
(Lyrik) 75, Buchprämie d. Unterr.-Min. f.
Erstveröff. 78; Alpenstr. 159, A-5020
Salzburg (Gmunden, ObÖst. 30.3.48).
Lyrik, Roman, Essay, Fs.-Filme, Hör-
spiele, Feuilleton, Kabarett.
V: Freund und Feind, Lyrik, Kurz-
prosa 78, 79; MotzArt, Kabarett-Texte
80. — **MV:** Daheim ist daheim,
Heimatgeschn. 73, 76; Da nahm der
Koch den Löffel, Autoren kochen, Prosa
74, 77; Winterspiele, Skigeschn. 75, 77;
Literaturmagazin 2 74; Österreich heute
78, 79; Zeit u. Ewigkeit 78, 79; Tinten-
fisch 16, Lit. in Öst. 80.
R: Scherzo — Anton Bruckner, eine
Ermittlung 78; In meinem Land
Ordnung u. Ruhe ... 79; 1985, SF-Hsp. 79;
Jemand hat diesen schwarzen Himmel
verlassen 79; Ruhe da hinten!, Fsf. 79;
Machen Sie sich frei!, Fsf. 80; Jemand

hat diesen schwarzen Himmel ver-
lassen, Fsf. 80; Klausberger
Geschichten, Fs.-Serie 80; Schatten üb.
Herrenstein — satir. Hsp.-Serie 83;
Hand auf's Herz! 83; M. wie Makart 83;
Der Zwiebelturm 83, alles Fsf.
Lit: Christine Falkensammer: Chr. W.
eine Monogr., Mag.arb. U. Salzburg 80; S.
J. Schmidt, R. Zobel u.a. (Hrsg.): Zum
Literaturbegriff in d. Bdesrep. Dtld.
Empir. Textanalysen u. Rezeptions-
forsch. 81.

Wallner, Ernst Maxim, Dr. phil., Prof.;
Maria-Theresia-Str. 16, D-7815
Kirchzarten, Tel. (07661) 5553
(Mettersdorf/Rumänien 12.3.12). Roman,
Novelle, Essay. **Ue:** Rum.
Ue: Ewiger Acker, rum. Nn. 42, 43;
Mihail Sadoveanu: Die Nächte um
Johanni, R. 44.
s. a. Kürschners GK.

Wallner-Basté, Franz, Dr. phil.,
Senatsrat a.D.; Bundesverd.-Kr. I. Kl.,
Gold. Ehrennadel d. dtsch. Rdf., Bredow-
Medaille f. Verd. um d. dtsch. Rdf.;
Argentinische Allee 32a, D-1000
Berlin 37, Tel. (030) 8018595 (Dresden
13.9.96). Lit.-. Mus.-, Theat.-Kritik, Rdf.,
Film. **Ue:** Arab, E, F, I, S.
V: Verdi aus der Nähe 79. —
MV: Musikstadt Berlin zw. Krieg u.
Frieden 56; Gedanken zum Film 62;
Sind die Deutschen wirklich so? 65;
Stummfilmmusik 70.
F: Das Hofkonzert; Liebe kann lügen,
u.a.
R: Verklungene Wellen; Vom
Komödienhaus zum Stadttheater;
Goethe; Verdi hört Lohengrin, u.a. Hsp.;
Verdisänger; Wagnersänger von einst,
Sendereihen.
Ue: u. **H:** Gabriele d'Annuzio:
Amaranta, Das Tagebuch einer Leiden-
schaft 42, 44; Verdi, Biogr. in Briefen 45;
Diego Fabbri: Theaterblut; Erzählungen
von Moravia, Buzzati, Tecchi, Ridolfi,
u.a.

Wallraff, Günter, Autor; VS 71, P.E.N.
71; Fördererpr. d. Ldes NRW 68 (zurück-
gegeben), Gerrit-Engelke-Literaturpreis
79; Thebäerstr. 20, D-5000 Köln 30
(Burscheid b. Köln 1.10.42). Reportage,
Hörspiel, Dokumentarfilm, szen.
Dokumentation.
V: Wir brauchen Dich 66, u.d.T.:
Industriereportagen 70, 76; Nachspiele,
szen. Dok. 68, Neuaufl. 82; 13 unerwünschte Reportagen 69, 74; Von einem
der auszog und das Fürchten lernte 70,
72; Neue Reportagen, Untersuchungen
und Lehrbeispiele 72; Aufdeckung einer

Verschwörung 76; Die Reportagen 76;
Der Aufmacher. Der Mann der bei
"Bild" Hans Esser war 77; Zeugen der
Anklage. Die "Bild"-beschreibung wird
fortgesetzt 79; Das BILD-Handbuch bis
zum BILDausfall 81. — **MV:** Was wollt
ihr denn, ihr lebt ja noch, m. Jens
Hagen 73, 74; Ihr da oben - wir da unten,
m. Bernt Engelmann 73, 75; Wie hätten
wir's denn gerne?, m. Bernd Kuhlmann
75, 76; Unser Faschismus nebenan, m.
Eckart Spoo 75; Bericht zur
Gesinnungslage der Nation/Bericht zur
Gesinnungslage des Staatsschutzes, m.
Heinrich Böll 77; Die unheimliche
Republik, m. Heinr. Hannover 82.
MA: Tabus der deutschen Presse 71;
Schrauben haben Rechtsgewinde 71;
Texte aus der Arbeitswelt seit 1961 74;
Strafjustiz 77.
R: Flucht vor den Heimen 71; Erfolg
gibt uns Recht 72.
Lit: Peter Kühne: Arbeitsklasse und
Literatur 72; Günter Wallraffs
Industriereportagen 73; In Sachen Wall-
raff 75.

Walsdorf, Lothar; Lenin Ring 36,
DDR-1600 Königs Wusterhausen (Zittau
16.10.51). Lyrik, Hörspiel.
V: Der Wind ist auch ein Haus, Lyr.
81; Grün weht der Lärm ins Land, Lyr.
82; Im gläsernen Licht der Frühe, Lyr.
83.
MA: Weißer Falke Sternenschein, Lyr.
Nachdicht. 82; Was sieht die Ringel-
taube?, Anth. 83.
R: Hochzeit, vorübergehend; Das
Sommerpferdchen; Allherbstliches
Märchen; Frl. Maus, Sonntagmorgen;
Max und Max, alles Hsp.

Walser, Johanna, Studentin; Luise-
Rinser-Pr. 82; Zum Hecht 36, D-7770
Überlingen/Bodensee 18 (Ulm 3.4.57).
Kurzprosa **Ue:** F.
V: Vor dem Leben stehend, Kurzprosa
82, 2.Aufl. 83.
Ue: Molière: Der eingebildete Kranke,
m. Martin Walser 83.

Walser, Margret, s. Greither, Margit.

Walser, Martin, Dr. phil.; P.E.N. 61,
Gruppe 47 55; Hermann-Hesse-Preis 57,
Gerhart-Hauptmann-Preis 62, D-7770
Überlingen/Bodensee, Tel. (07551) 4131
(Wasserburg/Bodensee 24.3.27). Roman,
Erzählung, Drama, Novelle, Essay,
Hörspiel.
V: Ein Flugzeug über dem Haus u.a.
Geschn. 55; Ehen in Philippsburg, R. 57;
Halbzeit, R. 60; Eiche und Angora, Dr.
62; Überlebensgroß Herr Krott, Dr. 63;

Lügengeschichten 64; Der schwarze
Schwan, Dr. 64; Erfahrungen und Lese-
erfahrungen, Ess. 65; Das Einhorn, R. 66;
Die Zimmerschlacht, Dr. 67; Heimat-
kunde, Ess. 68; Ein Kinderspiel, Dr. 70;
Aus dem Wortschatz unserer Kämpfe,
Prosa 71; Der Sturz, R. 73; Wie und
wovon handelt Literatur, Ess. 73; Das
Sauspiel, Dr. 75; Jenseits der Liebe, R.
76; Ein fliehendes Pferd, Nov. 78; Wer ist
ein Schriftsteller, Ess. 78; Seelenarbeit,
R. 79; Das Schwanenhaus, R. 80;
Selbstbewußtsein u. Ironie, Ess. 81; In
Goethes Hand, Dr. 82; Brief an Lord
Liszt, R. 82; Ges. Geschichten 83.
R: Die Dummen, Hsp. 52; Kantaten
auf der Kellertreppe, Hsp. 53; Ein
grenzenloser Nachmittag, Hsp. 55; Der
kleine Krieg, Hsp. 55; Ein Angriff auf
Perduz, Hsp. 55; Säntis 79.
Lit: Wilhelm Schwarz: Der Erzähler
Martin Walser 70; Klaus Pezold: Martin
Walser 71; Über Martin Walser, hrsg.
von Thomas Beckermann 70; Th.
Beckermann: Martin Walser oder Die
Zerstörung eines Musters 72; Martin
Walser, Joachim Werner Preuß 72;
Martin Walser, hrsg. v. Heinz Ludwig
Arnold in: Text + Kritik 74; Anthony
Waine, Martin Walser 80.

Walter, Dieter (Ps. Dorothea Daniels,
Martin Renz, Vicky Scharbach),
Übersetzer; VS 75; Dorfstr. 23, D-4320
Hattingen, Tel. (02982) 1499 (Iserlohn
8.9.50). Unterhaltungsliteratur,
Erzählung, Übersetzung, Kinderbuch.
Ue: F, E, Am, Ndl.
V: Bruchstücke von SONJA und
anderen, Kurzprosa 73; Bastarda, sat. R.
74; Ernste Geschichten, Kurzprosa 75;
Der Mordfall Lady Pettycoat, Kriminal-
erz. 75; Komm in meinen Fleischwolf,
Liebste!, Satiren 77; Der Herr der
Drachenhäute, M. 80; versch. Unter-
halt.romane 80-83.
Ue: Nicolas Aubin: Geschichte der
Teufel von Loudun 73, 80; Bavent:
Geschichte der Madeleine Bavent,
Nonne im Kloster St. Louis zu Louviers
... 80; Hawkins:Märchen u. Computer 83.

Walter, Ernst, s. Heyda, Ernst.

Walter, Friedrich, Dr. phil.,
Schriftsteller, seit 52 Londoner Kultur-
berichterstatter d. SWF; P.E.N.;
Literaturpreis der "Sammlung", hrsg. v.
Klaus Mann, Amsterdam 34, Bundes-
verdienstkreuz I. Klasse 63; 89B
Fritzjohn's Avenue, London NW 3, 6 NX
(Wuppertal-Elberfeld 19.7.02). Roman,
Novelle, Essay. **Ue:** E.

V: Kassandra, R. 39, u.d.T.: Nächte mit Kassandra 52; Tobias, R. 40, u.d.T.: Die Reise mit dem Engel 51.
MA: Klaus Mann zum Gedächtnis 50; Linien eines Lebens. Friedrich Bischoff, Gestalt, Wesen und Werk 56.
H: Selections from Thomas Mann 48, 68.
Ue: Maurice Burton: Die Kindheit der Tiere 57; Siegfried Kracauer: Von Caligari bis Hitler. E. Beitr. z. Gesch. d. dt. Films 58.

Walter, Gottfried, s. Schiffer, Fritz.

Walter, Hans, Schriftsteller; SSV 36; Preis Pro Arte-Stift. 43, 59, Schweiz. Schillerstift. 43, 50, 63, Pr. Romanwettbew. Büchergilde Gutenberg 51, Ehrengabe d. Kt. Zürich 73, Ehrengabe d. Stadt Zürich 73, CH-1164 Buchillon/Vaud, Tel. (021) 763020 (Brügg, Kt. Bern 17.1.12). Roman, Novelle, Essay, Lyrik.
V: Ein Beschwörer seines Nichts, Aufzeichn. 33; Meine Stunde, G. 34; Der Lord, Erzn. 36; Glückliches Land, Bilderbogen 41, 46; Der törichte Schatten, Erz. 42; Der kleine Virtouse, Erz. 42; Das alte Fräulein, Erz. 42; Kleiner Alltag, Erzn. 43; Gedichte 44; Fina, Erz. 48, 52; Im Verborgenen, 3 Erzn. 50; Güter dieses Lebens, R. 53; Am Abend der Zeit, R. 53; Von Tag zu Tag, Erzn. 56; Spiegelbilder, Erzn. 56; Der Faden der Ariadne, R. 58; Mein Himmelsstrich 62; Die große Tour, Erzn. 62; Im Wandel des Jahres, kl. Prosa 68; Der blaue Fauteuil, Ges. Kurzgesch. 72; Ein Bilderbogen, Kl. Prosa 73; Viele unter uns, Ges. Erz. 73; Mitläufer, R. 77.
H: Dein Herz weiß um Verborgenes. Aus romant. Dicht. 52; Zum höchsten Gut in dieser Welt. Aus Friedrich von Logaus Sinn-G. 56; Wo bleibt die Sorge nun und Not?, Eichendorff-Ausw. 61; Groß sind auch die kleinen Dinge 60; Verzauberter Alltag, Anth. 63; Rosen 64; Hans Gerber: Der Mensch u. sein Werk, Monogr. 82. – **MH:** Seeland, Ess. 44; Venedig, Ess. 55; Florenz, Ess. 56; Hans Gerber: Collagen. Mit abstrakter Kunst leben, Ateliergespräch m. H. Gerber 65; Berge, Ess. u. ausgew. Texte 67; Wald, Ess. u. ausgew. Texte 70, beides Fotob.

Walter, Heinz Erich, Schriftsetzer, D-7129 Schloß Liebenstein, Tel. (07133) 4580 (Weil am Rhein 22.6.34). Sprachgeschichte, Literaturgeschichte.
V: Dichteritis - Der deutschen Dichter und Denker unfreiwilliger Humor 75 II; Rechtschreibung deutscher Namen 74; Ortsnamen 77; Ortsbücher seit 64; Sippenbücher seit 83.

Walter, Käte, Jugendpflegerin, Schwester i.R.; Bergkirchen 465, Pfarrhaus, D-4970 Bad Oeynhausen 8 (Qualitz b. Bützow/Mecklenbg. 29.5.86). Christliche Lyrik.
V: In der Tiefe hört ich Quellen rauschen, G. 15; Aus dem Garten der Seele, G. 21, 26; Es wird nicht dunkel bleiben, G. 47; Zu Gottes Lob, G. u. Betrachtn. 57, 62; Von Deiner Gnade will ich singen, G. 65; Herr, bleibe bei uns! G. 74; Mach mich getrost, G.-Ausw. 78; Quell allen Lebens, G.-Ausw. 81. ( )

Walter, Michael, Mag.Art., Übersetzer; VdÜ 82; Baaderstr. 43, Rückgebäude, D-8000 München 5, Tel. (089) 2010554 (Wiesbaden 4.1.51). Übersetzungen.
Ue: E.
Ue: Bulwer-Lytton: Das kommende Geschlecht 80; H.P. Lovecraft: Die Katzen von Ulthar 80; In der Gruft 82; Lewis Carroll: Sylvie & Bruno 80; Ian McEwan: Zwischen den Laken 82; George Orwell: Farm der Tiere 82; Laurence Sterne: Tristram Shandy 83; Der Trost von Fremden 83.

Walter, Otto F.; P.E.N. 68; Auf der Reben, CH-4538 Oberbipp, Tel. (065) 762585 (Rickenbach/Schweiz 5.6.28). Roman, Drama.
V: Der Stumme, R. 59; Herr Tourel, R. 62; Elio oder eine fröhliche Gesellschaft, Dr. 65; Die Katze, Dr. 67; Die ersten Unruhen, R. 72; Die Verwilderung, R. 77; Wie wird Beton zu Gras, R. 79; Das Staunen d. Schlafwandler am Ende d. Nacht, R. 83.

Walter, Rainer, Heimlehrer, Journalist; SSV 75; 1. Pr. Kurzgesch.-Wettbew. SSV 76; SOSV 75; Lötschbergweg 8, CH-2540 Grenchen, Tel. (065) 525006 (Biberist SO 5.6.38). Kurzgeschichten, Roman.
V: GC Honegger probt den Ernstfall, Kurzgeschn.; Besetztzeichen, Kurzgeschn. 77; Vom Heilbad zum Kinderheim Bachtelen 79; Der Gastarif, R. 77. – **MV:** Die Brücke v. Arch 73; Peter Wullimann 74; Das Buch vom Grencher Wein 76.
MH: Grencher Jb. 72.

Walter, Silja (seit 48: Sr. Maria Hedwig, O.S.B.); Lit.-Ausz. durch die Stadt Zürich 67, Schweiz. Schillerstift. 68, Kunstpr. d. Kantons Solothurn 71, Werkauftr. d. Stift. Pro Helvetia Zürich 71, Anerkenn.pr. d. Stadt Zürich 79, Kulturpr. Olten 82, Auszeich. Wettbewerb f. christl. Lit. "Furche" Wien 82; Kloster Fahr, CH-8103

Unterengstringen, Tel. (01) 7500753
(Rickenbach b. Olten/Schweiz 23.4.19).
Religiöse Spiele, Lyrik, Erzählung.
V: Die ersten Gedichte 44, erw. Aufl.
u.d.T.: Gedichte 50; Wettinger Stern-
singerspiel 55; Es singt die Hil'ge
Mitternacht, Weihn.orat. 56; Die herein-
brechende Auferstehung, Ostererz. 60;
Beors Bileams Weihnacht, Erz. 61; Sie
warten auf die Stadt, Pfingsterz. 63;
Gesammelte Spiele 63; Der Fisch und
Bar Abbas, Erz. 67; Würenloser
Chronikspiel 70; Der Tanz des
Gehorsams oder Die Stohmatte 70;
Gesammelte Gedichte 72; Die Schleuse
oder Abteien aus Glas R. 72; Hol mich
herein, Meditationen 73; Die Scheol
tanzt, Hsp. 73; Ich bin nicht mehr tot,
Hsp. 74; Tanz vor dem Herren, Gottes-
dienste 74; Beim Fest des Christus,
Meditationen 75; Das Hymnenjahr,
Hymnen 75; Der Turm der Salome,
Monodr. 76; Der brennende Zeitvertreib,
Hsp. 76; Jesus in d. Wüste, Evangeliensp.
f. Jugendliche 77; Jan der Verrückte,
Sch. 78; Frau mit Rose, Sch. 78; Eine
kleine Bibel, Vorlesebibel 80; Ruf u.
Regel, Meditat. 80; Die Jahrhundert-
treppe, Festsp. 81; Mein Gebetbuch,
Kindergebete 82; Die Wallfahrt,
Mysteriensp. 82; Sie kamen in d. Stadt,
Sch. 81. — **MV:** Das Kloster am Rande
der Stadt 71.

Walters, Hellmut, Dr.phil., StudDir.;
Kg. 65, Die Kogge 66, P.E.N.-Zentr. 74,
RSGI 79; Lit.pr. Sudetendt.
Landsmannsch. 65, Ostdt. Jgdbpr. 65,
Andreas-Gryphius-Förderpr. 68,
Erzählerpr. d. Ostdt. Kulturrates 75, 78,
80; Weinleitenweg 24, D-8390 Passau,
Tel. (0851) 6507 (Obersekerschan/CSSR
19.1.30). Erzählung, Roman, Lyrik,
Essay, Aphorismus.
V: Boschenkas große Reise, Erz. 64;
Pulsschläge, Erz. 65; Plädoyer f.
Wechselrahmen, R. 66, u.d.T.: Nie mehr
nach Kaplowitz 71; Kerbzeichen, G. 67;
Der Mann ohne Ausweis, R. 69; Jeder
Mensch hat e. Verwandtschaft, Erz. 69;
So ein kleines Paradies, Erz. 72; Mehr
Respekt vor Radobschan, Erzn. 72;
Farben u. Frakturen, G. 73; Wer abseits
steht wird zurückgepfiffen, Aphor. 73;
Zungenschläge, Aphor. 76; Dammbruch,
R. 79; Vierhändig od. Nationale Noten,
Erzn. 79; Nach Hause in die weite Welt,
Erzn. 80; Wenn die Wörter Kopfstand
machen, Aphor. 81.
Lit: Sudetenld, H. 2 65; Sudetendt.
Kulturalm. VI 66; Umgang m. Texten 73;
Das Gymnasium in Bayern, H. 10 79.

Walters, Ralph M., s. Ilmer, Walther.

Waltharius, s. Studinski, Walther.

von Walther, Gertrud, s. Glauber,
Trude.

Walther, J. Monika, M.A., Dipl.-Päd.,
Schriftstellerin; VS 78; Lyrischer März
79; Scharnhorststr. 68, D-4400 Münster/
Westf., Tel. (0251) 45907 (Leipzig 7.8.45).
Prosa, Lyrik.
V: Verlorene Träume — Geschichten
nach dem Hochzeitslied 78, 2. Aufl. 79,
(erweit.) Tb.ausg. 83; Die Traurigkeit
nach d. Singen, R. 81. — **MV:** Die Reise
nach 75; Ein paar Dinge von denen ich
weiß, G. 77; Diese Alltage überleben,
Leseb. 1945-1984 82 (auch Hrsg.).
R: Die Schlachtenbummler, Hsp. 69;
Das weiße Zimmer, Hsp. 82; Der
Ausflug, Hsp. 83.

Walther, Joachim; Dorfaue 2-4, DDR-
1254 Schöneiche b. Berlin (Chemnitz
6.10.43).
V: Sechs Tage Sylvester 70; Zwischen
zwei Nächten 72, 79; Meinetwegen
Schmetterlinge, Gespräche mit Schriftstellern 73; Das Verführerbüchlein 74,
76; Ich bin nun mal kein Yogi 75, 78;
Stadtlandschaft m. Freunden, Geschn. u.
Miniaturen 78; Ruhe bewahren 79;
Bewerbung bei Hofe 82.
H: Die Anti-Geisterbahn, Skurrile
Geschn. 73; Mir scheint der Kerl lasiert,
Dichter üb. Maler 79; Vom Geschmack
d. Wörter, Miniaturen 80; Brennes-
selsuppe u. Hiatiti, Kindheitsgeschn.
83. — **MH:** Die Rettung des Saragossa-
meeres, M. 76.
R: Kurskorrektur, Hsp. 71; Ein Dorf
auf dieser Erde, Hsp. 71; Randbewohner,
Hsp. 74; Infarkt, Hsp. 76; Bewerbung bei
Hofe, Hsp. 79; Candide od. Hoffen
lernen, Hsp. 81; Doppelkopf, Hsp. 82;
Wachsende Entfernung, Hsp. 83.

Walther, Julius E., s. Link, Erich.

Walz, Herbert, Schriftsteller, Schrift-
leiter; VS Baden-Württ. 55; Conradin-
Kreutzer-Str. 11, D-7218 Trossingen, Tel.
(07425) 6331 (Trossingen 7.11.15). Lyrik,
Roman, Novelle, Jugendbuch.
V: Reiterei im Morgenrot, Leg. 38, 43;
Brücke in den Morgen, G. 51; Traum
und Sendung, G. 52; Tanz am blauen
See, N. 53; Das Lied der großen Freude,
R. 54; Wenn des Himmels Vorhang reißt,
R. 59; Gast auf dieser Erde, R. 60; Das
heilige Abenteuer, G. 61; Die Brombeer-
pflücker, R. 64; Frucht und Stachel, G.
65; Der kleine Zauberer Popilus 66, 77;
Abenteuer mit Popilus 67, 77; Meister-
zauberer Popilus 68, 78; Das Räubernest

im alten Schloß 72, 79; Billy Bumm und der Riese Fürchtenichts 74, alles Jgdb.; Innenernte, G. 75. — **MV:** Die guten Dinge unseres Landes 68; Treffpunkt der Reporter, Jgdb. 69; Geruhsam war's im Lande nie 80.
MH: Grock. Ein Leben als Clown 51.
S: Der kleine Zauberer Popilus 79; Abenteuer mit Popilus 79; Meister-zauberer Popilus 79.

Walz, Werner *

von Wandau geb. Freiin von Malchus, Luise Elisabeth (Ps. Leila von Malchus); SÖS 57, VS 70, Ö.S.V. 71; Igda-Pr. 70; Weyringerg. 31/14, A-1040 Wien, Tel. (0222) 6592023 (Bonn/Rhl. 22.10.13). Roman, Novelle, Hörspiel, Lyrik.
V: Das Wunder kommt morgen, R. 59; ... und jede Nacht derselbe Traum, R. 61; Die Fürstin, R. 66; Wie jeden Tag, Erz; Zwischenlandung in Saigon, Ess. 72; Im Flug um die Welt, Reise-Erlebn. 78; Ein Stern üb. Jerusalem, Prosa 80; Der Mann neben d. Gleis, Lyr. u. Prosa 82.
MA: Quer, Erdachtes — Geschautes, Stimmen zur Schweiz, Anth. Lit. Gr. 2000 Mannheim, Diagonalen 76, Aufschreiben, Lyr. 81, Kennwort Schwalbe 81, u.a. Anth.; regelm. Mitarb. an Schrr. d. "Haus d. ev. Publizistik", Frankfurt; "Bayer. Nordgautag" Nr. 23 80, Nr. 24 82, sowie versch. Zss., u.a.: Schrifttum aus Öst. 3/6 78, 7/8 80, 9/10 81, 9/10 82.

Wandel, Günter, D-7753 Allensbach, Tel. (07533) 6313 (Berlin 22.5.02).
V: Die strenge Kur, Erzn. 44; Das Stachelhalsband, Zyklus 47; Herrn Pollenquists große Versuchung, R. 49; Setzt euch!, Schulgeschn. 51, 57; ... und die Antwort gibt das Leben, Jgd.-R. 56; Industriekonzert, R. 59.
B: Arnold Bennet: Eine tolle Nummer 61; Richard Collier: Dünkirchen 62; John Steinbeck: Die gute alte und die bessere neue Zeit 64; Evans Cottmann: Der Inseldoktor 65; John Steinbeck: Logbuch des Lebens 66. ( )

Wander, Fred; SV-DDR 60, P.E.N.-Zentrum d. DDR; Fontanepr. 66; Thälmann-Str. 22, DDR-1532 Kleinmachnow (Wien 5.1.17). Erzählung, Kurzgeschichte, Jugendbuch, Feuilleton, Reportage.
V: Taifun über den Inseln, Erz. 58, 60; Korsika noch nicht entdeckt, Rep. 58; Bandidos, Erz. 61, 63; Paris — doppeltes Antlitz, Rep., Erzn. 66; Nicole, Erz. 71; Der siebente Brunnen, Erz. 71 (engl. 76); Ein Zimmer in Paris, Erz. 76, 81; Joshua

läßt grüßen, Theaterst. 76; Provenzalische Reise, Rep. 77, 80; Zwei Stücke 79, Der Bungalow, Kom. 79.
H: Maxie Wander: Tagebücher u. Briefe 79, 82. ( )

Wandersleb, Gerd, s. Wolf, Gunther.

Wandrey, Uwe, Dr. phil., Lektor, freier Schriftsteller; VS; Elbdeich 11, D-2161 Krummendeich, Tel. (04753) 419 (Hamburg 10.5.39). Lyrik, Prosa, Hörspiel, Kinderbuch.
V: Reizreime, Lyrik 66, 67; Kampfreime, Lyrik 68, 69; Songs 71; Das Motiv des Kriegs in der express. Lyrik 72; Versteckt und doch entdeckt, Kinderverse 72; Lehrzeitgeschichten 73; Alles gelogen. Mod. Schildbürgerstreiche 75; Der Räuber Ratzeputz 77; Auffällig ist immer die Stille 79; Der Zauberbäcker Balthasar 81.
H: Eiffe: Eiffe for President 68; Garstige Weihnachtslieder, Lieder u. Lyrik 68, 70; Stille Nacht allerseits. Ein garstiges Allerlei 72; Da kommt ein Mann mit großen Füßen. Tag- und Nachtgeschn. 73; Kein schöner Land. Deutschspr. Autoren zur Lage der Nation 79; Heilig Abend zusammen. Ein garst. Allerlei II 82. — **MH:** Georg Heym. Dok. zu Leben u. Werk 68; Agit prop. Lyrik, Thesen, Berichte, Anth. 69; Kasernentexte, Lyrik, Prosa, Anth. 70.
S: Da habt ihr es 71; Trotz alledem 77.

von Wangenheim, Inge, Schauspielerin, Regisseurin; SV-DDR 55; Rosenweg 3, DDR-5300 Weimar, Tel. 61166 (Berlin 1.7.12). Roman, Essay.
V: Mein Haus Vaterland, Erinn. 50, 76; Auf weitem Feld, Erinn. 55; Am Morgen ist der Tag ein Kind, R. 57; Einer Mutter Sohn, R. 58, 65; Professor Hudebraach, R. 61, 70; Das Zimmer mit den offenen Augen, R. 65, 77; Die Geschichte und unsere Geschichten, Ess. 66; Reise ins Gestern. Blick auf e. Stadt 67; Die hypnotisierte Kellnerin 68, 75; Kalkutta liegt nicht am Ganges 70, 82; Die Verschwörung der Musen, Ess. 71; Die Probe, R. 73, 74; Die tickende Bratpfanne, Erinn. 74, 77; Von Zeit zu Zeit, Ess. Samml. 75; Hamburgische Elegie, R. 77; Spaal, R. 79; Die Entgleisung, R. 81; Genosse Jemand u. d. Klassik, Ess. 82, 83; Mit Leib u. Seele, publizist. Samml. 82.
H: Die Volksbühne, Mschr. 47 — 48.

Wankmüller, Manfred (Ps. MW), Redakteur; V.F.S.; Goethestr. 59, D-7182 Gerabronn, Tel. (07952) 5129 (Gerabronn

25.12.24). Erzählung, Biographie,
Jugendbuch.
V: Schlitzöhrige Geschichten aus
Hohenlohe I 65, 79, II 70, 78. III 80; Der
Maler Arnold-Graboné, Kunstbd. 71;
Zwei Jungen retten das Tessin, Jgdb. 77;
Jagd auf die Atomspione, Jgdb. 80.

Wanner, Paul; VS; Schubart-Preis 60;
Schiller-Ges., Hölderlin-Ges., Kleist-Ges.
81, Goethe-Ges. 81; Haidlenstr. 9, D-7000
Stuttgart 70, Tel. (0711) 760124
(Schwäbisch Hall/Württ. 27.7.95). Drama,
Lyrik, Roman, Novelle, Essay, Hörspiel,
Fernsehspiel.
V: P. G. (Prisonnier de Guerre), Dr. 29;
Brennende Heimat, Dr. 34; Jedermann,
Dr. 36, 52; Der Dombaumeister, Dr. 37,
56; Aufstand d. Frauen, Lsp. 40; Der
falsche Vater, Lsp. 43; Zweierlei Blut?,
Dr. 49; Der Schneider von Ulm, Lsp. 49;
Bettler vor dem Kreuz, Dr. 49; Vor
Torschluß, Dr. 49; Die Stadt aus
Trümmern, Dr. 50; Das Riedlinger
Bauernspiel, Dr. 50; Der letzte Tag, Dr.
54; Das Kaiserspiel, Dr. 56; Der Leon-
berger Landtag, Dr. 57; Der Wunsch-
könig, Kom. 57; Der Geiger von Gmünd,
Dr. 61; Andreas Hofer, Tr. 62; Sankt
Viktor, Tr. 62; Fatima, Dr. 63; Das
Neuenstadter Herzogsspiel, Dr. u. Hsp.
63; Schillers Dramen, Ess.; Der Tübinger
Vertrag, Dr. 64; Der redliche Spion,
Kom. 64; Die Derdinger Kuchenreiter,
Dr. 64; Die Könige zu Heimsen, Dr. 65;
Das Wirtshaus im Spessart, Lsp. 65; Der
verlorene Vater, Dr. 67; Schwäbische
Weibertreu, Kom 67; Der Schmied von
Illingen, Dr. 67; Die Weiber von Weins-
berg, Kom. 67; Kleider machen Leute,
Kom. 70; Die Ravensburger Handelsges.,
Dr. 70; Anna Büschlerin, Dr. 70; Zwei
Deserteure, Lsp. 70; Die Altweiber-
mühle, Kom. 73; Heiratskarussell, Lsp.
75; Das kalte Herz, Dr. 76; Am Nordkap
war das Wetter gut, Nov. 76; Robert
Guiskard, Tr. nach Kleist 78; Die sieben
Schwaben, Kom. 78; Die Judenbuche,
Tr. 79; Erlebtes u. Geträumtes, Nn.
B: Turandot, nach Gozzi u. Schiller,
Lsp. 65; Schönste europäische Märchen
71.
R: Die Weiber von Schorndorf;
Schwäbische Trilogie: Moser, Schubart,
Schiller; In tirannos, u.v.a. Hsp.
Lit: u.a.: Bernhard Blume: P. W.

Wanner, Walter, Gymnas. Prof.
(Stud.Dir.); Heinrich-Langenbachstr. 2,
D-7562 Gernsbach 2, Tel. (07224) 5842
(Karlsruhe 7.1.22). Kurzgeschichten,
Kurzdramen, Jugendliteratur, päd.-
psychol. Literatur.

V: jugend aktiv, Gruppenpäd. 71, 3.
Aufl. 76; Tschüß Langeweile.
Kurzdramen, Kdb. 73, 2. Aufl. u.d.T.:
Hassan spielt den Zachäus 76;
Traumschiff Skyhunter, Jgdb. 73;
Signale aus d. Tiefe, Psychol. 75, 2. Aufl.
78; Wer bin ich — wer bist du?, Jugend-
psychol. 75, 2. Aufl. 80; Mitten im Leben
ist Er da, Erzn. 76; Werkbuch
Gleichnisse, Theol. 77, 2. Aufl. 80; Das
Leben meistern, Jgdb. 79, 2. Aufl. 83;
Seelische Krisen, Psychol./Theol. 79;
Neue Anspiele, Kurzdramen, Report. 80;
Mach mehr aus dir, Psychol./Theol. 81;
Erzählen kann jeder, Erzn. 82. —
MV: Ein × Hölle u. zurück, Erzn. 69;
Sturz ins Leben, Kurzgeschn. 72, 2. Aufl.
75; Bibelarbeit aktuell 82.

Wannicke, Achim, Dipl.-Päd., Leiter
einer Jugendfreizeitstätte, LBeauftr.
Freie U.; VS 79; Aufenthaltsstip. d.
Berliner Kultursen. 80; Seestr. 60, D-
1000 Berlin 65, Tel. (030) 4558430 (Berlin
1.9.50). Lyrik, Essay, Kurzprosa. **Ue:** E.
V: Manchmal geborgen, G. 82.
MA: Jb. f. Lyr. II 80; Liebeslyrik 80;
Politische Lyrik 81; Kinderwunsch,
Prosa 82; Liebeslyrik 82; Die Paradiese
in unseren Köpfen, Lyr. 83; Härter als
der Rest, Lyr. 83.
R: Die Mutprobe der Spatzen 77;
Lyrik 82; Gedicht des Tages 83, alles
Rdfk, u.a.
S: Literarische Reihe '83.

Wanninger, Klaus Christian, Ev.
Theologe, Verlag J. G. Bläschke,
Feistritz 31, A-9143 St. Michael
(Karlsruhe 1953). Roman.
V: 1999, das Atomreich 79, 6. Aufl. 83.

Wannovius, Stephan; Mittlerer
Schafhofweg 4, D-6000
Frankfurt a.M. 70, Tel. (0611) 632720
(Frankfurt a.M. 8.7.57). Lyrik, Kurz-
geschichte.
V: Aufbruch, G. 80.

Warbek, Axel A. *

Warden, Robert *

Warnecke, Heike (Ps. Heike W.),
Realschullehrerin; Auf dem Risch 6, D-
3254 Emmerthal 1, Tel. (05155) 1421
(Diepholz 4.5.47).
V: Keine Zeit f. Gänseblümchen, Lyr.
78. ( )

Warner, Hal, s. Werner, Helmut.

Warnke, Heinrich-Christian, Grafik-
designer; Gerlindweg 25, D-2000
Hamburg 56, Tel. (040) 812012 (Hamburg
15.1.12). Novelle, Roman.

V: Köstliches vom Fisch, Kochb. 61; Das war Graf Luckner, Biogr. 67; Der Hamburger Suppentopf, Kochb. 76; Vampire sind auch nur Menschen, Erzn. 81.
MA: Galionsfiguren, G. von Kurt p.g. Brandt 69 (Erz. u. Einleit.).

Warns, Annemarie *

von Warsberg, Elisabeth Baronin (Ps. Elisabeth Eisenbach); Preis f. beste Publikat. f. Behinderte 82; Mittelburg, D-6901 Neckarsteinach (Wien 2.6.18). Kinderbuch. **Ue:** E, F.
Ue: Carolyn Haywood: Das Luftballonfest Thienemann 75; Viscary: Es gibt immer einen Weg 80. – u. **MUe** Eleanor Francis Lattimore: Klein Pear, m. Margarete Naundorf 50, 60, Klein Pear und seine Freunde 54.

Warsinsky, Werner, Bibliothekar; Die Kogge 54; Europ. Lit.pr. Genf 53; Coerdestr. 51, D-4400 Münster/Westf., Tel. (0251) 293863 (Barlo/Bocholt 6.8.10). Roman, Lyrik, Drama, Essay.
V: Kimmerische Fahrte, R. 53 (auch franz., jap.); L'imatique, Lyr. 58; Legende vom Salz der Tränen, Prosa 70.
MA: Lotblei, Junge Autoren 62; Westfalen unter sich über sich 78.
Lit: J.M.M. Aler: Een ruiker Asfodelen 54; Heinrich Schirmbeck: Schönheit und Schrecken 77.

Wartenweiler, Fritz, Volksbildner; SSV 25; Staubeggstr. 23, CH-8500 Frauenfeld (Kradolf-Schweiz 20.8.89). Biographie.
V: Christen Kold 21; Fridtjof Nansen 30, 46; Alexander Vinet 31; Eugen Huber 32; Unser General Dufour 34; Meister und Diener 34; Max Huber: Spannungen und Wandlungen im Werden und Wirken 53; Herman Greulich: Auch der Arbeiter will Mensch werden 54; Freudi! Aus dem Leben und Schaffen von Josef Reinhart 55; Hans Conrad Escher von der Linth: Die nötigen Reformen zur rechten Zeit 55; Abbé Pierre 56; Emil Huber: Weiße Kohle für die Schweizer Bahnen 56; F. D. Roosevelt; Ich werde damit fertig werden 57, u.a. Jgdb.; Jawaharlal Nehru, Demokrat im Osten; Von Hammarskjöld zu Guisan 62; Wie werde ich reich? 64; Martin Luther King 65; Bildung oder Training? 65; Elisabeth Müller und ihre Welt 67; Zum neuen Tag 68; Weckrufe 69; Vom Ja und vom Nein in der Erziehung 69; Ich suche die Zukunft 70; Sonne in den Alltag 71; Dom Helder Câmara 71; Kampf für die Kommenden 72; Hölle oder Heil 74;

Geld oder Geist 79; Ein Neunziger sucht 80.
Lit: Gespräch und Begegnung. Festschr. f. F. Wartenweiler 59.

Waser-Gamper, Esther (Ps. Esther Gamper), Dr. phil., Sprachlehrerin; ZSV 50, Lit. Club Zürich; Ermunterungspr. d. Kt. Zürich 50, 67, Werkpr. d. Stadt Zürich 52; Steinwiesstr. 76, CH-8032 Zürich, Tel. (01) 2511081 (Zürich 22.7.04). Roman, Erzählung, Novelle, Essay.
Ue: E.
V: Frühe Schatten, frühes Leuchten. Maria Wasers Jugendjahre, Biogr. 45; Vom Glück des schönen Augenblicks, R. 50, 60; Aus dem Gestern wuchs das Heute, Erzn. 57, 60; Werden, Wachsen, Wirken, Maria Waser-Biogr. 59; Joringel, N. 64; Just. Aus d. Leben e. Knaben 66.
MH: Maria Waser: Werke 58 – 60.

Waskönig, Doris; Ostermoorstr. 151, D-2915 Saterland 1, Tel. (04498) 686 (Wuppertal 12.5.30). Kinderbuch.
V: Lauf voran, Nike!, Kdb. 81.

Wasmund, Friedrich *

Wasser, Karl (Ps. Jack Everett, Jack Slade), Schriftsteller; Birkerfeld 37, D-5060 Bergisch Gladbach 1 (Heiligenhaus 4.9.38). Roman.
V: Lassiter, bisher rd 100 Western-R. seit 70; Rauher Trail 67; Oregon Tom 69; Socorro 73, alles Western-R.
MA: Bastei-Western, R.-Reihe seit 65.
( )

(von) Wasserthal-Zuccari, Luise; Rembrandtstr. 3/18, A-1020 Wien (Graz 29.12.07). **Ue:** E, F.
Ue: Richard Gordon: Humoristische Romane; Rumer Godden: Pfauenfrühling; John Galsworthy: Sündenfall; John Hersey: Verschwörung der Dichter; Graham Greene: Der menschliche Faktor. ( )

Wassertheurer, Grete, s. Weber, Grete.

Waterstradt, Berta *

von Wattenwyl-de Gruyter, Julie, Dr. jur.; Tavelweg 34, CH-3006 Bern, Tel. (031) 443323 (Amsterdam 6.5.00). **Ue:** H, F.
Ue: J. Kruisman: Bob Vredeveld wordt man u.d.T.: Bob Vredevelds Kampf und Sieg 48, Idealisten u.d.T.: Bob ringt sich durch 51; J. Fabricius: Die Insel der Dämonen 50; Marianne Jurgens: Loekie Hoogwaard u.d.T.: Gradaus auf krummen Wegen 52; Hella Haasse: Scharlaken stadt u.d.T.: Entheiligte Stadt 53; Arie van der Lugt: Gott schüttelte die Gewässer 54, Der

verrückte Doktor 56, Kapitain Marie
u.d.T.: Kapitän Barend 61; Willem Capel:
Glück auf, Kompeltje u.d.T.: Glück auf,
Herbert 55; L. Bartels: Pfeile im Urwald
57; Harry Vencken: Rover-bis-schop
u.d.T.: Der Herr des Feuers 57; Toon
Kortooms: Pfarrei im Moor 58; N.
Trautwein: Jess weiß etwas zu
erreichen 58; J. Hofstra: Een man alleen
u.d.T.: Rumba auf Montmartre 59; Josy
Croes: De zeven perikelen van Jocarda
Schijfsma u.d.T.: Durchhalten, Jocarda
60; E. Zandstra: Allard Morema u.d.T.:
Der Geheimklub auf der Hütteninsel 62;
R. Derolez: De godsdienst der
Germanen u.d.T.: Götter u. Mythen der
Germanen 63; L. Bartels: Wraak in liet
oewoud u.d.T.: Rache im Urwald 63; Arie
van der Lugt: Der verliebte Clown 63; J.
Dankelman: Amor im Teleobjektiv 62;
A. R. van de Walle: God, die mijn jeugd
verblijdt u.d.T.: Gott will uns fröhlich 63;
Esther Hagers: Marga, meine Mutter 66;
N. Snijders-Oomen: Aus Kindern
werden Leute 66; Jacques Leclercq: Joie
de viellir u.d.T.: Das Alter der schöneren
Liebe 68. ( )

Watzinger, Carl Hans, Prof. h. c.;
Ö.S.V., AKL 55, IKG 60, I.A.K.V. 71;
Tungassingerstr. 38, A-4020 Linz/D., Tel.
(0732) 41455 (Steyr/ObÖst. 7.9.08).
Roman, Erzählung, Drama, Hörspiel,
Essay, Novelle, Kurzgeschichte,
Fernsehspiel.
V: Viel Lärm - und keiner, Dr. 32;
Magda, Sch. 32; Martin, Dr. 37; Spiel in
St. Agathen, R. 37; Die Pfandherrschaft,
Erz. 38; Mensch aus Gottes Hand,
Luther-R. 38, 83 (auch holl., schwed.);
Die Heimkehr aus der Stadt, Erz. 40;
Das gute Jahr, Geschn. 41; Klaus und
die Seinen, Erz. 41; Die Bauernhochzeit,
R. 41, 43; Der Bilderschnitzer von Kefer-
markt, Erzn. 43; Wanderung zu Gott
(Der Untergang des Christian Dietrich
Grabbe), Dr. 48; Liebe in Nohant, Sch.
49; Fünf Unzertrennliche und der
Sechste, Sch. 50; Elefanten sind gut-
mütige Menschen, Kom. 51; Kaiser,
Kurfürst, Herr und Bauer, R. 52; Die
zweite Arche Noah, Dr. 53; Die Chronik
des Vincent van Gogh, Erz. 53, 70; Die
Lauen und die Ohnmächtigen, Dr. 55;
Der alte Feldmarschall, Sp. 56; Das
Subener Weihnachtsspiel 56; Die
Trennung, R. 57; Mit den Augen eines
Vaters, R. 57; Das Brucker Evangelien-
spiel 58; Das Spiel von Leonhard Kaiser
61; Der unheilige Turm, Festsp. 62; Ich
bleibe in der Eisenstadt, Monogr. 65;
Der Glanz von innen, Erzn. 67; Alles

spricht von Charpillon, Libr. 68; Die
Ennser Chronik, Sp. 68; Erdseele, G. 73;
Das Nikolospiel, Erzn. 78; Steyr, Portrait
einer Stadt, Bildbd 79; 1000-jähriges
Steyr, Bildbd 79; Ihre Heimat war Steyr,
Ess. 79; Der Meister von Kefermarkt,
Spiel 79; Ein Leben lang geliebte Kunst.
Gerstmayr u. d. Stahlschnittkunst 82;
Schöpferische Begegnungen jenseits d.
Zeitgesch. Blümelhuber, Handel-
Mazzetti, Enzinger 82; Max Bauböck,
Hüter d. Innviertler Kultur 82; Mein
Freund, der Feuerwehrhauptmann v.
Schwaz, Erinn.b. 83. – **MV:** Stillere
Weihnacht, Erzn. u. G. öst. Autoren 61;
Zwischen den Ufern, Alm. 66; Lebendige
Dichtung in der Innviertler Künstler-
gilde; Hanns Wallner - Papierschnitte
(mit Peter Baum) 74; A. Rastl,
Steirisches Salzkammergut 75.
B: Andersens Märchen 60; Bechsteins
Märchen 60; H. L. Peterson: Alte Feuer-
waffen 65. – **MA:** Die Ostmark erzählt,
Sammelb. junger dt. Dicht. 39; Jb. d.
Innviertler Kunstgilde 60-83.
R: Neues Steyrer Krippenspiel 37;
Das Spiel vom Tod 39; Das Winter-
märchen vom deutschen Wald, m.
Andreas Reischek 44; Der Kaiser von
Steyr 49; Der weiße Häuptling 50; Die
Flucht in das Leben; Neues Steyrer
Nikolospiel 52; Der Urwalddoktor von
Lambarene 53; Der General und das
Recht; Der Meister von Mondsee 54; Die
Macht des Geistes und der Liebe 57;
Ohne Spur sind sie ..., m. Bert Rudolf 57;
Der goldene Käfig an der Pforte von
Yoshiwara 57, alles Hsp. - *Bearb.* Selma
Lagerlöf: Wunderbare Reise des kleinen
Nils Holgersson, Hsp. 58; Goethe:
Reineke Fuchs, Hsp. 59; F. H. Burnett:
Der kleine Lord Fauntleroy, Hsp. 60;
Der Hilfspriester Joseph Mohr, Hsp. 78.
Lit: Adalbert Schmidt: Dichtung und
Dichter Österreichs im 19. und 20. Jahr-
hundert 64, u.a.

Watzke, Helmut (Ps. Andreas
Alexander, Jürgen W. Sternberg), freier
Schriftsteller; FDA; Feldgasse 11, D-
6670 St. Ingbert, Tel. (06894) 7311
(Aussig/Sudetenld 6.9.42). Roman,
Kinder- u. Jugendbuch, Serie, Kurzge-
schichte.
V: Die große Jagd um Punkte und
Tore 69; Alles dreht sich um Flocki,
Kinderb. 71; Wolf im Schafpelz, Jgdr. 73;
Geheimbund Blaue Rose, histor.
Jugend-Abenteuertaschenbuchreihe 80,
sowie ca. 1000 Publikationen aller
Schattierungen in div. Illustrierten.

Waubke-Klostermann, Barbara;
Leinthaler Str. 11, D-8000 München 45.
V: Timofei und Natascha 72; Unser
Pferd heißt Maybe 81; Maybe in der
Stadt 82. ( )

Wawra, Karl, Angest.; P.E.N. 59; Alma-
Johanna-Koenig-Preis 57;
Margaretengürtel 50 — 56, A-1050 Wien,
Tel. (0222) 5567652 (Wien 27.7.24). Lyrik,
Roman.
V: Gärtchen in Moll, G. 51; Der
Stufenbrunnen, G. 55; Türme, Erzn. 57;
Kindern Eintritt verboten, R. 59, 61;
Peter verläßt das Paradies, R. 61; Die
Boten jeder Stunde, G. 63; Quasi vom
Himmel gefallen, Erz. 64; Brigittes
Probemonat, Jgdb. 64; Die Auferstehung
der Sonnenblume, G. 68.
Lit: Viktor Suchy: Der Dichter und
der Engel.

Weber, Alfons, Dr. med., Prof.; im
Rötel 19 c, CH-6300 Zug (Muri AG
26.7.21). Kinderbuch.
V: Elisabeth wird gesund 69, 81.
s. a. Kürschners GK. ( )

Weber, Annemarie (Ps. f. Annemarie
Lorenzen) (Ps. Katja Henning); VS 52,
P.E.N. 73; Lit.pr. d. Stadt Berlin "Junge
Generation" 62; Heerstr. 30, D-1000
Berlin 19, Tel. (030) 3043556 (Berlin
8.6.18). Roman, Erzählung, Feuilleton,
Essay, Kurzgeschichte, Feature, Kritik.
Ue: E, F, I.
V: Korso, R. 61; Westend, R. 66; Roter
Winter, R. 69; Der große Sohn von
Wulkow, R. 72; Ein Mädchen aus
geordneten Verhältnissen 73; Die
jungen Götter, R. 74; Mit Lazi unterwegs
75; Einladung nach Berlin, Berlin-Buch
75; Rosa oder Armut schändet, R. 78;
Sitte und Sünde, Satiren 79; Immer auf
dem Sofa. Das familiäre Glück v.
Biedermeier bis heute 82.

Weber, Beat; Autorengr. Olten;
Förderungspr. d. Stadt u. d. Kt. Bern 74;
Seevorstadt 16, CH-2502 Biel (Utzenstorf
BE 24.8.47).
V: Halbfreiheit, G. 74; Notvorrat, G. 77;
Wortsack, G. 80; Ich & wir, R. 81; Durst,
R. 82.
MA: Kurzwaren, Anth. 75.
R: Dr letscht Obe, Hsp. 74; Chischte,
Hsp. 75; E normale Ma, Hsp. 77; D' Anita
chunnt 79; Gander 80; Das Landschiff
82, alles Hsp.

Weber, Carl August, Schriftsteller;
SDS 47 — 73, FDA 73; Capitolo 50, I-
17030 Onzo (Sv) (Frankfurt/M. 4.5.11).
Novelle, Essay, Film. **Ue:** F.

V: Blick über die Grenzen, Reisenn.
55; Zum Fortschritt verurteilt, wiss.
Jgdb. 75.
H: Frankreich, Dichtung der Gegen-
wart 47, 48. — **MH:** Wir heißen Euch
hoffen 51.
F: Dialog in bit, Industrief. 67; Zum
Fortschritt verurteilt, Industrief. 69;
Voglstang, Industrief. 74.
Ue: François Mauriac: Fleisch und
Blut 49, 55.

von Weber, Charlotte (Ps. Charlo Mor,
Elem, Zhiliosta, Lotte Herbert Mohr,
Charlot Mor, Yallmar Stern), Schrift-
stellerin, Journalistin; Bayer.J.V. 45;
Wetzelstr. 3, D-8000 München 71, Tel.
(089) 794001 (München 8.6.98). Schau-
spiel, Lyrik, Roman, Erzählung, Kurz-
geschichte, Kunst- u. Theaterkritik,
Märchen, Legende, Essay. **Ue:** E, F. I.
V: Von Prinzessinnen und Königs-
söhnen, M. 23; Sauersüße Liebeslieder,
G. 25; Der Spiegel der Iris, M., Legn. u.
Erzn. 26; Die siebenfarbige Laterne, R.
33; Rasthaus Herr Berge, Trilogie 79.

Weber, Frank Michael, Schauspieler;
Turmbund 75, Kreis der Freunde 77;
Haidgasse 10/14, A-1020 Wien
(Remscheid 28.10.43). Lyrik, Novelle.
V: Wandern auf dem Bogen d. Lichts,
Lyr. 81.
MA: Quer 74; Zwischenbilanz 75;
Nachlese 77; Heimat 80, alles Lyrik-
Anth.

Weber, Gerhard Werner, Kunst- und
Theaterkritiker; Poèt Paris, P.E.N.-
Zentr. dt.spr. Autoren i. Ausld 83; 2, rue
Cujas, F-75005 Paris, Tel. (01) 3293029
(Niedersedlitz/Sachsen 24.10.13). Drama,
Lyrik, Roman, Übers. **Ue:** F.
V: Der Mann der nicht ankam, R. 68;
Phenix de mes rêves, Lyr. 60; versch.
bibliophile Gedichtsbde, u.a.: D'abord les
Corps 79; 10 G. zu 6 Lithos von leonor
Fini, 79.
MA: Seine u. Loire 81; Bretagne/
Nomandie 83; 3 bibliophile Gedichtbde
auf 1. Trienale f. Zeitgen. Bibliophilie 82.
Ue: Dora Vallier: H. Rousseau 61.

Weber, Gertrud, Korrektorin;
Maximilianstr. 24, D-6730 Neustadt/
Weinstr., Tel. (06321) 3445
(Nanzdietsweiler 21.3.23). Lyrik.
V: Tage am Rhein, G. 78.
Lit: Rheinld-Pf. im Buch. ( )

Weber, Grete (Ps. Grete
Wassertheurer), Hausfrau; IGdA 72, SSB
72, RSGI 73, FDA Baden-Württ. 74;
Jahnstr. 22, D-7056 Weinstadt, Tel.

(07151) 61114 (Graz 21.6.39). Lyrik, Prosa, Essay, Novelle.
V: Zwischen Lachen und Weinen, Lyr. u. Prosa 75, 2. Aufl. 76; Karin und Günther in den Ferien, Kinderb. 75, 2. Aufl. 78; Krimitime, 20 Kriminalgesch. 75; Stadtnachrichten, G. 77; Die Tigerbande und andere Geschichten, Erz. 75; Guggi und die Bewohner der Waldwiese, Kinderb. 79; Verhängnisvolle Reise, Jgd-Tb. 82.
MA: Zahlr. Anth.
S: Krimitime 80.

Weber, Hans, s. Leidwein, Helmut.

Weber, Hans, Lehrer; SV-DDR 66; Erich-Weinert-Med. 69, Kunstpr. d. Bez. Frankfurt/Oder 73, Alex-Wedding-Pr. 79; Beethovenstr. 50, DDR-1273 Fredersdorf, Tel. 486 (Crossen a.d. Oder 14.7.37). Roman, Film, Hörspiel.
V: Mit Gabi in Bomsdorf, Erz. 63, 65; Rio sieht Gespenster, Kinderb. 67; Sprung ins Riesenrad, R. 68, 75; Meine Schwester Tilli, Erz. 72, 81; Bin ich Moses?, R. 76, 81; Einzug ins Paradies 79, 82.
R: Treffpunkt Raststätte, Jgd.-Hsp. 67; Ferien in Steinbach, Kinderhsp. 68; Folge einem Stern, Fsf. 70; Reise zu Oxana, Kinderhsp. 70; Meine Schwester Tilli, Fsf. 73; Bin ich Moses?, Fsf. 77; Notdienst, Hsp. 78. ( )

Weber, Hans, StudDir.; Windmühlenstr. 43, D-4150 Krefeld-Bockum, Tel. (02151) 599432 (Düsseldorf 18.7.31). Satire, Erzählung.
V: Die Kanalmännchen, Erz. f. Kinder, m. Illustr. 73. — **MV:** Gänsehaut, Geschichten 64; Mini Story 64; Ein Provisorium lacht, Anekdn. 65. ( )

Weber, Heinz, Dr. iur.; Richard-Wagner-Str. 34, D-5000 Köln 50, Tel. (0221) 354377 (Köln 14.8.09). Histor. Rheinschiffahrt, histor. Köln, Kölner Mundart.
V: De Müllemer Böötcher, Prosa 52; Kölsche Verzällcher för Hären un Mamsellcher, Mda.-Prosa I 64, 81, II 68, 71; In alten Zeitungen geblättert, Dokumentation 74; Die Anfänge der Motorschiffahrt im Rheingebiet, Dok. 78. — **MV:** Old-Timer der Rheinschiffahrt, Dokumentation 66.
F: Altes, ewig junges Köln, Drehb. 53. ( )

Weber, Karl, c/o Schillinger-Verl., Freiburg i. Br..
V: Pusteblumen, Kurzgeschn. 82. ( )

Weber, Karl Heinz (Ps. Gerd Geerth), c/o Verlag Das Neue Berlin, Berlin (Ost)

(Bleicherode, Kr. Sondershausen 20.2.28). Kriminalliteratur.
V: Der Mann aus Zimmer 11, Erz. 59; Täter und Opfer, Erz. 60; Verbrechen um die UR 3, Erz. 61; Mord mit kleinen Hindernissen, R. 64; Verhängnisvolles Schweigen, Erz. 64; Kreuz und Galgen, R. 65; Der Fall Erika Groller, R. 66, 79; Die Juwelenbande, Erz. 67; Das Souvenir aus Artopol, R. 67; Auf lange Sicht, R. 71; Mordfall Sylvia Coument, Erz. 72; Auch Tote haben einen Schatten 75, 83; Museumsräuber 76; Tödlicher Tausch, Krim.-Erz. 78; Illusionen 80, 82; Morddrohung, Krim.-Erz. 81; Operation Müll 82; Ein weißer Peugeot 82. ( )

Weber, Leo Johann, Dr. phil., Leiter d. Röm. Museums Augsburg; Rosenaustr. 70, D-8900 Augsburg (Eft/Saarland 26.1.24). Archäologie.
V: Inschriftliche Götterweihungen aus dem Bereich des römischen Mainz 66; Führer durch das Römische Museum 66; Die Ausgrabungen im Dom zu Augsburg 70/71 72; Als die Römer kamen ... 73; Führer Römisches Museum 73; Römisches Museum in der ehemaligen Dominikanerkirche Augsburg 81. — **MV:** Jb.RGZM Mainz 60; Kostbarkeiten aus den Kunstsammlungen der Stadt Augsburg 60; Ad sanctum Stephanum 69; Gersthofen 969 — 1969; Ausgrabungen in Deutschland 75; Augsburg, Geschichte in Bilddokumenten 76; Motorsegler und Archäologie 76; Archäologische Wanderungen um Augsburg 77; Steppach bei Augsburg 78. ( )

Weber, Oskar; Bodenstedtstr. 25, D-8000 München 60.
V: Grüß Gott Nachbarsleut, Heiteres in Vers u. Prosa 79; Huididlhui heit waht der Föhn 83.
H: Bairische Raritäten in Vers und Prosa 78. ( )

Weber, Reinhart, Pastor i.R.; Am Schmiedehof 7, D-2319 Selent, Tel. (04384) 235 (Buer, Kr. Melle/Bez. Osnabrück 22.7.13). Erzählungen.
V: Mit Jesus bis Sibirien 75, 2. Aufl. 76; Daß du das Leben wählest, 4 Erzn. 76; Brillantgrün, Erzn. 78; Das Grab in Sibirien 82.

Weber, Rudolf; Hintere Hauptstr. 17, CH-4800 Zofingen, Tel. (062) 511991.
V: Raum in der Herberge und andere Weihnachtserzählungen 72; Der Glocken-Jakob. Sechs Geschn. z. Jahreslauf 81. — **MV:** Gratuliere zur

Weihnacht. Vier Weihnachtsgeschichten 79.

Weber, Thomas, Regisseur, Darsteller; Karl-Busch-Str. 41a, D-5427 Bad Ems, Tel. (02603) 5241 (Polch b. Koblenz 28.8.16). Drama, Hörspiel.
V: ER hat mich angesehn. Moderne Mysterienspiele 82.
R: Hoffnung auch für Judas, Rdfk.
S: Die Rampe von Auschwitz in uns; Der Neinsager, Tonkass. 83.

Weber, Werner, Dr. phil. I, oö. UProf. f. Literaturkritik; SSV, P.E.N. 48; Conrad-Ferdinand-Meyer-Pr. 56, Joh. Heinr. Merck-Pr. f. Lit.krit. 67; Korr. Mitgl. Dt. Akad. f. Spr. u. Dicht. 60, Korr. Mitgl. d. Mainz. Akad. d. Wiss. u. d. Lit. 64, Korr. Mitgl. d. Bayer. Akad. Schönen Künste 67, Akadem. Ges. Schweiz. Germanisten 68; Neptunstr. 31, CH-8032 Zürich (Huttwil, Kt. Bern 13.11.19). Lyrik, Essay, Novelle.
V: Unter Dach und Himmel, G. 42; Im Hof des Herbstes, G. 44; Freundschaften Gottfried Kellers, Ess. 52; Augenblicke, Nn. 54; Figuren und Fahrten, Ess. 56; Wissenschaft und Gestaltung, Ess. 57; Zeit ohne Zeit, Ess. 59; Die Reise nach Sancheville 60; Tagebuch eines Lesers, Ess. 65, 66; Forderungen, Ess. 70, u.a.
H: Matthias Claudius: Der Wandsbeker Bote 47; J. P. Hebel: Schatzkästlein des rheinischen Hausfreundes 50; Theodor Fontane: Schriften und Glossen zur europäischen Literatur 65/67 II; Belege: Schweizer Lyrik seit 1900 78; Helvet. Steckbriefe: Schweizer Autoren seit 1800 81.
Lit: Bonaventura Tecchi: Scrittori Tedeschi Moderni 59; Hans Egon Holthusen: Kritisches Verstehen 61; Guido Calgari: Die vier Literaturen der Schweiz 66.
s. a. Kürschners GK. ( )

Weber-Fagherazzi, Cläre *

Weber-Stumfohl, Herta (Ps. Hellmut Stosch), Literarische Übersetzerin, Lektorin, Rezensentin; VDÜ 65, SDS 67; Übersetzungen aus d. Schwed. auf der Auswahlliste d. Dt. Jgdb.-Pr. 62, 66, auf d. Auswahlliste d. Öst. Buchklubs d. Jugend 77, Preis "Menzione" per traduzione, Provincia di Trento (Ehrenliste d. Europ. Jgdb.-Preises) 78, Reisestipendium f. Intern. Übers. Kongreß, Nizza 74; Tukan-Kreis 60; Waldpromenade 32, D-8035 Gauting, Tel. (089) 8501241 (Wien 1.10.08). Roman, Novelle, Essay, Jugendbuch, Hörspiel/Theater. **Ue:** Schw, N.

R: Junge mit Gooldhosen 76; Geheime Wirklichkeit 75; Ausbrecher 77; Agaton Sax 78, alles Dialogb. f. Jgd.-Fsf. Glücklicher Charly 74, Dialogb. f. Fsf.
Ue: Über 50 Jugendbücher aus d. Schwed.; Autoren: Brattström, Falk, Hallqvist, Idestam-Almquist, Lybeck, Malmström, Martinell, Nordkvist, Reuterswärd, Sundh, Ulvskog, Wärnlöf, u.a.; Romane: Jascha Golownanjuk: Mimosen blühen im Winter 60; Fremd im eigenen Land 61; Flucht aus Samarkand 63; Björn Erik Höijer: Lawine 62; Åke Holmberg: Frühstück zu dritt 67; Bo Setterlind: Schweden (Prosa und Lyrik) 83; Kerstin Thorvall: Alles was verboten ist 78; Berit Hedeby: Ja zu Sterbehilfe, Gegenwarts-Aktuelles 78; Jenny Berthelius: Im Labyrinth d. Angst, Thriller 80; Inger Brattström: Bella Annabella, R. 80. — **MUe:** K. Baudach (Hrsg.): Wir Kinder Europas, Interviews 79; Moderne schwed. Lyrik, Anth. 80-82; 5000 Jahre Weltgeschichte 82.

Webersinn, Gerhard, Dr. jur., Oberverwalt.gerichtsrat a. D.; Kulturwerk Schlesien 65; Habichtshöhe 22, D-4400 Münster/Westf., Tel. (0251) 73486 (Münsterberg/Schles. 25.4.04). Essay, Biographie.
V: Otto Ulitz. Ein Leben für Oberschlesien, Biogr. 74.
MA: Schlesische Lebensbilder V 60; Schlesien, Vjschr. seit 60; Schlesisches Panorama 66, 2. Aufl.: Schlesien. Städte und Landschaften 79; Große Deutsche aus Schlesien 69; Jahrbuch d. Schles. Friedrich-Wilhelms-Universität zu Breslau seit 69; Schlesische Studien, K. Schodrok z. 80. Geb. 70; Volkskalender für Schlesier seit 73; Der Schlesier, Wschr.; Unser Oberschlesien; Neue Deutsche Biographie.
Lit: Schlesien, Vjschr., z. 65. u. 70. Geb. u. 75. Geb.; Laudatio zur Verleihung des Schlesierschildes in: Deutschlandtreffen der Schlesier 79.

Webhofen, Dieter, Reallehrer; Die Künstlergilde 70; Max-Eyth-Str. 37, D-7303 Neuhausen a.d. Fildern, Tel. (07158) 4575 (Beuthen/Oberschles. 29.11.30). Lyrik, Prosa, Drama.
V: Fällungen, G. 69; Der Scheibenwischer, G. 70; Stern vor der Sonne, Erzn. 75; Mein lieber Stanek, Erzn. 81.
MA: Grenzüberschreitungen zueinander 76.

Wech, Leopold, Dr., Prof.; Autorenverband im Verband Geistig

Schaffender Österreichs 77, Verb. Kath.
Schriftst. Öst.; Kulturgemeinschaft Der
Kreis 79; Floridsdorfer Hauptstr. 12/13/
12, A-1210 Wien (Wien 15.11.19). Lyrik,
Novelle, Essay, Sagen, Sagen- und
Puppenspiel.
V: Raimund Weissensteiner, Leben —
Bekenntnis — Musik, Biogr. 75; Über
deinem Scheitel träumt ein Stern, Lyr.
77.
MA: Albert Schweitzer —
Fackelträger der Menschlichkeit, Biogr.
u. Anth. 62.

Wechs, Willi; Seb.-Kneipp-Str. 15, D-
8973 Hindelang, Tel. (08324) 2492.
V: Bergbubenjahre, wolkig bis heiter.
Erinnerungen a. Bergführers 66; Bergwandern, aber wie? 67; Mit PS und
Wanderstab durch die Alpen 67; Kampf
und Glück am Berg 68; Dritthalb-
hundert grobg'nähte Volksweisheiten
aus dem obersten Allgäu von Noah bis
dato 75; Ein Leben am Berg, Bd I 77, Bd
II 77; Unser Oberallgäuer Sprachschatz
80. ( )

Wechsberg, Joseph, freier
Schriftsteller; The Authors' Guild of
America, Verband d. Ausldspresse,
Wien; Andreas-Gryphius-Preis 65,
Ehrenkreuz 1. Kl., Öst.; Prinz Eugen Str.
28, A-1040 Wien, Tel. (0222) 657242
(Ostrau/Tschechosl. 29.8.07). Romane,
Kurzgeschichten, Reportagen, Essays.
V: Forelle blau 64; Hochfinanz inter-
national 66; Literar. Städtebilder 81; Die
Manschettenknöpfe meines Vater 82.

Wechsler, David, Dr. phil.; SSV 53,
G.S.D. 64, Dram. Un.; OSCAR f. beste
Filmerz. "Die Gezeichneten" 48, Silber-
lorbeer d. Selznick-Preises f. "Sie
fanden eine Heimat" 54, Ehrengabe d.
Kt. Zürich 61; Am. Film-Akad. 62;
Renggerstr. 11, CH-8038 Zürich, Tel. (01)
4823672 (Zürich 28.12.18). Roman,
Novelle, Film, Drama, Hörspiel.
V: Sie fanden eine Heimat, R. 53;
Spiel ohne Regeln, R. 55; Ein Haus zu
wohnen, R. 61; Wege zu Rahel, Dr. 61;
Ein Bündel blauer Briefe, N. 62; Simone,
N. 64; Der neue Himmel, Dr. 64; Visita-
tionsbericht, N. 68; Adrienne od. die
Gastfreundschaft, Dr. 80.
H: u. **MV:** Morgarten kann nicht statt-
finden 66.
F: (MV): Die Gezeichneten, m.
Richard Schweizer 48; Unser Dorf, m.
Kurt Früh 53; Der Arzt stellt fest 66.
R: Ein Bündel blauer Briefe, Hsp. 56.

Wecker, Konstantin, Dichter
(München 1.6.47). Lyrik.

V: Ich will noch eine ganze Menge
leben, Songs, G., Prosa u. neue Texte 78,
erw. 79; Man muß den Flüssen trauen,
unordentl. Elegien 80, Tb. 82; Lieder und
Gedichte 81; Und die Seele nach außen
kehren, 9 Elegien 81, 83; Im Namen des
Wahnsinns 83.
S: Die sadopoetischen Gesänge d.
Konstantin Amadeus Wecker 72, 78; Ich
lebe immer am Strand 74; Wecker-
leuchten 76; Genug ist nicht genug 77;
Eine ganze Menge Leben 78;
Liederbuch-Konstantin Wecker 78;
Konstantin Wecker Live 79; Liebesflug;
Das macht mir Mut; Wecker 83.
Lit: Thomas Rothschild: Lieder-
macher, 23 Porträts 80. ( )

Weckmann, André, Prof. agrégé; Soc.
d. Auteurs et Compositeurs Dram. 57,
Soc. d. Gens de Lettr. de France 74, Soc.
d. Ecriv. d'Alsace et de Lorr. 60, Assoc.
Jean Baptiste Weckerlin 60, Intern.
Dialektinst. 76, Die Kogge 76; Johann-
Peter-Hebel-Pr. 76, Staatspr. d. Ldes
Baden-Württ., Grand Prix Georges
Holderith, de l'Instit. des Arts et Tradit.
Populaires d'Alsace 78, Intern. Lit.pr.
von Mölle (S) 79; 18 rue d'Orbey, F-67100
Strasbourg, Tel. 88345720 (Steinbourg/
Els. 30.11.24). Lyrik, Roman, Hörspiel.
V: Les Nuits de Fastov, R. 68; Sechs
Briefe aus Berlin, R. 69; Geschichten
aus Soranien, ein elsäss. Anti-Epos 73;
Fonse ou l'éducation alsacienne, R. 75;
Schang d sunn schint schun lang, G. in
elsäss. Mundart 75;
Haxschissdrumerum, G. in elsäss.
Mundart 76; Die Fahrt nach Wyhl, eine
elsäss. Irrfahrt, R. 77; Fremdi Getter, G.
in elsäss. Mda. 78; Wie d. Würfel fallen,
R. 81. — **MV:** Elsassisch: Liturgie, Lit. in
els. Mda., m. François Arnold 80; In
dieser Sprache (auch Mithrsg.), darin:
Grenzsituation, G.zyklus 81.
MA: Petite Anthologie de la Poésie
Alsacienne I — VI; Dem Elsass ins Herz
geschaut, Zwanzig elsäss. Dichter d.
Gegenwart 75; Nachrichten aus dem
Elsass, Deutschsprach. Lit. im Elsass 76;
Nachrichten aus dem Elsass 2, Mundart
und Pro-Test 78; Nachrichten aus dem
Alemannischen, neue Mundart-
dichtungen aus Baden, dem Elsass, der
Schweiz und Vorarlberg 79; Poètes et
Prosateurs d'Alsace/Unsere Dichter und
Erzähler 78; Poésie — Dichtung, la
Poésie en Alsace depuis 1945 79.
R: Das Elsass als Heimat betrachtet,
Ess. 79; Elsass: Von d. Selbstaufgabe z.
Konvivialität, Ess. 81; Auf zwei Stühlen,
m. Emma Guntz, Ess. 83.

Wedekind, Kadidja (Ps. f. Kadidja Biel-Wedekind); EM VdS; Preis d. Berl. Ztg. Der Abend f. d. beste Stück d. Jahres 52, Preis d. Bürgschaftsges. f. Filmkredite 55, Stip. d. Huntington Hartford Found. 62; Am. Dram. Guild 60; Germaniastr. 5, D-8000 München 40, Tel. (089) 399720 (München 6.8.11). Drama, Lyrik, Roman, Novelle, Essay, Film, Fernsehen, Kritik. **Ue:** E.
  V: Kalumina, R. 32; Wedekind und seine Kinder 32; Die Legende vom Schönen 47; Eine kleine Staatsaffaire, u.d.T.: Amarand oder Die starke Schwäche, Kom. 52; König Ludwig und sein Hexenmeister 54; Die Schloßkinder 56; Mutmaßungen über Musik 65; F. Wedekind und sein Einakter Der Kammersänger 77.
  B: F. Wedekind: Lulu, nach der Urfassung 62; Tilly Wedekind: Lulu, die Rolle meines Lebens, Memoiren 69; Franziska 73.
  F: Die wirkliche Liebe 38; Die Story, Erz. d. F. Ludwig II 54.
  R: Eine kleine Staatsaffaire, Hsp. 52; Die Dynastie hat Ausgang (Die Launenburger) 54; Auftritt Frank Wedekind, Biogr. Fsf. 64/65.

Wedekind, Paul-Rudolf *

Wedel, Walter *

von Wedemeyer, Inge; VS Nds. 64; Martinstr. 75, D-6100 Darmstadt-Arheilgen (Eldagsen-Hann., Obergut 7.11.21). Roman, Essay, Erzählung, Novelle, Lyrik, Hörspiel.
  V: Manuela im Zeltlager, R. 58; Der blaue Zauberstein, M. 60; Also dieser Stern, R. 67; Die sausende Weltmaschine, Kurzgeschn. 68; Am Ufer des Rio Rimac, Erzn. 69; Sonnengott und Sonnenmenschen. Kunst und Kult im alten Peru 70; Noch immer ist sein Poncho bunt 75; Der Pfad d. Meditation im Spiegel e. universalen Kunst 77; Quick, Schimmel u. der kleine Bruder 77; Ein Buch über Bücher, Ess. 78; Gesundheit u. Meditation: Erneuerung d. Lebens aus d. Sicht d. Meditation; Leben — aber wozu; Der Baum d. Lebens; Liebe, Ehe, Partnerschaft; Gesundheit u. Lebensfreude; Einführung in d. Meditation, Essays: Forts.folge seit 82; Die Goldenen Verse d. Pythagoras, Ess. 83; ... nie verweht d. Duft d. Rose, Ess. 83.
  Ue: Das Geheimnis der Derwische, Erzn. 82.

Wedemeyer, Max, ObLdesKirchenR.; Verdienstkreuz am Bande d. Nds.

Verdienstordens 73; Im Gettelhagen 138, D-3300 Braunschweig, Tel. (0531) 350541 (Braunschweig 13.12.11). Roman, Novelle.
  V: Maria und das Wölfchen, R. 34; Wendekreis der Pflicht, R. 36; Passion im Osten, Erz. 38; Rigo, Gesch. eines Hundes 48, 63; Das Antlitz der Begnadeten, Erzn. 49; In der Welt habt ihr Angst, Erz. 50, 82; Dunkler Tag — helle Nacht, Erz. 51; Dein Dunkel wird sein wie der Mittag, Erz. 52, 77; Ein junger Mann kommt ins Dorf, R. 54, 62; Tiedemann oder Die heilsamen Nachtgespräche, R. 57, 65; Die Nacht der Wandlung, Erz. 57; Umweg über den Himmel, Erz. 60; Die Mutprobe, Erz. 61; Sabine, Erz. 65; Elisabeth, R. 68; Oppermann junior. Schicksal eines jungen Deutschen, R. 70, 81; Was Gott zusammenfügt, R. 71; Der gestohlene Christus, R. 72, 77; Einen Hering für mein Kind, R. 73, 79; In deinen Händen bin ich geborgen, G. 79; Wie eines Engels Angesicht, R. 79; Diebstahl um Mitternacht, R. 81; Septembertage, R. 82.

Weder, Heinz; Kulturpr. Lions Club Rheintal/St. Gallen 64, Lit.-Pr. d. Stadt Bern 65; Helistein, CH-3132 Riggisberg (Berneck, St. Galler Rheintal 20.8.34). Lyrik, Essay, Prosa, Hörspiel. **Ue:** E, F.
  V: Klaus Tonau, Prosa 58; Kuhlmann, Prosa 62; Kerbel und Traum, G. 62; Figur und Asche, G. 65; Der Makler, R. 66; Niemals wuchs hier Seidelbast, G. 67; Walter Kurt Wiemken: Manifeste des Untergangs 68; Johann Gaudenz von Salis-Seewis, Ess. 68; Über Rodolphe Töpffer, Ess. 70; Die Schwierigkeiten mit dem Mülleimer, Prosa 70; Gegensätze, G. 70; Am liebsten wäre ich Totengräber geworden, Hsp. 71; Ansichten, G. 72; Die graue Kater, Prosa 72; Die letzten Augenblicke des Herrn Xaver Rytz, Spiel in sechs Szenen 73; Wohnen ist wenn man wohnt, Aphor. 74; Schöpfungsgeschichte, Prosa 75; Anton Jakob Kellers gesammeltes Lachen, Feuilletons, Glossen, Aphor. 76; Veränderungen, G. 77; Thema: Bern. Feuilletons 82.
  H: Gegenwart und Erinnerung. Samml. deutschschweizerischer Prosa 61; Eduard Korrodi: Aufsätze zur Schweizer Lit. 62; Fritz Ernst: Bild und Gestalt. Aufs. z. Lit. 63; Ludwig Hohl: Wirklichkeiten, Prosa 63; Briefe von Albin Zollinger an Ludwig Hohl 65; Gottfried Keller über Jeremias Gotthelf, Ess. 69; Jean Cassou: Das lyrische Werk 70; Hommage an Carl Spitteler 71;

Ulrich-Bräker-Lesebuch 73; Robert
Walser: Geschichten 74; C. F. Meyer:
Das Brigittchen von Trogen 75; Ulrich
Bräker: Werke 78; Heinrich Zschokke:
Reise auf die Eisgebirge des Kantons
Bern 78; Heinrich Pestalozzi: Fabeln 79;
Salomon Gessner: Idyllen 80; Jeremias
Gotthelf: Das Erdbeerimareili 82.
R: Der Antiquitätenhändler 64; Der
Mann im Mond 71; Verstehen v.
Dichtern u. Dichtung. Der Essayist u.
Erzähler Max Rychner 83.
Ue: Jean Cassou: Das lyr. Werk 70.

Weg, Hilda *

Wegehaupt, Heinz, Wiss. Bibliothekar;
Klement-Gottwald-Allee 116, DDR-1120
Berlin,Tel.(0372) 5667234 (Berlin 14.6.28).
V: Deutschsprachige Kinder- und
Jugendliteratur der Arbeiterklasse von
den Anfängen bis 1945 72; Theoretische
Literatur zum Kinder- und Jugendbuch
72; Vorstufen und Vorläufer der
deutschen Kinder- und Jugenliteratur
bis in die Mitte des 18. Jahrhunderts 77;
Alte dt. Kinderbücher 79. ( )

Wegener, Günther S., s. Schulze-
Wegener, Günther.

Wegener, Wolfram M., Dr., Redakteur;
Ehrengabe im intern. Prosa-Wettbewerb
der Literar. Union (Saarbrücken) 77;
Autorenkreis Ruhr/Mark 73; Haardter
Str. 6, D-6730 Neustadt/Weinstr. (Berlin
24.11.07). Reiseerzählung, Essay, Biogr.
V: Manipulierte Weltgeschichte, Ess.
73; Souvenirs, Souvenirs ..., Reiseerzn.
73; Die aus dem Rahmen fallen, Biogr.
74; Am Polarkreis gibt es Zeugnisse,
Reiseerzn. 75; Auch mit kleinen Leuten
kann man ... reden, Reiseerzn. 79;
Begegnung mit Suomi, Reiseerz. 80.
MA: Mauern, Kurzpr. 78; Hagener
Heimatkalender 76, 78, 79; Spiegelbild
Autorenkreis Ruhr/Mark 78;
Heimatbuch Hagen/Mark 80, 81, 82, 83;
Gaukes Jb. 81, 82, 83.
Lit: Publikation 77; RWJV-Journal 77;
Horizonte — Zs. für Lit. 80, 82; Sonntag
Aktuell 81; Der Literat 82; Heimatbuch
Hagen/Mark 83.

Wegener-Warsow, Lisa; RSGI 78;
Freundeskreis d. Lyrik-Zs. Das Boot 76;
Haardter Str. 6, D-6730 Neustadt/
Weinstr. (Berlin 31.8.08). Lyrik.
V: Kontraste - Verse von unterwegs,
Lyrik 76; Krause Gedanken einer Hand-
puppe, Lyr. 79; Ich denke oft an
Finnland, Lyr. 82; Rufe im Nebel, Lyr.
83. — **MV:** Auch mit kleinen Leuten
kann man ... reden, Lyr. 79.

MA: Anthologie 3 — RSG-Studio
International, Lyrik 79 (auch finn.);
Spuren der Zeit, Lyr. 80; Gauke's Jb.
Lyr. 81 u. 82; Widmungen — Einsichten
— Meditationen, Lyr. 82.
Lit: Horizonte — Zs. für Lit. 80; Nuori
Karjala — Das junge Karelien 81.

Weger, Julia, s. Unterweger, Jack.

Wegmann, Alice, Dr. jur., RA.;
Weinbergstr. 64, CH-8802 Kilchberg/
Zürichsee (Gantenschwil/Toggenburg
21.4.11). Roman, Novelle.
V: Spiegel der Welt, N. 41; Die
Toggenburger, N. 43; Die Märchen von
Güte, Glück und Sehnsucht, Kinderb. 44,
48; Jungfer Rägel, N. 48; Elisabeth 53;
Der königliche Schatten. Madame de
Maintenon 56; Vertrieben und geborgen,
N. 57; Das Tier im schweizer. Recht 65;
Kilchberger Bilder, Ve 75; Rechtsbuch
der Schweizer Frau 76; Was tun?
Eheprobleme 78.

Wegmann, Heinz, Verlagsleiter;
Grundstr. 73, CH-8712 Stäfa, Tel. (01)
9264877 (Zürich 16.3.43). Lyrik,
Erzählungen, Übersetzungen,
Kindertexte.
V: Wartet nur, G. 76; Schöne
Geschichten, Erz. 79; Die kleine Freiheit
schrumpft, G. 79; Das Regenbogenzelt,
Erz. 83. — **MV:** Kurzwaren, Schweizer
Lyriker 4 78.
R: Protokolle üb. Beuz, Hsp. 80.
Ue: Jacques Prévert: Gedicht uf
Schwyzertüütsch, G. 80; Leonard Cohen:
Verussen isch chalt, G. 83.

Wegner, Bettina, s. Schlesinger,
Bettina.

Wegner, Heidi, Dipl.-Übers.;
Arbeitsstip. d. Dt. Akad. f. Spr. u. Dicht.
76, Arbeitsstip. d. Kunststift. Baden-
Württ. 80, Arbeitsbeihilfen v. Förderkr.
Dt. Schriftsteller in Bad.-Württ. 79, 81;
Kronenstr. 18, D-7500 Karlsruhe 1, Tel.
(0721) 607333 (Wilhelmshaven 25.9.46).
Lyrik.
V: Die Faust voller Wunderkerzen, G.
81.

Wegner, Leonore (Ps. Lola Landau),
Sprachlehrerin; Verb. dt.spr. Schrift-
steller in Israel; 48 Herzlave.,
Jerusalem/Israel, Tel. (02) 523794 (Berlin
3.12.92). Lyrik, Roman, Drama, Essay,
Novelle.
V: Schimmernde Gelände, G. 16; Lied
der Mutter, G. 20; Die Wette mit dem
Tod, Myst.sp. 30; Kind im Schatten, Tr.
51; Noch liebt mich die Erde, G. 69;
Hörst du mich, kleine Schwester?, Erzn.
71; Variationen der Liebe, sieben Erzn.

73; Die zärtl. Buche, autobiogr. Erinn. an
Dtld u. G. 80.
MA: je 1 Jugendgesch. in d.
Bertelsmann-Samml. "Für Dich" 58 u.
59; Kurzgeschn., Ess. u. G. in dt. Zss. u.
Ztgn.; Der Wahrsager in der Altstadt
von Jerusalem, Im Autobus von
Jerusalem, Über den Zebrastreifen, alles
in: Stimmen aus Israel, Anth.
R: Der Zeitungsjunge, Hsp.

Wegner, Willi *

Wego, G. F., s. Basner, Gerhard.

von der Wehd, Rudolf *

Wehdeking, Volker, M.A., Ph.D.,
Assist. Prof. (USA), Doz. U.Augsburg;
Europ. Jugend-Aufsatz-Pr. 60; Dieselstr.
4, D-8901 Diedorf-Lettenbach, Tel. (0821)
487822 (Garmisch-Partenkirchen
23.10.41). Lit.-Kritischer Essay,
Erzählung, Übers. **Ue:** E.
V: Der Nullpunkt 71; Alfred Andersch
83.
MA: Die dt. Exilliteratur 1933-45 73;
Rowohlt Literaturmagazin 7 77; Die
Horen 120 80; Neue Rundschau 4 81;
Trümmerzeit 84.
H: Zu Alfred Andersch,
Interpretationen 83.
Lit: Jb. f. Amerikastudien 73; Neues
Hdb. d. Literaturwiss. 21 79; Die Gruppe
47, Text u. Kritik Sonderbd 80;
Kulturpolit. Wörterb. 83.

Wehking, Christof, Direktor;
Förderkreis Dt. Schriftsteller in Nds. u.
Bremen e.V.; Rudolf-Eucken-Str. 7, D-
2980 Norden/Ostfriesl. 1, Tel. (04931)
5030 (Norden 12.3.24). Drama, Hörspiel,
Kurzgeschichte.
V: Lengen na wat, Ndt. Kurzgeschn.
74; Ferien in Lüttensiel, Lsp. 77; Een
Froo för den Klabautermann, Schwank
79; De Prinzgemahl, Lsp. 81. –
MV: Gold in de Kehl, m. Gerhard Bohde,
Lsp. 77.
R: Dat klort op; Demokratie in
Speckensiel; Een Mann von Welt;
Dwarslöpers; Danz in'n Mai; Regendag,
alles Hsp.; Gold in de Kehl, Fsp. 77; Een
Froo för den Klabautermann, Fsp. 82.

Wehner, Christa (Ps. Christa Wehner-
Radeburg); FDA 80, Kreis d. Freunde 80,
Bodenseeclub 83; Anerkenn. d. Jury
"Doch die Rose ist mehr", AWMM-
Lyr.pr. 83; Pappelweg 1, D-3007
Gehrden 1 u. Moorstr. 14, D-2105
Seevetal-Helmstorf, Tel. (04105) 53365
(Radeburg 15.5.20). Kurzprosa, Lyrik.
V: Traumhaus 78; Italien. Andante 80;
Aus Muscheln tropft unnennbarer

Gesang 81; Wanderung zum Licht 81,
alles Lyr.
MA: Lyrik (Ed. Leu, Zürich) 78, 79, 80,
81; Lyrik (Ed. L., Loßburg) 81, 82; Lyrik
u. Prosa I u. II (Moorburgverlag) 80, 82;
Anth. DAV Hann. 81, 82, Anth. Ver. im
Kreis d. Freunde 80, 81, 82; Anth.
Ndsächs. Landeszentr. f. Pol. Bild. 80, 81;
Heimat 80, Doch die Rose ist mehr 81,
Dietrichsblattautoren, Graz 82, alles
Anth; Gauke-Jb. 82; Pegasusjb. 82;
Lyrikmappe, Graz 82.

Wehner, Walter, Dr., Germanist; VS;
Eduard-Schulte-Str. 9, D-5620 Velbert 1,
Tel. (02051) 66084 (Werdohl 2.10.49).
Lyrik, Sachliteratur.
V: Spuren, G. 74; Heinrich Heine. Die
schlesischen Weber u. a. Texte zum
Weberelend, Sachb. 80; Weberelend und
Weberaufstände in der deutschen Lyrik
des 19. Jahrhunderts, Sachb. 81;
Strukturen, G. u. Holzschnitte 83.
MA: Einführung in die dt. Lit. des 19.
Jhs I: Restaurationszeit (1815-1848), II:
Märzrevolution, Reichsgründung 82 ff.
H: Die Arbeiterbewegung im Ruhr-
gebiet 81.

Wehner-Radeburg, Christa,
s. Wehner, Christa.

Wehr, Jörg, Chefredakteur; Postfach
1113, D-7891 Kadelburg (1958).
Erzählung, Hörspiel.
V: Susanne wird erwachsen 81; Zwei
finden ihren Weg 82; Der schwarze
Marshal 82, alles Jgdb.
B: Martin Menne: Anfragen, Meditat.
81.
R: Du bist dieser Mann ..., m.a., Rdfk-
Send. üb. christl. Werke.
S: Der Unbestechliche 79.

Wehren, Hans K., Amtsinsp.; Kogge
70; Preis d. Fremdenverkehrsverb.
Sauerld 76, Gr. Silbermünze d. Kurortes
Bad Salzig 81; Autorengemeinsch.
Ruhr-Wupper-Mark 61, Dortmunder
Gruppe 61 63; Sundernallee 6, Postfach
7 61, D-5860 Iserlohn, Tel. (02371) 62711
(Iserlohn 18.2.21). Lyrik, Novelle, Erz.
V: Im Wechsel zwischen Tag und
Jahr, G. 62; Der Rosenkranz von
Tzschenstochau, Erz. 62 (auch poln.);
Der Stern über Simonshof, N. 63;
Aufstand der Disteln, G. 64; Zikaden-
stunden, G. 70; Friedenskreuz über Bad
Salzig, G. 71 (auch engl.); Zwischen
Lanzetten, G. 71; Bad Salziger Frieden,
N. 71; Und eine Nacht, N. 71; Bad
Salziger Tagebuch, G. 72; Stein aus
einem Mosaik, N. 73; Stein aus einem
Mosaik, N. 73, 78; Begegnungen, G. 81,

82; Begegnungen, G. 81, 82. — **MV: u.
MA:** Da ist die Heimat, G. 60; Alphabet,
G. 60; Weggefährten, G. 62; Kranichspur,
G. 63; Bunte Pracht der Alpenblumen,
G. 73; Glück und Segen, G. 63, 73; Licht
vor dem Dunkel der Angst, G. 73; Liebe,
menschgewordenes Licht, G. 64;
Dichtung und Arbeit, G. 64; Nie wieder
Krieg, G. 65; Unter Tage, über Tage, G.
66; Aus der Welt der Arbeit, G. 66;
Spiegel unseres Werdens, G. 69; Stock-
holmer Katalog der Gruppe 61, G. 69;
Distelstern, G. 71; Ruhrtangente, G. 72/
73; Günter Wallraffs Industrierepor-
tagen, G. 73; Sie schreiben zwischen
Moers und Hamm, G. 74; Göttinger
Musenalmanach, G. 75; Das betroffene
Metall, G. 75; Wohnsinn 81; Kopfstand
82; Westfalen 82.
R: Renato und der Esel, Erz. 64; Peter
ist ein ganzer Kerl 65.
S: St. Anna in Trier, G. 80.

Wehrenfennig, Helmut, Sozialarbeiter, Heimleiter i.R.; VG WORT 82;
Pflaumweg 10, D-7000 Stuttgart 50, Tel.
(0711) 535273 (Morchenstern, Sudetenl.
24.7.16). Lyrik, Novelle.
V: Wenn du mich fragst, Lyr. 78; Der
rote Messias, N. 81; Tagebuch eines
Mitläufers, N. 83.
MA: Das unzerreißbare Netz, Anth. 68.

Wehrli, Peter K., Kulturredaktor TV;
Gruppe Olten, P.E.N.; Anerkenn. d. Kt.
Zürich 72; Distinguished Service
Citation d. World Poetry Soc. USA,
Poetry Translator Laureate d. Acad. of
Language a. Lit. Sao Paulo, Brasil, Dipl.
d. Hernandad de Payasos de Mexico,
Mexico-City; Schifflände 16, CH-8001
Zürich, Tel. (01) 2525794 (Zürich 30.7.39).
Novelle, Lyrik, Drama, Essay, Film,
Übers. **Ue:** Port.
V: Ankünfte, Reisetexte 69; Reise ins
europ. China, Rep. 71; Donnerwetter,
das bin ja ich! 73; Katalog von Allem 75;
Zelluloid-Paradies: Beobachtungen auf
d. Markt d. Mythen 78; Katalog d. 134
wichtigsten Beobachtungen während e.
langen Eisenbahnfahrt 79; Alles von
Allem 82; Tingeltangel, Erz. 82.
H: E. Mann-Borgese: ...und die Tiere
werden sprechen 71. — **MH:** Dieses
Buch ist gratis, Text v. 62 zeitgenöss.
Schweizer Schriftstellern 71.
R: Wenn die Steine reden könnten...,
Fsf. 75; Plastic Dream, F. m. u. üb. Andy
Warhol 77; Staatenlos im Nirgendwo,
Fsf. üb. Dichter W. Mehring 79.
Ue: Diego Sant Ambrogio: Pfeiffen 67;
Sprechertext in: Young Persons Guide

to the Orchestra Britten 79; G. zahlr.
amer. Autoren f. div. Anth.

Wehrli-Knobel, Betty (Ps. Betty
Knobel), Journalistin; ZSV, SSV;
Ehrengabe d. Stadt Zürich f. lit.
Schaffen 59, Dr.-Ida-Somazzi-Pr.; Lit.
Sekt. d. Zür. Lyc.-Clubs; Cadogno, CH-
6614 Brissago, Tel. (093) 651946
(Zusingen b. Haslen/Glarus 13.7.04).
Lyrik, Roman, Novelle. **Ue:** F, E.
V: Weihnachtserzählungen 34;
Zwischen Tag und Abend, G. 35; Das
Testament der Hildegard, Erz. 38; Neue
Gedichte 49; Dänische Reisebriefe 52;
Zwischen den Welten, R. 58; Florence
Nightingale, Biogr. 63, 68; Brig (Brigitt),
R. 65; Junges Mädchen - dein Beruf 66,
69; Sensation der Stille 68; Frauen in
unserem Land 70; Alpensüdseite 71; Mit
Frauen im Gespräch 74; Hier im Süden,
Feuilletons 77; Der Jahre Bogen, G. 79;
Im Lande der Kamelien, Feuilletons.

Weibel, Jürg, lic. phil., ObStudR.;
Gruppe Olten; Pr. f. Kurzgeschn. 71, 75,
Pr. d. Stadt Basel 80; Müllheimerstr. 81,
CH-4957 Basel, Tel. (061) 441633 (Bern
19.8.44). Drama, Lyrik, Roman, Essay,
Kurzgeschichten.
V: Kurzwaren 3, Lyr. 77;
Ellenbogenfreiheit, Lyr. 78;
Rattenbesuch, Erz. 79; Aufstieg u. Fall d.
General Sutter, R. 80; Die schönste Frau
der Stadt, Erzn. 81; Feinarbeit im
Morgengrauen, Erzn. 82.
H: drehpunkt, lit. Zs. seit 71. ( )

Weichberger, Philipp, Maler, Schrift-
steller, c/o Rotbuch Verlag, Berlin
(Bremen 30.9.36). Drama, Lyrik.
V: Reissblei, Lyr. 81.

Weichert, Helga, Journalistin;
Osannstr. 4, D-6100 Darmstadt, Tel.
(06151) 48304 (Berlin 16.7.27). Funk, Film,
Fernsehen, Erzählung.
V: Kinder- u. Jugendb. 72-82.
R: Hsp. seit 51; Fsp.

Weichslgartner, Alois J., Chefred.;
Bayer.J.V.; Herwig-Weber-Preis des
Münchner Presseclubs 73, Silbernes
Poetenschiff der Münchner lit. Ges. Die
Barke 73, Bayer. Umweltpr. f. Journ. 81,
Bayer. Poetentaler d. Münchner Turm-
schreiber 82; Münchner Presseclub,
Münchner Turmschreiber;
Gabelsbergerstr. 6, D-8223 Trostberg,
Tel. (08621) 3430 (Kelheim/D. 13.9.31).
Essay, Kurzgeschichte, Lyrik.
V: Joseph Weigert. Ein Leben für das
Dorf, Biogr. 66; Wer ko, der ko. Kraft-
menschen aus Altbayern und Schwaben
71; Die Familie Asam, Biogr. 75, 81;

Lüftlmalerei, Kulturgeschichte 77, 81;
Die Asamkirche oder der Bürgersinn,
Festschr. 77; Herrenchiemsee, Kunst-
führer 78; Vom Gemming Gustl bis z.
Koppn Kathl, Originelle Menschen zw.
Alpen u. Main 80; Frauenchiemsee,
Kunstführer 81; Altbayer. Lesebuch 81
u.a.m. — **MV:** Die Woch fangt guat o.
Bayr. Wildschützen u. Spitzbuben 70, 72
u.a.m.
   MA: Städte am Fluß 64; Szenerien des
Rokoko 69, beides Rdfk-Hörbild-
Sammelbde; Das Münchner Turm-
schreiber Buch, Anth. 79; Land ohne
Wein u. Nachtigallen, G. v., aus, üb.
Ndbay. 82 u.a.m.
   H: Ma derf moana ... Bayer. Geschn. u.
Ged. vom Foppen u. Gefopptwerden 72;
Bayer. Psalter, Gebete u. relig. Gedichte
aus 12 Jhn 75, 76.
   R: Zahlr. Hörbilder.

Weickmann, Rudolf, Werbeleiter;
Pauckerstr. 65, D-8501 Wendelstein b.
Nürnberg, Tel. (09129) 8870 (Nürnberg
7.11.37).
   V: Das war der wahre Eppelein,
Geschn. 76; Hans Sachs — zum 400.
Todestag des Schusterpoeten 76; Mein
Goldfisch hat jetzt Sprechverbot, Sat. u.
Hum. 77; Wotans Weh und Tristans
Triebe, Sat. 77; Der Gänskrong trifft den
Dittlasbatscher 76, 4.Aufl. 82; Wärdshaus
Gschmarri, Mda. 81; Zapf Gebhardt und
der 1. FC Nürnberg 81; Die Kartel-
Akademie von Weinzierlein, Hum. 81.
   S: Rudy Bombardon in Concert 78;
Sorger Sümphonie 80.

Weidacher, Josef (Ps. Sepp
Weidacher), Musiker; Turmbund;
Haydnplatz 5, A-6020 Innsbruck
(Innsbruck 30.6.11). Lyrik, Novelle.
   V: Gang durch die Dämmerung, Lyrik
58; Das Auge des Pan, Lyrik 68; Mit der
Seele des Wolfs, Erzn. 73; Der Fremde,
Lyr. 79.
   R: Das Lied von Hälgeby; Schicksal
am Corvatsch; Im Schatten des Triglav;
Mit der Seele des Wolfs, u.a. ( )

Weidacher, Sepp, s. Weidacher, Josef.

Weidacher-Buchli, Laura, s. Buchli,
Laura.

Weiden, Annelie, s. Schumann,
Anneliese.

Weidenmann, Alfred, Filmregisseur;
Bundesfilmpr. 55, 56; Sprollstr. 35, D-
7000 Stuttgart 70, Tel. (0711) 726672
(Stuttgart 10.5.18). Roman, Film.
   V: Kaulquappe, Jgdb. 51; Winnetou
fliegt nach Berlin, Jgdb. 51;
Gepäckschein 66, Jgdb. 53, 70; Die

Fünfzig vom Abendblatt 60, 78; Ganz
Pollau steht kopf, Jgdb. 61; Der blinde
Passagier, Jgdb. 68; Die Glorreichen
Sieben 69; Der gelbe Handschuh, Jgdb.
70; Der Junge aus dem Meer 73, 76; Das
Geheimnis der grünen Maske 75; Der
Sohn des Häuptlings 79; Dicke Fische,
kleine Gauner 81.
   F: Ich und Du 53; Canaris 54; Alibi 55;
Solange das Herz schlägt 58; Budden-
brooks 59; Bumerang 59; Julia du bist
zauberhaft 61; Ich bin auch nur eine
Frau 62; Der Stern von Afrika 62; Das
große Liebesspiel 63; Kitty und die
große Welt 63; Verdammt zur Sünde 64;
Die Festung 64; Schüsse im Dreivierteltakt 65; Maigret und sein größter Fall
66; Das Freudenhaus 71; Jonny 73; Der
Schimmelreiter 79 u.a.

Weidlich, Hansjürgen; VG Wort 62, IG
Druck u. Papier 74; Archenholzstr. 48a,
D-2000 Hamburg 70, Tel. (040) 7313225
(Holzminden 18.3.05). Erzählung.
   V: Felix contra USA, R. 34, 64; Ich bin
auch nur ein Mensch, R. 35; Kleine
Männer, R. 42, 62; Ordnung muß sein,
Erz. 55, 57; Die abenteuerliche Band-
scheibe, Erz. 56, 60; Martin geht mit in
den Wald, Erz. 56; Der Knilch und sein
Schwesterchen, Erz. 58, 69; Liebes-
geschichten für Schüchterne, Erz. 59, 70;
Geschichten mit Herz, Erz. 60, 69; Wenn
der Wind darüber geht, Erz. 61, 63; Herr
Knilch und Fräulein Schwester, Erz. 65,
70; Ich komme vom Mond, Erz. 69; Es
fing an mit Lenchen, Erz. 73;
Geschichten der Liebe, Erz. 74; Das
Schönste vom ganzen Tag, Erz. 79. —
MV: Hannover - so wie es war 68.
   MA: Die Tage der Welt sind Gottes
Tag, Erzn. 56; Geboren ward das Licht,
Erzn. 56; Sie werden schmunzeln 57, 70;
Die Kummervollen 58; Die Königin von
Persien 58; Die Humor-Box 59; Freut
euch des Lebens 59; Der Regenschirm
60; O Tannenbaum 62, alles Anth.
   R: Ordnung muß sein, Sende-Reihe 51
— 59; 29 bibl. Hsp. 52 — 58; Der ehrliche
Finder, Fsp. 56; Der unheimliche Gast,
Fsp. 56; Der Hauptmann von
Kapernaum, Fsp. 61; 17 bibl. Bildgeschn.
59 — 61; Die merkwürdigen Erlebnisse
des Hj. W., Sendereihe 61 — 62.
   S: 13 bibl. Hörspiele 61, 63; Hansj.
Weidlich liest heitere Erz. 79.

Weigand, Jörg, Dr. phil., Redakteur;
Mehlemer Str. 13a, D-5307 Wachtberg-
Niederbachem, Tel. (0228) 347676
(Kelheim/Donau 21.12.40). Sachbuch,
Jugendbuch, Erzählung. **Ue:** F, Ch.

V: Fensterblumen. Papierschnitt-
Kunst aus China, Sachb. 77; Staat und
Militär im Alten China, Sachb. 79;
Chinesische Scherenschnitte, Sachb. 83;
Der Traum des Astronauten, Erzn. 83.
H: Die Stimme des Wolfs, SF-Erzn. 76;
Lo Mejor de la Ciencia Ficcion
Alemana, SF 76; Die triviale Phantasie,
Ess. z. SF 76; Vorbildliches Morgen, SF-
Erzn. 78; Demain l'Allemagne, SF-Erzn.
I 78, II 80; Quasar Eins, SF-Erzn. 79; Sie
sind Träume, SF-Stor. 80; Die andere
Seite der Zukunft, SF-Erzn. f. Jgdl. 80;
Vorgriff auf morgen, SF-Erzn. 81;
Gefangene des Alls, SF f. Jgdl.; Die
Träume des Saturn, SF-Erzn. 82; Lao
Tse: Weisheiten 82; Lebensweisheit aus
dem Reich der Mitte 82; Das Lächeln
am Abgrund, Phantast. Erzn. 82;
Konfuzius: Weisheiten 83. —
MH: Jugendmedienschutz — ohne
Zensur in der pluralistischen Gesell-
schaft, Aufs. 78.

Weigand, Rodja, Lyriker; VS 75; Am
Kirchberg 9, D-8911 Schwifting, Tel.
(08191) 12101 (München 23.10.45). Lyrik,
Drama, Kurzgeschichte.
V: biagts an stahl, bayrische G. 75;
vom gefährdeten lachen, G. 76; Unruhe
üb. Steinen, G. 82.
H: Ingeborg Weigand 74; Das Landsberger Lesebuch; Schwiftinger Lyrik-
reihe; Wenig bekannte Weltliteratur,
Reihe. — **MH:** Viele von uns denken
noch, sie kämen durch, wenn sie ganz
ruhig bleiben — Deutschsprachige
Gegenwartslyr. von Frauen; Tee u.
Butterkekse. Prosa v. Frauen.
S: biagts an stahl, bayr. g. m. musik d.
gruppe between 75.

Weigel, Hans; SÖS, Ö.S.V.;
Barmhartstalstr. 55, A-2344 Maria
Enzersdorf, Tel. (0223) 62240 (Wien
29.5.08). Drama, Essay. **Ue:** E, F.
V: Das himmlische Leben, N. 45; Der
grüne Stern, R. 46; Barabbas, Dr. 46; Die
Erde, Dr.; Angelica, Dr.; Entweder -
oder, Dr.; Unvollendete Symphonie, R.
51; O du mein Österreich 56; Das wissen
die Götter, Lsp.; Der eingebildete
Doktor, Farce; Masken, Mimen und
Mimosen 58; Flucht vor der Größe 60;
Lern diese Volk der Hirten kennen 62;
Apropos Musik 65, 82; Karl Kraus,
Biogr. 68; Vorschläge für den Welt-
untergang, N. 69; Götterfunken mit
Fehlzündung 70; Die Leiden der jungen
Wörter 75; Der exakte Schwindel 77;
Das Land der Deutschen mit der Seele
suchend 78; In memoriam 79; Ad

absurdum 80; Das Schwarze sind die
Buchstaben 83.
B: Bunbury, Kom. f. Sänger nach
Oscar Wilde 65.
H: Stimmen der Gegenwart, Anth. 51
— 54; Werner Krauss: Das Schauspiel
meines Lebens 58; Olga Schnitzler:
Spiegelbild der Freundschaft 61; Karl
Böhm: Ich erinnere mich ganz genau
68. — **MH:** Die gute neue Zeit, Anth. m.
Elisabeth Pablé 62.
Ue: Molière: Die Schule der Frauen,
Der Menschenfeind, Die gelehrten
Frauen, Der Geizige, u.a. Kom. seit 64.

Weigold, Hans; Connollystr. 14/9, D-
8000 München 40.
V: Eines der verwunschenen Häuser,
Krim.-R. 83. ( )

von der Weihe, Hermann; VS; lit;
Spandauer Weg 5, D-2000 Hamburg 70,
Tel. (040) 663269 (Hamburg-Altona
19.1.06). Kurzgeschichte, Lyrik.
V: Lustige Zwiegespräche, Kurzsp. 50;
Das kleine Buch der Reden 50.
MA: Parodie und Ironie 40; Die
heitere Hamsterkiste, klass u. neuer
Humor 41, u.a.
R: (MA): Bunte Stunden 38 — 42.

Weiher, Ursula, Lehrerin; VG Wort 77;
Im Münchtal 90, D-7630 Lahr/
Schwarzw., Tel. (07821) 23892 (Liegnitz/
Schles. 28.12.32). Kinderbücher.
V: Viel Wirbel um Reni 66; Viel
Aufregung um Bärbel 73; Eine
ungewöhnliche Klasse 76; Reiterferien
m. Constanze 77. ( )

Weihs, Erich, Dr. med., Nervenarzt;
BDSÄ 69; Bahnhofstr. 15, D-8580
Bayreuth, Tel. (0921) 43535 (Dux,
Böhmen 28.1.23). Lyrik.
V: Einsam bin ich nicht alleine 72; Am
Rande der Zeit 72; Des Lebens Jahr 72;
Worte ohne Titel 77; Vom Dunkel zum
Licht 77; Unter uns sind Menschen 78;
Literaturpreis Arzt und Schriftsteller
79; Unsere Umwelt sind wir 79. —
MV: Aeskulap dichtet 65, 77; Das Wort
als Medizin, Lyr. 80; Zw. den
Generationen, Lyr. 81.
MA: Das Boot 72; Quer, Lyrikanth. 74.

Weil, Grete (Ps. f. Grete Jockisch);
P.E.N.-Zentr. Bdesrep. Dtld 80; Preis d.
dt. Altershilfe 80; Herzog Sigmundstr. 3,
D-8022 Grünwald (Rottach-Egern
18.7.06). Roman, Novelle. **Ue:** E, H.
V: Ans Ende der Welt, N. 49; Boulevard Solitude, Lib. 51, Nachdr.;
Tramhalte Beethovenstraat 63; Happy,
sagte der Onkel, Nn. 68; Meine

Schwester Antigone 80, 2. Aufl. 81;
Generationen 83.
Ue: David Walker: Digby u.d.T.:
Schottisches Intermezzo 59; Maud Hu-
chins: Diary of Love u.d.T.: Noels
Tagebuch 60.

Weil, Werner *

Weilandt, Fritz *

Weilen, Helene (Ps. Helene Mandl-
Weilen), Schriftstellerin; Ö.S.V., V.G.S.,
SÖS, V.d.S.u.J.Ö. 45; silb. Ehrenz. f. Verd.
um d. Rep. Öst. 68; Concordia Presseclub
60; Pötzleinsdorfer Str. 5B, A-1180 Wien,
Tel. (0222) 777719 (Wien 26.2.98). Hör-
spiel, Jugendroman, Kinderbuch.
V: Reisebüro Ferienglück, Jgd.-R. 47;
Susi, Jgd.-R. 48; Susi oder Susanne,
Jgd.-R. 48; Susi, du bist unmöglich, Jgd.-
R. 48; Teddys Ausflug in die Welt,
Kinderb. 49; Teddy und sein Bruder,
Kinderb. 49; Lenerl der Glückspilz, Jgd.-
R. 50; Micki und Nicki fliegen auf die
Erde, Kinderb. 50; Mutti hat Ausgang
50; Wieso Elfi 51; Tumult um Tuck 53;
Vroneli 53; Kasimir der Igel 54, 74; Ihr
bester Freund 55; Treffpunkt Kastanie
55; Postamt Christkindl 56, 76; Kasimir
und Kasimira, Kinderb. 58; Eva und
Sylvia, Jgd. 60; Mein großes Teddybuch
61; Mein großes Igelbuch 61; 3 finden
einen Weg, Jgdb. 62; Mein Wichtelbuch
62; Dr. Seidelbast 63; Ihr Kinderlein
kommt 63, alles Kdb.; Tonis Paradies,
Jgdb. 64; Wettfahrt mit Ursula, Jgdb. 64;
Betreten strengstens verboten, Jgdb. 65;
Emmerich der Seehund, Jgdb. 65;
Teddys Abenteuer, Kinderb. 65; Yvonne
und ihre Freundin, JgdR.; Ich heiße
Gigi, Kinderb.; Rosinchen, das Wildschwein, Kinderb.; Amalia mit dem
langen Hals, Kinderb.; Alle meine Tiere,
Jgdb. 75; Omis sehr gesucht, Jgd.-R. 72;
Die Ebner 3 x Lorenz 77; Kinderfest bei
Farnhammer 78.
R: Kasimir der Igel; Amalie mit dem
langen Hals; Rosinchen, das Wild-
schwein.
S: Kasimir der Igel; Postamt Christ-
kindl.

Weilgart, W. John *

Weilhartner, Rudolf, Volksschulober-
lehrer; PEN-Club; 1. Pr. d. ö. Jugen-
kulturwochen in Innsbruck 67, Aner-
kennungspr. z. Öst. Staatspr. 70, 1. Pr. d.
Dr.-Ernst-Koref-Stift. 75,
Landeskulturpr. d. Landes Oberöst. f.
Lit. 79, Prof.-Dr.-Gertrud-Fussenegger-
Stip. d. Intern. Kuratoriums d.
Wolfgang-Amadeus-Mozart-Pr. d.
Johann-Wolfgang-von-Goethe-Stift.

Basel 80; IKG, CdB, Autorenkr.,
MAERZ; Schwaben 8, A-4752 Riedau,
Tel. (07764) 6560 (Zell a. d. Pram 12.4.35).
Lyrik, Hörspiel.
V: Schneefelder, Lyr. 68; Landsprache,
Lyr. 81.
MH: Die Rampe, Hefte f. Lit.;
Landstrich, Kulturzs.
R: Schamscha, Hsp. 67; Unter
Mördern und Irren, Funkerz. (nach I.
Bachmann) 72; Pfauenschrei, Hsp. 76.

Weimer, Annelore; Meistersingerstr.
8, DDR-1500 Potsdam (Berlin 21.12.26).
Erzählung, Satire, Roman, Hörspiel.
V: Zwei auf einer Insel, R. 55, 56.
R: Wiebke 78; Das seltsame Kästchen
79, alles Hsp. ( )

Weimershaus, Wolfgang, Dr.med.,
Facharzt; BDSÄ 82; Burgring 4, D-6482
Bad Orb, Tel. (06052) 2144 (Welper/Ruhr
6.7.22). Lyrik, Essay.
V: Irgendwo Wolken, G., Prosa 82.

Weinberger geb. Knauss, Lili (Ps. Lili
Knauss-Weinberger), Schriftstellerin,
Sekretärin i.R.; Aeuß. Pfaffengäßchen
15e, D-8900 Augsburg, Tel. (0821) 37361
(Nancy 22.1.14). Lyrik, Novelle.
V: Reiche Welt der Kinder, G. 69;
Träume, Tränen und gelber Mond, G. 81;
Bluamawies, Bächle ond Voglbeerbaum,
Mda.-G. 81.

Weinert, Gerda *

Weinert, Manfred; Lübbener
Chaussee 8, DDR-1230 Beeskow.
V: Brückenträume 75; Hab dich nicht
so! Kurze Prosa 75; Und der Klapperstorch fängt Frösche, Kinderb. 75; In
einer Nacht nach Orenburg 76, 83; Olaf
vom Turm 76; Das Endlose eines Augenblicks, Erz. 78; Danka darf in der Schule
schlafen 79, 82; Zur Hochzeit unterwegs,
Erz. 79; Selgo, Erz. 79, 81; Das Hufeisen
der Natter. E. Familiengesch. 82. ( )

Weingärtner, Klaus, Beamter i.R.;
Goldammerweg 5, D-4300 Essen 1, Tel.
(0201) 473370 (Berlin 20.4.13). Lyrik.
V: Aufbruch ist alles, Lyr. 81; Am Berg
schau hoch, Lyr. 82.

Weinhold, Siegfried; Wilhelm-Firl-Str.
20, DDR-9047 Karl-Marx-Stadt
(Drebach, Erzgeb. 16.10.34).
V: Lockruf des Abenteuers, R. 68, Bü.
69; Hallo, Gold, R. 71; Ehrlich und das
feine Leben, Kinderb. 73; Haribert, das
Schwarzohr, Kinderb. 74; Angst in
fremden Betten, Erz. 76; Ferry und das
fremde Geld, Kinderb. 76; Stelzenbeins
Reise mit dem Onkel, Kinderb. 78;
Stelzenbeins Suche nach dem Onkel,
Kinderb. 80.

MA: Die Träume vollenden 69; Mit
Ehrwürden fing alles an 70; 2. Lese-
magazin 70; Bettina pflückt wilde
Narzissen 72; Mit Ehrwürden geht alles
weiter 73; Ehrlich fährt am schnellsten,
Kinderb. 73; Die heiteren Seiten 74; Wie
Karel mit dem Motorrad zu Rosa Laub
flog 74; Sachsen. Ein Reiseverführer 74;
Fernfahrten 76; Verhör ohne Auftrag 77;
Die Räuber gehen baden, Kinderb. 77;
Martin und die Sonne im Schrank,
Kinderb. 78; Die Schublade 82; Zwiebel-
markt u. Lichterfest 83.
R: Würfel im Spiel, Kinderhsp. 69;
Wenn wir jung sind, Jgd.-Hsp. 69; Der
Besuch, Krim.-Hsp. 82.

Weinkauf, Bernd, Schriftsteller;
Kandidat SV-DDR seit 75;
Brockhausstr. 88, DDR-7031 Leipzig
(Küstrin 26.2.43). Erzählung, Gedichte,
Essay, Film.
V: Ich nannte sie Sue, Erz. 78, 80;
Leipziger Denkmale, Ess. 80, 2. Aufl. 82;
Leipzigs langes Leben, Feuilletons 82.
B: Salz üb. Gold, Sch. n. e. slowak. M.,
(Neufass. n. Bearb. v. Jan Jilek). –
MA: Das Huhn d. Kolumbus, Espresso-
Geschn. 82; Spuren im Spiegellicht,
Lyr.-Anth. 82.
R: Wolfgang Wegener – Porträt eines
Malers, Ess. 76; Jo Jastram – Ein
Bildhauer aus Rostock, Ess. 76; Werner
Stötzer, Ess. 77; Kennen Sie Meiningen
78; Meißen 78; Der "Kaffeebaum" in
Leipzig, alles Fs.-Feuilleton.

Weinreich, Gerd, c/o Gauke-Verl.,
Hann. Münden.
V: 33 Gedichte vom Kriegszustand in
Friedenszeiten 82. ( )

Weinstein, Zeus, s. Neugebauer, Peter.

Weinzettl, Franz, Student; F. St. Graz
80; Förderungspr. d. Stadt Graz 81,
Forum Stadtpark – Lit.förd.pr. 82;
Gossendorf 44, A-8344 Bad
Gleichenberg, Tel. (03159) 732 (Feldbach
15.7.55). Erzählung, Lyrik.
V: Auf halber Höhe, Erz. 83.

Weinzierl, Hubert; Schloß, D-8441
Wiesenfelden.
V: Natur in Not I 69, II 75; Ein besinnl.
Kalendarium 71; Projekt Biber 73; Wo
alle Wege enden 73; ... doch sie änderten
sich nicht 74; Zerrissene Fäden 75;
Natur als Fortschritt 78; Hoffnungen 78;
Die Kröten 78; Wilde Birnen 79; Tage-
buch eines Naturfreundes 79. –
MV: Lebensraum Teich 79; Auf-

begehren als Bürgerpflicht 79; Hofnarr
80.
MH: Langzeitökonomie 77; Die Grüne
Stadt 80.

Weisbach, Reinhard, Dr. phil., Dr.
paed.; Erich-Weinert-Med. 72
(Waldesruh b. Berlin 8.7.33).
V: Köpenicker Flaschenpost, G. 65;
Wort für Wort, G. 71; Studien zur
Auseinandersetzung der marxistisch-
leninistischen Literaturwissenschaft
mit dem Expressionismus, Ess. 72;
Menschenbild, Dichter und Gedicht,
Ess. 72; Reinhard Weisbach (Poesie-
album 155) 80.
MA: Positionen. Beitr. z. marx.
Lit.theorie d. DDR 69; Nachw. zu: G. B.
Fuchs: Gedichte eines Hofpoeten 70;
Zur Theorie des sozialistischen Realis-
mus 74.
H: Poetenseminar 72; Das lyrische
Feuilleton des "Volksstaat" 79. –
MH: Revolution und Literatur, m. W.
Mittenzwei 71. ( )

Weisbecker, Walter, Schriftsteller,
freier Mitarbeiter d. FAZ; FDA 74;
Raimundstr. 35, D-6000 Frankfurt a.M.,
Tel. (0611) 524101 (Frankfurt am Main
24.11.15). Lyrik, Essay, Mundart.
V: O Pendelschlag des ewig
Wechselnden, Lyr. 75, 78; Äppelwein un
Äppelcher, Frankfurter Mda.-G. 75, 81;
Frisch aus de Kelter, Frankfurter Mda.-
G. 78, 79; Unvergessene, Frankfurter
Mda.-G. 80, 82; Triebe, Treue, Träume,
Lyr. 80. – **MV:** Lachhannes I 74, 78, III
76, 79; Frankfurter Leut', fröhliche
Menschen 79; Kleine Bettlektüre f.
Leute, die e hessisch Herz uff de Zung
habbe.
S: Eigene Frankfurter Mundartverse
74, 76.

Weise, Karl-Heinz, freier Schrift-
steller (Herne 6.2.24). Roman, Novelle,
Erzählung, Kinder- u. Tiergeschichte.
V: Wettkampf der Frösche, Kdb. 61,
71; Bären in Kanada, Jgdb. 63; Die letzte
Fahrt der Silbermöwe, Jgdb. 64; Kasch-
madi, der Schiffsjunge, Jgdb. 67; Wir
suchen Gold in Kanada, Jgdb. 69, 71;
Martinas kleine Welt, Kinderb. 69, 71;
Antje im Holunderbaum, Kinderb. 71;
Graf Bettel, Kinderb. 74, u.a. – **MV:** Der
fröhliche Quell, Kdb. 62.
R: 80 Funk-Erzn. ( )

Weise, Melitta *

Weiser, Franz X., P. S.J., Dr. theol. et
phil., Prof; Boston College, Chestnut
Hill, MA 02167/USA (Wien 21.3.01).
Jugendroman, Novelle.

V: Das Licht der Berge, Jgd.-R. 29, 82
(übers. in 34 Sprachen); Hermann und
Gretel, Jgd.-N. 39, 54; Zum Vater der
Ströme, R. 52, 64; Das Weiserbuch 52, 56;
Der Gesandte des Großen Geistes, R. 52,
63; Im Tal der Bitterwurzel, Jgd.-N. 54,
57; In der Heimat des Herrn 58, 64;
Walter Klinger, Jgd.-R. 60; Bleich-
gesichter am Großen Strom, R. 63, 65;
Heimkehr, N. 65, 70; Im Sturm der
Abenteuer, R. 65, 67; Orimha der
Irokese, R. 69, 72; Orimha der Wald-
läufer, R. 70, 73; Orimha bei den Sioux,
R. 73, 75; In den Bergen von Mantana, N.
74. ( )

Weishaar, Sophie, D-7056 Weinstadt-
Strümpfelbach, Tel. (07151) 61883.
V: Chronik von Strümpfelbach 66;
Wortkränze, G. 72; Blüten aus dem
Spitzwegstrauß 75. ( )

Weismann, Peter, Verlags-
buchhändler; VS; Hans-im-Glück-Pr. 80;
Kreittmayrstr. 21, D-8000 München 2,
Tel. (089) 528189 (Heidelberg 28.3.44).
Roman, Erzählung, Übers. **Ue:** E.
V: Polko im Schilderwald, Kdb. 70, Tb.
73. — **MV:** Und plötzlich willste mehr,
m. Helma Fehrmann, R. 79.
MA: Notstandsreport, Szenen, Dial.,
Dok. 66; Wege zum Faschismus 69.
Ue: Ota Safranek: In der tiefen
dunklen Nacht 69; David McKee: Elmer
70; David McKee: Benn 73.

Weiss, Antonia (Ps. Antonia Anna
Weiss), Hausfrau; Bodenseeklub 70, Lit.
Forum Oberschwaben; Frauenstr. 2, D-
7980 Ravensburg, Tel. (0751) 25718 (Graz
17.1.22). Prosa: Erzählung, Kurzgeschichte, Roman, Lyrik, Drama.
V: ... denn Bleiben ist nirgends, Erz.
81.
MA: 33 Phantastische Geschichten 81.

Weiss, Antonia Anna, s. Weiss,
Antonia.

Weiß, Friedrich (Ps. Fritz Wöss), Dr.,
Hofrat, Dir. d. U. f. Bodenkultur; P.E.N.
67; Gründer u. Präs. d. Un. f. direkte
Demokr. 68, Präs. d. öst. Umweltschutz-
bewegung (USB) 73, Herausgeber u.
Autor d. Umweltschutzztg "Das
Manifest" 75; Kupelwieserg. 47, A-1130
Wien XIII, Tel. (0222) 821685 u. 348326
(Wien 19.2.20). Roman, Film, Reise-
bericht, Novelle, Hörspiel.
V: Hunde, wollt ihr ewig leben, R. 58,
71; Der Fisch beginnt am Kopf zu
stinken, R. 60, 61; Die Deutschen an der
Front 63; Der Freiheit eine Gasse 68.
H: Der Freiheit eine Gasse.
F: (MV): Hunde, wollt ihr ewig leben.

S: Stalingrad, aus: Hunde, wollt ihr
ewig leben 63.
Lit: Österreich, Brücke nicht
Brückenkopf der EWG; Österreich als
neutraler Staat; Die Pest des 20. Jhs. ( )

Weiss, Georg *

Weiss, Walter, Dr. phil., Mag. rer. nat.,
Mittelschullehrer; Jugendbuchpr. d.
Stadt Wien 71, Österr. Staatspr. 73,
Ehrenliste z. österr. Staatspr. 76,
Ehrenliste d. Jugendbuchpr. Wien 76,
Theodor-Körner-Stiftungspreis 72;
Coblenzgasse 68, A-1190 Wien, Tel.
(0222) 325584 (Wien 27.11.42). Roman,
Sachbuch, Bildbände, Film, Radio-
sendung.
V: Afrika - Sehnsucht Europas 67; Die
Piste ins Tibesti, Expeditionsber. 71;
Nordafrika, Bildbd. 71; Die Kanarischen
Inseln, Bildbd. 72; Der Tod der Tupilaks,
R. u. Sachb. 73, 75; Die Erste und die
Dritte Welt, polit. Ess. 74; Entführung
über den Wolken, R. 74; England und
Wales, Bildbd. 74; Island — Insel am
Polarkreis, Bildbd. 74; Das große farbige
Österreichbuch74; Arktis, Großbildbd. u.
Sachb. 75; Kanada - über den Trans-
canada und Alaska Highway, Bildbd. 76;
Kanada, Großbildbd. u. Sachb. 76; Das
Ende von 1001 Nacht, R. u. Sachb. 76, 78;
Flucht aus der Wüste, R. 77; Saudi
Arabien, Großbildbd. u. Sachb. 77;
Amerika 77; Griechenland, Großbildbd.
77; Die Rache des Kachinas, e.
Indianerb. 77; Ägypten 78; Drachen-
boote westwärts 78; Österreich, Bildbd
79; Türkei, Bildbd 80; Der Sonnensohn
— Erinn. an e. anderes Leben, R. 80;
Israel u. d. Westjordanland, Bildbd 80;
Australien, Bildbd 81; Sieg im Tod —
Masada, R. 82; Sri Lanka — Ceylon,
Bildbd 82; Südafrika, Bildbd 82; Japan
— e. Herausforderung?, Bildbd 83.
R: 9 Fsfilme; 18 Rdfksendungen.

Weiss, Wolfgang Carno; Herzogstr. 5,
D-8000 München 40.
V: Hundert Gedanken und mehr ...,
Aphor.-Wortsp. 82. ( )

Weißenbacher, Selma (Ps. Selma
Brauer), Hausfrau; Hauptstr. 212, A-3001
Mauerbach, Tel. (0222) 971561 (Wien
27.1.03). Drama, Lyrik, Hörspiel,
Kleinigkeiten.
V: Gedichte, Lyr. 33; Leiser mein
Herz, Lyr. 63; Grashalm in der Wiese, G.
84.
R: Märchen, Rdfk. 46-50.

Weissenberg, Heinz, Schriftsteller,
Journalist, Kunstkritiker, Maler; Verb.
dt.spr. Schriftsteller in Israel, Intern.

P.E.N. 81; Hagefen Str. 3, 35662 Haifa/
Israel, Tel. (04) 527818 (Gießen/Lahn
21.12.08). Roman, Essay, Lyrik.
V: Moses - Prinz von Ägypten, R. 68;
Moses der Befreier, R. 73; Moses, Mann
des Weges, R. 80.
MA: Stimmen aus Israel 79;
europäische ideen, Berlin 80, 82;
Nachrichten aus Israel 81.
Lit: Schalom Ben-Chorin: Jüdischer
Glaube; Dov Amir: Leben u. Werk d.
dt.spr. Schriftsteller in Isarael; Erich
Gottgetreu: Der dreibänd. Moses.

Weißenborn, Theodor, Schriftsteller;
VS 60, P.E.N. 71, IG Druck u. Papier 74;
Förderpr. d. Lit. d. Stadt Köln 66, Hör-
spielpr. d. Ostdt. Kulturrates u. d.
Soz.min. v. NRW 69, 73, Georg-
Mackensen-Lit.-Pr. 71; Hof Raskop, D-
5561 Landscheid (Düsseldorf 22.7.33).
Roman, Novelle, Essay, Epigramm,
Hörspiel.
V: Beinahe das Himmelreich, Erzn.
63; Außer Rufweite, R. 64; Eine befleckte
Empfängnis, Erzn. 69, 72; Die Stimme
des Herrn Gasenzer, Erzn. 70; Theodor
Weißenborns Handbuch für deutsche
Redner, Parodien 71; Brief einer
Unpolitischen, Prosatext 72; Das Liebe-
Haß-Spiel, Erzn. 73; Krankheit als
Protest, Pathogr. 73; Eingabe an den
Herrn Minister, Prosa 73; Der Sprung
ins Ungewisse, Erzn. 75; Heimkehr in
die Stille, Erzn. 75; Der Wächter des
Wales, Erzn. 76; Sprache als Waffe, polit.
Leseb. 76; Blaue Bohnen - scharfe
Messer, Jgdb. 76; Geistlicher Nachlaß, G.
77; Polyglott, G. 77; Gesang zu zweien in
der Nacht - Texte gegen die Gewalt 77;
Die Killer, R. 78; Waisenkindes Herze-
leid, Erzn. 79; Als wie ein Rauch im
Wind, R. 79; Das Haus der Hänflinge,
Erzn. 80.
MA: PEN - Neue Texte deutscher
Autoren, Anth. 71; Motive - Selbstdarst.
dt. Autoren, Anth. 71; Deutsche
Erzählungen aus drei Jahrzehnten,
Anth. 75, u.a.
R: Patienten; Der Papi; Korsakow;
Opfer einer Verschwörung; Menschen-
kuchen; Das Schiff - ein ideales Wasser-
fahrzeug; Etwas; Der Schneider von
Ulm; Ein heroisches Beispiel; Gesang zu
zweien in der Nacht; Ein Zeugnis
humanistischer Reife; Predigt für alle
Tage im Jahr; Brief einer Mutter; Der
Deutschaufsatz und das Haus der
Hänflinge; Quecksilbermine C; Der
Abgeschiedene oder Die Ehrung eines
Sohnes der Stadt; Sechs Fuß hinab; Auf
dem Wege der Besserung; Einge-

schlossen; E-Schock & Neuroleptika;
Amputatio capitis und
Cerebroexstirpation - ein neuer Aspekt
der Neurochirurgie; Thanatos; Gold-
staub und Nuggets; Saison in Lausanne;
Die Stimme des Herrn Gasenzer; Die
Fahrt nach Manitoba; Der Tod des
Patienten löst alle Probleme.

Weissengruber, Maria (Ps. Maria
Raml), Schulrat; Ehrenpr. z. Handel-
Mazzettipr. 52; Lustenauerstr. 37, A-4020
Linz/D. (Linz 12.9.22). Jugendschrifttum,
Hörspiel, Novelle.
V: Pepe fährt nach Italien, Kinderb.
67; zahlr. Lesehefte f. d. Jgd. 52 − 65.
R: Rd. 30 Hsp. f. Schulfk 50 − 62; Die
törichte Magd, Nov.; Hist. Erzn.
Lit: Die Barke, Lehrerjb. 65, 67.

Weissenhagen, Norbert, s. Werres,
Johannes.

Weisser, Michael, Designer, Publizist;
Lothringer Str. 23, D-2800 Bremen 1,
Tel. (0421) 347466 (Cuxhaven 18.10.48).
Science Fiction, Phantastische
Literatur.
V: SYN-CODE-7, SF-R. 82; DIGIT, SF-
R. 83.
S: Klaus Schulze im Gespr. mit
Michael Weisser 83.
Lit: SOLARIS 5 83.

Weissfeld, Hans-Peter *

Weissflog, Peter, c/o Verlag Heyne,
München.
V: Tod im Elefantenhaus, Krim.-R. 82.
( )

Weissling, Heinrich, Ökonom; SV-
DDR 75; Dresdner Str. 25, DDR-7305
Waldheim/Sa., Tel. (04037) 3537
(Keszöhidegkut/Ungarn 4.8.23). Ue: U.
H: (u. Übers.) Geh nicht an mir vorbei,
Anth. 81.
Ue: Tibor Ceres: Der Melonenschütz
53; Mór Jókai: Die gelbe Rose 53, Pußta-
frühlinng 55, Ein Goldmensch 56, Die
schwarze Maske 71; K. Mikszáth: Die
Kavaliere 54; Géza Gárdonyi: Die
Lampe 54, Ich war den Hunnen
untertan 59, Wie der Mond sich spiegelt
im See 80; Géza Hegedüs: Die Gefahr
jenseits des Waldes 55, Ketzer u. Könige
II 63; Imre Németh: In den Tiefen der
Urwälder 56; Ferenc Móra: Der Wunder-
mantel 57; Josef Révay: Der Panther vor
den Toren 58; Jenö Heltai: Family-Hotel
59; I. Száva: Der Gigant von Syrakus 60;
Die Botschaft von den Sternen 79;
Ungarische Erzn. aus drei Jahrzehnten,
Anth. 61; Nur ein Strauß Kornblumen,
Anth. 63; Auré Bernáth: So lebten wir in
Pannonien 63; Tivadar Artner: Begeg-

nung mit antiker Kunst 64, Begegnung mit mittelalterlicher Kunst 65, Begegnung mit neuzeitlicher Kunst 69; Klára R. Chitz: Musikpeters neue Abenteuer 65; Georg Ürögdi: Reise in das alte Rom 66; László Passuth: Gastmahl für Imperia 68, In Ravenna wurde Rom begraben 71; Divino Claudio. E. Monteverdi-R. 82; Jenö Szentiványi: Der Wettlauf mit dem Mammut 70; András Dékány: Die letzten Abenteuer Robinson Crusoes 70, SOS Titanic 73, Die verschollene Insel 76; Viktor Szombathy: Der Wanderer des Halbmondes 71; Èva Tasnádi: Mein Brüderchen 72; Klára Fehér: Die Insel der Erdbeben 73; dies.: Der Garten des Indianers 75; Oxygenien 77; János Sarkady: Reise in das alte Athen 74; Elek Benedek: Der Vogel mit den goldenen Federn, Volksmärchen 78; Gy. G. Kardos: Das Ende d. Geschichte 81; L. Boglár: Wahari — Eine südamer. Urwaldkultur 82; L. Lörincz: Die Ärztin d. Nacht 82; P. Korniss: Unter nordamer. Indianern 82. — **MUe:** K. Mikszáth: Die schwarze Stadt 53; P. Veres: Knechtschaft, beide m. Georg Harmat; Péter Veres: Die Liebe der Armen, m. Friedrich Lám 58.

Weit, Rudolf (Ps. kiebitz), Rektor i. R.; 1. Preisträger beim Landeswettbewerb Baden-Württ. "Ältere Menschen schreiben Geschichte" 77, Verleihung der goldenen Verdienstmedaille des Landes Baden-Württ. für Pflege der Mundart und des Volkstums 79; Gartenstr. 22, D-7924 Steinheim am Albuch, Tel. (07329) 6928 (Feldstetten, Kr. Münsingen 9.3.10). Schulspiele, Mundartdichtung, Heimatgeschichte u. Volkskunde.

V: Sodele — sell wär's, G. 64, 76; Grad so isch, G. 77; Ois oms ander, G. 80; Noh net hudla. Allerlei Schwäbisches, G. 81; zahlr. Schulspiele: Das Schneiderlein im Mond, Der Kaiser kann kommen, D Hasarupfer, dr Ga'slaoser Storch, Spiele aus dem Tages- und Jahreslauf; Schriftdeutsche Gedichte und Prosa; Heimatgeschichte: Die Peterskirche zu Steinheim am Albuch, G. 79; Artikelserie: Im Archiv aufgefunden, G. 77. — **MV:** Der Teufel mit den drei goldenen Haaren u.a. Spiele; Neue Kasperlspiele; Hans Großmaul und der Spaßmacher; Schriftdeutsche Gedichte u. Prosa.

Weitbrecht, Wolf, Dr. med., Arzt, Chefredakteur, ObMedR.; SV-DDR 74; Suevenstr. 20, 177 — 13, DDR-1185

Berlin, Tel. 6813900 (Stuttgart 17.6.20). Roman, Erzählung.

V: Arzt unter heißem Himmel, lit. Rep. 64; Orakel der Delphine, SF-R. 72, 79; Stunde der Ceres, SF-R. 75, 77; Das Psychomobile, phant. Erzn. 76, 78; Stern der Mütter, SF-R. 80, 82; Die Falle des Alderamin, wiss.-phant. Erzn. 82.

Lit: Stille Turbulenzen, in: Neue Dt. Lit. 8 81.

Weitensfelder-Anger, Gertrud, Amtsoberrevident i.R.; Silbermed. im Lit.wettbew. d. Union intern. touristique culturelle P.T.T. 79; Grillparzerges.; Dr.-Arthur-Lemisch-Str. 14, A-9300 St. Veit an der Glan, Tel. (04212) 28184 (Wien 16.12.15). Drama, Lyrik, Kurzgeschichte, Hörspiel.

V: Harfe im Dämmern, Lyr. 50; Erlöstes Lächeln, Erzn. 59; Zu den hohen blauen Toren, Lyr. 67; Die Bartholomäusnacht, Trauersp. 78; Das entsiegelte Jahr, G. 81.

R: Die Weihnachtskerze; Die Osternacht; Der Steinmetz, alles Hsp. in Kärnter Mda.

Weitershagen, Paul, Schulrat a. D.; Strundener Str. 142, D-5000 Köln 80 (Köln 30.11.99). Roman, Novelle, Jugendbuch.

V: Christmett-Hirtenspiel 36; Am Morgen der Menschheit, Jgdb. 37, 68; Mittelrheinische Sagen, Jgdb. 39; Die Geschichte des Dr. Johannes Faustus, Jgdb. 48; Reinhold, der Jüngste der Haimonssöhne, Jgdb. 51; Pitter träumt von seiner Vaterstadt, Jgdb. 53, 67; Der Lügschuster, Ein Eulenspiegel der Matthias Tobias hieß, Heimatb. 54; Die Bergische Truhe, Legn., Sagen, M., Schw. u. Schnurren 55, 77; Zwischen Dom und Münster, Legn., Sagen, M. 59, 66; Das große Sagenbuch vom Rhein 63; Die sieben Ähren 65, 66; Rheinische Märchen 70.

H: Eifel u. Mosel erzählen, Sagen u. Legn., 3. Aufl. 82. ( )

Weitkamp, Hermann Hans, Dr.med.; BDSÄ 75; Groenenberger Str. 21, D-4520 Melle/Wiehengeb., Tel. (05422) 1651 (Elberfeld 8.2.08). Drama, Lyrik, Novelle, Essay.

V: Trampen Simmeling 78; Emanzipation v. Mann u. Frau 78; Herrschaft u. Zivilisat. 80. — **MV:** Mein Herz ist noch klein, m. Erika Weitkamp 48.

Weitz, Hans-J., Dr. phil. h. c., Privatgelehrter; P.E.N. 57; Johann-Heinrich-Merck-Ehrung 64, Dr. h. c. U. Freiburg 67, Kanton. Ehrung Zürich 79;

Dramaturg. Ges. 54, Ehrenvors. 78;
Internat. Theaterinst. 59, Dt. Akad. f.
Sprache u. Dichtg. 76; Im Pflänzer 5, D-
6140 Bensheim 3, Tel. (06251) 73340
(Berlin 7.11.04). Essay. **Ue:** Am, E, F.
H: Goethe über die Deutschen 49,
3.Aufl. 82; Das Göttliche Wunder. Ein
unbekannter Beitrag von Goethe 49;
Westöstlicher Divan 49, 72, komment.
Ausg. 74, 5. Aufl. 83; Goethe-Willemer.
Briefwechsel, Dokumente, usw. 65; S.
Boisserée, Tageb. I 78, II 81, III 83. −
MH: Goethe: Werke (Volks-Goethe) 49 -
(Insel-Goethe) 65 VI; Faust 50; Festschr.
Leop. Lindtberg 72; Hans Bauer −
Regisseur 74.
R: J.M.R. Lenz, Hörf. 72; Carl Ludw.
Sand, Hörfolge 76; Goethe als Bühnen-
fig. a. d. Theater v. heute, Vortr. 82.
Ue: Verlaine: Galante Feste 49. −
MUe: Audiberti: Quoat-Quoat, m. H. M.
Enzensberger 56; Flaubert: Der
Kandidat, m. G. F. Hering 57;
Giraudoux: Für Lucretia, m. R. Schnorr,
Dr. 61.

von Weizsäcker, Carl-Friedrich Frhr,
Dr. phil., Prof., Dir. d. Max-Planck-Inst.;
P.E.N.; Goethe-Preis d. Stadt Frankfurt
58, Friedenskl. d. Ordens Pour le mérite
61, Friedenspreis d. Dt. Buchh. 63; Dt.
Akad. f. Sprache u. Dicht.; Alpenstr. 15,
D-8135 Söcking (Kiel 28.6.12).
V: Die Atomkerne 37; Zum Weltbild
der Physik 43, 76; Die Geschichte der
Natur 48, 79; Atomenergie und Atom-
zeitalter 57; Die Verantwortung der
Wissenschaft im Atomzeitalter 57, 78;
Bedingungen des Friedens 63; Die Trag-
weite der Wissenschaft, I: Schöpfung
und Weltentstehung 64, 76; Gedanken
über unsere Zukunft. Drei Reden 66;
Der ungesicherte Friede 69, 79; Die
Einheit der Natur 71, 82; Fragen zur
Weltpolitik 75; Wege in der Gefahr 76,
82; Der Garten des Menschlichen 77, 82,
Tb. 80; Deutlichkeit 78, 79; Diagnosen
zur Aktualität 79; Der bedrohte Friede.
Aufs. 81. − **MV:** Über einige Begriffe
aus der Naturwissenschaft Goethes, in:
R. Boehringer: Eine Freundesgabe 57;
Zumutungen der Freiheit. Vorlesungs-
R. d. 12. Dt. Ev. Kirchentag. 65; Vom
rechten Gebrauch der Freiheit, Reden
m. L. Raiser u. H. Hammer-Brücker 65;
Werner Heisenberg 77.
MA: Heidegger, Freiburger
Universitätsvortr. zu seinem Gedenken
77, 79.
MH: Hamburger Goethe-Ausg.
s. a. Kürschners GK. ( )

Welchert, Hans-Heinrich; FDA 74;
Weißdornweg 99, D-5300 Bonn-Bad
Godesberg, Tel. (0228) 323432
(Aschersleben 10.2.05). Biographie,
Geschichte, Naturschilderung.
V: Als Bismarck gegangen war. Inti-
mitäten der Weltpolitik 1890 − 1914 40;
Weltgewitter. Intimitäten der Kriegs-
politik 1914 − 19 43; Linnäus. Aus dem
Leben eines Botanikers 47; Aus der
deutschen Idylle, Szenen der Reichs-
geschichte 1805 − 71 49; Die glückselige
Straße. Geschichte und Geschichten
Unter den Linden 49, 62; Theodor
Heuss. Ein Lebensbild 53, 68;
Gezwitscher im Bauer, Vogelb. 55; An
Weihern und Bächen 59; Der unster-
liche Angler 63; Das Angeln in der
europäischen Malerei 65; Theodor
Heuss (in d. R. "Demokraten") 67;
Wanderungen zu den Burgen und
Domen am Rhein 70, 75; Wanderungen
zu den Burgen und Klöstern in
Schwaben 71, 75; Wanderungen zu den
Burgen und Domen in Niedersachsen
73; Wanderungen zu den Burgen und
Klöstern in Bayern 74; Wanderungen zu
den Burgen und Schlössern in Hessen
76; Wanderungen zu den Schlössern
und Domen in Schleswig-Holstein 78;
Geschichtswanderungen in Dtld (Sond.-
Ausg.) 81.
H: Otto von Bismarck: Über die Natur
65, 79; Theodor-Heuss-Lesebuch 75. −
MH: Silberne Beute 63; Humor in der
Politik 72; Der Fisch meines Lebens 73.
Lit: Bonner Generalanzeiger 75.

Welfers-Gran, Hugo C., s. Scheurer,
Wolfgang.

van Well, Manfred, Journalist;
Hegestr. 23, D-2000 Hamburg 20, Tel.
(040) 485190 (Essen/Ruhr 31.8.31). Lyrik,
Prosa, Chansons.
V: Augenringe, Lyrik u. Aphorismen
74; Augenblicke, Lyr., Prosa, Aphor.,
Halluzinat. 79; Eigenbewegung, Lyr.,
Prosa, Aphor., Halluzinat., Chansons 82.
F: Lyr. Texte zu e. Film üb. d. sur-
realist. Maler Angerer d. Älteren 83.

Wellbrock, Jürgen; Onkel-Tom-Str. 7,
D-1000 Berlin 37 (Bremen 21.7.49). Lyrik,
kurze Prosa, Erzählungen.
V: Land an den Füßen, 77; Flüchten
und Wandern, 79; Wurzelhorizonte 83.
MH: Die Ungeduld auf dem Papier u.
andere Lebenszeichen, Lyr.-Prosa-Anth.
78.

Wellenkamp, Dieter, Journalist;
Kinzigstr. 2, D-6460 Gelnhausen, Tel.
(06051) 3513 (Frankfurt/M. 21.10.26).

V: Möwen von Algier, eine maghrebinische Reise 65; Der Mohr von Berlin, ein Lebensbild 70. – **MV:** Diener einer Idee, Biogr. 67; Pioniere und Außenseiter, Biogr. 68; Frühe Wege zum Herzen Afrikas 69; Diplomaten des Friedens, Biogr. 71.

Weller, Walter; Marschnerstr. 15/07/025, DDR-8019 Dresden.
V: Sommerfahrt, Erz. 74; Lauter unglaubliche Geschichten, Erzn. 77, 83. ( )

Wellershoff, Dieter, Dr. phil., Schriftsteller; VS 70; Hörspielpr. d. Kriegsblinden 60, Fördererpr. d. Ldes NRW 61, Kritikerpr. f. Lit. 70; Mainzer Akad. d. Wiss. u. d. Lit. 68; Mainzer Str. 45, D-5000 Köln 1, Tel. (0221) 388565 (Neuß/Rh. 3.11.25). Roman, Essay, Hörspiel, Fernsehspiel.
V: Gottfried Benn- Phänotyp dieser Stunde, Ess. 58, 76; Am ungenauen Ort, Zwei Hsp. 60; Der Gleichgültige, Ess. 63, 74; Bau einer Laube, Hsp. 65; Ein schöner Tag, R. 66 (auch engl., franz.); Die Schattengrenze, R. 69; Literatur und Veränderung, Ess. 69; Das Schreien der Katze im Sack, Hsp. 70; Einladung an alle, R. 72 (auch franz., schwed., tschech., ung.); Literatur und Lustprinzip, Ess. 73, 75; Doppelt belichtetes Seestück und andere Texte, Erz., Hsp., G. 74, u.d.T.: Ein Gedicht von Freiheit 77; Die Auflösung des Kunstbegriffs, Ess. 76; Die Schönheit d. Schimpansen, R. 77, Tb. 79 (auch schwed., dän., norw.); Glückssucher, 4 Drehb. u. begleit. Texte 79; Die Sirene, N. 80, Tb. 82 (auch finn., norw.); Das Verschwinden im Bild, Ess. 80; Die Wahrheit d. Lit., Gespr. 80; Der Sieger nimmt alles, R. 83.
H: Gottfried Benn: Gesammelte Werke 58 – 61 IV; Ausgewählte Werke; Ein Tag in der Stadt. - Sechs Autoren variieren ein Thema 62; Neue Wissenschaftliche Bibliothek, seit 65; Wochenende. - Sechs Autoren variieren ein Thema 67; Etwas geht zu Ende – 13 Autoren variieren ein Thema 79.
R: Die Sekretärin 55; Die Bittgänger 57; Der Minotaurus 59; Am ungenauen Ort 60; Bau einer Laube 63; Die Schatten 66; Wünsche 69; Das Schreien der Katze im Sack 70; Die Toten 71; Null Uhr Null Minuten...; Eskalation 74; Glücksucher 77; Freiheiten d. Langeweile 78; Phantasten 79; Die Schattengrenze 79; Flüchtige Bekanntschaften 82.

Lit: Der Schriftsteller Dieter Wellershoff, hrsg. von R. Hinton Thomas 75.

Welling, Renate, s. Guggenheim-von Wiese, Ursula.

Wellm, Alfred, Lehrer; SV-DDR, P.E.N.-Zentr. DDR; Preis f. Kinderlit. 59, 79, Fr.-Reuter-Pr. 59, 69 u. 75, H.-Mann-Preis d. Dt. Akad. d. Künste 69, Nationalpreis 76; Akad. d. Künste d. DDR, DDR-2601 Lohmen, b. Güstrow (Neukrug 22.8.27). Kinderbuch, Roman.
V: Igel, Rainer und die anderen 58, 61; Die Kinder von Plieversdorf 59, 61 (auch ukrain.); Die Partisanen und der Schäfer Piel 60, 73 (auch vietnames.); Kaule 62, 80 (auch russ., estn., lett., litau.); Das Mädchen Heika 66, 83 (auch arab., tschech.); Pause für Wanzka oder Die Reise nach Descansar, R. 68, 82 (auch litau., poln.); Das Pferdemädchen 74, 83 (auch finn., schwed., dän., tschech., norw.); Pugowitza oder Die silberne Schlüsseluhr, R. 75, 83 (auch russ.); Karlchen Duckdich 77, 83 (auch russ., litau.); Der kleine Wruk 81, 83; Das Mädchen mit d. Katze 83, alles Kinderb.

Wellmann, Margot, s. Scharpenberg, Margot.

Welser, Karl, Dipl.-Mathematiker, Studiendirektor i. R.; Frühlingstr. 38, D-8230 Bad Reichenhall, Tel. (08651) 2887 (Chodau b. Karlsbad 22.5.13). Lyrik, Novelle, Essay, Laienspiel.
V: Dr. Fausts Höllenfahrt, Laisp. 50; Unverlierbare Heimat 56; Freiheit, die wir lieben 58; Text zur "Reichenhaller Salzkantate" 66; Pfeilerdienste 79, u.a.

Welsh, Renate, Schriftstellerin; Ehrenliste z. Kinderb.pr. d. Stadt Wien 70, 73, 75, 76, Ehrenliste zum Österr. Staatspreis f. Kinder- u. Jugendlit. 70, 73, 75, 76, Österr. Staatspreis f. Kinder- u. Jugendlit. 77, 78, Friedrich-Bödecker-Preis 78, Dt. Jugendbuchpr. 80; Hardtg. 29/4, A-1190 Wien, Tel. (0222) 374188 (Wien 22.12.37). Kinderbuch. **Ue:** E.
V: Die Enkel des Löwenjägers, Kinderb. 70; Ülkü, das fremde Mädchen, Jugendb. 73; Das Seifenkistenrennen, Kinderb. 73; Alle Kinder nach Kinderstadt, Kinderb. 74; Der Staatsanwalt klagt an, Jugendb. 75; Thomas und Billy oder Katzen springen anders, Kinderb. 75; Angeklagter, stehen Sie auf, Theaterst. 75; Einmal sechzehn und nie wieder, Jugendb. 75; Drittes Bett links, Jugendb. 76; Corinna kann hellsehen, Jugendb. 76; Empfänger unbekannt -

zurück, Jugendb. 76; Hoffnung mit
Hindernissen, Jgdb. 77; Das Vamperl,
Kinderb. 77; Das Erbsenauto, Kinderb.
78; Zwischenwände, Jgdb. 78; Johanna,
Jgdb. 79; Wörterputzer u. a. Erzn. 82;
Philip u. sein Fluß 82; Bald geht's dir
wieder gut 82; Paul u. d. Baßgeigenpaul
83, alle 3 Kinderb. — **MV:** Das Sprach-
bastelbuch, Kinderb. 75; Im Flieder-
busch das Krokodil, Kinderb. 76; Das
Lesehaus IV 75, 76.
H: Ich verstehe die Trommeln nicht
mehr 79.
Ue: Richard Gordon: Der Schönheits-
chirurg 68; Alistair Mair: Gestern war
Sommer 69; Joyce Stranger: Rusty
u.d.T.: Großes Herz für kleine Tiere 70;
James A. Michener: The Drifters u.d.T.:
Die Kinder von Torremolinos 71.

von Welsperg-Raitnau, Wolfgang
Graf, Schriftsteller, Kunstmaler,
Dramaturg, Regisseur, Buchhändler,
Kulturschriftleiter, VHS-Dozent, Präs. d.
Int. Komitee "Tiroler Freiheit" u.
Führ.mitgl. d. Dt.-Amer. Vereinig. f.
Freiheit, Frieden u. Wiedergutmachung
von Unrecht; FDA; Goldnadel des DAK,
Gr. Ehrenz. f. Südtirol u.d. Tiroler
Kampfadlers in Gold, Schillerplakette,
Gr. Gold. Europamedaille f. Kunst u-
Wiss. 81; Schillerbund, Ges. f. Freie Pub-
lizistik, Obm. d. Kreis konservativer
Künstler, Traunstein; Postfach 1972, D-
8220 Traunstein/Obb. u. Ljunggatan 7,
S-41621 Göteborg, Tel. (0861) 69438
(München-Schwabing 16.10.01). Lyrik,
Drama, Prosa. **Ue:** E.
V: seit 26 G., N., Dr., volkskundl. u. pol.
Prosa. — Spielmann 29, Laisp. 37;
Wildenberger Parzival 38; Mythen und
Mären 37; D. kl. Chiemseebuch, m.
Aquarellen d. Verf. 39; Schiller, Dichter
d. Freiheit, Spiel 46; Blaue Blume, G. 52;
Irdische Unsterblichkeit, Prosadichtg.
53, 77; Reden an Zeitgenossen 53;
Freiheit für Tirol 56; Kampf für Recht
und Volkstum (Taschenb. z. Südtirol-
frage) 62; Südtirol und die Wahrheit 70;
Im Herzen tragen wir, Gesamtlyrik 54,
77; Der Unheilige, Thannhäuserlegende
57; Wandel ist des Lebens Sinn, G. 61;
Leben ist des Glaubens Kraft, G. 61;
Oden an Tirol, G. 48, 79; Meinen
Freunden, G. Faks. d. Handschr. 62, 79;
Der Schillerdeutsche, Vortrag 70, 75;
Tiroler Kultur für die Welt, Vortrag 72,
80; Goethes Theatralische Sendung,
Vortrag 80; Worte in die Zeit, Tonband
69; Das Dunkel und das Licht, Weih-
nachtsbrief 63, 78; Julgruß, G. u. Prosa
74, 78; Das europäische Waldland Süd-

tirol, Vortrag 76; Traunstein im
Chiemgau, Monografie 59, 80; Mensch
und Landschaft in der Kunst, Vortrag
79, 80; Anders Zorn, bair.-schwed. Maler
80; Mein Schwedenbuch, G. und Prosa
80; Tessiner Sonette, G.-Zykl. 82. —
MV: Auftrag Südtirol, m. Dr. Stüber 73;
Vom Hohen Norden kam das Licht!
(Woher kommt unsere Schrift?), m.
Hans Carling 77, 80.
H: Das gesprochene Wort, gestaltete
Reden (Fraktur, u.a. Heß-Rede, Zum
Frieden, 1934 in Stockholm); Kleine
deutsche Südtirolzeitung; Die Burg,
Buchberatungsblätter seit 62.
Ue: Shakespeare: Julius Cäsar
(Tragödie des Tyrannenmordes), Dr. 46.
Lit: Schopf-Hagen: Künstler und
Kämpfer 66, 76, 80; Dr. Fritz Stüber: Ein
Dichter kämpft für Südtirol (enthält
ODEN und Ausschn. a. Reden), 75, 80;
Wolfg.-von-Welsperg-Ges. gegr. 80.

Wenck, Adolf *

Wendelin, Johannes, s. Zadek, Walter.

Wendevogel, N., s. Ohff, Heinz.

Wendland, Heide, s. Herold,
Annemarie.

Wendland, Martin, s. Strube, Wilhelm.

Wendler, Horst Ulrich, Dramaturg;
SV-DDR 52; 3. Dramatikerpreis d. Min.
f. Kultur d. DDR 53, 2. Jgdb.-Preis d.
Min. f. Kultur d. DDR 54; Straße im
Walde 37, DDR-1170 Berlin, Tel. 6564310
(Berlin 5.3.26). Drama, Hörspiel,
Fernsehspiel, Roman.
V: Der kleine und der große Klaus,
Bü.-M. 49; Das Spiel von der verlorenen
Zeit, Bü.-M. 50; Das große Abenteuer
des Jeppe vom Berge, Kom. 51; Der Fall
Merzbach, Sch. 52; Thomas Müntzer in
Mühlhausen, Sch. 53; Hans Sachs, ein
deutscher Volksdichter, Biogr. 53; Von
Leichtgläubigen und Denkfaulen, 3 Sp.
nach Hans Sachs 53, 56; Von Gaunern
und Narren, 3 Sp. nach Hans Sachs 53,
56; Von List, Torheit und Betrug, 2 Kom.
nach Hans Sachs 53, 56; Des Teufels
drei goldene Haare, Bü.-M. 54; Das
Märchen vom Mond, Bü.-M. 54, 56; Die
Hussiten vor Bernau, Laiensp. 56; Von
Zank und Streit und bösen Zungen, 3
Sp. nach Hans Sachs 56; Vom Peter, der
auszog, das Fürchten zu lernen, Bü.-M.
56; Das Gefecht in der Schlafkammer,
Laisp. 56; Der getaufte Star, Laisp. 56;
Wer zuletzt lacht, Einakter 58; Der Weg
zurück, Laisp. 58; Die Reise nach Afrika,
Lsp. 61; Verflixter Alltag, mus. Lsp. 64;
Der Flaschenteufel, Musical 65; Maitre
Pathelin, Opernlibr. 68; Meine fremde

Frau, Kom. 70; Kirschen in Nachbars Garten, R. 73, 76; Ein Vormittag im Hause Körner, Sch. 80; Lenz od. die Empfindsamen, Sch. 83. —
MV: Wiedersehen am Wochenend, Lsp. m. U. Wendler 58; Die Fehde des Michael Kohlhaas, Sch. m. U. Wendler 63; Die drei Musketiere, Musical m. U. Wendler 66; Für 5 Groschen Urlaub, Musical m. U. Damm-Wendler 69; Letzter Ausweg Heirat, Musical m. U. Damm-Wendler 74.
MA: Der fröhliche Dorfabend 54; Mein erstes großes Buch 55; Schloß Gripsholm, Kom. 63; Rheinsberg, Kom. 66, alle n. Tucholsky; Anna Karenina, Sch. 66, n. Tolstoi; Hans Sachs, ein deutscher Volksdichter 52 — 62 XI.
R: Das Spiel von der verlorenen Zeit, Hsp.; Das Märchen vom Mond, Hsp.; Die Reise nach Afrika, Hsp.; Der getaufte Star; Der Schuß aus der Limousine, Hsp. 61; Gute Nacht, Don Quijote, Fsp. 63; Schloß Gripsholm, Hsp. 65; Urlaubsbriefe, Hsp. 66; Das Wirtshaus im Spessart, Fsp. n. Tucholsky 66; Die Nacht im Bienenkorb, Fsp. 68; Der Nil vorm Haus, Fsp. 71; 14 Hsp. d. Sendereihe 'Neumann — zweimal klingeln' 74 — 80; Ein Zimmer mit Ausblick, Fsp.-Serie m. U. Damm-Wendler 77; Rentner haben niemals Zeit, Fsp-Serie m. U. Damm-Wendler 79; Der Preis, Fsp. 80; Vater sein dagegen ..., Fsp. 79; Geschichten über'n Gartenzaun, Fsp.-Ser. m. U. Damm-Wendler 82; Drum prüfe, wer ..., Fsp. 82.
S: Schloß Gripsholm Litera 65; Maître Pathelin 82.

Wendling, Wilhelm, Herbergsleiter i. R.; Am Rensemoor 14, D-2418 Ratzeburg, Tel. (04541) 3185 (Saarbrücken 16.12.95). Satire.
V: O diese Jugend!, 39, 41; Nach Strich und Faden 49; Erlebnis und Erfahrung 56.
MH: Eines für alle. Gästeb. zus.gest. a. Gästeb. dt. Jgdherb., m. Mau 61. ( )

Wendt, Albert, c/o Henschelverlag Kunst u. Gesellschaft, Berlin (Ost).
V: Nachtfrost. Die wilden Wege, Einakter 78; Die Dachdecker, Bü. 81; Die Kellerfalle, Bü. 81. ( )

Wendt, Ingeborg (Ps. Ruth Rödern), Redakteurin; VS; Beuttenmüllerstr. 20, D-7570 Baden-Baden, Tel. (07221) 72449 (Brandenburg/Havel 8.10.17). Roman, Jugendbuch.
V: Bücherstube Butz, Jgdb. 42; Das Jahr in Berlin, Jgdb. 44; Sabine ist nicht irgendeine, Jgd.-R. 49; Glückliche

Cornelia, Jgd.-R. 50; Zwanzig Mädchen und ein Hund, Jgd.-R. 51; Was ist denn bloß mit Kuni los?, Jgd.-R. 53; Wir vom Schloß, Jgd.-R. 53; Zwillingsreise mit Katzensprüngen, Jgd.-R. 54; Notopfer Berlin, R. 56; Die Gartenzwerge, R. 60; Pitti an Bord, Jgdb. 60; Freiheit, du bist ein böser Traum 73. — **MV:** Rolf Italiaander: Teenagers 58; Hannelore Frank: 15 × Sonntag 70.
R: Der Schritt ins Leben, Fsp. 69.

Wendt, Irmela, Rektorin a.D.; VS 70; Intern. Inst. f. Kinderlit. Wien 67, Friedrich-Bödecker-Kreis 71; Amselweg 4, D-4926 Dörentrup, Tel. (05265) 256 (Donop, Kr. Detmold 15.5.16). Kinder- u. Jugendbuch, Erzählung, Kurzgeschichte, Minitext.
V: Alles für Pit 62, 69; Klassenfahrt nach Hellerhagen 63, 64; Entscheidung für Annette 63, 65; Britta Tausendfuß 65; Woher? Wieso? Warum? 69; Ich bin der Michael 77; Wer kann dagegen an? 77; Es hat geschellt 80; Das Roß Wonderful 80; Wo kleine Igel sind 82; Von Heuschreck, Fuchs u. Regenwurm 82; Fehler übersehen sie nicht — bloß Menschen 82; Bange machen gilt nicht 83. — **MV:** Handbuch Ganzschriften im Unterricht 64, 67.
MA: Zahlr. Beitr. in Anth., u.a. in: Geh u. Spiel mit d. Riesen 71; Am Montag fängt die Woche an 73; Menschengeschichten 75; Das achte Weltwunder 79; Schüler 80; Das neue Sagenbuch 80; Werkstattber. in: Westermanns Päd. Beitr. H. 7/80; Wie man Berge versetzt 81; Frieden: mehr als ein Wort 81.
H: Frauen in der Entscheidung 64, 70.
Ue: Auch Könige müssen in die Schule gehen 78; Das Mädchen ohne Namen 78.
Lit: Malte Dahrendorf üb. I. Wendts "Fehler übersehen sie nicht — bloß Menschen", in: Lehrerschule — Schülerschule, Jgdlit. u. Medien, H. 5 82.

Wendt, Margret (Ps. Margret Steenfatt), Anwaltsgehilfin; VS 76; Lit. Hamburg 76; Wildschwanbrook 50 B, D-2000 Hamburg 73 (Hamburg 7.1.35). Kinder-, Jugendbuch, Kinder-, Jugendfilm.
V: Die sanften Banditen, Jgdb. 76; Das Schülertelephon 79, Tb. 82; Tiger, laß dich nicht erwischen 80; Liebe in jeder Beziehung, R. 82. — **MV:** Am Montag fängt die Woche an 73, 74; Der fliegende Robert 77.
MA: Zweites Jahrbuch der Kinderliteratur 73.

R: Vater im Baum 75; Wiebke Thormann 77, beides Fsf.
Lit: W. Psaar/M. Klein: Zur Märchendidaktik und Märchenrezeption 76. ( )

Wenger, Andreas B.; Mühlebachstr. 121, CH-8008 Zürich, Tel. (01) 473248 (Rheinach/BL 29.10.50). Lyrik, Novelle, Essay, Roman.
V: Nachtfalter April, Ein lyr. Epos. 73; Zeitspuren aufgebrochen, G. 74; Worte gegen das Lebendige gefrieren zu Inseln der Ohnmacht. Die Berliner G. 1 76; Vage Zeichen aus den Mauern der Stadt. Die Berliner G. 2 76; Im Räderwerk der kargen Jahre, G. 78; Fährte ins Nirgends, G. 82; Momente strikter Ästhetik, G. 83; Ein verlorener Mann, R. 83.

Wengern, Gerd, s. Habermann, Gerhard.

Wenig, Ernst Karl, Verlagsleiter; Caspar-Schulte-Str. 19, DDR-6820 Rudolstadt (Asbach, Krs. Schmalkalden 2.11.23). Drama, Novelle, Essay.
V: Einer blieb draußen, Dr. 47; Mit Mann und Roß und Wagen, Jgderz. 61.
MA: Frühlingssonate, Anth. 61; Auf der Schwelle, Anth. 61; Thüringen — ein Reiseführer, Anth. 77, 83.
H: Grimmelshausen: Haarsträubende Abenteuer aus dem Wunderbarlichen Vogelnest 58; Es sagt aus alten Tagen. Ein neues Thüringer Sagenb. 68.

Weniger, Claus *

Wenk, Rudolf, s. Czerwenka, Rudi.

Wenzel, Horst; Hugo-Eberle-Str. 7, DDR-8902 Görlitz (16.8.27).
V: Die große Fahrt des Christoph Kolumbus 66, 75; Der Sprung von der Adlerbastei (Aus d. Leben d. Schneiders v. Ulm, Albrecht Ludwig Berblinger) 70; Westwärts zu den Molukken (Lizensausg. i. d. BRD u.d.T.: Karavellen für Magellan) 72, 78.

Wenzel, Paul, Realschullehrer a.D.; Am Hegbach 1, D-6082 Mörfelden-Walldorf, Tel. (06105) 22339 (Deutsch-Krawarn/Oberschles. 2.2.05). Drama, Lyrik, Roman, Essay, Aphorismen.
V: Laternen, die am Wege leuchten, G., Sprüche, Aphor. 78; Zwei Menschen, Verse 81; Lebenshilfen durch Schopenhauer 81; Worte der Vorsitzenden Vernunft 82; Die Friedenskunst 82.

Wenzel, Reinhard *

Wenzig, Ilse, Hausfrau; Nelkenstr. 18, D-5820 Gevelsberg, Tel. (02332) 13205

(Oelse, Kr. Schweidnitz/Schles. 2.12.26). Lyrik.
V: Gedankensprünge, Lyr. 80.

Wenzl, Carlo, Verleger; Dr. Julius Mayerstr. 15, D-7012 Fellbach (Hanau/M. 20.8.07). Lyrik.
V: Bunte Steine, Lyrik 62, 71; In dir ist der Stern 65; Raunen und Staunen, Lyrik 66; Strahlen im Gitter, Lyrik 67.
MH: Bunte Steine, Lyrik 62, 65; In dir ist der Stern 65.

Wenzler, Fritz *

Werbik, Viktor Franz, Dipl.Arch., Mag. Arch., Ing., Wirkl. HofR. a.D., Verleger; Ehrendipl. f. d. Teilnahme a. e. Lit.wettbewerb "Senioren beurteilen Senioren", Wien 78, Urkunde f. bes. Leist. i. Ber. d. Lit. von d. Univ. delle Arti, Salsomaggiore/Terme 82; Freundeskr. Dichterstein Offenhausen 82; Lerchenfelderstr. 67/18, A-1070 Wien, Tel. (0222) 936312 (Littau/Nordmähren 15.7.05). Lustige Jugenderzählungen.
V: Gottfried Wilhelm Leibniz, Biogr. 75; Littau in Mähren. 75,76. — **MV:** Die Bau- u. Kunstdenkmäler in Schlesien. Kreis Namslau 39; Die Bau- u. Kunstdenkmäler d. Landkr. Breslau in Schlesien 65, beide m. K. Degen.
H: Ein jeder kann mithelfen 52,53; A schläsches Pauernbichla 52; Bad Aussee/Steiermk 52; Österreich, Italien, Schweiz 53; Das Unrecht 54; Für Wahrheit u. Recht 55; Dem Schönen dienen 57; Sind wir nah dem Verfall 58; Sein od. Nichtsein 58; Es ist d. Geist der sich d. Körper baut 60; Lyrik — Epik — Prosaa 62.

Werbik-Seiberl, Adolfine (A.E.), Dr. phil.; Freundeskr. Dichterstein Offenhausen 63; Meixnerg. 1, A-2020 Hollabrunn (Hollabrunn 3.1.12). Lyrik, Versepik, Essay, Erzählung, Skizze.
V: Ausseerland, Lyrik, Prosa 52; Österreich-Italien-Schweiz 53; Das Unrecht 54; Für Wahrheit und Recht 55, alles Lyrik u. Prosa; Dem Schönen dienen, Lyrik, Versepik, Prosa 57; Sind wir nah dem Verfall?, Lyrik, Versepik, Prosa 58; Es ist der Geist, der sich der Körper baut, Lyrik, Versepik, Prosa 60; Lyrik-Epik-Prosa, Ausw. 62; Ein Fünkchen Licht, G. 71; Stätten deutscher Kultur Inseln in ruheloser Zeit, elegische Distichen 73; Lebensweg, G. 76; Der blaue Topf, Erzn. u. Ess. 77; Sechs Gedichte: Leben, Flüchtige Zeit, Die Linde, An die tote Schwester, Kalter Herbst, Jahreswende, (zu Liedern vertont) 80.

MA: Österreichische Lyrik VII 51,
Jub.ausg. 53; Die Dichter und die Steine,
G. 64; Freundesgabe, G. 69; Dichtung
aus Niederösterreich I 69; Wie weise
muß man sein, um immer gut zu sein,
Anth. österr. Frauenlyrik d. Gegenw. 72;
Land vor der Stadt, G. u. Erzn. Wein-
viertler Autoren 73; Bezirkskunde
Hollabrunn, Lehrbehelf, Dichtg. 74;
Wort um den Stein, Dt. G. 74; Erdachtes
- Geschautes, Prosa-Anth. österr.
Frauen 75; Dt. Almanach, G., Erzn.,
Spruch- u. Lebensweisheiten 82, 83.

Werckshagen, Carl, RegDir. a. D.;
Dramat. Ges., Off. de l'Ordre des Arts et
des Lettres; Glockenschäferweg 1a, D-
3280 Bad Pyrmont, Tel. (05281) 6542
(Berlin 17.4.03). Lyrik. **Ue:** F.
V: Heimweg der Jugend, Ess. 22;
Früher und später, G. 74; Ein bunter
Schmetterling. Erinnerungen,
Dokumente, Aufzeichnungen aus
meinen zwanziger Jahren 78.
Ue: André Beaucour: Le retour
d'Ulysse u.d.T.: Das purpurne Segel 53;
Antoine Goléa: Das Gefängnis 53; Albert
Husson: Claude de Lyon u.d.T.: Der
Kaiser aus Lyon 62, Das System
Fabrizzi 63, La bouteille à l'encre u.d.T.:
Schwarz auf weiß 67, Le paysan
parvenu u.d.T.: Der Aufsteiger 73;
Herbert Le Porrier: Und sie bewegt sich
doch 53; André Malraux u. Thierry
Maulnier: La condition humaine u.d.T.:
So lebt der Mensch 55; Gabriel Marcel:
Gierige Herzen 57; Thierry Maulnier: Le
profanateur u.d.T.: Ein Feind Gottes 53,
La maison de la nuit u.d.T.: Niemands-
land 55; Marcel Mithois: Les coups de
théâtre u.d.T.: Überraschungen 72,
Traumurlaub 72; André Roussin:
Bobosse 52, Nina u.d.T.: Eine
unmögliche Frau 52, Une grande fille
toute simple u.d.T.: Die Komödianten
kommen 53, Der Mann, die Frau und
der Tod 55, Verrückte Liebe 58; Armand
Salacrou: Ein Mann wie die andern 51;
Paul Willems: Peau d'ours u.d.T.:
Bärenhäuter 52, Der gute Wein des
Herrn Nuche 53.

Werdenberg, Heidi, s. Noll-
Werdenberg, Heidi.

Werf, Fritz, Realschullehrer — Lektor;
VS seit 54; Reisestipendium d. AA 61,
Förderpr. des SWF 69; Antel 74, D-5470
Andernach, Tel. (02632) 44432
(Andernach 24.10.34). Lyrik, Essay,
Hörspiel. **Ue:** F.
V: Gegenlicht, G. 67, 2. Aufl. 68; Nur
eine Wolke am blauen Himmel der

Freiheit G. 77; Kopfherz, G. 82. —
MV: Lyrik in div. Anth..
H: Reihe AVA-MANIFEST 1-6 70 —
76.
R: Unmögliche Beweisaufnahme, Hsp.
Ue: Jules Romains: Amédée, Fsp. 65;
Pierre Garnier: Poesie. Theater.
Interview 68; Guillaume Apollinaire: Die
Brüste des Teiresias, Theaterst. 71.

Werhahn, Margita, Hausfrau;
Arbeitskr. f. dt. Dichtung e.V. 70;
Hilgenbergstr. 6, D-3501 Fuldabrück-
Dennhausen, Tel. (0561) 471185 (Berlin
24.2.11). Lyrik.
V: Klinge mein Lied, Lyr. 78.

Werland, Walter, Schriftsteller u.
Journalist; DJV, Rhein.-Westf. JV;
Prozessionsweg 432, D-4400 Münster/
Westf.-St. Mauritz, Tel. (0251) 314208
(Münster/Westf. 6.5.10). Heimatkunde.
V: Stadt Harsewinkel 1000 Jahre 65;
Marienfelder Chronik 68; Aus Greffens
alten Tagen 76; Pinkus Müller 66, 70;
Regierung Münster 71; Altes Gasthaus
Leve 71; Die Baumberge 71; Schrullen,
Schnurren und Besinnliches 59;
Münsters Professor Hermann Landois
75, 77; Karneval in Münster 76; Aus
alten Tagen Münsters 77; Münster — so
wie es war I 70, 77, II 79, III 80; Münster
in alten Ansichten 76; Münster und
seine Sparkasse 78; Der grüne Stein von
Anröchte 78, u.a.m. — **MV:** Frans
Essink, m. Peter Werland 76. ( )

Wermescher, Käthe *

Werner, Claus, s. Stephani, Claus.

Werner, Dittmar, Lehrer; Holzhofallee
1, D-6100 Darmstadt, Tel. (06151) 316243
(Kassel 5.8.49). Lyrik.
V: Gehversuche, Lyr. 81; Doppel-
fenster, Lyr. 83.

Werner, Eckhart, Schauspieler,
Frührentner; FDA 74-78, B.A. 78;
Wipperstr. 16, D-1000 Berlin 44, Tel. (030)
6849251 (Berlin 12.6.27). Novelle,
Hörfolgen.
V: Ein vergessener alter Poet, Nn. 82.

Werner, Frank; VS 74; Holbeinstr. 31,
D-1000 Berlin 45 (Sangerhausen/Thür.
7.5.44). Belletristik, Lyrik, Hörspiel.
V: Der Anfang der Wildnis, Erz. 81;
Herzland, Erz. 83.
MH: Die Hälfte der Stadt, Ein
Berliner Leseb. 82.
R: Langsam flussabwärts; Die lebens-
längliche Verköstigung des Ludwig
Schnauffer; Letzte Aufzeichnungen von
der Ermordung der Fantasie;
Allemande oder Die eiskalte Geschichte
des Tags, alles Hsp.

Werner, Heinz, c/o Bläschke-Verl., St. Michael, Öst.
V: Aber der Zweifel bleibt, R. 83. ( )

Werner, Helmut (Ps. Hal Warner, Hal W. Leon, Werner Helbach), Steinmetz; Bründlplatz 1, A-4404 Steyr (Gröbming, Steierm. 29.6.39). Roman.
V: rd 200 Western-R. 60-83.

Werner, Johannes, s. Wornar, Jan.

Werner, Kasimir G., Schriftsteller, EPräs. d. Intern. Exil-P.E.N.-Club; Intern. PEN-Club 63, EM FDA, Gründer u. EPräs. "Zirkel" 63, Dt. P.E.N. 70, VS 74; J. H. Merck-Ehrung d. Stadt Darmstadt 70, Bdesverdienstkr. I. Kl. 75, Dipl. de Médaille Vermeil zweithöchste Auszeichn. d. Kulturgremiums: Arts-Sciences-Lettres Paris 76, Goethe-Plakette d. Hess. Reg. 80, Ehrung d. Schiller-Stift. 80, Gold. Med. "Zirkel 63" 80; Vorschlagsgremium für Lit.-Nobelpreis Stockholm seit 69; Graupnerweg 9, D-6100 Darmstadt, Tel. (06151) 718877 (Pankota/Siebenbürgen 29.3.00). Drama, Roman, Novelle, Essay.
V: Der Zuschauer, Programmhefte d. Saltenburgbühnen, Berlin 7 Theater mit Lit.beilage 25-28; D. Hellseher v. Berlin 35; Das Kunstwerk v. Gestern u. die Werkkunst v. Heute 28; Werbung f. die Werbung 38; Nie wieder Gestern, ErlebnisR. 70; Spätlese, Potpourri in Prosa 75; Wander. in die Welt d. Gedanken. — **MV:** Arena 64.
H: Saat in fremder Erde, Exil-Anth. 73. — **MH:** Dichter ohne Heimat 70.

Werner, Katharina, s. Götz, Gerd.

Werner, Konrad, Verwaltungsange-stellter; FDA 83; Diploma di Merito — posto d'onore — im Concorso di Poesia "La Torre" der Comune di S.Maria die Licodia-Sizilien 80; Hedwig-Fichtel-Str. 77, D-8740 Bad Neustadt a.d. Saale, Tel. (09771) 5723 (Hirschberg 3.10.24). Lyrik, Aphorismen.
V: Immer sind Stimmen, Lyr. 81.
MA: Spuren der Zeit, Lyr. 80; Brieger Gänse fliegen nicht, Lyr. 82.

Werner, Margot, Lyrikerin; Intern. P.E.N. 65, FDA, Zirkel 63 (Kunst, Wiss., Lit); Graupnerweg 9, D-6100 Darmstadt, Tel. (06151) 718877 (Posen 9.4.16).
V: Seelenmühle, G. 73; Mit gestützten Flügeln, G. 75; Finger am Puls, G. 78; Sehnsuch nach Windschatten, Lebens-roman 82.

Werner, Nils; SV-DDR 56, c/o Verlag Junge Welt, Berlin (Ost) (Erfurt 30.1.27). Lyrik, Satire.

V: Gewitterharfe, sat. G. 55; 5 kleine Geschichten 62; Die gestohlene Sonne, Nachdicht. aus d. Russ. 62; Ein ganzes Jahr, Nachdicht. 63; Tatü, tata, 64; Sause, Wind, brause 64, 65; Als der Sandmann noch ein Kind war 64; Die Blechente; Ein kleines graues Eselkind 74; Herr Wenner und Herr Hätter. Schmunzel-verse, Spottg. 67, 76; Ein kleines Biber-kind 68; Keino, der Läufer mit der Fackel 68; bim, bam, bum 68; Zauber-künstler Fix 68, 73; Ein Jahr hat viele Blumen 72; Borstels Welttheater 74; Der Spatz aus Afrika 75; Stefan und das Ferkel Pauline 75; Ein Wort kommt munter und keck, Schmunzelverse, Bänkellieder, Spottg. 76; Abenteuer im Havelland 77; Borstel im Pilzwald 81. — **MV:** Die Henne mit den falschen Hühnchen, m. E. Binder 62, 63; Ein Häuschen für Familie Star, m. R. Schultz-Debowski 64; Was ich alles kann, m. B. Klyvare 64; Das findest auch du, m. E. Gürtzig 76.
R: Ein Mann für meine Frau, Fsp. 64; Ja, die Familie, Fsp. n. H. Kramer 64; Freizeit eines Genossenschaftsbauern, Fsp. 66. ( )

Werner, Petra, c/o Verl. Neues Leben, Berlin (Ost).
V: Sich einen Mann backen, Kurz-geschn. 82. ( )

Werner, Ruth; SV-DDR; Nationalpreis I. Klasse f. Kunst u. Lit. 78; Behrenstr. 40/41, c/o Verlag Neues Leben, DDR-1080 Berlin (Berlin 15.5.07).
V: Ein ungewöhnliches Mädchen, R. 58, 77; Olga Benario, R. 61, 80; Über hundert Berge, R. 65, 69; Ein Sommer-tag, Erz. 66, 76; In der Klinik, R. 68, 74; Kleine Fische, große Fische, R. 72, 75; Ein sommerwarmer Februar, R. 73, 80; Die gepanzerte Doris, Erz. 72, 79; Sonjas Rapport, R. 77, 80 (auch bulg., tschech., russ., ungar.) 80; Der Gong des Porzellanhändlers, Drei Erzn. 77, 79; Gedanken auf dem Fahrrad, Publizistik 80.

Werner, Walter; SV-DDR 58; Heinrich Heine-Pr. 65, Max Reger Kunstpr. 62, Louis Fürnberg-Pr. 75; Käthe Kollwitz Str. 17, DDR-6101 Untermaßfeld (Vachdorf 22.1.22). Lyrik, Prosa.
V: Licht in der Nacht 57; Dem Echo nach 58; Bewegte Landschaft 59, alles Lyrik; Sichtbar wird der Mensch, Poem 60; In den Liedern geboren, Lyrik 63; Die Strohhalmflöte, Prosa 65; Das unstete Holz, Lyrik 70; Grenzlandschaft, Prosa 72; Worte für Holunder, Lyrik 74, 77; Poesiealbum 95 75; Die verführeri-

schen Gedanken der Schmetterlinge, G.
79, 82; Der Traum zu wandern 79, 82;
Das Gras hält meinen Schatten 82; Der
Baum wächst durchs Gebirge 82. ( )

Werner, Wolfgang, s. Krämer,
Wolfgang.

Werremeier, Friedhelm, Schrift-
steller; Postf. 1243, D-3118 Bad
Bevensen, Tel. (05821) 2313 (Witten/
Ruhr 30.1.30). Roman, Sachbuch, Dreh-
buch.
V: Bin ich ein Mensch für den Zoo? –
Der Fall Jürgen Bartsch, Sachb. 68; Der
Fall Heckenrose 75; Ich verkaufe mich
exklusiv 68, überarb. 83; Taxi nach
Leipzig 69, überarb. 83; Der Richter in
Weiß 70, überarb. 82; Ohne Landeer-
laubnis 71, überarb. 82; Ein EKG für
Trimmel 72; Platzverweis für Trimmel
72, 74; Trimmel macht ein Faß auf 73;
Treff mit Trimmel 74; Trimmel und der
Tulpendieb 74; Hände hoch, Herr
Trimmel 76; Trimmel hält ein Plädoyer
76, überarb. 84; Trimmel hat Amgst vor
dem Mond 77; Trimmel und Isolde 80,
überarb. 83; Trimmel u. d. Finanzamt 82;
Trimmel im Schnee 83, alles Krim.-R. –
MV: Katzengeschichten, m. J. Blume 66;
Das kleine Pony, m. Photos v. J. Blume
66; Der falsche Chefarzt von Berlin, m.
W. Günther 69; Ich fordere Recht, m. R.
Bossi 75.
MA: zahlr. Anth.
R: 46 Fsp.
MUe: Jos. Wambaugh: The Glitter
Dome u.d.T.: Der Hollywood Mord, m.
Inge Werremeier 82.

Werres, Johannes (Ps. Hans-Heinz
Bär, Hans Daniel, Jack Argo, Norbert
Weissenhagen), Journalist, Übersetzer,
wiss. Mitarb.; VDÜ 64-72, FDA
Landesverb. Hessen 73; Mainblick 15, D-
6242 Kronberg/Ts., Tel. (06173) 65566
(Köln 12.9.23). Lyrik, Aufsätze, Kurzge-
schichten, Romane. **Ue:** Ndl, E.
V: Jungenfreundschaften I 78. –
MV: Abseits der Straße, Anth. jüngster
dt.sprach. Lyr. 56; Das große Tabu,
zeugn. u. Dok. z. Probl. d.
Homosexualität 67; Les Minorites
homosexuelles, Sachb. 73; Lerne
glücklich lieben 67; Verliebt, geliebt u.
liebenswert 68; Was Verliebte wissen
wollen 69.
MA: Keine Zeit f. gute Freunde.
Homosexuelle in Dtld 1933-1969, darin:
Alles zog sich ins Ghetto zurück 82.
H: ICSE-Press 56-58; Gay News
Germany 70-80.
Ue: Jan Cremer: Ich, Jan Cremer, R. I
65, II 68, Neuübersetz. II 77; John Rechy:

Nummern, R. 68; Tor Kung: Schüler, R.
69; Jan Cremer: The late, late Show u. d.
T.: Das Spraydosenspiel, Theaterst. 69;
Munroe: Brick, R. 69; Angelo
d'Arcangelo: Sookey u. d. anderen, R. 70;
Edward Brongersma: Das verfemte
Geschlecht. Dok. üb. Knabenliebe,
Sachb. 70; Jameson Collins: Komm,
Süßer, komm! R. 70; Peter Zupp: Die
Knabenschule, R. 71; Sweet Gwendoline,
Comics 75; Max Doffers/Frits Delver:
Jeder Vogel singt sein eigenes Lied, R.
76; Esteban Lopez: Fleisch für
Vegetarier R., Ess., Tagebücher,
Betracht. 78; Joost Swarte: Modern Art,
Comics 79; James Barwick: Schatten d.
Wolfes, R. 79; Neal Travis: Alles ist nicht
genug, R. 80.
Lit: Bullough, Legg, Elcano, Kepner:
Annotated Bibliography of
Homosexuality I u. II 76; Manfred
Herzer: Bibliogr. z. Homosexualität 82.

Wertheim, Max; ISDS 46; 717 West
177th Str., New York, NY 10033/USA
(Fulda 25.5.08). Lyrik.
V: Zeit und Traum, G. 46; Gang und
Übergang 80.
MA: zahlr. Gedichte in: Aufbau und
in: Neue Dt. Hefte. ( )

Wertheimer-Ghika, Jacques *

Werther, Ernst Ludwig, s. Voß,
Hartfrid.

Werthmüller, Hans, freier
Schriftsteller; SSV 63, Ba.S.V. 63; Lit.Pr.
d. Kt. Bern 63, Pr. d. Schweiz. Schiller-
Stift. 71, ProArte 73, Basler Kunstpr. 82;
Mischelistr. 76, CH-4153 Reinach BL,
Tel. (061) 768278 (Burgdorf/Bern 23.6.12).
Lyrik, Essay, Roman, Kurzprosa,
Literatur- u. Kulturgeschichte.
V: Der Weltprozeß und die Farben.
Grundriß eines integralen Analogie-
systems 50; Erleuchtete Fensterzeile, G.
62, 63; Jahr des Augenblicks, G. 65;
Basler Texte Nr. 3, G. u. Kurzprosa 70;
Der Rolladen, G. 72; Das Alter - Dein
drittes Leben 75; Tausend Jahre Lite-
ratur in Basel 80; Letztes Jahr in Basel
82.
H: Senioren Jahrbuch 78-82.
Lit: Bll. des Basler Lit.kredits 1 66.

Wertner, Heinz, s. Hintz, Werner.

Wery, Ernestine, s. Wery-Fentsch,
Erna.

Wery-Fentsch, Erna (Ps. Ernestine
Wery); Widenmayerstr. 31, D-8000
München 22. Roman, Film.
V: Der Tag mit dem Goldfaden, R. 65,
u.d.T.: Die Hunde bellten die ganze
Nacht 81; Der Weibertausch 66; Auf

dünnem Eis, Krim.-R. 79; Die Warnung, Krim.-R. 79, 82; Als gestohlen gemeldet 80; Sie hieß Cindy, Krim.-R. 81; Nachtkerze, R. 82.

F: Die seltsame Geschichte des Brandner Kapar 49; Föhn 50; Ich heiße Niki 51; Hab Sonne im Herzen 52; Ein Herz spielt falsch 53; Und der Himmel lacht dazu 54; Kronprinz Rudolfs letzte Liebe 55; Meineidbauer 56; Sebastian Kneipp; Am Galgen hängt die Liebe. ( )

Werz, Sabine, c/o Zwiebelzwerg Company, Düsseldorf.
V: Tagemos' Tochter. Von einer, die auszog, das Fliegen zu lernen 80, 82. ( )

Weschke, Eugen, Pfarrer i.R.; An der Waldpromenade 1, D-3423 Bad Sachsa 1, Tel. (05523) 2005 (Berlin 7.12.01). Lyrik.
V: Am Straßenkreuzweg, G. 57; Kirche der Freude, Betracht. 57; Biblische Sonette 61; Meditationen 71; Übungen zur gegenständlichen Meditation 76. ( )

Wessely, Herbert, Techniker, Grafiker; Kg. Marburger Kreis 50, Kg. e.V. Eßlingen 50; Adalbert-Stifter-Preis 41, Kulturpreis d. Stadt Karlsruhe 60, Förderpreis d. Sudetendt. Landsmannsch. 61, Südmähr. Kulturpr. 73; Leutelt-Ges. seit 55, Charles Sealsfield-Ges. 61, Ferd.-Staeger-Ges. 77; Bismarckstr. 47, D-7500 Karlsruhe, Tel. (0721) 22120 (Znaim 13.8.08). Drama, Lyrik, Novelle, Essay, Hörbilder, Laienspiele. **Ue:** H.
V: Sensenschmied, Laisp. 56; Mährische Ballade, Erzn. u. G. 57; Schmaler Pfad, G. 58; Ich habe einen Vogel, heitere Erinnerungen 66; Kindheit an der Thaya, heit. Erzn. 66; Im Schilf des Maises, G. 66; Gläserne Erinnerung 68; Mystischer Realismus, Ferd. Staeger-Monogr. 75; Eisvogel und Sperling, G. 77; Radfahren, heit. Erz. 78; Das Znaimer Gesicht, Erzn. 83.
MA: Sudetendeutsche Lyrik 38; Suchen und Bekennen 55; Keiner kennt die Grenze 56; Große Sudetendeutsche 57; Der Glöcklkrieg 59; Der leuchtende Bogen 61; Literarischer Almanach der Künstlergilde 61; Sudetendeutsches Weihnachtsbuch 64; Die Reise in den Heiligen Abend 65; Rückseite d. Mondes, Anth. Künstlergilde 77; Ich tauche i. d. Schatten, Anth. Künstlergilde 78; Südmährische Reise, Texte zu Bild. v. TH. Zach 79.
H: Wege der Liebe, Erz. u. G. aus d. Nachl. v. Ilse Ringler-Kellner 63; Brücken u. Zeichen, Anth. 63; Südmähr. Jb. 64; Südmähren, Bildbd. 66.

R: Die böhmische Landschaft. C. D. Friedrich in Böhmen; Peter Parler; Von Glashütten u. Glasbläsern; Preßburg, u. v. a.
Lit: Mährische Ballade in: Biografie Dr. Rich. Zimprich 57; Sudetenland 2 61; Sudetendeutscher Kulturalm. 62; Selbstdarstell. "Von mir über mich" in Stimmen der Heimat.

Wessling, Berndt W., Mag. art., Schriftsteller; Osdorfer Landstr. 6, D-2000 Hamburg 52 (25.7.35). Roman, Lyrik, Essay, Musik- u. Theaterkritik. **Ue:** E, F.
V: Das Warschauer Konzert, N. 58; Zwielicht, biogr. R. um Friedrich Kuhlau 60; Sizilianische Impressionen, G. 61; Verachtet mir die Meister nicht! Biogr. d. Sängers Rudolf Bockelmann 63, 64; Tod und Erlösung des Tyll Eulenspiegel, Sch. 64; Lousia, R. 65; Astrid Varnay, Biogr. d. Sängerin 65; "... und es lächeln die Götter", Anekd. u. Bonmots üb. das neue Bayreuth 66; Hans Hotter, Biogr. d. Sängers 66; Wolfgang Windgassen, Biogr. d. Sängers 67; Schweigen um die siebte Stunde, Lyr. 67; Leopold Ludwig, Biogr. d. Dirigenten 68; Bayreuth mon amour, Szenen eines Tageb. 68, 73; Lotte Lehmann - Mehr als eine Sängerin, Biogr. 69; Palast Hotel Thanatos, Libr. 69; Max Brod, e. Portrait 69; Ich bin deine Pusteblume, R.-Biogr. d. Julie Schrader 71, 76; Honey-Pie oder Wie man die Ameisen besiegt, R. 72; Die Lieder der Naemi, G. 72; Spatzen im Kanonenrohr, R. 72; Franz Liszt, ein virtuoses Leben 73; Gustav Mahler, ein prophet. Leben 74; Narziss und Goldpepperl, 12 Satiren um Ludwig II. 74; Toscanini in Bayreuth 76; Beethoven, d. entfesselte Genie 77; Die Töchter Zions, R. 78; Franz Liszt, e. virtuoses Leben 79; Bayreuth im Dritten Reich 83; Alma, Biogr. d. Alma Mahler-Werfel 83; Mathilde — ein dt. Panoptikum, Kom. 82.
H: Willst du still mich kosen, G. d. Julie Schrader 67; Links am Paradies entlang, d. G. 2. T. 69; Wenn ich liebe, seh ich Sterne, G. d. Julie Schrader 71; Julie Schraders ges. Köstlichkeiten 80; Das große Julie Schrader-Album 81; Julie Schrader: Es bohrt der Liebe Rosenfinger, G. 82.
F: Die erhabenen Tage; Prinzip Hoffnung; Wieland Wagner 67; Wolfgang Fortner 68; Frank Martin 68.

Wesslowski, Hans-Jürgen, c/o R. G. Fischer-Verl., Frankfurt a.M.
V: Eine rosige Zeit, G. 83. ( )

West, Alex, s. Schmiedehaus, Walter.

West, Daniel, s. Pöggeler, Franz.

West, Michael (Ps. Max Voegeli);
Jgdb.-Pr. 53, Pr. d. Schweiz. Schillerstift.
53; Mooshaldenstr. 7A, CH-5430
Wettingen (Oberentfelden 2.5.21). Lyrik,
Roman, Novelle, Hörspiel, Erzählung.
V: Arnapali, N. 46; Robin Hood, Erz.
47, 53; Borneo Tim, R. 49; Der hölzerne
Kurt, Erz. 50, 74; Die wunderbare
Lampe, Erz. 53; Nawadaha erzählt, Erz.
55; Prinz von Hindustan, Erz. 59; Die
abenteuerlichen Geschichten des Robin
Hood, Kinderb. 73, 80.
R: Robin Hood; Die wunderbare
Lampe; Der Prinz von Hindustan. ( )

West, Richard, s. Kurfürst, Richard.

Westerhoff, Günter, Maschinen-
schlosser; Ruhrpr. f. Kunst u. Wiss. d.
Stadt Mülheim a. d. Ruhr 80;
Dortmunder Gruppe 61 61-67;
Mausegattstr. 80, D-4330 Mülheim/
Ruhr 12, Tel. (0208) 371191 (Esen 26.3.23).
Lyrik, Novelle, Film, Hörspiel, Lieder-
texte.
V: Neue Industriedichtung, G. u.
Prosa 66; Vor Ort, G. u. Erzn. e.
Arbeiters 78.
MA: Wir tragen ein Licht durch die
Nacht 61; Über Tage — Unter Tage, G.
aus d. Arbeitswelt 66; Schwarze
Solidarität, Bergarbeiterdicht. 2. verb.
Aufl. 78; 100 Jahre Bergarbeiter-Dich-
tung 82.
R: Ratten im Kanal, Hsp. 81.

Westphal, Fritz (Ps. Peter Stephan),
Schriftsteller, Lektor, Doz. f. Päd. i.R.;
Dt. Jgdb.Pr. f. d. beste Kinderb. 65; Am
Kniependamm 22, D-2862 Worpswede,
Tel. (04792) 2273 (St. Magnus/Bremen
7.3.21). Erzählung, Jugendbuch, Roman,
Feuilleton. **Ue:** Schw, D, N.
V: Stephan, Erz. 49; Michael, Erz. 50;
Station Eismitte, Jgdb. 51; Tongatabu, R.
59; Die Alster, Sachb. 69; 2 Biograf.
Worpsw. Maler 82; Jan von Moor,
Sachb.; Philemons Haus, R. 83.
F: Lawinen; See, Schilf und kleine
Fische; Die oberbayrischen Seen.
Ue: Peterson: Als wir eingeschneit
waren u.a. Erz. 60-70; Jonsson: Wickie u.
d. starken Männer, 5 Forts. Bde; div.
dän., norweg. u. schwed. Autoren: Erz.,
Kinderbb.

Westphal, Jutta, s. Schaeffer, Jutta.

Westrup, Arthur, Chefredakteur; VS;
Erich-Sailer-Str. 72, D-7107 Bad
Wimpfen, Tel. (07132) 31419 (Düsseldorf
20.2.13). Auto- u. Verkehrsthemen,
Humor, Feuilleton.

V: Kinder und Kindeskinder 69; Gute
Besserung 70; Die werte Firma 70; Der
Mond hat seine Schuldigkeit getan 70;
Sofern die Winde weh'n 72; Viele Grüße
von Poseidon 74, alles Humor.; Süßer
Käfer 75; Die Lust, ein Auto zu besitzen
78; Die Pflicht ruft 79.
H: Beate Zartmann: Auf gute Nach-
barschaft, Humor 70; Ludwig Merkle:
Briefe, die zu Herzen gehen, Humor 70;
Ein halbes Wunder 79.

Wetter, Ernst, Flieger-General; Be.S.V.
62; 2. Pr. Erster Lit.-Wettbew. d.
Schweiz. Jgdschr.werk 55; Willadingweg
56, CH-3006 Bern (5.9.14). Roman,
Erzählung.
V: Der Narr als Faust, R. 36; Der
Flieger und seine Welt 50; Pilot und
Hostess 59, 64; Fliegerstaffel 33, 61;
Rettende Flügel 64; Der Flieger und
sein Sohn, R. 65; Wir fliegen 67; Flieger
und Flab im Einsatz 67; Allein am
Steuerknüppel 69; Neue Flugzeugfibel
70; Schau himmelwärts, Pilot 71;
Flimser Brevier 74. — **MV:** Das
Fliegerbuch 47.

Wettstein, Erich, Polizeibeamter i.R.;
Schönbergstr. 15, D-7633 Seelbach, Tel.
(07283) 700 (Baden-Baden 30.1.25).
Roman.
V: Tränen eines Gummiknüppels, R.
81; Das Schicksal kommt auf Krücken,
R. 83.

Wetzel, Johannes, Architekt, Dipl.-
Ing., Zimmermstr.; VS 82; Fraubronnstr.
15, D-7000 Stuttgart 70 (Würzburg
31.5.26). Erzählung, Kinderbuch, Drama.
Ue: E, F, I.
V: Heitere Baufibel. Der Architekt ist
schuld 58, 81; Jo, der Pinguiun, Kinderb.
59; Bib, die Robbe, Kinderb. 59; Heitere
Denkmalfibel. Der Architekt u. d. Kultur
81.
R: Jo, der Pinguin; Pru, Das Känge-
ruh; Munk, das Murmeltier; Alf, der Flamingo 65.
Ue: Melville: Moby Dick 57; Van
Siller: Mord ist mein Geschäft 61.

Wetzel, Rudolf, Journalist;
Debütantenpr. d. Min. f. Kultur d. DDR;
Preisausschreiben f. soz. Kinder- u.
Jugendlitaratur 79; Elfenallee 38, DDR-
1113 Berlin, Tel. 4813421 (Rechenberg
10.1.09).
V: Der Mann im Lodenmantel —
Gesch. aus den Dreißigern, Erz. 78, 2.
Aufl. 80.

Weydanz, Karl Wilhelm, Dr.-Ing.,
Dipl.-Ing.; Brüder-Grimm-Allee 22, D-

3400 Göttingen, Tel. (0551) 42869
(Kemberg 22.4.00). Aphorismen.
V: Erhellungen, Aphor. 75;
Aphorismen 76.

Weymann, Frank, Dr.med., Arzt; SV-
DDR seit 78; Kunstpreis der FDJ 79;
Stephan-Jantzen-Ring 16, DDR-2520
Rostock 22, Tel. (081) 714826 (Leipzig
23.9.48). Novelle, Roman.
V: Der Erbe, Erz. 78, 4. Aufl.82; Kein
Sterbenswort, R. 81, 2. Aufl. 81.
MA: Über's Schreiben, Ess. 81.
Lit: Joachim Hannemann: Aufmerk-
samkeit für ein Debüt (Neue Dt. Lit. 12)
78; Hans Jürgen Geerdts: Frank
Weymanns Erzählungsbd: Der Erbe
(Weimarer Beitr. 7) 79.

Weymar, Helga, Hausfrau;
Bürkleinstr. 16/IV, D-8000 München22,
Tel. (089) 229634 (München 20.12.34).
Kinderbuch.
V: Die Qualze und die sieben Brüder,
Kinderb. 72; Grashalme verboten!
Kinderb. 79.

White, Sylvia, s. Fürstauer, Johanna.

White, Waldtraud E., Arztsekretärin;
FDA 79; Reichenaustr. 2, D-7700
Singen am Hohentwiel, Tel. (07731)
42175 (Gr. Grabau/Westpr. 23.8.21).
Roman.
V: Hinter den grünen Hügeln von
Wales, R. 81.

von Wicht, Edo, Dr.med.habil.,
Chefarzt i.R.; BDSA 77, FDA 81;
Sonnenwendstr. 38, D-8033 Krailling,
Tel. (089) 8572226 (Buenos Aires
27.12.09). Lyrik (Gedichte), lyrische
Prosa, Erzählungen, Roman.
V: Laubfärbung, G. 77; Die dunkle
Pforte, G. 79. — **MV:** Alm. Dt. Schrift-
steller-Ärzte 1978, 1979, 1980, 1981, 1982.

Wickenburg, Erik Graf (Ps. Robert
Steinen), Prof. h. c., Schriftsteller; P.E.N.
47, Präsident SÖS, Vorst.mitgl. seit 65,
Wiener Schriftst.verb. 60; Ehrenzeichen
für Verdienste v. d. Rep. Österr. f. lit.
Leistung 63, Prof. h. c. 69, Ehrenkreuz f.
Wiss. u. Kunst 78, Ehrenkreuz d. DBR I.
Kl. 83, u.a.; Goethe-Akad. São Paulo;
Heumarkt 7, A-1030 Wien u. A-5028
Kasern/Salzburg (Kasern 19.1.03).
Roman, Novelle, Lyrik, Essay. **Ue:** F.
V: Farben zu einer Kinderlandschaft,
R. 53; Salzburger Gloria, der Tag einer
Landschaft 38, 67; Florian, R. 40;
Begegnungen, Ess. 42; Das Salzburger
Kind, Erz. 44; Steingucker, Gesch. 47;
Die Begleiterin, R. 48; Mit zarter Hand
am Steuer, Erz. 56; Flieg, Brüderlein
flieg, Kinderbuch 57; Um in die Haut zu

fahren 57; Kleine Geschichte
Österreichs, Gesch. bis 58; Barock und
Kaiserschmarrn, Ess. 61; Kleine
Geschichte Wiens, Gesch. b. 63; Salzburg
für Anfänger, Ess. 63; Liebes frohes
Salzkammergut, Landschaftsbilder 63;
Österreichisch, wie es nicht im Wörter-
buch steht, Ess. 69; Ausgewählte Werke
70; Einladung nach Österreich 76;
Knigge f. Leute von heute 78.
B: Dumas: Der Graf von Monte
Christo 48.
MH: Wiener Cocktail; Wiener
Unsterblichkeiten; Wiener Köstlich-
keiten; Trau, Schau, Wien, u.a.
F: Verliebt in Österreich 69.

Wickert, Erwin, Dr. phil., Botschafter
a.D.; P.E.N.; Hsp.-Preis d. Kriegsblinden
52; Akad. Wiss. Lit. Mainz 80;
Rheinhöhenweg 22, D-5480 Remagen-
Oberwinter, Tel. (02228) 1726 (Bralitz/
Mark Brandenburg 7.1.15). Roman,
Novelle, Hörspiel, Hörfolge.
V: Fata Morgana über den Straßen,
Erzn. 38; Das Paradies im Westen, R. 39;
Die Adamowa, Erz. 41; Du mußt dein
Leben ändern, R. 49; Dramatische Tage
in Hitlers Reich 52; Die Frage des
Tigers, Erz. 55; Caesar und der Phönix,
Hsp. 56; Robinson und seine Gäste, Hsp.
60; Der Klassenaufsatz. Alkestis, Hsp.
60; Der Auftrag, R. 61; The Heavenly
Mandate 64; Der Purpur, R. 65; O jarna
pe muntele Fuji, R. 74; Purpura, R. 75;
Der Auftrag des Himmels, R. 79; China
in der Wandlung 79; China von innen
gesehen 82; Das polit. Denken d.
Chinesen 83; The Middle Kingdom 83.
MA: Hörspielbuch I 50, II 51, III 52.
R: Das Buch und der Pfiff; Skandal
im Envoy Hotel; Lot und Lots Weib; Der
Turm zu Babel; Darfst Du die Stunde
rufen?; Die kühne Operation; Alkestis;
Josephine antwortet; Caesar und der
Phönix; Robinson und seine Gäste, alles
Hsp.; Der Verrat von Ottawa, Fsp. u.
Hsp.; Der Klassenaufs., Hsp. u. Fsp.

Wickert, Utta, Graphikerin,
Herstellin; Dt. Jgdb.pr. 78; Via San
Francesko a Ripa 68, I-00153 Rom, Tel.
(06) 862007 (Magdeburg 15.7.41).
Sachromane f. Kinder, Jugendliche u.
Erwachsene.
V: Es war ein wirklich schöner Tag,
Bilderb. f. Kinder 73; Im Jahr der
Schlange, Tizars Gesch., Ber. u. Erfahr.
77, 79; Wayang Geschichten, erz. u.
fotogr. f. Erwachsene (engl. u. dt.) 78;
Immer im Januar, Saras' Gesch., Ger. u.
Erfahr. 79; Die eigene Haut, Frauen-R.
82.

R: Kinder in and. Ländern:
Indonesien, Hsp. in 2 T; 800 km durch
Sumatra, Fs.-Sdg; Aufbau d. Zukunft-
zoos Jakarta, Hsp. in 2 T.; Sari u. d.
Wasserbüffel, Hsp.; Gegen Langeweile,
Hsp., beides Schulfunk-Sdgn.

Wickert, Wolfram, Angestellter im
Presse- u. Informat.amt d. Bdesreg.;
Buschstr. 28, D-5300 Bonn (Schanghai
30.5.41). Roman, Novelle.
V: Die Boxerunruhen 68; Bono ke
deshme, Kinderb. auch engl. 74;
Dreiunddreißig, N. 74; Hexentreiben, R.
79; Bonner Bilderbogen 81.

Wicki, Otto, Dr.med., Chefarzt für
Chirugie; Eichenweg 2, CH-6110
Wolhusen, Tel. (041) 712520 (Schüpfheim
5.2.32). Essay.
V: Kantonales Kreisspital Walhusen:
Histor. T., Ess. 72; Gute Besserung,
Glossen u. Cartoons, Ess. 78; Bauern-
regeln f. Ärzte u. Gesunde, Ess. 81; zahlr.
med. Fachveröff. seit 67.

Widenmann, Wilhelm; E. T. A.
Hoffmann-Ges., Schopenhauer-Ges.;
Walter-Flex Str. 25, D-7000 Stuttgart 75
(-Sillenbuch), Tel. (0711) 473546
(Tübingen 11.3.43). Essay, Lyrik.
V: Magische Zaubereien u. telepath.
Scherze 63; Ei, ei, ei, wie schön ist
Zauberei. Kurioses aus dem Reich der
Magie 70; Sommer, G. 74.
MH: Der junge Tausendkünstler 1890
78; Das Wunderbuch der Zauberkunst
1929 78; Moderne Wunder 1897 79; Der
mod. Karten-Künstler 1896 80; Mod.
Salonmagie 1891 82.
Lit: Antiquitäten-Ztg (26).

Widmann, Ines Hermine, Schrift-
stellerin; Mozartstr. 18, A-2500 Baden b.
Wien (Hermagor/Kärnten 28.10.04).
Drama, Roman, Novelle, Hörspiel,
Jugendbuch. **Ue:** E.
V: Die gekreuzigte Magd, R. 36, 45; Die
Schwabenmargret, R. 36, 52; Schicksal
am See, R. 38, 50; Christine Burgstaller,
R. 38, 52; Das Mädchen Karin, Nn. 39, 44;
Der Sohn, R. 39, 45; Barbara, Jgdb. 39,
60; Amatus, Erz. 42, 54; Das geliebte
Gesicht, Jgdb. 47; Das gläserne Jahr, R.
49; Unruhig ist unser Herz, R. 53; Die
Andere, R. 54; Sieben flüchtige Jahre, R.
55; Bimbolo, Jgdb. 58, 61; Man nimmt es
nichts, Cornelia, Jgdb. 61, 68; Mein
Osterbuch 63; Mein Zwergenbuch 63; Im
Märchenwald 63, alles Kinderb.;
Friederike, Jgdb. 64; Ein Mädchen
namens Friedrich 73; Fahrt ins Unge-
wisse 73.

R: Alter Mann, was nun?, Hsp.; Licht
aus der Finsternis, Hsp.; Die Diagnose,
Hsp.; Scherben, Hsp. ( )

Widmann, Werner; Kaiserallee 8, A-
9201 Krumpendorf.
V: Kuhglocken und Pferdestärken 77;
De guate Karntna Faiawehr 78. ( )

Widmayer, Frank (Ps. Frank Baer),
Journalist; Konradstr. 12, D-8000
München 40, Tel. (089) 349412 (Dresden
30.7.38). Roman, Novelle, Essay, Film.
V: Votivtafelgeschichten, Sachb. 76;
Die Magermilchbande, R. 79, Tb. 83;
Kein Grund zur Panik, R. 82. –
MV: Zirkus Zapzaroni, Kinderb. 72. ( )

Widmer, Fritz, Lehrer; Gruppe Olten
81, Be.S.V. 83; Literaturpr. d. Kantons
Bern 83; Aarehalde 17, CH-3047
Bremgarten, Tel. (031) 230286
(Kirchberg, Kt. Bern 5.2.38). Lieder,
Roman. **Ue:** E, N, Schw.
V: Ds fromme Ross, Mda.lieder 74; Die
wüeschte u die schöne Tröim,
Mda.lieder u. G. 80; Gluscht u. Gnusch u
Gwunger, Mda.-R. 82.
MA: CH-Liedermacher I, Mda.lieder
u. Mat. 76.
S: Abraham u. Co 73; S geit niene so
schön u luschtig 76; Mir hocke gärn am
Schärme 80, alles Schallp. u. Tonkass.

Widmer, Urs; Myliusstr. 48, D-6000
Frankfurt a.M., Tel. (0611) 723869 (Basel
21.5.38). **Ue:** F, E.
V: Alois, Erz. 68; Die Amsel im Regen
im Garten, Erz. 71; Das Normale und die
Sehnsucht. Ess. u. Gesch. 72; Die lange
Nacht der Detektive, Kriminalst. 73; Die
Forschungsreise, R. 74; Schweizer
Geschichten 75; Die gelben Männer, R.
76; Vom Fenster meines Hauses aus,
Prosa 77; ein Stück 77; Stan und
Ollie in Deutschland 79; Züst oder die
Aufschneider, Ein Traumspiel 80; Das
enge Land, R. 81; Liebesnacht, Erz. 82;
Der neue Noah, Stück 83. –
MV: Shakespeares Geschichten, m. W.
E. Richartz 78.
H: O'Casey: Auswahl 71.
R: Wer nicht sehen kann muß hören
69; Henry Chicago 70; Operette 71; AUA
231, m. Gerh. Rühm 71; Anna, von
hinten wie von vorn 71; Tod und Sehn-
sucht 72; Das Überleben der unsterblichen Mimi 73; Der Bergsteiger 73; Die
schreckliche Verwirrung des Giuseppe
Verdi 74; Fernsehabend 76; Die Ballade
von den Hoffnungen der Väter 76; Die
Zwerge in der Stadt 77; Das Blas-
quartett 77.

Ue: Eugène Labiche: Le plus heureux des trois u.d.T.: Das Glück zu dritt 69; Raymond Chandler, The high window, u.d.T.: Das hohe Fenster 76.

Wiechert, Rainer, Sozialarbeiter, Dipl.-Sozialpädagoge; Heinrich-Orbahnstr. 19, D-2350 Neumünster (Berlin 3.5.48). Lyrik.
V: Nachzeichnungen aus Zufluchtstätten, G. u. Kurzgeschn. 78; Eisige Zeiten, G. 79; Wurzelwerk, G. 81.

Wiechert, Wolf, ObStudR.; Steingasse 46, D-6980 Wertheim-Nassig (Skandau/Ostpr. 31.3.38). Lyrik, Roman, Erzählung.
V: Beschreibung eines Interesses oder einer Liebe, G. 80.

Wied, Leo, s. Wiedermann, Otto.

Wiede, Anna Elisabeth; Schönhauser Allee 129, DDR-1058 Berlin, Tel. (0372) 4483202 (20.12.28). Drama.
V: Das Untier von Samarkand, Märchenkom. 56, 57; Die Ratten von Hameln, Schausp. 59, 79; Ein Freund der Wahrheit, n. W. Wycherley, Kom. 67, 70.
F: Die Abenteuer des Simplizius Simplizissimus, Hsp.-5-Teiler.
MUe: J. M. Synge: Der Held der westlichen Welt, m. P. Hacks 56.

Wiedemann, Fritz, Dr. med., D-8194 Ambach/Starnberger See, Tel. (08177) 595.
V: Das Ende des Sozialismus 69; Die Gefühle 69; Der Irrtum der antiautoritären Revolte 73; Die elementaren Gefühle und Bedürfnisse des Menschen 74; Die große Freiheit 74; Länger und gesünder leben 75; Wie man Aggression in Leistung und Frieden verwandelt 75; Geistig mehr leisten 77; Biologisch leben — biologisch heilen 78.

Wieden, Ruth, s. Dichtl, Ruth.

Wiedenmeier, Werner, Dichter, Lehrer; Kulturpr. d. Kantons Glarus 82; Im Oberdorf, CH-8777 Diesbach, Tel. (058) 843548 (Romanshorn 11.6.49). Lyrik, Hörspiel, Kurzprosa.
V: Der Vogel Frühinaus, Lyr. u. Kurzprosa 81; Der Wehzum, Lyr. u. Kurzprosa 83.
R: Wenn die Hähne krähen, Hsp. 82.

Wiedermann, Otto (Ps. Leo Wied); Pritz-Str. 27, A-4020 Linz/D.-Kleinmünchen/D., Tel. (0732) 450454 (Pola/Jugoslawien 16.11.91). Jugendbuch.
V: Das Geheimnis der Inka-Insel, Jgdb. 47; Uoni, Bruder der Wölfe, Jgdb. 48; Flammende Polarlichter, Jgdb. 50; Iuan Sinpatria, Jgdb. 50; Uoni im Lande der Lama, Jgdb. 52; Uoni unter Sklaven-händlern, Jgdb. 52; Uoni's letzte Fahrt, Jgdb. 54; Westwärts Wiking, Jgdb. 54; Hirten, Herden, Panther, Jgdb. 57; Bruder der Wölfe 66. — **MV:** Max Reisch: Mit 6 PS durch die Wüste 56. ( )

Wiedfeld, Hubert, freier Schriftsteller; VS 70; Prix Italia 72; Dorfstr. 20, D-2357 Hagen/Holstein, Tel. (04192) 877 (Braunschweig 13.6.37). Roman, Hörspiel, Drama.
V: Rätzel, R. 70.
R: In freundlicher Umgebung 69; Wenn es Suppe gibt, verwundern sich alle andern Onkels 70; Smeralda oder Der Tag wird gut 70; Hier ist es wunderbar: Der Täter ist das Opfer ist der Täter 70; plastic skin 70; Halb/Anderthalb/Dritthalb 71; Crueland 72; Go West with Lee 72; Britta Riedbergs Weg ins Glück & Hans am Strick 74; Wernicke (Serie m. Uwe Friesel, Margarete Jehn u. Erwin Neuner 73 — 75); Geschichte vom Bandarbeiter Heinrich Baake, der bei einem wilden Streik in Itzehoe die Wohltaten des Morgens kennenlernt und nun ganz scharf darauf ist, alles in einem andern Licht zu sehen 77; Wenn der Vater die Zähne verliert, müßten dem Sohn Hände wachsen 79; Kollrott oder Die Rückkehr ins Mondgebirge 80; Der lange Blick auf Hagen od. Reisen ins Innere e. rauhen Hauses 81; Das tote Herz 82; Die Überwindung d. subhercynen Beckens 83, alles Hsp.

Wiedner, Edith; Allmersstr. 9, D-3000 Hannover 1, Tel. (0511) 804797 (Passenheim, Kr. Ortelsburg/Ostpr. 10.9.00). Lyrik, Essay.
V: Im Endlichen — Unendlichkeit, G. u. Prosa 82.
MA: Das unzerreißbare Netz 68; Nichts und doch alles haben 77; Gisbert Kranz: Das Bildgedicht in Europa 73; Edgar Neis: Deutsche Tiergedichte 76; ders.: Städte u. Landschaften im dt. Gedicht 78; Gisbert Kranz: Gedichte auf Bilder 78; ders.: Das Bildgedicht II 81.
Lit: Geschichte der Stadt Allenstein 55.

Wiegand, Ursula (Ps. Sonntag), Sekretärin, Schriftstellerin; Kg 77, VS 78/79; Buchpr. d. AWMM in Luxemburg, Ehrendipl. u. Verd.urkunde d. Univ. delle Arti, Salsomaggiore/Terme, Ital. 82; Autorenkreis Ruhr-Mark-Hagen 70, Lit. Union 72/73, Freundeskreis RSG 74, Kreis d. Freunde 73/74; Kettelerstr. 76, D-5800 Hagen-Helfe, Tel. (02331) 61323 (Beuthen O/S 27.3.30). Lyrik, Prosa.

V: Beobachtungen, heit.-besinnl.
Verse 72; Randnotizen, heit.-besinnl.
Verse 72/73; Tagträume, Lyrik, Prosa 73/
74; Wer den Wind erhört ..., Fabeln,
Parabeln 73/74; Zwischenbemerkungen,
heit.-besinnl. Verse 74; Wie Perlen im
Meer, Aphorismen 75; Wie Mondsicheln
im All, Fabeln, Parabeln 75; Zwischen
Alpha und Omega, Apokal. Lyrik 76;
Frohes Erinnern, Erzn. 76; Harfen-
klänge, Lyrik, Aphor. 76; Was bleibt - ist
die Liebe, Lyrik, Prosa 77; Mit wachen
Augen, Pr. 78; Im Schatten Deiner
Liebe, histor. Erz. 78; Schwarze Käuze
79; Mein Sohn — (k)ein Allerweltskerl
80; Erinnerungen an Laband b. Gleiwitz
I (Breslauer Geschn.) 81, II (v. Schles.
Sonntag's Mosaik) 81, III (Schles.
Sommerfrische) 83, IV (Schles.
Dorfgeschn.) 83, V (Vaters Schatztruhe)
83; Wie Blätter im Wind, Haiku 83.
   MA: Ruhrtangente 72/73; Wir sind
nicht Utopia 72; Quer 74; Nur die
Freude läßt uns hoffen 72; Wahrheit
wollen wir ergründen 73; Jung ist 74;
Als wär's erst gestern gewesen 75; Zeit
der Trauer 76; Querschnitt durch 5 75;
Diagonalen 77; Spiegelbild 78; Land-
schaften 79; Erlebtes Oberschlesien 79.
   Lit: Fs.-Autorenporträt 76.

Wieland, Dieter (Ps. Ewald Einriedt),
Dekorationsmaler, Kascheur; VS in
Bad.-Württ. 81; Pr. b. Mda.lyr.-Wettbew.
d. Südd. Rdfks 74, Pr. Invandrarnas
Kulturcentrum Stockholm 78, Pr. d. Öst.
Bergbauernvereinig. Wien 79; Intern.
Dialekt Inst. Wien 76, Ges. z. Förd. d.
Mda. in Württ. 78; Ehninger Str. 24, D-
7031 Hildrizhausen, Tel. (07034) 4290
(Schwäbisch Hall 31.1.36). Lyrik, Novelle,
Essay, Hörspiel.
   V: frooch an schbiichl, G. in häll.-
fränk. Mda. 80.
   Lit: Wilhelm Staudacher: Dieter
Wieland — ein junger fränk. Mundart-
dichter 76; Walter Hampele: Der
Mundartlyriker Dieter Wieland in: Jb. d.
Hist. Vereins f. Württ. Franken Bd 62 78.

Wieland, Isolde; Seestr. 16, D-7761
Moos/Bodensee 4.
   V: Melanie, R. 80. ( )

Wieland, Rotraud, Lektor; SV-DDR
seit 79; Förderungspr. f. Lyrik 78 v. Inst.
f. Lit. Johannes R. Becher u. Mitteldt.
Verl.; Marienstr. 2, DDR-1413
Schildow b. Berlin, Tel. 613 (Stettin
10.10.39). Lyrik.
   V: Ich hab einmal Suleika geheißen,
G. 77, 2. Aufl. 79 (ndld 82).
   MH: Zu dieser Zeit leb' ich auf Erden,
G.-Anth. 80.

Wiemer, Karl-Heinrich, Journalist;
Lotharstr. 112, D-4100 Duisburg, Tel.
(0203) 356372 (Duisburg 6.4.34). Roman,
Sachbuch, Jugendbuch.
   V: Ritt ins Abenteuer, Jgdb. 69;
Raumfahrt in die Meerestiefen, Sachb.
69; Ein Delphin kommt durch die Tür,
Jgdb. 69; Der fliegende Ozean, Jgdb. 69;
Als die Schiffe fliegen lernten, Jgdb. 73;
Karate-Katze & Co, Krimi 72; Sachte,
sachte, Halunken! Krimi-Parodie 73.
   MA: Dabeisein wenn es spannend
wird - Erlebnis-Hobbys zum kennen-
lernen, Sachb. 77.

Wiemer, Rudolf Otto (Ps. Frank
Hauser), Realschullehrer a. D.,
Schriftsteller; VS 65, Kogge 73, Kg. 77,
P.E.N. 81; Lyrikpreis 48, Burgschreiber
zu Plesse 76, Buchpreis d. Dt. Verb.
Evang. Büchereien 80, Adolf-Georg-
Bartels-Ehrung 80, Künstler-Stip. Lit. d.
Ldes Nds. 81; Nußanger 13, D-3400
Göttingen, Tel. (0551) 61755
(Friedrichroda 24.3.05). Lyrik, Roman,
Erzählung, Hörspiel, Kinderbuch,
Stücke für Laien.
   V: Die Gitter singen, Erzn. 52, u.d.T.:
Die Generalin 60; Der Mann am Feuer,
Erzn. 53; Epistel an den Sohn, G. 54; Im
Namen des Kaisers, Kom. 56; Die
Mauer, Lehrst. 57; Die Nacht der Tiere,
Legend. 57; Der Ort zu unseren Füßen,
Erzn. 58; Das kleine Rasenstück, G. 59;
Pit und die Krippenmänner, Kinderb.
60; Nicht Stunde noch Tag oder: Die
Austrocknung des Stroms, R. 61;
Fremde Zimmer oder: Die Aussicht zu
leben, R. 62; Nele geht nach Bethlehem,
Kinderb. 62; Ernstfall, G. 63; Stier und
Taube, R. 64; Kalle Schneemann,
Kinderb. 64; Die Weisen aus dem
Abendland, Erz. 65; Der gute Räuber
Willibald, Kinderb. 65; Wir Tiere in dem
Stalle, Kinderb. 66; Helldunkel, Erzn. 67;
Das Pferd, das in die Schule kam,
Kinderb. 70; Beispiele zur deutschen
Grammatik, G. 71; Unsereiner, Erzn. 71;
Der Kaiser und der Kleine Mann,
Kinderb. 72; Wortwechsel, G. 73; Ein
Weihnachtsbaum für Ludmilla Winzig,
Kinderb. 74; Selten wie Sommerschnee
oder Die Schule der großen Leute,
Kinderb. 74; Zwischenfälle, Erzn. 75; Die
Angst vor dem Ofensetzer oder
Glorreiche Zeiten, Erzn. 75; Micha
möchte gern, Kinderb. 75; Der Engel bei
Bolt an der Ecke, Erzn. 76; Die Schlag-
zeile, R. 77; Auf und davon und zurück,
R. 79; Reizklima, Erzn. 79; Bethlehem ist
überall, Erzn. 79; Er schrieb auf die
Erde, Erzn. 79; Mahnke. Die Geschichte

eines Lückenbüßers, R. 79; Chance d.
Bärenraupe, G. 80; Lob. d. kleinen
Schritte, Erzn. 81; Schnee fällt auf d.
Arche, R. 81.

H: Straße, die du wandern mußt,
Anth. 55; Machet die Tore weit, Anth. 60;
Liebes altes Lesebuch, Anth. 66;
Geschichten aus dem Räuberhut, Anth.
72; bundes deutsch, lyrik zur sache
grammatik, Anth. 74; Wo wir Menschen
sind, Weihnachtserzn. 74.

R: Einer von zehn, Hsp. 52; Der
Prozeß geht weiter, Hsp. 53; Die
Krähenfeder, Hsp. 53; Die Sache mit
dem Fahrrad, Hsp. 54.

S: Die Bergrede 69; Klopfzeichen 70;
Urbs 71; Da pacem 71; Kluster zwei
Osterei 71; Lieder aus der Großstadt 71;
Free Music + Orgel 69; Gitarre vorm
Bauch 71; Nicht vom Brot allein 73; Weil
wir von Hilfe leben 73; Gitarren und
Kritik 72; damals als jesus geboren war
73; Kinderlieder zur Bibel 75; Rummel-
bummel im Kuckucksland 76.

Lit: Konrad Helbig: Besinnung auf
ROW 65; Carl Heinz Kurz: R. O. Wiemer,
Über Leben und Werk 66; Dichter-
porträts (C. H. Kurz) 74; R. O. Wiemer,
Freundesgabe z. 70. Geb. 75
(Arbeitskreis f. deutsche Dichtung);
Rudolf Otto Wiemer (Pseudonym: Frank
Hauser) zweimal dreizehn zinken, G. 68;
Schneller als du denkst, lernst du das
Zittern, S. 71; Ehrhardt Heinold:
Autorenporträt R. O. Wiemer 75; Gisbert
Kauz: Über R. O. Wiemer z. 70. Geb. 75;
Gerda Neumann: Über R. O. Wiemer z.
70. Geb. 75; Carl Heinz Kurz: Gespräch
mit R. O. W. 75; Gisbert Kranz: R. O.
Wiemer in Herders Lexikon christlicher
Lit. 77; Paul Konrad Kurz: R. O. W. in:
Lit. Texte d. Gegenwart 77; D. P. Meier-
Lenz u. K. Morawietz: R. O. W. in:
Niedersachsen literarisch 78; Horst
Schaller: R. O. Wiemer u. s. Kinder-
bücher 79; Ursula Homann: Was aber
bleibt, sind die Fragen 80; Wilhelm
Niemeyer: R. O. Wiemer (Laudatio) 80; I.
Meidinger-Geise: Durchhalten im
Fragen (m. Bibliogr.) in: Krit. Lit.-Lex.
80.

Wiemer, Susanne U., c/o Bastei-
Verlag Lübbe, Bergisch Gladbach.

V: Zahlr. Titel für die SF-Reihe Söhne
der Erde seit 80, u.a.: Flug der
Verlorenen 81; Neue Heimat Terra 82;
Das Reich der Zeitlosen 82. ( )

Wiemken, Christel; VdÜ 73; Julius
Vosseler-Str. 149, D-2000 Hamburg 54,
Tel. (040) 567865 (Eisenach 4.9.30). **Ue:** E,
Am.

Ue: Liz Holloway: As I Was Going to
St. Ives u.d.T.: Hahn im Korb 69;
Erskine Caldwell: Summertime Island
u.d.T.: Mississippi-Insel 71; Margery
Sharp: Rosa 72; Mollie Hardwick: The
Years of Change u.d.T.: Die Zeiten
ändern sich 75, The War to End Wars
u.d.T.: Für König und Vaterland 76;
Woodhouse/Ross: The Medici Guns
u.d.T.: Die Kanonen der Medici 77;
MacDonald Harris: The Balloonist
u.d.T.: Der Ballonfahrer 77; E. W.
Hildick: Manhattan is Missing u.d.T.:
Manhattan ist verschwunden 77;
Woodhouse/Ross: The Medici Emerald
u.d.T.: Der Smaragd der Medici; Mollie
Hardwick: Beauty's Daughter u.d.T.:
Lady Hamiltons Tocher 79, Charlie is
my Darling u.d.T.: Der Prinz meines
Herzens 81.

Wiemken, Helmut, Dr. phil., Verlagslektor; VdÜ 73; Julius-Vosseler-Str.
149, D-2000 Hamburg 54, Tel. (040)
567865 (Osnabrück 6.7.26). Roman,
Essay. **Ue:** E, Am.

V: Simone, R. 60, 68; Der griechische
Mimus, Ess. 72.

H: Doctor Fausti Weheklag. Die
Volksbücher v. D. Johann Faust u.
Christoph Wagner 61; Die Volksbücher
von Till Ulenspiegel, Hans Clawert und
den Schildbürgern 62; Fürst Pücklers
orientalische Reisen 63; Mark Twain:
Reise durch die Alte Welt 64; Mark
Twain: Dem Äquator nach 65; Vom
Sterben des reichen Mannes
(Everyman) 65.

R: Die Konsultation 62.

Ue: Peggy Mann: Ein Zimmer in Paris
55; John Howard Griffin: Nuni 56;
Douglas Kiker: The Southerner u.d.T.:
Abschied von Dixieland 57; Poe:
Meistererzählungen 60; Mark Twain:
Die besten Geschichten 60; Walter
Allen: All in a Lifetime u.d.T.: Ein guter
Mensch 61; Herman Wouk: Arthur
Hawke 64; Evan Hunter: Buddwing
u.d.T.: Schock 64; Maurice Shadbolt: The
New Zealanders u.d.T.: Mädchen, Fluß
und Zwiebel 65; Elisabeth Mann
Borgese: Zwei Stunden 65; Everyman -
Jedermann 70; Maurice Shadbolt:
Among the Cinders u.d.T.: Und er nahm
mich bei der Hand 70; Maurice
Shadbolt: This Summer's Dolphin u.d.T.:
Der Sommer des Delphins 73.

Wien, Alexander, s. Kolb, Karl.

Wien, Ludwig (Ps. Ludwig Rheude),
Geschäftsführender Redakteur; Ludwig
Marum-Str. 3, D-7500 Karlsruhe, Tel.

(0721) 854665 (Heuchelheim b. Landau/
Pfalz 20.9.26). Novelle, Essay, Erzählung.
V: Der unauffindbare Spiegel, Erzn.
70; Ein Kelch, ein Brot, hist. Erz. 71; Und
zeigt ihm Berg und Strom und Land,
Badische Skizzen 72, 80; Geliebter
Kasimir, Erzn. 75, 76; Drei Schlösser auf
einem Berg, Skizzen aus dem Elsaß 76,
78; Ne freudig Stündli, Ein I. P. Hebel-
Brevier 76, 77; Wer dient, ist frei, Ein
Emil Frommel-Brevier 78, 79; Die
geerbten Springerle, Erzn. 79; Hüwwe
un drüwwe, Gesch. links u.
rechts d. Rheins, Erzn. 81. —
MV: "Evangelisch", Stadien auf dem
Weg zur Reformation, hist. Ess., m. K.
Stürmer und S. Heinzelmann 68.

Wiener, Hugo, Prof.; A.K.M. 45, Vorst.
80, Literar-Mechana 55, G.dr.S.u.K. 73,
D.U., P.E.N.-Club 82 u.a.; Gold.
Verd.zeichen d. Rep. Öst. 64, Ehrenmed.
d. Stadt Wien 69, Titel Prof. 70, Ehrenkr.
f. Wiss. u. Kunst 74; Kleinschmidgasse 1/
9, A-1040 Wien, Tel. (0222) 564241 (Wien
16.2.04). Film, Kabarett, Fernsehspiele,
Theater, Satiren.
V: Doppelconference 72, 73; Das Beste
aus dem Simpl 73, beides Kabarett-Bde;
Krokodile fliegen nicht 74, 76; Ich erinnere mich nicht 75; Seid nett zu
Vampiren 76, 78; Die lieben Verwandten
u. andere Feinde 77, 78; Verliebt, verlobt,
geheiratet 78, 79; Heiterkeit auf Lebenszeit 79; Wie das Leben so spielt 80;
Strichweise Sonne 81, alles Satn; Zebras
sind keine Elefanten 82; Das sind ja
schöne Geschichten 83.
F: Der k.u.k. Feldmarschall; Heiratskandidaten; Ober, zahlen!; Agatha, laß
das Morden sein; Skandal um Dodo;
Ohne Krimi geht die Mimi nie ins Bett;
Die Liebe der Matrosen; Dort in der
Wachau.
R: Das Hugo Wiener-Brettel; Alt aber
gut; Die Mini-Operette; Alle Wege
führen nach Wien; Nicht verzagen,
Stangl fragen; Zauber der Melodie; Ein
verrücktes Paar (Mitverf.), alles Serien
u.v.a.; — **B:** Wenn die kleinen Veilchen
blühen; Wiener Blut; Der fidele Bauer;
Der Graf v. Luxemburg; Der Tanz ins
Glück; Gasparone, alles Fs.-Bearb.
S: Der Nowak läßt mich nicht ver-
kommen 52; Mutterstolz; Das war eine
köstliche Zeit 71; 20 Jahre Cissy
Kraner-Hugo Wiener 72; Die Besten
Jahre 73, u.v.a. Chansons.
Lit: Fr. Torberg: Der Beifall war
endenwollend; Fr. Muliar: Streng
indiskret; H. Conrads: Meine ersten
sechzig Jahre; Leitner: Humor am

Rande der Notenlinien; Budzinsky: Die
Muse mit der scharfen Zunge; Rud
Weys: Cabaret und Kabarett; A. Bauer:
150 Jahre Theater an der Wien, Oper u.
Operette in Wien; E. Singer: Humor und
Hamur; H. Spiel: Spectrum einer Stadt;
Hackel: Wigl-Wogl, u.v.a.

Wiener, Oswald, c/o Rogner &
Bernhard-Verlag, München.
V: Die Verbesserung von Mittel-
europa, R. 69, Tb. 72; Wir möchten auch
vom Arno-Schmidt-Jahr profitieren 79.
MA: Beitr. z. Ädöologie d. Wieneri-
schen in: Josefine Mutzenbacher 69, 81;
J. Mutzenbacher: Meine 365 Liebhaber
79. ( )

Wiener, Ralph, s. Ecke, Felix.

Wienholtz, Myrsini (Ps. Myrsini
Wienholtz-Hatzidaki); Stockdorfer Str.
2a, D-8033 Krailling, Tel. (089) 8571158
(Athen 21.3.34).
V: Aus meiner Sicht, Lyr. 81.

Wienholtz-Hatzidaki, Myrsini,
s. Wienholtz, Myrsini.

Wiens, Wolfgang, Dramaturg;
Moorkamp 19, D-2000 Hamburg 6, Tel.
(040) 4918809 (Stettin 3.4.41).
Dramatisierung, Übersetzung. **Ue:** E.
B: Tom Sawyer, nach Mark Twain,
Kinderst. 69; Der große und der kleine
Klaus, nach Andersen, Kinderst. 69.
Ue: Ken Campbell: Fazz und Zwoo 71,
Die Schlündelgründler 76; Tom Eyen:
Die weisse Hure 70, Warum Hannas
Rock nicht untenbleiben will 70;
Molière: Der Menschenfeind 82;
Shakespeare: Ein Sommernachtstraum
83.

Wiese, Albert, Verw.-Insp. i.R.;
Trebnitzer Platz 5, D-3380 Goslar, Tel.
(05321) 8744 (Clausthal, Oberharz
18.1.00).
V: Mr sän de Harzgebirchler,
Belustigendes in Reimen u. Prosa 75;
Sag's mit Bildern, Heitere Verse m. 89
Fotos 76; Überwiegend heiter, G., Legn.,
Fabeln, Weisheiten eines Oberharzer
Bergmannssohnes 76; Oberharz — Land
und Leute m. Fotos 79; Harzer
Geschichts- und Lebensbilder m. Fotos
79; Oberharzer Kaleidoskop m. Fotos 80.

von Wiese, Christiane, s. Kashin,
Christiane.

von Wiese und Kaiserswaldau,
Benno, Dr. phil., Dr. h. c., em. UProf.;
Großes Verd.kreuz d. Bdesrep. Dtld 79;
Rhein.-Westf. Akad. Wiss.; Auf dem
Heidgen 33, D-5300 Bonn-Ippendorf, Tel.

(0228) 282794 (Frankfurt/M. 25.9.03).
Deutsche Literatur.
V: Friedrich Schlegel, ein Beitr. z.
Gesch. d. romant. Konvers. 27; Lessing,
Dicht., Ästhetik u. Philos. 31; Die
Dramen Schillers 37; Friedrich Rückert
38; Herder, Grundzüge seines Weltbildes
39; Faust als Tragödie 45; Die deutsche
Tragödie von Lessing bis Hebbel 48 II,
73, Tb. 83; Eduard Mörike 50; Die
deutsche Novelle von Goethe bis Kafka,
Interpret. I 56 u. ö. II 62 u.ö.; Der
Mensch in der Dichtung 58; Friedrich
Schiller 59, 79; Novelle (Samml. Metzler)
63, 5. Aufl. 71; Zwischen Utopie und
Wirklichkeit. Stud. z. dt. Lit. 63; Von
Lessing bis Grabbe. Stud. z. dt. Klassik
und Romantik 68; Karl Immermann 69;
Signaturen. Zu Heinrich Heine und
seinem Werk 76; Perspektiven I. Stück
z. dt. Literatur und Literaturwissen-
schaft 78; Perspektiven II. Literarische
Porträts 79; Ich erzähle mein Leben,
Erinnerungen 82.
H: Schiller: Werke 37 XII; Hebbel:
Werke 40 IX; Grabbe: Werke 43 II;
Schiller: Nationalausg. IX (Maria Stuart,
Die Jungfrau von Orleans) 48, XX, XXI
(Philos. Schrr.) 62, 63; Echtermeyer:
Deutsche Gedichte von den Anfängen
bis zur Gegenwart 54, 63 u.ö.; Die
deutsche Lyrik 56 II, 63; Das Deutsche
Drama 58 II, 62; Der deutsche Roman 63
II; Bonner Arbeiten zur deutschen
Literatur 64; Deutsche Dichter der
Moderne; Ihr Leben und Werk 65, 75;
Die deutsche Literatur VI 19.
Jahrhundert, Texte und Zeugnisse 65;
Deutsche Dichter des 19. Jh. 69;
Deutsche Dichter der Romantik 71;
Deutsche Dichter der Gegenwart 73;
Deutsche Dichter des 18. Jahrhunderts
77; Immermann: Werke V 71 — 77. —
MH: Klassische deutsche Dichtung in
22 Bdn 63 — 64; Zs. f. dt. Philologie, m.
Hugo Moser seit 1961.
Lit: Literatur und Gesellschaft, Festg.
f. B. v. Wiese z. 60. Geb. 63;
Untersuchungen zur Literatur als
Geschichte. Festschn. u. 70. Geb. 73.
s. a. Kürschners GK. ( )

von Wiese, Ursula, s. Guggenheim-von
Wiese, Ursula.

Wiesemann, Eva-Maria, s. Sirowatka,
Eva-Maria.

Wiesen, Fred, s. Willmann, Hans-
Frieder.

Wiesenmayer, Astrid (Ps. Astrid
Connerth), Gymnasiallehrerin,
Journalistin, Schriftstellerin; Rumän.

Schriftstellerverb., VS 80, FDA 80; Lyr.-
Pr. d. Ztg Neuer Weg, Bukarest 56, Lyr.-
Pr. d. Zs. Volk und Kultur, Bukarest 58;
Nikolaus Lenau-Literaturkr. Bukarest
50-52, Heinrich Heine-Literaturkr.
Hermannstadt 52-79; Privasstr. 6, D-6290
Weilburg/L., Tel. (06471) 2350
(Hermannstadt/Rum. 25.1.29). Lyrik,
Fernsehfilm, kulturkritische Aufsätze.
V: Sonnenräume, G. 64; Josef Marlin.
Ausgewählte Schriften 58;
Konfigurationen, audio-vis. Lyr. 79;
Tropfenbilder, vis. Lyr. 82.
H: Deutsche Volksbücher 70 II;
Lessing: Ausgewählte Schriften 70.
R: Konfigurationen 81; Tropfenbilder
I, II, III 81, 82.

Wiesenthal, Simon; Salztorgasse 6/IV/
5, A-1010 Wien.
V: Max und Helen, R. 81; Die Sonnenblume, Erz. 81, 82. ( )

Wiesigel, Jochen, freischaffender
Schriftsteller; Förderungspr. d. Mitteldt.
Verlages u. d. Inst. f. Lit. "J.R. Becher"
79; Richard-Eyermann-Ring 14/55,
DDR-5060 Erfurt (Mengersgereuth-
Hämmern 12.8.46). Erzählung, Märchen,
Hörspiel, Fernsehfilm.
V: Wir wollten doch alles anders
machen, Erz. 79, 81; Der Sonneberger
Reiter, M. f. Erwachs. 83.
R: Das kalte Herz, Hsp. 80, 82;
Kirschensommer, m.a., Fsf. 82.

Wiesinger, Franz (Ps. Franz
Wiesinger-Kordon), Hauptschuldir. i. R.;
L.V.G. 36; Reichsschrifttumskammer 39,
Scheffelbund 23 — 30; Währinger Gürtel
57/12, A-1180 Wien (20.4.96). Lyrik.
V: Das uralte Lied, G. 21; Was wissen
die Menschen einer von dem andern, G.
71. — **MV:** Lyrik der Gegenwart. Dichtungen österr. Lehrer 36. ( )

Wiesinger, Karl, freier Schriftsteller;
Ö.S.V. 74, GAV 76; Theodor-Körner-
Förder.pr. 75, Förderpr. d. Ldes NdÖst.
81; Japanische Senryuges. AKIAJI;
Schleifererg. 23, A-2700 Wiener
Neustadt (Wiener Neustadt 30.1.40).
Roman, Hörspiel. Ue: J.
V: Zemm, R. 75.
MA: Männerleben 78.
R: 400 Meter unter d. Erde 72; Vor-
lesespiel 73; Die blauen Menschen 74,
79; Das Märchen vom Müll 76; Der
König von Caere 83, alles Hsp.

Wiesinger, Karl (Ps. Claus Ritsch,
Max Maetz), Dentist; Förderungspreis
Theodor Körner Stiftungsfonds 64, 68,
72; Grazer Autorenversammlung 75;
Noßberger Str. 5, A-4020 Linz/D., Tel.

(0732) 747565 (13.3.23). Drama, Roman,
Novelle, Hörspiel.

V: Der Poet am Nil, Sch. 51; Der große
Wugram, Sch. 54; Jahrmarkt der
Gefühle, Sch. 54; Gras für Büffel, Sch.
55; Der Mäzen, Lsp. 57; X tritt 3 = 0,
Sch. 59; Lazar Kromlech, Sch. 66;
Roman '38', R. 66; Die Tiere tun mir
nichts, Kurzgesch. 66; "38", R. 67;
Großraumaction - Max Maetz 71;
Bauernroman. Max Maetz, Weilling,
Land und Leute 72; Der rosarote
Straßenterror, R. 74; Standrecht, R. 76;
Der Wolf, R. 80; Ich will, Kurzprosa.

MH: Hans Weigel: Stimmen der
Gegenwart 52; Stillere Heimat 52 bis 58,
62, 63, 66 — 68, 71; Protokolle 71 II;
Dimension Texas 72; Der Seel ein
Kuechel 75; Schaden spenden 76; Kunst
und Gesellschaft Nr. 22 74; Neue
Deutsche Literatur 8/75.

F: Ein außergewöhnliches
Weihnachtsgeschenk 68.

R: Wunderstadt in Afrika, Hsp. 54;
Dschingl, Hsp. 60; Ein außer-
gewöhnliches Weihnachtsgeschenk;
Dachauer Kirtag, Hsp; Der Wolf, Hsp.

Wiesinger-Kordon, Franz,
s. Wiesinger, Franz.

Wiesinger-Maggi, Inez, Prof. f. alte
Sprachen; SSV 68; Div. Anerkenn. u.
Ehreng. u.a. a. d. Schillerstift. v. d.
Lit.kommis. v. Stadt u. Kt. Zürich;
Drusbergstr. 39, CH-8053 Zürich, Tel.
(01) 535024 (Seelisberg, Kt. Uri 7.5.14).
Lyrik, Roman, Novelle.

V: Theseus d. Jüngling, Epos 52;
Theseus auf Kreta, Epos 58; Der Pedant,
R. 65; Der Vertreter Adam, R. 68;
Fahrten, Fährten u. Gefährten, Erz. 78.

Wiesner, Claus Ulrich; SV-DDR seit
64; Mendelstr. 42, DDR-1100 Berlin, Tel.
4894817 (Brandenburg/Havel 1.1.33).
Prosa, Dramatik.

V: Einer geht baden, Lsp. 63; Frisör
Kleinekorte. Satirische Monolage 65, 68;
Jonas wird mißtrauisch 67; Kleinekortes
Große Zeiten, Sch. 69; Verlieb dich nicht
in eine Heilige, Libr. 69; Frisör
Kleinekorte seift wieder ein, sat.
Monologe 71; Die singende Lokomotive,
Kurzgeschn. 74, 80; Die verschwund.
Partitur, Libr. 76; Herrensalon W.
Kleinekorte, sat. Monologe 77, 81; Das
Möwennest, Kriminal-R. 79, 83; Frisör
Kleinekorte in Venedig u. anderswo, sat.
Monologe 81, 82; Mach's gut,
Schneewittchen, Erzn. 83.

MA: Handbuch f. Untermieter 58;
Freitag d. 13. 60; lachen u. lachen lassen
63; Geschichten 67; Eulen nach

Spreeathen 69; Disteleien 73; Die
Tarnkappe 79; Das erste Haus am
Platze 82, alles Anth.

F: Signale. Ein Weltraumabenteuer, n.
C. Rasch m. G. Kolditz 70.

R: Der gestohlene Mond, Hsp. 59; Die
Robinsoninsel, Hsp. 63; Der Fall
Haberkorn, Hsp. 65; Autosuggestion,
Fsp. 71; Stülpner-Legende, m. G.
Branstner, Fsf.-Ser. 72; Das Mädchen
Krümel, n. Martha Ludwig, m. M.
Kreutzberg, Fsf.-Ser. 76; Kollision, Fsf.
77; Bonnys Blues, m. E. Görner, Fsf. 78;
Spuk unterm Riesenrad, Fsf.-Ser. 79;
Die Entdeckung, Fsf. 80; Robinsons
Hütte, Fsp. 81; Die Liebe höret nimmer
auf, Fsp. 81; Spuk im Hochhaus, m. G.
Meyer, Fsf.-Ser. 82.

S: Einer geht baden, Lsp. 63; Kleine-
kortes Große Zeiten, Sch. 69; Verlieb
Dich nicht in eine Heilige, Musical 69;
Die verschwundene Partitur, Musical 76.

Wiesner, Heinrich, Lehrer; SSV 68,
Dissidenten Gruppe Olten seit 70; Preis
d. Zürcher Forums für Kurzgesch., Preis
d. Schillerstiftung 73, Werkjahr d. Stift.
"Pro Helvetia"; Im Pfeiffengarten 38,
CH-4153 Reinach BL, Tel. (061) 766008
(1.7.25). Drama, Lyrik, Aphoristik,
Novelle, Roman.

V: Der innere Wanderer, G. 51;
Leichte Boote, G. 58; Lakonische Zeilen
65; Lapidare Geschichten 67; Schauplätze 69, 74; Rico. Ein Fall, Erz. 70; Der
Jass, Einakter 71; Neue lakonische
Zeilen, Aphorismen 72; Notennot.
Schulgeschn. 73; Das Dankschreiben, R.
75; Das verwandelte Land. Ein
Lesebuch 77; Der Riese am Tisch, R. 79;
Kürzestgeschichten 80; Welcher Gott ist
denn tot?, Tageb. 84. — **MV:** Zwischensaison; Literatur nach 1968, beide Textb.
d. Gruppe Olten.

MA: Beitr. in: Der Mann im Mond.

R: Radio drs sendet die Schauplätze.
Eine Chronik" vollumfänglich 76.

Lit: H. Wiesner: Schauplätze. Eine
Chronik, in: D. dt.schweiz. Roman 75; H.
W. od. Das erste Kapitel d. "neuen"
schweizer. Lit. in: Mein Feuilleton
(Hrsg. D. Fringeli) 82.

Wiesner, Herbert, Journalist; VS 74;
Leopoldstr. 52, D-8000 München 40, Tel.
(089) 345442 (Marsberg, Kr. Brilon
19.3.37). Essay, Literaturkritik,
Literaturgeschichte, Fernsehfilm.

MV: Bibliographie der Personalbiblio-
graphien z. dt. Gegenwartslit., m. Irena
Zivsa, Christoph Stoll 1. u. 2. Aufl. 70;
Thomans Mann 1875/1975, m. Peter de
Mendelssohn 75.

MA: Friedrich Ludwig Jahn/Ernst Eiselen: Die deutsche Turnkunst 79 (Nachw.); Peter Paul Althaus: Jack der Aufschlitzer 82 (Nachw.). **H:** Lex. d. dt.spr. Gegenwartslit. 81; Stadtbesichtigung. Eine Münchner Anth. 82. — **MH:** Lesezeichen, Zs. seit 80.
R: Porträt eines kleinen Mannes, Walter Kolbenhoff, m. Wilfried F. Schoeller, Fsf. 80 u.ö.; Ich will, wenn ich liebe, allein sein 83.

von Wietersheim-Kramsta, Herta; Schwalbenstr. 17, D-8011 Baldham. Lyrik, Novelle.
V: Karl IV und seine Frauen, Erzn.
MA: Geschichte, hist. Magazin Schweiz; Schles. Ztg.

a de Wiggere, Seppi, s. Zihlmann, Josef.

Wiggershaus, Renate, Schriftstellerin; VS; Amöneburger Str. 44, D-6000 Frankfurt a.M. Prosa, Lyrik, Rezensionen, Essay. **Ue:** E, F.
V: Geschichte der Frauen und der Frauenbewegung in der Bundesrepublik Deutschland und der Deutschen Demokratischen Republik nach 1945 79; George Sand in Selbstzeugnissen und Bilddokumenten 82; Die Frau auf der Flucht, Erzn. u. Prosatexte 82.
H: George Sand: Geschichte meines Lebens 78.
MUe: Herbert Marcuse: Konterrevolution und Revolte 73; zahlr. wiss. Bücher u. Texte.

Wilck, Otto Peter (Ps. Peter Wolf), Dipl.-Philologe, Lektor; Lilienthalstr. 9, D-8025 München-Unterhaching, Tel. (089) 6114123 (15.2.27). **Ue:** E, Am.
Ue: Edith Anderson: The Crossing u.d.T.: Gelbes Licht 56, 58; Mark Twain: Leben auf dem Mississippi 57, 71 u. weitere Neuaufl., Der geheimnisvolle Fremde 58, 71 u. weitere Neuaufl., Roughing It u.d.T.: Durch dick und dünn 60, 73 u. weitere Neuaufl.; H. Fagan: The Unsheathed Sword u.d.T.: Arbeiter an Themse und Tweed 61; Gordon Ashe: Death in a Hurry u.d.T.: Rock im Alleingang 62, Don't Let Him Kill u.d.T.: Eine Handvoll Nitro 62, Kill or Be Killed u.d.T.: Treffpunkt Picadilly 63; Erzählungen und Essays v. George Orwell, Joyce Cary, Antanas Škema, James Stern in: Europa heute 63; Armand Denis: On Safari. The Story of my Life u.d.T.: Auf Safari durch vier Kontinente 65; Kristin Hunter: Gott segne das Kind 66; Jonathan Swift: Ausgew. Werke, m. G. Graustein I 67, 71 u. weitere Neuaufl.; Jack Kerouac: Passing Through (Desolation Angels) u.d.T.: Engel, Kif und neue Länder 67, 71 u. weitere Neuaufl.; Mark Twain: Persönliche Erinnerungen an Jeanne d'Arc 67, 70 u. weit. Neuaufl.; Charles Devereaux: Venus in Indien 67; LeRoi Jones: Tales u.d.T.: Langsam Bergab 68; Casimir Dukahz: Asbestos Diary 68; William Manchester: The Arms of Krupp u.d.T.: Krupp. Zwölf Generationen, m. Evelyn Linke u. W. Schwedtler 68; Audrey G. Maas: Wait till the Sun shines, Nellie u.d.T.: Nellie 69; R. Bernard Burns: The Ordeal of the Rod u.d.T.: Opfer 69; Marcus van Haller: Der Ring 69; Ronald Tavel: Street of Stairs u.d.T.: Stufen 69; Mary Sativa: Acid Temple Ball u.d.T.: Rauschtempel 69; Clarence Major: All-Night Visitors u.d.T.: Dämonen 70; Gerard Malanga: Selbstporträt eines Dichters, m. a. 70; Paul Hemphill: The Nashville Sound. Bright Lights and Country Music u.d.T.: Nashville Sound. Aus der Welt der Country & Western Music 71; Sam Hunter: Amerikanische Nachkriegsmalerei 74; David McLellan: Karl Marx. Leben und Werk 74; Nicholas Bethell: Das letzte Geheimnis 75 m. Hubert Gaethe; Robert Elman: Badmen of the West u.d.T.: Faustrecht 75, m. Dieter Curths; Roderick MacFarquhar: Die verbotene Stadt 76; Alice Bellony-Rewald: Die verlorene Welt der Impressionisten 77; Julia u. Derek Parker: Die Unsterblichen. Die geheimnisvolle Welt der Götter, Geister und Dämonen 77; Berlitz Reiseführer: Amsterdam 77, New York 78, Marokko 79; Margaret Mides: Schottland in Farbe 79; Dave Balsiger u. Charles E. Sellier jr.: In Search of Noah's Ark u.d.T.: Die Arche Noah. Schicksal der Menschheit am Ararat 79, 80; Upton Sinclair: Der Dschungel 80, 82; T. C. Robertson: South African Mosaic u.d.T.: Südafrika 81.

Wilcke, Elisabeth (Ps. Lisa Wilcke), Verkäuferin; Herrenstr. 36, D-7500 Karlsruhe (Remscheid 18.12.52). Lyrik.
V: Seelenspäne, G. 78, 2.Aufl. 79; Mit nichts als Worten im Gewand, Lyr. 82.

Wilcke, Lisa, s. Wilcke, Elisabeth.

Wilcke-Pausewang, Gudrun (Ps. Gudrun Pausewang), Lehrerin; Jugendbuchpreis Buxtehuder Bulle 77; Brüder-Grimm-Weg 11, D-6407 Schlitz, Tel. (06642) 1219 (Wichstadtl 3.3.28). Roman, Erzählung, Kinder- u. Jugendbuch.

V: Rio Amargo, R. 59; Der Weg nach
Tongay, Erz. 65; Plaza Fortuna, R. 66, 76;
Bolivianische Hochzeit, R. 68;
Guadalupe, R. 70; Die Entführung der
Doña Agata, R. 71; Hinterm Haus der
Wassermann, Kinderb. 72; Aufstieg und
Untergang der Insel Delfina, R. 73; Und
dann kommt Emilio, Kinderb. 74;
Karneval und Karfreitag, R. 76; Kuni-
bert und Killewamba, Kinderb. 76; Die
Not der Familie Caldera, Jgdb. 77, 79;
Wie gewaltig kommt der Fluß daher, R.
78; Auf einem langen Weg, Kinderb. 78;
Der Streik der Dienstmädchen, Jgdb. 79;
Rosinkawiese, Jgdb. 80; Ich habe
Hunger — ich habe Durst, Jgdb. 81; Die
Freiheit d. Ramon Acosta, R. 81; Die
Prinzessin springt ins Heu, Kdb. 82;
Frieden kommt nicht von allein, Kdb.
82; Steckenbein u. Steckenbeinchen,
Kdb. 82; Die letzten Kinder von
Schewenborn, Erz. 83.
H: Südamerika aus erster Hand,
Sachb. 70, 75.

Wildberger, Erich (Ps. E. v.
Sickingen); FDA, JVB; Breitestr. 8, D-
3260 Rinteln, Tel. (05751) 6391 (Berlin
23.3.03). Roman, Hörspiel, Kulturpol.
Publikationen.
V: Erdsehnsucht im Weltall, R. 35; Die
große Mannschaft, R. 36 (auch lett.);
Jungen in Berlin, R. 37; Die Mottenkiste,
R. 39; Die Geldlawine, R. 38; Ring über
Ostkreuz, R. 53; Ursula Fandré, R. 57;
SOS, das Herz, R. 58; Der Sachschaden
war gering, R. 61 (auch holl.) 63;
zahlreiche kulturpol. Publ.
R: Ring über Ostkreuz, Hsp. 54; An
der Millionenbrücke, Hsp. 55. ( )

Wilde, Harry, s. Schulze, Harry Paul.

Wilde, Karin-Maria *

Wilden, Manfred, s. Fleddermann,
Willi.

Wildenhain, Maria-Viola, s. Gorski,
Maria-Viola.

Wilders, Juliane, s. Greven, Helga.

Wilding, James, s. Hinze, Heinz F.W..

Wildt, Dieter, Journalist, c/o Verlag
Hoffmann & Campe, Harvestehuder
Weg 45, D-2000 Hamburg 13 (Magdeburg
8.11.28). Sachbuch.
V: Deutschland deine Sachsen 65, 77;
Deutschland deine Preußen 66, 73, Tb.
71, 79; Charme für den Chef, Kunst u.
Karriere der Sekretärin 68; Deutschland
deine Pensionäre 83. — **MV:** Jahr u.
Jahrgang 1928 68.

Wilhelm, H. F., s. Hinze, Heinz F.W..

Wilhelm, Hans F., Regisseur;
Harthauser Str. 81, D-8000 München 90,
Tel. (089) 647798 (Reetz 8.12.05).
Märchenspiel, Film.
F: Metallene Schwingen; Die Bande
von Hoheneck; Der Teufel mit den drei
goldenen Haaren; Parole Heimat:
Bewährung. - Üb. 300 dt. Dialogbücher
ausld. Filme, Kulturfilmbücher;
Märchensp.: Weihnachtsschloß; Zauber-
wald; Hampelmann; Die Drei Brüder. ( )

Wilhelm, Kurt, Regisseur;
Turmschreiber, Präs.; gold. Bildschirm
59, 60, 61, Adolf-Grimme-Preis 65,
Poetentaler 77, L.-Thoma-Medaille 79,
Preis d. bayer. Volksstift. 80, bayer.
Verdienstorden; Frundsbergstr. 31, D-
8021 Straßlach, Tel. (08170) 460
(München 8.3.23). Drama, Roman, Essay,
Fernsehen.
V: Brummlg'schichten, Kurzgeschn.
48; Alle sagen Dickerchen, R. 56, 78;
Fernsehen, Abenteuer im Neuland,
Fachb. 65; Der Brandner Kaspar und
das ewig Leben, Theaterst. n. Kobell 75
u. 83; O Maria hilf und zwar sofort,
damit's ein rechter Bayer wird, Essays
78; Paradies — Paradies, R.
MA: Das Münchner Turmschreiber-
buch 79.
H: Luise u. die Könige 80.
F: Weil Du arm bist, mußt Du früher
sterben 55; Die Landärztin 57; Lieder
meiner Heimat 58, u.a.
R: Vater Seidl und sein Sohn;
Charivari; Zeitvertreib, Cockpit, alles
Serien; Alle sagen Dickerchen, Hsp;
Begegnung mit Susanne, Hsp.; Don
Giovanni, Fs.-Neuübers.; Figaro's
Hochzeit, Fs.-Neuübers.; Die illustrierte
Hochzeit, Fs.; Röslein fein, Fs.;
Illusionen, Fs.-Musical; Der Brandner
Kaspar und das ewig Leben, Fs., u.a.
S: Der Brandner Kaspar 77.

Wilk, Herbert, Ing., Kulturfilm-
produzent; Gem.obö.S. 56; Am Anger 35,
A-4020 Linz/D., Tel. (0222) 31109
(Braunau/Inn 16.9.04). Roman, Film.
V: Der Acker ruft, R. 53, 54; An den
Wurzeln des Lebens, R. 55; Bartholo-
mäus Rodauer, R. 62. ( )

Wilk, Michael; Heimlhofstr. 24, A-4020
Linz/D., Tel. (0732) 77198 (Linz 28.1.57).
Lyrik, Novelle, Essay.
V: Freiheit für den Clown in meiner
Seele.

Wilke, Dirk, s. Ahlborn-Wilke, Dirk.

Wilken, Karl-Erich, Archäologe,
Pfarrer, Pädagoge, Dolmetscher,
Ägyptologe, Sanskritist, Schriftsteller;

Augusta-Anlage 14, D-6800 Mannheim,
Tel. (0621) 447294 (Loitz/Pomm. 30.8.03).
Novelle. **Ue:** E, Ind (Hindûst, Sanskr,
Urdu).
V: Der Monismus in Darstellung u.
Beurteilung 26; Licht im Dunkel 51;
Biblisches Erleben im Heiligen Land,
Reisebeschr. I 53, II 54; Petra, die
Königin der Karawanenstraße 66; Der
Stein des Pilatus 69; Auf den Spuren
biblischen Geschehens 72;
Impressionen üb. das Klassische Kreta
78. — **MV:** E. Kolbe: Für d. geistl. Rede
39.

Wilken, U. H., s. Wilken, Uwe Hans.

Wilken, Uwe Hans (Ps. Colin Scope, U.
H. Wilken, Les Willcox), Publizist;
Breslauer Str. 44, D-2807 Achim b.
Bremen, Tel. (04202) 4062.
V: Er kam aus der Sonne 62; Der
große Fremde 65; Cheyenne, Serie seit
64; Zurdo, Serie 75; Dan Oakland Story
Serie 76, alles Western-R. u. weitere 500
Romantitel in dt. Western-, Krimi- u.
Abenteuer-R. seit 62 (auch holl., fläm.,
finn., hebr., portug.).

Wilker, Gertrud, Dr. phil., freie
Schriftstellerin; Be.S.V. 69, Gr. Olten,
Dt.schweiz. P.E.N.-Zentrum; Dramen-
wettbewerbspr. 59, Kantonalbern. Lit.pr.
68, Pr. d. schweiz. Schillerstift. 71;
Talmatt 48, CH-3037 Herrenschwanden,
Tel. (031) 234023 (Solothurn). Lyrik,
Roman, Kurzprosa.
V: Der Drachen. Ein Gespräch, Kurzprosa 57; Vier Gedichte 66; Elegie auf
die Zukunft, R. 66, 2. Aufl. u.d.T.: Wolfs-
schatten 80; Collages USA, Prosaber. 68;
Einen Vater aus Wörtern machen, Kurzprosa 70; Altläger bei kleinem Feuer, R.
71; Jota 73; Winterdorf, Erzn. 77; Blick
auf meinesgleichen, 28 Frauengesch. 79;
Nachleben, R. 80; feststellungen f.
später, G. 81.
MA: Deutsche Gedichte, G. seit 1945
61; Geschichten von der Menschenwürde, Kurzprosa 68; Weihnachten in
dieser Zeit, Kurzprosa 68; Poeten beten,
Lyrik 69.
H: Kursbuch für Mädchen, Lesebuch
78; Leute, ich lebe, G. u. Songs, Anth. 83.
R: Variationen über ein bekanntes
Thema, Hsp.-Sprechoper 78.

Willborg, Wimm, s. †Schöler, Ellen.

Willcox, Les, s. Wilken, Uwe Hans.

Wille, Hermann Heinz; DSV 48; 1.
Jugendbuchpreis d. Min. f. Kultur d.
DDR 53, Kunstpreis d. Rates d. Bezirkes
Karl-Marx-Stadt 60, Kulturpreis d.
Rates d. Bezirkes Karl-Marx-Stadt 66,

72; Goethestr. 33, Postf. 4, DDR-9112
Burgstädt/Sa., Tel. (0724) 3251 (Chemnitz
1.6.23). Jugendbuch, Sachbuch, Roman,
Essay.
V: Das Märchenschiff 49, 52; Der
Märchengarten 50; Reineke Fuchs, Epos
52; Draußen auf dem Ziegenanger, Jgd.-
Erz. 52; Die Insel Usedom, Heimatb. 53,
68; Der Märchenstrauß 54; Sturmfahrt
durch die Ozeane, Jgdb. 54, 58; Wunderwelt des Wassers, Jgdb. 55, 70 (auch
russ., chines., estn., bulgar.); Im Bannes
des weißen Magneten, Sachb. 58, 62
(auch russ.); Im silbernen Erzgebirge 58,
65; Der grüne Rebell, R. 56, 80 (auch
franz.); Die goldene Woge, R. 60, 62
(auch tschech., ung.); Vogtland 64; PS
auf allen Straßen, Sachb. 64, 80 (auch
ung., estn.); Lockende Pole 66, 80; Vom
Kahleberg zum Fichtelberg, Rep. 66, 75;
Insel Rügen 67; Wunderwelt der Luft,
Sachb. 67, 75; Der Januskopf. Leben u.
Wirken d. Physikochemikers u. Nobel-
preisträgers Fritz Haber 69; Stählerne
Welt 71; Von Plauen zum Kapellenberg,
Rep. 71, 77; Karl-Marx-Stadt, Bildb. 74,
80; Vorstoß ins Innere der Erde, Sachb.
80 (auch poln.); Geburt d. Technik,
Sachb. 83; Vom Meer u. Haff u. stillen
Winkeln, Rep. 83.
MA: Geschichten ohne Ende, Rep. 71;
Reiseverführer Sachsen, Rep. 74, 76.
H: Dichtermärchen der Weltliteratur I
(Merkwürdige Nachricht von einem
andern Stern. Hesse, Tolstoi, Wilde) 49.
F: Rund um den Fichtelberg 72.
R: Wilhelm Busch; Alexander
Puschkin, u.a. Hsp.

Wille, Käthe, fr. Jugendleiterin u.
Gemeindeamtsleiterin a.D.; ADA 82,
Christl. Autorinnengr. 82; Pr. im
Wettbewerb "Das Leben im Alter" 79;
Leopold Krawinkel Str. 5 b, D-5275
Bergneustadt 1, Tel. (02261) 43736
(Bergneustadt 24.9.22). Roman, Lyrik.
V: Bilanz am Wochenende, R. 76;
Tautropfen vom Wasser d. Lebens 83.
MA: Solange Ihr das Licht habt 77;
Kurzgeschn. u. G. in: Prosa + Poesie 77;
Heimat 80; Lyrik heute 81; Doch d. Rose
ist mehr 81; Meines Herzens Freude u.
Trost 81; Das Rassepferd 81; Gauke-Jb.
83, alles Anth.

Willeuthner, Georg, Pressereferent;
Dt. Jgdb.-Preis 53; Waxensteinstr. 5, D-
8900 Augsburg 1, Tel. (0821) 61763
(Augsburg 21.11.28). Erzählung, Lyrik,
Essay, Jugendbuch, Hörspiel.
V: Antwort der Frühe, G. 50; Das
Inseldorf, Jgdb. 57; Wüste, Mohn,

Delphin, G. 65; Habichte im Schnee, R.
71; Blumen aus Marmor, Reiseb. 77.
H: die junge reihe 51. — **MH:** Das
Literarische Forum 48; Südbayerische
Heimatfahrt 55 — 66; Autowandern in
Südbayern 75.
R: Die nie allein sind, Hsp. 56.

Willing, Martin; Eichendorffstr. 42, D-
4178 Kevelaer-Winnekendonk.
V: Das Bild der Frau M., R. 80; Die
Blinden in Platons Höhle, Krim.-R. 81.
( )

Willinger, Martha (Ps. Hanni John),
Fachoberinspektor des Amtes d. NdÖst.
Ldesregierung; NdÖst. Bildungs- u.
Heimatwerk seit 77; Gr. Ehrendipl. f.
schriftstell. Arbeiten v. Wiener
Tierschutzver. 70; Schlösselgasse 17/III/
23, A-1080 Wien (Wien 14.10.28). Lyrik,
Roman, Novelle, Essay, Hörspiel.
V: Der Mensch als Vieh. Kleine
Bosheiten, G. 55; Karl Heinrich Waggerl
— ein 60er, Prosa u. Lyr. 57; Es dauert
nur ein Jahr, R. 69; Untern Nußbam
tramt, Mdag. in ndöst. Mda. 80.
H: Kremser Lyrik-Bl. seit 82.

Willinsky, Grete, s. Märker,
Margarete.

Willke, Ruth, s. Rose, Ruth.

Willkomm, Elke; Wilhelm-Zieren-
berg-Str. 22a, DDR-7500 Cottbus.
V: Mit Feuer und Schwert, Erz. 73, 80;
Das Mirakel v. Bernsdorf, histor. R. 77,
82; Der fingerkleine Kobold 78. ( )

Willmann, Hans-Frieder (Ps. Fred
Wiesen), Verlagsleiter, Redakteur;
Plieninger Str. 150, D-7000 Stuttgart 80,
Tel. (0711) 7205977 od. 980 (Neustadt b.
Waiblingen 19.6. 22). Roman, Drama,
Hörspiel, Jugendbuch, Essay.
V: I. F. C. Muck, R. 49; Phrasen, Sch.
50; Signorina, R. 58, 68; Der Dicke, Jgdb.
58, 67; Freche Gedanken, Ess. 62, 65;
Milchmann Brumm, Jgdb. 63, 68; Judas
Ischariot, Dr. 64, 68; Jud Süß, Dr. 77. —
MV: Stuttgart, wie es schreibt und ißt,
Ess. 65.
R: Die Geheimen; Schuldlos; Phrasen;
Der Rekord; Fragmente eines Unter-
gangs; Sieben kleine Haremsfrauen;
Eine Stadt wird erobert, alles Hsp.

Willms, Hans-Ulrich, Pater, Theologe,
Ordenspriester; Kloster Arnstein, D-
5409 Obernhof/Lahn, Tel. (02604) 4831
(Kalenborn, Kr. Cochem 17.9.43).
Lebenshilfe.
V: Wenn Du willst ... 73, 75; Was zählt
74; Die Liebe leben 75; Abenteuer Liebe
— Wege zum Glück 76; Leben ... 78; Weil
Du bei mir bist 80.

MA: Mitte allen Lebens 74; Gottes-
wort im Kirchenjahr 79, 80; Herz-Jesu-
Verehrung in Verkündigung u.
Katechese 81; Gotteswort im
Kirchenjahr 81, 82, 83.

Willms, Wilhelm Kaspar; Kirchberg 9,
D-5138 Heinsberg, Tel. (02452) 3645.
V: der geerdete himmel 74, 79; das
kind im nacken 73; roter faden glück,
lichtblicke 74, 79; An die Wand
geschrieben 75; Aus der Luft gegriffen
76, 78; Kevelaerer Kredo 76; Von Perle
zu Perle, Rosenkranz als Schrittmacher
78; Mit Gott im Spiel; Lichtbrechung,
geistl. Lyr.
R: Requiem f. einen reichen Jüngling
(Franz v. Assisi), Hsp.; Wir Mauern
Jericho, Hsp.

Wills, Franz Hermann (Ps. Peter
Heemskerk), Dozent i.R., Graphiker,
Fachschriftsteller; Wittekindstr. 83, D-
1000 Berlin 42, Tel. (030) 7535116
(Solingen 16.2.03). Sachbuch, Novelle,
Lyrik, Reisebericht, Jugendbuch.
V: Reisebilder aus Dalmatien 45, 46;
Aussaat und Ernte, G. 46; Knospen im
Morgenwind, Nn. 46, 48; Die Kinder vom
Maru-See, Jgdb. 48, 50; Vom Layout
hängt die Wirkung ab 57, 60, u.d.T.: Das
wirksame Layout 65 (auch engl. u.
poln.); Das Auge kauft mit 60; Bild-
marken Wortmarken 68; Schrift und
Zeichen der Völker 77.
MA: Der Mensch 83 X.

von Wilmersdorff, Wolfram,
s. Wagmuth, Wolfram.

Wilms, Bernhard, Bezirksleiter; VS
70; Ruwerstr. 14, D-6670 St. Ingbert, Tel.
(06894) 5589 (Duisburg 29.11.16).
Jugendbuch, Roman, Hörspiel.
V: Die Grotte von Marina Grande,
Jgdb. 55, 73; Der Mann aus Bari, Jgdb.
60; Die Spur führt nach Süden, Jgdb. 67;
Die gefährliche Liebe des Fischer-
mädchens, R. 71; Napoleons Schatzschiff, Jgdb. 73; Flötenblas, R. 77 (auch
serbo-kroat.).
R: Pioniere der Luftfahrt, Hsp. 60.
Lit: Lexikon d. Jugendschriftsteller in
dt. Spr; 150 Jahre Stadt St. Ingbert.

Wilson, Gabriele, Sprachtherapeutin;
Kolumbusstr. 34, D-8000 München 90,
Tel. (089) 6518694 (Brühl b. Köln 23.2.30).
Erzählung, Lyrik, Essay.
V: Sarah 82.
MA: Fritz-Möser-Kal. 77; Ess. in
versch. Zss. 68-77.

Wiltsch, Hans, Übersetzer,
Dolmetscher; SDA 54, SV-DDR 56;
Mendelssohn-Bartholdy-Str. 15, DDR-

1502 Potsdam-Babelsberg (Berlin 8.7.28).
Ue: S, Port, E.

Ue: Jorge Amado: Jubiaba 50; F. R.
Velarde: Socavones de Angustia u.d.T.:
Stollen der Angst 51; Carlos Luis Fallas:
Marcos Ramírez 55; Joaquín Gutiérrez:
Cocori 56; Ramón Amaya-Amador:
Amanecer u.d.T.: Morgendämmerung 56,
Prisión Verde u.d.T.: Das grüne
Gefängnis 58, Constructores u.d.T.: Auf-
stand in Tegucigalpa 62. ( )

Wilutzky, Ingeborg; SDA 47, Berliner
Autorenvereinig. im B.A. (Gründungs-
mitgl.), Verband Dt. Kritiker; Bundes-
verdienstkreuz a. Bande; Calvinstr. 19,
D-1000 Berlin 21, Tel. (030) 3915933 u.
3958041 (Berlin 12.7.16). Jugendbuch,
Kinderfunk, Unterhaltungsroman,
Kurzgeschichte, Essay, Buchrezension.
Ue: E.

V: Von Elfen und Zwergen 47, Bü. 82;
Lolo, Mädchen-Erz. 47; Monika und
Dieter 48. — **MV:** Jugendkurz-
erzählungen im Onkel-Tobias-Kinder-
kalender 56, 57, 58, 60; Beitr. in:
Konservativ heute 73 — 76; Beitr. in Zss.
bis 80.

R: Die Wette, Erz. 54.

Wim-Wim, s. Schmitt, Wilkar.

Wimmer, Karl (Ps. Tallo Tallindo),
Betriebswirt; VS, ADA, IGdA; LITTERA
79; Karwendelstr. 47, D-8000
München 70, Tel. (089) 766043. Lyrik,
Erzählung, Sachartikel, Essay, Roman,
Sachbuch, Reisebuch.

V: Jugendsehnen, G. u. Kurzgeschn.
76; Unter uns 77; Herzlosigkeiten, G. 79.

H: Angela Zamora: Blumen für die
Liebe, G. u. Erzn. 82.

Wimmer, Maria, c/o Rowohlt-Verl.,
Reinbek.

V: Wer Tränen abwischt, macht sich
die Hände naß, Erz. 83. ( )

Wimmer, Paul, Dr. phil., Prof.; P.E.N.,
Gen-Sekr. Ö.S.V., Die Kogge; Preis d. Dr.
Theodor Körner-Stiftungsfonds 58,
Preis d. Kunstfonds d. Zentralsparkasse
d. Stadt Wien 63, Förder.-Pr. d. Stadt
Wien f. Lit. 70, Verleih d. Prof.-Titels 82;
Schriftf. Wiener Goethe-Vereins, Gen-
Sekr. Grillparzer-Ges., Ges. d. Wiener
Theaterforsch., Vorst.mitgl.
Arb.gemeinsch. f. Kunst u. Wiss., Wiss.
Beir. Int. Lenau-Ges., Verenig. van
Vlaamse Letterkundigen; Krongasse 3,
A-1050 Wien, Tel. (0222) 5629534 (Wien
18.4.29). Lyrik, Essay, Hörspiel, Kritik,
Prosa. **Ue:** E, Fläm, H.

V: Unterwegs, G. 63; Der Dichter in
der technischen Welt, Ess. 68; Franz

Werfels dramatische Sendung 73; Wegweiser durch die Literatur Tirols seit
1945 78; Neuer Romanführer. Das 20. Jh.
80; Der Dramatiker Franz Theod.
Csokor 81.

MA: Lexikon der Weltliteratur im 20.
Jahrhundert 60/61 II; Kleines Lexikon
der Weltliteratur 180/81 64; Reallexikon
der deutschen Literaturgeschichte; —
Das zeitlose Wort, Anth. öst. Lyrik v.
Peter Altenberg bis zur Gegenwart 64;
Die Barke, Anth.; Lebendige Stadt,
Anth. 62; Brennpunkte VII; Zur
spirituellen Poesie 71; Goethe in der
Sicht des zwanzigsten Jahrhunderts,
Abhandl. in: Jb. d. Wiener Goethe
Vereins, Band 72 69; Burgenländische
Motive und Elemente bei Heimito von
Doderer in: Begegnung mit dem
Burgenland 71; Beitr. in: Wort in der
Zeit, Lit. u. Kritik, d. Furche, d. Presse,
Morgen, u.a.; Grillparzer in der Sicht d.
20. Jh. in: Jb. d. Grillparzer-Ges. 73;
Friedrich Rochlitz, in: Jb. des Wr.
Goethe-Vereins 72; Elemente
evokatischer Zeit- und Gesellschafts-
kritik im frühen Romanwerk von
Rudolf Henz, in: Festschrift für Henz,
hg. v. Suchy 77; Deutsche Exilliteratur
seit 1933 (Kalifornien), hg. v. J. M.
Spalek u. J. Strelka 76; Plädoyer für
Hermann Grab. In: Weisheit der Heiter-
keit 78.

H: Jb. d. Grillparzer-Ges. IV 65;
Fährten, Anth. österr. Dicht. 72; Oskar
Maurus Fontana, Theaterkritiken 1909
— 67 76; Zuneigung 79, Abend 79,
Katzen 79, Liebe 79, Wein 79, Frühling
79, Reisen 79, Freundschaft 79, Pferde
79, Blumen 79, alle in: R. Kostbarkeiten
der Lebensfreude; Im Innern seines
Hauses ist selbst der Bettler König. Alte
persische Weisheit 80; Es wissen die
Löwen, wem sie dienen. Weisheit aus
dem Alten Rom 80; Liebe und Rauch
lassen sich nicht verbergen. Esprit aus
dem alten Frankreich 80; Unser Leben
ist nur Träumen. Weisheit aus dem
Alten Spanien 80; Des Weisen Mund ist
in seinem Herzen. Weisheit aus d.
Türkei 80; Mit Tau läßt sich kein
Brunnen füllen. Weish. aus d. Alten
Ägypten 81; Wo du stehst, grab tief
hinein. Ein Nietzsche-Brevier 81; Liebe
allein ist der Liebe wert. Weish. d.
Barock-Zeit 81; Kein Wesen kann zu
nichts zerfallen. Ein Goethe-Brevier 81;
Der Tag schöpft Atem aus d. Nacht.
Weish. aus d. Alten Mexiko 82; Neue
Gedichte aus Öst, Anth. 82. — **MH:** Jb. d.
Grillparzer-Ges. III 60; Aufruf zur
Wende, Anth. neuer Dichtung 65; Max

Roden. Wort und Bild, Aphorismen und Aufzeichnungen 66.
R: Zahlr. lit. Hörfolgen, u.a. üb. Heine, Maeterlinck, Felix Braun, Franz Werfel, Faulkner, Hamsun, Voltaire, Henz, Karl Kraus, W. Blake, Charles De Coster, Lernet-Holenia; Rundfunkmanuskripte über: Die Philosophie Henri Bergsons, Martin Buber, Sartre, Spengler; zahlr. Dramatisier. v. Erz. f. d. R., u.a.: Ein alter Brief, nach Joh. Urzidil; Spangenberg, nach Alex. Lernet-Holenia; Wie der alte Timofei singend starb, nach Rilke; Die Madonna der Fische, nach Timmermanns; Der Sternenschiffer, nach Felix Braun; Buchhalter Gottes, nach Heinz Risse; Die Herzogin von Albanera, nach Joh. Urzidil, Hsp.; Als sei es schon Zeit, Hsp. 71; Hsp.fassung von: Franz Werfel: Das Reich Gottes in Böhmen; H. R. Nack u. Max Brod: Die Opuntie; Franz Th. Csokor: Kalypso.
Ue: Herwig Hensen: Das Wort Freiheit klingt so schön, Spiel üb. die franz. Revolution 65; Raymond Brulez: Die schöne Schläferin, Sch.; Die Beste der Welten, Sch.; Flämische Lyrik, Anth. 70; Der zeitgenössische Roman in Belgien 71; Andries Poppe: Zweite Tür rechts, Hsp. 72; Hubert Lampo: Gelöbnis an Rachel, R. 76; Hugo Claus: Freitag, Sch. 79; Ein Adler brütet keine Tauben aus, Weish. d. Flamen 81; Sag dein Geheimnis nicht d. Wind, Weish. aus Japan 80.

Windecker, Wolfgang A., Dipl.-Hdl., StudR.; Zur Wulfskammer 14, D-3220 Alfeld O.T. Gerzen, Tel. (05181) 1606 (Frankfurt a.M. 25.12.49). Erzählung, Lyrik.
V: Damals in Frankfurt, Erzn. 80.
MA: Das Bürgerbuch, Erzn. 81; Autoren-Werkstatt I, Erzn., Lyr. 82.

Windhager, Juliane, Prof.; Österr. P.E.N., Ö.S.V. 70, Die Kogge 70; Georg Trakl-Preis 57, Österr. Staatspr. f. Hörspiele 64, Silberner Heine-Taler Hamburg 66, Boga Tinti-Pr. 69, Erster Hörspielpreis Klagenfurt 69, Stipendium der Schiller-Stiftung, Ascona 77, Verleih. des Prof.titels, Wien 78; Robert Munzstr. 9, A-5020 Salzburg, Tel. (0662) 339393 (Bad Ischl 12.10.12). Lyrik, Hörspiel, Kurzgeschichte. **Ue:** E, F.
V: Der Friedtäter, R. 48; Der linke Engel, G. 59; Die Disteltreppe, G. 60; Staubflocken, zwei Hörspiele 65; Talstation, G. 67; Schnee-Erwartung, G. 79. — **MV:** Österreichische Lyrik nach 1945.

R: Staubflocken, Hsp. 65; Bahnhof ohne Namen, Hsp. 66; Ein Schluck Lethe, Hsp. 69; Muscheltag, Hsp. 71; Geburtstagsmorgen 72; Sandstein 74; Viernadelgasse 75; Kaffeestunde 81, alles Hsp.

Windisch, Konrad, Prokurist, Freier Mitarbeiter b. ORF (Öst. Rdfk) u. Hess. Rdfk; Schles. Lit.pr. d. Jugend 78, Paula Grogger-Pr. 81; Dichterkr. Offenhausen; Wattg. 3/12, A-1160 Wien (Wien 21.8.32). Lyrik, Essay, Roman, Novelle.
V: Gefängnislieder, G. 66; Ob Gott die Stille ist?, G. 68, 71; Revolution der Satten, Ess. 68, 70; Steine im Strom, G. 70; National 70, Ess. 70; Das Spiel vom Herren und seinen Knechten, Lyrik 71; Sie nennen es Liebe, Lyrik 72; Der Tag des gelben Falters, R. 76; Der Senkrechtstarter u.a. Kurzgeschn. 75; Und heute schrieb der Wind mir einen Brief, G. 77; Schwedische Lyrik aus diesem Jahrhundert, Vortrag 75; Vier Zeiten hat der lebendige Wald, Weihnachtsg. 74; Als man sich auf Weihnachten noch freuen konnte, Gesch. 78; Der Mensch Stolzner, Kurzgesch. 79; Anweisungen für ihr Verhalten, Rundfunktexte 79; Notizen zum Lebenslauf eines Senkrechtstarters, Gesch. 79; Im Torbogen zur Einsamkeit, G. 80; Zeitig beginnen die Märchen, Weihn.geschn. 80; Ein Brief zu Weihnachten, Weihn.-gesch. 81; Das Königreich d. Stille, Bildbd 81; Ein Osterspaziergang durch Wien 82; Erinnerungen an e. Sommer, Geschn. 82.
S: Der Zeit ins Gesicht 71; Die Hetzrede u.a. Kurzgeschn.; Warum schreibt mir der Wind nie einen Brief? G.

Windmüller, Ilse, s. Ploog, Ilse.

Winfried, s. Völkl, Robert.

Wingert, Heiner, s. Bemme-Wingert, Heinz.

Winheller, Charlotte, s. Franke, Charlotte.

Winiewicz, s. Winiewicz-Lefèvre, Lida.

Winiewicz-Lefèvre, Lida (Ps. Winiewicz); Ö.S.V. 59, P.E.N.; 1. Preis d. Dramenwettbew. d. Theaters der Courage 60, Fernsehpreis der Österreichischen Volksbildung f. d. TV-Serie "Elternschule" 73, Adolf-Grimme-Fernsehpreis für die TV-Serie: Reden und Reden lassen 76, Wilhelmine-Lübke-Pr. 79, Dt. Industriefilmpr. 79; Schönlaterngasse 11/19, A-1010 Wien, Tel. (0222) 522126 (Wien 17.3.28). Drama, Fernsehspiel. **Ue:** E, F, I, S.

V: Das Leben meines Bruders, Sch.
60; Regenzauber, Kom. 61; Ehe oder
Liebe 70; Das Zimmer, Theaterst. 77. —
MV: Die Flucht, m. E. Waldbrunn 65.
B: Offenbach: Pariser Leben, dt.
Neufass.
R: Hautevolée 62; Die Wohnung 64;
Das Leben meines Bruders 66; Der Fall
Bohr 67; Auf den Spuren der Staufer 68;
Blaue Blüten 69; Der Tag des Krähen-
flügels 70, alles Fsp; Hans und Lene, Fs.-
Serie 76/77; Warum Christen glauben,
Fs.-Serie; Unsere Schule, Fs.-Serie.
S: (MV): Die Flucht, m. Ernst Wald-
brunn 65.
Ue: Georgette Heyer: Der schweig-
same Gentleman 55; Armando Meoni:
Das Mädchen aus der Fabrik 55; Francis
Stuart: Good friday's daughter u.d.T.:
Karfreitag nach Ostern 56; Daniele
Varè: Palma 56; Colette: Claudine 57 IV;
Andras Laszlo: Mein Onkel Jacinto 57,
Donde los vientos duermen u.d.T.: Die
Mutter meines Sohnes 58; Cronin:
Northern Light u.d.T.: Das Licht 58; E.
Hamilton: Simon 58; M. Bellonci:
Vincenzo Gonzaga u.d.T.: Der Liebeshof;
Graham Greene: Unser Mann in
Havanna 59, Ein ausgebrannter Fall 61;
Max Shulman: Rally round the flag,
boys! u.d.T.: Männer, Mädchen und
Raketen 60, Ich war ein teenage-
Casanova 61; Thomas Armstrong: König
Cotton 60; E. Dundy: The dud avocado
u.d.T.: Eine Amerikanerin in Paris 60;
Genevieve Dormann: La Fanfarenne
u.d.T.: Das gläserne Herz 60; Paul
Hériat: Familienglück 61; Claude
Santelli: Lope de Vega, Sch. 61; J. P.
Giraudoux: Der böse Zauber 62; J. L. de
Vil-alonga: L'homme de plaisir u.d.T.:
Ein Playboy in Paris 62; Rosemary
Timperley: The velvet smile u.d.T.: Spiel
im Nebel; Moravia: Der Ungehorsam 64,
L'Attenzione u.d.T.: Inzest 66; Th.
Middleton: The Changeling u.d.T.: Zufall
67; R. Linney: The Sorrows of Frederick
u.d.T.: Armer alter Fritz 68; Colin
Spencer: Sphinx Mother u.d.T.: Matrix
69; Th. Middleton: Woman beware
women u.d.T.: Frauen fürchten Frauen
71.

Winiger, Adolf, Buchbinder;
Schweizer Autorengruppe Olten 74;
Anerkenn.-pr. Berner Heimatschutz-
Theater 72, Kt. Zürich 73, Stiftung Pro
Arte Bern 76, Stadt Luzern 77;
Eichenstr. 4, CH-6015 Reussbühl bei
Luzern, Tel. (041) 550657 (Horw/LU.
1.1.39). Drama, Lyrik, Hörspiel, Kurzge-
schichte, Lieder, Jugenderzählungen,

Übersetzungen u. Bearbeitungen v. Hör-
spielen.
V: En Strolch im Dorf, Volkstheater
68; weso ächt, Mundartged. 75; redet
sand - träumt wasser, G. 76; üsi wält,
Mda.-G. 78; Mars Mönsche, Volkstheater
79; Das Geheimnis des Briefkastens,
Jgderz. 80; De glych Ring, Volkstheater
80; Verzell de Chind Gschichtli, Jgderz.
80; Gheimnis, Volkstheater 83.
R: Der Neu, Mundarthsp. 73, 80;
Wienachte entgäge, Mundarthsp. 76, 77;
Stalin Panzer, Mundarthsp. 80, 82; Mit-
Mönsche, Mda.hsp. 81.

Winkel, Marie, Gymnasiallehrerin,
Hausfrau; Alte Poststr. 26, D-5559 Kenn,
Tel. (06502) 5674 (Saarbrücken 8.9.48).
Prosa
V: Die Kur. Ein Prosaik 81.

Winkelhog, Christian (Ps. Martin
Maller), Dr. jur., RA., Betriebsberater;
Moselallee 7, D-5402 Treis/Mosel
(Merten/Bonn 4.1.10). Roman.
V: Die Fahrt gegen das Ende, Erlebn.
aus d. Partisanenkämpfen im Balkan
nach Tagebuchaufzeichn. 61 — 64 III. ( )

Winkelmann, Jürgen, Student;
Delbrücker Str. 2, D-4800 Bielefeld 14
(Gadderbaum 1.8.58). Lyrik.
V: Gedichte 81, 3.Aufl. 82.

Winkler, Franz *

Winkler, Gerhard; Krumperstr. 1, D-
8060 Dachau, Tel. (08131) 13972.
V: Grüne Männchen in Dingharting u.
weit. lustige Begebenheiten zw. Kragl-
fing u. Dingharting 78.

Winkler, Hans-Jürgen (Ps. Jürgen
Conradt, Jürgen Milberts, Clemens
Wolthens), Journalist, Schriftsteller;
Grassingerstr. 1, D-8051 Allershausen,
Tel. (08166) 513 u. (089) 3830-250
(Königsberg 25.2.23). Sachbuch.
V: Jazz für Jedermann 61; Louis
Armstrong 62; Fußball 1962 62; Oper
und Ballett 64; Olympia 1964 64; Brief-
ratgeber 64; Keine Angst vor harten
Nüssen 64, 83; Oper und Operette 65;
Mein Kind ein Wunschkind 65; Fußball
66 66; Flitzi. Ein Fußballknirps wird
Nationalspieler 66; Jetzt weiß ich alles
über Sport 68; Franz Beckenbauer, das
deutsche Fußballwunder 69; Triumph
und Tragödie des Sports 69; Uwe vor,
noch ein Tor. Seine Spiele, seine Tore
69; Wintersport A — Z 69; Gesucht und
gefunden 70; Taschenlexikon des Sports
71; Ein Bonmot zur rechten Zeit,
Anekdn. 71; Motoren erobern den Erdball 72; Hochzeitszeitungen 72; Sport-
Quiz 72; Eselsbrücken 72; Kinder-

gedichte zur Hochzeit 73; Der große Rätselknacker 73; Steine, Mineralien, Kristalle suchen 76; Taschenbuch des Sports 77; Abc der Sportbegriffe 77; Mineralien, Steine, Fossilien 78; Pferderennen und Wetten 79; Hochzeits- und Bierzeitungen 80; Sport von A-Z 81; Sportspiele 81; Camping-Reiseführer Kärnten 83.
MA: Deutschland gestern und heute 62; Mehr Erfolg in Schule und Beruf 78; Neues Großes Rätsel-Wörterbuch 78.
Ue: Frankreich - ein Porträt in Farben 63; Geheimagent Lennet und die Saboteure 68.

Winkler, Hedwig-Maria (Ps. Jadwiga Winkler), Schriftstellerin; VS Bad.-Württ.; Jürgensenstr. 32, D-7400 Tübingen 1, Tel. (07071) 81456 (Esslingen 17.12.10). Lyrik, Erzählung, Biographie, Essay.
V: Stufen des Lebens, Lyr. 71; Reifendes Sein, Lyr. 74; Lichtspur d. Liebe, Biogr. 81.
MA: 2 X 1 = 1, G. 74; Geh schlafen mein Herz, G. 75; Um den Abend, G. 76; Atempause, G. 77, 82; Wege der Stille 77, 79; ... und Dich wirken lassen, Erz. 78; R. G. 79; Du bist der Herr, G. 80; Suchet d. Freude, G. 81.
MH: Immer wieder geht die Nacht zu Ende, Brevier 75, 78; Woher? Wohin? Was ist der Sinn?, Anth. 76; Geschenk der Stille, Anth. 77.
R: Erinnerung an einen Schimpansen, Erz. 54; "Mouche" Geschichte einer Inderin, Erz. 55.

Winkler, Heinz, Ing. f. Holztechnik, Revierförster a. D.; Pettenkoferstr. 23, DDR-7152 Böhlitz-Ehrenberg, Tel. Leipzig 43596 (Leipzig 24.4.26). Novelle.
V: Die Grimbarts und andere Jagdgeschichten 55.
F: Wald und Wild 55.

Winkler, Herbert (Ps. Dr. Frosch), Dr. phil., Prof.; FDA; Charlottenstr. 120, D-7410 Reutlingen, Tel. (07121) 42184 (Halle/S. 28.2.00). Lyrik, Essay. **Ue:** F.
V: Der Wunderwert von Seifenblasen, heit. Lyrik 62; Wegewarten, Lyrik 73; Vom Teichrand des Lebens, heit. Lyrik 74, 75; Ach, du liebe Zeit! heit. Lyrik 75; Aus Menschen werde einer klug! heit. Lyrik 76; Aus dem vergnügten Sumpf, heit. Lyrik 78; Moral und Morast, heit. Lyrik 80; Späte Serenaden in Dur u. Moll, heit. Lyr. 81; Neunte Sümphonie, heit. Lyr. 82.
MA: Verse der Lebenden; Jb. dt. Dichtung 81.

Winkler, Jadwiga, s. Winkler, Hedwig-Maria.

Winkler, Johannes, s. Wallner, Christian.

Winkler, Josef, Student; GAV 80; Österr. Staatsstip. f. Lit. 79, Pr. d. Jury z. Ingeborg-Bachmann-Pr. 79, Halbjähr. Berlin-Stip. 80, Anton Wildgans-Pr. 80; Kamering 12, A-9711 Paternion (Kamering bei Paternion, Kärnten 3.3.53). Roman.
V: Menschenkind, R. 79; Der Ackermann aus Kärnten, R. 80; Muttersprache, R. 82.
H: Hans Henny Jahnn: Die Nacht aus Blei 80 (Nachw.).

Winkler, Konrad; P.E.N. 54; Schubart-Lit.-Preis 64; Heidelberger Str. 15, D-6921 Angelbachtal-Eichtersheim, Tel. (07265) 8294 (Meerane 25.8.18). Lyrik, Novelle, Essay, Hörspiel, Drama.
V: Johann Joachim Eschenburg und die deutsche Literatur 48; Begegnung, N. 50; Das Feuer fällt, N. 51; Der Träumer, R. 52; Licht aus Savoyen, Sch. 53; Musica Viva, G. 53; Gedichte 54; Das Wasser ist viel zu tief, R. 54; Der Richter von Charleston, Sch. 55; El Alamein, R. 56; Friedenstag in Theben, Sch. 58; Windstille in Aulis, Sch. 59; Kranichfedern, Erz. 60; Sommertag mit Daniele, N. 61; Maskenfest mit Don Juan, R. 62; Das schwarze Licht, R. 63; Die Uhr, Erz. 64; Requiem für Abel, Erz. 64; Der Lampiongarten, G. 65; Die Protokolle des Ikarus, R. 68; Walldorf. Stadt zwischen Wäldern, Stadtgesch. 69; Hölderlin. Abschied von einem Klischee, Ess. 70; Das Dichterische in dieser Zeit: Bertold Brecht, Ess. 71; Robinson zwischen den Kriegen, d. Autor des Simplicissimus-Romans, Ess. 72; Welt — Geist: Geist — Welt; Alfred Mombert, ein Beisp., Ess. 73; Lamento, G. 73; Kurpfälzer Skizzen 74; Frau und Literatur, Ess. 75; Mein anderes Leben, autobiogr. Sk. 78; Requiem für Abel, Erz. 79; Undine, Erz. 79; Heidekraut, Erz. 81; Goethes Vollendung, Ess. 81; Orpheus, Erz. 81; Die Schatulle, Erz. 82; Entscheidung, Erz. 82; Prosa-Skizzen 83; Distel-Grund, G. 83.
R: Jeremia, Hsp.; Keiner kommt zurück, Hsp.; Kein Pardon für Hölzerlips, Hsp.; Räuber am Rhein, Hsp. 63; Monsieur Liberté, Hsp. 64.

Winkler, Siegfried *

Winkler, Tilman, s. Wolf, Christian T..

Winkler-Sölm geb. Mosel, Oly (Ps. Oly Sölm); VS; Hugo-Fischer-Weg 9a, D-7580

Bühl/Bad., Tel. (07223) 22390 (Chemnitz 25.3.09). Roman, Rundfunk.

V: Frau am Kreuzweg, R. 37; Unruhig Herz, R. 38; Rainer Maria Rilke, Biogr. 46; Die Kunst aber ist ewig, R. 46; Und alles kam anders, R. 52; Annagrets Seifenkistenrennen, Jgdb. 52; Das Drei-drittel-Ferienkind, Jgdb. 52; Das vergessene Herz, R. 53; Es bleibt uns nicht viel Zeit, R. 53; Ein Stern verblich, R. 54; Eine Frau sucht das Glück, R. 54; Wen das Glück liebt, R. 55; Seit jenem Tag in Rom, R. 56; Schicksalsreise nach Paris, R. 56; Das Mädchen aus Lugano, R. 57; Ein Mädchen namens Marion, R. 65; Blick durch fremdes Fenster, R. 65; zahlr. Unterh.-R. seit 66, u.a.: Lichter, R. 67; Ein wenig Zeit, R. 75; Das neue Gesicht, R. 76; Monika, R. 76; Zw. Leben u. Tod, R. 79; Ein folgenschwerer Entschluß, R. 82; Das Geschenk, R. 82.

R: Rainer Maria Rilke; Der kann dein Freund nicht sein (Fr. Rückert); Eine Frau im Kriege; Glücklich sein heißt Opfer bringen (Humboldt und von Bülow); Ewige Mutter, u.a. Hsp.; 25 Sdgn um Rainer M. Rilke; insbes. üb. 200 Rdfk-Sdgn.

Winrich, Hilde B., s. Rubinstein, Hilde.

Winter, Günther, Dr.Ing., freiberufl. tät. Elektroingenieur; Kr. f. Lit. im Südtiroler Künstlerbd. seit 76; Ober-planitzing 21, I-39052 Kaltern, Tel. (0471) 51138 (Bozen 7.12.37). Lyrik, Kurzgeschichten.

V: Spiel am Horizont, G. 72; Traumspirale, G. 80.

MA: Alm. 3 f. Lit. u. Theol. 69; Neue Literatur aus Südtirol 70; Worte zum Tage 73; Südtirol erzählt 79.

Lit: Wegweiser durch d. Lit. Tirols seit 1945 in: Bd. XV d. Reihe „Brennpunkte" 78.

Winter, Gunild Regine, s. Feigenwinter, Gunild.

Winter, Irmgard (Ps. Irmgard Goetze); Handjerystr. 29, D-1000 Berlin 41, Tel. (030) 8519472 (Alsbach a.d. Bergstr. 29.9.18). Lyrik, Erzählung.

V: Der Innere Weg, G. 81; Bei Großmutter — Szenen einer Kindheit, Erz. 82.

Winter, M. Ingelore; Dt. Schillerges.; auf dem Brand 16, D-5300 Bonn-Bad Godesberg, Tel. (0228) 313116. Lyrik, Roman, Essay.

V: Bonn in Frack und Schärpe 69; Ihre bürgerliche Hohheit 71; Der Unbe-kannte Adenauer 76; Der Adel 81.

Winter, Thomas R, s. Bernard, Karl.

Winterfeld, Henry (Ps. Henry Gilbert, Manfred Michael, Henry); Authors Guild of the Authors Leage of America 59; Roque Bluffs, Machias, ME 04654/ USA (Hamburg 9.4.01). Kinderbuch, Film.

V: Caius ist ein Dummkopf, Kinderb. 53, 62, Tb. 81 (auch engl., franz., holl., schwed., ital., norw., jap.); Timpetill, Kinderb. 55 (auch engl., franz., holl., ital., norw., schwed., jap.); Kommt ein Mädchen geflogen, Kinderb. 56 (auch engl., holl., ital., franz., jugosl., jap.); Tele-gramm aus Liliput, Kinderb. 58 (auch engl., holl., ital., jap.); Pimmi Pferde-schwanz, Kinderb. 62 (auch franz., ital., holl., jap.); Caius geht ein Licht auf, Kinderb. 69, Tb. 82 (auch engl., holl., norw., ital., jap.); Der letzte der Sekundaner, Kinderb. 71 (auch holl.) Caius in der Klemme, Kinderb. 76; Caius, der Lausbub aus d. alten Rom, alles Abenteuer in 1 Bd. 79, 81.

F: Einer Frau muß man alles verzeihen; Mädchen zum Heiraten; Das Frauenparadies.

Lit: Jugend-Literatur 55, 59; Third book of Junior Authors 72 USA. ( )

Winterstein, Axel, c/o Heyne-Verl., München.

V: Tod in der Dämmerung, Krim.-R. 83. ( )

Winterstein, Florian, s. Schnetz, Wolf Peter.

Winterstein, Lydia, Chef-bibliothekarin; Hanita Str. 52, 32443 Haifa/Israel, Tel. (04) 236775 (Banovce 22.9.22). Novelle, Übers. **Ue:** E, Tsch.

V: Des Teufels Karren 80 (auch engl.).

Wintersteiner geb. Portisch, Marianne, Sportlehrerin, Erzieherin; Kulturpr. für Schrifttum d. Sudetendt. Landsmannschaft 79; Hochleiten 9, D-8372 Lindberg-Zwiesel, Tel. (09922) 1677 (Mährisch-Schönberg 20.2.20). Roman, Kinderbuch, Biographie.

V: Annemone, KinderR. 75; Ehe der Tag begann, Jgd.R. 76; Wen die Stürme fassen, R. 76; Und freundlich lächelt der Morgen, R. 77, Neuaufl. 80; Lach a bißl, Zwiderwurzn, Kurzgesch. 78; Katzengold, R. 80; Die goldenen Brücke, R. 80; Ein Apfel f. Eva, Jgd.R. 80; Im heiteren Stundenschlag, Kurzgesch. 80; Helenenhof, ein Schloß in Mähren, R. 81; Verena u. d. Kardinal, hist. R. 81;

Sabine, Kdb.-Ser. 82; Luthers Frau,
Biogr. 83.
Lit: Vjzs. f. Kultur u. Wissenschaft:
Sudetenland.

Wintgen, Suse, Dipl.-Bibliothekarin
i.R.; Wohnstift Augustinum Mölln, App.
238, Sterleyer Str. 44, D-2410 Mölln/
Lauenb., Tel. (04542) 812238 (Bonn
28.4.10). Jugendbuch.
   V: Die Wunderinsel, Kinder-G. 45, 49;
Rumpumpum, die Eisenbahn, Kinder-G.
45; Der Früchtekorb, Kinder-G. 47; Von
Baum und Blume, Kind und Tier,
Kinder-G. 53.
   H: Das Weihnachtsland 49, 58.

Wintzen, Peter, Lehrer; Denhardstr. 2,
D-4050 Mönchengladbach 4, Tel. (02166)
58976 (Mönchengladbach 7.4.44). Lyrik,
Essay.
   V: Anthropos, G. 73; Hiob, G. 75.
   MA: Der Mensch am Rande der
Gesellschaft 80.

Winzer, Adelhard; Ingolstädter Str. 11,
D-8859 Karlshuld, Tel. (08454) 706
(Karlshuld 12.2.48). Lyrik und
Erzählung.
   V: Für die Brieftauben, G. 78;
Andreas, Erz. 79. — **MV:** Cafe der
Poeten, G., Anth. 80. ( )

Wionzek, Gerhard, Postoberinspektor;
Gélieustr. 6F, D-1000 Berlin 45, Tel. (030)
8343945 (Berlin 23.3.30). Kurzgeschichte,
Roman.
   V: Berliner Geschichten 81.

Wiplinger, Peter Paul, Sekr. d. Ges. d.
Kunstfreunde Wien, Dir. d. Kleinen
Galerie Wien; Öst. Schriftstellerverb. 78,
Österr. P.E.N.-Club 80; Förderungspr. d.
Wiener Kunstfonds 70, Abraham
Woursell-Grant für Lit. and Dram. Res.
New York 75, Theodor Körner Pr. f. Lit.
76, Arb.stip. f. Lit. d. Stadt Linz, d.
Oberöst. Landesreg., d. Bundesmin. f.
Unterr. u. Kunst, d. Julius-Raab-Stift.
u.a.; Literaturkr. PODIUM 80,
MORGEN-Kr. 80, Mühlviertler
Künstlergilde 83, Kulturgemeinsch.
Oberes Mühlviertel 83; Weihburggasse
18-20/32, A-1010 Wien, Tel. (0222)
5208834 (Haslach/Oberöst. 25.6.39).
Lyrik, Prosa, Essay, Hörspiel.
   V: Hoc est enim (denn dies ist), G. 66;
Znaki Časa (Zeitzeichen), G. 74;
Borders/Grenzen, G. 77 (dt.-engl.);
Gitter, G. 81; Abschiede, G. 81.
   R: Das Haus, Hsp. 72.

Wippersberg, W. J. M.,
s. Wippersberger, Walter.

Wippersberger, Walter (Ps. W. J. M.
Wippersberg); Lit.förd.pr. d. Ldes Oböst.

69, Filmförd.pr. d. Stadt Wien 69,
Theodor-Körner-Pr. f. Lit. 70, Österr.
Staatspr. f. Kinderlit. 70, Kinderbuchpr.
d. Stadt Wien 72, Jugendbuchpr. d. Stadt
Wien 76, Dramatikerstip. d. Bdesmin. f.
Unterr. u. Kunst 78, A-4460
Losenstein 235, Tel. (07255) 378 (Steyr/
Oberöst. 4.7.45). Drama, Roman, Essay,
Film, Hörspiel, Kinderbuch.
   V: Jean Pierre der Allererste,
Theaterst. 69; In den Regen, Theaterst.
70; Maghreb oder: Die Erinnerung an
das Leben nach dem Tod, R.; Anna
gegen Anna, Kinderb. 71; Schlafen auf
dem Wind, Jgdb. 71, 72; Der Kater
Konstantin, Kinderb. 73, 79; Flucht-
versuch, Jgdb. 73, 79; Konstantin wird
berühmt, Kinderb. 74, 79; Konstantin
auf Reisen, Kinderb. 75, 79; Augen-
zeugen, Jgdb. 75, 78; In die Traufe,
Theaterst. 75; Opa — Unsere verrückten
Abenteuer, Kinderb. 76; Was haben vom
Leben, Sch. 76; Erik und Roderik,
Kinderb. 77; Herr Sokrates und die
veilchenblaue Dame, Kinderb. 79;
Gegenlicht, R. 79; Es gibt nur einen
Zappo auf d. Welt, Kdb. 81; Ein Anfang
von etwas, R. 82; Name d. Landes:
Azania — Ein Südafrika-Buch, R. 82;
Der Wehrgraben in Steyr, Foto-Buch 82.
   F: Johannes Maria Walddorf, Kurz-
spielf. 67; Of such a stuff as dreams,
Kurzspielf. 68; Impulse 2, Experimentalf.
68; Der Abschied, Kurspielf. 72; Flucht-
versuch, Spielf. 76; Gegenlicht, Spielf. 83.
   R: Epitaph für Marius Koszinski, Fsp.
69; In den Regen, Hsp. u. Fsp. 71; Ge-
spräch über ein Gespräch, Hsp. 72;
Federico: Ein Beispiel, Hsp. 72; Der
Prozeß gegen einen, der sich Francesco
von Assisi nannte, Hsp. 73;
Abweichungen vom Lebenslauf, Hsp. 74;
Goethe live: Ifigenie, Hsp. 74; Wer
Ohren hat, Hsp. 75; Souterrain 75; Ein
glücklicher Unfall 77; Die Frau auf dem
Dach oder: Ein Ende von etwas 78;
Trennung oder: Ein Anfang von etwas
80; Eine Mordgeschichte 81; Schöner
sterben 82; Die von gestern u. der von
heute 83, alles Hsp.

Wirsching, Klemens M. (Ps. Clemens
am Berg), Leit. Angestellter; RSGI 83; In
der Taufe 6/IX, D-5060 Bergisch
Gladbach 1, Tel. (02204) 61848 (Amberg/
Opf. 3.1.30). Lyrik, Aphorismen, Parabel.
   V: kurzgefaßt/vergrößert, G., Haikus,
Aphor. 82; Schneerosen, G., Haikus,
Tankas, Aphor. 83.
   MA: Dreierlei Maß, G., Epigr., Aphor.
83.

Wirth, Daniel, Korrektor; SSV 81;
Radackerstr. 7, CH-8953 Dietikon, Tel.
(01) 7401716 (Zürich 17.9.53). Lyrik.
V: In die Nacht gesagt, G. 81.

Wirth, Gerhard, Dr. phil., UProf.;
Wolkenburgstr. 5, D-5205 Hangelar-
Niederberg (Hüttung b. Hof 9.12.26).
Ue: L, G, E.
V: Procopii Caesariensis opera omnia
62 — 65 IV; Griechische Lyrik 63;
Arriani Nicomedensis Opera omnia 67
II; Alexander der Große, in Selbstzeug-
nissen u. Bilddokumenten 73, 83.
H: Horaz: Episteln (übersetzt v. Chr.
M. Wieland) 63; Cicero, Briefe (übersetzt
v. Mezger).
Ue: Cornelius Nepos: Berühmte
Männer 62; C. Julius Caesar: Die
Bürgerkriege 66.
s. a. Kürschners GK. ( )

Wirth, Günter, Dr. phil., Chefredakteur; Joh.R.-Becher-Journa-
listenpr. 81; Leiblstr. 4, DDR-1193
Berlin, Tel. 2726991 (7.12.29).
V: Jochen Klepper 72; Martin Luther
King 74; Das christliche Menschenbild
bei Böll und Bobrowski 70; Karl Lieb-
knecht über Christentum und Kirche
71; Heinrich Böll, essayist. Studie üb.
relig. u. gesellschaftl. Motive im Prosawerk d. Dichters (poln. 70) dt. 74; Krieg
vor dem Kriege 79; "Die Zeichen d. Zeit"
1947-1979. Zur Gesch. einer Zs. 81; Die
Hauser-Chronik. Gesch. e. Familie 82.
H: Hans Löscher, Bücher vom wahren
Leben 75 II; Johann Valentin Andreae,
Christianopolis 77; Charitas Bischoff,
Amalie Dietrich 77; Herman Anders
Krüger, Gottfried Kämpfer 79; Jochen
Klepper: Der Vater 80; Charitas
Bischoff: Bilder aus meinem Leben
81. — **MH:** Luther u. Luthertum in Ost-
europa 83.

Wirtz, Berta (Ps. Berta Wirtz-
Fliegauf), Hausfrau; Wettbew. "Ältere
Menschen schreiben Geschichte" d.
Landesseniorenrats Bad.-Württ. 77;
Kriegerstr. 3, D-7950 Biberach/Riß, Tel.
(07351) 9549 (Biberach/Riß 26.1.08).
Lyrik, Novelle.
V: In dankbarer Freude, Lyr. 78; ...
und was das Menschsein füllt, Lyr. 78;
Bildnis des Menschen, Lyr. 81.

Wirtz, Gérard, Redakteur, Publizist;
SSV 82, Deutschschweizer. PEN-Zentr.
82; Martinsgasse 18, CH-4051 Basel, Tel.
(061) 250704 (Basel 30.5.50). Novelle,
Essay.
V: Das Picknick, N. f. Kinder 81. —
MV: Der Jahrmarkt, Bilderb. 79; Falz-

cartoons, Bilderb. 80; Coming
Comunities, Ess. 83.

Wirtz, Grit; Luisenstr. 7, D-5110
Alsdorf, Tel. (02404) 21231 (Bochum
13.2.25).
V: Manchmal hat der Alltag Flügel,
Geschn. 81/82.

Wirtz-Fliegauf, Berta, s. Wirtz, Berta.

Wirz, Mario, c/o Schlender-Verl.,
Göttingen.
V: Und Traum zerzaust dein Haar,
Nacht-G. 82. ( )

Wisdorf, Josef; Rothenkruger Str. 2,
D-5000 Köln 30.
V: Der geheime Bund 65; Bleibe bei
uns 66; Muß ein Junge daran scheitern?
66; Gewissensfragen für Jungen II 67;
Gewissensfragen für Mädchen II 67;
Vom Wissen zum Gewissen 67.
H: Der gute Hirt 69; Wir sind einge-
laden, beide Jahrb.; Ministranten-
geschichten 79. ( )

Wismeyer, Heinrich, Domorganist
i.R.; Frauenplatz 12/10, D-8000
München 2, Tel. (089) 220921 (München
17.7.98). Mundartgedicht, Kurzgeschichte.
V: Geschichten um die Orgel 72; Auf
boarisch gsagt 73; Auf guat
münchnerisch 74; A Büachal voi Versal
75, alles Mda.dicht.; Aus dem Papierkorb
meines Lebens, Kurzgeschn. 76; Auf
boarisch meditieren, Mda.-G. 77; Fürs
boar. Gmüat 80; Boar. Weihnacht 80;
Von allhd. Leut 81; Mei Liebe Münchner
Stadt 81; Boar. meditieren II 82.
S: Mundartgedichte 75.

Wisser, Susanne, Mag., AHS-Lehrer;
BEWAG-Literaturpr. 77; Weinberggasse
9, A-7321 Unterfrauenhaid, Tel. (02619)
7245 (St. Corona/Schöpfl, Bez. Baden/
NdÖst. 26.4.43). Novelle, Erzählung,
Hörspiel.
V: Träume, die ich Sibylle entlockt
habe, Erzn. 82.
R: Warum mußt du ausgerechnet
diese Marianne heiraten?; Der starke
Willi und der große Napoleon, beides
Hsp.

von Wistinghausen, Kurt, Pfarrer u.
Schriftleiter; Urachstr. 41, D-7000
Stuttgart 1, Tel. (0711) 267384 (13.5.01).
V: Estland - ferne Welt. E. Jugendweg,
kulturhist.-biogr. Darst. 69, 71; Der neue
Gottesdienst 60, 81; Grundlegung der
Ehe 63; Das neue Bekenntnis 63, 83; Die
erneuerte Taufe 67, 82.
H: R. v. Koschützki: Träume 55; M.
Bauer: Menschentum und Freiheit 71.

Witeschnik, Alexander, Dr. phil., Prof.
h. c.; Ehrenkreuz f. Wiss. u. Kunst 65,
Weinheber-Medaille 74, gold. Ehren-
zeichen f. Verdienste um d. Land Wien
76; Weinheber-Ges., Wildgans-Ges.,
Arnold Krieger-Gemeinde, Geschäftsf.
Vicepräs. d. Wiener Kulturkreises;
Mestrozigasse 7, A-1190 Wien, Tel. (0222)
4759743 (Wien 3.3.09). Essay, Jugend-
roman, Reisebericht, Monographie, Bio-
graphie.
   V: Die Dynastie Strauß 39, 58; Musik
aus Wien 43, 58; Franz Schubert 44;
Schani der Mistbub 53; Wolferl und
Nannerl 54, 81; Wiener Opernkunst 59,
63; Seid umschlungen Millionen,
Reiseber. 60; Diesen Kuß der ganzen
Welt, Reiseber. 62; Alfred Uhl, biogr.
Studie 66; Musizieren geht übers
Probieren oder Viel Harmonie mit
kleinen Dissonanzen. D. Gesch. d.
Wiener Philharmoniker in Anek. u.
Gesch. 67, 82; Die Wiener Sängerknaben
68, 69 (auch jap.); Warten aufs hohe C
oder Eine schöne Leich' mit Koloratur
und Chor, Geschn. z. Gesch. d. Oper 69,
81; Dort wird champagnisiert oder Vom
ruinösen Charme der Operette. Anekd.
u. Geschn. zur Gesch. d. Operette 71;
Musica, du Portion vom Himmel.
Brevier f. Musikfreunde 73, 82 (auch
holl.); Wer ist Wotan?, Wagner und die
Wagnerianer 80; Für Kunst u. Seele ein
mörderisch Vergnügen oder Virtuosen
in d. Anekdote 81; Geht all's recht am
Schnürl. Rich. Strauß in d. Anekd. 83. —
MV: 300 Jahre Wiener Operntheater 53;
Dirigenten, charakterisiert, photo-
graphiert, karikiert 65; Wenn ich so mal'
und denk an nix, Kunst in Anekdn. 75.

Witt, Cornelius (Ps. Cornelis), Dr. sc.
pol.; Buchtallee 14b, D-2057 Reinbek,
Tel. (040) 7226371 (Hamburg 11.4.95).
Lyrik, Erzählung, Essay.
   V: Melancholie, G. 19; Früher Herbst,
G. 33; Der Brand der Kathedrale, Erz.
36; Der Weg zu Dir, G. 47, 57; Wägen und
Wagen, Ess. 50; Aber einige blicken
nach den Sternen, Erz. 52; Kleine
Fische, Anekdn. 53; Hamburger Mosaik
55; Über den Umgang mit Hamburgern,
Pl. 56.
   H: Zum Tagesausklang, dt. Lyrik 47;
Lyrik der Liebe 52; Liebesgedichte
56. — **MH:** Kadenz der Zeit 60;
Hamburger Anthologie, G. 65. ( )

Witt, Rainer, Journalist; VS 81;
Wiesenstr. 60, D-6108 Weiterstadt, Tel.
(06151) 891620 (Darmstadt 8.1.43).
Roman, Essay, Film, Hörspiel, Satire.

   V: Nix für Ungut, Sat. 80; Mord am
Darmbach, Sat. 83.
   B: Lexikon der Vorurteile, m. Stefan
Knorr 82.
   F: Terremoto, Dok.-F. 76; Gang zum
Schafott, Dok.-F. 77; Ameisentod, Dok.-
F. 79.
   R: Grüne Zeiten, Hsp. 83.

Witt, Wolfgang; Uranusweg 9, D-3400
Göttingen.
   V: Traumgesichte, Prosa 79; Wenn
man keinen Drachen hat, Kindergeschn.
81. ( )

Witte, Hedwig, Hausfrau, Weinguts-
Besitzerin; Lit.pr. f. d. beste hess. Volks-
stück 63, Ehrenbrief d. Landes Hessen
77, Das gold. Rieslingblatt d. Rheingauer
Weinbauverb. f. lit. Verd. um d. Rhein-
gauer Wein 80; Weingut Klostermühle,
D-6229 Kiedrich üb. Eltville, Tel. (06123)
5151 (Eltville a.Rh. 5.6.06). Hessische
Mundartdichtung.
   V: Die Hallgartener Jungfer, Volksst.
52; Wie uns de Schnawwel steht 54,
2.Aufl. 78; Hessisch, wie es nicht im
Wörterbuch steht 5.Aufl. 81; Die Traube-
Les' 80; Was gebb eich for mei dumm
Gebabbel 81; Das Wunder im Weinfass
81; E fein Wein'che 82. — **MV:** Wo's
Sträußje hängt, werd ausgeschenkt; Die
vergnügliche Weinprobe.
   MA: Rheinisches Kinderbuch 80;
Hessisch Herzkloppe; Rheinland-Wein-
land; Rheingau-Weinbau; Hessische
Sache 79; Griene Krotze 80; Der
Städtische Weinschenk 82.
   R: verschiedene Mundarthörspiele.

Witte, Horst, Dr.phil.; Friedenstr. 19,
D-7983 Wilhelmsdorf, Tel. (07503) 667
(Braunschweig 6.5.13). Lyrik, Roman.
   V: Bücherwanderung 67; Hörbare
Spuren, G. 78/79.
   H: Eulenflüge I 66, II 69; Flora
academica 68 II.

Witte, Karl-Heinz; Hauptstr. 130, D-
2815 Langwedel.
   V: Gespräche, G. 80, 82. ( )

Witten, Frank, s. Wittmann, Franz.

von Wittenberg, Hans, s. Schmidt,
Uve.

Witter, Ben, Journalist und Schrift-
steller; VS, P.E.N.-Club; Kurzgesch.pr. d.
New York Herald Tribune, Theodor-
Wolff Pr. 68; Freie Akad. d. Künste in
Hamburg; Bismarckstr. 38, D-2000
Hamburg 19, Tel. (040) 406083 (Hamburg
24.1.20). Kurzgeschichte, Essay, Lyrik,
Novelle, Roman, Satire.
   V: Tagebuch eines Müßiggängers 62,
65; Spaziergänge mit Prominenten 69;

Deutschland Deine Ganoven 70;
Nebbich-Löcher im Lachen 70; Ärger-
nisse 71; Schwupp 69; Conny und Pieps
70; Anschel, das Zigeunermädchen 71,
alles Kinderb; Mit vorzüglicher Hoch-
achtung - Deutsche Prototypen 74;
Knast 74; Nachrichten aus der
Unterwelt 76; Zu heiß für eine Montag
— Dunkle Geschichten (Zeichnungen v.
Pit Morell) 74; Liebesdienste —
Anweisungen zum Töten (Zeichnungen
v. Tomi Ungerer) 76; Prominenten-
Porträts 77; Nachts, wenn wir schlafen,
Großstadt-Geschichten, Zeich. Hans-
Georg Rauch 77; Ben Witters Nebbichs
(Zeichn. v. Horst Janssen) 79; Alle Nach-
richten aus der Unterwelt (Zeichn. v.
Dieter Huthmacher) 79; Unglaubl.
Zumutungen. Neue u. gebrauchte G. 80;
Frauen am Nachmittag (Zeichn. Margrit
v. Spreckelsen) 80; Spaziergänge mit
Prominenten 82.
MA: Aller Lüste Anfang; Schaden-
spenden; Herrliches Hamburg 53;
Hamburger Anthologie 65; Der
Springer-Konzern 68; Ehebruch &
Nächstenliebe 69; Da kommt ein Mann
mit großen Füßen 73; Alarmierende
Botschaften zur Lage der Nation 74;
Hier lebe ich 78; In Auschwitz vergast
79; Innenwelt 79; Zigeuner zwischen
Verfolgung und Integration 79.
F: Der gestrandete Hut; Büchen,
Grenzstation, Dokumentar-F.; Lebens-
länglich, Fsf.
R: Was alles an die Tür kommt.
S: Knast - Nachrichten aus der
Unterwelt 76; Waschpulver geteilt durch
vier, Kinder-S. 74.
Ue: Georg V. Higgins: The friends of
Eddie Coyle u.d.T.: Hübscher Abend bis
jetzt.

Witter, Traudel; Waldstr. 2, D-7760
Radolfzell.
V: Kleiner Reiter mit großem Ziel 82.
( )

Wittgen, Tom, s. Siebenstädt,
Ingeburg.

Wittich, Kurt, Dipl.-Ing.; 1. Pr. d.
Schriftsteller-Nachwuchs-Gruppe 65
"Der Hainbund" 67; Literaturbüro
Nordrh.-Westf. 83; Gartenstr. 4, D-5653
Leichlingen 1, Tel. (02175) 90545
(Pabianice/Mittelpolen 20.5.07). Lyrik,
Essay, Übers. **Ue:** P.
V: Die Wunderkraft, Geschn. u. G. 79;
Der Stierkampf, Prosa u. Verse 80;
Limericks 81.

Wittinghausen, Arty, s. von Filek-
Wittinghausen, Werner.

Wittkop, Justus Franz, Dr. phil.; VG
Wort 61, VS 70; Bundesverdienstkreuz 1.
Kl. 75; Höhestr. 29, D-6380 Bad
Homburg v.d.Höhe, Tel. (06172) 24109
(Wiesbaden 9.6.99). Roman, Essay. **Ue:** F.
V: Piratenschiffe, R. 39, u.d.T.: Unterm
Karibischen Mond 49, 55; Gullivers
letzte Reise - Die Insel der Ver-
gänglichen, R. 40; Fortuna und der
Bruder des Schlafs, R. 41; Nächte neben
der Tür, N. 42; Der Frevel der Venus,
Leg. 42; Pariser Tagebuch, Erz. 48; Das
war Scaramouche, R. 57, 60; Ruf der
Eule, R. 60; Danton, Biogr. 61; Der
Boulevard oder Das vergnügliche Leben
des Bürgers, Ess. 65; Die Welt des
Empire, Directoire Empire,
Klassizismus, Ess. 68; Unter der
schwarzen Fahne, Aktionen und
Gestalten des Anarchismus, Ess. 73
(span. 75); Bakunin, Monogr. 74;
Jonathan Swift, Monogr. 76; Europa im
Gaslicht, die hohe Zeit des Bürgertums
1848 bis 1914, Ess. 79; Graf Mirabeau,
Biogr. 82. — **MV:** Paris, Prisma einer
Stadt, m. Gabrielle Wittkop, Ess. 78
(auch franz. 78).
H: Pariser Boudoir, Galante Prosa des
18. Jh. aus Frankreich 70; (auch Übers.):
E. u. J. Goncourt: Aus dem Tagebuch
1851-1870, Ess. 83.
Ue: René Hardy: Bitter war der Sieg,
R. 56; Claire Gallois: Auf meinen
Wunsch allein, R. 65; Rezvani: Die
Lichtjahre 69; Nicolas Meilcour: Carma
71; Leys: Maos neue Kleider, Ess. 72;
Wittkop-Ménardeau, Madame Tussaud,
Biogr. 73; Fakinos, Die Legion der
Verfemten, R. 74; Émile Ajar: Monsieur
Cousin und die Einsamkeit der Riesen-
schlangen, R. 77; Marguerite Duras,
Michelle Porte: Die Orte d. Marguerite
Duras, Ess. 82.

Wittkopf, Rudolf, Lektor, Übersetzer;
Av. del Jordán 31 (B-6) 3.º5.ª, Barcelona
35/Spanien, Tel. (03) 2112229 (Hamburg
5.8.33). Lyrik, Übers. **Ue:** F, S.
V: In Erwartung des Brandstifters, G.
o.J.; Verheißung, G. o.J.; Einzelgänger, G.
81.
Ue: Roger Bordier: Les Blés u.d.T.:
Felder und Träume, R. 64; Louis
Calaferte: No Man's Land, Erzn. 66;
Jean-Jacques Mayoux: Joyce, Ess. 67;
Louis Aragon: Pariser Landleben, R. 69;
Guillaume Apollinaire: Die elftausend
Ruten, R. 70; André Breton: Anthologie
des schwarzen Humors 71; Madame de
Staël: Choix de Lettres u.d.T.: Kein
Herz, das mehr geliebt hat, Biogr. in
Briefen 71; Robert Desnos: La Liberté

ou l'amour! u.d.T.: Die Abenteuer des Freibeuters Sanglot, R. 73; Danielle Sarréra: Œuvre, Journal u.d.T.: Arsenikblüten, Prosa 78; Michel Leiris: Aurora, R. 79; Pierre François Lacenaire: Memoiren eines Spitzbuben, Autobiogr. 82; Julio Cortázar: Bestiarium, Erzn. 79; Die geheimen Waffen, Erzn. 80; Reise um den Tag in 80 Welten 80; Letzte Runde 83; Octavio Paz: Essays 79/80 II; Chillida, Ess. 80; El orgo filantrópico u.d.T.: Der menschenfreundliche Menschenfresser, Gesch. u. Pol. 1971-1980 81; Der Bogen und die Leier, Poetik 83.

Wittlinger, Karl, Dr. phil.; Anerkennungspreis d. Gerhart-Hauptmann-Preises 55, Schiller-Gedächtnis-Preis Prix Italia, 1. Fernsehpreis Monte Carlo; Heubuck 39, D-7801 Horben, Tel. (0761) 290355 (Karlsruhe 17.5.22). Drama, Fernsehspiel, Hörspiel.
V: Der Himmel der Besiegten, Kom.; Junge Liebe auf Besuch, Lsp.; Kennen Sie die Milchstraße, Kom.; Kinder des Schattens; Zwei rechts, zwei links; Zum Frühstück zwei Männer; Seelenwanderung; Corinne und der Seebär; Nachruf auf Egon Müller, alles Kom.; De Hotzeblitz, Volksst.
F: Seelenwanderung.
R: Kennen Sie die Milchstraße, Fsp.; Seelenwanderung, Fsp. 62; Nachruf auf Egon Müller, Fsp.; Ein Fünfmarkstück namens Müller, Hsp.; Hörspiel für zwei Wassertropfen, Hsp.; Badeunfall; Kante; Hatschi, alles Fsspiele; Narrenspiegel (A. Neumann); Krebsstation (Solschenizyn); Ein Mann will nach oben (Fallada); Der Fall Maurizius (Wassermann); Die schöne Wilhelmine (v. Salomon); Heimatmuseum (S. Lenz), alles Fs.bearb. ( )

Wittmann, Franz (Ps. Frank Witten), Rektor a.D., Redakteur u. Lektor; AEK 81; Am Eichenwald 6, D-8602 Aschbach, Tel. (09555) 642 (Stiedra b. Karlsbad 30.1.27). Roman, Essay.
V: Der Honig ist nicht weit vom Stachel, Humn. u. Schnurren 80; Jede Wüste hat einen Brunnen, Erzn. 82; versch. Sachb. Sport u. Päd.
Lit: Egerland-Buch — Landschaft und Stamm in Dichtung und Literatur Egerländer Biografisches Lexikon.

Wittmann, Heinz, Prof., Schriftleiter; Ö.S.V. 69; Silb. Ehrenzeichen f. Verdienste um die Rep. Öst. 66, Med. d. Josef Weinheber-Ges. 69, Öst. Ehrenkreuz f. Wiss. u. Kunst 77, Silb. Ehrenzeichen f. Verd. um d. Land Wien, silb.

Ehrenzeichen d. Ldes Öst.; Kulturgemeinschaft Der Kreis 32, Josef Weinheber-Ges. 58, Waldviertler Heimatbund, Vorstandsmitgl.; Bierhäuselberggasse 39, A-1140 Wien, Tel. (0222) 9723045 (Wien 22.2.07). Lyrik, Roman, Novelle, Ballade, Drama.
V: Irgendwo, G. 40; Zwischen Tau und Tag, R. 42; Balladen 64; Lebendige Begriffe, Erz. 68; Tandaradei, G. 69; Begegnungen mit Dichtern 71; Gestern im Heute, Erz. 71; Sonnensee, R. 72; Damals, R. 72; Briefe zur Sache, Ess. 74; Venus auf Abwegen, Th. 74; Gespräche mit Dichtern 76; Immer wieder Wien, G. 76; Bagatellen, Erz. 77; Israelische Geschichten 79; Georg Raphael Donner, R. 80; Pariser Geschichten 81; Anekdoten von Dichtern 82; Wiener Geschichten 83.
H: Der Kreis, Anthol. 40; Raimund Marek: Unterwegs, G. 41; Carl Jonas: Uferlose Fahrt, G. 42; Susanne Moser: Die Zeit ist ein Fluß ohne Ufer, G. 70; Eleonore Zuzak: Zwischen zwei Zäunen, G. 72; Max Stebich: Heitere Anatomie, G. 73; Duschan Derndarsky: Waldviertler Gschichten 74; und Die Welt und die Seele, E. 75; Auguste Högler: Mondsichel schneidet, G. 76; Zwei Mschr.: Heimatland, Schrifttum aus Öst. 24. Jg.; Geklärte Sicht, G. 78; Ilse Brehm: Spiegelungen, G. 79.
Lit: Giebisch-Gugitz (Bibl. Lex.) 63; Bortenschlager: Kreativ-Lex. 76; "Heimatland" H. 1 — 2/72 u. H. 1 — 2/77; Elis. Haslinger: Über Heinz Wittmann 79.

Wittmann, Josef, kaufm. Angestellter; Hartlgasse 3, D-8261 Tittmoning, Tel. (08683) 1272 (München 25.4.50). Gedichte, Kurzprosa, Kabarett.
V: kuacha & kafä, G. in bair. Mundart 72, 83; dea, dea wo, G. in bair. Mundart 73, 80; Hansl, Grädl & Co, G. u. Kurzprosa in bair. Mundart 77, 80; unser scheene koide hoamat, G. u. Kurzprosa 82.

Wittmann-Kirschbaum, Hertha, s. Kirschbaum, Hertha.

Wittmund, Eva, s. †Schöler, Ellen.

Wittstock, Joachim, Literarhistoriker; Uniunea Scriitorilor din România 79; Pr. d. rum. SV 78; Strada Lilli Paneth 9, R-2400 Sibiu/Hermannstadt, Tel. (924) 38158 (Sibiu-Hermannstadt 28.8.39). Lyrik, Prosa (Skizzen, Erzählungen), Übers. **Ue:** Rum.
V: Botenpfeil, G. 72; Erwin Wittstock. Das erz. Werk, St. 74; Blickvermerke,

Kurze Prosa 76; Karussellpolka, Erz. 78;
Parole Atlantis, Kurze Prosa 80.
H: Erwin Wittstock: Zineborn. Erzn.
1920-1929 79; Abends Gäste, Erzn. 1930-
39 82. − **MH:** Die Literatur d.
Siebenbürger Sachsen in d. Jahren
1849-1918 79.

Wittwer, Fritz.
V: Was geschieht im Ebenen Grund?,
Gesch. 68; Die Balken, Erz. 70; Im Ebnet,
Bergbauern-Zukunft, Erz. 75. ( )

Witzel, Frank; Karlstr. 12, D-6050
Offenbach a.M., Tel. (0611) 817672
(Wiesbaden 12.11.55). Lyrik. **Ue:** E.
V: Stille Tage in Cliché, G. 78; Tage
ohne Ende, Poem 80.
S: Bananenrepublik 78.
Ue: Billie Holiday: Lady sings the
blues, Autobiogr. 83. − **MUe:** Raoul
Vaneigem: Im Reich der Lüste 84.

Witzel, Herbert, Schriftsteller; VS seit
79; Mittenwalder Str. 46a, D-1000
Berlin 61, Tel. (030) 6931852
(Braunschweig 2.5.49). Kurzprosa.
V: Das Gelbbuch, Prosa 76, 2. Aufl. 78;
Kreuzberger Dreifaltigkeit, Prosa 79;
Die Gilbwörth-Saga, Erz. 81.

Witzenmann geb. Wozak, Maria,
Hausfrau; Gr. Lückenweg 16, D-7530
Pforzheim, Tel. (07231) 61900 (Prag
1.5.05). Lyrik.
V: Rhapsodie zu dritt 32; Mensch und
Landschaft, G. 33; Sieben Oden, Lyr. 82.

von Witzleben, Uta, s. von Kardorff,
Huberta Sophie.

Wlatnig, Friedrich, Journalist; Via S.
Nicolao, Casa 5. Lucia, CH-6598 Tenero/
Ti., Tel. (093) 672314 (Klagenfurt
22.11.94). Drama
V: Rufe im Turm, Dr. 76; Nofretete,
Dr. 77; Roxane, Dr. 78; Bildersturm, Dr.
79; Der Berggeist, Dr. 80. ( )

Wochele, Rainer, freiberufl.
Schriftsteller u. Journalist; VS Baden-
Württ.; Stipendiat d. Kunststift. Baden-
Württ. 83; Nauheimer Str. 65, D-7000
Stuttgart 50, Tel. (0711) 567846 (Brünn/
Tschechosl. 25.8.43). Roman, Novelle,
Kurzgeschichte.
V: Absprung, R. 79; Heißhunger, R. 82.

Wölfel geb. Koethke, Ursula; P.E.N. 71;
Dt. Jugendbuchpreis, Kinderbuchpreis
62, Ehrenliste Hans-Christian-
Andersen-Pr. 64, 72 u. 78, Öst. Förd.pr. f.
Jugendlit. 72; Neunkirchen 22, D-6101
Modautal 3, Tel. (06254) 7147 (Duisburg-
Hamborn 16.9.22). Kinderbuch, Jugend-
buch, Roman.

V: Fliegender Stern, Kinderb. 59; Der
Rote Rächer und die glücklichen
Kinder, Kinderb. 59; Sinchen hinter der
Mauer, Kinderb. 60; Feuerschuh und
Windsandale, Kinderb. 61; Mond, Mond,
Mond 62; Der Herr Wendelin 63; Julius
64; Joschis Garten 65; Wunderbare
Sachen, Fibel 66; Siebenundzwanzig
Suppengeschichten, Kinderb. 68;
Achtundzwanzig Lachgeschichten,
Kinderb. 69; Das blaue Wagilö, Bilderb.
69; Die grauen und die grünen Felder,
Kinderb. 70; Sechzehn Warum-
Geschichten, Kinderb. 71; Nebenan
wohnt Manuel, Texte f. Kinder 72; Du
wärst der Pienek, Spielgeschn., Spiel-
entwürfe, Spielideen 73; Ein Tapir im
Dorf, Bilderb. 73; Neunundzwanzig
verrückte Geschichten, Kinderb. 74;
Dreißig Geschichten von Tante Mila,
Kinderb. 77; Ein Käfig für den gelben
Vogel, Sch. f. Kinder 79; Jacob, der ein
Kartoffelbergwerk träumte, R. 80 u. a.
m.

Wölfflin, Kurt, s. Wölflingseder, Kurt.

Wölfl, Norbert; Carl-Schwarz-Str. 19,
D-8162 Schliersee.
V: Geliebter Kosak, R. 76, 82; Auf
einer kleinen weißen Wolke, R. 78; Wo
die Uhren anders gehen, R. 79; Der Griff
ins Leben, R. 80; Die Reiterclique vom
Thannhof I (Kosak kann alles) 82, II
(Flori − ein Lausbub wird geboren) 82.
( )

Wölfle, Günther; Dettinger Str. 95, D-
7312 Kirchheim unter Teck.
V: So wie mir d'Gosch gwachsa isch,
schwäb. Lieder 81. ( )

Wölflingseder, Kurt (Ps. Kurt
Wölfflin); Öst. Staatspr. f. Kinderlit.,
Ehrenliste 69, 75, Preis d. Stadt Wien f.
Kinderlit., Ehrenliste 75, Rauriser
Förd.pr. 76 u. 82 (Theater); Gollacken 36,
A-5102 Anthering, Tel. (06223) 386 (Wien
20.2.34). Lyrik, Theater, Kinderliteratur.
V: Die kleine Prinzessin, M. 67, 75;
Wer fängt den Wollknäuel 67; Die
Prinzessin im Rosenstrauch 68; Der
Riese in der Schule, Geschn. u. G. 69;
Tiere der Wildnis 70; Miki 73, 75; Miki
und die Seeräuber 73; Hanne und Andy
73; Die Perle des Drachenkönigs (m.
Sho Ki Ho) 73, 76; Safari vor deiner Tür
74, 76; Die Großen und die Kleinen 74;
Das Glück hat zwei Gesichter 75, 76; Ich
bin ich 76; Das Schloßgespenst,
Kinderst. 77; Oma, gib Gas 78; Du hast
einen Freund 78; Hausbuch Deutscher

Märchen und Legenden 79; Feriensafari
81; Ein Tausender f. Charlie 82.
R: Salzburger Nockerl, Hsp. 80.

Wölger, Martha; St.S.B. 55; Förd.pr. 59,
Peter Rosegger-Pr. 71, A-8911 Hall/
Steiermark b. Admont (Freingraben b.
Mariazell 4.8.20). Mundart, Lyrik.
V: Dahoam 54; In da Oanschicht 55;
Unser liabe Frau 60, 81; Obersteirischer
Hoamatkalender 64, 75; Fuchs Rotrock
70; A goldne Bruckn und andere
Mundartdichtungen 74; Wir beten
wieder Rosenkranz 77, 82; Wird olls
wieder guat, Geschichtn ausn Frein-
grobn 78.
H: Johannes Hauer: In da Oanschicht
57, 62. ( )

Wöller, Hildegunde, Pfarrerin,
Verlagslektorin; Emilienstr. 9, D-7000
Stuttgart 80, Tel. (0711) 734716
(Arnsnesta, Kr. Schweinitz 14.3.38).
Betrachtungen, Meditationen,
Hörfunkprogramme.
V: Die getaufte Revolution, Kaiser
Traktate 9 73; einerseits-andererseits-
meinerseits. Jeder Tag ist
l(i)ebenswürdig, Betracht. 78; Meine Uhr
geht nach dem Mond. Fragen an d. Tag
82. — **MV:** Der unverbrauchte Gott 76.
MH: Gottes Kindergarten 78;
Sehnsucht nach Geborgenheit 79.

Wöllhaf, Willrecht, Kfm. Angest.;
Johann-Sebastian-Bach-Str. 28, D-7141
Steinheim an der Murr, Tel. (01744)
23543 (Plochingen a. Neckar 15.1.33).
Hörspiel, Lyrik, Bühnenschwank.
V: Schwäbisch wia mir dr Schnabel
gwachsa ischt 71, 82; Wenn i em Dialekt
schwätz 82; Was mr grad en Strompf
kommt 82; Mundart.
R: 70 schwäb. Hsp.

Wördehoff, Bernd Boris *

Wörle, Wolfram Hermann Guido (Ps.
Leon(ard) Wolff), EDV - Programmierer/
Organisator; Turmbund 72; Framsweg
17/Top 4, A-6020 Innsbruck/Arzl, Tel.
(05222) 28701-740 (Innsbruck 12.4.52).
Lyrik, Prosa, Hörspiel, Übersetzung,
Funkbearbeitung. **Ue:** E.
V: I-Chambac, G. 74; im hohlspiegel,
Lyrik 77; unter anderem, Aphor. 79;
maschinensprache, Lyr. u. Kurzprosa 83.
MA: Quer.
H: zwischenbilanz, Lyrik aus d.
Autorenkolleg 75.

Woerner, Charlotte; Max-Eyth-Str. 23,
D-7250 Leonberg-Eltingen
(Heimerdingen, Kr. Leonberg 29.9.93).
Jugendbuch, Märchen.

V: Die Männlein vom Mummelsee, M.
22, 57; Im Reich der Blumenkönigin, M.
22, 57; Prinzess Gänselore, M. 22, 47;
Engelein Urselkind, M. 24, 47; Vrenelis
goldenes Hämmerlein, Jgdb. 49, 82;
Geißenkaspars großes Erlebnis, Jgdb.
49, 82; Geißenkaspars Fahrt in die neue
Welt, Jgdb. 53; Die neue Welt wird
Geißenkaspars Heimat, Jgdb. 54; Spuren
im australischen Busch, Jgdb. 57.

Wöss, Fritz, s. Weiß, Friedrich.

Wogatzki, Benito, c/o Verlag Neues
Leben, Berlin (Ost) (Berlin 31.8.32).
V: Die Geduld des Kühnen. Zeit ist
Glück. Die Zeichen der Ersten, Teil-
samml. 69; Der Preis des Mädchens. Der
Schmied und seine Frau. Der letzte
Streich. Ein Tag und eine Nacht.
Zement und Karfunkel, Teilsamml. 71,
79, u.d.T.: Zement u. Karfunkel 75;
Broddi, Szenarium 76; Romanze mit
Améli 77, 83; Der ungezogene Vater 80,
Bdesrep. Dtld 82; Das Narrenfell, R.
82. — **MV:** Tennis zu dritt, Studenten-
geschn. m. G. Billing 62.
R: Der Unschuldige, Fsp. 65; Meine
besten Freunde, Fs.-Zyklus 65 — 68;
Besuch aus der Ferne, Fsp. 66; Die
Geduld der Kühnen, Fsp. 67; Zeit ist
Glück, Fsp. 68; Die Zeichen der Ersten,
Fsp. 69; Auslauf, Fsp. 70; Klassenauftrag,
Fsp. 70; Der Mann aus dem Kessel, Fs.-
Monolog 70; Anlauf, Fsf. 71. ( )

Wohlert, Berti, freischaffende
Journalistin; 42 English Str.,
Christchurch 4/Neuseeland, Tel. (New
Zealand) 487271 (St. Gallen 4.5.23).
Roman.
V: Hemi — Schicksal eines
Mischlings, JgdR. 78.

Wohlert, Herbert; Puschkinplatz 5/6,
DDR-1800 Brandenburg.
V: Musen küßt man nicht, R. 81. ( )

Wohlfarth, Jürgen, Städt. Rechtsrat;
Dulohstr. 14, D-5870 Hemer, Tel. (02372)
12658 (Sulzbach/Saar 25.10.51). Lyrik.
V: Derselbe oder ein anderer, Lyr. 80;
Hin- & Wohlfarth & im Mund eine Rose
— Ein Kursbuch ins Lyrische 82.

Wohlgemuth, Joachim, Dipl.-Philos.;
SV-DDR 63; Fritz Reuter Pr. 62, DDR-
2083 Mirow—Niemannslust, Tel.
(099198) 526 (Prenzlau 27.6.32). Roman,
Hörspiel, Fernsehspiel.
V: Erlebnisse eines Neugierigen, Erzn.
62; Egon und das achte Weltwunder, R.
62, 83; Verlobung in Hullerbusch, R. 69,
70; Der Vater bin ich 77, 82; Das
Puppenheim in Pinnow 83.

R: Der Schweine-Wilhelm; Die Braut-
schau, beides Hsp.; Egon und das achte
Weltwunder; Brautschau; Geschichten
um Wilhelm; Verlobung in Hullerbusch;
Das Puppenheim in Pinnow, alles Fsp.;
Heimkontrolle, Hsp.

Wohlschak, Klaus, Journalist;
Förderungspr. d. Landes NdÖst. f.
Dichtkunst 74; Literaturkr. Das Pult, St.
Pölten seit 74; Wehrgasse 32/29, A-1050
Wien (Wiener Neustadt 8.10.47). Lyrik,
Kurzprosa.
V: Whisky, Liebe und Gewehre, Lyr.
71; D'Rettung is eh gleih do, Lyr. 73; Ich
erkläre den Krieg, Lyr. u. Kurzprosa 77;
Vorsicht die Gitarre schießt,
Bänkelgesang 78. — **MV:** Unsichtbare
Brücken, Lyr. 72; Medaillons, Lyr. 73;
Kratzig und, Lyr. 74; Entfernung von
der Gruppe, Kollektiv-R. 76.
MH: Die andere Kultur —
Dschungelkrieg oder Glashaus? Dok. 78.
R: Tand, Tand ist das Gebilde von
Menschenhand. BlitzHsp. 76. ( )

Wohmann geb. Guyot, Gabriele; VS
seit 60, P.E.N. seit 60, VG Wort seit 64;
Funkerz.pr. d. Süddt. Rdfks 65, Georg
Mackensen Lit.-Pr. f. d. beste dt. Kurz-
geschichte 65, Besondere Anerkennung
ausgespr. v. d. Jury d. Fernsehpr. d. Dt.
Akad. d. darstell. Künste Frankfurt 66,
Villa Massimo-Stipendium (Rom-Preis)
67/68, Kurzgesch.-Pr. d. Stadt Neheim-
Hüsten 69, Lit.-Pr. d. Freien Hansestadt
Bremen 71, Bdesverdienstkreuz 1. Kl. 80,
Dt. Schallplattenpr. 81, Joh. Heinr.
Merck-Ehrung d. Stadt Darmstadt 82;
Akad. d. Künste Berlin 75, Dt. Akad. f.
Spr. u. Dicht. Darmstadt 80; Ludwig-
Engel-Weg 11, Park Rosenhöhe, D-6100
Darmstadt, Tel. (06151) 74479
(Darmstadt 21.5.32). Erzählung, Roman,
Lyrik, Kritik, Fernsehspiel, Hörspiel,
Schauspiel.
V: Mit einem Messer 58, 72; Jetzt und
nie 58; Sieg über die Dämmerung 60;
Trinken ist das Herrlichste, sechzehn
Erzn. 63; Abschied für länger, R. 65, 69;
Theater von innen, Protokoll einer
Inszenier. 66; Erzählungen 66, 71; In
Darmstadt leben die Künste, Feuilleton
67; Die Bütows, ein Mini-R. 67, 71; Länd-
liches Fest und andere Erzählungen 68;
Eremitenkalender 1970, Prosa 69; Sonn-
tag bei den Kreisands, Erzn. 70, 71;
Treibjagd, Erz. 70; Ernste Absicht, R. 70,
71; Der Fall Rufus, Hsp. 71; Die Gäste,
Hsp. 71; Große Liebe, TV-Text 71;
Selbstverteidigung, Prosa und anderes
71; Gegenangriff, Prosa 72;
Übersinnlich, Erz. 72; Habgier, Erzn. 74;

Entziehung, Materialien z. einem
Fernsehfilm 74; Paulinchen war allein
zu Haus, R. 74; So ist die Lage, G. 74;
Dorothea Wörth, Erz. 75; Schönes
Gehege, R. 75; Ein Fall von Chemie, Erz.
75; Ein unwiderstehlicher Mann, Erzn.
75; Alles zu seiner Zeit, Erzn. 76;
Endlich allein - endlich zu zwein, Erz.
76; Ausflug mit der Mutter, R. 76; Böse
Streiche, Erzn. 77; Das dicke
Wilhelmchen, Erzn. 77; Grund zur Auf-
regung, G. 78; Heiratskandidaten, Fsp. u.
3 Hsp. 78; Der Nachtigall fällt auch
nichts Neues ein, Hsp. 78; Die Nächste,
bitte, Erz. 78; Feuer bitte, Pr. 78; Streit,
Erzn. 78; Frühherbst in Badenweiler, R.
78; Der Nachtigall fällt auch nichts
Neues ein, 4 Hsp. 79; Wanda Lords
Gespenster, Hsp. 79; Der Knoblauch am
Kamin, Erz. 79; Paarlauf, Erz. 79; Aus-
gewählte Erzählungen aus zwanzig
Jahren, 2 Bde 79; Ach wie gut daß
niemand weiß, R. 80; Meine Lektüre,
Aufsätze über Bücher 80; Wir sind eine
Familie, Erzn. 80; Ich weiß das auch
nicht besser, G. 80; Guilty, Erz. 80;
Wanda Lords Gespenster, Sch. 80; Violas
Vorbilder, Erz. 80; Komm lieber Mai, G.
81; Stolze Zeiten, Erzn. 81; Heirats-
kandidaten, Kom. 81; Das Glücksspiel,
R. 81; Nachkommenschaften, Fsp. 81;
Plötzlich in Limburg, Kom. 81;
Einsamkeit, Erzn. 82; Hilfe kommt mir
von den Bergen, Hsp. 82; Ausgew.
Gedichte 1964-1982, G. 83; Der kürzeste
Tag d. Jahres, Erzn. 83; Goethe hilf!,
Erzn. 83.
R: Hsp.: Komm donnerstags 64; Die
Gäste 65; Norwegian Wood 67; Der Fall
Rufus 69; Kurerfolg 70; Der Geburtstag
71; Tod in Basel 72; Mehr oder weniger
kurz vor dem Tode 74; Der Nachtigall
fällt auch nichts Neues ein 77; Wanda
Lords Gespenster 78; Hilfe kommt mir
von den Bergen 80; Hebräer 11,1 81; Das
hochgesteckte Ziel 83. — Fsp.: Das
Rendezvous 65; Große Liebe 66; Portrait
einer Schichtarbeiterin 68; Die Witwen
72; Entziehung 73; Heiratskandidaten
75; Nachkommenschaften 77;
Paulinchen war allein zu Haus 81.
S: Gabriele Wohmann liest die
Bütows und andere Texte 70; Ein
unwiderstehl. Mann u. zwei andere
Erzn. 80; G. W. liest aus ihrem Roman
"Ausflug mit d. Mutter" 80 ; Klaus
Wellner, Leiden an der Familie. Zur
sozialpathologischen Rollenanalyse im
Werk G. W.'s 76; Thomas Scheuffelen
(Hrsg.): G. W., Materialienbuch 77; Irene
Ferchl: Die Rolle d. Alltäglichen in d.
Kurzprosa v. G. W. 80; Gerhard P. u.

Mona Knapp: G. W. 81; Günter
Häntzschel u.a.: G. W. 82; G. W.:
Auskunft f. Leser, hrsg. v. Klaus
Siblewski 82

Woile, Hans Peter (Ps. Pelle Igel),
Maler, Schriftsteller; Norddt.
Autorenverb., Fischerhude; Schloßberg
5, D-7593 Ottenhöfen, Tel. (07842) 2393
(Trier a.d. Mosel 2.1.05). Politische Lyrik,
Glosse, Satire.
V: Der Fragebogen, Karikaturen 47;
Stiefel bleibt Stiefel, G. 57, 79; Benaz,
Sat. 80; Zimmer 6 80.
MA: Der rote Großvater erzählt,
Erinn.; Satire-Jb.; ... und ruhig fließt der
Rhein.
S: Pelle Igel spricht 76; Pelle Igel liest
78. ( )

Wojahn, Erika (Ps. Erika Engel); DSV
56; 2. Jgdb.-Preis d. Min. f. Kultur d.
DDR 54, Lit.pr. z. 20. Jahrestag d. DDR
69, Sonderpr. d. Min. f. Kultur u.
Verd.plak. d. DTSB; Im Neuen Garten
1a, DDR-1500 Potsdam, Tel. (033) 21010
(Berlin 21.9.11). Kinder- u. Jugendbuch,
Lyrik.
V: Tierdoktor Bautz 39; Geburtstag im
Kindergarten, Vers-Erz. 55; Das Oster-
nest 55.
MA: Die Wundertüte 54; Mein erstes
großes Buch 55; Fröhliche Leut' zur
Winterszeit 56; "Komm, sing mit",
Kinderlieder 56, 59; Wir spielen durch
das Jahr, Singspiel 57; Schulfeierbuch,
G., Lieder, Spielszenen 59; Spielen,
Lachen, Freude machen 63; Sputnik,
Sputnik, kreise, Kinderlieder 64; Lieder
aus dem Butzemannhaus 66-77;
Soldatenkantate "Alarm f. den Frieden!"
70; Wenn Olympias Feuer brennen,
Lied. v. Sport 80; Das ist d. Daumen
Knudeldick, Kinderlyr. 79-80; Dt.
Volkslieder 81; All' mein' Gedanken 81;
Es ist ein Ros entsprungen 81, alles
Lieder-Sammelbde.
R: Hamster mit Bewährungsfrist 59;
'Zweimal Knüppel' 59; Briefe der
Freundschaft 60, a. Hörspiele. - Vom
Trümmerstein zum Bauprogramm 52;
Wie die Kinder das Licht suchten;
Kinder der Welt 54; Auf zu Sport und
Spiel 60, alles Kantaten.
S: Kinderlieder, Morgen- und Abend-
lieder, Weihnachtsfreude, Die Spatzen
vom Alex, Höre, Kind von Schwaben-
land, 57 — 59; Kinderlieder u. Kinder-
gedichte 66; Frohe Jugend - Sport voran
69; Allzeit gute Fahrt; Sind d. Lichter
angezündet; Vorfreude, schönste
Freude; Reife Felder, reife Garben; Die
Verkehrsampel u.a. 77-80.

Wolf, Alexander (Ps. f. K. Herbert
Rösler), Dr. phil., Studiendirektor;
Bergstr. 41b, c/o Dr. K. H. Rösler, D-3501
Ahnatal, Tel. (05605) 2603 (Unterschönau
28.2.26). Jugendliteratur, Satire.
V: Zur Hölle mit den Paukern 63, 79;
Die Mittlere Unreife 69; Nietnagels ge-
sammelte Fluchtversuche 69; Der Jahr-
hunderthüpfer 76.
MA: Mini-Story 64; Ein Provisorium
lacht 65.
F: Die Lümmel von der ersten Bank
68.

Wolf, Alfred Peter, StudDir.; Filsweg
3, D-7070 Schwäbisch Gmünd, Tel.
(07171) 85076 (Sternberg/Tschechosl.
15.6.38). Spieltexte mit relig. Thematik
für Amateurtheater u. f. d. eigene
Einmanntheater.
V: Nach Bethlehem 72, 78; Fest 74, 76;
Seine Lieben will er besuchen 75.
B: Dostojewski: Der Traum eines
lächerl. Menschen; Der Großinquisitor.
H: Bärenreiter-Spieltexte ab Nr. 404.

Wolf, Andrea; Ernst-Sachs-Str. 95, D-
8720 Schweinfurt, Tel. (09721) 802591
(Schweinfurt 6.1.56). Lyrik.
V: Direkt, Lyr. 82.

Wolf, Christa, Dipl.-Germanist; SV-
DDR 56, P.E.N.-Zentrum DDR 65;
Kunstpreis d. Stadt Halle 61, Heinrich-
Mann-Preis d. Dt. Akad. d. Künste zu
Berlin 63, Nationalpreis III. Kl. d. DDR
64, Fontanepreis 72, Bremer Literatur-
Preis 78; Akad. d. Künste d. DDR 74, Dt.
Akad. f. Sprache u. Dichtung Darmstadt
77, Akad. d. Künste, Berlin (West) 82;
Friedrichstr. 133, DDR- Berlin
(Landsberg/Warthe 18.3.29). Roman,
Essay, Film.
V: Moskauer Novelle 61, 62; Der
geteilte Himmel, Erz. 63, 71; Nach-
denken über Christa T., R. 68, 71; Unter
den Linden, Erz. 74; Lesen u. schreiben,
Ess. 71; Kindheitsmuster, R. 76; Kein
Ort. Nirgends 79; Fortgesetzter Versuch,
Aufs. Gespr. Ess. 79; Lesen und
Schreiben, Neue Slg. 80; Gesammelte
Erz. 80; Frankfurter Vorlesungen:
Kassandra 83; Kassandra, Erz. 83. —
MV: Till Eulenspiegel, m. G. Wolf,
Filmerz. 72.
MA: Auf einer Straße 67; Die erste
Stunde 69; Der erste Augenblick der
Freiheit 70; Meinetwegen Schmetter-
linge 73; Eröffnungen 74; Auskünfte 74;
Tage für Jahre 74; Über Max Frisch II
76; Kultur ist, was gelebt wird in:
alternative 133/44.
H: In diesen Jahren, Ausw. dt. Prosa
57; Proben junger Erzähler 59; Glauben

an Irdisches, Anna Seghers Essays, m. e.
Nachwort 69; Der Schatten eines
Traumes. Karoline von Günderode, m.
Ess. 79; Bettina v. Arnim: Die
Günderode, m. Ess.: Nun ja! das nächste
Leben gibt aber heute an 81. —
MH: Wir, unsere Zeit, Lyrik und Prosa
aus zehn Jahren.
F: Der geteilte Himmel, m. G. Wolf u.
K. Wolf 64; Die Toten bleiben jung,
Szenarium 68; Till Eulenspiegel, m.
Gerhard Wolf u. Rainer Simon 72.
Lit: Martin Reso: "Der geteilte
Himmel" und seine Kritiker, Dokumen-
tation 66; Text und Kritik: Christa Wolf
75; Marion v. Salisch: Zwischen Selbst-
aufgabe und Selbstverwirklichung 75;
Alexander Stephan: Christa Wolf 76;
Manfred Behn: Wirkungsgeschichte von
Chr. Wolfs 'Nachdenken üb. Christa T.'
78; Chr. Wolf Materialienbuch, Hrsg.
Klaus Sauer 79; Klemens Renoldner:
Geschichtsbewußtsein und Utopie bei
Chr. Wolf, Diss. Salzbg. 79.

Wolf, Christian T. (Ps. Tilman
Winkler); Angerweg 4, D-3015
Wennigsen/Deister-Bredenbeck, Tel.
(05109) 63588.
V: glaabsdas, bairischer märchen-
zyklus, G. 74, 76. ( )

Wolf, Dieter Alfred (Ps. Volker Dieter
Wolf); ISV 76; "junge
poesie 3" 72, Aufmunterungspr. d. Stadt
St. Gallen 74, c/o CVB Buch + Druck,
Postfach, CH-8026 Zürich (St. Gallen
9.11.46). Lyrik.
V: staub, lyrik-faltbogen 69; flut, g. 70;
gegen den wind, g. 74; silbenstrand, g.,
m. e. nachw. v. dominik jost 75.

Wolf, Friedel; VG Wort; Heinrich-
Bart-Str. 21 1/2, D-6702 Bad Dürkheim/
Pf., Tel. (06322) 5241 (Kirchheim
a.d.Weinstr. 24.7.40). Jugendroman.
V: Laßt mir noch Zeit!, R. 80.

Wolf, Gerhard, Dipl.-Germanist; SV-
DDR 57, PEN-DDR 73; Preis d. Min. f.
Kultur d. DDR 55, Heinrich Mann Pr. d.
Akad. d. Künste DDR 74; Friedrichstr.
133, DDR-104 Berlin, Tel. 2827784 (Bad
Frankenhausen/Kyffh. 16.10.28). Essay,
Lit.-Kritik, Novelle, Film.
V: Der Dichter Louis Fürnberg, Ess.
61; Deutsche Lyrik nach 1945 —
Versuch einer Übersicht, Ess. 64, 65;
Johannes Bobrowski, Leben und Werk,
Monogr. 67, 82; Beschreibung eines
Zimmers — 15 Kapitel über Johannes
Bobrowski, Ess. 71, 81; Der arme
Hölderlin, Erz. 72, 82; Albert Ebert. Wie
ein Leben gemalt wird, Ess. 74;

Litauische Claviere (Musik Rainer
Kunad) Opernlibretto 75. — **MV:** Fragen
d. lyrischen Schaffens, m. Reiner Kunze
u. Klaus Pfützner, Ess. 60; Kontur eines
Dichters, Nachw. zu Gedichten Stephan
Hermlins 63; Till Eulenspiegel, Filmerz.
(m. Christa Wolf) 72, 82 u. Bü. m. ders.
82; Positionsbestimmung, Ess. zur Lyrik
Friedemann Bergers 73.
MA: Weltfreude 65, 67; Literatur d.
DDR in Einzeldarst. 72, 76; Claude
Keisch: Wieland Förster 77;
Schriftsteller üb. Heinr. v. Kleist 77; Der
zerstückte Traum. E. Arendt z. 75. Geb.
78; Mit scheint der Kerl lasiert. Dichter
üb. Maler 78; Kunert lesen 79; Die
Horen 124 81; Der dunkle Schatten, dem
ich schon seit Anfang folgte 82.
H: Sputnik contra Bombe, Lyrik,
Prosa, Berichte 59; Echo von links,
Louis-Fürnberg-Auswahl 59; Ein Lied,
ein gutes Wort, soz. Lyrik 60; Bekanntschaft mit uns selbst, Gedichte junger
Menschen 61, Sonnenpferde u. Astronauten, Ged. junger Menschen II, Lyr.
Anthologie 64; Erich Arendt Gedichte
(m. Nachwortess. Auf das Wort
gebracht) 73; Wilhelm Raabe: Pfisters
Mühle mit Nachwortess. 71; Dichtung
ist deine Welt - Selbstaussagen u.
Versuche zum Werk Georg Maurers (m.
monogr. Beitr.) 73; Unterm Maulbeer-
baum — G. Maurer Ausgewählte Ged.,
m. Ess.: Bewegungen 77; Elena Liessner:
Blomberg oder die Geschichte vom
blauen Vogel, m. Beitr. 78; Georg
Maurers immerwährender Drei-
Strophenkalender 79; Starrend von Zeit
und Helle — E. Arendts Dichtung:
Ägäis, m. Ess.: Realität als Mythos 80;
Heinrich Heine in Berlin, m. Ess. 80. —
MH: Wir, unsere Zeit, Lyrik u. Prosa aus
zehn Jahren 59; Sagen wird man über
unsere Tage. Ein Bild-Lyrik-Bd. 59;
Louis Fürnberg Ges. Werke 64-71; 79
Songs & Chansons 66; Chansons aus
dem anderen Deutschland 68; Der
Briefwechsel zwischen L. Fürnberg u. A.
Zweig, m. Vorw. 78; Anna Louisa
Karschin: Gedichte u. Briefe, m. Ess. 81;
Ewald Christian v. Kleist: Sämtl. Werke
(= ausgew. Briefe), m. Ess. 82; Walter
Werner: Das Gras hält meinen Schatten,
G., Prosa, Aufs., m. Ess. 82.
F: Der geteilte Himmel, m. Christa
Wolf u. Konrad Wolf 64; Till Eulen-
spiegel, m. Christa Wolf u. Rainer Simon
76.
R: Kein Ort. Nirgends, Hsp. n. d. Erz.
v. Christa Wolf 82.

Wolf, Gerhard Wilhelm *

Wolf, Gertrude, Angestellte; Kärntner SV seit 70; Ferdinand Wedenig Str. 39, A-9073 Viktring, Tel. (04222) 292524 (Klagenfurt 18.10.23). Roman, Hörspiel, Kurzgeschichten, Bühnenstück, Erzählungen.
V: Die Wacht von Klagenfurt Hsp. 67; Bekehrung zur Sünde, Hsp. 68; Mein Sohn Christian, Kurzgesch. 71; Die langbeinige Zikade, Erz. 72; Das Haus im Grünen, Kurzgesch. 73; Die unfaßbare Überraschung, Kurzgesch. 74; Die große Flut, Erz. 74; Die Problematischen, Bü. 75; Wenn d. Himmel zürnt, R. 75; Die Wette, Drehb. f. e. Kurzfilm 76; Leuchtende Tage üb. d. See, R. 77; Niedliche Drillinge, Kurzgeschn. 80; Ein karges Frühstück, Kurzgesch. 81; Spaß muß sein, Erz. 82.

Wolf, Gunther (Ps. Gerd Wandersleb), Dr.phil., Prof. i. R.; Bergstr. 59, D-6900 Heidelberg, Tel. (06221) 480203 (Karlsruhe 10.3.30). Lyrik.
V: Stundenbuch, Lyriksamml. 78; Grenzüberschreitungen, Ess. 78; Wegesrand, Lyr.samml. 80.
s. a. Kürschners GK.

Wolf, Hubert, Vertragslehrer i.R.; Oelser Str. 2, D-7450 Hechingen, Tel. (07471) 16826 (Hechingen 29.2.20). Jugendbuch, Lyrik, Erzählung, Essay, Humoreske.
V: Die Fußballbuben, Jgdb. 49, 50; Wasko muß leben, Silberfuchs-Gesch. 51, 59; Schüsse im Schwarzen Holz, Jungen-Gesch. 56 (auch holl.) 63; Der verdächtige Gast, Erz. 56; Die Fußballreise, Jungen-Gesch. 58; Gicks und Archibald, Kinderb. 64; ... den stillen Glanz der kleinen Ordnung finden, Kleine Lyr. in Vers und Pr. 79.

Wolf, Inge; Auswahlliste z. Dt. Jugendb.pr. 80, Auswahlliste Zürcher Kinderb.pr. 80, Hans-im-Glück-Pr. 80 (2. Pl.); Karlstr. 10, D-8033 Planegg, Tel. (089) 8595335 (München). Kinder- und Jugendbücher, Jugendroman.
V: So fing es an, Jgdb. 78; Die dicke Helena, Jgdb. 79; 13 ist eine Glückszahl 80; Mutsprünge 81; Hans macht Geschichten 82, alles Jgdbb.

Wolf, Jakob (Ps. Lupus), Verwaltungsangestellter i.R.; Künstlergilde 54; Kulturpr. d. Donauschwaben 75, Adam-Müller-Guttenbrunn-Ehrenring 79; Breslauer Str. 19, D-7032 Sindelfingen, Tel. (07031) 85493 (Feketitsch, Batschka/ Jugosl. 21.4.14). Lyrik, Essay, Film, Übers. **Ue:** Serbokroat.

V: Stoppelgang 54; Salz und Brot 61; Rast und Reise 83, alles G.
F: Das Weizenwunder von Guarapuava/Brasilien, 25 J. donauschwäb. Siedl. Entre Rios/Brasilien.
Lit: Südostdt. Vierteljahresbll. 64.

Wolf, Klaus-Peter, Schriftsteller; VS 74; ARGUS Literaturpreis 73, Kunststip. d. Stadt Gelsenkirchen f. Lit. 75, Arbeitsstip. d. Ldes NRW 76, Förderpreis für Literatur d. Ldes NRW 78; Auf der Weide 5, D-5788 WinterbergAltastenberg, Tel. (02981) 2928 (Gelsenkirchen 12.1.54). Kurzgeschichte, Roman, Hörspiel, Theater.
V: Mein Freund Pinto, Jgdb. 72; Wenn ihr fragt, G. u. Erzn. 75; Versuche Aufrechtzugehen, Kurzgesch. 76; Die Fliegen kommen, R. 76; Mischa, Jgdb. 77; Der Schwalbenkrieg, Jgdb. 77; In unserem Land, Reportagen 78; Zoff um's Jugendheim, R. 79; Dosenbier und Frikadellen, Jgdb. 79; UFOs in unserer Stadt, Jgdb. 79; Speedway ist unser Leben, Jgdb. 80; Rock and Roll im Reisebus, Jgdb. 80; Rabatz am Möntingplatz, Jgdb. 81; Vielleicht gibts die Biscaya gar nicht, R. 81; Vom Widerstand d. Kirschen, Kurzgesch. 81; Che — meine Träume kennen keine Grenzen, R. 82; Der rote Faden, Kalender 82; Die Nachtschwärmer, Jdgb. 83.
MA: Ich singe gegen d. Angst, Jgdb. 81.
R: Mischa, Hsp. 75; Rache in der zweiten Stunde, Hsp. 76; Harries Spaziergang, Hsp. 77; Der Schwalbenkrieg, Hsp. 77; Aber meine Mutti haut sogar Django in die Pfanne, Hsp. 79; Heini hau ab, Hsp. 82.

Wolf, Peter, s. Wilck, Otto Peter.

Wolf, Rainer, s. Krausnick, Michail.

Wolf, Richard, Dir. Goethe-Inst. i.R.; Sonnenmoosstr. 30, D-8183 Rottach-Egern, Tel. (08022) 270822 (Bad Landeck/ Schles. 14.7.00). Roman, Novelle, Erzählung.
V: Der östliche Bogen, Reiseber. 43; Dalmatinisches Divertimento 44; Land der Liebe. Eine Kindheit in Schlesien 49; Goldne Tage umfingen mich, R. 50, 55; Die Reise nach Minahassa, N. 50; Silberbirke, Erz. 52; Das Himmelreich am Högl, R. 53, 56; Bis ans äußerste Meer, R. 55, Neudr. 81; Heimweg bei Nacht, Erz. 58; Wo aller Töne Grund, Erz. 59; Peggy, Erz. 59; Lob der Geduld, Ess. 59/61; Drache und Lotos, Reiseber. 61; Pilgerheimer Weg, Erz. 66; Die

Brunnenkammer, R. 68, 69; Des
Menschen Herz, Erz. 69; Als Polly
wiederkam, Erz. 71; Damals in dem
Schneegebirge 73; Nachrichten aus der
Brunnenstube 74; Die Reise in den
Abend, Erz. 76; Die Jahre, die du uns
geschenkt. Gedanken am Abend eines
Lebens 77; Von Gottes Freundlichkeit.
Unterwegs in der Bibel 78; So wird mein
Herz nicht alt 81.

H: J.W. Goethe: Prosatexte 78.

Wolf, Roman, s. Richter, Wolfgang.

Wolf, Ror (Ps. Raoul Tranchirer),
freier Schriftsteller; P.E.N. 71, VS 71;
Förderpreis d. niedersächs. Kunstpreises 65; Kurt-Schumacher-Str. 45, D-
6501 Zornheim (Saalfeld/Saale 29.6.32).
Roman, Erzählung, Lyrik, Hörspiel,
Film, Prosa.

V: Fortsetzung des Berichts, R. 64, 70;
Pilzer und Pelzer, eine Abenteuerserie,
R. 67, 78; Danke schön. Nichts zu
danken 69; Punkt ist Punkt, Fußball-
Spiele, Prosa 71, erw. Ausg. 78; mein
famili, Moritaten und Collagen 71; Auf
der Suche nach Doktor Q., Hörsp.-
Trilogie 76; Die Gefährlichkeit der
großen Ebene 76; Die heiße Luft der
Spiele, Prosa u. Textcollagen 80; Das
nächste Spiel ist immer das schwerste
82. – **MV:** "Vorzeichen" Fünf neue
deutsche Autoren, eingeführt von H. M.
Enzensberger 62.

H: Das Lexikon der feinen Sitte, ein
Kuriosum 64.

R: Der Chinese am Fenster, Hsp. 70;
Die überzeugenden Vorteile des Abends,
Hsp. 73; Die Stunde der Wahrheit, Hsp.
74; Keep out, Fsf. 75; Reise in die Luft in
67 Minuten und 15 Sekunden, Hsp. 75;
Die Einsamkeit des Meeresgrundes,
Hsp. 78; Cordoba Juni 13 Uhr 45, Hsp. 79
u.a.

Lit: Lothar Baier: Über Ror Wolf 72.

( )

Wolf, Volker Dieter, s. Wolf, Dieter
Alfred.

Wolf, Winfried, Realschullehrer; Rue
Billaumont 5, B-7400 Soignies, Tel. (067)
331248 (Immenstadt 30.4.43). Lyrik,
Satire, Kurzgeschichte, Roman.

V: Aussteigen – das große
Abenteuer? 82; Hat der Fuchs auch eine
Großmutter?, Kd.-Geschn. 83.

R: Geschichten aus Hotterloch,
Zyklus, Rdfk-Sdgn˙ ab 83.

Wolfenberg, Peter, s. Knuth, Peter
Waldemar.

Wolfer, Luise; Ba.S.V. 42, P.E.N. 59;
Schweiz. Literaturfreunde 53, Lyceum-

club, Sekt. Basel 46; Dörnliweg 29, CH-
4125 Riehen b. Basel, Tel. (061) 496711
(Liebenzell/Württ. 18.6.01). Roman,
Novelle, Kurzgeschichte.

V: Späte Erfüllung, R. 41, 57; Unterwegs, R. 46, 57; Fingerhut, Erz. 48, 56;
Ein Licht geht auf, N. 49; Weihnachtslicht, Erzn. 53, 64; Ein Stern ist aufgegangen, Erzn. 55, 59; Das seltsame Wort,
R. 61; Das Lächeln der Kleinstadt, R. 66;
Die Brücke, N. 66; Auf dem Weg zur
Weihnachtsfreude, Erzn. 68, 73; Angela
und andere Liebesgeschichten, N.

Wolfes, Kurt, Filmregisseur u. Dreh-
buchautor; Drehbuchauszeichn. f.: So
leben wir 58, Öl 60, Die Geheimnisse d.
Herrn Bark 60, u.v.a.; Kuckucksberg 12,
D-2073 Lütjensee, Tel. (04154) 7172
(Essen 17.4.07). Film, Erzählung.

V: Komische Autos - Komische
Menschen 35; Öl, Benzin und Kilometer
36; Die Brautfahrt 40.

F: Fritze Bollmann, Drehb. m. Werner
Kortwich 41; Öl, Dreb. m. Claus Helbing,
u. zahlr. and. Filme u. Dokumentarfilme.

Wolff geb. Paustian, Anke,
Journalistin; Kästnerstr. 19, D-2448
Burg auf Fehmarn, Tel. (04371) 2323
(Burg auf Fehmarn 30.1.41). Jugend-
bücher.

V: SOS am Leuchtfeuer 77; Jeder Tag
bringt Abenteuer 78; Spuk auf der
Burgruine 79; Morgen beginnt das
Leben, Inga 80.

Wolff, Bernd, Lehrer; SV-DDR; Preis
im 19. Preisausschreiben für Kinder- u.
Jgdlit. 71, Medaille der Pionier-
organisation "Ernst Thälmann" in
Silber 73 u. 79, Sonderpreis des
Verbandes d. Komponisten u. Musik-
wissenschaftler 73, Kunstpreis d. Stadt
Blankenburg/H. 74, Becker-Medaille d.
FDJ in Silber 77, Joh.-R.-Becher-Medaille
in Bronze 79, Kurt-Barthel-Medaille 81;
Rübeländer Str 16, DDR-3720
Blankenburg (Magdeburg 12.9.39).
Vorwiegend Kinderliteratur.

V: Kinderbücher: Manne Forschtrat
68; Alwin auf der Landstraße 71; Im Zug
hinter Brest 75; Biberspur 79; Der
Bärenhäuter, Musiktheaterst. 79.

MA: Sonnenpferde u. Astronauten 64;
Kastanien von Zodel 72; Die feine
Dame, der starke Bauer u. der Springer
mit den langen Ohren 75; Im Rathaus
zu Groß-Schilda 79; Der blaue
Schmetterling 79; Eine kleine Fleder-
maus ruht sich auf d. Zeder aus 81; Mit
Kirschen nach Afrika 82; Ich bin aber

noch nicht müde 82; Ich leb so gern 82;
Gib den Wolken e. Stoß 82.
  F: Alwin auf der Landstraße, Fsf. 74;
Und dann mach' ich mir ein Bild
daraus, Dokf..
  Lit: Für Kinder geschrieben 78.

Wolff, Detlef, Redakteur; Altenwall 21,
D-2800 Bremen, Tel. (0421) 323790
(Thale/Harz 30.10.34). Roman.
  V: Die ungeliebte Leiche, Krim.-R. 78;
Auch Geld hinterläßt Spuren, Krim.-R.
79; Katenkamp sammelt halbe
Wahrheiten 80; Ein blondes Risiko 80;
Katenkamp, dein Freund u. Helfer 81;
Damenopfer 82; Katenkamp u. d. tote
Briefträger 82; Katenkamp in Kenia 83,
alles Krim.-R.

Wolff, Dietrich (Ps. Matthias Riehl),
Schriftsteller; Kleiststr. 7, D-1000
Berlin 37 u. Kaedeby, DK-5932 Humble,
Tel. (09) 571748 (Landsberg/W. 17.5.23).
Kinder- u. Jugendbuch, Hörspiel, Funkerzählung u.a.
  V: Suzanne, R. 50; Berlin immer eine
Weltstadt 55; Die Welt zeigt ihr Gesicht
57; Große Liebe zu Orchideen 58, beides
Sachb.; Die Zauberküche 77; Ein ausge-
sprochen nettes Tier 78; Johanna
bekommt ein Haus 78; Der Bonbon-
könig 79; Johanna und die Schmetter-
linge 79; Der fliegende Feuerstuhl 79;
Da lachen die Hühner 80 (auch ndl. u.
franz.); Schluß mit Opa 81; Traumferien
auf d. Bauernhof 81; Zwei Pferde im
Schrank 81; Clara Mirabelli 81; Vaters
tolle Zaubertricks 82; Zwei Hunde auf
Wanderschaft 82; Der Ruf d. Schwäne
82; Kätzchen Minka u. d. Überraschung
83; Zehn Mark für eine Königin 83; Die
Katze mit den blauen Augen 84; Der
Gespensterhof 84; Das Schwert d.
Prinzen 84; Totenstille auf d. Mond-
scheinfahrt 84; Die lockende Lady 84;
Der Schneemensch v. Vindebey 84, alles
Kinder- u. Jugendbücher. –
  MV: Miteinander lesen 80; Großes
Gespenstertreffen 80.
  R: Menschen in d. Nacht 69;
Hausnummer 43 70; Bitte, klapp d.
Sargdeckel zu 71; Hast du Musik? 74;
Der 50. Geburtstag 75; Wo man es gut
hat 76; Ein Mann namens Weihnachts-
freude 76; Wenn der Dorsch beißt 77; In
der Falle 77; Der letzte Nebel 79, alles
Funkerzn.; So ein Schwein 71; Der
doppelte Bimbo 71; Mommsenstraße 3.
Schlaraffenhaus 72; Der falsche Erwin
72; Kaltes Huhn am Straßenrand 73;
Der japanische Kaiser 74; Wetter-
änderung 74 (auch sloven.); Warten auf
den Weihnachtsmann 74; Das Klavier-

mobil 75; Aalsuppe oder Schlesisches
Himmelreich 75; Aktion Vogelzug 75;
Die Zeit in der Flasche 75; Gebratene
Gans von liebe Gott 75; Vorsicht, Mr.
Potter! 75; Katzenalarm 75; Der gefährliche Bonbon 75; Das Denkmaschinchen
75; Emilio Bombini 75; Der Traum-
apparat 75; Der gefährliche Sonntag-
abend 75; Eier-Otto und die Nachtigall
76; Mein Dackel lügt 76; Das Himmels-
loch 76; Bockwurst unterm Tannenbaum 76; Türkischer Kaffee 76; Johanna
und der Kürbis 77; Susannes Traum 77;
26 Hasenköpfe 77; Der verlorengegangene Kuß 77; Der große Trick 77;
Der Sprachtrichter 77; Das elektrische
Pferd 78; Im Gasthof zum goldenen
Stern 78; Mein Vater redet mit dem
Bauch 78; Geschenkte Zeit 78; Der
goldene Prinz 78; Das Bratwurstschwein
78; Der gestreifte Heinz 78; Fo und Relle
78; Johanna und die Schmetterlinge 78;
Das Schokoladenzimmer 78; Nur für
den Hausgebrauch 78; Das wilde Huhn
79; Nur ein Lächeln 79; Gans im Glück
79; Das Laufzeug 80; Der Hasenpark 80;
Markus macht Ernst 80; Onkel Hans 80;
Wir kommen auf d. Hund 80; Freiheit f.
Binga 80; Mit Fidibus fing alles an 80;
Fünf Bären u. d. Glück 81; Die Zigeuner
sind da 81; Das Kuckucksei im
Krankenhaus 81; Räuber Bum sieht nur
so aus 81; Die Suppe auf d. Treppe 81;
Ein Glas voll Liebe 81; Wir waren so
frische Fische 81; Zwei Pferde im
Schrank 82; Das wundersame Telefon
82; Die Stadtmusikanten 82; Daniela u.
d. Dichter im Park 82; Zirkus Rambuki
82, alles Kinderhsp.; Frühstück mit der
Vergangenheit 73; Die Himmelsleiter 76;
Veteranen 76, alles Krim.-Hsp.

Wolff geb. Zelinka, Hedda;
Pyrkergasse 7, A-1190 Wien
(Czernowicz/Bukowina 14.1.00).
Kinderbuch.
  V: Lustige Tiergeschichten, Kinderb.
17, 23; Neue lustige Tiergeschichten 23;
Sieben vergnügte Tage, Kinderb. 31. –
  MV: Der gordische Knoten, 300 neue
Rätsel, m. Karl Wolff 28; Die neue
Turandot, 325 neue Rätsel, m. Karl Wolff
47.

Wolff, Henning, Journalist;
Bahnhofstr. 1, D-2448 Burg auf
Fehmarn, Tel. (04371) 2323
(Birkenwerder 20.9.29). Jugendbuch.
  V: Nächtlicher Spuk vor Brenken-
hafen, Jgdb. 70.

Wolff, Klaus, s. von der Osten-Sacken,
Klaus.

Wolff, Kurt, Prof.; Auf dem Hohen
Wall 15, D-4000 Düsseldorf 31, Tel. (0211)
404398 (Wuppertal 30.3.16). Texte, Lyrik,
Essay.
V: 27 lesetexte sehtexte gebrauchs-
meditationen 73; ohne wenn und aber,
texte 75; es ist nicht zu fassen, Für-
bittengebete oder öffentliche Reden mit
Gott 78, 80; Ein Maulbeerbaum für die
Übersicht, Erzn. u. Kurzgeschichten,
Texte über Gott und die Welt 80; Kein
Kinderspiel und andere Geschichten
und Texte nicht nur zur Weihnachtszeit
80; Der ganz bescheidene Höhepunkt,
Erzn. u. e. Liebesgesch. 82.

Wolff, Leon(ard), s. Wörle, Wolfram
Hermann Guido.

Wolff, Rudolf; VS; Hof Mori, D-2400
Lübeck 1, Tel. (0451) 494095 (Bad
Schwartau 19.5.49). Essay.
V: Literatur und Justiz, Ess. 76.
H: Was heißt hier Liebe?, Dok. 76; Das
Leben ist ein Kampf. Zur Aktualität
eines Klassikers: Heinrich von Kleist
77; Johann Wolfgang Goethe: Novelle,
m. dokomentar. Anhang 82; Erich
Kästner — Werk und Wirkung 83;
Reiner Kunze — Werk und Wirkung 83.

Wolff, Sebastian, s. Altenhoff,
Wolfgang.

Wolff, Uwe, StudR.; Thomas-Mann-
Förderpr. 82; Erbdrostenweg 44a, D-4400
Münster/Westf., Tel. (0251) 619712
(Münster 27.7.55). Roman, Erzählung,
Rezension.
V: Thomas Mann auf der Seefahrt
nach Oslo, Erz. 80; Papa Faust, R. 82,
3.Aufl. 82; Flamme empor! Szenen aus
der nationalsozialistischen Vorwelt, R.
84.
Lit: Ahlrich vom Rosenhof. Exile der
Heiterkeit. Ein Kommentar zum 'Papa
Faust' 83.

Wolff, Victoria, Schriftstellerin;
P.E.N.-Club Los Angeles; Certificate of
MERIT of distinguished historical biogr.
London 72; Hollywood Foreign Press
Assoc.; 911 Schumacher Drive, Los
Angeles, Calif. 90048/USA, Tel. (213)
9391828 (Heilbronn 10.12.08). Roman.
V: Mädchen wohin 38; Eine Frau hat
Mut 34; Das weiße Abendkleid 51; König
im Tal der Könige 51, 54; Ein anderer
Mann 58; Lügen haben lange Beine 62;
Keine Zeit für Tränen 54; Stadt ohne
Unschuld 50, 77; Liebe auf Kap
Kennedy 70.
F: Tales of Manhattan; Tal der
Könige.
Lit: Deutsche Exilliteratur seit 33.

Wolfgruber, Gernot; Grazer Autoren-
versamml. 76; Preis d. Theodor Körner
Stift. 75; Riesgasse 3/12a, A-1030 Wien
(Gmünd,NdÖst. 20.12.44). Roman,
Fernsehfilm, Hörspiel.
V: Auf freiem Fuß, R. 75, Tb. 78, 81;
Herrenjahre, R. 76, Tb. 79, 82;
Niemandsland, R. 78, Tb. 80; Der Jagd-
gast — Ein Drehbuch 78; Ankunfts-
versuch, Erz. 79; Verlauf eines Sommers,
R. 81.
R: Der Vertreter, Hsp.; Mutter, Vater,
Kind, Hsp., beide m. Helmut Zenker;
Der Einstand, Fsf.; Happy End, Hsp.;
Der Jagdgast, Fsf.; Das Vorbild, Fsf. ( )

Wolfinger, Albrecht, Prof. i. R.;
Erlenweg 2 II/05, D-7500 Karlsruhe, Tel.
(0721) 8801320 (Schriesheim a. d.
Bergstr. 22.11.91). Erzählung.
V: Jedes Ende ist Anfang, Advents-
erzn. 56; Die Bewährungsprobe, Erzn.
76; Die verwässerte Hochzeitsfeier,
Erzn. 78; Unterwegs. Geschn. von
gestern u. heute, Erzn. 82.
H: Erste Liebe, Geschn. u. G. 69; Das
Geheimnis u.a. Geschichten 69; Eine
kleine Flamme, Erzn. 72; Heiter erzählt,
Prosausw. 72; Das geheimnisvolle
Liebespaar, Kriminalerzn. 73; Stationen
im Jahreskreis, Erzn. 73; Die übermütige Trompete, Erzn. 74; Das Weih-
nachtsfenster, Erzn. 78; Dies ist der Tag,
den der Herr macht, Geschn. u. G. 79.

Wolfkind, Peter Daniel, s. Vujica,
Peter.

Wolfkind, Peter Daniel; Schönegg 47,
A-8102 Semriach.
V: Mondnacht, Erzn. 72; Der grüne
Zuzumbest, R. 73; Die Boten des
Frühlings, Erzn. 75; Sentimentale Geo-
graphie 79. ( )

Wolfmayr, Andrea, Buchhändlerin;
Grazer Autorenversamml. 81;
Steinhausen-Lit.pr. 80, Styria/Furche-
Pr. f. christl. Lit. 82; Fritz-Huberg. 4, A-
8200 Gleisdorf, Tel. (03112) 36292
(Gleisdorf 16.7.53). Roman, Kurzprosa,
Drama, Kinderbuch.
V: Spielräume, R. 81, 2.Aufl. 83, Tb. 83;
1, 2, 3, wir sind dabei, Kdb. 82.
MA: Mädchen dürfen pfeifen —
Buben dürfen weinen, Geschn. 81.

Wolfradt, Willi, Dr., Verlagslektor;
Heimhuder Str. 37, D-2000 Hamburg 13
(Berlin 19.6.92). Essay, Kritik. **Ue:** E, F.
V: Zahlr. Kunstbücher.
Ue: R. L. Stevenson: Inselnächte 45;
Fielding: Jonathan Wild 45; J. P. Sartre:
Nekrassov 56.

Wolick, Peter, s. Bröll, Wolfgang.

Wolka, Herma, s. Köhnlein, Maria.

Wolken, Karl Alfred; VS 61, Dt. P.E.N. Club; Preis d. Kulturkreises d. B.D.I. 60, Rom-Preis Villa Massimo 62, Förderpreis d. Bayer. Akademie der Schönen Künste 63, Berlin-Stipendium des Kulturkreises im B.D.I. 64, Georg-Mackensen-Preis für die beste Kurzgeschichte 75; Largo di Villa Massimo 1-2, I-00161 Rom, Tel. (06) 423392 (Wangerooge 26.8.29). Lyrik, Roman, Erzählung.
V: Halblaute Einfahrt, G. 60; Schnapsinsel, R. 61; Zahltag, R. 64; Wortwechsel, G. 64; Erzählungen 67; Klare Verhältnisse, G. 68; Außer Landes, G. 79; Die richtige Zeit zum Gehen. Eine Jugend in Gedichten 82.
H: Blick auf Rom, Anth. 68.
Lit: Sieburg: Verloren ist kein Wort 66; H. Müller: Formen moderner deutscher Lyrik 70.

Woller, Hermann, s. Hoppe, Hermann.

Wollheim, Mona *

Wollschläger, Alfred Ernst (Ps. A. E. Johann); Oerrel 48a, D-3122 Dedelstorf, Tel. (05832) 1551 (Bromberg 3.9.01). Roman, Erzählung, Essay, Reisebeschreibung. **Ue:** E.
V: Die Wildnis, R. 52; Heimat der Regenbogen 53, 62; Diana im Dornbusch, Erz. 53; Der Mann, der sein Wort gab, Erz. 54, 62; Schneesturm, R. 54, 61, Neufass. 62; Ferne Ufer 54; Sohn der Sterne und Ströme, R. 55, 62, u.d.T.: Sterne und Ströme 63; Die Wildnis, R. 55, 62; Weiße Sonne, R. 55, 61, Neufass. 62; Steppenwind, R. 55, 61, Neufass. 62; Große Weltreise mit A. E. Johann. Ein Führer zu den Ländern und Völkern dieser Erde 55, 63; Wohin die Erde rollt 58, 62; Wo ich die Erde am schönsten fand 59, 62; à la Indonesia 61, 63; Die wunderbare Welt der Malaien 62; Afrika, gestern und heute. Am Rande der Winde, R. 63, 64; Der Fischer, der die See erstach, Irische M. 64; Gewinn und Verlust, R. 64; Die Welt als Einheit 65; Der große Traum Amerika 65; Das Paradies ist überall 65; Amerika ist eine Reise wert 67; Das große Buch von der Erde 68; Im Strom, R. 68; Weltreise auf den Spuren der Unruhe 69; Nach Kanada sollte man reisen 69; Das Ahornblatt, R. 70; Ein Traumland: British Columbia 71; Aus dem Dornbusch, R. 72; Elefanten - Elefanten, Sachb. 73; Schöne Erde, Sachb. 73; Ans dunkle Ufer, R. 74; Wälder jenseits der Wälder, R. 76; Die Bergwelt Kanadas,

Sachb. 76; Irland, Sachb. 77; Die schönsten Geschichten des A. E. J. 77; Die Leute von Babentin, R. 80; Westwärts nach Oregon, Sachb; Am Ende ein Anfang, R. 81; Vom Yukon z. Rio Grande, Sachb. 81; Bis ans Ende d. Ewigkeit, R. 82; Kanadas ferner Osten, Sachb. 83; Rund um Asien, Sachb. 83.
Ue: Gwen Bristow: Die noble Straße; Bryan MacMahon: Kinder der Morgenröte; van Loon: Du und die Erde.

Wollschläger, Hans; P.E.N.; Lit.-Förder.pr. d. Ldes NRW 68, Lit.pr. d. Bayer. Akad. d. Schönen Künste 76, Dt. Jugendbuchpr. 77, Arno-Schmidt-Pr. 82, Kulturpr. d. Stadt Nürnberg 82; Jakobsplatz 1, D-8600 Bamberg, Tel. (0951) 57765 (Minden 17.3.35). Prosa, Essay. **Ue:** E, Am.
V: Karl May, Monographie 65, 78; Die Gegenwart einer Illusion, Ess. 70, 79; Die Bewaffneten Wallfahrten gen Jerusalem — Geschichte der Kreuzzüge 70, 79; Die Insel u. einige andere Metaphern f. Arno Schmidt, Ess. 82; Herzgewächse oder Der Fall Adams, R. 82 II.
H: Karl-Kraus-Lesebuch 81. —
MH: Jahrbücher der Karl-May-Gesellschaft seit 75.
R: Serenissima, m. H. J. Fröhlich, Hsp. 71.
Ue: B. A. Botkin: Die Stimme des Negers 63; James Baldwin: Eine andere Welt 65, 77; Robert Gover: Ein Hundertdollar Mißverständnis 65; Donald Barthelme: Komm wieder, Dr. Caligari 65, 79; Curtis Zahn: Amerikanische Zeitgenossen 66; Edgar Allan Poe: Werke, m. Arno Schmidt 66 — 72, 76 IV; Robert Gover: Kitten in der Klemme 67; Muriel Spark: Das Mandelbaumtor 67; Nell Dunn: Leben in Battersea 68; Stanley Reynolds: Lieber tot als rot 68; James Joyce: Anna Livia Plurabelle (Finnegans Wake) 70, 80; Robert Gover: Trip mit Kitten 71; Wallace Graves: Trixie 71; Mark Twain: 1601 u.a. 71; William Faulkner: Die Freistatt 73; James Joyce: Ulysses 75, 79; Raymond Chandler: Der lange Abschied 75, 79; Raymond Chandler: Die simple Kunst des Mordes 75, 79; Dashiell Hammett: Der gläserne Schlüssel 76, 79; Raymond Chandler: Mord im Regen 76, 79; Raymond Chandler: Gesammelte Detektivstories 76, 80; Edward P. Dunsany: Die Königstochter aus Elfenland 78; Krzysztof Penderecki (Milton/Fry), Das verlorene Paradies 79; James Joyce: Sämtliche Gedichte 80; George Ryga: Hörspiele 78 ff. u.a.

Wollschon, Gerd; Auerstr. 1, D-5000 Köln 60 (11.2.44).
V: Profitgeier u. a. Vögel, Kabarettexte 71; Sudel-Lexikon, sat. Wb. f. gelernte Deutsche 77; FDGO & Co. KG. 79; Der Duft von Freiheit u. Adenauer 82; Das neue Sudel-Lexikon 83.
MA: Vorsicht, die Mandoline ist geladen 70; Lieder gegen den Tritt 72; Arbeitersongbuch 73; Denkzettel 74; Venceremos — Lieder für Chile 75; Lieder aus dem Schlaraffenland 76; Lachend in die 80er 76; Th. Rothschild: Liedermacher 80; Karikatur gegen rechts 80; Laßt mich bloß in Frieden 81.
MH: Satire-Jb. 78.
S: Von Haussuchungen bitten wir abzusehen 79; Vietnam, m. Dieter Süverkrüp; Fließbandbabys Beat-Show; St. Pauli, du mein Loch zur Welt; Profitgeier; Lehrlinge zusammenhalten; Warum ist die Banane krumm?; Lucky Streik; Geyer — Symphonie; Mumien; Tilt u.a.

Wollseiffen, Siegfried, Dr.phil.; Arbeitsstip. Senat Berlin 77; Feldstr. 38a, c/o Frenkler, D-2300 Kiel (Bad Kissingen 23.12.44). Roman, Erzählung.
V: Angaben zur Person, eine Erz. 78; Starrer Ablauf, R. 79, 3. Aufl. 79; König Laurin, Erz. 81.

v. Wolmar, Wolfram, s. v. Wolmar-Ströh, Daisy.

v. Wolmar-Ströh, Daisy (Ps. Wolfram v. Wolmar), Journalistin, Hausfrau; Goethestr. 10, D-8210 Prien/Chiemsee u. Garstedterweg 320, D-2000 Hamburg 61, Tel. (040) 5511855 (Wien 16.5.23). Lyrik, Roman, Hörspiel.
V: Sönntagsmärchen 46; Ich wünsche mir, daß Du Dich freust; Alle Träume enden beim Erwachen, R. 82.
R: Der eingefangene Sonnenstrahl 47; Die Sonnenkinder, Rdfk 48.

Wolter, Christine; Piazza E. Duse 2, I-20122 Milano.
V: Meine italienische Reise 73; Wie ich meine Unschuld verlor, Erzn. 2. Aufl. 77, 81; Juni in Sizilien 77; Die Hintergrundperson od. Versuche zu lieben, Kurzr. 79, 82, u.d.T.: Stückweise Leben 80, Tb. 82; Die Alleinseglerin, R. 82; Italienfahrten 82.
H: Italienische Lyrik des 20. Jhs 71; 50 Novellen der italienischen Renaissance 74, 77; Späße und Streiche der italienischen Renaissance 78, 80; Italienische Liebesgeschichten 81. ( )

Wolter, Frank, s. Breucker, Oscar Herbert.

Wolter, Gerd, Autor; VS, München, AGAV, Stuttgart; Johannisplatz 16, D-8000 München 80, Tel. (089) 4801238 (Braunschweig 14.2.42). Lyrik, Essays, Kurzgeschichten.
B: Gruppe 47, Dokumentation 66; Aubrey Beardsley, Ballade 66 u.a. —
MA: Seit 1957 unregelmäßige Veröff. in den unterschiedlichsten Publikationen, u.a.: Kürbiskern, FAZ, BSZ, Emanzipation, Rosa, Fliegenpilz, Tagesztg.
H: Fliegenpilz (Zs.) seit 76; Mann oh Mann 80.

Wolter, Hans-Joachim, s. Chollet, Hans-Joachim.

Wolter, Karl (Ps. kakuwo), Dipl.-Ing., Reporter; S.D.S. bis 33; C.S.S.I. Rom 60, Tukankr. 29, Membre corr. de l'Académie Franc. de Phil. Paris 73; Landwehrstr. 52, D-8000 München 2, Tel. (089) 531848 (Worms 23.3.05). Drama, Lyrik, Novelle, Roman, Film, Hörspiel.
V: Bastonade, N. 30; Unser Freund Johann, Tr. 30; Die Welt des weißen Gottes, R. 55; Karl Valentin - privat, Biogr. 58; Post-Zensur I 65, II 66; Die Pappeln hinterm Siegestor, R. 70; Die Erwürgung der Individualität, R. 74; Ami, warst du 45 in Deutschland, R. 75; Retour-Brief I 76, II 78; Die kleinen Herrgötter, R. 80. — **MV:** Ein Komödiant blickt zurück, Biogr. 62; Was sag'n jetzt Sie zum Karl Valentin? 82.
F: Friedliches Abessinien 35.
R: Lokomotivführer Boris Lasaroff, Hsp. 26; Die Straße des Agenten, Hsp. 56; Die Bekehrung des Tigers, Hsp. 56; Die gute Luft von Kashmir, Hsp. 56.

Wolter, Manfred; Lenzstr. 19, DDR-1255 Woltersdorf b. Erkner.
V: Der vierzigfädige Tod, Sat., Humn., Grotn. 78, 80; Polterabend in Kuhfelde, Geschn. 80, 82. ( )

Wolterkemp, Ullrich, s. Tyrann, Kurt.

Wolthens, Clemens, s. Winkler, Hans-Jürgen.

Wondratschek, Wolf; Leonce und Lena Preis d. Stadt Darmstadt 68, Hsp.pr. d. Kriegsblinden f. d. Jahr 70; Kolbergerstr. 22, c/o Carl Hanser Verlag, D-8000 München (14.8.43).
V: Früher begann der Tag mit einer Schußwunde, Prosa 69, 71; Ein Bauer zeugt mit einer Bäuerin einen Bauernjungen, der unbedingt Knecht werden will, Prosa 70, 71; Paul oder die Zerstörung eines Hörbeispiels 69; Chuck's

Zimmer, G., Lieder 74; Das leise Lachen am Ohr eines andern, G., Lieder II 76; Omnibus, Prosa 72; Männer + Frauen, G., Lieder III 78; Letzte Gedichte, Lieder u. G. 80; Chuck's Zimmer, alle G. u. Lieder 82.
H: Vlado Kristl: Sekundenfilme 71.
F: Western, ein Film ohne Bilder, Kurzf. 70; Warum ist der Himmel kein Flugzeug?, Kurzf. 77; Nelson Algren — Der Mann mit d. gold. Arm, Dok. 82.
R: Freiheit oder ça ne fait rien 67; Zufälle 68; Paul oder die Zerstörung eines Hörbeispiels 69; Zustände und Zusammenhänge 70; Einsame Leichen 70; Akustische Beschreibungen I. T. 71; Kann das Quietschen der Straßenbahn nur eine Frau gewesen sein 71.
S: Maschine Nr. 9 74.

Wongtschowski, Adolf Friedrich, s. Buri, Friedrich W..

Wordel, Ria, Mundartdichterin; Literarische Ges. Köln; Urbanstr. 1, D-5000 Köln 21, Tel. (0221) 818089 (Neuß 21.5.94).
Mundartdichtung.
V: Psalmen op Kölsch 75 — 77 II; Allerhands vun allerhands Deere 78.
H: Kölsche Fraulücksverzäll, Anth. 77; Kölsche schrieve, Anth. 77.
R: Gott und die Welt. Psalmen op Kölsch, Fs.-Send. 75; Religion, Theologie, Kirche. Psalmen op Kölsch, Rdfk.-Send. 76.
S: Psalmen op Kölsch 77, 78 m. Musik v. Bach.

Worgitzky, Charlotte, Schauspielerin; SV-DDR 75; Stargarder Str 9, DDR-1058 Berlin, Tel. 4491031 (Annaberg/Erzgeb. 6.6.34). Roman, Erzählung.
V: Die Unschuldigen, R. 75, 76; Vieräugig oder blind, Erzn. 78, 80; Meine ungeborenen Kinder, R. 82, 83.

Worm, Susanna, freie Publizistin; Am Pfeifenberg, D-8301 Walchstadt am Wörthsee, Tel. (08143) 483 (Solingen 10.6.41). Essay.
V: Die griechischen Inseln — Der mythische Archipel, Ess. 80; Kreta, Ess. 82. — **MV:** Ägäisches Trio — Kreta Zypern Rhodos, m. Johannes Gaitanides, Ess. 74, Tb. 83; Griechenland — Vom Geheimnis seiner Landschaften, m. dems., Ess. 81.

Wormbs, Brigitte; Poppenreuteweg 44, D-7900 Ulm/D., Tel. (0731) 264742 (Betzdorf a.d.Sieg 14.5.37). Essay.
V: Über den Umgang mit Natur. Landschaft zwischen Illusion und Ideal,

Theorie-Ess. 76, 3.Aufl. 81; Ortveränderung, Ess. 81.
MA: Andere Ansichten der Natur 81; Das Naturbild des Menschen 82.

Wornar, Jan, (dt.: Werner, Johannes); Oberlehrer; SV-DDR 71; Lit.pr. d. Domowina 70, 81; Horkaer Str. 10, DDR-8291 Neudörfel (Horka, Kr. Kamenz 7.12.34). Kinder- u. Jugendbuch, Drama, Hörspiel.
V: Opium, Jgdb. 65; Der Wächter bläst, Kurzgeschn. (sorb.) 67; Die gestohlene Sonne, Kinderst. (sorb.) 69; Die Zimmerleute, Kinderst. (sorb.) 70; Im Lande der Riesen, Kinderb. 71, 76, sorb. u.d.T.: Tschapla und Hapla 70; Buntspecht hat einen Vogel, Kinderb. (sorb.) 74; Die Lärchengeige 78 (auch sorb.).
R: Die Zaubergeige, Hsp. (sorb.) 72.

Worsch, Anton, Heilpädagoge; Danziger Str. 2, D-6270 Idstein, Tel. (06126) 1527 (Kulm bei Eger 27.10.20). Lyrik.
V: Aufgetan ist dies und das, G. 61; Sonette an die Musen u.a. G. 62; Ostersonette 64; Impressions, G. 70.
MA: Spuren der Zeit; Nachlese; Boot, Lyrik, u.a. Anth.

Wortmann, Sigrid, Lehrerin; Masurenring 63, D-2300 Kiel 14, Tel. (0431) 203583 (Freudenberg/Siegerl. 27.11.37). Kinderbuch.
V: Herr Limplius und der rosarote Elefant 71; Thomas aus der 4b 78. ( )

Wostall, Nina, s. Misselwitz, Anna.

Wotte, Herbert; Liebstädter Str. 26, DDR-8021 Dresden (Dresden 12.3.09).
V: In blauer Ferne lag Amerika. Reisen u. Abenteuer d. dt. Naturforschers Georg Wilhelm Steller, Biogr. 66; Kurs auf Unerforscht 67; Kaaram tamo, Mann vom Mond 69, 73; Die Insel der bösen Geister 70; Reiter und Ruinen 71; David Livingston, ein Forscherleben für Afrika 73, 78; Die ersten Weltumsegler Magellan und Elcano, Jgd.-R. 74; Magellans Reise um die Welt, 3. Aufl. 78; Jagd im Zwielicht. Von Jagdherren, Jägern u. Wilderern 83.
Ue: M. Sluckis: Wie die Sonne zerbrach 67; J. Turgenjew: Aufzeichnungen eines Jägers 68, Ein Adelsnest 69, Erste Liebe 70; L. Andrejew: Die sieben Gehenkten 69.

Woytt-Secretan, Marie; 8 avenue de l'Europe, F-67000 Strasbourg (Fairbanks/Texas, USA 18.1.00). Biographie, Erlebnisbericht. **Ue:** E, F.
V: Albert Schweitzer, der Urwalddoktor von Lambaréne 48, 57 (auch holl.,

franz., poln.); Albert Schweitzers
Lambaréne lebt 79.
MA: Wir halfen dem Doktor 60.
Ue: Lilian M. Russell: Meine Freunde,
die Affen 50; Guy Barthélemy: Chez le
docteur Schweitzer u.d.T.: Wie ich
Lambaréne erlebte 53.

Wrann, Michele, s. Schön-Wrann,
Margarethe.

Wübbecke, Bernd; Fährenweg 10, D-
4773 Möhnesee-Körbecke.
V: Banditenstreiche, Geschn. 80; Das
Gesicht am Fenster, R. 80; Guten
Morgen, Herr Lehrer, Erinn. 81. ( )

Wühr, Paul, Lehrer; VS, P.E.N.; Hör-
spielpreis der Kriegsblinden, Ludwig-
Thoma-Medaille, Förderpreis Literatur
der Stadt München; Elisabethstr. 8, D-
8000 München 40, Tel. (089) 370318
(München 10.7.27).
V: Gegenmünchen 70; So spricht
unsereiner 73; Grüß Gott 76; Rede 79;
Das falsche Buch 83.
R: Das Experiment 63; Wer kann mir
sagen, wer Sheila ist 64; Die Rechnung
64; Gott heißt Simon Cumascach 65; Die
Hochzeit verlassen 66; Wenn Florich mit
Schachter spricht 67; Fensterstürze 68;
Preislied 71; Trip Null 72; Verirrhaus 73;
Viel Glück 75.

Wührl, Paul-Wolfgang, Dr. phil.,
ObStudDir.; Dr.-Hermann-Lagally-Str.
9a, D-8490 Cham/Opf., Tel. (09971) 9910
(Donauwörth, Schwab. 16.2.32). Übers.,
Jugendbuch, Essay. **Ue:** I.
V: Stromer auf fremden Flüssen,
Jgdb. 58; Italienische Lyrik der Gegen-
wart, Nachdichtungen moderner Lyrik
58; Italienische Gedichte des XX. Jahr-
hundert, G. von Saba, Montale,
Quasimodo, Ungaretti, Cardarelli in
Nachdichtungen 62; Triest und eine
Frau, Längsschnitt durch d. lyr. Gesamt-
werk v. Umberto Saba in Nachdicht. 62;
Mit David unterwegs, Die Geschichte
einer Bewährung, Jgd.-R. über e. Kanu-
Abenteuer im jugosl. Karst 74.
MA: Ca. 15 Beitr. zu Kindlers
Literatur Lexikon.
H: Märchen deutscher Dichter, Ausw.
u. Nachw. 64; Im Magischen Spiegel.
Märchen deutscher Dichter aus zwei
Jahrhunderten, Auswahl und einl.
Essay: Im magischen Spiegel I 78, II 81;
Erläuterungen und Dokumente: E.T.A.
Hoffmann, Der goldne Topf 82.
Ue: Übers. v. Lombardi, Filippini,
Manganelli, Porta, Balestrini, Moravia,
Russo in: Akzente seit 64.

Wüllner, Charly; Grindelhof 62, D-
2000 Hamburg 13.
V: Expedition Glückstadt. Die Reise
in die Realität und Fiktion einer Stadt
80. ( )

Wünnenberg, Rolf, Dr., Schriftsteller;
VS 46; Hechendorfer Str. 11, D-8036
Herrsching, Tel. (08152) 1247 (Frankfurt/
M. 20.8.05). Kulturgeschichte.
V: Andechser Votivkerzen 66; Fünf-
seenland 70; Werdenfels 70; Starnberger
See 72; Staffelsee 72; Alfred Nobel 72;
Ammersee 73; Chiemsee 73; Landsberg
am Lech 74; 1200 Jahre Herrsching 76;
Das Sängerpaar Heinrich u. Therese
Vogl. E. Beitr. z. Operngesch. d. 19. Jhs
82; Lorenz v. Westenrieder. Sein Leben,
s. Werk u. s. Zeit 82.
H: Starnberger See in alten Ansichts-
karten 79.
R: Mathilda Wrede 49; Monsieur
Robert 51; Andechser Votivkerzen 70.
Ue: B: Wentinck: Moderne und
primitive Kunst 74; Wilson: Surrealis-
mus 75; Rowlands: Bosch 75.

Wünsch, Kurt, Dr.paed.; Senffstr. 28,
DDR-4000 Halle (Saale).
V: Jonny unterm Regenbogen 77;
Fischkopp 78, 79.

Wünsche, Konrad, Hochschullehrer,
Prof.; VS 70, P.E.N. 77; Reichsstr. 78, D-
1000 Berlin 19, Tel. (030) 3057441
(Zwickau/Sa. 25.2.28). Drama, Lyrik,
Essay, Hörspiel.
V: Über den Gartenzaun, Drama 62;
Der Unbelehrbare und andere Stücke,
Dramen 64; Schemen entsprechend,
Lyrik 63; Jerusalem, Jerusalem, Drama
66; Gegendemonstration, Radiotext 67;
Die Wirklichkeit des Hauptschülers,
Ess. 72, erw. Aufl. 77, Tb. 79 (schwed. 81);
Schulregeln, Sachb. 80.
MA: Nelly Sachs zu Ehren 61; Specta-
culum VIII 65; Nelly Sachs-Festschr. 66;
Theater im Umbruch 70; Neues dt.
Theater 71; Hauptschule 75; Schul-
deutsch 76; Projekt Deutschunterricht
H. 11, 76; Enzyklop. Erziehungswiss. seit
83.
R: Über den Gartenzaun 62; Die es
trifft 63; Und das Krumme wird gerade
64; Nachlese 65; Gegendemonstration
66; Nein 69; Sendung 69; Von mir zu dir
71; Der Teufel u. d. Unschuldigen 73.
Lit: Henning Rischbieter: Deutsche
Dramatik in West und Ost 65; Marianne
Kesting: Panorama des zeitgenössischen Theaters 69; Sie schreiben
zwischen Goch und Bonn 75.

Wüpper, Edgar, M.A., Schriftsteller;
VS 76; Schulstr. 4, D-3501 Wichdorf
(Hahnenklee-Bockswiese im Harz
16.4.45). Kinderbuch.
  V: Schaufenster-Katalog für Kinder
75; Immer Streit mit Tim. Tägliche
Geschichten 76; "Tiere sind doch die
besten Menschen"?! 77, 81. —
  MV: Zigeuner, Portr. e. Randgruppe, m.
G. Schwab 79; Wichdorf — früher u.
heute, m. A. Barthel u. A. Vogt 81.
  MA: Katzenzunge 83.
  MH: Die KAZ-Story. Strategien
städtischer Kulturpolitik 76.

Würl, Wilfried, Dr., RA., Konsulent;
Goldener Ehrenring von Laxenburg;
Salzmannstr. 8, A-4600 Wels, Tel. (07242)
5534 (Wien 5.9.21). Lyrik.
  V: Hort der Sehnsucht, G. 49; Nach
Mitternacht, G. 59; Burg im Süden, G.
61; Laxenburg, G. 71; Unser Wels, G. 76;
Herz und Heimat, G. 80; Gotische
Madonna, G. 83.
  Lit: Hermann Molterer: Fanale der
Zeit 3 71.

Würth, Heidy (Ps. Marianne), Medizin.
techn. Assistentin; Ba.S.V. 56, PEN
Gruppe Basel 60; Literarischer
Wettbewerb Radio Basel 53,
Ehrengaben der Stadt Basel 61, 63, 79;
Schweiz. Verein für Literaturfreunde
Basel 59; Rümmingerstr. 41, CH-4058
Basel, Tel. (061) 491107 (Basel 30.5.20).
Baseldeutsche Lyrik, Kurzgeschichten.
  V: E Hampfle Glugger, Baseldt. Verse
54; Käpseli und Grälleli, Baseldt.
Kinder-Verse 55; E Stiggli blaue
Himmel, Baseldt. Verse 57; Santi-Niggi-
Näggi, Nikolaus- u. Weihnachts-G. 61;
Du und ych, Baseldt. Liebesg. 64;
Rhykisel, Baseldt. Lyr. 79.
  R: Baseldeutsche Lyrik, Rdfk 53, 56,
61.
  S: Baseldeutsche Lyrik, Schallpl. 77.
  Lit: Basler Schrifttum der Gegenwart
63.

Würtz, Brigitte, Malerin; GEDOK 54,
Kg. 68; Wilhelm-Ostwald-Str. 6, D-8000
München 40, Tel. (089) 369953 (Berlin
31.12.18). Roman, Essay, Lyrik.
  V: Die Zaubertricks des Monsieur
Pascal 64; Lamur unter Mordverdacht
71; Die Affäre Pascal 78, alles Krim.-
R. — **MV:** München wie es schreibt und
ißt 64; Wo kauft man was in München
68.
  Lit: Dialog in Bildern v. Hans Kinkel
77.

Wüst, Leni (Ps. Leni Micharelli);
Wilhelm-Leuschner-Str. 88, D-6000

Frankfurt a.M., Tel. (0611) 251521
(24.4.07).
  V: Die Spuren ihrer Erdentage 63;
Wirbel um Doddy. Ende gut, alles gut 65;
Der Kampf um die Hangshalde 65; Das
Medaillon der Monika, u.d.T.: Der
goldene Talisman 66; Augen auf,
Christa; Himmel, unsere Ferienkasse
66; Drei aus dem Rabennest 67; Freund-
schaft mit Doddy 67; Vera und
Veronika, R. 68; Die große Prüfung 70;
Bommy will nach Indien 71; Treffpunkt
London 74; Der bunte Adrian 75; Eine
tolle Erbschaft, Gesch. 77; Man muß sich
entscheiden 80; Es begann auf d.
Ponyhof 82; Schwere Entscheidung 82.

Wüthrich, Werner, Dr.phil.; Gruppe
Olten 76, Be.S.V. 78; Preise d. Stadt u. d.
Kantons Bern 72, 80, 82; Stauffacherstr.
43, CH-3014 Bern, Tel. (031) 426082
(Ittigen b. Bern 14.6.47). Drama, Film,
Hörspiel, Prosa.
  V: Vom Land, Ber. 79, 2. Aufl. 81;
Landflucht, Bü. 79; Motocross, Bü. 80;
Die Erfolgreichen, Bü. 82.
  R: A deplorable original swiss story,
Hsp. 72; Wanderungen, Hsp. 72; Die
Zurücknahme, Hsp. 74; Vom Ärgernis
zum Klassiker, Feature 78; Landflucht,
Fsp. 79.
  S: Der Fall Henzi, Tonbd-Kassette 74.

Wulf, Berthold, Pfarrer in der
Christengemeinschaft; Herta-Bläschke-
Lyr.-Pr. (2. Pr.) 83; Untere Zäune 19, CH-
8001 Zürich, Tel. (01) 2515925 (Hannover
2.7.26). Lyrik, Essay, Drama, Epik.
  V: Idee u. Liebe, Ess. 60; Auf der
Regenbogenbrücke, G. 62; Den Trost-
brunnen hat er in seiner Hand, G. 62;
Hinter unsern Hügeln, G. 63; Melissa, G.
63; Nicolaus Cusanus, Ess. 64; Gedanke
u. Gegenwart, Ess. 64; Kreuzapfel Welt,
G. 65; Im Himmel und auf Erden, G. 65;
Idee u. Denken, Ess. 66; Ewiges
Evangelium, Ess. 65; Natur u. Geist, Ess.
65; Canticum Mundi, eine Dicht. 67;
Ewiges Evangelium, G. 68; Das heilige
Mahl, Brot und Wein. Das Buch vom
Gral, eine Dicht. 69; Hiob. Scen. Dicht.
in sieben Bildern 71; Im grünen
Gedächtnis der Erde, eine Dicht. 71;
Was bedeutet zu stehen unter dem
Regenbogen, Dicht. 72; Flexionen und
Reflexion, G. 72; Der Bienenflug, Dicht.
75; Maximen des Christentums, Goethes
religiöse Welterfahrung, Ess. 76;
Erblindetes Glas, G. 76; Das mythische
Jahr, Dicht. 76; Amphoren Amphoren, G.
77; Sils Maria — Fextal, G. 78; Nur einen
Sommer, G. 79; Sils Maria — im Winter,
G. 79; Geheimnisvolle Erde, Ess. 81; Im

Sternbild d. Schwans u. d. Leier, G. 82;
Thomas v. Aquin, Ess. 82; Tod, nachtod-
liches Leben, Ess. 81; Hiob d. Wanderer,
Drama 83; Evangelium u. Evolution, Ess.
83; Tage in Indien, G. 83; Kalendarium
d. Ewigkeit, Dichtg. 83; Christentum u.
Sakrament, Ess. 80-83 VII.

Wulf, Christa Ida Alexandra, Dipl.
Bibliothekarin; Hildburghauserstr. 239f,
D-1000 Berlin 45, Tel. (030) 7124051
(Berlin 6.5.28). Lyrik, Kurzgeschichte,
Erzählung. **Ue:** E.
V: Wir machen alles selbst,
Geschichten aus dem Alltag einer Haus-
frau 75; Sitzgelegenheit ist mitzu-
bringen. Erinnerung an eine gewöhn-
liche Schule in außergewöhnlicher Zeit
80. — **MV:** Pfarrer X und seine Frau 79.
H: Die Traumschaukel. Gedanken zur
Nacht. ( )

Wulf, Hans, Dr., Pfarrer;
Hildburghauser Str. 239f, D-1000
Berlin 45, Tel. (030) 7124051 (Berlin
4.8.29).
V: Engel auf krummen Beinen,
Geschn. 82.

Wunderer, Eduard, Gymnasialprof.
i.R., ev. Pfarrer; FDA 74; Friedrich-Spee-
Str. 31, D-8700 Würzburg, Tel. (0931)
76695 (Landau/Pf. 23.9.02). Jugendbuch,
Erzählungen, päd. Belletristik,
Katechetik, Hörspiel.
V: Pädagogik: ungenügend, Biogr. 59,
68; Ruth sucht eine Lehrstelle, Jgdb. 65;
Seelsorgerlicher Religionsunterricht,
Päd. 65; Andrea steigt ein, Jgdb. 69; Welt
auf vier Beinen, Erz. 73; Spukt es im
Internat 73; Die 8 vom Internat, Jgdb.
74; Kerstin bricht aus, Jgdb. 75; Sonja
und ihre Freunde, Jgdb. 78; Schüler, die
man nie vergißt, Erz. 79.
S: Warum läßt Gott das zu? 71.

Wunderer, Richard (Ps. Richard
Waldegg, John D. Verden), Dr. phil.,
Schriftsteller; Krottenbachstr. 104/2/6,
A-1190 Wien (Wolfsthal 9.3.26). Roman,
Jugendbuch, Sachbuch. **Ue:** F.
V: Safari ohne Geld 54; Der Sprung
von der Erde 56; Sittengeschichte von
Wien 57; Sittengeschichte einer Welt-
stadt, Paris 62; Sittengeschichte Ruß-
lands 67; Hygiene des Sexuallebens 51
— 70; Alle Sehnsucht in uns 65; Die
Sintflut wird kommen 68; Rhythmus der
Lust 69; Iocus pornographicus 70. —
MV: Willi Bauer: Geschichte und Wesen
der Prostitution 60 — 70.
B: Gorki, Malwa, Hsp. 52.
H: Gaston Vorberg: Luxu & Voluptate
66. ( )

Wunderlich, Heinz, Dr. med., Arzt;
Schriftst. i. Schl.-Holst.; Kritikerpreis d.
Stadt Montevideo; Scharler Weg 10, D-
2351 Groß-Kummerfeld, Tel. (04393)
1755. Roman, Jugendbuch, Drama,
Volksstück, Kinderstück, Musical, Film,
Fernsehspiel, Schallplatte.
V: Nicht mit mir, Alexander, R. 54;
Terra caeca, Dr. 55; Gesellschaft d.
Gänseblümchen, Grot. 55; Römische
Komödie 56; Willkommen in der Hölle,
Dr. 57; Prairie Saloon, Mus. 58; Der
Mond gehört Ihnen, M. 60; Geld-
schrankballade, Mus. 62; Kiek mol
wedder in, Mus. 62; Wonderful Chicago,
Mus. 65; Zwanzig ist zu jung, R. 65;
Fastnacht in Kopenhagen, Mus. 70;
Tischlein deck dich 70; Olalaho 71; Otto
Panino und seine Band 71; Sieben auf
einen Streich 72; Till Eulenspiegel 76,
alles Kinder-Mus.; Verrückt wie Ekke
Nekkepenn, Jgd.-B. 76; Von einem der
auszog, das Fürchten zu lernen, Ki.-St.
77; Oliver Twist, Jgd.-St. 77; Guten
Morgen, Herr Riese, M. 78; Bötjer
Basch, Schausp. 79; Der Feuermann u. d.
Regentrude, M. 82; Ehrliche Ganoven,
Mus. 82; Amaryllis, Krim.-Sat. 82;
Schneeweißchen u. Rosenrot, M. 82;
Dracula, Mus. 83; Die kleine Seejung-
frau, M. 83; Geliebter Barbar, Mus. 83. —
MV: Um die Ecke liegt Siezilien, Ki.-
Mus. u. Jgd.-B. 72; Die Vier vom
Kuddelmuddelplatz, Ki.-Mus. 73; Der
Lotse geht von Bord, Mus. 73;
Kladderadatsch, Ki.-Mus. 74; Der
schönste Mann von der Reeperbahn,
Mus. 74; Robi, Robi, Robinson, Ki.-St. 75;
Wasja kauft den Hund im Sack, Ki.-
Mus. 76; Münchhausen, Ki.-Mus. 76;
Schwarze Nachtigallen, Mus. 79; Küß
mal deinen Doktor, Kom. 79; Reineke
Fuchs, Ki.Mus. 79; Komm gut ins neue
Jahr, Krim.Mus. 80; Alexis, Jgdb. 80;
Vom Fischer und seiner Frau, Mus., Fsp.
u. Hsp. 80.
F: Ventile auf 60.
R: Gesellschaft der Gänseblümchen;
Prairie Saloon; Die Dame vom Maxim;
Um die Ecke liegt Sizilien; Die Vier vom
Kuddelmuddelplatz; Der schönste Mann
von der Reeperbahn, alles Fsp. 63-75.
S: Prairie Saloon; Wonderful Chicago;
Tischlein deck dich; Otto Panino und
seine Band; Wasja kauft den Hund im
Sack 63-75.
Ue: u. **B:** Georges Feydeau: Die Dame
vom Maxim; Alexandre Bisson: Der
Schlafwagenschaffner.

Wunderlich, Marlies, Dipl.-Ing. agr.;
Elßlergasse 25, A-1130 Wien, Tel. (0222)

8210573 (Wien 18.3.40). Kinderbuch,
Sachbuch.
   V: Unser tägliches Gift, Sachb. 75;
Firlefanzien, Kinderb. 76. ( )

Wurm, Franz; Intern. P.E.N. 70;
Ehrengabe Zürich 65; Forchstr. 103, CH-
8032 Zürich, Tel. (01) 535585 (Prag
16.3.26). Lyrik, Erzählung. **Ue:** F, E, Tsch.
   V: Anmeldung 59; Anker und Unruh,
G. 62, 64; Acht Gedichte in Faksimile
75. — **MV:** Fünf Zinkätzungen von Emil
Müller zu vier Gedichten von F.W. 65.
   H: René Char: Gedichte und Schriften
zur bildenden Kunst 62.
   R: Paul Valéry: Die fixe Idee; Für
Günter Eich über ihn; Ich heiße Franz
Kafka; Samuel Beckett: Mercier &
Camier, als Hsp. bearb.; König auf dem
Dach, Funkg.
   S: Der Aufrechte Gang, 6 Tonkass. 68.
   Ue: René Char: Gedichte; Paul Valéry:
Die fixe Idee; Moshé Feldenkrais: Die
Muskulatur der Seele 67 (auch Mitverf.),
Der aufrechte Gang 68, 69; Ludwig
Wittgenstein: Ethik 67 (auch Hrsg. u.
Rdfk); Henri Michaux: Ekuador (auch
Rdfk); Moshé Feldenkrais: The case of
Nora u.d.T.: Der Fall Doris 77; The
elusive obvious u.d.T.: Die Entdeckung
des Selbstverständlichen 84. —
MUe: René Char: Hypnos u. andere
Dichtungen 63.
   Lit: Ivan Vyskočil: Nachw. zur
tschech. Ausg. d. Gedichte von F.W. 72;
Michael Hamburger: Exil Literatur.

Wurm, Franz F., Dr. rer. oec., Dipl.-
Volkswirt; D.A.V. 56; Nidaforum 11, D-
6000 Frankfurt a.M., Tel. (0611) 570133
(Siegen/Westf. 6.5.12). Novelle, Roman,
Jugend- u. Kinderbuch, Hörspiel.
   V: Europa deine Söhne 49; Strafakte
Dls 77/1889, Nn. 51; Der Durchbruch, Nn.
51; Alles hat seinen Preis, R. 51, 59; Der
Leutnant und sein General, R. 55; Die
Blaue Rotte greift ein, Kinderb. 55; Die
Blaue Rotte und die Wilddiebe, Kinderb.
55; Die Blaue Rotte - ganz groß,
Kinderb. 56; Die Blaue Rotte in Nacht
und Sturm, Kinderb. 56; Die Blaue Rotte
auf großer Fahrt, Kinderb. 57; Abenteuer auf Schloß Klingenberg, Kinderb.
57; Achtung, Stephan! - Patentdiebe im
Chemiewerk, Kinderb. 57; Barbara
schafft's nicht alleine, Kinderb. 57;
Wasser für Karghora, Jgdb. 60; Geier
über Bengalen, Jgdb. 60; Die Tochter
des Marwari, Jgdb. 60; Orissa wird
leben, Jgdb. 61; Greg und Florian
erleben eine neue Welt, Abenteuer im
Dschungel 73; Wiedersehen in Bombay

74; Greg u. Florian, Abenteuer auf
fremden Straßen 77.
   R: Die Alten und das Alte, Hsp. 53;
Der Griff nach den Steuern, Hsp. 53; Ein
Kreis schließt sich, Hsp. 53, 55.

Wurm, Martin, Student; Anerkennpr.
f. Lyrik b. d. Regensbg. Lit.tagen im
Rahmen d. Jungautorenwettbew. 78;
Waldstr. 38, D-8306 Schierling, Tel.
(09451) 625 (Straubing 26.3.54). Lyrik,
erzählende Prosa.
   V: Chronik der Zweifel, G. 79.
   MA: Land ohne Wein u. Nachtigallen,
Anth. 82.

Wurmbrand, Irmgard-Barbara (Ps.
Noretta), Landwirtin; Purgstall 63, A-
8044 Graz-Mariatrost, Tel. (03132) 2220
(Graz 23.9.06). Roman, Film, Novelle.
   V: Das Ungewollt, R. 34; Das letzte
Leuchten, R. 36, 50; Kilian und der Hof,
R. 37, 50; Wetterleuchten um Barbara, R.
38; Tauerngold, R. 40, 50 (auch ital.) 56;
Glitzernde Tropfen 47; Ein weiter Weg,
R. 48; Elmsfeuer, R. 49; Die Burg-
steinerin, R. 50; Insel der Schuldigen,
Nn. 50; Lava, R.; Hittrach, R. 56; Das
güldene Herz, R. 57; Dann hilft keine
Reue mehr, R. 58; Der ewige Brunn 69;
Der Schrei des Nußhähers 70; Der
verratene Berghof 71; Das Prachtstück;
Der vergessene Berg, R. 76; Fünf
Spatzen und kein Nest, R. 78; Das
Kuckucksei 83.
   F: Wetterleuchten um Barbara; Dein
Herz ist meine Heimat; Vergiß wenn du
kannst.

Wurth, Inge, Krankenschwester; VS
Baden-Württ. 74; DRK-Klinik
Josefinenheim, D-7570 Baden-Baden
(Baden-Baden 25.7.33). Lyrik, Novelle,
Essay.
   V: Wir sind, G. 73; Der Löwenbaum, N.
74; Erlittenes Licht, Ess. 75; Aufbruch
und Ankunft, Ess. 76; Geist und Form,
Ess. 77; Die Gezeichneten, Ess. 77; Der
Wassermann, Erz. 82. — **MV:** Weg nach
Delphi 79; Das geistige Jahr 82, beides
Cantos m. F. Büchler. ( )

Wurthmann, Kurt, Schriftsteller; FDA
73; Ges. Kath. Publ. Dtschlds 62, Soc. Int.
d. Art. Chrét. 71, Künstler-Union-Köln
69; Hermann-Milde-Str. 3, D-5090
Leverkusen-Opladen 3, Tel. (02171) 2626
(Opladen 7.8.22). Erzählung, Kurz-
geschichte, Jugendbuch, Hörspiel,
Feature.
   V: Jungen wie du, Jgdb. 63; Und sie
hören es doch, Erzn. 64; Hallo kennt ihr
GGG?, Jgdb. 68; Vierundfünfzig
Menschen, Erzn. 68. — **MV:** Die sieben

Ähren, Leseb. 65; Mein Lesebuch; Die
Äpfel der Versöhnung, Erzn. 66; Doch in
uns das Herz, Erzn. 67; Medikament
Freude, Erzn. 69, 70; Vorlesebuch I 72;
So lange noch Tag ist, Erzn. 72; Da ist
ein Mensch, Erzn. 74.
  R: Der freigebige Kirgise, Hsp. 66, 72;
Wie die Geige in die Welt kam, Hsp. 66,
72; Die blaue Rose, Hsp. 67, 71; Wie die
Blumen in die Welt kamen, Hsp. 67, 70;
Elbenkönigin Hild, Hsp. 68, 70; Die drei
Aufgaben, Hsp. 68, 70; Der Fliegende
Holländer, Hsp. 69, 73. - Dauthendey:
Raubmenschen, Feature 66, 68; E.
Jünger: Waldgang, Feature 67;
Hartmann von Aue: Der arme Heinrich,
Feature 68; Peter Weiss: Ermittlung,
Feature 69; Hauptmann: Florian Geiyer,
Feature 70; Platon: Staat, Feature 71, 75;
Hirche: Nähe des Todes, Feature 71, 75;
Eyth: Hinter Pflug und Schraubstock,
Feature 71, 74; Arbeitswelt 77, Krimi 78;
Science Fiction 78; Reisen und Aben-
teuer 78, 79; Aus dem Knast 79; Drogen-
szene 79; Abtreibung 79; Der Tod —
eine Katastrophe? 79; Menschen wie du
und ich 80; Wieder in Freiheit.
Gefangenenschicksale 80, 81; Wenn
Eltern auseinandergehen. Scheidungs-
waisen 81; Jugendsekten — eine neue
Religiosität 81; Ausreißen — e. Lösung,
die keine ist 81; Freundschaft — u. sonst
nichts? 82; Liebe — ohne Probleme? 82;
alles Features.

Wurtz, Johannes (Ps. Hans
Waldneudörfer), Journalist, Theater- u.
Musikrezensent, Lektor, Essayist; St.-
Wendelin-Plakette für Literatur 73,
Ehrengabe zum Kulturpreis des Ldes
Baden-Württemberg 79; Richard
Wagner Str. 7, D-6652 Bexbach-Fran-
kenholz (Waldneudorf/Jugoslawien
16.7.08). Drama, Lyrik, Roman, Novelle,
Essays auf d. Geb. d. heimatgeschichtl.
Lit. **Ue:** Serbokroat, U.
  V: Cantate, G. 41; Die Dingelstocks, R.
42; Lucia und der Mönch, R. 58, 60;
Schwester Consuela, R. 59; Die letzte
Rose, R. 59; Bauern, Popen und Pandu-
ren, R. 60; Die Mühle im Schriesheimer
Tal, R. 60; Wie Ähren im Sommer fallen,
R. 62; Weit war der Weg nach Assuan, R.
63; Wenn die Schwalbe heimwärts fliegt,
R. 64; Die Kreuzhofer Töchter, R.; Der
Kantor von St. Aegyd, R.; Waldneudorf -
Deutsches Schicksal zwischen
Madjaren und Serben 68; Zweihundert
Jahre unterwegs, Sch. 70; Die Drei von
der Woogsackermühle, R. 73; Das Tage-
buch einer Nonne, R. 74; Fürstentöchter
und Bauernsöhne, R. 75; Die Ludwigs-

bahn, R. 76; Von der Saar bis Ulm —
fast bis zum Schwarzen Meer,
Novellenbd 80; Zwischenspiel in
Rudolfsgnad, R. 80; Als Kurier d.
Kaisers 83. — **MV:** Unser Jarek — unser
Dorf — unser Leben 82; 100 Jahre
Waldneudorf 83.
  MA: Entwicklung u. Erbe d. donau-
schwäb. Volksstammes, Festschr. f.
Josef Volkmar Senz z. 70. Geb. 82.
  Ue: Herzegowinische-montenegrin.
Volkslieder 28 — 42; Lyrik v. Jovan
Jovanovič Zmaj u. Branko
Raditschevitsch; Ungar. Volkslieder v.
Janos Arany u. Sandor Petöfy-
Petrovitsch.
  Lit: Martha Petri: Donauschwäb.
Dichterb. 43; Hans Diplich: Wir Donau-
schwaben, Anth.; Anton Scherer: Die
nicht sterben wollen, Südostdt. Anth;
Friedrich Binder: Ulmer Blätter 68; Der
Donauschwabe 78; Friedr. Binder: J. W.
Der literar. Künder donauschwäb.
Lebensart 83.

Wustmann, Erich; SV-DDR;
Friedrich-Gerstäcker-Preis 58, Verd.-
Med. der DDR 76; Hempelstr. 11, DDR-
8320 Bad Schandau-Ostrau, Tel. (05692)
2159 (Niedersedlitz 9.11.07). Jugendbuch,
Reisebeschreibung.
  V: Kinder der Wildmark, Jgdb. 35, 54;
In Lappzelt und Renntierpulk, Jgdb. 36,
51; Ole Gynt, der Lofotfischer, Jgdb. 36,
53; Jagdabenteuer im Eismeer, Jgdb. 37;
Wunder ewigen Eises, Jgdb. 38; Die
Pelztierjäger von Petsamo, Jgdb. 37, 54;
Gunhild, die Reiterin, Jgdb. 39, 53; Toll-
kühne Färinger, Jgdb. 39; Faltbootfahrt
von Fjord zu Fjord, Jgdb. 40, 53; Unter
der Mitternachtssonne, 3 Jahre als
Lappe, Reiseschild. 41; Licht über den
Bergen, Jgdb. 40, 56; Ein Mädel
zwischen Land und Meer, Jgdb. 48, 56;
Kitzi, Jgdb. 49; Paradies der Vögel, Erz.
49, 51; Niels und seine Abenteuer 51, 53;
Kinder auf Island, Jgdb. 52, 55; 1000
Meilen im Renntierschlitten, Reise-
schild. 52, 69; Marbu, Erz. 53, 54; In die
Welt mit Palette und Zelt, Jgdb. 52;
Ingrid und der Bär, Jgdb. 54, 55;
Kristina auf Lundholmen, Jgdb. 54; Wo
das Eis die Grenze schuf, Reiseschild.
54, 55; Isbjörn, Erz. 55; Klingende
Wildnis, Erz. 54; Weiter Weg in Tropen-
glut, Reiseschild. 58, 67; Taowaki, Jgdb.
57, 68; Crao, Indianer der roten Berge,
Reiseschild. 58, 67; Orchidee vom Rio
Teia, Jgdb. 58; Karajá, Indianer vom Rio
Araguaya, Reiseb. 59; Xingú, Paradies
ohne Frieden, Reiseb. 59, 73; Arapú,
Jgdb. 59; Kondor und Muschelhorn,

Jgdb. 60; Yahuá, die Blasrohrindianer,
Erz. 60; Wilde Reiter in Sertão, Jgdb. 62;
Bahia - Unter Palmen und braunen
Menschen, Reiseschild. 62; Indios im
Hochland der Kordilleren, Reiseschild.
63, 70; Las Canarias, Reiseschild. 64, 74;
Ich bin Mary-Sol, Jgdb. 64; Katako,
Jgdb. 64; Hrenki und das Große Lied 68,
72; Vitotschi 72; Unterwegs zu den
Zwergindianern in Kolumbien 73, 75;
Indianer, wo bist du? 74; Candida, Jgdb.
74; Gloria, Jgdb. 77; Lenita, Jgdb. 79;
Erlebt in Wald u. Dschungel, Kdb. 82;
Manuela 82; Erlebt in Tundra, Wüste u.
Dschungel, Lebenserinn. 83.
    R: Der Wetterwart von der Barents-
see, Hsp.

†Wuttig, Heinz Oskar; Dram.-Un. 53,
VS Berlin; Hsp.-Preis d. Verb. d. Dt.
Kriegsblinden 53, Gold. Nadel d. Dram.-
Un. 78, Bdesverd.kreuz a.B. 78; Dram.
Ges. 56, Akad. d. Darstellenden Künste;
Wilhelmsaue 10, D-1000 Berlin 31
(Berlin 19.7.07). Drama, Roman, Film,
Hörspiel, Fernsehen.
    V: Die Straße aus Eisen und Stein, R.
36; Vagabund zwischen Himmel und
Erde, R. 37; Wer saß auf Vaters Hut?, R.
40; Die Schleuse, Dr. 55; Alle meine
Tiere, R. 64; Der Forellenhof, R. 66; Salto
Mortale, R. 70. — **MV:** Kyritz - Pyritz,
Dr. 54.
    F: Großalarm 36; Meine Kinder und
ich 55; Nichts als Ärger mit der Liebe
56; Wie ein Sturmwind 56; Die Früh-
reifen 56; Nichts als die Wahrheit 57;
Kriegsgericht 58; Dr. Mabuse 60; Der
Transport 61.
    R: St. Louis Blues; Asternplatz;
Nachtstreife; Die Grüne Franziska;
Strichweise Regen; Orangen und Minze;
Glut in der Asche; Großer Ring mit
Außenschleife; Der Nachtprinz;
Columbushaus; Der Mann aus den
Wäldern; Klopfzeichen; Elfmeter, alles
Hsp.; Zwischen Brooklyn und
Manhattan, Fsp. 64; Alle meine Tiere,
Fsp.-Serie 64; Der Forellenhof, Fsp.-
Serie 65; Salto Mortale, Fsp.-Serie 69;
Tournee, Fsp.-Serie 70; MS.-Franziska,
Fsp.-Serie 77; Drei Damen vom Grill,
Fsp.-Serie 77.

Wysocki, Maria, Kosmetikerin;
Engelbergstr. 5, D-7801 Stegen 2, Tel.
(07661) 6916 (Stettin 9.3.38). Lyrik,
Roman.
    V: Nicht nur Worte — More than
Words 81.

Wyss, Dieter *

Wyss, Hedi, Journalistin; Gruppe
Olten; Schweiz. Jugendb.pr. 81, Buchpr.
Stadt Bern 81; Alte Landstr. 49, CH-8802
Kilchberg/Zürichsee, Tel. (01) 7152446
(Bern 17.10.49). Jugendbuch, ·
Jugendroman, Roman, Kurzgeschichten,
Essays.
    V: Das rosarote Mädchenbuch, Jgdb.
73, 80; Welt hinter Glas, Jgd-R. 79, 81;
Keine Hand frei, R. 80, 82; Flügel im
Kopf, R. 82. — **MV:** u. **MH:** Rotstrumpf,
Jgdsachb. I 75, II 77, III 79, IV 81, V 83.
    MA: Das kleine Mädchen, das ich war
82; Anfällig sein 79; Frauen erfahren
Frauen 82.
    Ue: Z'Graggen: Zeit d. Liebe, Zeit d.
Zorns 82.

Wyss, Laure, Journalistin; SSV 82;
Auszeichn. d. Stadt Zürich 78, 82,
Schweiz. Schillerstift. 82; Winkelwiese 6,
CH-8001 Zürich, Tel. (01) 478801 (Biel/
Schweiz 20.6.13).
    V: Mutters Geburtstag, e. Ber. 78;
Frauen erzählen ihr Leben 76; Ein
schwebendes Verfahren 81; Das rote
Haus 82.
    MA: Ich hab' im Traum d. Schweiz
geseh'n 80.

Wyss, Peter, Pfarrer; Be.S.V. 77;
Kirchstr. 8, CH-3065 Bolligen, Tel. (031)
581131 (Brienz, Kt. Bern 16.7.19). Lyrik.
    V: Acht eis, Mda.-G. 76, 2.Aufl. 77;
Zägi-hägi, Mda.-G. 81.

Wyss, Rudolf, Dr. phil.; Häldeliweg 17,
CH-8044 Zürich (Zürich 16.1.09). Lyrik.
    V: Die Komposition von Apollonios'
Argonautica 31; Die Geschenke der
Musen, G. 50; Gedichte 64; Gedichte 74
III; Airavata. A Dialogue on India and
Indian Philosophy 69.

Wyss, Verena, lic.phil., Historikerin;
Werkpr. f. Lit. d. Kantons Solothurn 82;
Loretostr. 11, CH-4500 Solothurn, Tel.
(065) 227356 (Zürich 1945). Roman.
    V: Langsame Flucht, R. 82.

XYZ

Yester, Burt, s. Breucker, Oscar Herbert.

YZ, s. Bäker, Bernhard A..

van Yzeren-Loon, Willem, s. Muhrmann, Wilhelm.

Zabel, Thomas, s. Stave, John.

Zacharias, Alfred, Gymnasialprof. i. R.; Schollstr. 13, D-8035 Gauting, Tel. (089) 8501079 (Regensburg 25.3.01). Jugendbuch.
V: Der Bauernzorn, Erz. 37, 41; Wanderhans, Erz. 38, 41; Kornett in Siebenbürgen, Erz. 38, 43; Robinson, neuerz. 39, 71; Stein in der Mauer, Erz. 42, 56; Columbus entdeckt Amerika, 48, 51; Stern und Engel, Erz. 48; Till Eulenspiegel erzählt sein Leben 50; Bileams Eselin, Erz. 52, 61 (auch amer.); Heiligenbuch, Legn. 56, 64; Kleine Kunstgeschichte abendländischer Stile 63, 76; Mein Kunstbuch 65, 76; Zauberer Zamboni 69; Tagebuch der Venus 69; Zwick der Zwerg 73; Das Rieseneis 73 (franz. 77).
R: Gotik nah gesehen 65; Keramik 66; Ein Bildhauer bei der Arbeit 66; Holzschnitt und Linolschnitt, alles Fsp.

Zacharias, Thomas, Dr. phil., Prof. f. Kunsterziehung an d. Akad. München; Jgdb. Preis d. Sebaldus Verlages 60, Bestliste z. Dt. Jugendb.-Preis 61, 62, 63, 71, Runners-up list d. Hans-Christian-Andersen-Preises 64, Dt. Jugendbuch-Preis 70; Wangenerstr. 72 a, D-8130 Leutstetten, Post Starnberg, Tel. (0815) 8488 (Planegg 21.6.30). Kinder- und Jugendbuch, Kunstgeschichte, Kunstpädagoge, Fernsehfilm.
V: Josef Emanuel Fischer von Erlach, wiss. Monogr. 60; Empor zu Wind und Wolken, Jgdb. 61; Kleine Kunstgeschichte der antiken Welt, Sachb. 62, 71; Mikosch das Karussellpferd, Bilderb. 62; Pipa und Ponpon und die große graue Stadt, Kinderb. 63; Und wo ist der grüne Papagei? Bilderb. 65, 68; Ich hinten im Auto, Jgdb. 74. — **MV:** Spielen Sehen Denken 1 — 8, Spielh. zu Vorschulpädagogik 69, 72.
R: Zirkus an der Wand, Kindergesch. 65; Der Löwe aus der Seifenblase, Kindergesch. 66, Mikosch das Karussell-

pferd, Kindergesch. 67; Allerhand an der Wand 1 — 7, Spiele mit Kindern 67; Blütenträume und Umweltplanung 70, alles Fsp; Weltkulturen u. mod. Kunst: der Orient 71; Die Abenteuer der Ägineten 73, alles Kunst- u. Kulturgeschichtl. Filme.
s. a. Kürschners GK.

Zacharieva, Rumjana; Moltkeplatz 2, D-5300 Bonn-Bad Godesberg.
V: Geschlossene Kurve, G. 78; Fegefeuer, G. 79. ( )

Zache, Heinz, Vortragskünstler; SV-DDR 52; Meyerstr. 50, DDR-5300 Weimar, Tel. 3810 (Hamburg 27.10.16). Kinder- und Jugendbuch.
V: Freunde meiner Kindheit, Tiergeschn. 47; Aus meinem kleinen Zoo, Jgdb. 50, 59; Na so was!, Jgdb. 49; Mit offenen Augen, Kinderb. 53; Der Pionier mit dem Hexenschuß, Kinderb. 78. — **MV:** Was ihr mir erzähltet ..., Kinderb. 53, m. Küttner 55, 56.
MA: Versch. Anth. u. Leseb..

Zachhuber, Erich, Dipl.-Ing. für Vermessungswesen, Ing. für Maschinenbau, Bundesbeamter i.R., Hofrat; Intern. Autorengemeinschaft; Förderungspr. für eine fachl.-lit. Arbeit (Arbeitsgem. d. Diploming. d. Bdesvermessungsdienstes) 67, Gold. Ehrenzeichen f. Verd. um d. Rep. Öst. 74; Kreis der Freunde seit 75; Auhofstr. 120, A-1130 Wien, Tel. (0222) 8279215 (Wien 5.10.23). Fachartikel, Lyrik, histor., naturw.-relig. Literatur.
V: Brücken zum Glauben 72; Der Herr verläßt mich nicht — Ein Krankengruß 79; Befiehl dem Herrn deine Wege, G. u. Gebete 82.
MA: Alle Wunder dieser Welt 68; Aber den Feind sollen wir lieben 69; Und dennoch müssen wir leben 70; Der Friede, nach dem wir uns sehnen, 71; Nur die Freude läßt uns hoffen, Jubbd. 72; Wahrheit wollen wir ergründen 73; Jung ist, wer zu lieben weiß 74; Die sonderbaren Menschen 76; Das rechte Maß 77, alle in: Welt-Anth.; Solange ihr das Licht habt..., Anth.; Erfahrungen mit dem Evangelium heute 75; Mein Gott, mein Gott, warum...? 78.
R: Send. im Ev. Rundfunk.

S: Tonbänder u. Kassettenbänder in d. Tonbandbibl. d. Christ. Blindendienstes.

Zadek, Walter (Ps. Uri Benjamin, Johannes Wendelin, David Ruben, — gamba —, Oda Ková, Mira Barr), Journalist, Redakteur, Pressefotograf, Buchhändler, Antiquar, Verleger; PEN-Zentr. Bdesrep. Dtld, PEN-Zentr. dt.spr. Autoren im Ausland, VS; 111a, Histadruth Street, 58 347 Holon u. Brückhofstr. 3, D-6000 Frankfurt a. M. 1, Tel. (02) 801885 (Berlin 26.3.00). Essay: Buchkritik, Schicksalsberichte, Reportagen, Kulturpolitik.
V: Sie flohen vor dem Hakenkreuz. Ein Lesebuch für Deutsche, Schicksalsber. u. Lyr. 81, 83.
Lit: Hans-Albert Walter: Dt. Exillit. Bd 4 78.

Zähringer, Reinhard, Lehrer, freier Mitarbeiter Rundfunk; Preistr. des AWMM-Pr. Luxembourg 78, Förderpr. d. Förderkr. Dt. Schriftsteller in Bad.-Württ. 80, Lit. Pr. d. Kunststift. Bad.-Württ. (Stip.); Wannerstr. 19, D-7800 Freiburg i.Br., Tel. (0761) 278853 (Freiburg 2.12.51). Roman, Novelle, Essay, Film, Hörspiel.
V: Ich bin Leben — R. über einen Selbstmörder 77.
H: Gerd Moosmann: Das Abitur oder die Leiden des M. M., R. 78; Peter Schmid: Schattenwälder oder Tag ohne Abend 77; ders.: Der Haderquell 78; ders.: Der verbotene Traum 79; Rose Marie Tinschmann: Geträumte Wirklichkeit 79.
F: Ein Leben des Lebens, Kurzfilm.

Zängl, Wolfgang, Dipl.-Soziologe; Frohschammerstr. 21, D-8000 München 40 (München 5.12.48). Vortrag, Aufsatz, Erzählung.
V: Niemandsland und Niemandszeit. Versuch üb. d. Welt d. Stadt 78; Der Baum der Reisenden. Gesch. einer Wanderung durch die Reiche der Herren, Erz. 80.

Zagler, Luis, Autor, Student, Lehrer, Musiker; Lit. Wettbewerb Südtiroler Kulturinst. 2. Pr., Drama 78; Hauptstr. 19, I-39019 Dorf-Tirol, Tel. (0473) 93330 (Dorf-Tirol 5.2.54). Drama, Novelle, Lyrik, Roman, Hörspiel, Film, Liedtexte.
MV: SÜDTIROLER INITIATIVE, 5 Dramen 79.
F: Wo d. Stolz zum Schicksol wird, Filmdr. üb. Bergbauern 79.
R: Wo d. Stolz zen Schicksol werd, Hsp. 78. ( )

Zaharesch, s. Sapira, Irina.

Zahl, Peter-Paul (Ps. p.p.), Schriftsteller; VS 69; Förderpr. f. Literatur d. Freien Hansestadt Bremen 80, c/o Rotbuch-Verlag, Potsdamer Str. 98, D-1000 Berlin 30 (Freiburg/Brsg. 14.3.44). Roman, Lyrik, Essay, Hörspiel, Kurzgeschichte, Theaterstück. **Ue:** E.
V: Elf Schritte zu einer Tat, Erz. 68; Von einem, der auszog, Geld zu verdienen, R. 70; Eingreifende oder ergriffene Literatur: zur Rezeption "moderner Klassik" 75, 79; Schutzimpfung, G. 75, 79; Wie im Frieden, Erzn. 76, 79; Die Barbaren kommen, Lyrik u. Prosa 76, 79; Waffe der Kritik, Art., Kritiken, Aufs. 76; Alle Türen offen, G. 77, 79; Schreiben ist ein monologisches Medium, Ess. 79; Die Glücklichen, R. 79; Johann Georg Elser. Ein deutsches Drama, Bü. 82; Konterbande, G. 82; Aber nein, sagte Bakunin und lachte laut, G. 83.
MA: Stadtguerilla und Soziale Revolution, Reden vor Gericht 74; Das System macht keine Fehler. Es ist der Fehler 74, 77; Am Beispiel P. P. Zahl. Ein Fall deutscher Justiz 76, 79; Der Fall P. P. Zahl 79 (auch engl., franz.); Auf Anordnung von oben 77; Verhaftete Drucksachen 77; Normalvollzug 78, 79.
H: Bernd Kramer: Amerikanischer Faschismus 67; Günter Wallraff: Meskalin. Ein Selbstversuch 68; Reimar Lenz: Gedichte 70; Boris Ssawinkow: Die Ermordung des Großfürsten Sergej, Memoiren 71; zwerg-schul-ergänzungshefte, G. s. f. lesbare Literatur SPARTACUS, Reihen: p.p. quadrat, p.p. faksimile, alle 67 - 72.
R: Doors. Stereog. f. 1 Stimme 77.
S: Alle Türen offen 78; Himmel auf Erden 79; Brokdorfer Kantate 79.
Ue: Victor Serge: Geburt unserer Macht 77.
Lit: Am Beispiel P. P. Zahl 76, 77; Staatsfeind, der ich bin 77; Theo Lehmann: Notizen zu P. P. Zahl 77; Der Fall Arntzen/Zahl 79; Alfons Höger: Einige Bemerkungen über P. P. Zahl 79; Krit. Lex. d. Gegenwartslit. 79, 80; Ulrich Pinkert: Der Gebrauchswert der Dichter 79; Ulrich Sonnemann: Die Angst der Deutschen vor dem Grundgesetz; Ralf Schnell: Ironie als Kampfmittel — Zur Lyrik Peter-Paul Zahls 79.

Zahn, Ingrid, akad. geprüfte Übersetzerin, Autorin; VS 79, Dram.-Un. 79; Siegelallee 19, D-5100 Aachen, Tel. (0241) 61105 (Swakopmund/Süd-West-Afrika 11.11.32). Theaterstücke. **Ue:** E.

MV: Wo ist der Nikolaus, 77; Die von Drüben 78; Der Wunschring 78; Der Pfiffige Hans 79; Der Tag der Offenen Tür 80; Die Alten Schuhe 80; Eine Eselei 81; Lügen haben flotte Beine 80; Freigehege 81; Anders leben 83.

MA: Die Zehn Gebote 81; Die Erde wieder bewohnbar machen 82; Die Tugenden 82; Das Glück 83.

R: Lügen haben lange Beine 79; Wenn die Bäume blühn; Die Sanfte (nach Dostojewsky); Das Fräulein Bäurin (nach Puschkin); Hallo Mister Gott hier spricht Anna 80, alles Hsp; Timmi wird unser Sohn 81; Ein Freund 81; Anders Leben 81; Klauen macht Spaß 82; Seuten Deern 82.

Ue: Alice im Wunderland 63.

von Zahn, Peter, Dr.phil., TV Produzent, Regisseur; Adolf Grimme Preis 64, 66, DAG Pr. 70, 74, Deutsche Industriefilm-Preise; Bellevue 38, D-2000 Hamburg 60, Tel. (040) 2700761 (Chemnitz/Sachsen 29.1.13). Film, Fernsehspiel u. -Dokumentation, Hörspiel, Drama, Essay.

V: Die Schwarze Sphinx 49; Guten Morgen, Europa 52; Fremde Freunde 53; An den Grenzen der Neuen Welt 55; Bericht aus der Farbigen Welt 60; Windrose der Zeit 64; Hinter den Sternen 67; Profil der CDU 76; Forschung hat viele Gesichter 78; Zwei Jahrtausende Kindheit 79.

MA: As others see us 58; Abenteuer des Geistes 61; Deutschlands Aussenpolitik seit 1955 65; The United States 65; Amerika, Amerika 80; Weihnachten 1945 82.

F: u. R: Rd 500 Film- u. Fs.prod., u.a.: Die Cuba-Krise; Die geheimen Papiere des Pentagon; Die Pueblo-Krise; Henry Ford; Die Fünf Prüfungen des Oberbürgermeisters (Adenauer); Warnung aus dem Käfig; Der Wasserball v. Schilderhausen, alles Fsp.

R: rd 20 Hsp.

S: Mondo Musicale 65; Folklore aus der alten Welt 66; Begegnung mit Konrad Adenauer 67.

Zahrnt, Heinz, Dr. theol., fr. Schriftsteller; P.E.N. Club 71; Moltkestr. 38, D-2300 Kiel, Tel. (0431) 85166 (Kiel 31.5.15). Essay.

V: Der Mensch an der Grenze 46, Theologie zwischen Glaube und Wissenschaft 48; Luther deutet Geschichte 52; Probleme der Elitebildung 53; Der Mensch zwischen Vergangenheit und Zukunft 55; Es begann mit Jesus von Nazareth 60, 64; Warten auf Gott 61;

Philosophie und Offenbarungsglaube - Ein Gespräch mit Karl Jaspers 63, alles Ess.; Ich frage Sie - Ein Briefwechsel über die moderne Theologie 64; Die Sache mit Gott. Protestantische Theologie im 20. Jahrhundert 66; Gespräch über Gott. Ein Textbuch der protestant. Theol. im 20. Jh. 68; Gott kann nicht sterben. Wider die falschen Alternativen in Theologie u. Ges. 70; Wozu ist das Christentum gut? 72; Warum ich glaube. Meine Sache mit Gott 77; Stammt Gott vom Menschen ab? 79; Aufklärung durch Religion, Der dritte Weg 80; Westlich von Eden, Zwölf Reden an die Verehrer u. Verächter der christl. Religion 81; Martin Luther, In seiner Zeit — für unsere Zeit 83.

H: Abschied vom Christentum? 64; Jesus und Freud 72; Mein Gott — erfahren, bedacht, erzählt 79.

Zak, Annemarie, s. Auer, Annemarie.

Zaky, Renate (Ps. Renate Mayer, Bavarica), Dr., Autorin, Journalistin; VS 75, DJU; Lyrikpr.: Skylark, Indien, World University, Arizona, MBM München, LEU, Schweiz, Emmy Emmigholtz-Pr. 81; Präs. Littera, World U.Round Table, Arizona, The Ina Coolbrith Circle, San Francisco; Postfach 1243, D-8593 Tirschenreuth u. Oskar-Maria-Graf-Ring 22, D-8000 München 83, Tel. (09631) 1598 (Nizza 2.6.44). Bavarica, Lyrik, Roman, Rundfunkreportage, Interviews für Magazine, Kurzgeschichten, Gedicht, Sachbuch, Hörspiel. **Ue:** E, F, Arab.

V: So san d'Leit in d. heitign Zeit 77; Bairische Herzstückln, bayerische G. u. Geschn. 79; Fische fangen aus d. Traummeer, Lyr. 80; Schneeflocken in meiner Hand 80; A paar Bleamerln am Weg 80; So schreibt man Liebesbriefe, Sachb. 81, 2.Aufl. 82; A paar Bleamerln 83; Alle Tage dieser Alltag 83; Liebe, Kebab und Jasmin, R. 83. — **MV:** D'Wurzelbrummerin, m. Elis. Schmöller 83.

MA: Bairisch Herz 73; Contemporary Poets 74, 75; Sagst wasd magst 75; Liebe in Baiern 78; D'Muada 78; In dene Dag 78; Lyrik 81, 82; Skylark 82; World Poetry 82.

R: Wilhelm Leibl 78, Salzburger Bläserkreis, beides Fs.-Sdgn; Cairo 80; Der verschmähte Liebhaber, Serie 82.

S: Teenager Dream, Schallpl.; D'Friedensstraß, Kass.

Zaminer Vaschauner, Anna (Ps. Anna Vaschauner), Hausfrau; AKM 78, Schriftst.verb. 78, A-9560 Haiden 23, Tel.

(04276) 37574 (Lantschern 26.10.28).
Drama, Lyrik, Roman, Hörspiel.
V: Geküßt vom Rauchfangkehrer 80;
Und man nennt es Leben 81; Geld ist
bequem, aber Liebe ist schön 83.
S: Die Heimat 82; Das Laufen ist
gesund 82, beides Lieder auf Schallpl.

Zander, Hans Conrad, licencié ès
lettres. Journalist; Weg V am
Kalscheurerweg 12, D-5000 Köln 51, Tel.
(0221) 365365 (Zürich 19.10.37). Essay,
Satire.
V: Napoleon in der Badewanne. Das
Beste aus Zanders Großer Universal-
Geschichte 77, Tb. 79; Gottes unbe-
queme Freunde, Heilige für unsere Zeit
82. — **MV:** Schreib das auf. Dt.
Reportagen 78, u. d. T.: Schreib das auf.
Beste deutsche Reportagen, Tb. 79; Die
himmlischen Verführer. Sekten in
Deutschland, Sachb. 79.

Zander, Heinz, c/o Hinstorff-Verl.,
Rostock, DDR.
V: Stille Landfahrten, e. märchen-
hafter R. u. romant. Geschn. 81, 2. Aufl.
83. ( )

Zander, Hildegard, Lektorin;
Rispenweg 2, PSF 056/26, DDR-1107
Berlin, Tel. 4890951 (Berlin 21.9.35).
Roman, Hörspiel.
V: Ich finde die rote Muschel, Erz. 77;
Einmal war Frost in die Blüten gefallen,
R. 84.

Zantoch, Peter, ObStudR.; DAV 77;
Alfred-Delp-Weg 4, D-3180 Wolfsburg 1
(Landsberg/Warthe 13.3.20). Lyrik,
Roman, Novelle.
V: Mein unerlöstes Land, Lyrik 79.
MA: Und im Schatten der Mauern.
Lit: Bild-Lexikon 82.

Zapf, Erika, Hausfrau; VFS 77; Am
Pfaffensteig 22, D-8540 Schwabach, Tel.
(0911) 630141 (Nürnberg 7.12.33). Lyrik,
Roman.
V: Das Herz entscheidet, Jgd.-R. 78;
Höhlenmännchen Tuffi, Kdb. 81; Ich
möchte dir eine Insel schenken, Lyr. 82.
R: Nachts, wenn die Träume kommen,
Kinderfk 82.

Zartmann, Beate, Journalistin;
Berliner Str. 14, D-7107 Neckarsulm, Tel.
(07132) 81379 (Neckarsulm 3.7.32).
Fröhliches Feuilleton.
V: Natürlich eine Frau. Er und sie am
Lenkrad 66; Auf gute Nachbarschaft 71;
Der Mensch als Autofahrer 82.

Zaschke, Anna, s. Kotulla, Annemarie.

Zassenhaus, Hiltgunt, Dr.med., Ärztin;
Amer. Library Assoc.: Best book of the

year 74, Christopher Pr. New York 75;
7028 Bellona Ave, Baltimore, Maryland
21212/USA, Tel. (301) 377-6106 (Hamburg
10.7.16).
V: Halt Wacht im Dunkel, Biographie
d. Scand. polit. Gefangenen während d.
2. Weltkrieges 48 (auch dän. u. norw.);
Ein Baum blüht im November,
Autobiogr. 76 u. d. T.: WALLS (auch
dän., norw., schw., isl., franz., jap.).

Zauner, Friedrich Ch., Dr.phil., freier
Schriftsteller; P.E.N. 82; Erasmus-Pr.-
Stip. 70, Theodor-Körner-Pr. 75,
Hörspielpr. d. Öst. Rdfks 75, Dramatiker
Stip. d. Bdesmin. f. Unterr. u. Kunst 79,
A-4791 Rainbach/ObÖst., Tel. (07716)
8028 (Rainbach 19.9.36). Theater, Rund-
funk, Fernsehen, Prosa.
V: Spuk, Theaterst. 71 (span. 72, serbo-
kroat. 73, engl. 83) Theatertext 82; Kobe
Beef, Theaterst. 73; Fiktion, Theaterst.
75; Von draußen rein, Text 76;
Deserteure, Theaterst. 78; Land,
Theaterst. 78 (engl. 79); Menschens-
kinder, Theaterst. 80; Dort oben im Wald
bei diesen Leuten, R. 81; Ypsilon,
Monolog 81; Kidnapping, Theaterst. 81
(engl. 83); Reportage, Theaterst. 81;
Archaische Trilogie, 3 Theaterst. 82.
MA: Facetten, lit. Jb.
R: Geschäfte, Geschäfte, Geschäfte 72;
Hundstage 73; Abtritt 74; Zieleinlauf 77;
Recheuz 78; Reportage 78; Info Show
Linz 79; Anrufe 80; Die Entdeckung de
Herrn Kalander 81; Grenzjäger 81; Die
zwei Leben des Johann T. 82, alles Hsp.;
Job für Kutschera 75; Wegen
Renovierung geschloßen 76; Strah 73;
Im Sauwald 77; Land und Leute am Inn
79; Die oberösterreichische Donau 79;
Menschenskinder 80; Das Mondseeland
81; Treibjagd 83.
Lit: Helga Rudelstorfer: F. Ch. Z., ein
moderner oberöst. Schriftsteller 82.

Zauner, Georg, Fimregisseur,
Schriftsteller; Kurd Laßwitz-Pr. 80;
WORLD-SF, The Intern. Science-Fiction
Assoc. of Professionals; Dorfplatz 1, D-
8011 Parsdorf, Tel. (089) 9032239
(Göttingen 17.4.20). Roman.
V: Die Enkel der Raketenbauer, R. 80;
Der verbotene Kontinent, R. 83.

Zauner, Roswitha; Hörspielpr. d.
Jugendkulturwoche Innsbruck 65,
Theodor-Körner-Pr. 73, Pr. Spieltext 77,
A-4791 Rainbach/ObÖst., Tel. (07716)
8028 (Peuerbach 29.8.38). Lyrik, Hörspiel,
Kinder- u. Jugendstücke.
V: Roswitha Zauners Hörspiele 77;
Meine Liebe — Mein Land, G.; ...und der

Esel fängt die Mäuse, Kinderstück 78;
Silverbirds, Jugendst. 78.

R: Meditationen über Peuerbach 65;
Modell meiner kleinen Stadt 67;
Tummelplatz 69; In dieser Zeit in
Österreich 71; Affäre 73; Ein Geständnis
74; Pausengespräche 80; Willibald Wurm
80, alles Hsp.

Zawadzki, Brigitte (Ps. Brigitte Ina
Kuchar), techn. Entwurfszeichnerin;
Lit.Kr. Adam Müller Guttembrunn-
Temesvar 78; Vasile Lucaci Nr. 21, Et.
III. Ap. 15, Timișoara/Rumänien, Tel.
(961) 30235 (Mediasch-Romania 10.7.34).
Lyrik.

V: Kunterbunt, lustige Kindergeschn.
in Versen 79; Lindenmännlein,
lehrreiche Kindergeschn. in Versen 80.

MA: Im Brennpunkt stehn, Anth. 79.

Lit: Pflastersteine, Jb. 82.

Zaworka, Günther *

Zech, Jürgen, Student; Lindenstr. 2a,
D-6370 Oberursel, Ts., Tel. (06171) 54704
(Frankfurt/M. 29.6.56). Lyrik.

V: Ohne Worte, Lyr. 81.

Zechmann, Heinz, Dr. phil., Prof.,
Gymnasiallehrer; Theodor Körner-Preis
69, Drehbuchpreis d. öst. Filmproduz. 69,
Fernsehpreis des ORF 74; F.-X.-Wirth-
Str. 12, A-9500 Villach, Tel. (04242) 24334
(Landeck/Tirol 6.3.23). Drama, Lyrik,
Roman, Essay, Hörspiel.

V: Hauptmann Radin oder Schach mit
drei Damen, Dr. 62; Wartezeit, Dr. 65;
Die Gipfel schweigen, R. 65, 67; Das
Vergnügen, ermordet zu werden, Bü. 67;
Notizen zum Verhalten der Würmern,
Bü. 68; Tanz der Wölfe, Bü. 70;
Niemandsland, Dr.-Samml. 71; Der
Sieger, R. 72; Sulla oder die Laune des
Diktators, Dr. 76; Bergsteigen - auch
morgen?, St. 77; Michaela Kohlhaas, Dr.
78; Quartett ohne Rilke, Dr. 81.

MA: Kärnten im Wort, Anth. 71; Wort
im Gebirge, Anth. 70; Dichtung aus
Kärnten, Anth. 72.

R: Gipfel und Gräser 69; Herzens-
diebe 70; Ohne Chance gegen Hitler,
Hsp. 73; Entführung einer minderjährigen Person, Fsp. 75; Michaela
Kohlhaas, Hsp. 80; Nachspiele, Hsp. 82.

Lit: Bortenschlager: Theaterspiegel
IV; ders.: Dt. Literaturgesch. II; ders.:
Brennpunkte XVII.

Zeemann, Dorothea, s. Holzinger,
Dorothea.

Zehetmeier, Winfried, Dr.phil.,
ObStudDir. a.D., Bürgermeister d.
Landeshauptstadt München;
Esterbergstr. 30, D-8000 München 70,
Tel. (089) 2336450 (München 30.5.33).
Lyrik.

V: Gegenzauber, G. 79.

Zehnder, Josef Niklaus, Dr. phil., Sek.
Lehrer; Postfach 59, CH-6410 Goldau/
SZ, Tel. (041) 821672 (Berikon/AG
22.9.14). Novelle, Lyrik, Essay,
Feuilleton, Reisebericht.

V: Diplomatie, menschlich und all-
zumenschlich, Ess. 50; Kleine höllische
Komödie, G. 51; Der Goldauer Bergsturz
- seine Zeit und sein Niederschlag 56,
74; Spanisches Mosaik - Reisen,
Probleme, Abenteuer, Rep. 60; Veteranen erzählen ihr Leben, Biogr. 67; Das
Goldauer Bergsturzmuseum,
Mus.Führer 81.

Zehner, Waltraud, c/o Verl. f. Neue
Lyrik, Königstein/Ts.

V: Abkehr, Rückkehr, G. 82. ( )

Zeidler, Hans-Joachim, Kunstmaler;
Ellwanger Str. 3, D-1000 Berlin 46, Tel.
(030) 7538992 (Berlin 2.1.35). Satire.

V: Fabeltiere, 12 Fabeln 68; Fabelwesen, 12 Fabeln 71; Berliner Spottberichte, 14 Sat. 75; Mozart in Monte
Carlo, 14 Sat. 78; Phantastische
Landschaften. 20 Texte zu eig. Bildern
80.

S: Hans-Joachim Zeidler liest
Berliner Spottberichte, LP 76.

Zeidner, Willi, Redakteur; Bulevardul
Lenin 50 Bl. C Sc. C Ap. 3, R-2200
Brașov, Tel. (921) 72298 (Brasov-
Kronstadt 15.4.27). Kurzprosa,
Reportage.

V: Haus an der Europastraße, Rep.
77. — **MV:** Zwischen Zeiten u. Türmen
— Stephan Ludwig Roth, ein
siebenbürgisch-sächsisches Schicksal,
lit. Biogr. 79. ( )

Zeindler, Peter, Dr.phil., Journalist;
Gruppe OLTEN 80; Turnerstr. 2, CH-
8006 Zürich, Tel. (01) 3635587 (Zürich
18.2.34). Drama, Hörspiel, Roman.

V: Der Eremit, Dramat. Collage 66;
Kurzschluß, Dr. 69; Tarock, R. 82; Die
Ringe des Saturn 84.

R: Informationen, Hsp. 72;
Ausbrechen, Hsp. 74.

Zeiske-vom Stein, Maria-Christine;
Neufeldstr. 7, D-8039 Puchheim, Tel.
(089) 802547 (Dresden 2.9.17). Essay.

Ue: E, F.

Ue: Winifred Galbraith: Der
wunderliche Hirte, Sp. 55; Helen M.
Clark: Among thieves u.d.T.: Partisanen,
Sp. 55; Dorothy Clark Wilson: No room
in the hotel u.d.T.: Kein Zimmer frei im
Stadthotel in Bethlehem USA 63.

Zeiss, Dore; Friedrich-Ebert-Str. 16,
D-6306 Langgöns, Tel. (06403) 3690 (Bad
Kösen/Saale 9.9.16).
  V: Er gebe uns ein fröhlich Herz 63,
69; Und was in mir an Freude schlief 69,
75. ( )

Zeitler, Walther, Schriftsteller,
Journalist; Bayer.J.V., RSGI;
Reithmayrstr. 63b, D-8400 Regensburg,
Tel. (0941) 98151 (Wiesau/Opf. 20.6.23).
Kurzgeschichte, Essay, Reise-
beschreibung.
  V: Im Herzen des BayerwaLdes 65, 80;
Der König des Bayerwaldes 67, 77; Die
Eisenbahn im Bayerischen Wald 69, 81;
Vom Eisernen Hund zum Trans-
Europa-Express 73; Waldlerische Weih-
nacht 73, 82; Regensburg — 2000jährige
Stadt an der Donau 70, 83 (auch engl.,
franz.); Der Regen — Porträt eines
Bayerwaldflusses 76, 82; Der Bayerische
Wald in alten Fotos 80; Die Eisenbahn
in Schwaben 81; Die Regensburger
Straßenbahn 81.
  B: Bayerischer Wald — Donauebene
— Landshut, Polyglottführer 77-83.

Zelesko, Friederike, Sekretärin; VS;
Ravensberger Str. 117, D-5600
Wuppertal 1, Tel. (0202) 428189
(Böheimkirchen/Öst. 18.4.40). Lyrik.
  V: Wolkenbruch, Lyr. 82.
  MA: Werkstattbuch 1, Anth. 80.

Zeller, Eva; Intern. P.E.N. Club 70;
Georg Mackensen-Lit.-Pr. 70, Ehren-
gabe z. Gryphiuspreis, Droste-Preis d.
Stadt Meersburg, Schiller-Stip. d.
Europaforums f. Lit.; Dt. Akad. f.
Sprache u. Dichtung 75, Vizepräs. 78;
Ziegelhäuser Landstr. 55, D-69000
Heidelberg, Tel. (06221) 46223
(Eberswalde 25.1.23). Prosa, Essay,
Lyrik, Hörspiel.
  V: Die magische Rechnung, Erz. 65;
Der Sprung über den Schatten, R. 67, 72;
Ein Morgen Ende Mai, Erz. 69; Sage und
schreibe, G. 71; Der Turmbau, Erz. 73;
Lampenfieber, R. 74; Fliehkraft, G. 75
(auch franz.); Die Hauptfrau, R. 77; Auf
dem Wasser gehn, G. 79; Solange ich
denken kann, R. 81; Tod der
Singschwäne, Erz. 83.
  H: Generationen — dreißig deutsche
Jahre.
  R: Diverse Hörbilder, Fernsehspiel 72;
Die Gretchenfrage 77.
  Lit: Prof. Dr. Bogaert: E. Z. in: Revue
des Deux Mondes 72; Christian
Kurzdorfer: Diss. 73; Paul-Konrad Kurz:
Über mod. Lit. 7.

Zeller, Heinz, kaufm. Angestellter;
Keplerstr. 1/1, D-7920
Heidenheim a.d.Brenz, Tel. (07321) 51713
(Bolheim 31.8.25). Mundartgedichte.
  V: De ei'gspritzt Supp und andere
schwäbische Gedichte 77; So ka's ganga,
Mda.-Verse u. Anekdn. 81.

Zeller, Michael, Dr. habil.,
Schriftsteller; Schweppermannstr. 5, D-
8500 Nürnberg, Tel. (0911) 357245
(Breslau 29.10.44). Lyrik, Roman, Essay.
  V: Fehlstart-Training, R. 78; Aus
meinen Provinzen, G. 81; Lieben Sie
DALLAS?, Ess. 83.

Zellermayr, Johann, Techn. Insp.,
Bundespensionist; Verein Dichterstein
Offenhausen 81; Posthofstr. 16, A-4020
Linz/D., Tel. (0732) 775813 (Perg/ObÖst.
16.5.06). Lyrik.
  V: Weit in das Land lugt der Turm,
epische G. 81.

Zelter, Rolf, Jurist und Kriminologe,
Leiter d. Jugendstrafanstalt Schwäbisch
Hall; Silcherstr. 26, D-7170 Schwäbisch
Hall, Tel. (0791) 59501 (Swinemünde/
Ostsee 18.4.33). Hör- und Fernsehspiele.
  R: Freizeitraum Bau 2, Das Dienst-
zeugnis, Der dritte Sechser, Tagungs-
geflüster, Der gute Richter. ( )

Zeltner-Neukomm, Gerda, Dr. phil.;
P.E.N. 46; Lit.Pr. d. Akad. d. Wiss. u. Lit.
Mainz 67; korr. Mitgl. Akad. Wiss. u. Lit.
Mainz 68; Rütistr. 11, CH-8032 Zürich,
Tel. (01) 2516632 (Zürich 27.1.15). Essay,
Literaturkritik.
  V: Formwerdung und Formzerfall im
Werke Pierre Corneilles 41; Das Wagnis
des französischen Gegenwartsromans
60, 63; Die eigenmächtige Sprache 65;
Das Ich und die Dinge 68; Beim Wort
genommen 74; Im Augenblick der
Gegenwart 75; Das Ich ohne Gewähr 80,
alles lit.-krit. Werke.

Zemke, Georg (Ps. Martin Ukelei),
Verlagslektor; Bersarinstr. 34, DDR-1034
Berlin, Tel. 4398578 (Berlin 23.4.03).
Lyrik, Ballade, Prosa.
  V: Die Gitter, G. 28; Bannmeile des
Lebens, G. 31; Die Pflicht ist das
Höchste, Erz. 37; Wenn wir bauen,
kommt das Licht, G. 41.
  MA: Stimmen der Jüngsten 27;
Anthologie jüngster Lyrik 27; Gemalte
Fenster 30; Um uns die Stadt 31; Vol an
der Arbeit 33; Das Lied der Arbeit 35;
Poetisches Taschenbuch, m. V. O.
Stomps 35; Lied über Deutschland 36;
Ausfahrt 37; Die festliche Stunde 38;
Auf, frisch ans Werk 39; Uns bindet das
Große 39; Bauen und Kämpfen 41/42;

Auswahl Deutscher Gedichte 43; Lebendiges Erbe 52; Deutsche Bauten der
Vergangenheit 53; Deutsches Bauen in
zwölf Jahrhunderten 54; Dank den
Jahreszeiten 57; Die Lebenden Flugblätter 66; Ich denke dein 66; Spiegel
unseres Werdens 69.
MH: Signal, Bll. f. junges Schaffen 27
— 28.

Zemme, Oskar *

Zenetti, Lothar, Pfarrer, Rundfunk-
Beauftr.; Altes Schützenhüttengäßchen
6, D-6000 Frankfurt a.M. 70, Tel. (0611)
682902 (Frankfurt a.M. 6.2.26). Lyrik,
Pädagogik, Musik, Kunst.
V: Nägel mit Köpfen, Religionspädagogik 60, 66; Gottes frohe Kinder-
schar, Rel.päd. 61; Kinderwelt und
Gotteswort, Rel.päd. 62, 69; Peitsche und
Psalm, Musik 63, 67; Initiativen, Rel.päd.
64; Heiße (W)Eisen, Musik 66; Zeit-
ansage, Rel.päd. 69; Morgens, mittwochs
und abends, Rel.päd. 63, 69; Texte der
Zuversicht, Lyr. 72, 81; Sieben Farben
hat das Licht, Lyr. 75, 81; Gästebuch des
lieben Gottes, Rel.päd. 75; Das allerschönste Fest, ein Frankfurter Weihnachtsb. 77, 83; Die wunderbare Zeitver-
mehrung. Variationen zum Evangelium,
Lyr., Erzn. 79, 83; Frankforder Christ-
kindche, zwei Krippensp. 81; Manchmal
leben wir schon, Erzn. 81; Die Stunde
der Seiltänzer, Lyr., Erzn. 82.
S: Lieder vom neuen Leben 71; Lieder
zur Verlobung und Hochzeit 71; Die
Weihnachtsgeschicht uff
Frankforderisch verzählt 76; Zeit zu
leben 77; Lieder unserer Zeit 77; Soma
79; Kerala 79; Ich hab ein Lied gemacht
79.

Zengeler, Hans, freier Schriftsteller;
VS 80; Jahresstip. d. Min. f. Wiss. u.
Kunst Bad.-Württ. 82; Linzer Str. 3, D-
7000 Stuttgart 30, Tel. (0711) 854688
(Ebingen 10.8.45). Lyrik, Kurzprosa,
Roman, Hörspiel.
V: Befehlsverweigerung, R. 79;
Schrott, R. 83.
MA: Zuviel Frieden, Anth. 82.
R: Der Denunziant, Hsp. 82.

Zenkel, Gerd, Publizist; Parkallee 10,
D-2000 Hamburg 13, Tel. (040) 459836
(Hamburg 1.4.34). Roman, Film.
V: Also sprach Genosse Basilikum, R.
81. — **MV:** Brennpunkte Deutscher
Geschichte 1450-1850 78.
MH: Peter Rühmkorf: Es muß doch
noch einen zweiten Weg ums Gehirn
rum geben, G. 81; Erich Fried: Zur Zeit
und zur Unzeit, G. 81; Werner

Lansburgh: Strandgut Europa, R. 82;
Volker W. Degener: Die Reporter aus
der vierten Klasse, Kd.-R. 81; Vladimir
Stojsvin: Das Kino in der Zündholz-
schachtel, Kd.-R. 81.
F: Du 68.
R: Profit für 30.000 76; Pulverfaß
Balkan 77; Barden und Bomben 78;
Dokumente Deutschen Daseins 78/79;
Der kleine Tod 83, alles Fsf.
S: Fryheit 78.

Zenker, Hartmut, wiss. Bibliothekar,
freiberufl. Schriftsteller; SV-DDR 80;
Goethe-Ges. Weimar; Kurt-Tucholsky-
Str. 3/10/04, DDR-8017 Dresden (Zittau,
Sa. 24.2.22). Lyrik, Roman, Erzählung.
V: Handschriften, G. 76; Unterwegs
mit G., Reiseerz. (in: Sinn und Form 2-5)
79; Die Uhr steht auf fünf, R. 79, 2. Aufl.
82, Bdesrep. 79; Zeitflug ins Grün, G. 80;
Vorkommnisse, Erzn. 81.
Lit: Günter Jäckel: Die Unruh, die
mich wachhält in: Sinn und Form 5 81.

Zenker, Helmut, Lehrer; Preis d.
Ldesregierung Kärnten 73, Theodor-
Körner-Preis 74, Förderungspr. d. Stadt
Wien 75, Förderungspr. d. Ldes Nieder-
österr. 76; Grazer Autorenversammlung
73; Löblichgasse 3, A-3400
Klosterneuburg, Tel. (02243) 81961 (St.
Valentin/NÖ. 11.1.49). Drama, Lyrik,
Roman, Essay, Film, Hörspiel, Kinder-
buch.
V: Aktion Sauberkeit, G. u. Prosa 72;
Wer hier die Fremden sind, R. 73, 82;
Kassbach oder Das allgemeine
Interesse an Meerschweinchen, R. 74
(slowen. 75, poln. 76, schwed. 78, russ. 78,
ungar. 78, slowak. 82); Köck, Drei Erzn.
75; Relationen, G. 75; Herr Nowack
macht Geschichten, Kdb. 76; Das
Froschfest, R. 77 (slowak. 83); Der
Drache Martin, Kinderb. 77 (russ. 79,
ukrain. 81, bulg. 82, span. 83);
Wahnsinnig glücklich, Theaterst. 77 (afr.
80); Der Gymnasiast, Erz. 78; Die Ent-
fernung des Hausmeisters, Erzn. 78, 79
(jap. 79); Kottan ermittelt, Leseb. 82;
Februar, R. 83. — **MV:** Für so einen wie
Dich, R. 74 (poln. 75); Schußgefahr, m.
Margit Zenker, R. 79; Wiener Schnitzel,
m. Gernot Wolfgruber, Hsp. 81; Der
vierte Mann, m. Margit Zenker, R. 83.
F: Schwitzkasten 78; Kassbach — ein
Portrait 78; Den Tüchtigen gehört die
Welt 81; Artischocke 82; Zartan —
Frühling in Wien 83.
R: Kennen Sie Kassbach?, Hsp. 75;
Kottan ermittelt, Hsp. 76; Mutter, Vater,
Kind, Hsp. m. G. Wolfgruber 76; Der
Vertreter, Hsp. m. G. Wolfgruber 76; Das

Fenster, Hsp. 77; Der Lichthof, Hsp. 77;
Hartlgasse 16A, Fsf. 76; Der Geburtstag,
Fsf. 77; Angebot und Nachfrage, Hsp. 79;
Santa Lucia, Fsf 78; Wien Mitte, Fsf. 78;
Nachttankstelle, Fsf. 78; Drohbriefe, Fsf.
79; Gedankenketten, Fsf. 79; Jetzt oder
nie, Fsf. 80; Die Adoption, Fsf. 80; Match,
Fsf 80; Räuber und Gendarm, Fsf. 80;
Beruf: Weihnachtsmann, Fsf. 81; Kottan
ermittelt, Fsfe 8-19 82, 83.

Zenner, Klaus (Ps. Klaus Sebastian),
Verlagsleiter; Friedrich-Ebert-Str. 27,
DDR-7010 Leipzig, Tel. (041) 208953
(München 8.4.15). Kinderbuch, Novelle,
Roman.
V: Puck's Traumreise, Kinderb. 48;
Saigunda, Nn. 48, 50; Till und die Tiere,
Kinderb. 51; Der Berg von St. Martin,
Nn. 51; Peng und das Mädchen Ine,
Kinderb. 52, 53; Die Skythen vor der
Stadt, R. 61, 78; Schweig, Kamanas!, R.
62, 69; Gang durch versunkene Städte
69, 77.

Zenner, Timm, D-2281 Morsum/NF
(Hamburg 6.8.45). Lyrik, Roman, Novelle,
Essay.
V: Gedichte für B, Lyr. 63; Junichiro,
Lyr. u. Prosa 65; Raboisen, N. 67;
Camarillo, N. 69; Sylvie, N. 70; A Bao A
Qu, Lyr. 74; Vicente Aleixandre oder wie
man einen Dichter mundtot macht, Ess.
75; Barcelona, N. 77; Wo ich wohne, G.
80.
H: T1 Ess. 71; T2 Ess. 72.

Zentgraf, Horst, c/o Verl. d. St.-
Johannis-Druckerei Schweickhardt,
Lahr-Dinglingen.
V: Vertraue — das genügt, G. 82. ( )

Zentner, Karl *

Zeplin, Rosemarie, Dramaturgin; SV-
DDR; Rochstr. 9/2407, DDR-1020 Berlin
(Güstrow 29.12.39). Erz. Prosa.
V: Schattenriß eines Liebhabers,
Erzn. 80, 3.Aufl. 82.
R: Übern Totenanger, Hsp. 67.

Zerlik, Otto (Ps. Josef Reinhart),
Schriftleiter; Kg. 48; Sud.dt. Volkskdepr.
67, Jos. Hofmann-Plak. 72,
Bdesverd.kreuz 81; Karlstr. 70, D-7340
Geislingen an der Steige, Tel. (07331)
40468 (Uittwa, Kr. Marienbad/Böhmen
4.1.07). Mundartlyrik, Erzählung,
Heimatkunde.
V: Heimliches Blühen, G. 36; A Herzl
für d'Hoimat, Erzn. u. G. 36; 's blöiht da
Epfelbam, G. 43; Egerländer Bauernjahr,
G. 66; Ihr Bub, Mundartsp. 56; Das
Kurbarometer, Histörchen, Witze,
Anekdn. 65; Egerländer Musiker und
Musikanten, Anekdn., Brauchtümliches,

Sagen u.a. 68; Ich bin dir gout, Mda.-G.
83.
MA: Hol-la-rou-di, Egerländer Volks-
lied, m. Gustav Bayer 37.
H: Jahrbuch der Egerländer 54-83;
Josef-Hofmann-Volksbuch, Ausw. 38;
Josef Hofmann. Weg, Werk, Wille 38;
Weg, Werk Widerhall 58; Heimat meine
Erde. Dichterstimmen aus d. Sudeten-
land 49; Weihnachten im Karlsbader
Land, Erzn. u. G. 50; Egerländer Witz 51,
80; Das geweihte Brünnlein, 83 Sagen d.
Karlsbader Landschaft 52;
Kolbenheyer-Heimat. Ehrengabe z. 75.
Geb. 63; Wir wuchsen im Ertragen,
Ausw. aus d. dichter. Werk v. E. G.
Kolbenheyer 54; Karlsbad für immer!,
Walter Klemms Jugenderinn. 54; Eger-
land mein Heimatland 55; Hans Niko-
laus Krauß: Lene, R. 59; Jos. Hofmann:
Egerländer Histörchen 60; Das
Kurbarometer, Anekd. 65, 74; Das Tepler
Land, m. J. Schmutzer 67; Ein fröhlich
Herz - Ein friedlich Haus, Hausspruch-
dichtungen 66; Egerländer Musiker und
Musikanten, Anekd. 68; Die Karlsbader
Landschaft, m. Ernst Keil 74; Egerland/
Heimatland, Anth. Heimatkde,
Schilderungen, Mda.dicht. 80; Das
Egerland erzählt, Anth. 82; Unser
Hacker-Pfarrer 83.
S: Egerländer Plauderstündchen.
Sudetendeutscher Humor auf Schall-
platten 64.

Zerna, Herta, Journalistin, Redakteurin; DJV; Schlangenbader Str. 89, D-
1000 Berlin 33, Tel. (030) 8232789 (Berlin
11.2.07). Roman, Lyrik.
V: Es lag bei Rheinsberg, Erz. 53, 63;
Sommer in Nipperwiese, R. 56, 61; Rieke
Jury, eine Berliner Liebesgeschichte, R.
60, 80 u.d.T.: Ein Kleid für die Göttin, R.
63, 68; Urlaub in Kärnten, R. 63, zus. m.
Es lag bei Rheinsberg, Tb. 83; Heiraten
ist besser, R. 64, Tb. 83; Lieder aus der
Laubenkolonie, Lyrik 67; Inmitten von
Berlin, Lyr. u. Kurzprosa 73; Adam an
der Adria, R. 75, Tb. 83.
MA: Junges Berlin, G. 48; Heimat,
Erinnerungen dt. Autoren 65; Darauf
kam die Gestapo nicht, Beitr. z. Wider-
stand im Rundfunk 66; Berlin wie es
schreibt & ißt, Berliner Autoren
schreiben über ihre Lieblingslokale 67;
Die gespiegelte Stadt. 200 Jahre
Gedichte über Berlin 71; Deutsch
Arbeitsb. 7, 73; Aufrisse 75; Mit-Sprache
7, 78; Berlin-Moabit Rostockerstr. 28 in:
Dieses Land schläft einen unruhigen
Schlaf. Sozialrep. 1918-45 81.

Zetsch, Herma; Verb. d. geistig Schaffenden Öst. 83; 3. Pr. Preisausschr. Öst. Gewerkschaftsb. 53, Anerkennungspr. d. span. Fremdenverkehrsamtes Wien 76; Literarischer Zirkel Ternitz 75, Gesellschaft d. Freunde dt.spr. Lyrik 82, ARGE Literatur 83, Mundartfreunde Österreichs 83; Hoffeldstr. 8, A-2640 Gloggnitz, Tel. (02662) 3249 (Wien 18.3.25). Lyrik, Novelle, Essay.
V: A bissl va da, a bissl va durt, Mda.-Lyr. 82; Ka Lacher umasunst, Mda.-Lyr. 83.

Zettl, Walter, Dr.phil., wirkl. Hofrat, Prof., Kulturrat d. Öst. Botschaft in Ital., Dir. d. Öst. Kulturinstituts in Rom; Goldmed. d. ital. Republ. f. Verd. um d. Kultur 68, Öst. Ehrenkr. f. Wiss. u. Kunst I. Kl., Gründer d. Arbeitsstelle Robert-Musil-Nachlaß, Wien, o.Mitgl. Adalbert-Stifter-Inst., Linz; Viale Bruno Buozzi 113, I-00197 Rom, Tel. (06) 3609702 (Wien 18.5.19). Lyrik, Essay, Übersetzungen.
Ue: I.
V: Die Heimatlosen, G. 38; Du Kamerad u. ich, G. 42; Der sechste Tag, G. 50; Monographie des Malers "Anton Mahringer" 72; Il "Teatro di Societa" a Gorizia 73; Der Greif, G. 79. —
MV: Monographie d. Malers "Oskar Matulla" 79.
MA: Theatergeschichte Europas X 74.
Lit: Die zeitgenöss. Literatur Öst. 76.

Zettner, Andreas (Ps. Martin Michael, Wolf Kerbholz), Verleger; Hofweg 12, D-8702 Veitshöchheim, Tel. (0931) 91970 (Wien 5.11.16). Erotik.
V: zahlr. erot. Romane. ( )

Zeuch, Christa; Auswahlliste z. Dt. Jgdb.pr. 79; Bonner Talweg 51, D-5300 Bonn 1, Tel. (0228) 216285 (Berlin 7.12.41). Lyrik.
V: Unten steht der Semmelbeiß, G. f. Kinder 78.

Zeuger, Hans, M.A., ehem. hoher Staatsbeamter; Verb. dt.spr. Schriftsteller in Israel; Mobile Post Emeq Soreq, 76805 Tal-Shahar/Israel, Tel. (054) 58303 (Wien 30.8.01). Drama, Lyrik, Essay, Übers. **Ue:** E, H.
V: Judas, der Mann aus Kariot, dramat. G. 1. u. 2.Aufl. 44.
Ue: J.I. Wegwood: Die Gegenwart Christi in der Heiligen Kommunion 29; Charles B. Leadbeater: Die Wissenschaft der Sakramente 29.

Zhernotta, Franz, Dr. phil., Pensionist; Ö.S.V. 46; Roseggergasse 12, A-1160 Wien (Pola 5.1.09). Lyrik, Reportage.
V: Gesänge der Zeit, G. 37.

Zhiliosta, s. von Weber, Charlotte.

Ziak, Karl, Dr. phil., Prof., Verlagslektor i.R.; Concordia V.S.J.u.S.; Preis d. Stadt Wien f. Volksbildung 63, Ehrenmedaille d. Stadt Wien in Gold 72, Josef-Luitpold-Stern-Preis d. ÖGB 76; Rennweg 66/23, A-1030 Wien, Tel. (0222) 7817295 (Wien 27.1.02). Roman, Heimatkunde, Alpinismus.
V: Ein Gedicht der Jugend, Sprechchorwerk 27; Der Kampf um das Matterhorn, Erz. 29; Balmat oder Paccard?, R. 30, u.d.T.: Der König des Mont Blanc 50, 80; Wien, Heldenroman einer Stadt 31; Der Mensch und die Berge. Eine Weltgeschichte des Alpinismus 36, 81; Kyselak, R. 40, 48; Erwanderte Heimat, Kreuz und Quer durch Österreich 40, 49; Unvergängliches Wien 47; Berg und Mensch 49; Neun Kinder aus Österreich, Jgd.-Heimatb. 50, 51; Österreich, Schaub. 64; Von der Schmelz auf dem Gallitzinberg 69; Begegnungen mit dem Menschen, Skizzen 72; Wien vor 100 Jahren (Rausch und Katzenjammer) 73; Das neue Landstraßer Heimatbuch 75; Bilder und Beichten, G. 77; Ich war kein Held, aber ich hatte Glück, Kriegserinnerungen 77; Des Hl. Römischen Reiches größtes Wirtshaus 79.
H: Der schöne Brunnen, Zs. 49; Gewerkschaftskalender 51 — 57; Wandern und Schauen 51 — 52 II; Österreich schöpferisch, schaffend, feiernd 52; Das Alfons-Petzold-Buch 57; Unvergängliches Österreich. E. Gang durch d. Geschichte 58; Österreich-Panorama. Österreich in Wort u. Bild, m. Karten u. Zahlen 62; Unvergängliches Wien. E. Gang durch d. Geschichte 64; Wiedergeburt einer Weltstadt. Wien 1945 — 65; Der Mann im Mond. Nachgelassener Roman v. Rudolf Brunngraber 72.
R: Der Kampf um das Matterhorn, Hsp. 47, 65.

Zibaso, Werner P., Schriftsteller; V.Dt.F.A., Dram.-Un.; Prix Italia f. Fsp. 64; Sonnenstr. 2, D-8000 München 2, Tel. (089) 595371 (Bad Homburg v.d.H. 5.8.10). Bühnenstück, Film, Roman, Fernsehen.
V: Orden für die Wunderkinder, R. 65; Fahnenflucht ins Paradies. —
MV: Götterkinder, Lsp. 47; Das Lächeln der Messalina, Kom. 48.

F: Liebelei und Liebe; Brand im Ozean; Kennwort Machin; Morgen ist alles besser; Morgengrauen; Waldwinter; Es geschah am 20. Juli; Die goldene Brücke; Der Arzt von Stalingrad; Das Mädchen und den Katzenaugen; Arzt ohne Gewissen; Der Priester und das Mädchen; Weiße Fracht für Hongkong; Die Goldsucher von Arkansas; Die Flußpiraten des Mississippi; Whisky mit Sofa; Die letzte Kompanie; Liebesnächte in der Taiga; Schloß Hubertus; Verbrechen nach Schulschluß; Das Schweigen im Walde; Frauenstation; Der Edelweißkönig; Anita Drögemöller, u.a.
R: Orden für die Wunderkinder; Götterkinder.

Zickgraf, Cordula, Krankenschwester; Hundersingerstr. 45, D-7000 Stuttgart 70, Tel. (0711) 453413 (Gütersloh 21.4.54). Erlebnisbericht.
V: Ich lerne leben, weil du sterben mußt, Ein Krankenhaustagebuch 79, 81. ( )

Ziebarth, Ursula *

Ziegert, Gertrud (Ps. Gertrud Ziegert-Arlt); FDA 74; Biesestr. 7, D-1000 Berlin 37, Tel. (030) 8029577 (Sprottau/ Schles. 19.6.09). Lyrik.
V: Ein Ton im Liede, G. 76; Zweige am Fenster, G. 82. — **MV:** Gottes Sohn ist kommen 60; Das unzerreißbare Netz 68; Gott im Gedicht 72; Lyrik 78; Lyrik 79, alles G.-Anth.

Ziegert-Arlt, Gertrud, s. Ziegert, Gertrud.

Ziegler, Alexander, Schriftsteller, Schauspieler; SSV 73; Toedistr. 12, CH-8712 Stäfa (Zürich 8.3.44). Roman, Drama, Film.
V: Labyrinth, Report eines Außenseiters 70, 76; Die Konsequenz 75, Tb. 78, 79; Zellengeflüster, Bü. 70; Tribunal oder: Der Sittlichkeitsverbrecher, Bü. 77; Kein Recht auf Liebe, Rep., Aufs., Stücke 78; Samstagabend, Bü. 78; Willkommen in Marienthal, Bü. 79; Gesellschaftsspiele, Rep. 79; Eines Mannes Liebe, R. 80; Nachtwache, Bü. 80; Angstträume, G. u. Stücke 81; Entlassen, Bü. 81; Die Zärtlichen, R. 82; Es wird nie wieder Frühling, Bü. 82.
R: Die Konsequenz, Fsp. 77. ( )

Ziegler, Mano (Ps. Walter Varenna), Schriftsteller; Luftfahrt-Presse-Club 57; Dekan Marquartstr. 8, D-7972 Isny, Tel. (07562) 2759 (7.6.08). Roman, Essay, Novelle, Theaterstück.

V: Achtung Schneebrett 34; Dieter Stauff 36; Verheiratet aber glücklich 55; Raketenjäger Me 163 60; Kampf um Mach 1 62; Starfighter 75; Me 262: ... als ob ein Engel schiebt 77.
F: Senkrechtstarter VJ 101 61.
S: Cleared for take off 60; Cleared to land 62.

Ziegler, Peter, Industriekaufmann; Schlesierstr. 9, D-8730 Bad Kissingen, Tel. (0971) 3520 (Probstzella/Thür. 29.4.40). Biographie, Novelle, Essay, Reisebuch.
V: Geheimnisvolle Kreuze, Verschwundene Burgen, Verborgene Kunstschätze und andere Kuriositäten, heimatkundl. Bilderbogen 76; Abseits der breiten Wege, Reiseb. 77, 80; Kurschatten gesucht, N. 78; Bismarck in der Badewanne — Als 'eiserner' Kurgast in Bad Kissingen, Baden-Baden und Gastein, Biogr. 79; Die ruhelose Kaiserin, Elisabeth von Österreich auf Reisen, Biogr. 81.

Ziegler, Reinhold, Dipl.-Ing.; Obere Kelterstr. 10, D-7520 Bruchsal 4, Tel. (07257) 4322 (Nürnberg 3.7.55). Roman.
V: Von einem Traum zum anderen, Erz. 82.

Ziegler, Siegfried (Ps. P. Brikisto), Dr. phil., Leitender Reg.Dir. i. R.; Inninger Str. 20, D-8031 Hechendorf am Pilsensee, Tel. (08152) 7382 (Essen 2.2.02). Roman, Novelle. Ue: Esp.
V: Sekspsikologio 26; Die Stadt Essen 29; Ibiza, R. 36; Herz unter Lumpen, R. 37; Finstere Tanne befiehlt, N. 38; Wir reiten durch Südserbien, Reiseb. 39; Der Mann im Vorzimmer, N. 49; Die Sprache der Völker 52; Chronik von Hechendorf, Gesch. 79.
H: Corsica 55; Länderkundliche Nachrichten 32/60; La Ponto 49 - 53; Esperanto — Post 50 - 53.
Ue: La viro en la Antaûĉambro, u.d.T.: Der Mann im Vorzimmer 75.

Ziegler-Stege, Erika, s. Klein, Erika.

Ziehr, Ludwig H. B., s. Legge, Ludwig.

Zielonka, Michael, Mag. theol.; VS NRW, Kogge, Kg.; Arbeitsstipendien Kultusmin. NRW 72, 76, 81, Förderpr. z. oberschles. Kulturpr. 80; Asoc. de Caballeros del Monasterio de Yuste; Heinrich-Theißen-Str. 3, D-4150 Krefeld 11, Tel. (02151) 470903 (Nordhausen/Harz 9.3.42). Lyrik, Essay, Prosa, Rundfunk, Sprachplatte, Vortrag.
Ue: I, Rät (Friaul), F.
V: 78 Gedichte, Lyrik 69; Ich, Zugabe zu meinem Nabelstrang, Lyrik 70;

Zweifel und Fortschritte, Lyr. 72; Bahrt mich mit Brille auf, Lyrik 74; Nichts als Liebeskummer, Lyrik, Kurzprosa 76; Von der Genauigkeit der Ungenauigkeit, Lyr. 81; Unkonventionelle Meditationen, Theol. Kurztexte 82.

MA: Die Freundesgabe, Jb. d. Ges. z. Pflege d. Märchengutes d. europ. Völker, Ess. 67; Brennpunkte. Z. spirituellen Poesie. Ess. u. Lyrik 70, 73; Ulcus Molle. Scenen Reader, Underground-Anth. 71; Der Wegweiser, Zs; Almanach f. Literatur und Theologie, Prosa, Lyrik, Ess. 72, 73, 74, 78; Satzbau. Poesie u. Prosa aus NRW, Lyrik 72; Gott im Gedicht, Lyrik 72; Bundesdeutsch, Lyrik 74; Endlich was Neues, Prosa 74; Hiob kommt nach Himmerod, Prosa 74; Kontakte europäisch, Lyrik 74; Die Kehrseite des Mondes, Lyrik 75; Über- gänge, Lyrik 75; Stein und Fassung, Ess. 75; ich bin vielleicht du, Lyrik 75; Wider- spiele in Bild und Text, Prosa 76; Festschr. 25 J. Turmbund, Lyr. 76; Almanach 25 Jahre Künstlergilde, Prosa 77; Pro Endausgabe, Kurzprosa 77; Wer ist mein Nächster, Kurzprosa 77; Angst, Lyrik 77; Der erste Schritt, Prosa 78; Prisma Minden, Lyrik 78; Landschaft, Ess. 79; Oder IV, Lyrik 79; RoMANNzen, Lyrik, Kurzprosa, Ess. 79; Ehe, Kurzprosa 79; Jb. f. Lyrik 80; Niederrhein Autoren, Lyr. 80; Die Alternativpresse, Ess. 80; Ein Hort den tausend Träumen, Lyr. 80; Berckers Taschenkalender, Theol. Kurztexte 81; Männerkalender, Lyr. 81; Weh' dem, der keine Heimat hat, Kurzprosa 81; Über den Kirchtag hinaus, Lyr. 81; Jb. Dt. Schule Rom, Ess. 81; Prakt. Theol. Quartalsschrift, Ess. 81; Rufe II Rel. Lyr. 81; Paraboles, Ess. 82; Begegnungen u. Erkundungen, Lyr. 82.

R: Wie eine ganz normale Bewegung 69; Donnerstag - Spezialbox 71; Zeitgenössische Lyrik in Theorie und Bestand 71; Erläuterungen zum lit. Untergrund im deutschsprachigen Raum 72; Immer wieder wird es Weihnacht 72; Auskünfte — Autoren im Gespräch 77.

S: Damals als Jesus geboren war, Prosa 74; Der Tag, seit dem alles anders ist, Prosa 77.

Ue: Pier Paolo Pasolini: Die Klage des Baggers, m. G. Faggin. —

MUe: Anthologie friaulischer Lyrik, m. G. Faggin 72.

Lit: Br. St. Scherer: Christl. Literatur in Civitas 70; J. Meidinger-Geise: Perspektiven dt. Dichtung 71/72; P. Konrad Kurz: Die Neuentdeckung des Poetischen 75; Sie schreiben zwischen Goch und Bonn 75.

Ziem, Jochen, Schriftsteller; P.E.N.- Club 72; Gerhart-Hauptmann-Förderpr. 67, Thomas-Dehler-Pr. 68; Sieglindestr. 2, D-1000 Berlin 41, Tel. (030) 8528060 (Magdeburg 5.4.32). Drama, Lyrik, Roman, Novelle, Essay, Film, Hörspiel.

V: Die Einladung, Sch. 67; Nachrichten aus der Provinz, Sch. 67; Zahltage, Erzn. 68; Die Versöhnung, Sch. 71; Die Klassefrau, Erzn 74; Der Junge. Eine Entwicklung in sieben Bildern 80. — **MV:** Frauen lernen leben, m. Andra Westphal 77.

MA: Kursbuch 4 66; Theater heute 7 67; Theater im Umbruch 70; Die Hälfte der Stadt 82.

R: Die Rückkehr 69; Unternehmer 71; Federlesen 72; Männergeschichten — Frauengeschichten 76; Ab mit dir ins Vaterland (nach Fritz Raab) 80; Linda 80; Die Klassefrau 82, alles Fsf.; Der Besuchstag 66; Nachrichten aus der Provinz 68; Geld 70; Okke Dillens letzter Bericht 72; Die Klassefrau 74; Brune 77; Die Belehrung 78; Frau Deutschland 81, alles Hsp.

Lit: Henning Rischbieter: Zurück zu den Kleinbürgern. Zur Situation der dt. Dramatik am Bsp. von vier Urauf- führungen in: Theater heute 7 67; ders.: Ausdrucksarmut. Üb. Jochen Ziems neues Stück "Die Versöhnung" u. d. Nürnberger Uraufführung in: Theater heute 6 71; ders.: Ziem, Jochen oder: Der böse Blick auf die Banalität in: Theater heute, Jahressonderh. 72; Ingeborg Drewitz: Kindheit in der Hitlerzeit. Die zerstörte Kontinuität 81; Smith/ Töteberg: Jochen Ziem in: Krit. Lex. z. dt.spr. Gegenwartslit. seit 78.

Ziemann, Hans Heinrich *

†**Zierer**, Otto; VS 47, Vizepräs. FDA, Präsid. d. Deutschen Autoren-Rates (DAR); Gr. Bdesverd.kreuz, Bayr. Verdienstorden, Roter Stern f. Kultur u. Wiss. Peking; Weiherweg 5, D-8031 Gröbenzell u. Monte Molar 12, Altea/ Spanien, Tel. (08142) 9381 (Bamberg 8.5.09). Roman, Novelle, Geschichts- schreib., Ess.

V: Große Weltgeschichte 51 XL; Der Bürger von Arras, R. 56; ... und dann verschlang mich Rom, R. 58; Die Abenteuer der vielgeliebten Stadt München, R. 58 II; Der Sohn Gottes, R. 64; Geschichte des Bauerntums 65 IV; Neue Weltgeschichte 66 III; Im Zauber- garten der Künste 66 XII; Europäische Kunstgeschichte 68 VI; Kultur- u.

Sittenspiegel 69 IV; 100 Geschichten aus 3000 Jahre III 70; Ideen, die die Welt bewegten, Ess. 71; Die großen Ereignisse der Weltgeschichte 73 (auch span., franz.); Rot schien die Sonne, R. 74; Weißbuch zur Rettg. d. deutsch. Sprache 76; Cordoba, R. 76; Schwarze Träume, R. 77; Sternstunden der Weltgeschichte 78 III; F.J. Strauss, Biogr. 79; Mein Abenteuer zu schreiben, Autobiogr.79; Dr. Li, R. 80; Robespierre oder die reine Ideologie, R. 80; Geschichte der Weltreligionen V 80; Rom-Renaissance-Revolution Nov. III 80; Polybios, R. 82.

MA: Die Großen der Welt 52 - 56; 40 Lesebogen 51 - 57; Bonifatius, Ein Wanderer Christi 54; Der Mensch im Wandel der Zeiten, bayr. Ausg. 55 - 56.

H: (u.V.) Kleine Geschichte großer Nationen 77 XIV (auch engl., franz., span., ital., jap., port., chin., niederl.); Lesebuch zur Kirchengesch. II 81.

Ziergiebel, Herbert, techn. Zeichner, Teilkonstrukteur; SV-DDR 54; Preis d. Min. f. Kultur d. DDR 55; Schwarzmeerstr. 50, DDR-1136 Berlin, Tel. 5596090 (Nordhorn 27.6.22). Roman, Hörspiel.

V: Rebellen, R. 52, 53; Die Flucht aus der Hölle, Erz. 55; Der letzte Schleier, Rep. 56; Wenn es Tag wird, R. 65; Das Gesicht mit der Narbe, R. 59, 68; Satan hieß mich schweigen, R. 62, 64; Die andere Welt, R. 66, 77; Zeit der Sternschnuppen, phant. R. 70, 78; Vizedusa u. and. merkwürd. Begebenheiten 75; Die Experimente d. Professors v. Pulex, Erz. 79, 81.

F: Die letzte Chance 62.

R: mehrere Kinderhsp. u. Funkerzn.

Zierke, Heinz-Jürgen; SV-DDR 66; Fritz-Reuter-Pr. I. Kl. 67, Kunst- u. Literaturpr. d. Ostseebez. Rostock 73; Dr.-Wilhelm-Külz-Str. 21, DDR-2300 Stralsund, Tel. (0821) 4169 (Marienthal 8.7.26). Roman, Hörspiel.

V: Das Gottesurteil, hist. R. 65, 72; Sieben Rebellen, hist. R. 67, 69; Sie nannten mich Nettelbeck, hist. R. 68; Eine Chance für Biggers, R. 70; Nowgorodfahrer, hist. R. 73, 81; Von einem der auszog Napoleon zu schlagen, hist. Erz. 74, 79; Gänge durch eine alte Stadt. Riga 77, 79; Karl XII, hist. R. 78, 80; Eine livländische Weihnachtsgeschichte, hist. Erz. 81, 82.

R: Marie, Hsp. 71; Begegnung mit Heinz S., Hsp. 72; Caramba Molkenthin, Hsp. 73; Vater wird Held, Hsp. 78;

Hensken, Hsp. 79; Der Rebellenmajor, Hsp. 81.

Zierl, Oluf, Freier Journalist; Tb. d. Monats Febr. 81; Daisy Vestry Road, Route 5, Box 230, Ocean Springs, , Miss. 39564/USA, Tel. (601) 3922162 (München 5.10.32). Reports und Essay, Film u. Funk.

V: Highway-Melodie, 4. Aufl. 81.

R: Reportagen u. kleinere Essays.

Ziesel, Kurt; Stifter-Medaille 40; Königstr. 51, D-8211 Breitbrunn/ Chiemsee, Tel. (08054) 367 (Innsbruck 25.2.11). Lyrik, Roman, Novelle, Essay, politische Bücher, Reisebücher.

V: Verwandlung der Herzen, R. 37, 44; Der kleine Gott, R. 39, 55; Der Gezeichnete, N. 40, 43; Stunden der Wandlung, Nn. 41, 44; Der Vergessene, N. 41, 43; Unsere Kinder, Nn. 42; Die Prima greift ein, Nn. 43; Aphrodite lächelt ..., R. 50 u.d.T.: Die goldenen Tage 53, 57; Und was bleibt, ist der Mensch 51, 83 (auch span., holl.); Daniel in der Löwengrube, R. 52, 63 (auch holl.); Das Leben verläßt uns nicht, Kriegstageb. 53, 55; Solange wir leben, R. 56, 57; Der endlose Tag, R. 60; Das verlorene Gewissen. Hinter den Kulissen d. Presse, d. Literatur u. ihrer Machtträger von heute 58, umgearb. 62; Die Geister scheiden sich 58; Die verratene Demokratie 60; Der rote Rufmord. Eine Dokumentation z. kalten Krieg 62; Die Literaturfabrik 64; Der endlose Tag, R. 65, 67; Die Pressefreiheit in der Demokratie 66; Die Sensation des Guten, Reiseb. 67, 70; Schwarz und Weiß in Afrika, Reisebuch 73; Dankt das Abendland ab? 67; Freiheit und Verantwortung 68.

H: Richard Euringer, Dichterstunde 38; Josefa Berens-Totenohl, Dichterstunde 38; Stimmen der Ostmark, Dichterstunde 39; Krieg und Dichtung 40, 44; Deutschland-Magazin 67-83.

Zihlmann, Josef (Ps. Seppi a de Wiggere), Dr.h.c., Volkskundler; ISV 50, SSV 78; Kulturpr. d. Innerschweiz 82; Dr.h.c. d. U. Fribourg; Sonnrüti 10, CH-6130 Willisau (Hergiswil am Napf LU 19.3.14). Mundarterzählung, Drama, Funkerzählung.

V: D Goldsuecher am Napf 41; Die Hof- und Flurnamen der Gemeinde Gettnau 68; Göttiwiler Gschichte 71; De jung Chuenz 75; Das Pfaffenauer Namenbuch 78; Sie rufen mich beim Namen 82; Wie sie heimgingen 82.

MH: Heimatkunde des Wiggertals, Jb. seit 67; Innerschweizer Schriftsteller, Texte, Lex. 77.

Zillich, Heinrich, Dr. rer. pol., Dr. phil.
h. c., Schriftsteller; 1. Preis im G.-
Ausschreiben d. Zs. Das Ziel, Kronstadt
19, 1. Preis im Geschn-Ausschreiben d.
Simplicissimus, München 25, 1. Preis im
Nn-Ausschreiben d. Zs. Die neue Linie,
Berlin 32, 34, Literaturpreis der Stadt
Berlin 36, Volksdt. Schriftumspr. d. Dt.
Auslands-Inst. u.d. Stadt Stuttgart 37,
Südostdt. Literaturpr. München 53,
Gold. Ehrenwappen d. Siebenbürger
Sachsen 55, d. Buchenlanddeutschen 59,
d. Jugoslawiendeutschen 63, Kay of the
City of Cleveland 62, Kulturpr. d.
Siebenbürg. Sachsen 68, Wolfgang-
Amadeus-Mozart-Pr. 70, Plakette Pro
Arte d. Künstlergilde Esslingen 78, Gold.
Ehrenring "Der Deutschen Literatur"
78, Jireček-Med. in Gold d. Südost-
Europa-Ges. 79, Adam-Müller-
Gutterbrunn-Plakette d. Südostd.
Kulturwerks 81; Ehrenvors. d.
Landsmannschaft d. Siebenbürger
Sachsen in Deutschland, EM d. Verb.
Saarländer Autoren, Migtl. d. Akad. f. Bildung u.
Kultur, EM d. VWM Zürich/Amsterdam,
EM d. Josef-Weinheber-Ges. Wien, EM
d. Rumänischen Forschungsinstituts
Freiburg i. Br., EM Kotzde-Kottenrodt-
Gemeinde Detmold, Leit. Mitgl. Akad.
Rates d. Humboldt-Ges. Mannheim;
Hirschanger 1, D-8130 Starnberg, Tel.
(08151) 3471 (Kronstadt/Siebenbürgen
23.5.98). Lyrik, Essay, Novelle, Drama,
Roman, Hörspiel. **Ue:** Rum, U.
V: Attilas Ende, N. 23, 55; Wälder und
Laternenschein, N. 23, 44; Die Strömung,
G. 24; Kronstadt, Schild. 25; Sieben-
bürgische Flausen, Gesch. 26; Strömung
und Erde, G. 29; Der Toddergerch, Erzn.
30; Der Zigeuner, N. 31, 42; Der Urlaub,
N. 33, 43; Sturz aus der Kindheit, Nn. 33,
43; Reinerbachmühle, N. 35, 42; Die
gefangene Eiche u.a. Erzn. 35, 44; Die
Zwischen Grenzen und Zeiten, R. 36, 43;
Der baltische Graf, N. 38, 44; Der
Weizenstrauß, R. 38, 50; Flausen und
Flunkereien, Geschn. 40, 55; Krippe-
Lore und der Feuermann, Kinder-
Gesch. 40, 54; Die ewige Kompanie,
Anekdn. 43; Die fröhliche Kelter,
Schnurren u. Schw. 43; Gabe an die
Freunde, G. 48; Grünk oder Das große
Lachen, R. 49; Der Sprung im Ring, R.
53; Novellen I (Die Schicksalsstunde) 56,
II (Sturm des Lebens) 56; Siebenbürgen,
ein abendl. Schicksal 57, 82;
Romantische Straße, Schild. 59; Die
große Glocke, Kindheits- u. Jugend-
erinn. 63; Schicksalsweg der

Siebenbürg. Sachsen 69; Deutsche
Weihnachten zwischen Ost und Süd,
Gesch. 76; Wälder und Laternenschein,
Siebenbürg. Geschn. u. Erzn. 78;
Kronstadt, Schild. mit Bilderanhang 82,
u.a.
B: Zahlr. Bearb. v. Büchern d. Süd-
ostdt. Kulturwerks München. —
MA: Text zu den Kurt Peter Karfeld-
Farbbildbüchern: Deutschland, Glaube,
Liebe, Hoffnung 50; Brasilien 53;
Argentinien 53; Siebenbürgisches
Kalendarium im Herzhaften
Hauskalender, Salzburg 67; Beitr. in üb.
50 Anth. 35-82.
H: Klingsor, siebenbürg. Zs. 24 − 39;
Das Flügelroß, Kunst-Jb. Salzburg 41;
Wir Siebenbürger, Hausb. d. Flüchtlinge
49; Bekenntnis zu Josef Weinheber,
Erinn. d. Freunde 50; Den Gefallenen,
Ein Buch d. Gedenkens 52; Sieben-
bürgische Heimatfibel für Jung und Alt
57; Südostdeutsche Vjbll. seit 59; Fr.
Hensel, ein dt. Leonidas, sein
Lebensbild i. Briefen 67; Oskar G.
Netoliczka, Zeichnungen u. Porträt-
plastik 75.
R: Die Zinnenschlacht, Hsp. 38;
Siebenbürgen, Land des Segens 52;
Siebenbürgen, Hort der Freiheit 52, 53.
S: Ansprache zur Einweihung der
Gedenkstätte der Siebenbürger Sachsen
in Dinkelsbühl 67; Die Mädchen im Mai
u.a. Erz., Kassette 80.
Lit: Hermann Roth: Heinrich Zillich
in: Die Neue Literatur 38; Erwin
Katschinski: Die Form in der
Erzählungskunst bei Heinrich Zillich
51; Festschrift f. Heinrich Zillich,
herausg. v. Arbeitskr. f. dt. Dicht.
Göttingen 58; Karl Kurt Klein: Heinrich
Zillich, Festvortr. in: Südostdt. Vjbl. 58;
Zum 70. Geb. Dr. Dr. H. Zillich, Festschr.
München 68; Walter Myss, Fazit nach
800 Jahren, Veröff. d. Südostdt. Kultur-
werks, R. B., Bd 22, Dr. Dr. h.c. H. Zillich
z. 70. Geb. 68; Joh.-Wolfg.-v.-Goethe-
Stiftung, Gedenkschrift für Dr. Dr. H. Z.
zur Verleihung des Mozartpr. 71;
Hermann Pongs: Einführung in das
Werk Zillichs, Vortrag 72; Hans Bergel,
Wilh. Bruckner: Lob und Dank,
Heinrich Zillich z. 80. Geb. 78; Epoche d.
Entscheidungen, Die Siebenbürger
Sachsen im 20. Jh. gewidmet H. Z. z. 85.
Geb 83.

Zillig, Jochen, Realschullehrer; VS 79;
Werkkr. Lit. d. Arbeitswelt 76; Oberstr.
38, D-6761 Dannenfels, Tel. (06245) 7180
(Darmstadt 29.5.47). Roman, Kurzgeschichte, Drama.

V: Gelegenheit macht Liebe, R. 79.
MA: Der Prolet lacht, Anth. 78;
Kriminalgeschichten, Anth. 78; Sport-
geschichten, Anth. 80; Das Wunder des
Fliegens 81; Kein Jäger aus Kurpfalz 81;
Das Ziel sieht anders aus, G. 82;
Landfriedensbruch 82.
H: Kriminalgeschichten, Anth. 78.

Zillig, Werner, Dr.phil., Wiss. Mitarb.;
Rudolfstr. 18, D-4400 Münster/Westf.,
Tel. (0251) 393207 (Haßlach b. Kronach
22.10.49). Erzählung.
V: Der Regentänzer, SF-Erzn. 80.
B: SF aus Japan 82.
MH: SF aus Japan 82.

Zilligen, Therese, Realschullehrerin;
Schöndorferstr. 29, D-5500 Trier, Tel.
(0651) 25643 (Koblenz 5.1.47). Roman,
Jugendbuch.
V: Anders als die andern — der junge
Heinrich Pestalozzi, Biogr. 82.

Zimbrich, Walter (Ps. Friedhelm
Steiner), Lehrer; Goethestr. 125, D-6078
Neu-Isenburg (Neu-Isenburg 14.9.33).
Erzählung. **Ue:** F.
V: Schwarze Tage für den weißen
Herrn Peters, Erz. 68. ( )

Zimmeck, Alexander (Ps. Alexander
Z), Student; Herzbergerlandstr. 50, D-
3400 Göttingen (Hannover 16.4.56).
Lyrik, Prosa.
V: Die Eisblüten-Trilogie, G. lyr. Prosa
79. ( )

Zimmer, Dieter E., M.A., Redakteur;
Rothenbaumchaussee 209, D-2000
Hamburg 13, Tel. (040) 455292 (Berlin
24.11.34). Lyrik, Essy. **Ue:** E, F, S.
V: Zuletzt: Ich möchte nicht, sagt
Bartleby, G. 78; Unsere erste Natur,
Sachb. 79, Tb. 82; Der Mythos der
Gleichheit 80; Die Vernunft der Gefühle
81.
H: Vierunddreißig neue Kurzgeschn.
aus d. "Zeit" 79; Neunundzwanzig neue
Kurzgeschn. aus d. "Zeit" 81.
Ue: Vladimir Nabokov: Das wahre
Leben des Sebastian Knight 60; Bend
Sinister: Das Bastardzeichen 62,
Frühling in Fialta, Erz. 66, Conclusive
Evidence u. d. T.: Andere Ufer 64,
Einladung zur Enthauptung 70,
Durchsichtige Dinge 80; Ambrose
Bierce: Aus dem Wörterbuch des
Teufels 66; James Joyce: Dubliner 69;
Nathanael West: Eine glatte Million 72;
Jorge Luis Borges: El Libro de Arena u.
d. T.: Das Sandbuch 77; Virginia Woolf:
Mrs. Dalloways Party 80. ( )

Zimmer, Egon-Maria (Ps. C. C.
Bergius), Zivil-Flugkapitän; P.E.N.;

Haus Solaris, FL-9490 Vaduz/
Liechtenst., Tel. (075) 23161 (Buer/Westf.
2.7.10). Roman.
V: Blut und Blüten für Dschingis-
Chan, biogr. R. 51, 66 (auch fläm.,
jugoslaw., kroat., tschech.); Und unter
mir die Erde, R. 52; Absturz über der
Steppe, R. 54, 57 (auch fläm.);
Tschandala, R. 56, 59; Treffpunkt Casablanca, R. 57, 61; Mike Schlapphut, R. 57,
61; Die feuerrote Baronessa, R. 57, 59;
Die Straße der Piloten, Biogr. 59, 80
(auch jugoslaw., slowak.); Vier unter
Millionen, R. 60; Der Fälscher, R. 61, 83
(auch engl., holl., schwed.); blue jeans
and petticoats, R. 61; Heißer Sand, R. 61,
82 (auch holl., afrikaans, slowakisch);
Sand in Gottes Mühlen, R. 64, 82 II
(auch holl., franz.); Das weiße Krokodil,
R. 65, 77; Die Straße der Piloten im Bild,
Biogr. 67, 79; Der Tag des Zorns, R. 67,
83 (auch fläm.); Dschingis-Chan, biogr.
R. 67, 83 (auch jugosl., slowak.); Roter
Lampion, R. 68, 82 (auch fläm.); Das
Medaillon, R. 71, 83 (auch fläm., franz.,
span., finn., türk., portug.); Nebel im
Fjord der Lachse, R. 73, 83 (auch fläm.);
Oleander Oleander, R. 75, 82 (auch
poln.); Schakale Gottes, R. 77, 82; La
Baronessa, R. 78, 83 (auch fläm., port.,
span.); Söhne des Ikarus, R. 79, 81; Der
Feuergott, R. 80, 83 (auch span., port.,
holl.); L'amore eterno, R. 81, 82;
Spanisches Roulette, R. 82 (auch span.,
portug.); Die Straße der Piloten in Wort
und Bild, Biogr. 83.
H: Emil Jannings: Theater, Film - Das
Leben und ich, Biogr. 51, 52; Olga
Tschechowa: Ich verschweige nichts,
Biogr. 53, 54 (auch fläm.); Was jeder
Junge wissen will, Jgdb. 55, 60; Die
großen Entdecker, R. 74.
F: Die feuerrote Baronessa 58; Heißer
Sand 70.
R: Die Straße der Piloten, 13teil. Fs.-
Send. 68.

Zimmer, Hans, Pfarrer; Breitensteinstr. 36, D-8201 Bad Feilnbach, Tel.
(08066) 517.
V: Die Dientzenhofer 76; Die
Hausstätter 78. ( )

Zimmer geb. Krause, Helene (Ps.
Hella Krause, Krause-Zimmer), Drama-
turgin; Kg. 53; Dorneckstr. 41, CH-4143
Dornach b. Basel, Tel. (061) 723111
(Breslau 19.12.19). Drama, Novelle,
Essay, Hörspiel, Kunstgeschichtl.
Betrachtungen.
V: Im Zauberwald, Msp. 46; Troll-
königs Zauberkrone, Msp. 46; Geburt in
Bethlehem, Bü. 48, 49; Die zwei kleinen

Kavaliere, Erz. 55; Artemis Ephesia, Ess. 64; Alles durchweben die Götter, Reisen durch d. Kultwelt d. Ägäis, Ess. 64; Die zwei Jesusknaben in der bildenden Kunst 69, 77 (franz. 78); Echnaton, König im Frühlicht der Zeitenwende 72; Das zweifache Christusbild in frühchristlicher Kunst 73; Erdenkind und Weltenlicht, Spirituelle Motive in Weihnachtsdarst. 79; Kreuz und Auferstehung 81.
B: Gebr. Grimm; Einäuglein, Zweiäuglein, Dreiäuglein, Msp. 47. — **MA:** Ess. in versch. Zss.
H: Der Modellbau von Malsch.

Zimmer, Woldemar, Missionar; Burgfelder Str. 20, CH-4055 Basel (Elisabethtal 4.4.03). **Ue:** H, R.
V: Djantik der Häuptlingssohn 44; Atjau's Welt auf Borneo 45, 54; Kindheitserlebnisse in der russischen Revolution 78.

Zimmerer, Ruth *

Zimmerling, Dieter; Stephanstr. 101, D-2000 Hamburg 70.
V: Störtebeker & Co. 80; Leutnant Krockwitz. Ein Schiff für Preußen, R. 81. ( )

Zimmermann, Charlotte, Dr. phil., Stud.Direktorin; Herreshagener Str. 13, D-5270 Gummersbach 1, Tel. (02261) 66137 (Angerburg 24.7.26). Jugendroman.
V: Eine Freundin in Polen, Jgdb. 76. — **MV:** Auftrag und Wagnis 74.

Zimmermann, Erika (Ps. Erika Zimmermann-Lüderssen), Werklehrerin, Künstlerpuppenspielerin; Prager Str. 11, D-1000 Berlin 30, Tel. (030) 2117764 (Tuchel/Westpr. 9.9.98). Puppenspiel, Schattenspiel.
V: Das neue Kasperbuch 54; Neue Kasperspiele 58, 65; Wie Hans Fürchtenicht König wurde 62; Wir spielen Puppentheater 76; Wir spielen Schattentheater I 79. — **MV:** Handpuppenspiel für die Jüngsten 55; Basteln und Spiel im Heim 55.
R: 1 Hsp. f. Erw., 6 Hsp. f. Kinder 29-34.

Zimmermann geb. Elsner, Gertrud (Ps. Gertrud Elsner), Lehrerin; In der Kofelau 11, D-8103 Oberammergau, Tel. (08822) 936 (Bochum 23.1.14). Märchen, Essay, Lyrik.
V: Das Märchenbuch, M. 42; Putziwacks Märchenbuch, M. 49; Gespräche mit Gott 50. — **MV:** Passionsplay Oberammergau 50, 60, 70.

Zimmermann, Ingo, Dr. theol., freiberuflicher Schriftsteller; SV-DDR 75;

Tzschimmerstr. 36, DDR-8019 Dresden (Dresden 17.12.40). Libretto, Essay.
V: Stimme in die Zeit. Das Friedenszeugnis Reinhold Schneiders, Studie 63; Reinhold Schneider, Biogr. Ess. 66; Weiße Rose, Opern-Libr. 68; Rudolf Mauersberger, Biogr. Ess. 69, 82; Die zweite Entscheidung, Opern-Libr. 70; Der späte Reinhold Schneider, Studie 73; Levins Mühle, Opern-Libr. (nach Bobrowski) 73; Reinhold Schneider. Weg e. Schriftstellers 82, Bdesrep. Dtld 83.
B: Jochen Klepper: Unter dem Schatten deiner Flügel 67, 72.
MH: Begegnungen mit Rudolf Mauersberger. Dankesgabe eines Freundeskreises 64, 71. ( )

Zimmermann, Katharina, Hausfrau, Redaktorin; Schweizer. Jugendbuchpr.; Balmweg 4, CH-3007 Bern, Tel. (031) 456574 (Bern 28.10.33). Jugendroman.
V: Damek. Eine Geschichte aus Kalimantan 82; Murni 83.

Zimmermann, Kurt, c/o Militärverl. d. DDR, Berlin (Ost).
V: Die große Unbekannte 80, 81. ( )

Zimmermann, Ulrich, Lehrer; VS; Marienstr. 78, D-7500 Karlsruhe 1, Tel. (0721) 32063 (Danzig/Westpr. 1.4.44). Prosa, Lyrik, Stücke.
V: Schieß in den Wind, Lo! Ein Werther von heute 63; Gehen, Stück 70; Mein Bruder, G. 71; Über allen Gräbern ist Ruh', Kurz-R. u. Erz. 72; Stinkmorcheln, G. 73; Abgeschrieben. Texte zum Thema Schule 78; Ich bin ein Vogel, Geschn. f. Kinder u.a., die es werden wollen 79; Von einem, der auszog, das Bleiben zu lernen, Geschn. 81.
MA: Junge Poesie 2 70; Mein Land ist eine feste Burg 76; Karlsruher Alm. f. Lit. 77; Strafjustiz 77; Trauer — Zehn junge Karlsruher Schriftsteller 79; Karlsruher Lesebuch 80; Laßt mich bloß in Frieden 81; Der Ernst des Lebens 82; Nachwehen 82.
MH: Plötzlich brach der Schulrat in Tränen aus — Verständigungstexte von Schülern und Lehrern 80; Karlsruher Bild- und Textbuch 82.
R: Eine Tochter zieht aus, Funkerz. 78; Blackout mit 15, Funkerz. 79.
S: Kooperative Wort & Jazz 80.

Zimmermann-Lüderssen, Erika, s. Zimmermann, Erika.

Zimmermann-Schwarz, Erica (Ps. Erica Schwarz); Bayerstr. 8, D-8240 Berchtesgaden, Tel. (08652) 2669

(Weilheim/Obb., 13. 8.). Alpine Literatur, Bavarica, Lyrik. **Ue:** I.
V: Glück in den Tauern; Berchtesgaden; Bad Reichenhall; Die Isar; Der Königssee; Salzburg; Mit Bergen leben, G.; 12 Jugendb.
MA: Jahrbuch Dt. Alpenverein 69 (Erschließung des Steinernen Meeres); Jahrbuch D.A.V. 77 (25 Jahre Bergfilm-Festspiele Trient); Volkskunst zwischen Inn und Salzach; Arbeit im Gebirge; Berchtesgadener Handwerkskunst; Freud' an Tracht und Auszier; Städte in den Alpen; Bei uns in Berchtesgaden.

Zimmermann-Steigert, Frithilde *

Zimmerschied, Siegfried (Ps. Papst Satyrikus I), Kabarettist; Dt. Kleinkunstpr. f. Kabarett 79, Berliner Wecker Pr. 81; Steinweg 12, D-8390 Passau u. Pariserstr. 34, D-8000 München 80 (Passau 7.10.53).
V: Kleinstadtbrevier, Textsamml. u. Dok.; A ganz a miesa, dafeida, dreckiga Dreg san Sie 81.
H: Hirtenbrief I + II, Sat. Ztg.
S: A ganz a miesa, dafeida, dreckiga Dreg san Sie 80; Zwischenmenschen 81, beides Tonkass.

Zimnik, Reiner, Maler und Graphiker (Illustrator), Schriftsteller; Förderungspr. d. Stadt München 58, Eichendorff-Stip. 58, Villa-Massimo-Rom-Stip. 61; Veterinärstr. 8, D-8000 München 22, Tel. (089) 285471 (Beuthen/OS. 13.12.30). Poetisch-satirische Zeichengeschichten, Zeichenglosse in Buchform und als Fernsehsendung, Hörspiel.
V: Xaver der Ringelstecher und das gelbe Roß 54; Jonas der Angler 54; Der Bär und die Leute 54; Der Kran 56; Der stolze Schimmel 56; Die Trommler für bessere Zeit 58; Der Regen-Otto 58; Der kleine Brülltiger 60; Der Bär auf dem Motorrad 62; Geschichten vom Lektro 62; Neue Geschichten vom Lektro 64; Lektro und der Eiskönig 65; Die Ballade von Augustus und den Lokomotiven 67; Der kleine Millionär 69, 71; Professor Daniel I. Kooperman's Entdeckung und Erforschung des Schneemenschen 71; Bill's Ballonfahrt 72; Sebastian Gsangl 75; Winterzeichnungen 75; Das große Reiner Zimnik-Geschichtenbuch 80; Die Maschine 81. — **MV:** Die Geschichte vom Käuzchen, m. Hanne Axmann 60; Pasteten im Schnee, m. Beatrice Schenk de Regniers 74.
R: Jonas der Angler, Funk-M. 55; Xaver der Ringelstecher, Funk-M. 56; Der Kran, Funk-M. 56; Der Lektro, Fs.-

Sende-R. 59-64; Sebastian Gsangl, Sende-R. seit 61; Botschaft für den Kaiser 67, 70; Die Maschine 69; Prof. Daniel I. Koopermans' Entdeckung und Erforschung des Schneemenschen 71.
S: Jonas der Angler, Die verschwundene Melodie 71.

Zimprich, Richard, Dr. phil., StudProf. a. D.; Kg. 58; Mährischer Schriftt.pr. 40, Kulturpr. d. Heimatverb. Olmütz u. Mittelmähren 67, Adalbert-Stifter-Medaille d. Sudetendt. Landsmannschaft 77, Bdesverd.kreuz 81; Luitpoldstr. 32, D-7910 Neu-Ulm, Tel. (0731) 81122 (Landskron/Böhmen 13.10.07). Essay.
V: Walter Flex. D. Dichter d. Wandervogels, lit. Abh. 33; Volkskunde im Aufbruch 37; Die königliche Hauptstadt Olmütz, Stadtgesch. 44, 52; Europa ist größer, Ess. 58; Vierhundert Jahre dt. Gymnasium in Olmütz 68; Die deutsche Handelsakademie in Olmütz 72; Olmütz als deutsche Hochschulstadt in Mähren 74; Am Wegesrand, Lyrik u. Ess. 77; Mährische Aufsätze, Ess. 80; Alte Mären 82. — **MV:** Das schöne deutsche Olmütz 60, 71; Barock in Olmütz 71; Zur Geschichte des deutschen Staatsgymnasiums in Landskron 72.
H: Aus mährischer Scholle XVII; Franz Spunda: Die Phädriaden L 71.
Lit: W. Formann: Sudetendeutsche Dichtung; J. W. König: Das Schrifttum des Ostsudetenlandes; Arno Lubos: Gesch. d. Lit. Schlesiens II; Handlexikon deutsche Literatur in Böhmen-Mähren/Schlesien 76.

Zingg, Ueli, Lehrer; Schwarztorstr. 95, CH-3007 Bern, Tel. (031) 251842 (Bern 15.4.45). Roman.
V: Zwischenstand, R. 80; Wörterkasper, R. 83.

Zingler, Peter, Metzger; VS 83; Geleitstr. 66a, D-6050 Offenbach a.M., Tel. (0611) 819592 (Chemnitz 5.1.44).
V: Notizen aus der Mülltonne. Gedanken — Gedichte — Gesch. zum Strafvollzug u. dem vorher-nachher 83.

Zingraf, Lore, Einzelhandelskaufmann; VS 80; Esplanade 9, D-4230 Wesel, Tel. (0281) 26675 (Wesel 18.8.31). Lyrik, Jugendbuch, Kurzgeschichte, Liedtext.
V: Leuchtende Tage 68; Nicco hat uns noch gefehlt 72; Augen auf Anneliese 75; Kleiner Wölfling Tim 79.
MA: Jb. f. Blindenfreunde.
S: Das Image von Wesel; Du darfst nicht übertreiben.

Zink, Gerhard Ludwig, Rektor;
Krummhäldenweg 24, D-7538 Keltern 1,
Tel. (07236) 417 (Karlsruhe 29.8.21).
Laienspiel f. Kinder u. Jugendliche.
V: Der Fischer und sein Weib 53;
Arme kleine Ziege; Das kleine Tellspiel
54; Umwege 54; Die wundersame
Geschichte von Ochs und Eselein 54, 59;
Der Magier 56; Der Bauerngötz 57; Das
Schäfleinspiel 57; Das dürre Land 59, 69;
Der Schneider von Ulm 61; Um Brot
und Freiheit 61; Die Räuber von
Bethlehem 63; Die Flöhe 65; Hasen-
manöver 72; Das Denkmal 72; Die
Herberge 73; Die drei dunklen Könige
74; Wer ist man? 74; Zuviel Weihnachten
77. — **MV:** Spiel für die Schulfeier II 65;
Lesen und Spielen, Schulspielreihe 72.

Zink, Jörg, Dr. theol., Pfarrer, Beauftr.
d. Württ. Ldeskirche f. Fernsehfragen;
Fleischhauerstr. 9, D-7000 Stuttgart 80,
Tel. (0711) 711787 (Elm 22.11.22). Film,
Essay, Sachbuch. **Ue:** G, Hebr.
V: Würde und Freiheit, Ess. 55; Seid
klug wie die Schlangen, Ess. 56; Der
große Gott und unsere kleinen Dinge,
Ess. 58, 70; In Gottes Spur, Ess. 59, 64;
Dies Kind soll unverletzet sein. Gebete
f. Mutter u. Kind 62, 70; Deine Zeit und
alle Zeit, Bildbd. 64, 68 (auch holl., engl.);
Drei Könige unter dem Kreuz, Ess. zu e.
Bild 64, 65; Zwölf Nächte, Bildbd. m.
Meditationen 65; Himmlische Musik,
Ess. zu e. Bild 65; Er läßt seine Stimme
hören, Psalmen 67, 70; Die Mitte der
Nacht ist der Anfang des Tages, Ess. 68,
70; Hoffnung für die Erde, Ess. 68; Ein
Traum und das Weltgericht, Ess. 69; Was
Christen glauben 69, 71; Grund-
erfahrungen des Glaubens 70; Wie wir
beten können 70, 71; Die Wahrheit läßt
sich finden; Krieg ein Hund im
Himmel Flügel?, Erziehungsb. 72;
Erfahrung mit Gott, Glaubenslehre 74;
Was wird aus diesem Land?
Impressionen aus Israel 75; Lichter und
Geheimnisse, Weihnachtsbuch 76; Sag
mir wohin, Jugendb. 77; Licht über den
Wassern 78; Eine Handvoll Hoffnung 79;
Was bleibt, stiften die Liebenden 79;
Wie Sonne und Mond einander rufen,
Kdb. 80; Kostbare Erde 81. — **MV:** Theo-
logie studieren?, m. Ulr. G. Fick 55.
MH: Die Handbücherei des Christen
in der Welt 58 IX; Sendungen für Mütter
63.
R: Rd. 70 Fs- u. Spielf.
S: Biblia-Schallplatten-Reihe.
Ue: Womit wir leben können 63, 71;
Deine Zeit und alle Zeit 64, 65; Das Neue
Testament 65, 70; Das Alte Testament,

in Auswahl u. i. geschichtlicher
Anordnung 66, 70 (auch holl.); Das muß
man von Jesus Christus wissen 68; So
erzählt das Alte Testament 70.

Zink geb. Schwarz, Marianne;
Krummhäldenweg 24, D-7538 Keltern 1,
Tel. (07236) 417 (Karlsruhe 21.7.26).
Laienspiel, Kurzgeschichte.
V: Der Gast vor der Tür, Laiensp. 55,
60; Das Kind, Laiensp. 57; Der Haupt-
gewinn, Laiensp. 57; Das Hirtenbrot von
Bethlehem, Laiensp. 65; Zwei Zehner
für ein Eis, Kindergeschn. 66, 72; Der
Wind hat vier Räder, Kindergeschn. 69;
Ein Tag mit Matthias, Kindergeschn. 73;
Ein Brief mit zwei Beinen, Kinder-
geschn. 75; Wir sind gefragt, Lesesp. 75,
76; Abenteuer an der Baustelle,
Kindergeschn. 78.
MA: Gott mag dich 81; Gott sagt Ja zu
dir 82.

Zinkl, Herbert, Journalist; SSB seit
54, Öst. P.E.N.-Club seit 74; Lyrikpr. d.
Stadt Graz 57, Arbeitsstipendium der
Stmk. Landesregierung 74, Lit. Förder-
pr. d. Stadt Graz 75, Pr. aus d. Theodor-
Körner-Stift. 78, Jugendbuchpr. d.
Steierm. Landesregierung 78, 81;
Pesendorferweg 7, A-8047 Graz, Tel.
(0316) 32677 (Kapfenberg 30.10.29). Lyrik,
Roman, Erzählung, Hörspiel.
V: Anker im Dasein, Lyr. 73; Alle
Träume dampfen südwärts, JgdR. 78
(schwed. 80); Asyl bei den Ikonen, Lyr.
82.
MA: Vier junge Kapfenberger, Lyr. 54;
Stimmen der Gegenwart, Lyr. 54;
Dichtung aus der Steiermark, Lyr. 71;
Ausblick Lyr. 77.

Zinner, Hedda (Ps. f. Hedda
Erpenbeck-Zinner); SV-DDR 45;
Nationalpreis d. DDR 54, Goethepreis
58, Lessingpreis 61, Lion-Feuchtwanger-
Preis d. Akad. d. Künste d. DDR 74;
Fritz-Erpenbeck-Ring 10, D-1110 Berlin,
Tel. 4825146 (Lemberg 20.5.05). Drama,
Lyrik, Roman, Film, Hörspiel. **Ue:** R.
V: Unter den Dächern 36; Das ist
geschehen 39; Alte Dichtung und Folk-
lore; Fern und nah 47; Caféhaus Payer,
Sch. 45 (auch tschech., ungar.); Spiel ins
Leben, Sch. 51 (auch poln., slowen.); Der
Mann mit dem Vogel, Kom. 52; Der
Teufelskreis, Sch. 53 (auch franz.,
tschech., japan., chines.); Freie Völker -
Freie Lieder 52, alles G.; Alltag eines
nicht alltäglichen Landes 52, 53 II; Nur
eine Frau, R. 54; Wenn die Liebe stirbt, 4
Nn. 65, 67; Lützower, Sch. 55; Was wäre,
wenn; Ravensbrücker Ballade, u.a.
Stücke; Regina. Ahnen und Erben, R. 68;

Elisabeth Trowe, Filmerz. 69; Die
Schwestern, R. 70; Wenn die Liebe
stirbt, Erz. 70; Fini, R. 73; Stücke 73;
Erzählungen 75; Auf dem roten Teppich,
Mem. 78; Katja, R. 81; Die Lösung, R. 82.
  F: Teufelskreis 55; Nur eine Frau 58;
Was wäre, wenn ...? 60; Die aus der 12b;
Leistungskontrolle 62.
  R: Kolchis; Erde; Grisodubowa; Das
siebte Kreuz (nach A. Seghers); Kleine
Stadt; Singende Knöchlein, u.a. Hsp.;
Caféhaus Payer; Was wäre, wenn; Auf
jeden Fall verdächtig; General Landt;
Die Schwiegermutter 60; Der Fall Sylvia
Karsinke 81; Der Fall Detlev Kamrath
82; Der Fall Marion Neuhaus 83; Zwei
Ärztinnen 83, alles Fsp.
  Ue: Zahlreiche Gedichte aus d. Russ.
u. Ukrain.

Zinniker, Jannis, Schriftsteller;
Werkjahr f. Lit. d. Kurat. f. d. Förder. d.
kulturellen Lebens, Kanton Aargau 82;
Ruetiweg 120, CH-3072 Ostermundigen,
Tel. (031) 516822 (Rueti b. Haegglingen,
Kt. Aargau 30.4.43). Lyrik, Novelle,
Reisetagebuch, Meditationstexte.
  V: Schattenauge, G. 65; Tagmond, G.
66; Begegnungen, G. 68; Striemen, G. 69;
Hirtenwege, Prosa 70; Kretische Ostern,
Prosa 71; Die Wölfe, N. 74; Sommersätze,
Meditat. 75; Athos, Reiseprosa 77;
Meditationen, Meditationstexte 77;
Tagebuch aus Rhodos, Reisetageb. 78;
Mandelernte, Meditationstexte 78; Bei
Mönchen und Einsiedlern, Reisetageb.
81. — **MV:** Tagebuch aus Kurdistan,
Reisetageb. 79.
  H: Georg Gisi: Versteinerungen,
Aphor. 70; Klaus Merz: Bruder
Montgolfier, Erz. 77; Georg Gisi:
Heimatinseln, G. 77; Martin Merz: Der
Tag ist noch nicht in den Abend
geflüchtet, G. 79; Kurt Hedinger:
Ayacucho, Reisetageb. 82.

Zinth, Sirmione, s. Hartmann, Edith.

Zinzendorf, Nikolaus, s. Spang,
Günter.

Ziock, Hermann, ehem. Diplomat;
FDA; Grüner Weg 22, D-5300 Bonn 2,
Tel. (0228) 317228 (Greven/Westf. 17.3.13).
Erzählung, Essay, Monographien.
  V: Ägypten, Reisef. 55 (auch engl.);
Ägypten 57; Vereinigte Arabische
Republik: Landesteil Ägypten 64;
Ägypter 64; Agypten 68; Meer ohne
Ufer, Ess. 69 (auch engl., arab.); Men will
one day reach the Point, Seven Ess. and
a letter; Men who defied Danger, Seven
true Stories 70. In Love with the
Newspaper 70; Brief an einen ägypt.

Freund (auch arab.) 72; Unter der Sonne
des 30. Breitengrades, Erz. u. Ess. 73;
Indien, Monogr. 74; Ägypten, Reisef. 76;
Jeder geht seinen Weg allein, Tageb.
eines dt. Kriegsgefangenen 81. —
  MV: Ich befinde mich in absoluter
Sicherheit 49; Man and Philosophy 64;
Indien 69.
  H: Atem des Mittelmeeres, Anth. 59;
Der Tod des Wasserträgers 59; Sind die
Deutschen wirklich so? 65; Ent-
wicklungshilfe - Baustein für die Welt
von Morgen 66; Moderne Erzähler der
Welt: Ägypten, Anth. 74.
  Lit: Dans le Monde diplomatic M.
Hermann Ziock a servi au Caire
pendant 12 ans le cause de l'amitié
germano-arabe 62; Gisela Bonn:
Hermann Ziock — 65 Jahre alt, in:
INDO-ASIA H. 2 78.

Zipperling, Gerhard, c/o Verl. Freier
Autoren, Fulda.
  V: Marburg an der Lahn. Erlebtes in
Vergangenh. u. Gegenwart 80. ( )

Zischka, Anton (Ps. Rupert Donkan,
Thomas Daring, Darius Plecha, Antal
Sorba), San Vicente b. Pollensa/
Mallorca, Spanien, Tel. (971) 531626
(Wien 14.9.04).
  V: Kampf um die Weltmacht Öl 34;
Kampf um die Weltmacht Baumwolle
34; Abessinien, das letzte ungelöste Pro-
blem Afrikas 35; Japan in der Welt 36;
Wissenschaft bricht Monopole 36;
Italien in der Welt 37; Brot für zwei
Milliarden Menschen 38; Englands
Bündnisse 40; Sieg der Arbeit 41; Die
Auferstehung Arabiens 42; Fünftausend
Jahre Kleidersorgen 43; Länder der
Zukunft 50; Asien, Hoffnung einer
neuen Welt 50; Afrika 51; Die Welt bleibt
reich 52; Befreite Energie 53; Welt in
Angst und Hoffnung 55; Frieden in
einer reicheren Welt 56; Lebendiges
Europa 57; Vom Tretrad zur Atom-
energie 58; Pioniere der Elektrizität 58;
Asiens Wilder Westen 59; Auch das ist
Europa 60; Krieg oder Frieden 61; Kohle
im Atomzeitalter 61; Es wird nicht nur
gerüstet 62; Die Welt der Stahldämonen
63; Welt ohne Analphabeten 64; War es
ein Wunder? Zwei Jahrzehnte deutscher
Wiederaufbau 66; Die Ruhr im Wandel
66; Das Werden einer Weltmacht 68;
Heinrich Nordhoff 69; Die große
Schröpfung 70; Deutschland in der Welt
von Morgen 69; Die Trillionen-Invasion.
D. Kampf d. Menschen gegen
Schädlinge u. Krankheiten 71; Das Ende
des amerikanischen Jahrhunderts 72;
Die Größten der Großen 72; Die Welt

bleibt reich. Eine optimistische Bestandsaufnahme 74; Europas bedrohte Hauptschlagader. Arabische Renaissance oder neue Großmacht Iran? 76; Das neue Spanien. Zwischen Gestern und Morgen 77; Kampf ums Überleben. Das Menschenrecht auf Energie 79; Das Nach-Öl-Zeitalter 81.

Zitelmann, Arnulf, Pfarrer; Auswahlliste kathol. Jugendbuchpr. 79, Auswahlliste dt. Jugendbuchpr. 79; Am Elfengrund 46, D-6100 Darmstadt, Tel. (06151) 52150 (Oberhausen/Rhld 9.3.29). Kinder- und Jugendbücher, Unterrichtsdidaktikt. **Ue:** G, Hebr.
 V: Basisbibel (Ue) 72, 73; Kleiner-Weg, Kinder- u. JgdR. 78; Zwölf Steine für Judäa, Kinder- u. JgdR. 79; Unter Gauklern, Kinder- u. JgdR. 80; Nach dem großen Glitsch, Kinder- u. JgdR. 81; Der Turmbau zu Kullab, Kinder- u. JgdR. 82; Die neue Basisbibel (Ue) 82; Widerrufen kann ich nicht, Biogr. 83. –
 MV: Didaktik der Sexualerziehung, Unterrichtsdidaktik 70, 73; Lex. d. Sexualerz. 72, 78.
 H: Ich, Martin Luther, Zitate 82.

Zittrauer, Maria, Gastronomin; Öst. P.E.N.-Club 80; Georg-Trakl-Preis 52, Rauriser Lyrikpr. 78; Dt. Akad. f. Bild. u. Kultur; Café Ortner, A-5640 Badgastein-Badbruck (Badgastein-Badbruck 10.1.13). Lyrik.
 V: Die Feuerlilie, G. 54; Ich male mein Gedicht ans Tor der Gärten, G. 77.

Zitzenbacher, Walter, Dr. phil.; St.S.B. 53, P.E.N. 71; Preis d. VH. Linz 52, Dramatikerpr. d. Stadt Knittelfeld 59, Enrica-von Handel-Mazzetti-Preis 61, Literaturpr. d. Stadt Graz 74; Traubenberg 40, A-8081 Pirching, Tel. (03134) 222 (Langenwang/Steierm. 26.4.28). Drama, Lyrik, Hörspiel, Kabarett, Kurzgeschichte, Roman.
 V: Übersehenes und Überseeisches, G. 55; Jeder lügt in Baratario, Kom. 59; Raben im blauen Feld, R. 64; Hanswurst und die Feenwelt, Ess. 65; Das Schachspiel der Dr. Wa-Tsi, G. 69; ... unsern guten Kaiser Franz, R. 71; Grazer Barockprediger 73; Wie's früher war in Kärnten und der Steiermark 74; Ein Schauspielhaus für Graz 76; Peter Rosegger, sein Leben im Roman 78; Das große Steiermark-Buch 80.
 H: Joseph Richter ... bekannt als Eipeldauer; Ulrich von Liechtenstein - Narr im hohen Dienst; Paul Rebhuhn: Susanna; M. G. Saphir: Halbedelstein des Anstoßes; Dichtung aus der Steier-

mark; Die Gemslein schwarz u. braun 77, u.a.
 R: Das musikalische Sanatorium, mus. Funk-Kom. 55; Fräulein Pygmalion, mus. Funk-Lsp. 55.
 s. a. Kürschners GK.

Ziwotsky, Leopold Peter, Buchhändler; Montecuccoliplatz 1-3/8/2, A-1130 Wien, Tel. (0222) 8489693 (Wien 21.5.46). Novelle.
 V: Falsche Beobachtungen, N. 81.

Zoderer, Joseph, Schriftsteller; GAV 82; Öst. Staatsstip. f. Lit. 82; Weber in Pein Nr. 19, I-39030 Terenten, Tel. (0472) 56200 (Meran 25.11.35). Roman, Erzählung, Lyrik, Drehbuch.
 V: S Maul auf der Erd, Lyrik in Südtiroler Mundart 74, 75; Die elfte Häutung, Lyrk 75; Das Glück beim Händewaschen, R. 76, 82; Pappendeckel-Gedichte, Lyrik 79; Die Walsche, R. 82.
 F: Das Glück beim Händewaschen, m. Werner Masten, Textb. 81.

Zöchbauer, Franz, s. Schlechta, Karl.

Zöllner, Michael, s. Olma, Karl.

Zöls, Karl-Heinz (Ps. Stefan Korff), Lektor, Redakteur; Gotha-Allee 3, D-1000 Berlin 19, Tel. (030) 3043567 (Berlin 3.11.22). Erzählung, Reportage, Satire.
 V: Die tödliche Schlinge - Der Fall Kusian, Rep. 59; Inspektor Schmalfuß - Falschgeld-Dezernat steht kopf, Erz. 60.

Zöpfl, Helmut, Dr., UProf.; Hallgartenstr. 9, D-8000 München 70, Tel. (089) 712168 (25.11.37). Bayerische Mundartdichtung, Lyrik.
 V: Geh weiter, Zeit, bleib steh, 70, 5. Aufl. 79; Zum G'sund lachen 76, 8. Aufl. 79; Bayrisch durch's Jahr 76, 4. Aufl. 79; Aber lebn des möcht i bloß in Bayern 79, 2. Aufl. 79; Das kleine Glück 77, 4. Aufl. 79; Es werd schon wieder werd'n 78, 6. Aufl. 81; I wünsch Dir was 80; Nun sehet den Stern 80, 4. Aufl. 83; Grund zur Freude 81, Bloß net aus der Ruah bringa lassn 81; Ansichtssachen, G. 82; Ein gutes Wort zur rechten Zeit 82, 83; Bayrische Moritaten 83.
 H: Wia's is und wia's war 71; Die schönsten Kindergedichte 79.
 S: Zum G'sundlachen, Tonkass.
 s. a. Kürschners GK. ( )

Zoller, Arno, s. Liersch, Rolf.

Zollinger, Martha, c/o H.-R. Hintermann-Verl., Beinwil a. See, Schweiz.
 V: Familie Fuhrmanns Probleme 80; Corinnas Vermächtnis, 4. Aufl. 82; Der entscheidende Schritt, neue Erzn. 81; Die vergebene Schuld 82; Vrenelis

Weihnachtswunsch, Erzn., 2. Aufl. 82;
Weihnachten im alten Landhaus 82; Das
ganz besondere Weihnachtsfest. ( )

Zollner, Hans Leopold, Schulamtsdir.
a.D., Stadtarchivar; Gerhart-
Hauptmann-Str. 12, D-7505 Ettlingen/
Bad., Tel. (07243) 12714 (Baden-Baden
26.11.15). Essay, Kurzgeschichte,
Laienspiel, Hörspiel, Kunst- und
Landesgeschichte.
V: Wunderkraut Tabak, Ess. 48; Des
Königs Siegel, Sp. 54; Ein Tag auf einer
Ritterburg, Schwert aus blauem
Himmelseisen, Laiensp. 61; In Tyrannos,
Laisp. 62; Der Bauernbundschuh überm
Land, Laisp. 62; Neptun als Ettlinger
Stadtchronist, Ess. 66; Der Ettlinger
Hellberg, Ess. 77; Rastatt einst und jetzt,
Städteb. 79; Greif und Zarenadler, Ess.
80.
MA: Ernte des Jahres, Alm. 51; Die
Ettlinger Schloßkapelle und die Fresken
von C. D. Asam, Ess. 64; Das große Nord-
badenbuch 67; Das große Pfalzbuch 68;
Badische Städte 71; Von Rhein zum
Taubergrund 76; Muddersprooch, G. 78;
Wie mer redde un schwätze, G. 79;
Landuff, landab, G. 81; Herimann der
Lahme, Biogr. 81 (Vorw.); Das badisch-
fränkische Sagenbuch, Erz. 83.
H: Ettlinger Jahreshefte 80, 81; An
Dichterhand durchs Badnerland, Alm.
83.
R: Skandal um Feuerbach; Der Joß-
Fritz von Untergrombach; Georg Hoher-
muth; Die Orgel des Schmitte-Philp;
Neptun als Stadtchronist; Eine
vergessene Primadonna; Zuerst rettet
die Bücher, u.a. Hsp.

Zopfi, Emil, Elektroingenieur; SSV 77;
Ehrengabe d. Stadt Zürich 77, Pr. d.
Schweizer Schillerstift. 78, Förde-
rungspr. f. Lit. d. Stiftung Laudis & Gyr
79, Ehrengabe d. Kantons Zürich 79,
Werkpreis d. Stadt Zürich 82; Else-
Züblin-Str. 46, CH-8047 Zürich, Tel. (01)
523561 (Wald, Kt. Zürich 4.1.43). Roman,
Hörspiel, Kinder- u. Jugendbuch.
V: Jede Minute kostet 33 Franken, R.
77; Susanna und die 700000 Zwerge,
Kdb. 78; Mondmilchsteine, R. 79;
Computer für 1001 Nacht, R. 80;
Cooperativa oder das bessere Leben, R.
81; Musettina, mein Kätzchen, Kdb. 81;
Die fliegende Katze, Bilderb. 81; Ein
Wiesenfest für die Computerkäfer 82;
Suche nach dem andern, R. 82; Die
Weltraumbasis beim Roten Haus, Kdb.
83.
MA: Hinter den Fassaden 79.

R: Biwaknacht 78; Schach dem
Computer 81; Begägnig 82, alles Hsp.
S: Gschichte vo de Susann 77.

Zoppelt, Alfred, kfm. Angestellter;
Wilhelm Kreßplatz 30/54/5, A-1110 Wien
(Wien 11.6.54). Lyrik, Prosa.
V: Engel u. Ratten, G. 76; In die Ohren
d. Waldes, G. 78; Es war Truthahn
serviert, G. 79; Cremiger Käfig
Gedächtnis, G. 80; Land der einäugigen
Stille, G. 81; Traumtau, G. 82.
MA: Standortbestimmungen, Lyr.-
Anth. 78.

Zornack verh. Heise, Annemarie;
Fördergabe d. Friedrich-Hebbel-Stift.
79; Moltkestr. 50A, D-2300 Kiel, Tel.
(0431) 85129 (Aschersleben am Harz
12.3.32). Lyrik, Kurzprosa.
V: mobile, G. 68; zwei sommer, G. 68;
der steinschläfer, G. 72; tagesanfänge, G.
72; Die zwei Flüsse von Granada (mit
Hans-Jürgen Heise), Reise-Ess. 76;
nichts weiter, G. 76; als das fernseh-
programm noch vorm küchenfenster
lief, G. 79; treibanker werfen, G. 82.

Zornich, Sepp, s. Berwanger,
Nikolaus.

Zoss, Roland, Oberstufenlehrer; AG
Wort 81, Pro Litteris 81; Schwabstr. 72,
CH-3018 Bern, Tel. (031) 553181 (Bern
2.8.51). Lyrik, Roman, Chanson.
V: Lieder und Gedichte 78; Wer den
Wind vernimmt, Lyr. 81; Die Insel, Erz.
83; Wir Kinder aus Elfenbein, Lyr. 83.
S: Roland Zoss, Schallpl. 81.

Zottmann, Thomas Michael (Ps. M. Z.
Thomas); VS Bayern 71; Journalisten-
preis d. Deutschen Zahnärzteschaft 74;
Herrenwiesstr. 10, D-8022 Grünwald,
Tel. (089) 6492171. Roman, Jugendbuch,
Film, Hörspiel.
V: Hasel weiß sich zu helfen 52;
Hasels Heidesommer 53; Ich und die
großen Tiere vom Film 54; Brüder sind
nicht mehr geld zu bezahlen 55, 71; Ihr
gab Natur ein kühnes Herz 55; Ich und
das Fernsehen 55; Schwestern schenkt
der liebe Gott 56, 71; Ich bin Fünkchen
56; Fünkchen und Peter 57; Draußen
wartet das Abenteuer, Alexander-von-
Humboldt-Biogr. 57, u.d.T.: Alexander
von Humboldt erforscht die Welt 62;
Stefan und sein bester Feind 59; Nein,
diese Mädchen 60; Unser großer Freund
Albert Schweitzer 60; Die Leute mit den
grünen Kindern 60; Guten Tag, Stäubchen 61; Marco Polo, die Welt und das
Meer; in zahlr. Spr. übers. Marco Polo
und die Söhne des Himmels, Serie 65;
Unser Kind. Prakt. Hilfen f. d. ersten 8

Lebensj. 66; Unser Kind zwischen 8 und 15 Jahren 67; Der schönste Name für unser Kind 66; Sonni aus dem Wilden Westen 66; D-Zug nach München 68; Geburtstag mit Überraschungen 69; Lancer. Eine Chance für Johnny 70; Durch die Hölle gejagt. Geheimtageb. Marco Polo 71; Aufbruch aus dem Schatten 71; Die ersten fünf Jahre 72; 6 — 10, die Jahre in denen Kinder Partner werden 73; Der Engel, der alles mitnahm 73; Unfälle müssen nicht sein 73; Bis an den Rand der Welt 75; Gesund aus eigener Kraft 76; Gute Nerven behalten 76; Wölfe heulen am Indianerpaß 76; Verblüffende Rekorde der Ägypter 77; Verbl. Rekorde d. Chinesen 77; Verbl. Rekorde d. Griechen 77; Verbl. Rekorde d. Römer 77. — **MV:** Herz und Kreislauf 75; Verdauung ohne Probleme 75; Heilen mit Ozon 76. **MA:** Martin, Zehnacker, Die Deutschen 72. **F:** Dt. Bearb. zahlr. ausl. Filme. **R:** Caroline Neuberin 55; Annette von Droste-Hülshoff 56; Klara und Robert Schumann 56; Florence Nightingale 57; Selma Lagerlöf, die Erste mit dem Nobelpreis 58; Eleonora Duse 58; Marie Curie öffnet das Tor zum Atomzeitalter 59; Helen Keller 60. **S:** Unter Indianern und Piraten 80; Aufbruch aus dem Schatten 80. **Ue:** Überraschende Tage 72. *Lit:* Gordon, Eller, Reeves, The Study of Literature 64.

Zotz, Volker, Kunsthistoriker; Wurlitzergasse 77/4, A-1160 Wien (Landau/Pf. 28.10.56). Erzählung, Lyrik, Essay, Sachthemen, Übers. **Ue:** Ind (Pāli, Sanskr). **V:** Transformation, Lyr. 78; Geraunt, Lyr. 79; Das Projekt Adytum, Erz. 80; Die Psychologie des Buddhismus, Sachb. 83. — **MV:** Grundlagen der Erosdynam. Anthropol. u. Psychol., Sachb. 82. **H:** Damaru, Schr.-R. f. Buddhismus seit 82. — **MH:** Schr.-R. d. Kuratoriums zur Förder. Eros-dynam. Anthropol. u. Psychol. seit 82.

Zrenner, Walter, Dr.phil., ObStudR., Gymnasiallehrer i.R.; Ö.S.V.; Georg-Trakl-Pr. f. Lyr. 57, Förd.Pr. d. Wiener Kunstfonds 75; Gießaufgasse 34, A-1050 Wien, Tel. (0222) 5574894 (Wien 5.5.14). Lyrik, Essay, Hörspiel. **V:** Im Strahlungsfeld, belletr. ess. Zeitbilder 77; Akkorde — Dissonanzen, Lyr. 77.

MA: Tafeln u. Blätter, Lyr. 68; Haiku, Lyr. 80; Der Mensch spricht mit Gott, Lyr. 82.

Zschau, Rosa, Kunsterzieherin; Schraystr. 21, D-8034 Unterpfaffenhofen b. Germering, Tel. (089) 843822 (Landshut 18.7.44). Kinderbuch. **V:** Molly 71; Topsy 71; Im Kinderzimmer 71; Gähnerle 71.

Zschiesche, Alfred, Musiklehrer u. Kompnist i.R.; Am Judenhübel 13, Seniorenstift, D-6751 Trippstadt (Wiesbaden 22.2.08). Lyrik. **V:** Ikarus, G. 80; Phönix, G. 83; Sonnenfeste-Sonnengäste, G. 83; Stimme des Jüngers, G. 83; Die Fracht, G. 83.

von Zschock, Otto, Pensionär; Lyrikpr. d. DKEG 76; EM Dt. Kulturwerk Europ. Geistes, Verein Dichterstein, o. Mitgl. Dt. Akad. f. Bildung u. Kultur; Napoleonstr. 8, D-8261 Neumarkt-St. Veit, Tel. (08639) 1786 (31.12.92). Lyrik. **V:** Das gefesselte Herz, in russischer Gewalt, G. 71; Immensegen, G. m. bienenkundl. Zwischentexten 72; Haupt und Herz, aus meines Lebens Ernte, G. 73; Seele blüh auf, weltanschaul. Lyrik 76; Kranz des Lebens, G. u. autobiogr. Zwischentexte 79; Geliebtes Herz, G. 80. **MA:** In mehr. Anth. **H:** Licht in uns, Nachlaßsamml. der Annemagret Skrzeczka, G. 73.

Zschocke, Fee, Autorin; Maria-Louisen-Str. 2A, D-2000 Hamburg 60, Tel. (040) 4602197 (Freiberg/Sa. 13.9.43). Lyrik, Kurzgeschichte, Essay. **Ue:** E, S. **V:** Er oder Ich, Männergeschn. 80, 7.Aufl. 82, Tb. 83; Domenica und die Herbertstraße, Texte 81, 6.Aufl. 83. **MA:** Katzen-Bilder-Geschichten 83.

Zschöttge, Luise (Ps. Luise Hynitzsch); Hermann-Schreiber-Str. 6, D-8801 Leutershausen/Mittelfr., Tel. (09823) 570 (Leipzig 30.12.08). Jugendbuch. **V:** Die Berghofkinder 58, 75; Teenager sind nicht von gestern 61, 67; Heikos Hund 63; Der Klecks 65; Teenager von heute 66, 75; Sonni und Silvi 69; Panne in Capua 70; Alarm im Tiergarten 71, 79; Marenes Lieblingspuppe 72, 75; Ferienjob mit Überraschungen 79; Junge Leute von heute 79. ( )

Zschokke, Matthias; Robert-Walser-Pr. 81; Bremerstr. 51, D-1000 Berlin 21, Tel. (030) 3952407 (Bern 29.10.54). Drama, Roman. **V:** Max, R. 82.

Zschorsch, Gerald; Villa-Massimo-
Stip. 80, Stip. d. Dt. Literaturfonds 82;
Unterlindau 71, D-6000 Frankfurt a.M. 1,
Tel. (0611) 725949 (Elsterberg/Vogtl.
25.12.51). Lyrik, Erzählung.
    V: Glaubt bloß nicht, daß ich traurig
bin, G. Lieder, Texte 77, 3.Aufl. 79;
Schattenstadt, G. Prosa, Funkerz. 78;
Glaubt bloß nicht, daß ich traurig bin
(beide Bde in revid. Fass. u. 1 Erz.) 81;
Der Duft der anderen Haut, G. 82;
Klappmesser, G. 83.
    H: Antworten. Texte von zwanzig
DDR-Autoren 79.
    R: Auf dem Haus an der Mauer 78,
Neufass. 78; Glaubt bloß nicht, daß ich
traurig bin 78, beides Rdfk.

Zschucke geb. Dumont du Voitel,
Christa (Ps. Christa Zschucke-Dumont),
dipl.rer.oec.; Ohldorfer Str. 73 A, D-2000
Hamburg 60, Tel. (040) 5110143
(Königsberg/Pr. 18.7.06). Lyrik, Essay.
    V: Von Ost nach West, Ein Frauen-
leben in Versen 82.

Zschucke-Dumont, Christa,
s. Zschucke, Christa.

Zuckmayer geb. von Herdan, Alice
(Ps. Alice Herdan-Zuckmayer), Schriftstellerin, CH-3906 Saas-Fee (Wien, 4. 4.).
    V: Die Farm in den grünen Bergen,
Biogr. 49, 82; Das Kästchen. Geheimnisse einer Kindheit 62, 80; Das
Scheusal. Die Geschichte einer sonderbaren Erbschaft 72, 82; Genies sind im
Lehrplan nicht vorgesehen 79, 81. —
    MV: Hubert von Meyerinck: Meine
berühmten Freundinnen 67. ( )

Züfle, Manfred, Dr. phil.; Autorengr.
Olten; Meinrad-Inglin-Pr. 68;
Goldackerweg 13, CH-8047 Zürich, Tel.
(01) 527800 (Baar ZG 30.6.36).
    V: Prosa der Welt — Die Sprache
Hegels, Ess. 68; Nacht ein für allemal,
Dr. 69; Wortzirkus, Dr. 71; Monodr. 71;
Mensch gesucht, z.B. Jesus, Ess. 72;
Mordnacht, Dr. 74; Sitzung, Dr. 75; Die
Götter hocken am Quai, G. 77; Diese
Stadt da, G. 80; Der Herr der Lage, G. 82;
Schliesslich wird auch in kleinen
Städten gestorben, Dr.80; weiter-
geräubert, Dr. 82; Hans im Loch, Dr. 83;
Kellergeschichten, R. eines Hochhauses
83. — **MV:** Paranoia City oder Zürich ist
überall, m. Jürgmeier 83.
    R: Weihnachten z.B., Kant. 72.

Zühlsdorff, Volkmar (Ps. Hans-Achim
Finow), Dr. iur., Diplomat i.R., Autor u.
Publizist; FDA 73, Dt. Autorenrat 80;
Lahnstr. 50, D-5300 Bonn 2, Tel. (0228)
375466 (Finow i.d. Mark 9.12.12). Essay,

Biographie, Lyrik, Sachbuch. **Ue:** E,
Thai.
    V: Endlose Trauer von Sunthon Phu,
Nachdicht. 83. — **MV:** Deutschlands
Schicksal 1945-1957, m. Hubertus Prinz
zu Löwenstein, Zeitgesch. u. Ess. 57; Die
Verteidigung des Westens, m. dems. 75
(auch engl.).
    MA: Atem des Mittelmeeres, Ess. 59;
Thailand, Monogr. 80; Große Gestalten
des Glaubens, Biogr. 82, 83; Das
Papsttum, Epochen u. Gestalten, Gesch.,
Ess. 83.
    R: Berichte über Deutschland (Kultur,
Politik) in USA (vor allem Los Angeles),
Kanada (vor allem Ottawa), Thailand
(Bangkok).
    Ue: Hubertus Prinz zu Löwenstein:
Als Katholik im republikanischen
Spanien, Ess. 38.

Zürau, Stephan, s. Stängle, Stefan.

Zürn, Unica, c/o Lilith-Verl., Berlin
(West).
    V: Im Staub dieses Lebens, Annagr.
80; Das Weiße mit dem roten Punkt,
Texte u. Zeichn. 81. ( )

Züsli-Niscosi, Franz, c/o ISV-Verl.,
Luzern, Schweiz.
    V: Hoffen in der Dämmerung, G. 82. ( )

Zug, Alfred; Elberfelder Str. 32, D-5800
Hagen.
    V: Hölle Sibirien, Erlebn. 80. ( )

Zumbro, Karl; Schützenstr. 1, D-2120
Lüneburg, Tel. (04131) 58439
(Wattenscheid 14.1.28). Roman,
Erzählung, Film, Fernsehspiel.
    V: Ein Dieb kam zu Oktavia 54; Die
Spur zurück 57; Morgen wirst du um
mich weinen 58, 59; Sag nie Adieu 59;
Keiner ist allein 59; Die Frau aus Rom
60; Liebe, Luft und lauter Lügen 60;
Vaters schlimme Vergangenheit 60; Das
Fräulein mit dem Dreigespann 60; Ein
Herz kann irren 60; Vier Tage - vier
Nächte 61; ... und morgen arm und nackt
62; Immer wenn du bei mir bist 63; Bis
zur letzten Stunde 64; Geständnis in der
Dämmerung 66; Liebe, Geld und Tränen
66; Du glaubst an Liebe 67, 68; Die Ehe-
brecher 67; Nächte ohne Geheimnis 67;
Du sollst nicht begehren ... 68; Das
Geheimnis der Sibylle Holm 68; Mein
Vater der Fremde 69; Ring des
Schweigens 70; Gefangen in Liebe und
Haß 71; Herz ohne Hoffnung 72; Es kam
alles anders 74; Ich weiß, wohin ich
gehe 74; Die Zeit und die Ewigkeit 74;
Wenn das Herz schweigt 74; Flieh, wenn
du kannst 75; Gehirnchirurg Dr.
Thomas Fabian 76; Sieben Monde Zärt-

lichkeit 77; Ich hasse Orchideen 77; Eis
auf dem Gipfel des Berges 78, 80; Die
Zeit und jede Stunde 80; Witwe in Gold
80; Flamme des Lebens 81; Die Frau des
Jahres 81, 82; Die dunkle Seite der
Liebe 82, alles R., u.a. (Übers. in zehn
Sprachen).
F: Glückab, kleines Fräulein; Morgen
wirst du um mich weinen; Liebe, Luft
und lauter Lügen.

Zumpf, Peter, Schriftsteller; Pr. d.
Jungen Generation d. SPÖ NdÖst. 74,
Förderungspr. f. Lit. d. Stadtgemeinde
Baden/Wien 74, Anerkennungspreis d.
Dr.-Ernst-Koref-Stift. Linz f. Kurz-
dramatik 75, Förderungspreis d. NdÖst.
Landesreg. f. Dichtkunst 75,
Anerkennungspr. d. AK NdÖst. 76,
Anerkennungspreis d. Intern. Dialekt-
institutes Wien f. Hörspiel 76,
Dramatikerstip. d. Bundesminist. f.
Unterr. u. Kunst 79; Literaturkreis
Podium 70, Literaturkreis der Autoren
72; Weidengasse 26, A-2700 Wiener
Neustadt (Baden bei Wien 3.8.44).
Drama, Lyrik, Hörspiel, Roman,
Erzählung, Satire.
V: Land und Leute — ein öster-
reichisches Lesebuch, sat. Erzn. 76;
Stunde der Spieler, Sch. 77; Klärungen,
Lyrik 80.
MA: Alltage ohne Alltag 70; Am Weg
vorbei 71; Unsichtbare Brücken 72;
Kratzig und ... 74; Literaturwettbewerb
77; Dialekt-Anthologie 1970-1980 82.
R: Stunde der Spieler, Hsp.fass. 78.
Lit: Wer im Werk den Lohn gefunden
76.

Zumstein, Otto, Dr.phil.,
Gymnasiallehrer; St. Johanns-Vorstadt
42, CH-4056 Basel, Tel. (061) 570727.
Kurzgeschichte, Erzählungen.
V: Schulgeschichten 78; Setzt Euch —
Wo sind wir stehengeblieben?, Anekd.,
Kurzgeschn. 80; Aber das
Realgymnasium, das gibt es, Erzn.,
Kurzgeschn., Anekdn. 82.

Zupan, Thomas, Student; Haidhauser
Werkstatt München 80; Westendstr. 20,
D-8000 München 2, Tel. (089) 505428
(Bonn 28.10.57). Lyrik, Kurzprosa.
V: Erdbeerinsel, Lyr. u. Kurzprosa 79.

Zuper, Heidi; Gropiusring 12, D-2000
Hamburg 60.
V: Bei Gelegenheit mehr Frühling 81.
( )

zur Nieden, Ernst, s. Heinrichs, Hans-
Gert.

Zusanek, Harald, o. Prof. f.
Dramaturgie u. Drehbuch H. f. Musik u.

darst. Kunst; P.E.N. 54; Österr. Staats-
Pr. f. Lit./Dr. 51, Dram.-Pr. d. "Wiener
Kurier" 52, Dt. Bdesfilm-Pr. f. Autoren
55, 1. Pr. Dram.wettbewerb d. neuen
Grazer Schausp.hauses 62, Arthur-
Schnitzler-Pr. 62, 2. Pr. intern. Kurzfilm-
wettbewerb Madrid 65, 4 Dok. F. m. d.
Öst. Staats-Pr. ausgezeichnet 55 — 71;
Gußriegelstr. 28/3/2/18, A-1100 Wien, Tel.
(0222) 6257494 (Wien 14.1.22). Drama,
Lyrik, Film, Fernsehspiel, Hörspiel.
V: Hinter der Erde, G. 58; Piazza, Dr.
64; Die dritte Front, Dr. 70.
MA: Televisionen 64; Dichtung aus
Österreich 66; Öst. Dramatiker d.
Gegenw.: Ich log die Wahrheit 80.
F: Ein gewisser Judas; 26 Dok.filme,
u.a.: Die unfaßbare Republik; Mit unbe-
kanntem Ziel; Wir waren zwölf.
R: 8 Fsp., u.a.: Die vierzig Minuten der
Henriette Dupont; Schlimmer als Tiger;
Pilatus; Ich log die Wahrheit; 12 Hsp.,
u.a.: Kein Wasser für Michèle; Lärm in
Tripolis; Du mußt den Apfel nehmen.
Lit: Beitr. v. H. Gerstinger in: H.
Vogelsang: Österr. Dramatik d. 20. Jhts.
63.

Zuschlag, Reinhart, Diplom-
Bibliothekar; Lit. Werkstatt Gelsen-
kirchen 68; Postf. 2189, D-4270
Dorsten 21, Tel. (02362) 71507 (Berlin-
Lichterfelde 7.9.37). Lyrik und
Kurzprosa.
V: Tagesgespräche filtern, Lyr. u.
Prosa 76; Lichtstreifen, G. 78; Zeittassen,
Lyr. u. Prosa 83.
MA: u. B: Beispiele Beispiele, Texte
aus d. Lit. Werkstatt Gelsenkirchen,
Anth. 69; 25 Jahre danach, Alm. 70 70;
Für eine andere Deutschstunde, Anth.
72; Revier heute, neue Texte aus d. Lit.
Werkstatt Gelsenkirchen, Anth. 72; Hab
Sonne im Herzen, Anth. 73;
Bundesdeutsch, Anth. 74; Sie schreiben
zwischen Moers und Hamm 74; Theam:
Die Stadt, Alm. 9 75; Typisch west-
fälisch, Besinnliches, Heiteres und
Humorvolles, Anth. 77; Hugo Ernst
Käufer: Stationen, Gesammelte Texte
1947-1977, Dokumentation., Zueig-
nungen, Bibliografie 77; Dorstener
Künstlertreff, Dokumentation, bio-
biobliogr. Nachschlagwerk u. Texte 82;
Gesichts-Punkte, Literatur in Diusburg,
Anth. 82.
Lit: Hugo Ernst Käufer: lobbi 9. Junge
dt.spr. Lit. 76; Heribert Seifert: lobbi 12.
Junge dt.spr. Lit. 79.

Zutter, Albrecht, Sonderschullehrer;
Pr. im Mda.-Dichter-Wettbew. d. Saar
Bank 79; Ostheimerstr. 6, D-6670 St.

Ingbert, Tel. (06894) 35814 (St. Ingbert 18.2.40). Satiren, Humoresken.
V: Auf leisen Pfoten, Sat. u. Humn. 80.

Zwahlen, Marianne; Hauptpr. f. Lyr. d. Pro Argovia 79; Seefeld 412, CH-5616 Meisterschwanden, Tel. (057) 271636 (Staufen, Kt. Aargau 31.7.57). Lyrik.
V: Bruchstücke, G. 81.

Zweidler, Hans, Rentner; ZSV 60; Birmensdorferstr. 636, CH-8055 Zürich, Tel. (01) 334310 (Zürich 3.3.09). Aphorismen, Lyrik.
V: Twigo, Erz. 61; Das ewig Unbekannte ruft, Aphor. 79. ( )

Zweig, Max, Dr. jur., Schriftsteller; ISDS 54, P.E.N.-Zentr. dt.sprach. Autor. im Ausld 62; Zweiter Preis Bregenzer Festspielgem. 57; 7, Pinskerstr., Jerusalem/Israel, Tel. (02) 669144 (Prossnitz/ČSR 22.6.92). Drama.
V: Ragen, Dr. 25; Die Marranen, Dr. 38; Dramen I 61, II 63; Davidia, Dr. 72; Frühe Dramen 76; Die Entscheidung Lorenzo Morenos u.a. Dr. 76; Der Generalsekretär und andere Dramen 79.
MA: Stimmen aus Israel 79; Sie flohen vor dem Hakenkreuz 81.
R: Franziskus; Tolstois Gefangenschaft und Flucht; Pia Cameron.

Zweig, Stefanie, Feuilleton-Leiterin b. d. Abendpost/Nachtausgabe; Auswahlliste Dt. Jugendbuchpr., Ehrenliste Hans Christian Andersen-Pr.; Rothschildallee 9, D-6000 Frankfurt a.M., Tel. (0611) 431772 (Leobschütz/Oberschlesien 19.9.32). Kinderbücher. **Ue:** E.
V: 9 Kinderb.; Eltern sind auch Menschen 78; Großeltern hat jeder, Kinderb. 79; In gute Hände abzugeben, Kinderb. 80; Ein Mund voll Erde, Jgdb. 80; Setterhündin entlaufen, Kinderb. 81; Die Spur des Löwen, Jgdb. 81; Schnitzel schmecken nicht wie Schokolade, Kinderb. 82.
Ue: H. G. Morton: Schottlandreise 79; Andrew Sinclair: Viktoria — Kaiserin für 99 Tage 83. — **MUe:** Charles Berlitz: Geheimnisse versunkener Welten 73; H. G. Morton: Irlandreise 79.

Zwerenz, Gerhard (Ps. Peer Tarrok); VS, P.E.N.; Brunhildensteg 18, D-6384 Schmitten 3, Tel. (06082) 1078 (Gablenz 3.6.25). Roman, Lyrik, Essay.
V: Aufs Rad geflochten, R. 59; Die Liebe der toten Männer, R. 59; Ärgernisse von der Maas bis an die Memel, Tageb. 61; Wider die deutschen Tabus, Ess. u. Aufs. 62; Gesänge auf dem Markt, Phantastische Geschn. u. Liebeslieder 64; Heldengedenktag, Erzn. 64, 68;

Casanova oder der kleine Herr in Krieg und Frieden, R. 66, 69; Walter Ulbricht 66; Erbarmen mit den Männern 68, 71; Kupfer, Sp. 68; Vom Nutzen des dicken Fells u.a. Geschn. 68; Die Lust am Sozialismus. Ein Wahlgeschenk 69; Rasputin 70; Bürgertum und Pornographie 71; Kopf und Bauch. Die Gesch. e. Arbeiters, der unter die Intellektuellen gefallen ist 71; Der plebejische Intellektuelle, Ess. 72; Bericht aus dem Landesinneren 72; Nicht alles gefallen lassen, Erz. 72; Die Erde ist unbewohnbar wie der Mond, R. 73; Der Widerspruch 74; Magie Sternenglaube Spiritismus 74; Die Quadriga des Mischa Wolf, R. 75; Vorbereitungen zur Hochzeit, Erz. 75; Lasst Kinder ran, Kinderb. 76; Die Westdeutschen, Sachb. 77; wozu das ganze Theater, R. 77; Das Großelternkind, R. 79; Ein fröhliches Leben in der Wüste, R. 79; Kurt Tucholsky — Biogr. eines guten Deutschen 79; Die Geschäfte des Herrn Morgenstern, Sat. 80; Ungezogene Geschichten, Erz. 80; Eine Liebe in Schweden, R. 80; Salut für einen alten Poeten, R. 80; Der Mann und das Mädchen, R. 80; Wir haben jetzt Ruhe in Deutschland, Ess. 81; Antwort an einen Friedensfreund, Tageb. 82; Der langsame Tod des Rainer Werner Fassbinder, Ber. 82; Venus auf dem Vulkan, R. 82.
R: tv-Dokumentation, 1 Fsf.

Zwerenz, Ingrid; Brunhildensteg 18, D-6384 Schmitten 3, Tel. (06082) 1078 (Liegnitz 5.10.34). Erzählung, Sachbuch.
V: Anonym — Schmäh- u. Drohbriefe an Prominente 68; Ein Loch muß in den Zaun, Kdb. 73; Von Katzen u. Menschen, Erz. 74; Frauen — Die Geschichte des §218, Erzähl. Sachb. 80.

Zwi Nesher, s. Adler, Hermann.

Zwillinger, Frank, Dr. phil., Prof. h. c.; G.dr.S.u.K. 55, P.E.N. Wien u. Paris 63, Ö.S.V. 65, ISDS 72, P.E.N.-Ausld; Theodor-Körner-Pr. 64, 2. Pr. Volksst. Wettbewerb ZDF 67, Goldenes Ehrenzeichen f. Verdienste um d. Land Wien 70, Ehrenkreuz f. Wissenschaft u. Kunst I. Klasse 77, Lyrikpr. d. Invandrarnas Kulturcentrum Stockholm 78; 38, Rue de Villeneuve, F-92380 Garches (Wien 29.11.09). Drama, Lyrik, Essay. **Ue:** F.
V: Dalmatinisches Bilderbuch, Prosa u. G. 38; Wandel und Wiederkehr, G. 50; Der magische Tanz, Balladen 60; Archimedes oder die Angeln der Welt, Tr. 61; Galileo Galilei, Dr. 62; Ich sah die Jahre ..., G.; Gedichte, Gesamtausg. 63 III; Der

Streik Gottes, Komödie 67; Geist und
Macht, 4 Dr. (Maharal; Galileo Galilei;
Archimes; Kettenreaktion) 73; Ent-
zifferung, G. 76; ortung, G. 76; in:
Modern Austrian Literature: Das plane-
tarische Theater, Ess. 76; Kosmische
Lyrik, Ess. 76; durchblick, G. 80; ein-
sicht, G. 80; ideogramme, G. 80; Denn
Bleiben ist nirgends 82.

MA: Beitr. in Anth., u.a.: Stimmen d.
Gegenwart 53; Das Herz ist deine
Heimat 56; An den Wind geschrieben 60;
Lebendige Stadt, Lit. Alm. d. Stadt Wien
56, 61; Spektrum des Geistes 63; Freude
am Lesen 63; Poésies autrichiennes 1900
— 1965 66; Welch Wort in die Kälte
gerufen 68; Tagungsergebnisse 70
Grillparzer Forum Forchtenstein: Der
moderne Bühnenautor u. d. histor.
Drama 71; Fährten 72; Die Barke 72;
Verlassener Horizont 81.

R: Der Glockenstreik, Fsp. 68.

Ue: Claude André Puget u. Pierre
Bost: Ein Mann namens Judas, Sch. 55;
R. M. Rilke: Franz. Gedichte in dt. Nach-
dicht. 50.

Lit: Maurice Boucher in: Hommes et
Mondes März 51; H. Kindermann: Weg-
weiser durch d. mod. Lit. in Österr. 54;
Margret Dietrich: Das moderne Drama
61; Lebendige Stadt, Lit. Alm. d. Stadt
Wien 63; K. Adel: Geist u. Wirklichkeit
67; J. Gregor: Der Schauspielführer VIII
67; Austria Externa 68; Ernst Bär: Welt-
theater auf dem Bodensee, Das
Bregenzer Festspielbuch 68; Spektrum
des Geistes 69; Meyers Handb. über d.
Literatur 70; Sigrid Mayer: Golem, Die
lit. Rezeption eines Stoffes 75; Wilhelm
Bortenschlager in: Brennpunkte XIV:
Geschichte d. Spirituellen Poesie 76;
Kreativlexikon 76; Wilhelm Borten-
schläger: Dt. Literaturgeschichte 78,
Erg.bd 81.

Zwing, Rainer (Ps. August Kühn),
Schriftsteller; VS 72, Deutschschweizer.
P.E.N.-Zentrum 80; Ernst Hoferichter-
Pr. 82; Literaturkr. Seerose 62, Deutsche

Journalistenunion 75, Bayer. lit. Ges. 79,
Werkkreis Lit. d. Arbeitswelt 72; Jutastr.
16, D-8000 München 19 (München
25.9.36). Roman, Novelle, Glosse u.
Satire, Drehbuch, Literaturtheorie.

V: Westendgeschichten, Biogr. aus
einem Münchner Arbeiterviertel 72; Der
bayerische Aufstand, Volksst. 73, 76; Eis
am Stecken, R. 74, 75; Zwei in einem
Gewand, Dr. 74, 76; Zeit zum Aufstehn,
R. 75, 79 (auch russ. 80); Massbiermien,
Lob eines trink- und sangesfreudigen
Volkes, Sat. 77; Kühns Münchner
Geschichten, Kurzprosasamml. 77, 79;
Jahrgang 22 oder Die Merkwürdig-
keiten im Leben des Fritz Wachsmuth,
Schelmenr. 77, 80; Gilbreth cheaper by
the dozen (engl.) R. 79; Fritz Wachs-
muth, Wunderjahre, R. 78, 80; Die
Affären des Herrn Franz 79, 80; Die
Vorstadt, R. 81, 82; Kinder in Deutsch-
land, R. 83.

MA: ... Der erste Tag, Nachrichten aus
unserem Land, Anth. 74, 76; Keine Zeit
für Tränen — 12 Liebesgeschichten,
Anth. 76, 79; Warum wird so einer
Kommunist, Anth. 76; Hier lebe ich,
Anth. 78; An zwei Orten zu leben,
Heimatgeschichten, Anth. 79; Das
Faustpfand, Anth. 78; Deutschland,
Deutschland, Anth. 79; ... und ruhig
fließt der Rhein, Anth. 79; Sammlung I
79; Stadtbesichtigung 82.

R: Zeit zum Aufstehn, Fsf. 78; Stadel-
heim, Zelle 70, Fsf.-Serie (schwed.) für
Sveriges Radio ab 80.

S: August Kühn liest aus Zeit zum
Aufstehn 76; Leichen auf Urlaub 79; Die
Vorstadt 79.

Lit: Manfred Bosch in: Kritisches
Lexikon zur deutschsprachigen Gegenwartslit. 78; Elisabeth Endress: Autorenlexikon 1945 — 75 75.

Zydek, Ute, Lektorin;
Literaturförderpr. d. Gedok 80; Richard-
Strauß-Allee 24, D-5600 Wuppertal 2
(Myslowitz/OS 29.9.41). Lyrik.

V: Ein Haus das hab ich nicht, G. 81,
2.Aufl. 83.

NEKROLOG

Liste der seit 1981 ermittelten Todesfälle

Ade, Hans Christoph, * Kempten
15.IX.88; † München 13.X.81.

Alten, Fred, s. Stockmeyer, Edmund.

Amenda, Alfred, s. Karrasch, Alfred.

Anders, Maria, s. Arndt, Erna.

Anderson, Gesa, s. Smith, Amy.

Arens, Hanns, * Schwabstedt/Dithm.
18.IV.01; † München 10.IX.83.

Arndt geb. Horn, Erna (Ps. Erna Horn,
Maria Anders), * München 26.V.04;
† Buchenau/Bayer. Wald 7.IV.81.

Bacinschi, Lucia, s. Berg, Lotte.

von Baer, Ena, * Noworossijsk/
Kaukasus 18.III.04; † Berlin (West)
31.I.83.

Bäte, Ludwig, * Osnabrück 22.VI.92;
† Osnabrück 30.IV.77.

Bahrs, Hans (Ps. Hanke Bruns, Harm
Lindhorst), * Hamburg 25.V.17;
† Hamburg 18.VIII.83.

Barbier, Walter, * Frankfurt a.M.
31.X.12; † Frankfurt a.M. 30.XI.81.

Bardt, s. Burchardt, Julius.

Bartel geb. Steinwenter, Anne-Marie
(Ps. Anne-Marie Mampel),
* Klagenfurt 30.XI.90; † Backnang/
Württ. 1.X.82.

de Bary, Herbert, * Leipzig 18.V.05;
† Glendalough/Wicklow, Irland
22.V.81.

Basil, Otto (Ps. Markus Hörmann),
* Wien 24.XII.01; † Wien 19.II.83.

Bauer, Hans, * Altenburg/Thür. 6.V.94;
† Leipzig 1.I.82.

Beck, Heinz, * München 4.XII.08;
† Zürich 30.III.82.

Becker, Hasso (Ps. O.E.H. Becker),
* Arnsdorf/Ostpr. 18.VIII.00; † Berlin
(West) 26.XII.81.

Becker, O.E.H., s. Becker, Hasso.

Behrends, Ernst, * Gudow/Lauenb.
19.V.91; † Lübeck 9.VII.82.

Beiß, Adolf, * Braunschweig 3.IX.00;
† Braunschweig 22.XII.81.

Beitl, Richard, * Schruns/Vorarlb., Öst.
14.V.OO; † Schruns/Vorarlb., Öst.
29.III.82.

Bentmann, Friedrich,
* Fürstenfeldbrück/Öst. 2.VIII.00;
† Karlsruhe 18.XI.80.

Berendsohn, Walter, * Hamburg
10.IX.84; † Stockholm 30.I.84.

Berg, Lotte (Ps. Lucia Bacinschi),
* Cernowitz/Böhmen.

Berg, Renne, s. Freye-Wendt, Ortrud.

Berg, Werner, * Lüdenscheid 26.IX.96;
† Lüdenscheid 7.IX.82.

Bergammer, Friedrich, s. Glückselig,
Fritz.

Berger, Walter, * Wien 29.IV.19; † Wien
19.VII.76.

Bergmann, Effi, s. Bergmann, Elfriede.

Bergmann, Elfriede (Ps. Elfriede Mund,
Effi Bergmann), * Engelsdorf b.
Leipzig 3.V.10; † Wurzen b. Leipzig
28.IV.80.

von Bertleff, Erich, * Sillein/Tschechosl.
1.I.20; † Wien 5.II.80.

Besoka, Gérada, * 3.VII.07; † 76.

Bickel, Edmund, * Wolfratshausen/Obb.
14.VII.99; † München 5.III.81.

Binde, Wolfgang, * Erfurt 12.XI.01;
† Frauenfeld, Kt. Thurgau 30.IV.81.

Birnbaum, Charlotte, * Schirgiswalde/L.
5.XI.00; † München 11.V.81.

Bloem, Friedrich, * Düsseldorf 25.II.16;
† Mülheim a.d. Ruhr 2.V.82.

Blüher, Franz, * Halle/S. 28.XII.92;
† Molfsee b. Kiel 12.X.80.

von Bodmershof, Imma, * Graz
10.VIII.95; † Gföhl/Krems, NdÖst.
31.VIII.82.

Böke, Karl, * Osnabrück 6.V.98; † Leer/
Ostfriesld 21.III.81.

Bönisch, Hermann (Ps. Bon), * Wien
10.XI.96; † St. Pölten 21.V.78.

Boeschenstein, Hermann, * Stein a.
Rhein/Schweiz 1.V.00; † Toronto/Ont.,
Kanada 21.IX.82.

Boleslav, Netti, * Mlada Boleslav 4.I.23;
† Tel-Aviv 27.VI.81.

Bon, s. Bönisch, Hermann.

Bongs, Rolf, * Düsseldorf 5.VI.07;
† Düsseldorf 20.XI.81.

Bortfeldt, Kurt, * Hamburg 30.IV.07;
† Berlin(Ost) 9.VI.81.

Brambach, Rainer, * Basel 22.I.17;
† Basel 14.VIII.83.

Brand, Otto, * Bochum 27.X.09;
† Arnsberg/Westf. 26.XII.81.

Brandt, Kurt Paul Georg (Ps. Kurt p. g.
Brandt), * Hamburg-Altona 13.1.28;
† Hamburg 29.IV.81.

Brandt, Kurt p.g., s. Brandt, Kurt Paul
Georg.

Braun, Elisabeth (Ps. Elisabeth Braun-
Dipp), * Konitz/Westpr. 24.III.00;
† Reutlingen/Württ. 4.III.82.

Braun-Dipp, Elisabeth, s. Braun,
Elisabeth.

Bremer, Irmgard, * Straßburg/Els.
16.IX.05; † Wiesbaden 13.V.82.

Bretone, Gabriel, s. Stargaard, Herbert
G..

Brik, Hans Theodor, s. Brik, Johannes.

Brik, Johannes (Ps. Hans Theodor Brik),
* Wolfsberg/Kärnten 8.IX.99;
† Kremsmünster/Öst. 27.X.82.

von den Brincken, Gertrud, * Brinck-
Pedwahlen b. Zabeln/Lettld 18.IV.92;
† Regensburg 17.XI.82.

Britz, Nikolaus, * Groß-Kikinda/Jugosl.
7.XI.19; † Wien 10.XI.82.

Brock, Peter, s. Brock, Rudolf.

Brock, Rudolf (Ps. Peter Korb, Peter
Brock), * Bismarckhütte/OS. 6.VIII.16;
† Potsdam/DDR 28.IX.82.

Brock-Sulzer, Elisabeth, * Elgg, Kt.
Zürich 25.I.03; † Zürich 16.X.81.

Bruckner, Karl, * Wien 9.I.06; † Wien
26.X.82.

Bruder Eduard, s. Hampel, Bruno.

Brügge, Berthold, * Rostock 1.X.09;
† Rostock 31.V.79.

Brun, Vincent, s. Flesch-Brunningen,
Hans.

Brunar, Herbert, * Gutenstein/NdÖst.
20.IX.97; † Klosterneuburg/Öst.
15.IV.83.

Bruneck, Hans, s. Elster, Hanns.

Bruns, Hanke, s. Bahrs, Hans.

Buchholtz, Hansgeorg, * Mülhausen/
Elsaß 25.VI.99; † 22.IV.79.

Buchholz, Werner, * Konitz/Westpr.
21.IX.96; † Halle/S. 31.VIII.82.

Budich, Carl, * Reinfeld/Holst. 5.II.04;
† Lübeck 14.I.82.

Büchner, Gerhard, * Leipzig 31.X.01;
† München 17.IX.82.

Bühner, Karl Hans, * Schwäbisch-
Gmünd 19.IX.04; † Mutlangen b.
Schwäb.-Gmünd 4.VIII.78.

Burchardt, Julius (Ps. Bardt),
* Teistungen/Eichsfeld 17.VII.95;
† Bad Breisig 22.IV.82.

Burkhard, Hari, s. Hering, Burkhard.

Burmeister, Herta, * Riga 30.XII.90;
† Münster/Westf. 10.IX.80.

Busch, Harald, * Godesberg/Rh.
5.VIII.04; † Frankfurt/M. 12.II.83.

Busch, Karl Theodor, * Vigy b. Metz
13.XII.05; † Mannheim 30.IV.81.

Capellmann, Othmar, * Gries b. Bozen
2.I.02; † Steyr/Öst. 18.V.82.

Catel, Werner, * Mannheim 27.VI.94;
† Kiel 30.IV.81.

von Cles, Ferdinand, * Hall/Tirol
24.VI.07; † Berlin (West) 3.V.82.

Cohen, Netti, s. Boleslav, Netti.

Cohnen, Elfriede, * 15.VI.01;
† Grevenbroich 3.II.79.

von Colditz, Arvid, s. Kern, Karl
Richard.

Conny, s. Rössler, Clemens Conrad.

Conrad, Clemens, s. Rössler, Clemens
Conrad.

von Conta, Isolde, s. von Conta-
Hoffmann, Isolde.

von Conta-Hoffmann, Isolde (Ps. Isolde
von Conta), * Wiesbaden 7.VII.07;
† München 16.I.81.

de Coti, Werner, s. Krueger, Gust. Ad.
Werner.

Cremer, Hubert (Ps. Dr.h.c. N²),
* München 27.XII.97; † Merzhausen/
Br. 26.II.83.

Croon, Maria, * Meurich, Kr. Saarburg
13.V.83; † Losheim/Saar 23.III.83.

Dalton, Frank, s. Falk, Hermann.

Deckert, Wilhelm, * Washington 8.VI.96;
† 16.VII.82.

Deinhard geb. Leonhardt, Doris,
* Barcelona 14.II.06; † Wiesbaden
29.II.80.

Denger, Alfred (Ps. Fred Denger),
* Darmstadt 12.VI.20; † Hohegeiß/
Harz 30.X.83.

Denger, Fred, s. Denger, Alfred.

Diego, s. Formann, Philipp.

Diers, Heinrich, * Oldenburg i.O.
20.II.94; † Oldenburg i.O. 3.X.80.

Dirscherl, Josef, * Neu-Ulm 25.V.94;
† Garching/Alz 2.V.82.

Disselhoff, Hans-Dietrich, * Trebbin
8.XII.99; † Berlin (West) 16.XII.75.

Dittmer, Friedrich, * Stettin 11.VIII.03;
† Berlin (West) 11.VII.80.

Dodenhoff, Heinz, * Tarmstedt/Hann.
9.III.89; † Worpswede, Kr. Osterholz
25.IX.81.

Dörfler, Anton, * München 2.VIII.90;
† Seeshaupt/Obb. 12.III.81.

Domizlaff, Hans, * Frankfurt a.M. 9.V.92;
† Hamburg 5.IX.71.

Dr.h.c.N², s. Cremer, Hubert.

Drozdzynski, Alexander, * Tomaszow/
Polen 19.VIII.25; † Düsseldorf 17.II.81.

Dwinger, Edwin Erich, * Kiel 23.IV.98;
† Gmund a. Tegernsee 17.XII.81.

Eckart, Walther, * München 29.VIII.90;
† München 28.VII.78.

Ecke, Wolfgang, * Radebeul, Kr.
Dresden 24.XI.27; † Augsburg 23.X.83.

Eckhof, Karl, s. Focke, Alfred.

Edel, Peter, * Berlin 12.VII.21;
† Berlin(Ost) 7.V.83.

Egenter, Richard, * Ulm 3.V.02;
† Stockdorf b. München 11.II.81.

Eggebrecht, Jürgen, * Baben,Kr. Stendal
17.XI.98; † München 19.IV.82.

Eichhof, Hugo, * Bischofsthal/Pos.
20.X.88; † Rosenheim/Obb. 3.VI.77.

Eigner, Hans, s. Schmidt, Hans
Christian.

Eikenberg, Heinrich, s. Kaune, Wilhelm.

Eitel, Paul, * Stuttgart 14.XI.01;
† Freiburg i.Br. 20.IX.78.

Elk, William Hewett, s. von Richthofen,
Bolko.

Elster, Hanns Martin (Ps. Hans
Bruneck), * Köln 11.VI.88;
† Düsseldorf 17.XI.83.

zu Eltz geb. Prinzessin zu Löwenstein,
Sophie Gräfin (Chorfrau Monika
O.S.B.), * Kleinheubach/Main 9.V.00;
† Rüdesheim a.Rh. 16.II.82.

Erben, Walter, * Leverkusen, Reg.Bez.
Düsseldorf 13.X.08; † Bad Pyrmont
25.X.81.

Eres, s. Scharnke, Reinhold.

von der Erlau, Johannes, s. Vogt, Hans.

Ernestus, s. Geyer, Ernst.

Ertini, Hanni, * Zürich 7.VIII.08;
† Rüschlikon, Kt. Zürich 5.II.82.

Ewert, Malte-Hubertus (Ps. Alfons
Theorien), * Stralsund 1.V.10;
† Alfeld/Leine 27.IV.83.

Falk, Gunter, * Graz 26.X.42; † Graz
25.XII.83.

Falk, Hermann (Ps. Frank Dalton),
* Gleiwitz/Schles. 29.VI.01; † Bad
Schönborn 29.XI.81.

Fassbinder, Rainer Werner, * Bad
Wörishofen 31.V.46; † München
10.VI.82.

Felchner, Kuno, * Szameitkehmen, Kr.
Tilsit 29.XII.02; † Berlin (West) 5.I.84.

Fels, O. s. Stein, Otto.

Fink, Alfred, * Winterthur/Schweiz
21.IX.18; † Winterthur/Schweiz
10.IV.83.

Fischer, Hanns (Ps. Fischer-Kilp,
* Schönbrunn/ObFr. 17.IX.89;
† Wiesentheid/Bay. 5.I.78.

Fischer, Willi, * Neumünster 19.XI.10;
† Lörrach 9.XII.81.

Fischer-Kilp, s. Fischer, Hanns.

Flach, Jakob, * Winterthur 26.III.94;
† Locarno 30.IX.82.

Fleischhut, Karl (Ps. Korbinian),
* Kempten/Allg. 19.X.19; † Kempten/
Allg. 5.VI.80.

Flesch-Brunningen, Hans (Ps. Vincent Brun), * Brno 5.II.95; † Bad Ischl 1.VIII.81.

Flückinger, Alfred, * Basel 27.I.98; † Gardola/Tessin 30.I.83.

Flügge, Hans Ludolf (Ps. Michael Kohlhaas), * Maschen, Kr. Harburg 9.VI.07; † Ahausen, Kr. Rotenburg 8.II.80.

Focke, Alfred (Ps. Karl Eckhof), * Teplitz-Schönau/Böhm. 24.XII.16; † Bez. Lienz/Osttirol 15.VIII.82.

Foidl, Gerold, * Lienz/Osttirol 28.IV.38; † Salzburg 29.III.82.

Formann, Philipp (Ps. Diego), * Wien 4.V.06; † Wien 7.IX.80.

Frahnert geb. Schimmel, Melitta, * Offenbach 11.XI.01; † Bad Soden/Ts. 14.VII.81.

Frank, D.M. (Ps. f. Dankmar Müller-Frank), * Berlin 13.XI.21; † Stuttgart 9.III.82.

Frank, Eduard, * Drahowitz, Bez. Karlsbad/Böhmen 18.VII.05; † Steinfurt 5.XII.81.

Frank, Ernst, * Karlsbad 22.VIII.00; † Offenbach a.M. 20.IX.82.

Frank, Josef, * Waldmünchen/Bay. 18.III.89; † München 4.X.81.

Frank, Lothar-Mathias (Ps. Frank. M. Lothar), * Breslau 29.VI.99; † Düsseldorf 22.II.81.

Frankenschwerth, Kurt, * Berlin 14.X.01; † London 6.III.82.

Franzmeier, Otto, * Detmold 2.XI.85; † Detmold 23.IV.80.

du Frênes, Alix, * München 26.X.25; † Oberaudorf/Bay. 28.VIII.81.

Freihofer, Philipp, s. von Schoeller, Philipp.

Freye-Wendt geb. Dütschke, Ortrud (Ps. Renne Berg), * Burg 2.IX.87; † Berlin(West) 23.VII.82.

Frick, Hilde, s. Thebis, Hilde.

Friedrich, Hans, * Magdeburg 6.IX.84; † München 11.IV.82.

Friedrich, Hans Eberhard, * Greifswald 25.VI.07; † Garding/Schlesw.-Holst. 26.XII.80.

Friedrich, Hartmut, s. Hartau, Friedrich.

Friedrich, Oskar H., s. Holesch, Oskar.

Friedrichs, Käthe, * Karlstadt/M. 1.XII.98; † Braunschweig 18.XI.82.

Fries, Willy, * Wattwil/Schweiz 26.V.07; † Wattwil/Schweiz 18.VII.80.

Friese, Karl, * Meiningen 10.III.88; † Münster/Westf. 26.XI.71.

Fritze, Theo, s. Volkmann, Horst Rolf.

Fuchs, Maria, * Solbad Hall/Tirol 7.II.01; † Innsbruck 19.IX.82.

FXH, s. Hollnsteiner, Franz Xaver.

Gädke-Timm, Kora, * Charlottenburg b. Berlin 16.III.05; † Locarno 11.I.83.

Gaudy, Hans, s. Kropf, Johannes.

Geißler, Horst Wolfram, * Wachwitz, Kr. Dresden 30.VI.93; † München 20.IV.83.

Gerhard, Hans, s. Weiß, Hansgerd.

Geyer, Ernst (Ps. Ernestus), * Berlin 19.XII.88; † Hameln(Tündern) 7.III.82.

Gies, Karl-Heinz, * Berlin 30.X.18; † Berlin (West) 21.VII.80.

Glaser, Martha (Ps. Ruth Will), * Karlsruhe 5.X.98; † Lahr/Schwarzw. 21.IX.82.

Gliewe, Siegfried, * Stolp/Pomm. 23.IV.02; † Felde b. Kiel 5.II.82.

Glückselig, Fritz (Ps. Friedrich Bergammer), * Wien 18.XII.09; † New York/NY., USA 9.X.81.

Glüsing, Hermann, * Wrohm/Schlesw.-Holst. 27.X.08; † Wrohm/Schlesw.-Holst. 25.IX.81.

Görgen, Heinz, * Stolberg/Rhld 15.X.90; † Aachen 22.IV.80.

Göttig, Willy Werner (Ps. Guido Thyrolf), * Darmstadt 2.VII.91; † Frankfurt a.M. 26.III.80.

Gohde, Hermann, s. Heer, Friedrich.

Goldschmidt, Günther, * Gotha 21.V.94; † Rom 18.II.80.

Goldstein, Moritz (Ps. Inquit, Michael Osten), * Berlin 27.III.80; † New York 3.IX.77.

Gottgetreu, Erich, * Chemnitz/Sa. 31.VII.03; † Jerusalem 13.XI.81.

Graber, Hans, * Vorimholz, Kt. Bern 17.V.93; † Bern 11.IV.82.

Gradaus, Michl, s. Schwarz, Ludwig.

Graßhoff, Karl-Heinz, * Quedlinburg/Harz 3.VIII.08; † Peine 29.IX.80.

Grebe, Karl, * Jena 29.IV.01; † Hamburg 21.VII.80.

Greiling, Walter (Ps. Walt Grey), * Weidenhausen/Hess. 5.IX.00; † Bad Schwalbach 28.III.83.

Grey, Walt, s. Greiling, Walter.

Grieshaber, HAP, s. Grieshaber, Helmut.

Grieshaber, Helmut (Ps. HAP Grieshaber), * Rot a.d. Rot 15.II.09; † Achalm b. Reutlingen 12.V.81.

Grill, Sebastian, s. Groll, Gunter.

Grössle, Adolf, * Mannheim 11.V.98; † Mannheim 10.I.82.

Grogger, Paula, * Oeblarn/Stmk 12.VII.92; † Oeblarn/Stmk 1.I.84.

Groll, Gunter (Ps. Sebastian Grill), * Liegnitz 5.VIII.14; † Ammerland/Obb. 5.VI.82.

Gronbach, Fritz, * Gerabronn/Württ. 24.I.03; † Stuttgart 21.IV. 78.

Günther, Klaus, * Alt-Beba/Rum. 19.IV.21; † Schorndorf/Württ. 9.VII.82.

Guggenheim, Kurt, * Zürich 14.I.96; † Zürich 5.VII.83.

Gunert, Johann, * Mödritz b. Brünn/Tschechosl. 9.VI.03; † Wien 3.X.82.

Gute, Herbert, * Dresden 30.VIII.05; † §.

Haag, Anna, * Althütte/Württ. 10.VII.88; † Stuttgart 20.I.82.

Häfner, Karl, * Malmsheim, Kr. Böblingen 2.VI.85; † Heilbronn 5.IV.82.

Hänle, Franz, * Wuppertal-Elberfeld 4.XII.13; † Husum/Nordsee 19.XI.80.

Hammerbacher, Hans Wilhelm, * Nürnberg 1.XI.03; † Wört/Württ. 24.V.80.

von Hammerstein, Hedwig, s. Müller-Jürgens, Hedwig.

Hampel, Bruno (Ps. Bruder Eduard), * Wien 27.IX.95; † Innsbruck 19.II.80.

Hansen, Karl-Heinz (Ps. Hansen-Bahia), * Hamburg 19.IV.15; † São Paulo/Bras. 14.VI.78.

Hansen-Bahia, s. Hansen, Karl-Heinz.

Hari, s. Hering, Burkhard.

Hartau, Friedrich (Ps. Hartmut Friedrich), * Dresden 7.X.11; † Hamburg 8.II.81.

Hartmann, Wolfgang, * Zürich 11.IV.91; † Luzern 28.IX.81.

Hartung, Hans-Joachim, * Mühlhausen/Thür. 5.IX.23; † Berlin(Ost) 7.IX.77.

Harun, Helmut, * Westhofen/Rh. 18.III.14; † Duppach/Eifel 7.VII.81.

Hasenhüttl, Franz, * Graz 12.XI.88; † Graz 21.X.76.

Haubrich, Leo, * Köln 15.XI.96; † Köln 29.VIII.83.

Hayer, Hans, s. Kardel, Harboe.

Hayward, Ken, s. Kappler, Hanns-Walter.

Hecht, Friedrich (Ps. Manfred Langrenus), * Wien 3.VIII.03; † Wien 8.III.80.

Heck, Lutz, * Berlin 23.IV.92; † Wiesbaden 6.IV.83.

Heer, Friedrich (Ps. Hermann Gohde), * Wien 10.IV.16; † Wien 18.IX.83.

Heine, Karl (Ps. Heine-Borsum), * Borsum b. Hildesheim 19.XII.94; † Erkrath, Bez. Düsseld. 10.XI.81.

Heine-Borsum, Karl, s. Heine, Karl.

Heintz, Karl, * Kempfenhausen b. Starnberg 25.IV.06; † München 12.V.81.

Heiss, Elisabeth (Ps. Lisa Heiss), * Stuttgart 2.II.97; † Mainz 15.III.81.

Heiss, Lisa, s. Heiss, Elisabeth.

Helms, Karl Heinrich (Ps. K.H. Helms-Liesenhoff), * Duisburg 5.VI.12; † Worb/Schweiz 26.I.81.

Helms-Liesenhoff, K.H., s. Helms, Karl Heinrich.

Henze, Anton, * Hohehaus/Westf. 25.IX.13; † Rom 29.VII.83.

Henze, Helene, * Hameln 8.V.02; † Freiburg i.Br. 7.XI.81.

Herbert, Renate, s. Storch, Franz.

Herbst, Felix, s. Berger, Walter.

Hering, Burkhard (Ps. Hari, Hari Burkhard), * Allenstein/Ostpr. 22.VII.03; † Travemünde 16.VI.82.

Hild, August, * Münchhausen/Dillkr. 29.IX.94; † Rathenow/Havel, DDR 27.XI.82.

Hiltl, Franz, * Regensburg 12.VIII.02; † Regensburg 15.II.79.

Hinz geb. Koenig, Ilona (Ps. Ilona Koenig), * Riga 27.XII.93;
† Worpswede, Kr. Osterholz 31.XII.78.

Ho, s. Hollnsteiner, Franz Xaver.

Hoberg, Marielis, s. Robert, Marielis.

Hocheneder-Buchberger, Colette,
* Ölmütz/Mähren 14.II.90; † Graz 25.V.81.

Hochhäusler, Leopold, * Wien 26.IX.96;
† Wien 14.III.80.

Hochrein-Schleicher, Irene (Ps. Irene Schleicher), * Milken, Kr. Lötzen/
Ostpr. 17.VIII.15; † Ludwigshafen 16.IX.76.

Hömberg, Hans, * Berlin 14.XII.03;
† Wörgl/Tirol 4.VII.82.

Hörmann, Markus, s. Basil, Otto.

Hofmiller geb. Eggart, Hulda (Ps. Jacoba von Stettendorf),
* Memmingen 22.II.90; † Memmingen 5.VI.81.

von Hohenlocher, Karl, * Wien 25.I.91;
† Wien 20.II.81.

Holesch, Oskar (Ps. Oskar H. Friedrich), * Wien 1.XI.00; † Wien 2.IX.82.

van Holk, Freder, s. Müller, Alfred.

Hollnsteiner, Franz Xaver (Ps. Ho, FXH), * Wien 4.VII.10; † Wien 8.IV.82.

Hollweg, August, * Rheine/Ems 15.I.99;
† Rheine/Ems 8.IV.77.

Holzach, Michael, * Heidelberg 8.IV.47;
† Dortmund 21.IV.83.

Holzer, Ferdinand, * München 7.IV.05;
† Freising/Obb. 4.III.82.

d'Hooghe, Marianne, * Köslin/Pomm. 7.VII.99; † Darmstadt 6.VI.78.

Hopfgartner, Josef, * Gerlamoos b. Steinfeld/Drau, Öst. 14.I.13;
† Gerlamos b. Steinfeld/Drau, Öst. 19.I.81.

Horn, Erna, s. Arndt, Erna.

Huber-Wiesenthal, Rudolf, * Wien 17.X.84; † Zürich 16.X.83.

Huchel, Peter, * Lichterfelde/Potsdam 3.IV.03; † Staufen b. Freiburg/Br. 30.IV.81.

Hülsmanns, Dieter, * Düsseldorf 11.XI.40; † Düsseldorf 2.V.81.

Hürlimann geb. Kiepenheuer, Bettina,
* Weimar 19.VI.09; † Zollikon, Kt. Zürich 9.VII.83.

Hürlimann, Martin, * Zürich 12.XI.97;
† Zollikon, Kt. Zürich 4.III.84.

Hug, Fritz, * Solothurn/Schweiz 7.I.97;
† Bern 17.III.73.

Hütter, Tilly (Ottilie), * Hamburg 2.X.24;
† Hamburg 6.VIII.83.

Hummel, Gerta, * Gentringen b. Diedenhofen/Lothr. 7.VIII.02;
† Karlsruhe 16.VI.82.

Huppert, Hugo, * Bielitz 5.VI.02; † Wien 25.III.82.

Illies, Jochachim, * Ketzin/Havel 23.III.25; † Frankfurt a.M. 3.VI.82.

Inquit, s. Goldstein, Moritz.

Iseke, s. Schricke, Bruno.

Jacobsen, Uwe, s. Leippe, Ulla.

Jann, Hans, * Forchheim/Ofr. 30.XI.89;
† Forchheim/Ofr. 27.II.82.

Jannasch, Hans Windekilde, * Nain/
Labrador 22.I.83; † Göttingen 1.V.81.

Jeanjour, Heinrich, * Straßburg 2.IV.09;
† Trier 23.III.78.

Johannsen, Christa, * Halberstadt/Sa. 17.XI.14; † Magdeburg 10.IV.81.

Johnson, Uwe, * Cammin/Pomm. 20.VII.34; † Sheerness/Kent, Engl. 12.III.84.

Joseph, Artur, * Köln 29.VII.97;
† Frankfurt/M. 26.XI.83.

Jürgens, Curd, * München 13.XII.15;
† Wien 18.VI.82.

Junker, Ernst Wiegand, * Werlau/St. Goar 3.VI.07; † Worms 30.IV.83.

Kaergel, Dieter (Ps. Kilian Merten),
* Weisswasser/OL. 18.VIII.16;
† Hannover 30.XII.77.

Käutner, Helmut, * Düsseldorf 25.III.08;
† Castellani/Chianti, Ital. 20.IV.80.

Kahn, Robert, * Nürnberg 22.IV.23;
† Round Top, Texas/USA 22.III.70.

Kalkbrenner, Johannes Albrecht,
* Dresden 22.VII.06; † Penig/Sa. 2.VIII.81.

Kamecke, Heinz Friedrich,
* Bramstädt, Kr. Belgard/Pomm. 14.VIII.02; † 82.

Kammerer, Ernst, * Stuttgart 31.V.16;
† Stuttgart 21.VIII.81.

Kapp, Otto, * Napajedla/Mähren 3.XI.89;
† Prag 18.VIII.82.

Kappler, Hanns-Walter (Ps. Hannes
Kemp, K. Wengen-Berger, I. Korten,
Ken Hayward, H.K. Walker),
* Radebeul/Sa. 25.VI.06; † Konstanz
20.II.83.

Kardel, Harboe (Ps. Hans Hayer),
* Nortorf, Kr. Rendsburg-
Eckernförde 25.XI.93; † Odense/
Fünen, Dänemark 11.XI.82.

Karell, Viktor (Ps. Ws. Tazitus),
* Duppau, Kr. Kaaden/Böhm.
17.III.98; † Deggendorf/Ndbay.
14.XII.79.

Karrasch, Alfred (Ps. Alfred Amenda),
* Königsberg/Ostpr. 24.IV.93;
† Ostseebad Kühlungsborn/DDR
3.VI.73.

Katscher, Ernst, * Wien 19.I.99; † Wien
10.IX.80.

von Kaufmann, Erica; † lt PV.

Kaufmann, Henning, * Wuppertal-
Elberfeld 14.X.97; † Bad Kreuznach
23.IX.80.

Kaul, Friedrich-Karl, * Posen 21.II.06;
† Berlin (Ost) 16.IV.81.

Kaune, Wilhelm (Ps. Heinrich
Eikenberg), * Ahstedt, Kr.
Marienburg 16.IX.95; † Schellerten
(Ahstedt) 19.VII.81.

Kaut, Josef, * Salzburg 16.II.04;
† Salzburg 8.VI.83.

Kempner, Benedicta Maria, s. Kempner,
Ruth Lydia.

Kempner, Ruth Lydia (Ps. Benedicta
Maria Kempner), * Geislingen a.d. St.
8.VII.14; † Bad Homburg 4.V.82.

Kempp, Hannes, s. Kappler, Hanns-
Walter.

Kern, Helmut Hermann, * Kerzdorf/
Schles. 24.VII.12; † Aurich/Ostfriesld
20.V.80.

Kern, Karl Richard (Ps. Arthur Krämer,
Arvid v. Golditz, Maria Scheiner),
* Graupen/Sudetenltl 9.VII.02;
† Malmö/Schwed. 6.IX.82.

Keun, Irmgard, * Berlin 6.II.10; † Köln
5.V.82.

Killian, Hans, * Freiburg/Br. 5.VIII.92;
† Freiburg/Br. 7.III.82.

Kipphardt, Heinar, * Heidersdorf/
Schles. 8.III.22; † Angelsbruck, Ldkr.
Erding/Obb. 18.XI.82.

Kirchgraber, Ernst, * Degersheim, Kt.
St. Gallen 15.VIII.93; † Zürich 8.XII.82.

Klausener, Christoph, s. Schmit, Jean-
Willibrord.

Klausner, Thomas, s. Thurmair, Georg.

Klima, Leopoldine, s. Klima-Hengl,
Leopoldine.

Klima-Hengl, Leopoldine (Ps. f. Klima,
Leopoldine), * Haugsdorf/NdÖst.
19.X.01; † Mödling b. Wien 1.I.82.

Koch, Karl, * Düsseldorf 7.VIII.93;
† Düsseldorf 20.I.82.

Koch, Wilhelm Herbert, * Bochum
11.III.05; † Essen 29.I.83.

Koch, Willi August, * Frankfurt a.M.
23.V.03; † Hannover 8.V.80.

Koenig, Ilona, s. Hinz, Ilona.

von Koenig, Nigi, s. de Tolnay, Anna
Marie.

König, Rolf, * Köthen/Anh. 4.IX.00;
† Berlin(West) 31.I.83.

Körber, Franz Heinrich, * Wien 28.V.16;
† Wien 16.IV.82.

Körner, Eberhard Maria, * Hannover
30.IV.32; † Burgdorf, Kr. Hann.
18.XII.78.

Koestler, Arthur, * Budapest 5.IX.05;
† London 3.III.83.

Köstler, Nikolaus, * Rosenheim/Obb.
18.VII.02; † Bad Reichenhall 24.XII.82.

Kohlhaas, Michael, s. Flügge, Hans
Ludolf.

Kolatschewsky, Valerius (auch Valère-
Georges-Henri) (Ps. Georg
Schaeffner), * Bern 7.XI.98; † Bern
8.VII.74.

Koller, Christine (Ps. Porzia),
* Hannover 22.IX.25; † Berlin (West)
16.V.78.

Konrad, Joachim, * Breslau 1.VI.03;
† Bonn 14.IV.79.

Korb, Peter, s. Brock, Rudolf.

Korbinian, Karl, s. Fleischhut, Karl.

Korten, I., s. Kappler, Hanns-Walter.

Korth geb. Knoll, Käthe, * Strelitz/Pos.
20.XI.02; † Berlin(West) 11.V.82.

Kostetzky geb. Kottmeier, Elisabeth (Ps. Elisabeth Kottmeier), * Sandowitz/ Schles. 31.VII.02; † Stuttgart 11.I.83.

Kottmeier, Elisabeth, s. Kostetzky, Elisabeth.

Krämer, Arthur, s. Kern, Karl Richard.

Krämer, Wilhelm, * Stuttgart 28.XI.94; † Aarhus/Dänemark 17.VIII.81.

Kraft, Hannes, * Köln 19.II.09; † Hamburg 8.I.83.

Kraus, Kristian, * Neunkirchen/Saar 27.II.80; † Bad Neuenahr-Ahrweiler 4.II.70.

Krebs, Herbert, * Totenrode/Harz 19.VI.01; † Rechtmehring/Bay. 13.XI.80.

Krell-Werth, E., s. Werth, Emma.

Krogmann, Angelica, * Hamburg 3.V.19; † Hamburg 17.IV.78.

Kroll, Erwin, * Deutsch-Eylau/Westpr. 3.II.86; † Berlin(West) 7.III.76.

Kropf, Johannes (Ps. Hans Gaudy, Johannes Struma), * Wednig b. Trebsen/Sa. 5.II.98; † Heidenheim 1.V.83.

Krueger, Gust. Ad. Werner (Ps. Werner Krueger de Coti, Werner de Coti), * Thorn/Westpr. 17.IX.01; † Hamburg 4.XII.77.

Krueger de Coti, Werner, s. Krueger, Gust. Ad. Werner.

Kubiak, Hanns-Karl (Ps. Hanns Kuby), * Berlin 14.IV.15; † Hamburg 2.VIII.81.

Kuby, Hanns, s. Kubiak, Hanns Karl.

Küchler, Luise, * Osternburg/Oldenb. 16.II.02; † Detmold 20.V.82.

Kühlken, Oskar, * New York 5.VII.99; † Nürnberg 4.VI.82.

Kühnle, Karl, * Kuppingenn/Württ. 8.VII.00; † Herrenberg/Württ. 15.X.81.

Küster, Karl-Heinz, * Leipzig 27.II.25; † Bad Düben/Sa. 25.VIII.81.

Kuhlmeyer, Georg, * Stettin 29.III.94; † Bad Oldesloe/Schlesw.-Holst. 2.I.83.

Kunz, Ernst-Adolf (Ps. Philipp Wiebe), * Gelsenkirchen-Schalke 19.IX.23; † Gelsenkirchen-Buer 9.XI.81.

Kusch, Eugen, * Danzig 13.XI.05; † Neumarkt/ObPf. 20.II.81.

Kusche, Ludwig, * Mainz 31.III.01; † München 5.IX.82.

Kusenberg, Kurt (Ps. Hans Ohl), * Göteborg 24.VI.04; † Hamburg 3.X.83.

Lampe, Erwin, * Magdeburg; † Magdeburg 14.XII.78.

Lang, Margit, s. Waerland, Ebba.

Langenskiöld-Hoffmann, Ebba, s. Waerland, Ebba.

Langrenus, Manfred, s. Hecht, Friedrich.

Lassen, Uwe, s. Leippe, Ulla.

Lauber, Cécile, * Luzern 13.VII.87; † Luzern 16.IV.81.

Lauer, Nikolaus, * Lautzkirchen/Saar 11.V.97; † Hainfeld/Pf. 11.II.80.

Lavater-Sloman, Mary, * Hamburg 14.XII.91; † Zürich 5.XII.80.

Lavoni, Margit, s. Waerland, Ebba.

Lehmann, Bruno, * Danzig 8.VI.02; † Braunschweig 16.IV.82.

Leibl, Ernst (Ps. Bill Sterne), * Graslitz/ Böhm. 17.VI.95; † Aldingen/Kr. Tuttlingen 5.V.82.

Leip, Hans, * Hamburg 22.IX.93; † Fruthwilen/Thurgau, Schweiz 6.VI.83.

Leippe, Ulla (Ps. Uwe Jacobsen, Uwe Lassen), * Flensburg 4.II.15; † Itzehoe 22.XI.80.

Leitenberger, Georg, s. Storz, Gerhard.

Lerperger, Emil, * Faistenau/Salzburg 30.XII.08; † Salzburg 1.III.82.

Leucht, Karl Friedrich, * Rastatt/Bad. 5.VII.05; † Aschaffenburg 26.XI.82.

Leukefeld, Peter (Ps. Michael Widborg, Daniel Mann), * Mühlhausen 23.III.37; † München 28.X.83.

Leutner, Karl, s. Scurla, Herbert.

Liebmann, Kurt, * Dessau 13.V.97; † Dresden 13.VIII.81.

Liese, Robert, * Falkenthal, Kr. Templin 6.IX.04; † Berlin(West) 27.X.80.

Lindenbaum, Robert, * Komotau/ Sudetenld 5.I.98; † Bayreuth 24.IX.79.

Lindhorst, Harm, s. Bahrs, Hans.

Lindner, Otto, * Falkenstein/Vogtld 8.XII.93; † Dresden 4.VIII.83.

Lindt, Peter M., * Wien 26.IV.08; † New York/N.Y., USA 20.XI.76.

Lipsch, Horst, * Berlin 14.I.25;
  † Schwalmtal/Hess. 9.III.82.

Litschel, Rudolf Walter, * Wien 21.X.23;
  † Linz 10.XI.80.

Löpelmann, Martin, * Berlin 6.IV.91;
  † Berlin(West) 25.II.81.

Loepfe, Alfred, * St. Gallen 27.VIII.13;
  † Luzern 12.VIII.81.

Lotmar, Lorenz, * Bern 7.VI.45;
  † München VI.80.

Lothar, Frank, s. Frank, Lothar
  Mathias.

Lovisoni, Vulmar, * Innsbruck 31.X.07;
  † Innsbruck 12.VII.82.

Luther, Otto (Ps. Jens Rehn),
  * Flensburg 18.IX.18; † Berlin(West)
  3.I.83.

Lutz, Joseph Maria, * Pfaffenhofen/Ilm
  5.V.93; † München 30.VIII.72.

Lysander, K. Th., s. Scurla, Herbert.

Machule, Martin (Ps. Armin Mechtlau),
  * Berlin 10.IV.99; † München 8.VIII.81.

Mampel, Anne-Marie, s. Bartel, Anne-
  Marie.

Mandelartz, Carl (Ps. Carl Schanze),
  * Duisburg 5.XI.08; † Kleinenberg/
  Westf. 28.VI.82.

Mann, Daniel, s. Leukefeld, Peter.

Martens, Margarete, * Deutsch-Pickar/
  OS. 21.V.01; † München 17.III.78.

Marti, Walter, * Oberburg, Kt. Bern
  18.VI.97; † Oberburg, Kt. Bern 8.VI.78.

Martyn, Karol K., * Hannover 10.IX.19;
  † Hannover 27.I.78.

Marx, Leopold, * Cannstatt 8.XII.89;
  † Shavej-Tion/Israel 25.I.83.

Matt-Willmatt, Hans, * Hauingen b.
  Lörrach 15.VIII.98; † Stühlingen, Kr.
  Waldshut 8.XII.78.

Matzak, Kurt Hildebrand, * Arnfels/
  Stmk 1.VIII.96; † Graz 18.I.82.

Mechtlau, Armin, s. Machule, Martin.

Mehring, Walter, * Berlin 29.IV.96;
  † Zürich 3.X.81.

Meister, Ernst, * Hagen/Westf. 3.IX.11;
  † Hagen/Westf. 15.VI.79.

de Mendelssohn, Peter, * München
  1.VI.08; † München 10.VIII.82.

Menke, Kurt, * Züllichau/Brandenb.
  3.VI.21; † Berlin(Ost) 30.VII.80.

Merten, Kilian, s. Kaergel, Dieter.

Messerli, Clara Maria,
  * Schwarzenburg/Schweiz 23.VII.96;
  † Schwarzenburg/Schweiz 7.XI.82.

Meyer-Sichting, Gerhard, * Bremen
  22.XII.02; † Darmstadt 3.IV.80.

Michel, Fritz, * Dortmund 17.XII.95;
  † Schleswig 4.VI.78.

Möller, Walter (Ps. Curt v. Weissenfeld),
  * Berlin 21.XII.87; † Berlin(West)
  17.IV.81.

Molitor, Jan, s. Müller-Marein, Josef.

Molzahn, Ilse, * Kowalewo, Kr.
  Margonin/Pos. 20.VI.95;
  † Berlin(West) 13.XII.81.

Moorkamp, Reinhold, * Löningen/
  Oldenbg 3.VII.03; † Schwerte/Ruhr
  9.I.83.

Mühlpfordt, Herbert Meinhard,
  * Königsberg/Ostpr. 31.III.93;
  † Lübeck 9.X.82.

Mühr, Alfred, * Berlin 16.I.03;
  † Zusmarshausen/Bay. 11.XII.81.

Müller, Alfred (Ps. Freder van Holk),
  * Halle/S. 18.X.01; † Murnau a.
  Staffelsee/Obb. 1.I.70.

Müller, Friederike, * Platz/Sudetenld
  23.I.96; † Strub. b. Berchtesgaden
  21.III.81.

Müller, Rolf, * Potsdam 26.I.98; † Fort
  Lauderdale/Fla., USA 24.III.81.

Müller-Clemm, Wolfgang, * Mannheim
  30.XI.91; † München 6.IV.72.

Müller-Frank, Dankmar, s. Frank, D.M..

Müller-Jürgens geb. Freiin von
  Hammerstein, Hedwig (Ps. Hedwig
  von Hammerstein), * Kamenz/Sa.
  30.III.01; † Stuttgart 15.I.83.

Müller-Marein, Josef (Ps. Jan Molitor),
  * Marienheide/Rhld 12.IX.07;
  † Thimory/Loiret, Frankr. 17.X.81.

Mumelter, Hubert, * Bozen/Ital.
  26.VIII.96; † Bozen/Ital. 24.IX.81.

Mund, Elfriede, s. Bergmann, Elfriede.

Murr, Michael, s. Reichert, Wilhelm.

Mußhauser, Josef, * Thurn b. Lienz/
  Tirol 19.II.08; † Lienz/Tirol 14.XII.79.

von Natzmer, Gert, * Anklam/Pomm. 8.XI.95; † Karlsruhe 20.XI.81.

Naujok, Rolf, * Memel 23.VII.03; † Camberg/Ts. 25.XI.69.

Neumann, Hanns, s. Neumann, Johannes-Alois.

Neumann, Johannes-Alois (Ps. Hanns Neumann), * Breslau 11.IX.06; † Kiefersfelden, Kr. Rosenheim/Obb. 5.XI.77.

Neufelder, Hans, s. Schwarz, Ludwig.

Neumayer, Heinrich, * Wien 5.VI.05; † Wien 3.III.82.

Nevermann, Hans, * Schwerin/ Mecklenb. 25.III.02; † Berlin(West) 13.XI.83.

Niekrawietz, Hans, * Oppeln/OS 8.II.96; † Wangen/Allg. 27.IV.83.

Noth, Ernst Erich, * Berlin 25.II.09; † Bensheim/Hess. 15.I.83.

Ohl, Hans, s. Kusenberg, Kurt.

Osten, Michael, s. Goldstein, Moritz.

Ostra, s. Stradal, Otto.

Overbeck, Fritz, * Worpswede b. Bremen 2.VIII.98; † Bremen 22.II.83.

Papendick, Gertrud, * Königsberg 28.III.90; † Hamburg 6.IV.82.

Paquin geb. Gallwitz, Grete, * Sigmaringen 14.VIII.93; † 83.

Parth, Wolfgang Willy, * Mannheim 2.I.10; † München 16.XII.82.

Pattenhausen, Hellmuth, * Dresden 5.IX.96; † Neulengbach b. Wien 6.II.79.

Paur, Leopold, * Zweibrücken 7.I.89; † Bad Krotzingen 23.I.79.

Perlick, Alfons, * Ossen, Kr. Groß-Wartenberg/Schles. 13.VI.95; † Wegscheid-Thurnreuth/Bay. 24.IX.78.

Peters, Uwe, s. Schwarz, Ludwig.

Pfister, Andreas (Ps. Wernau), * Arnstein/Ufr. 2.VIII.99; † Würzburg 26.XI.80.

Pieritz, Hildegard, * Neuendorf, Kr. Teltow 27.VI.99; † Berlin(West) 6.VIII.83.

Plehn, Chlodwig (Plinius), * Rawitsch/ Posen 28.X.00; † Breslau 10.VI.77.

Pogge van Ranken, Walter, * Riga 16.VII.13; † Flensburg 13.I.82.

Popp, Fritz, s. Popper, Frederic.

Popper, Frederic (Ps. Fritz Popp), * Wien 1.VII.98; † Bad Gastein 13.VII.81.

Port, Kurt, * Berlin 8.VIII.96; † Eßlingen 22.IV.79.

Porzia, s. Koller, Christine.

Potyka, Lin (Ps. Lina Ritter), * Neudorf/ Els. 15.VIII.88; † Freiburg i. Br. 22.II.81.

Prätorius, Heinz, s. Stradal, Otto.

Prill verh. Schwantes, Vera (Ps. C. Rode, Rilas); † lt PV.

Prugel, Gisela, * Görlitz 20.II.08; † Aidlingen/Württ. 30.X.82.

Pscheidl, Josef (Ps. Webersepp), * Gutwasser/Böhmen 15.X.04; † Regen/Bayer. Wald 21.II.82.

Radvanyi geb. Reiling, Netty, s. Seghers, Anna.

Rechel-Mertens, Eva, * Perleberg 7.III.95; † Heidelberg 12.X.81.

Rechnitz, Wilhelm, * Cottbus 24.X.99; † Brisbane/Austral. 14.II.79.

Rehn, Jens, s. Luther, Otto.

Rehwinkel, Edmund, * Westercelle, Kr. Celle 28.I.99; † Celle 2.II.77.

Reichert, Wilhelm (Ps. Willy R. Reichert, Michael Murr), * Bimbach, Kr. Kitzingen 27.VIII.24; † Nürnberg 17.VIII.82.

Reichert, Willy R., s. Reichert, Wilhelm.

Reifenberg, Elise, s. Tergit, Gabriele.

Reindl, Ludwig Emanuel, * Brunnthal/ Obb. 16.II.99; † Konstanz 4.VI.83.

Reinhardt, Karl, * Hungen/Hess. 26.I.95; † Hungen/Hess. 24.VII.80.

Reinke, Elisabeth, * Hemmelsbühren b. Cloppenburg/O. 11.VIII.82; † Vechta/ O. 26.III.81.

Reisch, Walter, * Wien 23.V.03; † Los Angeles 28.III.83.

Ret, Joachim, * Chemnitz, Sa. 26.XII.13; † Berlin(Ost) 20.II.83.

Rheinschmidt, Georg, * Frankfurt/M. 14.II.97; † Marxzell/Albtal, Baden 23.IV.81.

von Richthofen, Bolko Frhr (Ps. William Hewett Elk), * Mertschütz, Kr. Liegnitz/Schles. 13.IX.99; † Seehausen a. Staffelsee zw. d. 18.III. u. 20.X.83.

Rie, Robert, * Wien 28.XI.04; † Fredonia/ N.Y., USA 18.IV.81.

Riepe, Christian, * Osnabrück 5.II.05; † Osnabrück 8.IV.82.

Rieple, Max, * Donaueschingen 13.II.02; † Donaueschingen 16.I.81.

Rilas, s. Prill, Vera.

Rilla, Walter, * Neunkrichen/Saar 22.VIII.99; † Rosenheim 21.XI.80.

Rinecker, Wolfgang, * Bürden 23.III.31; † Meiningen/Thür. 20.X.82.

Rinke, Leo, * Bleischwitz, Kr. Leobschütz/Os. 18.IV.98; † lt PV.

Ritter, Lina, s. Potyka, Lin..

Robert, Mäti, s. Robert, Marielis.

Robert geb. Hoberg, Marielis (Ps. Marielis Hoberg, Mäti Robert), * Osnabrück 4.IV.09; † Saarbrücken 6.X.80.

Roch, Herbert, * Penzig/OL. 30.XII.07; † Lübeck 30.III.78.

Rocholl, Rudolf, * Düsseldorf 26.IV.25; † Berlin(West) 2.IV.82.

Rocholl, Theodor, * Düsseldorf 29.VII.91; † Berlin(West) 8.X.78.

Rode, C., s. Prill, Vera.

Rössler, Clemens Conrad (Ps. Clemens Conrad, Conny), * Bromberg 21.II.96; † Marburg/L. 26.VIII.80.

Rohde-Liebenau, Alix Monica, * St. Petersburg 2.X.96; † Berlin(West) 23.VI.82.

Rohr, Wolf Detlef, * Breslau 30.VII.28; † Augsburg 26.V.81.

Rohrbeck, Fritz, * Berlin 17.I.09; † Garmisch-Partenkirchen 12.XII.77.

Rosdorff, Hans-Otto, * Bündheim/ Braunschweig 13.IX.01; † Bad Harzburg 18.I.79.

Rose, Heinrich, * Berlin 12.IV.04; † Berlin(West) 11.X.80.

Rossa, s. Rothenburg, Walter.

Roth, Susi, * München 20.IV.04; † München 29.VI.80.

Rothenburg, Walter (Ps. Wero, Rossa), * Hamburg 28.XII.89; † Hamburg 10.III.75.

Rotter, Felicie, * Gmunden/ObÖst. 10.VI.16; † Salzburg 28.XII.82.

Rückardt, Ida, * Moskau 27.III.84; † Stuttgart 3.X.82.

Rukschcio, Gertrud, * Wien 25.V.10; † Rhodos 30.IV.79.

Sabais, Heinz-Winfried, * Breslau 1.IV.22; † Darmstadt 11.III.81.

Sacher, Friedrich, * Wieselburg/Erlauf, NdÖst. 10.IX.99; † Wien 22.XI.82.

Sapper, Theodor, * Feldbach 16.IX.05; † Wien 1.X.82.

Schade, Horst, * Dresden 12.II.06; † Jerusalem 17.II.82.

Schäfer, Walter Erich, * Hemmingen/ Württ. 16.III.01; † Stuttgart 28.XII.81.

Schaeffner, Georg, s. Kolatschewsky, Valerius.

Schaller, Rudolf, * Halle/S. 16.VIII.91; † Schwerin/Mecklenburg 25.III.84.

Schanze, Carl, s. Mandelartz, Carl.

Schaper, Edzard, * Ostrowo/Posen 30.IX.08; † Bern 29.I.84.

Scharnke, Reinhold (Ps. Eres), * Berlin 26.V.99; † Kuppenheim b. Baden-Baden 6.III.83.

Scheiner, Maria, s. Kern, Karl Richard.

Schenck zu Schweinsberg, Clotilde, * Frankfurt a.M. 5.II.09; † Marburg/L. 13.X.80.

Schiel, Hubert, * Engen, Kr. Konstanz 24.II.98; † Trier 7.III.83.

Schiffers, Heinrich, * Aachen 28.IX.01; † Köln 20.XII.82.

Schilling, Helmut, * Bern 28.VIII.06; † Bern 11.II.84.

Schilling, Wilfried, * Stuttgart 8.XII.19; † Oggebbio/Novara, Ital. 6.IX.82.

Schleicher, Irene, s. Hochrein-Schleicher, Irene.

Schlö, s. Schlötelburg, Horst.

Schlötelburg, Horst (Ps. Schlö), * Wilhelmshaven 15.I.31; † München 24.XI.82.

Schmid, Werner, * Zollikon b. Zürich 6.XI.98; † Zürich 29.IV.81.

Schmidberger, Mini (Wilhelmine),
* München 6.X.97; † Gräfelfing/
Würmtal 10.IV.81.

Schmidt, Hans Christian (Ps. Hans
Eigner, Hans Schmidt-Gorsblock),
* Lügumkloster/Dänemark 14.IX.89;
† Lügumkloster/Dänemark 18.III.82.

Schmidt, Leopold, * Wien 15.III.12;
† Wien 12.XII.81.

Schmidt-Gorsblock, Hans Christian, s.
Schmidt, Hans Christian.

Schmit, Jean-Willibrord (Ps. Christoph
Klausener), * Echternach/Luxemburg
30.XII.17; † Weilerbach b. Echternach/
Lxbg 28.VIII.82.

Schneider, Franz Joseph,
* Aschaffenburg 3.III.12; † Frankfurt
a.M. 13.III.84.

Schneider, Karl Ludwig, * Hamburg
25.IX.19; † Hamburg 9.VII.81.

Schneider, Ruth, * Brieg, Bez. Breslau
16.II.09; † Bad Langensalza/Sa.
4.IX.81.

Schnell, Erwin, * Kronstadt/Sieben-
bürgen 21.X.85; † lt PV.

Schnell, Hugo, * München 15.III.04;
† Lindenberg/Allg. 29.XII.81.

Schnitzler, Theodor, * Düsseldorf
1.IV.10; † Meerbusch 28.VIII.82.

Schöler, Ellen, * Berlin 16.VI.03;
† Nürtingen/Württ. 28.II.84.

von Schoeller, Philipp (Ps. Philipp
Freihofer), * Gro Czakowitz b. Prag
4.I.92; † Salzburg 8.VI.77.

Schönebeck, Erich, * Berlin 28.12.84;
† Berlin(Ost) 8.IV.82.

Schönrock, Hans, * Hamburg 8.VII.02;
† Boizenburg/Elbe, DDR 7.IX.82.

Schönwald-Schneider, Margarethe,
* Porto Alegre/Rio Grande do Sul/
Bras. 1.III.92; † Porto Alegre/Rio
Grande do Sul/Bras. 28.X.81.

Scholz, Walter, * Spremberg/Ndlaus.
11.VI.11; † Inning/Ammersee
24.XII.82.

Scholz-Gauers geb. Strauch, Margarete
Julia Hedwig, * Baucke, Kr. Neisse/
Schles. 20.IV.00; † Hannover 21.X.82.

Schräpel, Johannes, * Eschershausen,
Kr. Holzminden 25.IV.99; † Hannover
27.I.82.

von Schramm, Wilhelm Ritter,
* München 20.IV.98; † Prien/
Chiemsee 27.XII.83.

Schrey, Kurt, * Waldniel/Ndrh. 9.VII.92;
† Köln 19.I.79.

Schricke, Bruno (Ps. Iseke),
* Wattenscheid/Westf. 13.III.09; † Bad
Driburg 16.IX.79.

Schriefer, Werner, * Friedrichstadt/
Eider 17.V.00; † Glückstadt/Elbe
8.V.81.

Schroers, Rolf, * Neuß/Rh. 10.X.19;
† Altenberge b. Münster 8.V.81.

Schröter, Karl Heinz, * Berlin 12.I.36;
† Berlin(West) 10.IV.83.

Schubert-Christaller, Else, * Berneck/
Württ. 29.X.91; † Jugenheim/Bergstr.
28.XI.82.

Schürch, Gertrud, * Bern 30.VI.16;
† Bern 5.XI.79.

Schürmann, Wilhelm August, * Vlotho/
Weser 14.III.10; † Barntrup/Lippe.

Schultz, Margarete, * Moskau 18.VIII.00;
† Heilbad Heiligenstadt/DDR 22.X.81.

Schumann, Otto, * Hannover 7.VI.97;
† Bayreuth 15.VI.81.

Schumann, Werner, * Soldin/Neumark
2.X.98; † Hannover 13.XI.82.

Schwarz, K.H., s. Schwarz-Vanwakeren,
Karl Hermann.

Schwarz, Ludwig (Ps. Uwe Peters, Hans
Neufelder, Michl Gradaus), * Dolatz/
Rum. 22.VIII.25; † Bukarest 3.VII.81.

Schwarz-Vanwakeren, Karl Hermann
(Ps. K.H. Schwarz), * Wien 6.VII.01;
† Zollikerberg, Kt. Zürich 31.I.83.

Schwemer, Hermann, * Frankfurt a.M.
11.VI.05; † Fritzlar 4.XII.77.

Schwengeler, Arnold, * Winterthur/
Schweiz 5.V.06; † Bern 25.V.81.

Schwerin von Krosigk, Lutz Graf,
* Rathmannsdorf/Anh. 22.VIII.87;
† Essen 4.III.77.

Scurla, Herbert (Ps. Karl Leutner, K. Th.
Lysander), * Kleinräschen/NL.
21.IV.05; † Kolkwitz/NL. 7.IV.81.

von Seckendorff-Aberdar, Mary Gräfin,
* Hannover 30.VII.13; † Bad
Windsheim/Bay. 25.I.81.

Seghers, Anna (Ps. f. Netty Radvanyi
geb. Reiling), * Mainz 19.XI.00;
† Berlin(Ost) 1.VI.83.

Seidelmann, Karl, * Augsburg 9.VII.99;
† Marburg/L. 30.III.79.

Seidmann, Otto, * Czernowitz 7.V.10;
† Bukarest VII.81.

Seifert, Josef, * Komotau/Sudeten
8.IV.18; † Ingolstadt 31.VIII.81.

Siebenbrodt, Annemarie, * Krevese/
Altmark 13.II.99; † Neustadt/Weinstr.
12.XI.81.

Siegmund, Günther, * Hamburg 16.V.27;
† Malcesine/Ital. 20.V.81.

Smith, Amy (Ps. Gesa Anderson),
* Hamburg 14.VIII.91; † Berlin(West)
9.XII.81.

Soschka, Cyrill, * Nikolsburg/
Südmähren 28.IX.94; † Berlin(West)
24.X.81.

Sperber, Manès, * Zablotow/Ostgalzien
12.XII.05; † Paris 5.II.84.

Springenschmid, Karl, * Innsbruck
19.III.97; † Salzburg 5.III.81.

Springer, Fritz, * Heilbronn 9.I.06;
† Lauffen/Neckar 6.VII.81.

Stamm, Magdalene, * Rappin/Livland
2.VI.80; † München 10.IV.81.

Stange, Magdalene (Ps. M. Stange-
Freerks), * Hamburg 31.III.86;
† Deutsch Evern b. Lüneburg 21.IV.82.

Stange-Freerks, M., s. Stange,
Magdalene.

Stargaard, Herbert G. (Ps. Gabriel
Bretone), * Großpostwitz/Bautzen
11.VI.10; † Berlin(West) 7.IV.82.

Stein, Günther, * Dessau 8.IV.22;
† Oranienburg/Anh. 19.XII.82.

Stein, Otto (Ps. O. Fels), * Wien 11.X.02;
† Wien 29.XII.81.

Stephan, Hanna, * Dramburg/Pomm.
2.VI.02; † Osterode am Harz 12.IV.80.

Stephan, Karl, * Langensalza/Sa.
9.IV.91; † Amorbach/Bay. 5.XI.81.

Sterne, Bill, s. Leibl, Ernst.

Sterneder, Hans, * Eggendorf/NdÖst.
7.II.89; † Bregenz/Öst. 24.III.81.

von Stettendorf, Jacoba, s. Hofmiller,
Hulda.

Steuben, Fritz, s. Wittek, Erhard.

Stier, Helmut, * Eschelbronn, Kr.
Heidelberg 27.V.13; † Pirmasens
2.XI.80.

Stockmeyer, Edmund (Ps. Fred Alten),
* Hamburg 4.III.13; † Basel 22.V.81.

Storch, Franz (Ps. Renate Herbert),
* Timişoara 11.IX.27; † Bukarest
6.VI.82.

Storz, Gerhard (Ps. Georg Leitenberger),
* Rottenacker/Württ. 19.VIII.98;
† Leonberg/Württ. 30.VIII.83.

Stradal, Otto (Ps. Heinz Prätorius,
Ostra), * Wien 12.III.11; † Wien
7.XII.82.

Straub, Wilhelm, * Mannheim 28.III.01;
† lt PV.

Strohm, Egon, * Trossingenn/Württ.
24.X.04; † Berlin(West) 2.V.83.

Struma, Johannes, s. Kropf, Johannes.

Stucki, Lorenz, * Bern 22.XII.22;
† Lugano 11.IV.81.

Stummer, Josef Viktor, * Linz 22.II.10;
† Linz 19.II.81.

Sydow, Kurt, * Stettin 6.VI.08;
† Osnabrück 7.VI.81.

Tanck, Fritz, * Friedrichsruhe, Kr.
Parchim 29.III.22; † Demmin/DDR
29.II.80.

Tappe, Walter, * Hannover 26.I.02;
† Berlin(West) 29.XII.82.

Tazitus, Ws. s. Karell, Viktor.

Teller, Charles, * Wasseralfingen/Württ.
12.X.27; † Augsburg 30.V.81.

Tenschert, Walter, * Magdeburg 6.XI.05;
† Hannover 9.II.81.

Tergit, Gabriele (Ps. f. Elise Reifenberg),
* Berlin 4.III.94; † London 25.VII.82.

Tesch, Hans, * Strasburg/Uckermark
23.I.18; † Gistenbeck/Nds. 16.X.80.

Thebis, Hilde (Ps. Hilde Frick), * Punitz,
Kr. Samter/Posen 23.VIII.96;
† Berlin(West) 13.V.81.

Theorien, Alfons, s. Ewert, Malte-
Hubert.

Thurmair, Georg (Ps. Thomas
Klausner), * München 7.II.09;
† München 20.I.84.

Thyrolf, Guido, s. Göttig, Willy Werner.

Tillmann, Curt, * Mannheim 23.X.94;
† Mannheim 13.VIII.81.

Tinzmann, Julius, * Berlin 4.IV.07;
† Berlin(West) 20.IV.82.

Tjadens, Herbert, * Elberfeld/Wupper 2.X.97; † Baden-Baden 25.XI.81.

Tkaczyk, Wilhelm, * Hindenburg/OS. 27.II.07; † Berlin(Ost) 2.XII.82.

von Törne, Volker, * Quedlinburg/Sa. 14.III.34; † Münster 30.XII.80.

de Tolnay, Anna Marie (Ps. Nigi vo Koenig), * Bremen 12.IV.06; † München 8.VIII.82.

von Tramin, Peter, s. von Tschugguel zu Tramin, Peter Richard Oswald Frhr..

Trauner, Richard, * Wien 27.VIII.00; † Graz 31.V.80.

Trebesius, Alfred, * Hallee/S. 1.VII.09; † Hamburg 16.VII.83.

Trobisch, Walter, * Leipzig 29.XI.23; † St. Georgen i. Attergau/Öst. 13.X.79.

von Tschugguel zu Tramin, Peter Richard Oswald Frhr (Ps. Peter von Tramin), * Wien 9.V.32; † Wien 14.VII.81.

Uetrecht, Fred Erich (Ps. Gert Wings), * Leipzig 11.III.09; † Feldafing/Bay. 26.XII.80.

Uhde, Gerhard, * Thorn/Weichsel 7.VIII.02; † Heidenheim/Brenz 7.VIII.80.

Urbach, Ilse, * Berlin 20.I.12; † Berlin(West) 16.X.81.

Usinger, Fritz, * Friedberg/Hess. 5.III.95; † Friedberg/Hess. 9.XII.82.

Utta, August Heinrich, * Grenzfelde, Kr. Kreuzburg/OS. 20.IX.88; † Heilbronn 28.X.79.

Valentin, Thomas, * Weilburg/L. 13.I.22; † Lippstadt 22.XII.80.

Valtna, Ats, s. Helms, Karl Heinrich.

Vielhaber, Gerd, * Berlin 28.VIII.08; † Düsseldorf 23.I.83.

Vogt, Hans (Ps. Johannes von der Erlau), * Wurlitz/Fichtelgeb. 25.IX.90; † Passau 4.XII.79.

Volbehr, Walter, * Kronshagen b. Kiel 8.XI.04; † Kiel 25.IX.82.

von Volkgraf, Mona, s. Volkmann, Horst Rolf.

Volkmann, Horst Rolf (Ps. Fred von Wolff, Agnes Wolff, Theo Fritz, Mona von Volkgraf), * Berlin 27.V.13; † Bad Münstereifel 22.X.81.

Vontin, Walther, * Hamburg 7.VII.99; † Hamburg 18.V.81.

Waas, Emil; † VII.81.

Waerland geb. Langenskiöld, Ebba (Ps. Margit Lavoni, Margit Lang, Ebba Langenskiöld-Hoffmann), * Stockholm 15.X.97; † Seewis-Dorf/ Schweiz 29.VI.81.

Walker, H.K., s. Kappler, Hanns-Walter.

Wannske, Magdalene, * Gütersloh/ Westf. 3.X.91; † Hannover 4.III.81.

Wassermann, Charles, * Wien 21.II.24; † Altaussee/Stmk, Öst. 1.V.78.

Weber, Jakob, * Köln-Mülheim 5.I.92; † Berlin(Ost) 7.III.79.

Webersepp, s. Pscheidl, Josef.

Wegner, Paul, * Flatow/Westpr. 26.IX.87; † Bad Saarow/DDR 10.IV.65.

von Weigerth, Aladár, * Budapest 13.X.93; † Ottersweiler/Bad. 6.VIII.82.

Weiß, Hansgerd (Ps. Hans Gerhard), * Celle 7.V.02; † Capri 22.V.82.

Weiss, Peter, * Nowawes, Kr. Potsdam 8.XI.16; † Stockholm 10.V.82.

von Weissenfeld, Curt, s. Möller, Walter.

Wendt, Ortrud, s. Freye-Wendt, Ortrud.

Wengen-Berger, K., s. Kappler, Hanns-Walter.

Wernau, s. Pfister, Andreas.

Wero, s. Rothenburg, Walter.

Werth, Emma (Ps. E. Krell-Werth), * Stuttgart 2.III.06; † Dornach, Kt. Solothurn 22.VIII.81.

Widborg, Michael, s. Leukefeld, Peter.

Wiebe, Philipp, s. Kunz, Ernst-Adolf.

Wien, Alfred, * Königsberg/Ostpr. 9.III.87; † Stuttgart 6.IV.82.

Wiens, Paul, * Königsberg/Ostpr. 17.VIII.22; † Berlin(Ost) 6.IV.82.

Wildhagen, Eduard, * Fallersleben, Kr. Gifhorn/Nds. 15.XI.90; † Hamburg 8.VIII.77.

Will, Ruth, s. Glaser, Martha.

Willam, Franz Michel, * Schoppernau/ Vorarlb. 14.VI.94; † Andelsbuch/ Vorarlb. 18.I.81.

Wings, Gert, s. Uetrecht, Fred Erich.

Winkel, Wilhelm, * Hannover 13.III.93;
† Hannover 22.XII.80.

Witkojc, Mina, * Burg/Spreewald
28.V.93; † Papitz, Kr. Cottbus/Land
11.XI.75.

Witt, Herbert, * Birkenstein/Ostpr.
20.X.00; † München 30.I.80.

Wittek, Erhard (Ps. Fritz Steuben),
* Wongrowitz/Posen 3.XII.98;
† Pinneberg/Holst. 4.VI.81.

Wolff, Agnes, s. Volkmann, Horst Rolf.

von Wolff, Fred, s. Volkmann, Horst
Wolf.

Wolfgang, Otto, * Wien 16.IV.98;
† London 20.IX.80.

Wüst, Heinrich, * Speyer/Rh. 29.V.05;
† München 28.X.81.

Wuttig, Heinz Oskar, * Berlin 19.VII.07;
† Berlin(West) 12.III.84.

Zador, Heinrich, * Budapest 24.VI.05;
† Bnej-Brak/Israel X.81.

Zander, Wolfgang, * Langenbielau/
Schles. 9.VI.34; † Münster/Westf.
10.VII.82.

Zeleny, Walter, * Wien 21.XI.00; † Wien
11.XI.80.

Zelle, Friedrich, * Hadersdorf/NdÖst.
18.VII.98; † Landeck/Tirol 25.IV.80.

Zentner, Wilhelm, * Pforzheim 21.I.93;
† München 7.III.82.

Ziegler, Hans-Severus, * Eisenach/Thür.
13.X.93; † Bayreuth 1.V.78.

Zierer, Otto, * Bamberg 8.V.09;
† Gröbenzell/Obb. 15.III.83.

Zimmermann, Werner, * Lyß, Kt. Bern
21.VI.93; † Ringgenberg b. Interlaken,
Kt. Bern 29.VIII.82.

FESTKALENDER

50., 60., 65., 70., 75., 80., 85., 90., 95., 100. Geburtstage
(Die Zahlen vor dem Namen geben das Datum des Geburtstages an,
die Ziffer nach dem Namen nennt die Zahl der erreichten Lebensjahre)

1984

1. 1.	Herbert Schauer 60
2. 1.	Robert Dexter............. 75
2. 1.	Hanna Höck 60
3. 1.	Herta Blaukopf............. 60
3. 1.	Hans Guggenbühl 60
4. 1.	Hellmuth Karasek........... 50
5. 1.	Franz Zhernotta............. 75
6. 1.	Rosl Schairer-Engelhardt 65
7. 1.	Ernest Bingen 80
7. 1.	Gisa Burkert................ 70
7. 1.	Brunhilde Dähn............. 65
7. 1.	Rudolf Hrstka............... 65
8. 1.	Christine Leistner 50
8. 1.	Marie Schrader 50
10. 1.	Axel Eggebrecht............. 85
10. 1.	Rudolf Wetzel............... 75
11. 1.	Klaus Colberg............... 65
11. 1.	Gerda Göritz................ 70
11. 1.	Hermann Homann 85
11. 1.	Fred Schmitz 65
12. 1.	Josef Bauer................. 50
12. 1.	Erich Geiger 60
12. 1.	Barbara Hug................ 65
12. 1.	Anton Pachelhofer........... 80
12. 1.	Erna Röhnisch.............. 75
13. 1.	Wolfgang Kraus 60
14. 1.	Ernst Günther Bleisch 70
15. 1.	Agnes Filk-Nagelschmitz..... 60
15. 1.	Gerhard Harkenthal 70
15. 1.	Ernst Holler 85
15. 1.	Oskar Matthiesen 90
16. 1.	Fritz Drobe 75
16. 1.	Jutta Meyer................. 50
16. 1.	Rudolf Wyss 75
17. 1.	Friedrich Böer 80
17. 1.	Elisabeth Hering 75
18. 1.	Martin Anger 70
18. 1.	Friedrich W. Buri............ 65
18. 1.	Karl Kossert................ 70
18. 1.	Felicitas von Reznicek 80
19. 1.	Friedl Kauer................ 60
19. 1.	Walter Kaufmann 60
20. 1.	Josef Ilmberger 85
21. 1.	Hans-Joachim Backhaus 60
21. 1.	Klemens Bellmann 65
21. 1.	Anne Ocker................. 50
21. 1.	Gerhard Schäke............. 80
21. 1.	Walter Schneider............ 60
21. 1.	Bernhard Sieper 75
22. 1.	Herbert Freeden 75
22. 1.	Herbert Metzger 60
22. 1.	Evemarie Siebecke-Giese..... 65
22. 1.	Lili Weinberger 70
23. 1.	Hans Hass.................. 65
23. 1.	Margareta Hudig-Frey 90
23. 1.	Erika M. Kuenster........... 75
23. 1.	Josef Lukas................. 85
23. 1.	Karl Schlechta 80
23. 1.	Gertrud Zimmermann 70
24. 1.	Conrad Kayser.............. 85
24. 1.	Lori Ludwig-Krause 60
25. 1.	Heinz Senkbeil.............. 50
26. 1.	Lothar Meyer............... 60
26. 1.	Leo Johann Weber........... 60
27. 1.	Hermann Misteli 80
28. 1.	Jürgen Brinkmann 50
28. 1.	Victor Delcourt.............. 65
28. 1.	Hans von Oettingen 65
28. 1.	Herbert Alexander Stützer ... 75
29. 1.	Günther Jarosch 70
30. 1.	Hildegard Wais.............. 75
31. 1.	Fritz Böttger................ 75
31. 1.	Marlise Müller 60
1. 2.	Eberhard Cyran 70
1. 2.	Eberhard Horst 60
2. 2.	Jaro Astl 90
2. 2.	Anton Jatsch................ 75
2. 2.	Günther Rücker............. 60
2. 2.	Hansrudolf Schwabe......... 60
3. 2.	Edith Krispien 60
3. 2.	Per Schwenzen.............. 85
3. 2.	Karl Skala.................. 60
4. 2.	Alard von Schack........... 70
5. 2.	Karl Cajka.................. 85
5. 2.	Leo Ermann 85
5. 2.	Margarete Frankenschwerth.. 90
5. 2.	Josef Serlath................ 80
6. 2.	Josef Grafeneder 50
6. 2.	Markus Joachim Tidick 75
6. 2.	Karl-Heinz Weise............ 60
7. 2.	Richard Errell............... 85
7. 2.	Rosel Kirchhoff 60
7. 2.	Rolf Mörschel............... 60
7. 2.	Gertrud Sternberg........... 85
8. 2.	Peter Berglar 65
8. 2.	Hugo Blessenohl 70
8. 2.	Werner P. Roell 70
8. 2.	Kurt Schulze-Berka 75
9. 2.	Rudolf Steinmetz............ 60
9. 2.	Aline Valangin 95
10. 2.	Edmund Josef Bendl......... 70
10. 2.	Franz Büchler............... 80
10. 2.	Brunhilde Käfer............. 65
11. 2.	Wolfhart Klee............... 75
12. 2.	Fritz Brunner 85
12. 2.	Helmut Christmann 60
12. 2.	Paul Klahn 60
12. 2.	Eduard Stäuble 60

13. 2. Max Kaindl-Hönig........... 65
14. 2. Erich Fries 60
15. 2. Harry Baginski.............. 70
15. 2. Kurt Blaukopf 70
16. 2. Werner Gnüchtel 60
16. 2. Friedrich Herneck........... 75
16. 2. Alexander Hoyer 70
16. 2. Anna Kneubühler-Fessler 80
16. 2. Dietrich Metka.............. 50
16. 2. Hugo Wiener................ 80
17. 2. Karl Fuchs 80
17. 2. Hans Christian Kirsch 50
18. 2. Elisabeth Amort............. 60
18. 2. Manfred Grunert............ 50
18. 2. Berthold Leinweber 85
18. 2. Klaus Baron von der Osten-
         Sacken..................... 65
18. 2. Gerhard Scherfling.......... 65
18. 2. Peter Zeindler 50
19. 2. Gerhard Friede.............. 50
19. 2. Karlludwig Opitz 70
19. 2. Herbert Rosendorfer......... 50
20. 2. Erwin Heimann.............. 75
20. 2. Heinz Knappe............... 60
20. 2. Franz Ringseis.............. 65
20. 2. Kurt Wölflingseder 50
21. 2. Hans Erni 75
21. 2. Georg Grabenhorst.......... 85
21. 2. Willi Hostrup 85
21. 2. Walter Loos................. 75
21. 2. Ernst August Meinhardt 60
23. 2. Fritz Beuer 65
23. 2. Hans Diplich................ 75
23. 2. Carol Petersen 70
24. 2. Heinrich Härtle 75
24. 2. Erich Pawlu 50
24. 2. Sita Anna Christine Steen.... 65
24. 2. Ernst Steiner 60
25. 2. Manfred Barthel 60
26. 2. Waldemar Dege 50
26. 2. Willy Miksch................ 80
26. 2. Erna Morkepütz-Roos........ 60
27. 2. Otto Borger................. 80
27. 2. Josef Maria Camenzind 80
27. 2. Hans-Joachim Friederici 65
27. 2. Martin Selber 60
27. 2. Ellin Siemers-Feyerabend.... 60
27. 2. Ferdinand Tönne............ 80
28. 2. Max Schäfer 60
28. 2. Bodo Schulenburg........... 50
29. 2. Walther Nowotny............ 60
29. 2. Otto Roland................. 80
 1. 3. René Gardi 75
 1. 3. Josef Lettenmair 85
 1. 3. Elisabeth Maurer............ 70
 2. 3. Anna-Halja Horbatsch 60
 2. 3. Ernst G. Pinkpank........... 65
 2. 3. Johanna Schuchter 100
 3. 3. Erni Friedmann............. 65
 3. 3. Alfred Friesecke............. 80
 3. 3. Conrad Klatt................ 80
 3. 3. Max-Peter Maass............ 80
 3. 3. Richard Schweem 70

 3. 3. Alexander Witeschnik........ 75
 3. 3. Hans Zweidler 75
 4. 3. Hans Günter Hauffe 80
 4. 3. Zita Ladwig................. 65
 4. 3. Klaus Motschmann 50
 5. 3. Dorothea Renata Budniok.... 65
 5. 3. Horst Büngener 50
 5. 3. Otto Frei 60
 5. 3. Dietegen Stickelberger....... 70
 7. 3. Armin Ayren................ 50
 7. 3. Margarete Dierks............ 70
 7. 3. Franz Faßbind 65
 7. 3. Wilhelm Joost............... 85
 7. 3. Rudolf Schlabach............ 60
 8. 3. Rudolf Alberer.............. 65
 8. 3. Hedwig Bienkowski-Andersson
                                  80
 8. 3. Gudrun Hoffmann........... 60
 8. 3. Klaus Mahn 50
 8. 3. Joseph Niederehe 80
 8. 3. Max Vandrey 75
 9. 3. Dietmar Grieser............. 50
 9. 3. Ernst Nägeli 65
10. 3. Karl Friebe 80
10. 3. Gerhard Hermes 75
10. 3. Rudolf Treichler............. 75
11. 3. Martha Elisabeth Schilling ... 80
12. 3. Herbert Berger.............. 65
12. 3. Helene Lavagnino-Jacky 80
12. 3. Wolfgang Schreckenbach..... 80
12. 3. Christof Wehking............ 60
12. 3. Herbert Wotte............... 75
13. 3. Eleonora Berger............. 65
13. 3. Hans Josef Mundt........... 70
13. 3. Hasso Stachow.............. 60
13. 3. Gertrud Stephani............ 70
14. 3. Wilma Bartaschek........... 70
14. 3. Heinz Günther 70
14. 3. Otto Hofmann-Wellenhof..... 75
15. 3. Bernhard von Arx........... 60
15. 3. Lieselotte Bessert 70
15. 3. Fritz Isterling............... 60
16. 3. Gertrud Albrecht............ 75
16. 3. Wolfgang von Eichborn 75
16. 3. Erich Lifka 60
17. 3. Marianne Böck.............. 70
17. 3. Alphons Hämmerle........... 65
17. 3. Günter Hofé 70
17. 3. Jakob Mändli 75
18. 3. Irmgard Mertens-Apitzsch.... 50
19. 3. Horst Pirwitz 65
19. 3. Josef Zihlmann 70
20. 3. Horst Cornelsen............. 75
20. 3. Walter Radzioch............. 75
21. 3. Maria Konfino-Drittenbass... 65
21. 3. Myrsini Wienholtz........... 50
22. 3. Michael Hamburger 60
22. 3. Hans Krause................ 60
23. 3. Ingeborg Guadagna.......... 70
23. 3. Adolf Schwarzenberg 75
23. 3. Armin Stolper............... 50
24. 3. Albin Fringeli............... 85
24. 3. Ernst Hammer............... 60

24. 3.	Doris Stepperger-Raila	70
24. 3.	Hertha Trappe	80
25. 3.	Oly Winkler-Sölm	75
26. 3.	Friedrich Ackermann	70
26. 3.	Franz Berndal	85
26. 3.	Fritz Hockenjos	75
26. 3.	Bruno Moser	75
26. 3.	Lore Scherb	60
27. 3.	Paul Ernst Rattelmüller	60
29. 3.	Stephan Reimund Senge	50
30. 3.	Karlheinz Arnold	65
30. 3.	Urs Oberlin	65
30. 3.	Heinz Georg Podehl	65
30. 3.	Christian Schölnast	80
31. 3.	Karl Greifenstein	65
31. 3.	Karl Ipser	70
31. 3.	Hans Georg Jaekel	70
31. 3.	Wilma Klevinghaus	60
31. 3.	Anna Krommer	60
1. 4.	Willi Meinck	70
1. 4.	Alexander von Steinmeister	85
1. 4.	Johannes Baptist Waas	80
1. 4.	Gerd Zenkel	50
2. 4.	Wolfgang Beutin	50
2. 4.	Bodo Kochanowski	65
2. 4.	Rudolf Lange	70
2. 4.	Jürgen Petersen	75
3. 4.	Hermann Albert	75
4. 4.	Walter Hansen	50
4. 4.	Willi H. Pieper	80
5. 4.	Charlotte Böhler-Mueller	60
5. 4.	Anne Geelhaar	70
5. 4.	Armin Jüngling	75
5. 4.	Hans-Jochen Kehrl	80
6. 4.	Rudolf Beissel	90
6. 4.	Helmut Müller	60
6. 4.	Helmut Swoboda	60
6. 4.	Karl-Heinrich Wiemer	50
7. 4.	John Eppler	70
7. 4.	Robert Pilchowski	75
7. 4.	Hilde Rubinstein	80
7. 4.	Anneliese Schumann	65
7. 4.	Johannes Mario Simmel	60
8. 4.	Renate Lerbs-Lienau	70
8. 4.	Fritz P. Molden	60
9. 4.	Heinz Markstein	60
9. 4.	Ernst Romann	60
9. 4.	Werner Tilger	60
10. 4.	Helmut Junker	50
10. 4.	Joseph Maurer	70
10. 4.	Wolfgang Menge	60
11. 4.	Adolf Prietz	85
11. 4.	Maria Schwauß	95
12. 4.	Ilse Altstadt	60
12. 4.	Gerhard Maier	70
12. 4.	Marte Petry	70
12. 4.	Walter Schmiele	75
13. 4.	Friedhold Bauer	50
14. 4.	Konrad Gerescher	50
14. 4.	Eberhard Hiob	70
14. 4.	Hans Roden	80
15. 4.	Hans Kinkel	75
16. 4.	Annelies Schulz	50

18. 4.	Jürgen Borchers	50
18. 4.	Mathilde Tanner	70
19. 4.	Helmut Domke	70
19. 4.	Anna-Gerta Hauch	50
19. 4.	Wilhelm Kohlhaas	85
19. 4.	Erwin Thiemer	75
20. 4.	Elisabeth Dreisbach	80
20. 4.	Dorothea Holzinger	75
20. 4.	Hanna Schachenmeier	90
21. 4.	Ernst Richard Altmann	60
21. 4.	Georg Drozdowski	85
21. 4.	Richard Gäng	85
21. 4.	Ingeborg von Gustedt	85
21. 4.	Gerhard Kiefel	60
21. 4.	Egon Machat	70
21. 4.	Jakob Wolf	70
22. 4.	Hans Baumann	70
22. 4.	Waltraut Henschel	70
23. 4.	Wilhelm Binder	75
23. 4.	Christa König	60
23. 4.	Wilhelm Marzinek	60
23. 4.	Amanda Schäfer	90
23. 4.	Silja Walter	65
24. 4.	Bernhard Grzimek	75
24. 4.	Fritz Heinrich Ryssel	70
25. 4.	Fritz Josef Berthold	75
25. 4.	Joachim Lindner	60
25. 4.	Grace Rasp-Nuri	85
25. 4.	Gerhard Webersinn	80
26. 4.	Kurt Wagenseil	80
29. 4.	Egon Coy	70
29. 4.	Herbert Kühn	75
30. 4.	Walter Redeker	80
30. 4.	Werner Toporski	50
2. 5.	Werner von Filek-Wittinghausen	50
4. 5.	Peter Aumüller	75
4. 5.	Jakob Brütsch	65
4. 5.	Josef Pieper	80
4. 5.	Rolf Römer	75
5. 5.	Gertrud Rennollet	50
5. 5.	Walter Zrenner	70
6. 5.	Erhard Ingwersen	70
6. 5.	Wilfried Josch	70
7. 5.	Stefanie Job	75
7. 5.	Martin Kakies	90
7. 5.	Emilie van Laak	85
7. 5.	Irene Tetzlaff	75
7. 5.	Inez Wiesinger-Maggi	70
8. 5.	Robert Lucas	80
8. 5.	Siegfried Schlieter	60
8. 5.	Alfred Voigt	70
9. 5.	Karl-Otto Detlow	50
9. 5.	Hellmut Jebens	70
10. 5.	Egon H. Rakette	75
11. 5.	Ludek Pachman	60
11. 5.	Lotte Stratil-Sauer	80
12. 5.	Lore Fischer	50
13. 5.	Adolf Muschg	50
13. 5.	Gregor von Rezzori d'Arezzo	70
13. 5.	Charlotte Thomas	75
14. 5.	Helmut Bettmann	80
14. 5.	Gerhard Deesen	80

17. 8.	Ernst Kirchgässner	70
17. 8.	Margarete Riemschneider	85
18. 8.	Anna Müller-Tannewitz	85
18. 8.	Friederike Schnabl	90
19. 8.	Franz Ulrich Gass	65
19. 8.	Garleff Timcke	50
20. 8.	Ernst-Jürgen Dreyer	50
20. 8.	Friedrich Karl von Eggeling	60
20. 8.	Annemarie Fromme	75
20. 8.	Heinz Riedt	65
20. 8.	Emanuel Bernhard Schaffarczyk	70
20. 8.	Horst Scharfenberg	65
20. 8.	Arno Surminski	50
20. 8.	Fritz Wartenweiler	95
20. 8.	Heinz Weder	50
21. 8.	Manfred Jasser	75
21. 8.	Hedwig Neubacher	60
21. 8.	Traudl Seebauer	65
23. 8.	Walter Eschler	75
23. 8.	Siegfried Sommer	70
24. 8.	Franz Jantsch	75
24. 8.	Helga Schwarzbauer	65
25. 8.	Ludwig Rosenberger	90
26. 8.	Peter Göpfert	50
26. 8.	Horst Kanitz	70
26. 8.	Dino Larese	70
26. 8.	Hans Meier	70
26. 8.	Kurt Schmohl	75
27. 8.	Auguste Högler	85
27. 8.	Willi Modrow	75
28. 8.	Heinz-Ulrich Carl	60
28. 8.	Frithjof Fratzer	50
28. 8.	Siegward Kunath	50
28. 8.	Helmut Presser	70
29. 8.	Magda Hermanutz	65
30. 8.	Bertrand Alfred Egger	60
30. 8.	Christian Hallig	75
30. 8.	Günther Kressl	50
30. 8.	Fritz Sitte	60
31. 8.	Ursula Brandsch	75
1. 9.	Viktor Aschenbrenner	80
1. 9.	Reinhard Döhl	50
1. 9.	Anton Krilla	80
1. 9.	Annemarie Selinko Kristiansen	70
2. 9.	Heinrich Altherr	75
2. 9.	Theo (Theodor Stephan) Binder	60
2. 9.	Philipp Brucker	60
2. 9.	Karl-Ernst Maedel	65
2. 9.	Hildegard Ursula Christli Sieburger	70
3. 9.	Karl Pielicke	80
4. 9.	Bernhard Horstmann	65
4. 9.	Marie Hüsing	75
4. 9.	Wiebke Türcke	65
5. 9.	Albert Jenny	85
5. 9.	Johanna Jonas	70
5. 9.	Ernst Wetter	70
6. 9.	Waldemar Diedrich	65
6. 9.	Gerhard Marx-Mechler	65
7. 9.	Michael Guttenbrunner	65

7. 9.	Wolfgang Klimke	65
7. 9.	Wolfdietrich Kopelke	70
7. 9.	Hanns Schütz	60
8. 9.	Günther Grack	50
8. 9.	Wiltrud Roser	60
9. 9.	Heinrich Pleticha	60
10. 9.	Helmut Lauschke	50
10. 9.	Ernst-Günter Paris	70
10. 9.	Walter Urbanek	65
11. 9.	Kurt K. Doberer	80
11. 9.	Irmgard Plaschke	60
13. 9.	Margit Pflagner	70
14. 9.	Heinrich Bartsch	80
14. 9.	Werner Rosenthal	60
14. 9.	Hedwig Salm	95
14. 9.	Anton Zischka	80
15. 9.	Edmund Th. Kauer	85
16. 9.	Günter Skeib	65
16. 9.	Herbert Wilk	80
17. 9.	Horst Krüger	65
17. 9.	Hildegard Nagel	75
18. 9.	Wilhelmine Maria Aichbichler	80
19. 9.	Thomas Andresen	50
19. 9.	Klaus Herrmann	75
19. 9.	Nenna von Merhart	60
19. 9.	Albert Rotter	80
20. 9.	Edwin Maria Landau	80
21. 9.	Günter Goepfert	65
21. 9.	Arthur Steiner	50
22. 9.	Inge Methfessel	60
22. 9.	Hedwig Schoettes	65
22. 9.	Josef Niklaus Zehnder	70
23. 9.	Ludwig Greve	60
23. 9.	Inka von Muralt	65
24. 9.	Rudolf Diehl	60
24. 9.	Erna Kreis	85
25. 9.	Helmut Routschek	50
26. 9.	Hans-Horst Brachvogel	75
26. 9.	Guido von Kaulla	75
26. 9.	Kurt Tyrann	75
27. 9.	Robert Leo Baraniecki	70
27. 9.	Arthur Honegger	60
28. 9.	Renate Buck	75
28. 9.	Fred Rauch	75
28. 9.	Siegfried Unseld	60
28. 9.	Günther Vulpius	80
29. 9.	Hermann Reiße	75
30. 9.	Karl Hansen	85
30. 9.	Robert Skorpil	90
1.10.	Hans Schiefele	65
3.10.	Robert Breuer	75
3.10.	Rudolf Hemmerle	65
3.10.	Klara Rosenberg	85
3.10.	Konrad Werner	60
4.10.	Alfred Angerer	50
4.10.	Henri Mertz	65
4.10.	Fritz Rohrer	50
5.10.	Gerhard Chiari	75
5.10.	Ingrid Zwerenz	50
6.10.	Emil Rudolf Greulich	75
6.10.	Herbert Mühlstädt	65
6.10.	Otthinrich Müller-Ramelsloh	80
6.10.	Joachim Schickel	60

7.10.	Günther Schwab 80	29.10.	Eugen Lutz 65
8.10.	Robert Gilgien 85	29.10.	Barbara Neuhaus 60
8.10.	Heinrich Karsten 70	30.10.	Kurt Hirche 80
8.10.	Heinz Kindermann 90	30.10.	Detlef Wolff 50
8.10.	Albert von Malfer 70	31.10.	Bernhard Gramlich 75
8.10.	Marta Schwarz 75	31.10.	Georg Seidel 65
9.10.	Klaus Fröba 50	1.11.	Klaus Birkenhauer 50
9.10.	Hannelore Mishal 60	2.11.	Bodo Freiherr von Maydell ... 75
10.10.	Ingeborg Maria Engelhardt... 80	3.11.	Horst Hammitzsch 75
10.10.	Walter Reiprich 60	3.11.	Herbert Christian Nagel...... 60
11.10.	Marlene Albrecht 65	3.11.	Joachim Seyppel 65
11.10.	Robert von Radetzky 85	3.11.	Peter Spangenberg 50
12.10.	Will Berthold 60	3.11.	Rainer Maria Wallisfurth..... 65
12.10.	Ingrid Möller 50	4.11.	Aletta Eßer 50
12.10.	Elisabeth Gisela Stein-Dahlem 80	5.11.	J. Peter Dosch 70
12.10.	Paul Toaspern 80	5.11.	Gottfried Heindl 60
13.10.	Jutta Hecker 80	5.11.	Michael Meisner 80
13.10.	Anton von Lutterotti 65	5.11.	Jürgen Rühle 60
13.10.	Erwin Reitmann 75	6.11.	Cordula Bölling-Moritz....... 65
14.10.	Hildegard-Gertrud Arnold.... 60	6.11.	Barbara Heinrich............ 60
14.10.	Ilse Blumenthal 85	6.11.	Fritz Kuhne 90
14.10.	Erhard John 65	7.11.	Hans Berger 70
14.10.	Hugo Schneider 70	7.11.	Brigitte Neske 60
15.10.	Georg Grentz 70	7.11.	Joachim Schwarz 75
15.10.	Joachim Gronau............. 60	7.11.	Hans-J. Weitz 80
15.10.	Edda Janus 60	8.11.	Peter Hey 70
15.10.	Willy Lorenz 70	8.11.	Franz Schnell 65
15.10.	Hans Mehl.................. 70	9.11.	Hans Ernst 80
16.10.	Siegfried Bokelmann 65	9.11.	Hans Garbelmann 60
16.10.	Margret Herl................ 75	10.11.	Oskar Bergien 75
16.10.	Siegfried Weinhold 50	10.11.	Ruth Schirmer 65
17.10.	Florian Knobloch 60	11.11.	Paul Elbogen................ 90
17.10.	Dagmar von Mutius.......... 65	13.11.	Werner Weber............... 65
17.10.	Eva Stille.................... 50	14.11.	Heinz Binde 75
18.10.	Edmund Sonsalla............ 50	14.11.	Herbert Willi Hartebrodt..... 65
19.10.	Margaretha Pfaffenbichler ... 50	15.11.	Georg Fischer............... 85
19.10.	Angela Rozumek 80	15.11.	Dieter Lammel............... 60
20.10.	Erika (Ps.) Mahlow 75	15.11.	Wolfgang Lohmeyer 65
20.10.	Jürgen Fritz Heinz Schmidt-	15.11.	Georg Reichert............... 65
	Raven..................... 50	15.11.	Leopold Wech................ 65
21.10.	Lieselotte Dörner............ 70	16.11.	Bernhard Capesius 95
21.10.	Friedrich Gutöhrlein......... 90	16.11.	Paul Schallweg............... 70
22.10.	Annemarie in der Au 60	16.11.	Hans Steiner................ 70
22.10.	Gertrud Bohnhof............ 85	17.11.	Walter Flegel................ 50
23.10.	Hans Burkhardt............. 80	17.11.	Gerhard Müschner 65
23.10.	Marianus Kubiak............ 80	18.11.	Sven Kölle.................. 70
23.10.	Erwin Prunkl 60	19.11.	Emmy Elisabeth Korossy-
23.10.	Robert Roth 65		Wurzinger 70
24.10.	Charlotte Höcker 80	20.11.	Gerhard Jörgensen 60
24.10.	Fritz Werf 50	20.11.	Vera Ohly 75
25.10.	Karl Keller 70	21.11.	Walter Grieder 60
25.10.	Hans Mohler................. 65	21.11.	Felix Heidenberger 60
25.10.	Brigitte Schoch 50	21.11.	Georg Richter............... 70
25.10.	Hans Schuller............... 50	22.11.	Dieter Baumgart 50
26.10.	Otto Gillen.................. 85	22.11.	Otto Hildebrandt 60
26.10.	Hansotto Göllner 60	22.11.	Hildegard Horie-Sennlaub.... 50
26.10.	Karl Hochmuth 65	22.11.	Walter Kaiser 75
26.10.	Peter Marginter 50	22.11.	Johanna Lützenbürger 60
26.10.	Artur Müller 75	22.11.	Margret Meyer 60
26.10.	Ulrich Plenzdorf............. 50	22.11.	Elida Maria Szarota 80
27.10.	Inge Feuchtmayr 60	22.11.	Friedrich Wlatnig............ 90
28.10.	Ines Hermine Widmann...... 80	23.11.	Karl-Heinz Bolay............ 70
29.10.	Dorothea Becker 60	23.11.	Christine Rudolph........... 60

23.11.	Franz Taucher	75
24.11.	Ingrid Springorum	65
24.11.	Dieter E. Zimmer	50
25.11.	Hermann Koch	60
25.11.	Robert Pfaff-Giesberg	85
25.11.	Arno Reißenweber	80
25.11.	Hans Max Schmidt	70
26.11.	Gerhard Johann	65
26.11.	Heiner Seybold	75
29.11.	Wilhelm Emrich	75
29.11.	Barbara Lischke	60
29.11.	Frank Zwillinger	75
30.11.	Hans Christ	70
30.11.	Robert T. Odeman	70
30.11.	André Weckmann	60
30.11.	Paul Weitershagen	85
1.12.	Jan Koplowitz	75
1.12.	Hermann J. Uhrlandt	80
2.12.	Marion Gräfin Dönhoff	75
2.12.	Hans Einsle	70
2.12.	Max Leu	60
2.12.	Hans E. Stumpf	70
3.12.	Wilhelm Horkel	75
3.12.	Hans Saner	50
4.12.	Ursula Rütt	70
5.12.	Fritz Bierbüsse	70
5.12.	Charlotte Hofmann	65
5.12.	Hans Hellmut Kirst	70
5.12.	Martha Stebler-Schaub	70
6.12.	Manfred Schlösser	50
6.12.	Adolf Sommerauer	75
7.12.	Berta Margreiter	60
7.12.	Harold Wolfgang Schoeller	90
7.12.	Jan Wornar	50
8.12.	Karl Georg Egel	65
8.12.	Ernst Loeb	70
8.12.	Erich Scharff	85
9.12.	Peter Fischer	50
9.12.	Rudolf Hartung	70
10.12.	Christoph Duncker	70
10.12.	Karl Rezac	60
11.12.	Friedhelm Kemp	70
12.12.	Paul Breder	85
12.12.	Hans Hellwig	80
12.12.	Hans Keilson	75
12.12.	Fritz Muliar	65
13.12.	Gerhard Fliess	80
13.12.	Michael Horbach	60
14.12.	Artur Jacobi	75
14.12.	Erika Küffner	65
14.12.	Peter H. Schulze	65
14.12.	Edeltraut Schwindt	70
15.12.	Annemarie Herold	60
15.12.	Hans Krumbholz	50
15.12.	Karl Gerhard Meier	75
16.12.	Herbert Baumann	60
16.12.	Edi Hornischer	50
16.12.	Wolfgang Schwerbrock	65
16.12.	Dietrich Segebrecht	50
17.12.	Richard Kurfürst	75
18.12.	Hans Dibold	80
18.12.	Christel Guhde	50
18.12.	Stephan Metzger	65

18.12.	Margot Scharpenberg	60
18.12.	Lucie Stütz	90
18.12.	Adolf Teichs	80
19.12.	Armin Eichholz	70
19.12.	Herbert Somplatzki	50
19.12.	Helene Zimmer	65
20.12.	Wilhelm Landig	75
20.12.	Franz Loeser	60
20.12.	Friederike Mayröcker	60
20.12.	Helga Weymar	60
21.12.	Krista Feller	60
21.12.	Juliana Gräfin von Gatterburg	85
21.12.	Herta Riedl	70
21.12.	Helmut Rohr	65
23.12.	Karl Brodhäcker	65
23.12.	Elisabeth Schnack	85
24.12.	Wilhelm Duhme	70
24.12.	Matthias Werner Kruse	65
24.12.	Herbert Reinecker	70
25.12.	Elisabeth Fürst	80
25.12.	Maria Müller-Indra	85
25.12.	Manfred Wankmüller	60
26.12.	Jürgen Lehmann	50
27.12.	Heinz Stein	50
27.12.	Edo von Wicht	75
28.12.	Walter Kotrba	60
28.12.	Guido Schmezer	60
28.12.	Wolfgang Sperner	60
30.12.	Werner Gutmann	70
30.12.	Johann Kruse	95
30.12.	Karl Leipert	75
30.12.	Hildegard Schlunk	75
31.12.	Friedrich C. A. Hildebrandt	75
31.12.	Klemens Tilmann	80

1985

1. 1.	François Bondy	70
2. 1.	Ulrich Becher	75
2. 1.	Franz Holtsteger	80
2. 1.	Auguste Lechner	80
2. 1.	Hans Peter Woile	80
2. 1.	Hans-Joachim Zeidler	50
3. 1.	Gerhardt Hoffmann	60
3. 1.	Renate Rasp-Budzinski	50
4. 1.	Wilhelm Schamoni	80
4. 1.	Wilhelmine Siefkes	95
4. 1.	Christian Winkelhog	75
5. 1.	Hermann Kissener	70
5. 1.	Georg Josef Otto	65
6. 1.	Ernst Schönwiese	80
7. 1.	Irma Farkas Alsó-Takács	75
7. 1.	Herbert Reinoß	50
7. 1.	Margret Wendt	50
7. 1.	Erwin Wickert	70
9. 1.	Curth Flatow	65
9. 1.	Jürgen Ploog	50
10. 1.	Hans Engel	85
10. 1.	Ursula Knöller	70
10. 1.	Hans Joachim Oertel	80
11. 1.	Margarethe Jäckel	75
11. 1.	Adolf Merten	65
12. 1.	Gerhard Schulz	60

23. 2.	Heinrich Schirmbeck	70
24. 2.	Hilde Hofmann	65
25. 2.	Josef Hugenberg	85
25. 2.	Gertraude Portisch	65
27. 2.	Robert Hch. Oehninger	65
27. 2.	Hildegard Waldschmidt	90
28. 2.	Jürgen Blunck	50
28. 2.	Friedrich Boschke	65
28. 2.	Marion Lang	65
28. 2.	Ludwig Schmid	60
28. 2.	Herbert Winkler	85
29. 2.	Hubert Wolf	65
2. 3.	Karl Conrath	75
2. 3.	Eva Hesse	60
2. 3.	Christian Jenssen	80
2. 3.	Hans Schumacher	75
3. 3.	Hans-Heinrich Kegel	75
4. 3.	Brigitte Harmsen	65
4. 3.	Christa Meves	60
5. 3.	Walter Firner	80
5. 3.	Hertha Maria Oppitz	75
5. 3.	Herbert Regele	60
6. 3.	Heinz Barüske	70
6. 3.	Karl Haug	85
6. 3.	Clemens Herbermann	75
6. 3.	Emil Wilhelm Morsbach	70
6. 3.	Hermann Rodigast	70
6. 3.	Wolfgang von Schöfer	65
7. 3.	Heinz Helfgen	75
7. 3.	Wilhelm Malter	85
8. 3.	Serge Ehrensperger	50
8. 3.	Gerd Forster	50
8. 3.	André Müller	60
9. 3.	Friedrich Wilhelm Abel	75
9. 3.	Cilli Martin	75
9. 3.	Rudolf Weit	75
10. 3.	Hans Erman	85
11. 3.	Joachim Cadenbach	60
11. 3.	Hans Peter Keller	70
11. 3.	Karl Krolow	70
11. 3.	Heinrich Hermann Ost	50
11. 3.	Lilly Gräfin zu Rantzau	90
11. 3.	Wolfgang Rohner-Radegast	65
12. 3.	Fritz René Allemann	75
12. 3.	Hans Kirchhofer	65
13. 3.	Uwe Pörksen	50
13. 3.	Margrit Schuler	50
13. 3.	Robert Völkl	85
13. 3.	Peter Zantoch	65
14. 3.	Wolfgang Bechtle	65
14. 3.	Anna Buchberger	65
14. 3.	Hermann Lausberg	85
15. 3.	Dorothee Dhan	50
15. 3.	Herbert Otto	60
15. 3.	Walter Toman	65
17. 3.	Karl Hans Bergmann	75
17. 3.	Hans Brandenburg	90
17. 3.	Werner Laubi	50
17. 3.	Hans Wollschläger	50
18. 3.	Georg Piltz	60
18. 3.	Werner Vordtriede	70
18. 3.	Hansjürgen Weidlich	80
18. 3.	Herma Zetsch	60

19. 3.	Ernst Haberstock	85
19. 3.	Kurt Junge	75
20. 3.	Paul Friedrich Hübner	70
20. 3.	Franz Lennartz	75
20. 3.	Heinrich Rossbacher	85
20. 3.	Hans Bernhard Schiff	70
20. 3.	Marlis Straub	65
21. 3.	Ulrich Benzel	60
21. 3.	Carola Baronin von Crailsheim	90
21. 3.	Hubert Fichte	50
22. 3.	Wolfgang Bächler	60
22. 3.	Rudolf Bohren	65
22. 3.	Josef Ludwig Hecker	75
22. 3.	Theodor Peters	85
23. 3.	Josef Braht	75
23. 3.	Ernst Erd	65
23. 3.	Georg Polomski	65
23. 3.	Paul Schmidt-Elgers	70
23. 3.	Karl Wolter	80
24. 3.	Peter Bichsel	50
24. 3.	Rudolf Otto Wiemer	80
25. 3.	Helmut Bender	60
25. 3.	Hans-Joachim Haecker	75
26. 3.	Viktor Carl	60
26. 3.	Viktor Gielen	75
26. 3.	Robert Jung	75
26. 3.	Helmhart Kanus-Credé	60
26. 3.	Karl-Heinz Lange	60
26. 3.	Karl Mundstock	70
26. 3.	Johannes Schneider	75
26. 3.	Walter Zadek	85
27. 3.	Hermine Moelzer	65
27. 3.	Fritz Ohrtmann	60
27. 3.	Hans-Jochen Ullmann	60
28. 3.	Michael Dosch	80
28. 3.	Rudolf Lenk	80
28. 3.	Alexander Tamsen	75
29. 3.	Ernst Jünger	90
29. 3.	Herbert (Harry) Kuhner	50
29. 3.	Anneliese Rüdiger	65
29. 3.	Kasimir G. Werner	85
30. 3.	Otto Bruno Burkhardt	70
30. 3.	Edith Heide	65
30. 3.	Karlheinz Rahn	65
31. 3.	Franz Peter Künzel	60
31. 3.	Elvira Reitze	60
31. 3.	Jo Schulz	65
1. 4.	Gerhard Bielicke	50
1. 4.	Otto Wilhelm (O. W.) Fischer	70
1. 4.	Ilse Mirus	75
1. 4.	Monika Strey	50
1. 4.	Otto Vatter	95
2. 4.	Rudolf Bendl	75
2. 4.	Walter Berger	65
2. 4.	Fritz Raab	60
2. 4.	Erich Schmidt	50
2. 4.	Erna Schmidt	60
2. 4.	Klaus-Peter Schulz	70
3. 4.	Lothar Knaak	60
4. 4.	Hans von Eggelkraut-Gottanka	70
5. 4.	Hilde Schwanda	50

5. 4.	Ingelux Thomas	60
7. 4.	Max Bächer	60
7. 4.	Rudolf Hans Fürrer	70
7. 4.	Helmut Lamprecht	60
7. 4.	Arnold Karl Pick	70
7. 4.	Margarete Schrader	70
8. 4.	Wolfgang Fietkau	50
8. 4.	Gerta Hartl	75
8. 4.	Evelyn Joost	60
8. 4.	E. J. Manfred Krause	50
8. 4.	Heinz A. Maas	65
8. 4.	Alice Peter	80
8. 4.	Karlwalther Rohmann	85
8. 4.	Günther Schulze-Wegener	60
8. 4.	Klaus Zenner	70
9. 4.	Hanna Blitzer	70
9. 4.	Fritz Brückl	50
9. 4.	Olga Elisabeth Jagoutz	60
9. 4.	Otto Locher	75
9. 4.	Hubert Mackedanz	65
9. 4.	Albert von Schirnding	50
10. 4.	Heinz Brenner	85
10. 4.	Alfred Csallner	90
11. 4.	Horst Deichfuß	60
11. 4.	Hans Günther	75
11. 4.	Franz Hutterer	60
11. 4.	Helga Treichl	65
11. 4.	Cornelius Witt	90
12. 4.	Werner Bauer	60
12. 4.	Christiane Binder-Gasper	50
12. 4.	Ernst Wilh. Julius Bornemann	70
12. 4.	Hermann Kuprian	65
12. 4.	Armin Mohler	65
12. 4.	Jürgen Rausch	75
12. 4.	Rudolf Weilhartner	50
13. 4.	Stephan Hermlin	70
13. 4.	Hans Graf Lehndorff	75
14. 4.	Eva Alexandrowicz	60
14. 4.	Wolfgang Johannes Bekh	60
14. 4.	Erich von Däniken	50
14. 4.	Hermann Grimm	65
14. 4.	Heinz Gymnich	60
14. 4.	Maria Nestler	65
15. 4.	Gerhard Kamin	75
15. 4.	Günther Klinge	75
15. 4.	Wolfgang Venohr	60
16. 4.	Sarah Kirsch	50
16. 4.	Franz Xaver Riedl	50
16. 4.	Alfred Otto Schwede	70
17. 4.	Martin Beheim-Schwarzbach	85
17. 4.	Heinrich Klein	60
17. 4.	Roswitha Plancherel	65
17. 4.	Georg Zauner	65
18. 4.	Werner van der Bourg	65
18. 4.	Hannelore Doll	60
18. 4.	Hans-Walter Gaebert	80
18. 4.	Lotte Schabacker	70
18. 4.	Gottfried Schäfer	50
18. 4.	Hans Skirecki	50
19. 4.	Ingeborg Freifrau von Groll Dillenburger	60
19. 4.	Inge Möller	75
20. 4.	Irmela Brender	50

20. 4.	Barbara Hlauschka-Steffe	65
20. 4.	Magda Koch	85
20. 4.	Heinz Meising	65
20. 4.	Urs Martin Strub	75
21. 4.	Günther Abel	65
21. 4.	Ferdinand Chaloupek	85
21. 4.	Herta Fischer	70
21. 4.	Anne Franck-Neumann	75
21. 4.	Ursula Guggenheim-von Wiese	80
21. 4.	Stephan Lackner	75
21. 4.	Christine Schulze	65
21. 4.	Ruth Maria Elisabeth Wagner	70
22. 4.	Karl Wilhelm Weydanz	85
23. 4.	Mimi Grossberg	80
23. 4.	Herbert Pfretzschner	75
23. 4.	Günter Radtke	60
24. 4.	August, Pater Brox	75
24. 4.	Sigrid Brügel	70
24. 4.	Ernst Hauck	95
24. 4.	Hanns-Gerd Rabe	90
24. 4.	Anton Strambowski	80
25. 4.	Sammy Drechsel	60
26. 4.	Wolfgang Militz	60
26. 4.	Karlheinz Urban	70
27. 4.	Horst Brede	50
27. 4.	Kurt Finke	70
27. 4.	Rudolf Fischer	65
27. 4.	Joseph Kissner	65
27. 4.	Friedrich Karl Mohs	85
28. 4.	Ulrich Dunkel	75
28. 4.	Wolfgang Eckert	50
28. 4.	Hans Peter Richter	60
28. 4.	Suse Wintgen	75
29. 4.	Elisabeth Baronin Peithner v. Lichtenfels	60
30. 4.	Friedrich Reinhardt	80
30. 4.	Adrian Russo	65
1. 5.	Heinz Ebert	60
1. 5.	Sigrid Genzken-Dragendorff	85
1. 5.	Lothar Kempter	85
1. 5.	Will Schaber	80
1. 5.	Maria Witzenmann	80
2. 5.	Werner Helmes	60
3. 5.	Wilhelm Beneker	60
3. 5.	Maria Oldenbürger	80
3. 5.	Otto Christian Sahmann	50
3. 5.	Susanne Margarete Stirn-Faschon	60
4. 5.	Siegfried Dietrich	65
4. 5.	Heinz Ph. Müller	65
4. 5.	Hermann Schreiber	65
4. 5.	Joachim Uhlmann	60
6. 5.	Jutta Grimm	60
6. 5.	Hanns Dieter Hüsch	60
6. 5.	Marianne Kaindl	70
6. 5.	Julie von Wattenwyl-de Gruyter	85
6. 5.	Walter Werland	75
7. 5.	Alexander J. Balçar	65
7. 5.	Franz Baumer	60
7. 5.	Dirk Heinrichs	60
7. 5.	Hans Krenn	50
8. 5.	Klaus Bernarding	50

8. 5.	Otto Heuschele 85	30. 5.	Rita Blinckmann 60
8. 5.	Else Mühsam-Levi. 75	30. 5.	Dietrich Kittner 50
9. 5.	Helmut Burkert 85	30. 5.	Esther Marie Messinger 80
10. 5.	Erneste Fuhrmann-Stone 85	30. 5.	Otto Maria Polley 75
12. 5.	Juliane Böcker 80	30. 5.	Heidy Würth 65
12. 5.	Thekla von Kaulla 70	31. 5.	Adolf Görtz 65
13. 5.	Karl Hüllweck 80	31. 5.	Alois Hergouth. 60
13. 5.	Gertrud Lendorff. 85	31. 5.	Maria Sporer 60
13. 5.	Bernhard Schulze 90	31. 5.	Heinz Zahrnt 70
14. 5.	Joachim von Lang-Piechocki . 60	1. 6.	Klaus Dede 50
14. 5.	Else Lindemann. 90	1. 6.	Liselotte Fridrik. 75
15. 5.	Friedrich Hetzel. 80	1. 6.	Eran Laor 85
15. 5.	Hasso Mager. 65	1. 6.	Ruth Storm 80
15. 5.	René Regenass. 50	2. 6.	Edith Marzinowski 60
15. 5.	Christa Wehner 65	2. 6.	Marcel Reich-Ranicki. 65
16. 5.	Otto-Richard Baege. 65	3. 6.	Bernhard Martin 85
16. 5.	Hubert Doerrschuck 75	3. 6.	Karl Riha. 50
16. 5.	Dinah Nelken-Ohlenmacher . . 85	3. 6.	Gerhard Zwerenz. 60
16. 5.	Anna Ozana 65	4. 6.	Maria Januzys 60
16. 5.	Isolde Schultz 65	4. 6.	Gustl Müller-Dechent. 70
16. 5.	Peter Stripp 50	4. 6.	Alexandra von Schiefner 85
17. 5.	Günther Klotz. 60	5. 6.	Elisabeth Heck. 60
17. 5.	Ingeborg Traumann 65	5. 6.	Oskar Loy 75
17. 5.	Wolf-G. Umlandt 65	5. 6.	Hertha Nathorff. 90
18. 5.	Siegfried Roltsch 80	5. 6.	Barbara Nordmeyer 65
19. 5.	Herbert Burkhardt 50	6. 6.	Helmuth Manuel Backhaus. . . 65
19. 5.	Fritz Rudolf Fries 50	6. 6.	Florian Kalbeck 65
19. 5.	Edward Hoop 60	6. 6.	Grete von Scheuer. 85
19. 5.	Gerd Lüpke. 65	7. 6.	Monika Mann 75
19. 5.	Elisabeth Straub 80	8. 6.	Lise Streckfuß 70
20. 5.	Walter Best 80	9. 6.	Hans-Melchior Frhr von Uslar-
20. 5.	Max Bevern. 90		Gleichen. 75
20. 5.	Liselotte Blechmann. 65	11. 6.	Walter Scherf 65
20. 5.	Susanne Hurni-Maehler. 60	12. 6.	Dieter Gasper 60
20. 5.	Otto Kuen 75	12. 6.	Franz Heiduk 60
20. 5.	Charlotte Puhl 60	12. 6.	Will Knoke 60
20. 5.	Egon Rieble. 60	12. 6.	Wolfgang Martell 65
20. 5.	Anna-Valeria Vogl-Hüger 70	12. 6.	Christoph Meckel. 50
20. 5.	Hedda Zinner. 80	12. 6.	Irmela Ohm. 60
21. 5.	Talitha Foerster 65	12. 6.	Adolf Opel. 50
21. 5.	Günter Gloede 75	12. 6.	Helfried Schreiter 50
21. 5.	Helen Mäder-Stampfli 60	13. 6.	Walter Ernsting 65
21. 5.	Hisako Matsubara 50	13. 6.	Erich-Karl Hinz. 85
21. 5.	Fritz Naschitz 85	13. 6.	Max Mumenthaler. 75
21. 5.	Annik Saxegaard 80	14. 6.	Dieter Forte 50
21. 5.	Helmut Schmelmer 50	14. 6.	Erich Rappl. 60
21. 5.	Helmut Sohre 70	14. 6.	Edeltraut Ricke 65
21. 5.	Max Thürkauf 60	14. 6.	Hans Rose. 65
24. 5.	Eva Maria Hassencamp 65	15. 6.	Ursula Namgalies. 70
24. 5.	Manfred Hesse 50	16. 6.	Hanns Maria Braun 75
25. 5.	Victoria Brockhoff. 60	16. 6.	Johanna Kraeger. 75
25. 5.	Heinz Coubier 80	16. 6.	Paul Kruntorad 50
25. 5.	Alla Pfeffer 50	17. 6.	Arthur Ignatius 75
25. 5.	Gustav Rudolf Sellner. 80	17. 6.	Hans Krendlesberger 60
26. 5.	Regine Schindler. 50	17. 6.	Wolf Weitbrecht 65
27. 5.	Ernst Heyda 75	18. 6.	Marianne Katharina Leßmann 65
28. 5.	Karl Bachler 80	18. 6.	Theodor Schübel 60
28. 5.	Jakob Hübner. 70	19. 6.	Robert Henschel 85
28. 5.	Maria Müller. 85	22. 6.	Margrit Corrodi-Horber 75
29. 5.	Horst Beseler 60	22. 6.	Hans Niedermeier 75
29. 5.	Adolf Frisé 75	23. 6.	Emil Bruckner 80
29. 5.	Günter Prodöhl 65	23. 6.	Renate Herms-Hampke 50
30. 5.	Kurt Becsi 65	23. 6.	Friedrich Klein. 95

23. 6. Robert Naegele 60
23. 6. Rosemarie Schöffler 60
23. 6. Vera Splitter-Dilberović 50
24. 6. Wastl Fanderl 70
25. 6. Reinhard Lebe 50
25. 6. Géza Rech 75
25. 6. Hans Schröter 50
25. 6. Hans Speer 65
26. 6. Almuth Link 50
26. 6. Gerda Rottschalk 65
26. 6. Fred Seeger 50
26. 6. Ruth Seydewitz 80
27. 6. Wilhelm König 50
28. 6. Eleonore Brückner 80
28. 6. Erich Kuby 75
28. 6. Josefine Nettesheim 90
28. 6. Lotte Paepcke 75
28. 6. Hans Scheliga 60
29. 6. Martin Teschendorff 60
30. 6. Charlotte Hofmann 65
1. 7. Otto Spatz 85
1. 7. Heinrich Wiesner 60
2. 7. H. G. Adler 75
2. 7. Erika Guetermann 90
2. 7. Egon-Maria Zimmer 75
3. 7. Josef Pfandler 85
3. 7. Hans Georg Prager 60
5. 7. Nikolaus Berwanger 50
5. 7. Günther Krupkat 80
5. 7. Adolf Layer 65
5. 7. Herbert Löhlein 85
5. 7. Gábor von Vaszary 80
5. 7. Friedrich E. Vogt 80
6. 7. Erwin Goy 80
6. 7. Alexandra Carola Grisson 90
6. 7. Johann Bernhard Neumann .. 75
6. 7. Günther Petzold 65
6. 7. Maria Simmen 85
7. 7. Li Gebert 75
7. 7. Herbert Viktor Patera 85
8. 7. Maria-Magdalena Durben 50
8. 7. Hertha Georg 60
8. 7. Annemarie Süchting 90
11. 7. Helmut Hanke 70
11. 7. Hans-Gert Heinrichs 75
11. 7. Martin Schaaff 75
13. 7. Gottfried Giersch 75
13. 7. Eva-Frida Steinebach-Zehner . 65
14. 7. George Ritter von Halban 70
14. 7. Richard Wolf 85
15. 7. Viktor Franz Werbik 80
16. 7. Heinz Böhmke 60
16. 7. Otto Feier 80
16. 7. Helena Krammer 80
17. 7. Günther von Stünzner 75
18. 7. Margarete Hoffmann 70
18. 7. Günther Korn 60
18. 7. Richard Mai 85
18. 7. Heinrich Schneider 80
19. 7. Max Colby 80
19. 7. Hans Deißinger 95
19. 7. Sabine von Engel 80
19. 7. Walther Kist 85

19. 7. Wolfgang Kopplin 50
19. 7. Alfred Kumpf 60
19. 7. Erika Macdonald-Ross 60
19. 7. Dorothea Merl 65
19. 7. Marga Ruperti 80
20. 7. Oswald Sailer 75
21. 7. Karl Josef Theodor Bannert .. 85
21. 7. Sigfrid Färber 75
22. 7. Arianna Giachi 65
22. 7. Ingrid Nickel 50
24. 7. Walter Dietrich 75
24. 7. Emil Egli 80
25. 7. Elias Canetti 80
25. 7. Erich Roth 80
25. 7. Günther Emil Schwarz 90
25. 7. Hans Joachim Sell 65
25. 7. Hans Joachim Störig 70
25. 7. Berndt W. Wessling 50
26. 7. Hans Bergel 60
26. 7. Werner Dittschlag 75
26. 7. Ludwig Hollweck 70
27. 7. Peter Goebel 80
27. 7. Paul Wanner 90
29. 7. Theodor Ascher 80
29. 7. Irmgard Lüpke-Greiff 65
29. 7. Hans-Günther Oesterreich ... 75
29. 7. Rolf Seeliger 60
30. 7. Horst Budjuhn 75
30. 7. Herbert Jobst 70
30. 7. Margarita Kritzinger-Liphart . 80
30. 7. Georg Netzband 85
1. 8. Karl Lieblich 90
2. 8. Anton Büchting 75
2. 8. Heinz Drangmeister 60
2. 8. Arnold Kübler 95
2. 8. Esther Secretan-Blum 60
3. 8. Annemarie Bösinger 70
3. 8. Elisabeth M. Braem 60
4. 8. Rudolf Rolfs 65
4. 8. Martha Wölger 65
5. 8. Richard Willy Biesold 75
5. 8. Paula Millotat 70
5. 8. Werner P. Zibaso 75
6. 8. Otto B. Roegele 65
6. 8. Werner Warsinsky 75
7. 8. Ingeborg Kaiser 50
7. 8. Gerhard Spanjer 80
9. 8. Willi Heinrich 65
9. 8. Rudolf Larndorfer 60
9. 8. Ruth Nickel 75
9. 8. Paul-Christian Paegelow 70
9. 8. Irmgard Sulzbacher 65
10. 8. Walter Basan 65
10. 8. Siever Johanna Meyer-Abich . 90
11. 8. Erwin Chargaff 80
11. 8. Hans Demetz 90
11. 8. Susanne Friebe 60
11. 8. Ernst von Khuon-Wildegg 70
12. 8. Hans-Urs von Balthasar 80
12. 8. Karl Mickel 50
12. 8. Peter Stühlen 85
13. 8. Barbara Kotte 50
13. 8. Hugo Krizkovsky 80

14. 8.	Katherine Allfrey	75	3. 9.	Wilhelm Jacobs	70
14. 8.	Helga Buenger	75	3. 9.	Fred C. Siebeck	60
14. 8.	Ludwig Drexler	65	4. 9.	Walther Kauer	50
14. 8.	Alfred Gong	65	5. 9.	Christa Borchert	50
14. 8.	Karl Schwedhelm	70	5. 9.	Alice Ekert-Rotholz	85
15. 8.	Richard Bars	95	6. 9.	Almos Csongár	65
15. 8.	Manfred von Brauchitsch	80	6. 9.	Christiane Kashin	50
15. 8.	Heinrich Eichen	80	6. 9.	Ludwig Liebs	80
15. 8.	Herbert Hupka	70	6. 9.	Hermann Schultze	80
15. 8.	Karl Friedrich Kohlenberg	70	6. 9.	Gerda Szepansky	60
15. 8.	Gretl Maurer	60	6. 9.	Margarethe Timm-Brandt	70
15. 8.	Leonie Ossowski	60	7. 9.	Else Budnowski	85
17. 8.	Josef Hodin	80	7. 9.	Wolfgang Halfar	60
17. 8.	Maria-Gabriele Schwarz	60	7. 9.	Arthur Jaenicke	85
18. 8.	Ursula Gurr-Erkens	75	8. 9.	Susanne Auffarth	65
18. 8.	Wolfgang Hütt	60	8. 9.	Otto F. Beer	75
19. 8.	Kurt Baumann	50	8. 9.	Johannes Brauer	80
19. 8.	Ernst Felix Jung	75	8. 9.	Max Hölzer	70
19. 8.	Wilhelm Schwenger	85	8. 9.	Maria Karlsdottir	50
20. 8.	Karl Bosek	90	8. 9.	Ingeborg Krengel-Strudthoff	65
20. 8.	Paul Kaufmann	60	8. 9.	Hans-Erich Seuberlich	65
20. 8.	Anton Schulte	60	9. 9.	Dieter Höss	50
20. 8.	Lothar Schultze	65	10. 9.	Ralph Leber	60
20. 8.	Rolf Wünnenberg	80	10. 9.	Willy Schneidrzik	70
21. 8.	Senta Gamerdinger	60	10. 9.	Hildegard Schumacher	60
21. 8.	Heribert Horneck	60	10. 9.	Edith Wiedner	85
21. 8.	Siegfried Schaarschmidt	60	11. 9.	Gustav Aeschbach	65
22. 8.	Hermann Josef Doerr	65	12. 9.	Rudolf Grabs	85
22. 8.	Johannes Franz Gottlieb Grosser	70	13. 9.	David Luschnat	90
22. 8.	Gerd Lobin	60	14. 9.	Ulf Petzel	50
22. 8.	Hans Mielke	65	14. 9.	Willi Schönberg	80
22. 8.	Wolfdietrich Schnurre	65	15. 9.	Konrad Bänninger	95
23. 8.	Richard Althaus	80	15. 9.	Werner Hörnemann	65
23. 8.	Ernst Krenek	85	15. 9.	Tamara Ramsay	90
23. 8.	Eduard Rhein	85	16. 9.	Bernhard A. Bäker	65
23. 8.	Alfred Seebacher-Mesaritsch	60	16. 9.	Reimar Gilsenbach	60
23. 8.	Cilly Verspohl	75	16. 9.	Esther Vilar	50
24. 8.	Gisela Meussling	50	18. 9.	Franz Kaiser	90
25. 8.	Carl Dietrich Carls	80	18. 9.	Bärbel Kübler	60
25. 8.	Lieselotte Heizmann	65	18. 9.	Doris Mühringer	65
26. 8.	Peter Bloch	50	18. 9.	Hermann Stiehl	60
26. 8.	Otto Dinkelacker	80	19. 9.	Erich Kock	60
26. 8.	Erwin Sedding	85	19. 9.	Curt Meyer-Clason	75
27. 8.	Gottfried Strohschneider	65	19. 9.	Gerhard R. Steinhäuser	65
28. 8.	Arthur Benseler	60	20. 9.	Hildegard Behr	80
28. 8.	Gerd Berendt	70	20. 9.	Hanns Cibulka	65
28. 8.	Frits Bernard	65	20. 9.	Thilo Koch	65
28. 8.	Rosemarie Fret	50	20. 9.	Fritz Schmitt	80
29. 8.	Rupprecht Bayer	70	21. 9.	Josef Roland	65
29. 8.	Rudolf Maria Stoiber	60	21. 9.	Wolf Dieter von Tippelskirch	65
30. 8.	Doris Jannausch	60	21. 9.	Hildegard Zander	50
31. 8.	Klaus-Ulrich Bartsch	70	22. 9.	Inge Dreecken	65
31. 8.	Alfred Baur	60	22. 9.	Hanna-Heide Kraze	65
31. 8.	Marco Humml	50	22. 9.	Walter Myß	65
31. 8.	Karl Theodor Kusenberg	80	23. 9.	Hartmut von Hentig	60
31. 8.	Gitta Ströbele	50	23. 9.	Jakob Streit	75
31. 8.	Heinz Zeller	60	24. 9.	Oliver Behnssen	60
1. 9.	Friedrich Ernst Hunsche	80	25. 9.	Georg Ehrhart	85
1. 9.	Franz Lahner	50	26. 9.	Hugo Brzoska	80
1. 9.	Walter Laufenberg	50	26. 9.	Herbert Dawin	75
1. 9.	Friedrich Samuel Rothenberg	75	26. 9.	Günter Harte	60
2. 9.	Robert Polt	70	26. 9.	Klaus Kessler	50
			26. 9.	Josef Maderner	70

27. 9.	Albert Janetschek 60
27. 9.	Jutta Neufang............... 65
28. 9.	Werner van Appeldorn 60
28. 9.	Dieter Frost................ 50
28. 9.	Hans Joachim Hohberg 65
28. 9.	Paul Robert Karl Noack...... 60
29. 9.	Ruth Keller-Keilholz......... 60
29. 9.	Kurt Müller................. 90
29. 9.	Josef Konrad Scheuber 80
29. 9.	Michael Schiff 60
29. 9.	Hildegard Veken 65
30. 9.	Ida Fink.................... 70
30. 9.	Therese Haslacher........... 85
30. 9.	Sam Jaun................... 50
30. 9.	Leo Kober 80
30. 9.	Hans König................. 60
30. 9.	Elisabeth Meyer............. 90
1.10.	Joachim Hellmer 60
1.10.	Benno Pludra............... 60
3.10.	Jean Jacques Kariger 60
3.10.	Walter Klefisch.............. 75
3.10.	Robert Paschke 80
4.10.	Heinz-Joachim Draeger 50
4.10.	Mimi Eckmair-Freudenthaler. 75
5.10.	Christa-Maria Lyckhage...... 65
5.10.	Ulrich Mohr 75
5.10.	Wolf Strache 75
6.10.	Egon Eisler 75
7.10.	Heinz Gappmayr 60
8.10.	Maria Beig 65
8.10.	Ruedi Klapproth 60
8.10.	Hans Joachim Schädlich 50
9.10.	Eckart Hachfeld............. 75
9.10.	Ernst Herbeck 65
9.10.	Barbara König............... 60
9.10.	Markus Kutter 60
9.10.	Gerlinde Nyncke 60
10.10.	Hermann Mühl............... 60
12.10.	Stefan Schwarz 75
13.10.	Eberhard Clemen............ 75
13.10.	Alfred Dietz................. 80
13.10.	Elisabeth Hofer 60
13.10.	Gerhard Rademacher 50
13.10.	Kurt Roschmann 85
13.10.	Günther Theobald 50
14.10.	Herbert Eck 50
14.10.	Erika Kempe 60
14.10.	Walter Schlorhaufer 65
15.10.	Vitus B. Dröscher........... 60
16.10.	Herbert Andert.............. 75
16.10.	Heinrich Fauteck............ 75
16.10.	Erwin Ronelt 65
17.10.	Berndt von Bohlen und Halbach 80
17.10.	Karoline Braun 85
17.10.	Olivier Foss................. 65
18.10.	Linus David 50
21.10.	Helmut Bode................ 75
22.10.	Katharina Müller............ 50
23.10.	Rudolf Bartl 65
23.10.	Bolette Petri-Sutermeister.... 65
24.10.	Konrad Kintscher 75
24.10.	Harald Kölbel............... 60

24.10.	Karl Schumann 60
25.10.	Konrad Gruda 70
26.10.	Gernot De Vries............. 60
26.10.	Eva Hempel 75
26.10.	Wilhelm Strube 60
27.10.	Anton Worsch............... 65
29.10.	Peter Jespersen 65
31.10.	Willem Enzinck 65
31.10.	Heinrich Hannover 60
31.10.	Werner P. Heyd 65
1.11.	Josef Bergenthal 85
1.11.	Manfred Heller.............. 50
1.11.	Hansjörg Martin 65
1.11.	Karl Schindler 80
2.11.	Ferdinand Trentinaglia 75
3.11.	Oskar Barth 75
3.11.	Dieter Wellershoff........... 60
4.11.	Louis Dufour................ 90
4.11.	Paul-Herbert Freyer 65
4.11.	Hans Gothan................ 70
4.11.	Oskar Matulla............... 85
4.11.	Helga Prollius............... 75
6.11.	Ilse Hangert 60
7.11.	C. Heinrich Dathe 75
7.11.	Hildegund Fischle-Carl....... 65
7.11.	Leopold Kammerer 60
7.11.	Herbert Walz 70
8.11.	Elfriede Brüning 75
8.11.	Fritz Duchstein 65
9.11.	Friedrich Arndt 80
9.11.	Karl Bongardt 60
9.11.	Heribert Grüger............. 85
9.11.	Eva-Johanna Hajak.......... 60
9.11.	Theodor Meny 70
9.11.	Walther Studinski 80
10.11.	Peter Heisch................ 50
10.11.	Friedrich August Kloth 60
10.11.	Helmut Mansfeld............ 65
11.11.	Margarete Martz 60
12.11.	Karl Loven 70
13.11.	Marie Jacob 85
13.11.	Hanns-Jürgen Stender 60
14.11.	Georg Kleemann 65
14.11.	Helmut Roser............... 65
14.11.	Paul Willi Thurm............ 85
15.11.	Elisabeth Hartenstein........ 85
15.11.	Heinz Piontek............... 60
15.11.	Traude Pühringer 65
15.11.	Mélie Schmitt............... 85
16.11.	Maria Antonie Adam 70
16.11.	Arnold Bauer 75
16.11.	Alexandra Cordes 50
17.11.	Ellis Kaut 65
17.11.	Carlheinz Riepenhausen 80
18.11.	Rudolf Bahro 50
18.11.	Albert Hurny 65
19.11.	Ernst Finster 70
19.11.	Karl-Arnd Techel............ 65
20.11.	Gertrud Benker 60
20.11.	Ernst Birnbaum............. 80
20.11.	Anne-Marie Fabian.......... 65
21.11.	Editha Kurz 75
21.11.	Elisabeth Roegner........... 50

22.11.	Martha Arnold 65
22.11.	Alexander Gosztonyi......... 60
22.11.	Gerhard Tacke 70
23.11.	Heinz Schäfer............... 60
24.11.	Max A. Becker 80
24.11.	Hermann Himstedt.......... 70
24.11.	Walter Weisbecker........... 70
25.11.	Wilhelm Kempff............. 90
25.11.	Joseph Zoderer............. 50
26.11.	Gottfried Berron 75
26.11.	Carl Heinz Kurz............. 65
26.11.	Hermi Leopold.............. 80
26.11.	Stephan Schaller 75
26.11.	Hans Leopold Zollner........ 70
27.11.	Hans Bütow 85
27.11.	Charlotte Franke 50
27.11.	Joachim Lehmann........... 50
27.11.	Grete Nieboj................ 85
27.11.	Annemarie Norden 75
27.11.	Dietrich Reimers............ 65
28.11.	Franzi Ascher-Nash 75
28.11.	Gert K. Müntefering......... 50
28.11.	Helmut Scharf 70
29.11.	Hans Derendinger........... 65
29.11.	Eduard Steenken............ 75
30.11.	Edith Anderson 70
30.11.	Paul Gratzik 50
30.11.	Carmen Hagmann........... 80
30.11.	Kurt Reinhold Stöhr......... 65
2.12.	Franz Braumann 75
3.12.	Alfred Hermann Sing........ 75
4.12.	Beat Jäggi 70
4.12.	Anneliese Lakotta 65
5.12.	Margot Apostol.............. 65
5.12.	Arne Falk-Rønne............ 65
5.12.	Hans Rudolf Hilty........... 60
5.12.	Felix Renner................ 50
6.12.	Alexander Czerski........... 65
6.12.	Arnim Juhre................ 60
7.12.	Felix Gasbarra 90
8.12.	Heinz Panka................ 70
8.12.	Hans Jürgen Syberberg 50
8.12.	Hans F. Wilhelm 80
9.12.	Alfred Birkel................ 80
10.12.	Hildegard Brocker........... 65
10.12.	Marianne Kleiner-Schönbeck. 60
11.12.	Gertrud Keppler............. 80
12.12.	Peter Schenck 60
12.12.	Harald Sommer 50
12.12.	Walter Vortkort 50
13.12.	Günter Adrian 60
13.12.	Erik-Alfons Lipke 85
14.12.	Georg Gick 75
14.12.	Josef Knopp 70
14.12.	Werner Kruse................ 75
14.12.	Thomas Sessler 70
15.12.	Bruno Curth 75
16.12.	Helmut Preißler............. 60
16.12.	Gertrud Weitensfelder-Anger . 70
16.12.	Wilhelm Wendling........... 90
17.12.	Erica von Treyer 90
17.12.	Hedwig-Maria Winkler....... 75
18.12.	Blida Heynold............... 80

19.12.	Géza von Cziffra 85
19.12.	Tankred Dorst 60
20.12.	Bruni Löbel................. 65
21.12.	Alfons Kasper............... 90
21.12.	Oda Lange.................. 85
22.12.	Christa Grasmeyer 50
23.12.	Bruno Hampel 65
23.12.	Engelbert Josef Koller 85
23.12.	Hermine Leimer 65
24.12.	Jürgen Faust................ 50
24.12.	Irma Harder 70
24.12.	Hans Herlin 60
25.12.	Helmut Bartuschek.......... 80
26.12.	Gerhard Dick 70
26.12.	Rolf Ulbrich 65
27.12.	Heinrich Frieling............ 75
27.12.	Karl Hulka 70
27.12.	Georg Karagounis 80
27.12.	Alfred Salomon 75
27.12.	Helmut Salzinger............ 50
27.12.	Günter Wagner.............. 60
28.12.	Hildegard Knef 60
28.12.	Wolfgang Richter............ 60
28.12.	Anton Spatschek 75
28.12.	Marianne Vincent 85
29.12.	Lieselott Baustian 50
29.12.	Lore Kornell................ 80
29.12.	Hansgünter Thebis 60
30.12.	Anton Lübke................ 95
30.12.	Horst Müller................ 60
30.12.	Erna Schwemer-Uhlhorn..... 70
31.12.	Rolf Haufs.................. 50
31.12.	Irina Korschunow 60
31.12.	Günter Matthes 65

1986

1. 1.	Ingeborg Feustel 60
1. 1.	Heinz-Josef Stammel 60
1. 1.	Elisabeth Stockhausen 65
1. 1.	Lisa Stockhausen............ 65
2. 1.	Traute Quade 65
3. 1.	Frieda Löhrer............... 80
3. 1.	Hermine Pilder-Klein........ 85
4. 1.	Herbert Fuchs 75
4. 1.	Elisabeth Gerloff 50
4. 1.	Hildegart Neefe 90
5. 1.	Friedrich Dürrenmatt 65
5. 1.	Carl Heins................. 80
5. 1.	Ekkehard Hieronimus 60
5. 1.	Vilma Hinn 50
5. 1.	Hans Lux................... 65
5. 1.	Alois Sailer 50
6. 1.	Alfred Gesswein............. 75
7. 1.	Hildegard Kloss............. 70
7. 1.	Günter Nerlich.............. 60
8. 1.	Ernst August Haas 65
8. 1.	Dieter Hasselblatt 60
8. 1.	Dorette Jensen.............. 65
9. 1.	Günther Brandenburger...... 65
9. 1.	Gertrud Burkhalter.......... 75
9. 1.	Ferdinand Kirchhoff......... 60
9. 1.	Werner Mühe 80

9. 1.	Ernst Schekatz	65
10. 1.	Josianne Maas	65
11. 1.	Jutta Bartus	60
12. 1.	Hedwig Andertann	75
12. 1.	Herbert Carl Scholz	65
13. 1.	Martin Gugger	95
14. 1.	Günther Braun	60
14. 1.	Hans Franciskowsky	50
14. 1.	Heinrich A. Mertens	75
14. 1.	Dieter Mucke	50
14. 1.	Karl Ude	80
15. 1.	Peter Heimann	65
15. 1.	Susanne Hennemann	60
15. 1.	Clemens Münster	80
15. 1.	Alfred Salamon	50
15. 1.	Marina Thudichum	80
16. 1.	Margarete Dörre	65
16. 1.	Knud Knudsen	70
16. 1.	Otmar Leist	65
16. 1.	Karin Merhart von Bernegg	85
17. 1.	Klaus M. Rarisch	50
17. 1.	Wolf Jobst Siedler	60
18. 1.	Rudi Benzien	50
18. 1.	Gerhard Bodeit	65
18. 1.	Elke Oertgen	50
18. 1.	Marianne Thiele	70
19. 1.	Peter Abraham	50
19. 1.	Kurt Mühlenhaupt	65
19. 1.	Elfriede Rörig	70
19. 1.	Hermann von der Weihe	80
20. 1.	Bernt Engelmann	65
20. 1.	Ludwig Gosewitz	50
20. 1.	Gertrud Loos	70
20. 1.	Rudolf Maria Tscherpel	65
21. 1.	Siegfried Obermeier	50
21. 1.	Jakob Servais	80
22. 1.	Marie-Anne Oberauer	65
23. 1.	Anni Gelbhaar	65
23. 1.	Anna Maria Jokl	75
23. 1.	Paul Schütz	95
23. 1.	Aenne Seegers	85
23. 1.	Wolfgang Streicher	50
24. 1.	Robert Anger	50
24. 1.	Doris Eicke	85
24. 1.	Robert Hofmann	80
25. 1.	Ernst Lehmann	85
26. 1.	Otto F. Babler	85
26. 1.	Louis Jent	50
26. 1.	Vera Baronin von Sass	80
27. 1.	Wilhelm Girnus	80
27. 1.	Sieglinde Hildebrandt	65
27. 1.	Walter Jacobs	80
27. 1.	Ulrich Lübbert	75
27. 1.	Erna Pinner	90
27. 1.	Ida Magdalena Schmitz	65
27. 1.	Herman von Skerst	85
28. 1.	Waldemar Krause	60
28. 1.	Karl Mostler	90
29. 1.	Helmut Busse	75
29. 1.	Herbert Cysarz	90
30. 1.	Jens Gerlach	60
30. 1.	Klaus Günzel	50
30. 1.	Gerty Molzen	80

30. 1.	Sepp Skalitzky	85
31. 1.	Hans Hösl	90
31. 1.	Harald Lohmann	60
31. 1.	Kurt Marti	65
31. 1.	Dieter Wieland	50
1. 2.	Lotte Brügmann-Eberhardt	65
1. 2.	Marianne Goltdammer	70
1. 2.	Lotte Keller	65
1. 2.	Katharina Schlaupitz	75
1. 2.	Gertrud Schmidt	60
2. 2.	Günther Heuer	75
2. 2.	Heinz Hülsmann	70
2. 2.	Roman Laußermayer	85
2. 2.	Felix Lützkendorf	80
4. 2.	Emil Schuster	65
5. 2.	Hans Werner Böcker	70
5. 2.	Thea Haupt	80
5. 2.	Bernhard Möking	85
6. 2.	Hertha Cabanis	95
6. 2.	Eva Lips	80
6. 2.	Lothar Zenetti	60
7. 2.	Heino Breilmann	65
7. 2.	Anneliese Fehrenbach	60
7. 2.	Ernst Hagen	80
8. 2.	Eugen Diem	90
9. 2.	Klaus Groh	50
9. 2.	Walter Henkels	80
9. 2.	Gisbert Kranz	65
9. 2.	Fridel Marie Kuhlmann	90
9. 2.	Rudolf Walter Leonhardt	65
10. 2.	Max Kammerlander	80
10. 2.	Peter Müller	60
10. 2.	Bodo Schütt	80
11. 2.	Klaus Beuchler	60
11. 2.	Bernard Grun	85
11. 2.	Hermann Werner Kubsch	75
12. 2.	Paul Grass	60
12. 2.	Johannes Grüger	80
12. 2.	Georg Kirner	50
12. 2.	Hans-Georg Noack	60
13. 2.	Magdalene Heidemann	75
13. 2.	Rudolf Meyer	90
13. 2.	Otto Uehlinger	70
13. 2.	Ruth Vollmer-Rupprecht	70
14. 2.	Hans-Joachim Gerboth	60
14. 2.	Annely Hahn	60
14. 2.	Heribert Hopf	50
14. 2.	Gerhard Schumann	75
14. 2.	Herbert Timm	70
15. 2.	Friedrich Deml	85
15. 2.	Dieter Lattmann	60
15. 2.	Josef Mayer-(Limberg)	75
15. 2.	Trude Volk	75
16. 2.	Gudula Budke	60
16. 2.	Norbert Dolezich	80
16. 2.	Heinrich Geitzhaus	75
17. 2.	Herbert Dilcher	70
17. 2.	Ingrid Trobisch	60
17. 2.	Elsbeth Walch	65
18. 2.	Hildegard Hofinger	80
18. 2.	David Pollak	90
18. 2.	Hans K. Wehren	65
19. 2.	Erika Beltle	65

5. 4.	Jan Herchenröder 75	28. 4.	Hans Oestmann 60
5. 4.	Anneliese Kriegelstein 65	28. 4.	Werner Schramm 60
5. 4.	Robert Verbelen 75	28. 4.	Andreas Vogt 75
6. 4.	Johannes Lemke 65	29. 4.	Alfred Domes 85
7. 4.	Traute Bühler 60	29. 4.	Rosel Klein 60
7. 4.	Hannelore Lauerwald 50	29. 4.	Marion Krafft-Ebing 75
7. 4.	Curt Maronde 80	29. 4.	Hanne Schleich 70
7. 4.	Heinrich Roggendorf 60	30. 4.	Josef Maier-Krafft 80
7. 4.	Hanna Schramm 90	30. 4.	Luise Rinser 75
7. 4.	Maria Schröder-Schiffhauer .. 75	30. 4.	Albert Sauer 75
8. 4.	Hans Liepmann 85	1. 5.	Dietlind Goltz 60
8. 4.	Margrit Utiger-Staub 50	1. 5.	Ingeborg Kentmann 70
9. 4.	Margot Werner 70	2. 5.	Michael West 65
9. 4.	Henry Winterfeld 85	3. 5.	Henryk Skrzypczak 60
10. 4.	Roland Bürki 80	3. 5.	Günter Spranger 65
10. 4.	Walter Hradetzky 60	4. 5.	Walter Adamson 75
11. 4.	Fridolf Bogen 80	4. 5.	Ernst Giese 70
11. 4.	Wieland Herzfelde 90	4. 5.	Werner Kraft 90
11. 4.	Franz Hiesel 65	4. 5.	Theophil Krajewski 70
11. 4.	Artur Mettler 85	4. 5.	Carl August Weber 75
12. 4.	Herbert Gerhard Doll 65	5. 5.	Armin Cronauge 50
12. 4.	Ilse Ibach 65	5. 5.	Elisabeth Klein 85
12. 4.	Bernhard K. Tragelehn 50	5. 5.	Theodor Rutt 75
13. 4.	Ulrich Frank-Planitz 50	6. 5.	Franz Mon 60
13. 4.	Marianne Spitzler 85	6. 5.	Rudolf Neumann 60
14. 4.	Renate Gerhardt 60	6. 5.	Hartlib Rex 50
14. 4.	Reinhard Hauschild 65	6. 5.	Heinz Straub 65
14. 4.	Martin Kessel 85	7. 5.	Franz R. Miller 60
15. 4.	Johannes K. Hogrebe 80	7. 5.	Eberhard Puntsch 60
15. 4.	Catherine Kreutzer 80	7. 5.	Hermann Otto Vaubel 85
16. 4.	Anneliese Braun 85	8. 5.	Ilse Brauns 90
16. 4.	Albrecht Fladt 65	8. 5.	Uta Lehr-Koppel 50
16. 4.	Hilde Flex 65	8. 5.	Horst Plaschke 65
16. 4.	Ludwig Hackerott 80	9. 5.	Peter-Lutz Kindermann 50
16. 4.	Gerhard Kloss 65	9. 5.	Jo Mitzkéwitz 60
16. 4.	Wolfgang Leonhard 65	9. 5.	Wilhelm Rudnigger 65
17. 4.	Klaus Basset 60	9. 5.	Grete Steinböck 75
18. 4.	Bruno Donus 65	10. 5.	Oliver Hassencamp 65
18. 4.	Walter Gronemann 60	10. 5.	Werner Klenke 75
18. 4.	Heinz F.W. Hinze 65	10. 5.	Günter Spang 60
19. 4.	Annedore Christians 60	11. 5.	Ulrich Berkes 50
19. 4.	Johannes Günther 90	11. 5.	Aloys von Euw 65
20. 4.	Franz Wiesinger 90	11. 5.	Manfred Hoffmann 60
21. 4.	Eberhardt del'Antonio 60	11. 5.	Lily Hohenstein 90
21. 4.	Jörgen Ebbinghaus 90	11. 5.	Maja Maria Gräfin Strachwitz 85
21. 4.	Hans H. Grossmann 70	12. 5.	Anna Leonore Katharina Hajek
21. 4.	Alice Wegmann 75		65
23. 4.	Adelheid Duvanel 50	13. 5.	Günther Debon 65
23. 4.	Ernst Eggimann 50	13. 5.	Kurt von Wistinghausen 85
23. 4.	Hans Rauschning 60	14. 5.	Ursula Genazino 50
24. 4.	Friede Birkner 95	14. 5.	Carola Lepping 65
24. 4.	Hertha Lutz-Lorenz 70	15. 5.	Hermann Dollinger 80
24. 4.	Melchior Schedler 50	15. 5.	Max Frisch 75
24. 4.	Heinz Winkler 60	15. 5.	Heinrich Goertz 75
25. 4.	Dieter Beckmann 50	15. 5.	Richard Hey 60
25. 4.	Gisela Schmeer 60	15. 5.	Erich Kofler 70
26. 4.	Ernst Braun 65	15. 5.	Georg Adolf Narciß 85
26. 4.	Friedrich Johann Fischer 75	15. 5.	Renée Nebehay 70
26. 4.	Albert Hildebrandt 60	15. 5.	Hans Jürgen Press 60
26. 4.	Gertrud von Hilgendorff 65	15. 5.	Wolfgang Schwarz 70
27. 4.	Gerd Schönfelder 50	15. 5.	Irmela Wendt 70
28. 4.	Elsbeth Huditz 60	16. 5.	Inge Pollack 50
28. 4.	Hedwig Morawetz 80	16. 5.	Gerhard Prause 60

16. 5.	Herbert Schlüter	80
16. 5.	Johann Zellermayr	80
17. 5.	Kurt Benesch	60
17. 5.	Henryk Bereska	60
17. 5.	Werner Schlierf	50
18. 5.	Heinz Dieckmann	65
18. 5.	Alfred Eckert	70
18. 5.	Siegfried Freiberg	85
18. 5.	Uwe Kant	50
18. 5.	Liese-Lotte Krabbe-Flor	75
19. 5.	Lena Foellbach	70
19. 5.	Bertwin Frey	70
19. 5.	Ingeborg Goebel	70
19. 5.	Christine Koschel	50
20. 5.	Kurt Bachor	70
20. 5.	Karl Dedecius	65
20. 5.	Lydia Rauch	60
20. 5.	Frederick Ritter	90
20. 5.	Gerhard Sagert	75
20. 5.	Bruno Theek	95
22. 5.	Helga Blaschke-Pál	60
22. 5.	Werner-Otto von Hentig	100
22. 5.	Egon Schoß	75
23. 5.	Klaus Eidam	60
23. 5.	Béatrice Schürch-Schmidt	70
23. 5.	Günter Stiff	70
24. 5.	Alexander Bauer	65
24. 5.	Ilse Braatz	50
24. 5.	Hans Kasper	70
24. 5.	Friedrich-Werner Möllenkamp	65
25. 5.	Max von der Grün	60
25. 5.	Volkmar Vareschi	80
27. 5.	Hans Ahner	65
27. 5.	Wolfgang Lochner	60
27. 5.	Annemarie Stern	65
28. 5.	Karl-Eberhardt Felten	75
28. 5.	Fritz Hochwälder	75
28. 5.	Heinz G. Konsalik	65
28. 5.	Sigrid Munro	60
28. 5.	Peter Sutermeister	70
29. 5.	Ernst Burgstaller	80
29. 5.	Bernhard Ücker	65
29. 5.	Käte Walter	100
30. 5.	Heinrich von Bohn	75
30. 5.	Dagmar Braun	60
30. 5.	Herbert Budek	70
30. 5.	Anna Misselwitz	85
30. 5.	Wolfgang Spillner	50
31. 5.	James Krüss	60
31. 5.	Johannes Wetzel	60
1. 6.	Karl Jacobs	80
1. 6.	Kurt Mautz	75
2. 6.	Walter Arthur Kreye	75
2. 6.	Ilse Pracht-Fitzell	60
3. 6.	Helga Broza-Talke	50
3. 6.	Elly Demmer	85
3. 6.	Martin Gregor-Dellin	60
3. 6.	Marzell Oberneder	95
4. 6.	Ernst Hellwig	70
4. 6.	Karl Löbe	75
4. 6.	Hansgeorg Loebel	65
5. 6.	Bernhard Ohsam	60
5. 6.	Erich Stümpfig	65

5. 6.	Hedwig Witte	80
6. 6.	Andreas Bauer	80
6. 6.	Marianne Haitinger	80
7. 6.	Geno(veva) Hartlaub	70
8. 6.	Gerald Bisinger	50
8. 6.	Gerda Doublier	85
8. 6.	Otto Herding	75
8. 6.	Walther Staudacher	75
9. 6.	Jurij Brězan	70
9. 6.	Editha Holesch	85
9. 6.	Hedwig Kocher-Erb	80
9. 6.	Hans Ludwig	85
10. 6.	Katrin Pieper	50
11. 6.	Anton Schwingshackl	85
12. 6.	H(ans) C(arl) Artmann	65
12. 6.	Karl Kassing	50
12. 6.	Herbert Lederer	60
12. 6.	Achim Metzkes	60
12. 6.	Theo Reubel-Ciani	65
12. 6.	Ernst Schremmer	70
13. 6.	Karl M. Herrligkoffer	70
13. 6.	Heino von Rantzau	65
14. 6.	Rosmarie Diehn	60
14. 6.	Hermann Kant	60
14. 6.	Ernst Kappeler	75
15. 6.	Ilse Chasen-Krämer	85
15. 6.	Margarete Gericke	75
15. 6.	Ilse Schneider	75
16. 6.	Gustav Just	65
16. 6.	Yvonne Gräfin von Kanitz	65
16. 6.	Arthur Miller	85
16. 6.	Hermann James Schmitz	50
17. 6.	Rosemarie Bottländer	60
18. 6.	Felix Burckhardt	60
18. 6.	Gerhard Dallmann	60
18. 6.	Alfred Ehrentreich	90
18. 6.	Leo Hans Mally	85
18. 6.	Kurt Roecken	80
18. 6.	Max-Kurt Scheible	60
18. 6.	Luise Wolfer	85
19. 6.	Maria Bednara	70
19. 6.	Anne Brandenberger	60
19. 6.	Amalie von Furtenbach	85
19. 6.	Thora Thyselius	75
20. 6.	Paul Lüth	65
20. 6.	Gerhard Vogel	65
21. 6.	Gertrude de Alencar	80
21. 6.	Helmut Heißenbüttel	65
21. 6.	Friedrich Quiel	80
22. 6.	Ludwig Dumser	70
22. 6.	László Pálffy	65
22. 6.	Gisela Reichel	65
22. 6.	Rudolf Stock	80
23. 6.	Lutz Dupré	65
23. 6.	Erika von Gottberg	70
23. 6.	Heinz Greul	60
23. 6.	Elke Hirche	50
23. 6.	Karl Kainrath	80
23. 6.	Wolfgang Koeppen	80
23. 6.	Walter Neumann	60
23. 6.	Robert Stauffer-Würzbach	50
24. 6.	Helmut Heinemann	80
24. 6.	Hans Jaray	80

25. 6.	Oswald Andrae	60	
25. 6.	Hubert Butterwegge	75	
25. 6.	Herbert Geisler	65	
25. 6.	Agnes Herkommer	85	
25. 6.	Arnold Ronacher	65	
26. 6.	Günther Fritsch	60	
27. 6.	Clarita Schmid	80	
27. 6.	Christiane Vogel	60	
28. 6.	Gisela Kraft	50	
28. 6.	Eva Schwarz	65	
28. 6.	Kurt W. Streit	65	
29. 6.	Max Kirschner	80	
29. 6.	Erich Wagner	80	
30. 6.	Fritz Puhl	65	
30. 6.	Adalbert Schultz-Norden	85	
30. 6.	Josef Weidacher	75	
30. 6.	Manfred Züfle	50	
1. 7.	Jürgen Breest	50	
1. 7.	Heinz Körner	60	
2. 7.	Hans Georg Lenzen	65	
2. 7.	Berthold Wulf	60	
3. 7.	Gottfried Glechner	70	
3. 7.	Heinrich Pauly	80	
4. 7.	Josef Hofmann	70	
4. 7.	Dora-Grete Hopp	75	
4. 7.	Walther Neuwirth	90	
4. 7.	Wolfgang Petzet	90	
4. 7.	Klaus Staemmler	65	
5. 7.	René König	80	
6. 7.	Lothar von Balluseck	80	
6. 7.	Siegfried Starck	50	
6. 7.	Helmut Wiemken	60	
7. 7.	Carla-Elisabeth Carroll	80	
7. 7.	Rudolf Linge	65	
8. 7.	Othmar Franz Lang	65	
8. 7.	Heinz-Jürgen Zierke	60	
9. 7.	Georg Lohmeier	60	
9. 7.	Rolf Pilz	75	
9. 7.	Ingeborg Schnack	90	
10. 7.	Walter von Cube	80	
10. 7.	Otto Folberth	90	
10. 7.	Hiltgunt Zassenhaus	70	
11. 7.	Heinrich Bitsch	85	
11. 7.	Manfred Hanke	65	
11. 7.	Johannes W. R. Kneifel	50	
12. 7.	Johanna Moosdorf	75	
12. 7.	Adalbert Schmidt	80	
12. 7.	Richard Schulz	80	
12. 7.	Ruprecht Skasa-Weiß	50	
12. 7.	Helmut Maria Soik	75	
12. 7.	Ingeborg Wilutzky	70	
14. 7.	Karl Heinz Bodensiek	80	
14. 7.	Mathilde Maier	90	
14. 7.	Fred Rodrian	60	
15. 7.	Waldtraut Miersch	65	
15. 7.	Dietrich Hans Teuffen	65	
16. 7.	Walter Reimer	65	
17. 7.	Alexander Deppe	65	
17. 7.	Siegfried Heinzelmann	75	
17. 7.	Oskar Kreibach	70	
17. 7.	Hans Leo (Johannes) Sittauer	75	
18. 7.	Dora Oberhollenzer-Hegnitz	85	
18. 7.	Hans-Peter Range	60	

18. 7.	Grete Weil	80	
18. 7.	Christa Zschucke	80	
19. 7.	Hanns Geck	70	
20. 7.	Anne Faber	65	
20. 7.	Klaus Klöckner	60	
21. 7.	Elisabeth Freundlich	80	
21. 7.	Gerhard Habermann	75	
21. 7.	Bruno Knobel	65	
21. 7.	Marianne Zink	60	
22. 7.	Margarete Märker	80	
23. 7.	Margret Rettich	60	
24. 7.	Helmut Wehrenfennig	70	
24. 7.	Charlotte Zimmermann	60	
25. 7.	Ursula Enseleit	75	
25. 7.	Elsbeth Löhrl	70	
25. 7.	Herbert Rößler	75	
26. 7.	Leonhard Jansen	80	
26. 7.	Alfons Weber	65	
27. 7.	Brigitte Korff	60	
27. 7.	Hugo Scholz	90	
27. 7.	Gisela Sivkovich	60	
28. 7.	Emil Moser	85	
29. 7.	Hans Richard Purschke	75	
30. 7.	Karl Neumann	70	
30. 7.	Peter Neuneier	60	
31. 7.	Walter Schinzer	80	
31. 7.	Lis Schmitt-Böhle	85	
1. 8.	Hilda Kühl	65	
2. 8.	Ilse Ploog	80	
3. 8.	Susanne Bloch	80	
3. 8.	Alois Maria Kosler	85	
4. 8.	Hans Max von Aufsess	80	
4. 8.	Hanns Bornemann	75	
4. 8.	Gustav Fochler-Hauke	80	
4. 8.	Werner Koch	60	
4. 8.	Herbert Pothorn	75	
5. 8.	Günter Felkel	65	
6. 8.	Anton Graf Bossi Fedrigotti von Ochsenfeld	85	
6. 8.	Günter Löffler	65	
6. 8.	Christa Reinig	60	
6. 8.	Kadidja Wedekind	75	
7. 8.	Ernst Günter Dickmann	75	
7. 8.	Otto Siegfried Diehl	95	
7. 8.	Herbert Friedrich	60	
7. 8.	Gertrud Häusermann	65	
7. 8.	Friedrich Lieser	80	
7. 8.	Hans Neubauer	60	
8. 8.	Richard W. Eichler	65	
8. 8.	Ernst R. Hauschka	60	
8. 8.	Erika Iberer	80	
8. 8.	Annelies Rüggeberg	60	
8. 8.	Carl Hans Sasse	85	
9. 8.	Uwe Erichsen	50	
9. 8.	Werner Gauß	75	
9. 8.	Siegfried Schumacher	60	
10. 8.	Johannes Hubert	75	
10. 8.	Gerhard A. Jung	60	
10. 8.	Alfred Kauertz	60	
10. 8.	Eva Marder	70	
10. 8.	Bernhard Nüesch	75	
11. 8.	Karl Hoche	50	
11. 8.	Erich Hupfauf	65	

11. 8.	Maria Kaesen	85
11. 8.	Rolf Krenzer	50
11. 8.	Hans Kroliczak	50
11. 8.	Gerty Schiede	65
12. 8.	Josef Betz	80
12. 8.	Hermann Hakel	75
12. 8.	Hermann Jung	85
13. 8.	Elmy Lang	65
14. 8.	Arwed Bouvier	50
15. 8.	Andreas Birkner	75
16. 8.	Paolo Brenni	60
16. 8.	Lydia Knop	80
16. 8.	Merete Kurtz-Solowjew	80
17. 8.	Jürgen Marder	65
17. 8.	Walter Tharau	65
18. 8.	Fritz Kurt Albrecht	65
18. 8.	Erich Pfeiffer-Belli	85
18. 8.	Joseph Schister	65
18. 8.	Ulrike Schleckat	65
19. 8.	Marlies Mulac	65
20. 8.	Gerhard Grümmer	60
20. 8.	Gert Kalow	65
20. 8.	Heinrich Prochaska	90
20. 8.	Kurt Riedel	80
21. 8.	Hans Hermann Schlund	60
22. 8.	Richard F. Behnisch	85
23. 8.	Aurel Friedmann	80
23. 8.	Günter Sachse	70
23. 8.	Waldtraud E. White	65
24. 8.	Paridam von dem Knesebeck	75
24. 8.	Friedrich Luft	75
25. 8.	Schwester Marie Gebhard Arnold	65
25. 8.	Fritz Beer	75
25. 8.	Luise Drißler	80
26. 8.	Stefan Barcava	75
26. 8.	Heinz Rieder	75
27. 8.	Helen Keiser	60
27. 8.	Lis Kleeberg	70
27. 8.	Hans Karl Adolf Scheibner	50
28. 8.	Walter Görnandt	75
28. 8.	Walter Schmiedehaus	85
28. 8.	Thomas Weber	70
29. 8.	Jörg Splett	50
29. 8.	Gerhard Ludwig Zink	65
30. 8.	Heinz Dramsch	80
30. 8.	Dieter Schwarze	60
30. 8.	Wilhelm Szabo	85
30. 8.	Hans Zeuger	85
31. 8.	Karl-Hans Dripke	60
31. 8.	Alice Gardos	70
31. 8.	Ursula Grunewald	80
31. 8.	Marie-Thérèse Kurz-Goldenstein	50
1. 9.	Karla Höcker	85
1. 9.	Mira von Kühlmann-von Wendland	90
2. 9.	Josef Marx	85
3. 9.	Inge Hasslinger	65
3. 9.	Alfred Ernst Wollschläger	85
4. 9.	Margret Christ	60
4. 9.	Hans Joachim Swieca	60
5. 9.	Rosemarie Fleck	65

5. 9.	Ellen Seib	80
5. 9.	Wilfried Würl	65
6. 9.	Arno Sölter	75
7. 9.	Hans Helbron	75
7. 9.	Theodor Parisius	90
7. 9.	Heinz Roth	80
7. 9.	Pola Veseken	65
8. 9.	Josef Eberle	85
8. 9.	Fritz Habeck	70
8. 9.	Ewald Rolf	85
8. 9.	Rudolf Simmerling	85
8. 9.	Gisela Stiebler	60
9. 9.	Dore Zeiss	70
10. 9.	Karl L. Kistner	60
10. 9.	Günther Schröder	65
11. 9.	Rolf Floß	50
12. 9.	Heinz Becker-Trier	85
12. 9.	Paula Bittner	80
12. 9.	Ivo Braak	80
12. 9.	Ernst von Dombrowski	90
12. 9.	Ernst Kaußler	85
12. 9.	Ernst Schumacher	65
13. 9.	Utta Seifert	60
13. 9.	Franz Wallner-Basté	90
14. 9.	Erhard Agricola	65
14. 9.	Charlotte Höltschi-Grässle	60
14. 9.	Hansres Jacobi	60
14. 9.	Paul Siegel	90
15. 9.	Jurij Koch	50
15. 9.	Karl Stimpfl	75
16. 9.	Joachim Bechtle-Bechtinger	60
16. 9.	Walter Boehlich	65
16. 9.	Herbert Gröger	50
18. 9.	Hein Bredendiek	80
18. 9.	Arthur Hindenach	75
18. 9.	Manfred Keller	65
18. 9.	Magdalene Koch	75
19. 9.	Hermann Heimpel	85
19. 9.	Hans Hinrich Münster	65
19. 9.	Hasso Plötze	65
19. 9.	Friedrich Ch. Zauner	50
20. 9.	Hanns Gelsam	90
20. 9.	Adolf Heizmann	75
20. 9.	Kurt Heynicke	95
20. 9.	Paul Parin	70
20. 9.	Ludwig Wien	60
21. 9.	Horst Bernhardi	80
21. 9.	Erika Wojahn	75
22. 9.	Wolfgang Arnold	65
22. 9.	Anneliese Dieffenbach	80
22. 9.	Annegret Rausch	80
23. 9.	Albrecht Leonhardt	60
23. 9.	Josef von Matt	85
23. 9.	Heinz Neubert	60
23. 9.	Irmgard-Barbara Wurmbrand	80
24. 9.	Anna Maria Hoch	75
25. 9.	Hans-Werner Hegemann	75
25. 9.	Eugen Klooz	75
25. 9.	Lorle Schinnerer-Kamler	80
25. 9.	Ann-Charlott Settgast-Brockmüller	65
25. 9.	Rainer Zwing	50
26. 9.	Felix Gamillscheg	65

29.12. Jo Pestum 50

1987

1. 1. Ernst-Max Hacke 75
1. 1. Ruth Kilchenmann 70
1. 1. Alois Vogel 65
3. 1. Wolf von Aichelburg 75
3. 1. Fritz Köhle 80
3. 1. Adolfine (A.E.) Werbik-Seiberl 75
4. 1. Erica de Bary 70
4. 1. Rudolf Krüsmann 80
4. 1. Otto Zerlik 80
5. 1. Hermann Knoth 60
5. 1. Ingrid Charlotte Schwarz 50
5. 1. Fred Wander 70
6. 1. Heinrich Frhr. Jordis von
       Lohausen 80
6. 1. Anneliese List 65
6. 1. Alfons Rosenberg 85
7. 1. Hans-Dieter Stolze 50
7. 1. Walter Wanner 65
8. 1. Eckart Krumbholz 50
8. 1. Waldtraut Lewin 50
9. 1. Klaus Schlesinger 50
10. 1. Franz Kain 65
11. 1. Joseph Goebel 75
11. 1. Hildegard Krug 60
12. 1. Leopold Ahlsen 60
12. 1. Paul Bernhardt 80
13. 1. Karl Krahner 85
13. 1. Heribert Schwarzbauer 65
14. 1. Johann Jakob Häßlin 85
14. 1. Rudolf Hagelstange 75
14. 1. Theodor Kürzl 95
14. 1. Guy Stern 65
14. 1. Harald Zusanek 65
15. 1. Julius Becke 60
15. 1. Franz Fühmann 65
15. 1. Heinrich-Christian Warnke ... 75
16. 1. Carl-Heinz Bockemühl 70
16. 1. Helmut Dillenburger 70
16. 1. Helma Heymann 50
16. 1. Ernst Lange-Luperti 75
16. 1. Gustl Laxanger 85
16. 1. Herbert Oscar Pfeiffer 85
16. 1. Oskar Seidat 85
16. 1. Franz Ernest Aubert Tumler .. 75
17. 1. Gerda Bartels 70
17. 1. Friedrich Fiechtner 80
17. 1. Hermann Lemp 75
17. 1. Hans Walter 75
17. 1. Antonia Weiss 65
18. 1. Chris Bezzel 50
18. 1. Maria Binder 60
18. 1. Irmtraud Borbach-Knochen .. 50
18. 1. Walter Heinzinger 50
18. 1. Erwin Lüddeke 85
19. 1. Georg Scherg 70
19. 1. Heinrich Adolf Schmidt 85
20. 1. Alfred Hermann Unger 85
21. 1. Gertrud Freksa 85
21. 1. Wilhelm Josef Meissel 65

21. 1. Marianne Riemann 50
21. 1. Elisabeth Söderberg 75
21. 1. Käthe Ella Theuermeister 75
22. 1. Rudolf Flügel 90
22. 1. Walter Werner 65
23. 1. Marianne Graef 85
23. 1. Paul Emanuel Müller 60
23. 1. Elfriede Richter 60
24. 1. Kurt Brandt 80
24. 1. Heinz Liehr 70
24. 1. Anne Schäfertöns 60
27. 1. Galina Berkenkopf 80
27. 1. Walter Buller 50
27. 1. Günther Kapfhammer 50
27. 1. Hermann Melles 50
27. 1. Dorothea Wachter 75
27. 1. Karl Ziak 85
28. 1. Edith Mrázek 60
28. 1. Charlotte Seehase 80
28. 1. Luise Vogel 90
29. 1. Hanne Dietmann 60
29. 1. Liane Herrmann 65
30. 1. Fritz Güttinger 80
30. 1. Jutta Hübinger 75
30. 1. Nils Werner 60
30. 1. Franz Wittmann 60
31. 1. Siegfried Franck 85
31. 1. Eckart Ranke 50
31. 1. Igor Šentjurc 60
1. 2. Jochen Börner 65
1. 2. Hilde Fürstenberg 85
1. 2. Erich Lüth 85
2. 2. Elisabeth-Charlotte Clemens .. 65
2. 2. Margrit Dreyer 65
2. 2. Joachim Huppelsberg 80
2. 2. Karl T. Marx 85
2. 2. Dorothea Matthes 95
2. 2. Edmund Müller 85
2. 2. Siegfried Ziegler 85
3. 2. Walter Püschel 60
3. 2. Ulrich Sonnemann 75
4. 2. Oskar Becker 60
4. 2. Henry Kolarz 60
4. 2. Franz Neudorfer 60
5. 2. Rudolf Lorenzen 65
5. 2. Barthold Strätling 60
6. 2. Margot Schwarz 80
7. 2. Karl Josef Keller 85
8. 2. Elisabeth Aloysia Andreae 85
8. 2. Friedrich Wilhelm Bährens ... 60
8. 2. Erika Burkart 65
8. 2. Josef Ernstberger 65
8. 2. Alfred Hageni 70
8. 2. Heinz Kleinert 60
8. 2. Alice Penkala 85
10. 2. Hans Wolfram Hockl 75
10. 2. Jakov Lind 60
11. 2. Ruth Fritze 60
11. 2. Käthe Hoppe 65
11. 2. Daniela Krein 90
11. 2. Ingeborg Tetzlaff 80
11. 2. Herta Zerna 80
12. 2. Gerhard Eckert 75

13. 5.	Werner Gramsch 80	30. 5.	Hans-Gerd Schumann 60
13. 5.	Günther Philipps 50	31. 5.	Anny Augustin 75
14. 5.	Herbert W. Franke........... 60	31. 5.	Rolf Geißler................. 60
14. 5.	Gisela Kaad................. 60	1. 6.	Silvia Denneborg............ 65
14. 5.	Kurt Klotzbach.............. 70	1. 6.	Peter Helbich 50
14. 5.	Brigitte Wormbs............. 50	1. 6.	Ruth Schonauer.............. 65
15. 5.	Oskar Bischoff 75	1. 6.	Herbert Tichy............... 75
15. 5.	Gustav Dichler 80	2. 6.	Emil Reimers 75
15. 5.	Otto Linck.................. 95	2. 6.	Harald Schweiger 60
15. 5.	Hans Räber................. 70	3. 6.	Heinz Ritter 85
15. 5.	Christina Spoecker 60	3. 6.	Thomas Ross 60
15. 5.	Johann Adam Stupp 60	3. 6.	Friedrich Völker............. 85
15. 5.	Ruth Werner................ 80	4. 6.	Emil Hecker 90
16. 5.	Emil Bischoff 85	5. 6.	Käte Feurstein 75
16. 5.	Wladimir Lindenberg 85	5. 6.	Herta Grandt 80
16. 5.	Hans Mokka 75	5. 6.	Elfriede Prillinger 65
16. 5.	Karl Voss................... 80	5. 6.	Reinhold Ruthe 60
16. 5.	Matthias Walden 60	5. 6.	Reinhart Stalmann 70
17. 5.	Sibylle Mews................ 60	5. 6.	Karl Vettermann 50
17. 5.	Jürgen Misch 50	6. 6.	George Konell................ 75
17. 5.	Karl Wittlinger.............. 65	6. 6.	Margareta Pschorn 65
18. 5.	Elisabeth Gürt 70	7. 6.	Hanns Passecker............. 60
18. 5.	Robert Schnorr 65	7. 6.	Max Reinowski............... 80
18. 5.	Helmut Uhlig 65	7. 6.	Luis Stefan Stecher.......... 50
19. 5.	Bruno Aulich 85	7. 6.	Diego Viga.................. 80
19. 5.	Ernestine Koch 65	8. 6.	Reginald Földy.............. 60
19. 5.	Louis Edouard Schaeffer 85	8. 6.	Charles-Ernest Kohler 80
20. 5.	Gernot Burgeleit 50	8. 6.	Gertrud Agnes Anna Schurig . 65
20. 5.	Aurel von Jüchen............ 85	9. 6.	Balduin Baas 65
20. 5.	Kuno Raeber 65	9. 6.	Hans Langer................ 75
20. 5.	Friedrich Rohde............. 65	9. 6.	Edgar Roth 60
20. 5.	Hans Sahl 85	10. 6.	Georg Volker Dietrich........ 85
20. 5.	Egon Gustav Schleinitz 75	10. 6.	Werner J. Lüddecke 75
20. 5.	Kurt Wittich 80	11. 6.	Benedikt Freistadt........... 90
21. 5.	Friedl Brehm 70	11. 6.	Ludwig Soumagne............ 60
21. 5.	Kurt Oskar Buchner......... 75	12. 6.	Georg Schreiber.............. 65
22. 5.	Olga Baginski............... 65	12. 6.	Eckhart Werner 60
22. 5.	H. Wilfrid Brands........... 65	13. 6.	Hans Jungheim 60
22. 5.	Paul Friedl 85	13. 6.	Volker Ludwig 50
22. 5.	Otti Lohss 60	13. 6.	Eva Maria Mudrich.......... 60
22. 5.	Günter Wandel.............. 85	13. 6.	Joachim Ulrich.............. 75
24. 5.	Walter Ebert................ 80	13. 6.	Hubert Wiedfeld............. 50
24. 5.	Anne Marie Jürgens 90	14. 6.	Lieselotte Düngel............ 65
25. 5.	Gerhard Branstner 60	14. 6.	Elisabeth Meylan............ 50
25. 5.	Karlhans Frank 50	14. 6.	Heinz Steincke.............. 60
25. 5.	Robert Haerdter............. 80	15. 6.	Ruth Maria Giese 70
25. 5.	Alfred Rottler............... 75	15. 6.	Elfriede Wagner............. 65
26. 5.	Hinrich Jantzen............. 50	16. 6.	Eva Bornemann.............. 75
26. 5.	Isabella Nadolny 70	16. 6.	Adolf Egger................. 80
26. 5.	Kurt Pahlen 80	16. 6.	Herbert Lichtenfeld 60
26. 5.	Jiri Puda 70	16. 6.	Adelbert Mühlschlegel 90
26. 5.	Emil Ruhs.................. 75	17. 6.	Heinz Georg Wilhelm Meister. 60
26. 5.	Erika Schedel-Schauwecker .. 90	18. 6.	Johann Anton Burger......... 50
27. 5.	Ami Koestel 80	18. 6.	Rolf Hellmut Foerster........ 60
28. 5.	Gerd Beissert 75	18. 6.	Richard Sanders 90
28. 5.	Alfred Kröhnke 75	19. 6.	Ewald Christophers.......... 65
28. 5.	Werner Legère 75	19. 6.	Carl-Hellmuth Haas 70
29. 5.	Rudolf Kremser 85	19. 6.	Franz Hoernstein............ 75
29. 5.	Irmgard Muske.............. 75	19. 6.	Lorenz Mack................ 70
30. 5.	Elly Beinhorn............... 80	19. 6.	Ilse Meinck-Goedecke........ 80
30. 5.	Klaus Demus 60	19. 6.	Willi Wolfradt............... 95
30. 5.	Walter Hotz................. 75	20. 6.	Eugen Andergassen.......... 80
30. 5.	Walter Kult................. 65	20. 6.	Gerhard Meier 70

30. 9.	Jurek Becker	50
30. 9.	Hans Grossrieder	75
30. 9.	Johannes Grützke	50
30. 9.	Evamaria Lange	70
1.10.	Inge Merkel	65
1.10.	Friedrich Spieser	85
2.10.	Max Reisch	75
2.10.	Helga Schütz	50
3.10.	Erwin Sylvanus	70
3.10.	Wilhelm Utermann	75
4.10.	Karl-August Hennicke	60
4.10.	Leonore Suhl	65
4.10.	Luis Trenker	95
4.10.	Paula Walendy	85
5.10.	Paula Johanna Stotz	85
6.10.	Adalbert Karl Gauß	75
6.10.	Bernhard Seeger	60
7.10.	Paul Hübner	75
7.10.	Eberhard Schmidt	50
7.10.	Willi Schoth	70
8.10.	Ernst Decker	85
8.10.	Lucia Haberler	50
8.10.	Herbert Schneider	65
8.10.	Ingeborg Wendt	70
9.10.	Margrit Baur	50
9.10.	Eduard Dietl	60
9.10.	Alexander de Montléart	50
10.10.	Walter Paul Kirsch	80
11.10.	Martin Liechti	50
12.10.	Curt Letsche	75
12.10.	Juliane Windhager	75
13.10.	Manfred Schwab	50
13.10.	Hannelie Tackmann-Oelbermann	65
13.10.	Richard Zimprich	80
15.10.	Annemarie Ahrens	70
15.10.	Johann Stierl	75
16.10.	Günter Grass	60
17.10.	Edith Grotkop	90
17.10.	Kurt Sandweg	60
19.10.	Heidi Hämmerli-Keller	60
19.10.	Gunther Schärer	80
19.10.	Hans-Joachim Tannewitz	85
19.10.	Hans Conrad Zander	50
20.10.	Oskar Pastior	60
21.10.	Günter Böhmer	75
21.10.	Günther Deicke	65
21.10.	Peter Demetz	65
22.10.	Charlotte E. (Lottie) Kohls	85
22.10.	Klaus Wagner	50
23.10.	Dietlind Kinzelmann	50
23.10.	Karl Lütticken	85
24.10.	Hans Fink	75
24.10.	Johannes Freisel	70
24.10.	Ferdinand Oertel	60
24.10.	Horst Stern	65
25.10.	Lothar Lippmann	70
25.10.	Jutta Schutting	50
26.10.	Erna Behrens	70
26.10.	Wolfgang Körner	50
26.10.	Wilhelm Trunk	80
27.10.	Peter Lustig	50
27.10.	Paul Povysil	65
27.10.	Klaus Stephan	60
27.10.	Vilma Sturm	75
28.10.	Carl Martin Eckmair	80
28.10.	Marie Louise Fischer	65
28.10.	Gerold Kürten	60
29.10.	Otto Paasche	80
30.10.	Friedrich Michael	95
30.10.	Marianne Pasetti-Swoboda	60
31.10.	Ernst Augustin	60
31.10.	Ursula Student	65
1.11.	Kurt Neuburger	85
2.11.	Egon Schmidt	60
3.11.	Karl Koizar	65
3.11.	Erna Schrümpf	65
3.11.	Friedrich Karl Waechter	50
3.11.	Karl-Heinz Zöls	65
5.11.	Ulrich Bracher	60
5.11.	Quirin Engasser	80
5.11.	Barbara Strehblow	60
6.11.	Emma Delfs	75
6.11.	Walter Horn	85
6.11.	Stefan Schoblocher	50
7.11.	Christel Jacobi	75
7.11.	Gerhard Jäckel	65
7.11.	Rudolf Weickmann	50
8.11.	Margot Berthold	65
8.11.	Carl Bunje	90
8.11.	Heinz Hilgert	60
9.11.	Pierre Grégoire	80
9.11.	Louis Ferdinand Prinz von Preußen	80
9.11.	Josef Steidle	60
9.11.	Erich Wustmann	80
11.11.	Martin Lankes	90
11.11.	Edith Oppenheim-Jonas	80
12.11.	Irene Rodrian	50
13.11.	Arnold Bacmeister	80
13.11.	Ernö Kiss	60
13.11.	Marcel Valmy	65
15.11.	Joachim Schondorff	75
16.11.	Rolf Hahn	70
16.11.	Helmut Hilker	60
16.11.	Kurt Kampf	80
16.11.	Emil Georg Schäfer	75
17.11.	Erni Deutsch	70
17.11.	Heinz Glade	65
17.11.	Rudolf Hirsch	80
17.11.	Paul van der Hurk	90
17.11.	Christa Schlüter	65
17.11.	Michael Graf Soltikow	85
18.11.	Klaus Poche	60
19.11.	Alfred Graber	90
19.11.	Erwin Schneiter	70
20.11.	Walter Heynowski	60
20.11.	Christoph Kuhn	50
20.11.	Wolfgang Schreyer	60
21.11.	Erika Kerler	60
21.11.	Inge Rösener	70
22.11.	Ludwig Dörbandt	75
22.11.	Erich Dolezal	85
22.11.	Jörg Zink	65
23.11.	Gunter Aigengruber	50
23.11.	Peter Lehner	65

1988

9. 1.	Winfried Bauer............... 60	29. 1.	Peter von Zahn............... 75
9. 1.	Ernst Boucke 80	30. 1.	Alexander Brändle 65
9. 1.	Mechthild Mayer............. 70	30. 1.	Hans Kanitz 70
10. 1.	Gerhard Basner.............. 60	30. 1.	Walter Köster............... 85
10. 1.	Hans Leopold Davi 60	30. 1.	Gudrun Münster 60
10. 1.	Ingeborg Drewitz............ 65	30. 1.	Carl Theodor Saul........... 85
10. 1.	Renate Kühnert-Schostack ... 50	31. 1.	Tilly Boesche 60
10. 1.	Maria Zittrauer 75	31. 1.	Karl Emerich Krämer........ 70
12. 1.	Jürgen von Alten............. 85	31. 1.	Wolfgang A. Peters 75
12. 1.	Thea Graumann.............. 60	31. 1.	Gustav Sichelschmidt........ 75
13. 1.	Max Gertsch................. 95	1. 2.	Horst Bosetzky.............. 50
13. 1.	Trude Glauber 85	1. 2.	Martin Boyken.............. 80
13. 1.	Olaf Klose 85	1. 2.	Günther Ruddies............ 60
14. 1.	Hans Eich 85	2. 2.	Peter Fischer 85
14. 1.	Wolfgang Ernst Mildenberger. 65	2. 2.	Paul Gruber 50
14. 1.	Dorothea Perschon 65	2. 2.	Rolf Recknagel.............. 70
14. 1.	Karl Zumbro................. 60	5. 2.	Helge Haaser 50
15. 1.	Margret Gollub.............. 75	5. 2.	Karin Lorenz Lindemann 50
16. 1.	Hartmut Heinze............. 50	5. 2.	Maria Massler-Colombo 60
17. 1.	Benno Meyer-Wehlack 60	5. 2.	Hedwig Theodora Schlarbaum 60
17. 1.	Ignaz Stökl 80	5. 2.	Rolf Soellner................ 65
18. 1.	Ulrich Komm 75	5. 2.	Fritz Widmer 50
18. 1.	Carl-Hubert Krementz....... 65	6. 2.	Lothar-Günther Buchheim ... 70
18. 1.	Grete Nickel-Forst........... 75	6. 2.	Anneliese Butterweck........ 70
18. 1.	Johannes Rüber.............. 60	6. 2.	Friedrich Geissler 90
19. 1.	Ludwig Mohrbacher 80	6. 2.	Maria Kirchgeßner 80
19. 1.	Erik Graf Wickenburg 85	6. 2.	Werner Schrader 60
20. 1.	Jochen Krause 60	7. 2.	Anton Dieterich 80
21. 1.	Helga Greven 65	7. 2.	Christa Duchow 70
21. 1.	Hildegard Mayer-Trees 70	8. 2.	Horst Heinschke 60
21. 1.	Theodor Schmitt 75	8. 2.	Emil Staiger 80
22. 1.	Ulrich Holler................ 65	8. 2.	Hermann Hans Weitkamp.... 80
22. 1.	Theodor Tauchel 80	9. 2.	Arno Lubos................. 60
23. 1.	Johann Christoph Hampe 75	9. 2.	Dietrich Schmidt............ 60
23. 1.	Franz Rieger................. 65	9. 2.	Kuno Seyr.................. 50
24. 1.	Manfred Bacher.............. 65	9. 2.	Karl Günter Simon 65
24. 1.	Herbert Brandt 80	10. 2.	Heinz Bischof............... 65
24. 1.	Vlado Kristl................. 65	10. 2.	Wolfgang Ebert.............. 65
24. 1.	Heinz Müller................ 70	10. 2.	Richard Heinzel............. 80
25. 1.	Liselotte Bucar.............. 75	10. 2.	Friedrich Hiebel............. 85
25. 1.	Duschan Derndarsky 85	10. 2.	Georg Martz 65
25. 1.	Manfred Vogel 65	11. 2.	Marieluise Bernhard-von Luttitz
25. 1.	Eva Zeller 65		75
26. 1.	Dieter Bogs................. 50	11. 2.	Klaus Franken............... 75
26. 1.	Gerhard Stebner 60	12. 2.	Georg Harro Schaeff......... 85
26. 1.	Berta Wirtz 80	12. 2.	Emile Schaus 85
27. 1.	Franz Xaver Breitenfellner ... 75	12. 2.	Alfred Ernst Stengg 80
27. 1.	Olga Kukofka 70	13. 2.	Christoph Derschau 50
27. 1.	Egon Treppmann............. 60	13. 2.	Heinz Schwitzke 80
27. 1.	Johanna Waldbauer.......... 90	13. 2.	Auguste Staud-Weth......... 85
27. 1.	Selma Weißenbacher......... 85	14. 2.	Dieter Meichsner............ 60
28. 1.	Erna Goossens 75	14. 2.	Gertrud Mikura 65
28. 1.	Hans Knickrehm 65	14. 2.	Anton Sailer 85
28. 1.	Karl Franz Leppa 95	15. 2.	P. Walther, O.S.B. Diethelm ... 80
28. 1.	Franz Liebl.................. 65	15. 2.	Karl Heinz Kramberg........ 65
28. 1.	Ernst Meeß 70	16. 2.	Josef Walter König 65
28. 1.	Helga Pusch 65	16. 2.	Karl Otto Mühl.............. 65
28. 1.	Natalia Schmidt............. 50	16. 2.	Karlhans Müller............. 50
28. 1.	Erich Weihs................. 65	16. 2.	Willy Peter 65
29. 1.	Josef Gehrer................. 65	16. 2.	Reinhard Pozorny 80
29. 1.	Ulrich Heyse................. 80	16. 2.	Franz Hermann Wills........ 85
29. 1.	Hinrich Matthiesen........... 60	17. 2.	Werner Quednau 75
29. 1.	G. Alessandro Rapp.......... 95	17. 2.	Günther Ruprecht........... 90

17. 2.	Kurt Heinrich Schnurr....... 60	6. 3.	Heinz Zechmann............ 65
18. 2.	Hedwig Bolliger............. 75	7. 3.	Milutin Doroslovac.......... 65
18. 2.	Elke Endler................. 50	7. 3.	Susanne Köllersberger....... 65
19. 2.	Meta Grube................. 80	7. 3.	Friedrich Märker............ 95
19. 2.	Hans-Joachim Netzer........ 65	8. 3.	Walter Jens................. 65
20. 2.	Berta Hofberger............. 85	8. 3.	Kurt Seeberger.............. 75
20. 2.	Rolf Italiaander 75	8. 3.	Kurt Wilhelm 65
20. 2.	Nina Rauprich 50	9. 3.	Lutz Besch 70
20. 2.	Karl Heinz Weber 60	9. 3.	Gerhard Eis................. 80
20. 2.	Arthur Westrup 75	9. 3.	Martin Koller 65
21. 2.	Gisela Gorenflo 65	9. 3.	Maria Wysocki 50
21. 2.	Gerda Adelheid Kirmse 70	10. 3.	Josef Büscher............... 70
22. 2.	Karl Kleinschmidt........... 75	10. 3.	Friedrich Wilhelm Christophel 75
22. 2.	Hildegard Maria Rauchfuss... 70	10. 3.	Jochen Hoffbauer 65
22. 2.	Alfred Zschiesche 80	10. 3.	Heinz Gerhard Schwieger 75
23. 2.	Hansjoachim Kiene.......... 70	11. 3.	Karl Götz................... 85
23. 2.	Manfred Krüger............. 50	11. 3.	Käthe Recheis 60
23. 2.	Herbert Sinz................ 75	12. 3.	Helmut Hauptmann 60
24. 2.	Friedrich Baser 95	12. 3.	Heinrich Maria Ledig-Rowohlt 80
24. 2.	Walter Görlitz.............. 75	12. 3.	Norbert Voß 75
24. 2.	Henryk Keisch............... 75	13. 3.	Margarethe Liebler.......... 75
24. 2.	Manfred Limmroth 60	13. 3.	Gisela Maczey............... 65
24. 2.	Berthold Roland............. 60	13. 3.	Karl Wiesinger.............. 65
24. 2.	Paul Selk................... 85	14. 3.	Georg Born................. 60
25. 2.	Johann Dietrich Bödeker..... 70	14. 3.	Helmut Dettmann 80
25. 2.	Hans Werner Knobloch 60	14. 3.	Ulfert Goeman 50
25. 2.	Hans-Jürgen Winkler........ 65	14. 3.	Max Freiherr von Löwenthal-
25. 2.	Konrad Wünsche............ 60		Chlumecky 80
26. 2.	Maria Beckmann............ 65	14. 3.	Hildegunde Wöller........... 50
26. 2.	Erich Brückner 65	15. 3.	Lothar Braun 60
26. 2.	Hans Haid.................. 50	15. 3.	Heinz Görz 75
26. 2.	Theresa Hutzinger........... 80	15. 3.	Therese Mülhause........... 95
26. 2.	Hermann Lenz............... 75	15. 3.	Hans Reutimann 65
26. 2.	Hans Lüthje 90	15. 3.	Jetta Sachs-Collignon........ 65
26. 2.	Georg Schmidt 75	16. 3.	Oscar Herbert Breucker...... 80
26. 2.	Helene Weilen 90	16. 3.	Peter Kuhlemann 75
27. 2.	Hans Paul Fielitz............ 60	16. 3.	Ingeborg Meidinger.......... 65
28. 2.	Erica Maria Dürrenberger.... 80	16. 3.	Max Rieck.................. 70
28. 2.	Stefan Heinz................ 75	16. 3.	Wilhelm Staudacher 60
29. 2.	Elfriede Jobst............... 80	17. 3.	Franz Georg Brustgi......... 85
29. 2.	Adalbert Pongratz........... 60	17. 3.	Hans Doerner............... 80
1. 3.	Emil Johannes Guttzeit 90	17. 3.	Vera C. Ritter............... 70
1. 3.	Gustav René Hocke.......... 80	17. 3.	Lida Winiewicz-Lefèvre 60
1. 3.	Ursula Tannen 60	17. 3.	Hermann Ziock 75
1. 3.	Fritz Vahle 75	18. 3.	Karl Helbig................. 85
2. 3.	Karl-Heinz Berndt........... 65	18. 3.	Curt Hohoff................. 75
2. 3.	Falk Harnack 75	18. 3.	Günther Schwenn 85
2. 3.	Ruth Herbst 65	18. 3.	Erwin Walter Stein 80
2. 3.	Hildegard Leitner 85	19. 3.	Dagmar von Gersdorff 50
2. 3.	Hedwig Schwarz 90	19. 3.	Margot Hansen.............. 65
3. 3.	Herbert Bauer 80	19. 3.	Hermann Kästle............. 60
3. 3.	Laura Bücking 90	19. 3.	Sepp Koppensteiner 90
3. 3.	Friedrich Haarhaus.......... 60	19. 3.	Karl Paetow 85
3. 3.	Bernhard Mock 85	20. 3.	Ralph Giordano 65
3. 3.	Marta Schumann............ 70	20. 3.	Werner Klose 65
3. 3.	Gudrun Wilcke-Pausewang ... 60	20. 3.	Ilse Lieblich Losa 75
4. 3.	Traute Hellberg 70	20. 3.	Hans P. Schaad 60
5. 3.	Lore Toman 60	21. 3.	Peter Hacks 60
6. 3.	Wolfgang Joho 80	21. 3.	Mathilde Heinken 80
6. 3.	Dorothea Kleine............. 60	21. 3.	Elisabeth Kraus-Kassegg..... 90
6. 3.	Jürgen von Manger.......... 65	21. 3.	Else-Maria Lackmann 65
6. 3.	Peter Tille.................. 50	21. 3.	Wolfgang Schneider 50
6. 3.	Elmar Tophoven............. 65	21. 3.	Hans-Ulrich Steger 65

5. 5.	Rudolf Heinecke	65
5. 5.	Charlotte Janischowski	65
5. 5.	Ulla Küttner	75
6. 5.	Gertrud Hanke	70
6. 5.	Hajo Jappe	85
6. 5.	Ursula Kirchberg	50
6. 5.	Werner Kohl	90
6. 5.	Hem Schüppel	65
6. 5.	Franz Frhr. von Tautphoeus	80
6. 5.	Horst Witte	75
6. 5.	Christa Ida Alexandra Wulf	60
7. 5.	André Gilg	60
8. 5.	Hermann Josef Berges	85
8. 5.	Ingrid Pieper	50
9. 5.	Willy Günther	80
10. 5.	Doris Brehm	80
10. 5.	Joachim Ewert	60
10. 5.	Johannes Jourdan	65
10. 5.	Gabriele Freiin von Koenig-Warthausen	90
10. 5.	Nicolaus Sombart	65
10. 5.	Alfred Weidenmann	70
11. 5.	Marianne Hassebrauk	65
11. 5.	Ilse van Heyst	75
11. 5.	Dietmar Jovy	65
11. 5.	Robert Jungk	75
11. 5.	Edeltraud Kipke	85
12. 5.	Günter Braun	60
12. 5.	Ludwig Eichhorn	60
12. 5.	Karl Kolb	75
12. 5.	Dagmar Maeß	60
12. 5.	Gustav Emil Müller	90
12. 5.	Heinz von der Wall	65
13. 5.	Günter Blöcker	75
13. 5.	Leonhard Endres	80
13. 5.	Paul Schick	60
14. 5.	Liselotte Burger	80
14. 5.	Igor Kostetzky	75
14. 5.	Konrad Straub	50
15. 5.	Wilhelm Alff	70
15. 5.	Heinz Haber	75
15. 5.	Marianne Junghans	65
15. 5.	Rupert Pleßl	75
15. 5.	Hans Raaflaub	60
16. 5.	Daisy v. Wolmar-Ströh	65
17. 5.	Otto Horn	65
17. 5.	Dietrich Wolff	65
18. 5.	Hans Werner Gille	60
18. 5.	Hugo Meier	60
19. 5.	Barbara Egli	70
19. 5.	Kaspar Fischer	50
19. 5.	Walter-Benjamin Goldstein	95
20. 5.	Charles F. Harrach	65
20. 5.	Walter Kolbenhoff	80
20. 5.	Karl Korn	80
21. 5.	Egon Hartmann	60
21. 5.	Urs Widmer	50
22. 5.	Emil Broschk	85
22. 5.	Klaus Reichert	50
22. 5.	Karl Welser	75
23. 5.	Rudolf Habisreutinger	70
23. 5.	Charlotte Häussler	65
23. 5.	Marianne Kiesselbach	75

23. 5.	Heinrich Zillich	90
24. 5.	Franz Hammer	80
24. 5.	Hans-Heinz Pukall	60
24. 5.	Peter Jürgen Rieckhoff	65
25. 5.	Carl Fischer	70
25. 5.	Max Wertheim	80
26. 5.	Kurt Steiniger	60
27. 5.	Sibylle Hentschel	50
27. 5.	Wilhelm Kronfuss	85
27. 5.	Kurt Schäffer	75
28. 5.	Werner Bossert	70
28. 5.	Hanns Hermann Kersten	60
29. 5.	Brigitte Birnbaum	50
29. 5.	Kurt Haller	65
29. 5.	Hans Stadlinger	65
29. 5.	Hans Weigel	80
30. 5.	Christa Spangenberg	60
30. 5.	Gunter Steinbach	50
31. 5.	Helmut Schwarz	60
1. 6.	Gerhard Venzmer	95
1. 6.	Hermann Heinz Wille	65
2. 6.	Herbert Albers	80
2. 6.	Peter Hirche	65
2. 6.	Elisabeth Baronin von Warsberg	70
3. 6.	Sybille A. Rott-Illfeld	50
4. 6.	Ulrich Grasnick	50
4. 6.	Wolfgang Kellner	60
4. 6.	Charlotte Stühlen	90
5. 6.	Otto F. Walter	60
5. 6.	Rainer Walter	50
6. 6.	Edeltrud Marczik	65
7. 6.	Mano Ziegler	80
8. 6.	Friedrich Wilhelm Hymmen	75
8. 6.	Ernst Pfeiffer	95
8. 6.	Annemarie Weber	70
8. 6.	Charlotte von Weber	90
9. 6.	Manfred Esser	50
9. 6.	Franz Sulke	85
10. 6.	Annemarie Auer	75
10. 6.	M. E. Johanna Drack	75
10. 6.	Robert Geiling	80
10. 6.	Ulrich René Hoffmann	60
10. 6.	Heinrich Seewald	70
11. 6.	Charlotte Peter	60
11. 6.	Herbert Porst	90
11. 6.	Klaus Reuter	65
12. 6.	Harry Aßmann	75
12. 6.	Alfred Görgl	80
12. 6.	Uwe Steffen	60
13. 6.	Elisabeth Augustin	85
13. 6.	Erika Bausch	75
13. 6.	Marcel Brun	60
13. 6.	Dirck Clasen	80
13. 6.	Horst Pietruschinski	50
14. 6.	Heinz Wegehaupt	60
15. 6.	Erna Killinger	60
15. 6.	Hanna Köster-Ljung	75
15. 6.	Paul Schall	90
15. 6.	Alfred Peter Wolf	50
16. 6.	Andreas Liess	85
16. 6.	Hermann Schober	70
16. 6.	Ernst Rudolf Stankovski	60

4. 8.	Heinrich Weissling	65
5. 8.	Kay Ken Derrick	65
5. 8.	Hans von Gottberg	65
5. 8.	Goetz Scheer	85
6. 8.	Friedhelm Lorenz	60
6. 8.	Alexander J. Seiler	60
7. 8.	Marianne Höptner	60
7. 8.	Hubert Kluger	95
7. 8.	Ernst Laws	85
7. 8.	Heinz Rudolf Unger	50
8. 8.	Felix Berner	70
8. 8.	Jean Gyory	65
8. 8.	Karl-Oskar Stimmler	60
9. 8.	August Closs	90
9. 8.	Erika Rauschning	65
10. 8.	Karl Berisch	80
10. 8.	Nikolaus Engelmann	80
10. 8.	Wolf Rüdiger	75
11. 8.	Heinz Gernhold	50
11. 8.	Josef Ruckstuhl	80
12. 8.	Ilse Collignon	75
12. 8.	Norbert Rosowsky	60
13. 8.	Herbert Wessely	80
14. 8.	Wilhelm Anton Oerley	85
14. 8.	Walter Pfannmüller	75
14. 8.	Anton Schreiegg	75
15. 8.	Ludwig Imesch	75
16. 8.	Augustin Gutmann	85
16. 8.	Hans Hartl	75
16. 8.	Herbert Ritter von Stein	85
17. 8.	Karl Kuprecht	75
18. 8.	Johannes Dressler	75
18. 8.	Heinrich Gerlach	80
19. 8.	Barbara Bronnen	50
19. 8.	Werner Bucher	50
19. 8.	Germund Fitzthum	50
19. 8.	Karl Seemann	60
20. 8.	Hans Bernhard Meyer	90
20. 8.	Karl Heinz Robrahn	75
20. 8.	Johanna Stratenwerth	80
21. 8.	Agnes Hüfner	50
22. 8.	Walter Illing	80
23. 8.	Kathrin Brigl	50
23. 8.	Heinrich Dieckelmann	90
23. 8.	Robert Krötz	75
23. 8.	Hermann Neuber	50
24. 8.	Hubert Küpper	60
24. 8.	Annemarie Schwemmle	70
25. 8.	Hans Götz	70
25. 8.	Wilhelm Hambach	80
25. 8.	Alfons Kuhmann	65
25. 8.	Edmund Vincent Moschko	80
25. 8.	Heinz Sponsel	75
25. 8.	Konrad Winkler	70
26. 8.	Hans-Georg Lietz	60
26. 8.	Otto Pfeiffer	90
26. 8.	Walter Schweickert	80
27. 8.	Irene von Schaller	80
28. 8.	Alexander-Gotthilf Lemke	80
29. 8.	Herbert Meier	60
29. 8.	Roswitha Zauner	50
30. 8.	Friedrich Barthel	85
30. 8.	Rosmarie Egger	50

30. 8.	Karl-Erich Wilken	85
31. 8.	Bruno Stark	85
31. 8.	Lisa Wegener-Warsow	80
1. 9.	Hanni Baade	95
2. 9.	Botho von Berg	85
2. 9.	Harry Pross	65
4. 9.	Karl Wasser	50
5. 9.	Roman Czjzek	80
6. 9.	Hanna Ahrens	50
6. 9.	Wilhelm Bernhard	80
7. 9.	Tilly Bergner	80
7. 9.	Michael Burk	60
7. 9.	Herta-Maria Dannenberg	75
7. 9.	Elisabeth Josephi	100
7. 9.	Carl Hans Watzinger	80
8. 9.	Fritz von Forell	95
8. 9.	Erwin Gimmelsberger	65
9. 9.	Johannes Christiansen	85
9. 9.	Liselotte Mundt	85
9. 9.	Erika Zimmermann	90
10. 9.	Manfred Hausmann	90
10. 9.	Gerd Sowka	65
10. 9.	Joachim Stern	65
11. 9.	Gerd Angermann	65
11. 9.	Wolfgang Plat	65
11. 9.	Emil Ernst Ronner	85
12. 9.	Adolf Schneider	65
12. 9.	Johannes Werres	65
13. 9.	Johannes Poethen	60
14. 9.	Margarete Kröhnke	65
14. 9.	Frida Neumann	90
15. 9.	Claus Hehner	60
15. 9.	Fritz Hofmann	65
15. 9.	Thomas Immoos	75
15. 9.	Heinrich Schmidt	90
17. 9.	Eva Bartoschek	65
17. 9.	Manfred Blechschmidt	60
17. 9.	Robert E. Lembke	75
17. 9.	Mira Lobe	75
17. 9.	Heinz Rainer Reinhardt	50
18. 9.	Eleonore Hrdlička	60
19. 9.	Irene Geiling	65
19. 9.	Werner Lenz	65
19. 9.	Martha Ludwig	85
19. 9.	Helmut Minkowski	85
19. 9.	Hans Jürgen Schultz	60
19. 9.	Paul Schwarzenau	65
19. 9.	Wolfram Siebeck	60
20. 9.	Albert Ehrismann	85
20. 9.	Horst Rüdiger	85
20. 9.	Herbert Schneider	85
21. 9.	Frederic W. Nielsen	85
23. 9.	Karl August Kutzbach	85
23. 9.	Arthur Noffke	75
23. 9.	Kurt Preis	75
23. 9.	Karl-Heinz Söhler	65
25. 9.	Dieter Hassenstein	75
25. 9.	Benno von Wiese und Kaiserswaldau	85
26. 9.	Emil Maier-Dorn	85
26. 9.	Ernst Schnabel	75
27. 9.	Kurt Honolka	75
27. 9.	Vita Huber	75

15.11.	Eva Dürrenfeld	60	10.12.	Klaus Volkmann	75

LITERARISCHE ÜBERSETZER

Die Übersicht ist im wesentlichen ein Register zum Hauptteil, enthält also vor allem die dort genannten Autoren mit Übersetzer-Angaben. Darüber hinaus genannte wichtige literarische Übersetzer sind besonders gekennzeichnet:
Δ = Mitgl. im Verband deutscher Schriftsteller, Bundessparte Übersetzer
O = Mitgl. der Interessengemeinschaft von Übersetzern lit. u. wiss. Werke, Wien
◇ = Mitgl. im Schweizerischen Übersetzer- u. Dolmetscherverband
Die Anschriften nennt der jeweilige Verband.

Afrikaans
Bannert, Karl Josef
 Theodor
Drastil, Monika
Knust, Jutta
Lempp, Ferdinand
von Richthofen, Bolko
 Frhr.
Schneeweiß, Heinz-
 Heinrich Gebhard
Sievers, Edgar
Sulzer, Peter

Afrikanische Sprachen
Braumann, Franz
 (Suaheli)
Sulzer, Peter (Sesotho)

Albanisch
Lanksch, Hans-
 Joachim Δ
von Richthofen, Bolko
 Frhr.

Altfranzösisch s.
Französisch

Altgriechisch s.
Griechisch

Althochdeutsch
Cis, Gerhard
Schertz, Walter

Altiranisch
von Kardorff, Huberta
 Sophie (Altper)

Altnordisch
Braun, Otto Rudolf
Cis, Gerhard
Schertz, Walter

Altpersisch s.
Altiranisch

Altslawisch
Randow, Norbert

Amerikanisch s. auch
Englisch
Ayck, Thomas
Bannert, Karl Josef
 Theodor
Baur, Wolfgang
 Sebastian Δ
Bayer, Otto Δ
Becker, Uli
Beheim-Schwarzbach,
 Martin
Behrens, Katja
Berisch, Karl
Berthold, Margot
Birkenhauer, Klaus
von Bohn, Heinrich
Bornemann, Eva
Bracher, Ulrich
Brügel, Sigrid
Brumm, Walter Δ
Buchta, Norbert K. Δ
Degner, Helmut
Dittmann, Melitta Δ
Dittmer, Hans Otfried
Ebert, Wolfgang
Ehemann, Sigrid Δ
Eichel, Günter
Faschinger, Lilian O
Fischer, Erica O
Fittkau, Gerhard
Fleissner, Roland Δ
Friesel, Uwe
Ganz, Raffael
Georgi, Michael K. Δ
Gerhardt, Renate
Giannone, Helma O
Gilbert, Elizabeth Δ
Graf, Herbert Δ
Gröhler, Harald
Guetermann, Erika
Güttinger, Fritz
Hermann, Hans Δ
Hesse, Eva
Höllerer, Walter
Huditz, Elsbeth
Jany, Hildegard Δ
Kaiser, Stephan
Kaun, Axel Δ
Kawohl, Marianne
Kesten, Hermann
Killer, Ulrike Δ

Kneifel, Johannes W. R.
von dem Knesebeck,
 Paridam
Korhammer, Eva
Kratzer, Hertha O
Krüss, James
Längsfeld, Margarete Δ
Leder, Karl Bruno
Lindquist, Thomas Δ
Lips, Eva
Löffler, Günter
Maar, Paul
Maass, Hans-Joachim Δ
Molvig, Kai Δ
Muschg, Adolf
Muschg, Hanna
 Margarete
Pasterny, Udo
Peisker, Horst
Polz, Karin Δ
Rhiel, Wolfgang Δ
Sachse, Günter
Schmid, Eva-Liselotte Δ
Schmidt, Karin Δ
Schmitz, Siegfried
Schmitz-Mayr-Harting,
 Elisabeth
Schnack, Elisabeth
Schnurrer, Achim
Schreiner, Inna M. Δ
Schürenberg, Walter
Schuldt, Herbert
Schweier, Jürgen Δ
Stiebel, Marie-Anne
Stitz-Ulrici, Rolf
Stopfel, Ulrike Δ
Teichmann, Wulf Δ
Thaler, Wilhelm O
Thiel, Josef
Uhde, Anne Marie Δ
Vogel, Manfred
Wagmuth, Wolfram
Walter, Dieter
Wegener, Helga
 Marianne Δ
Weitz, Hans-J.
Wiemken, Christel
Wiemken, Helmut
Wilck, Otto Peter
Wollschläger, Hans
Zentner, Peter Δ

Angelsächsisch s. auch
Amerikanisch u.
Englisch
Eis, Gerhard

Arabisch
Grabitz, Brigitte △
Hansen, Kurt Heinrich
Karasholi, Adel
Mühlschlegel, Adelbert
Naoum, Jusuf
Schimmel, Annemaria
Wallner-Basté, Franz
Zaky, Renate

Austrische Sprachen
Bannert, Karl Josef
Theodor (Indon)
Braun, Otto Rudolf (Mal,
Indon)
Durben, Maria-
Magdalena (Pil)

Baltische Sprachen
Domin, Hilde (Lett)
Eue-Vigners, Beatrice
(Lett) △
Henschel, Waltraut (Lett)
Januzys, Maria (Litau)
Matthies, Frank-Wolf
(Litau)
Oprescu, Elga (Lett)

Bengali s. Indische
Sprachen

Bretonisch s. Keltisch

Bulgarisch
Alexieff, Bogislaw
Bannert, Karl Josef
Theodor
Endler, Adolf Edmond
Eschker, Wolfgang
Fey, Hilde △
Fischer, Gerlinde ○
Hartmann, Egon
Herboth, Hartmut
Berthold
John, Erhard
Köhle, Fritz
Peet, Georgia
Rähmer, Joachim
Randow, Norbert
Simon, Erik

Chinesisch
Bauer, Wolfgang
Behrsing, Siegfried
Braun, Otto Rudolf
Chow, Chung-cheng
Debon, Günther

Fick, Walter
Hausmann, Manfred
Hildebrand, Alexander
Immoos, Thomas
Klöpsch, Volker △
Meier, Karl Gerhard
Morgental, Michael
Schickel, Joachim
Schönfelder, Gerd
Weigand, Jörg

Dänisch
Asbeck, Hans Theo
Bannert, Karl Josef
Theodor
Boehlich, Walter
Bolay, Karl-Heinz
Bracher, Ulrich
Bracher, Ursel △
Braumann, Franz
Bruns, Alken △
Butt, Wolfgang △
Carstensen, Richard
Dey, Reinhold △
Doll, Herbert Gerhard
Domes, Alfred
Doublier, Gerda
Dressler, Johannes
Falk-Rønne, Arne
Fauteck, Heinrich
Fellmer, Edith
Fittkau, Gerhard
Frenzel, Herbert A.
Fussenegger, Gertrud
Gosewitz, Ludwig
Guggenheim-von Wiese,
Ursula
Kapoun, Senta △
Kicherer, Birgitta △
Klippel, Susanne
Klose, Olaf
Knudsen, Knud
Knust, Jutta
Köster-Ljung, Hanna
Kolbenhoff, Walter
Kranz, Gisbert
Krause, Waldemar
Laxdal, Jon △
Leonhardt, Albrecht
Lifka, Erich
Loibl-Neuhauser, Maria
Luschnat, David
Mez, Jette △
Pantenburg, Vitalis
Paulsen, Anna
Petri-Sutermeister,
Bolette
Ramsay, Tamara
Rausch, Annegret
†von Richthofen, Bolko
Frhr.
Ruprecht, Günther

Scherf, Walter
Schwede, Alfred Otto
Schwenzen, Per
Siedler, Wolf Jobst
Staudacher, Walther
Theile, Albert
Westphal, Fritz
Winger, Ilse ○

Englisch s. auch
Amerikanisch
Abel, Jürgen △
Ackermann, Werner
Adamson, Walter
Adler, Ernst
von Aichelburg, Wolf
Albrecht, Fritz Kurt
Alpers, Hans Joachim
Altrichter, Ingrid △
Amery, Carl
Anders, Günther
Anders, Richard
Arendt, Erich
Armanski, Gerhard
Arnold, Heinz Ludwig
Artl, Inge M. △
Asbeck, Hans Theo
Aschner, Peter ○
Asendorf, Dorothee △
Assum, Gertrud
Astel, Arnfrid
Auer, Margaret
Auerbach, Frank △
Ausländer, Rosalie (Rose)
Avenarius, Elisabeth
Babler, Otto F.
Bach, Wolf-Dieter △
Bacher, Wolfram
Backmund, Norbert
Bacmeister, Arnold
Bader, Katarina
Bächer, Max
Bänninger, Konrad
Baierl, Helmut
Balling, Ludwig
Bamberger, Richard
Bannert, Karl Josef
Theodor
Bardili, Johanna
Bars, Edda
Bartels, Steffen
Barthel, Manfred
Bartuschek, Helmut
Bastian, Heiner
Bauer, Heinrich
Wilhelm △
Baumann, Peter
Baumgart, Reinhard
Baumgartner, Alfred
Baumrucker, Gerhard
Baustian, Lieselott
Bayer, Otto △

Bean, Gerda △
Beer, Otto F.
Beheim-Schwarzbach,
   Martin
Behrens, Alfred
Behrens, Erna
Beissel, Rudolf
Benckiser, Nikolas
Benesch, Kurt
Berger, Uwe
Bergner, Wulf △
Berisch, Karl
Berl-Lee, Maria
Berndt, Karl-Heinz
Berner, Felix
Bernhard, Thomas
Bernhardi, Horst
Berron, Gottfried
Berthold, Margot
Bertsch, Hilde (Bertram)
Bertsch-Hegemann,
   Anja △
Betts, Peter J.
Beutler-Maroni, Maja
Bezzola-Kueng,
   Hanny ◇
Bier, Käthe
Bierbüsse, Fritz
Bindheim, Dietlind △
Bingen, Ernest
Birkenhauer, Klaus
Blaas, Erika
Blaha, Herbert △
Blaukopf, Kurt
Blechmann, Liselotte
Bletschacher, Richard
Blöcker, Günter
Bochskandl, Marcella
Bodden, Ilona
Bode, Helmut
Bodenstedt, Johanna
Böhmer, Emil
Böhmer, Otto A.
Böll, Heinrich
Bolay, Karl-Heinz
Bolliger, Max
Bonin, Werner
Bornemann, Ernst Wilh.
   Julius
Bornemann, Eva
Bornhorn, Nicolaus
Boskamp, Arthur
Bossert, Werner
van der Bourg, Wolfgang
   Berthold
Bracher, Ulrich
Bracher, Ursel J.
Braem, Elisabeth M.
Brandes, Volkhard
Braumann, Franz
Braun, Dagmar
Braun, Otto Rudolf

Brauns, Ilse
Brehm, Doris
Bremer, Claus
Brender, Irmela
Bresgen, Cesar
Breuer, Rainer
Brinkmann,
   Rosemarie △
Brotze, Nina △
Bruck, Edgar-Pedro
Brügel, Sigrid
Brütting, Georg
Brumm, Walter △
Bruns, Ursula
Buchberger, Anna
Buchta, Norbert K. △
Budzinski, Klaus
Bütow, Hans
Bukofzer, Werner
Bulhardt, Franz
   Johannes
Bulkowski, Hansjürgen
Bull, Bruno Horst
Burgauer, Christoph △
Burger, Eric
Bydlinski, Georg
Cabanis, Hertha
Carls, Carl Dietrich
Carroll, Carla-Elisabeth
Carroux, Margaret △
Casal, Silvia
Cerio, Clara
Chasen-Krämer, Ilse
Chiari, Gerhard
Chobot, Manfred
Clemen, Ursula
Closs, August
Colby, Max
Conradi, Dagmar △
von Conta, Manfred
Coubier, Heinz
Cramer-Nauhaus,
   Barbara
Cremer, Drutmar, P.
   (O.S.B.)
Csollany, Maria △
Cunis, Reinmar
Cyran, Eberhard
Czedik-Eysenberg, Maria
von Czernicki, Karl-
   Otto △
Dahl, Jürgen
Danella, Utta
Daniger, Margot
Degenhardt, Jürgen
Degner, Helmut
Deinert, Wilhelm
Delmari-Delp, Ellen
Demetz, Hanna
Dericum-Pross, Christa
Derschau, Christoph
Dessauer, Maria

Dichler, Gustav
Dichler-Appel, Magda
Dillenburger, Helmut
Dillenburger, Ingeborg
   Freifrau von Groll
Dittmann, Melitta △
Dittmer, Hans Otfried
Doberer, Kurt K.
Dörken, Gerd
Doll, Herbert Gerhard
Domin, Hilde
Doroslovac, Milutin
Dorst, Tankred
Dotzler, Ursula
Drack, M. E. Johanna
Drastil, Monika
Dreecken, Inge
Dripke, Karl-Hans
Duchow, Christa
Duchstein, Fritz
Duden, Anne
Dühnfort, Erika
Dürrson, Werner
Dufour, Louis
Durben, Maria-
   Magdalena
Durben, Wolfgang
Eberle, Josef
Ebner, Jeannie
Ebner, Peter
Eggert, Jochen △
Eggert, Vera
Ehemann, Sigrid △
Ehrentreich, Alfred
Eich, Hans
Eichel, Günter
Eidam, Klaus
Eis, Gerhard
Eis-Steffan, Ruth
Eisermann, Wolfgang △
Eitzert, Rosemarie
Ekker, Ernst
Endler, Adolf Edmond
von Engel, Sabine
Engelke, Kai
Engelmann, Bernt
Enzensberger, Christian
Enzensberger, Hans
   Magnus
Enzinger, Gertraud ○
Erb, Ute
Erné, Giovanni Bruno
Ernsting, Walter
Erny, Georg-Martin
Esser, Manfred
Ettl, Peter
Exner, Richard
Fabri, Albrecht
Falk-Rønne, Arne
Fankhänel-Moller,
   Heidewig △
Fanurakis, Jutta △

Faschinger, Lilian ○
Fauser, Jörg
Fechter, Sabine
Feilhauer, Angelika △
Fellmer, Edith
Felten, Grete
Felten, Karl-Eberhardt
Fersching, Alois
Firner, Walter
Fischer, Erica ○
Fischer, Gerlinde ○
Fischer, Gottfried
  Bermann
Fischer, Heinz
Fischer, Ilse
Fischer, Ursula △
Fischer, Wolfgang Georg
Flach, Doris ◇
Fleissner, Roland △
Fliessbach, Holger △
Földy, Reginald
Foerster, Rolf Hellmut
Fragner, Wolfram
Franck-Neumann, Anne
Frank, Karlhans
Frank, Martin
Franke, Charlotte
Frankenschwerth,
  Margarete
Frauendorf-Mössel,
  Christine △
Freundlich, Elisabeth
Friebert, Stuart
Fried, Erich
Friede, Gerhard
Friedmann, Erni
Friesel, Uwe
Gaertner, Hans △
Gangloff, Suzanne
  Annette △
Ganz, Raffael
Garcia-Seiler, Brigitte ◇
Gasbarra, Felix
Gatter, Frank Thomas
Gebert, Li
Gebhardt, Friedrich
  Johann
Geerk, Frank
Gehlhoff-Claes, Astrid
Gehrts, Barbara
Geiger, Franz
Geleng, Ingvelde
Gentges, Maria
Georgi, Michael K. △
Geppert, Roswitha
Gerhardt, Renate
Giannone, Helma ○
Giese, Alexander
Gilbert, Elizabeth △
Goebel, Wulf
Goerdten, Ulrich
Görz, Heinz

Götz, Karl
Goldschmidt, Erni
Gomringer, Eugen
Gosewitz, Ludwig
Gotfurt, Dorothea
Gottschalk, Herbert
Grabner-Haider, Anton
Graf, Herbert △
Graf, Karin △
Graf, Karl Ludwig △
Grams Wehdeking, Alma
  Luise
Grashoff, Bernd
Grasmück, Jürgen
Grell, Ernst △
Griese, Friedrich △
Grimault, Theresia ◇
Gröger, Herbert
Gröhler, Harald
Groh, Georg Artur
Gronwald, Werner
Grossberg, Mimi
Großkopf, Gertrud △
Grossrieder, Hans
Grote, Christian △
Grothe, Heinz (Torsten)
Grümmer, Gerhard
Gschwend, Ragni Maria
  (Seidl-) △
Guben, Günter
Günther, Herbert
Guetermann, Erika
Güttinger, Fritz
Guggenheim-von Wiese,
  Ursula
Guggenmos, Josef
Gurr-Erkens, Ursula
Gutmann, Werner
Gutzschhahn, Uwe-
  Michael
Gwerder, Urban
Haag, Klaus
Habeck, Fritz
Habermann, Gerhard
Hachfeld, Eckart
Hachmann, Jürgen
Hacks, Peter
Haefs, Gisbert
Haemmerling, Ruth
Haene, Rolf
Härtle, Heinrich
Häßlin, Johann Jakob
Hagelstange, Rudolf
Hahn, Dagmar △
Hahn, Ronald
Haidegger, Ingeborg-
  Christine
Hamburger, Michael
von Hanau-Schaumburg,
  Maria Prinzessin
Harbecke, Ulrich
Hardey, Evelyn

Harms, Rudolf
Harranth, Wolf
Hartmann, Helmut
Haslehner, Elfriede
Hatje, Hannes
Hebsaker, Grit
Heckmann, Wolf
Heidenberger, Felix
Heiliger, Wilhelm
Heindl, Gottfried
Heinemann, Erich
Heiner, Wolfgang
Heinle, Fritz
Heinrichs, Hans-Gert
Heise, Hans-Jürgen
Heisinger, Hilde
Heizmann, Lieselotte
Helbling, Hanno
Held, Christa
Held, Wolfgang
Heller, Manfred
von Hellermann,
  Dorothee
Hellwig, Hans
Helwig, Werner
Henisch, Peter
Hennemann, Susanne
Hennig, Martin
Henninges, Barbara △
von Hentig, Hartmut
von Hentig, Werner-Otto
Herkommer, Hanne △
Herlin, Hans
Hermann, Hans △
Hermanowski, Georg
Hermlin, Stephan
Herms, Uwe
Hermstein, Rudolf △
Herold, Annemarie
de Herrera, Ulla H. △
Herzfelde, Wieland
Hesse, Eva
Hesse, Manfred
Heyda, Ernst
van Heyst, Ilse
Hiebel, Friedrich
Hilbert, Ferd
Hildebrandt, Dieter
Hildesheimer, Wolfgang
Hilsbecher, Walter
Himmelein, Gunhild △
Hinderberger, Hannelise
Hinze, Heinz F.W.
Hirche, Peter
von Hoboken, Eva
Hocke, Gustav René
Höck, Hanna
Höcker, Charlotte
Höfer, Sylvia △
Höfling, Helmut
Hoeher, Siegfried △

Liebermann von
Sonnenberg, Jutta
Liehr, Heinz
Liersch, Rolf
Lifka, Erich
Linder, Linda
Lindquist, Thomas △
Linke, Evelyn △
Linke, Manfred
Linnert, Hilde ○
Lischke, Barbara
Löffler, Günter
Löhrer, Frieda
Loetscher, Hugo
Loibl-Neuhauser, Maria
Lorenzen, Thomas △
Loschütz, Gert
Lotar, Peter
Ludwig, Volker
Lüpke, Gerd
Lundholm, Anja
Lutz-Lorenz, Hertha
Maar, Paul
Maas, Heinz A.
Maass, Hans-Joachim △
Maegraith, Michael-
Patrick △
Märker, Margarete
Mahn, Klaus
Mander, Gertrud △
Mangold, Christoph
Manz, Hans
Marginter, Peter
Mark, Paul J.
Marmont, Rolf-Frieder
Marnau, Alfred
Maronde, Curt
Martell, Wolfgang
Martin, Gunther
von der Marwitz, Christa
Marx, Josef
Marx, Karl T.
Masson, Irmalotte
Matzker, Wolf
Maurer, Gretl
Mayer, Ruth
Mayer-Trees, Hildegard
Mayröcker, Friederike
McNeal, Timothy
Mechnig, Elfriede
von Mechow, Brigitte
Mede-Flock, Hanne
Meier, Hugo
Meissel, Wilhelm Josef
Meiswinkel, Hans-Martin
Meixner, Margaret △
Metzger, Erika
Meyer, Ilse
Meyer, Jutta
Meyer, Thomas △
Meyer-Abich, Siever
Johanna

Meyer-Clason, Curt
Michaelsen, Hermann W.
Michels, Tilde
Miehe, Ulf
Mielke, Franz
Mietzner, Lieselotte △
Migdal, Ulrike
Minkowski, Helmut
Minnemann, Joachim
Mirus, Ilse
Mitterer, Erika
Mock, Bernhard
Modes, Joachim
Modlmayr, Hans-Jörg
Mössner, Ursula-
Maria △
Mohr, Ulrich
Moller, Hans △
Molvig, Kai △
Monteiro-Eckert,
Erika ◇
de Montléart, Alexander
Morgental, Michael
Mosberger, Elisabeta
Motylewitz, Georg ○
Mrotzek, Siegfried
Mühlberger, Josef
Mühringer, Doris
Müller, Gustav Emil
Mueller, Harald
Waldemar
Müller, Klaus
Müller, Margarete
Müller, Ulrich Friedrich
Münster, Thomas
Munro, Sigrid
von Muralt, Inka
Musil-Fichtel, Liselott
Muske, Irmgard
Nadolny, Isabella
Naschitz, Fritz
Naumann, Margot
Nebehay, Renée
Nebel, Alfred ◇
zur Nedden Pferdekamp,
Modeste △
Netzer, Hans-Joachim
Ney, Norbert
Nicklisch, Hans
Niederehe, Joseph
Noack, Hans-Georg
Norden, Peter
von Nostitz-Wallwitz,
Oswalt
Oerley, Wilhelm Anton
Oesterreich, Hans-
Günther
Ohff, Heinz
Ohnemus, Günter
Ohrtmann, Fritz
Opfermann, Hans-Carl
Oppitz, Hertha Maria

Orthofer, Peter
Ortmann, Edwin
Orzechowski, Peter
Ost, Heinrich Hermann
Otten, Ellen △
Ottendorff, Walther
Otto, Hermann
Pallat, Gabriele △
Palm, Rolf
Pantenburg, Vitalis
Paris, Ernst-Günter
Pasetti-Swoboda,
Marianne
Pasterny, Udo
Pataki, Heidi
Peer, Andri
Peet, Georgia
Pehnt, Antje △
Peinemann, Bernhard
Peterich, Werner
Petersen, Carol
Petzoldt, Marianne
Peymann, Barbara △
Pfetsch, Helga △
Pielicke, Karl
Pieper, Josef
Pietraß, Richard
Piron, Johannes
Plancherel, Roswitha
Plessen, Elisabeth Gräfin
Ploog, Jürgen
von Pölnitz, Albrecht
Frhr.
Pörtner, Marlis
Pössiger, Günter
Polt, Robert
Polz, Karin △
Pope, Ina
Portisch, Gertraude
Pracht-Fitzell, Ilse
Prager, Hans Georg
Preußler, Otfried
Pross-Weerth, Heddy
Puntsch, Eberhard
Pusch, Brigitte △
von Puttkamer, Ulrike △
Quenzer, Gerlinde △
Raabe, Gerhard △
Raddatz, Fritz-Joachim
Rademacher, Gerhard
Raether, Marina
Rana, Renate
Angelika △
Ranke, Eckart
Rauter, Ernst
Raykowski, Harald △
Rebner-Christian, Doris
Recheis, Käthe
Reckmann, Kurt
Reding, Josef
Regnier, Charles
Reichel, Gisela

Reichel, Verena △
Reichert, Carl-Ludwig
Reichert, Klaus
Reinau, Renato ◇
Reinfrank, Arno
Reinhardt, Sabine △
Reinoß, Herbert
Reisner, Stefan
Remané, Lieselotte
Rennert, Udo △
Reutimann, Hans
von Reznicek, Felicitas
von Rezzori d'Arezzo,
	Gregor
Rhiel, Wolfgang △
Richers, Thomas R. △
Richter, Elisabeth
Richter, Hans Peter
Richter, Jutta
Richter, Werner ○
†von Richthofen, Bolko
	Frhr.
Rieche, Anita △
Riegel, Wilhelm Michael
Riess, Curt
Risse, Heinz
Röhrig, Tilman
Rösener, Inge
Röthlingshöfer,
	Christian △
Ronner, Emil Ernst
Roos, Peter
Rosacker, Horst
	Dieter △
Rosenbach, Detlev
Rosenfeld, Friedrich
Rosowsky, Norbert
Rossa, Kurt
Roth, Dieter
Rozumek, Angela
Rüdiger, Kurt
Rühm, Gerhard
Rullkötter, Bernd △
Ruperti, Marga
Sahl, Hans
Salomon, Alfred
Salzinger, Helmut
Sander, Rudolf
Sandor, Andreas
Sauer, Lothar
Schaber, Will
Schäuffelen, Konrad
	Balder
Schaffer, Stefanie ○
Schaffer, Ulrich
Schalmey, Peter
Schamoni, Wilhelm
von Schaukal, Lotte
Schaup, Susanne △
Scheck, Denis △
Schelzig, Alfred
Schenkel, Elmar

Schepper, Rainer
	Wilhelm Maria
Scherf, Walter
Schesswendter, Rudolf
Schewe, Heinz
Schier-Oberdorffer,
	Uta △
Schiff, Hans Bernhard
von Schill, Claudia Beate
†Schilling, Helmut
Schirmbeck, Heinrich
Schirmer, Bernd
Schirmer, Ruth (Me)
Schlender, Bertram
Schlösser, Manfred
Schlüter, Herbert
Schlüter, Marguerite
Schmidt, Christian
	Dietrich △
Schmidt, Leonore △
Schmidt, Lothar
Schmidt, Renate
Schmidt-Bleibtreu, Ellen
Schmidt-Freytag, Carl-
	Günther
Schmied, Wieland
Schmiele, Walter
Schmitt, Wilkar
Schmitt-Mix, Walter
Schmitthenner, Hansjörg
Schmitz, Fred
Schmitz, Siegfried
Schmitz-Mayr-Harting,
	Elisabeth
Schnabel, Ernst
Schnack, Elisabeth
Schneider, Karl H. △
Schneider, Rolf
Schnell, Robert Wolfgang
Schnorr, Robert
Schnurrer, Achim
Schöffler, Rosemarie
†Schöler, Ellen
Schönfeld, Eva △
Schönwiese, Ernst
Schottelius, Ursula △
Schrader, Hermann
Schrader, Werner
Schraps-Poelchau,
	Maria △
Schreiber, Georg
Schreiber, Hermann
Schreiner, Inna M. △
Schübel, Theodor
Schürenberg, Walter
Schuldt, Herbert
Schult, Peter
Schulte, Michael
Schultze, Hermann
Schuster, Gaby
Schwabe, Hansrudolf
Schwarz, Hedwig

Schwarz, Wolfgang
Schwede, Alfred Otto
von Schweder-Schreiner,
	Karin △
Schwedhelm, Karl
Schwertschlager, Maria
Scriba-Sethe, Barbara △
Seckleman, Peter
Seib, Günter △
Seidel, Georg
Seifert, Utta
Seiler, Alexander J.
Sembdner, Wolfgang
Sessler, Thomas
Seyppel, Joachim
Siedler, Wolf Jobst
Sievers, Edgar
Simon, Erik
Simon, Gerd
Simon, Karl Günter
Simon, Klaus
Skwara, Erich Wolfgang
Slater, Timothy △
Soellner, Hedda
Soellner, Rolf
Soik, Helmut Maria
Soltikow, Michael Graf
Sonnemann, Ulrich
Spiel, Hilde
Sponsel, Heinz
Sprick, Claus △
Stackelberg-Treutlein,
	Freda Baronin
Stählin, Christof
Stammel, Heinz-Josef
Stark-Towlson, Helen
Stegmann, Tilbert Dídac
Steinböck, Grete
Steinebach-Zehner, Eva-
	Frida
Stephan, Klaus
Stern, Horst
Sternberg, Gertrud
Stiebel, Marie-Anne
Stiehl, Hans Adolf
Stiehl, Hermann
Stitz-Ulrici, Rolf
Stock, Hermann
Stöger, August Karl
Störig, Hans Joachim
Stoiber, Rudolf Maria
Stopfel, Ulrike △
Strätling, Barthold
Straub, Dieter
Streblow, Lothar
†Strohm, Egon
Stromberg, Kyra △
Sturm, Vilma
Sulzer, Peter
Summerer, Siglinde △
Sussdorff, Angela △
von Sydow, Rolf

Szabo, Wilhelm
Szyszkowitz, Uta ○
Tardy-Marcus, Julia △
Teichmann, Wulf △
Teichs, Adolf
Tessmer, Charlotte
Thaler, Wilhelm ○
Theile, Albert
Thelen, Albert Vigoleis
Theobaldy, Jürgen
Thiel, Josef
Thiele-Dohrmann,
  Klaus △
Timm, Herbert
Toaspern, Paul
†Toch, Josef
Toman, Lore
Tophoven-Schöningh,
  Erika △
Treffer, Günter ○
Treichl, Helga
Tscheer, Rosmarie
Twaroch, Johannes
Uhde, Anne Marie △
Uhlmann, Joachim
Unger, Alfred Hermann
Unger, Heinz Rudolf
Urbach, Reinhard
Vahle, Friedrich-Eckart
Valmy, Marcel
Veldtrup, Josef
Viebahn, Fred
Vogel, Magdalena
Vogel, Manfred
Vogel, Manfred
Vogelsang, Fritz △
Vollmar, Klausbernd
Vollmer, Dietrich
Vordtriede, Werner
Voss, Evelyn △
Vulpius, Günther
Wagenseil, Kurt
Wagmuth, Wolfram
Wagner, Elfriede
Wagner, Gudrun
Wagner, Hedda △
Wagner-Jourdain,
  Georges △
Walitzek, Brigitte △
Wallner-Basté, Franz
Walter, Dieter
Walter, Friedrich
Walter, Michael
Wannicke, Achim
von Warsberg, Elisabeth
  Baronin
Waser-Gamper, Esther
(von) Wasserthal-Zuccari,
  Luise
Weber, Annemarie
von Weber, Charlotte

Weber-Stocker,
  Rosemarie ◇
Wedekind, Kadidja
Weder, Heinz
Wegener, Helga
  Marianne △
Wehdeking, Volker
Wehrli-Knobel, Betty
Wehrli-Rudin, Irma ◇
Weidner, Franziska △
Weigel, Hans
Weil, Grete
Weismann, Peter
Weitbrecht, Brigitte △
Weitz, Hans-J.
Weixelbaumer, Ingrid ○
Weller, Hildegard △
Welsh, Renate
von Welsperg-Raitnau,
  Wolfgang Graf
Werfel, Edda ○
Werres, Johannes
Wessling, Berndt W.
Westermayr, Tony △
Wetzel, Johannes
Widmann, Ines Hermine
Widmer, Fritz
Widmer, Urs
Wiemken, Christel
Wiemken, Helmut
Wiens, Wolfgang
von Wiese, Ursula △
Wiggershaus, Renate
Wilck, Otto Peter
Wilken, Karl-Erich
Wilss, Wolfram △
Wiltsch, Hans
Wilutzky, Ingeborg
Wimmer, Paul
Windhager, Juliane
Winger, Ilse ○
Winiewicz-Lefèvre, Lida
Winkler, Edda ◇
Winter, Biggy ○
Winter, Else △
Winterberg,
  Rosemarie △
Winterstein, Lydia
Wirth, Gerhard
Wiskott, Inge △
Witzel, Frank
Wörle, Wolfram
  Hermann Guido
Wolfradt, Willi
Wollschläger, Alfred
  Ernst
Wollschläger, Hans
Woytt-Secretan, Marie
Würmli, Marcus △
Wulf, Christa Ida
  Alexandra
Wurm, Franz

Zahl, Peter-Paul
Zahn, Ingrid
Zaky, Renate
Zeiske-vom Stein, Maria-
  Christine
Zentner, Peter △
Zeuger, Hans
Zimmer, Dieter E.
Zoglmann, Helga ○
Zschocke, Fee
Zühlsdorff, Volkmar
Zweig, Stefanie

Esperanto
Bannert, Karl Josef
  Theodor
Hunsche, Friedrich Ernst
Morgental, Michael
Stöber, Otto
Ziegler, Siegfried

Estnisch
Bannert, Karl Josef
  Theodor
Behrsing, Siegfried
Kentmann, Ingeborg
Stock, Hermann
Thomson, Erik

Finnisch
Bannert, Karl Josef
  Theodor
Bolay, Karl-Heinz
Crottet, Robert
  Alexander
Daublebsky, Gun
  Margret
Dey, Reinhold △
Durben, Maria-
  Magdalena
Guggenmos, Josef
Hein, Manfred Peter
Jänicke, Gisbert △
Krott, Peter
Plöger, Angela △
Schwede, Alfred Otto
Stalder, Heinz

Flämisch s.
Niederländisch/
Holländisch

Französisch
Abel, Jürgen △
Ackermann, Werner
von Aichelburg, Wolf
Alexandrowicz, Eva
Alff, Wilhelm
Altrichter, Ingrid △
Anders, Richard
Andertann, Hedwig
Arendt, Erich

Armanski, Gerhard
Arnold, Heinz Ludwig
Arnsperger, Irmela △
Asbeck, Hans Theo
Aschner, Peter ○
Asendorf, Dorothee △
Ayren, Armin
Babler, Otto F.
Bach, Wolf-Dieter △
Backmund, Norbert
Bader, Katarina
Bächler, Wolfgang
Bänninger, Konrad
Bailly, Theodora
von Balthasar, Hans-Urs
Bannert, Karl Josef
  Theodor
Barckhausen, Christiane
Barthel, Manfred
Bartuschek, Helmut
de Bary, Erica
Baumgart, Hildegard △
Baumgartner, Alfred
Baur, Wolfgang
  Sebastian △
Baustian, Lieselott
de Beauclair, Gotthard
Beer, Otto F.
Beissel, Rudolf
Benckiser, Nikolas
Bergmann, Karl Hans
Bergner, Tilly
Bernarding, Klaus
Bernhard, Thomas
Bernhardi, Horst
Berron, Gottfried
Berthold, Margot
Bertsch, Hilde (Bertram)
Bertsch-Hegemann,
  Anja △
Best, Otto F.
Beutler-Maroni, Maja
Bezzola-Kueng,
  Hanny ◇
Bingen, Ernest
Birk, Linde △
Blechmann, Liselotte
Bletschacher, Richard
Blöcker, Günter
Bochskandl, Marcella
Bodden, Ilona
Bode, Helmut
Boehlich, Walter
Bolay, Karl-Heinz
Bolliger, Hedwig
Bonn, Gisela
Borchers, Elisabeth
Bornhorn, Nicolaus
Borowsky, Kay
Borst-Fremont,
  Angela △
Boskamp, Arthur

Bossert, Werner
Brandes, Volkhard
Bratesch, Verona
Braumann, Franz
Braun, Otto Rudolf
Brehm, Doris
Bremer, Claus
Breuer, Rainer
Brinkmann,
  Rosemarie △
Broda, Ina
Brotze, Nina △
Bruck, Edgar-Pedro
Brütt-Sérusclat,
  Françoise △
Brun, Marcel
Bruns, Ursula
Brustgi, Franz Georg
Buchberger, Anna
Bucher, Werner
Buchmann, Jürgen
Budzinski, Klaus
Bulhardt, Franz
  Johannes
Burgauer, Christoph △
Burger, Eric
Caltofen, Rudolf
Carls, Carl Dietrich
Carroux, Margaret △
Carstensen, Richard
Casal, Silvia
Chasen-Krämer, Ilse
Chiari, Gerhard
Christophel, Friedrich
  Wilhelm
Clerc-Erle, Widulind △
Colby, Max
Conradi, Dagmar △
Coubier, Heinz
von Crailsheim, Carola
  Baronin
von Cramer, Heinz
  Tilden
Cueni, Claude
Czedik-Eysenberg, Maria
von Czernicki, Karl-
  Otto △
Czjzek, Eva ○
Czjzek, Roman
Davi, Hans Leopold
Deichsel, Wolfgang
Deinert, Wilhelm
Delmari-Delp, Ellen
Demski, Eva
Dericum-Pross, Christa
Derndarsky, Duschan
Dessauer, Maria
Deutsch, Erni
Dichtl, Ruth
Diem, Eugen
Dietrich, Fred
Dietrich, Georg Volker

Dippel, P. Gerhardt
Dobberkau, Thomas △
Dörken, Gerd
Doll, Herbert Gerhard
Domke, Helmut
Doroslovac, Milutin
Dorst, Tankred
Doublier, Gerda
Drack, M. E. Johanna
Dühnfort, Erika
Dürrenberger, Erica
  Maria
Dürrson, Werner
Durben, Wolfgang
Ebeling, Jörn
Eberle, Josef
Eich, Hans
Eidam, Klaus
Eitzert, Rosemarie
†Elster, Hanns Martin
Enzensberger, Hans
  Magnus
Erb, Ute
Erman, Hans
Erné, Giovanni Bruno
Erni, Franz Xaver
Erny, Georg-Martin
Eue-Vigners, Beatrice △
Faber-Perathoner, Hans
Fabian, Walter
Fabri, Albrecht
Fetscher, Iring
Fischer, Carl
Fischer, Erica ○
Fischer, Gerlinde ○
Fischer, Ilse
Fischer, Klaus
Fischer-Hollweg, Brigitte
Flach, Doris ◇
Fleissner, Roland △
Fock, Holger
Foerster, Rolf Hellmut
Folberth, Otto
Franck-Neumann, Anne
Frei, Walter
Freiberg, Siegfried
Freundlich, Elisabeth
Frey, Julius-Friedrich
  Ulrich
Friedmann, Erni
Frielinghaus, Helmut
Fries, Fritz Rudolf
Friesel, Uwe
Frischmuth-Kornbrust,
  Felicitas
Fritz, Walter Helmut
Galin, Dagmar
Gangloff, Suzanne
  Annette △
Ganz, Raffael
Garcia-Seiler, Brigitte ◇
Gasbarra, Felix

Gebert, Li
Geerk, Frank
Geiger, Franz
Geleng, Ingvelde
Gentges, Maria
Gerhardt, Renate
Gersch, Christel
Gewalt, Wolfgang
Gloede, Günter
Goy, Erwin
Graber, Alfred
Grabner-Haider, Anton
Graf, Karl Ludwig △
Grams Wehdeking, Alma
 Luise
Grégoire, Pierre
Grell, Ernst △
Griese, Friedrich △
Grimault, Theresia ◇
Gröger, Herbert
Grossrieder, Hans
Gsteiger, Manfred (Prov)
Gutmann, Werner
Gwerder, Urban
Habeck, Fritz
Habermann, Gerhard
Hachfeld, Eckart
Haefs, Gisbert
Haemmerling, Ruth
Haene, Rolf
von Hagen, Angela △
Hahn, Annely
Haidegger, Ingeborg-
 Christine
Hansen, Kurt Heinrich
Harig, Ludwig
Harrach, Charles F.
Hartebrodt, Herbert Willi
Hartlaub, Geno(veva)
Hartstein, Hans-
 Joachim △
Hausemer, Georges
Heindl, Gottfried
Heinrichs, Hans-Gert
Helbling, Hanno
Hellwig, Hans
Helmlé, Eugen
Hennig, Martin
Henniger, Gerd
von Hentig, Werner-Otto
Herburger, Günter
Heresch, Elisabeth ○
Hergouth, Alois
Hering, Gerhard
Herkommer, Hanne △
Hermlin, Stephan
Herzfelde, Wieland
Hesse, Manfred
Heuschele, Otto
Heyer, Georg Walther
Hilbert, Ferd

Hildebrandt-Essig,
 Angelika △
Hilsbecher, Walter
Hilty, Hans Rudolf
Himmelein, Gunhild △
Hinderberger, Hannelise
von Hoboken, Eva
Hocke, Gustav René
Höfer, Sylvia △
Hölzer, Max
Hofberger, Berta
Hoffmann, Hans
Hohenemser, Annelie △
Holmsten, Georg
Honolka, Kurt
Huber, Vita
Hübner, Raoul
Hunt, Irmgard
Huppelsberg, Joachim
Hutzler, Anneliese
Ingold, Ilma
Italiaander, Rolf
Jacobi, Hansres
Jacobs, Karl
Jahnke-Lee, Hanna ◇
Jaun, Sam
Jordak, Karl
Jost, Bernd
Juds, Bernd
Jungo, Michael
Junker, Stella ○
Jutzi, Alice ◇
Kabisch, Alwin
Kaiser, Reinhard △
Kalbeck, Florian
Kalow, Marianne △
von Kanitz, Yvonne
 Gräfin
von Kardorff, Huberta
 Sophie
Kauer, Edmund Th.
Keisch, Henryk
Keller, Hans Peter
Kelter, Jochen
Kemp, Friedhelm
Kerker, Armin
Kesten, Hermann
Kieser, Angelika ◇
Kieseritzky, Ingomar
Kimmig, Rudolf △
Kirsch, Rainer
Klee, Wolfhart
Kleff, Theodor
Kleinhardt, Werner
Klewer, Karl A. △
Klinger, Kurt
Kloth, Friedrich August
Klünner, Lothar
Kluitmann, Gisela ◇
Knight, Paul △
Knobel, Bruno
Knöller, Ursula

Knudsen, Knud
Knust, Jutta
Knust, Theodor A.
Köhle, Fritz
König, Paul
König, René
König, Traugott △
Könner, Alfred
Kohl, Paul
Kohlhaas, Wilhelm
Kolb, Karl
Kollmann, Friedrich ○
Kolnberger-Spitzbarth,
 Evelyne
Kornell, Lore
von Koskull, Josepha
 Benita Baronesse
Kotulla, Annemarie
Kowatsch, Klaus
Krämer, Karl Emerich
Kramer, Herbert
 Gerhard
Kramp, Willy
Kranz, Gisbert
Krause, Evelyne
Krein, Daniela
Kritzinger-Liphart,
 Margarita
Krolow, Karl
Krüger, Manfred
Kübler, Bärbel
Kühn, Herbert
Künzel, Helga
Kuoni, Alfred
Kurz, Gerda △
†Kusenberg, Kurt
Laederach, Jürg
Laermann, Klaus △
Lallemand-Rietkötter,
 Annette △
Lanczkowski, Cl.
Landau, Edwin Maria
Lang, Elmy
Lang, Marion
Lange, Hartmut
Lanzendorf, Hildegard ◇
Laschen, Gregor
Laufs, Christa △
Leegard, Alf
Leifert, Arnold
Leimer, Hermine
Lentz, Mischa (Michaela)
Lenz, Hermann
Lenzen, Hans Georg
Leonhard, Kurt
Leonhardt, Rudolf Walter
Lerbs-Lienau, Renate
Lewandowski, Herbert
Liebermann von
 Sonnenberg, Jutta
Lifka, Erich
Linke, Evelyn △

Linnert, Hilde ○
Löhrer, Frieda
Löper, Rolf △
Loetscher, Hugo
Lopez, Monika △
Lorenzen, Thomas △
Lückoff, Dietrich
Lupescu, Valentin
Luschnat, David
Lutz-Lorenz, Hertha
Märker, Margarete
Mark, Paul J.
Martell, Wolfgang
Marx, Josef
Mattheus, Bernd
Matthies, Frank-Wolf
Matzen, Raymond
Mayer, Hans
Mayer, Ruth
Mayer-Trees, Hildegard
von Mechow, Brigitte
Meier, Herbert
Meier, Hugo
Meixner, Margaret △
Mertens, Heinrich A.
Mey, Reinhard
Meyer, Ilse
Meyer, Thomas △
Meyer-Abich, Siever
   Johanna
Meyer-Clason, Curt
Michel-Moldenhauer,
   Eva △
Michels, Tilde
Minkowski, Helmut
Minnemann, Joachim
Mirus, Ilse
Mitterer, Erika
Möckel, Klaus
Mohar, Ákos
Mohler, Armin
Mohr, Ulrich
Moller, Hans △
Monteiro-Eckert,
   Erika ◇
de Montléart, Alexander
Moser, Bruno
Mühlberger, Josef
Mülder, Dirk △
Müller, Helmut
Müller, Ulrich Friedrich
Münch, Karl
Münster, Thomas
Mundt, Hans Josef
Muske, Irmgard
Naschitz, Fritz
Nebel, Alfred ◇
zur Nedden Pferdekamp,
   Modeste △
Neunzig, Hans Adolf
Ney, Norbert
Nicklisch, Hans

Niederehe, Joseph
Noack, Hans-Georg
Noack, Paul Robert Karl
von Nostitz-Wallwitz,
   Oswalt
Oberlin, Urs
Obermüller, Klara
Ochwadt, Curd
Oerley, Wilhelm Anton
Opfermann, Hans-Carl
Oprescu, Elga
Ortmann, Edwin
Ottendorff, Walther
Palm, Rolf
Parzeller, Margarete
Paul, Wolfgang
Peer, Andri
Pehnt, Antje △
Peterich, Werner
Peters, Wolfgang A.
Petersen, Carol
Petzoldt, Marianne
Peymann, Barbara △
Pfaff-Giesberg, Robert
Pfau, Una △
Pfister, Max
Pflagner, Margit
Pietraß, Richard
Piron, Johannes
Piroué, Susi △
Plancherel, Roswitha
Pörtner, Marlis
Pörtner, Paul
Pössiger, Günter
Pollak, David
Poupin, Barbara
Quenzer, Gerlinde △
Raabe, Gerhard △
von Radetzky, Robert
Raeber, Kuno
Rapp, G. Alessandro
Raus, Michel
Reding, Josef
Regnier, Charles
Reimann, Andreas
Reinau, Renato ◇
Reinfrank, Arno
Reinhardt, Sabine △
Reisner, Stefan
Reiter, Robert-Michael
Remané, Martin
Rentsch, Helga
Richter, Elfriede
Richter, Hans Peter
Richter, Werner ○
†von Richthofen, Bolko
   Frhr.
Riedt, Heinz
Riegel, Wilhelm Michael
Riepenhausen, Carlheinz
Riess, Curt
Römer, Rolf

Ronchetti, Lilly
Ronner, Emil Ernst
Rosowsky, Norbert
Roth, Dieter
Rott-Illfeld, Sybille A.
Rozumek, Angela
Ruda, Kurt Maria
Rübesamen, Hans Eckart
Rüdiger, Kurt
Rühm, Gerhard
Ruperti, Marga
Russell, Mechtild △
Satter, Heinrich
Sauer, Lothar
Schäke, Gerhard
Schäuffelen, Konrad
   Balder
Schaffer, Stefanie ○
Schamoni, Wilhelm
von Schaukal, Lotte
Scheffel, Gerda △
Scheffel, Helmut △
Schelzig, Alfred
Schenkel, Elmar
Scherf, Walter
Schiff, Hans Bernhard
von Schill, Claudia Beate
†Schilling, Helmut
Schindler, Regine
Schirmbeck, Heinrich
Schirmer, Bernd
Schirmer, Ruth (Af)
Schlesinger, Bettina
Schlüter, Herbert
Schlüter, Marguerite
Schmidt, Christian
   Dietrich △
Schmidt, Lothar
Schmitt, Mélie
Schmitt, Wilkar
Schmitthenner, Hansjörg
Schmitz, Fred
Schmitz-Mayr-Harting,
   Elisabeth
Schmutte, Ingeborg △
Schnell, Martha
Schnorr, Robert
von Schöfer, Wolfgang
Schöffler, Rosemarie
Schönfeld, Eva △
Schönwiese, Ernst
Scholl, Susanna ○
Schoop, Elisabeth ◇
Schoß, Egon
Schottelius, Ursula △
Schrader, Hermann
Schreiber, Georg
Schreiber, Hermann
Schübel, Theodor
Schürenberg, Walter
Schuldt, Herbert
Schult, Peter

Schulz, Klaus-Peter
Schwaar, Hans Ulrich
Schwab, Günther
Schwabe, Hansrudolf
Schwarz, Margot
Schwede, Alfred Otto
von Schweder-Schreiner,
  Karin △
Schwedhelm, Karl
Schwertschlager, Maria
Scriba-Sethe, Barbara △
Seelmann-Eggebert,
  Ulrich
Seib, Günter △
Seidat, Oskar
Seiler, Alexander J.
Sessler, Thomas
Seyfert, Ingeborg △
Simon, Karl Günter
Simon, Klaus
Skwara, Erich Wolfgang
Soellner, Hedda
Soellner, Rolf
Soik, Helmut Maria
Soltikow, Michael Graf
Soupault, Ré
Speier, Michael
Spiecker, Alfred △
Spies-Schlientz, Gisela △
Sprick, Claus △
Stählin, Christof
Stark-Towlson, Helen
Steenken, Eduard
Steffan, Ernst B. ◇
Stegentritt, Erwin
Stegmann, Tilbert Dídac
Stegmann-Steinwachs,
  Ginka (Gisela)
Steiger, Otto
Steinböck, Grete
Steinebach-Zehner, Eva-
  Frida
Steiner, Joerg
Stempel, Ute △
Sternberg, Gertrud
Stiehl, Hans Adolf
Stiehl, Hermann
Stitz-Ulrici, Rolf
†Storz, Gerhard
†Strohm, Egon
Studniczka, Ingeborg
Sulzer, Peter
Summerer, Siglinde △
Sussdorff, Angela △
Szarota, Elida Maria
Szyszkowitz, Uta ○
Tardy-Marcus, Julia △
Teichs, Adolf
Tesch, Anne
Tessmer, Charlotte
Thaler, Wilhelm ○
Thelen, Albert Vigoleis

Thiekötter, Friedel
Thiel, Josef
Thiel, Manfred
Thürer, Georg
Tietz, Gunther
†Toch, Josef
Tophoven, Elmar
Tophoven-Schöningh,
  Erika △
Treffer, Günter ○
Treichl, Helga
Tscheer, Rosmarie
Tscherpel, Rudolf Maria
Ude, Karl
Ujlaky, Charlotte
Valangin, Aline
Valmy, Marcel
Vananti, Elisabeth ◇
Veldtrup, Josef
Vincent, Marianne
Vordtriede, Werner
Vulpius, Günther
Wagenseil, Kurt
Wagner-Jourdain,
  Georges △
Wallner-Basté, Franz
Walser, Johanna
Walter, Dieter
von Warsberg, Elisabeth
  Baronin
(von) Wasserthal-Zuccari,
  Luise
von Wattenwyl-de
  Gruyter, Julie
Weber, Annemarie
Weber, Carl August
von Weber, Charlotte
Weber, Gerhard Werner
Weber-Stocker,
  Rosemarie ◇
Weder, Heinz
Wehr, Elke △
Wehrli-Knobel, Betty
Wehrli-Rudin, Irma ◇
Weigand, Jörg
Weigel, Hans
Weitbrecht, Brigitte △
Weitz, Hans-J.
Werckshagen, Carl
Werf, Fritz
Wessling, Berndt W.
Wetzel, Johannes
Wicharz-Lindner,
  Angela △
Wickenburg, Erik Graf
Widmer, Urs
Wiggershaus, Renate
Windhager, Juliane
Winger, Ilse ○
Winiewicz-Lefèvre, Lida
Winkler, Edda ◇
Winkler, Herbert

Winter, Biggy ○
Winter, Else △
Winterberg,
  Rosemarie △
Wirpsza, Maria △
Wiskott, Inge △
Wittkop, Justus Franz
Wittkopf, Rudolf
Wittmann, Uli (Af) △
Wolfradt, Willi
Woytt-Secretan, Marie
Würmli, Marcus △
Wunderer, Richard
Wurm, Franz
Zaky, Renate
Zeiske-vom Stein, Maria-
  Christine
Zielonka, Michael
Zimbrich, Walter
Zimmer, Dieter E.
Zwillinger, Frank

Friaulisch s.
Rätoromanisch

Georgisch s.
Kaukasische Sprachen

Griechisch
von Balthasar, Hans-Urs
Bannert, Karl Josef
  Theodor (Ngr)
Bayr, Rudolf (Agr)
Bogs, Dieter (Agr)
Bremer, Claus (Agr)
Deinert, Wilhelm
Dietz, Günter (Ngr)
Ebbinghaus, Jörgen (Agr)
Ebener, Dietrich
Engel, Werner (Ngr) △
Fischer, Carl
Frei, Walter
Gössmann, Wilhelm
Grasshoff, Fritz
Halter, Ernst (Agr)
Hausmann, Manfred
Heyer, Georg Walther
  (Ngr)
Jentzsch, Bernd
Jovy, Dietmar (Ngr)
Juds, Bernd (Ngr)
Kanus-Credé, Helmhart
Kerker, Armin (Ngr)
Lehmann, Ernst
Lemke, Alexander-
  Gotthilf
Nicolaou, Thomas
Nitschke, Horst (Agr)
Nübel, Hans Ulrich
Pfeiff, Karl Arno (Agr)
Rademacher, Gerhard

†von Richthofen, Bolko
Frhr.
Rieckhoff, Peter Jürgen
(Ngr)
Rosenthal-Kamarinea,
Isidora (Ngr)
Rüdiger, Horst
Schaller, Stephan
Schertz, Walter
Schickel, Joachim (Agr)
von Schirnding, Albert
Schreiber, Georg
Schwitzke, Heinz
Staiger, Emil
Straub, Dieter (Ngr)
Thurn, Hans (Agr)
Tilgner, Wolfgang
Turnwald, Erik Wilhelm
Wirth, Gerhard
Zink, Jörg
Zitelmann, Arnulf

Hebräisch
Achlama, Ruth △
Adler, Hermann
Aloni, Jenny
Bannert, Karl Josef
Theodor
Ben-Chorin, Schalom
(vormals Rosenthal,
Fritz)
Faerber, Meir
Geerk, Frank
Hakel, Hermann
Hausmann, Manfred
Landmann-Passweg,
Salcia
Naschitz, Fritz
Nitschke, Horst
Nübel, Hans Ulrich
Zink, Jörg
Zitelmann, Arnulf

Hindi s. Indische
Sprachen

Hindustani s. Indische
Sprachen

Holländisch s.
Niederländisch/
Holländisch

Indische Sprachen
Deinert, Wilhelm
(Sanskr)
Fittkau, Gerhard
(Malayalam)
Lutze, Lothar (Hindi,
Bengali)
Schimmel, Annemaria
(Sindhi, Urdu)

Wilken, Karl-Erich
(Hindust, Sanskr, Urdu)
Zotz, Volker (Pāli,
Sanskr)

Indonesisch s.
Austrische Sprachen

Interlingue
Bannert, Karl Josef
Theodor

Irisch s. Keltisch

Isländisch
Karlsdottir, Maria
Laxdal, Jon △
Roth, Dieter

Italienisch
Alff, Wilhelm
Allroggen-Bedel,
Agnes △
Asbeck, Hans Theo
Babler, Otto F.
Bacher, Wolfram
Backmund, Norbert
Bänninger, Konrad
Bannert, Karl Josef
Theodor
Bardili, Johanna
Bartuschek, Helmut
Baumgartner, Alfred
Baur, Wolfgang
Sebastian △
Baustian, Lieselott
Becker-Trier, Heinz
Beer, Otto F.
Behrens, Erna
Benckiser, Nikolas
Bertsch, Hilde (Bertram)
Beutler-Maroni, Maja
Bezzola-Kueng,
Hanny ◇
Bicknaese, Hendrik
Bicknaese-Morandin,
Irlana
Biermann, Lieselotte △
Birk, Linde △
Bisinger, Gerald
Bletschacher, Richard
Bochskandl, Marcella
Bodden, Ilona
Böhmer, Emil
Bolay, Karl-Heinz
Bossert, Werner
Bossi Fedrigotti von
Ochsenfeld, Anton Graf
Braumann, Franz
Broda, Ina
Bührig, Martin
Burgauer, Christoph △

Burri, Peter
Callori di Vignale,
Christina △
Cerio, Clara
Chiari, Gerhard
Chotjewitz, Peter O.
Coubier, Heinz
von Cramer, Heinz
Tilden
Deinert, Wilhelm
Diemberger, Kurt
Dietrich, Wolfgang
Doll, Herbert Gerhard
Domin, Hilde
Domke, Helmut
Durben, Wolfgang
Eidam, Klaus
Eisermann, Wolfgang △
Enzensberger, Hans
Magnus
Erné, Giovanni Bruno
Faber-Perathoner, Hans
Fischer, Erica ○
Fittkau, Gerhard
Flach, Doris ◇
Fragner, Wolfram
Galliani, Christel △
Gangloff, Suzanne
Annette △
Gasbarra, Felix
Gatter, Frank Thomas
Gebert, Li
Gehler, Jürgen △
Geiger, Erich
Geleng, Ingvelde
Giachi, Arianna
Giese, Alexander
Grabski, Robert
Grandi, Ignaz
Grossmann, Hans H.
Gschwend, Ragni Maria
(Seidl-) △
Gsteiger, Manfred
Guadagna, Ingeborg
Gurr-Erkens, Ursula
Hämmerle, Alphons
Hagelstange, Rudolf
Haidegger, Ingeborg-
Christine
Hartlaub, Geno(veva)
Heinrichs, Hans-Gert
Helbling, Hanno
Hellwig, Hans
†Henze, Anton
Hergouth, Alois
Hey, Richard
Heyda, Ernst
Hinderberger, Hannelise
von Hoboken, Eva
Hocke, Gustav René
Hocke-Asam,
Angelika △

Hofer, Hansjörg △
Hofmann, Charlotte
Honolka, Kurt
Hunsche, Friedrich Ernst
Hurni-Maehler, Susanne
Hutzler, Anneliese
Ingenmey, Marlis
Ipser, Karl
Jappe, Hajo
Jensen, Dorette
Joos, Adolf △
Jordan, Roland
Jost, Bernd
Juds, Bernd
Kauer, Edmund Th.
Kauer, Friedl
Kesten, Hermann
Klee, Wolfhart
Klefisch, Walter
Kleinschmidt, Karl
Klimke, Christoph
Klinger, Kurt
Knaak, Lothar
Knöller, Ursula
Knust, Theodor A.
König, René
von Koenig-Warthausen,
    Gabriele Freiin
Kohlhaas, Wilhelm
Kolb, Karl
Kollmann, Friedrich O
Koschel, Christine
Kotulla, Annemarie
Kramer, Herbert
    Gerhard
Kranz, Gisbert
Krause, Evelyne
Krein, Daniela
Krengel-Strudthoff,
    Ingeborg
Kristanell, Roland
Kurz-Goldenstein, Marie-
    Thérèse
Lang, Elmy
Lanzendorf, Hildegard ◇
Leegard, Alf
Leimer, Hermine
Lemke, Alexander-
    Gotthilf
Leonhard, Kurt
Lewin, Waldtraut
Linnert, Hilde O
Lopez, Monika △
Lubomirski, Karl
Lückoff, Dietrich
Maronde, Curt
Marretta, Saro
Maurer, Joseph
Mechnig, Elfriede
Meier, Herbert
Merker, Astrid △
Messner, Reinhold

Meyer-Clason, Curt
Möckel, Klaus
Moller, Hans △
de Montléart, Alexander
Moser, Bruno
Münster, Thomas
Muske, Irmgard
Niederehe, Joseph
von Nostitz-Wallwitz,
    Oswalt
Oberlin, Urs
Oppitz, Hertha Maria
Parigi, Ingrid
Peer, Andri
Peterich, Werner
Petroni, Thilde
Pfau, Una △
Pfister, Max
Pflug, Maria △
Piron, Johannes
Pössiger, Günter
Polley, Otto Maria
Pope, Ina
Rabensteiner, Konrad
Rademacher, Gerhard
Rapp, G. Alessandro
Reinau, Renato ◇
von Rezzori d'Arezzo,
    Gregor
†von Richthofen, Bolko
    Frhr.
Riedt, Heinz
Rismondo, Piero
Rotzetter, Anton
Rubatscher, Maria
    Veronika
Rüdiger, Horst
Rüdiger, Kurt
Sailer, Oswald
Schaarwächter, Hans
Schaller, Stephan
Schamoni, Wilhelm
Schlesak, Dieter
Schlösser, Manfred
Schlüter, Herbert
Schmidt, Leonore △
Schmidt, Lothar
Schmutte, Ingeborg △
Schnorr, Robert
Schönfeld, Eva △
Scholl, Susanna O
Schoop, Elisabeth ◇
Schramm, Godehard
Schreiber, Georg
Schuchter, Johanna
Schwarz, Dieter △
Schwarz, Wolfgang
Seelmann-Eggebert,
    Ulrich
Seipp, Bettina
Sessler, Thomas
Simon, Klaus

Sokop, Hans Werner
Steffan, Ernst B. ◇
Stempel, Ute △
Stiehl, Hans Adolf
Stiller, Klaus
Stopfel, Ulrike △
Straub, Dieter
Stützer, Herbert
    Alexander
Sussdorff, Angela △
Tessmer, Charlotte
Thelen, Albert Vigoleis
Thürer, Georg
Timm, Herbert
Tscheer, Rosmarie
von Uslar-Gleichen,
    Hans-Melchior Frhr
Valangin, Aline
Valmy, Marcel
Vananti, Elisabeth ◇
Vecellio, Renato O
Wachter, Dorothea
Wallner-Basté, Franz
Weber, Annemarie
Wegener, Helga
    Marianne △
Wehr, Elke △
Weller, Hildegard △
Wetzel, Johannes
Wicharz-Lindner,
    Angela △
Winiewicz-Lefèvre, Lida
Winkler, Edda ◇
Winter, Biggy O
Winterberg,
    Rosemarie △
Wiskott, Inge △
Wright, Ruth △
Wührl, Paul-Wolfgang
Zentner, Peter △
Zettl, Walter
Zielonka, Michael
Zimmermann-Schwarz,
    Erica

Japanisch
Bierbüsse, Fritz
Braumann, Franz
Braun, Otto Rudolf
Debon, Günther
Gössmann, Wilhelm
Gosztonyi, Alexander
Hammitzsch, Horst
Hausmann, Manfred
Helwig, Werner
Immoos, Thomas
Krusche, Dietrich
Meier, Karl Gerhard
Mohr, Ulrich
Morgental, Michael
Müssle, Hans Peter
Schaarschmidt, Siegfried

Schenkel, Elmar
Vogelsang, Fritz △
Wiesinger, Karl

Jiddisch
Adler, Hermann
Ausländer, Rosalie (Rose)
Bannert, Karl Josef
  Theodor
Best, Otto F.
Hakel, Hermann
Jakobs, Karl-Heinz
Jokl, Anna Maria
Landmann-Passweg,
  Salcia
Rennert, Jürgen
  Reinhart

Katalanisch
†von Richthofen, Bolko
  Frhr.
Stegmann, Tilbert Dídac
Stegmann-Steinwachs,
  Ginka (Gisela)

Kaukasische Sprachen
Endler, Adolf Edmond
  (Georg)
Goy, Erwin (Lak)
Heller, Manfred (Georg)
Kirsch, Rainer (Georg)

Keltisch
Kuper, Michael (Ir)
†von Richthofen, Bolko
  Frhr.
Soupault, Ré (Breton)

Kroatisch s.
Serbokroatisch

Lakkisch s.
Kaukasische Sprachen

Latein
Backmund, Norbert
von Balthasar, Hans-Urs
Bannert, Karl Josef
  Theodor
Bungter, Georg (ML)
Capesius, Bernhard
Deinert, Wilhelm
Drach, Albert
Ebbinghaus, Jörgen
Ebener, Dietrich
Eberle, Josef
Ebersbach, Volker
†Elster, Hanns Martin
Erni, Franz Xaver
Fink, Josef
Fischer, Carl
Frei, Walter

Gloede, Günter
Grasshoff, Fritz
Hasenkamp, Gottfried
Helbling, Hanno
Juds, Bernd
Kanus-Credé, Helmhart
Kempf, Josef
Kluitmann, Gisela ◇
Kranz, Gisbert
Lehmann, Ernst
Lutz-Lorenz, Hertha
Marx, Josef
Milletich, Helmut
Minkowski, Helmut
Moller, Hans △
Pieper, Josef
Rademacher, Gerhard
Reichert, Carl-Ludwig
Rotzetter, Anton
Rozumek, Angela
Rüdiger, Horst
Schaller, Stephan
Schamoni, Wilhelm
Schertz, Walter
Schneider, Ilse (ML)
Schneider, Johannes
  (ML)
Schreiber, Georg
Schwitzke, Heinz
Stählin, Christof
Stock, Hermann
†Storz, Gerhard
Thurn, Hans
Tilgner, Wolfgang
Tscheer, Rosmarie
Wirth, Gerhard

**Lateinamerikanisches
Spanisch** s. Spanisch

Lettisch s. Baltische
Sprachen

Litauisch s. Baltische
Sprachen

Makedonisch
Bronisch, Matthias
Eschker, Wolfgang
Fischer, Gerlinde ○
Jähnichen, Manfred

Malaiisch s. Austrische
Sprachen

Malayalam s. Indische
Sprachen

Mittelenglisch s.
Englisch

Mittelfranzösisch s.
Französisch

Mittelhochdeutsch
Eis, Gerhard
Laußermayer, Roman
Lindner, Joachim
Rozumek, Angela
Schertz, Walter
Vogel, Luise

Mittellatein s. Latein

Neugriechisch s.
Griechisch

**Niederländisch/
Holländisch**
Ackermann, Werner
  (Fläm)
Asbeck, Hans Theo
Augustin, Elisabeth
Backmund, Norbert
Bannert, Karl Josef
  Theodor (Fläm)
Becker, Marta
Berges, Hermann Josef
Bernhard-von Luttitz,
  Marieluise
Braumann, Franz
Bruns, Ursula
Bulkowski, Hansjürgen
Buri, Friedrich W.
Csollany, Maria △
von Czernicki, Karl-
  Otto △
Domke, Helmut
Drastil, Monika
Enzinck, Willem (Fläm)
Firner, Walter
Fussenegger, Gertrud
Goebel, Joseph
Groß, Engelbert
Hahn, Ronald
Heisinger, Hilde (Fläm)
van Heyst, Ilse
Holy, Renate △
Hüsmert, Waltraud △
Hunsche, Friedrich Ernst
van der Hurk, Paul
Ipser, Karl
Italiaander, Rolf
Jacobs, Karl (Fläm)

Jentzsch, Bernd (Fläm)
Kessemeier, Siegfried
Kesten, Hermann
Knust, Jutta
Krämer, Karl Emerich
Kranz, Gisbert
Krein, Daniela (Fläm)
Kreye, Walter Arthur
 (Fläm)
Krizkovsky, Hugo
Krüss, James
Leegard, Alf
Lehmann, Kurt
Leifert, Arnold
Lenzen, Hans Georg
Leonhardt, Albrecht
Lewandowski, Herbert
Liehr, Heinz
Löw, Adrian
Lüpke, Gerd
Martin, Gunther
Meinck, Willi
Mertens, Heinrich A.
Merz, Konrad
Michaelsen, Hermann W.
Molvig, Kai △
Mrotzek, Siegfried
Münster, Thomas
Muske, Irmgard
Niederehe, Joseph
Noack, Hans-Georg
Piron, Johannes
Prager, Hans Georg
Reichert, Klaus
Renold, Martin
Richter, Elisabeth
Richter, Wolfgang
†von Richthofen, Bolko
 Frhr.
Riedel, Otto
Saul, Carl Theodor
 (Fläm)
Schädlich, Hans Joachim
Schauer, Georg Kurt
Schauhoff, Frank
 Michael △
von Schaukal, Lotte
Scherf, Walter
Schleich, Hanne
Schmidt, Heinrich Adolf
Schneeweiß, Heinz-
 Heinrich Gebhard
 (Fläm)
Schnell, Robert Wolfgang
Schnorr, Robert
Schönwiese, Ernst
Schuldt, Herbert (Fläm)
Schulze, Harry Paul
Schwabe, Hansrudolf
Simon, Erik
Sylvanus, Erwin
Techel, Karl-Arnd

Tessmer, Charlotte
Thelen, Albert Vigoleis
Thomas, Ingelux
Twaroch, Johannes
Walter, Dieter
von Wattenwyl-de
 Gruyter, Julie
Weil, Grete
Werres, Johannes
Wessely, Herbert
Wimmer, Paul
Würmli, Marcus △
Zeuger, Hans
Zimmer, Woldemar

Norwegisch
Asbeck, Hans Theo
Bannert, Karl Josef
 Theodor
Baumann, Herbert
Boetius, Henning
Bolay, Karl-Heinz
Bracher, Ulrich
Bracher, Ursel △
Braumann, Franz
Bruns, Alken △
Butt, Wolfgang △
Dey, Reinhold △
Doll, Herbert Gerhard
Domes, Alfred
Doublier, Gerda
Dressler, Johannes
Enzensberger, Hans
 Magnus
Fauteck, Heinrich
Frenzel, Herbert A.
Fürstenberg, Hilde
Goebel, Ingeborg
Gut, Taja
Hermanowski, Georg
Kapoun, Senta △
Kicherer, Birgitta △
Klose, Olaf
Knudsen, Knud
Knust, Jutta
Köster-Ljung, Hanna
Krott, Peter
Lemke, Alexander-
 Gotthilf
Leonhardt, Albrecht
Lifka, Erich
Loibl-Neuhauser, Maria
Mez, Jette △
Nebel, Alfred ◇
Pantenburg, Vitalis
†von Richthofen, Bolko
 Frhr.
Ruprecht, Günther
Scherf, Walter
Schiffers, Winfrid
Schwede, Alfred Otto
Schwenzen, Per

Staudacher, Walther
Stiehl, Hans Adolf
Strätling, Barthold
Theile, Albert
Weber-Stumfohl, Herta
Westphal, Fritz
Widmer, Fritz

Pali s. Indische
Sprachen

Persisch
Braumann, Franz
Hansen, Kurt Heinrich
Kanus-Credé, Helmhart
Kleinschmidt, Karl
Mühlschlegel, Adelbert
Schimmel, Annemaria
Schulze, Bernhard

Polnisch
Babler, Otto F.
Bader, Katarina
Bannert, Karl Josef
 Theodor
Beer, Natalie
Bereska, Henryk
Bernhard, Thomas
Dedecius, Karl
Dege, Waldemar
Dross, Armin
Drozdowski, Georg
Ehlert, Eugen
Fieguth, Rolf
Gottschalk, Herbert
Grabski, Robert
Griese, Friedrich △
Gruda, Konrad
Jentzsch, Bernd
Juds, Bernd
Kostetzky, Igor
Krüss, James
Lammel, Dieter
Leber, Gerda
Misselwitz, Anna
Motylewitz, Georg ○
Müller-Ott, Dorothea ○
Nasarski, Peter
Olma, Karl
Peet, Georgia
Remané, Martin
†von Richthofen, Bolko
 Frhr.
Riedel, Otto
Rottensteiner-Jarosinski,
 Hanna ○
Schramm, Godehard
Schwarz, Stefan
Simon, Erik
Staemmler, Klaus
Steiner, Joerg

Svehlik-Sass,
  Ludmilla △
Szarota, Elida Maria
Tauschinski, Oskar Jan
Werfel, Edda ○
Wirpsza, Maria △
Wittich, Kurt

Portugiesisch
Asbeck, Hans Theo
Backmund, Norbert
Bannert, Karl Josef
  Theodor
Baumgartner, Alfred
Baumrucker, Gerhard
Bollinger, Armin
Bossert, Werner
Caltofen, Rudolf
Domin, Hilde
Ebersbach, Volker
Fittkau, Gerhard
Gross, Horst-Eckart
Höfer, Sylvia △
Hölzer, Max
Jäniche, Günter
Jolowicz, Marianne △
Knoll, Helmfried
Krein, Daniela
Lieblich Losa, Ilse
Linder, Linda
Loetscher, Hugo
Lorenz, Günter W.
Mertin, Ray-Güde △
Meyer-Clason, Curt
Moser, Bruno
Reimann, Andreas
Reinau, Renato ◇
†von Richthofen, Bolko
  Frhr.
von Schweder-Schreiner,
  Karin △
Simon, Karl Günter
Sulzer, Peter
Theile, Albert
Thelen, Albert Vigoleis
Tscheer, Rosmarie
Ulbrich, Rolf
Vecellio, Renato ○
Wehrli, Peter K.
Wiltsch, Hans
Würmli, Marcus △

Provenzalisch s.
Französisch

Rätoromanisch
Fittkau, Gerhard
König, Paul
Peer, Andri
von Pidoll zu
  Quintenbach, Gabriele
  Freiin

Polley, Otto Maria
  (Friaul)
Zielonka, Michael
  (Friaul)

Rumänisch
von Aichelburg, Wolf
Bannert, Karl Josef
  Theodor
Bergel, Hans
Berwanger, Nikolaus
Bossert, Rolf
Bossert, Werner
Brandsch, Ursula
Brantsch, Ingmar
Bratesch, Verona
Bresgen, Cesar
Bulhardt, Franz
  Johannes
Capesius, Bernhard
Dama, Hans
Derndarsky, Duschan
Diplich, Hans
Doll, Herbert Gerhard
Drozdowski, Georg
Ebersbach, Volker
Emilian, Ion
Folberth, Otto
Grigorowitsch, Lucian
Hauser, Arnold
Hauser, Hedwig
  Margarete
Hering, Elisabeth
Hodjak, Franz
Hübner, Jakob
Kittner, Alfred
Kollmann, Friedrich ○
Korn, Ewald Ruprecht
Kurz-Goldenstein, Marie-
  Thérèse
Lang, Marion
Lanksch, Hans-
  Joachim △
Linnert, Hilde ○
Lissai, Ruth
Löw, Adrian
Lupescu, Valentin
Machat, Egon
Marmont, Rolf-Frieder
Mokka, Hans
Naschitz, Fritz
Oprescu, Elga
Pastior, Oskar
Pilder-Klein, Hermine
Reiter, Robert-Michael
†von Richthofen, Bolko
  Frhr.
Samson, Horst
Scherg, Georg
Schleich, Franz Th.
Schlesak, Dieter
Silbermann, Edith △

Sora, Marianne △
Stephani, Claus
Stephani-Nussbächer,
  Brigitte
Stierl, Johann
Wallner, Ernst Maxim
Wittstock, Joachim
Zillich, Heinrich

Russisch
Babler, Otto F.
Bacher, Wolfram
Baierl, Helmut
Bamberger, Richard
Bannert, Karl Josef
  Theodor
Baumann, Hans
Baumgartner, Alfred
Behrsing, Siegfried
Berg, Ruth ○
Berger, Uwe
Berkenkopf, Galina
Borowsky, Kay
Chasen-Krämer, Ilse
Conrad, Barbara △
Csongár, Almos
Dedecius, Karl
Dege, Waldemar
Derndarsky, Duschan
Dichtl, Ruth
Dick, Gerhard
Doroslovac, Milutin
Dripke, Karl-Hans
Endler, Adolf Edmond
Endler, Elke
Engel, Werner △
Eschker, Wolfgang
Eue-Vigners, Beatrice △
Färber, Otto
Fieguth, Rolf
Frischmuth-Kornbrust,
  Felicitas
Fritze, Ruth
Geerk, Frank
Geier, Swetlana △
Golowin, Sergius
Gottschalk, Herbert
Gruda, Konrad
Heiliger, Wilhelm
Heller, Manfred
Herboth, Hartmut
  Berthold
Heresch, Elisabeth ○
Hielscher, Karla △
Högemann-Ledwohn,
  Elvira △
Ingold, Ilma
Ipser, Karl
Jacob, Marie
Jähn, Karl-Heinz
Jäniche, Günter
Jarosch, Günther

Jentzsch, Bernd
John, Erhard
Josch, Wilfried
Kanus-Credé, Helmhart
Kashin, Alexander △
Kentmann, Ingeborg
Kirsch, Rainer
Kirsch, Sarah
Könner, Alfred
von Koskull, Josepha
 Benita Baronesse
Kostetzky, Igor
Kritzinger-Liphart,
 Margarita
Krueger, Gertraude △
Lanzendorf, Hildegard ◇
Leder, Karl Bruno
Leegard, Alf
Leimer, Hermine
Lewin, Waldtraut
Löffler, Günter
Märker, Margarete
Markstein, Elisabeth ○
Matthies, Frank-Wolf
von Michalewsky,
 Nikolai
Mickel, Karl
Mirus, Ilse
Motylewitz, Georg ○
Müller, Margarete
Müller-Ott, Dorothea ○
Neander, Irene
Nitschke, Annelore △
Noetzel, Joachim David
Otto, Hermann
Peer, Oscar
Peet, Georgia
Pietraß, Richard
Pross-Weerth, Heddy
von Radetzky, Robert
Rähmer, Joachim
Randow, Norbert
Reichert, Rosemarie △
Reimann, Andreas
Remané, Lieselotte
Remané, Martin
Rennert, Jürgen
 Reinhart
Richter, Werner ○
†von Richthofen, Bolko
 Frhr.
Ripota, Roswitha △
Rottensteiner-Jarosinski,
 Hanna ○
Rullkötter, Bernd △
Russell, Mechtild △
Schäfer, Eva
Schewe, Heinz
Schlegel, Hans-
 Joachim △
Schlender, Bertram

Schmidt, Christian
 Dietrich △
Scholl, Susanna ○
Schrader, Hermann
Schramm, Godehard
Schröder, Wolf Christian
Schulze, Bernhard
Schwarz, Wolfgang
Seidat, Oskar
Simon, Erik
Spitz, Natascha △
Stein, Traute
Svehlik-Sass,
 Ludmilla △
Szabo, Wilhelm
Tietze, Rosemarie △
Tilgner, Wolfgang
Treguboff, Jurij A.
Ulbrich, Rolf
Urbach, Reinhard
Urban, Peter
Wagner, Hedda △
Werfel, Edda ○
Zimmer, Woldemar
Zinner, Hedda

Sanskrit s.
Indische Sprachen

Schwedisch
Asbeck, Hans Theo
Backe, Knut
Bannert, Karl Josef
 Theodor
Barth, Herbert
Baustian, Lieselott
Bergfeld, Hildegard △
Bolay, Karl-Heinz
Bossert, Werner
Bracher, Ulrich
Bracher, Ursel △
Bruns, Alken △
Butt, Wolfgang △
von Crailsheim, Carola
 Baronin
Daublebsky, Gun
 Margret
Dey, Reinhold △
Doll, Herbert Gerhard
Domes, Alfred
Dotzler, Ursula
Durben, Maria-
 Magdalena
Durben, Wolfgang
Enzensberger, Hans
 Magnus
Fauteck, Heinrich
Frenzel, Herbert A.
Grasshoff, Fritz
Grunow, Heinz
Günther, Else

Guggenheim-von Wiese,
 Ursula
Hamm, Peter
Hlawaty, Graziella
Jänicke, Gisbert △
Jentzsch, Bernd
Kanus-Credé, Helmhart
Kapoun, Senta △
Karpf, Urs
Kicherer, Birgitta △
Kirsch, Hans Christian
Klippel, Susanne
Knust, Jutta
Köster-Ljung, Hanna
Kornitzky, Anna Liese △
Kornitzky, Hansgeorg △
von Koskull, Josepha
 Benita Baronesse
Kranz, Gisbert
Küchler, Manfred
Kutsch, Angelika
Laxdal, Jon △
Leegard, Alf
Leonhardt, Albrecht
Liedtke, Klaus-Jürgen △
Lifka, Erich
Lyckhage, Christa-Maria
Maass, Hans-Joachim △
Merhart von Bernegg,
 Karin
Mohler, Hans
Nebel, Alfred ◇
Pantenburg, Vitalis
Pietraß, Richard
Reichel, Verena △
†von Richthofen, Bolko
 Frhr.
Rubinstein, Hilde
Ruprecht, Günther
Scherf, Walter
Schwarz, Georg
Schwede, Alfred Otto
Schwenzen, Per
Simson, Gerhard
Staudacher, Walther
Steffan, Ernst B. ◇
Stock, Hermann
Theile, Albert
Weber-Stumfohl, Herta
Westphal, Fritz
Widmer, Fritz

Serbisch s.
Serbokroatisch

Serbokroatisch
Babler, Otto F.
Bannert, Karl Josef
 Theodor
Baumgartner, Alfred
Dedecius, Karl

Detela, Lev Dimitrij (Leo
  Demetrius)
Doroslovac, Milutin
Engel, Werner △
Eschker, Wolfgang
Fischer, Gerlinde ○
Gottschalk, Herbert
Hachmann, Jürgen
Heiliger, Wilhelm (Serb)
Ingold, Ilma
Jähnichen, Manfred
Juds, Bernd
Kersche, Peter
Krein, Daniela
Krüss, James
Lanksch, Hans-
  Joachim △
Motylewitz, Georg
  (Serb) ○
Müller, Heinz
Müller-Ott, Dorothea ○
Pataki, Heidi
Rähmer, Joachim
Raether, Marina
Schramm, Godehard
Senz, Josef Volkmar
Sulke, Franz
Thurn, Hans
Urban, Peter (Serb)
Wagner-Jourdain,
  Georges △
Weidenheim,
  Johannes △
Wolf, Jakob
Wurtz, Johannes

Sesotho s. Afrikanische
Sprachen

Siamesisch s. Thai

Sindhi s. Indische
Sprachen

Slowakisch
Alexy, Eduard
Babler, Otto F.
Bannert, Karl Josef
  Theodor
Beuer, Fritz
Eschker, Wolfgang
Gaertner, Hans △
Held, Wolfgang
Herzog, G. H. (Gerhard
  Hertz)
Jähn, Karl-Heinz
Jähnichen, Manfred
Jarosch, Günther
Just, Gustav
Koplowitz, Jan
Künzel, Franz Peter
Misselwitz, Anna

Müller-Ott, Dorothea ○
†von Richthofen, Bolko
  Frhr.
Schlegel, Hans-
  Joachim △
Ulbrich, Rolf

Slowenisch
Babler, Otto F.
Bannert, Karl Josef
  Theodor
Detela, Lev Dimitrij (Leo
  Demetrius)
Engel, Werner △
Ferk, Janko
Fischer, Gerlinde ○
Hachmann, Jürgen
Heiliger, Wilhelm
Hergouth, Alois
Jähnichen, Manfred
Kersche, Peter
Lanksch, Hans-
  Joachim △
Thurn, Hans

Sorbisch
Bannert, Karl Josef
  Theodor
Brězan, Jurij

Spanisch
Arendt, Erich
Asbeck, Hans Theo
Asendorf, Dorothee △
Backmund, Norbert
Bannert, Karl Josef
  Theodor
Barckhausen, Christiane
Bartuschek, Helmut
Baumgart, Hildegard △
Baumgartner, Alfred
Baumrucker, Gerhard
von Benda, Annelies
Bertsch, Hilde (Bertram)
Bletschacher, Richard
Bochskandl, Marcella
Boehlich, Walter
Bossert, Werner
Brandt, Herbert
Braumann, Franz
Brinkmann,
  Rosemarie △
Britschgi, Ezechiel
Broda, Ina
Bruck, Edgar-Pedro
Brumm, Walter △
Caltofen, Rudolf
Coubier, Heinz
Davi, Hans Leopold
Deinert, Wilhelm
Doll, Herbert Gerhard
Domin, Hilde

Domke, Helmut
Ebersbach, Volker
Enzensberger, Hans
  Magnus
Fiechtner, Urs M.
  (Lateinam)
Fischer, Heinz
Fischer-Hollweg, Brigitte
Fittkau, Gerhard
Frenk-Westheim,
  Mariana
Frielinghaus, Helmut
Fries, Fritz Rudolf
Fussenegger, Gertrud
Garcia-Seiler, Brigitte ◇
Gehler, Jürgen △
Geiger, Franz
Gosztonyi, Alexander
Gross, Horst-Eckart
Gurr-Erkens, Ursula
Haag, Klaus
Haefs, Gisbert
Hagelstange, Rudolf
Hartmann, Egon
Hausemer, Georges
Heise, Hans-Jürgen
Hellwig, Hans
Helmlé, Eugen
Hermlin, Stephan
de Herrera, Ulla H. △
Heuer, Wolfgang △
Heyda, Ernst
Himmelein, Gunhild △
Hinn, Vilma
Höfer, Sylvia △
Hölzer, Max
Hoffmann, Hans
Hoffmann, Werner
Hunt, Irmgard
Ipser, Karl
Januzys, Maria
Jonas, Anna
Jost, Bernd
Juds, Bernd
Kalow, Marianne △
Keil, Ernst-Edmund
Kesten, Hermann
Kirsch, Hans Christian
Klein, Eduard
Klein, Lene
Klier, Heinrich Emil
Knoll, Helmfried
Knuth, Peter Waldemar
Kollmann, Friedrich ○
Kranz, Gisbert
Krein, Daniela
Kristl, Wilhelm Lukas
Krolow, Karl
Krott, Peter
Kübler, Bärbel
Lang, Elmy
Lanzendorf, Hildegard ◇

Leifert, Arnold
Leimer, Hermine
Lemke, Alexander-
 Gotthilf
Linnert, Hilde ○
Lopez, Monika △
Lorenz, Günter W.
Lorenzen, Thomas △
Loschütz, Gert
Mark, Paul J.
Marmont, Rolf-Frieder
Meyer, Ilse
Meyer-Abich, Siever
 Johanna
Meyer-Clason, Curt
Möckel, Klaus
Moller, Hans △
de Montléart, Alexander
Müller, Karl △
Müller, Ulrich Friedrich
Nebel, Alfred ◇
zur Nedden Pferdekamp,
 Modeste △
Niederehe, Joseph
Ortmann, Edwin
Pahlen, Kurt
Peer, Andri
Peyer, Rudolf
Piron, Johannes
Rauter, Ernst
Reinau, Renato ◇
Reiss, Katharina △
†von Richthofen, Bolko
 Frhr.
Rüdiger, Kurt
Schamoni, Wilhelm
Schlesinger, Bettina
Schmidt-Bleibtreu, Ellen
Schnorr, Robert
von Schöfer, Wolfgang
Schönwiese, Ernst
Schottelius, Ursula △
Schwaiger, Brigitte
Schwarz, Egon
Schwarzenberg, Adolf
Schwauß, Maria
 (Lateinam)
Simon, Karl Günter
Simon, Klaus
Stegmann, Tilbert Dídac
Stempel, Ute △
Stiehl, Hermann
Theile, Albert
Thelen, Albert Vigoleis
Thomas, Ingelux
†Toch, Josef
Treffer, Günter ○
Tscheer, Rosmarie
Ulbrich, Rolf
von Uslar-Gleichen,
 Hans-Melchior Frhr
Vahle, Friedrich-Eckart

Vecellio, Renato ○
Vogelgsang, Fritz △
Wagenseil, Kurt
Wallner-Basté, Franz
Wiltsch, Hans
Winiewicz-Lefèvre, Lida
Winkler, Edda ◇
Wiskott, Inge △
Wittkopf, Rudolf
Würmli, Marcus △
Zimmer, Dieter E.
Zschocke, Fee

Suaheli s. Afrikanische
Sprachen

Thai/Siamesisch
Braun, Otto Rudolf (Mal,
 Indon)
Zühlsdorff, Volkmar

Tibetisch
Olschak, Blanche
 Christine

Tschechisch
Aschner, Peter ○
Babler, Otto F.
Bannert, Karl Josef
 Theodor
Baumgartner, Alfred
Baumrucker, Gerhard
Beuer, Fritz
Bieler, Manfred
Bresgen, Cesar
Cibulka, Hanns
Csongár, Almos
Dachsel, Joachim
Demetz, Hanna
Demetz, Hans
Ebner von Eschenhaym,
 Grete
Fühmann, Franz
Gaertner, Hans △
Goy, Erwin
Hein, Manfred Peter
Herzog, G. H. (Gerhard
 Hertz)
Honolka, Kurt
Jähn, Karl-Heinz
Jähnichen, Manfred
Jarosch, Günther
Jentzsch, Bernd
John, Erhard
Just, Gustav
Kölbl, Gottfried
König, Josef Walter
Koplowitz, Jan
Kruntorad, Paul
Künzel, Franz Peter
Kunze, Reiner
Lotar, Peter

Misselwitz, Anna
Motylewitz, Georg ○
Mrasek, Karl Norbert
Mühlberger, Josef
Müller-Ott, Dorothea ○
Nielsen, Frederic W.
Ost, Frederick
Pasetti-Swoboda,
 Marianne
Preußler, Otfried
Rennert, Jürgen
 Reinhart
Rentsch, Helga
†von Richthofen, Bolko
 Frhr.
Riedel, Otto
Ripota, Roswitha △
Rosenfeld, Friedrich
Ruda, Kurt Maria
Schäuffelen, Konrad
 Balder
Schlesinger, Bettina
Schmidt, Gertrud
Schramm, Godehard
Schremmer, Ernst
Schwarz, Stefan
Simon, Erik
Soentgerath, Olly
Svehlik-Sass,
 Ludmilla △
Thurn, Hans
Turnwald, Erik Wilhelm
Ulbrich, Rolf
Urbanek, Walter
Winterstein, Lydia
Wurm, Franz

Türkisch
Bannert, Karl Josef
 Theodor
Brands, H. Wilfrid
Grabitz, Brigitte △
Heller, Manfred
Jentzsch, Bernd
Kraft, Gisela
Mede-Flock, Hanne
Ney, Norbert
Ohrtmann, Fritz
Schimmel, Annemaria
Schulze, Bernhard
Senocak, Zafer

Ukrainisch
Bannert, Karl Josef
 Theodor
Horbatsch, Anna-Halja
Kostetzky, Igor
†von Richthofen, Bolko
 Frhr.
Stein, Traute
Svehlik-Sass,
 Ludmilla △

Ungarisch
Bannert, Karl Josef Theodor
Bratesch, Verona
Brenner, Wilhelm
Breznay, Aranka
Bulhardt, Franz Johannes
Csiky, Agnes Maria △
Csollany, Maria △
Csongár, Almos
Czjzek, Eva ○
Czjzek, Roman
Diplich, Hans
Eidam, Klaus
Folberth, Otto
Fröhlich, Hans J.
Geerk, Frank
Gosztonyi, Alexander
Grosche, Hildegard △
Hajnal, Gabor △

Jentzsch, Bernd
Kölbl, Gottfried
Kövary, Georg
Kronfuss, Wilhelm
Kunze, Reiner
Marnau, Alfred
Milletich, Helmut
Mohar, Ákos
Mokka, Hans
Naschitz, Fritz
Paetzke, Hans-Henning △
Pataki, Heidi
Pilder-Klein, Hermine
Plöger, Angela △
Rähmer, Joachim
Reiter, Robert-Michael
Remané, Martin
†von Richthofen, Bolko Frhr.
Sandor, Andreas

Schag, Friederika △
Schönwiese, Ernst
Sebestyén, György
Skirecki, Hans
Stauffer-Würzbach, Robert
Tannewitz, Hans-Joachim
Thies, Vera
Thurn, Hans
Tilgner, Wolfgang
Ujlaky, Charlotte
Weissling, Heinrich
Wurtz, Johannes
Zeltner, Ernö △
Zillich, Heinrich

Urdu s. Indische Sprachen

Weißrussisch
Randow, Norbert

SCHÖNGEISTIGE VERLAGE

Bundesrepublik Deutschland

van **Acken GmbH, R., Druckerei und Verlag,** Josefstr. 35, D-4450 Lingen 1, Tel. (0591) 7008. — Kochbuch, plattdt. Geschichten und Gedichte.

Advent-Verlag GmbH, Grindelberg 13-17, D-2000 Hamburg 13, Tel. (040) 441391.

Aegis-Verlag Ernst Bauer, Breitegasse 2, D-7900 Ulm/Donau, Tel. (0731) 64840. — Neuere deutsche Lyrik, Histor. u. Unterhaltungsroman.

AG Buch Verlag, Wetterauer Str. 13, D-6365 Rosbach 3, Tel. (06007) 2233.

Agentur des Rauhen Hauses GmbH, Papenhuder Str. 2, D-2000 Hamburg 76, Tel. (040) 2201291. — Ev. Theol., Belletristik, Vorlese- u. Jugendbuch, Anthologien.

Agora-Verlag, Hanseatenweg 10, D-1000 Berlin 21, Tel. (030) 3913775. — Neuere dt. Lyrik, Jgdb.

AJZ — Druck und Verlag GmbH, Heeper Str. 132, D-4800 Bielefeld 1, Tel. (0521) 323718. — Politische Lyrik, Politische Lieder.

Albino Verlag GmbH, Erdmannstr. 11, D-1000 Berlin 62, Tel. (030) 7817685. — Film- u. Kunstbücher, Roman, Moderne Lyrik, Bilderbuch.

Alibaba Verlag, Peterstr. 4, D-6000 Frankfurt, Tel. (0611) 292678. — Kinderbuch, Jugendbuch, päd. Sachbuch.

Altkönig-Verlag, Korfstr. 13, D-6370 Oberursel, Tel. (06171) 53520. — Geschichte, Heimatgeschichte, Märchen.

Amalthea-Verlag, Hubertusstr. 4, D-8000 München 19, Tel. (089) 177041. — Kunst und Schöne Literatur.

Amazonen Frauenverlag GmbH, Knesebeckstr. 86/87, D-1000 Berlin 12. — Schwerpunktmäßig Lesbische u. Frauenlit., Prosa, Lyrik, Reprints Romane.

Anabas-Verlag Günter Kämpf KG, Unterer Hardthof 25, D-6300 Gießen, Tel. (0641) 72455. — Zeitgen. Prosa.

Anker-Verlag s. Christl. Verlagshaus.

Anrich Verlag KG, Hoogeweg 71, D-4178 Kevelaer 1, Tel. (02832) 3661. — Kinder- u. Jugendbücher, Histor. Jugendromane.

AnStoeSse-Verlag GbR, Arweiler/Stoll/Schönfelder, c/o Wilfried Schönfelder, Postf. 110528, D-4800 Bielefeld 11, Tel. (05205) 6326. — Neue dt. Lyrik u. Prosa, Polit./Engagierte Lit., Anti-Schubladen-Lit., Multi-Media-Projekte, Hörspiel u. dgl.

Antäus-Verlag Wessel KG, Overbeckstr. 23, D-2400 Lübeck 1, Tel. (0451) 83344. — Weltlit., Roman, Erzählung, Heimatlit.

Antigone-Verlag, Dr. Kanus-Credé, Postf. 1147, D-3559 Allendorf/Eder, Tel. (06452) 1800. — Neuere dt. Lyrik, Theologie, Reisebeschreib.

Appel-Verlag & Sohn, Ludwig s. Gerold & Appel Verlagsges.

AQ-Verlag, Erwin Stegentritt, Beim Weisenstein 6, D-6602 Dudweiler, Tel. (06897) 761445. — Moderne Lit.

arani-Verlag GmbH, Kurfürstendamm 126, D-1000 Berlin 31, Tel. (030) 8911008. — Berlin-Lit., Lyrik, Gesch. u. Zeitgesch., Bildbände, Biogr.

Are-Verlag, Niederhutstr. 60, D-5483 Bad Neuenahr-Ahrweiler/Rhld., Tel. (02641) 34701. Auslief.: Buchversand Die Kommenden, Rosastr. 21, D-7800 Freiburg/Br. — Kunst u. Wiss., Jugendbuch, Lyrik.

Arena-Verlag Georg Popp GmbH & Co., Textorstr. 24-26, D-8700 Würzburg 1, Tel. (0931) 50688. — Kinder- und Jugendbuch.

Argon Verlag GmbH, Potsdamer Str. 87, D-1000 Berlin 30, Tel. (030) 2693216. — Berlin-Lit., Roman, Memoiren, u.a.

Artemis-Verlags-Gesellschaft mbH, Martiusstr. 8, D-8000 München 40, Tel. (089) 348074. — Belletristik, Geisteswiss., Altertumswiss., Kinderbücher, Reiseführer.

AS-Verlag, Ankenbauer u. Spöhr GmbH, Pulvermühlstr. 3, D-7400 Tübingen 1, Tel. (07071) 211075. — Neuere dt. Lyrik, Lit. d. span. Sprachraums, Dritte Welt Lit., Musik u. Poesie, Märchen Lateinamerikas.

Aschendorffsche Verlagsbuchhandlung GmbH & Co., Soester Str. 13, D-4400 Münster, Tel. (0251) 690-1. — Plattdt. Lit., Westf. Heimatlit.

Asgard-Verlag Dr. Werner Hippe KG, Einsteinstr. 10, D-5205 St. Augustin 3, Tel. (02241) 311041. — Neuere deutsche Prosa.

Asmus, Johannes, Verlag, Eimsbütteler Str. 16, D-2000 Hamburg 50, Tel. (040) 435086. — Lit. d. franz. Sprachraums, Bibliophilie, Kunst, Humor, Hamburgensien.

Asso Verlag, Martin-Heix-Platz 3, D-4200 Oberhausen, Tel. (0208) 802356. — Polit. Lieder, Neue Lyrik u. Prosa aus d. Arbeitswelt, Jugendbuch.

Atelier/Edition ad Absurdum, Verlag f. bibliophile Ästhetik Rolf A. Burkart, Friesenstr. 25, D-1000 Berlin 61, Tel. (030) 6921452. — Neue Lyrik, Prosa, Gedicht/Graphikmappen, philos.-epische Werke in limitierten Kleinaufl.

Atelier Handpressendruck, Kurt Mühlenhaupt, Sakrower Kirchweg 15, D-1000 Berlin 22, Tel. (030) 3655302. — Berliner Milieuschilderungen, Kinder- u. Jugendbuch.

Atelier im Bauernhaus, In der Bredenau 5, D-2802 Fischerhude, Tel. (04293) 671.

Atelier Verlag Andernach, Antel 74, D-5470 Andernach, Tel. (02632) 44432. — Moderne intern. zeitgenöss. Lyrik, Manifeste.

Athenäum Verlag, Adelheidstr. 2, D-6240 Königstein/Ts., Tel. (06174) 3021. — Neue dt. Lyrik, Roman, Erzählung, Biographie, dt. Lit.-Wiss.

Aue-Verlag Dr. Joachim Gauger, Korber Str. 20, D-7108 Möckemühl, Tel. (06298) 1328.

Auer, Ludwig, Pädagogische Stiftung Cassianeum, Verlag, Heilig-Kreuz-Str. 12-16, D-8850 Donauwörth, Tel. (0906) 73240-42. — Psychologie, Pädagogik, Kinder- u. Jugendbücher.

Aufstieg-Verlag, Beichstr. 1, D-8000 München 44, Tel. (089) 335091. — Ostdeutsche Heimatlit., Anthologien, Kal.

Augustin, J. J., Verlag GmbH, Am Fleth 36-37, D-2208 Glückstadt/Holst., Tel. (04124) 2044-46. — Bildende Kunst, Schöne Literatur, Sprach- u. Lit.wiss.

Aurum Verlag, Postf. 5204, D-7800 Freiburg, Tel. (0761) 36409. — Biographie, Essay.

Aussaat- u. Schriftenmissions-Verlag GmbH, Humboldtstr. 15, D-4390 Gladbeck, Tel. (02043) 28028. — Christl. Lyrik, Mod. Erzählung, u.a.

Autoren Edition im Athenäum-Verlag, Hohenzollernstr. 81, D-8000 München 40, Tel. (089) 2716569.

Autorenverlag "Stocherkahn", c/o Horst Stein, Schuhgasse 24, D-7033 Herrenberg, Tel. (07032) 6865. — Neuere dt. Lyrik, Mundartlit.

AZ-Verlag, Verlag der anderen Zeitung, Schleusenstr. 17, D-6000 Frankfurt, Tel. (0611) 253784. — Anthologie, Lyrik, Reportage.

Bachem, J. P., Verlag GmbH, Ursulaplatz 1, Bachemhaus, D-5000 Köln 1, Tel. (0221) 135041. — Belletristik, Kölnisches, u.a.

Bachmaier, P., Verlag und Galerie GmbH, Kagerstr. 8b, D-8000 München 80, Tel. (089) 685120. — Avantgardist. Lit. u. Kunst, Künstlerbücher, Kunstmappen, Belletristik.

Badenia, Verlag u. Druckerei GmbH, Postf. 210248, D-7500 Karlsruhe 21, Tel. (0721) 578041. — Roman, Erzählung, Lyrik, Biographie, relig. Schrifttum, Bildbd, Mundartlit.

Bär Verlag, Klaus, Oranienstr. 47a, D-1000 Berlin 61. — Neue deutsche, lesbare Literatur.

Bagel, August, Verlag, Grafenberger Allee 82, D-4000 Düsseldorf 1, Tel. (0211) 6888-1. — Jugend-, Kinder-, Bilderbücher.

Bahn, Friedrich, Verlag GmbH, Zasiusstr. 8, D-7750 Konstanz, Tel. (07531) 23054. — Jugendbuch, Roman, u.a.

Baken-Verlag Uwe Jens Schnoor, Kastanienallee 16, D-2217 Rosdorf üb. Kellinghusen, Tel. (04822) 1671. — Jugendbuch, Sachbuch, u.a.

Bardtenschlager Verlag GmbH, Oberföhringer Str. 105a, D-8000 München 81 u. Schönchenstr. 7, D-8000 München 90, Tel. (089) 952043. — Kinder- u. Jugendbuch.

Bartmann-Verlag GmbH, Keimesstr. 22, D-5020 Frechen, Tel. (02234) 57691 od. 58107. − Dt. Romantik, u.a.

Basis Verlag, Postf. 645, D-1000 Berlin 15, Tel. (030) 6118016. − Kinder- u. Jugendb., neue Lit., Pädagogik.

Bassermann'sche, Friedr., Verlagsbuchhandlung im Falken Verlag GmbH, Schöne Aussicht 21, D-6272 Niedernhausen/Ts., Tel. (06127) 3011-15.

Bastei-Verlag Gustav H. Lübbe GmbH & Co., Scheidtbachstr. 23-31, D-5060 Bergisch-Gladbach, Tel. (02202) 1210.

Battert-Verlag Georg Polomski, Töpferweg 10, D-7570 Baden-Baden, Tel. (07221) 64470. − Lyrik, Kurzgeschichte, Drama, Roman.

Bauer Verlag, Otto, Mendelssohnstr. 71, D-7000 Stuttgart 75, Tel. (0711) 474507. − Relig. Roman u. Erzählung.

Bayerische Verlagsanstalt GmbH, Lange Str. 22/24, D-8600 Bamberg 2, Tel. (0951) 25252. − Kinder- u. Jugendbücher, fränkische bzw. bayerische Heimatliteratur.

Bechauf Verlag, Ludwig, Friedrichstr. 48, D-4800 Bielefeld 1, Tel. (0521) 175667. − Religiöse Lit., Erzählung.

Bechtle-Verlag, Romanstr. 16, D-8000 München 19, Tel. (089) 162051. − Biographien, Hist. Roman, Anekdotenserien, neuere dt. Lyrik, zeitgesch. Sachb.

Beck, Friedrich Alfred, Weberhofstr. 2, D-8032 Gräfelfing b. München, Tel. (089) 855157.

Beicht-Verlag, Karlheinz, Heidelberger Str. 63, D-6100 Darmstadt, Tel. (06151) 313196. − Neuere dt. Lyrik.

Beltz Verlag, Julius, GmbH & Co. KG, Am Hauptbahnhof 10, D-6940 Weinheim, Tel. (06201) 63071. − Belletristik, Kinder- u. Jugendbuchprogramm.

Benziger Verlag GmbH, Kölner Str. 248, D-5000 Köln 90, Tel. (02203) 100236. − Belletristik, Kinder- u. Jugendbücher, Theologie, Religionspädagogik.

Berghausverlag Wolfg. Bader, Ramerding 18, D-8347 Kirchdorf a. Inn, Tel. (08571) 2042-43. − Arch., Altertumswiss., Bild. Kunst, Kunstgew., Bildbde., Schöne Lit.

Bergischer Heimatverlag, Wilhelmshöhe 9, D-5272 Wipperfürth, Tel. (02267) 291.

Berglandverlag Ernst Brachat, Höhe 9, D-5600 Wuppertal 11, Tel. (0202) 731199. − Erd- u. Völkerkde., Heimatkde.

Bergmann Verlag, A., St.-Martin-Str. 54, D-8000 München 90. − Humor.

Bergstadtverlag Wilh. Gottl. Korn GmbH, Karlstr. 10, D-7480 Sigmaringen, Tel. (07571) 3016. − Roman, Erzählung, Lyrik, Mundartlit., insbes. d. schles. Sprachr.

Bergverlag Rudolf Rother GmbH, Landshuter Allee 49, D-8000 München 19, Tel. (089) 160081. − Alpine Romane.

Bergwald-Verlag Walter Paul, Hilpertstr. 9, D-6100 Darmstadt, Tel. (06151) 84120. − Laienspiele u. Vortragsbücher.

Berliner Handpresse Wolfgang Jörg u. Erich Schönig, Kohlfurter Str. 35, D-1000 Berlin 36, Tel. (030) 6142605. Handpressendruck m. Originalgrafik, u.a. Texte v. G. Kunert, F. Hohler, St. Heym, U. Becher, A. Endler, Kinderb.

Bernaerts, Hildegard, Postf. 1140, Lollfuss 3, D-2380 Schleswig, Tel. (04621) 23533. − Heimatlit.

Bertelsmann, C., Verlag GmbH, Neumarkter Str. 18, D-8000 München 80, Tel. (089) 43189-0. − Belletristik, Jugendbuch, Bilderbuch.

Betz, Annette, Verlag GmbH, Mondseestr. 10, D-8000 München 82, Tel. (089) 4309016. − Jugend-, Kinder-, Bilderbücher.

Biberacher Verlagsdruckerei GmbH & Co., Leipzigstr. 26, D-7950 Biberach, Tel. (07351) 2088. − Neuere deutsche Lyrik.

Biederstein Verlag Gustav End & Co., Wilhelmstr. 9, D-8000 München 40, Tel. (089) 381891. − Neuere dt. Lit., Klassik, Sachbuch, u.a.

Bielmannen Verlag, Schillerstr. 28, D-8000 München 2, Tel. (089) 558001. − Erd- u. Völkerkunde, Heimatkunde.

Bing, Wilhelm, oHG, Lengefelder Str. 6, D-3540 Korbach, Tel. (05631) 7051. − Erd- u. Völkerkde., Heimatlit.

Birkenverlag, D-8055 Hallbergmoos b. Freising/Obb., Tel. (08169) 207. — Schöne Lit.

Birkhäuser Verlag GmbH, Olgastr. 53, D-7000 Stuttgart 1, Tel. (0711) 261323. — Klassiker, Kunst, u.a.

Bitter, Georg, Verlag GmbH & Co. KG, Herner Str. 62, D-4350 Recklinghausen, Tel. (02361) 25888 u. 21400. — Kinder- u. Jugendbuch.

Blahak, Klaus, Edition, Taunusstr. 24, D-6200 Wiesbaden, Tel. (06121) 522051. — Exilschriftsteller.

Blanvalet Verlag GmbH, Neumarkter Str. 18, D-8000 München 80, Tel. (089) 43189-0. — Belletristik.

Bleicher Verlag GmbH u. Co. KG, Holderäckerstr. 14, D-7016 Gerlingen, Tel. (07156) 21033. — Judaica, neuere dt. Lyrik, hist. Romane, Erzählungen.

Blinckmann, Verlag, Claudiusstr. 30, D-2000 Hamburg 70, Tel. (040) 685406. — Neuere dt. Lyrik, Jugendbuch.

Bloch, Eduard, Hilpertstr. 9, D-6100 Darmstadt, Tel. (06151) 84120. — Laienspiele, Vortragsb., musikal. Humoristika.

Boegl, Josef M., Oberer Markt 8, D-8430 Neumarkt/Opf., Tel. (09181) 531. — Heimatlit.

Boesche, Mathilde und Norbert, Verlag, Laurinsteig 14a, D-1000 Berlin 28, Tel. (030) 4013183. — Intern. Lyrik u. Prosa.

Bösendahl, C., Druckerei und Verlag, Klosterstr. 32/33, D-3260 Rinteln, Tel. (05751) 4551. Hist. Heimatlit., Schaumburger Stud.

Boje-Verlag, Holzstr. 19, D-7000 Stuttgart 1, Tel. (0711) 247305-07. — Bilder-, Kinder- u. Jugendbuch, Sach- und Beschäftigungsbuch.

Bonifacius-Druckerei GmbH, Liboristr. 1/3, D-4790 Paderborn, Tel. (05251) 17-0.

Born-Verlag, Frankfurter Str. 180, D-3500 Kassel 1, Tel. (0561) 42055.

Born, J. H., GmbH, Am Walde 23, D-5600 Wuppertal 1, Tel. (0202) 422031. — Heimatlit.

Boss-Druck und Verlag GmbH & Co. KG, Geefacker 63, D-4190 Kleve, Tel. (02821) 91033. — Heimatbücher.

Boysen, C., Verlag, Große Bleichen 31, Kaufmannshaus, D-2000 Hamburg 36, Tel. (040) 343251. — Hamburgensien, Parodien.

Braun & Schneider Verlag, Maximiliansplatz 9, D-8000 München 2, Tel. (089) 555580. — Heiterer Roman, Kinderhörspiel, Beschäftigungsspiele f. Kinder.

Brausdruck GmbH, Hebelstr. 10, D-6900 Heidelberg 1, Tel. (06221) 21645-46. — Heimatlit., u.a.

Brehm, Friedl, Verlag, Bezoldstr. 3, D-8000 München 90, Tel. (089) 645302 < 6422230 >. — Prosa, Lyrik, Dramatik, auch in bairischen Mundarten.

Breitkopf & Härtel, Buch- u. Musikverlag, Postf. 1707, Walkmühlstr. 52, D-6200 Wiesbaden, Tel. (06121) 402031. — Musikerbiographie, u.a.

Breitschopf, Julius, Verlagsbuchhandlung, Schleißheimerstr. 371A, D-8000 München 45, Tel. (089) 3514747. — Jugend- u. Erwachsenenbuch, Bilder- u. Malbuch, Adventkal., Magische Blätter.

Brendow Verlag, Gutenbergstr. 1, D-4130 Moers 2, Tel. (02841) 41036. — Christl. Erzählungen f. Jugendl., Kinder u. Erwachsene.

Brigg Verlag GmbH, Hermanstr. 33, D-8900 Augsburg, Tel. (0821) 30008. — Kinderbuch, Bildband, Städte- u. Landschaftsb.

Brinkhaus, Helen M., Verlag, Eichendorffstr. 14, D-6101 Roßdorf 2, Tel. (06071) 44282. — Neuere dt. Lyrik, hist. Roman.

Brinkmann & Bose, Kantstr. 125, D-1000 Berlin 12. — Lit. d. 20. Jhs.

Brockhaus, R., Verlag GmbH & Co., Champagne 7, D-5657 Haan 2, Tel. (02104) 6311. — Christl. u. theol. Lit., Jugendb., Meditationsbildbd, Bibeln.

Brockkamp Verlag GmbH, Breitenweg 13, D-2800 Bremen-Grambkermoor 1, Tel. (0421) 311252.

Brodhäcker-Verlag, Karl, Langwasser 3, D-6314 Ulrichstein, Tel. (06645) 760. — Hessische Mundartliteratur, Jugendb.

Broschek Verlag, Bargkoppelweg 61, D-2000 Hamburg 73, Tel. (040) 6796-1. — Belletristik, Kulturgesch., Bibliophile Neudr., Hamburgensien, u.a.

Brunnen-Verlag GmbH, Gottl.-Dàimler-Str. 22, D-6300 Gießen, Tel. (0641) 12088. Erzählung, hist. Roman, Tatsachenber., Biographie, neuere dt. Lyrik, Jugendb., Kurzgesch.

Buchheim-Verlag, Lothar-Günther Buchheim, Biersackstr. 23, D-8133 Feldafing/Obb., Tel. (08157) 1221. — Kinderbuch, Humorbuch, Reisebuch, Kunst.

Buchverlag Saarbrücker Zeitung, Eisenbahnstr. 33, D-6600 Saarbrükken, Tel. (0681) 502418.

Büchergilde Gutenberg, Verlagsges. mbH, Untermainkai 66, D-6000 Frankfurt a.M. 1, Tel. (0611) 230115. — Roman, Biographie, Weltlit., Kinder-u. Jugendbuch, u.a.

Büchner, Dr. Felix, Verlag GmbH & Co., Lademannbogen 135, D-2000 Hamburg 63, Tel. (040) 5387041. — Schöne Lit.

Büchse der Pandora GmbH, Verlag, Postf., D-6330 Wetzlar.

Bundes-Verlag eG, Bodenborn 43, D-5810 Witten/Ruhr, Tel. (02302) 3457. — Christl. Lyrik, Christl. Erzählung u. Biographie.

Bund-Verlag GmbH, Hansestr. 63a, D-5000 Köln 90, Tel. (02203) 36091. — bund-bibliophil: klass., humorist. u. Schelmenroman, Belletristik allg., Intern. Literaturfabrik: Essay, Erzählung, neuere dt. Lyrik, Kinderroman.

Buntbuch-Verlag, Bartelsstr. 30, D-2000 Hamburg 6, Tel. (040) 4395902, 438170. — Türk. Autoren in dt. Übers., Lit. d. 20er Jahre.

Burckhardthaus-Laetare Verlag GmbH, Herzbachweg 2, D-6460 Gelnhausen 1, Tel. (06051) 891. — Jugend-, Kinder- u. Bilderbuch.

Burges, Heinz, Bachemer Str. 10, D-5000 Köln 41, Tel. (0221) 414433 u. 417179. — Zeitgenöss. Belletristik.

Burkhardt Verlag, Alfred, Holstenstr. 106-108, D-2300 Kiel 1, Tel. (0431) 94913. — Heimatlit.

Buske, Helmut, Verlag, Schlüterstr. 14, D-2000 Hamburg 13, Tel. (040) 452522. — Norddt. Heimatlit.

Busse'sche Verlagshandlung GmbH, Brüderstr. 30, D-4900 Herford, Tel. (05221) 775-0.

Butzon & Bercker GmbH, Hoogeweg 71, D-4178 Kevelaer, Tel. (02832) 2908-09. — Neue religiöse Lyrik u. Prosa.

Calatra Press Willem Enzinck, Monika Auras, Adolfstr. 40, D-5420 Lahnstein, Tel. (02621) 1025. — Lyrik, Aphorismen, Bildbände, Kurzprosa.

Camberger Verlag Ulrich Lange, Auf der Lück 6, D-6277 Bad Camberg 4, Tel. (06434) 7437. — Hist. Roman, Satire, Lit. d. nassauischen Geschichtsraumes.

Carl, Hans, Verlag, GmbH & Co. KG, Breite Gasse 58-60, D-8500 Nürnberg, Tel. (0911) 203831. — Dt. u. ausländ. Lit.

Carlsen Verlag GmbH, Dieselstr. 6, D-2057 Reinbek b. Hamburg, Tel. (040) 7224051. — Kinderbücher, Bilderbücher, Jugendbücher, Sachbücher, Comics, Das Jahr im Bild.

Christians, Hans, Druckerei u. Verlag, Kl. Theaterstr. 9-11, D-2000 Hamburg 36, Tel. (040) 341456-59. — Hamburgensien, Bücher üb. Norddtld, Kunst.

Christliche Verlagsanstalt GmbH, Zasiusstr. 8, D-7750 Konstanz, Tel. (07531) 23054. — Roman, Erzählung, Jugendbuch, Lebensbild — in bewußt christl. Prägung.

Christliche Verlagsgesellschaft mbH, Moltkestr. 1, D-6340 Dillenburg, Tel. (02771) 34021. — Christl. Sachb., christl. Kinderb.

Christlicher Zeitschriftenverein, C.Z.V. Verlag, Bachstr. 1-2, D-1000 Berlin 21, Tel. (030) 3915076. — Neuere deutsche Lyrik, u.a.

Christliches Verlagshaus GmbH, Senefelderstr. 109, D-7000 Stuttgart 1, Tel. (0711) 221301. — Christliche Erzählungen für alle Altersgruppen, populär-theologische Titel, Kalender, Puzzle.

Christophorus-Verlag GmbH, Hermann-Herder-Str. 4, D-7800 Freiburg/Br., Tel. (0761) 27171. — Musik u. Kunst, Beschäftigungsbücher.

Chur, Gisela, Bronsfeld 51, D-5372 Schleiden, Tel. (02445) 7112. — Jugendbuch, Bilderbuch.

Cicero Presse, D-2281 Morsum/Sylt, Tel. (04654) 305. — Avantgardist. dt. Lit.

Claassen-Verlag GmbH, Grupellostr. 28, D-4000 Düsseldorf 1, Tel. (0211)

360516. Biographie, Lit. d. engl., franz., ital. Sprachraums, dt. Lyrik u. Prosa.

Claudius Verlag GmbH, Birkerstr. 22, D-8000 München 19, Tel. (089) 184031. — Erzählungen z. Thema „Lebens- u. Glaubenshilfe".

collispress s. Eckhardt, Paul, Verlag.

Coppenrath, F., Verlag KG, Martinistr. 2, D-4400 Münster, Tel. (0251) 42225.

Copress-Verlag, Schellingstr. 39-43, D-8000 München 40, Tel. (089) 282423. — Sport, Jugend- u. Sachbücher.

Corian-Verlag Heinrich Wimmer, Bernhard-Monath-Str. 24a, D-8901 Meitingen, Tel. (08271) 5951. — Science Fiction.

Cotta'sche (J. G.) Buchhandlung Nachf. GmbH s. Klett, Ernst.

Cusanus-Verlag GmbH, Deworastr. 6, D-5500 Trier, Tel. (0651) 73692. — Belletristik, Kunst- u. Jugendschrift, Heimatlit.

Damnitz Verlag GmbH, Hohenzollernstr. 144, D-8000 München 40, Tel. (089) 301015/16. — Lyrik, Belletristik, Arbeiterliteratur.

Damokles-Verlag Heinz Riedel, Parkallee 37, D-2070 Ahrensburg, Tel. (04102) 52383. — Mod. Lit., Neue Kunst.

DBV Dein Bilderbuch Verlag im Deutschen Betriebswirte-Verlag GmbH, Bleichstr. 20-22, D-7562 Gernsbach 1, Tel. (07224) 3091. — Jugendbuch.

Decker, Franz, Verlag Nachf. GmbH, Gutenbergstr. 14, D-7012 Fellbach 4, Tel. (0711) 514013. — Schöne Lit., u.a.

Delphin Verlag GmbH, Reichenbachstr. 3, D-8000 München 5, Tel. (089) 557641-44. — Jugend-, Kinder- u. Bilderbücher.

Dem Wahren-Schönen-Guten, Bernhardstr. 8, D-7570 Baden-Baden, Tel. (07221) 24634. — Lyrik, Märchen, esot. u. geist. Lit.

Desch, Kurt, Verlag GmbH, Perhamerstr. 31, D-8000 München 21, Tel. (089) 583027-29. — Mod. u. hist. Roman, Werke z. Zeitgesch., Dokumentarwerke, Kunst, Kriminalroman, Jugendbuch, Theater, Klassiker, u.a.

Dessart, Engelbert, Verlag, Wildstr. 7, D-8202 Bad Aibling, Tel. (08061) 4045. Kinderbücher.

Deutsche Hausbücherei Georg von Holtzbrinck, Wolframstr. 36, D-7000 Stuttgart 1, Tel. (0711) 2580-0. — Buchgemeinschaft, Schöne Lit., u.a.

Deutsche Verlags-Anstalt GmbH, Nekkarstr. 121, D-7000 Stuttgart 1, Tel. (0711) 2631-0. — Schöne Lit., Biographie, Memoiren, Lexika, u.a.

Deutscher Bücherbund GmbH & Co., Wolframstr. 36, D-7000 Stuttgart 1, Tel. (0711) 2580-0. — Neuere dt. Lyrik, Jugendb., hist. Roman, Sachb.

Deutscher Jugend-Verlag, Günter Stiffel, Postf. 7680, D-4400 Münster/Westf., Tel. (0251) 615151.

Deutscher Literaturverlag, Otto Melchert, Mühlenstieg 16-22, D-2000 Hamburg 70, Tel. (040) 682476. — Taschenb. d. unterhalt. Lit., Tier, Natur, Gesellschaft, Sach- u. Jugendb.

Deutscher Taschenbuch Verlag GmbH & Co. KG, Friedrichstr. 1a, D-8000 München 40, Tel. (089) 340911. — Belletristik incl. Klassik u. Jugendbuch.

Dianus-Trikont, Buchverlag GmbH, Agnes Str. 10, D-8000 München 40, Tel. (089) 2714400.

Diederichs, Eugen, Verlag GmbH & Co. KG, Bremer Str. 5, D-5000 Köln 1. — Märchen, Sagen, Fantasy.

Dienel, Irmgard, Wettin-Verlag, Postf. 44, D-7184 Kirchberg/Jagst, Tel. (07954) 428. — Neuere dt. Lyrik, „Ärzte als Schriftsteller", Mundartlit. (fränkisch, schwäb.), Lyrik, Prosa, Schallplatten.

Dietrich, Maximilian, Verlag, Inh. Curt Visel, Weberstr. 36, D-8940 Memmingen, Tel. (08331) 2853. Gesamtwerk v. Zenta Maurina, schwäbische Lit., bibliophile Geschenkb.

Dithmar, B., Verlag, Auf der Sandeller 5, D-6000 Frankfurt a.M. 50, Tel. (0611) 544178. — Histor. Roman.

Dithmarscher Presse-Dienst Verlag, Rehdamm 10, D-2240 Heide/Holst., Tel. (0481) 5739. — Niederdt. Romane, Erzählungen.

Döll, Johann Heinrich, Verlag, Oberneulander Landstr. 185, D-2800 Bremen 33, Tel. (0421) 254754. — Regionallit., hist. Romane, Erzählungen, Sachbücher, Bildbde.

domini sumus Verlags- und Produktionsgesellschaft mbH, Am

Denkmal 2, D-4408 Dülmen, Tel. (02590) 4429. − Jugendbuch.

Don Bosco Verlag, Sieboldstr. 11, D-8000 München 80, Tel. (089) 4138349. − Jugendbuch.

Drei Mohren Verlag, Kurt Weltzien, Richardstr. 45, D-2000 Hamburg 76, Tel. (040) 291411. − Tierbücher, Reise- u. Bildbände.

Drei Säulen-Verlag, Hans-Cornelius-Str. 4, D-8032 München-Gräfelfing, Tel. (089) 855021. − Schöne Lit., Geisteswiss.

Dreisam-Verlag GmbH, Schwaighofstr. 6, D-7800 Freiburg, Tel. (0761) 77037. − Neuere dt. Lyrik, hist. Roman.

Dressler, Cecilie, Verlag, Poppenbütteler Chaussee 55, D-2000 Hamburg 65, Tel. (040) 6070484. − Kinder- und Jugendbuch.

Droemersche Verlagsanstalt Th. Knaur Nachf., GmbH & Co., Rauchstr. 9-11, D-8000 München 80, Tel. (089) 9271-0. − Moderne Belletristik, Sachb., Lexika, Taschenb.

Droste Verlag GmbH, Rp-Haus im Druckzentrum Zülpicher Str. 10, D-4000 Düsseldorf 11, Tel. (0211) 5052603-04. − Bildbde., Belletristik, Geschichte, Zeitgeschichte, Sachbüch.

Druck- und Verlagshaus Thiele & Schwarz, Inh. Rolf Schwarz, Wilhelmshöher Allee 254-256, D-3500 Kassel-Wilhelmshöhe, Tel. (0561) 30076. − Heimatromane.

DuMont Buchverlag GmbH & Co. KG, Mittelstr. 12-14, D-5000 Köln 1, Tel. (0221) 20531. − Kunst, Kult. Gesch., Reiselit.

Duncker, Alexander, Verlag, Hollerstr. 4, D-8000 München 50, Tel. (089) 1502185. − Roman.

Echter Verlag GmbH, Juliuspromenade 64, D-8700 Würzburg, Tel. (0931) 50258. − Schöne Literatur.

Eckardt, Paul, Verlag (collispress), Leipziger Platz 2, D-7000 Stuttgart 1, Tel. (0711) 633266. − Lyrik u. Prosa der Gegenwart in Erstausgaben.

Edel, Reiner-Friedemann, Dr., Ökumenischer Verlag, Cappeler Str. 8, D-3550 Marburg. − Jugendbuch.

Edelmann, M., KG, Verlag der Buchhandlung, Breite Gasse 52-54,

D-8500 Nürnberg 11, Tel. (0911) 203294. Lit. üb. d. fränk. u. Nürnberger Sprachraum.

edition aleph, Friedensstr. 8, D-8551 Heroldsbach, Tel. (09190) 1205. − Gegenwartslit., erzählende Prosa, Lit.zs. Literatortur.

edition CON, Westerdeich 38, D-2800 Bremen 1, Tel. (0421) 540012/13. − Lit. v. Ausländern üb. Ausländer i.d. Bdesrep. Dtld (Reihe Südwind gastarbeiterdt.).

edition cordeliers, Verlags- und Vertriebs-GmbH, Liststr. 36, D-7000 Stuttgart 1, Tel. (0711) 6493233. − Neue dt. Lyrik, Bildbde, hist.-polit. Sachbuch, neuer dt. Roman.

edition druckhütte nr. 2, Zum Seemenbach 1, D-6470 Büdingen 2, Tel. (06041) 5821.

Edition Eisbrecher, Rudi Lehnert, Lebrechtstr. 22, D-7500 Karlsruhe 51, Tel. (0721) 36288. − Zeitgenöss. Erzählungen.

Edition Erdmann i. K. Thienemanns Verlag, Blumenstr. 36, D-7000 Stuttgart 1, Tel. (0711) 240641. − Hist. Roman, alte abenteuerl. Reise- u. Entdeckungsber., arab. Klassiker, Ländermonogr.

edition herodot, Zur Scharfmühle 4, D-3400 Göttingen, Tel. (0551) 7905105. − Neuere dt. Lit.

edition ilex-konzept, Berndt Mosblech Beecker Str. 154, D-4100 Duisburg 11, Tel. (0203) 557107. − Lyrik, lyr. u. experim. Prosa.

Edition Mariannenpresse, Mariannenplatz 2, D-1000 Berlin 36, Tel. (030) 6148003. − Gemeinschaftseditionen von Schriftstellern u. bildenden Künstlern in begrenzten Aufl. bis zu 250 Ex.

Edition Nautilus, Verlag Lutz Schulenburg, Hassestr. 22, D-2050 Hamburg 80, Tel. (040) 7213536. − Neue deutsche Lyrik, DADA u. Prädadaisten, Situationist. Internationale, polit. Texte d. Emanzipat. d. Proletariats.

Edition Neue Wege GmbH, Kaiserdamm 27, D-1000 Berlin 19, Tel. (030) 8815578. − Lyrik u. Prosa Westberliner Autoren, Bildbde, Bild. Künstler.

Edition 7 & 70, Verlag R.H. Riethausen, Tulpenstr. 23, D-6450 Hanau 8, Tel.

(06181) 60713. − Neuere dt. Lyrik,
Grafik-Text-Kal., Grafikmappen.

**Edition Venceremos, Mees-
Reinheimer-GbR,** Heinrichstr. 15, D-
6090 Rüsselsheim, Tel. (06142) 65280
od. 42855. − Fachpubl. a.d. Geb. Folk,
Song, Kabarett, polit. Lied, Tb. m.
neuerer dt.spr. Lit., Lyrik- u. Pro-
sabde m. bes. bibliophiler Ausstatt.

Edition Voltaire, Brandenburgische Str.
38, D-1000 Berlin 15, Tel. (030)
8612611. − Lyrik, neue Literatur, lit.-
polit. Flugschriften.

**Edition Weitbrecht in K. Thienemanns
Verlag,** Blumenstr. 36, D-7000 Stuttgart 1, Tel. (0711) 240641. − Mod. dt. u.
intern. Lit., klass. Werke d. Weltlit.,
Essay, Anthologie.

Edition Xylos, Irmgard Stein, Berg-
mannstr. 58, D-4650 Gelsenkirchen,
Tel. (0209) 25112. − Neuere deutsche
Lyrik, Jugendbuch.

éditions trèves e.V., Postf. 1401, D-5500
Trier, Tel. (06501) 3183. − Aktuelle
Themen in lit. Form, neue Lyrik u.
Lit. (dt. Übers. a. d. engl./amer.),
Drama, Satire, Sachessay.

Egerland-Verlag Helmut Preussler,
Rothenburger Str. 25, D-8500 Nürn-
berg 1, Tel. (0911) 262323. − Erd- u.
Völkerkunde, Heimatkunde.

Eggebrecht & Co. KG, Robert-Koch-Str.
11a, D-6500 Mainz 42, Tel. (06131)
508282-83. − Schöne Lit.

Ehrenwirth, Franz, Verlag GmbH, Vils-
hofener Str. 8, D-8000 München 80,
Tel. (089) 989025. − Zeitgen. dt. u.
ausl., bes. angelsächs. Romane u.
Erzähl., Lyrik, hist. Romane, Unterhalt., Sachb. Bavarica, Pädagogik,
Psychologie, Populärmedizin.

Eichborn Verlag, Sachsenhäuser Land-
wehrweg 293, D-6000 Frankfurt 70,
Tel. (0611) 681079. − Reihe "Eich-
born-Wertpapiere" m. neuer erzählender Lit., diverses.

Eichendorff-Gesellschaft, Schönleinstr.
3, D-8700 Würzburg 1, Tel. (0931)
51659. − Deutsche Romantik.

EIDER-VERLAG ArGe Buchvertrieb,
Helmutstr. 3, D-4000 Düsseldorf 30,
Tel. (0211) 622413. − Heimatlit.
Schleswig-Holstein.

**Einhorn-Verlag Eduard Dietenberger
GmbH,** Sebaldstr. 9, D-7070 Schwäbisch Gmünd, Tel. (07171) 66585.

**ELDRA − Verlag für Epik, Lyrik und
Dramatik,** Am Sommerberg 29, D-
5064 Rösrath 3, Tel. (02205) 81849. −
Dt. Lyrik, Jugendb., hist. Roman.

Ellenberg Verlag GmbH, Am Urbacher
Wall 35, D-5000 Köln 90, Tel. (02203)
22675. − Roman, neuere dt. Lyrik,
neuere dt. Kurzgesch., Sachb., Wiss.
(alle Geb.), mod. Geschichte, Memoiren.

**Ellermann, Heinrich, Verlag GmbH &
Co. KG,** Romanstr. 16, D-8000 Mün-
chen 19, Tel. (089) 133737. − Moderne
Bilderbücher, Kindertheater u.
Jugendbücher, Lit. u. Kunst (i. d. edi-
tion spangenberg).

Elpis Verlag GmbH, Rohrbacher Str. 2,
D-6900 Heidelberg, Tel. (06221) 15789.
− Neue Lyrik u. Prosa, Erzählung.

**Elsner, Otto, Verlagsgesellschaft mbH
& Co. KG,** Schöfferstr. 15, D-6100
Darmstadt 1, Tel. (06151) 891630. −
Lyrik.

Emig, Günther, Postf. 1608, D-7100 Heilbronn.

EMS-Kopp Verlag, An der Schaftrift 22
D-4470 Meppen/Ems. − Deutsche
Lyrik, Roman.

Engelbert-Verlag GmbH, Widukind-
platz 2, D-5983 Balve/Westf., Tel.
(02375) 3099. − Kinder- u. Jugendbuch.

Engelhornverlag GmbH, Neckarstr. 121
D-7000 Stuttgart 1, Tel. (0711) 26310.
− Roman, Erlebnisbuch.

**Ensslin & Laiblin Verlag GmbH & Co.
KG,** Harretstr. 6, D-7412 Eningen
unter Achalm, Tel. (07121) 8471-73. −
Kinder- u. Jugendb., Sachb.

Eos Verlag Erzabtei St. Ottilien, D-8917
St. Ottilien/Obb., Tel. (08193) 71261.

Erb Verlag, Benderstr. 89, D-4000 Düsseldorf 12, Tel. (0211) 283021. −
Neuere dt. Lyrik, neuerer dt. Roman,
neuere dt. Erzählungen, Sachb.

**Erdmann, Horst, Verlag für intern.
Kulturaustausch GmbH,** Hartmeyer
str. 117, D-7400 Tübingen, Tel. (07071)
62061-62 u. 64409. − Zeitgen. Lit. ferner Länder, Reisebuch, Romane, Län
dermonogr., Reiseführer, Lyrik, Wiss
Buchreihen, Zss.

**Eremiten-Presse u. Verlag Eremiten-
Presse GmbH,** Fortunastr. 11, D-4000
Düsseldorf 1, Tel. (0211) 660590. −

Zeitgenöss. dt. Lit. u. Graphik, illustr. Bücher, Pressendrucke.

Euphorion Verlag, Hans Imhoff, Wilhelm-Busch-Str. 41, D-6000 Frankfurt a.M. 50, Tel. (0611) 523357. — Philosophie, Belletristik, Moderne Lyrik, Dialektik, Gespräche, Experimentelle Literatur.

Europa-Verlagsgesellschaft mbH Wien — Zürich — München, Claude-Lorrain-Str. 11, D-8000 München 95, Tel. (089) 6518615. — Neuere dtspr. u. intern. Prosa u. Lyrik.

Europäische Verlagsanstalt GmbH, Savignystr. 61-63, D-6000 Frankfurt, Tel. (0611) 742567, 742568 u. 751781.

Europäischer Buch- und Phono-Club Verlags-GmbH, Lindenspürstr. 32, D-7000 Stuttgart 1, Tel. (0711) 6683-1. — Belletristik.

expanded media editions, Aloys-Schulte-Str. 15, D-5300 Bonn 1, Tel. (0228) 229583. — Zeitgenössische amer.Lit. in z.T. zweispr. Ausgaben, zeitgenöss. experimentelle dt. Lit.

extrabuch Verlag in der pädex-Verlags-GmbH, Rotlintstr. 45H, D-6000 Frankfurt a.M., Tel. (0611) 430124. — Sachbez. Belletristik, Biographie.

fabula Verlag GmbH, Wildstr. 7, D-8202 Bad Aibling, Tel. (08061) 4046. — Kinderbuch, Bilderbuch.

Fackelträger-Verlag, Goseriede 10-12, D-3000 Hannover 1, Tel. (0511) 14648. — Unterhaltung, Lyrik, Kurzgeschichten, Humor, Sachbücher, Politik u. Gesellschaft.

Fackelverlag G. Bowitz GmbH, Schokkenriedstr. 46, D-7000 Stuttgart 80, Tel. (0711) 78230. — Humor u. galante Werke d. Weltlit.

Fächer-Verlag Andreas Dürr & Co. KG, Stresemannstr. 8 (21), D-7500 Karlsruhe 1, Tel. (0721) 71378-96. — Neue dt. Lyrik u. Belletristik, regionale Anthologien, engagierte Bildbde.

fahle, C.J., GmbH, Neubrückenstr. 8-11, D-4400 Münster, Tel. (0251) 5921. — Plattdt. Lit., Prosa.

feder-Verlag, G. Tomkowitz oHG, Postf. 27, D-8034 Germering. — Politik, Zeitgeschichte, Kunst- u. Karikaturbuch, Heimatlit.

feesche, Heinr., Georgsplatz 1, D-3000 Hannover, Tel. (0511) 18515.

Fehldruck Verlag, Herrenstr. 15, D-3000 Hannover 1, Tel. (0511) 18961. — Lyrik u. Prosa.

Fietkau Verlag, Wolfgang, Potsdamer Chaussee 16, D-1000 Berlin 37, Tel. (030) 8025493. — Zeitgen. dt.sprach. Lit. in Erstausg.

Fink-Kümmerly, J., & Frey Verlag GmbH, Zeppelinstr. 29, D-7302 Ostfildern 4, Tel. (0711) 4506-0.

Fischer, Rita G., Verlag, Alt-Fechenheim 73, D-6000 Frankfurt a.M. 61, Tel. (0611) 416061-62. — Neuere dt. Lyrik, Hist. Roman, Erzählungen, Aphorismenbände, Anthologien, Biographie, Humor.

Fischer, S., Verlag GmbH, Geleitsstr. 25, D-6000 Frankfurt a.M. 70, Tel. (0611) 60620.

Fischer Taschenbuchverlag GmbH, Geleitsstr. 25, D-6000 Frankfurt a.M. 70, Tel. (0611) 60620.

Fischer, W., Verlag, Stresemannstr. 30, D-3400 Göttingen, Tel. (0551) 62038. — Jugendbuch, Kinderbuch.

Fleischhauer & Spohn, Maybachstr. 18, D-7000 Stuttgart 30, Tel. (0711) 89340. — Pop. Unterhaltungsromane, Schwäbisches, Klassiker-Geschenkbibliothek.

Flöttmann, Hans, Berliner Str. 63, D-4830 Gütersloh 1, Tel. (05241) 28081. — Heimatdichtung.

Focke, Georg, Verlag, Am Hirschsprung 15, D-5000 Köln 91, Tel. (0221) 841413. — Neuere dt. Lyrik u. Romane, Dissidentenlit., polit. Bücher.

Foerster-Verlag, Postf. 100230, D-1000 Berlin 10, Tel. (030) 2617841. — Belletristik, Sexualwiss.

fox produktionen, Postf. 1106, D-7550 Rastatt, Tel. (07245) 6640. — Neueste deutsche Lyrik, Anthol., Aktuelle Texte (z.B. Strafgefangene, Alkoholismus).

Franckh'sche Verlagsbuchhandlung/ Kosmos-Verlag, Pfizerstr. 5-7, D-7000 Stuttgart 1, Tel. (0711) 2191-1. — Jugendbuch, Reportage.

Frauenbuchverlag, Gabelsbergerstr. 56, D-8000 München 2, Tel. (089) 521717. — Polit. Texte zur Frauenfrage.

Frauenbuchvertrieb GmbH, Mehringdamm 32-34, D-1000 Berlin 61, Tel. (030) 2511666.

Frauenliteraturvertrieb und Verlag,
Schloßstr. 94, D-6000 Frankfurt 90,
Tel. (0611) 700717.

Frauenoffensive GmbH, Kellerstr. 39,
D-8000 München 80, Tel. (089) 485102.
— Feminist. Lit. (Roman, Erzählung,
Essay, Lyrik).

Fredebeul & Koenen KG, Ruhrtalstr.
52-60, D-4300 Essen-Werden, Tel.
(0201) 49821. — Belletristik, Kinder- u.
Jugendbuch.

Freitag Verlag, Pfalzburger Str. 51, D-
1000 Berlin 31, Tel. (030) 8614870. —
Abenteurer- u. Aussteigerromane,
alte Forschungs- u. Entdeckungsreisen.

Fricke, Dieter, Verlag GmbH, Große
Bockenheimer Str. 32, D-6000 Frankfurt a.M. 1, Tel. (0611) 285139. — Beitr.
z. jüngsten Kunst- u. Kulturgesch.,
zeitgenöss. dt. Lyrik, Photographie.

**Friedenauer Presse Katharina
Wagenbach,** Carmerstr. 10. D-1000
Berlin 12, Tel. (030) 3129923. — Lyrik,
Prosa u. Texte, beschr. a. 16 Seiten,
als lit. Flugblätter.

Fromm, A., GmbH & Co. KG, Verlag,
Breiter Gang 11-14, D-4500 Osnabrück, Tel. (0541) 310311.

Gala Verlag GmbH, Eimsbütteler Str.
16, D-2000 Hamburg 50, Tel. (040)
435086. — Schöne Lit., bibliophile
Drucke, Kulturgesch.

Garuda-Verlag P. u. H. Schüz, Schulstr.
1, D-6100 Darmstadt, Tel. (06151)
25066. — Reiseberichte, Satire, Kalender.

Gauke, Chr., Verlag GmbH, Bergstr. 26,
D-3510 Hann. Münden 1, Tel. (05541)
2381. — Zeitgen. Romane u. Lyrik,
Anthol., Kunst, Musik.

Gegenwind Verlag GmbH, Marienstr.
10, D-3400 Göttingen. — Neuere dt.
Lyrik.

Georg Büchner Verlag, Lindenstr. 235,
D-4000 Düsseldorf 1, Tel. (0211)
667324. — Klass. u. mod. Lit., Politik.

Georgi, Dr. Rudolf, GmbH & Co. KG,
Theaterstr. 77, D-5100 Aachen, Tel.
(0241) 26141.

Gerdes, Ernst, Verlag, Wakendorfer Str.
61, D-2308 Preetz/Holstein, Tel.
(04342) 82393. — Roman, Memoiren,
u.a.

gerhardt verlag inh. renate gerhardt,
Jenaer Str. 7, D-1000 Berlin 31, Tel.
(030) 8543009. — Franz. Surrealisten
u. Vorläufer, Belletristik, Kunst, Kulturgesch., Theater, Päd., Frauenlit.

Gerold & Appel Verlagsges., Neumann-
Reichardt-Str. 29, Eingang 19, D-2000
Hamburg 70, Tel. (040) 6560027. —
Neuere dt. Lyrik, Übers. russ. Lyrik.

Gerstenberg Verlag, Gebr., Rathausstr.
18-20, D-3200 Hildesheim, Tel. (05121)
106-0. — Neuere dt. Lit. (Exil-Lit.),
Plattdt. Lit.

Giebel u. Oehlschlägel KG, Langer
Krummer Bruch 32-36, D-3360 Oste-
rode/H., Tel. (05522) 6616, 6700. —
Jugendbuch (Sagen, Märchen),
Novelle, Kurzgeschichte, Heimat-
kundl. Unterhaltungslit.

Gilles & Francke KG Verlag, Blumenstr. 67-69, D-4100 Duisburg 1, Tel.
(0203) 355097. — Neuere dt. Lyrik,
Roman, Anthologien.

Global-Verlag, Walter Heubach, Albert
Kleinheinz-Str. 32, D-7141 Möglingen
Tel. (07141) 41180. — Jugendbuch.

**Glock und Lutz Verlag, Karl
Borromäus Glock,** Gelbes Schloß, D-
8501 Heroldsberg b. Nürnberg, Tel.
(0911) 560738. — Neuere dt. Lyrik,
Belletristik, Klassiker d. 19./20. Jhs,
Lyrik d. Auslands.

Glöss, R., & Co., Verlagsgesellschaft,
Mörkenstr. 7, D-2000 Hamburg 50,
Tel. (040) 388573. — Biographie, hei-
tere Belletristik.

Glogau, M., jr., Verlag, Hermannstr. 18,
D-2000 Hamburg 1, Tel. (040) 338757
339141 (Thalia-Buchhandl.). — Vorwiegend plattdt. Lit. u. Hamburg-Lit.

Gmünder, Bruno, Verlag, Lützowstr.
105, D-1000 Berlin 30, Tel. (030)
2611646. — Prosa, Essay, Roman m.
homosexueller Thematik.

Goldmann, Wilhelm, Verlag GmbH,
Neumarkter Str. 18, D-8000 München
80, Tel. (089) 43180-0. — Unterhaltungslit., Kriminalromane, Science
Fiction, Jugendlit., Klassiker-Ausgaben, Sach- u. Ratgeberlit., Studienlit.
f. d. Gebiete Jura, Wirtsch., Psychol.,
Päd., Soziol., u.a.

Goldoni Verlagsgesellschaft mbH,
Herdweg 35, D-7000 Stuttgart 1, Tel.
(0711) 225604. — Satire.

Goldring-Verlag Papenburg Th. Rosell, Hauptkanal 27-28, D-2990 Papenburg/Ems, Tel. (04961) 2060. — Unterhaltungslit.

Gondrom Verlag, Bahnhofstr. 15, D-8580 Bayreuth, Tel. (0921) 21031.

Goverts im S. Fischer Verlag GmbH, Geleitsstr. 25, D-6000 Frankfurt a.M. 70, Tel. (0611) 60620. — Lit. d. amerikan. u. engl. Sprachraums.

Grabert-Verlag, Wigbert Grabert, Am Apfelberg 18, D-7400 Tübingen, Tel. (07071) 61206. — Historischer Roman, Kultur- u. Zeitgesch.

Graphikum Dr. Heinrich Mock Nachf. J. M. Kurz, Mühlenbergring 1, D-3406 Bovenden, Tel. (05594) 567. — Reihe Dichter u. Zeichner, Prosa, Lyrik, Kunst.

Greiner, Anny, Verlag, Postf. 85, D-4180 Goch 1, Tel. (02823) 80744.

Greß, Siegfried, Verlag, Fleischmannstr. 6, D-8713 Marktbreit, Tel. (09332) 618. — Fränkische Mundartliteratur, Lyrik.

Greven Verlag Köln GmbH, Neue Weyerstr. 1-3, D-5000 Köln 1, Tel. (0221) 233333. — Kunst, Landschaft, Städte, Coloniensia, Kölner Mundart, Sagen.

Gronenberg, Emil Kaiserstr. 73, D-5270 Gummersbach 1, Tel. (02261) 21095-97.

Gruner & Jahr AG & Co., Warburgstr. 50, D-2000 Hamburg 36, Tel. (040) 4118-1. — Anspruchsvolle Unterhaltungslit.

Gryphius-Verlag oHG, Harrestr. 6, D-7412 Eningen unter Achalm, Tel. (07121) 8471.

Gütersloher Verlagshaus Gerd Mohn, Königstr. 23/25, D-4830 Gütersloh 1, Tel. (05241) 1831. — Theol. Literatur u. Grenzgebiete.

Guha, K., Verlag, Augustastr. 11, D-6200 Wiesbaden, Tel. (06121) 370500. — Roman, Erzählung, Gedicht, Herausg. d. Wiesbadener Literaturztg.

Guhl, Klaus, Verlag, Knobelsdorffstr. 8, D-1000 Berlin 19, Tel. (030) 3213062. — Neuere dt. Lyrik.

Gundert, D., Wildstr. 7, D-8202 Bad Aibling, Tel. (08061) 4046. — Jugendbuch.

Haag + Herchen GmbH, Fichardstr. 30, D-6000 Frankfurt a.M. 1, Tel. (0611)

550911. — Wiss. Veröff., Diss., Sachb., Mundart- u. Heimatlit.

Habbel, Josef, Verlag, Gutenbergstr. 8, D-8400 Regensburg 11, Tel. (0941) 96044. — Roman, Jugendbuch, Lyrik, u.a.

Habel, Carl, Verlagsbuchhandlung, Havelstr. 16, D-6100 Darmstadt 2, Tel. (06151) 386323. — Belletristik, u.a.

Hädecke, Walter, Verlag, Lukas-Moser-Weg 2, D-7252 Weil der Stadt/Württ., Tel. (07033) 2264. — Anthologien, Kochbücher.

Hände-Hoch-Produktion Christoph Mennel, Zeppelinstr. 19B, D-7000 Stuttgart 1. — Neue dt. Lyrik.

Hänssler-Verlag Friedrich Hänssler KG, Bismarckstr. 4, D-7303 Neuhausen-Stuttgart, Tel. (07158) 1770.

Haessel, H., Verlag Nachf. Walter Rudolf Sorgenfrey, Bäckerweg 2, D-6000 Frankfurt a.M. 1, Tel. (0611) 433726. — Roman, Sachb., Schauspiel.

Hagenberg-Verlag, Inh. Günther Machalett, Hagenstr. 17, D-3342 Hornburg, Tel. (05334) 1444. — Themen aus Ur- u. Frühgesch.forsch., Natur u. Umweltschutz, Gedichte u. Reime (nur Auftragsdrucke), Lyrik (nur Auftragsdrucke), Jugendbuch u. Comic, Zs. Ur- u. Frühzeit.

Hahns, Alfred, Verlag, Walter Dietrich KG, Adolfstr. 78, D-2000 Hamburg 76, Tel. (040) 2203043. — Kinderbuch.

Hallwag Verlagsgesellschaft mbH, Marco-Polo-Str. 1, D-7302 Ostfildern 4, Tel. (0711) 4502266. — Belletristik, Kunst, Jugendbuch, Reisebuch, u.a.

Hamburger Kulturverlag GmbH, Dorotheenstr. 176, D-2000 Hamburg 60, Tel. (040) 470249.

Hammer, Peter, Verlag GmbH, Föhrenstr. 33-35, D-5600 Wuppertal 2, Tel. (0202) 505066-67. — Lit. des span. und port. Sprachraums, hist. Roman, Jugendbuch.

Hannemann, Ralf Bolsehle 19, D-3071 Husum, Tel. (05027) 1341.

Hansa Verlag Ingwert Paulsen jr., Postf. 1480, D-2250 Husum, Tel. (04841) 6081-83. — Regionallit.

Hansen & Hansen, Kleiner Rungenberg 6, D-2211 Münsterdorf, Tel. (04821) 82648. — Belletristik, nordfriesischer Raum.

Hanser, Carl, GmbH & Co., Kolbergerstr. 22, D-8000 München 80, Tel. (089)
982511. — Mod. dt. u. intern. Lit.,
Klass. d. dt. Lit., Klass. d. Weltlit., Biographie, Essayistik.

Hansisches Verlagskontor H. Scheffler,
Friedrich-Wilhelm-Platz 3, D-2400
Lübeck 1, Tel. (0451) 599777. —
Lübecker Schrifttum.

Harrisfeldwegpresse i. Verlag P. Galle,
Lappenweg 19, D-8000 München 45,
Tel. (089) 3116940. — Bibliophile
Bücher, Kinderbuch, Lyrik, Hand-
pressendruck.

Hartmann, Karlheinz, Verlag, Rodhei-
mer Str. 17, D-6382 Friedrichsdorf/Ts.
3, Tel. (06007) 7622 u. Verlängerte
Hedderichstr. o. Nr. (Süd-Güterbahn-
hof), D-6000 Frankfurt a.M. 70, Tel.
(0611) 632345. — Neuere u. ältere dt.
Lit. (zeitgenöss. Lyrik, Horrorlit., Lit.
d. 18. Jhs), Technikgesch., Reiselit.

Harwalik KG, Verlag, Hohbuchstr. 5, D-
7410 Reutlingen, Tel. (07121) 22041-42.
— Heimatkundl. Bücher d. dt.
Sprachraums.

v. Hase & Koehler Verlag GmbH,
Bahnhofstr. 4-6, D-6500 Mainz 1, Tel.
(06131) 232334. — Essay, Biographie,
neuere dt. Lyrik, Die Mainzer Reihe.

**Haude & Spenersche Verlagsbuchh.
GmbH,** Großgörschenstr. 6, D-1000
Berlin 62, Tel. (030) 7812004 u. 7813514.
— Berolinensien, Gesamtausg. Fritz
von Unruh.

Hauschild, H. M., GmbH, Rigaer Str. 3,
D-2800 Bremen 15, Tel. (0421) 392039.

Hausen-Verlag, Gutenbergstr. 1, D-6630
Saarlouis, Tel. (06831) 40141. —
Schöne Lit.

Hebel-Verlag R. Greiser, Karlsruher
Str. 22, D-7550 Rastatt, Tel. (07222)
22433. — Jugendbuch.

**Heberer, Alfred, Verlag, Heroma-
Edition,** In den Treppen 11, D-6330
Wetzlar 22, Tel. (06441) 31887. —
Panorama Zeit u. Gesellschaft,
Romane u. Novellistik zeitgenöss.
Autoren.

Heckenhauer, J. J., Holzmarkt 5, D-7400
Tübingen, Tel. (07071) 23018. — Lyrik,
Erzählungen.

**Heidenheimer Verlagsanstalt C. F.
Rees GmbH,** Olgastr. 15-17, D-7920
Heidenheim/Br., Tel. (07321) 30101. —
Belletristik.

Heiderhoff, Horst, Verlag, An den Zin-
säckern 8, D-8702 Waldbrunn, Tel.
(09306) 8625. — Intern. Lyrikreihe
„Das Neueste Gedicht", bibliophile
Ausg., Wiss. Reihe.

Heimdall-Verlag, Dr.-Mayer-Str. 15, D-
7012 Fellbach/Württ., Tel. (0711)
582556. — Jugendbuch, Bilderbuch,
Neuere deutsche Lyrik.

Heimreiter-Verlag, Der s. Orion Heim-
reiter Verlag

Heine, Sophie, Karl-Robiczek-Str. 17,
D-8080 Fürstenfeldbruck, Tel. (08141)
6652.

Heinemann, Egon, Verlag GmbH, Kös-
liner Weg 16, D-2000 Norderstedt 3,
Tel. (040) 5239023-24.

**Heinrich-Heine-Buchhandlung, Inh.
Klaus Neubauer,** Abt. Verlag, Schrö-
derstr. 7, D-2120 Lüneburg, Tel.
(04131) 44351.

Heinrich Heine Verlag, Harvestehuder-
weg 45, D-2000 Hamburg 13, Tel. (040)
441881. — Belletristik, neue dt. Literatur, Sachbuch u.a.

Heinrichhofen's Verlag, Liebigstr. 16,
D-2940 Wilhelmshaven, Tel. (04421)
202004. — Jugendb., hist. Roman, Bal-
lett- u. Musikb.

heko verlag GmbH, Uhlandstr. 16, D-
6701 Dannstadt-Schauernheim, Tel.
(06231) 7185. — Jugendbuch, Sachbuch.

**Helfer-Verlag u. Großbuchhandlung
Emil Schwabe,** Elisabethenstr. 29, D-
6380 Bad Homburg v.d.H., Tel. (06172)
21175. — Jugendbuch.

Heliand-Verlag s. Heinrich-Heine-
Buchhandlung.

Heliopolis-Verlag Ewald Katzmann,
Postf. 1827, D-7400 Tübingen, Tel.
(07071) 34858. — Neuere dt. Prosa u.
Lyrik, Biographien.

Henssel, Karl-Heinz, Glienicker Str. 12
D-1000 Berlin 39, Tel. (030) 8051493. —
Reihe textura, Essay, Lebensbericht.

Hera-Verlag, Liebigstr. 16, D-2940 Wilhelmshaven, Tel. (04421) 202004. —
Schöne Lit.

Herbig, F. A., Verlagsbuchh., Hubertusstr. 4, D-8000 München 19, Tel. (089)
177041. — Schöne Lit., Kunst, Hist.
Roman.

Herder GmbH & Co. KG, Verlag, Hermann-Herder-Str. 4, D-7800 Freiburg/Br., Tel. (0761) 2717-1. — Hist. Romane, Erzählungen, Biographien, Essays, Anthologien, Jugendbuch.

Herold-Verlag Brück GmbH & Co. KG, Friedrichstr. 16-20, D-7012 Fellbach, Tel. (0711) 513004. — Kinder- u. Jugendbuch.

Herp, Dr. Johann, Druck und Verlag, Amalienstr. 67, D-8000 München 40, Tel. (089) 281676. — Dt. u. ungar. Bücher.

Hertenstein-Presse, Mathystr. 36, D-7530 Pforzheim, Tel. (07231) 27084. — Lyrik u. Prosa, Bibliophile Bücher, illustr. (mit Originalgrafiken), numeriert u. signiert.

Hess, Gerhard, Verlag, Kiechelweg 3, D-7900 Ulm/Donau, Tel. (0731) 30581. — Roman, Erzählung, Novelle, Lyrik, u.a.

Hestia-Verlag GmbH, Egerländer Str. 28, D-8580 Bayreuth, Tel. (0921) 21000, 21007-09. — Belletristik, Biographien, Zeitgesch.

Heye, Friedrich W., Verlag GmbH, Ottobrunner Str. 28, D-8025 Unterhaching, Verlagsleitung: Mittelweg 177, D-2000 Hamburg 13, Tel. (089) 61109-01, (040) 440168, 445126. — Humor, Satire, Cartoon u. Jugendbuch, Kalender, Puzzles, Poster etc.

Heyne, Wilhelm, Verlag GmbH & Co. KG, Türkenstr. 5-7, D-8000 München 2, Tel. (089) 288211. — Unterhalt.lit., Hist. Roman, seltene Werke d. Weltlit., Biographien, Jugendb., Science Fiction, Kulturgesch.

Hinkel, Klaus — Deutscher Spurbuchverlag, Hemmerleimsleite 46, D-8601 Baunach, Tel. (09544) 1561. — Jugendbuch.

von Hirschheydt, Harro, Wichmannstr. 20, D-3000 Hannover 81, Tel. (0511) 830450. — Baltica.

Hirthammer, F., Verlag GmbH, Balanstr. 17, D-8000 München 80, Tel. (089) 488933. — Tierschutzbücher, Theosophie, Schöne Lit.

Hoch-Verlag GmbH, Kronprinzenstr. 27, D-4000 Düsseldorf 1, Tel. (0211) 307001. — Kinder-, Jugend-, Sachbücher.

Högner, Bernhard, Alte Burgstr. 1 + 3, D-8710 Kitzingen, Tel. (09321) 7170. —

Fränkische Heimatlit., fränkische Gedichte.

Hoffmann und Campe Verlag, Harvestehuder Weg 45, D-2000 Hamburg 13, Tel. (040) 441881. — Lyrik, Neue dt. Lit., Hist. Roman, Biographie, Lit. d. engl., am., franz. Sprachraumes.

Hofmann, Albert, Verlag, Kilianstr. 108/110, D-8500 Nürnberg, Tel. (0911) 36644. — Bücher über Nürnberg u. Franken.

Hohenheim Verlag GmbH, Dieselstr. 2, D-5000 Köln 40, Tel. (02234) 7011-1. — Humanwiss., Zeitgesch., Belletristik, SF-Anthologien, SF-Roman, Wanderbuch.

Hohenloher Druck- und Verlagshaus, Blaufeldener Str. 44, D-7182 Gerabronn, Tel. (07952) 5126. — Neuere dt. Lyrik, Jugendbuch, Hist. Roman, Erzähl., Bibliophile Ausgaben.

Hohenstaufen-Verlag, Schumann KG, Programmleitung: Postf. 29, D-7762 Bodman, Tel. (07773) 5616, Geschäftsführung: Postf., D-8137 Berg 3, Tel. (08151) 51675. — Hist. Roman, Essay, Novelle, Roman, Gegenwartslyrik u. Erzählung.

Hohwacht-Verlag von Balluseck KG, Venner Str. 6, D-5300 Bonn-Bad Godesberg, Tel. (0228) 311059. — Neuere deutsche Lyrik, Essays.

Holsten Verlag GmbH & Co. KG, Heidlohstr. 26, D-2000 Hamburg 61, Tel. (040) 5509210. — Zeitgeschichte, Schöne Lit.

Holzberg, Heinz, Verlag, Haarenstr. 20, D-2900 Oldenburg. — Regionale Lit. d. nordwestdt. Raumes, hochdt. u. niederdt.

Holzner-Verlag, Hans Otto Holzner, Neubaustr. 22, D-8700 Würzburg 1, Tel. (0931) 52847. — Roman, Tiergeschichte, Jugendbuch.

Homann und Wehr, Oberdorfstr. 53/55, D-4300 Essen, Tel. (0201) 621545. — Neue deutsche Lyrik und Prosa.

Horen-Verlag im Wirtschaftsverlag Nordwest, Bürgermeister-Smidt-Str. 74-76, D-2850 Bremerhaven, Tel. (0471) 46093.

HUBA Production, Verlagskontor, Postf. 1210, D-4406 Drensteinfurt 1, Tel. (02508) 8394. — Reiselit., Kurzgeschichten.

Hünenburg-Verlag, Burg Stettenfels, D-7101 Untergruppenbach, Tel. (07131) 70408. — Roman, u.a.

Hugendubel, Heinrich, GmbH & Co. Verlags KG, Nymphenburger Str. 25, D-8000 München 1, Tel. (089) 557392. — Cartoons, Bavarica, Esoterik, alternat. Lebensweise, Spieleb., klass. Reiseber. d. Weltlit.

Husum Druck- u. Verlagsges. mbH u. Co. KG, Nordbahnhofstr. 2, D-2250 Husum, Tel. (04841) 6081-83. — Klass. Lit., norddt. Regionallit., Plattdt. Lit., Jugendbuch.

Hyperion-Verlag Hermann Luft KG, Heidenhofstr. 7, D-7800 Freiburg/Br., Tel. (0761) 83517. — Schöngeistige Literatur.

Index, Verlag, Überlinger Str. 13, D-5000 Köln 41, Tel. (0221) 436939.

INFO Verlag GmbH, Ludwig-Wilhelm-Str. 10, D-7500 Karlsruhe 1, Tel. (0721) 607480.

Insel-Verlag Anton Kippenberg, Lindenstr. 29-35, D-6000 Frankfurt a.M. 1, Tel. (0611) 75601-0. — Weltlit., Belletristik, Kinder- u. Jugendbuch, u.a.

Inter-Kunst u. Buch GmbH, Wöllsteiner Str. 8, D-6550 Bad Kreuznach, Tel. (0671) 67073. — Neuere deutsche Lyrik, Kunstverlag u. Kalender.

Janus Presse, Simon-Meister-Str. 42, D-5000 Köln 60, Tel. (0221) 723432. — Lyrik, Satire, Bibliophiles, Wiss. Reihe.

Jerratsch, Werner, Felsenstr. 56/1-2, D-7920 Heidenheim/Brenz, Tel. (07321) 41020. — Ostdt. Lit.

Jonas Verlag für Kunst und Literatur GmbH, Rosenstr. 12/13, D-3550 Marburg 1, Tel. (06421) 63773. Kulturgesch., Reiseber.

Jugenddienst-Verlag, Föhrenstr. 33-35, D-5600 Wuppertal 2, Tel. (0202) 506066/67. — Sexualpäd., Päd., Theologie, Kinder- u. Jugendlit., Lit. d. span. Sprachraums, Friedenslit.

Jugend und Volk Verlag GmbH, Claude-Lorrain-Str. 11, D-8000 München 90, Tel. (089) 653176.

Junge & Sohn, Innere Brucker Str. 8-10, D-8520 Erlangen, Tel. (09131) 21051.

Junge Welt-Verlag, Postf. 7680, D-4400 Münster/Westf., Tel. (0251) 615151. — Jugendbuch.

Justus v. Liebig Verlag, Inh. Karl Heinz Reinheimer, Gagernstr. 9, D-6100 Darmstadt 2, Tel. (06151) 24078. — Heimatlit.

Kabel, Ernst, Verlag GmbH, Hütten 86, D-2000 Hamburg 36, Tel. (040) 343528 u. 343586.

Kaiser, Chr., Verlag, Isabellastr. 20, D-8000 München 40, Tel. (089) 2712097 u. 2718786. — Christl. Roman, Erzählung, Laienspiel, Essayist. u. meditative Texte, Biographien, Theologie.

Kaktus-Verlag Elmar Wilms, Kellermannstr. 2, D-4400 Münster, Tel. (0251) 293879. — Neuere dt. Lyrik u. Prosa, insbes. belletrist. literarische Kleinformen.

Kanalpresse i. Verlag Karl Pförtner, An der Ludwigshöhe 36, D-8832 Weißenburg, Tel. (09141) 6989. — Neue dt. Lyrik, neue dt. Belletristik.

Karl-May-Verlag Joachim Schmid & Co., Karl-May-Str. 8, D-8600 Bamberg, Tel. (0951) 54051. — Karl May, Gesammelte Werke, Sonderausgaben, Wesensverwandte Literatur.

Karlsruher Bote, Der, (Blätter für Dichtung), Friednerstr. 16, D-7500 Karlsruhe 1. — Jahrbücher mit geformter Lyrik, Drama, Erzähl., Roman, Aphorismus, Übertragungen aus allen Spr., Essay, Dichterbriefbde.

Kaufmann, Ernst, GmbH & Co. KG, Verlag, Alleestr. 2, D-7630 Lahr/Schwarzwald, Tel. (07821) 26083. — Christl. (ev.) Belletristik, Jugendbuch.

Keil Verlag, Blücherstr. 28, D-5300 Bonn, Tel. (0228) 212625.

Keim, Reinhold, Verlag, (Cruzenburch-Presse), Mühlbachstr. 2, D-6451 Großkrotzenburg, Tel. (06186) 1362. — Bibliophile Handpressendrucke, Lyrik u. Erzählungen.

Keller, Josef, GmbH & Co. Verlags-KG Kempferhausen, Seebreite 9, D-8137 Berg/Starnberger See 1, Tel. (08151) 7710. — Lyrik, Literaturwiss., u.a.

Kellner, Michael, Verlag, Admiralitätsstr. 71/72, D-2000 Hamburg 11, Tel. (040) 364679. – Neue dt. Lyrik u. Prosa, Übers. a. d. Amer., Essay, Kritik.

Kelter, Martin, Verlag GmbH & Co., Mühlenstieg 16-22, D-2000 Hamburg 70, Tel. (040) 682476.

Kempkes, Verlag, Industriestr. 3-5, D-3554 Gladenbach, Tel. (06462) 7006-8. — Neuere dt. Lyrik u. Prosa.

Kerle, F. H., GmbH, Tennenbacher Str. 4, D-7800 Freiburg i. Br., Tel. (0761) 2717512. — Roman, Lyrik, essayist. Prosa, jap. Literatur.

KIBU-Verlag GmbH, Gerhart-Hauptmann-Str. 12a, D-5750 Menden 2/ Sauerld., Tel. (02373) 84588. — Kinder- und Jugendbuch.

Kiefel, Johannes, Verlag GmbH & Co. KG, Linderhauserstr. 60, D-5600 Wuppertal 2, Tel. (0202) 642084/85. — Ev. Lit.

Kiepenheuer & Witsch GmbH & Co. KG, Verlag, Rondorfer Str. 5, D-5000 Köln 51 (Marienburg), Tel. (0221) 380004. — Neuere dt. Lit., Klassikerausg., dt. Lit. d. 20. Jh., engl., amer., franz., ital., südamer. u. poln. Lit. d. Gegenwart, bibl. Ausg. großer Werke d. Weltlit.

Kindler Verlag GmbH, Rauchstr. 9-11, D-8000 München 80, Tel. (089) 92710. — Belletristik, Biographie, Kunst, Sachbücher.

Kilian, Bernd, Mannheimstr. 24, D-3300 Braunschweig, Tel. (0531) 311743. — Neuere deutsche Lyrik, Brunsvigensien, Kurzprosa.

Kivouvou, P., Editions Bantoues, Postf. 103404, D-6900 Heidelberg 1, Tel. (06221) 60782. — Lyrik, Roman, Erzählung.

Klens-Verlag GmbH, Verbandsverlag d. Kath. Frauengemeinschaft Deutschlands, Prinz-Georg-Str. 44, D-4000 Düsseldorf 30, Tel. (0211) 480023. — Literatur u. Erwachsenenbild., Jugendbuch.

Klett, Ernst, Rotebühlstr. 75-77, D-7000 Stuttgart 1, Tel. (0711) 66720. — Schöne Literatur (Gesamtwerke von Ernst Jünger und Rudolf Borchardt), Hobbit Presse, Edition Alpha, Bibliophile Bücher.

Klett-Cotta (Verlagsgemeinschaft Ernst Klett—J. G. Cotta'sche Buchhandl. Nachf. GmbH), Rotebühlstr. 77, D-7000 Stuttgart 1, Tel. (0711) 66720. — Phantastische Literatur, Lit. d.

Gegenwart, moderne Klassiker, Lyrik, Klassiker-Ausgaben, Essay.

v. Kloeden KG, Wielandstr. 24, D-1000 Berlin 15, Tel. (030) 8819617. — Bilder-, Kinder- u. Jugendbuch.

Klopp, Erika, Verlag GmbH, Kurfürstendamm 126, D-1000 Berlin 31, Tel. (030) 8911008. — Mod. Jugendbuch.

Klosterhaus-Verlagsbuchhandlung Dr. Grimm KG, Klosterhaus, D-3417 Wahlsburg-Lippoldsberg, Tel. (05572) 7310. — Hist. u. zeitgesch. Roman, Novelle.

Knaus, Albrecht, Verlag, Beselerstr. 2, D-2000 Hamburg 52, Tel. (040) 897401. — Romane, Erzähl., Essays, Kunst, Kulturgesch., Gesch. u. Zeitgesch., Bildbände.

Knecht, Josef, Verlag, Carolusdruckerei GmbH, Liebfrauenberg 37, D-6000 Frankfurt a.M. 1, Tel. (0611) 281767 u. 68. — Romane, Satiren, Biographien, Kulturgesch.

Knödler, Karl, Verlag, Katharinenstr. 8-10, D-7410 Reutlingen 1, Tel. (07121) 36988. — Belletristik, Lyrik, Kunst, Heimatliteratur, Mundart-Dichtung.

Köhler, Hans, Verlag, Hudtwalckerstr. 12, D-2000 Hamburg 60, Tel. (040) 477650. — Heit. Lit., Heimatlit., u.a.

Koehlers Verlagsgesellschaft mbH, Steintorwall 17, D-4900 Herford, Tel. (05221) 50001. — Sammlung: Bücher der Brigantine, erzähl. Lit. üb. Seefahrt, Schiffe, Seefahrtslyrik.

Körner, Lucy, Verlag, Postf. 1106, D-7012 Fellbach, Tel. (0711) 588472. — Belletristik.

Körner-Verlag, Heinz, Postf. 1228, D-6442 Rotenburg a.d. Fulda, Tel. (06623) 1659. — Veröff. jegl. Richtung unbek. Autoren.

Kösel-Verlag GmbH & Co., Flüggenstr. 2, D-8000 München 19, Tel. (089) 175077. — Schöne Lit., Philosophie, u.a.

Kolibri-Verlag Maria Pfriem, Else-Lasker-Schüler-Str. 47-49, D-5600 Wuppertal 1, Tel. (0202) 443143. — Jugendbuch.

Komm-Mit-Verlag, Günter Stiff, Postf. 7680, D-4400 Münster, Tel. (0251) 615151. — Jugendbücher.

Konkordia GmbH für Druck u. Verlag, Eisenbahnstr. 31-33, D-7580 Bühl/

Baden, Tel. (07223) 23201-05 u. 23901.
— Jugendbuch, Heimatlit., u.a.

Konkret Literatur Verlag, Osterstr. 124,
D-2000 Hamburg 19, Tel. (040)
4910041-8. — Exil-Lit.

Konkursbuchverlag Claudia Gehrke,
Postf. 1621, D-7400 Tübingen, Tel.
(07071) 22613. — Neue Romane, phantast. Romane.

Konter-Verlag, Neutorstr. 9, D-8500
Nürnberg 1, Tel. (0911) 221822. —
Lateinam. Erzähl. u. Reportage, Reihe
Konter Bosheit.

Krach, Hanns, Dr.,
Universitätsdruckerei u. Verlag,
Robert-Koch-Str. 8, D-6500 Mainz,
Tel. (06131) 504757. — Lit. über Rhein-
Hessen u. Rheinland-Pfalz, Mainzer
Mda.-Lyrik.

Kraft, Adam, Verlag GmbH & Co. KG,
Altheimer Str. 16, D-6800 Mannheim
52, Tel. (0621) 703066. — Großbildbände, Roman, Geschichte.

**Krafthand Verlag Walter Schulz
GmbH,** Gottlieb-Daimler-Str. 10, D-
8939 Bad Wörishofen, Tel. (08247)
6021. — Jugendlit., u.a.

**Kramer, Dr. Waldemar,
Verlagsbuchhandlung,** Bornheimer
Landwehr 57a, D-6000 Frankfurt a.M.
60, Tel. (0611) 449045. — Frankfurtlit.,
u.a.

Kreisselmeier Verlag KG, Ludwig-
Dürr-Str. 33, D-8021 Icking/Obb. u.
Laimer Str. 14, D-8000 München 19,
Tel. (089) 174853. — Belletristik, Biographien, Autobiogr., Kuriosa.

**Kreuz-Verlag Erich Breitsohl GmbH &
Co. KG,** Breitwiesenstr. 30, D-7000
Stuttgart 80, Tel. (0711) 7800281-83. —
Christl. Lit.

Krüger, Wolfgang, Verlag GmbH,
Geleitsstr. 25, D-6000 Frankfurt a.M.
70, Tel. (0611) 60620. — Belletristik u.
Sachbuch.

Kübler Verlag M. Akselrad, Hauptstr.
156, D-6900 Heidelberg, Tel. (06221)
29874. — Neue Satire, mod. Roman.

**Küpper, Helmut, vormals Georg Bondi
KG,** Friedrichstr. 148, D-4000 Düsseldorf 1, Tel. (0211) 347091-92. — Lyrik,
Geisteswiss., Stefan George: Werke
und Literatur um ihn.

Kulturbuch-Verlag GmbH, Passauer
Str. 4, D-1000 Berlin 30, Tel. (030)
2136071-72. — Hist. Roman.

Kumm, Wilhelm, Verlag, Tulpenhofstr.
45, D-6050 Offenbach, Tel. (0611)
884349. — Heitere u. belletrist. Literatur, Bibliophile Drucke.

**Kupferberg, Florian, Verlag Inh. Dr. C.
A. Kupferberg,** Postf. 2680, D-6500
Mainz, Tel. (06131) 224977. — Kunst,
Kunstgesch., Briefe, Memoiren, Neue
Bauhaus Bücher, Weinbücher.

Kyrios-Verlag GmbH, St.-Wolfgang-Str.
14, D-8901 Meitingen, Tel. (08161)
5527. — Rel. Literatur.

Laetare-Verlag s. Burckhardthaus-Laetare-Verlag.

**Lahn-Verlag, Pallottinerdruck und
Lahn-Verlag GmbH,** Wiesbadener
Str. 1, D-6250 Limburg/L., Tel. (06431)
401211. — Engagierte christl. Lyrik.

**Lama-Verlag Karl Widmann Inh.
Marianne Widmann,** Probst-Herkulan-Karg-Str. 22, D-8918 Diessen, Tel.
(08807) 1873. — Belletristik, Humor,
Bavarica.

Lamuv Verlag GmbH, Martinstr. 7, D-
5303 Bornheim 3, Tel. (02227) 2111. —
Neuere deutsche u. lateinamer. Lyrik,
desgl. Romane u. Erzählungen,
Jugendbuch.

Landbuch-Verlag GmbH, Kabelkamp 6,
D-3000 Hannover 1, Tel. (0511) 632006.
— Tier-Jagdbuch, Roman, Erzählung,
u.a.

**Langen, Albert — Georg Müller Verlag
GmbH,** Hubertusstr. 4, D-8000 München 19, Tel. (089) 177041.

Langewiesche-Brandt KG, Lechnerstr.
27, D-8026 Ebenhausen/Isartal, Tel.
(08178) 4857. — Gedichte, Erzählungen, Essays.

Laßleben, Michael, Verlag, Lange
Gasse 19, D-8411 Kallmünz, Tel.
(09473) 205. — Alle Arten d. Belletristik.

Lauer & Richter, Verlag, Wörthstr. 24,
D-8000 München 80, Tel. (089) 4483303.
— "Literatur & Erfahrung" — Verständigungstexte, Romane, Anthologien, Ratgeber, Gedichtbände,
Sprachwiss.

**Laumann Verlagsgesellschaft mbH u.
Co. KG,** Alter Gartenweg 14, D-4408
Dülmen, Tel. (02594) 2918. — Kirchl.

Veröff., schulmusikal. Publ., schles. u. oberschles. Lit.- u. Musikgut, Textilveredlungslexikonreihe, schles. Romanfolgen.

Lax, August, Weinberg 56, D-3200 Hildesheim, Tel. (05121) 38013. — Lyrik, hist. Erzählung, hoch- u. niederdt. Erzählung, Sagenbuch, Roman.

Lechte, Heinr. u. J., Verlag, Hollefeldstr. 5-7, D-4407 Emsdetten/Westf., Tel. (02572) 6035 u. 7021. — Klassiker, Belletristik, Theater, Anthol., Westfälisches Schrifttum.

Ledermüller, Oliver, Verlag GmbH, Landwehrstr. 65, D-8000 München 2, Tel. (089) 536386. — Kleinbuchreihen, Neuere dt. Lyrik, Erzähl., Kurzgesch., u.a., Schrifttum d. ungar. Sprachraums.

Leeden Verlag, Leedener Str. 25, D-4542 Tecklenburg 4, Tel. (05481) 3975. — Neuere dt. Lyrik.

Lentz, Georg, Verlag GmbH, Romanstr. 16, D-8000 München 19, Tel. (089) 162051. — Kinder- u. Jugendbuch.

Leonhardt, Leo, Wessenbergstr. 14, D-7750 Konstanz-Staad, Tel. (07531) 31127. — Lyrik, Novellen.

Letsch Verlag, Elbestr. 21, D-7000 Stuttgart 50, Tel. (0711) 59008. — Deutsche Aphorismen.

Lichtenberg-Verlag im Kindler Verlag GmbH, Rauchstr. 9-11, D-8000 München 80. — Romane, Humor u. Satire, Sachbücher u. Ratgeber.

Lilith Frauenbuchladen und Verlag GmbH, Knesebeckstr. 86/87, D-1000 Berlin 12, Tel. (030) 3123102.

Limes-Verlag, Niedermayer und Schlüter GmbH, Romanstr. 16, D-8000 München 19, Tel. (089) 162051. — Lyrik, Belletristik, Kunst.

Lingen Verlag, Marienburger Str. 17, D-5000 Köln 51, Tel. (0221) 380066.

List, Paul, Verlag GmbH & Co. KG, Goethestr. 43, D-8000 München 2, Tel. (089) 5148-0. — Neue dtspr. Autoren (Poesie u. Prosa), zeitgenöss. Belletristik a. fremden Spr., Klassiker d. Weltlit., Anthologien.

Literarisches Colloquium Berlin, Am Sandwerder 5, D-1000 Berlin 39, Tel. (030) 8035681. — Erstveröff. dt.spr. Autoren (Lyrik, Prosa, Theater, Essay) sowie von Übersetzungen ausländ. Gegenwartsautoren, Zusammenarb. mit dem Berliner Künstlerprogramm des DAAD.

Literaturpost e.V., Lindenallee 40, D-2000 Hamburg 19.

LN-Verlag, Lübecker Nachrichten GmbH, Königstr. 55, D-2400 Lübeck 1, Tel. (0451) 1441. — Kulturhist. Veröff. u. hist. Romane üb. Norddeutschland.

von Loeper Verlag GmbH, Kiefernweg 13, D-7500 Karlsruhe 31, Tel. (0721) 706567 u. 374043-6. — Neuere dt. Lyrik, hist. Roman, mod. Lit., vergessene Autoren, Lit.zs., Film- u. Fotobücher.

Loepthien, Walter, Buchdruckerei und Verlag, Werfmershalde 17-19, D-7000 Stuttgart 1, Tel. (0711) 260255. — Jugendbuch, ev. Lit.

Loewes Verlag, Ferdinand Carl GmbH & Co. KG, Bahnhofstr. 15, D-8580 Bayreuth, Tel. (0921) 21031. — Kinder- und Jugendbuch.

Löwit, R. GmbH, Verlag, Giselastr. 10, D-8000 München 40, Tel. (089) 345041.

Lohse, C., Nachf. Fritz Eissing, Marktstr. 38, D-2940 Wilhelmshaven, Tel. (04421) 41687. — Ostfriesische Heimatlit., Marine.

Lorez, Gudula, Verlag GmbH, Goltzstr. 13, D-1000 Berlin 30, Tel. (030) 2165571. — Frauenlit., Anthologie.

Luchterhand, Hermann, Verlag GmbH & Co. KG, Heddesdorfer Str. 31, D-5450 Neuwied/Rh., Tel. (02631) 8010, Zweigniederlass.: Donnersbergring 18a, D-6100 Darmstadt, Tel. (06151) 33521. — Romane, Erzählungen, Lyrik, Kinderbücher, DDR-Lit., russische Lit., Lit. aus Latein-Amerika, Lit.wiss., u.a.

Ludwig, W., Verlag, Türltorstr. 14, D-8068 Pfaffenhofen/Ilm, Tel. (08441) 5051. — Belletristik (Erzählung), Bayer. Mundartlyrik, Jugendbuch.

Lübbe, Gustav, Verlag GmbH, Scheidtbachstr. 29-31, D-5060 Bergisch Gladbach 2, Tel. (02202) 121-0. — Belletristik, Heit. Bände, Karikatur, Archäologie, u.a.

Lühr, H., u. Dircks Inh. Jürgen-Erich Klotz, Verlag, Westmarken 49, D-2252 St. Peter-Ording, Tel. (04863) 609. — Heimatkundl. Bücher, plattdt. Texte (auch Schallplatten), Nachdrucke hist.

wichtiger Bücher f. d. Raum Eider-
stedt u. Nordfriesld.

Luther-Verlag GmbH, Cansteinstr. 1, D-
4800 Bielefeld 14, Tel. (0521) 44861. −
Ev. Belletristik.

Lyrik Verlag in Linden, Fössestr. 16, D-
3000 Hannover 91, Tel. (0511) 440350.
− Neuere dt. Lyrik, Szenengedichte,
alle Veröff. d. angeschloss. Gemeinschaft "Kreative f. alkoholfreie Kultur".

Machangel-Verlag, Am Braukkamp 5,
D-3002 Wedemark 1, Tel. (05130) 2713.
− Neuere dt. Lyrik, Essay, Erzählung.

Machwerk Verlag, Postf. 223103, D-5900
Siegen, Tel. (0271) 82099. − Lit. d.
Gegenwart, d. engl. Sprachraums,
Biographien, Kunst.

März-Verlag GmbH, Altenschlirferstr.
33, D-6422 Herbstein 1, Tel. (06647)
1211. − Belletristik.

Mahnert-Lueg-Verlags-GmbH, Hubertusstr. 4, D-8000 München 19, Tel.
(089) 177041.

Maier, Otto, Verlag GmbH, Marktstr.
22-26 u. Robert-Bosch-Str. 1, D-7980
Ravensburg, Tel. (0751) 861. − Erzählende Kinder- und Jugendbücher.

**Mainpresse Richter Druck und Verlags
GmbH & Co. KG,** Berner Str. 2, D-
8700 Würzburg-Heuchelhof, Tel.
(0931) 6001-1. − Heimatkunde, Reiseführer.

**Mainzer Verlagsanstalt u. Druckerei
Will u. Rothe GmbH & Co. KG,** Pres-
sehaus, Gr. Bleiche 44-50, D-6500
Mainz 1, Tel. (06131) 1441. − Schöne
Literatur.

Maistrassenpresse, Waltherstr. 28, D-
8000 München 2, Tel. (089) 533328 u.
534596. Satire, Sprachkritik u. Graphik.

Maroverlag, Riedingerstr. 24/F6, D-8900
Augsburg, Tel. (0821) 416033. − Neue
dt. Lyrik, amer. Gegenwartslit.

Martin Verlag, Walter Berger, D-8941
Buxheim b. Memmingen, Tel. (08331)
72518. − Theologie, schöngeistige Lit.,
Lyrik.

Masken-Verlag Friedrich Willmann,
Geiss-Str. 4, D-7000 Stuttgart, Tel.
(0711) 21581. − Jugend- u. Kinderbücher, Musik, Theater, Schöne Literatur.

Matari Verlag, Isestr. 123, D-2000 Hamburg 13, Tel. (040) 489871. − Schöne
Literatur, Hamburgensien, Kunstbände, Reise- u. Kinderbuch.

Matthes & Seitz Verlag GmbH, Mauer-
kircherstr. 10, D-8000 München 86,
Tel. (089) 983232.

Matthias-Grünewald-Verlag GmbH,
Max-Hufschmidt-Str. 4a, D-6500
Mainz-Weisenau, Tel. (06131) 89055. −
Kath. Theologie, Philos., Psychol.,
Päd., Politik, Zeitgesch., Kinder- u.
Jugendbuch, Taschenbuch.

Mayer, Hansjörg, Edition, Engelhornweg 11, D-7000 Stuttgart 1, Tel. (0711)
463372 u. 282036.

Medea Frauenverlag, Schopenhauer
Str. 11, D-6000 Frankfurt 1, Tel. (0611)
442363. − Frauenlit. (Science fiction,
Krimi, allg. Belletristik).

Medusa Verlagsges. mbH, Körtestr. 18,
D-1000 Berlin 61, Tel. (030) 6914716. −
Experimentelle Lit., mod. dt. u.
fremdspr. Romane, Klassiker, mod.
Lyrik.

**Meininger, D., Verlag und Druckerei
GmbH,** Maximilianstr. 11-17, D-6730
Neustadt/Weinstr., Tel. (06321) 7252.
− Pfälzische Heimatlit., u.a.

Meister, Hermann KG, Wasserturmstr.
52, D-6904 Eppelheim, Tel. (06221)
60299. − Schöne Literatur.

Meister-Verlag Rosenheim s. Rosenheimer Verlagshaus A. Förg.

**Mellinger, J. Ch., Verlag GmbH
Wolfgang Militz & Co. KG,** Bussenstr.
55, D-7000 Stuttgart 1, Tel. (0711)
463565 u. 246401. − Geisteswissen-
schaft, Pädagogik, Heilpäd., Schönge-
stige Lit., Biographien, Kinder- u.
Jugendbücher.

**Mensch und Leben Verlags- und
Vertriebsgesellschaft mbH,** Bregenzer Str.7, D-1000 Berlin 15, Tel. (030)
8812900. − Neuere dt. Prosa.

**Merlin Verlag Andreas Meyer Verlags-
GmbH & Co. KG,** Gifkendorf Nr. 3, D-
2121 Vastorf b. Lüneburg, Tel. (04137)
7207. − Zeitgenöss. Lyrik u. Prosa,
Okkultismus, Kunst.

Mersch, Wolf, Verlag, Turnseestr. 15, D-
7800 Freiburg, Tel. (0761) 77961. −
Neuere dt. Lyrik, mod. Lit. Südasiens.

Meta Verlag Peter Lang, Wasserburger
Landstr. 228, D-8000 München 82, Tel.

(089) 4305103. — Deutsche Lyrik, lit. Texte.

Mettcker & Söhne GmbH, C.L., Wangerstr. 14, D-2942 Jever. — Heimatlit.

Meussling, Gisela (Edition Die Maus), Friedrich-Breuer-Str. 77, D-5300 Bonn 3, Tel. (0228) 466347. — Humor, Satire, Hexentexte einschl. Hexenmusik.

Meyster Verlag GmbH, Prinzenstr. 43, D-8000 München 19, Tel. (089) 174051/ 52. — Hist. Roman.

Middelhauve, Gertraud, Verlag GmbH & Co. KG, Hochhaus, Wiener Platz 2, D-5000 Köln 80, Tel. (0221) 614982. — Belletristik, Kinderbuch.

Mine-Ecke-Verlag Suchman, Hessenallee 1, D-1000 Berlin 19. — Neuere deutsche Lyrik, Kunstbücher.

Minerva-Verlag, Thinnes & Nolte oHG, Futterstr. 25, D-6600 Saarbrücken 3, Tel. (0681) 35964. — Heimatkundl. Lit.

Minotaurus Projekt U. Dege — M. Stühr, Hintergasse 2, D-6102 Pfungstadt 2, Tel. (06157) 7311. — Gegenwartslyrik, Kruzprosa, mod. Märchen.

Miriam Verlag, Brühlweg 1, D-7893 Jestetten, Tel. (07745) 7267. — Deutsche Lyrik, Jugendbuch.

Möller, Heinrich, Söhne GmbH, Bahnhofstr. 12-16, D-2370 Rendsburg, Tel. (04331) 5910. — Heimat-Lit., Seemannsgeschichten.

Moeller & Panick, Redaktion: Frommershäuser Str. 8, Grundweg 17, D-3502 Vellmar 1, Tel. (0561) 827350. — Neuere dt. Lyrik.

Moewig, Arthur, Verlag GmbH, Karlsruher Str. 31, D-7550 Rastatt, Tel. (07222) 13288. — Roman, Science Fiction, Erotik, Jugendbuch, Sachbuch.

Mohn, Reinhard, GmbH, Carl-Bertelsmann-Str. 270, D-4830 Gütersloh 1, Tel. (05241) 801. — Mod. Lyrik, Roman, Essay, Jugendbuch, Literaturwiss., Schallplatten.

Molden, Verlag — S. Seewald GmbH, Stievestr. 9, D-8000 München 19, Tel. (089) 176071.

Monia Verlag, Postf. 2120, D-6780 Pirmasens. — Roman, Lyrik, Jugendbuch.

Moorburg-Verlag GmbH, Kampstr. 91, D-3000 Hannover 61, Tel. (0511)

580825. — Roman, Drama, Lyrik, Biographie, experim. Prosa, Sachbuch.

Morgenroth Verlag OHG, Verlag f. Frauenpolitik u. Frauenlyrik, Hasselkamp 26, D-2300 Kronshagen, Tel. (0431) 580485. — Neuere dt. Frauenlyrik.

Morsak oHG, Kröllstr. 5, D-8352 Grafenau/Ndbay., Tel. (08552) 1015-1017. — Heimatkunde, Volkskunde, Sagen.

Morstadt Verlag, Kinzigstr. 25, D-7640 Kehl, Tel. (07851) 5074. — Roman d. Gegenw., Gedichte d. Gegenw., hist. Zeitbilder.

Moureau, Maurice, Der deutschfranzösische Verlag, Ekhofstr. 30, D-2000 Hamburg 76, Tel. (040) 2291108. — Neuere europ. Lyrik, Lit. d. dt.-franz. Sprachraums.

Mühlau, Walter G., Verlag GmbH & Co., Holtenauer Str. 116, D-2300 Kiel 1, Tel. (0431) 85085.

Müller, Heinz P., Große Friedberger Str. 24-26, D-6000 Frankfurt a.M. 1, Tel. (0611) 281791 u. 281970. — Mundartdichtungen, heitere Heimatbücher.

Müller, Josef, Verlag, Friedrichstr. 9, D-8000 München 40, Tel. (089) 393045. — Bibliophile Geschenkbände, Kinderu. Jugendbuch, u.a.

Müller, Lambert, GmbH, Eichenstr. 25c, D-8000 München 70, Tel. (089) 708457.

Müller, Reinhold A., Verlag, Gustav-Siegle-Str. 18, D-7000 Stuttgart 1, Tel. (0711) 632441.

Müller u. Kiepenheuer Verlag KG, Frankfurter Landstr. 32, D-6450 Hanau, Tel. (06181) 259052. — Belletristik, Weltlit.

Mundus-Verlagsgesellschaft mbH, Adolf-Kröner-Str. 24, D-7000 Stuttgart 1, Tel. (0711) 240159. — Biographie.

Muriverlag, Postf. 1765, D-3400 Göttingen, Tel. (0551) 44216. — Aphorismus, Lyrik, Essay.

Musen-Verlag GmbH, Martin-Luther-Str. 11, D-7000 Stuttgart 50, Tel. (0711) 565186. — Unterhaltungsromane, Moderne Lyrik.

Nachtcafé-Verlag, Heiner Egge, Talstr. 1, D-7801 Buchenbach, Tel. (07661)

3208. – Lyrik u. Prosa junger Autoren, Hrsg. e. Lit.Zs. ("Das Nachtcafé").

Nauck, Albert, & Co., Gereonstr. 18-32, D-5000 Köln 1, Tel. (0221) 134022-27. – Roman, Erzählung, Novelle, u.a.

Naumann, Johann Wilhelm, GmbH & Co., Verlag, Juliuspromenade 64, D-8700 Würzburg 1, Tel. (0931) 50021. – Aphorismen, Erinnerungen.

Nautilus/Nemo Press, Verlag Hanna Mittelstädt, Hassestr. 22, D-2050 Hamburg 80, Tel. (040) 7213536. – Autobiographien gegen d. Zeit, holländ. Reihe, Reise-/Bildbd.

Ner-Tamid-Verlag, Salomo Lewin, Eberhardstr. 20, D-8520 Erlangen, Tel. (09131) 22161. – Belletristik, Kunst, Literaturgesch., Judaica.

Neske, Gunther, Pfullingen, Verlag, Kloster, D-7417 Pfullingen/Württ., Tel. (07121) 71339 u. 72020. – Mod. Lyrik, mod. Dicht., Kunst.

Neuer Jugendschriften Verlag, Krummnow GmbH & Co. KG, Tiestestr. 14, D-3000 Hannover 1, Tel. (0511) 813068-69. – Jugendbuch.

Neukirchener Verlag des Erziehungsvereins GmbH, Andreas-Bräm-Str. 18/20, D-4133 Neukirchen-Vluyn 1, Tel. (02845) 392222. – Belletristik, Jugendbuch.

Neumann-Neudamm, J., GmbH & Co. KG, Verlag, Mühlenstr. 9, D-3508 Melsungen, Tel. (05661) 2374. – Jagd-, Angel-, Natur- u. Reiseschilderungen.

Neuthor-Verlag, Neuthor 15, D-6120 Michelstadt, Tel. (06061) 4079. – Neuere dt. Lyrik, Mundartdichtung a. d. Odenwälder Raum.

NewLit Verlagsgesellschaft, Rheinallee 18-20, D-6500 Mainz, Tel. (06131) 678766.

Nicolaische Verlagsbuchhandlung Beuermann GmbH, Binger Str. 29, D-1000 Berlin 33, Tel. (030) 8237007. – Berlin-Lit., Foto-Bild-Bd, Kunst, Ausstellungskataloge.

Niemeyer, C. W., GmbH & Co. KG, Osterstr. 19, D-3250 Hameln 1, Tel. (05151) 200310. – Prosa, Lyrik, Heitere Lit.

Nie/nie/sagen-Verlag, Silvanerweg 17, D-7750 Konstanz, Tel. (07531) 53570. – Neue dt. Lyrik, Aphorismen,

gebundene u. ungebundene Prosa: Hörspiele, Theaterstücke, Romane.

Noack-Hübner Verlag GmbH, Frauenstr. 10, D-8000 München 5, Tel. (089) 226560. – Lyrik, Kinder- u. Jugendbuch, Sachbuch, mod. Literatur (Roman, Erzähl.).

Nomen + Omen Verlags-GmbH, Gartenstr. 13, D-7400 Tübingen, Tel. (07071) 27109. – Neuere dt. Lyrik, Lieder.

Non Stop-Bücherei GmbH, Hubertusstr. 4, D-8000 München 19, Tel. (089) 177041. – Schöne Lit., u.a.

Norddeutscher Autorenverlag, Dammweg 21/22, D-2800 Bremen 1.

Nymphenburger Verlagshandlung GmbH, Romanstr. 16, D-8000 München 19, Tel. (089) 162051. – Neuere deutsche Literatur (Roman, Erzähl.), Biographie, Zeitgesch., Sport.

Oberbaumverlag für Literatur und Politik GmbH & Co. Betriebs KG, Stromstr. 38, D-1000 Berlin 21, Tel. (030) 3953099. – Neuere dt. Lyrik u. Prosa, poln. Lyrik u. Prosa d. Gegenw., chines. Autoren d. 20. Jhs, Lit. d. 3. Welt.

Oberharzer Druckerei H. Greinert oHG, Osteröder Str. 36, D-3392 Clausthal-Zellerfeld, Tel. (05323) 2533. – Heimatliteratur.

Oberschlesischer Heimatverlag GmbH, Alter Gartenweg 14, D-4408 Dülmen, Tel. (02594) 2918. – Oberschles. Lit.

Odertor-Verlag, Dantestr. 28, D-6900 Heidelberg 1, Tel. (06221) 24918. – Roman, Novelle, Heimatlit.

Oetinger, Friedrich, Verlag, Poppenbütteler Chaussee 55, D-2000 Hamburg 65, Tel. (040) 6070055. – Bilder-, Kinder- und Jugendbuch.

Ogham Verlag Sandkühler & Co., Paracelsusstr. 26, D-7000 Stuttgart 72, Tel. (0711) 452727. – Kinder- u. Jugendbuch, Märchen, Sagen, Geschenkreihe Ogham-Bücherei, Biographie.

Ohnemus, Günter, Verlag, Daiserstr. 49, D-8000 München 70, Tel. (089) 766343. – Neue amer. Lit.

Oncken, J. G., Nachf. KG, Champagne 7, D-5657 Haan 2, Tel. (02104) 6311. – Christl. u. theol. Lit., Jugendbuch, Meditationsb.

Orion-Heimreiter-Verlag GmbH,
Friedrich-Ebert-Str. 5-7, D-6056 Heusenstamm, Tel. (06104) 5013. — Zeitgesch. Werke, Dokumentationen, hist. Romane, Weinlit., neuere dt. Lyrik, erzähl. Prosa, philos. u. geistesgesch. Lit.

Ostendorp Verlag, Untenende 21, D-2953 Rhauderfehn, Tel. (04952) 8010. — Lyrik, Prosa, Jugendb., plattdt. Lit.

Ostsee-Verlag, Ostlandweg 10, D-5653 Leichlingen/Rhld 1, Tel. (02175) 4313. — Lyrik, Erzählungen, Heimatkundl. Lit., Zss.

Ott, Hans, Verlag-Heimatliteratur, Klausstr. 31, D-6430 Bad Hersfeld, Tel. (06621) 8041.

Pabel, Erich, Verlag GmbH, Karlsruher Str. 31, D-7550 Rastatt, Tel. (07222) 13288. — Roman, Science Fiction, Erotik, Jugendbuch, Sachbuch.

Pädagogischer Verlag Burgbücherei Schneider GmbH, Wilhelmstr. 13, D-7066 Baltmannsweiler 2, Tel. (07153) 41206. Jugend-, Kinder- u. Bilderbuch.

Pädagogischer Verlag Schwann-Bagel GmbH, Am Wehrhahn 100, D-4000 Düsseldorf 1, Tel. (0211) 360301. — Spielbücher, Vorschulerziehung, Schulbücher, Kinder- u. Jugendbücher, Schallplatten.

Pallotti-Verlag Friedberg Provinzialat der Pallottiner, Rederzhauser Str. 6, D-8904 Friedberg/Bay. 1, Tel. (0821) 601042. — Relig. Lit., Roman, Biographie, Jugendbuch.

Pandion-Verlag, Inh. Hermann Liewald, Postf. 785, D-6550 Bad Kreuznach 1, Tel. (0671) 61727. — Belletristik, Geschichte, Heimatgesch. Hunsrück.

Pannonia-Verlag, Wolf-Dietrich-Str. 2, D-8228 Freilassing, Tel. (08654) 9544. — Bavarica.

Paqué, Verlag, Landstuhler Str. 22, D-6792 Ramstein-M. 1, Tel. (06371) 5341. — Pfälzer Mundart.

Parabel Verlag GmbH u. Co. KG, Pschorrstr. 3, D-8133 Feldafing, Tel. (08157) 8476. — Jugendbuch.

Param Verlag Günter Koch, Stettiner Str. 12, D-3392 Clausthal-Zellerfeld, Tel. (05323) 4455. — Spirituelle Belletristik.

PARIA-Verlag Wolfgang Rüger, Grundweg 9, D-7164 Obersontheim-Hausen, Tel. (07973) 860. — Lyrik, Prosa, Kunst.

Passavia Verlag, Vornholzstr. 40, D-8390 Passau 1, Tel. (0851) 56947, 51081-83. — Bavarica, Sachbuch, Kunst.

PATIO Galerie und Verlag, Waldstr. 115, D-6078 Neu-Isenburg, Tel. (06150) 84566. — Junge Autoren, Erstübers., Wiederentdeckungen, experim. Bücher, PA-RA-BÜ-Reihe (Patios Raritäten-Bücherei).

Patmos-Verlag GmbH, Am Wehrhahn 100, D-4000 Düsseldorf 1, Tel. (0211) 360301.

Pattloch, Paul, Verlag GmbH & Co. KG, Goldbacher Str. 6/X, D-8750 Aschaffenburg, Tel. (06021) 21277. — Relig. Erzählungen u. Anthologien.

Paulusverlag K. Bitter GmbH & Co., Königswall 28, D-4350 Recklinghausen, Tel. (02361) 21094. — Jug.- u. Kinderbuch, Roman, zeitkrit. Lit.

Pegasus-Verlag Inhaber Horst Burgmann, Krämerstr. 19, D-6330 Wetzlar/L., Tel. (06441) 46640. — Schöne Literatur, Fachbuch.

Peintner, Franz, Nützenberger Str. 205, D-5600 Wuppertal 1, Tel. (0202) 710560. — Neuere deutsche Lyrik, Kurzprosa, Satire.

Pendragon-Verlag, Postf. 140251, D-4800 Bielefeld 14, Tel. (0521) 410280. — Neuere dt. Lyrik, hist. Roman, Theaterstück, Erzählungen, Literaturwiss.

Perpéet, Hubert, Verlag KG, Krummenweger Str. 20-22, D-4030 Ratingen 4-Lintorf, Tel. (02102) 32051, 32052. — Humor, Sieglinde-Hildebrandt-Bücher.

Pestalozzi Verlag GmbH, Am Pestalozziring 14, D-8520 Erlangen. Tel. (09131) 60054. — Bilderbücher f. Kinder.

Peter, J. P., Gebr. Holstein GmbH & Co. KG, Herrngasse 1, D-8803 Rothenburg/Tauber, Tel. (09861) 3001. — Belletristik, Mundartliteratur, Satirik, "Zur Sprache u. Literatur", Frankonia.

Peter-Peterson-Verlag GmbH, Dürrstr. 5, D-7140 Ludwigsburg, Tel. (07141) 29080. — Neue dt. Lyrik, Sachbuch, Kunst, Philosophie, Zeit-Roman.

Peters, Dr. Hans, Verlag, Salisweg 56,
D-6450 Hanau, Tel. (06181) 21632. —
Kinder- u. Jugendbuch, Kunstbuch.

Pfaehler, Dietrich, Verlag, Berliner Str.
37, D-8740 Bad Neustadt a.d. Saale,
Tel. (09771) 8142. — Neuere dt. Lyrik,
dt. Prosa 17.-19. Jh., Memoiren, Brief-
samml.

Pfälzische Verlagsanstalt GmbH, Industriestr. 15, D-6740 Landau/Pfalz, Tel.
(06341) 211. — Neuere dt. Lyrik,
Roman, Erzählung, Mundartlit.

**Pfaffenweiler Presse, Herta u. Karl-
Georg Flicker,** Mittlere Str. 23, D-7801
Pfaffenweiler, Tel. (07664) 8999. —
Zeitgenössische Literatur, Lyrik u.
Prosa.

Pfeiffer, J., GmbH & Co., Herzogspitalstr. 5, D-8000 München 2, Tel. (089)
2603036. — Tatsachenbericht, Jugendbuch, u.a.

Philadelphia-Buchhandl. August Fuhr,
Abt. Verlag, Oberamteistr. 9, D-7410
Reutlingen 1, Tel. (07121) 36727. —
Christl. u. Jugendlit.

**Piepersche, Ed., Buchdruckerei u.
Verlagsanst.,** Osteröder Str. 3, D-3392
Clausthal-Zellerfeld, Tel. (05323) 7009.
— Erzählungen, Lyrik.

Piper, R., & Co., Verlag, Georgenstr. 4,
D-8000 München 40, Tel. (089) 397071.
— Neuere dt. Lit. u. Übers., bes. a. d.
engl., franz., ital. u. russ. Sprachraum.

**PLAKATERIE GmbH, Edition-Galerie-
Verlag,** Schildgasse 19, D-8500 Nürnberg, Tel. (0911) 225730. — Neue deutsche Lyrik, Kabarettexte, neue dt.
Prosa, Lyrik/Prosa/Theaterstücke in
fränkischer Mundart.

Port, Dr. Kurt, Verlag GmbH, Dulkweg
9, D-7300 Esslingen-Liebersbronn,
Tel. (0711) 371468. — Mod. u. klass.
Dichtung.

**Postskriptum Verlagsgesellschaft
mbH.,** Annenstr. 8, D-3000 Hannover
1, Tel. (0511) 813686. — Zeitgen. Literatur, Lyrik, Prosa, Sachb., Biographie, Pflege d. Gesamtwerkes v. G.
Engelke.

PR-Verlag Schwieger, Gluckstr. 12, D-
6200 Wiesbaden, Tel. (06121) 520030. —
Die Blaue Reihe-Geschenkbände.

Praesentverlag Heinz Peter, Kleiststr.
15, D-4830 Gütersloh 1, Tel. (05241)
3188-89. — Aphorismen.

Prestel-Verlag Dr. Paul Capellmann,
Mandlstr. 26, D-8000 München 40, Tel.
(089) 333055. — Kunst, Landschaftsbuch, u.a.

Preußler, Helmut, Verlag, Rothenburger Str. 25, D-8500 Nürnberg 70, Tel.
(0911) 262323, 262471. — Lit. d. Sudetenld. u. d. ehem. dt. Ostgeb., Kinder-
u. Jugendbuch.

Prisma Verlag GmbH, Ringstr. 16, D-
4840 Rheda-Wiedenbrück, Tel. (05242)
4152800. — Jugendbücher, Romane.

product verlag, ernst-walter hug, Gelbinger Gasse 16, D-7170 Schwäbisch
Hall, Tel. (0791) 7436. — Selbstverlag
u. neuere dt. Prosa.

Prometh Verlag, Huhnsgasse 4, D-5000
Köln 1, Tel. (0221) 246643. — Theater,
Foto, Film, Geschichte.

Propyläen-Verlag, Lindenstr. 76, D-1000
Berlin 61, Tel. (030) 2591-0. — Enzy-
klopäd., klass. u. mod. Roman, Politik,
Zeitgeschichte.

Punkt im Quadrat, Sonnenkranz, D-
6798 Kusel, Tel. (06381) 3734. — Lyrik,
Kurzprosa.

PUNKT-VERLAG Judek KG, Hardenbergstr. 12, D-1000 Berlin 12, Tel. (030)
3121461. — Roman, Erzählung,
Jugendbuch.

Pustet, Anton, Verlagsbuchhandlung,
Postf. 1421, D-8228 Freilassing.

Pustet, Friedrich, Gutenbergstr. 8, D-
8400 Regensburg 11, Tel. (0941) 96044.
— Mundartdichtung, bayerische
Volksromane, Sagen.

Queißer Verlag, Stummstr. 19, D-6638
Dillingen/Saar, Tel. (06831) 71082.

Quell-Verlag Stuttgart, Furtbachstr. 12a,
D-7000 Stuttgart 1, Tel. (0711) 605746.
— Christl. Roman u. Erzählung.

Quelle & Meyer Verlag GmbH & Co.,
Schloß-Wolfsbrunnen-Weg 29, D-6900
Heidelberg, Tel. (06221) 22443. — Kin-
derbuch.

Quickborn-Verlag Kurt Puschendorf,
Alter Postweg 21, D-2100 Hamburg 90,
Tel. (040) 778131 u. 7907136. — Nieder-
deutsches Schrifttum.

Radius-Verlag GmbH, Kniebisstr. 29,
D-7000 Stuttgart 1, Tel. (0711) 283091.
— Reihe: Dichtung im ausgehenden
20. Jh., Bücher von H. Green, M. Peitz,

I. Drewitz, D. Mendt, B. Just-Dahl-mann.

Rainer Verlag GmbH, Körtestr. 10, D-1000 Berlin 61, Tel. (030) 6916536. — Experim. Lit. d. Gegenwart.

Rassier, Wilhelm, Verlag, Pferdemarkt 1, D-5510 Saarburg, Tel. (06581) 2309. — Kurzgeschichte, Mundart, Reisebericht.

Rau, Walter, Verlag GmbH & Co. KG, Benderstr. 168a, D-4000 Düsseldorf, Tel. (0211) 283095.

Rauch, Karl, Verlag KG, Grafenberger Allee 82, D-4000 Düsseldorf 1, Tel. (0211) 6888236. — Mod. Lit., Klassiker, Sachbuch, u.a.

Rautenberg, Gerhard, GmbH & Co. KG, Blinke 8, D-2950 Leer/Ostfr., Tel. (0491) 4142. — Ostdeutsche u. Ostfriesische Lit., Bildbände, Kalender, Romane, Humor, Pop-Lit.

Reclam, Philipp jun., Verlag GmbH, Siemensstr. 32, D-7257 Ditzingen, Tel. (07156) 5021-25. — Texte d. Weltlit., Philos., Kultur- u. Lit.gesch., Musik, Theater, Kunst.

Reents, Jürgen, Verlag, s. Buntbuch-Verlag.

Regensberg Verlag, Daimlerweg 58, D-4400 Münster/Westf., Tel (0251) 717061. — Biographie, Heimatlit., Philosophie, Literaturgesch., u.a.

Reich, Herbert, Evang. Verlag GmbH, Wendemuthstr. 46, D-2000 Hamburg 70, Tel. (040) 6525876. — Ev. Lyrik, Belletristik, Religionswiss.

Renner, Klaus G., Verlag, Adelheidstr. 26, D-8000 München 40, Tel. (089) 2715495. Moderne Literatur.

Rhenania Fachverlag GmbH, Arenberger Str. 250, D-5400 Koblenz, Tel. (0261) 61031. — Unterhaltungslit.

Rimbaud Presse, Postf. 86, D-5100 Aachen, Tel. (0241) 20367. — Prosa, Essay, Lyrik, Theater, Musik, Fotografie.

Risius, H., KG, Risiusstr. 6-8, D-2952 Weener/Ems, Tel. (04951) 2051-52. — Hochdeutsche, vornehml. plattdt. Erzähl. u. Predigten sowie Andachten.

Robinson Verlag, Wilhelm-Leuschner-Str. 13, D-6000 Frankfurt, Tel. (0611) 232828.

Röderberg-Verlag GmbH, Schumannstr. 56, D-6000 Frankfurt a.M. 1, Tel. (0611) 751046. — Belletristik.

Röth-Verlag, Erich, Korbacher Str. 235, D-3500 Kassel, Tel. (0561) 401206. — Märchen, Sagen, Landschafts- u. Heimatbuch, u.a.

Roether, Eduard, Verlag, Berliner Allee 56, D-6100 Darmstadt 2, Tel. (06151) 82055-59. — Heimatlit.

Rogner & Bernhard GmbH & Co. Verlags KG, Reichenbachstr. 33, D-8000 München 5, Tel. (089) 2014336. — Literatur und Kunst.

Rombach & Co. GmbH, Lörracher Str. 3, D-7800 Freiburg/Br., Tel. (0761) 4909-1. — Heimatlit., u.a.

rosa Winkel Verlag GmbH, Postf. 620604, D-1000 Berlin 62, Tel. (030) 2153742. — Lit. von den u. für die Homosexuellen, schwule Lyrik, Graphik u. Prosa.

Rose-Verlag Marianne Piepenstock, Seestr. 12, Arlaching, D-8221 Seebruck a. Chiemsee, Tel. (08667) 420. — Lyrik, Roman, Med. Erzählung, Literaturkritik, Jugendbuch, u.a.

Rosenheimer Verlagshaus Alfred Förg GmbH & Co. KG, Am Stocket 12, D-8200 Rosenheim, Tel. (08031) 83181-83. — Mundartlyrik, Unterhaltung, hist. Roman.

Rosgarten Verlag GmbH, Zollernstr. 1, D-7750 Konstanz, Tel. (07531) 282362. — Volks- u. Heimatkunde d. südwestdt. Raumes.

Rotbuch Verlag GmbH, Potsdamer Str. 98, D-1000 Berlin 30, Tel. (030) 2611196. — Neuere dt. Lit., neuere dt. Lyrik, Lyrik u. Lit. aus Osteuropa u. Südamerika.

roval's verlag Rolf van Lessen, Zollgasse 12, D-6500 Mainz-Weisenau, Tel. (06131) 85250. — Neuere dt. Lyrik, Mundart, Kurzprosa, Grafik.

Rowohlt Taschenbuch Verlag GmbH, Hamburger Str. 17, D-2057 Reinbek, Tel. (040) 72721. — Neuere dt. Lit., Übers. zeitgenöss. Autoren.

Rowohlt Verlag GmbH, Hamburger Str. 17, D-2057 Reinbek, Tel. (040) 72721. — Neuere dt. Lit., Übers. zeitgenöss. Autoren.

Rütten & Loening Verlag GmbH jetzt im Scherz-Verlag.

Saade, H., Verlag, Bördestr. 9, D-2860
Osterholz-Scharmbeck, Tel. (04791)
6084. — Heimatkundl. Literatur.

**Saarbrücker Druckerei und Verlag
GmbH,** Halbergstr. 3, D-6600 Saarbrücken, Tel. (0681) 64941. — Saarländ. Lit., Mundartdichtung, Biographien, Volkskunde.

Saatkorn-Verlag GmbH, Grindelberg
13-17, D-2000 Hamburg 13, Tel. (040)
441391. — Rel. Lit., Jugendbuch, Belletristik.

Salvator-Verlag GmbH, Kloster Steinfeld, D-5370 Kall, Tel. (02441) 5047. —
Relig. Lit., Jugendbuch, Musikwiss.

Salzer Verlag, Eugen, GmbH & Co. KG,
Titostr. 5, D-7100 Heilbronn 1, Tel.
(07131) 68294. — Romane, Erzählungen, ostdt. Raum, Biographie.

**St. Johannis-Druckerei C.
Schweickhardt,** Heiligenstr. 24, D-
7630 Lahr 12, Tel. (07821) 581-0. —
Erzählende, biogr. u. erbauliche
christl. Literatur, Kinder- u. Jugendschriften u. Bücher.

St. Otto Verlag GmbH, Lange Str. 22-24,
D-8600 Bamberg 2, Tel. (0951) 25252.
— Relig. Lit., Schulbuch u. Bildband.

**Satire Verlag in Rogner & Bernhard
GmbH & Co. Verlags KG,** s. Rogner
& Bernhard.

Sauerländer, H.R. Verlag, Finkenhofstr.
21/Meisengasse, D-6000 Frankfurt,
Tel. (0611) 555217. — Belletristik,
junge Autoren, Bilderbuch, Kinder- u.
Jugendbuch.

Sauerland-Verlag eG, Theodor-Heuss-
Ring 2-6, D-5860 Iserlohn/Westf., Tel.
(02371) 23329. — Ältere westfäl. Lit.

Schaffrath, L. N., GmbH & Co. KG,
Hartstr. 4-6, D-4170 Geldern 1, Tel.
(02831) 396122. — Engl. u. ital. Roman.

Schauenburg, Moritz, GmbH & Co. KG,
Schillerstr. 13, D-7630 Lahr/Schwarz-
wald, Tel. (07821) 23091. — Alemann.
Mundart, Badische Landeskde, Der
"Lahrer Hinkende Bote", Theol.

Scherpe, Richard, GmbH & Co., Glok-
kenspitz 140, D-4150 Krefeld 1, Tel.
(02151) 590111. — Belletristik, Kunst,
Fachbücher.

Scherz Verlag GmbH, Stievestr. 9, D-
8000 München 19, Tel. (089) 172237. —
Schöne Lit., Kriminalroman, Zeit- u.
kulturgeschichtliche Lit., u.a.

Schlack, Peter, Verlag, Meisenweg 3, D-
7000 Stuttgart 80, Tel. (0711) 7801469.
— Schwäbische Mundartlyrik,
Neuere deutsche Lyrik.

Schlechterdinger Bote, Thomas C.
Breuer, Blumenstr. 25, D-6900 Heidel-
berg, Tel. (06221) 12375. — Sat. dt.
Lyrik u. Prosa.

Schlender, Bert, Verlag, Auf der Wessel
53, D-3400 Göttingen, Tel. (0551)
792659. — Lit. allgem., neue dt. Lyrik
u. Prosa, klass. Lit.

Schmelzer, Jochen, Verlag, Ebertstr. 10,
D-7332 Eislingen, Tel. (07161) 89453. —
Neuere dt. Lyrik, Kunst.

Schmid, Harald, Verlag, Röntgenstr. 7,
D-1000 Berlin 10, Tel. (030) 3427874. —
Neuere dt. Lyrik, Roman, Erzählung.

**Schmidt, August, Verlag, Inh. Ewald
Schmidt,** Werderstr. 31, D-7840 Müllheim, Tel. (07631) 2770. — Heimatliteratur.

Schmidt-Römhild, Max, Mengstr. 16, D-
2400 Lübeck, Tel. (0451) 75001. — Hist.
Roman, Reiseerzählung.

Schmitz, Wilhelm, Verlag, Auf der
Heide 5, D-6301 Wettenberg 2, Tel.
(06406) 2324. — Belletristik, Jugendbuch, u.a.

Schneekluth, Franz, Verlag, Widenmayerstr. 34, D-8000 München 22, Tel.
(089) 221391. — Deutsche u. ausl.
Romanlit., Lyrik, erzählende Prosa,
Essay.

**Schneider, Franz, Verlag GmbH & Co.
KG,** Frankfurter Ring 150, D-8000
München 46, Tel. (089) 381911. — Kin-
der- u. Jugendbuch.

Schneider, Lambert, Verlag GmbH,
Hausackerweg 16, D-6900 Heidelberg
1, Tel. (06221) 21354. — Weltlit. in
zweisprach. Ausgaben.

**Schneider, Rudolf, Verlag, Inh. Karl-
Heinz Biebl,** Freseniusstr. 59, D-8000
München 60, Tel. (089) 8113466. — Dt.
Lyrik, Kinderbuch, dt. Holzschnitt,
Klassiker-Reihen.

Schnell & Steiner GmbH & Co., Verlag,
Paganinistr. 92, D-8000 München 60,
Tel. (089) 8112015. — Reisebuch,
Kunst, Literaturwiss., u.a.

Schnelle, Ernst, Verlag, Krumme Str.
26, D-4930 Detmold, Tel. (05231) 22131.
— Heimatliteratur.

Schnellsche, J., Buchhandlung (C. Leopold), Verlag, Oststr. 24, D-4410 Warendorf/Westf., Tel. (02581) 5001. – Belletristik, rel. Lit.

Scholz-Mainz Verlag, Am Pestalozziring 14, D-8520 Erlangen-Eltersdorf, Tel. (09131) 60054. – Kinderbuchliteratur.

Schott's, B., Söhne, Musikverlag, Weihergarten 1-11, D-6500 Mainz, Tel. (06131) 246-0. – Musiklit., Belletristik/Kinderbuch u.a.

Schreiber, J. F., Verlag GmbH, Postf. 285, D-7300 Esslingen, Tel. (07153) 22011-13, Verwalt. u. Betrieb: Liebigstr. 1-11, D-7301 Deizisau, Zweigniederl.: Möhlstr. 34, D-8000 München 80. – Kinder- und Jugendbücher, Jugendsachbücher.

Schroeder Verlag, G. E., Kleinjörl, D-2391 Jörl, Tel. (04607) 230. – Philosophie, Musikbücher, Rel. Lit.

Schröder, Marion von, Verlag GmbH, Grupellostr. 28, D-4000 Düsseldorf 1, Tel. (0211) 360516. – Moderne dt. u. ausländ. Unterhaltungsbelletristik.

Schünemann, Carl Ed., KG, Zweite Schlachtpforte 7, D-2800 Bremen 1, Tel. (0421) 3635-1. – Roman, Erzählung, Anekdote.

Schulte + Gerth GmbH & Co. KG, Verlag, Emmeliusstr. 31, D-6334 Aßlar, Tel. (06441) 8461. – Christl. Erzählungen u. Lebensberichte, Jugendb., Romane.

Schulz, R. S., Verlag, Berger Str. 8-10, D-8136 Percha, Kr. Starnberg, Tel. (08151) 13041; Zweigniederl.: Seehang 4, D-8137 Berg, Starnberger See. – Rechts- und Staatswiss., Medizin, Zss., Belletristik u. Sachb.

Schulze, Monika, Dr., Verlag, Postf. 9, D-8204 Brannenburg, Tel. (08034) 3300. – Roman, neuere deutsche Lyrik, Kulturhistorisches, erzählende Lit., Jugendbuch.

Schuster Verlag, Theodor, Mühlenstr. 17, D-2950 Leer/Ostfriesld, Tel. (0491) 2773. – Dialektschallplatten, Ndt. Lit., Nachdr. älterer plattdt. Klassiker.

Schwabenverlag AG, Senefelderstr. 12, D-7302 Ostfildern 1 (Ruit), Tel. (0711) 4706160. – Roman, Erzählung, Essay, schwäb. Mundartlit.

Schwarz, Verlag GmbH, Am Altenberg 7, D-7570 Baden-Baden 23, Tel. (07223)

6923. – Lyrik, Prosa, Romane d. Unterhaltung.

Schweinitz, Hanke von, Verlag, Poppelsdorfer Allee 41, D-5300 Bonn 1, Tel. (0228) 227832. – Neuere dt. Lyrik u. Prosa.

Schwiftinger Galerie-Verlag für Bildkunst und Literatur GmbH, Kirchberg 9, D-8911 Schwifting, Tel. (08191) 12101. – Intern. Lyrik-Reihe, mod. Prosa-Reihe, wenig bekannte Weltlit.-Reihe, Kunst-Reihe.

Sellier Verlag GmbH, Erfurter Str. 4, D-8057 Eching, Tel. (089) 3192048. – Schulbücher, Kinderbücher.

Sendler Verlag, Mainzer Landstr. 147, D-6000 Frankfurt, Tel. (0611) 730232.

Siebert Verlag Gesellschaft mbH, Wildstr. 7, D-8202 Bad Aibling, Tel. (08061) 4045. – Jugend-, Kinder- u. Bilderbücher.

Siedler Verlag, Kurfürstendamm 182-183, D-1000 Berlin 15, Tel. (030) 8827275. – Belletristik, Politik, Geisteswiss., u.a.

Sievers, Paul-Hans, Verlagsgesellschaft mbH, Am Dönberg 2, D-5600 Wuppertal 18. – Kinder- u. Jugendbuch, Lyrik u. Prosa d. Gegenwart.

Signal Verlag, Hans Frevert, Balger Hauptstr. 8, D-7570 Baden-Baden, Tel. (07221) 61817. – Jugendbuch, Kinderbuch, Sachbuch.

Simon & Magiera, Nymphenburgerstr. 166, D-8000 München 19, Tel. (089) 1689014.

Skandia-Verlag, N. A. Sørensen KG, Marienhölzungsweg 101, D-2390 Flensburg, Tel. (0461) 54855 oder 25532. – Neuere deutsche Lyrik, Hist. Roman, plattdt. Lit., Lit. d. skandinav. Sprachraums.

Sonnenweg-Verlag, Zweigniederlassung der Christliche Verlagsanstalt GmbH, Raitenaugasse 11, D-7750 Konstanz, Tel. (07531) 23054. – Großdruckb., Aphorismen christl. Prägung.

Spectrum Verlag GmbH & Co. Vertriebs KG, Friedrichstr. 16-20, D-7012 Fellbach 4 (Schmiden)/Württ., Tel. (0711) 513004. – Neuere dt. Lyrik, Kinder- u. Jugendbuch, Sachbuch, u.a.

Spindler, Lorenz, Spitalgasse 2-6, D-8500 Nürnberg 106, Tel. (0911) 224476. — Fränkische Heimatlit.

Sponholtz, Adolf, Verlag, Inh. C. W. Niemeyer GmbH & Co. KG, Osterstr. 19, D-3250 Hameln, Tel. (05151) 200-310. — Tatsachenbericht, Tier- u. Jagderzählung, u.a.

Staackmann, L., Verlag, Leopoldstr. 116, D-8000 München 40, Tel. (089) 342248, Verlagsbüro Dr. Vogel, altes Schulhaus, D-8157 Linden, Tel. (08027) 337. — Hist. Roman, alpenländ. Volksschrifttum, kulturhist. Fibeln.

Staats, Fr., GmbH, Kl. Werth 27, D-5600 Wuppertal 2, Tel. (0202) 594011. — Histor. Romane und Kulturgeschichte.

Stalling Verlag GmbH, Nadorster Str. 24, D-2900 Oldenburg/Oldb., Tel. (0441) 884051. — Kinderbuch, Sachbuch, Maritim.

Stapp, Wolfgang, Verlag, Ehrenbergstr. 29, D-1000 Berlin 33, Tel. (030) 8313445. — Reisebeschreib., Monographie, Humor, Kurzgesch., Feuilleton.

Stauda, Johannes, Verlag GmbH, Heinr.-Schütz-Allee 35, D-3500 Kassel-Wilhelmshöhe, Tel. (0561) 30013. — Erzählung, Biographie, Lyrik, aus d. ev. Bereich, u.a.

Steinhausen, Verlag, Steinhauser Str. 1, D-8000 München 80, Tel. (089) 4136-1.

Steinkopf, J. F., Verlag GmbH, Gutenbergstr. 18, D-7000 Stuttgart 1, Tel. (0711) 626303. — Romane u. Erzählungen aus d. süddt. Raum.

Stephenson, Carl, Verlag GmbH & Co., Gutenbergstr. 12, D-2390 Flensburg, Tel. (0461) 809-0. — Erotische Literatur.

Steyler Verlagsbuchhandlung GmbH, A.-Janssen-Str. 22, D-5205 St. Augustin/Sieg 1, Tel. (02241) 197304. — Jugendbuch.

Stieglitz-Verlag, E. Händle, Bahnhofstr. 62, D-7130 Mühlacker, Tel. (07041) 6066. — Roman, Biographie, Schwäb. Heimatlit.

Stippak, Josef, Verlag, Sandkaulstr. 69, D-5100 Aachen, Tel. (0241) 29515.

Streit, F., Forchheimer Reihe, Friedr.-v.-Schletz-Str. 14, D-8550 Forchheim, Tel. (09191) 2731, 5577. — Heimatliteratur.

Ströme Verlag Ulrich Hohoff, Haydnstr. 7, D-8000 München 2, Tel. (089) 534397. — Neue dt. Prosa u. Lyrik, experim. Texte.

Stroemfeld/Roter Stern, Postf. 180147, D-6000 Frankfurt a.M., Tel. (0611) 599999. — Hist.-Krit. Hölderlin-Ausg., zeitgenöss., bes. experim. Prosa u. Lyrik.

Studio West/Autoren-Edition, Postf. 500180, D-4630 Bochum, Tel. (02324) 81227. — Heitere Lyrik, Jugendbuch, künstler. Bilderb.

Stürtz-Verlag, Beethovenstr. 5, D-8700 Würzburg 2, Tel. (0931) 385235. — Heimatlit.

Stylus Verlag, Berxen 21a, D-2814 Bruchhausen-Vilsen, Tel. (04252) 1795.

Styria Meloun GmbH & Co. KG, Verlag, Schillerstr. 6, D-5000 Köln 51, Tel. (0221) 375357. — Jugendbuch, Abenteuerroman, Zeit- und Geschichtsroman, u.a.

sub rosa Frauenverlag, Gustav-Müller-Platz 4, D-1000 Berlin 62, Tel. (030) 7849129, 6921599.

Sudelbuchverlag GmbH, Kyffhäuserstr. 10, D-1000 Berlin 30, Tel. (030) 2168741. — Neue dt. Prosa, Lesbenlit.

Süddeutsche Verlagsgesellschaft mbH, Sedelhofgasse 21, D-7900 Ulm/D., Tel. (0731) 62047.

Süddeutscher Verlag GmbH, Goethestr. 43, D-8000 München 2, Tel. (089) 5148-0. — Bavarica-Programm mit Schwerpunkten Bildbände u. Bayer. Lit. (Romane, Reisebücher, Kunstbände).

Südmarkverlag Fritsch KG, Goethestr. 35, D-7920 Heidenheim, Tel. (07321) 42307. — Jugendbuch, Liederbuch.

Südtirol-Verlag Herbert Neuner, Autharistr. 15, D-8000 München 90, Tel. (089) 643033.

Südverlag GmbH, Marktstätte 4, D-7750 Konstanz, Tel. (07531) 282362. — Hist. Roman, Biographie, Jugendbuch.

Südwest Verlag GmbH & Co. KG, Goethestr. 43, D-8000 München 2, Tel. (089) 5148-0. — Jugend- u. Kinderbuch, Kunst, Zeitgesch., Ratgeber-, Hobby- u. Kochbücher u.a.

Suhrkamp Verlag, Lindenstr. 29-35, D-6000 Frankfurt a.M. 1, Tel. (0611) 75601-0. — Literatur des 20. Jh.

Taubert, Franz A., Verlag, Am Zauberberg 1, D-3388 Bad Harzburg, Tel. (05322) 4500. — Biographie.

Ted Siera Buchverlag, Thomas Rank, Postf. 730467, D-2000 Hamburg 73, Tel. (040) 6040868. — Roman, SF-Lit., Lyrik zur Zeit, Kinderb., Märchen u. Sagen, Klassiker, Neue Bibliothek "Reader".

Teich, Otto, Hilpertstr. 9, D-6100 Darmstadt, Tel. (06151) 84120. — Laienspiel, Vortragsbuch, u.a.

Tempel-Verlag GmbH, Havelstr. 16, D-6100 Darmstadt 2, Tel. (06151) 386323. — Klassiker.

tende Verlag GmbH, Hammer Str. 152, D-4400 Münster, Tel. (0251) 793758. — Zeitgenöss. dt. Lit.

Tessloff Verlag Ragnar Tessloff KG, Bernadottestr. 209, D-2000 Hamburg 52, Tel. (040) 8804753, 8801517. — Jugendbuch.

Thauros Verlag GmbH, Zentnerstr. 32, D-8000 München 40, Tel. (089) 2718760. — Lyrik, Essay, Mythologie, Kunst.

Thienemanns, K., Verlag GmbH & Co., Blumenstr. 36, D-7000 Stuttgart 1, Tel. (0711) 240641. — Kinder- u. Jugendbuch, alte abenteuerl. Reiseber., mod. Erzähler d. Welt, arab. Klassiker, Roman, Sachb. zu Kunst, Kultur, Politik.

Thomas-Verlag Engels & Co., Burgstr. 28-30, D-4152 Kempen/Ndrh., Tel. (02152) 4085-86. — Jugendbuch, Kath. Lit., Roman.

Thorbecke, Jan, Verlag GmbH & Co., Karlstr. 10, D-7480 Sigmaringen, Tel. (07571) 3016. — Roman, Erzählung, Lyrik, Essay, Jugendbuch.

Tiessen, Wolfgang, Verlag, Nachtigallenstr. 6, D-6078 Neu-Isenburg 2, Tel. (06102) 53335. — Pressendrucke m. Original-Graphik in lim. Aufl.

Titania-Verlag Ferdinand Schroll, Oberer Hoppenlaugweg 26, D-7000 Stuttgart 1, Tel. (0711) 293551. — Kinder- und Jugendbuch, Unterhaltungsroman, Berg- u. Heimatroman.

Tomus Verlag GmbH, Prinzenstr. 7, D-8000 München 19, Tel. (089) 132001. — Satire, Mundart.

Trifels-Verlag GmbH, Fahrgasse 89, D-6000 Frankfurt a.M. 1, Tel. (0611)

285141. — Lyrik, Essay, Kulturphilosophie.

Trikont Verlag GmbH, Kistlerstr. 1, D-8000 München 90, Tel. (089) 6920900. — Indianerliteratur, Märchen, Jugendlit., Autobiogr., polit. Essays u. polit. Romane, Theater- u. Filmlit., Tagebücher.

Türmer-Verlag Dr. Gert Sudholt, Kreuzanger 8, D-8137 Berg 3, Tel. (08151) 51675. — Hist. Roman u. gesch. Darst., kulturgesch. Werke.

Turnier Druck und Verlag GmbH u. Co. KG, Schützenwiese 25, D-3200 Hildesheim, Tel. (05121) 44061. — Hist. Roman.

Übergrenzen-Verlag GbR, Stoll/Schönfelder/Arweiler, z. Hd. W. Schönfelder, Postf. 110528, D-4800 Bielefeld 11, Tel. (05205) 6326. — Phantastik intern., Science Fiction aus Osteuropa, mod. dt. Lit., Jugendb.

Ueberreuter, Carl, Verlag, In der Aue 32a, D-6900 Heidelberg-Schlierbach, Tel. (06221) 802813. — Kinder- u. Jugendbücher, Austriaca.

Uhu-Presse, Lieselotte Heizmann, Alte Str. 17, D-7802 Merzhausen, Tel. (0761) 405318. — Neuere dt. Lyrik.

Ullstein GmbH, Verlag, Lindenstr. 76, D-1000 Berlin 61, Tel. (030) 25910. — Roman, Erzählung, Lyrik dt. u. ausländ. Autoren.

Ullstein-Taschenbuch-Verlag, Zweigniederlassung Darmstadt der Verlag Ullstein GmbH, Lindenstr. 76, D-1000 Berlin 61, Tel. (030) 25910.

Uni-Druck, Verlag, Amalienstr. 83, D-8000 München 40, Tel. (089) 282022. — Neuere deutsche Lyrik.

Union-Presse Hass & Co., Spanische Allee 92, D-1000 Berlin 38, Tel. (030) 8034092. — Humor.

Union-Verlag GmbH, Friedrichstr. 16-20, D-7012 Fellbach 4, Tel. (0711) 513004. — Jugendbuch.

Universitas Verlag, Hubertusstr. 4, D-8000 München 19, Tel. (089) 177041.

Uta-Verlag, Postf. 210148, D-5300 Bonn 2, Tel. (0228) 347484. — Abenteuer- u. Jugendbuch.

Vaas, Armin, Verlag, Osterstetter Str. 20, D-7907 Langenau-Ulm, Tel. (07345) 7736. — Anthologie, Lyrik, Roman.

Velmede, August Friedrich, Verlag, Uhlenhorster Weg 19, D-2000 Hamburg 76, Tel. (040) 221071. — Belletristik.

Verlag Ars sacra Josef Müller, Friedrichstr. 9, D-8000 München 40, Tel. (089) 393045. — Religiöse Bücher, Geschenkbücher, Jugendbücher, Bilderbücher, Kalender.

Verlag Autonomie und Chaos, W. Mondrian Graf v. Lüttichau, Martin Luther-Str. 3, D-7170 Schwäbisch Hall. — Biographien, Roman, Lyrik, Tageb.

Verlag Autoren Edition, Adelheidstr. 2, D-6240 Königstein. — Roman.

Verlag der Autoren GmbH & Co. KG, Staufenstr. 46, D-6000 Frankfurt a.M. 1, Tel. (0611) 726744-45. — Dramatik, Hörspiel, Drehbuch.

Verlag bibliotheca christiana, Schloß Bingenheim, D-6363 Echzell 2, Tel. (06035) 81157. — Jugendbuch, Musik-Lit.

Verlag Deutsche Jugendbücherei GmbH & Co. Vertriebsges., Auf dem Brand 3, D-5000 Köln 50 (Rodenkirchen), Tel. (0221) 391373. — Jugendbuch, u.a.

Verlag der Europäischen Bücherei H. M. Hieronimi, Johanniterstr. 13, D-5300 Bonn 1, Tel. (0228) 231843. — Belletristik, Übersetzungslit., Kunst, u.a.

Verlag der Evang. Luth. Mission, Schenkstr. 69, D-8520 Erlangen, Tel. (09131) 33064. — Missions-Lit.

Verlag der Fehrs-Gilde e.V., Wellingsbüttler Weg 97, D-2000 Hamburg 65, Tel. (040) 5363172. — Plattdeutsche Lit.

Verlag der Francke-Buchhandlung GmbH, Am Schwanhof 19, D-3550 Marburg 1, Tel. (06421) 25036/37. — Christl. Erzählungen, Kinder- u. Jugendb., Bilderb. u. Bilderheft.

Verlag Freies Geistesleben GmbH, Haussmannstr. 76, D-7000 Stuttgart 1, Tel. (0711) 283255. — Hist. Roman, Biographie, Jugendbuch, Theaterst.

Verlag Goldene Worte Plakatmission Gerhardt Schmid Nachfolger, Gorch-Fock-Str. 15, D-7000 Stuttgart 75, Tel. (0711) 471214. — Theolog. Schrifttum, Jugendbuch.

Verlag Grüner Mond, Angelika Schmaltz, G. Schwalbachstr. 23, D-6500 Mainz 32, Tel. (06131) 33742.

Verlag Haus Altenberg GmbH, Am Carl-Mosterts-Platz 1, D-4000 Düsseldorf 30, Tel. (0211) 485091. — Jugendbuch, Sachbuch, u.a.

Verlag für Heimatpflege im Heimatbund Allgäu e.V., Königstr. 25, D-8960 Kempten/Allgäu, Tel. (0831) 26775. — Heimatliteratur.

Verlag Hohe Warte, Franz von Bebenburg KG, Ammerseestr. 2, D-8121 Pähl/Obb., Tel. (08808) 267. — Romane, Novellen, Erzähl., Satir. Gedichte, Neuere dt. Lyrik, Jugendbuch.

Verlag Der Igel, Niehler Str. 340, D-5000 Köln 60, Tel. (0221) 711640.

Verlag Junge Gemeinde E. Schwinghammer KG, Fangelsbachstr. 11, D-7000 Stuttgart 1, Tel. (0711) 643015-16. — Jugendbücher, christl. Laienspiele, Erzählungen.

Verlag Junge Literatur Dieter Strasser, Weinstr. 48, D-6741 Rhodt, Tel. (06323) 1419. — Prosa, neue dt. Lyrik.

Verlag Kleine Schritte Brigitte Heidebrecht, Wolfstr. 13, D-5300 Bonn 1, Tel. (0228) 657566. — Gebrauchslürik u. Geschichten.

Verlag der Manufactur Burkhart Weecke, Mittelstr. 51, D-4934 Horn-Bad Meinberg 1, Tel. (05234) 3780. — E.T.A. Hoffmann-Ed., frühe trivialphantast. Lit., romant. Dichtung, neuere dt. Lyrik u. Prosa, esoter. Lit., Postkarten.

Verlag Neues Forum GmbH, Westendstr. 2, D-8721 Dittelbrunn, Tel. (09721) 41072. — Roman, Erzählung, Lyrik, ostasiat. Märchen u. Sagen.

Verlag Pusteblume Jürgen Klaubert, Heeper Str. 84, D-4800 Bielefeld 1, Tel. (0521) 178069/68717. — Homosexuelle Lyrik, Prosa u. Fachlit.

Verlag Roter Stern GmbH s. Stroemfeld.

Verlag Das Seelenpflege-Bedürftige Kind GmbH, Schloß, D-6363 Echzell 2/Bingenheim, Tel. (06035) 81157. — Jugendbuch, Musiklit.

Verlag Urachhaus, Johannes M. Mayer GmbH & Co. KG, Urachstr. 41, D-7000 Stuttgart 1, Tel. (0711) 260589, 265939.

— Jugendbuch, hist. Roman, mod.
Prosa.

Verlag Die Waldhütte, Marienburger
Str., Waldhütte, D-2410 Mölln-Wald-
stadt, Tel. (04542) 2962. — Erzählungen.

Verlag das Wunderhorn, Ladenburger
Str. 82, D-6900 Heidelberg, Tel. (06221)
473660. — Neue deutsche Lyrik,
Reprints, Filmbücher, Theorie, neue
dt. Prosa, Lit. d. franz. Sprachraums.

Verlag Zweitschrift & edition copie,
Warmbüchenstr. 26, D-3000 Hannover
1, Tel. (0511) 17310. — Neue Poesie,
intern. konkrete Poesie, Zwischenber.
v. Lit., Musik, bild. Kunst.

**Verlagsanstalt „Bayerland" Anton
Steigenberger,** Konrad-Adenauer-Str.
19, D-8060 Dachau, Tel. (08131) 72066.
— Lyrik, Bavarica.

**Verlagsbuchhandlung Bethel Dirk
Dolman & Co. KG Nachf.,** Gluckstr.
53b, D-2000 Hamburg 76, Tel. (040)
293387. — Ev. Lit.

Vervuert, Klaus Dieter, Verlag, Wielandstr. 40, D-6000 Frankfurt 1, Tel.
(0611) 599615. — Lit. d. span. u. port.
Sprachraums.

Veste-Verlag H. Rossteutscher, Steingasse 16, D-8630 Coburg, Tel. (09561)
95024. — Fränk. Heimatlit.

Vier Türme Verlag, Nr. 40, D-8711 Mün-
sterschwarzach Abtei, Tel. (09324)
20292.

Vierlinger, Rudolf, Verlag, GmbH,
Jakob-Weindler-Str. 4, D-8346 Simbach a. Inn, Tel. (08571) 1475. — Heimatliteratur (Rott- u. Inntal in
Ndbay.).

**Voggenreiter-Verlag Inh. Dr. Ernst
Voggenreiter,** Viktoriastr. 25, D-5300
Bonn-Bad Godesberg-Mehlem, Tel.
(0228) 355051-52. — Jugendbuch,
Roman, u.a.

Volksverlag Linden, Jobstgreuth 12, D-
8531 Linden, Tel. (09846) 397.

Voltaire Verlag s. Edition Voltaire.

Wachholtz, Karl, Verlag GmbH, Gänsemarkt 1-3, D-2350 Neumünster/Holst.,
Tel. (04321) 409-0. — Niederdt. Kurzgeschichte.

Wagenbach, Klaus, Ahornstr. 4, D-1000
Berlin 30, Tel. (030) 2115060. — Dt. u.

ausländ. Gegenwartslit., Politik,
Schallplatten.

Wagener, F.L., GmbH & Co. KG, Trifte
72, D-4920 Lemgo, Tel. (05261) 68931.
— Heimatlit. Lippe.

Waldkircher Verlagsges. mbH, Marktplatz 8, D-7808 Waldkirch/Br., Tel.
(07681) 6074. — Badische Reihe (landeskundl., volkskundl. u. belletrist.
Texte zur bad. Region).

Walter-Verlag GmbH Freiburg, Griß-
heimer Weg 36, D-7843 Heitersheim,
Tel. (07634) 940, 948. — Psychologie,
Theologie, Länder und Reisen, Zeitgeschichte, Literatur u. Jugendbücher.

Weber, Anton W., Verlag, Keferstr. 20,
D-8000 München 40, Tel. (089) 343243.
— Neue dt. Prosa, fantast. Roman,
Punk-Lit. (Erzählung), philosoph.
Texte.

Weber, Gerhard, Mörikestr. 5, D-7073
Lorch/Württ., Tel. (07172) 8772. — Ostdeutschland, speziell Schlesien.

Wehlau, Margot, Schorlemerallee 23, D-
1000 Berlin 33, Tel. (030) 8241111. —
Kinderbuch, Sachbuch, Roman.

Weichert, A., Verlag, Tiestestr. 14, D-
3000 Hannover 1, Tel. (0511) 813068-69.
— Jugendbuch.

Weiland, Gustav, Nachf., Königstr. 79,
D-2400 Lübeck, Tel. (0451) 74006. —
Heimatlit. d. schlesw.-holst. Raumes.

**Weismann Verlag, Frauenbuchverlag
GmbH,** Gabelsberger Str. 56, D-8000
München 2, Tel. (089) 521717. —
Jugendbuch, Neuere deutsche Prosa,
Roman.

Weiß, Gebr., Verlag GmbH, Wildscheu-
erweg 1, D-6072 Dreieich, Tel. (06103)
63061. — Jugendbuch, Roman.

Weltkreis Verlag, Braunschweiger Str.
12-20, D-4600 Dortmund 1, Tel. (0231)
528581. — Neue dt. Lit., antifaschist.
Lit., Kinder- u. Jugendb., Krimi, populärwiss. Sachb.

Wenner, H.Th., Verlag, Heger Str. 2-3,
D-4500 Osnabrück, Tel. (0541) 28101.
— Regionle Lit., plattdt.

Werkstatt-Edition Axel Dietrich,
Hauptstr. 17, D-7887 Laufen/Baden,
Tel. (07763) 1320. — Dt. Lyrik d.
Gegenwart, Mail Art.

von Westarp-Verlag, Bahnstr. 50, D-
4330 Mülheim 1, Tel. (0208) 474219. —

Neuere dt. Lyrik, hist. Roman, Sachbuch, Regionallit., Kunstbildbände.

**Westholsteinische Verlagsanstalt u.
Verlagsdruckerei Boyens & Co.**, Am
Wulf-Isebrand-Platz, D-2240 Heide/
Holst., Tel. (0481) 691-0.

Wildhagen, Dr. Eduard, Verlag, Achtern
Hollerbusch 54, D-2000 Hamburg 65,
Tel. (040) 6014649. — Unterhaltungs-
lit., Jugendbuch, u.a.

Winddruck Verlag, Siegtalstr. 20, D-5900
Siegen-Eiserfeld, Tel. (0271) 355708. —
Alternativlit., Lyrik u. Prosa.

**Windhueter Druck- und Verlags-
GmbH**, Senefelderstr. 37A, D-7000
Stuttgart 1, Tel. (0711) 254029. —
Neuere deutsche Lyrik u. Prosa,
Sachbuch.

Winkler-Verlag Hildegard Winkler,
Martiusstr. 8, D-8000 München 40, Tel.
(089) 348074. — Weltlit. in bibliophilen
Ausgaben.

Wirtschafts- u. Forstverlag Euting KG,
Tannenstr. 1, D-5451 Straßenhaus,
Tel. (02634) 4071. — Jagdroman, Forst-
literatur.

**Wirtschaftsverlag NW Verlag für neue
Wissenschaft GmbH**, Bürgermeister-
Smidt-Str. 74-76, D-2850 Bremerhaven 1, Tel. (0471) 46093-95. — Bildbände, Ndt. Literatur, Literatur-Zs.
"die horen".

Wissenschftlicher Verlag A. Lehmann,
Postf. 29, D-8702 Gerbrunn, Tel. (0931)
273631. — Neuere dt. Lyrik.

Wittig, Friedrich, Verlag, Papenhuder
Str. 2, D-2000 Hamburg 76, Tel. (040)
221059. — Kinderbuch, relig. Bücher,
Faksimiles.

wjr Verlag, Werner J. Röhrig, Eichendorffstr. 14, D-6670 St. Ingbert, Tel.
(06894) 87957. — Zeitgenöss. Lyrik u.
Prosa.

**Wolkentor-Verlag Hans-Joachim
Drews**, Kreuzberger Str. 72, D-2054
Geesthacht.

Wons-Verlag, Hofweg 82, D-6602 Dud-
weiler/Saar. — Lyrik bzw. Kurzprosa
mit Grafik, u.a.

The World of Books Ltd., Fr.-Ebert-Str.
80, D-6520 Worms, Tel. (06241) 51425.
— Lyrik, Biographie, Roman, Exillit.,
psychol. Spiele.

Wortwerkstatt, Durlesbach, D-7967 Bad
Waldsee 1, Tel. (07524) 6656. — Satire,
polit. Lyrik, Aphorismen, Friedenslit.

Wulff-Verlag u. Co., Limbecker Str. 36,
D-4600 Dortmund 72, Tel. (0231)
631061. — Kleine Reihe Prosa und
Lyrik.

Wunderlich, Ernst, Verlagsbuchhdlg.,
Zimmersmühlenweg 40, D-6370 Ober-
ursel/Ts., Tel. (06171) 53073. — Kinderbuch, u.a.

**Wunderlich, Rainer, Verlag Hermann
Leins GmbH & Co.**, Eduard-Haber-
Str. 15, D-7400 Tübingen 1, Tel. (07071)
33046. — Romane, Biographien, Würt-
tembergica.

Xenos Verlagsgesellschaft mbH, Am
Hehsel 42, D-2000 Hamburg 63, Tel.
(040) 5381909.

**Zauberkreis-Verlag Inh. Richard
Greiser**, Karlsruher Str. 22, D-7550
Rastatt, Tel. (07222) 22433. — Trivial-
literatur (Liebes-, Schicksals-,
Schloß-, Arzt-, Rote Laterne-, Berg-
und Heimatromane, Western, Grusel-
Krimis, Science Fiction, Krimi- u.
Western-Taschenbücher).

Zentrifug Verlag GmbH, Gutenbergstr.
36, D-7334 Riederich, Tel. (07123)
32593. — Mundartlit., Mundart-Zs.
Schwädds.

Zerr, Wolffstr. 10, D-2000 Hamburg 54.
— Neuere dt. Lyrik.

Zettner, Andreas, KG, Verlag, Hofweg
12, D-8702 Veitshöchheim, Tel. (0931)
91970. — Erotica, Frauen-Romane,
Aufklärungs-Literatur.

Ziegler, J. F., KG, Verlag, Konrad-Adenauer-
Str. 2-4, D-5630 Remscheid, Tel.
(02191) 209-1. — Heimatliteratur,
Bildbände.

Zsolnay, Paul, Verlag, Amelungstr. 3, D-
2000 Hamburg 36, Tel. (040) 341061.

Zum Halben Bogen, Verlag, J. M. Kurz,
Mühlenbergring 1, D-3406 Bovenden,
Tel. (05594) 567. — Reihe der Halben
Bogen in 7 Sparten.

Zweipunkt-Verlag K. Kaiser KG, Wilhelm-Leuschner-Str. 1, D-6078 Neu-
Isenburg, Tel. (06102) 27247. — Kinderbücher, Puzzles, Wichtel-, Murmel-,
mel-, Hoppselbücher, Jugendpuzzles.

**Zwei-Schwalben-Verlag, Paul
Feldmann OHG**, Ovelheiderweg 9-11,

D-4370 Marl 2, Tel. (02365) 42437. –
Volkstüml. Unterhaltungsroman.

**Zwiebelzwerg Company
Verlagsgesellschaft mbH,** Lakronstr.
46, D-4000 Düsseldorf 12, Tel. (0211)
661483. – Neuere dt. Lyrik, neuere dt.

Lit., Reprints.

Zyklam Verlag, Unterm Waldweg 7, D-
6231 Sulzbach, Tel. (06196) 7814. –
Neuere dt. Lyrik i. d. Geschenkbuch-
reihe Hauspoesie.

Deutsche Demokratische Republik

Altberliner Verl. Lucie Groszer, Neue
Schönhauser Str. 8, DDR-1020 Berlin,
Tel. 2826749. – Kinder- u. Jugendbü-
cher.

Arnold, Rudolf, Verlag, Grimmaische
Str. 21, DDR-7010 Leipzig, Tel. 200368.
– Kinder- u. Jugendbuch.

Aufbau-Verlag Berlin und Weimar,
Französische Str. 32, DDR-1080 Ber-
lin, Tel. 2000151. – Klassiker, Mod.
Belletristik, Literaturwiss., u.a.

Buchverlag Der Morgen, Seelenbinderstr. 152, DDR-1170 Berlin, Tel.
6504151. – Deutschspr. u. ausld. Belletristik d. Gegenwart u. d. Kulturellen Erbes. Bücher zur Zeitgesch., Biographien, Memoiren, polit. Monographien u. Sachlit.

Deutscher Verlag für Musik (VEB),
Karlstr. 10, DDR-7010 Leipzig, Tel.
7351. – Musikbelletristik (Musiker-
biogr. u.a.), Musikwiss.

**Dieterich'sche Verlagsbuchhandlung
Leipzig,** Mottelerstr. 8, DDR-7022
Leipzig. – Belletristik – Einzelausg.
bedeutender Werke d. Weltlit., Kulturgesch. u. Philosophie i. d. Sammlung Dieterich.

Dietz Verlag, Wallstr. 76-79, DDR-1020
Berlin, Tel. 27030. – Schöne Lit.,
Lyrik, Literaturwiss., u.a.

Domowina-Verlag (VEB), Tuchmacher-
str. 27, DDR-8600 Bautzen, Tel.
511316. – Sorbischsprachige Belletristik, Volkskunde in sorbischer u.
deutscher Sprache.

**Eulenspiegel Verlag für Satire u.
Humor,** Kronenstr. 73/74, DDR-1080
Berlin, Tel. 2202126. – Gegenwartslit.
d. DDR u. d. Auslands, Werke d. kul-

turellen Erbes, humorist. u. satir.
Roman.

Evangelische Verlagsanstalt GmbH,
Krautstr. 52, DDR-1017 Berlin, Tel.
2700131. – Erzählung, Roman, Lyrik,
Gemeindeschrifttum, Kunstlit.,
Kalender.

Greifenverlag zu Rudolstadt, Heidecks-
burg, DDR-6820 Rudolstadt, Tel. 2085,
2086. – Romane und Erzählungen
von DDR-Autoren (auch Kriminal-R.,
Utopische Lit., Hist. Romane), Unterhaltsames Erbe, Landschaften in
Wort und Bild.

Henschelverlag Kunst u. Gesellschaft,
Oranienburger Str. 67, DDR-1040 Berlin. – Literaturwiss., Bühnenvertrieb,
u.a.

Hinstorff Verlag, VEB, Kröpeliner Str.
25, DDR-2500 Rostock, Tel. 34441. –
Gegenwartslit. d. DDR, dt.spr. Lit.,
niederdt. Lit., nordeurop. Lit., Heimatlit., maritime Lit.

**Hofmeister, Friedrich, Musikverlag,
VEB,** Karlstr. 10, DDR-7010 Leipzig,
Tel. 7351. – Mundartliteratur, Lieder-
buch.

**Insel-Verlag Anton Kippenberg
Leipzig,** Mottelerstr. 8, DDR-7022
Leipzig, Tel. 592356, 52857. – Belletri-
stik, vor allem Werke d. dt. u. ausländ.
Literaturerbes, Insel-Bücherei,
biblioph. Werke u. Faksimile-Drucke.

**Kiepenheuer, Gustav, Verlag Leipzig
und Weimar,** Motteler Str. 8, DDR-
7022 Leipzig, Tel. 592356, 52857, 51868.
– Belletristik, spez. Kultur, Erbe.

Der Kinderbuchverlag, Behrenstr. 40/
41, DDR-1080 Berlin, Tel. 2032765. –
Kinderliteratur.

Knabe, Gebr., Verlag, Luthergasse 1, DDR-5300 Weimar, Tel. 2237. − Kinder- u. Jugendbücher.

Koehler & Amelang VOB, Hainstr. 2, DDR-7010 Leipzig, Tel. 282379. − Kunsthist. Roman, Biographie.

List, Paul, Verlag Leipzig, Motteler Str. 8, DDR-7022 Leipzig, Tel. 592356, 52857, 51868. − Kulturelles Erbe, Romane d. Weltlit.

Militärverlag der Deutschen Demokratischen Republik, VEB, Storkower Str. 158, DDR-1055 Berlin, Tel. 4300618. − Neue schöne Literatur, hist. Roman, Kriminal- u. Spionageroman.

Mitteldeutscher Verlag Halle-Leipzig, Thälmannplatz 2, DDR-4020 Halle/S., Tel. 8730. − Zeitgenöss. Lit. d. DDR (Prosa, Lyrik, Spannungslit., Reisebilder, Essays u. Literaturkritik).

Neumann Verlag, Salomonstr. 26-28, DDR-7010 Leipzig, Tel. 7426. − Reisebuch, Tierbuch, u.a.

Nitzsche, Karl, Verlag, Am Hopfenberg 1, DDR-9387 Niederwiesa, Tel. Flöha 2531. − Kinderbücher.

Prisma-Verlag, Zenner u. Gürchott, Leibnizstr. 10, DDR-7010 Leipzig, Tel. 281411. − Historischer Roman, Kunst.

Reclam, Verlag Philipp jun., Nonnenstr. 38, DDR-7031 Leipzig, Tel. 44501. − Lit. aller Nationallit., z. T. v. d. Anfängen b. z. Gegenw., Schwerp. dt. Lit. d. Gegenw. u. d. kulturellen Erbes, Überblick. Darstell. v. lit. Epochen u. Genres, Biographien.

Rütten & Loening Berlin, Französische Str. 32, DDR-1080 Berlin, Tel. 2000151. − Belletristik: dt. u. ausländ. Erbe, Gegenwartslit. d. DDR u. d. Auslands, Literaturwiss.

St. Benno-Verlag GmbH, Thüringer Str. 1-3, DDR-7033 Leipzig, Tel. 44161.

TRIBÜNE Berlin, Verlag, Am Treptower Park 28-30, DDR-1193 Berlin-Treptow, Tel. 27100. − Gegenwartsbelletristik d. DDR u. d. Auslandes, Werke d. proletar.-revolut. Lit., Werkausgaben, Veröff. schreibender Arbeiter.

Union Verlag (VOB), Charlottenstr. 79, DDR-1080 Berlin, Tel. 2202711. − Gegenwartsliteratur (Lyrik, Roman, Erzählung), historische Belletristik, literarisches Erbe.

Verlag Junge Welt, Mauerstr. 39/40, DDR-1026 Berlin, Tel. 22330. − Kinderbuch.

Verlag der Nation, Friedrichstr. 113, DDR-1040 Berlin, Tel. 2825826. − Publikat. d. National-Demokrat. Partei Deutschlands, Aktuell-polit. Lit., Autobiogr., Biogr., Bild-Text-Bände, Gegenwartsbelletristik, Hist. Romane, Werke d. Kulturellen Erbes, Bibliophile Ausgaben, Taschenbuchreihe.

Verlag Das Neue Berlin, Kronenstr. 73/74, DDR-1080 Berlin, Tel. 2202126. − Kriminallit., Abenteuerlit., Science Fiction.

Verlag Neue Musik, Leipziger Str. 26, DDR-1086 Berlin, Tel. 2202051. − Musikalie u, mus. Bücher (Musikwiss./Anekdote), Liederbuch, mus. Kinderbuch, Musik-Biogr., Zs. Beitr. z. Musikwiss.

Verlag Neues Leben, Behrenstr. 40-41, DDR-1080 Berlin, Tel. 2032741. − Roman, Erzählung, Lyrik zeitgenöss. Autoren d. DDR u. d. Auslands, Kulturelles Erbe aus aller Welt, Jugendbuch, Taschenbuch, Sachbuch.

Verlag Volk und Gesundheit, VEB, Neue Grünstr. 18, DDR-1020 Berlin, Tel. 2000621.

Verlag Volk und Welt, Glinkastr. 13-15, DDR-1086 Berlin, Tel. 2202851. − Intern. Lit. d. 20. Jhs: Roman, Erzählung, Lyrik, Drama.

Wartburg-Verlag, Max Keßler, Inselpl. 11, DDR-6900 Jena/Thür., Tel. 22612. − Konfessionelles Schrifttum: Lyrik, Erzählung, Roman, Anthologien.

Österreich

Amalthea Verlag, Am Heumarkt 19, A-1030 Wien, Tel. (0222) 723560. − Schöngeistige Lit., Biographien, Musikliteratur, Kunst.

Andreas & Andreas, Mayrwies 385, A-5023 Salzburg, Tel. (0662) 71581. − Populärwiss. Sachbücher, Wissen-Bildung-Erfolg, Kräuterbuch, Heiteres

Geschichtenbuch.

Berger & Söhne, Ferdinand,
Ges.m.b.H., Wiener Str. 21-23, A-3580
Horn, Tel. (02982) 23170.

Das Bergland-Buch, Verlag
(Verlagsgruppe Kiesel), Rainerstr. 19,
A-5021 Salzburg, Tel. (0662) 73587. —
Romane österr. Autoren, Hist.
Romane, "Die Tieck-Bücher".

Bergland-Verlag GmbH, Spengergasse
39, A-1051 Wien, Tel. (0222) 555641. —
Musikgeschichte, Kunst- u. Reiseführer, Öst. Lyrik u. Prosa, Öst. alte u.
neue Lit. in Reihe.

Betz, Annette, Verlag GmbH, Alserstr.
24, A-1095 Wien, Tel. (0222) 481538,
425685. — Kinder- u. Bilderbuch.

Bläschke, J. G., Verlag, Feistritz 31, A-
9143 St. Michael, Tel. (04232) 2152. —
Kunstbände, Heimatlit., vorwiegend
Schlesien, Neue dt. Lyrik, Belletristik,
Sachbücher.

Breitschopf, Julius,
Verlagsbuchhandlung, Bergsteigg. 5,
A-1170 Wien, Tel. (0222) 437203-04,
428364. — Jugendbuch u.a.

Buchgemeinschaft Donauland s. Kremayr & Scheriau.

Cura Verlag Gesellschaft mbH, Beatrix-
gasse 32, A-1037 Wien, Tel. (0222)
736480. — Gedichtbände, Austriaca,
illustr. Geschenkb.

David-Presse Hermann Gail, Fuchst-
haller Gasse 15/3, A-1090 Wien, Tel.
(0222) 3499152. — Handpressen-
Drucke, Lyrik, mod. Lit.

Droschl, Maximilian, Verlag, Bischofplatz 1, A-8010 Graz, Tel. (0316) 81857.
— Neue öst. Lit., dt.spr. Gegenwartslit.

Edition Graphischer Zirkel, Lange
Gasse 14/44, A-1080 Wien, Tel. (0222)
868180. — Zeitkrit. Lyrik, Satire,
Erzählung, Essay, illustr. Bücher,
Orig.-Graphik in Handdrucken.

Edition Roetzer Ges.mbH, Mattersburger Str. 25, A-7001 Eisenstadt, Tel.
(02682) 2494. — Neuere österr. Lyrik,
zeitgenöss. Literatur (Prosa), Essay,
Kulturgesch., bild. Kunst, Kochbuch,

Kinderbuch.

Einblick, M. u. E. Frosch, Bahrgasse 7,
A-4020 Linz, Tel. (0723) 538055. —
Neue öst. Lit.

Ennsthaler, Wilhelm, Stadtplatz 26, A-
4400 Steyr, Tel. (07252) 22053. —
Lyrik, hist. Roman, Aphorismen.

Europa Verlagsgesmbh, Altmannsdorferstr. 154-156, A-1232 Wien, Tel.
(0222) 672622. — Kritische Prosa junger Autoren, Neuauflagen.

Europäischer Verlag, Livius Popovici,
Pramergasse 1, A-1090 Wien, Tel.
(0222) 347336. — Neue dt. Lyrik,
Roman, Biographie.

Faber, Josef, Buchdruckerei
(Heimatland Verlag), Margaretenstr.
114, A-1050 Wien. — Öst. Lyrik, Belletristik, Heimatdichtung.

Frischfleisch & Löwenmaul, Schönbrunner Str. 188/23, A-1120 Wien, Tel.
(0222) 8546724. — Neue öst. Lit., Wiener Literaturmag.

Galerie Edition E. Hilger, Dorotheer-
gasse 5, A-1010 Wien, Tel. (0222)
525315. — Kunstbuch, Monographie.

"Globus" Zeitungs-, Druck- und
Verlagsanst. GmbH, Höchstädtplatz
3, A-1206 Wien, Tel. (0222) 334501. —
Belletristik, u.a.

Grasl, G., Druck- u. Verlagsanst., Wassergasse 1, A-2500 Baden b. Wien, Tel.
(02252) 41877. — Kunstbücher mit
Originalgraphik, Lyrik aus Österreich.

Hannibal, Verlag, Müllnergasse 23-25,
A-1090 Wien, Tel. (0222) 342280,
315278. — Öst. Gegenwartslit., sozialkrit. Bücher, Reprints.

Hanser, Carl, Verlag, Dr. Otto-Neurath-
Gasse 5, A-1220 Wien, Tel. (0222)
226565. — Mod. Lit., Sachb., Klassiker,
Filmlit., Geistes- u. Literaturwiss.,
Anthropologie, Zs. Akzente, Edition
Akzente.

Heimatland-Verlag, s. Faber, Josef.

Herder & Co., Wollzeile 33, A-1010 Wien,
Tel. (0222) 521413/14. — Kinder- u.
Jugendbuch, rel. Lyrik.

Herold Druck- u. Verlagsgesellschaft mbH, Strozzigasse 8, A-1081 Wien, Tel. (0222) 431551. — Jugendbuch, u.a.

Heyn, Johannes, Verlag, Gert und Theres Zechner, Kramergasse 2-4, A-9010 Klagenfurt, Tel. (04222) 57012-0. — Lyrik (Kärntner Mundart u. Schriftdt.), Jugendbuch, Reiseführer u.a.

Internationaler Lyrik Verlag, Rückertgasse 21/29, A-1100 Wien, Tel. (0222) 464385 u. 331186. — Neue dt. Lyrik, Roman, Theaterstück, Filmdrehbuch.

Jugend und Volk Verlagsges. mbH, Tiefer Graben 7-9, A-1014 Wien, Tel. (0222) 630771. — Kinder- u. Jugendbuch, Viennensia, Kunst u. Lit.

Jungbrunnen Verlag, Rauhensteingasse 5, A-1010 Wien, Tel. (0222) 521299. — Kinder- u. Jugendlit.

Jupiter Verlagsgesellschaft mbH., Robertgasse 2, A-1020 Wien, Tel. (0222) 242294-95. — Wienerische Literatur.

Kärntner Druck- und Verlagsgesellschaft mbH, Viktringer Ring 28, A-9020 Klagenfurt, Tel. (04222) 55166. — Volkstümliche Lyrik, Jugendbücher.

Kaiser, Eduard, Verlag-GmbH, Brunnengasse 3, A-9021 Klagenfurt, Tel. (04222) 43400. — Belletristik.

Karinger, Oskar, Verlag, Baumkircherstr. 1, A-8020 Graz, Tel. (03122) 911825. — Heimatkunde.

Kremayr & Scheriau Verlag, Niederhofstr. 37, A-1121 Wien, Tel. (0222) 834501. — Schöne Lit., Jugendbuch, mod. Sachbuch, Öst. Dicht.

Leinmüller & Co., Neubaugasse 29, A-1071 Wien, Tel. (0222) 936429. — Jugendliteratur.

Leykam Buchverlag GmbH, Stempfergasse 3, A-8010 Graz, Tel. (0316) 766760. — Lyrik, Gegenwartsliteratur, Kunst, wiss. Fachbuch, Sachbuch, u.a.

"Manutiuspresse" Wulf Stratowa, Postf. 587, A-1011 Wien, Tel. (0222) 2319823, 6279512. — Biographie, Jugendbuch.

Mlakar, Erich, Verlag, Ederbastei 3, A-8750 Judenburg, Tel. (03572) 2941. — Jugendbuch, steir. Mundart.

Moebius, Oswald, Amerlingstr. 19, A-1061 Wien, Tel. (0222) 572751, 572771. — Schöne Literatur.

Mohl, Kurt, Verlag, Pohlgasse 28, A-1120 Wien, Tel. (0222) 855159.

Müller, Otto, Verlag, Ernst-Thun-Str. 11, A-5020 Salzburg, Tel. (0662) 72152. — Neue öst. Lyrik, Roman, Erzählungen.

Mundus Österr. Verlags-GmbH, Prinz-Eugen-Str. 30, A-1040 Wien, Tel. (0222) 657661.

Neff, Paul, Verlag KG, Gumpendorfer Str. 5, A-1060 Wien, Tel. (0222) 574767. — Roman, Biographie, Anthologie, Lit. d. östl. Sprachraumes, u.a.

Neugebauer Press, Verlag, Aignerstr. 127, A-5026 Salzburg, Tel. (0662) 20992. — Kinder- u. Jugendbuch.

Niederösterreichisches Pressehaus, Druck- u. Verlagsges. mbH, Gutenbergstr. 12, A-3100 St. Pölten, Tel. (02742) 51561.

Oberösterreichischer Landesverlag, OLV-Buchverlag, Landstr. 41, A-4020 Linz, Tel. (0732) 78121-0. — Lyrik, Prosa, Mundartdicht., Sagen- u. Märchenbücher.

Österreichische Verlagsanstalt GmbH, Spengergasse 39, A-1051 Wien, Tel. (0222) 555641. — Dramatiker d. Gegenw. in Reihe, Opernlit., Kinderbücher, Märchen, öst. Lit., öst. Kunst, öst. Geschichte.

Österreichischer Bundesverlag, Gesellschaft mit beschränkter Haftung, Schwarzenbergstr. 5, A-1010 Wien, Tel. (0222) 522561. — Kinder- und Jugendbücher.

Österreichischer Kulturverlag, Krumerweg 9, A-6065 Thaur, Tel. (05223) 2242.

OLV-Buchverlag s. Oberösterreichischer Landesverlag.

Pfad Verlag Salzburg, Gneiser Str. 4, A-5020 Salzburg, Tel. (0662) 43386. — Heimatkunde, Jugend-, Kinderbücher, Schöne Literatur.

Pinguin-Verlag, Pawlowski KG, Lindenbühelweg 2, A-6021 Innsbruck, Tel. (05222) 81183.

Ploetz & Außerhofer, Verlag, Ges.m.b.H., Bienengasse 29, A-8020 Graz, Tel. (0316) 914623, 914625.

Prachner, Georg KG, Kärntnerstr. 30,
A-1010 Wien, Tel. (0222) 528549. —
Hist. Roman, zeitgesch. Roman, Phi-
losophie, Austriaca.

Pustet, Anton, Universitätsverlag, Postf.
144, A-5021 Salzburg, Tel. (0662) 73507.
— Neuere deutsche Lyrik.

Residenz Verlag GmbH, Gaisbergstr. 6,
A-5020 Salzburg, Tel. (0662) 25771. —
Neuere deutschspr. Lyrik, zeitgenöss.,
erzählende Belletristik, Kunst, Musik.

Ritter Verlag, Alter Platz 25/II, A-9020
Klagenfurt, Tel. (04222) 55709. —
Neuere dt. Lit., bild. Kunst.

Rohrer, Rudolf M., Verlag, Wassergasse
1, A-2500 Baden b. Wien, Tel. (02252)
2031. — Lyrik, Kunstbuch, u.a.

Ruß & Co., Eugen, Verlag, Kirchstr. 35,
A-6901 Bregenz, Tel. (05574) 24555. —
Belletristik.

**Salzburger Jugend-Verlag Dr. Otto
Janko & Co. oHG,** Plainstr. 71, A-5010
Salzburg, Tel. (0662) 41424.

Schlüsselverlag Moser & Co., Ing. Etzel
Str. 30, A-6021 Innsbruck, Tel. (05222)
37537. — Schöne Literatur.

Schneider, Franz, Verlag, Dr.-Otto-Neu-
rath Gasse 5, A-1220 Wien,. - Kinder-
u. Jugendbuch.

Schönwetter, Julius, Michaeligasse 26,
A-8230 Hartberg, Tel. (03332) 2647. —
Belletristik.

Sensen-Verlag, Sensengasse 4, A-1090
Wien, Tel. (0222) 426524. — Lyrik u.
Prosa.

Stephanus-Verlag, Josef Aumann,
Postf. 303, A-1071 Wien, Tel. (0222)
935138. — Jugendbuch.

Stocker Verlag, Leopold, Bürgergasse
11, A-8010 Graz, Tel. (0316) 71636. —
Schöne Literatur, Hist. Romane, Zeitgesch., Sachbücher, Tierbücher, Jagd-
lit., Bergbücher, Schulbücher, Landwirtsch. Fachlit.

Trauner, Rudolf, Verlag, Köglstr. 14, A-
4020 Linz/D., Tel. (0732) 78241. —
Unterhaltungsliteratur.

Tyrolia-Verlag s. Verlagsanstalt Tyrolia.

**Ueberreuter Verlag, Carl, Druck u.
Verlag M. Salzer AG,** Alser Str. 24, A-
1095 Wien, Tel. (0222) 481538, 425684.
— Kinder- u. Jugendbuch, Austriaca.

Universitätsverlag Wagner Ges.m.b.H.,
Andreas-Hofer-Str. 13/1, A-6010 Innsbruck. — Drama, Lyrik.

Veritas-Verlag, Harrachstr. 5, A-4010
Linz, Tel. (0732) 76451. — Religiöse
Literatur.

Verlag für Jugend und Volk s. Jugend u.
Volk Verlagsges. mbH.

Verlag Styria, Schönaugasse 64, A-8010
Graz, Tel. (0316) 77561-0. — Belletri-
stik aus Jugosl., Tschechosl., Ungarn,
Lyrik, Aphorismen, Mundart, öst. Lit.

Verlagsanstalt Tyrolia, Ges. mbH, Exlg.
20, A-6020 Innsbruck, Tel. (05222)
81541.

Verlagsgruppe Kiesel, Rainerstr. 19, A-
5020 Salzburg, Tel. (0662) 73586/87. —
Sachbuch, Belletristik, Geschenkbücher.

Welsermühl Verlag, Maria-Theresia-
Str. 41, A-4600 Wels, Tel. (07242) 6941.
— Zeitgeschl. Romane, Theaterlit.

**Wort und Welt Buchverlagsges. mbH &
Co. KG,** Heiliggeiststr. 21, A-6020
Innsbruck, Tel. (05222) 25923. —
Essays, Lyrik, Mod. Roman, Kunst-
gesch., Bibliophile Reihen, Humor-
Taschenb.

Zsolnay, Paul, Verlag, GmbH, Prinz-
Eugen-Str. 30, A-1040 Wien, Tel. (0222)
657661. — Romane, Nov., Erzähl.,
Anthol., Lyrik, Drama, Theater,
Musik, Biograph., Kunst, Kultur-
gesch., Fachliteratur.

Schweiz

Aare-Verlag/Schweizer Jugend-Verlag,
Werkhofstr. 23, CH-4502 Solothurn,
Tel. (065) 229458/59. — Jugendroman,
Erzählung, Sachbuch.

Aehrenverlag Weiss & Co., Obere Bahnhofstr. 5, CH-8910 Affoltern a.A., Tel.
(01) 7616406-07. — Bildbände, Kunst,
Belletristik.

Alphy Tiger, Verlag, Postf. 38, CH-3150
Schwarzenburg, Tel. (031) 931047. —
Zeitgenöss. u. mod. Lyrik u. Prosa,
Lit. jugendl. Autoren, Schweizer
Mundart.

Ammann Verlag AG, Helenastr. 4, CH-
8034 Zürich, Tel. (01) 530722. — Zeitgenöss. Lit.

Andres, Daniel, Verlag, Marktgasse 5,
CH-2502 Biel.

Arche Verlag AG, Raabe und Vitali,
Rämistr. 3, CH-8024 Zürich, Tel. (01)
2522154. — Belletristik, Kunst, Heitere Lit.

Ariston Verlag AG, Rue Peillonnex 39,
CH-1225 Chene-Bourg/Genf, Tel. (022)
481262-63. — Zeitgenössische Literatur.

Artemis Verlag AG, Limmatquai 18, CH-
8024 Zürich 1, Tel. (01) 2521100. —
Hist. Roman, Neue schweizer Lyrik u.
Prosa, Anthol. d. schweizer. Literaturen, Goetheana.

AT-Verlag, Bahnhofstr. 39-43, CH-5001
Aarau, Tel. (064) 251133. — Belletristik, Sachbücher.

Atlantis-Verlag AG Zürich, Zwinggen-
torstr. 4, CH-6000 Luzern 6, Tel. (041)
513721-22. — Kunst-, Musik- u. Bilderbücher, Belletristik.

Atrium Verlag AG, Rüti-Str. 4, CH-8030
Zürich, Tel. (01) 473035. — Kinderbuch.

Basalt Verlag, Postf. 25, CH-4009 Basel,
Tel. (061) 462813. — Neuere dt. Lyrik,
Lit. neuer Autoren.

Basler Zeitung, Buchverlag, Postf., CH-
4002 Basel, Tel. (061) 661111.

Beltz, Verlag, Rittergasse 20, CH-4002
Basel, Tel. (061) 239470. — Belletristik,
Kinder- u. Jugendbuch, Pädagogik,
Psychol., Sachbuch.

Benteli AG, Gerechtigkeitsgasse 6, CH-
3000 Bern 8, Tel. (031) 228866 u.
228877. — Gesamtausg. Kunstb., Psychol., Kochb., Sport, Humor.

Benziger AG Verlag, Bellerivestr. 3, CH-
8008 Zürich, Tel. (01) 2527050. —
Prosa, Lyrik, Kinder- u. Jugendbücher.

Berchtold-Haller-Verlag, Nägeligasse 9,
CH-3000 Bern 7, Tel. (031) 222583. —
Berner Mundart.

Blaukreuz-Verlag, Lindenrain 5a, CH-
3001 Bern, Tel. (031) 235866 u. 235243.
— Erzählungen, Kinder- u. Jugendbuch.

Bodensee-Verlag, Postf. 37, CH-8580
Amriswil, Tel. (071) 227979. — Literatur, Kunst, Musik d. 20. Jahrhunderts.

brennesselverlag, Chungengass 9, CH-
8805 Richterswil, Tel. (01) 7847573. —
Neuere dt. Lyrik, Dokumentation.

Brunnen-Verlag Basel, Wallstr. 6, CH-
4002 Basel, Tel. (061) 234406. — Ev.
Lit., Kunst, Tonträger.

Büchler-Verlag Büchler & Co. AG, Sef-
tigenstr. 310, CH-3084 Wabern, Tel.
(031) 548111. — Kunst, Bildbände,
Heimatkunde, Reisen, Belletristik.

Classen, Werner, Splügenstr. 10, CH-
8002 Zürich, Tel. (01) 2015606. —
Schöne Lit., Anekdoten-Samml., Lit.
Reisebücher, Zeit- u. Kulturgesch.,
Angew. Psychologie, Sachbücher.

Coban-Verlag, Dufourstr. 9, CH-5600
Lenzburg.

Comenius Verlag, Adolf Bucheli, Postf.
33, CH-6285 Hitzkirch, Tel. (041)
852154 u. 852420. — Volkskunde,
Luzerner Literatur.

Conzett & Huber, s. Manesse Verlag
GmbH.

Delphin Verlag, Limmatstr. 111, CH-
8031 Zürich, Tel. (01) 440733. — Kin-
der- u. Jugendbuch.

Desertina Verlag, CH-7180 Disentis, Tel.
(086) 75441/42. — Rätoroman. Lit., dt.
Sach- u. Kunstb.

Diana-Verlag AG, Hadlaubstr. 131, CH-
8006 Zürich, Tel. (01) 3614850. — Belletristik, u.a.

Diogenes Verlag AG, Sprecherstr. 8,
CH-8032 Zürich, Tel. (01) 2528111. —
Neue dt., angelsächs. u. franz. Lit.,
Klassiker u. mod. Klassiker, Kinder-
bücher, Lit. u. Grafik.

Eco-Verlag, Rotwandstr. 62, CH-8021
Zürich, Tel. (01) 2428634. — Neue u.
neueste Lit. (Reihe literatheke).

Edition C, Freyastr. 14, CH-8036 Zürich,
Tel. (01) 2419373.

Edition Chroma, CH-1820 Monteux 2, Tel. (021) 532793. – Belletristik, Lyrik, Kunst.

Edition Erpf AG, Postf. 1383, CH-3001 Bern, Tel. (031) 446677. – Zeitgenöss. Lit., Schwerpunkt Schweizer Autoren, Biogr. Roman u. Lebensber.

Edition Herbzt, Etzelstr. 16, CH-8805 Richterswil, Tel. (01) 7841519, 7806606 u. (058) 843548. – Neue Lyrik, Prosa, Sprache + Zeichen, Fotographie, Künstlerisches.

Edition Howeg, Waffenplatzstr. 1, CH-8002 Zürich, Postf. 99, CH-8340 Hinwil, Tel. (01) 2010650 u. 9371627. – Lyrik, Kunstb., Künstlerb.

EDITION LEU – Verlag für nichtkommerzielle Literatur + Kunst, Postf. 303, CH-8030 Zürich, Tel. (01) 692894 – Neue dt. Lyrik u. Prosa.

EDITION NOVEMBER, Verlag Andreas Wenger, Mühlebachstr. 121, CH-8008 Zürich, Tel. (01) 473248. – Lyrik.

Edition Olms AG, Haldenbachstr. 17, CH-8033 Zürich, Tel. (01) 691160. – Comics, Helvetica, Humor, Kulinaria, Kunst, Magie, Märchen u. Sagen, Musik, Schachlit.

Edition Sven Erik Bergh in der Europabuch AG, Erlenweg 6, CH-6314 Unterägeri, Tel. (042) 721010, 313066. – Belletristik, Jugendbuch, Bilderbuch, Zeitgesch., Musik.

Emmentaler Druck AG, CH-3550 Langnau, Tel. (035) 21911. – Unterhaltungsroman, Mundart-Lyrik, Mundart-Erzählung.

Erker-Verlag AG, Gallusstr. 32, CH-9000 St. Gallen, Tel. (071) 227979 u. 233607. – Zeitgen. Kunst, Belletristik, Original-Grafik, bibliophile Werke.

Europa Verlag AG, Rämistr. 5, CH-8001 Zürich, Tel. (01) 471629. – Politik u. Zeitgeschichte, Belletristik, Kunst.

Ex Libris Verlag AG, Hermetschloostr. 77, CH-8023 Zürich, Tel. (01) 625100.

Francke Verlag, Neuengasse 43, CH-3001 Bern, Tel. (031) 221715. – Bernische Lit., vor allem Mundart.

Fretz & Wasmuth Verlag, Bellerivestr. 5, CH-8008 Zürich, Tel. (01) 2513585. – Neuere dt. Lyrik u. Prosa, mod. u. hist. Roman d. dt. u. engl. Sprachraumes, Biographie, u.a.

Frobenius AG, Verlag, Spalenring 31, CH-4012 Basel, Tel. (061) 437610.

Globi-Verlag AG, Eichstr. 23, CH-8045 Zürich, Tel. (01) 4634135. – Jugendbuch.

Gotthelf-Verlag, Badener Str. 69, CH-8026 Zürich, Tel. (01) 2428155. – Theologie, Schöne Literatur.

GS-Verlag (Gute Schriften), Petersgraben 29, CH-4003 Basel, Tel. (061) 253514. – Kulturgeschichtliches, Klassiker.

Habegger AG, Druck und Verlag, Gutenbergstr. 1, CH-4552 Derendingen, Tel. (065) 411151. – Novellen in schweizerdt. Mundart, Kinder- u. Jugendb., Anthologie, Unterhaltung.

Haffmans Verlag, Hubenstr. 19, CH-8057 Zürich, Tel. (01) 414133. – Neue dt. Lit., Klassiker in Neuübers., Magazin Der Rabe.

Haller-Verlag, Berchtold s. Berchtold-Haller-Verlag.

Hauenstein-Verlag AG, Niedergrund 15, CH-4603 Olten, Tel. (062) 323288 – Jugendbuch, Roman.

Haupt AG, Paul, Falkenplatz 14, CH-3001 Bern, Tel. (031) 232425. – Germanistik.

Huber & Co., Promenadenstr. 16, CH-8500 Frauenfeld, Tel. (054) 73737. – Schweizer Literatur, junge deutsche Autoren, anspruchsvolle dt. Kinder- u. Jugendbücher (Anthol.), Lit. d. nordeurop. Sprachraumes.

Imba-Verlag, Avenue de Beauregard 4, CH-1701 Freiburg, Tel. (037) 241341. – Lebenshilfe, philosoph., theolog. u. spirituelle Lit.

Keller, Walter, Lehenweg 5, CH-4143 Dornach, Tel. (061) 722755.

Konfrontation AG, Verlag und Engrosbuchhandel, Werdhölzlistr. 14, CH-8048 Zürich, Tel. (01) 626466.

Kugler, Rolf, Verlag, Leimatt, CH-6317 Oberwil b. Zug, Tel. (042) 212646. – Gedichte, Aphorismen, lit. Essay, Erzählung, Vjzs. Der Verlegerbrief.

Lenos Verlag, Wallstr. 9, CH-4051 Basel, Tel. (061) 231333. – Roman, Erzählung.

Leobuchhandlung, Verlag d. Quellen-Bändchen, Gallusstr. 20, CH-9001 St. Gallen, Tel. (071) 222917. — Anthologien, Kleinbuch-Geschenkbändchen.

Lichtspuren Verlag Bernhard Streit, Militärstr. 47, CH-3014 Bern, Tel. (031) 422096. — Zeitgemäße Lit.

Limmat Verlag Genossenschaft, Wildbachstr. 48, CH-8034 Zürich, Tel. (01) 556300. — Jüngere Schweizer Lit., polit. u. hist. Sachb.

Lüdin AG, Buchhandlung und Verlagsdruckerei, CH-4410 Liestal, Tel. (061) 912211.

Manesse Verlag GmbH, Badergasse 9, CH-8001 Zürich, Tel. (01) 2525551.

Meili, Peter, Verlag, CH-8200 Schaffhausen, Tel. (053) 54144. — Geschichte, Heimatlit., Schweizer Lit.

Mond-Buch Verlag GmbH, Postf. 1403, CH-4001 Basel, Tel. (061) 250153. — Neuere dt. feminist. Lyrik, Frauenlit., Anthologien, Essays.

Montana Verlag AG, Pilatus-Str. 32, CH-6003 Luzern, Tel. (041) 239001. — Hist. Roman.

Mueller, Albert, Verlag AG, Bahnhofstr. 69, CH-8803 Rüschlikon, Tel. (01) 7241760. — Allg. Belletristik, Jugendbuch.

Nachtmaschine, Oetlingerstr. 157, CH-4057 Basel, Tel. (061) 324600. — Lyrik (dt., span., amer.), Belletristik.

Nebelspalter-Verlag, Pestalozzistr. 5, CH-9400 Rorschach, Tel. (071) 414341. — Humor, Satire, Zeitkritik.

Nord-Süd-Verlag, Uglješa Davy Sidjanski, Postf. 199, CH-8617 Mönchaltorf, Tel. (01) 9351335/6. — Bilderbücher.

NZN Buchverlag AG, Zeltweg 71, CH-8032 Zürich, Tel. (01) 474951. — Religion, zeitgenöss. Schweizer Autoren, Kunst, Volkskunst.

Orell Füssli Verlag, Nüschelerstr. 22, CH-8022 Zürich, Tel. (01) 2113630. — Jugendbuch, deutsche Literatur, Geschichte, Kunst, Pädagogik u.a.

Origo Verlag, Rathausgasse 30, CH-3011 Bern, Tel. (031) 224480. — Lebenshilfe-Literatur.

orte-Verlag, Postf. 2028, CH-8033 Zürich, Tel. (01) 3630234. — Lyrik.

Pendo-Verlag, Wolfbachstr. 9, CH-8032 Zürich, Tel. (01) 693737. — Verständigungstexte, Lyrik, Kurzprosa.

Pharos-Verlag, Hansrudolf Schwabe AG, Therwilerstr. 5, CH-4011 Basel, Tel. (061) 541021. — Jugendbuch, Basiliensia, Helvetica, Weinlit.

Piper & Co., R., Verlag, Alte Landstr. 67, CH-8700 Küsnacht, Tel. (01) 9104044. — Schöne Lit., Sachbuch, Kinderbuch u.a.

Raeber AG Verlag, Frankenstr. 9, CH-6003 Luzern, Tel. (041) 235363. — Neuere deutsche Lyrik, Hist. Roman.

Rauhreif Verlag, Zollikerstr. 169, CH-8032 Zürich, Tel. (01) 539945. — Zeitgenöss. dt.spr. Literatur.

Rechtshilfe-Verlags-Gesellschaft, Freiestr. 165, CH-8032 Zürich 7, Tel. (01) 536510. — Erzählungen m. esoter. (myst.) Inhalt.

Reich Verlag AG, Zinggentorstr. 4, CH-6000 Luzern 6, Tel. (041) 513721. — Kinderbuch, Edition Reich: Romane, Erzählungen, Theaterstücke, Essays.

Reinhardt, Friedrich, Verlag, Missionsstr. 36, CH-4012 Basel, Tel. (061) 253390. — Roman, Erzählung u. Jugendbuch unter bes. Berücks. christl. Lit.

Rentsch, Eugen, Verlag AG, Nüschelerstr. 22, CH-8022 Zürich, Tel. (01) 2113630. — Belletristik, Kinder- u. Bilderb., Kunst, Musik, Wissenschaft.

Rex-Verlag, St. Karliquai 12, CH-6000 Luzern 5, Tel. (041) 514914. — Catholica, Jugendbuch, Belletristik, u.a.

Rotapfel-Verlag AG, Frankengasse 6, CH-8001 Zürich, Tel. (01) 470388. — Kinder- u. Jugendbuch, Biographie.

Rotpunkt Verlag (rpv), Postf. 397, CH-8026 Zürich. — Politik, Roman, Biogr. Dritte-Welt-Roman, Arbeiterbeweg.

Roven Verlag GmbH, Ringstr. 3, CH-4600 Olten, Tel. (062) 213090. — Moderne Schweizer Lit. (auch in Mda.), Jugendbuch.

St. Arbogast Verlag, Sonja Umiker-Passera, Hauptstr. 3, CH-4132 Muttenz 1, Tel. (061) 611539. — Zeitgenöss. Lyrik, Jugendb., Krippenspiel, Erzählung, Sachb.

Sauerländer Verlag AG, Laurenzenvorstadt 89, CH-5001 Aarau, Tel. (064) 221264. − Jugendbuch, hist. Roman.

Scherz Verlag AG, Marktgasse 25, CH-3000 Bern 7, Tel. (031) 226831. − Belletristik, Sachbuch, Krimi-Taschenbuch.

Schläpfer & Co. AG, Kasernenstr. 64, CH-9100 Herisau, Tel. (071) 513131. − Hist. Roman, Jugendb.

Schweizer Autoren Verlag, Hohlenbaumstr. 19, CH-8200 Schaffhausen, Tel. (053) 41245. − Belletristik (keine Neuproduktion).

Schweizer Spiegel Verlag & Rodana-Verlag AG, Rämistr. 18, CH-8024 Zürich, Tel. (01) 472195. − Roman, Jugendbuch, Lyrik, Anthologie, u.a.

Schweiz. Jugendschriftenwerk (SJW), Stiftung, Seehofstr. 15, CH-8008 Zürich, Tel. (01) 2517244. − Jugendbuch.

Seedorn Verlag, Zschokkestr. 12, CH-8037 Zürich, Tel. (01) 426507. − Zeitgenöss. Literatur u. Kunst.

Sinwel-Verlag, Lorrainestr. 10, CH-3000 Bern 11, Tel. (031) 425205. − Humor, Lokales.

Speer-Verlag R. Römer, Hofstr. 134, CH-8044 Zürich, Tel. (01) 2511203. − Neuere dt. Lyrik, Jugendbuch, Roman, Kunstbändchen.

Sphinx Verlag, Spalenberg 37, CH-4003 Basel, Tel. (061) 258583. − Schöne Lit., Science Fiction, Psychol., Philos. u.a.

Stroemfeld Verlag AG, Oetlingerstr. 19, CH-4007 Basel, Tel. (061) 324180.

Strom-Verlag, Staffelhof 21, CH-8055 Zürich, Tel. (01) 4637415. − Belletristik, neuere dt. Lyrik, Kulturgesch., Soziol., Psychol., Päd.

SV International/Schweizer Verlagshaus AG, Klausstr. 10, CH-8008 Zürich, Tel. (01) 2519134. −

Intern. Belletristik, dt.spr. Autoren, Sachbuch, Biographie, Musik u.a.

Thomas-Verlag AG, Rennweg 14, CH-8001 Zürich, Tel. (01) 2119279. − Belletristik, Helvetica, u.a.

Unionsverlag, Zollikerstr. 138, CH-8008 Zürich, Tel. (01) 557282. − Intern. Lit., Sachbuch, Dritte Welt, Schweiz.

Verlag fürSchöne Wissenschaften, Unterer Zielweg 36, CH-4143 Dornach, Tel. (061) 723911. − Werke von Albert Steffen.

Viktoria-Verlag, Fritz Marti AG, Obere Zollgasse 69e, CH-3072 Ostermundingen/Bern, Tel. (031) 514283. − Neuere deutsche Lyrik, Hist. Roman, Belletristik in dt. Schriftspr. u. Schweizermundart.

Waage, Die, Verlag, Dorfstr. 90, CH-8802 Kilchberg, Tel. (01) 7155569. − Lit. d. Fernen Ostens, Weltlit., u.a.

Wado Verlag, Aargauerstr. 250, CH-8048 Zürich, Tel. (01) 642002. − Heiterer Roman, Humor.

Walter-Verlag AG, Amtshausquai 21, CH-4600 Olten, Tel. (062) 217621. − Neuere deutsche Lit., Neuere afrikan. Lit., Hist. Romane, Werkausgaben (Poe, Döblin).

Wyss Druck und Verlag AG, Effingerstr. 17, CH-3001 Bern, Tel. (031) 253715.

Zbinden Druck und Verlag AG, St. Albanvorstadt 16, CH-4006 Basel, Tel. (061) 232104-05. − Lit. d. 19. u. 20. Jh., Märchen- u. Bilderbücher, Anthroposophische Lit.

Zytglogge Verlag, Eigerweg 16, CH-3073 Gümligen-Bern, Tel. (031) 522030. − Zeitgenöss. Schweizer Lit., Authent. Lit., Mundart-Lit.

BÜHNENVERLAGE

Bundesrepublik Deutschland

Ahn & Simrock-Crescendo Bühnen- und Musikverlage GmbH, Sonnenstr. 19, D-8000 München 2, Tel. (089) 557957.

Alkor-Edition GmbH, Heinrich-Schütz-Allee 29-37, D-3500 Kassel-Wilhelmshöhe, Tel. (0561) 30019, 30011.

Allegro Theaterverlag Schacht & Co., Adolfstr. 45, D-2000 Hamburg 76, Tel. (040) 225143-45.

Apollo-Verlag Paul Lincke OHG, Ostpreußendamm 26, D-1000 Berlin 45, Tel. (030) 7723025, Bockenheimer Landstr. 83, D-6000 Frankfurt, Tel. (0611) 751002.

Astoria Verlag GmbH, Musik- und Bühnenverlag, Brandenburgische Str. 22, D-1000 Berlin 31, Tel. (030) 8818898.

Bärenreiter-Verlag, Karl Vötterle GmbH & Co. KG, Heinrich-Schütz-Allee 29-37, D-3500 Kassel-Wilhelmshöhe, Tel. (0561) 30019, 30011.

Bärenreiter Schauspiel im Johannes Stauda Verlag, Heinrich-Schütz-Allee 29-37, D-3500 Kassel-Wilhelmshöhe, Tel. (0561) 30011.

Bars, Richard, Bühnenverlag GmbH & Co., 'Die Rampe', Wittelsbacherstr. 18, D-1000 Berlin 31, Tel. (030) 881083.

Bennefeld, Albert, Schopenhauerstr. 23, D-1000 Berlin 38, Tel. (030) 8015008.

Birnbach, Richard, Musikverlag, Aubinger Str. 9, D-8032 Lochham, Tel. (089) 875450.

Bloch, Felix, Erben, Hardenbergstr. 6, D-1000 Berlin 12, Tel. (030) 3139028. — Theater, Musik.

Buchner, Dr. Heinrich, Verlag Spiel & Fest, Buchenstr. 4, D-8023 Krailling, Tel. (089) 8571838. — Theater, Spiel.

Chronos Verlag Martin Mörike, Poppenbütteler Chaussee 55, D-2000 Hamburg 65, Tel. (040) 6070055.

Desch GmbH, Theaterverlag, Klugstr. 47a, D-8000 München 19, Tel. (089) 153011-12. — Ausschließl. dramatische Literatur.

Deutscher Theaterverlag GmbH, Königsberger Str. 18-22, D-6940 Weinheim, Tel. (06201) 12761. — Bühnendichtung, Schul-, Amateur- u. Volksspiel u.a.

Drei Masken Verlag GmbH, Heiliggeiststr. 1, D-8000 München 2, Tel. (089) 225146.

Dreiklang-Dreimasken Bühnen- und Musikverlag GmbH, Sonnenstr. 19, D-8000 München 2, Tel. (089) 557957.

Edition Deutsche Dramaturgie, Zur Scharfmühle 4, D-3400 Göttingen, Tel. (0551) 7905105, 47231. — Mundartst. a. d. norddt. Raum, vergessene Dramen/Dramatiker, Gegenwartsstücke als Theaterst., Fernsehspiel, Hörspiele.

Edition Esplanade GmbH, Alsterdorfer Str. 365, D-2000 Hamburg 60, Tel. (040) 518211. — Musik- u. Bühnenverlag, Musikproduktionen.

Edition Majestic Erwin Paesike, Wittelsbacher Str. 18, D-1000 Berlin 31, Tel. (030) 881081. — Musik- u. Bühnen Verlag.

Edition Wilhelm Hansen, Eschersheimer Landstr. 12, D-6000 Frankfurt, Tel. (0611) 590295.

Edition Modern, Musik- und Bühnenverlag, Elisabethstr. 38, D-8000 München 40, Tel. (089) 2713781.

Fischer, S., Theaterverlag in S. Fischer Verlag GmbH, Geleitsstr. 25, D-6000 Frankfurt, Tel. (0611) 6062270-73.

Gebauer, Wilhelm, Musik- u. Theaterverlag, Luxemburgplatz 2, D-6200 Wiesbaden, Tel. (06121) 300989.

Gerdes, Gustav, Drususgasse 7-11, D-5000 Köln 1, Tel. (0221) 234833-37.

Grafenstein Verlag, Thuillestr. 9, D-8000 München 60, Tel. (089) 8119264. — Einakter u. Kurzspiele f. Kinder, Jugendl., Erwachsene.

Haessel, H., Verlag (W. R. Sorgenfrey), Abt. Bühnenvertrieb, Bäckerweg 2, D-6000 Frankfurt 1, Tel. (0611) 433726.

Hermes-Theater-Verlag, Eiland 6, D-4300 Essen-Stadtwald, Tel. (0201) 473434.

Hertel Johannes, Verlag, Lilienmattstr. 18a, D-7570 Baden-Baden, Tel. (07221) 32353.

Höfling Verlag, Dr. Valentin Mayer KG, Königsberger Str. 18-22, D-6940 Weinheim, Tel. (06201) 14988. – Schul-, Jugend- und Amateur-Theater.

Hunzinger, Stefani, Bühnenverlag GmbH, Am Zollstock 26, D-6380 Bad Homburg, Tel. (06172) 42050, 42059. – Vertritt bei Film, Funk u. Fernsehen folg. Buchverlage: Hoffmann & Campe, Klett-Cotta, Benziger.

Iris Musik- und Theater-Velag August Mallmann GmbH & Co. KG, Herner Str. 64a, D-4350 Recklinghausen, Tel. (02361) 22190.

Kammerspiel-Verlag, Christa Wittchen, Knappenstr. 39, D-4700 Hamm, Tel. (02381) 83709. – Theaterst. f. Kinder u. Erwachsene.

Karlweis, Oscar, Bühnenvertrieb Marianne Weno, Ithweg 31, D-1000 Berlin 37, Tel. (030) 8137006.

Kiepenheuer, Gustav, Bühnenvertriebs-GmbH, Schwein Tel. (030) 8231066. – Verlag f. Bühne, Film, Fernsehen, Medien-Agentur f. Autoren u. Buchverlage.

Kiepenheuer & Witsch, Theaterverlag, vertreten durch die Gustav Kiepenheuer Bühnenvertriebs-GmbH, Schwein Tel. (030) 8231066. – Verlag f. Bühne, Film, Funk u. Fernsehen.

Köhler, Wilhelm, Verlag, Ungererstr. 35, D-8000 München 40, Tel. (089) 3615026. – Volksstücke in bayer. Mundart.

LangenMüller, Theaterverlag, Hubertusstr. 4, D-8000 München 19, Tel. (089) 177041.

Mahnke, Karl, Theaterverlag, Große Str. 108, D-2810 Verden/Aller, Tel. (04231) 2631. – Plattdt. Theaterliteratur.

Masken-Verlag Friedrich Willmann, Geißstr. 4, D-7000 Stuttgart, Tel. (0711) 21581.

Meisel Bühnenverlage, Wittelsbacherstr. 18, D-1000 Berlin 31, Tel. (030) 881081. – Schauspiel, Musical, Operette, Film, Funk, Fernsehen.

Merlin Verlag Andreas J. Meyer, Gifkendorf Nr. 3, D-2121 Vastorf b. Lüneburg, Tel. (04137) 7207.

Musik und Bühne Verlagsgesellschaft mbH, Herrnmühlgasse 11a, D-6200 Wiesbaden, Tel. (06121) 300399.

Neuer Theaterverlag GmbH, Heimhuder Str. 36, D-2000 Hamburg 13, Tel. (040) 446245.

Nyssen, Ute & J. Bansemer, Theaterverlag GmbH, Merowingerstr. 31, D-5000 Köln 1, Tel. (0221) 319620.

Oertel, Johannes, Musikverlag und Bühnenvertrieb, Ainmillerstr. 42, D-8000 München 40, Tel. (089) 343983.

Pauly Musik- und Theaterverlag, Postf. 100607, D-4060 Viersen, Tel. (02162) 15780.

Pegler, Gerhard, Verlag f. Theater, Fernsehen, Hörfunk, Film, Athener Platz 8, D-8000 München 90, Tel. (089) 644088.

Playmarket Theaterverlag, Harald Jacobs, Clausewitzstr. 6, D-1000 Berlin 12, Tel. (030) 8832060.

Prometh Verlag, Huhnsgasse 4, D-5000 Köln 1, Tel. (0221) 246643.

Ricordi & Co., G., Gewürzmühlstr. 5, D-8000 München 22, Tel. (089) 221780. – Musik und Bühne.

Rowohlt Theater-Verlag, Hamburger Str. 17, D-2057 Reinbek, Tel. (040) 7272270.

Schneider, Karlfried, Verlag, Hefeler Str. 11, D-5620 Velbert 1, Tel. (02051) 84461. – Herausg. v. Bühnen-Ms. f. Kinder- u. Jugendtheater, insbes. auch mobile Aufführungen u. Mitspieltheater.

Dr. Sikorski KG, Bühnen- und Musikverlage, Heimhuder Str. 36, D-2000 Hamburg 13, Tel. (040) 446245.

Suhrkamp Theaterverlag, Lindenstr. 35 D-6000 Frankfurt, Tel. (0611) 756010. – Zeitgenöss. dt.spr. Autoren u. Klassiker d. Moderne.

Textor Theaterverlag, Jochen Weber-Unger, vorm. Thienemanns Theaterverlag, Moserstr. 6, D-6100 Darmstadt, Tel. (06151) 48911.

Thalia GmbH, Bühnenvertrieb, Adolfsallee 34, D-6200 Wiesbaden, Tel. (06121) 373290.

Verlag der Autoren GmbH & Co. KG, Staufenstr. 46, D-6000 Frankfurt 1, Tel. (0611) 726744/45. – Theater, Film, Funk, Fernsehen, Reihe: Theaterbibliothek.

Verlag Autorenagentur GmbH, Bachmannstr. 2, D-6000 Frankfurt 90, Tel. (0611) 7893880. – Handel, Vertrieb u. Vermittl. urheberrechtl. geschützter Werke zur Aufführung an Berufs- u. Laienbühnen, zum öffentl. Vortrag, zur Verfilmung u. zur Übertrag. im Rundfunk, Fernsehen u. durch sonstige Publikationsmittel im In- u. Ausland.

Verlag für Kindertheater, Uwe Weitendorf, Parkberg 12, D-2000 Hamburg 65, Tel. (040) 6070055.

Vertriebsstelle und Verlag Deutscher Bühnenschriftsteller und Bühnenkomponisten GmbH, Buchweizenkoppel 21, D-2000 Norderstedt 1, Tel. (040) 5225610. – Bühne, Film, Funk, Fernsehen.

Wallenrodtsche Verlagsanstalt, Wolfgang Bink GmbH, Kurt-Küchler-Str. 13, D-2000 Hamburg 52, Tel. (040) 829880.

Webels, Willi, Bühnen- u. Musik-Verlag, Krayerstr. 70, D-4300 Essen 14, Tel. (0201) 590913.

Zsolnay, Paul, Verlag Hamburg GmbH, Amelungstr. 4, D-2000 Hamburg 36, Tel. (040) 85431.

Deutsche Demokratische Republik

Henschelverlag Kunst und Gesellschaft, henschel Schauspiel, Oranienburger Str. 67/68, DDR-1040 Berlin, Tel. 2879322/361.

Österreich

A Tempo Verlag, Lindengasse 10, A-1070 Wien, Tel. (0222) 938208.

Applaus Verlag, Agentur f. dramatische Werke, Delugstr. 26, A-1190 Wien, Tel. (0222) 323148.

Bauer, H., Verlag Ges.m.b.H., Gloriettegasse 21, A-1130 Wien, Tel. (0222) 821507, 8267962. – Bühne, Funk, TV-Film.

Bieler, Ingeborg, Verlag, vorm. Hans Fuchs Verlag, Heuberggasse 60, A-1170 Wien, Tel. (0222) 455157.

Bühnenverlag "Die Szene", Inh. Dr. Gustav Zagler, Sigm.-Haffner-Gasse 18, A-5010 Salzburg.

Edition Scala, Hoffmann & Co. KG, Prinz-Eugen-Str. 80, A-1040 Wien.

Eirich Ges.m.b.H., Theaterverlag, Lothringerstr. 20, A-1030 Wien, Tel. (0222) 724585. – Verlag u. Vertrieb f. dramatische u. musikalische Werke.

Internationaler Lyrik Verlag, Rückertgasse 21/29, A-1160 Wien, Tel. (0222) 464385, 331186. – Theaterstücke.

Jugend und Volk Verlagsges.m.b.H., Tiefer Graben 7-9, A-1014 Wien, Tel. (0222) 635846.

Löwinger, Paul, Theaterverlag, Neubaugasse 36, A-1070 Wien, Tel. (0222) 932395. − Volkstümliche Stücke.

Österreichischer Bühnenverlag Kaiser & Co., Am Gestade 5/II, A-1010 Wien, Tel. (0222) 638958. − Öst. Lit. u. junge öst. Autoren, Bühnenwerke der Weltlit.

Pero, Hans, Bühnen- und Musikverlag, Bäckerstr. 6, A-1010 Wien, Tel. (0222) 523467.

Sessler, Thomas, Verlag, Johannes-

gasse 12, A-1010 Wien, Tel. (0222) 523284/85.

Universal Edition AG, Bösendorferstr. 12, A-1010 Wien, Tel. (0222) 658695. − Musik des 20. Jhs.

Weinberger, Josef, Bühnen und Musikalienverlag, GmbH, Neulerchenfelderstr. 3-7, A-1160 Wien, Tel. (0222) 435991.

Zsolnay, Paul, Verlag, Prinz-Eugen-Str. 30, A-1040 Wien, Tel. (0222) 657661.

Schweiz

Bobarts AG Zürich − Edition S, Postf. A 157, CH-8045 Zürich, Tel. (01) 4614069.

Europa Verlag, Abt. Theatervertrieb, Rämistr 5, CH-8001 Zürich, Tel. (01) 471629.

Reich Verlag AG, Zinggentorstr 4, CH-6006 Luzern, Tel. (041) 513721-22.

Reiss AG, Bühnenvertrieb, Bruderholzstr 39, CH-4053 Basel, Tel. (061) 357232.

Stauffacher, Hans Rudolf, Verlag, Limmatquai 36, CH-8001 Zürich, Tel. (01) 474175/76.

LITERARISCHE AGENTUREN

Bundesrepublik Deutschland

Balkan-Press, Intern. Agentur, Schmied-Kochelstr. 20, D-8000 München 70, Tel. (089) 3204450. − Verlags- u. Bühnenmanagement, Autoren-Vertretung, Übers., Co-Produkt. v. Werken wiss. u. schöngeist. Lit.

Buchagentur München, Maria-Eich-Str. 54b, D-8032 Gräfelfing, Tel. (089) 855555. − Vermittl. v. Ms. an Buchverl.

Démuth, Dr. Julius, Literarische Agentur, Krautgartenweg 22, D-6000 Frankfurt a.M. 50, Tel. (0611) 571970.

Dörnersche Verlagsgesellschaft mbH, Silker Weg 1, D-2057 Reinbek, Tel. (040) 7222227. − Beratung d. Autoren, Entwickl. neuer Ideen, Vermittl. an d. Medien u. Betreuung bis zur Vertragsreife. Wahrnehmung v. Urheberrechten.

FRALIT, Intern. Medien-Agentur u. Lektorat f. Presse, Film, Funk, Bühne, Verlag m. Übersetzerring u. Fotografenring, Brahmsallee 29/1, D-2000 Hamburg 13, Tel. (040) 456073. − Lektorat für Autorenhilfe u. Mediendienst m. d. Sparten Korrektur, Überarbeit., Ausarbeit., Abänder. nach Medienwünschen.

Geisenheyner & Crone, Intern. Literarische Agentur, Gymnasiumstr. 31 B, D-7000 Stuttgart 1, Tel. (0711) 293738. − Vermittl. u. Verkauf dt. u. ausländ. lit. Urheberrechte.

Glückler, Hans-Peter, Literary Agency, Scheffelstr. 30, D-7800 Freiburg i. Br., Tel. (0761) 77692, 74600. − Literatur, Sachbücher, Ethnologie, Kunst, Kinder- u. Jugendbücher, Comics, Vermittl. v. Lizenzen u. Koprodukt. zwischen amerikan., dt., franz. u. ital. Verlagen, Übersetzungs-Service.

Gracklauer, O., Verlag u. Bibliographische Agentur, Rheinstr. 29, D-8000 München 40, Tel. (089) 392087. − Nachweis v. Rechtsinhabern, Rechtsnachfolgern v. Autoren, Künstlern, Verlagen, Übernahme v. Beständen u. Rechten, Übers. u. Lizenzen, Ermittl. v. Nachlässen, Erben, An-schriften d. Autoren, Künstlern, Vereinen, Verlagen, Literaturzusammenstell., Titelschutzfragen, alle bibliograph. Auskünfte.

Hagedorn, Hans Hermann, Erikastr. 142, D-2000 Hamburg 20, Tel. (040) 4603232. − Untervertretung ausländ. Agenturen.

Hoffman, Agence, Seestr. 6, D-8000 München 40, Tel. (089) 396402. − Vertretung amerikan., engl. u. franz. Verl., Autoren u. Agenturen.

Offizin Hopf & Partner GmbH, Georgenstr. 24, D-8000 München 40, Tel. (089) 399077/78. − Verlagsberatung, Autorenberatung, Buchproducing.

Interlizenz Gesellschaft f. internationale Verwaltung v. Urheberrechten mbH, c/o Rechtsanwälte Best u.a., Quantiusstr. 2, D-5300 Bonn 1, Tel. (0228) 631981. − Verwaltung, Vermittlung u. Verwertung v. Urheberrechten in allen Medienbereichen, insbes. Transfer USA-Europa.

Körner, Heinz, Zum Mühlberg 13, D-6442 Rotenburg a. d. Fulda, Tel. (06623) 1659. − Veröffentl. v. Ms. bekannter u. unbekannter Autoren b. Verlagsges. in Buch- od. Broschürenform, Herstellung v. Nachdrucken (Buch- od. Broschürenform) in Kleinstauflagen.

KOMMAPRESS, Pressebüro und Literaturagentur Susanne Silbermann, Templerstr. 8, D-8038 Gröbenzell, Tel. (08142) 7326. − Vermittl. u. Verwalt. v. Rechten jeder Art an Werken der Lit., spez. v. Texten für Tageszeitungen u. Zeitschriften, Autorenvertret., Verwalt. lit. Nachlässe.

Korn, Günther, D-8111 Bayersoien, Tel. (08845) 613. − Vermittl. dt. u. ausländ. literarischer Rechte. Interessenvertret. f. Autoren, Auswert. v. Nebenrechten.

Leonhardt, Karl Ludwig, Literarische Agentur, Mittelweg 22, D-2000 Hamburg 13, Tel. (040) 449318.

litera-team KG, Sendlinger Str. 13, D-8000 München 2. — Lit. Agentur.

Literatur-Agentur Axel Poldner, Rauheckstr. 11, D-8000 München 21, Tel. (089) 574824. — Management f. Autoren (Verl., Presse, Ferns., Funk, Film), Kontaktherst. u. Verhandlung im Auftr. u. f. Verl., Vermittl. u. Verkauf dt. u. ausländ. literarischer Rechte, Lizenzauswert. im Auftr. v. Verl. od. Autoren mit dem Münchner Verlagsbüro.

Mölich, Robert, Verlag, Berliner Roman-Agentur, Holsteinische Str. 27, D-1000 Berlin 31, Tel. (030) 875530. — Vergabe v. Ms., insbes. für den Kinderfunk.

Münchner Verlagsbüro Horst Hodemacher — Axel Poldner GmbH & Co. KG, Allacher Str. 130b, D-8000 München 50, Tel. (089) 1491611. — Interessenvertret. dt.spr. Verlage im Ausland, ausländ. Verlage im dt. Sprachraum, Vermittl. u. Verkauf dt. u. ausländ. Lizenzen, Auswert. aller Nebenrechte für Verlage u. Autoren.

Neugebauer, Dr. Klaus, Verlagsagentur und Redaktionsbüro, Calwer Str. 38, D-7000 Stuttgart 1, Tel. (0711) 220412. — Kinderliteratur, freies Lektorat.

Plessl, Gerd, Agency, Seidlstr. 18, D-8000 München 2, Tel. (089) 554084. — Vermittl. v. Lizenzen aus d. engl.spr. Raum.

PROLIBRIS, Agentur für Autorenlesungen Uwe Hübener, Schaafenstr. 10, D-5000 Köln 1, Tel. (0221) 242640. — Koordinationsbüro f. Autoren u. Veranstalter von Lesungen (Stadtbüchereien, kommunale Kulturämter, Volkshochschulen, Buchhandlungen).

RTS Verlag Jürgen Zimmermann, Mainzer Str. 13, D-8000 München 40,

Tel. (089) 363034. — Autorenbetreuung u. -beratung.

Schick, Ingrid T., Internationale Verlags- und Autorenvertretung, Widenmayerstr. 24, D-8000 München 22, Tel. (089) 225818-9, 298238.

Schlück, Thomas, Literarische Agentur, Hinter der Worth 12, D-3008 Garbsen 9, Tel. (05131) 93053. — Vermittl. v. Veröffentlichungsrechten vorw. anglo-amerikan. Autoren, Agenturen u. Verlage an dt. Verlage.

Schönberger PR-GmbH, Margit, Pressebüro und literarische Agentur, Sendlinger Str. 13, D-8000 München 2. — Public Relations für Verlage, Autorenbetreuung.

Temming, Rolf L., Verlags-Service, Agentur, Gaustr. 1, D-6501 Weinolsheim, Tel. (06249) 7752.

Theegarten-Schlotterer, C., Verlags- u. Autoren-Agentur GmbH, Kulmer Str. 3, D-8000 München 81, Tel. (089) 932566. — Vertret. in- u. ausländ. Verlage, Betreuung v. Autoren.

Transgalaxis, Taunusstr. 109, D-6382 Friedrichsdorf/Ts. 1, Tel. (06172) 74007. — Lizenzen u. Co-Produktionen für Science Fiction u. Fantasy-Bildbände, Artikel u. Interviews.

Ujváry "Griff", Literarische Agentur, Titurelstr. 2, D-8000 München, Tel. (089) 989423, 989552.

Weber-Stumfohl, Herta, Literarisches Büro, Waldpromenade 32, D-8035 Gauting, Tel. (089) 8501241. — Lizenzvermittl., Übersetzungen u. Lektoratsgutachten aus dem Schwedischen.

Werle, C., Literarisches Büro, Postf. 1345, D-2848 Vechta. — Mod. Lit., Lyrik, Philosophie, Wiss. Arbeiten.

Schweiz

Cosmopress, 11, Chemin Falletti, CH-1208 Genf, Tel. (022) 493233. — Literarische & Presseagentur.

Ferenczy, Verlag A.G., Rämistr. 5, CH-8024 Zürich, Tel. (01) 2516054.

Gesellschaft für Verlagswerte GmbH, Hafenstr. 38, CH-8280 Kreuzlingen, Tel. (072) 722456.

INTERBOOKS I. Trahms, Forsterstr. 82, CH-8044 Zürich, Tel. (01) 2526961.

Liepman AG, Literarische Agentur, Maienburgweg 23, CH-8044 Zürich, Tel. (01) 477660. — Vertret. amerikan., engl. u. franz. Verl. u. Agenturen für das dt. Sprachgebiet, Autorenvertret. vom Ms. an für die ganze Welt.

Linder AG, Literarische Agentur,
Jupiterstr. 1, Postf., CH-8032 Zürich,
Tel. (01) 534140. — Vermittl. v. literar.
Rechten aus d. engl. i. d. dt.
Sprachraum sowie allgemein d.
Vermittl. u. Verwalt. v. Rechten aller
Art an Werken d. Lit. u. Musik sowie
verwandter Gebiete wie insb. Radio,
Television, Theater, Film, Presse u.
Beratung in allen Belangen d.
Kommunikationsmedien.

Literarisches Institut AG, Malzgasse 18,
CH-4000 Basel. — Vermittl. v.
Übersetzungen aus dem Dt. in alle
Sprachen.

Mohrbooks, Literary Agency, Rainer
Heumann, Klosbachstr. 110, CH-8032
Zürich, Tel. (01) 251610/11. —
Vermittl. v. Verlagsrechten aller Art
zwischen Autoren, Agenturen u.
Verl., Korrespondenz-Agenturen in
vielen Ländern.

**Neue Presse Agentur/New Press
Agency (NPA),** Haus am Herterberg,
Haldenstr. 5, CH-8500 Frauenfeld,
Tel. (054) 74374. — Herausg. d.
Schweizer Frauen-Korresp. u. Leben
u. Umwelt (vorm. Schweizer

Erziehungs-Korresp.), Roman-,
Feuilleton- u. Exklusivartikel-
Vertrieb.

Niedieck Linder AG, Holzgasse 6, CH-
8039 Zürich, Tel. (01) 2021450. —
Vorw. Vertret. dt.spr. Autoren.
Spezialgeb.: Vertret. d. Erben
umfangreicher Oeuvres (Kafka,
Schnitzler, Jung, Sternheim, u.a.),
qualifizierte Sachb. u. wiss. Fachlit.

Presse-Agentur L. Dukas, Inh. Frank
Dukas, Witikonerstr. 98, CH-8032
Zürich, Tel. (01) 539630. — Verkauf v.
Presserechten in d. Schweiz, bes.
Artikel, Serien, Romane u. Fotos auf
allen Interessengebieten.

**Publithetica — Film- und Fernseh-
produktion GmbH,** Vogesenstr. 139,
CH-4002 Basel, Tel. (061) 574559,
337665. — Agentur f. Funk, Film u.
Fernsehen, Drehbücher zu Wissen-
schafts-, Dokumentar- u. Spielf.,
Texte f. Funk, Film u. Fernsehen,
künstler. Ton-, Film- u. Video-
produktionen, Vermittl. intern.
Rechte, Aufführungsrechte
eingeschl., Auslieferungsdienst.

RUNDFUNKANSTALTEN

Bundesrepublik Deutschland

Bayerischer Rundfunk, Hörfunk, Abteilung Literatur, Rundfunkplatz 1, D-8000 München 2, Tel. (089) 5900 2940 od. -2254. — Leiter: Dr. Reinhard Wittmann. — Fernsehen, Redaktion Kunst und Literatur, Floriansmühlstr. 60, D-8000 München 45, Tel. (089) 38062149. — Leiter: Dr. Wolf Seidl.

Sender Freies Berlin, Hörfunk, Kultur und Gesellschaft II, Abt. Literatur, Masurenallee 8-14, D-1000 Berlin 19, Tel. (030) 3082610/2611. — Leiter: Rolf Haufs. — Fernsehen. — Leiter: Jürgen Tomm.

RIAS Berlin, Abteilung Literatur, Kufsteiner Str. 69, D-1000 Berlin 62, Tel. (030) 8503377/469. — Leiter: Hans-Georg Soldat, Klaus Stiller.

Radio Bremen, Hörfunk, Hauptabteilung Kulturelles Wort, Heinrich-Hertz-Str. 13, D-2800 Bremen, Tel. (0421) 2384240. — Leiter: Dr. Helmut Lamprecht. — Fernsehen, Kultur und Gesellschaft, Hans-Bredow-Str. 10, D-2800 Bremen, Tel. (0421) 427542. — Leiter: Elmar Hügler.

Deutschlandfunk (DLF), Abteilung Literatur und Kunst, Postf. 510640, Raderberggürtel 40, D-5000 Köln 51, Tel. (0221) 37071. — Leiter: Dr. Wolfgang Pehnt.

Hessischer Rundfunk, Hörfunk, Hauptabteilung Kulturelles Wort/Literatur, Bertramstr. 8, D-6000 Frankfurt a.M. 1, Tel. (0611) 1552215. — Leiter: Dr. Uwe Schultz. — Fernsehen, Kultur und Musik, Red. Literatur, Tel. (0611) 1552747/525. — Hauptabteilungsleiter: Kurt Zimmermann. — Redaktion: Dr. Wilfried F. Schoeller.

Norddeutscher Rundfunk, Hörfunk, Hauptabteilung Wort, Rothenbaumchaussee 132, D-2000 Hamburg 13, Tel. (040) 4132788. — Leiter: Dr. Christian Gneuss. — Funkhaus Hannover des NDR, Redaktion Kulturelles Wort, Rudolf-von-Benningsen-Ufer 22, D-3000 Hannover, Tel. (0511) 8862234. — Leiter: Hanjo Kesting. — Fernsehen, Redaktion Literatur, Gazellenkamp 57, D-2000 Hamburg 54, Tel. (040) 4135220. Leiter: Dieter Zilligen.

Saarländischer Rundfunk, Hörfunk, Abteilung Literatur, Postf. 1050, D-6600 Saarbrücken, Tel. (0681) 602413. — Leiter: Arnfrid Astel. — Fernsehen, Hauptabteilung Kultur, Redaktion Kunst und Wissenschaft, Leiter: (f. Lit. u. Kunst) Günter Halkenhäuser, Tel. (0681) 602563, (f. Lit. u. Wiss.) Dr. Klaus Peter Dencker, Tel. (0681) 602568.

Süddeutscher Rundfunk, Postf. 837, Neckarstr. 230, D-7000 Stuttgart 1, Tel. (0711) 288-1. — Chefredaktion Kultur, Chefredakteur: Hans Jürgen Schultz. — Redaktion Kultur-Feature: Dr. Marlies Gerhardt. — Redaktion Feuilleton: Johannes Poethen. — Redaktion Literatur und Kunst: Dr. Ekkehart Rudolph. — Redaktion Kulturkritik: Dr. Horst Lehner. — Redaktion Schatzsuche/Kulturreport: Winfried Roesner. — Redaktion Bücherbar: Dr. Johannes Lehmann. — Redaktion Hörspiel-Dramaturgie: Hans-Jochen Schale.

Südwestfunk, Hörfunk, Abteilung Literatur, Postf. 820, D-7570 Baden-Baden, Tel. (07221) 2762720, 2762275. — Leiter: Gerhard Adler, Dr. Günter Schäble. — Fernsehen, Kultur und Wissenschaft, Redaktionen Literaturmagazin und Cafe Größenwahn, Tel. (07221) 2762514.

Westdeutscher Rundfunk, Hörfunk, Programmbereich Kultur, Appellhofplatz 1, D-5000 Köln 1, Tel. (0221) 2203180. — Leiter: Dr. Heinz Linnerz. — Fernsehen, Abteilung Kultur und Kirche, Redaktion Literatur und Sprache, Tel. (0221) 2202956 u. 3956. — Leiter: Christhart Burgmann, Dr. Annelen Kranefuss.

Zweites Deutsches Fernsehen, Redaktion Literatur und Kunst, Postf. 4040, D-6500 Mainz-Lerchenberg, Tel. (06131) 702250/51. — Leiter: Marianne Frisch.

Österreich

Österreichischer Rundfunk (ORF), Abteilung Kultur/Fernsehen, Würzburggasse 30, A-1136 Wien, Tel. (0222) 8291/3340. — Leiter: Karl Löbl, f. Lit. zuständig: Dr. Krista Fleischmann.

ORF, Landesstudio Burgenland, Abteilung Kultur, A-7001 Eisenstadt, Tel. (02682) 4661/263. — Leiter: Dr. Günter Unger.

ORF, Studio Kärnten, Literatur und Hörspiel, Sponheimerstr. 13, A-9010 Klagenfurt, Tel. (04222) 55670227. — Leiter: Arno Patscheider.

ORF, Landesstudio Niederösterreich, Abteilung Literatur und Hörspiel, Argentinierstr. 30a, A-1041 Wien, Tel. (0222) 6595865. — Leiter: Johannes Twaroch.

ORF, Landesstudio Oberösterreich, Literatur und Hörspiel, Franckstr. 2a, A-4020 Linz, Tel. (0732) 53481/266, 264. — Leitung: Mag. Alfred Pittertschatscher.

ORF, Landesstudio Salzburg, Abt. Literatur und Hörspiel, Nonntaler Hauptstr. 49d, A-5020 Salzburg, Tel. (0662) 43511/264, 266. — Leiter: Klaus Gmeiner.

ORF, Studio Steiermark, Abteilung Literatur und Hörspiel, Marburgerstr. 20, A-8042 Graz, Tel. (0316) 41180/263. — Leiter: Manfred Mixner.

ORF, Studio Tirol, Abteilung Literatur und Hörspiel, Rennweg 14, A-6010 Innsbruck, Tel. (05222) 37631. — Leiter: Dr. Franz Hölbing.

ORF, Landesstudio Vorarlberg, Abteilung Hörspiel und Literatur, Höchsterstr. 38, A-6850 Dornbirn, Tel. (05572) 646810. — Leiter: Dr. Leo Haffner.

ORF, Landesstudio Wien, Hörspiel & Literatur, Argentinierstr. 30a, A-1040 Wien, Tel. (0222) 6595453. — Leiter: Dr. Konrad Zobel.

Schweiz

Radio DRS, Studio Basel, Dramatik & Feature, Postf., CH-4024 Basel, Tel. (061) 353030. — Leiter: Hans Hausmann.

Radio DRS, Studio Bern, Abteilung Wort, Ressort Gesellschaft, Postf., CH-3000 Bern 14. — Leiter: Dr. Peter Métraux.

Radio DRS, Studio Zürich, Ressort Literatur und Kunst, Postf., CH-8024 Zürich, Tel. (01) 3611111. — Leiter: Emil Birrer.

Fernsehen DRS, Abteilung Kultur u. Gesellschaft, Postf., CH-8052 Zürich, Tel. (01)3056611. — Leiter: Roy Oppenheim. — Abt. Dramatik. — Leiter: Max Peter Ammann. — Fachreferent Literatur im Ressort Kultur: Peter K. Wehrli.

DEUTSCHSPRACHIGE ZEITSCHRIFTEN

zur Förderung oder Kritik der Literatur

Ach sO, LALLschwAeLLe pumPHuts zwerchfAeLLe — Unregelmäßig. — Postf. 310601, D-1000 Berlin, Peter Huckauf.

Acta Germanica, Jahrbuch des Südafrikanischen Germanistenverbandes — Jährl. — Hinter den Ulmen 19, D-6000 Frankfurt a.M. 50, Peter Lang Verl. — Red: Prof. Dr. Dieter Welz, Dt. Seminar, Rhodes Univ., P.O. Box 94, 6140 Grahamstown, Südafrika.

Adagio, Literaturzs. d. ADA — 6 × jährl. — von-Schildeck-Str. 12, D-6400 Fulda, VfA — Verlag freier Autoren. — Red: Uwe Siebrands, Wolfgang G. Schulze. — H: ADA — Arbeitsgemeinschaft deutschsprachiger Autoren.

Ästhetik und Kommunikation, Beiträge zur politischen Erziehung — 4 × jährl. — Bogotastr. 27, D-1000 Berlin 37, Ästhetik und Kommunikation Verlags-GmbH. — H: Eberhard Knödler-Bunte, Prof. Helmut Hartwig, Dr. Dieter Hoffmann-Axthelm.

Die Aktion, Zs. f. Politik, Literatur, Kunst — Mtl. — Hassestr. 22, D-2050 Hamburg 80, Edition Nautilus, Verl. Lutz Schulenburg. — H: Lutz Schulenburg, Frank Witzel.

Akzente, Zs. f. Literatur — Zweimtl. — Kolbergerstr. 22, D-8000 München 86, Carl Hanser Verl. — H: Michael Krüger.

Allmende. Eine alemannische Zeitschrift — 3 × jährl. — Karlstr. 10, Postf. 546, D-7480 Sigmaringen, Jan Thorbecke Verl. GmbH & Co. — Red: Manfred Bosch, Neumattenweg 30, D-7888 Rheinfelden; Matthias Spranger, Im Langenacker 7, D-7570 Baden-Baden. — H: Manfred Bosch, Leo Haffner, Adolf Muschg, Matthias Spranger, Martin Walser, André Weckmann.

Der Alltag. — 6 × jährl. — Postf. 372, CH-8051 Zürich, Verl. Der Alltag. — H: Walter Keller.

Almanach für Literatur und Theologie. Erscheinen eingestellt.

Alternative, Zs. f. Literatur/Theorie. Erscheinen eingestellt.

apropos. — 3 × jährl. — Eichenstr. 7, D-8882 Lauingen, Kultur-Kurier-Verl. Karl-Heinz Backer. — H: Karl-Heinz Backer.

AQ, Situationen der zeigenöss. Kunst u. Literatur — Unregelmäßig. — Beim Weisenstein 6, D-6602 Dudweiler, AQ-Verl. — H: Wechselnd.

Arbitrium, Zs. f. Rezensionen zur germanistischen Literaturwissenschaft — 3 × jährl. — Wilhelmstr. 9, D-8000 München 40, C. H. Beck'sche Verlagsbuchhandlung. — Red: Institut für Deutsche Philologie, Schellingstr. 3, D-8000 München 40. — H: Prof.Dr. W. Frühwald, Prof.Dr. W. Harms.

Arcadia, Zs. f. vergl. Literaturwissenschaft — 3 × jährl. — Genthiner Str. 13, D-1000 Berlin 30, Verl. Walter de Gruyter & Co. — H: Horst Rüdiger m. Roger Bauer, Wolfgang Holdheim, Franco Meregalli.

Archiv der internationalen Stefan-Zweig-Gesellschaft. — 3 × jährl. — Sandwirtgasse 21, A-1060 Wien.

Archiv für das Studium der neueren Sprachen und Literaturen. — Halbjährl. — Genthiner Str. 30g, D-1000 Berlin 30, Erich Schmidt Verl. GmbH. — Red: Dr. Ellinor Kahleyss. — H: Prof.Dr. D. Mehl, Prof.Dr. H. Kolb, Prof.Dr. K. Heitmann.

Argos, Zs. f. Literatur u. Kunst — 2 × jährl. — Weinstr. 48, D-6741 Rhodt, Verl. Junge Literatur. — H: Dieter Strasser.

astma. Erscheinen eingestellt.

AURORA, Jahrb. der Eichendorff-Ges — Jährl. — Postf. 5503, Schönleinstr. 3, D-8700 Würzburg 1, Eichendorff-Ges. — H: Wolfgang Frühwald, Franz Heiduk, Helmut Koopmann.

ausdruck, Zs. f. Literatur u. kulturelle Initiative — 3 × jährl. — Postf. 101005, D-5090 Leverkusen 1, Verlag

F. Remagen. — H: Frank Remagen u. ausdruck-Autorengruppe.

Ausgabe, Ein Literatur- u. Kunstmagazin — Unregelmäßig. — Reinoldstr. 6, D-5000 Köln 1, Edition Hundertmark. — H: Armin Hundertmark.

Autoren-Post. — Unregelmäßig. — Postf. 1129, D-3510 Hann. Münden, Gauke Verl.

Autorensolidarität. — 2 × jährl. — Gumpendorfer Str. 15/13, A-1060 Wien, Interessengemeinschaft österreichischer Autoren. — Red: Gerhard Ruiss, Johannes A. Vyoral.

Bakschisch, Zs. f. humorvolle u. skurrile Texte — Vjährl. — Wattmanng. 93, A-1130 Wien, Verl. Bakschisch. — H: Brigitte Pixner.

Der Bandwurm, Gedichte, Geschichten, Gedanken, Gemälde — Unregelmäßig. — Red: Burkhard Richter, Möllingstr. 24, D-2300 Kiel 1. — H: Literaturgruppe Der Bandwurm.

Ballon, Katholische Flugblätter f. Kunst, Literatur u. einiges andere — 4 × jährl. — Ahornallee 33, D-1000 Berlin 19, Ballon c/o Borgia Hoersch. — H: Erich Klausener, Michael Longard, Borgia Hoersch.

Bananas. Witz u. Wahnsinn — Hjährl. — Neumarkter Str. 18, D-8000 München 80, Wilhelm Goldmann Verl. GmbH.

Bargfelder Bote. Materialien z. Werk Arno Schmidts — mindest. 4 × jährl. — Levelingstr. 8, D-8000 München 80, edition text + kritik GmbH. — Red. u. H: Prof.Dr. Jörg Drews, Gaisbergstr. 16, D-8000 München 80.

Basis, Jahrbuch f. deutsche Gegenwartsliteratur. Erscheinen eingestellt.

Begegnung, Off. Zs. der Akademie Amriswil — Unregelmäßig. — Postf. 259, CH-8580 Amriswil, Amriswiler Bücherei. — H: Dino Larese.

Begegnung, Zs. f. Lyrikfreunde — 6 × jährl. — Verl. u. H: Lohbachufer 19, A-6020 Innsbruck, Gesellschaft der Freunde deutschsprachiger Lyrik. — Red: Herma Menardi, Gerda Gabl, Gerda Illigasch, Austr. 75, A-6040 Innsbruck-Neurum.

Die Begegnung, Autor, Verleger, Buchhändler, Leser — Jährl. — Hauptstr.

101, D-1000 Berlin 62, Buchhandlung Elwert und Meurer GmbH. — H: Kurt Meurer.

Beiträge zur Erforschung der deutschen Sprache (früher: Beiträge zur Geschichte der deutschen Sprache und Literatur) — 1 × jährl. — Postschließfach 130, DDR-7010 Leipzig, VEB Bibliographisches Institut. — H: Wolfgang Fleischer, Rudolf Große, Gotthard Lerchner, Gabriele Schieb.

Beiträge zur Geschichte der deutschen Sprache und Literatur — 3 × jährl. — Pfrondorfer Str. 4, Postf. 2140, D-7400 Tübingen 1, Max Niemeyer Verl. — H: Hans Fromm, Peter Ganz, Marga Reis.

Beiträge zur Literaturkunde, Bibliographie ausgewählter Zeitungs- u. Zeitschriftenbeiträge. Erscheinen eingestellt.

BEKASSINE, Blätter + Zeichen zur Poesie. Erscheinen eingestellt.

Die Besinnung, Kritische Zs. f. Kultur u. Geistesleben (verein. m. Buch und Leben), m. Beilage Zeitschrift für Bücherfreunde — Vjährl. — Gelbes Schloß, D-8501 Heroldsberg, Glock und Lutz Verl. — H. u. Red: Karl Borromäus Glock.

Besprechungen und Annotationen (BA) — Mtl. — Postf. 96, D-7410 Reutlingen, Verl. u. H: Einkaufszentrale f. öffentl. Bibliotheken GmbH. — Schriftl.: Otto-Rudolf Rothbart.

Bibliotheksdienst, überreg. Mitt.bl. mit Informat. u. Ber. aus allen Bereichen d. Bibliotheksarb — Mtl. — Bundesallee 184/185, D-1000 Berlin 31, Verl. u. H: Deutsches Bibliotheksinstitut. — Red: Werner Beck, Peter Borchardt, Helmut Rösner.

Bibliotheksforum Bayern. — 3 × jährl. — Pössenbacherstr. 2b, Postf. 711009, D-8000 München 71, K. G. Saur Verlag KG. — verantw. Redakteur: Dr. Michael Mücke, Ludwigstr. 16, D-8000 München 22. — H: Generaldirektion der Bayerischen Staatlichen Bibliotheken.

Biblos, Österreichische Zs. f. Buch- u. Bibliothekswesen, Dokumentation, Bibliographie u. Bibliophilie — Vjährl. — Josefsplatz 1, A-1014 Wien, Gesellschaft der Freunde der Österreichischen Nationalbibliothek. — H: Hofr.Dr. Ferdinand Baumgartner.

Blätter für Alltagsdichtung. — Vjährl.
— Liegnitzer Str. 2, D-3380 Goslar,
Heinz-Ulrich Kellmann.

Blätter für das Wort. — Unregelmäßig
(mind. 1 × jährl.). — Verl. u. H:
Robert J. Koc, Traungasse 2, A-4810
Gmunden.

Blätter für den Deutschlehrer. —
Vjährl. — Hochstr. 31, D-6000 Frank-
furt/M. 1, Verl. Moritz Diesterweg. —
H: Dr. Friedrich Leiner, Kaulbachstr.
14, D-8000 München 22, in Verb. m. d.
Fachgr. Deutsch im Bayer. Philolo-
genverb.

Blätter für Grafik und Literatur. —
Unregelmäßig. — Postf. 1401, D-5500
Trier 1, Verein zur Förderung d.
künstlerischen Tätigkeiten — édition
trèves e.V.. — H: Rainer Breuer.

Blätter für Lyrik und Kurzprosa.
Erscheinen eingestellt.

Blätter für Volksliteratur. — 4 × jährl.
— Elisabethstr. 12, A-8010 Graz,
Verein d. Freunde d. Volkslit. —
Chefred: Dr. Erich Mörth.

Das Blaue Band, poetische Arbeiten —
4 × jährl. — Verl. u. H: Dietmar Kan-
dolf, Waidmannsdorferstr. 66/9, A-
9020 Klagenfurt.

Der Blaue Berg, Publikation f. Kunst u.
Lit.— Unregelmäßig. — Depotstr. 24,
CH-3012 Bern, Verl. Der Blaue Berg.
— H: Tobias C. Biancone, Claude
Sandoz (u. Gastredaktoren).

Boa Vista, Zs. für neue Literatur.
Erscheinen eingestellt.

**Börsenblatt für den Deutschen Buch-
handel,** Frankfurter Ausgabe. Organ
des Börsenvereins des Dt. Buchhandels e.V. — 2 × wöchentl. — Großer
Hirschgraben 17/21, Postf. 2404, D-
6000 Frankfurt/M. 1, Buchhändler-
Vereinigung GmbH. — Chefredakteur: Hanns Lothar Schütz.

**Börsenblatt für den Deutschen Buch-
handel,** Fachzs. f. Verlagswesen u.
Buchhandel. — Wöchentl. — Karl-
Heine-Str. 16, DDR-7031 Leipzig, VEB
Fachbuchverl. — Chefredakteur:
Peter Meier. — H: Börsenverein der
Deutschen Buchhändler zu Leipzig.

Das Boot, Blätter f. Lyrik d. Gegenwart
— 4 × jährl. — Bahnhofstr. 210, D-
4690 Herne 1. — H. u. Red: R. Grabski.

Bragi, Zs. f. Dichtung — Vjährl. — Steiner Landstr. 4, A-3500 Krems, Otto
Rudolf Braun.

Brennglas, Zs. f. Materialien aus dem
Zettelkasten d. Literatur, Kunst u.
Politik zu Themen d. Zeit — 5 ×
jährl. — Niederwöllstädter Str. 18, D-
6361 Niddatal 1, Verl. Assenheim. —
H: Juergen Seuss.

Die Brücke, Kärntner Kulturzs.— 4 ×
jährl. — Völkermarkter Ring 29, A-
9020 Klagenfurt, Amt der Kärntner
Landesregierung. — Red: Ernst
Gayer. — H: Amt der Kärntner Landesregierung, Kulturabteilung.

buch aktuell. — 3 × jährl. — Westfalendamm 67, Postf. 1305, D-4600 Dortmund, Harenberg Kommunikation. —
H: Bodo Harenberg.

Buch und Bibliothek, Fachzs. d. Vereins
d. Bibliothekare an Öffentl. Bibliotheken e.V — 10 × jährl. — Reichenberger Str. 11e, Postf. 1145, D-5340 Bad
Honnef 1, Bock + Herchen Verl. —
Red: Gartenstr. 18, Postf. 327, D-7410
Reutlingen. — H: Georg Braune, Jürgen Eyssen, Dietrich Walther.

buch-information. — Vjährl. — Lehenstr. 31, D-7000 Stuttgart 1, Verl. u. H:
Vereinigung evangelischer Buchhändler e.V.

buchclub 65. — Vjährl. (Hauszeitschrift).
— Glinkastr. 13-15, DDR-1080 Berlin,
Volk und Welt/Verl. f. intern. Litera-
tur. — Redakteur: Sabine Conradi.

Buchmarkt, Magazin f. d. Buchhandel
— Mtl. — Rochusstr. 34, Postf. 320545,
D-4000 Düsseldorf 32, Verlag K. Wer-
ner GmbH. — Red: Christian Hen-
ning von Zittwitz, Arnd Roszinsky-
Terjung, Horst Cremer, Klaus Waller.
— H: Klaus Werner.

Buchreport, Fachmagazin f. den gesamten deutschsprachigen Buchhandel
— Wöchentl. — Westfalendamm 67,
D-4600 Dortmund 1, Harenberg Kommunikation Verlags- u. Werbeges.
mbH & Co. KG. — Chefredakteur:
Uwe Schmidt. — H: Bodo Harenberg.

Büchergilde. — Vjährl. (Hauszeitschr.).
— Untermainkai 66, D-6000 Frank-
furt/M. 16, Büchergilde Gutenberg
Verlagsges. mbH.

Der Bücherkarren (Hauszeitschrift) —
8 × jährl. — Glinkastr. 13/15, Postf.
1221, DDR-1086 Berlin, Verl. Volk u.
Welt.

Bücherschiff, Die Deutsche Bücherzeitung. Erscheinen eingestellt.

Bühne, Österreichisches Theatermagazin — Mtl. — Arbeitergasse 1-7, A-1051 Wien, Geyer GmbH. — Red: Hofburg, Batthyanystiege, A-1014 Wien. — Chefredakteur: Gerhard Mayer. — H: Wiener Bühnenverein.

Bühne und Parkett, Theater-Journal/ Volksbühnen-Spiegel — Zweimtl. — Bismarckstr. 17, D-1000 Berlin 12, Verl. u. H: Bundesverband d. deutschen Volksbühnen-Vereine e.V. — Red: Dr. Marlene Gärtner.

Bulletin Jugend und Literatur. — Mtl. — Eulenhof, D-2351 Hardebek, Eulenhof Verl. Erhardt Heinold. — Red: Horst Künnemann, Am Knill 36, D-2000 Hamburg 73 u. Wolfgang Schneider, c/o Kulturzentrum, Taunusstr. 22, D-6094 Bischofsheim.

Der Bund. — 4—8 × jährl. — Lessingstr. 6, D-6140 Bensheim, Schillerbund, Dt. Kulturverband e.V. — H: Dipl.sc.pol. Heinrich Schwab i.A. d. Schillerbund-Dt. Kulturverband e.V.

Bunte Blätter, Informationen aus dem Literaturgeschehen. Erscheinen eingestellt.

Der bunte Hund. — 3 × jährl. — Postf. 1120, D-6940 Weinheim, Beltz & Gelberg. — H: Hans-Joachim Gelberg.

Castrum Peregrini, Zs. f. Literatur, Kunst und Geistesgesch — 5 × jährl. — Postbox 645, NL-1000 AP Amsterdam, Castrum Peregrini Presse. — H. u. Schriftleiter: M. R. Goldschmidt.

Caviar, Überdosis Wirklichkeit — Vjährl. — Verl. u. H: Neue Weinsteige 52B, D-7000 Stuttgart 1, ComMedia & Arte Verl. Bernd Mayer. — Red: Rathenower Str. 31, D-1000 Berlin 21.

Christ und Buch, eine Hilfe f. d. Auswertung u. Anwendung d. gedruckten Wortes — 4 × jährl. — Schöne Aussicht, Postf. 3180, D-3502 Vellmar, Evang. Buchhilfe e.V. — Chefredakteur: P. Helbich.

Colloquia Germanica, Internat. Zs. f. germanische Sprach- u. Literaturwissenschaft — 4 × jährl. — Postfach 1445, CH-3001 Bern, A. Francke Verl. — Red: Bernd Kratz, U. of Kentucky Dept. of German, 1050 Patterson Office Tower, Lexington, Kentucky 40506, USA. — H: Bernd Kratz.

Columbus 1980. Erscheinen eingestellt.

Comic Forum, Magazin f. Comic-Literatur — Zweimtl. — Offenes Fach 125, A-1013 Wien, Comic Forum. — H: Wolfgang Alber.

Daphnis, Zs. f. Mittlere Deutsche Literatur — 4 × jährl. — Keizersgracht 302-304, NL-1016 EX Amsterdam, Editions Rodopi B.V. — Red: Abt. f. Mittlere Deutsche Literatur, Techn. Univ., Straße des 17. Juni 135, D-1000 Berlin.

Deutsch als Fremdsprache, Literarisches Sonderheft — 1 × jährl. — Postschließf. 130, DDR-7010 Leipzig, VEB Verl. Enzyklopädie.

Deutsche Akademie für Sprache und Dichtung, Jahrbuch — 2 × jährl. — Hausackerweg 16, D-6900 Heidelberg, Verl. Lambert Schneider. — Red: Marieluise Hübscher-Bitter, Deutsche Akademie f. Sprache u. Dichtung, Alexandraweg 23, D-6100 Darmstadt.

Die Deutsche Bühne, Monatsschrift d. Dt. Bühnenvereins — Mtl. — Rolandshof, D-5480 Remagen-Rolandseck, Verl. Rommerskirchen GmbH & Co KG. — Red: Dirk Fröse, Quatermark 5, D-5000 Köln 1. — H: Deutscher Bühnenverein.

Deutsche Monatshefte f. Kultur u. Geschichte, Politik u. Wirtschaft — Mtl. — D-8137 Berg 3, Türmer-Verl. — H: Dr. Gert Sudholt, Dr. Hans Dietrich Sander.

Deutsche Vierteljahresschrift für Literaturwissenschaft und Geistesgeschichte (DVjs.) — 4 × jährl. — Kernerstr. 43, D-7000 Stuttgart, J. B. Metzlersche Verlagsbuchhandlung. — Red: Richard Brinkmann, Im Rotbad 30, D-7400 Tübingen; Gerhart v. Graevenitz, Fürststr. 39, D-7400 Tübingen. — H: Richard Brinkmann, Walter Haug.

Dialect, Intern. Halbjahresschrift f. Mundart u. Mundartliteratur — 2 x jährl. — Karlsgasse 15, Postf. 29, A-1041 Wien, Verl. Dr. A. Schendl. — Red: Hans Haid.

Der Diamantensucher, Zs. f. Kultur, Kunst u. Literatur — Halbjährl. — Bahnstr. 50, D-4330 Mülheim 1, von Westarp-Verl. — Red: Lenzmannstr. 10, D-4100 Oberhausen 1. — H: Herbert Schero, Roland Jackmuth.

Dietrichsblatt, Schlüssel zur Poesie — Unregelmäßig (10-25 × jährl.). — Am Freigarten 12/15, A-8020 Graz, Dr.h.c. Wolfgang D. Gugl.

Dimension, Contemporary German Arts and Letters — 3 × jährl. — P.O. Box 26673, Austin, TX 78755, USA. — H: A. Leslie Willson.

Diskussion Deutsch, Zs. f. Deutschlehrer aller Schulformen in Ausbildung u. Praxis — 6 × jährl. — Hochstr. 31, D-6000 Frankfurt/M., Verl. Moritz Diesterweg. — Red: Peter Kaiser. — H: Hubert Ivo, Valentin Merkelbach, Rosemarie Rigol, Hans Thiel.

distel, Zs. f. Literatur, aktuelle Kultur u. Kunst — 4 × jährl. — Haus d. Kultur "Walther von der Vogelweide", Schlernstr. 1, I-39100 Bozen, Verl. Südtiroler Autoren. — H: Distelverein.

Dokumentation — Information (DFW) — 6 × jährl. — Güntherstr. 21, D-3000 Hannover 81, Nordwest-Verl. — H. u. Chefredakteur: Reimar U. Schräpel.

Doppelpunkt, Zs. f. Literatur u. Graphik — 3 × jährl. — Marbacher Str. 35/1, D-7140 Ludwigsburg, Literarischer Vertrieb Buchholz. — H: Willy u. Ellen Buchholz.

Dramatiker-Union/Mitteilungen. — Vjährl. — Bismarckstr. 17, D-1000 Berlin 12, Dramatiker-Union e.V. — H: Eckhard Schulz.

Dramaturgische Gesellschaft dg, s. Nachrichtenbrief der dg.

Drehpunkt, Schweizerische Literatur-Zs. — 3 × jährl. — Wallstr. 9, CH-4051 Basel, Lenos-Verl. — H: Rudolf Bussmann, Martin Zingg.

edition junge poesie. — Zweimtl. — Postf. 3120, D-7500 Karlsruhe, INFO-Verl. GmbH. — H: Klaus E. R. Lindemann.

Edorgen, Kommunikationsforum — Unregelmäßig. — Wolfskaulstr. 48, D-5400 Koblenz-Güls, Edorgen-Verl. u. Versand Ernst Heimes. — H: Ernst Heimes.

ensemble, s. Internationales Jahrbuch für Literatur.

Entwurfbude, Forum f. sensible Alltagsmenschen, Aschaffenburger Zs. f. Literatur, Grafik & Kritik — 2 ×

jährl. — Sportplatz 19, D-8758 Goldbach 2, Karl-Heinz Schreiber.

am erker, die Zs. für Literatur etc. — 2 × jährl. — Dahlweg 64, D-4400 Münster, Selbstverlag am erker. — H: erker Kollektiv: Joachim Feldmann, Rudolf Gier, Michael Kofort.

Eröffnungen, Magazin f. Literatur & Bildende Kunst — 4 × jährl. — Verl. u. H: Dr. Hubert-Fabian Kulterer, Unter-Meidlinger Str. 16 — 18/I/44, A-1120 Wien.

Eselsohr, Pressedienst f. Kinder- u. Jugendbücher — Mtl. — Kappelhofgasse 6, D-6500 Mainz, Gabriela Wenke; Drachen burgstr. 40, D-5300 Bonn 2, Iris Schürmann-Mock.

Euphorion, Zs. f. Literaturgeschichte — Vjährl. — Lutherstr. 59, D-6900 Heidelberg 1, Carl Winter Universitätsverl. — Red. u. H: Prof. Dr. R. Gruenter, GH. Wuppertal, Gaußstr. 20, D-5600 Wuppertal 1; Prof. Dr. A. Henkel, Dt. Seminar, Univ. Heidelberg, D-6900 Heidelberg.

europäische ideen. — 12 × jährl. — Mühlenstr. 17 b, D-1000 Berlin 37, europäische ideen. — H: Andreas W. Mytze.

Der Evangelische Buchberater, Zs. f. evangelische Büchereien — 4 × jährl. — Bürgerstr. 2, D-3400 Göttingen, Deutscher Verband Evangelischer Büchereien. — Schriftleiterin: Gundula Kraśkiewicz.

EXEMPLA, Eine Tübinger Literaturzs. — Hjährl. — Pulvermühlstr. 3, D-7400 Tübingen 1, AS-Verl., Ankenbauer + Spöhr GmbH. — H: Wolfgang Rappsilber.

Exemplarische Gedichte. — 4 × jährl. — Kilianstr. 98, D-8500 Nürnberg, EGETAB. — H: Bernd Wild.

Exil, Forschung, Erkenntnisse, Ergebnisse — 3 × jährl. — Goethestr. 122, D-6457 Maintal 2, Edita Koch.

Exit, Magazin f. Schizo-Kultur — Halbjährl. — Rheinallee 18-20, D-6500 Mainz, NewLit Verl.

Extra-Blatt, Magazin f. unverbrauchte Gegenwartslit. — 4 × jährl. — Franz-Koci-Str. 15, A-1100 Wien, Verl.gem. Verl. Lewonig & Reindl, Ravenhead Publ. Vienna, Black Toad Press. — Red: Postf. 42, A-1108 Wien. — H: Thomas E. Reindl.

Fabula, Zs. f. Erzählforschung, Journal of Folktale Studies, Revue d'Etudes sur le Conte Populaire — 2 Doppelh. jährl. — Genthiner Str. 13, D-1000 Berlin 30, Verl. Walter de Gruyter & Co. — H: Rolf Wilhelm Brednich, Elfriede Moser-Rath.

Facetten, Literarisches Jahrbuch — 1 x jährl. — Tiefer Graben 7-9, A-1010 Wien, Verl. f. Jugend u. Volk. — Red. u. H: Kulturamt der Stadt Linz, Museumstr. 15, A-4010 Linz. — Schriftleitung: Gerold Maar.

federlese, Zs. für Literatur — Vjährl. — Red: federlese, c/o Barbara Maria Kloos, Georgenstr. 43, D-8000 München 40. — H: Astrid Arz, Barbara Maria Kloos, Peter Hirsch, Hans-Christian Rohr.

das Fenster, Tiroler Kulturzs.— Hjährl. — A-6010 Innsbruck-Landhaus, Kulturabt. der Tiroler Landesregierung. — Red: Prof. Dr. Wolfgang Pfaundler, A-6064 Rum b. Innsbruck. — H: Prof. Dr. Fritz Prior.

Fettfleck, Kärntner Literaturhefte — 4 x jährl. — Arnethgasse 23/2, A-1160 Wien, Fettfleck, c/o Wolfgang Kobal. — H: Antonio Fian, Auenweg 6, A-9800 Spittal/Drau.

Fidibus. — Vjährl. — Mießtalerstr. 6, A-9020 Klagenfurt, Kärntner Bildungswerk. — Red: Günter Kanzian, Fischlstr. 21/4, A-9020 Klagenfurt. — H: Kärntner Bildungswerk.

film-dienst. — 14täglich. — Am Hof 28, D-5000 Köln 1, Kath. Institut für Medieninformation. — Red: Elisabeth Uhländer. — H: Kathol. Institut f. Medieninformation e.V. in Zus.arbeit m. d. Zentralstelle Medien, Referat Film, u. d. Kathol. Filmkommission.

Film-Echo/Filmwoche, vereinigt mit Filmblätter — 18 x vjährl. — Wilhelmstr. 42, D-6200 Wiesbaden, Verl. Horst Axtmann GmbH. — Chefredakteur: Norbert Wiesner. — H: Horst Axtmann.

Film-Korrespondenz. — 14täglich. — Am Hof 28, Postf. 101088, D-5000 Köln 1, Verl. u. H: Kath. Institut für Medieninformation e.V. — Red: Peter F. Gallasch.

Filme, Neues und Altes vom Kino. Erscheinen eingestellt.

Filmkritik. — 12 x jährl. — Kreittmayrstr. 3, D-8000 München 2, Verl. u. H: Filmkritiker-Kooperative.

Filmkunst, Zs. f. Filmkultur u. Filmwissenschaft — 4 x jährl. — Rauhensteingasse 5, A-1010 Wien, Österr. Gesellschaft f. Filmwissenschaft, Kommunikations- u. Medienforschung. — Chefred: Prof.Dr. Ludwig Gesek.

Der Filmspiegel. — 14täglich. — Oranienburger Str. 67/68, DDR-1040 Berlin, Henschel Verl. — Chefredakteur: Heinz Müller.

Flugasche. — Vjährl. — Immenhofer Str. 45, D-7000 Stuttgart 1, Emy Eichhorn. — H: Reiner Brouwer, Emy Eichhorn.

Fontane-Blätter. — 2 x jährl. — Dortusstr. 30/34, Postf. 59, DDR-1500 Potsdam, Theodor-Fontane-Archiv d. Deutschen Staatsbibliothek. — Chefredakteur: Dr. Otfried Keiler.

Forum, mainzer texte — 1-2 x jährl. — Im Leimen 5, D-6500 Mainz-Weisenau, Forum — mainzer texte. — H: Helmut Schwank.

FORVM, Internationale Zs. links von d. Mitte — 6—10 x jährl. — Museumstr. 5, A-1070 Wien, Verein Ges. d. Redakteure u. Angestellten des FORVMS. — Red.leiter: Gerhard Oberschlick.

Frankfurter Hefte, Zs. f. Kultur u. Politik — Mtl. — Leipziger Str. 17, D-6000 Frankfurt/M., Neue Verlagsges. d. Frankfurter Hefte mbH. — verantw. Red: Jutta Wierczimok. — H: Walter Dirks, Eugen Kogon u. Mitwirk. v. Frank Benseler, Ulrich Gembardt, Horst von Gizycki, Ferdinand W. Menne.

Frauen und Film. — 2 x jährl. — Postf. 180147, D-6000 Franfurt a.M. u. Postf. 74, CH-4007 Basel, Verl. Stroemfeld/Roter Stern. — Red: c/o Karola Gramann, Wielandstr. 24, D-6000 Frankfurt a.M. 1. — H: Karola Gramann, Gertrud Koch, Dr. Heide Schlüpmann.

Freibeuter, Vjzs. für Kultur und Politik — Vjährl. — Bamberger Str. 6, D-1000 Berlin 30, Freibeuter Verl./Verl. Klaus Wagenbach. — H. u. Red: Klaus Wagenbach, Barbara Herzbruch, Thomas Schmid.

Freibord, Zs. f. Lit. u. Kunst — 4-6 x jährl. — Theresiengasse 53, A-1180

Wien, Freibord. — H: Gerhard Jaschke.

Freies Forum, Zs. f. Literatur, Kultur und Politik. Erscheinen eingestellt.

Frischfleisch & Löwenmaul, Wiener Literaturmagazin — Vjährl. — Verl. u. H: Schönbrunner Str. 188/23, A-1120 Wien, Frischfleisch e.V.

Gasolin 23, Zs. f. zeitgemäße Literatur — Unregelmäßig. — Postf. 190 136, D-5300 Bonn, Expanded Media Editions. — Red: Friedrichstr. 60, D-6000 Frankfurt a.M. 1. — H: Jürgen Ploog, Walter Hartmann.

Gauke's Jahrbuch. — Jährl. — Postf. 1129, D-3510 Hann. Münden 1, Gauke Verl. — H: Christoph u. Gabriele Gauke, Kai Engelke, Carl Heinz Kurz.

Gegenrealistische Revolte. — Unregelmäßig (mind. 4 × jährl.). — Lilienthalstr. 8a, D-8460 Schwandorf 1, Verl. f. Gegenrealismus Günther Dienelt. — H: Günther Dienelt.

Der Geistig Schaffende. — Vjährl. — Kärntner Str. 51, A-1010 Wien, Verband der Geistig Schaffenden Österreichs. — H: Regine Langer.

Germanisch-Romanische Monatsschrift. — Vjährl. — Lutherstr. 59, D-6900 Heidelberg 1, Carl Winter Universitätsverl. — Red: Seminar f. Dt. Literaturwiss., Univ. Gießen, Otto Behaghel-Str. 10, D-6300 Gießen. — Schriftleitung: Adolf Fink. — H: Prof. Dr. Conrad Wiedemann.

Glatteis — das Absurde ist die Realität. Erscheinen eingestellt.

Goethe-Jahrbuch. — 1 × jährl. — Meyerstr. 50a, Postf. 260, DDR-5300 Weimar, Verl. Hermann Böhlaus Nachf. — Red: Goethe- u. Schiller-Archiv, Hans-Wahl-Str. 4, DDR-5300 Weimar. — H: Karl-Heinz Hahn im Auftr. d. Vorstandes d. Goethe-Ges.

Grabbe Jahrbuch. — 1 × jährl. — Postf. 1409, D-4407 Emsdetten, Verl. Lechte. — Red: Prof.Dr. Winfried Freund, Kantinenweg 44, D-4791 Hövelhof. — H: Winfried Freund u. Karl-Alexander Hellfaier unt. Mitw. v. Hans-Werner Nieschmidt.

die Graugans. Hjährl — Red: c/o Roger Vorderegger, Mäderstr. 13, A-6923 Lauterach. — H: Roland Jörg, Roger Vorderegger.

Gustav-Freytag-Blätter, Mitt. d. Deutschen Gustav-Freytag-Gesellschaft e.V — Jährl. — Rheinstr. 55/57, D-6200 Wiesbaden, Deutsche Gustav-Freytag-Gesellschaft e.V.

Hebbeljahrbuch. — Jährl. — Am Wulf-Isebrand-Platz, Postf. 1880, D-2240 Heide/Holstein, Westholsteinische Verlagsanstalt Boyens & Co. — H: Otfrid Ehrismann, Hilmar Grundmann, Eckart Oldenburg.

Heimatland, Schrifttum aus Österreich — 6 x jährl. — Margaretenstr. 114, A-1050 Wien, Heimatland Verl. — H: Heinz Wittmann.

Heine-Jahrbuch. — Jährl. — Harvestehuder Weg 45, D-2000 Hamburg 13, Hoffmann und Campe Verl. — Red: Bilker Str. 14, D-4000 Düsseldorf. — Schriftleiter: Joseph A. Kruse. — H: Heinrich-Heine-Institut, Heinrich-Heine-Gesellschaft.

Hermannstraße 14, Halbjahresschrift für Literatur. Erscheinen eingestellt.

Höllenzeit, Zs. f. Dichtung. Erscheinen eingestellt.

Hofmannsthal-Blätter, Veröffentlichungen der Hugo-von-Hofmannsthal-Gesellschaft. Erscheinen eingestellt.

Die Horen, Zs. f. Literatur, Grafik u. Kritik — Vjährl. — Bürgermeister-Smidt-Str. 74-76, Postf. 101110, D-2850 Bremerhaven 1, Horen-Verl. im Wirtschaftsverl. NW. Verl. f. neue Wissenschaft GmbH. — Red: D. P. Meier-Lenz, Johann P. Tammen, Hans Ulle, Peter Kirchhof, Letterstr. 9, D-3000 Hannover 21. — H: Kurt Morawietz.

Horizonte, Zs. für Literatur — 4 × jährl. — Verl. u. H: Literaturverein, Im Günztal 3, D-8870 Günzburg.

Horváth Blätter. — 2 × jährl. — Zur Scharfmühle 4, D-3400 Göttingen, edition herodot GmbH. — Red: Zehntfeldstr. 255, D-8000 München. — Projektleit.: Prof. Traugott Krischke.

Ich schreibe, Zs. f. die Bewegung schreibender Arbeiter — Vjährl. — Dittrichring 4, Postf. 1051, DDR-7010 Leipzig, Zentralhaus-Publikation. — verantw. Redakteur: Ursula Dauderstädt. — H: Zentralhaus für Kulturarbeit der DDR.

IGdA — aktuell, Zs. über Literatur,
Kunst u. Kritik — Vjährl. — Postf.
2229, D-7056 Weinstadt, Grete
Wassertheurer. — Red: Dr. Elmar
Maria Kreilos, Niesiger Str. 201, D-
6400 Fulda.

Impressum, Intern. Zs. f. auslandsdt.
Literatur u. Presse — Hjährl. —
Schmädelstr. 32, D-8000 München,
Verl. Tischler, Verl. f. auslandsdt. Lit.
— Chefred. u. H: Paul Tischler.

Imprimatur, Ein Jahrbuch für Bücher-
freunde — 2 Jahre. — Postf. 160127,
D-5400 Koblenz 16, Gesellschaft d.
Bibliophilen e.V.. — H: Dr. Georg
Ramseger, Buchendorferstr. 10, D-
8131 Wangen.

Inklings, Jahrbuch f. Literatur u. Ästhetik — Jährl. — Werdohler Str. 11, D-
5880 Lüdenscheid, Verl. Michael Cla-
ren. — Red: Erster Rote-Haag-Weg
31, D-5100 Aachen. — H: Dr. Gisbert
Kranz in Verbind. m. Prof. Hugo
Dyserinck, Prof.Dr. Franz Pöggeler,
Prof.Dr. Helmut Schrey, Prof.Dr.
Gerd Wolandt.

InN. — 3 × jährl. — Postf. 328, A-6010
Innsbruck, InN. — H: Ingeborg Teuf-
fenbach, Sigurd Paul Scheichl,
Michael Amerstorfer.

**Internationales Archiv für Sozialge-
schichte der deutschen Literatur.** —
Jährl. — Pfrondorfer Str. 4, Postf.
2140, D-7400 Tübingen 1, Max Niemeyer Verl. — Red: Prof. Dr. Georg
Jäger, Klenzestr. 26 b, D-8000 München 5. — H: Georg Jäger, Alberto
Martino, Wolfgang Frühwald.

Internationales Jahrbuch für Literatur,
ensemble — 1 × jährl. — Friedrichstr. 1 a, D-8000 München 40, Deutscher Taschenbuch Verl. — Red:
Irene Rumler, Max Joseph-Pl. 3, D-
8000 München 22, Bayer. Akad. d.
Schönen Künste. — H: Herbert
Rosendorfer im Auftr. d. Bayerischen
Akademie der Schönen Künste.

**Jahrbuch der Deutschen Akademie für
Sprache und Dichtung,** s. Deutsche
Akademie für Sprache und Dichtung.

**Jahrbuch der Deutschen Schillergesell-
schaft.** — Reinsburgstr. 56, D-7000
Stuttgart 1, Alfred Kröner Verl. —
Red: Deutsche Schillerges., Postf. 57,
D-7142 Marbach/Neckar. — H: Fritz
Martini, Walter Müller-Seidel, Bern-
hard Zeller.

Jahrbuch der Grillparzer Gesellschaft,
III. Folge — Unregelmäßig. —
Spengergasse 39, A-1051 Wien, Berg-
land Verl. GmbH. — H. u. Redakteur:
Klaus Heydemann, Robert Pichl,
Gumpendorferstr. 15, A-1060 Wien.

Jahrbuch der Karl-May-Gesellschaft.
— 1 × jährl. — Postf. 1480, D-2250
Husum, Hansa Verl. Ingwert Paulsen
jr. — H: Claus Roxin, Heinz Stolte,
Hans Wollschläger.

Jahrbuch der Raabe-Gesellschaft. — 1
× jährl. — Hinter Liebfrauen 1 a, D-
3300 Braunschweig, Waisenhaus-
Buchdruckerei u. Verl. — Red. u. H:
Prof. Dr. Josef Daum, Abt-Jerusalem-
Str. 8, D-3300 Braunschweig; Dr.
Hans-Jürgen Schrader, Dahlmannstr.
19, D-3400 Göttingen.

**Jahrbuch des Freien Deutschen Hoch-
stifts.** — Jährl. — Pfrondorfer Str. 4,
D-7400 Tübingen 1, Max Niemeyer
Verl. — Red: Ernst Dietrich Eckhardt,
Gerda Gmoser. Freies Dt. Hochstift,
Großer Hirschgraben 23-25, D-6000
Frankfurt a.M. — H: Arthur Henkel.

Jahrbuch des Wiener Goethe-Vereins.
— 1 × jährl. — Reitschulgasse 2, A-
1010 Wien, Selbstverl. d. Wiener Goethe-Vereins. — H: Prof.Dr. Herbert
Zeman.

**Jahresgabe der Klaus-Groth-Gesell-
schaft.** — 1 × jährl. — Am Wulf-Isebrand-Platz, Postf. 1880, D-2240
Heide, Westholsteinische Verlagsanst
Boyens & Co. — H: Ulf Bichel, Reimer Bull, Friedrich-Ernst Mißfeldt.

Jahresring, Literatur u. Kunst der
Gegenwart — 1 × jährl. — Neckarstr.
121, Postf. 209, D-7000 Stuttgart 1,
Deutsche Verlags-Anstalt GmbH. —
Red. u. H: Kulturkreis im Bundesverband d. Dt. Industrie e.V., Gustav-Hei-
nemann-Ufer 84-88, D-5000 Köln 51.

Jean-Paul-Jahrbuch. — Jährl. — Wilhelmstr. 9, D-8000 München 40; Beck'-
sche Verlagsbuchhandlung. — Red. u.
H: Prof.Dr. Kurt Wölfel, Arndtstr. 13,
D-5300 Bonn 1.

Jetzt, eine Literarische Zs. von heute
und für Einzelne — Unregelmäßig. —
Verl. u. H: Hermann Theurer, Haydn-
gasse 20, A-2340 Mödling.

Jugend und Buch, Vierteljahresschrift f.
Leseerziehung u. Jugendliteratur —
Neubaugasse 29/1, A-1070 Wien, Verl.
Leinmüller & Co. — Red: Lucia Bin-

der, Intern. Inst. f. Jugendliteratur u. Leseforschung, Mayerhofg. 6, A-1040 Wien. — H: Österr. Buchclub d. Jugend u. Intern. Inst. f. Jugendliteratur u. Leseforschung.

Jugendbuchmagazin. — Vjährl. — Spindelgang 9, D-4300 Essen 16, Verl. u. H: Arbeitskreis "Das gute Jugendbuch EV". — Schriftl: Prof.Dr. Hubert Göbels, Unterer Pustenberg 23, D-4300 Essen Werden.

Kaktus, Zs. f. Lit. u. Kunst — Vjährl. — Kellermannstr. 2, D-4400 Münster, Kaktus-Verl. — H: Elmar Wilms.

Der Karlsruher Bote. — Vjährl. — Friedenstr. 16, D-7500 Karlsruhe, Verl. Der Karlsruher Bote. — H. u. Red: Kurt Rüdiger.

Kaspar, Zs. über den Umgang mit Literatur. Erscheinen eingestellt.

Kino-Information. — 14tägig. — Nikolsdorfer Gasse 7—11, A-1051 Wien, Österr. Wirtschaftsverl. — Chefredakteur: Dr. Josef Handl. — H: Fachverband d. Lichtspieltheater.

Kleine Blauschrift Hannover, gänzlich unabhängig Minizs. f. Literatur u. etwas Grafik — Hjährl. — Göttinger Chaussee 104, D-3000 Hannover 91, Ulrich Bartsch.

Koblenzer Hefte für Literatur. — 1-2 Jahre. — Silberstr. 22b, D-5400 Koblenz, Edition Plato. — H: Karl Th. Plato.

Konkursbuch, Zs. f. Vernunftkritik — 2—3 × jährl. — Garmerstr. 29, D-7400 Tübingen 7, Konkursbuchverl. Claudia Gehrke. — H: Claudia Gehrke.

Kontinent, Ost-West-Forum — Vjährl. — Untere Au 41, D-7123 Sachsenheim 3. — Red: Postf. 260133, D-5300 Bonn 2. — Chefredakteurin: Cornelia I. Gerstenmaier.

Kraus-Hefte. — Vjährl. — Levelingstr. 6a, D-8000 München 80, edition text + kritik GmbH. — H: Dr. Sigurd Paul Scheichl, Univ. Innsbruck, Inst. f. Germanistik, Innrain 52, A-6020 Innsbruck u. Prof.Dr. Christian Wagenknecht, Univ. Göttingen, Seminar f. deutsche Philologie, Nikolausberger Weg 15, D-3400 Göttingen.

Die Kribbe, Bonner Vjschr. f. Literatur, Kunst und Wissenschaft. Erscheinen eingestellt.

kuckuck, Vierteljahreshefte — Skalitzer Str. 75, D-1000 Berlin 36, Horst Lummert.

Kürbiskern, Zs. f. Literatur u. Kritik — Vjährl. — Hohenzollernstr. 146, D-8000 München 40, Damnitz Verl. im Verl. Plambeck & Co. — Chefredakteur: Friedrich Hitzer.

Kulimu, Zs. f. Kunst, Literatur u. Musik — Hjährl. — Marienstr. 6, D-8400 Regensburg, Verl. der Zs. f. Kunst, Literatur u. Musik. — Red: Diethelm Sleboda. — H: Ulrich Alberts, Jürgen Hachmann.

KULTuhr. — 3 × jährl. — Mittenwalder Str. 6, D-1000 Berlin 61, Norbert Tefelski.

Kultur und Gesellschaft, Monatsschr. d. Demokratischen Kulturbundes Deutschland — Hohenzollernstr. 146, D-8000 München 40, Damnitz-Verl. im Verl. Plambeck & Co. — Red: André Müller, Vorgebirgsstr. 13, D-5000 Köln 1. — H: Demokratischer Kulturbund d. Bdesrep. Deutschland, Bdesvorst.

Kunst und Literatur, Sowjetwissenschaft — 6 × jährl. — Glinkastr. 13-15, DDR-1086 Berlin, Verl. Volk und Welt. — Chefredakteur: Eva Schlenker.

L 80-Demokratie und Sozialismus, politische u. literarische Beiträge — 4 × jährl. — Hansestr. 63, D-5000 Köln 90, L 80 Verlagsges. — Red: Johanno Strasser, Franziska Sperr, Niedstr. 13, D-1000 Berlin 41. — H: Heinrich Böll, Günter Grass, Tomas Kosta, Carola Stern, Johanno Strasser, Heinrich Vormweg.

Der Landbote, Zs. für Lyrik und Kritik. Erscheinen eingestellt.

Lektüre, Das beste f. Leute, die gern lesen. Erscheinen eingestellt.

Lenau-Forum, Jahresschrift f. vergleichende Literaturforschung — Jährl. — Postf. 295, A-1031 Wien, Verl. u. H: Internationale Lenau-Gesellschaft. — H. u. verantw. Redakteur: Nikolaus Britz.

Lesezeichen. Zs. f. neue Literatur — Halbjährl. — Zeil 127, D-6000 Frankfurt a.M., H. Kohl u. H.P. Zimmermann. — Red: Wolfgang Rasch Publikations-Service, Schweinfurter Weg 85, D-6000 Frankfurt a.M. 70. — H: Wilhelm Genazino, W. Martin Lüdke,

Herbert Wiesner, Mitarbeit: Thomas Schmid.

Librarium, Zs. d. Schweizerischen Bibliophilen-Gesellschaft — 3 × jährl. — Hadlaubstr. 42, CH-8044 Zürich, Prof.Dr. Werner G. Zimmermann. — H: Schweizerische Bibliophilen-Gesellschaft, c/o Buchdruckerei Berichthaus, Zwingliplatz 3, CH-8001 Zürich.

Lichtspuren, Zs. f. neuste Literatur — Unregelmäßig. — Militärstr. 47, CH-3014 Bern, Lichtspuren Verl. Bernhard Streit. — H: Bernhard Streit.

Lichtungen, Zs. d. Steirischen Schriftstellerbundes u. d. Retzhof — Vjährl. — Red: Dr. Markus Jaroschka, Bildungshaus Retzhof d. Ldes Steiermark, A-8430 Leibnitz. — H: Steirischer Schriftstellerbund, Graz u. Retzhof, Leibnitz.

LiLi, Zs. f. Literaturwissenschaft u. Linguistik — Vjährl. — Theaterstr. 13, Postf. 3753, D-3400 Göttingen, Vandenhoek & Ruprecht. — H: Helmut Kreuzer, Wolfgang Klein, Brigitte Schlieben-Lange, Wolfgang Haubrichs.

Linkskurve, Magazin für Kunst und Kultur — 4 × jährl. — Postf. 4304, D-2300 Kiel 1, Verl. Neue Zeit GmbH. — Red: Kesselstr. 11a, D-4600 Dortmund 1. — H: Jo Hauberg.

LIT, Magazin f. Kunden des Buchhandels — 4 × jährl. — Großer Hirschgraben 17—21, D-6000 Frankfurt, Buchhändler-Vereinigung GmbH. — Red: Börsenblatt f. d. Deutschen Buchhandel, Hanns Lothar Schütz, Großer Hirschgraben 17—21, D-6000 Frankfurt. — Chefredakteur: Hanns Lothar Schütz.

Literaricum, Zs. f. Literatur und Kunst — 4 × jährl. — Verl. u. H: Klub österr. Literaturfreunde und Autoren, Fach 48, A-1043 Wien. — Redakteur: Peter Andel.

Literarische Blätter (vormals Lyrische Blätter) — Hjährl. — Red. u. H: Ulrich A. Lehmann, Eisenstr. 11-13, D-4000 Düsseldorf 1.

Literarische Umschau. Erscheinen verübergehend eingestellt.

Literarisches Arbeitsjournal, Die Vierteljahresschr. f. Literatur, Malerei u. Fotografie — Vjährl. — An der Ludwigshöhe 36, D-8832 Weißenburg, Kanalpresse im Verl. Karl Pförtner. — H: Dorothea Hüttner, Dagmar Lamprecht, Lukas Schramm, Eduard Söllner.

Literarisches Quaternio, Zs. f. Literatur — Vjährl. — Verl. u. H: Krottenbachstr. 3/1/13, A-1190 Wien, Verein z. Förderung junger österr. Autoren, Maler u. Graphiker.

Der Literat, Zs. f. Literatur u. Kunst — Mtl. — Konrad-Brosswitz-Str. 10, Postf. 4386, D-6000 Frankfurt/M., Verl Der Literat. — verantwortl. Redakteur u. H: Theodor Tauchel.

Literatortur, Erlanger Zs. f. Literatur — Unregelmäßig. — Friedensstr. 8, D-8551 Heroldsbach, edition aleph. — Red: Schiffstr. 7, D-8520 Erlangen. — H: Werner Nürnberger, Achim Schnurrer.

Literatur für Leser, Zs. f. Interpretationspraxis u. geschichtl. Texterkenntnis — 4 × jährl. — Rosenheimer Str. 145, D-8000 München 80, R. Oldenbourg Verl. GmbH. — Red: Informationszentrum R. Oldenbourg Verlag GmbH, Sandra Dorn, Friedrichstr. 26/II, D-4000 Düsseldorf. — H: Herbert Kaiser u. Dieter Mayer in Zus.arb. m. Rolf Geißler.

Literatur im technischen Zeitalter. Ein Jahrbuch — Am Sandwerder 5, D-1000 Berlin 39, Lit. Colloquium Verlin e.V. — Red: Gerald Bisinger. — H: Walter Höllerer, Norbert Miller, Wieland Schmied. (Zusammenfass. d. vjährl. Supplements zu Sprache im technischen Zeitalter).

Literatur in Wissenschaft und Unterricht (LWU) — Vjährl. — Postf. 6007, D-8700 Würzburg, Verl. Könighausen u. Neumann. — Red: W. T. Rix, Olshausenstr. 40-60, N 50 d, D-2300 Kiel, Englisches Seminar d. Universität. — H: P. G. Buchloh, D. Jäger, H. Kruse, P. Nicolaisen.

Literatur konkret. — 1 × jährl. — Osterstr. 124, D-2000 Hamburg 19, Gremliza Verlags GmbH. — geschf. Redakteurin: Ingrid Klein. — H: Hermann L. Gremliza.

Literatur um 11, Texte der Autoren — Unregelmäßig. — Verl. u. Red: Literatur um 11 e.V., Neue literarische Ges. e.V., Sauersgäßchen 1, D-3550 Marburg. — H: Ludwig Legge, Reinhard Spalke.

Literatur und Erfahrung. − 3 × jährl.
− Duisburger Str. 16, D-1000 Berlin
15, G. Schmelz Verl. − H: Arbeitsgruppe Literatur & Erfahrung.

Literatur und Kritik, Österreichische
Monatsschrift − 5 × jährl. − Ernest-
Thun-Str. 11, Postf. 167, A-5020 Salz-
burg, Otto Müller Verl. − Red: Kurt
Klinger, Josefsplatz 6, A-1010 Wien. −
H: Jeannie Ebner, Rudolf Henz, Kurt
Klinger.

Literatur Zeitung, Forum f. Literatur,
Kultur u. Politik − Mtl. − Plöck 95,
D-6900 Heidelberg 1. − H. u. verantw.
Redakteur: Laszlo Czimbalmos.

Literaturmagazin. − 2 × jährl. −
Hamburger Str. 17, Postf. 1349, D-2057
Reinbek, Rowohlt Verlag GmbH. −
Redakteur: Jürgen Manthey, Delf
Schmidt.

Literaturspiegel. − Unregelmäßig. −
Schleifmühlgasse 23/9, A-1040 Wien,
Ing. Alfred Weißmann. − H: Dr.
Julius Boese.

Literaturwissenschaftliches Jahrbuch,
Organ d. Görres-Gesellschaft − Jährl.
− Dietrich-Schäfer-Weg 9, Postf.
410329, D-1000 Berlin 41, Verl. Dun-
cker & Humblot. − Red: Dr. Kurt
Müller, Englisches Seminar, Ameri-
kanist. Abt., Rotteckring 4, D-7800
Freiburg. − H: Theodor Berchem,
Hermann Kunisch, Franz Link i.A.
der Görres-Gesellschaft.

Literaturzeitung Text. − 8-wöchentl. −
Degengasse 75/1, A-1160 Wien-Ottak-
ring, Lewonig & Reindl. − Red:
Franz-Koci-Str. 15, Postf. 42, A-1108
Wien-Favoriten. − H: Thomas E.
Reindl.

Litfass, Zs. f. Literatur − Vjährl. −
Störstr. 19, D-1000 Berlin 37, Litfass
Verl. − Red: c/o R. Piper & Co. Verl.,
Georgenstr. 4, D-8000 München 40. −
H: Dr. Rainer Weiss.

Litsignale, Literaturzs. inhaftierter u.
'freier' Autoren − Unregelmäßig
(mind. 1 × jährl.). − Eisenbahnstr. 4,
D-1000 Berlin 36, Gegensatz Verl. −
H: Peter Feraru, Harald Schulze, Volker V.

Litzik, Ventil überfüllter Schreibtisch-
laden − 2-3 x jährl. − Red: Erna
Schmidt, Wechselstr. 49, A-2633 Pottschach. − H: Literarischer Zirkel
Ternitz.

LOG, Zs. f. intern. Literatur − 4 × jährl.
− Verl. u. H: Donaustadtstr. 30/16/16,
A-1220 Wien, Lev Detela u. Wolfgang
Mayer-König.

Loose Blätter Sammlung, Zs. f. Literatur − Hjährl. − Admiralitätsstr. 71/
72, D-2000 Hamburg 11, Verl. Michael
Kellner. − H: Michael Kellner, J.
Schmidt, E. Rhode.

LR-Literatur-Report. − Jährl. −
Lehenstr. 31, D-7000 Stuttgart 1, Verb.
kath. Verleger u. Buchhändler. −
Red: Karl Heinz Seidl, Runzstr. 56, D-
7800 Freiburg. − H: Verb. kath. Verleger u. Buchhändler.

Lynkeus, Dichtung/Kunst/Kritik −
Vjährl. − Babenberger Str. 1/16, b.
Dr. E. Floch, A-1010 Wien, Eigenverl.
Hermann Hakel. − Verantw. Redak-
teur: Emmerich Kolovic. − H: Her-
mann Hakel.

Die Lyrik-Mappe, Internationale Zs. f.
Lyrik − 2 × jährl. − Am Freigarten
12/15, A-8020 Graz, Dr.h.c. Wolfgang
D. Gugl.

Lyrik-Reader, Gedichte junger Autoren
− 2 × jährl. − Verl. u. H: Roland
Rosenbauer, Schönblickweg 1, D-8501
Oberasbach.

Machwerk, Literaturmagazin − 6 ×
jährl. − Postf. 223103, D-5900 Siegen
21, Machwerk-Verl. − H: Gunter Affholderbach.

Manuskripte, Zs. f. Literatur − 4 ×
jährl. − Stadtpark 1, A-8010 Graz,
Verl. u. Red: Forum Stadtpark. − H:
Alfred Kolleritsch.

Marbacher Magazin. − 3−4 × jährl. −
Schillerhöhe 8-10, D-7142 Marbach/
Neckar, Deutsche Schillergesellschaft. − Redakteur: Friedrich Pfäff-
lin. − H: Bernhard Zeller.

Marginalien, Zs. f. Buchkunst u. Bibliophilie − 4 × jährl. − Französische
Str. 32, DDR-1080 Berlin, Aufbau-
Verl. − Red: DDR-6551 Schloß Burgk
an der Saale. − H: Pirckheimer Ges.
im Kulturbund d. DDR.

Der Martin-Greif-Bote, Nachrichten
aus dem Klassenstaat. Literarisch-
politische Zs.− Unregelmäßig. −
Waltherstr. 28, D-8000 München 2,
Maistrassenpresse. − H: Heinz
Jacobi.

Maske und Kothurn, Internationale
Beiträge z. Theaterwissenschaft − 4

× jährl. — Dr. Karl Luegerring 12, A-1014 Wien, Hermann Böhlaus Nachf. GmbH. — Red: Hofburg, Batthiany-stiege, A-1010 Wien. — H: Institut f. Theaterwissenschaft, Margret Die-trich.

medien + erziehung, Zweimonats-schrift f. audiovisuelle Kommunika-tion — Fürstenbergstr. 23, Postf. 300406, D-5090 Leverkusen 3, Leske Verl. + Budrich GmbH. — Red: Postf. 150607, D-8000 München 15. — Redakteur: Erwin Schaar. — H: Mar-tin Keilhacker, Willy Kögel, Edmund Budrich.

medium, Zs. f. Hörfunk, Fernsehen, Film, Presse — Mtl. — Friedrichstr. 2—6, D-6000 Frankfurt/M., Gemein-schaftswerk d. Evang. Publizistik. — verantw. Redakteur: P.C. Hall. — H: Gemeinschaftswerk d. Evang. Publizi-stik.

Merkur, Deutsche Zs. f. europäisches Denken — Mtl. — Rotebühlstr. 77, Postf. 809, D-7000 Stuttgart 1, Klett-Cotta Verl. — Red: Ainmillerstr. 26, Postf. 568, D-8000 München 43. — H: Hans Schwab-Felisch.

Mezzotinto. — 3 × jährl. — Donnerstr. 12, D-2000 Hamburg 50, Plexus-Verl., c/o H. Springer. — H: Harry Springer, Andreas Goehrting.

Mitteilungen. — Mtl. — Friedrichstr. 169, DDR-1086 Berlin. — H: Schrift-stellerverband d. DDR.

Mitteilungen der E. T. A. Hoffmann-Gesellschaft. — Jährl. — Wetzelstr. 19, D-8600 Bamberg, Verl. u. H: E.T.A. Hoffmann-Gesellschaft e.V.

Mitteilungen der Karl-May-Gesell-schaft. — Vjährl. — Swebenbrunnen 8 c, D-2000 Hamburg 72, Verl. u. H: Karl-May-Gesellschaft e.V. — Red: Hanns-Otto Hatzig, Max-Planck-Str. 8, D-6836 Oftersheim.

Mitteilungen der Paul-Ernst-Gesell-schaft e.V. — Mindest. 2 × jährl. — Oberthürgasse 11, D-8700 Würzburg (Steinmeyer).

Mitteilungen der Vereinigung Öster-reichischer Bibliothekare — 4 × jährl. - Josefsplatz 1, A-1014 Wien, Vereinigung Österreichischer Biblio-thekare. — Redakteur: Dr. Ronald Zwanziger, Universitätsbibliothek Wien, Dr. Karl-Lueger-Ring 1, A-1010 Wien.

Mitteilungen des Deutschen Germani-sten-Verbandes. — Vjährl. — Hochstr. 31, D-6000 Frankfurt/M., Verl. Moritz Diesterweg. — Schriftlei-ter: Wolfgang Eifert, Hainerweg 179, D-6000 Frankfurt a.M. 70, Franz R. Franke, Rhönstr. 98, D-6000 Frankfurt a.M. 60; Klaus Wener, Wilhelm-Busch-Str. 49, D-6000 Frankfurt a.M. 50. — H: Georg Stötzel, Jürgen Wolff.

Mitteilungen des Verbandes katholi-scher Schriftsteller Österreichs, Win-fried — 10 × jährl. — Spiegelgasse 3, A-1010 Wien, Verb. kath. Schriftst. Österr. — Chefred: Prof.Dr. Leopold Wech.

Der Monat, intern. Zs. f. Pol. u. Kultur, neue Folge — Vjährl. — Am Haupt-bahnhof 10, Postf. 1120, D-6940 Wein-heim, Beltz Verl. — Red: Dr. Barbara Scharioth. — H: Helga Hegewisch, Melvin Lasky.

Monatshefte, für deutschen Unterricht, deutsche Sprache und Literatur — 4 × jährl. — 114 North Murray St., Madison, Wisconsin 53715, Journals Dep., The University of Wisconsin Press. — Red: Department of Ger-man, Van Hise Hall, University of Wisconsin, Madison, Wisconsin 53706. — H: Reinhold Grimm.

morgen. — 6 × jährl. — Alserstr. 24, A-1090 Wien, Ueberreuter-Media. — Red: Herrengasse 19, A-1010 Wien. — Chefredakteur: György Sebestyén. — H: Niederösterreich Fonds, A-3400 Klosterneuburg.

Mühlviertler Heimatblätter, Viertel-jahresschrift d. Mühlviertler Künstlergilde im OÖ. Volksbildungs-werk f. Kunst, Kultur, Heimatpflege u. Fremdenverkehr — Vjährl. — Landstr. 51, A-4020 Linz, Oberöst. Landesverl. — Red: Mühlviertler Künstlergilde, Sekretariat, Ursulinen-hof, Landstr. 31, A-4020 Linz. — H: Mühlviertler Künstlergilde.

Münchner Buch-Magazin. — Mtl. — Ysenburgstr. 10, D-8000 München 19, Verl. Kurt Nane Jürgensen. — H: K.N. Jürgensen, Stefan Becht.

Muttersprache, Zs. zur Pflege u. Erfor-schung d. deutschen Sprache — 6 × jährl. — Taunusstr. 11, D-6200 Wies-baden, Gesellschaft für deutsche Sprache e.V. — Schriftleiter: Gerhard

Müller. — H: Gesellschaft für deutsche Sprache, Hauptvorstand.

Mykenae Theater-Korrespondenz. — 3 × mtl. — Ahastr. 9, D-6100 Darmstadt, Mykenae Verl. Rossberg KG. — Redakteur: Dr. Dieter Hadamczik.

Die Nachgeborenen, Zs. f. Literatur u. Kunst — 2 × jährl. — Postf. 1963, D-3550 Marburg, PARIA-Verl. Wolfgang Rüger. — H: Thomas Graß, Liebigstr. 31, D-3550 Marburg.

Nachrichten der Vereinigung schweiz. Bibliothekare und der Schweizerischen Vereinigung für Dokumentation — Zweimtl. — Hallwylstr. 15, CH-3003 Bern, Schweizer Landesbibliothek. — Red: Dr. R. Diederichs, Dr. E. Wyss, c/o Zentralbibliothek Zürich, Postfach, CH-8025 Zürich. — H: Vereinigung schweiz. Bibliothekare, Schweizerische Vereinigung für Dokumentation.

Nachrichtenbrief der dg. — 4 × jährl. — Bismarckstr. 17, D-1000 Berlin 12, Dramaturgische Gesellschaft e.V. (dg). — H: Eckhard Schulz.

Das Nachtcafé, Zs. f. Literatur, Kunst & Kritik — 2 × jährl. — Rehdamm 10, D-2240 Heide, Dithmarscher Pressedienst. — Red: Talstr. 1, D-7801 Buchenbach. — H: Heiner Egge.

Naos, Literatur der Gegenwart — 2 × jährl. — Postf. 303, CH-8030 Zürich, Edition Leu — Verl. f. nichtkommerzielle Literatur u. Gegenwartskunst. — H: Al'Leu, Birgit Hotz, Gerti Leitner, Daniel Bamert.

Das Nebelhorn, Zs. f. Literatur, Graphik & Kritik. Erscheinen eingestellt.

Nestroyana, Bll. d. Intern. Nestroy-Ges. — 4 × jährl. — Neustiftgasse 1, A-1070 Wien, Intern. Nestroy-Ges.

Das Neue Buch, Buchprofile f. d. katholische Büchereiarb. — 6 × jährl. — Wittelbacher Ring 9, D-5300 Bonn, Verl. d. Borromäusvereins; Herzog-Wilhelmstr. 5, D-8000 München 2, St. Michaelsbund. — Schriftleiter: Hans Bemman, Dr. Alois Auer. — H: Zentralstelle des Borromäusvereins, St. Michaelsbund.

Die Neue Bücherei, Zs. f. d. öffentl. Büchereien in Bayern — 5 × jährl. — Verl. u. Redigstr. 16, Postf. 340150, D-8000 München 34, Generaldirektion d. Bayerischen Staatlichen

Bibliotheken. — Verantw. Red: Dr. Ernst R. Hauschka.

Neue Deutsche Hefte. — Vjährl. — Kindelbergweg 7, D-1000 Berlin 46, Verl. Neue Deutsche Hefte. — H. U. Red: Prof.e.h. Joachim Günther.

Neue Deutsche Literatur, Zs. f. Literatur u. Kritik (NDL) — Mtl. — Französische Str. 32, DDR-1080 Berlin, Aufbau Verl. — Chefredakteur: Walter Nowojski. — H. u. Red: Schriftstellerverb. d. DDR, Friedrichstr. 169/70, Postf. 1299, DDR-1086 Berlin.

Neue Literatur. Zs. d. Schriftstellerverbandes der Sozialistischen Republik Rumänien — Mtl. — Str. Nuferilor 41, POB 1-145, 70749 Bucureşti - 1, R.S. Romania. — Chefredakteur: Emmerich Stoffel.

Neue Nervöse Blätter, Gedichte — Fotos — Bilder — Geschichten — Unregelmäßig. — Bismarckstr. 15, D-5000 Köln 50, Palmenpresse. — H: Rolf E. John.

Neue Rundschau. — 4 × jährl. — Geleitsstr. 25, D-6000 Frankfurt/M. 70, S. Fischer Verl. — Red: Thomas Bekkermann, Günther Busch. — H: S. Fischer Verl.

neue texte. — Unregelmäßig. — In der Stockwiesen 13, A-4040 Linz, edition neue texte. — H: Heimrad Bäcker.

Die Neuen Bücher, Kundenzs. d. Sortiments — 3 × jährl. — Finkenweg 6, D-7260 Calw-Stammheim, Dr. Lothar Rossipaul Verlagsges. mbH. — Red: Bavariaring 24, D-8000 München. — H: Rainer Rossipaul.

Neuer Bücherdienst, Informationen f. d. Bücherfreund, Einkaufsführer f. d. Buchhandel, f. Büchereien u. Bibliotheken — 2-3 × jährl. u. 1 × jährl. als Sondernummer: Almanach d. Buches. — Schrammweg 17/B5, A-6632 Ehrwald/Tirol.

Nicht Direkt, Oldenburger Literaturzeitung. Forum unbekannter Autoren — Vjährl. — Achterdiek 63, D-2900 Oldenburg, Lyraprint-Verl. — verantw. Red: Frank Willers, Lindenallee 12, D-2900 Oldenburg; Niels Metger, Henny Böger Str., D-2900 Oldenburg; Niels Mester, Achterdiek 63, D-2900 Oldenburg.

Nonsenf, Zs. f. Satire und Nonsens. Erscheinen eingestellt.

Notiz, Literaturzs. — Zweimtl. u. Sondernummern. — Postf. 38, CH-3150 Schwarzenburg, Verl. Alphy Tiger. — Chefredakteur: Marc Udo Lettau.

Österreich in Geschichte und Literatur, (mit Geographie) — Zweimtl. — Servitengasse 5, A-1092 Wien, Wilhelm Braumüller, Univ.-Verlagsbuchhandlung GmbH (Kommissionsverl.). — verantw. Redakteur: Hermann Mökker. — H: Institut f. Österreichkunde, Hanuschgasse 3/III, A-1010 Wien.

Österreichische Autorenzeitung, Mitteilungsblatt der AKM, LVG, Austro-Mechana, Literar-Mechana, G. dr. S. u. K., ÖKB, VÖT, MUÖ, VBK — Vjährl. — Baumannstr. 8 — 10, A-1030 Wien, Verl. u. H: Staatlich genehmigte Ges. d. Autoren, Komponisten u. Musikverleger. — Verantw. Redakteur: Dr. Walter Dillenz.

Omnibus, Zs. f. Literatur. Erscheinen eingestellt.

orte, Schweizer Literatur-Zs.— 5 × jährl. — Ekkehardstr. 14, CH-8006 Zürich, orte-Verl. Werner Bucher. — Red: orte, Postf. 8028, CH-8033 Zürich. — H: Werner Bucher.

Paian, Zs. f. Dichtung. Erscheinen eingestellt.

PANNONIA, Magazin f. europ. Zusammenarbeit — Vjährl. — Mattersburger Str. 25, Postf. 14, A-7001 Eisenstadt, Edition Roetzer. — Chefredakteur: György Sebestyén.

Papyrus Cacama, ein bibliophiles zeit- u. zukunftskritisches Magazin — Unregelmäßig. — Verl. u. H: Kurt Denkena, Breite Str. 5, D-2820 Bremen 70.

Park, Zs. f. neue Literatur — 3—4 × jährl. — Verl. u. H: Michael Speier, Taubertstr. 4, D-1000 Berlin 33.

Pelzflatterer, augenscheinliches aus a, brd u. ch — Unregelmäßig. — Verl. u. H: Christian Kampichler, Hütteldorferstr. 16-22/13/7, A-1150 Wien. — Red: Andreas Kosek, Witthauerg. 25/19, A-1180 Wien; Jan Reetze, Wendloher Weg 7, D-2000 Hamburg 20; Urs Mäder, Imfeldsteig 5, CH-8037 Zürich.

Perspektive, Literaturzeitschrift junger Autoren — Hjährl. — Verl. u. H: Radegunder Str. 30c, A-8045 Graz-Andritz, Gruppe "Perspektive". — Red: Horst Gerald Ganglbauer.

Philobiblon, Eine Vierteljahrsschrift f. Buch- u. Graphik-Sammler — 4 × jährl. — Rosenbergstr. 113, Postf. 723, D-7000 Stuttgart 1, Dr. Ernst Hauswedell & Co. Verl. — H: Reimar W. Fuchs, i. A. d. Maximilian-Gesellschaft Hamburg.

Philodendron, Zs. f. Literatur u. Grafik — 4 × jährl. — Postf. 303, Ch-8030 Zürich, Edition LEU. — H: Eveline Scherer, Al'Leu.

Plattdütsch Land un Waterkant. Blatt for plattdüütsche Literatur von vondaag — 2 × jährl. — Deichstr. 48/50, D-2000 Hamburg 11, Vereinigung Quickborn. — Redakteur: Gerd Spiekermann, Tegelsbarg 6, D-2000 Hamburg 65. — H: Quickborn, Vereinigung f. niederdt. Sprache u. niederdt. Schrifttum e. V.

podium. — 4 × jährl. — Wassergasse 1, A-2500 Baden, Gottfried Grasl Druck- u. Verl.anst. — Red: Prof. Alois Vogel, Bahnstr. 17, A-3741 Pulkau. — H: podium, Literaturkreis Schloß Neulengbach.

Poesie, Zs. f. Literatur — 4 × jährl. — Postfach 1849, CH-4001 Basel, Poesie. — H: Frank Geerk, Tadeus Pfeifer.

Poetica. — 4 × jährl. — Nieuwe Herengracht 31, Amsterdam, NL, B.R. Grüner Publishers. — Red: Romanisches Seminar d. Ruhr-Universität Bochum, Postf. 102148, D-4630 Bochum 1. — H: Ulrich Broich, Hellmut Flashar, Renate Lachmann, Karl Maurer, Volker Schupp.

Prager Nachrichten. — Zweimonatlich. — Verl. u. H: Schubertstr. 8a, D-8011 Vaterstetten, M. Hemmerle.

projektIL, eine Salzburger Lit.Zs. Erscheinen eingestellt.

Prosa + Poesie mit Bücherspiegel, Zs. f. Literatur u. Bücherfreunde — 6 × jährl. — Am Urbacher Wall 35, D-5000 Köln 90, Ellenberg Verlag. — H: Eduard Ellenberg.

Protokolle, Zs. f. Literatur und Kunst — 2 × jährl. — Tiefer Graben 7-9, A-1040 Wien, Jugend und Volk Verl.ges. mbH. — H: Otto Breicha.

publikation, Das Forum für Autoren und literarische Öffentlichkeit — Der literarische Markt — Postf. 1401, D-

5500 Trier 1, éditions trèves. — H: Rainer Breuer, Georg Hausemer.

Das Pult, Literatur, Kunst, Kritik — Vjährl. — Klaus Sandler, Kremserg. 41, A-3100 St. Pölten. — H: Simon Krauss, Hadikg. 128/3/5, A-1140 Wien.

Pupille, Würzburger Illustrierte — Mtl. — Ludwigstr. 8a, D-8700 Würzburg, Pupille Verl. GmbH. — H: Manfred Prater.

Quickborn, Zs. f. plattdt. Sprache u. Dichtung — 4 × jährl. — Deichstr. 48/50, D-2000 Hamburg 11, Vereinigung Quickborn. — Chefredakteur: Friedrich W. Michelsen, Stüffelring 14, D-2000 Hamburg 67. — H: Quickborn, Vereinigung f. niederdt. Sprache u. niederdt. Schrifttum e. V.

Der Rabe, Magazin f. jede Art von Literatur — 4 × jährl. — Hubenstr. 19, CH-8057 Zürich, Haffmans Verl. — H: Gerd Haffmans.

Die Rampe, Hefte f. Literatur — 2 × jährl. — Köglstr. 14, A-4020 Linz, R. Trauner Verl. — Red: Amt d. oberöst. Landesregierung, Abt. Kultur, Promenade 37, A-4010 Linz. — H: Kurt Klinger, Christine Schöpf, Rudolf Weilhartner.

Randlage im Verlag amBEATion, Heftr. f. junge Dichtung, Graphik, Kritik u. Versuch — 6 × jährl. — Eylauer Str. 12, D-1000 Berlin 61, Verl. amBEATion Riewert Q. Tode. — H: Riewert Q. Tode, Valentin Rothmaler.

Randstein, Zs. f. Literatur u. Graphik — 2 × jährl. — Verl. u. H: A-8863 Predlitz 81, Literaturkreis Murau. — verantw. Schriftl.: Friedrich W. Fritz.

Referatedienst für Literaturwissenschaft — 4 × jährl. — Red. u. H: Prenzlauer Promenade 149-152, DDR-1100 Berlin, Akad. d. Wissenschaften der DDR, Zentralinst. f. Literaturgeschichte. — Redaktionsleitung: Friedrich Laubisch.

reflexe, Literarische Texte + Grafik — Unregelmäßig. — Seestr. 15, CH-8820 Wädenswil, Edition Herbst. — H: Rolf Hörler.

Regenschirm, Zs. f. Gedichte u. Geschichten — 2-3 × jährl. — Verl. u. H: Strother Str., D-3540 Korbach, Cornelia Schröder; Louis-Peter-Str. 32, D-3540 Korbach, Martin Pesch.

reutlinger drucke. — 4 × jährl. — Red. u. H: Richard Salis, Goethestr. 3, D-7417 Pfullingen.

Rind & Schlegel, Zs. f. Poesie — 3—4 × jährl. — V. u. H: Klaus Friedrich, Ursulastr. 10, D-8000 München 40.

Sadid, Zs. der Worte des neuen Menschen — Unregelmäßig. — Alemannenweg 62, D-6230 Franfurt a.M. 80, Verl. Wudd. — H: Hadayatullah Jamal-Hübsch.

Sagittarius. — Unregelmäßig. — Postf. 301, D-7290 Freudenstadt 1, Klaus N. Frick.

Salz, Salzburger Literaturzeitung — 4 × jährl. — Wiener Philharmoniker-G. 2, A-5020 Salzburg, Literaturforum "Leselampe". — Waagplatz 1a, A-5020 Salzburg. — H: Literaturforum Leselampe.

sau're trauben, Romantische Revue — Unregelmäßig. — Red: Willi Hertlein, Waldenserstr. 13, D-1000 Berlin 21.

Scheidewege, Vierteljahrsschrift für skeptisches Denken. Erscheinen eingestellt.

Schlesien, Kunst, Wissenschaft, Volkskunde — Vjährl. — Marienplatz 5, D-8500 Nürnberg, Nürnberger Presse. — Red: Kardinal-Döpfner-Platz 1, Postf. 32, D-8700 Würzburg 11. — H: Prof.Dr. Eberhard G. Schulz.

Schließfach, Zs. f. Literatur und Grafik — 4 × jährl. — Postf. 1783, L-Luxemburg 1, Edition Sisyphus. — H: Roland Kayser.

Schmankerl, Literarische Blätter f. baierisch-österreichische Mundarten — 4—6 × jährl. — Bezoldstr. 3, D-8000 München 90, Verl. Friedl Brehm. — H: Friedl Brehm.

Der Schnitter, Zs. f. Literatur und Kunst — Vjährl. — Postf. 110121, D-1000 Berlin 11, Schnitter-Verl. — H: Edmund Schneider.

Schreiben, Halbjahresschrift f. Frauenliteratur — Villa Ichon, Goetheplatz 4, D-2800 Bremen 1, Schreiben Frauenliteraturverl. GmbH.

Schreiben + Lesen, Literarische Silhouetten — Zweimtl. — Postf. 370152, D-1000 Berlin 37, Stoedtner Verl. — H: Gerhard Stoedtner.

Zeitschriften

Schreibheft, Zs. f. Literatur — 3 × jährl.
— Ursulastr. 5, D-4300 Essen 1, Rigo-
don Verl. — H: Norbert Wehr.

**Schriften der Theodor Storm Gesell-
schaft.** — Jährl. — Am Wulf-Isebrand-Platz, Postf. 1880, D-2240
Heide/Holstein, Westholsteinische
Verlagsanstalt Boyens & Co. — H:
Karl Ernst Laage, Friedrich Heitmann.

schwädds, Mundart-Zs.— 2 × jährl. —
Dottinger Str. 39, D-7420 Münsingen,
Roland Mayer Verl. — Red: Guten-
bergstr. 36, D-7434 Riederich. — H:
Wilhelm König.

**Der Schweizer Buchhandel/La Librai-
rie suisse,** Offizielles Organ des
Schweiz. Buchhändler- u. Verleger-
Verbandes, der Société des libraires
et éditeurs de la Suisse romande, der
Associazione dei librai della Svizzera
Italiana, der Società Editori della
Svizzera Italiana sowie der Vereinig.
der Buchantiquare u. Kupferstich-
händler in der Schweiz — 18 × jährl.
— Bellerivestr. 3, Postf. 408, CH-8034
Zürich, Verl. des SBVV. — Redaktor:
Peter Oprecht.

Schweizer Buch-Spiegel, Schweizer
Bücherzeitung. Erscheinen eingestellt.

**Schweizer Monatshefte für Politik,
Wirtschaft, Kultur.** — Mtl. — Zwingli-
platz 2, CH-8022 Zürich, Schulthess
Polygraphischer Verl. — Red: Vogels-
angstr. 52, CH-8006 Zürich. — H:
Gesellschaft Schweizer Monatshefte.

Der Schwellkopf. — Bennostr. 14, D-
3000 Hannover, Emotional Rescue
Association. — H: Dietrich zur Nedden. (bis auf weiteres eingestellt).

Das Senfkorn, Zs. f. Literatur u. Leben
— 4 × jährl. — Kreuzberger Str. 72,
D-2054 Geesthacht, Wolkentor-Verl.
— Red. u. H: Michael Morgental, Praterweg 10, D-8510 Fürth.

Sigill, Blätter f. Buch u. Kunst — 2 ×
jährl. — Klotzenmoor 54, D-2000
Hamburg 61, O. Rohse Verl. — H. u.
Red: O. Rohse.

Silhouette. — 3 × jährl. — Laurinsteig
14a, D-1000 Berlin 28, M. u. N. Boesche Verl. — H: Dr. Tilly Boesche-
Zacharow.

Sinn und Form, Beiträge zur Literatur
— Zweimtl. — Französische Str. 32,
DDR-1080 Berlin, Verl. Rütten & Loe-

ning. — Red: Hermann-Matern-Str.
58/60, DDR-1040 Berlin. — H: Akademie der Künste der DDR.

Solar Plexus. — Vjährl. — Dalhauser
Str. 63, D-3472 Beverungen, Solar Plexus. — H: Erhard Schümmelfeder.

Solaris-Almanach, Phantastik u.
Science Fiction — Hjährl. — Postf.
300880, Broichstr. 56, D-5300 Bonn 3,
Solaris-Verl. — H: Kai Schätzl, Karl-
Heinz Schmitz.

Sondern, Jb. f. Texte und Bilder — 1 ×
jährl. — Zschokkestr. 12, CH-8037
Zürich, Seedorn Verl. — Red. u. H:
Dieter Schwarz, Albertstr. 6, CH-8005
Zürich.

Sonntag, Die kulturpolitische
Wochenztg — Wöchentl. — Niederwallstr. 39, DDR-1080 Berlin, Aufbau-
Verl. — Chefredakteur: Hans Jacob-
bus. — H: Kulturbund d. DDR.

Spektrum, Internationale Vierteljahresschrift f. Dichtung u. Originalgrafik
— 4 × jährl. — Gerbestr. 6, CH-8820
Wädenswil, Stutz & Co. — Red: Napf-
gasse 4, CH-8001 Zürich. — H: Sven
Knebel, Felix Rellstab.

Spektrum des Geistes, Ein Querschnitt
durch das Literaturschaffen der
Gegenwart — 1 × jährl. — Eulenhof,
D-2351 Hardebek, Eulenhof-Verl.
Ehrhardt Heinold. — H: Ehrhardt
Heinold.

Spiel und Theater. — Vjährl. — Königsberger Str. 18—22, Postf. 1160, D-6940
Weinheim, Deutscher Theaterverl.

Spinatwachtel, Frauenliteraturzeitung
aus Marburg — 2 × jährl. — Lücken-
str. 23, D-3553 Cölbe, Spinatwachtel c/
o Barbara Seifert. — H: Angela Kai-
lus, Elke zur Nieden, Anna Rheinsberg, Barbara Seifert.

SpotLIT. Erscheinen eingestellt.

Die Sprache, Zs. f. Sprachwissenschaft
— 2 Hefte jährl. — Taunusstr. 14,
Postf. 2929, D-6200 Wiesbaden, Verl.
Otto Harrassowitz. — Red: Institut f.
Sprachwissenschaft d. Universität,
Luegerring 1, A-1010 Wien. — H:
Manfred Mayrhofer, i. A. d. Wiener
Sprachgesellschaft.

Sprache im technischen Zeitalter. (m.
Suppl.: Literatur im techn. Zeitalter)
— Vjährl. — Am Sandwerder 5, D-
1000 Berlin 39, Lit. Colloquium Berlin
e.V. — Red: Wolfgang Trautwein

(Suppl.: Gerald Bisinger). — H: Walter Höllerer, Norbert Miller (Suppl. zusätzl.: Wieland Schmied).

Die Sprachkunst, Beiträge z. Literaturwissenschaft — 2 Halbbde. jährl. — Dr. Ignaz Seipel-Platz 2, A-1010 Wien, Verlag d. Österr. Akademie der Wissenschaften. — Red: Komm. f. Literaturwissenschaft, Postgasse 7 — 9/II, A-1010 Wien. — Verantw. Schriftleiter: Franz Kadrnoska. — H: Herbert Seidler, Heinz Kindermann, Herbert Foltinek.

Sprachlos, Zs. f. Literatur u. Kunst — 2 × jährl. — Perzheimstr. 30, D-8900 Augsburg 1. — H: Pit Kinzer.

Sprachpflege, Zs. f. gutes Deutsch — Mtl. — Gerichtsweg 26, Postschließfach 130, DDR-7010 Leipzig, VEB Bibliograph. Institut. — Verantwortl. Redakteur: H. Görner.

Sprachspiegel, Schweizerische Zs. f. d. deutsche Muttersprache — Zweimtl. — Alpenstr. 7, CH-6004 Luzern, Verl. u. H: Deutschschweizerischer Sprachverein (DSSV), Luzern.

Stadtansichten. — Jährl. — Kaiserdamm 27, D-1000 Berlin 27, Edition Neue Wege GmbH.

Stallgefährte, Blätter f. Literatur u. andere Gegenstände — 3 × jährl. — Reiherweg 32, D-5000 Köln 30 (Vogelsang), Josef Wilms.

Sterz, unabhängige Zs. f. Literatur, Kunst und Kulturpolitik — 4 × jährl. — A-8552 Eibiswald. — Red. u. H: Dipl.Ing. Gernot Lauffer, Mandellstr. 10, A-8010 Graz; Kurt Franz, A-8552 Eibiswald 220, Gerald Brettschuh, A-8454 Arnfels 11.

Stimmen der Zeit. — Mtl. — Hermann-Herder-Str. 4, D-7800 Freiburg i. Br., Verl. Herder GmbH & Co KG. — Red: Zuccalistr. 16, D-8000 München 19. — H. u. Chefred: Wolfgang Seibel SJ.

Studio, Zs. f. Bildergeschichten — 4 x jährl. — Dreiheiligenstr. 19, A-6020 Innsbruck, Herbert Szusich, Dieter Tausch.

Strip, unabhängige Comic-Ztg f. Österr., Dtld u. d. Schweiz — Zweimtl. — Postfach 125, A-1013 Wien, Comic Forum. — H: Wolfgang Alber.

Sudetenland, Böhmen-Mähren-Schlesien, f. Kunst, Literatur, Wissenschaft u. Volkstum — 4 × jährl. — Arnulfstr.

71, D-8000 München 19, Verlagshaus Sudetenland, Wirtschafts- u. Werbeges. mbH. — Red: Viktor Aschenbrenner, Rückertstr. 6, D-6200 Wiesbaden. — H: Ges. z. Förderung ostmitteleurop. Schrifttums e.V.

Südostdeutsche Vierteljahresblätter, Zs. des Südostdeutschen Kulturwerks München für Kultur, Literatur, Kunst, Volkstum, Wissenschaft der Südostdeutschen — 4 x jährl. — Güllstr. 7, D-8000 München 2. — Red: Johann Adam Stupp, Hauptstr. 42, D-8521 Möhrendorf. — H: Hans Diplich, Heinrich Zillich.

Symbol, Zs. für bildende Kunst und Lyrik — Vjährl. — Verl. u. H: Wolfgang Wangler, Ubierring 6-8, D-5000 Köln 1.

Tableau, Zs. f. Selberschreiber — Taubenaustr. 13, D-6680 Neunkirchen, W. Röhrig & H.P. Wenzel Verl. — H: W. Röhrig, H.P. Wenzel.

Tabula Rasa, Lit.-Almanach wider den korsettierten Geist — 2 × jährl. — Friesenstr. 25, D-1000 Berlin 61, Atelier/Edition Ad Absurdum Rolf A. Burkart. — H: Rolf A. Burkart, Cl. Lanczkowski.

taschenbuch magazin. — 4 × jährl. — Westfalendamm 67, D-4600 Dortmund 1, Harenberg Kommunikation Verlags- u. Werbeges. mbH & Co. KG. — H: Bodo Harenberg.

Temperamente, Blätter f. junge Literatur — 4 × jährl. — Behrenstr. 40/41, DDR-1080 Berlin, Verl. Neues Leben. — Chefredakteur: Dr. Martin Herzig.

Text & Kontext. — Hjährl. u. Sonderhefte. — Njalsgade 80, 18-2-56, DK-2300 København S., Text & Kontext, Københavns Universitet, Inst. f. germansk filologi. — H: Conny Bauer, Klaus Bohnen.

Text + Kritik, Zs. f. Literatur — Vjährl. u. 1 Sonderbd. — Levelingstr. 6a, D-8000 München 80, edition text + kritik GmbH. — Red. u. H: Heinz Ludwig Arnold, Postf. 1264, D-3400 Göttingen.

Theater der Zeit, Organ d. Verbandes der Theaterschaffenden d. DDR — Mtl. — Oranienburger Str. 67/68, DDR-1040 Berlin, Henschelverl. — Chefredakteur: Hans-Rainer John.

Theater heute. — Mtl. — Dietzingerstr.
3, CH-8036 Zürich, Orell Füssli +
Friedrich Verl. — Red: Lützowplatz 7,
D-1000 Berlin 30. — H: Erhard Friedrich, Henning Rischbieter.

Theater Kurier. — Mtl. — Rütistr. 3,
CH-5400 Baden, Buchdruckerei AG.
— Red: Michael Bruggisser, Wiesen-
str. 5, CH-5430 Wettingen.

Theater-Rundschau. — Mtl. — Bonner
Talweg 10, D-5300 Bonn 1, Theater-
Rundschau-Verl. — H: Bund der
Theatergemeinden e.V.

Theater-Zytig, Monatszs. d. Zentral-
verbandes Schweizer Volkstheater —
11 × jährl. — Postf., CH-5001 Aarau,
Sauerländer AG. — Redakteur: Erwin
Kessler, Postf. 24, CH-6000 Luzern 15.
— H: Zentralverb. Schweizer Volkstheater.

Theatura. — Unregelmäßig. — Ursulastr. 10, D-8000 München 40, Klaus
Friedrich.

Tintenfaß, Magazin für Literatur u.
Kunst — 2 × jährl. — Verl. u. H:
Sprecherstr. 8, CH-8032 Zürich, Diogenes Verlag AG. — Red: Franz Sutter.

Tintenfisch, Jahrbuch f. Literatur (u.
Themenhefte) — 2—3 × jährl. —
Ahornstr. 4, D-1000 Berlin 30, Verl.
Klaus Wagenbach. — H: Michael
Krüger, Klaus Wagenbach.

Titanic, Satiremagazin — Mtl. —
Heidenkampsweg 74, D-2000 Ham-
burg 1, Verlag Titanic GmbH. — Red:
L. van d. Meulen, Steinweg 9, D-6000
Frankfurt a.M. 1. — H: G. Sonder-
mann.

Titel. Das Magazin d. Bücher —
Zweimtl. — Maximilianstr. 52, D-8000
München 22, Heidi Steinhaus Wer-
bung u. Verl. GmbH. — verantw.
Redakteur: Gerhard Beckmann. — H:
Heidi Steinhaus.

Der Tod, Ztg f. Kultur — 4 × jährl. —
Barer Str. 71, D-8000 München 40,
Tod & Teufel Verlagsges. mbH. —
Red: Schlüterstr. 74, D-2000 Hamburg
13. — H: Dt. Hochschule f. Seriositäts-
wissenschaften Hamburg in Zus.arb.
mit dem Wattpsychologischen Institut Brunsbüttel. — Chefredakteur:
Clas Broder Hansen.

TransAtlantik, Monatszeitschrift —
Sternwartstr. 4, D-8000 München 80,

NewMagazines Verlagsges. mbH. —
H: Marianne Schmidt.

Tropfen, Schriften eines Dichterkreises
— 2—3 × jährl. — Verl u. H: Johannes Golznig, Kirchgasse 40, A-9560
Feldkirchen.

Tübinger Texte, Die literarische Illustrierte, Lyrik, Prosa, Kritik, Grafik,
Foto, Folk. Erscheinen eingestellt.

Der Überblick, Verzeichn. d.
Neuerscheinungen u. Neuauflagen
kath. Verlage in Deutschland, Österr.
u. d. Schweiz. Erscheinen eingestellt.

Ulcus Molle Informationsdienst — 4 ×
jährl. — Boeckenhoffstr. 7, D-4250
Bottrop, Literarisches Informationszentrum. — H: Josef Wintjes.

Univers, Zs. f. Literatur. Erscheinen eingestellt.

Universitas, Zs. f. Wissenschaft, Kunst
und Literatur — Mtl. — Birkenwaldstr. 44, Postf. 40, D-7000 Stuttgart 1,
Wissenschaftliche Verlagsgesellschaft
mbH. — Red: Günter Förster, Postf.
40, D-7000 Stuttgart 1.

Unke. — Unperiodisch. — Red. u. H:
Josef K. Uhl, Paracelsusgasse 12, A-
9020 Klagenfurt.

Unsere Sammlung, Zs. f. d. Buch- u.
Büchereiarbeit in d. Bistümern
Aachen, Essen, Köln, Limburg, Mainz,
Münster, Osnabrück, Paderborn,
Würzburg — Vjährl. — Gereonstr. 2,
D-5000 Köln, Fachstelle des Erzbis-
tums Köln für Büchereien und
Schrifttum. — H: Bücherei-Fachstel-
len d. o.gen. Bistümer.

Varianten, Zs. f. Literatur u. Musik —
Sporadisch, mind. 3 × jährl. — Postf.
0503, D-8440 Straubing, Varianten
Verl. Straubing, c/o Hans Klein. — H:
Hans Klein.

**Vierteljahresschrift Adalbert Stifter-
Institut des Landes Oberösterreich.**
— 2 × jährl. Doppelnummern. —
Untere Donaulände 6, A-4020 Linz/D.,
Verl. u. H: Adalbert Stifter Institut
des Landes Oberösterreich. — Red:
Johann Lachinger.

Vis-à-Vis, Berliner Literatur- &
Kunstmagazin — Mtl. — Bergmann-
str. 26, D-1000 Berlin 61, Verl. Vis-à-
Vis. — Chefredakteur u. H: Michael
Laser.

Vulkan. — Mind. 6 × jährl. — H: Margrith Dauwalder, Silvia Schwärzel, Jürg Welter, Frank Dubler, Bänz Friedli.

Wandelhalle der Bücherfreunde, Nachrichtenblatt des Ges. d. Bibliophilen e.V — 4 × jährl. — Red. u. H: Karl-Theo Plato, Ges. d. Bibliophilen e.V., Postf. 160127, D-5400 Koblenz 16.

Wanderbühne, Zs. f. Literatur u. Politik — 3 × jährl. — Mulanskystr. 10, Verl. d. Wanderbühne. — H: Brüder Kröhnke.

Was, Grazer Hefte f. Kultur u. Politik — 4 x jährl. — Red: Elisabethstr. 28, A-8010 Graz. — H: Gerfried Sperl, Michael Steiner.

Watzmann, Satire Österreich — Mtl. — Lasserstr. 6a, A-5020 Salzburg.

Wegwarten, Eine literarische Zs. f. Einzelne — Vjährl. — Rodenberger Str. 13, D-3000 Hannover 91, Walter Lobenstein.

Weimarer Beiträge, Zs. f. Literaturwissenschaft, Ästhetik u. Kulturtheorie — Mtl. — Französische Str. 32, DDR-1080 Berlin, Verl u. H: Aufbau Verl. — Red: Niederwallstr 39, DDR-1080 Berlin. — Chefredakteur: Siegfried Rönisch.

Wellenküsser, Zs. f. Literatur und Grafik — Hjährl. — Jan-Pieter Barbian, Memeler Str. 55, D-6600 Saarbrücken 3; Martin Geiß, Königsstuhlstr. 17, D-6501 Mainz-Lörzweiler. — H: Jan-Pieter Barbian, Martin Geiß, (Jo Micovich).

Welt im Wort/Voix des lettres. — 2 × jährl. — Kirchgasse 25, CH-8001 Zürich, Schweiz. Schriftsteller-Verband.

Werkstattheft. — 3-4 × jährl. — Postf. 2230, CH-4001 Basel, Verl. Werkstatt Arbeiterkultur. — H: Werkstatt Arbeiterkultur.

Wespennest, Zs. f. brauchbare Texte u. Bilder — 4 × jährl. — Verl. u. H: Johann Strauß-G. 26/17, A-1040 Wien, Gruppe Wespennest.

Westermanns Monatshefte. — Mtl. — Georg-Westermann-Allee 66, D-3300 Braunschweig, Georg Westermann Verl. — Chefredakteur: Dieter Zimmerling. — H: Dr. Jürgen Mackensen.

Wiener Kunsthefte. — 11 x jährl. — Neudeggergasse 8, A-1080 Wien, Verl. u. H: Gesellschaft der Kunstfreunde. — Red: Ludwig Sackmauer, Hugo Pepper.

Wiener Sprachblätter. — 6 × jährl. — Feldergasse 55, A-3400 Klosterneuburg-Weidling, Verl. u. H: Verein Muttersprache. — Schriftleiter: Erwin Mehl.

Wiesbadener Literatur-Zeitung. — Zweimtl. — Augustastr. 11, D-6200 Wiesbaden, K. Guha Verl. — Red: Blücherstr. 19, D-6200 Wiesbaden. — H: Michael von Poser.

Der Wille zur Form. — Möglichst jährl. — Oberthürstr. 11, (Steinmeyer), D-8700 Würzburg, Geschäftsstelle d. Paul-Ernst-Gesellschaft. — H: Karl August Kutzbach, Schumannstr. 39, D-5300 Bonn.

Das Windrad, Zs. f. Literatur u. Kunst — 2 × jährl. — Dorfstr. 18, D-8411 Schwetzendorf, Stefan Voit. — H: Stefan Voit, Andreas Alkofer, Josef Pleiner.

Wirkendes Wort, Deutsche Sprache in Forschung und Lehre — Zweimtl. — Am Wehrhahn 100, Postf. 7640, D-4000 Düsseldorf 1, Pädagogischer Verl. Schwann-Bagel GmbH. — Red. u. H: Prof.Dr. Theodor Lewandowski, Heideweg 16, D-5358 Bad Münstereifel-Scheuerheck; Prof.Dr. Heinz Rölleke, Goetheweg 8, D-4040 Neuß 26; Prof.Dr. Wolfgang Schemme, Windhecke 28, D-5358 Bad Münstereifel.

Wortmühle, Literaturblätter aus dem Burgenland — 4 x jährl. — Bundesstr. 50, A-7000 Eisenstadt, Edition Roetzer. — Red. u. H: Dr. Günter Unger, Dr.-Ludwig-Leser-Str. 48, A-7210 Mattersburg.

Die Zeit im Buch, Besprechungsbll., Bericht u. Kritik, Untersuchungen aus d. Bereich d. literarischen Lebens — Vjährl. — Strozzigasse 8, A-1080 Wien, Herold Druck- u. Verl.ges. — Chefredakteur: DDr. Margarethe Schmid, Stephansplatz 6/V, A-1010 Wien. — H: Arb.gem. Buch u. Schrifttum d. Kath. Aktion Österreichs.

Zeitschrift für Bücherfeunde s. Die Besinnung.

Zeitschrift für deutsche Philologie. — Vjährl. — Genthiner Str. 30g, D-1000 Berlin 30, Erich Schmidt Verl. GmbH.

— Red: Universität-Ge-
samthochschule Paderborn, FB
Sprach- u. Literaturwissenschaften,
Warburger Str. 100, D-4790 Pader-
born. — H: W. Besch, H. Moser, H.
Steinecke, B. v. Wiese.

**Zeitschrift für deutsches Altertum und
deutsche Literatur.** — 4 × jährl. —
Friedrichstr. 24, Postf. 5529, D-6200
Wiesbaden, Franz Steiner Verl.
GmbH. — H. u. Red: Kurt Ruh, Thü-
ringer Str. 22, D-8700 Würzburg.

Zeitschrift für Germanistik. — Vjährl.
— Postschließfach 130, DDR-7010
Leipzig, VEB Verl. Enzyklopädie. —
Herausgeberkollegium: Prof.Dr. C.
Träger, Prof.Dr. W. Herden, Prof.Dr.
D. Nerius, Prof.Dr. W. Spiewok,
Prof.Dr. H.-G. Werner, Prof.Dr. W.
Hartung, Dr. R. Rosenberg, Dr. K.-D.
Hähnel, Prof.Dr. K. Schaefer.

**Zeitschrift für germanistische Lingui-
stik (ZGL)** — 3 × jährl. — Genthiner
Str. 13, D-1000 Berlin 30, Walter de
Gruyter & Co. — H: E. Oksaar, H.
Henne, P. v. Polenz, H. E. Wiegand.

Zeitwende, Wissenschaft Spiritualität
Literatur — Vjährl. — Heinrich-
Schütz-Allee 35, D-3500 Kassel-Wil-
helmshöhe, Zeitwende Verlagsges.
mbH, Karlsruhe, in Verbind. mit dem
Johannes Stauda Verl. GmbH. — Red:
Dr. Wolfgang Böhme, Vorholzstr. 5, D-
7500 Karlsruhe 1. — H: Dr. Wolfgang
Böhme, Hermann Greifenstein,
Eduard Lohse, Kurt Schmidt-Clau-
sen.

Zeno. Zs. f. Literatur u. Sophistik —
Hjährl. — Georgenstr. 42, R 6, D-8000
München 40, Zeno-Verlag. — Red:
Trifelsstr. 40b, D-6718 Grünstadt, M.
Rumpf. — H: R. Düßel, J. Ossner, M.
Rumpf, U. Schödlbauer, J. Vahland.

Das Ziegeneuter, Notwehrzs. Erscheinen eingestellt.

Zirkular. — 3 × jährl. — Verl. u. H:
Gumpendorfer Str. 15, A-1060 Wien,
Dokumentationsstelle für neuere öst.
Literatur. — Red: Heinz Lunzer, Hel-
mut Maurer, Kristina Pfoser, Gerhard
Renner.

Zoom, Film-TV-Radio. Illustr. Halbmo-
natszs. f. Film, Radio, Fernsehen u.
AV-Mittel — 2 × mtl. — Postf. 2728,
CH-3001 Bern, Stämpfli + Cie AG. —
Red: Franz Ulrich, Postf. 147, CH-8027
Zürich, Urs Jaeggi, Postf. 1717, CH-
3001 Bern. — H: Schweizerischer
Kath. Volksverein, vertr. d. d. Film-
Kommission u. d. Radio- u. Fernseh-
kommission, Vereinigung evang.-
reformierter Kirchen d. deutschspr.
Schweiz f. kirchl. Film-, Radio- u.
Fernseharbeit.

Zweitschrift, f. ästhetische Theorie u.
Praxis — 3 × jährl. — Warmbüchenstr. 26, D-3000 Hannover 1. — H: Uta
u. Michael Erlhoff.

Zwischenbereiche, Zs. f. Poesie u. Kunst
— 3 × jährl. — Klötzlmüllerstr. 58, D-
8300 Landshut, Roland Steffan-Pale-
ski.

AUTORENVERBÄNDE

Bundesrepublik Deutschland

Verband deutscher Schriftsteller (VS), in der Industriegewerkschaft Druck und Papier (vorm. BDS), Bundesgeschäftsst: Friedrichstr. 15, D-7000 Stuttgart 1, Tel. (0711) 2018236-237. — Gegr.: 1969. — Berufsorganisation deutschsprachiger Schriftsteller. Förderung u. Vertretung d. kulturellen, rechtlichen, beruflichen u. sozialen Interessen d. Mitglieder, Pflege internationaler Beziehungen d. Schriftsteller. — Vors.: Hans Peter Bleul; stellvertr. Vors.: Erich Loest, Gert von Paczensky; Beiräte: Martin Buchhorn, Renate Chotjewitz-Häfner, Karin Hempel-Soos, Jochen Kelter; Geschf.: Ursula Brackmann..

Landes- und Fachgruppen:

VS in Baden-Württemberg e. V. (vorm. Sdt.S.V.),Friedrichstr. 15, D-7000 Stuttgart 1, Tel. (0711) 292441. — Vors.: Johannes Poethen; Schriftf.: Dr. Yüksel Pazarkaya.

VS in Bayern, Schwanthalerstr. 64, D-8000 München 2, Tel. (089) 530821. — Interessenvertretung d. Schriftsteller gegenüber Verlegern u. Gesetzgeber. — Mitgl.: 430. — Vors.: Hans Peter Bleul.

VS in Berlin, Dudenstr. 10, D-1000 Berlin 61, Tel. (030) 7856037. — Gewerkschaftliche Interessenvertretung d. Schriftsteller. — Mitgl.: 250 in Berlin. — Vors.: Hans Christoph Buch; Stellvertr.: Hannes Schwenger; Schriftf.: Ernest Wichner.

VS im Ortsverein Hamburg, Ferdinandstor 1a, D-2000 Hamburg 1, Tel. (040) 338417. — Bemühen um bessere Arbeits- u. Existenzbedingungen von Autoren in solidarischer Zusammenarbeit mit der Gewerkschaft. — Gegr.: 1974. — Mitgl.: 130. — Vors.: Thomas Martin; stellvertr. Vors.: Norbert Ney.

VS in Hessen, Gewerkschaftshaus, Wilhelm-Leuschner-Str. 69-77, D-6000 Frankfurt a.M., Tel. (0611) 252092. — Gegr.: 1969. — Interessenvertret. d. hess. Mitglieder (kulturell, rechtlich, beruflich, sozial). — Mitgl.: 220. — 1. Vors.: Dagmar Scherf, 2. Vors.: Frank Arlig.

VS in Niedersachsen, Sophienstr. 2 (Künstlerhaus), Postf. 6105, D-3000 Hannover 1, Tel. (0511) 329088. — Gegr.: 1958 S.Nds.S.; 1974 VS in Nds. — Aufg. u. Ziele: im Sinne d. VS Bundesverb. — Mitgl.: 160. — Vors.: Johann P. Tammen.

VS in Nordrhein-Westfalen e. V. Wilmergasse 12/13, D-4400 Münster, Tel. (0251) 46877. — Vors.: Volker W. Degener; Geschf.: Wilhelm Damwerth.

VS in Rheinland-Pfalz, Gartenstr. 2, D-6540 Simmern/Hunsrück, Tel. (06761) 3120. — Förderung u. Vertretung der kulturellen, rechtl., berufl. u. sozialen Interessen der Autoren, Pflege der intern. Beziehungen d. Schriftsteller. — Mitgl.: 90. — Vors.: Hajo Knebel.

VS im Landesbezirk Saar, St. Albertstr. 82, D-6600 Saarbrücken 2, Tel. (0681) 46108. — Gegr.: 1969. — Förderung der saarländischen Literatur, intern. Verständig., soziale Unterstützung der Autoren. — Mitgl.: 52. — Vors.: Rainer Petto.

VS, Bundessparte Übersetzer einschl. Verband deutschsprachiger Übersetzer literarischer u. wissenschaftlicher Werke e.V. (VdÜ), Friedrichstr. 15, Postfach 1282, D-7000 Stuttgart 1, Tel. (0711) 2018-236. — 1. Vors.: Dr. Klaus Birkenhauer.

Freier Deutscher Autorenverband e. V. (FDA), Schutzverband Deutscher Schriftsteller, Bundesverband, Pacellistr. 8, D-8000 München 2, Tel. (089) 224452, Pressestelle: Dr. V. Zühlsdorff, Lahnstr. 50, D-5300 Bonn 2, Tel. (0228) 374001. — Gegr.: 1973. — Parteilich unabhängige Berufsorganisation für dt.spr. Autoren u. Autorenerben gleich welcher Staatsangehörigkeit. Der FDA fördert u. schützt das deutsche Kunst- u. Kulturschaffen u. zwar

insbes. die geistige Freiheit, soziale
Gerechtigkeit, wirtschaftl.
Unabhängigkeit. Der FDA erstrebt d.
gesetzl. Regelung tarifvertragsähnl.
Rahmenverträge. — Mitgl.: ca. 1200.
— Präs.: Hubertus Prinz zu
Löwenstein; Vizepräs.: Prof. Dr.
Nikolaus Lobkowicz (geschf.), A.E.
Johann, Luis Trenker.

Landes-Verbände:

FDA Baden-Württemberg,
Weilerhalde 41, D-7400 Tübingen, Tel.
(07071) 45106. — Gegr.: 1973. — Mitgl.:
üb. 100. — Vors.: Klaus Jentzsch;
stellvertr. Vors.: Helmut Brinkmann.

FDA Bayern, Pacellistr. 8, D-8000
München 2, Tel. (089) 224452. — Gegr.:
1973. — Mitgl.: 298. — Vors.: Dr.
Christiane van Briessen.

FDA Berlin, c/o H. Grothe,
Württembergische Str. 23/24, D-1000
Berlin 31, Tel. (030) 8815132. — Gegr.:
1974. — Mitgl.: 32. — Vors.: Heinz
Grothe.

FDA Hamburg e.V. c/o Rudolf
Löning, Hochallee 11, D-2000
Hamburg 13, Tel. (040) 417304. —
Gegr.: 1975. — Mitgl.: 43. — Vors.:
Rudolf Löning; EM u. EVors.: Hans-
Heinz Pukall.

FDA Hessen e. V., Mainblick 15, D-
6242 Kronberg, Tel. (06173) 65566. —
Gegr.: 1975. — Mitgl.: 70. — Vors.: Dr.
Willhart S. Schlegel; stellvertr. Vors.:
Gerhard Löwenthal, Heinz F.S. Liehr.

FDA Niedersachsen e. V., c/o Prof.
Dr. Gerhard Jörgensen,
Stauffenbergring 13, D-3400
Göttingen, Tel. (0551) 22328. — Gegr.:
1975. — Mitgl.: 60. — Vors.: Prof. Dr.
med. Gerhard Jörgensen.

FDA Nordrhein-Westfalen, c/o H.
Herbst, Quellenweg 11, D-5300 Bonn
1, Tel. (0228) 281163. — Gegr.: 1973. —
Mitgl.: 168. — Vors.: Herta Herbst;
Stellvertr.: Reinhard Hauschild;
Schriftf.: Volkmar Zühlsdorff.

FDA Saarland, c/o L. Stromszky-
Stockhausen, Prälat-Subtil-Ring 1, D-
6630 Saarlouis, Tel. (06831) 2662. —
Gegr.: 1982. — Mitgl.: 18. — Vors.: Lisa
Stromszky-Stockhausen.

FDA Schleswig-Holstein s. Schriftsteller in Schleswig-Holstein (mit
Eutiner Kreis u. FDA)..

Oberstes beratendes Gremium:
Deutscher Autorenrat (DAR) c/o Prof.
Dr. Nikolaus Lobkowicz,
Westpreußenstr. 7, D-8000 München
81. — Die Mitgl. des Autorenrates
werden berufen. — Präs.: N.N.;
Vizepräs.: Prof. Dr. Gerd Jörgensen,
A. E. Johann.

Bundesverband Deutscher Autoren e.V.
(B.A.), c/o Verband d. Freien
Berufe, Schlüterstr. 39, Zi. 109, D-1000
Berlin 12, Tel. (030) 8821050 u. Frau
Ingeborg Wilutzky (030) 3915933. —
Gegr.: 1977. — Partnerschafts-
abkommen mit d. Copyright Holder's
Associat. d. Rep. of China. —
Dachorganisation freier in- u.
ausländischer Autorenverbände.
Zusammenschluß zur Förderung
beruflicher, sozialer u. kultureller
Interessen. Pflege intern.
Beziehungen d. Schriftsteller-
verbände. — Mitgl.: 17 Verbände u.
Partnerschaftsabkommen. — Vors.:
Rudolf Hagelstange; Stellvertr.:
Rosemarie Fiedler-Winter, Siegfried
Heinrichs, Klaus Motschmann.

Angeschlossene Verbände
(s.a. Einzelartikel):
Bayerische Autorenvereinigung
Berliner Autorenvereinigung e. V.
Deutscher Autorenverband Hannover
Hamburger Autorenvereinigung
Interessengemeinschaft deutschspr.
Autoren
Niedersächsische Autorenhilfe
Schriftsteller in Schleswig-Holstein
u. Eutiner Kreis
Vereinigung Oberschlesischer
Autoren
Westdeutscher Autorenverband
Der Turmbund Innsbruck
Österreichischer
Schriftstellerverband
Der Autorenkreis Linz
PODIUM 70, Salzb. Schriftstellerverei-
Berner Schriftstellerverein
Innerschweizer Schriftstellerverein
Interessengemeinschaft deutschspr.
Autoren
Verband deutschspr. Schriftsteller in
Israel.

Arbeitsgemeinschaft deutschsprachige
Autoren (ADA), von Schildeck-Str. 12
D-6400 Fulda, Tel. (0661) 78343. —
Gegr.: 1982. — Überparteil. freie
Autorenvereinig. dt.spr. Mitglieder

(Autoren, Maler, Publizisten) in aller
Welt; Zusammenarbeit bekannter u.
unbekannter Autoren u. deren
Förderung; Referat Autor u. Verlag
zum Schutze d. Autoren, eigenes
Lektorat, Referat Jugend; angeschl.
Verlag u. Agentur; Organis. v. Treffen
mit Lesungen u.a., auch in Zus.arb.
mit anderen Verbänden. — Lit.zs.
„adagio". — Mitgl.: 150. — Leitung:
Uwe Siebrands; Geschäftsstelle:
Wolfgang G. Schulze.

Autorengruppe Mainz, c/o Joachim
Hempel, Am Ostergraben 10, D-6500
Mainz 22, Tel. (06131) 363266. — Gegr.:
1972. — Lose Vereinigung in Mainz u.
Umgebung ansässiger Autoren;
Vermittler zw. einzelnen Autoren u.
größeren literar. Vereinen/
Verbänden auf Bundes- u.
Landesebene; Interessenvertreter:
finanzielle Unterstützung
(Lesungshonorar), Förderung lit.
Publikation, Anliegenwahrnehmung
gegenüber kult. Institutionen, lit.
Urteilsbildung (Werkstattgespräche).
— Mitgl.: z. Zt. 31. — Leiter: Joachim
Hempel.

Bayerische Autorenvereinigung c/o
Oswalt von Nostitz, Hirtenstr. 5, D-
8131 Bernried. — Gegr.: 1977. — Mitgl.
im Bundesverb. Deutscher Autoren
(B.A.). — Beratung d. Mitglieder;
Lesungen. — Vors.: Oswalt von
Nostitz.

Berliner Autorenvereinigung e. V. im
Bundesverband Deutscher Autoren e.
V. (B.A.), c/o Verband d. Freien
Berufe, Schlüterstr. 39, Zi. 109, D-1000
Berlin 12, Tel. (030) 8821050 u. Frau
Ingeborg Wilutzky (030) 3915933. —
Gegr.: 1973. — Beratung u. Vertretung
d. Mitglieder, Veranstaltungen,
Lesungen, Arbeitskreise. — Mitgl.: 95.
— 1. Vors.: Rudolf Hagelstange;
Stellvertr.: Siegfried Heinrichs,
Rainer Wagner, Geraldine Jörn.

**Bundesverband der Dolmetscher und
Übersetzer e. V.** (BDÜ),
Generalsekretariat: Rüdigerstr. 79a,
D-5300 Bonn 2, Tel. (0228) 345000. —
Gegr.: 1955. — Vertretung d.
berufsständischen Interessen der
Dolmetscher, Übersetzer u.
gleichwertiger sprachmittelnder
Berufe. — Mitgl.: 2.500 (in 10

Landesverbänden). — Präs.: Hans
Schwarz; Gen.Sekr.: Georg Frantz.

**Bundesverband deutscher
Schriftsteller-Ärzte e. V.** (BDSÄ), c/o
Prof. Dr. W. Theopold,
Cretzschmarstr. 4, D-6000 Frankfurt
a.M., Tel. (0611) 7948147. — Gegr.:
1970. — Mitgl. d. Union Mondiale des
Ecrivains Médicins (UMEM). —
Förderung u. Pflege literarischen
Schaffens unter Ärzten, Vertiefen d.
Kulturellen Beziehungen zw. den
Nationen. — Mitgl.: 180. — Präs.: Prof.
Dr. med. Wilhelm Theopold.

Deutsche Journalisten-Union (dju) in
der IG Druck und Papier,
Bundesgeschäftsstelle, Friedrichstr.
15, Postf. 1282, D-7000 Stuttgart 1, Tel.
(0711) 2018-235. — Gegr.: 1951. — Ziel
ist, die in den jeweiligen
Gewerkschaften organisierten u. in
den verschiedenen Medien tätigen
Journalisten zus. mit den in d.
Technik u. Produktion Beschäftigten
in eine einheitl. Mediengewerkschaft
zusammenzuführen. — Mitgl.: über
6.900. — 1. Vors.: Eckart Spoo;
Stellvertr.: Dieter Brumm, Dr. Fritz
Michael; Geschf.: Gerhard Manthey.

Landesbezirke:

Baden-Württemberg, Friedrichstr. 15,
D-7000 Stuttgart 1, Tel. (0711) 292441.
— Vors.: Helmut Groß.

Bayern, Schwanthaler Str. 64, D-8000
München 2, Tel. (089) 530821. — Vors.:
Ingo Girndt.

Berlin, Dudenstr. 10, D-1000 Berlin 61,
Tel. (030) 7856037. — Vors.: Volker
Skierka.

Hessen, Wilhelm-Leuschner-Str. 69-
77, D-6000 Frankfurt a.M., Tel. (0611)
252092/93. — Vors.: Günther Scherf.

Niedersachsen, Dreyerstr. 6, D-3000
Hannover, Tel. (0511) 326416. — Vors.:
Rainer Butenschön.

Nordmark, Besenbinderhof 57, D-
2000 Hamburg, Tel. (040) 2858505. —
Vors.: Dieter Brumm.

Nordrhein-Westfalen, Hans-Böckler-
Platz 9, D-5000 Köln, Tel. (0221)
517044. — Vors.: Peter Baumöller.

Rheinland-Pfalz/Saar, Kaiserstr. 26-
30, D-6500 Mainz, Tel. (06131) 231666.
— Vors.: Heinrich Werner.

Deutsche Vereinigung für gewerblichen Rechtsschutz und Urheberrecht e. V. (GRUR), Belfortstr. 15, D-5000 Köln 1, Tel. (0221) 728071. — Gegr.: 1925. — Wissenschaftl. Fortbildung u. Ausbau d. gewerblichen Rechtsschutzes u. Urheberrechts, einschl. d. Wettbewerbsrechts. — Mitgl.: ca. 2.400. — Präs.: Karlheinz Quack, Berlin.

Deutscher Autoren Verband e. V. (DAV), Sophienstr. 2, Künstlerhaus, D-3000 Hannover 1, Tel. (0511) 322068. — Gegr.: 1946. — Hilfe in allen Fragen d. Verlags- u. Urheberrechts. — Mitgl.: 150. — Vors.: Wilma Evers; Geschf.: Helga Lipps.

Deutscher Journalisten-Verband e. V. Gewerkschaft der Journalisten (DJV), Bennauerstr. 60, D-5300 Bonn, Tel. (0228) 219093/94. — Gegr.: 1949. — Größter Tarifpartner f. Journalisten in allen Medien. Freiheit u. Eigenständigkeit v. Presse u. Rdfk, Sicherung d. geistigen Unabhängigk. d. journalist. Arbeit, Mitwirkung b. Gesetzentwürfen, die Presse, Hörfunk u. Fs. berühren. Stärkung d. soz. u. berufl. Stellung d. Journalisten, Förderung d. journalist. Nachwuchses, Vertret. d. Berufsinteressen dt. Journalisten i. Ausld., Pflege intern. Beziehungen. Rechtsschutz. — Hrsg. e. Verbands-Zs. — Mitgl.: 14.000. — 1. Vors.: Christian Schneider; Hauptgeschf.: Fritz Raff.

Landesverbände:

Journalistenverband Baden e.V., Turmstr. 12, D-7800 Freiburg, Tel. (0761) 37273. — Vors.: Thomas Hauser.

Bayerischer Journalisten-Verband e.V., Seidlstr. 8, D-8000 München 2, Tel. (089) 596327 — Vors.: Dr. Geiersberger; Geschf.: Frauke Ancker.

Journalisten-Verband Berlin, Am Schillertheater 4, D-1000 Berlin 12, Tel. (030) 3139056. — Vors.: Herwig Friedag; Geschf.: Kurt H. Orb.

Bremer Journalisten-Vereinigung e.V., Schnoor 27/28, D-2800 Bremen, Tel. (0421) 325450. — Vors.: Sven Scholz; Geschf.: Wolfgang Lintl.

Journalisten-Verband Hamburg e.V., Gänsemarkt 35 IV, D-2000 Hamburg

36, Tel. (040) 346375. — Vors.: Gerhard Jirjahlke; Geschf.: Eva Klebe.

Hessischer Journalistenverband e.V., Liebigstr. 24, D-6000 Frankfurt a.M., Tel. (0611) 721009. — Vors.: Gernot Raue; Geschf.: Hubert Engeroff.

Verband der Journalisten in Niedersachsen e.V., Odeonstr. 13, D-3000 Hannover 1, Tel. (0511) 18839. — Vors.: Wolfram Linsenmann; Geschf.: Thomas Mertens.

Rheinisch-Westfälischer Journalisten-Verband e.V., Königsallee 68, D-4000 Düsseldorf, Tel. (0211) 320328. — Vors.: Werner A. Rudolph; Geschf.: Erwin Burgmaier.

Journalistenverband Rheinland-Pfalz e.V., Am Brand 31, D-6500 Mainz, Tel. (06131) 221034. — Vors.: Josef-Heinrich Weiske; Sekr.: Gudrun König.

Saarländischer Journalistenverband, St. Johanner Markt 5, D-6600 Saarbrücken 3, Tel. (0681) 3908668. — Vors.: Heinz Kölling.

Schleswig-Holsteinischer Journalistenverband e.V., Holstenbrücke 2, D-2300 Kiel, Tel. (0431) 95886. — Vors.: Günther Martens; Sekr.: Ingeburg Späth.

Südwestdeutscher Journalistenverband, Taubenheimstr. 69, D-7000 Stuttgart-Bad Cannstatt, Tel. (0711) 561504. — Vors.: Erich Bottlinger; Geschf.: Rudi Munz.

Dramatiker-Union e. V. (D.U.), Bismarckstr. 17, D-1000 Berlin 12, Tel. (030) 3416030 — Gegr.: 1871. — Vormals: Verband deutscher Bühnenschriftsteller u. Bühnenkomponisten e. V. (V.D.B.S.). — Der Verband vertritt die Berufsinteressen d. Schriftsteller u. Komponisten f. Bühne, Funk, Film u. Fernsehen. — Mitgl.: 450 (deutschsprachige Dramatiker incl. Schweiz u. Österreich). — Präs.: Wolfgang Fortner, Curth Flatow; Geschf.: Eckhard Schulz.

Europäische Autorenvereinigung "Die Kogge" e. V., Hardenbergstr. 23, D-4950 Minden/Westf., Tel. (0571) 25244 — Gegr.: 1924. — Europäische Ziele Austausches u. d. Verständigung. — Mitgl.: 181. — Vors.: Dr. Inge

Meidinger-Geise; Geschf.: Theodor
Knief.

**GEDOK, Verband der Gemeinschaften
der Künstlerinnen und Kunst-
freunde e. V.,** Sitz Hamburg,
Kronprinzenstr. 25, D-5300 Bonn 2,
Tel. (0228) 355105. — Gegr.: 1926. —
Mitglied d. IGBK (Internat. Gesellsch.
d. Bildenden Künste) — Sektion d.
Bdesrep. Dtld. u. Berlin/West e. V.
(IAA/AIAP Unesco). — Förderung d.
wertvollen künstlerischen Arbeit d.
Frau, Wahrung d. Interessen d.
Künstlerinnen, Förderung junger
Künstlerinnen. Fachgruppen: Lit.,
Musik, Bildende Kunst,
Kunsthandwerk, Sprechkunst u.
Darstellende Kunst in Verbindung m.
Kunstfreunden. — Seit 1968 Ida-
Dehmel-Preis (Lit.), alle 3 Jahre
vergeben. — Mitgl.: ca. 4000. — Präs.:
Gisela Gräfin von Waldersee.

**Genossenschaft Deutscher Bühnen-
Angehöriger** (GDBA),
Feldbrunnenstr. 74, D-2000 Hamburg
13, Tel. (040) 443870 u. 445185. —
Gegr.: 1871. — Gewerkschaftl.
Organisation d. Bühnenkünstler. —
Mitgl.: ca. 10.000. — Geschf. Präs.:
Hans Herdlein.

**Gesellschaft für musikalische
Aufführungs- und mechanische
Vervielfältigungsrechte** (GEMA),
Bayreuther Str. 37, D-1000 Berlin 30,
Tel. (030) 21041; Herzog-Wilhelm-Str.
28, D-8000 München 2, Tel. (089)
55991; GEMA-Pressereferat,
Adenauerallee 134, D-5300 Bonn 1,
Tel. (0228) 219370. — Gegr.: 1903 als
Genossenschaft Deutscher Tonsetzer
(GDT), seit 1930 Musikschutzverband,
seit 1933 STAGMA, seit 1947 GEMA.
— Vors. d. Aufsichtsrates: Raimund
Rosenberger; Vorstand: Prof. Dr.
Erich Schulze.

**Hamburger Autorenvereinigung im
Autoren- u. Leserkreis e. V.,** Mitgl. i.
Bundesverband Deutscher Autoren e.
V., Geschäftsstelle: Postfach 550430,
D-2000 Hamburg 55, Tel. (040)
6772681. — Gegr.: 1977. — Belebung
der Kontakte zw. Autoren u. Lesern,
Vorstellung v. Arbeiten neuer wie
auch bereits eingeführter Autoren. —
Mitgl.: 70. — 1. Vors.: Rosemarie
Fiedler-Winter; 2. Vors. Prof. Dr.
Leonhard Brosch.

**Institut für Urheber- u. Medienrecht e.
V.,** Amalienstr. 10, D-8000 München 2,
Tel. (089) 281140. — Gegr.: 1954. — Bei
Gründ.: Inst. f. Filmrecht,
Fiduziarische Stiftung; später: Inst. f.
Film- u. Fernsehrecht e. V., jetzt: s.o.
— Wiss. Forschungsarbeiten sowie
Archivierung in- und ausländ.
Gesetzgebung, Rechtsprechung u. Lit.
— Hrsg. wiss. Veröffentl.; Film u.
Recht, Zs. f. Urheber- u. Medienrecht
(seit 1957 in mtl. Folgen). — Mitgl.
(durch Zuwahl): 48. — Vors.: Prof. Dr.
Wilhelm Herschel, Bonn/Köln;
Komm. Geschf. Vorstandsmitgl.: Prof.
Dr. Manfred Rehbinder.

**Interessengemeinschaft deutsch-
sprachiger Autoren e. V.** (IGdA),
Mitgl. i. Bdesverb. Deutscher Autoren
e.V. (B.A.), Geschäftsstelle: Postf. 2229,
D-7056 Weinstadt, Tel. (07151) 61114.
— Gegr.: 1967. — Überparteiliche
freie Autorenvereinigung mit dt.spr.
Mitgliedern in aller Welt; Verlags- u.
Agenturüberwachung zum Schutze
der Autoren; Organisation von
Regionaltreffen mit Autorenlesungen
u. Vorträgen; gesellige Zusammen-
künfte, die d. Kontakte der Autoren
zu einander fördern sollen; Zu-
sammenarbeit mit anderen
Verbänden. — Publ.: eig. Mitt.bl.
"IGdA-aktuell", period. Hrsg. eines
Almanachs. — Vors.: Helmfried
Knoll; 2. Vors. u. Geschäftsstelle:
Grete Wassertheurer; Öffentlichkeits-
arb.: Ria Piekara.

**Interessenvertretung Baden-
Württembergischer Autoren**
aufgelöst.

Journalistischer Arbeitsring e.V. (JAR),
Postf. 1361, Heidering 17, D-3160
Lehrte, Tel. (05132) 4666. — Gegr.:
1962. — Aufgabe ist, frei- u.
nebenberufl. tätige Journalisten in
Wort u. Bild zu vereinigen, bei d.
Ausübung d. Tätigkeit jegliche
Unterstützung u. Hilfe zu
gewährleisten. — Mitgl.: ca. 300. —
Vors.: Friedel Bödeker.

Die Künstlergilde e. V., Verband d. ostdeutschen, heimatvertriebenen oder
geflüchteten Künstler, Webergasse 1,
D-7300 Eßlingen/N., Tel. (0711) 359129.
— Gegr.: 1948. — Förderung ostdeutscher Künstler, Wahrung ihrer
wirtschaftlichen, sozialen u. ideellen

Interessen; Pflege ostdeutschen Kulturgutes, Herausgabe v. Anthologien u. Bildbänden, Veranstaltung v. Ausstellungen, insbes. Buchausstellungen, Dichterlesungen; Vergabe d. Andreas-Gryphius-Preises u. Georg-Dehio-Preises. — Mitgl.: ca. 1050. — 1. Vors.: Albrecht Baehr; stellvertr. Vors.: Dr. Ernst Schremmer.

Künstlerhort, Zweckverband freischaffender Künstler, c/o Grete Altstadt-Grupp, Bierstadter Höhe 21, D-6200 Wiesbaden, Tel. (06121) 560711. — Gegr.: 1955. — Förderung d. in- u. ausländischen Mitglieder durch öffentl. Veranstaltungen; Interessenvertretung. — Mitgl.: etwa 100. — Vors.: Grete Altstadt-Grupp.

Niedersächsische Autorenhilfe (NA), Über den Höfen 12, D-3401 Waake, Tel. (05507) 463. — Gegr.: 1975. — Mitgl. des Bundesverbandes Deutscher Autoren (B.A.). — Förderung d. Arbeiten älterer Autoren, Hilfen im Falle d. Bedürftigkeit. — Mitgl.: 34 ordentl., 6 korresp. — 1. Vors.: Dr. Günther Meinhardt.

Rundfunk-Fernseh-Film-Union in der Gewerkschaft Kunst **im DGB** (RFFU), Klarastr. 19, D-8000 München 19, Tel. (089) 182061. — Gegr.: 1950. — Vertretung und Förderung der beruflichen, sozialen, wirtschaftlichen und rechtlichen Interessen der Mitglieder; Gewerkschaftlicher Zusammenschluß aller im Organisationsbereich der RFFU Tätigen; Zusammenarbeit auf allen Ebenen mit dem DGB und allen vom DGB anerkannten internationalen Gewerkschaftsorganisationen. — Mitgl.: 19.950. — Geschf. Hauptvorstand: Alfred Horné (Vors.), Irene Edenhofer, Dieter Klein, Rudolf Syrowy, Jürgen Schröder-Jahn.

Schrieverkring, c/o Heinz von der Wall, Druchhorner Str. 18, D-4554 Ankum, Tel. (05462) 792. — Gegr.: 1953. — Pflege d. plattdeutschen Schrifttums; Förderung d. niederdeutschen Autoren des nordwestdt. Raumes bei „Warkeldagen" (Arbeitstagungen) jährl. zweimal, durch Werkkritik u. Lesungen; Kontakte vor allem zu Dialekt-Autoren d. niederld. Grenzraums. — Mitgl.: 60. — Vors.: Heinz von der Wall; Geschf.: Fritz Lottmann.

Schriftsteller in Schleswig-Holstein e.V. (mit Eutiner Kreis und FDA), Melusinenhof, D-2440 Kükelühn, Tel. (04382) 265. — Gegr.: als „Eutiner Kreis" im 18. Jh.; neubegr. um 1935. — Vertretung d. schleswig-holsteinischen Autoren in d. Öffentlichkeit u. Förderung d. literar. Entwickl. d. Landes. — Mitgl.: 125. — Vors.: Dr. habil. Gerhard Eckert; Schrift.: Friedrich Mülder.

Verband der deutschen Kritiker e. V., c/o Dr. Carla Rhode, Prinz-Handjery-Str. 29c, D-1000 Berlin 37, Tel. (030) 8111352. — Gegr.: 1950. — Erfahrungsaustausch d. Mitglieder. — Verteilung d. jährl. Kritikerpreises in den Sparten Literatur, Musik, Film, Tanz, Theater, Fernsehen, Bildende Kunst; Mitarbeit in Gremien f. Fachfragen (Premierenkartenverteilung). — Mitgl.: 110. — 1. Vors.: Heinz Ritter; 2. Vors.: Hedwig Rohde; Geschf.: Dr. Carla Rhode.

Verband deutschsprachiger Übersetzer literarischer und wissenschaftlicher Werke e.V., Kuhstr. 11, D-4172 Straelen Tel. (02834) 191151. — Geschf.: Ursula Brackmann. s.a. VS, Bundessparte Übersetzer.

Verband Fränkischer Schriftsteller e. V. (VFS), Seinsheimstr. 20, D-8700 Würzburg, Tel. (0931) 83454 u. c/o P. Aumüller, Happurgerstr. 42, D-8500 Nürnberg. — Gegr.: 1962. — Sammlung u. Förderung d. fränk. Schriftsteller u. befreundeter Schriftsteller aus anderen Regionen durch Veröffentlichungen, Seminare u. Tagungen; Förderung vor allem d. schriftsteller. Nachwuchses. — Mitgl.: etwa 100. — 1. Vors.: Otto Schmitt; Geschf.: Peter Aumüller.

Verband Junger Publizisten Deutschlands (VJPD), VJPD-Generalsekretariat, Postfach 3120, D-7500 Karlsruhe 1. — Gegr.: 1965. — Förderung junger Publizisten; Fachliche Aus- u. Weiterbildung, Fachtagungen; Vergabe v. Förderpreisen; Veranstaltung d. Lit.-Wettbewerbs "Junge Poesie". —

Mitgl.: 600. — Bundesvors.: Klaus E.
R. Lindemann.

**Vereinigung Oberschlesischer Autoren
im Bundesverband Deutscher
Autoren (B.A.)**, Kölner Str. 29, D-5657
Haan 1, Tel. (02129) 2402. — Gegr.:
1977. — Enge Zusammenarbeit mit
"Westdt. Autorenverband" im B.A. —
Pflege d. oberschles. zweispr.
Literatur mit Berücks.
"wasserpolnischer Mundartliteratur".
— Vors.: Mgr. Joachim G. Görlich;
Sprecher: Hans Lipinski-Gottersdorf;
stellvertr. Vors.: Robert Grabski u.
Klaus Gaida.

**Versorgungsstiftung der deutschen
Textdichter**, Bayreuther Str. 37-38, D-
1000 Berlin 30, Tel. (030) 21041. —
Gegr.: 1936. — Geschf. Kurator:
Bruno Balz.

Verwertungsgesellschaft Bild-Kunst,
(VG Bild-Kunst) Geschäftsstelle
Bonn (Berufsgr. Bild. Künstler u.
Film): Poppelsdorfer Allee 43, D-5300
Bonn 1, Tel. (0228) 219566;
Geschäftsstelle München (Berufsgr.
Fotografen, Grafik-Designer):
Stollbergstr. 1, D-8000 München 22. —
Gegr.: 1969. — Wahrnehmung d.
Rechte u. Ansprüche d. Urheber von
Werken, die nach § 2 Abs. 1 Ziff. 4-7
UrhG geschützt werden (Werke d.
Bild. Kunst, Lichtbildwerke,
Fotografien, Filmwerke, grafische
Darst.). — 4.000 dt. Urheber; Vertret. f.
ca. 3.000 ausl. Urheber. — Vorst.:
Frauke Ancker, Prof. Siegfried
Neuenhausen, Gerhard Pfennig
(geschf. Vorst.mitgl.); Vors. d.
Verwalt.rates: Anatol Buchholtz;
Stellvertr.: Dr. Roland Klemig.

**Verwertungsgesellschaft WORT,
vereinigt mit der
Verwertungsgesellschaft
Wissenschaft**, rechtsfähiger Verein
kraft Verleihung (VG WORT),
Goethestr. 49, D-8000 München 2, Tel.
(089) 539541. — Gegr.: 1958. — Fusion
mit der VG Wissenschaft 78. —
Wahrnehmung von individuell nicht
mehr wahrnehmbaren
Urheberrechten im literar. u. wiss.
Bereich; Unterstützung von
bedürftigen Autoren (Sozialfonds);

Übernahme d. Arbeitgeberanteils zur
Rentenversicherung v. Autoren
(Autorenversorg.werk); Förderung v.
wiss. Werken durch Druckkosten-
zuschüsse (Förderungs- u. Beihilfs-
fonds Wissensch.), sowie Zuschüsse z.
Krankenvers. — Mitgl.: 350, ca. 50.000
berechtigte Autoren u. Verlage. —
Geschf. Vorstandsmitgl.: Ferdinand
Melichar.

Werkkreis Literatur der Arbeitswelt
Postfach 180227, D-5000 Köln u. c/o H.
Böseke, Gervershagener Str. 4, D-5277
Marienheide-Müllenbach, Tel. (02264)
1567. — Gegr.: 1970. — Vereinigung v.
Arbeitern u. Angestellten, die in örtl.
Werkstätten mit Schriftstellern,
Journalisten u. Wissenschaftlern
zus.arbeiten. Aufgabe ist d.
Darstellung d. Situation abhängiger
Arbeitender, vornehml. mit sprachl.
Mitteln. — Mitgl.: 350. — Zweijährl.
wechselnder Sprecherrat; z.Zt.
Sprecher/Geschf.: Harry Böseke.

Westdeutscher Autorenverband e. V.
(WAV), Mitgl. im Bundesverband
Deutscher Autoren e. V. (B.A.), c/o
Hugo Frischmuth, Maybachstr. 14, D-
4000 Düsseldorf 30, Tel. (0211) 627209.
— Gegr.: 1977. — Zus.arb. mit d.
"Vereinig. oberschles. Autoren" u.a.
Schriftst.verbänden. —
Berufsständische
Interessenvertretung seiner
Mitglieder sowie Förderung insbes.
junger Autoren. — Mitgl.: 28. — 1.
Vors.: Mtrp. Paulos; 2. Vors.: Mgr.
Joachim Georg Görlich. Geschf.:
Hugo Frischmuth.

**Neue Zentralstelle der Bühnenautoren
und Bühnenverleger G.m.b.H.,**
Bismarckstr. 17, D-1000 Berlin 12, Tel.
(030) 3416030. — Vertritt die gemeins.
Interessen ihrer Gesellschafter
Dramatiker-Union e. V. u. Verband
Dt. Bühnenverleger e. V. in urheber-
rechtl. u. wirtschaftl. Fragen. — Vors.
d. Verwaltungsrates: Dr. Maria
Müller-Sommer; Geschf.: Eckhard
Schulz.

Deutsche Demokratische Republik

Schriftstellerverband der DDR (SV-DDR), Postf. 1299, Friedrichstr. 169, DDR-1086 Berlin, Tel. 2373100. — Gegr.: 1952. — Mitgl.: 837. — Präs.: Hermann Kant; 1. Sekr.: Gerhard Henniger.

Anstalt zur Wahrung der Aufführungs- rechte auf dem Gebiete der Musik (AWA), Storkower Str. 134, DDR-1055 Berlin, Tel. 4340. — Gegr.: 1951. — Durch d. AWA wird d. staatl. Auftrag entsprochen, d. Interessen d. Komponisten u. Musikverleger zu vertreten: Vergeben von Aufführungsrechten an Werkn d. Musik (Kl. Recht); Geltendmachen u. Einziehen d. Lizenzgebühren f. d. Aufführung v. Werken d. Musik; Verteilung d. eingegangenen Lizenzgebühren an d. Berechtigten

nach Abzug d. Verwalt.kosten. — Mitgl.: ca. 6.500 Berechtigte. — Vors. d. Beirats: Prof. Dr. sc. Siegfried Köhler; Gen. Dir.: Dr. Willi Lange.

Verband der Film- und Fernseh- schaffenden der DDR (VFF), Hermann-Matern-Str. 54, DDR-1040 Berlin, Tel. 2362806. — Gegr.: 1967.

Verband der Journalisten der DDR (VDJ), Postfach 1301, Friedrichstr. 101, DDR-1086 Berlin, Tel. 200106. — Gegr.: 1946. — Preise: Franz-Mehring-Ehrennadel, Journalistenpreis d. VDJ, Johannes-R.-Becher-Journalistenpreis, "Goldene Feder". — Publ.: Neue Deutsche Presse. — Mitgl.: ca. 8400. — Vors.: Eberhard Heinrich.

Österreich

Österreichischer Schriftstellerverband, Kettenbrückengasse 11/14, A-1050 Wien, Tel. (0222) 564151. — Gegr.: 1945. — Berufsvereinigung. — Mitgl.: 350. — Präs.: Prof. Dr. Hans Krendlesberger; Gen.Sekr.: Prof. Wilhelm Meissel.

AUSTRO-MECHANA Gesellschaft zur Verwaltung und Auswertung mechanisch-musikalischer Urheberrechte GesmbH, Baumannstr. 10, A-1030 Wien, Tel. (0222) 757679. — Gegr.: 1946. — Wahrnehmung mechan.-musikal. Urheberrechte an Werken d. Tonkunst u. mit Werken d. Tonkunst verbundener Sprachwerke sowie von Vergütungsansprüchen. — Mitgl.: 4.500. — Präs.: Oktavian Spitzmüller; Vizepräs.: Prof. Franz Zelwecker; Dir.: Dr. Helmut Steinmetz.

Der Autorenkreis Linz (AKL), Tungassingerstr. 38, A-4020 Linz. — Gegr.: 1956. — Schutz- u. Interessengemeinschaft literarisch Schaffender in ObÖst. — Autorenlesungen; Dokumentationen

üb. neue Dichtung; Förderung heimischer Schriftsteller; Tagungen (im Rahmen d. Alpenländ. Begegn. Innsbruck); Rechtsschutz der Mitglieder. — Mitgl.: 60. — Präs.: Prof. h.c. Carl Hans Watzinger; stellvertr. Präs.: Hans Hamberger.

Forum Stadtpark Graz (F. St. Graz), Stadtpark 1, A-8010 Graz, Tel. (0316) 77734. — Gegr.: 1959; eröffnet: 1960. — Seit 1973 Zusammenarbeit m. "Grazer Autorenversammlung". — Förderung junger Künstler (Malerei, Dichtung, Theater, Film, Musik, Architektur, Fotografie); kulturpolit. Aktivitäten; Lesungen, auch Gruppenlesungen im Ausland. — Publ.: "manuskripte", Zs. "Camera Austria", Zs. f. Fotogr. — Mitgl.: 200. — Präs.: Alfred Kolleritsch.

Genossenschaft dramatischer Schrift- steller und Komponisten in Wien, Rotenturmstr. 5-9, A-1010 Wien, Tel. (0222) 632304 Serie. — Nach Auflösung 1938 im Jahre 1945 neu gegr. — Schutz, Wahrung, Förderung

u. Vertretung künstler. u. wirtschaftl.
Interessen. — Mitgl.: 90. — Präs.: Dr.
Kurt Nachmann; Syndikus: Dr. Hans
Perner.

Grazer Autorenversammlung,
Sekretariat Wien: Schwertgasse 2/13,
A-1010 Wien, Tel. (0222) 630132. —
Gegr.: 1973. — Beobachtung d.
ideellen u. materiellen Interessen d.
in diesem Verein zus.geschlossenen
Autoren. — Mitgl.: 349. — Präs.:
Gerhard Rühm; Vizepräs.: Heimrad
Bäcker, Elfriede Czurda, Ernst Jandl,
Alfred Kolleritsch; GenSekr.: Ulf
Birbaumer.

**Interessengemeinschaft
österreichischer Autoren** (IG
Autoren), Gumpendorferstr. 15/13, A-
1060 Wien, Tel. (0222) 578659. — Gegr.:
1971. — Nach d. „Ersten öst.
Schriftstellerkongreß" 1981
Zusammenschluß mit d.
„Autorensolidarität" u.
Umstruktuierung: vom reinen
Dachverband in eine Mischform:
Einzelmitglieder = Autoren, sowie
Verbandsmitglieder =
Autorenvereinigungen,
Literaturgruppen usw. — Ziel ist, die
berufl., rechtl. u. sozialen Interessen
d. öst. Autoren zu fördern u. sie
gegenüber ihren Vertragspartnern u.
d. Behörden zu vertreten. — Mitgl.: rd
850 Einzelmitgl.; 35 Verbandsmitgl. —
Präs.: Prof. Milo Dor; Vizepräs.: Dr.
Ernst Jandl, Dr. Viktor Suchy;
Geschf.: Gerhard Ruiss u. Joh. A.
Vyoral.

**Interessengemeinschaft von
Übersetzern literarischer und
wissenschaftlicher Werke**
(Übersetzergemeinschaft),
Schöffelgasse 12-14/3/3, A-1180 Wien,
Tel. (0222) 476453. — Gegr.: 1981. —
Wahrung d. gemeinsamen berufl.,
wirtschaftl., rechtl. u. sozialen
Interessen d. Mitglieder:
Verhandlungen mit Auftraggebern/
Organisat., Institutionen, Behörden
usw., Interventionen/Abkommen,
Verträge; in- u. ausländ.
Verbindungen zu Personen u./o.
Organisat. mit gleichen o. ähnl.
Interessen; Zusammenkünfte,
Vorträge, Arbeitskreise, Veröffent-
lichungen; Erstellen v. Gutachten;
Fachbibliothek f. Mitglieder. — Mitgl.:
70. — Vors.: Utta Roy-Seifert.

Kärntner Schriftstellerverband,
Postfach 305, A-9010 Klagenfurt, Tel.
(04222) 55934. — Gegr.: 1969. —
Vertretung der Interessen der
Mitglieder. — Mitgl.: 38. — Präs.:
Walther Nowotny.

Literar-Mechana,
Wahrnehmungsgesellschaft f.
Urheberrechte G.m.b.H., Linke
Wienzeile 18, A-1060 Wien, Tel. (0222)
572161. — Gegr.: 1959. —
Wahrnehmung literarischer
Urheberrechte. — Mitgl.: ca. 2.000. —
Geschf.: Franz-Leo Popp.

**Literatur der Arbeitswelt — Steirische
Werkstatt,** z. Hd. Gerhard Winkler,
Lange Gasse 31, A-8010 Graz, Tel.
(0316) 655983. — Gegr.: 1978. — Ziel
ist, d. Arbeitswelt u. Lebensumstände
von lohnabhängig Beschäftigten bzw.
deren Familien in lit. Form öffentlich
zu machen. Dazu dienen
Publikationen, Lesungen u. d.
Teilnahme an Veranstaltungen d.
Gewerkschaften u. polit.
Organisationen. — Mitgl.: 23. — Vors.:
Gerhard Winkler u. Dr. Erwin Holzer.

Österreichische Künstler-Union,
Interessengemeinschaft
künstlerischer Zweck-Vereinigungen
u. Institutionen (ÖKU), Maria-
Theresien-Str. 11/3, A-1090 Wien, Tel.
(0222) 343600/226 DW — Gegr.: 1971.
— Wahrnehmung der gemeinsamen
wirtschaftl., rechtl. u. kulturpolit.
Interessen der ihr angehörenden
künstler. Vereinigungen u.
Institutionen in gemeinnütz. Weise;
vertritt d. allg. Interessen d.
Kunstschaffens, d. Kunstausübung u.
d. Kunsterziehung. Erstellen v.
Gutachten; Publikationen; Aktionen
z. Aufbringung u. Erschließung v.
Mitteln f. öst. Künstler. — Mitgl.: 12
Verbände mit ca. 30.000 Einzelmitgl.
— Präs.: Prof. Kurt Rapf; Geschf.
Vizepräs.: DDDr. Karl Rössel-Madjan.

Österreichischer Autorenverband,
Kärntner Str. 51, A-1010 Wien, Tel.
(0222) 525865. — Gegr.: 1975. — Mitgl.:
210. — Präs.: Lucy Ludikar-Steidl.

**Österreichischer Übersetzer- u.
Dolmetscherverband UNIVERSITAS.**
p.A. Inst. f. Dolmetscherausbildung an
d. Universität Wien, Dr. Karl Lueger-
Ring 1, A-1010 Wien, Tel. (0222) 4300/

2336 Dw. — Gegr.: 1954. —
Interessenvertretg. d. in Österreich
tätigen Übersetzer u. Dolmetscher,
Absolventenverband. — Mitgl.: ca.
350. — Präs.: Annie Weich; Gensekr.:
Liese Katschinka.

Presseclub Concordia, Vereinigung
Österreichischer Schriftsteller u.
Journalisten (Concordia), Bankgasse
8, A-1010 Wien I, Tel. (0222) 638573. —
Gegr.: 1859. — Concordia fusioniert
mit d. Öst. Presseclub 1958. —
Veranstaltung v. Pressekonferenzen,
soziale Betreuung notleidender
Schriftsteller u. Journalisten,
Wahrung des Ansehens d.
Journalismus. — Mitgl.: 350. — Präs.:
Dr. Kurt Skalnik; Vizepräs.: Dr.
Thomas Chorherr, Josef Riedler,
Prof.Dr. Karl Heinz Ritschel;
GenSekr.: Dr. Alfred Schneider.

**Staatlich genehmigte Gesellschaft der
Autoren, Komponisten und Musik-
verleger (AKM),** reg. Gen.m.b.H.
(AKM), Baumannstr. 8-10, A-1030
Wien, Tel. (0222) 731555. — Gegr.:
1897. — Musikalische
Verwertungsgesellschaft. — Mitgl.:
5.291. — Präs.: Prof. Dr. Marcel Rubin;
GenDir.: Ernst Huemer.

**Staatlich genehmigte Literarische
Verwertungsgesellschaft (L.V.G.),**
Linke Wienzeile 18, A-1060 Wien, Tel.
(0222) 572161. — Gegr.: 1947 (1936). —
Verwertung literar. Urheberrechte. —
Präs. des Vorst.: Prof. Milo Dor; Präs.
des Aufsichtsrates: Dieter Reisser;
Geschf.: Franz-Leo Popp.

Steirischer Schriftstellerbund (SSB), c/o
Otto Eggenreich, Kernstockweg 9, A-
8072 Fernitz b. Graz, Tel. (03135)
36344. — Gegr.: 1949. — Förderung v.
Autoren durch Veranstalt. v.
Lesungen bzw. durch d. Hrsg. d.
Lit.zs. „Lichtungen". — Mitgl.: 72. —
Präs.: Otto Eggenreich.

**Verband der Geistig Schaffenden
Österreichs,** Kärntner Str. 51, A-1010
Wien, Tel. (0222) 525865. — Gegr.:
1946. — Mitgl.: ca. 4000. — Präs.: Dr.
Arnold Sucher.

**Verband der katholischen Schriftsteller
Österreichs (VDKSÖ),** Spiegelgasse 3,
A-1010 Wien, Tel. (0222) 532561. —

Gegr.: 1900. — Der von R. v. Kralik
gegr. Verband d. Kath. Schriftsteller
vereinigte sich unter d. alten Namen
1965 mit dem 1931 gegr. christl.-dt.
Schriftstellerverband "Winfried". —
Vertritt in Wort, Schrift u. Tat d.
Standpunkt d. kath. Moral, sowie d.
Interessen aller öst. u. Südtiroler
kath. Schriftsteller. — Mitgl.: 170. —
Präs.: Johannes Twaroch; GenSekr.:
Dr. Leopold Wech.

**Verband Österreichischer Textautoren
(VÖT),** Baumanngasse 8-10, A-1030
Wien, Tel. (0222) 2620502. — Gegr.:
1956. — Wahrnehmung d.
Standesinteressen, Förderung
Künstler. u. wirtsch. Belange d.
Mitglieder. Veranstaltungen u.
Wettbewerbe zur Propaganda
textlich-musikal. Werke. — Mitgl.:
250. — Präs.: Prof. Hans Hauenstein.

**Verein der Schriftstellerinnen und
Künstlerinnen,** Neubaugasse 61, A-
1070 Wien, Tel. (0222) 932467. — Gegr.:
1885. — Förderung d. Frauen-
schrifttums u. -kunstschaffens,
Interessenschutz. — Mitgl.: 60. —
Präs.: Elisabeth Lein; Vizepräs.:
Hermi Leopold.

Vereinigung Hauptberuflicher Autoren,
Herrengasse 5/1/2, A-1010 Wien, Tel.
(0222) 638259. — Gegr.: 1974. —
Wahrung d. Rechte hauptberufl.
Autoren, die allein von ihrer literar.
Tätigkeit ihren Lebensunterhalt
bestreiten. Unter den Mitgl. befinden
sich sowohl Autoren d. P.E.N.-Clubs
wie auch d. Grazer Autorenvereinig.,
aber auch solche, die keiner
Organisation angehören. — Mitgl.:
130. — Präs.: György Sebestén.

**Vereinigung Sozialistischer
Journalisten und Schriftsteller
Österreichs,** Boltzmanngasse 21, A-
1090 Wien, Tel. (0222) 341273. — Gegr.:
1948. — Fachverband d. "Bundes
Sozialistischer Akademiker, Intellek-
tueller u. Künstler". — Vorträge,
Diskussionen, Editionen usw. —
Mitgl.: 300. — Obmann: Dr. Hannes
Drössler.

Volksbildungswerk für das Burgenland,
Referat f. Literaturpflege (vorm.
Arbeitsgemeinschaft d. literarisch
Tätigen im Burgenland), Joseph
Haydn-Gasse 11, A-7000 Eisenstadt,
Tel. (02682) 2282. — Gegr.: 1945. —

Erfassung u. literarische Betreuung aller im Burgenland geborenen und (oder) im Burgenld (einschl. d. Ödenburger Gebietes) lebenden Autoren. Vorbereitungen außerhalb des

Burgenlandes; Anthologien u. Einzelveröffentlichungen burgenländ. Literatur. — Mitgl.: 80. — Vors.: HofR. Dr. Edmund Zimmermann; Geschf.: Mag. Hans Lunzer.

Schweiz

Schweizerischer Schriftsteller-Verband (SSV), Kirchgasse 25, CH-8001 Zürich, Tel. (01) 473020. — Gegr.: 1912. — Förderung des schweizerischen Schrifttums, Wahrung der Interessen der schweizerischen Schriftsteller. — Publ.: Welt im Wort/Voix des lettres (2 × jährl.). — Mitgl.: 550. — Präs.: André Imer; Sekr.: Otto Böni.

Basler Schriftsteller-Verein (Ba.S.V.), c/o Präs. Hans Räber, Im Römergarten 7, CH-4106 Therwil, Tel. (061) 736143. — Gegr.: 1943. — Zus.schluß d. Basler Schriftsteller; Förderung u. Wahrung ihrer Interessen. — Mitgl.: 20. — Präs.: Hans Räber.

Berner Schriftsteller-Verein (B.S.V.), Geschäftsstelle, Postf. 1383, CH-3001 Bern, Tel. (031) 446677. — Gegr.: 1940. — Berufsverband. — Mitgl.: 130. — Präs.: Hans Erpf.

Gesellschaft Schweizerischer Dramatiker (G.S.D.), Sekretariat: Ruth Troxler, Feldeggstr. 25, CH-3322 Schönbühl, Tel. (031) 852460 — Gegr.: 1924, Zus.schluß m. Dramatiker-Union Berlin. — Fachsektion d. Schweizer Schriftstellerverbandes. — Fachl. u. kollegialer Zus.schluß m. Interessenvertretung. — Mitgl.: 49 Aktive, 9 Passive. — Präs.: Peter J. Betts.

Innerschweizer Schriftstellerverein (ISV), Geschäftsstelle, CH-6000 Luzern — Gegr.: 1943. — Sektion d. SSV; Korr. Mitgl. d. Bundesverbandes Dt. Autoren (B.A.)/Berlin. — Wahrung d. Schrifttums in d. Innerschweiz, Förderung d. einzelnen Mitgl. durch

öff. Veranstalt., Publikat. u. Pflege d. Freundschaft. — Mitgl.: 115, assoz. Mitgl.: 34. — Präs.: Julian Dillier; Vizepräs.: Walter Käslin.

Schweizer Autoren GRUPPE OLTEN, Sekretariat: Halen 43, CH-3037 Stuckishaus, Tel. (031) 236617. — Gegr.: 1971. — Solidarische Wahrung d. Berufsinteressen. — Mitgl.: 180. — Präs.: René Regenass; Sekr.: Hans Mühlethaler.

Schweizerische Journalisten-Union (SJU), Sektion d. Verbandes des Personals der öffentlichen Dienste (VPOD), Postfach, CH-8024 Zürich. — Gegr.: 1970. — Gewerkschaft f. Journalisten, Layouter, Redaktionssekretäre/innen u.a. hauptberufl. im Medienbereich Tätige. — Mitgl.: 620. — Präs.: Hanspeter Bürgin.

Schweizerischer Übersetzer- u. Dolmetscherverband (ASTI-SÜDV), Therwilerstr. 77, CH-4153 Reinach/BL, Tel. (061) 272285. — Gegr.: 1966. — Mitglied FIT. — Mitgl.: 280. — Präs.: Liliane Béguin; Sekr.: Mitchell Bornstein.

Vereinigung junger unbekannter Schweizer Literaten (VJUSL) aufgelöst.

Zürcher Schriftsteller-Verein (ZSV), Luchswiesenstr. 197, CH-8051 Zürich, Tel. (01) 4123387. — Gegr.: 1942. — Wahrung d. lokalen u. regionalen Interessen d. Mitglieder, Unterstützung u. Förderung einheimischen Schrifttums.

Internationale Autorenverbände

Association Littéraire et Artistique Internationale (ALAI) — Deutsche Landesgruppe, Siebertstr. 3, D-8000 München 80, Tel. (089) 9246/376. — Gegr. (Muttergesellschaft): 1878. — Pflege d. Urheberrechts. — Mitgl. (Dt. Ldesgr.): ca. 70. — Präs. (Dt. Ldesgr.): Prof.Dr. Gerhard Schricker.

Confédération Internationale des Sociétés d'Auteurs et Compositeurs (CISAC), Congrès Mondial des Auteurs et Compositeurs, 11, rue Keppler, F-75116 Paris, Tel. (01) 72059-37. — Gegr.: 1926. — Organisatorische Verbesserung d. Mitgliedgesellschaften; wirksamer Schutz d. Rechte v. Autoren u. Komponisten; Verbesserung d. Gesetzgebung d. versch. Länder über das geistige Eigentum. — Mitgl.: 105 Gesellschaften. — Präs.: Stanley Adams; Vizepräs.: Rodion Shchedrin.

Fédération Internationale des Traducteurs (FIT), c/o Generalsekretär Dr. René Haeseryn, Heiveldstraat 245, B-9110 Gent (Sint-Amandsberg), Tel. (091) 283971. — Gegr.: 1953. — Intern. Dachverband der unterschiedl. Übersetzer- u. Dolmetscherverbände. — Vertretung d. ideellen u. materiellen Berufsinteressen. Consultative status b. d. UNESCO. — Mitgl.: 45 nationale Fachverbände (ca. 40.000 Mitgl.). — Präs. d. 12köpfigen Vorstands: z.Zt. Präs.: Mme Anna Lilova; 1. Vizepräs.: Hans Schwarz.

International Council of Women, Committee: Arts and letters, (ICW), 13, rue Caumartin, F-75009 Paris, Tel. (01) 7421940. — Gegr.: 1888. — Zus.arb. mit "Economic and Social Council of the United Nations". — Arbeit in 13 Fachausschüssen mit 73 Ländern zusammen. — Präs.: Dame Miriam Dell D.B.E.; Delegierte f. d. Fachausschuß "Arts & Letters": Mrs. Thora Mills; Berat.: Dr. Ellen Conradi-Bleibtreu.

International Federation of Journalists (IFJ), IPC, Boulevard Charlemagne 1, B-1041 Brüssel, Tel. (02) 2306215. — Gegr.: 1952. — "Consultative Status"

mit: UNO, UNESCO, ILO, Council of Europe. — Eintreten für die Pressefreiheit, Förderung d. geistigen u. wirtschaftl. Interessen d. Journalisten, Hebung d. Berufsstandes. — Mitgl.: 29 Verbände in 26 Ländern; insges. ca. 104.000 Mitgl. — Präs.: Kenneth B. Ashton; 1. Vizepräs.: Trygve Moe, 2. Vizepräs.: Charles A. Perlik: EPräs.: Henry J. Bradley, Helmut A. Crous; GenSekr.: Theo Bogaerts.

Internationale Association Deutschsprachiger Medien e.V. (IADM), Bonner Str. 328, D-5000 Köln 51, Tel. (0221) 372323. — Gegr.: 1973. — Interessenvertretung d. 160 dt.spr. Ztgn u. Zss. u. d. rd 200 dt.spr. Rdfk- u. Frensehprogramme außerhalb d. geschlossenen dt. Sprachraumes. Alle zwei Jahre Erzähler-Wettbewerb über fünf Kontinente (Literaturpreis DM 2.000,-); Fachtagungen. — Hrsg. e. Informationsdienstes "nachrichten - kommentare - berichte"; Anthologien; Informations- u. Tonbänderversand. — Einzel-, fördernde u. korporative Mitgl. — Präs.: Werner Bader.

Internationale Forschungsgesellschaft für Kinder- und Jugendliteratur, LASIC, Maison des Sciences des l'Homme, Domaine Universitaire, F-33405 Talence. — Gegr.: 1970. — Zweck d. Gesellsch. ist, die Forschung auf d. Gebiet d. Kinder- u. Jugendlit., der Leseerziehung u. verwandten Gebieten zu fördern; dazu vor allem: Austausch fachl. Informationen, Erörterung theoret. Fragen, Anregung u. Koordination v. Forschungsvorhaben. Die Gesellschaft, der nur Einzelpersonen angehören können, strebt d. Zusammenarbeit m. Fachleuten, Institutionen u. Organisationen an, deren Tätigkeit m. den Zielen d. Gesellsch. in Verbindung steht. — Mitgl.: 240. — Vors.: Dr. Denise Escarpit; stellvertr. Vors.: Igor Motyashov; Sekr.: Sonja Svensson.

Internationaler Schutzverband deutschsprachiger Schriftsteller (ISDS), Sitz Zürich, Postfach, CH-8024 Zürich. — Gegr.: 1945. — Erhaltung d. Geistes- u. Meinungsfreiheit, Wahrnehmung v. Berufsinteressen u.

Kampf gegen Zensurmaßnahmen;
hervorgegangen aus Zus.schluß d. v.
Hitler vertriebenen Schriftsteller,
Wissenschaftler u. Journalisten. —
Mitgl.: ca. 180 (in 5 Kontinenten). —
Präs.: Eric Burger.

Internationales Autoren-Progressiv
(IAP), Flundrarps Boställe PL 844, S-
260 40 Viken, Tel. (042) 236706. —
Gegr.: 1971. — Alle zwei Jahre wird
Ende August in Mölle (Schwed.) eine
intern. Autorentagung mit
progressiven Autoren aus
verschiedenen Ländern durchgeführt.
(Offizielle Tagungsspr. ist deutsch).
Jede Tagung hat ein bestimmtes
Arbeitsthema: 1971 Der Schriftsteller
u. d. Gesellschaft, 1973 Der
Schriftsteller u. d. Sprache, 1975 Der
Schriftsteller u. sein Publikum, 1977
Der Schriftsteller u. d.
Massenmedien, 1979 Der
Schriftsteller u. d. Regionalismus,
1981 Der Schriftsteller u. d. intern.
Zusammenarbeit, 1983 Literatur u.
Kommerzialismus. Dabei wird
gleichzeitig der Mölle-Literaturpreis
verliehen (s. Anhang „Literarische
Preise"). Zusammenarbeit mit dem
Schriftstellerkooperativen Verlag:
EREMIT — PRESS, Viken,
Schweden. — Mitgl.: 86. — Präs.: Dr.
Karl H. Bolay.

Internationales Kuratorium für das
Jugendbuch/International Board on
Books for Young People (IBBY),
Sekr.: Leonhardsgraben 38a, CH-4051
Basel, Tel. (061) 253404. — Gegr.: 1953.
— Förderung d. Kinder- u. Jugend-
buches in der Welt; Förderung
internat. Verständigung durch
Kinderbücher. — Mitgl.: 49 Nationale
Sektionen. — Präs.: Miguel Azaola.

P.E.N., International, 38 King Street,
London WC2E 8JT, Tel. (01) 3797939.
— Gegr.: 1921. — Intern. Vereinigung
von Schriftstellern, die für den
Gedanken der Völkerverständigung
u. Toleranz eintritt u. jegliche Zensur
u. Behinderung der Freiheit von
Kunst u. Meinung bekämpft. —
Mitgl.: ca. 8.000. — Präs.: Per
Wästberg; GenSekr.: Alexandre
Blokh.

P.E.N.-Zentrum Bundesrepublik
Deutschland, Sandstr. 10, D-6100
Darmstadt, Tel. (06151) 23120. —
Gegr.: 1951. — Mitgl.: 488. — Präs.:
Martin Gregor-Dellin; Vizepräs.:
Christine Brückner; GenSekr.: Hanns
Werner Schwarze; EPräs.: Walter
Jens, Hermann Kesten.

P.E.N.-Zentrum Deutsche
Demokratische Republik,
Friedrichstr. 194-199, DDR-1080
Berlin. — Zusammenschluß von
Autoren im Sinne der Charta d.
Intern. P.E.N. — Mitgl.: 75. — Präs.:
Prof. Dr. Heinz Kamnitzer; GenSekr.:
Henryk Keisch; EPräs.: Wieland
Herzfelde.

P.E.N.-Club, Österreichischer,
Bankgasse 8, A-1010 Wien, Tel. (0222)
634459. — Gegr.: 1922. — Mitgl.: 307.
— Präs.: Prof. Erik Graf Wickenburg;
GenSekr.: Prof. Dr. Franz Richter.

Kärntner P.E.N.-Club, August-
Jaksch-Str. 3, A-9020 Klagenfurt, Tel.
(04222) 55934. — Gegr.: 1974. — Mitgl.:
16. — Präs.: Prof. Walther Nowotny;
Sekr.: Prof. Anton Fuchs.

Niederösterreichischer P.E.N.-Club,
Mödling, Postanschr.: Prof. Hans
Lebert, Elisabethstr. 23/1, A-2500
Baden, Tel. (02252) 882464. — Gegr.:
1974. — Mitgl.: 30. — Präs.: Prof. Hans
Lebert.

Oberösterreichischer P.E.N.-Club,
Landeskulturzentrum Ursulinenhof,
Landstr. 31, A-4020 Linz, Tel. (0732)
548152. — Präs.: Prof. Dr. Günter
Rombold.

Salzburg, P.E.N.-Club, Imbergstr. 2/
III, A-5020 Salzburg, Tel. (0662) 71424.
— Gegr.: 1973. — Mitgl.: 24. — Präs.:
Prof. Erwin Gimmelsberger;
Vizepräs.: Prof. Dr. Karl-Heinz
Ritschel; GenSekr.: Prof. Dr. Günther
Bauer.

Steirischer P.E.N.-Club, Pirching a.
Traubenberg 40, A-8081 Heiligen-
kreuz a. Waasen, Tel. (03134) 222. —
Gegr.: 1974. — Mitgl.: 23. — Präs.:
Prof. Dr. Franz Stoessl; GenSekr.: Dr.
Walter Zitzenbacher.

Tiroler P.E.N.-Club, Sekr.: Prof. Dr.
Wolfgang Pfaundler, Madleinweg 21,
A-6064 Rum. — Gegr.: 1968. — Mitgl.:
ca. 50.

**P.E.N.-Zentrum,
Deutschschweizerisches,** Postfach
1383, CH-3001 Bern, Tel. (031) 446677.
— Neugründ.: 1979. — Mitgl.: 110. —
Präs.: Silvio Blatter; Geschf. u.
GenSekr.: Hans Erpf.

P.E.N.-Club Liechtenstein, Sitz:
Centrum für Kunst und
Kommunikation, Vaduz; Postanschr.:
P.O.B. 416, FL 9490 Vaduz — Präs.:
Prof. Dr. Hans Hass.

**Exil PEN-Club deutschsprachiger
Länder,** z. Hd. Rudolf Ströbinger,
Kamillenweg 6, D-5000 Köln 40, Tel.
(0221) 481929. — Gegr.: 1953. — Mitgl.:
80. — Präs.: Rudolf Ströbinger;
GenSekr.: Dr. A. Kratochvil.

**P.E.N.-Zentrum deutschsprachiger
Autoren im Ausland,** Sitz London,
Sekretariat: 10 Pattison Road,
London NW2 2HH, Tel. (01) 4351460.
— Gegr.: 1934 (bis 1947: Deutsches
PEN-Zentr. im Exil). — Zus.fassung d.
emigrierten dt.spr. Schriftsteller in
Westeuropa, USA, Mexiko, Israel etc.
— Mitgl.: 88. — Präs.: Prof. Dr.Dr.h.c.
H.G. Adler; Sekr.: Arno Reinfrank.

**Regensburger Schriftstellergruppe
International** Internationale
Arbeitsgemeinschaft
deutschsprachiger Autoren, (RSGI),
Reichsstr. 5, D-8400 Regensburg, Tel.
(0941) 561699. — Gegr.: 1910, intern.
erweitert 1967, als gemeinnütz. e.V.
anerkannt 1980. — vordem:
Regensburger Schriftstellergruppe
(RSG); Korporatives Mitglied (u.
Gründungsmitgl.) d. Oberpfälzer
Kulturbundes (OKB). —
Zusammenschluß v. Autoren aus 10
Ländern. Förderung d. lit. Wirkens,
internat. Zusammenarbeit auch m.
anderen Autorenkreisen.
Veranstalter d. Internationalen
Regensburger Literaturtage seit 1967
u. Intern. Jungautoren-Wettbewerb
seit 1972 ("Jungautorenpreis").
Eigenes Dramen-Studio u. Studio
International (Übersetzungen in u.
aus d. Sprachen d. Welt). Zus.arbeit
mit and. Kunstsparten (Konzerte m.
Komposit. nach Texten v. RSGI-
Autoren; Kunstausstellungen u.a.). —
Hrsg. v. Büchern, Studio-Drucke. —
Mitgl.: 100 Autoren, 20 Jungautoren,
ca. 120 Freundschaftsmitgl. — Vors.:
Erich L. Biberger; 2. Vors.: Prof. Dr.

Annemarie Lange-Seidl u. Dr. Alfred
Rottler.

The Society of Authors, 84, Drayton
Gardens, London SW10 9SD, Tel. (01)
373-6642. — Gegr.: 1884. —
Broadcasting Group, Translators
Association, Children's Writers,
Educational Writers and Dramatists'
Groups. Aufgabe der Gesellschaft ist,
die Rechte u. alle weiteren Interessen
d. Autoren (jeglicher literar.
Tätigkeit), in gesetzl. u. geschäftl.
Hinsicht zu vertreten, sowie d. Pflege
von Beziehungen mit and.
Organisationen u. d. Repräsentation
im Parlament zu gewährleisten. Sie
verwaltet viele Fonds, Einrichtungen
u. Stiftungen. — Publ.: The Author,
erscheint vj. — Mitgl.: 3500. — Präs.:
Sir Victor Pritchett, CBE, FRSL;
Sekr.: Marc de Fanu.

**Union Mondiale des Ecrivains
Médicins (UNEM),** c/o Dr. Alfred
Rottler, Virchowstr. 7, D-8500
Nürnberg 10, Tel. (0911) 511212. —
Gegr.: 1968. — Weltweite
Organisation der Schriftstellerärzte
auf freundschaftl., kollegialer Basis;
bezweckt die Pflege übernationalen
Denkens, Toleranz, Austausch u.
Förder. auf allen Gebieten d. Kultur,
gegenseitige Achtung u. Verständig.,
Humanität unter allen Menschen,
gleich welcher Rasse, welchen
Glaubens u. welcher polit.
Einstellung. — Mitgl.: 1200 (25
Nationen). — Präs.: Dr. Marguerite de
Miomandre; Generalsekr.: Dr. Alfred
Rottler.

**Verband deutschsprachiger Autoren in
Amerika** (VdAiA)/Association of
German Language Authors in
America, 3418 Boudinot Ave,
Cincinnati, Ohio 45211 USA. — Gegr.:
1974. — Zusammenschluß dtspr.
Autoren in Amerika, Förderung d. dt.
Sprache in Amerika. Hrsg. e.
Jahrbuches. — Mitgl.: 100. — Präs.:
Don Heinrich Tolzmann.

**Verband deutschsprachiger Schrift-
steller in Israel,** P.O.B. 1356, 61013 Tel
Aviv/Israel, Tel. (03) 336245. — Gegr.:
1975. — Vertretung im
Bundesverband Deutscher Autoren e.
V. (B.A.) und im Dachverband d.
Schriftsteller d. Staates Israel:

Hitachdut haSsofrím beMedinat
Iisrael. — Förderung der
deutschsprachigen Schriftsteller in
Israel, Veranstaltung literar. Abende,
Unterbringung bei Verlagen. — Publ.:
Anthologien. — Mitgl.: 37. — Vors.:
Mr. Meir Faerber.

Vereinigung europäischer Journalisten,
Deutsche Gruppe e.V., Kastanienweg
26, D-5300 Bonn 2, Tel. (0228) 321712.
— Gegr.: 1963. — (VEJ ist eine
Sektion d. Association des
Journalistes Europeens). — Belebung
der Europa-Aktivitäten im
publizistischen Bereich,
Zusammenarbeit mit Kollegen in den
westeurop. Ländern, Aktivierung d.

europ. Bewußtseins, Jahreskongresse.
— Mitgl. d. dt. Gruppe: 140. — Präs.:
Dr. G. Wagenlehner; Sekr.: Egon
Heinrich.

World Parliament for Culture (World
Cultural Council/WCC),
Hindenburgstr. 1, D-3420 Herzberg/
Harz, Tel. (05521) 2279. — Gegr.: 1952;
hervorgegangen aus d. „Gewerkschaft
Deutscher Geistesarbeiter", Berlin
1921. — Zusammenfassung
kultureller Organisationen als Muster
eines gewählten Parlaments d.
Vereinten Nationen. — Mitgl.: z. Zt.
156 Organis. in 38 Ländern. — Präs.:
Prof. Bernhard Kunze; Exc.:
Margarete Kowalewsky.

LITERARISCHE GESELLSCHAFTEN, AKADEMIEN UND STIFTUNGEN

Bundesrepublik Deutschland

Adalbert Stifter Verein e. V., Thierschplatz 4, D-8000 München 22, Tel. (089)229296, 298260. — Gegr.: 1947. — Sammeln d. schöpfer. Kräfte d. Deutschen aus Böhmen, Mähren u. Schlesien u. Pflege d. dt. wiss. u. künstler. Tradition d. Sudetenländer im europ. Bereich. — Mitgl.: 360. — 1. Vors.: Prof. Dr. O. H. Hajek; Geschf.: Dr. Johanna v. Herzogenberg.

Agnes-Miegel-Gesellschaft e. V., Agnes-Miegel-Haus, Agnes-Miegel-Platz 3, D-3052 Bad Nenndorf, Tel. (05723) 2916. — Gegr.: 1969. — Aufgabe u. Ziel sind, d. Andenken an A.M. zu bewahren u. in d. Öffentlichkeit lebendig zu erhalten, Maßnahmen durchzuführen, um d. geistige Erbe d. Dichterin zu betreuen u. d. Kenntnis ihres Werkes zu verbreiten. — Mitgl.: 421 u. 35 Korporative. — Vors.: Frau Hanna Wangerin.

Akademie der Künste (AdK), Hanseatenweg 10, D-1000 Berlin 21, Tel. (030)3911031. — Gegr.: (wiederbegr.:) 1954. — Hat die Aufgabe, die Kunst auf allen Gebieten zu fördern u. vor der Öffentlichkeit zu vertreten sowie den Staat in Fragen d. Kunst zu beraten; setzt die Tradition d. 1696 gegründeten Preuß. Akad. d. Künste fort. — Pr.: Kunstpreis Berlin; Alfred-Döblin-Preis. — Mitgl.: 214, 1 EM. — Präs.: Günter Grass; Vizepräs.: Rolf Szymansky; Präsidialsekretär: Manfred Schlösser; Senatssekretär: Nele Hartling. — Abt.Dir.: Eberhard Roter (Bildende Kunst), Prof. Walter Rossow (Baukunst), Prof. Giselher Klebe (Musik), Peter Härtling (Literatur), Prof. Hans Lietzau (Darst. Kunst).

Akademie der Wissenschaften und der Literatur, Geschwister-Scholl-Str. 2, D-6500 Mainz, Tel. (06131)53011/53012. — Gegr.: 1949. — Förderung d. Wissenschaften u. der Lit. z. B. durch Veröffentlichungen in Reihen u. Abhandlungen, durch internat. Symposien, durch Zus.arbeit m. in- u. ausländ. wissenschaftl. Institutionen; Essay-Preis: Heinse-Medaille. — Mitgl.: ca. 200. — Präs.: Prof. Dr. H.

Otten; Vizepräs.: Prof. Dr. Dr. G. Thews, Prof. Dr. W. Schmid, Vizepräs. d. Klasse Lit.: Barbara König; GenSekr.: Dr. G. Brenner; wiss. Referent d. Klasse Lit.: Dr. B. Goldmann.

Annette-von-Droste-Gesellschaft e. V., Alter Steinweg 34, D-4400 Münster/Westf., Tel. (0251) 5914681. — Gegr.: 1928. — Erforschung u. Pflege d. dichter. Werkes d. Droste; literatur-wiss. Vorträge; Autorenlesungen. — Mitgl.: 353. — 1. Vors.: Rudolf Beisenkötter; Geschf.: Prof. Dr. Winfried Woesler.

Arbeitskreis Egerländer Kulturschaffender e. V. (AEK) i. Bund d. Egerländer Gmoin, i. Landschaftsrat Egerland in d. Sudetendt. Landsmannschaft, Robert Leicht-Str. 1, D-7000 Stuttgart 80, Tel. (0711)739565. — Gegr.: 1975 V. d. ö. Rechts, 1983 e. V. — Bewahrung u. Weiterentwickl. Egerländer Kulturgutes, Förderung schöpferischer Egerländer aller Gebiete. — Publ.: Egerländer Zeitungsdienst. — Mitgl.: 400. — 1. Vors.: Albert Reich.

Arbeitskreis für deutsche Dichtung e. V., Sitz Göttingen, Hans-J. Sander, Am Dorfe 115, D-3350 Ahlshausen, Tel. (05553)1053. — Gegr.: 1957, als e. V. 1967. — Veranstaltung v. Dichterlesungen, Vorträgen, Veröffentlichungen v. Buchempfehlungen, literar. Jahresgaben. — Mitgl.: ca. 300. — Vors. u. Vorst.: Hans-Joachim Sander.

Arbeitskreis für Jugendliteratur e. V., Elisabethstr. 15, D-8000 München 40, Tel. (089) 2711359. — Gegr.: 1955. — Durchführung d. Arbeiten f. d. 1956 gestift. Dt. Jugendliteraturpr. d. Bundesmin. f. Jugend, Familie u. Gesundheit; Herausg. v. Auswahlverzeichn. empfehlenswerter Jugendlit.; Austausch v. Informationen u. Erfahr. u. d. Berat. interessierter Kreise in jugendlit. Fragen; Unterstütz. v. Veranstalt. aller Art z. Verbreit. empfehlenswerter Lit. f. Jugendl.; Veranstalt. v. intern. Jgdbuch-Tagungen f. Fachleute; D. Arbeitskr. f. Jugendlit. ist zugleich d. Sektion

Bdesrep. Dtld mit Berlin (West) d.
Intern. Kuratorium f. d. Jugendbuch
(IBBY) u. vertritt bei intern. Wettbe-
werben u. Veranstalt. d. Jugendlit. d.
Bdesrep. Dtld. — Mitgl.: 48 Verbände;
120 Einzelmitgl. — Vors.: Dr. Sybil
Schlepegrell; Geschf.: Franz Meyer.

Arbeitkreis Heinrich Mann, Deutsches
Literaturarchiv, Postf. 57, D-7142
Marbach a.N., Tel. (07144) 6061-3. —
Gegr.: 1971. — Loser Zus.schluß v.
Heinr. Mann-Forschern; Pflege sei-
ner Werke, Mitteilung der
Forschungsergebnisse, Arbeitspläne,
Hrsg. e. Jahrbuchs. — Funktion e.
Geschf.: Dr. Peter-Paul Schneider.

**Arbeitskreis zur literarisch-künst-
lerischen Auseinandersetzung mit
der Arbeitswelt b. Kulturbund d.
DGB-Kreises Darmstadt e. V.,**
Rheinstr. 50, D-6100 Darmstadt, Tel.
(06151) 891314. — Gegr.: 1972. —
Arbeitnehmern wird die Möglichkeit
geboten, ihre Interessen literarisch u.
künstlerisch darzustellen u. über ihre
Darstellungen zu diskutieren. —
Publ.: Skizzen aus d. Arbeitswelt
(Hrsg. W. Riedel) 78; Was Kinder
erfahren. — Geschf.: Heinz-Jürgen
Plewa; Leiter d. Arb.kreises: Wilhelm
Riedel.

**ARS NOVA E.V., Vereinigung zur
Förderung von Autoren und
Künstlern (ARS NOVA E.V.),**
Schiffstr. 5, D-7800 Freiburg, Tel.
(0761) 509210. — Gegr.: 1983. — Förderung v. Autoren, die unbekannt sind
od. mit ihren bereits veröff. Werken
nicht d. ihnen gebührende Resonanz
hatten, durch eigene Hrsg. eines bisher unveröff. Werkes in Buchform u.
eigenen Vertrieb dieser Werke. —
Mitgl.: ca. 40. — Vorst.: Peter Scheid.

Augustin-Wibbelt-Gesellschaft e.V., c/o
R. Schepper, Zeppelinstr. 5, D-4400
Münster, Tel. (0251) 273105. — Gegr.:
1983. — Pflege, Förderung u. wiss.
Erforschung d. lit. Werkes v. A. Wib-
belt u. somit nddt. Kulturgutes West-
falens in Sprache u. Lit.; Vorträge u.
Veranstaltungen; Pflege u. Erhalt. d.
Wibbelt-Erinnerungsstätten. — Hrsg.
eines Jahrbuches; Förder. u. Hrsg. v.
Wibbelt-Werken in orig. Fassung. —
Mitgl.: 94. — 1. Vors.: Wilderich Graf
v. Schall-Riaucour; Geschf.: Rainer
Schepper.

**Autorengespräche Haidhauser
Werkstatt München,** c/o Kay Ken

Derrick, Herrenstr. 13/II, D-8000
München 22, Tel. (089) 292822. —
Gegr.: 1978. — Gefördert v. Kulturre-
ferat d. Ldeshauptstadt München,
versteht sich als Sachverwalter u.
Treuhänder f. junge Talente; seit 1980
durch jährl. Veranstalt. d. "Haidhau-
ser Büchertage" Förderung v. Klein-
verlagen, Lit.zss., Selbstverlegern u.
Autorengruppen mit ihren Veröff. —
Hrsg. v. Werkstattexten seit 82. —
Mitgl.: 160 Autoren, rd 100 Hörer. —
Sprecher: Kay Ken Derrick.

Autorengruppe Heilbronn, z.Hd. Hans
W.O. Krämer, Holunderweg 12, D-
7150 Backnang. — Gegr.: 1982. — her-
vorgegangen aus d. "Heilbronner
Autorengruppe" im VS d. IG Druck u.
Papier, die 1981 gegr. worden war. —
Werkstattgespräche u. gemeinsame
Lesungen. — Mitgl.: 7. — Sprecher:
Hans W.O. Krämer.

Autorengruppe Mönchengladbach, c/o
Albert Kremer, Hülserbleck 36, D-
4050 Mönchengladbach 1, Tel. (02161)
603485. — Gegr.: 1982. — Organisation
v. Lesungen, Weiterbild. d. Mitglieder,
gegenseit. aufbauende Kritik, Kontakte mit ähnl. Gruppen. — Arbeitsgruppe: ca. 10 Mitgl. — Organis.leiter:
Albert Kremer.

Autorengruppe Nahe c/o Peter Geisler,
Achatstr. 36, D-6580 Idar-Oberstein 4,
Tel. (06781) 42182. — Gegr.: 1972. —
Lockerer Zusammenschluß v. Lyrik-
u. Prosa-Autoren d. Nahe-Hunsrück-
Region. — Publ.: KUNST aktuell 2/78,
Literar. Führer durch Dtld it 527 83,
Heimatkalender d. Kreises Birken-
feld/Nahe 84. — Mitgl.: 16. — Spre-
cher: Dr. Reiner Gödtel.

**Autorenkreis "Ruhr-Mark" e. V.
Hagen,** Hahnenbergs Garten 8, D-
5800 Hagen-Hohenlimburg. — Gegr.:
1961. — Zusammenschluß v. Lyrikern,
Epikern, Dramatikern aus d. Ruhrgebiet, Sauerland, Bergischen Land u.
vom Niederrhein; jährl. 6 Autorentreffen in Hagen/Westf. u. Sonderveranstaltungen in d. Städten d. Umgebung; Lesungen aus Neuer-
scheinungen d. Mitglieder u. Diskussionen; Herausgabe v. Anthologien; Kontaktpflege mit benach-
barten Autoren- u. literar. Werk-
kreisen, Rundfunk, Presse, Volkshochschulen, Büchereien, "Theater
für Kinder" d. Kulturgemeinde Volksbühne Wuppertal, Westfäl. Literatur-
Archiv in Hagen. — Mitgl.: 60. — 1.

Vors.: Gernot Burgeleit; Geschf.:
Heinz Böhmke.

**Bayerische Akademie der Schönen
Künste**, Max-Joseph-Platz 3, Residenz, D-8000 München 22 Tel.
(089)294622. — Gegr.: 1948. — Förderung d. Künste, Gutachten f. den
Staat, Ausstellungen, Vorträge, Konzerte. — Mitgl.: 180. — Präs.: Heinz
Friedrich; GenSekr.: Prof. Dr. Karl
Schumann; Abt.Dir.: Prof. Dr. Ing.
Gerd Albers (Bild. Kunst); Horst Bienek (Lit.); Prof. Walter Wiora (Musik).

Berliner Bibliophilen-Abend (BBA),
Marburger Str. 10, D-1000 Berlin 30,
Tel. (030)2117051 — Gegr.: 1905; neugegr.: 1954, e.V. 1979. — Pflege u. Förderung d. Verständnisses für d. gute
u. schöne Buch, insbes. Pflege d. Berliner u. mit Berlin zus.hängenden Lit.
u. Buchkunst. — Mitgl.: 95. — Vors.:
Erich Barthelmes; stellv. Vors.: Dr.
Dieter Lemhoefer; Schatzmeister:
Herma Stamm.

Bibliophilen-Gesellschaft Köln (BGK),
c/o H.-Th. Schmitz-Otto, Trajanstr. 19,
D-5000 Köln 1, Tel. (0221)315437. —
Gegr.: 1930. — Pflege des schönen
Buches. — Mitgl.: 500. — Vors. u.
Geschf.: Hanns-Theo Schmitz-Otto.

Carl-Schirren-Gesellschaft e.V. (CSG),
Am Berge 35, D-2120 Lüneburg, Tel.
(04131) 36788. — Gegr.: 1932. —
Sammlung, Erhaltung, Pflege, Weiterentwicklung deutsch-balt. Kultur-
erbes, Kontaktpflege. — Mitgl.: ca.
900. — Vors.: Prof. Dr. A. Frhr. von
Campenhausen; Geschf.: Vera v. Sass.

**Carl-Zuckmayer-Gesellschaft e. V.
Mainz**, Gesch.-St.: Postfach 33, D-6506
Nackenheim. — Gegr.: 1972. — Pflege
d. Werkes v. Carl Zuckmayer u. a.
Autoren Rheinhessens, d. Pfalz u. d.
Nahe-Gebietes, Aufführungen vor
allem d. mundartl. Bühnenstücke d.
eig. Spielensemble, durch Vorträge,
Dichterlesungen etc. — Mitgl.: ca. 500.
— Präs.: Jockel Fuchs; Vizepräs. u.
Geschf.: Günter Ollig.

Christliche Autorinnengruppe, c/o
Marianne Kawohl, Robert-Schumann-Str. 6, D-5900 Siegen-Weidenau, Tel.: (0271) 73433, Korresp.:
Vera Lebert-Hinze, Am Sonnenhang
24, D-5912 Hillenbach 4, Tel. (02733)
51196. — Gegr.: 1982 — Förderung
guter Lit., Schreiben in christl.
Verantwortung mit d. Ziel, posit. Ein-

fluß in unserer säkularisierten
Gesellsch. auszuüben sowohl in Lit./
Medien als auch im Dialog zw. ver-
schiedenen christl. Konfessionen. —
Mitgl.: ca. 70. — Initiatorin: Marianne
Kawohl; Korrespondenz: Vera
Lebert-Hinze.

Collegium Nürnberger Mundartdichter,
p. Adr.: Hans Mehl, Goerdelerstr. 22,
D-8500 Nürnberg, Tel. (0911) 612602
od. 311270. — Gegr.: 1955. — Pflege d.
Nürnberger Mundart, Veranstaltung
von Lesungen b. Vereinig., Senioren-
heimen, Seniorenkreisen u. konfess.
Kreisen, Volksmusikveranstalt.; alljährl. Autorenlesung aller Mitgl. —
Hrsg. von Mundartbänden. — Mitgl.:
15. — Sprecher: Hans Mehl u. Otti
Schwarzhuber.

Darmstädter Goethe-Gesellschaft e. V.,
Frankfurter Str. 250, D-6100 Darm-
stadt, Tel. (06151) 722475. — Gegr.:
1949. — Ziel ist, die universale
Gedankenwelt Goethes lebendig zu
erhalten, insbes. auch im Hinblick
auf seinen Darmstädter Freund
Johann Heinr. Merck. — Vors. u.
Geschf.: Dr. Fritz Ebner; Ehrenpräs.:
Prof.Dr.Dr. Peter Berglar.

Dauthendey-Gesellschaft, Rückertstr. 5,
D-8700 Würzburg, Tel. (0931)72938. —
Gegr.: 1934. — Zus.schluß mit
Frankenbund, Vereinig. f. fränk.
Landeskunde u. Kulturpflege e. V. —
Pflege d. fränk. Schrifttums u. d.
Andenkens an d. Dichter Max Dau-
thendey durch Autorenlesungen. —
Mitgl.: 110. — Präs.: Dr. Hermann
Gerstner; 1. Vors.: Ludwig Pabst, 2.
Vors.: Dr. Karl Hochmuth.

**Demokratischer Kulturbund der
Bundesrepublik Deutschland**
(DKBD) Tätigkeit eingestellt.

DESIRE & GEGENREALISMUS, die
neue avantgarde des surrealismus, c/
o Günther Dienelt, Lilienthalstr. 8 a,
D-8460 Schwandorf 1, Tel. (09431)
60564 od. 41561. — Gegr.: 1977. — Aufgabe von DESIRE & GEGENREA-
LISMUS ist es, den Surrealismus als
Bewegung weiterzuführen und ein
Sammelbecken für surrealistische u.
gegenrealistische Autoren, Grafiker,
Maler u. Filmemacher zu sein. Ziel ist
es auch, noch junge unbekannte
Autoren etc. zu unterstützen u. zu fördern. Jeder surrealistisch arbeitende
Autor kann D & G beitreten.

Mitgl.: 98. — 1. Vors. u. Geschf.: Günther Dienelt.

Deutsche Akademie für Bildung und Kultur, Richard-Strauss-Str. 48, D-8000 München 80, Tel. (089) 4705579. — Publ.: Schr.-R. d. Dt. Akad. f. Bildung u. Kultur. — Mitgl.: ca. 150. — Präs.: Karl Günther Stempel.

Deutsche Akademie für Kinder- und Jugendliteratur, Sitz Volkach, Geschäftsstelle: Zwerchgraben 1, D-8700 Würzburg, Tel. (0931) 74081. — Gegr.: 1976. — Kreis v. Persönlichkeiten, die sich auf d. Gebiet d. Kinder- u. Jugendliteratur (KJL) durch langjähr. Arbeit besonders qualifiziert haben. Aufgabe d. Akad. ist, der KJL die volle Gleichberechtig. zu verschaffen u. zielstrebig daraufhinzuarbeiten, die KJL, entspr. ihrer Bedeutung f. d. individuelle u. soz. Entwickl. der jungen Menschen, nach innen u. außen wirksam zu repräsentieren. Tagungen, Seminare. — Publ.: Schr.-R. d. Akademie; Christl. Kinder- u. Jugendbücher (Verzeichn. i. Auftr. d. Akad.); Volkacher Bote (Mitt.bl.). — Großer Preis d. Akademie jährl. seit 76; Volkacher Taler seit 80; allmtl. Nominierung: "Kinderbuch d. Monats", "Jugendbuch d. Monats", beides seit 76; "Taschenbuch d. Monats" seit 78. – Mitgl.: 23; namhafte Fachleute d. In- u. Auslandes als korr. Mitgl. – Präs.: Prof. Dr. A.C. Baumgärtner.

Deutsche Akademie für Sprache und Dichtung, Alexandraweg 23, Glückert-Haus, D-6100 Darmstadt, Tel. (06151)44823. — Gegr.: 1949. — Ziel u. Aufgabe ist es, das dt. Schrifttum vor dem In- u. Ausland zu vertreten, auf pflegliche Behandlung d. dt. Sprache hinzuwirken, begabte Schriftsteller zu fördern, literarisch, kulturgeschichtlich oder sprachwissenschaftlich wertvolle Werke herauszugeben. — Mitgl.: 138. — Präs.: Prof.Dr. Herbert Heckmann; Gensekr.: Dr. Gerhard Dette.

Deutsche Friedrich-Schiller-Stiftung e.V., Postfach 4147, D-6100 Darmstadt, Tel. (06162) 1706. – Gegr.: 1859, neugegr.: 1953. – Ziel ist, deutschen Schriftstellern u. ihren Hinterbliebenen in Fällen dringender Not zu helfen. – Mitgl.: 33. – Vors.: Curth Flatow.

Deutsche Gustav-Freytag-Gesellschaft e. V. (DGFG), Rheinstr. 55/57, D-6200 Wiesbaden, Tel. (06121) 3682731. — Gegr.: 1953. – Pflege d. Andenkens an Gustav Freytag, Förderung d. Freytag-Forschung. — Publ.: Gustav-Freytag-Blätter. — Mitgl.: 140. — Kommiss. Vors.: Dr. Helmut Schwitzgebel.

Deutsche Kulturgemeinschaft Urania Berlin e. V., Kleiststr. 13/14, D-1000 Berlin 30, Tel. (030)249091. — Gegr.: 1888. — Veranstaltung v. Dichterlesungen, Pflege d. Kunst, Wissenschaft, Forschung u. d. Kulturfilms. — Mitgl.: 5000. — 1. Vors.: Dr. Hans-Georg Urban; Dir.: Dr. Gerhard Ebel.

Deutsche Schillergesellschaft e. V., Schiller-Nationalmuseum, Deutsches Literaturarchiv, Schillerhöhe 8-10, D-7142 Marbach/N., Tel. (07144)6061. — Gegr.: 1895 als "Schwäbischer Schillerverein"; seit 1946 "Deutsche Schillergesellschaft e. V.". — Das Schiller-Nationalmuseum u. d. 1955 gegründete Dt. Literaturarchiv haben d. gemeinsame Aufgabe, Dokumente u. Zeugnisse d. neueren dt. Literatur zu sammeln, zu ordnen u. zu erschliessen (Handschriftenabt., Spezialbibliothek f. d. Literatur v. 1750 bis zur Gegenw., Bildabt., zahlr. Sondersammlgen, Cotta-Archiv), jährl. mehrere Ausstellungen. — Mitgl.: 3.100. — Präs.: Dr. Martin Cremer; Geschf.: Prof. Dr. Dr.h.c. Bernhard Zeller.

Deutsche Shakespeare-Gesellschaft West e. V., Rathaus, D-4630 Bochum, Tel. (0234) 311842. — Gegr.: 1963. — Förderung u. Verbreitung d. Kenntnis u. Pflege Shakespeares im dt. Sprachgebiet; dabei Anknüpfung an die Überlieferung d. 1864 gegründeten Dt. Shakespeare-Gesellschaft. — Mitgl.: 1.630. — Präs.: Prof. Dr. Werner Habicht.

Deutsche Thomas-Mann-Gesellschaft Sitz Lübeck e. V., Geschäftsstelle: Buchhandl. Gustav Weiland Nachf., Königstr. 79, D-2400 Lübeck, Tel. (0451) 74006. — Gegr.: 1965. — früher: Thomas-Mann-Ges. in Lübeck e.V.. — Vertiefung d. Kenntnis d. Lebenswerkes v. Thomas Mann. — Mitgl.: 190. — 1. Vors.: Dr. Ulrich Thoemmes.

Deutscher Literaturfonds e.V. (Mitgl.institutionen: Börsenverein d. Dt. Buchhandels, Dt. Akad. f. Spr. u.

Dicht., Dt. Bibliotheksverband, FDA,
Kulturwerk dt. Schriftsteller e.V. d.
VS., P.E.N.-Zentr. Bdesrep. Dtld, VG
Wort), Alexandraweg 23, D-6100
Darmstadt, Tel. (06151) 45521. —
Gegr.: 1980. — Förderung d. zeitge-
nöss. dt. Literatur, d.h. qualifizierter
dt.spr. Schriftsteller sowie bundes-
weit bedeutender Initiativen u.
Modellvorhaben auf d. Gebiet d. Lit.;
Verbesserung d. Klimas d. literar.
Vermittlung, Rezeption, Diskussion u.
Weiterentwicklung. — Arbeits- u.
Werkstipendien, Druckkosten- u.
Projektzuschüsse auf Antragstellung.
— Lit.pr.: Der Kranich mit d. Stein,
erstmals 1983. — Geschf.: Dr. Gerhard
Dette. — Geschf. Vorstandsmitgl.:
Carl Amery.

Deutscher Lyceumclub München e. V.,
Maximilianstr. 6, D-8000 München,
Tel. (089)297859. — Gegr.: 1914. —
Angeschlossen an die "Association
internationale des Lyceumclubs".. —
Der Club ist bemüht, in geistigem
Gespräch u. Kontakt Menschlichkeit
zu fördern, durch Öffentlichkeits-
arbeit kulturelle Information zu
geben u. so durch Erwachsenenbil-
dung zeitnahes Wissen zu vermitteln.
Soziale Bestrebungen sind Jugend-
förderung u. Altenhilfe. — Mitgl.: 110.
— Präs.: Elsa Schwarzer; Vizepräs.:
Mary Haller.

Deutsches Jugendschriftenwerk e. V.
(DJW), Lauterenstr. 37, D06500 Mainz
1, Tel. (0631) 228609 od. 232821. —
Gegr.: 1956. — Leseförderung, Lese-
erziehung. — Publ.: Literatur z. Lese-
erziehung; von 3-8; Buch-
besprechungsdienst; Prospekt emp-
fohlener Kinder- u. Jugendzss. —
Mitgl.: 150. — 1. Vors.: Fred Muche;
Geschf.: Günter Bergmann.

**Deutsches Kulturwerk Europäischen
Geistes e. V.,** Richard-Strauss-Str. 48,
D-8000 München 80, Tel. (089) 4705579.
— Gegr.: 1950. — Förderung u. Erhal-
tung dt. Geistes- u. Kulturlebens im
Zusammenleben m. anderen Völkern;
Förderung d. Künstler. — Mitgl.: ca.
2000. — Präs.: Karl Günther Stempel.

Deutsches Senryu-Zentrum (SZ), c/o
K.H. Hülsmann, Eschbachweg 5 a, D-
4000 Düsseldorf 12, Tel. (0211) 237292.
— Gegr.: 1981. — Pflege d. Kurzlyrik-
formen Senryu (spez. Schaffung e.
bes. dt. Senryus) u. Haiku; dt.-japan.
Kulturaustausch, sowie allg. Kulturaustausch, der Frieden u. Freiheit d.

Menschen u. Völker zu schaffen u.
bewahren hilft. — Mitgl.: ca. 50. —
Präs.: Harald K. Hülsmann; Vizepräs.:
Friedr. Rohde u. Sabine Sommer-
kamp; EPräs.: Carl Heinz Kurz; Bei-
räte: Siegward Kunat (Bdesrep. Dtld),
Wolfgang D. Gugl (Öst.), Dr. Joachim
Lehmann (DDR), Doris Flück
(Schweiz), Werner Manheim (USA),
Haruki Majima (Japan).

Dramaturgische Gesellschaft e. V. (dg),
Kantstr. 15, D-1000 Berlin 12, Tel.
(030) 3139100. — Gegr.: 1953. —
Zus.schluß aller im Bereich d. darstellenden Künste u. der entsprech.
Medien Tätigen u. Interessierten;
Zweck d. Gesellsch. ist die Erörterung
u. Formulierung d. künstler. u. gesellschaftspolit. Vorstellungen sowie die
Durchsetzung d. berufl. Interessen in
diesem Bereich; seit 1953 jährl. "Jahrestagungen d. dg", ferner seit 1962 in
unregelm. Abständen "Dramaturgische Tage", zudem div. Sonderveranstaltungen; Publikationen u. a. "Jah-
resband" (1953—1972), "Schriften d.
dg" (1973 ff.) u. "Nachrichtenbriefe"
(1972 ff.). — Mitgl.: 450 pers., 40 korporat. — Vors.: Günther Penzoldt; Sekr.:
Kurt Kreiler.

Eichendorff-Gesellschaft, Postf. 5503,
Schönleinstr. 3 D-8700 Würzburg 1,
Tel. (0931)51659. — Gegr.: 1931, neu-
gegr.: 1952. — Bis 1969: Eichendorff-
Stiftung e. V. — Eichendorff- u.
Romantik-Forschung, Wirkungsge-
schichte. — Publ.: Aurora, Jb; Aurora-
Buchreihe u. a. — Eichendorff-
Medaille seit 1974, Förderpr. d.
Eichendorff-Ges. seit 1982. — Mitgl.:
470. — Präs.: Prof. Dr. Helmut Koop-
mann; Leiter: Dr. Franz Heiduk.
Eichendorff-Gesellschaft Zweigstelle
Tokio: Prof. Fumio Yokokawa, Sophia
University, 7 Kioicho, Chiyoda-Ku,
Tokyo, Japan. — Gegr.: 1977. —
Romantik- u. Eichendorff-Forschung
in Japan. — Mitgl.: 48. — Präs.: Prof.
Dr. Keiichi Togawa; Leiter: Prof.
Fumio Yokokawa; Sekr.: Prof.
Kuniomi.

Emil-Gött-Gesellschaft e. V., c/o J.
Schneider, Buchenstr. 7, D-7800 Frei-
burg, Tel. (0761) 552726. — Gegr.: 1958.
— Pflege d. Andenkens an Emil Gött,
Neuherausgabe s. Werke u. Veröffent-
lichungen aus s. Nachlaß (auch Tage-
bücher u. Briefe); die Ges. will die
Freunde d. Dichters zu einer engeren
Gemeinsch. verbinden u. mit ihnen d.

Probleme u. Gedanken seiner literar. Werke diskutieren. — Mitgl.: 104. — Geschf.: Josef Schneider.

Erich Kästner-Gesellschaft e.V., Schloß Blutenburg, D-8000 München 60. — Gegr.: 1975. — Förderung d. Lebenswerkes v. Erich Kästner; Pflege u. Auswert. seiner Werke; Ermutigung junger Autoren durch Arbeitsstip.; Förderung d. Kinder- u. Jugendlit. im Sinne E.K.s. — Erich-Kästner-Preis (an dt.spr. Autoren). — Mitgl.: (lt. Satzung) 20. — Präs.: Willi Daume; Geschf.: Eva-Maria Ledig.

Ernst Barlach-Gesellschaft e. V., c/o Dr. E. Nümann, Kippingstr. 2, D-2000 Hamburg 13, Tel. (040) 459160. — Gegr.: 1946. — Aufgabe ist, der Allgemeinheit d. Werk E. Barlachs näher zu bringen u. d. wiss. Forsch. darüber zu fördern. Die Ges. unterhält zu diesem Zweck zwei Museen: E.B. Museum Ratzeburg (Altes Vaterhaus), Barlachplatz 3 u. E.B.-Museum Wedel/Holst. (Geburtshaus), Mühlenstr. 1. Eröffn.: 1984/85. — Publ.: Jahresmitteilungen d. E.B.-Ges. — Mitgl.: ca. 400. — Vors.: Dr. Ekkehard W. Nümann.

Ernster Lyrik Kreis (ELK), c/o Nanette Bald, Agnesstr. 60, D-8000 München 40, Tel. (089) 1292167. — Gegr.: 1975. — Ziel ist, unbekannte u. bekannte Lyriker mit Schriftdt. u. Mundart (bayer., schwäb., u.a.) vorzustellen; in großen Abständen wird intern. Lyrik interpretiert; von Zeit zu Zeit rezitieren Schauspieler aus d. Lit.-Lyrik; Manuskript-Lesungen v. "Anfängern". — Mitgl.: ca. 20-30 Autoren, freie Zusammengehörigkeit. — Leitung u. Lektorat: Nanette Bald.

E. T. A. Hoffmann-Gesellschaft e. V., Wetzlstr. 19, D-8600 Bamberg, Tel. (0951) 24709. — Gegr.: 1928. — Pflege d. Hoffmann-Museums in Bamberg. — Mitgl.: 417. — Geschf.: Dr. Georg Wirth.

Europa Forum für Kultur aufgelöst.

Europäische Märchengesellschaft e. V., Sekretariat: Postf. 125, D-4404 Telgte, Tel. (02504) 2454. — Gegr.: 1956. — früherer Name: Gesellschaft zur Pflege d. Märchengutes der europ. Völker e. V. — Pflege d. europ. Volksmärchen; Unterhalt d. Deutschen Märchenseminars in Rheine; Bibliothek d. Europ. Märchenges. in d. Stadtbücherei Rheine; intern.

Märchentagungen; Erzählseminare; Märchenbücher im Urtext mit Übers.; Schriften zu Märchen. — Mitgl.: 1.800. — Präs.: Jürgen Janning.

Europakreis Alcmona, Gesellschaft für Kultur und Leben, "Alcmona"-Haus der Begegnung, D-8079 Kipfenberg/ Altmühltal, Kr. Eichstätt, Tel. (08465)240. — Vereinigung literarisch, kulturell u. geistig Schaffender, d. der traditiven wie fortschrittlichen Arbeit für gesamteuropäisches Leben verpflichtet sind. Ziel ist die Wiedergeburt Europas aus den Urkräften seiner Völker. — Vors.: Dr. Hans Faber-Perathoner; Geschf.: Gustav Kintzi.

Eutiner Literarische Gesellschaft (Literaria Eutin), c/o Dr. E. Obermeier, Wolfsberg 22, D-2420 Eutin, Tel. (04521) 2761. — Gegr.: 1804. — Urspr.: Eutinische Literärgesellschaft, seit 1877 Eutiner Literarische Gesellschaft. — Vorträge, Diskussionen u. Exkursionen über die Themenbereiche Wissenschaft, Lit. u. Kunst im exklusiv männl. Mitgliederkreis. — Mitgl.: 20. — Präs.: Dr. E. Obermeier; Schriftf.: H. Breede.

Fehrs-Gilde. e. V., Wellingsbüttler Weg 97, D-2000 Hamburg 65, Tel. (040)5363172. — Gegr.: 1916. — Pflege u. Ausbau d. niederdt. Sprache u. Kultur; kontinuierl. Veröff. v. Werken plattdt. Dichter u. Schriftsteller, bes. v. Joh. Hinrich Fehrs, zu diesem Zwecke Gründ. d. Verlags der Fehrs-Gilde 1949. — Mitgl.: ca. 800. — Vors.: N.N.

Flensburg Gilde 77, Sekret.: H. von Oertzen, St.-Jürgen-Str. 32/34, D-2390 Flensburg Tel. (0461)28159. — Gegr.: 1977. — Zusammenarbeit der drei Kulturen, die das Wesen des Grenzlandes im Norden Schleswig-Holsteins bestimmt haben: Dänisch, Plattdeutsch, Hochdeutsch (z.Zt. keine Aktivitäten). — Mitgl.: 21. — 1. Vors.: Calmar Nielsen.

Förderkreis deutscher Schriftsteller in Baden-Württemberg e. V., Maximilianstr. 7, D-7000 Stuttgart 60, Tel. (0711) 335810. — Gegr.: 1973. — Unterstützung u. Förderung literar. Begabungen. — Mitgl.: ca. 40. — Vors.: Dr. Ekkehart Rudolph.

Förderkreis deutscher Schriftsteller in Bayern e. V., Weiherweg 41, D-8038 Gröbenzell, Tel. (08142) 52473. —

Gegr.: 1972. — Förderung der Literatur, Schriftstellerhilfe. — Vors.: Dr. Eberhard Horst.

Fördererkreis Deutscher Schriftsteller in Niedersachsen und Bremen e. V., Sophienstr. 2 (Künstlerhaus), Postf. 6105, D-3000 Hannover 1, Tel. (0511) 329088. — Gegr.: 1974. — Literaturförderung, Autorenförderung. — Amtierender Vors.: Kurt Morawietz; Geschf.: Gisela Sorowka.

Fördererkreis Deutscher Schriftsteller Rheinland-Pfalz e. V. (seit 1976), Gartenstr. 2 a, D-6540-Simmern/Hunsrück, Tel. (06761)3120. — Förderung u. Pflege d. Literatur in Rhld.-Pfalz. — Mitgl.: 120. — Vors.: Hajo Knebel.

Förderverein Deutscher Schriftsteller in Hessen e. V., z. Hd. Leonie Lambert, Kaulbachstr. 56, D-6000 Frankfurt a.M., Tel. (0611) 616800. — Gegr.: 1977. — Förderung literarischer Veranstaltungen in Hessen. — Mitgl.: 220. — Vors.: Leonie Lambert.

Fränkische Bibliophilengesellschaft e. V., c/o Dipl.-Ing. Hans M. Sendner, Grüner Markt 3, D-8600 Bamberg, Tel. (0951) 202924. — Gegr.: 1948. — Pflege d. fränk. u. m. Franken zus.hängenden Buchkunst u. Lit.; Editionen. — Mitgl.: 250. — 1. Vors.: Hans M. Sendner.

Frankenbund, Vereinigung f. fränk. Landeskunde u. Kulturpflege e. V., Hofstr. 3, D-8700 Würzburg, Tel. (0931)56712. — Gegr.: 1920. — Zus.schluß: Hist. Verein Schweinfurt e. V. (Vors.: Dr. Erich Saffert); Dauthendey-Gesellschaft (1. Vors.: Ludwig Pabst); Rodacher Rückert-Kreis e. V. (1. Vors. Egbert Friedrich); Hist. Ges. Coburg e. V. (1. Vors.: Dr. Harald Bachmann). — Landeskunde, Kultur- u. Heimatpflege, Seminare, Exkursionen, Wanderungen, Studienfahrten, Vorträge, Herausg. d. Zs. Frankenland. — Mitgl.: ca. 4000. — 1. Bundesvors.: Dr. Helmuth Zimmerer; Geschf.: Margarete Preil.

Frankfurter Forum für Literatur e. V., Wiesenau 10, D-6000 Frankfurt/M. 1, Tel. (0611)728022. — Gegr.: 1965. — Förderung zeitgenöss. Literatur durch d. Organis. intern. Autorentreffen u. d. intern. "Literar. Messe d. Handpressen, Flugbll. u. Zss. d. Avantgarde" u.a. - Mitgl.: ca. 30. – Vors.: Horst Bingel.

Freie Akademie der Künste in Hamburg, Ferdinandstor 1a, D-2000 Hamburg 1, Tel. (040) 324632. — Gegr.: 1948. — Künstlerisch berat. Funktion von Staat u. Ges., deren Institutionen u. gewählten Organen. Förderung d. Bildung auf d. Gebieten d. Kunst. Tritt f. d. Freiheit d. geistigen Existenz u. d. Unabhängigk. d. künstl. Schaffens ein. — Mitgl.: 132. — Präs.: Armin Sandig; Vizepräs.: Gerd Pempelfort; Vors. d. Sektionen: Martin Kirchner (Baukunst); Hans Hermann Hagedorn (Bild. Kunst); Peter Roggenkamp (Darst. Kunst); Gabriel Laub (Lit.); Günther Friedrichs (Musik).

Freies Deutsches Hochstift, Frankfurter Goethe-Museum, Großer Hirschgraben 23-25, D-6000 Frankfurt/M., Tel. (0611)282824. —ˉGegr.: 1859. — Erhaltung v. Goethes Geburtshaus sowie Pflege, wiss. Auswertung u. Erweiterung d. Sammlungen (Bibl.: 130 000 Bde, 4000 Gemälde, 15000 graph. Blätter); Herausgabe d. Jahrbuchs d. Freien Dt. Hochstifts (Neue Folge seit 1962) u. einer Schriftenreihe; Veranstalt. d. Krit. Ausgabe sämtl. Werke Hugo v. Hofmannsthals (38 Bde; 7 Bde seit 75 erschienen) sowie d. histor.-krit. Ausgabe sämtl. Werke u. Briefe Clemens Brentanos (43 Bde; 12 Bde seit 75 erschienen). — Mitgl.: ca. 3.400. — Vors.: Dr.h.c. Hermann J. Abs; Dir.: Prof. Dr. Arthur Henkel.

Freudenthal-Gesellschaft e. V., Kreishaus, D-2720 Rotenburg/Wümme, Tel. (04261) 751, Durchwahl: (04261) 75412. — Gegr.: 1948. — Förderung d. Werke v. Friedrich u. August Freudenthal; Pflege d. Plattdeutschen. — Mitgl.: 220. — Vors.: Heinrich Kröger; Geschf.: Alfred Nottorf.

Freundeskreis Arnold Krieger e. V., Postfach 110707, D-6100 Darmstadt, Tel. (06195) 2948. — Gegr.: 1967. — Der Verein soll d. Werk u. d. humanitäre Gedankengut d. Dichters Arnold Krieger lebendig erhalten u. verbreiten, um dadurch d. Erwachsenenbild. im Sinne d. Toleranz zu fördern. Darüber hinaus soll d. Freundeskreis d. Bestrebungen d. Dichters verwirklichen helfen, einen Ausgleich zw. d. Technik u. dem gefährdeten Menschen herbeizuführen. — Mitgl.: 274. — 1. Vors.: Wilfried Samel.

Freundeskreis Düsseldorfer Buch '75 e. V. (F.D.B.), Geschäftsstelle: Theo Lükker, Erftstr. 13, D-4000 Düsseldorf 1, Tel. (0211) 306626 u. 741543. — Gegr.: 1975. — Ziel ist, die Mitglieder mit der Düsseldorfer Kunstszene bekannt zu machen, Werke eigener Autoren zu fördern durch Vorträge und Veröff. ihrer Werke. — Jährl. Verleihung e. Heimatliteraturpreises u. jährl. Verleihung e. Karl Friedrich Koch-Plakette an Maler, Bildhauer od. Literaten. — Publ.: Der Gießerjunge, Zs. (vj.); Unterwegs zu Dir, F.D.B.-Anth. 83 u.a.m. — Mitgl.: 500. — Gründer u. Präs.: Theo Lücker; 1. Vors.: Walter Mackwitz.

Freundeskreis Till Eulenspiegels e. V., p. Adr.: Geschf. Dieter Scheller, Rathaus, D-3307 Schöppenstedt, Tel. (05332)2051. — Gegr.: 1950 als Freundeskreis d. Eulenspiegelmuseums e. V., seit 66 jetziger Name. — Humor als Lebenselixier fördern, alle lebenden Eulenspiegel auf Jahrestagungen in Dtld u. Flandern zus.führen, Bestrebungen im Eulenspiegel-Jahrbuch (Eigenverlag) künstler. darstellen, wissensch. Sammlung im Eulenspiegel-Museum, Schöppenstedt. — Mitgl.: 400. — Vors.: Otto Hagedorn; Geschf.: Dieter Scheller.

Friedrich-Bödecker-Kreis e. V., Bundesverband (Landesverbände: Baden-Württ., Bayern, Berlin, Bremen, Hessen, Niedersachsen, Nordrh.-Westf., Rhld-Pfalz/Saarland, Schleswig-Holstein) Lauterenstr. 37, D-6500 Mainz 1, Tel. (06131) 228609 u. 232821. — Gegr.: 1981. — Veranstaltungen v. Jugendbuchwochen, Autorenlesungen, Beratungsstände, internat. Autorentreffen "Treffpunkt Hannover", Verzeichnisse. — ca. 650. — 1. Vors.: Hans Bödecker; 2. Vors.: Hans-Georg Noack, Rolf Zitzlsperger; Geschf.: Günter Bergmann.

Friedrich-Hebbel-Stiftung, Oesterstr. 6, D-2244 Wesselburen/Holst., Tel. (04833)2077. — Gegr.: 1903. — Gründung als "Friedrich-Hebbel-Stiftung in Kiel"; Sitz weiterhin in Kiel; Geschäftsführ. aus d. Hebbel-Museum in Wesselburen. — Unterstützungen für in Schlesw.-Holst. geborene od. ansässige unbemittelte Künstler mit überdurchschnittlichen Leistungen. — Vors.: Dr. Scheel; Geschf.: Eckart Oldenburg.

Georg Büchner Gesellschaft e.V., Postfach 1530, D-3550 Marburg/L., Tel. (06421) 65883 u. 284651. — Gegr.: 1979. — Förderung d. Kenntnis u. weiteren Erforsch. v. G. Büchners Gesamtwerk, Leben u. Wirkung u., im Zus.hang damit, auch der Erforsch. u. Kenntnis d. ästhet. u. polit., bes. d. demokr. Tendenzen in Lit. u. Gesch. des Vormärz. Wiss. Tagungen. — Hrsg. bzw. Mithrsg. d. G. Büchner Jahrbuchs u. d. Büchner-Studien (Schrr.-R. m. Quellen u. neuen Forsch.beiträgen). Auf- u. Ausbau eines Archivs. — Mitgl.: 346. — 1. Vors.: Dr. Thomas Michael Mayer.

Gerhart-Hauptmann-Gesellschaft e. V., Sekretariat: Bismarckallee 14, D-1000 Berlin 33, Tel. (030)8928302. — Gegr.: 1952. — Förderung d. Andenkens an Gerhart Hauptmann u. Pflege s. geistigen Erbes. — Hrsg. einer Schr.-R. — Mitgl.: 97. — Vors.: Wolfgang Paul.

Gertrud von le Fort-Gesellschaft zur Förderung christlicher Literatur e. V. (GvlF-Gesellschaft), Wirsbergstr. 10, D-8700 Würzburg, Tel. (0931) 13081. — Die Gesellschaft fördert d. Studium des Werkes von Gertrud von le Fort sowie seiner Bedeutung f. d. Erneuerung d. christl. Literatur. — Mitgl.: 112. — Prof. Dr. Lothar Bossle.

Gesellschaft der Bibliophilen e. V., Sekretariat: Silberstr. 22 b, D-5400 Koblenz 16, Tel. (0261)68161. — Gegr.: 1899. — Mitgl.: ca. 800. — Präs.: Hans Joachim Trautner; Gen.-Sekr.: Karl Theo Plato.

Gesellschaft der Bücherfreunde zu Hamburg e. V., Pöseldorferweg 34, D-2000 Hamburg 13, Tel. (040)446146. — Gegr.: 1908. — Ziel ist, Freunde u. Sammler solcher Bücher zusammenzuführen, deren Druckgestaltung u. Inhalt Beachtung verdienen. Besuche bedeutender Bibliotheken u. Vorträge. — Hrsg. von bibliophilen Drukken anknüpfend an d. Tradition der v. Alfred Lichtwark geschaffenen Hamburgischen Liebhaber-Bibliothek. — Mitgl.: 200. — 1. Vors.: C. Egmont Hagedorn.

Gesellschaft der Freunde und Förderer der Erwin-von-Steinbach-Stiftung e. V., c/o Geschäftsstelle Wiesenstr. 110, D-7024 Filderstadt 1, Tel. (0711)701645. — Gegr.: 1919. — Seit 63 jetziger Name, nachdem die Mitgl. d. "Bundes der Westvertriebenen e. V." in den

"Bund der Elsässer u. Lothringer e.
V." (Sitz Stuttgart) aufgenommen
wurden. — Zweck: Dt.-franz. Kulturaustausch im westl. Kulturraum, bes.
im Elsaß u. Lothringen, vor allem
Förderung d. das Elsaß u. Lothringen
betr. Lit. in dt. Sprache. — Mitgl.: ca.
500. — Vors.: Dr. Erich Sick; stellv.
Vors.: K.E. Berron.

**Gesellschaft der Freunde Wilhelm
Raabes e. V.** (Raabe Gesellschaft),
Raabegedächtnisstätte, Leonhardstr.
29 a, 3300 Braunschweig, Tel.
(0531)75225. — Gegr.: 1911. — Ziel ist
es, der Verbreitung u. dem Verständnis d. Werke Wilhelm Raabes zu dienen. — Mitgl.: ca. 800. — Präs.: Prof.
Dr. Josef Daum; Geschf.: Ursula
Voges.

**Gesellschaft der Münchner
Bücherfreunde,** c/o K.G. Saur Verlag
KG, Pössenbacherstr. 2 b, D-8000
München 71, Tel. (089) 798901. —
Gegr.: 1907. — Pflege und Förderung
d. Verständnisses für das gute und
schöne Buch. — Mitgl.: ca. 105. —
Vors.: Klaus G. Saur.

Gesellschaft für deutsche Sprache e. V.
(GfdS), Taunusstr. 11, D-6200 Wiesba-
den, Tel. (06121)522779. — Gegr.: 1947.
— Pflege u. Erforschung d. dt. Gegen-
wartssprache. Sprachberatg. -aus-
künfte. — Mitgl.: 2000. — Vors.: Prof.
Dr. Günther Pflug; Geschf.: Dr.h.c.
Otto Nüssler. — Vors. d. 1957 gegr.
Fördererkreises: Dr.h.c. Otto Nüssler.

**Gesellschaft für deutsche und
fremdsprachige Lyrik,** c/o Dr. Gerhard Rademacher, Schlehenweg 3, D-
4750 Unna. — Gegr.: 1963. — Vorstellung qualitätvoller Lyrik sämtl. Stil-
arten, Förderung unbekannter
Talente, Wiederentdeckung zu
Unrecht vergessener Autoren, Herausgabe v. Anthologien. — Z. Zt.
keine Aktivitäten.

Gesellschaft für Freie Publizistik e. V.
(GFP), D-3417 Wahlsburg-Lippoldsberg, Tel. (05572) 7310. — Gegr.: 1960.
— Aufg. u. Ziel: Wahrheit und Freiheit des Wortes ("Veritas et Liber-
tas"), insbes. im Schrifttum u. in den
Massenmedien. — Mitgl.: ca. 400. —
Vors.: Reinhard Pozorny, Otto Bogen-
rieder; Ehrenvors. u. Gründer: Werner Hänsler; Geschf.: Sigrid Schenk.

Gesellschaft für Geistesgeschichte e. V.
(GGG), Bismarckstr. 12, D-8520 Erlangen, Tel. (09131) 852919. — Gegr.: 1958.

— Erforschung d. Zeitgeistes u. s.
Wandlungen; Tagungen, Publikationen, Organ: "Zeitschrift für Religions-
u. Geistesgeschichte". — Mitgl.: 150.
— Präs.: Prof. Dr. E. Horst Schallen-
berger; Geschf.: Dr. Kurt Töpner.

Gesellschaft für Literatur in NRW e. V.,
Geschäftsstelle: Wilhelm Damwerth,
Wilmergasse 12-13, D-4400 Münster,
Tel. (0251)46877. — Gegr.: 1977. — För-
derung deutscher Schriftsteller in
Nordrh.-Westf.: lit. Veranstaltungen,
Weiterbildungs- u. Autorenseminare.
— Vors.: Wolfram Dorn; Geschf.: Wil-
helm Damwerth.

Gesellschaft für Theatergeschichte e. V.
Berlin, Riemeisterstr. 21, D-1000 Ber-
lin 37, Tel. (030)8383736. — Gegr.: 1902.
— Förderung theatergeschichtl. For-
schung durch Publikationen, Samm-
lung theatergeschichtl. Quellenmate-
rials, Vorträge u. ä. — Mitgl.: ca. 305.
— Vors.: Dr. Diedrich Diederichsen;
Schriftführer: Prof. Dr. Harald
Zielske, Prof. Dr. Manfred Rehbinder.

**Gesellschaft Hessischer
Literaturfreunde e. V.,** Jägertorstr.
207, D-6100 Darmstadt, Tel. (06151)
709-2552. — Gegr.: 1960. — Pflege der
Literatur, vornehmlich der hessischen. — Mitgl.: 123. — Vors.: Dr. Joachim Borsdorff; Stellvertr.: Dr. Fritz
Ebner; Geschf.: Dr. Ekkehard Born.

**Gesellschaft Katholischer Publizisten
Deutschlands e. V.,** Breite Str. 106, D-
5000 Köln 1, Tel. (0221) 233808. —
Gegr.: 1948. — Publ.: "Informationen"
(mtl.). — Mitgl.: 387. — Vors.: Hubert
Schöne; Geschf.: Hans Deckers.

Grabbe-Gesellschaft e. V., Geschäftsstelle: Hornsche Str. 41, D-4930 Detmold, Tel. (05231) 22824. — Gegr.: 1937.
— Aufgabe d. Ges. ist, d. Verständnis
f. Leben u. Werk d. in Detmold geborenen u. gestorbenen Dichters Christian Dietrich Grabbe zu fördern u.
auch andere westf. Dichter in ihre
Arbeit einzubeziehen, was durch Veröff. u. Vorträge, Anregungen zu
Theateraufführungen, Ausstellungen
u. ähnl. Veranstaltungen geschieht.
Aufgabe d. Ges. ist ferner, d. Geburtshaus Chr. Dietr. Grabbes zu unterhalten u. darin e. Grabbe-Museum
einzurichten. Der Ges. obliegt d. Förder. d. "Grabbe-Archivs Alfred Bergmann" in d. Lipp. Ldesbibliothek Detmold. — Mitgl.: 180. — Präs.: Dr. K.-A.
Hellfaier; Stellv.: Dr. W. Broer;

Geschäftsf.: Erika Brokmann;
Schriftf.: Dr. W. Freund.

**Gruppe Rheinischer
Mundartschriftsteller e.V., z. Hd.**
Heribert Klar, Irisweg 26, D-5000
Köln 71. — Gegr.: 1950, e.V. seit 81. —
Erforschung u. Darstellung d. Mund-
arten d. rhein. Raums u. d. angren-
zenden Gebiete; Förderung u. Ver-
breit. d. Werke ihrer Mitglieder in
Druck u. Ton u. in jeder anderen
Form. — Mitgl.: 60. — Vors.: Heribert
Klar; Schriftf.: Aenne Franz.

Gutenberg-Gesellschaft — Internationale Vereinigung für Geschichte und
Gegenwart der Druckkunst, Liebfrau-
enplatz 5, D-6500 Mainz, Tel. (06131)
226420. — Gegr.: 1901. — Ideelle u.
materielle Unterstützung d. Mainzer
Gutenberrg-Museums, Erforschung v.
Vergangenheit u. Gegenw. d. Druck-
u. Buchwesens f. alle Länder d. Erde,
wissenschaftl. Veröffentlichung d.
Ergebnisse. — Mitgl.: 1750. — Präs.:
Jockel Fuchs; Geschf.: Heinz Gehr-
mann.

Hebbel-Gesellschaft e. V., Oesterstr. 6,
D-2244 Wesselburen üb. Heide/Holst.,
Tel. (04833)2077. — Gegr.: 1926 als
Hebbelgemeinde, seit 1941 jetziger
Name. — Förderung d. Dichtung
Hebbels u. Unterstützung d. Hebbel-
Museums in Wesselburen sowie Hrsg.
d. Hebbel-Jahrbuchs m. neuen wiss.
Forschungsergebnissen. — Mitgl.: 600.
— Präs.: Prof. Dr. Otfried Ehrismann.

Hebelbund Sitz Lörrach e. V., Feldbergstr. 37, D-7850 Lörrach, Tel.
(07621)88642. — Gegr.: 1947. —
Bewahrung u. Förderung alemannischer Sprache u. Dichtung sowie kulturellen Schaffens im Geiste Joh.
Peter Hebels, auch in Verbindung mit
d. Schweiz u. dem Elsaß. — Mitgl.: 310
u. ca. 400 Gönner. — Präs.: Gerhard
Leser.

**Heinrich-Heine-Gesellschaft e. V.,
Düsseldorf** (HHG), Bilker Str. 14
(Heine-Haus), D-4000 Düsseldorf, Tel.
(0211)8995574. — Gegr.: 1956. — Auf-
gabenstellung: Das dichterische u.
zeitkritische Werk Heinrich Heines
in das Bewußtsein d. Öffentlichkeit
zu bringen; fortlaufende Vortragsveranstaltungen, Wochenendseminare,
Publikationen. — Hrsg. v. Jahrbüchern. — Lit.pr.:"Ehrengabe d. HHG".
— Mitgl.: 610. — 1. Vors.: Gerd Höge-
ner; Geschf.: Dr. Joseph A. Kruse.

Heinrich-Sohnrey-Gesellschaft, D-3402
Jühnde, Tel. (0552) 3548. — Gegr.:
1949. — Pflege d. Erinnerung an
Heinrich Sohnrey i. Heinr.-Sohnrey-
Archiv im Schloßturm in Jühnde.
Erhaltung u. Erneuerung d. Dorfes im
Sinne H. Sohnreys. Fortsetzung d.
Arbeit S.s auf d. Gebiet d. Volkstums-
pflege u. Agrarsoziol. — Mitgl.: 100. —
Vors.: Prof.Dr. Werner Kramer.

Heinrich-von-Kleist-Gesellschaft e. V.,
Heinrich-von-Kleist-Gymnasium,
Levetzowstr. 3-5, D-1000 Berlin 21,
Tel. (030)3905390. — Gegr.: 1960. —
Knüpft an die Bestrebungen d. 1920
gegr. Kleist-Gesellschaft an. — Mitgl.:
270. — Vors.: Prof. Dr. Hans Joachim
Kreutzer; Geschf.: Horst Häker.

Hermann-Burte-Gesellschaft e. V.,
Humboldtstr. 3, D-7850 Lörrach, Tel.
(07621)10453. — Gegr.: 1960. —
Bewahrung u. Förderung d. dichter. u.
maler. Werkes v. Hermann Burte
(Veröffentlichungen v. dichter. Werken, Veranstaltung v. Vortrags-
abenden, Gemäldeausstellungen
usw.). — Mitgl.: 340. — Präs.: Herbert
Harrer; Schriftf.: Dr. Magdalene Neff.

Hermann-Löns-Kreis e.V. s. Verband
der Hermann-Löns-Kreise e.V.

Hermann-Sudermann-Stiftung, c/o
Irmela Fliedner, Bettinastr. 3, D-1000
Berlin 33, Tel. (030) 8261643 oder Berliner Str. 67, D-4830 Gütersloh, Tel.
(05241) 20776. — Gegr.: 1929. — Autoren-Spende f. schriftstellerische
Arbeit als Unterstützung f. hilfsbe-
dürftige Autoren. — Vorst.: 5 Personen: 1 Geschf., 1 Notar, 3 Autoren;
Geschf.: Irmela Fliedner.

Herrsteiner Kreis, z.Hd. Uwe Anhäuser,
Postf. 90, Pfarrgasse 7, D-6581 Herrstein, Tel. (06785)7594. — Lose
Gemeinschaft zwecks gemeinsamer
künstler. Arbeiten. — Sektion: Fachwerk. Autorengruppe z. gegens. Förderung u. gemeins. Durchführ. lit.
Publikationen (Lesungen, Anthologien). — Gegr.: 1978. — Mitgl.: 26. —
Sprecher u. Initiator: Uwe Anhäuser.

Hölderlin-Gesellschaft e. V., Bursa-
gasse 6, Hölderlinhaus, D-7400 Tübin-
gen, Tel. (07071)22040. — Gegr.: 1943.
— Aufgabe ist es, Verständnis für das
Werk Hölderlins zu wecken u. die
Hölderlin-Forschung zu fördern. —
Mitgl.: 1.330. — Präs.: Prof. Dr. Uvo
Hoelscher; Geschf.: Barbara Wiede-
mann-Wolf.

Hoffmann-von-Fallersleben-Gesellschaft e. V., Kirchstr. 4, D-3180 Wolfsburg 12, Tel. (05362) 5612 u. 52623 — Gegr.: 1937. — Ehrung d. Andenkens an den Dichter u. Gelehrten, Museums-Betreuung, Mitteilungsblätter u. Kontaktpflege m. Abkömmlingen d. Dichters. — Mitgl.: 400. — Vors.: Theodor Kröger.

Hugo von Hofmannsthal-Gesellschaft, Freies Deutsches Hochstift, Großer Hirschgraben 23, D-6000 Frankfurt a.M., Tel. (0611) 282824. — Gegr.: 1968. — Die H. v. Hofmannsthal-Ges. dient d. Erschließung v. Werk u. Biographie d. Dichter. Über die Vermittlung von bisher Unbekanntem wie Entwürfen, Briefen u. Notizen, Plänen u. Quellen hinaus, fördert d. Gesellschaft d. kritische Auseinandersetzung mit d. Werk u. mit dessen Wirkungsgeschichte. Hierzu gehört auch d. Diskussion v. Aufführungen Hofmannsthalscher Stücke u. v. wichtigen Neuerscheinungen; Hofmannsthal-Blätter u. Hofmannsthal-Forschungen. — Mitgl.: 650. — Vors.: Prof. Dr. Clemens Köttelwesch.

Humanistische Union e. V., Bräuhausstr. 2, D-8000 München 2, Tel. (089)226441/42. — Gegr.: 1961. — Förderung d. ungehinderten Entfaltung aller religiösen, philosoph., weltanschaul., wissenschaftl. u. künstler. Strömungen in der Bdesrep. Dtld; Festigung d. Toleranz. — Mitgl.: 2600. — Vors.: Prof. Dr. Ulrich Klug; Geschf.: Helga Killinger.

Humboldt-Gesellschaft für Wissenschaft, Kunst und Bildung e. V., Riedlach 12, D-6800 Mannheim 31, Tel. (0621)771235. — Gegr.: 1962. — Pflege der Wissenschaften, von Literatur, Kunst u. Bildung. — Mitgl.: etwa 550. — Präs.: Prof. Dr. Erwin Stein; Vizepräs.: Prof. Hans-Jürgen Kallmann, Prof. Dr. Dr.h.c. Kurt Herberts, Prof. Dr. Walter Thoms; Vorstandsvors.: Dr. Herbert Kessler.

Inklings-Gesellschaft für Literatur und Ästhetik e.V., Erster Rote-Haag-Weg 31, D-5100 Aachen, Tel. (0241) 61876. — Gegr.: 1983. — Wiss. Erschließung u. Verbreitung d. Werke der Inklings-Autoren u. jener Werke d. Lit. u. d. bild. Kunst, die zu einem Vergleich herausfordern, namentl. Fantasy u. phantast. Malerei; Vorträge, Ausstellungen, Symposien. — Publ.:

Inklings-Jahrbuch f. Lit. u. Ästhetik. — Mitgl.: ca. 100. — Präs.: Dr. Gisbert Kranz; 1. Vizepräs.: Prof Dr. Franz Pöggeler; 2. Vizepräs.: Prof. Dr. Helmut Schrey.

Interessengemeinschaft Duisburger Autoren, Künstlerhaus, Goldstr. 15, D-4100 Duisburg 1. — Gegr.: 1980. — Belebung u. Förder. d. lit. Szene Duisburgs; regelm. Informations- u. Textgespräche d. Mitglieder sowie Kontakt- bzw. Anlaufstelle f. junge Autoren; Publikat. lit. Texte aus d. Duisburger Raum; Beratung in lit. Fragen (Urheberrecht, Verlagssituation, Lektorat) Koordinier., Organis. u. Lektorat lit. Veranstaltungen; Vertretung v. Autoreninteressen gegenüber and. Institutionen (Presse, Stadt u.a.); Kontaktpflege mit and. kulturellen Einrichtungen lokaler u. überregion. Art. — Mitgl.: 37. — Sprecherrat: Berndt Mosblech, Sigrid Kruse, Arletta Eßer.

Interessenverband Schreibender Frauen, Autorinnen und Wissenschaftlerinnen (ISA), Schokoladenfabrik, Frauenstadtteilzentrum Kreuzberg e.V., Naunynstr. 72, D-1000 Berlin 36, Tel. (030) 652999. — Gegr.: 1983. — Regelmäßige Treffen, Diskutieren u. Schreiben zu Frauenthemen, Beteilig. an literar. Veranstaltungen, Bemühen um Austausch u. Information i. Bereich v. Lit., Kultur u. Wiss. (Vorträge; Schreibende Frauen; Schreiben als Therapie; Ausländerinnenkreis; Hörspielwerkstatt). Krit. Medienarbeit. — Hrsg. v. Büchern ("Schokofabrik Frauenliteratur 1984"). — Mitgl.: 45. — Vors.: Christiane Binder-Gasper.

Jean-Paul Gesellschaft, c/o Werner Fehr, Postf. 2749, Richard-Wagner-Str. 21, D-8580 Bayreuth, Tel. (0921) 65031. — Gegr.: 1925. — Zusammenschluß aller Freunde Jean Pauls; Versuch, durch Lesungen, Vorträge u. Veröffentlichungen öffentl. Verständnis für Jean Paul zu wecken; Unterstützung d. wiss. Jean-Paul-Forschung; seit 1966 Hrsg. d. "Jahrbuches" d. Gesellschaft (bis 65 u.d.T.: "Hesperus-Blätter"). — Mitgl.: 365. — Präs.: Prof. Dr. Kurt Wölfel; Vizepräs.: Dr. Rudolf Hoffmann.

Junger Literaturkreis, Letterstr. 9, D-3000 Hannover 21 (Herrenhausen), Tel. (0511) 168-2563, Kulturamt. —

Gegr.: ArbKrs. 1946, erweit. 1951,
gegr.: 1954. — In Verbindung mit dem
VS Niedersachsen. — Basisarbeit zur
lit. Zeitschrift "Die Horen" (seit 55);
Anthologien, Diskussionen, Lesungen, Förderung junger Talente, junger Literatur u. kritischer Grafik. —
Sprecher: Kurt Morawietz.

Karl-May-Gesellschaft e. V., (KMG),
Swebenbrunnen 8 c, D-2000 Hamburg
72, Tel. (040)6433307. — Gegr.: 1969. —
Erforschung v. Leben u. Werk K.
Mays. Arbeitsprogramm: Sammlung
u. Aufarbeitung d. biograph. Mate-
rials, Textforschung, Werks-
geschichte, Bibliographie, Register,
Sicherung d. Originaltexte, Untersuchung u. Entschlüsselung d. symbo-
lischen Alterswerkes, Wirkungsgeschichte. — Hrsg. v. Mitteilungen
u.: INFORM, Sonderpublikationen,
Reprints. — Mitgl.: 928. — Vors.: Prof.
Dr. Claus Roxin.

Klaus-Groth-Gesellschaft e. V., Sekr.:
Karl Grabbe, Helgolandstr. 15, D-2223
Meldorf, Tel. (04832)1382. — Gegr.:
1949. — Pflege d. niederdeutschen
Sprache u. d. Werkes Klaus Groths. —
Mitgl.: 317 u. 43 Korporat. — Vors.:
Prof. Dr. Reimer Bull; Sekretär: Karl
Grabbe.

Knut-Hamsun-Gesellschaft aufgelöst.

Kolbenheyer-Gesellschaft e. V.,
Schnieglinger Str. 244, D-8500 Nürn-
berg 90, Tel. (0911) 313304;
Geschäftsst.: Doeleke, Judengasse 18,
D-8500 Nürnberg 1, Tel. (0911) 227353.
— Gegr.: 1951. — Vorträge, regelm.
Studientreffen; testamentar. Auftrag:
Bewahrung u. wiss. Auswertung d.
Archivs in D-8192 Geretsried. —
Publ.: Gesamtausgabe 1.H.,
Ergänz.bde, Einzelausg., Sprech-
platten, Veröff. üb. d. Werk; Der Bau-
hüttenbrief, Zs. — Mitgl.: rd 500. —
Vors.: Dr. Hawelka; Geschf.: Doeleke.
— s.a. Kolbenheyer-Ges. in Öst.

Komma-Klub e. V., c/o Elke Funke,
Germaniastr. 13, D-8000 München 40.
— Gegr.: 1964. — Autorenlesungen. —
Vors.: Elke Funke.

Krefelder Autorinnen Club, z.Hd. Annemarie in der Au, Elisabethstr. 64, D-
4150 Krefeld, Tel. (02151) 25545. —
Gegr.: 1972. — Belebung der Krefelder Kulturszene, Lit. Erfahrungsaustausch, Gestaltung gemeinsamer Themen u. Aktionen, Vertretung sozialer

Belange der Mitglieder, Zusammenarbeit mit anderen Autorenvereinigungen u. Künstlerverbänden.
— Mitgl.: z. Zt. 10. — Präs.: Annemarie in der Au.

**Kreis der Dichter im Deutschen
Kulturwerk** s. Deutsches Kulturwerk
Europ. Geistes.

Kreis der Freunde um Peter Coryllis,
Tannensand 153, D-4471 Walchum/
Emsland, Tel. (04963) 8612. — Gegr.:
1958. — Intern. Autoren-Leser-
Gemeinschaft, Förderung junger
Autoren. — Hrsg. d. Schriften d. Peter
Coryllis u. anderer Mitgl. d. Kreises.
— Zenta-Maurina-Sachpreis f. Lit. —
Mitgl.: ca. 250. — Leitung: Kathleen
Thoma.

Kronenburger Literatur-Kreis (KLK),
aufgelöst.

**Kulturkreis Berlin — Vereinigung
kultureller Verbände Berlins e. V.**
aufgelöst.

**Kulturkreis im Bundesverband der
Deutschen Industrie e. V.,** Gustav-
Heinemann-Ufer 84-88, D-5000 Köln
51, Tel. (0221)3708506. — Gegr.: 1951.
— Vereinigung kulturell interessier-
ter Unternehmer zu kulturfördernden
Maßnahmen anzuregen; u. a. Ehren-
gaben u. Stipendien d. "Literarischen
Förderungswerkes" (1952 ff.). —
Mitgl.: 450. — Vors.: Berthold v. Boh-
len u. Halbach; Geschf.: Dr. Bernhard
Frhr. von Loeffelholz.

Kurt Tucholsky Kreis e. V., c/o Till
Meyer-Bruhns, Mühlendamm 86, D-
2000 Hamburg, Tel. (040) 226286. —
Gegr.: 1955. — Verbreitung von Werk
und Gedankenwelt Kurt Tucholskys;
Förderung der zeitnahen Dichtung,
Journalistik und Kunstkritik. —
Vors.: Till Meyer-Bruhns.

Kurt-Tucholsky-Stiftung, Agnesstr. 32,
D-2000 Hamburg 60, Tel. (040) 477871.
— Gegr.: 1969. — Zweck d. Stiftung
ist, im Geiste Kurt Tucholskys die
intern. Verständigung zu fördern u.
zu diesem Zweck bes. Studenten d.
Germanistik, Publizistik, Soziologie u.
Politologie, die bereit sind, im Geiste
Tucholskys auf ihrem Fachgebiet
wiss. zu wirken, einen 1jährigen
Studienaufenthalt im Ausland zu
gewähren und/oder ausländischen
Studenten unter den gleichen
Voraussetzungen einen 1jährigen
Studienaufenthalt in der Bdesrep.

Dtld zu gewähren. Zum Stiftungszweck gehört ferner die Beaufsichtigung d. Tucholsky-Nachlasses im Deutschen Literaturarchiv/Schiller Nationalmuseum in Marbach. — Mitgl.: 3. — Präs.: Prof. Dr. Fritz J. Raddatz.

Lichtenberg-Gesellschaft e.V., z.Hd. Prof. Dr. W. Promies, Dieburger Str. 150, D-6100 Darmstadt, Tel. (06151) 714481. — Gegr.: 1977. — Pflege u. Verbreitung d. Andenkens an Georg Christoph Lichtenberg; Erforsch. seines lit. u. wiss. Werks, seiner Wirkung u. Nachwirk., verbunden mit der Erforsch. d. Kultur- u. Wissenschaftsgesch. in d. 2. Hälfte des 18. Jhs. — Publ.: PHOTORIN. Mitt. d. Lichtenberg-Ges. e.V. — Mitgl.: 200. — Vors.: Prof. Dr. Wolfgang Promies; Geschf.: Otto Weber.

Literarisch-musischer Arbeitskreis Trier, c/o Günther Molz, Konzer Str. 6, D-5500 Trier, Tel. (0651) 33221. — Gegr.: 1955. — Zusammenschluß literarisch-musischer Autoren u. Interpreten mit d. Ziel d. Gedankenaustausches; Lesungen, Aufführungen (mtl. Treffs). — Mitgl.: 24. — Sprecher: Günther Molz.

Literarische Gesellschaft "Die Barke", Thierschstr. 23/II, D-8000 München 22, Tel. (089)225068. — Gegr.: 1932. — Pflege v. Lit., Kunst u. Wissensch. durch Vorträge u. künstler. Veranstaltungen; seit 58 jährl. Verleihung d. Auszeichnung das "Silberne Poetenschiff" an verdiente Schriftsteller. — Leiter: Martin Lankes.

Literarische Gesellschaft Gräfelfing, Hermann-Hummel-Str. 42, D-8032 Gräfelfing, Tel. (089)853542. — Gegr.: 1921. — Veranstaltung v. Vorträgen u. Dichterlesungen. — Mitgl.: 250. — 1. Vors.: Wolfgang Pollner.

Literarische Gesellschaft in Bayern e.V., c/o Lore Schultz-Wild, Konradstr. 16, D-8000 München 40, Tel. (089) 345581. — Gegr.: 1980. — Förderung v. Literatur u. Literaturverständnis. — Mitgl.: 12. — Vors.: Carl Amery; Schriftf.: Lore Schultz-Wild.

Literarische Gesellschaft Köln/ Freunde der Stadtbücherei e. V., Josef-Haubrich-Hof 1, D-5000 Köln 1, Tel. (0221) 2213894. — Gegr.: 1893 Literarische Gesellschaft Köln; 1974 Literatur in Köln/Freunde d. Stadt-

bücherei e. V.; 1976 Fusion beider Vereine zur Lit. Ges. Köln/Freunde d. Stadtbücherei e. V. — Der Verein fördert Literatur u. literar. Interessen in Köln, Fortsetzung d. 1893 gegr. "Lit. Ges. Köln", Kontakte zu Autoren, d. Ziele d. Stadtbücherei. Er veranstaltet Lesungen, Vorträge, Diskussionen. — Mitgl.: 205. — 1. Vors.: Constantin Post.

Literarische Gesellschaft (Scheffelbund), Röntgenstr. 6, D-7500 Karlsruhe 1, Tel. (0721)843818. — Gegr.: 1924. — Pflege dichter. Geistesgutes d. Vergangenheit u. d. Gegenwart durch Dichterlesungen, Vorträge, Buchveröffentlichungen sowie durch das v. der Literar. Gesellschaft getragene Oberrheinische Dichtermuseum, Unterhaltung d. Archivs u. der Bücherei. Verleihung d. Scheffel-Preises an die besten Deutsch-Abiturienten bei ca. 500 Gymnasien Südwestdeutschlands. — Mitgl.: 4.900. — Vors.: Prof. Dr. Karl Foldenauer; Geschf.: Dr. Beatrice Steiner.

Literarische Gruppe Osnabrück e. V. (lgo), z.Hd. Jutta Sauer, Frankensteiner Str. 23, D-4507 Hasbergen, Tel. (05405) 2923. — Gegr.: 1971. — Öffentlichkeitsarbeit durch Lesungen, Anthologie-Veröff., lit. Wettbewerbe. Förderung junger Autoren, Unterstützung älterer Autoren (seit 80); Zus.arbeit mit Autorenverbänden. — Mitgl.: 30. — 1. Vors.: Jutta Sauer; 2. Vors.: Günther Klonz; Geschf.: Richard Radßat; Ehrenvors.: Gudula Budke.

Literarische Gruppe 2000 e. V., c/o Johann Hildebrand, C 3,22, D-6800 Mannheim 1, Tel. (0621)12748 u. 573810. — Gegr.: 1968. — Förderung junger Autoren durch Lesungen eigener Manuskripte, sowie Vorstellung geeigneter Talente b. Sonderveranstaltungen. — Mitgl.: 196.

Literarische Union e. V. (LU) aufgelöst.

Literarische Vereinigung Braunschweig e. V., Adolfstr. 10, D-3300 Braunschweig, Tel. (0531)791990. — Gegr.: 1948. — Verein v. Freunden d. Literatur z. Pflege u. Förderung d. kult. Lebens in d. Stadt Braunschweig. Es ist d. Aufgabe d. Vereinig., d. Lit. zu Verständnis u. Wirkung zu verhelfen. Lesungen d. Schriftsteller uns. Zeit u. Vorträge bekannter Autoren üb. kulturelle u.

literar. Probleme uns. Zeit. — Mitgl.:
200. — Vors.: H.-J. Steigertahl.

**Literarische Werkstatt Gelsenkirchen
(LWG)** aufgelöst.

Literarische Werkstatt Göppingen, c/o
Tina Stotz-Strohecker, Im Heimt 30,
D-7332 Eislingen/Fils, Tel. (07161)
812122. — Gegr.: 1980. — Gesprächs-
forum f. Autoren u. Literaturfreunde,
Organisation v. Lesungen u.ä. —
Publikationen. — Mitgl.: 5 Aktive, 5
Literaturfreunde.

Literarische Werkstatt Kreuzberg, p.
Adr. Kurt Neuburger, Solmsstr. 40, D-
1000 Berlin 61, Tel. (030) 6936329. —
Zus.arbeit junger Autoren, Produk-
tion eigener Bücher, Mitarbeit in
Anthologien, lit. Lesungen etc. —
Mitgl.: ca. 45. — Leitung: Kurt Neu-
burger; Stellv.: Christoph Burster.

Literarischer Verein der Pfalz e. V.,
Neues Rathaus, Postf., D-6740 Lan-
dau/Pf.; Tel. (06232) 79558: K.-F. Geiß-
ler. — Gegr.: 1878. — Ideelle u. mate-
rielle Unterstützung lit. Talente/
Pflege u. Verbreitung wertvoller deut-
scher, besonders pfälz. Literatur.
Jahresbuchgaben an Mitgl. (420). — 1.
Vors.: Wolfgang Diehl; 2. Vors. u.
Geschf.: Karl-Friedrich Geißler.

Literarisches Colloquium Berlin e. V.,
Am Sandwerder 5, D-1000 Berlin 39,
Tel. (030)8035681 u. (030)8032082. —
Gegr.: 1963. — Förderung des Mei-
nungsaustausches zwischen Schriftstellern, Künstlern, Theater- u. Film-
regisseuren; durch Zusammenarbeit
mit Fernsehen u. Rundfunk werden
neue Möglichkeiten der Verbindung
der Literatur mit den Massenmedien
erprobt; durch öffentliche Veranstaltungen, Diskussionen und durch
Publikationen werden Anregungen
für das literarische Leben in Berlin
gegeben und Kontakte mit in- u. ausländischen Autoren und Institutionen
hergestellt. — Mitgl.: 11. — Präs. d.
Kuratoriums: Friedrich Luft; Vors. d.
Vereins: Prof. Harald Hartung;
Geschäftsleit.: Dr. Wolfgang Trautwein.

Literarisches Forum Oberschwaben, c/
o Dr. Dr.h.c. Walter Münch, Engelberg
16, D-7988 Wangen i. Allg., Tel. (07522)
21750. — Gegr.: 1966. — Tochter-
Gründung: Stiftung Literatur Archiv
Oberschwaben. — Lesungen unveröff.
Texte von persönl. geladenen Personen mit Diskussionen (halböffent-

lich). — Teilnehmerzahl: 40-60. —
Vors. u. Geschf.: C.-W. Hoffmann.

Literaturzentrum e. V. (lit), Ferdinandstor 1 a, D-2000 Hamburg 1, Tel. (040)
338417. — Gegr.: 1974. — Literatur- u.
Autorenförderung u. Volksbildung
auf literar. Gebiet. — Mitgl.: 280. — 1.
Vors.: Hans-Peter Reichelt (i.e. Hans
Eppendorfer); 2. Vors.: Axel Eggebrecht; Geschf.: Heike Schoop.

LITTERA, Münchener Autoren-Vereini-
gung e. V., Oskar-Maria-Graf-Ring 22,
D-8000 München 83, Tel. (089) 6373722.
— Gegr.: 1977. — Kontaktpflege mit
Kollegen, Erfassen neuer Autoren,
Dichterlesungen, auch Podium der
Unbekannten, Diskussionen, Refe-
rate, Literaturwettbewerbe,
Großveranstaltungen. — Einmal
jährl. Vergabe der "LITTERA-
Medaille". — Mitgl.: 60. — Präs.: Dr.
Renate Zaky; Geschf.: Karl Wimmer.

Ludwig-Finckh-Freundeskreis e. V.,
Geschäftsstelle: Chorherrenäcker 1,
D-7766 Gaienhofen-2, Tel. (07735)
2145. — Gegr.: 1956. — Pflege d. lit.
Erbes v. Ludwig Finckh; Betreuung d.
Ludwig-Finck-Gedenkstätte in
Gaienhofen. — Vergabe d. Ludwig-
Finckh-Preises (gestiftet 1979). —
Mitgl.: 365. — 1. Vors.: OStudR. Mar-
tin.

**Lübecker Autorenkreis und seine
Freunde e.V.,** c/o Buchhandlung
Quitzow, Breite Str. 97, D-2400
Lübeck. — Gegr.: 1980. — Ziel ist,
Literatur u. angrenzende Fach-
bereiche der interessierten Bevölke-
rung nahezubringen. — Mitgl.: ca. 50.
— 1. Vors.: Kaus Rainer Goll.

Lyrisches Studio Bonn, Postfach 180121,
D-5300 Bonn. — Gegr.: 1966. — Pflege
d. Gegenwartslit. durch öffentl. Autorenlesungen u. Interpretation. —
Mitgl.: 100. — Vors.: Nani v. Schweinitz.

Marburger Kreis, c/o E. J. Knobloch,
Liebigstr. 1, D-8050 Freising. — Gegr.:
1957. — Durchführung v. Autorentreffen, Lesungen. — Hrsg. d. "Marburger Bogendrucke" (75 Folgen). —
Leiter: Erhard J. Knobloch.

Max-Halbe-Gesellschaft in d. Ost- u.
Westpreußenstiftung in Bayern e. V.,
Martiusstr. 6, D-8000 München 40, Tel.
(089)347385. — Gegr.: 1953. — Die Ges.
ist ein Arbeitsgremium d. Stiftung f.
Veranstaltung von Lesungen u. Auf-

führungen, sowie Erforschung, Herausgabe u. Neuauflage der Werke u. Briefwechsel d. Dichters Max Halbe. — Mitgl.: ca. 80. — Vors.: Anneliese Halbe.

Maximilian-Gesellschaft e. V., Geschäftsstelle: Rosenbergstr. 113, Postf. 723, D-7000 Stuttgart 1, Tel. (0711) 638264/5. — Gegr.: 1911. — Förderung d. dt. Buchkunst u. der Wissensch. v. Buche; Veröffentlichungen. — Mitgl.: 1200. — Vors.: Prof. Dr. Horst Gronemeyer; stellv. Vors.: Prof. Dr. Paul Raabe.

Autorenvereinigung **Die Münchner Turmschreiber,** c/o Kurt Wilhelm, Frundsbergstr. 31, D-8021 Straßlach, Tel. (08170)460. — Gegr.: 1958. — Pflege v. Wort u. Brauch in Bayern. — Mitgl.: 30. — Leit.: Kurt Wilhelm.

Muettersproch-Gsellschaft, Verein f. alemannische Sprache e. V., Am Hofacker 15, D-7801 Buchenbach, Tel. (07661) 1236. — Gegr.: 1962. — Pflege u. Förderung d. Alemannischen mit allen geeigneten Mitteln, Förderung alemannischer Dichter. — Mitgl.: 2.900. — Präs.: Klaus Poppen.

Mundartgesellschaft Württemberg e.V., z.Hd. Wilh. König, Gutenbergstr. 36, D-7434 Riederich/Reutlingen, Tel. (07123) 32593. — Gegr.: 1978. — Pflege u. Verbreitung d. schwäb. Mundarten in Württ.; Förderung schwäb. Dichter durch öff. Veranstalt. u. Werkstattgespräche. — Mitgl.: 350. — Vors.: Wilhelm König.

Neue Gesellschaft für Literatur e. V. Berlin (NGL), Bismarckstr. 17, D-1000 Berlin 12, Tel. (030) 3422059. — Gegr.: 1973. — Förderung von Literatur, Kontakte mit Autoren u. Literaturen d. Auslandes. Jährl. Autorentage, Lesereihen, Zus.arbeit v. Autoren u. Bildenden Künstlern (Mariannenpresse). Gemeinsame Trägerschaft d. Berliner Bücherforums "Ex Libris" mit d. Arb.gemeinsch. kleinerer Verlage. Ausstellungen z. Literatur. — Mitgl.: 230. — 1. Vors.: Ulrich Goerdten; Stellvertr.: Nepomuk Ullmann; Geschf.: Ernest Wichner.

Neue Gesellschaft für Literatur e. V. Erlangen (NGL), z.H. Dr. H.-B. Nordhoff, Hindenburgstr. 61, D-8520 Erlangen, Tel. (09131)23483. — Gegr.: 1976. — Nach dem Vorbild der Berliner NGL: Förderung v. Literatur u.

Literaturverständnis im Erlanger Raum, Literatur-Lesungen u. - Gespräche, Workshops, Autorenausbildung, Publikation zeitgenöss. Literatur. — Mitgl.: 32. — 1. Vors.: Dr. Hans-Bernhard Nordhoff; 2. Vors.: Dr. Wolf-Peter Schnetz.

Neue Literarische Gesellschaft e. V. (NLG), Sauersgäßchen 1, D-3550 Marburg, Tel. (06421) 64822. — Gegr.: 1974. — Durchführung von Autorenlesungen (in Marburg u. Biedenkopf), insbes. auch Lesungen an hessischen Schulen. — Organis. v. Autorentagen in Marburg. — Vergabe v. Förderpreisen f. Lit. — Hrsg. d. Zs. "Literatur um 11". — Mitgl.: ca. 300. — 1. Vors.: Ludwig Legge.

Neue Literarische Gesellschaft Hamburg e. V., Volksdorfer Weg 41, D-2000 Hamburg 65, Tel. (040) 6014413. — Gegr.: 1966. — Förderung d. internat. Gesinnung, der Toleranz auf allen Gebieten d. Kultur u. des Völkerverständigungsgedankens durch Autorenabende, Diskussionen, interpretierende Vorträge u. Empfänge. — Jährl. Vergabe eines Lit.preises "Der erste Roman". — Mitgl.: ca. 300. — 1. Vors.: Dr. Christian Gneuss; stellv. Vors.: Konstanze Siems-Görres, Horst Ohde.

Niederbayerischer Mundartkreis "rund um Deggendorf", c/o Olga Hartmetz-Sager, Kurt-Schumacher-Str. 3, D-8360 Deggendorf, Tel. (0991) 25954. — Gegr.: 1980 (hervorgeg. aus d. Teilnehmerkreis d. "Bairischen Mundarttages", der 1970 in Deggendorf begr. wurde u. alle 2 Jahre stattfindet). — Freier u. loser Zus.schluß nd.bayer. Mundartautoren; Erhaltung u. Pflege d. bair. u. bayer. Mda., mit Verbind. zu gleichen u. ähnl. Gruppen in Altbayern, Öst. u. Südtirol; mtl. Treffen; Lesungen m. musikal. Darbietungen v. Gesangs- u. Musikgruppen. — Publ.: Bschoad-Bücherei. — keine best. Mitgl.zahl, z.Zt. 20 Autoren. — Leit.: Olga Hartmetz-Sager.

Nyland-Stiftung, Taubenstr. 52, D-5070 Bergisch-Gladbach, Tel. (02204)64359. — Gegr.: 1957. — Zuschüsse z. Drucklegung lit. wertvoller Bücher, vor allem d. Dichter d. Nyland-Bundes. — 1. Vors.: Dr. Hanns M. Elster; 2. Vors.: Dr. G.F. Klug; 3. Vors.: Dr. N. Goost; Geschf.: Ruth Walther.

Oberpfälzer Kulturbund, Bezirksgemeinschaft für Heimatarbeit e. V., Emmeramsplatz 8, D-8400 Regensburg, Tel. (0941) 564512. — Dachorganisation für die kulturtragenden Organisationen in der Oberpfalz u. a. für die Regensburger Schriftstellergruppe. — Gegr.: 1969. — Abhaltung der Nordgautage, die das heimatliche Schrifttum und die bildenden Künstler und Komponisten des Nordgaus einem größeren Kreis bekannt machen. — Mitgl.: etwa 90 Vereine, Städte und Landkreise. — Präs.: Dr. Max Zaha; Vizepräs.: Dr. Josef Pichl. — Ehrenpräsidenten sind satzungsgemäß d. jeweilige Regierungspräs. u. d. jeweilige Bezirkstagspräs.

Oswald von Wolkenstein-Gesellschaft e.V., Haffner-Str. 35, D-7142 Marbach, Tel. (07144) 12602. — Gegr.: 1980. — Erforschung u. Pflege d. Werkes O. v. Wolkensteins u. d. europ. Lit. u. Kultur d. SpätMAs; jährl. wiss. Symposien z. europ. Lit. d. SpätMAs an wechselndem Ort u. Land. — Publ.: Jb. d. O. v. W.-Ges. seit 81 in zweijähr. Rhythmus. — Mitgl.: 296. — 1. Vors.: Prof.Dr. Horst Brunner; Geschf.: Dr. Sieglinde Hartmann.

Paul-Ernst-Gesellschaft e. V. Düsseldorf, Gesch.-Stelle: Oberthürgasse 11, D-8700 Würzburg, Archiv u. Auskunft: Karl A. Kutzbach, Schumannstr. 39, D-5300 Bonn, Tel. (0931) 13807. — Druck u. Verbreitung veröffentlichter u. bisher unveröffentlichter Schriften v. Paul Ernst; Aufführungen seiner Dramen; Sicherung u. Hrsg. d. lit. Nachlasses; Schriften u. Vorträge über Paul Ernst; Erhaltung d. Gedenkstätten. — Mitgl.: ca. 300. — Präs.: Dr. Dr. Wolfgang Stroedel; 2. Vors. u. geschf. Vorstandsmitgl.: Heinrich Steinmeyer.

Pegnesischer Blumenorden e. V. Verein zur Pflege d. deutschen Sprache u. Dichtkunst, z.Hd. Dr. F. v. Herford, Karolinenstr. 38, D-8500 Nürnberg 1, Tel. (0911) 227228. — Gegr.: 1644. — Pflege u. Reinerhalt. d. dt. Sprache; Pflege d. klassischen Lit. u. Förderung lebender Literaten. — Mitgl.: 100. — Ordenspräs.: Dr.jur. Friedrich v. Herford.

Quickborn, Vereinigung für niederdeutsche Sprache und niederdeutsches Schrifttum e. V., Quick-

born-Kanzlei: Deichstr. 48/50, 2000 Hamburg 11, Tel. (040)364520. — Gegr.: 1904. — Pflege u. Förderung d. niederdt. Sprache u. Lit., bes. durch die Veröffentlichung v. Schriften informativer, wissenschaftlicher u. unterhaltender Art. — Mitgl.: 800. — Vors.: Friedrich Wilhelm Michelsen.

Die Räuber '77, Literarisches Zentrum Rhein-Neckar e. V., Kulturzentrum Alte Hauptfeuerwache, Brückenstr., D-6800 Mannheim 1, Tel. (0621)753416. — Gegr.: 1977. — Förderung der Literatur u. der Autoren d. Rhein-Neckar-Raumes. Mitglieder können Schriftsteller, Buchhändler, Bibliothekare, Journalisten, Germanisten u. a. der Lit. beruflich verbundene Persönlichkeiten werden. — Mitgl.: 60.

Ravensburger Kreis, c/o Ella Zühlke, Kelterweg 19, D-7980 Ravensburg, Tel. (0751) 62744. — Gegr.: 1950. — Seit 30 Jahren lädt der "Ravensburger Kreis" zu Lesungen ein, um den literar. interessierten Bürger der Stadt die Begegnung mit Autoren, manchmal auch mit Literaturwissenschaftlern oder auch mit Schauspielern zu vermitteln. — Geschf.: Ella Zühlke.

Reinhold-Schneider-Gesellschaft, c/o Dr. Maria van Look, Lorettostr. 40, D-7800 Freiburg/Br., Tel. (0761)33003. — Gegr.: 1970. — Wahrung der Erinnerung an den Dichter, Bemühen um Überwindung d. gegenwärtigen Krise unseres gesellschaftl. u. kulturellen Lebens durch Erneuerung d. geistigen Erbes. — Mitgl.: ca. 550. — Präs.: Dr. Edwin Maria Landau.

Rudolf-Alexander-Schröder-Gesellschaft, München. — Gegr.: 1947. — Pflege d. Werkes v. R. A. Schröder; Förderung d. künstler. Schaffens hilfsbedürftiger dt. Schriftsteller, Musiker u. bildender Künstler. — Präs.: z.Zt. N.N.

Rückert-Gesellschaft e. V., Stadt-Archiv, Friedrich-Rückert-Bau, D-8720 Schweinfurt, Tel. (09721)51382. — Gegr.: 1963. — Bei Gründung "Fördererkreis der Rückert-Forschung e. V."; 1972 umbenannt in "Rückert-Gesellschaft e. V.". — Die R.-Ges. erforscht d. Lebenswerk Friedrich Rückerts, verbreitet es und hält es lebendig. Sie pflegt u. fördert wertvolles Geistesgut im Sinne Rückerts u. bleibt im Samml. u. Sichtung

seines Nachlasses bemüht. Durch
Vergabe von Forsch.aufträgen durch
Veröff., Ausstellungen u. Veranst.
anderer Art ist sie bestrebt, Friedr.
Rückert die ihm gebührende Wert-
schätzung zu verschaffen, seinem
Werk neue Freunde zu gewinnen u. f.
Dichter u. Gelehrte Verständnis zu
wecken, die ihm geistesverwandt
sind. Sie schlägt d. Preisträger f. d.
Friedr.-Rückert-Preis d. Stadt
Schweinfurt vor. — Mitgl.: 151. —
Vors.: Dr. Jakob Amstadt; Schriftf.:
Dr. Erich Saffert.

Saarländischer Kulturkreis e. V.,
Richard-Wagner-Str. 67, D-6600 Saarbrücken, Tel. (0681)34146. — Gegr.:
1961. — Förderung d. kulturellen
Schaffens auf dem Gebiet d. Lit.,
Musik u. Bildenden Kunst. — Mitgl.:
165. — 1. Vors.: Dr. Franz-Josef Reichert.

**sage & schreibe — Göttinger Autoren-
und Künstler-Gruppe e.V.,** Reinhäu-
ser Landstr. 105, D-3400 Göttingen,
Tel. (0551) 73463. — Gegr.: 1981. —
Förderung v. Lit. u. Kunst durch
Lesungen, Publikationen u. alternat.
Vertriebswegen. — Mitgl.: 12. —
Vorst.: Horst Bethmann, Burckhard
Garbe, Meinhart Krischke Ramas-
wamy.

Seerosenkreis, c/o Ernst G. Bleisch,
Zentnerstr. 38, D-8000 München 40. —
Gegr.: 1957. — Schwabinger Vereini-
gung von Schriftstellern u. bildenden
Künstlern. Regelmäßige öffentl.
Lesungen u. Pflege des
Schwabingerischen im Geiste von
Peter Paul Althaus (Begründer d.
"Seerosenkreis"). — Leiter: Ernst
Günther Bleisch.

**Seminar für Sprache und Schauspiel,
Salem,** Postfach 1150, D-7777 Salem,
Tel. (07544) 8888. — Gegr.: 1978. —
Förderung d. Zus.arbeit v. Autoren,
Regisseuren u. Schauspielern auf d.
Grundlage d. Anthroposophie;
Studiotheater in Überlingen u. ein
Sem. mit Studierenden; öffentl.
Tagungen zu sprachl., lit.wiss. u. dra-
maturg. Problemen seit 82. — Publ.:
Zs./Programmschr. "dialoge". —
Mitgl.: 48; Förderkreis: 250. — 1. Vors.:
Bernd Lampe.

Sprachwerkstatt Nürnberg im Jugend-
zentrum f. Polit. Bildung d. Stadt
Nürnberg Untere Talgasse 8, D-8500
Nürnberg, Tel. (0911) 163165. — Gegr.:

1972. — Literaturproduktion, -dis-
kussion u. -verbreitung. — Publ.: &
viele andere. Texte u. Materialien aus
d. Sprachwerkstatt 1972-1977 77;
Blaue Zipfel. Gedichte v. 61 Autoren
d. Sprachwerkstatt 1972-82 83. —
Mitgl.: 15. — Vors.: Manfred Schwab.

Stiftung F. V. S. Hamburg, Georgsplatz
10, D-2000 Hamburg 1, Tel.
(040)330400 u. 330600. — Gegr.: 1931.
— Gemeinnützige Stiftung z. Anregung, Förderung u. Auszeichnung auf
kulturellen u. wissenschaftl. Gebieten, insbes. durch Preise, Medaillen u.
Stipendien; Förderung v. Naturschutz
u. Denkmalspflege. — Vorst.: Günther
Martin; Vors. d. Stiftungsrates: Dr.h.c.
Alfred Toepfer.

Stiftung Kulturwerk Schlesien (SKWS),
Kardinal-Döpfner-Platz 1, D-8700
Würzburg, Tel. (0931)53696. — Gegr.:
1976. — Verleihung d. Gerhart-Haupt-
mann-Plakette. — Vors. d. Vorst.: E.
G. Schulz.

**Stiftung zur Förderung des Schrifttums
e. V.,** Pfarrer-Grimm-Str. 18, D-8000
München 50, Tel. (089)8124613. —
Gegr.: 1950. — Förderung d. Schrifttums durch Verteilung v. Preisen an
Dichter u. Essayisten sowie durch
Arbeitsbeihilfen, Verleihung d. 'Sil-
bergriffels' f. besondere Verdienste
um Vermittlung u. Verbreitung v.
Literatur seit 1975. — Pr.: Literaturpreis, Silbergriffel. — Mitgl.: 18
delegierte kulturelle Organisationen.
— Präs.: Albert von Schirnding; stellvertr. Präs.: Gunthar Lehner, Carl
Amery; Geschf.: Dr. Lilo Graessel.

Stuttgarter Privatstudiengesellschaft,
Rotebühlstr. 77, D-7000 Stuttgart-W.,
Tel. (0711)6672493. — Gegr.: 1946. —
Planmäßige gemeinsame Studien. —
Mitgl.: 90. — Vors. d. Kuratoriums:
Gerhard Grüder.

**Sudetendeutsche Akademie der
Wissenschaften und Künste,** Arnulf-
str. 71, D-8000 München 19, Tel. (089)
182055. — Gegr.: 1979. — Förderung u.
Pflege v. Kulturwerten, d. Wiss. u.
Künste durch Veranstaltung v.
Tagungen u. Vorträgen; Herausgabe
v. Publikationen. Die Akademie will
d. wiss. u. künstlerische Schaffen d.
Sudetendeutschtums repräsentativ
darstellen. — Mitgl.: 82. — Präs.: Prof.
Dr. Otto Kimminich; GenSekr.: Prof.
Richard W. Eichler.

Surwolder Literaturgespräche, c/o Kai Engelke, Im Timpen 18, D-2991 Surwold, Tel. (04965) 1210. − Gegr.: 1981. − Projekt z. Pflege d. Verwandtschaften v. Lit., Musik u. Bild. Kunst; Autorentreffen in 4-monat. Rhythmus, öffentl. Lesungen, Konzertveranstalt. u. Kunstausstellungen; das Projekt wird v. Förderkreis dt. Schriftsteller in Nds. u. Bremen e.V. unterstützt. − Publ.: Jährl. Chronik mit Arbeitsproben u. Kurzbiogr. d. beteiligten Autoren u. Künstler. − Leitung: Ulrike u. Kai Engelke.

Technisch-Literarische Gesellschaft e. V. (TELI), Journalistenvereinigung für technisch-wissenschaftliche Publizistik, p. Adr. Klaus Goschmann, c/o AUMA, Lindenstr. 8, D-5000 Köln 1, Tel. (0211) 219091. − Gegr.: 1929. − Mitgl. v.: Deutscher Verband technisch-wissenschaftlicher Vereine; Europäische Union der Gesellschaften der Wissenschaftsjournalisten (Brüssel). − Förderung d. techn.-wissenschaftl. Publizistik in allen öffentlichen Informationsmedien. − Mitgl.: 285. − 1. Vors.: Werner Büdeler; 2. Vors.: Siegfried Gläss; Schriftf.: Klaus Goschmann.

Theodor-Storm-Gesellschaft, Im Storm-Haus, Wasserreihe 31, D-2250 Husum, Tel. (04841) 666270. − Gegr.: 1948. − Verbreitung d. Dichtung u. Gedankenwelt Theodor Storms, Förderung d. Forschung, Ausbau u. Erhaltung d. Gedenkstätten. − Mitgl.: 1200. − Präs.: Chr. B. Schücking; Sekretär: Dr. K. E. Laage.

Thomas-Mann-Gesellschaft in Lübeck e.V., s. Deutsche Thomas-Mann-Gesellschaft Sitz Lübeck e.V.

Tukan-Kreis e.V., Wilhelmstr. 9, D-8000 München 40. − Gegr.: 1930. − Förderung künstler., vor allem literar. Schaffens, sowie seine Verbreitung an das allgemeine Publikum, besonders durch Lesungen u. Aufführungen. − Vorst.: Dr. Hans Dieter Beck.

Verband der Hermann-Löns-Kreise e.V. (VDHLK), Gesellschaft der Lönsfreunde Deutschlands u. Österreichs, Geschäftsstelle: Martin Anger, Kantplatz 5, D-3000 Hannover, Tel. (0511) 555425. − Gegr.: 1961. − Ursprüngl. Name (bis 1981): Hermann-Löns-Kreis, Ges. d. Lönsfreunde Dtlds u.

Öst. − Pflege u. Förderung gegenseit. kultureller Beziehungen auf d. Gebiet d. Literatur, d. dichter. Vortragswesens, d. Kunstschaffens, d. Heimatpflege, sowie d. Natur- u. Umweltschutzes im Sinne v. H. Löns. − Mitgl.: 550 u. korporativ angeschlossene Vereine. − 1. Vors.: Fritz Klein **Österr. Hermann-Löns-Kreis,** c/o Harald Cajka, Hauptstr. 60 A/14, A-3021 Pressbaum, Tel. (02233) 2792. − Mitgl.: 105. − Vors.: Dr. Erich Witzmann.

Verband Kasseler Autoren (VKA), z.Hd. K.-H. Schneider, Blücherstr. 3, D-3500 Kassel 1, Tel. (0561) 53755. − Gegr.: 1976. − 1966-76 Kasseler Autorengruppe. − Forum der Autoren des nordhess. Raumes, öffentl. Lesungen von Lyrik u. Prosa, Gedankenaustausch mit Gastautoren aus d. gesamten Bdesrep. Dtld. − Publ.: Querschnitt − Prosa + Lyrik, Anth. 78. − Mitgl.: 19. − Gründer u. 1. Vors.: Karl-Hermann Schneider; 2. Vors.: Erich Glagau.

Verein zur Förderung der künstlerischen Tätigkeiten − éditions trèves e. V. (éditions trèves e. V.), Postfach 1401, D-5500 Trier 1, Tel. (06501) 3183. − Gegr.: 1974, Eintrag. 1976. − Ziel ist, d. Publikum mit d. Interpretation modernen künstler. Schaffens bekanntzumachen, z.B. durch Lesungen, Ausstellungen, musikal. Darbietungen; Erarbeitung, Publikation u. Diskussion künstler. Werke; theoretische u. praktische Unterstützung bes. d. jüngeren Künstler. Umfangreiches Buchprogramm. Zusammenarbeit mit anderen Kulturträgern auf nat. u. intern. Ebene. − Mitgl.: 31. − Vors. u. Geschf.: Rainer Breuer.

Verein zur Förderung des guten Jugendbuches e. V., c/o Herbert Scherer, Waldläufer Weg 13, D-1000 Berlin 28, Tel. (030) 4024959. − Gegr.: 1971. − Kritische Sichtung d. Jugendbuchmarktes u. Publikation v. Jugendbuchanalysen; Hilfestellung f. Jugendbüchereien, Lehrer u. Eltern. − Mitgl.: 14. − Vors.: Herbert Scherer.

Vereinigung demokratischer und sozialistischer Künstler e.V., Sektion Literatur (VDSK), c/o Ute Erb, Schmiljahnstr. 7/8, D-1000 Berlin 41, Tel. (030) 8526628. − Gegr.: 1973. − mtl. Zusammenkünfte: es werden

Texte v. Mitgliedern, Freunden u. berühmten Autoren gelesen u. besprochen, gemeinsame Lesungsprogramme erarbeitet. — Publ.: Landwehrkanal, mtl. Mitt.bl. — Mitgl.: 17. — Vors.: Ute Erb.

Walter Meckauer Kreis e. V., gemeinnütziger Verein, Lortzingplatz 7, D-5000 Köln 41, Tel. (0221)402350. — Gegr.: 1979. — Zweck d. Vereins ist d. Betreuung d. literar. Nachlasses d. Dichters W.M., insbes. d. Erhaltung seiner Werke für kommende Generationen. Dieses Ziel wird durch regelmäßige Kommunikation mit öffentlichen u. privaten Stellen, sowie durch Publikationen u. literar. Veranstaltungen erreicht. — Mitgl.: z.Zt. 96 (noch im Aufbau). — Vors.: Rolf Kralovitz.

Wangener Kreis, Gesellschaft für Literatur und Kunst "Der Osten" e. V., Geschäftsstelle: Postfach 54, Rathaus, D-7988 Wangen i. Allg. — Gegr.: 1950. — Bewahrung, Darstellung u. Förderung schlesischer Kultur, Förderung d. Kulturbeziehungen zwischen dem deutschen u. den slawischen Völkern, Förderung d. Aussöhnung durch kulturelle Veranstaltungen. — Mitgl.: 150. — Vergabe d. Eichendorff-Literaturpreises. — Vorstand: 1. Ernst Günther Bleisch, 2. Walter Sterk, 3. Dagmar v. Mutius.

West-Ost-Kulturwerk e. V., Gorch-Fock-Str. 1, D-5300 Bonn, Tel. (02221)232042. — Gegr.: 1953 (ehem.: Kulturwerk der vertriebenen Deutschen). — Eintreten f. den Humanitas-Gedanken u. d. Menschenrechte mit kulturellen Mitteln, Pflege des Kulturgutes der Vertriebenen, Verleihung des "Humanitas-Ringes", Gold-Med. "Pro humanitate". — Mitgl.: 60. — Präs.: Staatssekr. a.D. Dr. Wolfgang Rutschke; Vizepräs.: Clemens Josephus Neumann.

Wiesbadener Goethe-Gesellschaft f. Kunst und Literatur, Klarenthalerstr. 2, D-6200 Wiesbaden, Tel. (06121)444792. — Gegr.: 1949. — Wissenschaftl. Vorträge über die Literatur und Kunst der Goethezeit und späterer Epochen; Beiträge über Goethe u. d. Klassik, Dichterlesungen. — Mitgl.: 250. — Vors.: Dr. Alexander Hildebrand.

Wilhelm-Busch-Gesellschaft e. V., Georgengarten 1, D-3000 Hannover 1, Tel. (0511) 714076. — Gegr.: 1930. — Sammlung, Erhaltung u. Erforschung d. künstler. Nachlasses v. Wilhelm Busch; Pflege d. Gedenkstätten u. d. Museums; Editionen; Sammelgebiet u. Ausstellungen: Krit. Grafik. — Mitgl.: ca. 2500. — Vors.: Stadtdir. i.R. Heinz Lauenroth; Geschf.: Dr. Herwig Guratzsch.

Wilhelm-Holzamer-Bund (Sitz in Nieder-Olm), c/o Karl Hetterich, Rathenaustr. 1, D-6500 Mainz/Rh., Tel. (06131) 573371. — Gegr.: 1929. — Vors.: Karl Hetterich.

Wilhelm-Kotzde-Kottenrodt-Gemeinde, Gesellschaft f. deutsches Schrifttum, (WKKG), Spenerstr. 8, D-6000 Frankfurt a.M. 1, Tel. (0611) 5601718. — Gegr.: 1928, neubegr. 1951. — Unpolitische u. unparteiische Vereinigung, die s. der Verbreit. u. Neuhrsg. v. Werken W. Kotzde-Kottenrodts widmet u. die Dichtung d. dt. u. europ. Sprachraums im Sinne W. Kotzde-Kottenrodts fördert; Zus.arbeit m. gleichgerichteten Verlegern, Schriftstellern, Gemeinschaften u. Dichtergesellschaften. — Mitgl.: 320. — Vors.: Georg Stoll.

Willibald-Pirkheimer-Kuratorium (Gesellschaft Europäischer Humanisten), Gelbes Schloß, D-8501 Heroldsberg/Nbg, Tel. (0911) 560738. — Gegr.: 1955. — Pflege u. Fortentwicklung d. Ideen u. Maximen d. europ. Humanismus in den Wissenschaften, Künsten u. der Politik; an o. Mitgl. Verleihung d. "Willibald-Pirkheimer-Medaille" auf Lebenszeit nach bes. Beschluß. — Mitgl.: 30 o. M., 25 korresp. M. — Geschf. Kurator: Baron Oswalt v. Nostitz.

Deutsche Demokratische Republik

Akademie der Künste der DDR, Hermann-Matern-Str. 58-60, DDR-1040 Berlin, Tel. 2878303. — Gegr.: 1950. — Repräsentative Zus.fassung d. bedeutendsten Künstler u. Schriftsteller d. DDR; internat. Zus.arbeit m. Kunstinstitutionen u. Künstlern. — Mitgl.: 94 ordentl. u. 73 korresp. — Präs.: Prof.Dr. Manfred Wekwerth.

Deutsche Schillerstiftung, Schillerhaus, DDR-5300 Weimar. — Gegr.: 1859. — Unterstützung in Not geratener Schriftsteller. — Vors.: Prof. Otto Lang; Gensekr.: Franz Hammer.

Goethe-Gesellschaft in Weimar, Hans-Wahl-Str. 4, PSF 251, DDR-5300 Weimar, Tel. 2050. — Gegr.: 1885. — Pflege d. Kenntnis v. Goethes Leben u. Werk u. ihrer Verbreitung. —

Mitgl.: ca. 4.500 in 33 Ländern. — Präs.: Prof. Dr. phil. habil. Karl-Heinz Hahn (Weimar); Vizepräs.: Dr. phil. Jörn Göres (Düsseldorf).

Pirckheimer-Gesellschaft im Kulturbund der DDR, Otto-Nuschke-Str. 1, DDR-1080 Berlin. — Gegr.: 1956. — Pflege d. wertvollen Traditionen d. deutschen Buchkunst, Förderung u. Repräsentation sozialist. Buchkunst. — Publ.: "Marginalien. Zs. f. Buchkunst u. Bibliophilie" (4 × jährl.).

Österreich

Adalbert-Stifter-Gesellschaft, Gumpendorfer Str. 15/II, A-1060 Wien, Tel. (0222)374354. — Gegr.: 1918. — Bewahrung u. Erweiterung d. Sammlungen d. Adalbert-Stifter-Museums in Wien; Förderung d. Stifter-Forschung; Pflege d. geistigen, künstler. u. kulturpädagog. Vermächtnisses Stifters. — Mitgl.: ca. 250. — Vors.: Prof. Richard Eybner.

Anton-Wildgans-Gesellschaft, Anton-Wildgans-Weg 4, Postf. 25, A-2340 Mödling, Tel. (02236) 888334. — Gegr.: 1933. — Erhaltung d. Wildganshauses u. -archivs; Förderung d. Werkes v. Anton Wildgans (Vorträge, Publikationen). — Mitgl.: ca. 400. — Präs.: Prof. Prof. Dr. Herbert Zeman; Vizepräs.: Norbert Leser; Geschf. Vizepräs.: Gottfried Wildgans.

Arbeitsgemeinschaft Literatur im Niederösterreichischen Bildungs- und Heimatwerk (ARGE Literatur), Strauchgasse 3, A-1010 Wien, Tel. (0222)630681-234. — Gegr.: 1958. — Organisator. Zusammenschluß d. ndöst. Autoren. Regelmäßige Autorenlesungen; jährl. Tagungen; Autorenberatung. — Hrsg. v. Anthologien u. Rundbriefen. — Mitgl.: ca. 200. — Vors.: Prof. Dr. Hans Lampalzer.

Arbeitskreis für Literatur im Kärntner Bildungswerk, Institution der Erwachsenenbildung, Miesstaler Str. 6, A-9020 Klagenfurt. — Gegr.: 1972. — Veranstaltung v. Lesungen u. Aus-

stellung literar. Werke v. Kärntner Autoren. — Publ.: Fidibus, Zs. f. Lit. — Mitgl.: mehrere Tausend (durch angeschll. Vereine). — Vors.: Günter Kanzian.

ARENA 2000, Österreichische Gesellschaft zur Förderung von Kunst & Kommunikation, Rochusgasse 25/17, A-1030 Wien, Tel. (0222) 7319224. — Gegr.: 1973. — Jährl. Abhaltung der AGORA im Burggarten in Wien; verschiedene Künstler werden z. Förder. zwischenmenschl. alternat. Kommunikation im weitest denkbarem Umfang in der Öffentlichkeit f. 3 Monate eingesetzt: Förder. v. erweiterter Kommunikat. mit d. Mitteln d. Kunst, d. Kreativität u. d. persönl. Einsatzes an Ort u. Stelle. — Publ.: Schriften aller Art zu diesem Anliegen. — Leitung: Dr. Hilde Hawlicek; künstler. ideelle Gesamtleit.: Peter Contra.

Bund steirischer Heimatdichter, Kindermanngasse 21, A-8020 Graz, Tel. (0316)944844. — Gegr.: 1957. — Erhaltung u. Förderung d. steirischen Schrifttums in Hochsprache u. Mundart; Erschließung v. Möglichkeiten, durch die Arbeiten steirischer Schriftsteller der Öffentlichkeit zugeführt werden können (Radio, Bühne, Presse); Veranstaltungen in eigener Regie, die obigen Bestrebungen dienen, u.a. monatl. Leseabende im kl.

Kreis. — Mitgl.: 27. — Präs.: Alfred J. Guss.

Club der Begegnung (CdB), Verein z. Förderung zeitgen. Kunst, Landstr. 31, A-4020 Linz, Tel. (0732) 274007. — Gegr.: 1969. — Angeschlossen Dr.- Ernst-Koref-Stiftung. — Förderung zeitgenössischer Künstler aller Sparten durch Ausschreibungen, Dichterlesungen, Teamwork; Vermittlung v. Begegnungen der Künstler m. Persönlichkeiten aus Politik u. Wirtschaft. — Mitgl.: 160 + 100 Förderer. — Leitung: Arch. Heinz Lang, Lieselotte Singer; Künstler. Leit.: Prof. Lydia Rauch.

Dramatisches Zentrum, Seidengasse 13, A-1070 Wien, Tel. (0222) 9615560 od. 9615570. — Gegr.: 1971. — Förderung dramatischer Autoren durch d. Vergabe v. Stipendien (mit Unterstützung d. Bdesminist. f. Unterr. u. Kunst) u. durch die Einbeziehung d. Autoren in d. Arbeit d. Dram. Zentrums. Dramaturgische Gespräche, Arbeitsgruppen, Werkstattarbeit, Seminare, Arbeitskreise, Ausbildung v. Animatoren u. Schauspielern, Stipendien f. Theatertätige, Förderung u. Erforsch. neuer Wege d. Theaterarbeit, Workshops, Zielgruppentheater, Lehrlingstheater, lebhafte Tätigkeit im Bereich sozio-kultureller Animation. — Publ.: Texte z. Theaterarbeit; Anmerkungen z. Theaterarbeit. — Leiter: Horst Forester.

Franz Kafka-Gesellschaft Wien-Klosterneuburg, Rathausplatz 1, A-3400 Klosterneuburg, Tel. (02243) 81896. — Gegr.: 1979. — Pflege und Vertiefung d. Kenntnis d. Persönlichkeit u. d. Werkes Kafkas. Errichtung u. Pflege e. Gedenkstätte am Sterbeort Kafkas (Kierling). Organis. von Vorträgen, Tagungen, Lesungen; Ansprechen aller, die sich durch literar. Beiträge um Kafkas Werk verdient gemacht haben. — Publ.: Mitteilungsbl. mit wiss. Beiträgen zu Kafkas Werken u. Person. — Mitgl.: 63. — Vors.: Dr. Wolfgang Kraus; geschf. Vors.: Prof. Hans Gruber.

Franz-Michael-Felder-Verein (identisch mit Vorarlberger Literarische Gesellschaft), Postf. 245, A-6901 Bregenz, Tel. (05574)22438. — Gegr.: 1969. — Felder-Verdienstmedaille 83. — Hrsg.: Werke F. M. Felders, "Neue

Texte aus Vorarlberg"; Josef Wichners u. a. heimatkundl. Literatur. — Mitgl.: 970. — Schriftf.: Dr. Walter Lingenhöle; Obmann: Dr. Elmar Haller.

Friedrich-Hebbel-Gesellschaft, Sitz: Alszeile 118/I/1, Postf. 8, A-1173 Wien, Sekretariat: Österreichhaus, Palais Palffy, Josefsplatz 6, Fach 13, A-1010 Wien. — Gegr.: 1957. — Verbreitung d. Werke, Vertiefung d. Verständnisses f. Hebbels Dichtung, Öffentlichkeitsarbeit, Begründ. neuer Hebbel-Forsch. (Aufarbeitung d. Wiener Schaffensperiode) in Öst., Zus.arbeit mit Wesselburener Hebbel-Ges., Gründung v. Zweigstellen in Öst.; verstärkte Aufnahme in d. Schulunterricht. — Mitgl.: 97. — Präs.: Ida Koller-Andorf.

Friedrich Torberg-Gesellschaft, Rennweg 2 (Palais Schwarzenberg), A-1030 Wien, Tel. (0222) 787199. — Gegr.: 1981. — Aufarbeitung d. literar. Nachlasses v. Friedr. Torberg. — Mitgl.: ca. 200. — Vors.: Karl Joh. von Schwarzenberg.

Frischfleisch e.V., Verein z. Förderung d. österr. Kultur seit 1968, Schönbrunnerstr. 188/23, A-1120 Wien, Tel. (0222) 8546724 u. 2617342. — Gegr.: 1977. — Zweck des Vereins ist die Förder. u. Veröff. öst. Literatur u. bildender Kunst d. Gegenwart, vor allem jener, die Aussagen trifft über das Leben u. die Verhältnisse, die es bestimmen. Dies soll erreicht werden durch Hrsg. der Zs. "Frischfleisch & Löwenmaul", der gleichnam. Taschenbuchreihe, durch Veranstaltungen, durch Zus.arbeit von Kultur- u. Bildungsinstitutionen, Interessenvertretungen der Kulturschaffenden. — Obmann: Dr. Wolfgang Hemel.

Gesellschaft der Freunde deutschsprachiger Lyrik, c/o Hanns Holl, Lohbachufer 19, A-6020 Innsbruck, Tel. (05222) 829183. — Gegr.: 1980. — Leservereinigung mit d. Ziel, d. Interesse u. d. Verständnis f. Lyrik auf breiter Basis zu wecken u. zu fördern. — Aus den v. d. Mitgliedern eingesandten u. in d. Zs. "Begegnung" veröff. Gedichten wählen die Mitgl. jedes Jahr ein Gedicht aus, dessen Autor mit d. "Leserpreis d. Ges...." ausgezeichn. wird. — Publ.: Begegnung, Zs. f. Lyrikfreunde (6 × jährl.); Meine kleine Lyrikreihe, Anth. mit

Gedichten d. Preisträger (jährl.). — Mitgl.: 182. — Obmann: Hanns Holl.

Gesellschaft der Freunde zeitgenössischer Dichtung, im OÖ. Volksbildungswerk, z.Hd. Frau Herta Kraus, Paracelsusweg 5, A-4050 Traun. — Gegr.: 1958. — Autoren-Lesungen, literar-hist. Referate, Interpretationen u. Vorträge von Professoren u. Mitgl. d. Ges.; musikalisch-literarische Veranstalt.; kritische Literaturunters. üb. lit. Werke u. ihre Verfilmungen u. Dramatisierungen; Diskussionen mit Autoren üb. ihre Werke; lit. Studienreisen u. Atelierbesuche; Förderung junger Talente; Märchenlesungen f. Kinder u. Erwachsene. — Mitgl.: ca. 100. — Leiterin: Herta Kraus.

Gesellschaft der Literaturfreunde Klosterneuburg, Roseggergasse 59, A-3412 Kierling, Tel. (02243)50615. — Gegr.: 1970. — Pflege u. Förderung der Literatur. — Mitgl.: 165. — Vors.: Prof. Hans Gruber.

Gesellschaft zur Förderung von Kunst und Kommunikation s. ARENA 2000.

Grillparzer-Forum Forchtenstein, A-7072 Mörbisch/a. See, Tel. (02685)8232. — Gegr.: 1962. — Zentrum internat. Grillparzer-Forschung u. f. alle Theaterleiter u. Regisseure, die Grillparzer in ihre Bühnenspielpläne aufnehmen. — Mitgl.: 40. — Präs.: Prof. Dr. Heinz Kindermann; Intendant: Franziska Schurli.

Grillparzer-Gesellschaft, Gumpendorfer Str. 15/1/13, A-1060 Wien, Tel. (0222)561249. — Gegr.: 1890. — Verbreitung von Grillparzers Werk, Pflege einer eigenständigen österr. Lit. u. Förderung d. Grillparzer-Forschung. — Mitgl.: 250. — Präs.: Prof. Johann Gunert; Sekr.: Dr. Lorenz Mikoletzký.

Innviertler Künstlergilde (IKG), Sekretariat: Kranewitthof 38, A-5280 Braunau/a. Inn, Tel. (07722)72284. — Gegr.: 1923. — Förderung heimischer Kunst, jährl. Dichterlesungen, Ausstellungen u. Konzerte. — Mitgl.: 120 Künstler (Gildenmeister). — Präs.: Dr. Günther Hummer; Vors.: Prof. Walther Gabler; Schriftf.: Irmgard Schmoll v. Eisenwerth.

Josef-Friedrich-Perkonig-Gesellschaft, Landesmuseum, Museumgasse 2, A-

9010 Klagenfurt, Tel. (04222)33603-538. — Gegr.: 1964. — Pflege u. Verbreitung des dichterischen Werkes und literarischen Vermächtnisses J. F. Perkonigs, Aufbau der Perkonig-Archivs, Förderung des literarischen Schaffens in Kärnten. — Mitgl.: 159. — Präs.: Leopold Wagner; Vors.: Dr. Otto Zernatto; Schriftführ.: Dr. Ingeborg Rauber-Zimmer.

Josef-Weinheber-Gesellschaft, Margaretenstr. 114, A-1050 Wien. — Gegr.: 1956. — Pflege d. Werkes v. Josef Weinheber; Förderung zeitgen. Lyrik. — Mitgl.: 400. — Präs.: Dr. Karl J. Trauner; Geschf./Sekr.: Prof. Heinz Wittmann.

Klub österreichischer Literaturfreunde und Autoren, (Köla), Fach 48, A-1043 Wien oder Neulinggasse 25, A-1030 Wien, Tel. (0222)755367. — Gegr.: 1974. — Klub Österr. Literaturfreunde und Autoren 1976. — Förderung der Autoren und deren Literatur; seit 1978 auch bildende Künstler in der vereinseigenen Galerie Modena Art, Neulingg. 25, Wien 3. — Mitgl.: 180, weitere 1.200 Abonnenten u. Interessenten. — Geschf. Vizepräs.: Peter Andel.
Zweigstelle Steiermark. — Gegr.: 1977. — Förderung v. Nachwuchsautoren, Präsentation von in Graz unbekannten Autoren, regelmäßige öffentl. Lesungen, Klub-Nachmittage Informat. üb. Ausschreibungen u. Veröff.möglichkeiten, jährl. "Tag der Literaturzeitschrift" (13. Nov.). — Vors.: N.N.

Kolbenheyer-Gesellschaft, Akademiestr. 15, A-5020 Salzburg, Tel. (0662) 207123. — Gegr.: 1961. — Arbeiten u. Deutungen zum Dicht- u. Denkwerk; Beiträge z. Kolbenheyerforsch. — Publ.: Der Zuruf, Zs. — Mitgl.: 200. — Präs.: Prof. Dr. Heinrich Koller. — s.a. Kolbenheyer-Ges. b. Bdesrep. Dtld.

Kulturgemeinschaft **Der Kreis,** Margaretenstr. 114, A-1050 Wien. — Gegr.: 1932. — Autorenabende; Förderung junger Schriftsteller; Literar. Seminar; Zeitschrift. — Mitgl.: 800. — Präs.: Prof. Heinz Wittmann.

Literarische Gesellschaft in Mödling, Beethovengasse 35, A-2340 Mödling, Tel. (02236) 880623. — Gegr.: 1934. — Autorenlesungen. — Angeschlossen seit 1982: "Archiv f. ungedruckte

Manuskripte". — Mitgl.: 230. —
Obmann: Elisabeth Schicht.

Literaturgruppe Steyr im O.Ö.
Volksbildungswerk, aufgelöst.

Literaturkreis der Autoren, p.a. Kulturamt der Stadt Wiener Neustadt, Her-
zog-Leopold-Str. 21, A-2700 Wiener
Neustadt. — Gegr.: 1972. — Literar.
Veranstaltungen, Kontakte mit d.
interessierten Publikum. — Hrsg. der
"autorenreihe Januskopf", wiss. Publ.
üb. regionale Kultur. — Mitgl.: 20
Autoren, 200 unterst. Mitgl. — Geschf.
Vorstand: Dr. Peter Schuster; Stellvertr.: Peter Zumpf, Erich Sedlak.

Literaturkreis Murau, Schulgasse 81, A-
8863 Predlitz, Tel. (03534) 8207. —
Gegr.: 1980. — Erfassung d. literar.
tätigen Menschen im ländl. Raum;
gegenseit. Förder. u. Hilfestell. b.
Hrsg. v. Büchern im Eigenverlag od.
b. and. Verlagen; Durchführ. u. Organis. v. Lesungen. — Publ.: Randstein,
Zs. f. Lit. u. Grafik. — Mitgl.: 14. —
Geschf.: Friedrich Michael Fritz.

**Literaturkreis Schloß Neulengbach
PODIUM,** Sekretariat: Doris Mühringer, Goldeggasse 1, A-1040 Wien, Tel.
(0222) 6530405. — Gegr.: 1971. —
Zusammenschluß qualifizierter österreichischer Schriftsteller aller Generationen und Richtungen, um gute
österreichische Dichtung möglichst
vielen Menschen nahe zu bringen. —
Publ.: Lit.Zs. PODIUM, Flugschriften,
Flugzettel. — Mitgl.: 50. — Leiter:
Prof. Wilhelm Szabo.

**MAERZ-Vereinigung für Künstler und
Kunstfreunde,** c/o Maerz-Galerie Am
Taubenmarkt, Landstr. 7, A-4020 Linz,
Tel. (0732) 271786. — Gegr.: 1913, Wie-
dergr.: 1921, Neugr.: 1952. — Mitgl.:
126, Förderer: 34, Kunstfreund 36. —
Präs.: Ewald Walser.

Mühlviertler Künstlergilde (MKG),
Landeskulturzentrum Ursulinenhof,
Sekt. Literatur, Landstr. 31, A-4020
Linz, Tel. (0732) 2747275. — Gegr.:
1955. — Kulturelle Veranstaltungen
wie Lesungen, Vorträge, Aus-
stellungen. — Publ.: Mühlviertler
Kulturzs. — Mitgl.: 80. — Präs.: Adolf
Öhler.

Mundartfreunde Österreichs, Liebig-
gasse 5, A-1010 Wien. — Gegr.: 1946.
— Zusammenschluß aller Freunde d.
öst. Mundartdichtung. Durch Vor-
trags- u. Leseabende sollen Liebe u.

Verständnis f. d. Mundarten geweckt
werden; Förderung begabter junger
Mda.dichter. — Mitgl.: rd 350. —
Obmann: Prof. Dr. Maria Hornung.

**Musischer Ring Österreich-Baiern
"drent und herent"** (MÖB), c/o Alfred
Ringler, Simonweg 4 a, A-4100
Ottensheim, Tel. (07234) 21973. —
Gegr.: 1982, — in Verbindung mit d.
"Talentförderungsclub Linz", Rai-
mundstr. 17/k, (Hauptschule), A-4020
Linz. — Erhaltung u. Förderung d.
Österr.-baier. Freundschaftskreises
mit bodenständ. Autoren, Musikern u.
Vortragenden; gegenseitiger Aus-
tausch v. Werken mittels
Tonbandaufzeichn. — Mitgl.: 50. —
Präs.: Alfred Ringler.

**Niederösterreichischer Joseph-
Misson-Bund** (N.ö. Joseph-Misson-
Bund), A-3473 Mühlbach am Man-
hartsberg, Tel. (02957) 344 od. 271. —
Gegr.: 1953. — Pflege d. ndöst. ui-
Mundart u. Erhaltung d. Joseph-Mis-
son-Geburtshauses in Mühlbach. —
Mitgl.: 320. — Obmann: Walther
Sohm.

**Österreichische Gesellschaft für
Literatur,** Palais Wilczek, Herrengasse 5, A-1010 Wien, Tel. (0222)638159
u.630864. — Gegr.: 1961. — Förderung
d. österr. Lit. im In- und Ausland,
Vertiefung d. kulturellen Beziehungen m. anderen Staaten. — Leiter: Dr.
Wolfgang Kraus.

PODIUM 70, Salzburger Schriftsteller-
vereinigung, (SSV), z.Hd. Hilga Leit-
ner, Bucklreutstr. 16, A-5020 Salzburg,
Tel. (06222)45152. — Gegr.: 1956 als
"Silberrose", seit 1970 jetziger Name.
— Verbindung mit: Turmbund/Inns-
bruck, Regensburger Schriftsteller-
gruppe, Berliner Autorenverb.,
Hamburger Autorenverb., Wiener
Autorenvereinig., Verband d. Geistig
Schaffenden/Wien, Kreis d. Freunde/
Dülmen. — Förderung v. Talenten,
insbes. durch Hrsg. v. Büchern,
Dichterlesungen; Kontaktsuche. —
Publ.: 10 Lyrikbücher u. 50 lyrische
Streifen, sowie Kleine Prosa-Reihe.
— Mitgl.: 40-60. — Präs.: Hilga Leit-
ner; Vizepräs. u. Schriftf.: Helga
Blaschke-Pal.

Raimundgesellschaft, Friedrich
Schmidt-Pl. 7, A-1080 Wien, Tel. (0222)
430684. — Gegr.: 1936. — Förderung d.

Andenkens an d. Dichter Ferdinand
Raimund durch wiss. Tätigkeit u.
Öffentlichkeitsarbeit; Förderung v. in
Vergessenheit geratenen öst. Dich-
tern durch Lese- u. Vortragsabende.
— Mitgl.: 160. — Präs.: Prof. Franz
Stoß.

Roseggerbund "Waldheimat", c/o
Roseggermuseum, A-8670 Krieglach.
— Gegr.: 1926. — Wahrung d. Andenkens an Peter Rosegger u. seiner
Werke; Erhaltung u. Pflege d. Roseg-
ger-Gedenkstätten; Förderung d. hei-
mischen Schrifttums. — Mitgl.: ca.
300. — Obmann: Karl Peter Rigler.

Rudolf-Kassner-Gesellschaft, Gumpendorfer Str. 15/II/13, A-1060 Wien, Tel.
(0222)561249. — Gegr.: 1962. — Pflege
d. philosoph.-lit. Werkes v. R. Kassner; Arbeit an einer Gesamtausgabe
(Bde. I 69, II 74, III 76, IV 78, V 80, VI
82); Errichtung eines Kassner-
Archivs als Sammelpunkt d.
Dokumentation; internat. philosoph.-
lit. Kontakte. — Mitgl.: ca. 150. —
Präs.: Prof. Dr. Viktor Suchy.

Salzburger Kulturvereinigung (SKV),
Waagplatz 1a, Trakl-Haus, A-5010
Salzburg, Tel. (0662) 45346. — Gegr.:
1947. — Überparteiliche Vereinigung;
ausschließliche u. unmittelbare Auf-
gabe, sich f. d. Freiheit d. Wissen-
schaft, Presse u. Literatur u. f. d.
Pflege d. eigenständigen Kulturgutes
einzusetzen; Theater- u. Konzertring,
Salzburger Kulturtage, Salzburger
Straßentheater. Lehr- u. Lernbehelfe
im Rahmen eines Schulbuchverlages,
Betreuung d. Trakl-Gedenkstätte. —
Mitgl.: 155 o., 7541 ao. Mitgl. — Präs.:
Josef Kaut.

Stelzhamerbund der Freunde
oberösterr. Mundart-Dichtung — im
oberösterr. Volksbildungswerk,
Steinbauerstr. 6, A-4040 Linz/D., Tel.
(0732) 2319354. — Gegr.: 1882. —
Pflege d. Mda. u. Mda.dichtung, Hilfe
f. die Autoren, außerschul. Pflege d.
Mda.dichtung im Jungen Kreis,
Forsch. u. Hilfe b. Drucklegung v.
Manuskripten, Mda.lesungen in Bau-
ern- u. Bürgerhäusern, in Schulen u.
Heimen, in Verbänden u. Organis.,
Besuche b. Autoren, Pflege d. Volks-
schauspiels, d. Brauchtums, Ausschreib. v. Wettbewerben. — Mitgl.:
1.730. — Landesobmann: Prof. Wolfgang Dobesberger; Schriftf.: Maria
Brandstätter.

Der **Turmbund,** Gesellschaft für Literatur und Kunst, Leopoldstr. 6, A-6020
Innsbruck/Tirol, Tel. (05222)23852. —
Hervorgegangen aus dem lit. Freundeskreis "Serles" u. dem "Collegium
poeticum" d. Univ. Innsbruck, beide
1946 gegr. — Autorenabende, Buchreihen, Tagungen u. Kongresse, Vertretung v. Schriftstellern. — Mitgl.: ca.
350. — Ehrenpräs.: Prof. Dr. Hans
Faber-Perathoner; Präs.: Prof. Dr.
Hermann Kuprian; Vizepräs.: Gertrud Förg-Thun; Zweigstellenleiter:
Hugo Bonatti, Bartl Margreiter, Rein-
hilde Hauch.

Verband der Hermann-Löns-Kreise
e.V. s. Rubrik Bdesrep. Deutschland.

Verein "Dichterstein Offenhausen",
Postfach 5, A-4625 Offenhausen. —
Gegr.: 1961. — Mitgl.: 350. — Ver-
einsobmann: Dr. Fritz Roschall;
Geschf. Obmann: Rudolf Nowotny.

Verein "Muttersprache" Wien, (ehem.
"Deutscher Sprachverein, Zweig
Wien"), Feldergasse 55, A-3400
Klosterneuburg-Weidling, Tel.
(02243)5528. — Gegr.: 1886 als "Deut-
scher Sprachverein, Zweig Wien";
1949 Neugründung. — Pflege d. dt.
Sprache u. der dt. Schrift; Hrsg. d.
"Wiener Sprachblätter" seit 1960, Mit-
teilgen. d. Vereins Muttersprache. —
Mitg.: 1.781. — Obmann: Prof. Dr. phil.
habil. Erwin Mehl.

Weinviertler Koloman-Kaiser-Bund,
A-2114 Hornsburg 1. — Gegr.: 1965. —
Erhaltung u. Pflege d. ndöst. ui-
Mundart u. deren Lit. — Mitgl.: ca.
120. — Präs.: Arthur Reis.

Wespennest, Verein f. Literatur, Ästhetik u. Kulturpolitik, c/o Josef Haslinger, Joh.-Strauß-Gasse 26/17, A-1040
Wien, Tel. (0222) 6582583. — Gegr.:
1972. — Publikation v. Texten, die kritisch zu Problemen d. Alltags, d.
Gesellschaft, d. Kulturpolitik u. d.
Literatur Stellung nehmen. Mitarbeit
an kulturpolit. u. gesellschaftspolit.
Initiativen. Diskussion u. Aus-
arbeitung v. Strategien innerhalb d.
Kulturpolitik sowie d. Praxis u. Theorie v. Literatur. Herstellung v. Kon-
takten, vornehmlich mit jungen Autoren. — Publ.: Zs. "Wespennest". —
Leitung: Autorenkollektiv.

Wiener Bibliophilen-Gesellschaft,
Annagasse 18, A-1015 Wien, Tel.
(0222)521801. — Gegr.: 1912. — Hrsg.

bibliophiler Drucke als Jahresgabe f. die Mitgl. — Mitgl.: 300. — Präs.: Dr. F. Christian Kleinwächter; Schriftf.: Gert Maschke.

Wiener Frauenklub, z.Hd. Prof. J. Jonas-Lichtenwallner, Seisgasse 18/ 12, A-1040 Wien, Tel. (0222) 658461. — Gegr.: 1903. — Ursprüngl. Name: "Der Frauenklub"; Gründerinnen: Marianne Hainisch, Berta v. Suttner, Marie v. Ebner-Eschenbach u.a. — Die Mitgl. sind z.T. Schriftstellerinnen u. bringen ihre Werke bei unseren Vorträgen zur Lesung. Literatur- u. Musikvorträge. — Mitgl.: 70. — Präs.: Prof. Johanna Jonas-Lichtenwallner.

Wiener Gesellschaft für Theaterforschung, c/o Inst. f. Theaterwissenschaft d. Univ. Wien/ Hofburg, Batthyanystiege, A-1010 Wien, Tel. (0222)522187. — Gegr.: 1944. — Bis 1972: "Gesellschaft für Wiener Theaterforschung". — Pflege d. österr. Theaterforschung u. -dokumentation. — Hrsg. eines Jahrbuchs; Quellen z. Theatergesch.; seit 1982: Theater in

Österreich. Verzeichnis d. Inszenierungen (THEADOK). — Mitgl.: 150. — Vors.: Prof. Dr. Margret Dietrich.

Wiener Goethe-Verein, Reitschulgasse 2, A-1010 Wien. — Gegr.: 1878. — Kulturelles Wirken im Geiste Goethes, auch hist. Goetheforschung; mtl. Veranstaltungen in diesem Sinne. — Mitgl.: 350. — Präs.: Prof. Dr. Conrad H. Lester.

Wiener Kulturkreis, Prinz-Eugen-Str. 3, A-1030 Wien, Tel. (0222) 784350. — Gegr.: 1948. — Vorträge, Dichterabende, kunsthist. Veranstaltungen. — Mitgl.: 750. — Präs.: Prof. Dr. Horst Haschek; Vizepräs. u. Geschf.: Prof. Dr. Alexander Witeschnik.

Wiener Sprachgesellschaft, c/o Institut f. Sprachwissenschaft d. Univ. Wien, A-1010 Wien, Tel. (0222)4300-2318. — Gegr.: 1947. — Förderung d. Studiums d. Sprachwissenschaft, d. Deutschen u. fremder Sprachen u. Literaturen. — Mitgl.: 220. — Geschf. Obmann: Oskar E. Pfeiffer.

Schweiz

Akademie Amriswil, Bahnhofstr. 16, CH-8580 Amriswil, Tel. (071) 675565. — Förderung d. Literatur, Wissenschaft, Musik. — Publ.: Begegnung. Offizielle Zs. d. Akad. Amriswil. — 50 Gönnermitgl. — Präs.: Dino Larese.

Club für Literatur und Kunst (Elka Club), Presse-Foyer, Münstergasse 9, CH-8001 Zürich. — Gegr.: 1946. — Vorträge mit anschl. Diskussion üb. kulturelle Themen zur gegens. Anregung. — Mitgl.: 51. — Präs.: Otto M. Müller.

Club Hrotsvit/Kunst & Frau, Postfach 438, CH-6002 Luzern, Tel. (041) 314282. — Gegr.: 1932. — Zus.schluß m. Schweizer Kathol. Frauenbund. — Der Club bezweckt die Stellung der kulturell bzw. künstlerisch tätigen Frauen in der Gesellschaft zu verbessern. — Der Club ist bestrebt, Frauen, die auf den Gebieten d. bild. Kunst, d. Kunstgewerbes, d. Musik, als Schriftstellerinnen od. Journalistinnen tätig bzw. am kulturellen Geschehen interessiert sind, folgendes anzubieten:

Begegnung, Austausch v. Erfahrungen (mtl. Treff), Werkgespräche, Werkstattbesuche, Ausstell.besuche, sich ausges. kennenlernen u. fördern, Weiterbild., jährl. gemeinsame Ausstell. u. Veranstaltungen (Musizieren, Lesungen u.a.). — Mitgl.: 154. — Präs.: Esther Huguenin; Vizepräs.: Lore Vogler.

Conrad-Ferdinand-Meyer-Stiftung, c/o FIDES Treuhandgesellschaft, Bleicherweg 33, CH-8002 Zürich, Tel. (01)2027840. — Gegr.: 1937. — Zweck der Stiftung ist, jüngeren Gelehrten, Künstlern und Schriftstellern (in erster Linie aus d. Kanton Zürich) die Förderung ihrer Arbeiten zu erleichtern. — Präs.: Dr. Hans K. Escher; Mitgl.: Dr. Werner Weber, Dr. Egon Wilhelm.

Deutschfreiburgische Arbeitsgemeinschaft (DFAG), Postf. 234, CH-1701 Freiburg i. Üchtland. — Gegr.: 1959. — Pflege d. dt. Sprache, Wahrung d. Rechte d. dt. Sprachgemeinschaft u. Förderung d. kulturellen Lebens u. des Kulturaustausches im zweisprachigen Kanton Freiburg: Stiftet u. verleiht d. Deutschfreiburger Kultur-, Kunst- oder Wissenschafts- u. Förderungspreise. Organisiert deutsches Theater in der zweisprachigen Stadt Freiburg. Veröff.: "Der Deutschfreiburger" u. Schriftenreihe DFAG (bisher 9 Bde). — Mitgl.: 600. — Präs.: Dr. Paul Fries.

Deutschschweizerischer Sprachverein (DSSV), Sitz u. Geschäftsst.: Alpenstr. 7, CH-6004 Luzern, Tel. (041)511910. — Gegr.: 1904. — Zweigvereine in Bern, Biel, Luzern; engere Verbindung mit Deutschfreiburgischer Arbeitsgemeinschaft (Freiburg i. Ü.), Gesellschaft für deutsche Sprache (St. Gallen), Walliser Rottenbund (Brig VS) sowie lockere Verbindung mit Bund Schwyzerdütsch (Zollikon ZH), Bund für vereinfachte Rechtschreibung (Zürich). — Pflege und Schutz d. dt. Sprache durch Vortragstätigkeit der Zweige, Herausgabe der Zweimonatsschrift "Sprachenspiegel" u. Betrieb der Beratungsstelle "Sprachauskunft" (Anschr. s. o., Tel. 041/515978). — Mitgl.: 1250. — Obmann: Dr. Hermann Villiger; Geschäftsl.: Werner Frick.

Genfer Gesellschaft für deutsche Kunst und Literatur/Société genevoise d'études allemandes, c/o Prof. Dr. B. Böschenstein, Rue de Saint-Jean 34, CH-1203 Genève. — Gegr.: 1923. — Pflege u. Förderung d. dt.- schweizerischen u. dt. Geisteslebens. — Mitgl.: 290. — Präs.: Prof. Dr. Bernhard Böschenstein.

Gesellschaft für deutsche Sprache und Literatur (GfdSL), z.Hd. Edgar Krayss, Girtannerstr. 18, CH-9008 St. Gallen, Tel. (071)256227. — Gegr.: 1890. — Pflege d. dt. Sprache u. Lit. — Mitgl.: 240. — Präs.: Dr. Fred Kurer.

Gesellschaft für deutsche Sprache und Literatur in Zürich, c/o Deutsches Seminar d. Univ. Zürich, Rämistr. 74/76, CH-8001 Zürich, Tel. (01) 2572561. — Gegr.: 1894. — Vortragsveranstaltungen. — Mitgl.: 240. — Vors.: Prof. Dr. Hans Wysling.

Gottfried-Keller-Gesellschaft Zürich, c/o Prof. Dr. Egon Wilhelm, Postf. 474, CH-8610 Uster 1, Tel. (01)9413725. — Gegr.: 1931. — Pflege d. Andenkens an Gottfried Keller. — Edition v. Kellers u. Meyers Werken. — Mitgl.: ca.

300. — Präs.: Prof. Dr. Hans Wysling.

Johanna Spyri-Stiftung, Schweizerisches Jugendbuch-Institut, Zeltweg 13, CH-8032 Zürich, Tel. (01) 479044. — Gegr.: 1968. — Johanny Spyri-Archiv; Dokumentat. u. Forsch. im Bereich d. Kinder- u. Jugendliteratur; dgl. Publikationen. — Leiterin d. Inst.: Rosmarie Tschirky.

Literarische Gesellschaft Biel, c/o Magda Weber, Nidaugasse 37, CH-2502 Biel, Tel. (032)235074. — Gegr.: 1941. — Pflege u. Förderung d. literarischen Interessen in der Öffentlichkeit. — Mitgl.: 250. — Präs.: Magda Weber.

Literarische Vereinigung Winterthur (LVW), Seuzachstr. 17, CH-8413 Neftenbach, Tel. (052) 312864. — Gegr.: 1917. — Erforschung u. Pflege d. Literatur. — Mitgl.: 500. — Präs.: Dr. Heinz Schmitz.

Literarischer Club Zürich, z.Hd. Dr. Peter Grotzer, Freiestr. 21, CH-8032 Zürich, Tel. (01) 2527976. — Gegr.: um die Jahrhundertwende. — Ursprüngl. Name: Lesezirkel Hottingen. — Pflege d. zeitgenössischen Lit. u. Begegnung mit deren Träger. — Mitgl.: 250. — Präs.: Dr. Peter Grotzer; Vizepräs.: Dr. Wolfgang E. Mildenberger.

Rilke-Gesellschaft, Sekretariat: Adlerstr. 31, CH-4052 Basel, Tel. (061) 417565. — Gegr.: 1971. — Studium v. Werk u. Persönlichkeit R.M. Rilkes. — Publ.: Blätter d. Rilke Ges. — Mitgl.: 300. — Präs.: Prof. Dr. Jakob Steiner.

Schweizer Gesellschaft volkstümlicher Autoren, Komponisten & Verleger (AKV), Baumgartenstr. 15, CH-3018 Bern, Tel. (031) 562705. — Gegr.: 1923. — Förderung d. Volksliedgutes u. Reinhaltung der Dialekte. — Mitgl.: 90. — Präs.: Beat Jäggi; Geschf.: Ulrich Herzog.

Schweizerische Bibliophilen-Gesellschaft, c/o Buchdruckerei Küsnacht, Oberwachtsstr. 2, CH-8700 Küsnacht, Tel. (01) 9100600. — Gegr.: 1921. — Pflege u. Förderung d. Bibliophilie, vor allem durch Hrsg. d. illustr. Viermonatsschr. "Librarium" sowie durch alljährliche Zusammenkünfte

d. Mitgl. an wechselnden Orten. —
Mitgl.: 700. — Präs.: Dr. Conrad
Ulrich; Redakteur: Prof. Dr. W. G.
Zimmermann.

Schweizerische Schillerstiftung, Sekr.:
Im Ring 2, CH-8126 Zumikon, Tel. (01)
9182580. — Gegr.: 1905. — Jährl.
Verleihung eines Literaturpreises an
Schweizer Schriftsteller. In unregel-
mäßigen Abständen wird ein "Großer
Literaturpreis" d. Stift. verliehen.
Ankauf u. Verleihung von Schweizer
Büchern an die Mitglieder d. Stiftung.
— Mitgl.: ca. 500. — Präs.: Dr. Fritz
Leutwiler; Sekr.: Estelle Schiltknecht.

Schweizerischer Bund für Jugend-
literatur, Zentralsekretariat: Herzogstr. 5, CH-3014 Bern, Tel. (031)418116.
— Gegr.: 1954. — Förderung d. wertvollen Jugendschrifttums u. Bekämp-
fung d. jugendschädig. Druckerzeugnisse. Zus.arb. mit gleich-
gericht. Vereinig. — Publ.: Jugendliteratur, Zs. (vj.). — Mitgl.: ca. 5500. —
Präs.: Fritz Senft; Zentralsekr.: Werner Lässer.

Schweizerischer Vortragsverband z.Zt.
keine Aktivitäten.

Solothurner Schriftstellerverein
(SOSV), c/o Dr. Otto Allemann, Alte
Bernstr. 35, CH-4500 Solothurn, Tel.
(065)221535. — Gegr.: 1960. — Gegenseitige Förderung u. Unterstützung.
— Mitgl.: 22. — Vors.: Dr. Otto Allemann.

Thomas Mann Gesellschaft, c/o
Europa-Verlag Zürich, Rämistr. 5,
CH-8001 Zürich, Tel. (01)471629. —
Gegr.: 1956. — Pflege d. Andenkens
an Thomas Mann u. s. geistigen
Erbes. — Mitgl.: 500. — Präs.: z. Z.
vakant.

Verein Schweizerischer Literatur-
freunde Basel (VSL), Hohestr. 207,
CH-4104 Oberwil, Tel. (061)300581. —
Gegr.: 1917. — Pflege d. Schrifttums,
Volkstums u. der Kunst der Schweiz.
— Mitgl.: 240. — Präs.: Arnold Sigrist.

Verein schweizerischer Volksbühne-
Autoren, Schwarzenbergstr. 9, CH-
8134 Adliswil, Tel. (01) 7100742. —
Förderung d. schweizer. Mundart-
theaters; Interessenvertretung d.
Autoren. — Mitgl.: 20. — Präs.: Hans-
jörg Schaller.

Verschiedene

Adam Müller-Guttenbrunn-
Literaturkreis der
Schriftstellervereinigung Timişoara/
Temesvar, Neue Banater Zeitung,
1900 Timişoara, Bd. 23. August 8, R.S.
Rumänien, Tel. (961) 15586. — Gegr.:
1969. — Förderung d. rumänien-
deutschen u. vor allem d. Banater
Literatur, Pflege d. kulturellen Erbes.
— Seit 1980 jährl. Vergabe von 2
"AMG"-Lit.pr. u. 1 "AMG"-Förderpr.
— Mitgl.: 81. — Ehrenvors.: Franz
Liebhard; Vors.: Nikolaus Berwanger;
stellvertr. Vors.: Richard Wagner;
Sekr.: Horst Samson.

Autorenkreis Plesse/AUP, Internatio-
nale Schriftstellervereinigung auf
Burg Plesse, Pappelhof, D-3406
Bovenden, Tel. (05594) 567. — Gegr.:
Gegr.: 1964. — Der Kreis pflegt kolle-
gialen u. demokrat. Austausch v.
Erfahrungen u. Gedanken z. Förde-
rung d. literar. Lebens; Lesungen,

Gespräche, Besuch u. Publikationen
ergänzen als Arbeit an der Basis
diese Vorhaben. Alljährl. finden in d.
3. Sept.-Woche d. "Dichtertage auf
Burg Plesse" im intern. Rahmen statt;
Umgangsspr.: dt. — Mitgl.: 27 (aus 13
Staaten in 5 Erdteilen, begrenzt auf
27). — Präs.: D-Litt. Carl Heinz Kurz;
Adjunkt: Siegward Kunath.

Internationale Lenau-Gesellschaft
(ILG), Postfach 295, A-1031 Wien, Tel.
(02266) 2517. — Gegr.: 1964. — Die
ILG dient der Völkerverständigung
(jährl. intern. wiss. Tagungen jeweils
in einem anderen Staat), der Erforschung v. Leben u. Werk d. Dichters
Lenau sowie der Erforschung u. Darstellung d. lit. Wechselbeziehungen d.
mittel-, südost- u. osteurop. Völker,
führt seit Auflösung d. Forschungs- u.
Kulturstelle d. Österreicher aus d.
Donau-, Sudeten- u. Karpatenraum
1976 deren lit.wiss. Anliegen weiter,

seit 1975 jährl. Durchführung v. Adam
Müller-Guttenbrunn-Symposien
sowie seit 1978 Symposien zur
Erforsch. d. Arbeiterbeweg. u.
Arbeiterdicht. d. dt. Sprachräume u.
-inseln d. ehemaligen Habsburger
Monarchie jenseits d. heutigen Gren-
zen Österreichs. — Verleihung d.
Adam Müller-Guttenbrunn-Ehren-
rings in Gold bzw. Silber (seit 1976).
Veröff. d. Vorträge, Publikations-
organe: Lenau-Almanach (seit 1959),
Lenau-Forum (seit 1969), Wissen-
schaftl. Buchreihe (bisher 2 Folgen).
— Mitgl.: 30 o. M., ca. 100 ao. M. —
Präs.: Dr. Fred Sinowatz; geschf.
Präs.: L. Richentzky; GenSekr.: Dr.
Hermann Lein.

**Internationale Nestroy-Gesellschaft/
International Nestroy-Society,**
Gentzgasse 10/3/2, A-1180 Wien, Tel.
(0222) 344661, Sitz: Volkstheater, Neu-
stiftgasse 1, Wien, Tel. (0222) 932148.
— Gegr.: 1973. — Pflege d. Andenkens
an Joh. Nestroy u. seine Populari-
sierung; Mithilfe b. d. wiss. Erforsch.
seiner Werke u. ihrer Aufführungen
u. darüber hinaus d. ganzen Epoche d.
Altwiener Volkstheaters. — Publ.:
Nestroyana, Fachzs. — Mitgl.: 236. —
Präs.: Prof. Franz Stoß; Vizepräs.:
Richard Eybner, Prof. Dr. Franz
Mautner, Hofrat Prof. Dr. Josef
Mayerhöfer; Geschf.: Karl Zimmel.

**Internationale Stefan-Zweig-
Gesellschaft,** Sandwirtgasse 21, A-
1060 Wien, Tel. (0222) 570486. — Gegr.:
1957. — Förderung d. Kenntnis v.
Persönlichkeit u. Werk St. Zweigs u.a.
durch Herausgabe v. Veröffentlichungen d. Gesellschaft. — Mitgl.:
200. — Präs.: Dr. Arthur Werner.

**Internationaler Bodensee-Club,
Fachgruppe Literatur,** c/o Josef W.
Janker, Marienburgerstr. 32, D-7980
Ravensburg. — Gegr.: 1959. — Monatl.
Treffen in Meersburg, Lesungen
internen Charakters, kollegiales
Debattieren, Knüpfung persönlicher
Kontakte, einmal jährl. (Ende Mai)
Meersburger Autorinnentreffen. —
Mitgl.: 115; Gesamtclub: 800. — Club-
präs.: Dino Larese (Amriswil/
Schweiz); Vors. d. Fachgr. Lit.: Josef
W. Janker.

**Kreis Südtiroler Autoren im Südtiroler
Künstlerbund,** Haus der Kultur "Wal-
ther von der Vogelweide", Schlernstr.
1, I-39100 Bozen, Tel. (0471) 27037. —
Gegr.: 1974. — Förderung u. Ermögli-
chung v. Begegnungen, Lesungen u.
Veröffentl. — Mitgl.: 35. — 1. Vors.:
Alfred Gruber.

LITERARISCHE PREISE UND AUSZEICHNUNGEN

Adalbert-Stifter-Medaille. — St: Österreichisches Bundesministerium für Unterricht und Kunst.
Pt: Felix Braun 55; Josef Nadler 58; Franz Nabl 63; Hans Lebert 68; Franz Tumler 69; Jeannie Ebner 70 (wird nicht mehr verliehen).

Adalbert-Stifter-Preis des Landes Oberösterreich für Literatur 1961. — St: u. Vt: Oberösterreichische Landesregierung.
Pt: Arthur Fischer-Colbrie 61; Gertrud Fussenegger 63; Julius Zerzer 65; Alexander Lernet-Holenia 67; Erna Blaas 69; Franz Tumler 71; Fritz Habeck 73 (eingestellt).

Adolf-Georg-Bartels-Gedächtnis-Ehrung 1978. — St: Graphikum Dr. Mock, München. — Vt: Graphikum Dr. Mock, München, seit 79: Graphikum Dr. Mock Nachf. J.M. Kurz, Mühlenbergring 1, D-3406 Bovenden 1.
Pt: Hans-Joachim Haecker, Kurt Oskar Buchner, Adolf Beiß, Carl Heinz Kurz 78; Karl H. Bolay, Walter Köster, Heinrich Mock, Peter Coryllis 79; Rudolf Otto Wiemer, Detlev Block, Wilhelm Fredemann, Rolf Denecke 80; Karl Heinz Lies, Hugo Ernst Käufer, Elisabeth Augustin, Gottfried Stein 81; Laci Freund, Joachim Lehmann, Erhard Krieger, Ursula Enseleit 82.

Adolf-Grimme-Preis, Fernsehpreis d. Dt. Volkshochschul-Verbandes e.V. 1961. — St: Volkshochschul-Verband e.V. — Vt: Adolf Grimme-Inst. d. Dt. Volkshochschul-Verbandes e.V., Eduard-Weitsch-Weg 25, D-4370 Marl, Tel.: (02365) 14034-36.
Adolf-Grimme-Preis mit Gold: Heinar Kipphardt, Franz Peter Wirth 64; Peter von Zahn 65; Georg Stefan Troller, Peter Lilienthal, Günter Herburger, Gérard Vandenberg 66; Dieter Waldmann, Helmut Käutner 67; Marlene Linke, Rolf Hädrich 68; Hans Gottschalk, Rainer Erler 69; Herbert Ballmann, Wolfgang Patzschke, Herbert Stass 70; Peter Stripp, Peter Beauvais, Rosemarie Fendel, Johanna Hofer, Wolfgang Kieling 73; Daniel Christoff, Peter Beauvais 74; Eberhard Fechner 75; Imre Gyöngyössy, Barna Kabay, Klaus Wildenhahn, Gisela Tuchtenhagen, Wolfgang Drescher 78; Max H. Rehbein, Jens-Uwe Scheffler, Eckhard Dorn, Werner Schroeter, Percy Adlon, Rolf Illig 79; Thomas Draeger, Bärbel Lutz-Saal, Susanne van Lessen 80; Peter Krieg, Thomas Valentin, Sohrab Shahid Saless, Wilfried Grimpe 81; Pavel Schnabel, Harald Lüders 82; Fritz Lehner, Werner Masten, Alfred Biolek, Michael Lentz, Leo Lehmann, Franz Peter Wirth, Dana Vavrova 83; Horst Königstein, Joop Admiraal, Egon Monk, Peter Krebs, Heinrich Breloer 84.

Adolf-Grimme-Preis mit Silber: Jürgen Neven-du-Mont 63; Klaus Simon, Hannah Arendt 64; Koby Jaeger, Egon Monk 65; Dieter Meichsner, Egon Monk, Werner Höfer, Klaus Wagner 66; Klaus Simon, Thomas Schamoni, Roman Brodmann 67; Gerd Ruge, Peter Kassovitz 68; Wolfgang Menge, Theo Gallehr 69; Hans-Dieter Grabe, Carl-Franz Hutterer, Herbert Lichtenfeld, Solve Kern 70; Peter Zadek, Eberhard Fechner 71; Loriot (Vicco von Bülow), Georg Stefan Troller, Carl-Franz Hutterer, Fritz Puhl, Stefan Rinser 72; Rainer Erler, Rolf Hädrich 73; Marlene Linke, Hans Emmerling, Michael Pfleghar 74; Jorge R. Bodanzky, Wolf R. Gauer 75; Edgar Reitz 78; Elfie Donelly, Hans Henning Borgelt, Klaus Lemke 79; Leonie Ossowski, Marianne Lüdcke, Paul Karalus, Jürgen Rühle, Heidi Baege, Peter Lustig, Anne Voss, Christoph Hübner, Gabriele Voss, Alphons Stiller, Ludwig Metzger 80; Dietrich Schubert, Katharina Schubert, Karsten H. Müller, Friedrich Wagner 81; Marlies Graf, Constantin Pauli, Ingo Hermann, Gabriele Röthemeyer, Klaus Gensel 82; Annette Humpe, Dieter Hildebrandt, Gisela Schneeberger, Gerhard Polt, Maria Neocleous, Stephan Meyer, Jörn Klamroth 83; Otto Waalkes 84.

Adolf-Grimme-Preis mit Bronze:
Günter Gaus 63; Heinz Haber 64;
Eberhard Schütz, Fritz Puhl 65; Roman Brodmann, Eduard Zimmermann 66; F.A. Krummacher, Helmut Lange 67; Dagobert Lindlau, Paul Karalus 69; Dieter Waldmann, Hermann Köper, Gerhard Schmidt 70; Helmut Pigge, Edith Scholz 71; Wilhelm Bittorf 72; Gerhard Konzelmann 74; Michael Leckebusch, Alfred Mensak, Dieter Hildebrandt, Peter Gerlach, Gert Mechoff, Wolfgang Drescher, Thomas Schmitt, Hans-Gerd Wiegand, Günter Keils 75; Frank Strekker, Alexander Ziegler, Wolfgang Petersen 78; Joachim Roering 80; Robert Muller, Ilse Hofmann, Hanns Christian Müller, Gerhard Polt, Gisela Schneeberger, Ota Hofmann, Gert K. Müntefering, Jindrich Polak, Alexander Zapletal 81; Villi Hermann, Niklaus Meienberg, Hans Stürm, Norbert Kückelmann, Gerhard Gundel, Rainer Hagen, Heiner Herde 82; Gordian Troeller, Marie-Claude Deffarge 84.

Außerdem (Informationen direkt vom Volkshochschul-Verband): *Ehrende Anerkennungen*
Adolf-Grimme-Preis f. d. interessanteste Experiment
Sonderpreis Landesregierung Nordrhein-Westfalen
Die Besondere Ehrung d. Stifters d. Adolf-Grimme-Preises

Agnes-Miegel-Plakette 1959 f. Besondere Verdienste um die ostwestdeutsche Begegnung. — St: Der "Tatenhausener Kreis". — Vt: bis 1964: Der "Tatenhausener Kreis", seit 1965: Das Kuratorium auf Landesebene (Nordrhein-Westfalen) unter Schirmherrschaft d. Arbeits-, Gesundheits- u. Sozialministeriums.

Pt: Agnes Miegel, Fritz Kudnig 59; Maria Kahle 60; Alfons Perlick 61; Johannes Künzig 62; Wilhelm Menzel, Franz Rohleder 63; Konrad Grundmann 64; Alfred Karasek, Ludwig Schöneich 65; Wilhelm Brockpähler, Erich Lackner 66; Otto Heike 67; Margarete Jüngling 68; Annie Piorreck 69; Hans Riepenhausen 70; Hanswerner Heincke 71; Karl Friedrich Gehring 72; Hugo Novak 73; Erich Grimoni, Peter Paul Nahm 74; Ludwig Landsberg 75; Wilhelm Scheperjans 76; Hans Graf v. Lehndorf 77; August Seeling 78; Erhard

Riemann 79; Helmut Naunin 80; Herbert Wilhelmi 81; Franz Krins 82.

Albertus-Magnus-Medaille (f. Wissenschaftler u. Künstler oder Förderer d. kulturellen Bestrebungen) 1949. — St: u. Vt: Stadtrat Regensburg.

Pt: Georg Britting 51; Florian Seidl 53; Heinz Schauwecker 54; Franz Hiltl 72; Gertrud von den Brincken 77.

Alemannischer Literaturpreis 1981. — St: Stadt Waldshut-Tiengen, Südkurier, Badische Zeitung. — Vt: Ausschuß, wechselnd, c/o Stadt Waldshut-Tiengen, Postfach 1941, D-7890 Waldshut-Tiengen, Tel.: (07751) 4061.

Pt: Ernst Burren 81; Maria Beig 83.

Alex-Wedding-Medaille 1968. — Vt: Kuratorium für sozialistische Kinderliteratur der DDR, Oranienburger Str. 28, DDR-1040 Berlin, Tel.: 2826882.

Pt: Egon Schmidt, Edith Bergner 68; Auguste Lazar, Max Zimmering, Ilse Korn, Fred Rodrian, Fritz Selbmann 69; Gerhard Holtz-Baumert, Edith Klatt 70; Inge Borde-Klein 72; Sergej Michalkow 73; Katrin Pieper 75; Werner Lindemann 79; Alfred Könner 81; Konrad Potthoff 82.

Alex-Wedding-Preis 1967. — St: u. Vt: Akademie der Künste d. DDR, Hermann-Matern-Str. 58/60, DDR-1040 Berlin, Tel.: 2878304

Pt: Willi Meinck 68; Karl Neumann 69; Kurt David 70; Joachim Nowotny 71; Götz R. Richter 72; Herbert Friedrich 73; Edith Bergner 74; Horst Beseler 75; Fred Rodrian 76; Peter Brock 77; Gotthard Gloger 78; Hans Weber 79; Hildegard und Siegfried Schumacher 80; Klaus Beuchler 81; Hannes Hüttner 82; Peter Abraham 83.

Alexander-Zinn-Preis 1963. — St: u. Vt: Senat d. Freien und Hansestadt Hamburg, Kulturbehörde, Hamburger Str. 45, D-2000 Hamburg 76, Tel.: (040) 291882694.

Pt: *Journalisten:* Josef Müller-Marein 66; Erich Lüth 69; Axel Eggebrecht 72; Hermann Rockmann 75; Fritz Sänger 78; Lucrezia Jochimsen 81.

Pt: *Schriftsteller:* Martin Beheim-Schwarzbach 64; Richard Moering 67; Dieter Meichsner 70; Hans-Erich Nossack 73; Hans Bütow 76; Peter Rühmkorf 79.

Stipendiaten: Volker Elis Pilgrim, Arie Goral, Werner Lansburgh, Ulrich Schacht, Angela Gleiß 82.

Alfred-Döblin-Preis 1978. — St: Günter Grass. — Vt: Akademie der Künste, Hanseatenweg 10, D-1000 Berlin 21, Tel.: (030) 3911031.
Pt: Gerold Späth 79; Klaus Hoffer 80; Gert Hofmann 82; Gerhard Roth 83.

Alfred-Kerr-Preis für Literaturkritik 1976. — St: Redaktion Börsenblatt für den Deutschen Buchhandel. — Vt: Vorsteher des Börsenvereins, Börsenblatt für den Deutschen Buchhandel, Postfach 2404, D-6000 Frankfurt 1, Tel.: (0611) 1306338-345.
Pt: Red. d. Literaturmagazins des Südwestfunks 77; Literaturred. d. Deutschen Allgemeinen Sonntagsblatts 78; Red. d. Sendereihe Neue Bücher — Neue Texte des Südwestfunks 79; Red. d. Literaturzs. die horen 80; Red. d. Schweizer Literaturzs. drehpunkt 81; Red. d. öst. Literaturzss. Manuskripte u. Protokolle 82; Red. Lit.beilage FAZ 83; Red. öst. Wochenmag. profil 84.

Alma-Johanna-Koenig-Preis 1957. — St: Oskar Jan Tauschinski. — Vt: Verwalt. des lit. Nachlasses v. Alma Johanna Koenig, Oskar Jan Tauschinski, Favoritenstr. 27/44, A-1040 Wien, Tel. (0222) 6552724.
Pt: Karl Wawra 57; Johannes Bobrowski 62; Kurt Mellach 67; Heinz Piontek 72; Catarina Carsten 77; Richard Exner 82.

Andreas-Gryphius-Preis (Ostdeutscher Literaturpreis) 1957. — St: Bundesmin. d. Innern m. allen Bundesländern. — Vt: Künstlergilde e. V., Webergasse 1, D-7300 Esslingen, Tel.: (0711) 359129.
Pt: Heinz Piontek 57; Edzard Schaper 58; August Scholtis 59; Horst Lange 60; Gertrud Fussenegger 61; Jean Gebser 62; Siegfried von Vegesack 63; Sigismund von Radecki 64; Josef Mühlberger 65; Johannes Urzidil 66; Arnold Ulitz 67; Rudolf Pannwitz 68; Manfred Bieler 69; Kurt Heinicke 70; Wolfgang Koeppen 71; Günter Eich 72; Wolfgang Weyrauch 73; Peter Huchel 74; Frank Thieß 75; Karin Struck 76; Reiner Kunze, Rose Ausländer 77; Hanns Gottschalk 78; Siegfried Lenz 79; Saul Friedländer 80; Franz Tumler 82; Horst Bienek 83; Hans Sahl 84. — *Förderungspreise und Ehrengaben:* Herbert Schmidt-Kaspar 59; Franz

Bahl, Tadeusz Nowakowski, Karl Tschon 60; Josef W. Janker, Gerhard Neumann, Jan Rys 61; Karl Dedecius, Erika von Hornstein, Hermann Lenz 62; Lutz Besch, Martin Gregor-Dellin, Wolfgang Schwarz, Emil Merker 63; Maria Hauska, Franz Hauptmann, Kurtmartin Magiera 64; Dagmar von Mutius, Peter Jokostra, Joseph Wechsberg 65; Josef Hahn, Ernst Günther Bleisch, Hans Lipinsky-Gottersdorf 66; Horst Bienek, Franz Peter Künzel, Werner Kilz 67; Oda Schaefer, Georg Strauch-Orlow, Hellmut Walters 68; Erich von Bertleff, Dieter Hoffmann, Oskar Pastior 69; Dagmar Nick, Barbara König, Peter Lachmann 70; Kurt Pinthus, Kurt Ihlenfeld, Horst Wolff 71; Ilse Tielsch-Felzmann, Walter Kempowski, Georg Hermanowski 72; Zenta Maurina, Elisabeth Kottmeier, Hans-Jürgen Heise 73; Annemarie in der Au, Egon H. Rakette, Franz Liebl, Eva Zeller 74; Ludwig Kunz, Wilhelm Meridies, Bernhard Ohsam, Walter Richter-Ruhland 75; Tamara Ehlert, Carl Guesmer, Margarete Kubelka 76; Rudolf Langer 77; Ilse Molzahn, Arno Surminski, Dietmar Scholz 78; Gertrud von den Brincken, Harald Kaas, Hans Joachim Schädlich 79; Esther Knorr-Anders, Heinz Georg Podehl, Dieter Schlesak 80; Ernst Vasovec, Hildegard Grosche, Josef Kempf, Walter Neumann, Ulrich Schacht 81; Georg Drozdowski, Gerlind Reinshagen, Einar Schleef 82; Heddy Pross-Weerth, Ulla Berkéwicz, Werner Kleinhardt 83.

Anerkennungsgabe der Literaturkommission der Stadt Zürich 1979. — St. u. Vt: Stadt Zürich.
Pt: Rolf Hörler, Karl Kloter 79.

Anerkennungsgabe der Stadt Winterthur (abwechselnd an Literaten, Kunstmaler, Bildhauer oder Musiker) 1954. — St: u. Vt: Stadt bzw. Stadtrat Winterthur.
Pt: Walter Gross 57; Hanni Ertini-Brack 58; Jakob Flach 59; Mary Lavater-Sloman 61; Arnold Kübler 66; Walter Robert Corti 70; Werner Weber 74; Georg Gerster 77.

Angerburger Literaturpreis 1955. — St: Landkreis Rotenburg (Wümme), Postfach, D-2720 Rotenburg (Wümme), Tel.: (04261) 75353. — Vt: Kuratorium des Angerburger Literaturpreises.

Pt: Gustav Baranowski 56; Klara Ka-
rasch 58; Frida Busch 60; Georg
Komm 62; Wanda Nimtz-Wendlandt,
Albert Tomuschat 64; Ursula Enseleit
66; Gerhard Freundt 69; Erwin Gud-
ladt 73; Rudolf Ebeling, Waldemar
Quednau 76; Ursula Enseleit 80.

Annette-v.-Droste-Hülshoff-Preis
(Westfälischer Literaturpreis) 1935. —
St: u. Vt: Die Provinz Westfalen, jetzt:
Landschaftsverband Westfalen-Lippe,
Postfach 6125, D-4400 Münster.
Pt: Heinrich Luhmann 41; Augustin
Wibbelt, Margarethe Windhorst 46;
Adolf v. Hatzfeld, Josef Winckler 53;
Paul Schallück, Walter Vollmer 55;
Ernst Meister 57; Anton Aulke 61;
Friedrich Sieburg 63; Willy Kramp 67;
Josef Reding 69; Wolfgang Körner
(Förderpr.) 73; Peter Rühmkorf 79;
Max von der Grün 81.

**Anton-Wildgans-Preis der
österreichischen Industrie** 1962. —
St: u. Vt: Vereinigung österreichi-
scher Industrieller, Schwarzenberg-
platz 4, A-1031 Wien.
Pt: Fritz Hochwälder 62; Fritz Habeck
63; Christine Lavant 64; Andreas
Okopenko 65; Herbert Zand 66; Tho-
mas Bernhard 67; Ilse Aichinger 68;
Herbert Eisenreich 69; Peter Margin-
ter 70; Ingeborg Bachmann 71; Milo
Dor 72; Barbara Frischmuth 73; Ernst
Hinterberger 74; Christine Busta 75;
György Sebestyen 76; Peter Henisch
77; Wolfgang Kraus 78; Matthias
Mander 79; Josef Winkler 80; Friede-
rike Mayröcker 81; Ernst Jandl 82;
Jutta Schutting 83.

**Arbeitsstipendien für Literatur des
Landes Kärnten.** — St: u. Vt: Kärntner Landesregierung, Abt. Kultur,
Völkermarkter Ring 29, A-9020 Klagenfurt.
Pt: Anton Fuchs, Andrej Kokot, Ingeborg Pacher 73; Gerhard Glawischnig,
Valentin Polanschek, Heinz Zechmann 74; Peter Kersche, Josef A. Pilz,
Wilhelm Rudnigger, Ludwig Sku-
mautz 75; Bernhard C. Bünker, Günther Steyrer, Herma Schotkofsky-
Storfer 76; Günther Kanzian, Stane
Wakounig 77; Alfred Meschnigg 78;
Josef Winkler, Axel Karner 79; Wilhelm Rudnigger, Janko Ferk 80; Johann Strutz 81; Helga Lorenz-An-
dreasch 82.

Arno Schmidt Preis 1982. — St: u. Vt:
Arno Schmidt Stiftung, c/o VIB

GmbH, Große Bleichen 8, D-2000
Hamburg 36, Tel.: (040) 340627.
Pt: Hans Wollschläger 82; Wolfgang
Koeppen 84.

Arnold-Zweig-Plakette (DDR). — St: u.
Vt: Friedensrat der DDR, Clara-Zet-
kin-Str. 103, DDR-1086 Berlin, Tel.:
2202731.
Pt: Maximilian Scheer 65; Heinz
Kamnitzer 67; Harald Hauser 72.

Aspekte Literaturpreis 1979. — St: u.
Vt: ZDF, Redaktion Aspekte, Postf.
4040, D-6500 Mainz, Tel.: (06131)
702245.
Pt: Hanns-Josef Ortheil 79; Michael
Schneider 80; Thomas Hürlimann 81;
Inge Merkel 82; Zsuzsanna Gahse,
Beat Sterchi 83.

Astrid-Lindgren-Preis 1968. — St: u.
Vt: Verlag Friedrich Oetinger, Pop-
penbütteler Chaussee 55, D-2000
Hamburg 65, Tel.: (040) 6070055.
Pt: Hilde Heisinger 69; Eugen Oker
73.

**Autoren-Spende für schriftstellerische
Arbeit** 1954. — St: Hermann Suder-
mann. — Vt: Hermann-Sudermann-
Stiftung, Geschäftsf.: Irmela Fliedner,
Berliner Str. 67, D-4830 Gütersloh 1,
Tel. (05241) 20776, (030) 8261643.
Pt: Es werden im Jahr 6-8 Autoren-
Spenden vergeben.

Autorenförderung (Arbeits- u.
Werkstipendien) **und
Vermittlungsförderung** (Druckko-
sten- u. Projektzuschüsse) 1980. — St:
u. Vt: Deutscher Literaturfonds e.V.,
Alexandraweg 23, D-6100 Darmstadt,
Tel. (06151) 45521.
Pt: (bis einschl. 1983) 139 Stipendien,
28 Zuschüsse.

**Autoren-Stipendium der Freien
Hansestadt Bremen** 1979. — St: u.
Vt: Senator für Wissenschaft und
Kunst der Freien Hansestadt Bre-
men, Postfach, D-2800 Bremen 1.
Pt: Peter Kuhweide, Urs Ledergerber,
Gerhard Ochs 79; Ursel Habermann,
Elfi Hartenstein 81; Uwe Herkt, Axel
Svehla 83.

**Autorenstipendium des Dramatischen
Zentrums und des
Bundesministeriums für Unterricht
und Kunst,** s. Stipendien für dramatische Autoren.

**Baden-Württembergischer
Autorenpreis für das Jugendtheater**

1981. — St: Land Baden-Württemberg, Min. f. Wiss. u. Kunst. — Vt: Land Baden-Württemberg, auslobende Stelle: Arbeitsgemeinschaft für Kinder- u. Jugendtheater Baden-Württemberg, c/o Kultur- u. Informationsamt, Postfach 1960, D-7070 Schwäbisch Gmünd, Tel.: (07171) 6034110.
Pt: Hansjörg Betschart 81; Reinhold Massag 82.

Baselbieter Literaturpreis 1958. — St: Kanton Basel-Landschaft. — Vt: Literaturkommission des Kantons Basel-Landschaft bzw. Regierungsrat des Kantons Basel-Landschaft.
Pt: Traugott Meyer 58; Hans Mohler 65; Paul Jenni 70; E.Y. Meyer 75; Heinrich Wiesner 79.

Bayerischer Literaturpreis (Jean-Paul-Preis) 1983. — St: Freistaat Bayern. — Vt: Bayerischer Staatsminister für Unterricht und Kultus, Salvatorstr. 2, D-8000 München 2, Tel. (089) 2186525.
Pt: Hans Egon Holthusen 83.

Bayerischer Poetentaler 1961. — St: u. Vt: Münchner Autoren-Vereinigung Die Turmschreiber, c/o Kurt Wilhelm, Frundsbergstr. 31, D-8021 Strasslach, Tel.: (08170) 460.
Pt: Josef Maria Lutz, Eduard Stemplinger, Alfred Weitnauer 61; Ernst Hoferichter, Benno Hubensteiner, Hanns Vogel 62; Adolf Roth, Eugen Roth 63; Josef Martin Bauer, Alois Fink 64; Richard Billinger, Carl Orff, Erwin Schleich 65; Bernhard Ücker, Ludwig Schrott, Karl Spengler 66; Marieluise Fleißer, Arthur Maximilian Miller, Wugg Retzer 67; Herbert Schindler, Anton Schnack, Friedrich Schnack, Wastl Fanderl 68; Reinhard Raffalt, Herbert Schneider 69; Hans Fitz, Oskar Weber 70; Paul Ernst Rattelmüller, Hans Wimmer, Roider Jakl 71; Hannes König, Georg Lohmeier, Otto Schemm 72; Martin Lankes, Siegfried Sommer 73; Annette Thoma, Emil Vierlinger, Werner A. Widmann 74; Wolfgang Joh. Bekh, Paul Friedl 75; Günter Goepfert, Michael Schattenhofer, Hellmuth Kirchammer 76; Ludwig Hollweck, Robert Münster, Anton Neuhäusler, Kurt Wilhelm 77; Alix du Frênes, Wilhelm Lukas Kristl, Anton Wandinger, Franz Xaver Breitenfellner 78; Werner Egk, Helmut Zöpfl 79; Hans Pletzer, Ludwig Schmid-Wildy 80; Ludwig Kusche, Hans Hösl 81 Alois Weichsl-

gartner, Franziska Bilek 82 Carl Oscar Renner 83.

Bayerischer Romanpreis 1983. — St: u. Vt: Wilhelm Ludwig Verlag, Türltorstr. 14, D-8068 Pfaffenhofen, Tel.: (08441) 5051.
Pt: Werner Schlierf 83.

Bergkamener Förderpreis für Literatur 1979. — St: u. Vt: Stadt Bergkamen, Hubert-Biernat-Str. 15, D-4619 Bergkamen, Tel.: (02307) 144357.
Pt: Michael Kramp 79; Levent Aktroprak 80, Gerd Puls 81, 83.

Berliner Kunstpreis, s. Kunstpreis Berlin.

Berlin-Preis zur Förderung des sozialistischen Gegenwartsschaffens. — St: u. Vt: Magistrat von Groß-Berlin
Pt: Günther Deicke 76; Gisela Steineckert 77; Horst Bastian, Eugen Eschner, Rainer Kerndl 79; Gisela Karau, Peter Abraham 81; Jochen Hauser 82; Helmut Baierl 83.

BEWAG-Literaturwettbewerb 1975. — St: u. Vt: Burgenländische Elektrizitätswirtschafts-AG., Kasernenstr. 9, A-7000 Eisenstadt, Tel.: (02682) 603-0.
Pt: Josef Fuhrmann, Kurt A. Schantl, Otto Wölfer, Katja Schmidt-Piller, Franz Schrei, Veronika Lackner 75; Heidemarie Treiber, Ingrid Bernhard, Wilhelm Gansrigler, Dieter Hoffmann 76; Susanne Wisser, Herwig Bauer, Martin Schlögl 77; Dieter Hoffmann, Franz Kopp, Friedrich Stangl 78; Franz Unger, Erhard Jungnikl, Heinrich-Peter Himmelbauer 80; Josef Petz, Robert Pinter, Ewald Wolf 81; Andreas Roseneder, Wolfgang Waach, Christine Zebinger 82.

Bodensee-Literaturpreis der Stadt Überlingen 1954. — St: u. Vt: Stadt Überlingen, Kulturamt, Gredgebäude, D-7770 Überlingen, Tel.: (07551) 87215.
Pt: Wolfram von den Steinen 54; Friedrich Georg Jünger 55; Leopold Ziegler 56; Richard Beitl 57; Mary Lavater-Sloman 58; Wilhelm Boeck 59; Johannes Duft 60; Albert Knöpfli 61; Felix Freiherr von Hornstein 62; Jacob Picard 64; Otto Feger 65; Albert Bächtold 66; Martin Walser 67; Georg Siemens 68; Gebhard Spahr 69; Claus Zoege 71; Werner Koch 72; Ernst Benz 74; Horst Stern 75; Erwin Jaeckle 77; Manfred Bosch 78; Arno Borst

79; Otto Frei 80; Hermann Kinder,
Peter Renz 81; Ingrid Puganigg 83.

Bremer Literatur-Förderpreis 1977, s.
Literaturpreis der Freien Hansestadt
Bremen.

Brüder Grimm-Preis 1942. – St: Land
Hessen. – Vt: Philipps-Universität
Marburg.
Pt: Karl Helm 43; Georg Baesecke 50;
Erik Rooth 52; Hermann Teuchert 54;
Gesenius G. Kloeke 57; Luis L. Ham-
merich 59; Emil Öhmann 61; Fried-
rich Maurer, Friedrich Stroh 63; Ed-
mund Stengel, Wolfgang Stammler
65; Friedrich Ohly 67; Fourquet 69;
Wilhelm Ebel, Friedrich Neumann 71;
Winfried-Philipp Lehmann 74; Stefan
Sonderegger, Leopold Schmidt 77;
Adalbert Erler, Emil Skàla 79; Kurt
Ruh 81; Walter Schlesinger 83.

Brüder-Grimm-Preis der Stadt Hanau
1983. – St: Stadt Hanau. – Vt: Kulturamt der Stadt Hanau, Schloßplatz
3, D-6450 Hanau 1, Tel. (06181) 295498.
Pt: Wolfgang Hilbig 83.

**Brüder-Grimm-Preis des Landes
Berlin** zur Förderung des Jugend- u.
Kindertheaters 1961. – St: Senat von
Berlin. – Vt: Senator für Kulturelle
Angelegenheiten, Europa-Center, D-
1000 Berlin 30.
Pt: Ludwig Berger, Gerd Prager,
Ernst Lange, Peter Steinmann 61; Mi-
chael Orth, Aurel von Jüchen, Georg
Zivier, Jakob Lorey 63; Kurt u. Ger-
trud Seiler 65; Ursula Zajonc, Kin-
dertheaterensemble des Reichskaba-
retts, Hele Rafalovics 67; Rainer
Hachfeld, Volker Ludwig 69; Dagmar
Dorsten, Uli Gressieker, Carstens
Krüger, Volker Ludwig, Stefan Oster-
tag, Theater f. Kinder im Reichskaba-
rett Berlin 71; Kinder- u. Jugendthea-
ter im Märkischen Viertel 73; Grips-
Theater 75; Theater Rote Grütze 77;
Willy Praml, Hans-Jörg Maier 79;
Ludger Jochmann, Paul Maar 81.

Buber-Rosenzweig-Medaille 1968. –
St: u. Vt: Deutscher Koordinierungs-
rat d. Gesellschaften für christlich-jü-
dische Zusammenarbeit e.V., Mittel-
weg 10, D-6000 Frankfurt a. M., Tel.:
(0611) 556010.
Pt: Friedrich-Wilhelm Marquardt,
Friedrich Heer 68; Ernst Simon 69;
Eva Reichmann, Robert-Raphael
Geis 70; Kurt Scharff 71; Anton C.
Ramselaar 72; Helmut Gollwitzer 73;
H.G. Adler 74; G. Appleton, Laurenti-

us Klein 75; Ludwig Ehrlich 76;
Friedrich Dürrenmatt 77; Grete
Schaeder, Albrecht Goes 78; Manès
Sperber 79; Eugen Kogon, Gertrud
Luckner 80; Isaac Bashevis Singer 81;
Schalom Ben-Chorin 82; Helene Ja-
cobs 83.

(Das) **Buch des Monats** 1952. – St:
Literarische Vereinigung "Freunde
der Weltliteratur" u. Mitglieder der
Deutschen Akademie für Sprache
und Dichtung. – Vt: Die Darmstädter
Jury für "Das Buch des Monats", Geschäftsstelle: Dr. Ernst Johann, Theodor-Heuss-Str. 13, D-6080 Groß-Gerau.
Pt: Alljährl. 12 Preisträger.

**Buchpreis des Deutschen Verbandes
Evangelischer Büchereien** 1978. –
St: u. Vt: Deutscher Verband Evangelischer Büchereien, Bürgerstr. 2, D-
3400 Göttingen, Tel.: (0551) 74917.
Pt: Hildegund Fischle-Carl 79; Rudolf
Otto Wiemer 80; Hiltgunt Zassenhaus
81; Kurt Marti 82; Ingeborg Drewitz
83.

Burgschreiber zu Plesse 1976. – St: u.
Vt: Plesse-Gemeinde Bovenden. Wird
nur an 3 Schriftst., jeweils auf Lebenszeit verliehen, jeder Inh. hat testamentar. seinen Nachf. zu bestimmen.
Pt: Adolf Georg Bartels, Carl Heinz
Kurz, Rudolf Otto Wiemer 76; Hans-
Joachim Haecker 80.

Buxtehuder Bulle. Preis für das beste
Jugendbuch d. Jahres 1971. – St:
Winfried Ziemann bis 80, seit 81 Stadt
Buxtehude. – Vt: Stadt Buxtehude,
Postf. 1555, D-2150 Buxtehude, Tel.:
(04161) 14-1.
Pt: Alexander S. Neill 71; Cili Wethe-
kam 72; Tilman Röhrig 73; Gail Gra-
ham 74; Johanna Reiss 75; Jaap ter
Haar 76; Gudrun Pausewang 77; Leo-
nie Ossowski 78; Michael Ende 79;
Hermann Vinke 80; Myron Levoy 81;
Rudolf Frank 82; Gudrun Pausewang
83

Carl-Blechen-Preis (f. Kunst, Literatur,
künstl. Volksschaffen u. kultur. Mas-
senarbeit d. Bezirkes Cottbus) 1956.
– St: u. Vt: Rat d. Bez. Cottbus.
Pt: Herbert Scurla 56; Bodo Krautz
58; Brigitte Reimann 65; Hans
Schneider 69; Dorothea Kleine 74;
Klaus Gerisch 76; Erich Köhler 79.

Carl-von-Ossietzky-Medaille 1962. – St: u. Vt: Friedensrat der DDR, Clara-Zetkin-Str. 103, DDR-1086 Berlin, Tel. 2202731.

Pt: Arnold Zweig 63; Alexander Abusch, Lothar Creutz (Koll.), Hedda Zinner 64; Wilhelm Girnus, Heinz Willmann, Heinz Kamnitzer, Maximilian Scheer 65; Peter Edel, Max Seydewitz 67; Henryk Keisch 68; Werner Eggerath 70; Rudolf Hirsch 72; Otto Halle 73; B.N. Polewoj 75; Rosalinde von Ossietzky-Palm 77.

Christophorus-Buchpreise für hervorragende publizistische Leistungen zur Hebung der Sicherheit im Straßenverkehr 1957. – St: HUK-Verband. – Vt: Christophorus-Stiftung im Verband d. Haftpflichtversicherer, Unfallversicherer, Autoversicherer u. Rechtsschutzversicherer e. V., Glokkengießerwall 1, D-2000 Hamburg 1.

Pt: Robert Ruck 59, 60; Alfred Andersch 63; Johann Sebastian Dach 67; Heinrich Maria Denneborg 68; Josef Walter König 69; Edith Witt u. Heinrich Maria Denneborg 71; Luise Rinser 75; Gerold Lingnau, Gerhard Munsch 76; Robert Poensgen, Udo Undeutsch 77; Gerhard Munsch 78; Wolfgang Körnig, Wolf Littmann 80; Beate Zartmann 81; Werner Marthiens 82.

Buch-Team-Preise: Barbara Bartos-Höppner, Erich Hölle 76; Frank Franke, Petra Baum 77; Attila Bencsik, Edgar Spoerer 78.

Cišinski-Preis 1956. – St: u. Vt: Ministerium f. Kultur d. DDR.

Pt: Měrćin Nowak-Njechorński 56; Jurij Brězan (Koll.) 59; Frido Mětšk, Maria Kubašek 60; Mina Witkojc 64; Juríj Wujes 66; Jurij Winar 68; Peter Mahling 70; Benno Scholze 72; Juríj Koch, Martin Benad 74; Peter Mahling 78; Agnes Bensch, Anton Nawka 80; Cyrill Kahle 82.

Debütpreis des Schriftstellerverbandes der DDR. – St: u. Vt: Schriftstellerverband der DDR, Friedrichstr. 169, DDR-1086 Berlin, Tel.: 2373134.

Pt: Maria Seidemann 82.

Deutsch-Französischer Übersetzerpreis 1976. – St: Bäder- und Kurverwaltung Baden-Baden (in Zusammenarb. mit dem Deutschen Übersetzerverband). – Vt: Bäder- und Kurverwaltung, Augustaplatz 8,

D-7570 Baden-Baden, Tel.: (07221) 275-222.

Pt: Carlo Schmid 76; Marthe Robert 78; Gerhard Heller 80; Hans Emmerling 82.

Deutscher Journalistenpreis 1963. – St: u. Vt: IG Druck u. Papier, Deutsche Journalistenunion, Postfach 1282, D-7000 Stuttgart 1.

Pt: Peter Coulmas, Helmut Lindemann, Otto Kühler 63; Peter Jochen Winters, Albert Wucher, F.A. Krummacher 64; Robert Haerdter, Jürgen Dahl, Gerd Schroers 65; Peter Bender, Ansgar Skriver 66; Werner Holzer, Rolf Seelmann-Eggebert, Ingo Hermann, Carlos Widmann 67; Karl Hermann Flach 68; Werner Hill, Ernst Müller-Meiningen jr., Hans Joachim Noack 69; Charlotte Rothweiler 70; Birgit Ziemann-Berg, Claudia Pinl 72/73; Anne Dorn, Christian Habbe, Hermann Lammert, Peter Laudan, Gabriele Roethemeyer 73/74.

Deutscher Jugendbuchpreis, s. Deutscher Jugendliteraturpreis.

Deutscher Jugendliteraturpreis 1956. – St: Bundesminister f. Jugend, Familie u. Gesundheit. – Vt: Arbeitskreis für Jugendliteratur, Sektion Bundesrepublik Deutschland mit Berlin (West) d. Internat. Kuratoriums f. d. Jugendb., Elisabethstr. 15, D-8000 München 40, Tel.: (089) 2711359.

Pt: *Jugendbuch:* Kurt Lütgen 56; Herbert Kaufmann 58; Frederik Hetmann, Hans-Christian Kirsch 65; Hans Georg Prager 66; Peter Berger 67; Otfried Preußler, Hans Joachim Gelberg 72; Frederik Hetmann, Christine Nöstlinger, Lászlo Reber, Eva Janikovszky, Barbara Wersba, Hans-Georg Noack, 70, 73; Judith Kerr 74; Jean Craighed George 75; John Christopher 76; An Rutgers van der Loeff-Basenau 77; Dietlof Reiche 78; Renate Welsh 80; Willi Fährmann 81; Myron Levoy 82; Malcolm J. Bosse 83.

Kinderbuch: Heinrich Maria Denneborg 58; James Krüss 60; Michael Ende 61; Ursula Wölfel 62; Max Bolliger 66; Sybil Schlepegrell 68; Reiner Kunze 71; Otfried Preußler 72; Hans-Christian Kirsch, Christine Nöstlinger 73; Michael Ende 74; Peter Härtling 76; Ludvik Askenazy, Andre Barbe 77; Elfie Donelly 78; Tormod Haugen 79; Ursula Fuchs 80; Jürgen Spohn 81; Guus Kuijer 82; Robert Gernhardt 83.

Sonderpreise: Alberta Rommel, Helga Strätling-Tölle 56; Marlene Reidel 58; Ingeborg Engelhardt 62; Angelika Kutsch, Friedl Kauer 75; Johannes Piron 76; Utta Wikkert 78; Rosemarie Wildermuth 79.

Bilderbuch: Wilfried Blecher 66 u. 70; Lilo Fromm 67; Katrin Brandt 68; Ali Mitgutsch 69; Walter Schmögner 71; Réber, Janikovsky 73; Jörg Müller 74; Friedrich Karl Waechter 75; Wilhelm Schlote 76; Edward Lorey, Florenz Parry 77; Ray und Catriona Smith 78; Janosch 79; John Burningham 80; Margret Rettich 81; Susi Bohdal 82.

Jugendsachbuch: Kurt Lütgen 67; Erich Herbert Heimann 68; Hanno Drechsler, Wolfgang Hilligen, Franz Neumann 71; Ernst W. Bauer, Frederik Hetmann 73; Otto von Frisch 74; David Macaulay 75; Theodor Dolezol 76; Wally Herbert 77; Geraldine Lux Flanagan, Sean Morris 78; Peter Parks, Virginia Allen Jensen, Dorcas Woodbury Haller 79; Heribert Schmid, Grethe Fagerström, Gunilla Hansson 80; Hermann Vinke 81; Cornelia Julius 82.

Dichter-Preis der Stiftung zur Förderung des Schrifttums, s. Literaturpreis der Stiftung zur Förderung des Schrifttums.

Dichterstein-Schild 1962. − St: u. Vt: Verein Dichterstein Offenhausen, Postf. 5, A-4625 Offenhausen.
Pt: Fritz Stüber 63; Hans Giebisch 64; Otto Jungmair 65; Mirko Jelusich 66; Karl Springenschmid 67; Paula Grogger 68; Egon Geier 69; Hermann Noelle 70; Ernst Behrends 71; Elisabeth Krans-Kassegg 72; Magdalene Stamm 73; Gerhard Schumann 74; Natalie Beer 75; Ernst von Dombrowski 76; Reinhard Pozorny 77; Ernst Frank 78; Martin Machule 79; Karl Götz 80; Karl Skala 81; Erich Kernmayr 82; Hans Heinz Dum 83.

DJV-Kulturpreis 1957. − St: u. Vt: Deutscher Jagdschutzverband e. V., Johannes-Henry-Str. 26, D-5300 Bonn 1.
Pt: *(Literatur):* Wolfgang Frhr. v. Beck, Walter Frevert, Walter Lampel 59; Konrad Andreas 62; R. Kramer, J. Gehrer, U. Gruschwitz 64; Ludwig Benedikt Frhr. v. Cramer-Klett 65; H. Brüll, Karl Sälzle 66; W. Knaus, Benzel 68; Hansen, Ueckermann 69; Kurt Lindner 70; Kurt Knaak 71; Akos, Magda Szederjei 72; Johannes K. Ho-

grebe 73; Hans Behnke 74; Rüdiger Schwarz 75; Herzog Albrecht, Herzogin Jenke v. Bayern 76; Lutz Heck, Albrecht von Treuenfels 78; Walther Niedl, Dietrich Stahl 81.

Donauschwäbischer Kulturpreis des Landes Baden-Württemberg, s. Kulturpreis der Donauschwaben des Landes Baden-Württemberg.

Dramatiker-Stipendium der Autorenstiftung, s. Preis der Autorenstiftung.

Dramatikerstipendien 1977. − St: u. Vt: Bundesministerium für Unterricht und Kunst, Minoritenplatz 5, A-1014 Wien.
Pt: Günter Brödl, Hans Gigacher, Christian Herbst, Hans Friedrich Kühnelt, Felix Mitterer, Wilhelm Pevny, Manfred Schmid, Hermann Schürrer, Bernd D. Sibitz, Rudolf Heinz Unger, Wolfgang Znidaric 77; Günter Brödl, Kurt Franz, Barbara Frischmuth, Ingrid Schmidt-Greisenegger, Laco Povazay, Reinhard P. Gruber, Herwig Kaiser, Brigitta Knotek, Erich Alois Richter, Wilma Weinzierl, W. J. M. Wippersberg 78; Manfred Chobot, Ernst Ekker, Wilhelm Hengstler, Herwig Kaiser, Reinhart Liebe, Karl Raab, Alfred Paul Schmidt, Peter Schuster, Peter Zumpf, Heinz W. Vegh, Ch.F. Zauner 79; Günter Eichberger, Gustav Ernst, Hans Gigacher, Herwig Kaiser, Gregor Mayer, Felix Mitterer, Wolfgang Znidaric, Inge Lepin, Helmut Korherr 80; Wolfgang Bauer, Georg Biron, Wolfgang Fritz, Gerald Grassl, Herwig Kaiser, Werner Kofler, Bern Sibitz 81; Manfred Chobot, Helmut Eisendle, Reinhard P. Gruber, Herwig Kaiser, Helmut Peschina, Jürgen E. Rottensteiner, Jack Unterweger, Elisabeth Wäger Häusle, Karl Wiesinger, Alexander Widner 82.

Edgar-Wallace-Preis 1963. − St: u. Vt: Wilhelm Goldmann Verlag, Neumarkter Str. 18, D-8000 München 80.
Pt: Herma Costa, L.A. Fortride, Ernst Hall 63; Max Ulrich, Helmut Grömmer, Lo Violan, Rudolf Adrian 65; Irene Rodrian, Freda v. Stackelberg, Maria Mandie 67; Detlef Blettenberg, Gisbert Haefs, Gerhard Baumrucker, Luisa Ferber, Jo Voigt 80/81.

Eduard-von-der-Heydt-Preis der Stadt Wuppertal 1950. − St: u. Vt: Stadt Wuppertal, Kulturamt, Friedrich-En-

gels-Allee 83, D-5600 Wuppertal-Barmen, Tel.: (0202) 5634115.
Pt: Gerhard Nebel 50; Ernst Bertram
53; Heinrich Böll 58; Armin T. Wegner
61; Paul Pörtner 67; Robert Wolfgang
Schnell 70; Karl Otto Mühl 75.

Egon-Erwin-Kisch-Preis 1978. — St: u.
Vt: Hamburger Magazin "stern".
Pt: Peter Sartorius, Marie-Luise
Scherer, Roger Anderson 78; Hans-
Joachim Noack, Stefan Klein, Peter
Sartorius 79; Stefan Klein, Marie-Lui-
se Scherer, Benno Kroll 80; Rolf Kun-
kel, Volker Skierka, Peter Brügge 81;
Jürgen Leinemann, Hans Conrad
Zander, Georg Hensel 83; Peter Sar-
torius, Hans Halter, Evelyn Holst 84.

**Ehren- und Förderungsgabe d.
Bezirksverbandes Pfalz f. pfälzische
Schriftsteller,** s. Pfalzpreis für Lite-
ratur.

**Ehrengabe bzw. Werkbeitrag der Emil-
Bührle-Stiftung für das
Schweizerische Schrifttum** 1944. —
St: Emil Georg Bührle. — Vt: Bührle-
Stiftung für das Schweizerische
Schrifttum, c/o Dr. Bruno Mariacher,
Limmatquai 18, CH-8000 Zürich.
Pt: Seit 1945 insgesamt 120 Ehrenga-
ben oder Werkbeiträge an Schweizer
Schriftsteller.

**Ehrengabe der Bayerischen Akademie
der Schönen Künste** 1950. — St: u.
Vt: Bayerische Akademie der Schö-
nen Künste, Max Josephpl. 3, D-8000
München 22, Tel.: (089) 294622.
Pt: Oda Schaefer, Inge Westphal 52;
Friedrich Märker 54; Emil Barth, Pe-
ter Gan, Eberhard Meckel, Elfriede
Skalberg, Ludwig von Pigenot 56; Si-
gismund von Radecki, Regina Ull-
mann, Cyrus Atabay, Albert von
Schirnding, Charlotte Tronier-Fun-
der, Lonja Stehelin-Holzing, Sophie
Steinwarz, Horst Ankirchner, F.A.
Schmid-Noerr 57; Benno von Me-
chow, Heinrich Böll, Horst Lange,
Heinz Piontek, Theodor Kramer 58;
Martin von Katte 60; Ernst Günther
Bleisch 61; Lonja Stehelin-Holzing,
Walter Helmut Fritz 62; Christine La-
vant, Karl Alfred Wolken 63; Hans Li-
pinsky-Gottersdorf 64; Hans Fink,
Erich Jansen 65; Elmar Tophoven 66;
Ernst Josef Aufricht, Eva Hesse 67;
Alexandra Carola Grisson 68; Kuno
Raeber, Max Hölzer 69; Peter Künzel,
Georg Schneider 72; Christa Reinig
73; Joseph W. Janker 74; Josef Gug-
genmos 75; Ludwig Grewe 76; Max

Fürst 77; Ursula Ziebarth 78; Albert
von Schirnding, Dietrich Krusche 80;
Herbert Schlüter 81; Leonhard Rei-
nisch 82; Franco Biondi, Aras Ören
83; Bernhard Zeller 84.

**Ehrengabe der Heinrich-Heine-
Gesellschaft** 1984 (vormals: Hein-
rich-Heine Ehrenplakette 1965). — St:
u. Vt: Heinrich-Heine-Gesellschaft,
Bilker Str. 14, D-4000 Düsseldorf, Tel.:
(0211) 8995575.
Pt: Max Brod 65; Hilde Domin 72;
Marcel Reich-Ranicki 76; Martin Walser 81; Peter Rühmkorf 84.

**Ehrengaben des Landes Vorarlberg für
Kunst und Wissenschaft** 1954. — St:
Land Vorarlberg. — Vt: Vorarlberger
Landesregierung, Römerstr. 15, A-
6900 Bregenz, Tel.: (05574) 511.
Pt: Natalie Beer 54; Richard Beitl 55;
Albert Drexel 56; Ida Fink 58; Eugen
Andergassen 60; Franz Michel Willam
62; Richard Benzer, Oscar Sandner,
Anna Linder-Knecht 64; Walther u.
Hermine Flaig 65; Hans Huebmer 68;
Heinz Bitschnau, Monika Helffer-
Friedrich 73; Robert Blauhut, Inge
Morscher-Dapunt 74; Walter Lin-
genhöle 75; Otto Borger 79; Ingrid Pu-
ganigg, Wolfgang Linder 81; Adolf
Vallaster 82.

**Ehrengaben des Regierungsrates des
Kantons Zürich** 1928, s. Werkbeiträge und Ehrengaben des Kantons Zürich 1928.

Ehrenplakette Pro Arte. — St: u. Vt:
Bayerische Akademie der Schönen
Künste, Max Josephpl. 3, D-8000
München 22, Tel.: (089) 294622.
Pt: Rudolf Oldenbourg 55; Karl Baur
Callwey 59; Albert Aschl 61; Prinz
Franz v. Bayern, Peter Halm 64; Wal-
ter Keim, Max Geiger 66; Christian
Wallenreiter 67; Herbert Gericke 68;
Anton Sattler 69; Alfons Ott, Günther
Franke, Eugen Sporer 71; Richard
Kunze 73; Max Dunkes, Dieter Wie-
land, Hubert Weinzierl 74; Peter
Pears 75; Fritz Betzwieser 78.

Ehrenring "Dem Deutschen Gedicht".
— St: u. Vt: Deutsches Kulturwerk
Europäischen Geistes e. V.
Pt: Hermann Burte 53; Wolfgang
Schwarz 54; Hans Heyck 55; Herbert
Böhme 56; Erich Limpach 58; Hans
W. Hagen 59; Hildegard Wais 60; Flo-
rian Seidl 61; Theodor Seidenfaden
62; Siegfried Bokelmann 63; Marte
Petry 64; Elisabeth Neumann 65; Mir-

ko Jelusich 66; Natalie Beer 67; Fritz
Stüber 68; Wolfgang Schmidt 69; Karl
Emmert 70; Gerhard Schumann 71;
Gretl Zottmann 72; Sophie Elisabeth
Reiprich 74; Reinhart Pozorny 75
(seit 76 s. Lyrikpreis des Deutschen
Kulturwerkes Europäischen Geistes).

Eichendorff-Literaturpreis 1923. — St:
Wangener Kreis, Ges. f. Lit. u. Kunst
"Der Osten" e.V. (m. Förder. insbes. d.
Stift. Kulturwerk Schlesien u.d. In-
nenmin. Bad.-Württ.). — Vt: Wange-
ner Kreis, Geschäftsstelle, Postf. 54,
D-7988 Wangen i. Allgäu, Tel. (07522)
4081.
Pt: Max Herrmann-Neisse, Willibald
Köhler; Ernst Günther Bleisch 56;
Reiner Zimnik 58; Kurt Martin Ma-
giera 60; Jürgen von Teichmann 61;
Hans-Christian Kirsch 62; Dagmar
von Mutius, Jochen Hoffbauer 63;
Egon H. Rakette 64; Hans Niekra-
wietz 65; Dagmar Nick-Braun 66; Wil-
libald Köhler (Sonderpreis) 66; Ruth
Hoffmann 67; Gerhard Uhde 68; Hugo
Hartung 69; Hans Lipinsky-Gottersdorf 70; Heinz Piontek 71; Kurt Hey-
nicke 72; Josef Mühlberger 73; Wer-
ner Klose 74; Lutz Besch 75; Friedrich Bischoff, Peter Hirche 76; Maria
Blucha, Norbert Dolezich 77; Monika
Taubitz 78; Peter Huchel 79; Ilse
Langner 80; Eberhard Cyran 81; Christine Busta 82; Ruth Storm 83.

Eichendorff-Medaille 1974. — St: u. Vt:
Eichendorff-Gesellschaft, Schönleinstr. 3, D-8700 Würzburg 1, Tel.: (0931)
51659.
Pt: Oskar Seidlin, Karl Schodrok 74;
Paul Stöcklein, Heinrich G. Merkel
76; Keiichi Togawa, Hans M. Meyer
78; Robert Mühlher 80; Elisabeth
Stopp, Franz Heiduk 82.

**Elias-Canetti-Stipendium der Stadt
Wien** 1982. — St: Stadt Wien. — Vt:
Stadtrat d. Geschäftsgruppe "Kultur
und Bürgerdienst", Magistratsabt. 7,
Friedrich-Schmidt-Platz 5, A-1082
Wien.
Pt: Gert Jonke 82; Gert Jonke, Ma-
rianne Fritz 83.

Elisabeth-Selbert-Preis 1982. — St:
Hessische Landesregierung. — Vt:
Hessischer Ministerpräsident, Staats-
kanzlei, Bierstadter Str. 2, D-6200
Wiesbaden, Tel.: (06121) 32881.
Pt: Inge Kurtz, Barbara Sichtermann,
Gisela Wülfing 83.
Förderpreis: Ursula Wartmann 83.

Elsaßpreis der Stadt Schongau 1960. —
St: Stadt Schongau. — Vt: Académie
d'Alsace, Colmar.
Pt: René Spaeth 63; Marcelle Kempf
64; Zenta Maurina 66; Friedrich Bentmann 68; Max Rieple 70; Alfred Grosser 71; Franz Prinz zu Sayn-Wittgen-
stein 72; Francois-G. Dreyfus 73; Albrecht Schoenhals 74; Louis Leibrich
75; Otto Rombach 76; Konrad Sandkühler 77; Jean Lebeau 78; D.M.
Franck 79.

Erich-Kästner-Preis 1975. — St: u. Vt:
Erich Kästner-Gesellschaft e.V.,
Schloß Blutenburg, D-8000 München
60, Tel. (089) 837334.
Pt: Peter Rühmkorf 79; Vicco von Bü-
low 84.

**Erich-Weinert-Kunstpreis der Stadt
Magdeburg** 1958.
Pt: Klaus Wolf 71; Heinz Kruschel 73;
Walter Basan 80.

**Erich-Weinert-Medaille, Kunstpreis
der Freien Deutschen Jugend (FDJ)**
1957. — St: u. Vt: Zentralrat d. FDJ.
Pt: Li Weinert, Max Zimmering, Wolfgang Kohlhaase, Kurt Barthel (Kuba)
57; Helmut Hauptmann, Walter
Stranka, Peter Kast 58; Rainer
Kerndl, Gustav v. Wangenheim, Ar-
min Müller 59; Helmut Preißler, Hans
Rodenberg, Horst Salomon, Bernhard
Seeger, Walter Victor 60; Ruth Wer-
ner, Gottfried Herold 61; Günter Gör-
lich, Günter Feustel, Manfred Streu-
bel, Rose Nyland, Joachim Wohlgemuth, Jutta Bartus, Rudolf Böhm,
Harry Thürk 62/63; Volker Braun,
Heinz Kahlau, Benno Pludra, Jens
Gerlach, Otto Gotsche 64; Sarah
Kirsch, Horst Bastian 65; Bruno
Apitz, Horst Beseler, Hermann Kant,
Claus Küchenmeister, Günter Rük-
ker, Alex Wedding 66; Anna Metze-
Kirchberg, Arne Leonhardt, Eberhard
Panitz, Claus Hammel 67; Gisela Stei-
neckert, Horst Salomon, Wera Kü-
chenmeister, Manfred Freitag, Jochen
Nestler 68; Martin Viertel, Hans We-
ber, Horst Kleineidam, Ludwig Renn
69; Alfred Kurella, Helmut Baierl,
Anna Seghers, Manfred Streubel 70;
E.R. Greulich, Jo Schulz, Rudi Kurz
71; Gerd Eggers, Eduard Klein, Joo-
chen Laabs, Reinhard Weisbach 72;
Peter Abraham 73; Petra Werner 74;
Herbert Friedrich, Uwe Kant, Kri-
stian Pech 75; Hans Weber, Gunter
Preuß 76; Christa Kozik, Erhard
Scherner 77; Frank Weymann, Erik

Neutsch, Ruth Werner, Rudi Benzien
78; Hildegard und Siegfried Schuma-
cher 79; Peter Edel, Gerhard Holtz-
Baumert, Klaus Steinhaußen 80; Jan
Koplowitz, Karl-Heinz Räppel, Albert
Wendt, Benito Wogatzki, Hans Pfeif-
fer, Wolfgang Protze, Hans Brink-
mann 82; Dietmar Beetz, Adolf Görtz,
Jürgen Leskien, Walter Stranka, Uta
Mauersberger 84.

Ernst-Hoferichter-Preis 1973. — St: u.
Vt: Stiftung Ernst Hoferichter (ver-
waltet vom Kulturreferat der Landes-
hauptstadt München), Kulturreferat,
Postfach, D-8000 München 1.
Pt: Carl Amery, Isabella Nadolny 75;
Eugen Roth, Karl Spengler, Karl Ude
76; Rolf Flügel, Anton Sailer, Martin
Sperr 77; Hellmut von Cube, Effi
Horn, Wilhelm-Lukas Kristl, Marian-
ne Langewiesche 78; Franziska Bilek,
Dieter Hildebrandt, Konstantin Wek-
ker 79; Peter de Mendelsohn, Herbert
Riehl-Heyse, Gerhard Polt 80; Sarah
Camp, Armin Eichholz, Hannes Kö-
nig 81; Jörg Hule, Kurt Seeberger,
August Kühn 82; Sigi Sommer, Ernst
Wendt, Karl Borro-Schwerla 83; Oli-
ver Hassencamp 84.

Ernst Meister-Preis für Literatur 1980.
— St: u. Vt: Stadt Hagen, Der Oberstadtdirektor, Kulturamt, D-5800 Hagen, Tel.: (02331) 20724510.
Pt: Christoph Meckel 81.

Ernst-Moritz-Arndt-Medaille (DDR).
Pt: Arnold Zweig 54; Rudolf Petershagen, Willi Bredel, Johannes R. Becher,
Recha Rothschild 56; Otto Braun, Gustav von Wangenheim, Wolfgang
Langhoff, Fritz Erpenbeck, Alfred
Kurella, Li Weinert, Max Seydewitz
57; Paul Körner-Schrader, Werner
Eggerath, Karl Mundstock, Lilly Becher, Walter Gorrish, Harald Hauser,
Alexander Ott, Hans Rodenberg, Martin Selber, Rudolf Böhm, Karl Kleinschmidt 58; Marianne Lange 59; Christa Johannsen 62; Wolfgang zu Putz-
litz 63; Kurt Bortfeldt 64; Ruth Kraft
65; Hermann Kant, Wolfgang Kohlhaase, Herbert Scurla 69; Günther
Hofé, Benno Voelkner 70; Paul Herbert Freyer, George F. Alexan, Franz
Fühmann, Hans Malberg 71; Martha
Nawrath, Johannes Arnold, Helmut
Hauptmann 72.
*Ehrennadel der Nationalen Front
(1974):* Peter Edel, Paul Wiens 74;
Martin Selber 76; Matthias Werner

Kruse, Nadeshda Ludwig, Herbert W.
Brumm 79.

Ernst-Reuter-Preis (Hörfunkpreis d.
Bundesministers f. innerdeutsche Beziehungen) 1960. — St: u. Vt: Bundesminister f. innerdeutsche Beziehungen, Godesberger Allee 140, D-5300
Bonn 2, Tel.: (0228) 3061.
Pt: *Preis f. Hörspiel:* Dieter Meichsner 60; Ingeborg Drewitz 63; Kay Hoff
65; Hermann Rudolph 66; Horst Mönnich 67; Horst Mönnich 70; Hans-
Günter Goldbeck-Löwe, Claudio Isa-
ni, Richard Kitschigen, Detlef E. Otto
71; Gerhard Zwerenz 74; Horst Krüger 75; Dieter Streipert, Hans-Günter
Goldbeck Löwe, Jürgen Vietig 76;
Olaf Leitner, Horst Karasek 77; Thomas Brasch 78; Dorothea Medek 81;
Karl Wilhelm Fricke, Charlotte
Drews-Bernstein 83.

**Ernst-Robert-Curtius-Preis für
Essayistik** 1984. — St: Thomas
Grundmann, Kontaktadr.: Universi-
tätsbuchhandlung Bouvier, Am Hof
32, D-5300 Bonn 1.
Pt: Golo Mann 84.

Der erste Roman 1970. — St: u. Vt:
Neue Literarische Gesellschaft e. V.,
Volksdorfer Weg 41, D-2000 Hamburg
65, Tel. (040) 6014413.
Pt: Heike Doutiné 70; Michael Heim
71; Klaus Schlesinger 72; Christoph
Meckel 73; Günter Radtke 75; Ursula
Ziebarth 76; Martin Stade 77; Silvio
Blatter 78; Helga M. Novak 79; Chri-
stian Opitz 80; Sibylle Knauss 81;
Theodor Schübel 82.

Erwin-von-Steinbach-Preis 1962. — St:
u. Vt: Erwin-von-Steinbach-Stiftung,
Bockenheimer Landstr. 134-138, D-
6000 Frankfurt 1.
Pt: Eduard Reinacher 62; Angelica
Merkelbach-Pinek 63; Albert
Schweitzer 65; Bernd Isemann 66;
Franz Büchler 67; Walter Hotz 72; Pe-
ter Michels 80.

**Essay-Preis der Stiftung zur Förderung
des Schrifttums** 1950. — St: Friedrich
Märker mit Mitteln des Bayerischen
Rundfunks. — Vt: Stiftung z. F. d.
Schriftt. e. V., Pfarrer-Grimm-Str. 18,
D-8000 München 50, Tel. (089) 8124613.
Pt: Hanns Braun 52; Alfred v. Martin
53; Curt Hohoff 54; Hermann Uhde-
Bernays 55; Friedrich Märker 56;
Christoph Meyer 57; Heinz Flügel 61;
Friedhelm Kemp 65; Walther Abend-
roth 67; Karl Uhde 70 (seit 1975 Lite-

raturpreis der Stiftung zur Förderung des Schrifttums).

F.A.Z.-Preis für Literatur 1980. — St: u. Vt: Frankfurter Allgemeine Zeitung, Hellerhofstr. 2-4, D-6000 Frankfurt 1. Pt: Thomas Brasch 80; Karin Reschke 82.

F.-C.-Weiskopf-Preis 1956. — St: Margarete Weiskopf. — Vt: Akademie d. Künste d. DDR, Hermann-Matern-Str. 58/60, DDR-1040 Berlin, Tel.: 2878304.
Pt: Ernst Stein 57; Stephan Hermlin 58; Red.koll. d. Zs. Sprachpflege 59; Victor Klemperer 60; Red. Deutsche Sprache (Dudenred.) 61; Elise Riesel 63; Rudolf Schaller 64; Peter Hacks 65; Johannes Bobrowski 67; Annemarie Auer-Zak 68; Georg Möller 69; Eva Schumann 70; Georg Mauer 72; Wilhelm Schmidt 74; Thomas Reschke 75; Eduard Zak 77; Hubert Witt, Helgard Rost, Elvira Pradel 79; Ernst Schwarz 81; Rainer Kirsch 83.

Fernsehpreis der DAG 1964. — St: u. Vt: Deutsche Angestellten Gewerkschaft, Karl-Muck-Platz 1, D-2000 Hamburg 36.
Pt: Heinar Kipphardt (G), Maria Matray, Answald Krüger (S) 65; Egon Monk, Gunter R. Lys, Claus Hubalek (G), Maria Matray, Answald Krüger (S) 66; Günter Herburger, Peter Lilienthal (G), Dieter Meichsner (S) 67; Heinz v. Cramer (G), Peter Adler (S), Dieter Waldmann (ehrende Anerkenng.) 68; Karlheinz Dederke, Dieter Meichsner (G), Maria Matray, Answald Krüger (S), Hans Wiese, Hermann Adler (ehrende Anerkenng.) 69; Hans Gottschalk (G), Peter v. Zahn (S) 70; Dieter Waldmann (G), Dieter Wedel (S) 71; Hans Wiese (G), Maria Matray, Answald Krüger (S) 72; Gustav Strübel (G), Günther Sawatzki (S), Luise Rinser (ehrende Anerkenng.) 73; Peter v. Zahn (G), Wolfgang Menge, Michael Mansfeld (S) 74; Dieter Meichsner (S) 75; Peter Stripp (G), Walter Jens (S), Eberhard Fechner (ehrende Anerkenng.) 76; Theodor Schübel (G) 77; Michael Mansfeld (G), Dieter Meichsner (S), Oliver Storz (ehrende Anerkennung) 78; Peter Adler (G), Peter Voiss (S) 79; Adolf Winkelmann, Gerd Weiss (G) 80; Joachim Roering (G), Ann Ladiges (S) 81; Theodor Schübel (G), Daniel Christoff (S), Ida Fink (ehrende Anerkennung) 82; Helmut Pigge, Michael Verhoeven

83; Reinhart Hoffmeister (G), Jochen von Lang (S), Avner W. Less (S) 84.

Fernsehpreis der österreichischen Volksbildung 1967. — St: Verband der Öst. Volkshochschulen, Verband der Volksbüchereien, ARGE der Bildungsheime. — Vt: Sekr. d. Fernsehpr. d. öst. Volksbildung, Rudolfsplatz 8, A-1010 Wien, Tel.: (0222) 630245.
Pt: Hellmut Andics 67; Rudolf Henz, Florian Kalbeck 70; Georg Stefan Troller, Lida Winiewicz 73; Lore Geisler 74; Dieter Berner, Jörg A. Eggers 75; Florian Kalbeck, Georg Stefan Troller 76; Fritz Habeck 77; Peter Turrini, Wilhelm Pevny, Dieter Berner, Thomas Pluch 79; E.A. Richter, Wolfgang G. Fischer 80.

Förderpreis der Eichendorff-Gesellschaft 1980. — Vt: Eichendorff-Gesellschaft, Schönleinstr. 3, D-8700 Würzburg 1, Tel.: (0931) 51659.
Pt: Roger Paulin 82.

Förderpreis der Stadt Düsseldorf für Literatur, s. Förderpreis für Literatur der Landeshauptstadt Düsseldorf.

Förderpreis der Stadt Fürth für Literatur 1966. — St: u. Vt: Stadt Fürth, Stadtarchiv, Schloßhof 12, D-8510 Fürth, Tel. (0911) 741289.
Pt: Karl Bernhard, Gerd Scherm 72, Hans Gerhard Gensch 75.

Förderpreis der Stadt Köln für Literatur, s. Förderstipendien der Stadt Köln.

Förderpreis der Stadt Mannheim für junge Künstler 1976. — St: u. Vt: Stadt Mannheim, Kulturamt, L7.12, D-6800 Mannheim 1, Tel.: (0621) 2933961.
Pt: Clemens Eich 80.

Förderpreis der Stadt Nürnberg für Literatur, s. Preis der Stadt Nürnberg.

Förderpreis des Literaturkreises Adam Müller-Guttenbrunn 1980. — Vt: Literaturkreis Adam Müller-Guttenbrunn der Schriftstellervereinigung Timişoara/Temeswar.
Pt: Franz Th. Schleich, Johann Lippet 80.

Förderpreis für junge Konstanzer Künstler 1983. — St: Heimische Wirtschaft und Gewerbe. — Vt: Stadt Konstanz, Rathaus, Kanzleistr. 13-15, D-7750 Konstanz, Tel. (07531) 284252.

Pt: Hans Georg Bulla 83.

Förderpreis für Kultur PLM 1962, s.
Pommerscher Kulturpreis.

**Förderpreis für Literatur der
Landeshauptstadt Düsseldorf** 1971
(1948-1967: Immermann-Preis). — St:
u. Vt: Rat der Landeshauptstadt Düs-
seldorf, Kulturamt, Postf. 1120, D-4000
Düsseldorf 1, Tel. (0211) 8996105.
Pt: Emil Barth 48; Wolf von Niebel-
schütz 51; Friedrich Georg Jünger 52;
Georg Britting 53; Ernst Penzoldt 54;
Ilse Aichinger 55; Heinz Risse 56; Ma-
rie Luise von Kaschnitz 57; Wolfdie-
trich Schnurre 58; Gerd Gaiser 59;
Eckart Peterich 60; Sigismund von
Radecki 61; Ernst Jünger 64; Wolf-
gang Koeppen 67.
Förderpreis: Erhart Kästner 54; Rolf
Schroers 55; Otto Heinrich Kühner
56; Alfred Hellmuth Andersch 57;
Hans Peter Keller 58; Christoph Mek-
kel 59; Ingrid Schwarze-Bacher 60;
Heinrich Schirmbeck 61; Astrid Gehl-
hoff-Claes 64; Johannes Poethen 67.
Förderpreis für Literatur: Ferdinand
Kriwet, Wolf Seesemann 72; Ilse Rit-
ter, Karin Struck 73; Marianne Hoika,
Barbara Ming-Mandok 74; Gerhild
Didusch, Winfried Zangerle 75; Jutta
Hahn, Niklas Stiller 76; Peter K.
Kirchhof, Udo Samel 77; Charlotte
Schwab, Wolfgang Weck 78; Doris
Wolf, Jens Prüß 79; Detlef Wolters,
Markus Völlenklee 80; Dorothee Hae-
feling, Bernd Jeschek 81; Raimund
Hoge, Theatergruppe Jhawemirc 82;
Krista Posch, Anton Bachleitner 83.

**Förderpreis Literatur der Jürgen-
Ponto-Stiftung** 1977. — St: Dresdner
Bank AG, Frankfurt, Frau Ignes Pon-
to. — Vt: Jürgen-Ponto-Stiftung,
Heussallee 10, D-5300 Bonn 1, Tel.:
(0228) 221068.
Pt: Andreas Nohl 78; Martin Mose-
bach 80; Einar Schleef 81; Gerhard
Köpf 82.

**Förderpreis Rheinland-Pfalz für junge
Künstler** 1959. — St: u. Vt: Kultusmi-
nisterium Rheinland-Pfalz, Mittlere
Bleiche 61, D-6500 Mainz, Tel.: (06131)
161.
Pt: Helmut Harun, Werner Helmes,
Wilhelm Niedermayer, Emil Schuster
59; Friedrich Burschell, Erni
Deutsch-Einöder, Susanne Faschon,
Hajo Knebel 63; Manuel Thomas 69;
Arno Reinfrank 73; Michael Bauer,
Hanspeter Renfranz 75; Sigfrid

Gauch, Birgit Berg, Wolfgang Diehl
79.

Förderstipendien der Stadt Köln 1962.
— St.: Stadt Köln, Amt f. kulturelle
Angelegenheiten, Postfach 108020, D-
5000 Köln 1. — Vt: Kommission für
die Vergabe der Förderstipendien.
Pt: Johannes Poethen 62; Astrid
Gehlhoff-Claes 64; Jürgen Becker 68;
Fred Viebahn 73; Harald Gröhler 75;
Arnold Leifert 76; Christian Linder
77; Walter Adler 78/79; Jens Hagen 80;
Wolfgang Schiffer 81; Bernd Hacklän-
der 82.

**Förderungsbeiträge des Wiener Kunst-
fonds** 1957. — St: u. Vt: Zentral-
sparkasse der Gemeinde Wien, Postf.
35, A-1011 Wien.
Pt: Erni Friedmann, Hans Friedrich
Kühnelt, Adolf Opel, Hans Treml 57;
Kurt Benesch, Käthe Braun-Prager,
Walter Grasspointner, Hans Jüllig,
Melanie Schischmanow, Fritz Seelig,
Herta Staub 58; Karl Jordak, Franz
Kießling, Hermen Kleeborn-Szalay,
Hermann Joseph Kopf, Conny Han-
nes Meyer, Doris Mühringer, Wieland
Schmied, Herbert Wadsack 59; Walter
Buchebner, Humbert Fink, Franziska
Klinger, Robert Josef Koc, Hans Le-
bert, Heinrich L. Maresch, Ida Tho-
mas, Ernst Wurm 60; Karl Bednarik,
Hubert Werner Beyer, Gerald Bisin-
ger, Ernst Klein, Anny Tichy, Alois
Vogel, Hans Winterl, Dorothea Zee-
mann-Holzinger 61; Johann A. Boeck,
Alfred Buttlar-Moscon, Erika Eyer,
Ernst Steinkellner, Josef Hermann
Stiegler 62; Christine Busta, Jeannie
Ebner, Gerhard Fritsch, Elfriede Hof-
bauer-Mellach, Kurt Klinger, Friede-
rike Mayröcker, Gertrude Rakovsky,
Edeltraud Steinwender, Paul Wim-
mer 63; Walter Bäck, Wolfgang H.
Fleischer, Erni Friedmann, Irmtraut
Hilling, Hans Rochelt, Michael Scha-
rang, Wehrfried Dominik Steiger, Ar-
thur West 65; Kurt Benesch, Elfriede
Gerstl, Hubert Fabian Kulterer, Hans
Lebert, Heidi Pataki, Felicie Rotter,
Jutta Schutting 66; Gerhard Brenner,
Beatrice Ferolli-Böhmer, Anton
Fuchs, Gertrude Rakovsky, György
Sebestyén, Peter Weibel 67; Peter
Marginter, Rainer Pichler, Elisabeth
Plakolb-Pablé, Lydia Rauch, Jan Rys,
Camillo Schäffer, Alexander Stöckl
68; Hellmut Butterweck, Ernst David,
Ludwig Plakolb, Wehrfried Dominik
Steiger, Peter von Tramin, Rudolf
Weilhartner 69; Johann A. Boeck,

Barbara Frischmuth, Peter Paul Wiplinger 70; Andreas Okopenko, Peter Turrini 71; Manfred Chobot, Ernst Kostal, Thomas Losch, Michael Scharang 72; Gustav Ernst, Alfred Kaiser, Franz Richter, Peter Rosei, Helmut Zenker 73; Liesl Ujvary, Hahnrei Wolf Käfer, Michael Rössner, Walther Kundi 74; Gerwalt Brendl, Featrice Ferolli, Nils Jensen, Dieter Hornig, Georg Kövar, Wolfgang Mayer-König 75; Otto Grabner, Bodo Ernst Hell, Graziella Hlawaty, Erich Schirhuber, Hans Trummer, Reinhard Wegerth, Walter Zrenner 76; Bernhard C. Bünker, Manfred Chobot, Werner Kofler, Johann Miletits, Ernst Nowak, Wilhelm Pevny, Erich Alois Richter, Hermann Schürrer 77; Lev Detela, Elfriede Gerstl, Gerald Graßl, Marie Thérèse Kerschbaumer, Gerhard Ruiss, Camillo Schäfer, Johannes A. Vyoral, Michael Franz Wagner 78; Joe Berger, Otto Grabner, Heinz Riedler, Heidi Pataki, Elfriede Czurda, Elisabeth Wäger-Häusle, Otto M. Zykan, Doris Mühringer 79; Graziella Hlawaty, Helmuth A. Niederle, Ernst Kostal, Rainer Pichler 81 (aufgelöst).

Förderungspreis der Stadt Wien für Literatur 1951. — St: u. Vt: Stadt Wien, Kulturamt, Friedrich-Schmidt-Pl. 5, A-1082 Wien.

Pt: Vera Ferra-Mikura, Johann Gunert 51; Fritz Habeck, Rudolf Bayr 52; Johann Lebert, Elfriede Ziering 53; Gerhard Fritsch, Franz Kiessling 54; Karl Anton Maly, Georg Rauchinger 55; Herta Staub, Helmut Schwarz 56; Oskar Jan Tauschinski, Herbert Zand 57; Wieland Schmid, Ida Thomas 58; Kurt Benesch, Wolfgang Fischer 59; Hans Bausenwein, Erich Pogats 60; Jeannie Ebner, Doris Mühringer 61; Josef Enengl, Nikola Sidney 62; Johann A. Boeck, Andreas OKopenko 63; Friedl Hofbauer, Manfred Scheuch 64; Ernst Vasovec, Karl Wara 65; Michael Guttenbrunner, Alois Vogel 66; Hans Krendlesberger, Franz Richter 67; Peter Marginter, Hannelore Vallencak 68; Karl Jordak, Gertrude Rakovsky 69; Hans Friedrich Kühnelt, Paul Wimmer 70; Ernst Klein, Edda Steinwender 71; Ernst Hinterberger, György Sebestyén 72; Peter Rosei, Peter von Tramin 73; Jutta Schutting, Helmut Zenker 74; Barbara Frischmuth, Peter Henisch 75; Michael Scharang, Peter Turrini 76; Hermann Gail, Ernst Nowak 77;

Liesl Ujvary, Gernot Wolfgruber 78; Marianne Fritz, Heinz Rudolf Unger 79; Werner Kofler, Reinhard Priessnitz 80; Bodo Hell, Camillo Schaefer 81; Gustav Ernst, Helmut Peschina 82.

Förderungspreis der Stiftung Landis & Gyr 1972. — St: Landis & Gyr AG. — Vt: Stiftungsrat der Stiftung Landis & Gyr, Gubelstr., CH-6301 Zug.

Pt: Emil Zopfi 79.

Förderpreis des Bundesministeriums für Unterricht und Kunst Minoritenplatz 5, A-1014 Wien.

Pt: Christine Busta, Franz Kiessling 50; Franz Pühringer, Harald Zusanek 51; Ilse Aichinger, Fritz Habeck, Herbert Zand 52; Marlen Haushofer, Ernst Vasovec 53; Franz Hiesel, Werner Riemerschmid, Oskar Zemme 54; Günther Buxbaum, Franz Karl Franchy, Anny Tichy 55; Rudolf Felmayer, Gerhard Fritsch, Johann Gunert, Christine Lavant 56; Gerhard Fritsch, Hannelore Kofler Valencak 57; Herbert Eisenreich, Ernst Kein 58; Rudolf Bayr, Eduard König 59; Christine Busta, Christine Lavant, Karl Wawra 61; Milo Dor, Hans Lebert 62; Humbert Fink, Peter von Tramin 63; Juliane Windhager 64; Michael Guttenbrunner 66; Thomas Bernhard 67; Marlen Haushofer, Andreas Okopenko 68; Otto Grünmandl, Hans Krendlesberger 69; Peter Henisch, Jutta Schutting 71; Franz Rieger 72; Peter Rosei, Peter Vujica 73; Helmut Eisendle 74; Otto Volkmar Deisenhammer, Michael Rössner 75; Erich A. Richter, Christian Wallner 76; Walter Kappacher, Gernot Wolfgruber 77; Werner Kofler 78; Helmut Peschina, Heinz W. Vegh 79; Gustav Ernst 80; Marie-Thérèse Kerschbaumer 81; Florjan Lipuš 82.

Förderungspreis des Landes Kärnten für Literatur 1971. — St: u. Vt: Land Kärnten, Kärntner Landesregierung, Abt. Kultur, Völkermarkter Ring 29, A-9020 Klagenfurt.

Pt: Gert F. Jonke 71; Peter Turrini 72; Hans Gigacher 73; Engelbert Obernosterer 74; Alois Brandstetter 75; Hans Müller 76; Herbert Lodron 77; Robert Gratzer 78; Erich Prunč 79; Josef Winkler 80; Anton Dekan 81; Peter Kersche 82.

Förderungspreis des Landes Niederösterreich. — St: u. Vt: Land Niederösterreich, Amt der Nö. Lan-

desregieurng, Abt. III/2, Herrengasse 9, A-1014 Wien.
Pt: Rudolf Pleßl, Fritz Steiner 62; Franz Fuczek, Albert Janetschek 64; Auguste Binder-Zisch, Hermann Weiner 65; Herbert Brachmann, Hans Lebert 66; Franz Josef Schicht 67; Gustav Karl Bienek, Hans Lampalzer 68; Anton Th. Dietmaier 69; Heinrich Eggerth, Peter Matejka 70; Hans Heinz Hahnl, Ilse Tielsch-Felzmann 71; Hans Krendlesberger, Jutta Schutting, Gotthard Fellerer 72; Friedrich Heller, Jutta Schutting 73; Günther Stingl, Claus Wohlschak 74; Ernst Nowak, Peter Zumpf 75; Helmut Zenker, Johannes Twaroch 76; Hermann Gail, Hermann Jandl 77; Helmut Peschina, Peter Schuster 78; Klaus Sandler, Evelyn Ilse Schlag 79; Annemarie Moser, Ernst Eichler 80; Karl Wiesinger, Johann Wolfgang Paul 81; Marianne Gruber, Lev Detela 82.

Förderungspreis des Landes Nordrhein-Westfalen für junge Künstler 1957. — St: u. Vt: Landesregierung Nordrhein-Westfalen, Der Kultusminister des Landes Nordrhein-Westfalen, Postfach 1103, D-4000 Düsseldorf 1.
Pt: Hans Dieter Schwarze 57; Josef Reding 58; Hermann Moers 59; Kay Hoff 60; Franz Norbert Mennemeier 61; Dieter Wellershoff 62; Günter Seuren 63; Walter Aue, Rolf Dieter Brinkmann 64; Nicolaus Born, Wolfgang Hädecke 65; Klas Ewert Everwyn, Peter Faecke 66; Wolfgang Körner, Hannelies Taschau 67; Hans Günter Wallraff, Hans Wollschläger 68; Dieter Kühn, Renke Korn 72; Rainer Horbelt, Marlene Stenten 73; Christian Linder, Rolfrafael Schöer 74; Frank Göhre, Ludwig Soumagne 75; Volker W. Degener, Käte Reiter 76; Jutta Richter, Klaus Peter Wolf 77; Wolfgang Schiffer, Niklas Stiller 78; Uwe-Michael Gutzschhahn, Rumjana Zacharieva 79; Rahel Hutmacher, Michael Klaus 80; Matthias Buth, Hanns-Josef Ortheil 81.

Förderungspreis des Landes Oberösterreich für Literatur 1947, s. Landeskulturpreis für Literatur 1975.

Förderungspreis des Mitteldeutschen Verlages Halle-Leipzig und des Instituts für Literatur "Johannes R. Becher", Leipzig 1966. — St: u. Vt: Mitteldeutscher Verlag und Institut für Literatur Johannes R. Becher.

Pt: Reinhard Kettner, Axel Schulze, Inge v. Wangenheim 66; Peter Gosse, Helmut Richter 68; Siegfried Weinhold, Thomas Nicolaou, Werner Bräunig 69; Rolf Floß, Bodo Liermann, Joochen Laabs 70; Karl Sewart, Harald Korall, John Erpenbeck 72; Wolfgang Eckert, Peter Biele, Manfred Jendryschik 73; Elisabeth Schulz-Semrau, Heinz Czechowski 74; Gerti Tetzner, Michael Franz 75; Ernst Wenig, Wolf Arnold, Andreas Reimann 76; Harald Heinze, Jürgen Lehmann, Paul-Günter Krohn 77; Joachim Metzkes, Dietmar Beetz, Rotraud Wieland, Dieter Heinemann 78; Rudolf Scholz, Jochen Wiesigel, John Erpenbeck 79; Horst Matthies, Daniela Dahn 80; Harry Kampling, Knut Wagner, Claus B. Schröder 81; Regina Röhner, Friedemann Schreiter, Thomas Rosenlöcher 82.

Förderungspreis des Wiener Kunstfonds s. Förderungsbeiträge des Wiener Kunstfonds.

Förderungspreis für junge Künstler und Schriftsteller des Landes Bayern 1965, s. Staatlicher Förderungspreis für junge Künstler und Schriftsteller.

Förderungspreis für Literatur 1973. — St: u. Vt: Stadt Wels, Oberöst.
Pt: Waltraud Seidlhofer-Lepka 73; Jutta Skokan-Göttl 75 (ruht).

Förderungspreis für Literatur der Landeshauptstadt München 1957 (1927-1956: Kulturpreis bzw. Kunstpreis der Stadt München). — St: u. Vt: Stadtrat der Landeshauptstadt München (mit Kulturausschuß), Kulturreferat, Postfach, D-8000 München 1.
Pt: Peter Dörfler 45; Gertrud von Le Fort 47; Ernst Pentzold 48; Georg Schwarz 49; Annette Kolb 50; Gottfried Kölwel 51; Eugen Roth 52; Mechthild Lichnowsky 53; Wilhelm Hausenstein 54; Erich Kästner 55; Wilhelm Herzog 56; Lion Feuchtwanger 57; Georg v. d. Vring 58; Oda Schaefer 59; Walther Kiaulehn 60; Wolfgang Koeppen 61; Herbert Schneider 62; Hellmut v. Cube 63; Tankred Dorst 64; Günter Eich 65; Barbara König 66; Heinz Piontek 67; Dieter Lattmann 68; Martin Sperr 69; Erika Runge 70; Herbert Rosendorfer 71; Horst Eckert (Ps. Janosch) 72; Philip Arp 73; Michael Krüger 74; Manuel Thomas 75; Helmut Walbert 76; Paul Wühr 77; Fritz Fenzl 78; Peter Schalmey 79; Mathias Schröder

80; Rudolf Herfurtner 81; Josef Einwanger 82; Diana Kempff 83.

**Förderungspreise für "Literatur zur
Arbeitswelt"** 1976. — St: u. Vt: Kam-
mer für Arbeiter und Angestellte für
Oberösterreich Bildungsheim Jäger-
mayrhof, Linz.
Pt: Marianne Schönbeck (1. Pr.), Hel-
mut Zenker (2. Pr.) 76; Gerhard Ruiss
(1. Pr.), Christine Haidegger (2. Pr.) 77;
Wolfgang Kobal (1. Pr.), Gerhard
Graßl (2. Pr.) 78; Christa Stippinger (1.
Pr.), Johann Bock (2. Pr.), Erwin Hol-
zer (3. Pr.) 79; Romana Riedesser (1.
Pr.), Christoph W. Aigner (2. Pr.), Glo-
ria Kaiser (3. Pr.) 80.
Publikumspreise: Johann Distl-
bacher, Hans Dieter Mairinger 76;
Dietmar Füssel, Herbert Lodron 77;
Eleonore Zuzak, Edith Rischawy 78;
Margret Deixelberger, Margret Czer-
ni-Sattlberger 79; Johann Distlba-
cher, Michael Plakolmer 80.

Fontane-Preis 1970, s. Kunstpreis Berlin.

Franz Kafka-Preis 1979. — St: Stadt
Klosterneuburg. — Vt: Unabhängig.
Jury im Rahmen der Franz Kafka-
Ges. Wien-Klosterneuburg, Rathaus-
platz 1, A-3400 Klosterneuburg, Tel.:
(02243) 81896.
Pt: Peter Handke 79 (weitergegeben
an Gerhard Meier, Franz Weinzettl);
Elias Canetti 81; Ilse Aichinger 83.

Franz Karl Ginzkey-Ring 1960. — St:
Schutzverb. der österr. Schriftsteller.
— Vt: Kulturgemeinschaft Der Kreis,
Margaretenstr. 114, A-1050 Wien.
Pt: Friedrich Wallisch 60; Franz Karl
Franchy 65; Karl v. Hohenlocher 70;
Heinz Wittmann 78; Friedrich Heller
82.

Franz-Nabl-Preis 1974. — St: u. Vt:
Stadt Graz, Kulturamt, Hauptplatz
14/IV, A-8010 Graz.
Pt: Elias Canetti 75; Manès Sperber
77; Ilse Aichinger 79; Hermann Lenz
81.

Franz-Theodor-Csokor-Preis (Preis f.
das beste, in Österreich aufgeführte
Werk eines zeitgenöss. Autors.) — St:
u. Vt: Österreichischer P.E.N. Club,
Bankgasse 8, A-1010 Wien, Tel.: (0222)
634459.
Pt: Pavel Kohout 69; Wolfgang Bauer
70; Franz Buchrieser 71; Thomas
Bernhard 72; György Sebestyén 75;
Wladyslaw Bartozsewski 77; Fritz
Hochwälder 79; Albert Drach 82.

Freudenthal-Preis 1957. — St: u. Vt:
Freudenthal-Gesellschaft e. V., Kreis-
verwaltung, D-2720 Rotenburg/Wüm-
me.
Pt: Adolf Woderich 57; Hans-Henning
Holm 58; Hein Bredendiek 59; Hein-
rich Dieckelmann 60; Albert Mähl 61;
Walter Köster 62; Ernst-Otto Schlöp-
ke 63; Otto Tenne 64; Hans Varnhorst
65; Johann Schoon 66; Wilhelm Mar-
tens 67; Robert Gäpel 68; Friedrich
Krauns 69; Gudrun Münster, Ewald
Hillermann 70; Karl Böke 72; Marga-
rete Hagen, Paul Peters 73; Wilhelm
Martens 74; Siegfried Bokelmann 75;
Heinz von der Wall 76; Günter Kühn
77; Elisabeth Meyer-Runge 78; Albert
Rüschenschmidt 79; Greta Schoon 80;
Cord Denker, Richard Fehlandt 81;
Gerd Spiekermann 82.

**Friedenspreis des Deutschen
Buchhandels** 1950. — St: Börsenver-
ein d. Dt. Buchhandels e. V., Großer
Hirschgraben 17/21, D-6000 Frankfurt
1. — Vt: Stiftungsrat.
Pt: Max Tau 50; Albert Schweitzer 51;
Romano Guardini 52; Martin Buber
53; Carl J. Burckhardt 54; Hermann
Hesse 55; Reinhold Schneider 56;
Thornton Wilder 57; Karl Jaspers 58;
Theodor Heuss 59; Victor Gollancz 60;
Sarvepalli Radhakrishnan 61; Paul
Tillich 62; Carl Friedrich v. Weizsäk-
ker 63; Gabriel Marcel 64; Nelly Sachs
65; Augustin Kardinal Bea u. Willem
A. Visser't Hooft 66; Ernst Bloch 67;
Léopold Sédar Senghor 68; Alexander
Mitscherlich 69; Alva u. Gunnar Myr-
dal 70; Marion Gräfin Dönhoff 71; Ja-
nusz Korczak 72; Club of Rome 73;
Frère Roger 74; Alfred Grosser 75;
Max Frisch 76; Leszek Kolakowski
77; Astrid Lindgren 78; Yehudi Menuhin 79; Ernesto Cardenal 80; Lew Kopelew 81; George F. Kennan 82; Manès Sperber 83.

Friedlandpreis der Heimkehrer 1960.
— St: u. Vt: Verband der Heimkehrer,
Konstantinstr. 17, D-5300 Bonn 2, Tel.:
(0228) 364097.
Pt: Wolfgang Schwarz 60; Hans-Jörg
Kühn 64; Ernst-Günther Schenck 66;
Wolfdietrich Kopelke 76; Karl Hoch-
muth, Hans Bahrs 80.

Friedrich-Bödecker-Preis 1972. — St:
u. Vt: Friedrich-Bödecker-Kreis e. V.,
Sophienstr. 2, D-3000 Hannover, Tel.
(0511) 833296.
Pt: Boy Lornsen, Christine Nöstlinger
72; Heinrich Pleticha, Gerold Neit-

hard Anrich 74; Wolfgang Gabel 76;
Renate Welsh 78; Achim Bröger, Gisela Kalow 80; Klaus Doderer 82.

**Friedrich Gerstäcker-Preis der Stadt
Braunschweig** 1952. — St: u. Vt:
Stadt Braunschweig, Kulturamt, D-
3300 Braunschweig.
Pt: Kurt Lütgen 52; Fritz Mühlenweg
54; Hans Baumann 56; Erich Wust-
mann 58; Herbert Kaufmann 60;
Karl-Rolf-Seufert 62; Herbert Plate
64; Karl-Friedrich Kohlenberg 66; Li-
selotte Welskopf-Henrich 68; Christo-
pher S. Hagen 70; Kurt Lütgen 72;
Thomas Jeier 74; Frédérik Hetmann,
Hans-Christian Kirsch 76; Barbara
Bartos-Höppner 78; Werner J. Egli 80;
Klaus Kordon 82.

**Friedrich-Gundolf-Preis für
Germanistik im Ausland** 1977 (1965-
1976: Preis für Germanistik im Ausland). — St: u. Vt: Deutsche Akad. f.
Sprache u. Dichtung, Alexandraweg
23, D-6100 Darmstadt, Tel.: (06151)
44823.
Pt: Robert Minder 64; Frederick Norman 65; Victor Lange, Eudo C. Mason
67; Oskar Seidlin 68; Eduard Goldstücker 69; Erik Lunding 70; Zoran
Konstantinović 71; Ladislao Mittner
72; Gustav Korlén 73; Hermann
Meyer, Amsterdam 74; Elisabeth M.
Wilkinson 75; Marian Szyrocki 76;
Franz H. Mautner 77; Claude David
78; Zdenko Škreb 79; Lew Kopelew
80; Leonard Forster 81; Tomio Tezuka
82; Jean Fourquet 83; Stuart Atkins
84.

**Friedrich Hölderlin-Preis der Stadt
Bad Homburg v.d.H.** 1982. — St: u.
Vt: Stadt Bad Homburg v.d.H., Magi-
strat, Marienbader Platz 1, D-6380
Bad Homburg v.d.H., Tel.: (06172)
100240.
Pt: Hermann Burger 83; Sarah Kirsch
84.

**Friedrich-Rückert-Preis der Stadt
Schweinfurt** 1963. — St: u. Vt: Stadt
Schweinfurt.
Pt: Annemarie Schimmel 65; Helmut
Prang 68; Albert Theile 71; Jean Mist-
ler 74; Dietrich Fischer-Dieskau 77;
Friedrich Schilling 80; Johann Chri-
stoph Bürgel 83.

**Fritz-Reuter-Kunstpreis des Bezirkes
Schwerin** 1956. — St: u. Vt: Rat des
Bezirkes Schwerin/Mecklenb.
Pt: Benno Voelkner 56; Erich Köhler
57; Hans Schönrock 58; Benno Voelk-

ner 60; Ann-Charlott Settgast 61; Erwin Lademann 65; Ulrich Völkel 68;
Alfred Wellm 69; Erwin Lademann 70;
Arbeitsgruppe "Plattdütsch Wuurd"/
Radio DDR/Sender Schwerin (III. Kl.)
71; Jutta Schlott 72; Horst Beseler 73;
Hermann Glander 74; Alfred Wellm
75; Egon Schmidt, Wolf Spillner 76;
Brigitte Birnbaum 77; Ulrich Komm
78; Renate Krüger 79; Jürgen Borchert 80.

Fritz-Reuter-Preis 1954. — St: u. Vt:
Stiftung F.V.S., Georgsplatz 10, D-2000
Hamburg 1.
Pt: Heinrich Behnken 55; Hans Hen-
ning Holm 57; Moritz Jahn 59; Rudolf
Kinau 62; Thora Thyselius 65; Hein-
rich Schmidt-Barrien 68; Diederich
Heinrich Schmidt 72; Paul-Christian
Paegelow, Christian Holsten 76; Hin-
rich Kruse 79; Gernot de Vries 82.

**Fritz-Reuter-Preis für Kunst u.
Literatur des Rates des Bezirkes
Neubrandenburg** 1958. — St: u. Vt:
Rat d. Bezirkes Neubrandenburg/
Mecklenb.
Pt: Alfred Wellm 59; Joachim Gernentz 60; Joachim Wohlgemuth, Werner Salchow 62; Franz Freitag, Horst
Blume 63; Helmut Sakowski, Margarete Neumann, Ernst-Günther Pinkpank 64; Heinz Jürgen Zierke, Joachim Wohlgemuth, Franz Freitag 67;
Helmut Sakowski, Günter Ebert 68;
Ingeborg Feustel 69; Werner Lindemann, Zirkel Schreibender Arbeiter
Neustrelitz 70; Franz Freitag 72; Joachim Wohlgemuth 73; Margarete
Neumann 74; Herbert Jobst 75; Heinrich Wilhelm Bräuer 76; Tom Crepon
79; Günter Ebert 81; Helmut Sakowski, Heinz Senkbeil 82.

Fritz-Stavenhagen-Preis 1958. — St: u.
Vt: Stiftung F.V.S., Georgsplatz 10, D-
2000 Hamburg 1.
Pt: Hans Ehrke 59; Hermann Otto 61;
Hans Heitmann 64; Paul Jessen 67;
Ivo Braak 69; Karl Bunje 71; Günther
Siegmund 73; Konrad Hansen 75; Ru-
dolf Beiswanger 82.

Georg-Büchner-Preis 1923. — St: Land
Hessen, Magistrat der Stadt Darm-
stadt und Deutsche Akademie für
Sprache und Dichtung. — Vt: (seit
1951) Deutsche Akademie für Spra-
che und Dichtung, Alexandraweg 23,
D-6100 Darmstadt, Tel.: (06151) 44823.
Pt: Adam Karillon 23; Alfred Bock 24;
Wilhelm Michel, Rudolf Koch 25; Ka-

simir Edschmid 27; Carl Zuckmayer
29; Nikolaus Schwarzkopf 30; Albert
H. Rausch 32; Hans Schiebelhuth 45;
Fritz Usinger 46; Anna Seghers 47;
Elisabeth Langgässer 50; Gottfried
Benn 51; Ernst Kreuder 53; Martin
Kessel 54; Marie Luise Kaschnitz 55;
Karl Krolow 56; Erich Kästner 57;
Max Frisch 58; Günter Eich 59; Paul
Celan 60; Hans Erich Nossack 61;
Wolfgang Koeppen 62; Hans Magnus
Enzensberger 63; Ingeborg Bach-
mann 64; Günter Grass 65; Wolfgang
Hildesheimer 66; Heinrich Böll 67;
Golo Mann 68; Helmut Heißenbüttel
69; Thomas Bernhard 70; Uwe John-
son 71; Elias Canetti 72; Peter Hand-
ke 73; Hermann Kesten 74; Manès
Sperber 75; Heinz Piontek 76; Reiner
Kunze 77; Hermann Lenz 78; Ernst
Meister 79; Christa Wolf 80; Martin
Walser 81; Peter Weiss 82; Wolfdie-
trich Schnurre 83; Ernst Jandl 84.

Georg-Dehio-Preis f. Kultur- u. Geistesgeschichte 1964. — St: Bundesministerium des Innern mit einigen
Bundesländern u. d. Württ. Gemein-
dekulturverband. — Vt: Die Künstler-
gilde e. V., Webergasse 1, D-7300 Eß-
lingen, Tel.: (0711) 359129.
Pt: Willi Drost 64; Eugen Lemberg,
Autorengemeinschaft Erich Bach-
mann, Erich Hubala, Hermann Fillitz,
Erwin Neumann 65; Günther Grund-
mann, Alfred Karasek 66; Erich Wie-
se, Will-Erich Peuckert 67; Hans
Bernhard Reichow, Alfons Perlick 68;
Karl Maria Swoboda, Fritz Gause 69;
Walter Boll, Ernst Schwarz 70; Walter
Kuhn, Heinz Ischreyt 71; Ernst
Scheyer, Karl von Lorck 72; Gotthold
Rhode, Bruno Schier 73; Walther Hu-
batsch, Hans Diplich 74; Karl Heinz
Clasen, Herbert Cysarz 75; Erich
Bachmann, Otto Folberth 76; Karl
Bosl, Franz Hieronymus Riedl 77;
Gerhard Wietek, Johannes Künzig 78;
Albrecht Timm 79; Wilhelm Mrazek
80; Bernhard Stasiewski 81; Erich
Hubala 82; Oskar Seidlin 83; Erhard
Riemann 84.
Förderungspreis: Götz Fehr 64; Jo-
hanna Baronin von Herzogenberg 68;
Walter Myss 69; Lillian Schacherl 70;
Iselin Gundermann 74; Jörg Bern-
hard Bilke 75; Angelika Marsch 78;
Christoph Albert Machat 79; Wolf-
gang Kessler 81; Eckhard Jäger 82;
Paul Praxl 83.
Ehrengabe: Carl von Lorck, Robert
Müller-Sternberg 65; Sigfried Asche,

Otto Folberth 66; Harald von Koe-
nigswald, Rudolf Neumann 67; Wil-
helm Kronfuß 68; Heribert Sturm 69;
Anton Scherer 70; Alfred Cammann,
Hans Bergel 71; Peter Nasarski, Erik
Thomson 72; Ute Monika Schwob,
Albrecht Baehr 73; Josef Lanz 74; An-
ton Schwob 75; Jürgen Petersohn,
Hans Tesch 76; Viktor Aschenbren-
ner, Udo Arnold 77; Karl Vargha 78;
Alfred M. de Zayas 79; Rudolf Hart-
mann, Gerhard Kozielek 80; Karl Rei-
nerth 81; Hartmut Boockmann 82;
Roland Vetter, Sebastian Leicht 83.

Georg-Mackensen-Literaturpreis 1960.
— St: Georg Mackensen. — Vt: Georg
Westermann Verlag, Postfach 3320, D-
3300 Braunschweig.
Pt: Wolfdietrich Schnurre, Siegfried
Lenz 62; Erich Landgrebe, Stephan
Vajda 63; Marie Luise Kaschnitz,
Heinz v. Cramer 64; Gabriele Woh-
mann, Jürg Federspiel 65; Günter
Seuren, Adolf Muschg, Armin Ayren
67; Kay Hoff, Margot Scharpenberg
68; Peter O. Chotjewitz 69; Ingeborg
Drewitz, Eva Zeller 70; Herbert
Eisenreich, Theodor Weißenborn 71;
Günter Radtke, Herbert Rosendorfer
73; Ruth Rehmann, Dieter Kühn 74;
Herbert Schmidt-Kaspar, Karl Alfred
Wolken 75; Roderich Feldes 76; Elisa-
beth Augustin, Otto-Heinrich Kühner
77; Hanne F. Juritz 78; Günter Kunert
79; Hans Joachim Sell 80; Heinz
Knappe 81; Irene Östreicher 82; Werner Helmes 83.
Fördergaben: Hans Dieter Schmidt
73; Ivan Kraus, Antje Augsburg-Jans-
zen 76; Heiner Egge 77; Barbara Seybold 78; Günther Müller 79.

Georg-Trakl-Preis für Lyrik 1952. —
St: u. Vt: Land Salzburg (Landespreis), Bundesministerium f. Unterricht u. d. Land Salzburg (Bundespreis), Amt der Salzburger Landesregierung, Abt. 12, Postf. 527, A-5010
Salzburg.
Pt: *Landespreis:* Maria Zittrauer, Josef Lassl 52; Gerhard Amanshauser,
Elisabeth Effenberger (Anerkennungspreise) 52; Erna Blaas (1.Pr.),
Walter Zrenner (2.Pr.), Juliane Windhager (3.Pr.) 57; Hans Deissinger, Karoline Brandauer (Anerkennungspreise) 57; Gundl Nagl (1.Pr.), Felicie
Rotter (2.Pr.), Franz Braumann (3.Pr.)
67; Peter Coreth, Christian Wallner
(Förderungsstip.) 72; Reiner Kunze,
Friederike Mayröcker 77; Christoph
Meckel 83.

Bundespreis: Christine Lavant, Christine Busta, Wilhelm Szabo, Michael Guttenbrunner 54; Hermen von Kleeborn, Herbert Zand, Martha Hofmann, Hannelore Valencak, Edith Siegl, Andreas Okopenko, Doris Mühringer (Anerkennungspreise) 54; Paula Ludwig, Johann Gunert 62; Christine Lavant 64; Max Hölzer 70; Ernst Jandl 74; Ilse Aichinger 79.

Gerhart-Hauptmann-Plakette der Stiftung Kulturwerk Schlesien 1966. — St: u. Vt: Kulturwerk Schlesien, Kardinal-Döpfner-Platz 1, D-8700 Würzburg 11, Tel.: (0931) 53696.
Pt: C.F.W. Behl 66; Günther Grundmann 67; Karl Schodrok 68; Paul Dzillas 69; Ernst Scheyer, Alfons Hayduk 70; Ernst Schremmer 71; Johannes Wiedner 72; Ernst Birke 73; Wilhelm Menzel 74; Fritz K. Richter 75; Ludwig Petry 76.

Gerhart-Hauptmann-Preis 1953. — St: u. Vt: Freie Volksbühne e. V., Ruhrstr. 6, D-1000 Berlin 31, Tel.: (030) 870201.
Pt: Claus Hubalek 53; Herbert Asmodi, Gert Weymann 54; Leopold Ahlsen 55; Hermann Gressieker, Peter Hirche 56; Wolfgang Altendorf, Theodor Schübel 57; Mattias Braun, Richard Hey, Hermann Moers 60; Hans-Joachim Haecker, Siegfried Lenz 61; Martin Walser 62; Tankred Dorst, Heinar Kipphardt 64; Hans Günter Michelsen 65; Peter Handke 67; Hartmut Lange, Egon Menz 68; Peter Härtling 71; Gaston Salvatore 72; Stefan Schütz 79; Peter Turrini 81; Friederike Roth, E.Y. Meyer 83.
Förderungspreise: Stefan Barcava, Friedrich Kolander 53; Richard Hey, Bodo Homberg, Peter Lothar 54; Claus B. Maier, Joachim Wichmann, Karl Wittlinger 55; Gerhard Osiander 56; Joachim Burkhardt, Klaus Werner 59; Tankred Dorst 60; Astrid Claes, Rolf Hochhuth 62; Hans Kasper, Hans Günter Michelsen 63; Martin Sperr 65; Norbert Herholz, Joachim Ziem 67; Rainer Werner Fassbinder, Harald Mueller 69; Heinrich Henkel, Oskar Zemme 70; Werner Simon Vogler 75; Thomas Brasch, Fitzgerald Kusz, Leonhard Reinirkens, Bernd Boris Wördehoff 77; Ignaz Born 81.

Gerrit-Engelke-Literaturpreis der Landeshauptstadt Hannover 1978. — St: Rat der Landeshauptstadt Hannover. — Vt: Eigenverantwortliche Jury, Organisation: Kulturamt der Landes-

hauptstadt Hannover, Tel. (0511) 1682563.
Pt: Günter Herburger, Günter Wallraff 79; Ingeborg Drewitz 81; Axel Eggebrecht 83.

Geschwister-Scholl-Preis 1980. — St: u. Vt: Stadt München, Verband der Bayerischen Verlage und Buchhandlungen, Kulturreferat der Stadt München, Postfach, D-8000 München 1.
Pt: Rolf Hochhuth 80; Reiner Kunze 81; Franz Fühmann 82; Walter Dirks 83.

Goethe-Medaille für Verdienste um die deutsche Sprache im Ausland und die Förderung der internationalen kulturellen Zusammenarbeit 1954. — St: u. Vt: Goethe-Institut zur Pfege der deutschen Sprache im Ausland und zur Förderung der internationalen kulturellen Zusammenarbeit e. V., Lenbachplatz 3, D-8000 München 2, Tel. (089) 5999-1.
Pt: *Argentinien* Friedrich Robert Franke 55; Norberto Silvetti Paz 83. — *Australien* A. Lodewyck 55; E.G. Waterhouse 57; Richard Samuel 58/69; R.B. Farrell 59/69; G.E.O. Schulz 74. — *Belgien* Robert Foncke 60; A.L. Corin 62; Hermann Uyttersprot 63; Armand Nivelle 64; Freddy de Medicis 71; Henri Camille Plard 81. — *Brasilien* Hamilcar Turelli 60; G. Leal de Sá Pereira 68; Erwin Theodor Rosenthal 71; Walter Koch 80. — *Chile* Antenor Rojo 59; Udo Rukser 71. — *China* Guohao Li 82; Feng Zhi 83. — *Cypern* Costas Spyridakis 64. — *Dänemark* Dr. Moe 54; L. L. Hammerich 58; Egon Bork 64; Eyvind Holm 64; Heinrich Bach 66; Peter Jörgensen 67; Erik Lunding, Steffen Steffensen 69; Karl Hyldgaard-Jensen 77. — *Deutschland* Dr. Bornmann, Erich Fausel, Ludwig Franck, Kurt Magnus 57; Eugen Löffler 58; Hans Göttling 61; Franz Thierfelder 61; Werner Golde 62; Norman Balk 63; Max Grasmann 64; Richard Wolf 65; Dora Schulz 70. — *Finnland* Pekka Katara 57; Emil Öhmann 61; E. V. Pennanen 65; Kaj Lindgren 68; Lauri Seppänen 82. — *Frankreich* L. A. Fouret, Paul Lévy 55; Maurice Boucher, Maurice Colleville 58; G. Bianquis 59; Robert Minder 61; Fernand Metz 62; Jean Fourquet 63; Pierre-Paul Sagave 63/76; Claude David 64; C. Santelli 65; Albert Fuchs 66; Roger Ayrault, Eugène Susini 67; Pierre Bertaux 70; Dominique Iehl 72; Joseph Francois Angel-

loz, Pierre Grappin 73; Joseph Breitbach, Alfred Grosser 75; Joseph Rovan 83. — *Griechenland* Panajotis Kanellopoulos 82. — *Großbritannien* Leonard A. Willoughby 56; W. H. Bruford 58; Frederick Norman 64; Roy Pascal, Elizabeth Wilkinson 65; Leonard Wilson Forster, Ernest Stahl 66; Eudo C. Mason 67; George Harold Sylvester 67; Ronald Peacock 69; William Witte 71; Trevor David Jones, S. S. Prawer 73; Henry Burnard Garland, Frederick P. Pickering 75; Josef P. M. Stern 80; Rudolf Ernst Keller 81. — *Indien* Ragunath Paranjpe 61/77; Ellen Sharma 62; Baburao B. Kulkarni 77. — *Irland* K. Cunningham 65. — *Israel* Werner Kraft 82. — *Italien* Ervino Pocar 56; Giovanni Alfero 57; L. Vincenti 58; B. Tecchi 59; Lorenzo Bianchi 60; Carlo Grünanger 62; Giovanni Amoretti 63; Vittorio Santoli 65; Ladislao Mittner 66; Sergio Lupi 68; Alfredo Bondi 71; Marianello Marianelli 73; Luciano Zagari 74; Claudio Magris 80; Cesare Cases 82. — *Japan* M. Sagara 56/68; Eiichi Kikuchi 56/76; Ryozo Niizeki 59; Tomio Tezuka 60/64; Teizaburo Uchiyama 63; Waichi Sakurai 65/76; Sadaichi Oyama 67/71; Robert Schinzinger 68; Keiji Nishitani 72; Hikaru Tsuji 79; Eijiro Iwasaki 81. — *Jugoslawien* Camilla Lucerna, Pero Slijapcevic 55; Zdenko Skreb 61/70; Milos Djorjević 69; Dusan Ludvik 71; Miljan Mojasević 72; Viktor Zmegac 74; Dušan Tomovski 80. — *Kanada* Barker Fairley 59; H. Boeschenstein 60; Hans Eichner 73; Allan Spencer 83. — *Korea* Hang-Sok 70. — *Neuseeland* John Asher 62/76; Eric William Herd 74. — *Niederlande* J. H. Scholte 57; Th. C. van Stockum 62; Léon Polak 63; J. H. Schouten 65; Hermann Meyer 66; C. Soeteman 69; Paul B. Wessels 70; J. B. Drewes 73; Jan Aler 79. — *Norwegen* Ingerid Dal 60/76; Paulus Svendsen 62; Laurits Saltveit 79. — *Pakistan* Mumtaz Hasan 68. — *Paraguay* Ricardo Boettner 58. — *Philippinen* Emilio Natividad 68. — *Polen* Marian Szyrocki 63; Ludwik Zabrocki 74. — *Portugal* Albin Beau, Paulo Qúintela 60. — *Rumänien* Bruno Colbert 69; Mihai Isbasescu 70. — *Spanien* Jesús Gómez de Segura 61; Emilio Lorenzo Criado 64. — *Südafrikanische Union* H. Trümpelmann 57; J. H. W. Rosteutscher 58; Karl F. Höflich 59; B. A. T. Schneider 65. — *Schweden* A. Lindquist 56; G. Korlén 58/65; Erik Rooth 59; Torsten

Dahlberg 61; Walter Berendsohn 63; Axel Mante 70; Gert Mellbourn 74; Lars Hermodsson 77. — *Schweiz* G. Bohnenblust 58; Max Wehrli 70; Bernhard Böschenstein 75. — *Taiwan* Franz Giet 70. — *Thailand* Luang Kee Sunawath 55; Chetana Nagavajara 73. — *Tschechoslowakei* Eduard Goldstücker 67. — *Türkei* Sadi Irmak 79; Ekrem Akurgal 81. — *UdSSR* Viktor Schirmunski 67; Wladimir Grigorjewitsch Admoni 71. — *USA* Hermann J. Weigand 56; Werner Neuse 57; Ernst Feise, F.-W. Strothmann 60; Taylor Starck, Marie Schnieders 61; Heinrich Henel, Hubert J. Meessen, Heinz F. Peters 62; Bayard Q. Morgan, Oskar Seidlin 63; Bernhard Blume 64; Curt von Faber du Faur, Victor Lange, William A. R. Parker 66; Stuart Atkins, Erich Heller 68; Harold Jantz, Heinz Politzer 69; William G. Moulton, Frank G. Ryder 70; Peter Demetz 71; J. Alan Pfeffer 72; Wolfgang Michael 73; Leslie Willson 81; Bruno Bettelheim 83. — *VAR* Murad Kamil 57; M. Schafik-el Aasy 61.

Goethe-Plakette des Landes Hessen 1949. — St: u. Vt: Hessischer Kultusminister.

Pt: Bernard v. Brentano, Kasimir Edschmid, Fritz v. Unruh 55; Karl Friedrich Borée 56; Werner Bock 58; Fritz Usinger 60; Frank Thiess 68; Freifrau Marie Luise von Kaschnitz 71; Karl Krolow 75; August Straub 76; Kasimir G. Werner 80; Christine Brückner 81; Ilse Langner 84.

Goethe-Preis der Hauptstadt der Deutschen Demokratischen Republik Berlin (f. Wissenschaft, Technik u. Kunst) 1950. — St: Stadt Berlin. — Vt: Magistrat v. Groß-Berlin.

Pt: Jan Petersen, Hans Schwalm 50; Paul Wiens 52; Alex Wedding 56; Hedda Zinner 59; Walter Radetz 64; Emil Rudolf Greulich 68; Eduard Klein, Annemarie Lange 69; Heinz Czechowski, Heinz Kahlau (Koll.) 70; Rainer Kerndl 72; Wolfgang Kohlhaase 74; Helmut Meyer 75; Hans Krause 76; Winfried Löschburg, Rudi Strahl 77; Renate Holland-Moritz 78; Helmut Baierl, Wieland Herzfelde, Michael Tschesno-Hell, Günther Deicke, Heinz Knobloch 79; Peter Edel, Elfriede Brüning 80; Nadeshda Ludwig 81; Eberhard Panitz 82; Günter Görlich 83.

Goethepreis der Stadt Frankfurt a. M.
1927. — St: u. Vt: Magistrat d. Stadt
Frankfurt a. M.
Pt: Hermann Hesse 46; Karl Jaspers
47; Fritz von Unruh 48; Thomas Mann
49; Carl Zuckmayer 52; Annette Kolb
55; Carl Friedrich Freiherr v. Weizäk-
ker 58; Ernst Beutler 60; Walter Gro-
pius 61; Benno Reifenberg 64; Carlo
Schmid 67; Georg Lukács 70; Arno
Schmidt 73; Ingmar Bergman 76;
Raymond Aron 79; Ernst Jünger 82.

**Goldener Ehrenring für deutsche
Literatur** 1973. — St: u. Vt: Deutsches
Kulturwerk europäischen Geistes,
Lenbachplatz 8/1, D-8000 München 2.
Pt: Friedrich Franz von Unruh 73;
Ernst Behrends 74; Karl Götz 75; Karl
Springenschmid 76; Heinrich Zillich
78; Helmut Stellrecht 79; Gerhard
Baumann 80; Otthinrich Müller-Ra-
melsloh 82; Gudrun Embacher 83.

Gottfried-Keller-Preis 1922. — St: Mar-
tin Bodmer. — Vt: Kuratorium der
Martin-Bodmer-Stiftung, Bibliotheca
Bodmeriana, CH-1223 Cologny-Genf.
Pt: Fritz Ernst 47; Rudolf Kassner 49;
Gertrud von Le Fort 52; Werner Kae-
gi 54; Max Rychner 56; Maurice Zer-
matten 59; Emil Staiger 62; Meinrad
Inglin 65; Edzard Schaper 67; Golo
Mann 69; Marcel Raymond 71; Igna-
zio Silone 73; Hans Urs v. Balthasar
75; Elias Canetti 77; Max Wehrli 79;
Philippe Jaccottet 81; Hermann Lenz
83.

Großer Österreichischer Staatspreis
1950. — St: Republik Österreich. —
Vt: Bundesmin. f. Unterricht und
Kunst, Minoritenplatz 5, A-1014 Wien.
Pt: Josef Leitgeb 50; Felix Braun 51;
Martina Wied 52; Rudolf Henz 53; Ru-
dolf Kassner 53; Max Mell 54; Franz
Theodor Csokor 55; Franz Nabl 56;
Heimito v. Doderer, Franz Karl Ginz-
key 57; Imma v. Bodmershof 58; Carl
Zuckmayer, Ludwig Ficker 59; Martin
Buber 60; Alexander Lernet-Holenia,
Albert P. Gütersloh 61; George Saiko
62; Kurt Frieberger 63; Johannes Ur-
zidil 64; Fritz Hochwälder 66; Elias
Canetti 67; Ingeborg Bachmann 68;
Christine Busta 69; Christine Lavant
70; Friedrich Heer 72; H. C. Artmann
74; Manès Sperber 77; Friedrich Tor-
berg 79; Friederike Mayröcker 82;
Ernst Jandl 84.

**Großer Preis der Deutschen Akademie
für Kinder- und Jugendliteratur
Volkach** 1976. — St: Stadt Volkach.

— Vt: Deutsche Akademie f. Kinder-
u. Jugendliteratur Volkach, Ge-
schäftsstelle: Zwerchgraben 1, D-8700
Würzburg, Tel. (0931) 74081.
Pt: Walter Scherf 76; Barbara Bondy,
Sybil Gräfin Schönfeldt 77; Willi
Fährmann, Hans-Georg Noack 78;
Anna Krüger, Max Lüthi 79; Michael
Ende 80; Richard Bamberger, Cesar
Bresgen 81; Barbara Bartos-Höppner
82; Kurt Lütgen 83.

**Großer Preis der schweizerischen
Schillerstiftung.** — St: u. Vt:
Schweizerische Schillerstiftung, Im
Ring 2, CH-8126 Zumikon, Tel.: (01)
9182580.
Pt: Carl Spitteler 20; Jakob Bosshart
22; Philippe Godet 23; Francesco
Chiesa 28; Jakob Schaffner 30; C. F.
Ramuz 36; Peider Lansel 43; Meinrad
Inglin 48; Gonzague de Reynold 55;
Friedrich Dürrenmatt 60; Max Frisch
73; Denis de Rougemont 82.

**Gustav-Heinemann-Friedenspreis der
DGFK für Kinder- und
Jugendbücher** 1980/81. — St: u. Vt:
Kuratorium der Dt. Ges. f. Friedens-
u. Konfliktforschung (DGFK),
Theaterplatz 28, D-5300 Bonn 2, Tel.:
(0228) 356032/33.
Pt: Jörg Müller, Jörg Steiner 82; Ru-
dolf Frank, Els Pelgrom 83.

Gutenberg-Plakette der Stadt Mainz
1944. — St: u. Vt: Stadt Mainz, Stadtverwaltung, Amt 10.02, Postf. 3820, D-
6500 Mainz, Tel. (06131) 122062.
Pt: Carl Zuckmayer 48; Ludwig Berger 57; Curt Goetz 58; Rudolf Frank,
Jakob Hohmann 71; Walter Heist 77;
Hanns-Dieter Hüsch 78; Helmut
Presser 79; Fritz Fleck 80.

Händel-Preis des Bezirks Halle 1959.
— St: u. Vt: Rat d. Bezirks Halle.
Pt: Otto Gotsche, Edith Bergner, Jo-
hanna Rudolph 59; Werner Reinowski
60; Dieter Allert, Dieter Heinemann
61; Hans Lorbeer 63; Werner Stein-
berg 64; Hermann Kant 68; Werner
Heiduczek 69; Horst Deichfuß 71;
Erik Neutsch, Waltraut Lewin 73;
Manfred Jendryschik 74; Joachim
Rähmer 75; Hans-Jürgen Steinmann
79; Dietrich Sommer 80.

**Hamburger Literaturpreis für
Kurzprosa** 1981. — St: Spielbank
Hamburg, Jahr + Achterfeld KG. —
Vt: Hamburger Autorenvereinigung,
Postf. 550430, D-2000 Hamburg 55,
Tel.: (040) 6772681.

Pt: Norbert Trunz, Klaus Granzow, Angela Pietrzik, Marlies Lehmann, Wolfgang K. Iwersen 81; Sophia Gudewer, Elisabeth Meyer-Runge, Waltraut Tolkemitt, Anne de Boufleur, Margret Steckel 82; Jutta Haar, Rosemarie Mundschenk-Stüdemann, Maria Elisabeth Straub, Geert-Ulrich Mutzenbecher, Alice Jacobsen, Günther Klonz 83.

Hans-Böttcher-Preis 1958. − St: u. Vt: Stiftung F.V.S., Georgsplatz 10, D-2000 Hamburg 1.
Pt: Heinrich Schmidt-Barrien 60; Konrad Hansen 62; Hinrich Kruse 65; Ernst-Otto Schlöpke 70; Fritz Arend 72; Wolfgang Sieg 74; Heinz von der Wall 77; Friedrich Hans Schäfer 80.

Hans-Christian-Andersen-Medaille 1956. − St: u. Vt: Internationales Kuratorium f. das Jugendbuch (IBBY), Leonhardsgr. 38a, CH-4051 Basel, Tel.: (061) 253404.
Pt: Eleanor Farjeon 56; Astrid Lindgren 58; Erich Kästner 60; Meindert de Jong 62; René Guillot 64; Tove Jansson 66; James Krüss, José Maria Sanchez-Silva 68; Gianni Rodari 70; Scott O'Dell 72; Maria Gripe 74; Cecil Bødker 76; Paula Fox 78; Bohumil Riha 80; Lygia Bojunga-Nunes 82; Christine Nöstlinger 84.

Hans-Fallada-Preis der Stadt Neumünster 1979. − St: u. Vt: Stadt Neumünster, Rathaus, Brachenfelder Str. 1, D-2350 Neumünster, Tel. (04321) 403316, 404422.
Pt: Erich Loest 81; Ludwig Fels 83.

Hans-im-Glück-Preis 1977. − St: Elinor und Hans-Christian Kirsch. − Vt: Verein zur Förderung der Kinder- und Jugendliteratur e.V., Mittelstr. 27, D-5431 Nomborn, Tel.: (06485) 1262.
Pt: Elfie Donnelly 78; Dagmar Chidolue 79; Helma Fehrmann, Peter Weismann 80; Norbert Klugmann, Karin König, Hanne Straube, Kamil Taylan 82; Herbert Friedmann 83.

Hans-Marchwitza-Preis 1965. − St: Hilde Marchwitza. − Vt: Kuratorium d. Hans-Marchwitza-Stiftung/Akademie d. Künste d. DDR, Hermann-Matern-Str. 58/60, DDR-1040 Berlin, Tel.: 2878304.
Pt: Dieter Schubert 68; Rolf Floß 71; Wolfgang Eckert 74; Bernd Schirmer 77; Harald Heinze 80; Harry Kampling 83.

Hansischer Goethe-Preis der Stiftung F. V. S. zu Hamburg 1950. − St: u. Vt: Stiftung F. V. S., Georgsplatz 10, D-2000 Hamburg 1.
Pt: Carl Jakob Burckhardt 50; Martin Buber 51; Thomas Stearns Eliot 54; Gabriel Marcel 55; Alfred Weber 57; Paul Tillich 58; Theodor Heuss 59; Wilhelm Flitner 63; Hans Arp 65; Salvador de Madariaga 67; Robert Minder 69; Giorgio Strehler 71; Albin Lesky 72; Manès Sperber 73; Carlo Schmid 75; Willem A. Visser't Hooft 77; Hans-Georg Wormit 79; Antonio Tovar 81.

Hartberger Kunstpreis 1976. − St: u. Vt: Stadtgemeinde Hartberg, A-8230 Hartberg, Tel.: (03332) 2644.
Pt: Titus Lantos, Klaus Zeiringer 76; Alfred Stary 82.

Heimatliteraturpreis 1977. − St: u. Vt: Freundeskreis Düsseldorfer Buch '75 e.V., Erftstr. 13, D-4000 Düsseldorf 1, Tel.: (0211) 306626.
Pt: Rolf Bongs 78; Karl-Friedrich Koch 79; Walter Mackwitz 80; Theo Lücker 81; Anton Tripp 82; Siegfried Jahnke 83.

Heine-Taler (Lyrik-Preis des Hoffmann u. Campe Verlags). − St: u. Vt: Hoffmann und Campe Verlag, Harvestehuder Weg 45, D-2000 Hamburg 13, Tel.: (040) 44188(1).
Pt: Walter Helmut Fritz 66.

Heinrich-Greif-Preis 1950. − St: u. Vt: Ministerium für Kultur d. DDR.
Pt: Fritz Rudolph 51; Helmut Brandis 54; Wera und Claus Küchenmeister, Martin Hellberg 59; Gisela Steinekkert, Heinz Kahlau, Günter Prodöhl 62; Günther Rücker 66; Hannes Hüttner, Werner Bernhardy, Eberhard Panitz 71; Renate Holland-Moritz, Maurycy Janowski, Lothar Kusche 73; Rosel Klein 74; Günter Mehnert 75; Eberhard Panitz 76; Hannes Hüttner 78; Karl-Georg Egel 79; Helmut Baierl 80; Hans-Albert Pederzani 82; Helga Schubert 83; Wolfgang Kohlhaase 84.

Heinrich-Heine-Ehrenplakette, s. Ehrengabe der Heinrich-Heine-Gesellschaft.

Heinrich-Heine-Preis 1956. − St: Ministerrat d. DDR. − Vt: Minister f. Kultur d. DDR.
Pt: Karl Schnog, Walther Victor 57; Bruno Kaiser, Max Zimmering 58; Wieland Herzfelde, Walter Stranka 59; Lothar Kusche 60; Armin Müller,

Peter Edel 61; Paul Wiens, Hermann Kant 62; Heinz Kahlau, Vladimir Pozner 63; Hugo Huppert, Günther Deikke 64; Walter Werner, Heinz Knobloch 65; Helmut Preißler, Bruno Frei 66; Jens Gerlach, Günther Cwojdrak 67; Uwe Berger, Inge von Wangenheim 68; Helmut Hauptmann, Jo Schulz 69; Manfred Streubel, Rolf Recknagel 70; Werner Neubert, Volker Braun 71; Stephan Hermlin, Hans Kaufmann 72; Gerhard Holtz-Baumert, Sarah Kirsch 73; Richard Christ, Kito Lorenc 74; Eva Strittmatter, Jean Villain 75; Karl-Heinz Czechowski 76; Gisela Steineckert, Jan Koplowitz 77; Egon Richter 78; Jürgen Rennert 79; Rudolf Hirsch 80; Renate Holland-Moritz 81; John Erpenbeck 82.

Heinrich-Heine-Preis der Stadt Düsseldorf 1971. — St: u. Vt: Stadt Düsseldorf, Kulturamt, Postf. 1120, D-4000 Düsseldorf 1, Tel. (0211) 8996105.
Pt: Carl Zuckmayer 72; Pierre Bertaux 75; Sebastian Haffner 78; Walter Jens 81; Carl Friedrich von Weizsäcker 83.

Heinrich-Mann-Preis 1950. — St: Reg. d. DDR. — Vt: Akademie d. Künste d. DDR, Hermann-Matern-Str. 58/60, DDR-1040 Berlin, Tel.: 2878304.
Pt: Stefan Heym, Wolfgang Harich, Max Zimmering 53; Theo Harych, Gotthold Gloger 54; Franz Fühmann, Rudolf Fischer, Wolfgang Schreyer 56; Margarete Neumann, Hanns Maassen, Herbert Nachbar 57; Rosemarie Schuder, Herbert Jobst, Hans Grundig 58; Heiner Müller, Inge Müller, Hans Lorbeer 59; Annemarie Reinhardt 60; Dieter Noll 61; Bernhard Seeger, Günter Kunert 62; Christa Wolf 63; Günter de Bruyn 64; Johannes Bobrowski, Brigitte Reimann 65; Peter Weiß 66; Hermann Kant, Walter Kaufmann 67; Herbert Ihering 68; Wolfgang Joho, Alfred Wellm, Werner Heiduczek 69; Fritz Selbmann, Kurt Stern, Jeanne Stern, Martin Viertel 70; Jurek Becker, Erik Neutsch, Herbert Otto 71; Karl-Heinz Jakobs, Fred Wander 72; Ulrich Plenzdorf, Helga Schütz 73; Kurt Batt, Gerhard Wolf 74; Irmtraud Morgner, Eberhard Panitz 75; Annemarie Auer, Siegfried Pitschmann 76; Joachim Nowotny, Erich Köhler 77; Karl Mickel 78; Fritz Rudolf Fries 79; Volker Braun, Paul Gratzik 80; Peter Hacks 81; Christoph Hein, Werner

Liersch 82; Friedrich Dieckmann, Helmut H. Schulz 83.

Heinrich-von-Kleist-Kunstpreis des Bezirkes Frankfurt/Oder. — St: u. Vt: Rat des Bezirks Frankfurt/O.
Pt: Helmut Preißler 60; Willi Layh 61; Werner Bauer 62; Hildegard u. Siegfried Schumacher 69; Hans Weber 71; Fritz Kracheel 72; Götz R. Richter 78; Günter Knippel 79; Hans Joachim Nauschütz 83.

Helmut M. Braem-Übersetzerpreis 1978. — St: u. Vt: Freundeskreis zur internationalen Förderung literarischer und wissenschaftlicher Übersetzungen e.V., Im Asemwald 32/18/54, D-7000 Stuttgart 70, Tel.: (0711) 724325.
Pt: Traugott König 78; Peter Urban 80; Eva Moldenhauer 82.

Hermann-Hesse-Preis 1956. — St: u. Vt: Förderungsgemeinschaft d. dt. Kunst e. V., Karl-Martin-Graff-Str. 19, D-7500 Karlsruhe 41, Tel.: (0721) 468459.
Pt: Martin Walser 57; Ernst Augustin 62; Hubert Fichte 65; Hans Saner 68; Mario Szenessy 71; Adolf Muschg 74; Dieter Kühn 77; Ernst-Jürgen Dreyer 80.
Förderpreise: Rainer Malkowski, Klaus Stiller.

Hermann-Sinsheimer-Preis 1981. — St: u. Vt: Stadt Freinsheim, D-6713 Freinsheim, Tel.: (06353) 6611.
Pt: Wolfgang Schwarz 83.

Herta-Bläschke-Lyrikpreis 1983. — St: u. Vt: J.G. Bläschke Verlag, Feistritz 31, A-9143 St. Michael, Tel.: (04235) 2152.
Pt: Markus Jaroschka (1. Pr.), Berthold Wulf (2. Pr.), Susanne Auffarth (3. Pr.) 83.

Hessischer Kulturpreis 1981/82. — St: Der Hessische Ministerpräsident. — Vt: Kuratorium Hessischer Kulturpreis, c/o Hess. Staatskanzlei, Bierstadter Str. 2, D-6200 Wiesbaden.
Pt: Eugen Kogon 82; Karl Krolow 83.
Förderpreise: Thomas Michael Mayer 82; Ror Wolf 83.

Hörfunkpreis d. Bundesarbeitsgemeinschaft d. Freien Wohlfahrtspflege 1970. — St: u. Vt: Bundesgemeinschaft d. Freien Wohlfahrtspflege, Franz-Lohe-Str. 17, D-5300 Bonn 1, Tel.: (0228) 226-1.

Pt: Ruprecht Kurzrock, Christiane Ehrhardt, Klaus Antes, Hansjörg Martin 72; Walter Leo 73; Maria Hohmann, Helmut Fritz, Dieter Kühn, Martin Sperr 74; Lutz Lehmann 75; Christiane Ehrhardt 76; Wolfgang Schiffer, Charles Dürr 77; Martina Birnbreier 78; Gisela Reinken 79; Gretel Rieber-Thiesen 80; Helmut Fritz 81; Ingrid Tourneau 82; Inge Kurtz 83.

Hörspiel- u. Erzählerwettbewerb 1969. — St: Ostdeutscher Kulturrat, Kaiserstr. 113, D-5300 Bonn, Tel.: (0228) 213766. — Vt: Stiftung Ostdeutscher Kulturrat, Bundesministerium des Innern.

Pt: Gertrud Hanke-Maiwald, Theodor Weißenborn, Ilse Tielsch-Felzmann, Bertil F. Sahlstaedt, Caroline F. Strobach, Wolfgang Schwarz 69; Annemarie in der Au, Oskar Matulla, Jochen Hoffbauer, Georg Hermanowski, Karin Voigt 70; Klaus Granzow, Hans Bergel, Ludwig Lienhard, Karin Voigt, Hans-Joachim Friederici 71; Ester Knorr-Anders, Hans Lipinsky-Gottersdorf, Gerda Leber-Hagenau, Bernhard Ohsam, Heinz Piontek, Egon H. Rakette 72; Herbert Berger, Wolfdietrich Kopelke, Dagmar von Mutius, Klaus Granzow, Hans Erich Bleich, Josef Mühlberger 73; Hans Lipinsky-Gottersdorf, Oskar Kreibich, Peter Lotar, Barbara Strehblow, Boleslaw Lessmann, Arnold Weingärtner 74; Eva Zeller, Herbert Berger, Hellmut Walters, E. Knorr-Anders, Wolfgang Durben 75; Erich Scholz, Margarete Kubelka, Kriemhild Magyari-Hildebrandt, Marie-Luise Lenz, Bernd B. Wördehoff 76; Irmfried Benesch, Bernhard Brommer, Gerold Effert, Barbara Strehblow 77; Hellmut Walters, Ingrid Würtenberger, Alfred Csallner, Grete Fischer, Ruth Storm 78; Robert F. Hammerstiel, Margot Litten, Margarete Kubelka, Gabriele Grützbach-Hornig, Hanni W. Huet 79; Christian Eckart, Hellmut Walters, Peter Huckauf, Günther H. Ruddies 80 Monika Teubitz, Gerold Effert, Erika Rekewitz, Peter Lotar, Ingo Cesaro 81; Hans Georg Bulla, Gisela Schalk, Anke Siehoff, Christian Eckart, Heidelore Kluge, Karl Hochmuth 82.

— *Sonderpreis z. Jahr der Frau:* Gertrud von den Brincken 75. — *Anerkennungspreis:* Katrin Bianca Suchner, Mechthild Scheller 79.

Hörspielpreis der Kriegsblinden 1951. — St: u. Vt: Bund der Kriegsblinden Deutschlands, Schumannstr. 35, D-5300 Bonn 1.

Pt: Erwin Wickert 51; Günter Eich 52; Heinz Oskar Wuttig 53; Wolfgang Hildesheimer 54; Leopold Ahlsen 55; Friedrich Dürrenmatt 56; Benno Meyer-Wehlack 57; Ingeborg Bachmann 58; Franz Hiesel 59; Dieter Wellershoff 60; Wolfgang Weyrauch 61; Hans Kaspar 62; Margarete Jehn 63; Richard Hey 64; Peter Hirche 65; Rolf Schneider 66; Christa Reinig 67; Ernst Jandl, Friederike Mayröcker 68; Wolf Wondratschek 69; Helmut Heißenbüttel 70; Paul Wühr 71; Hans Noever 72; Alfred Behrens 73; Dieter Kühn 74; Walter Adler 75; Urs Widmer 76; Christoph Buggert 77; Reinhard Lettau 78; Mauricio Kagel 79; Walter Kempowski 80; Peter Steinbach 81; Gert Hofmann 82; Gerhard Rühm 83.

Hörspielpreis des Rundfunks der DDR.
Pt: Helmut Bez, Erich Schlossarek 77; Joachim Priewe, Manfred Worch 78; Gerhard Rentzsch, Horst Matthies 79; Albert Wendt, Irina Liebmann 80; Wolfgang Mahlow, Bernd Schirmer, Lia Pirskawetz, Waldtraut Lewin, Katrin Lange 81; Arne Leonhardt, Martin Stephan, Katrin Lange, Waldtraut Lewin 82; Rolf Wohlgemuth, Günther Rücker, Walter Stranka, Elifius Paffrath 83; Bernd Schirmer, Gudrun Ott, Hans Bräunlich/Till Sailer, Heinz Kahlau, Hans Pfeiffer 84.

Hörspielpreis des Südwestfunks (Karl Sczuka-Preis) 1954. — St: u. Vt: SWF, Postf. 820, D-7570 Baden-Baden, Tel.: (07221) 2762263.
Pt: Mauricio Kagel 70; Franz Mon 71; Luc Ferrari 72; Wilhelm Zobl 73; Peter Zwetkoff, Urs Widmer 74; Ferdinand Kriwet 75; Walter Kempowski 76; Gerhard Rühm 77; John Cage 79; Barry Bermange, Hans-Ola Ericsson, Ole Lützow-Holm, Richard P. Scott 81; Alison Knowles, Franz Mon 82.

Horst-Salomon-Preis der Stadt Gera 1980 (bis 1979: Kunstpreis der Stadt Gera). — St: Stadt Gera.
Pt: Horst Salomon (im Kollektiv) 64; Erich Weber 70; Hans-Georg Albig 80; Wolfgang Jähnig 82.

Hungertuch — Frankfurter Literatur-Förderpreis 1976. — St: u. Vt: Verband deutscher Schriftsteller, Landesbezirk Hessen, Wolfgang Fienhold

Ostendstr. 7, D-6000 Frankfurt, Tel.:
(0611) 491467.
Pt: Schwinn 76; Möller, Kinder 77;
Brunner 78; Uli Becker 79; Jutta
Richter 80; Michael Klaus 81; Viktoria
Lösche 82.

Ida Dehmel-Literaturpreis der GEDOK
1968. — St: u. Vt: GEDOK, Verb. d.
Gemeinschaften d. Künstlerinnen
und Kunstfreunde e.V., Kronprinzenstr. 25, D-5300 Bonn 2, Tel.: (0228)
355105.
Pt: Hilde Domin 68; Erika Burkhardt
70; Margot Scharpenberg 75; Rose
Ausländer 77; Ingeborg Drewitz 80;
Barbara Frischmuth 83.

Ingeborg-Bachmann-Preis 1977. — St:
u. Vt: Stadt Klagenfurt, Kulturamt,
Neuer Platz 1, A-9010 Klagenfurt.
Pt: Gerd Jonke 77; Ulrich Plenzdorf
78; Gert Hofmann 79; Sten Nadolny
(hat Preis nicht angenommen) 80; Urs
Jaeggi 81; Jürg Amann 82; Friederike
Roth 83.
Preis der Klagenfurter Jury: Hans J.
Fröhlich 77; Gertrud Leutenegger 78;
Josef Winkler 79; Anna Jonas 80; Eva
Demski 81; Brigitta Arens 82; Ger-
hard Köpf 83.
Stipendium: Renate Schostack 77;
Katja Behrens 78; Walter Müller 79;
Ingrid Puganigg 80; Dominik Brun,
Franz Mechsner 81; Ulla Berkewicz,
Walter Vogl 82; Bodo Morshäuser,
Wolfgang Lindner 83.
*Preis der Vereinigung öst. Industriel-
ler:* Einar Schleef 82; Uwe Herms 83.

**Internationaler Jungautoren-
Wettbewerb der RSGI,** s. Jungautorenpreis der Regensburger Schriftstellergruppe International.

Internationaler Kurzgeschichtenpreis,
s. Kurzgeschichtenpreis d. Stadt
Arnsberg.

**Jahresstipendien der Gerhard-Fritsch-
Stiftung** 1970. — St: Gerhard-Fritsch-
Stiftung. Verein z. Förd. öst. Autoren.
p.A. Öst. Ges. f. Literatur, Palais Wilc-
zek, Herrengasse 5, A-1010 Wien, Tel.:
(0222) 638159. — Vt: Gerhard-Fritsch-
Stiftung.
Pt: Andreas Okopenko, Herbert Zand
70; Hermann Gail, Doris Mühringer
71; Ernst Kein, Peter von Tramin 73;
Franz Haderer, Hermann Friedl 75;
Josef Winkler 80.

Jakob-Kaiser-Preis (Fernsehpreis des
Bundesministers für innerdeutsche

Beziehungen) 1960. — St: u. Vt: Bun-
desminister für innerdeutsche Bezie-
hungen, Godesberger Allee 140, D-
5300 Bonn 2.
Preis f. Fernsehfilm.
Pt: Matthias Walden 61; Will Tremper,
Rolf Hädrich 64; Dieter Meichsner 66;
Wolfgang Menge 67; Dieter Meichs-
ner 68; Wolfgang Menge 69; Helmut
Krapp 70; Johannes Hendrich 76; Ste-
fan Roth 78; Eberhard Fechner, Wal-
ter Kempowski 80; Theodor Schübel,
Jürgen Klauß, Erich Loest, Ulrich
Plenzdorf 82.

Jean-Améry-Preis für Essayistik 1982.
— St: Maria Améry. — Vt: wird jeweils im Jahr der Verleihung festgelegt.
Lothar Baier 82.

Jean-Paul-Preis, s. Bayerischer Literaturpreis.

Jerry Cotton-Preis 1977. — St: u. Vt:
Verleger Gustav H. Lübbe.
Hans Werner Kettenbach, Uwe Erichsen, Eva Törsleff-Collani, Peter Frank
77; Helmut Neubert 80 (wird nicht
mehr verliehen).

Johann Heinrich Merck-Ehrung 1954/
55. — St: u. Vt: Stadt Darmstadt, Kul-
turamt, Kasinostr. 3, D-6100 Darm-
stadt.
Pt: Frank Thiess 55; Karl Friedrich
Borée, Hermann Kasack 56; Rudolf
Jud 57; Gustav Waldt 58; Hans J. Rei-
nowski, Fritz Merck 59; Karl Ströher,
Eugen Kogon, Hans W. Eppelsheimer
60; Franz Schneekluth 61; Herbert
Nette, Kurt Heyd 62; Mia Seeger,
Kurt Desch, Fritz Bergemann 63; Max
Peter Maaß, Hans Waldmann, Hans-J.
Weitz 64; Karlheinz Ruppel, Will-
Erich Peuckert 65; Goedela Gräfin
Keyserling, Heinrich Siemer 66; Karl
Norbert Mrasek, Dolf Sternberger 67;
Hermann Bräuning-Oktavio, Gerhard
F. Hering 68; Karl Schlechta, Ilse
Langner, Theodor Müller-Ahlfeld 69;
Ernst Johann, Kasimir Geza Werner,
Elisabeth Noack, Dorothea Hollatz 70;
Hans Ulrich Engelmann 71; Elisabeth
Römer, Wolfgang Weyrauch 72; Georg
Hensel, Johannes Baptist Lotz 73;
Max Herchenröder 74; Fritz Usinger
75; Ernst Johann, Max Schulz 78;
Walter Schmiele 79; Heinrich
Schirmbeck, Robert Stromberger 80;
Gabriele Wohmann 82.

**Johann-Heinrich-Merck-Preis für
literarische Kritik und Essay** 1964.

— St: u. Vt: Deutsche Akad. f. Spra-
che u. Dichtung, Alexandraweg 23, D-
6100 Darmstadt, Tel.: (06151) 44823.
Pt: (hier nur Schriftsteller) Günter
Blöcker 64; K.H. Ruppel 66; Werner
Weber 67; Georg Hensel 68; Erich
Heller 69; Joachim Kaiser 70; Peter
Huchel 71; Horst Krüger 72; H.H.
Stuckenschmidt 73; Joachim Günther
74; Walter Höllerer 75; Peter Rühm-
korf 76; François Bondy 77; Karl
Heinz Bohrer 78; Werner Spies 79;
Sebastian Haffner 80; Hilde Spiel 81;
Albert von Schirnding 82; Albrecht
Schöne 83.

**Johann-Heinrich-Voss-Preis für
Übersetzung** 1977 (1958-1976: Über-
setzerpreis). — St: u. Vt: Deutsche
Akademie für Sprache u. Dichtung,
Alexandraweg 23, D-6100 Darmstadt,
Tel.: (06151) 44823.
Pt: Edwin und Willa Muir 58; Benno
Geiger 59; E. K. Rahsin 60; Jakob
Hegner 61; Rudolf Alexander Schrö-
der 62; Friedhelm Kemp 63; Michael
Hamburger 64; Wolfgang Schade-
waldt 65; Eva Rechel-Mertens 66; Phi-
lippe Jaccottet 66; Witold Wirpsza,
Karl Dedecius 67; Eva Hesse 68; Hans
Hennecke 69; Janheinz Jahn 70; Karl
August Horst 71; Elmar Tophoven 72;
Richard Moering 73; Peter Urban 74;
Curt Meyer-Clason 75; Hanns Grössel
76; Curt Meyer-Clason, Edwin M.
Landau 77; Übersetzerkollegium der
Deutschen Thomas-von-Aquin-Aus-
gabe 78; Gerda und Helmut Scheffel
79; Annemarie Schimmel 80; Wolf-
gang Kasack 81; Heinz von Sauter 82;
Rolf-Dietrich Keil 83; Anneliese Bo-
tond 84.

Johann Peter Hebel-Gedenk-Plakette
1960. — St: Gemeinde Hausen/Wie-
sental. — Vt: Hebelkommission Hau-
sen/Wiesental, Bahnhofstr. 9, D-7862
Hausen im Wiesental, Tel.: (07622)
2029.
Pt: Ernst Niefenthaler 60; Karl Seith
61; Ernst Grether 62; Adolf Glattacker
63; Otto Kleiber 64; Hedwig Salm 65;
Karl Ringwald 66; Paula Hollenweger
67; Eduard Sieber 68; Anton Dichtel
69; Hubert Baum 70; Maurus Gerner
Beuerle 71; Fritz Schülin 72; Gerhard
Jung 73; Gustav Oberholzer 74; Julius
Kibiger 75; Otto Reinmacher 76; Karl
Kurrus 77; Alban Spitz 78; G. Alb-
recht-Vischer 79; Fritz Fischer 80;
Werner Mennicke 81; Hermann Ha-
kenjos 82.

Johann Peter Hebel-Preis 1935. — St:
ehem. Bad. Min. des Kultus u. Unter-
richts Karlsruhe. — Vt: Ministerium
f. Wiss. u. Kunst Baden-Württ., König-
str. 46, D-7000 Stuttgart 1.
Pt: Anton Fendrich 46; Franz Schnel-
ler 47; Traugott Meyer 48; Wilhelm
Hausenstein 49; Wilhelm Altwegg 50;
Albert Schweitzer 51; Max Picard 52;
Reinhold Zumtobel 53; Otto Flake 54;
Wilhelm Zentner 55; Lina Kromer 56;
Emanuel Stickelberger 57; Friedrich
Alfred Schmid-Noerr 58; Carl Jacob
Burckhardt 59; Martin Heidegger 60;
Albin Fringeli 61; Richard Nutzinger
62; Robert Minder 63; Albert Bächtold
64; Adalbert Welte 65; Eberhard Mek-
kel 66; Joseph Lefftz 67; Hermann
Schneider 68; Gertrud Fussenegger
69; Marie Luise Kaschnitz 70; Lucien
Sittler 71; Kurt Marti 72; Joseph Her-
mann Kopf 73; Gerhard Jung 74;
André Weckmann 76; Erika Burkart
78; Elias Canetti 80; Maria Menz 82;
Claude Vigée 84.

Johannes-Gillhoff-Literatur-Preis
1979. — St: u. Vt: Kulturkreis Mecklenburg e.V., Wandsbeker Chaussee
17, D-2000 Hamburg 76, Tel.: (040)
259295.
Pt: Otthinrich Müller-Ramelsloh 80;
Ulrich Schacht 82.

Johannes-R.-Becher-Medaille. — St:
Präsidialrat des Kulturbundes d.
DDR. — Vt: Präsident des Kulturbun-
des d. DDR.
Pt: Alexander Abusch (G), Lilly Be-
cher, Willi Bredel, Edgar Kirsch, Karl
Kleinschmidt, Alfred Kurella, Anne-
marie Langen-Koffler, Hans Roden-
berg, Anna Seghers, Arnold Zweig,
Gerd Haines, Ludwig Renn 61; Eva
Lips, Hans Lorbeer, Hans Marchwit-
za, Bodo Uhse, Walther Victor, Ehm
Welk, Dietrich Allert, Erich Fabian,
Gerhard Flügge, Hans-Jürgen
Geerdts, Cläre Jung, Ernst Karmmel,
Hans-Joachim Malberg, Ferdinand
May, Karl Otto, Günter Pinkpank,
Herbert Scurla, Helmut Topp, Vale-
rian Tornius, Walter Werner, Max
Rolf Sommer (S) 62; Bruno Apitz (G),
Horst Blume (G), Franz Fühmann (G),
Jürgen Kuczynski (G), Ellen Zunk
(G), Peter Goldammer (S), Hans Koch
(S), Heinz Sachs (S), Werner Salchow
(B) 63; Otto Gotsche (G), Peter Edel
(G), Dieter Noll (G), Fritz Selbmann
(G), Ehm Welk (G), Karl Veken (S),
Günter Jarosch (S), Johannes Schel-
lenberger (S), Helmut Preißler (S),

Helmut Brandis (S), Fritz Meyer-Scharffenberg (B), Wilhelm Tkaczyk (B), Fritz A. Körber, Martin Reso (B), Heinz Vieweg (B) 64; Eduard Claudius (G), Herbert Gute (G), Günter Hofé (G), Wolfgang Joho (G), Ernst Kaemmel (G), Ruth Seydewitz (G), Max Seydewitz (G), Benno Voelkner (G), Max Zimmering (G), Werner Bauer (S), Horst Eckert (S), Heinz Klemm (S), Claus Küchenmeister (S), Balduin Thieme (B), Erich Fetter (S), Manfred Jordan (S) 65; Franz Hammer (G), Ferdinand May (G), Jan Petersen (G), Michael Tschesno-Hell (G), Werner Ilberg (G), Karl Böhm (G), Karl Grünberg (G), Rudolf Schaller (G), Johannes Arnold (S), Manfred Blechschmidt (S), Christa Johannsen (S), Herbert Nachbar (S), Lena Foellbach (B), Egon Richter (S), Paul Dornberger (G), Raimar Gilsenbach (S), Martin Reso (S) 66; Ruth Werner (G), Hedda Zinner (G), Martha Nawrath (S), Marianne Bruns (S), Anna Metze-Kirchberg (S), Holdine Stachel (S), Kurt Zimmermann (S) 67; Hans-Jürgen Steinmann (S), Werner Reinowski (S), Benito Wogatzki (S), Bernhard Seeger (S), Bruno Kaiser (G), Leonhard Kossuth (S), J. Winar (S), Hanna Klose-Greger (Br), Trude Richter (G), Wolf Düwel (S), Ludwig Turek (G), Claus Hammel (S) 68; Kollegium der "NDL" (G), Karl-Georg Egel (S), Werner Heiduczek (G), Hermann Kant (G), Eduard Klein (G), Vilmos Korn (G), Helmut Sakowski (G), Walter Werner (G), Günther Deicke (S), Günter Ebert (S), Helmut Hauptmann (S), Fritz Kracheel (S), Kurt Liebmann (S), Joachim Nowotny (S), Herbert Otto (S), Achim Roscher (S), Erhard Scherner (S), Elli Schmidt (S), Jo Schulz (S), Günther Stein (S), Gisela Steineckert (S), René Schwachhofer (S), Wilhelm Tkaczyk (S), Marianne Schmidt (S), Walter Flegel (Br) 69; Erwin Strittmatter (G), Jurij Brezan (G), Jan Koplowitz (G), Horst Salomon (G), Hans Koch (G), Lori Ludwig-Krause (S), Konrad Schmidt (Br), Hanns Cibulka (S), Armin Müller (S), Kurt Batt (S), Lilo Hardel (S), Harald Hauser (S), Herbert Jobst (S), Katharina Kammer (S), Hans Marquardt (S), Hildegard Maria Rauchfuß (S), Paul Wiens (S), Kaspar German (Br), Hansgeorg Stengel (Br), Hermann Heinz Wille (Br) 70; Vera Thies (S), I. M. Lange (G) 71; Harald Hauser (G), Franz Fabian (Br), Günther Deicke

(G), Paul Wiens (G), Holdine Stachel (G) 72; Annemarie Auer (G), Hans-Albert Pederzani (G), Heinz Plavius (S), Fritz Meyer-Scharffenberg (S), Martha Ludwig (S) 73; Werner Neubert (G), Leo Lux (S), Willi Meinck (G), Elfriede Brüning (S), E. R. Greulich (S), Erich Hahn (S), Gerhard Holtz-Baumert (G), Waltraud Jähnichen (S), Hanns Krause (S), Peter Klemm (Br), Martin Selber (S), Maximilian Scheer (G), Max Walter Schulz (G), Helmut Meyer (G) 74; Herbert Mühlstädt (S), Albert Hurny (S), Erich Fetter (G), Günther Jarosch (G), Hans-Jürgen Geerdts (G), Luise Dornemann (G), Hans-Jürgen Steinmann (G), Helmut Preißler (G), Fred Rodrian (G), Franz Fabian (S), Walter Flegel (S), Gisela Heller (Br) 75; Hans Malberg (G) 76; Georg Pijet (G), Wilhelm Tkaczyk (G), Hanns F. Schmidt (G), Johannes Arnold (G), Heinz Kamnitzer (G), Karl Otto (G) 77; Peter Goldammer (G), Helmut Hauptmann (G), Manfred Jordan (G), Ruth Kraft (G) 78; Herbert Greiner-Mai (G), Günter Görlich (G), Herbert Otto (G), Herbert Ewe (S), Inge Borde-Klein (G) 79; Helmut Baierl (G), Günther Rücker (G), Mischket Liebermann (G), Kurt Biesalski (S) 80; Claus Hammel (G), Wulf Kirsten (G), Balduin Thieme (G), Horst Simon (S), Hans Eschenburg (S), Günther Spranger (S), Christa Borchert (S) 81; Uwe Berger (G), Anna Metze-Kirchberg (G) 82; Götz R. Richter (G), Achim Roscher (G), Christian Löser (G), Jürgen Borchert (G) 83; Ernst Kurt Exner (G) 84.

Johannes-R.-Becher-Preis (f. Lyrik) 1958. — St: u. Vt: Ministerium f. Kultur d. DDR.
Pt: Uwe Berger, Georg Maurer 61; Franz Fühmann 63; Erich Arendt 66; Günter Kunert, Wilhelm Tkaczyk 73; Paul Wiens 75; Hanns Cibulka 78; Heinz Kahlau 81; Manfred Streubel 83

John-Brinckmann-Preis der Stadt Rostock, s. Kunst- u. Literaturpreis d. Ostseebezirkes Rostock

Joseph-Dietzgen-Preis 1979. — St: u. Vt: SPD-Kreistagsfraktion im Rhein-Sieg-Kreis.
Pt: *Hauptpreis:* Gabriele M. Göbel 79. *Förderpreis:* Barbara Sombetzki, Jürgen Völkert-Marten 79.

Joseph E. Drexel-Preis (für Publizistik) 1956. — St: Verlag Nürnberger Presse,

Druckhaus Nürnberg u. Olympia-Verlag. — Vt: Joseph E. Drexel Stiftung, Marienplatz 5, D-8500 Nürnberg 1, Tel.: (0911) 2162300.

Pt: (außer Graphikern u. Karikaturisten) u. a.: Karl Silex 57; Friedl Volgger 58; Robert Jungk 60; Margret Boveri 62; Marion Dönhoff 64; Klaus Harpprecht 66; Karlheinz Bohrer, Ansgar Skriver 68; Manfred Püllmann 69; Kosmas Ziegler 70; Hans Max von Aufsess, Otto Ifland, Wilhelm Puff 71; Rudolf Hartung, Walter Henkels, Georg Schreiber 72; Hans Schwab-Felisch 73; Hilde Fürstenberg 74; Martin Niemöller, Ruprecht Skasa-Weiß 77; Peggy Parnass, Wolfgang Venohr 79; Franz J. Bautz 80; Axel Eggebrecht 81; Franz Alt 83.

Jürgen-Ponto-Stiftung zur Förderung junger Künstler, s. Förderpreis Literatur der Jürgen-Ponto-Stiftung.

Jugendbuchpreis des Schweizerischen Lehrervereins und des Schweizerischen Lehrerinnenvereins 1943. — St: u. Vt: Schweiz. Lehrerverein und Schweiz. Lehrerinnenverein, Frau Helen Lüthi, Grunerstr. 4, CH-3400 Burgdorf, Tel.: (034) 226779.

Pt: Arnold Büchli 43; Josef Reinhart 44; Olga Meyer 45; Elisabeth Müller 46; Adolf Haller 47; Hans Fischer 48; Alois Carigiet 48; Selina Chönz 48; Traugott Vogel 49; Max Voegeli 53; Gertrud Häusermann 54; Ernst Kreidolf 55; Olga Meyer 56; Felix Hoffmann 57; Anna Keller 58; Fritz Brunner 59; Toni Halter 60; Hans Schmitter 61; Hans Cornioley 62; René Gardi 63; Cécile Lauber 64; Fritz Wartenweiler 65; Alois Carigiet 66; Adolf Haller 67; Ernst Kappeler 68; Hans Witzig 69; Therese Keller 70; Agathe Keller, Hans Reutimann 72; Max Bolliger 73; Paul Nussbaumer, Hans Peter Schaad 74; Gertrud Heizmann 75; Jörg Müller 77; Eveline Hasler 78; Lisbeth Kätterer 79; Otto Steiger 80; Hedi Wyss 81; Christin Osterwalder 82.

Jugendliteraturpreis des Landes Steiermark 1978. — St: u. Vt: Steiermärkische Landesregierung, Rechtsabt. 6, A-8011 Graz-Burg, Tel.: (0316) 831-0.

Pt: Herbert Zinkl 78; Ingeborg Hiel 79; Doris Garreis 80; Reinhard Gruber, Hans-Egon Mazelle, Franz Reichhart, Herbert Zinkl 81; Ingeborg Pölzl 82.

Jugendtheaterpreis der Arbeitsgemeinschaft Kinder- und Jugendtheater Baden-Württemberg 1981. — St: Min. f. Wiss. u. Kunst. — Vt: Arbeitsgemeinschaft Kinder- u. Jugendtheater, c/o Stadtverwaltung, Kultur- u. Informationsamt, z. Hd. Herrn Eilhoff, D-7070 Schwäbisch Gmünd.

Pt: Hansjörg Betschart.

Julius-Bab-Kritikerpreis 1980. — St: Bundesverband der deutschen Volksbühnen-Vereine e.V. — Vt: Gutachterausschuß des Bundesverbandes der deutschen Volksbühnen-Vereine e.V., Bismarckstr. 17, D-1000 Berlin 12, Tel.: (030) 3422068.

Pt: Georg Hensel 82.

Jungautorenpreis der Regensburger Schriftstellergruppe International 1972 (seit 1978 Internationaler Jungautoren-Wettbewerb der RSGI). — St: Bezirk Oberpfalz, Bayer. Staatsmin. f. Unterr. u. Kultus, Jgdb.autor Rolf Ulrici, Stadtsparkasse Regensburg, Buchhdlg. Alers, Dipl.-Ing. Rudolf Temesl, zusammen mit der RSGI. — Vt: RSGI, Reichsstr. 5, D-8400 Regensburg.

Pt: Peter Jeremy Ettl 72; Wolfgang Sowa 74; Ralf Rainer Reimann 75; Wernfried Hübschmann 78; Helge Hopp 80; 2. u. 3. Pr.: W. Sowa, Jürgen Kalcher 72; Klaus Hamburger, Matthias Weigold 74; Eckhard J. M. Bodner, Diego Feßmann 75; Otmar Vögerl, Serge Strazowski 78; Peter Frey, Rainer Hartmann 80; Silvia Gühr, Andreas Heidtmann 82.

Anerkennungspr.: Achim Gerber, Thomas Emmerig 72; Peter Bäumler, Gerhard Riesz 74; Ralf G. Landmesser, Josef A. Birr, Albert Wittmann 75; Roland Kayser, Georges Hausemer, Claudia Siebold, Martin Wurm, Werner Schön, Gerald Mißlbeck 78; Juliana Modoi, Ursula Halbauer, Ilona Schmuck, Kristin Schmidt, Otmar Engl, Ralf Heumann, Bernd Riedl 80; Angelika Huber, Christl Rudolf, Peter Hauff, Monika Brandmeier, Thomas Köhler, Sabine Gruber, Markus Lehr, Thomas Gruber, Hellmut Opitz, Jutta Rosenkranz 82.

Karl-Friedrich-Koch-Plakette 1977. — St: u. Vt: Freundeskreis Düsseldorfer

Buch '75 e.V., Erftstr. 13, D-4000 Düsseldorf 1, Tel.: (0211) 306626.
Pt: Marianne Junghans, Marianne Kiesselbach 80; Artur Maria Schilling 81; Erna Hintz-Vonthron 82.

Karl-Renner-Preis f. Publizistik. — St: Bank für Arbeit u. Wirtschaft. — Vt: Österreichischer Gewerkschaftsbund, Sektion Journalisten.
Pt: Louis Barcata 66; Alfons Dalma, Ernst Fischer, Friedrich Scheu, Kurt Vorhofer 69; Fritz Sitte 73.

Karl Sczuka-Preis 1954, s. Hörspielpreis des Südwestfunks.

Katholischer Kinderbuchpreis 1977. — St: Deutsche Bischofskonferenz. — Vt: Der Vorsitzende der Deutschen Bischofskonferenz, Sekretariat, Kaiserstr. 163, D-5300 Bonn 1, Tel.: (0228) 1031.
Pt: Else Breen, Kurt Hock 79; Lene Mayer-Skumanz, Willi Fährmann 81; Max Bolliger 83.

Kinder- und Jugendbuchpreis der Stadt Wien 1954. — St: Stadt Wien. — Vt: Stadtrat für Kultur und Bürgerdienst, Magistrat der Stadt Wien, Kulturamt, Friedrich-Schmidt-Pl. 5, A-1082 Wien.
Jugendbuchpreis: Karl Bruckner 54; Othmar Franz Lang, Georg Schreiber 55; Vera Ferra-Mikura, Lilli König 56; Karl Bruckner 57; Emmy Feiks-Waldhäusl, Karl Bruckner, Helga Pohl 58; Christine Busta 59; Fritz Habeck 60; Karl Bruckner, Fritz Habeck 61; Oskar Jan Tauschinski, Herbert Tichy 62; Fritz Habeck 63; Käthe Recheis 64; Mira Lobe 65; Kurt Benesch 66; Fritz Habeck 67; Herbert Tichy 68; Winfried Bruckner, Wilhelm Meissel 69; Fritz Habeck 70; Herbert Tichy, Walter Weiss 71; Käthe Recheis 72; Fritz Habeck, Käthe Recheis 73; Friedl Hofbauer, Hannelore Valencak 75; Käthe Recheis 76; Renate Welsh 77; Brigitte Peter 78; Arbeitsgemeinschaft (ARGE) 79; Renate Welsh 80; Lene Mayer-Skumanz 81; Christine Nöstlinger 82; Lene Mayer-Skumanz, Käthe Recheis 83.
Kinderbuchpreis: Helmut Leiter 60; Mira Lobe 61; Vera Ferra-Mikura 62, 63, 64; Marlen Haushofer 65; Friedl Hofbauer 66; Eleonora Berger, Marlen Haushofer 67; Käthe Recheis, Rudolf Pritz 68; Vera Ferra-Mikura, Oskar Jan Tauschinski 69; Marlen Haushofer, Mira Lobe 70; Käthe Recheis 71; W.J.M. Wippersberg 72; Vera

Ferra-Mikura 73; Oskar Jan Tauschinski 75; Brigitte Peter, W.J.M. Wippersberg 76; Hannelore Valencak, Hans Domengo 77; Renate Welsh 78; Käthe Recheis 79; Christine Nöstlinger 80; Mira Lobe 81; Lene Mayer-Skumanz 82; Vera Ferra-Mikura 83.
Kleinkinderbuchpreis: Mira Lobe 68; Friedl Hofbauer 69; Vera Ferra-Mikura 70; Elly Demmer 71; Mira Lobe 72; Brigitte Peter 73; Mira Lobe, Käthe Recheis 75; Vera Ferra-Mikura, Wolf Harranth 76; Mira Lobe 77, 78; Wolf Harranth, Josef Paleček 79; Mira Lobe, Kaufmann 80; Friedl Hofbauer 81; Wolf Harranth 82.

Klaus Groth-Preis 1954. — St: u. Vt: Stiftung F. V. S., Georgsplatz 10, D-2000 Hamburg 1.
Pt: Hermann Claudius 56; Otto Tenne 58; Carl Budich 60; Norbert Johannimloh 63; Johann Diedrich Bellmann 66; Hans Ehrke 68; Oswald Andrae 71; Siegfried Kessemeier 75; Peter Kuhweide 78; Greta Schoon 81.

Kölner Literaturpreis 1980. — St: u. Vt: Stadt Köln, Postfach, D-5000 Köln 1, Tel.: (0221) 221-1.
Pt: Hans Mayer 80; Peter Weiss 81; Wolfdietrich Schnurre 82; Uwe Johnson 83.

Kogge-Literaturpreis der Stadt Minden 1962. — St: Stadt Minden. — Vt: Rat d. Stadt Minden auf Vorschlag d. Vorstandes d. Kogge, Stadt Minden, Postfach 3080, D-4950 Minden, Tel.: (0571) 89248.
Pt: Gerhart Pohl 62; Fritz von Unruh 63; Jean Gebser 64; Hans Peter Keller 65; Johan Daisne 67; Josef Reding 69; Hans Joachim Sell 73; Willem Enzinck 77; Joachim Seyppel 81.
Förderpreis: Steven Membrecht, Kurt Sigel 64; Pierre Garnier 71; Netti Boleslav 75; Doris Mühringer 79.
Sonderpreis: Jürgen Soenke 65; Karl Paetow 67.
Studienpreis: Heinz Barüske 71; Bernhard Doerdelmann 75; Lothar Streblow 79.

Konrad-Adenauer-Preis 1967 (f. Literatur, Wissenschaft u. Publizistik). — St: u. Vt: Deutschlandstiftung e. V., D-8211 Breitbrunn, Tel. : (08054) 367.
Pt: Bernt v. Heiseler (Lit.), Armin Mohler (Publiz.) 67; Emil Franzel, Frank Thiess 68; Hans-Joachim Schoeps, Edzard Schaper, Felix v. Eckhardt 69; Manfred Hausmann, Winfried Martini 70; William S.

Schlamm, Arnold Gehlen, Zenta Maurina 71; Matthias Walden 72; Wladimir Maximow, Gerhard Löwenthal, Karl Steinbuch 75; Hans Habe, Otto von Habsburg, Helmut Schelsky 77; Rudolf Krämer-Badoni, Christa Meves 79.

Konrad-Duden-Preis 1960. — St: Stadt Mannheim, Bibliographisches Institut. — Vt: Gemeinderat der Stadt Mannheim, Kulturamt, Postfach 2203, D-6800 Mannheim 1.

Pt: Persönlichkeiten, die sich um die deutsche Sprache besonders verdient gemacht haben: Leo Weisgerber 60; Hans Glinz 61; Hugo Moser 63; L. Hammerich 65; Gerhard Storz 66; Jost Trier, Gustav Korlén 67; Johannes Erben 69; Hans Eggers 71; Jean Fourquet 73; Ludwig Zabrocki 75; Heinz Rupp 77; Peter von Polenz 79; Hugo Steger 81; Mirra Moisejewna Guchmann 83.

Konsalik-Romanpreis 1981. — St: u. Vt: Bastei-Lübbe Verlag, Wilhelm Goldmann Verlag, Wilhelm Heyne Verlag, Heinz G. Konsalik.

Pt: Eva Wolf 83.

Krimipreis der deutschen Autoren 1981. — St: Wilhelm Heyne Verlag. — Vt: Die Autoren Richard Hey, Stefan Murr, Michael Molsner, -ky, Irene Rodrian, Friedhelm Werremeier, c/o Wilhelm Heyne Verlag, Türkenstr. 5-7, D-8000 München 2, Tel. (089) 288211.

Pt: Sam Jaun (2. Pr.), Axel Winterstein (3. Pr.) 82.

Kritikerpreis des Landeshauptmannes für den Steirischen Herbst 1977. — St: u. Vt: Der Landeshauptmann der Steiermark.

Pt: Gerhard Koch, Manfred Blumauer 77; Manfred Mixner, Klaus Geitel 78; Fritz Muggler, Hans Haider 79; Karl Harb, Jochen R. Klicker 80; Kristian Sotriffer, Peter Stadlen 81; Eva Schäffer, Wolfgang Sandner 82.

Kritikerpreis für Literatur, Musik, Film, Theater, Tanz, Bildende Kunst 1950/1951. — St: u. Vt: Verband der deutschen Kritiker, Prinz-Handjerystr. 29c, D-1000 Berlin 37, Tel. (030) 8111352.

Pt: Martin Kessel 50/51; Rudolf Hagelstange 51/52; Heinrich Böll 52/53; Arnold Hauser 53/54; Kurt Hiller 54/55; Gertrud Kolmar 55/56; Eva Rechel-Mertens 56/57; Alfred Andersch 57/58; Th. W. Adorno 58/59; Günter

Grass 59/60; Ingeborg Bachmann 60/61; Hans Kudszus 62/63; Peter Härtling 63/64; Hans Meyer 65; Elias Canetti 66; Günther Anders 67; Margret Boveri 68; Dieter Wellershoff 69; Jean Améry 70; Eberhard Fechner 71; Dieter Dorn 72; Franz Xaver Kroetz 73; Horst Krüger 74; Christa Reinig 75; Elisabeth Plessen 76; Franz Fühmann 77; Hans Magnus Enzensberger 78; Klaus Wagenbach 79; Jürgen Becker 80; Sarah Kirsch 81; Paul Nizon 82; Christoph Hein 83.

Kritikpreis des Kulturfonds der Landeshauptstadt Salzburg 1967. — St: Fonds d. Landeshauptstadt Salzburg zur Förderung v. Kunst, Wissenschaft u. Literatur, Magistrat Salzburg, Abt. II, Auerspergstr. 7, A-5024 Salzburg. — Vt: Jury, Bürgermeister.

Pt: K. H. Ruppel 68; Max Kaindl Hönig, Claude Rostand 69; Hilde Spiel 70; Peter Gradenwitz 71; Willi Schuh 72; Joachim Kaiser 73; Claus Henning Bachmann 74; Hans H. Stuckenschmidt 75; John Higgins 77; Klaus Adam 78; Karl Schumann 79; Franz Endler 80; Volkmar Parschalk 81; Hanjo Kesting 82.

Kultur- und Förderungspreis der Stadt Baden bei Wien 1965. — St: u. Vt: Stadtgemeinde Baden, Rathaus, Hauptplatz 1, A-2500 Baden.

Pt: Franz Nabl 65; Georg Schreiber 66; Hans Lebert 68; Pia Plechl, Helene Grünn, Friedrich Bensch 70; Fritz Habeck, Peter Zumpf 74; Hans Lampalzer, Peter Schuster 78; Georg Schreiber, Johannes W. Paul 82.

Kultureller Ehrenpreis der Landeshauptstadt München 1958. — St: u. Vt: Stadtrat d. LHSt München, Kulturreferat, Postfach, D-8000 München 1.

Pt: Werner Heisenberg 58; Bruno Walter 59; Martin Buber 60; Karl Schmidt-Rottluff 61; Fritz Kortner 62; Mies van der Rohe 63; Anna Freud 64; Carl Orff 65; Emil Preetorius 66; Adolf Butenandt 67; Michelangelo Antonioni 68; Gertrud von Le Fort 69; Erich Kästner 70; Wilhelm Hoegner 71; Werner Egk 72; Alexander Mitscherlich 73; Toni Stadler 74; Willi Daume 75; Max Spindler 76; Heinz Rühmann 77; Carlos Kleiber 78; Karl Rahner S.J. 79; Golo Mann 80; Peter Lühr 81; Wolfgang Koeppen 82; Wolfgang Sawallisch 83.

Kulturpreis der "Bürgerstiftung Solingen 600" 1974. — Vt: Kuratorium der "Bürgerstiftung Solingen 600", Stadtverwaltung, Amt 10-03, Postfach 100165, D-5650 Solingen 1.
Pt: Heinz Risse 74.

Kulturpreis der Donauschwaben des Landes Baden-Württemberg 1966. — St: Landesregierung Baden-Württemberg. — Vt: Landesbeirat f. d. Verwirklichung d. Patenschaft über d. Volksgruppe d. Donauschwaben auf Vorschlag d. Jury f. d. Verleihung d. Kulturpreise d. Donauschwaben, Jury-Vors. Jakob Wolf, Haus der Donauschwaben, Goldmühlestr. 30, D-7032 Sindelfingen, Tel.: (07031) 6101695.
Pt: (nur Schriftsteller): Hans Diplich 66; Nikolaus Engelmann, Mathes Nitsch 70; Hans Wolfram Hockl 72; Karl Götz 73; Wilhelm Kronfuss 74; Jakob Wolf 75. — *Förderpreise:* Franz Hutterer 66; Klaus Günther, Hans Christ 68; Hansjörg Kühn (Ehreng.) 73; Nikolaus Britz, Annie Schmidt-Endres (Ehreng.) 74; Johannes Wurtz (Ehreng.) 79; Peter Lukács Tresz (Ehreng.) 82.

Kulturpreis der Landeshauptstadt Kiel 1951. — St: u. Vt: Landeshauptstadt Kiel, Kulturamt, Postfach, D-2300 Kiel 1.
Pt: Hans Egon Holthusen 56; Wilhelm Lehmann 63; Hans-Jürgen Heise 74.

Kulturpreis der Landsmannschaft Mecklenburg 1964. — St: Landsmannschaft Mecklenburg, Am Markt 10, D-2418 Ratzeburg, Tel.: (04541) 7565. — Vt: Landsmannschaft Mecklenburg in Verbind. mit der Stiftung Mecklenburg.
Pt: Friedrich Griese 64; Gustav Heinrich Pichler 68; Friedrich Siems 71; Walter Lehmbecker 72; Georg Tessin 73; Gerhard Böhmer 74; Carl Friedrich Maas 75; Otto Witte 77; Gerd Lüpke 78; Helmut de Voß 79; Friedrich Wilhelm Giebel 80; Hans Erdmann 81; Gertrud Bergmann 82; Friedrich-Franz Pingel 83.

Kulturpreis der oberfränkischen Wirtschaft 1968. — St: u. Vt: Industrie- u. Handelskammer für Oberfranken, Bahnhofstr. 25/27, D-8580 Bayreuth, Tel.: (0921) 23091.
Pt: Hans Max Freiherr von Aufseß 72; Erich Arneth, Gerhard C. Krischker, Erich Rappl, Otto Sahmann, Eberhard Wagner 79.

Kulturpreis der Schlesischen Landsmannschaft, s. Kulturpreis Schlesien des Landes Niedersachsen.

Kulturpreis der Stadt Amstetten 1974. — St: u. Vt: Stadtgemeinde Amstetten, Rathaus, Rathausstr. 1, A-3300 Amstetten, Tel.: (07472) 2601217.
Pt: Jutta Schutting 74; Ernst Nowak 75; Fritz Steiner 82.

Kulturpreis der Stadt Bayreuth 1976. — St: Stadt Bayreuth. — Vt: Stadtrat Bayreuth.
Pt: Gertrud Kahl-Furthmann, Robert Lindenbaum 78; Erich Rappl 80.

Kulturpreis der Stadt Dortmund — Nelly-Sachs-Preis 1961. — St: u. Vt: Rat der Stadt Dortmund, Karl-Marx-Str. 24, D-4600 Dortmund 1, Tel.: (0231) 54225177.
Pt: Nelly Sachs 61; Johanna Moosdorf 63; Max Tau 65; Alfred Andersch 67; Giorgio Bassani 69; Ilse Aichinger 71; Paul Schallück 73; Elias Canetti 75; Hermann Kesten 77; Erich Fromm 79; Horst Bienek 81; Hilde Domin 83.

Kulturpreis der Stadt Erfurt 1966. — St: u. Vt: Rat der Stadt Erfurt.
Pt: Erna Schmidt 66; Johanna Hoffmann 76; Kurt Steiniger 79.

Kulturpreis der Stadt Erlangen 1962. — St: u. Vt: Stadt Erlangen, Kulturamt, Rathausplatz 1, D-8520 Erlangen, Tel.: (09131) 86765.
Pt: Inge Meidinger Geise, Klaus-Peter Dencker 72.
Kulturförderpreise: Gisela Steinwachs, Jürgen Naumann 76; Gerhard Wagner 78; Heinz Ehemann 80; Habib Bektas 82.

Kulturpreis der Stadt Goslar 1955. — St: u. Vt: Stadt Goslar.
Pt: (hier nur für Literatur): Ernst Jünger 55; Wilhelm Hochgreve 58; Hermann Heimpel 65; Bruno Snell 70; Siegfried Lenz 78 (wird nicht mehr verliehen).

Kulturpreis der Stadt Paderborn 1954. — St: u. Vt: Stadt Paderborn, Am Abdinghof 11, D-4790 Paderborn, Tel.: (05251) 2061.
Pt: Therese Pöhler 61; Jenny Aloni 67.

Kulturpreis der Stadt Passau für die Böhmerwäldler 1961. — St: u. Vt: Stadt Passau, Kulturreferat, Rathaus, D-8390 Passau.
Pt: Isidor Stögbauer 62; Karl Bürger 63; Sepp Skalitzky 64; Lothar Sperl 65; Leo Hans Mally 66; Adolf Webin-

ger 67; Wilhelm Fischer 68; Heinrich
Micko 69; Emmy Schuster, Felix
Schuster 70; Karl Winter 71; Erich
Hans 72; Hilde Hager-Zimmermann
73; Alois Ernst Milz 74; Leopold Hafner 75; Josef Dichtl 76; Paul Praxl 77;
Eduard Eisenmaier 78; Karl Maschek
79; Alfred Zangenfeind 80; Berta Kle-
ment 81; Heinz Steidl 82.

Kulturpreis der Stadt Rostock (DDR).
Pt: Hinstorff-Verlag 70; Heinz Kuffe-
rath 71; Herbert Mühlstädt 74; Lena
Foellbach 76; Berthold Brügge 77;
Claus Hammel 78; Hans-Georg Lietz
79; Siegfried Armin Neumann 80;
Klaus Frühauf 83.

**Kulturpreis des Bezirkes Karl-Marx-
Stadt,** s. Kurt-Barthel-Preis des Bezirkes Karl-Marx-Stadt.

Kulturpreis des DGB 1964. — St: u. Vt:
Deutscher Gewerkschaftsbund, Bun-
desvorstand, Postfach 2601, D-4000
Düsseldorf.
Pt: Franz Masereel, Ernst Bloch 64;
Eduard Heimann, Paul Jostock 65;
Otto Burmeister 66; HAP Grieshaber
68; Walter Dirks 69; Heinrich Roden-
stein, Heinrich Roth 70; Maria Wim-
mer, Bernhard Minetti 71; Hans Wer-
ner Richter, Büchergilde Gutenberg
72; Internationales Schulbuchinstitut
Braunschweig 73; Carl Landauer 74;
Adolf Jungbluth 76; Grips-Theater
und Institut für Projektstudien 77;
Theatermanufaktur 78.

Kulturpreis des Landes Burgenland
1975. — St: Land Burgenland. — Vt:
Burgenländische Landesregierung,
A-7000 Eisenstadt, Tel.: (02682) 600.
Pt: *Würdigungspreis:* Margit Pflagner
75; Hans Neubauer 79; Anni Pirch 80;
Augustin Blazovic 81; Rüdiger Hauck
82.
Förderungspreis: Josef Dirnbeck,
Hans Haumer 76; Helmut Stefan Mi-
letich, Emmerich Lang 77.
Stipendium: Johann Miletits, Martin
Schlögl, Rudolf Hochwarter 78.

Kulturpreis des Landes Kärnten 1971.
— St: u. Vt: Land Kärnten, Amt der
Kärntner Landesregierung, Abt. Kul-
tur, Völkermarkter Ring 29, A-9020
Klagenfurt.
Pt: Johannes Lindner 71; Dolores Vie-
ser-Aichbichler 75; Gerhard Gla-
wischnig 79.

**Kulturpreis des Landes
Niederösterreich.** — St: u. Vt: Land
Niederösterreich.

Pt: Friedrich Sacher, Lois Schiferl 60;
Wilhelm Szabo, Hans Hörler 61; Josef
Weber, Ernst Wurm 62; Maria
Grengg, Walter Sachs, Werner
Riemerschmid 63; Wilhelm Franke,
Emmy Feiks-Waldhäusl, Albert Ja-
netschek 64; Imma Bodmershof 65;
Rudolf Henz, Hans Lebert 66; Adel-
bert Muhr, Gustav Festenberg 67;
Fritz Habeck, Hans Lampalzer 68;
Anton Thomas Dietmaier, Josef
Pfandler, Maria Neuhauser-Loibl 69;
Egon Franz 70; Siegfried Freiberg,
Hans Heinz Hahnl, Ilse Tielsch-Felz-
mann 71; Jeannie Allinger-Ebner 72;
Peter Marginter 73; Hans Lebert 74;
Albert Drach 75; Hans Weigel 76;
Alois Vogel 77; Alfred Geßwein 78;
Hans Heinz Hahnl 79; Ilse Tielsch 80;
Albert Janetschek 81; Hans Krendles-
berger 82.

Kulturpreis deutscher Freimaurer 1978
(1966-1977: Literaturpreis deutscher
Freimaurer). — St: Großloge der Al-
ten Freien und Angenommenen Mau-
rer von Deutschland (GL AFuAMvD),
Kaiserstr. 37, D-6000 Frankfurt a.M. 1.
— Vt: Kuratorium f. d. Kulturpreis
deutscher Freimaurer.
Pt: Max Tau 66; Erich Kästner 68;
Siegfried Lenz 70; Golo Mann 72; Pe-
ter Huchel 74; Winfried Dotzauer 78;
Johannes Simmel 81.

**Kulturpreis für Schrifttum der
Sudetendeutschen Landsmannschaft**
1955. — St: u. Vt: Sudetendeutsche
Landsmannschaft, Bundesverband,
Arnulfstr. 71, D-8000 München 19.
Pt: Alfred Görgl, Caroline Friderike
Strobach 55; Emil Merker, Wilhelm
Pleyer 56; Gertrud Fussenegger, Hans
Michel Oberdorfer 57; Erwin Guido
Kolbenheyer, Erhard Joseph Kno-
bloch, Herbert Schmidt-Kaspar 58;
Hans Deissinger, Heinrich Micko 59;
Fridolin Aichner, Erna Künast, Ot-
fried Preußler 60; Josef Schneider,
Herbert Wessely 61; Emil Franzel,
Franz Liebl 62; Robert Lindenbaum,
Hugo Scholz 63; Leo Hans Mally 64;
Hellmut Walters 65; Emil Merker, Ilse
Tielsch-Felzmann, Viktor Karell 66;
Margarete Kubelka-Kröhnke, Karl
Norbert Mrasek 67; Josef Mühlberger,
Karl Richard Kern 68; Gerold Effert,
Sepp Skalitzky 69; Hans Erich For-
mann 70; Roderich Menzel 71; Ger-
trud Fussenegger, Josef Kempf 72;
Ernst R. Hauschka, Anton Pachelho-
fer 73; Egon Schoss 74; Heinrich Ple-
ticha 75; Oskar Renner 76; Ernst Va-

sovec 77; Gertrud Hanke-Maiwald 78; Marianne Wintersteiner 79; Robert Müller-Sternberg 80; Friederike Hübner 81; Josef Carl Grund 82; Franz Peter Künzel 83.
Förderpreis: Anita Mally 80.

Kulturpreis Ostbayerns 1959. — St: u. Vt: Engergieversorgung Ostbayern AG, Prüfeninger Str. 20, D-8400 Regensburg 1, Tel.: (0941) 201225.
Pt: Franz Schrönghammer-Heimdal 59; Heinz Schauwecker 60; Siegfried von Vegesack 61; Florian Seidl 62; Georg Britting 63; Reinhard Raffalt 68; Max Matheis 69; Ernst R. Hauschka, Josef Maier-Krafft 76; Walter Höllerer, Benno Hubensteiner 77; Peter Jeremy Ettl 80.

Kulturpreis Schlesien des Landes Niedersachsen 1977 (1963-1976: Kulturpreis der Schlesischen Landsmannschaft). — St: Land Niedersachsen. — Vt: Niedersächsischer Minister für Bundesangelegenheiten, Postfach 121, D-3000 Hannover.
Pt: A. Ulitz, Dagmar Nick 63; E. Schenke, K. Schodrock 65; Alfons Hayduk, Ruth Hoffmann, Fritz Lubrich 67; Wilhelm Menzel 68; Wolfgang v. Websky 69; Hans Lipinsky-Gottersdorf 77; Horst Bienek 78; Leonie Ossowski 81.
Förderpreis: Hajo Knebel 71; Erich Fuchs 73; Wolfgang Bittner 79; Monika Taubitz 80; Jochen Lobe 82.

Kunst- und Förderpreis d. Landeshauptstadt München, s. Förderungspreis für Literatur der Landeshauptstadt München.

Kunst- u. Literaturpreis der Domowina 1960. — St: Bundesvorstand der Domowina. — Vt: Vorsitzender des Bundesvorst. d. Domowina (DDR).
Pt: Korla Janak/Karl Jannack (I. Klasse), Měrćin Nowak/Martin Nowak/Neumann, Kurt Krjenc/Kurt Max Krenz, Wylem Bjero/Wilhelm Bero 61; Kito Lorenc, Cyrill Kahle, Peter Mahling 62; Jurij Krawža/Georg Krause (I.Klasse), Pawol Grojlich/Paul Greulich 63; Jurij Koch, Beno Solta/Benno Scholze, Beno Njekela/Benno Nikolaides 64; Maria Kubasch (I. Kl.), Georg Kubasch u. Benno Ziesch (II. Kl.), Agnes Bensch (III. Kl.) 66; Peter Mahlink (I. Kl.), Paul Völkel (II. Kl.) 67; Kito Lorenc (I. Kl.), Marja Mlynkowa (II. Kl.), Michael Lorenz, Jan Kosk (III. Kl.) 68; Jurij Koch (I. Kl.), Benno Scholze, Jurij Mlynk

69; Jan Wornar (II. Kl.) 70; Marja Mlynkowa, Hartmut Zwahr (II. Kl.), Gerat Libs (III. Kl.) 71; Mina Witkojc (Koll.), Christian Schneider 72; Jurij Brezan, Jurij Koch, Měrćin Nowak-Njechorński 73; Peter Mahling 74; Jurij Krawza 77; Christian Schneider 80; Pawol Grojlich, Jan Wornar 81; Kito Lorenc 82.

Kunst- u. Literaturpreis des Ostseebezirkes Rostock (bis 68: John-Brinckmann-Preis der Stadt Rostock).
Pt: Fritz Meyer-Scharffenberg 60; Hans Joachim Gernentz 66; Kurt Batt 70; Egon Richter 71; Herbert Mühlstedt 72; Heinz Jürgen Zierke 73; Albert Hurny 76; Herbert Ewe 77; Hans-Georg Lietz 79; Kurt Biesalski 82; Werner Lindemann 83.

Kunstförderungspreis der Landeshauptstadt Innsbruck, s. Preis der Landeshauptstadt Innsbruck für künstlerisches Schaffen.

Kunstpreis Berlin 1970 (1948-1969: Berliner Kunstpreis-Jubiläumsstiftung 1848/1948). — St: u. Vt: Akademie der Künste (1948-1969: Senat Berlin), Hanseatenweg 10, D-1000 Berlin 21, Tel. (030) 3911031.
Fontane-Preis 1948.
Pt: Hermann Kasack 49; Gerd Gaiser, Hans Werner Richter 51; Kurt Ihlenfeld 52; Edzard Schaper 53; Albert Vigoleis Thelen 54; Hans Scholz 56; Ernst Schnabel 57; Günter Blöcker 58; Gregor von Rezzori 59; Uwe Johnson 60; Martin Kessel 61; Golo Mann 62; Peter Huchel 63; Arno Schmidt 64; Victor Otto Stomps 65; Walter Höllerer 66; Walter Mehring 67; Günter Grass 68; Wolf Biermann 69; Hans Heinrich Reuter 72; Hubert Fichte 75; Alexander Kluge 79.
Förderungspreis Literatur 1978 (1956-1969: Preis „Junge Generation"; 1971-1977: Stipendium).
Pt: Jens Rehn 56; Heinz Piontek 57; Wolfdietrich Schnurre 58; Cyrus Atabay 60; Rudolf Hartung 61; Annemarie Weber 62; Rolf Hochhuth 63; Alexander Kluge 64; Günter Herburger 65; Christoph Meckel 66; Friedrich-Christian Delius 67; Hermann Peter Piwitt 68; Peter Schneider 69; Peter Huchel 71; Franz Xaver Kroetz 72; Nicolas Born, Ingomar von Kieseritzky, Walter Helmut Fritz 73; Günter Bruno Fuchs 74; Ludwig Harig 75; Oskar Pastior 76; Franz Mon 77; Adolf End-

ler 78; Harald Hartung 79; Jürg Laederach 80; Kurt Bartsch 81; Gert Neumann 82; Henning Grunwald 83;
Guntram Vesper 84.
Kunstpreis Film, Hörfunk, Fernsehen: George Tabori 81.

Kunstpreis der DSF 1960. — St: u. Vt:
Zentralvorstand der Gesellschaft f.
Deutsch-Sowjetische Freundschaft.
Pt: Rudolf Böhm, Kurt David, Alexan-
der Ott, Horst Salomon, Martin Vier-
tel, Paul Wiens 60; Erik Neutsch 73;
Günther Deicke 75; Günther Piltz
(Koll.) 76; Harry Thürk, Nadeshda
Ludwig 79; Richard Christ 80; Leon
Nebenzahl, Bodo Schulenburg 81;
Max Walter Schulz 83.

**Kunstpreis der Landeshauptstadt
Saarbrücken** 1975. — St: u. Vt: Landeshauptstadt Saarbrücken, Kulturamt, Postfach 440, D-6600 Saarbrükken, Tel.: (0681) 3001797.
Pt: Ludwig Harig 77; Arnfried Astel
80.

Kunstpreis der Stadt Basel 1948. — St:
u. Vt: Regierungsrat d. Kantons Basel-Stadt, Erziehungsdepartement
des Kantons Basel-Stadt, Münsterplatz 2, CH-4001 Basel.
Pt: Siegfried Lang 51; Carl Jacob
Burckhardt 61; John F. Vuilleumier
70; Rolf Hochhuth 76; Rainer Brambach, Hans Werthmüller 82.

Kunstpreis der Stadt Gera, s. Horst-Salomon-Preis der Stadt Gera.

Kunstpreis der Stadt Halle-Neustadt
1969 (DDR).
Pt: Hans-Jürgen Steinmann, Werner
Bräuning, Peter Gosse, Jan Koplowitz
69; Hans-Jürgen Steinmann 70; Edith
Bergner 72, 75; Claus Nowak 80.

Kunstpreis der Stadt Halle/S. — St: u.
Vt: Rat d. Stadt Halle/S.
Pt: Friedrich Döppe, Werner Reinow-
ski 56; Rudolf Peter Brock 59; Christa
Wolf 61; Karl Heinz Czechowski 64;
Rainer und Sarah Kirsch 65; Edith
Bergner 70; Erik Neutsch 71; Manfred
Jendryschik 81.

Kunstpreis der Stadt Leipzig. — St:
Rat d. Stadt Leipzig. — Vt: Ober-
brügermeister d. Stadt Leipzig.
Pt: Heinz Rusch 59; Hanns Maaßen
60; Ferdinand May 61; Lore Mallachow 62; Hildegard Maria Rauchfuß
63; Georg Maurer 64; Hans Pfeiffer
65; Hans Dieter Schmidt 66; Gerhard
Menzel 67; Manfred Künne, Michael

u. Ursula Tschesno-Hell 69; Joachim
Nowotny 70; Autorenkoll.: Helmut
Richter, Joachim Nowotny, Hans
Pfeiffer, Peter Gosse 71; Walter Diet-
ze 72; Jürgen Brinkmann 73; Trude
Richter, Werner Schmoll 74; Max
Walter Schulz 75; Werner Heiduczek
76; Rolf Recknagel 77; Helmut Richter 78; Gunter Preuß 79; Helmut Bartuschek 80; Elisabeth Schulz-Semrau
81; Jürgen Lehmann 82.

Kunstpreis des Bezirkes Gera. — St: u.
Vt: Rat d. Bezirkes Gera.
Pt: Horst Salomon, Hans Kaufmann
64; Wolfgang Jähnig 65; Inge von Wa-
chenheim, Friedrich Schmidt 66;
Horst Salomon 67; Wolfgang Schütz
(Leiter d. Zirkels Schreibender Arbei-
ter beim VEB Carl Zeiss, Jena) Erich
Weber 70; Martin Viertel 74; Paul
Schmidt-Elgers 75; Hans-Georg Albig
77; Martin Viertel 78; Günter Radtke
79; Curt Letsche 80; Hans Richter 81.

**Kunstpreis des Freien Deutschen
Gewerkschaftsbundes für Werke der
Literatur,** s. Literaturpreis des
FDGB.

Kunstpreis des Kantons Solothurn, s.
Preise des Kantons Solothurn.

**Kunstpreis des Rates des Bezirkes
Magdeburg** 1968.
Pt: Günter und Johanna Braun 69;
Martin Selber 72; Christa Johannsen
74; Heinz Kruschel 76; Bernd Wolff
78.

Kunstpreis des Saarlandes 1959. — St:
u. Vt: Regierung des Saarlandes, Ministerium für Kultus, Bildung und
Sport, Postfach 1010, D-6600 Saarbrücken.
Pt: Gustav Regler 60; Ludwig Harig
66; Eugen Helmlé 72; Felicitas Frischmuth 82.

Kunstpreis Rheinland-Pfalz 1956. —
St: Kultusminister. — Vt: Kultusmini-
sterium, Mittlere Bleiche 61, D-6500
Mainz, Tel. (06131) 161.
Pt: Carl Zuckmayer 57; Martha Saal-
feld 63; Ludwig Berger 67; Joseph
Breitbach 75; Nino Erné, Peter Joko-
stra 79.

**Kunstwürdigungs- und
Kunstförderungspreis d. Stadt Linz
für Literatur** 1959. — St: Magistrat
Linz. — Vt: Gemeinderat, Magistrat
Linz, Rathaus, Hauptplatz 1, A-4020
Linz.

Pt: Franz Karl Ginzky 59; Rudolf
Bayr 62; Franz Kain 63; Franz Josef
Heinrich 66; Hugo Schanovsky 67.

Kurt-Barthel-Preis des Bezirkes Karl-Marx-Stadt 1960. − St: u. Vt: Rat d.
Bezirkes Karl-Marx-Stadt.
Pt: Manfred Blechschmidt, Anna
Metze-Kirchberg, Rose Nyland, Karl
Otto, Hermann Heinz Wille 60; Werner Legère 61; Johannes Arnold 62;
Günter Spranger 63; Karl Veken 64;
Herbert Jobst 65; Hermann Heinz
Wille 66; Arne Leonhardt 68; Johannes Arnold, Klaus Walther 69; Katharina Kammer, Zirkel schreibender
Arbeiter "Bertolt Brecht" Karl-Marx-Stadt 70; Johannes Arnold, Gerd Bieker, Hermann Heinz Wille, Klaus
Walther, Klaus Steinhaußen (Kollektiv) 72; Hansgeorg Meyer 74; Helga
Meyer 76; Günter Spranger, Martha
Weber 77; Horst Neubert 78; Gerd
Bieker 79; Klaus Walther, Manfred
Blechschmidt (Koll.) 81; Siegfried
Weinhold 82; Werner Legère, Wolfgang Eckert 83.

**Kurzgeschichtenpreis der Stadt
Arnsberg** 1969. − St: Stadt Arnsberg,
Amt 41, Postfach, D-5760 Arnsberg 1.
− Vt: Stadt Arnsberg, Sparkasse
Arnsberg-Sundern.
Deutscher Kurzgeschichtenpreis: Pt:
Johanna Braun, Gabriele Wohmann
69; Günter Radtke, Christoph Meckel
71; Werner Dürrson, Friedel Thiekötter 73; Ilse Tielsch-Felzmann 75;
Ernst Nowak 77; Matthias Hoffmann
79; Renate Fueß, Josef Reding 81;
Werner Dürrson, Ingeborg Kaiser 83.
Internationaler Kurzgeschichtenpreis: Pt: Johanna Braun 69; Gabriel
Laub 71; Radomir Smiljanic 73, 75;
Marek Nowakowski 77; Marianello
Marianelli, Nikolai Haitov 79; Otto Javor 81; Ivan Ivanji 83.

**Landeskulturpreis des Landes
Oberösterreich für Literatur** 1975
(1947-1974: Förderungspreis des Landes Oberösterreich für Literatur). −
St: Land Oberösterreich. − Vt: Amt
der o.ö. Landesregierung, Abt. Kultur,
Promenade 37, A-4010 Linz, Tel.:
(0732) 7205488.
Pt: Kurt Gebauer, Josef W. Binder 47;
Gertrud Fusenegger, Robert Hohlbaum 51; Irmgard Beidl-Perfahl 61;
Hermann Friedl 63; Franz J. Heinrich
64; Hans Heinrich Formann 65; Franz
Rieger 66; Elfriede Prillinger 67; Oskar Zemme 68; W.J.M. Wippersberger

69; Dora Dunkl 70; Kurt Klinger 71;
Alois Brandstätter 72; Christian Wallner 73; Franz Josef Heinrich 74;
Franz Rieger 75; Erwin Gimmelsberger 76; Franz Josef Heinrich 78; Rudolf Weilhartner 79; Alois Brandstetter 80; Hermann Friedl 81; Hermann
Obermüller 82; Kurt Klinger 83.

Leonce-und-Lena-Preis, s. Literarischer
März.

**Leserpreis der Gesellschaft der
Freunde deutschsprachiger Lyrik**
1981. − St: u. Vt: Gesellschaft der
Freunde deutschsprachiger Lyrik,
Lohbachufer 19, A-6020 Innsbruck,
Tel.: (05222) 829183.
Pt: Robert Jäckel 81; Margot Gabriel
82.

**Lessing-Preis der Freien und
Hansestadt Hamburg** 1929. − St: u.
Vt: Senat d. Freien u. Hansestadt
Hamburg, Kulturbehörde, Hamburger Str. 45, D-2000 Hamburg 76, Tel.
(040) 29188-2694.
Pt: Rudolf Alexander Schröder 47;
Ernst Robert Curtius 50; Wilhelm
Lehmann 53; Albrecht Goes 53; Hans
Henny Jahnn 56; Hannah Arendt 59;
Werner Haftmann 62; Peter Weiss 65;
Walter Jens 68; Max Horkheimer 71;
G. Heinemann 74; Jean Améry 77;
Agnes Heller, Rolf Hochhuth 81.
Förderpreis: Peter Hamm 62; Walter
Kempowski 71; Gerd Fuchs 74; Thomas Brasch.
Stipendium: Michael Holzner, Dorothee Sölle 81.

**Lessing-Preis des Ministeriums für
Kultur der DDR** 1954. − St: Reg. d.
DDR. − Vt: Minister f. Kultur d.
DDR.
Pt: Herbert Ihering 55; Peter Hacks,
Fritz Erpenbeck 56; Max Schroeder
57; Hans Lucke 58; Johanna Rudolph,
Harald Hauser 59; Hans Koch, Hedda
Zinner 60; Erwin Strittmatter, Elisabeth Hauptmann-Dessau 61; Wilhelm
Girnus, Rolf Schneider 62; Helmut
Sakowski, Hans Kaufmann 63; Rainer Kerndl, Gerhard Rentzsch 65;
Horst Haase, Benito Wogatzki 67;
Edith Braemer, Claus Hammel 68;
Gerhard Scholz 69; Werner Mittenzwei, Armin Stolper 70; Heinz Kamnitzer 71; Heinz Kahlau, Horst Seeger
72; Alfred Matusche, Hans Jürgen
Geerdts 73; Claus Träger, Rudi Strahl
74; Heiner Müller, Hermann Kähler
75; Helmut Baierl, Ernst Schumacher

76; Horst Kleineidam 77; Volker
Braun 80.

**Liechtenstein-Preis zur Förderung
junger Talente** 1979. — St: u. Vt:
PEN-Club Liechtenstein.
Pt: Armin Gatterer, Hansjörg Quade-
rer, Siegfried Veith, Roger G. Wernli,
Gerald Jatzek, Ingo Ospelt, Matthias
Hoffmann, Arthur Jehle, Kurt L. Lan-
thaler, Wolfgang Lindner, Manfred
Ritter, Daniel Roellin, Georg Biron 80.

Lion Feuchtwanger-Preis 1970. — St:
Marta Feuchtwanger. — Vt: Akademie d. Künste der DDR, Hermann-
Matern-Str. 58/60, DDR-1040 Berlin,
Tel.: 2878304.
Pt: Hans Lorbeer 71; Franz Fühmann
72; Hedda Zinner 73; Christa Johannsen 74; Heinz Kamnitzer 75; Rosemarie Schuder 76; Waldtraut Lewin 78;
Gerhard W. Menzel 79; Jan Koplowitz
80; Günter de Bruyn 81; Heinz Berg-
schicker 82.

Literarischer März (Leonce-und-Lena-
Preis u. 2 Förderpreise) 1978 (1968-
1977: Leonce-und-Lena-Preis). — St:
u. Vt: Magistrat der Stadt Darmstadt,
Kulturamt, Kasinostr. 3, D-6100
Darmstadt (St: bis 1977: Wolfgang
Weyrauch).
Pt: Wolf Wondratschek 68; Katrine
von Hutten 69; Hanne F. Juritz 72;
Harry Oberländer 73; Rita Breit 75;
Friederike Roth, Anna F. Leven 77.
Leonce-und-Lena-Preis: Ludwig Fels,
Rolf Haufs, Reiner Malkowski 79;
Ulla Hahn 81.
Förderpreis: Anna Jonas 79; Renate
Fueß, Tina Stotz-Stroheker 81; Wolf-
Dieter Eigner, Klaus Hensel, Barbara
Maria Kloos, Rainer René Müller 83.

**Literarisches Förderungswerk des
Kulturkreises im Bundesverband
der deutschen Industrie e. V.** 1953. —
St: u. Vt: Kulturkreis im Bundesver-
band der Deutschen Industrie, Gu-
stav-Heinemann-Ufer 84-88, D-5000
Köln 51.
Pt: (Ehrengaben und Förderpreise)
Ilse Aichinger, Heinrich Böll, Peter
Gan, Karl-August Horst, Erhart Käst-
ner, Kyra Stromberg-Drescher 53;
Heimito von Doderer, Albrecht Fabri,
Hans Egon Holthusen, Annette Kolb,
Hermann Stresau 54; Ingeborg Bach-
mann, Richard Benz, Günter Eich,
Jürgen Rausch, Max Rychner 55;
Hans Hennecke, Friedrich Georg
Jünger, Karl Krolow, Horst Lange,
Leopold Ziegler 56; Joseph Bernhart,

Paul Celan, Herbert Eisenreich, Hans
Erich Nossack, Friedrich Sieburg 57;
Rainer Brambach, Georg Britting,
Klaus Demus, Günter Grass, Erich
Heller, Friedhelm Kemp, Gerhard
Neumann 58; Herbert Heckmann,
Walter Jens, Hans Reisiger, Gustav
René Hocke, Nelly Sachs 59; Hanns-
ferdinand Döbler, Bernhard Dörries,
Walter Höllerer, Klaus Roehler, Wal-
ter Warnach, Karl-Alfred Wolken,
Ernst Jünger 60; Herbert Bender, Gu-
stav Hillard Steinbömer, Wolfgang
Koeppen, Franz Tumler 61; Werner
Helwig, Eva Hesse, Barbara Koenig,
Georg von der Vring 62; Martin Gre-
gor-Dellin, Jürg Federspiel, Albert
Paris Gütersloh, Michael Hamburger
63; Marie Luise Kaschnitz 64; Karl
Dedecius, Marieluise Fleisser, Peter
Härtling, Arno Schmidt 65; Thomas
Bernhard, Elisabeth Borchers 67;
François Bondy, Helmut Heissenbüt-
tel, Ernst Schnabel 69; Hans Jürgen
Froehlich 70; Elias Canetti, Lotte In-
grisch, Ernst Kreuder, Franz Peter
Künzel, Angelika Mechtel 71; Walter
Helmut Fritz, Gabriel Laub 73; Heinz
Piontek 74; Barbara Frischmuth, Oda
Schaefer 75; Alexander Solschenizyn
76; Peter Huchel 77; Rose Ausländer,
Michael Krüger, Oskar Pastior 78;
Hugo Dittberner, Johannes Schenk,
Wolfgang Weyrauch 79; Günter Ku-
nert, Curt Meyer-Clason, Aras Ören
80; Erich Arendt, Karin Kiwus, Stefan
Schütz 81; Bernd Jentzsch, Hans
Werner Richter 82; Martin Grzimek,
Wolfgang Held, Peter Schneider, Jo-
seph Zoderer 83; Wolfgang Bächler,
Anne Duden, Libuse Monikova 84.

**Literatur- und Kunstpreis der Stadt
Weimar** 1958. — St: Rat d. Stadt Weimar, Markt, DDR-5300 Weimar. — Vt:
Oberbürgermeister d. Stadt Weimar.
Pt: Louis Fürnberg 59; Armin Müller
60; Harry Thürk, Wolfgang Vulpius
62; Walther Victor 66; Brigade "Ott-
mar Gerster" im VEB Weimar-Kom-
binat-Landmaschinen-Betrieb 1 71;
Walter Stranka 74; Herbert Greiner-
Mai, Wolfgang Schneider 75; Wolfgang Held 76; Inge von Wangenheim
78.

**Literaturförderungspreis der Stadt
Graz** 1975. — St: u. Vt: Stadt Graz,
Amt für Kultur, Rathaus, Hauptplatz,
A-8011 Graz.
Pt: Doris Mühringer, Bernd Hütte-
negger, Herbert Zinkl, Reinhard P.
Gruber 75; Alfred Seebacher-Mesa-

ritsch, Franz Buchrieser, Peter Vujica 76; Renate Christin Czapek, Wilhelm Hengstler, Alfred Paul Schmidt 77; Wolfgang Arnold, Bernd Schmidt 78; Otto Eggenreich, Klaus Hoffer, Karl Hans Haysen 79; Helga Schwarzbauer, Herwig Kaiser 80; Helmut Eisendle, Franz Weinzettl 81; Wolf-Dieter Eigner, Markus Jaroschka 82.

Literaturförderungspreis des Landes Steiermark, s. Literaturstipendien der Steiermärkischen Landesregierung 1972.

Literaturpreis der Bayerischen Akademie der Schönen Künste 1950. — St: u. Vt: Bayer. Akadem. d. Schönen Künste, Max Josephpl. 3, D-8000 München 22, Tel.: (089) 294622.
Pt: Friedrich Georg Jünger 50; Günter Eich 51; Marieluise Fleisser 53; Gerd Gaiser, Martha Saalfeld 55; Alfred Döblin 57; Agnes Miegel 59; Otto Flake 60; Ilse Aichinger, Joachim Maass 61; Martin Kessel 62; Horst Lange 63; Heimito von Doderer 64; Wolfgang Koeppen 65; Werner Kraft 66; Franz Tumler 67; Elisabeth Schnack 68; Elias Canetti 69; Hans Paeschke, Rudolf Hartung 70; Manès Sperber 71; Jean Améry 72; Reiner Kunze 73; Gershom Scholem 74; Alfred Andersch 75; Hans Wollschläger 76; Dolf Sternberger 77; Günther Anders 78; Jürgen Becker 80; Botho Strauß 81; Wolfgang Hildesheimer 82; Tankred Dorst 83; Rose Ausländer 84.

Literaturpreis der Bundesärztekammer 1983. — St: Die Bundesärztekammer, Haedenkampstr. 1, D-5000 Köln 41. — Vt: Die Bundesärztekammer im Einvernehmen mit dem Bundesverband Deutscher Schriftsteller-Ärzte.
Pt: Gisela Schmeer, Christoph Lippelt 83.

Literaturpreis der Freien Hansestadt Bremen 1953. — St: Freie Hansestadt Bremen, Der Senator f. Wiss. u. Kunst, Postfach, D-2800 Bremen 1. — Vt: Rudolf-Alexander-Schröder-Stiftung, Bremen.
Pt: Heinrich Schmidt-Barrien 54; Ilse Aichinger, Herbert Meyer 55; Ernst Jünger 56; Ingeborg Bachmann, Gerd Oehlschläger 57; Paul Celan 58; Rolf Schroers 59; Siegfried Lenz 62; Herbert Heckmann 63; Christa Reinig 64; Thomas Bernhard 65; Wolfgang Hildesheimer 66; Hans Günter Michelsen 67; Helga M. Novak 68; Christian Enzensberger (abgelehnt), Horst Bie-

nek 69; Gabriele Wohmann 70; Jürg Acklin 71; Günter Herburger 73; Jurek Becker 74; Franz Innerhofer 75; Paul Nizon 76; Nicolas Born, Heinar Kipphardt 77; Christa Wolf 78; Alexander Kluge 79; Peter Rühmkorf 80; Christoph Meckel 81; Peter Weiss 82; Erich Fried 83; Paul Wühr 84.
Förderpreis: Karin Kiwus 77; Maria Erlenberger 78; Uwe Timm 79; Peter-Paul Zahl 80; Werner Kofler 81; Franz Böni 82; Clemens Mettler 83; Bodo Morshäuser 84.

Literaturpreis der Innerschweiz 1950. — St: u. Vt: Kantone Uri, Schwyz, Ob- und Nidwalden, Zug, Luzern, Innerschweizerische Kulturstiftung, c/o Erziehungsdepartement des Kt. Luzern, Postfach, CH-6002 Luzern, Tel.: (041) 219111.
Pt: Meinrad Inglin 53; Hans Urs von Balthasar 56; Walter Hauser 57; Josef Vital Kopp 62; Sigisbert Frick 66; Cécile Lauber 69; Josef Maria Camenzind 71; Franz Fassbind 81.

Literaturpreis der Landeshauptstadt Stuttgart 1978. — St: Landeshauptstadt Stuttgart, Kulturamt, Postfach 161, D-7000 Stuttgart 1, Tel.: (0711) 216-6703. — Vt: Gemeinderat der Landeshauptstadt Stuttgart.
Pt: Werner Dürrson, Roland Lang, Fritz Vogelsang 78; Irmela Brender, Margarete Hannsmann, Otto Bayer 80; Franz Mechsner, Friederike Roth, Ragni Maria Gschwend 82.

Literaturpreis der Stadt Bad Wurzach 1982. — Vt: Stadt Bad Wurzach, Bürgermeisteramt, Marktstr. 16, D-7954 Bad Wurzach, Tel. (07564) 302-100.
Pt: Sebastian Haffner 83.

Literaturpreis der Stadt Bern 1939. — St: Stadt Bern. — Vt: Gemeinderat der Stadt Bern auf Antrag der Literarischen Kommission der Stadt Bern, Sekretariat für kulturelle Fragen, Gerechtigkeitsgasse 79, CH-3011 Bern.
Pt: seit 1945: Hans Rudolf Balmer, Walter Laedrach, Gustav Renker, Eugen Wyler, Hans Zbinden, Elisabeth Baumgartner-Siegenthaler, Werner Bula, Hektor Küffer, Helmut Schilling, Hans Schütz, Albert Streich 46; Peter Bratschi, Richard Feller, Alfred Fankhauser, Helene v. Lauber, John F. Vuilleumier, Helene Wirth 47; Joseph Beuret, Walter Adrian, René Gardi, Adolf Gerber, Hermann Hutmacher, Margaret Janson, Alix de Watteville 48; Emil Balmer, Alfred

Frankhauser, Erwin Heimann, Hans Rhyn, Adolf Schaer, Arnold H. Schwengeler, Elisabeth Baumgartner, Hans Bracher, Ernst Eberhard, Georg Küffer, Susi Langhans-Maync, Albert Streich 50; C.A. Loosli, René Gardi, Gertrud Heizmann, Walter Laedrach, Hans Michel, Fritz Ringgenberg, Wladimir Schermann, Emil Schibli 51; Werner Bula, Adolf Fux, Maria Lauber, Adolf Laubscher, Ernst Nägeli, Frieda Schmid-Marti 52; Werner Juker, Emil Ernst Ronner, Hanne Tribelhorn-Wirth, John Vuilleumier, Hans Zbinden, Hans Zulliger 53; Ernst Balzli, Charlotte v. Dach, Friedrich Dürrenmatt, René Gardi, Jakob Käser, Adrian Martin 54; Paul Eggenberg, Karl Grunder, Elisabeth Müller, Jakob Streit 55; Peter Bratschi, Manfred Gsteiger, Fritz Hug, Marguerite Janson, Helene v. Lerber, Laura v. Mandach, Helene Wirth, Emil Ernst Ronner 56; Walter Adrian, Erwin Heimann, Hermann Hutmacher, Erwin Schneiter, Edgar Schumacher, Albert Streich 57; Walter Jost, Ruth Elisabeth Kobel, Karl A. Laubacher, Albert Meyer, Hans Rhyn, Eugen Wyler, Otto Zinniker 58; Hans Cornioley, Frank A. Graber, Gertrud Heimann-Heizmann, Rudolf Joho, Kurt Kipfer, Gustav Renker, Adolf Schaer-Ris 59; Emil Balmer, Hans-Rudolf Balmer, Alfred Fankhauser, Peter Lehner, Hans A. Moser, Magda Neuweiler 60; Adolf Fux, Sergius Golowin, C. A. W. Guggisberg, Helmut Huber, Fritz Ringgenberg, Hans Schmitter 61; Christian Lerch, Guido Schmezer, Jörg Steiner, Fritz Strich, Karl Uetz 62; John F. Vuilleumier, Hans Zulliger, Urs Jaeggi 63; Kurt Guggisberg, Werner Juker, Michael Stettler, Hans Tribolet 64; Jean Gebser, Berner Heimatschutz-Theater, Heinz Weder 65; Hans R. Hubler, Karl Rinderknecht, Jean R. v. Salis, Walter Vogt 66; Ernst Eggimann, Helmut Schilling 67; Arnold Schwengeler 68.
Literaturpreis: Jörg Steiner 69; Hans Albrecht Moser 71; Walter Vogt 72; Elsbeth Pulver 75; Hans Sommer 77; Gerhard Meier 78; Friedrich Dürrenmatt 79; Kurt Marti 81.
Buchpreis: René Gardi, Peter Lehner, Mani Matter, Friedrich Salzmann 69; Marguerite Janson, Max Huggler, Kurt Marti, Urs Oberlin, Paul Zinsli 70; Gertrud Wilker, Agathe Keller, Max Lüthi 71; Kurt Hutterli, E.Y. Meyer, Fritz Ringgenberg 72; Agathe

Keller, Christoph Geiser 75; Maja Beutler, Ernst Burren, Christoph Geiser 76; Sergius Golowin, Kurt Hutterli, Walter Vogt 78; Guido Bachmann, Lukas Hartmann, Kurt Marti, Rosalie Wenger, Gertrud Wilker 79; Walter Kauer, Jean Rudolf von Salis, Walter Vogt 80; Daniel Lukas Bäschlin, Maja Beutler, E.Y. Meyer, Gertrud Wilker, Hedi Wyss 81; Ernst Eggimann, Rolf Geissbühler, Beat Weber 82; Guido Bachmann, Beat Brechbühl, Peter Lehner 83.
Förderpreis: Paul Michael Meyer 69; Werner Wüthrich 72; Henrik Rhyn, Adolf Schaller, Beat Weber 74; Meieli Beutler, Alexander Calver, Wolfgang Kunz, H.R. Lehmann, Ivar Werlen 75; Peter J. Betts, Dres Balmer, Andreas Flückiger, Werner Jundt 76; Renat Beck, Anna Maria Schneider-DiMeo, Walter Raaflaub, Beat Weber 78; Thomas Bürki, Otto Buri 79; Manuel Frei, Heidi Nef, Urs Veraguth, Gerhard S. Schürch, Jürg Weibel, Werner Wüthrich 80; Peter Morger 81; Tobias C. Biancone, Christoph Kuhn, Heinz Stalder, Zeno Zürcher 82; Gerhard J. Lischka 83.
Autorenbeitrag: Peter Lehner 73; Gerhard Meier, E.Y. Meyer 74; Kurt Hutterli 75; Ernst Eggimann 76; Christoph Geiser, A. Eggimann-Keller 77; Sam Jaun 78; Lukas Hartmann 78/79.
Fördergabe: Renat Beck, Anna Maria Schneider-DiMeo, Walter Raaflaub, Beat Weber 78; Manuel Frei 80.
Werkbeitrag: Rudolf Stalder, Fritz Widmer 80; Thomas Kaiser 81; Patrick Baumann, Pierre Farine, Linda Geiser 82.
Werkjahr: Jürg Weibel 79; Mariella Mehr, Paul Michael Meier 80; Rolf Geissbühler 81; André Vladimir Heiz 82; Rosalie Jaggi 83.

Literaturpreis der Stadt Erlangen, s. Kulturpreis der Stadt Erlangen 1962.

Literaturpreis der Stadt Graz 1973 (1956-1958: Kunstförderungspreis der Stadt Graz, seit 1975 verliehen als Franz-Nabl-Preis und Literaturförderungspreis der Stadt Graz). – St: u. Vt: Stadt Graz.
Pt: Alois Hergouth, Hannelore Valencak, Herbert Zinkl 56; Alois Hergouth, Willi Kendlbauer, Maria Knittelfelder, Grete Scheuer, Rudolf Steiner 58; Max Mayr, Peter Philipp, Elek Vajda 73; Edith Münzer, Gerhard Roth, Alfred Kolleritsch, Walter Zitzenbacher 74.

Literaturpreis der Stadt Zürich 1930. – St: u. Vt: Stadtrat von Zürich, Präsidialabt. der Stadt Zürich, CH-8000 Zürich, Tel.: (01) 2163125.

Pt: Carl Gustav Jung 32; Felix Moeschlin 35; Maria Waser 38; Hermann Hiltbrunner 41; Robert Faesi 45; Alfred Graber 46, 53, 67, 72, 74; Traugott Vogel 48; Fritz Ernst 51; Kurt Guggenheim 55; Max Frisch 58; Max Rychner 61; Arnold Kübler 63; Emil Staiger 66; R. J. Humm 69; Arthur Häny 70; Hugo Loetscher 72; Erwin Jaeckle 74; Albert Ehrismann 78; Hans Schumacher 82.

Literaturpreis der Stiftung zur Förderung des Schrifttums 1950. – St: Friedrich Märker mit Mitteln des Bayerischen Rundfunks. – Vt: Stiftung zur Förderung des Schrifttums e. V., Pfarrer-Grimm-Str. 18, D-8000 München 50, Tel. (089) 8124613.

Pt: Otto v. Taube 52; Mechthild v. Lichnowsky 53; Paula Schlier 54; Oda Schaefer 55; Georg v. d. Vring 56; Carl Amery 57; Siegfried v. Vegesack 61; Hans Brandenburg 65; Wolfgang Koeppen 67; Georg Schwarz, Hermann Stahl 68; Oda Schaefer 70; Martha Saalfeld 73; Eberhard Horst 75; Uwe Dick 78; Udo Steinke 80; Wolfgang Bächler 82.

Literaturpreis des Deutschen Jagdschutzverbandes 1957, s. DJV-Kulturpreis.

Literaturpreis des DFD 1968. – St: u. Vt: Demokratischer Frauenbund Deutschlands.

Pt: Luise Dornemann, Helmut Sakowski 69; Siegfried Pfaff 70; Eberhard Panitz 73; Gerhard Bengsch 74; Hedda Zinner 75; Margarete Neumann 77; Ruth Werner 78; Armin Müller 79; Elfriede Brüning 80; Max Walter Schulz 82.

Literaturpreis des FDGB 1955. – St: u. Vt: Bundesvorstand d. FDGB (DDR).

Pt: Eduard Claudius, Wolfgang Neuhaus, Jan Koplowitz, Hans Gert Lange, Dieter Noll 55; Stefan Heym, Karl-Georg Egel, Paul Wiens, Klaus Beuchler, Herbert Kasten, Jürgen Lenz 56; Kuba, Valentin Rabis 57; Otto Gotsche, Jochen Koeppel, Hermann Rodigast, Regina Hastedt, Hasso Grabner, Jupp Müller, Hans Marchwitza, Walter Baumert 59; Werner Barth, Hans-Jürgen Steinmann, Benno Voelkner, Günter Görlich 60; Brigitte Reimann, Siegfried Pitsch-

mann, Herbert Nachbar, J. C. Schwarz, Paul Schmidt-Elgers, Edith Bergner, Marianne Bruns, Helmut Preißler, Erik Neutsch, Karl-Heinz Schleinitz, Walter Baumert 61; Reinhard Wenzel, Franz Fühmann, Erik Neutsch, Gisela Steineckert, Heinz Kahlau, Bernhard Seeger, Brigitte Reimann, Regina Hastedt 62; Jurij Brežan, Walter Heynowski, Hermann Kant, Horst Kleineidam, Rolf Gumlich, Ralph Knebel, Heinz Knobloch, Ulrich Thein, Werner Schmoll, Max Walter Schulz, Zirkel Schreibender Arbeiter "Erich Weinert" (Leitung: Hans-Joachim Hartung), Zirkel Schreibender Arbeiter Karl-Marx-Stadt 63; Helmut Hauptmann, Rainer Kerndl, Franz Fühmann, Erich Köhler, Zirkel Schreibender Arbeiter, Deuben, Edith Bergner, Zirkel Schreibender Arbeiter der DSF, Berlin (Leitung: Walter Radetz), Zirkel Schreibender Arbeiter der IG-Wismut, Aue 64; Günter Görlich, Joachim Knappe, Werner Steinberg, Inge von Wangenheim, Zirkel Schreibender Arbeiter RAW Potsdam (Leitung: Franz Fabian), Zirkel Schreibender Arbeiter, Sömmerda (Leitung: Wolfgang Held) 66; Gerhard Bengsch 67; Jan Koplowitz, L. Kempe, Gerhard Bengsch 68; Anna Seghers, Gerhard Bengsch, Helmut Sakowski, Benito Wogatzki, Martin Viertel, Fritz Bohne, Autorenkoll. d. Sendereihe "Bezeugt und protokolliert", Werner Bräunig, Gerhard Winterlich, Zirkel Schreibender Arbeiter d. VEB "Esda" Feinstrumpfwerke Thalheim, Zirkel Schreibender Arbeiter d. VEB Starkstromanlagenbau Rostock 69; Alfred Kurella, Fritz Selbmann, Helmut Preißler, Arbeitsgemeinschaft schreibender Soldaten d. Grenzkommandos d. NVA, Horst Seemann, Wolfgang Held, Joachim Hellwig 70; *für Lit.:* Joachim Knappe, Herbert Gute, Rudolf Prinz, Zirkel Schreibender Arbeiter "Schota Rustaweli" d. VEB-Qualitäts- u. Edelstahlwerkes Henningsdorf Günther Stein, Maurycy Janowski, Zirkel Schreibender Arbeiter beim Kreisvorstand d. FDGB Neustrelitz; *für Film:* Wera u. Klaus Küchenmeister, Horst E. Brandt u. a. für den Film "KLK an PTX — Die rote Kapelle", Ullrich Plenzdorf, Ingrid Reschke u. a. für den Film "Kennen Sie Urban?"; *für Hsp.:* Gerhard Rentzsch u. a. f. Hsp.-R. "Das Amulett", Arne Leonhardt 71; Renate Holland-Moritz, Helga Meyer, Hansgeorg Meyer, Michael Tschesno-Hell, Hermann Rodigast, Rolf Schneider, Armin Stolper 72; Kurt Huhn, Günter Deicke, Peter Abraham, Albrecht Börner, Günter Görlich 73; Walter Heynowski u. Gerhard Scheumann (Koll.), Herbert Otto, Herbert Jobst, Armin Müller, Erik Neutsch, Hermann Rodigast (Koll.), Inge Borde-Klein (Koll.) 74; Werner Steinberg, Helmut Baierl, Horst Bastian, Eva Lippold 75; Bruno Apitz, Claus Hammel, Horst Jäger, Hans Krause 76; Richard Christ, Werner Gawande, Wolfgang Kohlhaase (Kollektiv), Eva Stein (Kollektiv) 77; Ruth Werner, Erwin Strittmatter, Rainer Kerndl, Uwe Kant, Martin Stephan (Kollektiv), Erich Schlossarak (Kollektiv), Gerhard Jäckel, Ulrich Waldner, Joachim Witte 78; Dieter Noll, Hanns Maaßen, Harry Thürk 79; Gerhard Bengsch, Joachim Brehmer, Günther Deicke (Kollektiv), Rolf Floß, Gisela Karau, Hans Weber 80; Wieland Herzfelde, Helmut Sakowski, Max Walter Schulz, Bernhard Seeger, Walter Baumert (Kollektiv), Wolfgang Schaller (Kollektiv), Peter Goslicki, Christa Müller (Kollektiv) 81; Walter Baumert, Karl Mundstock, Hedda Zinner (Kollektiv) 82; Jurij Brezan, Elfriede Brüning, Eduard Klein, Bernhard Seeger 83.

Literaturpreis des Fonds der Landeshauptstadt Salzburg zur Förderung von Kunst, Wissenschaft und Literatur 1964. − St: Landeshauptstadt Salzburg u. Zuwendungen von dritter Seite. − Vt: Kuratorium des Fonds, Auerspergstr. 7, A-5024 Salzburg, Tel.: (0662) 73866.
Großer Literaturpreis: Carl Zuckmayer 74, weitergeg. an: Gerhard Amanshauser, Hans Gigacher, Wolfgang Palka; Peter Rosei 80.
Förderpreis: Walter Kappacher, Christine Haidegger, Walter Müller 81.

Literaturpreis des Kranichs mit dem Stein 1983. − St: Deutscher Literaturfonds e.V., Alexandraweg 23, D-6100 Darmstadt. − Vt: Jury der Kranichsteiner Literaturtage.
Pt: Rainald Goetz 83.

Literaturpreis des Landes Steiermark 1972 (1951-1971: Peter-Rosegger-Literaturpreis). − St: u. Vt: Steiermärkische Landesregierung, Rechtsabt. 6

− Kultur, Kunst, Karmeliterplatz 2, A-8011 Graz.
Pt: (auch Förderungspreisträger): Rudolf Hans Bartsch, Max Mell 51; Paula Grogger, Margarete Weinhandl 52; Franz Nabl, Rudolf Stibill 53; J. Franz Schütz, Karl Adolf Mayer 54; Eduard Hoffer, Paul Anton Keller, Alois Hergouth 55; Julius Zerzer, Kurt Hildebrand Matzak, Anna Lukesch 56; Hilda Knobloch, Rudolf List, Herbert Zand 57; Franz Taucher, Helene Haluschka, Martha Wölger 59; Bruno Brehm, Wolfgang Arnold, Erwin Walter Stein 61; Josef Papesch, Hannelore Mayer-Valencak, Ernst Hammer 63; Alois Hergouth 65; Hannelore Mayer-Valencak 66; Eduard Walcher 67; Ernst Hammer 68; Heinz Pototschnig 69; Wolfgang Bauer 70; Martha Wölger 71; Peter Handke 72; Barbara Frischmuth 73; Herbert Zand 74; Gerhard Roth 75; Alfred Kolleritsch 76; Max Hölzer 77; Daniel Wolfkind 78; Grete Scheuer 79; Bernhard Hüttenegger 80; Helmut Eisendle 81; Reinhard P. Gruber 82.

Literaturpreis des Verbandes der Kriegsbeschädigten Deutschlands 1955. − St: Verband der Kriegs- und Wehrdienstopfer, Behinderten u. Sozialrentner Deutschlands e. V., Bonn. − Vt: Präsidium des VdK Deutschlands e. V.
Pt: Hermann Buddensieg 55; Lothar Franke 58; Martin Koller 62; Leonhard Jansen 70; Karl Hochmuth 74.

Literaturpreis des Verlages Carinthia 1973. − St: u. Vt: Verlag Carinthia, Völkermarkter Ring 25, A-9010 Klagenfurt.
Pt: Herbert Strutz 73; Ingeborg Pacher 75; Hans Gigacher 82.

Literaturpreis deutscher Freimaurer 1966, s. Kulturpreis deutscher Freimaurer 1978.

Literaturpreis für einen "Ersten Roman", s. Der erste Roman.

Literaturpreise des Kantons Bern. − St: Kanton Bern. − Vt: Literaturkommission des Kantons Bern in Verbindung mit der Kantonalen Erziehungsdirektion, Sekretariat d. Literaturkommission des Kantons Bern, Sulgeneckstr. 70, CH-3005 Bern.
Pt: Alfred Fankhauser 45; Erwin Heimann, Hektor Küffer 46; Gertrud Heizmann, Werner Paul Barfuss 47; Walter Adrian, Alfred Fankhauser,

Ad. Gerber, Hermann Hutmacher 48; Lucien Marsaux, Albert Streich, Hans Zbinden 49; Emil Balmer, Jonas Fränkel, Ernst Schürch, Otto Zumiker 50; Marguerite Janson, Marie Lauber, Elisabeth Müller 51; Henri Devain, Alfred Fankhauser, P. Hofer, Arnold Jaggi, Lucien Marsaux, U. Oberlin, Günther Schärer, Rober Simon, Hans Zbinden 52; Friedrich Dürrenmatt, Erwin Heimann, Walter Hugelshofer 53; C.A. Beerli, Friedrich Dürrenmatt, Richard Feller, Claire Francillon, Marguerite Janson, Guido Müller, G. Stempovsky, Michael Stettler, Hans Zbinden 54; Joseph Beuret-Frantz, Friedrich Dürrenmatt, Marie Lauber, M. Méléra, Hans Albrecht Moser, Magda Neuweiler, M. Viatte 55; Walter Adrian, Jacques-René Fiechter, Marguerite Janson, Hans Moser, M. Viatte 56; Jonas Fränkel, Jörg Steiner, Albert Streich, Erwin Heimann 57; Markus Kutter, Peter Lehner, E. Morgenthaler, Elisabeth Müller, Carl Seelig 58; Walter Adrian, Friedrich Dürrenmatt, Claire Francillon, René Gardi, Karl Grunder, Kurt Marti 59; Alfred Fankhauser, Editions du Griffon, K. Guggisberg, Verlag Paul Haupt, C.A. Müller 60; Hektor Küffer, A. Meyer, J. Röthlisberger, Alexandre Voisard 61; Friedrich Dürrenmatt, Kurt Marti, Fritz Ringgenberg, Karl Uetz 62; Jacques-René Fiechter, Hektor Küffer, Bernhard Nüesch, Hans Stauffer, Hans Werthmüller 63; Emil Balmer, Gerhard Meier, Paul Nizon 64; Arnold Jaggi, Elisabeth Müller, Hughes Richard, Jörg Steiner 65; Beat Brechbühl, Peter Dürrenmatt, Maria Lauber, Kurt Marti, Jörg Steiner 66; Hans von Greyerz 67; Beat Brechbühl, Ernst Eggimann, Adolfo Jenni, Gerhard Meier, Jean-Pierre Monnier, Hans Albrecht Moser, Hans Mühlethaler, Gertrud Wilker 68; Urs Dickerhof, Rolf Geissbühler, Martin Glaus, Manfred Gsteiger, Harald Szeemann, Otto Tschumi, Alexandre Voisard 70. *Großer Preis:* Friedrich Dürrenmatt 69; Kurt Marti 72; Jörg Steiner 76. *Buchpreis:* Gerhard Meier, Paul Nizon 71; Jean Cuttat, Gertrud Wilker 72; Ernst Eggimann, Jacques-René Fiechter, E.Y. Meyer, Jörg Steiner 73; Walter Vogt, Gerhard Meier, Hans Raaflaub, André Chèvre 74; P. Chappuis, Rolf Geissbühler, Kurt Marti, Paul Nizon, Alexandre Voisard 75; Walter Kauer, J.P. Monnier, Hughes

Richard, Verena Stefan, Walter Vogt 76; Pierre Chappuis, Sam Jaun, Jürg Läderach, Gerhard Meier, E.Y. Meyer, Erica Pedretti, Otto F. Walter, Gertrud Wilker 77; Peter J. Betts, Christoph Geiser, Urs Jäeggi, Paul Thierrin 78; Peter Bichsel, Ernst Burren, Henri-Dominique Paratte, Charles Racine, Walter Vogt 79; Gertrud Burkhalter, Christoph Geiser, Mariella Mehr, Heidi Nef, Paul Nizon, Gertrud Wilker, Werner Wüthrich, Gabrielle Faure 80/81; Margrit von Dach, Urs Kapf, Jörg Steiner, Peter Weibel, Fritz Widmer, Hedi Wyss, Juliette d'Arzille 82.

Förderungspreis: Rolf Geissbühler, Sam Jaun, Hughes Richard 71; Christoph Geiser, Martin Liechti, Paul Michael Meyer, Hans Raaflaub 72; Henri-Dominique Paratte 73; Beat Weber, Ernst Burren 74; Urs Karpf 77; Francis Zeller 78; Anne Roulet, Claude Schindler 80/81.

Gesamtwerk: Guido Bachmann 71; Peter Lehner 72.

Gastpreis: Erica Pedretti 73; Jean-Marc Lovay 76; Franz Böni, Ives Velan 79; Georges Piroué 80/81; M. Weber-Perret 82.

Übersetzerpreis: H.U. Schwaar 80/81; Markus Bieler 82.

Sachbuchpreis: Simone Oppliger 80/81; Jean Léchot 82.

Werkbeitrag: Adolf Schaller 72; Jürg Läderach 74; E.Y. Meyer 75.

Ehrengabe: Erwin Heimann 74; René Gardi 79.

Literaturstipendien der Steiermärkischen Landesregierung

1972. — St: u. Vt: Steiermärkische Landesregierung, Rechtsabt. 6-Kultur, Kunst, Karmeliterplatz 2, A-8011 Graz.
Pt: Alois Hergouth, Gerhard Roth 72; Helmut Eisendle, Doris Mühringer 73; Bernhard Hüttenegger, Herbert Zinkl 74; Otto Eggenreich, Franz Buchrieser 75; Ernst Binder, Alfred Paul Schmidt 76; Johannes Felfer, Reinhard Peter Gruber 77; Wilhelm Hengstler, Peter Köck 78; Klaus Hoffer, Hans Trummer 79; Hans Grassl, Kurt Franz 80; Wolfgang Pollanz, Marianne Fritz 81; Herwig Kaiser, Rose Nager 82.

Littera-Medaille

1977. — St: Renate Mayer. — Vt: Autorenvereinigung Littera.
Pt: Luise Rinser, Werner Finck, Hanns Ernst 78; Stephan Kayser 79.

Louis-Fürnberg-Preis des Bezirkes Erfurt. — St: u. Vt: Rat d. Bezirkes Erfurt.
Pt: Wulf Kirsten, Kurt Steiniger 72; Hanns Cibulka 73; Walter Werner 75; Eckart Krumbholz, Reinhard Bernhof 76; Dietmar Beetz 77; Siegfried Pitschmann 78; Heinz Knobloch 80.

Ludwig-Thoma-Medaille 1967. — St: Hans Hellmut Kirst. — Vt: Landeshauptstadt München, Kulturreferat, Postfach, D-8000 München 1.
Pt: Maidi v. Liebermann, Golo Mann, Otto Kraus 67; Hans Mollier, Fritz Bauer, Rudolf Pikola 68; Trude Kolmann, Ernst Müller-Meiningen jun., Ulrich Sonnemann 69; Joseph Panholzer, Herbert Schneider, Walter v. Cube 70; Ernst Maria Lang, Franziska Bilex, Franz Xaver Kroetz, Alwin Seifert 71; Carl Amery, Horst Haitzinger, Klaus Piper, Jackl Roider, Hans-Jochen Vogel 73; Horst Stern, Richard Lemp, Hans Steinkohl 74; Herbert Achternbusch, Hans Küng, Kurt Meisel 75; Hans-Reinhard Müller, Ludwig Schmid-Wildy, Paul Wühr 76; Gustl Bayrhammer, Hannes Burger 77; Nikolaus Lobkowicz, Franz Rappmannsberger, Walter Sedlmayr, Toni Berger 78; Georg Kronawitter, Paul Ernst Rattelmüller, Hans Stadtmüller, Kurt Wilhelm 79; Emil Vierlinger, Sepp Eibl, Alexander Frhr v. Branca, Barbara Gallauner 80; Hans Baur, Christa Berndl, Erich Hartstein, Gerhard Polt 81; Fritz Strassner, Edmund Steinberger, Bernhard Ücker 82; Ruth Drexel, Hans Brenner, Ernst Seiltgen, Franz Alt 83.

Luise-Rinser-Preis 1980. — St: Verlag R. S. Schulz, Berger Str. 8-10, D-8136 Percha, Tel.: (08151) 13041-43.
Pt: Gabriele Bodenstein 80; Thomas Rother 81; Johanna Walser 82.

Luzerner Literaturförderung 1979. — St: u. Vt: Kanton und Stadt Luzern, Geschäftsstelle der Luzerner Literaturförderung, Stadthaus, CH-6002 Luzern.
Diverse Werkjahrbeiträge, Werkpreise und Förderungsbeiträge pro Jahr.

Lyrikpreis des Deutschen Kulturwerkes Europäischen Geistes, Lenbachplatz 8, D-8000 München 2.
Pt: Otto von Zschock 76; Hans Heinz Dum 77; Ulrich v. d. Damerau 78; Gertrud Schurig 80; Jolande Zellner-Regula 83.

Lyrikpreis des Kantons Basel-Landschaft.
Pt: René Regenass, Ueli Kaufmann 72.

Märkisches Stipendium für Literatur 1978. — Vt: Märkische Kulturkonferenz e.V., Geschäftsstelle: Lüdenscheider Str. 28, D-5990 Altena, Tel. (02352) 200395.
Pt: Katja Behrens 78/79; Günter Radtke 79/80; Roderich Feldes 80/81; Ingrid Bachér 82; Birgitta Arens 83.

manuskripte-Literaturpreis für Form und Fiktion 1981. — St: Jürg Laederach. — Vt: Forum Stadtpark, z. Hd. A. Kolleritsch, Stadtpark 1, A-8010 Graz, Tel.: (0316) 77734 u. 34142.
Pt: Walter Vogl 81; Renato P. Arlati 82.

Marburger Literaturpreis 1980. — St: Stadt Marburg, Landkreis Marburg-Biedenkop, Neue Lit. Gesellschaft e.V. Marburg. — Vt: Stadt u. Landkreis Marburg im 2j. Turnus, NLG, Sauersgäßchen 1, 3550 Marburg, Tel.: (06421) 64822.
Pt: Harald Kaas 80; Ludwig Harig 82.
Förderpreis: Elfriede Czurda, Rosemarie Schering, Gert Jonke, Oskar Pastior 80; Jürgen Fuchs, Tezer Kiral, Hans-Georg Bulla 82.

Marieluise-Fleißer-Preis 1981. — St: u. Vt: Stadt Ingolstadt, Rathausplatz, D-8070 Ingolstadt, Tel.: (0841) 305361.
Pt: Irmgard Keun 81.

Martin-Andersen-Nexö-Kunstpreis der Stadt Dresden. — St: u. Vt: Rat d. Stadt Dresden.
Pt: Kurt Arnold Findeisen 56; Auguste Wieghardt-Lazar 59; Lothar Kempe 60; Karl Zuchardt 61; Ruth Seydewitz 62; Heinz Klemm 63; Annemarie Reinhard 64; Willi Hasso Mager 65; Herbert Friedrich 66; Max Zimmering 67; Manfred Streubel 68; Marianne Bruns, Gottfried Herold 69; Eva Schumann 70; Kurt Liebmann 71; Joochen Laabs 73; Heide Wendland-Herold 74; Max Seydewitz, Katharina Scheinfuß 75; Horst Kleineidam 76; Rolf Floß 77; Hermann Werner Kubsch 78; Hildegard Schöbel 79; Tine Schulze-Gerlach 82; Maria Schwauß 83.

Max-Dauthendey-Plakette 1962. - St: u. Vt: Max-Dauthendey-Gesellschaft, Rückertstr. 5, D-8700 Würzburg.

Pt: Wilhelm v. Scholz, Hermann
Gerstner, Gg. Harro Schaeff-Schee-
fen, Adalbert Jakob, Hans Reinhart,
Leo Weismantel, Rudolf Schmitt-
Sulzthal, Friedrich Deml, Michael
Meisner, Anton Dörfler 62; C. F. W.
Behl, Willy R. Reichert, Friedrich
Schnack 63; Alo Heuler, Hermann
Sendelbach 64; Wolf Justin Hart-
mann, Georg Schneider, Karl Hoch-
muth 65; Herbert Günther 66; Eugen
Skasa-Weiß 69; Rudolf Priesner 70;
Otto Schmitt, Heiner Reitberger 74;
Inge Meidinger-Geise, Erich Mende,
Wolfgang Buhl, Hans Dieter Schmidt
79; Michael Gebhardt 80.

**Max-Lippmann-Walter-Meckauer-
Gedenkmedaille** 1969. — St: u. Vt:
Gesellschaft f. Kunst u. Literatur
"Der Osten".
Pt: Max Tau 69; Else Levi-Mühsam
71; Hans Y. Priebatsch 75.

**Max-Reger-Kunstpreis des Bezirks
Suhl.** — St: u. Vt: Rat d. Bez. Suhl.
Pt: Walter Werner 62; Curt Letsche
70; Joachim Knappe 77; Chris Horn-
bogen 78; Horst Jäger 79; Wolfgang
Rinecker 81; Landolf Scherzer 82.

**Medaille "Für hervorragende
Leistungen bei der sozialistischen
Erziehung in der
Pionierorganisation, Ernst
Thälmann"** 1955. — St: u. Vt: Zentralrat der FDJ (DDR).
Pt: Käthe Carow, Gerhard Holtz-Baumert 55; Max Zimmering, Benno Pludra, Karl Veken, Willi Meinck, Adolf
Görtz 58; Helmut Lindner, Fred Ro-
drian, Erich Fabian, Werner Heiduc-
zek, Günter Feustel 69; Walther Vic-
tor, Ursula Stauder, Barbara Winkler
61; Otto Gotsche, Gerhard Holtz-Bau-
mert, Inge Holtz-Baumert, Benno
Pludra, Fred Rodrian, Auguste Wieg-
hardt-Lazar 63; Willi Meinck, Ludwig
Renn, Günter Feustel 64; Anne Geelhaar 66; Ilse Korn 67; Günter Görlich,
Hans Günter Krack, Joachim Nowotny, Rose Nyland, Helmut Preißler,
Erich Rackwitz, Götz R. Richter,
Manfred Streubel, Brigitte Tenzler,
Joachim Witte 68; Siegfried Dietrich,
Paul Kanut Schäfer, Lieselotte Welskopf-Henrich, Dagmar Zipprich 71;
Werner Lindemann, Günter Ebert 72;
Kurt David, Gottfried Herold, Hilde-
gard und Siegfried Schumacher 73;
Helmut Meyer, Klaus Beuchler, Wer-
ner Bauer, Bernd Wolff, Helga Meyer
74; Götz R. Richter, Sibylle Durian,

Brigitte Birnbaum, Gerda Rottschalk
78; Helga Talke, Gabriele Stave, Bodo
Schulenburg, Bernd Wolff 79.

**Medaille für Kunst und Wissenschaft
zu Bremen** 1938, s. Senatsmedaille
für Kunst und Wissenschaft.

**Meersburger Droste-Preis für
Dichterinnen** 1956. — St: von 56-61
Helen Freifrau v. Bothmer; seit 1962:
Gemeinderat d. Stadt Meersburg. —
Vt: bis 61: Präsidium d. Bodensee-
Klubs Überlingen; seit 62: Stadt
Meersburg, Rathaus, Postfach 1140,
D-7758 Meersburg, Tel.: (07532) 82363.
Pt: Erika Burkart 57; Nelly Sachs 60;
Christine Busta 63; Rose Ausländer
67; Hilde Domin 71; Eva Zeller 75;
Gertrud Leutenegger 79; Maria Menz,
Dorothee Sölle 82.

Mölle-Literaturpreis 1973. — St: u. Vt:
Internationales Autoren-Progressiv,
Flundrarps Boställe PL 844, S-26040
Viken.
Pt: Reiner Kunze 73; Karl H. Bolay
75; Urs Karpf 77; Boleslaw Fac, Inge
Meidinger-Geise, André Weckmann
79; Gabor Görgey, Konrad Rabenstei-
ner 81; Hans-Joachim Haecker, Sand-
ro Key-Åberg 83.

Mülheimer Dramatikerpreis 1976. —
St: u. Vt: Stadt Mülheim a. d. Ruhr,
Der Oberstadtdirektor, Kulturamt,
Postfach 011620, D-4330 Mülheim 1,
Tel.: (0208) 4554111.
Pt: Franz Xaver Kroetz 76; Gerlind
Reinshagen 77; Martin Sperr 78; Hei-
ner Müller 79; Ernst Jandl 80; Peter
Greiner 81; Botho Strauß 82; George
Tabori 83.

Nachwuchsstipendien für Literatur
1973. — St: Republik Österreich. —
Vt: Bundesministerium für Unterricht und Kunst, Minoritenplatz 5, A-
1014 Wien.
Pt: Gert F. Jonke, Bernhard Hüttenegger, Gerhard Roth, Peter Weibel
73; Gustav Ernst, Franz Kaltenbeck,
Michael Springer, Helmut Zenker 74;
Joachim Gunter Hammer, Thomas
Northoff, Werner J. Schweiger, Christian Wallner 75; Anselm Glück, Michael Köhlmeier, Peter Wagner, Herbert Josef Wimmer 76; Manfred Chobot, Elfriede Czurda, Marianne Fritz,
Gerhard Jaschke 77; Ingram Hartinger, Gerhard Ruiss, Marion Strotzer-
Zauner, Peter Veit 78; Reinhold
Aumaier, Peter Fladl-Martinez, Christa Stippinger, Josef Winkler 79; An-

tonio Fian, Franz Josef Czernin, Gerald Grassl, J. P. A. Vyoral 80; Walter Grond, Erich Hackl, Marianne Mayer, Marcel Meyrath 81; Janko Ferk, Manfred Maurer, Wolfgang Pollanz, Hermann Staffler 82; Stephan Eibel, Franz Hochrinner, Rudolf Lasselsberger, Elisabeth Reichart 83.

Nationalpreis f. Kunst u. Literatur d. DDR 1949. — St: u. Vt: Reg. d. DDR.

Pt: Heinrich Mann, Johannes R. Becher, Friedrich Wolf, Bernhard Kellermann, Berta Waterstradt, Kuba, Erich Weinert, Jürgen Kuczynski 49; Johannes R. Becher, Hanns Eisler, Friedrich Wolf, Willi Bredel, Hans Marchwitza, Stephan Hermlin, Paul Rilla, Gustav von Wangenheim 50; Martin Andersen-Nexö, Anna Seghers, Bertolt Brecht, Eduard Claudius, Peter Huchel, Jurij Brezan, Arnold Zweig, Hans Rodenberg, Martin Nowak-Neumann, Jurij Winar 51; Erich Weinert, Kurt Stern, Jeanne Stern, Martin Hellberg, Erich Arendt, Maria Langner 52; Lion Feuchtwanger, Erwin Strittmatter, Karl Grünberg, Heinrich Kipphardt 53; Willi Bredel, Michael Tschesno-Hell, Ehm Welk, Bodo Uhse, Stephan Hermlin, Wolfgang Kohlhaase, Hedda Zinner 54; Leonhard Frank, Ludwig Renn, Kurt Stern, Jeanne Stern, Alexander Abusch, Hans Marchwitza, Erwin Strittmatter 55; Louis Fürnberg, K. E. von Schnitzler, Andrew Thorndike, Annelies Thorndike, Günther Rücker, Johannes von Guenther 56; Slatan Dudow, Henryk Keisch, Michael Tschesno-Hell, Benno Voelkner, Franz Fühmann 57; Bruno Apitz, Otto Gotsche, Kuba 58; Karl-Georg Egel, Stefan Heym, Jan Petersen, Fred Reichwald, Anna Seghers, Paul Wiens, Helmut Sakowski, Kuba 59; Karl Böhm, Rolf Dörge, Werner Eggerath, Harald Hauser, Friedrich Karl Kaul, Max Seydewitz 60; Helmut Baierl, Walter Gorrish, Hans Lorbeer, Ludwig Renn, Walther Victor, Erich Brehm, Helmut Schneller 61; Wolfgang Joho, Maximilian Scheer 62; Bruno Apitz (I. Kl.), Dieter Noll, Bernhard Seeger 63, 67; Hans Marchwitza, Kurt Barthel (Kuba), Jurij Brezan, Erik Neutsch, Horst Salomon (I. Kl. i. Koll.), Max Walter Schulz, Erwin Strittmatter, Harry Thürk (i. Koll.), Christa Wolf 64; Georg Maurer, Alex Wedding, Claus Küchenmeister, Helmut Sakowski, Auguste Wieghardt-

Lazar 65; Karl-Georg Egel (i. Koll.), Michael Tschesno-Hell (i. Koll.), Benno Pludra 66; Bernhard Seeger, Benito Wogatzki 67; Helmut Sakowski, Benito Wogatzki, Wolfgang Kohlhaase, Lilo u. Gerhard Hardel, Rudolf Böhm 68; Gerhard Bengsch, Alfred Kurella, Max Zimmering, Armin Müller, Wolfgang Held, Rosemarie Schuder, Otto Braun, Günter Jäniche, Erich Müller, Maria Riwkin, Georg Schwarz 69; Peter Edel, Helmut Baierl, K.-G. Egel, Günther Deicke 70; Anna Seghers, Alexander Abusch, Wera u. Klaus Küchenmeister, Günter Görlich, Günter Rücker, Bruno Kaiser, Peter Goldammer (i. Koll.), Herbert Greiner-Mai (i. Koll.), Helmut Preißler 71; Helmut Sakowski, Uwe Berger, Egon Günther, Rainer Kerndl, Liselotte Welskopf-Henrich 72; Kurt David, Friedrich Albert, Irmfried Hiebel, Klaus Kändler, Alfred Klein (Koll.), Wieland Herzfelde, Hermann Kant, Lieselotte Remané, Günther Stein, Traute Stein (Koll.) 73; Franz Fühmann, Peter Hacks, Hans Koch, Jürgen Kuczynski, Hermann Rodigast, Fritz Selbmann 74; Jurek Becker, Stephan Hermlin, Gerhard Holtz-Baumert 75; Jurij Brezan, Herbert Nachbar, Erwin Strittmatter, Alfred Wellm, Kurt Böttcher (Koll.), Hans Jürgen Geerdts (Koll.), Hans Kaufmann (Koll.) 76; Peter Hacks, Wolfgang Kohlhaase, Eberhard Panitz, Harry Thürk, Inge von Wangenheim, Eduard Klein, Irmtraud Morgner 77; Günter Görlich, Ruth Werner, Herbert Otto, Rosemarie Schuder, Uwe Kant, Jochen Hauser, Peter Goslicki 78; Dieter Noll, Joachim Nowotny, Erich Schlossarek, Christa Kozik, Fred Rodrian, Claus Hammel, Willi Meinck, Wilhelm Tkaczyk, Gisela Steineckert 79; Günther Rücker, Eva Lippold, Max Walter Schulz, Gerhard Bengsch, Hans Pfeiffer, Gerhard Rentzsch, Rudi Strahl 80; Benno Pludra, Erik Neutsch, Walter Flegel, Uwe Kant 81; Horst Beseler, Klaus Jarmatz, Wolfgang Kießling, Hans Marquardt, Wolfgang Tilgner, Walter Werner, Benito Wogatzki 82; Hermann Kant, Wolfgang Joho, Erich Arendt, Karl Mickel, Hans Weber 83.

Nelly-Sachs-Preis s. Kulturpreis d. Stadt Dortmund.

Nicolaus Coppernicus-Preis 1968. — St: Gemeinschaft d. Allensteiner Kulturschaffenden. – Vt: Patenschaft Gelsenkirchen-Allenstein.

Pt: Tamara Ehlert 70; Wolfgang Eschker 73; Georg Hermanowski 75; Robert Grabski 77; Hedwig Bienkowski-Andersson 79; Erich Trunz 81.

Niedersachsenpreis 1977. – St: u. Vt: Land Niedersachsen, Der Niedersächsische Ministerpräsident, Staatskanzlei, Planckstr. 2, D-3000 Hannover 1, Tel.: (0511) 1201.
Pt: Walter Kempowski 78; Fritz Wolf 79; Wolfgang Wagner 80; Red. von Westermanns Monatsheften 81; Friedrich Bohne 82; Walther Killy 83; Hugo Dittberner 84.

Niedersächsischer Förderungspreis für junge Künstler, s. Niedersächsisches Künstlerstipendium.

Niedersächsisches Künstlerstipendium 1978 (1961-1970: Niedersächsischer Förderungspreis für junge Künstler). – St: u. Vt: Niedersächs. Minister für Wissenschaft und Kunst, Postfach 261, D-3000 Hannover 1, Tel. (0511) 1208733.
Pt: Hans Günter Michelsen, Peter Faecke 63; Ruth Rehmann, Jürgen Becker 64; Peter Härtling, Ror Wolf 65; Hartmut Lange, Adolf Muschg 66; Guntram Vesper, Dieter Paul Meier-Lenz, Timm Ulrichs 68; Diedrich Heinrich Schmidt, Uwe Herms 69; Ingomar v. Kieseritzky, Horst Zankl 70; Hans-Joachim Haecker, Greta Schoon, Hansjürgen Weidlich 79; Sigrid Brunk, Heinrich Schmidt-Barrien, Hannelies Taschau, Guntram Vesper 80; Hannsferdinand Döbler, Gerlind Reinshagen, Rudolf Otto Wiemer 81; Hugo Dittberner, Erna Donath, Kurt Morawietz 82; Oswald Andrae, Hans-J. Fröhlich, Heinrich Goertz 83.
Nachwuchsstipendium: Johann P. Tammen, Traute Dittmann-Brüggebors, Günter Müller 80; Nikolai Alban Herbst, Konstanze Radziwill, Ronald Schernikau 81; Wolfgang Bittner, Achim Bröger 82; Wolfgang Eschker, Manfred Hausin 83.

Nobelpreis für Literatur. – St: Nobelstiftung. – Vt: Schwedische Akademie d. Wissenschaften.
Pt: Hermann Hesse 46; Nelly Sachs, Schmuel Josef Agnon 66; Heinrich Böll 72; Elias Canetti 81.

Nordgaukulturpreis der Stadt Amberg 1952. – St: u. Vt: Stadt Amberg.

Pt: (f. Dichtung) Heinz Schauwecker 52; Florian Seidl 54; Gottfried Kölwel 56; Bruno Brehm 58; Robert Lindenbaum 60; Gertrud Fussenegger 62; Regensburger Schriftstellergruppe "Grüner Kranz" 64; Franz Liebl 66; Erich L. Biberger 74; Gertrud von den Brincken 76; Anna Maria Simundt 78 (eingestellt, weitergeführt als Nordgaupreis des Oberpfälzer Kulturbundes).

Nordgaupreis des Oberpfälzer Kulturbundes 1981. – St: u. Vt: Oberpfälzer Kulturbund, Emmeramsplatz 8, D-8400 Regensburg, Tel.: (0941) 564512.
Pt: Ernst R. Hauschka 82.

Oberrheinischer Kulturpreis 1966 (f. kulturelle Leistungen im alemannischen Sprachgebiet). – St: u. Vt: Joh. Wolfg. v. Goethe-Stiftung, Basel.
Pt: Nathan Katz, Emil Storck 66; Friedrich Franz v. Unruh, Hermann Schilli 67; Paul Bertololy 69; Germain Muller 72; Johannes Künzig 73; Charles Pfleger 74; Emil Egli, Hans Killian, Etienne Bilger 75; Konstantin Schäfer, Emile Georges Zink, Gustav Adolf Wanner 77; Max Rieple, Louis Edouard Schaeffer 80; Gerhard Jung, Adrien Finck 83.

Oberschlesischer Kulturpreis 1965. – St: Land Nordrhein-Westfalen. – Vt: Minister f. Arbeit, Gesundheit u. Soziales d. Landes NRW, Horion-Platz 1, D-4000 Düsseldorf.
Pt: (nur schöngeistige Schriftsteller): Hans Niekrawietz 68; Karl Schodrock 72; Max Tau 74; Alois M. Kosler 79; Viktor Kauder 81.
Förderungspreis: Arno Lubos 66; Viktor Paschenda 69; Franz Heiduk 72; Horst Eckert (Janosch) 77; Michael Zielonka 80.

Österreichische Kinder- und Jugendbuchpreise 1955. – St: u. Vt: Bundesministerium für Unterricht und Kunst, Minoritenplatz 5, A-1014 Wien.
Pt: Irene Stemmer, Gerhart Stappen, Otto Huber 55; Lilli Koenig, Auguste Lechner, Karl Bruckner 56; Oskar Jan Tauschinski 57; Franz Braumann, Mira Lobe, Irma Harder 58; Christine Busta, Gerhart Ellert 59; Helmut Leiter, Kurt Eigl 60; Käthe Recheis 61; Karl Bruckner, Othmar Franz Lang 61; Georg Schreiber, Oskar Jan Tauschinski, Gertrud Mikura 62; Fr. Habeck, Gertrud Mikura, Käthe Recheis

63; Gustav Urban, Gertrud Mikura, Käthe Recheis 64; Magdalena Mayer, Ilse Wolf, Max Stebich, Ilse Schaller, Mira Lobe, W. Bruckner, Lene Mayer-Skumanz 65; Friedl Hofbauer, H. Tichy, An Rutgers 66; Eleonora Berger, Václav Cvrtek, Cornelius Wilkeshuis, Fritz Habeck, Erkki Rekimies, Käthe Recheis 67; Robert Bolt, Annie M.G. Schmidt, Claude Cénac, Madeleine L'Engle, Georg Schreiber 68; Friedl Kauer, Kurt Wölfflin 69; Vera Ferra-Mikura, Mildred Lee, W.J.M. Wippersberg, Janusz Domagalik, Käthe Recheis 71; Gertrud Fussenegger, Ursula Wölfel, Käthe Recheis 72; Barbara Bartos-Höppner, Kurt Wölfflin 75; Wolf Harranth, Allen W. Eckert, Robert C. O'Brien, Käthe Recheis, Brigitte Peter, Stella Junker 76; Mira Lobe, Gianni Rodari, Marilyn Sachs, Hannelore Valencak, Renate Welsh, Ingrid Weixelbaumer 77; Tove Jansson, Renate Welsh, Else Breen, Alberto Manzi, Felice Holman, Gundl Herrnstadt-Steinmetz 78; Christine Nöstlinger, Colin Thiele, Käthe Recheis, Hans Baumann 79; Käthe Recheis, F. Sklenitzka, Ingrid Bachér, Willi Fährmann, Janusz Domagalik, Hans Domenego, Hilde Leiter, Irmgard Lucht, Oskar Jan Tauschinski 80; Friedl Hofbauer, Lene Mayer-Skumanz, Myron Levoy, Werner Pichler, Wolf Harranth 81; Wolf Harranth, Lene Mayer-Skumanz, Ulla Neckenauer 82.

Österreichischer Staatspreis für europäische Literatur 1965. — St: Republik Österreich. — Vt: Bundesministerium für Unterricht und Kunst, Minoritenplatz 5, A-1014 Wien.

Pt: Herbert Zbigniew 65; Wystan Hugh Auden 66; Vasko Popa 67; Vaclav Havel 68; Eugène Ionesco 70; Peter Huchel 71; Slavomir Mrozek 72; Harold Pinter 73; Sandor Weöres 74; Miroslav Krleza 75; Italo Calvino 76; Pavel Kohout 77; Simone de Beauvoir 78; Fulvio Tomizza 79; Sarah Kirsch 80; Doris Lessing 81; Tadeusz Róże-wicz 82; Friedrich Dürrenmatt 83.

Österreichischer Staatspreis für Kulturpublizistik 1979. — St: u. Vt: Bundesministerium für Unterricht und Kunst, Minoritenplatz 5, A-1014 Wien.

Pt: Piero Rismondo, Günther Anders 79; Edwin Hartl 80; Otto Basil 81; Hans Weigel 82; Wolfgang Kraus 83.

Österreichischer Würdigungspreis für Kinder- und Jugendliteratur 1980. — St: u. Vt: Bundesministerium für Unterricht und Kunst, Minoritenplatz 5, A-1014 Wien.

Pt: Mira Lobe 80; Vera Ferra-Mikura 83.

Oldenburger Kinder- und Jugendbuchpreis 1977. — St: Stadt Oldenburg. — Vt: Oberbürgermeister der Stadt Oldenburg (auf Vorschlag einer unabhängigen u. überregionalen Jury), Kulturabt. d. Stadtverwalt., Roonstr. 1, D-2900 Oldenburg.

Pt: Leonie Ossowski, Dietlof Reiche, Hanni Schaaf 77; Dagmar Kekulé, Franz Hohler, Wolfgang Fischbach 78; Monika Pelz, Sabine Friedrichson 79; Mirjam Pressler 80; Anatol Feid, Einar Schleef 81; Nikolaus Heidelbach, Heinz Knappe 82; Gudrun Mäkker, Michael Brenner 83.

Ossi-Sölderer-Preis 1981. — St: u. Vt: Mundartfreunde Bayerns e.V., c/o Wolfgang Oppler, Bahnhofsplatz 14, D-8130 Starnberg, Tel.: (089) 773834.

Pt: Siegbert Haiplik 81.

Ostpreußischer Kulturpreis 1957. — St: u. Vt: Landsmannschaft Ostpreußen e. V., Parkallee 86, D-2000 Hamburg 13.

Pt: Walter von Sanden-Guja 58; Hansgeorg Buchholtz 59; Walter Scheffler 60; Martin Borrmann 61; Siegfried Lenz 61; Fritz Kudnig 64; Gertrud Papendick, Charlotte Keyser 66; Paul Brock 69; Hedwig v. Lölhöffel 73; Arno Surminski 82.

Paula-Grogger-Preis für Erzählungen 1979. — St: Steiermärkische Landesregierung bzw. Styria-Verlag, Graz. — Vt: Steirischer Schriftstellerbund, Kernstockweg 9, A-8072 Fernitz, Tel.: (03135) 36344.

Pt: Ivo Hirschler, Konrad Windisch, Ilse Evelyn Schlag, Wolfgang Pollanz 80.

Paula-von-Preradovic-Preis für junge österreichische Lyrik 1978. — St: Österreichisches College, Reichsratsstr. 17/III/8, A-1010 Wien, Tel.: (0222) 433434. — Vt: Europäisches Forum Alpbach, Tirol.

Pt: Roswitha Hamadani 78; Maria Anastasia Druckenthaner 80; Peter Hagenah 82.

Anerkennungspreis: Helmut Kobelbauer 80.

Peter-Coryllis-Nadel 1977. − St: u. Vt:
Verlag Zum Halben Bogen J.M. Kurz,
Mühlenbergring 1, D-3406 Bovenden
1.
Pt: Siegward Kunath 77; Dalila Thomas-Roos 78; Joachim Lehmann 79;
Mirjam Treitel 80; Helene Fischer-
Gamper 81; Günther Karl Schröder
82.

Peter-Huchel-Preis für Lyrik 1983. −
St: Südwestfunk Baden-Baden und
das Land Baden-Württemberg, Südwestfunk, Postfach 820, D-7570 Baden-Baden.
Pt: Manfred Peter Hein 84.

Peter-Rosegger-Literaturpreis 1951, s.
Literaturpreis des Landes Steiermark
1972.

Petrarca-Preis 1975. − St: Hubert Burda. − Vt: Jury, c/o Michael Krüger,
Herzogstr. 66, D-8000 München 40.
Pt: Rolf Dieter Brinkmann 75; Ernst
Meister, Sarah Kirsch 76; Herbert
Achternbusch (hat Preis nicht angenommen) 77; Alfred Kolleritsch 78;
Zbigniew Herbert 79; Ludwig Hohl
80; Tomas Tranströmer 81; Ilse
Aichinger 82; Gerhard Meier 83; Gustav Janus 84.

Pfalzpreis für Literatur 1959. − St: u.
Vt: Bezirksverband Pfalz, Friedrich-
Ebert-Str. 14, D-6730 Neustadt, Tel.:
(06321) 850417.
Pt: Martha vom Scheidt-Saalfeld 59;
Wolfgang Schwarz 60; Willi Gutting
61; Leopold Reitz 62; Emil Schuster
63; Julius Overhoff 64; Erni Deutsch-
Einöder 65; Wilhelm Michael Schneider-Perhobstler 66; Arno Reinfrank
68; Friedrich Burschell 69; Gert Buchheit 70; Erwin Damian 73; Hans
Heinrich Pardey 74; Erneste Fuhrmann-Stone 75; Sigfrid Gauch 76;
Gerd Forster 77; Susanne Faschon 78;
Wolfgang Diehl 80; Lina Staab 81.

Pforten-Literaturpreis 1978. − St: u.
Vt: Pforten-Gesellschaft, Tutzing, Gesellschaft zur Freiheit des Geisteslebens, Freier Deutscher Autorenverband.
Pt: Roderich Menzel 78/79; Hubertus
Prinz zu Löwenstein 80.

Phantastik-Preis der Stadt Wetzlar
1983. − St: u. Vt: Stadt Wetzlar, Kulturamt, Postf. 2120, D-6330 Wetzlar,
Tel. (06441) 405265.
Pt: Wolfgang u. Heike Hohlbein 83.

Playboy Literatur-Wettbewerb Story 80
1980. − St: u. Vt: Playboy Deutschland.
Pt: Oskar Cöster 80.

Pommerscher Kulturpreis 1962. − St:
u. Vt: Pommersche Landsmannschaft,
Johnsallee 18, D-2000 Hamburg 13,
Tel.: (040) 444644, 444492.
Pt: *(Literatur):* Bernhard Trittelvitz
64; Gerd Lüpke 68; Klaus Granzow 76;
Siegfried Gliewe 81.

Preis der Autorenstiftung 1974. − St:
Verlag der Autoren. − Vt: Vorsitzender d. Autorenstift., Dr. Manfred
Schiedermeir, Schumannstr. 6, D-6000
Frankfurt, Tel.: (0611) 550727.
Pt: Gustav Ernst, Klaus Pohl, Peter
Sattmann 79; Heinrich Henkel 80;
Ernst Jürgen Dreyer, Thomas Hürlimann 82; Istvan Eörsi, Erika Runge,
Hubert Wiedfeld 83.

**Preis der Interessengemeinschaft
deutschsprachiger Autoren** (IGdA)
1968; seit 1971: "Permanenter Wettbewerb für Mitglieder der IGdA". − St:
u. Vt: IGdA.
Pt: Marie-Elisabeth Schröder-Schiffhauer, Margit Eckel, Horst H. Jork,
Fred Kortner, Änne Seegers, Wolfram
H. F. Katzenberger, Karl Seemann 68;
Ursula Völkel, Edith Marzinowski,
Irene Behme, Jutta Makowsky, Steffi
Brechfeld, Robert Gehrke, Otto Mack
69; Günther Luttmann, Emil Rath,
Leila von Malchus, Gunter Aigengruber, Otto Mack, Oskar Krczal, Emil
Rath, Edith Golinski 70, 74; Marianne
Junghans, Rosemarie Schrott-Bingel,
Anna-Valeria Vogl-Hüger 75, 77; Kurt
Bühler, Anke Siehoff, Joachim Zimmermann, Gunter Aigengruber, Hans
Walter Größinger 79.

**Preis der Landeshauptstadt Innsbruck
für künstlerisches Schaffen** 1952. −
St: u. Vt: Stadt Innsbruck, Abt. II-
Kulturamt, A-6010 Innsbruck.
Pt: Albert Köller, Ingeborg Purner-
Mühlhofer 52; Gertrud Haffner-Theiner, Hermann Kuprian 53; Ernst Meister, Robert Skorpil 54; Helmut Schinagl, Gertrud Haffner-Theiner, Ingeborg Teuffenbach-Capra 55; Heinrich
Klier, Walter Mieß 58; Franz Hölbing,
Eva Mieß-Lubinger, Helmut Schinagl
63; Helmut Schinagl, Anna Moritz-
Dietrich, Hugo Bonatti 66; Eva Mieß-
Lubinger, Hanspeter Niss 70; Albert
Jaschke, Hans Hummer, Walter Thöny, Siegfried Winkler 73; Felix Mitterer, Siegfried Winkler, Alois Schöpf,

Mathias Schönweger, Markus Wilhelm, Margarethe Schön-Wrann 78.

Preis der Sehnsucht (Literaturpreis für das beste surrealistische Gedicht) 1978. – St: Günther Dienelt. – Vt: Verlag für Gegenrealismus, Günther Dienelt, Lilienthalstr. 8a, D-8460 Schwandorf 1, Tel.: (09431) 60564.
Pt: H. Dieter Pannen, Ali Haidl, Katharina Werner 78; Hartmut Schneider, Michael Bugdahn, Uwe Jährling, Cecco Borschtsch 81.

Preis der Staatlichen Literaturkreditkommission des Kantons Basel-Stadt 1984. – St: u. Vt: Staatliche Literaturkreditkommission des Kantons Basel-Stadt, Sekretariat, Münsterplatz 2, CH-4000 Basel, Tel. (061) 218413.
Pt: Christoph Geiser 84.

Preis der Stadt Nürnberg 1970 (1952-1969: Kulturpreis der Stadt Nürnberg). – St: u. Vt: Stadt Nürnberg, Schul- und Kulturreferat, Hauptmarkt 18, D-8500 Nürnberg, Tel.: (0911) 162218.
Pt: Leonhard Frank 53; Hermann Kesten 54; Friedrich Hagen 65; Max von der Grün 73; Ludwig Fels 81; Hans Wollschläger 82.
Förderungspreis: Gottlob Haag 65; Elisabeth Engelhardt 66; Claus Henneberg, Wilhelm Staudacher 68; Uwe Brandner 69; Angelika Mechtel 70; Godehard Schramm 71; Ludwig Fels 73; Rüdiger Fitzgerald Kusz 74; Jochen Lobe 78; Gerhard C. Krischker 79.

Preis der Stadt Wien für Kunst, Wissenschaft und Volksbildung 1947. – St: Magistrat der Stadt Wien. – Vt: Bürgermeister der Stadt Wien.
Pt: *(f. Lit.):* Felix Braun 47; Erika Mitterer 48; Alma Holgersen 49; Rudolf Brunngraber 50; Alexander Lernet-Holenia 51; Franz Nabl 52; Franz Theodor Csokor 53; Franz Karl Ginzkey 54; Fritz Hochwälder 55; Rudolf Henz 56; Ferdinand Bruckner 57; Theodor Kramer 58; George Saiko 59; Ernst Waldinger 60; Heimito Doderer 61; Wilhelm Szabo 62; Ernst Lothar 63; Christine Busta 64; Ernst Schönwiese 65; Elias Canetti 66; Albert Paris Gütersloh 67; Johann Gunert 68; Imma Bodmershof 69; Friedrich Schreyvogl 70; Jeannie Ebner 71; Albert Drach 72; Hans Lebert 73; Ilse Aichinger, Manès Sperber 74; Friederike Mayröcker 75; Ernst Jandl 76; H.

C. Artmann 77; Milo Dor 78; Barbara Frischmuth 79; Erich Fried 80; Michael Guttenbrunner 81; Fritz Habeck 82; Andreas Okopenko 83.
Pt: *(f. Publizistik):* Alfred Polgar 51; Max Graf 52; Friedrich Funder 53; Paul Deutsch 54; Rudolf Holzer 55; Oscar Pollak 56; Edwin Rollett 57; Richard Charmatz 58; Oskar Maurus Fontana 59; Jaques Hannak 60; Vinzenz Ludwig Ostry 61; Roman Herle 62; Rudolf Kalmar 63; Karl Ausch 64; Otto Basil 65; Friedrich Torberg 66; Alfred Magaziner 67; Kurt Skalnik 68; Franz Taucher 69; Otto Leichter 70; Julius Braunthal 71; Hans Weigel 72; Richard Kurfürst 73; Hans Heinz Hahnl 74; Claus Gatterer 75; Hilde Spiel 76; Jean Améry 77; Alfred Schmeller 78; Otto Schulmeister 79; Günther Anders 80; Otto Breicha 81; Barbara Coudenhove-Kalergi 82; Marthe Robert 83.

Preis des Ministeriums für Kultur der DDR (zur Förderung der sozialistischen Kinder- u. Jgd.-Lit.) 1950. – St: u. Vt: Min. f. Kultur d. DDR.
Pt: *(f. Lit.):* Gerhard Hardel, Liselotte Welskopf-Henrich, Benno Pludra, Hans Jürgen Steinmann, Hanns Krause, Anna Jürgen, Wolf D. Brennecke, W. Reinecke, Rosel Wetzel, Heinz Rudnick, W. Hierisch 51; Max Zimmering, Benno Pludra, Hans-Günter Krack, Horst Beseler, Rudolf Weiß, Alex Wedding, Wolfgang Rudolph, Rosemarie Rutte-Diehn, D. Linke, R. Baumann, Ernst Finster, Hildegard Schöbel 52; Boris Djačenko, Benno Pludra, Willi Meinck, Adolf Görtz, Harry Thürk, Gerhard Schmidt, Rudolf Daumann, Horst Beseler, Gerhard Bodelt 53; F. M. Thoma, Fritz Meichner, L. Renn, E. Strittmatter, Rudolf Daumann, Karl Veken, Horst Ulrich Wendler, Manfred Richter, Horst Beseler, Heinz Kalau, Erika Engel 54; L. Renn, Hanna-Heide Kraze, Bernhard Faust, Hanna Ilberg, Benno Pludra, Werner Quednau, Götz R. Richter, Hans Robert Schröter, Karl Veken, Karl-Heinz Berger, Rudolf Daumann, Claus Eidam, Helmut Hauptmann, Herbert A. W. Kasten, Rudolf Kirsten, Hans-Dieter Kitzing, Hanns Krause, Bernhard Schmidt, Martin Selber, Edith Müller-Beek, Inge Borde 55; Karl Böhm, Rolf Dörge, Benno Pludra, Willi Meinck, Rudolf Fischer, L. Renn, Werner Bender, Karl Friedel, Eduard Klein, Burkhard

Homolla, Elisabeth Hering, Rudolf
Kirsten, Manfred Jordan, Götz W.
Richter, Wolf Durian 56; Jurij Brezan,
Günter Görlich, Edith Klatt, Helmut
Hauptmann, M. Lange-Weinert, Fred
Wander, Lilo Hardel, Katharina Kam-
mer, Edith Bergner, Gerhard Hardel,
Edith Anderson, Fred Rodrian, Edith
Bergner 57; Erwin Strittmatter, Lud-
wig Renn, Götz G. Richter, Karl Neu-
mann, Ruth Werner, Irma Harder,
Karl Böhm, Rolf Dörge, Eduard
Klein, Helmut Hauptmann, Karl-
Heinz Räppel, Fred Rodrian 58; Paul
Körner-Schrader, Alfred Wellm, Karl
Böhm, Rolf Dörge, Erwin Bekier, Karl
Neumann, Erich Rackwitz, Jurij Bre-
žan, Günter Feustel, Günter Görlich,
Lothar Hitziger, Vera Küchenmeister,
Claus Küchenmeister, Gerhard W.
Menzel, Benno Pludra, Helmut Preiß-
ler, Martin Selber, Egon Schmidt, Al-
fred Wellm, Edith Zenker 59; Fritz
Kaspar, Ursula Wertheim, Gotthold
Gloger, Richard Kirsch, Horst Kör-
ner, Karl Neumann, Siegfried Peikert,
Egon Schmidt, Franz Fühmann, Lud-
wig Renn, Walter Victor, E. R. Greu-
lich, Gerhard Hardel, Hans-Dieter
Kitzing, Paul Körner-Schrader, Hans
Günther Krack, Willi Meinck, Jürgen
Kuczynski, Walter Radetz, Herbert
Friedrich, Arman Müller, Werner
Heiduczek, Werner Lindemann 61;
Ruth Werner, Alfred Wellm, Erwin
Bekier, Kurt David, Brigitte Rei-
mann, Karl Veken, Benno Pludra,
Günter Feustel, Peter Klemm, Eber-
hard Panitz, Carlos Rasch, Elisabeth
Szubert, Martin Viertel, Liselotte
Welskopf-Henrich 62; Willi Meinck,
Werner Schmoll, Benno Pludra, Horst
Bastian, Götz G. Richter, Joachim
Wohlgemuth, Edith Bergner, Klaus
Beuchler, Peter Brock, José Maria
Rocasuerte, Karl Neumann, Joachim
Nowotny, Rudi Strahl, Hanna-Heide
Kraze, Ilse Korn, Vilmos Korn 64;
Horst Beseler, Kurt David, Gerhard
Hardel, Walter Kaufmann, Ferdinand
May, Käthe May, Manfred Streubel,
Edith Bergner, Erich Blach, Herbert
Friedrich, Werner Heiduczek, Wolf-
gang Held, Hannes Hüttner, Heinz
Klemm, Helga Meyer, Hansgeorg
Meyer, Helmut Meyer, Karl Neu-
mann, Helmut Preißler, Gunther Ja-
rosch 66; Kurt Steiniger 66, 68; Gün-
ter Preuß 74.

**Preis des niederösterreichischen
Literaturkreises "Podium" zum "Tag**
der Lyrik" 1979. — St: u. Vt:
Literaturkreis "Podium", Sekretariat,
Radetzkystr. 4, A-1030 Wien, Tel.:
(0222) 7367264.
Pt: Barbara Bruschek, Gerfried Stok-
ker, Reinhard Mitter 79; Michael
Burgholzer, Erika Rinner, Michael
Sperlhofer 80; Susanne Beschauer,
Sascha Göbel, Walter Gröbchen, Dag-
mar Gruber, Kurt Hintermayr, Klaus
Kotek, Susanne Schweiger, Harry
Schranz, Uschy Sorz 81; Abraham A.
Bankier, Stefan Galoppi, Sascha Gö-
bel, Claudia Hurban, Susanne
Schweiger, Sylvia Szely 82; Leopold
Napraunik, Chantal Schreiber, Ger-
hard Smejkal, Sylvia Szely, Doris Wo-
tipka 83.

Preis des SWF-Literaturmagazins
1978. — St: u. Vt: Südwestfunk Baden-Baden, Hans-Bredow-Str. 6, D-
7570 Baden-Baden.
Pt: Gerhard Roth 78; Ludwig Fels 79;
Otto F. Walter 80; Peter Weiss 81;
Franz Fühmann 82; Oskar Pastior 83.

Preis des Wiener Kunstfonds 1971. —
St: u. Vt: Zentralsparkasse der Ge-
meinde Wien, Postfach 35, A-1011
Wien.
Pt: Peter Henisch 71; Theodor Sapper
72; Hans Heinz Hahnl 73; Karl Bed-
narik 74; Hans Krendlesberger 75;
Heinz Rudolf Unger 76; Gernot Wolf-
gruber 77; Hermann Gail 78; Kurt
Klinger 79; Andreas Okopenko 80;
Jutta Schutting 81 (aufgelöst).

Preis für Germanistik im Ausland 1965,
s. Friedrich-Gundolf-Preis für Germanistik im Ausland 1977.

**Preis für publizistische Leistungen im
Interesse der Stadt Klagenfurt** 1974.
— St: u. Vt: Landeshauptstadt Kla-
genfurt, Kulturamt, Rathaus, Neuer
Pl. 1, A-9010 Klagenfurt.
Pt: Trude Polley 74; Sepp Prager 76;
Karl Feßl, Fred Dickermann, Anton
Wieser 78; Helmut Feucht 80; Oskar
Brunnthaler, Harald Raffer 82.

**Preis zur Förderung des kulturellen
Lebens der Landeshauptstadt
Wiesbaden** 1981. — St: u. Vt: Landes-
hauptstadt Wiesbaden, Kulturamt,
Sonnenberger Str. 14, D-6200 Wiesba-
den, Tel.: (06121) 313431.
Pt: Michael Schneider 81.

Preisausschreiben für Lyriker 1974. —
St: u. Vt: Karlheinz Urban, Bleichestr.
11/Rundhaus, D-5810 Witten, Tel.
(02302) 30409.

Pt: Wolfgang Meyer, Josef Reding, Dietmar Scholz, Hugo E. Käufer, Rita Reiners, Kurt Schnurr, Marianne Junghans, Alfred Müller-Felsenburg, Ursula Völkel 74; Manfred Hausmann, Dagmar Nick, Rose Ausländer, Jutta Woodrum 76; Rose Ausländer, Manfred Hausmann, Anita Herrmann-Prinz, Marianne Junghans, Walter Mackwitz, Hermann Multhaupt, W.E.J. Schneidrzik, Margarete Schrader, Gerhard Weber 81.

Preise der Dr.-Ernst-Koref-Stiftung 1973. — St: u. Vt: Dr.-Ernst-Koref-Stiftung, Landstr. 31, A-4020 Linz, Tel.: (0732) 274007.
Pt: Rudolf Weilhartner, Hermann Haslinger, Martin Luksan 75; Christine Haidegger, Jutta Schutting, Hans Mairinger, Johann Distlbacher 79; Hermann Masser, Irmgard B. Perfahl, Herbert Zinkl, Gerhard Fillei 83.
Anerkennungspreise: Michael Köhlmeier, Susanne Päckl, Helmut Schinagl, Emma Stracker, Wilhelmine Weinzierl, Herbert Wokac, Peter Zumpf 75; Dietmar Füssl, Marai Gornikiewicz, Otto Haubner, Harald Kislinger, Thomas Northoff, Volke Wolfgang Raus, Michael Rössner, Margret Sattelberger-Czernin, Erhard Waldner 79.

Preise der Schweizerischen Schillerstiftung. — St: u. Vt: Schweizer. Schiller-Stiftung, Im Ring 2, CH-8126 Zumikon.
Pt: (der dt. Schweiz seit 75) Albert Ehrismann, Jörg Steiner, Urs Widmer 75; Ulrich Becher, Ludwig Hohl, Elisabeth Meylan 76; Hermann Burger, Hans Manz, Kaspar Schnetzler, Margit Schriber 77; Christoph Geiser, Claudia Storz, Otto F. Walter, Emil Zopfi 78; W.M. Diggelmann, Lukas Hartmann, Klaus Merz 79; Urs Berner, Eveline Hasler, René Regenass, Gertrud Wilker 80; Bernhard von Arx, Margrit Baur, Peter J. Betts, Gertrud Burkhalter, Ernst Burren 81; Paul Nizon, Laure Wyss 82.

Preise des Kantons Solothurn 1958. — St: Kanton Solothurn. — Vt: Regierungsrat des Kantons Solothurn, Erziehungs-Departement, Abt. Kulturpflege, Rathaus, CH-4500 Solothurn, Tel.: (065) 212121.
Kunstpreis: Felix Möschlin 62; Albin Fringeli 65; Silja Walter 70; Otto F. Walter 73; Herbert Meier 75; Peter Bichsel 79.

Kulturpreis: Hans Derendinger 71; Fritz René Allemann 72; William Matheson, Adele Tatarinoff 73; Otto Kaiser, Otto Feier 74; Urs Martin Strub 76; Peter Lotar 78; Beat Jäggi 79; Fritz Grob, Martin Schlappner 80; Hans Sigrist, Elisabeth Pfluger 81; Annemarie Monteil 82.
Förderungspreis 1967-1973: Herbert Meier, Manfred Schwarz 67; Peter Bichsel 68; Dieter Fringeli 69; Ernst Burren 72; Fritz H. Dinkelmann 73; *Werkpreis* ab 1974: Dieter Fringeli 74; Rudolf Peyer 76; Alberte Eger-Crausaz 80; Verena Wyss 82.
Werkjahrbeiträge ab 1974: Katharina von Arx 75; Rolf Niederhauser 77; Ernst Burren 78; Manfred Schwarz 79; Rudolf Peyer 80; Claudia Storz 81.

Prix Européen de l'Essai 1972. — St: Famille de Monsieur Charles Veillon. — Vt: Fondation Charles Veillon, CH-1030 Bussigny-Près-Lausanne, Tel.: (021) 892911.
Pt: Jacques Ellul 75; Ernst F. Schumacher 76; Alexander Sinowjew 77; Roger Caillois 78; Manès Sperber 79; Leszek Kolakowski 80; Norberto Bobbio 81; Jean Starobinski 82.

Quickborn-Preis 1960. — Vt: Quickborn-Vereinigung für niederdeutsche Sprache u. niederdeutsches Schrifttum e. V., Deichstr. 48/50, D-2000 Hamburg 11, Tel. (040) 364520.
Pt: Paul Selk 60; Rudolf Kinau 62; Alma Rogge 64; Albert Mähl 66; Wilhelmine Siefkes 70; Heinrich Schmidt-Barrien 72; Hinrich Kruse 74; Theo Schuster 76; Günter Harte 78; Heinrich Diers 80; Johann Diedrich Bellmann 82.

Radiopreis der Ostschweiz 1951. — St: Die Regierungen der Kantone Glarus, Graubünden, Appenzell, St. Gallen und Thurgau. — Vt: Ostschweizerische Radio- u. Fernsehgesellschaft, St. Gallen.
Pt: Caspar Freuler 52; Albert Edelmann 53; Martin Schmid 54; Dino Larese 55; Georg Thürer 57; Eduard Stäuble 58; Paul Huber 59; Jacob Bösch 60; Fritz Lendi 61; Bruno Zahner 62; Hans Thürer 63; Maria Dutli-Rutishauser, Gertrud Schubiger 65; Hermann Strehler 67; Walter Koller 69; Heinrich Fenz 72; Ehepaar Schläpfer 74; Alois Senti 75.

Rainer Maria Rilke Preis f. Lyrik 1975. — St: Christoph Sieber-Rilke. — Vt:

Der Preisträger bestimmt jeweils den nachfolgenden Preisträger.
Pt: Karl Krolow 75; Hilde Domin 76; Ernst Meister 77; Christoph Meckel 78; Nicolas Born 79 (befristet auf 5 Jahre).

Rauriser Literaturpreis 1971. − St: Land Salzburg u. Marktgemeinde Rauris. − Vt: Rauriser Literaturtage.
Pt: Bodo-Ernst Hell 72; Gerhard Amanshauser, Peter Rosei 73; Karin Struck 74; Franz Innerhofer 75; Hans Joachim Schädlich 77; Werner Herzog 79; Klaus Hoffer 80; Thomas Hürlimann 82; Martin R. Dean, Michael Köhlmeier 83; Alain Claude Sulzer, Erwin Einzinger 84.
Förderungspreis: Rahel Hutmacher, Wolf Deinert, Martin Grzimek 81; Renate Spieler, Kurt Wölfflin, Elisabeth Reichart 82; Brita Steinwendtner, Walter Goidinger 83.
Förderungsstipendium: Franz Innerhofer, Gustav Adolf Schneditz 73; Michael Köhlmeier 74; Walter Kappacher 75; Werner Schmitz 76; Christian Schacherreiter 77; Jutta Skokan 78; Günther Schatzdorfer, Reinhard Palm 79; Hannelore Wernitznig, Elisabeth Reichart 80; Hans Gnant, E.J. Schwarz 81.
Sonderstipendium: Inge Morscher-Dapunt 73; Rosita Magnus 76.
Sonderpreis: Peter Henisch 76; Claudia Storz 78.

Reinhold-Schneider-Kulturpreis der Stadt Freiburg/Br. 1960. − St: Stadt Freiburg/Br. − Vt: Bürgermeisteramt.
Pt: (hier nur Schriftsteller): Franz Schneller 62; Kurt Heynicke 68; Christoph Meckel 74; Peter Huchel 80.

Reuchlin-Preis der Stadt Pforzheim 1954 (für eine hervorragende geisteswissensch. Arbeit i. deutscher Sprache). − St: Gemeinderat der Stadt Pforzheim. − Vt: Stadt Pforzheim, Kulturamt, Neues Rathaus, Marktplatz 1, D-7530 Pforzheim, Tel. (07231) 392334.
Pt: Werner Näf 55; Rudolf Bultmann 57; Hans Jantzen 59; Richard Benz 61; Wolfgang Schadewaldt 63; Karl Rahner 65; Erich Preiser 67; Hans-Georg Gadamer 71; Reinhart Koselleck 74; Ernst Wolfgang Böckenförde 77; Dolf Sternberger 80; Jan Bialostocki 83.

Ricarda-Huch-Preis 1977. − St: u. Vt: Magistrat der Stadt Darmstadt, Kul-

turamt, Kasinostr. 3, D-6100 Darmstadt.
Pt: Friedrich Luft 78; Marcel Reich-Ranicki 81; Siegfried Unseld 84

Robert Walser-Preis 1978. − St: Stiftung Robert Walser (Stadt Biel u. Kanton Bern). − Vt: Stiftung Robert Walsr, c/o Schuldirektion, CH-2500 Biel, Tel.: (032) 212411.
Pt: Marianne Fritz 78; Matthias Zschokke 81.

Roswitha-Gedenkmedaille 1973. − St: u. Vt: Stadt Bad Gandersheim, Markt 10, D-3353 Bad Gandersheim, Tel.: (05382) 73-1.
Pt: Marie Luise von Kaschnitz 73; Hilde Domin 74; Ilse Aichinger 75; Elisabeth Borchers 76; Dagmar Nick 77; Elfriede Jelinek 78; Luise Rinser 79; Rose Ausländer 80; Hilde Spiel 81; Friederike Mayröcker 82; Sarah Kirsch 83.

Das Rote Tuch 1978. − St: u. Vt: SPD-Kreis Berlin Charlottenburg, SPD-Kreisbüro, Otto-Suhr-Allee 100, D-1000 Berlin 19, Tel.: (030) 3415438.
Pt: Horst Burger 78; Elefanten Press Galerie 79; Usch Barthelmeß-Weller, Werner Meyer 80; Wolf Lindner 81; Hans Frevert 82.

Rottendorf-Preis für die niederdeutsche Sprache 1974. − St: Rosalie Rottendorf, Berlin. − Vt: Rottendorf-Stiftung, D-4722 Ennigerloh.
Pt: Hermann Homann 76; Gertrud van Dam, Fritz Kuhne 80.

Rudolf-Alexander-Schröder-Stiftung, s. Literaturpreis der Freien Hansestadt Bremen.

Rudolf-Ullstein-Preis 1964. − St: Rudolf Ullstein. − Vt: Bundesverband Druck E.V., Postfach 1869, D-6200 Wiesbaden 1, Tel.: (06121) 803111.
Pt: Ernst R. Strunk, Heinrich Behrens 64/65; Wilhelm Lampl 66; Hans Weitpert 67; Rudolf Hell 68; Hans Dürrmeier 69; Eddie Kopley 70; Walter Brecht 71; Hubert H.A. Sternberg 72; Eugen Jennewein 73; Karl Gross 74; Axel Springer 77; Gerhard Wiebe 80; Georg Trump 83.

Saarbrücker Kunstpreis, s. Kunstpreis der Landeshauptstadt Saarbrücken.

Schiller-Gedächtnispreis des Landes Baden-Württemberg 1955. − St: u. Vt: Land Baden-Württemberg, Mini-

sterium f. Wiss. u. Kunst, Postfach
401, D-7000 Stuttgart 1.
Pt: Rudolf Kassner 55; Rudolf Pannwitz 57; Wilhelm Lehmann 59; Werner Bergengruen 62; Max Frisch 65;
Günter Eich 68; Gerhard Storz 71;
Ernst Jünger 74; Golo Mann 77; Martin Walser 80; Christa Wolf 83. — *Fördergaben:* Richard Hey, Stefan Barcava 55; Karl Wittlinger, Leopold Ahlsen 57; Dieter Meichsner, Bruno
Meyer-Wehlack 59; Heinar Kipphardt, Dieter Waldmann 62; Martin
Walser, Erich Fried 65; Egon Menz,
Martin Sperr 68; Heinrich Henkel 71;
Gerlind Reinshagen 74; Botho Strauß
77; Thomas Brasch, Helmut Walbert
80; Herbert Kapfer, Klaus Pohl 83.

Schiller-Preis der Stadt Mannheim
1954. — St: Stadt Mannheim, Abt. Re-
präsentation, Postfach 2203, D-6800
Mannheim. — Vt: Gemeinderat d.
Stadt Mannheim.
Pt: Friedrich Dürrenmatt 59; Theodor
Eschenburg 60; Golo Mann 64; Hart-
mut v. Hentig 69; Peter Handke 72;
Horst Jansen 75; Peter Stein 79; Leo-
nie Ossowski 83.

Schillerpreis des Deutschen Volkes
1969. — St: u. Vt: Deutsches Kulturwerk Europäischen Geistes e. V., Richard-Strauß-Str. 48, D-8000 München 80, Tel.: (089) 4705579.
Pt: Richard W. Eichler 69; Herbert
Böhme 71; Konrad Lorenz 73; Heinrich Härtle 75; Fritz Stüber 77; Robert
Scholz 79; Gerhard Schumann 83.

Schlegel-Tieck-Preis 1965. — St: u. Vt:
Auswärtiges Amt, Börsenverein des
Deutschen Buchhandels e.V., zahlrei-
che britische Verleger.
Pt: Michael Bullock 65; Ralph Man-
heim 66; James Strachey 67; Henry
Collins 69; Leila Vennewitz 69; Eric
Mosbacher 70; Ewald Osers 71; Ri-
chard Barry 72; Geoffrey Strachan 73;
Geoffrey Skelton 74; John Bowden 75;
Marian Jackson 76; Charles Kessler,
Ralph Manheim 77; Michael Hambur-
ger 78; Ralph Manheim, John Brown-
john 79; Janet Seligman 80; Michael
Hamburger, Edward Quinn 81; Eric
Mosbacher 82.

Schönhengster Kulturpreis 1965. — St:
u. Vt: Schönhengster Landschaftsrat
u. Schönhengster Heimatbund e. V.,
Postfach 1180, D-7320 Göppingen.
Pt: Karl Hübl, Josef Lidl 65; Fritz Benesch 66; Gustav Korkisch, Rudolf
Pechhold 67; Fritz Felzmann, Franz

Etzler 70; Oswald Janisch, Fritz
Glotzmann 71; Trude Derschmidt 72;
Alois Knauer, Hans Felkl 74; Gustav
Tauschinsky, Franz Steiner 76; Hugo
Flögel, Elisabeth Lichtenecker 78;
Franz Ryschawy, Hans Nagl 80;
Friedrich Möchel 82.

Schriftsteller im Bücherturm 1979. —
St: Stadt Offenbach. — Vt: Magistrat
der Stadt Offenbach, Dez. f. Kultur u.
Sport, Berliner Str. 100, D-6050 Offen-
bach a. M., Tel. (0611) 80652628.
Pt: Hans-Christian Kirsch 79; Hanne
F. Juritz 81; Horst Bingel 83.

**Schubart-Literaturpreis der Stadt
Aalen** 1955. — St: u. Vt: Stadt Aalen,
Marktplatz 30, D-7080 Aalen, Tel.:
(07361) 500352.
Pt: Hugo Theurer, Eduard Thorn 56;
Paul Wanner, Ernst Häußinger, Bern-
hard Hildebrand 60; Heinz Rainer
Reinhardt, Konrad Winkler, Wilhelm
Koch, Kurt Hermann Seidel, Jean
Lommen 64; Michael Mann, Hart-
mann Ulmschneider 68; Peter Lahn-
stein, Josef W. Janker 72; Peter Härt-
ling, Ernst R. Hauschka, Rolf Hellmut
Foerster 74; Dieter Narr, Margarete
Hausmann 76; Richard Schmid, Horst
Brandstätter, Georg Holzwarth 78;
Reinhart Siegert, Werner Dürrson,
Roland Lang 80; Otto Borst, Peter
Spranger, Hartmut Müller 82.

Schwabinger Kunstpreis 1961. — St:
wechselnd. — Vt: Kuratorium d.
Schwabinger Kunstpreises, Kulturre-
ferat der Landeshauptstadt München,
Postfach, D-8000 München 1.
Pt: Peter Paul Althaus 61; Ernst
Hoferichter 62; Rudolf Schmitt-Sulzthal 63; Rolf Flügel 64; Wugg Retzer
65; Wolfgang von Weber, Wolf Peter
Schnetz 66; Hans Brandenburg 67;
Anton Sailer 68; Ernst Günther
Bleisch 69; Eugen-Skasa-Weiß 70; Ellis Kaut 71; Wilhelm Lukas Kristl 71;
Oda Schaefer 73; Wolfgang Christlieb
74; Kurt Seeberger 75; Sigi Sommer
76; Karl Ude 77; Helmut Zöpfl 78;
Konrad Balder Schäuffelen 79; Ursula von Kardorff 80; Albert von Schirn-
ding 82.

**Schwiftinger Literaturpreis für Prosa
von Frauen** 1981. — St: u. Vt: Schwiftinger Galerie-Verlag, Am Kirchberg
9, D-8911 Schwifting.
Pt: Bärbel Gudelius, Angelika Domhof 81.

Senatsmedaille für Kunst und Wissenschaft 1938 (neu gestiftet 1954). — St: u. Vt: Senat der Freien Hansestadt Bremen.
Pt: R. A. Schröder 38; Manfred Hausmann 63; H. Schmidt-Barrien 72.

Sigi Sommer-Literaturpreis 1982. — St: u. Vt: Verlag R.S. Schulz, Berger Str. 8-10, D-8136 Percha, Tel.: (08151) 13041-43.
Pt: Hanna Axmann von Rezzori 82; Helmut Zöpfl 83.

Sigmund-Freud-Preis für wissenschaftliche Prosa 1964. — St: u. Vt: Deutsche Akad. f. Sprache u. Dichtung, Alexandraweg 23, D-6100 Darmstadt, Tel.: (06151) 44823.
Pt: Hugo Friedrich 64; Adolf Portmann 65; Emil Staiger 66; Hannah Arendt 67; Karl Barth 68; Bruno Snell 69; Werner Heisenberg 70; Werner Kraft 71; Erik Wolf 72; Karl Rahner 73; Günter Busch 74; Ernst Bloch 75; Jürgen Habermas 76; Harald Weinrich 77; Siegfried Melchinger 78; Hans-Georg Gadamer 79; Hans Blumenberg 80; Kurt von Fritz 81; Arno Borst 82; Peter Kielmansegg 83.

Silbergriffel für besondere Verdienste um Vermittlung v. Verbreitung von Literatur 1975. — St: u. Vt: Stiftung zur Förderung des Schrifttums, Pfarrer-Grimm-Str. 18, D-8000 München 50, Tel. (089) 8124613.
Pt: Francois Bondy, Wolfram Dieterich 75; Barbara Bondy, Wilhelm Lukas Kristl, Karl Schaezler 76; Friedhelm Kemp, Richard Lemp, Stadt Straelen 78; Alois Fink, Hans Paeschke, Friedrich-Bödecker-Kreis 80; Franz Baumer, Friedrich Denk 82.

Die Silberne Feder (Kinder- u. Jugendbuchpreis des Deutschen Ärztinnenbundes) 1976. — St: u. Vt: Deutscher Ärztinnenbund e.V., Dr. Hedda Heuser-Schreiber, Brünnsteinstr. 13, D-8203 Oberaudorf.
Pt: Edi Lanners, Noldi Lutz 76; Barbara Bronnen 78; Irina Korschunow 80; Katrin Arnold, Renate Seelig 82.

Silberner Federkiel für Lyrik der Interessengemeinschaft Deutschsprachiger Autoren. — St: u. Vt: IGdA.
Pt: Werner Seibel 73; Wilhelm Viercke 79.

Šlabbesz 1965. — St: Alle Autoren d. 2. Schriftstellertreffens auf Burg Karlstein a.d. Thaya. — Vt: Alle Autoren der Schriftstellertreffen auf Burg Karlstein a.d. Thaya (1965-1967); alle Autoren der Treffen des Intern. Hörspielzentrums in d. Mühle zu Unterrabnitz (seit 1971).
Pt: Eaghor G. Kostetzky 65, 71; Hans Jürgen Fröhlich 66; Anestis Logothetis 72; Horst Mönnich 73; Jan Rys 73; Michal Tonecki 74; Žarko Petan 75, 76; Ingo Golembiewski 75; Robert Stauffer 76.

Soltauer Autorenpreis 1978. — St: u. Vt: Stadt Soltau, Rathaus, D-3040 Soltau.
Pt: Jutta Bartus 82.

Staatlicher Förderungspreis für junge Künstler und Schriftsteller 1965. — St: Freistaat Bayern. — Vt: Bayerischer Staatsminister f. Unterricht u. Kunst, Salvatorstr. 2, D-8000 München 2.
Pt: (Literaturpreis:) Johannes Rüber 65; Alexander Kluge 66; Horst Bienek 67; Herbert Schmidt-Kaspar 69; Herbert Rosendorfer 70; Manfred Bieler 71; Uwe Dick 72; Ulf Miehe 73; Hans-Dieter Schäfer 75; Rainer Malkowski 76; Mathias Schröder 77; Udo Steinke 80; Wolfgang Gabel, Godehard Schramm 81; Michael Krüger, Jörg Krichbaum, Alfred Gulden 82.

Staatspreis für künstlerisches Volksschaffen (DDR).
Pt: Helmut Windisch 61; Willi Layh 63; Edith Bergner, Walter Flegel 66; Eleonore Mallachow, Heinz Klemm 67; Inge Borde-Klein 69; Hilde Flex, Karl Heinz Priewe 71; Ernst Stadtkus 72; Edith Bergner, Hans Maaßen 74; Reinhard Weisbach 75; Siegfried Arnim Neumann (Koll.) 81.

Staatsstipendien für Literatur 1970. — St: Republik Österreich. — Vt: Bundesministerium für Unterricht und Kunst, Minoritenplatz 5, A-1014 Wien.
Pt: Barbara Frischmuth, Peter Henisch, Alfred Kolleritsch, Hans Lebert, Michael Scharang 70; Gerhard Amanshauser, Otto Grünmandl, Franz Haderer, Roswitha Hamadani, Irmtraut Hilling, Andreas Okopenko, Jutta Schutting, Harald Sommer 71; Martin Roda Becher, Helmut Eisendle, Reinhard Peter Gruber, Wilhelm Hengstler, Elfriede Jelinek, Werner Kofler, Peter Matejka, Peter Rosei 72; Elfriede Gerstl, Franz Innerhofer, Fritz Lichtenauer, Heidi Pataki, Hermann Schürrer, Elisabeth Wäger-Häusle, Karl Wiesinger 73; Bodo Ernst Hell 73/74; Heimrad Bäcker,

Valie Export, Hermann Gail, Hans Haid, Hermann Jandl, Marie-Thérèse Kerschbaumer, Reinhard Priessnitz, Brigitte Schwaiger 74; Hans Gigacher, Monika Friedrich, Helmut Peschina, Erich Alois Richter, Franz Rieger, Alfred Paul Schmidt, Liesl Ujvary, Heinz Rudolf Unger 75; Gerwalt Brandl, Lev Detela, Vintila Ivanceanu, Norbert C. Kaser, Ernst Nowak, Doris Mühringer, Hannes Schneider, Gernot Wolfgruber 76; Georg Decristel, Gunter Falk, Christine Haidegger, Engelbert Obernosterer, Ingrid Puganigg-Kapeller, Heinz Riedler, Waltraud Seidlhofer, Karl leonhard Wiesinger 77; Herbert Fleck, Graziella Hlawaty, Gerhard Kofler, Dorothea Macheiner, Hermann Obermüller, Walter Perlet, Klaus Sandler, Wolfgang Weisgram 78; Uwe Bolius, Bernd Bünker, Eberhard Haidegger, Elfriede Haslehner, Wolfgang Hemel, Klaus Hoffer, Nils Jensen, Katja Schmidt-Piller 79; Helmut Degner, Marianne Fritz, Otto Grabner, Josef Haslinger, Monika Helfer-Friedrich, Werner Kofler, Eva Schmidt, Franz Schuh 80/81; Ursula Adam, Joe Berger, Werner Herbst, Gerhard Kahry, Franz Krahberger, Gesine Probst-Bösch, Camillo Schaefer, Hans Trummer 81/82; Elfriede Czurda, Joseph Zoderer, Del Vedernjak, Andrea Wolfmayr, E.A. Richter, Marielies Blaskowich, Egon A. Prantl, Gerfried Brandstetter 82/83.

Stadtschreiber von Bergen 1974. — St: u. Vt: Ortsbeirat v. Bergen-Enkheim.

Pt: Wolfgang Koeppen 74; Karl Krolow 75; Peter Rühmkorf 76; Peter Härtling 77; Nicolas Born 78; Helga M. Novak 79; Peter Bichsel 81; Jurek Becker 82; Günter Kunert 83.

Stadtschreiber von Unna 1982. — St: u. Vt: Stadt Unna, Massener Str. 35, D-4750 Unna, Tel.: (02303) 16096.

Pt: Adam Seide 82.

Stadtteilschreiber Hamburg 1977. — St: u. Vt: Kulturbehörde Hamburg, Hamburger Str. 45, D-2000 Hamburg 76, Tel.: (040) 291882694.

Pt: Ben Witter, Hansjörg Martin, Felix Rexhausen 77; Gerhard Schöttke, Ude Jens Frerichs 78; Uwe Friesel, Joachim Fuhrmann, Margot Schröder 79; Hannes Flesner, Norbert Klugmann 80; Maria Elisabeth Straub, Hans-Peter Reichelt 81; Klaas Jarchow, Michael Hartwig 82.

Stelzhamer Plakette des Landes Oberösterreich für Verdienste um Mundart und Volkstum 1952. — St: Land Oberösterreich. — Vt: Amt der o.ö. Landesregierung, Abt. Kultur, Promenade 37, A-4020 Linz, Tel.: (0732) 7205492.

Pt: Franz Berger, Hans Commenda, Max Bauböck, Richard Plattensteiner, Vinzenz Müller 52; Karl Bacher, Karl Gattermeyer, Hans Gielge, Otto Jungmair, Hans Schatzdorfer 53; Karl Hobl, Hans Mittendorfer 57; Hans Reinthaler 60; Wilhelm Schaumberger, Trude Payer 61; Karl M. Klier, Raimund Zoder, Wolfgang Dobesberger, Rudolf Eibl, Reinhold Friedl, Johannes Hauer, Emmerich Doninger 62; Franz Lipp, Oskar Hinterleitner, Helmuth Huemer 66; Hans Bachl, Hermann Derschmidt, Hermann Edtbauer, Ludwig Pasch, Hubert Pichler, Karl Pühringer 68; August Daxberger 70; Alois Sonnleitner 74; Hans Haager 75; August Roitinger, Rupert Rüttmann 76; Albrecht Etz 79; Josef Viktor Stummer 80; Gottfried Glechner, Hugo Schanovsky 82.

Stipendien für dramatische Autoren 1972. — St: Dramatisches Zentrum Wien, Bundesministerium für Unterricht und Kunst. — Vt: Dramatisches Zentrum, Seidengasse 13, A-1070 Wien.

Pt: Wilhelm Pevny, Peter Turrini, Friedrich Zauner 72; Karl Königseder, Alois Koller, Franz Krahberger, Helmut Peschina, Reinhard Priessnitz, Michael Springer, Christian Wallner 73; Krista Krumbigl-Denec, Helmut Zenker, Iraj Schimi, Imre Lazar, Gustav Ernst, Heinz Rudolf Unger 74; Brigitte Schwaiger, Erol Sekaramba, Marie-Luise Kaltenegger 75; Werner Wüthrich, Eduardo Ricosa, Franz Buchrieser, Herbert Brödl 76; Christian Martin Fuchs, Erich Alois Richter, Reinhard Honold, Ferdinand Zellwecker, Hermann Gail 77; Renate Czapek, Alfred Paul Schmidt, Hans Gigacher, Marianne Fritz, Elfriede Hammerl, Wolfgang Znidaric 78; Otto Zonschitz, Gerald Grassl, Peter Weibel, Wilhelm Pellert, Wolfgang Lesowski 79; Käthe Kratz, Gerhard Stecharnig, Stefan Eibel, Elisabeth Wäger Häusle, Martin August Bernhofer 80/81; Nils Jensen, Peter Slavik, Christa Stippinger, Walter Reithofer, Manfred Eisl 81/82; Wilhelm Hengstler, Erwin

Wanek, Gerlinde Obermeir, Gerald Grassl, Erich Hackl, Marianne Sulla-Mayer, Wilhelm Markus 82/83.

Stipendium für einheimische Autoren 1971. — St: u. Vt: Stadt Gelsenkirchen, StA. 41-Kulturamt, Postfach 100101, D-4650 Gelsenkirchen, Tel. (0209) 1692502.
Pt: Else Winkler-Kalinski, Manfred Weiß, Klaus-Peter Wolf 75; Michael Glasmeier, Herbert Knorr, Jürgen Völkert-Marten 76; Michael Klaus 77; Ilse Kibgis 78; Peter Schmidt 79; Mechthild Beerlage 80.

Sudetendeutscher Kulturpreis 1955, s. Kulturpreis für Schrifttum der Sudetendeutschen Landsmannschaft 1955.

Suhrkamp-Dramatiker-Stipendium 1969. — St: u. Vt: Suhrkamp-Verlag, Frankfurt.
Pt: Harald Mueller 69; Franz Xaver Kroetz, Alf Poss 70; G. F. Jonke, Gaston Salvatore 71; Peter Greiner 78 (wird nicht mehr verliehen).

Talentförderungsprämien für Literatur 1974. — St: Land Oberösterreich. — Vt: Amt der o.ö. Landesregierung, Abt. Kultur, Promenade 37, A-4010 Linz, Tel.: (0732) 7205488.
Pt: Friedrich Anselm Glück, Günther Rupp 74; Peter Kraml, Sylvester Lohninger 75; Brigitte Schwaiger, Hermann Obermüller 76; Reinhold Aumaier, Erwin Einzinger 77; Peter Friedl, Erich Hackl, Jutta Skokan, Ralph Werner 79; Bernhard Lichtberger, Elisabeth Reichart, Jutta Pointner 80; Helmut Kobelbauer, Renate Lachinger, Ursula Adam, Franz Josef Czernin 81; Hans Schusterbauer, Alois Reiter 82.

Thaddäus Troll-Preis 1980. — St: u. Vt: Förderkreis deutscher Schriftsteller in Baden-Württemberg e.V., Maximilianstr. 7, D-7000 Stuttgart 60, Tel.: (0711) 331710.
Pt: Manfred Esser 81; Katja Behrens 82; Michael Spohn 83; Rainer Wochele 84.

Theodor-Fontane-Preis f. Kunst u. Literatur 1954. — St: u. Vt: Rat d. Bezirkes Potsdam.
Pt: *(f. Lit.):* Eduard Claudius 54; Peter Huchel 55; Bernhard Seeger, Irma Harder, Herbert Otto 56; Horst Beseler, Rudolf Daumann 57; Wolfgang Joho, Anna u. Friedrich Schlotterbeck 58; Hans Marchwitza 59; Gerhard

Bengsch 60; Walter Kaufmann, Rudolf Schmal, Alexander Ott 61; Herbert Otto 62; Ilse u. Vilmos Korn 63; Walter Kaufmann 64; Erwin Strittmatter, Fred Wander 66; Ruth Kraft 67; Hasso Grabner, René Schwachhofer 69; Peter Brock, Schota-Rustaweli-Zirkel Schreibender Arbeiter Henningsdorf m. dessen Leiter Günter Stein 70; Martha Ludwig 71; Christa Wolf 72; Alexander Ott, Franz Fabian (Koll.) 73; Peter Klemm 74; Helga Schütz (Koll.), Karl Neumann, Heinrich Alexander Stoll 75; Gisela Heller 76; Alfred Otto Schwede 78; Fritz Gebhardt 82.

Theodor-Körner-Preis (DDR) 1970. — St: u. Vt: Ministerrat der DDR.
Pt: Heinz Senkbeil 71; Edmund Aue, Gerd Eggers, Walter Flegel, Lothar Creutz 72; Karl-Heinz Räppel 73; Heinz Kruschel 74; Otto Bonhoff, Siegfried Dietrich, Herbert Schauer 75; Helmut Baierl 76; Helmut Preißler 77; Walter Flegel 78; Wolfgang Held, Ruth Werner, Ullrich Völkel, Claus Hammel 79; Harry Thürk, Horst Bastian 80; Manfred Drews, Rudolf Kiefert, Eberhard Panitz 81; Herbert Schauer 82; Werner Neubert 83.

Theodor-Körner-Stiftungsfonds zur Förderung von Wissenschaft und Kunst 1954 (Förderungspreise für Literatur).
Pt: Othmar Franz Lang 54; Gerhart Baron 55; Kurt Benesch, Herbert Eisenreich, Rudolf Felmayer, Vera Ferra-Mikura, Erni Friedmann, Gerhard Fritsch, Michael Guttenbrunner, Marlen Haushofer, Alexandra Hohl, Hermann Lienhard 56; Käthe Braun-Prager, Theodor Kramer, George Saiko, Wilhelm Szabo 57; Franz Hiesel, Alma Holgersen, Emmy Klein-Synek, Karl Anton Maly, Martin Rosemann-Blitz, Ida Thoman, Ernst Waldinger 58; Rudolf Bayr, Christine Busta, Gerhard Fritsch, Karl Hans Jüllig, Wieland Schmied, Herbert Strutz 59; Erni Friedmann, Jörg Mauthe, Wilhelm Meissel, Karl Wawra 60; Liselotte Buchta-Hruby, Bertrand Alfred Egger, Vera Ferra-Mikura, Arthur Fischer-Colbrie, Hans Lebert, Hermann Lienhard, Agnes Muthspiel, Georg Rauch, Felicie Rotter, Oskar Jan Tauschinski, Herbert Zand 61; Karl Bednarik, Walter Buchebner, Linus Kefer, Franz Kiessling, Theodor Sapper, Alois Vogel 62; Herbert Eisenreich, Alfred Gesswein, Martha Hofmann,

Friederike Mayröcker 63; Erni Friedmann, Franz Pühringer, Karl Wiesinger, Frank Zwillinger, Lorenz Mack
64; Georg Drozdowski, Rudolf Felmayer, Hubert Fink, Philipp Jakob
Formann, Franz Janiczek, Heinz Pototschnig, Felicie Rotter, Gerhild Ser-
ro, Ilse Tielsch, Alois Vogel, Alois
Franz Rottensteiner 65; Herbert
Eisenreich, Hans Heinrich Formann,
Alfred Gesswein, Michael Guttenbrunner, Franz Kain, Doris Mühringer, Werner Schneyder, Edda Steinwender, Nicola Terlecky, Hannelore
Valencak 66; Johann A. Boeck, Wolfgang H. Fleischer, Friedl Hofbauer-
Mellach, Paul Kruntorad, Peter Marginter, Franz Richter, Walter Sachs
67; Anton Fuchs, Otto Grünmandl,
Walter Kautner, Andreas Okopenko,
Karl Wiesinger 68; Beatrice Ferolli,
Karl Jordak, Hans R. Nack, Heidi Pataki, Helmut Schinagl, Roswitha Zauner, Heinz Zechmann, Oskar Zemme
69; Gerhard Amanshauser, Kurt Benesch, Elisabeth Freundlich, Helmut
Scharf, Walter Wippersberg 70; Karl
Bruckner, Erwin Gimmelsberger, Elfriede Haslehner, Sepp Knöpfelma-
cher, Eva Pilz, Heinz Pototschnig, Peter von Tramin, Hannelore Valencak
71; Michael Springer, Rudolf Weilhartner 72; Hellmut Butterweck, Peter Henisch, Kurt Klinger, Helmut
Korher, Wolfgang Mayer-König, Wilhelm Pellert, Friedrich Zauner 73;
Anton Fuchs, Hermann Jandl, Ernst
Klein, Thomas Losch, Jasna Misja,
Hans Renger, Helmut Zenker 74;
Walter Bäck, Friedemann Bayer, Ger-
walt Brandl, Heidi Dumreicher, Ernst
Eichler, Franz Haderer, Vintila Ivanceanu, Karl Kolt, Helmut Niederle,
Heinz Riedler, Franz Stanzl, Liesl Uj-
vary, Gernot Wolfgruber 75; Manfred
Chobot, Lev Detela, Gustav Ernst, Er-
win Gimmelsberger, Wolfgang D.
Gugl, Friedrich Heller, Dieter Hornig,
Vintila Ivanceanu, Werner Kofler,
Georg Kövary, Hermann Lienhard,
Thomas Northoff, Ernst Nowak, Chri-
stian Wallner, Karl Wiesinger, Peter
Paul Wiplinger 76; Lieselotte Buche-
nauer, Gerhard Jaschke, Hedwig
Kazscher, Helfried Knoll, Ernst Ko-
stal, Helmut Pacholik, Helmut Pe-
schina, Erich Schirhuber, Hans
Trummer, Reinhard Wegerth, O.P.
Zierlinger 77; Joe Berger, Hermann
Gail, Elfriede Gerstl, Nils Jensen, Ma-
rie-Thérèse Kerschbaumer, Hermann
Obermüller, Johannes W. Paul, Alfred

Paul Schmidt, Hermann Schürrer,
Herbert Zinkel 78; Klara Köttner-Be-
nigni, Georg Biron, Bernhard C. Bün-
ker, F.J. Czernin, Bernhard Hütteneg-
ger, Milena Merlak, Dezsö Monosloy,
Franz Ritter, Gerhard Ruiss, Camillo
Schäfer, Juliane Stoklaska, Heinz Ru-
dolf Unger 79; Eugen Bartmer, Fried-
rich Bergammer, Hans Grafl, Robert
Gratzer, Rotraut Hackermüller, Josef
Haslinger, Gerald Jatzek, Martin
Neumann, Helmuth Seethaler, Bernd
D. Sibitz, Josef Winkler 80; Ilse Brem,
Antonio Fian, Hans Gigacher, Gerald
Grassl, Christian Ide Hintze, Franz
Krahberger, Walter Pilar, Adolf Opel,
Wilhelm Saar, Elisabeth Wäger-Häus-
le 81.

Theodor-W. Adorno-Preis 1977. – St:
u. Vt: Stadt Frankfurt a.M., Amt f.
Wiss. u. Kunst.
Pt: Norbert Elias 77; Jürgen Habermas 80; Günther Anders 83.

Theodor-Wolff-Preis f. hervorragende
publizist. Leistungen 1961. – St: u.
Vt: Stiftung "Theodor-Wolff-Preis"
des Bundesverbandes Deutscher Zeitungsverleger e.V.
Pt: (hier f. Gebiet Literatur/Kultur):
Hermann Harster, Johannes Gaitanides 63; Karl-Hermann Flach 64; Marianne Eichholz 65; Robert Haerdter
67; Heinz Witter, Eugen Skasa-Weiß
68; Helmut M. Braem 69; Gitta Bauer,
Immanuel Birnbaum, Helmut M.
Bräm, Hans Greßmann, Rudolf Heiz-
ler, Rudolf Herlt, Dieter Hühnerkoch,
Gerhard Krug, Petra Michaely, Heinrich Rieber, Marie Luise Scherer,
Wolf Schön, Gunther Zehm 70; Christian Ferber, Joachim Fest 71/72;
Hellmuth Karasek 74.

Thomas-Dehler-Preis (Literaturpreis
d. Bundesministers f. innerdeutsche
Beziehungen) 1968. – St: u. Vt: Bundesminister f. innerdt. Beziehungen,
Godesberger Allee 140, D-5300 Bonn
2.
Pt: Ernst Richert, Jochen Ziem 68; Alfred Kantorowicz 69; Horst Krüger
70; Joachim Fest 73; Peter Weiß 77.

Thomas Mann Preis 1975. – St: Bür-
gerschaft der Hansestadt Lübeck. –
Vt: Senat der Hansestadt Lübeck,
Amt für Kultur, Rathaushof, D-2400
Lübeck 1, Tel.: (0451) 1224102.
Pt: Peter de Medelssohn 75; Uwe
Johnson 78; Joachim Fest 81.
Förderpreis: Uwe Wolff 82.

Tukan-Preis der Stadt München 1965.
— St: Stadt München. — Vt: Kulturreferat, Postfach, D-8000 München 1,
Tel.: (089) 2338117.
Pt: Otto Freiherr von Taube, Paul
Mommertz, Georg Schwarz, Roland
Ziersch, Alfons Freiherr v. Czibulka,
Horst Lange 65; Rudolf Schmitt-Sulzthal, Eugen Skasa-Weiß, Isabella Nadolny, Gunter Groll, Carola v. Crailsheim, Curt Hohoff 66; Karl Ude, Oliver Hassencamp, Nina Keller 67; Anton Sailer, Wilhelm Lukas Kristl,
Christa Reinig, Günter Spang, Heinrich Fischer, Tankred Dorst 69; Herbert Asmodi, Angelika Mechtel, Heinz
Piontek, Martin Gregor-Dellin, Rolf
Flügel, Jürgen v. Hollander 71; Marianne Langewiesche, Wolfgang Petzet, Kuno Raeber 73; Wolfgang Bächler, Charlotte Birnbaum, Heinz Coubier, Armin Eichholz, Herbert Günther, Helmut Walbert 75; Ernst Günther Bleisch, Karl Hoche, Ursula
Knöller, Irina Korschunow, Herbert
Rosendorfer, Herbert Schlüter 77;
Ernst Günther Bleisch, Karl Hoche,
Ursula Knöller, Irina Korschunow,
Herbert Rosendorfer, Herbert Schlüter 78; Carl Amery, Horst Eckert (Ja-
nosch), Kurt Seeberger 79; Hermann
Stahl, Carl Borro Schwerla, Franz
Freisleder, Dagmar Nick, Jörg Krichbaum, Barbara Bronnen 81; Michael
Krüger, Rudolf Riedler, Barbara Kö-
nig, Carla Maria Heim, Jörg Graser,
Grete Weil 83.

Turmschreiber von Deidesheim 1978.
— St: u. Vt: Stadt Deidesheim, Pfälzische Verlagsanstalt, Landau, Zeitung
Die Rheinpfalz, Amt f. Fremdenverkehr, D-6705 Deidesheim.
Pt: Wolfgang Altendorf 78; Rudolf Hagelstange 80; Ludwig Harig 83.

Ubbo-Emmius-Medaille 1965. — Vt:
Ostfriesische Landschaft, Postfach
1580, D-2960 Aurich, Tel.: (04941) 3149.
Pt: Jelle Brouwer 65; Wilhelmine
Siefkes 68.

Übernationaler Weinpreis für Literatur,
s. Weinpreis für Literatur.

Übersetzerpreis 1958, s. Johann-Heinrich-Voss-Preis für Übersetzung 1977.

Ullstein-Ring, s. Rudolf-Ullstein-Preis
1964.

Ulrich-v.-Hutten-Preis 1964. — St: u.
Vt: Gesellschaft für freie Publizistik,
c/o Frau Dr. Holle Grimm, Klosterhaus, D-3417 Lippoldsberg, Tel.:
(05572) 7310.
Pt: Hans Grimm, Hans W. Hagen 69;
Otto Spatz 70; Reinhard Pozorny 79;
Gerhard Schumann 81; Erich Kernmayr 82.

Villa-Massimo-Stipendium 1912. — St:
Eduard Arnhold. — Vt: Bund bzw.
Länder.
Pt: Rudolf Hagelstange, Rolf Schroers
57; Lutz Greve, Luise Rinser-Orff 58;
Hans Magnus Enzensberger, Karl
August Horst, Gerhard Neumann,
Wilhelm Lehmann 59; Ingrid Bachèr,
Horst Bienek, Heinz Piontek 60; Josef
Reding, Heinrich Böll (E.), Marie-Lui-
se v. Kaschnitz (E.) 61; Martin Kessel
(E.), Werner Kraft (E.), Richard Moe-
ring (E.), Wolfgang Schwarz, Walter
Mehring (E.), Tankred Dorst, Uwe
Johnson, Karl Alfred Wolken 62; Die-
ter Hoffmann, Christoph Meckel, Jo-
hanna Moosdorf (E.), Georg v. d.
Vring (E.) 63; Paul Alverdes (E.) 64;
Waldemar Augustiny (E.), Kasimir
Edschmid (E.), Eugen Roth (E.), Peter
Rühmkorf, Heinrich Schmidt-Barrien
(E.), Friedrich Schnack (E.) 65; Jürgen
Becker, Marie-Luise Fleisser (E.),
Christa Reinig, Friedrich Schnack
(E.), August Scholtis (E.) 65/66; Max
Tau (E.) 66/67; Bruno Adler (E.), Peter
O. Chotjewitz, Hubert Fichte, Ernst
Jünger (E.), Gabriele Wohmann 67/68;
Walter Aue, Uwe Friesel, Josef W.
Janker, Friedrich Georg Jünger (E.),
Hans Erich Nossack (E.) 68/69; Man-
fred Esser, Hans Jürgen Fröhlich,
Gerd Hoffmann 69/70; Rolf Haufs,
Ilse Langner, Helmut Mader, Gerhard
Nebel (E.), Georg Zivier (E.) 70/71;
Friedrich Christian Delius, Wolfgang
Koeppen (E.), Ludwig Kunz (E.), Her-
mann Peter Piwitt 71/72; Nicolas
Born, Rolf Dieter Brinkmann, Heike
Doutiné, Albrecht Goes (E.), Peter
Huchel (E.), Alf Poss, Ernst Sander
(E.) 72/73; Carl Linfert (E.), Gert Lo-
schütz 73/74; Alfred Kantorowicz (E.),
Hermann Lenz (E.), Jeanette Lander,
Fred Viebahn 76; Manuel Thomas,
Paul Gerhardt Dippel, Jürgen Theo-
baldy 77; Hermann Peter Piwitt, Pe-
ter Schneider 77/78; Jürgen Alberts,
Josef Eberle (E.), Peter Faecke, Uwe
Herms, Sarah Kirsch, Otto Jens Lu-
ther (E.), Arno Reinfrank, Otto Rom-
bach (E.), Guntram Vesper 78/81; Tho-
mas Brasch, Hugo Dittberner, Otto
Jägersberg, Ingomar Kieseritzky, Roland Lang, Rainer Malkowski, Gerald

Zschorsch 81/82; Axel Eggebrecht (E.), Rudolf Hagelstange (E.), Ulla Hahn, Margarete Hannsmann (E.), Ludwig Harig (E.), Michael Krüger, Frank-Wolf Matthies, Oskar Pastior (E.), Friederike Roth, Peter Schalmey 82/83.

Walter Buchebner Preis 1978. — St: u. Vt: Walter Buchebner Gesellschaft, Hammerpark 1, A-8680 Mürzzuschlag. Pt: Heinz Unger 78; Christa Stippinger 79; Felix Mitterer 80; Walter Koren 82.
Förderungspreis des Verlages Leykam: Wolfgang Pollanz 78; Peter Veit 79; Hermann Obermüller 80; Bruno Weinhals 82.
Förderungspreis der Sparkasse Mürzzuschlag: Christine Haidegger 78; Ingram Hartinger 79; Wilhelm Hengstler 80; Peter Fladl Martinez 82.
Förderungspreis der Walter Buchebner Gesellschaft: Hans Meister 78; Alfred Paul Schmidt 79; Gloria Kaiser 80; Wolfgang Gruber 82.

Weinpreis für Literatur 1978. — St: Heinz Ludwig Arnold. — Vt: Heinz Ludwig Arnold, Text + Kritik, Tukkermannweg 10, D-3400 Göttingen, Tel.: (0551) 56153.
Pt: Helmut Heißenbüttel 78; Guntram Vesper 79; Günter Grass 80; Friedrich Dürrenmatt 81; Albrecht Schöne 82; Beat Sterchi 83.

Welti-Stiftung für das Drama 1890, erneuert 1923. — St: Gemeinderat der Stadt Bern. — Vt: Gemeinderat der Stadt Bern in Verbindung mit der Schweizerischen Schillerstiftung, Sekretariat, Im Ring 2, CH-8126 Zumikon.
Pt: Max Frisch 45; Friedrich Dürrenmatt 48; Maurice Zermatten 51; Marcel Geroe 54; Louis Gauli 61; Herbert Meier 70; Heinz Stalder 79; Claude Cueni, Kurt Hutterli 82.

Werkbeiträge und Ehrengaben des Kantons Zürich 1928. — St: Kanton Zürich. — Vt: Regierungsrat des Kantons Zürich, CH-8090 Zürich, Tel.: (01) 2591111.
Pt: Jährlich an rund 20 Schriftsteller im Kanton Zürich verteilt.

Werner-Egk-Preis 1972. — St: u. Vt: Stadt Donauwörth, Rathaus, D-8850 Donauwörth.
Pt: Reinhard Raffalt 75; Heinz Piontek 81.

Wieland-Übersetzerpreis 1979. — St: Ministerium für Wissenschaft und Kunst Baden-Württemberg. — Vt: Freundeskreis zur internationalen Förderung literarischer und wissenschaftlicher Übersetzungen e.V., Im Asemwald 32/18/54, D-7000 Stuttgart 70, Tel.: (0711) 724325.
Pt: Fritz Vogelsang 79; Heinz Riedt 81; Klaus Reichert 83.

Wilhelm-Hauff-Preis zur Förderung der Kinder- und Jugendliteratur 1978. — St: u. Vt: Friedrich v. Kloeden für v. Kloeden KG, Schlüterstr. 49, D-1000 Berlin 12, Tel. (030) 8812268.
Pt: Susan Cooper 78; Astrid Lindgren 79; Michael Ende 80; Irina Korschunow, Lidia Postma 81; Ingo Hermann, Linde v. Keyserlingk, Hubert Kneipp 82; Richard Bach 83.

Wilhelm-Heinse-Medaille 1978. — St: u. Vt: Akademie der Wissenschaften und der Literatur, Geschwister-Scholl-Str. 2, D-6500 Mainz 1, Tel. (06131) 53011.
Pt: Michael Hamburger 78; Susan Sontag 79; Giorgio Manganelli 80; Dolf Sternberger 81; Octavio Paz 82; Marcel Reich-Ranicki 83.

Wilhelm-Raabe-Preis der Stadt Braunschweig 1944. — St: u. Vt: Stadt Braunschweig, Kulturamt, D-3300 Braunschweig.
Pt: Fritz v. Unruh 47; Werner Bergengruen, Ina Seidel 48; Hermann Hesse 50; Max Frisch 54; Friedrich Georg Jünger 57; Gerd Gaiser 60; Hans Erich Nossack 63; Heimito v. Doderer 66; Walter Kempowski, Christa Wolf 72; Uwe Johnson 75; Horst Bienek 78; Hermann Lenz 81.

Wilhelmine-Lübke-Preis 1969. — St: u. Vt: Kuratorium Deutsche Altershilfe — Wilhelmine-Lübke-Stiftung e. V., An der Pauluskirche 3, D-5000 Köln 1, Tel. (0221) 313071.
Pt: Adolf Bollmann, Reiner Hagen, Ursula Klamroth, Sigrun Koeppe, Alexander Mitscherlich, Charlotte Rothweiler, Renate Zilligen, Karl-Jörg Wohlhüter, Ado Schlier, Petra Michaely, Hans Haustein, Lothar Vetter 69; Dieter Menninger, Gottfried Gülicher, Sybill Gräfin Schönfeldt, Erika Engelbrecht, Gert Monheim, Elmar Hügler, Gisela Reich 72; Hans Dieter Bleul, Gerd Legatis, Rudolf Schenda, Georg Sieber, Kurt Lothar Tank, Maria Zimmermann, Andreas Krzok 74; Lisa Kraemer, Lothar

Drombowski, Gert Monheim, Lutz
Besch, Wolfgang Ebert, Franz Xaver
Kroetz 75; Margarete Norweg, Walter
Ohm, Hanno Heidrich, Wissen-
schaftsred. Studio Heidelberg d.
Süddt. Rundfunks, Frauke Klinkers,
Wolfgang Holler 76; Hans Bender, Si-
grid Brunk, Peter Härtling, Heinrich
Satter, Josef Böger 77; Katja Aschke,
Gregor Heussen, Michael Albus, Lida
Winiewicz, Wolfgang Glück, Max von
der Grün, Ilse Hoffmann, Gisela
Marx, Loek Huismann 78; Charlotte
Drews-Bernstein, Helmut Seitz,
Robert Naegele, Petra Michaely, Gero
von Boehm 79; Carl Wingenroth, Ma-
ria Simmen, Grete Weil, Bonaventura
Krieger, Franz Rieger 80; Michael
Ament, Stephan Bergmann, Eberhard
Büssem, Georg Eichinger, Birgit
Kienzle, Gerd Jauch, Karl-Dieter
Möller, Marie-Louise Steinbauer,
Wiebke Buchholz, Elke Heidenreich
81; Sabine Markert, Helga Lampe, Gi-
sela Richter, Lore Walb, Hans Nakiel-
ski, Karl Rössel, Doris Gothe, Evama-
ria Miner 82; Kristel Neidhart, Lore
Bartholomäus, Jochen Schmauch,
Robert Polt 83.

**Willibald-Pirkheimer-Medaille für
Verdienste um Kultur und Literatur**
1955. − St: Karl Borromäus Glock,
Gelbes Schloß, D-8501 Heroldsberg,
Tel. (0911) 560738. − Vt: Willibald-
Pirkheimer-Kuratorium.
Pt: Reinh. Raffalt, Jeannie Ebner, Ga-
briel Marcel, Carl J. Burckhardt, Hei-
mito von Doderer, Albrecht Goes, Ilse
Langner, Inge Meidinger-Geise, An-
gelika Merkelbach-Pinck, Josef
Mühlberger, Julius Overhoff, Max
Rychner, Leo Weismantel, Hubert
Freiherr von Welser, Siegfried Behn,
Max Brod, Herbert Meier, Rolf Bongs,
Friedrich Heer, Ursula v. Mangoldt,
Oswald v. Nostitz, Karlheinz Stauder
68; Christoph v. Imhoff, Rudolf Henz,
Cornelia Gerstenmaier, Hermann
Glockner, Karl Borromäus Glock,
Wolfgang Frh. v. Stromer, Klaus-Gerd
Kaltenbrunner, Fedor Stepun, Wil-
helm Röpke, Friedr. W. Foerster,
Reinhold Schneider, Karl Anton
Prinz Rohan, Ernst Zinn, Valentin
Pabst.

**Würdigungspreis des
Bundesministeriums für Unterricht
und Kunst** 1972. − St: Republik
Österreich. − Vt: Bundesministerium
f. Unterricht und Kunst, Minoritenplatz 5, A-1014 Wien.

Pt: Erich Fried 72; Friederike Mayröcker 73; Ilse Aichinger 74; Michael
Guttenbrunner 75; Gerhard Rühm 76;
Andreas Okopenko 77; Ernst Jandl
78; Wolfgang Bauer 79; Milo Dor 80;
Jutta Schutting 81; Alfred Kolleritsch
82.

**Würdigungspreis des Landes Kärnten
für Literatur** 1977. − St: u. Vt: Kärntner Landesregierung, Abt. Kultur,
Völkermarkter Ring 29, A-9020 Klagenfurt.
Pt: Georg Drozdowski 77; Hanns Renger 81.

Würdigungspreis für Literatur 1980. −
St: u. Vt: Tiroler Landesregierung, A-
6010 Innsbruck.
Pt: Hans Hömberg 80; Franz Tumler
82.

Xylos-Lyrikpreis 1977. − St: Edition
Xylos, Irmgard Stein, Gelsenkirchen.
− Vt: Edition Xylos, Bergmannstr. 58,
D-4650 Gelsenkirchen, Tel. (0209)
25112.
Pt: Gertrud Hanke-Maiwald 77; Bru-
no Horst Bull 79; Karl Feldkamp 81.

Zenta-Maurina-Sachpreis für Literatur
1975. − St: Peter Coryllis im Kreis
der Freunde. − Vt: Kreis der Freunde, Tannensand 153, D-4471 Wal-
chum/Emsland, Tel. (04963) 8612.
Pt: Zenta Maurina 75; Uwe Anhäuser
77; C. H. Kurz, Hermann Kuprian 79;
Kathleen Thoma 81; Karl Heinz Bolay 83.

**Zürcher Kinderbuchpreis: La vache qui
lit** 1977. − St: Tages Anzeiger Zürich,
Kinderbuchladen Zürich. − Vt: Kinderbuchladen Zürich, Grossmünster-
platz 8, CH-8001 Zürich, Tel. (01)
475350.
Pt: Hans Christian Kirsch 77; Beat
Brechbühl 78; Irina Korschunow 79;
Peter Härtling 80; Mirjam Pressler
81; Ursula Lehmann-Gugolz 82; Gudrun Pausewang 83.

**Zuwendung der Conrad-Ferdinand-
Meyer-Stiftung** 1937. − St: Luise Eli-
sabetha Camilla Meyer. − Vt: Stif-
tungsrat der C.F.-Meyer-Stiftung,
Präsident: Dr. H. Escher, c/o Schweiz.
Kreditanstalt, CH-8021 Zürich.
Pt: Maria Drittenbass 45; Gottlieb
Heinrich Heer 46; Eugen Mattes 47;
Nadja Jollos 48; Kurt Leuthard 50;
Karl Kuprecht 51; Paul Brenner 52;
Arthur Häny 53; Hans Boesch 54;
Franz Fassbind 55; Werner Weber 56;

Walter Gort Bischoff 57; Erwin Jaeckle 58; Raffael Ganz 60; Erika Burkart 61; Hans Reutimann 62; Herbert Meier 64; Elfriede Huber 65; Hugo Lötscher 66; Albert Ehrismann 66; Walter Gross 67; Adolf Muschg 68; Jürg Federspiel 69; Gerold Späth, Fritz Gafner 70; Jürg Acklin 71; Paul Nizon, Peter Vogt 72; Silvio Blatter, Max Bolliger 74; Beat Brechbühl 75; Rolf Hörler, Walter Kauer 76; Peter Meier 77; Alice Vollenweider 78; Hermann Burger 79; Federico Hindermann, Franz Böni 80; Claudia Storz 81; Jürg Amann 82.

GEOGRAPHISCHE ÜBERSICHT

Verzeichnis deutschsprachiger Schriftsteller nach Orten

Aachen
Coenen, Rainer
Creutz, Helmut
Dahmen, Jost
Deutz, Hans
Heinrichs, Hans-Gert
Heusch, Karl
Höntges, Hans Albert
Kiefer, Reinhard
Kirchhoff, Hermann
Knuth, Elsbeth
Kranz, Gisbert
Krüger, Barbara
Künzell, Berta
Leson, Monika
Loven, Karl
Mertens-Apitzsch,
  Irmgard
Oertel, Ferdinand
Pöggeler, Franz
Prost, Rolf P.
Richter, Wolfgang
Springer, Michael
Stendebach, Petra
Stroszeck, Hauke
Zahn, Ingrid

Aalen/Württ.
Arnold, Martha
Gunter, Georg
Theiss, Mechtild

Aarau/Schweiz
Aeschbach, Gustav
Laubi, Werner
Storz, Claudia

Aarberg/Schweiz
Stauffer, Heinz

Abensberg
Podesser, Hanni
Tharau, Walter

Absam b. Hall i. Tirol/
Öst.
Haslwanter, Mary

Accra/Ghana
Pawelzik, Fritz

Achim b. Bremen
Kressl, Günther
Patzelt, Hannelore
Wilken, Uwe Hans

Adelboden/Schweiz
Doyon, Josy

Adliswil/Schweiz
Faßbind, Franz

Ahlden/Aller
Schütt, Christa Luzie
Slopianka, Jürgen

Ahlen
Berger, Herbert

Ahnatal
Wolf, Alexander

Ahrensburg
Heinlein, Otto
Petzel, Ulf
Schaefer, Bruno
  Hermann Friedrich

Bad Aibling
Krüger, Harry
Valentin, Erich

Aichtal
Maar, Paul

Aichwald
Schumann, Marta

Ainring
Ernsting, Walter
Hoerburger, Felix
Münster, Clemens

Aix en Provence/Frankr.
Bornhorn, Nicolaus

Albbruck
Klahn, Paul

Albshausen/Solms
Leonhardt, Roland

Aldesago/Lugano/
Schweiz
Graber, Alfred

Alfeld
Aßmann, Harry
Windecker, Wolfgang A.

Alfter
Schmelmer, Helmut

Algund bei Meran/Ital.
Maurer, Joseph
Maurer, Maria Luise

Allendorf an der Eder
Kanus-Credé, Helmhart

Allensbach
Bulla, Hans Georg
Quiel, Friedrich
Wandel, Günter

Allershausen
Scharnagl, Wilfried
Winkler, Hans-Jürgen

Allmendfeld
Behrens, Katja

Allmendingen/Schweiz
Golowin, Sergius

Allschwil/Schweiz
Gansner, Hans Peter
Heizmann, Adolf
Noll-Werdenberg, Heidi

Almstedt
Volke, Ralf

Alness/Schottland
Munro, Sigrid

Alpbach/Öst.
Molden, Fritz P.

Alpirsbach
Stammel, Heinz-Josef

Alpnach/Schweiz
Klapproth, Ruedi
Waldemar, Charles

Alsdorf
Wirtz, Grit

Alsfeld
Dönges, Lutz

Alt Zauche/DDR
Köhler, Erich

Altavilla ob Murten/
Schweiz
Sutermeister, Peter

Alteglofsheim
Mühldorfer, Albert

Altena
Goseberg, Ruth
Trappe, Hertha

Altenberg/Öst.
Lorenz, Konrad

Altenberge
Sestendrup, Manfred

Altenburg, Bez. Leipzig/
DDR
Fischer, Herta
Sittauer, Hans Leo
  (Johannes)

Altengbach/Öst.
Lange, Elfi

Altenmarkt a. d. Alz
Schonauer, Ruth

Altenstadt
Grasmück, Jürgen

Altensteig
Reschke, Willi

Altenweddingen/DDR
Fritzke, Hannelore

Altmölln
Engelhardt, Ingeborg
  Maria

Altoberndorf
Hein, Erika

Altötting
Blaha, Johann Andreas
Löbner-Felski, Erika

Altstädten
Lerbs-Lienau, Renate

Ambach/Starnberger See
Regnier, Charles
Schmidt, Manfred
Wiedemann, Fritz

Amberg/Oberpf.
Henscheid, Eckhard

Ambra/Ital.
Cerio, Clara

Ammerland/Starnberger
  See
Bardili, Johanna
von Bülow, Vicco
Kempff, Diana
Kempff, Wilhelm

Amorbach
Pfeiffer, Otto

Amriswil/Schweiz
Larese, Dino

Amstelveen/Niederl.
Behrendt, Fritz Alfred

Amsterdam/Niederl.
Augustin, Elisabeth
Buri, Friedrich W.
Frommel, Wolfgang

Amstetten/Öst.
Steiner, Friedrich
Stern, Hans

Anacapri/Isola di Capri/
  Ital.
Michaelsen, Hermann W.

Andernach
Werf, Fritz

Anderten
Bemme-Wingert, Heinz

Angelbachtal
Winkler, Konrad

Anif/Öst.
Fischer, Friedrich
  Johann
Maurer, Monika
von Moy, Johannes Graf
Neureiter, Ferdinand

Ankum
von der Wall, Heinz

Ansbach
Hartstock, Elmar
Tzscheuschner, Irmtraud

Anthering/Öst.
Wölflingseder, Kurt

Aristau/Schweiz
Burkart, Erika
Halter, Ernst

Arni/Schweiz
Stettler, Simon

Arnimswalde
Martin, Brigitte

Arnsberg
Endler, Annette
Niehaus, Werner
Nolte, Margaretha
Schleich, Hanne

Aschaffenburg
Braun, Ernst
Duensing, Jürgen
Schaub, Franz

Aschau/Chiemgau
von Cramer-Klett,
  Ludwig Benedikt Frhr.

Aschbach
Wittmann, Franz

Ascheberg, Holst.
Dunsch, Günther
Hahn, Christian
  Diederich
Richter, Jutta

Aschersleben/DDR
Harkenthal, Gerhard

Ascona/Schweiz
Colby, Max
Dekker-Gentsch, Ellen
Guetermann, Erika
Jaeger, Henry
Knaak, Lothar
Mihaly, Jo
Valangin, Aline

Aspang/Öst.
Radelsbeck, Karl

Aßling
Schertz, Walter

Astano/Schweiz
Ganz, Raffael

Athen/Griechenland
Geerken, Hartmut

Attdorf b. Nürnberg
Gottwald, Anne

Attinghausen/Schweiz
Scheuber, Josef Konrad

Au b. Illertissen
Kölbl, Gottfried

Au i. d. Hallertau
Maier-Krafft, Josef

Auckland/Neuseeland
Ost, Frederick

Aue
Blechschmidt, Manfred

Auer/Ital.
von Elzenbaum-Florian,
  Margit

Auetal
Goertz, Heinrich

Aufkirchen/Starnberger
  See
Fischer-Fabian, Siegfried

Auggen
Schimanek, Jürgen

Augsburg
Brück, Rolf
Dannenbauer, Friedrich
  Michael
Dörre, Margarete
Eckert, Alfred
Eimüller, Hermann-Josef
Fuchshuber, Annegert
Heinle, Fritz
Linder, Linda
Miller, Franz R.
Musil-Fichtel, Liselott
Riedel, Gerhard
Senocak, Zafer
Seybold, Heiner
Strupp, Günther
Weber, Leo Johann
Weinberger, Lili
Willeuthner, Georg

Augustusburg/DDR
Veken, Hildegard

Aumühle b. Hamburg
Doll, Hannelore
Doll, Herbert Gerhard
Kolarz, Henry
Thurn, Hans

Aurich/Ostfriesld.
Christophers, Ewald
De Vries, Gernot

Babelsberg/DDR
Abraham, Peter
Hildebrandt, Otto

Babenhausen/Schwab.
Jall, Artur

Backnang
Krämer, Hans W.O.
Kreibach, Oskar
Veidt, Werner
Walch, Elsbeth

Baco Raton/USA
Schulte, Michael

Baden b. Wien/Öst.
Formann, Wilhelm
Habeck, Fritz
Paar, Carl Egmont
Szabo, Margit
Widmann, Ines Hermine

Baden/Schweiz
König, Paul

Baden-Baden
Abel, Friedrich Wilhelm
Altschüler, Marielú
Baser, Friedrich
Bell, André
Benckiser, Nikolas
Büchler, Franz
Feurstein, Käte
Fischer, Klaus
Giudice, Liliane
Göbel, Dieter
von Gottberg, Erika
Grüger, Heribert
Haug, Jürgen
Heinzelmann, Siegfried
Hennicke, Karl-August
Hirschberg, Dieter
Hübner, Paul
Jägersberg, Otto
Kiefer, Ernst
Krementz, Carl-Hubert
Lodemann, Jürgen
Peters, Wolfgang A.
Petrick, Erika
Polomski, Georg
Rein, Heinz
Schäfer, Eva
Scharfenberg, Horst
Schwarz-Fritz, Elke
von Sydow, Rolf
Trautloft, Hannes
Wendt, Ingeborg
Wurth, Inge

Badenweiler
Faber, Gustav

Badgastein/Öst.
Zittrauer, Maria

Baierbrunn
Eberle, Raimund

Baiernrain
Vandenberg, Philipp

Bailly/Frankr.
Eppler, John

Bairawies
Erler, Rainer

Baldegg/Schweiz
Schmid, Clarita

Baldham
Dünninger, Eberhard
von Wietersheim-
  Kramsta, Herta

Balgach/Schweiz
Semadeni-Bezzola, Sina

Baloham
Kirner, Georg

Baltimore/USA
Zassenhaus, Hiltgunt

Bamberg
Deml, Friedrich
Heyse, Ulrich
Kreiner-Reichmann,
  Monika
Krischker, Gerhard
Neubauer, Hans
Reißenweber, Arno
Wagner, Eberhard
Wollschläger, Hans

Bammental
Boschke, Friedrich

Barbing
Färber, Sigfrid

Barcelona/Spanien
Bruck, Edgar-Pedro
Wittkopf, Rudolf

Barmstedt
Curth, Bruno

Barsbüttel
Franciskowsky, Hans

Barsinghausen
Daschkowski, Otto
Kentmann, Ingeborg
von Treyer, Erica

**Barzheim b. Thayngen/
  Schweiz**
Brütsch, Jakob

Basel/Schweiz
Adler, Hermann
Anderegg, Erwin
Bachmann, Guido
von Balthasar, Hans-Urs
Becher, Ulrich
Bräm, E. Max
Breitenstein, Ann-Marie
Buksa, Pavel
Burckhardt, Felix
Burri, Peter
Cueni, Claude
Dean, Martin R.
Duvanel, Adelheid
Erni, Paul
Faes, Armin

Forte, Dieter
Geerk, Frank
Grieder, Walter
Grün, Gertrud
Hammel, Hanspeter
Henkel, Heinrich
Herzig, Ernst
Jenny, Matthyas
Kahn-Wallerstein,
  Carmen
Kaiser, Ingeborg
Karch, Robert
Kesten, Hermann
Küry, Hans
Kutter, Markus
Lutz, Werner
Mäder, Ueli
Mangold, Christoph
Nester, Marcus
Niederhauser, Rolf
Pfeifer, Tadeus
Regenass, René
Reiser, Werner
Renschler, Regula
Saner, Hans
Schmidli, Werner
Schneider, Hansjörg
Schwabe, Hansrudolf
Seemann, Charlotte
de Smit, Peer
Stebler-Schaub, Martha
Stemmler-Morath, Carl
Thiele, Stefan
Thürkauf, Max
Weibel, Jürg
Wirtz, Gérard
Würth, Heidy
Zimmer, Woldemar
Zumstein, Otto

Bassersdorf/Schweiz
Attenhofer, Elsie
Manser-Kupp, Gretel

Bassum
Kaune, Rainer

Baumholder
Theobald, Günther

Baunatal/Grossenritte
Hofmann, Justus

Bautzen/DDR
Dyrlich, Benedikt

Bayerisch Gmain
Misselwitz, Anna

Bayersoien
Korn, Günther

Bayreuth
Barth, Herbert
Donus, Bruno
Hacke, Ernst-Max
Höreth, Elisabeth

Lobe, Jochen
Obieglo, Agatha
Rappl, Erich
Wagner, Alfred
Weihs, Erich

Bebensee
Beyersdorff, Horst
Jacobs, Wilhelm

Bebra
Großkurth, H. Jürgen

Beckentin/DDR
Ahrndt, Waltraud

Beckingen
Barth, Oskar
Durben, Maria-
Magdalena
Durben, Wolfgang
Harmuth, Marianne

Beesenstedt/DDR
Probst, Anneliese

Beeskow/DDR
Weinert, Manfred

Behren-Lübchin/DDR
Pinkpank, Ernst G.

Belgrad/Jugosl.
Carin, Vladimir

Bellach/Schweiz
Bichsel, Peter

Benediktbeuern
Söll, Georg

Benglen/Schweiz
Seuren, Günter

Bensberg
Diehl, Rudolf

Bensheim
Ertl, Erika
Lühnsdorf, Fritz
Rötzer, Hans Gerd
Squarra, Heinz
Weitz, Hans-J.

Bad Bentheim
Seemann, Karl

Benz
Hurny, Albert

Berchtesgaden
Amort, Elisabeth
Zimmermann-Schwarz,
Erica

Berg, Starnb. See
Breitenfellner, Franz
Xaver
Kiermeier, Klaus
Nestler, Maria

Bergamo/Ital.
Parigi, Ingrid

Bergen, Kr. Auerbach/
Vogtld./DDR
Bartsch, Albert

Bergheim
Hoffsümmer, Willi

Bergholz/DDR
Ebener, Dietrich

Bergisch Gladbach
Emundts, Elisabeth
Filmer, Werner
Hanke, Manfred
Jung, Ernst Felix
Roegele, Otto B.
Rüdiger, Wolf
Rupprecht, Imme
Scheibler, Susanne
Schreiber, Josef
Stiebler, Gisela
Strambowski, Anton
Ujlaky, Charlotte
Wasser, Karl
Wirsching, Klemens M.

Bergkamen
Claer, Hans Henning
Vortkort, Walter

Bergneustadt
Wille, Käthe

Berka
Pawlik, Detlev

Berlin (West)
Alexander-Burgh,
Eberhard
von Alten, Jürgen
Anders, Richard
Apel, Hans
Apostol, Margot
Aue, Walter
Baake, Franz
Bährens, Friedrich
Wilhelm
Bartheel, Carla
Barthelmeß-Weller, Usch
Bartsch, Kurt
Barüske, Heinz
Bauer, Arnold
Baumann, Peter
Bausch, Erika
Beckelmann, Jürgen
Becker, Max A.
Becker, Uli
Behrens, Alfred
von Benda, Annelies
Bergmann, Alfred
Bergmann, Karl Hans
Berisch, Karl
Bernard, Karl
Berndal, Franz
Beschorner, Herward
Bessert, Lieselotte
Bielicke, Gerhard

Binder-Gasper,
Christiane
Bischoff, Gustaf
Blasinski, Marianne
Blettenberg, Detlef
Blochwitz, Black E.
Blöcker, Günter
Bölling-Moritz, Cordula
Boesche, Tilly
Borgelt, Hans
Borris, Siegfried
Bosetzky, Horst
Brand, Matthias
Brasch, Thomas
Braun, Käthe
Brigl, Kathrin
Brocker, Hildegard
Buch, Hans Christoph
Buchholz, Erich
Budnowski, Else
Bunje, Carl
Burkart, Rolf
Burkhardt, Otto Bruno
Cadenbach, Joachim
Carls, Carl Dietrich
Casper, Sigrun
Christoph, Alfred
Clevé-Klebert, Eveline
Cornelsen, Horst
Czurda, Elfriede
Darnstädt, Helge
Deger, Manfred
Deinert, Wolf
Delius, Friedrich C.
Deppe, Alexander
Donnelly, Elfie
Dressler, Johannes
Drewitz, Ingeborg
Dubbert, Ann-Susan
Duden, Anne
Dürr, Rolf
Eichen, Heinrich
Eichholz, Marianne
Eisenberg, Ursula
Emrich, Wilhelm
Enderwitz-Bindseil, Ilse
Erb, Ute
Erman, Hans
Eue, Dieter
Ewert, Joachim
Fabich, Peter Jürgen
Fechter, Sabine
†Felchner, Kuno
Feraru, Peter
Fichelscher, Walter F.
Fietkau, Wolfgang
Flatow, Curth
Franke, Holger
Freksa, Gertrud
Friedrich, Dirk
Friedrich, Joachim-Carl
Fuchs, Jürgen

von Gebhardt, Renate
Geitel, Klaus
Geleng, Ingvelde
Gerhardt, Renate
von Gersdorff, Dagmar
Goerdten, Ulrich
Goldmann, Rudolf A.
Gollwitzer, Helmut
Gosewitz, Ludwig
Gowin, Wolfgang
Grack, Günther
Gramsch, Werner
Grass, Günter
Grosser, Karl-Heinz
Grothe, Gerda
Grothe, Heinz (Torsten)
Grützke, Johannes
Günther, Hans
Günther, Joachim
Guhde, Christel
Hachfeld, Rainer
Haemmerling, Ruth
Hallervorden, Dieter
Hardey, Evelyn
Harmsen, Brigitte
Harnack, Falk
Hartung, Harald
Hartung, Rudolf
Haß, Ulrike
Haufs, Rolf
Haug, Wolfgang
Hauser, Erika
Heinrich, Hans
Heinrichs, Siegfried
Heinschke, Horst
Heinze, Hartmut
Heisinger, Hilde
Held, Christa
Hellberg, Traute
Herbst, Ruth
Heubner, Christoph
Hey, Richard
Hildebrandt, Dieter
Hilsenrath, Edgar
Hintz, Werner
Hirche, Peter
Hirschfelder, Ulrich
Höcker, Karla
Höllerer, Walter
Hoffmann, Gerhardt
Hoffmann, Ulrich René
Hohberg, Hans Joachim
Holmsten, Aldona
Holmsten, Georg
Horch, Veronika
Horn, Walter
Huckauf, Peter
Hügelmann, Hill Renée
Hürlimann, Thomas
Ingwersen, Erhard
Ital, Gerta
Jacobsen, Walter

Jaeggi, Urs
Jaekel, Hans Georg
Jaun, Sam
Jörg, Ingrid
Jonas, Anna
Juds, Bernd
von Jüchen, Aurel
Juhnke, Harry
Jungnickel, Rudolf
Kammler, Peter
Kammrad, Horst
Kamossa, Käthe
Karsunke, Yaak
Kessel, Martin
Kiefel, Gerhard
Kieseritzky, Ingomar
Kindermann, Peter-Lutz
Kirchner, Wolfgang
Kiwus, Karin
Kleberger, Ilse
Kloppe, Wolfgang
Kloss, Hildegard
Klünner, Lothar
Knef, Hildegard
Knilli, Friedrich
Knoell, Dieter Rudolf
Knuth, Peter Waldemar
Kochanowski, Bodo
Köhler-Rechnitz, Inka
Kohl, Paul
Korn, Renke
Koschorke, Martin
Koser, Michael
von Koskull, Josepha
  Benita Baronesse
Kowatsch, Klaus
Kraft, Gisela
Krahner, Karl
Krajewski, Felix
Krengel-Strudthoff,
  Ingeborg
Krizkovsky, Hugo
Kroneberg, Eckart
Kruse, Werner
Kube, Horst
Lander, Jeannette
Lange, Claudio
Lange, Hartmut
Laser, Michael
Laufenberg, Walter
Lehmann, Hans
  Friedrich
Lenz, Dieter
Liersch, Rolf
Lilge-Stodieck, Renate
Lindenberg, Wladimir
Link, Erich
Linke, Manfred
Lipke, Erik-Alfons
Lischke-Naumann,
  Gabriele
Loewig, Roger

Lorenzen, Rudolf
Ludwig, Volker
Lücker, Reiner
Lückoff, Dietrich
Luft, Friedrich
Lustig, Peter
Maczey, Gisela
Markert, Hans-Günter
Martell, Wolfgang
Matthes, Günter
Matthies, Frank-Wolf
Mechnig, Elfriede
Meckel, Christoph
Mede-Flock, Hanne
Meising, Heinz
Mendheim, Gertrud
  Magdalena
Menge, Wolfgang
Metka, Dietrich
Mey, Reinhard
Meyer, Detlev
Meyer, Werner
Meyer-Wehlack, Benno
Michel, Detlef
Mielke, Hans
Mielke, Thomas R.P.
Minkowski, Helmut
Mischwitzky, Holger
Möller, Inge
Moll, Manfred
Moosdorf, Johanna
Morshäuser, Bodo
Motschmann, Klaus
Mühlenhaupt, Kurt
Mueller, Harald
  Waldemar
Müller, Rudolf
Müller, Wolfgang
Müller-Stahl, Armin
Münzberg, Olav
Nadolny, Sten
Naoum, Jusuf
Nelken-Ohlenmacher,
  Dinah
Nerth, Hans
Neuburger, Kurt
Nickel, Ruth
Nicklisch, Hans
Nieke, Gert
Nitschke, Horst
Noetzel, Joachim David
Nottke-Axt, Maria
Odeman, Robert T.
Oertwig, Bernd
Ohff, Heinz
Ortinau, Gerhard
Orzechowski, Christel
Oschilewski, Walther G.
Ossowski, Leonie
Otto, Uwe
Pastior, Oskar
Paul, Wolfgang

Petersen, Karin
Petschner, Raimund
Peuckert, Fritz
Pfrenger, Egon
†Pieritz, Hildegard
Pietruschinski, Horst
Piron, Johannes
Plepelić, Zvonko
Plessen, Elisabeth Gräfin
Pölking, Hermann-
  Joseph
Polzin, Silja
Preußen, Louis
  Ferdinand Prinz von
Püllmann, Holger
Puhl, Wilfried Ernst
Purrmann, Christel G.
von Radetzky, Robert
Radusch, Hilde
Rarisch, Klaus M.
Rath, Wolfgang
Reinhardt, Gert
Reinshagen, Gerlind
Reisner, Stefan
Reitze, Elvira
Reschke, Karin
Riemann, Marianne
Riepenhausen, Carlheinz
Roberg, Dietmar
Rubinstein, Hilde
Runge, Erika
Ruperti, Marga
Russo, Adrian
Sanders-Brahms, Helma
Schaaff, Martin
Schädlich, Hans Joachim
Schäfer, Peter
Scharmann, Christian
Schenck, Peter
Schenk, Johannes
Schernikau, Ronald M.
Schleckat, Ulrike
Schleef, Einar
Schlösser, Manfred
Schmid, Harald
Schmidt, Dietrich
Schmidt-König, Fritz
Schmied, Wieland
Schmohl, Kurt
Schnabel, Ernst
Schneider, Edmund
Schneider, Peter
Schnell, Robert Wolfgang
Schnurre, Marina
Schnurre, Wolfdietrich
Schollak, Sigmar
Scholz, Hans
Schonauer, Franz
Schröder, Wolf Christian
Schürenberg, Walter
Schultz, Helma
Schultz-Norden, Adalbert

Schulz, Klaus-Peter
Schumacher, Thomas
Schwarz, Joachim
Schwenger, Hannes
Schwenke, Holger
See, Wolfgang
Siedler, Wolf Jobst
Skrzypczak, Henryk
Sobczyk, Rudolf
Speier, Michael
Sperlich, Martin
Spiegel, Sigrid
Spohn, Jürgen
Steckel, Ronald
Steffenhagen, Joachim
Steinmetz, Rudolf
Stern, Monikalisa
Stiller, Klaus
Stoedtner, Gerhard
Straub, Dieter
Strauß, Botho
Streit, Monica
Stripp, Peter
†Strohm, Egon
Stuckenschmidt, Hans
  Heinz
Stühlen, Charlotte
Stutzke, Peter
Szepansky, Gerda
Tabori, George
Tannen, Ursula
Tannewitz, Hans-
  Joachim
Textor, Carlotta
Thebis, Hansgünter
Theobaldy, Jürgen
Thiele-Malwitz, Gerda
Thiesler-Rumpf, Sabine
Thouet, Peter M.
Tietz, Gunther
Tilger, Werner
von Tippelskirch, Wolf
  Dieter
Tönnies, Ilse
Traston, Simon
Traumann, Ingeborg
Treichel, Hans-Ulrich
Trezak, Manfred
Tumler, Franz Ernest
  Aubert
Uhlig, Helmut
Uhlmann, Joachim
Ulbrich, Rolf
Ullmann, Hans-Wilhelm
Ulrich, Heinz
Vethake, Kurt
Walden, Matthias
Wallner-Basté, Franz
Wannicke, Achim
Weber, Annemarie
Wellbrock, Jürgen
Werner, Eckhart

Werner, Frank
Wills, Franz Hermann
Wilutzky, Ingeborg
Winter, Irmgard
Wionzek, Gerhard
Witzel, Herbert
Wolff, Dietrich
Wünsche, Konrad
Wulf, Christa Ida
  Alexandra
Wulf, Hans
†Wuttig, Heinz Oskar
Zeidler, Hans-Joachim
Zerna, Herta
Ziegert, Gertrud
Ziem, Jochen
Zimmermann, Erika
Zöls, Karl-Heinz
Zschokke, Matthias

Berlin (Ost)

Abusch, Alexander
Adler, Ernst
Albrecht, Günter
Auer, Annemarie
Bahre, Jens
Barckhausen, Christiane
Bastian, Horst
Bauer, Friedhold
Baumert, Walter
Bechtle-Bechtinger,
  Joachim
Bechtle-Bechtinger,
  Sibylle
Behrsing, Siegfried
Bekier, Erwin
Bentzien, Eva Maria
Benzien, Rudi
Bereska, Henryk
Berger, Uwe
Bergner, Tilly
Berkes, Ulrich
Beuchler, Klaus
Bez, Helmut
Bongardt, Karl
Bonhoff, Otto
Borde-Klein, Inge
Branstner, Gerhard
Braun, Volker
Broza-Talke, Helga
Brüning, Elfriede
Brun, Marcel
de Bruyn, Günter
Christ, Richard
Conrad, Johannes
Csongár, Almos
Cwojdrak, Günther
Dahn, Daniela
Dahne, Gerhard
Damm-Wendler, Ursula
Dathe, C. Heinrich
Dege, Waldemar

Desczyk, Gerhard
Dick, Gerhard
Dietrich, Karl
Dietrich, Siegfried
Donle, Albert
Drews, Manfred
Eckart, Gabriele
†Edel, Peter
Egel, Karl Georg
Eidam, Klaus
Endler, Adolf Edmond
Endler, Elke
Erpenbeck, John
Feyl, Renate
Fischer, Gerhard
Förster, Wieland
Franz, Michael
Freyer, Paul-Herbert
Fühmann, Franz
Fuhrmann, Rainer
Gabrisch, Anne
Geelhaar, Anne
Gerlach, Jens
Geske, Matthias
Girnus, Wilhelm
Gloede, Günter
Gloger, Bruno
Görlich, Günter
Gotsche, Otto
Grasnick, Ulrich
Gratzik, Paul
Greulich, Emil Rudolf
Griebner, Reinhard
Grosz, Christiane
Hacks, Peter
Häuser, Otto
Hammel, Claus
Hanke, Helmut
Hardel, Gerhard
Hardt, Karl-Heinz
Hauptmann, Helmut
Hauser, Harald
Hauser, Jochen
Hein, Christoph
Helm, Helga
Helm, Johannes
Helmecke, Monika
Hentschel, Sibylle
Herboth, Hartmut
  Berthold
Hermlin, Stephan
Herzfelde, Wieland
Heym, Stefan
Heymann, Helma
Heynowski, Walter
Hilscher, Eberhard
Hirsch, Rosemarie
Hirsch, Rudolf
Höpfner, Jürgen
Höricke, Lothar
Hoffmann, Horst
Hoffmann, Manfred

Hofmann, Fritz
Holtz-Baumert, Gerhard
Homberg, Bodo
Horstmann, Hubert
Hübner, Gerald
Hüttner, Hannes
Jäckel, Gerhard
Jäniche, Günter
Jarosch, Günther
Jung, Cläre M.
Just, Gustav
Kahlau, Heinz
Kahlow, Heinz
Kant, Hermann
Kant, Uwe
Karau, Gisela
Karger, Bernhard
Katins, Sabine
Kaufmann, Walter
Kauter, Kurt
Keisch, Henryk
Kellner, Wolfgang
Kienast, Wolfgang
Klein, Eduard
Klein, Lene
Klotsch, Andreas
Klotz, Günther
Knauth, Joachim
Knobloch, Heinz
Kögel, Jürgen
Königsdorf, Helga
Könner, Alfred
Kohlhaase, Wolfgang
Kolbe, Uwe
Krack, Hans-Günter
Krause, Hans
Kraze, Hanna-Heide
Kröber, Wolfgang
Krumbholz, Eckart
Krumbholz, Hans
Krupkat, Günther
Kruse, Matthias Werner
Küchler, Manfred
Kuhnert, Reinhard
Kusche, Lothar
Laabs, Joochen
Landgraf, Wolfgang
Laudon, Hasso
Lenz, Werner
Leskien, Jürgen
Lewin, Waldtraut
Löschburg, Winfried
Ludwig, Hans
Lüdemann, Hans-Ulrich
Lupescu, Valentin
Luthardt, Thomas
Mader, Julius
Maron, Monika Eva
Mickel, Karl
Middell, Eike
Möckel, Klaus
Morgenstern, Beate

Morgner, Irmtraud
Müller, Heiner
Müller, Jupp (Josef)
Müller, Wolfgang
Mundstock, Karl
Nerlich, Günter
von Oettingen, Hans
Panitz, Eberhard
Peet, Georgia
Pieske, Manfred
Pietraß, Richard
Pijet, Georg W.
Piltz, Georg
Ploog, Ilse
Prien, Hans
Prokop, Gert
Püschel, Ursula
Püschel, Walter
Räppel, Karl-Heinz
Rahn, Karlheinz
Randow, Norbert
Rathenow, Lutz
Remané, Lieselotte
Remané, Martin
Rezac, Karl
Rodigast, Hermann
Roehricht, Karl
  Hermann
Rosin, Robert
Rother, Hans-Jörg
Routschek, Helmut
Rudolph, Fritz
Ruika-Franz, Viktoria
Sänger, Peter
Schäfer, Paul Kanut
Scheumann, Gerhard
Schirmer, Bernd
Schlesinger, Bettina
Schlesinger, Klaus
Schmidt, Gertrud
Schneider, Ilse
Schneider, Johannes
Schrader, Marie
Schreiter, Friedemann
Schreiter, Helfried
Schubert, Dieter
Schütz, Helga
Schulenburg, Bodo
Schulz, Annelies
Schulz, Helmut Hermann
Schulz, Jo
Schulze, Axel
Seeger, Fred
†Seghers, Anna
Shaw, Elizabeth
Siebe, Hans
Siebenstädt, Ingeburg
Skirecki, Hans
Stave, John
Steege, Christa
Steinmüller, Angela
Steinmüller, Karlheinz

Stengel, Hansgeorg
Stephan, Martin
Strahl, Rudi
Striegler, Günter
Stübe, Gerhard
Teske, Günter
Thies, Vera
Tragelehn, Bernhard K.
Trampe, Wolfgang
von Tümpling, Horst
Ulbrich, Bernd
Unikower, Inge
Vogel, Frank
Wagner, Bernd
Wegehaupt, Heinz
Weitbrecht, Wolf
Wendler, Horst Ulrich
Werner, Ruth
Wetzel, Rudolf
Wiede, Anna Elisabeth
Wiesner, Claus Ulrich
Wirth, Günter
Wolf, Christa
Wolf, Gerhard
Worgitzky, Charlotte
Zander, Hildegard
Zemke, Georg
Zeplin, Rosemarie
Ziergiebel, Herbert
Zinner, Hedda

Bern/Schweiz
Balmer, Hans Rudolf
Beck, Alfred
Beck, Renat
Betts, Peter J.
Beutler-Maroni, Maja
Brühlmann, Sepp
Bürki, Roland
Eggli, Ursula
Erpf, Hans
Farine, Pierre
Fischer, Kaspar
Gardi, René
Geiser, Christoph
Geissbühler, Rolf
Gerber, Ernst P.
Gisiger, Ulrich
Heimann, Alexander E.
Herren, Marcel
Horisberger, Doris
Hutterli, Kurt
Jäggi, Beat
Kästle, Hermann
Kirchhofer, Hans
Lehmann, Hans-Rudolf
Lehmann-Gugolz, Ursula
Lehner, Peter
Limbach, Fridolin
Marti, Kurt
Mehr, Mariella
Meyer, Peter

Michel, Markus
Müller, Gustav Emil
Oesch, Felix
Pauli, Konrad
Peterhans, Robert
Ronner, Emil Ernst
Roth, Robert
Salquin, Trudi
Scapa, Ted
Schädelin, Klaus
†Schilling, Helmut
Schindler, Regine
Schmezer, Guido
Schmid, Walter
Stebler, Jakob
Steiner, Ernst
Sterchi, Beat
Theile, Albert
von Wattenwyl-de
    Gruyter, Julie
Wetter, Ernst
Wüthrich, Werner
Zimmermann, Katharina
Zingg, Ueli
Zoss, Roland

Bernau/Chiemsee
Bernhard-von Luttitz,
    Marieluise
Engasser, Quirin
†von Schramm, Wilhelm
    Ritter
Stitz-Ulrici, Rolf

Bernhausen
Eick, Rosemarie

Bernkastel/Mosel
Kremer, Peter

Bernried
von Nostitz-Wallwitz,
    Oswalt

Bertrange/Luxemburg
Fielitz, Elisabeth
Fielitz, Hans Paul

Berzona/Schweiz
Frisch, Max

Betzdorf
Sauer, Lothar

Beuerberg
Frenzel, Sofie

Beussbühl/Schweiz
Arnold, Markus

Bad Bevensen
Völker, Friedrich
Werremeier, Friedhelm

Beverly Hills/USA
Reisfeld, Bert

Bevern, Kr. Holzminden
Rose, Hans
Rose, Ruth

Bexbach
Diplich, Hans
Wurtz, Johannes

Bexhill/Engl.
Rosenfeld, Friedrich

Bezau/Vorarlb./Öst.
Fink, Ida

Biberach/Riß
Schäfer, Gottfried
Schwoerbel, Wolfgang
Toporski, Werner
Wirtz, Berta

Biberbach/Öst.
Alberer, Rudolf

Bibertal
Müller-Garnn, Ruth

Bickenbach/Bergstr.
Leonhardt, Siegmund
Schirk, Heinz

Biebertal
Posern, Günther

Biedenkopf/Lahn
Glebe, Ilse

Biel/Schweiz
Cortesi, Mario
Dickerhof, Urs
Gfeller, Alex
Gschwend, Hanspeter
Schärer, Gunther
Steiner, Joerg
Weber, Beat

Bielefeld
Ackermann, Friedrich
Ashtari, Ali
Bogs, Dieter
Brodhage, Barbara
Bronisch, Matthias
Buchmann, Jürgen
Butkus, Günther
Engel, Werner
Feigel, Hans-Dieter
Gross, Horst-Eckart
Hädecke, Wolfgang
von Hentig, Werner-Otto
Klaubert, Jürgen
Klima, Edeltraut
Krämer, Karl W.
Liebert, Paul
Nagel, Sonja
Neumann, Walter
Opitz, Hellmuth
Pietzonka, Dietrich
van Randenborgh,
    Elisabet
Reuschle-Rühlemann,
    Sophie
Rhode-Jüchtern, Ursula
Schmidt-Holländer,
    Christa

Stegemann, Bernd
Teuffen, Dietrich Hans
Völker, Werner
Winkelmann, Jürgen

Bielsko/Polen
Spatschek, Anton

Bietigheim-Bissingen
Pietsch, Gerti
†Rombach, Otto

Bigge-Olsberg
Tönne, Ferdinand

Biglen/Schweiz
Eggenberg, Christine

Billerbeck
Pestum, Jo

Bingen/Rh.
Rößler, Herbert

Binningen/Schweiz
Fringeli, Dieter
Hennig, Martin
Kreis, Erna
Vollmar, Eduard

Birkenwerder/DDR
Aderhold, Egon

Birsfelden/Schweiz
Kaufmann, Ueli

Birstein
Mosler, Peter

Bischofswerda/DDR
Meier, Siegfried

Bissee
von Michalewsky,
Nikolai

Bissenberg
Schulze, Bernhard

Bissendorf
Loos, Walter

Bitz
Schepelmann, Margarete

Blankenburg/DDR
Lautsch, Edeltraud
Wolff, Bernd

Blankenfelde, Kr.
Zossen/DDR
Feustel, Günther
Feustel, Ingeborg

Blankenhain/DDR
Brandenburger, Günther

Blankenheim
Bautz, Eva-Maria

Blaubeuren
Stricker, Heinrich

Blieskastel
Knauss, Sibylle
Müller, Heinz

Blöcktach
Mader, Ernst

Bloemendaal/Niederl.
Kortooms, Antonius

Bocholt
Beckmann, Dieter
Mayer-Trees, Hildegard
Plönges, Karl

Bochum
Behnisch, Richard F.
Blessenohl, Hugo
Döhmer, Klaus
Fischer, Thea
Gertz, Bernhard
Hammitzsch, Horst
Hassauer-Roos,
Friederike J.
Käufer, Hugo Ernst
Koch, Walter
Krüsmann, Rudolf
Mensching, Gerhard
Migdal, Ulrike
Morawetz, Hedwig
Morzfeld, Erwin
Müller, Ernst
Rauner, Liselotte
Ringelband, Ulrike
Roos, Peter
Rosenthal-Kamarinea,
Isidora
Sattmann, Peter
Schmitt, Heinz O.
Schülke, Heinz W.
Starcke, Michael
Steffen, Barbara

Bockenem
Rasmus-Braune, Joachim
Steen, Sita Anna
Christine

Bodelshausen
Giersch, Gottfried

Bodenheim
Glock, Anne

Bodman
Schumann, Gerhard

Böblingen
Bidermann, Willi
Bott, Robert
Kieser, Robert
Kieser, Rolf
Lutz, Werner
Vescovi, Gerhard

Böheimkirchen/Öst.
Serlath, Josef

Böhlitz-Ehrenberg/DDR
Petzoldt, Marianne
Winkler, Heinz

Bokholt
Sieg, Wolfgang

Boll
Stellrecht, Helmut

Bolligen/Schweiz
Balzli, Alice
Jahn, Walter
Kobel, Ruth Elisabeth
Wyss, Peter

Bonn
Ahlers, Heilwig
Allemann, Beda
Bartholemy, Ilse
Barzel, Rainer
Berkenkopf, Galina
Berndt, Karl-Heinz
Bodensiek, Karl Heinz
Bruns, Ursula
Casper, Wilhelm
Chow, Chung-cheng
Domes, Alfred
Dorn, Wolfram
Duchow, Christa
Eschenhagen, Gerhard
Faust, Jürgen
Galland, Adolf
Garbe, Karl
Glotz, Peter
Göbel, Gabriele
Haefs, Gisbert
Hauschild, Reinhard
Heidebrecht, Brigitte
Heinrichs, Johannes
Hemau, Gisela
Henning, Friedrich
Hermanowski, Georg
Hoberg, Gerrit
Hörnemann, Werner
Hübinger, Jutta
Hunke, Sigrid
Hupka, Herbert
Ilmer, Walther
Jappe, Hajo
Jovy, Dietmar
Kopelke, Wolfdietrich
Kossert, Karl
Kramer, Herbert
Gerhard
Kutzbach, Karl August
Lammers, Erika
Lehndorff, Hans Graf
Lennartz, Annelies
Löwenstein-Wertheim-
Freudenberg,
Hubertus Friedrich
Maria Prinz zu
Lübke, Anton
Meussling, Gisela
Neubert, Heinz
Ohly, Vera
Pörtner, Rudolf

Puhl, Charlotte
Ruland, Josef
Rummel, Felicitas
Salomon, Alfred
von Schack, Alard
Schenk, Herrad
Schimmel, Annemaria
Schirmer, Ruth
Schmidt-Bleibtreu, Ellen
Schulze, Peter H.
Seifert, Arndt
Servais, Jakob
Steinborn, Tonimarie
Steinwede, Dietrich
Stern, Joachim
Stiehl, Hans Adolf
Tinschmann, Rose Marie
von Treskow, Jan
Türcke, Wiebke
Verbeek, Helma
Verbeek, Ludwig
Wagner, Erich
Welchert, Hans-Heinrich
Wickert, Wolfram
von Wiese und
    Kaiserswaldau, Benno
Winter, M. Ingelore
Zacharieva, Rumjana
Zeuch, Christa
Ziock, Hermann
Zühlsdorff, Volkmar

Bordesholm/Holst.
Bruse, Paul

Borken
Modlmayr, Hans-Jörg

Bornheim b. Landau
Schröter, Hans

Bornheim, Rheinl.
Günzel, Wolf

Bosau
Schulze-Berka, Kurt

Boswil/Schweiz
Hauri, Valentin
Schertenleib, Hansjörg

Bottenwil/Schweiz
Mauch, Hansrudolf

Bottmingen/Schweiz
Laederach, Jürg
Sternberg, Gertrud

Bottrop
Führer, Artur K.
Hoffmann, Norbert
Küther, Kurt
Loskill, Hans-Jörg
Raether, Marina
Riediger, Günter
Stöber, Bernhard

Bousval/Belgien
Martin, Jacques

Bovenden
Kurz, Carl Heinz
Lungershausen, Helmut

Bozen/Ital.
Aškenazy, Ludvik
Gasbarra, Felix
Gatterer, Armin
Klammer, P. Bruno
Kofler, Erich
von Lutterotti, Anton
von Malfer, Albert
Mayr, Ulrich
Petroni, Thilde
Rabensteiner, Konrad
Rampold, Josef
Sailer, Oswald
Seyr, Kuno

Braak
Kruse, Hinrich

Brake
Beneker, Wilhelm
Eblé, Thea
Gerlach, Heinrich
Thyselius, Thora

Bramsche
Schultze, Lothar

Brandenburg/DDR
Ebert, Heinz
Wohlert, Herbert

Brand-Erbisdorf/DDR
Rutkowski, Dieter

Brannenburg
Dick, Uwe
Malkowski, Rainer
Omm, Peter
Schäke, Gerhard

Brașov/Rumänien
Bratesch, Verona
Hübner, Erika
Modoi, Juliana
Schuller, Hans
Zeidner, Willi

Bratislava/ČSSR
Goy, Erwin

Braunau am Inn/Öst.
Glechner, Gottfried

Braunsbach
Braem, Elisabeth M.
Schwedhelm, Karl

Braunschweig
Becker, G.B.
Bödeker, Johann
    Dietrich
Bröger, Achim
Brunk, Sigrid
Cott, Georg-Oswald
Janßen, Peter

de Jong Posthumus,
    Roelof
Jürgens, Anne Marie
Lange, Hellmuth
Mersmann, Heinrich
Possiel, Manfred
Quednau, Werner
Rohmann, Karlwalther
Teuchert, Lothar
Wagner, Günter
Wedemeyer, Max

Breda/Niederl.
Thomas, Ingelux

Bregenz/Öst.
Embacher, Gudrun
Köhlmeier, Michael

Breisach am Rhein
Dross, Armin

Breitbrunn am
    Ammersee
Grams Wehdeking, Alma
    Luise

Breitbrunn/Chiemsee
Mönnich, Horst
Ziesel, Kurt

Brekling
Burkhardt, Hans

Brelingen
Koch, Heinz E. A.

Bremen
Ahling, Renate
Alff, Wilhelm
Antpöhler, Hajo
Bachler, Karl
Bahro, Rudolf
Besch, Lutz
Breest, Jürgen
Bunk, Karl
Cammann, Alfred
Dilcher, Herbert
Dreyer, Alfred
El-Minshawi, Béatrice
Fiedler, Ulf
Grunwald, Henning
Gutmann, Hermann
Hackerott, Ludwig
Haftmann, Horst
Hannover, Heinrich
Hausmann, Manfred
Helbron, Hans
Kessler, Klaus
Kinzelmann, Dietlind
Kirchhof, Peter Kurt
Koch, Magda
Kölle, Sven
König, Johann-Günther
Kreye, Walter Arthur
Kruppa, Hans
Lamprecht, Helmut

Leist, Otmar
Löbe, Karl
Maximovič, Gerd
Meier, Hans
Merkel, Johannes
Moschko, Edmund
  Vincent
Müller, Jonny
Nentwig, Max
Neumann, Johann
  Bernhard
Nolting-Hauff, Wilhelm
Oertel, Hans Joachim
Oesterreich, Hans-
  Günther
Ohm, Irmela
Raasch, Marion
Radziwill, Konstanze
Rethav-Wasmuth, Musa
Schierenbeck, Anne
  Maria
Schlöpke, Ernst-Otto
Schmidt, Georg
Schrader, Werner
Schütt, Rolf F.
Schulz, Helga
Schwarz, Annelies
Sichelschmidt, Gustav
Simberger, Gert
Spaeth, Eva M.
Weisser, Michael
Wolff, Detlef

Bremerhaven
Alpers, Hans Joachim
Drobe, Fritz
Peter, Alice
Scheidl, Gerda Marie
Tammen, Johann P.

Bremgarten/Schweiz
Widmer, Fritz

Bremke
Flade, Gerald
von dem Knesebeck,
  Paridam

Bretzfeld
Schwantge, Andreas

Bridel/Luxemburg
Raus, Michel

Brielow/DDR
Neumann, Karl

Brigachtal
Kaletta, Ursula

Brilon
Neufang, Jutta

Brisbane/Australien
Jurgensen, Manfred

Brissago/Schweiz
Henschel, Robert
Wehrli-Knobel, Betty

Bristol/Engl.
Closs, August

Britzingen
Range, Hans-Peter

Brixen/Ital.
Fink, Hans
Oberhollenzer-Hegnitz,
  Dora
Rubatscher, Maria
  Veronika

Brodowin/DDR
Gilsenbach, Reimar

Bröl
Braunburg, Rudolf

Brookline/USA
Brodmann-Menkes,
  Aliana

Bruchköbel
Braker, Wolfgang
Leistner, Christine

Bruchmühlbach
Kraus, Heinrich

Bruchsal
Brändle, Alexander
Ziegler, Reinhold

Bruck/M./Öst.
Mayer, Walter

Brüggen/Ndrh.
Jansen, Leonhard

Brühl
Gerboth, Hans-Joachim
Kahler, Friedrich E.
Schnorr, Robert
Voigt, Alfred

Brüssel/Belgien
Schnell, Franz

Brugherio/Ital.
Lubomirski, Karl

Brunegg/Schweiz
Burger, Hermann

Brunn am Gebirge/Öst.
Roček, Roman

Brunsbek
Detlow, Karl-Otto

Brunsbüttel
Hecker, Emil

Bad Buchau am
  Federsee
Garbelmann, Hans

Buchen
Rörig, Elfriede

Buchenbach b. Freiburg
Egge, Heiner
Treichler, Rudolf

Buchheim
Schwarz, Eva

Buchholz/Nordheide
Haaf, Klaus Jürgen
Jacobs, Rudolf

Buchillon/Schweiz
Walter, Hans

Bückeburg
Hörschgen, Hans W.

Büdingen
Schultzen, Peter

Bühl
Gerhardt, Rudolf
Heinrich, Willi
Jahn, Rudolf
Winkler-Sölm, Oly

Bühlertal
Breilmann, Heino

Bülach/Schweiz
Bänninger, Konrad

Bünde
Dietz, Alfred

Buenos Aires/
  Argentinien
Epp de Hary, Eleonora

Bürgstadt/Ried
Karg, Konrad

Büstorf
Möhle, Ursula

Buffalo/USA
Metzger, Erika

Bukarest/Rumänien
Bossert, Rolf
Breitenhofer, Anton
Bulhardt, Franz
  Johannes
Gregor, Gertrud
Hauser, Arnold
Hauser, Hedwig
  Margarete
Korn, Ewald Ruprecht
Liebhardt, Hans
Lissai, Ruth
Löw, Adrian
Marmont, Rolf-Frieder
Puvak, Josef
Stephani, Claus
Stephani-Nussbächer,
  Brigitte

Burg auf Fehmarn
Wolff, Anke
Wolff, Henning

Burgdorf/Schweiz
Grünig, Esther
Nüesch, Bernhard

Burghausen
Eck, Herbert
Fragner, Wolfram
Schneider, Herbert

Vogl-Hüger, Anna-
Valeria
Burghausen/DDR
Voß, Helmut

Burgkirchen a. d. Alz
Bergmann, Georg

Burglengenfeld
Breitfelder, Elisabeth

Burgstädt/Sa./DDR
Paust, Ingerose
Wille, Hermann Heinz

Burgwedel
Schulze, Julius

Burnaby/Kanada
Schaffer, Ulrich

Burscheid
Schott, Harald

Bursinel/Schweiz
Frei, Otto

Bussum/Niederl.
Keilson, Hans

Buttwil/Schweiz
Brem, Jakob

Butzbach
Hilsbecher, Walter

Buxheim/Allgäu
Berger, Walter

Buxtehude
Schulz, Gerhard

Cadolzburg
Reichert, Georg

Calbe/Saale/DDR
Finster, Ernst

Calgary/Kanada
Perschon, Dorothea

Camaiore/Ital.
Fischer, Gottfried
Bermann

Camberg
Siegemund, Paul

Cannero/Ital.
Heynol, Blida
Timm, Herbert

**Capdepera/Mallorca/
Spanien**
Pantenburg, Vitalis

Capoliveri, Isola d'Elba/
Ital.
von Cetto, Brigitta

Capri/Napoli/Ital.
Mann, Monika

Caracas/Venezuela
Vareschi, Volkmar

Cascais/Portugal
Vio, Erich

Caslano/Schweiz
Jent, Louis

Castell
Frenzel, Herbert A.

Castrop-Rauxel
Bajog, Günther
Macdonald-Ross, Erika

Cavigliano/Schweiz
Eschmann, Ernst
Wilhelm

Celle
Baden, Hans Jürgen
Beer, Ulrich
Dippel, P. Gerhardt
Drude, Lothar
Ebeling, Jörn
Hausin, Manfred
Rüggeberg, Annelies
Rüggeberg, Uwe
Soik, Helmut Maria

Cham/Opf.
Hoehn, Helmut
Roser, Wiltrud
Wührl, Paul-Wolfgang

Cham/Schweiz
Bitzi, Trudi

**Chateauneuf du Pape/
Frankr.**
Cordes, Alexandra
Horbach, Michael

Chedera/Israel
Gardos, Alice

Chestnut Hill/USA
Weiser, Franz X.

Chexbres/Schweiz
Kitamura, Federica

Chieming
Nadolny, Isabella
Schuhböck, Gebhard
Stock, Hermann

Chilumba/Afrika
Pönnighaus, Jörg

Christchurch/Neuseeland
Wohlert, Berti

Chur/Schweiz
Müller, Katharina
Müller, Paul Emanuel
Peer, Oscar

Cincinnati/USA
Petuchowski, Elizabeth

**Clapton-in-Gordano/
Engl.**
Allfrey, Katherine

Clausthal-Zellerfeld
Ahlborn-Wilke, Dirk
Görgens, Alfred
Meyer, Lothar

Schütze, Wolfgang

Cluj-Napoca/Rumänien
Hodjak, Franz

Coburg
Alberti, Gerhard
Brütting, Georg
Fürnkranz, Otmar
Friedrich
Klever, Peter
Lubos, Arno
Priesner, Rudolf
Schulz, Ingo A.
Schunk, Horst

**Commugny/Vaud/
Schweiz**
Puhl, Fritz

Como/Ital.
Glauber, Trude

Cospeda/DDR
Lehmann, Joachim

**Cotignac, Dep. Var/
Frankreich**
Degner, Hermann

Cottbus/DDR
Koch, Jurij
Willkomm, Elke

Crailsheim
Vytrisal, Franz Ludwig

Creidlitz
Schilling, Martha
Elisabeth

Cuauhtemoc/Mexico
Schmiedehaus, Walter

Cuxhaven
Grube, Meta
Klatt, Conrad
Langhanki, Viktor

Dachau
Groißmeier, Michael
Kirchhoff, Rosel
Pachelhofer, Anton
Richardi, Hans-Günter
Winkler, Gerhard

Dänikon/Schweiz
Nigg, Walter

Dänisch-Nienhof
von Gottberg, Hans

Dahlenburg
Kattner, Heinz

Dallein/Öst.
Pleßl, Rupert

Dambeck üb. Wismar/
DDR
Schröder, Claus B.

Dannenberg
Stute, Robert

Dannenfels
Zillig, Jochen

Dannstadt
Kocher, Kurt E.

Darmstadt
Aulmann, Elke
Axt, Renate
Bächer, Max
Boetius, Henning
Calgan, Adolf
Deppert, Fritz
Dierks, Margarete
Ebner, Fritz
Fischer, Rudolf
Friedmann, Herbert
Fuchs, Ursula
Goeman, Ulfert
Hensel, Georg
Hering, Gerhard
Heß, Robert
Heuser, Wolff-Dieter
Heyduck, Hilde
Hill, Jutta
Hohenstein, Lily
Hollatz, Dorothea
Huber, Vita
Jourdan, Johannes
Kröhnke, Alfred
Kröhnke, Margarete
Krolow, Karl
Langner, Ilse
Maass, Max-Peter
Mackedanz, Hubert
Martin, Bernhard
von der Marwitz, Christa
Mrasek, Karl Norbert
Nette, Herbert
Parzeller, Margarete
Roehler, Klaus
Rütt, Ursula
Schirmbeck, Heinrich
Schmidt, Rainer
Schmiele, Walter
Schmitt, W. Christian
Schöffler, Rosemarie
Sigismund, Ursula
Slark, Dittker
Sternberger, Dolf
Stromberger, Robert
Stühlinger, Wilhelm
Vahle, Fritz
von Wedemeyer, Inge
Weichert, Helga
Werner, Dittmar
Werner, Kasimir G.
Werner, Margot
Wohmann, Gabriele
Zitelmann, Arnulf

Dassel a. Solling
Meinhardt, Ernst August

Daun/Eifel
Elsen, Anton
Schabacker, Lotte

Davos Platz/Schweiz
Pfister, Max

Dedelstorf
Wollschläger, Alfred
Ernst

Deggendorf
Astl, Jaro
Hartmetz, Olga
Mally, Leo Hans
von Maydell, Bodo
Freiherr

Deining/Obb.
Storz, Oliver

Deisenhofen b. München
Bothe-Pelzer, Heinz
von Khuon-Wildegg,
Ernst
Seitz, Helmut
Spoecker, Christina

Delligsen
Dannenberg, Herta-
Maria

Delmenhorst
Oestmann, Hans
Tamsen, Alexander

Den Haag/Niederl.
Goebel, Joseph

Denzlingen
Berg, Eva-Maria
Schlieter, Siegfried

Dessau/DDR
Borchert, Christa
Lambrecht, Christine
Löffler, Günter
Richter, Manfred
Schmieder, Meike
Specht, Joachim
Steinberg, Werner

Detmold
Basner, Gerhard
Fladt, Albrecht
Salpeter, Wolfgang

Detroit/USA
Stern, Guy

Dettenheim
Vorbeck, Emil

Dettingen, unter Teck
Müller, Helene

Dettum
Guder, Rudolf

Deutsch Evern
Hein, Alfred

Deutzen/DDR
Niemann, Peter

Dieburg
de Alencar, Gertrude

Diedorf
Wehdeking, Volker

Diepholz
Guttzeit, Emil Johannes
Seehafer, Klaus

Diesbach/Schweiz
Wiedenmeier, Werner

Dießen am Ammersee
Goy, Sebastian
König, Barbara
Schneider, Heinrich
Stahl, Hermann
Swieca, Hans Joachim

Dietersburg
Sessler, Thomas

Dietersdorf/Öst.
Holler, Franz

Dietikon/Schweiz
Wirth, Daniel

Dietlikon/Schweiz
Stäuble, Eduard

Dietramszell
Müller, Detlef

Dillenburg
Decker, Ernst
Krenzer, Rolf
Schindler, Kurt

Dillendorf
von Swieten, Alexander

Dillingen, Saar
Bellmann, Klemens

Dillingen/Donau
Haag, Rudolf
Layer, Adolf
Pawlu, Erich

Dilsberg
Simon, Karl Günter

Dinkelsbühl
Ludwig, Heinrich

Dinslaken
Eberl, Dieter G.

Dörentrup
Wendt, Irmela

Dörphof
Klutmann, Peter

Dörverden
Dömken, Carl-Heinz

Dösingen
Hufstadt, Karl H.

Dollgow/DDR
Strittmatter, Erwin
Strittmatter, Eva

Domersleben/DDR
Selber, Martin
Domini/Ital.
von Rezzori d'Arezzo,
Gregor
Donauwörth
Hofmann, Joachim
König, Josef Walter
Donnerskirchen/Öst.
Krenn, Hans
Dordrecht/Niederl.
Loohuis, Wilhelmus
Schneeweiß, Heinz-
Heinrich Gebhard
Dorf-Tirol/Ital.
Gruber, Alfred Ignaz
Zagler, Luis
Dormagen
Engler, Karl-Heinz
Sürtenich, Hans
Dornach/Schweiz
Dubach, Ruth
†Gädke-Timm, Kora
Hiebel, Friedrich
Zimmer, Helene
Dornbirn/Öst.
Spies, Erwin
Dornburg
Misch, Jürgen
Dornholzhausen/Ts.
Diehn, Rosmarie
Dornstetten
Wagner, Helmut
Dorsten
Zuschlag, Reinhart
Dortmund
Bartsch, Klaus-Ulrich
Birnbaum, Ernst
Bottländer, Reinhard
Brockhoff, Victoria
Feller, Krista
Geck, Hanns
Gladisch, Margarete
Gluchowski, Bruno
Gronemann, Walter
von der Grün, Max
Hasenauer, Rüdiger
Hübner, Raoul
Klotzbach, Kurt
Körner, Wolfgang
Konrad, Johann-
Friedrich
Kurowski, Franz
Neith, Reinhard
Pasterny, Udo
Podehl, Heinz Georg
Radtke, Bärbel
Reding, Josef

Schaffarczyk, Emanuel
Bernhard
Scheel, Longa
Schwarzenau, Paul
Dossenheim
Reiprich, Elisabeth
Sophie
Reiprich, Walter
Dransfeld
Reckmann, Kurt
Draßburg
Horn, Brünnhilde
Drebach/Erzgeb./DDR
Sewart, Karl
Dreieich
Bromund, Dieter
Juritz, Hanne F.
Müller, Karlhans
Pohl, Ilse
Richards, David H.
Dresden/DDR
Ahner, Hans
Antrak, Gunter
Biele, Peter
David, Wolfgang
Delau, Reinhard
Felkel, Günter
Floß, Rolf
Franke, Ursula
Friedrich, Herbert
Gerlach, Hubert
Gnüchtel, Werner
Grabs, Rudolf
Herold, Annemarie
Herold, Gottfried
Hoffmann, Klaus-Dieter
Hofmann, Erna Hedwig
Kempe, Lothar
Kubsch, Hermann
Werner
Langner, Margot
Mager, Hasso
Matthes, Dorothea
Nitzsche, Klaus
Scheer, Goetz
Schöne, Joachim
Schönfelder, Gerd
Scholz, Rudolf
Schwauß, Maria
Seydewitz, Max
Seydewitz, Ruth
Simon, Erik
Ullrich, Ursula
Weller, Walter
Wotte, Herbert
Zenker, Hartmut
Zimmermann, Ingo
Drispeth/DDR
Nicolaou, Thomas

Dryden/USA
Heinrich, Gerd
Dt. Kaltenbrunn/Öst.
Neubauer, Hans
Dudenhofen
Beckerle, Monika
Dudweiler
Stegentritt, Erwin
Bad Düben/DDR
Gunske, Georg
Dülmen
Gernhold, Heinz
Kohl, Dieter
Düren
Klages, Rosemarie
Kühn, Dieter
Schiffer, Fritz
Bad Dürkheim/Pf.
Metzger, Helmut
Wolf, Friedel
Bad Dürrheim
Mühe, Werner
Düsseldorf
Altenhoff, Wolfgang
Ausländer, Rosalie (Rose)
Bachér, Ingrid
Ballot, Helmut
Becker, Marta
Berendt, Peter
Bergsch, Dieter
Brückner, Erich
Caltofen, Rudolf
Doerr, Hermann Josef
Dreiske, Hans-Herbert
Eisenkolb, Gerhard
†Elster, Hanns Martin
Everwyn, Klas Ewert
Flak, Gisela
Gehlhoff-Claes, Astrid
Gössmann, Wilhelm
Greither, Aloys
Grüger, Johannes
Haeseling, Dorothée
Hassler, Hermann
Heimann, Erich
Hermann
Hüfner, Agnes
Hülsmann, Harald K.
Hutmacher, Rahel
Jensen, Dorette
Johnscher, Martin
Keller, Ingeborg
Kittner, Alfred
Klevinghaus, Wilma
Knobloch, Florian
Köpf, Steffen
Krämer, Karl Emerich
Krause, E. J. Manfred
Krichbaum, Jörg

Kruse, Josef Anton
Landau, Horst
Lang, Marion
Lanser, Günter
Lenk, Rudolf
Lonski, Werner
Lorentz, Kay
Neuhausen, Wolfgang
Offergeld, Friedhelm
Ott, Max
Pfeffer, Alla
Potthoff, Margot
Quade, Traute
Rosenstock, Wolf
Sandweg, Kurt
Schab, Günter
Schäffer, Kurt
Schmidt, Dieter
Schmitt, Wilkar
Schmitz, Thomas
Schröer, Rolf
Söhn, Gerhart
Sowka, Gerd
Steinebach-Zehner, Eva-
    Frida
Stiller, Niklas
Strey, Monika
Triebsch, Anne
Voß, Norbert
Wolff, Kurt

Duisburg
Eßer, Aletta
Geißler, Rolf
Gewalt, Wolfgang
Karsten, Heinrich
Knappe, Heinz
Mosblech, Berndt
Mühlensiepen, Wilfried
Oertgen, Elke
Oppenberg, Ferdinand
Peuster, Axel
Reitmann, Erwin
Schmitz, Hermann
    James
Wiemer, Karl-Heinrich

Durmersheim
Bussalb, Thomas Enrico

Ebenhausen, Isartal
Coubier, Heinz
Müller, Ulrich Friedrich
Roth, Heinz
Voß, Hartfrid

Ebenhofen/Allgäu
Wachter, Dorothea

Ebensee/Öst.
Koller, Engelbert Josef

Eberbach, Baden
Hofmann, Hilde
Kukofka, Olga

Eberdingen
Brezing, Erwin

Eberfing
Kramer, Robert

Ebern
Brinker, Käthe
Tusch, Herbert

Ebersbach/Sa., Kr.
    Löbau/DDR
Andert, Herbert

Ebersberg, Obb.
Gehrer, Josef
Schneider, Herbert

Ebringen
von Oppeln-Bronikowski,
    Rosemarie

Eching
Jansen, Edith

Echzell
Grebenstein, Dorothea

Eckental
Gaa, Edel

Eckernförde
Tetzlaff, Irene

Edenkoben
Seifert, Michael J.

Edermünde
Glagau, Erich
Kaufmann, Brigitte

Edertal
Bockemühl, Carl-Heinz

Edewecht
Groh, Klaus
Looks-Theile, Christel

Eferding/Öst.
Köllersberger, Susanne
Obermüller, Hermann
von Starhemberg,
    Heinrich

Efringen
Strehblow, Barbara

Eggenfelden
Dumser, Ludwig

Eggersdorf/Öst.
Hiel, Ingeborg

Egling
Franke, Herbert W.

Eglisau/Schweiz
Schaad, Hans P.

Egmating
Schuster, Gaby

Eibau/DDR
Altmann, Ernst Richard

Eichenau
Kayser, Stephan

Leegard, Alf

Eichstätt
Sporer, Maria

Eichwalde/DDR
Lindner, Joachim
Rottschalk, Gerda

Einbeck
Rossbacher, Heinrich

Einigen/Schweiz
Saurer, Friedrich Martin

Einöd
Heuck, Sigrid

Einsiedeln/Schweiz
Hauser, Fritz
Jungo, Michael

Eisenach/DDR
Conrad, Walter
Prautzsch, Hans

Eisenhüttenstadt/DDR
Bauer, Werner
Preißler, Helmut

Eisenstadt/Öst.
Lentsch, Josef
Pflagner, Margit

Eisingen üb. Würzburg
Noack, Hans-Georg

Eisleben/DDR
Ecke, Felix

Eislingen
Haller, Kurt
Mühlberger, Josef
Stotz-Stroheker, Tina

Elchingen
Dreyer, Margrit

Eldorado/Argentinien
Lux, Werner

Ellerbek
Beissert, Gerd
Betz, Felicitas

Ellrich/DDR
Momberg, Hans-Jürgen

Ellwangen/Jagst
Scherf-Clavel, Anneliese

Elmhurst/USA
Ascher-Nash, Franzi
Breuer, Robert

Elmshorn
Schlothauer, Reinhold

Eltville am Rhein
Hillebrand, Bruno
Leukel, Rainer

Elz/Westerw.
Schoth, Willi

Emden
Dettmann, Helmut

Goltdammer, Marianne
Hopp, Dora-Grete
Pollmann, Elisabeth

Emmelshausen
Sirowatka, Eva-Maria

Emmendingen
Becker, Kurt E.
von Berg, Botho
Bloch, Peter
Burkhardt, Herbert
Wagner, Ruth Maria
  Elisabeth

Emmerthal
Warnecke, Heike

Bad Ems
Niedrig, Kurt-Heinz
Weber, Thomas

Emsdetten
van Dam, Gertrud

Emskirchen
Paschke, Robert

Bad Endbach
Scharnowski, Emil
Tunyogi-Csapo, Gabor

Endingen
Hirtler, Karl Johann

Endorf/Obb.
Bösl, Hanna
Clemen, Ursula

Engelberg/Schweiz
Bollin, Eugen
Brun, Dominik
von Reznicek, Felicitas

Engelskirchen
Boge-Erli, Nortrud

Enger/Westf.
Dircksen, Rolf
von Hentig, Hartmut
Schultz, Isolde

Eningen/Achalm
Hebsaker, Grit
Raschke, Ulrich

Ennepetal
Boucke, Ernst
Keilholz, Inge

Ennetbaden/Schweiz
Lotar, Peter
Oppenheim-Jonas, Edith

Enugu/Nigeria
Mordi, Sigrid

Epfenbach
Kemptner, Marlies

Eppelheim
Seeger-Laux, Elvira

Eppertshausen
Gröger, Herbert

Eppstein
Swiderski, Siegfried

Erbach/Odenw.
Hagelstange, Rudolf

Erding
Brenneke, Waltraud
Hofmann, Gert

Erftstadt
Feth, Monika
Fischer, Peter
Harbecke, Ulrich
Jungheim, Hans
Rauprich, Nina
Schädlich, Gottfried
Uebe, Ingrid

Erfurt/DDR
Beetz, Dieter
Degenhardt, Jürgen
Heyse, Gerd
Hoffmann, Johanna
Müller, Winfried
Steiniger, Kurt
Wiesigel, Jochen

Erkelenz
Rick, Josef

Erkrath
von Schroeter, Susanne

Erlach
Goltz, Dietlind

Erlangen
Irrgang, Walter
König, Hans
Mateen, Gabbo
Meidinger, Ingeborg
Naumann, Jürgen
Neufeld, Ingrid
Obermayer, Inge
Opfermann, Rohland
Paulus, Herbert
Reinhardt, Friedrich
Schmidt, Friedrich
  Wilhelm
Toman, Lore
Toman, Walter

Erlau
Kunze, Reiner

Erlenbach/Schweiz
Corrodi-Horber, Margrit
Kuprecht, Karl

Ernstthal a. Rennsteig
Eichhorn-Nelson, Wally

Erzhausen
Knöferl, Brigitte

Eschborn
Brinkmeier, Hannelore
Knickrehm, Hans
Kult, Walter

Eschede
Dörbandt, Ludwig

Eschenburg
Feldes, Roderich

Eschwege
Petry, Marte

Espoo/Finnland
Hein, Manfred Peter

Essen
Breucker, Oscar Herbert
Brokerhoff, Karl Heinz
Broschk, Emil
Buntrock, Annemarie
Fittkau, Gerhard
Heller, Fred
Jacobs, Karl
Jahn, Reinhard
Janus, Edda
Jork, Horst H.
von Kanitz, Yvonne
  Gräfin
Komm, Wolfgang
Krell, Erna
Mirajkar, Rosemarie
Niederehe, Joseph
Ricke, Edeltraut
Rother, Thomas
Schäfer, Hans-Jürgen
Somplatzki, Herbert
Strohschneider, Gottfried
Terhart, Franz-Josef
Tettweiler, Hartmut
Weingärtner, Klaus

Bad Essen
Schmieder, Arnold

Eßlingen am Neckar
Borst, Otto
Dreher, Alfons
Finckh, Renate
Fischle-Carl, Hildegund
Gass, Franz Ulrich
Guben, Günter
Haug, Karl
Ignatius, Arthur
Kersten, Hanns
  Hermann
Leonhard, Kurt
Marx-Mechler, Gerhard
Müller-Indra, Maria
Schremmer, Ernst
Sedding, Erwin
Streicher, Wolfgang
Vesely Fernández, Sergio

Esslingen/Schweiz
Ingold, Felix Philipp
Ingold, Ilma

Esternberg/Öst.
Daublebsky, Gun
  Margret
Ettal
Schaller, Stephan
Ettenhausen/Schweiz
Rachmanowa, Alja
Ettenheim
Schmid, Ludwig
Ettlingen
Bier, Käthe
Paasche, Otto
Pfretzschner, Herbert
Puhle, Joachim
Zollner, Hans Leopold
Eupen/Belgien
von Asten, Verena
Derwahl, Freddy
Gielen, Viktor
Eurasburg
Kruse, Max
Euskirchen
Becker, Marietta
Gymnich, Heinz
Vieth, Ruth
Eutin
Jenssen, Christian
Kamin, Gerhard
Langer, Hans
Schwitzke, Heinz
Evenhausen/Obb.
Hilgert, Heinz
Evessen
Gäpel, Robert
Evilard/Schweiz
Sulke, Stephan
Extertal
Tollkamp, Helga
Falkensee/DDR
Jakobs, Karl-Heinz
Rasch, Carlos
Falkenstein/DDR
Barthel, Friedrich
Feggendorf/Lauenau
Horndasch, Matthias
Bad Feilnbach
Kammerer, Leopold
Zimmer, Hans
Feldafing
Brehm, Friedl
Buchheim, Lothar-
  Günther
Kirst, Hans Hellmut
Märker, Friedrich
Märker, Margarete
Schäfer, Willi
von Tessin, Brigitte

Feldbrunnen/Schweiz
von Däniken, Erich
Feier, Otto
Feldkirch/Vorarlberg/
Öst.
Andergassen, Eugen
Feldkirchen/Kärnten/
Öst.
Golznig, Johannes
Renger, Johann
Schönberg, Willi
Fellbach
Waibel, Robert H.
Wenzl, Carlo
Ferch/DDR
Mehnert, Günter
Fernitz/Öst.
Eggenreich, Otto
Feuchtwangen
Hausen, Elisabeth
Feuerthalen/Schweiz
Mändli, Jakob
Filderstadt
Kießig, Martin
Ströbele, Gitta
Firenze/Ital.
Pausch, Birgit
Fischach
Genzken-Dragendorff,
  Sigrid
Bad Fischau-Brunn/Öst.
von Hilgendorff, Gertrud
Fischbachau
Evert, Hans-Jürgen
Fischen
Molsner, Michael
Fischerhude
Heinrichs, Dirk
Flaach/Schweiz
Brandenberger, Anne
Romann, Ernst
Flensburg
Andresen, Thomas
Bacher, Wolfram
Delfs, Emma
Hambach, Wilhelm
Hasler, Ingeborg
Kaad, Gisela
Köster, Paul-Friedrich
Lehmann, Ernst
Sibbers, Mathilde
Flieden
Haas, Carl-Hellmuth
Flonheim
Ahrens, Helmut

Flühli/Luzern/Schweiz
Britschgi, Ezechiel
Flyinge/Schweden
Thormählen, Axel
Fohnsdorf/Öst.
Mayer, Rosa
Unterweger, Gertraud
Forch/Schweiz
Bremer, Claus
Hurni-Maehler, Susanne
Forchheim
Staude, Bernhard
Frankenberg
König, Friedhelm
Frankenburg
Schmidt, Heinrich Adolf
Frankfurt a.M.
Appel, Liselotte
Barth, Klaus
de Bary, Erica
Bauer, Winfried
Baum, Editha Maria
  Petra
Bingel, Horst
Boehlich, Walter
Böhmer, Otto A.
Böhmer, Paulus
Borchers, Elisabeth
von Born-Pilsach,
  Theodora
Borrmann, Helmi
Boscheinen, Helga
Braatz, Ilse
Brandes, Volkhard
Brenner, Heinz
Brückl, Reinhold
Buber, Margarete
Chidolue, Dagmar
Curtius, Mechthild
Dedecius, Karl
Demski, Eva
Dessauer, Maria
Drawe, Hans
Düx, Heinz
Eilert, Bernd
Endres, Ria
Enzensberger, Hans
  Magnus
Erbes, Volker
Fetscher, Iring
Fienhold, Wolfgang
Frank, Ekkehard
Fries, Erich
Friesecke, Alfred
Gallwitz, Esther
Geitzhaus, Heinrich
Gensch, Gerhard
Georg, Hertha
Gernhardt, Robert
Giachi, Arianna

Goebel, Günther
Götzfried, Rodrich
Grzimek, Bernhard
Hajos, Mary
Hellwig, Ernst
Herhaus, Ernst
Herzog, G. H. (Gerhard Hertz)
Heussen, Gregor Alexander
Hoffmann, Dieter
Hübsch, Paul-Gerhard
Hübscher, Angelika
Humml, Marco
Imhoff, Hans
Jaspert, Werner
Jochem, Elfie
Kaiser-Raiss, Maria Regina
Karasek, Horst
Karlsdottir, Maria
Kelling, Gerhard
Kirchhoff, Bodo
Klee, Ernst
Korn, Karl
Krechel, Ursula
Kriegelstein, Anneliese
Krilla, Anton
Krispien, Edith
Krispien, Kurt
Krüger, Horst
Kühnert-Schostack, Renate
Ladiges, Ann
Laube, Horst
Lautenschlag, Marockh
Lenz, Marie-Luise
Lill, Elisabeth
Loeff, Friedel
Loschütz, Gert
von der Lühe, Irmgard (Ps.)
Lundholm, Anja
Melchers, Ursula Helene
Mertz, Bernd Arnulf
Mon, Franz
Mülhause, Therese
Müller, Heinz Ph.
Müller, Helmut
Mundt, Liselotte
Palfrader, Magdalena
Peisker, Horst
Philipps, Günther
Platzdasch, Ralf
Ploog, Jürgen
Priemel, Gero
Purschke, Hans Richard
Raddatz, Hilke
Reiche, Dietlof
Reichert, Klaus
Reich-Ranicki, Marcel
Richter, Paul Heinrich

Rohrer, Fritz
Roth, Jürgen
Ryssel, Fritz Heinrich
Sachs-Collignon, Jetta
Schild, Kurt
Schlett, Christa
Schmidt, Hans Max
Schmidt, Jürgen
Schmidt, Uve
Schmidt-Fellner, Carola
Schöndube, Claus
Schwarz, Winfried
Seide, Adam
Sigel, Kurt
Silló-Seidl, Georg
Sochatzy, Klaus
Spree, Lothar
Staemmler, Klaus
Stegmann, Tilbert Dídac
Stegmann-Steinwachs, Ginka (Gisela)
Stiehl, Hermann
Stille, Eva
Stratenwerth, Johanna
Struck, Karin
Tauchel, Theodor
Trapp, Else
Traxler, Hans
Treguboff, Jurij A.
Ullrich, Fritz
Unruh, Karl
Unseld, Siegfried
Urban, Peter
Veil, Joachim
Veseken, Pola
Waechter, Friedrich Karl
Wannovius, Stephan
Weisbecker, Walter
Widmer, Urs
Wiggershaus, Renate
Wüst, Leni
Wurm, Franz F.
Zenetti, Lothar
Zschorsch, Gerald
Zweig, Stefanie

Frankfurt/Oder/DDR
Knippel, Günter
Nauschütz, Joachim

Frasdorf/Obb.
Fanderl, Wastl

Fraubrunnen/Schweiz
Jenzer, Herold

Frauenchiemsee
Hofinger, Hildegard

Frauenfeld/Schweiz
Marti, René
Nägeli, Ernst
Wartenweiler, Fritz

Frechen
Bönisch, Georg

Freden/Leine
Köster, Walter

Fredersdorf/DDR
Weber, Hans

Freiberg a.N.
Benseler, Arthur
Gerescher, Konrad
Maier, Peter

Freiberg/DDR
Herrmann, Liane

Freiburg i.Br.
von Aichelburg, Wolf
Albrecht, Gertrud
de Beauclair, Gotthard
Becker-Kohen, Erna
Bender, Helmut
Birkner, Andreas
Diestel, Hedwig
Forster, Hardy
Furtenbacher, Günter
Gäng, Richard
Heiler, Eugen
Herding, Otto
van Heyst, Ilse
Hölscher, Claudia
Hübner, Jakob
Iliopoulos, Spiros
Kurrus, Karl
Meyer, Margret
Moosmann, Gerd
Nielsen, Frederic W.
Nübel, Hans Ulrich
Petzet, Heinrich-Wiegand
Pörksen, Uwe
zu Rantzau, Lilly Gräfin
Rozumek, Angela
Salm, Hedwig
Sauerborn, Martin
Schaufelberger, Hildegard
Schelzig, Alfred
Schmid, Peter
Schütz, Hanns
Sell, Hans Joachim
Stiefl-Cermak, Maria
Studniczka, Ingeborg
Theweleit, Klaus
Zähringer, Reinhard

Bad Freienwalde/DDR
Schumacher, Hildegard
Schumacher, Siegfried

Freilassing
Horton, Peter

Freising
Aigengruber, Gunter
Dickmann, Ernst Günter
Knobloch, Erhard Joseph

Freital/DDR
Bruns, Marianne
Oprescu, Elga

Fremdiswalde/DDR
Heller, Martin

Freudenberg
Hoof, Matthias
Wagner, Gudrun

Freudenstadt
Altendorf, Wolfgang
Egli, Werner J.

Fribourg/Schweiz
Balmer, Dres
Bauer, Christoph
Grossrieder, Hans
Schöpfer, Hans

Friedberg/Hess.
Borchardt, Ursula
Joost, Wilhelm
Stümpfig, Erich

Friedeburg
Melles, Hermann

Friedrichsdorf/Ts.
Hartmann, Edith
Schäfer, Tilly (Tilli)
Scheer, Karl-Herbert
Scherf, Dagmar
Schmidt, Lothar
Schüppel, Hem

Friedrichshafen
Beig, Maria

Bad Friedrichshall
Richter, Rosemarie

Friedrichswalde/DDR
Baubkus, Horst

Schloß Friesenhausen
von Eichborn, Wolfgang

Frölunda/Schweden
Lyckhage, Christa-Maria

Fruthwilen/Schweiz
†Leip, Hans

Fürsteneck
Fruth, Josef

Fürstenfeldbruck
Ehlert, Tamara
Emilian, Ion
Hösl, Hans
Pfeiffer, Mimi
Rilz, René

Fürth
Hassler, Ernst
von Hülsen, Ilse
Morgental, Michael
Nondorf, Markus
Rothenberger, Manfred

Füssen
Andreae, Barbara

Ruppert, Walter

Fuhlendorf/Holst.
Beckmann, Maria

Fulda
Brands, H. Wilfrid
Effert, Gerold
Kreilos, Elmar Maria
Mahlow, Erika (Ps.)
Mühl, Hermann
Muske, Irmgard
Schlunk, Hildegard
Siebrands, Uwe

Fuldabrück
Werhahn, Margita

Furth im Wald
Fink, Arthur-Hermann

Gaggenau
Höfling, Helmut

Gais/Ital.
Schwärzer, Johann

Galilea, Mallorca/
Spanien
Clasen, Dirck

Gaming/Öst.
Frank, Franz

Ganderkesee
Ochs, Gerhard

Ganei Yehuda/Israel
Aloni, Jenny

Ganges (Hérault)/Frankr.
Namgalies, Ursula

Ganserndorf/Öst.
Ehm, Dagmar

Garbsen
Kempe, Fritz

Garches/Frankr.
Zwillinger, Frank

Garching
Cambeis, Hansjörg
Pohl, Frank

Garmisch-Partenkirchen
Becker-Trier, Heinz
Kalmuczak, Rolf
Lübbert, Ulrich
Mehling, Marianne

Garstedt
Blaich, Ute

Gauting
Achternbusch, Herbert
Aulich, Bruno
Felten, Grete
Felten, Karl-Eberhardt
Kurz, Paul Konrad
Schiede, Gerty
Schroubek, Barbara
Siegel, Gerhard

Stachow, Hasso
Weber-Stumfohl, Herta
Zacharias, Alfred

Gebenstorf/Schweiz
Häusermann, Gertrud

Geesthacht
Hossenfelder, Hartwig
Lohse, Bernd

Gehrden
Wehner, Christa

Geinberg/Öst.
Haubner, Otto

Geislingen an der Steige
Dreisbach, Elisabeth
Zerlik, Otto

Gelnhausen
Wellenkamp, Dieter

Gelsenkirchen
Braun, Günther
Büscher, Josef
Denneborg, Heinrich
   Maria
Heindrichs, Heinz-Albert
Klaus, Michael
Limpert, Richard
Lubojatzki, Cäcilia
Maas, Heinz A.
Maas, Josianne
Marwig, Detlef
Marzinek, Wilhelm
Nagel, Herbert Christian
Nagel, Jörg
Rolf, Ewald
Schmidt, Peter
Springorum, Ingrid
Stein, Heinz
Völkert-Marten, Jürgen

Gemünden a.M.
Baumgärtner, Alfred
   Clemens
Jung, Hermann
Lussert, Anneliese

Genf/Schweiz
Bundschuh, Aurelia
Bundschuh, Heinz
Lewandowski, Herbert
Meylan, Elisabeth
Oprei, Peter

Genthin/DDR
Knopel, Ursula

Genzano di Roma/Ital.
Hocke, Gustav René

Georgsmarienhütte
Radßat, Richard
Tobatzsch, Stephan-Lutz

Gera/DDR
Behr, Friedemann
Kirchner, Annerose

Radtke, Günter
Gerabronn
Buck, Renate
Wankmüller, Manfred
Gerasdorf/Öst.
Mandl, Harald
Gerbrunn
Hochmuth, Karl
Sparre, Sulamith
Geretsried
Frischmuth-Kornbrust,
Felicitas
Machat, Egon
Gerlingen/Württ.
Drißler, Luise
Germering
Kolbenhoff, Walter
Küffner, Erika
Noack, Paul Robert Karl
Rohner-Radegast,
Wolfgang
Gernsbach
Hahn, Annely
Katz, Casimir
Volk, Trude
Wanner, Walter
Geroldswil/Schweiz
Senft, Fritz
Gerra Verzasca/Schweiz
Schmid, Doris
Gersfeld
Lackmann, Else-Maria
Gevelsberg
Böhmke, Heinz
Dörken, Gerd
Holtsteger, Franz
Koch, Magdalene
Schmidt, Renate
Schötz, Herbert
Schulz, Hans
Slabik, Hanns
Viehmann, Eugen
Wenzig, Ilse
Geversdorf
Damson, Thomas
Gföhl/Öst.
Burger, Monika
Giesen
Plum, Werner
Gießen
Andreae, Elisabeth
Aloysia
Bitsch, Heinrich
Blaschzyk, Joachim
Goldack, Roland
Günther, Dietmar
Janzarik, Hilde

Link, Vilma
Seithe, Angelica
Vaubel, Hermann Otto
Gifhorn
Buchner, Kurt Oskar
Schäfertöns, Anne
Simon, Heiner
Gijón/Spanien
Beissel von Gymnich,
Magna Gräfin
Girone-Fiesole/Ital.
Guadagna, Ingeborg
Gladbeck
Schmalbrock, Gerd
Gladenbach
Leinweber, Berthold
Glattbach
Grimm, Hermann
Glauchau/DDR
Fischer, Hans
Bad Gleichenberg/Öst.
Weinzettl, Franz
Gleisdorf/Öst.
Wolfmayr, Andrea
Gletterens/Schweiz
Kilchenmann, Ruth
Glienicke/DDR
Düngel, Lieselotte
Glis/Schweiz
Kauertz, Alfred
Gloggnitz/Öst.
Berger, Eleonora
Zetsch, Herma
Glottertal
Bayer, Ingeborg
Glücksburg
Holtorf, Hans
Jespersen, Peter
Molzen, Gerty
Glückstadt
Münster, Hans Hinrich
Schaeffer, Jutta
Voss, Willi
Gmund a. Tegernsee
Rauch, Fred
Gmunden/Öst.
Maurer, Elisabeth
Prillinger, Elfriede
Roser, Helmut
Gnesau/Öst.
Petscher, Hans
Goch/Ndrh.
Benesch, Irmfried
Greiner, Anny
Gochsheim
Schulz, Friedhelm

Göppingen
Caesar, Klaus
Müller, Rainer
Görlitz/DDR
Junge, Kurt
Wenzel, Horst
Göteborg/Schweden
Söderberg, Elisabeth
Göttingen
Arnold, Heinz Ludwig
Bartels, Steffen
Bernstein, F.W.
Bicknaese, Hendrik
Bicknaese-Morandin,
Irlana
Bittner, Wolfgang
Erckenbrecht, Ulrich
Fuchs, Peter
Gallwitz, Eike
Garbe, Burckhard
Gebauer, Karl
Geyer, Ronald
Günther, Herbert
Haacke, Wilmont
Hamann, Bärbel
Heimpel, Hermann
Jörgensen, Gerhard
Köppen, Theo
Meyer-Bothling, Erika
Nagel, Hildegard
Pfeiffer, Ernst
Rachel, Bernd
Ruhl, Ralf
Ruprecht, Günther
Sachse, Günter
Schlender, Bertram
Schneider, Ralph
Schröder, Peer
Ssymank, Volker
von Thadden, Wiebke
Vesper, Guntram
Weydanz, Karl Wilhelm
Wiemer, Rudolf Otto
Witt, Wolfgang
Zimmeck, Alexander
Goldau/Schweiz
Zehnder, Josef Niklaus
Goldbach
Huhn, Peter
Goldingen/Schweiz
Palmer, Lilli
Gols/Öst.
Waach, Wolfgang
Gommiswald/Schweiz
von Koczian (-Kabitzky),
Johanna
Goslar
Hanisch, Hanna
Redeker, Walter

Vollbrecht, Ursula
Wiese, Albert

Gossau/ZH/Schweiz
Oehler, Ilva

Gotha/DDR
Biewald, Hartmut
Börner, Jochen
Cibulka, Hanns

Bad Gottleuba/DDR
Pech, Heinz

Gräfelfing
Brückner, Marie
Eichel, Günter
Greul, Heinz
Habermann, Gerhard
Heidrich, Ingeborg
Köhle, Fritz
Nickl, Peter
Schroeder, Binette

Gräfenberg
Schwab, Manfred

Gräfenhainichen/DDR
Loetzke, Klaus-Dieter

Gräfenwarth/DDR
von Brauchitsch,
    Manfred

Grafenau/Württ.
Reinhardt, Heinz Rainer
Ringel, Gustav Kilian

Grafing b. München
Köhler, Marianne

Grafrath
Korschunow, Irina
Löhlein, Herbert
Stutzer, Dietmar

Grafschaft
Mai, Gottfried

Graz/Öst.
Aigner, Alexander
Arnold, Wolfgang
Bauer, Wolfgang
Brenner, Wilhelm
Buchrieser, Franz
Chronopoulos, Debby
Farkas Alsó-Takács,
    Irma
Fink, Josef
Göllner, Hansotto
Gogg, Dieter
Grabner-Haider, Anton
Gugl, Wolfgang
Hammer, Ernst
Haslacher, Therese
Herbst, Theo
Hergouth, Alois
Hirschler, Adolf
Hoffer, Klaus

Hofmann-Wellenhof,
    Otto
Horneck, Heribert
Hoyer, Alexander
Innerhofer, Franz
Jaroschka, Markus
Jirasek, Maria
Jordis von Lohausen,
    Heinrich Frhr.
Karner, Josef
Kaufmann, Paul
Killinger, Dieter
Köstler, Gisela
Kolleritsch, Alfred
Krafft-Ebing, Marion
von Kreutzbruck, Herwig
Kübler, Bärbel
Kuegerl, Berthe
Kürbisch, Friedrich G.
Liebmann, Berta
List, Rudolf
Meran, Philipp Karl
Mostler, Karl
Muster, Wilhelm
Neumann-Ortens,
    Gertrud
Poscharnigg, Werner
Ressler, Otto
Roth, Gerhard
von Scheuer, Grete
Schister, Joseph
Schmidt, Alfred Paul
Schwarzbauer, Helga
Schwarzbauer, Heribert
Seebacher-Mesaritsch,
    Alfred
Senft, Willibald
Stein, Erwin Walter
Stengg, Alfred Ernst
Tegetthoff, Folke
Vujica, Peter
Wurmbrand, Irmgard-
    Barbara
Zinkl, Herbert

Greifenburg/Drau/Öst.
Keller, Lotte

Greifswald/DDR
Bouvier, Arwed
Dallmann, Gerhard
Emersleben, Otto
Geerdts, Hans Jürgen
Schröder, Jorg

Greiz/DDR
Grüning, Uwe

Grenchen/Schweiz
Walter, Rainer

Grenzach-Wyhlen
Böhler-Mueller,
    Charlotte
Keller, Erwin

Meinck-Goedecke, Ilse
Richter, Werner

Grevenbroich
Kassing, Karl

Griesbach i. Rottal
Kölbel, Harald
Pachman, Ludek

Grieskirchen/Öst.
Pöttinger, Wolfgang

Gröbenzell
Frank, Claus Jürgen
Gregor-Dellin, Martin
Gröper, Klaus
Horst, Eberhard
Moos, Beatrix
Müller, Artur
†Zierer, Otto

Gröbzig/DDR
Baumgart, Siegfried

Groß Malchau
Auffarth, Susanne

Großalmerode
Heiner, Wolfgang

Großaspach
Friedrich, Anita

Großdingharting
Büchting, Anton

Großen-Buseck
Brodhäcker-Herd,
    Susanne

Großensee
König, Christa
Mohr, Ulrich

Großenzersdorf/Öst.
Heller, Friedrich
Muliar, Fritz

Groß-Glienicke/DDR
Günther, Egon

Grossgmain/Öst.
Aichinger, Ilse
Bresgen, Cesar

Großhansdorf
Scharff, Erich
Schuller, Victor
Serke, Jürgen

Großhesselohe
Hampel, Bruno

Großkrotzenburg
Händler, Horst

Groß-Kummerfeld
Wunderlich, Heinz

Großpertholz/Öst.
Koppensteiner, Sepp

Großschönebeck/DDR
Krumbach, Walter

Bars, Richard
Bauer, Alexander
Baumann, Herbert
Beheim-Schwarzbach,
  Martin
Beyse, Jochen
Bieber, Horst
Biermann, Wolf
Blinckmann, Rita
Blum, Lisa-Marie
Bodden, Ilona
Bodenstedt, Johanna
Böer, Friedrich
Bolte, Karin
Bolte, Otto
Bornemann, Hanns
Brachvogel, Hans-Horst
von Bredow, Ilse Gräfin
Brinkmann, Günter
Brödl, Herbert
Bronner, Heide
Brzoska, Hugo
Bührig, Martin
Buenger, Helga
Bütow, Hans
Buresch, Wolfgang
Busch, Irene
Castell, Wolfgang J.
Chevallier, Sonja
Cöster, Oskar
Cropp, Wolf-Ulrich
Crottet, Robert
  Alexander
Cunis, Reinmar
Dahl, Günther
Dangers, Robert
Dannenberg, Peter
Debbert, Helga
Deinet, Margarethe
Derschau, Christoph
Dönhoff, Marion Gräfin
Dorn, Wolfgang
Doutiné, Heike
Dröscher, Vitus B.
Dunkel, Ulrich
Echternach, Helmut
Eggebrecht, Axel
Eildermann, Robert
Eitner, Kerstin
Engel, Peter
Engelhardt, Hartmut
Fanger, Horst
Feddersen, Helga
Fellmer, Edith
Fiedelmeier, Leni
Fiedler-Winter,
  Rosemarie
Fischer, Martin
van Fisenne, Otto
Flachsmeier, Horst R.
Frank, Hubert
Franzes, Waltrud

Fricke, Friedrich-
  Wilhelm
Frielinghaus, Helmut
Friesel, Uwe
Fromme, Annemarie
Fuchs, Gerd
Fuhrmann, Joachim
Gaedtke, Helmut
Ganter, Richard
Geissler, Christian
Giffei, Herbert
von Glinski, Margot
Göhre, Frank
Görlitz, Walter
Götz, Hans
Gogolin, Peter
Golling, Christine
Granzow, Klaus
Grobecker, Kurt
Grömmer, Helmut
Haber, Heinz
Hansen, Helmut
Hansen, Kurt Heinrich
Hansen Palmus, Hans
Harder, Heinz-Jürgen
Hartlaub, Geno(veva)
Hatje, Hannes
Heide, Edith
Heilmann, Irmgard
Heinrich, Jutta
Heins, Carl
Helbig, Karl
Hellmann, Edde
Herholz, Norbert
Herms, Uwe
Herms-Hampke, Renate
Herrmann, Ruth
Hinz, Erich-Karl
Holm, Werner
Holzner, Michael
Hubert, Johannes
Hümpel, Elke
†Hütter, Tilly
Hüttner, Doralies
Hunger, Roland
Huwe, Lotte
Italiaander, Rolf
Jantzen, Eva
Jebens, Hellmut
Johannsen, Christiane
Joost, Evelyn
Juhre, Arnim
Kakies, Martin
Kanstein, Ingeburg
Karasek, Hellmuth
Karolczak, Harald
Kayser, Conrad
Kempe, Erika
Kersten, Paul
Kirchberg, Ursula
Klepzig, Gerd
Kleßmann, Eckart

Klippel, Susanne
Kloth, Friedrich August
Klugmann, Norbert
Kobermann, Friedrich
Königstein, Horst
Könnecke, Erich
Köpcke, Karl-Heinz
Kohlhagen, Norgard
von Kortzfleisch,
  Siegfried
Kristl, Vlado
Krollpfeiffer, Hannelore
Kronauer, Brigitte
Kruse, Johann
Künnemann, Horst
Kummert, Wolfgang
†Kusenberg, Kurt
Kutsch, Angelika
von Lang-Piechocki,
  Joachim
Laub, Gabriel
Lemke, Alexander-
  Gotthilf
Lemp, Liselotte
Lenz, Siegfried
Leonhardt, Rudolf Walter
Lichtenfeld, Herbert
Limmroth, Manfred
de Lorent, Hans-Peter
Lührs, Manfred
Lüth, Erich
Maronde, Curt
Martens, Bernd
Meichsner, Dieter
Meyer, Ilse
Meyer-Abich, Siever
  Johanna
Meyer-Marwitz,
  Bernhard
Minnemann, Joachim
Müller, Edzard
Nasarski, Brita
Neugebauer, Peter
Neumann, Frida
Ney, Norbert
Norden, Annemarie
Nyáry, Josef
Opitz, Elisabeth
Opitz, Karlludwig
Panka, Heinz
Passarge, Edgar
Peinemann, Bernhard
Pick, Arnold Karl
Pietrzik, Angela
Piwitt, Hermann-Peter
Plat, Wolfgang
Prager, Hans Georg
Press, Hans Jürgen
Proll, Thorwald
Prollius, Helga
Puda, Jiri
Pukall, Hans-Heinz

Raab, Fritz
Rabisch, Birgit
Raddatz, Fritz-Joachim
Ranke, Eckart
von Rantzau, Heino
Reher, Manfred
Reinowski, Max
Reuter, Klaus
Rex, Hartlib
Rexhausen, Felix
Röhl, Klaus Rainer
Rosenbaum, Ludwig
Rühmkorf, Peter
Sander, Rudolf
Saul, Carl Theodor
Schacht, Ulrich
Scharping, Karl
Scheffler, Ursel
Scheutzow, Jürgen W.
Schickel, Joachim
Schlegel, Willhart
Schlepegrell, Sybil
Schmidt, Paul Karl
Schnitzler, Jürgen
Scholz, Herbert Carl
Schreiber, Hermann
Schröder, Günther
Schroeder, Margot
Schröter, Klaus
Schüler, Hanne
Schütt, Peter
Schulte-Willekes, Hans
Schwarz, Maria-Gabriele
Seyppel, Joachim
Siebenschön, Leona
Siemers-Feyerabend,
  Ellin
Sievers, Leopold
Söhler, Karl-Heinz
Sölle (Steffensky-Sölle),
  Dorothee
Sommer-Bodenburg,
  Angela
Sprenger, Irmgard
Stache, Eicke
Steffens, Elfriede
von Steinmeister,
  Alexander
Stolten, Inge
Strachwitz, Maja Maria
  Gräfin
Straub, Maria Elisabeth
Süchting, Annemarie
Surminski, Arno
Tackmann-Oelbermann,
  Hannelie
Tamchina, Jürgen
Teichs, Adolf
Tidick, Markus Joachim
Timm-Brandt,
  Margarethe

Ueckert-Hilbert,
  Charlotte
Venohr, Wolfgang
Vollmer-Rupprecht, Ruth
de Vries, Katja
Waalkes, Otto
Wagner, Franz J.
Warnke, Heinrich-
  Christian
Weidlich, Hansjürgen
von der Weihe, Hermann
van Well, Manfred
Wendt, Margret
Wessling, Berndt W.
Wiemken, Christel
Wiemken, Helmut
Wiens, Wolfgang
Witter, Ben
Wolfradt, Willi
Wüllner, Charly
von Zahn, Peter
Zenkel, Gerd
Zimmer, Dieter E.
Zimmerling, Dieter
Zschocke, Fee
Zschucke, Christa
Zuper, Heidi

Hameln
Fliess, Gerhard
Hedemann, Walter
Taschau, Hannelies

Hamm, Westf.
Berges, Hermann Josef
Hemmer, Günter
Rennollet, Gertrud
Völker, Regina

Hammah
Schneider, Johann

Hammersbach
Ullmann, Hans-Jochen

Hanau
Günther, Heinz
Lobin, Gerd

Hangelar
Wirth, Gerhard

Hann. Münden
Amthauer, Ottilie
Bogen, Fridolf
Miersch, Waldtraut

Hannover
Anger, Martin
App, Volkhard
Asgaad, Siegfried
Astroth, Dagmar
Bartels, Gerda
Becker, Oskar
Besser, Christa
Bezzel, Chris
Born, Boris

Brunotte, Klaus-Dieter
Döbler, Hannsferdinand
Drangmeister, Heinz
Grabe, Kurt
Grabenhorst, Georg
Grünhagen, Joachim
Haecker, Hans-Joachim
Hieronimus, Ekkehard
Hildebrandt, Friedrich C.
  A.
Hilker, Helmut
Horn, Sabine
Kapitzke, Gerhard
von Kardorff, Huberta
  Sophie
Kittner, Dietrich
Korhammer, Eva
Lobenstein, Walter
Loebel, Hansgeorg
Löwen, Walter
Marquardt, Manfred
Matzker, Wolf
Meier-Lenz, Dieter Paul
Morawietz, Kurt
Müller, Günter
Müller, Wolfram
Ochwadt, Curd
Ocker, Anne
Otten, Angelika
Petersen, Asmus
Pothast, Ulrich
Prietz, Adolf
Rauschning, Hans
Richter, Arthur
Rosenbach, Detlev
Rosenthal, Werner
Rüpke, Rolf
Sagert, Gerhard
Schimmel, Heinz
Schomerus-Gernböck,
  Lotte
Schreiber, Uwe
Schreyer, Roland
Schultz, Eva-Luise
Wiedner, Edith

Hanover/USA
Kleinhardt, Werner

Hardebek
Heinold, Ehrhardt

Harmsdorf
Brennecke, Jochen

Harrislee b. Flensburg
Christiansen, Johannes

Hartau, Kr. Zittau/DDR
Bannert, Karl Josef
  Theodor

Bad Harzburg
Denecke, Rolf
Eschker, Wolfgang

Hasbergen
Sauer, Jutta

Haßfurt
Deschner, Karlheinz
Kopton, Boerries-Peter

Hattingen
Kleff, Theodor
Krein, Daniela
Krötz, Robert
Schuncke, Michael
Walter, Dieter

Hauenstein
Vogelsgesang, Albrecht

Haunetal
Chotjewitz, Peter O.

Hauptwil/Schweiz
Martin, Adrian Wolfgang

Hausach/Schwarzwald
Klein, Kurt

Hausen ob Verena
Koch, Thilo

Hayingen
Schleker, Martin

Hechendorf am
Pilsensee
Valmy, Marcel
Ziegler, Siegfried

Hechingen
Baur, Willy
Wolf, Hubert

Heckerfeld
Herl, Margret

Heide, Holst.
Franck, Reimer
Krause, Waldemar
Peters, Elsa
Porst, Herbert

Heidelberg
Adolf, Günther
Alexander, Elisabeth
Burkhard, Jörg
Buselmeier, Michael
Cyran, Eberhard
Dietz, Günter
Domin, Hilde
Eis, Gerhard
Eis-Steffan, Ruth
Engel, Hans
Friede, Gerhard
Grzimek, Martin
Himmelheber, Ulrike
Hübner, Gisela
Kalow, Gert
Keller, Karl Josef
Klippel, Hermann
Krambs, Ursula
Lanczkowski, Cl.
Leber, Ralph

Lutze, Lothar
Marcks, Marie
Mierisch, Helene
Mohar, Ákos
von Mutius, Dagmar
Nötzoldt, Fritz
Nötzoldt-Janda, Elsbeth
Irene
Pilder-Klein, Hermine
Pirwitz, Horst
Preuss, Heinrich
Wilhelm
Ripke, Thomas
von Skerst, Herman
Steffens, Günter
Thiel, Manfred
Tinschmann, Dagmar
Vargas, Eva
Vulpius, Günther
Wolf, Gunther
Zeller, Eva

Heidenheim a.d.Brenz
Böhm, Heinz
Ladurner, Karl (Charly)
Schweier, Gerhard
Zeller, Heinz

Heikendorf
Klose, Olaf

Heilbronn/N.
Boger, Fred
Emig, Günther
Gauß, Werner
Jauer-Herholz, Erna
Schymanietz, Peter
Stotz, Paula Johanna
Thiel, Josef

Bad Heilbrunn
Balzer, Karl

Heiligenhaus
Hitzbleck, Erich

Heiligenschwendi/
Schweiz
Heimann, Erwin
Heimann-Heizmann,
Gertrud

Heilbad Heiligenstadt/
DDR
Linge, Rudolf
Schultz, Margarete

Heilsbronn
Pschorn, Margareta

Heinsberg
Willms, Wilhelm Kaspar

Heldenstein
Löbel, Bruni

Hemau
Gööck, Roland

Hemer
Berthold, Klaus-Jürgen
Mänss, Gisela
Wohlfarth, Jürgen

Hemmingen
Müller, Horst
Seegers, Aenne

Hennigsdorf/DDR
Tessmer, Linda

Heppenheim
Hansen, Eduard
Jacobi, Wolfgang
Schmidt-Mâcon, Klaus F.
Strippel, Jutta

Herbern
Thenior, Ralf

Herbertsfelden
Gruber, Ludwig

Herbstein
Schmidt, Erich
Schröder, Jörg

Herdecke, Ruhr
Barisch, Hilde
Mrotzek, Siegfried
Pfeiffer, Ottilie

Herford
Groh, Georg Artur

Hergenrath/Belgien
Sous, Dietmar

Herisau/Schweiz
Altherr, Heinrich
Tanner, Mathilde

Hermagor/Öst.
Obernosterer, Engelbert
Ronacher, Arnold

Hermannsburg
Vollmer, Klaus

Hermeskeil
Geisler, Herbert

Hermülheim
Sinz, Herbert

Herne
Dawin, Herbert
Degener, Volker W.
Grabski, Robert
Jaworski, Hans-Jürgen
von Manger, Jürgen
Thomczyk, Willi

Heroldsbach
Schnurrer, Achim

Heroldsberg
Glock, Karl Borromäus

Heroldstatt
Brückl, Fritz

Bad Herrenalb
Höcker, Charlotte

Herrenberg
Seitz, Fritz Peter
Stein, Horst

Herrenschwanden/
Schweiz
Wilker, Gertrud

Herrieden
Scherb, Lore

Herrliberg/Schweiz
Paretti, Sandra

Herrsching
Amler, Irene
Bühler, Traute
Habel, Walter
Herm, Gerhard
Puntsch, Eberhard
Stecher, Dagmar
Stecher, Reinhold G.
Timm, Uwe Hans Heinz
Wünnenberg, Rolf

Herrstein
Anhäuser, Uwe

Bad Hersfeld
Umlandt, Wolf-G.

Herten
Schliwka, Dieter

Heßdorf/Mittelfr.
Hiebel, Hans H.

Hessisch Lichtenau
Rücker, Felicitas

Heubach
Tews, Lydia

Hilchenbach
Lebert, Vera

Hilden
Piechotta, Johannes
Stanienda, Günter
Wagner, Wolfgang

Hildesheim
Borchers, Jürgen
Boyken, Martin
Grentz, Georg
Haupt, Gunther
Heinemann, Erich
Lüder, Gustav
Magyari, Kriemhild
Nowak, Josef
Paquin, Wolfgang
Pielicke, Karl
Pusch, Edgar B.
Student, Ursula
Trautwein, Martin

Hildisrieden/Schweiz
Brenni, Paolo

Hildrizhausen
Wieland, Dieter

Hilterfingen a.
Thunersee/Schweiz
Küster, Hermann

Himbach
Sivkovich, Gisela

Himmerod
Senge, Stephan Reimund

Hindelang
Gross, Andreas B.C.
Wechs, Willi

Hinterbrühl/Öst.
Jantsch, Franz
Müller, Peter

Hinterkappelen/Schweiz
Schneider-DiMeo, Anna
Maria

Hinterstoder/Öst.
Seuffert, Friederike

Hinterzarten
Hahn, Friedemann

Hinwil/Schweiz
Brunner, Hans

Hinzhagen/Kr. Güstrow/
DDR
Beseler, Horst

Hirnkofen
Elwenspoek, Lise-
Melanie

Hirschau
Breznay, Aranka

Hitzkirch/Schweiz
Bögli, Alfred
Kneubühler, Theo

Hochdorf üb. Eßlingen
Blickensdörfer, Hans

Hochheim
Stirn-Faschon, Susanne
Margarete

Hochstetten b. Kirn
Bienkowski-Andersson,
Hedwig

Hochwolkersdorf/Öst.
Steiner, Hans

Höchberg
Gabel, Wolfgang
Gutzschhahn, Uwe-
Michael

Höchenschwand
Ayren, Armin
Melchinger, Siegfried

Hoechst/Vorarlberg/Öst.
Roth-Kapeller, Ingrid

Hölstein/Schweiz
Jud, Guido

Bad Hönningen
Depner, Frank A.

Hörsching/Öst
Hockl, Hans Wolfram

Höxter
Mönkemeyer, Heinz
Pecher, Ingeborg

Hof/Saale
Sahmann, Otto Christian
Tratzmüller, Gabriele

Hofheim/Ts.
Bierling, Ingrid
Brembs, Dieter
Christ, Margret

Hohen Neuendorf/DDR
Rennert, Jürgen
Reinhart
Schwede, Alfred Otto
Tilgner, Wolfgang
Toaspern, Paul

Hohen Viecheln/DDR
Biesalski, Kurt
Matthies, Horst

Hohenberg/Öst.
Ross-Rahte, Renate

Hohenfelde
Schwartz, Erika

Hohenfurch
Kothe, Dietrich

Hohenlockstedt
Boskamp, Arthur
Moritzen, Hans

Hohenroda
Ludwig, Helmut

Hohenschäftlarn
Hampe, Johann
Christoph

Hohenschwangau
Röder, Karlheinz

Hohensolms
Link, Jochen

Hohenstaufen
Schmid, Karl

Hohenstein
Legère, Werner

Hohenwart
Beltzig, Iri

Hohfluh/Schweiz
Nägeli, Ernst

Hohnstein/Sa./DDR
Jacob, Marie

Hohwacht
Müller-Jungbluth, Ulrich

Holdenstedt
Decker-Voigt, Hans-
Helmut

Hollabrunn/Öst.
Werbik-Seiberl, Adolfine
(A.E.)

Hollern
Flemmer, Walter

Holon/Israel
Speer, Hans
Zadek, Walter

Holthausen
Fischer-Abendroth,
Wolfdietrich

Holzgerlingen
Gröger, Rudolf

Holzkirchen
Otto, Georg Josef

Holzminden
Mahnkopf, Kuno
Mishal, Hannelore

Holzolling
Klee, Herbert

Homberg/Efze
Henss, Dietlind

Hombrechtikon/Schweiz
Höltschi-Grässle,
Charlotte

Homburg/Saar
Hutzler, Anneliese

Bad Homburg v.d.Höhe
Becke, Julius
Frisé, Adolf
Günther, Else
Heinecke, Rudolf
Holzer, Werner
Liebs, Ludwig
Ruttmann, Irene
Wittkop, Justus Franz

Hong Kong/Hongkong
Tatlow, Antony

Bad Honnef
Konsalik, Heinz G.
Pfannmüller, Walter

Horb a.N.
Kaiser, Franz
Lauer, Klaus Dieter

Horben
Ruf, Norbert
Wittlinger, Karl

Horgen
Staiger, Emil

Horn/Öst.
Povysil, Paul
Schoß, Egon

Horn-Bad Meinberg
von Stünzner, Günther

Hornberg/Schwarzwald
Egger, Adolf

Horstmar
Heftrich, Eckard

Horw b. Luzern/Schweiz
Bühler, Ingrid
Crauer, Pil
Erny, Hansjörg

Houston/USA
Kahn, Lisa

Hude/Old.
von Lilien-Magnussen,
Renata

Hückeswagen
Dittrich, Ernst
Lepping, Carola

Hünenberg/Schweiz
Bolliger, Hedwig

Hünfeld
Hohmann, Joachim
Stephan
Krassa-Dienstbühl, Grete

Hürrlingen
Hillenbrand, Karl

Hürtgenwald
Böll, Heinrich

Hürth
Hansen, Margot
Müntefering, Gert K.
Schließer, Karl-Heinz
Schumann, Thomas B.

Hütschenhausen
Buchheit, Harriet

Humble/Dänemark
Steinbach, Peter

Hundorf/DDR
Kubowsky, Manfred

Hungen
Görnandt, Walter

Husum/Nords.
Hansen, Karl
Hoppe, Käthe
Lehmann, Marlies
Paulsen, Gundel
Steinke, Udo

Ibbenbüren
Hunsche, Friedrich Ernst

Bad Iburg
v. Oechelhaeuser, Justus-
Wilhelm

Icking, Isartal
König, Hans H.

Idar-Oberstein
Radzioch, Walter
Thiemt, Hans Georg

Idstein
Hehner, Claus
Müller, Kurt

Worsch, Anton

Iffeldorf
Kuen, Otto

Igls/Öst.
von Merhart, Nenna

Illertissen
Dubina, Peter

Illingen/Baden
Bitterwolf, Alfons

Illkirch-Graffenstaden/
Frankr.
Mertz, Henri

Ilsfeld
Härle, Eugen

Immensee/Schweiz
Camenzind, Josef Maria

Immenstadt
Baege, Otto-Richard

Imst/Öst.
Schinagl, Helmut

Ingelheim/Rh.
Greifenstein, Karl
Sinning, Ingeborg

Ingolstadt
Böck, Emmi
Brandt, Kurt
Hecker, Josef Ludwig
Langer, Rudolf
Olma, Karl
Schreyögg, Ellinor

Innsbruck/Öst.
Berger, Hans
Betz, Josef
Eggert, Vera
Foerg, Gertrud
Gappmayr, Heinz
Gasser, Hannes
Hölbing, Franz
Holl, Hanns
Hrstka, Rudolf
Hupfauf, Erich
Jäckel, Robert
Jordan, Roland
Kammerlander, Max
Klier, Heinrich Emil
Laußermayer, Frida
Ingeborg
Laußermayer, Roman
Lechner, Auguste
Leipert, Karl
Merl, Dorothea
Miess, Eva
Mitterer, Felix
Müller, Gerhard Kassian
Myß, Walter
Purner, Inge
Riha, Antonia
Sapira, Irina

Schlorhaufer, Walter
Schön-Wrann,
  Margarethe
Skorpil, Robert
Staud-Weth, Auguste
Weidacher, Josef
Wörle, Wolfram
  Hermann Guido

Insingen
Klingler, Fritz

Ipsach/Schweiz
Denneborg, Silvia

Irschenberg
König, Jürgen

Irschenhausen
Pause, Walter

Irsee
Guggenmos, Josef

Bad Ischl/Öst.
Achleitner, Josef
Bittner, Paula
Demel, Hermann
Stöger, August Karl

Iserlohn
Muhrmann, Wilhelm
Wehren, Hans K.

Isernhagen
Geyer, Dietmar

Ismaning
Reiser, Rudolf

Isny
Koestel, Ami
Schreckenbach,
  Wolfgang
Ziegler, Mano

Ittigen/Schweiz
Stark-Towlson, Helen

Itzehoe
Gronau, Joachim
Kunert, Günter
Meyer-Runge, Elisabeth
Schramm, Werner
von Ulmann, Hellmuth

Jackson Heights/USA
Blumenthal, Ilse

Jacksonville/USA
Hunter, Brigitte

Jakarta/Indonesien
Stüber, Werner

Jamesburg/USA
Pracht-Fitzell, Ilse

Jandelsbrunn
Lipok, Erich

Jena/DDR
Hertzsch, Klaus Peter
Hohberg, Rainer

Köditz, Jürgen
Letsche, Curt
Maeß, Dagmar
Müller, Gottfried
Schoblocher, Stefan

Jerusalem/Israel
Ben-Chorin, Schalom
  (vormals Rosenthal,
  Fritz)
Ermann, Leo
Frankenstein, Carl
Freeden, Herbert
Goldstein, Walter-
  Benjamin
Jokl, Anna Maria
Kraft, Werner
Lampel, Rusia
Laor, Eran
Stern, Carl
Sturmann, Manfred
Wegner, Leonore
Zweig, Max

Jesteburg
Buchna, Jörg

Jestetten
Bernhard, Wilhelm

Jever
Andrae, Oswald

Jocketa/DDR
Sparenborg, Margot

Johannesberg
Hock, Kurt

Jona/Schweiz
Casal, Silvia
Hilty, Hans Rudolf

Jühnde
Bethmann, Horst

Jürgenstorf
Vogel, Christiane
Vogel, Gerhard

Jütchendorf/DDR
Küchenmeister, Claus
Küchenmeister, Wera

Jütrichau/DDR
Spitzer, Jürgen

Jugenheim
Millotat, Paula

Kaarst
Keller, Hans Peter
Reiff, H.-Volker

Kadelburg
Wehr, Jörg

Kaiserslautern
Hageni, Alfred
Haupt, Thea
Janischowski, Charlotte
Klein, Heinrich

Lemp, Hermann
Staab, Lina

Kaiserstuhl/Schweiz
Schönherr, Dietmar

Kalefeld
Dittberner, Hugo

Kallista/Austral.
Adamson, Walter

Kaltenleutgeben/Öst.
Berger, Alfred

Kaltern/Ital.
Brand, Kurt
Winter, Günther

Kamen-Methler
Hensel, Horst

Kampen/Sylt
Schütt, Bodo

Kamp-Lintfort
Stimmler, Karl-Oskar

Kandern
Hübner, Paul Friedrich

Kandersteg/Schweiz
Loretan, Sylvia

Kappelrodeck
Gayer, Kurt

Karben
Schreiber, Mathias

Karl-Marx-Stadt/DDR
Bieker, Gerd
Gericke, Margarete
Hastedt, Regina
Küchenmeister, Ernst-
  Dieter
Meyer, Hansgeorg
Meyer, Helga
Spranger, Günter
Weinhold, Siegfried

Karlshamn/Schweden
Burgstaller, Heimo

Karlshuld
Winzer, Adelhard

Karlsruhe
Bärenbold, Kuno
Bendl, Rudolf
Bischof, Heinz
Cämmerer, Monika
Doerrschuck, Hubert
Eberlein, Anne-Kathrein
Fritz, Walter Helmut
Gillen, Otto
Gleis, Renate
Gnam, Andrea
Goossens, Erna
Hasenkamp, Elfriede
Kohler, Oskar
Kress, Regine
Landthaler, Hans

Lang, Roland
Mayer, Mechthild
Müller, Josef
Paepcke, Lotte
Rein, Else
Richter, Georg
Rolfson, Rolf
Rüdiger, Kurt
Schachenmeier, Hanna
Schall, Paul
Straub, Heinz
Wegner, Heidi
Wessely, Herbert
Wien, Ludwig
Wilcke, Elisabeth
Wolfinger, Albrecht
Zimmermann, Ulrich

Karlstein a. d. Thaya/
  Öst.
Dum, Hans Heinz

Kasbach b. Linz am
  Rhein
Jokostra, Peter

Kassel
Brückner, Christine
Döring, Anne-Bianca
Garff, Marianne
Görgl, Alfred
Helmke, Ulrich
Hoffbauer, Jochen
Horn, Hans
Junker, Helmut
Kabisch, Alwin
Knöller, Ursula
Kühner, Otto Heinrich
Mattheus, Bernd
Müller, Hanswerner
Oldenburg, Julika
Pragua, Heinz Werner
Riebeling, Werner
Rüdiger, Anneliese
Schesswendter, Rudolf
Schinzer, Walter
Schneider, Karl-
  Hermann
Stolze, Hans-Dieter
Straub, August
Straub, Elisabeth

Kastel
Scappini, Gérard

Kattwinkel/DDR
Kokot, Florian

Katzelsdorf/Öst.
Pichler, Ernst

Kaufbeuren
Beer, Walther J.
Deesen, Gerhard
Neustädter, Erwin
Steurer, Annelore

Kautokeino/Norwegen
Juhls, Regine

Kehlheim
Haller, Hanns

Keitum/Sylt
Lornsen, Boy

Kellinghusen
Kist, Walther
Vandrey, Max

Keltern
Zink, Gerhard Ludwig
Zink, Marianne

Kemberg/DDR
Thomas, Charlotte

Kempen
Kenis, Helga
Kuhnen, Johannes
Rudolph, Christine
Schmidt, Wolfgang

Kempfenhausen
Reinecker, Herbert

Kempten, Allg.
Beuer, Fritz
Dietmann, Hanne
Schwarzenberger,
  Ingeborg
Stumpner, Waltraude
Thiemer, Erwin

Kenn
Winkel, Marie

Kerpen, Rheinl.
Erichsen, Uwe

Ketsch
Ehrlich, Hans

Kevelaer
Willing, Martin

Kiedrich
Witte, Hedwig

Kiefersfelden
Dressler, Rudolf
Liebermann, Berta

Kiel
Behl, Ilse
Blunck, Hildegard
Blunck, Jürgen
Braak, Ivo
Brier, Ralf
Brügmann-Eberhardt,
  Lotte
Brustat, Fritz
Dohne, Wolfgang
Engelke, Edith
Fleck, Rosemarie
Golinski, Edith
Heckt-Albrecht,
  Dietlinde
Heise, Hans-Jürgen

Hellmer, Joachim
Janz, Ellen
Kotte, Barbara
Lorek, Christel
Matthiesen, Oskar
Mülder, Friedrich
Müller, Karlheinz
Nickel, Ingrid
Puls, Dierk
Reuschel, Reinhold
Saxegaard, Annik
Selk, Paul
Selk-Harder, Irmgard
Slavik, Peter
Stender, Hanns-Jürgen
Wollseiffen, Siegfried
Wortmann, Sigrid
Zahrnt, Heinz
Zornack, Annemarie

Kierspe
Ebbinghaus, Jörgen
Gonserowski, Annette

Kilchberg/Zürichsee/
  Schweiz
Mäder-Stampfli, Helen
Mann, Golo
Muschg, Adolf
Muschg, Hanna
  Margarete
Wegmann, Alice
Wyss, Hedi

Kingston/Kanada
Loeb, Ernst

Kipfenberg
Kintzi, Gustav

Kiphissia b. Athen/
  Griechenland
Karagounis, Georg

Kirchberg/Jagst
Schaeff, Georg Harro

Kirchdorf a. d. Amper
Keilich, Reinfried

Kirchdorf in Tirol/Öst.
Klingler, Maria

Kircheib
Lamers, Monika

Kirchhain
Salewski, Wilhelm

Kirchheim b. München
Schlierf, Werner

Kirchheim unter Teck
Wölfle, Günther

Kirchhundem/Sauerland
Krause, Jochen

Kirchlengern
Fleddermann, Willi

Kirchzarten
König, Rainer
Nenzel, Walter
Wallner, Ernst Maxim

Kirschweiler/Nahe
Pütz, Albert

Kissing
Eckhardt, Rosemarie

Bad Kissingen
Brügel, Sigrid
Csallner, Kurt
Ziegler, Peter

Kitzbühel/Öst.
Bonatti, Hugo

Kitzingen a.M.
Bach, Engelbert
Friedsieg der Dichter

Klagenfurt/Öst.
Brandstetter, Alois
Drozdowski, Georg
Fink, Grete
Gratzer, Robert
Jagoutz, Olga Elisabeth
Kersche, Peter
Lutz-Lorenz, Hertha
Maderner, Josef
Nowotny, Walther
Polley, Otto Maria
Rudnigger, Wilhelm
Scheriau, Herbert
Schürr, Thekla Maria

Kleinblittersdorf
Klippert, Werner

Bad Kleinen/DDR
Kühl, Barbara

Kleingießhübel/DDR
Ritschel, Jürgen

Kleinmachnow/DDR
Bengsch, Gerhard
Faensen, Barbara
Heller, Gisela
Joho, Wolfgang
Klein, Rosel
Klemm, Peter
Mehlhardt, Dieter
Otto, Herbert
Rank, Heiner
Schmidt, Konrad
Schmidt, Marianne
Wander, Fred

Kleinostheim
Moder, Josef

Kleinrinderfeld
Allemann, Fritz René

Kleve
Klimke, Wolfgang

Klosterneuburg/Öst.
Bankhofer, Hademar

Kluger, Hubert
Körber, Heinz
Stratil-Sauer, Lotte
Zenker, Helmut

Kloten/Schweiz
Leu, Max

Koblenz
Breuer-Weber, Berti
Ferrari, Gustav
Helmes, Werner
Knopp, Josef
Kreuter-Tränkel, Margot
Kuenster, Erika M.
Oldenbürger, Maria
Wagner-König, Waltraud

Kochel a. See
Schlaupitz, Katharina

Köflach/Öst.
Iberer, Erika

Köln
Ahlers-Kölbl, Dina
Amm, Gabriele
Balling, Ludwig
Bartsch, Rudolf Jürgen
Barwasser, Karlheinz
Baumgart, Dieter
Becker, Jürgen
Bender, Hans
Berglar, Peter
Berns, Ulrich
Bohmeier, Bernd
Bongartz, Dieter
Brantsch, Ingmar
Bredehöft, Hermann
Bungter, Georg
Burkhardt, Joachim
Buth, Matthias
Deters, Heiko
Dobbelstein, Hermann
Fabian, Anne-Marie
Fabian, Walter
Fabri, Albrecht
Fierz-Herzberg, Tiny
von Forell, Fritz
Franke, Friedrich
Franken, Klaus
Freisel, Johannes
Frorath, Günter
Giordano, Ralph
Gottwald, Christoph
Greiner, Franz
Gröhler, Harald
Habetin, Rudolf
Häßlin, Johann Jakob
Hagen, Jens
Hartung, Marie-
  Antoinette
Hasemeier, Alfred
†Haubrich, Leo
Heinisch, Elisabeth

Heldt, Karlheinz
Heyer, Georg Walther
Höpfner, Niels
Höss, Dieter
Hoffmann, Gerd E.
Horn, Peter
Ingenmey, Marlis
Juhr, Jutta
Kettenbach, Hans
  Werner
Kittel, Gerd
Klar, Heribert
Klefisch, Walter
Knop, Lydia
Koch, Werner
Kock, Erich
König, René
Krauss, Wolfgang
Kreuter, Marie-Luise
Kroder, Rainer
Kröhnke, Friedrich
Kroliczak, Hans
Küpper, Hubert
Kürten, Gerold
Kullik, Jens Rainer
Lauster, Peter
Lipinsky-Gottersdorf,
  Hans
Lorenz, Angela
Martin, Cilli
Matsubara, Hisako
Müller, André
Müller, Ewald
Muskatewitz, Willi Erich
Nasarski, Peter
zur Nedden, Otto C. A.
Oczipka, Michael
Ohsam, Bernhard
Pauquet, Peter Paul
Pereira, Alfonso
Petersen, Jürgen
Pfeiffer, Herbert Oscar
Roggendorf, Heinrich
Rose, Lore
Rossa, Kurt
Rühle, Jürgen
Rühm, Gerhard
Rutt, Theodor
Sasse, Carl Hans
Schaaf, Hanni
Schaarwächter, Hans
Schatz, Hedda
Schatz, Iris
Schmidt, Hans Martin
Schmidt, Heinrich
Schmitt-Böhle, Lis
Schmitz, Ida Magdalena
Schmitz-Bunse, Waltraut
Schneidrzik, Willy
Schöfer, Erasmus
Schultze, Bernard
Schulz, Rolf

Schwertschlager, Maria
Sölter, Arno
Soentgerath, Olly
Sprenger, Christiane
  Ursula
Starck, Inge
Starck, Siegfried
Stauffer-Würzbach,
  Robert
Ströbinger, Rudolf
Sturm, Vilma
Tetzlaff, Ingeborg
Tress, Horst
Uhlenbruck, Gerhard
Uhrland, Charlotte
Wallraff, Günter
Weber, Heinz
Weitershagen, Paul
Wellershoff, Dieter
Wisdorf, Josef
Wollschon, Gerd
Wordel, Ria
Zander, Hans Conrad

Bad König
Lixfeld, Ursula

**Königs Wusterhausen/
DDR**
Walsdorf, Lothar

Königsbrunn
Einsle, Hans
Stumpf, Hans E.

Königsfeld/Schwarzw.
Grunewald, Ursula
von Meerwald, Istrid
Sellner, Gustav Rudolf

Königstein/Ts.
Nyncke, Gerlinde
Robeck, Anna

Königswinter
Daum, Alfred
Dünnebier-v. Paczensky,
  Anna
Koller, Martin
Meyer-Quast, Else
Pfeiff, Karl Arno

Köniz/Schweiz
Raaflaub, Hans

Köstendorf/Öst.
Braumann, Franz

Köthel/Stormarn
Beutin, Wolfgang

Kolbermoor/Obb.
Ernst, Hans

Konolfingen/Schweiz
Locher, Otto

Konstanz
Foerster, Rolf Hellmut
Habisreutinger, Rudolf

von Kaulla, Guido
von Kaulla, Thekla
Kinder, Hermann
Möking, Bernhard
Mühsam-Levi, Else
Rittershaus, Daisy
Salomon, Peter
Splitter-Dilberović, Vera
Spohn, Michael
Stenten, Marlene

Konz
Quadflieg, Josef

Kopeček/ČSSR
Babler, Otto F.

Kopenhagen/Dänemark
Breinholst, Willy
Leonhardt, Albrecht
Petri-Sutermeister,
  Bolette
Selinko Kristiansen,
  Annemarie

Korb i.R.
Schneider, Hugo

Korbach
Bing, Hermann
Ehrentreich, Alfred
Finke, Kurt
Rothenberg, Friedrich
  Samuel
Stengel von Rutkowski,
  Lothar
Vaupel, Helga
Waldschmidt, Hildegard

Korlingen
Hoffmann, Bernhard

Korneuburg/Öst.
Kainz, Walter

Korntal
Gretzmacher, Bernd
Lorch, Hilde
Reichert, Hans-Dieter

Krailling
Kopp, Hans
Petzet, Wolfgang
Schober, Hermann
von Wicht, Edo
Wienholtz, Myrsini

Krefeld
in der Au, Annemarie
in der Au, Dietlind
Dähn, Brunhilde
Dahl, Jürgen
Erdmann, Herbert
Groß, Engelbert
Kiesselbach, Marianne
Reiners, Rita
Uhrlandt, Hermann J.
Völkel, Ursula
Weber, Hans

Zielonka, Michael

Krems/D./Öst.
Bartaschek, Wilma
Braun, Otto Rudolf
Chaloupek, Ferdinand
Unterweger, Jack

Kreuzlingen/Schweiz
Gebert, Li
Merhart von Bernegg,
  Karin

Bad Kreuznach
Harrach, Charles F.
Tesch, Anne

Kreuzpullach
Miehe, Ulf

Kreuzwertheim
Stein-Dahlem, Elisabeth
  Gisela

Krieglach/Öst.
Fladl-Martinez, Peter

Kriegsheim/Frankr.
Schaeffer, Louis Edouard

Kriens/Schweiz
Müller, Hannes E.
Stalder, Heinz

Kronach
Hümmer, Ingo

Kronberg/Ts.
Bode, Helmut
Göritz, Gerda
Liehr, Heinz
Werres, Johannes

Kronshagen
Eschenburg, Harald
Neuber, Hermann
Rusche, Christian-Udo

Bad Krozingen
Kegel, Hans-Heinrich

Krün
Schwarz, Günther Emil

Krummenau/Schweiz
Honegger, Arthur

Krummendeich
Wandrey, Uwe

Krummhörn
Brakenhoff, Barbara

Krumpendorf/Öst.
Widmann, Werner

Krusaa/Dänemark
Peters, Theodor

Kuddewörde
Nolte, Jost

Kükelühn
Eckert, Gerhard

Kürten
Berger, Peter

Küsnacht/Schweiz
Gilg, André
Isler, Ursula
Jentzsch, Bernd

Küßnacht a. Rigi/
Schweiz
von Tunk, Eduard

Küttigen/Schweiz
Moser, Stephan

Kufstein/Öst.
Fridrik, Liselotte
Reisch, Max
Waldbauer, Johanna

Kulmbach
Alexy, Eduard

Kumberg/Öst.
Fleck, Herbert

Kuppenheim
Fischer, Karl Georg

Kurort Oybin/DDR
David, Kurt

Kusel
Gödtel, Reiner

Kutzenhausen
Fick, Walter

La Grande Motte/
Frankr.
Hopferwieser, Richard

La Jolla/USA
Lettau, Reinhard

La Matanza de
Acentejo/Teneriffa/
Spanien
Pangels, Charlotte

La Neuveville/Schweiz
Pedretti, Erica

La Seyne sur Mer/
Frankr.
Rouzade, Beate

Laatzen
Palm, Erwin Max
Roland, Ursula Gertrud

Lacanau/Frankr.
Schaake, Erich

Lackenbach/Öst.
Banny, Leopold

Ladbergen
Fromm, Margret

Ladendorf/Öst.
Jasser, Manfred

Lae/Papua New Guinea
Horndasch, Irmgard

Laer
Pielow, Winfried

Lage/Lippe
Anders, Knut
Detering, Heinrich

Lahnstein
Enzinck, Willem

Lahntal
Scheffler, Albert

Lahr/Schwarzw.
Brucker, Philipp
Maier, Bernhard
Weiher, Ursula

Lam
Berlinger, Josef

Lambrecht/Pfalz
Laubscher, Friedrich

Lampertheim
Schönberger, Inge-
Katrin

Landau i.d. Pfalz
Diehl, Wolfgang
Kaußler, Ernst
Runck, Gerd
Schupp, Otto
Schwarz, Wolfgang

Landeck/Öst.
Stallinger, Anna

Landsberg/Lech
Glatz, Helmut
Regele, Herbert

Landscheid
Weißenborn, Theodor

Landshut
Urbanek, Walter

Landstuhl
Schauder, Karlheinz

Landwehr
Armanski, Gerhard

Langelsheim
Pilz-Schottelius, Albert
Stolte, Ernst

Langenargen
Emmert, Karl

Langenenslingen/Württ.
Jünger, Ernst

Langenhagen
Klenke, Werner

Langenpreising
Gnettner, Ingrid

Langeoog
von Mering, Klaus
Selinger, Rotraud

Langgöns
Zeiss, Dore

Langnau/Schweiz
Eggimann, Ernst
Schwaar, Hans Ulrich

Langwedel
Kuhn, Wolfgang
Witte, Karl-Heinz

Langwies/Schweiz
Biesold, Richard Willy

Langwiesen/Schweiz
Greis, Harry

Lans/Tirol/Öst.
von Kuehnelt-Leddihn,
Erik Ritter
Schöpf, Alois

Lansdowne/USA
Kempner, Robert M. W.

Lappersdorf
Prunkl, Erwin

Largo/USA
Marx, Karl T.

Las Palmas/Gran
Canaria/Spanien
Krüss, James

Lauben/Oberallg.
Giesenbeck, Karl-Heinz

Laubenheim/Nahe
Schäfer, Irmtraud

Lauchhammer/DDR
Heinze, Harald
Hoffmann, Claus
Hoffmann, Klaus
Lotz, Fritz

Lauda
Gräter, Carlheinz
Henke, Adalbert

Lauenförde
Feigs, Adele

Lauf/Pegn.
Endres, Leonhard
Schäfer, Max

Lauffen
Joest, Wolfgang

Launsdorf/Kärnten/Öst.
Aichbichler, Wilhelmine
Maria
Hüttenegger, Bernhard

Laupen/Schweiz
Jaggi, Jürg

Lausanne/Schweiz
Eicke, Doris
Thelen, Albert Vigoleis

Bad Lausick/DDR
Licht, Wolfgang

Lauterbach, Zusam
Sailer, Alois

Lauterbach/Hess.
Benzel, Ulrich

Bad Lauterberg
Bäker, Bernhard A.

Lautzert/Ww.
Feldhoff, Heiner

Leck/Nordfriesld
Spangenberg, Peter

Leeds/Engl.
Rotenberg, Stella

Leer/Ostfriesld.
Herlyn, Gerrit
Herlyn, Heinrich-Habbo
Janssen, Hinnerikus
Schmidt, Diedrich
  Heinrich
Schoon, Greta
Siefkes, Wilhelmine

Lehnitz/DDR
Stein, Traute

Lehrte
Fischer, Karin
Geissler, Friedrich
Jacobs, Walter

Leichlingen
Hangert, Ilse
Nickel-Forst, Grete
Wittich, Kurt

Leinfelden-Echterdingen
Bonin, Werner

Leipzig/DDR
Albrecht, Andreas
Arnold, Wolf
Backhaus, Hans-Joachim
Bartuschek, Helmut
Baumann, Claus
Berger, Friedemann
Bernhof, Reinhard
Bodeit, Gerhard
Böttger, Fritz
Brinkmann, Jürgen
Büngener, Horst
Cronauge, Armin
Czechowski, Karl Heinz
Ebersbach, Volker
Ebner von Eschenhaym,
  Grete
Ehrenforth, Werner
Fabian, Gerhard
Fleischhack, Marianne
Flieger, Jan
Fret, Rosemarie
Fritze, Ruth
Geiling, Irene
Geppert, Roswitha
Görtz, Adolf
Gorski, Maria-Viola
Gosse, Peter
Goyk, Martin
Hänisch, Gottfried
Härtl, Gert
Hartenstein, Elisabeth
Heiduczek, Werner

Hering, Elisabeth
Hilbig, Wolfgang
Hoffmann, Magdalene
John, Erhard
Kampling, Harry
Karasholi, Adel
Kleeberg, Lis
Korff, Brigitte
Kühn, Herbert
Künne, Manfred
Kumpf, Alfred
Kumpf, Elisabeth
Kupsch, Joachim
Lehmann, Jürgen
Lindner, Klaus
Lips, Eva
Mansfeld, Helmut
Metzkes, Achim
Mohr, Steffen
Nowak, Kurt Ludwig
Nowotny, Joachim
Petri, Walther
Pfeiffer, Hans
Rauchfuss, Hildegard
  Maria
Recknagel, Rolf
Reichel, Gisela
Reimann, Andreas
Richter, Helmut
Roland, Otto
Schmoll, Werner
Schulz, Elisabeth
Schulz, Max Walter
Stach, Angela
Tetzner, Gerti
Weinkauf, Bernd
Zenner, Klaus

Leisel
Bauer, Andreas

Leitzkau/DDR
Sasse, Erich-Günther

Lemgo
Grünhagen, Herbert
Huppelsberg, Joachim
Stiemert, Elisabeth

Lemgow
Timcke, Garleff

Lengerich/Westf.
Fangmeyer, Wilhelm

Lenggries
Leimer, Hermine
von Sazenhofen, Carl-
  Josef
Streit, Kurt W.

Lennestadt
Tuch, Hannes

Lenningen
Flegel, Sissi

Lenzkirch
Grandt, Herta

Leoben/Öst.
Binder, Maria
Ritter, Christiane

Leonberg
Franke-Gricksch,
  Ekkehard
†Storz, Gerhard
Tscherpel, Rudolf Maria
Woerner, Charlotte

Leonding/Öst.
Fussenegger, Gertrud

Leopoldsdorf/Öst.
Bruckner, Winfried

Leutenbach/Württ.
Hirschinger, Johannes
Olbrich, Hiltrud

Leutershausen/Bergstr.
Schmitt, Friedrich

Leutershausen/Mittelfr.
Zschöttge, Luise

**Leutstetten, Post
  Starnberg**
Rattelmüller, Paul Ernst
Zacharias, Thomas

Leverkusen
Bräutigam, Gerd
Piechota, Ulrike
Sackser, Dietfried H. E.
Wurthmann, Kurt

Lichtenfels
Schachner, Walter

Lichtenow/DDR
Scherfling, Gerhard

Liebefeld
Mäder, Rolf

Liebenburg
Mehren, Günther

Bad Liebenzell
Meyer, Rudolf

Lienen
Homann, Ludwig

Liestal/Schweiz
Rentsch, Verena
Rollman, Heidi

Liezen
Kadletz, Sonja

Lignano Riviera/Italien
Gutting, Harald

Lilienthal
Erlei, Hans Josef

Limbach
Trunk, Wilhelm

Limburg/Lahn
Heyne, Isolde

Wallhof, Hans

Limburgerhof
Jäckel, Karin

Lindberg
Wintersteiner, Marianne

Lindenberg i. Allg.
Aburi, Hans
Netzband, Georg
Stökl, Ignaz

Lindenberg/Pfalz
Fangk, Dorothea

Lindlar
Skriver, Ansgar

Lingenfeld
Gutting, Willi

Linz/D./Öst.
Bauer, Josef
Baur, Alfred
Burgstaller, Ernst
Dibold, Hans
Dirnberger, Rainer
Eckmair, Carl Martin
Eckmair-Freudenthaler,
  Mimi
Glück, Anselm
Gottschalk, Hanns
Hamberger, Hans G.
Heinrich, Franz-Josef
Kain, Franz
Kefer, Linus
Koref, Ernst
Larndorfer, Rudolf
Lehr, Rudolf
Lettenmair, Josef
Lichtenauer, Fritz
Lipp, Franz
Obereder, Ingeborg
Pfeffer, Werner
Rauch, Lydia
Sattlberger, Margret
Schanovsky, Hugo
Sperner, Wolfgang
Stöber, Otto
Ullmann, Sieglinde
Wagner, Ingeborg
Watzinger, Carl Hans
Weissengruber, Maria
Wiedermann, Otto
Wiesinger, Karl
Wilk, Herbert
Wilk, Michael
Zellermayr, Johann

Linz/Rh.
von Bohlen und Halbach,
  Berndt
von Bohlen und
  Halbach-Grigat,
  Herthy

Littau/Schweiz
Raaflaub, Walter

Litzldorf
Baltheiser, Karl

Locarno/Schweiz
Budjuhn, Horst
Errell, Richard
Farinoli, Colombo
Heim, Peter

Lochham, Kr. München
Kapfhammer, Günther
Schweiggert, Alfons

Loco/Schweiz
Rapp, G. Alessandro

Lörrach
Jung, Gerhard A.
Scheurer, Wolfgang
Schreiber, Monika

Lörzweiler
Biondi, Granco

Löwenstein
Foerster, Talitha

Lohmar
Franke, Manfred
Rathert, Helmut

Lohmen/DDR
Wellm, Alfred

Lohwinden Post
  Wolnzach
Bossi Fedrigotti von
  Ochsenfeld, Anton
  Graf

Lollar
Vahle, Friedrich-Eckart

London/Engl.
Adler, H. G.
Beer, Fritz
Bohrer, Karl Heinz
Braun, Anneliese
Canetti, Elias
Daniger, Margot
Ekert-Rotholz, Alice
Fischer, Wolfgang Georg
Frankenschwerth,
  Margarete
Fried, Erich
Gotfurt, Dorothea
Held, Wolfgang
Hodin, Josef
†Koestler, Arthur
Larsen, Egon
Lucas, Robert
Marnau, Alfred
Mendelssohn (-Wilson),
  Eva
Pinner, Erna
Reinfrank, Arno
Reissner, Alexander

Unger, Alfred Hermann
Walter, Friedrich

Lorch, Württ.
Richter, Elisabeth
Späh, Marianne

Los Angeles/USA
Bahr, Ehrhard
Fersching, Alois
Kaus, Gina
Wolff, Victoria

**Los Llanos de
  Aridane**Isla de La
  Palma/Canarias
Goebel, Wulf

Losenstein/Öst.
Wippersberger, Walter

Losheim
†Croon, Maria

Loßburg
Czernik, Theodor

Louisendorf
Elbin, Günther

Lubbock/USA
Hunt, Irmgard

Ludwigsburg
Bertsch, Hilde (Bertram)
Dillenburger, Helmut
Dillenburger, Ingeborg
  Freifrau von Groll
Jabs, Hartmut
Koch, Hermann
Köstlin, Renate
Roemer, Christiane
Rohr, Helmut

Ludwigshafen am Rhein
Baranski, Adalbert
Boas, Horst
Kistner, Karl L.
Lange, Evamaria
Ruhs, Emil
Schneider, Lothar K.

Ludwigslust/DDR
Theek, Bruno

Lübbecke
Schultze, Hermann

Lübeck
Ahrens, Annemarie
Baade, Hanni
Baustian, Lieselott
Bernhardi, Horst
Brandt, Herbert
Carstensen, Richard
Fuss-Hippel, Hans
Hellwig, Hans
Hennemann, Susanne
Hesekiel, Toska
Hoff, Kay
Lüddeke, Erwin

Marg, Gerhard
Rohbra, Kurt Karl
Schäfer, Wolfgang
Schurig, Gertrud Agnes
    Anna
Schwalm, Jürgen
Steinhaus, Liselotte
Strunck, Irmgard
Tetzner, Ruth
Wolff, Rudolf

Lüchow
Schütte, Renate

Lüdenscheid
Harms, Klaus D.
Hoffmann, Elvira
Nähring, Christiane
Nölle, Fritz
von Schaller, Irene

Lüdinghausen
Mertens, Heinrich A.

Lüneburg
Böttcher, Karl-Heinz
Butterweck, Anneliese
Ebert, Klaus
Greiner, Peter
Heinemann, Helmut
de Montléart, Alexander
von Sass, Vera Baronin
Thomson, Erik
Zumbro, Karl

Lünen
Breder, Paul

Lütjensee
Volkmann, Klaus
Wolfes, Kurt

Lugano/Schweiz
Nussbaumer, Stephan
von Vaszary, Gábor

Lugau/Erzgeb./DDR
Neubert, Horst

Lunz/Öst.
Kraus-Kassegg,
    Elisabeth

Lupsingen
Rentsch, Peter O.

Luxemburg/Luxemburg
Blohm, Jan Christian
Delcourt, Victor
Henkes, Paul
Hoffmann, Fernand
Hoffmann, Léopold
Kariger, Jean Jacques
Kayser, Roland
Manderscheid, Roger
Schaus, Emile
Voss, Karl

Luzern/Schweiz
Buergi, Yves Robert

Davi, Hans Leopold
David, Linus
Erni, Hans
Frey, Bertwin
Keller-Keilholz, Ruth
Kneubühler-Fessler,
    Anna
Marchi, Otto
Simmen, Maria
Stadelmann, Leo
Steiger, Bruno

Machias/USA
Winterfeld, Henry

Madrid/Spanien
Dieterich, Anton

Männedorf/Schweiz
Pahlen, Kurt
Schwarz, Fritz

Magdeburg/DDR
Basan, Walter
Braun, Günter
Braun, Johanna
Brennecke, Gertraud
Brennecke, Wolf D.
Glade, Heinz
Hahnfeld, Ingrid
Kruschel, Heinz
Lammel, Dieter
Müller, Heinz
Schreyer, Wolfgang

Mailand/Ital.
Imhoof, Markus
Piscini, Ingrid

Mainhardt
Cornelius, Reiner

Mainz
Edel, Gottfried
Eichhorn, Ludwig
Enseleit, Ursula
Erné, Giovanni Bruno
Fratzer, Frithjof
Führer, Volker
Gasper, Dieter
Gauch, Sigfrid
Grabert, Sigrid
Höfle, Helga
Hofmann, Christel
Hüsch, Hanns Dieter
Kross, Jürgen
Lavall, Kurt
van Lessen, Rolf
von Lewinski-Risse,
    Ursula
Libbert, Helga
Martz, Georg
Martz, Margarete
Moes, Eberhard
Nastali, Wolfgang
Nellessen, Bernhard
Nieboj, Grete

Presser, Helmut
Reitz, Inge
Renfranz, Hans Peter
Richter, Elfriede
Richter, Hans Peter
Roegner, Elisabeth
Schmaltz, Kurt Bernhard
Schmauch, Jochen
Schöne, Lothar
Sorg, Margarete
Sternbeck, Wolfgang
von Swietochowski,
    Werner
Vetter, Roland

Maisons-Laffitte/Frankr.
Chakravorty-Ebbing,
    Juliana

Malente
Clemens, Elisabeth-
    Charlotte

Mamer/Luxemburg
Hilbert, Ferd

Mandelbachtal
Dencker, Klaus Peter
Vinzent, Markus

Manderscheid/Eifel
Leonhard, Wolfgang

Mannheim
Bergmann, Rolf
Fröhlich, Roswitha
Hildebrand, Johann
Just-Dahlmann, Barbara
Kapp, Elisabeth
Kette, Ursula
Kirmse, Gerda Adelheid
Klimperle, Franz
Kurtz-Solowjew, Merete
Langenbach, Katja
Otto, Ernst
Roden, Hans
Schmandt, Edgar
Schnurr, Kurt Heinrich
Schoeller, Harold
    Wolfgang
Schuster-Schmah, Sigrid
Schwörer, Sigrid Ida
Sinn, Dieter
Voigt, Karin
Wilken, Karl-Erich

Marbach/Neckar
Ruge, Klaus

Marburg
Best, Walter
Giese, Ernst
Guesmer, Carl
Henatsch, Eva
Hofmann, Charlotte
Holler, Ernst
Kahnt, Rose

Karger, Markus
Keppel-Kriems, Karin
Legge, Ludwig
Neumann-Gundrum,
  Elisabeth
Rheinsberg, Anna
Rieckhoff, Peter Jürgen
Schnack, Ingeborg

Marchtrenk/Öst.
Gratz, Franz

Maria Enzersdorf/Öst.
Ott, Elfriede
Szyszkowitz, Gerald
Weigel, Hans

Maria Laach
Cremer, Drutmar, P.
  (O.S.B.)

Maria Saal/Kärnten/Öst.
Fink, Humbert

Maria Saalen, Bozen/
  Ital.
Schwingshackl, Anton

Marienheide
Böseke, Harry
Kachel, Siegfried
Neuneier, Peter

Marin/Schweiz
Haechler, Alfred

Markkleeberg/DDR
Agricola, Erhard
Schweickert, Walter

Marktheidenfeld/M.
Irmler, Rudolf

Marl
Horbelt, Rainer
Kühne, Norbert
van Ooyen, Hans
Schulte Berge, Erich

Marling, Bozen/Ital.
Innerhofer-Wetzel, Maria
Telberg, Ursula

Marloffstein
Schnetz, Wolf Peter

Marquartstein/Obb.
Frieling, Heinrich

Marsberg
Adam, Maria Antonie

Marta di Villanova
  Albenga/Ital.
Jirak, Peter

Maschwanden/Schweiz
Steger, Hans-Ulrich

Mattersburg/Öst.
Unger, Günter

Mauerbach/Öst.
Weißenbacher, Selma

Mauren/Liechtenst.
Harrer, Heinrich

Meckenheim b. Bonn
Seuberlich, Hans-Erich

Medias/Rumänien
Guzun-Hehn, Ilse

Meerane/DDR
Eckert, Wolfgang

Meerbusch
Bulkowski, Hansjürgen
Filk-Nagelschmitz, Agnes
Goebel, Peter
Hohlbein, Wolfgang
Isenhöfer, Klaus

Meersburg
Gümbel, Dietrich
Taubitz, Monika

Meggen/Schweiz
Borbach-Knochen,
  Irmtraud

Meilen/Schweiz
Guggenbühl, Hans
Peter, Rita
Vogt, Peter

Meisenheim
Dürrenfeld, Eva

Meisterschwanden/
  Schweiz
Zwahlen, Marianne

Melbourne Beach/USA
Mahn, Klaus

Melchtal/Schweiz
Diethelm, P. Walther,
  O.S.B.

Melle/Wiehengeb.
Avenarius, Elisabeth
Fredemann, Wilhelm
Weitkamp, Hermann
  Hans

Memmelsdorf
Engert, Elmar

Memmingen
Skalitzky, Sepp

Menden
Herden, Herbert

Menlo-Park/USA
Heiliger, Wilhelm

Meppen
Hugenberg, Josef
Kuper, Michael

Meran/Ital.
Grandi, Ignaz
Ladurner, Filomena
von Pidoll zu
  Quintenbach, Gabriele
  Freiin

Schönweger, Matthias
Stecher, Luis Stefan

Merching
Riedl, Franz Xaver

Merdingen
Gebert, Helga

Bad Mergentheim
Habermann, Willi

Merzalben/Pfalz
Müller, Edmund

Merzhausen, Breisgau
Heizmann, Lieselotte
Heynicke, Kurt
von Unruh, Friedrich
  Franz

Merzig
Krajewski, Theophil

Meschede
Pfannschmidt, Ewald

Metten
Seipolt, Adalbert

Mettmann
Baisch, Rudolf Christian
Baisch-Gabriel, Margot
Höptner, Marianne
Klitzing, Horst
Kunka, Irmgard

Metzerlen/Schweiz
Hasler-Schönenberger,
  Elisabeth

Metzingen
Wagner, Winfried

Meuselwitz/DDR
Schröter, Hans Robert

México/México
Buller, Walter
Frenk-Westheim,
  Mariana

Meyssac/Frankr.
Poupin, Barbara

Miami/USA
Margolius, Hans

Michelbach/Bilz
Steincke, Heinz

Michelbach/Westerw.
Frey, Ruth

Micheldorf/Öst.
Einzinger, Erwin

Michelstadt
Pross-Weerth, Heddy

Michendorf/DDR
Lipowski, Egbert
Neumann, Roland

Middleton,
  Saxmundham/Engl.
Hamburger, Michael

Miège VS/Schweiz
Leutenegger, Gertrud

Milano/Ital.
Wolter, Christine

Mils/Öst.
Killinger, Erna

Mindelheim
Dietz, Sigrid Antonie

Minden
Görner, Peter
Heuser-Bonus, Wiebke-
    Katrin
Schulz, Richard

Minusio/Tessin/Schweiz
Hemmerling, Peter

Mirow/DDR
Wohlgemuth, Joachim

Mirskofen
Döll, Yvonne
Sigl, Albert

Mittenaar
Plass, Marie

Mitterkirchen/Öst.
Grafeneder, Josef

Modautal
Anrich, Gerold
Eichler, Bertel
Wölfel, Ursula

Mödling/Öst.
Drach, Albert
Schwamberger, Paula
Theurer, Hermann

Möhnesee
Sylvanus, Erwin
Wübbecke, Bernd

Möhrendorf
Stupp, Johann Adam

Mölln/Lauenb.
Fürstenberg, Hilde
Wintgen, Suse

Mönchaltorf/Schweiz
Damjan, Mischa

Mönchengladbach
Bettmann, Helmut
Fischer, Anna Vera
Kremer, Hildegard
Morkepütz-Roos, Erna
Walendy, Paula
Wintzen, Peter

Mönichkirchen/Öst.
Cysarz, Herbert

Mönkeberg
Blum, Helene

Mörfelden-Walldorf
Härtling, Peter
Wenzel, Paul

Moers
Lenzen, Hans Georg
Schmidt-Freytag, Carl-
    Günther

Mössingen
Schauber, Karl

Mötzingen
Sattler, Ralph Michael

Mommenheim
Kempf, Georges Alfred

Montabaur
Nels, Maria

Monte Carlo/Monaco
Kanis, Carl

Montreux/Schweiz
Schwenn, Günther

Moos/Bodensee
Wieland, Isolde

Moritzburg/DDR
Dachsel, Joachim

Morsbach/Sieg
Dönges, Günter

Morschach/Schweiz
von Euw, Aloys

Morsum/NF
Zenner, Timm

Morsum/Sylt
Matthiesen, Hinrich

Mosbach/Neckar
Morweiser, Fanny
Schröpfer, Landfried

Much
Leifert, Arnold
Stohwasser, Jörg

Mühlacker
Hrdlička, Eleonore

Mühltal
Deufel-Riegel, Betti

Mülheim/Ruhr
Blechmann, Liselotte
Fischer, Peter
Götz, Gerd
Haubrich, Heinz
Klein, Claudia Katharina
Schulz, Peter-Torsten
Schwenger, Wilhelm
Stawowy, Elke
Tacke, Gerhard
Theil, Edmund
Westerhoff, Günter

Müllendorf/Burgenl./Öst.
Berghofer, Josef

Müllheim/Baden
Busch, Gertraude
Haberstock, Ernst

Münchehofe/Kr. Königs
    Wusterhausen/DDR
Hoffmann, Gudrun

München
Aberle, Andreas
Aberle, Gerhard
Ach, Manfred
Ahlsen, Leopold
Alfes, Johannes
Amery, Carl
Angstmann, Augustin
Ani, Friedrich
Anton, Ferdinand
Arens, Birgitta
Argirov, Valentin
Arndt, Karin
Arnold, Antonia
Arp, Philip
Asmodi, Herbert
Aub, Walter
Auer, Margaret
Augustin, Ernst
Bachem, Bele
Backhaus, Helmuth
    Manuel
Bächler, Wolfgang
Bädekerl, Klaus
Bahr, Rüdiger
Balçar, Alexander J.
Bars, Edda
Bauer, Isadora
Bauer, Wolfgang
Baumer, Franz
Baumrucker, Gerhard
Baur, Wolfgang
Beckert, Anke
Bednara, Maria
Behnssen, Oliver
Beinhorn, Elly
Bela, Claus
Bencker, Wilhelm Heinz
Benker, Gertrud
Berg, Rüdiger
Bergauer, Conrad
Bergel, Hans
Berthold, Fritz Josef
Berthold, Margot
Berthold, Will
Bertl, Siegfried
Bertram, Hans
Beth, Gunther
Bevern, Max
Bieler, Manfred
Bienek, Horst
Bierschenck, Burkhard
    Peter
Bilek, Franziska
Bleisch, Ernst Günther
Bloch, Susanne
Böck, Marianne
Böcker, Hans Werner

Böcker, Juliane
Böhmer, Günter
Boette, Monika
Bommersheim, Elly
Brandner, Uwe
Brauerhoch, Juergen
Braun, Dagmar
Braun, Hanns Maria
Braun, Karoline
Breinlinger, Hans
Brem, Kurt
Bronnen, Barbara
Buchberger, Anna
Budzinski, Klaus
Bull, Bruno Horst
Christlieb, Wolfgang
Christophel, Friedrich
  Wilhelm
Colberg, Klaus
Collignon, Ilse
von Crailsheim, Carola
  Baronin
von Cube, Walter
Dahl, Edwin Wolfram
Degner, Helmut
Deinert, Wilhelm
Derrick, Kay Ken
Dhan, Dorothee
Diehl, Otto Siegfried
Diem, Eugen
Dietrich, Fred
Dietrich, Wolfgang
Doerner, Hans
Dolezol, Theodor
Dollinger, Hermann
Dorst, Tankred
Dotzler, Ursula
Drechsel, Sammy
Driest, Burkhard
Ebert, Wolfgang
Eckert, Horst
von Eggelkraut-
  Gottanka, Hans
Eichholz, Armin
Eichler, Richard W.
Eisele, Ulf
Eisler, Egon
Elsner, Gisela
Endres, Elisabeth
Enzensberger, Christian
Faber, Anne
Fackelmann, Michael
Fauser, Jörg
Fenzl, Fritz
Fernau, Joachim
Feuchtmayr, Inge
Filip, Ota
Fink, Alois
Fischach-Fabel, Renate
Fischer, Claus
Fischer, Georg
Fischer, Heinz

Fischer, Ilse
Flügel, Rudolf
Fochler-Hauke, Gustav
Fock, Holger
Frank, Hubert
Frank, Peter
Frank-Brandler, Elfriede
Franz, Erich Arthur
Freisleder, Franz
Friedrich, Heinz
Friedrich, Maria
Fröhlich, Hans J.
Fröschl, Josef G.
Gärtner, Joachim
Gamber, Hans
Gebhardt, Friedrich
  Johann
Gebhardt, Michael
Geifrig, Werner
Geiger, Franz
Gick, Georg
Gierl, Irmgard
Gille, Hans Werner
Glaser, Theodor
Goepfert, Günter
Greither, Margit
Greiwe, Ulrich
Grimm, Dieter
Grimm, Jutta
Gronwald, Werner
Grosser, Johannes Franz
  Gottlieb
Grünwald, Karl Heinz
Grunert, Manfred
Gütter, Claus
Gütter, Ernst
Gulden, Alfred
Gummer, Michael
Haas, Ursula
Härtle, Heinrich
von Hagen, Beatrix
von Halban, George
  Ritter
Hanselmann, Johannes
Hansen, Walter
Hasl, Josef
Hasselblatt, Dieter
Hassencamp, Eva Maria
Hassencamp, Oliver
Hatry, Michael
Hauffe, Hans Günter
Hauschka, Ernst R.
Heidenberger, Felix
Heinikel, Rosemarie
Heldrich, Andreas
Henschel, Waltraut
Herbst, Hans
Herburger, Günter
Herfurtner, Rudolf
Herlin, Hans
Herrligkoffer, Karl M.
Herrmann, Klaus

Herzog, Werner
Hesse, Eva
Hiebeler, Toni
Hindemitt-Blum, Peter
Hinderks-Kutscher,
  Rotraut
Hoche, Karl
Hösl, Gerhard
Hofberger, Berta
Hohoff, Curt
von Hollander, Jürgen
Hollweck, Ludwig
Holthusen, Hans Egon
Honold, Silvia
Hopf, Andreas
Hopf, Angela
Hopf, Heribert
Horkel, Wilhelm
Hoyer, Franz A.
Huber, Margaretha
Hümmert, Ludwig
Hufnagel, Karl Günther
Hunold, Günther
van der Hurk, Paul
Ilmberger, Josef
Inkiow, Dimiter
Irgang, Margit-Heide
Isenbart, Hans-Heinrich
Jacobi, Heinz
Jeier, Thomas
Jeschke, Wolfgang
Jobst, Elfriede
Kaas, Harald
Kaesen, Maria
Kaiser, Joachim
Kalkschmidt, Beate
Kapfer, Herbert
von Kardorff, Ursula
Kashin, Christiane
Kaut, Ellis
Keiser, Bruno
Kekulé, Dagmar
Keller, Marcel
Kemp, Friedhelm
Kirchgeßner, Maria
Kirschbaum, Hertha
Kiss, Ernö
Kissener, Hermann
Klee, Wolfhart
Klimke, Christoph
Klinge, Günther
Klose, Erwin
Kluge, Alexander
Kneifel, Johannes W. R.
Knobloch, Hans Werner
Koch, Ernestine
Kocher-Erb, Hedwig
Köhl, Gudrun
König, Hannes
Königes, Rudolf
Koeppen, Wolfgang
Kohlmann, Barbara

Kolnberger-Spitzbarth, Evelyne
Konjetzky, Klaus
Kornell, Lore
Kosler, Alois Maria
Kotulla, Annemarie
Krämer, Renate
Kramberg, Karl Heinz
Krezdorn, Franz
Krischke, Traugott
Kristl, Wilhelm Lukas
Kroetz, Franz Xaver
Kronfuss, Wilhelm
Krüger, Michael
von Kühlmann-von Wendland, Mira
Kümmelberg, Günther
Künzler-Behncke, Rosemarie
Kunstmann, Antje
Landsittel, Claus
Lange, Oda
Lankes, Martin
Lattmann, Dieter
Lechner, Odilo (Hans Helmut)
Leder, Karl Bruno
Lederer, Joe
Leeb, Helga
Lembke, Robert E.
Lentz, Georg
Lentz, Mischa (Michaela)
Lenz, Hermann
Leonhardt, Henrike
Lidl, Walter
Liebermann von Sonnenberg, Jutta
Lochner, Wolfgang
Löhr, Joraine
Loew, Gerhard
Lohss, Otti
Loy, Oskar
Ludescher, Hans
Lützkendorf, Felix
Mally, Anita
Marder, Eva
Marks, Anna
Marx, Josef
Matray, Maria
Maus, Hansjörg
Mebs, Gudrun
Mechtel, Angelika
Mechtel, Manuela
Meilhamer, Hanns
Meissner, Hans-Otto
Meister, Karl
Mellenthin, Horst
Merkle, Ludwig
Metzger, Stephan
Mews, Sibylle
Meyer, Jutta
Meyer-Clason, Curt

Michels, Tilde
Miller, Johanna
Mirus, Ilse
Mitgutsch, Ali
Mohler, Armin
Mommertz, Paul
Moser, Bruno
Müller, Klaus
Müller, Norbert
Münster, Thomas
Muenzer, Paul
Müssle, Hans Peter
Mundt, Hans Josef
Naegele, Robert
Netzer, Hans-Joachim
Neumeister, Wolf
Niedermeier, Hans
Niederreuther, Thomas
Nöhbauer, Hans F.
Norden, Peter
Nottebohm, Rudolf
Oberländer, Gerhard
Ohnemus, Günter
Opfermann, Hans-Carl
Oppler, Wolfgang
Ortmann, Edwin
Orzechowski, Peter
Ost, Heinrich Hermann
von der Osten-Sacken, Klaus Baron
Ozana, Anna
Palm, Rolf
Paris, Ernst-Günter
Pasetti-Swoboda, Marianne
Pausch-Samper, Elena
Peis, Günter
Pertramer, Elfie
Pfeiffer, Gisela
Pfeiffer-Belli, Erich
Pfennig, Jörn
Pflanz, Elisabeth
Pilz, Rolf
Piontek, Heinz
von Pölnitz, Albrecht Frhr.
Pörtner, Paul
Pössiger, Günter
van Poortvliet, Barbara
Pothorn, Herbert
Pozorny, Reinhard
Preis, Kurt
Pressler, Mirjam
Preute, Michael
Prochaska, Wolfgang
Puchner, Günter
Pusch, Edith
Raeber, Kuno
Rasp-Budzinski, Renate
Rebner-Christian, Doris
Reichert, Carl-Ludwig
Reinig, Christa

Remberg, Erika
Renner, Carl Oskar
Reuss, Peter
Richter, Hans Werner
Riedt, Heinz
Riegel, Wilhelm Michael
Ringseis, Franz
Ritter, Roman
Rodrian, Irene
Rösener, Inge
Rosenberger, Ludwig
Rosendorfer, Herbert
Rott-Illfeld, Sybille A.
Ruckdäschel, Erika
Ruda, Kurt Maria
Rudorf, Günter
Rüber, Johannes
Rübesamen, Hans Eckart
Ruhsam-Huss, Werner
Sailer, Anton
Sandfuchs, Wilhelm
Satter, Heinrich
Schachtner, Hans
Schäfer, Amanda
Schaeffer, Max Pierre
Schäuffelen, Konrad Balder
Schallweg, Paul
Schalmey, Peter
Schaurer, Franz
Scheib, Asta Agnes
vom Scheidt, Jürgen
Schiefele, Hans
Schindler, Eva
Schindler, Karl
Schirmer, Michael
von Schirnding, Albert
Schlögl, Gottfried
Schlüter, Herbert
Schlüter, Marguerite
Schmeer, Gisela
Schmidt, Eckhart
Schmidt, Heidi
Schmidt, Natalia
Schmidt-Kaspar, Herbert
Schmitt, Fritz
Schmitter, Elke
Schmitthenner, Hansjörg
Schmitz, Fred
Schmitz, Walter
von Schöfer, Wolfgang
Schondorff, Joachim
Schreiber, Hermann
Schrobsdorff, Angelika
Schröder, Mathias
Schünemann, Peter
Schumann, Karl
Schwanda, Hilde
Schwarz, Georg
Schwenzen, Per
Schwerbrock, Wolfgang
Schwerla, Carl Borro

Schwimmer, Helmut
Seebauer, Traudl
Seeberger, Kurt
Seeliger, Rolf
Seipp, Bettina
Sembdner, Wolfgang
Setzwein, Bernhard
Seunig-Strobelhof,
  Waldemar
Simon, Gerd
Simon, Klaus
Soellner, Hedda
Sommer, Siegfried
Sommerauer, Adolf
Spang, Günter
Spangenberg, Christa
Spatz, Otto
Sperr, Monika
Spitzler, Marianne
Sponsel, Heinz
von Stackelberg, Karl-
  Georg Graf
Stackelberg-Treutlein,
  Freda Baronin
Stalmann, Reinhart
Stempel, Karl Günther
Stepperger-Raila, Doris
Störig, Hans Joachim
Stössel, Jürgen-Peter
Strauss, Gerlinde
Stützer, Herbert
  Alexander
Syberberg, Hans Jürgen
Szczesny, Gerhard
Tessmer, Charlotte
Thalheim, Peter
Thiel, Hans Peter
Thomas, Manuel
†Thurmair, Georg
Thurmair-Mumelter,
  Maria Luise
Tilmann, Klemens
Trenker, Luis
Troppmann, Artur
von Trotha, Hela
  Margarethe Baronin
Tschon, Karl Richard
Ude, Karl
Ücker, Bernhard
von Uslar-Gleichen,
  Hans-Melchior Frhr
Vajda, Albert
Veit, Barbara
Vogel, Hanns
Vordtriede, Werner
Voswinckel, Klaus
Wagmuth, Wolfram
Walbert, Helmut
Walter, Michael
Waubke-Klostermann,
  Barbara
von Weber, Charlotte

Weber, Oskar
Wedekind, Kadidja
Weigold, Hans
Weismann, Peter
Weiss, Wolfgang Carno
Wery-Fentsch, Erna
Weymar, Helga
Widmayer, Frank
Wiesner, Herbert
Wilck, Otto Peter
Wilhelm, Hans F.
Wilson, Gabriele
Wimmer, Karl
Wismeyer, Heinrich
Wolter, Gerd
Wolter, Karl
Wondratschek, Wolf
Wühr, Paul
Würtz, Brigitte
Zängl, Wolfgang
Zehetmeier, Winfried
Zibaso, Werner P.
Zimnik, Reiner
Zöpfl, Helmut
Zupan, Thomas
Zwing, Rainer

Münchenstein/Schweiz
Dünky-Schlageter,
  Johanna

Münchweiler a.d. Rodalb
Dauenhauer, Erich

Münsingen/Schweiz
Gutmann, Werner

Münster/Westf.
Altekamp, Gerhard
Baum, Georg
Bergenthal, Josef
Brox, August, Pater
Damwerth, Wilhelm
Engels, Petra
Friebel-Röhring, Gisela
Füser, Heinrich
Gothan, Hans
Große-Oetringhaus,
  Hans-Martin
Hasenkamp, Gottfried
Herbermann, Clemens
Hobrecht, Jürgen
Homann, Hermann
Horstmann, Ulrich
Hülsmann, Heinz
Jahnkaln, Rosemaria
Johannimloh, Norbert
Jürgens, Martin
Kessemeier, Siegfried
Kobbert, Elli
Krahe, Susanne
Leßmann, Marianne
  Katharina
Matuszewski, Reinhard

Müller, Erich
Nettesheim, Josefine
Pieper, Josef
Riewerts, Cornelius
Rohdich, Walther
Schäfers, Gottfried
Schepper, Rainer
  Wilhelm Maria
Schmidt, Markus
Schulze Mönking, Hubert
Sellin, Gerhard
Stiff, Günter
Thiekötter, Friedel
Verspohl, Cilly
Wallmann, Jürgen
Walther, J. Monika
Warsinsky, Werner
Webersinn, Gerhard
Werland, Walter
Wolff, Uwe
Zillig, Werner

Bad Münstereifel
Rosowsky, Norbert

Mürzzuschlag/Öst.
Bendl, Edmund Josef

Muggensturm
Coy, Egon
Voigt, Jo

Mulhouse/Frankr.
Franck-Neumann, Anne

Mulkwitz/DDR
Dembski, Werner

Muralto/Tessin/Schweiz
Hudig-Frey, Margareta

Murau/Öst.
Hager, Wolfgang

Muri/Schweiz
Krähenbühl, Peter
Langhans-Maync, Susy
Vogt, Walter

Murnau/Obb.
Baumann, Hans
Dreyer, Ernst-Jürgen
Engen, Erika
Mrsich, Wilhelm
†von Richthofen, Bolko
  Frhr.

Murrhardt
Lüthje, Hans
Nordmeyer, Barbara

Murten/Schweiz
Kauer, Walther

Nagel
Schnurbus, Marlen

Nahariya/Israel
Friedmann, Aurel

Naila
Frank, Günther G.

Nartum, Kr. Rotenburg
Kempowski, Walter

Nassau/Lahn
Lauschke, Helmut

Naturns/Meran/Ital.
Kristanell, Roland

Bad Nauheim
Knudsen, Knud
Matzdorff, Karl
Milius, Erich
Preuss-Morsey, Edith
Schäfer, Paul-Walther

Naunhof/DDR
Strube, Wilhelm

Neckargemünd
Debon, Günther
Kafka-Huber-Brandes,
    Sophie-Marlene
Krausnick, Michail

Neckarsteinach
von Warsberg, Elisabeth
    Baronin

Neckarsulm
Ibach, Ilse
Schairer-Engelhardt,
    Rosl
Zartmann, Beate

Neckarzimmern/Baden
Fraschka, Günter

Nederhorst den Berg/
    Niederlande
Crevoisier, Jacqueline

Nehren
Streckfuß, Lise

Nentershausen/Hess.
Schwarzberg, Hans

Neresheim
Setz, Karl

Nesselwang
Gaulke, Heinz-Bruno

Netphen
Stephan, Dietmar

Nettetal
Kassler, Marion

Neu-Anspach
Schulte-Tigges, Friede

Neuberend
Keil, Hans

Neubiberg
Kessl, Ingrid
Koetzle, Michael

Neubrandenburg/DDR
Neumann, Margarete

Neuchâtel/Schweiz
Dürrenmatt, Friedrich
Gsteiger, Manfred

Neudörfel/DDR
Březan, Jurij
Wornar, Jan

Bad Neuenahr
Köpernik, Herma
Meyer, Elisabeth
Ottendorff, Walther
Quiess, Helga

Neuenbürg/Württ.
Schwemmle, Annemarie

Neuenburg a.Rh.
Gehrts, Barbara
Klooz, Eugen

Neuenhagen b. Berlin/
    DDR
Dick, Sieglinde
Loeser, Franz

Neufahrland üb.
    Potsdam/DDR
Mielke, Franz

Neuglobsow, Kr.
    Gransee/DDR
Krause, Hanns
Ludwig-Krause, Lori

Neu-Grünwald
Ullrich, Luise

Neuhausen a.d. Fildern
Webhofen, Dieter

Neuhausen am
    Rheinfall/Schweiz
Kilian, Peter

Neuhofen/Pfalz
Kirch, Karl-Heinz

Neu-Isenburg
Bauer, Levke
Paegelow, Paul-Christian
Straub, Marlis
Zimbrich, Walter

Neukeferloh b. München
Pillau, Horst

Neulengbach/Öst.
Kiefmann, Karl
Peter, Brigitte

Neuler
Gabler-Almoslechner,
    Helena Renate

Neulußheim/Baden
Haag, Klaus

Neumagen/Mosel
Körner, Wolfgang
    Hermann

Neumarkt/Öst.
von Einsiedel, Waltraut
    Gräfin

Neumarkt-St. Veit
von Zschock, Otto

Neumünster
Dzubba-Sager, Alice
Kruse, Harald
Plaschke, Horst
Plaschke, Irmgard
Wiechert, Rainer

Neunkirchen/Öst.
Huditz, Elsbeth
Mucker, Gerda

Neunkirchen-Seelscheid
Böger, Helmut
Erl, Willi
Haarhaus, Friedrich

Neupetershain/DDR
Budniok, Dorothea
    Renata

Neuried, Kr. München
Rauter, Ernst

Neuried, Ortenau Kr.
Frost, Dieter
Recht, Hans
Steiner, Franz

Neusiedl/See/Öst.
Göschl, Franz
Vegh, Heinz W.

Neuss
Bayer, Agnes
Bloemertz, Günther
Hauschild, Jan-Christoph
Havers, Christoph
Ippers, Josef
Krause, Evelyne
Maiwald, Peter
Reinshagen, Helmhold
Sattler, Jenny
Soumagne, Ludwig

Neustadt a. Rübenberge
Draheim, Maria

Bad Neustadt a.d. Saale
Werner, Konrad

Neustadt b. Coburg
Hauck, Ernst

Neustadt/Weinstr.
Bischoff, Oskar
Gerke, Wolfgang
Hoernstein, Franz
Kohl, Werner
Reich, Wolfgang
Weber, Gertrud
Wegener, Wolfram M.
Wegener-Warsow, Lisa

Neustetten
Alten, Ingrid

Neustift, Donau
Schaudinn, Elisabeth

Neustrelitz/DDR
Ebert, Günter
Jobst, Herbert

Sakowski, Helmut

Neutraubling
Brandsch, Ursula
Fendl, Josef

Neu-Ulm
Fißlake, Lieslotte
von Gemmingen,
Johanne
Mangold, Heinz
Zimprich, Richard

New Haven/USA
Demetz, Hanna
Demetz, Peter

New York/USA
Brecht, Stefan
Chargaff, Erwin
Gong, Alfred
Greenburger, Ingrid
Grossberg, Mimi
Jacobsohn, Ernst
Lachmann, Vera
Lind, Jakov
Nathorff, Hertha
Sahl, Hans
Schaber, Will
Scharpenberg, Margot
Schuldt, Herbert
Stoiber, Rudolf Maria
Wertheim, Max

Niederbipp/Schweiz
Meier, Gerhard

Niederkassel
Schneider, Gerd
Thomas, Lydia

Niedernsill/Öst.
Rettenbacher, August

Niedernwöhren
Röder, Ingo

Nieder-Olm
Goertz, Brigitta

Niederstadtfeld
Ingermann, Beatrice

Niederstetten
Haag, Gottlob

Niefern
Leonhardtsberger, Karl

Niefern-Öschelbronn
Müller, Heinz

Nienburg
Gatter, Frank Thomas

Niestetal
Seibel, Werner

Nindorf b. Buxtehude
Bellmann, Johann
Diedrich

Nittel
Beissel, Rudolf

Nördlingen
Christl, Heinz

Nomborn/WW
Kirsch, Hans Christian

Norden/Ostfriesl.
Jung, Robert
Kimme, Ludwig
Wehking, Christof

Nordenham
Suckert, Dagmar

Norderstedt
Knoth, Hermann
Wallisfurth, Rainer
Maria

Norderwöhrden
Thomsen, Johann
Wilhelm

Nordhausen/DDR
Jesch, Alexander
Roltsch, Siegfried

Nordholz
Pieper, Willi H.

North Hollywood/USA
Mock, Bernhard

Northeim
Busse, Helmut
Kirchhoff, Ferdinand

Nottensdorf
Bartos-Höppner, Barbara

Nova Petrópolis/Bras.
Babnigg-Jenkner,
Helmtraut

Nürburg
Grossmann, Hans H.

Nürnberg
Ach, Friedrich
Andertann, Hedwig
Aumüller, Peter
Baumann, Angela
Bohnhof, Gertrud
Doberer, Kurt K.
Dosch, Michael
Falkner, Gerhard
Fels, Ludwig
Franck, Siegfried
Fritz, Ulrike
Fürst, Elisabeth
Gaebert, Hans-Walter
Geiling, Robert
Grund, Josef Carl
Hanke, Gertrud
Hoffmann, Margarete
Horstmann, Bernhard
Klaußner, Wolf
Klein, Elisabeth
Kröll, Friedhelm
Krüger, Manfred
Kusz, Fitzgerald

Lippmann, Lothar
List, Anneliese
Maas, Herbert
Malter, Wilhelm
Mehl, Hans
Mundschau, Herbert
Pförtner, Karl
Popp, Baldur
Reif, Irene
Rentsch, Helga
Reubel-Ciani, Theo
Rottler, Alfred
Rudtke, Claudia
Schmitt, Ossi
Schneider, Max
Schramm, Godehard
Schwarz, Hans-Erich
Stadlinger, Hans
Studinski, Walther
Thoma, Peter
Tramer, Erwin
Vogel, Manfred
Wagner, Gerhard
Zeller, Michael

Nürtingen
Neitzel, Renate
†Schöler, Ellen
Walker, Rolf

Nunningen, Kt.
Solothurn/Schweiz
Fringeli, Albin

Nußdorf a. Inn
Dreecken, Inge
Maurer, Gretl
Schneider, Walter

Nussloch
Herrmann, Gisela

Oberammergau
Roecken, Kurt
Zimmermann, Gertrud

Oberaudorf
Hofmann, Johannes-
Willibald

Oberbipp/Schweiz
Walter, Otto F.

Oberdorf/Schweiz
Burren, Ernst

Oberegg/Schweiz
Dörig, Bruno

Obereichstätt
Ettle, Josef

Oberessendorf
Menz, Maria

Oberhaid
Scholz, Bernd P.M.

Oberhausen/Rhl.
Buschhausen, Gerda
Susanne

Lakotta, Anneliese
Lietz, Walter
Trenkner, Lotte
Verbeet, Albert

Oberhof/DDR
Hornbogen, Chris

Oberhofen/Schweiz
Eggenberg, Paul
Heimann, Peter

Oberlin/USA
Friebert, Stuart

Obernbreit
Hornischer, Edi

Oberndorf
Heyd, Werner P.

Obernhof/Lahn
Willms, Hans-Ulrich

Obernkirchen
Allert-Wybranietz,
Kristiane

Oberpullendorf/Öst.
Treiber, Jutta

Ober-Ramstadt
Schlechta, Karl

Oberreute
Steinbach, Gunter

Oberrohrdorf/Schweiz
Hämmerle, Alphons

Oberrotweil
Brandt, Daniela-Maria

Oberschlatt/Schweiz
Dossenbach, Monique

Oberschleißheim
Obermeier, Siegfried

Obersontheim
Herrmann, Georg
Köhnlein, Maria

Oberstdorf
Miller, Arthur

Obersulm
Ullmann, Gerhard
Ullmann, Uta

Obertrum/Öst.
Morscher, Inge

Obertshausen, Kr.
Offenbach
Pivonas, Viktoras

Oberursel, Ts.
Bartl, Rudolf
Biqué, Peter
Dietrich, Georg Volker
Enlen, Walter
Hassenstein, Dieter
Klöckner, Klaus
Schaarschmidt, Siegfried
Schauer, Georg Kurt

Zech, Jürgen

Oberwerrn
Hein, Günter

Oberwesel
Link, Karl-Heinz

Oberwil/Schweiz
Dexter, Robert
Sigrist, Arnold

Ocean Springs/USA
Zierl, Oluf

Ochtersum
Trobitzsch, Jörg

Odenthal
Bottländer, Rosemarie

Odisheim
Salzinger, Helmut

Öhningen
Epple, Bruno
Nanine

Öhringen
Schreiner, Kurt

Ölbronn-Dürrn
Klotz-Burr, Rosemarie

Oelixdorf
Ehlert, Christel

Oestrich-Winkel
Moos, Hannes
Seufert, Karl Rolf

Bad Oeynhausen
Lemke, Johannes
Paetow, Karl
Schekatz, Ernst
Schumann, Anneliese
Waas, Johannes Baptist
Walter, Käte

Offenbach a.M.
Braun, Lothar
Kampf, Kurt
Mühlfelder, Gottfried
Paulot, Bruno
Siebecke-Giese,
Evemarie
Splett, Jörg
Witzel, Frank
Zingler, Peter

Offenburg
Flügler, Ursula
Haage, Peter
Kintscher, Konrad
Roth, Erich
Schwarz, Marta
Sohre, Helmut

Oftering/Öst.
Rieger, Franz

Oftringen/Schweiz
Dinkel, Robert

Ohlsdorf, Obernathal/Öst.
Bernhard, Thomas

Ohnewitz üb. Rathenow/
DDR
Speitel, Ulrich

Olching
Wagner, Klaus

Oldenborstel
Noffke, Arthur

Oldenburg, Holst.
Bühnemann, Hermann

Oldenburg/O.
Bredendiek, Hein
Christians, Annedore
Dede, Klaus
Fieguth, Rolf
Garbe, Marianne
Gümmer, Dora
Janßen, Erich
Korte, Heino
Schrocke, Heinz
Schwarz, Annemarie

Oldendorf
Engel, Gerd

Oldendorf/Luhe
Boschmann, Rüdiger

Olfen
Gruber, Christa-Ruth

Ollsen
Schmidt-Raven, Jürgen
Fritz Heinz

Olsberg
Schamoni, Wilhelm

Olten/Schweiz
Derendinger, Hans
Hess, Fritz

Onzo/Ital.
Weber, Carl August

Oppenau
Gugger, Martin
Hoferer-Keck, Alma

Oranienbaum/DDR
Poetschke, Maria

Bad Orb
Hegemann, Hans-Werner
Meny, Theodor
Techel, Karl-Arnd
Weimershaus, Wolfgang

Ortenberg
Frank, Karlhans

Osnabrück
Bösinger, Annemarie
Budke, Gudula
Dollichon, Uwe
Hajak, Eva-Johanna
Jung, Reinhardt
Karpe, Gerhard

Kitta, Gerhardt
Kruezmann, Georg
Kühling, Karl
Loest, Erich
Ohles, Christa-Maria
Peikert-Flaspöhler,
  Christa
Rabe, Hanns-Gerd
Rauschning, Erika
Schulz, Bernhard
Spratte, Johann

Ossingen/Schweiz
Bachmann-Martig, Sina

Ostermundigen/Schweiz
Zinniker, Jannis

Osterzell
Thurm, Paul Willi

Ostfildern
Bauer, Ernst W.
Ehrhart, Georg

Ostrau/DDR
Beutel, Gerhard

Ostseebad Rerik/DDR
Stade, Martin

Oststeinbek
Arndt, Friedrich

Ottenhöfen
Woile, Hans Peter

Otterfing
Hölle, Erich
Nowak, Walter

Otterndorf
Kremer, Rüdiger
Schadewinkel, Klaus

Ottersberg
Ott-Kluge, Heidelore
Pütz, Rose Maria

Ottobrunn
Burger, Johann Anton
Dietl, Annelies
Dietl, Eduard
Fenchl, Emilie
Hartwig, Heinz
Hiob, Eberhard
Narciß, Georg Adolf
Schedler, Melchior

Otzenhausen
Morawietz, Annemarie

Paderborn
Bork-Jacobi, Elfriede
Bungert, Alfons
Butterwegge, Hubert
Chollet, Hans-Joachim
Kiepke, Rudolf
Lehr-Koppel, Uta
Multhaupt, Hermann
Natus, Uwe
Schrader, Margarete

Painten
Schmitz, Nanna

Palm Springs/USA
Krenek, Ernst

Pany/Schweiz
Gwerder, Urban

Papenburg
Rinke, Hans-Peter

Paris/Frankr.
Allekotte, Detlef
Brusto, Max
Foss, Olivier
Gerz, Jochen
Heiz, André Vladimir
Meienberg, Niklaus
Nizon, Paul
Schilliger, Josef-Karl-
  Xaver
Schlote, Wilhelm
Schramm, Hanna
Soellner, Rolf
Soupault, Ré
†Sperber, Manès
Tophoven, Elmar
Weber, Gerhard Werner

Parnsberg b. Söllhuben
Ritter, Frederick

Parsdorf
Zauner, Georg

Partschins/Italien
Rüdiger, Horst

Passail/Öst.
Korossy-Wurzinger,
  Emmy Elisabeth

Passau
Huber, Max
Kerler, Erika
Lippmann, Hans
Matheis, Max
Schützbach, Rupert
Teschendorff, Martin
Walters, Hellmut
Zimmerschied, Siegfried

Paternion/Öst.
Winkler, Josef

Pau/Frankr.
Bailly, Theodora

Paulinzella/DDR
Bachor, Kurt

Payerbach/Öst.
Hulka, Karl

Peffingen
Stähr, Petra

Peine
Sundermeyer, Kurt

Perchtoldsdorf/Öst.
Fitzbauer, Erich

Neuwirth, Walther
Schubert, Karl Leopold
Schwarz, Helmut

**Periam/Judetul Timis/
  Rumänien**
Wagner, Richard

Petershagen
Fries, Fritz Rudolf

Petershausen
Scherf, Walter

Pettnau/Öst.
Haider, Friedrich

Pfaffenhofen a.d.Ilm
Schmid, Alfred

Pfalzgrafenweiler
Seelmann-Eggebert,
  Ulrich

Pferdsdorf/DDR
Eisenhuth, Christoph

Pfettisheim/Frankr.
Bernhardt, Paul

Pforzheim
Metzger, Herbert
Nonnenmann, Klaus
Seiter, Emil
Witzenmann, Maria

Pfullingen/Württ.
Neske, Brigitte
Salis, Richard

Pfungstadt
Stühr, Michael

Piding
Jacobi, Artur
Jacobi, Christel

Pinkafeld/Öst.
Unger, Franz

Pinsdorf/Öst.
Engelmann, Nikolaus

Pirching/Öst.
Zitzenbacher, Walter

Pirmasens
Fuhrmann-Stone,
  Erneste
Kröher, Heinrich
Kröher, Oss
Lang, Elmy
Matthes, Sonja
Schöndube, Otto

Pischeldorf/Öst.
Mohrenschildt, Anneliese

Planegg
Hohenester, Walther
Kleine, Werner
Könekamp, Ursula
Wolf, Inge

Plettenberg
Kopplin, Wolfgang

Plön
Ohrtmann, Fritz

Pöchlarn/Öst.
Wais, Hildegard

Pölitz/DDR
Bourquain, Klaus

Pöttmes
Prechter-Kahle, Lotte

Pohlheim
Theuermeister, Käthe
   Ella

Porta Westfalica
Hoppe, Hermann

Portimao/Portugal
Suhl, Leonore

Porto/Portugal
Lieblich Losa, Ilse

Poschiavo/Schweiz
Hildesheimer, Wolfgang

Potsdam/DDR
Gregor, Günter
Harder, Irma
Lindow, Rainer
Müller, Christa
Müller, Harald
Neumann, Lonny
Pludra, Benno
Seidemann, Maria
Skeib, Günter
Spender, Sonja
Spender, Waldemar
Weimer, Annelore
Wojahn, Erika

Potsdam-Babelsberg/
   DDR
Kożik, Christa
Ludwig, Martha
Otto, Hermann
Prodöhl, Günter
Wiltsch, Hans

Pottschach
Schmidt, Erna

Prad a. Stilfserjoch/Ital.
Ebensperger, Albrecht

Prag/ČSSR
Demetz, Hans

Pram/Öst.
Hanreich, Liselotte

Predlitz/Stmk./Öst.
Fritz, Friedrich M.

Preetz
Schümann, Horst

Pregarten/Öst.
Aichinger, Helga

Kaltenberger, Friederike
Wagner, Elfriede

Premeischl b. Hiltersried
Bergien, Oskar

Prerow/DDR
Reich, Konrad

Preßbaum b. Wien/Öst.
Cajka, Karl
Passecker, Hanns

Prien/Chiemsee
Bücking, Laura
Neumann, Rudolf
v. Wolmar-Ströh, Daisy

Prisdorf
Lempp, Ferdinand

Puch b. Salzburg/Öst.
Carsten, Catarina

Puchheim
Künzel, Franz Peter
Künzel, Helga
Schmitz, Siegfried
Schöning, Kurt
Zeiske-vom Stein, Maria-
   Christine

Puerto de Andraitx/
   Mallorca/Spanien
Mosberger, Katharina

Püttlingen
Diesel, Ellen

Pulheim
Dupré, Lutz
Poche, Klaus

Pulkau/Öst.
Vogel, Alois

Pullach/Isartal
Barthel, Manfred
Göpfert, Peter
Greven, Helga
Hammerschmid, Josef

Puppling
Franke, Charlotte

Purbach/Öst.
Schmidt-Piller, Katja

Purkersdorf/Öst.
Drexler, Dina
Drexler, Ludwig

Purmerend/Niederl.
Lehmann, Kurt
Merz, Konrad

Bad Pyrmont
Block, Detlev
Günther, Willy
Kipke, Edeltraud
Kritzinger-Liphart,
   Margarita
Schnobel, Erna
Werckshagen, Carl

Quakenbrück
Klonz, Günther

Quickborn, Kr.
   Pinneberg
Asshauer, Sigrun
Degenhardt, Franz Josef

Quierschied
Navky, Günter

Quito/Ecuador
Viga, Diego

Raanana/Israel
Hebel, Frieda

Radebeul/DDR
Schulze, Christine

Radevormwald
Heuser, Franz
Sieper, Bernhard

Radolfzell
Witter, Traudel

Raeren/Belgien
Hauch, Anna-Gerta
Kohlenberg, Karl
   Friedrich

Räterschen/Schweiz
Brunner, Peter

Rainbach/Öst.
Zauner, Friedrich Ch.
Zauner, Roswitha

Raisdorf
Lamp, Petra

Ramat-Gan/Israel
Hauben, Nora

Rameldange/Luxemburg
Holbe, Rainer

Rampoldstetten
zu Löwenstein-
   Wertheim-
   Freudenberg, Elisa
   Prinzessin
Löwenstein-Wertheim-
   Freudenberg, Wolfram
   Prinz zu

Ramschied
Pieper, Ingrid

Rangsdorf/DDR
Rackwitz, Erich

Rankweil/Vorarlberg/
   Öst.
Beer, Natalie
Linder, Wolfgang

Ransbach/Westerwald
Gersch, Hubert

Rantum/Sylt
Kuhlemann, Peter

Bad Rappenau
Hofmann, Charlotte

Stitz, Evelyn
Turnwald, Erik Wilhelm

Rapperswil/Schweiz
Späth, Gerold

Rappoltenkirchen/
NdÖst.
Kraus, Hans

Rappoltskirchen, Post
Fraunberg
Bekh, Wolfgang
Johannes

Rastatt
Heyda, Ernst

Ratingen
Flesch, Hans Werner
Grasshoff, Alida
Hildebrandt, Sieglinde
Marzinowski, Edith
Topsch, Wilhelm

Ratzeburg
Steffen, Uwe
Wendling, Wilhelm

Ravensburg
Janker, Josef W.
Sauer, Karl Adolf
Weiss, Antonia

Rechlin/DDR
Schneider, Hans

Reckershausen, Kr.
Göttingen
Freytag, Werner

Recklinghausen
Dolezich, Norbert
Kosters, Heinz
Lohmann, Margret
Steinebach, Winfried

Regensburg
Biberger, Erich Ludwig
Böckl, Manfred
Emmerig, Thomas
Ernstberger, Josef
Ettl, Peter
Hermes, Gerhard
Judenmann, Franz
Kraack, Renate
Müller, Margarete
Rathsam, Berta
Schäfer, Hans Dieter
Zeitler, Walther

Rehau
Gomringer, Eugen

Rehburg-Loccum
Graumann, Thea

Reichelsheim
Horbatsch, Anna-Halja

Insel Reichenau/
Bodensee
Delmari-Delp, Ellen

Reichenbach/DDR
Siegel, Paul

Bad Reichenhall
Goebel, Ingeborg
Welser, Karl

Reichenstein/Öst.
Kleinschmidt, Karl

Reichshof
Friebe, Susanne

Reigoldswil/Schweiz
Dürrenberger, Erica
Maria

Reinach/Schweiz
Peyer, Rudolf
Schaub, Hanns
Werthmüller, Hans
Wiesner, Heinrich

Reinbek
Dörner, Claus
Erlenberger, Maria (Ps.)
Gollub, Margret
Harte, Günter
Ledig-Rowohlt, Heinrich
Maria
Meyer, Hans Bernhard
Müller-Ramelsloh,
Otthinrich
Paul, Ingeborg
Witt, Cornelius

Reinstorf
Peterich, Werner

Reisbach/Vils
Schwarze, Dieter

Reith i. Alpbachtal/Öst.
Margreiter, Berta

Remagen
Rakette, Egon H.
Schmidt, Otto
Wickert, Erwin

Remoulins/Frankr.
Reinert, Werner

Remscheid
Saul, Hans Günter

Remseck
Schuler, Margrit

Renchen
Lorenz, Günter W.

Rendsburg
Bekker, Gerrit
Hoop, Edward
Jessen, Hanns Christian

Rengshausen
Lüth, Paul

Renningen
Kindler-Schmidt, Lore

Rettenbergen
Käsmayr, Benno

Rettenegg, Stmk./Öst.
Czernin, Franz Josef

Reussbühl/Schweiz
Winiger, Adolf

Reutlingen
Aikele, Otto
Bauer, Herbert
Duncker, Christoph
Eberling, Anneliese
Grieshaber, Riccarda
Haasis, Hellmut G.
Kaiser, Stephan
Keller, Manfred
Leins, Isabel
Müller-Bohn, Jost
Oedemann, Georg
Peukert, Kurt Werner
Scholz, Dietmar
Segebrecht, Dietrich
Winkler, Herbert

Reutlingen/Schweiz
Herzig, Veronika

Reykjavik/Island
Roth, Dieter

Rhauderfehn
Heger, Anton

Rhaunen
Heinz-Mohr, Gerd

Rheinbach
Fröba, Klaus
Proffen, Beate
Ulrich, Joachim

Rheinfelden
Bosch, Manfred
Lützelberger, Rolf

Rhodt
Strasser, Dieter

Rhöndorf/Rhein
Rausch, Jürgen

Riedau/Öst.
Weilhartner, Rudolf

Riede/Aller
Lange, Karl-Heinz

Riedenburg
von Irmer, Benita

Riederich im Ermstal
König, Wilhelm

Riedlingen/Württ.
Dürrson, Werner

Riegelberg
Lorenz Lindemann,
Karin

Riegersburg/Öst.
Schölnast, Christian

Riehen/Schweiz
Hasspacher, Klaus
Tscheer, Rosmarie
Wolfer, Luise

Rielasingen
Solf, Judith

Rietberg
Koch, Karl-Heinz

Rietondale/Pretoria/
Südafr.
Sievers, Edgar

Riggisberg/Schweiz
Weder, Heinz

Rimpar
Schweem, Richard

Rinteln
Ritter, Heinz
Wildberger, Erich

Rio de Janeiro/Bras.
von Conta, Manfred
Sanders, Richard

Rocca di Papa/Ital.
Rinser, Luise

Rochester/USA
Carroll, Carla-Elisabeth

Rodgau
Maedel, Karl-Ernst

Römerstein
Burkert, Helmut

Röschitz/Öst.
Paul, Johannes

Rösrath
van Appeldorn, Werner
Daiber, Hans
Dramsch, Heinz
Osterhoff, Alexander
Schiffer, Wolfgang

Roggersdorf
Utermann, Wilhelm

Rohrbach a.d.Ilm
Heckmann, Wolf
Klump-Heckmann,
Brigitte

Rohrbach/Öst.
Pfaffenbichler,
Margaretha

Rohr-Regelsbach
Hetzelein, Georg

Rolândia/Bras.
Maier, Mathilde
Schauff, Karin

Rolandseck
Laschen, Gregor

Rom/Ital.
von Cramer, Heinz
Tilden
†Henze, Anton
Klippel, Kristian
Koschel, Christine
Lavagnino-Jacky, Helene
Minwegen, Hiltrud
Wickert, Utta
Wolken, Karl Alfred
Zettl, Walter

Romainmôtier/Schweiz
von Arx, Edith Katharina

Ronnenberg
Knoke, Will
Lange, Rudolf

Rosenfeld
Fischer, Lore

Rosengarten, Kr.
Harburg
Feldtmann, Harro
Köhler, Monika
Prause, Gerhard

Rosenheim, Obb.
Aschl, Albert
Heyn, Hans
Kappel, Robert
Kernmayr, Erich
Lang, Othmar Franz
Laxanger, Gustl
Malcolm, Elisabeth
Stephani, Gertrud

Rossdorf
Uhlig, Eleonore

Rostock/DDR
Foellbach, Lena
Frenz, Hannelore
Frühauf, Klaus
Grümmer, Gerhard
Lindemann, Werner
Meyer, Klaus
Mühlstädt, Herbert
Pitschmann, Siegfried
Priewe, Karl-Heinz
Robrahn, Karl Heinz
Schneider, Peter M.
Völkel, Ulrich
Weymann, Frank

Rotenburg a.d.Fulda
Körner, Heinz

Rotenturm an der Pinka/
Öst.
Dirnbeck, Josef

Roth b. Nbg.
Roser, Hans

Rothenburg o.d.T.
Doerdelmann, Bernhard
Schreiweis-Mayer, Erika

Schubart, Gertrud
Staudacher, Wilhelm

Rothenburg/Schweiz
Joos, Paul

Rothrist/Schweiz
Schriber, Margrit

Rotkreuz/Schweiz
Hürlimann, Ruth

Rottach-Egern
Birkner, Friede
Engelmann, Bernt
Wolf, Richard

Rottendorf/Unterfr.
Strätling, Barthold
Strätling-Tölle, Helga

Rottenmann/Öst.
Größinger, Hans

Rotterdam/Niederl.
Bernard, Frits

Rottweil
Rieble, Egon

Rudolstadt/DDR
Biskupek, Matthias
Schmidt-Elgers, Paul
Wenig, Ernst Karl

Rüsdorf/DDR
Röhner, Regina

Rüsselsheim
Mees, Heinz

Rüti/Schweiz
Berchtold, Heidi

Ruhpolding
Dieffenbach, Anneliese

Runkel
Maier-Dorn, Emil

Ruppertshofen b.
Schwäb. Gmund
Jannausch, Doris

Rutschwil/Schweiz
Peter, Willy

S. Fernando, Formentera
Balearen/Spanien
Vollenweider, Ernest-
François

Bad Saarow/DDR
Richter, Götz

Saarbrücken
Astel, Arnfrid
Bernarding, Klaus
Bungert, Gerhard
Conrath, Karl
Haene, Rolf
Mudrich, Eva Maria
Römbell, Manfred
Schiff, Hans Bernhard
Stebner, Gerhard

Saarburg
Ruhrmann, Hanns
Saarlouis
Meeß, Ernst
Schmitt, Willi
Stockhausen, Elisabeth
Saas-Fee/Schweiz
Zuckmayer, Alice
Bad Sachsa
Pampel, Martha
Weschke, Eugen
Sachsenheim
Deisser, Thomas
**St. Firmin sur Loire/
Frankr.**
Axmann-Rezzori, Hanna
**Saint Hilaire les Places/
Frankr.**
Galin, Dagmar
Salem/Bad.
Lampe, Bernd
Lennartz, Franz
Salenstein/Schweiz
Roell, Werner P.
**Salsomaggiore
Terme PR/Ital.**
Ehlert, Eugen
Salz, Westerw.
Kuhmann, Alfons
Salzburg/Öst.
Adam, Ursula
Amanshauser, Gerhard
Artmann, H(ans) C(arl)
Babiy, Peter
Bayr, Rudolf
Bernegger, Josef
Blaas, Erika
Blaas, Erna
Blaschke-Pál, Helga
Brettenthaler, Josef
Chiari, Gerhard
Deißinger, Hans
Diemberger, Kurt
Eisendle, Helmut
von Eltz, Lieselotte
Fink, Josef
Folberth, Otto
Gauß, Adalbert Karl
Gimmelsberger, Erwin
Haidegger, Ingeborg-
Christine
Högler, Harald
Hofmann, Josef
Hutter, Clemens M.
Ipser, Karl
Jung, Jochen
Jungk, Robert
Jungmann, Anna
Kappacher, Walter

†Kaut, Josef
Kürzl, Theodor
Kurz, Editha
Laher, Ludwig
Leitner, Hildegard
Lohmann, Harald
Macheiner, Dorothea
Nagl, Marianne
Oberauer, Marie-Anne
Peithner v. Lichtenfels,
Elisabeth Baronin
Rech, Géza
Ritschel, Karl Heinz
Schmid, Georg
Schmidt, Adalbert
Schneyder, Werner
Schrümpf, Erna
Schuchter, Johanna
Schwab, Günther
Schwarz, Ingrid
Charlotte
Skwara, Erich Wolfgang
Stöckl, Hans K.
Wallner, Christian
Windhager, Juliane
Bad Salzuflen
Kosleck, Brigitte
Lütgen, Kurt
Simmerling, Rudolf
Samerberg/Obb.
Fischer, Marie Louise
San Francisco/USA
Elbogen, Paul
San José/Spanien
Helfritz, Hans
San Miguel/Gto. Mexico
Schedel-Schauwecker,
Erika
San Remo/Ital.
Dufour, Louis
**San Vicente/Mallorca,
Spanien**
Zischka, Anton
Sandbach/Ndbay.
Schreiegg, Anton
Sande, Kr. Friesld.
Siedel, Fritz
Sandesneben
Scheliga, Hans
**Sandhausen b.
Heidelberg**
von Schill, Claudia Beate
Sanitz/DDR
Ehlers, Heinrich
St. Catharines/Kanada
Hogrebe, Johannes K.
St. Gallen/Schweiz
Bauer, Hermann

Egli, Edith
Faessler, Peter
Gisi, Paul
Hasler, Eveline
Heck, Elisabeth
Landmann-Passweg,
Salcia
Mettler, Artur
Osterwalder, Josef
Schölly, Karl
Stöckli, Rainer
Utiger-Staub, Margit
St. Georgen/Öst.
Trobisch, Ingrid
St. Georgen/Gusen/Öst.
Mairinger, Dieter
St. Gertraud/Öst.
Steyrer, Günther
St. Ingbert
Scherer, Hans Walter
Watzke, Helmut
Wilms, Bernhard
Zutter, Albrecht
St. Jakob/Öst.
Kaindl-Hönig, Max
St. Kanzian/Öst.
Ferk, Janko
St. Katharinen
Grigorowitsch, Lucian
St. Louis/USA
Schwarz, Egon
St. Märgen
Hockenjos, Fritz
**St. Magdalena in
Villnöss/Ital.**
Messner, Reinhold
St. Martin
Faust, Siegmar
St. Michael/Öst.
Grothe, Ilse
St. Ottilien/Obb.
Kubiak, Marianus
Sirch, Anton, Pater
Bernhard
St. Peter a. O./Öst.
Strohmaier, Alfred
**St. Peter/ob Judenburg/
Öst.**
Gutl, Martin
St. Peter Ording
Eichelbaum, Ernst
Jöns, Erna
Klose, Werner
Neefe, Hildegart
Steffen, Jochen

St. Pölten/Öst.
Sandler, Klaus
Stingl, Günther

St. Ruprecht/Öst.
Klauber, Erwin

St. Ulrich
Sprenger, Werner-Till

St. Veit an der Glan/Öst.
Glawischnig, Gerhard
Kleinzig, Heinz
Lienhard, Hermann
Mack, Lorenz
Weitensfelder-Anger.
Gertrud

St. Wolfgang i.
Salzkammergut/Öst.
Bachler-Rix, Margit
Breidbach-Bernau, Hans

Santa Barbara/USA
Budek, Herbert
Exner, Richard
Lackner, Stephan

Santiago/Chile
Ehrmann de Albert, Ruth

São Paulo/Brasilien
Aust, Benno Alfred
Hirschfeld, Rudolf
Kissner, Joseph
Rosenberg, Klara

Sarstedt
Josephi, Elisabeth

Saterland
Waskönig, Doris

Sauerlach
Beil, Ulrich
Heinzel, Richard
Schmidt-Arget, Wolf

Saulieu/Frankr.
Gauthier-Pilters, Hilde

Schaan/Liechtenst.
Goetz, Valerie

Schacht-Audorf
Hostrup, Willi

Schaffhausen/Schweiz
Baumann, Max
Binde, Heinz
Gerig, Manfred
Gori-Nägeli, Helen
Heisch, Peter
Host-Plewka, Doris
Kretzschmar, Alex
Sauter, Fritz
Uehlinger, Otto

Schafisheim/Schweiz
Berner, Urs

Schalksmühle
Seehase, Charlotte

Bad Schandau/DDR
Wustmann, Erich

Scharbeutz
Matthias, Klaus

Scharnebeck
Lucke, Hans

Scharnstein/Öst.
Drack, M. E. Johanna

Scharten/Öst.
Bornemann, Ernst Wilh.
Julius
Bornemann, Eva

Scheibbs/Öst.
Haßlwander, Jolanthe
Ritter, Franz

Scheidegg
Schnell, Martha

Scheinfeld
Magerl, Emil

Schernfeld
Naumann, Margot

Scheuren/Schweiz
Riess, Curt

Schierling
Wurm, Martin

Schiers/Schweiz
Rütimann, Hansheinrich

Schifferstadt
Schuster, Emil

Schildow b. Berlin/DDR
Rudolph, Wolfgang
Wieland, Rotraud

Schindellegi/Schweiz
Seckleman, Peter

Schkeuditz/DDR
Illing, Walter
Preuß, Gunter

Schlanders/Italien
Feichtinger, Josef

Schlat
Maier, Gerhard

Schlederloh
Spies-Neufert, Alice

Schleiden/Eifel
Friederici, Hans-Joachim

Schleissheim vor
München
Marder, Jürgen

Schleitheim/Schweiz
Schoch, Brigitte

Schleswig
Paulsen, Anna
Spanjer, Gerhard

Vollmer, Dietrich

Schlieren/Schweiz
Marazzi, Elvira

Schliersee
Conrads, Dietrich
Wölfl, Norbert

Schlitz
Wilcke-Pausewang,
Gudrun

Schloß Liebenstein
Walter, Heinz Erich

Schloß Oberaufsess
von Aufsess, Hans Max

Schlüchtern
Krug, Hildegard

Schmalkalden/DDR
Wagner, Knut

Schmallenberg
Gentges, Maria
Grübel, Reinhard
Soeder, Michael

Schmitten
Harms, Rudolf
Pigge, Karl Rudolf
Zwerenz, Gerhard
Zwerenz, Ingrid

Schnifis/Öst.
Job, Stefanie

Schömberg
Krause, Werner

Schönau, Allg.
Sauer, Albert

Schönau am Königssee
Bartoschek, Eva
Biewend, Edith

Schönbrunn/Baden
Meier, Karl Gerhard

Schöneck
Schildger, Ernst

Schöneiche b. Berlin/
DDR
Böttcher, Kurt
Enders, Horst
Fiedler, Christamaria
Pieper, Katrin
Schneider, Rolf
Walther, Joachim

Schönenberg/Schweiz
Schnetzler, Kaspar

Schönenberg-Kübelberg
Albert, Hermann

Schönenbuch/Schweiz
Kätterer-Wild, Lisbeth

Schönkirchen
Jonas, Erasmus

Schondorf/Obb.
Gaitanides, Johannes
Siebeck, Wolfram

Schorndorf/Württ.
von Furtenbach, Amalie
Schmidt, Heidemarie
Stöckle, Frieder

Schriesheim
Waldhoff, Werner

Schruns/Öst.
Borger, Otto

Schützen am Gebirge/
Öst.
Theuer, Franz

Schuld
Keil, Ernst-Edmund

Bad Schussenried
Kasper, Alfons

Schwabach
Leppa, Karl Franz
Zapf, Erika

Schwabenheim a.d.Selz
Gallé, Volker

Schwäbisch Gmünd
Anger, Robert
Christmann, Helmut
Graf, Herta
Herkommer, Agnes
Klein, Friedrich
Posselt, Marianne
Sing, Alfred Hermann
Stöhr, Kurt Reinhold
Stütz, Lucie
Vogel, Luise
Wolf, Alfred Peter

Schwäbisch Hall
Gutöhrlein, Friedrich
Hampele, Walter
Hug, Ernst-Walter
Löhrl, Elsbeth
von Lüttichau, Wolfgang
Graf
Schmidt, Rudolf
Vatter, Otto
Zelter, Rolf

Schwaibach
Genazino, Ursula

Schwaig b. Nürnberg
von Eggeling, Friedrich
Karl

Schwaigern
Lichdi, Hartmut

Schwaikheim/Württ.
Kostetzky, Igor

Schwalbach a.Ts.
Gerhard, Stefan
Kordon, Klaus

Schwalmstadt
Grotkop, Edith
Seiffert, Dietrich

Schwandorf
Dienelt, Günther

Schwanebeck/DDR
Tuschel, Karl-Heinz

Bad Schwartau
von Stein, Herbert Ritter
Steinkühler, Martina
von Studnitz, Gotthilft

Schwarzburg/DDR
Ludwig, Otto

Schwarzenbach a.d.Saale
Schübel, Theodor

Schwarzenfeld
Ettl, Wolfgang

Schwaz/Öst.
Blaas, Josef

Schweinfurt
Müller-Wagner, Martina
Schmidt, Eva-Maria
Vogt, Andreas
Wolf, Andrea

Schwelm
Küpper, Karl-Friedrich

Schwendt/Tirol/Öst.
Dosch, J. Peter

Schwerin Mecklenb./
DDR
Birnbaum, Brigitte
Borchert, Jürgen
Grasmeyer, Christa
Kolbe, Jutta
Krüger, Renate
Settgast-Brockmüller,
Ann-Charlott

Schwerin ü. Königs
Wusterhausen/DDR
Hofé, Günter

Schwerte
Cibis, Bernd
Kamphausen, Felix

Schwifting
Sellwig, Franziska
Weigand, Rodja

Schwyz/Schweiz
Rotzetter, Anton

Seebad Bansin/DDR
Richter, Egon

Seebruck
Heine, Helme
Keppner, Gerhard

Seefeld/Obb.
Fischer, Carl

Seeg
Scholz, Hugo

Seeham/Öst.
Kulenkampff, Traudl
Kulenkampff, Hans
Joachim

Seehausen/Staffelsee
Vogler, Thomas

Seehof/DDR
Möller, Ingrid

Seelbach
Wettstein, Erich

Seelze
Duchstein, Fritz
Fuchs, Herbert
Knust, Jutta
Knust, Theodor A.

Seevetal
Joswig, Hans
Krunke, Hans-Werner
Schwemer-Uhlhorn, Erna

Bad Segeberg
Kühl, Hilda

Selb
Scherm, Gerd

Selent
Weber, Reinhart

Selters
Pauly, Heinrich

Semriach/Öst.
Wolfkind, Peter Daniel

Senden/Westf.
Arntzen, Helmut

Senftenberg/DDR
Drescher, Peter

Seon/Schweiz
Furrer, Jürg

Sheerness/Kent/Engl.
†Johnson, Uwe

Sibiu/Rumänien
Bossert, Werner
Bruckner, Emil
Capesius, Bernhard
Gerger, Lizzy
Scherg, Georg
Terschak, Ricarda
Wittstock, Joachim

Siegburg
Heinrichs, Erich
Servos, Norbert

Siegen
Affholderbach, Gunter
Gaschler, Brigitte
Kawohl, Marianne
Lützenbürger, Johanna
Riha, Karl
Schäfer, Emil Georg

Siegsdorf/Obb.
von Dombrowski, Ernst
Pültz, Wilhelm

Sielsdorf
Röhrig, Tilman

Sighişoara/Rumänien
Bedners, Ursula

Sigmaringen
Amzar, Dinu
von Gustedt, Ingeborg
Stehle, Hanns Otto

Sigriswil/Schweiz
Lendorff, Gertrud

Silbach/DDR
Knappe, Joachim

Simbach/Inn
Einwanger, Josef

Simmern/Hunsrück
Knebel, Hajo

Sindelfingen
Brender, Irmela
Reiße, Hermann
Wolf, Jakob

Singen am Hohentwiel
Treppmann, Egon
White, Waldtraud E.

Sinsheim
Janzen, Margarete

Sinzig/Rhein
Haupt, Julius

Sion/Schweiz
Ebener, Wilhelm

Slave Lake/Kanada
Eben-Ebenau, Reinhold

Bad Soden am Taunus
Baginski, Harry

Baginski, Olga
Hampf-Solm, Margarete
Lampé, Felicitas

Söcking
von Hanau-Schaumburg,
  Maria Prinzessin
Schütz, Paul
von Weizsäcker, Carl-
  Friedrich Frhr

Sömmerda/DDR
Steinhäuser, Klaus

Soest
Hentschel, Erich

Soignies/Belgien
Wolf, Winfried

Solbad Hall in Tirol/Öst.
Ruef, Karl
Sprenger, Anna Theresia
  (Schw. Maria Benigna)

Solingen
Ernst, Karl
Fuchs, Karl
Reimers, Dietrich
Risse, Heinz
Schaarschmidt, Fritz
Stock, Rudolf
Uhlenbrock, Josef

Solms
zur Nieden, Eckart

Solothurn/Schweiz
Wyss, Verena

Soltau
Kröger, Heinrich

Sonnenbühl
Bechtle, Wolfgang

Sonthofen/Allg.
Modrow, Willi

Southernwood/Südafrika
Neumann, Horst

Spangenberg
Neubauer, Wilfried

Spersdick
Beeck, Hans

Speyer
Glaser, Jutta
Theison, Volker

Spiegel/Schweiz
Eschler, Walter
Geiser, Samuel
Marretta, Saro

Spiez/Schweiz
Streit, Jakob

Spittal
de Tschaschell, Hilde

Spraitbach
Kinkel, Hans

Sprockhövel
Pies, Eike

Staaken/DDR
Schremmer, Bernd
  Georg

Stadecken-Elsheim
Christoff, Daniel

Stadt Altdorf b. Nbg
Blome, Horst Wilhelm

Stadum
Missfeldt, Jochen

Stäfa/Schweiz
Baumann, Daniel
Boesch, Hans
Lischke, Barbara
Peschler, Eric A.
Wegmann, Heinz
Ziegler, Alexander

Staffelstein
Schultes-Piccon, Helga

Stainach/Öst.
Schörkmayr, Josef

Stainz/Öst.
Gruber, Reinhard Peter

Stammham/Inn
Sartori, Eva Maria

Stans, Kt. Nidwalden/
  Schweiz
von Matt, Josef

Starnberg
Freund-Schürmann,
  Petra
Hartl, Hans
Kuntze, Peter
Mai, Richard
Noack, Barbara
Zillich, Heinrich

Staßfurt/DDR
Maass, Siegfried

Staufen/Breisgau
Prion, Hilmar

Staufenberg/Hess.
Dugall, Harry

Steckborn/Schweiz
Dutli-Rutishauser, Maria
Keller, Lili

Stedesand
Jensen, Wally

Steeg a.H./Öst.
Pramesberger, Christian

Steffisburg/Schweiz
Gurzeler, Christian
Stettler, Michael

Stegen
Wysocki, Maria

Stein b. Nürnberg
Ulbricht, Horst

Stein/Öst.
Krott, Peter

Stein/Schweiz
Steiner, Arthur

Steinbach
Riedel, Kurt

Steinbergkirche/Ostsee
Abel, Günther

Steinburg
Geiger, Erich

Steinebach a. Wörthsee
Eitzert, Rosemarie

Steinen
Kaiser, Johannes

Steinfurt
Laws, Ernst

Steinheim am Albuch
Vonhoff, Heinz Walter
Weit, Rudolf

Steinheim an der Murr
Hlauschka-Steffe,
Barbara
Wöllhaf, Willrecht

Steinholz
Kleinert, Heinz

Stephanskirchen
Preußler, Otfried

Stetten am kalten Markt
Gern, Bruno

Stettlen/Schweiz
Schneiter, Erwin

Steyr/Öst.
Drausinger, Josef
Gutmann, Augustin
Handlgruber, Veronika
Schedlberger, Maria
Werner, Helmut

Stockach
Diehr, Susanna

Stockdorf
Vierlinger, Emil

Stockelsdorf
Draeger, Heinz-Joachim

Stockholm/Schweden
Simson, Gerhard

Stolberg/Rheinld
Kauw, Werner

Straelen
Birkenhauer, Klaus

Stralsund/DDR
Zierke, Heinz-Jürgen

Strasbourg/Frankr.
Finck, Adrian
Kohler, Charles-Ernest
Kreutzer, Catherine
Matzen, Raymond
Schmitt, Mélie
Sombart, Nicolaus
Weckmann, André
Woytt-Secretan, Marie

Strassen/Luxemburg
Grégoire, Pierre

Straßlach
Wilhelm, Kurt

Straubenhardt
Gerloff, Elisabeth

Straubing
Oberneder, Marzell
Schwarz, Stefan
Senz, Josef Volkmar

Strausberg/DDR
Hardel, Lilo

Struvenhütten
Holler, Ulrich

Stuckishaus/Schweiz
Mühlethaler, Hans

Stücken/DDR
Seeger, Bernhard

Stüdenitz/DDR
Hempel, Eva

Stuttgart
Angermann, Gerd
Assum, Gertrud
Bacmeister, Arnold
Baehr, Albrecht
Basset, Klaus
Beltle, Erika
Benny, Ben
Bense, Max
Berg, Karin
Berner, Felix
Betke, Lotte
Bickele, Rita
Birkel, Alfred
Böhmer, Emil
Bonn, Gisela
Bracher, Ulrich
Breinersdorfer, Fred
Brommund, Marielis
Bruchmann, Eva
Brunner, Helmut
Döhl, Reinhard
Dörner, Lieselotte
Eberle, Josef
Eckhardt, Paul
Elsässer, Ruth
Fiechtner, Friedrich
Frank-Planitz, Ulrich
Freudenberger, Hermann
Frey, Anton
Fuchs, Erich
Gamerdinger, Senta
Gerhardt, Albert
Gerhardt, Marlis
Gluth, Hellmuth
Goes, Albrecht
Götz, Karl
Gorenflo, Gisela
Gottschalk, Herbert
Greve, Ludwig
Grisson, Alexandra
Carola
Grunenberg, Dorothea
Haerdter, Robert
Hahn, Lena
Hajek, Anna Leonore
Katharina
Hannsmann, Margarete
Heidemann, Magdalene
Heiler, Oscar
Heine, Ernst W.
Heißenbüttel, Helmut

Herder, Edeltraut
Hermanutz, Magda
Hierse, Gisela
Höck, Hanna
Hönick, Eva
Hoffmann-Rall, Elle
Honolka, Kurt
Hug, Barbara
Hungerbühler, Eberhard
Kehrl, Hans-Jochen
Kenter, Heinz Dietrich
von Keyserling, Sylvia
Gräfin
Kleemann, Georg
Klein, Ullrich
Könecke, Helga
Kohlhaas, Wilhelm
Kuhn, Johannes
Lahnstein, Peter
Lebe, Reinhard
Lehmann, Johannes
Lieblich, Karl
Lippelt, Christoph
Loos, Gertrud
Lorenz, Friedhelm
Lutz, Eugen
von Mechow, Brigitte
Meschke, Hildegard
Militz, Wolfgang
Mitsch, Werner
Möllenkamp, Friedrich-
Werner
Mohs, Friedrich Karl
Müller, Amei-Angelika
Müller, Egbert-Hans
Müller, Gabriele
Müller-Schöll, Albrecht
Münch, Karl
Paysan, Angela
Petzold, Günther
Pfisterer, Helmut
Pflumm, Maria
Poethen, Johannes
Rafalski, Monika
Ramsay, Tamara
Richling, Mathias
Rommel, Alberta
Rommel, Kurt
Roschmann, Kurt
Roth, Friederike
Ruck, Hermann
Ruddies, Günther
Schäfer, Heinz
Schlack, Peter
Schlesak, Dieter
Schrader, Hermann
Schultz, Hans Jürgen
Schwing, Heinrich
Seewald, Heinrich
Skasa-Weiß, Ruprecht
Sporhan, Lore
Stein, Günter

Stelling, Jürgen
Strache, Wolf
Vogt, Friedrich E.
Wanner, Paul
Wehrenfennig, Helmut
Weidenmann, Alfred
Wetzel, Johannes
Widenmann, Wilhelm
Willmann, Hans-Frieder
von Wistinghausen, Kurt
Wochele, Rainer
Wöller, Hildegunde
Zengeler, Hans
Zickgraf, Cordula
Zink, Jörg

Südstadt/Öst.
Broer, Wolfgang
Bydlinski, Georg
Fontana, Trude

Bad Sülze/DDR
Czerwenka, Rudi

Suhl/DDR
Brücher, Hartmut
Pollack, Inge
Remmler, Hans

Sulgen/Schweiz
Iselin, Ernst

Sulmingen
Barth, Helmut

Sulz/Öst.
Koller, Peter

Bad Sulza/DDR
Bark, Horst

Sulzbach/Saar
Harig, Ludwig
Helmlé, Eugen

Sulzbach/Ts
Schrott-Bingel,
  Rosemarie

Sulzbachtal
Schneider, Theo

Sundern/Sauerld
Rost, Dietmar

Sursee/Schweiz
Schaller, Toni

Surwold
Engelke, Kai

Sutton Courtenay/Engl.
von Hellermann,
  Dorothee

Suvigliana/Schweiz
Thorwald, Jürgen

Tabarz/Thür./DDR
Friedrich, Margot
Hammer, Franz

Taching a. See/Obb.
Lohmeyer, Wolfgang

Tägerwilen/Schweiz
Kelter, Jochen

Tainach/Öst.
Dekan, Anton

Takoma Park/USA
Best, Otto F.

Tal-Shahar/Israel
Zeuger, Hans

Tangstedt
Scheibner, Hans Karl
  Adolf

Tann/Ndb.
Suchner, Barbara

Tarmstedt
Teutschebein, Tonja

Tarrenz/Öst.
Lang, Michael

Taubenheim b. Meißen/
  DDR
Thiele, Marianne

Taufkirchen, Kr.
  München
Broell, Werner
Eich, Hans

Tauting üb. Murnau,
  Staffelsee
Berendt, Gerd

Tegernsee
Domke, Helmut
Schönert, Hans-Jürgen

Tel-Aviv/Israel
Benyoëtz, Elazar
Blitzer, Hanna
Bukofzer, Werner
Czerski, Alexander
Faerber, Meir
Goldschmidt, Erni
Naschitz, Fritz

Telfs/Öst.
Färber, Otto

Telgte
Ladenthin, Volker

Tempe/USA
Viebahn, Fred

Templin/DDR
Röhnisch, Erna

Tenero/Ti./Schweiz
Kanitz, Hans
Wlatnig, Friedrich

Tennenlohe b. Erlangen
Ehemann, Heinz
Kotrba, Walter

Terenten/Ital.
Zoderer, Joseph

Ternitz/Öst.
Haberler, Lucia
Mulac, Marlies

Tessin/DDR
Lietz, Hans-Georg

Tettnang
Bopp, Alfons
Kirsch, Dietrich

Teufen/Schweiz
Löhrer, Frieda
Schütz, Wilhelm
  Wolfgang
Thürer, Georg

Thalheim/Wels/Öst.
Lepka, Waltraud

Thalwil/Schweiz
Schaeppi, Mary

Thaur/Öst.
Kleiner-Schönbeck,
  Marianne

Thaxted/Essex/Engl.
Fraenkel, Heinrich

Theene
Voß, Johann

Therwil/Schweiz
Hosslin, Lilo
Räber, Hans

Tholey
Schmidt, Eberhard

Thonex/Schweiz
Helwig, Werner

Thun/Schweiz
Gilgien, Robert

Timişoara/Rumänien
Berwanger, Nikolaus
Haupt, Nikolaus
Heinz, Stefan
Mokka, Hans
Reiter, Robert-Michael
Samson, Horst
Schleich, Franz Th.
Zawadzki, Brigitte

Timmendorfer Strand
Clemen, Eberhard
Herchenröder, Jan
Tyrann, Kurt

Tirschenreuth
Zaky, Renate

Titisee-Neustadt
Bucar, Liselotte

Tittmoning
Wittmann, Josef

T.N.Zeeland/Niederl.
Freiberg, Siegfried

Todtnau/Schwarzw.
Klingele, Otto Heinrich

Bad Tölz
Dorfmeister, Gregor
Gaedemann, Claus
Pilchowski, Robert
Ruck-Pauquèt, Gina

Tönisvorst
Junghans, Marianne

Tönning
Hoop, Hein

Tokyo/Japan
Immoos, Thomas
Vinke, Hermann

Tourettes-sur-Loup/
Frankr.
Luschnat, David
Penkala, Alice

Traisen/Öst.
Sachs, Walter

Traunreut
Csallner, Alfred
Ihmann, Georg
Pusch, Dorle

Traunstein/Obb.
Kerler, Christa-Maria
Kerler, Richard
von Welsperg-Raitnau,
Wolfgang Graf

Traunwalchen
Mildner, Theodor

Travemünde
Janssen, Helge

Treibach/Öst.
Moelzer, Hermine

Treis
Winkelhog, Christian

Treuenbrietzen/Mark
Brandenb./DDR
Jaenicke, Arthur

Triberg
Armbruster, Annemarie

Trier
Brach, Gisela
Breuer, Rainer
Hoffmann, Hanno
Kann, Hans-Joachim
Lütticken, Karl
Merten, Adolf
Schenker, Walter
Schmitt-Mix, Walter
Schröder-Schiffhauer,
Maria
Zilligen, Therese

Trippstadt
Zschiesche, Alfred

Trommetsheim
Somplatzki, Werner

Trossingen
Walz, Herbert

Trostberg
Egginger, Lieselotte
Weichslgartner, Alois J.

Tschawdar/Bulgarien
Alexieff, Bogislaw

Tübingen
Audretsch, Elmar
Bauer, Werner
Beck, Eleonore
Borowsky, Kay
Cabanis, Hertha
Dohmen, Karin
Erny, Georg-Martin
Haugk, Klaus Conrad
Hausmann, Helga
Heiderich, Birgit
Held, Hubert
Holzwarth, Georg
Jens, Walter
Keppler, Gertrud
Kötter, Ingrid
Kuhlmann, Fridel Marie
Kuhne, Berthold
Lamparter, Helmut
Lassahn, Bernhard
Leucht, Alfred
Mayer, Hans
Neander, Irene
Perfahl, Irmgard
Schapiro, Boris
Schenkel, Elmar
Schramm, Heinz-Eugen
Stählin, Christof
Stark, Bruno
Vollmann, Rolf
Winkler, Hedwig-Maria

Tüddern
Hahn, Rolf

Türkismühle
Brill, Hans-Helmut

Tutzing
Blobel-Waasen, Brigitte
von Cziffra, Géza
Flügel, Heinz
Haaser, Helge
Hachfeld, Eckart
Hamm, Peter
Stahl, Edith
Teske, Hermann
Wagenseil, Kurt

Twann/Schweiz
Karpf, Urs

Ubstadt-Weiher
Rück, Solfrid

Überherrn
Tänzer, Gerhard

Überlingen/Bodensee
Köster-Ljung, Hanna
von Poellnitz, Marion
Stumpfe, Ortrud
Valentin, Rolf
Walser, Johanna
Walser, Martin

Ueken/Schweiz
Buchli, Laura

Uelsen
Huizing, Klaas

Uelzen
Eickhoff, Klaus
Meves, Christa

Uerikon/Schweiz
Dornier, Marcel

Ürzig/Mosel
Christoffel, Karl

Uetersen
Münster, Gudrun

Uetikon am See/Schweiz
Amann, Jürg
Reutimann, Hans

Uettlingen/Schweiz
Dubler, Frank

Uhyst/Oberlausitz/DDR
Unterdörfer, Gottfried

Uitikon/Schweiz
Kappeler, Ernst

Ulm/D.
Anderka, Johanna
Blickle, Martina Helga
Bohn, Kurt
Dinkelacker, Otto
Fervers, Louise
Fiechtner, Urs M.
Leyh, Franz Walter
Obermeier, Kurt Walter
Ritter, Vera C.
Wormbs, Brigitte

Ulrichstein
Brodhäcker, Karl
Horx, Matthias

Unna
Beutner, Barbara
Helm, Inge
Larm, Rainer Volker
Rademacher, Gerhard
Schlabach, Rudolf

Unterägeri/Schweiz
Iten, Andreas

Unterengstringen/
Schweiz
Walter, Silja

Unterföhring
Steidle, Josef

Unterfrauenhaid/Öst.
Wisser, Susanne

Untergruppenbach
Spieser, Friedrich

Unterhaid/Oberfr.
Bähr, Peter

Unterkulm/Schweiz
Merz, Klaus

Untermaßfeld/DDR
Werner, Walter

Unterpfaffenhofen b.
Germering
Zschau, Rosa

Unterreichenbach
Hain, Gustav

Unterwössen
Jüngling, Armin

Uplengen
Bokelmann, Siegfried

Uppsala/Schweden
Lansburgh, Werner

Urach
Isterling, Fritz
Müller-Tannewitz, Anna

Urbach/Rems
Müller, Marlise

Usingen/Ts.
Link, Almuth
Seydel, Jürgen

Utrecht/Niederlande
Hüsing, Marie

Utting am Ammersee
Neunzig, Hans Adolf

Vaduz/Liechtenst.
Venzmer, Gerhard
Zimmer, Egon-Maria

Val Gardena/Ital.
Bastian, Heiner

Vallendar
Hirche, Elke

Valley/Obb.
Šentjurc, Igor

Valparaiso/USA
Petersen, Carol

Varazze/Ital.
Kann, Albrecht Peter

Varel
Lüpke, Gerd
Lüpke-Greiff, Irmgard

Vaterstetten
Hemmerle, Rudolf
Meier, Peter

Vechta
Lübbehusen, Margret

Veitshöchheim
Zettner, Andreas

Velbert
Horie-Sennlaub,
Hildegard
Meiswinkel, Hans-Martin
Wehner, Walter

Velden/Öst.
Graef, Marianne
Scharf, Helmut

Vellmar
Helbich, Peter
Moeller, Joachim

Venedig/Ital.
Kuby, Erich
Salvatore, Gaston

Verden/Aller
Ungeheuer, Reinhard

Vernate/Schweiz
Fischer, Otto Wilhelm (O.
W.)

Victoria Prov. de Buenos
Aires/Argentinien
Hoffmann, Werner

Vieneburg
Höpfner, Karin

Viersen
Hurtmanns, Wilhelm
August
Mörschel, Rolf
Pille, Hans
Schreiber, Ursula

Viken/Schweden
Bolay, Karl-Heinz

Viktring/Öst.
Wolf, Gertrude

Bad Vilbel
Corino, Elisabeth
Corino, Karl
Heckmann, Herbert
Müller-Dechent, Gustl

Villach/Öst.
Gigacher, Hans
Käfer, Brunhilde
Pototschnig, Heinz
Salar, Herwig
Sitte, Fritz
Zechmann, Heinz

Villé/Frankr.
Reithler, Joseph

Villefranche sur mer/
Alp.Mar./Frankr.
Soltikow, Michael Graf

Villigst
Kramp, Willy
Schimansky, Gerd

Villingen-Schwenningen
Brandenburg, Hans
Brommer, Bernhard
Hauser, Hans
Presley, Petra

Viña del Mar/Chile
Schwarzenberg, Adolf

Vlotho
Hartenstein, Joachim
Pflanz, Dieter

Vöcklabruck/Öst.
Heinisch, Eduard
Christoph

Vöcklamarkt/Öst.
Neudorfer, Franz

Völklingen
Helfgen, Heinz

Völs/Innsbruck/Öst.
Kuprian, Hermann

Vogt/Allg.
Busch, Fritz

Vohburg
Kirschner, Max

Vordorf, Kr. Gifhorn
Rettich, Margret

Waake
Meinhardt, Günther

Waakirchen
Lindemann, Else
Peitz, Marietta

Wabern, Hess.
Rotter, Albert

Wabern/Bern/Schweiz
Ruckstuhl, Josef
Schürch-Schmidt,
Béatrice

Wachenheim/Pfalz
Kaps, Paul

Wachtberg
Bäuerlein, Heinz
Bleibtreu-Ehrenberg,
Gisela
Henkels, Walter
Schweden, Heinz
Weigand, Jörg

Wachtendonk
Grass, Jürgen Albert

Wackernheim
Tettenborn, Joachim

Wadern
Spanier, Patricia

Wadgassen/Saar
Griebler, Leo
Hassler, Werner

Wädenswil/Schweiz
Hörler, Rolf

Waghäusel
Hensler, Wilhelm

Waiblingen
Däs, Nelly
Heuschele, Otto
Sieburger, Hildegard
  Ursula Christli
Streblow, Lothar

Waidhofen/Ybbs/Öst.
Krall, Christian

Waizenkirchen/Öst.
Coreth, Peter E.

Walchstadt am Wörthsee
Worm, Susanna

Walchum
Coryllis, Peter
Thomas-Roos, Dalila

Wald/ObPf.
Grill, Harald

Wald/Schweiz
Brechbühl, Beat

Waldacker
Rolfs, Rudolf

Waldbröl
Dessin, Gustav
Plate, Herbert
Plötze, Hasso

Waldbrunn
Kabus, Dieter B.

Waldburg
Brustgi, Franz Georg
Renz, Peter

Waldenweiler
Siebeck, Fred C.

Waldheim/Sa./DDR
Weissling, Heinrich

Waldkraiburg
Ladwig, Zita

Wald-Michelbach
Bayer, Rupprecht
Hetzel, Friedrich

Waldsassen
Heinrich, Barbara

Bad Waldsee
Berg, Birgit
Pausch, Karl Ferdinand

Waldshut-Tiengen
Boppel, Peter Max
Meier, Klaus

Waldsteinberg/Brandis
Brauer, Johannes

Wallgau
Rumpff, Heinrich

Wallisellen/Schweiz
Kissling-Trüb, Esther
Spinner, Esther

Walsrode
Kemner, Heinrich

Waltershausen/DDR
Kleinsteuber, Rolf

Walting
Faber-Perathoner, Hans

Waltrop/Westf.
Reding, Paul

Wandlitz/DDR
Johann, Gerhard

Wangen/Allg.
Meridies, Wilhelm
†Niekrawietz, Hans
Storm, Ruth

Wangen am Bodensee
Modes, Joachim

Wangen/Schweiz
Gerber-Hess, Maja

Warendorf
Benke, Michael
Krewerth, Rainer A.
Kusenberg, Karl Theodor
Reimers, Emil
Schoppmann, Reinhold

Warschau/Polen
Szarota, Elida Maria

Wartberg i. Mürztal/
  Stmk/Öst.
Skala, Karl

Warthausen
Rzehak, Wolfgang

Schloß Warthausen, Kr.
  Biberach/Riss
von Koenig-Warthausen,
  Gabriele Freiin

Washington/USA
Krommer, Anna

Wasserburg, Bodensee
Lange-Luperti, Ernst
Mauch, Heike

Wasserburg a. Inn
Baumgartner, Johann

Wattenberg/Öst.
Uekötter, Ingeborg

Wedel/Holst.
Bischoff, Emil
Hindenach, Arthur
Martin, Hansjörg
Röhl, Hansulrich
Seidenzahl, Edith

Wedemark
Böttger, Adelheid

Wegscheid
Scheibler, Peter

Wehr/Bad.
Flach, Siegfried

Hassebrauk, Marianne

Wehrheim
Breither, Karin
Heuer, Günther
Kirchgässner, Ernst

Weiden/Opf.
Behnisch, Franz Joachim
Blosche, Renate
Dimpl, Karl
Mitterhuber, Willy

Weidenbach, Mittelfr.
Rockstroh, Ernst

Weidling b.
  Klosterneuburg/Öst.
Haitinger, Marianne

Weil der Stadt/Württ.
Berron, Gottfried

Weilburg/L.
Gelbhaar, Anni
Unger, Gerhard
Wiesenmayer, Astrid

Weiler/Allg.
Dericum-Pross, Christa
Pross, Harry

Weilerbach
Forster, Gerd

Weilerswist
Siebert, Rüdiger
Stöver, Hans Dieter

Weilheim/Obb.
Görz, Heinz
Mehler, Friederike
Menzel, Roderich
Schleinitz, Egon Gustav
Simader, Willi

Weiltingen
Burkert, Gisa

Weimar/DDR
Greiner-Mai, Herbert
Hecker, Jutta
Held, Wolfgang
Kirsten, Wulf
Kühn, Bodo
Kühn, Dietrich
Küttner, Ulla
Müller, Armin
Schneider, Wolfgang
Stranka, Walter
Thürk, Harry
von Wangenheim, Inge
Zache, Heinz

Weingarten, Bad.
Hurst, Harald

Weingarten/Württ.
Müller, Maria

Weinheim/Bergstr.
Gelberg, Hans-Joachim

Jäckel, Margarethe
Ledermann, Hellmuth

Weinstadt
Christ, Hans
Weber, Grete
Weishaar, Sophie

Weißenburg i. Bayern
Liebl, Franz
Reichelt, Ernst

Weißenfels/DDR
Salamon, Alfred

Weisslingen/Schweiz
Landert, Walter

Weiterstadt
Horstmann-Neun,
Regina
Witt, Rainer

Weiz/Öst.
Stimpfl, Karl

Wels/Öst.
Bortenschlager, Wilhelm
Frank, Leo
Würl, Wilfried

Wendeburg
von Frisch, Otto

Wendelstein b. Nürnberg
Helmhagen, Egon
Weickmann, Rudolf

Wendisch Rambow/DDR
Spillner, Wolfgang

Wennigsen/Deister
Korff, Wilhelm
Parisius, Theodor
Wolf, Christian T.

Wermelskirchen
Knäpper, Fritz
Madjderey, Abdolreza

Wertheim
Braun, Reinhold
Schmidt, Hans Dieter
Wiechert, Wolf

Wesel
Jochmann, Ludger
Rohde, Friedrich
Zingraf, Lore

Wessling
Heidenreich, Gert

Westerholz b. Langballig
Schwarz, Hedwig

Westerkappeln
Klane, Herbert

Westerrade
Heidemann, Beate

Wetter
Bach, Ulrich

Wettingen/Schweiz
Ostfeld, Jonah
West, Michael

Wetzlar
Dette, Ursula
Jahn, Gisela
Meister, Heinz Georg
Wilhelm
Moser, Emil
Straub, Konrad

Weyer/Öst.
Schlag, Evelyn

Wichdorf
Wüpper, Edgar

Widnau/Schweiz
Halasz, Ilona

Wiehl
Erler, Ursula
Höhn, Michael
Scheidgen, Ilka

Wielenbach/Obb.
Bohl, Erika

Wien/Öst.
Albrecht, Fritz
Alexandrowicz, Eva
Anders, Günther
Bäck, Walter
Bakos, Eva
Bamberger, Richard
Baraniecki, Robert Leo
Baumgartner, Alfred
Becsi, Kurt
Beer, Otto F.
Behrens, Erna
Benesch, Kurt
Beredik, Hilde
Binder, Sidonia
Binder, Theo (Theodor
Stephan)
Binder, Wilhelm
Bisinger, Gerald
Blaukopf, Herta
Blaukopf, Kurt
Bletschacher, Richard
Bochskandl, Marcella
Boesch, Wolfgang
Bösze, Ilse
von Bohn, Heinrich
Bolius, Uwe
Braht, Josef
Brauer, Erich
Brehm, Doris
Brock, Helmut
Broda, Ina
Brödl, Günter
Brückner, Eleonore
Brunner, Michael
Bünker, Bernhard C.
Busta, Christine
Byer, Doris

Cerveny, Anneliese
Chobot, Manfred
Croy, Helga
Czedik-Eysenberg, Maria
Czjzek, Roman
Dama, Hans
Demmer, Elly
Demus, Klaus
Derndarsky, Duschan
Detela, Lev Dimitrij (Leo
Demetrius)
Dichler, Gustav
Dichler-Appel, Magda
Dichtl, Ruth
Dietrich, Margret
Dolezal, Erich
Doroslovac, Milutin
Doublier, Gerda
Drastil, Monika
Ebner, Jeannie
Ebner, Peter
Egger, Bertrand Alfred
Eichler, Ernst
Eigl, Kurt
von Einem, Charlotte
Eisenreich, Herbert
Ekker, Ernst
Ellinger, Alfred
Emrich, Walter
Ernst, Gustav
Felsinger, Edwin
Ferolli, Beatrice
von Filek-Wittinghausen,
Werner
Firner, Walter
Fitzthum, Germund
Földy, Reginald
Freistadt, Benedikt
Freundlich, Elisabeth
Friedl, Hermann
Friedmann, Erni
Frischmuth, Barbara
Fritsch, Günther
Fritz, Marianne
Fritz, Wolfgang
Gail, Hermann
Gamillscheg, Felix
Gatterer, Claus
Genner, Michael
Gerstl, Elfriede
Gesswein, Alfred
Giese, Alexander
Graßl, Gerald
Grieser, Dietmar
Gruber, Marianne
Gruber, Paul
Gürt, Elisabeth
Guttenbrunner, Michael
Gwozdz, Helena
Hagen, Ernst
Hahnl, Hans Heinz
Haid, Hans

Hakel, Hermann
Hampel, Robert
Handl, Joseph
Harranth, Wolf
Hartl, Gerta
Haslehner, Elfriede
Haslinger, Josef
Hass, Hans
Hasslinger, Inge
Hauenstein, Hans
Hauser, Carl Maria
Heimbucher, Wilhelm
Heindl, Gottfried
Heinzinger, Walter
Hell, Bodo
Heller, André
Henn, Felizitas
Henz, Rudolf
Herbst, Werner
Herz, Peter
Hey, Peter
Hiesel, Franz
Hinterberger, Ernst
Hlawaty, Graziella
Hoch, Anna Maria
Högler, Auguste
Hofbauer, Elfriede
Hofer, Elisabeth
Holesch, Editha
Holl, Adolf
Holzinger, Dorothea
Honsik, Gerd
Horn, Otto
Hultsch, Eric
Hutzinger, Theresa
Ivanceanu, Vintila
Jalkotzy, Alois
Jandl, Ernst
Jandl, Hermann
Jaray, Hans
Jaschke, Gerhard
Jelinek, Elfriede
Jensen, Nils
Jonas, Johanna
Jonke, Gert F.
Jordak, Karl
Josch, Wilfried
Jungk, Peter Stephan
Kaindl, Marianne
Kainrath, Karl
Kalbeck, Florian
Karl, Rudolf
Katscher, Hedwig
Kauer, Friedl
Kein, Ernst
Keller, Liane
Kindermann, Heinz
Kirsch, Walter Paul
Kisler, Karl Michael
Knoll, Helmfried
Kober, Leo
Koenig, Lilli

Königstedt, Harry
Körber, Margret
Kövary, Georg
Kövesi, Christina
Kofler, Werner
Koizar, Karl
Kolowratek, Marianne
Komarek, Alfred
Koschelu, Anna
Krammer, Helena
Kraus, Wolfgang
Kreiner, Ottokar Josef
Kreisler, Georg
Kremser, Rudolf
Krendlesberger, Hans
Kretschmer, Julius
Kruntorad, Paul
Kudrnofsky, Wolfgang
Kuhner, Herbert (Harry)
Kurfürst, Richard
Kurz-Goldenstein, Marie-
    Thérèse
Kurzweil, Herbert
Lahner, Franz
Landig, Wilhelm
Leber, Gerda
Lederer, Herbert
Leidwein, Helmut
Leopold, Günther
Leopold, Hermi
Leser, Jolanthe
Liebler, Margarethe
Liess, Andreas
Lifka, Erich
Lobe, Mira
Löwenthal-Chlumecky,
    Max Freiherr von
Loibl-Neuhauser, Maria
Lorenz, Elfriede
Lorenz, Willy
Lukan, Karl
Mack, Otto F.
Marczik, Edeltrud
Marginter, Peter
Markstein, Heinz
Martin, Gunther
Matulla, Oskar
Mauthe, Jörg
Mayer, Hannelore
Mayer, Magdalena
Mayer, Wolfgang
Mayer-(Limberg), Josef
Mayröcker, Friederike
Meissel, Wilhelm Josef
Merkel, Inge
Meyer, Conny Hannes
Miksch, Willy
Mikura, Gertrud
Mitringer, Albert
Mitterer, Erika
Mittermann, Josef
Mosberger, Elisabeta

Moser, Erwin
Mrázek, Edith
Mühringer, Doris
Nebehay, Renée
Neubacher, Hedwig
Neubauer, Josef
Nöstlinger, Christine
Nowak, Ernst
Oerley, Wilhelm Anton
Okopenko, Andreas
Opel, Adolf
Oppitz, Hertha Maria
Orthofer, Peter
Oser, Kurt
Pálffy, László
Pataki, Heidi
Patera, Herbert Viktor
Pellert, Wilhelm
Pelz, Monika
Peschina, Helmut
Pevny, Wilhelm
Pfandler, Josef
Pixner, Brigitte
Pluch, Thomas
Pollak, David
Polt, Robert
Pope, Ina
Portisch, Gertraude
Pratschke, Gottfried
Prochaska, Heinrich
Pusch, Helga
Qualtinger, Helmut
Qualtinger, Leomarie
Raab, Karl
Recheis, Käthe
Regber, Johann Karl
Reimer, Walter
Resch, Roswitha
Richter, Erich A.
Richter, Franz
Rieder, Heinz
Riedl, Herta
Riha, Susanne
Ronelt, Erwin
Rosei, Peter
Roth, Edgar
Sarnitz, Manuela
Sazenhofen, Irmengard
Schaefer, Camillo
Scharang, Michael
Schattauer, Walter K.
Schattschneider, Peter
von Schaukal, Lotte
Schewe, Heinz
von Schiefner, Alexandra
Schinnerer-Kamler,
    Lorle
Schmetzer, Maria
Schmitz-Mayr-Harting,
    Elisabeth
Schnabl, Friederike
von Schönthan, Gaby

Schönwiese, Ernst
Scholz, Christian
Schreiber, Georg
Schutting, Jutta
Schwaiger, Brigitte
Schweiger, Harald
Schwimann, Elfriede
Scrobogna-Binder, Cata
Sebestyén, György
Seeliger, Renate
Seifert, Utta
Seiser, Bruno
Skalnyk, Johannes
Sokop, Hans Werner
Spiel, Hilde
Stankovski, Ernst Rudolf
Staudacher, Walther
Steiger, Dominik
Steinböck, Grete
Steindl, Werner Viktor
Steinhäuser, Gerhard R.
Stejskal, Elfie
Stephan, Klaus
Suchy, Viktor
Sulke, Franz
Sulzbacher, Irmgard
Swoboda, Helmut
Swossil, Ingrid
Szabo, Wilhelm
Szerelmes, Richard
Taucher, Franz
Tauschinski, Oskar Jan
von Thun und
  Hohenstein, Eleonore
  Gräfin
Tichy, Anny
Tichy, Herbert
Tielsch, Ilse
†Toch, Josef
Treichl, Helga
Trümmel, Ferri π
Trummer, Hans
Tschmelitsch, Günther
Tschulik, Norbert
Turrini, Peter
Twaroch, Johannes
Uhlenhut, Walter
Unger, Heinz Rudolf
Urbach, Reinhard
Vasovec, Ernst
Verbelen, Robert
Vettermann, Karl
Vincent, Marianne
Völkl, Robert
Vogel, Manfred
Vogl, Walter
von Wandau, Luise
  Elisabeth
(von) Wasserthal-Zuccari,
  Luise
Wawra, Karl
Weber, Frank Michael

Wech, Leopold
Wechsberg, Joseph
Weilen, Helene
Weiß, Friedrich
Weiss, Walter
Welsh, Renate
Werbik, Viktor Franz
Wickenburg, Erik Graf
Wiener, Hugo
Wiesenthal, Simon
Wiesinger, Franz
Willinger, Martha
Wimmer, Paul
Windisch, Konrad
Winiewicz-Lefèvre, Lida
Wiplinger, Peter Paul
Witeschnik, Alexander
Wittmann, Heinz
Wohlschak, Klaus
Wolff, Hedda
Wolfgruber, Gernot
Wunderer, Richard
Wunderlich, Marlies
Zachhuber, Erich
Zhernotta, Franz
Ziak, Karl
Ziwotsky, Leopold Peter
Zoppelt, Alfred
Zotz, Volker
Zrenner, Walter
Zusanek, Harald

Wiener Neustadt/Öst.
Janetschek, Albert
Moser, Annemarie
Sedlak, Erich
Wiesinger, Karl
Zumpf, Peter

Wienersdorf/Öst.
Vrabetz, Gerhard

Wienhausen
Albrecht, Marlene
Donner, Manon

Wiesbaden
Albers, Herbert
Aschenbrenner, Viktor
Barcava, Stefan
Berner, Hans
Biebricher, Rolf
Böhme, Günther
Braem, Harald
Brandes, Irma
Burger, Liselotte
Carl, Heinz-Ulrich
von der Chevallerie, Ruth
Conradi, Gustav A.
Dieckmann, Heinz
Dripke, Karl-Hans
von Engel, Sabine
Friebe, Karl
Frommann, Heidi

Gruda, Konrad
Günzel, Manfred
Hesse, Manfred
Hildebrand, Alexander
Himstedt, Hermann
Jantzen, Hinrich
Jatsch, Anton
Kilian, Susanne
Kleinmann, Horst
Kließ, Werner
Kloss, Gerhard
Knorr-Anders, Esther
Kolb, Karl
Konell, George
Krämer-Badoni, Rudolf
Kwiatkowska, Lana
Lieser, Friedrich
Mautz, Kurt
Metz, Kurt C.
Michael, Friedrich
Mohrbacher, Ludwig
Müschner, Gerhard
Neumann, Gerhard
  Walter Chr.
Roland, Berthold
Schenk, Dieter
Schneider, Adolf
Schneider, Michael
Schreeb, Hans Dieter
Schröter, Heinrich
Schwarz, Lieselotte
Schwieger, Heinz
  Gerhard
Seib, Ellen
Taitl, Irene

Wiesenfelden
Weinzierl, Hubert

Wiesensteig
Keller, Karl

Wiesentheid
Hartebrodt, Herbert Willi

Wiessee
Radtke, Günter

Wilhelmsdorf
Witte, Horst

Wilhelmsfeld
Pfaff-Giesberg, Robert

Wilhelmshaven
Lindemann, Kurt
Sonsalla, Edmund

Wilhelmshorst/DDR
Arendt, Erich

Willisau/Schweiz
Zihlmann, Josef

Wilsede
Lux, Hans

Wimpassing/Öst.
Lampalzer, Hans

Bad Wimpfen
von Katte, Martin
Münchow, Heinz
Münchow, Vera
Westrup, Arthur

Wimsheim
Stracke, Theo

Windberg
Backmund, Norbert

Windeck
Hoffmann, Hans
Knauf, Horst

Winden, Rhein-Lahn-Kr.
Minor, Jutta

Winden am Aign
Multer, Rita

Winden am See/Öst.
Milletich, Helmut

Windischgarsten/Öst.
Schöngruber, Mundl

Bad Windsheim
Waag, Dieter

Wingst
Goeman, Hans-Jürgen

Winnenden
Schlüter, Christa

Winnert
Karff, Fritz

Winsen/Aller
Dittschlag, Werner

Winterberg
Wolf, Klaus-Peter

Winterlingen
Maier, Manfred

Winterthur/Schweiz
Ehrensperger, Serge
Gross, Heinrich
Hämmerli-Keller, Heidi
Kempter, Lothar
Meyner, Ernst
Oehninger, Robert Hch.
Peer, Andri
Ronchetti, Lilly
Schalcher-Müller, Maria
  Magdalena
Schubiger, Jürg
Stamm, Alfred
Sulzer, Peter

Wipperfürth/Rhl.
Gelsam, Hanns

Wirtz/USA
Schröder, Rainer M.

Witten
Goetz, Kurt Paul Arnold
Methfessel, Inge
Schoettes, Hedwig

Urban, Karlheinz

Wittenberg Lutherstadt/
DDR
Rühlicke, Horst

Witterswil/Schweiz
Mohler, Hans

Wittmar
Koletschka-Lebong, J.-
  Josephine

Wittmund/Ostfr.
Kleinadel, Wilhelm

Witzenhausen
Dietrich, Walter
Kayser, Ingrid
Schmitt, Theodor

Witzwort
Kerker, Armin

Wölmersen
Schulte, Anton

Bad Wörishofen
Augustin, Anny
Fehrenbach, Anneliese

Wörrstadt
Koch, Hans-Jörg

Wörth/Donau
Gerol, Angelika

Wohlen/Schweiz
Stäger, Lorenz

Wolfach
Buchta, Andreas

Wolfenbüttel
Grunow, Heinz
Jütting, Ruth Maria
Raabe, Paul
Reuter, Johannes

Wolfhagen
Erd, Ernst
Halfar, Wolfgang

Wolfratshausen
Lainer, Rosa
von Tautphoeus, Franz
  Frhr.

Wolfsburg
Bögershausen, Karl-
  Heinz
Liepmann, Hans
Zantoch, Peter

Wolfschlugen
Stängle, Stefan

Wolhusen/Schweiz
Wicki, Otto

Wolken
Klein, Erika

Woltersdorf b. Erkner/
DDR
Wolter, Manfred

Wonfurt
Hildebrandt, Albert

Worms
Hotz, Walter
Messinger, Esther Marie

Worpswede
Westphal, Fritz

Wrixum auf Föhr
Rausch, Annegret

Wülfrath
Fellinghauer, Brigitte

Würzburg
Backe, Knut
Dettelbacher, Werner
Göhler, Josef
Grob, Helmut
Heiduk, Franz
Höfele, Andreas
Huth, Günter
Hymmen, Friedrich
  Wilhelm
Junker, Werner
Just, Günther
Kurschat, Heinrich
Lutz, Berthold
Meisner, Michael
Meyer, Theo
Pleticha, Heinrich
Rössler, Max
Wunderer, Eduard

Wüstenrot
Schopff, Elisabeth

Wullersdorf/Öst.
Lang, Emmerich

Wuppertal
Altstadt, Ilse
Beseler, Ursula
Bornemann, Karin
Diedrich, Waldemar
Dirx, Ruth
Dühnfort, Erika
Haas, Ernst August
Hahn, Ronald
Kanitz, Horst
Kiene, Hansjoachim
Kunath, Siegward
Miersch, Alfred
Mitzkéwitz, Jo
Morsbach, Emil Wilhelm
Mühl, Karl Otto
Neie, Rosemarie
Pfeiffer, Elisabeth
Rupprecht, Susanne
Ruthe, Reinhold
Scheible, Max-Kurt
Schneider, Karla
Zelesko, Friederike
Zydek, Ute

Wurzen/Sa./DDR
Jordan, Manfred

Wyk auf Föhr
Buchholz, Ehrhard
Gosemärker, Rosemarie
Kügler, Dietmar

Xanten
Böcking, Werner
Fährmann, Willi

Yokote-shi/Japan
Bierbüsse, Fritz

Zell a. Harmersbach
Scheid, Kurt

Zell b. Würzburg
Börner, Brunhild

Zernien/Kr. Lüchow-
  Dannenberg
Behr, Hildegard

Zeuthen/DDR
Bussenius, Ruth

Zezikon/Schweiz
Dolder, Willi

Ziefen/Schweiz
Alder, Philipp

Ziegelhausen
Schick, Paul

Ziegenhals/DDR
Noll, Dieter

Zierenberg
Brede, Horst
Schulze-Wegener,
  Günther

Zillis/Schweiz
Blanke, Huldrych

Zittau/DDR
Günzel, Klaus
Handschick, Ingeborg
Meinck, Willi
Mendt, Dietrich

Zöblitz/DDR
Buschmann, Wolfgang

Zofingen/Schweiz
Weber, Rudolf

Zollikerberg/Schweiz
Gertsch, Max
Scholz, Guenter

Zollikofen/Schweiz
Deppeler, Rolf

Zollikon/Schweiz
Baur, Margrit
Beuret-Ammann, Esther
Massler-Colombo, Maria
Obermüller, Klara

Zorneding
Hutterer, Franz
Krusche, Dietrich

Zornheim
Wolf, Ror

Zschorlau/Erzgeb./DDR
Pollmer, Karl Hans

Zuchwil/Schweiz
Misteli, Hermann

Zürich/Schweiz
Acklin, Jürg
Arlati, Renato P.
von Arx, Bernhard
Bader, Katarina
Baumann, Kurt
Bickel, Alice
Blatter, Silvio
Bolliger, Max
Bollinger, Armin
Bondy, François
Braun, Olga
Braunschweig, Max
Bruhin, Anton
Brunner, Fritz
Bucher, Werner
Burger, Eric
Buri, Otto
Burkhalter, Gertrud
Chasen-Krämer, Ilse
Egger, Rosmarie
Egli, Barbara
Egli, Emil
Ehrismann, Albert
Federspiel, Jürg
Frank, Martin
Frei, Walter
Fürrer, Rudolf Hans
Fürst, Ursula
Gafner, Fritz
Gloor, Kurt
Goldmann, Alfred
Gosztonyi, Alexander
Grass, Paul
Gubser, Antonia
Güttinger, Fritz
Guggenheim-von Wiese,
  Ursula
Gut, Taja
Hänny, Reto
Häny, Arthur
Häsler, Alfred
Haessig-Tellenbach,
  Margrit
Haller, Christian
Haug, Doris
Heinzer, Bruno
Helbling, Hanno
Hinn, Vilma
von Hoboken, Eva
Hochwälder, Fritz
Hohler, Franz
Huber-Abrahamowicz,
  Elfriede
Imesch, Ludwig

Indermaur, Hans-Ulrich
Jacobi, Hansres
Jaeckle, Erwin
Jenny, Albert
Kaminski, Andrzej
Kloter, Karl
Konfino-Drittenbass,
  Maria
Koster, Dora
Kraska, Pjotr
Kübler, Arnold
Kuhn, Christoph
Kuoni, Alfred
Landau, Edwin Maria
Liechti, Martin
Loacker, Norbert
Lobeck-Kürsteiner,
  Marguerite
Loetscher, Hugo
Lutz-Gantenbein, Maria
Manz, Hans
Mark, Paul J.
Masson, Irmalotte
Mayer, Ruth
Meier, Herbert
Meier, Hugo
Meng, Brigitte
Mildenberger, Wolfgang
  Ernst
Morf, Doris
Mumenthaler, Max
Muri, Alois
Naef, Robert
Oberlin, Urs
Obrist-Streng, Sibylle
Ochs, Armin
Olschak, Blanche
  Christine
Parin, Paul
Peter, Charlotte
Pfenninger, Kasper
Piller, Vera
Plancherel, Roswitha
Pörtner, Marlis
Reinhard-Hamadani,
  Roswitha
Rellstab, Felix
Römer, Rolf
Ronner, Markus M.
Rosenberg, Alfons
Sandor, Andreas
Schatzmann, Jürg
Scherer, Bruno Stephan
Schmid, Eleonore
Schnack, Elisabeth
Schnyder, Bruno
Schumacher, Hans
Schwarz, Margot
Schweizer, Edwin
Secretan-Blum, Esther
Steiger, Otto
Steppuhn, Irmgard Maria

Stickelberger, Dietegen
Stiebel, Marie-Anne
Strub, Urs Martin
Tauber, Herbert
Thut, Rolf
Vogel, Magdalena
Waser-Gamper, Esther
Weber, Werner
Wechsler, David
Wehrli, Peter K.
Wenger, Andreas B.
Wiesinger-Maggi, Inez
Wulf, Berthold
Wurm, Franz
Wyss, Laure
Wyss, Rudolf
Zeindler, Peter

Zeltner-Neukomm,
  Gerda
Zopfi, Emil
Züfle, Manfred
Zweidler, Hans

Züsedom/DDR
Tille, Peter

Zug/Schweiz
Keiser, Helen
Renner, Felix
Weber, Alfons

Zumikon/Schweiz
Felix-Atteslander, Eva-
  Maria
Gerster, Georg Anton
Kopp, Hans

Radel-Auslaender, Jutta
Schindler, Edith

Zweibrücken
Deutsch, Erni
Maschlanka, Annemarie

Zwickau/DDR
Ludwig, Erika
Riedel, Otto

Zwiesel
Friedl, Paul
Pongratz, Adalbert

Zwingenberg
Grasshoff, Fritz

Bad Zwischenahn
Heinken, Mathilde

J.C.B.Mohr (Paul Siebeck), Postfach 2040, D-7400 Tübingen

Der Verlag J.C.B. Mohr (Paul Siebeck) geht auf die 1801 in Frankfurt am Main von August Hermann gegründete Buchhandlung zurück. Sie wurde 1804 von Jakob Christian Benjamin Mohr erworben und als Sortimentsbuchhandlung und Verlag weitergeführt. 1878 übernahm Paul Siebeck, Inhaber der 1816 in Tübingen aus dem seit 1669 bestehenden Sortiment der Cotta'schen Buchhandlung hervorgegangenen H. Laupp'schen Buchhandlung, den Verlag. Seitdem ist der Verlag J.C.B. Mohr (Paul Siebeck) zusammen mit der H. Laupp'schen Buchhandlung im Besitz der Familie Siebeck.

Paul Siebeck gab dem Verlag J.C.B. Mohr (Paul Siebeck) seine heutige, stark wissenschaftlich bestimmte Gestalt. Das Verlagsprogramm umfaßt theologische, philosophische, juristische sowie wirtschafts- und sozialwissenschaftliche Titel.

Die Theologie ist vertreten durch Autoren wie Adolf von Harnack, Ernst Troeltsch und Rudolf Bultmann. Auch das theologische Schaffen Albert Schweitzers wurde vom Verlag betreut. Das umfangreichste theologische und religionswissenschaftliche Werk des Verlags ist die Enzyklopädie *Die Religion in Geschichte und Gegenwart;* die dritte, völlig neu bearbeitete Auflage erschien 1957–1965.

Auf dem Gebiet der Philosophie begegnet man Wilhelm Windelband mit seinem *Lehrbuch der Geschichte der Philosophie* (17. Auflage 1980), Heinrich Rükkert, Benedetto Croce und Erwin Rohde. Bei J.C.B. Mohr (Paul Siebeck) erscheinen auch die Schriften des Soziologen Max Weber.

Die Rechtswissenschaft wird bei J.C.B. Mohr (Paul Siebeck) durch Gelehrte wie Paul Laband, Georg Jellinek und Philipp Heck repräsentiert. Der große *Kommentar zur Zivilprozeßordnung* von Stein-Jonas erscheint gegenwärtig in 20. Auflage. Die *Entscheidungen des Bundesverfassungsgerichts* gehören zum Verlag ebenso wie die *Veröffentlichungen des Max-Planck-Instituts für ausländisches und internationales Privatrecht.*

An Wirtschaftswissenschaftlern sind E. von Phillippovich, Walter Eucken, Edgar Salin und Joseph Schumpeter zu nennen. Erich Schneiders *Einführung in die Wirtschaftstheorie* ist jedem Ökonomen ein Begriff. Das vierbändige *Handbuch der Finanzwissenschaft* liegt in dritter Auflage abgeschlossen vor.

Der Verlag J.C.B. Mohr (Paul Siebeck) ist seiner verpflichtenden Tradition treu geblieben. Neben den erwähnten Lehr- und Handbüchern, Sammelwerken und Monographien publiziert er eine Reihe von Zeitschriften, die seit vielen Jahrzehnten – das *Archiv für die civilistische Praxis* sogar seit 1818 – die wissenschaftliche Diskussion auf ihrem Fachgebiet wesentlich beeinflußt haben.

J.C.B. Mohr (Paul Siebeck), Postfach 2040, D-7400 Tübingen

Die große Geschichte
der deutschen Literatur in Texten und Zeugnissen
ist jetzt abgeschlossen

Die Deutsche Literatur – Texte und Zeugnisse

Band IV: 18. Jahrhundert

2 Teilbände
Im Verein mit Christoph Perels herausgegeben von Walther Killy.
1983. 1. Teilband: XLII, 564 Seiten. Leinen DM 88,–
2. Teilband: 689 Seiten. Leinen DM 88,–
Die beiden Bände werden nur zusammen abgegeben. (Gesamtregister im 2. Teilband)

Mit dem vorliegenden Werk wird die Reihe ‹Die Deutsche Literatur – Texte und Zeugnisse› abgeschlossen. In sieben Bänden – darunter vier Doppelbände – und auf mehr als 10000 Seiten bietet sie ein umfassendes Panorama der deutschen Literatur von den Anfängen um 800 bis zum Jahr 1933. Den Textsammlungen liegt dabei ein weitgefaßter Literaturbegriff zugrunde. Literarische Werke, aber auch theoretische Schriften und Texte aus der alltäglichen Lebenspraxis fügen die Herausgeber jeweils zu einem komplexen, nicht nur die Höhepunkte, sondern auch das Charakteristische und Bezeichnende erfassenden Gesamtbild einer Epoche zusammen.

Der neue Band über das 18. Jahrhundert macht in einer reichen Auswahl von Texten mit der Epoche zwischen Barock und Klassik bekannt – einer Zeit des Übergangs und Neubeginns nicht nur in der Literatur, sondern auch in vielen anderen Bereichen des gesellschaftlichen und geistigen Lebens in Deutschland. Wer die Voraussetzungen der literarischen Blüte im Zeitalter Goethes kennenlernen, wer den Werken Lessings, Klopstocks, Wielands in ihrer geistigen und politischen Umwelt begegnen will, dem bietet dieses Lesebuch ausgiebig Gelegenheit dazu.

Bei Einzelband-Abnahme beträgt der Preis für das gesamte Werk DM 812,–
Ermäßigter Gesamtpreis bei geschlossener Abnahme aller Bände
DM 740,–

Verlag C. H. Beck München

W
DE
G

Walter de Gruyter
Berlin · New York

E. T. A. Hoffmann
Poetische Werke

Herausgegeben von Klaus Kanzog
Mit Federzeichnungen von Walter Wellenstein

12 Bände, 1 Indexband. Oktav. Ganzleinen DM 398,–
ISBN 3 11 009425 8

Band 1: Phantasiestücke in Callots Manier
Blätter aus dem Tagebuch eines reisenden Enthusiasten
Mit einer Vorrede von Jean Paul
VIII, 395 Seiten, 61 Zeichnungen. 1957. DM 38,–

Band 2: Die Elexiere des Teufels
IV, 320 Seiten, 44 Zeichnungen. 1958. DM 34,–

Band 3: Nachtstücke
IV, 334 Seiten, 53 Zeichnungen. 1957. DM 34,–

Band 4: Seltsame Leiden eines Theaterdirektors – Klein Zaches
IV, 223 Seiten, 33 Zeichnungen. 1958. DM 26,–

Band 5: Die Serapionsbrüder, 1. Band
IV, 302 Seiten, 54 Zeichnungen. 1957. DM 32,–

Band 6: Die Serapionsbrüder, 2. Band
IV, 295 Seiten, 46 Zeichnungen. 1957. DM 32,–

Band 7: Die Serapionsbrüder, 3. Band
IV, 284 Seiten, 50 Zeichnungen. 1957. DM 30,–

Band 8: Die Serapionsbrüder, 4. Band
IV, 279 Seiten, 43 Zeichnungen. 1957. DM 30,–

Band 9: Die Lebensansichten des Katers Murr
IV, 409 Seiten, 45 Zeichnungen. 1959. DM 42,–

Band 10: Prinzessin Brambilla – Meister Floh
299 Seiten, 41 Zeichnungen. 1961. DM 34,–

Band 11: Letzte Erzählungen, 1. Band
IV, 263 Seiten, 40 Zeichnungen. 1961. DM 32,–

Band 12: Letzte Erzählungen, 2. Band
IV, 263 Seiten, 40 Zeichnungen. 1962. DM 34,–

Preisänderungen vorbehalten

Walter de Gruyter
Berlin · New York

Die deutsche Literatur des Mittelalters

VERFASSERLEXIKON

Begründet von Wolfgang Stammler, fortgeführt von
Karl Langosch

Zweite, völlig neu bearbeitete Auflage – unter Mitarbeit zahlreicher
Fachgelehrter herausgegeben von Kurt Ruh, zusammen mit Gundolf
Keil, Werner Schröder, Burghart Wachinger und Franz Josef Worst-
brock

Redaktion: Christine Stöllinger

Ca. 10 Bände. Groß-Oktav. Ganzleinen. Erscheint in Lieferungen

Bereits erschienen:

Band 1: A Solis Ortus Cardine – Colmarer Dominikanerchronist
XXIV, 648 Seiten. 1978. DM 298,–

Band 2: Comitis – Gerstenberg, Wigand
VIII, 638 Seiten. 1980. DM 298,–

Band 3: Gert van der Schüren – Hildegard von Bingen
VIII, 640 Seiten. 1981. DM 298,–

Band 4: Hildegard von Hürnheim – Koburger, Heinrich
VI, 640 Seiten. 1983. DM 344,–

Band 5, Lieferung 1/2: ,Der Koch' – Lebenter, Hensel
320 Seiten. 1984. Kartoniert DM 156,–

Preisänderungen vorbehalten

Reallexikon
der deutschen
Literaturgeschichte

Begründet von Paul Merker und Wolfgang Stammler

Zweite Auflage. Groß-Oktav. Halbleder

BAND 1–3:
Herausgegeben von Werner Kohlschmidt und Wolfgang Mohr.
Redaktion: Klaus Kanzog

BAND 4:
Herausgegeben von Klaus Kanzog und Achim Masser.
Redaktion: Dorothea Kanzog

jetzt komplett

Band 1: A–K. – XVI, 915 Seiten. 1958. DM 140,–
Band 2: L–O. – IV, 874 Seiten. 1964. DM 140,–
Band 3: P–Sk. – IV, 873 Seiten. 1977. DM 178,–
Band 4: Sl.–Z. – VI, 950 Seiten. 1984. DM 298,–

Die zweite Auflage des Reallexikons der deutschen Literaturge-
schichte (Band 1–3, herausgegeben von Werner Kohlschmidt und
Wolfgang Mohr, Band 4, herausgegeben von Klaus Kanzog und
Achim Masser) ist im 30. Jahr seines Erscheinens nunmehr abge-
schlossen. Das Werk hat sich in Forschung und Lehre als ein unent-
behrliches Hilfsmittel erwiesen und repräsentiert heute bereits ein
Stück Wissenschaftsgeschichte. Es macht die Veränderungen in der
Terminologie in den letzten Jahren sichtbar und hilft dem Leser, in der
Vergegenwärtigung von „Realien" immer auch die wissenschafts-
geschichtlichen Probleme mit einzubeziehen.

Preisänderungen vorbehalten

Walter de Gruyter
Berlin · New York

Franz Dornseiff

Der deutsche Wortschatz nach Sachgruppen

7., unveränderte Auflage
Lexikon-Oktav. IV, 922 Seiten. 1970. Ganzleinen
DM 88,–

Der Dornseiff – Welcher Sprachgelehrte und Sprachliebhaber kennt ihn nicht: In 20 Kapiteln (von 1. „Anorganische Welt. Stoffe" bis 20. „Religion. Das Übersinnliche") wird der Wortschatz sachlich geordnet (mit so wichtigen Kapiteln wie 9. „Wollen und Handeln"; 11. „Fühlen. Affekte. Charaktereigenschaften"; 13. „Zeichen. Mitteilung. Sprache"). Nicht alphabetisch, von *Aal* bis *Zypressenzweig*, ist also der deutsche Wortschatz aufgelistet, sondern nach Synonymengruppen (‚sinnverwandten Wörtern') gegliedert: Das Unterkapitel Anrede z. B. (innerhalb des Kapitels 13) beginnt so: *he – holla – halloh – Sie (da) – Verzeihung – ach bitte – na kleiner – guten morgen* usw. Ein alphabetisches Register erschließt dann den sachlich geordneten Wortschatz.

Preisänderung vorbehalten

Walter de Gruyter
Berlin · New York

W
DE
G

Friedrich Kluge

Etymologisches Wörterbuch der deutschen Sprache

21. Auflage, bearbeitet von Walter Mitzka

Lexikon-Oktav. XVI, 915 Seiten. 1975. Ganzleinen DM 56,–

Es gibt Wörterbücher, wie z. B. orthographische Nachschlagewerke, die einen alltäglichen Gebrauchswert haben; und es gibt solche, die einen sprachhistorischen Bildungsauftrag haben, die also mit der Wortschatztradition der deutschen Sprache bekanntmachen wollen und damit zugleich wissenschaftlichen Ansprüchen genügen müssen.

Dazu zählt auch das nunmehr 100jährige „Etymologische Wörterbuch" von Friedrich Kluge.

Der Kluge sollte jedem Sprachfreund und -wissenschaftler zur Hand sein – es ist ebenso lehrreich wie lustvoll, darin zu lesen.

Preisänderung vorbehalten

Walter de Gruyter
Berlin · New York

René Wellek

Geschichte der Literaturkritik
1750–1950

4 Bände. Groß-Oktav. Ganzleinen

Band 1:
Das späte 18. Jahrhundert – Das Zeitalter der Romantik
Photomechanischer Nachdruck (1959 bei Luchterhand erschienen)
754 Seiten. 1978. DM 118,– ISBN 3 11 005914 2
(Komparatistische Studien, Band 7)

Band 2:
Das Zeitalter des Übergangs
XVIII, 363 Seiten. 1977. DM 68,– ISBN 3 11 005915 0
(Komparatistische Studien, Band 5)

Band 3:
Das späte 19. Jahrhundert
VI, 634 Seiten. 1977. DM 98,– ISBN 3 11 005916 9
(Komparatistische Studien, Band 6)

In Vorbereitung:
Band 4:
Das 20. Jahrhundert

Die deutsche Kritik spielt zwischen 1750 und 1830 eine überragende
Rolle: Lessing, Herder, Goethe, Schiller, die Brüder Schlegel, Hegel
sind die großen Namen. Im späteren 19. Jahrhundert schwächt sich
die internationale Wirkung der Deutschen ab. Doch behandelt der
2. Band Grillparzer, Uhland, Eichendorff, Börne, Heine, das Junge
Deutschland, Gervinus, die Hegelianer, F. Th. Vischer, Danzel,
Hebbel, Ruge, Marx und Engels, und im 3. Band sind Dilthey und
Nietzsche besondere Kapitel gewidmet. Ein weiteres Kapitel stellt
Hettner, Scherer, Haym, Otto Ludwig, Freytag, Karl Hillebrand,
Fontane, den deutschen Naturalismus und Franz Mehring dar.

Preisänderungen vorbehalten

Walter de Gruyter
Berlin · New York

Outstanding International Press Reporting

Pulitzer Prize Winning Articles in Foreign Correspondence
Editor: *Heinz-Dietrich Fischer*
3 Bände. 17 x 24 cm. Gebunden
Band 1: From the Consequence of World War I to the End of World War II (1928–1945)
LIII, 368 Seiten. Mit zahlreichen Abbildungen. 1984. DM 98,– ISBN 3 11 008918 1

Unter den Pulitzer-Preisträgern, ausgezeichnet für hervorragende Leistungen auf literarischem Gebiet und insbesondere im Bereich des Journalismus, treten vor allem jene hervor, die ihre Auszeichnung für Auslandsreportagen erhalten. Ihre individuelle Berichterstattung ist durch brillantes stilistisches Können gekennzeichnet, wobei Gegenstand und Interpretation der bedeutenden welthistorischen Ereignisse von zeitlosem Interesse sind. Historiker, Journalisten, Politiker, Soziologen, Linguisten und Schriftsteller wissen den Wert dieser ständig anregenden und informativen Lektüre zu würdigen, die unabhängig von der Bewertung der Quellenqualität und -authenzität eine Art Tag-zu-Tag-Historiographie über Persönlichkeiten, Fakten und Zusammenhänge der internationalen Politik darstellt.

Die abgedruckten Artikel sind grundsätzlich ungekürzte Versionen der Originaltexte. Jedem Kapitel sind einführende Bemerkungen mit nützlichen Hinweisen über die Genesis des Textes und kurze biographische Bemerkungen über den jeweiligen Autor vorangestellt. Jedes Kapitel enthält außerdem eine Liste mit Literaturhinweisen zur Vertiefung des jeweiligen Problems. Ein Register erschließt die im Text enthaltenen Namen.

Nachrichtenauswahl und Medienrealität in vier Jahrhunderten

Eine Modellstudie zur Verbindung von historischer und empirischer Publizistikwissenschaft
von *Jürgen Wilke*

15,5 x 23 cm. VIII, 292 Seiten. Mit 2 Abbildungen und 51 Tabellen. 1984. Gebunden
DM 128,– ISBN 3 11 009959 4

Dieses Buch untersucht erstmals, wie sich die journalistische Nachrichtenauswahl und die durch sie geschaffene „Medienrealität" langfristig gewandelt haben. Dargestellt wird zunächst, wann und wie das Problem der Nachrichtenauswahl entstanden ist und wie es sich im Laufe der Pressegeschichte verschärft hat. Sodann werden zahlreiche Quellen seit dem 17. Jahrhundert daraufhin geprüft, wie sich das Selektionsproblem subjektiv im Bewußtsein herausgebildet und verändert hat. Im Kern besteht die Untersuchung aus einer quantitativen Zeitreihenanalyse von Hamburger Zeitungen, an denen der Wandel von Nachrichtenwerten, Nachrichtenpräsentation und Medienrealität systematisch beschrieben wird. Damit sollen die historische und die quantitativ-empirische Tradition in der Erforschung der Massenmedien zum ersten Mal zusammengeführt werden, um der Wirkungsforschung mehr historisches Bewußtsein, der Pressegeschichtsschreibung aber theoretische Fragestellungen zu erschließen.

Preisänderungen vorbehalten

Walter de Gruyter
Berlin · New York

World List of Universities

and other Institutions of Higher Education and University Organizations
Edited by the *International Association of Universities (IAU)*
15th edition. 1982–1984. Bilingual in English and French
15 x 23 cm. XXII, 610 Seiten. 1982. Gebunden DM 118,– ISBN 3 11 008914 9

Vollständiges Verzeichnis aller Universitäten und Hochschulen der Welt mit mehr als 8500 Lehrinstitutionen des höheren Bildungswesens in 154 Ländern. Mit Übersichten über die wichtigen internationalen und regionalen Organisationen und Institutionen, die mit dem höheren Bildungswesen befaßt sind, einschließlich der IAU und seiner acht angeschlossenen Mitglieder.

International Handbook of Universities

and other Institutions of Higher Education
Edited by the *International Association of Universities (IAU)*
9th edition.
21,6 x 28,9 cm. XII, 1131 Seiten. 1983. Gebunden DM 220,– ISBN 3 11 009743 5

Das umfangreiche Handbuch enthält Informationen über die Universitäten und Hochschulen in 114 Ländern und Territorien außerhalb der USA und des Commonwealth sowie über die Organisationen, Verwaltungen, Behörden und Fachinstitutionen, die für eine entsprechende Zusammenarbeit zuständig sind. Die einzelnen Artikel enthalten, nach Ländern geordnet, Informationen über Geschichte und Struktur der jeweiligen Hochschule, über Zulassungsbedingungen und Studiengebühren, erforderliche Sprachen, Arten der zu erwerbenden akademischen Grade und Diplome, statistische Angaben über Lehrkörper und Studentenzahlen sowie über internationale Austauschprogramme.

American Universities and Colleges

Compiled and Edited by the *American Council on Education, Washington, D.C.*
12th, Completely New, Revised and Enlarged Edition.
21,5 x 28,5 cm. XX, 2156 Seiten. 1983. Gebunden DM 285,– ISBN 3 11 008433 3

Das in seiner Ausführlichkeit und Präzision einzigartige Handbuch enthält umfassende Informationen über Organisation, Bedingungen, Geschichte, Arbeitsweise und Wirkung der amerikanischen Hochschulen mit jeweiligen Einzelübersichten über rund 1800 Lehrinstitutionen sowie Darstellungen der Hochschulsysteme und ist damit bedeutsam nicht nur für das amerikanische Bildungswesen, sondern gleichzeitig ein unumgängliches Arbeitsinstrument für jede Tätigkeit in und an der höheren Bildung in allen Ländern der Welt. Jede Bibliothek und Bücherei sollte das berühmte Nachschlagewerk zur Verfügung halten.

Preisänderungen vorbehalten

Walter de Gruyter
Berlin · New York

Kürschners Deutscher Literatur-Kalender
Nekrolog 1936–1970

Herausgegeben von Werner Schuder
Oktav. XIV, 871 Seiten. 1973.
Gebunden DM 220,– ISBN 3 11 004381 5

Das Werk vermittelt biographische und bibliographische
Daten über etwa 5200 Schriftsteller deutscher Sprache, die
in den Jahren 1936–1970 verstorben sind. Dieses einzigartige Handbuch gibt einen fast lückenlosen Überblick
über die deutsche Literatur mehrerer Epochen seit dem
Ende des vorigen Jahrhunderts, der Zeit vor und nach
dem ersten Weltkriege, vor allem die der zwanziger und
dreißiger Jahre, des Realismus, Naturalismus, Symbolismus, Expressionismus usw., die der Literatur des Sozialismus, des Nationalsozialismus, der Konzentrationslager,
der Emigration, der Nachkriegszeit bis zur Gegenwart –
ein unentbehrliches Nachschlagewerk für jeden Literatur-
forscher und jeden literarisch Interessierten.

Kürschners Deutscher Literatur-Kalender
Nekrolog 1901–1935

Herausgegeben von Gerhard Lüdtke
Oktav. X Seiten, 976 Spalten. 1936. Nachdruck 1973.
Gebunden DM 124,– ISBN 3 11 004432 3

Das Handbuch erschien 1936 unter dem Titel „Nekrolog zu
Kürschners Literatur-Kalender". Es verzeichnet die biographischen und bibliographischen Daten über 3000 in den
Jahren 1901–1935 verstorbener Schriftsteller. Ein nahezu
vollständiger Überblick über die deutschsprachige Literatur etwa seit der Mitte des 19. Jahrhunderts.

Preisänderungen vorbehalten

VV
DE
G

Walter de Gruyter
Berlin · New York

Deutsches Fremdwörterbuch

Begründet von Hans Schulz, fortgeführt von Otto Basler,
weitergeführt im Institut für deutsche Sprache

bearbeitet von

Gabriele Hoppe · Alan Kirkness · Elisabeth Link · Isolde Nortmeyer ·
Gerhard Strauß – unter Mitwirkung von Paul Grebe

Das „Deutsche Fremdwörterbuch" berücksichtigt alle Fremdwörter,
die in die deutsche Standardsprache der Gegenwart integriert sind,
und verfolgt deren Wortgeschichte von ihrem ersten Auftreten im
Deutschen bis zum heutigen Gebrauch.

Band 1: A–K
Groß-Oktav. XXIV, 416 Seiten. 1913. Nachdruck 1974. Ganzleinen
DM 112,–

Band 2: L–P
Groß-Oktav. VIII, 748 Seiten. 1942. Nachdruck 1974. Ganzleinen
DM 168,–

Band 3: Q–R
Groß-Oktav. VIII, 506 Seiten. 1977. Ganzleinen DM 298,–

Band 4: S
Groß-Oktav. VI, 704 Seiten. 1978. Ganzleinen DM 430,–

Band 5: T
Groß-Oktav. VI, 580 Seiten. 1981. Ganzleinen DM 372,–

Band 6: U–Z
Groß-Oktav. VIII, 444 Seiten. 1983. Ganzleinen DM 306,–

Preisänderungen vorbehalten